D1721826

Münchener Kommentar
zum Bürgerlichen Gesetzbuch

Herausgegeben von

Dr. Dr. Dres. h.c. Franz Jürgen Säcker
(em.) Professor an der Freien Universität Berlin

Dr. Roland Rixecker
Präsident des Saarländischen Oberlandesgerichts a.D.
Präsident des Verfassungsgerichtshofs des Saarlandes
Honorarprofessor an der Universität des Saarlandes

Dr. Hartmut Oetker
Professor an der Universität Kiel
Richter am Oberlandesgericht Jena

Bettina Limperg
Präsidentin des Bundesgerichtshofs, Karlsruhe

Band 11
Internationales Privatrecht I
Europäisches Kollisionsrecht
Einführungsgesetz zum Bürgerlichen Gesetzbuche (Art. 1–26)

Die einzelnen Bände
des Münchener Kommentars zum BGB

Band 1: Einleitung und Allgemeiner Teil
§§ 1–240 · ProstG · AGG
Redakteur: Prof. Dr. Dr. Dres. h.c. Franz Jürgen Säcker

Band 2: Schuldrecht · Allgemeiner Teil
§§ 241–432
Redakteur: Vors. Richter am BGH a.D. Prof. Dr. Wolfgang Krüger

Band 3: Schuldrecht · Besonderer Teil I
§§ 433–534 · Finanzierungsleasing · CISG
Redakteur: Prof. Dr. Dres. h.c. Harm Peter Westermann

Band 3a: Schuldrecht · Besonderer Teil
§§ 491–515 nF
Redakteur: Prof. Dr. Dres. h.c. Harm Peter Westermann

Band 4: Schuldrecht · Besonderer Teil II
§§ 535–630h · HeizkostenV · BetrKV · WärmeLV · EFZG · MiLoG · TzBfG · KSchG
Redakteure: Prof. Dr. Wolfgang Krüger/Prof. Dr. Martin Henssler

Band 5/1: Schuldrecht · Besonderer Teil III/1: §§ 631–651
Band 5/2: Schuldrecht · Besonderer Teil III/2: §§ 651a–704
Redakteur: Prof. Dr. Martin Henssler

Band 6: Schuldrecht · Besonderer Teil IV
§§ 705–853 · PartGG · ProdHaftG
Redakteur: Prof. Dr. Mathias Habersack

Band 7: Sachenrecht
§§ 854–1296 · WEG · ErbbauRG
Redakteur: Richter des BVerfG Dr. Reinhard Gaier

Band 8: Familienrecht I
§§ 1297–1588 · GewSchG · VersAusglG · LPartG
Redakteurin: Prof. Dr. Elisabeth Koch

Band 9: Familienrecht II
§§ 1589–1921 · SGB VIII
Redakteur: Prof. Dr. Dr. h.c. Dieter Schwab

Band 10: Erbrecht
§§ 1922–2385 · §§ 27–35 BeurkG
Redakteurin: Richterin des BVerfG Dr. Sibylle Kessal-Wulf

Band 11: IPR I
Redakteur: Prof. Dr. Jan v. Hein

Band 12: IPR II · IntWR · Art. 50–253 EGBGB
Redakteur: Prof. Dr. Jan v. Hein

Münchener Kommentar zum Bürgerlichen Gesetzbuch

Band 11
Internationales Privatrecht I
Europäisches Kollisionsrecht
Einführungsgesetz zum Bürgerlichen Gesetzbuche (Art. 1–26)

Redakteur:

Dr. Jan v. Hein

Professor an der Universität Freiburg

7. Auflage 2018

C.H.BECK

Zitiervorschlag:
MüKoBGB/*Bearbeiter* § … Rn. …
MüKoBGB/*Bearbeiter* EGBGB Art. … Rn. …

www.beck.de

978-3406 66550 9

ISBN 976 3-406-66550 9

© 2018 Verlag C.H. Beck oHG
Wilhelmstraße 9, 80801 München
Druck: CPI – Clausen & Bosse GmbH
Birkstraße 10, 25917 Lech
Satz: Meta Systems Publishing & Printservices GmbH, Wustermark
Umschlag: Druckerei C.H. Beck Nördlingen

Gedruckt auf säurefreiem, alterungsbeständigem Papier
(hergestellt aus chlorfrei gebleichtem Zellstoff)

Die Bearbeiter des elften Bandes

Dr. Michael Coester, L.L.M.
Professor em. an der Universität München

Dr. Anatol Dutta, M.Jur.
Professor an der Universität München

Dr. Bettina Heiderhoff
Professorin an der Universität Münster

Dr. Jan v. Hein
Professor an der Universität Freiburg

Dr. Tobias Helms
Professor an der Universität Marburg

Dr. Elisabeth Koch
Professorin an der Universität Jena

Dr. Dr. h.c. Volker Lipp
Professor an der Universität Göttingen

Dr. Dirk Looschelders
Professor an der Universität Düsseldorf

Dr. jur. Dr. rer. pol. Dres. h.c. Franz Jürgen Säcker
Professor em. an der Freien Universität Berlin

Dr. Dr. h.c. Ulrich Spellenberg
Professor em. an der Universität Bayreuth

Dr. Ansgar Staudinger
Professor an der Universität Bielefeld

Dr. Peter Winkler von Mohrenfels
Professor em. an der Universität Rostock

Im Einzelnen haben bearbeitet:

EGBGB Vor Art. 1, Art. 1, 2 .... Dr. Dr. Dres. h.c. Franz Jürgen Säcker
Einl. IPR .... Dr. Jan v. Hein
EGBGB Art. 3–6 .... Dr. Jan v. Hein
EGBGB Art. 7, Art. 8 aF .... Dr. Dr. h.c. Volker Lipp
EGBGB Art. 8 .... Dr. Dr. h.c. Ulrich Spellenberg
EGBGB Art. 9–10 Anh. .... Dr. Dr. h.c. Volker Lipp
EGBGB Vor Art. 11, Art. 11, 12 .... Dr. Dr. h.c. Ulrich Spellenberg
EGBGB Art. 47, 48 .... Dr. Dr. h.c. Volker Lipp
EuGüVO .... Dr. Dirk Looschelders
Rom III-VO .... Dr. Peter Winkler von Mohrenfels
WZGA .... Dr. Elisabeth Koch
EGBGB Vor Art. 13, Art. 13, Anh. Art. 13 .... Dr. Michael Coester
EGBGB Anh. Art. 14–16 .... Dr. Dirk Looschelders
EGBGB Art. 17, Anh. Art. 17, Art. 17a .... Dr. Peter Winkler von Mohrenfels
EGBGB Art. 46d .... Dr. Peter Winkler von Mohrenfels
EuPartVO .... Dr. Dirk Looschelders
EGBGB Art. 17b .... Dr. Michael Coester
EuUnthVO mit HUP .... Dr. Ansgar Staudinger
EGBGB Art. 18 .... (aufgehoben)
Brüssel IIa-VO .... Dr. Bettina Heiderhoff
KSÜ .... Dr. Ansgar Staudinger
EuSorgeRÜbk .... Dr. Bettina Heiderhoff
KindEntfÜbk .... Dr. Bettina Heiderhoff
EGBGB Art. 19–23 .... Dr. Tobias Helms
AdWirkG .... Dr. Tobias Helms
ErwSÜ, ErwSÜAG .... Dr. Dr. h.c. Volker Lipp
EGBGB Art. 24 .... Dr. Dr. h.c. Volker Lipp
EuErbVO .... Dr. Anatol Dutta
HTestFormÜ .... Dr. Anatol Dutta
EGBGB Art. 25, 26 .... Dr. Anatol Dutta

Sachverzeichnis .... Manuel Gaß

Verzeichnis der ausgeschiedenen
und teilweise ausgeschiedenen Bearbeiter:

Prof. Dr. Rolf Birk: Vor Art. 7–Art. 9, Vor Art. 24–26, 24–26 EGBGB: 1. Aufl. 1983; Art. 7–Art. 10
Anh., Art. 25, 26 EGBGB: 2. Aufl. 1990, 3. Aufl. 1998, 4. Aufl. 2006, 5. Aufl. 2010

Prof. Dr. Jürgen Damrau: Art. 137, 198–212 EGBGB: 1. Aufl. 1983, 2. Aufl. 1990, 3. Aufl. 1999,
4. Aufl. 2006, 5. Aufl. 2010

Prof. Dr. Dr. Carsten Thomas Ebenroth †: Nach Art. 10 EGBGB: 1. Aufl. 1983, 2. Aufl. 1990

Börries von Feldmann †: Art. 169 EGBGB: 1. Aufl. 1983, 2. Aufl. 1990

Prof. Dr. Helmut Heinrichs: Art. 170 EGBGB: 1. Aufl. 1983, 2. Aufl. 1990, 3. Aufl. 1999

Prof. Dr. Karl Kreuzer: Einl. IPR Abschn. K, Art. 12–Nach Art. 12 Anh. III, Art. 30–31 EGBGB:
1. Aufl. 1983; Vor Art. 38–Nach Art. 38 Anh. III EGBGB: 2. Aufl. 1990, 3. Aufl. 1998

Dr. Horst Klinkhardt †: Art. 20–Nach Art. 23 Anh. EGBGB: 1. Aufl. 1983; Art. 20–Art. 24 Anh.
EGBGB: 2. Aufl. 1990; Art. 19, Art. 20–Art. 24 Anh. EGBGB: 3. Aufl. 1998; Art. 19–Art. 19
Anh. II, Art. 20, 21, Art. 22–Art. 24 Anh. EGBGB: 4. Aufl. 2006, 5. Aufl. 2010

Prof. Dr. Egon Lorenz: Art. 17–Nach Art. 17 EGBGB: 1. Aufl. 1983

Prof. Dr. Dieter Martiny: Vor Art. 12 EGBGB: 1. Aufl. 1983; Vor Art. 27–Art. 37 EGBGB: 2. Aufl.
1990; Vor Art. 27–Art. 30, Art. 33–37 EGBGB: 3. Aufl. 1998, 4. Aufl. 2006

Prof. Dr. Hans Jürgen Papier: Art. 52–53a, 54, 79–81, 91, 104, 106, 109, 113, 132, 133 EGBGB:
1. Aufl. 1983, 2. Aufl. 1990

Prof. Dr. Hans Peter Pecher: Art. 96 EGBGB: 1. Aufl. 1983, 2. Aufl. 1990, 3. Aufl. 1999

Prof. Dr. Michael Schwimann: Vor Art. 13–Nach Art. 13 Anh., Art. 18–19 EGBGB: 1. Aufl. 1983;
Vor Art. 13–Art. 13 Anh., Art. 19 EGBGB: 2. Aufl. 1990

Prof. Dr. Dr. Franz Jürgen Säcker: Art. 3–6, 31–51 EGBGB: 1. Aufl. 1983

Prof. Dr. Anton Schnyder: IntKapMarktR: 5. Aufl. 2010

Prof. Dr. Kurt Siehr: Art. 14–Nach Art. 16 Anh. II, Nach Art. 19 Anh. I, II EGBGB: 1. Aufl. 1983;
Art. 14–Art. 16 Anh., Art. 18–Art. 18 Anh. II, Art. 19 Anh. EGBGB: 2. Aufl. 1990; Art. 14–
Art. 16 Anh., Art. 18–Art. 18 Anh. II, Art. 19 Anh. I–IV EGBGB: 3. Aufl. 1998; Art. 14–
Art. 16 Anh., Art. 18–Art. 18 Anh. II, Art. 21 Anh. I–IV EGBGB: 4. Aufl. 2006, 5. Aufl. 2010;
Art. 220 EGBGB: 5. Aufl. 2010; = EuEheVO (= Brüssel IIa-VO), EuUnthVO mit HUP, EuSor-
geRÜbk, KindEntfÜbk, Art. 14–16 Anh. EGBGB: 6. Aufl. 2015

Dr. Manfred Skibbe †: Art. 138–140, 147, 148 EGBGB: 1. Aufl. 1983, 2. Aufl. 1990

Prof. Dr. Hans Jürgen Sonnenberger: Einl. IPR Abschn. A–I, L, Art. 27–Nach Art. 29 Anh. II EGBGB:
1. Aufl. 1983; Einl. IPR, Art. 3–6, 220 EGBGB: 2. Aufl. 1990; Einl. IPR, Art. 3–6 EGBGB:
3. Aufl. 1998; Art. 220 EGBGB: 3. Aufl. 1999; Einl. IPR, Art. 3–6, Art. 220 EGBGB: 4. Aufl.
2006, 5. Aufl. 2010

Prof. Dr. Ulrich Spellenberg: Art. 31, 32 EGBGB: 3. Aufl. 1998, 4. Aufl. 2006

Rudi Voelskow: Vor Art. 219, Art. 219 EGBGB: 2. Aufl. 1990, 3. Aufl. 1999

Vorwort

Die 7. Auflage enthält das Internationale Privatrecht (IPR) nunmehr in den Bänden 11 und 12, wobei die Aufteilung der zwei Bände einen neuen Weg einschlägt. Da das europäische IPR auf Grund seines Vorrangs das autonome Kollisionsrecht verdrängt und dieses nur noch anzuwenden ist, soweit die unionsrechtlichen Regeln nicht einschlägig sind, waren bereits seit der 5. Auflage die EU-Verordnungen nicht mehr als Anhänge in die Systematik des EGBGB eingefügt, sondern in chronologischer Reihenfolge vor Art. 3 EGBGB abgedruckt und kommentiert worden. Das europäische IPR ist seither aber stetig angewachsen, zuletzt durch die Verabschiedung der Europäischen Ehegüterrechtsverordnung (VO (EU) 2016/1103) und der Verordnung (EU) 2016/1104 zu den güterrechtlichen Wirkungen eingetragener Partnerschaften. Eine lediglich chronologische Reihung konnte den inhaltlichen Zusammenhängen der immer zahlreicher werdenden Verordnungen nicht hinreichend Rechnung tragen und erschwerte daher zunehmend die Orientierung. Zudem kam es zu einem erheblichen räumlichen Auseinanderklaffen zwischen der Kommentierung der Verordnungen einerseits und der Erläuterung der diese jeweils ergänzenden nationalen Kollisionsnormen andererseits. Die nun vorliegende Auflage ordnet deshalb den Stoff insgesamt neu an, und zwar unter inhaltlichen Gesichtspunkten. Band 11 enthält künftig den Allgemeinen Teil des IPR, das IPR der natürlichen Personen und der Rechtsgeschäfte sowie das Internationale Familien- und Erbrecht. In Band 12 finden sich nunmehr das IPR der vertraglichen und außervertraglichen Schuldverhältnisse, das Internationale Sachenrecht sowie besondere wirtschaftsrechtliche Materien (Internationales Immaterialgüterrecht, Wettbewerbs- und Lauterkeitsrecht, Gesellschafts-, Insolvenz- und Finanzmarktrecht). Im Rahmen der einzelnen Teile werden – entsprechend der in Art. 3 EGBGB zugrundegelegten Prüfungsreihenfolge – stets erst die jeweils einschlägigen EU-Verordnungen, dann die Staatsverträge und schließlich das autonome, deutsche IPR abgedruckt und kommentiert. Das intertemporale Kollisionsrecht und sonstige EGBGB-Bestimmungen (Art. 50 ff. EGBGB) finden sich ebenfalls im 12. Band. Der Benutzer des Kommentars wird auf diese Weise in die Lage versetzt, regelmäßig in einem Band die Antworten auf seine Fragen zu einem bestimmten Sachgebiet zu finden.

Außer der Aktualisierung und Einarbeitung der Rechtsprechung und neuerer wissenschaftlicher Erkenntnisse ergeben sich gegenüber der 6. Auflage wichtige Neuerungen. Das Hauptereignis bildet weiterhin die rasch fortschreitende Europäisierung des IPR auch auf dem Gebiet das Familien- und Erbrechts. Da bis zum 29.1.2019 noch das autonome Internationale Güterrecht gelten (Art. 70 Abs. 2 EuGüVO) und dieses IPR auch für vorher geschlossene Ehen anwendbar bleiben wird (Art. 69 Abs. 3 EuGüVO), enthält die vorliegende Auflage noch einmal eine ausführliche Neukommentierung der Art. 15 und 16 EGBGB; zugleich wird bereits eine Einführung in das künftige europäische Güterrechts-IPR gegeben. Auch außerhalb des EU-Verordnungsrechts sind erhebliche Änderungen im IPR zu verzeichnen: Mit dem Gesetz zur Änderung von Vorschriften im Bereich des Internationalen Privat- und Zivilverfahrensrechts vom 11.6.2017 (BGBl. 2017 I 1607) hat der Gesetzgeber eine Lücke des europäischen IPR (Art. 1 Abs. 2 lit. g Rom I-VO) geschlossen und erstmals eine Kollisionsnorm für die gewillkürte Stellvertretung geschaffen (Art. 8 EGBGB nF), die auf einem Vorschlag des Deutschen Rates für IPR beruht. Einen besseren Schutz Minderjähriger verspricht sich der Gesetzgeber von dem Gesetz zur Bekämpfung von Kinderehen vom 17.7.2017 (BGBl. 2017 I 2429), mit dem die im Sachrecht angehobene Altersgrenze von 18 Jahren auch international weitgehend durchgesetzt werden soll (Art. 13 Abs. 3 EGBGB nF). Ferner hat die Einführung des Rechts auf Eheschließung für Personen gleichen Geschlechts durch das Gesetz vom 20.7.2017 (BGBl. 2017 I 2787) auch Auswirkungen auf das IPR, indem die entsprechende Anwendung des für die eingetragene Lebenspartnerschaft geltenden Art. 17b Abs. 1 bis 3 EGBGB angeordnet (Art. 17b Abs. 4 EGBGB nF) und die bisherige „Kappungsgrenze" abgeschafft wird. Eine spezielle Kollisionsnorm für Pauschalreisen und verbundene Reiseleistungen musste aufgrund einer Vorgabe der einschlägigen Richtlinie (EU) 2015/2302 in Art. 46c EGBGB nF eingefügt werden. Das Internationale Gesellschaftsrecht ermangelt hingegen weiterhin einer Kodifikation und wird, wie bislang, maßgeblich von der Judikatur des EuGH geprägt.

Wie schon in der Vorauflage ergaben sich auch dieses Mal personelle Veränderungen. Nicht mehr zum Bearbeiterkreis des IPR zählt Prof. Dr. Dr. h.c. Kurt Siehr, dem für seine langjährige und prägende Mitwirkung an diesem Kommentar sehr herzlich gedankt sei. Seine Nachfolge haben Frau Prof. Dr. Bettina Heiderhoff sowie die Herren Professoren Dres. Dirk Looschelders und Ansgar

Vorwort

Staudinger angetreten. Ferner hat Herr Prof. Dr. Dr. h.c. Ulrich Immenga einen Teil des Internationalen Wettbewerbsrechts an Herrn Prof. Dr. Wolfgang Wurmnest übergeben.

München, im Oktober 2017 *Herausgeber, Bandredakteur und Verlag*

Inhaltsverzeichnis

Inhaltsverzeichnis

Inhaltsverzeichnis

Inhaltsverzeichnis

Inhaltsverzeichnis

Verzeichnis der Abkürzungen und der abgekürzt zitierten Literatur

Zeitschriften werden, soweit nicht anders angegeben, nach Jahrgang und Seite zitiert. Zu ausländischen bzw. fremdsprachigen Kommentaren, Lehr- und Handbüchern vgl. ferner Einl. IPR.

A	Atlantic Reporter
A.C.	Law Reports, Appeal Cases
A.L.J.	Australian Law Journal
aA	anderer Ansicht
ABGB	Allgemeines Bürgerliches Gesetzbuch v. 1.6.1811 (Österreich)
AbgG	Gesetz über die Rechtsverhältnisse der Mitglieder des Deutschen Bundestags (Abgeordnetengesetz) idF der Bek. v. 21.2.1996 (BGBl. 1996 I S. 326)
Abh.	Abhandlung(en)
Abk.	Abkommen
ABl.	Amtsblatt
abl.	ablehnend
ABl.	Amtsblatt
Abs.	Absatz
Abschn.	Abschnitt
AbstMutKindÜb	Brüsseler CIEC-Übereinkommen über die Feststellung der mütterlichen Abstammung nichtehelicher Kinder v. 12.9.1962 (BGBl. 1965 II S. 23)
Abt.	Abteilung
abw.	abweichend
AcP	Archiv für die civilistische Praxis (Zeitschrift; Band und Seite, in Klammer Erscheinungsjahr des jeweiligen Bandes)
Acta Jur.	Acta Juridica Academiae Saentiarum Hungaricae
Actes	Actes et Documents de la Conférence de la Haye de droit international privé (Acts der jeweiligen Sitzung)
ADC	Anuario de derecho civil
ADHGB	Allgemeines Deutsches Handelsgesetzbuch von 1861
AdÜb	Haager Übereinkommen über den Schutz von Kindern und die Zusammenarbeit auf dem Gebiet der internationalen Adoption v. 29.5.1993 (BGBl. 2001 II S. 1034, 2002 II S. 2872)
aE	am Ende
AEG	Allgemeines Eisenbahngesetz v. 27.12.1993 (BGBl. 1993 I S. 2378, 2396, berichtigt BGBl. 1994 I S. 2439)
AEUV	Vertrag über die Arbeitsweise der Europäischen Union idF der Bek. v. 9.5.2008 (ABl. EU 2008 C 115 S. 47)
aF	alte(r) Fassung
AfP	Archiv für Presserecht (Zeitschrift)
AG	Aktiengesellschaft; Die Aktiengesellschaft (Zeitschrift); Amtsgericht (mit Ortsnamen)
AGB	Allgemeine Geschäftsbedingungen
AGBGB	Ausführungsgesetz zum BGB (Landesrecht)
AgrarR	Agrarrecht, Zeitschrift für das gesamte Recht der Landwirtschaft, der Agrarmärkte und des ländlichen Raumes
AHB	Allgemeine Versicherungsbedingungen für die Haftpflichtversicherung
AHGB	Allgemeines Handelsgesetzbuch
AHK	Alliierte Hohe Kommission
AiB	Arbeitsrecht im Betrieb (Zeitschrift)
AIFM-RL	Richtlinie 2011/61/EU des Europäischen Parlaments und des Rates v. 8.6.2011 über die Verwalter alternativer Investmentfonds und zur Änderung der Richtlinien 2003/41/EG und 2009/65/EG und der Verordnungen (EG) Nr. 1060/2009 und (EU) Nr. 1095/2010 (ABl. EU 2011 L 174 S. 1, berichtigt ABl. EU 2012 L 115 S. 35)
AIZ	Allgemeine Immobilien-Zeitung
AJP	Aktuelle juristische Praxis (Zeitschrift)
AK-BGB/*Bearbeiter*	Alternativkommentar zum Bürgerlichen Gesetzbuch, hrsg. von Wassermann, 1979 ff.
AkDR	Akademie für Deutsches Recht
AKG	Gesetz zur allgemeinen Regelung durch den Krieg und den Zusammenbruch des Deutschen Reiches entstandener Schäden (Allgemeines Kriegsfolgengesetz) v. 5.11.1957 (BGBl. 1957 I S. 1747)

Abkürzungs- und Literaturverzeichnis

AktG	Aktiengesetz v. 6.9.1965 (BGBl. 1965 I S. 1089)
All E.R.	All England Law Reports
allgM	allgemeine Meinung
ALR	Allgemeines Landrecht für die Preußischen Staaten von 1794 (§, Teil und Titel)
Alt.	Alternative
Althammer/*Bearbeiter*	Althammer, Brüssel IIa, Rom III, Kommentar, 2014
Am. B. L. J.	American Business Law Journal
Am. J. Comp. L.	American Journal of Comparative Law
Am. J. Int. L.	American Journal of International Law
Am. J. Leg. Hist.	The American Journal of Legal History
Am. U. L. Rev.	The American University Law Review
AMG	Arzneimittelgesetz idF der Bek. v. 12.12.2005 (BGBl. 2005 I S. 3394)
Amtl. Begr.	Amtliche Begründung
Amtl. Begr. IPRG	Entwurf eines Gesetzes zur Neuregelung des Internationalen Privatrechts mit Begründung (BR-Drs. 222/83), mit Stellungnahme des Bundesrates und Gegenäußerung der Bundesregierung (BT-Drs. 10/504)
An. Der. Int.	Anuario de derecho internacional
An. Esp. Der. Int. Priv.	Anuario Español de Derecho Internacional Privado
An. Jur.	Anuario Jurídico
ANBA	Amtliche Nachrichten der Bundesanstalt für Arbeit
ÄndG	Gesetz zur Änderung
Andrae IntFamR	Andrae, Internationales Familienrecht, 3. Aufl. 2014
Anglo-Am. L. Rev.	The Anglo-American Law Review
Anh.	Anhang
Anm.	Anmerkung
Ann. AAA	Annuaire de l'A.A.A. (Association de Auditeurs et Anciens Auditeurs de l'Académie de Droit International de la Haye)
Ann. dir. int.	Annuario di diritto internazionale
Ann. dr. matr. aér.	Annuaire de droit maritime et aérien
Ann. fr. dr. int.	Annuaire français de droit international
Ann. Inst. Dr. int.	Annuaire de l'Institut de Droit international
Ann. Ist.	Annales de la Faculté de droit d'Istanbul
Ann. Surv. Am. L.	Annual Survey of American Law
Annuaire	Annuaire de la Convention européenne des Droits de l'Homme
AnwBl	Anwaltsblatt (Zeitschrift)
AnwK-BGB/*Bearbeiter*	Anwaltkommentar, hrsg. von Dauner-Lieb/Heidel/Ring, 5 Bände, Band 1: AT, EGBGB, 2005; ab 2. Aufl. siehe unter NK-BGB
AO	Abgabenordnung idF der Bek. v. 1.10.2002 (BGBl. 2002 I S. 3866)
AöR	Archiv des öffentlichen Rechts (Zeitschrift)
AP	Arbeitsrechtliche Praxis, Nachschlagewerk des Bundesarbeitsgerichts (Nr. ohne Gesetzesstelle bezieht sich auf den gerade kommentierten Paragraphen)
App.	Corte d'apello; Cour d'appel
ARB	Allgemeine Reisebedingungen, AGB-Empfehlungen des Deutschen Reisebüro-Verband eV
Arb. Int.	Arbitration International
ArbG	Arbeitsgericht (mit Ortsnamen)
ArbGeb.	Der Arbeitgeber (Zeitschrift)
ArbGG	Arbeitsgerichtsgesetz idF der Bek. v. 2.7.1979 (BGBl. 1979 I S. 853, berichtigt BGBl. 1979 I S. 1036)
AR-Blattei	Arbeitsrecht-Blattei, Handbuch für die Praxis, begr. von Sitzler, hrsg. von Oehmann/Dieterich
ArbnErfG	Gesetz über Arbeitnehmererfindungen v. 25.7.1957 (BGBl. 1957 I S. 756)
ArbPlSchG	Gesetz über den Schutz des Arbeitsplatzes bei Einberufung zum Wehrdienst (Arbeitsplatzschutzgesetz) idF der Bek. v. 14.2.2001 (BGBl. 2001 I S. 253)
ArbRGeg,	Das Arbeitsrecht der Gegenwart (Jahrbuch)
ArbRspr.	Die Rechtsprechung in Arbeitssachen (Entscheidungssammlung)
ArbSG	Gesetz zur Sicherstellung von Arbeitsleistungen für Zwecke der Verteidigung einschließlich des Schutzes der Zivilbevölkerung (Arbeitssicherstellungsgesetz) v. 9.7.1968 (BGBl. 1968 I S. 787)
ArbuR	Arbeit und Recht (Zeitschrift)
ArbZG	Arbeitszeitgesetz v. 6.6.1994 (BGBl. 1994 I S. 1170)
Arch. phil. dr.	Archives de Philosophie de Droit
Arch.	Archiv
ArchBürgR	Archiv für Bürgerliches Recht (Zeitschrift)
ArchLR	Archiv für Luftrecht (Zeitschrift)
ArchRWPhil.	Archiv für Rechts- und Wirtschaftsphilosophie (Zeitschrift)
ArchSozWiss.	Archiv für Sozialwissenschaft und Sozialpolitik (Zeitschrift)

ArchVR	Archiv für Völkerrecht (Zeitschrift)
arg.	argumentum
Ariz. J. Int. Comp. L.	Arizona Journal of International and Comparative Law
Ark.	Arkansas Report
ARS	Arbeitsrechts-Sammlung, Entscheidungen des Reichsarbeitsgerichts und der Landes-arbeitsgerichte (1928–1944)
ARSP	Archiv für Rechts- und Sozialphilosophie (Zeitschrift; Band und Seite)
ARSt.	Arbeitsrecht in Stichworten (Entscheidungssammlung)
Art.	Artikel
Ärztl. Lab.	Das Ärztliche Laboratorium (Zeitschrift)
AS	Sammlung der eidgenössischen Gesetze, Amtliche Sammlung der Bundesgesetze und Verordnungen
Bearbeiter in Assmann/Schütze KapitalanlageR-HdB	Assmann/Schütze, Handbuch des Kapitalanlagerechts, 4. Aufl. 2015
AStG	Gesetz über die Besteuerung bei Auslandsbeziehungen (Außensteuergesetz) v. 8.9.1972 (BGBl. 1972 I S. 1713)
AsylVfG	Asylverfahrensgesetz idF der Bek. v. 27.7.1993 (BGBl. 1993 I S. 1361)
AT	Allgemeiner Teil
AtG	Gesetz über die friedliche Verwendung der Kernenergie und den Schutz gegen ihre Gefahren (Atomgesetz) idF der Bek. v. 15.7.1985 (BGBl. 1985 I S. 1565)
Atl.	Atlantic Reporter
ATS	Alternative Trading Systems
AtW	Die Atomwirtschaft, Zeitschrift für die wirtschaftlichen Fragen der Kernumwand-lung
AuA	Arbeit und Arbeitsrecht (Zeitschrift)
Audit/d'Avout DIP	Audit/d'Avout, Droit international privé, 7. Aufl. 2013
AufenthG	Gesetz über den Aufenthalt, die Erwerbstätigkeit und die Integration von Auslän-dern im Bundesgebiet (Aufenthaltsgesetz) v. 25.2.2008 (BGBl. 2008 I S. 162)
Aufl.	Auflage
AUG	Gesetz zur Geltendmachung von Unterhaltsansprüchen im Verkehr mit ausländi-schen Staaten (Auslandsunterhaltsgesetz) v. 23.5.2011 (BGBl. 2011 I S. 898)
AÜG	Arbeitnehmerüberlassungsgesetz idF der Bek. v. 3.2.1995 (BGBl. 1995 I S. 158)
AuR	Arbeit und Recht, Zeitschrift für die Arbeitsrechtspraxis
ausf.	ausführlich
AuslG	Gesetz über die Einreise und den Aufenthalt von Ausländern im Bundesgebiet (Aus-ländergesetz) v. 9.7.1990 (BGBl. 1990 I S. 1354), aufgehoben zum 1.1.2003
Austr. Y. B. Int. L.	The Australian Year Book of International Law
AVO	Ausführungsverordnung
AVV	Allgemeine Verwaltungsvorschrift
AW/RIA	Außenwirtschaft, Recht im Außenhandel (Beilage) (DDR)
AWD	Außenwirtschaftsdienst des Betriebsberaters (Zeitschrift, 4.1958–20.1974; vorher und anschließend RIW)
AWG	Außenwirtschaftsgesetz v. 26.5.2006 (BGBl. 2006 I S. 1386)
AWR-Bulletin	Association for the Study of the World Refugee Problem, Bulletin
AWV	Außenwirtschaftsverordnung idF der Bek. v. 22.11.1993 (BGBl. 1993 I S. 1934)
Az.	Aktenzeichen
B	Bundes-
B. U. L. Rev.	Boston University Law Review
BABl.	Bundesarbeitsblatt (Zeitschrift)
BW	Baden-Württemberg
bw.	baden-württembergisch
BadNotZ	Badische Notar-Zeitschrift
BadRpr.	Badische Rechtspraxis
BAFin	Bundesanstalt für Finanzdienstleistungsaufsicht
BAföG	Bundesgesetz über individuelle Förderung der Ausbildung (Bundesausbildungsförde-rungsgesetz) idF der Bek. v. 6.6.1983 (BGBl. 1983 I S. 645)
BAG	Bundesarbeitsgericht
BAGE	Entscheidungen des Bundesarbeitsgerichts
Bamberger/Roth/*Bearbeiter*	Bamberger/Roth (Hrsg.), Bürgerliches Gesetzbuch, Kommentar, 3 Bände, 3. Aufl. 2012; s. auch unter BeckOK BGB
bank und markt	bank und markt (Zeitschrift)
BankA	Bank-Archiv (Zeitschrift, 1.1901–43.1943; aufgegangen in Bankwirtschaft [1943–1945])
Banken-Liquidations-RL	Richtlinie 2001/24/EG des Europäischen Parlaments und des Rates v. 4.4.2011 über die Sanierung und Liquidation von Kreditinstituten („Sanierungs-RL") (ABl. EG 2001 L 125 S. 15)

Abkürzungs- und Literaturverzeichnis

Abkürzungs- und Literaturverzeichnis

Bearbeiter in Behrens Die
GmbHG .... Behrens (Hrsg.), Die Gesellschaft mit beschränkter Haftung im internationalen und europäischen Recht, 2. Aufl. 1997

Beih. .... Beiheft

Beil. .... Beilage

Beitzke .... Beitzke (Hrsg.), Vorschläge und Gutachten zur Reform des deutschen internationalen Personen-, Familien- und Erbrechts, 1981

Beitzke Juristische Personen .... Beitzke, Juristische Personen im Internationalprivatrecht und Fremdenrecht, 1938

Bek. .... Bekanntmachung

belg. .... belgisch

Bem. .... Bemerkung

Bearbeiter in Bengel/Reimann TV-HdB .... Bengel/Reimann, Handbuch der Testamentsvollstreckung, 6. Aufl. 2017

ber. .... berichtigt

BerGesVR .... Berichte der Deutschen Gesellschaft für Völkerrecht

Bergmann/Ferid/ Henrich/*Bearbeiter* .... Bergmann/Ferid/Henrich/Cieslar, Internationales Ehe- und Kindschaftsrecht, 7 Bände, Loseblattwerk mit 223. Aktualisierung 2017

Bericht *Borrás/Degeling* .. Borrás/Degeling, Convention of 23 November 2007 on the International Recovery of Child Support and Other Forms of Family Maintenance – Explanatory Report, 2009, www.hcch.net/upload/expl38e.pdf

Bericht *Giuliano/Lagarde* Giuliano/Lagarde, Bericht, ABl. EG 1980 C 282 S. 1, BT-Drs. 10/503

Bericht *Jenard* .... Jenard/Möller, Bericht zu dem Übereinkommen über die gerichtliche Zuständigkeit und die Vollstreckung gerichtlicher Entscheidungen in Zivil- und Handelssachen, BT-Drs. 933/93

Bernasconi Qualifikationsprozess .... Bernasconi, Der Qualifikationsprozess im IPR, 1997

bes. .... besonders

bespr. .... besprochen

bestr. .... bestritten

betr. .... betreffend; betreffs

BetrAV .... Betriebliche Altersversorgung, Mitteilungsblatt der Arbeitsgemeinschaft für betriebliche Altersversorgung

BetrAVG .... Gesetz zur Verbesserung der betrieblichen Altersversorgung v. 19.12.1974 (BGBl. 1974 I S. 3610)

BetrVG .... Betriebsverfassungsgesetz idF der Bek. v. 25.9.2001 (BGBl. 2001 I S. 2518)

BeurkG .... Beurkundungsgesetz v. 28.8.1969 (BGBl. 1969 I S. 1513)

BewG .... Bewertungsgesetz idF der Bek. v. 1.2.1991 (BGBl. 1991 I S. 230)

bez. .... bezüglich

BezG .... Bezirksgericht

BfA .... Bundesversicherungsanstalt für Angestellte

BfAI .... Bundesstelle für Außenhandelsinformation

BFH .... Bundesfinanzhof

BFHE .... Sammlung der Entscheidungen und Gutachten des Bundesfinanzhofs

BFM .... Bundesfinanzministerium

BG .... Bezirksgericht, Bundesgericht

BGB .... Bürgerliches Gesetzbuch idF der Bek. v. 2.1.2002 (BGBl. 2002 I S. 42; berichtigt BGBl. 2002 S. 2909; BGBl. 2003 I S. 738)

BGB-InfoV .... Verordnung über Informations- und Nachweispflichten nach bürgerlichem Recht (BGB-Informationspflichtenverordnung) idF der Bek. v. 5.8.2002 (BGBl. 2002 I S. 3002)

BGBl. I, II, III .... Bundesgesetzblatt Teil I, Teil II, Teil III

BGE .... Entscheidungen des Schweizerischen Bundesgerichts

BGH .... Bundesgerichtshof

BGHR .... Rechtsprechung des Bundesgerichtshofs (Band und Seite)

BGHSt. .... Entscheidungen des Bundesgerichtshofs in Strafsachen

BGHWarn. .... Rechtsprechung des Bundesgerichtshofs in Zivilsachen – in der Amtlichen Sammlung nicht enthaltene Entscheidungen (als Fortsetzung von WarnR)

BGHZ .... Entscheidungen des Bundesgerichtshofs in Zivilsachen

Bianca/Bonell/*Bearbeiter* Bianca/Bonell (Hrsg.), Commentary on the International Sales Law, Mailand 1987

Bijl. Hand. .... Bijlagen bij de Handelingen van de Eerste/Tweede Kamer der Staten-Generaal

BImSchG .... Gesetz zum Schutz vor schädlichen Umwelteinwirkungen durch Luftverunreinigungen, Geräusche, Erschütterungen und ähnliche Vorgänge (Bundes-Immissionsschutzgesetz) idF der Bek. v. 26.9.2002 (BGBl. 2002 I S. 3830)

BinSchG .... Gesetz betreffend die privatrechtlichen Verhältnisse der Binnenschiffahrt (Binnenschiffahrtsgesetz) idF der Bek. v. 20.5.1898 (RGBl. 1898 S. 369, 868)

Abkürzungs- und Literaturverzeichnis

BIZ	Bank für Internationalen Zahlungsausgleich
BJagdG	Bundesjagdgesetz idF der Bek. v. 29.9.1976 (BGBl. 1976 I S. 2849)
BKartA	Bundeskartellamt
BKGG	Bundeskindergeldgesetz idF der Bek. v. 28.1.2009 (BGBl. 2009 I S. 142)
BKleinG	Bundeskleingartengesetz v. 28.2.1983 (BGBl. 1983 I S. 210)
BKR	Bank- und Kapitalmarktrecht (Zeitschrift)
Bl.	Blatt
BLAH/*Bearbeiter*	Baumbach/Lauterbach/Albers/Hartmann, Zivilprozessordnung, Kommentar, 75. Aufl. 2017
Bleckmann EuropaR	Bleckmann, Europarecht, 6. Aufl. 1997
BLG	Bundesleistungsgesetz idF der Bek. v. 27.9.1961 (BGBl. 1961 I S. 1769)
BlGBW	Blätter für Grundstücks-, Bau- und Wohnungsrecht
BlGenW	Blätter für Genossenschaftswesen
BlgNR (RV)	(österreichische) Beilagen zu den stenographischen Protokollen des Nationalrats (Regierungsvorlage)
BlIntPR	Blätter für internationales Privatrecht (Beilage zur Leipziger Zeitschrift für Deutsches Recht)
Bln.	Berlin(er)
BlPMZ	Blatt für Patent-, Muster- und Zeichenwesen
BlStSozArbR	Blätter für Steuerrecht, Sozialversicherung und Arbeitsrecht
BlZüRspr.	Blätter für Zürcherische Rechtsprechung
BMA	Bundesminister(ium) für Arbeit und Sozialordnung
BMBau	Bundesminister(ium) für Raumordnung, Bauwesen und Städtebau
BMI	Bundesminister(ium) des Innern
BMJ	Bundesminister(ium) der Justiz
BNotO	Bundesnotarordnung idF der Bek. v. 24.2.1961 (BGBl. 1961 I S. 98, berichtigt BGBl. 1999 I S. 194)
Böckstiegel Vertragsgestaltung	Böckstiegel ua (Hrsg.), Vertragsgestaltung und Streiterledigung in der Bauindustrie und im Anlagenbau, 1984
Böhmer/Siehr	Böhmer/Siehr, Das gesamte Familienrecht, Band 1: Das innerstaatliche Recht der Bundesrepublik Deutschland, Band 2: Das internationale Recht, Loseblatt, 1982 ff.
BöhmsZ	Zeitschrift für internationales Privat- und Strafrecht (ab 12.1903: für internationales Privat- und Öffentliches Recht), begr. von Böhm
Bonomi/Wautelet	Bonomi/Wautelet, Le droit européen des successions – Commentaire du Réglement n°650/2012 du 4 juillet 2012, 2. Aufl. 2016
Bork BGB AT	Bork, Allgemeiner Teil des Bürgerlichen Gesetzbuchs, 4. Aufl. 2016
Bork InsR	Bork, Einführung in das Insolvenzrecht, 8. Aufl. 2017
Bork/Jacoby/Schwab/*Bearbeiter*	Bork/Jacoby/Schwab, FamFG, Kommentar, 2. Aufl. 2013
Borrás-Bericht Nr.	Borrás, Erläuternder Bericht zu dem Übereinkommen aufgrund von Artikel K.3 des Vertrags über die Europäische Union über die Zuständigkeit und die Anerkennung und Vollstreckung von Entscheidungen in Ehesachen, ABl. EG 1998 C 221, 27
BörsG	Börsengesetz idF der Bek. v. 16.7.2007 (BGBl. 2007 I S. 1330)
BörsZulV	Verordnung über die Zulassung von Wertpapieren zur amtlichen Notierung an einer Wertpapierbörse (Börsenzulassungs-Verordnung) v. 9.9.1998 (BGBl. 1998 I S. 2832)
BoSoG	Gesetz über die Sonderung unvermessener und überbauter Grundstücke nach der Karte (Bodensonderungsgesetz) v. 20.12.1993 (BGBl. 1993 I S. 2182, 2215)
BPatA	Bundespatentamt
BPatG	Bundespatentgericht
BPersVG	Bundespersonalvertretungsgesetz v. 15.3.1974 (BGBl. 1974 I S. 693)
BPolBG	Bundespolizeibeamtengesetz idF der Bek. v. 3.6.1976 (BGBl. 1976 I S. 1357)
BR	Bundesrat
BRAO	Bundesrechtsanwaltsordnung v. 1.8.1959 (BGBl. 1959 I S. 565)
Braun/*Bearbeiter*	Braun, Insolvenzordnung (InsO), Kommentar, 7. Aufl. 2017
BR-Drs.	Drucksache des Deutschen Bundesrates
BReg.	Bundesregierung
Breithaupt	Breithaupt, Sammlung von Entscheidungen aus dem Sozialrecht
Brem.; brem.	Bremen; bremisch
Brit. Yb. Int. L.	British Year Book of International Law
BRRD	Richtlinie 2014/59/EU des Europäischen Parlaments und des Rates v. 15.5.2014 zur Festlegung eines Rahmens für die Sanierung und Abwicklung von Kreditinstituten und Wertpapierfirmen und zur Änderung der Richtlinie 82/891/EWG des Rates, der Richtlinien 2001/24/EG, 2002/47/EG, 2004/25/EG, 2005/56/EG, 2007/36/EG, 2011/35/EU, 2012/30/EU und 2013/36/EU sowie der Verordnun-

	gen (EU) Nr. 1093/2010 und (EU) Nr. 648/2012 des Europäischen Parlaments und des Rates („EU-Bankenabwicklungsrichtlinie") (ABl. EU 2014 L 173 S. 190)
BR-Prot.	Protokoll des Deutschen Bundesrates
Bruck/Möller/*Bearbeiter* .	Bruck/Möller, VVG – Versicherungsvertragsgesetz, Kommentar, 9. Aufl. 2013 ff.
Brüssel I-VO	Verordnung (EG) Nr. 44/2001 des Rates über die gerichtliche Zuständigkeit und die Anerkennung und Vollstreckung von Entscheidungen in Zivil- und Handelssachen v. 22.12.2001 (ABl. EU 2001 L 12 S. 1)
Brüssel Ia-VO	Verordnung (EU) Nr. 1215/2012 des Europäischen Parlaments und des Rates v. 12.12.2012 über die gerichtliche Zuständigkeit und die Anerkennung und Vollstreckung von Entscheidungen in Zivil- und Handelssachen (ABl. EU 2012 L 351 S. 1, berichtigt ABl. EU 2016 L 264 S. 43)
Brüssel IIa-VO	Verordnung (EG) Nr. 2201/2003 des Rates über die Zuständigkeit und die Anerkennung und Vollstreckung von Entscheidungen in Ehesachen und in Verfahren betreffend die elterliche Verantwortung v. 27.11.2003 (ABl. EU 2003 L 338 S. 1)
BSG	Bundessozialgericht
BSGE	Entscheidungen des Bundessozialgerichts
BStBl.	Bundessteuerblatt
BT	Besonderer Teil; Bundestag
BT-Prot.	Protokoll des Deutschen Bundestages
BTÄO	Bundes-Tierärzteordnung idF der Bek. v. 20.11.1981 (BGBl. 1981 I S. 1193)
BT-Drs.	Drucksache des Deutschen Bundestages
BtMG	Gesetz über den Verkehr mit Betäubungsmitteln (Betäubungsmittelgesetz) v. 1.3.1994 (BGBl. 1994 I S. 358)
BtPrax	Betreuungsrechtliche Praxis (Zeitschrift)
BuB	Bankrecht und Bankpraxis, Loseblattwerk, 3 Bände, 1979 ff.
Buchst.	Buchstabe
Bull. Civ., Com.	Bulletin des arrêts de la Cour de cassation, Chambre civile, commerciale
Bumiller/Harders/ Schwamb	Bumiller/Harders/Schwamb, Freiwillige Gerichtsbarkeit, Kommentar, 11. Aufl. 2015
BUrlG	Mindesturlaubsgesetz für Arbeitnehmer (Bundesurlaubsgesetz) idF der Bek. v. 8.1.1963 (BGBl. 1963 I S. 2)
Bus. L. Rev.	Business Law Review
Bus. Law.	The Business Lawyer
Büscher/Dittmer/ Schiwy/Bearbeiter	Büscher/Dittmer/Schiwy, Gewerblicher Rechtsschutz Urheberrecht Medienrecht, Kommentar, 3. Aufl. 2015
Buxbaum/Hopt	Buxbaum/Hopt, Legal Harmonization and the Business Enterprise, in Capelletti/Seccombe/Weiler (Hrsg.), Integration Through Law, Bd. 4, 1988
BV	Budapester Vertrag über die internationale Anerkennung der Hinterlegung von Mikroorganismen v. 28.4.1977 (BGBl. 1980 II S. 1104)
BVerfG	Bundesverfassungsgericht
BVerfGE	Entscheidungen des Bundesverfassungsgerichts
BVerfGG	Gesetz über das Bundesverfassungsgericht (Bundesverfassungsgerichtsgesetz) idF der Bek. v. 11.8.1993 (BGBl. 1993 I S. 1473)
BVerwG	Bundesverwaltungsgericht
BVerwGE	Entscheidungen des Bundesverwaltungsgerichts
BVFG	Gesetz über die Angelegenheiten der Vertriebenen und Flüchtlinge (Bundesvertriebenengesetz) idF der Bek. v. 2.6.1993 (BGBl. 1993 I S. 829)
BVG	Gesetz über die Versorgung der Opfer des Krieges (Bundesversorgungsgesetz) idF der Bek. v. 22.1.1982 (BGBl. 1982 I S. 21)
BVormVG	Gesetz über die Vergütung von Berufsvormündern (Berufsvormündervergütungsgesetz) v. 25.6.1998 (BGBl. 1998 I S. 1580)
BW	Burgerlijk Wetboek (Niederlande)
BWG	Bundeswahlgesetz idF der Bek. v. 23.7.1993 (BGBl. 1993 I S. 1288, 1594)
BWNotZ	Mitteilungen aus der Praxis, Zeitschrift für das Notariat in Baden-Württemberg (früher WürttNotV)
BZRG	Gesetz über das Zentralregister und das Erziehungsregister (Bundeszentralregistergesetz) idF der Bek. v. 21.9.1984 (BGBl. 1984 I S. 1229)
bzw.	beziehungsweise
C. A.	Court of Appeal
C. c.	Code civil, Codice Civile (fr. = französischer it. = italienischer)
c. i. c.	culpa in contrahendo
c. i. f.	cost, insurance, freight
C. I. J.	Cour international de Justice
C. I. J. Rec.	Com. Internationale de Justice. Recueil des arrêts, avis consultatifs et ordonnances
C. L. J.	The Cambridge Law Journal

Abkürzungs- und Literaturverzeichnis

COTIF	Convention relative aux transports internationaux ferroviaires (COTIV), Übereinkommen über den internationalen Eisenbahnverkehr (COTIF) v. 9.5.1980 (BGBl. 1985 II S. 130, 144, 1001)
CR	Computer und Recht (Zeitschrift)
CRD IV	Richtlinie 2013/36/EU des Europäischen Parlaments und des Rates v. 26.6.2013 über den Zugang zur Tätigkeit von Kreditinstituten und die Beaufsichtigung von Kreditinstituten und Wertpapierfirmen, zur Änderung der Richtlinie 2002/87/EG und zur Aufhebung der Richtlinien 2006/48/EG und 2006/49/EG (ABl. EU 2013 L 176 S. 338, berichtigt ABl. EU 2013 L 208 S. 73, berichtigt ABl. EU 2017 L 20 S. 1)
CRR	Verordnung (EU) Nr. 575/2013 des Europäischen Parlaments und des Rates v. 26.6.2013 über Aufsichtsanforderungen an Kreditinstitute und Wertpapierfirmen und zur Änderung der Verordnung (EU) Nr. 646/2012 („Bankenaufsichts-VO") (ABl. EU 2013 L 176 S. 1, berichtigt ABl. EU 2013 L 208 S. 68, ABl. EU 2013 L 321 S. 6, ABl. EU 2015 L 193 S. 166, ABl. EU 2017 L 20 S. 3)
CTD	Cuadernos de Derecho Transnational
CTMR	Community Trade Mark Regulation, s. unter UMV
CVN	(Genfer) Übereinkommen über den Internationalen Beförderungsvertrag für Reisende und Gepäck in der Binnenschiffahrt v. 1.5.1976
CVR	Übereinkommen über den Vertrag über die internationale Beförderung von Personen und Gepäck auf der Straße v. 1.3.1973
Czernich/Tiefenthaler/ Kodek/*Bearbeiter*	Czernich/Tiefenthaler/Kodek, Europäisches Gerichtsstands- und Vollstreckungsrecht, Kommentar, 4. Aufl. 2015
D, Dall	Recueil Dalloz
D. Jur.	Recueil Dalloz, Jurisprudence
D. C.	District of Columbia
D. Chron.	Recueil Dalloz, Chronique
D. L. R.	Dominion Law Reports
D. M. F.	Le Droit Maritime Français
D. P.	Dalloz périodique
D. S.	Recueil Dalloz Sirey
D. S. Chron.	Recueil Dalloz Sirey, Chronique
D. S. Jur.	Recueil Dalloz, Jurisprudence
Dalhousie L. J.	Dalhosie Law Journal
Dannemann in Leible General Principles	Dannemann, Adaptation, in Leible, General Principles of European Private International Law, 2016, 331
Dannemann Ungewollte Diskriminierung	Dannemann, Die ungewollte Diskriminierung in der internationalen Rechtsanwendung, 2004
DAngVers.	Die Angestelltenversicherung (Zeitschrift)
DAR	Deutsches Autorecht (Zeitschrift)
DAVorm.	Der Amtsvormund; s. jetzt JAmt
DB	Der Betrieb (Zeitschrift)
DBS	Direct Broadcasting Satellites
DDR	Deutsche Demokratische Republik
De G. & J.	De Gex and Jones's Reports
Deinert IntArbR	Deinert, Internationales Arbeitsrecht, 2013
Deixler-Hübner/Schauer	Deixler-Hübner/Schauer, Kommentar zur EU-Erbrechtsverordnung, 2015
Denkschr.	Denkschrift des Reichsjustizamts zum Entwurf eines Bürgerlichen Gesetzbuchs, 1896
DepotG	Gesetz über die Verwahrung und Anschaffung von Wertpapieren (Depotgesetz) idF der Bek. v. 11.1.1995 (BGBl. S. 34)
Bearbeiter in Derleder/ Knops/Bamberger BankR-HdB	Derleder/Knops/Bamberger, Handbuch zum deutschen und europäischen Bankrecht, 3. Aufl. 2017
DesignG	Gesetz über den rechtlichen Schutz von Design (Designgesetz) idF der Bek. v. 24.2.2014 (BGBl. 2014 I S. 122)
DEuFamR	Deutsches und Europäisches Familienrecht (Zeitschrift)
DFGT	Deutscher Familiengerichtstag
DFIFR	Das Internationale Familienrecht Deutschlands und Frankreichs (1955)
DGB	Deutscher Gewerkschaftsbund
dgl.	desgleichen; dergleichen
DGVZ	Deutsche Gerichtsvollzieher-Zeitung
dh	das heißt

Abkürzungs- und Literaturverzeichnis

Dicey/Morris/Collins
Conflict of Laws .... Dicey/Morris/Collins, The Conflict of Laws, 15. Aufl. 2012
Dickinson The Rome II
Regulation .... Dickinson, The Rome II Regulation: The Law Applicable to Non-Contractual Obligations, 2008
Die Bank .... Die Bank (Zeitschrift)
diff. .... differenzierend
Dig. .... Digesten
Dir. Com. Scamb. Int. .. Diritto Comunitario e degli Scambi Internazionali
Dir. Fam. .... Il Diritto di Famiglia e delle Persone
Dir. fam. pers. .... Il Diritto di Famiglia e delle Persone
Dir. int. .... Diritto Internazionale
Dir. mar. .... Il Diritto Marittimo
DiskE .... Diskussionsentwurf
Disp. prel. .... Disposizioni preliminari (Einführungsartikel zum it. Codice civile)
Diss. .... Dissertation (Universitätsort)
DIV .... Deutsches Institut für Vormundschaftswesen
DJ .... Deutsche Justiz (Zeitschrift)
djbZ .... Zeitschrift des Deutschen Juristinnenbundes
DJT .... Deutscher Juristentag
DJZ .... Deutsche Juristenzeitung (Zeitschrift)
DM-BilG .... Gesetz über die Eröffnungsbilanz in Deutscher Mark und die Kapitalneufestsetzung (D-Markbilanzgesetz) idF der Bek. v. 28.7.1994 (BGBl. 1994 I S. 1842)
DNotI-Studie .... Rechtsvergleichende Studie der erbrechtlichen Regelungen des Internationalen Verfahrensrechtes und Internationalen Privatrechts der Mitgliedstaaten der Europäischen Union, in Deutsches Notarinstitut, Internationales Erbrecht in der EU, 2004, 169
DNotV .... Zeitschrift des Deutschen Notarvereins (1.1901–33.1933), dann DNotZ
DNotZ .... Deutsche Notar-Zeitung (Zeitschrift)
Doc. Jur. .... Documentación Jurídica
DÖD .... Der öffentliche Dienst (Zeitschrift)
DogmJ .... Jahrbücher für die Dogmatik des heutigen römischen und deutschen Privatrechts
Dok. .... Dokument
DÖKV .... Deutsch-Österreichischer Konkurs- und Vergleichsvertrag v. 25.5.1979 (BGBl. 1985 II S. 410, 712)
Dölle IPR .... Dölle, Internationales Privatrecht, Eine Einführung in seine Grundlagen, 2. Aufl. 1972
DONot .... Dienstordnung für Notare – Bundeseinheitliche Verwaltungsvorschrift der Landesjustizverwaltungen; für Bayern: idF der Bek. v. 25.1.2001 (BayJMBl. S. 32)
Dörner Abgrenzung .... Dörner, Die Abgrenzung des Erbstatuts vom Güterstatut, in Dutta/Herrler, Die Europäische Erbrechtsverordnung, 2014
DÖV .... Die öffentliche Verwaltung (Zeitschrift)
DR .... Deutsches Recht (Zeitschrift)
Dr. aff. int. .... Revue de droit des affaires internationales, International Business Law Journal
Dr. prat. comm. int. ..... Droit et pratique du commerce international, International Trade Law und Practice
DRdA .... Das Recht der Arbeit (österreichische Zeitschrift)
Dreier/Schulze .... Dreier/Schulze, UrhG, Kommentar, 5. Aufl. 2015
Dreyer/Kotthoff/Meckel ... Dreyer/Kotthoff/Meckel, Urheberrecht, 3. Aufl. 2013
Drexl/Kur Intellectual
Property and Private
International Law .... Drexl/Kur (Hrsg.), Intellectual Property and Private International Law: Heading for the Future, 2005
DRiG .... Deutsches Richtergesetz idF der Bek. v. 19.4.1972 (BGBl. 1972 I S. 713)
DRiZ .... Deutsche Richterzeitung (Zeitschrift)
DRspr. .... Deutsche Rechtsprechung, Entscheidungssammlung und Aufsatzhinweise
DRV .... Deutsche Rentenversicherung (Zeitschrift); Deutscher Reisebüro-Verband eV
DRWiss. .... Deutsche Rechtswissenschaft (Zeitschrift, 1.1936–8.1943)
DRZ .... Deutsche Rechts-Zeitschrift
DSb. .... Der Sozialberater (Zeitschrift)
DStR .... Deutsches Steuerrecht (Zeitschrift)
DStZ/A .... Deutsche Steuerzeitung Ausgabe A
Dt.; dt. .... deutsch
Dt.-Iran. NiederlAbk .... Niederlassungsabkommen zwischen dem Deutschen Reich und des Kaiserreich Persien v. 17.2.1929 (RGBl. 1930 II S. 1006)
DtZ .... Deutsch-Deutsche Rechts-Zeitschrift
Duke L.J. .... Duke Law Journal
DuR .... Demokratie und Recht (Zeitschrift)

Abkürzungs- und Literaturverzeichnis

Dutta/Herrler/*Bearbeiter* .	Dutta/Herrler (Hrsg.), Die Europäische Erbrechtsverordnung, Kommentar, 2014
Dutta/Weber/*Bearbeiter* ..	Dutta/Weber, Internationales Erbrecht, Kommentar, 2016
DVBl	Deutsches Verwaltungsblatt
DVerkStRdsch.	Deutsche Verkehrsteuer-Rundschau
DVO	Durchführungsverordnung
DWW	Deutsche Wohnungswirtschaft (hrsg. vom Zentralverband der deutschen Haus-, Wohnungs- und Grundeigentümer; Zeitschrift)
DZWiR	Deutsche Zeitschrift für Wirtschafts- und Insolvenzrecht (Zeitschrift)
E	Entwurf
E-Commerce-RL	RL 2000/31/EG des Europäischen Parlaments und des Rates v. 8.6.2000 über bestimmte rechtliche Aspekte der Dienste der Informationsgesellschaft, insbesondere des elektronischen Geschäftsverkehrs, im Binnenmarkt (ABl. EG 2000 L 178 S. 1)
eV	eingetragener Verein
EALG	Gesetz über die Entschädigung nach dem Gesetz zur Regelung offener Vermögensfragen und über staatliche Ausgleichsleistungen für Enteignungen auf besatzungsrechtlicher oder besatzungshoheitlicher Grundlage (Entschädigungs- und Ausgleichsleistungsgesetz) v. 27.9.1994 (BGBl. 1994 I S. 2624)
East. Afr. L. Rev.	Eastern Africa Law Review
Ebenroth Vermögenszuwendungen	Ebenroth, Die verdeckten Vermögenszuwendungen im transnationalen Unternehmen, 1979
EBJS/*Bearbeiter*	Ebenroth/Boujong/Joost/Strohn, Handelsgesetzbuch, Kommentar, 2 Bände, 3. Aufl. 2014
Ec. J	The Economic Journal (seit 1891)
ECE	Economic Commission for Europe
EF-Z	Zeitschrift für Familien- und Erbrecht
EFG	Entscheidungen der Finanzgerichte; Eigentumsfristengesetz v. 20.12.1996 (BGBl. 1996 I S. 2028)
EFSlg.	(österreichische) Ehe- und familienrechtliche Entscheidungen
EFTA	European Free Trade Association (Europäische Freihandelsassoziation)
EFZG	Gesetz über die Zahlung des Arbeitsentgelts an Feiertagen und im Krankheitsfalle (Entgeltfortzahlungsgesetz) v. 26.5.1994 (BGBl. 1994 I S. 1014, 1065)
EG	Europäische Gemeinschaft; Einführungsgesetz
EGV; EG-Vertrag	Vertrag zur Gründung der Europäischen Gemeinschaften idF der Bek. des Vertrages von Amsterdam v. 2.10.1997 (ABl. EG 1997 C 340 S. 1)
EGBGB	Einführungsgesetz zum Bürgerlichen Gesetzbuche idF der Bek. v. 21.9.1994 (BGBl. S. 2494)
EG-Bull.	Bulletin der Europäischen Gemeinschaften
EGKS	Europäische Gemeinschaft für Kohle und Stahl
EGKSV	Vertrag über die Gründung der Europäischen Gemeinschaft für Kohle und Stahl v. 18.4.1951 (BGBl. 1951 II S. 445, 978)
EGMR	Europäischer Gerichtshof für Menschenrechte
EGZGB	Einführungsgesetz zum Zivilgesetzbuch der Deutschen Demokratischen Republik v. 19.6.1975 (GBl. S. 517)
EheschlGberReg	s. unter HEheSchlA
Bearbeiter in Eidenmüller Ausl. KapGes.	Eidenmüller (Hrsg.), Ausländische Kapitalgesellschaften im deutschen Recht, 2004
Eidgen. Justizabt.	Eidgenössische Justizabteilung
Einf.	Einführung
einhM	einhellige Meinung
Einl.	Einleitung
Einsele WertpapierR	Einsele, Wertpapierrecht als Schuldrecht: Funktionsverlust von Effektenurkunden im internationalen Rechtsverkehr, 1995
EJF	Entscheidungen aus dem Jugend- und Familienrecht (Abschnitt und Nr.)
EKAG	Einheitliches Gesetz über den Abschluß von internationalen Kaufverträgen über bewegliche Sachen v. 17.7.1973 (BGBl. 1973 I S. 868), Bek. v. 30.1.1974 (BGBl. 1974 II S. 148)
ELF	The European Legal Forum
ELR	European Law Report
ElsLothZ	Elsaß-Lothringische Zeitung
Emde/Dornseifer/ Dreibus/Hölscher/ *Bearbeiter*	Emde/Dornseifer/Dreibus/Hölscher (Hrsg.), Investmentgesetz: InvG, 2013
EMRK	Europäische Kommission für Menschenrechte
EMRKZusProt	Erstes Zusatzprotokoll zur Konvention zum Schutz der Menschenrechte und Grundfreiheiten v. 20.3.1952 (BGBl. 1956 II S. 1879, 1880)

Abkürzungs- und Literaturverzeichnis

Encycl. Publ. Int. L.	Encyclopedia of Public International Law
Enderlein / Maskow /	
Strohbach	Enderlein/Maskow/Strohbach, Internationales Kaufrecht, 1991
engl.	englisch
Entsch.	Entscheidung
EntschG	Gesetz über die Entschädigung nach dem Gesetz zur Regelung offener Vermögens- fragen (Entschädigungsgesetz) idF der Bek. v. 13.7.2004 (BGBl. 2004 I S. 1658)
entspr.	entsprechend
EnWG	Gesetz über die Elektrizitäts- und Gasversorgung (Energiewirtschaftsgesetz) v. 7.7.2005 (BGBl. 2005 I S. 1970)
ENZ	Europäisches Nachlasszeugnis
EPatÜbersVO	Verordnung (EU) Nr. 1260/2012 des Rates v. 17.12.2012 über die Umsetzung der Verstärkten Zusammenarbeit im Bereich der Schaffung eines einheitlichen Patent- schutzes im Hinblick auf die anzuwendenden Übersetzungsregelungen (ABl. EU 2012 L 361 S. 89)
EPatVO	Verordnung (EU) Nr. 1257/2012 des Europäischen Parlaments und des Rates v. 17.12.2012 über die Umsetzung der Verstärkten Zusammenarbeit im Bereich der Schaffung eines einheitlichen Patentschutzes (ABl. EU 2012 L 361 S. 1)
EPGÜ	Übereinkommen über ein Einheitliches Patentgericht (2013/C 175/01) v. 19.2.2013 (ABl. EU C 175 S. 1)
EPIL	Encyclopedia of Public International Law
EPLJ	European Property Law Journal
EPO	einheitliches Kollisionsrecht der Mitgliedstaaten der Europäischen Patentorganisa- tion
EPÜ	(Münchener) Übereinkommen über die Erteilung europäischer Patente v. 5.10.1973 (BGBl. 1976 II S. 649, 826)
ErbbauRG	Gesetz über das Erbbaurecht v. 15.1.1919 (RGBl. 1919 S. 72, berichtigt RGBl. 1919 S. 122)
ErbR	Erbrecht
ErbRÜ	Haager Übereinkommen v. 1.8.1989 über das auf die Rechtsnachfolge von Todes wegen anzuwendende Recht, abgedruckt in IPRax 2000, 53 = MittRhNotK 1997, 27
ErbStG	Erbschaftsteuer- und Schenkungsteuergesetz idF der Bek. v. 27.2.1997 (BGBl. 1997 I S. 378)
ErfK / *Bearbeiter*	Erfurter Kommentar zum Arbeitsrecht, hrsg. von Müller-Glöge/Preis/Schmidt, 17. Aufl. 2017
Erg.	Ergänzung
Erl.	Erlass; Erläuterung
Erman / *Bearbeiter*	Erman, Handkommentar zum Bürgerlichen Gesetzbuch, hrsg. von Westermann, 2 Bände, 14. Aufl. 2014
ESchG	Gesetz zum Schutz von Embryonen (Embryonenschutzgesetz) v. 13.12.1990 (BGBl. 1990 I S. 2746)
EStG	Einkommensteuergesetz idF der Bek. v. 19.10.2002 (BGBl. 2002 I S. 4210)
ESMA	European Securities and Markets Authority
ESMA-VO	Verordnung (EU) Nr. 1095/2010 des Europäischen Parlaments und des Rates v. 24.11.2010 zur Errichtung einer Europäischen Aufsichtsbehörde (Europäische Wert- papier- und Marktaufsichtsbehörde), zur Änderung des Beschlusses Nr. 716/2009/ EG und zur Aufhebung des Beschlusses 2009/77/EG der Kommission (ABl. EU 2010 L 331 S. 84)
ESÜ	Übereinkommen über den internationalen Schutz von Erwachsenen v. 13.1.2000 (BGBl. 2007 II S. 323)
ESÜAG	Gesetz zur Ausführung des Haager Übereinkommens v. 13.1.2000 über den interna- tionalen Schutz von Erwachsenen (Erwachsenenschutzübereinkommens-Ausfüh- rungsgesetz) v. 17.3.2007 (BGBl. 2007 I S. 314)
etc	et cetera
EU	Europäische Union
EÜ	Europäisches Übereinkommen über die internationale Handelsgerichtsbarkeit v. 21.4.1961 (BGBl. 1964 II S. 426)
EuAdoptÜ	Europäisches Übereinkommen über die Adoption von Kindern (revidiert) v. 27.11.2008 (BGBl. 2015 II S. 2, 3)
EuArbR / *Bearbeiter*	Franzen/Gallner/Oetker, Kommentar zum europäischen Arbeitsrecht, 2016
EuErbVO	Verordnung (EU) Nr. 650/2012 des Europäischen Parlaments und des Rates v. 4.7.2012 über die Zuständigkeit, das anzuwendende Recht, die Anerkennung und Vollstreckung von Entscheidungen und die Annahme und Vollstreckung öffentli- cher Urkunden in Erbsachen sowie zur Einführung eines Europäischen Nachlass- zeugnisses (ABl. EU 2012 L 201 S. 107, berichtigt ABl. EU 2012 L 344 S. 3, ABl. EU 2013 L 41 S. 16, ABl. EU 2013 L 60 S. 140)

Abkürzungs- und Literaturverzeichnis

EuG	Europäisches Gericht Erster Instanz
EuGH	Gerichtshof der Europäischen Union
EuGRZ	Europäische Grundrechte-Zeitschrift
EuGüVO	Verordnung (EU) 2016/1103 des Rates v. 24.6.2016 zur Durchführung einer Verstärkten Zusammenarbeit im Bereich der Zuständigkeit, des anzuwendenden Rechts und der Anerkennung und Vollstreckung von Entscheidungen in Fragen des ehelichen Güterstands (ABl. EU 2016 L 183 S. 1)
EuGVÜ	Europäisches Übereinkommen von Brüssel über die gerichtliche Zuständigkeit und die Vollstreckung gerichtlicher Entscheidungen in Zivil- und Handelssachen v. 27.9.1968 (BGBl. 1972 II S. 773; 1986 II S. 1020)
EuMVVO	Verordnung (EG) Nr. 1896/2006 v. 12.12.2006 zur Einführung eines europäischen Mahnverfahrens (ABl. EU 2006 L 399 S. 1)
EuPartVO	Verordnung (EU) 2016/1104 des Rates v. 24.6.2016 zur Durchführung der Verstärkten Zusammenarbeit im Bereich der Zuständigkeit, des anzuwendenden Rechts und der Anerkennung und Vollstreckung von Entscheidungen in Fragen güterrechtlicher Wirkungen eingetragener Partnerschaften (ABl. EU 2016 L 183 S. 30)
Eur. L. Rev.	European Law Review
Eur. Rev. Priv. L.	European Revue of Private Law (Niederlande)
Eur. Transp. L.	European Transport Law (Zeitschrift)
EuR	Europarecht (Zeitschrift)
EurInsÜbk	Europäisches Übereinkommen über Insolvenzsystem
EurLegForum	The European Legal Forum
EuroEG	Gesetz zur Einführung des Euro v. 9.6.1998 (BGBl. 1998 I S. 1242)
EuroVO 1997	Verordnung (EG) Nr. 1103/97 über bestimmte Vorschriften im Zusammenhang mit der Einführung des Euro v. 19.6.1997 (ABl. EG 1997 L 162 S. 1)
EuroVO 1998	Verordnung VO (EG) Nr. 974/98 über die Einführung des Euro v. 7.7.1997 (ABl. EG 1997 C 236)
EurPILO	Lando/v. Hoffmann/Siehr (Hrsg.), European Private Law of Obligations – Acts and Documents of an International Colloquium on the European Preliminary Draft Convention on the Law Applicable to Contractual and Non-Contractual Obligations held in Copenhagen on April 29–30, 1974 (1975)
EuSorgeRÜ	Europäisches Übereinkommen über die Anerkennung und Vollstreckung von Entscheidungen über das Sorgerecht für Kinder und die Wiederherstellung des Sorgeverhältnisses v. 20.5.1980 (BGBl. 1990 II S. 206, 220)
EuUnthVO	Verordnung (EG) Nr. 4/2009 des Rates v. 18.12.2008 über die Zuständigkeit, das anwendbare Recht, die Anerkennung und Vollstreckung von Entscheidungen und die Zusammenarbeit in Unterhaltssachen (ABl. EU 2009 L 7 S. 1, berichtigt ABl. EU 2011 L 131 S. 26, ABl. EU 2013 L 8 S. 19 und ABl. EU L 281 S. 29)
EuV	Vertrag über die Europäische Union idF des Vertrages von Lissabon v. 13.12.2007 (ABl. EU C 111 S. 56 und ABl. EU 2009 C 290 S. 1)
EuVTVO	Verordnung (EG) Nr. 805/2004 des Europäischen Parlaments und des Rates v. 21.4.2004 zur Einführung eines europäischen Vollstreckungstitels für unbestrittene Forderungen (ABl. EG 2004 L 143 S. 15, berichtigt ABl. EG 2005 L 97 S. 64, ABl. EU 2008 L 50 S. 71)
EuZ	Zeitschrift für Europarecht
EuZVO	Verordnung (EG) Nr. 1393/2007 des Europäischen Parlaments und des Rates v. 13.11.2007 über die Zustellung gerichtlicher und außergerichtlicher Schriftstücke in Zivil- oder Handelssachen in den Mitgliedstaaten („Zustellung von Schriftstücken") und zur Aufhebung der Verordnung (EG) Nr. 1348/2000 des Rates (ABl. EU 2007 L 324 S. 79)
EuZW	Europäische Zeitschrift für Wirtschaftsrecht
EvBl.	Öst. Juristenzeitung, Evidenzblatt der Rechtsmittelentscheidungen
EVertr.	Vertrag zwischen der Bundesrepublik Deutschland und der Deutschen Demokratischen Republik über die Herstellung der Einheit Deutschlands (Einigungsvertrag) v. 31.8.1990 (BGBl. 1990 II S. 889)
EVO	Eisenbahn-Verkehrsordnung idF der Bek. v. 20.4.1999 (BGBl. 1999 I S. 782)
evtl.	eventuell
EVÜ	(Europäisches) Übereinkommen über das auf vertragliche Schuldverhältnisse anzuwendende Recht v. 19.6.1980 (BGBl. 1986 II S. 809; 1991 II S. 871)
EWGV	Vertrag zur Gründung der Europäischen Wirtschaftsgemeinschaft v. 25.3.1957 (BGBl. 1957 II S. 766)
EWiR	Entscheidungen zum Wirtschaftsrecht (Zeitschrift)
EWIV	Europäische Wirtschaftliche Interessenvereinigung
EWIV-VO	Verordnung (EWG) Nr. 2137/85 des Rates v. 25.7.1985 über die Schaffung einer Europäischen wirtschaftlichen Interessenvereinigung (EWIV) (ABl. EG 1985 L 199 S. 1)

Abkürzungs- und Literaturverzeichnis

EWR	Europäischer Wirtschaftsraum
EWS	Europäisches Wirtschafts- und Steuerrecht
EWSA-Stellungnahme zum Kommissionsvorschlag	Stellungnahme des Europäischen Wirtschafts- und Sozialausschusses v. 14.7.2010 zu dem „Vorschlag für eine Verordnung des Europäischen Parlaments und des Rates über die Zuständigkeit, das anzuwendende Recht, die Anerkennung und die Vollstreckung von Entscheidungen und öffentlichen Urkunden in Erbsachen sowie zur Einführung eines Europäischen Nachlasszeugnisses", ABl. EU 2011 C 44 S. 148
EYIEL	European Yearbook of International Economic Law
EzA	Entscheidungen zum Arbeitsrecht, hrsg. von Stahlhacke
EzFamR	Entscheidungen zum Familienrecht
F.	Federal Reporter
F. Supp.	Federal Supplement
F. L. R.	Federal Law Reports (Australia)
f., ff.	folgend(e)
FachAnwK-ErbR/ Bearbeiter	Frieser, Fachanwaltskommentar Erbrecht, 4. Aufl. 2013
FachAnwK-FamR/ Bearbeiter	Weinreich/Klein, Familienrecht, Kommentar, 5. Aufl. 2013
FactÜ	Übereinkommen über das internationale Factoring von Ottawa v. 28.5.1988 (BGBl. 1998 II S. 172)
Fallon/Lagarde/Poillot-Peruzzetto	Fallon/Lagarde/Poillot-Peruzzetto, Quelle architecture pour un code européen de droit international privé?, 2011
FamFG	Gesetz über das Verfahren in Familiensachen und in den Angelegenheiten der freiwilligen Gerichtsbarkeit v. 17.12.2008 (BGBl. 2008 I S. 2586)
FamG	Familiengericht
FamGKG	Gesetz über das Gesetz über Gerichtskosten in Familiensachen v. 17.12.2008 (BGBl. 2008 I S. 2586)
FamR	Familienrecht
FamRefK/Bearbeiter	Bäumel/Bienwald/Häußermann, Familienrechtsreformkommentar, 1998
FamRZ	Ehe und Familie im privaten und öffentlichen Recht, Zeitschrift für das gesamte Familienrecht
FFDH/Bearbeiter IntErbR	Ferid/Firsching/Dörner/Hausmann, Internationales Erbrecht, 9 Ordner, Loseblatt, 103. EL 2017
Ferid/Sonnenberger	Ferid/Sonnenberger, Das Französische Zivilrecht, 2. Aufl., (Bd. 1/1) 1994, (Bd. 2) 1986, (Bd. 3) 1987, (Bd. 4/1) 1993, (Bd. 4/2) 1989
Fernabsatz-RL	Richtlinie 97/7/EG des Europäischen Parlaments und des Rates v. 20.5.1997 über den Verbraucherschutz bei Vertragsabschlüssen im Fernabsatz (ABl. EG 1997 L 144 S. 19)
FernUSG	Gesetz zum Schutz der Teilnehmer am Fernunterricht (Fernunterrichtsschutzgesetz) idF der Bek. v. 4.12.2000 (BGBl. 2000 I S. 1670)
Bearbeiter in Ferrari Int-VertragsR	Ferrari/Kieninger/Mankowski/Otte/Saenger/Schulze/Staudinger, Internationales Vertragsrecht, Kommentar, 2. Aufl. 2012
Fezer	Fezer, Markenrecht, Kommentar, 4. Aufl. 2009
FBO/Bearbeiter	Fezer/Büscher/Obergfell, Lauterkeitsrecht, Kommentar zum Gesetz gegen unlauteren Wettbewerb, 3. Aufl. 2016
FG	Festgabe
FGG	Gesetz über die Angelegenheit der freiwilligen Gerichtsbarkeit idF der Bek. v. 20.5.1898 (RGBl. 1898 S. 369, 771), aufgehoben
FGO	Finanzgerichtsordnung idF der Bek. v. 28.3.2001 (BGBl. 2001 I S. 442)
FGPrax	Praxis der Freiwilligen Gerichtsbarkeit (Zeitschrift)
FIDIC-Conditions	Internationale Vertragsbedingungen für Ingenieurleistungen
FinG	Finanzgericht
Finkelmeier Qualifikation der Vindikation	Finkelmeier, Qualifikation der Vindikation und des Eigentümer-Besitzer-Verhältnisses, 2016
FJR	Familie- en Jeugdrecht (Zeitschrift)
FK-GWB/Bearbeiter	Jaeger/Pohlmann/Schroeder, Frankfurter Kommentar zum Kartellrecht, 88. EL 2017
FK-WpPG/Bearbeiter	Berrar/Schnorbus/Meyer, Frankfurter Kommentar zum WpPG und EU-ProspektVO, 2. Aufl. 2017
EU-ProspektVO	Verordnung (EU) 2017/1129 des Europäischen Parlaments und des Rates v. 14.6.2017 über den Prospekt, der beim öffentlichen Angebot von Wertpapieren

oder bei deren Zulassung zum Handel an einem geregelten Markt zu veröffentlichen ist und zur Aufhebung der Richtlinie 2003/71/EG (ABl. EU 2017 L 168 S. 12)

Fla. L. Rev.	Florida Law Review
FlaggRG	Gesetz über das Flaggenrecht der Seeschiffe und die Flaggenführung der Binnenschiffe (Flaggenrechtsgesetz) idF der Bek. v. 26.10.1994 (BGBl. 1994 I S. 3140)
Flessner Interessenjurisprudenz	Flessner, Interessenjurisprudenz im Internationalen Privatrecht, 1990
FLF	Finanzierung-Leasing-Factoring (Zeitschrift)
FlüchtlingsProt	Protokoll über die Rechtsstellung der Flüchtlinge v. 31.1.1967 (BGBl. 1969 II S. 1294)
FlurbG	Flurbereinigungsgesetz idF der Bek. v. 16.3.1976 (BGBl. 1976 I S. 546)
Fn.	Fußnote
FNA	Fundstellennachweis A, Beilage zum Bundesgesetzblatt Teil I
FNB	Fundstellennachweis B, Beilage zum Bundesgesetzblatt Teil II
fob	free on board
Foro it.	Il Foro italiano
FPR	Familie Partnerschaft Recht (Zeitschrift)
FR	Finanz-Rundschau (Zeitschrift)
Frankenstein IPR	Frankenstein, Internationales Privatrecht, Bd. I 1926, Bd. II 1929, Bd. III 1934, Bd. IV 1935
FrankfRdsch.	Rundschau. Sammlung von Entscheidungen in Rechts- und Verwaltungssachen aus dem Bezirke des OLG Frankfurt a.M. (ab 1914: Frankfurter Rundschau)
frz.	französisch
FRES	Entscheidungssammlung zum gesamten Bereich von Ehe und Familie
Fremuth/Thume/ *Bearbeiter*	Fremuth/Thume, Kommentar zum Transportrecht, 2000
Frieser/*Bearbeiter*	s. unter FachAnwK-ErbR
FS	Festschrift
FStrG	Bundesfernstraßengesetz idF der Bek. v. 28.6.2007 (BGBl. 2007 I S. 1206)
FuR	Familie und Recht (Zeitschrift)
Füllemann Erwachsenenschutz	Füllemann, Das internationale Privat- und Prozessrecht des Erwachsenenschutzes, Diss. St. Gallen 2008
FVE	Sammlung fremdenverkehrsrechtlicher Entscheidungen
FWW	Die freie Wohnungswirtschaft (Informationsdienst des Verbandes Freier Wohnungsunternehmen; Zeitschrift)
GA	Goltdammer's Archiv für Strafrecht (1953 ff.; vorher: Dt. Strafrecht)
Ga. J. Int. Comp. L.	The Georgia Journal of International and Comparative Law
Gaaz/Bornhofen/ *Bearbeiter*	Gaaz/Bornhofen, Personenstandsgesetz, Handkommentar, 3. Aufl. 2014
Galston/Smit International Sales	Galston/Smit, International Sales: the United Nations Convention on Contracts for the International Sale of Goods, 1984
Gamillscheg IntArbR	Gamillscheg, Internationales Arbeitsrecht, 1959
Gargani-Bericht	Bericht des Europäischen Parlaments mit Empfehlungen an die Kommission zum Erb- und Testamentsrecht v. 16.10.2006, A6–0359/2006, angenommen durch eine Entschließung des Europäischen Parlaments mit Empfehlungen an die Kommission zum Erb- und Testamentsrecht v. 16.11.2006, P6_TA (2006) 0496
GATS	General Agreement of Trade in Services
Gaz. Pal.	La Gazette du Palais
Gaz. Pal. Doctr.	Gazette du Palais, Doctrine
Gazz. uff.	Gazzetta ufficiale
GBBerG	Grundbuchbereinigungsgesetz v. 20.12.1993 (BGBl. 1993 I S. 2182)
GBl.	Gesetzblatt
GBl. DDR	Gesetzblatt Deutsche Demokratische Republik
GBO	Grundbuchordnung idF der Bek. v. 26.5.1994 (BGBl. 1994 I S. 1114)
GbR	Gesellschaft bürgerlichen Rechts
GBV	Grundbuchverfügung idF v. 24.1.1995 (BGBl. 1995 I S. 114)
GE	Gemeinsame Erklärung; Das Grundeigentum (Zeitschrift)
Bearbeiter in Gebauer/ Wiedmann EuropZivilR	Gebauer/Wiedmann, Zivilrecht unter europäischem Einfluss, 2. Aufl. 2010
GebrMG	Gebrauchsmustergesetz idF der Bek. v. 28.8.1986 (BGBl. 1986 I S. 1455)
Geiger/Khan/Kotzur	Geiger/Khan/Kotzur, EUV, AEUV, Kommentar, 6. Aufl. 2017
Geimer IntZivilProzR	Geimer, Internationales Zivilprozessrecht, 7. Aufl. 2014
Bearbeiter in Geimer/ Schütze EuZivVerfR	Geimer/Schütze, Europäisches Zivilverfahrensrecht, Kommentar, 3. Aufl. 2010

Abkürzungs- und Literaturverzeichnis

Grabitz/Hilf/ Nettesheim/*Bearbeiter*	Grabitz/Hilf/Nettesheim (Hrsg.), Das Recht der Europäischen Union, Loseblattausgabe, 61. Aufl. 2017
Grasmann	Grasmann, System des internationalen Gesellschaftsrechts, 1970
GRCh	Charta der Grundrechte der Europäischen Union v. 12.12.2007 (ABl. EU 2007 C 303 S. 1)
grdl.	grundlegend
grds.	grundsätzlich
GrdstVG	Gesetz über Maßnahmen zur Verbesserung der Agrarstruktur und zur Sicherung land- und forstwirtschaftlicher Betriebe (Grundstücksverkehrsgesetz) v. 28.7.1961 (BGBl. 1961 I S. 1091)
Greger/Unberath/ Steffek/*Bearbeiter*	Greger/Unberath/Steffek, Recht der alternativen Konfliktlösung, 2. Aufl. 2016
GrEStG	Grunderwerbsteuergesetz idF der Bek. v. 26.2.1997 (BGBl. 1997 I S. 418, berichtigt BGBl. 1997 I S. 1804)
griech.	griechisch
von der Groeben/ Schwarze/Hatje/ *Bearbeiter*	von der Groeben/Schwarze/Hatje (Hrsg.), Europäisches Unionsrecht, 4 Bände, 7. Aufl. 2015
Großfeld UnternehmensR	Großfeld, Internationales und Europäisches Unternehmensrecht, 2. Aufl. 1995
GroßkommUWG/ *Bearbeiter*	Jacobs/Lindacher/Teplitzky, Großkommentar zum Gesetz gegen den unlauteren Wettbewerb mit Nebengesetzen, 2 Bände, 1991 ff.
GrS	Großer Senat
GruchB	siehe Gruchot
Gruchot	Beiträge zur Erläuterung des (bis 15. 1871: Preußischen) Deutschen Rechts, begr. von Gruchot (1.1857–73.1933)
Grundmann EG-SchuldvertragsR	Grundmann, Europäisches Schuldvertragsrecht – das Europäische Recht der Unternehmensgeschäfte (nebst Texten und Materialien zur Rechtsangleichung), 1999
Grundmann/Bianca/ *Bearbeiter*	Grundmann/Bianca (Hrsg.), EU-Kaufrechts-Richtlinie, 2002
GrünhutsZ	Zeitschrift für das Privat- und öffentliche Recht der Gegenwart, begr. von Grünhut
GRUR	Gewerblicher Rechtsschutz und Urheberrecht (Zeitschrift)
GRUR Ausl.	Gewerblicher Rechtsschutz und Urheberrecht, Auslands- und internationaler Teil (Zeitschrift), 1952–1969
GRUR Int.	Gewerblicher Rechtsschutz und Urheberrecht, Internationaler Teil (Zeitschrift, 1970 ff.)
GS	Großer Senat
GSV	s. unter Sortenschutz-VO
Guttenberger Haager Übereinkommen	Guttenberger, Das Haager Übereinkommen über den internationalen Schutz von Erwachsenen, Diss. Regensburg 2004
GSZ	Großer Senat in Zivilsachen
FamKomm Erwachsenenschutz/*Bearbeiter*	Büchler ua (Hrsg.), Familienrechtskommentar Erwachsenenschutz, 2013, Teil 3: Internationales Privatrecht
GüKG	Güterkraftverkehrsgesetz idF der Bek. v. 22.6.1998 (BGBl. 1998 I S. 1485)
GVBl.	Gesetz- und Verordnungsblatt
GVG	Gerichtsverfassungsgesetz idF der Bek. v. 9.5.1975 (BGBl. 1975 I S. 1077)
GvKostG	Gesetz über Kosten der Gerichtsvollzieher (Gerichtsvollzieherkostengesetz) v. 19.4.2001 (BGBl. 2001 I S. 623)
GVO	Grundstücksverkehrsordnung idF der Bek. v. 20.12.1993 (BGBl. 1993 I S. 2182)
GWB	Gesetz gegen Wettbewerbsbeschränkungen idF der Bek. v. 15.7.2005 (BGBl. 2005 I S. 2114)
GWW	Gemeinnütziges Wohnungswesen (hrsg. vom Gesamtverband Gemeinnütziger Wohnungsunternehmen; Zeitschrift)
H. L.	House of Lords
H. R.	(niederländisches) Hoge Raad
H. R. N. J.	Hoge Raad Nederlandse Jurisprudentie
Haberland/Seiler	Haberland/Seiler, Mitbestimmungsgesetz, 1977
Habersack/Verse EuropGesR	Habersack/Verse, Europäisches Gesellschaftsrecht, 4. Aufl. 2011
Habilschr.	Habilitationsschrift

Abkürzungs- und Literaturverzeichnis

Hachenburg/*Bearbeiter* ...	Hachenburg, Kommentar zum GmbHG, 3 Bände, hrsg. von Ulmer, 8. Aufl. 1992 ff.
HAG	Heimarbeitsgesetz v. 14.3.1951 (BGBl. 1951 I S. 191)
Hailbronner Asyl- und AusländerR	Hailbronner, Asyl- und Ausländerrecht, 4. Aufl. 2016
Halbbd.	Halbband
Hauck/Noftz/*Bearbeiter* .	Hauck/Noftz, Sozialgesetzbuch, Loseblatt-Kommentar, mit 41. Aktualisierung 2017
Hausmann IntEuSchR ...	Hausmann, Internationales und Europäisches Ehescheidungsrecht, Kommentar, 2013
Hs.	Halbsatz
Hmb.; hmb.	Hamburg; hamburgisch
HansGZ	Hanseatische Gerichtszeitung
HansRGZ	Hanseatische Rechts- und Gerichtszeitschrift
Harte-Bavendamm/ Henning-Bodewig/ *Bearbeiter*	Harte-Bavendamm/Henning-Bodewig, Gesetz gegen den unlauteren Wettbewerb, 4. Aufl. 2016
Hartwieg/Korkisch	Hartwieg/Korkisch, Die geheimen Materialien zur Kodifikation des deutschen IPR, 1973
Harv. Int. L. J.	The Harvard International Law Journal
Harv. L. Rev.	Harvard Law Review
Häsemeyer InsR	Häsemeyer, Insolvenzrecht, 4. Aufl. 2007
Hausmann IntEuSchR ...	Hausmann, Internationales und Europäisches Ehescheidungsrecht, 1. Aufl. 2013
Bearbeiter in Hausmann/ Hohloch ErbR-HdB	Hausmann/Hohloch, Handbuch des Erbrechts, 2. Aufl. 2010
Bearbeiter in Hausmann/ Hohloch Nichteheliche Lebensgemeinschaft	Bültmann/Hausmann/Hohloch, Das Recht der Nichtehelichen Lebensgemeinschaft, 2. Aufl. 2004
HausratsV	Verordnung über die Behandlung der Ehewohnung und des Hausrats v. 21.10.1944 (RGBl. 1944 I S. 256), aufgehoben
HdB	Handbuch
HdB IZVR/*Bearbeiter*	Max-Planck-Institut für ausländisches und internationales Privatrecht, Handbuch des Internationalen Zivilverfahrensrechts, Bd. 1: 1982, Bd. 3/1 und 3/2: 1984
HdB-WettbR/*Bearbeiter* .	Gloy/Loschelder/Erdmann, Handbuch des Wettbewerbsrechts, 4. Aufl. 2010
HdWW	Handwörterbuch der Wirtschaftswissenschaften, Bände 1–10, 1977 ff.
Heiderhoff EuropPrivatR .	Heiderhoff, Europäisches Privatrecht, 4. Aufl. 2016
HeimG	Heimgesetz idF der Bek. v. 5.11.2001 (BGBl. 2001 I S. 2970)
HeimatlAuslG	Gesetz über die Rechtsstellung heimatloser Ausländer im Bundesgebiet v. 25.4.1951 (BGBl. 1951 I S. 269)
Heiss/Kaufmann-Mohi Qualifikation	Heiss/Kaufmann-Mohi, „Qualifikation" – Ein Regelungsgegenstand für eine Rom 0-Verordnung?, in Leible/Unberath, Brauchen wir eine Rom 0-Verordnung?, 2013, 181
HeizkostenV	Verordnung über die verbrauchsabhängige Abrechnung der Heiz- und Warmwasserkosten idF der Bek. v. 20.1.1989 (BGBl. 1989 I S. 115)
Henrich IntFamR	Henrich, Internationales Familienrecht, 2. Aufl. 2000
Bearbeiter in Henrich Vorschläge	Henrich, Vorschläge und Gutachten zur Reform des deutschen internationalen Sachen- und Immaterialgüterrechts, 1991
Hereditare	Hereditare – Jahrbuch für Erbrecht und Schenkungsrecht
Hess.; hess.	Hessen; hessisch
Hess/Mariottini/Camara Note	Hess/Mariottini/Camara, Regulation (EC) n. 650/2012 of July 2012 on jurisdiction, applicable law, recognition and enforcement of authentic instruments in matters of succession and on the creation of a European Certificate of Succession – Note, 2012
Heßler Datum-Theorie ..	Heßler, Datum-Theorie und Zweistufigkeit des internationalen Privatrechts, in Serick/Niederländer/Jayme, Albert A. Ehrenzweig und das internationale Privatrecht, 1984, 137
Heßler Sachrechtliche Generalklausel	Heßler, Sachrechtliche Generalklausel und internationales Familienrecht, 1984
HessRspr.	Hessische Rechtsprechung
Heymann/*Bearbeiter*	Heymann, Handelsgesetzbuch, Kommentar, hrsg. von Horn, 2. Aufl. 1995 ff.
HEZ	Höchstrichterliche Entscheidungen (Entscheidungssammlung)

HEheSchlA	Haager Abkommen zur Regelung des Geltungsbereichs der Gesetze auf dem Gebiete der Eheschließung v. 12.6.1902 (RGBl. 1904 S. 221, 249)
HFR	Höchstrichterliche Finanzrechtsprechung
HGB	Handelsgesetzbuch v. 10.5.1897 (RGBl. 1897 S. 219)
hins.	hinsichtlich
HintG	Hinterlegungsgesetze der Länder
HIntKaufRÜ 1955	Haager Übereinkommen über das auf den internationalen Kauf beweglicher Sachen anzuwendende Recht v. 15.6.1955
Hirte/Bücker/*Bearbeiter*	Hirte/Bücker (Hrsg.), Grenzüberschreitende Gesellschaften, 2. Aufl. 2006
HK-BGB/*Bearbeiter*	Schulze/Dörner/Ebert/Hoeren/Kemper/Saenger/Schreiber/Schulte-Nölke/Staudinger, Bürgerliches Gesetzbuch, Handkommentar, 8. Aufl. 2014
HK-UWG/*Bearbeiter*	Götting/Nordemann, UWG, Handkommentar, 3. Aufl. 2016
HK-ZV/*Bearbeiter*	Kindl/Meller-Hannich/Wolf, Gesamtes Recht der Zwangsvollstreckung, Handkommentar, 3. Aufl. 2016
hL	herrschende Lehre
hM	herrschende Meinung
HMA	Haager Abkommen über die internationale Hinterlegung gewerblicher Muster oder Modelle v. 6.11.1925 (RGBl. 1928 II S. 175, 203)
HOAI	Verordnung über die Honorare für Leistungen der Architekten und der Ingenieure (Honorarordnung für Architekten und Ingenieure) idF der Bek. v. 4.3.1991 (BGBl. 1991 I S. 533)
Hoffmann/Lehmann/ Weinmann	Hoffmann/Lehmann/Weinmann, Mitbestimmungsgesetz, Kommentar, 1978
Bearbeiter in Hoeren/Sieber/Holznagel MultimediaR-HdB	Hoeren/Sieber/Holznagel, Handbuch Multimedia-Recht, 47. Aufl. 2017
HöfeO	Höfeordnung idF der Bek. v. 26.7.1976 (BGBl. 1976 I S. 1933)
v. Hoffmann/Thorn IPR	v. Hoffmann/Thorn, Internationales Privatrecht, begründet von Firsching, 9. Aufl. 2007
Hofstra L. Rev.	Hofstra Law Review
Honsell	Honsell (Hrsg.), Kommentar zum UN-Kaufrecht, 2. Aufl. 2010
HPflG	Haftpflichtgesetz idF der Bek. v. 4.1.1978 (BGBl. 1978 I S. 145)
HProdHÜ	Haager Übereinkommen über das auf die Produkthaftung anzuwendende Recht v. 2.10.1973
HR	Internationales Übereinkommen zur Vereinheitlichung von Regeln über Konnossemente (Haager Regeln) v. 25.8.1924 (RGBl. 1939 II S. 1049, BGBl. 1953 II S. 116, 1954 II S. 466)
HRG	Hochschulrahmengesetz idF der Bek. v. 19.1.1999 (BGBl. 1999 I S. 18)
HRR	Höchstrichterliche Rechtsprechung (Zeitschrift)
Hrsg.; hrsg.	Herausgeber; herausgegeben
HStVÜ	Haager Übereinkommen über das auf Straßenverkehrsunfälle anzuwendende Recht v. 4.5.1971
HTestformÜ	Übereinkommen über das auf die Form letztwilliger Verfügungen anzuwendende Recht v. 5.10.1961 (BGBl. 1961 II S. 1145)
Huber/Bearbeiter	Huber, Rome II Regulation, Pocket Commentary, 2011
Hueck OHG	A. Hueck, Das Recht der offenen Handelsgesellschaft, 4. Aufl. 1971
Hueck/Canaris	Hueck/Canaris, Das Recht der Wertpapiere, Kommentar, 12. Aufl. 1986
Hüffer/Koch AktG	Hüffer/Koch, Aktiengesetz, Kommentar, 12. Aufl. 2016
Hung. L. Rev.	Hungarian Law Review
HUntÜ 1973	(Haager) Übereinkommen über das auf Unterhaltspflichten anzuwendende Recht v. 2.10.1973 (BGBl. 1986 II S. 837)
HUntÜ 1956	(Haager) Übereinkommen über das auf Unterhaltsverpflichtungen gegenüber Kindern anzuwendende Recht v. 24.10.1956 (BGBl. 1961 II S. 1012)
HUntÜ 2007	(Haager) Übereinkommen über die internationale Geltendmachung der Unterhaltsansprüche von Kindern und anderen Familienangehörigen v. 23.11.2007
HUP	(Haager) Protokoll über das auf Unterhaltspflichten anzuwendende Recht v. 23.11.2007 (ABl. EU 2009 L 331 S. 19)
HUVÜ 1973	(Haager) Übereinkommen über die Anerkennung und Vollstreckung von Unterhaltsentscheidungen v. 2.10.1973 (BGBl. 1986 II S. 826)
HuW	Haus und Wohnung (Zeitschrift)
HWB	Handwörterbuch
HWBdSozW	Handwörterbuch der Sozialwissenschaften, 1956 ff.
HWBRWiss.	Handwörterbuch der Rechtswissenschaft, hrsg. von Stier/Somlo und Elster (Band und Seite)
HWG	Gesetz über die Werbung auf dem Gebiete des Heilwesens idF der Bek. v. 19.10.1994 (BGBl. 1994 I S. 3068)

Abkürzungs- und Literaturverzeichnis

HwO	Gesetz zur Ordnung des Handwerks (Handwerksordnung) idF der Bek. v. 24.9.1998 (BGBl. 1998 I S. 3074)
HypAblV	Verordnung über die Ablösung früherer Rechte und andere vermögensrechtliche Fragen (Hypothekenablöseverordnung) v. 10.6.1994 (BGBl. 1994 I S. 1253)
HZÜ	Haager Zustellungsübereinkommen
ICANN	International Corporation for Assigned Names and Numbers
I. E. C. L.	International Encyclopedia of Comparative Law, hrsg. von David ua, ab 1974
IAEA	International Atomic Energy Agency
IATA	International Air Transportation Association
IBRD	International Bank for Reconstruction and Development (Internationale Bank für Wiederaufbau und Entwicklung)
ICJ Reports	International Court of Justice Reports
ICSID	International Centre for the Settlement of Investment Disputes
IDA	International Development Association
idF der Bek.	in der Fassung der Bekanntmachung
idR	in der Regel
idS	in diesem Sinne
iE	im Einzelnen
iErg	im Ergebnis
ieS	im engeren Sinne
IFC	International Finance Corporation
IFL Rev.	International Financial Law Review
IfSG	Gesetz zur Verhütung und Bekämpfung von Infektionskrankheiten beim Menschen (Infektionsschutzgesetz) v. 20.7.2000 (BGBl. 2000 I S. 1045)
IHK	Industrie- und Handelskammer
ILA	International Law Association
ILM	International Legal Materials
ILO	International Labour Organization
IMF	International Monetary Fund
IMO	International Maritime Organization
INF	Information über Steuer und Wirtschaft (Zeitschrift)
InfAuslR	Informationsbrief Ausländerrecht
insbes.	insbesondere
InsO	Insolvenzordnung v. 5.10.1994 (BGBl. 1994 I S. 2866)
Int. Bus. Lawyer	The International Business Lawyer
Int. Comp. L. Q.	International and Comparative Law Quarterly
Int. Fin. L. Rev.	International Finance Law Review
Int. L. Q. Rev.	International Law Quarterly Review
Int. Leg. Mat.	International Legal Materials
Int. Org.	International Organization
Int. Tax Bus. Lawyer	International Tax and Business Lawyer
Int. Law. = Int. Lawyer	The International Lawyer (Zeitschrift)
IntBestG	Gesetz zu dem Übereinkommen v. 17.12.1997 über die Bekämpfung der Bestechung ausländischer Amtsträger im internationalen Geschäftsverkehr (Gesetz zur Bekämpfung internationaler Bestechung) v. 10.9.1998 (BGBl. 1998 I S. 2327)
IntHK	Internationale Handelskammer
Intramural L. Rev.	Intramural Law Review (New York University School of Law)
IntRDipl.	Internationales Recht und Diplomatie (Zeitschrift)
IntWährR	Internationales Währungsrecht
InvG	Investmentgesetz v. 15.12.2003 (BGBl. 2003 I S. 2676), aufgehoben
InVo	Insolvenz und Vollstreckung (Zeitschrift)
InVorG	Gesetz über den Vorrang für Investitionen bei Rückübertragungsansprüchen nach dem Vermögensgesetz (Investitionsvorranggesetz) idF der Bek. v. 4.8.1997 (BGBl. 1997 I S. 1996)
IPG	Gutachten zum internationalen und ausländischen Privatrecht
IPR	Internationales Privatrecht
IPRax	Praxis des internationalen Privat- und Verfahrensrechts (Zeitschrift, 1.1981 ff.)
iprechtlich	internationalprivatrechtlich
IPRG	Gesetz zur Neuregelung des Internationalen Privat- und Verfahrensrechts v. 25.7.1986 (BGBl. 1986 I S. 1142)
IPRG-Komm/*Bearbeiter*	Heini/Keller/Siehr, Kommentar zum Bundesgesetz über das Internationale Privatrecht v. 1.1.1989 (Schweiz), 1993
IPRspr.	Makarov, Gamillscheg, Müller, Dierk, Kropholler, Die deutsche Rechtsprechung auf dem Gebiet des internationalen Privatrechts, 1952 ff.
IOSCO-Regelwerke	International Organization of Securities Commission
iran.	iranisch
iSd	im Sinne des, der

iSv	im Sinne von
ISIN	International Securities Identification Number
ISO	Internationale Normenorganisation
Isr. L. R.	Israel Law Review
It. Yb. Int. L.	Italian Yearbook of International Law
it.	italienisch
iÜ	im Übrigen
IÜZ	Übereinkommen zur einheitlichen Festlegung von Regeln über den Zusammenstoß von (s. c. See-)Schiffen v. 23.9.1910 (RGBl. 1913 S. 49)
iVm	in Verbindung mit
IVR	Internationales Vertragsrecht
IWB	Internationale Wirtschaftsbriefe
iwS	im weiteren Sinne
IZ	Zeitschrift für den internationalen Eisenbahnverkehr
IZPR	Internationales Zivilprozessrecht
IzRspr.	Sammlung der deutschen Entscheidungen zum interzonalen Privatrecht
IZZ	Internationales Übereinkommen zur Vereinheitlichung von Regeln über die zivilgerichtliche Zuständigkeit bei Schiffszusammenstößen v. 10.5.1952 (BGBl. 1972 II S. 653, 663)
J. African L.	Journal of African Law
J. Air L. & Co.	Journal of Air Law and Commerce
J. dr. aff. int.	Journal de droit des affaires internationales
J. Fam. L.	Journal of Family Law
J. Int. Arb.	Journal of International Arbitration
J. Int. Bank. L.	Journal of International Banking Law
J. Leg. Ed.	Journal of Legal Education
J. Trib.	Journal des Tribunaux
J. B. L.	Journal of Business Law
J. C. M. Stud.	Journal of Common Market Studies
J. C. P.	La semaine juridique. Juris-classeur périodique
J. M. L. C.	Journal of Maritime Law and Commerce
J. W. T. L.	Journal of World Trade Law
JA	Juristische Arbeitsblätter (Zeitschrift)
Jaeger/Henckel/Gerhardt/*Bearbeiter*	Jaeger/Henckel/Gerhardt, Insolvenzordnung, Kommentar, 2004 ff., Band 1: §§ 1–55, 2004; Band 2: §§ 56–102, 2007; Band 4: §§ 129–147, 2008
Jakob Lebenspartnerschaft	Jakob, Die eingetragene Lebenspartnerschaft im internationalen Privatrecht, 2002
JAmt	Das Jugendamt, Monatschrift des Deutschen Instituts für Jugendhilfe und Familienrecht (Zeitschrift)
japan.	japanisch
JArbSchG	Gesetz zum Schutze der arbeitenden Jugend (Jugendarbeitsschutzgesetz) v. 12.4.1976 (BGBl. 1976 I S. 965)
Jauernig/*Bearbeiter*	Jauernig, Bürgerliches Gesetzbuch, Kommentar, 16. Aufl. 2015
Jauernig/Hess ZivilProzR	Jauernig/Hess, Zivilprozessrecht, 30. Aufl. 2011
Jayme Kodifikationsidee	Jayme, Die Kodifikationsidee am Beispiel der kollisionsrechtlichen Parteiautonomie, in Jud/Rechberger/Reichelt, Kollisionsrecht in der Europäischen Union, 2008, 63
Jayme/Hausmann	Jayme/Hausmann, Internationales Privat- und Verfahrensrecht, Textausgabe, 18. Aufl. 2016
Jb.	Jahrbuch
JbUTR	Jahrbuch des Umwelt- und Technikrechts
JBeitrO	Justizbeitreibungsordnung v. 11.3.1937 (RGBl. 1937 I S. 298)
JbIntR	Jahrbuch für internationales Recht
JbItalR, JbItR	Jahrbuch für Italienisches Recht
JBl.	Juristische Blätter (österreichische Zeitschrift)
JBlSaar	Justizblatt des Saarlandes
JbOstR	Jahrbuch für Ostrecht
JbPraxSchG	Jahrbuch für die Praxis der Schiedsgerichtsbarkeit
JbRSoz	Jahrbuch für Rechtssoziologie und Rechtstheorie
JCCLSR	Journal of Comparative Corporate Law and Securities Regulation
JCI Fasc.	Juris Classeur, Fascicule
JCP N	La semaine juridique – Notariale et immobilière
J. eur. dr. de l'homme	Journal européen des droits de l'homme (Zeitschrift)
JEV	Journal für Erbrecht und Vermögensnachfolge
JFG	Jahrbuch für Entscheidungen in Angelegenheiten der freiwilligen Gerichtsbarkeit und des Grundbuchrechts, begründet von Ring (1.1924–23.1943)
Jg.	Jahrgang

Abkürzungs- und Literaturverzeichnis

Abkürzungs- und Literaturverzeichnis

KölnZfSoz.	Kölner Zeitschrift für Soziologie und Sozialpsychologie
Kolmann Kooperations-modelle	Kolmann, Kooperationsmodelle im internationalen insolvenzrecht, 2001
Kom. end.	Kommission, endgültig
Komm.	Kommentar
KommBer.	Reichstagskommission über den Entwurf eines Bürgerlichen Gesetzbuchs und Einführungsgesetzes
KonsG	Gesetz über die Konsularbeamten, ihre Aufgaben und Befugnisse (Konsulargesetz) v. 11.9.1974 (BGBl. 1974 I S. 2317)
Koppensteiner Internationale Unternehmen	Koppensteiner, Internationale Unternehmen im deutschen Gesellschaftsrecht, 1971
KostO	Gesetz über die Kosten in Angelegenheiten der freiwilligen Gerichtsbarkeit (Kostenordnung) idF der Bek. v. 26.7.1957 (BGBl. 1957 I S. 960), aufgehoben
KR	Kontrollrat
KreisG/KrG	Kreisgericht
KRG	Kontrollratsgesetz
krit.	kritisch
KritJ	Kritische Justiz (Zeitschrift)
Kropholler IPR	Kropholler, Internationales Privatrecht, 6. Aufl. 2006
Kropholler IZVR-HdB	Kropholler, Handbuch des Internationalen Zivilverfahrensrechts, Band I, 1982
Kropholler/v. Hein Europ-ZivilProzR	Kropholler/v. Hein, Europäisches Zivilprozessrecht, 9. Aufl. 2011
KrVjschr.	Kritische Vierteljahresschrift für Gesetzgebung und Rechtswissenschaft
KSchG	Kündigungsschutzgesetz idF der Bek. v. 25.8.1969 (BGBl. 1969 I S. 1317)
KSpG	Gesetz zur Demonstration der dauerhaften Speicherung von Kohlendioxid (Kohlendioxid-Speicherungsgesetz) v. 17.8.2012 (BGBl. 2012 I S. 1726)
KStG	Körperschaftssteuergesetz idF der Bek. v. 15.10.2002 (BGBl. 2002 I S. 4144)
KSÜ	(Haager) Übereinkommen über die Zuständigkeit, das anwendbare Recht, die Anerkennung, Vollstreckung und Zusammenarbeit auf dem Gebiet der elterlichen Verantwortung und der Maßnahmen zum Schutze von Kindern v. 19.10.1996 (BGBl. 2009 II S. 602)
KTS	Zeitschrift für Konkurs-, Treuhand- und Schiedsgerichtswesen
KUG	Gesetz betreffend das Urheberrecht an Werken der bildenden Künste und der Photographie v. 9.1.1907 (RGBl. 1907 S. 7), aufgehoben durch § 141 Nr. 5 des Urheberrechtsgesetzes v. 9.9.1965 (BGBl. 1965 I S. 1273), soweit es nicht den Schutz von Bildnissen betrifft
KultGüRückG	Gesetz zur Ausführung des UNESCO-Übereinkommens v. 14.11.1970 über Maßnahmen zum Verbot und zur Verhütung der rechtswidrigen Einfuhr, Ausfuhr und Übereignung von Kulturgut und zur Umsetzung der Richtlinie 93/7/EWG des Rates v. 15.3.1993 über die Rückgabe von unrechtmäßig aus dem Hoheitsgebiet eines Mitgliedstaats verbrachten Kulturgütern (Kulturgüterrückgabegesetz) v. 18.5.2007 (BGBl. 2007 I S. 757, berichtigt BGBl. 2007 I S. 2547), aufgehoben
KultSchG	Gesetz zum Schutz Deutschen Kulturgutes gegen Abwanderung (Kulturgut-Abwanderungsschutzgesetz) idF der Bekanntmachung v. 8.7.1999 (BGBl. 1999 I S. 1754)
Kümpel/Wittig BankR/KapMarktR	Kümpel/Wittig (Hrsg.), Bank- und Kapitalmarktrecht, 4. Aufl. 2010
KVG	Gesetz über das Vermögen der Gemeinden, Städte und Landkreise (Kommunalvermögensgesetz) v. 6.7.1990 (BGBl. 1990 II S. 1199)
KWG	Gesetz über das Kreditwesen idF der Bek. v. 9.9.1998 (BGBl. 1998 I S. 2776)
L	Landes-
L. & Pol. Int. Bus.	Law and Policy in International Business
L. Ed.	Lawyers' Edition, United States Supreme Court Reports
L. I. E. I.	Legal Issues of European Integration
L. J. Ch.	Law Journal Reports, New Series, Chancery Division
L. J. Ex.	Law Journal Reports, New Series, Exchequer Division
L. Q. Rev.	Law Quarterly Review
L. R. C. P.	Law Reports, Common Pleas
L. R. P. D.	Law Reports, Probate, Divorce, and Admiralty Division
La. L. Rev.	Louisiana Law Review
LAG	Landesarbeitsgericht (mit Ortsnamen); Gesetz über den Lastenausgleich (Lastenausgleichsgesetz) idF der Bek. v. 2.6.1993 (BGBl. 1993 I S. 845)
Bericht *Lagarde*	Lagarde, Convention of 13 January 2000 on the International Protection of Adults – Explanatory Report, edited by the Permanent Bureau of the Hague Conference on private international law, inoffizielle deutsche Übersetzung in BT-Drs. 16/3250, 28

Abkürzungs- und Literaturverzeichnis

Lando/v. Hoffmann/Siehr EurPILO	Lando/v. Hoffmann/Siehr (Hrsg.), European Private International Law of Obligations – Acts and Documents of an International Colloquium on the European Preliminary Draft Convention on the Law Applicable to Contractual and Non-Contractual Obligations held in Copenhagen on April 29–30, 1974 (1975)
LARoV	Landesamt zur Regelung offener Vermögensfragen
Law & Cont. Prob.	Law and Contemporary Problems
LBG	Landesbeamtengesetz
Lechner-Bericht	Bericht des Europäischen Parlaments über den Vorschlag für eine Verordnung des Europäischen Parlaments und des Rates über die Zuständigkeit, das anzuwendende Recht, die Anerkennung und die Vollstreckung von Entscheidungen und öffentlichen Urkunden in Erbsachen sowie zur Einführung eines Europäischen Nachlasszeugnisses v. 6.3.2012, A7–0045/2012
Lechner-Berichtsentwurf .	Entwurf eines Berichts des Rechtsausschusses des Europäischen Parlaments über den Vorschlag für eine Verordnung des Europäischen Parlaments und des Rates über die Zuständigkeit, das anzuwendende Recht, die Anerkennung und die Vollstreckung von Entscheidungen und öffentlichen Urkunden in Erbsachen sowie zur Einführung eines Europäischen Nachlasszeugnisses v. 23.2.2011, PE441.200
Leerverkaufs-VO	Verordnung (EU) Nr. 236/2012 des Europäischen Parlaments und des Rates v. 14.3.2012 über Leerverkäufe und bestimmte Aspekte von Credit Default Swaps (ABl. EU 2012 L 86 S. 1)
Lehmann Finanzinstrumente	Lehmann, Finanzinstrumente – Vom Wertpapier- und Sachenrecht zum Recht der unkörperlichen Vermögensgegenstände, 2009
Lemaire Qualification	Lemaire, La qualification, in Azzi/Boskovic, Quel avenir pour la théorie générale des conflits des lois?, 2015, 35
Lenz EG-HdB	Lenz, EG-Handbuch, Recht im Binnenmarkt, 2. Aufl. 1994
Lenz StraßengütertransportportR	Lenz, Straßengütertransportrecht, 1988
Lewald IPR	Lewald, Das deutsche internationale Privatrecht, 1931
Lewald Règles générales .	Lewald, Règles Générales des Conflits de Lois, 1941 (= Rec. des Cours 69 [1939-III], 1
LFGB	Lebensmittel-, Bedarfsgegenstände- und Futtermittelgesetzbuch (Lebensmittel- und Futtermittelgesetzbuch idF der Bek. v. 3.6.2013 (BGBl. 2013 I S. 1426)
LG	Landgericht (mit Ortsnamen)
LGBl.	Liechtensteinisches Gesetzblatt
LGZ	(österreichisches) Landgericht für Zivilrechtssachen
liecht.	liechtensteinisch
Lipp Vorsorgeverfügungen-HdB	Lipp, Handbuch der Vorsorgeverfügungen, 2009
Lit.	Literatur
lit.	litera
LJZ	Liechtensteinische Juristenzeitung
LKV	Landes- und Kommunalverwaltung (Zeitschrift)
Lloyd's M.C.L.Q.	Lloyds Maritime and Commercial Law Quarterly
LM	Lindenmaier/Möhring, Nachschlagewerk des Bundesgerichtshofs (Nr. ohne Gesetzesstelle bezieht sich auf den gerade kommentierten Paragraphen)
Bearbeiter in LSHGGRD Erbfälle unter Geltung der EuErbVO	Löhnig/Schwab/Henrich/Gottwald/Grzwiwotz/Reimann/Dutta, Erbfälle unter Geltung der Europäischen Erbrechtsverordnung, 2014
Bearbeiter in Loewenheim UrhR-HdB	Loewenheim, Handbuch des Urheberrechts, 2. Aufl. 2010
Looschelders Anpassung ...	Looschelders, Die Anpassung im Internationalen Privatrecht, 1995
Looschelders IPR	Looschelders, Internationales Privatrecht – Art. 3–46 EGBGB, 2004
Loussouarn/Bourel/de Vareilles-Sommières DIP ...	Loussouarn/Bourel/de Vareilles-Sommières, Droit International Privé, 10. Aufl. 2013
LPachtVG	Gesetz über die Anzeige und Beanstandung von Landpachtverträgen (Landpachtverkehrsgesetz) v. 8.11.1985 (BGBl. 1985 I S. 2075)
LPartG	Gesetz zur Beendigung der Diskriminierung gleichgeschlechtlicher Gemeinschaften: Lebenspartnerschaften v. 16.2.2001 (BGBl. 2001 I S. 266)
LPersVG	Landespersonalvertretungsgesetz
LPG	Landwirtschaftliche Produktionsgenossenschaft
Ls.	Leitsatz
LSG	Landessozialgericht (mit Ortsnamen)
Ltd.	Private Limited Company (engl. Rechts)

Lüderitz IPR .... Lüderitz, Internationales Privatrecht, 2. Aufl. 1992

LuftFzgA .... Genfer Übereinkommen über die internationale Anerkennung von Rechten an Luftfahrzeugen v. 19.6.1948 (BGBl. 1959 II S. 130; BGBl. 1960 II S. 1506)

LuftRG .... Gesetz über Rechte an Luftfahrzeugen (LuftRG) v. 26.2.1959 (BGBl. 1959 I S. 57, berichtigt BGBl. 1959 I S. 223)

LuftVG .... Luftverkehrsgesetz idF der Bek. v. 10.5.2007 (BGBl. 2007 I S. 698)

LugÜ .... (Lugano) Übereinkommen über die gerichtliche Zuständigkeit und die Anerkennung und Vollstreckung von Entscheidungen in Zivil- und Handelssachen v. 30.10.2007 (ABl. EG 2009 L 147 S. 5, berichtigt ABl. EG 2009 L 147 S. 44, ABl. EU 2011 L 115 S. 31 und ABl. EU 2014 L 18 S. 70)

Lurger Verortung natürlicher Personen .... Lurger, Die Verortung natürlicher Personen im europäischen IPR und IZVR – Wohnsitz, gewöhnlicher Aufenthalt, Staatsangehörigkeit, in v. Hein/Rühl, Kohärenz im Internationalen Privat- und Verfahrensrecht der Europäischen Union, 2016, 202

Lurger/Melcher IPR .... Lurger/Melcher, Bürgerliches Recht, Bd. VII: Internationales Privatrecht (Österreich), 2013

Lutter/Bayer/Schmidt Europ. UnternehmensR Lutter/Bayer/Schmidt, Europäisches Unternehmensrecht, 5. Aufl. 2012

Lutter/*Bearbeiter* .... Lutter, Umwandlungsgesetz, Kommentar, 5. Aufl. 2014

Lutter/*Bearbeiter* Europ. Auslandsgesellschaften .... Lutter (Hrsg.), Europäische Auslandsgesellschaften in Deutschland, 2005

Lutter Europ. UnternehmensR .... Lutter, Europäisches Unternehmensrecht, 4. Aufl. 1996

Lutter Gutachten .... Lutter, Empfehlen sich für die Zusammenfassung europäischer Unternehmen neben oder statt der europäischen Handelsgesellschaft und der internationalen Fusion weitere Möglichkeiten der Gestaltung auf dem Gebiete des Gesellschaftsrechts?, Gutachten für den 48. DJT, Bd. 1, Teil H, 1970

lux. .... luxemburgisch

Lux MitbestG .... Lux, Mitbestimmungsgesetz, 1977

LVA .... Landesversicherungsanstalt

LwAnpG .... Landwirtschaftsanpassungsgesetz idF der Bek. v. 3.7.1991 (BGBl. 1991 I S. 1418)

LwG .... Landwirtschaftsgericht

LwVG .... Gesetz über das gerichtliche Verfahren in Landwirtschaftssachen v. 21.7.1953 (BGBl. 1953 I S. 667)

LZ .... Leipziger Zeitschrift für Deutsches Recht

m. abl. Anm. .... mit ablehnender Anmerkung

mÄnd .... mit Änderung(en)

M. R. .... Master of the Rolls

MA .... Der Markenartikel (Zeitschrift, 11.934–11.1944; 12.1950 ff.)

MaBV .... Verordnung über die Pflichten der Makler, Darlehens- und Anlagenvermittler, Bauträger und Baubetreuer (Makler- und Bauträgerverordnung) idF der Bek. v. 7.11.1990 (BGBl. 1990 I S. 2479)

MAD-CRIM .... Richtlinie 2014/57/EU des Europäischen Parlaments und des Rates v. 16.4.2014 über strafrechtliche Sanktionen bei Marktmanipulation (Marktmissbrauchsrichtlinie) (ABl. EU 2014 L 173 S. 179)

Magnus/Mankowski/ *Bearbeiter* .... Magnus/Mankowski (Hrsg.), European Commentaries on Private International Law (ECPIL), 4 Bände, 2016

v. Mangoldt/Klein/ Starck/*Bearbeiter* .... v. Mangoldt/Klein/Starck, Kommentar zum Grundgesetz, 6. Aufl. 2010

Mankowski Dual and Multiple Nationals .... Mankowski, Dual and Multiple Nationals, Stateless Persons, and Refugees, in Leible, General Principles of European Private International Law, 2016

Mankowski/Müller/J. Schmidt/*Bearbeiter* .... Mankowski/Müller/J. Schmidt, EuInsVO 2015, Kommentar, 2016

Makarov IPR .... Makarov, Grundriß des IPR, 1970

Malaya L. Rev. .... Malaya Law Review

MAR .... Verordnung (EU) Nr. 596/2014 des Europäischen Parlaments und des Rates v. 16.6.2014 über Marktmissbrauch (Marktmissbrauchsverordnung) und zur Aufhebung der Richtlinie 2003/6/EG des Europäischen Parlaments und des Rates und der Richtlinien 2003/124/EG, 2003/125/EG und 2004/72/EG der Kommission (ABl. EU 2014 L 173 S. 1, berichtigt ABl. EU 2016 L 287 S. 320 und ABl. EU 2016 L 348 S. 83)

MarkenG .... Gesetz über den Schutz von Marken und sonstigen Kennzeichen (Markengesetz) v. 25.10.1994 (BGBl. 1994 I S. 3082)

Maunz/Dürig/*Bearbeiter* . Maunz/Dürig, Grundgesetz, Kommentar, Loseblatt, 79. Aufl. 2017

Abkürzungs- und Literaturverzeichnis

Mayer/Henzé DIP .... Mayer/Henzé, Droit International Privé, 11. Aufl. 2014

MBl. .... Ministerialblatt

McGuire Verfahrenskoordination .... McGuire, Verfahrenskoordination und Verjährungsunterbrechung im Europäischen Prozessrecht, 2004

MDR .... Monatsschrift für Deutsches Recht (Zeitschrift)

MDStV .... Mediendienstestaatsvertrag der Länder

mE .... meines Erachtens

MecklZ .... Mecklenburgische Zeitschrift für Rechtspflege, Rechtswissenschaft, Verwaltung (Band und Seite)

Medicus/Petersen BürgerlR .... Medicus/Petersen, Bürgerliches Recht, 26. Aufl. 2017

MedR .... Medizinrecht (Zeitschrift 1.1983 ff.)

Meilicke/*Meilicke* .... Meilicke/Meilicke, Mitbestimmungsgesetz, Kommentar, 2. Aufl. 1976

Melchior IPR Grundlagen .... Melchior, Die Grundlagen des deutschen internationalen Privatrechts, 1932

MHA .... (Madrider) Abkommen v. 14.4.1891 über die Unterdrückung falscher oder irreführender Herkunftsangaben idF v. 31.10.1958 (BGBl. 1961 II S. 293)

Mich. L. Rev. .... Michigan Law Review

Michalski/*Bearbeiter* .... Michalski (Hrsg.), GmbH-Gesetz, Kommentar, 2 Bände, 3. Aufl. 2017

MiFID I .... Richtlinie 2004/39/EG des Europäischen Parlaments und des Rates v. 21.4.2004 über Märkte für Finanzinstrumente, zur Änderung der Richtlinien 85/611/EWG und 93/6/EWG des Rates und der Richtlinie 2000/12/EG des Europäischen Parlaments und des Rates und zur Aufhebung der Richtlinie 93/22/EWG des Rates (ABl. EG 2004 L 145 S. 1, berichtigt ABl. EG 2005 L 45 S. 18)

MiFID II .... Richtlinie 2014/65/EU des Europäischen Parlaments und des Rates v. 15.5.2014 über Märkte für Finanzinstrumente sowie zur Änderung der Richtlinien 2002/92/EG und 2011/61/EU (ABl. EU 2014 L 173 S. 349, berichtigt ABl. EU 2015 L 74 S. 38, ABl. EU 2016 L 188 S. 28, ABl. EU 2016 L 273 S. 35, ABl. EU 2017 L 64 S. 116)

MiFIR .... Verordnung (EU) Nr. 600/2014 des Europäischen Parlaments und des Rates v. 15.5.2014 über Märkte für Finanzinstrumente und zur Änderung der Verordnung (EU) Nr. 648/2012 (ABl. EU 2014 L 173 S. 84, berichtigt ABl. EU 2015 L 6 S. 6 und ABl. EU 2015 L 270 S. 4)

MIGA .... Multilateral Investment Guarantee Agency

Minn. L. Rev. .... Minnesota Law Review

Mio. .... Million(en)

MitbestG .... Gesetz über die Mitbestimmung der Arbeitnehmer (Mitbestimmungsgesetz) v. 4.5.1976 (BGBl. 1976 I S. 1153)

Mitt. .... Mitteilung(en)

Mitt. AGJ .... Mitteilungen der Arbeitsgemeinschaft für Jugendhilfe (Zeitschrift)

MittBayNot .... Mitteilungen des Bayerischen Notarvereins (Zeitschrift)

MittBl. Königsteiner Kreis .... Mitteilungsblatt des Königsteiner Kreises

MittBlBLJA .... Mitteilungsblatt des Bayerischen Landesjugendamtes

MittGesVR .... Mitteilungen der deutschen Gesellschaft für Völkerrecht

MittHV .... Mitteilungen des Hochschulverbandes

MittPat. .... Mitteilungen der deutschen Patentanwälte (Zeitschrift)

MittRhNotK .... Mitteilungen der Rheinischen Notarkammer (Zeitschrift)

MMA .... (Madrider) Abkommen v. 14.4.1891 über die internationale Registrierung von Fabrik- oder Handelsmarken idF v. 14.7.1967 (BGBl. 1970 II S. 418)

MMR .... Multi-Media und Recht (Zeitschrift)

Mod. L. Rev. .... Modern Law Review

Bearbeiter in Mohrbutter/Ringstmeier InsolvenzVerw-HdB .... Mohrbutter/Ringstmeier, Handbuch der Insolvenzverwaltung, 9. Aufl. 2015

mon. .... monatlich

Mot. I–V .... Motive zu dem Entwurf eines Bürgerlichen Gesetzbuches für das Deutsche Reich, Band I Allgemeiner Teil; Band II Recht der Schuldverhältnisse; Band III Sachenrecht; Band IV Familienrecht; Band V Erbrecht

MPS .... Medium Power Satellite

MPÜ .... siehe EPÜ

MRG .... Gesetz der Militärregierung

MRK .... Konvention zum Schutze der Menschenrechte und Grundfreiheiten v. 4.11.1950 (Gesetz v. 7.8.1952, BGBl. 1952 II S. 685)

MSA .... Übereinkommen über die Zuständigkeit und das anzuwendende Recht auf dem Gebiet des Schutzes von Minderjährigen (Haager Minderjährigenschutzabkommen) v. 5.10.1961 (BGBl. 1971 II S. 217)

MuA ***	Mensch und Arbeit (Zeitschrift)
Mugdan	Die gesamten Materialien zum Bürgerlichen Gesetzbuch für das deutsche Reich, hrsg. von Mugdan, Band I–V, 1899
v. Münch/Kunig/*Bearbeiter*	v. Münch/Kunig (Hrsg.), Grundgesetz, Kommentar, 3 Bände, 6. Aufl. 2012
MHdB ArbR/*Bearbeiter*	Münchener Handbuch zum Arbeitsrecht, hrsg. v. Richardi/Wlotzke, 3 Bände, 3. Aufl. 2012
MHdB GesR I–VI/*Bearbeiter*	Münchener Handbuch zum Gesellschaftsrecht, 6 Bände, 4. Aufl. 2012 ff.
MüKoAktG/*Bearbeiter*	Münchener Kommentar zum Aktiengesetz, hrsg. v. Goettte/Habersack, 4. Aufl. 2013 ff.
MüKoEuWettbR/*Bearbeiter*	Münchener Kommentar zum Europäischen und Deutschen Kartellrecht, hrsg. v. Montag/Säcker, Band 1: Europäisches Wettbewerbsrecht, 2. Aufl. 2015; Band 2: GWB, 2. Aufl. 2015; Band 3: BeihilfenR VergabeR, 2011
MüKoFamFG/*Bearbeiter*	Münchener Kommentar zum FamFG, hrsg. v. Rauscher, 2. Aufl. 2013
MüKoGmbHG/*Bearbeiter*	Münchener Kommentar zum GmbHG, hrsg. v. Fleischer/Goette, 2. Aufl. 2015 f.
MüKoHGB/*Bearbeiter*	Münchener Kommentar zum Handelsgesetzbuch, hrsg. v. K. Schmidt, 3. Aufl. 2010 ff., 4. Aufl. 2016 f.
MüKoInsO/*Bearbeiter*	Münchener Kommentar zur Insolvenzordnung, hrsg. v. Kirchhof/Eidenmüller/Stürner, 3. Aufl. 2013 ff.
MüKoUWG/*Bearbeiter*	Münchener Kommentar zum Lauterkeitsrecht (UWG), hrsg. v. Heermann/Schlingloff, 2. Aufl. 2014
MüKoZPO/*Bearbeiter*	Münchener Kommentar zur Zivilprozessordnung mit Gerichtsverfassungsgesetz und Nebengesetzen, hrsg. v. Rauscher/Krüger, 5. Aufl. 2016 ff.
Müller	Müller, Wertpapierprospektgesetz, 2012
MuSchG	Gesetz zum Schutz der erwerbstätigen Mutter (Mutterschutzgesetz) idF der Bek. v. 20.6.2002 (BGBl. 2002 I S. 2318)
Musielak/Voit/*Bearbeiter*	Musielak/Voit, Zivilprozessordnung, Kommentar, 14. Aufl. 2017
MuW	Markenschutz und Wettbewerb (Zeitschrift)
MTF	multilateral trading facilities
MVHdB WirtschaftsR I/*Bearbeiter*	Schütze/Weipert/Rieder, Münchener Vertragshandbuch, Bd. 2: Wirtschaftsrecht I, 7. Aufl. 2015
mwN	mit weiteren Nachweisen
N. E.	Northeastern Reporter
N. H.	New Hampshire Reports
N. J.	Nederlandse Jurisprudentie
N. V.	naamloze venootschap, niederl. Pendant zur Aktiengesellschaft
N. W.	Northwestern Reporter
N. Y.	New York Reports
N. Y. C. A.	New York Court of Appeals
N. Y. S.	New York Supplement
N. Y. U. Int. L. & Pol.	New York University Journal of International Law and Politics
N. Y. U. Intra. L. Rev.	New York University Intramural Law Review
N. Y. U. L. Rev.	New York University Law Review
N. Y. U. L. Q. Rev.	New York University Law Quarterly Review
nachf.	nachfolgend
NAFTA	North American Free Trade Agreement
NAG	Bundesgesetz betreffend die zivilrechtlichen Verhältnisse der Niedergelassenen und Aufenthalter (Schweiz)
Nagel/Gottwald IntZivilProzR	Nagel/Gottwald, Internationales Zivilprozessrecht, 7. Aufl. 2013
NATO	North Atlantic Treaty Organization
Nbl.	Nachrichtenblatt
NblLVABa	Nachrichtenblatt, Zeitschrift der Landesversicherungsanstalt Baden
NBW	Nieuw Burgerlijk Wetboek
NDBZ	Neue Deutsche Beamtenzeitung (Zeitschrift)
Nds.; nds.	Niedersachsen; niedersächsisch
NdsRpfl.	Niedersächsische Rechtspflege (Zeitschrift)
Ned. Yb. Int. L.	Netherlands Yearbook of International Law
NEhelG	Gesetz über die rechtliche Stellung der nichtehelichen Kinder v. 19.8.1969 (BGBl. 1969 I S. 1243)
Nehne Methodik	Nehne, Methodik und Allgemeine Lehren des europäischen Internationalen Privatrechts, 2012

Abkürzungs- und Literaturverzeichnis

Nerlich/Römermann/ *Bearbeiter*	Nerlich/Römermann, Insolvenzordnung, Kommentar, Loseblatt, 31. Aufl. 2017
Neth. Int. L. Rev. = NILR	Netherlands International Law Review
Neuhaus IPR	Neuhaus, Die Grundbegriffe des internationalen Privatrechts, 2. Aufl. 1976
NF	Neue Folge
nF	neue Fassung
NGCC	Nuova Giurisprudenza Civile Commentata
NiemeyersZ	Niemeyers Zeitschrift für internationales Recht (25.1915–52.1937/38; vorher s. BöhmsZ)
Nig. L. J.	The Nigerian Law Journal
NILR	Netherlands International Law Review
NIPR	Nederlands internationaal privaatrecht
NJ	Neue Justiz (Zeitschrift)
NJbl	Nederlands Juristenblad (Zeitschrift)
NJOZ	Neue Juristische Online-Zeitschrift
NJW	Neue Juristische Wochenschrift (Zeitschrift)
NJW-FER	NJW-Entscheidungsdienst Familien- und Erbrecht (Zeitschrift, vereinigt mit FPR ab 2002)
NJW-MietR	NJW-Entscheidungsdienst Miet- und Wohnungsrecht (Zeitschrift)
NJW-RR	NJW-Rechtsprechungs-Report, Zivilrecht (Zeitschrift)
NJW-VHR	NJW-Entscheidungsdienst Versicherungs- und Haftungsrecht (Zeitschrift)
NJW-WettbR	NJW-Entscheidungsdienst Wettbewerbsrecht (Zeitschrift)
NK-BGB/*Bearbeiter*	NomosKommentar BGB, hrsg. von Dauner-Lieb/Heidel/Ring ua, 5 Bände, 2. Aufl. 2011 ff.
NLCC	Le nuove leggi civili commentate
NMV	Verordnung über die Ermittlung der zulässigen Miete für preisgebundene Wohnungen (Neubaumietenverordnung 1970) idF der Bek. v. 12.10.1990 (BGBl. 1990 I S. 2203)
Notre Dame Int. Comp. L. J.	Notre Dame International and Comparative Law Journal
Nord. TIR	Nordisk Tidsskrift for International Ret
norddt.	norddeutsch
Nordemann/Vinck/Hertin IntUrhR	Nordemann/Vinck/Hertin, Internationales Urheberrecht, 1977
North Dakota L. Rev.	North Dakota Law Review
Nouv. Dig. it.	Novissimo Digesto italiano
Nouv. Rev. dr. i. p.	Nouvelle Revue de droit international privé
NouvCCom.	Nouveau Code de Commerce
NouvCPrC	Nouveau Code de Procédure Civile
Nov.	Novelle
Nr.	Nummer(n)
NRW	Nordrhein-Westfalen
NStZ	Neue Zeitschrift für Strafrecht
NStZ-RR	NStZ-Rechtsprechungs-Report Strafrecht (Zeitschrift)
NTIR	Nederlands Tijdschrift voor Internationaal Recht
NTS	Abkommen zwischen den Parteien des Nordatlantikvertrags über die Rechtsstellung ihrer Truppen (NATO-Truppenstatut) v. 19.6.1951 (BGBl. 1961 II S. 1190)
NuR	Natur und Recht (Zeitschrift)
Nußbaum IPR	Nußbaum, Deutsches IPR, 1932
Nußbaum Grundzüge	Nußbaum, Grundzüge des internationalen Privatrechts, 1952
NVersZ	Neue Zeitschrift für Versicherung und Recht
NVwZ	Neue Zeitschrift für Verwaltungsrecht
NVwZ-RR	Rechtsprechungs-Report Verwaltungsrecht (Zeitschrift)
Nw. J. Int'l L. & B.	Northwestern Journal of International Law & Business
NWB	Neue Wirtschaftsbriefe (Loseblatt-Sammlung)
NZA	Neue Zeitschrift für Arbeits- und Sozialrecht
NZA-RR	NZA-Rechtsprechungs-Report Arbeitsrecht
NZBau	Neue Zeitschrift für Baurecht und Vergaberecht
NZG	Neue Zeitschrift für Gesellschaftsrecht
NZI	Neue Zeitschrift für Insolvenz und Sanierung
NZM	Neue Zeitschrift für Mietrecht
NZS	Neue Zeitschrift für Sozialrecht
NZV	Neue Zeitschrift für Verkehrsrecht
o.	oben
oa	oben angegeben
oÄ	oder Ähnliches

OGAW-RL	Richtlinie 2009/65/EG des Europäischen Parlaments und des Rates vom 13. Juli 2009 zur Koordinierung der Rechts- und Verwaltungsvorschriften betreffend bestimmte Organismen für gemeinsame Anlagen in Wertpapieren (OGAW) (ABl. EG 2009 L 302 S. 32, berichtigt ABl. EG 2010 L 269 S. 27)
ÖAnwBl.	Österreichisches Anwaltsblatt (Zeitschrift)
ObG	Obergericht
Öbl.	Österreichische Blätter für gewerblichen Rechtsschutz und Urheberrecht
OECD	Organization of Economic Cooperation and Development
OEEC	Organisation für Europäische Wirtschaftliche Zusammenarbeit
Oertmann	Oertmann, Kommentar zum Bürgerlichen Gesetzbuch und seinen Nebengesetzen, Band I Allgemeiner Teil, 3. Aufl. 1927, Band II Recht der Schuldverhältnisse, 5. Aufl. 1928/29, Band III Sachenrecht, 3. Aufl. 1914, Band IV Familienrecht, 1906, Band V Erbrecht, 2. Aufl. 1912
OTF	organised trading facilities
OG	Oberstes Gericht (DDR)
OGH	Oberster Gerichtshof (Österreich)
OGH-BrZ	Oberster Gerichtshof für die Britische Zone
OGHSt	Entscheidungen des Obersten Gerichtshofes für die Britische Zone in Strafsachen (Band und Seite)
OGHZ	Entscheidungen des Obersten Gerichtshofes für die Britische Zone in Zivilsachen (Band und Seite)
OHG	offene Handelsgesellschaft
ÖIPRG	Österreichisches internationales Privatrechtsgesetz von 1978
oJ	ohne Jahrgang
ÖJZ	Österreichische Juristenzeitung (Zeitschrift)
Okl. L. Rev.	Oklahoma Law Review
OLG	Oberlandesgericht
OLGE	siehe OLGRspr.
OLG-NL	OLG-Rechtsprechung Neue Länder (Zeitschrift)
OLGR	OLG-Report
OLGRspr.	Die Rechtsprechung der Oberlandesgerichte auf dem Gebiete des Zivilrechts, hrsg. von Mugdan/Falkmann (1.1900–46.1928; aufgegangen in HRR)
OLGZ	Rechtsprechung der Oberlandesgerichte in Zivilsachen, Amtliche Entscheidungssammlung
ÖNotZ	Österreichische Notariats-Zeitung
o.p.	ordre public
OR	Schweizerisches Obligationsrecht
ORDO	ORDO, Jahrbuch für die Ordnung von Wirtschaft und Gesellschaft
ÖRdW	Österreichisches Recht der Wirtschaft
ÖRiZ	Österreichische Richterzeitung
öst. JBl.	Juristische Blätter (Österreich)
ÖSTA	Österreichisches Standesamt (Zeitschrift)
öst.	österreichisch
ÖstHPraxintauslR	Österreichische Hefte für die Praxis des internationalen und ausländischen Rechts
OttawaÜbk.	siehe unter FactÜ
oV	ohne Verfasser
OV spezial	Offene Vermögensfragen spezial Informationsdienst zum Vermögens- und Entschädigungsrecht in den neuen Bundesländern
OVG	Oberverwaltungsgericht
OWiG	Gesetz über Ordnungswidrigkeiten idF der Bek. v. 19.2.1987 (BGBl. 1987 I S. 602)
ÖZöffR	Österreichische Zeitschrift für öffentliches Recht (Band und Seite)
ÖZW	Österreichische Zeitschrift für Wirtschaftsrecht
P	Pacific Reporter
Pac. L. J.	Pacific Law Journal
Palandt/Bearbeiter	Palandt, Bürgerliches Gesetzbuch, Kommentar, 76. Aufl. 2017
PAngG	Gesetz über die Preisangaben (Preisangabengesetz) v. 3.12.1984 (BGBl. 1984 I S. 1429)
PAngV	Preisangabenverordnung idF der Bek. v. 18.10.2002 (BGBl. 2002 I S. 4197)
Pape/Uhlenbruck/Voigt-Salus InsR	Pape/Uhlenbruck/Voigt-Salus, Insolvenzrecht, 2. Aufl. 2010
ParCIECÜE	CIEC-Übereinkommen zur Erleichterung der Eheschließung im Ausland v. 10.9.1964 (BGBl. 1969 II S. 451)
ParteiG	Gesetz über die politischen Parteien (Parteiengesetz) idF der Bek. v. 31.1.1994 (BGBl. 1994 I S. 149)
PartGG	Gesetz über Partnerschaftsgesellschaften Angehöriger Freier Berufe (Partnerschaftsgesellschaftsgesetz) v. 25.7.1994 (BGBl. 1994 I S. 1744)

Abkürzungs- und Literaturverzeichnis

Pas. .... Pasicrisie Belge
PAO .... Patentanwaltsordnung
Parra-Aranguren Rapport Parra-Aranguren, Rapport explicatif, in: Bureau Permanent de la Conférence de la Haye, Convention du 29 mai 1993 sur la protection des enfants et la coopération en matière d'adoption internationale, 1994 (BT-Drs. 14/5437, 26)
PatG .... Patentgesetz idF der Bek. v. 16.12.1980 (BGBl. 1981 I S. 1)
Paulus .... Paulus, Europäische Insolvenzverordnung: EuInsVO, Kommentar, 4. Aufl. 2013
PBefG .... Personenbeförderungsgesetz idF der Bek. v. 8.8.1990 (BGBl. 1990 I S. 1690)
PCB .... Private Client Business
PersV .... Die Personalvertretung (Zeitschrift)
PfandBG .... Pfandbriefgesetz v. 22.5.2005 (BGBl. 2005 I S. 1373)
PfandlV .... Verordnung über den Geschäftsbetrieb der gewerblichen Pfandleiher (Pfandleiherverordnung) idF der Bek. v. 1.6.1976 (BGBl. 1976 I S. 1334)
PflVAuslG .... Gesetz über die Haftpflichtversicherung für ausländische Kraftfahrzeuge und Kraftfahrzeuganhänger v. 24.7.1956 (BGBl. 1956 I S. 667; BGBl. 1957 I S. 368)
PflVG .... Gesetz über die Pflichtversicherung für Kraftfahrzeughalter (Pflichtversicherungsgesetz) idF der Bek. v. 5.4.1965 (BGBl. 1965 I S. 213)
PGR .... Personen- und Gesellschaftsrecht (des Fürstentums Liechtenstein)
PHI .... Produkthaftpflicht International (Zeitschrift)
Picone/Wengler IPR .... Picone/Wengler, Internationales Privatrecht, 1974
Pirrung IPR .... Pirrung, Internationales Privat- und Verfahrensrecht nach dem Inkrafttreten der Neuregelung des IPR, 1987
PJA .... siehe unter AJP
Planck/*Bearbeiter* .... Plancks Kommentar zum BGB nebst Einführungsgesetz, 5 Bände, Band 4/2, 6: 3. Aufl. 1905/06; Band 1, 2, 4/1, 5: 4. Aufl. 1913–30; Band 3: 5. Aufl. 1933–38
plc. .... public limited company (engl. od. irischen Rechts)
Pol. Yb. Int. L. .... Polish Yearbook of International Law
poln. .... polnisch
port. .... portugiesisch
PostG .... Postgesetz idF der Bek. v. 22.12.1997 (BGBl. 1997 I S. 3294)
Pr.; pr. .... Preußen; preußisch
PreisklG .... Gesetz über das Verbot der Verwendung von Preisklauseln bei der Bestimmung von Geldschulden (Preisklauselgesetz) v. 7.9.2007 (BGBl. 2007 I S. 2246)
PresseG .... Pressegesetz (Landesrecht)
PRG .... Privat- und Gesellschaftsrecht (des Fürstentums Liechtenstein)
ProdHaftG .... Gesetz über die Haftung für fehlerhafte Produkte (Produkthaftungsgesetz) v. 15.12.1989 (BGBl. 1989 I S. 2198)
ProdHpflInt = PHI .... Produkthaftpflicht International (Zeitschrift)
Prospekt-RL .... Richtlinie 2003/71/EG des Europäischen Parlaments und des Rates vom 4. November 2003 betreffend den Prospekt, der beim öffentlichen Angebot von Wertpapieren oder bei deren Zulassung zum Handel zu veröffentlichen ist, und zur Änderung der Richtlinie 2001/34/EG (ABl. EG 2003 L 345 S. 64, berichtigt ABl. EU 2014 L 218 S. 8)
ProstG .... Gesetz zur Regelung der Rechtsverhältnisse der Prostituierten (Prostitutionsgesetz) v. 20.12.2001 (BGBl. 2001 I S. 3983)
Prot. I–VI .... Protokolle der Kommission für die zweite Lesung des Entwurfs des BGB (Bände I und IV 1897; Band II 1898; Band III, V und VI 1899)
PrOVG .... Preußisches Oberverwaltungsgericht
Prütting/Helms/Hau/ *Bearbeiter* .... Prütting/Helms/Hau, FamFG, Kommentar, 3. Aufl. 2014
PStG .... Personenstandsgesetz v. 19.2.2007 (BGBl. 2007 I S. 122)
PStV .... Verordnung zur Ausführung des Personenstandsgesetzes v. 25.2.1977 (BGBl. 1977 I S. 377)
PÜ .... (Pariser) Übereinkommen über die Haftung gegenüber Dritten auf dem Gebiet der Kernenergie idF v. 15.7.1985 (BGBl. 1985 II S. 964)
PucheltsZ .... Zeitschrift für französisches Zivilrecht
PVÜ .... Pariser Verbandsübereinkunft zum Schutz des gewerblichen Eigentums v. 20.3.1983, revidiert in Stockholm am 14.7.1967 (BGBl. 1970 II S. 293, 391, 1073; 1971 II S. 1015)
pVV .... positive Vertragsverletzung
PWW/*Bearbeiter* .... Prütting/Wegen/Weinreich, Bürgerliches Gesetzbuch, Kommentar, 12. Aufl. 2017
Q.B. .... Law Reports, Queen's Bench
r+s .... Recht und Schaden (Zeitschrift)
RA .... Rechtsausschuss
Raape IPR .... Raape, Internationales Privatrecht, 5. Aufl. 1961
Raape/Sturm IPR I .... Raape/Sturm, Internationales Privatrecht, Band I, 6. Aufl. 1977
Rabe .... Rabe, Seehandelsrecht, Kommentar, 4. Aufl. 2000

Rabel Conflict of Laws I–IV	Rabel, The Conflict of Laws, I 2. Aufl. 1958, II 2. Aufl. 1960, III 2. Aufl. 1964, IV 1. Aufl. 1958
RabelsZ	Zeitschrift für ausländisches und internationales Privatrecht (Band und Seite)
RAG	Reichsarbeitsgericht, zugleich amtliche Sammlung der Entscheidungen (Band und Seite); siehe auch RAnwG DDR
Raiser/Veil KapGesR	Raiser/Veil, Recht der Kapitalgesellschaften, 6. Aufl. 2015
RAnwG DDR	Gesetz über die Anwendung des Rechts auf internationale zivil-, familien- und arbeitsrechtliche Beziehungen sowie auf internationale Wirtschaftsverträge – Rechtsanwendungsgesetz (DDR) v. 5.12.1975 (GBl. DDR 1975 I S. 748)
RAnz.	Deutscher Reichs-Anzeiger
Rating-VO	Verordnung (EG) Nr. 1060/2009 des Europäischen Parlaments und des Rates v. 16.9.2009 über Ratingagenturen (ABl. EG 2009 L 302 S. 1, berichtigt ABl. EG 2009 L 350 S. 59, berichtigt ABl. EU 2011 L 145 S. 57)
Raupach Ehescheidung mit Auslandsbezug	Raupach, Ehescheidung mit Auslandsbezug in der Europäischen Union, 2014
Rauscher IPR	Rauscher, Internationales Privatrecht, 4. Aufl. 2012
Rauscher EuIPR/ EuZPR	Rauscher, Europäisches Zivilprozess- und Kollisionsrecht, EuZPR, verschiedene Bände
RbfDJugArch.	Rundbrief des Deutschen Jugendarchivs
RBÜ	(Revidierte) Berner Übereinkunft zum Schutz von Werken der Literatur und Kunst idF v. 24.7.1971 (BGBl. 1973 II S. 1069)
RdA	Recht der Arbeit (Zeitschrift)
RdErl.	Runderlass
RDG	Gesetz über außergerichtliche Rechtsdienstleistungen (Rechtsdienstleistungsgesetz – RDG) v. 12.12.2007 (BGBl. 2007 I S. 2840)
RdJ	Recht der Jugend (Zeitschrift)
RdJB	Recht der Jugend und des Bildungswesens (Zeitschrift)
RdK	Das Recht des Kraftfahrers (Zeitschrift, ab 1952: Deutsches Autorecht)
RdL	Recht der Landwirtschaft (Zeitschrift)
RdSchr.	Rundschreiben
RdTW	Recht der Transportwirtschaft (Zeitschrift)
RdW	Recht der Wirtschaft (Österreich)
RE	Rechtsentscheid
Rec.	Recueil
Rec. Dalloz	Recueil Dalloz
Rec. des Cours	Académie de Droit International, Recueil des Cours
Recht	Das Recht (Zeitschrift)
Rechtstheorie	Rechtstheorie (Zeitschrift)
Recueil	Recueil de Décisions de la Commission européenne des Droits de l'Homme
Red.	Redaktion
réf.	référence
RefE	Referentenentwurf
Reg.	Regierung
RegBez.	Regierungsbezirk
RegBl.	Regierungsblatt
RegE	Regierungsentwurf
Bearbeiter in Reichelt/ Rechberger EuropKollisionsR	Reichelt/Rechberger, Europäisches Kollisionsrecht, 2004
Reinbothe/v. Lewinski	Reinbothe/v. Lewinski, The WIPO Treaties 1996, 2. Aufl. 2015
Reischauer/Kleinhans/ *Bearbeiter*	Reischauer/Kleinhans, Kreditwesengesetz (KWG), Kommentar, 4 Ordner, Loseblatt, Stand: Juli 2017
Bearbeiter in Reithmann/ Martiny IntVertragsR	Reithmann/Martiny (Hrsg.), Internationales Vertragsrecht, 8. Aufl. 2015
RelKErzG	Gesetz über die religiöse Kindererziehung v. 15.7.1921 (RGBl. 1921 S. 939)
Rep. dr. int., Rep. int.	Répertoire de droit international
Rep. Fam. L.	Reports of Family Law
Rep. int.	Répertoire de droit international Dalloz
Rep. patria	Repertorio di giurisprudenza patria (Tessin)
RErbhG	Reichserbhofgericht
Resp. civ. prev.	Responsabilità Civile e Previdenza (Zeitschrift)
Reuter falsus procurator	Reuter, Die Qualifikation der Haftung des falsus procurator im Internationalen Privatrecht, 2016
Rev. aff. eur.	Revue des affaires européenes

Abkürzungs- und Literaturverzeichnis

Rom II-VO	Verordnung (EG) Nr. 864/2007 des Europäischen Parlaments und des Rates v. 11.7.2007 über das auf außervertragliche Schuldverhältnisse anzuwendende Recht (Rom II) (ABl. EG 2007 L 199 S. 40)
Rom III-VO	Verordnung (EU) Nr. 1259/2010 des Rates v. 20.12.2010 zur Durchführung einer Verstärkten Zusammenarbeit im Bereich des auf die Ehescheidung und Trennung ohne Auflösung des Ehebandes anzuwendenden Rechts (ABl. EU 2010 L 343 S. 10)
RömÜb	Römisches CIEC-Übereinkommen über die Erweiterung der Zuständigkeit der Behörden, vor denen nichteheliche Kinder anerkannt werden können v. 14.9.1961 (BGBl. 1965 II S. 19)
Rosenberg/Schwab/ Gottwald ZivilProzR	Rosenberg/Schwab/Gottwald, Zivilprozessrecht, 17. Aufl. 2010
Roth/Altmeppen/ Bearbeiter	Roth/Altmeppen, GmbHG, Kommentar, 8. Aufl. 2015
ROW	Recht in Ost und West (Zeitschrift)
Rowedder/Schmidt-Leithoff/Bearbeiter	Rowedder, GmbH-Gesetz, Kommentar, hrsg. von Schmidt-Leithoff, 5. Aufl. 2013
Rpfleger	Der Deutsche Rechtspfleger (Zeitschrift)
RPflG	Rechtspflegergesetz v. 5.11.1969 (BGBl. 1969 I S. 2065)
RPflJb	Rechtspflegerjahrbuch
RRa	Reiserecht aktuell
Rs.	Rechtssache
RSiedlG	Reichssiedlungsgesetz v. 11.8.1919 (RGBl. 1919 S. 1429)
Rspr.	Rechtsprechung
RT	Reichstag
RuG	Recht und Gesellschaft (Zeitschrift)
RuP	Recht und Politik (Zeitschrift)
russ.	russisch
RuW	Recht und Wirtschaft (Zeitschrift)
RV	Die Rentenversicherung (Zeitschrift)
rv	Die Rentenversicherung
Rv.	(niederländisches) Wetbook van Burgerlighe Rechtsvordering
RVG	Gesetz über die Vergütung der Rechtsanwältinnen und Rechtsanwälte (Rechtsanwaltsvergütungsgesetz) v. 5.5.2004 (BGBl. 2004 I S. 718)
RvglHWB	Rechtsvergleichendes Handwörterbuch für das Zivil- und Handelsrecht des In- und Auslandes (Band und Seite)
RVO	Reichsversicherungsordnung v. 15.12.1924 (RGBl. 1924 S. 779)
RWP	Rechts- und Wirtschaftspraxis (Loseblatt-Ausgabe)
RzW	Rechtsprechung zum Wiedergutmachungsrecht (Zeitschrift)
S.	Seite; Satz; Recueil Sirey
s.	siehe; section
S. Ct.	Supreme Court Reporter
S. A.	Société anonyme, Sociedad Anónima
S. A. L. J.	South African Law Journal
S. D. N. Y.	Southern District Court New York (für den District New York zuständiges erstinstanzliches US-Bundesgericht)
S. E.	Southeastern Reporter
S. L. T.	Scots Law Times (Zeitschrift)
s. o.	siehe oben
s. u.	siehe unten
S. W.	Southwestern Reporter
Saarl.	Saarland
SaarlRStZ	Saarländische Rechts- und Steuerzeitschrift
SaBl.	Sammelblatt für Rechtsvorschriften des Bundes und der Länder
SaBremR	Sammlung des bremischen Rechts
Sachgeb.	Sachgebiet
SächsAnn.	Annalen des Sächsischen Oberlandesgerichts zu Dresden
SächsArch.	Sächsisches Archiv für Rechtspflege (Zeitschrift)
SAE	Sammlung arbeitsrechtlicher Entscheidungen (Zeitschrift)
v. Sachsen Gessaphe Le partenariat	v. Sachsen Gessaphe, Le partenariat enregistré en droit international privé allemand, in Institut suisse de droit comparé, Aspects de droit international privé des partenariats enregistrés en Europe, 2004, 9
SAG	Gesetz zur Sanierung und Abwicklung von Instituten und Finanzgruppen (Sanierungs- und Abwicklungsgesetz) v. 10.12.2014 (BGBl. 2014 I S. 2091)
Bearbeiter in Sagasser/ Bula/Brünger Umwandlungen	Sagasser/Bula/Brünger, Umwandlungen, 5. Aufl. 2017

Abkürzungs- und Literaturverzeichnis

SeeArbG	Seearbeitsgesetz v. 20.4.2013 (BGBl. 2013 I S. 868)
Sem. judiciaire	La Semaine judiciaire (Genf)
SeuffA	Seufferts Archiv für Entscheidungen der obersten Gerichte in den deutschen Staaten (Zeitschrift, Band und Nr.; 1.1847–98.1944)
SeuffBl.	Seufferts Blätter für Rechtsanwendung (Zeitschrift, Band und Seite)
SE-VO	Verordnung (EG) Nr. 2157/2001 des Rates v. 8.10.2001 über das Statut der Europäischen Gesellschaft (SE) (ABl. EG 2001 L 294 S. 1)
SG	Sozialgericht
SGB	Sozialgesetzbuch – SGB I: (1. Buch) Allgemeiner Teil v. 11.12.1975 (BGBl. 1975 I S. 3015); SGB II: (2. Buch) Grundsicherung für Arbeitsuchende v. 24.12.2003 (BGBl. 2003 I S. 2954); SGB III: (3. Buch) Arbeitsförderung v. 24.3.1997 (BGBl. 1997 I S. 594); SGB IV: (4. Buch) Gemeinsame Vorschriften für die Sozialversicherung v. 23.1.2006 (BGBl. 2006 I S. 86); SGB V: (5. Buch) Gesetzliche Krankenversicherung v. 20.12.1988 (BGBl. 1988 I S. 2477); SGB VI: (6. Buch) Gesetzliche Rentenversicherung v. 19.2.2002 (BGBl. 2002 I S. 754); SGB VII: (7. Buch) Gesetzliche Unfallversicherung v. 7.8.1996 (BGBl. 1996 I S. 1254); SGB VIII: (8. Buch) Kinder- und Jugendhilfe v. 14.12.2006 (BGBl. 2006 I S. 3134); SGB IX (9. Buch) Rehabilitation und Teilhabe behinderter Menschen v. 19.6.2001 (BGBl. 2001 I S. 1046); SGB X: (10. Buch) Sozialverwaltungsverfahren und Sozialdatenschutz v. 18.1.2001 (BGBl. 2001 I S. 130); SGB XI: (11. Buch) Soziale Pflegeversicherung v. 26.5.1994 (BGBl. 1994 I S. 1014); SGB XII: (12. Buch) Sozialhilfe v. 27.12.2003 (BGBl. 2003 I S. 3022)
SGb	Die Sozialgerichtsbarkeit (Zeitschrift)
SGG	Sozialgerichtsgesetz idF der Bek. v. 23.9.1975 (BGBl. 1975 I S. 2535)
SigG	Gesetz über Rahmenbedingungen für elektronische Signaturen (Signaturgesetz) v. 16.5.2001 (BGBl. 2001 I S. 876), aufgehoben
SJZ	Süddeutsche Juristenzeitung (Zeitschrift)
Slg.	Gerichtshof der europäischen Gemeinschaften, Sammlung der Rechtsprechung des Gerichtshofs
So.	Southern Reporter
So. Cal. L. Rev.	Southern California Law Review
Soergel/*Bearbeiter*	Soergel, Bürgerliches Gesetzbuch mit Einführungsgesetz und Nebengesetzen, Kommentar, hrsg. von Siebert, 12. Aufl. 1987 ff.; 13. Aufl. 1999 ff.
SoergRspr.	Soergel(s) Rechtsprechung zum gesamten Zivil-, Handels- und Prozeßrecht (Jahr, Paragraph und Nr.)
sog.	sogenannt
SoGpr.	Solothurnische Gerichtspraxis
SoldG	Gesetz über die Rechtsstellung der Soldaten (Soldatengesetz – SG) idF der Bek. v. 30.5.2005 (BGBl. 2005 I S. 1482)
Solvabilität II-RL	Richtlinie 2009/138/EG des Europäischen Parlaments und des Rates v. 25.11.2009 betreffend die Aufnahme und Ausübung der Versicherungs- und der Rückversicherungstätigkeit (Solvabilität II) (ABl. EU 2009 L 335 S. 1)
Sonnenberger/Dammann Franz. HandelsR/ WirtschR	Sonnenberger/Dammann, Französisches Handels- und Wirtschaftsrecht, 3. Aufl. 2008
Sonnenberger Vorschläge und Berichte	Sonnenberger, Vorschläge und Berichte zur Reform des europäischen und deutschen internationalen Gesellschaftsrechts, 2007
SorgeRG	Gesetz zur Neuregelung des Rechts der elterlichen Sorge v. 18.7.1979 (BGBl. 1979 I S. 1061)
Sortenschutz-VO	Verordnung (EG) Nr. 2100/94 des Rates v. 27.7.1994 über den gemeinschaftlichen Sortenschutz (ABl. EG 1994 L 227 S. 1)
SozR	Sozialrecht, Rechtsprechung und Schrifttum, bearbeitet von den Richtern des Bundessozialgerichts
SozVers.	Die Sozialversicherung (Zeitschrift)
SozW	Sozialwissenschaft(en)
SP	Schaden-Praxis (Zeitschrift)
Sp.	Spalte
span.	spanisch
Spickhoff/*Bearbeiter*	Spickhoff, Medizinrecht, Kommentar, 2. Aufl. 2014
SpTrUG	Gesetz über die Spaltung der von der Treuhandanstalt verwalteten Unternehmen v. 5.4.1991 (BGBl. 1991 I S. 854)
SpuRt	Zeitschrift für Sport und Recht (Zeitschrift)
SSM-VO	Verordnung (EU) Nr. 1024/2013 des Rates v. 15.10.2013 zur Übertragung besonderer Aufgaben im Zusammenhang mit der Aufsicht über Kreditinstitute auf die

Abkürzungs- und Literaturverzeichnis

	Europäische Zentralbank (ABl. EU 2013 L 287 S. 63, berichtigt ABl. EU 2015 L 218 S. 82)
stRspr	ständige Rechtsprechung
Staat	Der Staat. Zeitschrift für Staatslehre, öffentliches Recht und Verfassungsgeschichte (Band und Seite)
StaatenlosenÜ	(New Yorker) Übereinkommen über die Rechtsstellung der Staatenlosen v. 28.9.1954 (BGBl. 1976 II S. 474)
StabG	Gesetz zur Förderung der Stabilität und des Wachstums der Wirtschaft v. 8.6.1967 (BGBl. 1967 I S. 582)
StAG	Staatsangehörigkeitsgesetz idF der Bek. v. 22.7.1913 (RGBl. 1913 S. 583)
Stan. L. Rev.	Stanford Law Review
Staub/*Bearbeiter*	Staub (Hrsg.), Handelsgesetzbuch, Großkommentar, 4. Aufl. 1982 ff. (3. Aufl. zitiert als Bearbeiter in GroßkommHGB)
Staudinger/*Bearbeiter*	v. Staudinger, Bürgerliches Gesetzbuch, Kommentar, 12. Aufl. 1978 ff., 13. Bearbeitung 1993 ff.: die Bände sind mit Angabe der Jahreszahl in Klammern zitiert
StAZ	Das Standesamt (Zeitschrift)
StB	Der Steuerberater (Zeitschrift)
Stb.	Staatsblad van het Koninkrijk der Nederlanden
StBerG	Steuerberatungsgesetz idF der Bek. v. 4.11.1975 (BGBl. 1975 I S. 2735)
StBG	Gesetz über die Staatsbürgerschaft der Deutschen Demokratischen Republik (Staatsbürgerschaftsgesetz) v. 20.2.1967 (GBl. DDR 1967 I S. 3)
StBVV	Vergütungsverordnung für Steuerberater, Steuerbevollmächtigte und Steuerberatungsgesellschaften (Steuerberatervergütungsverordnung) v. 17.12.1981 (BGBl. 1981 I S. 1442)
StBp	Die steuerliche Betriebsprüfung (Zeitschrift)
Stein/Jonas/*Bearbeiter*	Stein/Jonas, Zivilprozessordnung, Kommentar, 22. Aufl. 2002 ff.
Stelkens/Bonk/Sachs/ *Bearbeiter*	Stelkens/Bonk/Sachs, VwVfG, Kommentar, 8. Aufl. 2014
Sten. Prot.	Stenographisches Protokoll
StGB	Strafgesetzbuch idF der Bek. v. 13.11.1998 (BGBl. 1998 I S. 3322)
StGH	Staatsgerichtshof
StHG-DDR	Staatshaftungsgesetz v. 12.5.1969 (GBl. DDR 1969 I S. 34)
Bearbeiter in Stoll Vorschläge und Gutachten	Stoll, Vorschläge und Gutachten zur Umsetzung des EU-Übereinkommens über Insolvenzverfahren im deutschen Recht, 1997
StPO	Strafprozeßordnung idF der Bek. v. 7.4.1987 (BGBl. 1987 I S. 1074)
str.	streitig
StrEG	Gesetz über die Entschädigung von Strafverfolgungsmaßnahmen v. 8.3.1971 (BGBl. 1971 I S. 157)
StuR	Staat und Recht (DDR-Zeitschrift)
Bearbeiter in Sturm IPR	F. Sturm (Hrsg.), Wahlfach Internationales Privatrecht und Rechtsvergleichung, 1982
StuW	Steuer und Wirtschaft (Zeitschrift)
StVG	Straßenverkehrsgesetz idF der Bek. v. 5.3.2003 (BGBl. 2003 I S. 310)
StVO	Straßenverkehrs-Ordnung (StVO) v. 6.3.2013 (BGBl. 2013 I S. 367)
StVZO	Straßenverkehrs-Zulassungs-Ordnung v. 26.4.2012 (BGBl. 2012 I S. 679)
StZG	Gesetz zur Sicherstellung des Embryonenschutzes im Zusammenhang mit Einfuhr und Verwendung menschlicher embryonaler Stammzellen (Stammzellgesetz) v. 28.6.2002 (BGBl. 2002 I S. 2277)
Successio	Successio – Zeitschrift für Erbrecht
Sup. Ct. Canada	Supreme Court of Canada
Suppl.	Supplement
Suppl. ord.	Supplemento ordinario
SV-Abk.	Sozialversicherungsabkommen
SVG	Gesetz über die Versorgung für die ehemaligen Soldaten der Bundeswehr und ihre Hinterbliebenen (Soldatenversorgungsgesetz) idF der Bek. v. 9.4.2002 (BGBl. 2002 I S. 1258)
SvJT	Svensk Juristtidning
SZ	Entscheidungen des Obersten Gerichtshofes in Zivil- und Justizverwaltungssachen (Österreich)
SZIER	Schweizer Zeitschrift für Internationales und Europäisches Recht
SZW	Schweizerische Zeitschrift für Wirtschaftsrecht
T. L. R.	Times Law Reports
TA-Lärm	Sechste Allgemeine Verwaltungsvorschrift zum Bundes-Immissionsschutzgesetz (Technische Anleitung zum Schutz gegen Lärm – TA-Lärm) idF der Bek. v. 26.8.1998 (GMBl. 1998 S. 503)

TA-Luft	Erste Allgemeine Verwaltungsvorschrift zum Bundes-Immissionsschutzgesetz (Technische Anleitung zur Reinhaltung der Luft – TA-Luft) idF der Bek. v. 24.7.2002 (GMBl. 2002 S. 511)
TCPDIP	Traveaux du Comité Francais de Droit International Privé
TCT	Trademark Cooperation Treaty (Markenzusammenarbeitsvertrag)
TDG	Gesetz über die Nutzung von Telediensten (Teledienstegesetz) v. 22.7.1997 (BGBl. 1997 I S. 1870)
teilw.	teilweise
Tex. L. Rev.	Texas Law Review
TfR	Tidskrift for Rettsvitenskap
THG	Treuhandgesetz v. 17.6.1990 (GBl. I S. 300)
Thomas/Putzo/ Bearbeiter	Thomas/Putzo/Reichold/Hüßtege, Zivilprozessordnung, Kommentar, 38. Aufl. 2017
TierSchG	Tierschutzgesetz idF der Bek. v. 15.5.2006 (BGBl. 2006 I S. 1206, berichtigt S. 1313)
TierSG	Tierseuchengesetz idF der Bek. v. 22.6.2004 (BGBl. 2004 I S. 1260)
Tietje Int. WirtschR	Tietje (Hrsg.), Internationales Wirtschaftsrecht, 2. Aufl. 2015
Tijdschr.	Tijdschrift
TKG	Telekommunikationsgesetz idF der Bek. v. 22.6.2004 (BGBl. 2004 I S. 1190)
TMG	Telemediengesetz v. 26.2.2007 (BGBl. 2007 I S. 179)
TPG	Gesetz über die Spende, Entnahme und Übertragung von Organen (Transplantationsgesetz) idF der Bek. v. 4.9.2007 (BGBl. 2007 I S. 2206)
TPR	Tijdschrift voor Privaatrecht
TranspR	Transport- und Speditionsrecht (Zeitschrift)
TUG	Gesetz zur Umsetzung der Richtlinie 2004/109/EG des Europäischen Parlaments und des Rates v. 15.12.2004 zur Harmonisierung der Transparenzanforderungen in Bezug auf Informationen über Emittenten, deren Wertpapiere zum Handel auf einem geregelten Markt zugelassen sind, und zur Änderung der Richtlinie 2001/ 34/EG v. 5.1.2007 (BGBl. 2007 I S. 10)
Transparenz-RL	Richtlinie 2004/109/EG des Europäischen Parlaments und des Rates v. 15.12.2004 zur Harmonisierung der Transparenzanforderungen in Bezug auf Informationen über Emittenten, deren Wertpapiere zum Handel auf einem geregelten Markt zugelassen sind, und zur Änderung der Richtlinie 2001/34/EG (ABl. EG 2004 L 390 S. 38)
Trb.	Tractatenblad van het Koninkrijk der Nederlanden
Trema	Tijdschrift voor de rechterlijke macht
Trib.	Tribunal; Tribunale
Trib. 1ère inst.; TPI	Tribunal première instance
Trib. app.	Tribunale di appello, Tribunale d'appello
Trib. gr. inst.	Tribunal de grande instance
Trib. inst.	Tribunal d'instance
TRT	Wiener Übereinkommen über die internationale Registrierung von Marken v. 12.6.1973 (Trademark Registration Treaty)
Tru. L. Int'l	Trust Law International (Zeitschrift)
Trunk IntInsR	Trunk, Internationales Insolvenzrecht, 1998
TSAR	Tijdschrift voor Arbitrage (Niederlande)
TSG	Gesetz über die Änderung der Vornamen und die Feststellung der Geschlechtszugehörigkeit in besonderen Fällen (Transsexuellengesetz) v. 10.9.1980 (BGBl. 1980 I S. 1654)
Tul. L. Rev.	Tulane Law Review
türk.	türkisch
TÜV	Technischer Überwachungsverein
TVG	Tarifvertragsgesetz idF der Bek. v. 25.8.1969 (BGBl. 1969 I S. 1323)
Tz.	Textziffer
TzBfG	Gesetz über Teilzeitarbeit und befristete Arbeitsverträge (Teilzeit- und Befristungsgesetz) v. 21.12.2000 (BGBl. 2000 I S. 1966)
u.	und; unten; unter
U. Chi. L. Rev.	The University of Chicago Law Review
U. Fla. L. Rev.	University of Florida Law Review
U. Ill. L. Rev.	University of Illinois Law Review
U. Pa. L. Rev.	University of Pennsylvania Law Review
ua	unter anderem; und andere
uÄ	und Ähnliche(s)
uam	und andere(s) mehr
uÄm	und Ähnliches mehr

Abkürzungs- und Literaturverzeichnis

Übernahme-RL	Richtlinie 2004/25/EG des Europäischen Parlaments und des Rates betreffend Übernahmeangebote v. 21.4.2004 (ABl. EG 2004 L 142 S. 12)
U.C.C.	Uniform Commercial Code
U.S.	United States Supreme Court Reports
UAbs.	Unterabsatz
überwM	überwiegende Meinung
UCLA L. Rev.	UCLA Law Review
UDRP	Uniform Domain Name Dispute Resolution Policy
UFITA	Archiv für Urheber-, Film-, Funk- und Theaterrecht (Zeitschrift, Band und Seite)
UfR	Ugeskrift for Retsvaesen
UGP-RL	Richtlinie 2005/29/EG des Europäischen Parlaments und des Rates v. 11.5.2005 über unlautere Geschäftspraktiken von Unternehmen gegenüber Verbrauchern im Binnenmarkt und zur Änderung der Richtlinie 84/450/EWG des Rates, der Richtlinien 97/7/EG, 98/27/EG und 2002/65/EG des Europäischen Parlaments und des Rates sowie der Verordnung (EG) Nr. 2006/2004 des Europäischen Parlaments und des Rates (Richtlinie über unlautere Geschäftspraktiken) (ABl. EG 2005 L 149 S. 22, berichtigt ABl. EU 2009 L 253 S. 18)
Uhlenbruck/*Bearbeiter*	Uhlenbruck (Hrsg.), Insolvenzordnung, Kommentar, 13. Aufl. 2010
UJ	Unsere Jugend (Zeitschrift)
UKlaG	Gesetz über Unterlassungsklagen bei Verbraucherrechts- und anderen Verstößen (Unterlassungsklagengesetz) idF der Bek. v. 27.8.2002 (BGBl. 2002 I S. 3422)
ULIS	Honnold, Uniform Law for International Sales Under the 1980 United Nations Convention, Deventer 1982, Reprint 1987
Ulmer/Brandner/ Hensen/*Bearbeiter*	Ulmer/Brandner/Hensen, AGB-Recht, Kommentar, 12. Aufl. 2016
Ulmer/Habersack/ Löbbe/*Bearbeiter*	Ulmer/Habersack/Löbbe, GmbHG, Großkommentar, 3 Bände, 2. Aufl. 2013 ff.
UMV	Verordnung (EU) 2017/1001 des Europäischen Parlaments und des Rates v. 14.6.2017 über die Unionsmarke (ABl. EU 2017 L 154 S. 1)
UmweltHG	Umwelthaftungsgesetz v. 10.12.1990 (BGBl. 1990 I S. 2634)
UmwG	Umwandlungsgesetz v. 28.10.1994 (BGBl. 1994 I S. 3210)
UN	United Nations
UNCITRAL	Kommission der Vereinten Nationen für Internationales Handelsrecht
UNCTAD	United Nations Congress of Trade and Development
UNCTC	United Nations Centre of Transnational Corporations
UN-EcoSoc	United Nations Economic and Social Council
ungar.	ungarisch
UNHCR-HdB	Amt des Hohen Flüchtlingskommissars der Vereinten Nationen, Handbuch über Verfahren und Kriterien zur Feststellung der Flüchtlingseigenschaft gemäß dem Abkommen von 1951 und dem Protokoll von 1967 über die Rechtsstellung der Flüchtlinge v. 1.9.1979
UNIDROIT	Institut International pour l'Unification du Droit Privé
UN-KaufR	siehe unter CISG
unstr.	unstreitig
UnthAnerkÜb	s. unter HUVÜ 1973
UNÜ	UN-Übereinkommen über die Anerkennung und Vollstreckung ausländischer Schiedssprüche v. 10.6.1958 (BGBl. 1961 II S. 122)
UPOV	Union pour la Protection des Obtention Végétables (Verband zum Schutz von Pflanzenzüchtungen)
UPR	Umwelt- und Planungsrecht (Zeitschrift)
UrhG	Gesetz über Urheberrecht und verwandte Schutzrechte (Urheberrechtsgesetz) v. 9.9.1965 (BGBl. 1965 I S. 1273)
Urt.	Urteil
URüV	Verordnung zum Vermögensgesetz über die Rückgabe von Unternehmen (Unternehmensrückgabeverordnung) v. 13.7.1991 (BGBl. 1991 I S. 1542)
USCA	United States Code Annotated
USt.	Umsatzsteuer
UStA	siehe HaagUnthÜ
UStAK	siehe HaagUnterhÜ 1956
UStG	Umsatzsteuergesetz idF der Bek. v. 21.2.2005 (BGBl. 2005 I S. 386)
usw	und so weiter
UTR	Jahrbuch für Umwelt- und Technikrecht
uU	unter Umständen
UWG	Gesetz gegen den unlauteren Wettbewerb idF der Bek. v. 3.7.2004 (BGBl. 2004 I S. 1414)
v.	versus; von, vom
VA	Vermittlungsausschuss

va	vor allem
Va. J. Int. L.	Virginia Journal of International Law
Va. L. Rev.	Virginia Law Review
VAE	Verkehrsrechtliche Abhandlungen und Entscheidungen (Zeitschrift)
VAG	Gesetz über die Beaufsichtigung der Versicherungsunternehmen (Versicherungsaufsichtsgesetz) idF der Bek. v. 17.12.1992 (BGBl. 1993 I S. 2)
Vand. L. Rev.	Vanderbilt Law Review
VBL	Versorgungsanstalt des Bundes und der Länder
VBVG	Gesetz über die Vergütung von Vormündern und Betreuern (Vormünder- und Betreuervergütungsgesetz) v. 21.4.2005 (BGBl. 2005 I S. 1073)
VerBAV	Veröffentlichungen des Bundesaufsichtsamtes für das Versicherungs- und Bausparwesen (Zeitschrift)
Verbraucherkredit-RL	Richtlinie 2008/48/EG des Europäischen Parlaments und des Rates v. 23.4.2008 über Verbraucherkreditverträge und zur Aufhebung der Richtlinie 87/102/EWG des Rates (ABl. EG 2008 L 133 S. 66, berichtigt ABl. EG 2009 L 207 S. 14, ABl. EU 2010 L 199 S. 40, ABl. EU 2011 L 234 S. 46)
VerbrRRL	Richtlinie 2011/83/EU des Europäischen Parlaments und des Rates v. 25.10.2011 über die Rechte der Verbraucher („Verbraucherrechte-RL") (ABl. EU 2011 L 304 S. 64)
VereinsG	Vereinsgesetz idF der Bek. v. 5.8.1964 (BGBl. 1964 I S. 593)
Verf.	Verfassung
Verh.	Verhandlung(en)
Verhdlg. DJT	Verhandlungen des Deutschen Juristentages
VerkBl.	Verkehrsblatt, Amtsblatt des Bundesministers für Verkehr
VerkMitt.	Verkehrsrechtliche Mitteilungen (Zeitschrift)
VerkProspG	Wertpapier-Verkaufsprospektgesetz (Verkaufsprospektgesetz) v. 9.9.1998 (BGBl. 1998 I S. 2701)
VerkRdsch.	Verkehrsrechtliche Rundschau (Zeitschrift)
VermAnlG	Gesetz über Vermögensanlagen (Vermögensanlagengesetz) v. 6.12.2011 (BGBl. 2011 I S. 2481)
VermG	Gesetz zur Regelung offener Vermögensfragen (Vermögensgesetz) idF der Bek. v. 9.2.2005 (BGBl. 2005 I S. 205)
Veröff.	Veröffentlichung
VersArch.	Versicherungswissenschaftliches Archiv (Zeitschrift)
VersAusglG	Gesetz über den Versorgungsausgleich (Versorgungsausgleichsgesetz – VersAusglG) v. 3.4.2009 (BGBl. 2009 I S. 700)
VersR	Versicherungsrecht, Juristische Rundschau für die Individualversicherung (Zeitschrift)
VersRdsch	Versicherungsrundschau (österreichische Zeitschrift)
VersW	Versicherungswirtschaft (Zeitschrift)
Verw.	Verwaltung
VerwA	Verwaltungsarchiv (Zeitschrift)
VerwG	Verwaltungsgericht
VerwGH	Verwaltungsgerichtshof
Verwilghen	Verwilghen, Rapport explicatif, in Actes et documents de la Douzième session 2 au 21 octobre 1972, Bd. IV, 1975
VerwRspr.	Verwaltungsrechtsprechung in Deutschland (Band und Seite)
Vfg.	Verfügung
VG	Verwaltungsgericht
VGH	Verfassungsgerichtshof
vgl.	vergleiche
vH	von (vom) Hundert
Virgós / Schmit	Erläuternder Bericht zu dem EU-Übereinkommen über Insolvenzverfahren, in Stoll, Vorschläge und Gutachten zur Umsetzung des EU-Übereinkommens über Insolvenzverfahren im deutschen Recht, 1997
Vischer/v. Planta IPR	Vischer/v. Planta, Internationales Privatrecht, 2. Aufl. 1982
VIZ	Zeitschrift für Vermögens- und Investitionsrecht (seit 1997: Immobilienrecht)
VMBl.	Ministerialblatt des Bundesministers für (ab 1962: der) Verteidigung
VO	Verordnung
VOB/A, VOB/B	Vergabe- und Verdingungsordnung für Bauleistungen, Teil A: Allgemeine Bestimmungen für die Vergabe von Bauleistungen, Teil B: Allgemeine Vertragsbedingungen für die Ausführung von Bauleistungen, idF der Bek. v. 20.3.2006 (BAnz. Nr. 94a S. 17)
VOBl.	Verordnungsblatt
Vol.	Volume (= Band)
Vorb.	Vorbemerkung
VPB	Verwaltungspraxis der Bundesbehörden (früher VEB)

Abkürzungs- und Literaturverzeichnis

Abkürzungs- und Literaturverzeichnis

zB	zum Beispiel
ZBB	Zeitschrift für Bankrecht und Bankwirtschaft
ZBernJV	Zeitschrift des Bernischen Juristenvereins
ZBinnSch	Zeitschrift für Binnenschiffahrt und Wasserstraßen
ZBlFG	Zentralblatt für freiwillige Gerichtsbarkeit und Notariat (ab 12.1911/12: für freiwillige Gerichtsbarkeit, Notariat und Zwangsversteigerung), 1.1900/01–22.1921/22
ZBlHR	Zentralblatt für Handelsrecht
ZBlJR = ZBlJugR	Zentralblatt für Jugendrecht und Jugendwohlfahrt
ZblSozVers.	Zentralblatt für Sozialversicherung, Sozialhilfe und -versorgung
ZBR	Zeitschrift für Beamtenrecht
ZERB	Zeitschrift für Steuer- und Erbrechtspraxis
ZEuP	Zeitschrift für Europäisches Privatrecht
ZEuS	Zeitschrift für europarechtliche Studien
ZEV	Zeitschrift für Erbrecht und Vermögensnachfolge
ZevKR	Zeitschrift für evangelisches Kirchenrecht
ZfA	Zeitschrift für Arbeitsrecht
ZfbF	(Schmalenbachs) Zeitschrift für betriebswirtschaftliche Forschung
ZfBR	Zeitschrift für deutsches und internationales Baurecht (1.1978 ff.)
ZfgK	Zeitschrift für das gesamte Kreditwesen (Zeitschrift)
ZfIR	Zeitschrift für Immobilienrecht (Zeitschrift)
ZfJ	Zeitschrift für Jugendrecht (Zeitschrift)
ZfRV	Zeitschrift für Rechtsvergleichung (Österreich)
ZfS	Zeitschrift für Schadensrecht (1.1980 ff.)
ZfSH	Zeitschrift für Sozialhilfe (1.1962 ff.)
ZfSozW	Zeitschrift für Sozialwissenschaft
ZfV	Zeitschrift für Verwaltung
ZfVersWesen	Zeitschrift für Versicherungswesen
ZGB	Schweizerisches Zivilgesetzbuch
ZGB DDR	Zivilgesetzbuch der Deutschen Demokratischen Republik v. 19.6.1975 (GBl. DDR 1975 I S. 465)
ZGesetzgebung	Zeitschrift für Gesetzgebung
ZgesGenW	Zeitschrift für das gesamte Genossenschaftswesen
ZgesStaatsW	Zeitschrift für die gesamte Staatswissenschaft
ZgesStrafW	siehe ZStrW
ZGR	Zeitschrift für Unternehmens- und Gesellschaftsrecht
ZHR	Zeitschrift für das gesamte Handelsrecht und Wirtschaftsrecht (früher Zeitschrift für das gesamte Handelsrecht und Konkursrecht)
ZIAS	Zeitschrift für ausländisches und internationales Sozialrecht
Ziff.	Ziffer(n)
Zimmermann/*Bearbeiter*	Zimmermann, Praxiskommentar Erbrechtliche Nebengesetze, 2013
Zimmermann/*Bearbeiter*	A. Zimmermann (Hrsg.), The 1951 Convention Relating to the Status of Refugees and its 1967 Protocol, Kommentar, 2011
Zimmer IntGesR	Zimmer, Internationales Gesellschaftsrecht, 1996
ZInsO	Zeitschrift für das gesamte Insolvenzrecht (Zeitschrift)
ZIP	Zeitschrift für Wirtschaftsrecht (bis 1982: Zeitschrift für Wirtschaftsrecht und Insolvenzpraxis)
ZIR	Zeitschrift für internationales Recht (früher NiemeyersZ)
Zitelmann IPR	Zitelmann, Internationales Privatrecht, Bd. I 1897, Bd. II 1912
ZKredW	Zeitschrift für das gesamte Kreditwesen
ZLR	Zeitschrift für Luftrecht
ZLW	Zeitschrift für Luftrecht und Weltraumrechtsfragen
ZMR	Zeitschrift für Miet- und Raumrecht
ZöffR	Zeitschrift für öffentliches Recht
Zöller/*Bearbeiter*	Zöller, Zivilprozessordnung, Kommentar, 31. Aufl. 2016
ZOV	Zeitschrift für offene Vermögensfragen
ZPO	Zivilprozessordnung idF der Bek. v. 5.12.2005 (BGBl. 2005 I S. 3202, berichtigt BGBl. 2006 I S. 431)
ZRG	Zeitschrift der Savigny-Stiftung für Rechtsgeschichte (germ. Abt. = germanistische Abteilung; rom. Abt. = romanistische Abteilung, kanon. Abt. = kanonistische Abteilung)
ZRP	Zeitschrift für Rechtspolitik
ZRvgl.	Zeitschrift für Rechtsvergleichung
ZS	Zivilsenat
ZSchweizR	Zeitschrift für schweizerisches Recht
ZSR	Zeitschrift für Sozialreform
ZStrW	Zeitschrift für die gesamte Strafrechtswissenschaft (Band und Seite)
zT	zum Teil

ZTR .... Zeitschrift für Tarifrecht
ZUM .... Zeitschrift für Urheber- und Medienrecht – Film und Recht
zust. .... zustimmend
zutr. .... zutreffend
ZVerkR .... Zeitschrift für Verkehrsrecht (Österreich)
ZVersWes. .... Zeitschrift für Versicherungswesen
ZVersWiss. .... Zeitschrift für die gesamte Versicherungswissenschaft (11.901–43.1943; 49.1960 ff.)
ZVG .... Gesetz über die Zwangsversteigerung und Zwangsverwaltung idF der Bek. v. 20.5.1898 (RGBl. 1898 S. 713)
ZVglRWiss. .... Zeitschrift für vergleichende Rechtswissenschaft (Band, Jahr und Seite)
ZVOBl. .... Zentralverordnungsblatt
ZVölkR .... Zeitschrift für Völkerrecht
ZVormW .... (schweizerische) Zeitschrift für Vormundschaftswesen
ZVP .... Zeitschrift für Verbraucherpolitik
ZVW .... Zeitschrift für Vormundschaftswesen
ZWE .... Zeitschrift für das Wohnungseigentum
ZZP .... Zeitschrift für Zivilprozess (Band, Jahr und Seite)
ZZW .... Zeitschrift für Zivilstandswesen (Schweiz)

Einführungsgesetz zum Bürgerlichen Gesetzbuche

In der Fassung der Bekanntmachung vom 21. September 1994
(BGBl. 1994 I S. 2494, ber. BGBl. 1997 I S. 1061)
Zuletzt geändert durch Art. 2 Abs. 4 Gesetz zur Einführung des Rechts auf Eheschließung für Personen
gleichen Geschlechts vom 20.7.2017 (BGBl. 2017 I S. 2787)

Vorbemerkung zum EGBGB

Das Einführungsgesetz zum BGB (EGBGB) regelt das **intertemporale und internationale** 1
Privatrecht. Es ist durch das Gesetz zur Neuregelung des Internationalen Privatrechts vom
25.7.1986 (BGBl. 1986 I S. 1142) sowie in der Folge durch mehrere europäische Verordnungen neu
geordnet worden. Inhaltlich legt das EGBGB fest, wann das im BGB enthaltene Gesetzesrecht in
zeitlicher und räumlicher Hinsicht zur Anwendung gelangt. Die Kollisionsnormen des Internationalen Privatrechts (IPR) regeln, wann das Privatrecht des eigenen Staates oder das eines fremden Staates
anzuwenden ist (Art. 3–49).

Das EGBGB bestimmt ferner, wann das Bundesprivatrecht des BGB und wann das Landesprivat- 2
recht zur Anwendung gelangt (Art. 50–152). Es regelt weiterhin durch Übergangsvorschriften den
zeitlichen Geltungsbereich der einzelnen Gesetzesvorschriften[1] (Art. 153–229 – wovon Art. 153–
162, Art. 216, 221, 222 durch Zeitablauf erledigt sind). Dabei handelt es sich einerseits um Übergangsvorschriften aus Anlass des Inkrafttretens des BGB, andererseits um solche aus Anlass von
Reformen des BGB. Art. 230–237 regeln aus Anlass der Wiederherstellung der deutschen Einheit
das Inkrafttreten des BGB im Beitrittsgebiet sowie das Übergangsrecht aus Anlass der Einführung
des BGB in diesem Gebiet.[2] Art. 238–245 enthalten Verordnungsermächtigungen zur Durchführung
des BGB.

Erster Teil. Allgemeine Vorschriften

Erstes Kapitel. Inkrafttreten. Vorbehalt für Landesrecht. Gesetzesbegriff

Art. 1 EGBGB [Inkrafttreten des BGB; Vorbehalt für Landesrecht]

**(1) Das Bürgerliche Gesetzbuch tritt am 1. Januar 1900 gleichzeitig mit einem Gesetz,
betreffend Änderungen des Gerichtsverfassungsgesetzes, der Zivilprozeßordnung und der
Konkursordnung, einem Gesetz über die Zwangsversteigerung und die Zwangsverwaltung, einer Grundbuchordnung und einem Gesetz über die Angelegenheiten der freiwilligen Gerichtsbarkeit in Kraft.**

**(2) Soweit in dem Bürgerlichen Gesetzbuch oder in diesem Gesetz die Regelung den
Landesgesetzen vorbehalten oder bestimmt ist, daß landesgesetzliche Vorschriften unbe-
rührt bleiben oder erlassen werden können, bleiben die bestehenden landesgesetzlichen
Vorschriften in Kraft und können neue landesgesetzliche Vorschriften erlassen werden.**

Art. 1 legt den **Zeitpunkt des Inkrafttretens** des BGB fest. Damit ist noch nicht geregelt, ob 1
altes oder neues Privatrecht maßgeblich ist, wenn über ein Rechtsverhältnis zu entscheiden ist, das
bereits vor dem 1.1.1900 entstanden ist. Das EGBGB regelt in den Übergangsvorschriften des 4. Teils
(Art. 153–218), wann auf diese Rechtsverhältnisse noch das vor Inkrafttreten des BGB gültige Recht
anzuwenden ist. Diesen Normen liegt kein allgemeines Prinzip zugrunde. Es besteht lediglich eine
allgemeine Vermutung im Rahmen der allgemeinen Rechtsquellenlehre, dass, soweit eine Vorschrift

---

[1] *Affolter,* System des deutschen bürgerlichen Übergangsrechts, 1903, *Affolter,* Geschichte des intertemporalen
Privatrechts, 1902; *Enneccerus/Nipperdey* BGB AT § 61, S. 352 ff.; *Habicht,* Die Einwirkung des BGB auf zuvor
entstandene Rechtsverhältnisse, 3. Aufl. 1901; zur Entstehungsgeschichte vgl. die Vorlagen der Redaktoren für
die erste Kommission zur Ausarbeitung des Entwurfs eines Bürgerlichen Gesetzbuches, hrsg. von *Schubert,* Einführungsgesetz zum bürgerlichen Gesetzbuche, 1986.
[2] Zum räumlichen Geltungsbereich des BGB heute vgl. iE Staudinger/*Merten* (2012) Art. 1 Rn. 22 ff., 35 ff.

sich nicht rückwirkende Kraft beilegt, im Zweifel anzunehmen ist, dass jeder Rechtssatz nur die Zukunft, nicht die Vergangenheit ordnen will.[1]

2 Das bedeutet, dass Rechtssätze, die die **Entstehung,** den **Untergang** oder die **Veränderung** eines Rechtsverhältnisses betreffen, sich nur auf zukünftige Tatsachen beziehen.[2] Ist eine solche Tatsache vor Inkrafttreten des BGB eingetreten, so ist und bleibt die Tatsache auch dann wirksam, wenn ihr nach dem neuen Gesetz diese Wirkung nicht mehr zukommt (vgl. zB Art. 198 Abs. 1, 209, 214).[3]

3 Rechtssätze dagegen, die nach neuem Recht die **Aufhebung** oder **Veränderung** eines Rechtsverhältnisses an eine Tatsache knüpfen, beziehen sich gleichfalls nur auf alle zukünftigen Tatsachen dieser Art mit der Folge, dass die vor dem 1.1.1900 begründeten Rechtsverhältnisse durch Erfüllung, Hinterlegung, Aufrechnung, Verzug und andere Tatsachen nach Maßgabe des BGB aufgehoben und verändert werden. Dagegen wurzeln Kündigung, Anfechtungsrechte und auflösende Bedingung bzw. vergleichbare Beendigungsgründe wie zB Widerrufsrechte unmittelbar im Vertragsschluss. Hier gilt folgerichtig das Recht, das zurzeit des Abschlusses des Rechtsgeschäfts galt (vgl. Art. 171).[4] Die deliktsrechtliche Schadensersatzhaftung bestimmt sich nach dem Zeitpunkt des Delikts.[5]

4 Bezieht sich eine Rechtsvorschrift des BGB unmittelbar auf die **inhaltliche Ausgestaltung** eines Rechts, so ergreift sie vom 1.1.1900 an auch die bereits bestehenden Rechte, deren Inhalt sich von nun an ausschließlich nach Maßgabe des BGB richtet, so ausdrücklich Art. 180 für bestehende Besitzverhältnisse und Art. 181 für bestehende Eigentumsrechte.[6]

5 Abs. 2 entspricht dem bisherigen Art. 3, der durch das IPRG vom 25.7.1986 als Abs. 2 in den Art. 1 eingegliedert worden ist. Er stellt klar, dass, soweit im 2. und 3. Teil des EGBGB bestimmt ist, landesgesetzliche Vorschriften unberührt bleiben, auch die Befugnis zum Erlass neuen Landesrechts besteht. Insoweit drückt Abs. 2 einen **allgemeinen Rechtsgedanken des interföderalen Rechts** aus, der, soweit keine **sondergesetzliche** Einschränkung der Vorbehalte erfolgt ist (zB § 61 Abs. 3 BeurkG), auch auf erst nach dem 1.1.1900 geschaffene Vorbehalte zugunsten der Landesgesetzgebung entsprechend anzuwenden ist.[7] Außerhalb der EGBGB-rechtlichen Vorbehalte ist es dem Landesgesetzgeber verwehrt, privatrechtliche Normen zu setzen (vgl. näher Art. 55).[8]

Art. 2 EGBGB [Gesetz im Sinne des BGB]

Gesetz im Sinne des Bürgerlichen Gesetzbuchs und dieses Gesetzes ist jede Rechtsnorm.

1 Vgl. Bd. 1 → Einl. Rn. 66 ff.

---

[1] Vgl. dazu Mot. I 19; näher dazu *Enneccerus/Nipperdey* BGB AT § 62 I S. 356; *Staudinger/Merten* (2012) Rn. 10 f.
[2] RGZ 54, 154.
[3] *Enneccerus/Nipperdey* BGB AT § 62 I S. 356.
[4] *Enneccerus/Nipperdey* BGB AT § 62 III S. 360.
[5] RGZ 89, 225.
[6] Näher dazu *Enneccerus/Nipperdey* BGB AT § 62 II S. 358 ff.
[7] BVerfGE 7, 124; PWW/*Mörsdorf-Schulte* Rn. 2.
[8] Vgl. RGZ 55, 247 (256); BVerfGE 42, 20 (32); Soergel/*Hartmann* Art. 1, 2 Rn. 6; *Staudinger/Merten* (2012) Rn. 52 ff.

Internationales Privatrecht I

Teil 1. Internationales Privatrecht – Allgemeiner Teil

Einleitung zum Internationalen Privatrecht

Allgemeines Schrifttum: Lehrbücher und allgemeine Darstellungen des IPR/IZVR: *Adolphsen,* Europäisches Zivilverfahrensrecht, 2. Aufl. 2015; *Anton/Beaumont/McEleavy,* Private International Law, 3. Aufl. 2011; *Audit/d'Avout,* Droit international privé, 6. Aufl. 2010; *Batiffol/Lagarde,* Traité de droit international privé, Bd. 1: 8. Aufl. 1993, Bd. 2: 7. Aufl. 1983; *Chr. v. Bar/Mankowski,* Internationales Privatrecht, Bd. I, Allgemeine Lehren, 2. Aufl. 2003; *Chr. v. Bar,* Internationales Privatrecht, Bd. II, Besonderer Teil, 1991; *L. v. Bar,* Theorie und Praxis des Internationalen Privatrechts, 2 Bde., 1889; *L. v. Bar,* Lehrbuch des Internationalen Privat- und Strafrechts, 1892; *Bogdan,* Concise Introduction to EU Private International Law, 3. Aufl. 2016; *Brödermann/Rosengarten,* Internationales Privat- und Zivilverfahrensrecht, 7. Aufl. 2015; *Bucher/Bonomi,* Droit international privé, 2. Aufl. 2004; *Bureau/Muir Watt,* Droit international privé, 2 Bde., 3. Aufl. 2014; *van Calster,* European Private International Law, 2. Aufl. 2016; *Castel/Walker,* Canadian Conflict of Laws, 6. Aufl. 2010; *Cheshire/North/Fawcett,* Private International Law, 14. Aufl. 2008; *Dicey/Morris/Collins,* On the Conflict of Laws, 2 Bde., 15. Aufl. 2012; *Dölle,* Internationales Privatrecht, 2. Aufl. 1972; *Drobnig,* American-German Private International Law, 1972; *Ferid,* Internationales Privatrecht, 3. Aufl. 1986; *Frankenstein,* Internationales Privatrecht, 4 Bde., 1926 ff.; *Geimer,* Internationales Zivilprozessrecht, 7. Aufl. 2015; *Gottschalk,* Allgemeine Lehren des IPR in kollisionsrechtlichen Staatsverträgen, 2002; *Hausmann/Odersky,* Das Internationale Privatrecht in der notariellen Praxis, 3. Aufl. 2016; *Hay/Borchers/Symeonides,* Conflict of Laws, 5. Aufl. 2010; *Hess,* Europäisches Zivilprozessrecht, 1. Aufl. 2010; *v. Hoffmann/Thorn,* Internationales Privatrecht einschließlich der Grundzüge des internationalen Zivilverfahrensrechts, 9. Aufl. 2007; *Hüßtege/Ganz,* Internationales Privatrecht einschließlich Grundzüge des Internationalen Verfahrensrechts, 5. Aufl. 2013; *Junker,* Internationales Privatrecht, 1. Aufl. 1998; *Junker,* Internationales Zivilprozessrecht, 2. Aufl. 2015; *Kegel/Schurig,* Internationales Privatrecht, 9. Aufl. 2004; *Keller/Siehr,* Allgemeine Lehren des internationalen Privatrechts, 1986 (Schweiz. IPR mit zahlreichen Verweisungen auf deutsches IPR); *Kienle,* Internationales Privatrecht, 2. Aufl. 2010; *Koch/Magnus/Winkler v. Mohrenfels,* IPR und Rechtsvergleichung, 4. Aufl. 2010; *Krebs,* Internationales Privatrecht, 2. Aufl. 2015; *Kropholler,* Internationales Privatrecht, 6. Aufl. 2006 (7. Aufl. in Vorbereitung); *Kropholler,* Internationales Einheitsrecht. Allgemeine Lehren, 1975; *Kunz,* Internationales Privatrecht, 4. Aufl. 1998; *Lewald,* Das deutsche Internationale Privatrecht auf Grundlage der Rechtsprechung, 1931; *Linke/Hau,* Internationales Zivilverfahrensrecht, 6. Aufl. 2015; *Loussouarn/Bourel/de Vareilles-Sommières,* Droit international privé, 10. Aufl. 2013; *Lüderitz,* Internationales Privatrecht, 2. Aufl. 1992; *Makarov,* Grundriß des Internationalen Privatrechts, 1970; *Makarov,* Quellen des Internationalen Privatrechts. Nationale Kodifikationen, 3. Aufl. 1978; *Mayer/Heuzé,* Droit international privé, 11. Aufl. 2014; *Melchior,* Die Grundlagen des deutschen Internationalen Privatrechts, 1932; *Müller-Gindullis,* Das Internationale Privatrecht in der Rechtsprechung des BGH, 1971; *Nagel/Gottwald,* Internationales Zivilprozessrecht, 7. Aufl. 2013; *Neuhaus,* Die Grundbegriffe des Internationalen Privatrechts, 1976; *Neumeyer,* Internationales Privatrecht. Ein Grundriß, 1930; *Niemeyer,* Das in Deutschland geltende Internationale Privatrecht, 1894; *Niemeyer,* Das Internationale Privatrecht des Bürgerlichen Gesetzbuches, 1901; *Nußbaum,* Deutsches Internationales Privatrecht, 1932; Neudruck 1974; *Nußbaum,* Grundzüge des Internationalen Privatrechts, 1952; *Picone/Wengler,* Internationales Privatrecht, 1974; *Pirrung,* Internationales Privat- und Verfahrensrecht nach Inkrafttreten der Neuregelung des IPR. Texte, Materialien, Hinweise, 1987; *Raape/Sturm,* Internationales Privatrecht, Bd. I, 6. Aufl. 1977; *Rabel,* The Conflict of Laws. A Comparative Study, Bd. 1: 2. Aufl. 1958, bearbeitet von Drobnig, Bd. 2: 2. Aufl. 1960, bearbeitet von Drobnig, Bd. 3: 2. Aufl. 1964, bearbeitet von Bernstein, Bd. 4: 1958; *Rauscher,* Internationales Privatrecht, 4. Aufl. 2012; *Reithmann/Martiny,* Internationales Vertragsrecht, 8. Aufl. 2015; *v. Savigny,* System des heutigen Römischen Rechts, Bd. VIII, 1849; *Schack,* Internationales Zivilverfahrensrecht, 6. Aufl. 2014; *Siehr,* Internationales Privatrecht: Deutsches und europäisches Kollisionsrecht für Studium und Praxis, 2001; *Stone,* EU Private International Law, 2. Aufl. 2010; *Stone/Farah,* Research Handbook on EU Private International Law, 2015; *Matthias Weller,* Europäisches Kollisionsrecht, 2015; *Wolff,* Das Internationale Privatrecht Deutschlands, 1954; *Zitelmann,* Internationales Privatrecht, 2 Bde., 1897/1912.

International vergleichende Gesamtdarstellungen des IPR bieten regelmäßig die „General Courses" der Haager Akademie für Internationales Recht; s. aus jüngerer Zeit *Basedow,* The Law of Open Societies, Rec. des Cours 360 (2013); *Bogdan,* Private International Law as Component of the Law of the Forum, Rec. des Cours 348 (2010) 12–254 (hier zitiert nach der Taschenbuchausgabe 2012); ein Gesamtverzeichnis aller Vorlesungen von 1923 bis heute ist abrufbar unter https://www.hagueacademy.nl/publications/collected-courses.

Kommentare zum IPR/IZVR im Allgemeinen: *Bamberger/Roth,* Kommentar zum Bürgerlichen Gesetzbuch, Bd. 3 §§ 1297–2385, EGBGB, 3. Aufl. 2012 (Print), fortgeführt als Beck'scher Online Kommentar, BGB, 41. ed. (1.11.2016); *Bergmann/Ferid/Henrich,* Internationales Ehe- und Kindschaftsrecht – mit Staatsangehörigkeitsrecht (Loseblattwerk); *Erman,* Bürgerliches Gesetzbuch, Bd. 2 §§ 759–2385, ProdHaftG, ErbbauRG, VersAusglG, VBVG, LPartG, WEG, EGBGB, 14. Aufl. 2014; *Ferid/Firsching/Dörner/Hausmann,* Internationales Erbrecht (Loseblattsammlung); *Gsell/Krüger/Lorenz/Mayer/Henssler,* Beck-Online Großkommentar (EGBGB, EuErbVO Internationales Gesellschaftsrecht, Rom-Verordnungen etc.), 2017 (im Aufbau); *Heidel/Hüßtege/Mansel/Noack,* Bürgerliches Gesetzbuch. Nomos-Kommentar, Bd. 1 Allgemeiner Teil, EGBGB, 3. Aufl. 2016; *Herberger/Martinek/Rüßmann/Weth,* juris PraxisKommentar (jurisPK) BGB, Bd. 6, Internationales Privatrecht, 8. Aufl. 2017; *Hüßtege/Mansel,* Bürgerliches Gesetzbuch. Nomos-Kommentar, Bd. 6, Rom-Verordnungen, EuErbVO, HUP, 2. Aufl. 2015; *Krüger/Rauscher,* Münchener Kommentar zur Zivilprozessordnung, Bd. 3 (unter anderem IZPR/EuZPR), 4. Aufl. 2013; *Looschelders,* Internationales Privatrecht – Art. 3–46 EGBGB, 2004; *Musielak/Voit,* Zivilprozessordnung, 14. Aufl. 2017; *Palandt,* Bürgerliches Gesetzbuch mit Einführungsgesetz, 76. Aufl. 2017; *Prütting/Wegen/Weinreich,* Bürgerliches Gesetzbuch, 11. Aufl. 2016; *Reichsgerichtsrätekommentar* (RGRK) / *Wengler* Bd. VI 1.–2. Teilband, Internationales Privatrecht, 1981; *Schulze* et al., Bürgerliches Gesetzbuch, Handkommentar (HK-BGB), 9. Aufl. 2017; *Soergel,* Kommentar zum Bürgerlichen Gesetzbuch, Einführungsgesetz, Bd. 10, 12. Aufl. 1996; *Staudinger,* Kommentar zum Bürgerlichen Gesetzbuch, EGBGB (soweit nicht anders angegeben, jeweils aktuelle Bearbeitung; genauer s. Abkürzungsverzeichnis); *Stein/Jonas,* Kommentar zur Zivilprozessordnung, 23. Aufl. 2014; *Thomas/Putzo,* Zivilprozessordnung, FamFG, EGZPO, GVG, EGGVG, EU-Zivilverfahrensrecht, 38. Aufl. 2017; *Zöller,* Zivilprozessordnung mit FamFG, Gerichtsverfassungsgesetz, den Einführungsgesetzen, mit Internationalem Zivilprozessrecht, EG-Verordnungen, Kostenanmerkungen, 31. Aufl. 2016.

Kommentare speziell zum europäischen IPR/IZVR (Auswahl):[1] *Althammer,* Brüssel IIa, Rom III, Kommentar zu den Verordnungen (EG) 2201/2003 und (EU) 1259/2010, 1. Aufl. 2014; *Bergquist* et al., EU-Erbrechtsverordnung, Kommentar, 2015; *Bonomi/Wautelet,* Le droit européen des successions, 2. Aufl. 2016 (zur EuErbVO); *G.-P. Calliess,* Rome Regulations, 2. Aufl. 2015; *Calvo Caravaca/Davì/Mansel,* The EU Succession Regulation, 2016; *Deixler-Hübner/Schauer,* Kommentar zur EU-Erbrechtsverordnung (EuErbVO), 2015; *Ferrari,* Internationales Vertragsrecht, 2. Aufl. 2012; *Geimer/Schütze,* Europäisches Zivilverfahrensrecht, 3. Aufl. 2010; *Geimer/Schütze,,* Internationaler Rechtsverkehr in Zivil- und Handelssachen, Loseblatt (Stand: 5/2016); *Corneloup,* Droit européen du divorce, 2013 (zur Rom III-VO); *Franzina* et al., Nuove leggi civ. comm. 34, 2011 (zur Rom III-VO); *Kropholler/v. Hein,* Europäisches Zivilprozessrecht. Kommentar zu EuGVO, Lugano-Übereinkommen 2007, EuVTVO, EuMVVO und EuGFVO, 9. Aufl. 2011 (11. Aufl. 2017 in Vorbereitung); *Peter Huber,* Rome II Regulation, 2011; *Magnus/Mankowski,* Brussels Ibis Regulation, 3. Aufl. 2016; *Rauscher,* Europäisches Zivilprozess- und Kollisionsrecht (EuZPR/EuIPR), Kommentar, 4 Bde., 2015 ff.; *Schlosser/Hess,* EU-Zivilprozessrecht, 4. Aufl. 2015.

Textausgaben: *Jayme/Hausmann,* Internationales Privat- und Verfahrensrecht, 18. Aufl. 2016; *Riering,* IPR-Gesetze in Europa, 1997; *Kropholler/Krüger/Riering/Samtleben/Siehr,* Außereuropäische IPR-Gesetze, 1999.

Zeitschriften: Deutsche Zeitschriften: Internationales Handelsrecht (IHR); Praxis des Internationalen Privat- und Verfahrensrechts (IPRax); Rabels Zeitschrift für ausländisches und internationales Privatrecht (RabelsZ); Recht der Internationalen Wirtschaft (RIW); Zeitschrift für Internationales Wirtschaftsrecht (IWRZ); Zeitschrift für Vergleichende Rechtswissenschaft (ZVglRWiss.); speziell zum europäischen IPR sind auch die Zeitschriften zum europäischen Privat- und Wirtschaftsrecht zu beachten, wie zB EWS, EuLF, EuZW, GPR, ZEuP.

Internationale Zeitschriften (Europa): Journal du Droit International (Clunet, Frankreich); Journal of Private International Law (JPIL, Großbritannien); Recueil des Cours de l'Academie de La Haye (Rec. des Cours, Niederlande); Nederlands Internationaal Privaatrecht (NIPR, Niederlande); Revue critique de droit international privé (Frankreich); Rivista di diritto internazionale privato e processuale (Italien); Schweizerische Zeitschrift für internationales und europäisches Recht; Yearbook of Private International Law (YbPIL, Schweiz, seit 1999); Zeitschrift für Rechtsvergleichung, IPR und Europarecht (ZfRV, Österreich).

Sonstige Materialien: *Fallon/Kinsch/Kohler,* Le droit international privé européen en construction – Vingt ans de travaux du GEDIP, 2011; IPRspr. (Die deutsche Rechtsprechung auf dem Gebiete des Internationalen Privatrechts), erscheint jährlich seit 1926; Gutachten zum ausländischen und internationalen Privatrecht (Gutachten der auslandsrechtlichen Institute, zitiert: IPG); Blog: www.conflictoflaws.net (aktuelle Entwicklungen und Gesetzgebungsvorhaben).

Übersicht

---

[1] S. ergänzend hierzu auch die Schrifttumsangaben zu den jeweiligen Verordnungen.

A. Grundlagen

I. Begriff des IPR

1   Das „**Internationale Privatrecht**" umfasst nach der in Art. 3 EGBGB gegebenen Legaldefinition diejenigen Vorschriften, die bei Sachverhalten mit einer Verbindung zu einem ausländischen Staat das anzuwendende Recht bestimmen. Das IPR wird also maßgeblich durch seine Rechtsfolge definiert, nämlich das auf eine zivilrechtliche Frage anwendbare Sachrecht festzulegen (**Verweisungsrecht, Rechtsanwendungsrecht**); andere Aspekte, die bei der Bewältigung eines Falles mit internationalen Elementen eine Rolle spielen können, zählen hingegen schon begrifflich nicht zum IPR in diesem Sinne. Zu weiteren Einzelheiten der **Legaldefinition** → EGBGB Art. 3 Rn. 6 ff.;

zu den unterschiedlichen **Arten von Kollisionsnormen** → Rn. 88 ff.; zu den Besonderheiten der **Rechtsanwendung** bei Fällen mit Auslandsbezug → Rn. 215 ff.; zu **Nachbargebieten** → Rn. 315 ff.

II. Funktion des IPR

Solange auf der Welt unterschiedliche Sachrechtsordnungen existieren, muss das IPR die Anwen- **2** dung dieser unterschiedlichen Rechte auf international verknüpfte Sachverhalte koordinieren. Wie *v. Bar* zu Recht ausführt, „ist allem Sachrecht eine Selbstbescheidung immanent":[2] „Auch das Sachrecht lebt in Zeit und Raum; es kann deshalb nur in diesen Bezügen nach dem besten streben".[3] Das jeweilige nationalstaatliche Recht ist als Subsystem einer bestimmten Gesellschaft funktional auf diese bezogen: Es steht „mit dem Leben in Wechselwirkung: nach ihm wird in einer Gemeinschaft gelebt."[4] Unter rechtssoziologischen Aspekten lässt sich dieser Gedanke wie folgt ausdrücken: „Das Recht operiert in der Gesellschaft, vollzieht Gesellschaft [und] erfüllt dabei eine gesellschaftliche Funktion [...]."[5] Begreift man Gerechtigkeit „im Sinne einer *adäquaten Komplexität* des konsistenten Entscheidens",[6] so wäre eine Rechtsordnung, die stets nur ihr nationales Sachrecht berufen würde, ungerecht, weil sie der Besonderheit eines international verknüpften Sachverhalts nicht Rechnung trüge.[7] Eine Begrenzung des räumlich-sozialen Anwendungsbereichs des materiellen Rechts ist daher eine ungeschriebene Voraussetzung für seine „gerechte", das heißt der gesellschaftlichen Funktion des Rechts adäquate Umsetzung.[8]

Begründungsbedürftig ist allerdings, dass dieser Zweck die Existenz besonderer Kollisionsnormen **3** erfordert. Denkbar wäre auch, im Grundsatz schlicht die lex fori anzuwenden, wie dies von *Ehrenzweig* und anderen vorgeschlagen worden ist (*lex fori in foro proprio*).[9] Auf diese Weise würde die kollisionsrechtliche Auswahlentscheidung aber nur in die Prüfung der internationalen Zuständigkeit vorverlagert. Ein solches Modell würde zwar dem mit einem einzelnen Fall befassten Gericht Zeit und Kosten ersparen, weil auf die Ermittlung und Anwendung ausländischen Rechts verzichtet werden könnte. Eine regelmäßige oder gar ausnahmslose Berufung der lex fori würde jedoch berechtigten Parteierwartungen nicht hinreichend Rechnung tragen: Insbesondere im Familien- und Erbrecht wäre es für die Parteien oft eine böse Überraschung, wenn langfristige Dispositionen, die im Vertrauen auf die Anwendbarkeit eines bestimmten Rechts getroffen worden sind (Eheschließung, testamentarische Erbeinsetzung), durch die Berufung eines anderen Rechts entwertet würden, zu dem der Sachverhalt keine enge Verbindung aufweist.[10] Im Vertrags- oder Deliktsrecht zB würde ein strikter Gleichlauf von forum und ius einen unerwünschten Anreiz für jede der Parteien schaffen, möglichst zuerst das Gericht anzurufen, das ein für den Kläger vorteilhaftes Recht zur Anwendung bringen würde. Ein Verzicht auf das IPR zugunsten einer starren Verkoppelung von Zuständigkeit und anwendbarem Recht würde zu einem „forum shopping" ermutigen, das der Rechtssicherheit abträglich wäre.[11] Das klassische IPR dient hingegen dem Ziel, gerade unabhängig vom angerufenen Gericht das anwendbare Sachrecht zu bestimmen. Dieser Grundsatz geht maßgeblich auf *Friedrich-Carl von Savigny* (1779–1861) zurück, der ihn wie folgt ausdrückte:

„Dahin führt die wünschenswerte Gegenseitigkeit in der Behandlung der Rechtsverhältnisse, und **4** die daraus hervorgehende Gleichheit in der Beurtheilung der Einheimischen und Fremden, die im Ganzen und Großen durch den gemeinsamen Vortheil der Völker und der Einzelnen geboten wird. Denn diese Gleichheit muß in vollständiger Ausbildung dahin führen, daß nicht bloß in jedem

---

[2] *v. Bar/Mankowski* IPR I § 4 Rn. 4 in Fn. 8.

[3] *v. Bar/Mankowski* IPR I § 4 Rn. 4 in Fn. 8; s. auch bereits *Schnitzer*, Handbuch des internationalen Privatrechts, 1958, 50: Das Recht habe die Aufgabe, einen bestimmten soziologischen Zustand zu ordnen; „deshalb kann es nicht ein abstrakt allgemein gültiges, richtiges Recht in Raum und Zeit geben".

[4] *Kegel/Schurig* IPR § 2 I; statt „Gemeinschaft" erscheint indes der Ausdruck „Gesellschaft" angemessener, vgl. *Luhmann*, Das Recht der Gesellschaft, 1993, 550.

[5] *Luhmann*, Das Recht der Gesellschaft, 1993, 550; zu den Folgen der Systemtheorie für das IPR am Beispiel der Qualifikation *Schacherreiter* JBl 2014, 487 (493 ff.).

[6] *Luhmann*, Das Recht der Gesellschaft, 1993, 225 (Hervorhebung dort).

[7] IdS bereits *Stoll* JZ 1996, 141 (142).

[8] Vgl. zum Deliktsrecht *Hohloch*, Das Deliktsstatut, 1984, 245; ferner allg. *E. Lorenz*, Zur Struktur des Internationalen Privatrechts, 1977, 62.

[9] S. insbes. *Ehrenzweig* Okla. L. Rev. 18 (1965), 340; *Ehrenzweig* Mich. L. Rev. 58 (1960), 637; zu der (selbst in den USA) überwiegend abl. Rezeption dieser Lehre ausf. *Hay/Borchers/Symeonides*, Conflict of Laws, 5. Aufl. 2010, § 2.10 mzN.

[10] *Dicey/Morris/Collins*, The Conflict of Laws, 15. Aufl. 2012, Bd. I, Rn. 1-006.

[11] Zum Begriff des „Forum Shopping" s. statt vieler *Ferrari*, FS Magnus, 2014, 385; *Kropholler*, FS Firsching, 1985, 165; *Schwartze*, FS v. Hoffmann, 2011, 415; *Siehr* ZfRV 1984, 124, alle mwN.

einzelnen Staate der Fremde gegen den Einheimischen nicht zurückgesetzt werde (worin die gleiche Behandlung der Personen besteht), sondern daß auch die Rechtsverhältnisse, in Fällen einer *Collision der Gesetze,* dieselbe Beurtheilung zu erwarten haben, ohne Unterschied, ob in diesem oder in jenem Staate das Urtheil gesprochen werde. Der Standpunkt, auf den wir durch diese Erwägung geführt werden, ist der einer völkerrechtlichen Gemeinschaft der miteinander verkehrenden Nationen, und dieser Standpunkt hat im Fortschritt der Zeit immer allgemeinere Anerkennung gefunden, unter dem Einfluß theils der gemeinsamen christlichen Gesittung, theils des wahren Vortheils, der daraus für alle Teile hervorgeht."[12]

5   Diesem Leitgedanken ist mutatis mutandis nicht nur das autonome, sondern auch das europäische IPR verpflichtet.[13] Besonders deutlich wird das Prinzip des internationalen Entscheidungseinklangs in Erwägungsgrund 6 Rom I-VO und Erwägungsgrund 6 Rom II-VO hervorgehoben:

6   „Um den Ausgang von Rechtsstreitigkeiten vorhersehbarer zu machen und die Sicherheit in Bezug auf das anzuwendende Recht sowie den freien Verkehr gerichtlicher Entscheidungen zu fördern, müssen die in den Mitgliedstaaten geltenden Kollisionsnormen im Interesse eines reibungslos funktionierenden Binnenmarkts unabhängig von dem Staat, in dem sich das Gericht befindet, bei dem der Anspruch geltend gemacht wird, dieselben Verweisungen zur Bestimmung des anzuwendenden Rechts vorsehen."

7   Im gleichen Sinne werden die **Ziele der Rechtssicherheit und der Vorhersehbarkeit** des anwendbaren Rechts in Erwägungsgrund 15 Rom III-VO und Erwägungsgrund 7 S. 2 EuErbVO angesprochen. Die methodologische Kompatibilität des *Savigny*'schen Grundansatzes mit der Europäisierung des IPR ist keine Überraschung: Der „wahre Vortheil", den *Savigny* für alle Teile als Resultat des **internationalen Entscheidungseinklangs** beschwört, entspricht der Sache nach dem „reibungslose[n] Funktionieren des Binnenmarkts", dem sich der Unionsgesetzgeber verpflichtet sieht (Art. 81 Abs. 2 AEUV; → EGBGB Art. 3 Rn. 29 ff.).[14] Das klassische IPR dient somit dem Ziel einer Minderung der Transaktionskosten der Beteiligten und einer möglichst effizienten Beilegung internationaler Streitigkeiten.[15] Dass dieser juristisch-pragmatische Begriff der Effizienz nicht in jedem Punkt exakt mit dem korrespondierenden wirtschaftswissenschaftlichen Verständnis übereinstimmen mag,[16] ist für die Rechtspraxis nur von geringer Relevanz. Außer Frage dürfte stehen, dass es sich bei dem Aspekt der Effizienzsteigerung durch Förderung des internationalen Entscheidungseinklangs um ein genuin kollisions- und nicht um ein materiellrechtliches Interesse handelt.[17]

8   Stellt man den internationalen Entscheidungseinklang in den Vordergrund, schließt sich allerdings die Frage an, ob dieses Ziel nicht effektiver durch die Angleichung oder Vereinheitlichung des Sachrechts zu erreichen wäre und infolgedessen das Bedürfnis nach verweisungsrechtlichen Normen entfiele: „[O]hne Rechtskollisionen kein Kollisionsrecht."[18] Tatsächlich kann auf bestimmten Feldern die Vereinheitlichung des Sachrechts wünschenswert und machbar sein; dies belegt etwa für den Bereich des internationalen Warenkaufs der Erfolg des Wiener UN-Kaufrechts (CISG[19]).[20] Die Bemühungen der Kommission um die Schaffung eines Gemeinsamen Europäischen Kaufrechts (EuKaufR)[21] wurden

---

[12] *Savigny* Bd. VIII (1849), 27.

[13] Eingehend *Nietner,* Internationaler Entscheidungseinklang im europäischen Kollisionsrecht, 2016; ferner *W.-H. Roth* EWS 2011, 314 (321); *Matthias Weller,* Europäisches Kollisionsrecht, 2015, Rn. 50; einschränkend *Corneloup* IPRax 2017, 147 (152) im Hinblick auf Durchbrechungen des Prinzips der engsten Verbindung (→ Rn. 34).

[14] Näher *W.-H. Roth* EWS 2011, 314 (321); vgl. insbesondere zur Vorhersehbarkeit des anwendbaren Rechts *Remy,* Mélanges Pierre Mayer, 2015, 791 ff.

[15] So bereits *Behrens,* FS 75 Jahre MPI, 2001, 381 (388 ff.); ausf. zur ökonomischen Analyse des IPR *Rühl,* Statut und Effizienz, 2011 mzN zum internationalen Schrifttum; ferner *Rühl* Berkeley J. Int. L. 24 (2006), 801 ff.; s. auch die Beiträge in *Basedow/Kono,* An Economic Analysis of Private International Law, 2006; zur Übereinstimmung dieser Methode mit den Zielen des „klassischen" IPR *Schurig* in Mansel, Internationales Privatrecht im 20. Jahrhundert, 2014, 5 (23 ff.); insoweit zust. *Kühne* ZVglRWiss 114 (2015), 355 (365); *Sonnenberger* RabelsZ 79 (2015), 435 (438); ferner am Beispiel der Rom II-VO näher *v. Hein* RabelsZ 73 (2009), 461 (466 ff.).

[16] Hierzu eingehend *Rühl* in Leible/Unberath Rom 0-V0 161 ff.

[17] S. nur *Kegel/Schurig* IPR § 2 I 3a (äußerer Entscheidungseinklang als internationalprivatrechtliches „Ordnungsinteresse"); vgl. aber *M.-P. Weller* IPRax 2011, 429 (433 und 437) (These 4), der das ökonomische Effizienzprinzip als Ausdruck des *materiellen* Unionsrechts auffasst.

[18] *Zweigert/Drobnig* RabelsZ 29 (1965), 146 (147 f.).

[19] Wiener UN-Übereinkommen über Verträge über den internationalen Warenkauf vom 11.4.1980, BGBl. 1989 II S. 588; zum Ratifikationsstand s. *Jayme/Hausmann,* Internationales Privat- und Verfahrensrecht, 18. Aufl. 2012, S. 301 Fn. 1.

[20] Dessen Nutzen allerdings durchaus kontrovers beurteilt wird, s. einerseits *Cuniberti* Vand. J. Transnat'l L. 39 (2006), 1151; andererseits *J. Meyer* RabelsZ 69 (2005), 457.

[21] Vorschlag für eine Verordnung des Europäischen Parlaments und des Rates über ein Gemeinsames Europäisches Kaufrecht, KOM (2011) 635 endg., auch abgedruckt (ohne Begr.) in der von *Staudenmayer* herausgegebenen Textausgabe 2012.

Ende 2014 eingestellt und seit 2015 durch sektoriell begrenzte Vorhaben zur Schaffung eines „Digitalen Binnenmarkts" abgelöst.[22] Als allgemeine Alternative, die das herkömmliche IPR ablösen könnte, kommt das internationale Einheits(sach)recht nicht in Betracht: Der Umstand, dass selbst das international verbreitete CISG nicht in allen EU-Mitgliedstaaten gilt,[23] sowie der Streit um Anwendungsbereich und Inhalt des gescheiterten Kommissionsvorschlags zum EuKaufR zeigen (zu den kollisionsrechtlichen Aspekten → Rn. 98), wie schwer es schon auf vermögensrechtlichem Gebiet fällt, zu einem Konsens unter den potenziellen Teilnehmerstaaten zu kommen. Erst recht stellt eine flächendeckende Vereinheitlichung des materiellen Familien- und Erbrechts in der EU keine realistische Perspektive dar. Das in Art. 81 Abs. 3 AEUV für das Internationale Familienrecht vorgesehene besondere Gesetzgebungsverfahren, das die Rechte der Mitgliedstaaten gegenüber dem ordentlichen Gesetzgebungsverfahren erheblich stärkt (näher → EGBGB Art. 3 Rn. 37 f.), die Annahme der Rom III-VO als Maßnahme der verstärkten Zusammenarbeit (näher → EGBGB Art. 3 Rn. 51 ff.) sowie das Opt-out des Vereinigten Königreichs und Irlands aus der EuErbVO (→ EGBGB Art. 3 Rn. 57) belegen, wie schwierig sich schon die unionsinterne Abstimmung auf gemeinsame Kollisionsregeln in diesen Bereichen gestaltet; ein sachrechtlicher Konsens innerhalb der EU zu weltanschaulich umstrittenen familienrechtlichen Fragen (zB gleichgeschlechtliche Ehe, Leihmutterschaft) erscheint derzeit nicht erreichbar. Hinzu kommt, dass es nicht angemessen wäre, historisch gewachsene rechtliche Divergenzen reduktionistisch lediglich als Hindernis für einen funktionierenden Binnenmarkt zu betrachten. Vielmehr reflektieren Unterschiede zwischen den Zivilrechtsordnungen der Mitgliedstaaten auch deren jeweilige historische Erfahrungen und Rechtstraditionen; sie bilden somit Elemente einer **rechtskulturellen Vielfalt,** die – auch im Lichte des Subsidiaritätsprinzips (Art. 5 Abs. 1 S. 2 EUV; hierzu → EGBGB Art. 3 Rn. 43) – nicht unbedacht als bloßes Hemmnis für den Binnenmarkt verworfen werden sollte.[24] Im Bereich des Vertrags- oder Gesellschaftsrechts kann es überdies zu einem sinnvollen **Wettbewerb der Rechtsordnungen** beitragen, wenn die nationalen Rechtsordnungen bei den Nachfragern um eine Akzeptanz für ihre „Rechtsprodukte" werben müssen;[25] insbesondere das deutsche GmbH-Recht hat von dem Liberalisierungsschub in Gestalt des MoMiG profitiert, der durch die Rechtsprechung des EuGH zur Niederlassungsfreiheit juristischer Personen (→ EGBGB Art. 3 Rn. 90 ff.) ausgelöst worden war. Auch die EU verfolgt zB im Gesellschafts- und Vertragsrecht ein am Gedanken des („vertikalen") Regulierungswettbewerbs orientiertes Konzept, das – wie etwa bei der Europäischen Aktiengesellschaft (SE), der Europäischen Genossenschaft (SCE) oder dem geplanten EuKaufR – nicht auf eine Ersetzung des mitgliedstaatlichen Rechts gerichtet ist, sondern lediglich zusätzlich zu den vorhandenen nationalen Rechtsangeboten eine weitere europäische Option eröffnen soll.[26] Schließlich ist auch bei einer weitgehenden Vereinheitlichung des Sachrechts auf bestimmten Sektoren, wie möglicherweise künftig dem Verbrauchervertragsrecht, zu bedenken, dass die Welt größer ist als die EU und auch Rechtsverhältnisse mit einem Bezug zu **Drittstaaten** geregelt werden müssen. Solange eine Vereinheitlichung des Sachrechts sich nicht auch auf wichtige Handelspartner wie die USA, Japan, die Schweiz oder die BRICS-Staaten erstreckt, wird es allein aus diesem Grunde unabdingbar sein, das auf international verknüpfte Sachverhalte anwendbare Recht weiterhin mithilfe des IPR zu bestimmen.[27]

III. Geschichte des IPR

Schrifttum (Auswahl): *Ancel,* Éléments d'histoire du droit international privé, 2017; *v. Bar/Mankowski,* Internationales Privatrecht, Bd. I, Allgemeine Lehren, 2. Aufl. 2003, § 6; *Gutzwiller,* Geschichte des Internationalprivatrechts, 1977; *Henrich,* Der Deutsche Rat für IPR und die Entstehung des IPR-Neuregelungsgesetzes, IPRax 2017, 120; *Kegel/Schurig,* Internationales Privatrecht, 9. Aufl. 2004, § 3; *Keller/Siehr,* Allgemeine Lehren des Internationalen Privatrechts, 1986, §§ 1–11; *Kühne,* Einige Bemerkungen zur IPR-Reform von 1986, IPRax 2017, 243; *Martinek,* Wissenschaftsgeschichte der Rechtsvergleichung und des Internationalen Privatrechts in der Bundesrepublik Deutschland, in Dieter Simon, Rechtswissenschaft in der Bonner Republik: Studien zur Wissenschaftsgeschichte der Jurisprudenz, 1994, 529 (zitiert: *Martinek* in Simon); *Pirrung,* Internationale und europäische Einflüsse auf die IPR-Reform von 1986, IPRax 2017, 124; Staudinger/*Sturm/Sturm* (2012) Einl. IPR Rn. 895 ff.

---

[22] S. Europäische Kommission, Strategie für einen digitalen Binnenmarkt für Europa, KOM (2015) 192 endg.

[23] Namentlich nicht für das Vereinigte Königreich und Portugal.

[24] Zum schillernden Begriff der „Rechtskultur" näher *Blankenburg,* FS Rehbinder, 2002, 425 ff.; *van Hoecke/Warrington* Int. Comp. L. Q. 47 (1998), 495 ff.; *Mankowski* JZ 2009, 321 ff.

[25] Zum Wettbewerb der Rechtsordnungen allg. *Kieninger,* Wettbewerb der Privatrechtsordnungen im Binnenmarkt, 2002; speziell zum Gesellschaftsrecht *v. Hein,* Die Rezeption US-amerikanischen Gesellschaftsrechts in Deutschland, 2008, 465 ff.; zum europäischen Vertragsrecht *Rühl* ERCL 2013, 61 ff., alle mwN.

[26] Zum aktuellen Stand s. die Beiträge in *Eidenmüller,* Regulatory Competition in Contract Law and Dispute Resolution, 2013.

[27] Einen Funktionsverlust des klassischen IPR aufgrund einer globalen Konvergenz der Rechtsordnungen konstatiert hingegen *Libchaber,* Mélanges Pierre Mayer, 2015, 519 ff.

9   **1. Einführung.** Im Rahmen einer Kommentierung des positiv geltenden IPR ist es weder angebracht noch möglich, die komplexe und wechselvolle geschichtliche Entwicklung dieser Materie umfassend darzustellen. Gleichwohl darf nicht verkannt werden, dass ein Verständnis sowohl der Denkmuster des IPR als auch seiner Terminologie (zB „Statut", „wohlerworbenes Recht") ein Mindestmaß an Information zum historischen Hintergrund des Kollisionsrechts im Allgemeinen und der deutschen Kodifikation im Besonderen verlangt. In diesem Sinne sind die folgenden knappen Ausführungen zu verstehen; zur Vertiefung und zu weiterführenden Angaben ist insbesondere auf die oben genannten Werke zu verweisen.

10   **2. Von der Antike zur Statutentheorie.** Während im materiellen deutschen und kontinentaleuropäischen Zivilrecht das römische Recht bekanntlich bis heute einen prägenden Einfluss hinterlassen hat,[28] kann man Gleiches in Bezug auf das IPR nicht behaupten.[29] Grundlegend für das römische Recht war die Unterscheidung zwischen römischen Bürgern (cives romani) und Nicht-Römern (peregrini).[30] Mischrechtsbeziehungen waren grundsätzlich unzulässig.[31] Im Übrigen galt offenbar das Personalitätsprinzip, dh Eheschließungen unter Peregrinen waren wirksam, wenn sie dem Recht der Volksgruppe entsprachen, der die Betreffenden angehörten.[32] Für den Außenhandel bestand eine spezielle Gerichtsbarkeit, der praetor peregrinus.[33] Dieser konnte weitgehend nach seinem eigenen Ermessen entscheiden. So entwickelte sich ein materielles Sonderrecht, das sog **„ius gentium"**, das aber nicht mit dem Völkerrecht im heutigen Sinne zu verwechseln ist.[34]

11   Im Frühmittelalter galt als Reaktion auf die Völkerwanderung in Europa (Frankenreich, Norditalien) der Grundsatz: Jeder sollte nach dem Recht seines Stammes leben **(System der persönlichen Rechte).**[35] Durch eine zunehmende Vermischung der Stämme kam es jedoch zur Herausbildung neuer, territorial definierter Identitäten und in der Folge zum Verfall des Systems der persönlichen Rechte.[36] Wesentlich für die Herausbildung des modernen IPR war sodann die Entwicklung in Oberitalien im Zeitraum von ca. 1050–1250. In den dortigen Städten entstand ein Gewohnheitsrecht, das sich sodann zu eigenen Stadtgesetzen („statuta") verfestigte.[37] Der zunehmende wirtschaftliche Austausch und Wanderungen zwischen diesen Städten riefen die Frage hervor, wie Kollisionen zu lösen seien. Zunächst dominierte die Anwendung der lex fori, namentlich in einer Glosse des Accursius von 1228: „iura et statuta illius loci, ubi agitur iudicium, sunt conservanda" (= Rechte und Statuten des Prozessortes sind zu befolgen).[38] Einen wesentlichen Beitrag zur Überwindung des lex-fori-Prinzips leistete Hugolinus (erste Hälfte des 13. Jh.), der sich auf die Einleitung des Codex Iustinianus stützte, in der es hieß: „Cunctos populos, quos clementiae nostrae regit imperium, in tali religione volumus versari, quam divinum Petrum apostolum tradidisse Romanis religio … declarat." („Wir wollen, dass alle Völker, die unter unserer gütigen Herrschaft stehen, sich zu der Religion bekennen, die nach religiöser Überlieferung der göttliche Apostel Petrus den Römern vermittelte.").[39] Hieraus schloss Hugolinus: Wenn schon der große römische Kaiser Iustinian davon ausgehe, dass er nur seine eigenen Untertanen rechtlich verpflichten könne, müsse dies erst recht für die oberitalienischen Städte gelten.[40]

12   Es blieb aber das Problem, welches Recht an die Stelle der lex fori treten sollte. Diese Frage wurde für die nächsten Jahrhunderte von der **Statutentheorie** beantwortet.[41] Aufbauend auf Vorarbeiten von Bartolus de Saxoferrato (1314–1357)[42] und Baldus de Ubaldis (1327–1400)[43] entwickelten

---

[28]   S. nur *Zimmermann* AcP 202 (2002), 243 ff.

[29]   Hierzu *v. Bar/Mankowski* IPR I § 3 Rn. 2; *Kegel/Schurig* IPR § 3 I; *Keller/Siehr* IPR § 1 I; *Kropholler* IPR § 2 I 1.

[30]   *v. Bar/Mankowski* IPR I § 3 Rn. 2; *Kegel/Schurig* IPR § 3 I; *Keller/Siehr* IPR § 1 I; *Kropholler* IPR § 2 I 1.

[31]   *v. Bar/Mankowski* IPR I § 3 Rn. 2.

[32]   *v. Bar/Mankowski* IPR I § 3 Rn. 3; *Kegel/Schurig* IPR § 3 I.

[33]   *v. Bar/Mankowski* IPR I § 3 Rn. 3; *Kegel/Schurig* IPR § 3 I.

[34]   *v. Bar/Mankowski* IPR I § 3 Rn. 5; *Kegel/Schurig* IPR § 3 I; *Keller/Siehr* IPR § 1 I 2d; *Kropholler* IPR § 2 I 1.

[35]   *v. Bar/Mankowski* IPR I § 6 Rn. 1 ff.; *Kegel/Schurig* IPR § 3 II; *Keller/Siehr* IPR § 2; *Kropholler* IPR § 2 I 2.

[36]   *v. Bar/Mankowski* IPR I § 6 Rn. 5 ff.; *Kegel/Schurig* IPR § 3 II; *Keller/Siehr* IPR § 4; *Kropholler* IPR § 2 I 2.

[37]   *v. Bar/Mankowski* IPR I § 6 Rn. 7 ff.; *Kegel/Schurig* IPR § 3 III 1a; *Keller/Siehr* IPR § 4, 2.

[38]   Zitiert nach *Kegel/Schurig* IPR § 3 III 1a.

[39]   Zitiert nach *v. Bar/Mankowski* IPR I § 6 Rn. 8.

[40]   *v. Bar/Mankowski* IPR I § 6 Rn. 8; *Kegel/Schurig* IPR § 3 III 1a.

[41]   Eingehend *v. Bar/Mankowski* IPR I § 6 Rn. 10 ff.; *Kegel/Schurig* IPR § 3 III 2; *Keller/Siehr* IPR § 5; *Kropholler* IPR § 2 II.

[42]   Zu ihm ausf. *Keller/Siehr* IPR § 5 III.

[43]   Zu ihm näher *v. Bar/Mankowski* IPR I § 6 Rn. 17 f.; *Kegel/Schurig* IPR § 3 III 2; vgl. auch die französische Übersetzung des Kommentars von Baldus zu *Cuntos populos* (→ Rn. 11) durch *B. Ancel*, Mélanges Pierre Mayer, 2015, 1 ff.

die **Franzosen** im 16. bis 18. Jahrhundert, vor allem Charles Dumoulin (1500–1566) und Bertrand d'Argentré (1519–1590), diese Lehre weiter.[44] Insbesondere d'Argentré verfocht eine strikte Dreiteilung des Rechtsstoffs:[45] (1) **Statuta Realia,** dh vor allem Immobiliarsachenrechte, sollten strikt territorial gelten, was im Erbrecht zur Nachlassspaltung führte (→ EGBGB Art. 3a Rn. 48 ff.). (2) **Statuta Personalia** betrafen Fragen wie zB die Volljährigkeit und Geschäftsfähigkeit, die wir heute noch zum „Personalstatut" zählen (→ EGBGB Art. 5 Rn. 2 ff.), aber auch Verträge, Delikte und Rechte an beweglichen Sachen. (3) **Statuta Mixta** nannte d'Argentré schließlich diejenigen Gesetze, die sowohl Sachen als auch Personen betrafen. Auch für sie sollte die lex rei sitae gelten, zB für die erbrechtlichen Folgen einer Legitimation.[46]

Auch in den **Niederlanden** hatte d'Argentrés Lehre zunächst einen großen Einfluss.[47] Grundle-   13
gend für die weitere Entwicklung wurde dort aber die Lehre von der *Comitas* (freundliches Entgegenkommen) als Anwendungsgrund für ausländisches Privatrecht, die von Paul Voet (1619–1667), Ulricus Huber (1636–1694) und Johannes (Jan) Voet (1647–1714) begründet wurde.[48] Hiermit verband sich der Übergang zur sog **Theorie der wohlerworbenen Rechte**, die insbesondere im angloamerikanischen IPR des 19. und 20. Jahrhunderts als **„vested-rights theory"** rezipiert wurde[49] und heute im europäischen IPR in Gestalt des sog **„Anerkennungsprinzips"** eine fragwürdige Renaissance erlebt (ausführlich → EGBGB Art. 3 Rn. 117 ff.). Erstmals in diesem Sinne äußerte sich Ulricus Huber in seinem Hauptwerk, De conflictu legum:[50]

„1. Die Gesetze eines jeden Reiches wirken innerhalb der Grenzen des nämlichen Staates und binden alle 14
seine Untertanen, nicht darüber hinaus.
2. Als Untertanen eines Reiches sind anzusehen alle, die innerhalb seiner Grenzen angetroffen werden,
gleich, ob sie ständig oder auf Zeit dort verweilen.
3. Die Lenker der Reiche kommen einander darin entgegen (ita comiter agunt), dass die Rechte eines jeden
Volkes, die innerhalb seiner Grenzen ausgeübt werden, überall ihre Wirkung behalten, sofern damit nicht in
die Hoheitsgewalt und das Recht des anderen Herrschers und seiner Bürger eingegriffen wird."*

Auch in **Deutschland** herrschte zunächst die Statutentheorie; ihr wohl bekanntester Vertreter   15
war Johann Nikolaus Hert (1651–1710), weiland Professor in Gießen.[51] Er kritisierte zwar die Abgrenzungsprobleme der herrschenden Statutentheorie, hatte selbst aber in dogmatischer Hinsicht nur unwesentliche Modifikationen dieser Lehre anzubieten.[52] Noch der Codex Maximilianeus Bavaricus Civilis (1756) und das preußische Allgemeine Landrecht (1794) folgten grundsätzlich den von der Statutentheorie getroffenen Unterscheidungen.[53]

Carl Georg v. Wächter unterzog schließlich die Statutentheorie in einer Aufsatzreihe im AcP (1841/   16
42) einer vernichtenden Kritik.[54] Er machte geltend, „daß ihre Hauptgrundsätze, auf welchen sie beruht, nicht für alle Fälle ausreichen, und daß sie unbestimmt, vieldeutig, unsicher und schwankend sind, daß sie, wenn man sie mit jedem genau nehmen wollte, zum Theil einander geradezu feindlich entgegenstehen und nur durch eine durchgreifende Willkühr in Vereinigung gebracht werden könnten."[55] Auch die von den Holländern entwickelte Lehre vom Schutz wohlerworbener Rechte (→ Rn. 13) konnte *Wächter* nicht überzeugen. Es sei ein Zirkelschluss, „wenn man die Frage, ob unser Richter nach fremden Gesetzen in gewissen Fällen zu sprechen habe, nach dem Grundsatze entscheiden will, daß er wohlerworbene Rechte schützen müsse. Will man bei einem im Auslande begründeten Rechtsverhältnisse für das nach fremden Gesetzen erworbene Recht unbedingten Schutz auch im Inlande in Anspruch nehmen: so argumentirt man aus einer Prämisse, die noch gar nicht erwiesen ist, und setzt etwas voraus, was erst zu erweisen wäre, nämlich, daß jenes Rechtsver-

---

[44] Zu den französischen Autoren näher *v. Bar/Mankowski* IPR I § 6 Rn. 19 ff.; *Kegel/Schurig* IPR § 3 IV; *Kropholler* IPR § 2 II 3; speziell zu d'Argentré *Keller/Siehr* IPR § 7.
[45] *v. Bar/Mankowski* IPR I § 6 Rn. 24; *Kegel/Schurig* IPR § 3 IV; *Keller/Siehr* IPR § 7 II 4.
[46] *Kegel/Schurig* IPR § 3 IV.
[47] *Keller/Siehr* IPR § 8 I.
[48] *v. Bar/Mankowski* IPR I § 6 Rn. 30 ff.; *Hay/Borchers/Symeonides*, Conflict of Laws, 5. Aufl. 2010, § 2.5; *Kegel/Schurig* IPR § 3 V; *Keller/Siehr* IPR § 8; *Kropholler* IPR § 2 II 4; zum heutigen Begriff der „comity" eingehend *Briggs* Rec. des Cours 354 (2011), 65 ff.
[49] S. *Hay/Borchers/Symeonides*, Conflict of Laws, 5. Aufl. 2010, § 2.7; ferner *Kropholler* IPR § 21 I 1.
[50] 1689; hier zitiert nach *Kegel/Schurig* IPR § 3 V.
[51] Zu ihm ausf. *v. Bar/Mankowski* IPR I § 6 Rn. 28 f.; *Kegel/Schurig* IPR § 3 VI.
[52] Näher *v. Bar/Mankowski* IPR I § 6 Rn. 29; *Kegel/Schurig* IPR § 3 VI.
[53] Näher *v. Bar/Mankowski* IPR I § 6 Rn. 42 f.; *Kegel/Schurig* IPR § 3 VII.
[54] *v. Wächter* AcP 24 (1841) 230 ff.; *v. Wächter* AcP 25 (1842), 1 ff. (161 ff., 361 ff.); zu ihm näher *Keller/Siehr* IPR § 9 II 1.
[55] *v. Wächter* AcP 24 (1841), 230 (286).

hältniß nach fremden und nicht nach einheimischen Gesetzen zu beurtheilen sey".[56] *Wächters* Stärke war jedoch eher der Abriss als der Neubau; er vermochte es nicht, eine wirklich neue Methodologie zu entwickeln.[57] Seine Empfehlung, mangels ausdrücklicher Kollisionsnormen im Zweifel die lex fori anzuwenden, fiel in den USA zum Teil auf fruchtbareren Boden als in Deutschland.[58]

17   **3. Grundlegung des modernen IPR im 19. Jahrhundert.** Das **moderne IPR** hat vor allem **drei Väter:** den Amerikaner *Joseph Story* (1779–1845), den Deutschen *Friedrich Carl von Savigny* (1779–1861) und den Italiener *Pasquale Stanislao Mancini* (1817–1888).[59]

18   *Story,* Professor an der Harvard Law School und Richter am US Supreme Court, veröffentlichte 1834 seine „Commentaries on the Conflict of Laws", in denen er eingehend das europäische IPR rezipierte, aber die unbrauchbaren, metaphysischen Distinktionen und Spekulationen der Statutentheorie kritisierte.[60] Er stützte sich in theoretischer Hinsicht va auf die niederländische Schule (comitas) und hatte auch insoweit einen nachhaltigen Einfluss auf die weitere Entwicklung in den USA.[61] Auf ihn geht vor allem die Begriffsschöpfung „private international law" zurück (→ EGBGB Art. 3 Rn. 8).

19   *Savigny* legte im Jahre 1849 den Bd. VIII seines Systems des heutigen römischen Rechts vor, der eine „kopernikanische Wende" (*Neuhaus*)[62] gegenüber der Fragestellung der Statutentheorie herbeiführte: Der Ausgangspunkt der kollisionsrechtlichen Betrachtung sollte fortan nicht mehr das Gesetz, sondern das Rechtsverhältnis sein: Aufgabe des IPR sei es, diejenige Rechtsordnung zu finden, in der ein Rechtsverhältnis seinen **Sitz** hat (heute würden wir sagen: mit dem es am engsten verbunden ist, → Rn. 29 ff.). *Savigny* verkannte nicht die nationale Rechtsnatur des IPR, betonte aber das **Ideal des internationalen Entscheidungseinklangs,** das noch heute maßgebend ist (→ Rn. 7). Gleichzeitig grenzte sich *Savigny* von der Lehre der Niederländer ab; zur Comitas führte er aus, die „Zulassung [ausländischen Rechts dürfe] nicht gedacht werden als Ausfluß bloßer Großmuth oder Willkür, die zugleich als zufällig wechselnd und vorübergehend zu denken wäre. Vielmehr ist darin eine eigenthümliche und fortschreitende Rechtsentwickelung zu erkennen, gleichen Schritt haltend mit der Behandlung der Collisionen unter den Partikularrechten desselben Staates".[63] Auch der Theorie der wohlerworbenen Rechte konnte *Savigny* – wie schon zuvor *Wächter* (→ Rn. 16) – nichts abgewinnen: „Dieser Grundsatz führt auf einen bloßen Zirkel. Denn welche Rechte wohlerworben sind, können wir nur erfahren, wenn wir zuvor wissen, nach welchem örtlichen Rechte wir den vollzogenen Erwerb zu beurtheilen haben."[64]

20   *Savigny* brachte also eine grundlegende dogmatische Ordnung in das disparate IPR-Lehrgebäude seiner Zeit: Obwohl er klar erkannte, dass IPR nationales Recht war, verwarf er Souveränität und Comitas als Erklärungsansätze für die Anwendung ausländischen Rechts, sondern stellte auf die praktischen Bedürfnisse des internationalen Rechtsverkehrs ab. Insoweit entsprach seine Lehre den ökonomischen Interessen des aufstrebenden, an Rechtssicherheit im internationalen Handel interessierten Bürgertums des 19. Jahrhunderts.[65] Allerdings basiert die *Savigny*'sche Lehre im Großen und Ganzen auf der Annahme, die Privatrechtsordnungen der einzelnen Staaten seien grundsätzlich gleichwertig und fungibel; die Materialisierung des Privatrechts in neuerer Zeit (→ Rn. 41) ließ sich mit *Savignys* Kategorien nicht erfassen.

21   *Mancini* (1817–1888) schließlich wirkte namentlich durch seine Rektoratsrede von 1851 (Della Nazionalità come fondamento del diritto delle genti) auf das IPR ein, in der er sich für den Vorrang der Staatsangehörigkeitsanknüpfung aussprach, die das autonome deutsche IPR bis heute prägt (näher → EGBGB Art. 5 Rn. 27). Das europäische IPR hat insoweit eine Rückkehr zu *Savigny* herbeige-

---

[56] *v. Wächter* AcP 25 (1842), 1 (4 f.).

[57] Näher zu seiner Methode aus heutiger Sicht *v. Bar/Mankowski* IPR I § 6 Rn. 49 ff.; *Kegel/Schurig* IPR § 3 IX; *Keller/Siehr* IPR § 9 II 1; *Kropholler* IPR § 2 II 5.

[58] Näher zum Einfluss *Wächters* auf *Ehrenzweig* und andere Autoren der conflicts revolution aus heutiger Sicht *Hay/Borchers/Symeonides,* Conflict of Laws, 5. Aufl. 2010, § 2.6.

[59] S. *Gutzwiller,* FS Vischer, 1983, 131 ff.; *Kronke,* FS Kirchhof, 2013, § 120 Rn. 3 ff.

[60] *Story,* Commentaries on the Conflict of Laws, 1834, § 14: „The subject is in itself full of intrinsic difficulties; but it has been rendered more perplexed by metaphysical niceties, and over-curious learning."

[61] *Story,* Commentaries on the Conflict of Laws, 1834, § 31: „Some attempts have been made, but without success, to undervalue the authority of Huberus"; zur weiteren Rezeption der Lehre *Storys* und der Herausbildung der *vested rights theory* näher *Hay/Borchers/Symeonides,* Conflict of Laws, 5. Aufl. 2010, § 2.7; eingehende Nachweise auch bei *Kegel/Schurig* IPR § 3 VIII in Fn. 25.

[62] *Neuhaus* RabelsZ 15 (1949/50), 364 (366).

[63] *Savigny* Bd. VIII, 1849, S. 28.

[64] *Savigny* Bd. VIII, 1849, S. 132.

[65] Zutr. *Basedow* in Basedow/Hopt/Zimmermann, Handwörterbuch des Europäischen Privatrechts, 2009, 904.

führt,[66] der bereits in der Mitte des 19. Jahrhunderts die zukunftsweisende Anknüpfung des Personalstatuts an die *lex domicilii* bevorzugte.[67]

4. Die Schaffung des EGBGB von 1900. Parallel zur Schaffung des BGB Ende des 19. Jahrhun- **22** derts vollzog sich auch die erste Kodifikation des deutschen IPR in der **Ursprungsfassung des EGBGB.**[68] Obwohl der badische Ministerialrat *Gebhard* 1881 einen zeitgemäßen Vorentwurf angefertigt hatte, der allseitige Kollisionsnormen und eine annähernd vollständige Kodifikation (einschl. Schuldrecht, Sachenrecht, Juristische Personen) vorsah,[69] kam es in der Folge zu erheblichem politischen Widerstand vonseiten des Auswärtigen Amtes und des Reichskanzlers *Bismarck,* die befürchteten, dass das Deutsche Reich sich durch die Verabschiedung eines Gesetzes auf solcher Grundlage die Hände für künftige internationale Verhandlungen binden würde.[70] Das EGBGB erblickte daher in einer verstümmelten Gestalt die Welt: Wichtige Rechtsgebiete (Schuldverhältnisse, Gesellschaftsrecht) wurden nahezu ganz ausgespart; zudem wurden viele Kollisionsnormen einseitig ausgestaltet, dh sie regelten ausschließlich die Anknüpfung deutschen Rechts. Dem Geist der Zeit entsprechend sahen die Vorschriften regelmäßig eine Bevorzugung des Mannesrechts im Familienrecht vor.[71]

Der Rechtsprechung fiel es in der Folge zu, aus diesem Torso brauchbare Regeln zu gewinnen. **23** Insbesondere nahm schon das RG eine Verallseitigung der im Gesetz enthaltenen Kollisionsnormen vor, um auch ausländisches Recht berufen zu können.[72] Seit den 1970er Jahren kam eine weitreichende **Korrektur gleichberechtigungswidriger Kollisionsnormen** durch das BVerfG und den BGH hinzu.[73] Zudem wurden die Kollisionsnormen des EGBGB in zunehmendem Maße von staatsvertraglichem Kollisionsrecht verdrängt. Einen erheblichen Einfluss auf die rechtswissenschaftliche Diskussion – aber nicht auf die Gesetzgebung[74] – hatte die US-amerikanische *conflicts revolution* der 1960er und 1970er Jahre, mit der die überkommenen, starren Regeln des Ersten Restatement von 1934 zugunsten flexibler, an den rechtspolitischen Zwecken der Sachnormen orientierter „approaches" aufgegeben wurden.[75]

5. Die Reformen des EGBGB von 1986 und 1999. Diese Entwicklungen ließen den Ruf **24** nach einer grundlegenden Reform des IPR laut werden. Nach Vorarbeiten des Deutschen Rates für IPR[76] und der Diskussion verschiedener Entwürfe aus dem Bundesjustizministerium[77] und aus wissenschaftlichen Kreisen[78] kam es **1986** zur **Neufassung des EGBGB durch das IPR-Neuregelungsgesetz** vom 25.7.1986 (BGBl. 1986 I S. 1142), das noch heute die Grundlage des autonomen deutschen IPR bildet.[79] Auf die wesentlichen Strukturentscheidungen des Gesetzes im Allgemeinen Teil wird jeweils im Sachzusammenhang eingegangen (insbesondere zur **Inkorporation von Staatsverträgen** in die Kodifikation → EGBGB Art. 3 Rn. 173 f., zur **gemäßigten Renvoifreundlich-**

---

[66] Entgegengesetzt *M.-P. Weller* in Arnold Grundfragen 133 (159 ff.), der hierin eine Abkehr von *Savigny* erblickt.

[67] *Savigny* Bd. VIII, S. 95–101; hierzu näher *Kegel* RabelsZ 52 (1988), 431 (434 ff.); vgl. auch *Rohe,* FS Rothoeft, 1994, 1 (6).

[68] Hierzu näher *v. Bar/Mankowski* IPR I § 6 Rn. 75 ff.; *Kegel/Schurig* IPR § 4 I 1; Staudinger/*Sturm/Sturm* (2012) Rn. 986 ff.; die Materialien sind veröffentlicht bei *Hartwieg/Korkisch*, Die geheimen Materialien zur Kodifikation des deutschen IPR 1881–1896, 1973.

[69] Veröffentlicht von *Niemeyer*, Zur Vorgeschichte des IPR im deutschen Bürgerlichen Gesetzbuch, 1915; hierzu *v. Bar/Mankowski* IPR I § 6 Rn. 75; *Kegel/Schurig* IPR § 4 I 1.

[70] Näher *v. Bar/Mankowski* IPR I § 6 Rn. 76 ff.; *Kegel/Schurig* IPR § 4 I 1; Staudinger/*Sturm/Sturm* (2012) Rn. 899 ff.

[71] Hierzu näher *Rühl* in Fischer/Pauly, Höchstrichterliche Rechtsprechung in der frühen Bundesrepublik, 2015, 109 (110 ff.).

[72] Ausf. hierzu *Behn*, Die Entstehungsgeschichte der einseitigen Kollisionsnormen des EGBGB unter besonderer Berücksichtigung der Haltung des badischen Redaktors Albert Gebhard und ihre Behandlung durch die Rechtsprechung in rechtsvergleichender Sicht, 1980; bespr. in RabelsZ 44 (1980), 592.

[73] Näher Staudinger/*Sturm/Sturm* (2012) Rn. 916 ff.

[74] S. die krit. Auseinandersetzung mit den US-amerikanischen Theorien in BT-Drs. 10/504, 25 f.

[75] Zur Entwicklung des US-amerikanischen Kollisionsrechts in dieser Zeit umfassend *Hay/Borchers/Symeonides,* Conflict of Laws, 5. Aufl. 2010, § 2.9–13; zur Rezeption in Europa s. *Kropholler/v. Hein,* FS v. Mehren, 2002, 317 ff.; *Siehr,* FS Heldrich, 2005, 1045 ff.; *Vischer,* FS v. Mehren, 2002, 459 ff.; *Volken* YbPIL 1 (1999), 85 ff.

[76] Vorschläge und Gutachten zur Reform des deutschen internationalen Eherechts, 1962; … Kindschafts-, Vormundschafts-und Pflegschaftsrechts, 1966; … Erbrechts, 1969; … Personen-und Sachenrechts, 1972; … Personen-, Familien-und Erbrechts, 1981; … Privatrechts der außervertraglichen Schuldverhältnisse, 1983; … Sachen-und Immaterialgüterrechts, 1991.

[77] *Kühne,* IPR-Gesetz-Entwurf, 1980.

[78] *Dopffel/Siehr* RabelsZ 44 (1980), 344; MPI für ausländisches und internationales Privatrecht RabelsZ 47 (1983), 595; *Neuhaus/Kropholler* RabelsZ 44 (1980), 326.

[79] Zur Entstehungsgeschichte aus heutiger Sicht *Henrich* IPRax 2017, 120 ff.; *Pirrung* IPRax 2017, 124 ff.

keit → EGBGB Art. 4 Rn. 17 ff., zur Präferenz für eine autonome Konkretisierung der **Unteran-knüpfung bei Mehrrechtsstaaten** → EGBGB Art. 4 Rn. 184 ff., zum Festhalten am **Primat der Staatsangehörigkeit** → EGBGB Art. 5 Rn. 27 ff., zu dem **Einfluss der Grundrechte** → EGBGB Art. 6 Rn. 137 ff., der Vorliebe des deutschen Gesetzgebers für **spezielle Vorbehalts-klauseln** → EGBGB Art. 6 Rn. 48 ff., zum Vorrang des **Einzelstatuts vor dem Gesamtstatut** → EGBGB Art. 3a Rn. 14 ff.). Im Jahre 1999 wurde das EGBGB nach längeren Vorarbeiten um Kollisionsnormen für außervertragliche Schuldverhältnisse und für Sachen ergänzt (Gesetz vom 22.5.1999, BGBl. 1999 I S. 1026). Ein Versuch zur Kodifikation des Internationalen Gesellschafts-rechts im Jahre 2008 ist vorerst gescheitert, kann aber möglicherweise auf europäischer Ebene mit größerer Aussicht auf Erfolg fortgesetzt werden (→ EGBGB Art. 3 Rn. 116). Die Bundesregierung hatte 2016 einen Entwurf zur Kodifikation des **Internationalen Stellvertretungsrechts** in einem neuen Art. 8 EGBGB vorgelegt,[80] der auf Vorarbeiten der 2. Kommission des Deutschen Rates für IPR beruhte.[81] Diese Norm wurde mit dem Gesetz zur Änderung von Vorschriften im Bereich des Internationalen Privat- und Zivilverfahrensrecht vom 11.6.2017 (BGBl. 2017 I S. 1607) in das EGBGB eingefügt (→ EGBGB Art. 8 Rn. 1 ff.). Erhebliche Änderungen hat im Jahre 2017 ferner das Internationale Eherecht (Art. 13 Abs. 3 EGBGB nF) durch das **Gesetz zur Bekämpfung von Kinderehen** vom 17.7.2017 (BGBl. 2017 I S. 2429) erfahren (→ EGBGB Art. 13 Rn. 38; → EGBGB Art. 6 Rn. 259). In diesem Zusammenhang ist auch das Gesetz zur Einführung des Rechts auf **Eheschließung für Personen gleichen Geschlechts** vom 20.7.2017 (BGBl. 2017 I S. 2787) zu nennen, das dieses Institut internationalprivatrechtlich allerdings weiterhin nicht in der für die heterosexuelle Eheschließung maßgebenden Kollisionsnorm (Art. 13 EGBGB) ansiedelt, sondern im **Lebenspartnerschaftsrecht** (Art. 17b Abs. 4 nF) verortet (→ EGBGB Art. 17b Rn. 105).

25   **6. Die Europäisierung des IPR seit dem Vertrag von Amsterdam.** Die Bedeutung der Kollisionsnormen des EGBGB schwindet kontinuierlich, seit die EU die Kompetenz zur Schaffung von Kollisionsnormen auf Unionsebene erhalten hat (ausführlich → EGBGB Art. 3 Rn. 29 ff.). Da die europäischen Verordnungen aber zum Teil Spielräume eröffnen und Lücken lassen, bedarf es mitunter deren Ergänzung durch nationales IPR, insbesondere in den Art. 46a ff. EGBGB (s. dort). Ob die Europäisierung des IPR auch in methodologischer Hinsicht einen grundlegenden Paradig-menwechsel erzwingt, wird in → Rn. 40 ff. untersucht.

26   **7. Außereuropäische Entwicklung.** Auf die außereuropäische Entwicklung kann hier nicht im Einzelnen eingegangen werden.[82] In den USA ist es trotz entsprechender Anläufe aus der Rechtswis-senschaft bislang nicht zur Schaffung eines neuen, dritten Restatement gekommen,[83] und auch aus den einzelnen Gliedstaaten liegen nur versprengte Teilkodifikationen vor.[84] Unter Kodifikationsas-pekten deutlich spannender ist die Entwicklung in Japan und China, wo in jüngerer Zeit neue und umfassende IPR-Gesetze verabschiedet wurden.[85]

IV. Rechtsquellen des IPR

27   Die Rechtsquellen des IPR – Unionsrecht, Staatsverträge, autonomes Recht – werden vom Gesetzgeber weitgehend in Art. 3 EGBGB referiert; auf die dortigen eingehenden Erläuterungen ist daher zu verweisen.

V. Methoden und Prinzipien des IPR

28   **1. Die Fragestellung vom Sachverhalt her.** Das heutige deutsche und europäische IPR beruht im Kern immer noch auf der von *Savigny* entwickelten Fragestellung vom Sachverhalt her: Es wird grundsätzlich nicht nach den *policies* einzelner Gesetze geforscht, um deren Anwendungsbereich zu

---

[80] Regierungsentwurf eines Gesetzes zur Änderung von Vorschriften im Bereich des Internationalen Privat-und Zivilverfahrensrechts v. 20.12.2016, BT-Drs. 18/10714.
[81] S. hierzu eingehend das Gutachten von *Spickhoff* RabelsZ 80 (2016), 481 ff. sowie den einführenden Über-blick des Vorsitzenden der 2. Kommission, *v. Hein* IPRax 2015, 578 ff.
[82] Näher Staudinger/*Sturm/Sturm* (2012) Rn. 682 ff.; *Symeonides,* Codifying Choice of Law Around the World – An International Comparative Analysis, 2014, mwN.
[83] Hierzu ausf. *Kropholler/v. Hein,* FS v. Mehren, 2002, 317 ff. mwN.
[84] Zum neuen IPR von Oregon für außervertragliche Schuldverhältnisse von 2009 s. *Stoll,* FS v. Hoffmann, 2011, 448 ff. mwN.
[85] Das japanische IPRG von 2006 ist mit zahlreichen Beiträgen hierzu abgedruckt in *Basedow/Baum/Nishitani,* Japanese and European Private International Law in Comparative Perspective, 2008, 405; das chinesische IPRG von 2010 in YbPIL 7 (2010), 669 und RabelsZ 76 (2012), 161.

bestimmen (zu den USA → Rn. 26), sondern das für bestimmte Rechtsverhältnisse (vertragliche oder außervertragliche Schuldverhältnisse, Ehescheidung, Rechtsnachfolge von Todes wegen) anwendbare Recht bestimmt, indem das Recht ermittelt wird, zu dem jeweils die engste Verbindung besteht.

2. Das Prinzip der engsten Verbindung.

Schrifttum:[86] *Berlioz,* La clause d'exception, in Azzi/Boskovic, Quel avenir pour la théorie générale des conflits de lois?, 2015, 189; *Blaurock,* Vermutungen und Ausweichklausel in Art. 4 EVÜ – ein tauglicher Kompromiß zwischen starren Anknüpfungsregeln und einem flexible approach?, FS Stoll, 2001, 463; *Campiglio,* First Decisions on the „European" Escape Clause in Contractual Matters, Riv. Dir. Int. priv. proc. 1992, 241; *Dasser,* Haftungsdurchgriff im IPR, Ausweichklausel und die Ermittlung ausländischen Rechts, Jusletter vom 14. Oktober 2002; *Dubler,* Les clauses d'exception en droit international privé, 1983; *Geisler,* Die engste Verbindung im internationalen Privatrecht, 2001; *v. Hein,* Die Ausweichklausel im europäischen Internationalen Deliktsrecht, FS Kropholler, 2008, 553; *Hirse,* Die Ausweichklausel im Internationalen Privatrecht, 2006; *Kokkini-Iatridou,* Les clauses d'exception en matière de conflits de lois et de conflits de juridictions, in Académie internationale de droit comparé/Kokkini-Iatridou, Les clauses d'exception en matière de conflits de lois et de conflits de juridictions–ou le principe de proximité, 1994, 3 (zitiert: Kokkini-Iatridou in Kokkini-Iatridou); *Kokkini-Iatridou,* Les clauses d'exception en matière de conflits de lois et de conflits de juridictions, in Kerameus/Gavounelli, XIV. Congrès international du droit comparé, Rapports généraux, 1996, 957 (zitiert: Kokkini-Iatridou in Kerameus/Gavounelli); *Kokkini-Iatridou/Frohn,* De exceptieclausules in het verdragenrecht, een verkenning, in Kokkini-Iatridou/Grosheide, Eenvormig en vergelijkend privaatrecht, 1989, 215; *Kreuzer,* Berichtigungsklauseln im Internationalen Privatrecht, FS Zajtay, 1982, 295; *Kreuzer,* Zur Funktion von kollisionsrechtlichen Berichtigungsnormen, ZfRV 33 (1992), 168; *Kreytenberg,* Die individuelle Schwerpunktbestimmung internationaler Schuldverträge nach der Ausweichklausel des Artikel 4 Absatz 5 Satz 2 EVÜ – Ein Beitrag zur Förderung von Rechtssicherheit und Einzelfallgerechtigkeit im europäischen Kollisionsrecht der Schuldverträge, 2007; *Kühne,* Methodeneinheit und Methodenvielfalt im IPR – Eine Generation nach „Kollisionsnorm und Sachrecht", FS Schurig, 2012, 129; *Lagarde,* Le principe de proximité dans le droit international privé contemporain, Rec. des Cours 196 (1986-I), 9; *Mankowski,* Die Ausweichklausel des Art. 4 V EVÜ und das System des EVÜ, IPRax 2003, 464; *Mann,* The Proposed New Law of Exemption Clauses and the Conflict of Laws, FS Morris, Int. Comp. L. Q. 26 (1977), 203; *Mosconi,* Exceptions to the Operation of Choice of Law Rules, Rec. des Cours 217 (1989-V), 9, 188; *Nadelmann,* Choice of Law Resolved by Rules or Presumptions with an Escape Clause, Am. J. Comp. L. 33 (1985), 297; *Neubert,* Die objektiven Anknüpfungen von Schuldverträgen gemäß Art. 4 Rom I-VO, EWS 2011, 369; *Okoli/Arishe,* The Operation of the Escape Clauses in the Rome Convention, Rome I Regulation and Rome II Regulation, JPIL 8 (2012), 513; *v. Overbeck,* Les questions générales du droit international privé à la lumière des codifications et projets récents, Rec. des Cours 176 (1982-III), 9, 186; *v. Overbeck,* The fate of two remarkable provisions of the swiss statute of private international law, YbPIL 1999, 119; *Pfaffenholz,* Die Ausweichklausel des Art. 46 EGBGB – Möglichkeiten und Grenzen der Lösung von Anknüpfungsproblemen im internationalen Mobiliarsachenrecht mit Hilfe des Grundsatzes der wesentlich engeren Verbindung, 2006; *Picone,* Les méthodes de coordination entre ordres juridiques en droit international privé, Rec. des Cours 276 (1999), 11, 79; *Remien,* Engste Verbindung und Ausweichklauseln, in Leible/Unberath, Brauchen wir eine Rom 0-Verordnung?, 2013, 223; *Remy,* Des notions de prévisibilité en matière de conflit de lois: Qui de l'œuf? Qui de la poule?, Mélanges Pierre Mayer, 2015, 791; *Rémy-Corlay,* Mise en œuvre et régime procedural de la clause d'exception dans les conflits de lois, Rev. crit. dr. int. priv. 92 (2003), 37; *Schreiber,* Ausweichklauseln im deutschen, österreichischen und schweizerischen internationalen Privatrecht, 2001; *Sturm,* Die allgemeinen Grundsätze im schweizerischen IPR-Gesetzentwurf, FS Moser, 1987, 3; *Wolf,* Der Begriff der wesentlich engeren Verbindung im Internationalen Sachenrecht, 2002.

a) Grundsatz. Das Recht, zu dem die **engste Verbindung** besteht, wird in Rechtsprechung **29** und Literatur häufig als das **„räumlich" beste oder gerechte Recht** bezeichnet.[87] Dieser Terminologie wird zu Recht vorgeworfen, sie erwecke unzutreffende bildhafte Vorstellungen und vernachlässige den Umstand, dass der Geltungsbereich des Gesetzes in erster Linie durch soziale, nicht durch räumliche Zusammenhänge bestimmt werde.[88] Bereits *Schnitzer* gab als Maxime aus, nicht nach einer „sinnlich greifbaren, äußerlichen Anknüpfung" zu suchen, sondern vielmehr nach einer „sinngemäße[n] Anknüpfung in einem höheren Sinne, [dem] *funktionellen* Zusammenhang des Tatbestandes

---

[86] Zu den Ausweich- und Auffangklauseln in den jeweiligen Rechtsakten (zB Art. 46 EGBGB, Art. 4 Abs. 3 und 4 Rom I-VO, Art. 4 Abs. 3 Rom II-VO) s. auch das bei den dortigen Kommentierungen aufgeführte Schrifttum.

[87] BGHZ 90, 294 (299) = NJW 1984, 2032 (2033); BGHZ 93, 214 (217) = NJW 1985, 1285; BGHZ 119, 137 (141) = NJW 1992, 3091 (3092); Kegel/Schurig IPR § 2 I; Erman/Hohloch EGBGB Einl. Vor Art. 3 Rn. 39. Diese Formel geht zurück auf die Rspr. des Schweizer BG, das die Maßgeblichkeit des Rechts des engsten räumlichen Zusammenhangs postulierte, BGE 60 II 294 (301).

[88] *Kropholler* IPR § 4 II 1; *Wandt,* Internationale Produkthaftung, 1995, Rn. 556; *v. Bar/Mankowski* IPR I § 4 Rn. 15; vgl. auch *Muir Watt* Rev. crit. dr. int. priv. 84 (1995), 631 (633), die darauf hinweist, dass bereits *Savigny* sich bei der Suche nach dem „Sitz" des Rechtsverhältnisses nicht allein von geographischen Kriterien leiten ließ; ebenso *W.-H. Roth* EWS 2011, 314 (322) („Savignys IPR-Verständnis erweist sich in einem hohen Maße geprägt von den Regelungszwecken der Sachnormen").

mit einem durch eine bestimmte Rechtsordnung geregelten menschlichen Gemeinschaftsleben".[89] Angesichts der rasch voranschreitenden Entwicklung der modernen Informations- und Kommunikationstechnologien und der gestiegenen Mobilität ist der räumliche Standort der Akteure innerhalb sozialer Beziehungen oft zufällig.[90] Die zutreffende Kernaussage der unpräzisen Formel vom „räumlich besten Recht" liegt jedoch darin, dass das Kollisionsrecht einen eigenständigen Gerechtigkeitsgehalt gegenüber dem materiellen Recht aufweist.[91] *Wandt* hat daher den sachlich genaueren, wenngleich etwas schwerfälligen Begriff des „kollisionsrechtlich besten Rechts" vorgeschlagen.[92] Das **kollisionsrechtlich beste Recht** ist nach den Maßstäben des klassischen IPR grundsätzlich nicht das Recht, das die überzeugendste materiellrechtliche Lösung bereithält, sondern **das Recht, zu dem aufgrund der autonom gebildeten Regeln des IPR die engste Verbindung** festgestellt werden kann.[93] Das IPR solle, so der BGH, „der Verwirklichung der kollisionsrechtlichen Sachgerechtigkeit in dem Sinne dienen, daß Rechtsbeziehungen mit Auslandsberührung nach derjenigen materiellen Rechtsordnung beurteilt werden sollen, der sie nach der Fallgestaltung schwerpunktmäßig zugeordnet sind".[94] Das Prinzip der engsten Verbindung ist daher keine „Leerformel",[95] sondern Ausdruck der spezifischen Funktion des IPR im Rahmen der Gesamtrechtsordnung (→ Rn. 2 ff.).[96]

30   **b) Konkretisierung.** Letzten Endes ist auch im IPR die Idee der Gerechtigkeit, die sich im Prinzip der engsten Verbindung verwirklicht, durch eine umfassende Abwägung der jeweils auf dem Spiel stehenden **Interessen** zu konkretisieren.[97] Hierbei stehen die **kollisionsrechtlichen Interessen** an einer **Vorhersehbarkeit** des anwendbaren Rechts und einer möglichst **effizienten internationalen Streitbeilegung** im Vordergrund (→ Rn. 7 ff.); im Familien- und Erbrecht kommt vielfach der Gedanke einer Vertrautheit mit dem Recht der sozialen Umwelt, die durch die Herkunft (Staatsangehörigkeit) oder den gegenwärtigen gewöhnlichen Aufenthalt geprägt sein kann, hinzu (→ EGBGB Art. 5 Rn. 28). Aus der Betonung der kollisionsrechtlichen Interessen folgt aber nicht, dass Kollisionsnormen unabhängig von den Zwecken des Sachrechts gebildet werden; auch die Verweisungsregeln sind so zu gestalten, dass den Funktionen des Sachrechts (etwa Verhaltenssteuerung und Schadensausgleich im Deliktsrecht) in Sachverhalten mit Auslandsbezug Rechnung getragen wird.[98] Wichtig ist jedoch stets, dass die **sachrechtlichen Präferenzen** (etwa das Interesse des Geschädigten am höchstmöglichen Schadensersatz, das Interesse des Scheidungswilligen an der schnellsten Auflösung der Ehe usw) regelmäßig nicht unmittelbar auf die Bestimmung des anwendbaren Rechts durchschlagen, sondern dass das **IPR grundsätzlich** eine **Neutralität gegenüber dem Inhalt des anwendbaren Rechts** wahrt. Ausnahmen von diesem Grundsatz sind vor allem zum Schutz schwächerer Parteien durch Alternativanknüpfungen vorgesehen (→ Rn. 63).

31   Im Gegensatz zu manch anderen nationalen Kodifikationen (zB § 1 des österreichischen IPRG, Art. 15 der schweizerischen IPRG) enthalten weder das deutsche noch das europäische IPR ein vor die Klammer gezogenes Bekenntnis zum Prinzip der engsten Verbindung bzw. eine allgemeine Ausweichklausel.[99] Sowohl das EGBGB als auch die europäischen Verordnungen gestatten aber

---

[89] *Schnitzer*, Handbuch des internationalen Privatrechts, 1958, 52.

[90] Vgl. zur Auswirkung der Schaffung eines globalen Kommunikationsraumes auf die Funktion des Rechts *Röhl/Magen* ZfRS 17 (1996), 1 (8 f.).

[91] Deutlich herausgearbeitet bei *Kegel/Schurig* IPR § 2 I; dass der Begriff des „räumlich" besten Rechts eine „pointierte Formulierung" im Zusammenhang mit der Ablehnung des „better law approach" darstelle, die nicht als ausschließlich formale Orientierung an der räumlichen Konfliktsituation begriffen werden könne, hebt mit Recht bereits *Hohloch*, Das Deliktsstatut, 1984, 231 Fn. 60 hervor; diese Klarstellung zeigt aber zugleich, dass die *Kegel*'sche Wortwahl für Fehldeutungen anfällig ist und daher eher zurückhaltend verwendet werden sollte.

[92] *Wandt*, Internationale Produkthaftung, 1995, Rn. 557; ähnlich *Kreuzer* ZfRV 33 (1992), 168 (185) Fn. 142.

[93] Vgl. *Bogdan*, General Course, 2012, 87 ff.; *Kropholler* IPR § 4 II 1; *Kreuzer* ZfRV 33 (1992), 168 (185) Fn. 142.

[94] BGHZ 75, 32 (41) = NJW 1979, 1776 (1778).

[95] So aber *Kegel/Schurig* IPR § 6 I 4b.

[96] Zum Begriff der Gerechtigkeit im IPR umfassend *Vrellis* Rec. des Cours 328 (2007), 175 ff.

[97] S. zur klassischen Trias der Partei-, Verkehrs- und Ordnungsinteressen *Kegel/Schurig* IPR § 2, die zwar weder in jeder Hinsicht zwingend noch frei von Überschneidungen ist (so bereits *Neuhaus* RabelsZ 25 [1960], 377 f.), aber als heuristisches Mittel bei der Strukturierung der Abwägung hilfreiche Dienste leisten kann; für eine Ausrichtung des IPR auf „reale und konkrete menschliche Interessen" hingegen *Flessner*, Interessenjurisprudenz im IPR, 1990, 44 ff., 142 et passim (krit. bespr. durch *Schurig* RabelsZ 59 [1995], 229). S. auch die Würdigung durch *Batiffol*, FS Kegel, 1977, 11; ferner *Lüderitz*, FS Kegel, 1977, 31; *Otte* in Mansel, Internationales Privatrecht im 20. Jahrhundert, 2014, 27 ff.; *Schinkels*, FS v. Hoffmann, 2011, 390 ff.; *Schurig*, Kollisionsnorm und Sachrecht, 1981, 134 ff., 184 ff.

[98] Vgl. zum Internationalen Deliktsrecht näher *v. Hein*, Das Günstigkeitsprinzip im Internationalen Deliktsrecht, 1999, 26 ff.

[99] Zur rechtspolitischen Diskussion näher *Matthias Weller*, Europäisches Kollisionsrecht, 2015, Rn. 154.

vielfach die Auflockerung einer Regelanknüpfung aufgrund von speziellen **Ausweichklauseln,** so etwa in Art. 41 und Art. 46 EGBGB, Art. 4 Abs. 3 Rom II-VO, Art. 4 Abs. 3 Rom I-VO, Art. 21 Abs. 2 EuErbVO. Derartige Ausweichklauseln dienen nach *Kropholler* dem Zweck, in atypischen Fällen, für welche die Regelanknüpfungen ein unbefriedigendes Ergebnis zeitigen, „den Richter auf den Weg des klassischen Kollisionsrechts zu führen und ihn zu einer systemgerechten Rechtsfortbildung anzuhalten".[100] Aus diesen Klauseln lässt sich daher der Schluss ziehen, dass auch die ihnen vorgelagerten Regelanknüpfungen lediglich spezielle Ausprägungen des Prinzips der engsten Verbindung darstellen (so ausdrücklich § 1 Abs. 2 österreichisches IPRG).[101]

Die **europäischen Ausweichklauseln** stehen insoweit in der Tradition des „klassischen" Kollisions-   **32** rechts iS *Savignys,* als sie nicht auf die Ermittlung des inhaltlich besten, sondern des in räumlich-funktionaler Hinsicht angemessensten Rechts abzielen.[102] Dies zeigt sich zB daran, dass die einzige Norm der Rom II-VO, die dezidiert auf die Anwendung des materiellrechtlich schärferen Haftungsrechts gerichtet ist, nämlich Art. 7 Rom II-VO über die Umweltschädigung, die darin dem Geschädigten eröffnete Wahlmöglichkeit zwischen Handlungs- und Erfolgsort einer gerichtlichen Überprüfung im Sinne der engsten Verbindung entzieht. Daraus lässt sich im Umkehrschluss folgern, dass Art. 4 Abs. 3 Rom II-VO nicht im Sinne eines *better law approach* ausgelegt werden darf, was auch für die übrigen Ausweichklauseln des europäischen IPR gilt, so zB auch für Art. 4 Abs. 3 Rom I-VO, der etwa bei Verbraucherverträgen aufgrund des mit der einschlägigen Kollisionsnorm verfolgten Begünstigungszwecks (Art. 6 Rom I-VO) nicht zum Zuge kommt. Generell kann auf eine Ausweichklausel nicht zurückgegriffen werden, um eine Anknüpfung zu korrigieren, die der Gesetzgeber im Allgemeininteresse oder zum Schutz einer schwächeren Partei vorgesehen hat.[103]

Im Einzelnen ist zwischen echten **Ausweichklauseln** im engeren Sinne und bloßen **Auffang-**   **33** **klauseln** zu differenzieren:[104] Wird das Recht der engsten Beziehung nur als Auffangordnung berufen, die bei einem Versagen der typisierten Anknüpfungsmomente eingreift – so zB in Art. 14 Abs. 1 Nr. 3 EGBGB oder Art. 4 Abs. 4 Rom I-VO – handelt es sich um eine subsidiäre Anknüpfung (→ Rn. 70 ff.) die lediglich zur Ausfüllung einer Regelungslücke benötigt wird, aber keine typisierte Anknüpfung verdrängt. Zu den Folgen für den Renvoi → EGBGB Art. 4 Rn. 32.

c) Durchbrechungen. Jedoch stellen nicht alle Kollisionsnormen einen Ausdruck des Prinzips   **34** der engsten Verbindung dar. Erstens können **materiellrechtliche Erwägungen** in Gestalt von alternativen oder subsidiären Anknüpfungen in das IPR einfließen, zB zum Schutz des Verbrauchers, Arbeitnehmers oder Unterhaltsgläubigers (→ Rn. 64 bzw. → Rn. 72). Zweitens wird für international zwingendes Recht, die **sog Eingriffsnormen,** die Fragestellung vom Sachverhalt her durch eine am jeweiligen Gesetzeszweck orientierte Sonderanknüpfung durchbrochen (Art. 9 Rom I-VO, Art. 16 Rom II-VO, Art. 30 EuErbVO; → Rn. 286 ff.). Zwar wird dieses Phänomen zum Teil als eine „Entsavignysierung" des IPR beklagt;[105] indes findet sich bereits bei *Savigny* der Gedanke, dass es Gesetze von „streng positiver, zwingender Natur" gibt, die den normalen Kollisionsnormen, die auf gleichwertige und fungible Zivilrechte zugeschnitten sind, entzogen bleiben müssen.[106] Dies hat Generalanwalt *Szpunar* erst jüngst treffend hervorgehoben.[107] Auf einem anderen Blatt steht, ob die Rechtsprechung des EuGH bei der Abgrenzung von lediglich intern und international zwingendem Recht immer das rechte Maß getroffen hat (→ EGBGB Art. 3 Rn. 84 ff. zur „Ingmar"-Rechtsprechung). Schließlich hat sich **neben dem Prinzip der engsten Verbindung,** das die objektiven Anknüpfungsmomente des deutschen und europäischen Kollisionsrechts fundiert, in zunehmendem Maße die **Parteiautonomie** als zweiter Eckpfeiler des IPR etabliert.[108]

---

[100] *Kropholler* IPR § 4 II 2c; ähnlich *Matthias Weller,* Europäisches Kollisionsrecht, 2015, Rn. 134, der von „systemstärkenden Systemdurchbrechungen" spricht; ausf. zur Funktion und Ausgestaltung von Ausweichklauseln *Kreuzer* ZfRV 33 (1992), 168; vgl. auch Erwägungsgrund 14 Rom II-VO.

[101] Ebenso zum europäischen IPR *Danov/Beaumont* YbPIL 17 (2015/16) 151 (157 f.); zum Spannungsverhältnis zwischen Rechtssicherheit und Einzelfallgerechtigkeit *Remy,* Mélanges Pierre Mayer, 2015, 791 ff.

[102] Näher *v. Hein,* FS Kropholler, 2008, 553 (564 f.); ausf. zur Integration der Ausweichklausel in das *Savigny'*-sche System *Hirse,* Die Ausweichklausel im Internationalen Privatrecht, 2006, passim.

[103] S. zum Verhältnis zwischen Art. 4 Abs. 3 und Art. 6 Abs. 1 Rom II-VO EuGH ECLI:EU:C:2016:612 = NJW 2016, 2727 Rn. 45 – Verein für Konsumenteninformation ./. Amazon.

[104] *v. Hein* ZVglRWiss. 99 (2000), 251 (274 f.); ebenso *Kropholler* IPR § 24 II 2a (S. 169 f.); 5. Aufl. 2010, Rn. 29 *(Sonnenberger)*; NK-BGB/*Freitag* Rn. 27.

[105] So *Kühne,* FS Heldrich, 2005, 815 ff.

[106] Vgl. *Savigny* Bd. VIII, 1849, 32; dies betonen mit Recht *W.-H. Roth* EWS 2011, 314 (322); *Schurig* in Mansel, Internationales Privatrecht im 20. Jahrhundert, 2014, 5(19 f.).

[107] GA *Szpunar* ECLI:EU:C:2016:281 = BeckRS 2016, 80665 Rn. 68.

[108] Im Sinne eines solchen dualistischen Verständnisses auch *Kühne* ZvglRWiss 114 (2015), 355 (365 in Fn. 20); anders *Arnold* in Arnold Grundfragen 23 (28 ff.), der auch die Parteiautonomie als im Prinzip der engsten Verbindung verwurzelt sieht.

3. Die Parteiautonomie.

Allgemeines neueres Schrifttum:[109] *Arnold*, Gründe und Grenzen der Parteiautonomie im Europäischen Kollisionsrecht, in Arnold, Grundfragen des Europäischen Kollisionsrechts, 2016, 23; *Basedow,* Theorie der Rechtswahl, RabelsZ 75 (2011), 32; *Coester-Waltjen/Coester,* Rechtswahlmöglichkeiten im Europäischen Kollisionsrecht, Liber Amicorum Schurig, 2012, 33; *Gaudemet-Tallon,* L'autonomie de la volonté: jusqu'où?, Mélanges Pierre Mayer, 2015, 255; *Henrich,* Festvortrag: Privatautonomie, Parteiautonomie, (familienrechtliche) Zukunftsaspekte, in Kleinschmidt/Kronke/Raab/Robbers/Thorn, Strukturelle Ungleichgewichtslagen in der internationalen Streitbeilegung – Symposium in Gedenken an Bernd von Hoffmann, 2016, 25 (zit.: *Henrich*, Symposium v. Hoffmann); *Hohloch,* Rechtswahl als Anknüpfungsprinzip (Zur Bedeutung des Parteiwillens im europäischen Internationalen Privatrecht), FS Thue, 2007, 257; *Jacquet,* Le principe d'autonomie entre consolidation et évolution, Liber Amicorum Hélène Gaudemet-Tallon, 2008, 727; *Jayme,* Die Kodifikationsidee am Beispiel der kollisionsrechtlichen Parteiautonomie, in Jud/Rechberger/Reichelt, Kollisionsrecht in der Europäischen Union, 2008, 63, (zitiert: *Jayme* Kodifikationsidee); *Kinsch,* Quel droit international privé pour une époque néolibérale?, Mélanges Pierre Mayer, 2015, 377; *Chr. Kohler,* L'autonomie de la volonté en droit international privé: un principe universel entre libéralisme et étatisme, Rec. des Cours 359 (2012), 285 = Taschenbuchausgabe 2013; *Kroll-Ludwigs,* Die Rolle der Parteiautonomie im europäischen Kollisionsrecht, 2013; *Leible,* Parteiautonomie im IPR – Allgemeines Anknüpfungsprinzip oder Verlegenheitslösung?, FS Jayme, Bd. I, 2004, 485; *Mansel,* Parteiautonomie, Rechtsgeschäftslehre der Rechtswahl und Allgemeiner Teil des europäischen Kollisionsrechts, in Leible/Unberath, Brauchen wir eine Rom 0-Verordnung?, 2013, 241; *Maultzsch,* Parteiautonomie im Internationalen Privat- und Zivilverfahrensrecht, in v. Hein/Rühl, Kohärenz im Internationalen Privat- und Verfahrensrecht der EU, 2016, 153; *Niboyet,* De l'optimisation juridique dans les relations civiles internationales, Mélanges Pierre Mayer, 2015, 629; *Rühl,* Rechtswahlfreiheit im europäischen Kollisionsrecht, FS Kropholler, 2008, 187; *Spickhoff,* Die Rechtswahl und ihre Grenzen unter der Rom I-VO, in Kieninger/Remien, Europäische Kollisionsrechtsvereinheitlichung, 2012, 117; *Spickhoff,* Symposium Parteiautonomie im Europäischen Internationalen Privatrecht, 2014; *de Vareilles-Sommières,* Autonomie substantielle et autonomie conflictuelle en droit international privé des contrats, Mélanges Pierre Mayer, 2015, 869; *Verschraegen,* Rechtswahl – Grenzen und Chancen, 2010; *M.-P. Weller/Benz/Thomale,* Rechtsgeschäftsähnliche Parteiautonomie, ZEuP 2017, 250.

35   Die **Parteiautonomie** stellt nach heute ganz hM nicht nur eine kollisionsrechtliche „Verlegenheitslösung" dar, mit der auf die Schwierigkeiten reagiert wird, vor denen eine objektive Anknüpfung steht.[110] Vielmehr handelt es sich, wie Erwägungsgrund 11 der Rom I-VO für das Internationale Vertragsrecht hervorhebt, um einen **„der Ecksteine des Systems der Kollisionsnormen".**[111] Darüber hinaus hat die Rechtswahlfreiheit im europäischen Kollisionsrecht, wie Art. 14 Rom II-VO, Art. 5 Rom III-VO, Art. 8 HUP, Art. 22 EuErbVO und Art. 22 EuGüVO/EuPartVO zeigen, auch außerhalb des Vertragsrechts die Stellung eines allgemeinen Anknüpfungsprinzips erlangt.[112] Der Grundsatz der Rechtswahlfreiheit war freilich schon zuvor in Art. 3 EVÜ (Art. 27 EGBGB aF) und dem vor 1986 geltenden autonomen deutschen IPR anerkannt,[113] dort allerdings im Familien- und Erbrecht sowie im IPR der außervertraglichen Schuldverhältnisse nur in deutlich beschränkterem Maße: Art. 25 Abs. 2 EGBGB aF gestattete nur die Wahl deutschen Rechts für im Inland belegenes unbewegliches Vermögen, im internationalen Scheidungsrecht war eine Rechtswahl grundsätzlich (vorbehaltlich Art. 14 Abs. 2 und 3 EGBGB) ausgeschlossen, und im Internationalen Deliktsrecht beschränkt sich Art. 42 EGBGB nach hM auf die nachträgliche Rechtswahl.[114] Im Internationalen Sachenrecht wird gegenwärtig weder im autonomen deutschen noch im europäischen IPR Rechtswahlfreiheit gewährt.[115]

36   Die Rechtswahlfreiheit der Parteien ist in besonderem Maße dazu geeignet, das in Erwägungsgrund 16 Rom I-VO genannte „allgemein[e] Ziel" zu verwirklichen, „zur Rechtssicherheit im europäischen Rechtsraum […] beizutragen".[116] Eine klare Rechtswahlvereinbarung ist das beste Mittel, um Streitigkeiten über das anwendbare Recht vorzubeugen. Sie vermindert die Gefahren des forum shopping und die bei einem Rechtsstreit anfallenden Kosten. Sie gilt umso mehr, als viele EU-Verordnungen eine Auflockerung typisierter Anknüpfungen durch die oben (→ Rn. 31 ff.) genannten Ausweichklauseln

---

[109] Zu den einzelnen Rechtswahlmöglichkeiten (zB Art. 3 Rom I-VO, Art. 14 Rom II-VO, Art. 5 Rom III-VO, Art. 22 EuErbVO) s. das bei den jeweiligen Vorschriften angeführte Schrifttum.

[110] So aber noch *Kegel/Schurig* IPR § 18 I 1c.

[111] Zur Legitimation der Parteiautonomie näher *Maultzsch* in v. Hein/Rühl Kohärenz 153 (160 ff.).

[112] Umfassend *Chr. Kohler,* L'autonomie de la volonté en droit international privé, 2013, 1 ff.; ferner *Arnold* in Arnold Grundfragen 23 (24); *Hausmann* Riv. dir. int. priv. proc. 2015, 499 (500 ff.); *Hohloch,* FS Thue, 2007, 257 ff.; *Jacquet,* FS Gaudemet-Tallon, 2008, 727 ff.; *Jayme* Kodifikationsidee S. 63, 65, 72; *Leible,* FS Jayme, 2004, 485; *Rühl,* FS Kropholler, 2008, 187 ff.; zu den Auswirkungen auf das autonome IPR (Art. 13, 17b EGBGB) *Henrich,* Symposium v. Hoffmann, 2016, 25 (34 ff.).

[113] S. *Hohloch,* FS Thue, 2007, 257 ff.

[114] Krit. *v. Hein* RabelsZ 64 (2000), 595 ff.

[115] Hierzu statt vieler aus neuerer Zeit *Flessner,* FS Koziol, 2010, 125 ff.; *Kieninger,* FS Martiny, 2014, 391; *v. Hein* in Westrik/van der Weide, Party Autonomy in International Property Law, 2011, 103.

[116] Vgl. auch *Arnold* in Arnold Grundfragen 23 (34).

vorsehen. Wer aber den Gerichten die sachlich erforderliche Befugnis zur flexiblen Einzelfallentscheidung einräumt, muss es in funktionaler Komplementarität hierzu den Parteien gestatten, sich den
Unwägbarkeiten der richterlichen Ermessensausübung durch eine Rechtswahl zu entziehen.[117]

Abgesehen von dieser eher formalen, an Rechtssicherheit und Kostenminimierung orientierten   **37**
Überlegung ist die **Gewährung der Rechtswahlfreiheit** von schlechthin **konstitutiver Bedeutung für die Realisierung des Binnenmarktziels.**[118] Sie gestattet es Unternehmen, ihre Waren
und Dienstleistungen unter einem grundsätzlich einheitlichen Vertragsrechtsregime binnenmarktweit
anzubieten. Die kollisionsrechtliche Parteiautonomie ist daher in ihrem Kernbestand von der Waren-
und Dienstleistungsfreiheit (Art. 34, 56 AEUV) geschützt.[119] Im europäischen Internationalen Fami-
lien- und Erbrecht gestattet sie es den Beteiligten, einen allzu häufigen und/oder unerwünschetn
Statutenwechsel infolge einer Verlegung des objektiv primär maßgebenden gewöhnlichen Aufenthalts zu vermeiden und an ihrem vertrauten Heimatrecht festzuhalten (→ EGBGB Art. 5 Rn. 165).

Die Anerkennung der **Parteiautonomie als allgemeines Anknüpfungsprinzip** bedeutet indes   **38**
nicht, dass der Gesetzgeber diese schrankenlos gewährleisten müsste.[120] Wäre dies der Fall, könnten
weder ordnungspolitische Zielsetzungen durch Eingriffsnormen verwirklicht (→ Rn. 286) noch ein
adäquater Schutz schwächerer Parteien erreicht werden.[121] Auch die materielle Privatautonomie
wird heute vielfach eingeschränkt, um die Entstehung derartiger negativer externer Effekte zu verhindern.[122] Da das Sachrecht der Stoff ist, aus dem sich das Kollisionsrecht bildet,[123] lässt diese Entwicklung das IPR nicht unberührt. Nicht nur im Vertrags-, sondern auch im Delikts-, Familien und
Erbrecht bedürfen **schwächere Parteien** deshalb eines **besonderen kollisionsrechtlichen Schutzes.** Die Techniken, deren sich das europäische Kollisionsrecht zur Lösung dieses Problems bedient,
sind allerdings sehr unterschiedlich ausgestaltet.[124] In Bezug auf Verbraucher und Arbeitnehmer hält
die Rom I-VO daran fest, dass jede beliebige Rechtsordnung gewählt werden kann (Art. 3 Rom I-
VO), schränkt die Anwendbarkeit des gewählten Rechts jedoch mithilfe einer alternativen Anknüpfung ein (→ Rn. 64). In Bezug auf Personenbeförderungs- und Versicherungsverträge über Massenrisiken werden diejenigen Rechtsordnungen, die Gegenstand einer Rechtswahl sein können, hingegen enumerativ-abschließend nach bestimmten objektiven Kriterien bestimmt (Art. 5 Abs. 2
UAbs. 2, Art. 7 Abs. 3 Rom I-VO). Dieselbe Technik, nur die Wahl solcher Rechtsordnungen zu
gestatten, zu denen eine objektiv enge Verbindung besteht, findet sich auch in Art. 5 Rom III-
VO,[125] Art. 8 Abs. 1 HUP[126] und Art. 22 EuErbVO.[127] Aus dem autonomen deutschen IPR ist
diese Methode bereits aus Art. 14 Abs. 2 und 3 sowie Art. 15 Abs. 2 EGBGB bekannt. Wiederum
abweichend fällt die Regelung des Verbraucherschutzes im IPR der außervertraglichen Schuldverhältnisse aus. Hier gestattet Art. 14 Abs. 1 Rom II-VO nur Unternehmern eine Rechtswahl vor der
Begehung eines Delikts, während diese Möglichkeit Verbrauchern erst nach Eintritt des haftungsbegründenden Ereignisses eröffnet ist.[128] Auch in anderen, eher technischen Fragen (Statut der Rechtswahlvereinbarung, Möglichkeit der Teilrechtswahl) weichen die gegenwärtigen Regelungen auf den
einzelnen Rechtsgebieten erheblich voneinander ab.[129] Ob es in Zukunft gelingt, hier ein größeres
Maß an dogmatischer und kodifikatorischer Kohärenz herzustellen, bleibt abzuwarten.

---

[117] Ausführlich zu einem Recht auf Vorhersehbarkeit („droit à l'anticipation") *Niboyet*, Mélanges Pierre Mayer,
2015, 629 (632 ff.).

[118] *Arnold* in Arnold Grundfragen 23 (33 f.); *Mankowski* IHR 2008, 134.

[119] *Leible*, FS Jayme, 2004, 501 f.; dafür *v. Wilmowsky* RabelsZ 62 (1998), 19 f.; *Grundmann*, FS Rolland, 1999,
145 (150–153); *v. Hein* RabelsZ 64 (2000), 609; ebenso in Bezug auf Art. 4 EMRK und Art. 2 Abs. 1 GG
Hohloch, FS Thue, 2007, 257 (263 f.); statt vieler *Müller-Graff*, Gemeinsames Privatrecht in der EG, 2. Aufl., 1999,
S. 9 (14–17); *Steindorff*, EGV und Privatrecht, 1996, S. 42–46. Anders zB *Armbrüster* RabelsZ 60 (1996), 78 f.
Umfassende Nachweise zum Streitstand bei *v. Wilmowsky* RabelsZ 62 (1998), 2 Fn. 2. Skeptisch zB *Wouters* MJ
4 (1997), 287 f., s. auch Editoral Comments C. M. L. Rev. 43 (2006), 913 (919) (auch für Verbraucher sei
Rechtswahlfreiheit primärrechtlich geboten).

[120] Die Notwendigkeit eines soliden „Rahmens" betont besonders im Familienrecht *Gaudemet-Tallon*, Mélanges
Pierre Mayer, 2015, 255 (272); krit. zu einer von ihm „neoliberal" Perspektive *Kinsch*, Mélanges Pierre Mayer,
2015, 377 ff.

[121] Vgl. *O'Hara/Ribstein* Tul. L. Rev. 82 (2008), 2147 (2152).

[122] S. statt vieler *Canaris* AcP 184 (1984), 201 ff.

[123] So eine klassische Formulierung *Franz Kahns,* Abhandlungen zum Internationalen Privatrecht, 1928, 493.

[124] Eingehend hierzu *Rühl*, FS v. Hoffmann, 2011, 364 ff.

[125] Eingehend *Winkler v. Mohrenfels*, FS v. Hoffmann, 2011, 527 ff.; vgl. auch *Arnold* in Arnold Grundfragen 23 (37 ff.).

[126] Hierzu ausf. *Hausmann*, FS Martiny, 2014, 345 ff.

[127] Hierzu näher *J. Pazdan*, FS Martiny, 2014, 489 ff.

[128] Näher Calliess/*v. Hein* Rom II-VO Art. 14 Rn. 18 ff.

[129] Umfassende Bestandsaufnahme und Analyse bei *Mansel* in Leible/Unberath Rom 0-VO 241 ff.; *Arnold* in
Arnold Grundfragen 23 (37 ff.).

39   Die Wahl eines staatlichen Rechts hat grundsätzlich kollisionsrechtliche Wirkung, dh sie führt zur Abbedingung auch des intern zwingenden (nicht-dispositiven) Rechts.[130] Ausnahmen erfährt dieser Grundsatz in reinen Inlands- bzw. Binnenmarktsachverhalten[131] (s. Art. 3 Abs. 3 und Abs. 4 Rom I-VO). Die Wahl nicht-staalichen Rechts ist nur im Wege einer materiellrechtlichen Verweisung möglich, dh nur unter Wahrung des intern zwingenden Rechts des objektiven Vertragsstatuts (→ Rom I-VO Art. 3 Rn. 28 ff.)

4. Methodischer Paradigmenwechsel durch die Europäisierung des IPR?

Schrifttum:[132] *Basedow,* The Communitarisation of Private International Law – Introduction, RabelsZ 73 (2009), 455; *Basedow,* Internationales Privatrecht, in Basedow/Hopt/Zimmermann, Handwörterbuch des Europäischen Privatrechts, 2009, Bd. I, 902; *Basedow,* Kohärenz im Internationalen Privat- und Verfahrensrecht der EU, in v. Hein/Rühl, Kohärenz im Internationalen Privat- und Verfahrensrecht der EU, 2016, 3; *Fallon/Lagarde/ Poillot-Peruzzetto,* Quelle architecture pour un code européen de droit international privé ?, 2011; *Hausmann,* Le questioni generali nel diritto internazionale privato europeo, Riv. dir. int. priv. proc. 2015, 499; *v. Hein,* Something Old and Something Borrowed, but Nothing New? Rome II and the European Choice-of-Law Evolution, Tul. L. Rev. 82 (2008), 1663; *v. Hein,* Of Older Siblings and Distant Cousins: The Contribution of the Rome II Regulation to the Communitarisation of Private International Law, RabelsZ 73 (2009), 461; *Heinze,* Bausteine eines Allgemeinen Teils des europäischen Internationalen Privatrechts, FS Kropholler, 2008, 105; *Jud/Rechberger/ Reichelt,* Kollisionsrecht in der Europäischen Union, 2008; *Kieninger/Remien,* Europäische Kollisionsrechtsvereinheitlichung, 2012; *X. E. Kramer,* The Rome II Regulation on the Law Applicable to Non-Contractual Obligations: The European Private International Law Tradition Continued, NIPR 2008, 414; *Kronke,* Internationales Privatrecht, FS Kirchhof, 2013, § 120; *Kühne,* Internationales Privatrecht im 20. Jahrhundert, ZVglRWiss 114 (2015), 355; *M. Lehmann,* Auf der Suche nach dem Sitz des Rechtsverhältnisses: Savigny und die Rom I-Verordnung, FS Spellenberg, 2010, 245; *Meeusen,* Instrumentalisation of Private International Law in the European Union: Towards a European Conflicts Revolution, Eur. J. Migr. L. 9 (2007), 287; *Michaels,* Die europäische IPR-Revolution – Regulierung, Europäisierung, Mediatisierung, FS Kropholler, 2008, 151; *Michaels,* The New European Choice-of-Law Revolution, Tul. L. Rev. 82 (2008), 1607; *Muir Watt,* Rapport de synthèse – L'avenir de la discipline: quelles perspectives méthodologiques?, in Azzi/Boskovic, Quel avenir pour la théorie générale des conflits de lois?, 2015, 237; *Nehne,* Methodik und Allgemeine Lehren des europäischen Internationalen Privatrechts, 2012 (zitiert: Nehne Methodik); *Reichelt,* Europäisches Gemeinschaftsrecht und IPR, 2007; *Reichelt/Rechberger,* Europäisches Kollisionsrecht, 2004; *Romano,* Le droit international privé à l'épreuve de la théorie kantienne de justice, FS Schwander, 2011, 613 = Clunet 2012, 59; *W.-H. Roth,* Methoden der Rechtsfindung und Rechtsanwendung im Europäischen Kollisionsrecht, IPRax 2006, 338; *W.-H. Roth,* Europäische Kollisionsrechtsvereinheitlichung, EWS 2011, 314; *Schurig,* Das Fundament trägt noch, in Mansel, Internationales Privatrecht im 20. Jahrhundert, 2014, 5 (bespr. v. *Sonnenberger* RabelsZ 79 [2015], 435); *Sonnenberger,* Randbemerkungen zum Allgemeinen Teil eines europäisierten IPR, FS Kropholler, 2008, 227; *Sonnenberger,* Grenzen der Verweisung durch europäisches internationales Privatrecht, IPRax 2011, 325; *Symeonides,* The American Revolution and the European Evolution in Choice of Law: Reciprocal Lessons, Tul. L. Rev. 82 (2008), 1741; *Trüten,* Die Entwicklung des Internationalen Privatrechts in der Europäischen Union, 2015; *M.-P. Weller,* Anknüpfungsprinzipien im Europäischen Kollisionsrecht: Abschied von der „klassischen" IPR-Dogmatik?, IPRax 2011, 429; *M.-P. Weller,* Anknüpfungsprinzipien im Europäischen Kollisionsrecht: eine neue „kopernikanische Wende"?, in Arnold, Grundfragen des Europäischen Kollisionsrechts, 2016, 133.

40   Das **Verhältnis der Europäisierung** des IPR **zur herkömmlichen klassischen IPR-Methodik** iS *Savignys* wird im Einzelnen kontrovers beurteilt: Während die einen diesen Prozess als geradezu revolutionär bezeichnen[133] oder zumindest die gegenüber dem Ansatz *Savignys* bestehenden Neuerungen stark in den Vordergrund rücken,[134] sieht die überwiegende Lehre das sekundärrechtliche IPR (Rom I bis III-VOen, EuErbVO, HUP, EuGüVO/EuPartVO) lediglich als eine modernisierte, evolutionär weiterentwickelte Fortführung des europäischen kollisionsrechtlichen Erbes an.[135] Über zwei Punkte dürfte insoweit leicht Einigkeit zu erzielen sein: Erstens kann mit der These einer

---

[130] Zur Unterscheidung kollisions- und materiellrechtlicher Rechtswahl statt vieler *de Vareilles-Sommières,* Mélanges Pierre Mayer, 2015, 869 ff.; *Kropholler* IPR § 40 I.

[131] Näher *Maultzsch,* FS v. Hoffmann, 2011, 304 ff.; *Michaels,* Liber Amicorum Schurig, 2012, 191 ff.

[132] S. auch das Schrifttum zu den europäischen Rechtsquellen bei Art. 3 EGBGB.

[133] So *Meeusen* Eur. J. Migr. L. 9 (2007), 287 ff.; *Michaels,* FS Kropholler, 2008, 151 ff.; *Trüten,* Die Entwicklung des Internationalen Privatrechts in der Europäischen Union, 2015, 2 f.

[134] So *Lehmann,* FS Spellenberg, 2010, 245 ff.; *M.-P. Weller* IPRax 2011, 429 ff.; *M.-P. Weller* in Arnold Grundfragen 133 ff.

[135] Eingehend zur Weiterentwicklung des klassischen IPR seit 1849 *Schurig* in Mansel, Internationales Privatrecht im 20. Jahrhundert, 2014, 5 (17 ff.); ferner *Remien* in Leible/Unberath Rom 0-VO 223 (224 f.); *W.-H. Roth* EWS 2011, 314 (320); ausf. zur Rom II-VO *v. Hein* Tul. L. Rev. 82 (2008), 1663 ff.; *v. Hein* RabelsZ 73 (2009), 461 ff.; ebenso *Kramer* NIPR 2008, 414; aus US-amerikanischer Sicht *Symeonides* Tul. L. Rev. 82 (2008), 1741 (1749 ff.); ebenso zum evolutionären Charakter der Rom I-VO *Lando/Nielsen* C. M. L. Rev. 45 (2008), 1687 (1688); *Leible/Lehmann* RIW 2008, 528 (529); *Magnus* IPRax 2010, 27; *Mankowski* IHR 2008, 133; skeptisch zur „erstaunliche[n]" These einer europäischen „IPR-Revolution" auch *Jayme/Nordmeier* IPRax 2009, 372.

revolutionären Umwälzung des europäischen IPR nicht gemeint sein, dass die EU-Verordnungsgebung die Methoden der US-amerikanischen „Conflicts Revolution" der 1960er und 1970er Jahre rezipiert habe;[136] dies wird auch aus US-amerikanischer Sicht so gesehen (und zum Teil kritisiert).[137] Lediglich in einzelnen Punkten – insbesondere dem „grouping of contacts" in Art. 5 Rom II-VO – kann man, vermittelt über die Haager Konferenz, einen Einfluss US-amerikanischer Methoden entdecken (→ Rn. 60). Zweitens soll umgekehrt die These einer weitgehenden methodischen Kontinuität des europäischen IPR nicht besagen, dass im heutigen europäischen Kollisionsrecht genau diejenigen Verweisungsregeln kodifiziert seien, die bereits *Savigny* vor mehr als 150 Jahren entwickelt hatte, denn eine solche These wäre ersichtlich unsinnig:[138] Im Internationalen Vertragsrecht kannte *Savigny* weder das Prinzip der charakteristischen Leistung noch der Parteiautonomie, sondern wollte bekanntlich objektiv und unter Inkaufnahme einer Vertragsspaltung an den Erfüllungsort anknüpfen;[139] im Internationalen Deliktsrecht befürwortete er im Gegensatz zu seinen Zeitgenossen nicht die *lex loci delicti commissi,* sondern eine Anwendung der *lex fori* aufgrund der positiven, zwingenden Natur deliktischer Haftungsregeln.[140] Es geht nicht um eine Identität der konkreten Anknüpfungsmomente, sondern vielmehr um eine **grundsätzliche methodische Kontinuität** im Sinne einer Orientierung am Sitz des Rechtsverhältnisses und am Prinzip der engsten Verbindung; dass wir heute diese Regeln anders konkretisieren – und zB im Internationalen Deliktsrecht insoweit „savignyanischer als *Savigny*" sein mögen –,[141] widerlegt die Annahme einer methodologischen Kontinuität nicht.[142]

Die Revolutionsthese wird auch nicht auf solche Äußerlichkeiten gestützt, sondern auf substantiellere Veränderungen. So wird geltend gemacht, dass im **europäischen IPR** im wesentlich stärkeren Maße **materiellrechtliche und regulative Wertungen** die Anknüpfung bestimmen würden, als dies herkömmlich im „klassischen" (nationalen) IPR der Fall gewesen sei.[143] Soweit zur Untermauerung dieser These auf ein vermeintliches **Herkunftslandprinzip** Bezug genommen wird,[144] ist dem allerdings entgegenzuhalten, dass sich dem Sekundärrecht ein solches allgemeines Prinzip im kollisionsrechtlichen Sinne nach der „eDate"-Entscheidung des EuGH gar nicht entnehmen lässt (→ EGBGB Art. 3 Rn. 80 ff.). Ferner wird eine Neuerung des EU-IPR im Vergleich zum nationalen Kollisionsrecht darin gesehen, dass dem erstgenannten Recht eine „spezifische **Integrationsfunktion**" zukomme, die u.a. zur Förderung der Mobilität von Personen im Binnenmarkt beitragen solle.[145] Das ist in Bezug auf die Auswahl der Anknüpfungsmomente (gewöhnlicher Aufenthalt, Parteiautonomie) zutreffend,[146] aber wiederum dadurch zu relativieren, dass das EU-IPR einen Binnenmarktbezug nicht unbedingt voraussetzt, sondern durchgängig universelle Anwendbarkeit beansprucht, also auch gegenüber Drittstaaten und ihren Angehörigen zur Anwendung gelangt (→ EGBGB Art. 3 Rn. 36). Eher könnte ein aus den Grundfreiheiten abgeleitetes **Anerkennungsprinzip** in methodischer Hinsicht einen revolutionären Charakter entfalten[147] (→ EGBGB Art. 3 Rn. 117 ff.). Gegenwärtig basiert jedoch keine einzige der vorhandenen EU-Verordnungen auf einem solchen Prinzip;[148] vielmehr folgen alle vorliegenden Rechtsakte der herkömmlichen verweisungsrechtlichen Methode (→ EGBGB Art. 3 Rn. 22). In Bezug auf das geltende Sekundärrecht

41

---

[136] Vgl. zur Rom II-VO *Hartley* Int. Comp. L. Q. 57 (2008), 899 (908): „Interest analysis and other American theories are conspicuous by their absence."; aA *M.-P. Weller* IPRax 2011, 429 (435) bei Fn. 108.

[137] Näher *Symeonides* Tul. L. Rev. 82 (2008), 1741 (1749 ff.); dagegen wiederum, den europäischen Ansatz verteidigend *Kozyris* Am. J. Comp. L. 56 (2008), 471; *W.-H. Roth* EWS 2011, 314 (320 f.).

[138] Ausführlich *Schurig* in Mansel, Internationales Privatrecht im 20. Jahrhundert, 2014, 5 (8 f.); ebenso *Sonnenberger* RabelsZ 79 (2015), 435 (436).

[139] *Savigny* Bd. VIII, 1849, 202 f.; hierzu näher *Aubart,* Die Behandlung der dépeçage im europäischen Internationalen Privatrecht, 2013, 29 f.; *Lehmann,* FS Spellenberg, 2010, 245 (246 f.).

[140] *Savigny* Bd. VIII, 1849, 253; hierzu *v. Hein* Tul. L. Rev. 82 (2008), 1663 (1669).

[141] *v. Hein* Tul. L. Rev. 82 (2008), 1663 (1669).

[142] Vgl. auch *van Calster,* European Private International Law, 2. Aufl. 2016, 4: „Despite discussion and criticism of von Savigny's work, his working method [!] continues to determine the private international law process [...]"; ähnlich *Kühne* ZVglRWiss 114 (2015), 355 (360 f.).

[143] So *Michaels,* FS Kropholler, 2008, 150 (161 ff.) (Konstitutionalisierung); *M.-P. Weller* IPRax 2011, 429 ff. (Materialisierung).

[144] So *Michaels,* FS Kropholler, 2008, 150 (161 ff.).

[145] *Kronke,* FS Kirchhof, 2013, § 120 Rn. 15; vgl. auch *Trüten,* Die Entwicklung des Internationalen Privatrechts in der Europäischen Union, 2015, 95 ff. („Integrationsmodell des EU-Rechts").

[146] *Kronke,* FS Kirchhof, 2013, § 120 Rn. 15.

[147] *Kühne* ZVglRWiss 114 (2015), 355 (363 f.); *Sonnenberger* RabelsZ 79 (2015), 435 (437); *Trüten,* Die Entwicklung des Internationalen Privatrechts in der Europäischen Union, 2015, 31 ff.; auch insoweit stark relativierend aber *Schurig* in Mansel, Internationales Privatrecht im 20. Jahrhundert, 2014, 5 (21 f.).

[148] Vgl. zur Nicht-Anerkennung einer Privatscheidung nach der Rom III-VO explizit EuGH BeckRS 2016, 81033 Rn. 19; hierzu *Helms* FamRZ 2016, 1134.

lässt sich also kein revolutionärer Paradigmenwechsel feststellen. Das schließt freilich nicht aus, dass der Spielraum des autonomen IPR durch das vom EuGH entwickelte Anerkennungsprinzip zunehmend eingeschränkt wird.[149] Ob es gelingen wird, tatsächlich ein Anerkennungsprinzip zu formulieren, das gänzlich ohne vorgeschaltete räumliche Bezugspunkte (zB gewöhnlicher Aufenthalt, Staatsangehörigkeit) auskommt, bleibt allerdings abzuwarten (→ EGBGB Art. 3 Rn. 139). Im Hinblick auf das Sekundärrecht wird die Materialisierungsthese in erster Linie darauf gestützt, dass zB die Rom I-VO materiellrechtlich determinierte Alternativanknüpfungen zum Schutze von Verbrauchern und Arbeitnehmern (Art. 6, Art. 8 Rom I-VO) vorsieht und auch die Rom II-VO primär am Opferschutz orientiert sei, weil sie grundsätzlich an den Erfolgsort (Art. 4 Abs. 1 Rom II-VO) und bei der Produkthaftung (Art. 5 Rom II-VO) sogar primär an den gewöhnlichen Aufenthalt des Geschädigten anknüpft.[150] Die Alternativanknüpfungen zum Schutz des Schwächeren im Internationalen Vertragsrecht fanden sich jedoch bereits im Römischen EWG-Übereinkommen von 1980 und in Art. 29, 30 EGBGB aF; die Materialisierung des IPR geht in der Sache bereits auf in den 1970er Jahren geführte Diskussion zurück[151] und liegt somit weit vor der Schaffung einer Kompetenz der EU zur Vereinheitlichung des Kollisionsrechts. Auch in Drittstaaten wie der Schweiz finden sich zudem – ganz ohne Einfluss der EU – besondere Kollisionsnormen auf dem Gebiet des Verbraucherschutzes (Art. 120 schweiz. IPRG). Insoweit handelt es sich bei der **Materialisierung des Kollisionsrechts** zwar um eine punktuelle Abweichung von der klassischen Methode,[152] aber **kein Spezifikum des europäischen Kollisionsrechts** im Vergleich zu nationalen IPR-Regelungen.[153] Im Internationalen Deliktsrecht ist die Begünstigung des Geschädigten auf europäischer Ebene gegenüber dem autonomen IPR sogar deutlich eingeschränkt worden: Während nach Art. 40 Abs. 1 EGBGB der Geschädigte vor Inkrafttreten der Rom II-VO die Wahl zwischen dem Handlungs- und Erfolgsort hatte, beschränkt Art. 4 Abs. 1 Rom II-VO die Anknüpfung auf das Erfolgsortrecht und räumt dem Geschädigten nur ausnahmsweise (→ Rn. 66 zu Umwelt- und Kartellschäden) eine Optionsmöglichkeit zwischen Handlungs- und Erfolgsort ein. Hiermit verwirklicht die Rom II-VO ein rechtspolitisches Petitum, das bereits in der deutschen Reformdiskussion der 1990er Jahre erhoben worden war;[154] im Ergebnis ist das Internationale Deliktsrecht auf europäischer Ebene also konträr zur Materialisierungsthese nicht stärker, sondern – genau umgekehrt – *weniger* an Opferinteressen ausgerichtet als das autonome IPR, verwirklicht dafür aber in umso höherem Maße eine am Prinzip der engsten Verbindung orientierte Regelbildung. Generalanwalt *Nils Wahl* hat erst kürzlich zutreffend betont: „Die Rom-II-Verordnung, die einen Kompromiss zwischen der Notwendigkeit, ein gewisses Maß an Rechtssicherheit zu gewährleisten und dabei die berechtigten Erwartungen der Parteien durch Erarbeitung konkreter Anknüpfungskriterien zu schützen, und dem Wunsch darstellt, eine gewisse Flexibilität zu behalten, wenn die Anwendung dieser Kriterien zu unangemessenen Ergebnissen führt, knüpft an die Lösungen an, die zuvor im internationalen Privatrecht galten."[155] Insbesondere in Gestalt des Art. 4 Abs. 1 Rom II-VO beruhe die Verordnung auf „einer klassischen Kollisionsnorm des internationalen Privatrechts".[156] Auch die als grundlegende Innovationen genannte Anknüpfung des **Personalstatuts** nach dem Domizilprinzip statt an die Staatsangehörigkeit[157] (→ Rn. 21) und die Sonderanknüpfung von **Eingriffsnormen** (→ Rn. 34) finden sich *in nuce* bereits bei *Savigny* selbst.

42   Eine **wesentliche Neuerung des europäischen IPR** wird allgemein in folgendem Umstand gesehen: Bisher schufen die Mitgliedstaaten jeweils ihr eigenes IPR und ließen sich dabei auch vom Interesse an der Anwendbarkeit ihres eigenen Rechts leiten. Zwar wurde im Sinne eines kategorischen Imperativs geltend gemacht, dass der nationale Gesetzgeber sich bei der Kodifikation von Kollisionsnormen am Leitbild des internationalen Entscheidungseinklangs orientieren, mithin auf eine potenzielle Verallgemeinerungsfähigkeit nationaler Lösungen achten sollte.[158] Erst mit der EU habe aber ein den nationalen Akteuren gegenüber unabhängiger Gesetzgeber die Bühne betreten,

---

[149] Zutreffend *Sonnenberger* RabelsZ 79 (2015), 435 (438).

[150] *M.-P. Weller* IPRax 2011, 429 (435).

[151] S. namentlich *Zweigert* RabelsZ 37 (1973), 435; *v. Hoffmann* RabelsZ 38 (1974), 396; *Kropholler* RabelsZ 42 (1978), 634; zum heutigen Stand der Diskussion umfassend *Bucher* Rec. des Cours 341 (2009), 9–526.

[152] Zutreffend *Kühne* ZVglRWiss 114 (2015), 355 (362).

[153] Relativierend auch *Schurig* in Mansel, Internationales Privatrecht im 20. Jahrhundert, 2014, 5 (18 f.).

[154] Eingehend *v. Hein*, Das Günstigkeitsprinzip im Internationalen Deliktsrecht, 1999.

[155] Schlussanträge in der Rs. C-350/14 v. 10.9.2015, Florin Lazar/Allianz SpA, GA *Wahl* ECLI:EU:C:2015:586 = BeckRS 2015, 81523 Rn. 20.

[156] GA *Wahl* ECLI:EU:C:2015:586 = BeckRS 2015, 81523 Rn. 27.

[157] *M.-P. Weller* in Arnold Grundfragen 133 (159 ff.).

[158] Hierzu ausf. *Romano*, FS Schwander, 2011, 613 (624 ff.), der dies auf kantianische Gerechtigkeitspostulate zurückführt.

der „gleichsam wie ein Schiedsrichter über die Rechtsanwendungsansprüche der einzelnen Mitgliedstaaten" befinde.[159] Dieses kluge und plastische Bild trifft im Kern zu;[160] es bedarf aber doch einer gewissen Relativierung. Erstens verliert die Grundlage dieser These, dass die EU neutral sei, weil sie über kein eigenes materielles Zivilrecht verfüge, in dem Maße an Überzeugungskraft, in dem sich die EU selbst der materiellen Rechtssetzung im Privatrecht annimmt (Verbraucherschutzrichtlinien, Antidiskriminierungsregeln, Arbeitsrecht, Europäisches Kaufrecht [→ Rn. 8], um nur einige Stichworte zu nennen).[161] Hier ist – um im Bild zu bleiben – die EU nicht nur Schiedsrichter, sondern vielmehr, insbesondere gegenüber Drittstaaten, in zunehmendem Maße auch ein aktiver Spieler auf dem Feld, der durchaus eigene Rechtsanwendungsansprüche erhebt.[162] Dies zeigen Kollisionsnormen wie Art. 3 Abs. 4 Rom I-VO und Art. 14 Abs. 3 Rom II-VO, mit denen EU-Recht vor einer Abwahl durch die Vereinbarung drittstaatlichen Rechts geschützt wird.[163] Auch die spezielle Vorbehaltsklausel in Art. 10 Rom III-VO, der vor allem der Abwehr drittstaatlichen (islamischen) Scheidungsrechts dient (→ EGBGB Art. 6 Rn. 33), verdeutlicht, dass die EU jedenfalls im Verhältnis zu drittstaatlichen Rechten nicht „neutraler" ist als ein nationaler Gesetzgeber; die bisherige deutsche Rechtslage (Art. 6 EGBGB) war insoweit sogar liberaler. Zweitens darf man sich „die EU" nicht gleichsam anthropomorph als einen von einem einheitlichen Interesse geleiteten Schiedsrichter vorstellen; vielmehr gibt es auch auf der Ebene der EU-Rechtssetzung unterschiedliche Akteure (Rat bzw. Mitgliedstaaten, Kommission, Parlament) mit durchaus divergierenden Interessen. Aufgrund der opt-out-Rechte Großbritanniens und Irlands, der Vorbehalte für Gesetzgebungsmaßnahmen auf dem Gebiet des Internationalen Familienrechts (Art. 81 Abs. 3 AEUV) sowie der Möglichkeit der verstärkten Zusammenarbeit (Rom III-VO; näher → EGBGB Art. 3 Rn. 51 ff.) weist die Rechtssetzung auf dem Gebiet des Kollisionsrechts immer noch ein erhebliches Maß an intergouvernementalen Elementen auf. Man hat es also nicht nur mit einem, sondern mit mehreren Schiedsrichtern zu tun – von renitenten Linienrichtern ganz zu schweigen.

Auch wenn letztlich an der These einer grundsätzlichen methodologischen Kontinuität der euro- **43** päischen Kollisionsrechtssetzung festzuhalten ist, darf dies nicht dahingehend missverstanden werden, dass im Allgemeinen Teil des IPR „alles beim Alten" bleiben könne.[164] Ebenso wie für staatsvertragliche Kollisionsnormen methodische Besonderheiten gelten (→ EGBGB Art. 3 Rn. 179 ff.), müssen auch insoweit die einschlägigen Denkfiguren stets daraufhin überprüft werden, ob sie dem Ziel einer einheitlichen Anwendung des Kollisionsrechts in den EU-Mitgliedstaaten gerecht werden oder der Modifikation bedürfen; zur Qualifikation → Rn. 108 ff., zur Anknüpfung der Vorfrage → Rn. 148 ff., zur Anpassung → Rn. 242 ff.; zur Gesetzesumgehung → Rn. 284; ferner ist auf die Diskussion um die Schaffung eines Allgemeinen Teils des europäischen IPR hinzuweisen (→ EGBGB Art. 3 Rn. 69 f.).

B. Die Stellung des IPR in der Rechtsordnung

I. Europarecht und IPR

Die **Einwirkungen des primären Europarechts** auf das deutsche IPR werden im Zusammen- **44** hang mit den unionsrechtlichen Rechtsquellen bei → EGBGB Art. 3 Rn. 88 ff. erläutert.

II. Grundgesetz und IPR

Das IPR ist lediglich seiner Ordnungsfunktion nach, nicht aber normenhierarchisch ein Recht **45** über Rechten.[165] Sowohl die **Kollisionsnormen des EGBGB** selbst als auch **das von diesen**

---

[159] So *Basedow* in Basedow/Hopt/Zimmermann, Handwörterbuch des Europäischen Privatrechts, 2009, 906; *Basedow* RabelsZ 73 (2009), 455 (458); *Basedow* in v. Hein/Rühl Kohärenz 3 (19); ebenso (Unionsgesetzgeber als „neutrale" Instanz) *W.-H. Roth* EWS 2011, 314 (321); diesen Aspekt betont auch *Michaels,* FS Kropholler, 2008, 151 (171 f.).

[160] Anders wohl *Schurig* in Mansel, Internationales Privatrecht im 20. Jahrhundert, 2014, 5 (18).

[161] Hierzu *Brand,* FS Magnus, 2014, 371; ob das Zivilrecht der EU bereits einen eigenständigen Rechtskreis iS der Rechtsvergleichung bildet, untersuchen *Zeno-Zencovich/Vardi* Eur. Bus. L. Rev. 2008, 243 ff.

[162] Zust. *M.-P. Weller* in Arnold Grundfragen 133 (158); insoweit einschr. auch *Michaels,* FS Kropholler, 2008, 151 (172).

[163] Ebenso *Matthias Weller,* Europäisches Kollisionsrecht, 2015, Rn. 118.

[164] Insoweit kritisch zur überzeichneten Betonung der Kontinuität durch *Schurig* in Mansel, Internationales Privatrecht im 20. Jahrhundert, 2014, 5 (17 ff.) auch *Kühne* ZVglRWiss 114 (2015), 355 (361 ff.); *Sonnenberger* RabelsZ 79 (2015), 435 (438).

[165] *Kropholler* IPR § 1 II 2.

berufene ausländische Recht sind daher **an den Grundrechten und sonstigen Verfassungs-grundsätzen zu messen;** dies hat das BverfG in der grundlegenden „Spanierentscheidung" klarge-stellt,[166] deren zentrale Aussage zur Eheschließungsfreiheit heute in Art. 13 Abs. 2 EGBGB kodifiziert ist (→ EGBGB Art. 13 Rn. 26). Gleichberechtigungswidriges Kollisionsrecht ist bereits mit der Neufassung des EGBGB im Jahre 1986 eliminiert worden (→ Rn. 24). Verfassungsrechtliche Gewährleistungen können eine Korrektur kollisionsrechtlicher Anknüpfungen zB an die Staatsange-hörigkeit erzwingen, wenn diese mit dem Persönlichkeitsrecht des Betroffenen nicht vereinbar sind (näher → EGBGB Art. 5 Rn. 52).[167] Ferner kann Art. 6 Abs. 1 GG dazu führen, dass im öffentlich-rechtlichen Kontext auch zivilrechtlich hinkende Ehen als wirksam zu behandeln sind[168] (→ Rn. 208) oder eine sog „Heilung durch Statutenwechsel" eintritt (→ Rn. 82). Im Übrigen wird den Grundrechten im Rahmen des ordre public (Art. 6 S. 2 EGBGB) Rechnung getragen (ausführlich → EGBGB Art. 6 Rn. 137 ff.). Auch staatsvertragliche Kollisionsnormen sind am GG zu messen (→ EGBGB Art. 3 Rn. 186).

III. Völkerrecht und IPR

Schrifttum: *Alimi,* Die Staatensukzession in völkerrechtliche Verträge und die Einigung Deutschlands, 2004; *Basedow,* Das Konventionsprivatrecht und das Völkerrecht der Staatsverträge, in Leible/Ruffert, Völkerrecht und IPR, 2006, 153; *Batiffol,* Points de contact entre le international public et le droit international privé, FS Yangua Messía, 1972, 77 = Choix d'articles, 1976, 37; *Berger,* Les Mercatoria Online, RIW 2002, 256; *Blaurock,* Übernatio-nales Recht des Internationalen Handels, ZEuP 1993, 247; *Bleckmann,* Die völkerrechtlichen Grundlagen des internationalen Kollisionsrechts, 1992; *Blumenwitz,* Vesteckte Kollisionsnormen in völkerrechtlichen Verträgen? – Der liechtensteinische Bilderstreit in Deutschland, FS Sturm, 1999, 1385; *Bonell,* Le regole oggettive del commer-cio internazionale, 1976; *Bonell,* Das autonome Recht des Welthandels, RabelsZ 42 (1978), 485; *Bos,* Quelques cas récents de succesion d'Etats en matière de traités conlcus dans le cardre de la conference de La Haye de droit international privé, FS Droz, 1996, 25; *v. Breitenstein,* Rechtsordnung und „Lex Mercatoria", Zur vergeblichen Suche nach einem „anationalen" Recht für internationale Arbitrage, FS Sandrock, 2000, 111; *Bühler,* Der völker-rechtliche Gehalt des IPR, FS Martin Wolff, 1952, 177; *Degan,* Création et disparation de l'Etat (à la lumière du démembrement de trois fédérations multiethniques en Europe), Rec. des Cours 279 (1999), 195; *Doehring,* Völkerrechtswidrige Konfiskation eines Gemäldes des Fürsten von Liechtenstein als „deutsches Eigentum", IPRax 1998, 465; *Dolzer/Schreuer,* Principles of internatonal investment law, 2008; *Drobnig,* Der „Grundvertrag" und die innerdeutschen Zivilrechtsbeziehungen, RabelsZ 37 (1973), 485; *Droz,* Démembrement d'Etat et succession aux conventions de La Haye, FS Loussouarn, 1994, 157; *Ebenroth/Reiner/Boizel,* Succession d'Etats et droit international privé, Clunet 1996, 5; *Ehrenzweig,* Private International Law, A Comparative Treatise on American International Conflicts Law, General Part, 1967; *Erchenhofer,* Sicherung völkerrechtlicher konservierter sozialer Mindeststandards durch Kollisions- oder Einheitsrecht?, in Leible/Ruffert, Völkerrecht und IPR, 2006, 215; *Flessner,* Fakultatives Kollisionsrecht, RabelsZ 34 (1970), 547; *Flessner,* Interessenjurisprudenz im Internationalen Privatrecht, 1990; *Girsberger/Mráz,* Sittenwidrigkeit der Finanzierung von internationalen Waffengeschäften, IPRax 2003, 545; *Gloss-ner,* Die Lex Mercatoria, Vision oder Wirklichkeit, RIW 1984, 350; *Großerichter/Bauer,* Unwandelbarkeit und Staatenzerfall. Zur Präzisierung von Verweisungen auf die Rechtsordnung zerfallender Staaten, RabelsZ 2001, 201; *Hamant,* Démembrement de l'URSS et problèmes de succession d'états, 2007; *Hambro,* The Relations between Private and Public International Law, Rec. des Cours 105 (1962-I), 1; *Heldrich,* Innerdeutsches Kollisions-recht, ZfRV 1978, 292 = Innerdeutsches Kollisionsrecht und Staatsangehörigkeitsfrage, NJW 1978, 2169; *Hess,* Kriegsentschädigung aus kollisionsrechtlicher und rechtsvergleichender Sicht, BerGesVR 40 (2003), 107; *Höder,* Die kollisionsrechtliche Behandlung unteilbarer Multistate-Verstöße, 2002; *v. Hoffmann,* „Lex mercatoria" vor internationalen Schiedsgerichten, IPRax 1984, 106; *v. Hoffmann,* Grundsätzliches zur Anwendung der lex mercato-ria durch internationale Schiedsgerichte, FS Kegel II, 1987, 215; *Hohloch,* The Failed State. Der Wegfall effektiver Staatsgewalt und das IPR, BerGesVR 34 (1995) 87; *Hokema,* Mehrfache Staatsangehörigkeit. Eine Betrachtung aus völkerrechtlicher und verfassungsrechtlicher Sicht; unter Berücksichtigung des Staatsangehörigkeitsreformge-setzes vom 15.7.1999, 2002; *Jayme,* Internationales Privatrecht und Völkerrecht, 2004; *Jayme,* Völkerrecht und Internationales Privatrecht – eine entwicklungsgeschichtliche Betrachtung, in Leible/Ruffert, Völkerrecht und IPR, 2006, 23; *Jayme,* Moderne Konfliktsformen; Humanitäres Völkerrecht und privatrechtliche Folgen, IPRax 2009, 456; *Jayme/Masel,* Völkerrecht und Internationales Privatrecht, IPRax 2005, 389; *Jayme/Meesen,* Staatsver-träge zum IPR, BerGesVR 16 (1975), 7 und 49; *Josselin-Gall,* La place de l'État dans les relations internationales et son incidence sur les relations privées internationales, FS Lagarde, 2005, 493; *Juenger,* The lex mercatoria and the Conflict of Laws, in Carbonneau, Lex Mercatoria and Arbitration. A Discusion of the New Law Merchant, 2. Aufl. 1998, 213; *Kahn,* Völkerrecht und IPR, in Über Inhalt, Natur und Methode des internationalen Privat-rechts, JherJb. 40 (1899), 1, 18 ff. = Abhandlungen I 254, 268 ff.; *Kappus,* Lex mercatoria als Geschäftsstatut vor staatlichen Gerichten im deutschen internationalen Schuldrecht, IPRax 1993, 137; *Kondring,* Haager Übereinkom-men und Staatensukzession in Osteuropa, IPRax 1996, 161; *Kropholler,* Internationales Einheitsrecht, 1975; *Kühne,* Testierfreiheit und Rechtswahl im internationalen Erbrecht, JZ 1973, 406; *Lando,* The Principles of European

---

[166] BVerfGE 31, 58 = NJW 1971, 1509; zu Vorgeschichte und Rezeption dieser Entscheidung eingehend *Rühl* in Fischer/Pauly, Höchstrichterliche Rechtsprechung in der frühen Bundesrepublik, 2015, 109 (121 ff.).
[167] BVerfGE 116, 243 = NJW 2007, 900 = IPRax 2007, 217 m. Aufsatz *Röthel* IPRax 2007, 204.
[168] BVerfGE 62, 323 = NJW 1983, 511 – Witwenrente.

Contract Law and the lex mercatoria, FS Siehr, 2000, 391; *Leible/Ruffert*, Völkerrecht und IPR, 2006; *Leisner*, „Eigentum als Menschenrecht" – weder nach deutschem noch nach Völkerrecht geschützt, GS Blumenwitz, 2008, 195; *Lipstein*, Principles of Private International Law, Rec. des Cours 135 (1972-I), 97, 167; *Lipstein*, Öffentliches Recht und internationales Privatrecht, in Holl/Klinke, Internationales Privatrecht, Internationales Wirtschaftsrecht, 1985, 39; *Lipstein*, A Modern Common law Marriage – Armed Forces of Occupation. Public international law ousts locals Choice of Law Rules, FS Drobnig, 1998, 381; *E. Lorenz*, Zur Struktur des IPR, 1977; *W. Lorenz*, Die Lex Mercatoria: Eine internationale Rechtsquelle, FS Neumayer, 1986, 407; *Lüderitz*, Anknüpfung im Parteiinteresse, FS Kegel, 1977, 31; *Makarov*, Völkerrecht und IPR, FS Streit I, 1939, 535; *Makarov*, IPR und Völkerrecht, WBVR II, 129; *Mann*, Völkerrechtswidrige Enteignungen vor nationalen Gerichten, NJW 1961, 705 = Beiträge zum IPR (1976), 163; *Mann*, Nochmals zu völkerrechtswidrigen Enteignungen vor deutschen Gerichten, FS Duden, 1977, 288; *McWhinney*, Self-determination of peoples and plural-ethnic states: secession and state succession and the alternative federal option, Rec. des Cours 294 (2002), 167; *Mankowski*, Völkerrechtliche Meistbegünstigung und europäisches IPR/IZVR, in Leible/Ruffert, Völkerrecht und IPR, 2006, 235; *Mansel*, Staatlichkeit des Internationalen Privatrechts und Völkerrecht, in Leible/Ruffert, Völkerrecht und IPR, 2006, 89; *Meessen*, Kollisionsrecht als Bestandteil des allgemeinen Völkerrechts: Völkerrechtliches Minimum und kollisionsrechtliches Optimum, FS Mann, 1977, 227; *Mertens*, Das lex mercatoria-Problem, FS Odersky, 1996, 857; *Meyer*, Bona fides und lex mercatoria in der europäischen Rechtstradition, 1994; *Neuhaus*, Der Beitrag des Völkerrechts zum IPR, German Yb. Int. L. 21 (1978), 60; *Niederer*, IPR und Völkerrecht, SchwJbIntR 5 (1948), 63; *Okafor*, Re-edefining legitmate statehood: international law and state fragmentation in Africa, 2000; *Rau*, Haftung privater Unternehmen für Menschenrechtsverletzungen?, IPRax 2001, 372; *Reed*, Mixed private and public international law solutions to international crises, Rec. des Cours 306 (2003), 177; *Ress*, Institut de Droit International/Institute of International Law: State Succession in Matters of property and Debts, IPRax 2004, 367; *Rigaux*, le droit international face au droit international privé, Rev. crit. dr. int. priv. 1976, 261; *Roth*, Welthandelsordnung und IPR, BerGesVR 40 (2003), 331; *Sandrock*, Völkerrechtliche Grenzen staatlicher Gesetzgebung, ZVglRWiss 115 (2016), 1; *Schmitthoff*, Das neue Recht des Welthandels, RabelsZ 28 (1964), 47; *Schnitzler*, Les relations entre le Droit international privé et le Droit international public, Temis 33-36 (1973–1974), 583 (= FS García Arias); *Schnitzler*, Rechtsvergleichung, IPR und Völkerrecht im System des Rechts, ZVglRWiss. 75 (1976), 13; *Schurig*, Interessenjurisprudenz contra Interessenjurisprudenz im IPR, RabelsZ 59 (1995), 229; *Schurig*, Völkerrecht und IPR: Methodische Verschleifung oder strukturierte Interaktion?, in Leible/Ruffert, Völkerrecht und IPR, 2006, 55; *Seidl/Hohenveldern*, Staatennachfolge in Vermögen, Archive und Schulden des früheren Jugoslawien, FS Böckstiegel, 2001, 727; *Siehr*, Sachrecht im IPR, transnationales Recht und lex mercatoria, in Holl/Klinke, Internationales Privatrecht, Internationales Wirtschaftsrecht, 1985, 103; *Spickhoff*, Internationales Handelsrecht vor Schiedsgerichten und staatlichen Gerichten, RabelsZ 56 (1992), 115; *Stein*, Lex mercatoria, Realität und Theorie, 1995; *Stoll*, Völkerrechtliche Vorfragen bei der Anwendung ausländischen Rechts, BerGesVR 14 (1961), 131; *Sturm*, Fakultatives Kollisionsrecht: Notwendigkeit und Grenzen, FS Zweigert, 1981, 329; *Téboul*, Nouvelles réflexions sur le droit international non écrit dans la jurisprudence du juge administratif et du juge judiciaire français, Revue de droit public et de la science politique 2001, 1109; *Tietje*, Staateninsolvenz und Kapitalaufnahme auf internationalen Anleihemärkten, in Leible/Ruffert, Völkerrecht und IPR, 2006, 193; *Weintraub*, Lex Mercatoria and Unidroit Principles of International Commercial Contracts, FS Juenger, 2001, 141; *Wengler*, Fragen der Faktizität und Legitimität bei der Anwendung fremden Rechts, FS Lewald, 1953, 615; *Wengler*, Allgemeine Rechtsgrundsätze als wählbares Geschäftsstatut, ZfRV 1982, 11; RGRK-BGB/*Wengler* IPR Rn. 13 ff.; *Willershausen*, Zerfall der Sowjetunion: Staatennachfolge oder Identität der Russländischen Föderation. Auch ein Beitrag zu Staatsuntergang und Staatennachfolge, 2002; *Wortley*, The Interaction of Public and Private International Law, Rec. des Cours 85 (1954-I), 245; *Wüger*, Anwendbarkeit und Justiziabilität völkerrechtlicher Normen im schweizerischen Recht: Grundlagen, Methoden, Kriterien, 2005; *Ziegler*, Völkerrechtliche Verpflichtungen zur Anwendung oder nur „freundliche Betrachtung" fremden Rechts? Die comitas-Lehre heute (Betrachtungen eines Rechtshistorikers), in Leible/Ruffert, Völkerrecht und IPR, 2006, 43; *A. Zimmermann*, Staatennachfolge in völkerrechtliche Verträge, 2000; *Zimmermann/Hobe/Kieninger/König*, Moderne Konfliktformen. Humanitäres Völkerrecht und privatrechtliche Folgen, 2010; *Zitelmann*, Art. 7–31 des Einführungsgesetzes zum Bürgerlichen Gesetzbuch für das Deutsche Reich nebst sämtlichen Entwürfen, Bd. I, 1908; *Zweigert*, IPR und öffentliches Recht, FS Kieler Institut, 1965 = Droit international privé et droit public, Rev. crit. dr. int. pr. 54 (1965), 645. Man beachte auch die laufend in der ZaöRV veröffentlichten Berichte zur Völkerrechtspraxis der Bundesrepublik Deutschland, zuletzt *Hartwig* ZaöRV 2013, 735.

1. Eigenständigkeit des IPR. Das IPR ist nach heute ganz hM kein Bestandteil des Völker- **46** rechts, sondern ein Teil des Unionsrechts (Art. 3 Nr. 1 EGBGB) oder des nationalen, innerstaatlichen Rechts.[169] Anderer Ansicht ist im neueren Schrifttum, soweit ersichtlich, allein *Bleckmann,* der das IPR grundsätzlich als eine Konkretisierung der Zuständigkeitsregeln des Völkerrechts durch die als Sachwalter der Völkerrechtsgemeinschaft tätigen Staaten betrachtet.[170] In materieller und formeller Hinsicht stellt das IPR nach Auffassung *Bleckmanns* Völkerrecht in einem weiteren Sinne dar.[171] Eine nähere Analyse der vom IPR gewählten Anknüpfungspunkte – unter anderem nennt *Bleckmann*

---

[169] BVerfGE 31, 58 (73) = NJW 1971, 1509 (1510 f.); *v. Bar/Mankowski* IPR I § 3 Rn. 1; *Kropholler* IPR § 8; Erman/*Hohloch* Rn. 5; *Kegel/Schurig* IPR § 1 IV vor a.
[170] *Bleckmann*, Die völkerrechtlichen Grundlagen des internationalen Kollisionsrechts, 1992, 59.
[171] *Bleckmann*, Die völkerrechtlichen Grundlagen des internationalen Kollisionsrechts, 1992, 59.

Handlungsort, Erfolgsort, Staatsangehörigkeit – zeige, dass all diese Momente ihren Ursprung letztlich in der Personal- oder Gebietshoheit hätten.[172]

47   Eindeutige Kollisionsregeln will *Bleckmann* aus dieser von ihm behaupteten völkerrechtlichen Fundierung des IPR aber nicht ableiten: Der berühmte „Schuss über die Grenze" belege, dass auch bei der Zugrundelegung nur der Gebietshoheit die Zuständigkeit mehrerer Staaten begründet werden könne.[173] Im Sinne des Völkerrechts könnten sowohl Handlungs- als auch Erfolgsort ein „genuine link" zu dem jeweils betroffenen Staat schaffen.[174] Bereits der Ständige Internationale Gerichtshof erklärte in seinem berühmten „Lotus"-Urteil von 1927 – in Bezug auf das Internationale Strafrecht – die Anknüpfung an den Erfolgsort, die heute Art. 40 Abs. 1 S. 2 EGBGB und Art. 4 Abs. 1 Rom II-VO vorsehen, für völkerrechtskonform.[175] Auch in anderen Bereichen lässt das Völkerrecht die Auswahl unterschiedlicher Anknüpfungsmomente zu, zB zwischen der Staatsangehörigkeit und dem gewöhnlichen Aufenthalt (→ EGBGB Art. 5 Rn. 14 ff.).

48   Ferner ist die **Autonomie der kollisionsrechtlichen Begriffe** gegenüber dem Völkerrecht zu beachten. So ist es nicht geboten, nur völkerrechtlich anerkannte Staaten als „Staaten" iS des IPR zu betrachten; bei der Verweisung auf Mehrrechtsordnungen zB können die in Frage kommenden Teilrechtsordnungen, wie dies Art. 22 Abs. 1 Rom I-VO bzw. Art. 25 Abs. 1 Rom II-VO vorsehen, zwanglos als „Staaten" im kollisionsrechtlichen Sinne begriffen werden (→ EGBGB Art. 4 Rn. 217). Schottland ist also völkerrechtlich (zumindest derzeit noch) ein Teil des Vereinigten Königreichs, im Sinne des Internationalen Vertragsrechts aber ein „Staat". Ebenso kommt als Staatsangehörigkeit unter Umständen auch die Gebietszugehörigkeit im Hinblick auf ein völkerrechtlich nicht anerkanntes Gebilde bzw. zu einem völkerrechtswidrig annektierten Territorium in Betracht (→ EGBGB Art. 5 Rn. 17).

49   **2. Völkerrechtliche Grenzen des IPR.** Völkerrechtliche Grenzen können dem IPR aber durch den Grundsatz der **Staatenimmunität** gezogen werden. Diese bildet nach dem heutigen Stand des Völkerrechts keinen monolithischen Block, sondern ein höchst ausdifferenziertes Rechtsinstitut, bei dessen normativer Konkretisierung sich viele Einzelfragen noch im Fluss befinden.[176] Praktisch einhellig akzeptiert ist heute aber die **Theorie der relativen Immunität,** der zufolge ein Staat Immunität nur für hoheitliches Handeln (*acta iure imperii*), nicht hingegen für privates Handeln (*acta iure gestionis*) in Anspruch nehmen kann.[177] Diese Distinktion findet sich auch im europäischen Kollisionsrecht (Art. 1 Abs. 1 S. 2 Rom II-VO). Da das Völkerrecht für die Abgrenzung keine allseits konsentierten Unterscheidungsmerkmale bereithält, ist diese Frage grundsätzlich nach der lex fori zu beantworten;[178] im Bereich des europäischen IPR muss allerdings auch insoweit das Prinzip der autonomen Qualifikation befolgt werden (→ Rn. 126 ff.). Maßgebend ist weder das Motiv noch der Zweck des jeweiligen staatlichen Handelns, sondern seine Natur, dh ob der ausländische Staat in Ausübung der ihm zustehenden Hoheitsgewalt oder wie eine Privatperson tätig geworden ist.[179] **Beispiele: Staatshaftungsansprüche** für hoheitliches Handeln, zB Schadensersatzansprüche gegen die Bundesrepublik als Rechtsnachfolgerin des Deutschen Reiches wegen Massakern der Wehrmacht im Zweiten Weltkrieg, unterliegen nicht der internationalprivatrechtlichen Tatortregel (Art. 4 Abs. 1 Rom II-VO), sondern ausschließlich dem deutschen Recht als Recht des Amtsstaates.[180] Die Haftung

---

[172] *Bleckmann,* Die völkerrechtlichen Grundlagen des internationalen Kollisionsrechts, 1992, 42.

[173] *Bleckmann,* Die völkerrechtlichen Grundlagen des internationalen Kollisionsrechts, 1992, 43.

[174] Zur Übertragung des „genuine-link"-Erfordernisses auf das IPR vgl. *Bleckmann,* Die völkerrechtlichen Grundlagen des internationalen Kollisionsrechts, 1992, 3, 36 f.; speziell zum Internationalen Wirtschafts-, insbes. Kartellrecht *Sandrock* ZVglRWiss 115 (2016), 1 (19 ff.), mwN.

[175] StIGH 7.9.1927, PCIJ Series A No. 10; vgl. hierzu aus der Sicht des modernen Völkerrechts den Besprechungsaufsatz von *Kunig/Uerpmann* Jura 1994, 186 mzN; die Kernaussage des „Lotus"-Urteils muss nach wie vor als gültig angesehen werden; ebenso *Martin* ZRP 1992, 19 (22); *Hilgendorf* NJW 1997, 1873 (1876); einschränkend *Sandrock* ZVglRWiss 115 (2016), 1 (23 ff.), der eine wechselseitige Abstimmungspflicht der beteiligten Staaten befürwortet; alle mwN zum Diskussionsstand.

[176] Informativer Überblick bei *Roeder* JuS 2005, 215 ff.; *R. Wagner* RIW 2014, 260 ff.; speziell unter dem Blickwinkel des Internationalen Zivilverfahrensrechts *Geimer* IZPR Rn. 555 ff. (Staatenimmunität) und Rn. 765 ff. (diplomatische Immunität); *Nagel/Gottwald* IZPR § 2; *Schack* IZVR Rn. 144 ff.

[177] *Kropholler* IPR § 57 I 3; *Nagel/Gottwald* IZPR § 2 Rn. 6; *Roeder* JuS 2005, 215 f.; *M. Weller* RPfleger 2006, 364 (367).

[178] BGH NJW 2016, 1659 Rn. 15 mAnm *Matthias J. Müller* NJW 2016, 1662.

[179] BGH NJW 2016, 1659 Rn. 14 mAnm *Matthias J. Müller* NJW 2016, 1662.

[180] BGHZ 155, 279 (282) = NJW 2003, 3488; ebenso zur Haftung der Bundesrepublik im Rahmen des Afghanistan-Einsatzes LG Bonn JZ 2014, 411 = BeckRS 2013, 21875 – Kunduz; vgl. auch zur EuGVVO EuGH Slg. 2007, I-1519 = EuZW 2007, 252 – Lechouritou; ausf. *v. Hein* YbPIL 3 (2001), 185 ff.; krit. *Knöfel,* FS Magnus, 2014, 459 ff.; im Schrifttum ist in Bezug auf die Haftung für Menschenrechtsverletzungen vieles str.; s. *Boysen* AVR 44 (2006), 363 ff.; *Cremer* AVR 41 (2003), 137 ff.; *O. Dörr* AVR 41 (2003), 201 ff.; *Halfmeier* RabelsZ 68 (2004), 653 ff.; *Heß* BerGesVR 40 (2003), 107 ff.; *Schmahl* ZaöRV 66 (2006), 699 ff., alle mwN.

eines in einem Baseler Kantonsspitals angestellten **Arztes** stellt hingegen einen Anspruch in Bezug auf bloße *acta iure gestionis* dar, auf den gewöhnliches Deliktskollisionsrecht Anwendung findet.[181] Auch die Begebung von **Anleihen** auf dem internationalen Kapitalmarkt zB bildet den typischen Fall einer Handlung lediglich privater Natur.[182] Hingegen steht der Grundsatz der Staatenimmunität einer Klage gegen die Republik Griechenland auf Schadensersatz wegen des **Zwangsumtauschs** griechischer Staatsanleihen entgegen.[183]

3. Völkerrechtliche Einflüsse auf das IPR. Insbesondere menschenrechtliche Gewährleistun- **50** gen auf völkerrechtlicher Ebene können Einfluss auf das IPR entfalten; das Einfallstor hierfür bildet der ordre public (Art. 6 EGBGB), auf dessen Erläuterung insoweit zu verweisen ist (→ EGBGB Art. 6 Rn. 144 ff.).

4. Staatenzerfall und Staatensukzession.

Schrifttum:[184] *Andrae*, Güterrechtsstatut ehemals jugoslawischer Staatsangehöriger, IPRax 2016, 578; *Bälz*, „Failing States" im internationalen Wirtschaftsrecht, RIW 2015, 257; *Bälz*, Zerfallende Staaten im internationalen Rechtsverkehr: Völkerrecht und Internationales Privatrecht, IPRax 2016, 531; *Busse*, Staatenabspaltung und kollisionsrechtliche Verweisung, IPRax 1998, 155; *Ebenroth*, Staatensukzession und Internationales Privatrecht, BerGesVR 35 (1996), 235; *Großerichter/Bauer*, Unwandelbarkeit und Staatenzerfall, RabelsZ 65 (2001), 201.

Besondere Probleme können schließlich für das Kollisionsrecht dadurch entstehen, dass ein Staat, **51** auf dessen Recht verwiesen wird, in neue Einzelstaaten zerfallen ist **(Staatenzerfall)** oder ein anderer Staat dessen völkerrechtliche Rechtsnachfolge angetreten hat **(Staatensukzession).**[185] Die Problematik ist unvermindert aktuell, wie nicht nur der Zerfall Jugoslawiens in den 1990er Jahren gezeigt hat; die Abspaltung des Südsudans im Jahre 2011, die gegenwärtige Entwicklung auf der Krim sowie Sezessionsbestrebungen in Schottland und Katalonien belegen, dass staatliche Grenzen auch in der Gegenwart nicht notwendigerweise als unverrückbar betrachtet werden.[186] Auch insoweit ist von der Autonomie der kollisionsrechtlichen Begriffe auszugehen (→ Rn. 48), dh es kommt für die Behandlung derartiger Fälle aus Gründen des Vertrauensschutzes für die Betroffenen nicht darauf an, ob die Bundesrepublik zB die Abspaltung oder Annexion eines Teilgebiets völkerrechtlich anerkannt hat, sofern dort nur effektiv ein eigenständiges Zivilrecht von den lokalen Gerichten und Behörden durchgesetzt wird.[187] Auf bereits abgeschlossene Sachverhalte hat ein späterer Staatenzerfall keinen Einfluss.[188] Im Übrigen ist zwischen wandelbaren und unwandelbaren (→ Rn. 76 ff.) sowie zwischen ortsbezogenen und nicht-ortsbezogenen Anknüpfungsmomenten (→ EGBGB Art. 4 Rn. 166 ff., 184 ff.) zu unterscheiden.[189]

Bei einer **unwandelbaren** und **ortsbezogenen** Anknüpfung (zB an den Abschlussort eines **52** Vertrages, Art. 11 Abs. 1 Alt. 2 Rom I-VO; den Erfolgsort eines Delikts, Art. 4 Abs. 1 Rom II-VO; den Sitz der Partei, die die vertragscharakteristische Leistung erbringt[190]) ist grundsätzlich an dem hierdurch bezeichneten Recht (einschließlich seiner intertemporalen Kollisionsnormen) festzuhalten.[191] Fraglich ist, ob dies auch für Dauerrechtsverhältnisse, zB die Anknüpfung an einen gemeinsamen gewöhnlichen Aufenthalt im Ehegüterrecht (Art. 15 Abs. 1 iVm Art. 14 Abs. 1 Nr. 2 EGBGB) angemessen ist.[192] Da es sich bei Art. 15 EGBGB um eine Gesamtverweisung handelt, sollte letztlich das intertemporale und internationale Privatrecht des bezeichneten Gebiets über das anwendbare Sachrecht entscheiden: Hält es die Beteiligten am insoweit fortgeltenden Recht des Gesamtstaates fest, bleibt es dabei; sieht es hingegen eine Wandelbarkeit des Statuts und eine Überleitung in das Recht des neuen Staates vor, ist auch dies zu akzeptieren (zur beweglichen Rück- oder Weiterverwei-

---

[181] BGHZ 190, 301 = NJW 2011, 3584; hierzu eingehend *v. Hein* YbPIL 13 (2011), 523.

[182] BVerfGE 117, 141 (153) = NJW 2007, 2605 = IPRax 2007, 438, mAnm *v. Hein* IPRax 2007, 399; eingehend *Baars/Böckel* ZBB 2004, 445 (452); *Pfeiffer/Kopp* ZVglRWiss. 102 (2003), 563 (569).

[183] BGH NJW 2016, 1659 mAnm *Matthias J. Müller* NJW 2016, 1662.

[184] Siehe auch die vor → Rn. 46 angegebene Literatur.

[185] Zu diesen und weiteren Fällen (Besatzung, Entkolonialisierung) *Rigaux*, Hommage Closset-Marchal, 2013, 521 (523 ff.).

[186] Siehe auch zum „Arabischen Frühling" eingehend *Bälz* IPRax 2016, 531 ff.

[187] *Andrae* IPRax 2016, 578 (579); *Bälz* IPRax 2016, 531 (536); *Busse* IPRax 1998, 155 f.; *Kropholler* IPR § 8 II 1; Staudinger/*Sturm/Sturm* (2012) Rn. 533; vgl. auch zur Rechtslage in Syrien *Yassari* NJW-aktuell 33/2016, 19.

[188] BGH FamRZ 2005, 1467 = BeckRS 2005, 08209 (vor dem Zerfall Jugoslawiens erfolgte Scheidung).

[189] Eingehend *Busse* IPRax 1998, 155 f.; *Großerichter/Bauer* RabelsZ 65 (2001), 201 ff.; *Kropholler* IPR § 28 IV; ferner Bamberger/Roth/*Lorenz* Rn. 44; Staudinger/*Sturm/Sturm* (2012) Rn. 532 ff.

[190] Vgl. OLG München RIW 2006, 706 = NJOZ 2006, 2510 zu Art. 28 Abs. 1 EGBGB aF.

[191] *Busse* IPRax 1987, 155 (157); *Kropholler* IPR § 28 IV 1.

[192] Zweifelnd *Kropholler* IPR § 28 IV 1.

sung → EGBGB Art. 4 Rn. 85 f.). Auf den bei Art. 4 Abs. 3 S. 1 EGBGB bestehenden Streit, ob und in welchem Umfang bei ortsbezogenen Anknüpfungsmomenten auch das interlokale Privatrecht der bezeichneten Teilrechtsordnung zu berücksichtigen ist (→ EGBGB Art. 4 Rn. 188 ff., 205), kommt es insoweit nicht an, weil es sich nach vollzogenem Staatenzerfall bei den entsprechenden Regeln – auch wenn sie inhaltlich unverändert weitergelten – funktional nicht mehr um *interlokales,* sondern – da nun die Beziehung zwischen eigenständigen Staaten betroffen sind – *internationales* Privatrecht handelt.

53 Bei einer **unwandelbaren, nicht ortsbezogenen** Anknüpfung, zB an die Staatsangehörigkeit des erloschenen Gesamtstaates (Art. 15 Abs. 1 iVm Art. 14 Abs. 1 Nr. 1 EGBGB), ist in erster Linie zu prüfen, ob die Ehegatten die Staatsangehörigkeit desselben Nachfolgestaates erworben haben, dessen Recht in einem solchen Fall Anwendung findet.[193] Beim Erwerb der Staatsangehörigkeit verschiedener Nachfolgestaaten ist es zwar grundsätzlich denkbar, unter Rückgriff auf Art. 4 Abs. 3 S. 1 EGBGB auf das im Anknüpfungszeitpunkt bestehende interlokale Privatrecht des nunmehr erloschenen Gesamtstaates (zB Jugoslawiens) abzustellen, wenn dieses in den betroffenen Nachfolgestaaten weiterhin (nunmehr als IPR) einheitliche Anwendung findet.[194] Dieser Lösungsweg kann aber nicht überzeugen, wenn einer der oder gar beide Beteiligten inzwischen einem Nachfolgestaat (zB Slowenien) angehören, der über sein eigenes, neues IPR verfügt,[195] sofern nicht dieser Staat in intertemporaler Hinsicht auf den fraglichen Sachverhalt weiterhin das ehemalige interlokale Privatrecht anwendet. Existiert aufgrund des Staatenzerfalls im Entscheidungszeitpunkt tatsächlich kein einheitliches interlokales bzw. internationales Privatrecht der Nachfolgestaaten mehr, stellen die vormaligen Normen also „totes Recht" dar, ist es angemessener, analog Art. 4 Abs. 3 S. 2 EGBGB auf denjenigen Nachfolgestaat abzustellen, mit dem die Eheleute gemeinsam am engsten verbunden sind.[196] Hierbei handelt es sich ebenso wie bei der direkten Anwendung des Art. 4 Abs. 3 S. 2 EGBGB (→ EGBGB Art. 4 Rn. 172) um eine Gesamtverweisung.[197]

54 Bei einer **wandelbaren ortsbezogenen** Anknüpfung (zB an den gewöhnlichen Aufenthalt nach Art. 14 Abs. 1 Nr. 2 EGBGB) gilt fortan das Recht des neu entstandenen Nachfolgestaates, in dem der gewöhnliche Aufenthalt nunmehr liegt, nicht mehr das Recht des erloschenen Gesamtstaates (sofern nicht das intertemporale Privatrecht des Nachfolgestaates selbst dessen Weitergeltung anordnet). Bei einer **wandelbaren, aber nicht ortsbezogenen** Anknüpfung (zB an die Staatsangehörigkeit nach Art. 14 Abs. 1 Nr. 1 EGBGB) gilt das Recht des Nachfolgestaates, dem die Beteiligten nunmehr angehören. Welcher Nachfolgestaat das jeweils ist – ob ein Ex-Jugoslawe also heute zB die serbische, kroatische oder beide Staatsangehörigkeiten besitzt –, richtet sich nach allgemeinen völkerrechtlichen Grundsätzen (→ EGBGB Art. 5 Rn. 14 ff.) nur das Recht des jeweils in Betracht kommenden Nachfolgestaates (also Serbien oder Kroatien) entscheiden.[198]

55 Auf die rechtlichen Besonderheiten der deutschen **Wiedervereinigung** ist nach einem Vierteljahrhundert an dieser Stelle nicht mehr einzugehen[199] (Art. 230 ff. EGBGB).

C. Struktur und Typologie der Kollisionsnormen

I. Anknüpfungsgegenstände und Anknüpfungsmomente

56 **1. Anknüpfungsgegenstände.** Der sachliche Anwendungsbereich einer Kollisionsnorm wird durch den in ihrem Tatbestand jeweils enthaltenen **Anknüpfungsgegenstand** abgegrenzt, der die Rechtsfrage(n) umreißt, für welche die Kollisionsnorm das anwendbare Recht bestimmt.[200] Art. 7 EGBGB zB legt fest, welches Recht für die Geschäftsfähigkeit maßgebend ist; Art. 13 Abs. 1–3 EGBGB bestimmt das auf die materiellen Voraussetzungen der Eheschließung anwendbare Recht, Art. 4 Rom II-VO das auf ein Schuldverhältnis aus unerlaubter Handlung anwendbare Recht. Die

[193] OLG Stuttgart FamRZ 1997, 1161 zu Bosnien-Herzegowina.
[194] Vgl. OLG Nürnberg FamRZ 2011, 1509 mAnm *Henrich* = IPRax 2012, 263 (Ls.) mAnm *Henrich* = DNotI-Report 2011, 147; AG Böblingen IPRspr. 1992 Nr. 85 = IPRax 1992, 333 (Ls.) mAnm *Jayme.*
[195] Dies verkennt OLG Nürnberg FamRZ 2011, 1509 mAnm *Henrich* = IPRax 2012, 263 (Ls.) mAnm *Henrich* = DNotI-Report 2011, 147; vgl. hingegen OLG Frankfurt/Main BeckRS 2016, 116008 Rn. 39 f.
[196] OLG Stuttgart NJW-RR 2015, 838; OLG Nürnberg BeckRS 2016, 20645 Rn. 36; OLG Frankfurt/Main BeckRS 2016, 116008 Rn. 40; eingehend *Großerichter/Bauer* RabelsZ 65 (2001), 201 (216 ff.); zust. *Kropholler* IPR § 28 IV 2; trotz Bedenken letztlich auch *Andrae* IPRax 2016, 578 (581 f.).
[197] OLG Stuttgart NJW-RR 2015, 838; OLG Nürnberg BeckRS 2016, 20645 Rn. 37; OLG Frankfurt/Main BeckRS 2016, 116008 Rn. 41; *Andrae* IPRax 2016, 578 (582).
[198] Vgl. AG Bad Mergentheim IPRspr. 2011 Nr. 84 zu Serbien/Kosovo.
[199] Hierzu näher *Kegel/Schurig* IPR § 4 III 3; *Kropholler* IPR § 29 III.
[200] Statt aller *v. Bar/Mankowski* IPR I § 7 Rn. 5; *Michael F. Müller* Jura 2015, 1319 (1322).

jeweiligen Anknüpfungsgegenstände sind also in den genannten Beispielen Geschäftsfähigkeit, materielle Eheschließungsvoraussetzungen und unerlaubte Handlung. Was im Einzelnen genau unter den Anknüpfungsgegenstand einer Kollisionsnorm fällt, ist eine Frage nach deren Auslegung; ob ein bestimmtes Rechtsinstitut darunter subsumiert werden kann, ist eine Frage der **Qualifikation** (→ Rn. 108 ff.). Statt von Anknüpfungsgegenständen ist vielfach auch synonym von Verweisungs-, System-, Rahmen- oder Funktionsbegriffen oder vom Verweisungsgegenstand die Rede, ohne dass damit inhaltliche Abweichungen verbunden sind.[201]

2. Anknüpfungsmomente. a) Begriff und Funktion. Um das auf einen bestimmten Anknüp- **57** fungsgegenstand anwendbare Recht zu bestimmen, knüpft eine Kollisionsnorm an (zumindest) ein bestimmtes Element des Sachverhalts an, also zB an die Staatsangehörigkeit einer oder mehrerer Personen (Art. 7 Abs. 1, Art. 13 Abs. 1 EGBGB), an deren gewöhnlichen Aufenthalt (Art. 14 Abs. 1 Nr. 2 EGBGB, Art. 8 lit. a Rom III-VO) oder an den Ort, an dem ein schädigender Erfolg eingetreten ist (Art. 4 Abs. 1 Rom II-VO). Dieses Sachverhaltselement bezeichnet man allgemein als **Anknüpfungsmoment** oder auch als Anknüpfungspunkt.[202] Die Rechtsordnung, auf die für einen bestimmten Anknüpfungsgegenstand verwiesen wird, nennt man hingegen **Statut** (zB Vertrags-, Delikts-, Scheidungs- oder Erbstatut).[203] Ob das Anknüpfungsmoment wie der Anknüpfungsgegenstand bereits zum Tatbestand der Kollisionsnorm zählt (zweigliedriger Tatbestandsbegriff) oder ob es nur die Rechtsfolge einer Kollisionsnorm kennzeichnet (eingliedriger Tatbestandsbegriff), ist eine Frage der Lesart.[204] Man kann eine Kollisionsnorm einerseits wie folgt verstehen (zB Art. 14 Abs. 1 Nr. 1 EGBGB): Wenn das auf die allgemeinen Ehewirkungen anwendbare Recht zu bestimmen ist (Tatbestand), dann gilt das Recht des Staates, dem die Ehegatten gemeinsam angehören (Rechtsfolge). Oder man beschreibt die Struktur einer Kollisionsnorm wie folgt: Wenn das auf die allgemeinen Ehewirkungen anwendbare Recht zu bestimmen ist (Anknüpfungsgegenstand als erstes Tatbestandselement) *und* die Ehegatten demselben Staat angehören (Anknüpfungsmoment als zweites Tatbestandselement), dann gilt das Recht dieses Staates (Rechtsfolge). Praktische Konsequenzen haben diese unterschiedlichen Sichtweisen nicht;[205] wenn allerdings von der Subsumtion eines Rechtsinstituts unter den „Tatbestand" einer Kollisionsnorm die Rede ist (Qualifikation), ist damit nur der Anknüpfungsgegenstand, nicht das Anknüpfungsmoment, gemeint (→ Rn. 108). Wichtig ist der Unterschied zur Sachnorm: Regelt eine Norm unmittelbar einen materiellen Tatbestand (ein Ehehindernis, eine Zahlungspflicht, einen Ausgleichsanspruch) handelt es sich hierbei um eine Sach- und nicht um eine Kollisionsnorm.[206] Umgekehrt gilt: Haben wir bereits die Stufe des anwendbaren Rechts erreicht und wenden dieses an, bewegen wir uns nicht mehr auf der Ebene des Kollisionsrechts, auch wenn wir bei der Auslegung einer Sachnorm ggf. den Auslandsbezug des Sachverhalts berücksichtigen (→ Rn. 215).

b) Überblick über die wichtigsten objektiven Anknüpfungsmomente. Im autonomen **58** deutschen IPR dominiert in Fragen des Personalstatuts (zum Begriff → EGBGB Art. 5 Rn. 2) herkömmlich die Anknüpfung an die **Staatsangehörigkeit** (näher → EGBGB Art. 5 Rn. 7), während im europäischen und staatsvertraglichen IPR die Anknüpfung an den **gewöhnlichen Aufenthalt** einer Person vorherrscht (ausführlich → EGBGB Art. 5 Rn. 9). Das letztgenannte Anknüpfungsmoment spielt auch im Internationalen Schuldrecht eine wesentliche Rolle, zB in Art. 4 Abs. 1 und 2 Rom I-VO oder Art. 4 Abs. 2 Rom II-VO.[207] Vielfach wird auch an den Ort angeknüpft, an dem eine bestimmte **Handlung** vorgenommen wurde (zB Art. 11 Abs. 1 Alt. 2 EGBGB bzw. Art. 11 Abs. 1 Alt. 2 Rom I-VO: *locus regit actum* in Formfragen). Sofern dieser Ort lediglich derjenige der **Registrierung** einer Gesellschaft (Gründungstheorie) oder einer eingetragenen Lebenspartnerschaft (Art. 17b Abs. 1 EGBGB) ist, nähert sich die formal objektiv ausgestaltete Anknüpfung im Ergebnis einer **Rechtswahl** an (zur Parteiautonomie → Rn. 35 ff.). Im Internationalen Sachenrecht bildet seit *Savigny* der **Lageort** einer Sache (lex rei sitae, heute Art. 43 Abs. 1 EGBGB) den Ausgangs-

---

[201] Vgl. *v. Hoffmann/Thorn* IPR § 4 Rn. 4; *Kropholler* IPR § 13 II 1.

[202] *v. Hoffmann/Thorn* IPR § 4 Rn. 4; *Kropholler* IPR § 19 I; zu den terminologischen Nuancen, die nicht mit inhaltlichen Divergenzen verbunden sind, näher *v. Bar/Mankowski* IPR I § 7 Rn. 4.

[203] Nicht, wie oft zu lesen (zB Bamberger/Roth/*Lorenz* Rn. 34), „verwiesenes" Recht, hierzu bereits *Kropholler* IPR § 19 I.

[204] Für den zweigliedrigen Tatbestandsbegriff (Anknüpfungsgegenstand *und* Anknüpfungsmoment) die heute wohl hL, zB *Dörner* StAZ 1988, 345 (347); ebenso *v. Bar/Mankowski* IPR I § 7 Rn. 6; *v. Hoffmann/Thorn* IPR § 4 Rn. 4; *Kegel/Schurig* IPR § 6 II 1; für einen eingliedrigen Tatbestandsbegriff (nur Anknüpfungsgegenstand) namentlich *Kropholler* IPR § 13 II 2; ebenso Bamberger/Roth/*Lorenz* Rn. 33.

[205] So explizit *v. Hoffmann/Thorn* IPR § 4 Rn. 4 in Fn. 3; eher indifferent auch *Kropholler* IPR § 13 II 2.

[206] Grundlegend nach wie vor *Schurig*, Kollisionsnorm und Sachrecht, 1981.

[207] Näher *Michael Müller* in v. Hein/Rühl Kohärenz 243 (263 ff.); *Schack* in v. Hein/Rühl Kohärenz 279 (288 f.).

punkt (→ EGBGB Art. 43 Rn. 1 ff.), der aufgrund des Vorrangs des Einzelstatuts auch im autonomen Internationalen Familienrecht relevant werden kann (Art. 3a Abs. 2 EGBGB). Aus Gründen der Einzelfallgerechtigkeit ermöglicht das moderne IPR öfters die Korrektur einer vertypten Anknüpfung durch den Rückgriff auf am Prinzip der engsten Verbindung orientierte **Ausweichklauseln** (→ Rn. 31 ff.). Schließlich kommt die **lex fori** als letzte Sprosse einer Anknüpfungsleiter (→ Rn. 70 ff.) oder als Auffangordnung bei einer Nicht-Feststellbarkeit des an sich berufenen Rechts (→ Rn. 304) in Betracht.[208]

c) Verbindung von Anknüpfungsmomenten.

Schrifttum:[209] *Baum,* Alternativanknüpfungen, 1985; *Beitzke,* Alternative Anknüpfungen, in: Konflikt und Ordnung, FS Ferid, 1978, 39; *Dörner,* Moderne Anknüpfungstechniken im internationalen Personen- und Familienrecht, StAZ 1990, 1; *Peter Michael Fischer,* Die akzessorische Anknüpfung des Deliktsstatuts, Diss. FU Berlin 1989; *Gonzenbach,* Die akzessorische Anknüpfung: Ein Beitrag zur Verwirklichung des Vertrauensprinzips im internationalen Deliktsrecht, Diss. Zürich, 1986; *Gruber,* Der Schutz schwächerer Personen im Familien- und Erbrecht, in v. Hein/Rühl, Kohärenz im Internationalen Privat- und Verfahrensrecht der EU, 2016, 336; *v. Hein,* Das Günstigkeitsprinzip im Internationalen Deliktsrecht, 1999; *Kieninger,* Der Schutz schwächerer Personen im Schuldrecht, in v. Hein/Rühl, Kohärenz im Internationalen Privat- und Verfahrensrecht der EU, 2016, 307; *Mühl,* Die Lehre vom „besseren" und „günstigeren" Recht im Internationalen Privatrecht, 1982; *Patocchi,* Règles de rattachement localisatrices et règles de rattachement à caractère substantiel, Diss. Genf, 1985; *Patrzek,* Die vertragsakzessorische Anknüpfung im internationalen Privatrecht: dargestellt anhand des Deliktsrechts, der Geschäftsführung ohne Auftrag, des Bereicherungsrechts und der culpa in contrahendo, 1992; *Rühl,* Der Schutz des „Schwächeren" im europäischen Kollisionsrecht, FS v. Hoffmann, 2011, 364; *Schröder, Christian*: Das Günstigkeitsprinzip im internationalen Privatrecht, 1996 (bespr. von *Picone* Riv. dir. int. 79 (1996), 1140); *Sinay-Cytermann,* La protection de la partie faible en droit international privé, Mélanges Lagarde, 2005, 737; *Stoll,* Sturz vom Balkon auf Gran Canaria – Akzessorische Anknüpfung, deutsches Deliktsrecht und örtlicher Sicherheitsstandard, IPRax 1989, 89.

59   **aa) Allgemeines.** Die oben genannten Anknüpfungsmomente können auf unterschiedliche Weise und zu unterschiedlichen Zwecken miteinander verbunden werden. Hierbei handelt es sich nicht nur um rechtstechnische Fragen, sondern um den **Ausdruck bestimmter rechtspolitischer Wertungen** des Gesetzgebers, die bei der Auslegung und Anwendung derartiger Normen berücksichtigt werden müssen. Diese Wertungen können kollisions-, aber auch sachrechtlicher Natur sein. Im Einzelnen gilt Folgendes:

60   **bb) Kombinierte Anknüpfungen.** Mit dem Begriff der „kombinierten" Anknüpfungen werden Fälle bezeichnet, in denen es nicht ausreicht, dass nur ein Anknüpfungsmoment allein auf eine bestimmte Rechtsordnung verweist, sondern mindestens zwei Anknüpfungsmomente auf diese Bezug nehmen müssen, damit dieses Recht tatsächlich zur Anwendung gelangt.[210] So genügt aus Gründen der Gleichberechtigung bei der Anknüpfung der allgemeinen Ehewirkungen nach Art. 14 Abs. 1 Nr. 1 EGBGB nicht die Staatsangehörigkeit des Ehemannes, sondern es müssen grundsätzlich beide Ehegatten dieselbe Staatsangehörigkeit haben; im Scheidungsrecht finden wir dieselbe Technik in Art. 8 lit. c Rom III-VO. Eine solche Kombination führt aber zu Problemen, wenn einer oder beide Ehegatten Doppel- bzw. Mehrstaater sind (näher → EGBGB Art. 5 Rn. 66); die Anknüpfung an den gemeinsamen gewöhnlichen Aufenthalt, dem nunmehr auch Art. 8 lit. a Rom III-VO den Vorrang einräumt, ist daher vorzugswürdig und auch für das autonome IPR zukunftsweisend. Im Internationalen Produkthaftungsrecht muss zu dem gewöhnlichen Aufenthalt, dem Erwerb des Produkts oder dem Schadenseintritt jeweils noch das Inverkehrbringen des Produkts in einem der durch diese Anknüpfungsmomente bezeichneten Staaten hinzutreten, damit dieses Recht zur Anwendung kommt (Art. 5 Abs. 1 S. 1 lit. a–c Rom II-VO). Die letztgenannte Methode bezeichnet man auch als **„grouping of contacts" oder als „Kaleidoskopanknüpfung".**[211] Sie hat, aus den USA stammend, über das Haager Produkthaftungsübereinkommen von 1973[212] Eingang in das europäische Deliktskollisionsrecht gefunden. Der dahinter stehende Gedanke ist der, dass zwei (oder mehr) übereinstimmend auf denselben Staat verweisende Anknüpfungsmomente eine **besonders enge**

---

[208] Näher zur Rolle der lex fori *Arnold,* Lex fori als versteckte Anknüpfung, 2009.

[209] Für die im Folgenden als Beispiele für die jeweiligen Anknüpfungstechniken zitierten Vorschriften (zB alternative Anknüpfung nach Art. 19 EGBGB, akzessorische Anknüpfung nach Art. 4 Abs. 3 S. 2 Rom II-VO) ist auf die Schrifttumsverzeichnisse zu diesen Normen zu verweisen.

[210] Zum Begriff *Braga* RabelsZ 23 (1958), 421 (436); *Kropholler* IPR § 20 I 1; *v. Hoffmann/Thorn* IPR § 5 Rn. 112 sprechen insoweit von „kumulativer" Anknüpfung, was nicht stimmig ist, da im Ergebnis nur eine und nicht zwei Rechtsordnungen berufen werden.

[211] Näher *v. Hein* ZVglRWiss. 102 (2003), 528 (552 f.); *Rauscher/Unberath/Cziupka/Pabst* EuZPR/EuIPR, 2016, Rom II-VO Art. 5 Rn. 9 mwN.

[212] Abrufbar über http://www.hcch.net/index_en.php?act=conventions.listing (Nr. 22).

Verbindung indizieren sollen.[213] Im Gegensatz zum Haager Übereinkommen setzt Art. 5 Abs. 1 S. 1 lit. a Rom II-VO jedoch lediglich ein Zusammentreffen von gewöhnlichem Aufenthalt des Geschädigten und dem vorhersehbaren Inverkehrbringen der Ware voraus, nicht aber, dass der Geschädigte in diesem Staat auch das Produkt erstanden hat.[214] Dies ist wenig überzeugend, weil der entrichtete Preis auch durch das Haftungsrisiko des Herstellers beeinflusst wird. Zudem ist die Regelung mit den europäischen Zuständigkeitsvorschriften unzureichend abgestimmt, weil der gewöhnliche Aufenthalt des Geschädigten nach Art. 7 Nr. 2 Brüssel Ia-VO für sich genommen keine internationale Zuständigkeit begründet: Der Handlungsort liegt am Sitz des Herstellers, nicht am Ort des Inverkehrbringens; der Erfolgsort dort, wo sich die Rechtsgutsverletzung ereignet hat, nicht am gewöhnlichen Aufenthalt des Geschädigten.[215]

cc) Kumulative Anknüpfungen. Von einer (echten) kumulativen Anknüpfung im engeren **61** Sinne spricht man, wenn der Eintritt einer bestimmten Rechtsfolge davon abhängt, dass alle beteiligten Rechtsordnungen sie für den konkreten Fall vorsehen oder eine vergleichbare Rechtsfolge zumindest kennen.[216] Ein klassisches Beispiel ist die herkömmliche „double rule" des englischen IPR, nach der ein deliktischer Anspruch nur begründet ist, wenn die Voraussetzungen für eine Haftung sowohl nach der englischen lex fori als auch nach der lex loci delicti commissi begründet sind;[217] diese Kollisionsnorm gilt für Persönlichkeitsrechtsverletzungen noch heute (Art. 1 Abs. 2 lit. g Rom II-VO).[218] Sie drückt exemplarisch den **Schutzcharakter** aus, der kumulativen Anknüpfungen innewohnt.[219] Im deutschen IPR finden sich kumulative Anknüpfungen im Adoptionsrecht (Zustimmungserfordernis nach Art. 23 EGBGB), im Recht des Versorgungsausgleichs (Art. 17 Abs. 3 S. 1 EGBGB) und für Unterhaltspflichten zwischen Verwandten in der Seitenlinie (Art. 6 HUP). Auch hier geht es um den Schutz des Betroffenen vor Rechtsfolgen (Statusänderung, Versorgungsausgleich, Unterhaltspflicht), mit denen er nicht zu rechnen braucht, wenn sie sich nicht auch bei der Anwendung eines Rechts ergeben, zu dem er persönlich eine enge Beziehung hat (bzw. gemäß Art. 17 Abs. 3 S. 1 EGBGB, wenn das ihm verbundene Recht dieses Institut nicht zumindest kennt). Auch Art. 10 Abs. 2 Rom I-VO, der zB vor den Rechtsfolgen des Schweigens auf ein kaufmännisches Bestätigungsschreiben schützt, gehört hierher.[220] Ob und unter welchen Voraussetzungen ein Vertrauensschutz auch im Hinblick auf die Wertvorstellungen eines Rechts geboten ist, das kollisionsrechtlich nicht (mehr) anwendbar ist, ist hingegen eine sach- und keine kollisionsrechtliche Frage (→ Rn. 223 ff. zum Handeln unter falschem Recht und → Rn. 273 ff. zur „Zwei-Stufen-Theorie").

Als eine **kumulative Anknüpfung im weiteren Sinne** wird verbreitet auch die Anknüpfung **62** an das jeweilige Heimatrecht der Verlobten nach Art. 13 Abs. 1 EGBGB angesehen.[221] Zwar greift auch insoweit ein Schutzgedanke ein, denn die Beteiligten sollen durch die Prüfung der beiden Heimatrechtsordnungen vor den Folgen einer „hinkenden Ehe" geschützt werden.[222] Allerdings müssen die Heiratswilligen nicht etwa jeder nach beiden Eherechten ehefähig sein, sondern jeder nur nach dem Recht des Staates, dem er jeweils angehört.[223] Es wird deshalb zur präzisen Abgrenzung dieser Anknüpfungstechnik von der kumulativen Anknüpfung ieS auch vorgeschlagen, von einer „distributiven" oder „gekoppelten" Anknüpfung zu sprechen.[224] Im praktischen Ergebnis läuft dies aber bei zweiseitigen Ehehindernissen (zB Bigamie) auf dasselbe hinaus.

dd) Alternativanknüpfungen. Wie bereits oben (→ Rn. 29 ff.) ausgeführt wurde, ist das **63** moderne Kollisionsrecht nicht allein einer kollisionsrechtlichen Gerechtigkeit im „räumlichen" Sinne verpflichtet, sondern versucht auch bei Sachverhalten mit Auslandsbezug bestimmte materiellrechtliche Wertvorstellungen durchzusetzen. Ein verbreitet zu diesem Zweck eingesetztes Instrument stellen sowohl im autonomen als auch im europäischen IPR Alternativanknüpfungen dar. Der Begriff der

---

[213] Näher v. Hein Tul. L. Rev. 82 (2008), 1663 (1679 ff.) mwN.
[214] So ausdrücklich die Begr. des Vorschlags vom 22.7.2003, KOM (2003) 427 endg. S. 16.
[215] EuGH NJW 2014, 1166 – Kainz/Pantherwerke; näher *Schack* in v. Hein/Rühl Kohärenz 279 (290 f.); v. *Hein* YbPIL 16 (2014/2015), 241 (254 ff.).
[216] Vgl. Bamberger/Roth/*Lorenz* Rn. 37; *Kropholler* IPR § 20 IV.
[217] *Phillips v. Eyre* (1870) LR 6 QB 1; näher *C. Schulz* RIW 1996, 468; *Kaye* IPRax 1995, 406 f.; ausf. *Hohloch,* Das Deliktsstatut, 1984, 66–72.
[218] Ausf. *Mills* J. Media. L. 7 (2015), 1 (7 ff.).
[219] Vgl. *Kropholler* IPR § 20 IV, S. 20: „Doppelt genäht hält besser".
[220] Bamberger/Roth/*Lorenz* Rn. 37.
[221] ZB Bamberger/Roth/*Lorenz* Rn. 37, aber klarstellend in Fn. 108.
[222] AllgM, Bamberger/Roth/*Lorenz* Rn. 37; *Kropholler* IPR § 20 V.
[223] *Kropholler* IPR § 20 V; Bamberger/Roth/*Lorenz* Rn. 37 in Fn. 108.
[224] v. *Hoffmann/Thorn* IPR § 5 Rn. 115; *Kropholler* IPR § 20 V.

alternativen Anknüpfung wird nicht stets in demselben Sinne gebraucht.[225] Die Abgrenzung zwischen einer alternativen Anknüpfung einerseits und einer fakultativen Anknüpfung, die auch als beschränkte Parteiautonomie bezeichnet wird, andererseits, ist jedoch hinreichend klar herausgearbeitet worden.[226] Eine alternative Anknüpfung im engeren Sinne liegt dann vor, wenn das Gericht eine an ein bestimmtes materiellrechtliches Ergebnis gebundene Auswahl zwischen mehreren in Betracht kommenden Rechtsordnungen trifft.[227] Hingegen spricht man von einer **fakultativen Anknüpfung,** wenn die Partei (oder die Parteien) zwischen mehreren Rechtsordnungen wählen kann (können), ohne hierbei an eine materiellrechtliche Ergebnisvorgabe gebunden zu sein.[228] Schwieriger ist mitunter zu beurteilen, ob mehrere in einer Kollisionsnorm genannte Anknüpfungsmomente im Verhältnis der Alternativität oder der **Subsidiarität** zueinander stehen (→ Rn. 72 f.).

64   Die **Wertvorstellungen,** die mithilfe einer alternativen Anknüpfung durchgesetzt werden sollen, können verschiedenartig sein. Häufig wird der **Schutz einer schwächeren Partei** beabsichtigt;[229] es kann aber auch die **Erleichterung des Handelsverkehrs** das Ziel einer alternativen Anknüpfung bilden. Dem *favor negotii,* der Begünstigung der Formwirksamkeit internationaler Rechtsgeschäfte, dienen die in Art. 11 EGBGB, Art. 1 Abs. 1 HTestformÜ sowie in Art. 11 Rom I-VO vorgesehenen Alternativanknüpfungen (s. im Einzelnen die dortigen Kommentierungen). Dem Schutz schwächerer Parteien dienen hingegen die Art. 6 und 8 Rom I-VO. Bei Verträgen mit Verbrauchern und Arbeitnehmern sind den Parteien in der Wahl des anwendbaren Rechts zwar keine räumlichen Grenzen gesetzt (Art. 6 und 8 Rom I-VO); der Schutz des Schwächeren erfolgt aber über das diesen Vorschriften zugrunde liegende Günstigkeitsprinzip, dh es ist ggf. ein Vergleich anzustellen, ob das gewählte Recht den Verbraucher bzw. den Arbeitnehmer besser schützt als das objektive Vertragsstatut, das an den gewöhnlichen Aufenthalt des Verbrauchers bzw. den gewöhnlichen Arbeitsort des Arbeitnehmers anknüpft (s. im Einzelnen die dortigen Kommentierungen). Insoweit wird das Prinzip der engsten Verbindung zugunsten des Schutzes des Schwächeren bewusst durchbrochen: „Bei Verträgen, bei denen die eine Partei als schwächer angesehen wird, sollte die schwächere Partei durch Kollisionsnormen geschützt werden, die für sie günstiger sind als die allgemeinen Regeln" (Erwägungsgrund 23 Rom I-VO).

65   Differenzierter zu betrachten ist das **Internationale Deliktsrecht.** Art. 40 Abs. 1 EGBGB lässt dem Geschädigten die Wahl zwischen dem Recht des Handlungs- und Erfolgsortes, ohne Vorgaben im Hinblick auf das sachrechtliche Ergebnis zu treffen oder das Gericht zu einem Günstigkeitsvergleich zu verpflichten (näher → EGBGB Art. 40 Rn. 29 ff.); insoweit handelt es im Sinne der obigen Unterscheidung (→ Rn. 63) streng genommen um eine fakultative Anknüpfung. Unter der Voraussetzung, dass der Geschädigte hinreichend informiert ist bzw. von einem sachkundigen Rechtsanwalt vertreten wird, wird er regelmäßig das ihm materiell günstigste Recht auswählen,[230] sodass mit dem kollisionsrechtlichen Mittel der einseitigen Rechtswahl letztlich die angestrebte materiellrechtliche Begünstigung erreicht wird;[231] *in einem weiteren Sinne* kann man daher auch bei der Rechtswahl des Distanzgeschädigten von einer besonderen Art der Alternativanknüpfung sprechen.[232] Eine materiellrechtliche Begünstigung einer Partei lässt sich auch durch andere rechtstechnische Mittel erreichen als durch die Alternativanknüpfung *im engeren Sinne,* bei der das Gericht den materiellen Stichentscheid trifft.[233] Ungeachtet dieser Differenzen in der technischen Ausgestaltung stellt die materiellrechtliche Begünstigung einer Partei als Ziel der kollisionsrechtlichen Anknüpfung eine begründungsbedürftige Ausnahme von dem Prinzip der engsten Verbindung dar.[234]

---

[225] *Baum,* Alternativanknüpfungen, 1985, 50 f.; *Kropholler* IPR § 20 II 1.

[226] *Baum,* Alternativanknüpfungen, 1985, 82 f.; *Neuhaus* IPR § 19 II 1 f.; *Kropholler* IPR § 20 II 1; vgl. ferner *v. Bar/Mankowski* IPR I Rn. 106.

[227] *Baum,* Alternativanknüpfungen, 1985, 83; *Neuhaus* IPR § 19 II 2; *Kropholler* IPR § 20 II 1; vgl. ferner *v. Bar/Mankowski* IPR I Rn. 106; s. auch *Flessner* Interessenjurisprudenz S. 81 ff.; anders *Bourel* Rec. des Cours 214 (1989–II), 251 (291) Rn. 40, der die deutsche Ubiquitätslehre als bloßen Unterfall der Anknüpfung an den Parteiwillen einstuft.

[228] *Baum,* Alternativanknüpfungen, 1985, 83; *Neuhaus* IPR § 19 II 1; *Kropholler* IPR § 20 II 1; vgl. ferner *v. Bar/Mankowski* IPR I Rn. 106.

[229] Eingehend *Gruber* in v. Hein/Rühl Kohärenz 336 ff.; *Kieninger* in v. Hein/Rühl Kohärenz 307 ff.; *Rühl,* FS v. Hoffmann, 2011, 364 ff.

[230] Eine Ausnahme ist denkbar, wenn zB in einem Musterprozess trotz möglicherweise günstigerer ausländischer Regelungen deutsches Recht gewählt wird, um die Revisibilität (§ 545 Abs. 1 ZPO) sicher zu stellen (→ Rn. 309).

[231] Vgl. *Baum,* Alternativanknüpfungen, 1985, 166 f.; *Zilioli* in v. Bar, Int. UmwelthaftungsR I, 1995, 177 (186).

[232] *Kropholler* IPR § 20 II 1; vgl. bereits *Beitzke,* FS Ferid, 1978, 39 (55); auch *Zilioli* in v. Bar, Int. UmwelthaftungsR I, 1995, 177 (186).

[233] So auch *Kropholler* IPR § 20 II 1; vgl. auch *Beitzke,* FS Ferid, 1978, 39 (40).

[234] Zu den Anforderungen an eine berechtigte Alternativanknüpfung vgl. *Kropholler* IPR § 20 II 3; *Baum,* Alternativanknüpfungen, 1985, 90; *v. Bar/Mankowski* IPR I § 7 Rn. 105; *v. Hein,* Das Günstigkeitsprinzip im Internationalen Deliktsrecht, 1999, 40 ff.

Obwohl die Rom II-VO die im autonomen deutschen IPR (Art. 40 Abs. 1 EGBGB) und im **66** europäischen Zivilprozessrecht (Art. 7 Nr. 2 Brüssel Ia-VO) geltende Ubiquitätslehre im Rahmen der Grundregel (Art. 4 Abs. 1 Rom II-VO) zugunsten einer Anknüpfung an den Erfolgsort bewusst verworfen hat, enthält die VO zwei Kollisionsnormen, die **materiellrechtliche Wertungen** durchsetzen (s. im Einzelnen die dortigen Kommentierungen): Erstens sieht die in Art. 7 Rom II-VO enthaltene Spezialregel für Umweltschädigungen vor, dass der Geschädigte statt der als Auffangregel dienenden Erfolgsortanknüpfung auch die Anwendung des Handlungsortrechts verlangen kann.[235] Die bewusste Begünstigung des Geschädigten wird unter Bezugnahme auf das in Art. 191 AEUV (ex-Art. 174 EGV) enthaltene Ziel eines hohen Umweltschutzniveaus gerechtfertigt.[236] Die Ausübung des Wahlrechts unterliegt gemäß Erwägungsgrund Nr. 25 S. 2 der lex fori, in Deutschland dem Art. 46a EGBGB. Zweitens wird das Recht des Geschädigten, direkt gegen den Versicherer des Ersatzpflichtigen vorzugehen, ebenso wie gemäß Art. 40 Abs. 4 EGBGB,[237] alternativ nach dem Haftungsstatut oder nach dem Versicherungsvertragsstatut beurteilt (Art. 18 Rom II-VO). Auch diese alternative Anknüpfung dient dem Schutz des Versicherungsnehmers als schwächere Partei. Auf prozessökonomischen Erwägungen beruht hingegen die Kollisionsnorm für Streuschäden bei Kartelldelikten (Art. 6 Abs. 3 lit. b Rom II-VO).[238]

Echte alternative Anknüpfungen finden sich auch im Familien- und Erbrecht, namentlich – **67** trotz der nicht ganz klaren Formulierung – im Abstammungsrecht (Art. 19),[239] wo das Günstigkeitsprinzip im Sinne des Kindeswohls die Feststellung der Abstammung möglichst erleichtern soll (s. im Einzelnen die dortige Kommentierung). In der EuErbVO ist der *favor negotii* in Art. 27 EuErbVO zu nennen, der allerdings in Deutschland vom Vorrang des Haager Testamentsformübereinkommens (HTestformÜ; Art. 26 EGBGB) verdrängt wird (→ EGBGB Art. 3 Rn. 174).

Alternativanknüpfungen (ob im engeren oder weiteren Sinne) sind vor dem Hintergrund des oben **68** beschriebenen klassischen IPR **legitimationsbedürftig.**[240] Da bei ihnen materiellrechtspolitische Wertungen in besonderem Maße auf das IPR durchschlagen und die Ermittlung des im konkreten Fall günstigeren Rechts nicht immer einfach ist, verwundert es nicht, dass derart gestaltete Kollisionsnormen rechtspolitisch besonders umstritten sind. Das allgemeine, für jeden Deliktstyp geltende Günstigkeitsprinzip des herkömmlichen deutschen Internationalen Deliktsrechts schoss – auch in seiner 1999 modifizierten Form – ersichtlich über das Ziel eines maßvollen Opferschutzes hinaus[241] und ist durch die Rom II-VO in begrüßenswerter Weise eingeschränkt worden (→ Rn. 66). Der verunglückte Vorschlag der Kommission, im internationalen Verbrauchervertragsrecht die Rechtswahlfreiheit iVm dem Günstigkeitsprinzip zugunsten einer zwingenden objektiven Anknüpfung an das Recht am gewöhnlichen Aufenthalt des Verbrauchers gänzlich aufzugeben (Art. 5 Rom I-VO-E 2005),[242] konnte sich aufgrund überwiegender und begründeter Kritik aus Wissenschaft und Wirtschaft hingegen nicht durchsetzen.[243]

Jedoch sollte der Gegensatz alternativer Anknüpfungen zum klassischen IPR auch nicht überstei- **69** gert werden. Sie verdrängen das Prinzip der engsten Verbindung nicht vollständig (etwa im Sinne eines „better law approach"),[244] sondern schwächen es lediglich zu einem Prinzip der **hinreichend**

---

[235] Zu Art. 7 der endgültigen Fassung s. *Kadner Graziano* YbPIL 9 (2007), 71 ff.; *Enneking* Eur. Rev. Priv. L. 2008, 283 ff.; zu den vorangegangenen Entwürfen s. *Betlem/Bernasconi* L. Q. Rev. 122 (2006), 124 ff.; *Fach Gómez* YbPIL 6 (2004), 291 ff.; *v. Hein/Wolf* in Wolfrum et al., Environmental Liability in International Law – Towards a Coherent Conception, 2005, 381 ff. (440–444); *Munari/Schiano di Pepe* Riv. dir. int. priv. proc. 41 (2005), 607 ff.

[236] Erwägungsgrund Nr. 25 S. 1 Rom II-VO, ABl. 2007 L 199, 40.

[237] BGHZ 209, 157 = NJW 2016, 1648 Rn. 15.

[238] Hierzu näher *W.-H. Roth,* FS Kropholler, 2008, 623 ff.

[239] StRspr, für „grds. gleichrangige Zusatzanknüpfung" BGHZ 168, 79 = NJW 2006, 3416; OLG Nürnberg FamRZ 2016, 920 (921) = BeckRS 2016, 06878 Rn. 15; KG FamRZ 2016, 922 (923) = BeckRS 2016, 01392 Rn. 12; OLG Karlsruhe FamRZ 2016, 924 (925 f.) = BeckRS 2016, 01545; anders, für Einordnung als subsidiäre Anknüpfung, zB noch *v. Hoffmann/Thorn* IPR § 5 Rn. 118.

[240] Ausf. *v. Hein,* Das Günstigkeitsprinzip im Internationalen Deliktsrecht, 1999, 63 ff.

[241] Umfassend hierzu *v. Hein,* Das Günstigkeitsprinzip im Internationalen Deliktsrecht, 1999, mwN.

[242] KOM (2005), 650 endg.

[243] Abl. *Calliess* ZEuP 2006, 742 (742–765, 748–752); Editorial Comments, On the way to a Rome I Regulation, C. M. L. Rev. 43 (2006), 913 (918 f.); *Kieninger* EuZ 2007, 22 (26 f.); *Lagarde* Rev. crit. dr. int. pr. 95 (2006), 331 (341 f.); *Lando/Nielsen* JPIL 3 (2007), 29 (39 f.); *Pocar* in Basedow/Baum/Nishitani, Japanese and European Private International Law in Comparative Perspective, 2008, 127–133 (130 f.); *Woopen* EuZW 2007, 495 ff.; positive Würdigung des Kommissionsvorschlags hingegen bei *Leible* IPRax 2006, 365–371 (370); *Mankowski* ZVglRWiss. 105 (2006), 120 (150–162); MPI for Comparative and Private International Law RabelsZ 71 (2007), 225 (269–273); *Solomon* in Ferrari/Leible, Ein neues Internationales Vertragsrecht für Europa, 2007, 89–110, 89–92; erneut idS jetzt *Riesenhuber,* FS Martiny, 2014, 531; vgl. auch zum Arbeitsrecht *Krebber,* FS Birk, 2008, 477.

[244] Hierzu eingehend *Bogdan,* General Course, 2012, 94 ff.; *Mühl,* Die Lehre vom „besseren" und „günstigeren" Recht im Internationalen Privatrecht, 1982.

engen Verbindung ab, indem sie ein lokalisatorisches mit einem materiellen Element kombinieren.[245] Die Auswahl der zum Günstigkeitsvergleich bereit gestellten Rechtsordnungen (Handlungs- und Erfolgsort, gewöhnlicher Aufenthalt des Verbrauchers, gewöhnlicher Arbeitsort) orientiert sich noch im Rahmen des klassischen Paradigmas; erst der Stichentscheid zwischen diesen Rechtsordnungen wird nach einem materiellen Kriterium (Günstigkeit des Ergebnisses für die schwächere Partei) getroffen. Insgesamt hat sich die Technik der Alternativanknüpfung bei zurückhaltendem und maßvollem Einsatz bewährt; wie heute schon im autonomen Abstammungsrecht (→ Rn. 67) könnte sie auch im europäischen IPR die grenzübergreifende Wirksamkeit von Statusverhältnissen fördern und es so entbehrlich machen, auf ein methodologisch fragwürdiges „Anerkennungsprinzip" zurückzugreifen (→ EGBGB Art. 3 Rn. 117 ff.).

70   **ee) Subsidiäre Anknüpfungen. (1) Kollisionsrechtliche Subsidiarität („Anknüpfungsleitern").** Auch wenn das IPR von der Suche nach der „engsten" Verbindung geprägt ist (→ Rn. 29 ff.), wäre es im Interesse der Betroffenen und aus Gründen der Rechtssicherheit unangemessen, keine Vorsorge für den Fall zu treffen, dass das primär ins Auge gefasste Anknüpfungsmoment ins Leere geht, denn auch das Kollisionsrecht ist am Justizgewährungsanspruch zu messen. Versagt daher das vom Gesetzgeber bevorzugte Anknüpfungsmoment, muss ein Ersatz bereitgestellt werden (vgl. zB zu Staatenlosen und Personen mit nicht feststellbarer Staatsangehörigkeit eingehend → EGBGB Art. 5 Rn. 94 ff.). Wird eine mehrfach gestaffelte Abfolge solcher primärer, sekundärer oder sonst nachrangiger Anknüpfungen vorgesehen, spricht man auch von einer „Anknüpfungsleiter", deren bekannteste zweifellos die in Art. 14 Abs. 1 EGBGB kodifizierte *Kegel'sche Leiter* ist. Diese Technik findet sich nicht nur im autonomen IPR, sondern auch im europäischen Kollisionsrecht der Ehescheidung in Art. 8 Rom III-VO, der Produkthaftung in Art. 5 Abs. 1 Rom II-VO und – trotz des unklaren Wortlauts („oder") – auch für die *culpa in contrahendo* in Art. 12 Rom II-VO (→ Rom II-VO Art. 12 Rn. 25). Diese Anknüpfungsleitern verwirklichen einen **kollisionsrechtlichen Subsidiaritätsgrundsatz:** Auf die jeweils nächste Sprosse der Anknüpfungsleiter wird nur dann herabgestiegen, wenn der auf der vorangehenden Sprosse ausgesprochene Verweisungsbefehl ins Leere geht, etwa weil die Beteiligten keine gemeinsame Staatsangehörigkeit (Art. 14 Abs. 1 EGBGB) bzw. keinen gemeinsamen gewöhnlichen Aufenthalt (Art. 8 lit. a und b Rom III-VO) haben oder weil der gewöhnliche Aufenthalt des Geschädigten und das Inverkehrbringen des schädigenden Produkts nicht im selben Staat zusammenfallen (Art. 5 Abs. 1 S. 1 lit. a Rom II-VO). Auf die materielle Rechtsfolge, die nach dem auf der ersten Sprosse berufenen Recht eintritt, kommt es hingegen insoweit nicht an: Wenn zB der durch ein Produkt Geschädigte nach dem gemäß Art. 5 Abs. 1 S. 1 lit. a Rom II-VO berufenen Recht seines gewöhnlichen Aufenthalts keinen Anspruch gegen den Hersteller hat, bleibt es dabei; er kann nicht etwa hilfsweise Schadensersatz nach dem Recht des Erwerbsortes (Art. 5 Abs. 1 S. 1 lit. b Rom II-VO) verlangen.

71   Hinter kollisionsrechtlichen Anknüpfungsleitern steht der Gedanke, dass die darin verwendeten Anknüpfungsmomente einen **jeweils unterschiedlich engen Grad der Verbindung** zu einem Staat anzeigen.[246] Hierbei ist die rechtspolitische Gewichtung der Anknüpfungsmomente zeit- und kontextabhängig: Während man im Eherecht Mitte der 1980er Jahre noch vom Primat der Staatsangehörigkeitsanknüpfung ausging, dominiert im Rahmen der europäischen Anknüpfungsleiter des Art. 8 Rom III-VO heute die Anknüpfung an den gewöhnlichen Aufenthalt (→ EGBGB Art. 5 Rn. 38).

72   **(2) Materiellrechtlich begründete Subsidiarität.** Es ist auch möglich, eine **materiellrechtlich begründete Subsidiarität** von Anknüpfungen vorzusehen;[247] Beispiele finden sich namentlich im HUP. Obwohl bereits die Regelanknüpfung an den gewöhnlichen Aufenthalt der berechtigten Person (Art. 3 Abs. 1 HUP) die bedürftige Partei begünstigt, enthält das HUP weitere **Korrektivanknüpfungen**[248] zum Schutze der schwächeren Person.[249] Insbesondere für Unterhaltspflichten der Eltern gegenüber ihren Kindern (und umgekehrt) ordnet Art. 4 Abs. 2 HUP an, dass subsidiär die lex fori anzuwenden ist, wenn die berechtigte Person nach dem Recht an ihrem gewöhnlichen Aufenthaltsort keinen Unterhalt erlangen kann. Die **Grenzen der subsidiären zur alternativen Anknüpfung** sind bisweilen fließend (zB in Art. 16 Abs. 2 EGBGB)[250] oder müssen durch Ausle-

---

[245] *v. Hein,* Das Günstigkeitsprinzip im Internationalen Deliktsrecht, 1999, 65.

[246] Vgl. zu Art. 14 Abs. 1 EGBGB BT-Drs. 10/504, 54 f.

[247] *v. Hoffmann/Thorn* IPR § 5 Rn. 118; Staudinger/*Sturm/Sturm* (2012) Rn. 181; *Kropholler* IPR § 20 I 2c (Korrektivanknüpfung).

[248] Diesen Ausdruck bevorzugt *Kropholler* IPR § 20 II 1.

[249] Näher *U.P. Gruber,* FS Spellenberg, 2010, 177 (183 ff.).

[250] Als Alternativanknüpfung eingestuft von *v. Hoffmann/Thorn* IPR § 5 Rn. 117, als (subsidiäre) Korrektivanknüpfung von *Kropholler* IPR § 20 I 2c.

gung für die einzelne Norm ermittelt werden (zB bei Art. 19 EGBGB, → Rn. 67). Maßgebend und für die Rechtspraxis relevant ist jeweils die Frage, ob ein **Stufenverhältnis** zwischen den aufgezählten Rechtsordnungen besteht (Subsidiarität), oder ob die Anknüpfungen **gleichrangig** nebeneinander stehen (Alternativität).[251] Im ersten Fall kann sich das Gericht mit einem auf der ersten Stufe erzielten positiven Ergebnis begnügen (zB wenn der Unterhaltsanspruch nach dem gemäß Art. 3 Abs. 1 HUP berufenen Recht besteht), auch wenn das subsidiäre Recht (Art. 4 Abs. 2 HUP) in bestimmten Fragen günstiger wäre, etwa einen noch höheren Unterhaltsanspruch vorsähe.[252] Im zweiten Fall müssen hingegen grundsätzlich alle nach den gleichrangigen Anknüpfungsalternativen erzielten Ergebnisse miteinander verglichen werden.[253] Allerdings braucht zB im Rahmen des Art. 19 EGBGB kein ausländisches Recht ermittelt zu werden, wenn im konkreten Fall keine günstigere Rechtsordnung als die deutsche ersichtlich ist.[254] Auch das Günstigkeitsprinzip im Recht des Verbraucher- oder Arbeitnehmerschutzes (→ Rn. 64) verliert in der Praxis viel von seinem – theoretischen – Schrecken: Ist der klägerische Anspruch bereits nach einem der in Betracht kommenden Rechte begründet, braucht das Gericht nicht zu ermitteln, ob nach dem anderen Recht ein noch günstigeres Ergebnis erzielt werden könnte (§ 308 ZPO).[255]

Soweit eine primäre Anknüpfung aus materiellrechtlichen Gründen gerade zugunsten deutschen **73** Rechts als lex fori korrigiert wird, liegt in der Regel eine auf ordre-public-Erwägungen beruhende **spezielle Vorbehaltsklausel** vor (zB Art. 13 Abs. 2 EGBGB, Art. 10 Rom III-VO; näher zur Abgrenzung → EGBGB Art. 6 Rn. 48 ff.). Hier wäre auch Art. 13 Abs. 3 EGBGB idF des Gesetzesentwurfs der SPD-Bundestagsfraktion zur Öffnung der Ehe für gleichgeschlechtliche Paare vom 28.3.2017 einzuordnen gewesen.[256] Die vorgeschlagene Vorschrift sollte lauten: „Lässt das nach [Art. 13] Absatz 1 anwendbare Recht eine Eheschließung zwischen zwei Personen gleichen Geschlechts nicht zu, so ist deutsches Recht auch insoweit anzuwenden, wenn ein Verlobter seinen gewöhnlichen Aufenthalt im Inland hat oder Deutscher ist."

ff) Akzessorische Anknüpfungen. Eine akzessorische Anknüpfung liegt vor, wenn das für einen **74** Anknüpfungsgegenstand maßgebende Recht in Abhängigkeit von dem Recht angeknüpft wird, auf das für einen anderen, aber sachlich zusammenhängenden Anknüpfungsgegenstand verwiesen wird.[257] Sie findet sich insbesondere im modernen Internationalen Deliktsrecht als Unterfall der Ausweichklausel (Art. 41 Abs. 2 Nr. 1 EGBGB; Art. 4 Abs. 3 S. 2 Rom II-VO). Die vertragsakzessorische Anknüpfung des Deliktsstatuts verfolgt den Zweck, Qualifikations- und Anpassungsprobleme zu vermeiden: Indem der Gesetz- bzw. Verordnungsgeber deliktische Ansprüche ebenfalls dem Vertragsstatut unterwirft, vermeidet er eine rechtliche Aufspaltung konkurrierender Ansprüche, die zu Fällen des Normenmangels oder der Normenhäufung führen könnte. Für Einzelheiten ist auf die entsprechenden Kommentierungen zu verweisen.

Die akzessorische Anknüpfung dient im Restanwendungsbereich des autonomen IPR ferner dem **75** Ziel, einen **kollisionsrechtlichen Gleichlauf** zwischen den vom Unionsrecht erfassten und den autonom anzuknüpfenden Gegenständen zu gewährleisten. Ein Beispiel bietet die Anordnung der entsprechenden Anwendung der Rom II-VO auf im autonomen IPR als dinglich qualifizierte Immissionsabwehransprüche (Art. 44 EGBGB).[258] Ebenso ist die akzessorische Anknüpfung der vermögensrechtlichen Scheidungsfolgen und des Versorgungsausgleichs an das nach der Rom III-VO bestimmte Scheidungsstatut zu nennen (Art. 17 Abs. 1, Abs. 3 S. 1 EGBGB). Zur Beachtlichkeit des Renvoi bei akzessorischen Anknüpfungen → EGBGB Art. 4 Rn. 33.

d) Wandelbare und unwandelbare Anknüpfungen. aa) Begriff. Von einer **wandelbaren 76 Anknüpfung** spricht man, wenn eine Veränderung des zugrunde liegenden Anknüpfungsmoments auch einen Wechsel der Anknüpfung nach sich zieht, so zB im Recht der allgemeinen Ehewirkungen, im Kindschafts- oder im Sachenrecht: Erwerben die Eheleute eine neue Staatsangehörigkeit (Art. 14

---

[251] Vgl. zur Abgrenzung der „echte[n] Alternativanknüpfung" von der nur subsidiären Anknüpfung am Beispiel des Art. 40 Abs. 4 EGBGB BGHZ 209, 157 = NJW 2016, 1648 Rn. 15.

[252] v. Hoffmann/Thorn IPR § 5 Rn. 118.

[253] BGHZ 209, 157 = NJW 2016, 1648 Rn. 15.

[254] BGHZ 168, 79 = NJW 2006, 3416.

[255] Zutr. H. Koch RabelsZ 61 (1997), 623 (643): Es „genügt der auf einen bestimmten Normenkomplex bzw. das konkrete Begehren beschränkte Vergleich".

[256] Der Entwurf ist abrufbar unter http://www.spdfraktion.de/system/files/documents/2017-03-28_ge_spd-fraktion_oeffnung_der_ehe.pdf.

[257] Eingehend Fischer, Die akzessorische Anknüpfung des Deliktsstatuts, 1989; Gonzenbach, Die akzessorische Anknüpfung, 1986.

[258] Da man derartige Ansprüche bei autonomer Qualifikation wohl ohnehin als deliktisch einstufen müsste, hat die Vorschrift letztlich klarstellenden Charakter, näher Calliess/v. Hein Rom II-VO Art. 7 Rn. 15; zur Problematik allg. Mansel, FS Laufs, 2006, 609.

Abs. 1 Nr. 1, ggf. iVm Art. 5 Abs. 1 EGBGB, → EGBGB Art. 5 Rn. 104), ändert sich auch das Ehewirkungsstatut, das fortan dem neuen Heimatrecht unterliegt; wechselt ein Kind seinen gewöhnlichen Aufenthalt, ändert sich auch das Sorgerechtsstatut (Art. 21 EGBGB, s. aber vorrangig Art. 16 Abs. 3 KSÜ); gelangt eine Sache an einen neuen Lageort (Art. 43 Abs. 1 EGBGB), gilt fortan ein neues Sachstatut. Eine **unwandelbare Anknüpfung** liegt hingegen vor, wenn das Anknüpfungsmoment zeitlich fixiert wird, so zB in folgenden Fällen: Im Internationalen Scheidungsrecht der gewöhnliche Aufenthalt der Ehegatten im Zeitpunkt der Anrufung des Gerichts nach Art. 8 lit. a Rom III-VO; im Internationalen Vertragsrecht der gewöhnliche Aufenthalt der die charakteristische Leistung erbringenden Partei im Zeitpunkt des Vertragsschlusses (Art. 4 Abs. 1 und 2 iVm Art. 19 Abs. 3 Rom I-VO); im Internationalen Deliktsrecht der gewöhnliche Aufenthalt des Schädigers und des Opfers im Zeitpunkt des schädigenden Ereignisses (Art. 4 Abs. 2 Rom II-VO); im Internationalen Kindschaftsrecht der gewöhnliche Aufenthalt des Kindes im Zeitpunkt des Abschlusses einer Sorgerechtsvereinbarung (Art. 16 Abs. 2 KSÜ). Im autonomen IPR ist vor allem die Unwandelbarkeit des Ehegüterstatuts (Art. 15 EGBGB) zu beachten.

77   **bb) Problematik.** Ob eine wandelbare oder unwandelbare Anknüpfung vorzugswürdig ist, ist rechtspolitisch oft umstritten.[259] Der Vorzug einer wandelbaren Anknüpfung – insbesondere im Familienrecht – besteht darin, dass sie in einer zunehmend mobilen Gesellschaft die Integration der Beteiligten in eine neue Rechtsordnung fördert; die Eheleute werden etwa nach Art. 14 EGBGB nicht an einer Rechtsordnung festgehalten, zu der sie unter Umständen im Entscheidungszeitpunkt jegliche Verbindung verloren haben. Andererseits kann eine unbegrenzte Wandelbarkeit berechtigtes Vertrauen insbesondere schwächerer Parteien enttäuschen und Manipulationen von Anknüpfungsmomenten, zB durch einen Wechsel der Staatsangehörigkeit oder eine Verlegung des gewöhnlichen Aufenthalts, Vorschub leisten (zur Gesetzesumgehung → Rn. 282 ff.). Hier das richtige Maß zu treffen ist schwierig. Insbesondere im Ehegüterrecht (Art. 15 EGBGB) sind Zweifel am Grundsatz der Unwandelbarkeit gestattet (zur Diskussion näher → EGBGB Art. 15 Rn. 15 ff.). Die deutsche Rechtsprechung hat insoweit für eine gewisse Flexibilität gesorgt, indem sie den Anwendungsbereich des Art. 15 EGBGB im Verhältnis zu Art. 14 EGBGB restriktiv ausgelegt hat; so hat der BGH namentlich die Morgengabe islamischen Rechts – obwohl es sich um eine vermögensrechtliche Frage handelt – nicht als güterrechtlich, sondern als eine allgemeine Ehewirkung qualifiziert, und dies offen mit dem Vorzug der Wandelbarkeit dieses Statuts begründet (→ Rn. 119 ff.).[260] Im Hinblick auf Flüchtlinge und Vertriebene aus dem ehemaligen „Ostblock" hatte die Rechtsprechung hingegen in den 1950er und 1960er Jahren eine Beachtung nachträglicher materieller Rechtsänderungen durch die sog **„Versteinerungstheorie"** eingeschränkt:[261] Nach dieser Auffassung sollte aus Gründen des Vertrauensschutzes das anwendbare materielle Güterrecht auf den Zeitpunkt fixiert werden, in dem Flüchtlinge oder Vertriebene die Beziehung zu ihrem Heimatstaat durch die Annahme der deutschen Staatsangehörigkeit abgebrochen hatten.[262] Diese Theorie gilt aber nach dem Zusammenbruch des real existierenden Sozialismus allgemein als überholt;[263] die Rechtsprechung der Oberlandesgerichte beachtet zudem, da das autonome internationale Güterrecht Gesamtverweisungen ausspricht, auch nachträgliche Änderungen des IPR in der von Art. 15 EGBGB bezeichneten Rechtsordnung (ausführlich zur sog „beweglichen" Rück- oder Weiterverweisung → EGBGB Art. 4 Rn. 83 ff.). Die ab dem 29.1.2019 anwendbare **EuGüVO** hält zwar grundsätzlich am Prinzip fest, das Ehegüterrechtsstatut auf das im Zeitpunkt der Eheschließung anwendbare Recht zu fixieren (Art. 26 Abs. 1 EuGüVO), und schließt zudem den Renvoi aus (Art. 32 EuGüVO, → EGBGB Art. 4 Rn. 136 ff.). Die EuGüVO sieht aber auf Antrag eines der Ehegatten unter den in Art. 21 Abs. 2 EuGüVO genannten Voraussetzungen eine Wandelbarkeit vor: Hatten die Ehegatten ihren letzten gemeinsamen gewöhnlichen Aufenthalt in einem anderen Staat über einen erheblich längeren Zeitraum als im Staat der Regelanknüpfung und hatten sie bei der Regelung oder Planung ihrer vermögensrechtlichen Beziehungen auf das Recht dieses anderen Staates vertraut, kann das zuständige Gericht ausnahmsweise dieses Recht anwenden.

---

[259] S. insbes. zum Ehegüterrecht krit. *Kegel/Schurig* IPR § 20 IV 1; *Kropholler* IPR § 28 II 2; positiv hingegen *v. Hoffmann/Thorn* IPR § 8 Rn. 34; vgl. auch den Hinweis von *Rauscher* IPR Rn. 375, dass zahlreiche Rechtsordnungen die vermögensrechtlichen Wirkungen von Dauerrechtsverhältnissen anders als das deutsche IPR wandelbar anknüpfen.

[260] Auch bei der Qualifikation der freiwilligen gesetzlichen Beistandschaft unter Art. 16 Abs. 1 (elterliche Verantwortung kraft Gesetzes) oder Abs. 2 KSÜ (elterliche Verantwortung kraft Rechtsgeschäfts) sollte man dem Aspekt der Wandelbarkeit Rechnung tragen, näher Staudinger/*v. Hein* (2014) EGBGB Art. 24 Rn. 50.

[261] BGH NJW 1963, 1975; BayObLG NJW 1959, 1734; BayObLGZ 1961, 123.

[262] BGH NJW 1963, 1975; BayObLG NJW 1959, 1734; BayObLGZ 1961, 123.

[263] S. nur OLG Celle MittBayNot 2014, 470; Bamberger/Roth/*Lorenz* Rn. 41.

cc) Statutenwechsel.

Schrifttum: *Ancel,* Conflit de lois dans le temps, Répertoire Dalloz de Droit International, Nr. 53 ff., 2000; *Böhmer,* Heilung formfehlerhafter Ehen durch Statutenwechsel?, FS Firsching, 1985, 41; *Foyer/Courbe,* Conflits de lois dans le temps, conflits mobiles, Clunet Nr. 533-2, 1995; *Gaaz,* Zur Reichweite der Wahl eines gemeinsamen Familiennamens gemäß ausländischem Recht nach einem Statutenwechsel zum deutschen Recht, IPRax 2000, 115; *Gruber,* Unterhaltsvereinbarung und Statutenwechsel, IPRax 2011, 559; *Lipsky,* Statutenwechsel im italienischen Sachenrecht – Auswirkungen auf Im- und Export von Mobiliarsicherheiten, 2011; *Looschelders,* Normwidersprüche im neuen Kindschaftsrecht, IPRax 1999, 432; *S. Lorenz,* Das intertemporale internationale Ehegüterrecht nach Art. 220 III EGBGB und die Folgen des Statutenwechsels, 1991; *Lüderitz,* Wechsel der Anknüpfung in bestehendem Schuldvertrag, FS Keller, 1989, 459; *Rigaux,* Le droit entre espace et temps, in Le temps et le droit – Hommage au Professeur Closset-Marchal, 2013, 521; *Santulli,* Irrégularités internes et efficacité internationale de la nationalité, 1995; *Scheuermann,* Statutenwechsel im internationalen Erbrecht, 1969; *Schurig,* Statutenwechsel des deutschen internationalen Sachenrechts, FS Stoll, 2001, 577; *Siehr,* Heilung durch Statutenwechsel, GS Ehrenzweig, 1976, 129; *Siehr,* Spezielle Kollisionsnormen für die Heilung einer unwirksamen Eheschließung durch „Statutenwechsel", IPRax 1987, 19; *Siehr,* Heilung einer ungültigen Ehe gemäß einem späteren Aufenthalts- oder Heimatrecht der Eheleute – Heilung durch Statutenersatz, IPRax 2007, 30; *Souleau-Bertrand,* Le conflit mobile, 2005; *Voit,* „Heilung durch Statutenwechsel" im internationalen Eheschließungsrecht, 1997; *Swienty,* Der Statutenwechsel im deutschen und englischen internationalen Sachenrecht unter besonderer Betrachtung der Kreditsicherungsrechte, 2011; *E. Wagner,* Statutenwechsel und dépeçage im internationalen Deliktsrecht, Unter besonderer Berücksichtigung der Datumtheorie, 1988; *Wengler,* Skizzen zur Lehre vom Statutenwechsel, RabelsZ 22 (1958), 535.

Die Wandelbarkeit einer Anknüpfung kann zu einem **Statutenwechsel** führen.[264] Hier stellt sich **78** die Frage, ob und ggf. in welchem Umfang sich das neue Statut auf eine Rechtsstellung auswirkt, die vor der Änderung des maßgebenden Anknüpfungsmoments begründet oder deren Entstehung zumindest in die Wege geleitet worden war. Insoweit ist stets zu prüfen, ob gesetzliche Sonderregelungen bestehen. So ordnet zB Art. 7 Abs. 2 EGBGB an, dass eine einmal erlangte Geschäftsfähigkeit von einem Erwerb oder Verlust der Rechtsstellung als Deutscher nicht beeinträchtigt wird, und Entsprechendes gilt nach Art. 26 Abs. 2 EuErbVO in Bezug auf die Testierfähigkeit; Art. 3 Abs. 2 S. 3 Rom I-VO bestimmt, dass die Formgültigkeit des Vertrages sowie Rechte Dritter nicht berührt werden, wenn die Parteien nachträglich ein anderes als das ursprüngliche Vertragsstatut vereinbaren.[265] Im Internationalen Sachenrecht sind Art. 43 Abs. 2 und 3 EGBGB zu beachten. Im Internationalen Sorgerecht sieht Art. 16 Abs. 3 KSÜ vor, dass die elterliche Verantwortung, die nach dem Recht des vorherigen gewöhnlichen Aufenthalts des Kindes begründet war, fortbesteht, wenn das Kind seinen gewöhnlichen Aufenthalt in einen anderen Staat verlegt; wenn eine Person aber nicht bereits ein gesetzliches Sorgerecht hat, richtet sich die Zuweisung der elterlichen Verantwortung an diese Person aber fortan nach dem neuen Recht (Art. 16 Abs. 4 KSÜ). Im Recht der Flüchtlinge und Staatenlosen ist jeweils Art. 12 Abs. 2 der einschlägigen Konventionen zu beachten (→ Anh. II Art. 5 Rn. 10 und 66).

Soweit es an speziellen Regelungen fehlt, haben sich die folgenden **allgemeinen Grundsätze** **79** etabliert, die zum Teil auch von den bereits genannten Kollisionsnormen widergespiegelt werden:

Ist ein Sachverhalt bereits vollständig **abgeschlossen** – die Ehe wurde durch den Tod der Ehegat- **80** ten aufgelöst, der eheliche Name wurde nach einer Scheidung bereits abgelegt – bleibt es dabei auch unter dem neuen Statut.[266] Ist hingegen die Begründung eines Rechtsverhältnisses unter dem alten Statut („Ausgangsstatut") zwar bereits in die Wege geleitet worden, aber noch nicht zum Abschluss gelangt – der Eigentumsvorbehalt wurde im Herkunftsstaat unter Missachtung der dort vorgeschriebenen Schriftform nur mündlich vereinbart, aber jetzt ist die Ware nach Deutschland verbracht worden;[267] die Ersitzungsfrist begann am bisherigen Lageort zu laufen, ist aber noch nicht vollendet, bevor die Sache die Grenze nach Deutschland überschreitet[268] – kommt es darauf an, ob das nun anwendbare Recht auch die im Ausland verwirklichten Tatbestandsmerkmale berücksichtigt; Art. 43 Abs. 3 EGBGB ordnet dies für das deutsche Sachenrecht ausdrücklich an.[269] Insoweit spricht man

---

[264] Der Begriff geht zurück auf *Zitelmann* IPR I, 1897, S. 151 ff.; im Französischen spricht man von einem „conflit mobile", näher *Rigaux,* Hommage Closset-Marchal, 2013, 521 (525 ff.).

[265] Hierzu ausf. *Rauscher/v. Hein* EuZPR/EuIPR, 2016, Rom I-VO Art. 3 Rn. 96 ff. mwN.

[266] Eingehend *v. Hoffmann/Thorn* IPR § 5 Rn. 103; *Kropholler* IPR § 27 II 1; Staudinger/*Sturm/Sturm* (2012) Rn. 844 mit reichhaltiger Kasuistik.

[267] So der berühmte „Strickmaschinenfall", BGHZ 45, 95 = NJW 1966, 879; hierzu näher *v. Hein* in Westrik/van der Weide, Party Autonomy in International Property Law, 2011, 103 (109 f.) mwN.

[268] *v. Hoffmann/Thorn* IPR § 5 Rn. 104.

[269] Zur str. Frage der Verallseitigung dieser Regel näher *v. Hein* in Westrik/van der Weide, Party Autonomy in International Property Law, 2011, 103 (110); vgl. auch zur Vollendung in Deutschland eingeleiteter Eigentumserwerbsvorgänge im Ausland (Frankreich) BGH NJW 2009, 2824.

auch von **„offenen" Tatbeständen oder Rechtsverhältnissen,** die erst nach dem Statutenwechsel unter der Herrschaft des neuen Rechts zur Vollendung gelangen.[270]

81   Schwierigkeiten bereiten diejenigen Fallgestaltungen, in denen ein Rechtsverhältnis noch nach dem alten Recht (**„Ausgangsstatut"**) begründet wurde und sich nun die Frage stellt, ob es unter der Herrschaft des neuen Statuts (des **„Eingangsstatuts"**) wirksam bleibt:[271] Die Eheleute haben zB noch unter der Geltung iranischen Rechts eine Morgengabe vereinbart (allgemeine Ehewirkung, → Rn. 119 ff.), sind dann aber Deutsche geworden; ein besitzloses Registerpfandrecht wurde an einem Kraftfahrzeug in den USA vereinbart, das dann nach Deutschland exportiert wurde. Zu der Methode der **Transposition** in solchen Fällen → Rn. 220. Ob die Namensführung des Namensträgers bei einem Wechsel der Staatsangehörigkeit gem. Art. 10 Abs. 1 EGBGB eine Veränderung erfährt, ist nach den einschlägigen Bestimmungen des Eingangsstatuts zu beurteilen.[272] Wählen die Ehegatten gem. Art. 10 Abs. 2 EGBGB erst nach der Eheschließung ein anderes Recht für ihre Namensführung, bestimmt ebenfalls das neue Recht, ob mit dem Statutenwechsel automatisch eine Namensänderung eintritt oder die Ehegatten die Möglichkeit haben, einen neuen Ehenamen zu wählen;[273] zur Angleichung im Namensrecht regelt Art. 47 EGBGB weitere Einzelfragen.[274] Im Übrigen bleiben zB bei Dauerrechtsverhältnissen (Ehewirkungen nach Art. 14, Sorgerecht nach Art. 21; s. aber vorrangig Art. 16 Abs. 3 KSÜ[275]) in der Vergangenheit liegende Sachverhalte dem alten Statut unterworfen, für neue Sachverhalte gilt das neue Statut.[276] Insbesondere Art. 12 Abs. 2 S. 1 GFK dient dem Zweck, wohlerworbene Rechte des Flüchtlings, etwa aufgrund einer früheren Eheschließung, gegenüber den Auswirkungen eines Statutenwechsels abzuschirmen (→ EGBGB Anh. II Art. 5 Rn. 66). Umgekehrt sind auch unter dem Ausgangsstatut erlittene Rechtsverluste bei einem Wechsel zum deutschen Recht grundsätzlich hinzunehmen; so führt zB der Erwerb der deutschen Staatsangehörigkeit nicht zum Wiederaufleben von Adelstiteln, die infolge der russischen Oktoberrevolution bereits erloschen waren (zum ordre public → EGBGB Art. 6 Rn. 247).[277]

82   Von der Vollendung eines bereits eingeleiteten Rechtserwerbs und dem Fortbestand eines bereits begründeten („wohlerworbenen") Rechts im Falle der Änderung eines wandelbaren Anknüpfungsmoments sind schließlich diejenigen Konstellationen zu unterscheiden, in denen das fragliche Rechtsverhältnis nach seinem **unwandelbar angeknüpften Statut** an sich endgültig unwirksam war (zB eine Eheschließung aufgrund eines materiellen Ehehindernisses,[278] zB der Schwägerschaft),[279] aber die Eheleute sodann eine andere, zB die deutsche Staatsangehörigkeit erworben haben, das ein derartiges Ehehindernis nicht (mehr) kennt. Hier stellt sich die Frage, ob mit dem Erwerb der neuen Staatsangehörigkeit eine sog „Heilung durch Statutenwechsel" eintritt.[280] Eine solche Heilung wird man zumindest in denjenigen Fällen zu bejahen haben, in denen das fremde Ehehindernis aus deutscher Sicht grob anstößig ist (zB Religionsverschiedenheit) und insoweit eine Korrektur durch den ordre public geboten ist (vgl. → EGBGB Art. 6 Rn. 257), was zB für die Schwägerschaft aber zweifelhaft ist.[281] Erst recht scheidet ein Rückgriff auf den ordre public bei Formverstößen aus, die auch das deutsche Recht sanktionieren würde (die nur religiös geschlossene Ehe war nach dem alten

---

[270]   v. Hoffmann/Thorn IPR § 5 Rn. 104; Kropholler IPR § 27 II 2; in der Sache auch Staudinger/Sturm/Sturm (2012) Rn. 851.

[271]   Die genaue begriffliche Abgrenzung zwischen „offenen" und „gemischten" Rechtsverhältnissen ist in Bezug auf Dauerrechtsverhältnisse uneinheitlich, vgl. v. Hoffmann/Thorn IPR § 5 Rn. 105 (gemischt); Kropholler IPR § 27 II 2 (offen); auf die Differenzierung verzichtend Staudinger/Sturm/Sturm (2012) Rn. 846.

[272]   BGH NJW 2014, 1383 Rn. 15.

[273]   OLG Nürnberg BeckRS 2016, 12182 Rn. 19.

[274]   Näher OLG NJW-RR 2015, 321.

[275]   Vgl. hierzu OLG Karlsruhe NJW-RR 2013, 1157.

[276]   v. Hoffmann/Thorn IPR § 5 Rn. 106–107; Kropholler IPR § 27 II 3a; Staudinger/Sturm/Sturm (2012) Rn. 846.

[277]   OLG Hamburg FGPrax 2014, 231.

[278]   Vgl. den klassischen Fall RGZ 132, 416 = IPRspr. 1931, Nr. 59; in neuerer Zeit zB KG OLGZ 1986, 433 = IPRax 1987, 33 m. Aufsatz Siehr IPRax 1987, 19; SG Hamburg IPRax 2007, 47 m. Aufsatz Siehr IPRax 2007, 30 = BeckRS 2007, 41405; auch im dt. Schrifttum viel diskutiert wurden die Fälle Cass. civ. 9.5.1900, S. 1901. I. 185 = Clunet 27 (1900), 613 – Prince de Wrède/Dame Maldauer; 42 D.L.R. 2d 622 (Ont. C. A. 1963) = Rev. crit. 54 (1965), 321 – Schwebel/Ungar, mAnm Wengler, bestätigt durch 48 D.L.R. 2d 644 (S. C. 1964); hierzu im Kontext des europäischen IPR van Calster, European Private International Law, 2. Aufl. 2016, 6 (Lösung über unselbstständige Vorfragenanknüpfung).

[279]   Vgl. zum Ehehindernis der Schwägerschaft BVerwG NJW 2012, 3461 zu Art. 13 Abs. 2 EGBGB.

[280]   Der Begriff hat sich eingebürgert; er ist freilich insofern ungenau, als das Eheschließungsstatut unwandelbar durch die Staatsangehörigkeit im Zeitpunkt der Eheschließung bestimmt wird, weshalb Siehr IPRax 2007, 30 ff. von einer „Heilung durch Statutenersatz" spricht; eingehend zu dieser Fallgruppe Voit, „Heilung durch Statutenwechsel" im internationalen Eheschließungsrecht, 1997.

[281]   Eingehend BVerwG NJW 2012, 3461 zu Art. 13 Abs. 2 EGBGB.

Personalstatut nichtig, wäre nach dem neuen Personalstatut aber wirksam).[282] Insoweit kommt unter Umständen für sozialrechtliche Tatbestände auch eine Lösung über eine Substitution in Betracht (→ Rn. 240). Falls diese Lösungswege scheitern, wird überwiegend eine offene Rechtsfortbildung aus Gründen des Vertrauensschutzes bejaht, die teils im Kollisions-, teils im Sachrecht angesiedelt wird.[283] Dem ist im Lichte des Art. 6 Abs. 1 GG zuzustimmen, sofern die Parteien im nachvollziehbaren Vertrauen auf die Wirksamkeit der Eheschließung lange Jahre zusammengelebt und es daher unterlassen haben, diese nach ihrem neuen Personalstatut zu validieren.[284] Zu weiteren Einzelheiten → EGBGB Art. 13 Rn. 17 ff.

Zu den Auswirkungen von **Staatenzerfall** und **Staatensukzession** → Rn. 51 ff.   **83**

Ein Statutenwechsel kann nicht nur durch den Wandel eines Anknüpfungsmoments herbeigeführt **84** werden, sondern auch durch eine Änderung der maßgebenden Kollisionsnormen **(Kollisionsnormenwechsel).**[285] Die Folgen regelt das jeweils maßgebende intertemporale Kollisionsrecht, zB im autonomen IPR Art. 220 EGBGB; in den unionsrechtlichen Rechtsakten (Art. 3 Nr. 1 EGBGB) und in Staatsverträgen (Art. 3 Nr. 2 EGBGB) sind die jeweils einschlägigen Bestimmungen zu beachten, zB Art. 28 Rom I-VO, Art. 31 Rom II-VO, Art. 21 Rom III-VO, Art. 83 EuErbVO; Art. 53 KSÜ, Art. 50 ErwSÜ. Auf die Erläuterung dieser Vorschriften sei für Einzelfragen verwiesen. Hervorgehoben seien lediglich die folgenden Probleme:

Fraglich ist die Erstreckung der Anwendbarkeit neu geschaffener Kollisionsnormen auf bereits **85** vor Inkrafttreten des neuen Rechts begründete **Dauerrechtsverhältnisse.** Einerseits sind die neuen Kollisionsnormen oft differenzierter und gegenüber ihren Vorläuferbestimmungen sachlich verbessert; andererseits ist das Vertrauen der Beteiligten, die sich auf die Anwendbarkeit eines bestimmten Rechts eingestellt haben, angemessen zu schützen. Ein Beispiel für die Problematik bietet das Internationale Arbeitsrecht. Art. 8 Rom I-VO ist aufgrund des Art. 28 Rom I-VO (in der am 24.11.2009 berichtigten Fassung[286]) nur auf Arbeitsverträge anzuwenden, die ab dem 17.12.2008 geschlossen worden sind. Das BAG hatte hingegen zu Art. 30 EGBGB aF noch die Auffassung vertreten, dass vor dem 1.8.1986 begründete Arbeitsverhältnisse als Dauerschuldverhältnisse keine abgeschlossenen Vorgänge iS des Art. 220 Abs. 1 EGBGB darstellten und deshalb von jenem Stichtag an dem seinerzeit eingeführten neuen IPR unterlägen.[287] Diese Lösung kann angesichts der eindeutigen Regelung in Art. 28 Rom I-VO aber nicht auf die intertemporale Anwendbarkeit des Art. 8 Rom I-VO übertragen werden,[288] obwohl sie im Lichte des Arbeitnehmerschutzes wohl vorzugswürdig gewesen wäre.[289] Das BAG hatte die Frage, ob ein späterer Konsens der Parteien zur Fortsetzung des Arbeitsverhältnisses die intertemporale Anwendbarkeit der Rom I-VO eröffnet, dem EuGH vorgelegt.[290] Der EuGH hat entschieden, dass diese Frage nur zu bejahen ist, wenn der ursprüngliche Vertrag in einem solchen Umfang geändert worden ist, dass dies in der Sache dem Abschluss eines neuen Vertrages gleichkommt.[291]

Probleme bereitet insbesondere bei **EU-Verordnungen** bisweilen **die Abgrenzung zwischen 86 deren Inkrafttreten und dem Beginn ihrer zeitlichen Anwendbarkeit,** da die entsprechenden Bestimmungen redaktionell zum Teil wenig geglückt sind.[292] Gemäß Art. 31 Rom II-VO zB wird die Verordnung auf schadensbegründende Ereignisse angewandt, die nach dem „Inkrafttreten" eintreten. Art. 32 Rom II-VO legt sodann den Zeitpunkt des Beginns der Anwendung grundsätzlich auf den 11.1.2009 fest („gilt ab"). Das Inkrafttreten von EU-Verordnungen erfolgt nach Art. 297 Abs. 1 UAbs. 3 S. 2 AEUV am zwanzigsten Tag nach der Verkündung im Amtsblatt, also im Falle

---

[282] S. zB SG Hamburg IPRax 2007, 47 m. Aufsatz *Siehr* IPRax 2007, 30 = BeckRS 2007, 41405 (Eheschließung zweier später nach Israel ausgewanderter Juden vor einem Rabbiner in Polen).

[283] Für einen Ansatz im Kollisionsrecht zB *Kropholler* IPR § 27 II 3c, 5. Aufl. 2010, Einl. IPR Rn. 672 ff. *(Sonnenberger)*; ebenso Bamberger/Roth/*Lorenz* Rn. 43; *v. Bar/Mankowski* IPR I § 4 Rn. 183 ff.; *v. Hoffmann/Thorn* IPR § 8 Rn. 12; Staudinger/*Sturm/Sturm* (2012) Rn. 858; für eine Lösung im Sachrecht *Voit,* „Heilung durch Statutenwechsel" im internationalen Eheschließungsrecht, 1997, 181 ff.; vermittelnd *Siehr* IPRax 2007, 30 (34) (Sachnorm im IPR) mwN zum Streitstand; gänzlich abl. *Kegel/Schurig* IPR § 20 IV 1c.

[284] Zu den Voraussetzungen iE *v. Bar/Mankowski* IPR I § 4 Rn. 185; *Siehr* IPRax 2007, 30 (34).

[285] *v. Hoffmann/Thorn* IPR § 5 Rn. 99; *Kropholler* IPR § 27 I 2.

[286] Berichtigung der VO (EG) Nr. 593/2008 des Europäischen Parlaments und des Rates vom 17.6.2008 über das auf vertragliche Schuldverhältnisse anzuwendende Recht (Rom I) (ABl. 2008 L 177), ABl. 2009 L 309, 87.

[287] BAG NZA 1993, 743 = IPRax 1994, 123 mAnm *Mankowski* IPRax 1994, 88 = SAE 1994, 28 mAnm *Junker* = EWiR 1993, 673 mAnm *Martiny* = AR-Blattei ES 920 Nr. 3 mAnm *Franzen;* seither stRspr.

[288] Ebenso jurisPK-BGB/*Sutschet* Rom I-VO Art. 8 Rn. 2.

[289] Vgl. *Knöfel* RdA 2006, 280.

[290] BAG NZA 2015, 542; hierzu s. die Schlussanträge von GA Szpunar vom 20.4.2016 in der Rs. C-135/15, ECLI:EU:C:2016:281 = BeckRS 2016, 80665 – Nikiforidis.

[291] EuGH ECLI:EU:C:2016:774 = NZA 2016, 1389 – Nikiforidis.

[292] Krit. auch *R. Wagner* IPRax 2008, 314 (316) in Fn. 29.

der Rom II-VO am 20.8.2007. Mit Blick auf die Praxis hätte es jedoch wenig eingeleuchtet, die Übergangsvorschrift des Art. 31 Rom II-VO auf diesen Stichtag zu beziehen, da die Gerichte der Mitgliedstaaten aufgrund des Art. 32 Rom II-VO die Verordnung vor dem 11.1.2009 nicht anwenden durften.[293] Für ein schadensbegründendes Ereignis, das nach dem 20.8.2007 eintrat, aufgrund dessen der Geschädigte aber vor dem 11.1.2009 Klage erhob, hätte ein Gericht nach diesem Ansatz zunächst das anwendbare Recht nach dem autonomen IPR (Art. 40 ff. EGBGB) bestimmen müssen, wäre aber seit dem 11.1.2009 an die Rom II-VO gebunden gewesen.[294] Ein solcher Statutenwechsel hätte die Vorhersehbarkeit des anwendbaren Rechts untergraben und jeglicher Prozessökonomie widersprochen.[295] Der EuGH hat deshalb mit Recht das „Inkrafttreten" iS des Art. 31 Rom II-VO als Verweisung auf die „zeitliche Anwendbarkeit" gemäß Art. 32 Rom II-VO, also den 11.1.2009, ausgelegt.[296] Auch im Übrigen sollte man Übergangsbestimmungen, die oft hastig am Ende der Beratungen einer Verordnung oder eines Staatsvertrages abgefasst werden, in erster Linie nach ihrem Sinn und Zweck interpretieren und nicht formaljuristisch am Wortlaut haften.

87   Die auf einen bestimmten Sachverhalt anwendbare Kollisionsnorm kann ferner auch dadurch wechseln, dass ein anderes Gericht als das zunächst angerufene Forum zuständig wird (etwa weil sich eine Gerichtsstandsvereinbarung als unwirksam erweist). In solchen Fällen eines sog „**Zuständigkeitswechsels**" wendet das nunmehr angerufene, zuständige Gericht selbstverständlich sein eigenes IPR an.[297] Überdies kommt ein Kollisionsnormenwechsel dadurch in Betracht, dass sich die Eigenschaften des Anknüpfungsobjekts oder- subjekts ändern und infolgedessen ein **neuer Anknüpfungsgegenstand** vorliegt, für den eine andere Kollisionsnorm eingreift als bisher: Nach Vollendung des 18. Lebensjahres fällt eine schutzbedürftige Person nicht mehr unter das KSÜ, sondern unter das ErwSÜ. Ist nun etwa für einen geistig behinderten Jugendlichen bereits im Kindesalter eine Schutzmaßnahme von der nach dem KSÜ zuständigen Behörde getroffen worden, die auch nach Eintritt der Volljährigkeit fortdauern oder erst dann wirksam werden soll (zB eine vorsorgliche Betreuerbestellung nach § 1908a BGB), könnte diese Maßnahme nach Vollendung des 18. Lebensjahres in den anderen Vertragsstaaten aber eigentlich nicht nach dem ErwSÜ anerkannt werden, weil die internationale Zuständigkeit der anordnenden Behörde sich nicht auf das ErwSÜ gestützt hätte (Art. 22 Abs. 2 lit. a ErwSÜ). Diese Schutzlücke wird durch Art. 2 Abs. 2 ErwSÜ überbrückt, der eine Überleitung derartiger Maßnahmen ermöglicht.[298]

II. Arten von Kollisionsnormen

88   **1. Selbstständige und unselbstständige Kollisionsnormen.** Kollisionsnormen, die eine Aussage über das auf einen bestimmten Anknüpfungsgegenstand anwendbare Recht treffen, indem sie das dafür maßgebende Anknüpfungsmoment festlegen (→ Rn. 57), bezeichnet man auch als „**selbstständige**" Kollisionsnormen.[299] Um eine Anknüpfung sinnvoll durchführen oder sie ggf. korrigieren zu können, bedarf es aber mitunter weiterer Hilfs- bzw. Ergänzungsnormen, die auch „**unselbstständige**" Kollisionsnormen genannt werden, weil sie nur in Verbindung mit selbstständigen Kollisionsnormen zum Zuge kommen können.[300] So konkretisiert zB Art. 4 Abs. 3 EGBGB den genauen Inhalt einer Verweisung auf Mehrrechtsstaaten, Art. 5 Abs. 1 EGBGB regelt die Konkurrenz zwischen mehreren Staatsangehörigkeiten einer Person, Art. 6 EGBGB erlaubt eine Korrektur der Verweisung aus Gründen des ordre public (zur genaueren dogmatischen Einordnung des ordre public näher → EGBGB Art. 6 Rn. 5 f.). Weil es redundant und ineffizient wäre, solche allgemeinen Ergänzungsregeln jeder einzelnen selbstständigen Kollisionsnorm oder jedem Abschnitt beizufügen, hat der Gesetzgeber sie „vor die Klammer" gezogen und im Allgemeinen Teil des IPR (Art. 3–6 EGBGB) geregelt.[301] Darüber hinaus kann man auch

---

[293] Auch *Staudinger/Czaplinski* JA 2008, 401 (407) charakterisieren ihre Auslegung des Art. 31 Rom II-VO als „formaljuristisch"; ebenso *Staudinger* AnwBl 2008, 316 (322).

[294] So konsequent *Staudinger* AnwBl 2008, 316 (323); zurückhaltender *Rushworth/Scott* Lloyd's M. C. L. Q. 2008, 274, welche die Rom II-VO nur bei Klageerhebung nach dem 11.1.2009 anwenden wollen, also offenbar einen Statutenwechsel bei vor diesem Datum erhobenen Klagen ablehnen. Art. 31 Rom II-VO stellt allein auf den Eintritt des schädigenden Ereignisses im materiellen Sinne, nicht auf die Verfahrenseinleitung ab.

[295] Allenfalls für Dauerdelikte hätte man einen Statutenwechsel befürworten mögen; hierzu *Staudinger/Czaplinski* JA 2008, 401 (407); ferner *Leible/Lehmann* RIW 2007, 721 (724).

[296] EuGH Slg. 2011, I-11603 = NJW 2012, 441 – Deo Antoine Homawoo/GMF Assurances SA.

[297] *Kropholler* IPR § 27 I 1.

[298] Ausf. Staudinger/*v. Hein* (2014) EGBGB Vor Art. 24 Rn. 35 ff.

[299] Näher *Kegel/Schurig* IPR § 6 I 1; ebenso *v. Hoffmann/Thorn* IPR § 4 Rn. 6.

[300] *Kegel/Schurig* IPR § 6 I 1; ebenso *v. Hoffmann/Thorn* IPR § 4 Rn. 6; *Kropholler* IPR § 13 I; nähere dogmatische Analyse sog. „modal choice of law rules" durch *Hook* JPIL 11 (2015), 185 ff.

[301] *Kegel/Schurig* IPR § 6 I 1; ebenso *v. Hoffmann/Thorn* IPR § 4 Rn. 7.

die ungeschriebenen Rechtsfiguren des Allgemeinen Teils, etwa die Regeln über die Qualifikation (→ Rn. 108 ff.) oder die Anpassung (→ Rn. 242 ff.), als besondere Fälle unselbstständiger Kollisionsnormen betrachten.[302] Im europäischen Kollisionsrecht müssen die entsprechenden Regeln hingegen bislang in jeder Verordnung neu kodifiziert werden, weil es einen entsprechenden Allgemeinen Teil des europäischen IPR („Rom 0-Verordnung") noch nicht gibt (→ EGBGB Art. 3 Rn. 69). Das schließt indes eine Ergänzung durch ungeschriebene Regeln des Allgemeinen Teils nicht aus (→ Rn. 242 ff. zur Anpassung; → Rn. 282 zur Gesetzesumgehung). Unter den im Siebten Abschnitt aufgenommenen „Durchführungsbestimmungen" zu EU-Verordnungen befinden sich – entgegen der insoweit missverständlichen Überschrift – durchaus auch selbstständige Kollisionsnormen, so insbesondere in Art. 46b und 46c EGBGB. Vorschriften über den Zeitpunkt der Ausübung einer Rechtswahl im Gerichtsverfahren (zB Art. 40 Abs. 1 S. 3, Art. 46a EGBGB) kann man im weiteren Sinne ebenfalls als unselbstständige Kollisionsnormen betrachten; in der Sache handelt es sich hierbei freilich (anders als bei den entsprechenden Gestaltungsrechten selbst!) um verfahrensrechtliche Ausübungsschranken.[303]

2. Einseitige, mehrseitige und allseitige Kollisionsnormen. Je nachdem, ob als Rechtsfolge **89** einer Kollisionsnorm nur eine (dh die inländische), mehrere verschiedene oder potenziell alle auf der Welt existierenden Kollisionsnormen berufen werden können, spricht man von ein-, mehr- oder allseitigen Kollisionsnormen.[304] Im heutigen Kollisionsrecht dominieren allseitige Kollisionsnormen; auch in EU-Verordnungen und Staatsverträgen, die heute regelmäßig als *lois uniformes* ausgestaltet sind (→ EGBGB Art. 3 Rn. 36), bilden allseitige Kollisionsnormen, die nicht nur das Recht anderer Mitglied- bzw. Vertragsstaaten, sondern ebenfalls das Recht von Drittstaaten berufen, den Normalfall.[305] Mehrseitige Kollisionsnormen finden sich vor allem in älteren Staatsverträgen, die auf dem Gegenseitigkeitsprinzip basieren, zB in bilateralen Abkommen wie dem deutsch-iranischen Niederlassungsabkommen (Dt.-Iran. NlassAbK). Aber auch neuere Kollisionsnormen unionsrechtlichen Ursprungs sind zum Teil lediglich mehrseitig, dh sie verweisen nicht auf jeden beliebigen Staat, sondern nur auf die Mitgliedstaaten der EU bzw. des EWR. Dies ist der Fall bei Art. 46b und 46c EGBGB sowie bei Art. 3 Abs. 4 Rom I-VO und Art. 14 Abs. 3 Rom II-VO, die jeweils besondere Anknüpfungen für mitgliedstaatliches Recht vorsehen (s. im Einzelnen die Kommentierungen zu diesen Vorschriften). Einseitige Kollisionsnormen, die lediglich deutsches Recht berufen, herrschten in der Ursprungsfassung des EGBGB vor, wurden von der Rechtsprechung aber zu allseitigen Kollisionsnormen ausgebaut (→ Rn. 22 f.). Einen Sonderfall einseitiger Kollisionsnormen stellen sog **Exklusivnormen** dar, mit denen der Anwendungsbereich des deutschen Rechts gegenüber einem an sich berufenen ausländischen Sachrecht in regelwidriger Weise ausgedehnt wird.[306] Diese Vorschriften bezeichnet man auch als **spezielle Vorbehaltsklauseln** (ausführlich → EGBGB Art. 6 Rn. 48 ff.).

Ob eine einseitige Kollisionsnorm trotz ihrer Fassung im Kern einen verallgemeinerungsfähigen **90** Rechtsgedanken enthält und infolgedessen **„verallseitigt"** werden kann, oder ob sich bei ihr um eine Vorschrift handelt, mit der gerade (und ausschließlich) deutsches Recht zur Anwendung berufen werden soll, ist oft zweifelhaft und kann nur durch eine genaue **Auslegung der jeweiligen Norm** geklärt werden.[307] Hier müssen zwei Beispiele genügen: Wenn beispielsweise Art. 10 Abs. 3 Nr. 2 EGBGB erklärt, dass der Sorgerechtsinhaber den Familiennamen eines ausländischen Kindes auch dem deutschen Recht unterstellen darf, sofern ein Elternteil seinen gewöhnlichen Aufenthalt im Inland hat – soll eine entsprechende Wahlmöglichkeit dann deutschen Staatsangehörigen mit gewöhnlichem Aufenthalt im Ausland in Bezug auf das dortige Sachrecht versagt bleiben? Oder wenn Art. 24 Abs. 1 S. 2 EGBGB bestimmt, dass für einen Angehörigen eines fremden Staates, der seinen gewöhnlichen Aufenthalt in Deutschland hat, ein Betreuer nach deutschem Recht bestellt werden kann – dürfen dann umgekehrt ausländische Gerichte für einen deutschen Staatsangehörigen mit gewöhnlichem Aufenthalt im Ausland einen Sachwalter nach dem dortigen Recht bestellen? Beide Fragen sind seit langem umstritten; die hM lehnt eine Verallseitigung dieser Normen ab, obwohl rechtspolitisch fragwürdig ist, warum man Deutschen im Ausland versagen will, was man Ausländern in Deutschland um ihrer sozialen Integration willen zuge-

---

[302] So zB Bamberger/Roth/*Lorenz* Rn. 35; *v. Hoffmann/Thorn* IPR § 4 Rn. 7.
[303] Hierzu ausf. *Junker*, FS W. Lorenz, 2001, S. 321.
[304] S. zB Bamberger/Roth/*Lorenz* Rn. 45; *v. Hoffmann/Thorn* IPR § 5 Rn. 8; *Kegel/Schurig* IPR § 6 I 2; *Kropholler* IPR § 13 III 1: umfassende dogmatische Aufbereitung durch *Romano*, L'unilateralismo nel diritto internazionale privato moderno, 2014; speziell zum europäischen IPR *Francq*, L'unilatéralisme versus bilatéralisme: une opposition ontologique ou un débat dépassé?, in Azzi/Boskovic Quel avenir 49 ff.
[305] Vgl. *W.-H. Roth* EWS 2011, 314 (321), der dies als weiteren Beleg für die weitgehende methodologische Kontinuität des europäischen mit dem „klassischen" IPR iS Savignys anführt (→ Rn. 40 ff.); ferner *Matthias Weller*, Europäisches Kollisionsrecht, 2015, Rn. 51 ff.
[306] Hierzu umfassend *Nojack*, Exklusivnormen im IPR, 2005.
[307] Eingehend *Nojack*, Exklusivnormen im IPR, 2005.

steht.[308] Eine sinnvolle Lösung ermöglichen heute aber im Namensrecht Art. 48 EGBGB sowie im Betreuungsrecht das ErwSÜ, mit welchen die fragwürdige Inländerdiskriminierung durch die genannten Kollisionsnormen zugunsten einer Berücksichtigung bzw. Anwendung des Rechts am gewöhnlichen Aufenthalt des Betroffenen im Ergebnis aufgegeben wurde (s. näher die Kommentierung der genannten Vorschriften).

91   **Einseitige Kollisionsnormen** sind typisch für das internationale öffentliche Recht, zB das **Staatsangehörigkeitsrecht,** in dem jeder Staat selbst festlegt, wen er zu seinen Staatsangehörigen zählt (→ EGBGB Art. 5 Rn. 14). In der Dogmengeschichte des IPR hat es nicht an Versuchen gefehlt, auch insoweit ein System aus einseitigen Kollisionsnormen aufzubauen.[309] Heute werden diese Ansätze im deutschen und europäischen IPR aus wissenschaftlicher Sicht praktisch allgemein als gescheitert bewertet, weil sie notwendigerweise zu Normenmangel und Normenhäufung führen müssen;[310] gerade das Staatsangehörigkeitsrecht bietet für solche Konstellationen (mehrfache Staatsangehörigkeit bzw. Staatenlosigkeit) reichliches Anschauungsmaterial (→ EGBGB Art. 5 Rn. 54 ff.). Während der europäische Verordnungsgeber diese gefestigten Einsichten beherzigt und in allen bisherigen Verordnungen – von der besonderen Problematik der Eingriffsnormen abgesehen (→ Rn. 286) – allseitige Kollisionsnormen verankert hat, judiziert der EuGH im **Internationalen Gesellschaftsrecht** aus einer unilateralistisch geprägten Perspektive,[311] die das Gesellschaftskollisionsrecht in bewusster Analogie zum Staatsangehörigkeitsrecht konzipiert, dies aber primärrechtlich fundiert mit einer Anerkennungspflicht anderer Mitgliedstaaten verbindet (→ EGBGB Art. 3 Rn. 90 ff.). Auch in der Abgrenzung zwischen lediglich intern und international zwingendem Recht zeigt die EuGH-Rechtsprechung (*Ingmar*) beklagenswerte unilateralistische Tendenzen, die in Drittstaaten auf Befremden stoßen müssen (→ EGBGB Art. 3 Rn. 84 ff.).

92   **3. Gesetzesbezogene Kollisionsnormen.** Während die allgemeinen Kollisionsnormen des EGBGB, der unionsrechtlichen Verordnungen oder kollisionsrechtlicher Staatsverträge regelmäßig nicht nur die Sachnormen eines einzelnen Gesetzes zur Anwendung berufen (Ausnahmen: Art. 16 Abs. 2 und Art. 17b Abs. 2 S. 2 EGBGB), enthalten zahlreiche Gesetze besondere Kollisionsnormen, die lediglich die räumliche Anwendbarkeit der darin enthaltenen Sachnormen regeln. Das klassische IPR, wie es maßgeblich durch *Savigny* im 19. Jahrhundert geprägt wurde (→ Rn. 19), zielt in erster Linie auf die Anknüpfung privatrechtlicher Normen ab, die keinen besonderen rechtspolitischen Steuerungszweck im öffentlichen Interesse verfolgen. Die in Frage kommenden Rechtsordnungen gelten grundsätzlich als gleichwertig und damit fungibel.[312] Die Kollisionsnormen sind deshalb allseitig ausgestaltet, dh sie können sowohl zur Anwendung des eigenen als auch des fremden Rechts führen (→ Rn. 89). Staatsinteressen spielen allenfalls eine untergeordnete Rolle.[313] Auf den materiellen Inhalt des berufenen Rechts kommt es bei der Anknüpfung grundsätzlich nicht an (→ Rn. 57). Die Verweisungsnormen nehmen auf das „Recht" eines Staates, nicht einzelne Gesetze Bezug (→ EGBGB Art. 3 Rn. 21 f.; zur Reichweite der Verweisung im Hinblick auf die Qualifikation → Rn. 136 ff.). Internationales Privatrecht und Internationales Zivilverfahrensrecht sind voneinander unabhängig, dh das zuständige Forum muss in der Sache ggf. auch fremdes Recht anwenden, wenn die Verweisungsnormen der lex fori dies anordnen.[314] Anders ist die Lage im Wirtschaftskollisionsrecht.[315] Hierunter wird das Recht verstanden, das in Sachverhalten mit Auslandsberührung

---

[308] Für Verallseitigung des Art. 10 Abs. 3 S. 1 Nr. 2 EGBGB namentlich *Sturm* StAZ 2010, 146 (147 f.) mzN zum Streitstand; dagegen – de lege lata mit Recht – zB *Kropholler* IPR § 43 II 2b; nachdem der Gesetzgeber diese Option jüngst explizit verworfen hat (BT-Drs. 17/11049, 12), fehlt es bereits an einer unbewussten Regelungslücke als Voraussetzung für eine Analogie; zu Art. 24 Abs. 1 S. 2 umfassend Staudinger/*v. Hein* (2014) EGBGB Art. 24 Rn. 31 mwN zum Streitstand und zur Praxis der österreichischen Gerichte.

[309] Umfassend zum deutschen, französischen, italienischen und US-amerikanischen IPR *Romano*, L'unilateralismo nel diritto internazionale privato moderno, 2014, 23 ff.; näher zu älteren Lehrmeinungen auch *Kegel/Schurig* IPR § 6 V; *Kropholler* IPR § 13 III 2 mwN.

[310] *v. Hoffmann/Thorn* IPR § 4 Rn. 12; *Kegel/Schurig* IPR § 6 V 1; *Kropholler* IPR § 13 III 2.

[311] Hierauf weisen bereits *Kegel/Schurig* IPR § 6 V 1 hin.

[312] *v. Hoffmann/Thorn* IPR § 2 Rn. 50; *Kropholler* IPR § 3 I f.

[313] Näher zu den Staatsinteressen *v. Hoffmann/Thorn* IPR § 2 Rn. 55; *Kegel/Schurig* IPR § 2 IV; *Kropholler* IPR § 5 I 1.

[314] Statt aller *v. Hoffmann/Thorn* IPR § 1 Rn. 94; *Kropholler* IPR § 58 II 3.

[315] Monographisch die Zürcher Habilitationsschrift von *Schnyder*, Wirtschaftskollisionsrecht, 1990, besprochen von *Kronke* AcP 191 (1991), 171 ff.; ferner aus deutscher Sicht die grundlegenden Beiträge zum MPI-Symposium „Extraterritoriale Anwendung von Wirtschaftsrecht" 1986 von *Basedow* RabelsZ 52 (1988), 8 ff.; *Drobnig* RabelsZ 52 (1988), 1 ff. und *Siehr* RabelsZ 52 (1988), 41 ff.; ferner *Kronke*, FS Buxbaum, 2000, 363 ff.; *Schnyder*, FS Buxbaum, 2000, 515 ff.; Staudinger/*Fezer/Koos* (2015) IntWR Rn. 1–40; in Grundfragen abw. *Habermeier*, Neue Wege im Wirtschaftskollisionsrecht, 1997. Zu den unterschiedlichen Strategien der Regulierung globaler Kapitalmärkte eingehend *Baum* in Basedow/Kono, Legal Aspects of Globalization, 2000, 77 –132; *Baums*, FS Raisch, 1995, 211 ff. *Schnyder* ZSR 137 (1996) I, 151–167.

regelt, wie Sachnormen anzuknüpfen sind, „die über ihren unmittelbaren Regelungsgegenstand hinaus helfen sollen, die Ziele einer bestimmten Wirtschaftsverfassung zu verwirklichen".[316] Diese Sachnormen dienen einem öffentlichen Interesse und sind aufgrund ihrer Steuerungsfunktion grundsätzlich nicht austauschbar.[317] Dementsprechend sind die Kollisionsnormen auf diesem Gebiet im Allgemeinen einseitig gefasst, dh sie berufen allein die lex fori.[318] Die Anknüpfung wird bewusst von Staatsinteressen determiniert.[319] Charakteristisch für die kollisionsrechtliche Anknüpfung ist eine besondere Abhängigkeit vom jeweiligen Sachrecht.[320] Es ist deshalb methodisch nachvollziehbar, dass es bislang zB keine einheitliche kapitalmarktrechtliche Kollisionsnorm gibt.[321] Zudem laufen auf diesen Rechtsgebieten die internationale Zuständigkeit und die wirtschaftsrechtliche Anknüpfung in aller Regel parallel (Gleichlauf):[322] Nur die wirtschaftsrechtlichen Normen der lex fori werden angewendet; die Anwendbarkeit des einheimischen Wirtschaftsrechts ist Voraussetzung für die Zuständigkeit einer Behörde (zB im Kartell- und Übernahmerecht).[323] Dem entspricht die Stellung der wirtschaftsrechtlichen Kollisionsnormen in den jeweiligen Gesetzen statt im EGBGB; es handelt sich um sog **gesetzesbezogene Kollisionsnormen (lois d'application immédiate)**,[324] zB § 185 Abs. 2 GWB oder §§ 1, 2 WpÜG. Allerdings weist auch das Wirtschaftskollisionsrecht genuin privatrechtliche Normen auf, die zB Ansprüche auf Schadensersatz wegen Verstößen gegen kartellrechtliche Vorschriften oder kapitalmarktrechtliche Informationspflichten betreffen; insofern ist auch die Herausbildung einer gewöhnlichen allseitigen Kollisionsnorm möglich, wie sie sich für das Kartellrecht bereits in Art. 6 Abs. 3 Rom II-VO findet und gegenwärtig auch im Kapitalmarktrecht diskutiert wird.[325] Um den sachlichen Zusammenhang mit den für eine deliktische Haftung relevanten öffentlich-rechtlichen Verhaltenspflichten (zB Prospektpflichten) zu wahren, kommen als Methoden die akzessorische Anknüpfung[326] oder auch ein Ausbau der zu berücksichtigenden Verhaltensregeln gemäß Art. 17 Rom II-VO in Betracht.[327] Im Einzelnen ist auf die Kommentierungen zum Internationalen Kartellrecht und zum Internationalen Kapitalmarktrecht zu verweisen.

4. „Versteckte" Kollisionsnormen.

Schrifttum: *Birk,* Die Umrechnungsbefugnis bei Fremdwährungsforderungen im Internationalen Privatrecht, AWD 1973, 425; *Grothe,* Das währungsverschiedene Substitutionsrecht in Euro, ZBB 2002, 1; *F.A. Mann,* Kollisionsnorm und Sachnorm mit abgrenzendem Tatbestandsmerkmal, FS Raiser, 1974, 498.

Kollisionsnormen müssen nicht stets explizit geregelt werden, sondern können mitunter auch **93** durch Auslegung einer anderen Vorschrift, zumeist einer Sachnorm, erschlossen werden; in diesem Fall spricht man herkömmlich von einer **„versteckten" Kollisionsnorm.**[328] Derartige Fälle sind allerdings angesichts der heutigen Regelungsdichte des IPR höchst selten. Das immer wieder herangezogene Paradebeispiel bietet § 244 BGB, dem im Wege der Auslegung entnommen werden soll,

---

[316] *Siehr* RabelsZ 52 (1988), 41 (45 f.); ähnlich *Basedow* RabelsZ 52 (1988), 8 f. (räumliche Durchsetzung ordnungspolitischer Normen); *Drobnig* RabelsZ 52 (1988), 1 (2 f.); *Schnyder* in Dufour/Hertig, Kolloquium - Erwerb von Beteiligungen am Beispiel der öffentlichen Übernahmeangebote, 1990, 624 (626) (Verweisungsnormen für Ansprüche, die ordnungsrechtlich begründet sind); *Schnyder,* FS Buxbaum, 2000, 518 f.

[317] *Schnyder* Wirtschaftskollisionsrecht, 1990, Rn. 11; *Schnyder,* FS Buxbaum, 2000, 515 (525); ähnlich *Kronke* AcP 191 (1991), 171 (172).

[318] *Baums,* FS Raisch, 1995, 211 (215 f.); *Kronke* AcP 191 (1991), 171 (173); *Schnyder,* FS Buxbaum, 2000, 515 (523); von einem „seeing unilateralism" spricht *Kronke,* FS Buxbaum, 2000, 515 (523); von „aggressive unilateralism" *Baum* in Basedow/Kono, Legal Aspects of Globalization, 2000, 90 (in Bezug auf die amerikanische Praxis).

[319] Näher *Kropholler* IPR § 3 II; s. auch *v. Hoffmann/Thorn* IPR § 2 Rn. 55; *Kegel/Schurig* IPR § 2 IV, S. 130–132; krit. *Habermeier,* Neue Wege im Wirtschaftskollisionsrecht, 1997, 191 f.

[320] *Schnyder,* FS Buxbaum, 2000, 525.

[321] Zutr. *Schnyder* ZSR 137 (1996) I, 151 (165); s. aber die Vorschläge des Deutschen Rates für IPR *Lehmann* IPRax 2012, 399.

[322] *Schnyder* in Dufour/Hertig, Erwerb von Beteiligung am Beispiel der öffentlichen Übernahmeangebote, 1990, 624 (628); *Schnyder* ZSR 137 (1996) I, 151 (156); *Kronke* AcP 191 (1991), 171 (173); zum öffentlichen Recht im Allgemeinen auch *Kegel/Schurig* IPR § 2 IV, S. 130.

[323] Zu Versuchen, ein multilaterales Verweisungssystem auf der Basis des Marktauswirkungsprinzips zu entwickeln, ausf. *Habermeier,* Neue Wege im Wirtschaftskollisionsrecht, 1997, 280 ff.

[324] Zur Begrifflichkeit ausf. *Kropholler* IPR § 13 V; auch als selbstbegrenzte oder gar „selbstgerechte" Sachnormen bezeichnet, so *Kegel/Schurig* IPR § 6 I 5.

[325] *Lehmann* IPRax 2012, 399; *v. Hein* BerGesVR 45 (2011), 369; *Steinrötter,* Beschränkte Rechtswahl, 2014.

[326] *v. Hein* BerGesVR 45 (2011), 369; *Steinrötter,* Beschränkte Rechtswahl, 2014.

[327] Dafür *Lehmann* IPRax 2012, 399.

[328] Bamberger/Roth/*Lorenz* Rn. 46; *v. Hoffmann/Thorn* IPR § 4 Rn. 14 ff.; *Kropholler* IPR § 13 IV; Staudinger/*Sturm/Sturm* (2012) Rn. 641; krit. *v. Bar/Mankowski* IPR I § 4 Rn. 13.

dass auch bei einem ausländischen Vertragsstatut eine im Inland zahlbare Fremdwährungsschuld in Euro erfüllt werden dürfe.[329] Aber das ist zweifelhaft, weil aufgrund des Anwendungsvorrangs der Rom I-VO (Art. 12 Abs. 1 lit. b Rom I-VO) die Frage, welches Recht auf die Erfüllung vertraglicher Schulden anwendbar ist, weder explizit noch „versteckt" vom deutschen Gesetzgeber geregelt werden darf. Allenfalls als Eingriffsnorm (Art. 9 Abs. 2 Rom I-VO) oder als Vorschrift, die lediglich die Art und Weise der Erfüllung (Art. 12 Abs. 2 Rom I-VO) betrifft, könnte man § 244 BGB unabhängig vom jeweiligen Vertragsstatut zum Tragen kommen lassen.[330] Es geht jedoch schwerlich an, eine schon internrechtlich nur dispositive Vorschrift zu einer international zwingenden Norm zu erheben,[331] und ob man eine währungsrechtliche Ersetzungsbefugnis mit bloßen Erfüllungsmodalitäten wie zB Feiertagsregelungen oder Ladenöffnungszeiten gleichsetzen darf, ist ebenfalls zu bezweifeln.[332]

94   Ferner können sich Kollisionsnormen auch in **Zuständigkeits- oder Anerkennungsvorschriften** des Internationalen Zivilverfahrensrechts verstecken, so vor allem im anglo-amerikanischen Rechtskreis (zur daraus folgenden „versteckten" Rückverweisung → EGBGB Art. 4 Rn. 43 ff., 67.).

95   Zur Frage, ob sich aus den **Grundfreiheiten des AEUV,** insbesondere der Freizügigkeitsgarantie (Art. 21 AEUV), eine „versteckte" Kollisionsnorm im Sinne eines „Anerkennungsprinzips" entnehmen lässt, eingehend → EGBGB Art. 3 Rn. 117 ff.; → EGBGB Art. 3 Rn. 80 ff. auch zur Frage eines kollisionsrechtlichen „Herkunftslandprinzips" in der **E-Commerce-Richtlinie.**

96   **5. Einheitsrechtliche Abgrenzungsnormen.** Das Verhältnis einheitsrechtlicher Anwendungsnormen zum IPR bildet seit je eine Materie, die anfällig für Missverständnisse ist.[333] Grundlegende Bedeutung hat zunächst die Differenzierung zwischen **Geltungs- und Anwendungsbereich des Internationalen Einheitsrechts.**[334] Ein Staatsvertrag oder eine EU-Verordnung „gilt" zwar in allen Vertrags- bzw. Mitgliedstaaten. Davon zu unterscheiden ist aber die Frage, unter welchen Voraussetzungen die darin enthaltenen Regeln auf bestimmte Sachverhalte Anwendung finden.

97   Auch Staatsverträge oder sonstige Rechtsakte, deren Schwerpunkt auf der Vereinheitlichung des Sachrechts liegt, enthalten zumeist spezielle Bestimmungen, die den räumlichen, persönlichen und sachlichen **Anwendungsbereich** des vereinheitlichten Rechts regeln. Diese Vorschriften sind typischerweise einseitiger Natur (→ Rn. 89), dh sie definieren allein den Anwendungsbereich des vereinheitlichten Rechts und berufen kein anderes Recht. Um den Unterschied zum allgemeinen IPR deutlich zu machen, spricht man insoweit auch von sog **Abgrenzungs- oder Anwendungsnormen.**[335] Das Verhältnis derartiger Anwendungsnormen zum sonstigen IPR kann unterschiedlich ausgestaltet sein:

98   Zum Teil kann den Anwendungsnormen implizit die Aussage entnommen werden, dass sie ohne **Vorschaltung** des allgemeinen Kollisionsrechts – als leges speciales – zum Zuge kommen sollen. Diesem Ansatz folgt insbesondere Art. 1 Abs. 1 lit. a CISG: Schließen zwei Parteien einen Kaufvertrag, die ihre Niederlassung in verschiedenen Vertragsstaaten haben, kommt das CISG zur Anwendung, ohne dass zuvor das anwendbare Recht nach der Rom I-VO zu ermitteln wäre. Andererseits ist es denkbar, dass das Einheitsrecht selbst seine Anwendbarkeit von einer Vorschaltung des IPR abhängig macht.[336] Diesem Modell folgt zB Art. 1 Abs. 1 lit. b CISG: Nach dieser Vorschrift ist das CISG anwendbar, wenn die Regeln des IPR zur Anwendung des Rechts eines Vertragsstaates führen. Es kommt folglich stets auf eine Analyse des einzelnen Rechtsaktes oder, wie im Falle des CISG, sogar auf eine Untersuchung der einzelnen Vorschriften an, um festzustellen, ob der Normgeber

---

[329] S. *Birk* AWD 1973, 425 ff.; *Kegel/Schurig* IPR § 1 VIII 1; *Kropholler* IPR § 13 IV 2; Staudinger/*Sturm/Sturm* (2012) Rn. 641; ferner *v. Hoffmann/Thorn* IPR § 4 Rn. 16 – allerdings mit Hinweis auf die aA bei Staudinger/*v. Hoffmann* (2001) EGBGB Vor Art. 40 Rn. 90; obiter LG Braunschweig NJW 1985, 1169; aA zB *Grothe* ZBB 2002, 1 ff.; *F.A. Mann,* FS Raiser, 1974, 499 (504).

[330] Näher *Grothe* ZBB 2002, 1 (3).

[331] *Grothe* ZBB 2002, 1 (3); Staudinger/*v. Hoffmann* (2001) EGBGB Vor Art. 40 Rn. 90; aA *Kropholler* IPR § 13 IV 2.

[332] Befürwortend zB PWW/*Schmidt-Kessel/Kramme* BGB § 245 Rn. 15; Bamberger/Roth/*Spickhoff* Rom I-VO. Art. 12 Rn. 17; abl. auch insoweit *Grothe* ZBB 2002, 1 (3).

[333] Hierzu umfassend *Drobnig,* Mélanges v. Overbeck, 1990, 15; eingehend bereits *Kropholler,* Internationales Einheitsrecht, 1975, 179 ff.

[334] Eingehend bereits *Drobnig,* Mélanges v. Overbeck, 1990, S. 15, 16 ff., der zutr. darauf hinweist, dass diese terminologische Unterscheidung in anderen Sprachen wie zB dem Französischen nicht mit vergleichbarer Strenge durchgeführt wird; im Kontext des EuKaufR *Flessner* ZEuP 2012, 726 (735).

[335] Von Abgrenzungsnormen spricht *Kropholler* IPR § 12 I 1 a; ihm folgend zB *Basedow,* FS v. Hoffmann, 2011, 50 (56 f.); *Mansel* WM 2012, 1253 (1262); von Anwendungsnormen *Drobnig,* Mélanges v. Overbeck, 1990, 15 (19 f.); zur internationalen Terminologie ausf. *Kadner Graziano* YbPIL 13 (2011), 165 (167).

[336] Von einer „IPR-Vorschaltlösung" spricht insoweit bereits *Drobnig,* Mélanges v. Overbeck, 1990, 15 (23); der Terminus wird für den EuKaufRVO-E allgemein übernommen, s. zB *Fornasier* RabelsZ 76 (2012), 401 (416 ff.); *Mankowski* RIW 2012, 97 (100 ff.); *Stadler* AcP 212 (2012), 473 (478).

beabsichtigt hat, den Anwendungsbereich des Einheitsrechts autonom zu bestimmen oder das allgemeine IPR vorzuschalten. Die Ausgestaltung des gescheiterten Verordnungsvorschlags zum EuKaufR (→ Rn. 8) in diesem Punkt war sehr umstritten. Die von der Kommission präferierte Lösung, der Anwendbarkeit des EuKaufR eine kollisionsrechtliche Prüfung anhand der Rom I-VO vorzuschalten, war vielfach als verfehlt kritisiert,[337] zum Teil aber auch als gangbarer Weg verteidigt worden.[338] Mit der Rücknahme des Kommissionsvorschlags Ende 2014 hat sich diese Frage erledigt.

6. Sachnormen im IPR.

Schrifttum: *Bauer,* Les traités et les régles de droit international privé matériel, Rev. crit. dr. int. priv. 1966, 537; *Beitzke,* Nationales Recht für internationale Sachverhalte?, Öst. Akademie der Wissenschaften, Anzeiger der phil-his. Klasse 111 (1974), 277; *Căpăţînă,* Les régles matérielles dans le conflit des lois, Rev. roum. sc. soc. sc. jur. 18 (1974), 87; *Deby-Gérard,* Le rôle de la régle de conflit dans le règlement des rapports internationaux, Paris 1973, 98; *Ferrer Correia,* Estudos vários de direito, Coimbra 1982, 243–247, 255–278, 321–379, 408–414; *Heßler,* Sachrechtliche Generalklausel und IPR, 1985; *Kegel,* The Crisis of Conflict of Laws, Rec. des Cours 1964 II, 238; *Keller/Siehr,* Allgemeine Lehren des internationalen Privatrechts, 1986, 450; *Lalive,* Tendances et Méthodes en Droit International Privé: Cours general de droit international privé, Rec. des Cours 1977 II (erschienen 1979), 90; *Loquin,* Les règles matérielles internationales, Rec. des Cours 322 (2006), 9; *v. Mehren,* Special Substantive Rules for Multistate Problems: Their Role and Significance in Contemporary Choice of Law Mathodology, Harv. L. Rev. 88 (1974), 347; *v. Mehren,* Choice of Law and the Problem of Justice, Law & Cont. Prob. 41 (1977), Nr. 2, 27; *Miaja de la Muela,* Las normas materiales de derecho internacional privado, Rev. esp. der. int. 1963, 425; *v. Overbeck,* Les règles de droit international privé matériel, NTIR 1962, 362; *v. Overbeck,* Les questions générales du droit international privé à la lumière des codifications et projets récents: Cours général de droit international privé, Rec. des Cours, 1982 III (erschienen 1983), 67; *Schurig,* Kollisionsnorm und Sachrecht, 1981, 239 f., 331–335; *Siehr,* Sachrecht im IPR, transnationales Recht und lex mercatoria, in Holl/Klinke, Internationales Privatrecht, internationales Wirtschaftsrecht, 1985, 103; *Siehr,* "False Conflicts", "lois d'application immédiate" und andere "Neuentdeckungen" im IPR, FS Drobnig, 1998, 443; *Simon-Depitre,* Les régles matérielles dans le conflit des lois, Rev. crit. dr. int. priv. 1974, 591; *Steindorff,* Sachnormen im IPR, 1958; *Szászy,* Substantive Rules in the Conflict of Laws, in Péteri, The comparison of Law, Selected Essays for the 9th International Congress of Comparative Law, Budapest 1974, 97; *Vitta,* Le droit international privé matériel en droit italien, Riv. dir. int. priv. proc. 1973, 830; *Vitta,* Les règles matérielles dans le conflit de lois, in: Rapports nationaux italiens au IXe Congrès International de Droit Comparé Téhéran 1974, Mailand 1974, 251.

Ein schillernder Begriff ist die sog **„Sachnorm im IPR".**[339] Hiermit können drei völlig unterschiedliche Dinge gemeint sein: **99**

Erstens kann der Begriff als Synonym für die bereits oben beschriebenen **gesetzesbezogenen** **100** **Kollisionsnormen** (lois d'application immédiate) verwendet werden.[340] Insoweit ist er aber wenig hilfreich, weil er das kollisionsrechtliche Element der beschriebenen Normen eher verdunkelt als erhellt.

Zweitens können mit dem Begriff solche **Sachnormen** gemeint sein, die zwar keine inhaltlichen **101** Besonderheiten aufweisen, aber wegen ihres **engen sachlichen Zusammenhangs mit Kollisionsnormen** für bestimmte Auslandssachverhalte ausnahmsweise im Rahmen einer IPR-Kodifikation enthalten sind.[341] Als aktuelle Beispiele für solche „Fremdkörper" (*Kropholler*) sind Art. 14 HUP über die Bemessung des Unterhaltsbetrages oder Art. 32 EuErbVO über widersprüchliche Kommorientenvermutungen zu nennen (→ Rn. 256, Rn. 267). Hier kann man allein wegen des Standortes dieser Regelungen untechnisch von Sachnormen „im IPR" sprechen. Nicht einmal äußerlich etwas mit dem IPR zu tun haben hingegen solche Sachnormen, die aufgrund des Auslandsbezuges eines Sachverhalts eine **inhaltliche Modifikation des materiellen Rechts** vorsehen, so zB § 1944 Abs. 3 BGB, § 1954 Abs. 3 BGB in Bezug auf eine Verlängerung der Ausschlagungs- bzw. Anfechtungsfrist, wenn einer der am Erbfall Beteiligten im Ausland wohnt.[342] Es handelt sich insoweit um „nationales

---

[337] Überwiegend krit. *Corneloup* ZEuP 2012, 705 (712 f.); *Eidenmüller/Jansen/Kieninger/Wagner/Zimmermann* JZ 2012, 269 (273 ff.); *Kessedjian,* Mélanges Pierre Mayer, 2015, 365 ff.; *Mansel* WM 2012, 1253 (1261 f.); *W.-H. Roth* EWS 2012, 12 (13 f.); *Rühl* MJ 19 (2012), 148 (156 ff.); *Stadler* AcP 212 (2012), 473 (475 ff.); zum Verlauf der Diskussion näher *v. Hein,* FS Martiny, 2014, 365 ff.

[338] *Leible* in Remien/Herrler/Limmer, Gemeinsames Europäisches Kaufrecht für die EU, 2012, 21 ff. Rn. 41; *Mankowski* RIW 2012, 97 ff.; trotz eigener Präferenz für eine einheitsrechtliche Lösung eher milde gegenüber dem Kommissionsvorschlag *Fornasier* RabelsZ 76 (2012), 401 (440): Die praktischen Unterschiede seien gering.

[339] Hierzu grundlegend *Steindorff,* Sachnormen im internationalen Privatrecht, 1958; aus den USA *v. Mehren* Harv. L. Rev. 88 (1974), 347; vgl. aus neuerer Zeit in Deutschland *Siehr* in Holl/Klinke, Internationales Privatrecht, internationales Wirtschaftsrecht, 1985, 103; umfassende Nachweise auch zur ausländischen Diskussion bei *Kegel/Schurig* IPR § 8 III 3.

[340] So zB, wenn auch mit deutlich kritischer Note, *Kropholler* IPR § 13 V.

[341] Krit. zu dieser systematisch unsauberen Kodifikationstechnik *Kropholler* IPR § 13 V.

[342] Bamberger/Roth/*Lorenz* Rn. 48; *Kropholler* IPR § 12 II.

Sonderrecht für Auslandsfälle"[343] bzw. „Sachnormen mit auslandsbezogenen Tatbestandsmerkmalen",[344] die nur Anwendung finden, wenn sie überhaupt vom deutschen oder europäischen IPR (also im Beispiel nach der EuErbVO) berufen werden. Art. 47 EGBGB ist keine Kollisionsnorm, sondern zählt ebenfalls zu dieser Art spezieller Sachnormen (→ EGBGB Art. 3 Rn. 23). Auch wenn eine Vorschrift wie § 92c HGB die materiellrechtliche Dispositionsfreiheit der Parteien zur Abbedingung intern zwingenden Rechts erweitert, darf dies nicht mit einer kollisionsrechtlichen Parteiautonomie verwechselt werden.[345] Aus räumlichen Tatbestandsmerkmalen in einer Sachnorm kann unter Umständen durch Auslegung eine sog „versteckte" Kollisionsnorm gewonnen werden, allerdings nur, sofern nicht der Anwendungsvorrang des Unionsrechts entgegensteht (→ Rn. 93).

102 Drittens – und das war der eigentliche Gedanke *Steindorffs* und *v. Mehrens* – soll mit dem Schlagwort der „Sachnormen im IPR" bzw. der „special substantive rules for multistate problems" eine Technik zur Lösung von Fällen mit Auslandsbezug beschrieben werden, aufgrund derer Sachverhalte nicht länger mithilfe des herkömmlichen Kollisionsrechts nur einer der beteiligten Rechtsordnungen zugewiesen werden, sondern ein materiellrechtlicher „Mix" aus beiden Rechtsordnungen oder eine gänzlich neue Sachnorm vom Gericht ad hoc entwickelt wird.[346] Als allgemeine methodische Alternative zum herkömmlichen IPR ist dieser Lösungsvorschlag auf schroffe Ablehnung gestoßen, weil er zu einer erheblichen Gefährdung der Rechtssicherheit und des internationalen Entscheidungseinklangs führen würde.[347] Die wünschenswerte Entwicklung materieller Sonderregeln für Sachverhalte mit Auslandsbezug (Internationales Einheitsrecht) muss der Rechtsvereinheitlichung durch Unionsrecht, Staatsverträge oder Modellgesetze vorbehalten bleiben (→ Rn. 315). Auch durch einen materiellrechtlichen Stichentscheid determinierte Alternativanknüpfungen weisen ein die Anknüpfung vorstrukturierendes lokalisatorisches Element auf und stellen daher Kollisionsnormen, keine Sachnormen dar;[348] dies gilt ungeachtet des Fahrlässigkeitskriteriums auch für die Regelungen zum Schutz des Rechtsverkehrs in Art. 12 S. 1 EGBGB, Art. 13 Rom I-VO und Art. 17 ErwSÜ.[349] Im Einzelfall können allerdings bei der gewöhnlichen Rechtsanwendung im IPR Normenwidersprüche entstehen, welche die Umbildung eines oder beider der beteiligten Sachrechte durch Anpassung erforderlich machen (→ Rn. 242). Entfernt sich das Resultat erheblich vom Inhalt beider Rechtsordnungen, wird zum Teil auch insoweit von der Bildung einer gänzlich neuen „Sachnorm im IPR" gesprochen (→ Rn. 265). Richtigerweise wird insoweit aber nicht die Sachnorm „*im IPR*" gebildet, sondern erst *nachdem* das herkömmliche IPR nicht zu einer befriedigenden Anknüpfung geführt hat, und zwar regelmäßig aufgrund einer Rechtsfortbildung im Rahmen der lex fori (→ Rn. 99 ff.) Auch im Falle der Anpassung sollte zwischen kollisions- und sachrechtlichen Lösungen begrifflich präzise getrennt werden (→ Rn. 254).

III. Die Abspaltung von Teilfragen (dépeçage)

Schrifttum: *Aubart,* Die Behandlung der *dépeçage* im europäischen Internationalen Privatrecht, 2013; *Cocteau-Senn,* Dépeçage et coordination dans le règlement des conflits de lois, 2001; *Ekelmans,* Le dépeçage du contrat dans la convention de Rome du 19 juin 1980 sur la loi applicable aux obligations contractuelles, Mélanges Vander Elst, 1986, 243; *Jayme,* Betrachtungen zur „dépeçage" im internationalen Privatrecht, FS Jayme, 1987, 253; *Lagarde,* Le „dépeçage" dans le droit international privé des contrats, Riv. dir. int. priv. proc. 11 (1975), 649; *Mankowski,* Dépeçage unter der Rom I-VO, FS Spellenberg, 2010, 261; *Serick,* Die Sonderanknüpfung von Teilfragen im IPR, RabelsZ 18 (1953), 633; *E. Wagner,* Statutenwechsel und dépeçage im internationalen Deliktsrecht, 1988; *Windmöller,* Die Vertragsspaltung im Internationalen Privatrecht des EGBGB und des EGVVG, 2000.

103 **1. Begriff der Teilfrage.** Als **Teilfrage** bezeichnet man gemeinhin einen Bestandteil eines umfassenderen Komplexes von materiellen Rechtsfragen (der sog **Hauptfrage**), der für sich genommen keine Rechtsfolgen hervorruft und daher in der Anwendung des Sachrechts nicht isoliert von einer Hauptfrage auftritt.[350] Schließen zwei Parteien beispielsweise durch ihre Stellvertreter einen Grundstückskaufvertrag

---

[343] *Kropholler* IPR § 12 II.

[344] Bamberger/Roth/*Lorenz* Rn. 48.

[345] S. Baumbach/Hopt/*Hopt* HGB § 92c Rn. 1 mwN.

[346] *Steindorff,* Sachnormen im internationalen Privatrecht, 1958; aus den USA *v. Mehren* Harv. L. Rev. 88 (1974), 347 ff.

[347] S. etwa Staudinger/*Sturm/Sturm* (2012) Rn. 99: „unklar, verschwommen und für die Praxis unbrauchbar"; ferner *Martinek* in Simon, Rechtswissenschaft in der Bonner Republik: Studien zur Wissenschaftsgeschichte der Jurisprudenz, 1994, 529, 590: „Die Idee [...] hat sich in der Praxis als chancenlos erwiesen."

[348] Eingehend *v. Hein,* Das Günstigkeitsprinzip im Internationalen Deliktsrecht, 1999, 64 ff.

[349] So explizit zu Art. 13 Rom I-VO *Spellenberg* (→ Rom I-VO Art. 13 Rn. 7); aA *Jobard-Bachellier,* L'apparence en droit international privé, 1984, Rn. 236 ff.

[350] *Lüderitz* IPR Rn. 143; *v. Hoffmann/Thorn* IPR § 6 Rn. 43; Staudinger/*Sturm/Sturm* (2012) Rn. 291; *Svenné Schmidt* Rec. des Cours 233 (1992-II), 305, 332; ebenso *Bernitt,* Die Anknüpfung von Vorfragen im europäischen Kollisionsrecht, 2010, 12; zu einzelnen Varianten der Begriffsbildung näher *Kropholler* IPR § 18 I vor 1; krit. zum „unnötige[n], weil verwirrende[n]" Begriff der Teilfrage Bamberger/Roth/*Lorenz* Rn. 67.

und stellen sich anschließend Zweifel an der Geschäftsfähigkeit des Verkäufers (V) bei der Vollmachterteilung ein, bildet, wenn der Käufer (K) den V auf Auflassung verklagt, der Anspruch des K aus dem Kaufvertrag die Hauptfrage, für die das anwendbare Recht nach der Rom I-VO zu bestimmen ist. Um über die Begründetheit dieses Anspruchs zu entscheiden, müssen aber Teilfragen im Hinblick auf die wirksame Stellvertretung des V, seine Geschäftsfähigkeit und ggf. auch im Hinblick auf die Formwirksamkeit des Vertrages beantwortet werden. Diese Fragen werden jeweils gesondert angeknüpft: die Geschäftsfähigkeit nach Art. 7 Abs. 1 EGBGB, die Stellvertretung an den Gebrauchs- oder Wirkungsort[351] und die Formwirksamkeit des Vertrages nicht nur an das Geschäftsstatut (Art. 11 Abs. 2 Var. 1 Rom I-VO), sondern grundsätzlich auch an das Recht des Abschlussortes (Art. 11 Abs. 2 Var. 2 Rom I-VO; vorbehaltlich des Art. 11 Abs. 5 Rom I-VO). Trotz ihrer engen materiellen Verbindung mit der Hauptfrage können Teilfragen also von letzterer abgespalten und kollisionsrechtlich gesondert angeknüpft werden.

Vielfach werden im engeren Sinne nur solche Rechtsfragen als Teilfragen eingestuft, die tatsächlich **104** besonderen Kollisionsnormen unterliegen.[352] Diese positivistische Begriffsverwendung erscheint jedoch zu eng, weil sie die zu beantwortende normative Frage vorwegnimmt, ob eine gesonderte Anknüpfung einer bestimmten Teilfrage sachlich gerechtfertigt ist.[353] Dies lässt sich am Beispiel der Geschäftsfähigkeit für einen Vertragsabschluss einerseits, der Deliktsfähigkeit im Hinblick auf die Begehung einer unerlaubten Handlung andererseits verdeutlichen: Die Geschäftsfähigkeit wird – jedenfalls im deutschen IPR – nicht dem Vertragsstatut (s. Art. 1 Abs. 2 lit. a Rom I-VO), sondern davon getrennt und dem Heimatrecht des Betroffenen unterstellt (Art. 7 Abs. 1 S. 1 EGBGB). Die Deliktsfähigkeit einer Person hingegen unterliegt dem Deliktsstatut (Art. 15 Abs. 1 lit. a Rom II-VO), wird also nicht gesondert angeknüpft. Dennoch handelt es sich auch bei der Deliktsfähigkeit um eine Teilfrage in dem oben definierten Sinn, weil diese Rechtsfrage nur als Bestandteil des Gesamtkomplexes „deliktische Haftung" materiellrechtlich relevant wird.[354] Gesondert anzuknüpfende Teilfragen bilden im deutschen und europäischen IPR insbesondere die bereits erwähnte Geschäftsfähigkeit (Art. 7 Abs. 1 EGBGB), Form des Rechtsgeschäfts (Art. 11 EGBGB; ebenso Art. 11 Rom I-VO) und Vertretungsmacht (Art. 8 EGBGB), ferner die Testierfähigkeit (Art. 26 Abs. 1 lit. a EuErbVO).[355] Nicht mit der Teilfrage zu verwechseln ist die **Vorfrage** (→ Rn. 160).

2. Problematik der Abspaltung (*dépeçage*). Im Internationalen Privatrecht hat sich vor allem **105** in den USA für die Aufspaltung eines Rechtskomplexes in einzelne, gesondert anzuknüpfende Teilfragen der aus dem Französischen stammende Fachbegriff *dépeçage* eingebürgert.[356] Der Begriff wird in Deutschland zumeist im internationalen Schuldvertragsrecht verwendet (Vertragsspaltung).[357] Die Problematik ist aber nicht auf dieses Gebiet beschränkt.[358] Im Allgemeinen wird unter dépeçage

---

[351] BGHZ 43, 21 (26) = NJW 1965, 487 (488); BGHZ 64, 183 (192) = NJW 1975, 1220 (1222); BGHZ 128, 41 (47) = DtZ 1995, 250 (251); BGH NJW 1982, 2733; 1990, 3088; 2004, 1315 (1316); BAG AP BGB § 620 Kündigungserklärung Nr. 23 Rn. 53; *Kegel/Schurig* IPR § 17 V 2a; *Kropholler* IPR § 41 I 1a; anders, für Anknüpfung an das Statut des Hauptgeschäfts, in neuerer Zeit nur noch → EGBGB Vor Art. 11 Rn. 142 ff. *(Spellenberg)*; dagegen wiederum ausf. Staudinger/*Magnus* (2016) Rom I-VO Art. 1 Anh. II Rn. 11 mwN für die ganz hM.

[352] So zB Bamberger/*Roth/Lorenz* Rn. 67; *v. Bar/Mankowski* IPR I § 7 Rn. 185; *Rauscher* IPR Rn. 499; *Siehr* IPR Anh. I, S. 573.

[353] Vgl. *Kropholler* IPR § 18 I vor 1; *Lüderitz* IPR Rn. 143; *Michael F. Müller* Jura 2015, 1319 (1323 f.); Staudinger/*Sturm/Sturm* (2012) Rn. 291; *Matthias Weller*, Europäisches Kollisionsrecht, 2015, Rn. 66; auch *v. Hoffmann/Thorn* IPR § 6 Rn. 43 definieren als Teilfrage eine Frage, die gesonderter Anknüpfung unterworfen werden „kann" (nicht: „muss"!).

[354] Explizit die Deliktsfähigkeit als Beispiel für eine Teilfrage anführend *Kropholler* IPR § 18 I vor 1; *Lüderitz* IPR Rn. 143; Staudinger/*Sturm/Sturm* (2012) Rn. 291.

[355] Vgl. Begr. RegE, BT-Drs. 10/504, 45; eingehend *St. Wagner*, Die Testierfähigkeit im IPR, 1996, 115 ff.; anders *van Venrooy* JR 1988, 485.

[356] Grundlegend *Jayme*, FS Kegel, 1987, 253 ff.; umfassend jüngst *Aubart*, Die Behandlung der dépeçage im europäischen Internationalen Privatrecht, 2013; aus französischer Sicht *Cocteau-Senn*, Dépeçage et coordination dans le règlement des conflits de lois, 2001; ferner *Habermeier*, Neue Wege im Wirtschaftskollisionsrecht, 1997, 143 f., 213 f.; *Kegel/Schurig* IPR § 2 II 3b; *Kropholler* IPR § 18 I vor 1; zum Internationalen Vertragsrecht der USA *Göthel* ZVglRWiss. 99 (2000), 338 (359 f.). Aus dem US-amerikanischen Schrifttum grundlegend *Ehrenzweig*, Private International Law, Bd. I, 1967, 119 f.; *Reese* Col. L. Rev. 73 (1973), 58 ff.; *Weintraub*, Commentary on the Conflict of Laws, 3. Aufl. 1986, 71–78. Der Begriff dépeçage ist zwar im Französischen maskulin (s. etwa *Lagarde* Riv. dir. int. priv. proc. 11 [1975], 649–677), wird im deutschen Sprachgebrauch aber überwiegend feminisiert (s. zB *Jayme* und *Göthel* aaO, anders *Habermeier* aaO, der die sächliche Form wählt).

[357] *v. Hoffmann/Thorn* IPR § 10 Rn. 38; *Kropholler* IPR § 18 I vor 1; RGRK-BGB/*Wengler*, Internationales Privatrecht Bd. 2, 1981, S. 971 Anm. 31; hierzu krit. *Windmöller*, Die Vertragsspaltung im Internationalen Privatrecht des EGBGB und des EGVVG, 2000, 20 f. mwN.

[358] S. etwa zum internationalen Deliktsrecht *Chr. Wilde* So. Cal. L. Rev. 41 (1968), 329 ff.; *E. Wagner*, Statutenwechsel und dépeçage im internationalen Deliktsrecht, 1988, 58–66; ferner *Freitag/Leible* ZVglRWiss 99 (2000), 101 (120); *v. Hein* ZVglRWiss. 99 (2000), 251 (264).

die Anwendung der Rechtsnormen verschiedener Staaten auf unterschiedliche Teilaspekte („issues") desselben Falles oder Problems verstanden.[359] Zwar ist mit der bloßen Verwendung des Fachbegriffs dépeçage noch kein Erkenntnisgewinn verbunden. Dieser Sprachgebrauch macht aber deutlich, dass sich hinter der Sonderanknüpfung von Teilfragen ein allgemeineres Problem der kollisionsrechtlichen Methodik verbirgt.[360] Eine auf Teilfragen bezogene Aufspaltung der Anknüpfung ist in den Kollisionsrechten der Vereinigten Staaten folgerichtig, weil man dort heute trotz aller Differenzen ganz überwiegend darin einig ist, dass die kollisionsrechtliche Verweisung auf bestimmte einzelne *Rechtsnormen* abzielt (Prinzip der „rule-selection"), nicht auf eine fremde *Rechtsordnung als Ganze* („jurisdiction-selection").[361] Demgegenüber beruhen Kollisionsrechte kontinentaleuropäischer Prägung seit der Überwindung der Statutentheorie im 19. Jahrhundert (→ Rn. 16 f.) auf dem Gedanken, dass eine Verweisung grundsätzlich zur Anwendbarkeit einer Rechtsordnung *in toto* führt, ebenjener Rechtsordnung, in dem das jeweilige Rechtsverhältnis seinen „Sitz" hat[362] (zur „Kanalisierung" dieser Verweisung durch funktional-teleologische Qualifikation → Rn. 118 ff.). Die Vorschriften des EGBGB zB berufen nicht nur einzelne Gesetze, sondern bestimmen bei Sachverhalten mit Auslandsbezug „das anzuwendende *Recht*" (Art. 3 EGBGB).[363] Hierbei handelt es sich nicht nur um terminologische Unterschiede.[364] Vielmehr stellen die modernen amerikanischen Strömungen bei der kollisionsrechtlichen Anknüpfung offen auf den *Inhalt* der in Frage kommenden Sachnormen und die an ihrer Anwendung bestehenden gesellschaftlichen bzw. staatlichen *Interessen* ab.[365] Bei einer solchen Interessenanalyse gelangt man geradezu zwangsläufig zu einer Aufspaltung des Sachverhalts in gesondert anzuknüpfende Teilfragen.[366] Das „klassische" Kollisionsrecht befindet sich hingegen in einer doppelten Frontstellung gegenüber materiellrechtlichen und staatlichen Interessen an der Anwendung eines bestimmten Rechts (→ Rn. 30). Der innere Entscheidungseinklang wird stark betont:[367] Die Regeln einer Rechtsordnung werden als nicht unverbunden nebeneinander stehend, sondern in funktionaler Wechselwirkung aufeinander bezogen angesehen.[368] Vor einer Zerstörung dieses Sinnzusammenhangs durch eine Abspaltung von Teilfragen wird gewarnt.[369]

106   Zwar ist eine solche **Zergliederung** im europäischen IPR der Schuldverträge für die Rechtswahl ausdrücklich anerkannt worden (Art. 3 Abs. 1 S. 3 Rom I-VO).[370] Sie wurde aber bei der objektiven Anknüpfung im Gegensatz zu Art. 28 Abs. 1 S. 2 EGBGB aF, der noch auf Art. 4 Abs. 1 S. 2 des EVÜ beruhte,[371] aus Gründen der Rechtssicherheit bewusst aufgegeben (Art. 4 Rom I-VO).[372] Ob es gleichwohl möglich ist, im Sinne einer Verfeinerung des Prinzips der engsten Verbindung Teilfragen eines Vertrages auch dort gesondert anzuknüpfen, wo die Rom I-VO dies – anders als etwa

---

[359] Näher zur nicht einheitlichen Terminologie *Lagarde* Riv. dir. int. priv. proc. 11 (1975), 649; *v. Mehren* Harv. L. Rev. 88 (1974), 347 (356); *Reese* Col. L. Rev. 73 (1973), 58 (75); *Weintraub*, Commentary on the Conflict of Laws, 3. Aufl. 1986, 71; enger *Ekelmans,* Mélanges Vander Elst, 1986, 243 (245).

[360] Hierzu umfassend *Aubart*, Die Behandlung der *dépeçage* im europäischen Internationalen Privatrecht, 2013.

[361] Diesen Zusammenhang betonen zu Recht *Ehrenzweig,* Private International Law, Bd. I, 1967, 119; *Chr. Wilde* So. Cal. L. Rev. 41 (1968), 329 (345); *Weintraub,* Commentary on the Conflict of Laws, 3. Aufl. 1986, 71. Grundlegend zur Unterscheidung von „rule-selection" und „jurisdiction-selection" *Cavers* Harv. L. Rev. 47 (1933), 173 (191 ff.). Auch das Fehlen einer IPR-Kodifikation begünstigt die auf einzelne „issues" bezogene Fragestellung, hierzu eingehend *Siehr,* FS Drobnig, 1998, 443 (450–452).

[362] Zur historischen Entwicklung näher *v. Bar/Mankowski* IPR I § 6; *Ehrenzweig,* Private International Law, Bd. I, 1967, 75 f.; *v. Hoffmann/Thorn* IPR § 2 Rn. 28–51; *Kropholler* IPR § 2 II, III.

[363] Auch andere neuere Kodifikationen sprechen vom anwendbaren „Recht" bzw. „diritto", s. Art. 1 Abs. 1 lit. b schweiz. IPRG und Art. 1 des it. IPR-Gesetzes v. 31.5.1995. Zum Zusammenhang von Kodifikation und „jurisdiction selection approach" *Siehr,* FS Drobnig, 1998, 443 (451).

[364] S. den Briefwechsel zwischen *De Nova* und *Ehrenzweig* bei *Ehrenzweig,* Private International Law, Bd. I, 1967, 75 Fn. 4.

[365] Wobei im Einzelnen beträchtliche Unterschiede in Methodik und Abwägung bestehen; Überblick über die neueren amerikanischen Strömungen bei *Kropholler/v. Hein,* FS v. Mehren, 2002, 317 ff. mwN.

[366] S. *Ehrenzweig,* Private International Law, Bd. I, 1967, 119; *Chr. Wilde* So. Cal. L. Rev. 41 (1968), 329 (345); *Weintraub,* Commentary on the Conflict of Laws, 3. Aufl. 1986, 71.

[367] *Kegel/Schurig* IPR § 2 II 3b.

[368] *Kegel/Schurig* IPR § 2 II 3b; *Kropholler* IPR § 18 I 1.

[369] *v. Hoffmann/Thorn* IPR § 6 Rn. 44; *Kegel/Schurig* IPR § 2 II 3b; *Kropholler* IPR § 18 I 1; auf den ursprünglich pejorativen Gehalt des Begriffes „dépeçage" weist *Lagarde* Riv. dir. int. priv. proc. 11 (1975), 649 hin.

[370] Hierzu eingehend *Aubart*, Die Behandlung der *dépeçage* im europäischen Internationalen Privatrecht, 2013, 58 ff.; *Rauscher/v. Hein* EuZPR/EuIPR, 2016, Rom I-VO Art. 3 Rn. 73 ff. mwN.

[371] Hierzu EuGH Slg. 2009, I-9687 Rn. 53 ff. = EuZW 2009, 822 – Intercontainer Interfrigo; ferner zB Cass. Clunet 2014, 858 mAnm *Pellegrini* Clunet 2014, 862; *Ekelmans,* Mélanges Vander Elst, 1986, 243–253; Soergel/*v. Hoffmann* (1996) EGBGB Art. 28 Rn. 129–136.

[372] Hierzu eingehend *Aubart*, Die Behandlung der *dépeçage* im europäischen Internationalen Privatrecht, 2013, 112 ff.

für die Geschäftsfähigkeit, Stellvertretung und Form (→ Rn. 103) – nicht explizit gestattet, ist zweifelhaft.[373] Im IPR der außervertraglichen Schuldverhältnisse wurde die Möglichkeit der Teilrechtswahl zumindest nicht ausdrücklich eröffnet; ob sie gleichwohl zulässig ist, etwa in Analogie zu Art. 3 Abs. 1 S. 3 Rom I-VO, oder ob es sich hierbei um eine bewusste Regelungslücke handelt, bleibt umstritten.[374] Jedenfalls im Rahmen der objektiven Anknüpfung ist eine gespaltene Anknüpfung (zB von Haftungsbegründung und -ausfüllung) aufgrund der Ausweichklausel (Art. 4 Abs. 3 Rom II-VO) unzulässig, weil entsprechende, aus den USA stammende „issue"-orientierte Ansätze im Prozess der Verordnungsgebung bewusst verworfen worden sind.[375] Im Internationalen Erbrecht (Art. 22 EuErbVO) ist eine Teilrechtswahl nicht gestattet.[376] Für weitere Einzelheiten ist auf die Kommentierungen der genannten Vorschriften zu verweisen.

Das Grundproblem jeder dépeçage besteht nach *Jayme* „darin zu bestimmen, inwieweit sich Rechtsregeln zu Teilfragen so verselbständigen lassen, daß sie von anderen Normen getrennt werden können".[377] Die Abspaltung einer Teilfrage kann zu einem **Normenmangel** führen, wenn die Rechtsordnungen, auf die verwiesen wird, das Sachproblem jeweils an anderer Stelle lösen. Der Rechtsanwender sitzt dann zwischen zwei Stühlen.[378] Umgekehrt kann es zu einer **Normenhäufung** kommen, wenn eine gesonderte Anknüpfung von Teilfragen zur gleichzeitigen Anwendbarkeit von Normen führt, die identische Schutzziele auf verschiedenen Rechtsgebieten verwirklichen. So besteht die Gefahr, zu Ergebnissen zu gelangen, die beiden beteiligten Rechtsordnungen widersprechen. Vor diesem Problem warnte der Begründer der „governmental interest analysis", *Brainerd Currie,* mit dem Bild eines Wettrennens, bei dem eine Kreuzung aus Kamel und Esel durch das Ziel getrieben wird.[379] Zur Lösung derartiger Probleme durch **Anpassung** → Rn. 248 f.

107

D. Qualifikation

Schrifttum: *Althammer,* Der Begriff der Familie als Anknüpfungspunkt im Europäischen Kollisions- und Verfahrensrecht, NZFam 2016, 629; *Ancel,* L'objet de la qualification, Clunet 1980, 227; *M. Audit,* L'interprétation autonome du droit international privé communautaire, Clunet 2004, 789; *Azzi,* Bruxelles I, Rome I, Rome II: Regard sur la qualification en droit international privé communautaire, D. 2009, 1621; *Baratta,* The Process of Characterization in the EC Conflict of Laws: Suggesting a Flexible Approach, YbPIL 6 (2004), 155; *Bariatti,* Qualificazione e interpretazione nel diritto internazionale privato comunitario: prime riflessioni, Riv. dir. int. priv. proc. 2006, 360; *Bartin,* De l'impossibilité d'arriver à la suppression définitive des conflits de lois, Clunet 1897, 225–255, 466–495, 720–738; *P. Becker,* Zur Qualifikation von Stimmbindungsverträgen im (internationalen) Gesellschaftsrecht, NotBZ 2017, 1; *Bernasconi,* Der Qualifikationsprozess im IPR, 1997; *Dörner,* Qualifikation im IPR – ein Buch mit sieben Siegeln?, StAZ 1988, 345; *Dörner,* Die Abgrenzung des Erbstatuts vom Güterstatut, in Dutta/Herrler, Die Europäische Erbrechtsverordnung, 2014, 73 (zitiert: *Dörner* Abgrenzung); *Dörner,* Besser zu spät als nie – Zur güterrechtlichen Qualifikation des § 1371 BGB im deutschen und europäischen IPR, IPRax 2017, 81; *Ehrenzweig,* Characterization in the Conflict of Laws: An Unwelcome Addition to American Doctrine, FS Yntema, 1961, 395; *Elhoueiss,* Retour sur la qualification lege causae en droit international privé, Clunet 2005, 281; *Ferrer-Correia,* Das Problem der Qualifikation nach dem portugiesischen internationalen Privatrecht, ZfRV 1970, 114; *Finkelmeier,* Qualifikation der Vindikation und des Eigentümer-Besitzer-Verhältnisses, 2016, 15 ff. (zitiert: *Finkelmeier,* Qualifikation der Vindikation); *Forsyth,* Characterisation Revisited: An Essay in the Theory and Practice of the English Conflict of Laws, L.Q. Rev. 114 (1998), 141; *Gamillscheg,* Überlegungen zur Methode der Qualifikation, FS Michaelis, 1972, 79; *Gebauer,* Das Europäische Kollisionsrecht und seine Herausforderungen für den EuGH, ZVglRWiss 115 (2016), 557; *van Ginsbergen,* Qualifikationsproblem, Rechtsvergleichung und mehrsprachige Staatsverträge, ZfRV 1970, 1; *Grundmann,* Qualifikation gegen die Sachnorm, 1985; *Haftel,* Entre „Rome II" et „Bruxelles I": L'interprétation communautaire uniforme du règlement „Rome I", Clunet 2010, 761; *Harding,* The Harmonisation of Private International Law in Europe: Taking the Character out of Family

---

[373] Verneinend *Aubart,* Die Behandlung der *dépeçage* im europäischen Internationalen Privatrecht, 2013, 58 ff.; bejahend *Mankowski,* FS Spellenberg, 2010, 261 (267 ff.).

[374] Sehr str., bejahend mit eingehender Begr. *Aubart,* Die Behandlung der *dépeçage* im europäischen Internationalen Privatrecht, 2013, S. 149 ff.; verneinend *Calliess/v. Hein* Rom II-VO Art. 14 Rn. 35, beide mwN.

[375] Näher *v. Hein,* FS Kropholler, 2008, S. 553 (564), auch zur Ausnahme der akzessorischen Anknüpfung bei Teilrechtswahl für den Vertrag.

[376] *Aubart,* Die Behandlung der *dépeçage* im europäischen Internationalen Privatrecht, 2013, S. 219 f.; *Heinig* RNotZ 2014, 197 (206).

[377] *Jayme* FS Kegel, 1987, S. 253 (255); speziell zum Wirtschaftskollisionsrecht vgl. *Habermeier,* Neue Wege im Wirtschaftskollisionsrecht, 1997, S. 143–146, 303 f., der diese Gefahren für so schwerwiegend hält, dass er die hL zur Sonderanknüpfung von wirtschaftsrechtlichen Eingriffsnormen generell ablehnt (zweifelhaft).

[378] S. *Currie* als „imaginärer Richter" in: *Cavers,* The Choice of Law Process, 1965, S. 39.

[379] *Currie* (vorige Fn.); überzogen deshalb die Polemik bei *Habermeier,* Neue Wege im Wirtschaftskollisionsrecht, 1997, S. 146, die governmental interest analysis sei von dem vorsätzlichen „Bemühen" getragen, „die Systemzusammenhänge zu zerschlagen".

Law?, JPIL 7 (2011), 203; *Hausmann,* Le questioni generali nel diritto internazionale privato europeo, Riv. dir. int. priv. proc. 2015, 499; *Heiss/Kaufmann-Mohi,* „Qualifikation" – Ein Regelungsgegenstand für eine Rom 0-Verordnung?, in Leible/Unberath, Brauchen wir eine Rom 0-Verordnung?, 2013, 181 (zitiert: *Heiss/Kaufmann-Mohi* Qualifikation); *Hernández-Breton,* An attempt to regulate the problem of „characterization" in private international law, FS Jayme, 2004, 331; *Hook,* The concept of modal choice of law rules, JPIL 11 (2015), 185; *Kahn,* Gesetzeskollisionen: Ein Beitrag zur Lehre des internationalen Privatrechts, JherJb. 30 (1891), 1; *Kindler,* Die „Aschenputtel"-Limited und andere Fälle der Mehrfachqualifikation im Schnittfeld des internationalen Gesellschafts-, Delikts- und Insolvenzrechts, FS Jayme, 2004, 409; *Krebber,* Qualifikationsrechtlicher Rechtsformzwang, FS v. Hoffmann, 2011, 218; *Lemaire,* La qualification, in: Azzi/Boskovic, Quel avenir pour la théorie générale des conflits des lois?, 2015, 35 (zitiert: *Lemaire* Qualification); *Lüttringhaus,* Übergreifende Begrifflichkeiten im europäischen Zivilverfahrens- und Kollisionsrecht, RabelsZ 77 (2013) 31; *Looschelders,* Die allgemeinen Lehren des Internationalen Privatrechts im Rahmen der Europäischen Erbrechtsverordnung, FS Coester-Waltjen, 2015, 530; *Mankowski,* Das erbrechtliche Viertel nach § 1371 Abs. 1 BGB in deutschen und europäischen internationalen Privatrecht, ZEV 2014, 121; *Olaf Meyer,* Überqualifiziert – Der Tennessee-Wechsel-Fall (RGZ 7, 21 ff.), Jura 2015, 270; *Mistelis,* Charakterisierungen und Qualifikation im internationalen Privatrecht, 1999; *Niederer,* Die Frage der Qualifikation als Grundproblem des internationalen Privatrechts, 1940; *Neuner,* Der Sinn der internationalprivatrechtlichen Norm – Eine Kritik der Qualifikationstheorie, 1932; *Rabel,* Das Problem der Qualifikation, RabelsZ 5 (1931), 241; *Reuter,* Die Qualifikation der Haftung des *falsus procurator* im Internationalen Privatrecht, 2016, 9 ff. (zitiert: *Reuter* falsus procurator); *Rigaux,* La Théorie de Qualifications en droit international privé, 1956; *Rühl,* Die rechtsaktsübergreifende Auslegung im europäischen Internationalen Privatrecht, GPR 2013, 122; *Schacherreiter,* Die Qualifikation im nationalen und europäischen Kollisionsrecht, JBl 2014, 487; *Schwimann,* Die Schwierigkeiten der Qualifikation im IPR, ÖJZ 1980, 7; *H. Weber,* Die Theorie der Qualifikation, 1986; *Joh. Weber,* Interdependenzen zwischen Europäischer Erbrechtsverordnung und Ehegüterrecht – de lege lata und de lege ferenda, DNotZ 2016, 424; *Wendehorst,* Tatbestand – Reichweite – Qualifikation, FS Sonnenberger, 2004, 743; *Wengler,* Die Qualifikation der materiellen Rechtssätze im Internationalen Privatrecht, FS Martin Wolff, 1952, 337; *Wengler,* Réflexions sur la technique des qualifications en droit international privé, Rev. Crit. 43 (1954), 661; *Würdinger,* Das Prinzip der Einheit der Schuldrechtsverordnung im Europäischen Internationalen Privat- und Verfahrensrecht: eine methodologische Untersuchung über die praktische Konkordanz zwischen Brüssel I-VO, Rom I-VO und Rom II-VO, RabelsZ 75 (2011), 102.

I. Begriff und Problematik

108 Kollisionsnormen ordnen jeweils für einen bestimmten Anknüpfungsgegenstand (zB Ehe, Geschäftsfähigkeit, Rechtsnachfolge von Todes wegen) an, welches Recht für dessen Beurteilung maßgebend sein soll (→ Rn. 56). Da allseitige Kollisionsnormen aber sowohl in- als auch ausländisches Recht zur Anwendung berufen können (→ Rn. 89), wird die Frage aufgeworfen, nach welchen Kriterien, insbesondere aus der Sicht welcher Rechtsordnung, unter diese Anknüpfungsgegenstände subsumiert werden soll.[380] Diesen Subsumtionsvorgang bezeichnet man im IPR als **Qualifikation.**[381]

109 Die gegenüber der Subsumtion im materiellen Recht spezifische Problematik der Qualifikation im IPR entsteht erstens, weil die **Rechtsbegriffe,** die unser Sachrecht verwendet, **nicht notwendigerweise dieselbe Bedeutung** haben müssen wie im Ausland. So liegt es zwar auf der Hand, dass es sich bei der herkömmlichen, heterosexuellen und monogamen Ehe, die das deutsche Sachrecht in Buch 4 Abschnitt 1 BGB regelt, zugleich um eine „Ehe" iS der Art. 13–17 EGBGB handelt, und dass auch vergleichbare Formen des Zusammenlebens nach ausländischem Recht von diesem Tatbestand erfasst werden. Schon zweifelhaft ist aber, ob unter den Begriff der „Ehe" iS dieser Kollisionsnormen zB auch die polygame Ehe eines Muslims fremder Staatsangehörigkeit oder die dem deutschen Recht bis vor kurzem unbekannte gleichgeschlechtliche Ehe fällt (→ Rn. 121). Ein erstes Subsumtionsproblem resultiert folglich daraus, dass ausländische Rechtsordnungen Institutionen vorsehen, die unserem Recht unbekannt sind.

110 Zweitens können sich **Qualifikationsprobleme** daraus ergeben, dass ausländische Rechtsordnungen die systematische **Grenzziehung zwischen einzelnen Rechtsgebieten** anders vornehmen, als dies im deutschen Sachrecht erfolgt: Während wir zB einen Schadensersatzanspruch wegen eines Abbruchs von Vertragsverhandlungen im Sachrecht als einen Fall der culpa in contrahendo, also eines vertragsähnlichen Schuldverhältnisses ansehen (§ 311 Abs. 2 BGB), stufen zahlreiche andere europäische Rechtsordnungen derartige Ansprüche als außervertraglich ein. Daher stellt sich die Frage, ob ein deut-

---

[380] *Forsyth* L.Q. Rev. 114 (1998), 141 (158) betont, dass das klassische Qualifikationsproblem seine Wurzel im Multilateralismus des modernen IPR habe. Allerdings können auch Normen der lex fori Qualifikationsfragen aufwerfen, → Rn. 110.

[381] Bamberger/Roth/*Lorenz* Rn. 52; *Dörner* StAZ 1988, 345 (348); *Kropholler* IPR § 15 I; *Reuter* falsus procurator S. 9 ff. (zwischen dualistischer und monistischer Methodik differenzierend); *Wendehorst,* FS Sonnenberger, 2004, 743 (primäre Qualifikation); *Wengler,* FS Martin Wolff, 1952, 337; *v. Hoffmann/Thorn* IPR § 6 Rn. 1; *Kegel/Schurig* IPR § 7 I; *Rauscher* IPR Rn. 442 f.; abw. *Nehne* Methodik S. 183, der unter Qualifikation lediglich die „Vorbereitung des zu beurteilenden Sachverhalts auf die Subsumtion unter den Anknüpfungsgegenstand" versteht.

sches Gericht einen solchen Anspruch nach den Regeln des Internationalen Vertragsrechts oder nach den für außervertragliche Schuldverhältnisse geltenden Kollisionsnormen anknüpfen muss (→ Rn. 129). Schließlich kann auch die Einordnung von Rechtsinstituten des eigenen materiellen Rechts Qualifikationsprobleme aufwerfen:[382] So kann man zB darüber streiten, ob der Zugewinnausgleich im Todesfall nach § 1371 BGB unter die Kollisionsnorm für das Güterrecht (Art. 15 EGBGB) oder für das Erbrecht (Art. 21 EuErbVO) fällt; ebenso, ob zB die Nacherbenpflegschaft (§ 1913 S. 2 BGB) der Kollisionsnorm unterliegt, die für die Pflegschaft gilt (Art. 24 Abs. 2 EGBGB), oder ob sie dem internationalen Erbrecht, also der EuErbVO, zuzuschlagen ist.[383]

Die oben zugrunde gelegte, herrschende Definition der Qualifikation als Subsumtion unter den   **111** Anknüpfungsgegenstand einer Kollisionsnorm, wirft Abgrenzungsfragen in zweierlei Hinsicht auf: Erstens im Hinblick auf die **Auslegung der Kollisionsnorm** selbst. Bisweilen wird insoweit eine scharfe begriffliche Trennung von der Qualifikation befürwortet.[384] Daran ist richtig, dass der Gegenstand der Qualifikation nicht die Kollisionsnorm selbst ist, so dass es sprachlich unrichtig wäre, von einer Qualifikation der „Ehe iS des Art. 13 EGBGB" oder Ähnlichem zu sprechen; qualifiziert wird vielmehr ein bestimmtes Rechtsinstitut *als* Ehe iS dieser Vorschrift.[385] Erst recht ist es unzulässig, in Bezug auf die Anknüpfungsmomente, die in einer Kollisionsnorm enthalten sind (den gewöhnlichen Aufenthalt, den Handlungs- oder Erfolgsort), von einer „Qualifikation" zu reden.[386] Andererseits ist für praktische Zwecke nicht zu verkennen, dass die Auslegung des Anknüpfungsgegenstandes und die anschließende Subsumtion eines Rechtsinstituts darunter in einer engen Wechselbeziehung stehen.[387] Wenn zB der BGH die Morgengabe (*mahr*) des islamischen Rechts qualifiziert, setzt dies eine Auslegung des Art. 14 EGBGB (Allgemeine Ehewirkungen) und zugleich seine Abgrenzung gegenüber dem Güterrechts-, Vertrags- und Unterhaltsstatut (Art. 15 EGBGB, Art. 3 Rom I-VO, Art. 3 HUP) voraus (näher → Rn. 119 ff.).[388] Da die Interpretation hier bereits im Hinblick auf die Charakteristik des fraglichen Rechtsinstituts erfolgt, ist die Auslegung des Anknüpfungsgegenstandes der potenziell einschlägigen Kollisionsnorm als erster Schritt des Qualifikationsprozesses anzusehen.[389] Zur Frage, ob begrifflich zwischen mehreren „Stufen" oder „Graden" der Qualifikation unterschieden werden sollte, → Rn. 136 ff.

II. Gegenstand der Qualifikation

Über den genauen **Gegenstand der Qualifikation** ist viel geschrieben und gestritten worden;[390]   **112** doch sollte man die praktische Auswirkung der oftmals nur terminologischen Divergenzen auf die Falllösung nicht überschätzen.[391] Auf einer Skala, die von der natürlichen, vorrechtlichen Anschauung bis zur einzelnen rechtlichen Regel reicht, kommen in Betracht: Das Lebensverhältnis bzw. der Lebenssachverhalt,[392] das Rechtsverhältnis,[393] die Rechtsfrage oder ein Rechtsinstitut,[394] schließlich

---

[382] Ganz herrschende Begriffsverwendung, s. nur *v. Hoffmann/Thorn* IPR § 6 Rn. 2; anders *Bernasconi,* Der Qualifikationsprozess im IPR, 1997, 52 f., Staudinger/*Sturm/Sturm* (2012) Rn. 241, die von „Qualifikation" nur im Hinblick auf ein *ausländisches* Sachrecht sprechen wollen.

[383] Ausf. Staudinger/*v. Hein* (2014) EGBGB Art. 24 Rn. 57.

[384] Staudinger/*Sturm/Sturm* (2012) Rn. 241 f.; *v. Hoffmann/Thorn* IPR § 6 Rn. 1; *Nehne* Methodik S. 171 ff.

[385] *Dörner* StAZ 1988, 345 (348 f.); *Kropholler* IPR § 15 I 3.

[386] *v. Hoffmann/Thorn* IPR § 6 Rn. 1; *Kegel/Schurig* IPR § 7 V; *Kropholler* IPR § 15 I 3; *Reuter* falsus procurator S. 15; anders aber *Dörner* StAZ 1988, 345 (348 f.).

[387] *Kegel/Schurig* IPR § 7 IV; *Kropholler* IPR § 15 I 3; *Wengler,* FS Martin Wolff, 1952, 337.

[388] Eingehend BGHZ 183, 287 = NJW 2010, 1528.

[389] *Bernasconi,* Qualifikationsprozess, 1997, 86 ff.; *Finkelmeier,* Qualifikation der Vindikation, 2016, S. 24 ff.; *Heinze,* FS Kropholler, 2008, S. 105 (108); *Heiss/Kaufmann-Mohi,* „Qualifikation", 2013, S. 181, 186.

[390] Eingehend *Ancel* Clunet 1980, 227 ff.; *Bernasconi,* Qualifikationsprozess, 1997, 68 ff.; *H. Weber,* Theorie der Qualifikation, 1986, S. 203 ff.; *Kropholler* IPR § 15 II; *Finkelmeier* Qualifikation der Vindikation S. 26 ff.; *Reuter* falsus procurator S. 17 ff.; *Schacherreiter* JBl 2014, 487 (488 f.); *Wendehorst,* FS Sonnenberger, 2004, 743 (744); alle mwN; zur ebenfalls wenig ergiebigen Diskussion in anderen EU-Mitgliedstaaten näher *Heiss/Kaufmann-Mohi* Qualifikation S. 181, 196 f.

[391] Zutr. *v. Hoffmann/Thorn* IPR § 6 Rn. 1 in Fn. 4: „wenig fruchtbar"; ebenso *Dörner* StAZ 1988, 345 (348): „eher von theoretisch-wissenschaftlichem Interesse"; inhaltlich abw. aber *Mistelis,* Charakterisierungen und Qualifikation im internationalen Privatrecht, 1999, 244 ff., der zwischen anwaltlicher und gerichtlicher Qualifikation unterscheiden will.

[392] *Rabel* RabelsZ 5 (1931), 241 (243 f.).

[393] So zB BGH NJW 1996, 54; hier wird ferner stets *Savigny* genannt (zB *Kropholler* IPR § 15 II 1), obwohl zu dessen Lebzeiten das Qualifikationsproblem noch gar nicht „entdeckt" war; vgl. auch zum IZVR EuGH NJW 2014, 1648 Rn. 18 und 21 – Brogsitter/Fabrication de Montres Normandes EURL, der von einer Qualifizierung eines Rechtsverhältnisses bzw. der geltend gemachten Ansprüche spricht.

[394] *Kropholler* IPR § 15 II 3; vgl. auch *Finkelmeier* Qualifikation der Vindikation S. 28 f.; *Schacherreiter* JBl 2014, 487 (488 f.); *Wendehorst,* FS Sonnenberger, 2004, 743 (750); *Dörner* StAZ 1988, 345 (349); *Ancel* Clunet 1980, 227 (236).

die jeweilige Sachnorm.[395] Gegen die Annahme, das **Lebensverhältnis** oder der **Lebenssachverhalt** bilde den Gegenstand der Qualifikation, spricht bereits, dass ein- und derselbe Lebensvorgang, etwa der Tod eines Menschen, ganz unterschiedliche Qualifikationsprobleme aufwerfen kann:[396] Welches Recht bestimmt über die Erbfolge? Welchem Recht unterliegt hingegen der güterrechtliche Ausgleich, weil mit dem Tod auch die Ehe des Erblassers aufgelöst worden ist? Welches Recht bestimmt über eine etwaige Nachlass- oder Nacherbpflegschaft? Hat der Erblasser ein Testament hinterlassen: Was zählt insoweit zur Form, was zum Inhalt? Richtet sich seine Testierfähigkeit nach dem Erbstatut oder nach dem allgemein für die Geschäftsfähigkeit maßgebenden Recht? Wie diese Fragen qualifiziert werden – Erbrecht, Güterrecht, Pflegschaftsrecht, Formstatut, Testierfähigkeit usw –, bedarf einer präziseren Fragestellung. Auf der anderen Seite der Skala kann es nicht befriedigen, eine bestimmte **Sachnorm** als Gegenstand einer Qualifikation auszugeben.[397] Denn wir qualifizieren, um den Anwendungsbereich einer Kollisionsnorm einzugrenzen, die sodann erst die maßgebenden Sachnormen bestimmen soll.[398] Gegenstand der Qualifikation ist zunächst daher zB „die Haftung wegen eines Abbruchs von Vertragsverhandlungen", nicht: „der § 311 Abs. 2 BGB", denn ob in einem deutsch-französischen Fall letztlich diese Vorschrift – oder im Ergebnis doch etwa Art. 1240 Code civil – Anwendung findet, wissen wir im Stadium dieser primären Qualifikation noch nicht (zur Reichweite der Verweisung → Rn. 136 ff.). Wenig hilfreich ist auch der Versuch, zwischen „schlichten", also bloß faktischen, und normativen, mithin „sachnormbezogenen" Tatbestandsmerkmalen zu unterscheiden.[399] Ob zB ein Tier eine „Sache" im zivilrechtlichen Sinne ist, bildet eine Rechtsfrage (vgl. § 90a BGB), für die keine besondere Qualifikationsmethode angebracht ist.

113 Richtigerweise ist daher ein Mittelweg einzuschlagen. Es bedarf einer Vorstrukturierung, einer Auswahl der für die Qualifikation potenziell relevanten rechtlichen Aspekte des Lebenssachverhalts, wobei diese Frage nicht bereits in den systematischen Kategorien einer der potenziell berufenen Rechtsordnungen zu formulieren ist.[400] Den **Gegenstand der Qualifikation** bildet eine nach funktionalen Kriterien **bestimmte Rechtsfrage** bzw. – bei der Zusammenfassung mehrerer funktional verknüpfter Rechtsfragen unter einem Systembegriff – ein **bestimmtes Rechtsinstitut.**[401] Zutreffend spricht daher der BGH zB von der „Qualifikation von Morgengabeversprechen" oder auch der „Qualifikation der Morgengabe", nicht etwa von der Qualifikation einzelner iranischer Sachnormen.[402] In der Praxis steht allerdings regelmäßig die Einordnung eines in einer potenziell berufenen Rechtsordnung vorhandenen Instituts, das sein spezifisches rechtliches Gepräge durch die möglicherweise anwendbaren Sachnormen erhält, im Vordergrund der Betrachtung. Insoweit ist es dogmatisch zwar nicht ganz stimmig, aber üblich und auch unschädlich, wenn vielfach abgekürzt zB nicht von einer Qualifikation des Zugewinnausgleichs im Todesfall, sondern etwa von einer Qualifikation „des § 1371 BGB" gesprochen wird.[403] Direkt auf eine Qualifikation der potenziell berufenen Sachnormen zielen hingegen Kollisionsnormen ab, die sich auf die Sonderanknüpfung von Eingriffsnormen beziehen[404] (→ Rn. 286).

III. Qualifikationsstatut

114 **1. Allgemeines.** Während die obigen Ausführungen vornehmlich zur Begriffsklärung relevant sind, geht es bei der **Frage nach dem Qualifikationsstatut** um den maßgebenden inhaltlichen Aspekt der Problematik. Diese Auseinandersetzung hat lange Zeit das Dilemma reflektiert, dass das IPR zwar nationalen Ursprungs war, aber zugleich international verknüpfte Sachverhalte regeln sollte. Dies warf die entscheidende Streitfrage auf, nach welchem Recht bestimmte Rechtsinstitute unter die Anknüpfungsgegenstände nationaler Kollisionsnormen subsumiert werden sollten: Nach den Vorstellungen der lex fori, der lex causae oder auf einer von beiden Rechten gleichermaßen

---

[395] So dezidiert *Forsyth* L.Q. Rev. 114 (1998), 141 (147): „[T]he object of characterization is rules of law"; im Erg. auch *Reuter* falsus procurator S. 28 f. (Sachnormen der *lex causae* seien Qualifikationsgegenstand).

[396] So treffend *Kropholler* IPR § 15 II 2 (mit dem biographisch entgegengesetzten Beispiel der Geburt eines Menschen); ebenso *Finkelmeier* Qualifikation der Vindikation S. 28 f.; *Reuter* falsus procurator S. 19.

[397] Zutr. *Kropholler* IPR § 15 II 4; *Finkelmeier* Qualifikation der Vindikation S. 27 f.

[398] *Kropholler* IPR § 15 II 4; *Finkelmeier* Qualifikation der Vindikation S. 27 f.; vgl. auch *Gamillscheg,* FS Michaelis, 1972, 79 (84).

[399] Dafür eingehend *Wendehorst,* FS Sonnenberger, 2004, 743 ff.

[400] Insoweit wird zT von einer „Einkleidung" oder „normbezogenen Zuspitzung" des Sachverhalts gesprochen, so von *Bernasconi,* Der Qualifikationsprozess im IPR, 1997, 16; *Dörner* StAZ 1988, 345 (349); vgl. auch *Nehne* Methodik S. 176.

[401] S. *Kropholler* IPR § 15 II 3 (Rechtsfrage); *v. Hoffmann/Thorn* IPR § 6 Rn. 8 (Rechtsinstitute).

[402] BGHZ 183, 287 = NJW 2010, 1528.

[403] S. zB *Dörner* Abgrenzung, 2014, Rn. 11; *Mankowski* ZEV 2014, 121.

[404] *Kropholler* IPR § 15 II 4b.

losgelösten, rechtsvergleichenden Grundlage?[405] Angesichts der Europäisierung und Internationalisierung des Kollisionsrechts (→ EGBGB Art. 3 Rn. 29 ff.) hat sich die Fragestellung erheblich verschoben: Im Vordergrund steht heute die sachgerechte Qualifikation im Rahmen der Anwendung unionsrechtlicher und staatsvertraglicher Kollisionsnormen, für die es an einer flankierenden materiellen lex fori im herkömmlichen Sinne regelmäßig fehlt (→ Rn. 127). Die Herausbildung einer autonom-europäischen Qualifikationsmethode und ihre Besonderheiten sind jedoch besser verständlich, wenn sie vor dem Hintergrund der zum nationalen IPR entwickelten Lösungsmodelle betrachtet werden.[406]

2. Autonomes deutsches IPR. a) Qualifikation lege fori. Ein erster denkbarer Ansatz, der in **115** der Anfangsphase der Diskussion um das Problem der Qualifikation überwiegend vertreten wurde,[407] könnte darin bestehen, im Anwendungsbereich nationaler Kollisionsnormen schlicht anhand der inhaltlichen Maßstäbe und systematischen Kriterien zu qualifizieren, die das Sachrecht des Forums enthält. Auch heute noch wird vielfach davon ausgegangen, die **Anknüpfungsgegenstände der inländischen Kollisionsnormen** seien – zumindest grundsätzlich – **ebenso auszulegen wie die entsprechenden Systembegriffe im Sachrecht der lex fori.**[408] Dafür ließe sich der Gedanke der Einheit der Rechtsordnung anführen, denn das deutsche IPR ist ebenso wie das BGB Bestandteil ein- und derselben Rechtsordnung.[409] Eine rein an der materiellen lex fori orientierte Methode könnte jedoch von vornherein keine dem inländischen Sachrecht unbekannten Rechtsinstitute erfassen (zB die gleichgeschlechtliche Ehe [→ Rn. 121], die Morgengabe [→ Rn. 119 ff.], die kraft Gesetzes, zB § 284b Abs. 1 ABGB, entstehende Fürsorgestellung eines Ehegatten[410] usw), für die aber aufgrund des Justizgewährungsanspruchs ggf. im Inland ein anwendbares Recht bestimmt werden muss.[411] Dass der Gesetzgeber des EGBGB **keine ausschließliche Orientierung an den Systembegriffen des BGB** intendiert hat, wird auch daran deutlich, dass das EGBGB zum Teil Kollisionsnormen für Rechtsinstitute vorsieht, die das deutsche Sachrecht selbst gar nicht kennt, so insbesondere die Erweiterung der Geschäftsfähigkeit durch Eheschließung („Heirat macht mündig", Art. 7 Abs. 1 S. 2 EGBGB). Ferner wäre eine strikte Befolgung der internrechtlichen Einordnung einer Vorschrift in internationalen Fällen selbst für deutsche Sachnormen eine zu schematische Vorgehensweise, weil der Ort, an dem eine Norm kodifiziert worden ist, historisch zufällig sein kann und nicht immer einen sicheren Schluss auf deren kollisionsrechtliche Qualifikation zulässt.[412] Allein aus dem Standort der c.i.c. in § 311 Abs. 2 BGB oder der Gewinnzusage in § 661a BGB folgte schon vor Inkrafttreten der Rom I-VO nicht automatisch, dass diese Haftungen auch kollisionsrechtlich stets als vertraglich einzuordnen waren,[413] allein aus der Regelung des Zugewinnausgleichs im Todesfall (§ 1371 Abs. 1 BGB) oder der Nacherbenpflegschaft (§ 1913 S. 2 BGB) in Buch 4 des BGB ergibt sich nicht zwangsläufig, dass diese Rechtsinstitute auch im IPR als familien- und nicht als erbrechtlich zu qualifizieren sind.[414] Ferner hilft eine solche Standortbetrachtung bei der Qualifikation richterrechtlich entwickelter Rechtsfiguren nicht weiter.[415] Eine enge, ausschließlich an den Sachnormen der lex fori orientierte Qualifikationsmethode würde zudem das Ziel des internationa-

---

[405] Als „Entdecker" des Qualifikationsproblems gelten *Bartin* Clunet 1897, 225 ff., 466 ff., 720 ff. und *Kahn* JbDogm 30 (1891), 1 ff.; ausf. zur Dogmengeschichte *H. Weber,* Theorie der Qualifikation, 1986, für den Zeitraum von 1890–1945; sowie *Bernasconi,* Der Qualifikationsprozess im IPR, 1997, bis zum Ausgang des 20. Jh.

[406] Rechtsvergleichend zur Lösung der Qualifikationsproblematik in nationalen Kodifikationen *Hernández-Breton,* FS Jayme, 2004, 331 ff. mwN; speziell zum portugiesischen IPR *Ferrer-Correia* ZfRV 1970, 114 ff.; *Grundmann,* Qualifikation gegen die Sachnorm, 1985.

[407] Insbes. *Bartin* Clunet 1897, 225 ff., 466 ff., 720 ff.; näher zur Rezeptionsgeschichte *Bernasconi,* Der Qualifikationsprozess im IPR, 1997, 97 ff.

[408] So *v. Hoffmann/Thorn* IPR § 6 Rn. 12; vgl. jüngst BGHZ 205, 289 Rn. 32 = NJW 2015, 2185.

[409] IdS *v. Hoffmann/Thorn* IPR § 6 Rn. 13.

[410] Hierzu ausf. *Staudinger/v. Hein* (2014) EGBGB Vor Art. 24 Rn. 57.

[411] *Wendehorst,* FS Sonnenberger, 2004, 743 (749) (Rechtsverweigerung); *Schacherreiter* JBl 2014, 487 (490); dies räumen auch *v. Hoffmann/Thorn* IPR § 6 Rn. 15 ein.

[412] Auch dies konzedieren im Hinblick auf § 1371 BGB *v. Hoffmann/Thorn* IPR § 6 Rn. 14.

[413] Unreflektiert zur c.i.c. BGH NJW 1987, 1141 = IPRax 1988, 27 mAnm *Kreuzer* IPRax 1988, 16; NJW-RR 2005, 206 (208) = ZBB 2006, 138 (140) mAnm *Dutta* ZBB 2006, 144; diff. hingegen *v. Hoffmann/Thorn* IPR § 10 Rn. 22b; *Mankowski* IPRax 2003, 127 (135); ebenso zwar im Ergebnis, aber mit eingehender inhaltlicher Begr. BGH NJW 2006, 230 (232 f.), der sodann über eine Einstufung des § 661a BGB als Eingriffsnorm (Art. 34 EGBGB aF) korrigiert.

[414] S. bereits *Gamillscheg,* FS Michaelis, 1972, 79 (80): die Stellung im Gesetz sei „ein Hinweis, nicht mehr".

[415] Vgl. zur vertragsrechtlichen Qualifikation der Ehegatteninnengesellschaft BGH NJW 2015, 2581 = IPRax 2016, 384 mAnm *Claudia Mayer* IPRax 2016, 353 (auch zur künftig geltenden EuGüVO); krit. *Heiderhoff* LMK 2015, 372422; zu den „unbenannten Zuwendungen" (BGHZ 119, 392 = NJW 1993, 385) Bamberger/Roth/*Lorenz* Rn. 53.

len Entscheidungseinklangs gefährden und bedarf daher erheblicher Einschränkungen bzw. Modifikationen.[416] Wenn die Qualifikation lege fori heute allgemein als **hM** bezeichnet wird,[417] müssen diese Modifikationen mitbedacht werden: Die lex fori, auf die in diesem Zusammenhang abgestellt wird, ist nicht (nur) das Sachrecht des Forums, sondern (zumindest auch) dessen IPR; zur **funktional-teleologischen Qualifikation** → Rn. 118.

116   **b) Qualifikation lege causae.** Den diametral entgegengesetzten **Gegenpol** einer strikten Qualifikation lege fori bildet die Qualifikation lege causae, die in Deutschland vor allem von *Martin Wolff* begründet wurde,[418] aber nahezu allgemein auf Ablehnung stieß.[419] Sie wird heute auch im Ausland kaum noch vertreten.[420] Das zentrale Argument dieser Theorie geht dahin, dass eine Einordnung ausländischer, dem Forum unter Umständen gänzlich unbekannter Rechtsinstitute unter dessen nationale Systembegriffe dem ausländischen Recht Gewalt antun und es wider seinen eigenen Geist anwenden würde.[421] Der nächstliegende Einwand gegen diesen Ansatz besteht darin, dass wir im Moment der primären Qualifikation noch gar nicht wissen, welches Recht im Ergebnis von der Kollisionsnorm berufen werden wird.[422] Dennoch ist die Qualifikation lege causae nicht bereits logisch unmöglich;[423] dies zeigt das Beispiel des Staatsangehörigkeitsrechts, in dem es nach allgemeiner Meinung (→ EGBGB Art. 5 Rn. 14 ff.) dem potenziell berufenen Recht selbst überlassen wird zu entscheiden, welche Personen es als seine eigenen Staatsangehörigen betrachtet.[424] Vielmehr sprechen gegen die Qualifikation lege causae die praktischen Schwierigkeiten, zu denen sie unweigerlich führen muss: Erklären sich zwei (oder mehr) potenziell berufene Rechtsordnungen für anwendbar, droht eine Normenhäufung; sehen sich hingegen beide in Betracht kommende Rechtsordnungen nicht als berufen an, droht ein Normenmangel.[425] Eine solche Qualifikationsmethode würde daher einen erheblichen Korrekturbedarf erzeugen (→ Rn. 242 ff. zur Anpassung), ohne dass dieser Aufwand sachlich gerechtfertigt erschiene.[426] Zur ausnahmsweise beachtlichen Qualifikationsverweisung → Rn. 146.

117   **c) Rechtsvergleichende Qualifikation.** Als Ausweg aus dem oben beschriebenen Dilemma zwischen Qualifikation lege fori (im sachrechtlichen Sinne) und Qualifikation lege causae hat insbesondere *Ernst Rabel* den Übergang zu einer rechtsvergleichenden Qualifikationsmethode vorgeschlagen:[427] Das Kollisionsrecht müsse sich vom Sachrecht der lex fori emanzipieren; ein Rechtskomplex wie das IPR, der mit allen Rechten der Erde zu tun habe, müsse sie alle in die Betrachtung einbeziehen.[428] Im Ergebnis müssten die Systembegriffe also im Lichte der rechtsvergleichend ermittelten Funktionen eines bestimmten Rechtsinstituts ausgelegt werden.[429] Gegen diese Methode sind vor allem zwei Einwände erhoben worden, ein praktischer und ein normativer. Der praktische Einwand geht dahin, dass eine umfassende Rechtsvergleichung, wie sie *Rabel* vorschwebte, allenfalls von einem supranationalen Gericht wie dem EuGH geleistet werden könne, aber nicht von einem nationalen Gericht.[430] In normativer Hinsicht wird kritisiert, dass die Rechtsvergleichung verschiedene Funktionen eines Rechtsinstituts allenfalls deskriptiv erfassen könne, das IPR aber letztlich

---

[416] *Bernasconi,* Der Qualifikationsprozess im IPR, 1997, 189 ff.; *Hook* JPIL 11 (2015), 185, 201: „[S]ubstantive law rules would produce an outcome that is too parochial for the purposes of the choice of law rule."

[417] S. nur BGHZ 29, 137 (139) = NJW 1959, 717 (718); BGHZ 47, 324 (332) = NJW 1967, 2109 (2111); NJW 1996, 54 f.; BGHZ 205, 289 Rn. 32 = NJW 2015, 2185; *Dörner* StAZ 1988, 345 (350); *v. Hoffmann/Thorn* IPR § 6 Rn. 12.

[418] *Wolff,* Das Internationale Privatrecht Deutschlands, 1954, 54.

[419] Zur Rezeptionsgeschichte eingehend *Bernasconi,* Der Qualifikationsprozess im IPR, 1997, 147 ff.; vgl. auch abl. *Ehrenzweig,* FS Yntema, 1961, 395 (399); *Finkelmeier* Qualifikation der Vindikation S. 37 ff.; *Schacherreiter* JBl 2014, 487 (490 f.); vermittelnd *Gamillscheg,* FS Michaelis, 1972, 79 (88 ff.).

[420] Für eine Renaissance der Qualifikation der lex causae in jüngerer Zeit eingehend *Elhoueiss* Clunet 2005, 281 ff.; es handelt sich aber um eine Einzelstimme, vgl. *Heiss/Kaufmann-Mohi* Qualifikation S. 181, 197 f.

[421] *Wolff,* Das Internationale Privatrecht Deutschlands, 1954, 54; ebenso *Elhoueiss* Clunet 2005, 281 ff., der die Qualifikation lege fori als „ethnozentrisch" kritisiert.

[422] *Ferid* IPR 4–14, der von einem „*circulus vitiosus*" spricht.

[423] *Bernasconi,* Der Qualifikationsprozess im IPR, 1997, 148 ff.; *Kropholler* IPR § 16 II 1; *Reuter* falsus procurator S. 37; *Schacherreiter* JBl 2014, 487 (491).

[424] *Kropholler* IPR § 16 II 1.

[425] *Dörner* StAZ 1988, 345 (351); *Kropholler* IPR § 16 II 1; *Reuter* falsus procurator S. 37 ff.

[426] S. nur *Wendehorst,* FS Sonnenberger, 2004, 743 (751); *Schacherreiter* JBl 2014, 487 (491).

[427] *Rabel* RabelsZ 5 (1931), 241 ff.; zur Rezeptionsgeschichte ausf. *Bernasconi,* Der Qualifikationsprozess im IPR, 1997, 167 ff.; *H. Weber,* Theorie der Qualifikation, 1986, 114 ff.

[428] *Rabel* RabelsZ 5 (1931), 241 (282 ff.).

[429] *Rabel* RabelsZ 5 (1931), 241 (282 ff.).

[430] *v. Hoffmann/Thorn* IPR § 6 Rn. 23–26; ebenso *Wendehorst,* FS Sonnenberger, 2004, 743 (751): „nicht praktikabel".

rechtspolitisch entscheiden müsse, welcher Kollisionsnorm es eine bestimmte Rechtserscheinung zuordnen wolle.[431] Beide Einwände vermögen nicht vollauf zu überzeugen: Wie noch zu zeigen sein wird (→ Rn. 126 ff., 135), wird im Anwendungsbereich unionsrechtlicher und staatsvertraglicher Kollisionsnormen schon heute und in zunehmendem Maße den nationalen Gerichten abverlangt, Rechtsfragen autonom zu qualifizieren, eine Methode, die erhebliche Übereinstimmungen mit dem von *Rabel* befürworteten rechtsvergleichenden Ansatz aufweist.[432] Wenn es einem nationalen Gericht aber bei der Anwendung von Kollisionsnormen internationalen Ursprungs möglich und zumutbar ist, ausländische Rechtsinstitute auf funktional-rechtsvergleichender Grundlage einer bestimmten Kollisionsnorm zuzuordnen, ist fraglich, warum es hierzu im Rahmen des nationalen IPR nicht in der Lage sein sollte.[433] Auch wenn sich *Rabels* Theorie in ihrer reinen, vom nationalen Recht gänzlich losgelösten Form im deutschen IPR nicht durchzusetzen vermochte, hat sie die heutige Qualifikationspraxis entscheidend beeinflusst, indem sie der Erkenntnis zum Durchbruch verholfen hat, dass die Anknüpfungsgegenstände des IPR nicht notwendigerweise in Abhängigkeit von den Systembegriffen des eigenen Sachrechts interpretiert werden müssen und dass eine sachlich zutreffende Qualifikation nur im Lichte funktionaler, nicht formal-systematischer Maßstäbe möglich ist.[434]

d) Funktional-teleologische Qualifikation. aa) Grundsätze. Heute herrscht in Praxis und **118** Lehre die Methode der funktional-teleologischen Qualifikation,[435] die man im weiteren Sinne auch als eine aufgeklärte lex-fori-Theorie bezeichnen kann.[436] Sie hat sich vor allem bei der Qualifikation solcher Rechtsinstitute bewährt, die dem deutschen Recht unbekannt sind. So hat der BGH zB die **Trennung von Tisch und Bett** nach Maßgabe ihrer „sozialen Funktion" als ein Äquivalent der Ehescheidung qualifiziert und gemäß der deutschen Kollisionsnorm über die Ehescheidung angeknüpft;[437] ein Ergebnis, das heute durch Art. 1 Abs. 1 Alt. 2 Rom III-VO bestätigt wird. Das in diesen Fällen angezeigte **methodische Vorgehen** hat der BGH wie folgt zusammengefasst: „Die dem deutschen Richter obliegende Aufgabe ist es, die Vorschrift des ausländischen Rechts nach ihrem Sinn und Zweck zu erfassen, ihre Bedeutung vom Standpunkt des ausländischen Rechts zu würdigen und sie mit Einrichtungen der deutschen Rechtsordnung zu vergleichen. Auf der so gewonnenen Grundlage ist sie den aus den Begriffen und Abgrenzungen der deutschen Rechtsordnung aufgebauten Merkmalen der deutschen Kollisionsnorm zuzuordnen."[438] Hierbei sind sowohl Sinn und Zweck der ausländischen Sachnormen als auch Sinn und Zweck der inländischen Kollisionsnormen zu ermitteln.[439] Ein weiteres Beispiel bildet die dem deutschen Sachrecht unbekannte rechtliche Zuordnung eines Kindes zu einer Frau, die mit dessen leiblicher Mutter in einer gleichgeschlechtlichen Ehe (→ Rn. 121) zusammenlebt, als weiterer Elternteil. Bei einer solchen **Co-Mutterschaft**, wie sie zB das südafrikanische Recht kennt, handelt es sich nach dem BGH nicht um eine Adoption iSd Art. 22 EGBGB, sondern um eine Abstammung iSd Art. 19 EGBGB, weil die rechtliche Eltern-Kind-Zuordnung bereits kraft Gesetzes erfolge.[440]

bb) Qualifikation ausländischer Rechtsinstitute, die dem deutschen Recht unbekannt 119 sind. Schwierigkeiten bereiten indes ausländische Rechtsinstitute, die mehrere soziale Funktionen erfüllen und infolgedessen auch verschiedenen Kollisionsnormen zugeordnet werden könnten (zur Doppel- und Mehrfachqualifikation → Rn. 140). Ein **Beispiel** hierfür bietet die Rechtsprechung des BGH zur **Qualifikation der Morgengabe** islamischen Rechts.[441] Der BGH nimmt zunächst

---

[431] *Kegel/Schurig* IPR § 7 III 3a.

[432] Dies betonen auch *v. Hoffmann/Thorn* IPR § 6 Rn. 23–26; *Kropholler* IPR § 16 II 3; vgl. auch *Schacherreiter* JBl 2014, 487 (491 ff.), die autonome und rechtsvergleichende Qualifikation synonym verwendet.

[433] Für eine einheitlich autonome Qualifikationsmethodik plädiert daher *Finkelmeier* Qualifikation der Vindikation S. 46 und 56 ff.

[434] Näher *Schacherreiter* JBl 2014, 487 (490 ff.).

[435] *Kropholler* IPR § 17; *Nehne* Methodik S. 178 ff.

[436] Von einem „enlightened lex fori approach" sprechen zB *Bogdan,* General Course, 2012, 190; *Forsyth* L.Q. Rev. 114 (1998), 141 (153 f.); anders *Kegel/Schurig* IPR § 7 III 3: „autonome" Lehre; strikt trennend auch *Finkelmeier* Qualifikation der Vindikation S. 43 f.

[437] BGHZ 47, 324 (336) = NJW 1967, 2109 (2112).

[438] BGHZ 29, 137 (139) = NJW 1959, 717 (718); seither etwa BGH NJW 1967, 1177; BGHZ 47, 324 (332) = NJW 1967, 2109 (2111); BGH BeckRS 2014, 16775 Rn. 58 = IPRax 2015, 423 mAnm *P. Huber* IPRax 2015, 403 (405 f.).

[439] Vgl. mit iE unterschiedlichen Akzenten in der Interessenabwägung *Dörner* StAZ 1988, 345 (351 f.); *v. Hoffmann/Thorn* IPR § 6 Rn. 30; *Kegel/Schurig* IPR § 7 III b bb; *Kropholler* IPR § 17 I 1.

[440] BGH NJW 2016, 2322 Rn. 27, mwN zum Streitstand.

[441] BGHZ 183, 287 = NJW 2010, 1528 = FamFR 2010, 300462 (*Ülker*) = FamRZ 2010, 533 mAnm *Henrich* = JZ 2010, 733 mAnm *Wurmnest* = IPRax 2011, 85 m. Aufsatz *Yassari* IPRax 2011, 63.

eine eingehende Analyse der sozialen Funktion der Morgengabe im islamischen Recht vor:[442] Der *mahr* stelle demnach eine Gegenleistung für die körperliche Hingabe der Frau bzw. ein Äquivalent für den dem Mann in der Ehe geschuldeten Gehorsam dar; ferner solle der Ehemann von einer missbräuchlichen Ausübung seines Verstoßungsrechts (*talaq*) abgehalten werden. Zudem diene die Morgengabe dem Aufbau von Vermögen für die Ehefrau, die bei einer Scheidung oder dem Tod des Mannes vielfach schutzlos dastehe. Im islamischen Recht gälten seit alters her Gütertrennung und eine nur eng begrenzte Verpflichtung des Ehemannes zur Zahlung von nachehelichem Unterhalt.[443] Im Schrifttum war vor Erlass dieses Grundsatzurteils ein ganzes Panorama von Qualifikationsvorschlägen unterbreitet worden, das vom Scheidungsfolgenrecht, dem Ehegüterrecht, dem Recht der allgemeinen Ehewirkungen, dem Unterhaltsrecht, dem Vertragsrecht bis hin zum Erbrecht reichte.[444] Vielfach wurde auch eine nach dem situativen Kontext differenzierende Lösung vertreten, die etwa für einen Anspruch auf Zahlung der Morgengabe im Todesfall eine erbrechtliche, im Scheidungsfall hingegen eine scheidungs- oder unterhaltsrechtliche Qualifikation befürwortete.[445]

120   Der BGH hat sich demgegenüber klar für eine Qualifikation der Morgengabe als allgemeine Ehewirkung entschieden (Art. 14 EGBGB).[446] Dies deckt sich im Ergebnis, wie auch der BGH hervorhebt, mit der systematischen Einordnung dieses Instituts im iranischen Recht.[447] Gleichwohl handelt es sich hierbei nicht etwa um eine verpönte Qualifikation *lege causae* (→ Rn. 116):[448] Daraus, dass islamisch geprägte Rechtsordnungen den Anspruch auf eine Morgengabe als eine Ehewirkung verstünden, lasse sich noch kein zwingender Schluss auf die Einordnung der Morgengabe in das Begriffssystem des deutschen IPR ziehen; dies schon deshalb, weil das EGBGB anders als das islamische Recht zwischen vermögens- und nicht-vermögensrechtlichen Ehewirkungen differenziere.[449] Art. 14 EGBGB kommt aus Sicht des BGH die Funktion eines kollisionsrechtlichen Auffangtatbestandes zu.[450] Im Folgenden bestimmt der BGH die Qualifikation der Morgengabe im Wege eines Subtraktionsverfahrens, indem er untersucht, ob dieses Rechtsinstitut einer anderen Kollisionsnorm als Art. 14 EGBGB zugeordnet werden könne. Dies verneint er für das Unterhaltsrecht, weil die Morgengabe keine Bedürftigkeit voraussetze;[451] für das Scheidungs(folgen)recht, weil die Morgengabe bereits mit der Eheschließung fällig werde;[452] für das Vertragsrecht, weil die Morgengabe zwar in der Regel, aber nicht notwendig auf einer vertraglichen Grundlage beruhe und eine entsprechende Vereinbarung zudem nicht schuldrechtlichen, sondern eherechtlichen Charakter habe (s. jetzt auch Art. 1 Abs. 2 lit. b und c Rom I-VO).[453] Als ernsthafte Kandidaten verbleiben daher die allgemeinen Ehewirkungen (Art. 14 EGBGB) und das Ehegüterrecht (Art. 15 EGBGB). Gegen die güterrechtliche Qualifikation führt der BGH an, dass die Verpflichtung zur Zahlung einer Morgengabe für sich genommen keinen Güterstand begründe;[454] zudem sei die Morgengabe von der weiteren wirtschaftlichen Entwicklung des Mannesvermögens unabhängig; sie könne also nicht – wie der deutsche Zugewinnausgleich – als pauschalierte Teilhabe der Ehefrau an der vom Ehemann in der Ehe erzielten Vermögenssteigerung verstanden werden.[455] Insoweit stellt der BGH eine an den **Zwecken des Sachrechts orientierte funktionale Analyse** an. Da die Morgengabe als eine dem deutschen Recht unbekannte vermögensrechtliche Ehewirkung aber einen Grenzfall zwischen Art. 14 und Art. 15 EGBGB betrifft, begnügt sich der BGH damit nicht, sondern stützt die von ihm vorgenommene ehewirkungsrechtliche Qualifikation maßgeblich durch eine **teleologische Analyse der kollisionsrechtlichen Zwecke** ab, die Art. 14 bzw. Art. 15 EGBGB jeweils zugrunde liegen. Der augenfällige Unterschied zwischen beiden Kollisionsnormen liegt darin, dass das Ehewirkungsstatut

---

[442] BGHZ 183, 287 Rn. 12 = NJW 2010, 1528.

[443] BGHZ 183, 287 Rn. 12 = NJW 2010, 1528.

[444] Zum Streitstand s. die umfassenden Nachweise in BGHZ 183, 287 Rn. 13 = NJW 2010, 1528.

[445] Auch hierzu s. die umfassenden Nachweise in BGHZ 183, 287 Rn. 13 = NJW 2010, 1528; für unterhaltsrechtliche Qualifikation der „Abendgabe" weiterhin OLG Hamm NZFam 2016, 1035 Rn. 55.

[446] BGHZ 183, 287 = NJW 2010, 1528; ebenso OLG Köln NJW 2015, 1763; AG Büdingen NJW-RR 2014, 1033; *Reuter* falsus procurator S. 63 ff.

[447] BGHZ 183, 287 Rn. 14 = NJW 2010, 1528.

[448] Nach Ansicht von *Nehne* Methodik S. 180 liegt hierin eine Einbeziehung des *lex causae*-Ansatzes.

[449] BGHZ 183, 287 Rn. 19 = NJW 2010, 1528 (1530).

[450] BGHZ 183, 287 Rn. 19 = NJW 2010, 1528 (1530).

[451] BGHZ 183, 287 Rn. 15 = NJW 2010, 1528 (1529); vgl. aber OLG Hamm NZFam 2016, 1035 Rn. 55.

[452] BGHZ 183, 287 Rn. 18 = NJW 2010, 1528 (1530).

[453] BGHZ 183, 287 Rn. 17 = NJW 2010, 1528 (1530); aA in Bezug auf das türkische Recht *Obermann* NZFam 2015, 894 (896 ff.).

[454] BGHZ 183, 287 Rn. 16 = NJW 2010, 1528 (1530); vgl. auch zur Qualifikation einer Verfügungsbeschränkung nach § 194 türk. ZGB OLG Karlsruhe BeckRS 2015, 15998 Rn. 15.

[455] BGHZ 183, 287 Rn. 16 = NJW 2010, 1528 (1530); anders, für güterrechtliche Qualifikation, aber *Yassari*, Die Brautgabe im Familienvermögensrecht, 2014, 311 f.

wandelbar, das Ehegüterrecht hingegen unwandelbar ist. Hier bekennt sich der BGH erfreulich offen zu einer integrationsfördernden, dynamischen Sichtweise: Die Wandelbarkeit des Ehewirkungsstatuts sei namentlich dort ein Vorzug, „wo [...] Ehegatten den bisherigen Lebens- und Kulturraum aufgrund eines gemeinsamen Entschlusses verlassen haben, eine neue gemeinsame Staatsangehörigkeit erwerben und in ein grundlegend anderes soziales und rechtliches Umfeld eingebunden werden. Dies gilt besonders in Ansehung von Rechtsinstituten, die – wie die Morgengabe – von einer starken kulturell-religiösen Tradition geprägt sind und die sich in ein dieser Tradition weitgehend fremdes Ehe-, Scheidungs- und Scheidungsfolgenrecht wie das deutsche Familienrecht kaum ohne innere Brüche einfügen lassen."[456] Dieses billigenswerte Ergebnis darf auch nicht dadurch im Ergebnis unterlaufen werden, dass auf der Ebene der Sachrechtsanwendung (§ 313 BGB) die Beteiligten unter Berufung auf ihre „kulturelle Identität" wiederum an den Wertvorstellungen des abgelegten islamischen Rechts festgehalten werden (zur „Zwei-Stufen-Theorie" → Rn. 273 ff.). Durch die Rom III-VO hat sich an der vom BGH vorgenommenen Qualifikation nichts geändert, weil vermögensrechtliche Folgen der Ehescheidung nicht erfasst werden (Art. 1 Abs. 2 lit. e Rom III-VO). Auch die akzessorische Anknüpfung nach Art. 17 Abs. 1 EGBGB idF des Rom III-Anpassungsgesetzes stellt das Ergebnis des BGH nicht infrage, weil sie nur eingreift, wenn die Morgengabe nicht von anderen Vorschriften des dritten Abschnitts erfasst ist. Abzuwarten bleibt freilich, ob die ab dem 29.1.2019 anwendbare EuGüVO eine Abkehr von der BGH-Rechtsprechung erzwingen wird, weil nach Art. 3 Abs. 1 lit. a EuGüVO „sämtliche [!] vermögensrechtlichen Regelungen" im Verhältnis der Ehegatten zueinander erfasst und grundsätzlich unwandelbar angeknüpft werden sollen.[457] Im Lichte der künftig durch Art. 21 Abs. 2 EuGüVO ermöglichten Wandelbarkeit des Statuts (→ Rn. 77) erschiene eine güterrechtliche Qualifikation der Morgengabe im europäischen IPR rechtspolitisch indes weniger bedenklich als im Rahmen des bisher geltenden autonomen Kollisionsrechts.

Ähnliche **Qualifikationsprobleme** stellen sich auch in Bezug auf die **gleichgeschlechtliche** 121 **Ehe,** die zB das niederländische, das französische und seit kurzem auch das deutsche materielle Recht kennen. Sie wurde von der stRspr vor der Einführung der gleichgeschlechtlichen Ehe (→ Rn. 24) nicht als Ehe iS des Art. 13 EGBGB, sondern als Partnerschaft iS des Art. 17b EGBGB qualifiziert.[458] Betrachtet man die soziale Funktion dieses Rechtsinstituts, ließ sich zwar eine Äquivalenz zur heterosexuellen Ehe iS des Art. 13 EGBGB schwerlich abstreiten, zumal auch das BVerfG in Deutschland die eingetragene Lebenspartnerschaft in zunehmendem Maße der herkömmlichen Ehe anglich.[459] Die SPD-Fraktion im Bundestag hatte am 28.3.2017 einen Entwurf zur Öffnung der Ehe für gleichgeschlechtliche Paare vorgelegt, der folgerichtig die Anwendung des Art. 13 Abs. 1 EGBGB auch auf gleichgeschlechtliche Beziehungen vorsah.[460] Nach geltendem Recht gibt aber auch hier die Systematik des deutschen Kollisionsrechts selbst den Ausschlag:[461] Das EGBGB sieht gegenwärtig eine besondere Kollisionsnorm für gleichgeschlechtliche Partnerschaften vor (Art. 17b EGBGB), die nach Art. 17b Abs. 4 EGBGB nF für die gleichgeschlechtliche Ehe entsprechend gelten soll. Für eine Behandlung der gleichgeschlechtlichen Ehe als Lebenspartnerschaft spricht zudem das teleologische Argument, dass der Gesetzgeber die Eingehung derartiger Verbindungen durch einen Verzicht auf am Prinzip der engsten Verbindung orientierte Anknüpfungskriterien (Staatsangehörigkeit, gewöhnlicher Aufenthalt) bewusst erleichtern wollte; eine Überprüfung der materiellen Voraussetzungen der Wirksamkeit einer Eheschließung nach der gekoppelten Anknüp-

[456] BGHZ 183, 287 Rn. 21 = NJW 2010, 1528 (1530); kritisch aber auch insoweit *Yassari*, Die Brautgabe im Familienvermögensrecht, 2014, 312, nach deren Ansicht die Unwandelbarkeit „für Rechts- und Planungssicherheit für die Ehegatten" sorge.

[457] Für die Einbeziehung der Morgengabe in den Anwendungsbereich der EuGüVO eingehend *Yassari*, Die Brautgabe im Familienvermögensrecht, 2014, 319 ff.; ebenso *Henrich* ZfRV 2016, 171 (174); krit. zur unklaren Abgrenzung von den allgemeinen Ehewirkungen *Martiny* IPRax 2011, 437 (444).

[458] BGH NJW 2016, 2322 Rn. 31 ff.; BGH NJW 2016, 2953 Rn. 13; KG FamRZ 2011, 1525 = BeckRS 2011, 07208; OLG Zweibrücken NJW-RR 2011, 1156; OLG München FamRZ 2011, 1526 = FGPrax 2011, 249; VG Berlin BeckRS 2010, 49871 = IPRax 2011, 270 m. Aufsatz *Mankowski/Höffmann* IPRax 2011, 247; hierzu auch *Nordmeier* IPRax 2012, 31 (38 f.); AG Münster FamFR 2010, 167 mAnm *Vlassopoulou* = FamRZ 2010, 1580, alle mwN zum Streitstand; s. auch den Vorschlag eines neuen Art. 17b Abs. 4 EGBGB im Entwurf des Bundesrats vom 25.9.2015 für ein Gesetz zur Einführung des Rechts auf Eheschließung für Personen gleichen Geschlechts, BR-Drs. 273/15, der vorsieht, dass Art. 17b Abs. 1 bis 3 EGBGB für die gleichgeschlechtliche Ehe entsprechend gelten sollen.

[459] BVerfG NJW 2013, 2257 (Ehegattensplitting); NJW 2013, 847 (Sukzessivadoption).

[460] Der Entwurf ist abrufbar unter http://www.spdfraktion.de/system/files/documents/2017-03-28_ge_spdfraktion_oeffnung_der_ehe.pdf.

[461] Vgl. BGH NJW 2016, 2322 Rn. 36.

fung in Art. 13 Abs. 1 EGBGB könnte im Ergebnis leicht zum Nachteil der Partner ausschlagen.[462] Im Übrigen, dh in personenstandsrechtlicher Hinsicht, wird die gleichgeschlechtliche Ehe als Ehe behandelt[463] (ausführlich → EGBGB Art. 3 Rn. 127). Allerdings ließe sich eine Eheschließung in denjenigen Fällen, in denen das Heimatrecht eines der Verlobten diese für gleichgeschlechtliche Paare nicht vorsieht, de lege ferenda auch durch eine subsidiäre Anknüpfung an das deutsche Recht gewährleisten (→ Rn. 73).

122   **cc) Systemunterschiede zwischen deutschem und ausländischem Recht.** Auch Qualifikationsprobleme, die durch die **abweichende systematische Einordnung** bestimmter Institute im ausländischen Recht aufgeworfen werden, sind nicht einfach zugunsten der systematischen Klassifikation im materiellen deutschen Recht, sondern **nach funktional-teleologischen Kriterien aufzulösen.**[464] Während zB das deutsche Sachrecht bei erbenlosem Nachlass lange Zeit nur ein gesetzliches Erbrecht des Fiskus vorsah (§ 1936 BGB), warfen hoheitsrechtlich ausgestaltete Aneignungsrechte (*Bona Vacantia*) in Bezug auf herren- oder erbenloses Vermögen im Erb- und Gesellschaftsrecht die Frage auf, ob solche Sonderregelungen von der Verweisung unserer erb- oder gesellschaftsrechtlichen Kollisionsnormen überhaupt erfasst wurden, es sich hierbei um sachenrechtliche Fragen (Art. 43 Abs. 1 EGBGB) oder um dem Territorialitätsprinzip unterliegende Gestaltungen des öffentlichen Rechts handelte. Während letzteres in Rechtsprechung und Schrifttum vielfach bejaht wurde, nahmen andere zwar eine erb- oder gesellschaftsrechtliche Qualifikation derartiger Heimfallrechte vor, korrigierten dieses Ergebnis aber im Hinblick auf inländisches Vermögen durch die Annahme einer „versteckten" Rückverweisung.[465] Insoweit ist heute im Internationalen Erbrecht Art. 33 EuErbVO zu beachten, auf dessen Erläuterung zu verweisen ist (→ EuErbVO Art. 33 Rn. 1 ff.). Der deutsche Gesetzgeber hat zur Ausführung der EuErbVO in § 32 IntErbRVG ein hoheitliches Aneignungsrecht geschaffen.[466]

123   **dd) Qualifikation inländischer Rechtsinstitute.** Die **Grundsätze der funktional-teleologischen Qualifikation** gelten schließlich nicht nur in Bezug auf ausländische, sondern **auch im Hinblick auf inländische Rechtsinstitute** (→ Rn. 121 zur gleichgeschlechtlichen Ehe). Dies ergibt sich aus der Entkoppelung der „Funktionsbegriffe" des IPR von den „Systembegriffen" des materiellen Rechts.[467] Insbesondere für die Einordnung einer Rechtsnorm als prozessrechtlich oder materiell-rechtlich ist nach st. Rspr. eine funktionsorientierte Betrachtung maßgebend.[468] Auch insoweit darf also nicht allein aus ihrer Stellung im Gesetz auf die kollisionsrechtliche Qualifikation einer Rechtsfigur geschlossen werden, wenngleich der systematischen Einordnung regelmäßig zumindest ein indizieller Charakter zukommt.[469] Maßgebend müssen vielmehr auch insoweit Sinn und Zweck der jeweiligen Norm sein.[470]

---

[462] BGH NJW 2016, 2322 Rn. 37; *Heiderhoff* IPRax 2017, 160 (164).

[463] Diese Frage war durch BGH NJW 2016, 2322 Rn. 31 ff. nicht geklärt worden, weil es darin allein um eine gleichgeschlechtliche Ehe nach südafrikanischem, also drittstaatlichem, Recht ging.

[464] Hierzu eingehend unter Rückgriff auf die Systemtheorie *Schacherreiter* JBl 2014, 487 (493 ff.).

[465] S. einerseits KG OLGZ 1985, 280 = IPRax 1986, 41 m. Aufsatz *Firsching* IPRax 1986, 25; BVerwG BeckRS 2005, 21907: öffentlich-rechtliches Aneignungsrecht des Fiskus sei aufgrund des Territorialitätsprinzips in Deutschland nicht zu beachten; vgl. auch KG FamRZ 2011, 1008 = ZEV 2011, 132; ausdrücklich unter Bezugnahme auf das Territorialitätsprinzip argumentieren im Gesellschaftsrecht OLG Nürnberg NZG 2008, 76 (77); KG NJW 2014, 2737; ebenso mit eingehender dogmatischer Begr. *Behrens,* FS Ott, 2002, 313 (323); für „versteckte Rückverweisung" hingegen zB *Kegel/Schurig* IPR § 7 III 3b cc bbb; *Mansel,* Liber Amicorum Kegel, 2002, 111 (117 ff.); *Nawroth,* Der versteckte *renvoi* im deutschen internationalen Privatrecht, 2007, 272 ff.; *Nordmeier* IPRax 2013, 418 (421 f.); abweg. hierzu die unzulässige (EuGH Slg. 2011, I-101 = BeckRS 2010, 90218 – Amiraike Berlin GmbH/Aero Campus Cottbus Ltd.) Vorlage des AG Charlottenburg GmbHR 2009, 321 (322) = GWR 2009, 93 (Ls.) m. abl. Anm. *Querfurth* = EWiR Art. 43 EG Nr. 3/2009, S. 379 (Ls.) m. abl. Anm. *Jessica Schmidt;* abl. hierzu auch *Mansel/Thorn/Wagner* IPRax 2010, 1 (2 ff.); *Mansel/Thorn/Wagner* IPRax 2011, 1 (9); *Schwarz* DB 2013, 799 (800).

[466] BGBl. 2015 I S. 1042.

[467] *Kropholler* IPR § 17 I.

[468] S. zB zum gerichtlichen Scheidungsmonopol (§ 1564 S. 1 BGB) BGHZ 82, 34 = NJW 1982, 517; vgl. auch zum Vorbehalt der beschränkten Erbenhaftung (§ 780 ZPO) BGH NJW-RR 2015, 521 Rn. 28 f.

[469] Vgl. in Bezug auf § 1371 BGB OLG Schleswig NJW-RR 2014, 93 (95): „Mithin spricht neben der Stellung der Norm im Gesetz […] auch gerade der Sinn und Zweck der Vorschrift für eine güterrechtliche Qualifikation […]"; in Bezug auf § 661a BGB BGH NJW 2006, 230 (232): Der Gesetzgeber selbst habe die Haftung wegen Gewinnzusage (§ 661a BGB) nicht der unerlaubten Handlung (Buch 2 Abschnitt 8 Titel 27: §§ 823 ff. BGB), sondern Buch 2 Abschnitt 8 Titel 11: Auslobung zugeordnet, also in die Nähe der einseitigen Rechtsgeschäfte Auslobung (§ 657 BGB) und Preisausschreiben (§ 661 BGB) gerückt.

[470] OLG Schleswig NJW-RR 2014, 93 (95).

Eines der meistdiskutierten Beispiele bildet die **Qualifikation des Zugewinnausgleichs im** 124
Todesfall nach § 1371 Abs. 1 BGB. Die heute hM qualifiziert diesen Anspruch nicht nur aufgrund
seiner Stellung im BGB, sondern in erster Linie aus funktionalen Erwägungen als ehegüter- und
nicht als erbrechtlich (→ EGBGB Art. 15 Rn. 61 ff.).[471] Im Vordergrund der sachrechtlichen Funk-
tionsanalyse steht die – wenn auch pauschal erfolgende – Beteiligung des überlebenden Ehegatten
an dem während der Ehe erwirtschafteten Vermögenszuwachs;[472] die Vorschrift betrifft also die der
Verteilung des Nachlasses zeitlich vorgelagerte Frage, was hierfür nach Durchführung der güterrechtlichen Auseinandersetzung überhaupt noch verbleibt.[473] Aus kollisionsrechtlicher Sicht wird zudem
angeführt, dass aus Gründen des Vertrauensschutzes die Unwandelbarkeit des Güterstatuts gegenüber
der einseitigen Wandelbarkeit des Erbstatuts (nach Art. 25 Abs. 1 EGBGB aF im Falle eines Wechsels
der Staatsangehörigkeit, nach Art. 21 Abs. 1 EuErbVO des gewöhnlichen Aufenthalts des Erblassers)
den Vorzug verdiene.[474] Allerdings kann diese güterrechtliche Qualifikation zu Folgeproblemen im
Hinblick auf eine Substitution – ausländisches Erbrecht im Rahmen des § 1371 Abs. 1 BGB –
führen (→ Rn. 240) und in Fällen des Normenmangels bzw. der Normenhäufung einer Anpassung
bedürfen (→ Rn. 254). Ferner wird im Lichte der EuErbVO und der künftig geltenden EuGüVO
erneut zu überprüfen sein, ob an der bisher zum autonomen IPR hM festgehalten werden kann.[475]
Zu weiteren Einzelheiten → EGBGB Art. 15 Rn. 63; → EuErbVO Art. 1 Rn. 15 f.

ee) Verhältnis der funktional-teleologischen Qualifikation zu anderen Figuren des All- 125
gemeinen Teils. Eine sachgerechte funktional-teleologische Qualifikation kann erheblich dazu
beitragen, die Notwendigkeit einer späteren **Anpassung** zu vermeiden,[476] weil Fälle der Normenhäufung oder des Normenmangels vermindert werden können (→ Rn. 248 f.). Mitunter werden
Qualifikationsprobleme durch die Technik der **akzessorischen Anknüpfung** (→ Rn. 74 f.) entschärft, zB nach Art. 41 Abs. 2 Nr. 1 EGBGB oder dem heute vorrangigen Art. 4 Abs. 3 S. 2 Rom
II-VO. Wenn zB vertragliche und deliktische Ansprüche im Falle der Anspruchskonkurrenz gleichlaufend angeknüpft werden, erübrigt sich im praktischen Ergebnis die genaue Qualifikation eines
konkurrierenden Anspruchs.

3. Europäisches IPR. a) Autonome Qualifikation als Grundsatz. Für das unionsrechtliche 126
IPR (Art. 3 Nr. 1 EGBGB) ist nahezu allgemein anerkannt, dass Rechtsinstitute grundsätzlich nicht
nach der nationalen lex fori der jeweiligen Mitgliedstaaten, sondern autonom, dh vor allem im
Lichte der Zwecksetzung und der Systematik des jeweiligen europäischen Rechtsakts qualifiziert
werden müssen.[477] Explizit festgehalten wird das **Gebot der autonomen Qualifikation** im Hinblick auf die Begriffe der unerlaubten Handlung und der culpa in contrahendo in Erwägungsgrund
11 bzw. 30 Rom II-VO.[478] Die Notwendigkeit einer autonomen Qualifikation ergibt sich aus
dem ebenfalls allseits akzeptierten Grundsatz der autonomen Auslegung des EU-Kollisionsrechts
(→ EGBGB Art. 3 Rn. 156 ff.): Da die EU-Kollisionsnormen autonom auszulegen sind, um den

---

[471] Umfassend zum Streitstand BGHZ 205, 289 = NJW 2015, 2185 mAnm *Lorenz* NJW 2015, 2157 = IPRax
2017, 81 mAnm *Dörner* IPRax 2017, 81 (rein güterrechtliche Qualifikation); dem folgend OLG Frankfurt/Main
BeckRS 2016, 116008 Rn. 32; ferner (wenn die gesetzliche Erbquote nicht zugleich einen güterrechtlichen
Ausgleich beinhaltet) OLG Schleswig NJW-RR 2014, 93 (95); OLG Düsseldorf BeckRS 2015, 06780; *Dörner*
Abgrenzung Rn. 13; *Mankowski* ZEV 2014, 121 ff.; *Joh. Weber* DNotZ 2016, 424 (431 ff.), alle mwN.
[472] BGHZ 205, 289 Rn. 25 = NJW 2015, 2185; OLG Schleswig NJW-RR 2014, 93 (95); *Dörner* Abgrenzung
Rn. 13; *Mankowski* ZEV 2014, 121 (122).
[473] BGHZ 205, 289 Rn. 25 = NJW 2015, 2185; OLG Schleswig NJW-RR 2014, 93 (95).
[474] *Mankowski* ZEV 2014, 121 (122).
[475] Bejahend *Dörner* Abgrenzung Rn. 13; *Dörner* IPRax 2017, 81 (83 ff.); *Looschelders*, FS Coester-Waltjen,
2015, 531 (533 f.); *Looschelders* IPRax 2016, 349 (350 f.); *Lorenz* NJW 2015, 2157 (2159 f.); *Mankowski* ZEV
2014, 121 (127); *Joh. Weber* DNotZ 2016, 424 (431 ff.); aA *Kleinschmidt* RabelsZ 77 (2013) 723 (757 f.); *Süß*
MittBayNot 2015, 510 f.
[476] So auch *Wendehorst*, FS Sonnenberger, 2004, 743 (757).
[477] EuGH ECLI:EU:C:2015:806 = NJW 2016, 223 Rn. 14 ff. – Kornhaas (zur EuInsVO); EuGH
ECLI:EU:C:2016:612 = NJW 2016, 2727 Rn. 36 ff. – Verein für Konsumenteninformation ./. Amazon (zu
Rom I und II-VO); EuGH ECLI:EU:C:2016:774 = NZA 2016, 1389 Rn. 28 f. – Nikiforidis (Rom I-VO);
Bariatti Riv. dir. int. priv. proc. 2006, 360 (371); *Basedow* JZ 2016, 269 (277 f.); *Finkelmeier* Qualifikation der
Vindikation S. 44 ff.; *Hausmann* Riv. dir. int. priv. proc. 2015, 499 (513); *Heinze*, FS Kropholler, 2008, 105
(108 ff.); *Heiss/Kaufmann-Mohi* Qualifikation S. 181 (189 ff.); *Lemaire* Qualification 35 (36); *Lüttringhaus* RabelsZ
77 (2013), 31 (32 f.); *Reuter* falsus procurator S. 45; *Schacherreiter* JBl 2014, 487 (495 ff.); *Sonnenberger*, FS Kropholler,
2008, 227 (239 f.); *Matthias Weller*, Europäisches Kollisionsrecht, 2015, Rn. 61; *Wendehorst*, FS Sonnenberger,
2004, 743 (751); grds. auch *Baratta* YbPIL 6 (2004), 155 (165 f.), der aber für Flexibilität eintritt; abw. *Audit*
Clunet 2004, 789 (815); *Nehne* Methodik S. 185 ff.
[478] Zur Frage einer übergreifenden Regelung in einer „Rom 0-VO" s. (abl.) *Heiss/Kaufmann-Mohi* Qualifikation S. 181 (184 ff.).

internationalen Entscheidungseinklang zu erreichen, müssen als Kehrseite dieser Medaille die unter diese Kollisionsnormen zu subsumierenden Rechtsinstitute auch autonom qualifiziert werden;[479] die durch den Anwendungsvorrang des Unionsrechts gebotene autonome Auslegungsmethode darf im Lichte des **effet utile** nicht auf der Subsumtionsebene unterlaufen werden.[480] Die Methode der autonomen Qualifikation ist nicht nur im Bereich der von Art. 3 Nr. 1 EGBGB erfassten, unmittelbar anwendbaren Kollisionsnormen zugrunde zu legen, sondern auch im Bereich des fortgeltenden Richtlinien-Kollisionsrechts (Art. 46b EGBGB). Das Gebot der richtlinienkonformen Auslegung bedingt auch hier eine richtlinienkonforme, mithin autonome, Qualifikation zB eines Rechtsverhältnisses als „Vertrag" iS des Art. 46b EGBGB.

127   Da nach dem heutigen Stand der Qualifikationstheorie bereits im nationalen IPR nicht mehr ausschließlich anhand der Systembegriffe des nationalen Sachrechts, sondern aufgrund funktional-teleologischer Kriterien qualifiziert wird (→ Rn. 118 ff.), ist der Bruch mit der bisherigen Methodik allerdings in der Praxis oft weniger einschneidend, als es zunächst scheint.[481] Auch der EuGH orientiert sich an dem Ziel, das eine sachrechtliche Regelung verwirklichen soll, an ihrem gesetzessystematischen Standort.[482] Im Lichte der oben (→ Rn. 115 ff.) referierten Methodendiskussion wird auch die autonome Qualifikation öfters als eine lex-fori-Qualifikation im weiteren Sinne angesehen, die gegenüber der herkömmlichen Qualifikation *lege fori* lediglich die Besonderheit aufweise, dass mit der lex fori hier nicht das nationale Forumsrecht, sondern das Unionsrecht gemeint sei.[483] Allerdings ist zu bedenken, dass der sachliche Anwendungsbereich des EU-Kollisionsrechts gegenwärtig erheblich weiter reicht als der des materiellen europäischen Zivilrechts: So gibt es zwar europäische Kollisionsnormen zur Ehescheidung (Rom III-VO), zum Erbrecht (EuErbVO) und ab dem 29.1.2019 auch zum Güterrecht (EuGüVO/EuPartVO); von einer materiellen Rechtsvereinheitlichung auf diesen Gebieten ist die EU aber noch weit entfernt.[484] Insoweit fehlt es vielfach schlicht an sachrechtlichen Systembegriffen, an denen sich eine autonome Qualifikation orientieren könnte.[485] In der Sache entspricht die autonome Qualifikation also eher der schon bisher befolgten **funktional-teleologischen Methode**.[486] Zwar ist die autonome Qualifikation nicht einfach mit der **rechtsvergleichenden Methode** Rabels (→ Rn. 117) gleichzusetzen, weil für den EuGH im Zweifel die Systematik und die Zielsetzungen des jeweiligen unionsrechtlichen Rechtsakts und nicht die Wertungen der einzelnen mitgliedstaatlichen Rechtsordnungen maßgebend sind.[487] Die autonome Qualifikation greift insoweit aber vielfach auch **Elemente der rechtsvergleichenden Methode** auf;[488] der EuGH schöpft im Wege der Rechtsvergleichung „gewissermaßen eine materi-

---

[479] *Heinze*, FS Kropholler, 2008, 105 (108 f.); *Solomon* ZVglRWiss 115 (2016), 586 (603).

[480] Zur Bedeutung des *effet utile* für die Qualifikation s. EuGH ECLI:EU:C:2015:806 = NJW 2016, 223 Rn. 19. – Kornhaas; *Baratta* YbPIL 6 (2004), 155 (163) nennt ein gegenteiliges Ergebnis „absurd"; ebenso *Heiss/Kaufmann-Mohi* Qualifikation S. 181 (190); *Hellner* in Dutta/Herrler, Die Europäische Erbrechtsverordnung, 2014, 107 Rn. 2 („selbstverständlich"); abw. aber *Nehne* Methodik 185 ff., welcher der hM eine Verwechslung von Auslegung und Qualifikation vorwirft.

[481] Vgl. hingegen aus systemtheoretischer Sicht *Schacherreiter* JBl 2014, 487 (497 f.), die eine grundlegend andere Ausgangslage konstatiert, weil es auf EU-Ebene an einer materiellen lex fori fehle; das stimmt aber nur zum Teil (→ Rn. 131).

[482] S. zur Qualifikation des § 64 Abs. 2 S. 1 GmbHG als insolvenzrechtlich iS des Art. 4 Abs. 1 EuInsVO aF EuGH ECLI:EU:C:2015:806 = NJW 2016, 223 Rn. 14 ff. – Kornhaas; zust. *Kindler* DNotZ-Sonderheft 2016, 75 (77 ff.); *Luke* IWRZ 2016, 122 (123); *Stiegler* GWR 2016, 39; *Swierczok* NZI 2016, 50 (51); *M.-P. Weller/L. Hübner* NJW 2016, 225; für gesellschaftsrechtliche Qualifikation hingegen weiterhin *Mock* IPRax 2016, 237 (239 ff.); *Ringe* JZ 2016, 573 ff.

[483] *Heinze*, FS Kropholler, 2008, 105 (111); *Heiss/Kaufmann-Mohi* Qualifikation S. 181(193); *Trüten*, Die Entwicklung des Internationalen Privatrechts in der Europäischen Union, 2015, 666; *Matthias Weller*, Europäisches Kollisionsrecht, 2015, Rn. 60 f.

[484] Zu den Schwierigkeiten einer autonomen Qualifikation auf diesen Gebieten aus Sicht einer Common-Law-Rechtsordnung eingehend *Harding* JPIL 7 (2011), 203 ff.

[485] Hierzu näher *Gebauer* ZVglRWiss 115 (2016), 557 (560 ff.); s. bereits *Bariatti* Riv. dir. int. priv. proc. 2006, 360 (363); *Sonnenberger*, FS Kropholler, 2008, 227 (240); *Heiss/Kaufmann-Mohi* Qualifikation S. 181 (192); *Hellner* in Dutta/Herrler, Die Europäische Erbrechtsverordnung, 2014, 107 (108 Rn. 4); *Lüttringhaus* RabelsZ 77 (2013) 31 (33); *Nehne* Methodik S. 187; *Schacherreiter* JBl 2014, 487 (497 f.).

[486] Ebenso *Looschelders*, FS Coester-Waltjen, 2015, 531 (533); *Looschelders* IPRax 2016, 349 (351); *Luke* IWRZ 2016, 122 (123); *Stiegler* GWR 2016, 39; *Swierczok* NZI 2016, 50 (51); *M.-P. Weller/L. Hübner* NJW 2016, 225; *Joh. Weber* DNotZ 2016, 424 (430).

[487] Zutreffend *Schacherreiter* JBl 2014, 487 (498); *Matthias Weller*, Europäisches Kollisionsrecht, 2015, Rn. 61.

[488] Ebenso *Baratta* YbPIL 6 (2004), 155 (165 f.); *Basedow* JZ 2016, 269 (278); von einer funktionalen Qualifikation auf europäisch-rechtsvergleichender Grundlage spricht treffend *Sonnenberger*, FS Kropholler, 2008, 227 (240); anders *Nehne* Methodik S. 187, der auch dieser Auffassung eine Verwechslung von Auslegung und Qualifikation vorwirft.

elle lex fori auf supranationaler Ebene".[489] Die schon im nationalen IPR verworfene Qualifikation *lege causae* (→ Rn. 116) hat hingegen im EU-Kollisionsrecht grundsätzlich keinen Platz gefunden[490] (zu Ausnahmen → Rn. 134). Allerdings ist auch insoweit auf die potenziellen Folgen des in der Rechtsprechung des EuGH entwickelten Anerkennungsprinzips hinzuweisen (→ EGBGB Art. 3 Rn. 117 ff.): Wenn man mit einer vordringenden Meinung aus dem Primärrecht die Verpflichtung ableitet, gLe eine in einem anderen Mitgliedstaat eingegangene gleichgeschlechtliche Ehe als solche anzuerkennen und diese nicht nach den Vorstellungen der lex fori als eine Lebenspartnerschaft zu qualifizieren (zur bisherigen Rechtsprechung → Rn. 121), kommt dies im Ergebnis einer Qualifikation lege causae gleich. Schon heute enthalten die Bereichsausnahmen in der Rom I-VO und Rom II-VO diesbezügliche Qualifikationsverweisungen (→ Rn. 134).

b) Handhabung. aa) Qualifikationsnormen in den EU-Verordnungen. Zur praktischen **128** Durchführung der autonomen Qualifikation können hier nur allgemeine methodische Hinweise und Beispiele gegeben werden; für Einzelheiten ist auf die Kommentierungen der jeweiligen Verordnungen zu verweisen. An erster Stelle sind diejenigen Qualifikationsnormen maßgebend, die in den einschlägigen EU-Verordnungen selbst enthalten sind, also die **Bestimmungen über den sachlichen Anwendungsbereich** der jeweiligen Verordnungen (zB Art. 1 Rom I-VO, Rom II-VO und Rom III-VO) und diejenigen **Vorschriften,** die den **Umfang der Verweisung abstecken** (zB Art. 12 Rom I-VO, Art. 15 Rom II-VO);[491] ferner sind zum Teil auch in den Erwägungsgründen Fingerzeige enthalten, so zB in Erwägungsgrund 11 Rom II-VO in Bezug auf die Gefährdungshaftung oder in Erwägungsgrund 17 Rom I-VO in Bezug auf Franchise- und Vertriebsverträge.[492]

Art. 1 Abs. 2 lit. i Rom I-VO zB schließt die **culpa in contrahendo** ausdrücklich vom Anwen- **129** dungsbereich der VO aus. Der BGH hatte hingegen noch im Jahre 2004 entschieden, dass das auf die Haftung für einen Abbruch von Vertragsverhandlungen aus c.i.c. anzuwendende Recht nach den Art. 27 ff. EGBGB aF zu bestimmen sei, ohne die Vereinbarkeit der aus deutscher Sicht gewohnten vertraglichen Qualifikation mit dem aus Art. 36 EGBGB aF folgenden Gebot der einheitlichen Auslegung des EVÜ zu problematisieren.[493] Diese deutsche Qualifikation war aus der **Sicht der anderen Mitgliedstaaten** jedoch alles andere als selbstverständlich, denn nur wenige Rechtsordnungen wie zB Österreich folgen dem deutschen Vorbild.[494] Andere, wie zB Italien, kennen zwar das Institut der culpa in contrahendo; die genaue dogmatische Einordnung als vertragliche oder deliktische Haftung ist aber in diesen Ländern vielfach umstritten.[495] Zahlreiche Rechtsordnungen, insbesondere Frankreich, lösen die in Deutschland der c.i.c. zugewiesenen Fälle mit Hilfe des Deliktsrechts.[496] Die Neuregelung verfolgt das Ziel, einen **Wertungseinklang mit der Rom II- und der EuGVO** herzustellen.[497] Art. 2 Abs. 1 Rom II-VO definiert Ansprüche aus culpa in contrahendo als außervertraglich. Hiermit wird bewusst ein **autonomes Begriffsverständnis** etabliert.[498] Die Rom II-VO folgt insoweit dem Urteil des EuGH in der Sache *Tacconi* aus dem Jahre 2002, in dem

---

[489] So *Heiss/Kaufmann-Mohi* Qualifikation S. 181 (191 f.); ähnlich bereits *Bariatti* Riv. dir. int. priv. proc. 2006, 360 (371).

[490] *Bariatti* Riv. dir. int. priv. proc. 2006, 360 (363 f.), die aber auf S. 371 f. Ausnahmen in Bezug auf drittstaatliche Rechte für denkbar hält; vgl. auch *Baratta* YbPIL 6 (2004), 155 (166) der in Bezug auf die Abgrenzung zwischen beweglichem und unbeweglichem Vermögen eine Qualifikationsverweisung befürwortet; abw. *Nehne* Methodik S. 195, dem zufolge sich die Qualifikation „nach dem Recht des Staates [richten soll], nach der nach der geprüften Kollisionsnorm anzuwenden wäre, wenn der zu beurteilende Sachverhalt von dieser Kollisionsnorm erfasst wäre."

[491] Näher *Heiss/Kaufmann-Mohi* Qualifikation S. 181 (187 f.): „authentische Definition des Anknüpfungsgegenstandes"; *Hausmann* Riv. dir. int. priv. proc. 2015, 499 (513 ff.); *Hellner* in Dutta/Herrler, Die Europäische Erbrechtsverordnung, 2014, 107 (108); *Lüttringhaus* RabelsZ 77 (2013), 31 (41 ff.); *Schacherreiter* JBl 2014, 487 (496 f.); *Sonnenberger,* FS Kropholler, 2008, 227 (239 f.); vgl. auch zu Art. 1 II lit. f Rom I-VO *P. Becker* NotBZ 2017, 1 ff.

[492] Näher *Heiss/Kaufmann-Mohi* Qualifikation S. 181 (187 f.).

[493] BGH NJW-RR 2005, 206 (208) = ZBB 2006, 138 (140) mAnm *Dutta* ZBB 2006, 144.

[494] *v. Bar/Drobnig,* Study on Property Law and Non-Contractual Liability Law as they relate to Contract Law, 2004, Rn. 350.

[495] *v. Bar/Drobnig,* Study on Property Law and Non-Contractual Liability Law as they relate to Contract Law, 2004, Rn. 347.

[496] *v. Bar/Drobnig,* Study on Property Law and Non-Contractual Liability Law as they relate to Contract Law, 2004, Rn. 351.

[497] Vgl. zur c.i.c. Erwägungsgrund 10 sowie allg. Erwägungsgrund 7. Krit. dazu auch im Hinblick auf die Abgrenzung zu Rom II-VO MPI RabelsZ 71 (2007) 225, 237; krit. ebenso Bamberger/Roth/*Spickhoff* Rom I-VO Art. 1 Rn. 34 („nur scheinbar eindeutig").

[498] S. Erwägungsgrund 30 Rom II-VO; näher *Schinkels* JZ 2008, 278 f.; *Volders* YbPIL 9 (2007), 131; ebenso in Bezug auf Rom I *Fricke* VersR 2008, 444.

der Gerichtshof Ansprüche wegen eines Abbruchs von Vertragsverhandlungen als außervertraglich qualifiziert hatte.[499] Art. 12 Abs. 1 Rom II-VO sieht grundsätzlich eine **akzessorische Anknüpfung** der c.i.c. an das Vertragsstatut vor, das wiederum nach der Rom I-VO zu bestimmen ist.[500] Die genaue Abgrenzung zwischen außervertraglichen Schuldverhältnissen aus unerlaubter Handlung und solchen aus c.i.c. ist ein Problem der Auslegung im Rahmen der Rom II-VO (vgl. Erwägungsgrund 30 Rom II-VO), das hier nicht zu erörtern ist. Auch der Vertrag mit Schutzwirkung für Dritte ist daher autonom-europäischer Qualifikation[501] als deliktsrechtlich einzustufen und unterliegt folglich dem Anwendungsbereich des Art. 14 Abs. 1 S. 2 Rom II-VO.[502]

130   Nicht nach dem jeweiligen systematischen Standort in der nationalen lex fori, sondern nach der Funktion der jeweiligen Regelungen ist auch zwischen **materiellem Recht und Verfahrensrecht** abzugrenzen.[503] Insoweit stellen heute die diesbezüglichen Qualifikationsnormen in der Rom I-VO und Rom II-VO ausdrücklich klar, dass zB Fragen der Verjährung oder der Beweislast – ebenso wie im autonomen deutschen IPR[504] – nicht als prozessrechtlich, sondern materiellrechtlich zu qualifizieren sind (Art. 12 Abs. 1 lit. d, Art. 18 Abs. 1 Rom I-VO; Art. 15 lit. h, Art. 22 Abs. 1 Rom II-VO).[505] Dennoch verbleiben auch hier Interpretationsspielräume.[506] So ist zB fraglich, ob ein deutsches Gericht auch dann auf die Regeln des Anscheinsbeweises zurückgreifen darf, wenn das Deliktstatut ein ausländisches Recht ist. Die Beantwortung dieser Frage hängt davon ab, ob man den Anscheinsbeweis als verfahrensrechtlich oder als materiellrechtlich qualifiziert. Nach der herkömmlichen Auffassung soll es sich bei dem Anscheinsbeweis um eine verfahrensrechtliche Frage handeln, die der lex fori des angerufenen Gerichts unterliege.[507] Nach einer vordringenden Meinung soll hingegen auch der Anscheinsbeweis unter Art. 22 Abs. 1 Rom II-VO subsumiert und somit dem Deliktstatut unterstellt werden (vgl. etwa → Rom II-VO Art. 22 Rn. 8).[508] Nicht vollkommen zweifelsfrei sind auch Fragen des Beweismaßes einzuordnen.[509] Letztverbindlich kann über solche Abgrenzungsfragen nur der EuGH in einem Vorlageverfahren nach Art. 267 AEUV entscheiden.[510]

131   **bb) Materielle Regeln des Unionsrechts.** Soweit das Unionsrecht **Elemente einer materiellen lex fori** aufweist (zB in Richtlinien auf dem Gebiet des Privatrechts), kann auf deren Systembegriffe als **Ausgangspunkt einer autonomen Qualifikation** zurückgegriffen werden.[511] Zum Teil sorgt das europäische Kollisionsrecht selbst für eine entsprechende Verschränkung, so etwa in Art. 6

---

[499] EuGH Slg. 2002, I-7357 – Tacconi = NJW 2002, 3159 = IPRax 2003, 143, mAnm *Mankowski* IPRax 2003, 127 = ZEuP 2004, 1019 mAnm *Schmidt-Kessel*; hierzu ferner *Broggini* Europa e diritto privato 2004, 1127 (1142 f.); *Gebauer* JbItalR 15/16 (2002–03), 155 f.; *Schacherreiter* JBl 2014, 487 (496 f.); *Stadler,* FS Musielak, 2004, 569 (572 f.); *Stoll,* FS Georgiades, 2005, 941 (950 f.).

[500] Ausf. *Rauscher/Jakob/Picht* EuZPR/EuIPR, 2016, Rom II-VO Art. 12 Rn. 20 ff.

[501] Zu deren Maßgeblichkeit auch bei Art. 3 Abs. 2 näher *Jaspers,* Nachträgliche Rechtswahl im internationalen Schuldvertragsrecht, 2002, 159 ff.

[502] Für deliktische Qualifikation des Vertrags mit Schutzwirkung für Dritte ausf. *Dutta* IPRax 2009, 293 f.; *Martiny,* FS Magnus, 2014, 483 (491); Rauscher/*v. Hein* EuZPR/EuIPR, 2016, Art. 1 Rom I-VO Rn. 10; für vertragliche Qualifikation hingegen die vor der Rom I- und II-VO hM, s. noch OLG Köln RIW 1993, 1023 = BeckRS 1993, 01407.

[503] *Kropholler* IPR § 17 I.

[504] BGH NZG 2016, 1187 Rn. 15 (Beweislast im Stiftungskollisionsrecht).

[505] Vgl. auch *Heiss/Kaufmann-Mohi* Qualifikation S. 181 (188), die darauf hinweisen, dass mit einer solchen Regelung dem RG die Blamage des Tennessee-Wechsels (RGZ 7, 21) erspart geblieben wäre (→ EGBGB Art. 4 Rn. 75).

[506] Aktuelle Bestandsaufnahme bei *Wurmnest* ZVglRWiss 115 (2016), 624 (635 ff.).

[507] Jüngst ausf. *Thole* IPRax 2010, 285 (286 f.); ebenso *Altenkirch* in Peter Huber Rome II Regulation – Pocket Commentary, 2011, Rom II-VO Art. 22 Rn. 9; Erman/*Hohloch* Rom II-VO Art. 22 Rn. 4; *Jayme* IPRax 2017, 179 (181 f.); *Linke/Hau* IZVR Rn. 10.10; *Schack* IZVR Rn. 745 ff.; ebenso zuvor BGH NJW 1985, 554; IPG 1980/81 Nr. 8 (Göttingen) 63 ff.; Soergel/*Kegel,* 11. Aufl. 1983, EGBGB Vor Art. 7 Rn. 646; *Birk,* Schadensersatz und sonstige Restitutionsformen im internationalen Privatrecht, 1969, 153 ff.; *Eisner* ZZP 80 (1967), 78 (87); *Pohle,* FS Dölle, Bd. II, 1963, 324 f.

[508] AG Geldern NJW 2011, 686; dem zust. *A. Staudinger* NJW 2011, 650 ff.; ebenso *Rauscher/Jakob/Picht* EuZPR/EuIPR, 2016, Rom II-VO Art. 22 Rn. 8; Calliess/*Klöhn* Rom II-VO Art. 22 Rn. 8; Palandt/*Thorn* Rom II-VO Art. 22 Rn. 1; *Wurmnest* ZVglRWiss 115 (2016), 624 (636 ff.); im Ergebnis ebenso schon vor der Rom II-VO Staudinger/*v. Hoffmann* (2001) EGBGB Art. 38 Rn. 49; IPG 1974 Nr. 7 (Köln) 59; *Greger* VersR 1980, 1101 (1104 f.); *Coester-Waltjen,* Internationales Beweisrecht, 1983, Rn. 334; *Buciek,* Beweislast und Anscheinsbeweis im internationalen Recht, 1984, 257; *G. Brandt,* Die Sonderanknüpfung im internationalen Privatrecht, 1993, 111; Soergel/*Kronke* EGBGB Art. 38 Anh. IV Rn. 137; *Geimer* IZPR Rn. 2291.

[509] Für verfahrensrechtliche Qualifikation des § 287 ZPO jüngst LG Saarbrücken NJW-RR 2012, 885 = IPRax 2014, 180 m. zust. Aufsatz *Eichel* IPRax 2014, 156 mzN.

[510] Eine stärkere Vorlagebereitschaft anmahnend *Wurmnest* ZVglRWiss 115 (2016), 624 (639 ff.).

[511] *Heinze,* FS Kropholler, 2008, 105 (111); *Heiss/Kaufmann-Mohi* Qualifikation S. 181 (192).

Abs. 4 lit. b und c Rom I-VO, wo der Begriff des Pauschalreisevertrages und der Teilzeitnutzungs-rechte an Immobilien explizit im Einklang mit den einschlägigen sachrechtlichen Richtlinienbestim-mungen definiert werden. Allerdings ist mangels einer solchen ausdrücklichen Verkoppelung auch für das europäische IPR davon auszugehen, dass **im Zweifel der Sinn und Zweck des jeweiligen Rechtsaktes maßgebend** ist, so dass derselbe Begriff zB in einer Richtlinie und in einer kollisions-rechtlichen VO nicht notwendigerweise gleichlaufend interpretiert werden muss.[512] Abgesehen vom Unionsrecht im engeren Sinne können auch rechtsvergleichend erarbeitete Prinzipien (etwa die Unidroit-Prinzipien für internationale Handelsverträge und die PECL) oder der DCFR Anhalts-punkte geben.[513] Ferner ist zu bedenken, dass es sich bei den EU-Verordnungen um *lois uniformes* handelt, die auch drittstaatliches Recht berufen können (→ EGBGB Art. 3 Rn. 36), so dass unter Umständen Rechtsinstitute außereuropäischer Rechtsordnungen qualifiziert werden müssen, für die es in den mitgliedstaatlichen Rechten an einer Entsprechung fehlt.[514] Insoweit gelten *mutatis mutandis* dieselben Grundsätze, die oben (→ Rn. 119 ff.) beschrieben wurden.[515]

cc) EU-Primärrecht. Häufig fehlt es jedoch an einschlägigen materiellrechtlichen Regelungen.   **132** Auf die Kategorien des EU-Primärrechts kann insoweit nur mit Vorsicht zurückgegriffen werden.[516] So hat der EuGH in der bekannten „Falco"-Entscheidung einen Lizenzvertrag nicht als „Dienstleis-tung" iS des Art. 5 Nr. 1 lit. b Brüssel I-VO (= Art. 7 Nr. 1 lit. b Brüssel Ia-VO) eingestuft, obwohl ein derartiger Vertrag primärrechtlich unter Art. 56, 57 AEUV zu subsumieren ist:[517] Während der Begriff der Dienstleistung im Primärrecht weit verstanden wird, um möglichst viele wirtschaftliche Tätigkeiten, die nicht zum freien Waren- oder Kapitalverkehr oder zur Freizügigkeit der Personen gehören, in die Freiheitsverbürgungen des AEUV einzubeziehen,[518] trägt dieser Schutzgedanke nach Ansicht des EuGH im Rahmen der Auslegung des Art. 7 Nr. 1 lit. b Brüssel Ia-VO nicht, da auch bei einem engen Dienstleistungsbegriff die Verordnung anwendbar bleibt; es kommt allenfalls statt Art. 7 Nr. 1 lit. b Brüssel Ia-VO die lit. a zum Zuge.[519] Der richtige Kern dieser restriktiven Recht-sprechung liegt darin, dass ein rein *faktisch* determinierter Erfüllungsort, wie er Art. 7 Nr. 1 lit. b Brüssel Ia-VO zugrunde liegt, sich nicht mit hinreichender Rechtssicherheit bestimmen lässt, wenn in der Realität, wie zB beim Lizenzvertrag, kein tatsächliches Verhalten des Vertragspartners beobachtet werden kann.[520] Entsprechendes dürfte im Rahmen des IPR der Dienstleistungsverträge (Art. 4 Abs. 1 lit. b Rom I-VO) gelten, da insoweit Art. 4 Abs. 2 Rom I-VO als Auffangtatbestand bereit steht.[521]

dd) Internationales Zivilverfahrensrecht der EU. Hiermit ist ein weiteres zentrales Element   **133** der autonomen Qualifikation angesprochen, nämlich der Auslegungszusammenhang zwischen dem europäischen Zivilverfahrens- und Kollisionsrecht (auch → EGBGB Art. 3 Rn. 160 f.). Die jeweili-gen Erwägungsgründe 7 Rom I-VO und Rom II-VO sehen ausdrücklich das **Gebot einer harmo-nischen Auslegung** dieser Rechtsakte im Verhältnis zur Brüssel Ia-VO vor.[522] Diesem Prinzip muss auch auf der Ebene der Qualifikation Rechnung getragen werden.[523] Bei der Abgrenzung zwischen vertraglichen und außervertraglichen Schuldverhältnissen zB ist die einschlägige Rechtsprechung des EuGH zu Art. 5 Nr. 1 und 3 Brüssel I-VO (Art. 7 Nr. 1 und 2 Brüssel Ia-VO) zu berücksichtigen.[524] Dies schließt aber nicht aus, dass man nach funktional-teleologischen Kriterien aufgrund der unter-schiedlichen Regelungsaufgaben des Verfahrensrechts einerseits, des IPR andererseits (→ Rn. 316)

---

[512] *Heinze,* FS Kropholler, 2008, 105 (111).
[513] Siehe statt aller *Reuter* falsus procurator S. 53 f., mwN.
[514] *Hellner* in Dutta/Herrler, Die Europäische Erbrechtsverordnung, 2014, 107 (108) (Rn. 5); *Lüttringhaus* RabelsZ 77 (2013), 31 (33); vgl. auch *Nehne* Methodik S. 191.
[515] Ebenso *Hellner* in Dutta/Herrler, Die Europäische Erbrechtsverordnung, 2014, 107 (108) (Rn. 5).
[516] Den „primärrechtlichen Überbau" betont *Heinze,* FS Kropholler, 2008, 105 (109).
[517] EuGH Slg. 2009, I-3327 Rn. 50 ff. = NJW 2009, 1865 – Falco Privatstiftung/Weller-Lindhorst.
[518] EuGH Slg. 2009, I-3327 Rn. 34 = NJW 2009, 1865 – Falco Privatstiftung/Weller-Lindhorst.
[519] EuGH Slg. 2009, I-3327 Rn. 36 = NJW 2009, 1865 – Falco Privatstiftung/Weller-Lindhorst; ebenso *Brinkmann* IPRax 2009, 487 (490).
[520] *Kropholler/v. Hein* EuZPR EuGVVO Art. 5 Rn. 43; krit. aber *Hess,* Europäisches Zivilprozessrecht, 2010, § 6 Rn. 51, weil das gewerbliche Schutzrecht Ergebnis einer besonderen Dienstleistung sei.
[521] Ebenso *Lüttringhaus* RabelsZ 77 (2013), 31 (48 f.).
[522] Hierzu eingehend *Lüttringhaus* RabelsZ 77 (2013), 31 f.; *Rühl* GPR 2013, 122 ff.; *Schacherreiter* JBl 2014, 487 (496 f.); *Würdinger* RabelsZ 75 (2011), 102 ff., alle mwN.
[523] *Azzi* D. 2009, 1621 ff.; *Heinze,* FS Kropholler, 2008, 105 (110 f.); *Lemaire* Qualifikation, 2015, S. 35 (43); vgl. auch zum Familien- bzw. Unterhaltsrecht *Bariatti* Riv. dir. int. priv. proc. 2006, 360 (374 ff.).
[524] EuGH C-191/15, ECLI:EU:C:2016:612 = NJW 2016, 2727 Rn. 36 ff. – Verein für Konsumenteninforma-tion ./. Amazon; näher etwa *Lüttringhaus* RabelsZ 77 (2013), 31 (44 ff.); *Würdinger* RabelsZ 75 (2011), 102 (118).

bisweilen zu abweichenden Qualifikationen gelangt.[525] Für Einzelheiten ist auf die Kommentierung der betreffenden Verordnungen zu verweisen.

134   **c) Ausnahmen.** Vom Grundsatz der autonomen Qualifikation muss abgewichen werden, wenn das europäische Kollisionsrecht selbst eine entsprechende Ausnahme anordnet. Ein praktisch wichtiges Beispiel hierfür bietet Erwägungsgrund 27 Rom II-VO, der in Bezug auf die von Art. 9 Rom II-VO erfassten Arbeitskampfmaßnahmen festhält, es sei grundsätzlich davon auszugehen, dass für die Definition des Begriffs „Arbeitskampfmaßnahmen" das Recht des Staates anzuwenden ist, in dem Arbeitskampfmaßnahmen ergriffen wurden. Insoweit handelt es sich um eine Qualifikationsverweisung auf die *lex causae*.[526] Als ein Fall der Qualifikationsverweisung ist es auch anzusehen, wenn die Rom II- und die Rom I-VO „Schuldverhältnisse aus einem Familienverhältnis oder aus Verhältnissen, die *nach dem auf diese Verhältnisse anwendbaren Recht* vergleichbare Wirkungen entfalten" aus ihrem sachlichen Anwendungsbereich ausschließen (Art. 1 Abs. 2 lit. a Rom II-VO; Art. 1 Abs. 2 lit. b Rom I-VO; → EGBGB Art. 4 Rn. 114).[527] Bei der Qualifikation von Arbeitsverträgen wird heute überwiegend eine autonome Herangehensweise befürwortet.[528] Den für die intertemporale Anwendbarkeit der Rom I-VO maßgebenden Zeitpunkt des Vertragsschlusses wollte Generalanwalt *Szpunar* wiederum nach der *lex causae* bestimmen, weil eine autonome Konzeption insoweit schwierig und der Rechtssicherheit abträglich sei.[529] Dem ist der EuGH aber mit Recht nicht gefolgt.[530]

135   **4. Staatsvertragliches IPR.** Auch für Kollisionsnormen in Staatsverträgen (Art. 3 Nr. 2 EGBGB) ist grundsätzlich vom **Prinzip der autonomen Qualifikation** auszugehen.[531] Dies folgt aus dem Sinn und Zweck staatsvertraglicher Kollisionsnormen, im Kreise der Vertragsstaaten für internationalen Entscheidungseinklang zu sorgen.[532] Dieses Ziel wäre nicht zu erreichen, wenn jeder Vertragsstaat die Funktionsbegriffe staatsvertraglicher Kollisionsnormen im Lichte seiner lex fori auslegen und entsprechend darunter subsumieren würde. In erster Linie sind auch insoweit die Qualifikationsnormen des einschlägigen Abkommens selbst heranzuziehen; so stellt zB Art. 3 lit. e KSÜ klar, dass die *kafala* islamischen Rechts eine Schutzmaßnahme im Sinne des Übereinkommens darstellt. Wenn es an einer entsprechenden expliziten Abgrenzung fehlt, ist eine Qualifikation auf funktional-rechtsvergleichender Grundlage vorzunehmen.[533] Hierbei ist der Blick nicht auf die Rechtsordnungen der Vertragsstaaten zu beschränken,[534] weil es sich bei den neueren Haager Übereinkommen um *lois uniformes* handelt, die auch das Recht von Nicht-Vertragsstaaten zur Anwendung berufen. Ergibt sich trotz des Bemühens um autonome Qualifikation eine unüberbrückbare Qualifikationsdivergenz zwischen einzelnen Vertragsstaaten (und kann diese auch nicht, wie zB in Bezug auf das HUP, durch eine Vorlage an den EuGH behoben werden, → EGBGB Art. 3 Rn. 48), kann es theoretisch zu einem Renvoi kraft abweichender Qualifikation (→ EGBGB Art. 4 Rn. 70 ff.) kommen;[535] jedoch ist im staatsvertraglichen Kollisionsrecht der Renvoi zumindest im Verhältnis der Vertragsstaaten untereinander regelmäßig ausgeschlossen (→ EGBGB Art. 4 Rn. 38 ff.).

IV. Reichweite der Verweisung

136   Während beim Beginn des Qualifikationsprozesses die Frage zu beantworten ist, wie sich die Qualifikation zur Auslegung verhält (→ Rn. 111), stellt sich nach dem Auffinden der für ein bestimmtes Rechtsinstitut maßgebenden Kollisionsnorm das Problem, auf welche Normen des

---

[525]   Dies betont (übersteigert) *Haftel* Clunet 2010, 762 (766 f.), der sogar von einem umgekehrten Prinzip der voneinander unabhängigen Qualifikation in den jeweiligen Rechtsakten ausgehen will.

[526]   Str., wie hier zB Calliess/*Rödl* Rom II-VO Art. 9 Rn. 11; Rauscher/*Unberath/Cziupka/Pabst* EuZPR/EuIPR, 2016, Rom II-VO Art. 9 Rn. 8; nach aA soll die *lex fori* maßgebend sein; näher → Rom II-VO Art. 9 Rn. 14 ff.

[527]   Ausf. zum Begriff der „Familie" im europäischen IPR *Althammer* NZFam 2016, 629.

[528]   Näher Rauscher/*v. Hein* EuZPR/EuIPR, 2016, Rom I-VO Art. 8 Rn. 17 f. mwN; anders mit eingehender Begr. *Krebber*, FS v. Hoffmann, 2011, 218 ff.

[529]   GA *Szpunar* ECLI:EU:C:2016:281 = BeckEuRS 2016, 472004 Rn. 38 ff.

[530]   EuGH ECLI:EU:C:2016:774 = NZA 2016, 1389 Rn. 28 f. – Nikiforidis.

[531]   Näher *van Ginsbergen* ZfRV 1970, 1 ff.; *Kropholler*, Internationales Einheitsrecht, 1975, 330 f.; *Meyer-Sparenberg*, Staatsvertragliche Kolllisionsnormen, 1990, 132 f.; ebenso zB Bamberger/Roth/*Lorenz* Rn. 62; *v. Hoffmann/Thorn* IPR § 6 Rn. 16; *Kropholler* IPR § 16 II 3; *Mistelis*, Charakterisierung und Qualifikation im internationalen Privatrecht, 1999, 145 ff.

[532]   *v. Hoffmann/Thorn* IPR § 6 Rn. 16; *Kropholler* IPR § 16 II 3.

[533]   *v. Hoffmann/Thorn* IPR § 6 Rn. 16; *Kropholler* IPR § 16 II 3.

[534]   So aber *Meyer-Sparenberg*, Staatsvertragliche Kollisionsnormen, 1990, 132.

[535]   *Kropholler*, Internationales Einheitsrecht, 1975, 331.

bezeichneten Rechts sich der genaue **Umfang der Verweisung** erstreckt.[536] Haben wir beispiels-weise den Zugewinnausgleich im Todesfall als güterrechtlich qualifiziert (→ Rn. 124), führt uns aber Art. 15 auf ein ausländisches Recht, das die Beteiligung der Ehefrau am Nachlass ihres verstorbenen Ehegatten ausschließlich mit den Mitteln des Erbrechts bewältigt (indem ihr etwa von vornherein die Hälfte am Nachlass zugesprochen wird), stellt sich die Frage, ob unser Kollisionsrecht den Umfang der von ihm ausgesprochenen Verweisung auf das ausländische Güterrecht beschränkt – in dem sich keine Anspruchsgrundlage findet –, oder ob auch das ausländische Erbrecht von der Verweisung erfasst wird. Plastisch wird vom Gegensatz zwischen einer „kanalisierten" und einer „offenen" Verweisung gesprochen.[537]

Die richtige Antwort ergibt sich auch insoweit aus dem Prinzip der funktional-teleologischen **137** Qualifikation, dh die **Verweisung erstreckt sich auf alle funktionsäquivalenten Rechtsinstitute** der bezeichneten Rechtsordnung ohne Rücksicht auf ihre rechtssystematische Einordnung im frem-dem Recht. Dies gilt jedenfalls, wenn unsere Kollisionsnorm eine Sachnormverweisung ausspricht. Im Internationalen Vertrags- oder Deliktsrecht (Art. 20 Rom I-VO, Art. 24 Rom II-VO) oder im Falle einer Rechtswahl auf einem sonstigen Rechtsgebiet (Art. 4 Abs. 2 EGBGB) braucht es uns daher nicht zu kümmern, dass zB im anglo-amerikanischen Recht die aus europäisch-autonomer bzw. deutscher Sicht als materiellrechtlich qualifizierten Institute der Verjährung (Art. 12 Abs. 1 lit. d Rom I-VO, Art. 15 lit. h Rom II-VO) oder der Aufrechnung (Art. 17 Rom I-VO) traditionell als prozessual eingestuft werden; sie werden gleichwohl von unserem IPR ebenso zur Anwendung berufen, als handelte es sich um materielles Recht.[538] Unzulässig ist es hingegen, den Qualifikations-prozess nunmehr erneut von vorn anfangen zu lassen und auf dieser zweiten Stufe *lege causae* zu qualifizieren.[539]

Sprechen unsere Kollisionsnormen hingegen eine **Gesamtverweisung** aus, sind nicht nur die **138** Kollisionsnormen des bezeichneten Rechts an zuwenden, die in ihrer systematischen Kategorisierung den unseren entsprechen, sondern wir müssen im Bereich des fremden Kollisionsrechts *lege causae* qualifizieren, so dass es ggf. zu einem **Renvoi kraft abweichender Qualifikation** kommen kann (→ EGBGB Art. 4 Rn. 70 ff.).

Es verbleiben diejenigen Fälle, in denen unsere **Verweisung** (auch nach Prüfung eines etwaigen **139** Renvoi) **ins Leere führt,** weil das ausländische Recht an der aus unserer Sicht erwarteten Stelle (zB dem Güterrecht) keine Norm vorhält, sondern einen entsprechenden Ausgleich an anderer Stelle schafft (zB im Erbrecht), so dass es zu einem Normenmangel (oder umgekehrt zu einer Normenhäufung) kommt. Hier stellt sich nach dem vorläufigen Abschluss des Qualifikationsprozesses das Problem, ob die Qualifikationsfrage noch einmal zum Zwecke einer Korrektur des Anknüpfungs-ergebnisses aufgegriffen werden darf oder ob allein eine Lösung auf sachrechtlicher Ebene in Betracht kommt; das ist eine Frage der **Anpassung,** auf die unten (→ Rn. 254) ausführlich eingegangen wird.

V. Besonderheiten

1. Doppel- und Mehrfachqualifikation. Es mag bisweilen schwerfallen, einem Rechtsinstitut **140** ausschließlich eine einzige Funktion zuzuschreiben. Dies kann zum einen daran liegen, dass ein solches Institut in ganz unterschiedlichen situativen Kontexten zum Tragen kommt, was oben (→ Rn. 120) in Bezug auf die Morgengabe erläutert wurde. Ferner kann ein Rechtsinstitut an der Schnittstelle zweier Rechtsgebiete anzusiedeln sein, wie etwa der bereits (→ Rn. 124) erwähnte Zugewinnausgleich im Todesfall (§ 1371 Abs. 1 BGB), der ein güterrechtliches Ziel (Teilhabe am Vermögenszuwachs während der Ehe) mit einem erbrechtlichen Instrument (Erhöhung des gesetzli-chen Erbteils) verwirklicht. In derartigen Fällen stellt sich die Frage, ob es sachgerecht ist, ein solches

---

[536] Hierzu ausf. *Bernasconi,* Der Qualifikationsprozess im IPR, 1997, 255 ff. mzN; *Finkelmeier* Qualifikation der Vindikation S. 29 ff.; vielfach wird insoweit auch von „sekundärer" Qualifikation gesprochen, so zB *Reuter* falsus procurator S. 33; *Schacherreiter* JBl 2014, 487 (489); *Wendehorst,* FS Sonnenberger, 2004, 743 f.

[537] *Kropholler* IPR § 17 II; *Schwimann* ÖJZ 1980, 7 ff.; eingehend *Bernasconi,* Der Qualifikationsprozess im IPR, 1997, 255 ff.; *Finkelmeier* Qualifikation der Vindikation S. 23 ff.

[538] S. zur Aufrechnung BGHZ 201, 252 Rn. 23 = NJW 2014, 3156; bespr. von *R. Magnus* LMK 2014, 361173; *Mankowski* JZ 2015, 50 ff.; *Wendelstein* IPRax 2016, 572 ff.; näher *Solomon* ZVglRWiss 115 (2016), 586 (602 ff.).

[539] Vgl. die heute allg. als verfehlt geltende Tennessee-Wechsel-Entscheidung RGZ 7, 21; hierzu *Olaf Meyer* Jura 2015, 270 ff.; *Hausmann* Riv. dir. int. priv. proc. 2015, 499 (515); s. auch zur traditionell in Österreich stark vertretenen „Zwei-Stufen-Qualifikation" die kritische Analyse von *Bernasconi,* Der Qualifikationsprozess im IPR, 1997, 255 ff.; ferner *Kropholler* IPR § 17 II; *Mistelis,* Charakterisierungen und Qualifikation, 1999, 196 f.; *Reuter* falsus procurator S. 42 f.; *Schacherreiter* JBl 2014, 487 (489); *Schwimann* ÖJZ 1980, 7 ff.; aus Sicht des Common Law zur „secondary characterisation" *Hook* JPIL 11 (2015), 185 (207), alle mwN.

Institut unter eine einzige Kollisionsnorm zu subsumieren oder ob im Gegenteil eine Doppel- bzw. Mehrfachqualifikation angebracht ist, um die Multifunktionalität des fraglichen Instituts auch auf der kollisionsrechtlichen Ebene angemessen abzubilden.[540]

141 Im weiteren Sinne liegt eine **Mehrfachqualifikation** vor, wenn je nach dem situativen Kontext differenziert wird, wie dies vor der Grundsatzentscheidung des BGH von 2009 vielfach für die Morgengabe befürwortet wurde (→ Rn. 120). Diese Qualifikationsmethode ist im Ergebnis wenig bedenklich, weil sie im konkreten Einzelfall letztlich doch dazu führt, dass nur ein Recht zur Anwendung berufen wird; die Morgengabe zB ist nach diesem Ansatz etwa unterhalts- oder erbrechtlich, aber niemals sowohl unterhalts- als auch erbrechtlich zu qualifizieren. Freilich hat dieser Ansatz auch insoweit den Nachteil, dass den Beteiligten Vermögensdispositionen erschwert werden, wenn das anwendbare Recht bis zur jeweiligen Geltendmachung des Anspruchs in der Schwebe bleibt.

142 Eine **Doppel- oder Mehrfachqualifikation im engeren,** technischen **Sinne** liegt hingegen vor,[541] wenn mehrere Rechte simultan berufen werden, indem zB der Zugewinnausgleich im Todesfall sowohl güter- als auch erbrechtlich qualifiziert wird.[542] Als weitere Beispiele für eine Mehrfachqualifikation werden etwa das Verbot gemeinschaftlicher Testamente oder einer Ehegattengesellschaft sowie die Prozesskostenvorschusspflicht unter Ehegatten genannt.[543] Auch an den Schnittstellen von Gesellschafts-, Delikts- und Insolvenzrecht wird zum Teil eine Mehrfachqualifikation befürwortet.[544] Von der Mehrfachqualifikation sind Konstellationen bloßer Anspruchskonkurrenz zu unterscheiden, so zB wenn aufgrund eines haftungsbegründenden Ereignisses vertragliche und deliktische Schadensersatzansprüche miteinander konkurrieren;[545] insoweit sorgen im Übrigen bereits Art. 4 Abs. 3 S. 2 Rom II-VO und Art. 41 Abs. 2 Nr. 1 EGBGB dafür, dass es nicht aufgrund von Qualifikationskonflikten zu widersprüchlichen Ergebnissen kommt.

143 Im **praktischen Ergebnis** kann eine Doppel- bzw. Mehrfachqualifikation sich entweder als kumulative Anknüpfung zulasten des Anspruchsstellers oder umgekehrt als alternative Anknüpfung zu seinen Gunsten auswirken. So führt insbesondere die Doppelqualifikation des Zugewinnausgleichs (§ 1371 Abs. 1 BGB) grundsätzlich dazu, dass der Anspruch dem überlebenden Ehegatten nur gewährt wird, wenn deutsches Recht sowohl nach Art. 15 EGBGB als auch nach der EuErbVO berufen ist.[546] Hierfür spricht zwar, dass die notorischen Anpassungsprobleme zwischen Güter- und Erbrecht (→ Rn. 248 f.) so von vornherein vermieden werden. Dagegen ist aber geltend zu machen, dass der Anwendungsbereich der Sachnorm zulasten des überlebenden Ehegatten erheblich eingeschränkt wird, und zwar auch in solchen Fällen, in denen gar keine oder allenfalls lösbare Anpassungsprobleme zu erwarten sind.[547] Der BGH hat hierin eine unzulässige Verkürzung des deutschen Güterrechts gesehen und deshalb die Theorie der Doppelqualifikation – jedenfalls für den Zugewinnausgleich im Todesfall – klar verworfen.[548]

---

[540] Hierzu ausf. *Heyn,* Die „Doppel-" und „Mehrfachqualifikation" im IPR, 1986; grundlegend *Wengler,* FS Martin Wolff, 1952, 337 (362 ff.); ferner *v. Bar/Mankowski* IPR I § 7 Rn. 178; *Kropholler* IPR § 15 II 4a.

[541] Noch differenzierter vier verschiedene Fallgruppen unterscheidend *Heyn,* Die „Doppel-" und „Mehrfachqualifikation" im IPR, 1986, 43 ff.

[542] Dafür zB noch OLG Köln ZEV 2012, 205 (206); grds. auch OLG Düsseldorf MittRhNotK 1988, 68 = BeckRS 2015, 10040 (aufgegeben durch OLG Düsseldorf BeckRS 2015, 06780); OLG Frankfurt a.M. ZEV 2010, 253; OLG Stuttgart NJW-RR 2005, 740; im Schrifttum *Braga* FamRZ 1957, 334; *J. Schröder,* Die Anpassung von Kollisions- und Sachnormen, 1961, 91 f.; *Graue* Am. J. Comp. L. 15 (1966), 164 (189); Staudinger/*Gamillscheg* (10./11. Aufl. 1973) EGBGB Art. 15 aF Rn. 335; *Coester* JA 1979, 353; *Vékás* IPRax 1985, 24; *Schotten* MittRhNotK 1987, 18; *Schotten/Johnen* DtZ 1991, 257; *Süß* ZNotP 1999, 385 (392); *Schotten/Schmellenkamp* IPR Rn. 288; *Schotten/Schmellenkamp* ZEV 2009, 193; *Massfeller* DB 1958, 563 (566); nunmehr abgelehnt zugunsten einer allein güterrechtlichen Qualifikation durch BGHZ 205, 289 Rn. 27 ff. = NJW 2015, 2185.

[543] Näher *Kropholler* IPR § 15 II 4a; ferner *Heyn,* Die „Doppel-" und „Mehrfachqualifikation" im IPR, 1986, 38 ff.

[544] Eingehend *Kindler,* FS Jayme, 2004, 409 ff.

[545] Staudinger/*Sturm/Sturm* (2012) Rn. 248; vgl. auch *Heyn,* Die „Doppel-" und „Mehrfachqualifikation" im IPR, 1986, 55 ff.; insoweit sieht auch zB *Wendehorst,* FS Sonnenberger, 2004, 743 (756) im Anschluss an *Wengler,* FS Martin Wolff, 1952, 337 (362 ff.) eine Doppel- oder Mehrfachqualifikation als gegeben an; auch *Wengler* unterscheidet inhaltlich aber klar zwischen „Anspruchskonkurrenzen einerseits und [...] Wertungswidersprüchen andererseits".

[546] Allerdings sollte diese harsche Rechtsfolge im Ergebnis dadurch abgemildert werden, dass ein Zugewinnausgleich auch bei einem ausländischen Erbstatut eröffnet wurde, wenn das ausländische Erbstatut eine dem § 1371 BGB funktional äquivalente Vorschrift enthielt, so OLG Düsseldorf MittRhNotK 1988, 68 (69) (aufgegeben durch OLG Düsseldorf ZEV 2015, 305 = BeckRS 2015, 06780); OLG Frankfurt a.M. ZEV 2010, 253; OLG Stuttgart NJW-RR 2005, 740.

[547] OLG Schleswig NJW-RR 2014, 93 (95): § 1371 Abs. 1 BGB verbliebe „nur ein kleinstmöglicher internationaler Anwendungsbereich".

[548] BGHZ 205, 289 Rn. 27 ff. = NJW 2015, 2185.

Umgekehrt wird zB im Falle des Prozesskostenvorschusses gemäß § 1360a Abs. 4 BGB, § 1361 **144**
Abs. 4 BGB im Ergebnis eine alternative Anknüpfung erreicht, wenn dieser Anspruch nur zu verneinen sein soll, falls ihn weder das Ehewirkungs-, Ehegüter- noch das Unterhaltsstatut einräumen.[549]
Auch im Grenzbereich des Gesellschafts-, Delikts- und Insolvenzrechts wird aus Gründen des Gläubigerschutzes für eine Mehrfachqualifikation plädiert.[550]

Von einer Doppel- oder Mehrfachqualifikation sollte jedoch – **wenn überhaupt – nur äußerst** **145**
sparsamer Gebrauch gemacht werden.[551] Wenn der Gesetzgeber den Eintritt bestimmter Rechtsfolgen durch eine kumulative Anknüpfung erschweren oder durch eine alternative Anknüpfung begünstigen will, muss er dies selbst anordnen (→ Rn. 61 ff.); eine materiellrechtliche Verzerrung der regulären
kollisionsrechtlichen Verweisung darf hingegen nicht auf der Stufe der Qualifikation vorgenommen
werden. Auch bei multifunktionalen Rechtsinstituten wie der Morgengabe, dem Zugewinnausgleich
im Todesfall oder der Prozesskostenvorschusspflicht ist bei näherer Analyse und der notwendigen Ent-
scheidungsfreude **regelmäßig eine eindeutige Qualifikation möglich,**[552] die zB bei der Morgengabe zur Einordnung als allgemeine Ehewirkung (→ Rn. 119 f.) und beim Zugewinnausgleich nach
§ 1371 Abs. 1 BGB zur güterrechtlichen Qualifikation führt (→ Rn. 124). Auch der Prozesskostenvorschuss gemäß § 1360a Abs. 4 BGB, § 1361 Abs. 4 BGB, der die allgemeine Unterhaltspflicht für ein
besonderes Bedürfnis des Berechtigten konkretisiert, ist bei funktionaler Qualifikation – *nur* – als Unterhalt im Sinne des HUP anzusehen.[553] Für eine eindeutige Qualifikation spricht vor allem, dass die zahlreichen Rechtsinstrumente des europäischen und staatsvertraglichen Kollisionsrechts reibungslos und
überschneidungsfrei ineinandergreifen sollen: Ansprüche etwa, die ab dem 29.1.2019 unter die
EuGüVO fallen werden, dürfen nicht zugleich von der EuErbVO oder dem HUP erfasst werden. Falls
eine eindeutige Qualifikation im Einzelfall zu einem unbilligen Ergebnis führt (Normenmangel, Normenhäufung) ist ggf. mit Hilfe der Anpassung zu korrigieren[554] (→ Rn. 248 f.). Erst recht kommt es
nicht in Betracht, ein und dieselbe Rechtsfrage einerseits autonom zu qualifizieren und zB der Rom II-
VO zu unterstellen, sie andererseits aber *lege fori* einzuordnen und somit zugleich einer Kollisionsnorm
des EGBGB (zB Art. 43 ff. EGBGB) zuzuweisen.[555] Was einmal kraft autonomer Qualifikation dem
EU-IPR zugesprochen ist, kann wegen des Vorrangs des Europarechts nicht erneut „doppelt" qualifiziert werden;[556] vgl. zu Einzelheiten → EGBGB Art. 44 Rn. 4.

2. Qualifikationsverweisung. Es kann vorkommen, dass Kollisionsnormen selbst eine Aus- **146**
nahme vom Grundsatz der funktional-teleologischen Qualifikation *lege fori* (im autonomen IPR)
bzw. der autonomen Qualifikation (im europäischen und staatsvertraglichen IPR) vorsehen; insoweit
spricht man von einer Qualifikationsverweisung (→ EGBGB Art. 4 Rn. 76 ff.).

3. Renvoi kraft abweichender Qualifikation. Da wir im Falle einer Gesamtverweisung das **147**
ausländische IPR grundsätzlich so auslegen und anwenden müssen, wie dies in der ausländischen
Rechtsordnung geschieht, und infolgedessen insoweit ausnahmsweise *lege causae* qualifizieren, kann
ein Renvoi auch aus einer abweichenden Qualifikation im fremden Recht folgen (→ EGBGB Art. 4
Rn. 70 ff.).

E. Vorfragen

Schrifttum: *Bernitt,* Die Anknüpfung von Vorfragen im europäischen Kollisionsrecht, 2010; *Corneloup,* Les questi-
ons préalables de statut personnel dans le fonctionnement des règlements européens de droit international privé,
TCFDIP 2010–2012, S. 189; *Dorenberg,* Hinkende Rechtsverhältnisse im internationalen Familienrecht, 1968; *Dutta,*
Fragen des Allgemeinen Teils und Einbindung in das Kollisionsrecht der EU: Vorstellung des Vorschlags, in Dutta/
Helms/Pintens, Ein Name in ganz Europa, 2016, 75; *Ficker,* Die Rechtsfigur der Vorfrage im Lichte einiger neuerer

---

[549] So *Kropholler* IPR § 15 II 4a; *Wengler,* FS Martin Wolff, 1952, 337 (362 ff.).
[550] Ausf. *Kindler,* FS Jayme, 2004, 409 ff.
[551] So auch *v. Bar/Mankowski* IPR I § 7 Rn. 178: „ultima ratio"; Staudinger/*Sturm/Sturm* (2012) Rn. 248;
Joh. Weber DNotZ 2016, 424 (433) („dem Kollisionsrecht grunsätzlich fremd").
[552] Vgl. auch den Vorwurf des OLG Schleswig NJW-RR 2014, 93 (95) an die Anhänger der Doppelqualifikation, sie würden „der eigentlichen Qualifikationsentscheidung aus dem Weg gehen".
[553] Vgl. noch zu Art. 18 EGBGB aF OLG Köln IPRspr. 1994 Nr. 93; OVG Berlin-Brandenburg NVwZ-RR
2010, 208 (Ls.) = BeckRS 2009, 40175; *Kegel/Schurig* IPR § 7 III; ebenso zu Art. 5 Nr. 2 EuGVVO aF OLG
München EuLF 2008, I-56, II-20 = IPRspr. 2008 Nr. 151; zur EuUnterhVO bzw. zum HUP Rauscher/*Andrae*
EuZPR/EuIPR, 2015, EuUntVO Art. 1 Rn. 23; Geimer/Schütze/*Reuss* EuUntVO Art. 1 Rn. 21; Prütting/
Helms/*Hau* FamFG § 110 Anh. 3 Rn. 3; *Reuter* falsus procurator S. 59 f.
[554] BGHZ 205, 289 Rn. 1 u. 34 = NJW 2015, 2185.
[555] *Finkelmeier* Qualifikation der Vindikation S. 49 f.
[556] *Finkelmeier* Qualifikation der Vindikation S. 49 f.

familienrechtlicher Entscheidungen, FS OLG Zweibrücken, 1969, 69; *Füllemann-Kuhn,* Die Vorfrage im internationalen Recht, 1977; *Gamillscheg,* Doppelehe und hinkende Ehe im internationalen Privatrecht, FS OLG Celle, 1961, 61; *Gotlieb,* The Incidental Question Revisted – Theory and Practice in the Conflict of Laws, Int. Comp. L. Q. Vol. 26 Iss. 4 (1977), 734; *Gössl,* Die Vorfrage im Internationalen Privatrecht der EU, ZfRV 2011, 65; *Gössl,* Preliminary Questions in EU Private International Law, JPIL 8 (2012), 63; *Eichenhofer,* Neue internationalfamilienrechtliche Vorfragen im Sozialrecht, SGb 2016, 184; *Hausmann,* Kollisionsrechtliche Schranken von Scheidungsurteilen, 1980; *Hausmann,* Die Anerkennung nichtehelicher Kinder im deutsch-italienischen Rechtsverkehr (Teil 1), StAZ 1982, 93; *Hausmann,* Die Anerkennung nichtehelicher Kinder im deutsch-italienischen Rechtsverkehr (Teil 2), StAZ 1982, 121; *Heldrich,* Das Internationale Privatrecht in der Rechtsprechung des Bundesgerichtshofs, FS BGH, 2000, 733; *Henrich,* Das Bestehen einer Ehe als Vorfrage im IPR, StAZ 1966, 219; *Henrich,* Die Anknüpfung von Vorfragen im Internationalen Privatrecht, The Chuo Law Review 1991, 35; *Henrich,* Änderungen der internationalprivatrechtlichen Vorschriften im Regierungsentwurf zur Reform des Kindschaftsrechts, StAZ 1996, 353; *Henrich,* Die Wirksamkeit der Adoption als Vorfrage für die Namensführung des Adoptierten, IPRax 1998, 96; *Henrich,* Kindschaftsreformgesetz und IPR, FamRZ 1998, 1401; *Henrich,* Vorfragen im Familien- und Erbrecht: eine unendliche Geschichte, Liber Amicorum Schurig, 2012, 63; *Hepting,* Das IPR des Kindesnamens nach der Kindschaftsreform, StAZ 1998, 133; *Hoffmeyer,* Das internationalprivatrechtliche Vorfragenproblem, Diss. Hamburg 1956; *Jayme,* Zur Anerkennung des Kindes einer verheirateten Mutter durch den Erzeuger nach italienischem Recht, IPRax 1981, 160; *Jochem,* Die persönlichen Rechtsbeziehungen der Ehegatten in einer „hinkenden" Ehe – ein Sonderproblem?, FamRZ 1964, 392; *Kropholler,* Internationales Einheitsrecht, 1975; *Lagarde,* La règle de conflit applicable aux questions préalables, Rev. crit. dr. int. pr. 49 (1960), 459; *Mäsch,* Renvoi und Vorfragenanknüpfung im internationalen Vertragsrecht: Der OGH stellt die Weichen falsch, IPRax 1997, 442; *Mäsch,* Zur Vorfrage im europäischen IPR, in Leible/Unberath, Brauchen wir eine Rom 0-Verordnung?, 2013, 201; *Makarov,* Die privatrechtlichen Vorfragen im Staatsangehörigkeitsrecht, ZfRV 2 (1962), 147; *Makarov,* Le remariage du conjoint divorcé en droit international privé (Etude comparative), Rev. crit. dr. int. pr. 1967, 645; *v. Mangoldt,* Effektive Staatsangehörigkeit bei familienrechtlichen Vorfragen des deutschen Staatsangehörigkeitsrechts, JZ 1984, 821; *Mankowski,* Die Anknüpfung der Namensschutzes für natürliche Personen im Internationalen Privatrecht, StAZ 2011, 293; *v. Maydell,* Zur Anwendung zivilrechtlicher Begriffe in Sozialrechtsnormen auf Sachverhalte mit Auslandsberührung, FS Bosch, 1976, 645; *Melchior,* Die Grundlagen des deutschen IPR, 1932, 245; *Mottl,* Zur Vorfrage nach der Wirksamkeit einer Auslandsadoption, IPRax 1997, 210; *Michael F. Müller,* Mehrdeutige Begriffe im Internationalen Privatrecht, Jura 2015, 1319; *Müller-Freienfels,* „Witwen"rente nach Nichtehe auf Grund der Verfassung, JZ 1983, 230; *Müller-Freienfels,* Sozialversicherungs-, Familien- und Internationalprivatrecht und das Bundesverfassungsgericht, 1984; *Neumayer,* Zur Vorfrage im IPR, FS Aubin, 1979, 93; *Rauscher,* Die „eingefärbte" zivilrechtliche Vorfrage im Sozialrechtsstreit, NJW 1983, 2474; *Samtleben,* Zur kollisionsrechtlichen „Vorfrage" im öffentlichen Recht, RabelsZ 52 (1988), 466; *Sana-Chaillé de Néré,* Les questions préalables, in Azzi/Boskovic, Quel avenir pour la théorie générale des conflits des lois?, 2015, 123; *T. S. Schmidt,* The Incidental Question in Private International Law, Rec. 1992 II 305; *Schurig,* Die Struktur des kollisionsrechtlichen Vorfragenproblems, FS Kegel II, 1987, 549; *Schwind,* Die Ehe von Griechen im österreichischen internationalen Privatrecht, FS Wilburg, 1965, 163; *Serick,* Die Sonderanknüpfung von Teilfragen im internationalen Privatrecht, RabelsZ 18 (1953), 633; *Solomon,* Die Anknüpfung von Vorfragen im Europäischen Internationalen Privatrecht, FS Spellenberg, 2010, 355; *Sturm,* Das neue internationale Kindschaftsrecht: Was bleibt von der Rechtsprechung des Bundesgerichtshofs?, IPRax 1987, 1; *Sturm,* Selbständige und unselbständige Anknüpfung im deutschen IPR bei Vor- und Familiennamen, StAZ 1990, 350; *Viarengo,* Fragen des Allgemeinen Teils und Einbindung in das Kollisionsrecht der EU: Kommentar, in Dutta/Helms/Pintens, Ein Name in ganz Europa, 2016, 83; *Wall,* Vermeidung „hinkender Namensverhältnisse" in der EU durch unselbstständige Anknüpfung von Vorfragen, StAZ 2011, 37; *Wengler,* Die Vorfrage im Kollisionsrecht, RabelsZ 8 (1934), 148; *Wengler,* Les principes généraux du droit international privé et leurs conflits, Rev. crit. dr. int. pr. 1952, 595; *Wengler,* Nouvelles réflexions sur les „questions préalables", Rev. crit. dr. int. pr. 1966, 165; *Wengler,* Die Vorfrage nach der bestehenden Ehe, NJW 1981, 2617; *Wengler,* Alternative Zuweisung von Vorfragen und hinkenden Ehen, IPRax 1984, 68; *Wengler,* The Law Applicable to Preliminary (Incidental) Questions, I. E. C. L., 1987; *Wengler,* Vorfragen beim Namensrecht, IPRax 1987, 164; *Wengler,* Überfragte Vorfrage, IPRax 1991, 105; *Wienke,* Zur Anknüpfung der Vorfrage bei internationalprivatrechtlichen Staatsverträgen, 1977; *Winkler v. Mohrenfels,* Kollisionsrechtliche Vorfragen und materielles Recht, RabelsZ 51 (1987), 20.

I. Einführung

148   **1. Begriff und Grundproblematik.** Von einer Vorfrage im weiteren Sinne spricht man, wenn der Tatbestand einer für die Hauptfrage maßgebenden Sach- oder Kollisionsnorm das Bestehen eines bestimmten Rechtsverhältnisses voraussetzt, wodurch das Problem aufgeworfen wird, welchem Recht dieses Verhältnis unterliegt (näher → Rn. 161 ff. bzgl. sog Erstfrage; → Rn. 169 ff. bzgl. Vorfrage ieS). Bei einer genaueren Begriffsverwendung wird häufig zwischen **kollisionsrechtlichen Vorfragen** (sog „Erstfragen") und **materiell-rechtlichen Vorfragen** (Vorfragen im engeren Sinne) unterschieden (zu dieser Unterscheidung näher → Rn. 161 ff.).

149   **Beispiele** für **„Erstfragen":** Eine Frau (F) möchte (1) sich von ihrem Mann (M) scheiden lassen, (2) diesem ein Näherungs- und Kontaktverbot auferlegen und (3) von ihm zudem güterrechtlichen Ausgleich verlangen. Sowohl die Kollisionsnormen über das Scheidungsstatut (Art. 5 ff. Rom III-VO) und die Ehewohnung (Art. 17a EGBGB) als auch die für das anwendbare Güterrecht maßgebende Vorschrift (Art. 15 EGBGB) setzen tatbestandlich eine wirksame Eheschließung (Erstfrage) voraus. Bevor die jeweilige Hauptfrage (1), (2) oder (3) beantwortet werden kann – also ob und nach welchem Recht F die Scheidung verlangen, ein Kontaktverbot beanspruchen kann usw –, muss folglich geklärt werden, nach welchem Recht die Wirksamkeit der Eheschließung zu beurteilen ist (zur Anknüpfung der Erstfrage näher → Rn. 161 ff.).

Beispiele für **Vorfragen im engeren Sinne:** (1) Die in Deutschland geschiedene F, eine Staatsan- **150** gehörige von X, die in der Ehe den Namen ihres Mannes M angenommen hatte, möchte wissen, ob sich ihr bisher geführter Nachname infolge der Scheidung ändert. Art. 10 Abs. 1 EGBGB verweist auf das Recht des Staates X, nach dem eine geschiedene Frau wieder ihren Geburtsnamen annehmen müsste (näher → Rn. 182 ff.). Gemäß dem Recht von X gilt die F aber als nicht geschieden. (2) Ebenso ist denkbar, dass die religiöse Eheschließung zwischen M und F nach deutschem Recht (Art. 13 Abs. 3 EGBGB) unwirksam, nach dem Recht des Staates X aber gültig ist. (3) Als M verstirbt, stellt sich die Frage, ob und in welcher Höhe die F ihn beerbt. Art. 25 Abs. 1 EGBGB (oder künftig Art. 21 Abs. 2 bzw. Art. 22 EuErbVO) verweist wiederum auf das Recht des Staates X, das der Ehefrau die Hälfte des Nachlasses zuspricht. Die Kinder des M wenden ein, M und F seien nach deutschem Recht nicht (mehr) miteinander verheiratet gewesen. In allen Varianten muss jeweils geklärt werden, ob sich das Bestehen der Ehe von F und M nach dem vom IPR der lex fori bestimmten Recht oder den Kollisionsnormen desjenigen Rechts, das auf die materielle Hauptfrage anwendbar ist (lex causae, Namens- oder Erbstatut), richtet.

Die **Kernproblematik jeder Vorfrage,** ob im engeren oder weiteren Sinne, besteht folglich **151** darin, nach welchem Kollisionsrecht das auf die Vorfrage anwendbare Recht zu bestimmen ist. Wird das auf die Vorfrage anwendbare Recht nach den Kollisionsnormen des Forums (einschließlich der dort anwendbaren EU-Verordnungen und Staatsverträge) ermittelt, nennt man dies eine **selbststän- dige Anknüpfung,** weil die Festlegung des Vorfragenstatuts sich losgelöst von dem auf die Haupt- frage anwendbaren Recht vollzieht. Wird hingegen das auf die Vorfrage anwendbare Recht dem IPR derjenigen Rechtsordnung entnommen, deren Sachrecht für die Hauptfrage maßgebend ist (lex causae), spricht man von einer **unselbstständigen Anknüpfung.**

Verfehlt ist es grundsätzlich, **ohne Zwischenschaltung eines der in Betracht kommenden 152 Kollisionsrechte unmittelbar auf die** *Sachnormen* **des Rechts zurückzugreifen, das die Haupt- frage beherrscht;**[557] dies gilt auch, wenn auf die Hauptfrage deutsches Recht anwendbar ist. **Bei- spiele:** Klagt ein österreichischer Verbraucherschutzverein auf Unterlassung der Verwendung miss- bräuchlicher Klauseln in AGB des Internet-Versandhändlers Amazon und unterliegt dieser Unterlassungsanspruch nach der Rom II-VO dem österreichischem Recht, folgt daraus nicht automa- tisch, dass auch die Wirksamkeit der AGB sich nach österreichischem Recht richtet; diese Vorfrage beantwortet vielmehr grundsätzlich das nach der Rom I-VO berufene luxemburgische Vertragssta- tut.[558] – Wird Schadensersatz nach § 823 Abs. 1 BGB wegen rechtswidriger Verwertung eines Pfand- rechts begehrt, muss gleichwohl zuvor gemäß Art. 43 EGBGB bestimmt werden, nach welchem Recht das Pfandrecht entstanden ist.[559] – Kommt nach der deutschen lex rei sitae (Art. 43 Abs. 1 EGBGB) eine Eigentumsverschaffung durch Übertragung des mittelbaren Besitzes (§ 929 S. 1 BGB, § 868 BGB) in Betracht, muss dennoch aufgrund des internationalen Schuldrechts (zB Rom I-VO) ermittelt werden, welchem Recht das den Herausgabeanspruch begründende Rechtsverhältnis unterliegt.[560] Ausnahmen können sich im internationalen Unterhaltsrecht ergeben, in dem die Vorfrage der Abstammung vielfach direkt nach den Sachnormen des Unterhaltsstatuts beurteilt wird (näher → Rn. 176).

2. Rechtsgrundlagen. Im **EGBGB fehlt** es an einer **gesetzlichen Regelung** der Vorfragenan- **153** knüpfung.[561] Dies entspricht auch dem Befund in den meisten anderen Staaten.[562] Die deutsche Rechtsprechung hat aber im Einklang mit der herrschenden Lehre Vorfragen bislang ganz überwie- gend selbstständig angeknüpft (näher → Rn. 173 ff.). Eine ausdrückliche Bestimmung, nach der die

---

[557] So aber OLG München BeckRS 1987, 31130134 = IPRax 1988, 354 (356) m. abl. Anm. *Winkler v. Mohrenfels* IPRax 1988, 341; OLG Bremen BeckRS 2016, 04752 Rn. 6; abl. hierzu auch Erman/*Hohloch* Rn. 53; *Michael F. Müller* Jura 2015, 1319 (1323 f.); Palandt/*Thorn* Rn. 29; *Matthias Weller,* Europäisches Kollisionsrecht, 2015, Rn. 70 f.; s. schon *Ficker,* FS OLG Zweibrücken, 1969, 69 (71); *Sturm* StAZ 1990, 350 (355); vgl. auch OLG Düsseldorf BeckRS 2010, 00896 = StAZ 2010, 110 m. insoweit krit. Anm. *Wall* StAZ 2011, 37 (39).
[558] EuGH C-191/15, ECLI:EU:C:2016:612 = NJW 2016, 2727 Rn. 49 ff. – Verein für Konsumenteninforma- tion ./. Amazon; ebenso bereits BGH NJW 2010, 1958 Rn. 15.
[559] OLG Köln TranspR 2009, 37 = BeckRS 2008, 12153; s. auch OLG Düsseldorf TranspR 2007, 239 = BeckRS 2007, 04397 (Frachtvertrag nach taiwanischem Recht als Vorfrage eines Anspruchs aus § 437 Abs. 1 HGB).
[560] BGH NJW-RR 2010, 983; BeckRS 2010, 27592 Rn. 33 = IPRspr. 2010 Nr. 82 (Ls.).
[561] Dies als „kluge Zurückhaltung" begrüßend *Siehr* IPR § 52 II 1b.
[562] Überblick mit Länderberichten bei Staudinger/*Sturm/Sturm* (2012) Rn. 292; zur Sichtweise des Common Law *Dicey/Morris/Collins,* The Conflict of Laws, 15. Aufl. 2012, Rn. 2-048 ff.; *Hay/Borchers/Symeonides,* Conflict of Laws, 5. Aufl. 2010, § 13.3; *Gotlieb* ICLQ 26 (1977), 734; zur internationalen wissenschaftlichen Diskussion außerhalb Deutschlands ausf. *Svenné Schmidt* Rec. des Cours 233 (1992-II), 305, 355 ff. mwN.

Vorfrage selbstständig anzuknüpfen ist, enthält das neue Buch 10 des niederländischen Burgerlijk Wetboek (Art. 4).[563] Die Kodifikation dieses Grundsatzes wurde auch damit gerechtfertigt, dass er der herrschenden Tendenz in den europäischen Nachbarländern entspreche.[564] Die niederländische Lösung bietet deshalb einen wichtigen Anhaltspunkt für den Trend der aktuellen Rechtsentwicklung im autonomen IPR der EU-Staaten.[565]

154   Auch in **Staatsverträgen** sucht man explizite Lösungen der Vorfragenproblematik in der Regel vergeblich (näher → Rn. 174 ff.). Das Vorfragenproblem stellt sich nicht, wenn Staatsverträge bestimmte Rechtsfragen, wie zB die Abgrenzung von Minderjährigen und Erwachsenen, nicht dem selbstständig oder unselbstständig anzuknüpfenden Statut der Vorfrage (etwa der Geschäftsfähigkeit nach Art. 7 Abs. 1 EGBGB) überlassen, sondern diese Grenzziehung selbst durch die eigenständige Festlegung einer Altersgrenze definieren (vgl. Art. 2 KSÜ, Art. 2 Abs. 1 ErwSÜ).

155   Im **europäischen Kollisionsrecht** existiert bislang keine kohärente Kodifikation des allgemeinen Teils (→ EGBGB Art. 3 Rn. 69 ff.); anders als zum Renvoi (→ EGBGB Art. 4 Rn. 109 ff.) und zum ordre public (→ EGBGB Art. 6 Rn. 21 ff.) fehlen zur Vorfragenanknüpfung regelmäßig spezielle Kollisionsnormen in den einzelnen Verordnungen.[566] Die **Problematik der Vorfrage** wird aber in neueren Verordnungen zumindest angesprochen. So legt die **Rom III-VO** in ihrem Art. 1 Abs. 2 fest, dass diese VO nicht für die dort aufgeführten Regelungsgegenstände (unter anderem das Bestehen, die Gültigkeit oder die Anerkennung einer Ehe, die Namen der Ehegatten, Unterhaltspflichten) gilt, „auch wenn diese sich nur als Vorfragen im Zusammenhang mit einem Verfahren betreffend die Ehescheidung" stellen. Erwägungsgrund 10 S. 3 erläutert hierzu: „Vorfragen [...] sollten nach den Kollisionsnormen geregelt werden, die in dem betreffenden teilnehmenden Mitgliedstaat anzuwenden sind." Der genaue Gehalt dieser Aussage ist aber umstritten. Nach einer Lesart soll Art. 1 Abs. 2 iVm Erwägungsgrund 10 S. 3 Rom III-VO in dem Sinne zu verstehen sein, dass die Entscheidung darüber, ob eine Vorfrage selbstständig oder unselbstständig anzuknüpfen sei, weiterhin der lex fori überlassen bleibe; diese könne also weiterhin Vorfragen unselbstständig nach den Kollisionsnormen des nach der Rom III-VO bestimmten Scheidungsstatuts anknüpfen.[567] Diese Interpretation ist jedoch aus den folgenden Gründen zu bezweifeln: Der in Erwägungsgrund 10 S. 3 Rom III-VO genannte „betreffende" Mitgliedstaat ist, wie sich aus Erwägungsgrund 10 S. 1 Rom III-VO schließen lässt, derjenige Mitgliedstaat, dessen Gerichte für die Ehescheidung aufgrund der EuEheVO international zuständig sind; daher dürften mit den in Erwägungsgrund 10 S. 3 genannten Kollisionsnormen auch nur diejenigen der lex fori, nicht diejenigen der lex causae gemeint sein. Eine Bezugnahme auf die Kollisionsnormen der lex causae scheidet auch deshalb aus, weil Erwägungsgrund 10 S. 3 Rom III-VO von einem „Mitgliedstaat" spricht, die Verordnung nach ihrem Art. 4 aber eine loi uniforme ist (→ Rom III-VO Art. 4 Rn. 1). Da die materielle Hauptfrage (zB die Ehescheidung) folglich auch dem Recht eines Drittstaates unterliegen kann, ergibt eine Bezugnahme auf *mitgliedstaatliche* Kollisionsnormen für die Anknüpfung der Vorfrage (zB das Bestehen einer Ehe) nur dann einen Sinn, wenn sie als eine selbstständige Anknüpfung zu verstehen ist. Darüber hinaus legt der Wortlaut des Erwägungsgrund 10 S. 3, der auf *„Kollisionsnormen"* und nicht auf ungeschriebene Grundsätze des Allgemeinen Teils Bezug nimmt, es nicht nahe, dass die Frage der selbst- oder unselbstständigen Vorfragenanknüpfung gänzlich ausgeklammert werden sollte. Schließlich beruht auch Art. 13 Rom III-VO, dem zufolge die Gerichte eines teilnehmenden Mitgliedstaates nicht verpflichtet sind, eine Ehe nach der Rom III-VO zu scheiden, wenn die Ehe „nach dessen Recht" nicht als gültig angesehen wird, erkennbar auf der Prämisse, dass die Erst- bzw. Vorfrage nach dem Bestehen der Ehe aufgrund der lex fori (einschließlich ihres IPR) zu beurteilen ist (→ Rom III-VO Art. 1 Rn. 24).[568] Die Rom III-VO deutet somit eher auf eine Bekräftigung des Grundsatzes der selbstständigen Anknüpfung von Vorfragen nach dem IPR der lex fori hin[569] (näher → Rom III-VO Art. 1 Rn. 24 ff.). Selbst wenn man der großzügige-

[563] Gesetz vom 19.5.2011, StBl. 2011, 272; engl. Übersetzung in YbPIL 13 (2011), 657. Eine selbständige Anknüpfung von Vorfragen sieht auch § 22 des neuen tschechischen IPRG (IPRax 2014, 91) vor, jedenfalls soweit tschechische Gerichte in der Sache zuständig sind, näher *Bohata* WiRO 2012, 193 (196).

[564] *ten Wolde* YbPIL 13 (2011), 389 (395).

[565] Hierzu auch *Mäsch* in Leible/Unberath Rom 0-VO 201 (203 f.) (fast ausschließlich selbständige Vorfragenanknüpfung); *Bogdan*, General Course, 2012, 291 ff.

[566] Krit. dazu *Sonnenberger* IPRax 2011, 325 (330); speziell zur Vorfrage s. die Gesetzgebungsvorschläge von *Kreuzer* in Jud/Rechberger/Reichelt, Kollisionsrecht in der EU, 2008, 1, 57; *Nehne* Methodik S. 227 f.

[567] So Palandt/*Thorn* Rom III-VO Art. 1 Rn. 8; *Franzina* Cuad. Der. Transnac. Bd. 3 (2011), Nr. 2, S. 85, 105; im Ausgangspunkt auch *Gruber* IPRax 2012, 381 (388 f.), der jedoch im Ergebnis eine selbständige Anknüpfung befürwortet; unklar *Rauscher* IPR Rn. 521.

[568] Ebenso *Traar* ÖJZ 2011, 805 (807).

[569] So auch NK-BGB/*Freitag* EGBGB Art. 3 Rn. 32; *Hammje* Rev. crit. 100 (2011), 291 (302); *Henricot* J. Trib. 2012, 557 (558); *Kramer* et al., A European Framework for PIL, 2012, 36; *Nehne* Methodik S. 219 f.; *Traar* ÖJZ 2011, 805 (807); aA Palandt/*Thorn* Rom III-VO Art. 1 Rn. 8.

ren Lesart des Art. 1 Abs. 2 iVm Erwägungsgrund 10 S. 3 Rom III-VO folgen würde, sprächen die besseren Argumente gegen eine unselbstständige Anknüpfung (näher → Rn. 177 ff.).

In die gleiche Richtung wie die Rom III-VO weist Erwägungsgrund 21 der **EuUnthVO,** der wie **156** folgt lautet: „Es sollte im Rahmen dieser Verordnung präzisiert werden, dass diese Kollisionsnormen nur das auf die Unterhaltspflichten anzuwendende Recht bestimmen; sie bestimmen nicht, nach welchem Recht festgestellt wird, ob ein Familienverhältnis besteht, das Unterhaltspflichten begründet. Die Feststellung eines Familienverhältnisses unterliegt weiterhin dem einzelstaatlichen Recht der Mitgliedstaaten, einschließlich ihrer Vorschriften des internationalen Privatrechts." Auch diese Aussage spricht bei unbefangener Lektüre eher für eine selbstständige Vorfragenanknüpfung.[570] Zwar kann der Erwägungsgrund einer EU-VO nicht die Auslegung eines Staatsvertrages präjudizieren, dem auch Drittstaaten angehören, wie dies bei dem in Art. 15 EuUnthVO in Bezug genommenen HUP 2007 der Fall ist.[571] Er bietet gleichwohl einen Anhaltspunkt für die Rechtsauffassung des Verordnungsgebers, die bei der Auslegung dieses Staatsvertrages Berücksichtigung verdient (zur Vorfrage im HUP näher → Rn. 176). Allerdings ist auch hier eine restriktivere Lesart denkbar, die Erwägungsgrund 21 EuUnthVO auf die Aussage reduziert, dass allein der unmittelbare Rückgriff auf die Sachvorschriften des Unterhaltsstatuts zur Beantwortung von Vorfragen ausgeschlossen werden solle.[572]

Ferner hält auch Erwägungsgrund 21 **EuGüVO** fest, dass „[d]iese Verordnung [...] nicht für **157** andere Vorfragen wie das Bestehen, die Gültigkeit oder die Anerkennung einer Ehe gelten [sollte], die weiterhin dem nationalen Recht der Mitgliedstaaten, einschließlich ihrer Vorschriften des Internationalen Privatrechts, unterliegen". Dies belegt eindeutig, dass die Vorfrage nach dem Bestehen und der Gültigkeit einer Ehe im europäischen Ehegüter-IPR selbstständig anzuknüpfen ist. Entsprechendes gilt nach Erwägungsgrund 21 EuPartVO in Bezug auf eingetragene Partnerschaften.

Vergleichbare Anhaltspunkte zugunsten einer unselbstständigen Anknüpfung lassen sich hingegen **158** dem EU-Kollisionsrecht nicht entnehmen. Obwohl der Berichterstatter des Europäischen Parlaments eine ausdrückliche Regelung des Vorfragenproblems – im Sinne einer unselbstständigen Anknüpfung – in der **EuErbVO** angeregt hatte,[573] wurde diese Forderung in der endgültigen Fassung der EuErbVO nicht erfüllt. Die Vorfragenanknüpfung ist in diesem Zusammenhang daher lebhaft umstritten (näher → Rn. 188).

Ob Vorfragen, die bei der Anwendung einer EU-Verordnung aufgeworfen werden, selbstständig **159** oder unselbstständig anzuknüpfen sind, ist eine Frage, die für die effektive Anwendung des Unionsrechts entscheidende Bedeutung haben kann. Auch wenn Rechtsakte wie zB die Rom I-VO und die Rom II-VO insoweit keine explizite Vorgabe treffen, darf und muss ggf. der EuGH nach **Art. 267 AEUV** um eine **Vorabentscheidung** in dieser Frage ersucht werden.[574] Dies ist unbestritten, soweit auch die Vorfrage selbst einer EU-Kollisionsnorm unterliegt;[575] es gilt aber auch im Übrigen, weil die Frage nach der selbstständigen oder unselbstständigen Anknüpfung einer Vorfrage letztlich von der Auslegung der für die Anknüpfung der Hauptfrage maßgebenden EU-Kollisionsnorm abhängt.[576]

II. Abgrenzung der Vorfrage von anderen Fragestellungen

1. Abgrenzung der Vorfrage von Teilfragen. Von der Anknüpfung der Vorfrage ist die **160** Behandlung von Teilfragen zu unterscheiden (zum Begriff der Teilfrage → Rn. 103 f.). Für **Teilfragen** ist es charakteristisch, dass sie **lediglich unselbstständige Bestandteile einer Rechtsfigur** bilden, mithin regelmäßig nicht selbst als Gegenstand einer Hauptfrage in Betracht kommen.[577] So bilden zB im Vertrags- und Deliktsrecht die Geschäfts- bzw. Deliktsfähigkeit einer

[570] Ebenso *Bernitt,* Die Anknüpfung von Vorfragen im europäischen Kollisionsrecht, 2010, 110 f.; *Nehne* Methodik S. 219; dazu tendierend auch *Heinze,* FS Kropholler, 2008, 105 (115); *Solomon,* FS Spellenberg, 2010, 355 (358).

[571] *Bernitt,* Die Anknüpfung von Vorfragen im europäischen Kollisionsrecht, 2010, 110; *Solomon,* FS Spellenberg, 2010, 355 (359).

[572] *Solomon,* FS Spellenberg, 2010, 355 (358); dies als mögliche Interpretation einräumend auch *Bernitt,* Die Anknüpfung von Vorfragen im europäischen Kollisionsrecht, 2010, 110.

[573] Bericht mit Empfehlung an die Kommission zum Erb- und Testamentsrecht (2005/2148(INI)) vom 16.10.2006 (Berichterstatter Gargani), S. 8.

[574] *Sonnenberger* IPRax 2011, 325 (330).

[575] Insoweit übereinstimmend *Solomon,* FS Spellenberg, 2010, 355 (370); *Sonnenberger,* FS Kropholler, 2008, 227 (241); *Bernitt,* Die Anknüpfung von Vorfragen im europäischen Kollisionsrecht, 2010, 136.

[576] Zutr. *Sonnenberger,* FS Kropholler, 2008, 227 (241); ihm folgend *Bernitt,* Die Anknüpfung von Vorfragen im europäischen Kollisionsrecht, 2010, 136; aA *Solomon,* FS Spellenberg, 2010, 355 (370).

[577] Ebenso *Bernitt,* Die Anknüpfung von Vorfragen im europäischen Kollisionsrecht, 2010, 12; *Michael F. Müller* Jura 2015, 1319 (1322); *Svenné Schmidt* Rec. des Cours 233 (1992-II), 305, 332; *Matthias Weller,* Europäisches Kollisionsrecht, 2015, Rn. 66.

Person oder die Form eines Rechtsgeschäfts nicht als solche den Gegenstand eines Rechtsstreits, sondern werden nur insoweit relevant, als es um die Erfüllung vertraglicher Pflichten oder die Haftung für deliktisches Handeln geht. Für Teilfragen gelten aber vielfach eigenständige kollisionsrechtliche Regelungen. Diese können für die Teilfrage die Schaffung eines eigenen Statuts vorsehen – so zB für die von der Rom I-VO (Art. 1 Abs. 2 lit. a) nicht erfasste Geschäftsfähigkeit Art. 7 Abs. 1 EGBGB,[578] für die Form eines Vertrags Art. 11 Rom I-VO, für die Form eines einseitigen Rechtsgeschäfts in Bezug auf ein außervertragliches Schuldverhältnis Art. 21 Rom II-VO – oder aber im Gegenteil anordnen, dass auch eine Teilfrage dem Statut desjenigen Schuldverhältnisses unterworfen wird, dessen Bestandteil sie bildet, wie dies Art. 15 Rom II-VO zB für die Deliktsfähigkeit (lit. a) oder die Frage einer Vererbbarkeit des Deliktsanspruchs (lit. e) anordnet. Zur Frage nach der abhängigen oder der gesonderten Anknüpfung von Teilfragen → Rn. 105. Eine gesonderte Anknüpfung von Teilfragen kann sich auch aus ungeschriebenem Kollisionsrecht ergeben, so zB hinsichtlich der von der Rom I-VO (Art. 1 Abs. 2 lit. g) ausgeklammerten Stellvertretung (→ Rom I-VO Art. 1 Rn. 73 f.). In all diesen Fällen ist die jeweilige Teilfrage nach Maßgabe der für sie einschlägigen Kollisionsnorm der lex fori (gesondert oder abhängig) anzuknüpfen, ohne dass die oben beschriebene Vorfragenproblematik aufzuwerfen ist. Es kommt insoweit also grundsätzlich nicht darauf an, ob die lex causae die jeweils einschlägige Teilfrage anders anknüpfen würde.[579] Jedoch kann sich, soweit eine Rückverweisung zu befolgen ist, unter Umständen in derartigen Fällen ein Renvoi kraft abweichender Qualifikation ergeben, wenn zB das von Art. 10 EGBGB berufene Namensrecht die Namensführung einer geschiedenen Ehefrau anders als das deutsche IPR lediglich als Nebenfolge der Scheidung einordnet und diese als Teilfrage dem Scheidungsstatut unterstellt (→ EGBGB Art. 4 Rn. 71).

161 **2. Abgrenzung der Vorfrage von Erstfragen.** Eine kollisionsrechtliche Vorfrage oder „Erstfrage" stellt sich nach dem oben (→ Rn. 148 f.) Gesagten dann, wenn nicht erst das anwendbare Sachrecht, sondern bereits eine Kollisionsnorm des Forums auf ein präjudizielles Rechtsverhältnis Bezug nimmt.[580] Insoweit wird jedenfalls im Ergebnis ganz überwiegend eine selbstständige Anknüpfung befürwortet, dh das auf die Erstfrage anwendbare Recht wird nach dem IPR des Forums bestimmt.[581] Umstritten ist jedoch, ob sich dieses Resultat aus dogmatischen Besonderheiten der „Erstfrage" gegenüber der Vorfrage im engeren (materiell-rechtlichen) Sinne herleiten lässt.[582] Für eine selbstständige Anknüpfung der Erstfrage wird geltend gemacht, dass diese Frage schon zu beantworten sei, bevor das auf die Hauptfrage anwendbare Sachrecht überhaupt bestimmt worden

---

[578] *Sonnenberger* IPRax 2011, 325 (330); vgl. auch zu einer im Ausland ausgesprochenen Entmündigung Staudinger/*v. Hein* (2014) EGBGB Art. 24 Rn. 95.

[579] Im Ergebnis ebenso *Sonnenberger,* FS Kropholler, 2008, 227 (241), der allerdings in Bezug auf die Rom I-VO Geschäftsfähigkeit und Stellvertretung als selbstständig anzuknüpfende Vorfragen einstuft; ebensolche Einordnung der Geschäftsfähigkeit durch OLG Karlsruhe FamRZ 2000, 768 = NJWE-FER 2000, 52; der Stellvertretung durch OLG Rostock RIW 1997, 1042.

[580] BGHZ 209, 157 = NJW 2016, 1648 Rn. 10 und 22 („kollisionsrechtliche Vorfrage"); für die Terminologie grundlegend *Jochem* FamRZ 1964, 392 ff.; bereits in der Sache diff. („Teil der Hauptfrage") *Melchior,* Die Grundlagen des deutschen IPR, 1932, 259 f. (hierzu wiederum krit. *Ficker,* FS OLG Zweibrücken, 1969, 69 (72); *Hoffmeyer,* Das internationalprivatrechtliche Vorfragenproblem, Diss. Hamburg 1956, 32 ff.); nur terminologisch abw. *Kreuzer* in Jud/Rechberger/Reichelt, Kollisionsrecht in der EU, 2008, 1, 54 („kollisionsrechtliche lex-fori-Vorfrage").

[581] BGHZ 209, 157 = NJW 2016, 1648 Rn. 10; ebenso bereits *Jochem* FamRZ 1964, 392 ff.; *Melchior,* Die Grundlagen des deutschen IPR, 1932, 259 f.; im Ergebnis übereinstimmend *v. Bar/Mankowski* IPR I § 7 Rn. 186; *Bernitt,* Die Anknüpfung von Vorfragen im europäischen Kollisionsrecht, 2010, 12 ff.; *Gössl* ZfRV 2011, 65 (68); *Heinze,* FS Kropholler, 2008, 105 (113 f.); *Kreuzer* in Jud/Rechberger/Reichelt, Kollisionsrecht in der EU, 2008, 1, 54 f.; *Kropholler* IPR § 32 III; *Nehne* Methodik S. 198 ff.; *Rauscher* IPR Rn. 507; *Siehr* IPR § 52 II 1a; Staudinger/*Sturm/Sturm* (2012) Rn. 290; Staudinger/*Hepting/Hausmann* (2013) EGBGB Art. 10 Rn. 138; grds. auch Bamberger/Roth/*Lorenz* Rn. 72; *v. Hoffmann/Thorn* IPR § 6 Rn. 52; NK-BGB/*Freitag* EGBGB Art. 3 Rn. 28; Erman/*Hohloch* Rn. 53.

[582] Für eine Differenzierung zwischen Erst- und Vorfragen *Jochem* FamRZ 1964, 392 ff.; aus neuerer Zeit *v. Bar/Mankowski* IPR I § 7 Rn. 186; *Gössl* ZfRV 2011, 65 (66); *Heinze,* FS Kropholler, 2008, 105 (111); *Kreuzer* in Jud/Rechberger/Reichelt, Kollisionsrecht in der EU, 2008, 1, 54 f.; *Kropholler* IPR § 32 III; *Mansel,* FS Kropholler, 2008, 353 (360 f.); *Rauscher* IPR Rn. 496, 507; *Siehr* IPR § 52 II 1a; grds. auch *v. Hoffmann/Thorn* IPR § 6 Rn. 48; der Sache nach, aber terminologisch abw. auch *Melchior,* Die Grundlagen des deutschen IPR, 1932, 259 f.; *Nehne* Methodik S. 198; dagegen insbesondere Staudinger/*Sturm/Sturm* (2012) Rn. 290; *Kegel/Schurig* IPR § 9 II 1; *Svenné Schmidt* Rec. des Cours 233 (1992-II), 305, 330 f.; ferner *Bernitt,* Die Anknüpfung von Vorfragen im europäischen Kollisionsrecht, 2010, 12 ff.; Bamberger/Roth/*Lorenz* Rn. 180; *Michael F. Müller* Jura 2015, 1319 (1322 f.); NK-BGB/*Freitag* EGBGB Art. 3 Rn. 28; der Sache nach bereits *Hoffmeyer,* Das internationalprivatrechtliche Vorfragenproblem, Diss. Hamburg 1956, 32 ff.; krit. auch *Neumayer,* FS Aubin, 1979, 93 (97 f.), obwohl er selbst zuvor von einer nach der lex fori anzuknüpfenden „Vorfrage erster Stufe" spricht; ohne begriffliche Differenzierung Erman/*Hohloch* Rn. 52; HK-BGB/*Dörner* EGBGB Vor Art. 3–6 Rn. 21.

sei; diese Antwort könne daher nur vom IPR der lex fori selbst gegeben werden.[583] Gegen eine Differenzierung zwischen Vor- und Erstfragen wird jedoch angeführt, dass es gänzlich zufällig sei, ob der Verordnungs- bzw. Gesetzgeber eine Rechtsfrage bereits im Tatbestand einer Kollisionsnorm aufwerfe oder diese dem anwendbaren Sachrecht überlasse;[584] insbesondere gehe diese Unterscheidung bei ungeschriebenen Kollisionsnormen ins Leere.[585]

Das Zufallsargument vermag jedoch nicht zu überzeugen:[586] Wenn zB der europäische Verord- **162** nungsgeber in Art. 4 Abs. 3 S. 2 Rom II-VO die akzessorische Anknüpfung des Deliktsanspruchs an einen zwischen den Parteien bestehenden Vertrag vorsieht, so ist es aus Gründen der systematischen Kohärenz des europäischen IPR nur schwer zu bestreiten, dass das auf die kollisionsrechtliche Vorfrage nach dem Bestehen eines Vertrages anwendbare Recht nach der Rom I-VO – und nicht etwa nach dem IPR einer im Zeitpunkt der Anknüpfung noch gar nicht feststehenden (und unter Umständen drittstaatlichen) lex causae – zu bestimmen ist.[587] Denn es ist kein Zufall, sondern eine bewusste rechtspolitische Entscheidung des europäischen Verordnungsgebers, das Deliktsstatut in derartigen Konstellationen von der präjudiziellen Frage eines zwischen den Parteien bestehenden Vertrages abhängig zu machen. Es ist daher eine logische Konsequenz des Grundsatzes der autonomen Auslegung des europäischen Kollisionsrechts, dass eine entsprechende Erstfrage auch nach Maßgabe europäischer Kollisionsnormen beantwortet wird.[588] Überdies wird das Erfordernis einer harmonischen Abstimmung von Rom I-VO und Rom II-VO explizit in Erwägungsgrund 7 Rom II-VO hervorgehoben.[589] Entsprechendes gilt für die Anknüpfung der Erstfrage nach dem Nicht-Bestehen eines Vertrages, soweit sie als Voraussetzung der Anknüpfung einer Leistungskondiktion nach Art. 10 Abs. 1 Rom II-VO (bzw. Art. 12 Abs. 1 lit. e Rom I-VO, zum Konkurrenzverhältnis dieser Normen näher → Rom II-VO Art. 10 Rn. 10) kodifiziert worden ist.[590] Es ist wiederum – ebenso wie im Rahmen des Art. 38 EGBGB[591] – kein Ausdruck des Zufalls, sondern einer bewussten rechtspolitischen Wertung des Verordnungs- bzw. Gesetzgebers, bei der kollisionsrechtlichen Anknüpfung zwischen Leistungs- und Nicht-Leistungskondiktionen zu differenzieren. Auch insoweit ist es lediglich folgerichtig, über die Auswahl zwischen diesen Anknüpfungsvarianten das europäische IPR bzw. das der lex fori entscheiden zu lassen. Die innere Kohärenz der Anwendung des EU-Kollisionsrechts genießt insoweit den Vorrang gegenüber dem Entscheidungseinklang mit einer drittstaatlichen lex causae.[592] Dem formalen Einwand, bei ungeschriebenen Kollisionsnormen lasse sich nicht anhand der Fassung des Tatbestands zwischen Erst- und Vorfragen unterscheiden, kommt angesichts der immer umfassenderen und verfeinerten Kodifikation des IPR kein durchschlagendes Gewicht zu.[593]

Hingegen kann der Verzicht auf die Nennung präjudizieller Rechtsverhältnisse im Tatbestand **163** einer Kollisionsnorm durchaus einen Anhaltspunkt für eine unselbstständige Vorfragenanknüpfung darstellen: So hat sich der deutsche Gesetzgeber in Art. 10 Abs. 1 EGBGB bewusst dafür entschieden, Fragen des Namenserwerbs, des Namensverlusts und der Namensführung gerade unabhängig von den diesen Fragen jeweils zugrunde liegenden familienrechtlichen Vorgängen (zB Heirat, Scheidung, Adoption) an die Staatsangehörigkeit anzuknüpfen (näher → EGBGB Art. 10 Rn. 37 f.). Es dürfte daher kein bloßer „Zufall" sein, dass auf dem Gebiet des Namensrechts von der überwiegenden

[583] v. Bar/Mankowski IPR I § 7 Rn. 186; Jochem FamRZ 1964, 392 (393 f.); Kropholler IPR § 32 III; Rauscher IPR Rn. 507; Siehr IPR § 52 II 1a; Matthias Weller, Europäisches Kollisionsrecht, 2015, Rn. 70; grds. auch v. Hoffmann/Thorn IPR § 6 Rn. 52.

[584] Staudinger/Sturm/Sturm (2012) Rn. 290; Schurig, FS Kegel, 1987, 549 (583); Kegel/Schurig IPR § 9 II 1; Bernitt, Die Anknüpfung von Vorfragen im europäischen Kollisionsrecht, 2010, 17.

[585] Schurig, FS Kegel, 1987, 549 (583); Kegel/Schurig IPR § 9 II 1; Bernitt, Die Anknüpfung von Vorfragen im europäischen Kollisionsrecht, 2010, 17.

[586] Hierzu bereits abl. v. Bar/Mankowski IPR I § 7 Rn. 186; Kropholler IPR § 32 III.

[587] Calliess/v. Hein Rom II-VO Art. 4 Rn. 62; so im Ergebnis letztlich auch Bernitt, Die Anknüpfung von Vorfragen im europäischen Kollisionsrecht, 2010, 230.

[588] Gössl ZfRV 2011, 65 (68); Heinze, FS Kropholler, 2008, 105 (113 f.); entspr. argumentieren zB bereits v. Bar/Mankowski IPR I § 7 Rn. 186; Kropholler IPR § 32 III; Mansel, FS Kropholler, 2008, 353 (360 f.) für das autonome deutsche IPR.

[589] Vgl. auch Gössl ZfRV 2011, 65 (68).

[590] Zur condictio indebiti als Fallgruppe der Erstfrage s. Kropholler IPR § 18 II; in der Sache („Teil der Hauptfrage") bereits Melchior, Die Grundlagen des deutschen IPR, 1932, 259 f.; dagegen aber Kegel/Schurig IPR § 9 II 1.

[591] Hierzu BGH NJW 2007, 1211 = IPRax 2007, 528 mAnm Althammer IPRax 2007, 514; zum internationalen Bereicherungsrecht vor 1999 BGH NJW 1959, 1317.

[592] Gössl ZfRV 2011, 65 (68); Heinze, FS Kropholler, 2008, 105 (114).

[593] Vgl. etwa das noch von Schurig, FS Kegel, 1987, 549 (583) herangezogene Bsp. der condictio indebiti, die seit 1999 im dt. und seit 2009 im europäischen IPR positiv geregelt ist.

Meinung eine unselbstständige Anknüpfung der zugrunde liegenden Statusfragen befürwortet wird (näher → Rn. 182 ff.).[594]

164   Zum Teil wird im **Schrifttum** ein **engerer Begriff der Erstfrage** befürwortet: So soll es sich bei der „Ehe", die für das Abstammungsstatut in Art. 19 Abs. 1 S. 3 (näher → Rn. 190 f.) und für das Adoptionsstatut in Art. 22 Abs. 1 S. 1 vorausgesetzt wird, um eine – selbstständig anzuknüpfende – Erstfrage handeln, weil bei einem Nicht-Bestehen dieser Ehe eine andere Anknüpfungsalternative eingriffe, während die von der Kollisionsnorm über das Ehescheidungsstatut (Art. 17 Abs. 1 EGBGB aF; jetzt Art. 5 ff. Rom III-VO) vorausgesetzte „Ehe" lediglich eine – unselbstständig anzuknüpfende – Vorfrage darstelle.[595] Für die selbstständige Anknüpfung der Erstfrage sprechen indes auch in dem letztgenannten Fall die Vereinfachung und Beschleunigung der Rechtsanwendung.[596] Würde man insoweit nicht auf das IPR der lex fori (Art. 13 EGBGB) zurückgreifen, müsste man es für die Heranziehung der Art. 5 ff. Rom III-VO zunächst ausreichen lassen, dass die Verfahrensbeteiligten das Vorliegen einer Ehe lediglich behaupten; endgültig könnte über diese Frage aber erst im Lichte des nach dem IPR des potenziellen Scheidungsstatuts ermittelten Eheschließungsrechts entschieden werden.[597] Diese zusätzliche Komplikation der Rechtsanwendung unterscheidet die Erstfrage nicht nur begrifflich, sondern auch strukturell von der materiell-rechtlichen Vorfrage, die erst dann aufgeworfen wird, wenn das auf die Hauptfrage anwendbare Recht bereits bestimmt worden ist.[598] Zwar wäre die vorstehend skizzierte Konstruktion eines bis zur abschließenden Sachentscheidung bestehenden kollisionsrechtlichen Schwebezustands logisch durchaus denkbar (und für Gutachter lukrativ); die vorgeschlagene Lösung ist aber prozessökonomisch nicht ratsam, weil sie zu einem erheblichen Mehraufwand für die Ermittlung ausländischen Kollisions- und Sachrechts führen würde, auf das es oft letztlich in der Sache nicht ankäme.[599] Überdies wird in Art. 1 Abs. 2 iVm Erwägungsgrund 10 Rom III-VO nunmehr explizit klargestellt, dass der Verordnungsgeber eine unselbstständige Anknüpfung kollisionsrechtlicher „Vorfragen" wie zB nach dem Bestehen einer Ehe nicht gewollt hat (→ Rn. 155).

165   Für die selbstständige Anknüpfung von Erstfragen sind also nicht allein begriffliche, sondern vielmehr spezifische inhaltliche Erwägungen ausschlaggebend: der Respekt vor einer rechtspolitischen Präferenz des Gesetz- bzw. Verordnungsgebers, die innere Kohärenz des eigenen Kollisionsrechts und der Gedanke einer prozessökonomisch sinnvollen Abfolge der Bestimmung und Ermittlung des anwendbaren Rechts. Im Einzelnen kann die Abgrenzung von Erst- und Vorfrage allerdings mitunter zweifelhaft sein. So wird herkömmlich die Frage, ob der Kläger, der einen Schadensersatzanspruch aus unerlaubter Handlung geltend macht, Inhaber des angeblich verletzten Rechts ist, als eine „Erstfrage" eingestuft.[600] Ob das nach Art. 4 Rom II-VO bestimmte Deliktsstatut für die Gewährung von Schadensersatz die Verletzung eines absoluten Rechts (zB des Eigentums, etwa in § 823 Abs. 1 BGB) voraussetzt oder ob es insoweit auch die Beeinträchtigung sonstiger Rechtspositionen (des rechtmäßigen Besitzes, des bloßen Vermögens oder gar schuldrechtlicher Ansprüche) ausreichen lässt, ist jedoch keine bereits vom Tatbestand der Kollisionsnorm (Art. 4 Rom II-VO), sondern

---

[594] Im entgegengesetzten Sinne verwenden dieses Beispiel Staudinger/*Sturm*/*Sturm* (2012) Rn. 290.

[595] So zu Art. 17 EGBGB aF *v. Hoffmann*/*Thorn* IPR § 6 Rn. 51 und 70; zur Rom III-VO s. nun Palandt/ *Thorn* Rom III-VO Art. 1 Rn. 8.

[596] Für die „selbstständige Anknüpfung der Vorfrage" nach der Eheschließung im Rahmen des Art. 17 Abs. 1 EGBGB aF explizit BGHZ 169, 240 (243) = JZ 2007, 738 (739) m. insoweit zust. Anm. *Rauscher* = NJW-RR 2007, 145; zu Art. 17 Abs. 3 EGBGB aF BGH NJW-RR 2003, 850 (854); im Ergebnis ebenso zB OLG Zweibrücken NJW-RR 1997, 1227 = JuS 1998, 271 (Ls.) mAnm *Hohloch*; AG Königstein/Ts. IPRspr. 2000 Nr. 59; AG Lemgo IPRspr. 2000 Nr. 62; AG Hannover FamRZ 2002, 1116 = BeckRS 2002, 01869; AG Leverkusen FamRZ 2008, 1758 (Ls.) = BeckRS 2008, 21260; vgl. auch zur Berichtigung des Eintrags als „geschieden" im Sterbebuch BayObLG FGPrax 2000, 25.

[597] So zu Art. 17 EGBGB aF *v. Hoffmann*/*Thorn* IPR § 6 Rn. 51 und 70; vgl. die entsprechenden Überlegungen (zu Art. 19 Abs. 1 S. 3 EGBGB) bei *Bernitt,* Die Anknüpfung von Vorfragen im europäischen Kollisionsrecht, 2010, 13, die aber für die Rom II-VO ebenfalls eine selbstständige Anknüpfung befürwortet (S. 228 f.); allg. für die Auslegung der Kollisionsnormen iS einer Bezugnahme auf „potential legal relationships" *Svenné Schmidt* Rec. des Cours 233 (1992-II), 305, 321.

[598] *Jochem* FamRZ 1964, 392 ff.; *Melchior,* Die Grundlagen des deutschen IPR, 1932, 259 f.; *Neumayer,* FS Aubin, 1979, 93 (96); aus neuerer Zeit *v. Bar*/*Mankowski* IPR I § 7 Rn. 186; *Kropholler* IPR § 32 III; *Rauscher* IPR Rn. 507; *Siehr* IPR § 52 II 1a; auch → Rom III-VO Art. 1 Rn. 24.

[599] Vgl. schon *Jochem* FamRZ 1964, 392 (393): „Welchen Sinn hätte es auch, das für die persönlichen Ehewirkungen maßgebende Recht zu bestimmen, wenn noch nicht einmal feststeht, daß die ,Ehegatten' verheiratet sind?"; auf die schwierige und fehlerträchtige Anwendung insbesondere drittstaatlichen Rechts weist auch (für Vorfragen allgemein) *Heinze,* FS Kropholler, 2008, 105 (114) hin.

[600] So *Melchior,* Die Grundlagen des deutschen IPR, 1932, 260 („Teil der Hauptfrage"); ihm folgend *Kropholler* IPR § 18 II.

eine erst vom anwendbaren materiellen Deliktsrecht aufgeworfene Vorfrage.[601] Die genaue Grenzziehung verliert freilich an Bedeutung, wenn man auch die Vorfrage nach dem Eigentum des Klägers in einem derartigen Fall selbstständig, also nach Art. 43 Abs. 1 EGBGB, anknüpft.[602]

Schließlich ist der Einwand berechtigt, dass sich **nicht alle Wertungsprobleme** schlechthin **166** durch eine **kategoriale Differenzierung zwischen Erst- und Vorfragen** lösen lassen.[603] Dagegen spricht bereits, dass der europäische Verordnungsgeber selbst insoweit nicht unterscheidet, sondern einheitlich von „Vorfragen" spricht (vgl. Art. 1 Abs. 2 iVm Erwägungsgrund 10 Rom III-VO).[604] Der Modifikation bedarf zB das für das autonome deutsche IPR herkömmlich angeführte „Herr-im-Haus"-Argument, „daß wir das Vorliegen der notwendigen Voraussetzungen unserer Kollisions-normen selbst bestimmen".[605] Dieser Gedankengang ist zwar auch für das EU-IPR insofern schlüssig, als eine durch eine EU-Verordnung aufgeworfene Erstfrage (zB in der Rom II-VO) durch die Heranziehung einer anderen europäischen Kollisionsnorm (etwa der Rom I-VO oder III-VO) beant-wortet werden kann (→ Rn. 162). Es ist jedoch zu bedenken, dass EU-Verordnungen vielfach der Ergänzung durch mitgliedstaatliches IPR bedürfen, zB bei der wirksamen Eheschließung als kollisionsrechtlicher Vorfrage einer Ehescheidung nach der Rom III-VO.[606] Wenn aber die Rom III-VO auf das Recht eines anderen teilnehmenden Mitgliedstaates als lex causae verweist, trägt das „Herr-im-Haus"-Argument nicht ohne weiteres, denn die Rom III-VO ist nicht allein Bestandteil der lex fori, also „unseres" Kollisionsrechts, sondern ebenso das des anderen teilnehmenden Mitglied-staates, also der lex causae. Die unselbstständige Anknüpfung würde in diesen Konstellationen einen Beitrag dazu leisten, Anreize zum Forum Shopping zu vermindern, da unabhängig von der Wahl des Gerichtsstandes dasselbe mitgliedstaatliche IPR über die Erstfrage entscheiden würde.[607] Dafür ließe sich der Grundsatz des internationalen Entscheidungseinklangs anführen, der jeweils in Erwä-gungsgrund 6 Rom I-VO bzw. Rom II-VO hervorgehoben wird. Der Aussagehalt dieser sehr allgemein gehaltenen Erwägungsgründe ist hinsichtlich der Vorfragenanknüpfung aber begrenzt.[608] Auch insoweit rechtfertigen zudem die bereits (→ Rn. 165 f.) genannten Gründe der Prozessökono-mie sowie der speziell in Bezug auf die Vorfragenanknüpfung zum Ausdruck gelangte Wille des Verordnungsgebers (Art. 1 Abs. 2 iVm Erwägungsgrund 10 Rom III-VO) regelmäßig die selbststän-dige Anknüpfung.[609] Hinzu kommen die gegen eine unselbstständige Anknüpfung materiell-rechtli-cher Vorfragen auch bei Staatsverträgen und EU-Verordnungen maßgebenden Erwägungen (näher → Rn. 175 ff.), die sinngemäß auch für Erstfragen gelten.

Wenngleich aus den genannten Gründen am Prinzip der **selbstständigen Anknüpfung von** **167** **Erstfragen** festzuhalten ist, sollte doch, soweit die Fassung einer Kollisionsnorm dies nicht (wie zB Art. 1 Abs. 2 iVm Erwägungsgrund 10 Rom III-VO) von vornherein ausschließt, im Einzelfall Raum für die Prüfung bleiben, ob etwa aufgrund der **besonderen materiellen Zielsetzung einer Kollisionsnorm** (näher → Rn. 189 ff.) oder wegen des **Fehlens einer eigenen Kollisionsnorm für Rechtsfiguren,** die der lex fori unbekannt sind (näher → Rn. 198 f.), **ausnahmsweise eine unselbstständige Anknüpfung einer Erstfrage** in Betracht kommt.[610] Da die insoweit maßgebli-

---

[601] Gegen *Melchior,* Die Grundlagen des deutschen IPR, 1932, 260 insoweit bereits mit Recht *Neumayer,* FS Aubin, 1979, 93 (94 f.); ebenso für die Entstehung und Inhaberschaft eines Immaterialgüterrechts iS von Art. 8 Rom II-VO *Heinze,* FS Kropholler, 2008, 105 (112).

[602] So zur Rom II-VO AG Geldern NJW 2011, 686; eingehend *Bernitt,* Die Anknüpfung von Vorfragen im europäischen Kollisionsrecht, 2010, 147 ff.; ebenso *Sonnenberger* IPRax 2011, 325 (330); anders noch zum autono-men IPR *Neumayer,* FS Aubin, 1979, 93 (94 f.) (unselbstständige Anknüpfung).

[603] Gegen eine Differenzierung insbesondere Staudinger/*Sturm*/*Sturm* (2012) Rn. 290; *Kegel*/*Schurig* IPR § 9 II 1; *Svenné Schmidt* Rec. des Cours 233 (1992-II), 305, 330 f.; ferner *Bernitt,* Die Anknüpfung von Vorfragen im europäischen Kollisionsrecht, 2010, 12 ff.; Bamberger/Roth/*Lorenz* Rn. 180; NK-BGB/*Freitag* EGBGB Art. 3 Rn. 28; der Sache nach bereits *Hoffmeyer,* Das internationalprivatrechtliche Vorfragenproblem, Diss. Hamburg 1956, 32 ff.; krit. auch *Neumayer,* FS Aubin, 1979, 93 (97 f.), obwohl er selbst zuvor von einer nach der lex fori anzuknüpfenden „Vorfrage erster Stufe" spricht; ohne begriffliche Differenzierung Erman/*Hohloch* Rn. 52; HK-BGB/*Dörner* EGBGB Vor Art. 3–6 Rn. 21.

[604] Was aber nicht ausschließt, bei der Problemanalyse zwischen Erst- und Vorfragen zu unterscheiden, s. nur *Gössl* ZfRV 2011, 65 (66 ff.).

[605] So noch *Kropholler* IPR § 32 III.

[606] Vgl. *Gössl* ZfRV 2011, 65 (69).

[607] So (zur Vorfrage allg.) *Heinze,* FS Kropholler, 2008, 105 (114 f.); *Sonnenberger,* FS Kropholler, 2008, 227 (240 f.).

[608] Palandt/*Thorn* Rom III-VO Art. 1 Rn. 8; *Solomon,* FS Spellenberg, 2010, 355 (357 f.); diesen Aspekt relativierend auch *Gössl* ZfRV 2011, 65 (70).

[609] Im Ergebnis auch *Gössl* ZfRV 2011, 65 (70); *Kreuzer* in Jud/Rechberger/Reichelt, Kollisionsrecht in der EU, 2008, 1, 54 f.

[610] Zutr. *Looschelders* IPR EGBGB Vor Art. 3–6 Rn. 40; *Mansel,* FS Kropholler, 2008, 354 (361); insoweit wohl zu apodiktisch für die Ausnahmslosigkeit der selbstständigen Anknüpfung von Erstfragen *v. Bar*/*Mankowski* IPR I § 7 Rn. 186; hierzu mit Recht krit. NK-BGB/*Freitag* EGBGB Art. 3 Rn. 28.

chen Wertungsgesichtspunkte im Wesentlichen denen ähneln, die auch für die unselbstständige Anknüpfung einer Vorfrage angeführt werden, werden diese Aspekte unten (→ Rn. 180 ff.) zusammenhängend erörtert.

168   **3. Abgrenzung von der „Nachfrage".** Wenig Anklang hat der von *Kegel* geprägte Begriff der sog „Nachfrage" gefunden.[611] Damit soll das Phänomen bezeichnet werden, dass das für die Hauptfrage maßgebende Statut (zB das nach Art. 22 Abs. 1 bestimmte Adoptionsrecht) nicht im Tatbestand, sondern hinsichtlich seiner Rechtsfolgen auf die für ein anderes Rechtsverhältnis geltenden Vorschriften verweist (zB § 1754 Abs. 1 BGB auf die Stellung eines ehelichen Kindes).[612] Als ein weiteres Beispiel wird die in § 951 Abs. 1 S. 1 BGB enthaltene Verweisung auf das Bereicherungsrecht genannt.[613] *Kegel* wollte auch in diesen Fällen die „Nachfrage" selbstständig, also nach dem IPR der lex fori anknüpfen.[614] Diese **Rechtsfigur ist jedoch unnötig.**[615] Im erstgenannten Beispiel geht es allein um die sachgerechte Qualifikation, nämlich die Grenzziehung zwischen der Statusfrage (Art. 22 Abs. 2 EGBGB) einerseits, dem Eltern-Kind-Verhältnis (Art. 21 EGBGB) andererseits. Ordnet man die elterliche Verantwortung richtigerweise der letztgenannten Norm zu, erübrigen sich Sonderregeln für die „Nachfrage".[616] Auch im zweiten Beispiel führt das Konzept der „Nachfrage" in die Irre: Das auf einen Bereicherungsanspruch wegen Verbindung, Vermischung oder Verarbeitung anwendbare Recht wird nach Art. 10 Abs. 2 oder 3 Rom II-VO bestimmt (näher → Rom II-VO Art. 10 Rn. 27 ff.). Im Rahmen dieser *Hauptfrage* ist wiederum das auf die *Vorfrage* nach dem Eigentumsverlust anwendbare Sachenrecht selbstständig aufgrund der lex rei sitae (Art. 43 Abs. 1 BGB) zu ermitteln (vgl. → Rom II-VO Art. 10 Rn. 33). Der Begriff der „Nachfrage" zäumt insoweit das Pferd von hinten auf.[617] Gänzlich verzichten sollte man auch auf den dubiosen Begriff der **„Nebenfrage".**[618] Stellt sich beispielsweise die Frage, ob der Witwe *neben* ihrer Beteiligung am Nachlass des verstorbenen Ehegatten ein güterrechtlicher Ausgleichsanspruch zusteht (→ Rn. 124), hat dies mit der Vorfragenproblematik nichts zu tun, es sei denn, das anwendbare Erbrecht würde dem Güterstand der Ehegatten Auswirkungen auf den Erbteil der Witwe beimessen.[619]

III. Anknüpfung der Vorfrage

169   **1. Allgemeines.** Im Gegensatz zu der oben (→ Rn. 161 ff.) behandelten Erstfrage wird die **Vorfrage im engeren (materiell-rechtlichen) Sinne** nicht bereits von einer Kollisionsnorm deutschen oder unionsrechtlichen Ursprungs, sondern erst von dem nach diesen Normen bestimmten Sachrecht aufgeworfen (zu Beispielen → Rn. 150).[620] Insoweit ist umstritten, ob Vorfragen selbstständig oder unselbstständig anzuknüpfen sind. Die **deutsche Rechtsprechung und Lehre** haben sich im Grundsatz **überwiegend für die selbstständige Anknüpfung** ausgesprochen,[621] während

---

[611] Vgl. Soergel/*Kegel* EGBGB Vor Art. 3 Rn. 131; *Kegel/Schurig* IPR § 9 II 3; vgl. auch in Bezug auf die Scheidungsfolgen nach Art. 1 Abs. 2 Rom III-VO *Schurig,* FS v. Hoffmann, 2011, 405 (406).

[612] Beispiel bei *Kegel/Schurig* IPR § 9 II 3.

[613] *Hoffmeyer,* Das internationalprivatrechtliche Vorfragenproblem, Diss. Hamburg 1956, 24.

[614] Vgl. Soergel/*Kegel* EGBGB Vor Art. 3 Rn. 131; *Kegel/Schurig* IPR § 9 II 3.

[615] Ebenso Bamberger/Roth/*Lorenz* Rn. 66; Staudinger/*Sturm/Sturm* (2012) Rn. 290; *Bernitt,* Die Anknüpfung von Vorfragen im europäischen Kollisionsrecht, 2010, 20 f.

[616] Bamberger/Roth/*Lorenz* Rn. 66; auch Soergel/*Kegel* EGBGB Vor Art. 3 Rn. 131 räumt ein, es handele sich letztlich um einen „Unterfall des Qualifikationsproblems".

[617] Vgl. auch zum Verhältnis von Vaterschaftsanfechtung (Art. 20 EGBGB) durch einen Mann und nachfolgender Anerkennung der Vaterschaft (Art. 19 EGBGB) durch einen anderen Mann BGH NJW-RR 2012, 449 Rn. 20.

[618] Hierzu *Bernitt,* Die Anknüpfung von Vorfragen im europäischen Kollisionsrecht, 2010, 21 mwN.

[619] Zutreffend OLG Hamburg MittBayNot 2016, 261 (264); verkannt von OLG Köln ZEV 2014, 495 (Ls.) = BeckRS 2014, 10414 Rn. 17.

[620] Denkbar ist auch, dass bei einer Gesamtverweisung bereits die berufene fremde Kollisionsnorm eine Vorfrage aufwirft, s. etwa *Kreuzer* in Jud/Rechberger/Reichelt, Kollisionsrecht in der EU, 2008, 1, 54; *Kropholler* IPR § 32 I; *Michael F. Müller* Jura 2015, 1319 (1322 f.); *Neumayer,* FS Aubin, 1979, 93 (95); *Matthias Weller,* Europäisches Kollisionsrecht, 2015, Rn. 65. Für diese eher seltenen Fälle gelten dieselben Grundsätze wie für die materiell-rechtliche Vorfrage.

[621] BGHZ 43, 213 (218 ff.) = NJW 1965, 1129 (1130) (Gültigkeit der Ehe, Abstammung); BGH NJW 1981, 1900 (1901) (Gültigkeit der Ehe; Erbrecht); BGH NJW-RR 2015, 302 Rn. 12 (kongruente Deckung, zu Art. 4 Abs. 1, Abs. 2 lit. m EuInsVO aF); BGH NJW 2015, 623 Rn. 28 (Existenz eines vererbten Rechts); BayObLGZ 2003, 68 (73) (Abstammung, Erbrecht); OLG Hamm NJW-RR 1993, 838 = FamRZ 1993, 607 (Wirksamkeit der Scheidung, Erbrecht); OLG Frankfurt a. M. FamRZ 2002, 705 = ZEV 2001, 493 (Gültigkeit der Ehe, Erbrecht); OLG Zweibrücken ZEV 2003, 162 (163) mAnm *Süß* (Gültigkeit der Ehe, Erbrecht); OLG Stuttgart NJW-RR 2007, 952 = FamRZ 2007, 502 (Wirksamkeit der Scheidung, Erbrecht); OLG Düsseldorf ZEV 2001, 484 mAnm *Henrich* = FamRZ 2001, 1102 (Forderung aus Darlehensvertrag als Nachlassbestandteil); OLG Düsseldorf VersR 2007, 1147 (1148) (Frachtvertrag, Haftung des Haupt- und des ausführenden Frachtführers); OLG

nach einer von *Melchior* und *Wengler* begründeten Minderheitsmeinung eine grundsätzlich unselbstständige Anknüpfung vorzugswürdig sei.[622] Von den Anhängern der beiden gegensätzlichen Strömungen werden aber jeweils Ausnahmen konzediert, so dass sich in vielen Fällen trotz der unterschiedlichen Ausgangspunkte übereinstimmende Lösungen ergeben.[623] Zum Teil ist daher
vorgeschlagen worden, auf die Festlegung eines Grundsatzes gänzlich zu verzichten und die Auslegung der für die Hauptfrage maßgebenden Kollisionsnorm jeweils von Fall zu Fall über die selbstständige oder unselbstständige Anknüpfung der Vorfrage entscheiden zu lassen.[624] Ein solcher Ansatz
garantiert zwar ein Maximum an Flexibilität und Einzelfallgerechtigkeit;[625] er sollte aber aus Gründen
der Rechtssicherheit und der Prozessökonomie nicht befolgt werden.[626] Vielmehr sollte der Praxis
ein klares **Regel-Ausnahme-Verhältnis** vor Augen geführt werden, wobei die einzelnen Ausnahmen so präzise wie möglich zu beschreiben sind.[627] Dies gilt gerade im Hinblick auf die unionsweit
einheitliche Anwendung des EU-Kollisionsrechts. Hinzu kommt, dass die europäischen Rechtsakte,
soweit sie die Vorfrage thematisieren, nicht ergebnisoffen formuliert sind, sondern eine klare Präferenz
für eine selbstständige Anknüpfung erkennen lassen (→ Rn. 155 ff.) und dass dieser Befund auch
dem Trend in den mitgliedstaatlichen Kollisionsrechten entspricht (→ Rn. 153).

Ungeachtet des andauernden theoretischen Streits um die richtige Anknüpfung der Vorfrage sollte   **170**
dessen praktische Bedeutung nicht überschätzt werden. Ob insoweit **selbstständig oder unselbstständig** anzuknüpfen ist, muss nämlich **nur unter drei kumulativen Voraussetzungen** entschieden werden:[628] Erstens muss unser IPR, ob deutschen oder unionsrechtlichen Ursprungs, für die
Hauptfrage ein ausländisches Sachrecht berufen.[629] Begehrt der Kläger zB vom Beklagten
Schadensersatz wegen einer Tötung einer dem Kläger unterhaltspflichtigen Person und erklärt Art. 4
Abs. 1 Rom II-VO insoweit deutsches Recht (§ 844 Abs. 2 BGB) für anwendbar, ist es unerheblich,
ob man die Frage nach dem Bestehen einer gesetzlichen Unterhaltspflicht des Getöteten selbstständig
oder unselbstständig anknüpft, da in beiden Fällen die maßgebende Kollisionsnorm dem HUP 2007
(iVm Art. 15 EuUnthVO) zu entnehmen ist. Zweitens muss das **IPR der lex causae für die
Vorfrage eine andere Rechtsordnung** berufen als die Kollisionsnormen der lex fori.[630] Beurteilt
das IPR der lex causae, zB des Erbstatuts, die Wirksamkeit einer Eheschließung nach dem Ort der
Heirat (lex loci celebrationis) statt nach dem Personalstatut der Nupturienten (Art. 13 Abs. 1
EGBGB), bedarf es keiner Entscheidung des Vorfragenproblems, wenn die Verlobten die Ehe in
ihrem Heimatstaat geschlossen haben: Nach beiden Kollisionsrechten gelangt in diesem Fall das
Heimatrecht zur Anwendung. Erst recht bedarf es keiner Stellungnahme hierzu, wenn die für die
Vorfrage einschlägigen Kollisionsnormen des Forums und der lex causae aufgrund einer in beiden

---

Düsseldorf BeckRS 2007, 10046 (Vererbung eines Veröffentlichungsrechts, selbstständige Anknüpfung des
Bestands des Rechts nach dem Schutzlandprinzip); OLG München ZEV 2014, 365 (Eigentum des Erblassers an
einer Sache); OLG Karlsruhe NJW-RR 2015, 1284 Rn. 12; OLG Brandenburg InfAuslR 2016, 463 = BeckRS
2016, 106213 (jeweils Minderjährigkeit als Vorfrage der Vormundschaft; verkannt von OLG Bremen FamRZ
2016, 990 = BeckRS 2016, 04752); LG Stuttgart IPRspr. 2014 Nr. 56a (Bestimmung naher Angehöriger bei
serbischem Deliktsstatut); BVerwG NJW 2012, 3461 Rn. 11 (Ehehindernis nach indischem Recht, Vorfrage nach
bestehender Ehe); ebenso zum Verhältnis Erbrecht/Immaterialgüterrecht OLG München GRUR-RR 2010, 161;
Bamberger/Roth/*Lorenz* Rn. 71; *Eichenhofer* SGb 2016, 184 (186 f.); Erman/*Hohloch* Rn. 53; NK-BGB/*Freitag*
EGBGB Art. 3 Rn. 27; *Heldrich*, FS 50 Jahre BGH, Bd. II, 2000, 733 (744 ff.).
[622] Grundlegend *Melchior*, Die Grundlagen des deutschen IPR, 1932, 245 ff.; *Wengler* RabelsZ 8 (1934), 148 ff.;
ebenso *Ficker*, FS OLG Zweibrücken, 1969, 69 (73 f.); *Neumayer*, FS Aubin, 1979, 93 ff.; in neuerer Zeit *v.
Hoffmann/Thorn* IPR § 6 Rn. 71–72; *Siehr* IPR § 52 II 4: „im Zweifel"; diff. 5. Aufl. 2010, Rn. 551 ff. *(Sonnenberger)*; ausf. zur dogmengeschichtlichen Entwicklung *Svenné Schmidt* Rec. des Cours 233 (1992-II), 305, 342 ff.,
der selbst (369 ff.) die unselbstständige Anknüpfung bevorzugt.
[623] Von „Konsens-Fallgruppen" spricht insoweit *Nehne* Methodik S. 205 Fn. 180.
[624] So namentlich 5. Aufl. (2010) Rn. 540 *(Sonnenberger)*; *Henrich*, Liber Amicorum Schurig, 2011, 63 (69);
nach Fallgruppen diff. auch *Siehr* IPR § 52 II 2 und 3; von einem „rattachement contingent" spricht insoweit
Sana-Chaillé de Néré in Azzi/Boskovic Quel avenir 123 (131), mwN zum frz. Schrifttum.
[625] Vgl. auch zum US-amerikanischen Kollisionsrecht *Hay/Borchers/Symeonides,* Conflict of Laws, 5. Aufl.
2010, § 13.3.; ähnlich zum schottischen IPR *Anton/Beaumont/McEleavy,* Private International Law, 3. Aufl. 2011,
Rn. 4.79.
[626] *Kropholler* IPR § 32 IV vor 1; ebenso Bamberger/Roth/*Lorenz* Rn. 72; *v. Bar/Mankowski* IPR I Rn. 205;
Nehne Methodik S. 205; Staudinger/*Sturm/Sturm* (2012) Rn. 279.
[627] *Kropholler* IPR § 32 IV vor 1.
[628] So bereits *v. Bar/Mankowski* IPR I § 7 Rn. 192; *Kropholler* IPR § 32 II; *Svenné Schmidt* Rec. des Cours 233
(1992-II), 305, 316 f.
[629] S. zB BGH NJW-RR 2016, 1473 Rn. 13; LG Bonn RIW 1999, 879 = LSK 2000, 080363; dies übersieht
selbst der BGH bisweilen, vgl. BGH NJW 1986, 3022; hierzu näher → Rn. 184.
[630] Vgl. BGH NJW 2016, 2322 Rn. 32 (Maßgeblichkeit südafrikanischen Rechts für eine gleichgeschlechtliche
Ehe).

Staaten geltenden EU-Verordnung oder eines Staatsvertrages identisch sind. Schließlich ist eine **Bewältigung des Vorfragenproblems entbehrlich,** wenn das IPR der lex fori und der lex causae zwar auf unterschiedliche Rechtsordnungen verweisen, diese aber **in concreto zum selben materiell-rechtlichen Ergebnis** führen.[631] Weichen in dem eben gebildeten Beispielsfall – wirksame Ehe als Vorfrage der Erbberechtigung – die lex loci celebrationis und das Heimatrecht der Verlobten zwar in den sachlichen Erfordernissen voneinander ab, führen aber beide im Ergebnis zur Wirksamkeit der Eheschließung, bedarf es auch insoweit keiner Entscheidung zwischen selbstständiger und unselbstständiger Anknüpfung; für die Beantwortung der Hauptfrage, zB nach dem Erbrecht der überlebenden Ehefrau, reicht es insoweit aus, dass die Ehe mit dem Erblasser nach beiden in Betracht kommenden Rechtsordnungen Bestand hatte.

171   **2. Unselbstständige Anknüpfung als Grundsatz.** Im autonomen Kollisionsrecht wird **für die unselbstständige Anknüpfung** stets der **Grundsatz des internationalen Entscheidungseinklangs** ins Feld geführt.[632] Nur wenn man das auf die materiell-rechtliche Vorfrage anwendbare Recht ebenso bestimme wie ein Gericht des Staates, dessen Recht die Hauptfrage unterliege, sei gewährleistet, dass über die Hauptfrage im Ergebnis unabhängig von der Wahl des Forums gleich entschieden werde (zur Rechtslage nach der Rom-III VO → Rom III-VO Vor Art. 1 Rn. 11).[633] Für die herausgehobene Bedeutung des internationalen Entscheidungseinklangs soll auch eine wertende Parallele zur Renvoifreundlichkeit des deutschen IPR (Art. 4 Abs. 1 EGBGB) zu ziehen sein.[634] Ausländisches Recht müsse stets so angewandt werden, wie es der ausländischen Rechtspraxis entspreche.[635] Die aus der unselbstständigen Vorfragenanknüpfung resultierende Konsequenz, dass Statusverhältnisse (zB Ehe, Abstammung) je nach dem Kontext der Hauptfrage, in dem sie aufgeworfen werden (zB Erbrecht, Adoptionsrecht, Namensrecht) unterschiedlich beurteilt werden – zB ein Paar also einmal als verheiratet gilt, ein anderes Mal nicht, ein Mann einmal als Vater eines Kindes gilt, ein anderes Mal nicht – ist nach den Verfechtern dieser Ansicht hinzunehmen.[636] Aus dem Umstand, dass nach deutschem und europäischem internationalen Zivilverfahrensrecht auch solche ausländischen Entscheidungen anzuerkennen sind, die auf eine statusrechtliche Vorfrage ein anderes als das nach deutschem IPR berufene Recht angewandt haben,[637] wird der Schluss gezogen, dass auch im IPR eine strikte Einheitlichkeit der Beantwortung von Statusfragen nicht anzustreben sei.[638]

172   Für das **EU-Kollisionsrecht ist zu differenzieren:** Sofern in den Rechtsordnungen der beiden beteiligten Staaten (lex fori und lex causae) in Bezug auf die Vorfrage ohnehin **dasselbe Kollisionsrecht** gilt, zB für das Bestehen eines Vertrages die Rom I-VO oder für die Ehescheidung die Rom III-VO, ist eine Entscheidung zwischen selbstständiger und unselbstständiger Anknüpfung insoweit entbehrlich, als sie in jedem Fall zur Heranziehung der einschlägigen Verordnung führen würde.[639] Ferner bedarf die Frage der Vorfragenanknüpfung keiner Entscheidung, wenn das fragliche Rechtsverhältnis bereits nach dem primärrechtlich verwurzelten Anerkennungsprinzip (→ EGBGB Art. 3 Rn. 117 ff.) als wirksam zu betrachten ist.[640] Anders liegt es aber, wenn die für die Vorfrage in Betracht kommenden **Kollisionsrechte der lex fori und der lex causae nicht identisch** sind, etwa weil ein gegenüber der Rom I-VO vorrangiger Staatsvertrag eingreift (→ Rom I-VO Art. 25 Rn. 1 ff.), weil einer der beteiligten Staaten nicht an einer verstärkten Zusammenarbeit wie der Rom III-VO teilnimmt oder weil es für den fraglichen Bereich, zB das Eheschließungsrecht, überhaupt an einer EU-Kollisionsnorm fehlt. Die unselbstständige Anknüpfung würde in diesen Konstellationen dazu führen, Anreize zum Forum Shopping zu vermindern, da unabhängig von der Wahl des Gerichtsstandes dasselbe mitgliedstaatliche IPR über die Vorfrage entscheiden würde.[641] Dafür ließe

---

[631] S. zB BayObLG FamRZ 2000, 699 = BeckRS 1999, 30921150.

[632] Eingehend *Neumayer,* FS Aubin, 1979, 93 ff.; *v. Hoffmann/Thorn* IPR § 6 Rn. 71–72.

[633] Vgl. zur Vorfrage der Unterhaltsverweigerung als Scheidungsvoraussetzung OLG Stuttgart FamRZ 1997, 882 = BeckRS 2011, 05821; hierzu ausf. *Mansel,* FS Kropholler, 2008, 353 ff. mwN.

[634] *v. Hoffmann/Thorn* IPR § 6 Rn. 71–72.

[635] *v. Hoffmann/Thorn* IPR § 6 Rn. 71–72; *Svenné Schmidt* Rec. des Cours 233 (1992-II), 305, 370 ff.; ebenso zum schottischen IPR *Anton/Beaumont/McEleavy,* Private International Law, 3. Aufl. 2011, Rn. 4.76 (gegen „mixtures of law").

[636] *v. Hoffmann/Thorn* IPR § 6 Rn. 71–72.

[637] Zur Abschaffung kollisionsrechtlicher Vorbehalte bei der Urteilsanerkennung s. zB *Kropholler/v. Hein* EuZPR EuGVVO Art. 34 Rn. 2.

[638] So *v. Hoffmann/Thorn* IPR § 6 Rn. 71–72.

[639] *Kreuzer* in Jud/Rechberger/Reichelt, Kollisionsrecht in der EU, 2008, 1, 55; *Bernitt,* Die Anknüpfung von Vorfragen im europäischen Kollisionsrecht, 2010, 135; wohl auch *Gössl* ZfRV 2011, 65 (71); *Nehne* Methodik S. 217; *Solomon,* FS Spellenberg, 2010, 355 (357) Fn. 19.

[640] *Sana-Chaillé de Néré* in Azzi/Boskovic Quel avenir 123 (134 ff.).

[641] So (zur Vorfrage allg.) *Heinze,* FS Kropholler, 2008, 105 (114 f.); *Sonnenberger,* FS Kropholler, 2008, 227 (240 f.).

sich wiederum der Grundsatz des internationalen Entscheidungseinklangs anführen, der jeweils in Erwägungsgrund 6 der Rom I-VO bzw. Rom II-VO hervorgehoben wird. Gleichwohl sollte auch im EU-Kollisionsrecht am Prinzip der selbstständigen Anknüpfung festgehalten werden (→ Rn. 177 f.).

3. Selbstständige Anknüpfung als Grundsatz. a) Autonomes IPR. Die zum autonomen **173** IPR **hM gewichtet** hingegen den **internen Entscheidungseinklang** mit Recht **höher als den internationalen.**[642] Im Interesse der Einheit und **Widerspruchsfreiheit der Rechtsordnung** ist es grundsätzlich als vorzugswürdig anzusehen, dass insbesondere die Frage nach dem Bestehen eines Statusverhältnisses, etwa einer Ehe oder der Abstammung eines Kindes, von deutschen Gerichten und Behörden gleichsinnig beantwortet wird, unabhängig davon, in welchem materiell-rechtlichen Kontext (Ehescheidung, Unterhalt, Erbrecht) über einen solchen Gegenstand jeweils zu entscheiden ist.[643] Dafür spricht auch, dass derartige Vorfragen ohne weiteres als eigenständige Hauptfrage im Wege einer Feststellungsklage (§ 256 ZPO iVm § 113 Abs. 1 FamFG) einer Klärung zugeführt werden könnten; im letzteren Fall kommt aber nur eine selbstständige Anknüpfung in Betracht.[644] Ferner ermöglicht die selbstständige Anknüpfung in der Regel eine einfachere und **prozessökonomischere Anwendung des Kollisionsrechts,** weil das Gericht der Notwendigkeit der Ermittlung und Anwendung ausländischen Kollisionsrechts enthoben wird.[645] Dies ist insbesondere dann ein Vorzug, wenn sich im Rahmen einer Hauptfrage mehrere voneinander abhängige Vorfragen stellen:[646] Beispiel: Das vom Erblasser E und seiner Gattin F gemeinsam adoptierte Kind A möchte wissen, ob und in welchem Umfang es den E beerbt (Hauptfrage); dies hängt (Vorfrage ersten Grades) von der Wirksamkeit der Adoption ab; für diese kommt es wiederum (Vorfrage zweiten Grades) auf die Wirksamkeit der Eheschließung zwischen E und F an.[647] Hier stellt sich für die Vorfrage zweiten Grades (Eheschließung) bei einer unselbstständigen Anknüpfung das Problem, ob auch hierfür das IPR maßgebend ist, das für die Hauptfrage gilt (also das Erbstatut), oder ob insoweit erneut unselbstständig an das IPR derjenigen Rechtsordnung anzuknüpfen ist, die über die Vorfrage ersten Grades entscheidet, also das Adoptionsstatut.[648] Es leuchtet ein, dass der gerichtlichen, notariellen und anwaltlichen Praxis wesentlich mehr gedient ist, wenn in einem solchen Beispielsfall der Rechtsanwender das anwendbare Recht jeweils nach den ihm vertrauten Art. 25, Art. 22 und Art. 13 EGBGB ermitteln kann. Eine andere Frage ist es, ob ein ausländisches Erbstatut wiederum die nach dem vom deutschen IPR berufenen Recht für wirksam erklärte Adoption als eine Adoption im Sinne seiner erbrechtlichen Sachnormen anerkennt; hierbei handelt es sich um ein Problem der Substitution (→ Rn. 227 ff.), das in der Tat aus der Sicht der lex causae gelöst werden muss.[649]

b) Staatsvertragliches und unionsrechtliches IPR. aa) Staatsvertragliches IPR. Für eine **174** unselbstständige Anknüpfung im Kontext des EU-Kollisionsrechts wird vielfach eine Parallelwertung zur Lösung des Vorfragenproblems im Rahmen von Staatsverträgen ins Feld geführt.[650] Nach einer bislang verbreiteten Auffassung sollen **Vorfragen,** die sich **infolge der Anwendung staatsvertraglicher Kollisionsnormen** stellen, grundsätzlich unselbstständig anzuknüpfen sein, um den internationalen Entscheidungseinklang zu gewährleisten.[651] Daran ist richtig, dass das nach den Kollisionsnormen des jeweiligen Staatsvertrages ermittelte Hauptfragenstatut bei einer Anknüpfung von Vorfragen

---

[642] *Kropholler* IPR § 32 IV; *Looschelders* IPR EGBGB Vor Art. 3–6 Rn. 38; *Mäsch* IPRax 1997, 442 (447 f.); Staudinger/*Sturm/Sturm* (2012) Rn. 279.

[643] *Schurig,* FS Kegel, 1987, 549 (578 ff.); *Rauscher* IPR Rn. 513; *Kropholler* IPR § 32 IV 2; *v. Bar/Mankowski* IPR I § 7 Rn. 197; NK-BGB/*Freitag* EGBGB Art. 3 Rn. 27; ebenso *Bogdan,* General Course, 2012, 299; dagegen wiederum *Svenné Schmidt* Rec. des Cours 233 (1992-II), 305, 377 f.

[644] Staudinger/*Sturm/Sturm* (2012) Rn. 279; vgl. etwa OLG Frankfurt a. M. IPRspr. 1999 Nr. 57 (Zwischenurteil); BeckRS 2000, 12818 = IPRax 2001, 140 mAnm *Henrich* IPRax 2001, 113.

[645] Hierzu näher *Schurig,* FS Kegel, 1987, 549 (585); zust. *Kropholler* IPR § 32 IV.

[646] Näher *Schurig,* FS Kegel, 1987, 549 (586 f.).

[647] Ähnliches Beispiel (zur Legitimation) bei *Schurig,* FS Kegel, 1987, 549 (586 f.).

[648] Mit Recht krit. hierzu (im Rahmen seines ähnlichen Bsp.) *Schurig,* FS Kegel, 1987, 549 (587).

[649] OLG Düsseldorf MittRhNotK 1998, 427 = IPRax 1999, 380 mAnm *Klinkhardt,* IPRax 1999, 356.

[650] HK-BGB/*Dörner* EGBGB Vor Art. 3–6 Rn. 25; Palandt/*Thorn* Rn. 30 iVm Rom III-VO Art. 1 Rn. 8; für teleologische Auslegung der jeweiligen Kollisionsnorm im Einzelfall *Henrich,* Liber Amicorum Schurig, 2011, 63 (69); *Sonnenberger,* FS Kropholler, 2008, 227 (240).

[651] Eingehend *Wienke,* Zur Anknüpfung der Vorfrage bei internationalprivatrechtlichen Staatsverträgen, 1977, passim; ebenso Bamberger/Roth/*Lorenz* Rn. 71; Erman/*Hohloch* Rn. 55; *Heldrich,* FS 50 Jahre BGH, Bd. II, 2000, 733 (746); *v. Hoffmann/Thorn* IPR § 6 Rn. 64; *Looschelders* IPR EGBGB Vor Art. 3–46 Rn. 30; Palandt/ *Thorn* Rn. 30; *Rauscher* IPR Rn. 519; *Svenné Schmidt* Rec. des Cours. 233 (1992-II), 305 (387 ff.); aus der Rspr. OLG Karlsruhe FamRZ 2003, 956 = BeckRS 2004, 10454; OLG Köln FGPrax 2014, 124 (125) (Zugewinnausgleich im Todesfall, deutsch-türkisches Nachlassabk.; hiergegen allerdings mit Recht OLG Hamburg MittBayNot 2016, 261 (264)).

nach dem IPR der lex causae in allen teilnehmenden Vertragsstaaten einheitlich angewandt wird, unabhängig von der Wahl des Gerichtsstandes. Knüpft man hingegen selbstständig nach dem IPR der lex fori an, kann der Kläger trotz der staatsvertraglichen Vereinheitlichung des Hauptfragestatuts weiterhin durch die Wahl des Forums Einfluss auf das materiell-rechtliche Ergebnis nehmen.

175   Bei näherer Betrachtung erweist sich aber auch insoweit die **selbstständige Vorfragenanknüpfung** als in der Regel **vorzugswürdig.**[652] Hierfür ist erstens die Überlegung maßgebend, dass der sachliche Anwendungsbereich von Staatsverträgen regelmäßig ausdrücklich auf bestimmte Rechtsfragen beschränkt wird, während andere Rechtsverhältnisse bewusst ausgeklammert werden.[653] Will man in einen Staatsvertrag dennoch eine Metakollisionsnorm hineinlesen, die das IPR des Hauptfragenstatuts auf die Gegenstände solcher Bereichsausnahmen für anwendbar erklärt, läuft dies letztlich auf eine Nichtbeachtung der vereinbarten Beschränkung des sachlichen Anwendungsbereichs der Konvention hinaus.[654] Zweitens greift die von den Anhängern der unselbstständigen Vorfragenanknüpfung im autonomen IPR gezogene Wertungsparallele zum Renvoi (→ Rn. 171) in Bezug auf Konventionen nicht durch, da insoweit herkömmlich jedenfalls dann eine Rück- oder Weiterverweisung ausgeschlossen wird, wenn staatsvertragliche Kollisionsnormen auf das Recht eines Vertragsstaates verweisen.[655] Wenn aber selbst in Bezug auf die nach staatsvertraglichem Kollisionsrecht angeknüpfte Hauptfrage das IPR anderer Vertragsstaaten nicht zur Kenntnis genommen wird, ist es wenig plausibel, dies hinsichtlich einer Vorfrage für zwingend notwendig zu erachten.[656] Drittens beeinträchtigt die unselbstständige Vorfragenanknüpfung im Rahmen staatsvertraglicher Kollisionsnormen die interne Entscheidungsharmonie eines Vertragsstaates nicht minder als dies im Kontext des nationalen IPR der Fall ist: Der Befund, dass es dem Rechtsverkehr nur schwer zu vermitteln ist, zB eine Frau je nach der materiell-rechtlichen Einbettung der Vorfrage (Unterhaltsrecht, Erbrecht, Erwachsenenschutzrecht) als mit ihrem Gatten verheiratet oder nicht zu betrachten, ist unabhängig davon, ob die einschlägigen Kollisionsnormen autonomen Ursprungs (zB Art. 24 EGBGB) oder staatsvertraglicher Herkunft (zB HUP, ErwSÜ) sind. Solange Rechtsquellen internationalen Ursprungs nur vereinzelten Charakter hatten, mochten derartige Durchbrechungen der internen Entscheidungsharmonie hinzunehmen sein. Je mehr aber aufgrund der Europäisierung und internationalen Harmonisierung des Kollisionsrechts das deutsche autonome IPR auf einen kleinen Restbestand zusammenschrumpft (→ Rn. 25), würde die nur als Ausnahme gedachte unselbstständige Anknüpfung in der Rechtspraxis faktisch zur Regel erhoben werden, wogegen die oben (→ Rn. 165, 173) aufgeführten Bedenken sprechen.

176   Folglich sind auch Vorfragen im Rahmen kollisionsrechtlicher Staatsverträge grundsätzlich selbstständig anzuknüpfen. Auch insoweit kann es allerdings – ebenso wie im autonomen IPR (→ Rn. 169) – **Ausnahmen** geben, denn es kommt in Betracht, dass die Auslegung eines Staatsvertrages im Einzelfall Anhaltspunkte für eine unselbstständige Anknüpfung ergibt.[657] Insbesondere für die Vorfrage der Abstammung wird im Rahmen der Haager Unterhaltsabkommen vielfach eine unselbstständige Anknüpfung anhand des IPR der lex causae[658] oder sogar ein direkter Rückgriff auf das materielle Unterhaltsstatut befürwortet;[659] dies ist im Einzelnen aber hoch umstritten.[660] Für Details muss daher auf die einschlägige Kommentierung verwiesen werden (Anh. zu Art. 15

---

[652] Zur selbständigen Anknüpfung der Ehegültigkeit im Rahmen des HUnthÜ 1973 s. OLG Hamburg IPRax 2002, 294 (304) mAnm *Andrae/Essebier* = NJWE-FER 2001, 194; allg. *v. Bar/Mankowski* IPR I § 7 Rn. 208 f.; *Bernitt*, Die Anknüpfung von Vorfragen im europäischen Kollisionsrecht, 2010, 111 ff.; *Gottschalk* Allgemeine Lehren des IPR 85 ff.; *Kropholler* IPR § 32 VI 2; *Mäsch* in Leible/Unberath Rom 0-VO 201, 216 ff.; NK-BGB/ *Freitag* EGBGB Art. 3 Rn. 30; *Solomon*, FS Spellenberg, 2010, 355 (366 ff.); Staudinger/*Sturm/Sturm* (2012) Rn. 288; *Matthias Weller*, Europäisches Kollisionsrecht, 2015, Rn. 74; vgl. auch zum ErwSÜ Staudinger/*v. Hein* (2014) EGBGB Vor Art. 24 Rn. 57.

[653] *v. Bar/Mankowski* IPR I § 7 Rn. 208; NK-BGB/*Freitag* EGBGB Art. 3 Rn. 30; *Solomon*, FS Spellenberg, 2010, 355 (367 f.).

[654] *v. Bar/Mankowski* IPR I § 7 Rn. 208; NK-BGB/*Freitag* EGBGB Art. 3 Rn. 30; *Solomon*, FS Spellenberg, 2010, 355 (367 f.).

[655] Näher *Meyer-Sparenberg*, Staatsvertragliche Kollisionsnormen, 1990, 146 f.; ihm folgend *v. Bar/Mankowski* IPR I § 7 Rn. 208; *Solomon*, FS Spellenberg, 2010, 355 (368).

[656] *Meyer-Sparenberg*, Staatsvertragliche Kollisionsnormen, 1990, 146 f.; ebenso *v. Bar/Mankowski* IPR I § 7 Rn. 208; *Solomon*, FS Spellenberg, 2010, 355 (368).

[657] *Kropholler* IPR § 32 VI 2; NK-BGB/*Freitag* EGBGB Art. 3 Rn. 30.

[658] So zum HUP OLG Frankfurt a. M. NJW-RR 2012, 1477 (1478) mwN.

[659] BGHZ 60, 247 = NJW 1973, 948; BGH NJW 1975, 1068; BGHZ 64, 129 = NJW 1975, 1069; BGH NJW 1976, 1028; BGHZ 90, 129 = NJW 1984, 1299.

[660] Hierzu näher *Bernitt*, Die Anknüpfung von Vorfragen im europäischen Kollisionsrecht, 2010, 101 ff.; *Gottschalk* Allgemeine Lehren des IPR 85 ff.; *Solomon*, FS Spellenberg, 2010, 355 (360 ff.), alle mzN zur Entstehungsgeschichte der jeweiligen Vorschriften.

EUnthVO, → HUP Art. 1 Rn. 51 ff.). Auch bei der Vorsorgevollmacht nach Art. 15 ErwSÜ ist zu erwägen, die Vorfrage der Geschäftsunfähigkeit, soweit es sich hierbei nach dem gewählten Recht um eine materielle Wirksamkeitsvoraussetzung der Vollmacht handelt, direkt nach dem Vollmachtsstatut zu beurteilen.[661]

bb) Europäisches Kollisionsrecht. Da der vermeintliche Grundsatz einer unselbstständigen **177** Anknüpfung bereits im staatsvertraglichen Kollisionsrecht nicht zu überzeugen vermag, kann er auch nicht auf das **EU-Kollisionsrecht** übertragen werden; vielmehr sind **Vorfragen** auch insoweit grundsätzlich **selbstständig** anzuknüpfen.[662] Zwar hat der internationale Entscheidungseinklang im EU-Kollisionsrecht ein besonderes Gewicht (vgl. Erwägungsgrund 6 Rom I-VO und Rom II-VO). Er ist jedoch ggf. durch andere und zum Teil gegenläufige Interessen zu relativieren;[663] hierzu gehören das Interesse der Parteien und der Rechtsanwender am inneren Entscheidungseinklang und den damit verbundenen Vorteilen für die Rechtssicherheit und die Ökonomie der Entscheidungsfindung in internationalen Fällen. Dass eine Ehefrau zB im Unterhaltsrecht als wirksam verheiratet gelten soll, im Erbrecht aber nicht, wird nicht dadurch weniger anstößig, dass die für die Hauptfrage einschlägigen Kollisionsnormen europäisch vereinheitlicht (EuErbVO) oder einschlägige Staatsverträge in das EU-Recht inkorporiert worden worden sind (Art. 15 EuUnthVO iVm HUP).[664] Auch das EU-IPR bedarf in vielen Fällen eines reibungslosen Zusammenspiels mit den autonomen Kollisionsnormen (etwa die Rom III-VO und Art. 17 EGBGB nF); ein prinzipieller methodologischer Bruch in der Vorfragenanknüpfung würde dieses Zusammenspiel erschweren. Aus positivrechtlicher Sicht ist gegen eine unselbstständige Vorfragenanknüpfung im EU-Kollisionsrecht geltend zu machen, dass die bisher vorliegenden expliziten Äußerungen des Verordnungsgebers in der Rom III-VO eine Präferenz für eine selbstständige Vorfragenanknüpfung erkennen lassen (→ Rn. 155) und sich der Vorschlag, eine unselbstständige Anknüpfung zu verankern, in der EuErbVO nicht durchsetzen ließ (→ Rn. 158). Es ist nicht ersichtlich, dass es sich hierbei um eine Besonderheit dieser Rechtsgebiete handeln würde; vielmehr gilt dieser methodische Ansatz auch für andere EU-Verordnungen. Hierfür spricht insbesondere, dass der sachliche Anwendungsbereich dieser Verordnungen jeweils ausdrücklich begrenzt ist.[665] Wenn zB die Rom I- und II-Verordnungen Fragen des Personenstandes und Familienverhältnisses von ihrem sachlichen Anwendungsbereich ausnehmen, ist dies ein starker Anhaltspunkt dafür, dass es dem Willen des Verordnungsgebers nicht entspräche, wenn über eine unselbstständige Vorfragenanknüpfung, etwa nach dem Bestehen einer Ehe (zB im Rahmen des Art. 4 Abs. 3 Rom II-VO), den Kollisionsnormen der entsprechenden VO mittelbar doch die Entscheidung über das auf diese ausgeklammerte Frage anwendbare Recht zugewiesen würde.[666] Überdies lässt sich auch die von den Anhängern der unselbstständigen Vorfragenanknüpfung herangezogene Wertungsparallele zur Renvoifreundlichkeit des deutschen IPR (→ Rn. 171) nicht auf das europäische Kollisionsrecht übertragen: Dieses schließt den Renvoi entweder aus (Art. 20 Rom I-VO, Art. 24 Rom II-VO, Art. 11 Rom III-VO) oder beschränkt ihn wie in Art. 34 EuErbVO auf besondere Konstellationen der Rück- und Weiterverweisung (näher → EGBGB Art. 4 Rn. 109 ff.). Angesichts der grundsätzlichen Skepsis des EU-IPR gegenüber dem Renvoi spricht auch eine Parallelwertung in der Vorfragenproblematik somit eher für eine selbstständige als für eine unselbstständige Anknüpfung.[667] Schließlich ist oben ausführlich dargelegt worden, dass Erstfragen im europäischen Kollisionsrecht prinzipiell selbstständig anzuknüpfen sind (→ Rn. 161 ff.); würde man im Gegensatz dazu Vorfragen grundsätzlich unselbstständig anknüpfen, müsste man vielfach die

---

[661] Sehr str., näher Staudinger/*v. Hein* (2014) EGBGB Vor Art. 24 Rn. 180.

[662] BGH NJW-RR 2015, 302 Rn. 12 (zu Art. 4 Abs. 1, Abs. 2 lit. a EuInsVO aF); eingehend *Bernitt,* Die Anknüpfung von Vorfragen im europäischen Kollisionsrecht, 2010, 101 ff.; *Gössl* ZfRV 2011, 65 (71); *Nehne* Methodik S. 213 ff.; *Solomon,* FS Spellenberg, 2010, 355 ff.; *Trüten,* Die Entwicklung des Internationalen Privatrechts in der Europäischen Union, 2015, 667; *Viarengo* in Dutta/Helms/Pintens, Ein Name in ganz Europa, 2016, 83 ff.; *Matthias Weller,* Europäisches Kollisionsrecht, 2015, Rn. 85 f.; ebenso *Jayme* IPRax 2017, 179 (183); NK-BGB/*Mankowski* EGBGB Art. 10 Rn. 18; grds. bereits *Kropholler* IPR § 32 VI 2; dazu tendierend auch *Heinze,* FS Kropholler, 2008, 105 (114 f.); aA (grds. unselbstständige Anknüpfung) HK-BGB/*Dörner* EGBGB Vor Art. 3–6 Rn. 25; Palandt/*Thorn* Rn. 30 iVm Rom III-VO Art. 1 Rn. 8; für teleolog. Auslegung der jeweiligen Kollisionsnorm im Einzelfall *Henrich,* Liber Amicorum Schurig, 2011, 63 (69); *Sonnenberger,* FS Kropholler, 2008, 227 (240).

[663] *Gössl* JPIL 2012, 63 (73 f.); zum autonomen IPR bereits *Schurig,* FS Kegel, 1987, 549 (574 f.).

[664] Zutr. MPI RabelsZ 74 (2010), 522 (527).

[665] So bereits *Sonnenberger,* FS Kropholler, 2008, 227 (241).

[666] *Sonnenberger,* FS Kropholler, 2008, 227 (241); *Solomon,* FS Spellenberg, 2010, 355 (358).

[667] *Gössl* ZfRV 2011, 65 (71); *Bernitt,* Die Anknüpfung von Vorfragen im europäischen Kollisionsrecht, 2010, 131 ff.; *Looschelders,* FS Coester-Waltjen, 2015, 531 (538); *Trüten,* Die Entwicklung des Internationalen Privatrechts in der Europäischen Union, 2015, 667.

genaue Abgrenzung von Erst- und Vorfragen thematisieren, die bei einer gleichermaßen selbstständigen Anknüpfung zumeist offenbleiben kann.

178   Vereinzelt ist vorgeschlagen worden, zwischen **Verweisungen** auf das Recht von Mitgliedstaaten einerseits, **auf das Recht von Nicht-Mitgliedstaaten** andererseits in der Weise zu differenzieren, dass nur im letzteren Fall Vorfragen unselbstständig anzuknüpfen seien.[668] Diese Unterscheidung wird damit begründet, dass so internationale Entscheidungsharmonie mit Drittstaaten hergestellt werden könne;[669] zudem sei die Vorfrage mit dem Recht des Drittstaates enger verbunden, wenn das EU-Kollisionsrecht für die Hauptfrage auf dieses Recht verweise.[670] Ferner ließe sich für diesen Ansatz eine Wertungsparallele zur Behandlung des Renvoi in der EuErbVO ziehen, die in Bezug auf die Beachtlichkeit eines Renvoi zwischen Verweisungen auf Mitglied- und Drittstaaten differenziert (Art. 34 EuErbVO). Letztlich ist diesem Vorschlag aber nicht zu folgen, da er mit der Entscheidung des EU-Verordnungsgebers für die Schaffung universal anwendbarer Kollisionsnormen (lois uniformes) nicht zu vereinbaren ist (→ Art. 3 Rn. 36). Aus der Verweisung auf drittstaatliches Recht für die Hauptfrage lassen sich keine unmittelbaren Schlüsse für die Anknüpfung der Vorfrage ziehen, da die für die Hauptfrage maßgebende Kollisionsnorm auch nur insoweit von einer engen Verbindung des Sachverhalts zum Recht des Drittstaats ausgeht. Auch aus Art. 34 EuErbVO lässt sich für eine Differenzierung kein Parallelschluss ziehen: Die Beachtung einer Rückverweisung drittstaatlichen Rechts auf das Recht eines Mitgliedstaates dient nicht zuletzt der Vereinfachung der Rechtsanwendung (→ EGBGB Art. 4 Rn. 132 ff.); ein solcher Effekt träte aber durch die unselbstständige Vorfragenanknüpfung gerade nicht ein, da die Ermittlung und Anwendung drittstaatlicher Kollisionsnormen zeitaufwändig und fehlerträchtig ist.[671] Zudem würde eine unselbstständige Anknüpfung im Verhältnis zu Drittstaaten die Mitgliedstaaten zwingen, selbst solche EU-Kollisionsnormen nicht anzuwenden, die das auf die Vorfrage anwendbare Recht betreffen; hierdurch würde der interne Entscheidungseinklang innerhalb der Union erheblich beeinträchtigt.[672]

179   Im EU-Kollisionsrecht sind daher Vorfragen **grundsätzlich selbstständig anzuknüpfen**.[673] Hierfür spricht auch die Rechtsprechung des EuGH zur Frage der Beurteilung von AGB als missbräuchlich, soweit diese Gegenstand einer Unterlassungsklage sind.[674] Obwohl der Unterlassungsanspruch eines österreichischen Verbraucherschutzvereins sich gemäß Art. 6 Abs. 1 Rom II-VO nach österreichischem Wettbewerbsrecht richtete, hat der EuGH entschieden, dass die Vorfrage nach der Missbräuchlichkeit der AGB selbstständig anhand des nach der Rom I-VO bestimmten (grds. luxemburgischen) Vertragsrechts zu beurteilen sei.[675] Maßgeblich dafür ist vor allem die Erwägung, dass andernfalls die Wirksamkeit ein- und derselben AGB unterschiedlich beurteilt werden müsste, je nachdem, ob diese Frage im Rahmen eines Verbands- oder einer Individualklage zu prüfen wäre.[676] Das vom EuGH herausgestellte Argument, derartige Divergenzen zu vermeiden, hebt gewissermaßen den Gedanken des inneren Entscheidungseinklangs von der nationalen auf die europäische Ebene.[677] Zwar hätte in der gegebenen Konstellation auch die unselbstständige Anknüpfung nach dem Wettbewerbsstatut zur Heranziehung des österreichischen IPR (nicht unmittelbar des österreichischen Sachrechts, → Rn. 152) und damit letztlich ebenfalls zur Rom I-VO führen müssen

---

[668] *Kreuzer* in Jud/Rechberger/Reichelt, Kollisionsrecht in der EU, 2008, 1 (55–57); dagegen *Bernitt,* Die Anknüpfung von Vorfragen im europäischen Kollisionsrecht, 2010, 125.

[669] *Kreuzer* in Jud/Rechberger/Reichelt, Kollisionsrecht in der EU, 2008, 1 (56).

[670] *Kreuzer* in Jud/Rechberger/Reichelt, Kollisionsrecht in der EU, 2008, 1 (56).

[671] Vgl. *Heinze,* FS Kropholler, 2008, 105 (114).

[672] Zutr. *Bernitt,* Die Anknüpfung von Vorfragen im europäischen Kollisionsrecht, 2010, 125; ihr folgend *Nehne* Methodik S. 218; im Ergebnis auch *Gössl* ZfRV 2011, 65 (71).

[673] So auch BGH NJW-RR 2015, 302 Rn. 12 (zu Art. 4 Abs. 1, Abs. 2 lit. m EuInsVO aF); eingehend *Bernitt,* Die Anknüpfung von Vorfragen im europäischen Kollisionsrecht, 2010, 101 ff.; *Gössl* ZfRV 2011, 65 (71); *Mäsch* in Leible/Unberath Rom 0-VO 201 (216 ff.); *Nehne* Methodik S. 213 ff.; *Solomon,* FS Spellenberg, 2010, 355 ff.; *Matthias Weller,* Europäisches Kollisionsrecht, 2015, Rn. 85 f.; *Trüten,* Die Entwicklung des Internationalen Privatrechts in der Europäischen Union, 2015, 667; ebenso NK-BGB/*Mankowski* EGBGB Art. 10 Rn. 18; grds. bereits *Kropholler* IPR § 32 VI 2; dazu tendierend auch *Heinze,* FS Kropholler, 2008, 105 (114 f.); zur EuErbVO MPI RabelsZ 74 (2010), 522 (527); für „unklar" halten die Regelung der Vorfragenanknüpfung in der EuErbVO *Buschbaum/Kohler* GPR 2010, 162 (163).

[674] EuGH C-191/15, ECLI:EU:C:2016:612 = NJW 2016, 2727 Rn. 49 ff. – Verein für Konsumenteninformation ./. Amazon.

[675] EuGH C-191/15, ECLI:EU:C:2016:612 = NJW 2016, 2727 Rn. 49 ff. – Verein für Konsumenteninformation ./. Amazon.

[676] EuGH C-191/15, ECLI:EU:C:2016:612 = NJW 2016, 2727 Rn. 56 – Verein für Konsumenteninformation ./. Amazon.

[677] Vgl. auch *Matthias Weller,* Europäisches Kollisionsrecht, 2015, Rn. 85, der betont, dass gerade die selbstständige Vorfragenanknüpfung im Bereich des vereinheitlichten IPR den Entscheidungseinklang unter den Mitgliedstaaten fördert.

(→ Rn. 172); es fehlt aber jeglicher Anhaltspunkt dafür, dass der EuGH die Frage anders beurteilt hätte, wenn nach Art. 6 Abs. 1 iVm Art. 3 Rom II–VO das Recht eines Drittstaates als Wettbewerbsstatut berufen gewesen wäre. Der die Entscheidung tragende Gesichtspunkt, dass eine einheitliche Anwendung der Rom I- und II-VOen im Kreis der Mitgliedstaaten sicherzustellen sei,[678] würde auch insoweit gelten.

IV. Ausnahmen vom Grundsatz selbstständiger Anknüpfung

1. Allgemeines. Obwohl aus den oben (→ Rn. 173, 177 ff.) genannten Gründen sowohl für das **180** autonome als auch für das EU-Kollisionsrecht am Grundsatz der selbstständigen Anknüpfung von Vorfragen festzuhalten ist, ist doch im Einzelfall zu erwägen, ob Sachgründe es erfordern, das auf eine anwendbare Recht nach dem IPR der lex causae zu bestimmen.[679] Denn es ist nicht von vornherein ausgeschlossen, dass dem Anliegen, **internationalen Entscheidungseinklang** zu gewährleisten, **ausnahmsweise der Vorrang** gegenüber dem Streben nach interner Entscheidungsharmonie einzuräumen ist.[680] Ein Anlass zur Prüfung dieser Frage kann sich aus den **Besonderheiten eines bestimmten Rechtsgebiets** (näher → Rn. 181 ff.) oder einer **bestimmten Anknüpfung der Hauptfrage** (näher → Rn. 189 ff.) ergeben, wenn deren spezifische Regelungszwecke durch eine selbstständige Vorfragenanknüpfung durchkreuzt zu werden drohen. Ähnlich wie es Art. 4 Abs. 1 S. 1 EGBGB für den Renvoi vorsieht, kann auch bei der Vorfragenproblematik aus dem „Sinn der Verweisung" ein Korrekturbedarf folgen.[681] Eine entsprechende **Ausnahme** wird auch für Fälle diskutiert, in denen die Vorfrage eine offensichtlich **engere Verbindung** zum Staat der lex causae hat (näher → Rn. 197), Gründe des **Vertrauensschutzes** eine unselbstständige Anknüpfung nahelegen (näher → Rn. 194 ff.) oder die **lex fori keine eigenen Kollisionsnormen** für das Rechtsverhältnis (zB eine Legitimation) vorhält, das den Gegenstand der Vorfrage bildet (näher → Rn. 198 f.).

2. Ausnahmen für bestimmte Rechtsgebiete. a) Staatsangehörigkeitsrecht. Es ist heute **181** allgemein anerkannt, dass privatrechtliche Vorfragen, von denen der **Erwerb oder Verlust einer Staatsangehörigkeit** abhängt (zB Eheschließung, Abstammung), nach dem IPR desjenigen Staates anzuknüpfen sind, um dessen Staatsbürgerschaft es sich handelt.[682] Die **unselbstständige Anknüpfung** von Vorfragen folgt in diesen Fällen aus der in der **Souveränität gleichberechtigter Staaten** wurzelnden Personalhoheit.[683] Jeder Staat muss selbst beurteilen können, wen er zu seinen Bürgern rechnet und wen nicht; das deutsche Recht kann folglich ebenso wenig darüber befinden, ob eine Person einem fremden Staat angehört, wie ein ausländisches Recht definieren dürfte, wer als Deutscher zu gelten habe.[684] Dies gilt ungeachtet des einigenden Bandes der Unionsbürgerschaft (Art. 9 S. 1 AEUV) auch im Verhältnis zwischen EU-Mitgliedstaaten (→ EGBGB Art. 5 Rn. 21),[685] denn die Unionsbürgerschaft tritt zur nationalen Staatsbürgerschaft lediglich hinzu, ersetzt sie aber nicht (Art. 9 S. 3 AEUV). Vielmehr kann nur derjenige Unionsbürger sein, der die Staatsangehörigkeit eines Mitgliedstaates besitzt (Art. 9 S. 2 AEUV). Aus dem **deutschen Staatsangehörigkeitsrecht** folgt nicht, dass dieses eine sich aus dem berufenen Auslandsrecht ergebende Abstammung nicht anerkennen dürfe, nur weil diese hinsichtlich ihrer Formen und Voraussetzungen (zB eine hierzulande bislang unbekannte Co-Mutterschaft zweier Frauen) vom deutschen Sachrecht abweicht; vielmehr zieht auch insoweit nur der ordre public (→ EGBGB Art. 6 Rn. 68) eine äußerste Grenze.[686] Ob ein sonstiges ausländischem Recht unterliegendes Rechtsverhältnis (zB eine Adoption) den Tatbestand einer Norm des deutschen Staatsangehörigkeitsrechts erfüllt (zB § 6 StAG), ist wiederum eine

---

[678] EuGH C-191/15, ECLI:EU:C:2016:612 = BeckRS 2016, 81742 Rn. 53 – Verein für Konsumenteninformation ./. Amazon.

[679] *Kropholler* IPR § 32 IV 2a; MPI RabelsZ 74 (2010), 522 (527).

[680] Abl. aber *Mäsch* in Leible/Unberath Rom 0-VO 201 (207 ff.).

[681] Diese Parallele zieht bereits *Siehr* IPR § 52 II 3a.

[682] BGH NJW 2016, 2322 Rn. 25; BayObLGZ 1963, 265; 1986, 155 (158 f.); OLG Frankfurt a. M. FamRZ 1967, 481; KG NJW-RR 1989, 644 = StAZ 1988, 325 m. zust. Anm. *Hepting; v. Bar/Mankowski* IPR I § 7 Rn. 210; *Dutta* FamRZ 2016, 1256 (1257); Erman/*Hohloch* Rn. 54; *Henrich*, Liber Amicorum Schurig, 2012, 63 (68); *Kegel/Schurig* IPR § 9 II 2a; *Kropholler* IPR § 1 VI 1; *Looschelders* IPR EGBGB Vor Art. 3–6 Rn. 39; *Makarov* ZfRV 1962, 147 (155 ff.).

[683] BGH NJW 2016, 2322 Rn. 25; *v. Bar/Mankowski* IPR I § 7 Rn. 210; *Henrich*, Liber Amicorum Schurig, 2012, 63 (68); zu den völkerrechtlichen Grundlagen näher → EGBGB Art. 5 Rn. 14 ff.

[684] Staudinger/*Sturm/Sturm* (2012) Rn. 285; *v. Bar/Mankowski* IPR I § 7 Rn. 210; *Kropholler* IPR § 1 VI 1.

[685] Vgl. EuGH Slg. 1992, I-4239 Rn. 10 = BeckRS 2004, 76798 – Micheletti; Slg. 1999, I-7955 Rn. 29 = BeckRS 2004, 74719 – Mesbah; Slg. 2004, I-9925 Rn. 37 = EuR 2005, 658 – Zhu und Chen; Slg. 2010, I-1449 Rn. 39 = BeckRS 2010, 90235 – Rottmann.

[686] BGH NJW 2016, 2322 Rn. 26; aA *Andrae* StAZ 2015, 163 (171).

Frage der Substitution (→ Rn. 240), dh es kommt zB im Falle einer für den Erwerb der deutschen Staatsangehörigkeit vorausgesetzten Adoption darauf an, ob deren Wirkungen einer Annahme als Kind, die aufgrund deutschen Sachrechts erfolgt ist, im Wesentlichen funktional äquivalent sind.[687] Ist lediglich die Abstammung als Vorfrage der Staatsangehörigkeit zweifelhaft, hat das Standesamt bzw. das Familiengericht diese grds. in eigener Verantwortung zu prüfen, ohne dass zuvor ein Feststellungsverfahren nach § 30 Abs. 3 StAG durchgeführt werden müsste.[688] Ist **ausländisches Staatsangehörigkeitsrecht** zu prüfen, so muss hinter dessen Achtung ggf. selbst die Rechtskraft eines inländischen Titels zurücktreten, wenn dieser in der Heimatrechtsordnung des Betroffenen nicht anerkannt wird (näher → Rn. 205). Auch eine ordre public-Kontrolle (Art. 6 EGBGB) soll insoweit nicht stattfinden: Selbst wenn zB ein fremder Staat bei der Verleihung seiner Staatsbürgerschaft offen zwischen ehelichen und nicht-ehelichen Kindern eines Mannes diskriminiere,[689] müsse dies von deutschen Gerichten hingenommen werden.[690] Daran kann man indes zweifeln, wenn das ausländische Staatsangehörigkeitsrecht völkerrechtswidrig ist,[691] insbesondere wenn ein Verstoß gegen die EMRK vorliegt,[692] der auch in Deutschland als Konventionsstaat nicht unbeachtet gelassen werden darf. Zu derartigen Konstellationen näher → EGBGB Art. 5 Rn. 18 ff.

182   **b) Namensrecht.** Auch im Namensrecht wird für die Regelanknüpfung an das Heimatrecht nach Art. 10 Abs. 1 EGBGB überwiegend angenommen, dass insoweit **grundsätzlich eine unselbstständige Anknüpfung familienrechtlicher Vorfragen** (zB nach dem Bestehen einer Ehe) geboten ist, soweit die zugrunde liegenden Rechtsverhältnisse Auswirkungen auf den Erwerb oder Verlust eines Namens haben.[693] Dies „beruht im wesentlichen auf der Erwägung, daß nur so ein im Interesse der öffentlichen Funktion des Namens und der Internationalität der Namensführung erwünschter internationalrechtlicher Einklang der Namensführung erreicht werden kann […]. Der Namensträger soll grundsätzlich denjenigen Namen führen, der sich nach seinem als Personalstatut berufenen Heimatrecht ergibt".[694] Hierfür spricht auch, dass der Name ein besonderes Persönlichkeitsrecht darstellt, das nicht von Staat zu Staat verschieden beurteilt werden sollte, je nachdem, wie eine bestimmte familienrechtliche Vorfrage von dem jeweiligen Staat angeknüpft wird.[695] Zudem hätte es für die Betroffenen vielfach unangenehme Folgen, wenn sie im Inland kraft einer selbstständigen Vorfragenanknüpfung im Ergebnis einen anderen Namen führen müssten als denjenigen, der in ihren ausländischen Ausweispapieren eingetragen worden ist.[696] Die unselbstständige Anknüpfung wird auch für eine Kodifikation des internationalen Namensrechts auf europäischer Ebene befürwortet.[697]

183   Dagegen wird eingewandt, dass die privatrechtliche Namensführung unabhängig von öffentlichrechtlichen Ordnungsinteressen des Heimatstaates erfolgen müsse und dass auch das deutsche IPR aufgrund der in Art. 10 Abs. 2 und 3 EGBGB eröffneten Wahlmöglichkeiten der Namensträger (bzw. der

---

[687] BVerwG FamRZ 2007, 1550 = BeckRS 2007, 25117; *Rauscher* IPR Rn. 505; auch *Kegel/Schurig* IPR § 9 II 2a.

[688] BGH NJW 2016, 2322 Rn. 18; vgl. auch BGHZ 203, 350 = NJW 2015, 479 Rn. 18.

[689] Vgl. EGMR FamRZ 2011, 1925 mAnm *Henrich* = BeckRS 2012, 80003 (zum Staatsangehörigkeitsrecht von Malta).

[690] So *Henrich,* Liber Amicorum Schurig, 2012, 63 (68).

[691] So auch *Kegel/Schurig* IPR § 9 II 2a.

[692] Vgl. EGMR FamRZ 2011, 1925 mAnm *Henrich* = BeckRS 2012, 80003 (zum Staatsangehörigkeitsrecht von Malta).

[693] BGHZ 90, 129 (140) = NJW 1984, 1299 (1301) = IPRax 1986, 35 m. krit. Anm. *Klinkhardt* IPRax 1986, 21; NJW 1986, 984; BayObLGZ 1986, 155 (162); BayObLG FamRZ 1990, 93 = BeckRS 1989, 31147181; NJW 1992, 632; KG NJW-RR 1989, 644; OLG Stuttgart FamRZ 1992, 102 = BeckRS 1991, 31306515; Bamberger/Roth/*Lorenz* Rn. 71; Bamberger/Roth/*Mäsch* EGBGB Art. 10 Rn. 10; Erman/*Hohloch* EGBGB Art. 10 Rn. 7a; HK-BGB/*Dörner* EGBGB Art. 10 Rn. 1; v. *Hoffmann/Thorn* IPR § 6 Rn. 65–66; *Kegel/Schurig* IPR § 17 IV 1b (anders aber *Kegel/Schurig* IPR § 9 II 2b); *Kropholler* IPR § 32 IV 2b; NK-BGB/*Freitag* EGBGB Art. 3 Rn. 31; Palandt/*Thorn* Rn. 30; *Rauscher* IPR Rn. 517; Staudinger/*Sturm/Sturm* (2012) Rn. 286; *Sturm* StAZ 1990, 350 ff. mwN zum älteren Schrifttum; für selbstständige Vorfragenanknüpfung auch im Namensrecht hingegen v. *Bar/Mankowski* IPR I § 7 Rn. 212; *Heldrich,* FS 50 Jahre BGH, Bd. II, 2000, 733 (748); *Looschelders* IPR EGBGB Art. 10 Rn. 10; *Mäsch* in Leible/Unberath Rom 0-VO 201 (214 f.); NK-BGB/*Mankowski* EGBGB Art. 10 Rn. 18; Soergel/*Schurig* EGBGB Art. 10 Rn. 87–89; Staudinger/*Hepting/Hausmann* (2013) EGBGB Art. 10 Rn. 127.

[694] BGHZ 90, 129 (140) = NJW 1984, 1299 (1301).

[695] BayObLGZ 1986, 155 (162); Erman/*Hohloch* EGBGB Art. 10 Rn. 7a; hierzu krit. *Wengler* IPRax 1987, 164, der allerdings insoweit das Namensstatut mit dem Deliktsstatut (bei Verletzungen des Namensrechts) vermengt; zu Letzterem eingehend *Mankowski* StAZ 2011, 293 ff.

[696] BayObLGZ 1986, 155 (162); Bamberger/Roth/*Mäsch* EGBGB Art. 10 Rn. 10; *Henrich,* Liber Amicorum Schurig, 2012, 63 (68); v. *Hoffmann/Thorn* IPR § 6 Rn. 65–66; *Kropholler* IPR § 32 IV 2b; *Rauscher* IPR Rn. 517; Staudinger/*Sturm/Sturm* (2012) Rn. 286.

[697] Näher *Dutta* in *Dutta/Helms/Pintens,* Ein Name in ganz Europa, 2016, 75 (76 ff.).

Sorgeberechtigten) nicht von einem strikten Gleichlauf mit dem Passrecht ihres Heimatstaates ausgehe.[698] Eine Divergenz zwischen dem Namen, der nach deutschem Recht zu führen ist, und demjenigen, der in den ausländischen Ausweispapieren eingetragen ist, beeinträchtigt aber weniger das Ordnungsinteresse des Heimatstaates als vielmehr ein individuell-privates Interesse des Namensträgers daran, dass ein wesentliches Identifikationsmerkmal seiner Person international anerkannt wird; insbesondere kann es andernfalls beim Identitätsnachweis gegenüber Behörden oder bei der Vorlage von Zeugnissen (auch im Privatrechtsverkehr) zu erheblichen Komplikationen für den Betroffenen kommen.[699] Ferner macht es einen Unterschied, ob die Ehegatten im Rahmen des Art. 10 Abs. 2 EGBGB oder die Sorgeberechtigten im Rahmen des Art. 10 Abs. 3 EGBGB derartige Schwierigkeiten aufgrund einer bewussten Entscheidung in Kauf nehmen – volenti non fit iniuria – oder ob ihnen derartige Probleme im Rahmen der objektiven Anknüpfung an das Heimatrecht nach Art. 10 Abs. 1 EGBGB aufgebürdet werden. Es ist daher nicht schlechthin widersprüchlich, für Art. 10 EGBGB dergestalt zu **differenzieren,** dass Vorfragen bei dem nach Abs. 1 bestimmten Recht unselbstständig, im Rahmen der Abs. 2 und 3 aber selbstständig angeknüpft werden,[700] zumal es sich bei der Eheschließung (Art. 10 Abs. 2 EGBGB) bzw. der elterlichen Sorge (Art. 10 Abs. 3 EGBGB) genau genommen um – ohnehin selbstständig anzuknüpfende – Erstfragen handelt[701] (→ Rn. 161 ff.). Schließlich kann die unselbstständige Anknüpfung im Rahmen des Art. 10 Abs. 1 EGBGB ein Mittel darstellen, um Friktionen mit dem EU-Primärrecht zu vermeiden, wenn eine in das Inland verzogene Person den fraglichen Namen bereits im EU-Ausland geführt hat und dieser dort in entsprechende Register eingetragen worden ist (näher → Rn. 200 ff.). Insgesamt bildet daher die unselbstständige Anknüpfung familienrechtlicher Vorfragen für Art. 10 Abs. 1 EGBGB eine grundsätzlich sachgerechte Lösung.

Allerdings werden von diesem Grundsatz wiederum **Rückausnahmen** geltend gemacht. So **184** wollte der BGH im Rahmen des vor 1986 geltenden IPR (Art. 18 EGBGB idF von 1900) die **Vorfrage der ehelichen Abstammung** auch im Namensrecht selbstständig anknüpfen, weil es sich bei der Ehelich- oder Nichtehelichkeit des Kindes um „eine das gesamte Kindernamensrecht überlagernde Frage" handele.[702] Hierbei übersah der BGH allerdings, dass es im zu entscheidenden Fall gar nicht auf die Frage einer selbstständigen oder unselbstständigen Vorfragenanknüpfung ankam, weil das Namensstatut – die lex causae – deutsches Recht und also mit der lex fori identisch war.[703] Das auf die Abstammung anwendbare Recht musste folglich nach beiden Ansichten gemäß deutschem IPR bestimmt werden (→ Rn. 169). Allein diese dogmatische Fehlleistung mindert den Aussagegehalt des Beschlusses erheblich. Die vom BGH seinerzeit gemachte Rückausnahme dürfte zudem obsolet sein, weil das heutige IPR (Art. 19 EGBGB) in der Frage der Abstammung nicht mehr zwischen ehelichen und nichtehelichen Kindern unterscheidet, so dass die Frage der Ehelichkeit keine entscheidende kollisionsrechtliche Weichenstellung mehr darstellt.[704] Vielfach wird der Ansatz des BGH aber auch für die Beurteilung der Elternschaft nach heutigem IPR fortgeführt und insoweit an einer selbstständigen Anknüpfung festgehalten.[705] Zwar ist dieser Ansicht zuzubilligen,

[698] So namentlich v. Bar/Mankowski IPR I § 7 Rn. 212; Mäsch in Leible/Unberath Rom 0-VO 201 (214 f.); NK-BGB/Mankowski EGBGB Art. 10 Rn. 18; ebenso Looschelders IPR EGBGB Art. 10 Rn. 10; Soergel/Schurig EGBGB Art. 10 Rn. 88; Staudinger/Hepting/Hausmann (2013) EGBGB Art. 10 Rn. 130 f.; Hepting StAZ 1998, 133 (142).

[699] Dies hat auch der EuGH anerkannt, vgl. EuGH Slg. 2008, I-7639 Rn. 23 = BeckRS 2010, 90235 – Grunkin-Paul.

[700] Bamberger/Roth/Mäsch EGBGB Art. 10 Rn. 10; ebenso Kropholler IPR § 32 IV 2b; krit. zu einer Differenzierung aber Staudinger/Hepting/Hausmann (2013) EGBGB Art. 10 Rn. 130 f. (allgemein selbstständige Anknüpfung) und Staudinger/Sturm/Sturm (2012) Rn. 286 (allgemein unselbstständige Anknüpfung); für unselbstständige Anknüpfung auch im Rahmen des Art. 10 Abs. 2 EGBGB Wall StAZ 2011, 37 (41).

[701] Zutr. Hepting StAZ 1998, 133 (142); ohne weitere Begr. für selbstständige Anknüpfung der elterlichen Sorge iS des Art. 10 Abs. 3 EGBGB zB Hamm StAZ 2011, 242 = NJOZ 2011, 631.

[702] BGH NJW 1986, 3022; mit Recht abl. Bamberger/Roth/Mäsch EGBGB Art. 10 Rn. 10; Svenné Schmidt Rec. des Cours 233 (1992-II) 305, 411 f.; als widersprüchlich kritisiert auch von Heldrich, FS 50 Jahre BGH, Bd. II, 2000, 733 (746); dem BGH insoweit aber folgend Henrich FamRZ 1998, 1401 (1406); für die Wirksamkeit einer Adoption als Vorfrage auch OLG Karlsruhe FGPrax 1997, 144 = IPRax 1998, 110 m. zust. Anm. Henrich IPRax 1998, 96 – insoweit greift aber bei der Dekretadoption ohnehin ein Vorrang des Verfahrensrechts (näher → Rn. 202).

[703] Insoweit zutr. Kritik von Soergel/Schurig EGBGB Art. 10 Rn. 87 in Fn. 8. Zur Entbehrlichkeit der Entscheidung über die Anknüpfungsmethode in solchen Konstellationen → Rn. 170.

[704] So auch BayObLGZ 2002, 4 (9 f.) = IPRax 2002, 405 m. krit. Anm. Hepting IPRax 2002, 388; Kegel/Schurig IPR § 17 IV 1b; offengelassen in BayObLGZ 2002, 299.

[705] OLG Köln BeckRS 2013, 17575 = FamFR 2013, 528 (M. Leipold); AG München StAZ 2002, 147; Erman/Hohloch EGBGB Art. 10 Rn. 7a; Henrich FamRZ 1998, 1401 (1406); Looschelders IPR EGBGB Art. 10 Rn. 11; Staudinger/Hepting/Hausmann (2013) EGBGB Art. 10 Rn. 136 f.; Hepting StAZ 1998, 133 (142); so deuten die BGH-Rspr. auch (krit.) v. Hoffmann/Thorn IPR § 6 Rn. 65–66; s. auch OLG Düsseldorf FamRZ 1999, 328 = BeckRS 1998, 11963, dem allerdings der Fall einer rechtskräftigen deutschen Statusentscheidung zugrunde lag.

dass im Lichte der in Art. 19, 20 EGBGB eröffneten Anknüpfungsvarianten eine selbstständige Anknüpfung in der Rechtspraxis nicht notwendigerweise zu Ergebnissen führen muss, die dem Heimatrecht des Betroffenen widersprechen.[706] Jedoch leidet die Übersichtlichkeit der Rechtsanwendung, wenn die grundsätzlich berechtigte unselbstständige Anknüpfung von Vorfragen im Namensrecht durch unklar konturierte Rückausnahmen eingeschränkt wird.[707] Schließlich ist das Argument, Statusverhältnisse seien auch im Hinblick auf das Namensrecht zwingend einheitlich zu beurteilen,[708] von der Rechtsentwicklung überholt. Zwar mag man es auf den ersten Blick als anstößig empfinden, dass zB ein Kind bei unselbstständiger Vorfragenanknüpfung unter Umständen den eines Mannes erwirbt, der aus unserer Sicht gar nicht sein Vater ist (und umgekehrt).[709] Aber im heutigen deutschen Sachrecht hat der Name seine Funktion, familiäre Zusammenhänge wie die Abstammung transparent zu machen, weitgehend verloren.[710] Viele Kinder tragen den Namen nur eines Elternteils, weil ihre Eltern keinen Ehenamen führen (§ 1617 BGB). Erhält ein Kind zB allein den Namen seiner Mutter, ist die Abstammung von seinem Vater nach außen nicht erkennbar; handelt es sich bei dem Namen der Mutter zudem um einen von ihr nach der Scheidung beibehaltenen Mannesnamen aus erster Ehe (§ 1355 Abs. 1 S. 1 BGB), ergibt sich selbst im deutschen materiellen Recht ein Kindesname, der gänzlich losgelöst von den realen Verwandtschaftsbeziehungen in der männlichen Linie ist. Es ist daher durchaus hinzunehmen, dass sich bei einer unselbstständigen Vorfragenanknüpfung unter Umständen ein Name ergibt, der die aus deutscher Sicht vorhandenen Statusverhältnisse nicht korrekt widerspiegelt. **Im Allgemeinen** besteht somit **kein hinreichender Anlass, für die Abstammung vom Grundsatz der unselbstständigen Anknüpfung von Vorfragen im Namensrecht abzuweichen.**[711]

185   Eine **Rückausnahme** vom Grundsatz der unselbstständigen Anknüpfung im Namensrecht ist jedoch **geboten,** wenn der als Vorfrage aufgeworfene familienrechtliche Status bereits Gegenstand einer **in Deutschland erlassenen oder hier anzuerkennenden Gestaltungsentscheidung** gewesen ist; insoweit besteht ein Vorrang des Verfahrensrechts vor dem IPR (näher → Rn. 202 ff.).

186   **c) Ehefähigkeit.** Die **hM** geht von einer **partiell unselbstständigen Anknüpfung der Vorfrage** nach der wirksamen **Auflösung einer Vorehe** bei der Prüfung der Ehefähigkeit im Rahmen des Art. 13 EGBGB aus; diese Problematik ist im Zusammenhang mit der internationalen Gestaltungswirkung von Statusentscheidungen zu erörtern (näher → Rn. 202 ff.).

187   **d) Unterhaltsrecht.** Für die Vorfrage der Abstammung wird im Rahmen der Haager Unterhaltsabkommen vielfach ein direkter Rückgriff auf das Unterhaltsstatut befürwortet (→ Rn. 176); allein der staatsvertragliche Ursprung der einschlägigen Kollisionsnormen vermag eine solche Vorgehensweise aber nicht zu rechtfertigen (→ Rn. 174 ff.). Beansprucht der Geschädigte Schadensersatz für entgangenen Unterhalt nach ausländischem Recht und bestimmt dieses Sachrecht, dass der geschuldete Betrag sich unmittelbar nach den Maßstäben des Deliktsstatuts richtet, ohne dass es auf eine nach einem anderen Recht bestehende Unterhaltsverpflichtung ankommt, bleibt für eine selbstständige Vorfragenanknüpfung kein Raum.[712]

188   **e) Europäisches Erbkollisionsrecht.** Während bisher im autonomen Internationalen Erbrecht (Art. 25 EGBGB) ganz überwiegend eine selbstständige Vorfragenanknüpfung befürwortet wird (→ Voraufl. EGBGB Art. 25 Rn. 80 ff.), spricht sich in Bezug auf die **EuErbVO** nunmehr eine **starke Meinung** für eine **unselbstständige Anknüpfung** aus (→ EuErbVO Vor Art. 20 Rn. 50 ff. mwN zum Streitstand). Das Hauptargument für diese Ansicht bildet die Einführung eines Europäischen Nachlasszeugnisses (ENZ) (→ EuErbVO Vor Art. 20 Rn. 51).[713] Da das ENZ lediglich eine Vermutungswirkung entfalte, die im Zweitstaat entkräftet werden könne (Art. 69 Abs. 2 EuErbVO), würde die praktische Effektivität des ENZ erheblich beeinträchtigt, wenn aufgrund einer selbstständigen Anknüpfung von Vorfragen (zB der Wirksamkeit einer Adoption oder einer eingetragenen Lebenspartnerschaft) die Erbberechtigung des Inhabers eines ENZ letztlich im Ausstellungs- und im Gebrauchsstaat unterschiedlich beurteilt würde (näher → EuErbVO Vor Art. 20 Rn. 51 mwN). Es

---

[706] Insoweit mit Recht Erman/*Hohloch* EGBGB Art. 10 Rn. 7a.

[707] In der Diagnose ebenso, in der Therapie (allgemein selbstständige Anknüpfung) entgegengesetzt *v. Bar/ Mankowski* IPR I § 7 Rn. 212.

[708] NK-BGB/*Mankowski* EGBGB Art. 10 Rn. 17; Soergel/*Schurig* EGBGB Art. 10 Rn. 88.

[709] *Henrich* FamRZ 1998, 1401 (1406); *Hepting* StAZ 1998, 133 (143); NK-BGB/*Mankowski* EGBGB Art. 10 Rn. 17; Soergel/*Schurig* EGBGB Art. 10 Rn. 87.

[710] *Kropholler* IPR § 43 I vor 1.

[711] So auch Bamberger/Roth/*Mäsch* EGBGB Art. 10 Rn. 10.

[712] Vgl. zum dänischen Recht OLG Düsseldorf BeckRS 2016, 06775 Rn. 7.

[713] S. zB *Dörner* ZEV 2012, 505 (512 f.); *Dutta* IPRax 2015, 32 (36); *Henrich,* Liber Amicorum Schurig, 2012, 63 (64); *Joh. Weber* DNotZ 2016, 424 (436 f.).

ist jedoch eine **offene Frage, ob** für die EuErbVO wirklich eine **Ausnahme vom Grundsatz der selbstständigen Anknüpfung geboten ist.** Zweifel weckt insbesondere Erwägungsgrund 71 S. 3 EuErbVO, der feststellt: „Die Beweiskraft des Zeugnisses sollte sich nicht auf Elemente beziehen, die nicht durch diese Verordnung geregelt werden, wie etwa die Frage des Status oder die Frage, ob ein bestimmter Vermögenswert dem Erblasser gehörte oder nicht." Derartige familien- oder sachenrechtliche „Elemente" bilden zweifellos geradezu typische Gegenstände einer Vorfragenanknüpfung im Internationalen Erbrecht. Wenn sie aber von der Beweiskraft des ENZ gar nicht erfasst werden, gebietet das ENZ auch nicht ihre unselbstständige Anknüpfung. Hinzu kommt, dass das ENZ nur fakultativen Charakter hat (Art. 62 Abs. 2 EuErbVO), die Kollisionsnormen der EuErbVO aber auch dann angewandt werden müssen, wenn zB die Erteilung eines deutschen Erbscheins beabsichtigt ist. Es ist insoweit fragwürdig, von etwaigen Besonderheiten des ENZ Rückschlüsse auf die Vorfragenanknüpfung im Rahmen der gesamten EuErbVO zu ziehen. Eine unselbstständige Anknüpfung von Vorfragen müsste in denjenigen Fällen, in denen die EuErbVO auf das Recht eines Drittstaates verweist, in letzter Konsequenz dazu führen, dass die Mitgliedstaaten selbst bereits durch die EU vereinheitlichte Kollisionsnormen nicht auf die Vorfrage anwenden dürften; dies erscheint angesichts des beabsichtigten Ineinandergreifens der einzelnen EU-Kollisionsrechtsakte, insbesondere im Hinblick auf die EuGüVO/EuPartVO, kaum hinnehmbar. Stellt sich beispielsweise die Vorfrage, ob ein Anspruch aus einem Versicherungsvertrag dem Erblasser oder einer dritten Person zustand, muss das auf den Vertrag anwendbare Recht nach Art. 7 Rom I-VO bestimmt werden.[714] Insoweit sehen sich auch die Befürworter einer unselbstständigen Anknüpfung im Rahmen der EuErbVO gezwungen, eine Ausnahme machen (→ EuErbVO Vor Art. 20 Rn. 52). Schließlich ist in entstehungsgeschichtlicher Perspektive darauf hinzuweisen, dass sich der im Europäischen Parlament unterbreitete Vorschlag, in der EuErbVO das Prinzip der unselbstständigen Anknüpfung zu kodifizieren, nicht durchgesetzt hat (→ Rn. 158). Es bleibt daher mit Skepsis abzuwarten, ob sich im Rahmen des europäischen Erbkollisionsrechts ausnahmsweise eine unselbstständige Vorfragenanknüpfung etablieren wird.[715]

3. Ausnahmen für bestimmte Anknüpfungen. a) Begünstigende Anknüpfungen. Moderne **189** Kollisionsnormen sind nicht stets neutral gegenüber dem Inhalt des anwendbaren Sachrechts, sondern können den Zweck verfolgen, eine bestimmte Person oder ein bestimmtes materiell-rechtliches Ergebnis zu begünstigen (→ Rn. 34). Bei solchen **Alternativanknüpfungen** ist zu erwägen, auch im Hinblick auf die Vorfrage je nach Günstigkeit zu unterscheiden, ob insoweit selbstständig oder unselbstständig anzuknüpfen ist.

Ein solcher Ansatz wird insbesondere im **Abstammungsrecht** vertreten, soweit diese Frage im **190** Rahmen des nach Art. 19 Abs. 1 S. 1 und S. 2 EGBGB bestimmten Sachrechts (als materiell-rechtliche Vorfrage) aufgeworfen wird oder es nach Art. 19 Abs. 1 S. 3 EGBGB auf die Wirksamkeit der Ehe der Mutter ankommt (Erstfrage).[716] Dem Kind solle eine Vaterschaftsvermutung nicht nur dann zugutekommen, wenn das nach deutschem IPR anwendbare Recht die Ehe als wirksam ansehe, sondern auch dann, wenn die Ehe lediglich aus der Sicht eines ausländischen Abstammungsstatuts (also bei unselbstständiger Anknüpfung der Vorfrage) wirksam sei.[717] Auch der Begriff der „Mutter" iS des Art. 19 Abs. 1 S. 3 EGBGB (Leih- oder Wunschmutter?) soll unselbstständig angeknüpft werden.[718]

Diese Ansicht lässt sich zwar nicht allein mit dem formalen Argument ablehnen, dass es sich bei **191** Ehe und Mutterschaft im Rahmen des Art. 19 Abs. 1 S. 3 EGBGB rechtstechnisch um Erstfragen handele, die notwendigerweise selbstständig anzuknüpfen seien; insoweit könnten Besonderheiten des Regelungszwecks einer Kollisionsnorm ausnahmsweise eine Abweichung von diesem Grundsatz

---

[714] Vgl. als älteren Beispielsfall OLG Köln IPRspr. 1974 Nr. 29; hierzu *Svenné Schmidt* Rec. des Cours 233 (1992-II), 305, 376 (selbstständige Anknüpfung).

[715] Für Beibehaltung der selbstständigen Anknüpfung im Ergebnis zB. auch *Hellner,* Probleme des allgemeinen Teils des IPR, in Dutta/Herrler, Die Europäische Erbrechtsverordnung, 2014, 107, 109 (Rn. 10); *Looschelders,* FS Coester-Waltjen, 2015, 531 (538 f.); *Mankowski* in Deixler-Hübner/Schauer, EuErbVO, 2015, EuErbVO Art. 1 Rn. 6; auch *Lagarde* in Bergquist et al., EuErbVO, 2015, EuErbVO Art. 23 Rn. 10, will die Frage dem IPR der lex fori überlassen.

[716] Dafür zB *Henrich,* Liber Amicorum Schurig, 2012, 63 (66); eine ergebnisorientierte Lösung aller Vorfragenprobleme befürwortend *Rhona Schuz,* A Modern Approach to the Incidental Question, 1997; zum Streitstand näher → EGBGB Art. 19 Rn. 40 ff.

[717] *Henrich,* Liber Amicorum Schurig, 2012, 63 (66 f.); Staudinger/*Henrich* (2014) EGBGB Art. 19 Rn. 33–35; für unselbstständige Anknüpfung auch *Dutta* FamRZ 2016, 1256 (1257); s. aber auch Staudinger/*Henrich* (2014) EGBGB Art. 19 Rn. 19: Ehe der Mutter iS des Art. 19 Abs. 1 S. 3 EGBGB sei selbstständig anzuknüpfende Vor- oder Erstfrage.

[718] *Henrich,* Liber Amicorum Schurig, 2012, 63 (66 f.).

rechtfertigen (→ Rn. 167). **Im Ergebnis** ist aber an einer **selbstständigen Anknüpfung** der wirksamen **Ehe und der Mutterschaft als Vor- oder Erstfragen festzuhalten,**[719] denn es geht nach der Neufassung des Art. 19 Abs. 1 EGBGB nicht mehr darum, dem Kind so oft wie möglich zur Ehelichkeit zu verhelfen, sondern lediglich darum, die Feststellung seiner Abstammung zu erleichtern; hierzu reichen die auch bei selbstständiger Anknüpfung verbleibenden Anknüpfungsvarianten des Art. 19 Abs. 1 EGBGB grundsätzlich aus.[720] Stellt der Gesetzgeber verschiedene Anknüpfungsvarianten zur Wahl, trifft er zugleich eine rechtspolitisch abschließende Vorentscheidung darüber, zu welchen Rechten eine hinreichend enge Verbindung besteht, die deren Einbeziehung in das kollisionsrechtliche Auswahlprogramm rechtfertigt. Da materiell-rechtlich motivierte Alternativanknüpfungen im System des klassischen Kollisionsrechts Ausnahmecharakter haben (→ Rn. 67 f.), sollten die in einer solche Kollisionsnorm aufgeführten Rechtsordnungen als abschließend verstanden werden. Eine unselbstständige Vorfragenanknüpfung würde diesen Katalog jedoch über den Kreis der vom Gesetz aufgezählten Rechtsordnungen hinaus erweitern und so die Balance zB zwischen den gegenläufigen Interessen stören (zB des Kindes einerseits und denen des möglicherweise zu Unrecht einer Vaterschaft bezichtigten Beteiligten andererseits; Wunscheltern und Leihmutter).[721] Die durchaus diskussionswürdige restriktive Haltung des deutschen Gesetzgebers zur Ersatzmutterschaft (§ 1 Abs. 1 Nr. 7 ESchG, § 1591 BGB) lässt sich nicht durch eine unselbstständige Vorfragenanknüpfung zu korrigieren.[722] Auch die höchstrichterliche **Rechtsprechung** bevorzugt eine **selbstständige Anknüpfung im Abstammungsrecht:**[723] Der BGH hat die Beseitigung der Vaterschaft eines Mannes (M_1) als Vorfrage der Vaterschaftsfestellung (Art. 19 EGBGB) eines anderen Mannes (M_2) explizit selbstständig nach Art. 20 EGBGB angeknüpft.[724] Ob das für die Vaterschaftsfeststellung des M_2 maßgebende fremde Recht die Beseitigung der Vaterschaft des M_1 anerkenne, sei nach Art. 20 EGBGB nicht ausschlaggebend; ein hinkendes Verwandtschaftsverhältnis werde von der Konzeption des Gesetzes bewusst in Kauf genommen.[725]

192   **b) Parteiautonomie.** Ferner wird vorgeschlagen, in Fällen einer Rechtswahl Vorfragen ausnahmsweise unselbstständig anzuknüpfen.[726] Wenn die Beteiligten ein bestimmtes Recht als Unterhaltsstatut vereinbart hätten (Art. 8 HUP) oder der Erblasser für die Rechtsnachfolge von Todes wegen eine Rechtswahl getroffen habe (Art. 22 EuErbVO), liege es nahe, dass vermutlich eine unselbstständige Vorfragenanknüpfung beabsichtigt gewesen sei.[727]

193   **Gegen die unselbstständige Anknüpfung der Vorfrage sprechen** aber auch bei Vorliegen einer für die Hauptfrage getroffenen Rechtswahl drei **gewichtige Gründe:**[728] Die Anhänger einer unselbstständigen Anknüpfung begründen diese unter anderem mit einer Wertungsparallele zur Renvoifreundlichkeit des autonomen IPR (→ Rn. 171). Gerade im Hinblick auf die Parteiautonomie trägt dieses Argument aber nicht, weil Art. 4 Abs. 2 EGBGB in Bezug auf das durch Rechtswahl bestimmte Recht einen Renvoi verbietet (näher → EGBGB Art. 4 Rn. 21 ff.). Ebenso gilt auch für die Parteiautonomie im Rahmen des europäischen IPR nach heute wohl überwM ein Renvoiausschluss (so nunmehr explizit in Bezug auf die in Art. 22 EuErbVO ermöglichte Rechtswahl Art. 34 Abs. 2 EuErbVO; im Erg. ebenso die allgemein gehaltenen Renvoiverbote in Art. 20 Rom I-VO, Art. 24 Rom II-VO, Art. 11 Rom III-VO; näher → EGBGB Art. 4 Rn. 109 ff.). Wenn eine Partei bzw. die Parteien aber schon im Falle einer expliziten Rechtswahl daran gehindert sind, auf das Kollisionsrecht eines anderen Staates zu verweisen, muss dies erst recht in Bezug auf eine konkludente Rechtswahl des Vorfragenstatuts gelten. Zudem drohen Wertungswidersprüche dadurch, dass im Ergebnis eine Kollisionsrechtswahl für die Vorfrage akzeptiert werden müsste, obwohl das IPR der lex fori keine Parteiautonomie gewährt, wenn sich das betreffende Rechtsverhältnis als Hauptfrage

---

[719] OLG München FGPrax 2008, 67; OLG Celle StAZ 2011, 153 = BeckRS 2011, 11781 (insoweit in NJW-RR 2011, 1157 nicht abgedruckt); OLG Hamburg NZFam 2014, 814; wohl auch BGH NJW 2016, 2322 Rn. 31 (letztlich die Frage offenlassend); offengelassen in BGH NJW 2016, 2953 Rn. 12; Erman/*Hohloch* EGBGB Art. 19 Rn. 6; HK-BGB/*Kemper* EGBGB Art. 19 Rn. 10; *Kegel/Schurig* IPR § 20 X 1; *Kropholler* IPR § 48 IV 1b; *Looschelders* IPR EGBGB Art. 19 Rn. 14; NK-BGB/*Bischoff* EGBGB Art. 19 Rn. 19; *Rauscher* IPR Rn. 510; auch *v. Hoffmann/Thorn* IPR § 6 Rn. 54 und § 8 Rn. 130 (anders aber *v. Hoffmann/Thorn* IPR § 8 Rn. 129 in Bezug auf Art. 19 Abs. 1 S. 2 EGBGB: unselbstständige Anknüpfung); Palandt/*Thorn* EGBGB Art. 19 Rn. 8.
[720] *Kropholler* IPR § 48 IV 1b.
[721] Zutr. *v. Bar/Mankowski* IPR I § 7 Rn. 206.
[722] Vgl. VG Berlin BeckRS 2012, 56424: ordre public-Widrigkeit des ukrainischen Leihmutterschaftsrechts.
[723] Im Ausgangspunkt auch BGH NJW 2016, 2322 Rn. 31 (die Frage letztlich offenlassend).
[724] BGH NJW-RR 2012, 449 Rn. 20.
[725] BGH NJW-RR 2012, 449 Rn. 20.
[726] *Henrich*, Liber Amicorum Schurig, 2012, 63 (71 f.).
[727] *Henrich*, Liber Amicorum Schurig, 2012, 63 (72).
[728] Im Ergebnis abl. auch Staudinger/*Sturm/Sturm* (2012) Rn. 284.

stellt. So überzeugt es nicht, dass zB der Erblasser durch seine Rechtswahl nach Art. 22 EuErbVO indirekt – und zudem einseitig – bestimmen dürfte, welches Recht postum für die Eheschließung mit seiner ihn überlebenden Frau maßgebend sein solle, obwohl nicht einmal beiden Eheleuten zu Lebzeiten im Rahmen des Art. 13 EGBGB eine entsprechende Wahlmöglichkeit eingeräumt wird; insoweit sind auch Missbrauchsmöglichkeiten (etwa bei einem Wechsel der Staatsangehörigkeit des Erblassers zwischen der Eheschließung und der Testamentserrichtung) nicht von der Hand zu weisen. Schließlich enthält auch das Bekenntnis des Verordnungsgebers zur selbstständigen Vorfragenanknüpfung in Art. 1 Abs. 2 iVm Erwägungsgrund 10 S. 3 Rom III-VO (→ Rn. 155) keinen Anhaltspunkt dafür, dass insofern zwischen objektiven und subjektiven Anknüpfungen zu unterscheiden sei. Wenn es tatsächlich die Intention des Verordnungsgebers gewesen wäre, Vorfragen im Falle der Rechtswahl ausnahmsweise unselbstständig anzuknüpfen, hätte angesichts der erheblichen Bedeutung der Rechtswahl in der Rom III-VO (Art. 5 Rom III-VO) aber eine entsprechende Ausnahme nahegelegen.

4. Ausnahmen aus Gründen des Vertrauensschutzes. Von Teilen des Schrifttums wird in **194** Fällen hinkender Statusverhältnisse, insbesondere hinkender Ehen, ausnahmsweise eine unselbstständige Anknüpfung der Vorfrage befürwortet, um das Vertrauen der Parteien auf den Bestand des von ihnen gelebten Rechtsverhältnisses zu schützen.[729] Das Schulbeispiel für solche Konstellationen bilden zwei Griechen, die in Deutschland vor einem nicht gemäß Art. 13 Abs. 3 S. 2 EGBGB dazu ermächtigten Geistlichen die Ehe geschlossen haben; nach langjährigem Zusammenleben in Deutschland und dem Tod des Mannes stellt sich sodann im Rahmen der nach griechischem Recht (Art. 25 EGBGB) zu beurteilenden Erbfolge die Vorfrage, ob die Ehe wirksam war.[730]

Nach der überwiegenden Meinung ist eine Heilung derartiger hinkender Ehen (oder anderer **195** Statusverhältnisse) im Wege einer ausnahmsweise unselbstständigen Vorfragenanknüpfung jedoch abzulehnen;[731] Erstens ist nicht gewährleistet, dass die Kollisionsnormen des Hauptfragestatuts in jedem Fall zur Wirksamkeit der Eheschließung führen.[732] Zwar ließe sich rechtstechnisch in der Weise unterscheiden, dass auf die unselbstständige Anknüpfung nur zum Zwecke der Validierung eines bei selbstständiger Anknüpfung unwirksamen Rechtsverhältnisses zurückzugreifen sei.[733] Ein solcher Ansatz würde jedoch auf der Prämisse beruhen, dass die präsumtiven Eheleute immer ein übereinstimmendes Interesse an der Wirksamkeit der Eheschließung hätten. Dies ist aber nicht notwendigerweise der Fall, oder, in den Worten des BGH: „Das Interesse des einen Ehegatten am (Nicht-)Bestand der Scheinehe verdient nicht allgemein weniger Schutz als das Vertrauen des anderen Ehegatten auf den Bestand seiner vermeintlichen Ehe."[734] Mit Blick auf die Rechtssicherheit muss es daher erheblichen Bedenken begegnen, die Vorfragenanknüpfung im jeweiligen Einzelfall davon abhängig zu machen, ob das Vertrauen des einen oder des anderen präsumtiven Ehegatten auf Bestand bzw. Nicht-Bestand der Ehe vorrangigen Schutz genießen soll.[735]

Zweitens wird auch in der Rechtsprechung die Lösung derartiger Probleme seit geraumer Zeit **196** nicht über eine Modifikation der Vorfragenanknüpfung gesucht, sondern dadurch, dass etwa im Verfassungs- und Sozialrecht ein eigenständiger, von zivilrechtlichen Wirksamkeitserfordernissen weitgehend abgekoppelter Ehebegriff zugrunde gelegt wird (näher → Rn. 208). Zwar versagt dieser Ansatz, wenn sich die Vorfrage nach der Wirksamkeit der Eheschließung allein in einem zivilrechtlichen Kontext stellt, so zB im Falle der Schadenshaftung eines Rechtsanwalts, der seinem nach deutschem Recht nicht wirksam verheirateten Mandanten rechtsirrig zur Scheidung von seiner scheinbaren Ehefrau verholfen hat.[736] Auch in derartigen Fällen handelt es sich bei der Frage nach der Heilung formnichtiger Ehen aber um ein Problem des Sach-, nicht des Kollisionsrechts.[737] Richtet sich die Wirksamkeit der Eheschließung nach deutschem Recht, ist eine Lösung über § 1310

---

[729] *Kropholler* IPR § 32 IV 2a; *Siehr* IPR § 52 II 3b; im Ergebnis auch *v. Hoffmann/Thorn* IPR § 6 Rn. 67; näher zum Streitstand *Bernitt*, Die Anknüpfung von Vorfragen im europäischen Kollisionsrecht, 2010, 90 ff. mwN.

[730] Vgl. die entsprechenden Beispiele bei *v. Bar/Mankowski* IPR I § 7 Rn. 200; *v. Hoffmann/Thorn* IPR § 6 Rn. 59; *Kropholler* IPR § 32 IV 2a; *Siehr* IPR § 52 II 3b.

[731] *v. Bar/Mankowski* IPR I § 7 Rn. 202 ff.; *Bernitt*, Die Anknüpfung von Vorfragen im europäischen Kollisionsrecht, 2010, 91 f.; *Rauscher* IPR Rn. 534.

[732] *v. Bar/Mankowski* IPR I § 7 Rn. 202; *Bernitt*, Die Anknüpfung von Vorfragen im europäischen Kollisionsrecht, 2010, 91.

[733] Dies einräumend auch *v. Bar/Mankowski* IPR I § 7 Rn. 202.

[734] BGH NJW-RR 2003, 850 (852).

[735] So auch *Rauscher* IPR Rn. 534; zust. *Bernitt*, Die Anknüpfung von Vorfragen im europäischen Kollisionsrecht, 2010, 91.

[736] BGH NJW-RR 2003, 850.

[737] *v. Bar/Mankowski* IPR I § 7 Rn. 204; *Bernitt*, Die Anknüpfung von Vorfragen im europäischen Kollisionsrecht, 2010, 92.

Abs. 3 BGB zu suchen,[738] der ggf. im Lichte des Art. 6 Abs. 1 GG rechtsfortbildend zu erweitern ist.[739] Beruht die Unwirksamkeit der Eheschließung hingegen auf ausländischem Recht, muss, falls eine Heilungsmöglichkeit nach dem Eheschließungsstatut ausscheidet,[740] notfalls mit Hilfe des ordre public (Art. 6 EGBGB) korrigiert werden.[741] Der Ansatz beim Sachrecht ist auch aus folgendem Grund vorzugswürdig: Wird in dem oben genannten Griechen-Beispiel künftig das Erbstatut nicht mehr an die Staatsangehörigkeit, sondern an den gewöhnlichen Aufenthalt des Erblassers angeknüpft (Art. 21 Abs. 1 EuErbVO), unterliegt auch die Hauptfrage deutschem Recht, so dass eine unselbst-ständige Vorfragenanknüpfung von vornherein als Instrument zur Heilung einer von Ausländern geschlossenen Nichtehe ausscheidet. Es überzeugt aber nicht, den Vertrauensschutz in Bezug auf den vermeintlichen Bestand einer Ehe, die bereits in den 1960er oder 1970er Jahren geschlossen wurde, letztlich davon abhängig zu machen, ob der Erblasser vor oder nach dem 17.8.2015 (Art. 84 EuErbVO) verstirbt.

197 **5. Ausnahmen bei engerer Verbindung der Vorfrage zu einem anderen Recht.** Zum Teil wird ausnahmsweise eine **unselbstständige Anknüpfung** befürwortet, wenn die **Vorfrage eine wesentlich engere Verbindung zum Hauptfragestatut** als zu der deutschen Rechtsordnung habe, insbesondere wenn die Parteien im Falle einer aus deutscher Sicht „hinkenden" Ehe nach der Heirat wieder für längere Zeit in ihr Heimatland zurückgekehrt seien, in dem die Ehe als wirksam angesehen werde.[742] Versterbe nun der Mann, sei die Verbindung der Ehe zum deutschen Recht schwächer als zu dem Recht des Heimatstaates (Art. 25 Abs. 1 EGBGB), dessen IPR deshalb über die Vorfragenanknüpfung befinden solle.[743] Hierdurch wird der Sache nach eine „besondere Zuwei-sungsnorm zur Ermittlung des auf die im Ausland aufgeworfene Vorfrage maßgebenden Kollisions-rechts" geschaffen,[744] und zwar, so kann man ergänzen, eine Kollisionsnorm, die das strikte Erforder-nis der Inlandsform (Art. 13 Abs. 3 EGBGB) im Sinne einer stärkeren Berücksichtigung des gewöhnlichen Aufenthalts der Eheleute korrigiert. De lege lata mag man einwenden, dass es hierfür im positiven Recht an einer Grundlage fehle und dass die Ermittlung einer engeren Verbindung in Bezug auf die Vorfrage zu Rechtsunsicherheit führe. Angesichts der fehlenden gesetzlichen Regelung der Vorfragenproblematik schlagen diese Einwände zwar nicht durch. Der vorgeschlagene Lösungs-weg ist aber jedenfalls dann entbehrlich, wenn bereits bei selbstständiger Vorfragenanknüpfung über eine Ausweichklausel (→ Rn. 31 ff.) eine Korrektur aufgrund des Prinzips der engsten Verbindung in Betracht kommt. An einer solchen Klausel fehlt es aber zB im autonomen Eheschließungsrecht. **Vorzugswürdig** dürfte daher **auch insoweit die Heilung hinkender Rechtsverhältnisse im Rahmen des berufenen Sachrechts** sein (→ Rn. 196). In diesem Zusammenhang kann der Statu-tenwechsel als ein Umstand berücksichtigt werden, der einen erhöhten Vertrauensschutz der Eheleute auf den Bestand ihrer Ehe rechtfertigt.

198 **6. Ausnahmen für der lex fori unbekannte Rechtsverhältnisse.** Eine weitere Ausnahme vom Grundsatz der selbstständigen Anknüpfung ist nach überwM gerechtfertigt, wenn das berufene Sachrecht etwa in Statusfragen eine Differenzierung vornimmt, die das deutsche Recht nicht (mehr) kennt, also zB die Erbberechtigung oder den Unterhaltsanspruch ehelicher Kinder anders behandelt als im Fall einer nicht-ehelichen Abstammung, oder besondere Sachvorschriften für legitimierte Kinder enthält.[745] Ob solch ein nach der lex causae relevanter Status im Einzelfall gegeben ist, soll ausnahmsweise das nach deren IPR bestimmte Recht selbst entscheiden.[746] Nach anderer Ansicht ist in diesen Fällen Art. 19 EGBGB (iVm Art. 13, 14 EGBGB) direkt oder analog

[738] S. zB BayObLG FamRZ 2000, 699 = BeckRS 1999, 30921150.
[739] IdS *v. Bar/Mankowski* IPR I § 7 Rn. 20; *Rauscher* IPR Rn. 535; wohl auch Staudinger/*Sturm/Sturm* (2012) Rn. 286; extrem restriktiv hingegen BGH NJW-RR 2003, 850; einhellig krit. hierzu *Mäsch* IPRax 2004, 421 ff.; *Pfeiffer* LMK 2003, 128 f.; skeptisch auch *Borgmann* FamRZ 2003, 844 ff.
[740] Vgl. zur Heilung einer Nichtehe nach vietnamesischem Recht AG Hannover FamRZ 2002, 1116 = BeckRS 2002, 01869.
[741] *Rauscher* IPR Rn. 535; *Bernitt,* Die Anknüpfung von Vorfragen im europäischen Kollisionsrecht, 2010, 92.
[742] So *Kropholler* IPR § 32 IV 2a im Anschluss an *Böhmer,* FS Firsching, 1985, 41 ff.; im Ergebnis ähnlich *Siehr* IPR § 52 II 3b; für eine differenzierte Anknüpfung je nach dem Bezug der Vorfrage zur lex fori oder zur lex causae bereits *Lagarde* Rev. crit. 49 (1960), 459 (484); ähnlich *Henrich* StAZ 1966, 219 ff.; zu solchen Ansätzen näher *Svenné Schmidt* Rec. des Cours 233 (1992-II), 305 (358 ff.); krit. *Wengler* IPRax 1991, 105 (106) in Fn. 8.
[743] *Kropholler* IPR § 32 IV 2a.
[744] So (in krit. Absicht) *Wengler* IPRax 1991, 105 (106) in Fn. 8.
[745] BayObLGZ 2002, 4 (10); Erman/*Hohloch* EGBGB Art. 19 Rn. 24; *Henrich* FamRZ 1998, 1401 (1405); *Henrich* StAZ 1996, 353 (357); HK-BGB/*Kemper* EGBGB Art. 19 Rn. 5; *Kropholler* IPR § 32 IV 2c; NK-BGB/*Bischoff* EGBGB Art. 19 Rn. 13; Palandt/*Thorn* EGBGB Einl. Vor Art. 3 Rn. 30; Staudinger/*Henrich* (2014) EGBGB Art. 19 Rn. 96; Staudinger/*Sturm/Sturm* (2012) Rn. 287.
[746] S. die Nachweise in der vorigen Fn.

199, 200

anzuwenden;[747] zum Teil wird auch die Schaffung einer speziellen Kollisionsnorm durch Rechtsfortbildung für solche unserem Recht unbekannten Distinktionen vorgeschlagen.[748]

Auf Art. 19 EGBGB kann aber insoweit nicht zurückgegriffen werden, weil diese Vorschrift nur **199** die Abstammung als solche betrifft und im Ergebnis gerade nicht danach unterscheidet, ob es sich hierbei um eine eheliche oder nicht-eheliche Verwandtschaftsbeziehung handelt.[749] Die Bildung einer ungeschriebenen, speziellen Kollisionsnorm zum Zwecke der selbstständigen Anknüpfung wäre zwar denkbar,[750] würde jedoch zu einer gewissen Rechtsunsicherheit führen.[751] Auch ein solches Vorgehen könnte das Gericht im Übrigen nicht von der Notwendigkeit befreien, nach dem Hauptfragestatut zu unterscheiden, welche einzelnen Aspekte darin zB der Ehelichkeit zugeschlagen und welche als Problem der Legitimation angesehen werden.[752] Maßgeblich spricht gegen eine selbstständige Anknüpfung derartiger Vorfragen, dass die interne Entscheidungsharmonie des Forumstaates nicht unzumutbar beeinträchtigt wird, wenn der betreffende familienrechtliche Status (Ehelichkeit oder Nicht-Ehelichkeit der Abstammung, Legitimation) im Inland nicht mehr als Gegenstand einer Hauptfrage – auch nicht hinsichtlich einer Eintragung im Geburtenbuch[753] – in Betracht kommt.[754] Die **unselbstständige Anknüpfung verdient daher ausnahmsweise den Vorzug.** Zu prüfen bleibt aber stets, ob die sich im Anschluss ergebende materiell-rechtliche Antwort auf die Hauptfrage – zB die Versagung oder Minderung der Erbberechtigung eines nicht-ehelichen Kindes – mit dem deutschen ordre public vereinbar ist (näher → EGBGB Art. 6 Rn. 78).

7. Ausnahmen aufgrund des EU-Primärrechts. Schließlich könnte sich aufgrund des **Einflus- 200 ses des EU-Primärrechts** auf das IPR ausnahmsweise die Notwendigkeit einer unselbstständigen Vorfragenanknüpfung ergeben.[755] Da zB „hinkende" Namensverhältnisse nach der Rechtsprechung des EuGH den Betroffenen in seinem Freizügigkeitsrecht (Art. 21 Abs. 1 AEUV) beeinträchtigen können (→ EGBGB Art. 3 Rn. 120), ist zu erwägen, ob korrigierend einzugreifen ist, wenn aufgrund der unselbstständigen Anknüpfung einer Vorfrage (etwa im Rahmen der Abs. 2 und 3 des Art. 10 EGBGB, → Rn. 182 ff.) eine Person im Inland nicht denselben Namen führen darf wie in dem Staat, dessen Recht sie für die Namensführung (zB nach Art. 10 Abs. 2 Nr. 1 EGBGB) gewählt hat. Dies kann zB der Fall sein, wenn die Ehegatten als Ehenamen den zuvor vom Ehemann geführten Namen wählen wollen, das gewählte Recht die Vorfrage des vor der Ehe geführten Namens aber anders beurteilt als das deutsche Recht.[756] **Gegen eine unselbstständige Anknüpfung** werden zwei Argumente vorgebracht: Erstens wird darauf verwiesen, dass für das sekundäre EU-Kollisionsrecht der Grundsatz selbstständiger Anknüpfung gelte, weshalb sich aus dem Unionsrecht erst recht keine unselbstständige Anknüpfung im nationalen IPR ableiten lasse.[757] Dies überzeugt in dieser Allgemeinheit nicht, weil auch das EU-Kollisionsrecht im Lichte der Grundfreiheiten auszulegen ist (vgl. zB Erwägungsgrund 40 Rom II-VO). Zweitens ist zu bedenken, dass hinkende Namensverhältnisse auch durch andere Techniken als die unselbstständige Vorfragenanknüpfung geheilt werden könnten, insbesondere durch die Möglichkeit einer Namensänderung.[758] Für den letztgenannten Lösungsweg spricht der neu geschaffene Art. 48 EGBGB, der die Wahl eines in einem anderen Mitgliedstaat der EU

---

[747] Für direkte Anwendung *Dörner*, FS Henrich, 2000, 119 (127 f.); *Looschelders* IPR EGBGB Art. 19 Rn. 8; im Ergebnis auch *Budzikiewicz*, Materielle Statuseinheit und kollisionsrechtliche Statusverbesserung, 2007, Rn. 596; offenbar auch Bamberger/Roth/*Lorenz* EGBGB Art. 25 Rn. 45; für Analogie *v. Bar/Mankowski* IPR I § 7 Rn. 213.

[748] So *Bernitt*, Die Anknüpfung von Vorfragen im europäischen Kollisionsrecht, 2010, 85 f.; *Budzikiewicz* Materielle Statuseinheit und kollisionsrechtliche Statusverbesserung, 2007, Rn. 597 ff.

[749] Vgl. NK-BGB/*Bischoff* EGBGB Art. 19 Rn. 12.

[750] Vgl. zur Anknüpfung der Legitimation im Personenstandsrecht BayObLGZ 1999, 163; BayObLG BeckRS 1999, 05443 = IPRax 2000, 135 mAnm *Huber* IPRax 2000, 116 und mAnm *Hepting/Fuchs* IPRax 2001, 114; OLG Stuttgart FamRZ 2000, 436 mAnm *Henrich* = BeckRS 1999, 09429.

[751] So Staudinger/*Sturm/Sturm* (2012) Rn. 287; vgl. auch Erman/*Hohloch* EGBGB Art. 19 Rn. 24 („schwierig"); *Kropholler* IPR § 32 IV 2c („komplizierter als eine unselbstständige Vorfragenanknüpfung"); aA *Bernitt*, Die Anknüpfung von Vorfragen im europäischen Kollisionsrecht, 2010, 85.

[752] Vgl. die differenzierten Überlegungen bei *Dörner*, FS Henrich, 2000, 119 (127 f.); krit. hierzu *Kropholler* IPR § 32 IV 2c.

[753] Gegen eine Eintragung der Legitimation nach § 27 Abs. 3 PStG eingehend Staudinger/*Henrich* (2014) EGBGB Art. 19 Rn. 79 ff.; ebenso zB NK-BGB/*Bischoff* EGBGB Art. 19 Rn. 54; anders noch BayObLGZ 1999, 163; BayObLG BeckRS 1999, 05443 = IPRax 2000, 135 mAnm *Huber* IPRax 2000, 116 und mAnm *Hepting/Fuchs* IPRax 2001, 114; OLG Stuttgart FamRZ 2000, 436 mAnm *Henrich* = BeckRS 1999, 09429.

[754] Staudinger/*Sturm/Sturm* (2012) Rn. 287; dagegen wiederum *Bernitt*, Die Anknüpfung von Vorfragen im europäischen Kollisionsrecht, 2010, 86.

[755] Eingehend *Wall* StAZ 2011, 37 ff.; ebenso *Henrich*, Liber Amicorum Schurig, 2012, 63 (68 f.); Palandt/*Thorn* EGBGB Art. 10 Rn. 2; aA NK-BGB/*Mankowski* EGBGB Art. 10 Rn. 18.

[756] Vgl. den Sachverhalt in OLG Düsseldorf StAZ 2010, 110 = BeckRS 2010, 00896.

[757] NK-BGB/*Mankowski* EGBGB Art. 10 Rn. 18.

[758] Dies räumt auch *Henrich*, Liber Amicorum Schurig, 2012, 63 (69) ein.

erworbenen Namens durch eine Erklärung gegenüber dem Standesamt gestattet (näher → EGBGB Art. 48 Rn. 17 ff.). Diese Vorschrift ermöglicht jedoch nur die Wahl eines Namens, der während eines gewöhnlichen Aufenthalts in einem anderen Mitgliedstaat erworben wurde; sie deckt somit nicht Fälle ab, in denen Divergenzen zwischen den verschiedenen Heimatrechten bei der Namensführung von Mehrstaatern bestehen, die ihren gewöhnlichen Aufenthalt in Deutschland haben.[759] Auch solche Unterschiede können aber im Lichte der Garcia-Avello-Entscheidung des EuGH (→ EGBGB Art. 5 Rn. 22) grundfreiheitenrelevant sein. Ungeachtet des Art. 48 EGBGB kann sich daher weiterhin im Einzelfall die Notwendigkeit einer unselbstständigen Vorfragenanknüpfung im Rahmen der Abs. 2 und 3 des Art. 10 EGBGB ergeben, um den Anforderungen des AEUV Rechnung zu tragen.

201   Es wäre allerdings irrig anzunehmen, die unselbstständige Anknüpfung gewährleiste notwendigerweise in allen Fällen ein höheres Maß an Freizügigkeit als die selbstständige Anknüpfung. So wird zB in Bezug auf die EuErbVO für die selbstständige Anknüpfung der Wirksamkeit einer eingetragenen Lebenspartnerschaft nach Art. 17b EGBGB geltend gemacht, dass das Recht des Registrierungsortes (lex libri) im Hinblick auf die Freizügigkeit für die Lebenspartner günstiger sei als die unselbstständige Anknüpfung der Vorfrage nach dem IPR des Erbstatuts, das möglicherweise restriktivere Voraussetzungen für die Begründung der Partnerschaft aufstelle, indem es an die Heimatrechte der Lebenspartner anknüpfe.[760] **Art. 21 Abs. 1 AEUV gebietet folglich keine generelle Technik der Vorfragenanknüpfung,** sondern allenfalls eine aufgrund des Ergebnisses im Einzelfall erforderliche Modifikation.

V. Gestaltungswirkung von Statusentscheidungen

202   Soweit in den oben (→ Rn. 180 ff.) aufgeführten Fallgruppen ausnahmsweise eine unselbstständige Anknüpfung angezeigt ist, stellen sich besondere Probleme im Hinblick auf die **Abgrenzung von IPR und Internationalem Zivilverfahrensrecht bei der Anknüpfung von Statusfragen.** Das die Vorfrage bildende Rechtsverhältnis, zB eine Scheidung, kann bereits Gegenstand einer inländischen oder einer hierzulande anzuerkennenden Gestaltungsentscheidung gewesen sein. Sofern nun die Entscheidung der Hauptfrage, zB die Bestimmung des Namens oder der Ehefähigkeit einer Person, davon abhängt, ob die betroffene Person wirksam geschieden ist, stellt sich wiederum das Problem, ob für diese Vorfrage die lex fori – hier verstanden nicht als unser Kollisions-, sondern unser eigenes Verfahrensrecht (etwa §§ 107, 109 FamFG, Art. 21 EuEheVO) – maßgebend ist, oder ob es vielmehr darauf ankommt, dass im Staat der lex causae die betreffende Entscheidung anerkannt wird. Insbesondere für das internationale Namensrecht ist in diesem Kontext eine Art „Relativitätstheorie der Rechtskraft" entwickelt worden:[761] Um den internationalen Entscheidungseinklang auch in solchen Konstellationen zu bewahren, wird zum Teil befürwortet, die Rechtskraft der jeweiligen Statusentscheidung dahingehend einzuschränken, dass sie auch von inländischen Gerichten bei der Anwendung der lex causae nur zu beachten sein soll, sofern die Entscheidung die jeweiligen ausländischen Anerkennungsvoraussetzungen erfüllt bzw. in dem betreffenden Staat tatsächlich anerkannt worden ist.[762] Dieser Auffassung ist auf privatrechtlichem Gebiet, insbesondere im Namensrecht, jedoch mit der **hM** nicht zu folgen.[763] Denn die Frage nach der Wirksamkeit zB einer Scheidung oder einer Adoption ist dem Kollisionsrecht entzogen, wenn die Rechtslage durch eine rechtskräftige

---

[759] Der Sachverhalt in OLG Düsseldorf StAZ 2010, 110 = BeckRS 2010, 00896 ließe sich mit Art. 48 EGBGB nicht lösen; vgl. zum Rückgriff auf das NÄG EuGH ECLI:EU:2017:432 = BeckRS 2017, 112232 – Mircea Florian Freitag.

[760] *Buschbaum/Kohler* GPR 2010, 162 (163 f.). Zur Frage der Geltung des Anerkennungsprinzips für eingetragene Lebenspartnerschaften → EGBGB Art. 3 Rn. 127 ff.

[761] In Anlehnung an *Wengler* JZ 1964, 622, der von „kollisionsrechtlicher Relativität der Rechtskraft" spricht; krit. dazu *von Overbeck,* Gedächtnisschrift Jäggi, Fribourg 1977, 273 ff.; für eine „Relativität der Gestaltungswirkung" auch *Hausmann,* Die kollisionsrechtlichen Schranken der Gestaltungskraft von Scheidungsurteilen, 1980; bespr. in RabelsZ 44 (1980), 597; ihm folgend *Svenné Schmidt* Rec. des Cours 233 (1992-II), 305, 378 ff.; mit Recht krit. hingegen HdB IZVR III/1/*Martiny* Rn. 388 ff.; *Mäsch* IPRax 2004, 102 ff.

[762] Eingehend BayObLGZ 2002, 299 = IPRax 2004, 121 m. krit. Anm. *Mäsch* IPRax 2004, 102; ebenso KG NJW-RR 1989, 644 (646); *Kegel/Schurig* IPR § 17 IV 1b.

[763] S. aus der neueren Rspr. KG NJW-RR 1994, 774; OLG Karlsruhe FGPrax 1997, 144 = IPRax 1998, 110 mAnm *Henrich* IPRax 1998, 96; OLG Düsseldorf FamRZ 1999, 328 = BeckRS 1998, 11963; OLG Hamm FGPrax 2004, 115; LG Bonn StAZ 1988, 354 = BeckRS 2012, 20773; AG Bonn StAZ 1988, 354; AG Duisburg StAZ 1991, 256 mAnm *Otte;* AG Gießen StAZ 2005, 362; offengelassen von BGH NJW 2007, 3347 (3349), wo dies als „wohl mittlerweile hM in Rspr. und Lit." bezeichnet wird; zum Sozialrecht im Ergebnis auch BSGE 83, 200 = NJWE-FER 1999 Nr. 58; aus dem Schrifttum Bamberger/Roth/*Mäsch* EGBGB Art. 10 Rn. 11; *Henrich* IPRax 2008, 121 (122); *Hepting* StAZ 1998, 133 (143); *Kropholler* IPR § 32 V; *Mäsch* IPRax 2004, 102 (103 f.); NK-BGB/*Mankowski* EGBGB Art. 10 Rn. 19; Palandt/*Thorn* Rn. 29; *Siehr* IPR § 52 II 2b; 5. Aufl. 2010, Rn. 569 *(Sonnenberger)*; Staudinger/*Hepting/Hausmann* (2013) EGBGB Art. 10 Rn. 143; Staudinger/*Sturm/ Sturm* (2012) Rn. 280–283; anders aber noch für das Namensrecht *Sturm* StAZ 1990, 350 (353).

inländische Entscheidung bereits gestaltet worden ist; das Verfahrensrecht genießt insoweit den **Vorrang vor dem IPR**.[764] Eine kollisionsrechtliche Relativierung der Rechtskraft würde zu gravierenden und auch im Hinblick auf den Vertrauensschutz und die Rechtssicherheit nicht hinnehmbaren Verstößen gegen die innerstaatliche Entscheidungsharmonie führen:[765] „[D]ie Parteien wollen nicht nur auf der Grundlage einer bestimmten Rechtsordnung geschieden werden, sondern ein für allemal."[766] Entsprechendes gilt für ausländische Statusentscheidungen, die im Inland anzuerkennen sind.[767] Eine Infragestellung einer solchen Entscheidung würde gegen das allgemein anerkannte Verbot der révision au fond (§ 109 Abs. 5 FamFG, Art. 26 EuEheVO) verstoßen.[768]

Für das **internationale Eheschließungsrecht** hat der Gesetzgeber allerdings in Form einer **speziellen Vorbehaltsklausel** (Art. 13 Abs. 2 Nr. 3 EGBGB) klargestellt, dass die Nicht-Beachtung einer in Deutschland ausgesprochenen oder hier anzuerkennenden Ehescheidung im Heimatstaat eines Verlobten kein Ehehindernis begründet (näher → EGBGB Art. 13 Rn. 75 ff.). Hieraus wird ganz überwiegend der Umkehrschluss gezogen, der Gesetzgeber sei davon ausgegangen, dass die Vorfrage nach der wirksamen Auflösung der Vorehe in einem ersten Schritt nach dem jeweiligen Heimatrecht der Verlobten beurteilt – also unselbstständig angeknüpft – werden müsse, da die spezielle Vorbehaltsklausel andernfalls gar keinen Anwendungsbereich habe (ausführlich → EGBGB Art. 13 Rn. 76). Zwar mag man diese Konstruktion, die unser Verfahrensrecht überspielt, für dogmatisch verfehlt halten,[769] sie ist aber als gesetzgeberische Entscheidung, der Vermeidung hinkender Ehen rechtspolitisch den Vorrang einzuräumen, grundsätzlich zu respektieren (→ EGBGB Art. 13 Rn. 75). Zudem wird angesichts der hohen Bedeutung der Eheschließungsfreiheit (Art. 6 Abs. 1 GG) bei einer irreversiblen Nicht-Beachtung eines deutschen oder hier anzuerkennenden Scheidungsurteils durch das Heimatrecht eines der Verlobten zumeist ein ordre-public-Verstoß anzunehmen sein, so dass sich die Unterschiede in der dogmatischen Konstruktion nur selten praktisch auswirken dürften. Eine offene Frage ist es schließlich, ob die vom deutschen Gesetzgeber angeordnete kollisionsrechtliche Relativierung der Rechtskraft im Hinblick auf die Ehefähigkeit heute noch mit dem bereits angesprochenen Verbot der révision au fond gemäß Art. 26 EuEheVO vereinbar ist.[770] Jedenfalls sollte außerhalb des Anwendungsbereichs der Spezialvorschrift des Art. 13 Abs. 2 Nr. 3 EGBGB an der internationalen Gestaltungswirkung von Statusentscheidungen festgehalten werden.

Einzuräumen bleibt, dass der strikte Vorrang der Gestaltungswirkung von Statusentscheidungen zu anstößigen Ergebnissen führen kann, wenn etwa eine hier geschiedene türkische Frau genötigt wird, auch im Inland ihren vor der Ehe geführten Namen wieder anzunehmen, obwohl sie aufgrund der Nicht-Anerkennung eines deutschen Scheidungsurteils in ihrer Heimat weiterhin den Ehe- und Mannesnamen führen dürfte.[771] Die Bewältigung derartiger Friktionen ist aber in sachgerechter Weise nicht durch die Vorfragenanknüpfung, sondern entweder durch eine analoge Anwendung des Art. 10 Abs. 2 EGBGB[772] oder zumindest im Rahmen des ordre public (Art. 6 EGBGB) zu suchen, denn ein Zwang zur Ablegung des in der Ehe geführten Namens widerspräche bei hinreichendem Inlandsbezug sowohl dem GG als auch der EMRK.[773]

Anderes gilt wiederum im **Staatsangehörigkeitsrecht:** Hier ist der Respekt vor der Souveränität des anderen Staates im Hinblick darauf, wem er seine Staatsbürgerschaft gewährt, auch gegenüber

203

204

205

[764] So zB Bamberger/Roth/*Mäsch* EGBGB Art. 10 Rn. 11; *Henrich* IPRax 2008, 121 (122); NK-BGB/*Mankowski* EGBGB Art. 10 Rn. 19.
[765] Bamberger/Roth/*Mäsch* EGBGB Art. 10 Rn. 11; *Kropholler* IPR § 32 V.
[766] So treffend HdB IZVR III/1/*Martiny* Rn. 390.
[767] *Kropholler* IPR § 32 V; Staudinger/*Hepting/Hausmann* (2013) EGBGB Art. 10 Rn. 140; *Hepting* StAZ 1998, 133 (143); Staudinger/*Sturm/Sturm* (2012) Rn. 283; vgl. zur Anerkennung einer türkischen Vaterschaftsfeststellung als Voraussetzung eines Kindergeldanspruchs im Inland BSGE 79, 277 = NJW-RR 1997, 1433 = IPRax 1998, 367 mAnm *Eichenhofer* IPRax 1998, 352.
[768] IdS schon 5. Aufl. 2010, Rn. 569 *(Sonnenberger)*: Dem Hauptfragerichter sei infolge der Anerkennung der ausländischen Entscheidung die Befugnis entzogen, noch einmal zu beurteilen, ob das präjudizielle Rechtsverhältnis tatsächlich gegeben sei.
[769] S. die Kritik bei *Kegel/Schurig* IPR § 20 IV 1b bb; Staudinger/*Sturm/Sturm* (2012) Rn. 282; für eine generelle Abwägung zwischen selbst- und unselbstständiger Anknüpfung anhand von ordre-public-Erwägungen hingegen *Ollick*, Das kollisionsrechtliche Vorfragenproblem und die Bedeutung des ordre public unter besonderer Berücksichtigung der deutschen Rechtsprechung zum internationalen Familienrecht, Diss. Köln 1992.
[770] Vgl. Staudinger/*Sturm/Sturm* (2012) Rn. 283.
[771] Vgl. die ersichtlich ergebnisgeleitete Argumentation in BayObLGZ 2002, 299 = IPRax 2004, 121 m. krit. Anm. *Mäsch* IPRax 2004, 102. Das BayObLG hatte insoweit allerdings übersehen, dass sich das Problem aufgrund eines Renvoi kraft abweichender Qualifikation gar nicht stellte, s. BGH NJW 2007, 3347.
[772] Für Analogie zu Art. 10 Abs. 2 EGBGB im Falle der Ehescheidung zB OLG Frankfurt a. M. FGPRax 2005, 25; OLG Dresden StAZ 2004, 170; OLG Hamm StAZ 1999, 370 = BeckRS 1999, 07682; str., näher → EGBGB Art. 10 Rn. 117 ff.
[773] BVerfG NJW 2004, 1155; BGH NJW-RR 2005, 1521; EGMR FamRZ 2005, 427.

dem eigenen Verfahrensrecht vorrangig, so dass ungeachtet des Vorliegens einer hier erlassenen oder anzuerkennenden Statusentscheidung die abweichende Beurteilung einer privatrechtlichen Vorfrage durch das jeweilige fremde Staatsangehörigkeitsrecht auch im Inland hinzunehmen ist.[774]

VI. Zivilrechtliche Vorfragen im öffentlichen Recht

206   Es ist bereits oben (→ Rn. 181) erläutert worden, dass privatrechtliche Vorfragen, die im Rahmen eines fremden Staatsangehörigkeitsrechts aufgeworfen werden, ausnahmsweise unselbstständig anzuknüpfen sind. Im Übrigen gilt aber auch im öffentlichen Recht, insbesondere dem Verwaltungs-, Sozial- und Steuerrecht, der **Grundsatz**, dass das **auf privatrechtliche Vorfragen anwendbare Recht** von deutschen Gerichten und Behörden selbstständig, also **anhand des deutschen IPR** (einschließlich EU-Kollisionsrecht und Staatsverträgen), zu bestimmen ist.[775] Dies entspricht im Ergebnis der ständigen Rechtsprechung des BVerwG[776] und des BFH.[777] Ebenso liegt es grundsätzlich im Sozialrecht.[778] Das BSG hat sich zwar im Ausgangspunkt dafür ausgesprochen, „bei der Auslegung der für die Hauptfrage maßgeblichen Norm anzusetzen, in deren Zusammenhang sich die Vorfrage des Bestehens einer gültigen Ehe stellt", aber in Bezug auf eine Witwenrente nach § 46 SGB VI letztlich ebenfalls eine selbstständige Anknüpfung befürwortet, dies zumindest in einem Fall, in dem bereits ein inländisches Scheidungsurteil vorlag.[779] In anderen Fällen hat auch das BSG ohne Normexegese im Einzelfall das auf zivilrechtliche Vorfragen anwendbare Recht nach deutschem IPR bestimmt.[780] Auch im Strafrecht werden zivilrechtliche Vorfragen nach deutschem IPR angeknüpft.[781]

207   Hinsichtlich der Vorfragenproblematik im öffentlichen Recht sind bei genauer Betrachtung zwei Problemkreise auseinanderzuhalten: Zwar ist daran festzuhalten, dass zivilrechtliche Rechtsverhältnisse nach dem auf sie anwendbaren Recht zu beurteilen sind, und dass dieses Recht nach unserem IPR zu ermitteln ist. Eine andere, logisch vorgreifliche Frage ist es aber, ob eine bestimmte öffentlich-rechtliche Norm überhaupt in dem Sinne auszulegen ist, dass sie akzessorisch an das zivilrechtliche Verständnis eines bestimmten Rechtsinstituts anknüpft oder ob insoweit vielmehr – ausnahmsweise – eine **autonome, öffentlich-rechtliche Begriffsbildung** geboten ist.[782] Sofern die letztgenannte Auslegung zutrifft, ist der sachliche Anwendungsbereich der privatrechtlichen Kollisionsnormen verlassen, so dass sich keine Vorfragenproblematik mehr stellt. Es handelt sich dann vielmehr um ein Problem der Substitution,[783] dh es geht um die Frage, ob ein ausländisches Rechtsverhältnis geeignet ist, den Tatbestand einer inländischen Norm zu erfüllen (näher → Rn. 227 ff.). Innerhalb der EU kommt insoweit auch das Prinzip der Anerkennung einer im Ausland geschaffenen Rechtslage in Betracht (→ EGBGB Art. 3 Rn. 117 ff.). Andererseits ist denkbar, dass eine öffentlich-rechtliche

---

[774] *Kegel/Schurig* IPR § 9 II 2a; idS obiter auch KG NJW-RR 1989, 644 (645).

[775] Ebenso *Kegel/Schurig* IPR § 9 II 2d; Staudinger/*Sturm/Sturm* (2012) Rn. 289.

[776] S. etwa BVerwG ZOV 2005, 175 = BeckRS 2005, 21907 (erbrechtliche Vorfragen eines Anspruchs aus § 1 VI VermG); NVwZ 2005, 428 (Eheschließung nach syrischem Recht, § 26 AsylVfG); NVwZ 2010, 262 (Sorgerecht iS des § 32 Abs. 3 AufenthG); NJW 2012, 3461 (Vorfrage einer wirksamen Eheschließung als Voraussetzung für ein Visum zur Familienzusammenführung, § 6 Abs. 3 AufenthG); ferner zB VGH BW NJW 2007, 2506 (Eheschließung in Dänemark, Abschiebungsschutz; hierzu *Klein* StAZ 2008, 33); OVG NRW NVwZ-RR 2010, 411 (Eheschließung nach indischem Recht, Aufenthaltserlaubnis).

[777] Mit eingehender Begr. BFH IStR 1998, 543 = NJWE-FER 1998, 212; im Ergebnis ebenso zB BFHE 177, 347 = DStR 1995, 1191 = RIW 1996, 85 mAnm *Braun* (Grunderwerbsteuer; Rechtsfähigkeit einer ausländischen juristischen Person); BFHE 185, 153 = NJW-RR 1998, 1040 (Gütergemeinschaft nach niederländischem Recht); BFH DStR 2002, 1755 = IPRax 2004, 342 mAnm *Gebauer/Hufeld* IPRax 2004, 327 (Unterhaltszahlungen nach türkischem Recht als außergewöhnliche Belastung iS des § 33a EStG); BFHE 205, 37 = DStRE 2004, 634 (Umsatzsteuer, Vertragsauslegung, kalifornisches Recht); BFH NWB 2007, 14 = BeckRS 2007, 25011948 (nach IPR ermittelte Zivilrechtslage ist für steuerrechtliche Kinderzuordnung maßgebend); NZG 2011, 395 Rn. 17 mAnm *Graf* = RIW 2011, 255 (Übertragung von Aktien nach US-amerikanischem Recht); BFHE 232, 452 = NJW-RR 2011, 771 (liechtensteinisches Stiftungsrecht).

[778] Eingehend *Eichenhofer* SGb 2016, 184 ff., mwN.

[779] BSGE 83, 200 = NJWE-FER 1999, 255.

[780] Vgl. zB BSG NVwZ 1998, 549 (Geschiedenenwitwenrente, polnisches Recht); BeckRS 2003, 41720 (Geschiedenenwitwenrente, Recht der DDR); BSGE 93, 94 = NZS 2005, 421 (ärztliche Honorarforderung: Vertragsstatut).

[781] Eingehend *Gössl* in Effer-Uhe/Hoven/Kempny/Rösinger, Einheit der Prozessrechtswissenschaft?, 2016, 127 ff.; Schönke/Schröder/*Eser* StGB, 29. Aufl. 2014, Vor § 3 Rn. 41 mwN.

[782] Deutlich herausgearbeitet in BFH IStR 1998, 543 = NJWE-FER 1998, 212; ebenso BVerwG NJW 1985, 2097 (polygame Ehe und Familiennachzug iS des § 1 Abs. 1 S. 2 AuslG); vgl. auch zur Qualifikation einer Anwachsung nach französischem Güterrecht als der Erbschaftsteuer unterliegend BFH ZEV 2012, 621 Rn. 28 f.; eingehend *Samtleben* RabelsZ 52 (1988), 466 ff.

[783] *Kropholler* IPR § 32 II; *Samtleben* RabelsZ 52 (1988), 466 (469 f.); ähnlich *v. Bar/Mankowski* IPR I § 7 Rn. 204 (fremdes Recht als bloßes Datum); *Kegel/Schurig* IPR § 9 II 2d (sachrechtliche Berücksichtigung eines Auslandssachverhalts); abw. *Sturm/Sturm*, FS Lorenz, 2001, 423 ff.

Norm nur auf ein Privatrechtsverhältnis im Sinne des deutschen Sachrechts Bezug nimmt, so dass eine Substitution auch bei funktionaler Äquivalenz eines ausländischen Rechtsverhältnisses ausscheidet.

Daraus folgt zweierlei: Zum einen können auch Rechtsverhältnisse, die nach dem für sie gemäß **208** unserem IPR maßgebenden Zivilrecht unwirksam sind, im Einzelfall den Tatbestand einer öffentlich-rechtlichen Norm ausfüllen. Diese Problematik ist insbesondere im Rahmen „hinkender" Ehen relevant geworden. Nach der Rechtsprechung des BVerfG ist insoweit Art. 6 Abs. 1 GG zu beachten.[784] Demnach kann auch eine vor einem Geistlichen im Inland geschlossene Nichtehe (s. heute Art. 13 Abs. 4 EGBGB), die aber im Ausland als wirksam anerkannt wird, verfassungsrechtlichen Schutz genießen und insoweit dazu führen, dass der überlebenden Ehefrau eine Witwenrente (nach dem damaligen § 1264 RVO) zuzusprechen ist.[785] § 26 Abs. 1 S. 2 AsylG idF des Gesetzes zur Bekämpfung von Kinderehen (→ Rn. 24) bestimmt ausdrücklich, dass es für die Anerkennung als Asylberechtigter unbeachtlich ist, wenn die Ehe nach deutschem Recht wegen Minderjährigkeit im Zeitpunkt der Eheschließung unwirksam oder aufgehoben worden ist. Daraus ergibt sich aber nicht, dass zivilrechtlich „hinkende" Ehen generell als „Ehen" im Sinne der Tatbestände öffentlich-rechtlicher Normen gelten dürfen; vielmehr ist jeweils im Einzelfall zu prüfen, ob nach Maßgabe des einfach-rechtlichen Regelungszwecks und im Lichte des Art. 6 Abs. 1 GG eine gegenüber dem deutschen Privatrecht eigenständige Begriffsbildung angebracht ist. Hierbei ist im Interesse der Rechtssicherheit und der internen Entscheidungsharmonie im Verhältnis von Zivilrecht und öffentlichem Recht tendenziell Zurückhaltung angebracht, die auch die höchstrichterliche Rechtsprechung prägt:

Erstens ist zu verlangen, dass eine nur nach religiösem Ritus geschlossene Ehe zumindest nach **209** dem Heimatrecht eines der Ehegatten wirksam ist, damit ein entsprechender Vertrauenstatbestand entstehen kann; fehlt es bereits daran, kann eine nach allen in Betracht kommenden Zivilrechtsordnungen unbeachtliche Nichtehe auch im öffentlichen Recht, zB im Asylrecht, keine Berücksichtigung finden.[786] Ist diese Mindestvoraussetzung erfüllt, sind der Regelungszweck und der Schutzbereich der jeweiligen öffentlich-rechtlichen Norm präzise zu bestimmen. Nicht jede öffentlich-rechtliche Vorschrift erfordert die Einbeziehung unwirksamer oder „hinkender" Ehen. So hat es der BFH zB abgelehnt, eine nach deutschem Recht ungültige, aber nach dem Heimatrecht zweier ägyptischer Staatsangehöriger wirksame Ehe als eine Ehe iS des § 26 Abs. 1 S. 1 EStG anzusehen:[787] Anders als in dem vom BVerfG entschiedenen Fall der Witwenrente stünde es diesen Eheleuten zu Lebzeiten nämlich frei, eine auch im Inland wirksame Eheschließung nachzuholen, um in den Genuss der steuerlichen Zusammenveranlagung zu kommen.[788] Eine allein nach römisch-katholischem Recht im Inland geschlossene Ehe zweier kenianischer Staatsangehöriger vermittelt keinen Anspruch auf Familiennachzug.[789] Und selbst gegenüber Witwen ist der sozialrechtliche Vertrauensschutz nicht grenzenlos: Hat eine türkische Ehefrau im Inland selbst die Scheidung von ihrem ebenfalls türkischen Mann betrieben, kann sie nicht – venire contra factum proprium! – nach dessen Tod Witwenrente gemäß § 46 SGB VI mit der Begründung beanspruchen, das deutsche Scheidungsurteil sei in der Türkei (noch) nicht anerkannt worden.[790]

Zum anderen kann selbst ein Rechtsverhältnis, das nach unserem IPR ausländischem Recht **210** unterliegt und nach diesem auch wirksam zustande gekommen ist, unter Umständen nicht ausreichen, um den Tatbestand einer öffentlich-rechtlichen Norm zu erfüllen, wenn diese allein auf das deutsche Sachrecht fokussiert ist und infolgedessen eine Substitution (→ Rn. 232) ausschließt. Ein Beispiel bietet § 1 S. 3 SGB VI, der Mitglieder des Vorstands einer AG von der gesetzlichen Rentenversicherungspflicht ausnimmt. Das BSG lehnt es ab, ausländische juristische Personen, wie etwa eine schweizerische AG oder eine PLC irischen Rechts, unter den Begriff der AG iS dieser Vorschrift zu subsumieren; hierunter sei nur eine AG deutschen Rechts zu verstehen.[791] Ferner ist im Sozialrecht die spezielle Schrankenbestimmung des § 34 Abs. 1 SGB I zu beachten. Nach dieser Vorschrift

---

[784] BVerfGE 62, 323 = NJW 1983, 511 = JZ 1983, 257 mAnm *Müller-Freienfels* JZ 1983, 230 = IPRax 1984, 88 mAnm *Wengler* IPRax 1984, 68, der aber statt einer Auslegung des deutschen Rechts eine „alternative Zuweisung" der Vorfrage nach dem Bestehen der Ehe an das anwendungswillige ausländische Recht bevorzugt; s. zu der Entscheidung ferner *Müller-Freienfels,* Sozialversicherungs-, Familien- und Internationalprivatrecht und das Bundesverfassungsgericht, 1984; *Behn* NJW 1984, 1014; *Winkler v. Mohrenfels* RabelsZ 51 (1987), 20.

[785] BVerfGE 62, 323 = NJW 1983, 511.

[786] BVerwG NVwZ 2005, 428; ebenso OVG Saarbrücken InfAuslR 2002, 231 = BeckRS 2002, 20925; VG Trier BeckRS 2016, 45114.

[787] BFH IStR 1998, 543 = NJWE-FER 1998, 212.

[788] BFH IStR 1998, 543 = NJWE-FER 1998, 212.

[789] OVG Berlin-Brandenburg NJW 2014, 2665.

[790] BSGE 83, 200 = NJWE-FER 1999, 255.

[791] BSG NZS 2011, 548 (Ls.) = BeckRS 2011, 65179 zu schweizerischer AG; ebenso zur PLC irischen Rechts BSGE 100, 62 = BeckRS 2008, 54574; zu einer Corporation nach dem Recht von Delaware BSGE 107, 185 = NJOZ 2011, 1653; hierzu *Sagan/Hübner* AG 2011, 852.

kann ein Rechtsverhältnis, das gemäß IPR dem Recht eines anderen Staates unterliegt und nach diesem Recht besteht, nur dann als familienrechtliches Rechtsverhältnis im Sinne des SGB gelten, wenn es dem jeweiligen deutschen Rechtsverhältnis entspricht. Die ausdrückliche Bezugnahme auf das IPR bekräftigt den oben festgestellten Grundsatz, dass auch im Sozialrecht das auf familienrechtliche Rechtsverhältnisse anwendbare Recht nach unserem Kollisionsrecht zu bestimmen ist.[792] Zur Lösung der Problematik „hinkender" Ehen trägt die Vorschrift hingegen nichts bei:[793] Erstens fehlt es schon tatbestandlich an der Voraussetzung, dass auf eine solche Ehe nach unserem IPR *ausländisches* Recht anwendbar ist – zum „Hinken" der Ehe kommt es vielmehr gerade dadurch, dass Art. 13 Abs. 3 EGBGB für die Formwirksamkeit der im Inland geschlossenen Ehe deutsches Recht beruft.[794] Zweitens hat § 34 Abs. 1 SGB I nur eine anpruchsbegrenzende, nicht aber eine anpruchserweiternde Funktion:[795] Ausländische Berechtigte (zB Partner einer polygamen Ehe) sollen nicht bessergestellt werden als inländische.[796] Insofern kodifiziert die Vorschrift lediglich den als Voraussetzung jeglicher Substitution anerkannten Grundsatz der funktionalen Äquivalenz ausländischer Rechtsverhältnisse mit ihren inländischen Pendants (näher → Rn. 235), setzt aber die Wirksamkeit des jeweiligen Rechtsverhältnisses nach dem von unserem IPR bestimmten Recht voraus.[797] Die Einbeziehung „hinkender" Rechtsverhältnisse in den Anwendungsbereich sozialrechtlicher Vorschriften kann sich daher weiterhin allenfalls aus der teleologischen, verfassungskonformen Auslegung einer sozialrechtlichen Norm im Einzelfall ergeben. Eine solche Substitution wird durch § 34 Abs. 1 SGB I aber auch nicht versperrt.[798] Die besondere Behandlung zivilrechtlicher Vorfragen im öffentlichen Recht, insbesondere die Einbeziehung „hinkender" Ehen im Wege der Substitution, hat keine unmittelbaren Rückwirkungen auf das Zivilrecht selbst (zur Frage der unselbstständigen Vorfragenanknüpfung aus Gründen des Vertrauensschutzes → Rn. 194 ff.). Der BGH hat es explizit abgelehnt, einem besonderen Ehebegriff des Sozialrechts eine Ausstrahlungswirkung auf das private Eherecht beizumessen.[799]

VII. Prozessuale Behandlung der Vorfrage

211   Sofern prozessuale Normen, etwa Spezialvorschriften zur funktionellen Zuständigkeit, darauf abstellen, dass das Gericht ausländisches Recht anwenden muss bzw. angewendet hat, greifen diese Regeln bereits ein, wenn ausländisches Recht lediglich auf eine Vorfrage anzuwenden ist.[800] Denn das gesetzgeberische Anliegen, bei bestimmten Spruchkörpern durch die Ermöglichung einer Spezialisierung eine erhöhte Kompetenz in der Anwendung ausländischen Rechts zu erreichen, rechtfertigt die Einbeziehung auch von Vorfragen.[801] Im Übrigen gelten die allgemeinen Regeln zur Ermittlung und Anwendung ausländischen Rechts (näher → Rn. 295 ff.). Wenn hingegen der sachliche Anwendungsbereich internationalzivilverfahrensrechtlicher Verordnungen, wie etwa der Brüssel Ia-VO, **bestimmte Bereichsausnahmen** vorsieht (zB Art. 1 Abs. 2 Brüssel Ia-VO), **greifen diese nicht ein**, wenn das entsprechende Problematik sich lediglich **im Hinblick auf eine Vorfrage** stellt.[802]

F. Art und Umfang der Verweisung

I. Sachnorm- oder Gesamtverweisung

212   Verweisungen durch Kollisionsnormen können sich auf die Sachvorschriften eines fremden Rechts **(Sachnormverweisung)** oder auf dessen IPR beziehen **(Gesamtverweisung).** Der Begriff der

---

[792] So auch die einhM im sozialrechtlichen Schrifttum, s. *Eichenhofer* SGb 2016, 184 ff.; BeckOK Sozialrecht/ *Gutzler* (1.12.2016) SGB I § 34 Rn. 6, 12 f.; Kasseler Kommentar zum Sozialversicherungsrecht/*Seewald,* 89. ErgLfg. 2016, SGB I § 34 Rn. 3; *Mrozynski* SGB I, 5. Aufl. 2014, § 34 Rn. 2.
[793] BeckOK Sozialrecht/*Gutzler* (1.12.2016) SGB I § 34 Rn. 14; *Mrozynski* SGB I, 5. Aufl. 2014, § 34 Rn. 6.
[794] BeckOK Sozialrecht/*Gutzler* (1.12.2016) SGB I § 34 Rn. 14; *Mrozynski* SGB I, 5. Aufl. 2014, § 34 Rn. 6; hierauf hat bereits *Svenné Schmidt* Rec. des Cours 233 (1992-II), 305, 354 in Bezug auf den Witwenrentenfall (BVerfGE 62, 323 = NJW 1983, 511) hingewiesen.
[795] Von einem „Riegel"sprechen Staudinger/*Sturm*/*Sturm* (2012) Rn. 289.
[796] BeckOK Sozialrecht/*Gutzler* (1.12.2016) SGB I § 34 Rn. 4; Kasseler Kommentar zum Sozialversicherungsrecht/*Seewald,* 89. ErgLfg. 2016, SGB I § 34 Rn. 2; *Mrozynski* SGB I, 5. Aufl. 2014, § 34 Rn. 1.
[797] Vgl. auch *Eichenhofer* SGb 2016, 184 (187).
[798] BeckOK Sozialrecht/*Gutzler* (1.12.2016) SGB I § 34 Rn. 14; *Mrozynski* SGB I, 5. Aufl. 2014, § 34 Rn. 6.
[799] BGH NJW-RR 2003, 850 (852).
[800] So zu § 119 Abs. 1 Nr. 1 lit. c GVG aF BGH NJW 2007, 1211 = IPRax 2007, 528 mAnm *Althammer* IPRax 2007, 514; zu § 5 Abs. 1 und 2 AdWirkG bzw. § 187 Abs. 4 FamFG OLG Stuttgart BWNotZ 2005, 13; OLG Hamm FGPrax 2006, 210; OLG Köln RNotZ 2006, 494; OLG Frankfurt a. M. StAZ 2011, 333 = BeckRS 2011, 16100; aA zB OLG Schleswig RNotZ 2006, 305, alle mzN zum Streitstand.
[801] Eingehend BGH NJW 2007, 1211 = IPRax 2007, 528 mAnm *Althammer* IPRax 2007, 514.
[802] Eingehend *Kropholler/v. Hein* EuZPR EuGVO Art. 1 Rn. 17 mwN.

Sachvorschriften ist in Art. 3a Abs. 1 EGBGB legaldefiniert und wird deshalb dort erläutert (→ EGBGB Art. 3a Rn. 3 ff.). Die Problematik des Renvoi regelt das deutsche IPR in Art. 4 Abs. 1 und 2 EGBGB, auf dessen Kommentierung insoweit zu verweisen ist (→ EGBGB Art. 4 Rn. 17 ff.).

II. Mehrrechtssysteme

Wie die Verweisung im Hinblick auf **Mehrrechtsstaaten** wie zB die USA oder das Vereinigte **213** Königreich zu konkretisieren ist, regelt Art. 4 Abs. 3 EGBGB, auf dessen Erläuterung verwiesen wird (→ EGBGB Art. 4 Rn. 166 ff.).

III. Vorrang des Einzelstatuts

Das autonome deutsche IPR hält bislang an der Regel **„Einzelstatut bricht Gesamtstatut"** **214** fest (Art. 3a Abs. 2 EGBGB); s. zu Einzelfragen und zu abweichenden Regelungen im europäischen und staatsvertraglichen Kollisionsrecht die dortige Kommentierung (→ EGBGB Art. 3a Rn. 11 ff.).

G. Besonderheiten der Rechtsanwendung bei Fällen mit Auslandsbezug

Schrifttum: *Beck,* Rechtsprobleme der Auslandsbeurkundung im Gesellschaftsrecht, DB 2004, 2409; *Benecke,* Auslandsbeurkundung im GmbH-Recht: Anknüpfung und Substitution, RIW 2002, 280; *Benicke,* Anpassung im internationalen Privatrecht, FS Schapp, 2010, 61; *Böttcher/Blasche,* Die Übertragung von Geschäftsanteilen deutscher GmbHs in der Schweiz vor dem Hintergrund der Revision des Schweizer Obligationenrechts, NZG 2006, 766; *Dannemann,* Sachrechtliche Gründe für die Berücksichtigung nicht anwendbaren Rechts, FS Stoll, 2001, 417; *Dannemann,* Die ungewollte Diskriminierung in der internationalen Rechtsanwendung, 2004 (bespr. von *Looschelders* RabelsZ 70 [2006], 601; zitiert: *Dannemann* Ungewollte Diskriminierung); *Dannemann,* Accidental Discrimination in the Conflict of Laws: Applying, Considering, and Adjusting Rules from Different Jurisdictions, YbPIL 10 (2008), 113; *Dannemann,* Adaptation, in Leible, General Principles of European Private International Law, 2016, 331 (zitiert: *Dannemann* in Leible General Principles); *Dignas,* Die Auslandsbeurkundung im deutschen GmbH-Recht, GmbHR 2005, 139; *Dornis,* Die Theorie der *local data:* dogmatische Bruchstelle im klassischen IPR, SZIER 2015, 183; *Dutta,* Trusts in Schleswig-Holstein? – ein Lehrstück zum Testieren unter falschem Recht, IPRax 2016, 139; *Eckert,* Die Auslegung und Reichweite des Art. 17 Rom II-VO, GPR 2015, 303; *Ehrenzweig,* Local and Moral Data in the Conflict of Laws: Terra Incognita, Buff. L. Rev. 16 (1966), 55; *Engel,* Die Auslandsbeurkundung nach MoMiG und Schweizer GmbH-Reform, DStR 2008, 1593; *Franzina,* Note minime in tema di adattamento, sostituzione ed equivalenza nel diritto internazionale privato dell'Unione Europea, FS Picchio Forlati, 2014, 185; *Goette,* Auslandsbeurkundungen im Kapitalgesellschaftsrecht, FS Boujong, 1996, 131; *Hasselmann,* Die Beurkundung von GmbH-Anteilsübertragungen im Ausland, ZIP 2010, 2486; *v. Hein,* Die Behandlung von Sicherheits- und Verhaltensregeln nach Art. 17 der Rom II-Verordnung, FS v. Hoffmann, 2011, 138; *v. Hein,* Die Anpassung unbekannter Maßnahmen und Anordnungen nach Art. 54 EuGVVO nF, FS Geimer, 2017 (i.E.); *Heinig,* Erhöhung des Ehegattenerbteils nach § 1371 Abs. 1 BGB bei Anwendbarkeit ausländischen Erbrechts?, DNotZ 2014, 251; *Heßler,* Sachrechtliche Generalklausel und internationales Familienrecht, 1984 (zitiert: *Heßler* Sachrechtliche Generalklausel); *Heßler,* Datum-Theorie und Zweistufigkeit des internationalen Privatrechts, in Serick/Niederländer/Jayme, Albert A. Ehrenzweig und das internationale Privatrecht, 1984, 137 (zitiert: *Heßler* Datum-Theorie); *Heßler,* Islamisch-rechtliche Morgengabe: vereinbarter Vermögensausgleich im deutschen Scheidungsfolgenrecht, IPRax 1988, 95; *Hohloch,* Auskunftsansprüche im Spannungsfeld zwischen anwendbarem Recht und Verfahrensrecht, FS Kokkini-Iatridou, 1994, 213; *Hug,* Die Substitution im IPR, 1983; *Jaksic,* An Essay on Inconsistency of the Method of Adjustment in the Conflict of Laws, YbPIL 17 (2015/16), 527; *Jayme,* Ausländische Rechtsregeln und Tatbestand inländischer Sachnormen – Betrachtungen zu Ehrenzweigs Datum-Theorie, GS Ehrenzweig, 1976, 35; *Jayme,* Società multiculturale e nuovi sviluppi del diritto internazionale privato (1994), in: Gesammelte Schriften II, 2000, 137; *Jayme,* Kulturelle Identität und Kindeswohl im internationalen Kindschaftsrecht, IPRax 1996, 237; *Jayme,* Substitution und Äquivalenz im Internationalen Privatrecht, IPRax 2008, 298; *Herma Hill Kay,* Conflict of Laws: Foreign Law as Datum, Cal. L. Rev. 53 (1965), 47; *Kegel,* Das Ordnungsinteresse an realer Entscheidung im IPR und im internationalen Privatverfahrensrecht, FS Drobnig, 1998, 315; *Kindler,* Geschäftsanteilsabtretungen im Ausland und notarielle Pflicht zur Einreichung der Gesellschafterliste, RIW 2011, 257; *Kleensang,* Offene Fragen zum MoMiG – Auslandsbeurkundung und „Cash-Pool", BWNotZ 2010, 71; *Kodek,* Auslandsklage und Verjährung, FS Schütze, 2014, 259; *Krauss,* Ist die Beurkundung von geschäftsanteilsübertragungen in der Schweiz nach dem MoMiG wirksam?, GWR 2010, 51; *Kröll,* Beurkundung gesellschaftsrechtlicher Vorgänge durch einen ausländischen Notar, ZGR 2000, 111; *Kropholler,* Die Anpassung im Kollisionsrecht, FS Ferid, 1978, 279; *Laeger,* Formwirkamkeit der Übertragung von GmbH-Anteilen in der Schweiz, BB 2010, 2647; *Lewald,* Règles Générales des Conflits de Lois, 1941 (= Rec. des Cours 69 [1939-III], 1; zitiert: *Lewald* Règles générales); *Liebscher/Goette,* Korrektur einer von einem Notar eingereichten Gesellschafterliste, DStR 2010, 2039; *Looschelders,* Die Anpassung im Internationalen Privatrecht, 1995 (zitiert: *Looschelders* Anpassung); *ders.,* Anpassung und ordre public im Internationalen Erbrecht, FS v. Hoffmann, 2011, S. 266; *Looschelders,* Qualifikations- und Anpassungsprobleme bei deutsch-italienischen Erbfällen, IPRax 2016, 349; *E. Lorenz,* Zur Zweistufentheorie des IPR und zu ihrer Bedeutung für das neue internationale Versorgungsausgleichsrecht, FamRZ 1987, 645; *Mankowski,* Änderungen bei der Auslandsbeurkundung von Anteilsübertragungen durch das MoMiG oder durch die Rom I-VO?, NZG 2010, 201; *Mansel,* Substitution im deutschen Zwangsvollstreckungsrecht, FS W. Lorenz, 1991, 689; *Mansel,* Internationalprivatrechtliche Anpassung bei Liquidationsgesellschaften im deutsch-englischen Rechtsverkehr, Liber Amicorum Kegel, 2002, 111; *Mansel,* Zum Verhältnis von Vorfrage und Substitution – Am Beispiel einer unterhaltsrechtlichen Vorfrage des iranischen Scheidungsrechts, FS Kropholler, 2008, 353; *McGuire,* Verfahrenskoordination und Verjährungsunterbrechung im Europäischen Prozessrecht, 2004 (zitiert: *McGuire* Verfahrenskoordination); *Müller-Chen,* Übertragung und Verpfändung deutscher GmbH-Geschäfts-anteile in der Schweiz nach Inkrafttreten der schweizerischen GmbH-Revision, IPRax 2008, 45; *Münzer,* Handeln unter falschem Recht, 1992; *Offerhaus,* Anpassung und Gesetzesauslegung im internationalen Privatrecht, ZfRV 1964, 65; *Olk,* Beurkundungserfordernisse nach deutschem GmbH-Recht bei Verkauf und Abtretung von Anteilen an ausländischen Gesellschaften, NJW 2010, 1639; *Olk/Nikoleyczik,* Zulässigkeit der Auslandsbeurkundung in der Schweiz bei Verkauf und Abtretung von Geschäftsanteilen an einer deutschen GmbH, DStR 2010, 1576; *Peters,* Ist die Beurkundung von GmbH-Geschäftsanteilsübertragungen in der Schweiz Rechtsgeschichte?, DB 2010, 97; *Pfeiffer,* Hybride Rechtslagen, FS Kropholler, 2008, 175; *Pfeiffer,* Datumtheorie und „local data" in der Rom II-VO – am Beispiel von Straßenverkehrsunfällen, Liber Amicorum Schurig, 2012, 229; *Pilger,* Die Unwirksamkeit der Beurkun-dung von Abtretungen von Geschäftsanteilen in der Schweiz, BB 2005, 1285; *Rehm,* Wirksamkeit in Deutschland vorgenommener Akte ausländischer Urkundspersonen?, RabelsZ 64 (2000), 104; *Reichert/M.-P. Weller,* Geschäftsan-teilsübertragung mit Auslandsberührung, DStR 2005, 292; *Reithmann,* Substitution bei Anwendung der Formvor-schriften des GmbH-Gesetzes, NJW 2003, 385; *Samtleben,* Ehetrennung als Ehescheidung – ein Fall der Substitution?, FS Kropholler, 2008, 413; *J. Schröder,* Die Anpassung von Kollisions- und Sachnormen, 1961 (bespr. von *Stoll* FamRZ 1963, 318; zitiert: *J. Schröder* Anpassung); *Carsten Schulz,* Die Subsumtion ausländischer Rechtstatsachen, 1997 (bespr. von *Looschelders* RabelsZ 64 [2000], 420); *Götz Schulze,* Übertragung deutscher GmbH-Anteile in Zürich und Basel, IPRax 2011, 365; *Stoll,* Deliktsstatut und Tatbestandswirkung ausländischen Rechts, FS Lipstein, 1980, 259; *Stoll,* Parteiautonomie und Handeln unter falschem Recht bei Übereignung beweglicher Sachen, IPRax 1997, 411; *van Venrooy,* Internationalprivatrechtliche Substitution, 1999; *Waldburg,* Anpassungsprobleme im internati-onalen Abstammungsrecht, 2001; *M.-P. Weller,* Internationales Unternehmensrecht 2010, ZGR 2010, 679; *M.-P. Weller* Die Grenze der Vertragstreue von (Krisen-)Staaten, 2013, bespr. von *Bischoff* RabelsZ 80 (2016), 202; *M.-P. Weller,* Die neue Mobilitätsanknüpfung im Internationalen Familienrecht – Abfederung des Personalstatutenwechsels über die Datumtheorie, IPRax 2014, 217; *M.-P. Weller,* GmbH-Anteilsabtretungen in Basel, ZGR 2014, 865.

I. Einführung

215   Kommunikationsprozesse zwischen verschiedenen Rechtsordnungen können, ähnlich wie bei der Datenübermittlung zwischen Rechnern mit unterschiedlichen Betriebssystemen, an den jeweiligen Schnittstellen zu Kompatibilitäts- und Übertragungsproblemen führen. Wenn anhand der oben (→ Rn. 29 ff., 56 ff.) beschriebenen Verweisungsregeln und -techniken festgestellt worden ist, wel-ches Sachrecht in einem Fall mit Auslandsberührung berufen ist, ergeben sich daher unter Umständen auf der Ebene der Anwendung des materiellen Rechts weitere Fragen, die eine erneute Überprüfung des zunächst gefundenen kollisionsrechtlichen Ergebnisses oder materiellrechtliche Korrekturen gebieten. Ebenso, wie man in der EDV mit Konvertierungsprogrammen, Adaptern oder ähnlichen Hilfsmitteln arbeitet, haben sich auch in der Rechtspraxis verschiedene Lösungstechniken gebildet. Die folgende Dreiteilung – Transposition, Substitution, Anpassung – orientiert sich an der bereits von *Lewald* herausgearbeiteten Kategorisierung,[803] die zwar in der genauen Abgrenzung der Denkfiguren untereinander nicht unumstritten ist,[804] einer übersichtlichen Darstellung aber immer noch gute Dienste leistet.[805] Zu Einzelfragen der Abgrenzung → Rn. 221 (Transposition), → Rn. 227 ff. (Substitution) und → Rn. 244 (Anpassung).

216   Erstens kann es vorkommen, dass ein ausländisches Recht ein bestimmtes Institut enthält, das dem deutschen Sachrecht unbekannt ist (zB ein besitzloses Registerpfandrecht), so dass sich die Frage anschließt, ob es nach einem Statutenwechsel gleichwohl im Inland Rechtswirkungen entfalten kann, zB indem es in ein vergleichbares inländisches Rechtsinstitut übergeleitet wird (sog **Transposi-tion,** → Rn. 220 f.). Ähnliche Übersetzungsprobleme stellen sich nicht nur bei der Auslegung gesetzlicher Vorschriften, sondern auch bei der Interpretation rechtsgeschäftlicher Willenserklärun-gen: Hat etwa der Erblasser in der erkennbaren, aber irrigen Annahme, seine letztwillige Verfügung unterliege einer Rechtsordnung des Common Law, testamentarisch einen „executor and trustee" eingesetzt, obwohl tatsächlich deutsches Recht für die Erbfolge maßgebend war, muss geklärt werden, wie dem Willen des Erblassers trotz dieses Irrtums Rechnung getragen werden kann (sog **Handeln unter „falschem" Recht,** → Rn. 223 ff.).

217   Zweitens kann bei der Anwendung deutschen (oder auch ausländischen) Rechts das Problem auftreten, dass eine Vorschrift ein normatives Tatbestandsmerkmal enthält, indem sie etwa für die

---

[803] *Lewald* Règles généralesS. 128 ff.

[804] Ausf. hierzu *Dannemann* Ungewollte Diskriminierung S. 98 ff.; *Looschelders* Anpassung S. 64 ff.; *J. Schröder* Anpassung S. 40 ff. mwN zur Rezeptionsgeschichte und zur (bisweilen freilich nur terminologisch relevanten) Auseinandersetzung im Schrifttum.

[805] Ebenso zB *v. Bar/Mankowski* IPR § 7 Rn. 246; *v. Hoffmann/Thorn* IPR § 6 Rn. 31–40; *Siehr* IPR § 49 III, § 52 III 2 und 3.

Wirksamkeit eines Rechtsgeschäfts die Mitwirkung eines „Notars" (zB § 15 Abs. 3 und 4 GmbHG) oder eine Erklärung gegenüber dem „Standesamt" (zB § 1355 Abs. 2 BGB) erfordert. Dies wirft die Frage auf, ob ein solches Tatbestandsmerkmal auch als erfüllt gelten kann, wenn zB ein im Ausland, etwa in der Schweiz, bestellter „Notar" eine GmbH-Anteilsabtretung beurkundet hat oder die Eheleute etwa gegenüber einem Geistlichen in Las Vegas erklärt haben, welchen Namen sie künftig führen wollen (sog **Substitution,** → Rn. 227 ff.).

Drittens kann die nach einzelnen Anknüpfungsgegenständen differenzierende Regelbildung des **218** IPR dazu führen, dass für Rechtsfragen, die in einem reinen Inlandssachverhalt funktional aufeinander abgestimmt sind – etwa der güterrechtliche Ausgleich nach Beendigung einer Ehe und das Erbrecht des überlebenden Ehegatten –, in einem Sachverhalt mit Auslandsbezug unterschiedliche, inhaltlich unvereinbare Rechte berufen werden. Das Standardbeispiel bildet die Witwe des Erblassers, die prima facie nichts erhält, weil das anwendbare Erbrecht lediglich einen güterrechtlichen Ausgleich im Todesfall vorsieht, während das auf den Güterstand anwendbare Recht ihr ausschließlich einen Anteil am Erbe zubilligt (→ Rn. 246). Solche Wertungswidersprüche können nicht nur in Gestalt des eben beschriebenen **Normenmangels,** sondern auch – umgekehrt – in Gestalt einer **Normenhäufung** auftreten, also wenn zB einer Witwe im güterrechtlicher Ausgleich nach einer Rechtsordnung und zusätzlich – zu Lasten der Kinder – auch noch ein ungeschmälerter Anspruch auf das Erbe nach einer anderen Rechtsordnung zugesprochen wird. Derartige Friktionen sind ggf. durch eine **Anpassung** (Angleichung) der jeweils berufenen Rechtsordnungen zu bewältigen (näher → Rn. 242 ff.).

Schließlich stellt sich über diese Fallgruppen hinaus die Frage, ob und unter welchen Voraussetzun- **219** gen ein **kollisionsrechtlich nicht berufenes Recht** gleichwohl **im Rahmen des anwendbaren Sachrechts berücksichtigt** werden kann (→ Rn. 270 ff.).

II. Transposition

1. Transposition im Falle eines Statutenwechsels. Von einer Transposition spricht man her- **220** kömmlich insbesondere im **Internationalen Sachenrecht,** wenn an einer Sache im Ausland ein bestimmtes Recht begründet worden ist, das mit dem Numerus Clausus des deutschen materiellen Sachenrechts an sich unvereinbar ist (zB ein registerloses Registerpfandrecht, wie zB ein „lien" an einem Kraftfahrzeug nach Art. 9 Uniform Commercial Code in den USA oder eine Autohypothek in Italien), und diese Sache anschließend nach Deutschland verbracht wird, so dass ein Statutenwechsel eintritt.[806] Hier haben die Rechtsprechung und die hL vor der Kodifikation des internationalen Sachenrechts im Jahre 1999 angenommen, dass ein solches, unseren Vorstellungen (vgl. § 1205 BGB) fremdes Recht nicht einfach infolge des Statutenwechsels untergeht, sondern in der Form des Sicherungseigentums nach deutschem Recht im Inland fortbesteht.[807] Ob daran unter dem heutigen Art. 43 Abs. 2 EGBGB unverändert festzuhalten[808] oder ob das ausländische Rechtsinstitut vielmehr als solches – also als *Pfandrecht* – anzuerkennen und lediglich in seinen Rechtswirkungen durch die neue lex rei sitae zu begrenzen ist (zB Verwertung nach deutschem Pfand- und Hypothekenrecht),[809] bleibt allerdings umstritten;[810] für weitere Einzelheiten muss auf die Kommentierung des Art. 43 EGBGB (→ Rn. 147 ff.) verwiesen werden. Ungeachtet der besonderen Häufigkeit dieser Fallgestaltung im internationalen Sachenrecht können entsprechende Probleme auch aufgrund eines Statutenwechsels in anderen Bereichen auftreten (zB dem Gesellschaftsrecht oder im Recht der Ehewirkungen bzw. dem Ehegüterrecht).[811] Die modifizierte Sitztheorie des BGH zB, nach der eine in einem Drittstaat gegründete Kapitalgesellschaft, die ihren Verwaltungssitz nach Deutschland verlegt, nicht einfach – wie man noch im 20. Jahrhundert annahm – ihre Rechtsfähigkeit verliert, sondern in eine Personengesellschaft deutschen Rechts umgedeutet wird,[812] kann man ebenso als einen Fall der Transposition auffassen.[813] Ein weiteres Beispiel bildet die bei der Eheschließung vereinbarte **Mor-**

---

[806] S. bereits *Lewald* Règles généralesS. 131 f.; zum Teil wird der Begriff in der Rechtsvergleichung auch als Synonym für die Assimilation rezipierten Rechts verwendet, so *Örücü,* Law as Transposition, Int. Comp. L. Q. 51 (2002), 205 ff.; abl. hierzu *v. Hein,* Die Rezeption US-amerikanischen Gesellschaftsrechts in Deutschland, 2008, 57.

[807] BGH NJW 1991, 1415 = IPRax 1993, 176 m. Aufsatz *Kreuzer* IPRax 1993, 157 (italienische Autohypothek); OLG Karlsruhe WM 2003, 584 = BeckRS 2000 30121394 (*lien* nach Art. 9 UCC), jeweils mwN.

[808] So zB *v. Bar/Mankowski* IPR I § 7 Rn. 246; *Kropholler* IPR § 54 III 1b; Staudinger/*Sturm/Sturm* (2012) Rn. 254.

[809] So zB *v. Hoffmann/Thorn* IPR § 6 Rn. 38–39; *Rauscher* IPR Rn. 1523.

[810] Ausf. *Drömann,* Die Integration ausländischen Sachenrechts im deutschen IPR, 2013, 115 ff. mzN; ferner *Rakob,* Ausländische Mobiliarsicherungsrechte im Inland, 2001, 11 ff., die bei der Substitution ansetzen will (dazu krit. wiederum *Drömann* aaO S. 198 ff.).

[811] Vgl. *Dannemann* Ungewollte Diskriminierung S. 99.

[812] BGHZ 151, 204 = NJW 2002, 3529; BGHZ 178, 192 = NJW 2009, 289.

[813] Ebenso *M.-P. Weller* IPRax 2017, 167 (172); vgl. auch das Beispiel zur Sitztheorie bei *Siehr* IPR § 52 III 2.

gengabe nach islamischem Recht; qualifiziert man den *mahr* als eine Frage der allgemeinen Ehewirkungen (→ Rn. 119 f.), ist dessen Anknüpfung wandelbar (Art. 14 Abs. 1 EGBGB), so dass im Zeitpunkt einer späteren Scheidung ein Statutenwechsel eingetreten sein kann. Der BGH deutet in einem solchen Fall die Morgengabe in eine nach deutschem Recht zulässige ehevertragliche Zusage des Ehemannes um, der Frau den vereinbarten Geldbetrag zu zahlen.[814]

221 Öfters wird die Transposition infolge eines Statutenwechsels als ein bloßer **Unterfall der Anpassung (Angleichung)** angesehen.[815] Gegenüber den gewöhnlichen Anpassungskonstellationen, in denen die gleichzeitige Anwendbarkeit verschiedener Rechtsordnungen auf unterschiedliche rechtliche Elemente eines Lebenssachverhalts zu widersprüchlichen Ergebnissen führe, weise die Transposition lediglich die Besonderheit auf, dass insoweit die Anwendbarkeit unterschiedlicher Rechtsordnungen sukzessiv eintrete.[816] Es liegt aber bei genauerer Betrachtung doch eine Differenz darin, dass bei der Anpassung das anwendbare Sachrecht modifiziert wird, um der Auslandsberührung des Sachverhalts gerecht zu werden, während bei der Transposition nicht das inländische Sachrecht regelwidrig verändert wird, sondern umgekehrt das dem deutschen Recht fremde Institut (zB das besitzlose Registerpfandrecht) in eine vertraute Kategorie des inländischen Rechts (das Sicherungseigentum) übertragen wird.[817] Der Blickwinkel des Rechtsanwenders ist also genau entgegengesetzt. Ferner scheidet nach der herkömmlichen Transpositionslehre in den Fällen eines Statutenwechsels die bei der Anpassung vielfach als vorrangig angesehene kollisionsrechtliche Lösung (näher → Rn. 254 ff.) von vornherein aus:[818] Der Widerspruch zB zwischen der Existenz eines besitzlosen Registerpfandrechts nach ausländischem Recht und dem Numerus Clausus des deutschen Sachenrechts kann ersichtlich nicht etwa in der Weise aufgelöst werden, dass auf der kollisionsrechtlichen Ebene der Statutenwechsel rückgängig gemacht wird und das fragliche Kraftfahrzeug ungeachtet der Änderung seines Lageortes (Art. 43 Abs. 1 EGBGB) weiterhin ohne jegliche Modifikation dem Recht des Herkunftsstaates unterliegt, denn mit dem Eintritt des Statutenwechsels ist die Ursprungsrechtsordnung endgültig nicht mehr anwendbar. Insoweit besteht eine **größere Ähnlichkeit der Transposition mit dem sog Handeln unter „falschem"** (nicht anwendbarem) **Recht** (näher → Rn. 225) als mit der Problematik der Anpassung im engeren (technischen) Sinne. Folgt man hingegen der Auffassung, das unbekannte ausländische Rechtsinstitut sei nicht in eine funktionsäquivalente Figur des deutschen Rechts zu übersetzen, sondern „als solches" hinzunehmen und lediglich in Bezug auf die Modalitäten seiner Geltendmachung bzw. Verwertung dem deutschen Recht zu unterwerfen,[819] bedarf es unter Umständen einer zusätzlichen Modifikation der deutschen Normen (etwa der Regeln über die Pfandrechtsverwertung), um das unbekannte Recht angemessen verwirklichen zu können.[820] Aus Sicht dieser sog. „Hinnahmetheorie" ist es daher schlüssig, auch die vorliegende Fallgruppe der Anpassung zuzuordnen. Hinter der unterschiedlichen Begrifflichkeit verbirgt sich daher durchaus eine inhaltliche Differenz in der rechtlichen Bewertung der behandelten Konstellationen.

222 **2. Sonstige Fälle der Transposition.** Zum Teil wird auch die Anpassung in denjenigen Fällen, in denen parallel mehrere Rechtsordnungen auf unterschiedliche Elemente eines Lebenssachverhalts Anwendung finden, aber zwischen den jeweils berufenen Rechtsordnungen „qualitative Normendiskrepanzen" bestehen, als eine Transposition betrachtet.[821] Insoweit kommt jedoch nicht nur die materiellrechtliche Transposition als Lösungsweg in Betracht, sondern es sind auch kollisionsrechtliche Strategien denkbar, so dass diese Frage im Kontext der Anpassung zu erörtern ist (näher → Rn. 250). Ferner wird bisweilen die Eintragung fremder Rechtsinstitute (zB einer gleichgeschlechtlichen Ehe) in ein deutsches Register (zB in Form einer eingetragenen Lebenspartnerschaft)

---

[814] BGHZ 183, 287 = NJW 2010, 1528; explizit als Transposition bezeichnet von *M.-P. Weller* IPRax 2014, 225 (230 f.).
[815] ZB Bamberger/Roth/*Lorenz* Rn. 90; Staudinger/*Sturm/Sturm* (2012) Rn. 254.
[816] Eingehend *Bureau/Muir Watt,* Droit international privé I, 3. Aufl. 2014, Rn. 476 ff., die zwischen einer Anpassung infolge einer sukzessiven und einer gleichzeitigen Anwendung verschiedener Rechtsordnungen unterscheiden; ebenso Bamberger/Roth/*Lorenz* Rn. 90; *Kropholler* IPR § 34 I; *J. Schröder* Anpassung S. 122 ff.
[817] So treffend *Looschelders* Anpassung S. 183.
[818] Bereits *Lewald* Règles générales S. 131 bemerkte treffend, die Frage der Transposition sei „moins un problème du conflit des lois qu'une question de droit comparé".
[819] Ausf. *Drömann,* Die Integration ausländischer Sachenrechte im deutschen IPR, 2013, 115 ff. mzN; *v. Hoffmann/Thorn* IPR § 6 Rn. 38–39; *Rauscher* IPR Rn. 1523; ferner *Rakob,* Ausländische Mobiliarsicherungsrechte im Inland, 2001, 11 ff., die bei der Substitution ansetzen will (dazu krit. wiederum *Drömann,* Die Integration ausländischer Sachenrechte im deutschen IPR, 2013, 198 ff.).
[820] Vgl. *Rauscher* IPR Rn. 1523: Verwertung einer Autohypothek nach einem an § 1233 BGB „ausgerichteten" Verfahren; anders BGH NJW 1991, 1415 = IPRax 1993, 176 m. Aufsatz *Kreuzer* IPRax 1993, 157 (Verwertung nach den für das Sicherungseigentum geltenden Regeln).
[821] So Bamberger/Roth/*Lorenz* Rn. 90; Staudinger/*Sturm/Sturm* (2012) Rn. 254.

als ein Fall der Transposition angesehen.[822] Zwar ist es richtig, dass eine gleichgeschlechtliche Ehe in ein deutsches Register derzeit nur als Lebenspartnerschaft aufgenommen wird.[823] Dies folgt aber bereits daraus, dass die dem deutschen Recht noch unbekannte gleichgeschlechtliche Ehe *lege fori* nach hM nicht als „Ehe" iS des Art. 13 EGBGB, sondern als Lebenspartnerschaft iS des Art. 17b EGBGB qualifiziert wird (→ Rn. 121). Insoweit ist die maßgebende „Übersetzungsarbeit" schon auf der Stufe der kollisionsrechtlichen Qualifikation geleistet worden; einer anschließenden Transposition des bereits in die Kategorien des deutschen Rechts eingeordneten Instituts oder einer Anpassung des deutschen Rechts bedarf es daher nicht mehr.[824] Ob eine solche Umqualifikation eines Statusverhältnisses mit Art. 21 AEUV vereinbar ist, ist allerdings sehr str. (näher → EGBGB Art. 3 Rn. 127).

III. Handeln unter „falschem" Recht

Einen Sonderfall der Transposition stellt das sog Handeln unter „falschem" (besser: nicht anwendbarem)[825] Recht dar.[826] Hiervon spricht man, wenn die an einem Rechtsgeschäft Beteiligten, zB der Erblasser bei der Errichtung eines Testaments oder die Parteien eines Vertrages, sich in der Ausgestaltung des von ihnen Gewollten nach einer Rechtsordnung gerichtet haben, die tatsächlich aus Sicht des deutschen Kollisionsrechts keine Anwendung findet.[827] Insbesondere im bisher geltenden autonomen Internationalen Erbrecht war diese Konstellation häufig, weil das Festhalten an der Staatsangehörigkeit dazu führte, dass das Erbstatut und das Recht der letzten sozialen Integration bei ausgewanderten Deutschen regelmäßig auseinanderfielen;[828] der Übergang zur Anknüpfung an den letzten gewöhnlichen Aufenthalt in der EuErbVO dürfte eine Verringerung dieser Fälle bewirken.[829] Die Problematik kann aber auch außerhalb des Erbrechts, also zB im Eherecht[830] bzw. Ehegüterrecht,[831] im Sachenrecht,[832] im Gesellschaftsrecht[833] oder im Immaterialgüterrecht[834] auftreten.

223

---

[822] *Dannemann* Ungewollte Diskriminierung S. 102 f.

[823] VG Berlin BeckRS 2010, 49871 = IPRax 2011, 270 m. Aufsatz *Mankowski/Höffmann* IPRax 2011, 247; hierzu auch *Nordmeier* IPRax 2012, 31 (38 f.); KG FamRZ 2011, 1525 = BeckRS 2011, 07208; OLG Zweibrücken NJW-RR 2011, 1156; OLG München FGPrax 2011, 249.

[824] So die einhellige oberlandesgerichtliche Rspr. (vorige Fn.); anders aber Staudinger/*Sturm/Sturm* (2012) Rn. 252, welche die Lösung über die Qualifikation ablehnen und hierin einen Fall der Anpassung sehen.

[825] Hingegen ist es missverständlich, von Handeln unter „fremdem" Recht zu sprechen (so aber *v. Bar/ Mankowski* IPR I § 7 Rn. 247; *Mansel,* FS W. Lorenz, 1991, 689 (694)), denn es kommt auch in Betracht, dass die Parteien sich irrig nach dem *deutschen* Recht richten, obwohl tatsächlich ein *ausländisches* Recht Anwendung findet, vgl. zB BGH NJW 1997, 461 = IPRax 1997, 422 m. Aufsatz *Stoll* IPRax 1997, 411.

[826] Herkömmlich als Unterfall der Transposition eingeordnet, grundlegend *Lewald* Règles générales S. 129; ihm folgend zB *v. Bar/Mankowski* IPR I § 7 Rn. 247; *Dannemann* Ungewollte Diskriminierung S. 99 ff.; *Looschelders* Anpassung S. 185; *Siehr* IPR § 52 III 2; als eigenständiger „Sonderfall des Auslandssachverhalts" eingestuft hingegen bei *Kegel/ Schurig* IPR § 1 VIII 2d; ebenso Bamberger/Roth/*Lorenz* Rn. 93; als Sonderfall der Substitution von *Mansel,* FS W. Lorenz, 1991, 689 (694 f.); zwischen Substitution und Handeln unter falschem Recht zutr. diff. aber die hL, s. *v. Bar/ Mankowski* IPR I § 7 Rn. 247; NK-BGB/*Freitag* EGBGB Art. 3 Rn. 40; *Rehm* RabelsZ 64 (2000), 104 (106).

[827] Bamberger/Roth/*Lorenz* Rn. 93; *Dannemann* Ungewollte Diskriminierung S. 99 ff.; *Kegel/Schurig* IPR § 1 VIII 2d; *Siehr* IPR § 52 III 2; *Stoll* IPRax 1997, 411 (412).

[828] S. zB BayObLG ZEV 2003, 503; OLG Köln FGPrax 2014, 75 = FD-ErbR 2014, 358003 mAnm *Litzenburger*.

[829] Wobei freilich nicht ausgeschlossen werden kann, dass zB in mediterranen Rentnerkolonien lebende Deutsche künftig nach deutschem Recht in der irrigen Annahme testieren, dieses sei weiterhin auch mangels einer Rechtswahl das objektive Erbstatut; dies befürchtet zB *Gärtner,* Die Behandlung ausländischer Vindikationslegate im deutschen Recht, 2014, 40; ferner können auch Fehler in der rechtlichen Beratung nicht immer verhindert werden, vgl. *Dutta* IPRax 2016, 139.

[830] ZB BGH NJW 1987, 2161 (Vereinbarung einer Morgengabe islamischen Rechts, obwohl deutsches Recht anwendbar war); vgl. auch LSG Baden-Württemberg becklink 2017, 2005669: Irrige Annahme, die Eheschließung vor einem Geistlichen in Las Vegas sei eine rechtlich wirkungslose „Spaßheirat".

[831] BGH NJW-RR 2011, 1225 = IPRax 2012, 356 mAnm *Helms* IPRax 2012, 324 = FamRZ 2011, 1495 mAnm *Wachter* FamRZ 2011, 1497 und Anm *Henrich* FamRZ 2011, 1498 = LMK 2011, 322656 mAnm *Mörsdorf-Schulte* (Vereinbarung einer *séparation de biens* bei Eheschließung auf Mauritius, obwohl deutsches Ehegüterrecht anwendbar war).

[832] S. etwa zum Sachenrecht BGH NJW 1997, 461 = IPRax 1997, 422 m. Aufsatz *Stoll* IPRax 1997, 411 (Übereignung in der Form des § 931 BGB, obwohl tatsächlich polnisches Recht als lex rei sitae berufen war); vgl. auch OLG Hamburg IPRspr. 1933 Nr. 29 (Bestellung eines „receivers" englischen Rechts aufgrund einer Hypothek an einem deutschen Grundstück).

[833] OLG Hamburg NZG 2007, 597 (Die Gesellschafter einer nach dem Recht der Isle of Man gegründeten Gesellschaft nehmen Rechtshandlungen in der irrigen Annahme vor, die Gesellschaft unterliege trotz der Verlegung des Verwaltungssitzes nach Deutschland weiterhin ihrem Gründungsrecht).

[834] OLG Düsseldorf ZUM 2006, 326 (Übertragung eines Urheberrechts in der Annahme, es gälten die für das US-amerikanische *copyright* maßgeblichen Bestimmungen).

224 In derartigen Fällen ist allgemein anerkannt, dass bei der Erforschung des von dem Erblasser oder den Parteien tatsächlich Gewollten zu berücksichtigen ist, welche Bedeutung die von den Handelnden gewählten **Begriffe** in der Rechtsordnung haben, der sie entstammen.[835] Dies gilt auch dann, wenn der Erblasser einen dem deutschen Recht zwar bekannten, aber erkennbar im Sinne eines ausländischen Rechts gemeinten Begriff verwendet hat.[836] Voraussetzung hierfür ist stets, dass die Parteien einen dem deutschen Recht unbekannten Begriff tatsächlich im Sinne einer fremden Rechtsordnung benutzen wollten;[837] wenn sie trotz des Gebrauchs zB englischsprachiger Rechtsbegriffe („Indemnity"-Klausel) im konkreten Fall übereinstimmend etwas anderes mit diesen Termini verbunden haben, statt sich vom allgemeinen angelsächsischen Verständnis leiten zu lassen, handelt es sich hingegen um eine bloße *falsa demonstratio* und es ist ihre abweichende Auffassung zugrunde zu legen.[838]

225 Haben die Parteien sich auch inhaltlich an den Vorgaben eines nicht anwendbaren Rechts orientiert, ist – soweit möglich – der Versuch zu unternehmen, das von ihnen Gewollte in eine nach dem anwendbaren Recht zulässige Gestaltung zu übersetzen;[839] hierin liegt die Gemeinsamkeit mit der bereits behandelten Fallgruppe der Transposition (→ Rn. 220). So kann zB die Einsetzung eines „executor and trustee" in die Anordnung einer Testamentsvollstreckung umgedeutet werden;[840] auch eine Auslegung der Anordnung eines „trust" iS einer Vor- und Nacherbschaft kommt ggf. in Betracht.[841] Irren die Gesellschafter über das wirkliche Personalstatut der Gesellschaft, gelten die im deutschen Recht entwickelten Grundsätze zur Rechtsformverfehlung entsprechend.[842] Die Vereinbarung einer Morgengabe ist – ebenso wie beim Statutenwechsel (→ Rn. 220) – als ehevertragliche Zusage anzusehen.[843] Die Vereinbarung einer „séparation de biens" bei einer Eheschließung auf Mauritius kann als Begründung einer Gütertrennung iS des deutschen Rechts aufgefasst werden.[844] Die gescheiterte Übertragung des Urheberrechts selbst kann als eine Vereinbarung einer ausschließlichen Lizenz ausgelegt werden.[845] Weitgehende Einigkeit besteht darin, dass sich beim Handeln unter falschem Recht letztlich ein **rein sachrechtliches Auslegungsproblem** und keine Frage des IPR im technischen Sinne stellt.[846]

226 Bevor auf die oben geschilderten Grundsätze des Handelns unter falschem Recht zurückgegriffen wird, ist stets vorab zu prüfen, ob sich aus der Verwendung bestimmter Rechtsbegriffe eine **konkludente Rechtswahl** (zB nach Art. 3 Abs. 1 S. 2 Var. 2 Rom I-VO)[847] ergibt, sofern eine solche auf dem betreffenden Rechtsgebiet zulässig ist.[848] In diesem Fall haben die Parteien nämlich nach dem „richtigen" Recht gehandelt, so dass sich keine besonderen Auslegungsprobleme stellen. Ferner ist ggf. der Vorrang des Verbots der **Gesetzesumgehung** (→ Rn. 282 ff.) gegenüber dem Handeln unter falschem Recht zu beachten.[849] Hat zB ein Erblasser (vgl. Erwägungsgrund 26 EuErbVO) oder der Gründer einer Stiftung bewusst zum Zwecke der Gesetzesumgehung gehandelt, so dass der von ihm gewollten rechtlichen Gestaltung die Anerkennung zu versagen ist, muss man konsequent bleiben und kann im Rahmen des tatsächlich anwendbaren

---

[835] Statt aller BGH IPRspr. 1966–67 Nr. 168b; BayObLG ZEV 2003, 503; OLG Düsseldorf FamRZ 2016, 2150 mAnm *Looschelders* FamRZ 2016, 2153 = MDR 2016, 1094 = BeckRS 2016, 14514; *Dannemann*, FS Stoll, 2001, 417 (427 f.); *Kegel/Schurig* IPR § 1 VIII 2d.
[836] OLG Köln FGPrax 2014, 75 = FD-ErbR 2014, 358003 mAnm *Litzenburger* („Pflichtteil" nach schweizerischem Recht).
[837] S. auch OLG Köln FGPrax 2014, 75 = FD-ErbR 2014, 358003 mAnm *Litzenburger.*
[838] BGH NJW-RR 1992, 423 (425); *Pfeiffer*, FS Kropholler, 2008, 175 (176).
[839] BayObLG ZEV 2003, 503; OLG Düsseldorf ZUM 2006, 326; OLG Hamburg NZG 2007, 597; OLG Köln FGPrax 2014, 75 = FD-ErbR 2014, 358003 mAnm *Litzenburger*; eingehend *Münzer*, Handeln unter falschem Recht, 1992, 127 ff.
[840] BayObLG ZEV 2003, 503; s. auch OLG Schleswig ZEV 2014, 570 (LS) = IPRax 2016, 163 mAnm *Dutta* IPRax 2016, 139; zum niederländischen „executeur" eingehend OLG Düsseldorf FamRZ 2016, 2150 mAnm *Looschelders* FamRZ 2016, 2153 = MDR 2016, 1094 = BeckRS 2016, 14514.
[841] LG München IPRax 2001, 459; AG Freiburg BeckRS 2013, 08739.
[842] OLG Hamburg NZG 2007, 597.
[843] BGH NJW 1987, 2161 = IPRax 1988, 109 mAnm *Heßler* IPRax 1988, 95.
[844] BGH NJW-RR 2011, 1225.
[845] OLG Düsseldorf ZUM 2006, 326.
[846] Zutr. *Dannemann* Ungewollte Diskriminierung S. 100; *Kegel/Schurig* IPR § 1 VIII 2d; *J. Schröder* Anpassung S. 41 f.; ebenso Bamberger/Roth/*Lorenz* Rn. 93; anders wohl *Looschelders* Anpassung S. 185: Da die Transposition eine kollisionsrechtliche Methode darstelle, komme es nicht darauf an, ob das anwendbare Sachrecht das Institut der Umdeutung kenne oder nicht; aA auch *Heßler* IPRax 1988, 95 (97) (Anwendungsfall der „Zwei-Stufen-Theorie" des IPR, hierzu → Rn. 273 ff.).
[847] Hierzu ausf. Rauscher/*v. Hein* EuZPR/EuIPR, 2016 Rom I-VO Art. 3 Rn. 10 ff.
[848] Dies betonen mit Recht Bamberger/Roth/*Lorenz* Rn. 93; NK-BGB/*Freitag* Art. 3 Rn. 40.
[849] *v. Bar/Mankowski* IPR I § 7 Rn. 248.

Rechts nicht wiederum dem Erblasser- oder Stifterwillen Rechnung tragen, ohne sich in Wertungswidersprüche zu verwickeln.

IV. Substitution

1. Begriff und Abgrenzung. Von einer „Substitution" spricht man allgemein – wiederum im **227** Anschluss an *Lewald*[850] – wenn es um die Frage geht, ob und ggf. unter welchen Voraussetzungen ein normatives Tatbestandsmerkmal einer inländischen Sachnorm auch durch ein ausländisches Rechtsinstitut ausgefüllt werden kann.[851] Diese Definition deckt zwar den häufigsten Fall einer Substitution ab, ist aber streng genommen nicht erschöpfend: Erstens kann sich eine Frage der Substitution nicht nur im Rahmen des deutschen Sachrechts, sondern ebenso bei einer ausländischen lex causae stellen.[852] Zweitens kann nicht nur eine Sach-, sondern auch eine (in- oder ausländische) Kollisionsnorm eine Frage der Substitution aufwerfen:[853] Wenn zB Art. 46e Abs. 1 EGBGB die notarielle Beurkundung einer Rechtswahlvereinbarung nach Art. 5 Rom III-VO gebietet, muss ggf. geklärt werden, ob die scheidungswilligen Eheleute eine solche Wahl auch von einem ausländischen Notar beurkunden lassen dürfen.[854] Ganz allgemein formuliert daher mit Recht die Resolution des Institut de Droit International vom 27.10.2007 (Art. 1):[855] „La substitution permet à un rapport de droit ou un acte établi sous l'empire d'une loi donnée de produire tout ou partie des effets attachés à un rapport de droit ou un acte similaires connus de la loi d'un autre État." Um der Übersichtlichkeit der Darstellung willen wird in den folgenden Erläuterungen aber vom praktischen Normalfall, der Substitution im Rahmen einer inländischen Sachnorm, ausgegangen. Dies ist gerechtfertigt, da sich auch bei der Substitution im Tatbestand einer ausländischen lex causae keine prinzipiell abweichenden Lösungstechniken empfehlen.[856] Gleiches gilt für die Substitution in Bezug auf eine Kollisionsnorm.[857]

Von der **Anpassung** (→ Rn. 244) unterscheidet sich die Substitution erstens dadurch, dass sie **228** tatbestandlich keinen inhaltlichen Widerspruch zwischen zwei Rechtsordnungen voraussetzt; vielmehr hängt der Erfolg einer Substitution gerade davon ab, dass die ausländische Rechtsfigur, die zur Ausfüllung eines inländischen Tatbestandsmerkmals herangezogen wird – etwa ein ausländischer Notar –, dem entsprechenden inländischen Institut funktional gleichwertig ist.[858] Zweitens liegt ein methodischer Unterschied darin, dass eine Anpassung grundsätzlich auch auf kollisionsrechtlicher Ebene erfolgen kann (näher → Rn. 254 ff.), während die Frage des anwendbaren Sachrechts im Falle der Substitution bereits geklärt ist und es nur noch um die Frage nach dessen sachgerechter Auslegung geht.[859] Auch wenn zB eine „hinkende" Ehe unter eine sozialrechtliche Vorschrift subsumiert wird (→ Rn. 208 ff.), handelt es sich allein um eine Substitution, dh eine Subsumtion der ausländischen Rechtserscheinung unter einen spezifisch sozialrechtlichen Ehebegriff, nicht um eine Anpassung des inländischen Privatrechts.[860]

---

[850] *Lewald* Règles générales S. 132 ff.

[851] Vgl. BGHZ 205, 289 Rn. 33 = NJW 2015, 2185; *Helms* IPRax 2012, 324 f.; *v. Hoffmann/Thorn* IPR § 6 Rn. 40; *Kropholler* IPR § 33 I; *Rauscher* IPR Rn. 536; *Siehr* IPR § 52 III 3; ausf. hierzu *Hug*, Die Substitution im IPR, 1983; *Mansel*, FS W. Lorenz, 1991, 689 ff.; *Carsten Schulz*, Die Subsumtion ausländischer Rechtstatsachen, 1997; *van Venrooy*, Internationalprivatrechtliche Substitution, 1999.

[852] ZB OLG Düsseldorf IPRax 1998, 380 mAnm *Klinkhardt* IPRax 1998, 356 = ZEV 1998, 487 zur Frage, ob die nach uruguayischem Adoptionsstatut wirksame Annahme als Kind eine Adoption im Sinne des argentinischen Erbstatuts darstellt; OLG Düsseldorf ZInsO 2010, 1934 = BeckRS 2010, 20000 (Unterbrechung der Verjährung eines Anspruchs nach französischem Recht durch Klageerhebung in Deutschland); s. auch Bamberger/Roth/*Lorenz* Rn. 91; *Rauscher* IPR Rn. 536; Staudinger/*Sturm*/*Sturm* (2012) Rn. 259.

[853] Staudinger/*Sturm*/*Sturm* (2012) Rn. 259.

[854] Mit Recht eine Substituierbarkeit bejahend zB Palandt/*Thorn* EGBGB Art. 46d Rn. 3; hierbei geht es nicht um eine Frage der Qualifikation, weil es sich bei der notariellen Beurkundung nicht um einen kollisionsrechtlichen Systembegriff handelt, vgl. zum Verhältnis Substitution/Qualifikation *Kegel/Schurig* IPR § 1 VIII 2e.

[855] Abgedruckt mit einer Einführung von *Jayme* in IPRax 2008, 297.

[856] So aber *Carsten Schulz*, Die Subsumtion ausländischer Rechtstatsachen, 1997, S. 63; wie hier dagegen *Looschelders* RabelsZ 64 (2000), 420 (423); *v. Bar/Mankowski* IPR I § 7 Rn. 240; vgl. auch OLG Düsseldorf BeckRS 2010, 20000.

[857] So auch *Mansel*, FS Kropholler, 2008, 353 (364) in Fn. 51.

[858] *v. Bar/Mankowski* IPR I § 7 Rn. 240; *v. Hoffmann/Thorn* IPR § 6 Rn. 41; *Kropholler* IPR § 33 I 1; *Looschelders* Anpassung S. 178 f.

[859] *v. Bar/Mankowski* IPR I § 7 Rn. 240; *Kropholler* IPR § 33 I 1; ebenso Bamberger/Roth/*Lorenz* Rn. 91; aus Sicht der Zwei-Stufen-Theorie des IPR (dazu → Rn. 273 ff.) handelt es sich hingegen auch bei der Substitution um eine „Denkfigur des IPR", so *Jayme* IPRax 2008, 298.

[860] Anders *Kegel/Schurig* IPR § 1 VIII 2e; vgl. auch zur sog Figur der „Subsumtionsanpassung" eingehend *J. Schröder* Anpassung S. 78 ff., insoweit krit. besprochen von *Stoll* FamRZ 1963, 318 (319) („überhaupt kein kollisionsrechtliches Problem").

229   Eine engere Verwandtschaft besteht zwar zwischen Substitution und **Transposition.**[861] Gemeinsam ist beiden methodischen Ansätzen die rechtsvergleichende Komponente, dh die Prüfung der funktionalen Äquivalenz, indem man zB die Frage stellt, ob die italienische Autohypothek dem Sicherungseigentum deutschen Rechts (Transposition, → Rn. 220) oder der Baseler Notar einem deutschen Amtsträger gleichwertig ist (Substitution). Jedoch sind die beiden Begriffe nicht deckungsgleich.[862] Während bei der Transposition die ausländische Rechtserscheinung (zB die italienische Autohypothek) in ein inländisches Rechtsinstitut (zB das Sicherungseigentum) übergeleitet wird (→ Rn. 220 f.), ihren fremden Charakter also abstreift, wird bei der Substitution die ausländische Rechtsfigur (zB ein Baseler Notar) lediglich unter das Tatbestandsmerkmal einer deutschen Sachnorm (zB „Notar" im Sinne des Beurkundungserfordernisses nach § 15 Abs. 3 GmbHG) subsumiert (näher → Rn. 232, 233, 236 f.); damit ist aber nicht gemeint, dass die Tätigkeit dieses Notars insgesamt, etwa auch in Bezug auf die Belehrungspflichten gegenüber den Parteien (§ 17 BeurkG), die Meldepflichten gegenüber dem Handelsregister (§ 40 GmbHG) oder seine Haftung bei Beratungsfehlern, nach deutschem Recht beurteilt werden müsste (→ Rn. 236). Es treten lediglich die Rechtsfolgen derjenigen deutschen Sachnorm ein, in deren tatbestandlichem Rahmen eine Substitution stattfindet; im Übrigen bleibt das substituierende Rechtsinstitut aber seinem eigenen Recht unterworfen.[863]

230   Schließlich ist die Substitution von der **Vorfrage** (→ Rn. 148 ff.) abzugrenzen.[864] Zwar sind diese beiden Rechtsfiguren im Ausgangspunkt – und häufig auch in der Rechtspraxis – dadurch verbunden, dass die für sie charakteristische Problematik gleichermaßen durch in einer Sachnorm verwendete Rechtsbegriffe aufgeworfen wird.[865] Aber die Frage, die jeweils zu beantworten ist, ist eine andere: Während es bei der Vorfrage darum geht, das Recht zu bestimmen, das auf ein im Tatbestand einer Sachnorm genanntes Rechtsverhältnis (zB Ehe, Adoption) anwendbar ist (→ Rn. 148 ff.), es sich also um ein kollisionsrechtliches Problem handelt, betrifft die Substitution die rein sachrechtliche Ebene der Auslegung und Subsumtion, auf die man erst gelangt, wenn das anwendbare Recht bereits festgelegt ist.[866] Die Substitution löst also regelmäßig sachrechtliche „Folgeprobleme" der Vorfragenanknüpfung,[867] so dass sie grundsätzlich erst nach dieser zu erörtern ist.[868] Ausnahmsweise kann eine Substitution aber auch eine Lösung des Vorfragenproblems erübrigen, insbesondere wenn zB ein in sozialrechtlichen Vorschriften vorausgesetztes Rechtsverhältnis abweichend von der zivilrechtlichen Begriffsbildung definiert wird, so dass auch ein „hinkender" zivilrechtlicher Status zur Erfüllung des sozialrechtlichen Tatbestandes ausreicht (→ Rn. 228).

231   **2. Fallkonstellationen.** Der für die Rechtspraxis zentrale Normalfall der Substitution liegt vor, wenn eine für eine inländische Sachnorm relevante Rechtshandlung (zB eine Beurkundung) im Ausland vorgenommen wird (oder umgekehrt). Eine Substitution kommt zwar theoretisch auch in Betracht, wenn eine ausländische Urkundsperson in Deutschland bestimmte Akte beurkundet oder ein deutscher Notar auf spiegelbildliche Weise im Ausland tätig wird.[869] Die Frage einer Substitution im Rahmen einer privatrechtlichen Norm der *lex causae* kann sich insoweit aber nur stellen, wenn eine solche grenzüberschreitende Tätigkeit der Urkundsperson nach den einschlägigen öffentlich- und berufsrechtlichen Vorschriften (BNotO, BeurkG bzw. den entsprechenden ausländischen Normen) überhaupt gestattet ist.[870] Ein deutscher Notar zB kann ein Urkundsgeschäft im Ausland

---

[861] *v. Hoffmann/Thorn* IPR § 6 Rn. 40; zur Abgrenzung eingehend *Dannemann* Ungewollte Diskriminierung S. 104.

[862] Zutr. *Mansel,* FS W. Lorenz, 1991, 689 (702).

[863] Ähnlich argumentiert *Dannemann* Ungewollte Diskriminierung S. 104: Die Transposition beziehe sich auf „komplexere Rechtsverhältnisse", die Substitution dagegen auf „einzelne Rechtsfragen".

[864] S. OLG Düsseldorf IPRax 1998, 380 mAnm *Klinkhardt* IPRax 1998, 356 = ZEV 1998, 487; dazu ausf. *Mansel,* FS Kropholler, 2008, 353 (364 ff.); ferner *Bernitt,* Die Anknüpfung von Vorfragen im europäischen Kollisionsrecht, 2010, 24 ff.; *Rauscher* IPR Rn. 538; *Svenné Schmidt* Rec. des Cours 233 (1992-II), 305, 335 ff.

[865] *Mansel,* FS Kropholler, 2008, 353 (364); *Kropholler* IPR § 33 I 2.

[866] OLG Düsseldorf IPRax 1998, 380 mAnm *Klinkhardt* IPRax 1998, 356 = ZEV 1998, 487; *Mansel,* FS Kropholler, 2008, 353 (364); *Kropholler* IPR § 33 I 2; ebenso *Bernitt,* Die Anknüpfung von Vorfragen im europäischen Kollisionsrecht, 2010, 27.

[867] *v. Bar/Mankowski* IPR I § 7 Rn. 242; darauf, dass die Substitution in der Praxis insbesondere bei universal anerkannten Rechtsinstituten (zB einer Ehe) oft nicht mehr explizit geprüft wird, weist *Mansel,* FS Kropholler, 2008, 353 (368) zutr. hin; vgl. auch *Rauscher* IPR Rn. 539.

[868] OLG Düsseldorf IPRax 1998, 380 mAnm *Klinkhardt* IPRax 1998, 356 = ZEV 1998, 487.

[869] Zu dieser Fallgruppe eingehend *Rehm* RabelsZ 64 (2000), 104 ff.; vgl. auch *Mansel,* FS Kropholler, 2008, 353 (365); *Kropholler* IPR § 33 I 1, der von einer „seltenen Konstellation" spricht.

[870] Vgl. BGH NJW 2013, 1605 Rn. 26 sowie bereits BGH NJW 1998, 2830 (2831).

allenfalls nach deutschem Recht vornehmen, nicht aber eine notarielle Urkunde nach dem jeweiligen Ortsrecht errichten, sofern nicht das ausländische Recht dies zulässt.[871]

3. Voraussetzungen. a) Statthaftigkeit der Substitution. Eine Substitution setzt erstens **232** voraus, dass die maßgebliche Sachnorm es nach ihrem Sinn und Zweck überhaupt zulässt, eine ausländische Rechtsfigur unter ihren Tatbestand zu subsumieren, dh dass die Sachnorm ihre Anwendbarkeit nicht von vornherein auf Institutionen des eigenen Rechts beschränkt.[872] Man spricht insoweit auch von „offenen" im Gegensatz zu „geschlossenen" Normen.[873] Im Zweifel ist davon auszugehen, dass privatrechtliche Normen einen „offenen" Charakter haben, dh grundsätzlich substitutionsfreundlich ausgelegt werden können.[874] Es bedarf vielmehr einer positiven, besonderen Begründung dafür, dass der Zweck einer Sachnorm ausnahmsweise einer Substitution schlechthin entgegensteht.[875] Da es stets auf den Zweck der jeweiligen Norm ankommt, ist es nicht ungewöhnlich, dass ein und derselbe Rechtsbegriff („Notar", „Standesbeamter", „Gericht") in einer Vorschrift als offen gegenüber einer Substitution ausgelegt werden kann, in einem anderen normativen Kontext hingegen nicht. Eines der wenigen Beispiele im letztgenannten Sinne bietet § 925 Abs. 1 S. 2 BGB, der nach hM aus entstehungsgeschichtlichen Gründen und zum Zwecke der Sicherheit des Grundbuchverkehrs verlangt, dass die Auflassung eines Grundstücks vor einem deutschen Notar erklärt wird.[876] Auch der Vertretungsnachweis gemäß § 32 GBO soll nicht durch einen ausländischen Notar erfolgen können.[877] Eine bloße öffentliche Beglaubigung nach § 129 BGB oder § 29 Abs. 1 GBO kann hingegen auch ein nordamerikanischer oder englischer „notary public" vornehmen.[878] Auch die Protokollierung eines gerichtlichen Vergleichs nach § 127a BGB kann durch ein ausländisches Gericht erfolgen, wenn eine Gleichwertigkeit des dortigen Beurkundungsverfahrens gegeben ist.[879] Eine Eheschließung „vor dem Standesbeamten" iS des § 1310 Abs. 1 S. 1 BGB setzt wiederum nach hM zwingend voraus, dass es sich hierbei um einen deutschen Amtsträger handelt;[880] zur Entgegennahme einer Erklärung über die Namenswahl nach § 1355 Abs. 2 BGB oder einer Rechtswahl nach Art. 10 Abs. 2 EGBGB sollte man aber auch einen ausländischen Standesbeamten als befugt ansehen, sofern die Voraussetzung der Gleichwertigkeit (→ Rn. 235 ff.) vorliegt.[881]

Umstritten war aufgrund einer jüngeren Reform des **GmbH-Rechts** (MoMiG), ob die Beurkun- **233** dung nach § 15 Abs. 3 GmbHG und die Einreichung einer veränderten Gesellschafterliste (§ 40 Abs. 2 GmbHG) auch von einem ausländischen Notar vorgenommen werden können;[882] der BGH hat dies jüngst in bejahendem Sinne geklärt, wenn die Gleichwertigkeit (→ Rn. 236 f.) der ausländischen Urkundsperson mit einem deutschen Notar gegeben ist.[883] Auch im Übrigen sollte man angesichts der zunehmenden grenzüberschreitenden Verflechtung deutscher Gesellschaften auf die-

[871] BGH NJW 2013, 1605 Rn. 26, im gegebenen Fall für das niederländische Recht verneinend.
[872] AllgM, s. nur *v. Bar/Mankowski* IPR I § 7 Rn. 243; *Kropholler* IPR § 33 II 1; *Mansel,* FS Kropholler, 2008, 353 (367); *Rauscher* IPR Rn. 540 ff.; *Rehm* RabelsZ 64 (2000), 104 (106 f.); vgl. auch Art. 4 S. 2 Resolution des IDI, IPRax 2008, 297.
[873] *Mansel,* FS W. Lorenz, 1991, 689 (697); *Rehm* RabelsZ 64 (2000), 104 (106 f.); *M.-P. Weller* ZGR 2010, 679 (706).
[874] So zu den nach § 337 InsO anzuwendenden Vorschriften BAG NJW 2016, 345 Rn. 46; allgemein *Kropholler* IPR § 33 II 1; *Mansel,* FS Kropholler, 2008, 353 (367); *Rauscher* IPR Rn. 541; *Rehm* RabelsZ 64 (2000), 104 (107).
[875] *Kropholler* IPR § 33 II 1; *Mansel,* FS Kropholler, 2008, 353 (367); *Rauscher* IPR Rn. 541.
[876] KG DNotZ 1987, 44; LG Ellwangen BWNotZ 2000, 45; *Döbereiner* ZNotP 2001, 465 ff.; *Kropholler* IPR § 33 II 1; *Mansel,* FS W. Lorenz, 1991, 689 (697); *Rauscher* IPR Rn. 542; *Rehm* RabelsZ 64 (2000), 104 (107); Staudinger/*Sturm/Sturm* (2012) Rn. 262; *H. Weber* NJW 1955, 1784, jeweils mzN; anders zB Staudinger/*Winkler v. Mohrenfels* (2013) EGBGB Art. 11 Rn. 296; *Heinz* RIW 2001, 928 ff.
[877] OLG München NZG 2015, 1437.
[878] OLG Zweibrücken FGPrax 1999, 86; OLG Nürnberg FGPrax 2014, 156; *Kropholler* IPR § 33 II 1; *Rauscher* IPR Rn. 545; *Rehm* RabelsZ 64 (2000), 104 (108); Staudinger/*Sturm/Sturm* (2012) Rn. 261.
[879] IE str., vgl. OLG Bamberg NJW-RR 2002, 1153 = FamRZ 2002, 1120 mAnm *Henrich*; OLG Schleswig NJW-RR 2012, 75 mwN.
[880] OLG Karlsruhe StAZ 1994, 286 = BeckRS 1994, 07756; str., aA – mit guten Gründen – zB Staudinger/*Mankowski* (2010) EGBGB Art. 13 Rn. 722 mzN.
[881] Vgl. OLG Düsseldorf StAZ 2010, 110 = BeckRS 2010, 00896; Staudinger/*Hepting/Hausmann* (2013) EGBGB Art. 10 Rn. 285 f.
[882] Zweifelnd LG Frankfurt a. M. NJW 2010, 683 mAnm *Pilger* = IPRax 2011, 398 m. Aufsatz *G. Schulze* IPRax 2011, 365; verneinend zB *Kindler* RIW 2011, 257 ff.
[883] BGH NZG 2014, 219 mwN zum Streitstand; Bestätigung von BGHZ 80, 76 = NJW 1981, 1160; hierzu näher *M.-P. Weller* ZGR 2014, 865 ff.; ebenso bereits OLG Düsseldorf NZG 2011, 388 m. Aufsatz *Olk* NZG 2011, 381 = RIW 2011, 329 m. Aufsatz *Kindler* RIW 2011, 257= IPRax 2011, 395 m. Aufsatz *G. Schulze* IPRax 2011, 365.

sem Rechtsgebiet im Zweifel eine weltoffene, substitutionsfreundliche Auslegung bevorzugen;[884] so dürften zB bei der Berechnung der nach § 100 Abs. 2 S. 1 Nr. 1 AktG zulässigen Höchstzahl von Aufsichtsratsmandaten entgegen der bislang hM[885] auch solche in vergleichbaren Auslandsgesellschaften (zB einer US-amerikanischen *corporation*) mitzuzählen sein.[886] Dass unser dualistisches System der Unternehmensspitze im Ausland formal weitgehend unbekannt ist,[887] schlägt angesichts der funktionalen Annäherung von Aufsichtsratsmitgliedern und *independent* bzw. *outside directors* nicht durch.[888] Auch die Beurkundung der Verhandlungsniederschrift nach § 130 Abs. 1 AktG kann grundsätzlich durch einen ausländischen Notar erfolgen.[889]

234   Schließlich kommt selbst im **Strafrecht** grundsätzlich eine Substitution im Hinblick auf zivil- und handelsrechtlich geprägte Tatbestandsmerkmale in Betracht; so kann zB der faktische Geschäftsführer einer Limited nach englischem Recht tauglicher Täter eines Bankrottdelikts (§ 283 StGB) sein.[890] Zum Ausschluss einer Substitution in bestimmten Vorschriften des **Sozialrechts,** insbesondere § 1 S. 3 SGB VI, aber → Rn. 210.

235   **b) Gleichwertigkeit des fremden Rechtsinstituts.** Wenn eine Norm grundsätzlich offen für eine Substitution ist, muss in einem zweiten Schritt geprüft werden, ob das in Betracht kommende ausländische Rechtsinstitut einer entsprechenden inländischen Rechtserscheinung gleichwertig ist.[891] Hierbei ist keine vollständige Kongruenz zu verlangen – sonst käme eine Substitution fast nie in Betracht –, sondern man muss sich mit einer funktionalen Äquivalenz in den wesentlichen Zügen begnügen.[892] Ob man insoweit je nach dem Grad der Übereinstimmung zwischen „regulärer“, „überbrückender“ und „umdeutender“ Substitution unterscheiden will,[893] ist angesichts der praktisch fließenden Übergänge zwischen diesen Typen eher eine terminologisch-systematische als eine inhaltliche Frage.[894]

236   Paradigmatisch für die hierbei anzustellenden Erwägungen ist die stRspr des BGH zur Gleichwertigkeit ausländischer, insbesondere schweizerischer **Notare,** mit deutschen Urkundspersonen. Der BGH bejaht eine Funktionsäquivalenz,

> *„wenn die ausländische Urkundsperson nach Vorbildung und Stellung im Rechtsleben eine der Tätigkeit des deutschen Notars entsprechende Funktion ausübt und für die Errichtung der Urkunde ein Verfahrensrecht zu beachten hat, das den tragenden Grundsätzen des deutschen Beurkundungsrechts entspricht. Dann schadet es auch nicht, wenn der ausländische Notar keine genaue Kenntnis des deutschen Gesellschaftsrechts besitzt. Zwar wird die Auslandsbeurkundung der in § 17 Abs. 1 BeurkG vorgesehenen Prüfungs- und Belehrungsfunktion unter Umständen nicht gerecht. Diese ist jedoch nicht Wirksamkeitsvoraussetzung der Beurkundung, sondern verzichtbar. Ein solcher Verzicht ist anzunehmen, wenn die Beteiligten einen ausländischen Notar aufsuchen, von dem sie regelmäßig eine genaue Kenntnis des deutschen Gesellschaftsrechts und deshalb eine umfassende Belehrung von vornherein nicht erwarten können […].“*[895]

237   Hieran hat sich weder durch das MoMiG noch durch die schweizerische GmbH-Reform etwas geändert.[896] Die Gleichwertigkeit eines Notars im Kanton Basel/Stadt wird folglich vom BGH mit

---

[884] Anders AG Charlottenburg GWR 2016, 96 = NotBZ 2016, 355 m. Aufsatz *P. Becker* NotBZ 2016, 321 (in Bezug auf die Beurkundung der Gründung einer deutschen GmbH durch einen Berner Notar).

[885] ZB *v. Caemmerer,* FS Geßler, 1971, 81 (83 ff.); Hüffer/*Koch* AktG, 12. Aufl. 2016, § 100 Rn. 10.

[886] Eingehend *M.-P. Weller* ZGR 2010, 679 (706 f.); ebenso GroßkommAktG/*Hopt/M. Roth,* 4. Aufl. 2005, § 100 Rn. 36 ff., alle mwN zum Streitstand.

[887] So das Argument von Hüffer/Koch/*Koch*, 12. Aufl. 2016, AktG § 100 Rn. 10.

[888] Hierzu ausf. *v. Hein,* Die Rezeption US-amerikanischen Gesellschaftsrechts in Deutschland, 2008, 42 f., 259 ff.

[889] BGH NZG 2015, 18 Rn. 16 ff.

[890] AG Stuttgart wistra 2008, 226 mAnm *Schumann* = BeckRS 2008, 03500.

[891] StRspr, aus neuerer Zeit s. zB BGHZ 205, 289 Rn. 33 = NJW 2015, 2185; BGH NZG 2015, 18 Rn. 16; 2014, 219 Rn. 14; BAG NJW 2016, 345 Rn. 45; OLG Düsseldorf BeckRS 2010, 20000; OLG Stuttgart ZEV 2012, 208; OLG Schleswig NJW 2014, 88 (90); Art. 2 Resolution des IDI, IPRax 2008, 297; ebenso *Basedow* JZ 2016, 269 (278); *Bogdan,* General Course, 2012, 303 ff.; *Kropholler* IPR § 33 II 2; *Mansel,* FS Kropholler, 2008, 353 (368).

[892] BGHZ 205, 289 Rn. 33 = NJW 2015, 2185; BAG NJW 2016, 345 Rn. 45; vgl. auch Art. 3 Resolution des IDI, IPRax 2008, 297; ebenso *Kropholler* IPR § 33 II 2; *Mansel,* FS Kropholler, 2008, 353 (368); *M.-P. Weller* ZGR 2010, 679 (706).

[893] So *Kropholler* IPR § 33 III im Anschluss an *J. Schröder* Anpassung S. 107 ff.

[894] Ähnlich *v. Bar/Mankowski* IPR I § 7 Rn. 241.

[895] BGH NZG 2014, 219 Rn. 14; Bestätigung von BGHZ 80, 76 (78 f.) = NJW 1981, 1160; ebenso allgemein BGH NZG 2015, 18 Rn. 16.

[896] Eingehend BGH NZG 2014, 219 Rn. 15 ff. mwN zum Streitstand; aus schweizerischer Sicht vgl. *Müller-Chen* IPRax 2008, 45.

Recht bejaht;[897] sie sollte auch für die Notare in den übrigen Schweizer Kantonen anerkannt werden.[898] Auch für sonstige Angehörige des juristisch qualifizierten („lateinischen") Notariats wird regelmäßig von einer **Funktionsäquivalenz** auszugehen sein.[899] Ein juristisch nicht vorgebildeter US-amerikanischer *notary public* ist hingegen für Zwecke der Beurkundung (zur bloßen Beglaubigung aber → Rn. 232) nicht als einem deutschen Notar gleichwertig einzustufen.[900]

Ob **ausländische Zahlungsmittel** „Geld" im Sinne deutscher Sachnormen bilden, hängt **238** von Sinn und Zweck der jeweiligen Norm und der Qualität des Wertträgers nach dem zu berücksichtigenden ausländischen Recht ab.[901] So stellen umlauffähige ausländische Zahlungsmittel „Geld" iS von § 935 Abs. 2 BGB dar und können folglich auch im Falle ihres Abhandenkommens gutgläubig erworben werden,[902] und zwar selbst dann, wenn sie überwiegend als Sammlermünzen verkauft werden.[903] Als gesetzliche Zahlungsmittel iS der Hausratsversicherung werden hingegen nur Euro angesehen.[904] Im strafrechtlichen Sinne werden ausländische Sammlermünzen (Krügerrand) vom BGH nicht als taugliche Objekte einer Geldfälschung (§§ 146 ff. StGB) eingestuft.[905]

Große Bedeutung hat die Frage, ob im Ausland vorgenommene **verfahrensrechtliche Handlun-** **239** **gen** materiellrechtliche Auswirkungen im Inland, zB hinsichtlich einer Hemmung der Verjährung, haben können.[906] Ist deutsches Recht für die Verjährung maßgebend, so verlängert § 197 Abs. 1 Nr. 3 BGB die Verjährungsfrist für „rechtskräftig festgestellte Ansprüche" erheblich, nämlich auf dreißig Jahre. Dem Urteil eines ausländischen Gerichts kommt diese einschneidende Tatbestandswirkung nach hM nur zu, wenn das Urteil in Deutschland anerkannt werden kann.[907] Die Entscheidung eines Mitgliedstaats der Brüssel Ia-VO vermag die Tatbestandswirkung des § 197 Abs. 1 Nr. 3 BGB also leichter auszulösen als die Entscheidung eines anderen ausländischen Gerichts, weil der Entscheidung aus dem EU-Staat die erleichterten Anerkennungsvoraussetzungen der Art. 36–38 Brüssel Ia-VO zugutekommen. Für eine Hemmung der Verjährung verlangt § 204 Abs. 1 Nr. 1 BGB keine „Entscheidung", sondern nur eine „Erhebung der Klage". Wird die Klage vor dem Gericht eines anderen Mitgliedstaats erhoben, so hemmt dies – jedenfalls solange kein Versagungsgrund nach Art. 45 Brüssel Ia-VO vorliegt – die Verjährung ebenso wie die Klage vor einem deutschen Gericht, und zwar auch dann, wenn das ausländische Gericht seine Zuständigkeit für eine sachliche Entscheidung verneint.[908] Außerhalb des sachlichen oder räumlich-persönlichen Anwendungsbereichs des europäischen Zivilverfahrensrechts ist umstritten, ob eine verjährungshemmende Wirkung infolge einer Klageerhebung im Ausland nur unter der Voraussetzung eintritt, dass das ausländische Gericht international zuständig iS § 328 Abs. 1 Nr. 1 ZPO ist.[909] Auch ein schweizerischer Zahlungsbefehl hemmt die Verjährung nach § 204 Abs. 1 Nr. 3 BGB.[910] Ferner kann ein im Ausland eingeleitetes Beweissicherungsverfahren die Verjährung nach § 204 Abs. 1 Nr. 7 BGB hemmen, nach bisheriger

---

[897] BGH NZG 2014, 219 Rn. 23; vgl. auch BGH NJW-RR 1989, 1259.

[898] OLG München DB 1998, 125 (126) = NJW-RR 1998, 758; OLG Frankfurt a. M. GmbHR 2005, 764 (766 f.) = BeckRS 2005, 02597; OLG Düsseldorf ZIP 2011, 564 (565) = DNotZ 2011, 447; ebenso *v. Bar/ Mankowski* IPR I § 7 Rn. 244; anders bei einem Zürcher Notar im Hinblick auf die Beurkundung eines Verschmelzungsvertrages aber LG Augsburg NJW-RR 1997, 420; hierzu Staudinger/*Sturm/Sturm* (2012) Rn. 262: „abwegig"; anders auch AG Charlottenburg GWR 2016, 96 in Bezug auf die Beurkundung der Gründung einer deutschen GmbH durch einen Berner Notar (nicht überzeugend; zustimmend aber *P. Becker* NotBZ 2016, 321).

[899] *Kropholler* IPR § 33 II 2.

[900] AllgM, s. nur OLG Stuttgart NZG 2001, 40 mAnm *Bauer*; AG Karlsruhe IPRspr. 1989 Nr. 35 (das insoweit aber die Ortsform als gewahrt ansieht); *Rehm* RabelsZ 64 (2000), 104 (107 f.); Staudinger/*Sturm/Sturm* (2012) Rn. 262, der aber für eine eidesstattliche Versicherung die Gleichwertigkeit bejaht.

[901] BGH NJW 1984, 1311 zu Krügerrand.

[902] LG Köln NJW-RR 1991, 868 zur italienischen Lira.

[903] LG Würzburg NJW 1988, 2191 zu Canada Maple Leaf.

[904] Vgl. noch zur DM BGH WM 1984, 944 = BeckRS 2008, 18052.

[905] BGH NJW 1984, 1311.

[906] Hierzu umfassend *McGuire* Verfahrenskoordination S. 219 ff.; zur umgekehrten Konstellation s. zB OLG Düsseldorf BeckRS 2010, 20000: Unterbrechung der Verjährung eines Anspruchs nach französischem Recht durch Klageerhebung in Deutschland.

[907] Vgl. etwa *Schack* IZVR Rn. 874.

[908] So zutr. OLG Düsseldorf NJW 1978, 1752; Bericht *Jenard* zu Art. 26 EuGVÜ.

[909] So die herkömmlich herrschende Auffassung, RGZ 129, 385 (389); LG Duisburg IPRspr. 1985 Nr. 43; *Kropholler* IPR § 33 II 2; Palandt/*Ellenberger* BGB § 204 Rn. 3; Staudinger/*Sturm/Sturm* (2012) Rn. 264; anders aber OLG Frankfurt/Main IWRZ 2016, 87 (Ls.) = BeckRS 2016, 04156 Rn. 130 ff. und die vordringende Lehre, eingehend *Christian Wolf* IPRax 2007, 180 ff.; s. → BGB § 204 Rn. 9 (*Grothe*); *Schack* IZVR Rn. 870, alle mzN zum Streitstand; vermittelnd aus österreichischer Sicht *Kodek*, FS Schütze, 2014, 259 ff.: Verjährungsunterbrechung sei zu bejahen, sofern keine evidente internationale Unzuständigkeit vorliege.

[910] So zu § 209 Abs. 1, Abs. 2 Nr. 1 BGB aF bereits BGH NJW-RR 2002, 937.

Rspr. jedenfalls, wenn das ausländische Gericht aus deutscher Sicht international zuständig ist,[911] ein Erfordernis, das aber hier noch fragwürdiger ist als im Rahmen des § 204 Abs. 1 Nr. 1 BGB.[912] Zur Verjährung im Rahmen der Europäischen Mahnverordnung (§ 204 Abs. 1 Nr. 3 BGB) s. eingehend *Kropholler/v. Hein* EurZPR EuMVVO Art. 7 Rn. 30, EuMVVO Art. 12 Rn. 12; zur Verordnung über geringfügige Forderungen s. *Kropholler/v. Hein* EurZPR EuGFVO Art. 4 Rn. 19, jeweils mwN. Ein Schuldner, der die Stellung eines "debtor in possession" im Verfahren nach Chapter 11 US-amerikanischer Bankruptcy Code hat, gilt als Insolvenzverwalter i.S. des § 113 InsO.[913]

240 Häufige Substitutionsprobleme stellen sich schließlich auf den Gebieten des **Familien- und Erbrechts** (zur Adoption im Rahmen des § 6 StAG → Rn. 181), für die hier nur einige Beispiele zur Veranschaulichung gegeben werden können: Soweit überhaupt eine Substitution eines deutschen Standesbeamten durch ein ausländisches Trauungsorgan in Betracht kommt (→ Rn. 232), muss auch dieses Organ einem deutschen Amtsträger im Hinblick auf die Vornahme des fraglichen Rechtsgeschäfts funktional äquivalent sein. Dies ist zB für eine Rechtswahl nach Art. 10 Abs. 2 EGBGB in Bezug auf ein polnisches Standesamt zu bejahen,[914] für die Erklärung einer Namenswahl nach § 1355 Abs. 2 BGB in Bezug auf einen Geistlichen in Kansas hingegen zu verneinen.[915] Als Gütergemeinschaft iS des § 740 ZPO ist auch die Errungenschaftsgemeinschaft italienischen Rechts anzusehen.[916] Als Beschränkung der Erbenhaftung iS des § 780 ZPO gilt auch die Annahme der Erbschaft mit dem Vorbehalt der Inventarerrichtung ("col beneficio d'inventario") nach Art. 470 Abs. 1 Hs. 2 Codice civile, Art. 484 ff. Codice civile.[917] "Gesetzlicher Erbteil" iS des § 1371 Abs. 1 BGB kann nach dem BGH auch ein Erbteil sein, der sich aus einem ausländischen Erbstatut ergibt, sofern das ausländische Recht dem überlebenden Ehegatten einen "echten Anteil am Nachlass des Erblassers verschafft";[918] dem ist zumindest insoweit zu folgen, als das ausländische Erbrecht nicht auch den güterrechtlichen Ausgleich abschließend regeln will.[919] Aus einer mangelnden Abstimmung zwischen Erb- und Ehegüterrecht resultierende etwaige Normenwidersprüche sind ggf. im Wege der Anpassung zu beheben (→ Rn. 268; → EGBGB Art. 15 Rn. 62). Ob ein Ehegattenerbrecht (§§ 1931, 1933 BGB) nicht nur im Falle einer Ehescheidung, sondern auch im Falle einer persönlichen und vermögensrechtlichen Trennung der Ehegatten ohne Auflösung des Ehebandes ausgeschlossen ist, ist fraglich, wenn die getrennten Ehegatten nicht erneut heiraten dürfen.[920] Als ein Scheidungsantrag, der gemäß § 2279 Abs. 2 BGB, § 2077 Abs. 1 S. 2 BGB zur Unwirksamkeit eines Erbvertrages führt, ist auch die Einleitung eines Scheidungsverfahrens in Liechtenstein anzusehen.[921] Zum Nachweis der Erbfolge im Grundbuchverfahren (§ 35 Abs. 1 S. 1 GBO) genügt nach bislang stRspr und hL ein ausländischer Erbschein grundsätzlich nicht.[922] Anderes gilt aber heute für das Europäische Nachlasszeugnis nach Art. 69 EuErbVO; zu weiteren Einzelheiten → EuErbVO Art. 69 Rn. 1 ff. Auch eine schweizerische Stiftung, die erst nach dem Eintritt des Erbfalls errichtet wird, kann erbfähig nach § 84 BGB iVm § 1923 BGB sein, wenn sie nach ihrem Heimatrecht die Rechtsfähigkeit erlangt hat.[923]

241 **4. Rechtsfolgen fehlender Substituierbarkeit.** Wenn eine Substituierbarkeit nach den oben (→ Rn. 232 ff.) genannten Voraussetzungen zu verneinen ist, kommt unter Umständen eine analoge Anwendung der betreffenden Vorschrift in Betracht.[924] So hat zB der BGH zwar eine Umschreibung

---

[911] LG Hamburg IPRax 2001, 45 m. krit. Anm. *Spickhoff* IPRax 2001, 37; zur Problematik näher *Rauscher/v. Hein* EuZPR/EuIPR, 2015, EG-BewVO Art. 1 Rn. 51 ff.

[912] Für einen Verzicht auf das Erfordernis internationaler Zuständigkeit auch → BGB § 204 Rn. 48 (*Grothe*).

[913] BAG NJW 2016, 345 Rn. 44 ff.

[914] OLG Düsseldorf StAZ 2010, 110 = BeckRS 2010, 00896.

[915] OLG Frankfurt a. M. FGPrax 2005, 25.

[916] OLG Düsseldorf NJW-RR 2010, 1662 = FamRZ 2010, 1593.

[917] BGH NJW-RR 2015, 521 = LMK 2015, 369629 (Ls.) mAnm *M. Stürner*.

[918] BGHZ 205, 289 Rn. 33 = NJW 2015, 2185.

[919] OLG Schleswig NJW 2014, 88 (90); LG Mosbach ZEV 1998, 489; vgl. auch OLG Hamm IPRax 1994, 49 m. Aufsatz *Dörner* IPRax 1994, 33 = BeckRS 1992, 30984687; ferner Bamberger/Roth/*Lorenz* Art. 25 Rn. 57; *Looschelders*, FS v. Hoffmann, 2011, 266 (273 f.); *Looschelders* IPRax 2016, 349 (351); Staudinger/*Dörner* (2007) EGBGB Art. 25 Rn. 36, jeweils mwN zum Streitstand; anders OLG Stuttgart NJW 2005, 2164 = ZEV 2005, 443 m. krit. Anm. *Dörner* = IPRax 2005, 549 m. krit. Aufsatz *Jeremias/Schäper* IPRax 2005, 521; OLG Köln FamRZ 2012, 819 = ZEV 2012, 205 mAnm *Lange*, das dies als "verfälschte Anwendung des ausländischen Erbrechts" ablehnt.

[920] Vgl. zum chilenischen Recht verneinend OLG Celle OLGR 2002, 111 = BeckRS 2002 30469792; Staudinger/*Sturm/Sturm* (2012) Rn. 264; anders aber mit eingehender Begr. *Samtleben*, FS Kropholler, 2008, 413 ff.

[921] Näher OLG Stuttgart ZEV 2012, 208 = FamRZ 2012, 480.

[922] Jüngst OLG Bremen DNotZ 2012, 687 m. zust. Anm. *Hertel* mzN zum Streitstand.

[923] OLG München NJW-RR 2009, 1019 = FamRZ 2009, 1358.

[924] *Kropholler* IPR § 33 IV.

im spanischen „Registro de la propriedad" mangels konstitutiver Wirkung nicht als Grundbucheintragung iS des § 313 S. 2 BGB aF (= § 311b Abs. 1 S. 2 BGB nF) ansehen wollen, aber die Heilung des formnichtigen Grundstückskaufvertrages sodann in entsprechender Anwendung der Vorschrift bejaht, weil bereits die „escritura" nach spanischem Recht einen Eigentumsübergang bewirkt habe.[925] Hier wäre es wohl ebenso vertretbar, eine Substitution aufgrund funktionaler Äquivalenz der Eigentumsübertragung nach spanischem Recht zu bejahen und infolgedessen § 311b Abs. 1 S. 2 BGB direkt anzuwenden.[926] Wenn selbst eine Lösung über eine Analogie ausscheidet, muss das betreffende Rechtsgeschäft ggf. unter Beachtung der Anforderungen der *lex causae* (erneute Beurkundung, Registereintragung, Adoption usw) nachgeholt werden.[927]

V. Anpassung

1. Regelungsproblem und Begriff. Die **Ursache** für Anpassungsprobleme in internationalen   **242** Sachverhalten hat der BGH plastisch wie folgt beschrieben:[928]

„*Eine ,Zersplitterung des Privatrechts durch das Internationale Privatrecht' (Schwind) ist für das geltende Internationale Privatrecht geradezu kennzeichnend (s. Schwind, RabelsZ 23 [1958], 449, 451). Es pflegt einen Lebenssachverhalt, der mit mehreren Rechten in Verbindung steht, in mehrere Teile aufzulösen, von denen jeder einzelne nur einem einzigen Recht zugeordnet wird (Goldschmidt, FS Wolff, 204 (208)). So erinnert es in seiner Anwendung auf die verschiedenen Seiten eines Lebenssachverhalts nach einem anschaulichen Bild von Wengler zuweilen an ein Automobil, das aus Teilen verschiedener Fabrikate zusammengesetzt ist (s. Wengler Revue critique de Droit international privé 43 [1954], 661 (682 f.)).*"

In der Bewältigung der Normwidersprüche, die durch eine solche Anknüpfungszersplitterung   **243** entstehen (näher → Rn. 245 ff.), liegt das Anwendungsfeld der sog **Anpassung** (oft auch „Angleichung" genannt).[929] Es bedarf zur gerechten Lösung des Einzelfalles jeweils einer modifizierten, rechtsfortbildenden Anwendung des IPR oder des Sachrechts (näher → Rn. 251 ff.).

Die genaue **begriffliche Abgrenzung** der Anpassung zu verwandten Rechtsfiguren ist nicht   **244** immer zweifelsfrei: Wer das Konzept der funktional-teleologischen Qualifikation (→ Rn. 118 ff.) sehr weit definiert und darin auch eine einzelfallbezogene Rechtsfortbildung des IPR einschließt,[930] kann auf einen gesonderten Behelf der kollisionsrechtlichen Anpassung weitgehend verzichten, doch sollte zwischen der regulären Qualifikation im Normalfall und einer nur ausnahmsweise aus Billigkeitsgründen zulässigen kollisionsrechtlichen „Grenzverschiebung" auch terminologisch klar unterschieden werden (→ Rn. 254). Am anderen Ende der Skala stellt sich die Frage, ob auch die Gewinnung einer speziellen Entscheidungsregel im Einzelfall noch als eine Anpassung im weiteren Sinne angesehen werden kann oder als Beleg für die Notwendigkeit der Herausbildung eigenständiger „Sachnormen im IPR" gelten muss (näher → Rn. 255 f.). Abzugrenzen ist die Anpassung jedenfalls vom ordre public (→ EGBGB Art. 6 Rn. 88), von der Substitution (→ Rn. 228) und der Transposition im Falle eines Statutenwechsels (→ Rn. 221), während die Lösung einer qualitativen Normendiskrepanz durch sachrechtliche Anpassung sich im Ergebnis mit einer Transposition praktisch deckt (näher → Rn. 269). Schließlich ist umstritten, ob die Anpassung ein eigenständiges methodisches Mittel der Rechtsanwendung bei Fällen mit Auslandsbezug darstellt[931] oder ob es sich bei ihr lediglich um eine besondere Ausprägung der allgemeinen Notwendigkeit handelt, das inländische Recht auf Sachverhalte mit Auslandsbezug in modifizierter Form anzuwenden („Zwei-Stufen-Theorie"; → Rn. 273 ff., 277).

2. Konstellationen von Normwidersprüchen. a) Logische und teleologische Normwi-   245 dersprüche. Üblicherweise wird zwischen sog „offenen" (logischen) und „versteckten" (teleologischen) Normwidersprüchen unterschieden.[932] Ein **„offener" Widerspruch** in diesem Sinne liegt

---

[925] BGHZ 73, 391 = NJW 1979, 1773.
[926] Wohl ebenso *Kegel/Schurig* IPR § 1 VIII 2e.
[927] *Rauscher* IPR Rn. 549.
[928] BGH FamRZ 1986, 345 (346 f.) = NJW-RR 1986, 1005 (1006).
[929] So zB vom BGH FamRZ 1986, 345 (346 f.) = NJW-RR 1986, 1005 (1006); wenngleich „Anpassung" vorzugswürdig sein mag, um Verwechslungen mit dem Begriff der Rechtsangleichung (etwa durch EU-Richtlinien usw) zu vermeiden (s. *v. Hoffmann/Thorn* IPR § 6 Rn. 31 Fn. 56; *Kropholler* IPR § 34 I), werden die Begriffe im Allgemeinen synonym verwendet, s. etwa BGHZ 205, 289 Rn. 34 = NJW 2015, 2185; *v. Bar/Mankowski* IPR I § 7 Rn. 250.
[930] 5. Aufl. 2010, Rn. 584, 593, 601 *(Sonnenberger)*.
[931] So die herkömmliche Auffassung, prononciert *Kropholler* IPR § 34 III 2.
[932] *Benicke,* FS Schapp, 2010, 61 (63 ff.); *Kegel/Schurig* IPR § 8 II; *Kropholler,* FS Ferid, 1978, 279 (280); Staudinger/*Sturm/Sturm* (2012) Rn. 253; Staudinger/*Dörner* (2007) EGBGB Art. 25 Rn. 745; abl. aber *Stoll* FamRZ 1963, 318 (319).

vor, wenn das aus einer parallelen Anwendbarkeit verschiedener Rechtsordnungen resultierende Ergebnis bereits aus denkgesetzlichen Gründen ausgeschlossen ist, mithin ein sog „Seinswiderspruch" gegeben ist.[933] Als Beispiel für diese Fallgruppe sind vor allem einander widersprechende gesetzliche Vermutungen zu nennen, die etwa im Erbrecht im Hinblick auf den nach unterschiedlichen Personalstatuten mehrerer Verstorbener (Art. 9 S. 1 EGBGB) bestimmten jeweiligen Todeszeitpunkt (Kommorientenvermutungen, → Rn. 256, → Rn. 267) oder im Abstammungsrecht (Vaterschaftsvermutungen, Art. 19 EGBGB) auftreten können.[934] Da ein und dieselbe Person nicht zu zwei unterschiedlichen Zeitpunkten gestorben sein und ein Kind in einer heterosexuellen Paarbeziehung nicht von mehr als einem Vater abstammen kann,[935] darf die Rechtsordnung bei solchen offensichtlich anstößigen Ergebnissen nicht stehenbleiben, sondern muss einen derartigen Konflikt unbedingt auflösen.

246 Ein „versteckter" (teleologischer) Widerspruch liegt hingegen vor, wenn das Ergebnis als solches zwar denkgesetzlich hingenommen werden könnte: Die Witwe erhält zB aufgrund der mangelnden Abstimmung des jeweils anwendbaren Güter- und Erbrechts (→ Rn. 124) alles oder nichts. Das ist nicht logisch ausgeschlossen, denn auch sonst kann eine Ehefrau als Alleinerbin eingesetzt oder im Gegenteil enterbt werden.[936] Aber es erscheint unter Wertungsgesichtspunkten unbillig, wenn die Witwe lediglich aufgrund der internationalen Verknüpfung des Sachverhalts leer ausgehen soll, obwohl ihr nach dem Inhalt beider Rechte ein Zugewinnausgleich oder ein Erbteil zugesprochen worden wäre; umgekehrt kann es nicht befriedigen, wenn die Kinder des Erblassers allein wegen des Zusammentreffens nicht miteinander harmonierender Güter- und Erbrechte benachteiligt werden.[937] Da es für solche Ungleichbehandlungen keinen sachlich einleuchtenden Grund gibt, kommt es insofern zu einer von den beteiligten Rechtsordnungen „ungewollten Diskriminierung" der Beteiligten,[938] die eine wertende Korrektur erfordert. Die Abgrenzung ist allerdings bisweilen diffizil; so meint etwa der BGH, es liege kein Normwiderspruch vor, wenn der überlebende Ehegatte der Erblasserin nach dem nicht anwendbaren deutschen Sachrecht (§ 1933 BGB) nicht erbberechtigt gewesen wäre und gleichwohl der ihm nach dem anwendbaren griechischen Erbrecht zustehende Anteil am Nachlass auch noch kumulativ um den Zugewinnausgleich (§ 1371 Abs. 1 BGB) nach deutschem Güterrecht erhöht wird.[939] Tatsächlich besteht in der geschilderten Lage eine anpassungsbedürftige Normenhäufung (→ Rn. 268), denn der Witwer erhält bei der vom BGH vorgenommenen Berechnung mehr (nämlich ½), als ihm zugesprochen würde, wenn man den Fall allein nach deutschem (dann 0) oder griechischem Recht (nur ¼) beurteilen würde.[940]

247 Kein iS der Anpassung relevanter Normenwiderspruch besteht hingegen, wenn sich von mehreren in Betracht kommenden Rechtsordnungen letztlich nur eine durchsetzt, etwa weil wir eine Eingriffsnorm der lex fori zwingend anknüpfen und insoweit das Vertragsstatut verdrängen (Art. 9 Abs. 2 Rom I-VO, Art. 16 Rom II-VO) oder einen Renvoi des ausländischen IPR wegen eines Widerspruchs zum Sinn unserer Verweisung (Art. 4 Abs. 1 S. 1 EGBGB) nicht beachten.[941] – Im Einzelnen ist typologisch wie folgt zu differenzieren:[942]

---

[933] Ausf. *Kegel/Schurig* IPR § 8 II 1.

[934] Vgl. zu einander widersprechenden Kommorientenvermutungen näher *v. Bar/Mankowski* IPR I § 7 Rn. 254 f.; *Benicke*, FS Schapp, 2010, 61 (63 ff.); s. zu dieser „klassischen" Fallgruppe vor Inkrafttreten des heutigen Art. 9 *de Nova*, FS Lewald, 1953, 339; *Fragistas*, FS Laun, 1953, 693; *Jayme/Haack* ZVglRWiss. 84 (1985), 80; zu einander widersprechenden Vaterschaftsvermutungen Staudinger/*Henrich* (2014) EGBGB Art. 19 Rn. 47 ff.

[935] Dass biologische und rechtliche Vaterschaft auseinanderfallen können, ist hingegen kein logischer Widerspruch idS; ebenso wenig, dass man etwa bei einer Adoption durch ein gleichgeschlechtliches Paar durchaus von zwei „Vätern" sprechen mag; vgl. auch zur Co-Mutterschaft BGH NJW 2016, 2322 mAnm *Rauscher* NJW 2016, 2327 = NZFam 2016, 652 mAnm *A. Fischer* NZFam 2016, 657.

[936] Vgl. *Benicke*, FS Schapp, 2010, 61 (66); *v. Bar/Mankowski* IPR I § 7 Rn. 256.

[937] *Kegel/Schurig* IPR § 8 II 2.

[938] So der Titel der Freiburger Habilitationsschrift von *Dannemann*, 2004.

[939] BGHZ 205, 289 Rn. 41 = NJW 2015, 2185.

[940] Mit Recht kritisch *Lorenz* NJW 2015, 2157 (2159); vgl. auch *Reimann* ZEV 2015, 413; *Schäuble* NZFam 2015, 761 (762); dem BGH zustimmend aber *Dörner* IPRax 2017, 81 (82); *Looschelders* JR 2016, 197 (198 f.); *Wiedemann* RPfleger 2015, 649 (651).

[941] Zu solchen „unechten" Normenwidersprüchen vgl. *v. Bar/Mankowski* IPR I § 7 Rn. 253; *Stoll* FamRZ 1963, 318 (319).

[942] So zB *Benicke*, FS Schapp, 2010, 61 (66 ff.); *Kropholler*, FS Ferid, 1978, 279 (280); *Rauscher* IPR Rn. 563 ff.; Staudinger/*Dörner* (2007) EGBGB Art. 25 Rn. 746; vgl. auch die zT abw. Systematisierung bei Staudinger/*Sturm/Sturm* (2012) Rn. 252 ff.; krit. gegenüber übertriebenem Schematismus *Dannemann* Ungewollte Diskriminierung S. 220 ff. Indes haben diese Kategorien primär einen heuristischen, die Abwägung strukturierenden Charakter, ohne das Ergebnis zu determinieren.

b) Normenmangel. Eine häufig auftretende Art des Normenwiderspruchs bildet der sog Nor- 248
menmangel.[943] Dieser kann außer dem bereits erwähnten Fall der Witwe, der sowohl ein güterrechtlicher Ausgleich als auch ein Anteil am Erbe versagt wird (→ Rn. 218, 246), zB in folgenden
Fällen auftreten: Wenn etwa das belgische Deliktsrecht Haftungsansprüche der Eltern bei einer
Tötung des Hauskindes nicht an dessen Rechtspflicht zur Erbringung von Diensten knüpft (vgl.
§ 1619 BGB), sondern den Hinterbliebenen Schadensersatz gemäß einer Generalklausel
(Art. 1382, 1384 C. c.) gewährt, kann diese vom deutschen Recht abweichende Konstruktion
dazu führen, dass bei einem Inlandsunfall (Art. 4 Abs. 1 Rom II-VO) zwar deutsches Haftungs-
recht (§ 845 BGB) anwendbar ist, aber den Eltern mangels einer Dienstleistungspflicht „kraft
Gesetzes" kein Anspruch zusteht, weil insoweit gemäß Art. 16 Abs. 1 KSÜ bzw. Art. 21 EGBGB
belgisches Sorgerecht maßgebend ist.[944] Ähnlich liegt es, wenn etwa das anwendbare Unterhalts-
oder Güterrecht dem Anspruchssteller keinen materiellen Auskunftsanspruch gewährt, weil nach
dem ausländischen Verfahrensrecht die Vermögensverhältnisse des Schuldners von Amts wegen zu
ermitteln sind.[945] Da verfahrensrechtliche Regelungen der *lex fori* zu entnehmen sind, wären
sowohl dem Gläubiger als auch dem deutschen Gericht bei unmodifizierter Rechtsanwendung
die Hände gebunden; lachender Dritter wäre der Schuldner.[946] Es tritt folglich in diesen Konstellationen ein Ergebnis ein, dass nach dem übereinstimmenden Inhalt *beider* Rechtsordnungen –
also anders als beim ordre public nicht nur aus unserer Perspektive (→ EGBGB Art. 6 Rn. 88) –
als nicht hinnehmbar erscheint.[947]

c) Normenhäufung. Das Spiegelbild zum Normenmangel bildet die sog Normenhäufung.[948] 249
Insoweit handelt es sich oft um logische Widersprüche; hier sind die bereits erwähnten Fallgestaltungen einander widersprechender Kommorienten- oder Vaterschaftsvermutungen zu nennen
(→ Rn. 245). Aber auch der Fall der übermäßig begünstigten Witwe (→ Rn. 218, 246) gehört als
teleologischer Widerspruch in diese Kategorie (→ Rn. 246).

d) Qualitative Normendiskrepanz. Schließlich kann sich ein Bedarf für eine Anpassung der 250
beteiligten Rechtsordnung aufgrund einer sog „qualitativen Normendiskrepanz" ergeben.[949] Dies
kann etwa aufgrund der Verzahnung des Erb- und Sachenrechts der Fall sein, wenn zB ein englischer
Erblasser in einer letztwilligen Verfügung einen „trust" an einem in Deutschland belegenen Grundstück anordnet[950] oder eine Person mit einem (im Gegensatz zum deutschen Recht dinglich wirkenden) Vindikationslegat bedenkt.[951]

3. Lösungsstrategien. a) Positive Regelungen. Eine allgemeine gesetzliche Regelung der 251
Anpassungsproblematik fehlt bislang sowohl im deutschen[952] als auch im europäischen IPR.[953] Aber
Ansätze sind vorhanden: Eine Sonderregelung für die Angleichung im Namensrecht, die zB erforder-

---

[943] Hierzu *Benicke*, FS Schapp, 2010, 61 (66); *Dannemann* Ungewollte Diskriminierung S. 220 ff.; *Kropholler*,
FS Ferid, 1978, 279 (280); *Looschelders* Anpassung S. 296 ff.; *M.-P. Weller* IPRax 2017, 167 (172 f.).

[944] Beispiel nach OLG Köln FamRZ 1995, 1200 = NZV 1995, 448; hierzu vgl. auch den ähnlich gelagerten
„Tänzerin"-Fall zu § 844 Abs. 2 BGB, OLG Celle VersR 1980, 169; hierzu *Looschelders* Anpassung S. 233.

[945] S. zB OLG Hamm NJW-RR 1987, 1476 = IPRax 1988, 108 m. Aufsatz *Jayme/Bissias* IPRax 1988, 94
(güterrechtlicher Auseinandersetzungsanspruch nach griechischem Recht); OLG Frankfurt a. M. NJW-RR 1991,
583 = Bericht *Jayme* IPRax 1992, 49 (Auseinandersetzungsanspruch nach kroatischem Recht); OLG Karlsruhe
FamRZ 1995, 738 (Unterhalts- und Auseinandersetzungsanspruch nach österreichischem Recht).

[946] Zum Teil wird dieser Fall auch der sogleich (→ Rn. 250) zu behandelnden Gruppe der qualitativen
Normendiskrepanz zugewiesen, vgl. Bamberger/Roth/*Lorenz* Rn. 90; Staudinger/*Sturm/Sturm* (2012) Rn. 254.

[947] In US-amerikanischer Terminologie würde man von einem „false conflict" sprechen, vgl. Hay/Borchers/
Symeonides, Conflict of Laws, 5. Aufl. 2010, § 2.9.

[948] *Benicke*, FS Schapp, 2010, 61 (66); *Dannemann* Ungewollte Diskriminierung S. 220 ff.; *Kropholler*, FS Ferid,
1978, 279 (280); *Looschelders* Anpassung S. 309 ff.

[949] Zu diesem Begriff *Kropholler*, FS Ferid, 1978, 279 (280); ebenso *Benicke*, FS Schapp, 2010, 61 (67 f.); von „Normenunverträglichkeit" spricht *Rauscher* IPR Rn. 578; krit. *Dannemann* Ungewollte Diskriminierung S. 227 ff.

[950] Ähnliche Beispiele bei *Benicke,* FS Schapp, 2010, 61 (67 f.) und *Kropholler,* FS Ferid, 1978, 279 (285).

[951] BGH NJW 1995, 58 (59); s. hierzu Anm. *Birk* ZEV 1995, 283 und *Dörner* IPRax 1996, 26; ferner *Süß*
RabelsZ 65 (2001), 245 (250); ebenso KG NJW-RR 2008, 1109 (1110); LG Köln ZEV 2014, 507; ferner *Benicke,*
FS Schapp, 2010, 61 (67); abw. *Gärtner,* Die Behandlung ausländischer Vindikationslegate im deutschen Recht,
2014, 46 ff. (für rein erbrechtliche Qualifikation).

[952] Hierzu fehlten im Zeitpunkt der Reform von 1986 „kodifikationsfähige Vorschläge", so *Pirrung* Einl. in
Pirrung, Internationales Privat- und Verfahrensrecht nach dem Inkrafttreten der Neuregelung des IPR, 1987, 15,
23; diesen Verzicht begrüßend *Stoll* IPRax 1984, 1 (5); fragwürdig *Offerhaus* ZfRV 1964, 65 (76 f.), der eine
Lösung des Anpassungsproblems einem Eingriff des Gesetzgebers vorbehalten und mangels eines solchen auf den
ordre public zurückgreifen will; zum Vorrang der Anpassung vor dem ordre public → Art. 6 Rn. 88.

[953] Für verfrüht hält eine allgemeine Regelung der Anpassung im Unionsrecht *Jayme* in Leible/Unberath Rom
0-VO 33 (44).

lich wird, wenn das (zB indische) Namensstatut keinen unserem Verständnis funktional entsprechenden Vor- oder Familiennamen kennt, enthält Art. 47 EGBGB; s. im Einzelnen die dortige Kommentierung. Im europäischen Internationalen Erbrecht hat die EuErbVO eine Spezialvorschrift für die Anpassung dinglicher Rechte geschaffen (Art. 31 EuErbVO; näher → Rn. 269) und eine autonome Lösung widerstreitender Kommorientenvermutungen (Art. 32 EuErbVO; näher → Rn. 256, 267). Entsprechende Vorschriften enthalten jeweils Art. 29 EuGüVO bzw. EuPartVO. Erwägungsgrund 17 EuErbVO stellt zudem klar, dass damit „andere Formen der Anpassung im Zusammenhang mit der Anwendung dieser Verordnung" nicht ausgeschlossen werden sollen.[954] Im deutschen und europäischen IPR der außervertraglichen Schuldverhältnisse beugt die akzessorische Anknüpfung (Art. 41 Abs. 2 Nr. 1 EGBGB; Art. 4 Abs. 3 S. 2 Rom II-VO) Anpassungsproblemen vor, die sich aus einer unterschiedlichen Anknüpfung vertraglicher und außervertraglicher Ansprüche ergeben könnten.[955] Ferner sieht die Neufassung der Brüssel Ia-VO in Art. 54 Abs. 1 UAbs. 1 Brüssel Ia-VO vor, dass eine ausländische Entscheidung, die eine im Recht des Anerkennungsmitgliedstaates unbekannte Maßnahme oder Anordnung enthält, an dieses Recht „angepasst" werden kann.[956] Diese Lösung entspricht der Rechtsprechung des EuGH zur grenzüberschreitenden Durchsetzung von Zwangsgeldern im Unionsmarkenrecht.[957] Im Sinne der oben (→ Rn. 221) zugrunde gelegten Abgrenzung betreffen die in Art. 31 EuErbVO, Art. 29 EuGüVO/EuPartVO und Art. 54 Brüssel Ia-VO geregelten Fälle sachlich eher die Transposition als die Anpassung im engeren, technischen Sinne.[958] Allgemeine gesetzliche Regeln zur Auflösung der oben (→ Rn. 245 ff.) beschriebenen Normenwidersprüche finden sich auch bei rechtsvergleichender Umschau nur ausgesprochen selten. Ausnahmen bilden Art. 7 des venezolanischen IPR-Gesetzes vom 6.8.1998[959] und Art. 2595 lit. b argentinischer Codigo Civil y Comercial vom 7.10.2014,[960] die auf Art. 9 Interamerikanische IPR-Konvention von 1979[961] beruhen.[962] Art. 7 venezolanisches IPR-Gesetzes lautet wie folgt:

252   *„Die unterschiedlichen Rechte, die maßgebend sein können, um die verschiedenen Aspekte ein und desselben Rechtsverhältnisses zu regeln, sind harmonischerweise anzuwenden in dem Bestreben, die Zielsetzungen zu verwirklichen, die von einem jeden besagter Rechte verfolgt werden.*

Die möglichen Schwierigkeiten, die durch ihre gleichzeitige Anwendung verursacht werden, sind so zu lösen, daß dabei die im konkreten Fall durch die Billigkeit auferlegten Bedürfnisse berücksichtigt werden."

253   *Dannemann* hat den folgenden Vorschlag für eine europäische Regel unterbreitet:[963]

„(1) In the application and interpretation of both domestic and foreign law, courts must seek to avoid a situation in which the combination of rules from or decisions taken in different jurisdictions produces an outcome which differs from a common outcome for purely domestic, but otherwise identical cases in the same jurisdiction, unless an applicable rule intends such a different treatment.

(2) If such a different outcome cannot be avoided by application and interpretation, courts may modify or set aside otherwise applicable rules if the outcome would otherwise violate human rights, in particular rights to equal treatment."

254   **b) Allgemeine Grundsätze. aa) Kollisionsrechtliche und materiellrechtliche Anpassung.**
Nach der überwiegenden Ansicht kommen zur Auflösung der oben beschriebenen Normenwider-

---

[954] Hiermit werden zB die klassischen „Witwenfälle" erfasst, so auch *Dannemann* in Leible General Principles 331 (333 f.).
[955] Zu dieser Ratio der akzessorischen Anknüpfung s. statt vieler *Siehr* IPR § 49 III 1; Calliess/*v. Hein* Rom II-VO Art. 4 Rn. 59 mwN; krit. *Looschelders* Anpassung S. 155 ff., der eine Lösung über eine funktionelle Qualifikation bevorzugt.
[956] Hierzu *Franzina*, FS Picchio Forlati, 2014, 185 ff.; *v. Hein*, FS Geimer, 2017, i.E.
[957] EuGH EuZW 2011, 686 Rn. 59 – DHL Express France SAS/Chronopost SA; auch *Hess* IPRax 2011, 125 (129) sieht in der grenzüberschreitenden Handlungs- und Unterlassungsvollstreckung den Hauptanwendungsbereich der Vorschrift; vgl. zur Substitution im Zwangsvollstreckungsrecht *Mansel*, FS W. Lorenz, 1991, 689 ff.
[958] Ebenso (zu Art. 31 EuErbVO) *Dannemann* in Leible General Principles 331 (335); *Matthias Weller*, Europäisches Kollisionsrecht, 2015, Rn. 88 und 92 („falsa demonstratio"); Thomas/Putzo/*Hüßtege*, Zivilprozessordnung, 37. Aufl. 2016, Art. 54 EuGVO Rn. 2 (zu Art. 54 EuGVO); anders, für eine Einordnung als Fall der Anpassung auch im kollisionsrechtlichen Sinne aber *Mansel*, FS Coester-Waltjen, 2015, 587 (592 f.) (zu Art. 31 EuErbVO); *Dickinson/Lein/Fitchen*, The Brussels I Regulation Recast, 1. Aufl. 2015, Rn. 13.482 (zu Art. 54 EuGVO).
[959] Abgedruckt mit deutscher Übersetzung bei *Kropholler/Krüger/Riering/Samtleben/Siehr*, Außereuropäische IPR-Gesetze, 1999, Nr. 55; als „vorbildlich" bezeichnet bei *v. Bar/Mankowski* IPR I § 7 Rn. 251.
[960] Dt. Übersetzung in RabelsZ 80 (2016), 158.
[961] RabelsZ 44 (1980), 379; hieran orientiert sich offenbar zB auch die peruanische Lehre, s. *Söhngen*, Das internationale Privatrecht von Peru, 2006, 44 f.
[962] Hierzu näher *Monleón*, Das neue internationale Privatrecht von Venezuela, 2008, 90 f.
[963] *Dannemann* in Leible General Principles 331 (342).

sprüche grundsätzlich sowohl kollisionsrechtliche als auch materiellrechtliche Lösungstechniken in Betracht.[964] Auch der BGH hat sich insoweit bislang nicht eindeutig festgelegt; nach einer obiter geäußerten älteren Ansicht sind „Koordinierungsprobleme" zwischen verschiedenen Rechtsordnungen „durch ‚Angleichung' zu lösen [...], indem entweder die betreffende Kollisionsnorm, soweit nach der gesetzlichen oder staatsvertraglichen Vorgabe möglich, modifiziert oder für das offenbar werdende Koordinierungsproblem eine neue Kollisionsregel entwickelt oder dem auftretenden Koordinierungsbedürfnis in der Auslegung des anwendbaren Rechts Rechnung getragen wird".[965] In jüngster Zeit hat sich der BGH jedoch dagegen ausgesprochen, Fragen der Qualifikation mit der Anpassung zu „vermeng[en]",[966] was eine Präferenz für die materiellrechtliche Anpassung erkennen lässt. Das in der Lehre vielfach bevorzugte Mittel der **kollisionsrechtlichen Anpassung** bildet eine kollisionsrechtliche „Grenzverschiebung",[967] die in der Weise vorzunehmen ist, dass man die Verweisung einer der beiden in Betracht kommenden Kollisionsnormen ausnahmsweise auch auf die hiervon nicht erfasste Frage ausdehnt.[968] Hierbei wird gewissermaßen diejenige Qualifikation, die zu einem unbefriedigenden Zwischenergebnis geführt hat – zB in den Witwenfällen (→ Rn. 218, 246) wegen mangelnder Abstimmung von Güter- und Erbrecht – erneut aufgerollt, um zu einem einheitlichen Statut zu gelangen und so den Normenwiderspruch zu eliminieren.[969] Nach der Gegenansicht soll hingegen die kollisionsrechtliche Methode schlechthin unzulässig und eine Anpassung allein auf der Ebene des anwendbaren Sachrechts vorzunehmen sein.[970] Dies wird damit begründet, dass man nach bereits abgeschlossener Qualifikation nicht in der Prüfungsreihenfolge zurückspringen dürfe,[971] oder, wie es *Sturm* bildlich ausdrückt, nicht die Brücke, die man bereits überquert habe, abreißen und an anderer Stelle des Flusses wieder aufbauen dürfe, nur weil es einem am anderen Ufer nicht gefalle.[972] Aber dieser Einwand verfängt nicht, weil auch im materiellen Recht teleologische Korrekturen der Rechtsanwendung (Analogie, teleologische Reduktion) erst dann eingreifen können, nachdem der Sachverhalt zunächst formal korrekt unter den gesetzlichen Tatbestand subsumiert worden ist und dabei ggf. eine Lücke oder ein überschießender Anwendungsbereich festgestellt worden ist. Auch dies impliziert in methodologischer Sicht ein retardierendes Moment, eine erneute Überprüfung des nur vorerst festgestellten Zwischenergebnisses.[973] Das gegen die kollisionsrechtliche Anpassung vorgebrachte Rückschrittsargument müsste daher auch jegliche materielle Korrektur ausschließen, denn wer „einmal qualifiziert, immer qualifiziert" sagt, müsste konsequenterweise auch das Postulat „einmal subsumiert, immer subsumiert" befolgen.[974] Abgesehen von diesem nicht haltbaren formal-methodischen Argument wird vorgebracht, dass klare Regeln für eine kollisionsrechtliche

---

[964] Bamberger/Roth/*Lorenz* Rn. 90; *Benicke,* FS Schapp, 2010, 61 (69); *Dannemann* Ungewollte Diskriminierung S. 437 ff.; Erman/*Hohloch* Rn. 57; *v. Hoffmann/Thorn* IPR § 6 Rn. 35; *Kegel/Schurig* IPR § 8 III 1; *Kropholler,* FS Ferid, 1978, 279 (282 f.); *Looschelders* Anpassung S. 195 ff.; *Looschelders,* FS v. Hoffmann, 2011, 266 (269); *Mansel,* Liber Amicorum Kegel, 2002, 111; NK-BGB/*Freitag* Art. 3 Rn. 38; *Rauscher* IPR Rn. 569; *Siehr* IPR § 49 III 3b; Staudinger/*Dörner* (2007) EGBGB Art. 25 Rn. 748.
[965] BGH FamRZ 1986, 345 (347) = NJW-RR 1986, 1005 (1006).
[966] BGHZ 205, 289 Rn. 31 u. 34 = NJW 2015, 2185.
[967] Begriff von *Looschelders* Anpassung S. 196 ff. (im Anschluss an *Kegel/Schurig* IPR § 8 III 1).
[968] *Benicke,* FS Schapp, 2010, 61 (73 ff.); *v. Hoffmann/Thorn* IPR § 6 Rn. 36; *Kegel/Schurig* IPR § 8 III 1; *Kropholler,* FS Ferid, 1978, 279 (284); *Looschelders* Anpassung S. 196 ff.
[969] *Kegel/Schurig* IPR § 8 III 1 nennen dies „eine Art besondere Qualifikation für einen besonderen Zweck, nämlich zur Verhütung von Normenwiderspruch"; ähnlich *Rauscher* IPR Rn. 572, der von einer „erweiterten Qualifikation" spricht; zum Verhältnis Anpassung/Qualifikation ausf. *Looschelders* Anpassung S. 138 ff.; ferner *Benicke,* FS Schapp, 2010, 61 (73 ff.).
[970] Prononciert Staudinger/*Sturm/Sturm* (2012) Rn. 258; in diesem Sinne auch zu § 1371 BGB BGHZ 205, 289 Rn. 31 u. 34 = NJW 2015, 2185; stark einschr. auch *v. Bar/Mankowski* IPR § 7 Rn. 257, die aber zumindest bei „echten" Normenwidersprüchen wie zB unvereinbaren Kommorientenvermutungen kollisionsrechtlich anpassen wollen (aaO Rn. 254 f.); grds. abl. auch 5. Aufl. 2010, Rn. 593, 601 *(Sonnenberger),* der aber zahlreiche der üblicherweise als Kollisionsrechtsanpassung eingeordneten Fälle bereits mithilfe einer funktionalen Qualifikation bewältigen will (sehr deutlich aaO Rn. 584: Die Wiederaufnahme des Qualifikationsprozesses „sieht [...] wie [...] Angleichung aus [!], ist aber in Wahrheit eine Folge des bloß vorläufigen Charakters des auf der Vorstufe erreichten Qualifikationsresultats."), so dass im Ergebnis vielfach inhaltliche Übereinstimmung mit der hL besteht (vgl. hierzu auch *Looschelders,* FS v. Hoffmann, 2011, 266 (268 f.), der diesbezüglich von lediglich „terminologischen Divergenzen" spricht).
[971] *v. Bar/Mankowski* IPR § 7 Rn. 257.
[972] Staudinger/*Sturm/Sturm* (2012) Rn. 258; abl. hierzu *Looschelders* Anpassung S. 212 f.: Die Brücke werde gar nicht erst überquert, wenn man die Hindernisse am anderen Ufer schon erkennen könne.
[973] Vgl. *Larenz/Canaris,* Methodenlehre der Rechtswissenschaft, 3. Aufl. 1995, 202, die von der „Ausfüllung einer Gesetzeslücke im Wege des Rückganges [!] auf ein im Gesetz angelegtes Prinzip" sprechen.
[974] Vgl. *Jaksic* YbPIL 17 (2015/16) 527 (548 f.), der Korrekturen im Anschluss an die Qualifikation für einen EMRK-Verstoß hält.

Lösung fehlten und letztere daher dem Rechtsanwender ein Missbrauchspotenzial biete, um die kollisionsrechtliche Anknüpfung „nach Belieben" zu korrigieren.[975] Aber es gibt für die sachrechtliche Anpassung ebenfalls keine allseits anerkannten Regeln, und mitunter dürfte eine kollisionsrechtliche Lösung gerade unter dem Aspekt der Einfachheit und Rechtssicherheit den Vorzug gegenüber einer sachrechtlichen Rechtsfortbildung verdienen.[976] Auch die bereits erwähnte gesetzliche Regelung in Art. 7 des venezolanischen IPR-Gesetzes wird übrigens in dem Sinne verstanden, dass sie sowohl die kollisions- als auch die materiellrechtliche Anpassung abdeckt.[977]

255   Uneinigkeit besteht in der Frage, ob es grundsätzlich einen **Vorrang** der kollisionsrechtlichen Methode gegenüber sachrechtlichen Lösungsansätzen gibt,[978] ob im Gegenteil die sachrechtliche Anpassung der kollisionsrechtlichen vorgeht[979] oder ob die Wahl zwischen kollisionsrechtlicher und materiellrechtlicher Anpassung ausschließlich eine Frage der Rechtsanwendung im Einzelfall ist.[980] Formalabstrakte Gesichtspunkte sind hier eher fruchtlos: Man kann zwar einerseits argumentieren, dass die Ursache des Normenwiderspruchs im IPR selbst wurzele und deshalb eine kollisionsrechtliche Lösung vorzuziehen sei;[981] man kann andererseits ebensogut geltend machen, dass die Unvereinbarkeit der Ergebnisse sich erst auf der sachrechtlichen Ebene zeige und folglich auch dort behoben werden müsse.[982] Letzten Endes sollte weder der eine noch der andere Aspekt maßgebend sein, sondern auf welche Weise die entstandenen Probleme möglichst gerecht und effizient gelöst werden können.[983] Hierfür werden als Kriterien das Ordnungsinteresse an einer möglichst „realen" Entscheidung[984] und der **Grundsatz des geringsten Eingriffs** in die beteiligten Rechtsordnungen genannt.[985] Von der Bildung gänzlich neuartiger, sog „Sachnormen im IPR" (zu widersprechenden Kommorientenvermutungen → Rn. 256, 267) ist mangels einer gesetzlichen Regelung aus Gründen der Rechtssicherheit und des internationalen Entscheidungseinklangs allenfalls als ultima ratio Gebrauch zu machen.[986] Zu welchen Ergebnissen die Abwägung zwischen den genannten Interessen jeweils führt, ist für die oben (→ Rn. 245 ff.) genannten verschiedenen Konstellationen von Normwidersprüchen differenziert zu beurteilen (→ Rn. 258 ff.). In **verfahrensrechtlicher Hinsicht** ist stets revisibel (§ 545 Abs. 1 ZPO), ob die Vorinstanz die im Folgenden erläuterten Prinzipien richtig angewendet hat, und zwar unabhängig davon, ob die Anpassung auf der Ebene des IPR, des eigenen oder des fremden Sachrechts erfolgt.[987]

256   **bb) Anpassung im Anwendungsbereich unionsrechtlicher und staatsvertraglicher Kollisionsnormen.** Fraglich ist, ob auch im Anwendungsbereich unionsrechtlicher und staatsvertraglicher Kollisionsnormen Raum für eine Anpassung bleibt, ob diese ggf. auf kollisions- oder sachrechtlichem Wege zu erfolgen hat und ob hierfür allgemein dieselben Maßstäbe gelten wie im autonomen IPR.[988] Bereits kurz nach dem Inkrafttreten der IPR-Reform des Jahres 1986 wies *Pirrung* darauf hin, künftig sei zu berücksichtigen, dass eine Anzahl der Vorschriften des neu gefassten EGBGB aus völkerrechtlichen Übereinkommen stamme, so dass stärker als bisher bei der Anwendung allgemeiner Kollisionsrechtsinstitute wie der Angleichung zu differenzieren sein werde.[989] Aber bis in die jüngste

---

[975] *v. Bar/Mankowski* IPR § 7 Rn. 257.

[976] Vgl. *Kropholler* IPR § 34 IV 2d; Staudinger/*Dörner* (2007) EGBGB Art. 25 Rn. 750.

[977] Näher *Monleón,* Das neue internationale Privatrecht von Venezuela, 2008, 91 mwN.

[978] Dazu tendieren vorsichtig Erman/*Hohloch* Rn. 57; *Kropholler* IPR § 34 IV 2d; NK-BGB/*Freitag* EGBGB Art. 3 Rn. 38.

[979] Dafür BGHZ 205, 289 Rn. 31 u. 34 = NJW 2015, 2185; *Benicke,* FS Schapp, 2010, 61 (69); *Looschelders* Anpassung S. 210 f.; *Looschelders* IPRax 2016, 349 (352); stärker diff. *Looschelders,* FS v. Hoffmann, 2011, 266 (269).

[980] So *Dannemann* Ungewollte Diskriminierung S. 439; Staudinger/*Dörner* (2007) EGBGB Art. 25 Rn. 749–751.

[981] *Kegel,* FS Lewald, 1953, 259 (285); *Kropholler* IPR § 34 IV 2d.

[982] In diesem Sinne BGHZ 205, 289 Rn. 34 = NJW 2015, 2185; *Looschelders* Anpassung S. 164.

[983] So bereits *J. Schröder* Anpassung S. 76; ebenso *Kropholler,* FS Ferid, 1978, 279 (286) in Fn. 21; Staudinger/*Dörner* (2007) EGBGB Art. 25 Rn. 751.

[984] Umfassend *Kegel,* FS Drobnig, 1998, 315 ff.

[985] *Kegel/Schurig* IPR § 8 III 1; ähnlich auch *Bogdan,* General Course, 2012, 313.

[986] S. *v. Bar/Mankowski* IPR I § 7 Rn. 255; *Benicke,* FS Schapp, 2010, 61 (76 f.); *v. Hoffmann/Thorn* IPR § 6 Rn. 36; *Kegel/Schurig* IPR § 8 III 3; *Kropholler* IPR § 34 IV 1 aE; *Looschelders* Anpassung S. 219 ff.; *Looschelders,* FS v. Hoffmann, 2011, 266 (269).

[987] *Stoll* FamRZ 1963, 318 (319); ausf. *Looschelders* Anpassung S. 190 ff.; *J. Schröder* Anpassung S. 69 ff.

[988] Noch *Kropholler,* FS Ferid, 1978, 279 ff. unterschied insoweit nicht zwischen der Angleichung im autonomen und im staatsvertraglichen IPR, wie seine Beispiele zum MSA (S. 282) und zum Haager Unterhaltsabkommen (S. 284) zeigen.

[989] *Pirrung* Einl. in Pirrung, Internationales Privat- und Verfahrensrecht nach dem Inkrafttreten der Neuregelung des IPR, 1987, 15 (23);. s. nunmehr *Dannemann* in Leible General Principles 331 ff.; *Dörner* IPRax 2017, 81 (85); ferner *Franzina,* FS Picchio Forlati, 2014, 185 ff., der sich allerdings auf die og. (→ Rn. 251) Spezialregelungen in EU-Verordnungen konzentriert.

Zeit ist diese Frage selbst in einschlägigen Monographien nur knapp abgehandelt oder ganz ausgespart worden.[990] Die **sachrechtliche Anpassung** wird insoweit als unproblematisch angesehen: Wenn durch ein internationales Rechtsinstrument nur das Kollisionsrecht vereinheitlicht werde, könne eine auf der Sachrechtsebene angesiedelte Anpassung schon begrifflich nicht in den Anwendungsvorrang dieser Kollisionsnormen (Art. 3) eingreifen.[991] Das gilt freilich nur, sofern nicht ein Kollisionsrechtsakt selbst ausnahmsweise eine Sachnorm enthält, so insbesondere Art. 32 EuErbVO zur Bewältigung widerstreitender Kommorientenvermutungen (→ Rn. 267).

Schwieriger zu beurteilen ist die **kollisionsrechtliche Anpassung.** Wenn etwa eine Normen-   **257** häufung oder ein Normenmangel durch zwei unterschiedliche Staatsverträge und/oder EU-Verordnungen hervorgerufen wird, stellt sich die Frage, ob ein deutsches Gericht in diesem Fall eines der beiden Rechtsinstrumente unangewendet lassen oder deren Anwendungsbereich auf eigentlich nicht erfasste Fragen erstrecken darf (zB die EuErbVO trotz deren Art. 1 Abs. 2 lit. d auf das Ehegüterrecht oder Unterhaltspflichten [lit. e], die Rom II-VO trotz Art. 1 Abs. 2 lit. a Rom II-VO auf Unterhaltspflichten); prima facie wird mit einer solchen Verengung oder Ausdehnung der in einer EU-Verordnung oder einem Staatsvertrag verbindlich festgelegte sachliche Anwendungsbereich missachtet.[992] Gleichwohl hat der BGH obiter festgestellt, dass auch Koordinierungsprobleme im Anwendungsbereich vereinheitlichten Kollisionsrechts, „durch ‚Angleichung‘ zu lösen [sind] [...], indem entweder die betreffende Kollisionsnorm, soweit nach der [...] staatsvertraglichen Vorgabe möglich, modifiziert oder für das offenbar werdende Koordinierungsproblem eine neue Kollisionsregel entwickelt [...] wird".[993] Auch im Schrifttum wird eine kollisionsrechtliche Anpassung insoweit für zulässig gehalten.[994] Erstens wird hierfür ein argumentum a fortiori zum ordre public entwickelt: Wenn ein Gericht die Anwendung des von den vereinheitlichten Kollisionsnormen berufenen Rechts bei einem Verstoß gegen die Wertvorstellungen nur der lex fori unter Berufung auf den ordre public abwehren dürfe, müsse dies erst recht gelten, wenn aus der Sicht *beider* beteiligter Rechtsordnungen ein konkreter Wertungswiderspruch bestehe.[995] Zweitens wird die Anpassung als Fall einer teleologischen Extension oder Restriktion eines Staatsvertrages (bzw. heute einer EU-Verordnung) angesehen, die zulässig sei, wenn sie nach denjenigen Zielen gerechtfertigt sei, die das jeweilige Instrument selbst verfolge.[996] Einschränkend wird aber in Bezug auf Staatsverträge betont, dass dies nur in Betracht komme, wenn eine rechtsvergleichende Betrachtung ergebe, dass eine solche Auslegung auch in den anderen Vertragsstaaten gebilligt werde oder zumindest auf Akzeptanz stoßen könnte.[997] Fasst man die kollisionsrechtliche Anpassung als einen besonderen Fall der erneuten Vornahme der Qualifikation auf (→ Rn. 244, 254), ist im Anwendungsbereich der EU-Verordnungen mutatis mutandis auch insoweit der Grundsatz der autonomen Qualifikation maßgebend (→ Rn. 126 ff.). Es ist also bei der Auflösung entsprechender Normenwidersprüche – etwa zwischen Unterhalts- und Erbstatut – der EuGH ggf. nach Art. 267 AEUV um eine Vorabentscheidung zu ersuchen, ob zB der Widerspruch durch eine regelwidrige Ausdehnung des HUP auf das Erbrecht, der EuErbVO auf das Unterhaltsstatut oder letztlich doch auf der Ebene des Sachrechts zu lösen ist.[998] Maßgebend hierfür müssen Systematik und Zielsetzung der jeweiligen Verordnung sein. Jedenfalls darf nicht vorschnell auf kollisionsrechtliche „Grenzverschiebungen" etwa im Bereich des Unterhalts-, Güter- und Erbrechts zurückgegriffen werden, die allein im Rahmen des bisher maßgebenden nationalen IPR entwickelt worden sind.[999]

---

[990] *Looschelders* Anpassung S. 206 f. widmet der Frage – als einem „Sonderproblem" – 2 (von 421) Textseiten; *Meyer-Sparenberg,* Staatsvertragliche Kollisionsnormen, 1990, 155 f. ebenfalls 2 (von 201) Textseiten; *Dannemann* Ungewollte Diskriminierung S. 438 äußert sich nur beiläufig; *Gottschalk* Allgemeine Lehren des IPR 132 und *Nehne* Methodik S. 3 klammern die Anpassung bewusst aus.

[991] *Meyer-Sparenberg,* Staatsvertragliche Kollisionsnormen, 1990, 155.

[992] Vgl. *Looschelders* Anpassung S. 206 f.; *Looschelders* IPRax 2016, 349 (352); *Meyer-Sparenberg,* Staatsvertragliche Kollisionsnormen, 1990, 155.

[993] BGH FamRZ 1986, 345 (347) = NJW-RR 1986, 1005 (1006).

[994] *Looschelders* Anpassung S. 206 f.; *Looschelders* IPRax 2016, 349 (352); *Meyer-Sparenberg,* Staatsvertragliche Kollisionsnormen, 1990, 155 f.; implizit *Kropholler,* FS Ferid, 1978, 279 ff.; beiläufig *Dannemann* Ungewollte Diskriminierung S. 438.

[995] *Meyer-Sparenberg,* Staatsvertragliche Kollisionsnormen, 1990, 155; vgl. auch LG Aurich IPRspr. 1975 Nr. 95; krit. insoweit *Looschelders* Anpassung S. 207.

[996] *Looschelders* Anpassung S. 207.

[997] *Looschelders* Anpassung S. 207; ebenso in Bezug auf EU-Verordnungen *Dörner* IPRax 2017, 81 (85).

[998] Ebenso *Looschelders* IPRax 2016, 349 (352).

[999] *Looschelders* IPRax 2016, 349 (352); auch *Dörner* in Dutta/Herrler, EuErbVO, 2014, 80 stellt beiläufig (in Fn. 30) die Frage, „ob nicht gemeineuropäische Substitutions- und Anpassungsregeln als Bestandteil eines bislang ungeschriebenen Allgemeinen Teils des Europäischen IPR entwickelt werden müssten."

258 **c) Die einzelnen Fallgruppen. aa) Normenmangel.** Für den Normenmangel wird vielfach ein Vorrang der kollisionsrechtlichen Lösung gegenüber einer Anpassung des Sachrechts postuliert.[1000] Die insoweit denkbaren Lösungsstrategien lassen sich (auf der Basis des heute [23.7.2016] geltenden Rechts) am viel diskutierten Beispiel des in Deutschland verunglückten belgischen Hauskindes (→ Rn. 248) veranschaulichen.[1001] Hier kämen theoretisch die folgenden Ansätze in Betracht, um den Normenmangel zu beheben und den Eltern doch noch zu einem Anspruch gegen den Schädiger zu verhelfen:

259 **(1)** Zwar spricht das KSÜ in Art. 16 Abs. 1 KSÜ gemäß Art. 21 Abs. 1 KSÜ lediglich eine Sachnormverweisung aus; auf ein volljähriges Hauskind findet aber weiterhin Art. 21 EGBGB Anwendung (Art. 2 KSÜ). Da Art. 21 EGBGB eine Gesamtverweisung ausspricht, (→ EGBGB Art. 3a Rn. 9), könnte man dem belgischen Recht einen **Renvoi kraft abweichender, rein deliktischer Qualifikation** der schadensersatzrechtlichen Implikationen des Eltern-Kind-Verhältnisses (allgemein → EGBGB Art. 4 Rn. 70 ff.) entnehmen und insoweit insgesamt deutsches Tatortrecht (§ 845 BGB iVm § 1619 BGB) anwenden.[1002]

260 **(2)** Ferner könnte man die **Dienstleistungspflicht des Hauskindes** ausnahmsweise **unterhaltsrechtlich qualifizieren.**[1003] Das auf die Vorfrage nach der Dienstleistungspflicht anwendbare Recht wäre dann nicht nach Art. 21 zu bestimmen, sondern nach Art. 3 ff. HUP. Zwar wäre auch nach Art. 3 Abs. 1 HUP grundsätzlich belgisches Recht anzuwenden, das keine dem § 1619 BGB entsprechende Dienstleistungspflicht kennt. Aber subsidiär wäre nach Art. 4 Abs. 2 HUP auf einen Unterhaltsanspruch der Eltern gegen ihr Kind deutsches Recht als lex fori anwendbar, so dass man im Ergebnis zwar nicht zu einem Anspruch aus § 845 Abs. 1 BGB, aber aus § 844 Abs. 2 BGB käme.

261 **(3)** Am häufigsten wird indes vorgeschlagen, in Fällen des Normenmangels eine **kollisionsrechtliche Grenzverschiebung** in der Weise vorzunehmen, dass man die Verweisung einer der beiden in Betracht kommenden Kollisionsnormen ausnahmsweise auch auf die hiervon nicht erfasste Frage ausdehnt.[1004] Im Beispielsfall könnte man also die deliktische Anknüpfung (Art. 4 Abs. 1 Rom II-VO) auf das Eltern-Kind-Verhältnis erstrecken oder umgekehrt den Schadensersatzanspruch demjenigen Recht unterwerfen, welches das Eltern-Kind-Verhältnis beherrscht. **(a)** Folgt man der ersten Variante, wäre die Vorfrage nach der Dienstleistungspflicht nicht getrennt als Bestandteil des Eltern-Kind-Verhältnisses anzuknüpfen, sondern unmittelbar dem Hauptfragenstatut, also dem deutschen Tatortrecht (Art. 4 Abs. 1 Rom II-VO), zu unterwerfen.[1005] Hierfür könnte man sich auf die entsprechende Beantwortung statusrechtlicher Vorfragen im internationalen Unterhaltsrecht (→ Rn. 176) berufen.[1006] **(b)** Folgt man der zweiten Variante, wäre auch der Schadensersatzanspruch der Eltern nach Art. 21 EGBGB anzuknüpfen, so dass im Ergebnis Art. 1382, 1384 C. c. Anwendung fänden, wenn man nicht – insoweit dem Lösungsvorschlag (1) folgend – wiederum einen Renvoi kraft abweichender Qualifikation auf das deutsche Recht annähme.[1007]

262 Zwar führen alle hier vorgestellten Lösungstechniken zu inhaltlich angemessenen Ergebnissen. Ihre Konstruktion muss jedoch Zweifeln begegnen: Eine versteckte Rückverweisung **(Lösung [1])** scheidet aus, weil das deutsche IPR nur in Bezug auf die Dienstleistungspflicht, nicht aber in Bezug auf die Haftungsgrundlage selbst, auf das belgische Recht verweist;[1008] der Fall ist insoweit mit den klassischen Verlöbnisbruchfällen (→ EGBGB Art. 4 Rn. 71) nicht vergleichbar. Im Übrigen trägt dieser Ansatz für minderjährige Hauskinder nicht mehr, seit auch Belgien dem KSÜ beigetreten ist (Ausschluss des Renvoi nach Art. 21 Abs. 1 KSÜ). Auch eine unterhaltsrechtliche Qualifikation der Dienstleistungspflicht **(Lösung [2])** kommt weder nach der lex fori noch bei einer autonomen Auslegung des HUP ernstlich in Betracht;[1009] das Kind schuldet den Eltern Dienste als Ausgleich

---

[1000] Bamberger/Roth/*Lorenz* Rn. 90; *Benicke,* FS Schapp, 2010, 61 (74 f.); *v. Hoffmann/Thorn* IPR § 6 Rn. 36; *Kropholler,* FS Ferid, 1978, 279 (284 f.); *Rauscher* IPR Rn. 572; einschr. aber *Siehr* IPR § 49 III 3b: „keine Patentlösung".

[1001] Hierzu s. *Dannemann* Ungewollte Diskriminierung S. 12, 111, 157, 268, 283 f., 451 f., 470 f.; *v. Hoffmann/Thorn* IPR § 6 Rn. 36 f.; *Hohloch* JuS 1996, 171 f.; Staudinger/*Sturm*/*Sturm* (2012) Rn. 253; zum ähnlich gelagerten „Tänzerin"-Fall (OLG Celle VersR 1980, 169) bereits *Looschelders* Anpassung S. 233.

[1002] So noch *v. Hoffmann* IPR, 6. Aufl. 1999, § 6 Rn. 36; aufgegeben aber durch *v. Hoffmann/Thorn* IPR § 6 Rn. 36.

[1003] Vgl. zum deutschen Sachrecht ausf. *Enderlein* AcP 200 (2000), 565 (589 f.).

[1004] *Benicke,* FS Schapp, 2010, 61 (73 ff.); *Kropholler,* FS Ferid, 1978, 279 (284).

[1005] So nunmehr *v. Hoffmann/Thorn* IPR § 6 Rn. 36; vgl. aber in der Begr. abw. *Dannemann* Ungewollte Diskriminierung S. 470 f.

[1006] *v. Hoffmann/Thorn* IPR § 6 Rn. 36 in Fn. 71.

[1007] Dagegen spräche bei einer solchen einzelfallbezogenen Rechtsfortbildung wohl der „Sinn der Verweisung" (Art. 4 Abs. 1 S. 1).

[1008] Staudinger/*Sturm*/*Sturm* (2012) Rn. 253.

[1009] S. nur Erman/*Hohloch* EGBGB Art. 21 Rn. 12; gegen eine Lösung derartiger Fälle auf der Qualifikationsebene auch *Dannemann* Ungewollte Diskriminierung S. 268.

für den ihm von diesen gewährten Unterhalt, wird hierdurch aber nicht selbst unterhaltspflichtig.[1010] Es bleibt daher allein die kollisionsrechtliche „Grenzverschiebung" zwischen Internationalem Delikts- und Sorgerecht **(Lösung [3])**. Hier stellt sich aber das bereits oben (→ Rn. 257) im Hinblick auf die Anpassung im Rahmen von EU-Verordnungen angeschnittene Problem, dass die Rom II-VO nach Art. 1 Abs. 2 lit. a Rom II-VO keine familienrechtlichen Dienstleistungs- oder Unterhaltspflichten erfasst **(Lösung [3a])**, während umgekehrt ein deliktischer Schadensersatzanspruch der VO nicht einfach entzogen und entgegen dem Anwendungsvorrang des Unionsrechts (Art. 3 Nr. 1 EGBGB) dem autonomen IPR (Art. 21 EGBGB) unterstellt werden darf **(Lösung [3b])**. Man könnte insoweit allenfalls argumentieren, dass die Rom II-VO nur in Situationen Anwendung finden solle, die einen „conflict of laws" voraussetzen (Art. 1 Abs. 1 S. 1 Rom I-VO in der englischen Fassung); an einem wirklichen „Konflikt" zwischen der belgischen und der deutschen Rechtsordnung fehle es aber, wenn beide beteiligten Rechtsordnungen inhaltlich zu demselben materiellen Ergebnis gelangen würden. Jedoch würde man hiermit einer Unterscheidung der anglo-amerikanischen Dogmatik zwischen „false and true conflicts" folgen,[1011] die der europäischen Methodologie grundsätzlich fremd ist, weil das europäische IPR das anwendbare Recht prinzipiell ohne Rücksicht auf dessen Inhalt bestimmt (→ Rn. 29 f.). Zwar ermöglicht die Rom II-VO in Art. 4 Abs. 3 S. 2 Rom II-VO eine Auflockerung durch eine akzessorische Anknüpfung, mit der nicht zuletzt Qualifikations- und Anpassungsproblemen vorgebeugt werden soll (→ Rn. 251). Insoweit kann grundsätzlich auch an ein familienrechtliches Rechtsverhältnis angeknüpft werden, das als solches vom Anwendungsbereich der Rom II-VO ausgeschlossen ist.[1012] Es ist aber bereits fraglich, ob diese Methode auch bei Straßenverkehrsunfällen zur Verfügung steht, weil familienspezifische Differenzierungen hier nur schwerlich einleuchten.[1013] Jedenfalls setzt eine solche Korrektur der Verweisung voraus, dass das fragliche Rechtsverhältnis gerade „zwischen den Parteien" des Schuldverhältnisses aus unerlaubter Handlung besteht (Art. 4 Abs. 3 S. 2 Rom II-VO); daran fehlt es jedoch im Beispielsfall, weil Parteien des deliktischen Schuldverhältnisses allein der Schädiger und das getötete Hauskind, nicht dessen Eltern sind. Die Lösung (3b) ließe sich daher nur mit erheblichen dogmatischen Verwerfungen durchführen.

Bei einer Gesamtabwägung erscheint es daher im Lichte des oben (→ Rn. 255) genannten Gebots **263** des geringsten Eingriffs noch am ehesten vertretbar, eine kollisionsrechtliche Anpassung in der Weise vorzunehmen, dass man ungeachtet des Art. 1 Abs. 2 lit. a Rom II-VO auch die Dienstleistungspflicht des Kindes als eine Teilfrage des Haftungsgrundes (Art. 15 lit. a Rom II-VO) in den Anwendungsbereich der VO einbezöge und ein solches Vorgehen offen als zwar formal regelwidrige, aber teleologisch gebotene Extension legitimierte (→ Rn. 257). Ob auch der EuGH einer solchen kühnen Lösung folgen würde, bliebe aber abzuwarten. – Angesichts all dieser Unwägbarkeiten auf kollisionsrechtlichem Terrain gewinnt die **sachrechtliche Anpassung** erheblich an Reiz. Denn im Rahmen seiner eigenen nationalen Sachvorschriften hat der Rechtsanwender eine erheblich größere Freiheit zur kreativen Rechtsfortbildung, als dies angesichts der detaillierten Umschreibung des sachlichen Anwendungsbereichs von EU-Verordnungen und Staatsverträgen im IPR möglich ist. Da es sich bei der Anpassung um eine einzelfallbezogene Rechtsfortbildungsaufgabe handelt, ist auch zweifelhaft, ob das auf die Beantwortung mehr oder minder abstrakter Rechtsfragen zugeschnittene Vorabentscheidungsverfahren nach Art. 267 AEUV das passende Instrument ist, um zu einer Klärung der Rechtslage in derartigen Sonderfällen beizutragen. Eine Durchbrechung der Anwendungsschranken einer EU-Verordnung oder eines Staatsvertrages in einer speziellen Anpassungskonstellation könnte die Gefahr schaffen, dass die nationalen Gerichte es mit dem Grundsatz der autonomen Qualifikation auch in Normalfällen nicht so genau nähmen wie gewünscht – *hard cases make bad law*. Eine Vorlageentscheidung des EuGH aber, in welcher der Gerichtshof nur mehr oder minder allgemeine Grundsätze der Anpassung referieren und im Übrigen auf deren Anwendung durch das nationale Gericht verweisen würde, wäre wenig hilfreich. Schließlich wurde eine sachrechtliche Anpassung bereits vom OLG Köln bevorzugt, das die rechtliche Konstruktion wählte, „im Rahmen des § 845 BGB das belgische Schadensersatzrecht an die Stelle der fehlenden belgischen Dienstleistungsverpflichtung im Sinne des § 1619 BGB treten zu lassen".[1014] Auf diese Weise erhalten die Kläger im Ergebnis

---

[1010] Vgl. die Formel in BGHZ 137, 1 (8) = NJW 1998, 307 (308): „Arbeitskraft gegen Gewährung des Unterhalts".

[1011] S. *Hay/Borchers/Symeonides*, Conflict of Laws, 5. Aufl. 2010, § 2.9.

[1012] AllgM, s. nur Calliess/*v. Hein* Rom II-VO Art. 4 Rn. 63.

[1013] Abl. noch zum deutschen IPR BGHZ 119, 137 (144) = NJW 1992, 3091 (3092 f.); zum Streitstand nach der Rom II-VO s. Calliess/*v. Hein* Rom II-VO Art. 4 Rn. 63 mwN.

[1014] OLG Köln FamRZ 1995, 1200 = NZV 1995, 448; zust. *Dannemann* Ungewollte Diskriminierung S. 451 f.; *Hohloch* JuS 1994, 171 f.; Staudinger/*Sturm/Sturm* (2012) Rn. 253.

einen Schadensersatzanspruch, der ihnen bei isolierter Betrachtung beider Rechtsordnungen von vornherein zugestanden hätte.

264   Auch für den Normenmangel in den bereits genannten **Witwenfällen** (→ Rn. 218, 246) wurde öfters vorgeschlagen, die Problematik durch eine kollisionsrechtliche „Grenzverschiebung" in der Weise zu lösen, dass entweder die erbrechtliche Verweisung auch auf den güterrechtlichen Ausgleich ausgedehnt wird[1015] oder umgekehrt der Witwe derjenige Anteil am Erbe zugesprochen wird, den ihr das Güterstatut zuerkennen würde.[1016] Aber die erstgenannte Lösung ist mit dem Gedanken des Vertrauensschutzes bei einer langjährigen Ehe, der sich de lege lata in der Unwandelbarkeit des Güterrechtsstatuts ausdrückt (→ Rn. 124), nur schwer zu vereinbaren.[1017] Dies gilt insbesondere im Lichte der **EuErbVO,** die für einen erbrechtlichen Statutenwechsel – vorbehaltlich des Art. 21 Abs. 2 EuErbVO – nicht mehr, wie bisher, einen in der Regel nicht unkomplizierten Wechsel der Staatsangehörigkeit des Erblassers verlangt, sondern eine problemlose Verlegung des gewöhnlichen Aufenthalts (Art. 21 Abs. 1 EuErbVO) genügen lässt.[1018] Im Übrigen schließt die EuErbVO Fragen des Güterrechts (Art. 1 Abs. 2 lit. d EuErbVO) explizit von ihrem sachlichen Anwendungsbereich aus, was weitgehend überflüssig wäre, wenn diese Bereichsausnahme sich allein auf einen güterrechtlichen Ausgleich unter Lebenden bezöge. Aber auch gegen die Ausdehnung der güterrechtlichen Verweisung auf das Erbrecht bestehen Bedenken: Im autonomen IPR (Art. 15 EGBGB bzw. Art. 25 EGBGB aF) muss diese Lösung schon deshalb ausscheiden, weil sie bei der Schaffung des EGBGB von 1986 bewusst erwogen, aber letztlich verworfen worden war, „weil die Entwicklung der Ehe und die Reihenfolge des Todes der Ehegatten nicht vorausgesehen werden können" und der „für die sachgerechte Ausgestaltung einer solchen Anknüpfungsgleichheit erforderliche Aufwand (Vermeidung der Anknüpfung an ein ‚versteinertes' Güterrechtsstatut) [...] außer Verhältnis zum Ergebnis [stünde]".[1019] Der BGH hat sich daher – wenn auch in einem Fall, der keinen Normenmangel, sondern genau umgekehrt eine Normenhäufung (→ Rn. 246, → Rn. 268) nahelegt – zu Recht für eine allenfalls materiellrechtliche Anpassung ausgesprochen.[1020] Hieran dürfte auch im Lichte der EuErbVO und der EuGüVO festzuhalten sein (zur Qualifikation → Rn. 124).[1021] Nach dem Prinzip des schonendsten Eingriffs ist dem überlebenden Ehegatten daher der Mindestanteil am Nachlass zuzusprechen, der ihm bei isolierter Betrachtung einer jeden beteiligten Rechtsordnung zustünde.[1022] Für weitere Einzelheiten ist auf die Kommentierung des Internationalen Ehegüter- und Erbrechts zu verweisen (→ EGBGB Art. 15 Rn. 62; → EuErbVO Art. 1 Rn. 21 f.; → EuErbVO Vor Art. 20 Rn. 60).

265   Für den Fall des aufgrund unterschiedlicher verfahrensrechtlicher bzw. materiellrechtlicher Einordnung **mangelnden Auskunftsanspruchs** (→ Rn. 248) wird im Ergebnis allgemein eine Korrektur befürwortet, wobei umstritten ist, ob diese Lösung rechtstechnisch auf einer Anpassung des eigenen (notfalls § 242 BGB) oder des fremden Sachrechts beruht oder ob es sich gar um die Neuschaffung einer eigenständigen „Sachnorm im IPR" handelt.[1023] Die ebenfalls denkbare Lösung, insoweit die starre Kollisionsnorm der lex fori für das Verfahrensrecht aufzulockern und auch ausländische Regeln in ggf. angepasster Form anzuwenden,[1024] hat sich bislang nicht durchsetzen können.[1025]

[1015] So bereits *Kegel,* FS Lewald, 1953, 259 (285); ferner zB *v. Hoffmann/Thorn* IPR § 6 Rn. 36; *Keller/Siehr* IPR§ 35 III 2.

[1016] In jüngerer Zeit vor allem *Benicke,* FS Schapp, 2010, 61 (74 f.); ebenso auf Anregung von *Müller-Freienfels* zuerst die Erbrechtskommission des Deutschen Rates für IPR, Vorschläge und Gutachten zur Reform des deutschen internationalen Erbrechts, 1969, 6; damit sympathisierend *Kropholler,* FS Ferid, 1978, 279 (284); ebenso *Kühne,* IPR-Gesetz-Entwurf, 1980, § 30 (S. 162 f.); so im Ergebnis, aber stark diff. *Kegel/Schurig* IPR § 8 III 2; anders Vorschläge und Gutachten zur Reform des deutschen internationalen Personen-, Familien- und Erbrechts, 1981, 66 und *Kropholler* IPR § 51 IV 2a.

[1017] *Kegel/Schurig* IPR § 8 III 2.

[1018] Für materiell-rechtliche Anpassung insoweit auch *Looschelders* IPRax 2016, 349 (352).

[1019] BT-Drs. 10/504, 74.

[1020] BGHZ 205, 289 Rn. 31 u. 34 = NJW 2015, 2185 (im Erg. jedoch die Notwendigkeit einer Anpassung verneinend, → Rn. 246, → Rn. 268).

[1021] Ausf. hierzu *Heinig* DNotZ 2014, 251 ff.; *Mankowski* ZEV 2014, 121 (125 ff.); ferner *Kowalczyk* ZfRV 2013, 126 ff.; *Simon/Buschbaum* NJW 2012, 2393 f.

[1022] Ebenso zB *Kropholler* IPR § 34 IV 1a; *Palandt/Thorn* EGBGB Art. 15 Rn. 26; *Staudinger/Dörner* (2007) EGBGB Art. 25 Rn. 754.

[1023] Für einen Ansatz im deutschen Recht *Kegel,* FS Drobnig, 1998, 315 (328 f.); *Kropholler* IPR § 34 IV 2a; *Schack* IZVR Rn. 739; Staudinger/*Sturm/Sturm* (2012) Rn. 254; für eine Anpassung des berufenen ausländischen Sachrechts aber eingehend *Looschelder* Anpassung S. 372 ff.; Staudinger/*Mankowski* (2010) EGBGB Art. 15 Rn. 283 ff.; ebenso *Dannemann* Ungewollte Diskriminierung S. 445, alle mwN.

[1024] Näher *Hohloch,* FS Kokkini-Iatridou, 1994, 213 (228 ff.).

[1025] Abl. *Schack* IZVR Rn. 739 in Fn. 1 (unnötig kompliziert); Staudinger/*Mankowski* (2010) EGBGB Art. 15 Rn. 288 (systemsprengend); im Ergebnis bereits *Looschelders* Anpassung S. 375.

Insgesamt dürfte in Fällen eines Normenmangels zumindest in denjenigen Fällen, in denen die **266** Anwendung **vereinheitlichten Kollisionsrechts** im Raum steht, die **sachrechtliche Anpassung** oft leichter zu begründen sein als die Durchbrechung ausdrücklich festgelegter Schranken des Anwendungsbereichs einer Verordnung oder eines Staatsvertrages.

bb) Normenhäufung. Im Falle der Normenhäufung bei **logischen Widersprüchen** ist eben- **267** falls umstritten, ob der richtige Lösungsweg in einer kollisions- oder einer materiellrechtlichen Anpassung besteht.[1026] Versterben zB zwei Ehegatten unterschiedlicher Staatsangehörigkeit, und lässt jedes Personalstatut (Art. 9 S. 1 EGBGB) „seinen" Angehörigen länger leben als den anderen, kann man eine „wechselseitige" Beerbung nicht hinnehmen.[1027] Insoweit wurde im autonomen IPR wohl überwiegend eine kollisionsrechtliche Lösung in der Weise bevorzugt, dass der Stichentscheid dem Ehewirkungsstatut zu überlassen sei.[1028] Der Einwand, dass das autonome IPR wegen des Art. 9 S. 1 EGBGB hierfür keine Grundlage biete,[1029] überzeugte nicht recht, weil die gesamte Problematik der Anpassung im EGBGB von 1986 bewusst nicht geregelt, sondern der weiteren Entwicklung überlassen worden war (→ Rn. 264). Als nicht durchführbar erwies sich die kollisionsrechtliche Lösung aber in denjenigen (seltenen) Fällen, in denen zwischen den Verstorbenen keinerlei familienrechtliches Band bestand;[1030] dann musste ggf. ad hoc eine an § 11 VerschG angelehnte Regel entwickelt werden, nach der das gleichzeitige Versterben beider Ehegatten zu vermuten war.[1031] Den letztgenannten Ansatz verallgemeinert nunmehr – auch für Ehegatten und sonstige miteinander familiär verbundene Personen – Art. 32 EuErbVO,[1032] auf dessen Erläuterung daher zu verweisen ist (→ EuErbVO Art. 32 Rn. 1 ff.). – Im Falle von Normwidersprüchen im Abstammungsrecht, die insbesondere nach Art. 19 Abs. 1 S. 3 EGBGB eintreten können, wenn ein Kind in einer neuen Ehe der Mutter nach so kurzer Zeit geboren wird, dass auch noch der vorherige Mann nach dem insoweit maßgebenden Recht als Vater in Betracht kommt, wird eine Anpassung dahingehend vorgeschlagen, denjenigen Mann als Vater gelten zu lassen, dessen Vaterschaft nach Lage des Falles wahrscheinlicher ist[1033] (näher → EGBGB Art. 19 Rn. 23 ff.).

Auch bei der Normenhäufung in Fällen eines **teleologischen Widerspruchs** (→ Rn. 246) ist **268** eine kollisionsrechtliche Lösung durch eine „Grenzverschiebung" zwar denkbar, sieht sich hier aber – gleichsam spiegelbildlich – ähnlichen Einwänden ausgesetzt wie im Falle des Normenmangels (→ Rn. 262 ff.). Die angemessene Lösung ist daher zB in den „Witwenfällen" (→ Rn. 124, 218, 246) dahingehend zu suchen, dass im Rahmen des § 1371 Abs. 1 BGB der nach ausländischem Recht bestimmte Anteil des überlebenden Ehegatten den gesetzlichen Erbteil iS dieser Vorschrift substituiert (→ Rn. 240); sodann ist ggf. mithilfe einer sachrechtlichen Anpassung zu korrigieren, dh dem überlebenden Ehegatten soll im Ergebnis nur das zukommen, was ihm höchstens zustünde, wenn eines der beteiligten Rechte allein auf den Sachverhalt Anwendung fände.[1034] Der **BGH** hat diesen Grundsatz jedoch jüngst mit dem Argument eingeschränkt, „die Entscheidung über das ‚Ob' der Erbberechtigung nach einem Sachrecht […] [stellt] nicht die Höhe und damit das ‚Wie' der Erbberechtigung nach einem anderen Sachrecht […] in Frage, auch wenn diese sich nach dem Sachrecht richtet, das im konkreten Fall einen Erbausschluss vorsehen würde".[1035] Es ist aber bedenk-

---

[1026] Umfassend zu Kommorientenvermutungen Staudinger/*Dörner* (2007) EGBGB Art. 25 Rn. 92 ff.

[1027] Staudinger/*Dörner* (2007) EGBGB Art. 25 Rn. 100; abw. *Dannemann* Ungewollte Diskriminierung S. 243 f.: gesonderte Feststellung des Todeseintritts in separaten Nachlassverfahren.

[1028] Grundlegend *Jayme/Haack* ZVglRWiss. 84 (1985), 90 (96); ebenso *Benicke*, FS Schapp, 2010, 61 (76); Erman/*Hohloch* EGBGB Art. 9 Rn. 14; Staudinger/*Weick/Althammer* (2013) EGBGB Art. 9 Rn. 61; grds. auch *v. Bar/Mankowski* IPR I § 7 Rn. 254 f.; aA Bamberger/Roth/*Lorenz* EGBGB Art. 25 Rn. 23; *Kegel/Schurig* IPR § 8 III 3; Staudinger/*Dörner* (2007) EGBGB Art. 25 Rn. 92.

[1029] So Bamberger/Roth/*Lorenz* EGBGB Art. 25 Rn. 23; Staudinger/*Dörner* (2007) EGBGB Art. 25 Rn. 92.

[1030] Vgl. *v. Bar/Mankowski* IPR I § 7 Rn. 255.

[1031] So für diese Fallgruppe im Ergebnis übereinstimmend *v. Bar/Mankowski* IPR I § 7 Rn. 255; *Benicke*, FS Schapp, 2010, 61 (77); Erman/*Hohloch* EGBGB Art. 9 Rn. 14; *Kegel/Schurig* IPR § 8 III 3; Staudinger/*Dörner* (2007) EGBGB Art. 25 Rn. 100.

[1032] Womit sich auch der dogmatische Streit, ob es sich bei dieser Lösung um eine spezielle Sachnorm im IPR – so zB *v. Bar/Mankowski* IPR I § 7 Rn. 255; *Benicke*, FS Schapp, 2010, 61 (77) – oder eine Anpassung iwS – so *Kegel/Schurig* IPR § 8 III 3 – handelt, praktisch erledigt haben dürfte; vgl. auch *Looschelders*, FS Coester-Waltjen, 2015, 531 (540 f.); *Rugullis* ZVglRWiss. 113 (2014), 184 (206 ff.).

[1033] So Staudinger/*Henrich* (2014) EGBGB Art. 19 Rn. 49; *Waldburg*, Anpassungsprobleme im internationalen Abstammungsrecht, 2001, 217 f.

[1034] OLG Schleswig NJW-RR 2014, 88 (90); ebenso LG Mosbach ZEV 1998, 489 (490); *Kropholler* IPR § 34 IV 2b; *Looschelders*, FS v. Hoffmann, 2011, 266 (273 f.); *Lorenz* NJW 2015, 2157 (2159); Staudinger/*Dörner* (2007) EGBGB Art. 25 Rn. 754.

[1035] BGHZ 205, 289 Rn. 41 = NJW 2015, 2185; vgl. auch zur Ablehnung einer Anpassung in einem deutsch-kroatischen Fall OLG Frankfurt/Main BeckRS 2016, 116008 Rn. 52 ff.

lich, eine Erbberechtigung nach Sachrecht A mit einem günstigeren Berechnungsmaßstab bzw. einem pauschalierten Zugewinnausgleich nach Sachrecht B zu kombinieren, obwohl der überlebende Ehegatte nach dem letztgenannten Recht weder einen Anteil am Nachlass noch einen pauschalierten Zugewinnausgleich erhalten hätte (→ Rn. 246); zumindest müsste diese angreifbare, noch zu Art. 15 EGBGB und Art. 25 EGBGB aF gewonnene Rechtsauffassung unter der EuGüVO bzw. EuErbVO dem EuGH zur Entscheidung vorgelegt werden. Hinsichtlich der Einzelfragen → EGBGB Art. 15 Rn. 62 f.; → EuErbVO Art. 1 Rn. 21 f.; → EuErbVO Vor Art. 20 Rn. 60.

269   **cc) Qualitative Normendiskrepanz.** Schließlich kommt eine Anpassung in denjenigen Fällen in Betracht, in denen es weder an einer anwendbaren Norm mangelt noch eine Häufung anwendbarer Regelungen zu beklagen ist, aber zwei auf verschiedene Sachverhaltselemente anwendbare Rechtsordnungen sich als miteinander inkompatibel erweisen (s. die in → Rn. 250 genannten Fälle zur Anordnung eines Trusts oder eines Vindikationslegats). Von dem bereits (→ Rn. 220 f.) behandelten Fall der Transposition bei einem Statutenwechsel unterscheidet sich diese Konstellation dadurch, dass die inkompatible ausländische Rechtsordnung hier nicht aus temporalen Gründen aus dem Spiel genommen ist, sondern tatsächlich gleichzeitig, nämlich als Erbstatut, zur Anwendung berufen wird. Obwohl auch dieser Fall dogmatisch in der Regel der Anpassung zugeordnet wird,[1036] besteht im Ergebnis weitgehend Einigkeit darin, dass eine „Anpassung der materiellen lex rei sitae an ein ihr unbekanntes Sachenrecht [...] wegen des numerus clausus der dinglichen Rechte aus[scheidet]".[1037] Letztlich muss insoweit – ebenso wie in dem (→ Rn. 220 f.) behandelten Fall der Transposition im Falle eines Statutenwechsels – die Lösung darin gesucht werden, zB die Anordnung eines „trust" in die Kategorien des deutschen Rechts (zB ein funktional entsprechendes Treuhandverhältnis) oder das Vindikations- in ein Damnationslegat zu „übersetzen".[1038] Heute ist insoweit als Spezialvorschrift Art. 31 EuErbVO zu beachten, der als „Anpassung dinglicher Rechte" überschrieben ist (näher → EuErbVO Art. 31 Rn. 1 ff.).[1039] Diese Vorschrift deckt beispielsweise die Überleitung eines Trusts in ein Treuhandverhältnis oder eine Vor- und Nacherbschaft ab (→ EuErbVO Art. 31 Rn. 7). Ein Unterschied zur Transposition im Falle eines Statutenwechsels liegt jedoch darin, dass die sachrechtliche Problemlösung nicht stets logisch vorgegeben ist:[1040] Es kommt vielmehr durchaus in Betracht, die qualitative Normendiskrepanz zwischen Erb- und Sachstatut zB dadurch aufzulösen, dass man ein **Vindikationslegat** allein als Frage der Zuordnung des Vermögens im Todesfall und damit zu Lasten des Sachstatuts ausschließlich erbrechtlich qualifiziert.[1041] Die materiellrechtliche Transposition (Vindikations- in ein Damnationslegat) bildet hier nur *eine* von mehreren denkbaren Strategien zur Bewältigung derartiger Problemstellungen; ein kollisionsrechtlicher Lösungsweg im Wege der „Grenzverschiebung" zwischen Erb- und Sachstatut ist nicht von vornherein ausgeschlossen. Im Lichte der Bereichsausnahmen für das Sachenrecht (Art. 1 Abs. 2 lit. k und l EuErbVO) dürfte aber die sachrechtliche Überleitung eines Vindikationslegats in einen funktionsäquivalenten inländischen Rechtstypus (Damnationslegat) als schonendster Eingriff in die beteiligten Rechtsordnungen den Vorzug verdienen, wovon auch der deutsche Gesetzgeber bei der Schaffung des § 32 IntErbRVG ausgegangen ist.[1042] Letztlich wird die genaue Abgrenzung zwischen Erb- und Sachstatut der EuGH klären müssen;[1043] ausführlich zum Streitstand → EuErbVO Art. 31 Rn. 8 ff.

[1036] *Benicke,* FS Schapp, 2010, 61 (67 f.); *Kropholler,* FS Ferid, 1978, 279 (280).

[1037] BGH NJW 1995, 58 (59); *Benicke,* FS Schapp, 2010, 61 (67); *Kropholler,* FS Ferid, 1978, 279 (285); aA aber *Gärtner,* Die Behandlung ausländischer Vindikationslegate im deutschen Recht, 2014, 105 ff.

[1038] BGH NJW 1995, 58 (59); *Benicke,* FS Schapp, 2010, 61 (67); *Kropholler,* FS Ferid, 1978, 279 (285); aA aber *Gärtner,* Die Behandlung ausländischer Vindikationslegate im deutschen Recht, 2014, 105 ff. mwN.

[1039] Zur dogmatischen Einordnung s. *Jayme* in Leible/Unberath Rom 0-VO 33, 43 f., der die Vorschrift zwar als „Substitution" einordnen möchte, aber explizit die Parallele zu Art. 43 Abs. 2 EGBGB hervorhebt; hingegen hält die bisherige Rspr. für „obsolet" *Jan-Peter Schmidt* ZEV 2014, 133 (137) mzN zum Streitstand; krit. zur bisherigen deutschen Lösung auch *Wautelet* in Bonomi, Le droit européen des successions, 2013, EuErbVO Art. 31 Rn. 13.

[1040] Anders *Rauscher* IPR Rn. 579, der meint, in Fällen der Normenunverträglichkeit scheide die kollisionsrechtliche Bevorzugung einer der beiden Rechtsordnungen aus.

[1041] Dafür eingehend → EuErbVO Art. 31 Rn. 8 (lediglich Zuordnungsvorgang); ebenso zB *Gärtner,* Die Behandlung ausländischer Vindikationslegate im deutschen Recht, 2014, 89 ff.; *Laukemann,* FS Schütze, 2014, 325 ff.; *Looschelders,* FS Coester-Waltjen, 2015, 531 (534 ff.); *Mansel,* FS Coester-Waltjen, 2015, 587 (588 ff.); *Schwartze* in Deixler-Hübner/Schauer, EuErbVO, 2015, EuErbVO Art. 31 Rn. 13 f.; alle mwN.

[1042] BT-Drs. 18/4201, 51 und 62; ebenso *Frank/Döbereiner,* Nachlassfälle mit Auslandsbezug, 2015, Rn. 77 ff.; *Dörner* ZEV 2012, 505 (509); *Erman/Hohloch* EuErbVO Art. 31 Rn. 4; *Lagarde* in Bergquist et al., EuErbVO, 2015, EuErbVO Art. 31 Rn. 3; *Martiny* IPRax 2012, 119 (128); hierzu wiederum kritisch *Dutta* ZEV 2015, 493 (498 f.).

[1043] Siehe das Vorabentscheidungsersuchen des Bezirksgerichts Landsberg an der Warthe (Polen) v. 8.3.2016 – C-218/16, BeckEuRS 2016, 482945.

VI. Berücksichtigung eines nicht-anwendbaren Rechts

1. Allgemeines. Über die oben behandelten Fallgruppen hinaus wird bei der Auslegung unbe- **270** stimmter Rechtsbegriffe (zB Fahrlässigkeit, § 276 BGB) und der Ausfüllung von Generalklauseln (Sittenwidrigkeit, §§ 138, 826 BGB) herkömmlich ausländisches Recht (Straßenverkehrsregeln, ausländische Ausfuhrverbote) berücksichtigt, obwohl derartige öffentlich-rechtliche Normen als solche im Inland nicht anwendbar sind (näher → Rn. 280, 291); auch im europäischen Kollisionsrecht finden sich ähnliche methodische Ansätze (vgl. in Bezug auf Sicherheits- und Verhaltensregeln Art. 17 Rom II-VO: „sind zu berücksichtigen", hinsichtlich ausländischer Eingriffsnormen Art. 9 Abs. 3 Rom I-VO: „kann Wirkung verliehen werden"). Ob sich aus derartigen Konstellationen und den bereits genannten klassischen Fallgruppen (Transposition, Substitution, Anpassung) eine allgemeine Theorie der faktischen Berücksichtigung nicht anwendbaren Rechts gewinnen lässt (Datum-Theorie, Zwei-Stufen-Theorie des IPR) und wie sich diese ggf. zur herkömmlichen Methodik verhält, ist umstritten (→ Rn. 271 ff.).

2. Datum-Theorie. Die Anknüpfung an den Handlungsort (*lex loci actus,* vgl. Art. 40 Abs. 1 **271** S. 1 EGBGB; § 48 Abs. 1 öst. IPRG) wurde in der rechtspolitischen Diskussion vor der Verabschiedung der Rom II-VO häufig durch das legitime Interesse des Schädigers, das anwendbare Recht vorherzusehen, gerechtfertigt.[1044] Da die endgültige Rom II-VO jedoch vielfach die Anknüpfung an andere Orte wie den gemeinsamen gewöhnlichen Aufenthalt der Parteien (Art. 4 Abs. 2 Rom II-VO) oder den Erfolgsort (Art. 4 Abs. 1 Rom II-VO) bevorzugt, tritt das Problem auf, dass die Haftung sich möglicherweise nach einem Recht richtet, das der Schädiger bei der Vornahme der schädigenden Handlung vernünftigerweise nicht voraussehen konnte.[1045] Um dieses Dilemma zu entschärfen, bestimmt **Art. 17 Rom II-VO,** dass „[b]ei der Beurteilung des Verhaltens der Person, deren Haftung geltend gemacht wird, [...] faktisch und soweit angemessen die Sicherheits- und Verhaltensregeln zu berücksichtigen [sind], die an dem Ort und zu dem Zeitpunkt des haftungsbegründenden Ereignisses in Kraft sind". Auch wenn beispielsweise die Haftung einer Autofahrerin mit gewöhnlichem Aufenthalt in Deutschland, die eine andere deutsche Touristin in Südafrika verletzt hat, gemäß Art. 4 Abs. 2 Rom II-VO deutschem Recht unterliegt, muss das Gericht den Umstand in Betracht ziehen, dass man am Unfallort auf der linken Straßenseite fährt[1046] – eine Lösung, die sich nach dem gesunden Menschenverstand ohnehin aufdrängt.[1047] Die Kommission erläuterte in ihrer Begründung zum Vorschlag von 2003, dass Art. 17 Rom II-VO (damals Art. 13 des Kommissionsentwurfs) „die Feststellung zugrunde [liegt], dass der Schädiger unabhängig davon, nach welchem Recht sich die zivilrechtlichen Folgen seiner Handlung bestimmen, die Sicherheits- und Verhaltensregeln des Landes beachten muss und dass diese Regeln auch bei der Feststellung der Haftung zu berücksichtigen sind."[1048] Letztlich ist Art. 17 Rom II-VO ein Ausdruck des Prinzips, den berechtigten Erwartungen der Parteien Rechnung zu tragen:[1049] Der mutmaßliche Schädiger wird in seinem Vertrauen auf die Geltung der verhaltensregelnden Vorschriften des Ortes, an dem die schädigende Handlung begangen wurde, geschützt.[1050] So wird sichergestellt, dass er sich leicht über den Inhalt des Rechts informieren kann, das sein Verhalten regelt. Auf diese Weise trägt Art. 17 Rom II-VO dazu bei, die Transaktionskosten zu reduzieren, die mit der Ermittlung der maßgebenden Rechtslage verbunden sind. Jedoch führt Art. 17 Rom II-VO nicht zu einem zweispurigen IPR-Ansatz, der das anwendbare Recht in Fragen der Verhaltenssteuerung einerseits und Fragen der Schadensverteilung andererseits aufspalten würde.[1051] Nach der *local data*-Theorie,

---

[1044] S. zB *Koziol/Thiede* ZVglRWiss. 106 (2007), 235 (242–244).

[1045] Vgl. *Nuyts* Rev. dr. com. belge 2008, 489 (499); *G. Wagner* IPRax 2008, 1 (5).

[1046] BGH NJW 2009, 1482 (1485) = IPRax 2010, 367 (369) mAnm *Seibl* IPRax 2010, 347 (352); *Spickhoff* LMK 2009, 280900.

[1047] Vgl. bereits BGH NJW-RR 1996, 732 = LM RechtsanwendungsVO Nr. 5 (7/1996) mAnm *Wandt*; ferner *v. Bar* JZ 1985, 961 (967); *Junker* NJW 2007, 3675 (3681); *Leible/Lehmann* RIW 2007, 721 (725); eine noch immer höchst aufschlussreiche Analyse der Grundsatzprobleme findet sich bei *Stoll* in v. Caemmerer, Vorschläge und Gutachten zur Reform des deutschen internationalen Privatrechts der außervertraglichen Schuldverhältnisse, 1983, 160–180.

[1048] Begr. zum Vorschlag der Kommission vom 22.7.2003, KOM (2003), 427 endg. S. 28.

[1049] S. *Dornis* EuLF 2007, I-152 (156 f.).

[1050] *Dornis* EuLF 2007, I-152 (157).

[1051] Solch ein Ansatz findet sich in den Art. 3543 und 3544 des Louisiana Civil Code, law No. 923 of 1991, abgedruckt in Kropholler ua, Außereuropäische IPR-Gesetze, Nr. 57 und in IPRax 1993, 56; s. die vergleichende und kritische Analyse von *Symeonides* Am. J. Comp. L. 56 (2008), (173) 211–215, und *Malatesta* in Malatesta, The Unification of Choice-of-Law Rules on Torts and Other Non-Contractual Obligations in Europe, 2006, 85 (89–92) sowie *Stoll*, FS Reischauer, 2010, 389 (408); vgl. auch das neue Internationale Deliktsrecht von Oregon (2009) Or. Rev. Stat. § 31.875, abgedruckt in Oregon L. Rev. 88 (2009), 1046 ff. m. Aufsatz *Symeonides* 963 ff.

deren Vorreiter *Ehrenzweig* und andere waren,[1052] verpflichtet Art. 17 Rom II-VO das Gericht lediglich dazu, die **Sicherheits- und Verhaltensregeln als Tatsachen zu berücksichtigen, nicht aber, sie als Rechtsnormen anzuwenden** (→ Rom II-VO Art. 17 Rn. 2):[1053] „Es gilt, zwischen der Berücksichtigung fremden Rechts und seiner Anwendung zu unterscheiden: Das Gericht wendet ausschließlich das durch die Kollisionsnorm bezeichnete Recht an, muss aber fremdes Recht wie ein Sachverhaltselement berücksichtigen, zB wenn es darum geht, zur Bestimmung der Höhe des Schadenersatzes das Verschulden oder die Gut- bzw. Bösgläubigkeit des Schädigers zu würdigen."[1054] Von einem methodologischen Standpunkt aus ist es indes nicht immer leicht, eine klare Grenze zwischen der Berücksichtigung eines ausländischen Rechts und seiner tatsächlichen Anwendung zu ziehen.[1055] Zu weiteren Einzelheiten ist auf die Kommentierung des Art. 17 Rom II-VO und die einschlägige Literatur[1056] zu verweisen. Auf einem parallelen methodischen Ansatz beruht Art. 12 Abs. 2 Rom I-VO, der es gebietet, in Bezug auf die Art und Weise der Erfüllung und die vom Gläubiger im Falle mangelhafter Erfüllung zu treffenden Maßnahmen das Recht des Staates, in dem die Erfüllung erfolgt, zu berücksichtigen (näher → Rom I-VO Art. 12 Rn. 170 ff.).

272   **3. Berücksichtigung ausländischer Eingriffsnormen.** Ferner haben deutsche Gerichte vor Inkrafttreten der Rom I- und II-VOen fremde Eingriffsnormen (zB Embargobestimmungen oder Ausfuhrverbote) öfters im Rahmen der zivilrechtlichen Generalklauseln der §§ 138 und 826 BGB berücksichtigt[1057] oder als Begründung für eine Unmöglichkeit der Erfüllung schuldrechtlicher Verpflichtungen (§ 275 BGB) herangezogen.[1058] Ob hieran im Lichte der Rom I-VO und der Rom II-VO weiter festgehalten werden kann, ist umstritten (näher → Rn. 289, 291).

273   **4. Zwei-Stufen-Theorie des IPR. a) Begriff.** Schließlich sollen nach einer Lehrmeinung die oben genannten Fallgruppen lediglich Einzelfälle einer allgemeinen, sog „Zwei-Stufen-Theorie des IPR" darstellen.[1059] Diese Lehre besagt im Kern, dass die herkömmliche Bestimmung des anwendbaren Sachrechts mithilfe der Kollisionsnormen nur die erste Stufe des IPR darstelle; auf der zweiten Stufe der Rechtsanwendung müsse sodann aber dem verdrängten ausländischen Recht Rechnung getragen werden, indem es insbesondere bei der Auslegung zivilrechtlicher Generalklauseln berücksichtigt werde.[1060] Vor allem soll es auf diese Weise ermöglicht werden, der „kulturellen Identität" der betroffenen Person gerecht zu werden, wenn nicht bereits die Kollisionsnormen auf der „ersten" Stufe zur Berufung ihres Heimatrechts führen.[1061] Die hL hat hingegen die „Zwei-Stufen-Theorie" bislang äußerst reserviert, zum Teil dezidiert ablehnend aufgenommen.[1062] Bei der Würdigung dieser Theorie ist zu differenzieren: Soweit der Terminus „Zwei-Stufen-Theorie" als ein Sammelbegriff für die oben dargestellten Institute verwendet wird, mit dem die Besonderheiten der Rechtsanwen-

---

[1052] *Ehrenzweig* Buff. L. Rev. 16 (1966), 55; *Herma Hill Kay* Cal. L. Rev. 53 (1965), 47; *Jayme,* GS Ehrenzweig, 1976, 35; auch noch *Stoll,* FS Lipstein, 1980, 259; für die gegenteilige Ansicht (die echte Anwendung von ausländischen Sicherheits- und Verhaltensregeln befürwortend) s. insbes. *Dörner,* FS Stoll, 2001, 491 (498); *Kegel/ Schurig* IPR § 1 VIII 2a; diese nunmehr als vorzugswürdig einstufend *Stoll,* FS Reischauer, 2010, 389 (408).

[1053] *Cheshire/North/Fawcett,* Private International Law, 14. Aufl. 2008, 855; *Dicey/Morris/Collins,* The Conflict of Laws, 15. Aufl. 2012, Rn. 34-069; *Junker* NJW 2007, 3675 (3681); *Leible/Lehmann* RIW 2007, 721 (725); *Malatesta* in Malatesta, The unification of choice of law rules on torts and other non-contractual obligations in Europe, 2006, 85 (89); *Muir Watt* in Corneloup/Joubert, Le Règlement Communautaire „Rome II" sur la loi applicable aux obligations non contractuelles, 2008, 129 (239 f.); *Staudinger* EuLF 2005, I-61 (63); *Symeonides* Am. J. Comp. L. 56 (2008), 173 (211–215); Palandt/*Thorn* Rom II-VO Art. 17 Rn. 2; dieser Ansatz wird jedoch als methodologisch „bizarr" bezeichnet von *Reppy* Tul. L. Rev. 82 (2008), 2053 (2086).

[1054] Begr. zum Vorschlag der Kommission vom 22.7.2003, KOM (2003) 427 endg. S. 28.

[1055] *de Lima Pinheiro* Riv. dir. int. priv. proc. 2008, 5 (33); eingehend *Dornis* SZIER 2015, 183 ff.

[1056] Eingehend *Pfeiffer,* Liber Amicorum Schurig, 2012, 229 ff.; *v. Hein,* FS v. Hoffmann, 2011, 139 ff.; *Dornis* SZIER 2015, 183 ff.; *Eckert* GPR 2015, 303; *M.-P. Weller* IPRax 2017, 167 (173), jeweils mwN.

[1057] ZB BGHZ 34, 169 = NJW 1961, 822 – Borax; BGHZ 59, 82 = NJW 1972, 1575 – nigerianische Masken; ausf. Rspr.-Übersicht bei *Busse* ZVglRWiss. 95 (1996), 386 ff.

[1058] RGZ 93, 182 (184).

[1059] Grundlegend *Jayme,* GS Ehrenzweig, 1976, 35 ff. = Gesammelte Schriften IV, S. 192 ff.; *Jayme* IPRax 1996, 242; *Jayme,* Gesammelte Schriften II, S. 137, 143 f.; *Jayme* IPRax 1996, 237 (242 f.); dem folgend *Heßler,* Sachrechtliche Generalklausel, 1984; *Heßler* Datum-Theorie S. 137 ff.; *Heßler* IPRax 1988, 95 ff.; *M.-P. Weller,* Die Grenze der Vertragstreue von (Krisen-)Staaten, 2013, 44 ff.; *M.-P. Weller* IPRax 2014, 225 ff.; mit Einschränkungen auch *E. Lorenz* FamRZ 1987, 645 ff.; in Bezug auf die Anpassung *Benicke,* FS Schapp, 2010, 61 (70); *Looschelders* Anpassung S. 70 f., 93 ff.

[1060] S. die Nachweise in der vorigen Fn.

[1061] *Jayme* IPRax 1996, 237 (242 f.); *M.-P. Weller* IPRax 2014, 225 ff.

[1062] Eingehend 5. Aufl. 2010, Rn. 608 ff. *(Sonnenberger);* ferner *v. Bar/Mankowski* IPR I § 4 Rn. 22 ff.; *v. Hoffmann/Thorn* IPR Rn. 129; *Kegel/Schurig* IPR § 1 VIII 2a; zurückhaltend auch *Kropholler* IPR § 6 III 2.

dung bei Auslandssachverhalten zusammengefasst werden soll,[1063] drückt sich hierin vor allem das Desiderat aus, auf diesem schwierigen Feld zu gemeinsamen, die einzelnen Fallgruppen übergreifenden methodischen Grundsätzen zu gelangen. In diesem dogmatisch-systematisierenden Streben nach größerer Kohärenz und weniger fallrechtlich orientierter Billigkeitsabwägung verdient das Anliegen der Zwei-Stufen-Theorie grundsätzlich Unterstützung. Andererseits haben sich die oben näher analysierten Rechtsfiguren nicht zufällig im Lichte verschiedener Fallgruppen und zum Teil sehr unterschiedlicher Interessenlagen entwickelt, so dass es fraglich ist, ob die Zusammenfassung etwa der Beachtung örtlicher Verkehrsregeln bei einem Auslandsunfall einerseits, die Anpassung bei einem Normenmangel im Grenzbereich von Erb- und Güterrecht andererseits, um nur zwei der sehr unterschiedlichen Fallgruppen zu nennen, tatsächlich einen nachhaltigen Erkenntnisgewinn verspricht oder ob hiermit nicht vielmehr sachgerechte dogmatische Differenzierungen nivelliert zu werden drohen.

b) Legitimation und Kritik. Bereits die Bezeichnung als Zwei-Stufen-Theorie „des IPR" ist **274** dogmatisch unscharf. Vielmehr befindet man sich allein bei der Bestimmung des anwendbaren Rechts auf der internationalprivatrechtlichen Ebene; ist dieses Recht festgelegt, bewegt man sich hingegen ausschließlich im Rahmen des anwendbaren Sachrechts.[1064] Zwar könnte man in einem weiteren und ungenauen Sinne alle Rechtssätze als „Internationales Privatrecht" bezeichnen, die in irgendeiner Weise Sachverhalte mit einem Auslandsbezug betreffen.[1065] Aber man müsste sich dann der Tatsache bewusst bleiben, dass man den Begriff des IPR anders verwendet, als er üblicherweise im technischen Sinne und auch gemäß der Legaldefinition des Art. 3 EGBGB (→ EGBGB Art. 3 Rn. 6 ff.) gebraucht wird. Zudem müsste spätestens bei der Frage nach der Revisionsfähigkeit wieder sauber zwischen der (revisiblen) Anwendung des eigenen Kollisionsrechts einerseits, des (nicht revisiblen) ausländischen Sachrechts andererseits getrennt werden (→ Rn. 309 ff.). Diese **begriffliche Unschärfe** impliziert allerdings noch nicht, dass es inhaltlich unzulässig wäre, bei der Anwendung des berufenen Sachrechts auch die Normen einer verdrängten Rechtsordnung zu berücksichtigen. Eine solche Praxis bedarf jedoch einer besonderen Legitimation, weil sie in ein unübersehbares **Spannungsverhältnis zum kollisionsrechtlichen Rechtsanwendungsbefehl** gerät: Wenn das IPR positiv anordnet, ein bestimmtes Recht anzuwenden (etwa das des gewöhnlichen Aufenthalts des Betroffenen), liegt darin prima facie zugleich die negative Aussage, ein anderes, verdrängtes Recht (etwa das der Staatsangehörigkeit) umgekehrt gerade nicht anzuwenden.[1066] Zur Lösung dieses normativen Dilemmas werden die folgenden Argumente vorgetragen:

Erstens wird geltend gemacht, dass inländische Normen nur auf Inlandssachverhalte zugeschnitten **275** seien und ihre Anwendung auf Sachverhalte mit Auslandsbezug lediglich eine Art Analogie bilde; im Rahmen dieser Analogie müsse berücksichtigt werden, dass von einem Sachverhalt aufgeworfene Rechtsfragen in einer anderen Rechtsordnung abweichend geregelt seien.[1067] Aber das überzeugt nicht: Wenn das IPR inländisches Zivilrecht zur Anwendung beruft, findet dieses im Ergebnis direkt und nicht nur analog Anwendung; dies gilt selbst dann, wenn zB normative Tatbestandsmerkmale durch ausländische Rechtsfiguren substituiert werden (→ Rn. 227 ff.). Wer eine **Anwendung inländischen Rechts auf Auslandssachverhalte** schlechthin als einen **Fall der Analogie** begreifen will, müsste eigentlich konsequenterweise auch das deutsche internationale Strafrecht (§§ 3–9 StGB), das die Anwendung inländischen Strafrechts auf Fälle mit Auslandsberührung regelt, wegen eines Verstoßes gegen das Analogieverbot für verfassungswidrig halten.

Zweitens wird auf **Art. 3 EGBGB** als Legitimationsgrundlage verwiesen, in den auch **unge- 276 schriebene Methodenlehren des IPR** hineingelesen werden müssten.[1068] Aber auch diese Brücke trägt nicht, weil Art. 3 EGBGB ausschließlich deklaratorischen Charakter hat (→ EGBGB Art. 3 Rn. 1). Im Übrigen kann nicht die Rede davon sein, dass die Zwei-Stufen-Lehre schon zu den allgemein anerkannten Grundsätzen des IPR zu rechnen sei, die stillschweigend in Art. 3 EGBGB verankert worden seien.

Drittens wird die Zwei-Stufen-Lehre als **Fortführung und Weiterentwicklung der 277 Datum-Theorie** ausgegeben, die positiv-rechtlich in Art. 17 Rom II-VO kodifiziert worden

---

[1063] Vgl. *M.-P. Weller*, Die Grenze der Vertragstreue von (Krisen-)Staaten, 2013, 44, der Substitution, Anpassung und Datum-Theorie als anerkannte Anwendungsfälle der Zwei-Stufen-Lehre bezeichnet.
[1064] *Kegel/Schurig* IPR § 1 VIII 2a.
[1065] Vgl. zu einem solchen Verständnis (krit.) *Kropholler* IPR § 1 I 2.
[1066] *v. Bar/Mankowski* IPR I § 4 Rn. 23.
[1067] *Benicke*, FS Schapp, 2010, 61 (70); *Looschelders* Anpassung S. 94 f.
[1068] *M.-P. Weller*, Die Grenze der Vertragstreue von (Krisen-)Staaten, 2013, 44 (47); *M.-P. Weller* IPRax 2014, 225 (231).

sei.[1069] Daran ist richtig, dass Art. 17 Rom II-VO als Ausprägung der Datum-Theorie einzustufen ist (→ Rn. 271). Es ist aber zu bedenken, dass *Ehrenzweig,* der Begründer dieser Theorie, explizit zwischen sog *local data* und *moral data* unterschieden hat.[1070] Moralische und sozialethische Wertungen wollte *Ehrenzweig* hingegen gerade nicht einem ausländischen Recht, sondern ausschließlich der lex fori entnehmen.[1071] Art. 17 Rom II-VO beschränkt sich aber darauf, die Berücksichtigung sog *local data,* also ortsgebundener Sicherheits- und Verhaltensregeln, zu kodifizieren; über die Einbeziehung sog ausländischer *moral data* (etwa eines Adoptionsverbotes oder der Bemessung von Ausgleichsansprüchen bei Auflösung einer Ehe) sagt die Vorschrift nichts aus. Sie lässt sich auch deshalb nicht verallgemeinern, weil Art. 17 Rom II-VO in Bezug auf die Beachtung ortsgebundener Verhaltens- und Sicherheitsregeln lediglich eine Selbstverständlichkeit ausspricht: Schon zuvor hatte die stRspr entschieden, dass die Frage, ob der Schädiger sich fahrlässig verhalten habe, nur im Lichte der am Ort seines Handelns geltenden rechtlichen Anforderungen beurteilt werden könne;[1072] noch der deutsche Reformgesetzgeber des Jahres 1999 hielt daher eine entsprechende gesetzliche Regelung für überflüssig.[1073] Auf eine vergleichbare, allgemein konsentierte Evidenz der Berücksichtigung fremder Normen kann man sich in Bezug auf sozialethisch umstrittene *moral data* (zB Adoptionsverbote, Verbote homosexueller Beziehungen, patriarchalische Vorrechte des Ehemannes usw im islamischen Recht) aber ersichtlich nicht stützen. Insoweit lässt sich auch nicht mit einer **Parallele zur allgemein anerkannten Rechtsfigur der Anpassung** (→ Rn. 242 ff.) argumentieren.[1074] Zwar wird auch von den Anhängern der Zwei-Stufen-Theorie auf die analytische Methode des IPR hingewiesen, die zu einer Zersplitterung des anwendbaren Rechts führe und somit über die Datumtheorie korrigiert werden müsse.[1075] Die aus der Aufspaltung der Anknüpfungen im IPR resultierenden etwaigen Normenwidersprüche lassen sich aber hinreichend mit dem bewährten Instrumentarium der Anpassung bewältigen (→ Rn. 251 ff.), ohne dass es hierfür eines Rückgriffs auf die Datumtheorie bedarf. Denn die Rechtsfigur der Anpassung betrifft Schwierigkeiten, die durch die gleichzeitige Anwendung mehrerer Rechtsordnungen verursacht werden (bzw. im Falle des Normenmangels der gleichzeitigen Nicht-Anwendung), nicht aber den Fall, dass das IPR für den gesamten Sachverhalt nur eine Rechtsordnung beruft (→ Rn. 242 ff., 247). Die gedankliche Parallele ist auch insoweit irreführend, als bei der Anpassung das fremde Sachrecht gerade nicht als bloßes Datum hingenommen wird, sondern unter Umständen aus Billigkeitserwägungen abgewandelt wird (→ Rn. 246, 251 ff.). Im Übrigen handelt es sich bei der Anpassung um eine nur ausnahmsweise zulässige Rechtsfortbildung im Einzelfall, die sich nicht zu einer allgemeinen Richtschnur der Rechtsanwendung auch in Normalfällen verallgemeinern lässt.[1076] In der weitaus überwiegenden Mehrzahl der Fälle kann – und sollte – inländisches Recht auf Auslandssachverhalte ohne besondere inhaltliche Modifikationen angewendet werden.[1077]

278   Viertens wird der **Grundsatz des Vertrauensschutzes** für die Zwei-Stufen-Theorie ins Feld geführt: Die Berücksichtigung verdrängten Sachrechts sei insbesondere geboten, um eine verträgliche „Abfederung" der häufigen Fälle des **Statutenwechsels** zu erreichen, die infolge des Übergangs des europäischen Kollisionsrechts zur Anknüpfung an den gewöhnlichen Aufenthalt einträten.[1078]

[1069] *M.-P. Weller,* Die Grenze der Vertragstreue von (Krisen-)Staaten, 2013, 44 (47); *M.-P. Weller* IPRax 2014, 225 (231); *Jayme,* GS Ehrenzweig, 1976, 35 ff.; *Jayme* IPRax 1996, 237 (242); *Heßler* Datum-Theorie S. 137, 140 f.; *Heßler* Sachrechtliche Generalklausel S. 149 ff.

[1070] *Ehrenzweig* Buffalo L. Rev. 16 (1966), 55 (56 ff.).

[1071] Dies arbeitet auch *Jayme,* GS Ehrenzweig, 1976, 35 (39, 41 f.) deutlich heraus.

[1072] BGHZ 57, 265 (267 f.) = NJW 1972, 387; BGHZ 87, 95 (97 f.) = NJW 1983, 1972 (1973); BGHZ 90, 294 (298) = NJW 1984, 2032 (2033); BGH NJW-RR 1996, 732 = LM RechtsanwendungsVO Nr. 5 (7/1996) mAnm *Wandt*; ferner *v. Bar* JZ 1985, 961 (967); *Junker* NJW 2007, 3675 (3681); *Leible/Lehmann* RIW 2007, 721 (725); eine noch immer höchst aufschlussreiche Analyse der Grundsatzprobleme findet sich bei *Stoll* in v. Caemmerer, Vorschläge und Gutachten zur Reform des deutschen internationalen Privatrechts der außervertraglichen Schuldverhältnisse, 1983, 160–180.

[1073] BT-Drs. 14/343, 11.

[1074] Diese wird vielfach als Beleg für die faktische Kongruenz der Zwei-Stufen-Lehre mit der Rspr. angeführt, so von *Benicke,* FS Schapp, 2010, 61 (70); *Looschelders* Anpassung S. 70 f., 93 ff.; *M.-P. Weller,* Die Grenze der Vertragstreue von (Krisen-)Staaten, 2013, 48; *M.-P. Weller* IPRax 2014, 225 (231).

[1075] *M.-P. Weller* IPRax 2014, 225 (233).

[1076] Zur Besonderheit der Anpassung als eigenständiges methodisches Mittel insbes. *Kropholler* IPR § 34 II 1.

[1077] Vgl. auch zu *Heßlers* These (IPRax 1988, 95 (97)), der BGH sei in seiner Rspr. zur Morgengabe (BGH DNotZ 1987, 754) der Zwei-Stufen-Lehre gefolgt, die Ablehnung durch *Dannemann,* FS Stoll, 2001, 417 (428), der zutr. darauf hinweist, dass weder im Tatbestand noch in der Rechtsfolge der angewandten deutschen Sachnormen eine Modifikation erkennbar sei; deutlich nunmehr auch BGHZ 183, 287 = NJW 2010, 1528.

[1078] Eingehend *M.-P. Weller* IPRax 2014, 225 ff.

Der Gedanke des Vertrauensschutzes hat im IPR zweifelsohne seine Berechtigung,[1079] so dass man auch insoweit der Zwei-Stufen-Theorie ein im Grundsatz legitimes Anliegen nicht absprechen kann. Eine sachrechtliche Korrektur wäre aber nur zwingend geboten, wenn das IPR nicht selbst bereits auf *kollisionsrechtlicher* Ebene Mechanismen bereitstellen würde, um einen hinreichenden Vertrauensschutz der Betroffenen zu gewährleisten. Dies ist freilich regelmäßig der Fall, wofür hier nur einige Beispiele gegeben werden können: In der EuErbVO zB wird die objektive Anknüpfung an den gewöhnlichen Aufenthalt ggf. mit der Ausweichklausel (Art. 21 Abs. 2 EuErbVO) korrigiert, die in Betracht kommt, wenn zum Heimatstaat noch eine wesentlich engere Verbindung besteht (→ EuErbVO Art. 21 Rn. 5). Ferner kann der Erblasser nach Art. 22 EuErbVO eine Rechtswahl treffen und auf diese Weise autonom einem Statutenwechsel vorbeugen. Im Ehegüterrecht wird die EuGüVO voraussichtlich am Prinzip der Unwandelbarkeit des Güterstatuts festhalten, so dass auch insoweit ein hinreichender Vertrauensschutz gewährleistet ist (→ Rn. 124, 264). Vor den Rechtsfolgen eines Schweigens auf ein kaufmännisches Bestätigungsschreiben schützt den im Ausland ansässigen Empfänger, der auf sein Umweltrecht vertraut, die Sonderanknüpfung in Art. 10 Abs. 2 Rom I-VO.[1080] Schließlich wird zB auch der Hersteller eines Produkts, der dessen Inverkehrbringen in einem anderen Staat nicht voraussehen konnte, nach Maßgabe des Art. 5 Abs. 1 S. 2 Rom II-VO geschützt. Selbst wenn diese kollisionsrechtlichen Schutzmechanismen im Einzelfall versagen sollten, kommt auf der sachrechtlichen Ebene eine Berücksichtigung der Parteierwartungen (etwa beim Abschluss eines Ehe- oder Erbvertrages) nach den oben (→ Rn. 223 ff.) dargestellten Grundsätzen des „Handelns unter falschem Recht" in Betracht. Für einen darüber hinaus gehenden Schutz mithilfe der Zwei-Stufen-Lehre wird daher regelmäßig nicht nur die dogmatische Legitimation, sondern auch das praktische Bedürfnis fehlen.

Schließlich bildet die erhebliche **Manipulationsgefahr,** die der Zwei-Stufen-Theorie inne-   **279** wohnt, seit je das Hauptargument der hL gegen dieses Vorgehen. Schon *v. Overbeck* wandte vor mehr als 30 Jahren gegen diesen Ansatz ein: „Hier kommt man nach der Stufe der Verweisung zum materiellen Recht und manipuliert dann auf dieser Ebene an den Regeln."[1081] Auch ein mit der Zwei-Stufen-Lehre sympathisierender Autor räumt ein, dass diese Kritik an einem „Krypto-IPR"[1082] die „schwächste Stelle" der Theorie treffe.[1083] Zwar wird niemand den Vertretern der Zwei-Stufen-Lehre die Absicht unterstellen, bewusst ein Instrument zur Manipulation der kollisionsrechtlichen Regelanknüpfungen propagieren zu wollen. Die lauteren Intentionen, die hinter der Zwei-Stufen-Lehre stehen (größere methodische Kohärenz der Rechtsanwendung bei Auslandssachverhalten [→ Rn. 273], ein höheres Maß an Vertrauensschutz bei Statutenwechseln [→ Rn. 278]), dürften aber allein nicht ausreichen, der Gefahr eines Missbrauchs diese Lehre in der Rechtspraxis hinreichend zu begegnen. Insbesondere weckt die „Zwei-Stufen-Theorie" die Besorgnis, dass unter Berufung auf einen sehr wertungsoffenen, gesetzlich nicht konkretisierten Begriff wie die „kulturelle Identität" die **rechtspolitische Grundsatzentscheidung für einen Vorrang der Anknüpfung an den gewöhnlichen Aufenthalt,** die der europäische Verordnungsgeber bewusst und nach jahrzehntelanger Diskussion getroffen hat (näher → EGBGB Art. 5 Rn. 9, 27 ff., 113), **durch eine Wiederbelebung der nur noch sekundär relevanten Anknüpfung an das Heimatrecht im Ergebnis unterlaufen** wird. Zudem fehlt es der Zwei-Stufen-Theorie bislang an nachvollziehbaren Kriterien dafür, wann genau das Heimatrecht des Betroffenen im Einzelfall in die Betrachtung einbezogen werden soll.[1084] Wird zB ein in Deutschland wohnhafter US-Amerikaner in Deutschland bei einem Straßenverkehrsunfall verletzt, kann man nicht ernstlich vertreten, dass ihm allein aufgrund seiner Staatsangehörigkeit bzw. seiner „kulturellen Identität" ein höheres Schmerzensgeld zuzusprechen sei als einem deutschen Unfallopfer,[1085] auch wenn exorbitante Schadensersatzsummen durchaus als ein Bestandteil der US-amerikanischen Rechtskultur gelten mögen.[1086] Zwar wollen auch

---

[1079] Eingehend *v. Hein,* Das Günstigkeitsprinzip im Internationalen Deliktsrecht, 1999, 186 ff. mwN.

[1080] Vgl. *Dannemann,* FS Stoll, 2001, 417 (426): „letztlich ist damit ein sachrechtlicher Zweck kollisionsrechtlich bewältigt worden".

[1081] So *v. Overbeck* in Serick/Niederländer/Jayme, Albert A. Ehrenzweig und das internationale Privatrecht, 1984, 165; eingehend *Dannemann* Ungewollte Diskriminierung S. 116 ff.; ebenso *v. Bar/Mankowski* IPR I § 4 Rn. 23; *v. Hoffmann/Thorn* IPR Rn. 129; 5. Aufl. 2010, Rn. 608 *(Sonnenberger)*; vgl. auch *Bischoff* RabelsZ 80 (2016), 202 (206): „Die Übertragung von Wertungen eines Rechtssystems auf ein anderes sollte nicht dazu führen, dass unter Heranziehung von Wertungen des ersten ein Ergebnis begründet wird, das diesem Rechtssystem fremd ist."

[1082] Begriff von *Jessurun d'Oliveira* ZfRV 1986, 246.

[1083] *E. Lorenz* FamRZ 1987, 645 (648).

[1084] Vgl. auch *Dannemann* Ungewollte Diskriminierung S. 118.

[1085] KG NZV 2002, 398; OLG Koblenz NJW-RR 2002, 1030; *v. Bar/Mankowski* IPR I § 4 Rn. 22.

[1086] Vgl. *Reimann* in Krakau/Streng, Konflikt der Rechtskulturen? Die USA und Deutschland im Vergleich, 2003, 23 ff.

die Vertreter der Zwei-Stufen-Theorie anstößige Ergebnisse notfalls mithilfe des ordre public korrigieren.[1087] Hiermit werden aber die praktischen Vorzüge des Paradigmenwechsels hin zur Anknüpfung an den gewöhnlichen Aufenthalt entwertet: Es ist gerade eines der zentralen Argumente für den gewöhnlichen Aufenthalt, dass er wesentlich seltener das Eingreifen der Vorbehaltsklausel erzwingt als die Berufung des Heimatrechts (näher → EGBGB Art. 5 Rn. 34, 36).

280   **c) Folgerungen.** Letztlich handelt es sich bei der Berücksichtigung ausländischen Rechts im Rahmen inländischer Generalklauseln daher, wie schon *Sonnenberger* betont hat, um eine „ganz normale Auslegung und Konkretisierung deutschen Sachrechts", genauer: um einen **Fall der teleologischen Auslegung des Sachrechts.**[1088] Ansatzpunkt einer Einbeziehung ausländischer Wertungen müssen – ähnlich wie bei der Substitution (→ Rn. 232) – stets Sinn und Zweck der jeweils anwendbaren inländischen Sachnorm sein. Erstens muss die Norm des deutschen Sachrechts prinzipiell offen auch für die Berücksichtigung ausländischer Wertungen sein; dies wird man – ebenso wie bei der Substitution (→ Rn. 232) – im Zweifel zu bejahen haben. Zweitens muss aber hinzukommen, dass die Berücksichtigung ausländischer Rechtsvorstellungen im gegebenen Fall tatsächlich geboten ist, um dem vom *deutschen* Gesetzgeber festgelegten Normenprogramm zur Durchsetzung zu verhelfen. Ein gutes Beispiel bietet die Prüfung des Wegfalls der Geschäftsgrundlage (§ 313 BGB) im Verhältnis zum iranischen Recht. In dem bekannten **„Bierlieferungsfall"** ging es um die Frage, wie ein Vergleich, der über Schadensersatzansprüche eines iranischen Bierimporteurs gegen einen deutschen Lieferanten vor der islamischen Revolution geschlossen worden war, nach den damals noch unkodifizierten Grundsätzen über den Wegfall der Geschäftsgrundlage anzupassen war.[1089] Der BGH berücksichtigte insoweit, dass der von den Parteien getroffene Vergleich aufgrund des strikten Alkoholimportverbots nicht mehr durchgeführt werden konnte; hiermit wandte er dieses Verbot aber nicht an, sondern trug lediglich den sich daraus auf das zwischen den Parteien vereinbarte Pflichtenprogramm ergebenden faktischen Auswirkungen Rechnung; einen ähnlichen Ansatz verfolgt jetzt Art. 9 Abs. 3 Rom I-VO (hierzu und zum Verhältnis zur Einbeziehung von Eingriffsnormen in die §§ 138, 275, 826 BGB → Rn. 289, 291). Daraus folgt aber keineswegs, dass nunmehr in jedem Fall, der irgendeinen – möglicherweise in der Vergangenheit liegenden – Bezug zum iranischen Recht hat, dessen Wertvorstellungen als „Datum" berücksichtigt werden müssten, obwohl iranisches Recht nicht anwendbar ist. Dies verdeutlicht eine andere Entscheidung des BGH zur **Anpassung einer Morgengabe an die Inflation:**[1090] Die damals noch iranischen Eheleute hatten bei der Eheschließung eine Morgengabe vereinbart; aufgrund des Erwerbs der deutschen Staatsangehörigkeit kam es aber, da der BGH die Morgengabe als allgemeine Ehewirkung qualifiziert (→ Rn. 119 f.), zu einem Statutenwechsel und zu einer Transposition der Morgengabe in eine ehevertragliche Zusage deutschen Rechts (→ Rn. 220). Der BGH lehnte es ab, die Höhe der vereinbarten Zahlung an die iranische Geldwertentwicklung über § 313 BGB anzupassen.[1091] Zwar sah ein – übrigens erst sechs Jahre nach der Eheschließung in Kraft getretenes – iranisches Gesetz eine solche Angleichung vor. Es sei aber zu berücksichtigen, so der BGH, dass die Ehefrau bereits infolge des Statutenwechsels durch die Anwendbarkeit des deutschen Scheidungsfolgenrechts erheblich bessergestellt werde als nach dem zuvor maßgebenden iranischen Recht; für eine zusätzliche Begünstigung durch eine automatische Anpassung der Morgengabe an die Geldwertentwicklung sah der BGH vor diesem Hintergrund keine Rechtfertigung.[1092] Der Entscheidung ist zuzustimmen:[1093] Wenn man die Morgengabe nicht zuletzt deshalb als eine Ehewirkung und nicht als eine Frage des Güterrechts qualifiziert, um eine integrationsfördernde Wandelbarkeit ihres Statuts zu ermöglichen (→ Rn. 120), wäre es wenig konsequent, im Rahmen des gewandelten Statuts wiederum auf Wertvorstellungen zu rekurrieren, die allein in derjenigen Heimatrechtsordnung verwurzelt sind, von der sich die Beteiligten infolge des Wechsels ihrer Staatsangehörigkeit gerade gelöst haben. Ebenso wenig kann sich ein Staat wie zB Argentinien einseitig von seiner Verpflichtung zur Erfüllung der von ihm begebenen Anleihen lossagen und erwarten, dass ein deutsches Gericht diese Gesetzgebung im Rahmen der §§ 242, 313 BGB berücksichtigt.[1094]

[1087] *M.-P. Weller* IPRax 2014, 225 (232 f.).

[1088] 5. Aufl. 2010, Rn. 609 *(Sonnenberger)*.

[1089] BGH NJW 1984, 1746 = IPRax 1986, 154 m. Aufsatz *Mülbert* IPRax 1986, 140 = RabelsZ 53 (1986), 146 mAnm *Baum*; hierzu *Wieling* JuS 1986, 272.

[1090] BGHZ 183, 287 = NJW 2010, 1528 = JZ 2010, 733 mAnm *Wurmnest*.

[1091] BGHZ 183, 287 = NJW 2010, 1528 Rn. 23 ff.

[1092] BGHZ 183, 287 = NJW 2010, 1528 Rn. 25 f.

[1093] Ebenso *Wurmnest* JZ 2010, 736 (738); aA *M.-P. Weller* IPRax 2014, 225 ff.

[1094] BGH NJW 2015, 2328 = LMK 2015, 370161 mAnm *Schroeter/Krämer*.

H. Ordre public, Gesetzesumgehung und Eingriffsnormen

I. Ordre public

Die grundsätzliche Neutralität des „klassischen" IPR gegenüber dem Inhalt des berufenen Rechts **281** macht unter Umständen eine Korrektur der Verweisung notwendig, wenn das anwendbare Recht gegen fundamentale Wertungen des inländischen Rechts verstößt. Diesem Ziel dient der Vorbehalt des **ordre public,** der für das autonome deutsche Recht in Art. 6 EBGBG kodifiziert ist und dort – auch im Vergleich zu den europäischen und anderen Vorbehaltsklauseln – eingehend erläutert wird (→ EGBGB Art. 6 Rn. 1 ff.).

II. Gesetzesumgehung

Schrifttum: *Basedow,* Das Verbot von Rechtsmissbrauch und Gesetzesumgehung im europäischen Privatrecht, FS Stathopoulos, 2010, 159; *Benecke,* Gesetzesumgehung im Zivilrecht, 2004; *Clavel,* La fraude, in Azzi/Boskovic, Quel avenir pour la théorie générale des conflits de lois?, 2015, 151; *Duden,* Leihmutterschaft im Internationalen Privat- und Verfahrensrecht, 2015; *Dutta,* Namenstourismus in Europa?, FamRZ 2016, 1213; *Gaudemet-Tallon,* De l'abus de droit en droit international privé, Mélanges Audit, 2014, 383; *Heeder,* Fraus legis, 1998 (bespr. von *Schurig* RabelsZ 65 [2001], 746); *Lagarde,* La fraude en matière de nationalité, Mélanges Audit, 2014, 511; *Rütten,* Gesetzesumgehung im IPR, 2003; *Schurig,* Die Gesetzesumgehung im Privatrecht, FS Ferid, 1988, 375; *Thomale,* Mietmutterschaft, 2015.

Von einer Gesetzesumgehung **(fraus legis)** spricht man, wenn die Schaffung kollisionsrechtli- **282** cher Anknüpfungsmomente bewusst manipuliert wird, um entgegen dem Zweck des Gesetzes in verwerflicher Absicht ein günstigeres Ergebnis zu erreichen, als dies nach dem an sich berufenen Recht möglich wäre.[1095] Sie ist als solche weder im deutschen noch im europäischen IPR normiert[1096] (s. aber Erwägungsgrund 26 EuErbVO)[1097] und wird von der deutschen Rechtsprechung herkömmlich mit dem Instrument des ordre public bekämpft (→ EGBGB Art. 6 Rn. 85 f.). Tatsächlich handelt es sich um eine im Verhältnis zum ordre public eigenständige Rechtsfigur, weil auch die Anwendung deutschen Sachrechts bei einem nur manipulativ herbeigeführten Bezug zum Inland unangemessen sein kann, sich mithilfe des Art. 6 aber nicht bewältigen lässt (→ EGBGB Art. 6 Rn. 86).

Die Vermeidung von Gesetzesumgehungen wird als Ziel vielfach bereits bei der Bildung von **283** Kollisionsnormen berücksichtigt. So verhindern etwa Art. 3 Abs. 3 Rom I-VO und Art. 14 Abs. 2 Rom II-VO die Abwahl intern zwingenden Rechts bei reinen Inlandssachverhalten; Art. 3 Abs. 4 Rom I-VO und Art. 14 Abs. 4 Rom II-VO übertragen dieses Modell auf nur im Binnenmarkt verknüpfte Fälle.[1098] Auch Art. 46b EGBGB ist hier zu nennen; ferner die Anknüpfung an den Verwaltungssitz im Internationalen Gesellschaftsrecht, die gegenüber Drittstaaten immer noch gilt und ein „Kontrollbedürfnis des [Sitz-] Staates" reflektiert.[1099] Die insoweit hinter der Sitztheorie stehenden Staatsinteressen hat der VII. Senat des BGH noch in seinem Vorlagebeschluss an den EuGH in der Sache „Überseering" hervorgehoben.[1100] Zur Frage eines „genuine link" im Rahmen der EuGH-Rechtsprechung zur Niederlassungsfreiheit („Centros", „Cadbury Schweppes", „Vale") → EGBGB Art. 3 Rn. 91 ff. Im Internationalen Immissionsschutzrecht verhindern die dem Geschädigten nach Art. 7 Rom II-VO und Art. 44 EGBGB eingeräumten Wahlrechte die Ausnutzung eines Rechtsgefälles zur grenzüberschreitenden Umweltverschmutzung.[1101] Ferner können Anknüpfungsmomente als unwandelbar ausgestaltet werden (zB im Scheidungsrecht auf den Zeitpunkt der Anrufung des Gerichts fixiert werden, Art. 8 lit. a–c Rom III-VO). Schließlich kann die Schaffung gänzlich beziehungsarmer Anknüpfungsmomente mitunter durch die Ausweichklausel sanktioniert werden,[1102] so etwa im Internationalen Erbrecht nach Art. 21 Abs. 2 EuErbVO; allein die Absicht

---

[1095] S. statt vieler *Basedow* Rec. des Cours 360 (2013), Rn. 347; *Basedow,* FS Stathopoulos, 2010, 159 (161 f.); *Benecke,* Gesetzesumgehung im Zivilrecht, 2004, 28 ff.; *Bogdan,* General Course, 2012, 258 ff.; *v. Hoffmann/Thorn* IPR § 6 Rn. 122 ff.

[1096] Überblick über nationale Kodifikationen bei *Basedow* Rec. des Cours 360 (2013), Rn. 348 in Fn. 667.

[1097] Vgl. zur *fraude à la loi* im französischen internationalen Erbrecht (Einbringung von Immobiliarvermögen in Gesellschaft, um Nachlassspaltung auszuschließen), noch CA Paris 23.1.1990, Rev. crit. dr. int. pr. 1991, 92 mAnm *Lequette.*

[1098] Ausf. hierzu Rauscher/*v. Hein* EuZPR/EuIPR, 2016, Rom I-VO Art. 3 Rn. 100 ff.; Calliess/*v. Hein* Rom II-VO Art. 14 Rn. 38 ff. mwN.

[1099] *Kropholler* IPR § 55 I 4; s. auch *Sonnenberger* ZVglRWiss. 95 (1996), 3 (20 f.).

[1100] BGH DStR 2000, 1064 (1065).

[1101] Calliess/*v. Hein* Rom II-VO Art. 7 Rn. 2.

[1102] So in Bezug auf Art. 4 Abs. 3 Rom II-VO *Bogdan,* General Course, 2012, 268.

des Erblassers, mit der effektiven Verlegung seines gewöhnlichen Aufenthalts auch die Pflichtteilsbestimmungen seines Herkunftsrechts hinter sich zu lassen, reicht für den Vorwurf einer Gesetzesumgehung aber keinesfalls aus.[1103]

284 Sofern keines dieser speziellen rechtlichen Instrumente eingreift, kommt in Fällen einer Gesetzesumgehung letztlich nur eine teleologische Reduktion der einschlägigen Kollisionsnorm in Betracht.[1104] Hierbei ist aber nicht nur aus Gründen der Rechtssicherheit größte Zurückhaltung am Platz: Im Allgemeinen ist es hinzunehmen, wenn rechtlich gut informierte Parteien Unterschiede zwischen potenziell anwendbaren Rechten zu ihrem Vorteil nutzen;[1105] dies kann nicht nur einen Wettbewerb unter verschiedenen Rechtsordnungen fördern (→ Rn. 8), sondern auch den **Schutz der Grundfreiheiten des AEUV** genießen[1106] (Freizügigkeit; Niederlassungsfreiheit; so der EuGH – für das Gesellschaftsrecht – in „Centros", → EGBGB Art. 3 Rn. 93 ff. und – für das Namensrecht – in *Bogendorff*[1107]). Der in Art. 11 EGBGB bzw. Art. 11 Rom I-VO gewährte *favor negotii* zB ist davon unabhängig, welche Motive die Parteien mit der Wahl eines ausländischen Abschlussortes verfolgt haben;[1108] die Umgehung zwingenden Rechts kann etwa im internationalen Schuldvertragsrecht hinreichend durch die Möglichkeiten einer Sonderanknüpfung nach Art. 11 Abs. 4 und 5 sowie über Art. 9 Rom I-VO bekämpft werden.[1109] Auch die „einstellende Niederlassung" iS des Art. 8 Abs. 3 Rom I-VO wird von der hM formal iS der „Unterschriftstheorie" (Niederlassung, die den Arbeitnehmer eingestellt hat) und nicht iS der „Eingliederungstheorie" (Niederlassung, bei welcher der Arbeitnehmer tatsächlich beschäftigt ist) verstanden.[1110] Ferner kann es das **Kindeswohl** gebieten, die nach ausländischem Recht begründete Abstammung eines im Wege der Leihmutterschaft ausgetragenen Kindes von seinen „Bestelleltern" anzuerkennen, obwohl durch den Abschluss entsprechender Vereinbarungen im Ausland das entsprechende deutsche Verbot bzw. § 1591 BGB offensichtlich umgangen wird (→ EGBGB Art. 6 Rn. 86).[1111]

285 Von der (echten) Gesetzesumgehung ist die bloße **Simulation** abzugrenzen, bei der ein Anknüpfungsmoment nur vorgetäuscht wird.[1112] So will auch der EuGH zB im Rahmen des Art. 8 Abs. 3 Rom I-VO die Anknüpfung an die einstellende Niederlassung nicht iS der „Unterschriftstheorie" verstehen, „wenn sich aus den Umständen [...] ergibt, dass das Unternehmen, das den Arbeitsvertrag geschlossen hat, in Wirklichkeit im Namen und auf Rechnung eines anderen Unternehmens gehandelt hat".[1113] In diesem Fall ist schlicht und einfach das Anknüpfungsmoment maßgebend, das der wirklichen Rechtslage entspricht, im Beispielsfall also die Niederlassung des „wahren" Arbeitgebers.[1114]

III. Eingriffsnormen

Schrifttum: S. die Angaben vor Art. 9 Rom I-VO und Art. 16 Rom II-VO.

286 Eine enge historische Verwandtschaft besteht ferner zwischen der sog. „positiven" Funktion des ordre public und der Sonderanknüpfung von Eingriffsnormen (→ EGBGB Art. 6 Rn. 2 ff.). Die Emanzipation der Eingriffsnormen vom ordre public und ihre kollisionsrechtliche Behandlung in besonderen Vorschriften (Art. 9 Rom I-VO, Art. 16 Rom II-VO, Art. 20 ErwSÜ) beschränkt sich aber nicht auf eine bloß formal-kodifikatorische Auslagerung, sondern reflektiert dogmatische und praktische Unterschiede.[1115] Beim ordre public handelt es sich um einen Mechanismus, der im

---

[1103] *Basedow* Rec. des Cours 360 (2013), Rn. 350.

[1104] Näher *Kropholler* IPR § 23 II 3.

[1105] Krit. zu dieser von ihm als „neoliberal" bezeichneten Sichtweise *Kinsch*, Mélanges Pierre Mayer, 2015, 377 (387).

[1106] Dies betont auch *Muir Watt* in Azzi/Boskovic, Quel avenir pour la théorie générale des conflits de lois?, 2015, 237 (245 ff.); kritisch *Gaudemet-Tallon*, Mélanges Audit, 2014, 383 (386).

[1107] EuGH ECLI:EU:C:2016:401 = NJW 2016, 2093 Rn. 57 – Bogendorff von Wolffersdorff; näher *Dutta* FamRZ 2016, 1213 (1217 f.).

[1108] So bereits BGHZ 73, 391 = NJW 1979, 1773.

[1109] *Rauscher/v. Hein* EuZPR/EuIPR, 2016, Rom I-VO Art. 11 Rn. 28 ff. mwN.

[1110] EuGH NZA 2012, 227 = IPRax 2014, 159 – Vogsgeerd/Navimer, m. Aufsatz *Knöfel* IPRax 2014, 130 (noch zu Art. 6 Abs. 2 EVÜ).

[1111] Vgl. zur Entwicklung in Frankreich *Clavel* in Azzi/Boskovic, Quel avenir pour la théorie générale des conflits de lois?, 2015, 151 (161 ff.), mwN.

[1112] *v. Hoffmann/Thorn* IPR § 6 Rn. 133; *Kropholler* IPR § 23 I.

[1113] EuGH NZA 2012, 227 Rn. 49 – Vogsgeerd/Navimer.

[1114] So auch EuGH NZA 2012, 227 Rn. 49 – Vogsgeerd/Navimer.

[1115] S. *v. Bar/Mankowski* IPR I § 7 Rn. 275; *Erman/Hohloch* EGBGB Art. 6 Rn. 3; *Staudinger/Voltz* (2013) EGBGB Art. 6 Rn. 24 ff.

Rahmen des herkömmlichen IPR-Systems, also der Fragestellung vom Sachverhalt her (→ Rn. 34), operiert und lediglich deren Ergebnis im Einzelfall korrigiert, während bei der Sonderanknüpfung von Eingriffsnormen die Fragestellung generell aus einem anderen Blickwinkel, nämlich vom Anwendungswillen der jeweils betroffenen Eingriffsnorm her erfolgt; insoweit wird auch von einer „Zweipoligkeit des IPR" gesprochen.[1116] Bereits *Savigny* hatte erkannt, dass es eine solche Gattung „streng positiver, zwingender Gesetze" gibt, für welche die üblichen allseitig-neutralen Kollisionsnormen nicht passen (→ Rn. 89 ff.).

Im autonomen deutschen IPR fehlt es an einer speziellen Kollisionsnorm in Bezug auf Eingriffs- **287** normen, abgesehen von Art. 3a Abs. 2 EGBGB, der nicht nur die kollisionsrechtliche Vermögensspaltung, sondern auch international zwingende, etwa auf einem agrarwirtschaftlichen Interesse beruhende Sonderregelungen erfasst (→ EGBGB Art. 3a Rn. 37 ff.); im Erbrecht ist insofern Art. 30 EuErbVO zu beachten.

Ebenso wie im Internationalen Schuldvertragsrecht die Wahl des anwendbaren Rechts nicht zur **288** Umgehung international zwingender Vorschriften des Forumstaates führen darf (vgl. Art. 9 Abs. 2 Rom I-VO),[1117] entstand mit der Eröffnung der Parteiautonomie in anderen Bereichen, etwa auf dem Gebiet der außervertraglichen Schuldverhältnisse (Art. 14 Rom II-VO) oder des Internationalen Erwachsenenschutzes (Art. 15 ErwSÜ), das Bedürfnis, auch dort die Einhaltung derjenigen Vorschriften sicherzustellen, die der Parteidisposition im internationalen Bereich entzogen sein sollen.[1118] Der Vorbehalt international zwingender Vorschriften ist aber gegenüber jeglichem ausländischen Recht zu beachten, unabhängig davon, aufgrund welcher (subjektiven oder objektiven) Kollisionsnorm das fremde Recht berufen wird. Weder Art. 16 Rom II-VO noch Art. 20 ErwSÜ enthalten eine autonome Definition darüber, was unter zwingenden Vorschriften zu verstehen ist, sondern umschreiben diese als Bestimmungen, deren Anwendung unabhängig von sonst maßgebenden Recht zwingend ist. Damit ist klargestellt, dass auch diese Vorbehalte sich allein auf **international zwingende Vorschriften** erstrecken, nicht hingegen auf lediglich intern zwingende Bestimmungen. Bei der Abgrenzung zwischen international und intern zwingendem Recht kann auch außerhalb des Internationalen Schuldvertragsrechts auf die in Art. 9 Abs. 1 Rom I-VO enthaltene Legaldefinition der Eingriffsnormen als Interpretationshilfe zurückgegriffen werden, um dem Gebot der konsistenten Auslegung (Erwägungsgrund 7 Rom II-VO) gerecht zu werden.[1119] Danach ist eine Eingriffsnorm „eine zwingende Vorschrift, deren Einhaltung von einem Staat als so entscheidend für die Wahrung seines öffentlichen Interesses, insbesondere seiner politischen, sozialen oder wirtschaftlichen Organisation, angesehen wird, dass sie ungeachtet des nach Maßgabe dieser Verordnung auf den Vertrag anzuwendenden Rechts auf alle Sachverhalte anzuwenden ist, die in ihren Anwendungsbereich fallen". Freilich bedarf auch diese Formel der Konkretisierung im Einzelfall. Insoweit ist auf die Kommentierung des Art. 9 Rom I-VO zu verweisen. Zur zweifelhaften Ableitung von Eingriffsnormen aus der EU-Handelsvertreter-Richtlinie auch → EGBGB Art. 3 Rn. 84 ff.

Während sowohl die Rom I-VO als auch die Rom II-VO die Sonderanknüpfung inländischer **289** Eingriffsnormen regeln (Art. 9 Abs. 2 Rom I-VO, Art. 16 Rom II-VO), enthält die Rom II-VO keine Bestimmung über die Anknüpfung **ausländischer** Eingriffsnormen.[1120] Im Umkehrschluss zum Internationalen Vertragsrecht (Art. 7 Abs. 1 EVÜ, Art. 9 Abs. 3 Rom I-VO) wird daraus zum Teil eine Sperrwirkung gegenüber der Berücksichtigung ausländischer Eingriffsnormen gefolgert.[1121] Dies weckt jedoch Bedenken:[1122] In den Staaten, die gegen Art. 7 Abs. 1 EVÜ einen Vorbehalt eingelegt hatten, wurde hieraus keine Unzulässigkeit der Berücksichtigung ausländischen Eingriffsrechts abgeleitet.[1123] Auch nach Inkrafttreten der Rom II-VO sollte diese Frage deshalb der weiteren Entwicklung der europäischen Rechtsprechung und Wissenschaft überlassen bleiben.[1124] Zumindest wird man es den Gerichten nicht verwehren können, ausländische Eingriffsnormen wie bisher im

---

[1116] *Kropholler* IPR § 3 II 4.
[1117] Eingehend *Hauser,* Eingriffsnormen in der Rom I-VO, 2012.
[1118] Vgl. zum ErwSÜ den Bericht *Lagarde* Nr. 113.
[1119] Krit. zu dieser Definition aber *Mankowski* IHR 2008, 133 (147).
[1120] Umfassend zur Behandlung ausländischer Eingriffsnormen *Benzenberg,* Die Behandlung ausländischer Eingriffsnormen im IPR, 2008; *Günther,* Die Anwendbarkeit ausländischer Eingriffsnormen im Lichte der Rom I- und Rom II-Verordnungen, 2011, jeweils mwN.
[1121] *de Lima Pinheiro* Riv. dir. int. priv. proc. 44 (2008), 5 (32); *Ofner* ZfRV 2008, 13 (23); *Staudinger* AnwBl 2008, 8 (12); *G. Wagner* IPRax 2008, 1 (15); s. auch *Brière* Clunet 2008, 31 (66): « Le juge saisi n'est donc tenu d'appliquer, au besoin d'office, que les lois de police de son for ».
[1122] *v. Hein* VersR 2007, 440 (446); *Heiss/Loacker* JBl. 2007, 613 (644); *Leible/Lehmann* RIW 2007, 721 (726); *Rühl,* FS Kropholler, 2008, 187 (206 ff.).
[1123] *Kegel/Schurig* IPR 155; *Kropholler* IPR § 52 X 3a.
[1124] *v. Hein* VersR 2007, 440 (446); *Heiss/Loacker* JBl. 2007, 613 (644); *Leible/Lehmann* RIW 2007, 721 (726); *Remien,* FS v. Hoffmann, 2011, 334 (345 f.); s. auch *Sonnenberger,* FS Kropholler, 2008, 227 (242).

Rahmen der Generalklauseln des materiellen Rechts (zB §§ 138, 826 BGB) zu beachten (→ Rn. 291), da die Rom II-VO nicht das materielle Zivilrecht vereinheitlicht.[1125] Auch die Rom I-VO erweist sich insoweit als lückenhaft, als nur den Eingriffsnormen des Erfüllungsortes „Wirkung verliehen" werden kann (Art. 9 Abs. 3 Rom I-VO). Da die Rom I-VO das Problem der Berücksichtigung ausländischer Eingriffsnormen aber zumindest ausschnittsweise geregelt hat,[1126] liegt insoweit der Umkehrschluss näher, dass drittstaatliche Eingriffsnormen, d.h. solche Vorschriften, die weder zum Schuldstatut zählen noch unter den Tatbestand des Art. 9 Abs. 3 Rom I-VO fallen, auch nicht unabhängig davon als Rechtsvorschriften gesondert angeknüpft werden dürfen.[1127] Der BGH hat vor Inkrafttreten der Rom I-VO drittstaatliche Eingriffsnormen, die allein der Verwirklichung wirtschaftlicher oder staatspolitischer Ziele des rechtsetzenden Staates selbst dienten, nur beachtet, wenn und soweit dieser die Möglichkeit besaß, diese Bestimmungen durchzusetzen, etwa, wenn sie auf seinem Territorium belegene Sachen und Rechte oder Handlungen, die dort zu vollziehen waren, betrafen.[1128] Ob die im Zuge der Finanzkrise von der Republik Griechenland erlassenen Spargesetze Eingriffsnormen darstellen, die sich gegenüber dem mit Lehrkräften an griechischen Schulen in Deutschland geltenden deutschen Arbeitsvertragsstatut durchsetzen, ist vom BAG dem EuGH vorgelegt worden;[1129] Generalanwalt *Szpunar* hatte sich in seinen Schlussanträgen für die Zulässigkeit einer materiellrechtlichen Berücksichtigung drittstaatlicher Eingriffsnormen augesprochen, nicht zuletzt deshalb, weil die EU sich für eine Vereinheitlichung des Sachrechts nicht auf Art. 81 AEUV stützen könne.[1130] Dem ist der EuGH gefolgt.[1131] Für eine vertiefte Erläuterung ist auf die Kommentierung der genannten Vorschriften zu verweisen (→ Rom I-VO Art. 9 Rn. 1 ff., → Rom II-VO Art. 16 Rn. 1 ff.).

290   Außerhalb der Rom I-VO finden sich spezielle Kollisionsnormen zur Sonderanknüpfung ausländischer Eingriffsnormen namentlich im **Internationalen Devisenrecht** (Bretton-Woods-Abkommen über den internationalen Währungsfonds von 1944)[1132] (eingehend → Rom I-VO Anh. II Art. 9 Rn. 8 ff.) sowie im **Recht des Kulturgüterschutzes** (KultGüRückG)[1133] (näher → EGBGB Art. 43 Rn. 178 ff.).

291   Sofern keine vorrangigen Spezialbestimmungen eingreifen, bleibt die Frage, ob und unter welchen Voraussetzungen ausländische Eingriffsnormen von inländischen Gerichten beachtet werden dürfen. Die deutsche Rechtsprechung ist hier bislang der Methode gefolgt, ausländische Verbotsgesetze im Rahmen **zivilrechtlicher Generalklauseln** (Sittenwidrigkeit, §§ 138, 826 BGB; Wegfall der Geschäftsgrundlage, § 313 BGB) zu berücksichtigen.[1134] Im bekannten Fall der Transportversicherung nigerianischer Masken, die entgegen einem nigerianischen Ausfuhrverbot nach Deutschland exportiert worden waren, würde auch nach der heutigen Rechtslage Art. 9 Abs. 3 Rom I-VO nicht weiterhelfen, weil weder der rechtliche noch der tatsächliche Erfüllungsort des Speditionsversicherungsvertrages in Nigeria lagen. Es wäre allerdings § 6 Abs. 4 KultGüRückG zu beachten.[1135] Im Übrigen ist eine Sittenwidrigkeit bei einem Verstoß gegen ausländische Verbotsgesetze zu bejahen, wenn ein solches Gesetz entweder mittelbar auch deutsche Interessen schützt (Embargo) oder einem international anerkannten Allgemeininteresse der Staatengemeinschaft dient (zB Wahrung der Anständigkeit im internationalen Verkehr mit Kulturgütern, Schutz autochthoner Kulturen vor post-

---

[1125] *Garcimartín Alférez* EuLF 2007, I-77 (90); *Heiss/Loacker* JBl. 2007, 613 (644); *Rühl,* FS Kropholler, 2008, 187 (206 ff.).

[1126] Zur dogmatischen Einordnung der „Wirkungsverleihung" eingehend *Sonnenberger* in Leible/Wurmnest, Brauchen wir eine Rom 0-Verordnung?, 2013, 429 (438 ff.); s. auch *Remien,* FS v. Hoffmann, 2011, 334 (345).

[1127] EuGH ECLI:EU:C:2016:774 = NZA 2016, 1389 Rn. 50 – *Nikiforidis;* eingehend *Günther,* Die Anwendbarkeit ausländischer Eingriffsnormen im Lichte der Rom I- und Rom II-Verordnungen, 2011, 173 ff.

[1128] Zuletzt BGH NJW 2015, 2328 Rn. 53, mwN.

[1129] BAG NZA 2015, 542; hierzu *Junker* EuZA 2016, 1; *Schlachter* ZVglRWiss 115 (2016), 610 (621 f.); *Siehr* RdA 2014, 206; *Solomon* ZVglRWiss 115 (2016), 586 (606 f.); *Thomale* EuZA 2016, 116.

[1130] GA *Szpunar* ECLI:EU:C:2016:281 = BeckEuRS 2016, 472004 Rn. 107.

[1131] EuGH ECLI:EU:C:2016:774 = NZA 2016, 1389 Rn. 51 ff. – Nikiforidis; hierzu *Pfeiffer* LMK 2016, 382315.

[1132] BGBl. 1952 II S. 637 = *Jayme/Hausmann* Nr. 130.

[1133] Kulturgüterrückgabegesetz vom 18.5.2007, Art. 1 KGÜAG, BGBl. 2007 I S. 757 = *Jayme/Hausmann* Nr. 115.

[1134] S. etwa BGHZ 34, 169 = NJW 1961, 822 (US-Embargo); BGHZ 59, 82 = NJW 1972, 1575 (nigerianische Masken); BGH NJW 1984, 1746 = IPRax 1986, 154 m. Aufsatz *Mülbert* IPRax 1986, 140 = RabelsZ 53 (1986), 146 mAnm *Baum;* hierzu *Wieling* JuS 1986, 272; eingehende Bestandsaufnahme bei *Günther,* Die Anwendbarkeit ausländischer Eingriffsnormen im Lichte der Rom I- und Rom II-Verordnungen, 2011, 66 ff.; *Kuckein,* Die „Berücksichtigung" von Eingriffsnormen im deutschen und englischen internationalen Vertragsrecht, 2008, 72 ff.

[1135] Zur Lösung nach heutigem Recht ausf. *Wandt* VersR 2013, 257 ff.; ferner *Grabosch* KritJ 2013, 30 ff.; vgl. auch (zum EVÜ) OGH IPRax 2012, 553 (559) m. Aufsatz *Martiny.*

kolonialer Ausplünderung usw).[1136] Als faktischer Umstand kann ein ausländisches Verbotsgesetz Berücksichtigung finden, wenn es den Parteien die Durchführung einer Vereinbarung tatsächlich unmöglich macht (→ Rn. 280 zum iranischen Bierlieferungsfall). An dieser Rechtsprechung kann ungeachtet der Europäisierung des Kollisionsrechts festgehalten werden.[1137] Insoweit soll es nach dem EuGH auch nicht darauf ankommen, ob es sich um das Recht eines anderen Mitgliedstaates oder eines Nicht-EU-Staates handelt.[1138] Je stärker aber die Verrechtlichung der Sonderanknüpfung ausländischer Eingriffsnormen auf der europäischen und staatsvertraglichen Ebene voranschreitet, desto geringer wird der Bedarf nach einer materiellrechtlichen Bewältigung der Eingriffsnormen- problematik.[1139]

J. IPR und Auslandsrecht im Gerichtsverfahren

Schrifttum: *Adams/Mak,* Buitenlands recht in nationale rechtspleging, NJbl. 2011, 2197; *M. Aden,* Kollisions- rechtliche Wahlfeststellung, DZWir 1997, 81; *M. Aden,* Revisibilität des kollisionsrechtlich berufenen Rechts, RIW 2009, 475; *M. Aden/F. Aden,* Revisibilität von Entscheidungen aufgrund rechtsvergleichender Normausle- gung, RIW 2014, 736; *Armbrüster,* Englischsprachige Zivilprozesse vor deutschen Gerichten, ZRP 2011, 102; *Armbrüster,* Fremdsprachen im Gerichtsverfahren, NJW 2011, 814; *Azcárraga Monzonís,* The Urgent Need for Harmonisation of the Application of Foreign Laws by National Authorities in Europe, Int. J. Proc. L. 3 (2013), 105; *Basedow,* The Application of Foreign Law – Comparative Remarks on the Practical Side of Private Internatio- nal Law, in Basedow/Pissler, Private International Law in Mainland China, Taiwan and Europe, 2014, 85; *Michael Becker,* Die Ermittlung und Anwendung ausländischen Rechts in der deutschen Rechtspraxis, FS Martiny, 2014, 619; *Bendref,* Gerichtliche Beweisbeschlüsse zum ausländischen und internationalen Privatrecht, MDR 1983, 892; *Calliess,* Englisch als Gerichtssprache und Öffentlichkeitsprinzip, FS Säcker, 2011, 1045; *Coester-Waltjen,* Das religiöse jüdische Recht im internationalen Privat- und Verfahrensrecht, FS Kühne, 2009, 669; *Corneloup,* L'appli- cation de la loi étrangère, Rev. int. dr. comp. 66 (2014), 363; *Corneloup,* Rechtsermittlung im internationalen Privatrecht der EU: Überlegungen aus Frankreich, RabelsZ 78 (2014), 844; *Cuniberti,* L'expertise judiciaire en droit judiciaire européen, Rev. crit. dr. int. pr. 104 (2015), 519; *Eichel,* Die Revisibilität ausländischen Rechts nach der Neufassung von § 545 Abs. 1 ZPO, IPRax 2009, 389; *Ernst,* Englische Judikatur als Auslandsrecht, FS W.-H. Roth, 2015, 83; *Esplugues Mota,* The Long Road towards a Common Rule on the Application of Foreign Law by Judicial Authorities in Europe, ZZPInt. 14 (2009), 201; *Esplugues Mota,* Harmonization of Private Interna- tional Law in Europe and Application of Foreign Law: The „Madrid Principles" of 2010, YbPIL 13 (2011), 273; *Esplugues/Iglesias/Palao,* Application of Foreign Law, 2011; *Fastrich,* Revisibilität der Ermittlung ausländischen Rechts, ZZP 97 (1984), 423; *Fentiman,* Foreign Law in English Courts, 1998; *Flessner,* Fakultatives Kollisionsrecht, RabelsZ 34 (1970), 547; *Flessner,* Deutscher Zivilprozess auf Englisch, NJOZ 2011, 1913; *Flessner,* Das Parteiinte- resse an der lex fori nach europäischem Kollisionsrecht, Liber Amicorum Walter Pintens, 2012, 593; *Gössl,* Zur Anwendung ausländischen Rechts im Zivil- und Strafprozess, in Effer-Uhe/Hoven/Kempny/Rösinger, Einheit der Prozessrechtswissenschaft?, 2016, 127; *Hartenstein,* Die Privatautonomie im Internationalen Privatrecht als Störung des europäischen Entscheidungseinklangs, 2000; *Hartley,* Pleading and Proof of Foreign Law: The Major European Systems Compared, Int. Comp. L. Q. 45 (1996), 271; *Hau,* Fremdsprachengebrauch durch deutsche Zivilgerichte – vom Schutz legitimer Parteiinteressen zum Wettbewerb der Justizstandorte, Liber Amicorum Schurig, 2012, 49; *v. Hein,* Die Zuständigkeitskonzentration für die Berufung in Auslandssachen nach § 119 Abs. 1 Nr. 1 lit. b GVG – ein gescheitertes Experiment?, IPRax 2008, 112; *Heldrich,* Heimwärtsstreben auf neuen Wegen – Zur Anwendung der lex fori bei Schwierigkeiten der Ermittlung ausländischen Rechts, FS Ferid, 1978, 209; *Hess/Hübner,* Die Revisibilität ausländischen Rechts nach der Neufassung des § 545 ZPO, NJW 2009, 3132; *Hermann Hoffmann,* Kammern für internationale Handelssachen, 2011; *Institut Suisse de Droit Comparé,* The Application of Foreign Law in Civil Matters in the EU Member States and its Perspectives for the Future, JLS/ 2009/JCIV/PR/0005/E4, abrufbar unter http://ec.europa.eu; *Jansen/Michaels,* Die Auslegung und Fortbildung ausländischen Rechts, ZZP 116 (2003), 3; *Jastrow,* Zur Ermittlung ausländischen Rechts: Was leistet das Londoner Auskunftsübereinkommen in der Praxis?, IPRax 2004, 402; *Jessurun d'Oliveira,* The Non-Election Rule and Procedural Treatment of Foreign Law: Some Observations, Rev. hell. dr. int. 61 (2008), 499; *Chr. Kern,* English as Court Language in Continental Courts, Erasmus L. Rev. 5 (2012), 187; *Kieninger,* Ermittlung und Anwendung ausländischen Rechts, in Leible/Unberath, Brauchen wir eine Rom 0-Verordnung?, 2013, 479; *Kindl,* Ausländi- sches Recht vor deutschen Gerichten, ZZP 111 (1998), 177; *Koerner,* Fakultatives Kollisionsrecht in Deutschalnd und Frankreich, 1995; *Kötz,* Allgemeine Rechtsgrundsätze als Ersatzrecht, RabelsZ 34 (1970), 663; *Kreuzer,* Einheitsrecht als Ersatzrecht, NJW 1983, 1943; *Juliane Müller,* Die Behandlung ausländischen Rechts im Zivilver- fahren – Möglichkeiten einer Vereinheitlichung auf europäischer Ebene, 2011; *Klaus Müller,* Zur Nichtfeststellbar- keit des kollisionsrechtlich berufenen ausländischen Rechts, NJW 1981, 481; *Niboyet,* Office du juge et déclenche- ment du raisonnement conflictuel, in Azzi/Boskovic, Quel avenir pour la théorie générale des conflits de lois?,

---

[1136] BGHZ 34, 169 = NJW 1961, 822 (US-Embargo); BGHZ 59, 82 = NJW 1972, 1575 (nigerianische Masken).

[1137] EuGH ECLI:EU:C:2016:774 = NZA 2016, 1389 – Nikiforidis.

[1138] EuGH ECLI:EU:C:2016:774 Rn. 55 = NZA 2016, 1389 – Nikiforidis.

[1139] Zu den weiteren Perspektiven näher *Andreas Köhler,* Eingriffsnormen – Der „unfertige" Teil des europä- ischen IPR, 2013; *Sonnenberger* in Leible/Wurmnest, Brauchen wir eine Rom 0-Verordnung?, 2013, 429 ff.

2015, 19; *Normand,* Pouvoirs et obligations du juge français dans la détermination de la règle de droit applicable au procès civil, FS Kerameus, 2009, 941; *Ofner,* Regeln zur Anwendung fremden Rechts, ZfRV 2015, 123; *Pauknerová,* Treatment of Foreign Law in a Comparative Perspective, Rev. hell. dr. int. 64 (2011), 5; *Pfeiffer,* Methoden der Ermittlung ausländischen Rechts, FS Leipold, 2009, 283; *Pika,* Die Kammer für internationale Handelssachen, IWRZ 2016, 206; *Prütting,* Die Überprüfung des ausländischen Rechts in der Revisionsinstanz, FS Schütze, 2014, 449; *D. Reichert-Facilides,* Fakultatives und zwingendes Kollisionsrecht, 1995; *Remien,* Iura novit curia und die Ermittlung fremden Rechts im europäischen Rechtsraum der Artt. 61 ff. EGV, FS 75 Jahre MPI für Privatrecht, 2001, 617; *Remien,* Proof and Information about Foreign Law, in Schmidt-Kessel, German National Reports on the 19th International Congress of Comparative Law, 2014, 223; *Remien,* Über die Anwendung fremden mitgliedstaatlichen Zivilrechts in anderen Mitgliedstaaten des Europäischen Rechtsraums – Anwendbarkeit, Ermittlung und Revisibilität, FS W.-H. Roth, 2015, 431; *Remien,* Die Anwendung und Ermittlung ausländischen Rechts im System des Europäischen Internationalen Privatrechts, ZVglRWiss 115 (2016), 570; *Remmert,* Englisch als Gerichtssprache: Nothing ventured, nothing gained, ZIP 2010, 1579; *Riehm,* Vom Gesetz, das klüger ist als seine Verfasser – Zur Revisibilität ausländischen Rechts, JZ 2014, 73; *Rösler,* Die Europäisierung von IZVR und IPR als Herausforderung für die deutsche Gerichtsorganisation, ZVglRWiss 115 (2016), 533; *H. Roth,* Die Revisibilität ausländischen Rechts und die Klugheit des Gesetzes, NJW 2014, 1224; *Rühl,* Brexit: Chance für den Justizstandort Deutschland, EuZW 2016, 761; *Samtleben,* Der unfähige Gutachter und die ausländische Rechtspraxis, NJW 1992, 3057; *Scherer,* Das Internationale Privatrecht als globales System, Diss. HU Berlin 2005; *Seibl,* Iura novit curia, Justizgewährungsanspruch und die Frage der Kostentragung für gerichtlich erholte Gutachten zum Inhalt ausländischen Rechts, ZZP 128 (2015), 431; *Sommerlad / Schrey,* Die Ermittlung ausländischen Rechts im Zivilprozeß und die Folgen der Nichtermittlung, NJW 1991, 1377; *Spigelman,* Proof of Foreign Law by Reference to the Foreign Court, L. Q. Rev. 127 (2011), 208; *Stamm,* Zur fehlenden Revisibilität ausländischen Rechts, FS Klamaris, 2016, 769; *Sturm,* Fakultatives Kollisionsrecht: Notwendigkeit und Grenzen, FS Zweigert, 1981, 329; *Sturm,* Wegen Verletzung fremden Rechts sind weder Revision noch Rechtsbeschwerde zulässig, JZ 2011, 74; *M. Stürner,* Effektivität des europäischen Kollisionsrechts und nationales Verfahrensrecht, FS R. Stürner, 2013, 1071; *Thole,* Anwendung und Revisibilität ausländischen Gesellschaftsrechts in Verfahren vor deutschen Gerichten, ZHR 176 (2012), 15; *Trautmann,* Europäisches Kollisionsrecht und ausländisches Recht im nationalen Zivilverfahren, 2011; *G. Wagner,* Fakultatives Kollisionsrecht und prozessuale Parteiautonomie, ZEuP 1999, 6; *Weinkauff,* Die Ermittlung und Anwendung ausländischen Rechts in Deutschland und Mexiko, Diss. Mainz 2010; *Wengler,* Der deutsche Richter vor unaufklärbarem und unbestimmtem ausländischen Recht, JR 1983, 221; *Wenninger Schmid,* Der sorgfältige Nachweis fremden Rechts, FS Isaak Meier, 2015, 793; *Wilson,* Improving the Process: Transnational Litigation and the Application of Private Foreign Law in U.S. Courts, Int'l. L. & Pol. 45 (2013), 1111; *Witz,* L'application du droit étranger en Allemagne (Questions choisies), Mélanges Jacquet, 2013, 457; *Witz,* L'établissement du contenu du droit étranger en Allemagne, in Witz, Application du droit étranger par le juge national: Allemagne, France, Belgique, Suisse, 2014, 27.

I. Anwendung des IPR

292 **1. Zwingendes oder fakultatives Kollisionsrecht in der staatlichen Gerichtsbarkeit.** Die Kollisionsnormen des deutschen IPR sind von deutschen Gerichten **von Amts wegen** anzuwenden.[1140] „Die Kollisionsnormen des Einführungsgesetzes zum Bürgerlichen Gesetzbuch sind Gesetz und beanspruchen damit allgemeine Verbindlichkeit."[1141] Das Gleiche gilt für ungeschriebene Kollisionsnormen[1142] und – erst recht – für unionsrechtliches und staatsvertragliches IPR.[1143] Es ist daher nicht erforderlich, dass sich wenigstens eine der Parteien auf die Anwendung ausländischen Rechts beruft.[1144] Für die Annahme eines nur **fakultativen Kollisionsrechts**[1145] bietet das geltende Recht keine Grundlage.[1146] Gegen eine solche Theorie spricht entscheidend, dass sie die differenzierten Einschränkungen der Parteiautonomie, die der Gesetz- bzw. Verordnungsgeber jeweils vorgesehen hat (→ Rn. 38), unterlaufen würde.[1147] Insbesondere im Hinblick auf das Unionsrecht dürfte der

---

[1140] St. höchstrichterliche Rspr., s. zB BGH NJW 1993, 2305; 1995, 2097; 1996, 54 m. Aufsatz *Mäsch* NJW 1996, 1453; BGHZ 177, 237 = NJW 2009, 916; BGH NZG 2016, 1187 Rn. 10.

[1141] BGH NJW 1993, 2305.

[1142] BGH NZG 2016, 1187 Rn. 10 (Stiftungskollisionsrecht); BGH NJW 1995, 2097 (zum damals noch unkodifizierten Internationalen Sachenrecht).

[1143] BGHZ 177, 237 = NJW 2009, 916.

[1144] BGH NJW 1993, 2305; 1995, 2097; BGHZ 177, 237 = NJW 2009, 916; BGH NZG 2016, 1187 Rn. 10.

[1145] Dafür namentlich *Flessner* RabelsZ 34 (1970), 547; *Flessner,* Liber Amicorum Pintens, 2012, 593; *Reichert-Facilides,* Fakultatives und zwingendes Kollisionsrecht, 1995; *Sturm,* FS Zweigert, 1981, 329; *G. Wagner* ZEuP 1999, 6; umfassende Nachweise auch zum internationalen Schrifttum bei Staudinger/ *Sturm/Sturm* (2012) Rn. 227; zum pro und contra aus rechtsökonomischer Sicht *Rühl,* Statut und Effizienz, 2011, 384 ff.; zum französischen Recht näher *Corneloup* Rev. int. dr. comp. 66 (2014), 363 ff.; *Corneloup* RabelsZ 78 (2014), 844 ff.; *Niboyet* in Azzi/Boskovic, Quel avenir pour la théorie générale des conflits de lois?, 2015, 19 ff.

[1146] Explizit abl. BT-Drs. 10/504, 26; vgl. auch aus heutiger Sicht *Pirrung* IPRax 2017, 124 (127); gegen die versuchte Relativierung dieser Passage durch *G. Wagner* ZEuP 1999, 6 (9) überzeugend *Hartenstein,* Die Privatautonomie im Internationalen Privatrecht als Störung des europäischen Entscheidungseinklangs, 2000, 41.

[1147] *Juliane Müller,* Die Behandlung ausländischen Rechts im Zivilverfahren, 2011, 31 f.; *Kropholler* IPR § 7 II 2; *M. Stürner,* FS R. Stürner, 2013, 1071 (1081).

Grundsatz der Anwendbarkeit des IPR von Amts wegen auch geboten sein, um einen „effet utile" der Vereinheitlichung des Kollisionsrechts zu gewährleisten.[1148] Bereits in der Vergangenheit haben prominente Vertreter der Lehre vom fakultativen Kollisionsrecht für kollisionsrechtsvereinheitlichende Staatsverträge die Notwendigkeit einer Anwendung ex officio eingeräumt.[1149] Allerdings ist nicht zu verkennen, dass aufgrund der Bereichsausnahmen etwa der Rom I- und II-VO für Fragen des Verfahrensrechts (Art. 1 Abs. 3 Rom I bzw. II-VO) in anderen Mitgliedstaaten auch die Auffassung vertreten wird, die europäische Kollisionsrechtsvereinheitlichung lasse die nationalen Praktiken in dieser Frage unberührt.[1150] Insoweit besteht Bedarf nach einer Klarstellung entweder durch den EuGH oder den Verordnungsgeber.[1151] Auch Nr. IV der von einer internationalen Arbeitsgruppe erstellten „Madrid Principles" befürwortet die amtswegige Anwendung des IPR.[1152] Die Europäische Gruppe für IPR **(GEDIP)** hat empfohlen, dass das Gericht bei einem Fall mit Auslandsbezug zumindest die Rechtsanwendungsfrage mit den Parteien erörtert.[1153] Schon nach geltendem deutschen Recht (§ 139 ZPO) trifft das Gericht eine **Hinweispflicht,** wenn es die Anwendung ausländischen Rechts beabsichtigt.[1154]

Für eine Anwendung des europäischen IPR ex officio spricht aus inhaltlicher Sicht die Abkehr **293** vom Staatsangehörigkeitsprinzip zugunsten des gewöhnlichen Aufenthalts (ausführlich → EGBGB Art. 5 Rn. 7 ff., 27 ff.): Da langjährig in Deutschland lebende Migranten, die an einem deutschen Gerichtsverfahren beteiligt sind, nicht mehr mit der Anwendung ausländischen Rechts „zwangsbeglückt" werden, besteht auch für eine Korrektur durch ein nur fakultatives Kollisionsrecht ein erheblich geringeres praktisches Bedürfnis als noch unter der Geltung des für das EGBGB prägenden Staatsangehörigkeitsprinzips.[1155] Hinzu kommt der erhebliche Ausbau der Parteiautonomie auch auf dem Gebiet des Familien- und Erbrechts durch die Europäisierung des Kollisionsrechts (→ Rn. 37 ff.). De lege ferenda ist angeregt worden, den Parteien in all denjenigen Fällen die Befugnis zu geben, einvernehmlich auf die Anwendung des Kollisionsrechts zu verzichten, in denen sie nach den EU-Verordnungen die Möglichkeit zu einer nachträglichen Rechtswahl haben.[1156] Auf den naheliegenden Einwand, dass man gerade in diesen Konstellationen eine solche Verzichtsmöglichkeit wohl am wenigsten benötige,[1157] erwidert *Kieninger,* dass der prozessuale Verzicht nur Wirkung in Bezug auf den Streitgegenstand entfalte, während die kollisionsrechtliche Rechtswahl sich auf das gesamte Rechtsverhältnis auswirke und dass zudem Rechte Dritter unberührt blieben.[1158] Auch dieser Vermittlungsversuch überzeugt aber nicht: Wenn der Verordnungsgeber den Parteien die Möglichkeit einer Teilrechtswahl *nicht* eingeräumt hat (→ Rn. 106 zur str. Frage einer *dépeçage* nach Art. 14 Rom II-VO), darf einer „Rosinentheorie" auch nicht auf prozessualem Wege eine Gasse gebahnt werden, und dass die Rechtswahl sich nicht auf unbeteiligte Dritte erstreckt, lässt sich zB bereits Art. 14 Abs. 1 Rom II-VO selbst entnehmen. Es sollte also auch de lege ferenda bei der Anwendung des IPR von Amts wegen bleiben.

[1148] So bereits *Sonnenberger,* FS Kropholler, 2008, 227 (245); ebenso *Matthias Weller,* Europäisches Kollisionsrecht, 2015, Rn. 112; im Erg. auch *Trautmann,* Europäisches Kollisionsrecht und ausländisches Recht im nationalen Zivilverfahrens, 2011, 335 (Ermessensbindung nationaler Gerichte); dazu tendierend auch *Remien* ZVglRWiss 115 (2016), 570 (579); differenzierend *M. Stürner,* FS R. Stürner, 2013, 1071 (1075 ff.); näher *Hartenstein,* Die Privatautonomie im Internationalen Privatrecht als Störung des europäischen Entscheidungseinklangs, 2000, 73 ff.
[1149] So insbesondere *Sturm,* FS Zweigert, 1981, 329 (342): „Wer kollisionsrechtlichen Abkommen beitritt, übernimmt auch die Verpflichtung, diese Normen in Fällen mit Auslandsberührung anzuwenden, und zwar ohne Rücksicht darauf, ob die Parteien dies wollen oder nicht."
[1150] Näher hierzu *Kieninger* in Leible/Unberath Rom 0-VO 479 (489 f.); *Rühl,* Statut und Effizienz, 2011, 381 f.; eingehende rechtsvergleichende Bestandsaufnahme bei *Trautmann,* Europäisches Kollisionsrecht und ausländisches Recht im nationalen Zivilverfahrens, 2011, sowie detaillierte Länderberichte in Institut Suisse de Droit Comparé, The Application of Foreign Law in Civil Matters in the EU Member States and its Perspectives for the Future, JLS/2009/JCIV/PR/0005/E4; ferner *Pauknerová* Rev. hell. dr. int. 64 (2011), 5 ff.; zu den Perspektiven einer europäischen Vereinheitlichung auch dieser Fragen ausf. *Kieninger* aaO, S. 491 ff.; *Juliane Müller,* Die Behandlung ausländischen Rechts im Zivilverfahren, 2011, 149 ff.; vgl. auch zur aktuellen Rechtslage in den USA eingehend *Wilson* N. Y. U. Int. L. & Pol. 45 (2013), 1111 ff.; zu Frankreich *Normand,* FS Kerameus, 2009, 941 ff.
[1151] Näher *Azcárraga Monzonís* Int. J. Proc. L. 3 (2013), 105 ff.; *Esplugues* ZZPInt. 14 (2009), 201 ff.; *Jessurun d'Oliveira* Rev. hell. dr. int. 61 (2008), 499 ff.
[1152] YbPIL 13 (2011), 273 (297).
[1153] Position du GEDIP sur l'obligation pour le juge de soulever d'office la question de la loi applicable pour les besoins de l'application des règlements européens de droit international privé, IPRax 2014, 91.
[1154] BGH NJW 2013, 2662 (zur Erhebung der Einrede nach Art. 5 HUP in der Revisionsinstanz).
[1155] *Kieninger* in Leible/Unberath Rom 0-VO 479 (494 ff.).
[1156] So der vermittelnde Vorschlag von *Kieninger* in Leible/Unberath Rom 0-VO 479 (496 ff.).
[1157] Vgl. etwa *M. Stürner,* FS R. Stürner, 2013, 1071 (1081).
[1158] *Kieninger* in Leible/Unberath Rom 0-VO 479 (497).

294   **2. Das Sonderkollisionsrecht der Schiedsgerichtsbarkeit.** Nach überwiegender Auffassung ist das für staatliche Gerichte geltende Kollisionsrecht, insbesondere die Rom I-VO, nicht für die Bestimmung des von einem Schiedsgericht anzuwendenden Rechts bindend.[1159] Dies ergibt sich nicht aus Art. 1 Abs. 2 lit. e Rom I-VO, sondern daraus, dass die Rom I-VO nur auf die Tätigkeit staatlicher Gerichte abzielt. Zwar spricht die englische Fassung in Erwägungsgrund 12 von „courts and tribunals". Dies betrifft jedoch lediglich die indizielle Bedeutung einer Gerichtsstands- bzw. Schiedsvereinbarung.[1160] Für einen Ausschluss der Schiedsgerichtsbarkeit spricht der enge Regelungszusammenhang der Rom I-VO mit der Brüssel Ia-VO, wie er in Erwägungsgrund 7 zum Ausdruck kommt.[1161] Da die Brüssel Ia-VO auf die Schiedsgerichtsbarkeit keine Anwendung findet (Art. 1 Abs. 2 lit. d Brüssel Ia-VO), ist es nur folgerichtig, auch die Rom I-VO, deren zentrales Regelungsanliegen die Verhinderung des forum shopping ist (Erwägungsgrund 6 Rom I-VO), nicht zwingend für Schiedsgerichte als anwendbar zu erklären. Zudem deutet die Bezugnahme auf den „Mitgliedstaat des angerufenen Gerichts" in Art. 3 Abs. 4 Rom I-VO darauf hin, dass die Rom I-VO allein die staatlichen Gerichte im Blick hat. Schließlich hat auch der deutsche Gesetzgeber, obwohl die Regierungsbegründung von einer Bindungswirkung des EVÜ ausging,[1162] dieses Lippenbekenntnis nicht ernst genommen, da die in § 1051 ZPO getroffene Regelung insbesondere hinsichtlich der Kollisionsrechtswahl (→ EGBGB Art. 4 Rn. 21) inhaltlich vom EVÜ abweicht.[1163] Für Schiedsgerichte ist folglich allein die dem UNCITRAL-Modellgesetz nachgebildete spezielle Kollisionsnorm des § 1051 ZPO maßgebend. Dies schließt nicht aus, dass ein Schiedsgericht sich bei der Auslegung dieser Vorschrift an den Regelungen der Rom I-VO orientiert.[1164] Für Einzelheiten ist auf die Kommentare zu § 1051 ZPO zu verweisen.[1165] Auch für die Ermittlung des anwendbaren ausländischen Rechts in der Schiedsgerichtsbarkeit sind Besonderheiten zu beachten, auf die hier nicht näher eingegangen werden kann.[1166]

II. Ermittlung und Anwendung ausländischen Rechts

295   **1. Ermittlung ausländischen Rechts. a) Grundsätze.** Führt das deutsche IPR das Gericht zu dem Ergebnis, dass ausländisches Recht auf den Sachverhalt anzuwenden ist, so hat es dessen Inhalt nach § 293 ZPO unter Beachtung der vom BGH hierzu aufgestellten Leitlinien **von Amts wegen** zu ermitteln.[1167] Der Amtsermittlungsgrundsatz schließt indes eine Mitwirkung der Parteien nicht aus.[1168] Nach der ständigen Rechtsprechung des BGH sind Parteien, die zu den Erkenntnisquellen der in Betracht kommenden ausländischen Rechtsordnung unschwer Zugang haben, dazu verpflichtet, das ausländische Recht regelmäßig konkret darzulegen.[1169] Ferner darf das Gericht die Parteien dazu auffordern, Übersetzungen fremdsprachiger Gesetze oder rechtsvergleichende Gutachten in den Prozess einzuführen, wenn es dem Gericht an präsenten Erkenntnisquellen mangelt, die Parteien diese aber ohne weiteres beibringen können.[1170]

[1159] Näher *Busse* ecolex 2012, 1072 ff.; *Grimm* SchiedsVZ 2012, 189 ff.; *Hausmann*, FS von Hoffmann, 2011, 971 (978 f.); *Klasen* KSzW 2013, 181 ff.; *Kondring* RIW 2010, 189 ff.; *Pfeiffer* NJW 2012, 1169 (1170 f.); *Schilf* RIW 2013, 678 ff.; *Schmidt-Ahrendts/Höttler* SchiedsVZ 2011, 268 ff.; *Wegen* FS Kühne, 2009, 933 (942 f.); im Erg auch *Ostendorf* SchiedsVZ 2010, 234 ff.; ebenso ausf. (zum EVÜ) *Handorn,* Das Sonderkollisionsrecht der deutschen internationalen Schiedsgerichtsbarkeit, 2005, S. 53–75 mzN; einschränkend *Schack*, FS Schütze, 2014, 511 ff. (nur Ausschluss der Rom I-VO); **aA** mit eingehender Begründung *Czernich* wbl 2013, 554 ff.; *Mankowski* RIW 2011, 30 ff.; *Mankowski*, FS von Hoffmann, 2011, 1022 ff.; *Mankowski*, FS Schütze, 2014, 369 ff.; *McGuire* SchiedsVZ 2011, 257 ff.; *Yüksel* JPIL 7 (2011), 149 ff.; ferner *R. Wagner* IPRax 2008, 1 (3) (zur Rom II-VO).
[1160] Näher Rauscher/*v. Hein* EuZPR/EuIPR, 2016, Rom I-VO Art. 3 Rn. 28.
[1161] Ebenso schon zum EVÜ/EuGVÜ *Handorn,* Das Sonderkollisionsrecht der deutschen internationalen Schiedsgerichtsbarkeit, 2005, 69 f.
[1162] BT-Drs. 10/504, 29.
[1163] Ebenso *Pfeiffer* EuZW 2008, 623; hierzu näher Rauscher/*v. Hein* EuZPR/EuIPR, 2016, Rom I-VO Art. 3 Rn. 65.
[1164] *Pfeiffer* EuZW 2008, 623 („persuasive authority"); zum EVÜ schon *Kropholler* IPR § 7 IV.
[1165] S. auch mit rechtsvergleichenden Hinweisen zur Praxis der Schiedsgerichtsbarkeit *Heidinger* SchiedsVZ 2008, 174 ff.
[1166] Ausf. *Pfeiffer,* FS Leipold, 2009, 283 ff.
[1167] StRspr, BGHZ 77, 32 (38) = NJW 1980, 2022 (2024); BGHZ 118, 151 (162) = NJW 1992, 2026 (2029); BGHZ 120, 334 (341 f.) = NJW 1993, 1073 (1074); BGH NJW-RR 2005, 357; NZI 2013, 763; BGHZ 205, 289 = NJW 2015, 2185 Rn. 10; dies gilt auch im PKH-Verfahren, s. BVerfG IPRspr. 2010 Nr. 4.
[1168] Zöller/*Geimer* ZPO § 293 Rn. 16; *Remien* in Schmidt-Kessel, German National Reports, 2014, 223 (234).
[1169] BGHZ 118, 151 (163 f.) = NJW 1992, 2026 (2029); BGHZ 118, 312 (319 f.) = NJW 1992, 3096 (3098); BGHZ 122, 373 (378) = NJW 1993, 2312 (2314); BGH RIW 1996, 966; vgl. auch BGH NJW 1995, 1032; LG Detmold NJW 1994, 3301.
[1170] BGH NJW 1964, 2012; OLG Frankfurt MDR 1983, 410; LG Detmold NJW 1994, 3301; *Huzel* IPRax 1990, 77 (80 ff.); *Kropholler* IPR § 59 I 2; Zöller/*Geimer* ZPO § 293 Rn. 16.

Im Ergebnis hat sich daher der BGH dem schweizerischen Recht angenähert.[1171] Dieses geht **296** ebenso wie das deutsche vom Grundsatz der Ermittlung ausländischen Rechts von Amts wegen aus (Art. 16 Abs. 1 S. 1 schweiz. IPRG). Allerdings kann die Mitwirkung der Parteien verlangt werden (Art. 16 Abs. 1 S. 2 schweiz. IPRG). Bei vermögensrechtlichen Ansprüchen kann der Nachweis den Parteien „überbunden", dh vollständig auf sie abgewälzt werden (Art. 16 Abs. 1 S. 3 schweiz. IPRG).[1172] Auch nach den §§ 3, 4 Abs. 1 des österreichischen IPRG hat das Gericht das ausländische Recht von Amts wegen anzuwenden und zu ermitteln; es darf sich hierbei allerdings auch der Mitwirkung der Beteiligten bedienen (§ 4 Abs. 1 S. 2 ÖIPRG).[1173] Entsprechendes gilt in Italien (Art. 14 it. IPRG).[1174]

Im Einzelnen liegt es im **pflichtgemäßen Ermessen** des Gerichts, in welcher Weise es das **297** ausländische Recht ermittelt.[1175] Die Tatsacheninstanz darf sich bei der Ermittlung des ausländischen Rechts nicht auf die Heranziehung der Rechtsquellen beschränken, sondern muss auch die konkrete Ausgestaltung des Rechts in der ausländischen Rechtspraxis, namentlich die ausländische Rechtsprechung berücksichtigen.[1176] Hierbei ist von entscheidender Bedeutung, wie komplex und „fremd" das ausländische Recht im Vergleich zum deutschen ist.[1177] Die Anforderungen an die Ermittlungspflicht sind ferner umso größer, je detaillierter und kontroverser die Parteien zur ausländischen Rechtspraxis vortragen.[1178] Die Parteien trifft jedoch keine prozessuale Beweisführungslast.[1179] Selbst wenn eine Partei den Vortrag der anderen Seite zum Inhalt des ausländischen Rechts nicht bestreitet, entbindet dies das Gericht nicht schlechthin von seiner Pflicht zur Amtsermittlung;[1180] übereinstimmender Parteienvortrag darf aber in aller Regel als richtig zugrunde gelegt werden.[1181] Bei der Ermittlung ausländischen Rechts steht dem Gericht zum einen die Möglichkeit des **Freibeweises** zur Verfügung, bei dem es Erkenntnisquellen aller Art benutzen kann und die Regeln des förmlichen Beweisverfahrens (§§ 355 ff. ZPO) nicht einhalten muss.[1182] Eine bloße Internetrecherche zu Reisehinweisen reicht bei einem Verkehrsunfall im Ausland aber nicht aus.[1183] Regelmäßig wird in der Rechtspraxis ein Beweisbeschluss gefasst,[1184] mit dem ein förmliches Beweisverfahren eingeleitet und etwa ein Sachverständigengutachten angefordert wird. In diesem Fall muss das Gericht nach der Rechtsprechung des BGH konsequent die Regeln der §§ 355 ff. ZPO, insbesondere die §§ 402 ff. ZPO über den **Beweis durch Sachverständige**, befolgen.[1185] Als Sachverständige kommen zB die Referenten des Hamburger Max-Planck-Instituts, die Professoren und Mitarbeiter der auslandsrechtlichen Institute deutscher (oder, je nach Lage des Falles, auch ausländischer[1186]) Universitäten oder sonstige hinreichend als kompetent ausgewiesene Rechtsexperten in Betracht.[1187] Die Anforderungen, die der BGH an die gutachterliche Tätigkeit stellt, sind ausgesprochen streng.[1188] So hat er

---

[1171] Hierzu näher *Wenninger Schmid*, FS Isaak Meier, 2015, 793 ff.

[1172] Vgl. hierzu Kassationsgericht des Kantons Zürich BlZüRspr. 1996, 7.

[1173] Näher hierzu *Lurger/Melcher* IPR, 2013, Rn. 1/49 ff.; *Ofner* ZfRV 2015, 123 f.

[1174] Näher hierzu *Carbone* Riv. dir. int. priv. proc. 31 (1995), 960 (970 f.).

[1175] S. iE BGH NJW 1976, 1581; 2003, 2685; *Sommerlad/Schrey* NJW 1991, 1377 (1379 ff.); *Kindl* ZZP 111 (1998), 177 (182 ff.); *Remien* in Schmidt-Kessel, German National Reports, 2014, 223 (230 ff.).

[1176] StRspr, s. BGH NJW 2003, 2685; NZI 2013, 763 Rn. 39; NJW 2014, 1244 = NZI 2014, 283 mAnm *Vallender* NZI 2014, 285 = LMK 2014, 358488 (Ls.) mAnm *Magnus*; hierzu auch *Krauß* GPR 2014, 175 ff.; BAG NZA 2016, 473 Rn. 99; OLG Saarbrücken NJOZ 2014, 483; vgl. auch zur österreichischen Praxis *Ofner* ZfRV 2015, 123 f.

[1177] BGHZ 165, 248 (260) = NJW 2006, 762 (764); BVerwG NJW 2012, 3461 Rn. 14.

[1178] BGHZ 118, 151 (164) = NJW 1992, 2026 (2029); BGH NJW-RR 2002, 1359; TranspR 2012, 110 = BeckRS 2012, 01018; BGH ZInsO 2015, 1466 = BeckRS 2015, 08847 Rn. 9.

[1179] BGH TranspR 2012, 110 = BeckRS 2012, 01018.

[1180] OLG Düsseldorf GRUR-RR 2003, 359; GRUR-RR 2011, 84 (Ls.) = BeckRS 2011, 01261.

[1181] BPatG IPRspr. 2014 Nr. 147.

[1182] BGH NJW-RR 2017, 833 Rn. 24; BGH BeckRS 2017, 113019; BAG AP Verordnung Nr. 44/2001/EG Nr. 6 Rn. 37.

[1183] OLG München NJW 2017, 338.

[1184] S. zu dessen Abfassung *Bendref* MDR 1983, 892.

[1185] BGH NJW 1975, 2142; 1994, 2959; krit. aber teilweise die Lehre, die sich auch insoweit (hinsichtlich der Ladung des Sachverständigen) für ein größeres Ermessen ausspricht, etwa *Linke/Hau* IZVR Rn. 9.14; *Schack* IZVR Rn. 713 ff. mwN zum verfahrensrechtlichen Streitstand.

[1186] OLG München NJW 2017, 338 Rn. 18; für eine vorrangige Beauftragung inländischer Sachverständiger *Schack* IZVR Rn. 710; dagegen *Linke/Hau* IZVR Rn. 9.12.

[1187] Vergleichend zur europäischen Rechtspraxis und zur grenzüberschreitenden Gutachtertätigkeit *Cuniberti* Rev. crit. dr. int. pr. 104 (2015), 519 ff.

[1188] Berühmt-berüchtigt ist das Urteil des BGH zur Ermittlung der Rechtslage in Bezug auf venezolanische Schiffspfandrechte: BGH NJW-RR 1991, 1211 = RIW 1991, 514 m. Aufsatz *Sommerlad* RIW 1991, 856 = IPRax 1992, 324 m. Aufsatz *Kronke* IPRax 1992, 303.

beanstandet, dass ein Gericht sich auf ein Gutachten eines im Lateinamerika-Referats des Hamburger Max-Planck-Instituts tätigen Mitarbeiters gestützt hatte, der zwar die ihm dort zugängliche Literatur ausgewertet, aber die ausländische „Rechtspraxis", die für den Fall entscheidend gewesen sei, nicht hinreichend studiert habe.[1189] Mit den in dieser Entscheidung entwickelten Maßstäben dürften die Erwartungen indes überspannt werden, denn nicht jedes Rechtsgutachten kann mit vertretbarem Aufwand an Zeit und Kosten als groß angelegte, empirische Feldstudie vor Ort durchgeführt werden.[1190] Lebensfremd ist schließlich das Argument des BGH, ein Verstoß gegen § 293 ZPO läge auch deshalb vor, weil der Gutachter zum ersten Mal auf dem Gebiet des venezolanischen Rechts tätig gewesen sei.[1191] Kompetenz kann nicht nur in Bezug auf ein einzelnes Land, sondern durchaus im Hinblick auf Länder mit verwandten Rechtsordnungen erworben werden, so dass der Vorwurf, ein Sachverständiger, der zB bereits zum Recht Kolumbiens, Ecuadors oder Perus gegutachtet habe, sei speziell für Venezuela nicht hinreichend ausgewiesen, kaum berechtigt sein dürfte. Im Übrigen stellt sich die Frage, wie bei einer solchen Herangehensweise noch kompetente Mitarbeiter an den Universitäts- und Max-Planck-Instituten ausgebildet werden sollen, denn irgendeine Begutachtung muss immer das erste Mal darstellen.

298   Zulässiger Gegenstand eines Rechtsgutachtens ist streng genommen nur das **ausländische** Recht, nicht das deutsche und europäische IPR, welches das Gericht selbst kennen muss.[1192] Führt das IPR der lex fori daher ohne weiteres zur Anwendbarkeit deutschen Sachrechts, dürfen für ein insoweit eingeholtes Gutachten keine Kosten von den Parteien erhoben werden (§ 21 Abs. 1 S. 1 GKG bzw. § 21 Abs. 1 S. 1 GNotKG).[1193] Ein Gutachtenauftrag zu der Frage, ob das ausländische IPR eine **Rückverweisung** auf das deutsche Recht ausspricht, was zB in den Fallgruppen der „versteckten" Rückverweisung oder der Rückverweisung kraft abweichender Qualifikation durchaus diffizil festzustellen sein kann (→ EGBGB Art. 4 Rn. 43 ff., 70 ff.), ist jedoch zulässig.[1194] Ferner entspricht es bewährter gutachterlicher Praxis, die Rechtauffassung eines anfragenden Gerichts zur Anwendbarkeit eines fremden Rechts nicht ungeprüft zu übernehmen, sondern dieses ggf. auf andere Lösungswege aufmerksam zu machen.[1195] Rechtsmaterien wie das europäische **Unionsrecht,** das allgemeine **Völkerrecht** oder **Einheitsrecht** (wie zB das Wiener UN-Kaufrecht) fallen nicht unter § 293 ZPO, sondern unter den allgemeinen Grundsatz „iura novit curia".[1196] Insbesondere ist auch bei der Anwendung ausländischen Rechts, mit dem eine EU-Richtlinie umgesetzt wurde, das Gebot der **richtlinienkonformen Auslegung** zu beachten.[1197] Hingegen zählen zum ausländischen „Recht" iS des § 293 ZPO Rechtsverordnungen, autonome Satzungen und Tarifverträge, richterliches Fallrecht (vor allem in Ländern des common law),[1198] religiöses Recht,[1199] von Gerichten aufgestellte Regelwerke (zB Unterhaltstabellen) und Gewohnheitsrecht.[1200] Von privaten Organisationen und Gremien erstellte internationale Regelwerke – wie zB die Unidroit-Principles für Verträge, Verhaltensregeln für Skifahrer[1201] oder Corporate-Governance-Kodizes – bilden als solche kein ausländisches „Recht". Sie können aber als Grundlage für die Herausbildung von ausländischem Gewohnheitsrecht dienen[1202] oder dergestalt mit einem nationalen Gesetz verknüpft sein (vgl. zB die „comply-or-explain"-Regelung in § 161 AktG), dass eine ausländische Rechtsnorm als Bezugspunkt

---

[1189] BGH NJW-RR 1991, 1211 = RIW 1991, 514 m. Aufsatz *Sommerlad* RIW 1991, 856 = IPRax 1992, 324 m. Aufsatz *Kronke* IPRax 1992, 303.

[1190] Eingehende Kritik des BGH-Urteils bei *Samtleben* NJW 1992, 3057 ff. sowie *Remien* in Schmidt-Kessel, German National Reports, 2014, 223 (242): „wholly unrealistic".

[1191] BGH NJW-RR 1991, 1211 = RIW 1991, 514 m. Aufsatz *Sommerlad* RIW 1991, 856 = IPRax 1992, 324 m. Aufsatz *Kronke* IPRax 1992, 303.

[1192] *Linke/Hau* IZVR Rn. 9.13; ausführlich, auch zur Kostenfrage, *Remien* in Schmidt-Kessel, German National Reports, 2014, 223 (244); *Seibl* ZZP 128 (2015), 431 ff.

[1193] *Bamberger/Roth/Lorenz* Rn. 78.

[1194] Vgl. zu den Ermittlungspflichten im Hinblick auf das „domicile" nach indischem Recht BVerwG NJW 2012, 3461 Rn. 12 ff.

[1195] So auch *Linke/Hau* IZVR Rn. 9.13 („nobile officium").

[1196] Statt aller *Geimer* IZPR Rn. 2595; *Zöller/Geimer* ZPO § 293 Rn. 5; *Remien*, FS W.-H. Roth, 2015, 431 (434).

[1197] BAG NZA 2016, 473 Rn. 90; KG WRP 2012, 102 = BeckRS 2012, 00338; hierzu näher *Remien*, FS W.-H. Roth, 2015, 431 (435 ff.).

[1198] Ausführl. *Ernst*, FS W.-H. Roth, 2015, 83 ff.

[1199] BGHZ 160, 322 = NJW-RR 2005, 81.

[1200] Vgl. *Zöller/Geimer* ZPO § 293 Rn. 2 (Richterrecht), Rn. 3 (Gewohnheitsrecht), Rn. 4 (Satzungen).

[1201] ZB die FIS-Regeln, Fédération Internationale de Ski/Internationaler Skiverband, Règles Générales/Allgemeine Regeln, abrufbar unter http://www.fis-ski.com/inside-fis/document-library/.

[1202] So zB zu den FIS-Regeln (vorige Fn.) OLG Hamm VersR 2002, 318 (319) = SpuRt 2002, 18 f. = NZV 2001, 514.

für die Einholung eines Gutachtens vorliegt. Auch bei der Auslegung ausländischer Allgemeiner Geschäftsbedingungen wird das Gericht das entsprechende fremde Recht zur Auslegung heranziehen müssen. Bei Zweifeln über die **Rechtsnormqualität** einer ausländischen Regelung entscheiden letztlich die Anschauungen der deutschen Rechtsquellenlehre als lex fori, freilich in einem „aufgeklärten", auch gegenüber fremden (zB religiös geprägten) Rechtsinstituten offenen Sinne (→ Rn. 118).[1203] Ob gerichtliche Entscheidungen **Bindungswirkung** („stare decisis") entfalten oder nicht, ist dem anwendbaren ausländischen Recht zu entnehmen.[1204]

b) Ermittlungswege in der Praxis. Neben der vorherrschenden Einholung von Sachverständi- **299** gengutachten (→ Rn. 297 f.) kommt auch eine Anfrage nach dem **Londoner Übereinkommen** vom 7.6.1968 betreffend Auskünfte über ausländisches Recht in Betracht.[1205] Dieser Weg bietet sich insbesondere an, wenn es um die Beantwortung rechtstechnisch einfach gelagerter Fragen geht, etwa nach dem Inhalt ausländischer Sicherheits- und Verhaltensregeln im Straßenverkehr.[1206] Im Übrigen spielt das Übereinkommen in der deutschen Praxis aber nur eine geringe Rolle, weil die Auskünfte abstrakt und nicht fallbezogen ausfallen.[1207] Sie können daher eine umfassende sachverständige Begutachtung komplexerer Rechtsfragen regelmäßig nicht ersetzen, und ihre alleinige Benutzung als Quelle begründet unter Umständen einen (revisiblen) Verstoß gegen § 293 ZPO.[1208] Ferner kann das **Europäische Justizielle Netz in Zivil und Handelssachen** für Anfragen genutzt werden;[1209] Kontaktstelle in der Bundesrepublik ist das Bundesamt für Justiz in Bonn.[1210] Die Einholung eines Sachverständigengutachtens kann ausnahmsweise entbehrlich sein, wenn bei einem einfach gelagerten Sachverhalt hinreichende eigene Erkenntnismöglichkeiten durch verfügbare Literatur und Gesetzestexte bestehen, eine dem deutschen Recht verwandte Rechtsordnung anzuwenden ist und die Parteien zum Inhalt dieses Rechts im wesentlichen übereinstimmend vortragen.[1211] De lege ferenda ist die Einführung eines **Vorabentscheidungsverfahrens** zwischen den mitgliedstaatlichen Höchstgerichten zu erwägen.[1212]

c) Einstweiliger Rechtsschutz. Die Pflicht zur Ermittlung des anwendbaren Rechts von Amts **300** wegen besteht grundsätzlich auch in Verfahren des einstweiligen Rechtsschutzes.[1213] Für vorläufige Maßregeln auf dem Gebiet der Betreuung, Vormundschaft und Pflegschaft enthält Art. 24 Abs. 3 EGBGB eine Spezialregelung des Inhalts, dass diese Maßnahmen wegen ihrer Eilbedürftigkeit stets nach der lex fori getroffen werden dürfen;[1214] diese Vorschrift lässt sich jedoch nicht über ihren sachlichen Anwendungsbereich hinaus verallgemeinern.[1215] Im staatsvertraglich geregelten Recht des Kindes- und Erwachsenenschutzes erübrigt sich das Problem weitgehend dadurch, dass ohnehin das Recht am gewöhnlichen Aufenthalt des Betroffenen gilt; wenn dieser nicht im Gerichtsstaat liegt, darf gleichwohl in dringenden Fällen eine Schutzmaßnahme nach der lex fori getroffen werden (Art. 11 KSÜ, Art. 10 ErwSÜ).

Im Übrigen ist bei den Anforderungen an die Ermittlung des ausländischen Rechts dem besonderen **301** Zeitdruck Rechnung zu tragen, unter dem das Gericht bei der Entscheidung über den Erlass einstweiliger Maßnahmen steht.[1216] Dies sollte zwar nicht von vornherein zu einer strikten Beschränkung auf prä-

---

[1203] AA *Kindl* ZZP 111 (1998), 177 (181): die Rechtsquellenlehre der berufenen ausländischen Rechtsordnung entscheide.
[1204] *Ofner* ZfRV 2015, 12 (124).
[1205] BGBl. 1974 II S. 938 = *Jayme/Hausmann* Nr. 200 mwN zum Ratifikationsstand.
[1206] OLG München DAR 2008, 590 mAnm *Riedmeyer* = NJW-RR 2008, 1285; BeckRS 2010, 05186.
[1207] Ausf. zum Londoner Übereinkommen *Schellack*, Selbstermittlung oder ausländische Auskunft unter dem europäischen Rechtsauskunftsübereinkommen, 1998; ferner *Basedow* in Basedow/Pissler, Private International Law in Mainland China, Taiwan and Europe, 2014, 85 (91 ff.); *Jastrow* IPRax 2004, 402; *Linke/Hau* IZVR Rn. 9.15; *Remien* in Schmidt-Kessel, German National Reports, 2014, 223 (239 ff.); *Remien* ZVglRWiss 115 (2016), 570 (576 f.); *Schack* IZVR Rn. 709; *M. Stürner*, FS R. Stürner, 2013, 1071 (1086 ff.), jeweils mwN.
[1208] BGH NJW 2014, 1244 = NZI 2014, 283 mAnm *Vallender* = LMK 2014, 358488 (Ls.) mAnm *Magnus*.
[1209] Hierzu *M. Stürner*, FS R. Stürner, 2013, 1071 (1093).
[1210] Nähere Information sind abrufbar unter https://www.bundesjustizamt.de/DE/Themen/Gerichte_Behoerden/EJNZH/Start/Ueberblick.html?nn=3449864.
[1211] OLG Oldenburg OLGR 2008, 452 (Unfall mit Segelflugzeug in Dänemark).
[1212] Dafür *Remien*, FS 75 Jahre MPI für Privatrecht, 2001, 617 ff.; *Remien*, FS W.-H. Roth, 2015, 431 (439 ff.); *Remien* ZVglRWiss 115 (2016), 570 (582); zust. *Juliane Müller*, Die Behandlung ausländischen Rechts im Zivilverfahren, 2011, 195 ff.; *Rühl/v. Hein* RabelsZ 79 (2015), 701, 749; skeptisch zur verfahrenstechnischen Ausgestaltung *M. Stürner*, FS R. Stürner, 2013, 1071 (1094 f.).
[1213] Bamberger/Roth/*Lorenz* Rn. 79; *Kropholler* IPR 31 III 3; *Linke/Hau* IZVR Rn. 15.12; *Schack* IZVR Rn. 704.
[1214] Hierzu ausf. Staudinger/*v. Hein* (2014) EGBGB Art. 24 Rn. 59 ff.
[1215] Bamberger/Roth/*Lorenz* Rn. 79; *Kropholler* IPR 31 III 3; *Schack* IZVR Rn. 704.
[1216] Näher *Lindacher*, Internationales Wettbewerbsverfahrensrecht, 2009, § 16 Rn. 25 ff.; *Nagel/Gottwald* IZPR § 11 Rn. 41 ff.

sente Beweismittel führen;[1217] für die Einholung zB von Sachverständigengutachten wird aber regelmäßig die Zeit fehlen. Man wird daher insoweit von den Parteien eine gesteigerte Mitwirkung an der Versorgung des Gerichts mit den hinreichenden Informationen zum Inhalt etwa eines anwendbaren ausländischen Rechts verlangen dürfen, erst recht, wenn es sich bei dem Antragsteller um denjenigen Staat handelt, der das Recht selbst gesetzt hat, dessen Verletzung von ihm geltend gemacht wird.[1218]

302 **2. Offenlassen der Rechtsanwendungsfrage.** Den **Berufungsgerichten** wird es vom BGH in ständiger Rechtsprechung wegen der mangelnden Revisibilität ausländischen Rechts (§ 545 Abs. 1 ZPO, → Rn. 309 ff.) verwehrt, die Entscheidung zwischen deutschem und ausländischem Recht offen zu lassen.[1219] Vor dem Revisionsgericht darf hingegen offen bleiben, welches Sachrecht auf das streitige Rechtsverhältnis anzuwenden ist, wenn die Anwendung deutschen oder fremden Rechts nicht zu unterschiedlichen Ergebnissen führt.[1220] Es ist ferner anerkannt, dass die Gerichte **erster Instanz** die Frage nach dem anwendbaren Recht dahingestellt sein lassen dürfen, wenn alle in Frage kommenden Rechtsordnungen in der Sache zu demselben Ergebnis gelangen.[1221] Insbesondere bei alternativen Anknüpfungen, zB bei der Feststellung der Zulässigkeit eines Direktanspruchs gegen den Haftpflichtversicherer (Art. 18 Rom II-VO), kommt ein Offenlassen der Rechtsanwendungsfrage in Betracht.[1222] Diese Ausnahme vom Gebot, das anwendbare Recht von Amts wegen zu bestimmen, ist aus Gründen der Prozessökonomie gerechtfertigt.[1223] Das Offenlassen der Rechtsanwendungsfrage ist unbedenklich, weil die Entscheidung vom Berufungsgericht in vollem Umfang nachgeprüft werden kann.[1224] Es reicht sogar aus, wenn eine Partei erst im Berufungsrechtszug eine ihr günstige Regelung eines ausländischen Rechts geltend macht.[1225] Zwar ist das Ausmaß der Überprüfung erstinstanzlicher Urteile durch die ZPO-Reform eingeschränkt worden.[1226] Nach wie vor gilt aber das im Revisionsrecht geltende Verbot der Nachprüfung der Anwendung ausländischen Rechts nicht in der Berufungsinstanz (§ 513 Abs. 1 iVm § 546 ZPO).[1227] Insofern ist es deshalb weiterhin zulässig, dass zB ein Amtsgericht bei materieller Ergebnisgleichheit die Frage nach dem anwendbaren Recht offen lässt.

303 **3. Nichtfeststellbarkeit des anzuwendenden Rechts.** Trotz fehlerfreier Ermessensausübung im Rahmen des § 293 ZPO und ungeachtet aller zumutbaren Anstrengungen vonseiten des Gerichts kann es in seltenen Fällen vorkommen, dass sich der Inhalt des von unserem (deutschen oder europäischen) IPR berufenen Rechts nicht ermitteln lässt. In diesem Fall darf die Klage nach heute allgemeiner Ansicht nicht abgewiesen oder die Angelegenheit zum Nachteil derjenigen Partei entschieden werden, die aus dem nicht feststellbaren ausländischen Recht für sich Rechte ableitet, denn das geltende Recht kennt keine Beweislast in Bezug auf ausländische Rechtsnormen.[1228] Ferner darf nicht vorschnell eine Nicht-Feststellbarkeit bejaht werden, nur weil etwa eine im Ausland streitige Rechtsfrage dort noch nicht höchstrichterlich geklärt ist;[1229] vielmehr muss auch insoweit unter Ausschöpfung der verfügbaren Erkenntnisquellen die dort hM (oder zumindest hL) ermittelt und

---

[1217] So aber die stRspr, OLG Frankfurt a. M. NJW 1969, 991; OLG Hamm AWD 1970, 31 = IPRspr. 1968–69 Nr. 173; KG NJW 2007, 705 (706).

[1218] So KG NJW 2007, 705 (706) (Ausfuhr ägyptischer Antiquitäten).

[1219] BGH NJW 1956, 1155; NJW 1963, 252 (253); WM 1980, 1085 = BeckRS 1980, 31071071; NJW 1988, 3097; 1991, 2214; WM 1995, 2113 (2114) = LM EGBGB Art. 3 Nr. 3 m. zust. Anm. *Benicke* = EWiR 1996, 1187 (Ls.) m. zust. Anm. *Geimer* = IPRax 1996, 204 (Ls.) m. zust. Anm. *Kronke* = NJW 1996, 54 m. krit. Aufsatz *Mäsch* NJW 1996, 1453 (1454); aA etwa *Aden* DZWiR 1997, 81 ff.; Soergel/*Kegel* EGBGB Vor Art. 7 Rn. 116 ff.; *Kropholler* IPR § 59 I 4; *Mäsch* NJW 1996, 1453 (1454).

[1220] BGH NJW-RR 2004, 308.

[1221] *Aden* DZWiR 1997, 81 (82); Zöller/*Geimer* ZPO § 293 Rn. 12; *v. Hoffmann/Thorn* IPR § 3 Rn. 132; Soergel/*Kegel* EGBGB Vor Art. 3 Rn. 167; *Kropholler* IPR § 59 I 4; *Steindorff* JZ 1963, 200 (202); aus der Rspr. s. zB LG Münster FamRZ 1974, 132 mAnm *Strümpell*; LG München I RIW 1988, 738; AG Tübingen StAZ 1981, 114.

[1222] Näher zum Offenlassen des anwendbaren Rechts bei Alternativanknüpfungen *v. Hein,* Das Günstigkeitsprinzip im Internationalen Deliktsrecht, 1999, 233 f. mwN; zu Art. 40 Abs. 4 EGBGB s. *Gruber* VersR 2001, 16 (19) (allgemeine Regeln für Günstigkeitsvergleich gelten).

[1223] BGH NJW-RR 2004, 308.

[1224] Soergel/*Kegel* EGBGB Vor Art. 3 Rn. 167; *Kropholler* IPR § 59 I 4; *Steindorff* JZ 1963, 200 (202).

[1225] BGH NJW 1984, 2763 (2764); OLG Düsseldorf VersR 2007, 1147 (1148).

[1226] Überblick bei Musielak/Voit/*Ball* ZPO Vor § 511 Rn. 8; Zöller/*Heßler* ZPO Vor § 511 Rn. 1 f.

[1227] Zöller/*Heßler* ZPO § 513 Rn. 2.

[1228] BGHZ 69, 387 (393) = NJW 1978, 496 (497 f.) mwN zu vereinzelten älteren Ansichten; BGH FamRZ 1982, 263 (265) = NJW 1982, 1215 (1216); *Gössl* in Effer-Uhe/Hoven/Kempny/Rösinger, Einheit der Prozessrechtswissenschaft?, 2016, 127 (134); *Schack* IZVR Rn. 717; *Trautmann*, Europäisches Kollisionsrecht und ausländisches Recht im nationalen Zivilverfahren, 2011, 394; *Matthias Weller*, Europäisches Kollisionsrecht, 2015, Rn. 114.

[1229] Zutreffend *Basedow* in Basedow/Pissler, Private International Law in Mainland China, Taiwan and Europe, 2014, 85 (95 f.).

der Entscheidung zugrunde gelegt werden; insoweit darf vernünftigerweise nur juristische Vertretbarkeit, aber keine absolute „Sicherheit" verlangt werden.[1230] Gegebenenfalls muss das Gericht sich bei einer Lückenhaftigkeit des ausländischen Rechts auch um eine Rechtsfortbildung bemühen.[1231] Die Korrektur eines zivilrechtlichen Ergebnisses nach Vorgaben des ausländischen Verfassungsrechts darf das deutsche Gericht aber nur insoweit vornehmen, als auch ein ausländisches Fachgericht an seiner Stelle dazu befugt wäre.[1232]

Wenn auch unter Berücksichtigung dieser Maßgaben die Anstrengungen des Gerichts in eine **304** Sackgasse münden, ist fraglich, wie weiter zu verfahren ist.[1233] Der BGH spricht sich dafür aus, grundsätzlich auf die lex fori zurückzugreifen, wenn das an sich berufene Recht nicht oder nur mit unverhältnismäßigem Aufwand und erheblicher Verzögerung feststellbar sei.[1234] Dies soll jedenfalls gelten, wenn der Fall starke Inlandsbeziehungen aufweist und keine der Parteien widerspricht.[1235] Auch der BGH räumt aber ein, dass die Heranziehung der lex fori zumindest in Einzelfällen zu höchst unbefriedigenden Ergebnissen führen könnte.[1236] In dieser Lage sei ggf. auf das dem an sich berufenen Recht nächstverwandte oder am wahrscheinlichsten geltende Recht zurückzugreifen.[1237] Richtigerweise sollte man das Regel-Ausnahme-Verhältnis aber umgekehrt fassen:[1238] Grundsätzlich kommt die Heranziehung eines eng verwandten Rechts dem Ziel einer möglichst realen, dem Geist des ausländischen Rechts entsprechenden Lösung am nächsten.[1239] Gerade in Rechtsordnungen, die eine Kodifikation aus einem anderen Staat rezipiert haben, zB den französischen Code Civil, ist es eine gängige Praxis, bei Auslegungszweifeln auch die Rechtsprechung in der Mutterrechtsordnung zu konsultieren.[1240] Auch in ehemaligen Kolonien, die durch das Common Law geprägt sind, lassen sich Zweifelsfragen bisweilen unter Rückgriff auf das englische Recht klären.[1241] Allerdings ist hierbei, insbesondere wenn der Rezeptionsvorgang bereits länger zurückliegt, Emanzipationsprozessen der Tochterrechtsordnungen gebührend Rechnung zu tragen.[1242]

Andere in der Literatur diskutierte Vorschläge haben sich bislang in der Praxis nicht durchsetzen **305** können. So ist zum einen angeregt worden, die durch die Nicht-Ermittelbarkeit des an sich berufenen Rechts entstandene Lücke nicht aus dem Normenbestand einer der beteiligten nationalen Rechtsordnungen, sondern durch den Rückgriff auf international anerkannte, **allgemeine Rechtsgrundsätze** oder auf **internationales Einheitsrecht** zu füllen.[1243] Aber allgemeine Rechtsgrundsätze bleiben

---

[1230] Zu weitgehend formuliert BGH FamRZ 1982, 263 (265): Wenn der deutsche Richter nicht in der Lage sei, „eine im ausländischen Recht umstrittene, in der Rspr. noch nicht entschiedene Frage sicher [!] zu beurteilen", sei das ausländische Recht nicht feststellbar und die lex fori als Ersatzrecht anzuwenden. Mit Recht krit. hierzu *Wengler* JR 1983, 221; *Kropholler* IPR § 31 I 2; *Schack* IZVR Rn. 718. Nur schwerlich haltbar ist auch die Wendung in BGHZ 69, 387 (393) = NJW 1978, 496 (498), es sei bereits auf die lex fori zurückzugreifen, „wenn sich aus wissenschaftlichen Veröffentlichungen die Ungeklärtheit der in Rede stehenden Rechtsfrage ergibt". Dass derartige Fälle nicht mit einer Nicht-Feststellbarkeit des ausländischen Rechts gleichgesetzt werden dürfen, betont auch *Bogdan,* General Course, 2012, 167.

[1231] Hierzu eingehend *Jansen/Michaels* ZZP 116 (2003), 3 ff.; grds. wird die Möglichkeit der Rechtsfortbildung auch anerkannt von BGH FamRZ 1982, 263 (264) = NJW 1982, 1215; *Remien* in Schmidt-Kessel, German National Reports, 2014, 223 (247 f.).

[1232] *Jansen/Michaels* ZZP 116 (2003), 3 (31 ff.); ferner *Kropholler* IPR § 31 II 1; *Schack* IZVR Rn. 705.

[1233] Rechtsvergleichend hierzu *Basedow* in Basedow/Pissler, Private International Law in Mainland China, Taiwan and Europe, 2014, 85 (95 ff.), mwN; vgl. auch zur Rechtslage im Strafprozess *Gössl* in Effer-Uhe/Hoven/Kempny/Rösinger, Einheit des Prozessrechtswissenschaft?, 2016, 127 (135 f.).

[1234] BGHZ 69, 387 (393 ff.) = NJW 1978, 496 (498); BGH FamRZ 1982, 263 (264 f.) = NJW 1982, 1215 (1216); dem folgend KG FPR 2002, 304 (305); OLG Stuttgart BeckRS 1984, 31394673; OLG Frankfurt/Main NJW-FER 1994, 194; OLG Frankfurt/Main BeckRS 2016, 01257; OLG Bremen BeckRS 2017, 101891.

[1235] BGHZ 69, 387 (394 f.) = NJW 1978, 496 (498); BGH FamRZ 1982, 263 (265) = NJW 1982, 1215 (1216).

[1236] BGHZ 69, 387 (394) = NJW 1978, 496 (498); BGH FamRZ 1982, 263 (265) = NJW 1982, 1215 (1216).

[1237] BGHZ 69, 387 (394) = NJW 1978, 496 (498); BGH FamRZ 1982, 263 (265) = NJW 1982, 1215 (1216).

[1238] Ebenso *Matthias Weller,* Europäisches Kollisionsrecht, 2015, Rn. 114; wie der BGH hingegen *Bogdan,* General Course, 2012, 166: „reasonable compromise".

[1239] *Linke/Hau* IZVR Rn. 9.19; *Nagel/Gottwald* IZPR § 11 Rn. 51; *Remien* in Schmidt-Kessel, German National Reports, 2014, 223 (248); *Schack* IZVR Rn. 722.

[1240] Vgl. etwa zu Luxemburg *Zweigert/Kötz,* Einführung in die Rechtsvergleichung auf dem Gebiete des Privatrechts, 3. Aufl. 1996, 99; zur Rspr. des Zweiten („Rheinischen") Senats des RG instruktiv *Geyer,* Den Code Civil „richtiger" auslegen, 2009.

[1241] Zu Neuseeland *Basedow* in Basedow/Pissler, Private International Law in Mainland China, Taiwan and Europe, 2014, 85 (96).

[1242] S. zB zu Singapur *Klötzel* RIW 1995, 202 ff.; *Küpper* RabelsZ 69 (2005), 308; *Respondek* RIW 1995, 28 ff.; allg. *Schack* IZVR Rn. 719.

[1243] Namentlich *Kötz* RabelsZ 34 (1970), 663 ff.; *Kreuzer* NJW 1983, 1943 ff.; vgl. auch zum Vertragsrecht *Remien* in Schmidt-Kessel, German National Reports, 2014, 223 (249).

häufig vage oder nichtssagend, und Einheitsrecht anzuwenden, obwohl der betreffende Staat einer Konvention möglicherweise aus politischen Gründen bewusst nicht beigetreten ist, vermag auch nicht zu überzeugen.[1244]

306   Abgesehen von den bereits diskutierten, am Sachrecht orientierten Methoden wird zum Teil auch ein kollisionsrechtlicher Ansatz zur Lückenfüllung, die sog „**Ersatzanknüpfung**", erwogen:[1245] So könnte man, wenn sich etwa das an die Staatsangehörigkeit angeknüpfte Recht nicht ermitteln lässt, daran denken, nicht die lex fori, sondern eine dritte, aufgrund eines anderen Anknüpfungspunkts (zB des gewöhnlichen Aufenthalts oder der Nachlassbelegenheit) bestimmte Rechtsordnung zu berufen. Zwar wird eine Rechtsordnung, zu der nicht die engste Verbindung des Rechtsverhältnisses besteht, nicht dadurch kollisionsrechtlich sachnäher, dass das materielle Recht einer anderen, kollisionsrechtlich berufenen Rechtsordnung sich allein aus faktischen Gründen nicht ermitteln lässt.[1246] Man mag allerdings argumentieren, dass zu dem auf der zweiten oder dritten Sprosse einer Anknüpfungsleiter (zB nach Art. 8 lit. b oder c Rom III-VO) berufenen Recht immer noch eine größere Sachnähe bestehe als im Hinblick auf die nur letztsubsidiär (zB nach Art. 8 lit. d Rom III-VO) eingreifende lex fori[1247] und dass eine solche Lösung am besten den internationalen Entscheidungseinklang in der EU wahre.[1248] Jedoch mangelt es – zumindest außerhalb der Fallgruppe der Alternativanknüpfungen bzw. Anknüpfungsleitern – an klaren Anhaltspunkten dafür, nach welchen Kriterien die jeweils maßgebende Ersatzrechtsordnung mangels eines vom Gesetz- oder Verordnungsgeber zu diesem Zweck bereit gestellten Anknüpfungsmoments ausgewählt werden sollte.[1249]

307   Auf europäischer Ebene fehlt es bislang an einer Regelung der Frage des Ersatzrechts. *Lagarde* hat sich in Art. 133 Abs. 3 seines Entwurfs für einen Allgemeinen Teil des europäischen IPR für die Anwendung der lex fori ausgesprochen, wenn es offensichtlich unmöglich sei, den Inhalt des an sich berufenen ausländischen Rechts zu ermitteln.[1250] Dem folgt auch Nr. IX der „Madrid Principles" von 2010.[1251] Dies dürfte schon heute der überwiegenden internationalen Praxis entsprechen.[1252] Aus portugiesischer Sicht wird hingegen die im dortigen nationalen IPR verankerte Methode der Ersatzanknüpfung auch für das Unionsrecht empfohlen.[1253]

308   **4. Wesenseigene Zuständigkeit.** Als institutionelle Grenze der Anwendung fremden Rechts gilt die sog „wesenseigene" Zuständigkeit eines deutschen Gerichts, dh den Gerichten darf keine Tätigkeit abverlangt werden, die aus unserer Sicht mit dem Rechtsprechungsauftrag eines staatlichen Gerichts schlechthin unvereinbar ist.[1254] Dies schließt aber die Anwendung religiösen Rechts, zB im Falle einer Ehescheidung durch Verstoßung nach islamischem Recht, nicht generell aus[1255] (sofern nicht nach heutiger Rechtslage Art. 10 Rom III-VO als spezielle ordre-public-Klausel eingreift.) Auch in diesem Fall muss die Scheidung wegen Art. 17 Abs. 2 EGBGB durch ein Gestaltungsurteil und nicht nur durch ein Feststellungsurteil erfolgen.[1256] Sofern die Mitwirkung eines geistlichen Gerichts zur Herbeiführung der erstrebten Rechtsfolge nach dem ausländischen Recht unabdingbar ist, sollte von einem deutschen Gericht nach Möglichkeit eine Koordination mit dem entsprechenden religiösen Verfahren angestrebt werden, statt die eigene Zuständigkeit schlicht aufgrund angeblicher „Wesensfremdheit" abzulehnen.[1257]

[1244] Abl. insoweit auch *Kropholler* IPR § 31 III 2c; *Nagel/Gottwald* IZPR § 11 Rn. 50; *Schack* IZVR Rn. 720.

[1245] *Klaus Müller* NJW 1981, 481; *Kindl* ZZP 11 (1998), 188 (198 ff.); speziell zum europäischen IPR *Trautmann*, Europäisches Kollisionsrecht und ausländisches Recht im nationalen Zivilverfahren, 2011, 394; dazu im Notfall neigend auch *Linke/Hau* IZVR Rn. 9.19.

[1246] *Nagel/Gottwald* IZPR § 11 Rn. 50.

[1247] So *Kropholler* IPR § 31 III 2b; anders *Schack* IZVR Rn. 721: Wenn man ohnehin ein anderes als das primär berufene Recht anwende, lohne sich die Mühe im Vergleich zur Berufung der lex fori nicht.

[1248] *Trautmann*, Europäisches Kollisionsrecht und ausländisches Recht im nationalen Zivilverfahren, 2011, 394.

[1249] Vgl. zu dem Fall, dass selbst die Anknüpfungsleiter des Art. 14 Abs. 1 EGBGB mangels gemeinsamer engster Verbindung versagt, KG FPR 2002, 304 (305).

[1250] *Lagarde* RabelsZ 75 (2011), 671 (675).

[1251] *Esplugues Mota* YbPIL 13 (2011), 273 (297).

[1252] *Bogdan*, General Course, 2012, 163.

[1253] *De Lima Pinheiro* YbPIL 14 (2012/2013), 153 (171); ebenso *Trautmann*, Europäisches Kollisionsrecht und ausländisches Recht im nationalen Zivilverfahren, 2011, 394.

[1254] Näher *M. Becker*, FS Martiny, 2014, 619 (623 f.); *Kropholler* IPR § 57 II.

[1255] BGHZ 160, 322 = NJW-RR 2005, 81; eingehend *Coester-Waltjen*, FS Kühne, 2009, 669 ff.

[1256] BGHZ 160, 322 = NJW-RR 2005, 81.

[1257] Näher *Coester-Waltjen*, FS Kühne, 2009, 669 (684 ff.); *Herfarth*, Die Scheidung nach jüdischem Recht im internationalen Zivilverfahrensrecht, 2000, 166 ff., 242 ff.; *Kropholler* IPR § 57 II 2; verkannt von KG FamRZ 1994, 839.

5. Revisibilität fremden Rechts. Nach ständiger höchstrichterlicher Rechtsprechung, die in **309**
der Lehre aber zumindest de lege ferenda vielfach kritisiert wird,[1258] ist ausländisches Recht in
der ordentlichen Zivilgerichtsbarkeit nicht revisibel.[1259] Dies ließ sich nach § 545 Abs. 1 ZPO
aF damit begründen, dass die Vorschrift nur die Revision in Bezug auf „Bundesrecht" eröffnete.
Nach der Änderung des Wortlauts in § 545 Abs. 1 ZPO nF, in dem nur noch vom „Recht" die
Rede ist, war aber zweifelhaft geworden, ob an dieser Auffassung weiter festgehalten werden
kann. Während sich zahlreiche Stimmen aus der Lehre für eine Revisibilität ausländischen Rechts
aussprachen,[1260] hat der BGH bekräftigt, dass er an seiner bisherigen Rechtsprechung festhält.[1261]
Zwar betont der BGH ausdrücklich, dass auch ausländisches Recht vor deutschen Gerichten
„Recht" bleibt und nicht etwa nur als Tatsache Berücksichtigung findet.[1262] Er befürwortet
jedoch aufgrund einer entstehungsgeschichtlichen und systematischen (arg. e § 560 ZPO) Auslegung eine Interpretation des § 545 Abs. 1 ZPO und des § 72 Abs. 1 FamFG dahingehend, dass
mit „Recht" im Sinne dieser Normen weiterhin nur das deutsche Recht gemeint sei.[1263] Ferner
verweist der BGH in teleologischer Hinsicht auf den Zweck der Revision, die Rechtseinheit im
Inland zu wahren und zur Klärung grundsätzlicher Rechtsfragen beizutragen; beide Ziele ließen
sich im Hinblick auf ausländisches Recht nicht verwirklichen, „[d]enn die endgültige Klärung
derartiger Rechtsfragen wäre in jedem Fall der ausländischen Rechtspraxis vorbehalten; die Instanzgerichte könnten sich auf eine Entscheidung des Bundesgerichtshofs nicht ohne weiteres
verlassen, sondern müssten die aktuelle Rechtslage im Ausland stets aufs Neue überprüfen".[1264]
Auch einen Verstoß gegen das Diskriminierungsverbot aus Gründen der Staatsangehörigkeit
(Art. 18 AEUV) mag der BGH in der Verweigerung der Revisibilität nicht erkennen, weil diese
Auslegung „Inländer gleichermaßen betrifft, sofern deren Rechtsbeziehungen ausländischem
Recht unterliegen".[1265] Selbst die in Bezug auf § 73 Abs. 1 S. 1 ArbGG abweichende Rechtspre-
chung des BAG, das ausländisches Recht als revisibel ansieht,[1266] nimmt der BGH nicht zum
Anlass, seine bisherige Rechtsprechung aufzugeben,[1267] die insoweit übrigens mit derjenigen des
BSG, des BVerwG und des BFH übereinstimmt.[1268]

Die Entscheidung des BGH ist zwar nachvollziehbar und in sich schlüssig begründet, aber im **310**
Ergebnis gleichwohl zu bedauern.[1269] Angesichts der zunehmenden Zahl von Fällen mit Auslandsberührung besteht vielfach ein Bedürfnis der unteren Instanzen nach der Klärung von Fragen des
ausländischen Rechts, die sich im Inland in großer Zahl stellen,[1270] so etwa im Hinblick auf die
Behandlung von Rest- oder Spaltgesellschaften nach englischem Recht.[1271] Das Argument des BGH,
dass nur die ausländischen Gerichte die entsprechenden Fragen letztverbindlich klären können, trägt
der Tatsache nicht hinreichend Rechnung, dass bestimmte Konstellationen gar nicht vor die Gerichte

---

[1258] S. etwa *M. Aden/F. Aden* RIW 2014, 736 ff.; *Adolphsen* EuZVR, 2. Aufl. 2015, § 5 Rn 67 ff.; *Gössl* in
Effer-Uhe/Hoven/Kempny/Rösinger, Einheit der Prozessrechtswissenschaft?, 2016, 127 (136 ff.); *Kropholler* IPR
§ 59 I 3; *Schack* IZVR Rn. 724 ff.
[1259] Grundlegend BGHZ 198, 14 = JZ 2014, 102 m. abl. Aufsatz *Riehm* JZ 2014, 73 = NJW 2013, 3656 m.
zust. Aufsatz *H. Roth* NJW 2014, 1224 = ZZP 127 (2014), 241 m. abl. Anm. *Jacobs/Frieling* ZZP 127 (2014),
127 = IPRax 2014, 431 m. abl. Anm. *Hau* IPRax 2014, 397; hierzu auch krit. *Prütting*, FS Schütze, 2014, 449 ff.;
dem BGH nur im Erg. zust. *Stamm*, FS Klamaris, 2016, 769 ff.; ferner zB BGH NZI 2014, 283 Rn. 14; ZInsO
2015, 1466 = BeckRS 2015, 08847 Rn. 7; BeckRS 2016, 04505.
[1260] S. zB *Eichel* IPRax 2009, 389 ff.; *Hess/Hübner* NJW 2009, 3132 ff.; für die Gegenansicht namentlich *Sturm*
JZ 2011, 74 ff.
[1261] BGHZ 198, 14 = NJW 2013, 3656 mzN zum Streitstand.
[1262] BGHZ 198, 14 Rn. 19 = NJW 2013, 3656; entscheidend auf die systematische Einordnung der Ermittlung
ausländischen Rechts als Tatsachenfeststellung abhebend hingegen *Stamm*, FS Klamaris, 2016, 769 (780).
[1263] BGHZ 198, 14 Rn. 20 mwN = NJW 2013, 3656.
[1264] So BGHZ 198, 14 Rn. 21 = NJW 2013, 3656 unter Berufung auf *Sturm* JZ 2011, 74 (76 f.).
[1265] So BGHZ 198, 14 Rn. 22 = NJW 2013, 3656 gegen *Flessner* ZEuP 2006, 737 (738 ff.); *Gotsche,* Der
BGH im Wettbewerb der Zivilrechtsordnungen, 2008, 161 ff.
[1266] BAGE 27, 99 = NJW 1975, 2160 (Ls.); BAG AP GVG § 20 Nr. 8 Rn. 59; offengelassen in BAG NZA
2016, 473 Rn. 41.
[1267] BGHZ 198, 14 Rn. 23 = NJW 2013, 3656; hierzu krit. *Prütting*, FS Schütze, 2014, 449 (452).
[1268] StRspr, s. aus neuerer Zeit BSG IPRspr. 2011 Nr. 1 = BeckRS 2011, 77399; BVerwG NJW 2012, 3461
Rn. 16; BFH IStR 2011, 306.
[1269] Eingehende Kritik bei *Jacobs/Frieling* ZZP 127 (2014), 127 ff.; *Hau* IPRax 2014, 397 ff.; *Prütting*, FS
Schütze, 2014, 449 ff.; *Riehm* JZ 2014, 73 ff.; zust. (auch rechtspolitisch) hingegen *H. Roth* NJW 2014, 1224 f.;
im Erg. auch *Stamm*, FS Klamaris, 2016, 769 ff.
[1270] So auch *Prütting*, FS Schütze, 2014, 449 (453), der die teleogische Auslegung des § 545 Abs. 1 ZPO durch
den BGH als „[s]ehr wenig überzeugend" bezeichnet.
[1271] Hierzu eingehend *Thole* ZHR 176 (2012), 15 ff.; s. auch bereits *v. Hein,* Die Rezeption US-amerikanischen
Gesellschaftsrechts in Deutschland, 2008, 955.

der Staaten gelangen können, aus deren Recht die zu beantwortenden Fragen stammen. Wie etwa in Bezug auf das inländische Vermögen einer in England gelöschten Ltd. zu verfahren ist, wird sich in England nur schwer gerichtlich klären lassen, weil die Gesellschaft dort bereits als aufgelöst, mithin nicht mehr als parteifähig, gilt und das Heimfallrecht des englischen Fiskus in Bezug auf Gesellschaftsvermögen, das in anderen Staaten belegen ist, nicht eingreift.[1272] Das Argument, dass auch Inländer Opfer der Irrevisibilität ausländischen Rechts werden können, trifft zwar formal zu, vernachlässigt aber den Umstand, dass zumindest derzeit aufgrund des im autonomen IPR noch geltenden Staatsangehörigkeitsprinzips die Gefahr, dass die Irrevisibilität fremden Rechts zum Nachteil ausländischer Staatsangehöriger ausschlägt, wohl doch größer sein dürfte als in Bezug auf deutsche Parteien. In entstehungsgeschichtlicher und systematischer Hinsicht übergeht der BGH, dass zeitgleich mit der Änderung des § 545 Abs. 1 ZPO die zuvor bestehende Berufungszuständigkeit der Oberlandesgerichte bei amtsgerichtlichen Entscheidungen mit Auslandsberührung (§ 119 Abs. 1 Nr. 1 lit. b und c GVG aF), mit der eine größere Rechtssicherheit bei der Anwendung ausländischen Rechts zumindest innerhalb eines OLG-Bezirks erreicht werden sollte, abgeschafft wurde (→ Rn. 313). Diese Streichung legt jedoch die Deutung nahe, dass der Gesetzgeber für eine solche spezielle Zuständigkeit angesichts der durch die Wortlautänderung des § 545 Abs. 1 ZPO ermöglichten Revisibilität ausländischen Rechts kein praktisches Bedürfnis mehr sah.[1273]

311   Hinsichtlich der Revisibilität behandelt der BGH in stRspr auch fremde AGB wie ausländisches Recht, weil sie „den Charakter einer ausländischen Rechtsordnung tragen".[1274] Ebenso wenig kann die Auslegung eines einer ausländischen Rechtsordnung unterliegenden Vertrages angegriffen werden.[1275]

312   In vollem Umfang revisibel ist hingegen eine Verletzung der Pflicht, das deutsche (einschließlich des europäischen und staatsvertraglichen) IPR von Amts wegen anzuwenden (→ Rn. 292). Revisibel ist auch eine Prüfung des ausländischen Sachrechts auf seine Vereinbarkeit mit dem deutschen ordre public (s. zur im Einzelnen diffizilen Abgrenzung → EGBGB Art. 6 Rn. 242). Ferner ist die Anwendung ausländischen Kollisionsrechts im Rahmen einer Rückverweisung auf das deutsche Recht (Art. 4 Abs. 1 EGBGB) revisibel (ausführlich → EGBGB Art. 4 Rn. 107 f.). Schließlich unterliegt auch eine fehlerhafte Ausübung des einem Gericht im Rahmen des § 293 ZPO eingeräumten Ermessens, wie es das anwendbare ausländische Recht ermittelt (→ Rn. 297), der Revision.[1276] Das untere Gericht trifft insoweit eine Dokumentationspflicht: Gibt die angefochtene Entscheidung keinen Aufschluss darüber, dass der Tatrichter seiner Pflicht nachgekommen ist, ausländisches Recht in angemessener Weise zu ermitteln, ist revisionsrechtlich davon auszugehen, dass eine ausreichende Erforschung des fremden Rechts in verfahrensfehlerhafter Weise unterblieben ist.[1277] Im Einzelnen kommt es oft zu einer schwierigen „Gratwanderung"[1278] zwischen der Frage, ob das Gericht einen revisiblen Verfahrensfehler begangen hat, weil es das ausländische Recht fehlerhaft ermittelt hat, oder ob ihm allein ein nicht revisibler Fehler bei der Anwendung des (zutreffend ermittelten) ausländischen Rechts unterlaufen ist.[1279] Zwar sind nach § 560 ZPO für das Revisionsgericht nicht nur die Feststellungen des Berufungsgerichts zu Bestehen und Inhalt des ausländischen Rechts bindend, sondern auch die Auslegung und Anwendung dieses Rechts durch den Tatrichter.[1280] Die Schlüssigkeit einer auf § 293 ZPO gestützten Verfahrensrüge darf das Revisionsgericht jedoch in vollem Umfang prüfen, auch wenn dies die Feststellung ausländischen Rechts voraussetzt.[1281] Hat das Berufungsgericht zudem das nicht revisible ausländische Recht gänzlich außer Betracht gelassen und infolgedessen nicht gewürdigt, darf die Revisionsinstanz dieses Recht auch selbst ermitteln und seiner Entscheidung zugrunde legen, da es sich insoweit nicht um die unzulässige Nachprüfung einer Entscheidung des

---

[1272] Vgl. zur Problematik statt vieler *Behrens,* FS Ott, 2002, 313 ff.; *Mansel,* Liber Amicorum Kegel, 2002, 111 ff.

[1273] Vgl. zur Sinnhaftigkeit der Revisibilität ausländischen Rechts bei Divergenzen der landgerichtlichen Rspr. *Prütting,* FS Schütze, 2014, 449 (453).

[1274] S. BGHZ 112, 204 = IPRax 1991, 329 m. Aufsatz *Mankowski* IPRax 1991, 305 = NJW 1991, 36; BGH NJW 1994, 1408; hierzu krit. *Geimer* IZPR Rn. 2602.

[1275] BGH NJW-RR 2017, 313 Rn. 66.

[1276] StRspr, s. zB BGH IPRspr. 1980 Nr. 3 S. 6 f.; NJW 1984, 2763; IPRspr. 1998 Nr. 3; eingehend *Fastrich* ZZP 97 (1984), 423 ff.; *Schack* IZVR Rn. 727.

[1277] BGH NJW-RR 2002, 1359 (1360); NJW-RR 2007, 574 (575); NZI 2013, 763 (765); NJW-RR 2017, 313 Rn. 66.

[1278] *Pfeiffer* NJW 2002, 3306 (3307); *Linke/Hau* IZVR Rn. 9.22.

[1279] Insoweit rügt auch *Stamm,* FS Klamaris, 2016, 769 (781 f.) die Rechtsprechung des BGH als zum Teil „inkonsequent".

[1280] BGH NJW-RR 2005, 357.

[1281] BGHZ 122, 373 (378); BGH NJW 2002, 3335; BGH BeckRS 2016, 20537 Rn. 66.

Berufungsgerichts handelt.[1282] Diese Abgrenzungsschwierigkeiten legen wiederum nahe, dass die Irrevisibilität ausländischen Rechts keine zukunftsweisende Lösung darstellt und de lege ferenda überdacht werden sollte.[1283]

III. Konzentration internationalrechtlicher Verfahren

Sachverhalte mit Auslandsbezug stellen inländische Gerichte in der Regel vor erhebliche Probleme **313** bei der Rechtsanwendung, weil die Gerichtsangehörigen zumeist nicht über vertiefte Kenntnisse ausländischen Rechts verfügen und insbesondere die Gerichtsbibliotheken der unteren Instanzen mit der entsprechenden Fachliteratur oft nicht hinreichend ausgestattet sind.[1284] Der Deutsche Rat für IPR hatte aus diesen Gründen schon vor Jahrzehnten den Gesetzgeber zu einer stärkeren **Konzentration internationalrechtlicher Verfahren** bei bestimmten Spruchkörpern aufgefordert.[1285] Während diese Anregungen bei der IPR-Reform im Jahre 1986 noch nicht aufgegriffen wurden,[1286] beugte sich der Gesetzgeber bei der ZPO-Reform im Jahre 2001 der Einsicht, dass durch die Internationalisierung des Rechts und den zunehmenden grenzüberschreitenden Rechtsverkehr ein großes Bedürfnis nach Rechtssicherheit durch eine obergerichtliche Rechtsprechung bestehe.[1287] Deshalb wurde in § 119 Abs. 1 Nr. 1 lit. b und c GVG aF eine besondere **funktionelle Zuständigkeit der Oberlandesgerichte** für die Berufung und Beschwerde gegen amtsgerichtliche Entscheidungen mit Auslandsberührung geschaffen.[1288] Diese Vorschrift wurde zwar vielfach als ein rechtspolitischer Schritt in die richtige Richtung begrüßt, gab in ihrer konkreten Ausgestaltung – insbesondere durch das Abstellen auf den ausländischen Gerichtsstand einer der Parteien als formales Anknüpfungskriterium (lit. b) – aber Anlass zu heftiger Kritik.[1289] Die zahlreichen Schwächen in der Konzeption und Formulierung der Norm führten zu vielen Zweifelsfragen, die sich trotz einer wahren Flut auch höchstrichterlicher Entscheidungen nicht in jeder Hinsicht befriedigend klären ließen, so dass § 119 Abs. 1 Nr. 1 lit. b GVG als eine „Haftungsfalle" für Rechtsanwälte bezeichnet wurde.[1290] Schließlich wurde diese besondere funktionelle Zuständigkeit mit Wirkung zum 1.9.2009 ersatzlos aufgehoben.[1291]

Die Idee einer Verbesserung der Fremdrechtsanwendung durch Zuständigkeitskonzentration hat **314** sich mit diesem vorerst gescheiterten Experiment aber keinesfalls erledigt:[1292] Eine örtliche Bündelung der Zuständigkeit besteht nach wie vor in internationalen **Adoptionssachen** gemäß § 187 Abs. 4 FamFG iVm § 5 Abs. 1 S. 1 und Abs. 2 AdWirkG. Auch diese Vorschrift bietet jedoch in der Rechtspraxis Anlass zu zahlreichen Zweifelsfragen. So ist etwa fraglich, ob die Konzentration bei der Anwendung ausländischen Kollisionsrechts im Rahmen der Prüfung einer Rückverweisung eingreift, ob sie bei der Anwendung ausländischen Rechts auf Vor- und Teilfragen (zB nach Art. 23 EGBGB) in Betracht kommt und ob sie bei einer Adoption Volljähriger gilt.[1293] Ferner ist in Fragen des **Kindes- und Erwachsenenschutzes** auf § 12 IntFamRVG bzw. § 6 Abs. 1 Nr. 1 ErwSÜAG hinzuweisen. De lege ferenda wird schließlich die Einführung besonderer **Kammern für internationale Handelssachen** angestrebt, vor denen es möglich sein soll, die Gerichtsverhandlung in englischer Sprache zu führen.[1294] Hiervon verspricht man sich eine Stärkung des Gerichtsstandortes

---

[1282] BGHZ 40, 197 (201); BGH NJW-RR 2004, 308; ebenso zur Rechtsbeschwerde BGH NJW 2015, 623.

[1283] Ebenso *Schack* IZVR Rn. 727.

[1284] S. nur *Kegel/Schurig* IPR § 15 II; *Kropholler* IPR § 59 II 1.

[1285] *Arndt/Ferid/Kegel/Lauterbach/Neuhaus/Zweigert* RabelsZ 35 (1971), 323 ff.; Deutscher Rat für IPR RabelsZ 46 (1982), 743 ff.; zur Gerichtspraxis und Reformdiskussion in den 1970-er Jahren eingehend *Luther* RabelsZ 37 (1973), 660 ff.; *Siehr* Am. J. Comp. L. 25 (1977), 663 ff.; zur Entwicklung der Diskussion seitdem s. *Kropholler* IPR § 59 II; *Remien* in Schmidt-Kessel, German National Reports, 2014, 223 (231 f.); *Schellack,* Selbstermittlung oder ausländische Auskunft unter dem europäischen Rechtsauskunftsübereinkommen, 1998, 251, alle mwN.

[1286] S. die Zusammenfassung der abl. Stellungnahmen des BMJ, des Bayerischen Staatsministeriums der Justiz und des BGH-Präsidenten in RabelsZ 38 (1974), 759 ff.

[1287] Beschlussempfehlung und Bericht des Rechtsausschusses zum ZPO-ReformG, BT-Drs. 14/6036, 118.

[1288] Art. 1 ZPO-Reformgesetz vom 27.7.2001, BGBl. 2001 I S. 1887.

[1289] Eingehend zum Verlauf der Diskussion *v. Hein* IPRax 2008, 112 ff. mwN.

[1290] ZB *Drasdo* NJW-Spezial 2004, 337; *Mankowski* RIW 2004, 587 (593); *Staudinger* ZGS 2004, 161.

[1291] FGG-ReformG vom 17.12.2008, BGBl. 2008 I S. 2586 (2696); hierzu aus heutiger Sicht *Schack* IZVR Rn. 712.

[1292] Näher *Basedow* in Basedow/Pissler, Private International Law in Mainland China, Taiwan and Europe, 2014, 85 (93); *Rösler* ZVglRWiss 115 (2016), 533 (545 ff.); *Rühl/v. Hein* RabelsZ 79 (2015), 701 (746 ff.).

[1293] Ausf. Staudinger/*Henrich* (2014) EGBGB Art. 22 Rn. 73 mwN.

[1294] BT-Drs. 18/1287; zuvor bereits BT-Drs. 17/2163; hierzu umfassend *Hermann Hoffmann,* Kammern für internationale Handelssachen, 2011; ferner *Armbrüster* ZRP 2011, 102; *Calliess,* FS Säcker, 2011, 1045 ff.; *Hau,* Liber Amicorum Schurig, 2012, 49 ff.; *Chr. Kern* Erasmus L. Rev. 5 (2012), 187 ff.; *Rösler* ZVglRWiss 115 (2016), 533 (549 ff.); äußerst krit. *Flessner* NJOZ 2011, 1913 ff.

Deutschland im Wettbewerb mit dem englischsprachigen Ausland und der internationalen Schiedsgerichtsbarkeit.[1295] Zweifelhaft ist die rechtliche Zulässigkeit einer Zuständigkeitskonzentration (§ 28
Abs. 1 S. 1 AUG), wenn eine vorrangig anzuwendende unionsrechtliche Verordnung wie die
EuUnthVO (Art. 3 lit. b EuUnthVO) auch die örtliche Zuständigkeit regelt.[1296] Der EuGH hat
insoweit entschieden, dass eine solche Zuständigkeitskonzentration zur Entwicklung einer besonderen Sachkunde beitragen könne, welche die Effektivität der Durchsetzung von Unterhaltsansprüchen
erhöhe und zugleich eine ordnungsgemäße Rechtspflege gewährleiste sowie den Interessen der
Parteien des Rechtsstreits diene.[1297] Allerdings könne nicht ausgeschlossen werden, dass eine solche
Zuständigkeitskonzentration eine effektive Durchsetzung von Unterhaltsansprüchen in grenzüberschreitenden Situationen einschränke.[1298] Dies setze aber eine konkrete Prüfung der in dem betreffenden Mitgliedstaat bestehenden Situation durch die nationalen Gerichte voraus.[1299] Der deutsche
Gesetzgeber hat angesichts dieser offenen Formel mit Recht an der bisherigen Rechtslage festgehalten.[1300] Wünschenswert wäre eine klare Regelung auf Unionsebene.[1301] Schließlich wird die Bildung
spezieller Auslandsrechtskammern bei grenznahen Gerichten vorgeschlagen;[1302] auch diese Anregung
bedürfte aber näherer Abstimmung mit den vielfach europarechtlich vorgegebenen Bestimmungen
über die örtliche Zuständigkeit.[1303]

K. Nachbargebiete des IPR

I. Privatrechtliche Nachbargebiete

315   **1. Internationales Einheitsrecht.** Ein wichtiges Nebengebiet des IPR bildet das **Internationale Einheitsrecht,** genauer: das Internationale Einheits*sach*recht, zB das Wiener UN-Kaufrecht
(CISG).[1304] Dieses wird im vorliegenden Kommentar in Bd. 3 eingehend kommentiert und ist daher
an dieser Stelle nicht zu behandeln.[1305] Zur Abgrenzung einheitsrechtlicher Anwendungs- von
gewöhnlichen Kollisionsnormen → Rn. 96 ff. Von privaten Arbeitsgruppen erstellte Regelwerke
wie die Unidroit-Prinzipien für internationale Handelsverträge oder die European Principles of
Contract Law stellen kein „Recht" dar und können folglich nicht kollisionsrechtlich als Vertragsstatut
vereinbart werden;[1306] auch die Geltung einer von staatlichen Rechtsordnungen unabhängigen sog
lex mercatoria ist zweifelhaft.[1307]

316   **2. Internationales Zivilverfahrensrecht.** Ein weiteres bedeutendes Nebengebiet des IPR, zu
dem vielfältige inhaltliche Verbindungen bestehen, ist das Internationale Zivilverfahrensrecht
(IZVR), das ebenso wie das IPR in zunehmendem Maße europäisiert wird. Während in Deutschland
IPR und IZVR traditionell jeweils getrennt und unabhängig voneinander kodifiziert wurden – das
IPR im EGBGB, das IZVR der vermögensrechtlichen Streitigkeiten in der ZPO und das IZVR
der familienrechtlichen Fragen im FamFG –, stellt sich die Situation im europäischen Internationalen
Privat- und Verfahrensrecht anders dar: Hier unterscheiden die EU-Verordnungen nicht mehr streng
zwischen IPR und IZVR. Vielmehr begreifen sie beide Teilgebiete als funktional komplementäre
Bestandteile einer einheitlichen Materie „Europäisches IPR/IZVR". Die Integration von IPR und
IZVR findet dabei in verschiedenen Abstufungen statt: In relativ milder Form werden IPR und

---

[1295] BT-Drs. 18/1287, 2; erneut im Lichte des „Brexit" *Pika* IWRZ 2016, 206 ff.; *Rühl* EuZW 2016, 761.
[1296] S. zu § 28 Abs. 1 S. 1 AUG den Vorlagebeschluss des AG Karlsruhe NJW 2014, 1840.
[1297] EuGH ECLI:EU:C:2014:2461 = NJW 2015, 683 Rn. 45 ff. – Sanders und Huber.
[1298] EuGH ECLI:EU:C:2014:2461 = NJW 2015, 683 Rn. 46 – Sanders und Huber.
[1299] EuGH ECLI:EU:C:2014:2461 = NJW 2015, 683 Rn. 46 – Sanders und Huber.
[1300] BT-Drs. 18/5918, 23 f.; näher *Hau* ZVglRWiss 115 (2016), 672 (680 f.); *Rösler* ZVglRWiss 115 (2016),
533 (547 ff.); vgl. auch *Mansel/Thorn/Wagner* IPRax 2016, 1 (10 f.).
[1301] *Hau* ZVglRWiss 115 (2016), 672 (681); *Rühl/v. Hein* RabelsZ 79 (2015), 701 (748).
[1302] *Witz*, Mélanges Jacquet, 2013, 457 (470); vgl. auch den Vorschlag von *M. Aden/F. Aden* RIW 2014, 736
(739), den grenznahen Spruchkörpern Richter des Nachbarstaates mit beratender Stimme zuzuordnen.
[1303] Skeptisch insoweit *Remien* ZVglRWiss 115 (2016), 570 (581 f.).
[1304] Zum Verhältnis Einheitsrecht-IPR s. die umfassenden Haager Vorlesungen von *Boele-Woelki,* Unifying
and Harmonizing Substantive Law and the Conflict of Laws (Pocketbook edition), 2010; *Pamboukis* Rec. des
Cours 330 (2007), 9–474.
[1305] Zu Stand und Perspektiven des Einheitsrechts siehe allgemein *Basedow* RabelsZ 81 (2017), 1 ff.; zum UN-
Kaufrecht *Schroeter* RabelsZ 81 (2017), 32 ff.; zum Kreditsicherungsrecht *Huber* RabelsZ 81 (2017), 77 ff.; zum
Warentransport *Maurer* RabelsZ 81 (2017), 117 ff.; zum Immaterialgüterrecht *Peukert* RabelsZ 81 (2017), 158 ff.,
alle mwN.
[1306] Ausf. *Rauscher/v. Hein* EuZPR/EuIPR, 2016, Rom I-VO Art. 3 Rn. 49 ff. mwN.
[1307] Näher *Rauscher/v. Hein* EuZPR/EuIPR, 2016, Rom I-VO Art. 3 Rn. 50 ff. mwN.

IZVR dadurch miteinander verzahnt, dass die Erwägungsgründe ausdrücklich zu einer harmonischen, rechtsaktübergreifenden Auslegung aufrufen (zB Erwägungsgründe 7, 15, 17 und 24 Rom I-VO, Erwägungsgrund 7 Rom II-VO). In einer stärkeren Form werden IPR und IZVR durch eine inhaltliche Koordination zweier Regelwerke und eine Norm mit „Scharnierfunktion" verknüpft, so die verfahrensrechtliche EuUnthVO über Art. 15 EuUnthVO mit dem kollisionsrechtlichen HUP. Am stärksten ist die Verbindung von IPR und IZVR in Rechtsakten wie der EuInsVO, der EuErbVO und der jüngst verabschiedeten EuGüVO[1308] ausgeprägt. Diese regeln sowohl das IPR als auch das IZVR für insolvenz-, erb- bzw. güterrechtliche Fragen zusammenfassend in jeweils ein- und derselben Verordnung. S. hierzu im vorliegenden Kommentar die Erläuterungen zum internationalen Unterhalts-, Erb- und Insolvenzrecht. Im Übrigen muss für das europäische IZVR auf weiterführende Darlegungen an anderer Stelle verwiesen werden.[1309]

3. Interlokales Privatrecht. Hierzu s. Art. 4 Abs. 3 EGBGB (→ EGBGB Art. 4 Rn. 166 ff.).   **317**

4. Interpersonales Privatrecht. Hierzu s. Art. 4 Abs. 3 EGBGB (→ EGBGB Art. 4 **318** Rn. 239 ff.).

5. Intertemporales Privatrecht. Zu den Folgen eines Kollisionsnormenwechsels → Rn. 84; s. **319** im Übrigen Art. 220 EGBGB (s. 5. Aufl. 2010, EGBGB Art. 220 Rn. 1 ff.).

6. Rechtsvergleichung.

Schrifttum: *Basedow,* Hundert Jahre Rechtsvergleichung – Von wissenschaftlicher Erkenntnisquelle zur obligatorischen Methode der Rechtsanwendung, JZ 2016, 269; *Basedow/Rühl/Ferrari/de Miguel Asensio*, Enyclopedia of Private International Law, 2017; *Cuniberti*, Conflict of Laws – A Comparative Approach, 2017; *Fauvarque-Cosson,* Droit international privé et droit comparé: Brève histoire d' un couple à l'heure de l' Europe, Liber amicorum Gaudemet-Tallon, 2008, 43; *Flessner,* Die Bedeutung der Rechtsvergleichung im Kollisionsrecht, in Gamper/ Verschraegen, Rechtsvergleichung als juristische Auslegungsmethode, 2013, 1; *Flessner,* Rechtsvergleichung und Kollisionsrecht – Neue Akzente in einer alten Beziehung, FS Magnus, 2014, 403; *v. Hein*, EUPILLAR – Einführung in ein internationales Forschungsprojekt, ZVglRWiss 115 (2016), 483; *Jayme,* Rechtsvergleichung im IPR, Eine Skizze, FS Schwind, 1978, 103 = Gesammelte Schriften, Bd. 2, 2000, S. 45; *Jayme,* Rechtsvergleichung und Internationales Privatrecht, Gesammelte Schriften, Bd. 2, 2000, S. 62; *Kadner Graziano,* Gemeineuropäisches Internationales Privatrecht, 2002; *Kischel*, Rechtsvergleichung, 2015; *Harald Koch,* Rechtsvergleichung im Internationalen Privatrecht – Wider die Reduktion des IPR auf sich selbst, RabelsZ 61 (1997) 623; *Kropholler,* Die vergleichende Methode und das Internationale Privatrecht, ZVglRWiss 77 (1978) 1; *Loussouarn,* Le rôle de la méthode comparative en droit international privé français, Rev. crit. dr. int. pr. 68 (1979) 307; *v. Mehren,* The Contribution of Comparative Law to the Theory and Practice of Private International Law, Am. J. Comp. L. 26 (1978, Supplement) 31; *Pirrung,* Internationale und europäische Einflüsse auf die IPR-Reform von 1986, IPRax 2017, 124; *Reichelt,* Die rechtsvergleichende Methode und das Internationale Privatrecht, in: Institut für Rechtsvergleichung der Universität Wien und Österreichische Gesellschaft für Rechtsvergleichung durch Fritz Schwind, Österreichische Landesreferate zum X. Internationalen Kongreß für Rechtsvergleichung in Budapest 1978 (1979), 9; *Rühl,* Rechtsvergleichung und europäisches Kollisionsrecht: Die vergessene Dimension, in Zimmermann, Zukunftsperspektiven der Rechtsvergleichung, 2016, 103; *Sonnenberger,* La fonction du droit comparé en droit international privé européen – une esquisse, Mélanges Jauffret-Spinosi, 2013, 977; *Symeonides,* Codifying Choice of Law Around the World – An International Comparative Analysis, 2014.

Die **Rechtsvergleichung** ist für das IPR nicht nur ein Nebengebiet, sondern hat für die Ausge- **320** staltung und Handhabung des Kollisionsrechts eine zentrale Bedeutung.[1310] Erstens können die Kollisionsnormen verschiedener Länder miteinander verglichen werden, zweitens kommt die Vergleichung verschiedener Sachrechte in Betracht.

Die **Kollisionsrechtsvergleichung** ist in erster Linie für den nationalen oder europäischen **321** **Gesetzgeber** sowie bei der Ausarbeitung von Staatsverträgen relevant, indem sie es ermöglicht, Modelle, die in der Rechtspraxis einzelner Länder bereits erprobt worden sind, auf ihre Tauglichkeit im Hinblick auf die Schaffung neuer Kollisionsnormen zu vergleichen.[1311] Denn in der Regel ist die Annahme begründet, dass kollisionsrechtliche Lösungen, die sich in einer Mehrzahl von Staaten

---

[1308] Verordnung (EU) 2016/1103 vom 24.6.2016 zur Durchführung der Verstärkten Zusammenarbeit im Bereich der Zuständigkeit, des anzuwendenden Rechts und der Anerkennung und Vollstreckung von Entscheidungen in Fragen des ehelichen Güterrechts, ABl. EU 2016 L 183, 1.

[1309] S. statt vieler MüKoZPO, Bd. III, 4. Aufl. 2013; *Kropholler/v. Hein,* Europäisches Zivilprozessrecht, 9. Aufl. 2011, mzN.

[1310] Statt vieler *Basedow* JZ 2016, 269 (277 ff.); *Kischel*, Rechtsvergleichung, 2015, § 1 Rn. 42 ff.

[1311] *Symeonides,* Codifying Choice of Law Around the World – An International Comparative Analysis, 2014; ferner zB zum Internationalen Deliktsrecht eingehend *Kadner Graziano* GemEuIPR, 2002, 26 ff.; speziell zur Vorbereitung des EGBGB von 1986 *Pirrung* IPRax 2017, 124 (128 f.); der Rom II-VO *v. Hein* Tul. L. Rev. 82 (2008), 1663 (1704 ff.).

bewährt haben, zumindest als Ausgangspunkt eine tragfähige Grundlage für die internationale Rechtsvereinheitlichung bilden.[1312] Gesetzesvorschläge des **Deutschen Rates für IPR** beruhen daher stets auf ausführlichen rechtsvergleichenden Gutachten.[1313] Für die **gerichtliche Praxis** ist die Kollisionsrechtsvergleichung vor allem von Bedeutung, wenn ein Gericht im Rahmen einer Rück- oder Weiterverweisung ausländisches IPR prüfen und insoweit zB darüber entscheiden muss, wie ein dem eigenen IPR unbekanntes Anknüpfungsmoment (etwa das „domicile" des Common Law, → EGBGB Art. 5 Rn. 127 ff.) zu konkretisieren ist. Ferner ist die Berücksichtigung der kollisionsrechtlichen Praxis anderer Staaten unabdingbar, wenn eine einheitliche Auslegung von Kollisionsnormen europäischer oder staatsvertraglicher Provenienz gelingen soll (→ EGBGB Art. 3 Rn. 141 ff.). Erst recht gilt dies für die Ausfüllung von **Regelungslücken.** Beispielhaft sind insoweit die Schlussanträge des Generalanwalts *Szpunar* in der Rechtssache *Nikiforidis*, in der die Frage der Berücksichtigung drittstaatlicher Eingriffsnormen unter Auswertung des deutschen, belgischen, polnischen, litauischen, tschechischen, englischen und schweizerischen IPR untersucht wird.[1314] Hierbei können internationale Datenbanken wie zB EUPILLAR, über die kollisionsrechtliche Rechtsprechung aus Belgien, Italien, Polen, Spanien und dem Vereinigten Königreich abrufbar ist, Hilfe leisten.[1315] Schließlich setzt die **Evaluation** der von der EU geschaffenen Verordnungen in der Rechtspraxis genaue vergleichende Untersuchungen der mitgliedstaatlichen Rechtsprechung voraus, die auch bereits in mehreren internationalen Forschungsverbünden erfolgt.[1316] Der vereinzelt erhobene Vorwurf, über der Europäisierung des Kollisionsrechts sei die Rechtsvergleichung „vergessen" worden,[1317] vermag daher in dieser Allgemeinheit nicht zu überzeugen.

322   Die **Sachrechtsvergleichung** ist für die praktische Handhabung des IPR und des von diesem berufenen Auslandsrechts in mehrfacher Hinsicht unentbehrlich:[1318] Erstens kann eine funktional-teleologische Qualifikation von Rechtsinstituten, die dem eigenen Recht unbekannt sind (wie etwa die Morgengabe islamischen Rechts) nur auf einer gesicherten rechtsvergleichenden Grundlage erfolgen (→ Rn. 118 ff.). Zweitens ist bei der Frage, ob im Rahmen einer Substitution eine funktionale Gleichwertigkeit zB eines ausländischen Notars mit einem deutschen Amtsträger vorliegt, ohne rechtsvergleichend gewonnene Daten nicht möglich (→ Rn. 235 ff.). Auch bei der Anpassung ausländischer Sachrechte ist die Rechtsvergleichung unverzichtbar (→ Rn. 242 ff.). Drittens muss bei Alternativanknüpfung ein Günstigkeitsvergleich zwischen den potenziell berufenen Rechten angestellt werden (→ Rn. 64). Entsprechendes gilt bei der Eröffnung von Rechtswahlmöglichkeiten für die Rechtsberater der wahlberechtigten Partei(en); ihr (bzw. ihnen) müssen die Vor- und Nachteile einer zu treffenden Rechtswahl deutlich vor Augen geführt werden.[1319] Schließlich kann die Rechtsvergleichung bei der Konkretisierung des ordre public ebenso hilfreich sein (→ EGBGB Art. 6 Rn. 181) wie bei der Bestimmung des anwendbaren Ersatzrechts im Falle eines ordre-public-Verstoßes (→ EGBGB Art. 6 Rn. 210 ff.). Letzteres gilt auch im Falle der Nicht-Ermittelbarkeit des an sich berufenen Rechts (→ Rn. 303 ff.).

II. Internationales Öffentliches Recht

Schrifttum: *Basedow/v. Hein/Janzen/Puttfarken,* Foreign Revenue Claims in European Courts, YbPIL 6 (2004), 1; *Camus,* La distinction du droit public et du droit privé et le conflit de lois, 2015; *Dutta,* Keine zivilrechtliche Durchsetzung ausländischer Zölle und Steuern durch US-amerikanische Gerichte, IPRax 2004, 446; *Dutta,* Die Durchsetzung öffentlichrechtlicher Forderungen ausländischer Staaten durch deutsche Gerichte, 2006; *Dutta,* Vollstreckung in öffentlichrechtliche Forderungen ausländischer Staaten, IPRax 2007, 117; *Dutta,* Die Pflicht der Mitgliedstaaten zur gegenseitigen Durchsetzung ihrer öffentlichrechtlichen Forderungen, EuR 2007, 744; *Frank,* Öffentlich-rechtliche Ansprüche fremder Staaten vor inländischen Gerichten, RabelsZ 34 (1970), 56; *van Hecke,* Nochmals: Der ausländische Staat als Kläger, IPRax 1992, 205; *v. Hein,* Eintreibung europäischer Steuern und

---

[1312] Zu den theoretischen Grundlagen für rechtsvergleichende Werturteile eingehend *Posner/Sunstein* The Law of Other States, Stan. L. Rev. 59 (2006), 131 (136); daran für das Kollisionsrecht anknüpfend *v. Hein* Tul. L. Rev. 82 (2008), 1663 (1705 f.).

[1313] Vgl. zB jüngst zum internationalen Stellvertretungsrecht *Spickhoff* RabelsZ 80 (2016), 481 ff. sowie den daraufhin ergangenen Beschluss des Deutschen Rates für IPR, IPRax 2015, 578 mit einer Einf. durch *v. Hein*.

[1314] GA *Szpunar* ECLI:EU:C:2016:281 = BeckRS 2016, 80665, insbes. in Fn. 22; vgl. allgemein zur Bedeutung der Rechtsvergleichung für die Arbeit der Generalanwälte im europäischen IPR/IZVR *Basedow* JZ 2016, 269 (278), mwN.

[1315] Abrufbar unter https://w3.abdn.ac.uk/clsm/eupillar/#/home.

[1316] ZB im Rahmen von „EUPILLAR" (JUST/2013/JCIV/AG/4635), hierzu näher *v. Hein* ZVglRWiss 115 (2016), 483 ff.

[1317] So *Rühl* in Zimmermann, Zukunftsperspektiven der Rechtsvergleichung, 2016, 103 ff.

[1318] Hierzu *Basedow* JZ 2016, 269 (277 ff.); *Kischel,* Rechtsvergleichung, 2015, § 1 Rn. 42 ff.; *Koch* RabelsZ 61 (1997), 623 ff.

[1319] Hierzu näher *Flessner,* FS Magnus, 2014, 403 (408 ff.).

Zölle mit Hilfe US-amerikanischer Gerichte, RIW 2001, 249; *Jaeger,* Unzulässigkeit des Rechtswegs für Abgaben-ansprüche des Auslands, ZZP 58 (1934), 277; *Kment,* Ausländisches Steuerrecht vor US-amerikanischen Gerich-ten – Hintergründe und Neues zur „revenue rule", ZaöRV 68 (2008), 227; *Kocher,* Grundlagen einer steuerlichen Inkassoamtshilfe zugunsten ausländischer Staaten, ZBJV 151 (2015), 187; *F.A. Mann,* The International Enforce-ment of Public Rights, N.Y.U. J. Int'l L. & Pol. 19 (1987), 603; *F.A. Mann,* Zu den öffentlich-rechtlichen Ansprüchen ausländischer Staaten, FS Kegel, 1987, 365; *v. Maydell,* Internationalisierung des Sozialrechts?, FS Schütze, 2014, 403; *Mills,* The Confluence of Public and Private International Law, 2009; *Pataut,* Territorialité et coordination en droit international privé: L'exemple de la sécurité sociale, Mélanges Pierre Mayer, 2015, 663; *Peine,* Internationales Verwaltungsrecht, FS Martiny, 2014, 945; *Roloff,* Die Geltendmachung ausländischer öffentlich-rechtlicher Ansprüche im Inland, Diss. Regensburg 1993; *Schmittmann/Kocker,* Zur Geltendmachung niederländischer Parksteuern vor deutschen Gerichten, DAR 1996, 293; *Vischer,* Der ausländische Staat als Kläger, IPRax 1991, 209; *Klaus Vogel,* Der räumliche Anwendungsbereich der Verwaltungsrechtsnorm, 1965.

1. Allgemeines. Ausländisches öffentliches Recht kann im IPR vor allem in zweierlei Hinsicht **323** relevant werden: Erstens in Gestalt fremder **Eingriffsnormen,** die unter Umständen gesondert anzuknüpfen oder zumindest zu berücksichtigen sind (→ Rn. 286); zweitens in Form ausländischer **Sicherheits- und Verhaltensregeln,** die als bloßes „Datum", zB nach Art. 17 Rom II-VO, beachtet werden (→ Rn. 270). Davon zu unterscheiden ist die Frage, ob ein fremder Staat die Hilfe deutscher Zivilgerichte in Anspruch nehmen kann, um öffentlich-rechtliche Zahlungsansprüche auf Grundlage seines eigenen Rechts im Inland durchzusetzen (→ Rn. 324 ff.). Zur Problematik privatrechtlicher Vorfragen im öffentlichen Recht, insbesondere im Sozialrecht → Rn. 206 ff.

2. Durchsetzung öffentlich-rechtlicher Forderungen. In Deutschland ist die grundsätzliche **324** **Nicht-Durchsetzbarkeit ausländischer Steuer- und Zollforderungen** im Ergebnis nahezu all-gemein anerkannt.[1320] Uneinigkeit besteht jedoch hinsichtlich der dogmatischen Begründung. Über-wiegend wird prozessual argumentiert:[1321] Während nach der höchstrichterlichen Rechtsprechung für die Entscheidung über ausländische öffentlich-rechtliche Ansprüche die internationale Zuständig-keit fehlt,[1322] verneinen andere die Gerichtsbarkeit[1323] oder die sachliche Zuständigkeit deutscher Gerichte.[1324] Nach einer dritten Meinung soll die Durchsetzung ausländischer öffentlich-rechtlicher Forderungen am Mangel eines dafür vorgesehenen Rechtsweges scheitern.[1325] Ferner wird der Grundsatz der Staatenimmunität spiegelbildlich herangezogen. So meinte *Wengler,* der fremde Staat könne seine Steueransprüche aufgrund des Gleichheitssatzes nicht in Deutschland einklagen – weil auch eine Klage des Steuerpflichtigen – zB auf Rückerstattung überhöhter Vorauszahlungen – nicht vor den Gerichten eines anderen Staates als desjenigen, um dessen Steuergesetze es sich handele, erhoben werden könne.[1326] Andere Argumente liegen auf der kollisionsrechtlichen Ebene. Streng

---

[1320] Eingehend BGH NJW-RR 2006, 198 = IPRax 2007, 128 m. krit. Aufsatz *Dutta* IPRax 2007, 109 mwN; jüngst zu einer kommunalen Parkbuße AG München DAR 2015, 700; hierzu *Jaklin* DAR 2015, 701; *Staudinger/Fren-sing-Deutschmann* DAR 2016, 181 (Teil I) und DAR 2016, 251 (Teil II); anders in neuerer Zeit namentlich *Dutta,* Die Durchsetzung öffentlichrechtlicher Forderungen durch deutsche Gerichte, 2006; ihm zust. *Geimer* IZPR Rn. 1975, der aber klarstellt: „Diese Erkenntnis ist neu und harrt noch ihrer Verwirklichung in der Rechtspraxis."

[1321] Explizit für eine ausschließlich verfahrensrechtliche Einordnung des Problems *Schurig,* Kollisionsnorm und Sachrecht, 1981, 163.

[1322] BGH NJW-RR 2006, 198 = IPRax 2007, 128 m. Aufsatz *Dutta* IPRax 2007, 109; BSGE 54, 250 (252–254) = BeckRS 1983, 05727; *Eichenhofer,* Internationales Sozialrecht, 1994, Rn. 639; *Frank* RabelsZ 34 (1970), 56 (58); *Schack* IZVR Rn. 577 f. („wesenseigene Unzuständigkeit"); *Schurig,* Kollisionsnorm und Sachrecht, 1981, 163; *Walchshöfer* ZZP 80 (1967), 165 (175 f.).

[1323] *Schmittmann/Kocker* DAR 1996, 293 f.; implizit OLG Hamm RIW 1994, 513 = IPRax 1996, 33 m. Aufsatz *Otto* IPRax 1996, 22; wohl auch *Nagel/Gottwald* IZPR § 2 Rn. 28; aA BSGE 54, 250 (251) = BeckRS 1983, 05727; *Neuhaus,* Die Grundbegriffe des Internationalen Privatrechts, 2. Aufl. 1976, § 54 II 2b (S. 403); *Roloff,* Die Geltendma-chung ausländischer öffentlich-rechtlicher Ansprüche im Inland, 1994, 146. Unter Gerichtsbarkeit versteht man die „Befugnis, Recht zu sprechen, notfalls unter Zuhilfenahme der staatlichen Zwangsgewalt", *Kropholler* IPR § 57 I 1.

[1324] So *Riezler,* Internationales Zivilprozessrecht und prozessuales Fremdenrecht, 1949, 230–233; ebenso aus belg. Sicht *van Hecke* IPRax 1992, 205 (206); aus schweiz. Sicht *Vischer* IPRax 1991, 209 (211); offenlassend, ob internationale oder sachliche Zuständigkeit fehlt, *Kegel/Schurig* IPR § 23 I 1; unklar AG Münster DAR 1995, 165 mAnm *Schulte;* aA *F.A. Mann,* FS Kegel, 1987, 365 (368 f.); *Roloff,* Die Geltendmachung ausländischer öffentlich-rechtlicher Ansprüche im Inland, 1994, 147 f.

[1325] *Jaeger* ZZP 58 (1934), 277 ff.; *Horst Müller,* Die internationale Zuständigkeit, in: Deutsche Landesreferate zum 7. internationalen Kongreß für Rechtsvergleichung, 1966, 181 (186 f.); *Schmittmann/Kocker* DAR 1996, 293 (294); *RGRK-BGB/Wengler* Teilbd. II S. 793 Fn. 173; aA *Frank* RabelsZ 34 (1970), 56 (58); *Roloff,* Die Geltendmachung ausländischer öffentlich-rechtlicher Ansprüche im Inland, 1994, 148 f.

[1326] *RGRK-BGB/Wengler* Teilbd. I S. 124; ebenso *Schack* IZVR Rn. 577; *Vischer* IPRax 1991, 209 (212). Der Grundsatz der prozessualen Waffengleichheit wird auch in Art. I lit. b der IDI-Resolution (Institut de droit international, Session d'Oslo (septembre 1977), Résolution concernant les demandes fondées par une autorité étrangère ou par un organisme public étranger sur des dispositions de son droit public, Rev. crit. dr. int. pr. 67 (1978), 224) anerkannt. Krit., aber zu formal auf das Vorhandensein konkreter Gegenansprüche abstellend *Roloff,* Die Geltendmachung ausländischer öffentlich-rechtlicher Ansprüche im Inland, 1994, 142–145.

positivistisch und insoweit wenig überzeugend ist die Begründung, ausländisches öffentliches Recht sei nicht anzuwenden, weil es an einem entsprechenden Rechtsanwendungsbefehl des deutschen IPR fehle.[1327] Vereinzelt wird auf den kollisionsrechtlichen ordre public (Art. 6 EGBGB) zurückgegriffen, um ausländische Steuerforderungen abzuwehren.[1328] Ferner begegnet auch in der deutschen Diskussion das in den USA vom berühmten Richter *Learned Hand* in den Vordergrund gestellte Argument,[1329] eine Überprüfung der Betätigung ausländischer obrigkeitlicher Gewalt durch inländische Gerichte könne zu außenpolitischen Irritationen führen.[1330] Auch völkerrechtliche Bedenken (Souveränität, Territorialität) werden vorgetragen.[1331] Schließlich wird offen eingestanden, dass der Staat schlicht kein Interesse daran habe, sich altruistisch als Steuereintreiber für fremde Souveräne zu betätigen;[1332] insoweit helfe kein Staat dem anderen.[1333]

325   Auch in anderen Ländern lassen sich ausländische öffentlich-rechtliche Forderungen vor Zivilgerichten nicht durchsetzen:[1334] In **Frankreich** gilt es als Norm des Völkergewohnheitsrechts, dass den französischen Gerichten zur Durchsetzung ausländischer Steuer- und Zollforderungen die Gerichtsbarkeit (pouvoir de juridiction) fehlt.[1335] Zwar bekennt sich der Kassationshof im Anschluss an das IDI[1336] dazu, dass dieser Grundsatz aus Gründen der internationalen Solidarität und der Interessenkonvergenz durchbrochen werden könne.[1337] Bislang hat er von dieser Ausweichklausel aber keinen Gebrauch gemacht. Der Kassationshof lehnt die französische Gerichtsbarkeit auch dann ab, wenn der klagende Staat seinen Anspruch auf allgemeines Deliktsrecht stützt, aber der Gegenstand der Klage *lege fori* als öffentlich-rechtlich zu qualifizieren ist.[1338] In **Großbritannien** wird ebenso wie in den **USA** die revenue rule befolgt.[1339] Der britische Private International Law (Miscellaneous Provisions) Act von 1995, der erstmals das britische Internationale Deliktsrecht kodifizierte, enthält sogar eine spezielle Vorbehaltsklausel (section 14(3)(a)(ii)), gemäß welcher

„nothing in this Part [...] authorises the application of the law of a country outside the forum as the applicable law for determining issues arising in any claim in so far as to do so [...] would give effect to such a penal, revenue or other public law as would not otherwise be enforceable under the law of the forum".[1340]

326   Fraglich ist, ob sich an diesem Grundsatz etwas ändert, wenn der Zahlungsanspruch des Staates nicht unmittelbar auf fremdes Abgaben- oder Gebührenrecht, sondern auf (deutsches oder ausländisches) **Delikts- oder Bereicherungsrecht** gestützt wird. Insofern ist bei der Anwendung der Rom II-VO der Grundsatz der autonomen Auslegung und in diesem Rahmen die Rechtsprechung des EuGH zum Begriff der Zivil- und Handelssachen in Art. 1 Abs. 1 Brüssel Ia-VO zu beachten. So hat der EuGH zB eine auf § 812 BGB gestützte Rückforderungsklage einer Behörde als zivilrechtlich eingestuft, obwohl der ursprüngliche Leistungsanspruch öffentlich-rechtlich ausgestaltet war[1341] und eine Schadenersatzklage der öffentlichen Hand im Hinblick auf einen Steuerbetrug ebenfalls als

---

[1327] Vgl. *Klaus Vogel,* Der räumliche Anwendungsbereich der Verwaltungsrechtsnorm, 1965, 195 f. (Nicht-Anwendung sei Folge der „Einseitigkeit" des Internationalen öffentlichen Rechts); krit. *Baade,* Operation of Foreign Public Law, in International Encyclopedia of Comparative Law, Vol. III, Private International Law, Ch. 12, 1991, Rn. 70 („parochial"); abl. *Frank* RabelsZ 34 (1970), 58 (60 f.); *Roloff,* Die Geltendmachung ausländischer öffentlich-rechtlicher Ansprüche im Inland, 1994, 150–152.

[1328] AG Leverkusen NZV 1996, 36; mit Recht krit. dazu *Schmittmann/Kocker* DAR 1996, 293 (294).

[1329] Moore v. Mitchell, 30 F.2d 600 (2nd Cir. 1930), aff'd on other grounds, 281 US 18 (1930).

[1330] *Frank* RabelsZ 34 (1970), 56 (70); *Riezler,* Internationales Zivilprozessrecht und prozessuales Fremdenrecht, 1949, 232; *Schack* IZVR Rn. 577; *Schurig,* Kollisionsnorm und Sachrecht, 1981, 163 Fn. 523; aA *Roloff,* Die Geltendmachung ausländischer öffentlich-rechtlicher Ansprüche im Inland, 1994, 154–156.

[1331] ZB von *H. Koch* IPRax 1993, 192; *Walchshöfer* ZZP 80 (1967), 165 (175 f.); krit. *Schurig* Kollisionsnorm und Sachrecht, 1981, 163.

[1332] IdS bereits *Neuhaus,* Die Grundbegriffe des Internationalen Privatrechts, 2. Aufl. 1976, 403 (§ 54 II 2b); *Schack* IZVR Rn. 578; krit. *Schurig,* Kollisionsnorm und Sachrecht, 1981, 163.

[1333] *Kegel/Schurig* IPR § 23 I 1; ebenso aus schwedischer Sicht *Bogdan,* General Course, 2012, 316 ff.

[1334] Eingehender rechtsvergleichender Überblick bei *Basedow/v. Hein/Janzen/Puttfarken* YbPIL 6 (2004), 1 ff.; aktuell zum schweizerischen Recht *Kocher* ZBJV 151 (2015) 187 (204 ff.), mwN.

[1335] Cass. civ. Rev. crit. dr. int. pr. 80 (1991), 378 – Guatemala/SINCAFC, mAnm *Audit* = Clunet 118 (1991), 137 m. Aufsatz *Dehaussy* Clunet 118 (1991), 109 ff.

[1336] Rev. crit. dr. int. pr. 67 (1978), 224.

[1337] Cass. civ. Rev. crit. dr. int. pr. 80 (1991), 378 – Guatemala/SINCAFC, mAnm *Audit* = Clunet 118 (1991), 137 m. Aufsatz *Dehaussy* Clunet 118 (1991), 109 ff.

[1338] Cass. civ. Rev. crit. dr. int. pr. 80 (1991), 386 – Consorts Duvalier/Etat Haïtien, mAnm *Bischoff*; s. hierzu die Besprechungen von *Dehaussy* Clunet 118 (1991), 109 ff.; *Vischer* IPRax 1991, 209.

[1339] Williams & Humbert Ltd. v. W. & H. Trade Marks (Jersey) Ltd., 1986 A.C. 368, 428 (1985).

[1340] Private International Law (Miscellaneous Provisions) Act 1995: Statutes in Force, Tort and Delict, 122:3:18.

[1341] EuGH NJW 2013, 1661 – Sapir.

zivilrechtlich qualifiziert.[1342] Bei autonomer Auslegung müssen derartige Forderungen daher auch im europäischen IPR als zivilrechtlich eingeordnet werden.[1343]

3. Staatsangehörigkeitsrecht. Im Rahmen der im deutschen IPR traditionell vorherrschenden **327** Anknüpfung an das Heimatrecht ist das Staatsangehörigkeitsrecht ein wichtiges Nebengebiet des IPR, dessen Grundzüge in → EGBGB Art. 5 Rn. 23 ff. umrissen werden.

4. Ausländer-, Asyl- und Fremdenrecht. Das Ausländer-, Asyl- und Fremdenrecht ist aus **328** deutscher Sicht kein Bestandteil des IPR (→ EGBGB Art. 3 Rn. 6, 26). Die Zuerkennung des Status als Flüchtling oder Asylberechtigter nach dem AsylG hat aber auch kollisionsrechtliche Konsequenzen für das Personalstatut (→ EGBGB Anh. II Art. 5 Rn. 74 ff.).

III. Internationales Strafrecht

Insbesondere im Internationalen Deliktsrecht lassen sich aus historischer Sicht wechselseitige **329** Beeinflussungen von Internationalem Straf- und Privatrecht feststellen.[1344] Für zivilrechtsakzessorische Tatbestände (Verbot der Doppelehe zB) muss auch ein Strafgericht das anwendbare Recht anhand des IPR bestimmen (→ Rn. 206). Für weitere Einzelheiten des Internationalen Strafrechts muss auf die einschlägigen Kommentierungen der §§ 3 ff. StGB verwiesen werden.

[1342] EuGH EuZW 2013, 828 – Sunico.
[1343] Vgl. auch jüngst die Schlussanträge des GA *Bobek* in der Rs. 551/15 – Pula Parking, ECLI:EU:C:2016:825.
[1344] Näher *v. Hein,* Das Günstigkeitsprinzip im Internationalen Deliktsrecht, 1999, 43 ff.

Überblick zur Kommentierung des Internationalen Privatrechts im EGBGB

Einführungsgesetz zum Bürgerlichen Gesetzbuche[1]

In der Fassung der Bekanntmachung vom 21. September 1994
(BGBl. 1994 I S. 2494, ber. BGBl. 1997 I S. 1061)

Zuletzt geändert durch Art. 2 Abs. 4 Gesetz zur Einführung des Rechts auf Eheschließung für Personen gleichen Geschlechts vom 20. Juli 2017 (BGBl. 2017 I S. 2787)

Erster Teil. Allgemeine Vorschriften

Zweites Kapitel. Internationales Privatrecht

Erster Abschnitt. Allgemeine Vorschriften

Art. 3 Anwendungsbereich; Verhältnis zu Regelungen der Europäischen Union und zu völkerrechtlichen Vereinbarungen

Soweit nicht
1. unmittelbar anwendbare Regelungen der Europäischen Union in ihrer jeweils geltenden Fassung, insbesondere
   a) die Verordnung (EG) Nr. 864/2007 des Europäischen Parlaments und des Rates vom 11. Juli 2007 über das auf außervertragliche Schuldverhältnisse anzuwendende Recht (Rom II),
   b) die Verordnung (EG) Nr. 593/2008 des Europäischen Parlaments und des Rates vom 17. Juni 2008 über das auf vertragliche Schuldverhältnisse anzuwendende Recht (Rom I),
   c) Artikel 15 der Verordnung (EG) Nr. 4/2009 des Rates vom 18. Dezember 2008 über die Zuständigkeit, das anwendbare Recht, die Anerkennung und Vollstreckung von Entscheidungen und die Zusammenarbeit in Unterhaltssachen in Verbindung mit dem Haager Protokoll vom 23. November 2007 über das auf Unterhaltspflichten anzuwendende Recht,
   d) die Verordnung (EU) Nr. 1259/2010 des Rates vom 20. Dezember 2010 zur Durchführung einer Verstärkten Zusammenarbeit im Bereich des auf die Ehescheidung und Trennung ohne Auflösung des Ehebandes anzuwendenden Rechts sowie
   e) die Verordnung (EU) Nr. 650/2012 des Europäischen Parlaments und des Rates vom 4. Juli 2012 über die Zuständigkeit, das anzuwendende Recht, die Anerkennung und Vollstreckung von Entscheidungen und die Annahme und Vollstreckung öffentlicher Urkunden in Erbsachen sowie zur Einführung eines Europäischen Nachlasszeugnisses oder
2. Regelungen in völkerrechtlichen Vereinbarungen, soweit sie unmittelbar anwendbares innerstaatliches Recht geworden sind,

maßgeblich sind, bestimmt sich das anzuwendende Recht bei Sachverhalten mit einer Verbindung zu einem ausländischen Staat nach den Vorschriften dieses Kapitels (Internationales Privatrecht).

S. Band 11: Internationales Privatrecht – Allgemeiner Teil S. 165.

---

[1] Die zum 1.7.2018 in Kraft tretenden Änderungen sind berücksichtigt.

Art. 3a Sachnormverweisung; Einzelstatut

(1) Verweisungen auf Sachvorschriften beziehen sich auf die Rechtsnormen der maßgebenden Rechtsordnung unter Ausschluss derjenigen des Internationalen Privatrechts.

(2) Soweit Verweisungen im Dritten Abschnitt das Vermögen einer Person dem Recht eines Staates unterstellen, beziehen sie sich nicht auf Gegenstände, die sich nicht in diesem Staat befinden und nach dem Recht des Staates, in dem sie sich befinden, besonderen Vorschriften unterliegen.

S. Band 11: Internationales Privatrecht – Allgemeiner Teil S. 245.

Art. 4 Rück- und Weiterverweisung; Rechtsspaltung

(1) [1]Wird auf das Recht eines anderen Staates verwiesen, so ist auch dessen Internationales Privatrecht anzuwenden, sofern dies nicht dem Sinn der Verweisung widerspricht. [2]Verweist das Recht des anderen Staates auf deutsches Recht zurück, so sind die deutschen Sachvorschriften anzuwenden.

(2) Soweit die Parteien das Recht eines Staates wählen können, können sie nur auf die Sachvorschriften verweisen.

(3) [1]Wird auf das Recht eines Staates mit mehreren Teilrechtsordnungen verwiesen, ohne die maßgebende zu bezeichnen, so bestimmt das Recht dieses Staates, welche Teilrechtsordnung anzuwenden ist. [2]Fehlt eine solche Regelung, so ist die Teilrechtsordnung anzuwenden, mit welcher der Sachverhalt am engsten verbunden ist.

S. Band 11: Internationales Privatrecht – Allgemeiner Teil S. 268.

Art. 5 Personalstatut

(1) [1]Wird auf das Recht des Staates verwiesen, dem eine Person angehört, und gehört sie mehreren Staaten an, so ist das Recht desjenigen dieser Staaten anzuwenden, mit dem die Person am engsten verbunden ist, insbesondere durch ihren gewöhnlichen Aufenthalt oder durch den Verlauf ihres Lebens. [2]Ist die Person auch Deutscher, so geht diese Rechtsstellung vor.

(2) Ist eine Person staatenlos oder kann ihre Staatsangehörigkeit nicht festgestellt werden, so ist das Recht des Staates anzuwenden, in dem sie ihren gewöhnlichen Aufenthalt oder, mangels eines solchen, ihren Aufenthalt hat.

(3) Wird auf das Recht des Staates verwiesen, in dem eine Person ihren Aufenthalt oder ihren gewöhnlichen Aufenthalt hat, und ändert eine nicht voll geschäftsfähige Person den Aufenthalt ohne den Willen des gesetzlichen Vertreters, so führt diese Änderung allein nicht zur Anwendung eines anderen Rechts.

S. Teil 1. Internationales Privatrecht – Allgemeiner Teil S. 357.

Art. 6 Öffentliche Ordnung (ordre public)

[1]Eine Rechtsnorm eines anderen Staates ist nicht anzuwenden, wenn ihre Anwendung zu einem Ergebnis führt, das mit wesentlichen Grundsätzen des deutschen Rechts offensichtlich unvereinbar ist. [2]Sie ist insbesondere nicht anzuwenden, wenn die Anwendung mit den Grundrechten unvereinbar ist.

S. Band 11: Internationales Privatrecht – Allgemeiner Teil S. 465.

Zweiter Abschnitt. Recht der natürlichen Personen und der Rechtsgeschäfte

Art. 7 Rechtsfähigkeit und Geschäftsfähigkeit

(1) [1]Die Rechtsfähigkeit und die Geschäftsfähigkeit einer Person unterliegen dem Recht des Staates, dem die Person angehört. [2]Dies gilt auch, soweit die Geschäftsfähigkeit durch Eheschließung erweitert wird.

(2) Eine einmal erlangte Rechtsfähigkeit oder Geschäftsfähigkeit wird durch Erwerb oder Verlust der Rechtsstellung als Deutscher nicht beeinträchtigt.

S. Band 11: Teil 2. Internationales Privatrecht der natürlichen Personen und der Rechtsgeschäfte S. 571.

Art. 8 Gewillkürte Stellvertretung

(1) [1]Auf die gewillkürte Stellvertretung ist das vom Vollmachtgeber vor der Ausübung der Vollmacht gewählte Recht anzuwenden, wenn die Rechtswahl dem Dritten und dem Bevollmächtigten bekannt ist. [2]Der Vollmachtgeber, der Bevollmächtigte und der Dritte können das anzuwendende Recht jederzeit wählen. [3]Die Wahl nach Satz 2 geht derjenigen nach Satz 1 vor.

(2) Ist keine Rechtswahl nach Absatz 1 getroffen worden und handelt der Bevollmächtigte in Ausübung seiner unternehmerischen Tätigkeit, so sind die Sachvorschriften des Staates anzuwenden, in dem der Bevollmächtigte im Zeitpunkt der Ausübung der Vollmacht seinen gewöhnlichen Aufenthalt hat, es sei denn, dieser Ort ist für den Dritten nicht erkennbar.

(3) Ist keine Rechtswahl nach Absatz 1 getroffen worden und handelt der Bevollmächtigte als Arbeitnehmer des Vollmachtgebers, so sind die Sachvorschriften des Staates anzuwenden, in dem der Vollmachtgeber im Zeitpunkt der Ausübung der Vollmacht seinen gewöhnlichen Aufenthalt hat, es sei denn, dieser Ort ist für den Dritten nicht erkennbar.

(4) Ist keine Rechtswahl nach Absatz 1 getroffen worden und handelt der Bevollmächtigte weder in Ausübung seiner unternehmerischen Tätigkeit noch als Arbeitnehmer des Vollmachtgebers, so sind im Falle einer auf Dauer angelegten Vollmacht die Sachvorschriften des Staates anzuwenden, in dem der Bevollmächtigte von der Vollmacht gewöhnlich Gebrauch macht, es sei denn, dieser Ort ist für den Dritten nicht erkennbar.

(5) [1]Ergibt sich das anzuwendende Recht nicht aus den Absätzen 1 bis 4, so sind die Sachvorschriften des Staates anzuwenden, in dem der Bevollmächtigte von seiner Vollmacht im Einzelfall Gebrauch macht (Gebrauchsort). [2]Mussten der Dritte und der Bevollmächtigte wissen, dass von der Vollmacht nur in einem bestimmten Staat Gebrauch gemacht werden sollte, so sind die Sachvorschriften dieses Staates anzuwenden. [3]Ist der Gebrauchsort für den Dritten nicht erkennbar, so sind die Sachvorschriften des Staates anzuwenden, in dem der Vollmachtgeber im Zeitpunkt der Ausübung der Vollmacht seinen gewöhnlichen Aufenthalt hat.

(6) Auf die gewillkürte Stellvertretung bei Verfügungen über Grundstücke oder Rechte an Grundstücken ist das nach Artikel 43 Absatz 1 und Artikel 46 zu bestimmende Recht anzuwenden.

(7) Dieser Artikel findet keine Anwendung auf die gewillkürte Stellvertretung bei Börsengeschäften und Versteigerungen.

(8) [1]Auf die Bestimmung des gewöhnlichen Aufenthalts im Sinne dieses Artikels ist Artikel 19 Absatz 1 und 2 erste Alternative der Verordnung (EG) Nr. 593/2008 mit der Maßgabe anzuwenden, dass an die Stelle des Vertragsschlusses die Ausübung der Vollmacht tritt. [2]Artikel 19 Absatz 2 erste Alternative der Verordnung (EG) Nr. 593/2008 ist nicht anzuwenden, wenn der nach dieser Vorschrift maßgebende Ort für den Dritten nicht erkennbar ist.

S. Band 11: Teil 2. Internationales Privatrecht der natürlichen Personen und der Rechtsgeschäfte S. 594.

Art. 9 Todeserklärung

[1]Die Todeserklärung, die Feststellung des Todes und des Todeszeitpunkts sowie Lebens- und Todesvermutungen unterliegen dem Recht des Staates, dem der Verschollene in dem letzten Zeitpunkt angehörte, in dem er nach den vorhandenen Nachrichten noch gelebt hat. [2]War der Verschollene in diesem Zeitpunkt Angehöriger eines fremden Staates, so

kann er nach deutschem Recht für tot erklärt werden, wenn hierfür ein berechtigtes Interesse besteht.

S. Band 11: Teil 2. Internationales Privatrecht der natürlichen Personen und der Rechtsgeschäfte S. 633.

Art. 10 Name

(1) Der Name einer Person unterliegt dem Recht des Staates, dem die Person angehört.

(2) [1]Ehegatten können bei oder nach der Eheschließung gegenüber dem Standesamt ihren künftig zu führenden Namen wählen
1. nach dem Recht eines Staates, dem einer der Ehegatten angehört, ungeachtet des Artikels 5 Abs. 1, oder
2. nach deutschem Recht, wenn einer von ihnen seinen gewöhnlichen Aufenthalt im Inland hat.
[2]Nach der Eheschließung abgegebene Erklärungen müssen öffentlich beglaubigt werden.
[3]Für die Auswirkungen der Wahl auf den Namen eines Kindes ist § 1617c des Bürgerlichen Gesetzbuchs sinngemäß anzuwenden.

(3) [1]Der Inhaber der Sorge kann gegenüber dem Standesamt bestimmen, daß ein Kind den Familiennamen erhalten soll
1. nach dem Recht eines Staates, dem ein Elternteil angehört, ungeachtet des Artikels 5 Abs. 1,
2. nach deutschem Recht, wenn ein Elternteil seinen gewöhnlichen Aufenthalt im Inland hat, oder
3. nach dem Recht des Staates, dem ein den Namen Erteilender angehört.
[2]Nach der Beurkundung der Geburt abgegebene Erklärungen müssen öffentlich beglaubigt werden.

S. Band 11: Teil 2. Internationales Privatrecht der natürlichen Personen und der Rechtsgeschäfte S. 645.

Art. 11 Form von Rechtsgeschäften

(1) Ein Rechtsgeschäft ist formgültig, wenn es die Formerfordernisse des Rechts, das auf das seinen Gegenstand bildende Rechtsverhältnis anzuwenden ist, oder des Rechts des Staates erfüllt, in dem es vorgenommen wird.

(2) Wird ein Vertrag zwischen Personen geschlossen, die sich in verschiedenen Staaten befinden, so ist er formgültig, wenn er die Formerfordernisse des Rechts, das auf das seinen Gegenstand bildende Rechtsverhältnis anzuwenden ist, oder des Rechts eines dieser Staaten erfüllt.

(3) Wird der Vertrag durch einen Vertreter geschlossen, so ist bei Anwendung der Absätze 1 und 2 der Staat maßgebend, in dem sich der Vertreter befindet.

(4) Ein Rechtsgeschäft, durch das ein Recht an einer Sache begründet oder über ein solches Recht verfügt wird, ist nur formgültig, wenn es die Formerfordernisse des Rechts erfüllt, das auf das seinen Gegenstand bildende Rechtsverhältnis anzuwenden ist.

S. Band 11: Teil 2. Internationales Privatrecht der natürlichen Personen und der Rechtsgeschäfte S. 707.

Art. 12 Schutz des anderen Vertragsteils

[1]Wird ein Vertrag zwischen Personen geschlossen, die sich in demselben Staat befinden, so kann sich eine natürliche Person, die nach den Sachvorschriften des Rechts dieses Staates rechts-, geschäfts- und handlungsfähig wäre, nur dann auf ihre aus den Sachvorschriften des Rechts eines anderen Staates abgeleitete Rechts-, Geschäfts- und Handlungsunfähigkeit berufen, wenn der andere Vertragteil bei Vertragsabschluß diese Rechts-, Geschäfts- und Handlungsunfähigkeit kannte oder kennen mußte. [2]Dies gilt nicht für

familienrechtliche und erbrechtliche Rechtsgeschäfte sowie für Verfügungen über ein in einem anderen Staat belegenes Grundstück.

S. Band 11: Teil 2. Internationales Privatrecht der natürlichen Personen und der Rechtsgeschäfte S. 766.

Dritter Abschnitt. Familienrecht

Art. 13 Eheschließung

(1) Die Voraussetzungen der Eheschließung unterliegen für jeden Verlobten dem Recht des Staates, dem er angehört.

(2) Fehlt danach eine Voraussetzung, so ist insoweit deutsches Recht anzuwenden, wenn
1. ein Verlobter seinen gewöhnlichen Aufenthalt im Inland hat oder Deutscher ist,
2. die Verlobten die zumutbaren Schritte zur Erfüllung der Voraussetzung unternommen haben und
3. es mit der Eheschließungsfreiheit unvereinbar ist, die Eheschließung zu versagen; insbesondere steht die frühere Ehe eines Verlobten nicht entgegen, wenn ihr Bestand durch eine hier erlassene oder anerkannte Entscheidung beseitigt oder der Ehegatte des Verlobten für tot erklärt ist.

(3) Unterliegt die Ehemündigkeit eines Verlobten nach Absatz 1 ausländischem Recht, ist die Ehe nach deutschem Recht
1. unwirksam, wenn der Verlobte im Zeitpunkt der Eheschließung das 16. Lebensjahr nicht vollendet hatte, und
2. aufhebbar, wenn der Verlobte im Zeitpunkt der Eheschließung das 16., aber nicht das 18. Lebensjahr vollendet hatte.

(4) ¹Eine Ehe kann im Inland nur in der hier vorgeschriebenen Form geschlossen werden. ²Eine Ehe zwischen Verlobten, von denen keiner Deutscher ist, kann jedoch vor einer von der Regierung des Staates, dem einer der Verlobten angehört, ordnungsgemäß ermächtigten Person in der nach dem Recht dieses Staates vorgeschriebenen Form geschlossen werden; eine beglaubigte Abschrift der Eintragung der so geschlossenen Ehe in das Standesregister, das von der dazu ordnungsgemäß ermächtigten Person geführt wird, erbringt vollen Beweis der Eheschließung.

S. Band 11: Teil 3. Internationales Familienrecht – Abschnitt 1. Internationales Eherecht S. 939.

Art. 14 Allgemeine Ehewirkungen

(1) Die allgemeinen Wirkungen der Ehe unterliegen
1. dem Recht des Staates, dem beide Ehegatten angehören oder während der Ehe zuletzt angehörten, wenn einer von ihnen diesem Staat noch angehört, sonst
2. dem Recht des Staates, in dem beide Ehegatten ihren gewöhnlichen Aufenthalt haben oder während der Ehe zuletzt hatten, wenn einer von ihnen dort noch seinen gewöhnlichen Aufenthalt hat, hilfsweise
3. dem Recht des Staates, mit dem die Ehegatten auf andere Weise gemeinsam am engsten verbunden sind.

(2) Gehört ein Ehegatte mehreren Staaten an, so können die Ehegatten ungeachtet des Artikels 5 Abs. 1 das Recht eines dieser Staaten wählen, falls ihm auch der andere Ehegatte angehört.

(3) ¹Ehegatten können das Recht des Staates wählen, dem ein Ehegatte angehört, wenn die Voraussetzungen des Absatzes 1 Nr. 1 nicht vorliegen und
1. kein Ehegatte dem Staat angehört, in dem beide Ehegatten ihren gewöhnlichen Aufenthalt haben, oder
2. die Ehegatten ihren gewöhnlichen Aufenthalt nicht in demselben Staat haben.
²Die Wirkungen der Rechtswahl enden, wenn die Ehegatten eine gemeinsame Staatsangehörigkeit erlangen.

(4) [1]Die Rechtswahl muß notariell beurkundet werden. [2]Wird sie nicht im Inland vorgenommen, so genügt es, wenn sie den Formerfordernissen für einen Ehevertrag nach dem gewählten Recht oder am Ort der Rechtswahl entspricht.

S. Band 11: Teil 3. Internationales Familienrecht – Abschnitt 1. Internationales Eherecht S. 1011.

Art. 15 Güterstand

(1) Die güterrechtlichen Wirkungen der Ehe unterliegen dem bei der Eheschließung für die allgemeinen Wirkungen der Ehe maßgebenden Recht.

(2) Die Ehegatten können für die güterrechtlichen Wirkungen ihrer Ehe wählen
1. das Recht des Staates, dem einer von ihnen angehört,
2. das Recht des Staates, in dem einer von ihnen seinen gewöhnlichen Aufenthalt hat, oder
3. für unbewegliches Vermögen das Recht des Lageorts.

(3) Artikel 14 Abs. 4 gilt entsprechend.

(4) Die Vorschriften des Gesetzes über den ehelichen Güterstand von Vertriebenen und Flüchtlingen bleiben unberührt.

S. Band 11: Teil 3. Internationales Familienrecht – Abschnitt 1. Internationales Eherecht S. 1056.

Art. 16 Schutz Dritter

(1) Unterliegen die güterrechtlichen Wirkungen einer Ehe dem Recht eines anderen Staates und hat einer der Ehegatten seinen gewöhnlichen Aufenthalt im Inland oder betreibt er hier ein Gewerbe, so ist § 1412 des Bürgerlichen Gesetzbuchs entsprechend anzuwenden; der fremde gesetzliche Güterstand steht einem vertragsmäßigen gleich.

(2) Auf im Inland vorgenommene Rechtsgeschäfte ist § 1357, auf hier befindliche bewegliche Sachen § 1362, auf ein hier betriebenes Erwerbsgeschäft sind die §§ 1431 und 1456 des Bürgerlichen Gesetzbuchs sinngemäß anzuwenden, soweit diese Vorschriften für gutgläubige Dritte günstiger sind als das fremde Recht.

S. Band 11: Teil 3. Internationales Familienrecht – Abschnitt 1. Internationales Eherecht S. 1102.

Art. 17 Besondere Scheidungsfolgen; Entscheidung durch Gericht

(1) Vermögensrechtliche Scheidungsfolgen, die nicht von anderen Vorschriften dieses Abschnitts erfasst sind, unterliegen dem nach der Verordnung (EU) Nr. 1259/2010 auf die Scheidung anzuwendenden Recht.

(2) Eine Ehe kann im Inland nur durch ein Gericht geschieden werden.

(3) [1]Der Versorgungsausgleich unterliegt dem nach der Verordnung (EU) Nr. 1259/2010 auf die Scheidung anzuwendenden Recht; er ist nur durchzuführen, wenn danach deutsches Recht anzuwenden ist und ihn das Recht eines der Staaten kennt, denen die Ehegatten im Zeitpunkt des Eintritts der Rechtshängigkeit des Scheidungsantrags angehören. [2]Im Übrigen ist der Versorgungsausgleich auf Antrag eines Ehegatten nach deutschem Recht durchzuführen, wenn einer der Ehegatten in der Ehezeit ein Anrecht bei einem inländischen Versorgungsträger erworben hat, soweit die Durchführung des Versorgungsausgleichs insbesondere im Hinblick auf die beiderseitigen wirtschaftlichen Verhältnisse während der gesamten Ehezeit der Billigkeit nicht widerspricht.

S. Band 11: Teil 3. Internationales Familienrecht – Abschnitt 1. Internationales Eherecht S. 1123.

Art. 17a Ehewohnung und Haushaltsgegenstände

Die Nutzungsbefugnis für die im Inland belegene Ehewohnung und die im Inland befindlichen Haushaltsgegenstände sowie damit zusammenhängende Betretungs-, Näherungs- und Kontaktverbote unterliegen den deutschen Sachvorschriften.

S. Band 11: Teil 3. Internationales Familienrecht – Abschnitt 1. Internationales Eherecht S. 1157.

Art. 17b Eingetragene Lebenspartnerschaft und gleichgeschlechtliche Ehe

(1) [1]Die Begründung, die allgemeinen und die güterrechtlichen Wirkungen sowie die Auflösung einer eingetragenen Lebenspartnerschaft unterliegen den Sachvorschriften des Register führenden Staates. [2]Der Versorgungsausgleich unterliegt dem nach Satz 1 anzuwendenden Recht; er ist nur durchzuführen, wenn danach deutsches Recht anzuwenden ist und das Recht eines der Staaten, denen die Lebenspartner im Zeitpunkt der Rechtshängigkeit des Antrags auf Aufhebung der Lebenspartnerschaft angehören, einen Versorgungsausgleich zwischen Lebenspartnern kennt. [3]Im Übrigen ist der Versorgungsausgleich auf Antrag eines Lebenspartners nach deutschem Recht durchzuführen, wenn einer der Lebenspartner während der Zeit der Lebenspartnerschaft ein Anrecht bei einem inländischen Versorgungsträger erworben hat, soweit die Durchführung des Versorgungsausgleichs insbesondere im Hinblick auf die beiderseitigen wirtschaftlichen Verhältnisse während der gesamten Zeit der Lebenspartnerschaft der Billigkeit nicht widerspricht.

(2) [1]Artikel 10 Abs. 2 und Artikel 17a gelten entsprechend. [2]Unterliegen die allgemeinen Wirkungen der Lebenspartnerschaft dem Recht eines anderen Staates, so ist auf im Inland befindliche bewegliche Sachen § 8 Abs. 1 des Lebenspartnerschaftsgesetzes und auf im Inland vorgenommene Rechtsgeschäfte § 8 Abs. 2 des Lebenspartnerschaftsgesetzes in Verbindung mit § 1357 des Bürgerlichen Gesetzbuchs anzuwenden, soweit diese Vorschriften für gutgläubige Dritte günstiger sind als das fremde Recht. [3]Unterliegen die güterrechtlichen Wirkungen einer eingetragenen Lebenspartnerschaft dem Recht eines anderen Staates und hat einer der Lebenspartner seinen gewöhnlichen Aufenthalt im Inland oder betreibt er hier ein Gewerbe, so ist § 7 Satz 2 des Lebenspartnerschaftsgesetzes in Verbindung mit § 1412 des Bürgerlichen Gesetzbuchs entsprechend anzuwenden; der fremde Güterstand steht einem vertragsmäßigen gleich.

(3) Bestehen zwischen denselben Personen eingetragene Lebenspartnerschaften in verschiedenen Staaten, so ist die zuletzt begründete Lebenspartnerschaft vom Zeitpunkt ihrer Begründung an für die in Absatz 1 umschriebenen Wirkungen und Folgen maßgebend.

(4) Die Bestimmungen der Absätze 1 bis 3 gelten für die gleichgeschlechtliche Ehe entsprechend.

S. Teil 3. Internationales Familienrecht – Abschnitt 2. Internationales Lebenspartnerschaftsrecht S. 1223.

Art. 18 [aufgehoben]

S. Band 11: Teil 3. Internationales Familienrecht – Abschnitt 3. Internationales Unterhaltsrecht S. 1355.

Art. 19 Abstammung

(1) [1]Die Abstammung eines Kindes unterliegt dem Recht des Staates, in dem das Kind seinen gewöhnlichen Aufenthalt hat. [2]Sie kann im Verhältnis zu jedem Elternteil auch nach dem Recht des Staates bestimmt werden, dem dieser Elternteil angehört. [3]Ist die Mutter verheiratet, so kann die Abstammung ferner nach dem Recht bestimmt werden, dem die allgemeinen Wirkungen ihrer Ehe bei der Geburt nach Artikel 14 Abs. 1 unterliegen; ist die Ehe vorher durch Tod aufgelöst worden, so ist der Zeitpunkt der Auflösung maßgebend.

(2) Sind die Eltern nicht miteinander verheiratet, so unterliegen Verpflichtungen des Vaters gegenüber der Mutter auf Grund der Schwangerschaft dem Recht des Staates, in dem die Mutter ihren gewöhnlichen Aufenthalt hat.

S. Band 11: Teil 3. Internationales Familienrecht – Abschnitt 4. Internationales Kindschaftsrecht S. 1527.

Art. 20 Anfechtung der Abstammung

[1]Die Abstammung kann nach jedem Recht angefochten werden, aus dem sich ihre Voraussetzungen ergeben. [2]Das Kind kann die Abstammung in jedem Fall nach dem Recht des Staates anfechten, in dem es seinen gewöhnlichen Aufenthalt hat.

S. Band 11: Teil 3. Internationales Familienrecht – Abschnitt 4. Internationales Kindschaftsrecht S. 1556.

Art. 21 Wirkungen des Eltern-Kind-Verhältnisses

Das Rechtsverhältnis zwischen einem Kind und seinen Eltern unterliegt dem Recht des Staates, in dem das Kind seinen gewöhnlichen Aufenthalt hat.

S. Band 11: Teil 3. Internationales Familienrecht – Abschnitt 4. Internationales Kindschaftsrecht S. 1562.

Art. 22 Annahme als Kind

(1) [1]Die Annahme als Kind unterliegt dem Recht des Staates, dem der Annehmende bei der Annahme angehört. [2]Die Annahme durch einen oder beide Ehegatten unterliegt dem Recht, das nach Artikel 14 Abs. 1 für die allgemeinen Wirkungen der Ehe maßgebend ist. [3]Die Annahme durch einen Lebenspartner unterliegt dem Recht, das nach Artikel 17b Absatz 1 Satz 1 für die allgemeinen Wirkungen der Lebenspartnerschaft maßgebend ist.

(2) Die Folgen der Annahme in Bezug auf das Verwandtschaftsverhältnis zwischen dem Kind und dem Annehmenden sowie den Personen, zu denen das Kind in einem familienrechtlichen Verhältnis steht, unterliegen dem nach Absatz 1 anzuwendenden Recht.

(3) [1]In Ansehung der Rechtsnachfolge von Todes wegen nach dem Annehmenden, dessen Ehegatten, Lebenspartner oder Verwandten steht der Angenommene ungeachtet des nach den Absätzen 1 und 2 anzuwendenden Rechts einem nach den deutschen Sachvorschriften angenommenen Kind gleich, wenn der Erblasser dies in der Form einer Verfügung von Todes wegen angeordnet hat und die Rechtsnachfolge deutschem Recht unterliegt. [2]Satz 1 gilt entsprechend, wenn die Annahme auf einer ausländischen Entscheidung beruht. [3]Die Sätze 1 und 2 finden keine Anwendung, wenn der Angenommene im Zeitpunkt der Annahme das achtzehnte Lebensjahr vollendet hatte.

S. Band 11: Teil 3. Internationales Familienrecht – Abschnitt 4. Internationales Kindschaftsrecht S. 1574.

Art. 23 Zustimmung

[1]Die Erforderlichkeit und die Erteilung der Zustimmung des Kindes und einer Person, zu der das Kind in einem familienrechtlichen Verhältnis steht, zu einer Abstammungserklärung, Namenserteilung oder Annahme als Kind unterliegen zusätzlich dem Recht des Staates, dem das Kind angehört. [2]Soweit es zum Wohl des Kindes erforderlich ist, ist statt dessen das deutsche Recht anzuwenden.

S. Band 11: Teil 3. Internationales Familienrecht – Abschnitt 4. Internationales Kindschaftsrecht S. 1612.

Art. 24 Vormundschaft, Betreuung und Pflegschaft

(1) [1]Die Entstehung, die Änderung und das Ende der Vormundschaft, Betreuung und Pflegschaft sowie der Inhalt der gesetzlichen Vormundschaft und Pflegschaft unterliegen dem Recht des Staates, dem der Mündel, Betreute oder Pflegling angehört. [2]Für einen Angehörigen eines fremden Staates, der seinen gewöhnlichen Aufenthalt oder, mangels eines solchen, seinen Aufenthalt im Inland hat, kann ein Betreuer nach deutschem Recht bestellt werden.

(2) Ist eine Pflegschaft erforderlich, weil nicht feststeht, wer an einer Angelegenheit beteiligt ist, oder weil ein Beteiligter sich in einem anderen Staat befindet, so ist das Recht anzuwenden, das für die Angelegenheit maßgebend ist.

(3) Vorläufige Maßregeln sowie der Inhalt der Betreuung und der angeordneten Vormundschaft und Pflegschaft unterliegen dem Recht des anordnenden Staates.

S. Teil 3. Internationales Familienrecht – Abschnitt 5. Internationales Privatrecht der Vormundschaft, Betreuung und Pflegschaft S. 1719.

Vierter Abschnitt. Erbrecht

Art. 25 Rechtsnachfolge von Todes wegen

Soweit die Rechtsnachfolge von Todes wegen nicht in den Anwendungsbereich der Verordnung (EU) Nr. 650/2012 fällt, gelten die Vorschriften des Kapitels III dieser Verordnung entsprechend.

S. Band 11: Teil 4. Internationales Erbrecht S. 2087.

Art. 26 Form von Verfügungen von Todes wegen

(1) [1]In Ausführung des Artikels 3 des Haager Übereinkommens vom 5. Oktober 1961 über das auf die Form letztwilliger Verfügungen anzuwendende Recht (BGBl. 1965 II S. 1144, 1145) ist eine letztwillige Verfügung, auch wenn sie von mehreren Personen in derselben Urkunde errichtet wird oder durch sie eine frühere letztwillige Verfügung widerrufen wird, hinsichtlich ihrer Form gültig, wenn sie den Formerfordernissen des Rechts entspricht, das auf die Rechtsnachfolge von Todes wegen anzuwenden ist oder im Zeitpunkt der Verfügung anzuwenden wäre. [2]Die weiteren Vorschriften des Haager Übereinkommens bleiben unberührt.

(2) Für die Form anderer Verfügungen von Todes wegen ist Artikel 27 der Verordnung (EU) Nr. 650/2012 maßgeblich.

S. Band 11: Teil 4. Internationales Erbrecht S. 2089.

Fünfter Abschnitt. Außervertragliche Schuldverhältnisse

Art. 27–37 [aufgehoben]

Art. 38 Ungerechtfertigte Bereicherung

(1) Bereicherungsansprüche wegen erbrachter Leistung unterliegen dem Recht, das auf das Rechtsverhältnis anzuwenden ist, das auf die Leistung bezogen ist.

(2) Ansprüche wegen Bereicherung durch Eingriff in ein geschütztes Interesse unterliegen dem Recht des Staates, in dem der Eingriff geschehen ist.

(3) In sonstigen Fällen unterliegen Ansprüche aus ungerechtfertigter Bereicherung dem Recht des Staates, in dem die Bereicherung eingetreten ist.

S. Band 12: Teil 6. Internationales Privatrecht der außervertraglichen Schuldverhältnisse S. 1035.

Art. 39 Geschäftsführung ohne Auftrag

(1) Gesetzliche Ansprüche aus der Besorgung eines fremden Geschäfts unterliegen dem Recht des Staates, in dem das Geschäft vorgenommen worden ist.

(2) Ansprüche aus der Tilgung einer fremden Verbindlichkeit unterliegen dem Recht, das auf die Verbindlichkeit anzuwenden ist.

S. Band 12: Teil 6. Internationales Privatrecht der außervertraglichen Schuldverhältnisse S. 1042.

Art. 40 Unerlaubte Handlung

(1) [1]Ansprüche aus unerlaubter Handlung unterliegen dem Recht des Staates, in dem der Ersatzpflichtige gehandelt hat. [2]Der Verletzte kann verlangen, daß anstelle dieses Rechts das Recht des Staates angewandt wird, in dem der Erfolg eingetreten ist. [3]Das Bestimmungsrecht kann nur im ersten Rechtszug bis zum Ende des frühen ersten Termins oder dem Ende des schriftlichen Vorverfahrens ausgeübt werden.

(2) [1]Hatten der Ersatzpflichtige und der Verletzte zur Zeit des Haftungsereignisses ihren gewöhnlichen Aufenthalt in demselben Staat, so ist das Recht dieses Staates anzuwenden. [2]Handelt es sich um Gesellschaften, Vereine oder juristische Personen, so steht dem gewöhnlichen Aufenthalt der Ort gleich, an dem sich die Hauptverwaltung oder, wenn eine Niederlassung beteiligt ist, an dem sich diese befindet.

(3) Ansprüche, die dem Recht eines anderen Staates unterliegen, können nicht geltend gemacht werden, soweit sie
1. wesentlich weiter gehen als zur angemessenen Entschädigung des Verletzten erforderlich,
2. offensichtlich anderen Zwecken als einer angemessenen Entschädigung des Verletzten dienen oder
3. haftungsrechtlichen Regelungen eines für die Bundesrepublik Deutschland verbindlichen Übereinkommens widersprechen.

(4) Der Verletzte kann seinen Anspruch unmittelbar gegen einen Versicherer des Ersatzpflichtigen geltend machen, wenn das auf die unerlaubte Handlung anzuwendende Recht oder das Recht, dem der Versicherungsvertrag unterliegt, dies vorsieht.

S. Band 12: Teil 6. Internationales Privatrecht der außervertraglichen Schuldverhältnisse S. 1054.

Art. 41 Wesentlich engere Verbindung

(1) Besteht mit dem Recht eines Staates eine wesentlich engere Verbindung als mit dem Recht, das nach den Artikeln 38 bis 40 Abs. 2 maßgebend wäre, so ist jenes Recht anzuwenden.

(2) Eine wesentlich engere Verbindung kann sich insbesondere ergeben
1. aus einer besonderen rechtlichen oder tatsächlichen Beziehung zwischen den Beteiligten im Zusammenhang mit dem Schuldverhältnis oder
2. in den Fällen des Artikels 38 Abs. 2 und 3 und des Artikels 39 aus dem gewöhnlichen Aufenthalt der Beteiligten in demselben Staat im Zeitpunkt des rechtserheblichen Geschehens; Artikel 40 Abs. 2 Satz 2 gilt entsprechend.

S. Band 12: Teil 6. Internationales Privatrecht der außervertraglichen Schuldverhältnisse S. 1085.

Art. 42 Rechtswahl

[1]Nach Eintritt des Ereignisses, durch das ein außervertragliches Schuldverhältnis entstanden ist, können die Parteien das Recht wählen, dem es unterliegen soll. [2]Rechte Dritter bleiben unberührt.

S. Band 12: Teil 6. Internationales Privatrecht der außervertraglichen Schuldverhältnisse S. 1090.

Sechster Abschnitt. Sachenrecht

Art. 43 Rechte an einer Sache

(1) Rechte an einer Sache unterliegen dem Recht des Staates, in dem sich die Sache befindet.

(2) Gelangt eine Sache, an der Rechte begründet sind, in einen anderen Staat, so können diese Rechte nicht im Widerspruch zu der Rechtsordnung dieses Staates ausgeübt werden.

(3) Ist ein Recht an einer Sache, die in das Inland gelangt, nicht schon vorher erworben worden, so sind für einen solchen Erwerb im Inland Vorgänge in einem anderen Staat wie inländische zu berücksichtigen.

S. Band 12: Teil 7. Internationales Sachenrecht S. 1101.

Art. 44 Von Grundstücken ausgehende Einwirkungen

Für Ansprüche aus beeinträchtigenden Einwirkungen, die von einem Grundstück ausgehen, gelten die Vorschriften der Verordnung (EG) Nr. 864/2007 mit Ausnahme des Kapitels III entsprechend.

S. Band 12: Teil 7. Internationales Sachenrecht S. 1183.

Art. 45 Transportmittel

(1) [1]Rechte an Luft-, Wasser- und Schienenfahrzeugen unterliegen dem Recht des Herkunftstaats. [2]Das ist
1. bei Luftfahrzeugen der Staat ihrer Staatszugehörigkeit,
2. bei Wasserfahrzeugen der Staat der Registereintragung, sonst des Heimathafens oder des Heimatorts,
3. bei Schienenfahrzeugen der Staat der Zulassung.

(2) [1]Die Entstehung gesetzlicher Sicherungsrechte an diesen Fahrzeugen unterliegt dem Recht, das auf die zu sichernde Forderung anzuwenden ist. [2]Für die Rangfolge mehrerer Sicherungsrechte gilt Artikel 43 Abs. 1.

S. Band 12: Teil 7. Internationales Sachenrecht S. 1192.

Art. 46 Wesentlich engere Verbindung

Besteht mit dem Recht eines Staates eine wesentlich engere Verbindung als mit dem Recht, das nach den Artikeln 43 und 45 maßgebend wäre, so ist jenes Recht anzuwenden.

S. Band 12: Teil 7. Internationales Sachenrecht S. 1208.

Siebter Abschnitt. Besondere Vorschriften zur Durchführung und Umsetzung international-privatrechtlicher Regelungen der Europäischen Union

Erster Unterabschnitt. Durchführung der Verordnung (EG) Nr. 864/2007

Art. 46a Umweltschädigungen

Die geschädigte Person kann das ihr nach Artikel 7 der Verordnung (EG) Nr. 864/2007 zustehende Recht, ihren Anspruch auf das Recht des Staates zu stützen, in dem das schadensbegründende Ereignis eingetreten ist, nur im ersten Rechtszug bis zum Ende des frühen ersten Termins oder dem Ende des schriftlichen Vorverfahrens ausüben.

S. Band 12: Teil 6. Internationales Privatrecht der außervertraglichen Schuldverhältnisse S. 1096.

Zweiter Unterabschnitt. Umsetzung international-privatrechtlicher Regelungen im Verbraucherschutz

Art. 46b Verbraucherschutz für besondere Gebiete

(1) Unterliegt ein Vertrag auf Grund einer Rechtswahl nicht dem Recht eines Mitgliedstaats der Europäischen Union oder eines anderen Vertragsstaats des Abkommens über den Europäischen Wirtschaftsraum, weist der Vertrag jedoch einen engen Zusammenhang mit dem Gebiet eines dieser Staaten auf, so sind die im Gebiet dieses Staates geltenden Bestimmungen zur Umsetzung der Verbraucherschutzrichtlinien gleichwohl anzuwenden.

(2) Ein enger Zusammenhang ist insbesondere anzunehmen, wenn der Unternehmer
1. in dem Mitgliedstaat der Europäischen Union oder einem anderen Vertragsstaat des Abkommens über den Europäischen Wirtschaftsraum, in dem der Verbraucher seinen gewöhnlichen Aufenthalt hat, eine berufliche oder gewerbliche Tätigkeit ausübt oder
2. eine solche Tätigkeit auf irgendeinem Wege auf diesen Mitgliedstaat der Europäischen Union oder einen anderen Vertragsstaat des Abkommens über den Europäischen Wirtschaftsraum oder auf mehrere Staaten, einschließlich dieses Staates, ausrichtet und der Vertrag in den Bereich dieser Tätigkeit fällt.

(3) Verbraucherschutzrichtlinien im Sinne dieser Vorschrift sind in ihrer jeweils geltenden Fassung:
1. die Richtlinie 93/13/EWG des Rates vom 5. April 1993 über missbräuchliche Klauseln in Verbraucherverträgen (ABl. L 95 vom 21.4.1993, S. 29);
2. die Richtlinie 1999/44/EG des Europäischen Parlaments und des Rates vom 25. Mai 1999 zu bestimmten Aspekten des Verbrauchsgüterkaufs und der Garantien für Verbrauchsgüter (ABl. L 171 vom 7.7.1999, S. 12);
3. die Richtlinie 2002/65/EG des Europäischen Parlaments und des Rates vom 23. September 2002 über den Fernabsatz von Finanzdienstleistungen an Verbraucher und zur Änderung der Richtlinie 90/619/EWG des Rates und der Richtlinien 97/7/EG und 98/27/EG (ABl. L 271 vom 9.10.2002, S. 16);
4. die Richtlinie 2008/48/EG des Europäischen Parlaments und des Rates vom 23. April 2008 über Verbraucherkreditverträge und zur Aufhebung der Richtlinie 87/102/EWG des Rates (ABl. L 133 vom 22.5.2008, S. 66).

(4) Unterliegt ein Teilzeitnutzungsvertrag, ein Vertrag über ein langfristiges Urlaubsprodukt, ein Wiederverkaufsvertrag oder ein Tauschvertrag im Sinne von Artikel 2 Absatz 1 Buchstabe a bis d der Richtlinie 2008/122/EG des Europäischen Parlaments und des Rates vom 14. Januar 2009 über den Schutz der Verbraucher im Hinblick auf bestimmte Aspekte von Teilzeitnutzungsverträgen, Verträgen über langfristige Urlaubsprodukte sowie Wiederverkaufs- und Tauschverträgen (ABl. L 33 vom 3.2.2009, S. 10) nicht dem Recht eines Mitgliedstaats der Europäischen Union oder eines anderen Vertragsstaats des Abkommens über den Europäischen Wirtschaftsraum, so darf Verbrauchern der in Umsetzung dieser Richtlinie gewährte Schutz nicht vorenthalten werden, wenn
1. eine der betroffenen Immobilien im Hoheitsgebiet eines Mitgliedstaats der Europäischen Union oder eines anderen Vertragsstaats des Abkommens über den Europäischen Wirtschaftsraum belegen ist oder
2. im Falle eines Vertrags, der sich nicht unmittelbar auf eine Immobilie bezieht, der Unternehmer eine gewerbliche oder berufliche Tätigkeit in einem Mitgliedstaat der Europäischen Union oder einem anderen Vertragsstaat des Abkommens über den Europäischen Wirtschaftsraum ausübt oder diese Tätigkeit auf irgendeine Weise auf einen solchen Staat ausrichtet und der Vertrag in den Bereich dieser Tätigkeit fällt.

S. Band 12: Teil 5. Internationales Privatrecht der vertraglichen Schuldverhältnisse S. 757.

Art. 46c Pauschalreisen und verbundene Reiseleistungen

(1) Hat der Reiseveranstalter im Zeitpunkt des Vertragsschlusses seine Niederlassung im Sinne des § 4 Absatz 3 der Gewerbeordnung weder in einem Mitgliedstaat der Europäischen Union noch in einem anderen Vertragsstaat des Abkommens über den Europäischen Wirtschaftsraum und
1. schließt der Reiseveranstalter in einem Mitgliedstaat der Europäischen Union oder einem anderen Vertragsstaat des Abkommens über den Europäischen Wirtschaftsraum Pauschalreiseverträge oder bietet er in einem dieser Staaten an, solche Verträge zu schließen, oder
2. richtet der Reiseveranstalter seine Tätigkeit im Sinne der Nummer 1 auf einen Mitgliedstaat der Europäischen Union oder einen anderen Vertragsstaat des Abkommens über den Europäischen Wirtschaftsraum aus,
so sind die sachrechtlichen Vorschriften anzuwenden, die der in Nummer 1 oder Nummer 2 genannte Staat zur Umsetzung des Artikels 17 der Richtlinie (EU) 2015/2302 des Europäischen Parlaments und des Rates vom 25. November 2015 über Pauschalreisen und

verbundene Reiseleistungen, zur Änderung der Verordnung (EG) Nr. 2006/2004 und der Richtlinie 2011/83/EU des Europäischen Parlaments und des Rates sowie zur Aufhebung der Richtlinie 90/314/EWG des Rates (ABl. L 326 vom 11.12.2015, S. 1) erlassen hat, sofern der Vertrag in den Bereich dieser Tätigkeit fällt.

(2) Hat der Vermittler verbundener Reiseleistungen im Zeitpunkt des Vertragsschlusses seine Niederlassung im Sinne des § 4 Absatz 3 der Gewerbeordnung weder in einem Mitgliedstaat der Europäischen Union noch einem anderen Vertragsstaat des Abkommens über den Europäischen Wirtschaftsraum und

1. vermittelt er verbundene Reiseleistungen in einem Mitgliedstaat der Europäischen Union oder einem anderen Vertragsstaat des Abkommens über den Europäischen Wirtschaftsraum oder bietet er sie dort zur Vermittlung an oder
2. richtet er seine Vermittlungstätigkeit auf einen Mitgliedstaat der Europäischen Union oder einen anderen Vertragsstaat des Abkommens über den Europäischen Wirtschaftsraum aus,

so sind die sachrechtlichen Vorschriften anzuwenden, die der in Nummer 1 oder Nummer 2 genannte Staat zur Umsetzung des Artikels 19 Absatz 1 in Verbindung mit Artikel 17 und des Artikels 19 Absatz 3 der Richtlinie (EU) 2015/2302 erlassen hat, sofern der Vertrag in den Bereich dieser Tätigkeit fällt.

(3) Hat der Vermittler verbundener Reiseleistungen in dem nach Artikel 251 § 1 maßgeblichen Zeitpunkt seine Niederlassung im Sinne des § 4 Absatz 3 der Gewerbeordnung weder in einem Mitgliedstaat der Europäischen Union noch in einem anderen Vertragsstaat des Abkommens über den Europäischen Wirtschaftsraum und richtet er seine Vermittlungstätigkeit auf einen Mitgliedstaat der Europäischen Union oder einen anderen Vertragsstaat des Abkommens über den Europäischen Wirtschaftsraum aus, so sind die sachrechtlichen Vorschriften anzuwenden, die der Staat, auf den die Vermittlungstätigkeit ausgerichtet ist, zur Umsetzung des Artikels 19 Absatz 2 und 3 der Richtlinie (EU) 2015/2302 erlassen hat, sofern der in Aussicht genommene Vertrag in den Bereich dieser Tätigkeit fällt.

S. Band 12: Teil 5. Internationales Privatrecht der vertraglichen Schuldverhältnisse S. 787.

Dritter Unterabschnitt Durchführung der Verordnung (EG) Nr. 593/2008

Art. 46d Pflichtversicherungsverträge

(1) Ein Versicherungsvertrag über Risiken, für die ein Mitgliedstaat der Europäischen Union oder ein anderer Vertragsstaat des Abkommens über den Europäischen Wirtschaftsraum eine Versicherungspflicht vorschreibt, unterliegt dem Recht dieses Staates, sofern dieser dessen Anwendung vorschreibt.

(2) Ein über eine Pflichtversicherung abgeschlossener Vertrag unterliegt deutschem Recht, wenn die gesetzliche Verpflichtung zu seinem Abschluss auf deutschem Recht beruht.

S. Band 12: Teil 5. Internationales Privatrecht der vertraglichen Schuldverhältnisse S. 788.

Vierter Unterabschnitt. Durchführung der Verordnung (EU) Nr. 1259/2010

Art. 46e Rechtswahl

(1) Eine Rechtswahlvereinbarung nach Artikel 5 der Verordnung (EU) Nr. 1259/2010 ist notariell zu beurkunden.

(2) [1]Die Ehegatten können die Rechtswahl nach Absatz 1 auch noch bis zum Schluss der mündlichen Verhandlung im ersten Rechtszug vornehmen. [2]§ 127a des Bürgerlichen Gesetzbuchs gilt entsprechend.

S. Band 11: Teil 3. Internationales Familienrecht – Abschnitt 1. Internationales Eherecht S. 1191.

Drittes Kapitel. Angleichung; Wahl eines in einem anderen Mitgliedstaat der Europäischen Union erworbenen Namens

Art. 47 Vor- und Familiennamen

(1) [1]Hat eine Person nach einem anwendbaren ausländischen Recht einen Namen erworben und richtet sich ihr Name fortan nach deutschem Recht, so kann sie durch Erklärung gegenüber dem Standesamt
1. aus dem Namen Vor- und Familiennamen bestimmen,
2. bei Fehlen von Vor- oder Familiennamen einen solchen Namen wählen,
3. Bestandteile des Namens ablegen, die das deutsche Recht nicht vorsieht,
4. die ursprüngliche Form eines nach dem Geschlecht oder dem Verwandtschaftsverhältnis abgewandelten Namens annehmen,
5. eine deutschsprachige Form ihres Vor- oder ihres Familiennamens annehmen; gibt es eine solche Form des Vornamens nicht, so kann sie neue Vornamen annehmen.
[2]Ist der Name Ehename oder Lebenspartnerschaftsname, so kann die Erklärung während des Bestehens der Ehe oder Lebenspartnerschaft nur von beiden Ehegatten oder Lebenspartnern abgegeben werden.

(2) Absatz 1 gilt entsprechend für die Bildung eines Namens nach deutschem Recht, wenn dieser von einem Namen abgeleitet werden soll, der nach einem anwendbaren ausländischen Recht erworben worden ist.

(3) § 1617c des Bürgerlichen Gesetzbuchs gilt entsprechend.

(4) Die Erklärungen nach den Absätzen 1 und 2 müssen öffentlich beglaubigt oder beurkundet werden, wenn sie nicht bei der Eheschließung oder bei der Begründung der Lebenspartnerschaft gegenüber einem deutschen Standesamt abgegeben werden.

S. Band 11: Teil 2. Internationales Privatrecht der natürlichen Personen und der Rechtsgeschäfte S. 779.

Art. 48 Wahl eines in einem anderen Mitgliedstaat der Europäischen Union erworbenen Namens

[1]Unterliegt der Name einer Person deutschem Recht, so kann sie durch Erklärung gegenüber dem Standesamt den während eines gewöhnlichen Aufenthalts in einem anderen Mitgliedstaat der Europäischen Union erworbenen und dort in ein Personenstandsregister eingetragenen Namen wählen, sofern dies nicht mit wesentlichen Grundsätzen des deutschen Rechts offensichtlich unvereinbar ist. [2]Die Namenswahl wirkt zurück auf den Zeitpunkt der Eintragung in das Personenstandsregister des anderen Mitgliedstaats, es sei denn, die Person erklärt ausdrücklich, dass die Namenswahl nur für die Zukunft wirken soll. [3]Die Erklärung muss öffentlich beglaubigt oder beurkundet werden. [4]Artikel 47 Absatz 1 und 3 gilt entsprechend.

S. Band 11: Teil 2. Internationales Privatrecht der natürlichen Personen und der Rechtsgeschäfte S. 793.

Einführungsgesetz zum Bürgerlichen Gesetzbuche

In der Fassung der Bekanntmachung vom 21. September 1994
(BGBl. 1994 I S. 2494, ber. BGBl. 1997 I S. 1061)

Zuletzt geändert durch Art. 2 Abs. 4 Gesetz zur Einführung des Rechts auf Eheschließung für Personen gleichen Geschlechts vom 20. Juli 2017 (BGBl. 2017 I S. 2787)

Erster Teil. Allgemeine Vorschriften

Zweites Kapitel. Internationales Privatrecht

Erster Abschnitt. Allgemeine Vorschriften

Art. 3 EGBGB Anwendungsbereich; Verhältnis zu Regelungen der Europäischen Union und zu völkerrechtlichen Vereinbarungen

Soweit nicht
1. unmittelbar anwendbare Regelungen der Europäischen Union in ihrer jeweils geltenden Fassung, insbesondere
   a) die Verordnung (EG) Nr. 864/2007 des Europäischen Parlaments und des Rates vom 11. Juli 2007 über das auf außervertragliche Schuldverhältnisse anzuwendende Recht (Rom II),
   b) die Verordnung (EG) Nr. 593/2008 des Europäischen Parlaments und des Rates vom 17. Juni 2008 über das auf vertragliche Schuldverhältnisse anzuwendende Recht (Rom I),
   c) Artikel 15 der Verordnung (EG) Nr. 4/2009 des Rates vom 18. Dezember 2008 über die Zuständigkeit, das anwendbare Recht, die Anerkennung und Vollstreckung von Entscheidungen und die Zusammenarbeit in Unterhaltssachen in Verbindung mit dem Haager Protokoll vom 23. November 2007 über das auf Unterhaltspflichten anzuwendende Recht,
   d) die Verordnung (EU) Nr. 1259/2010 des Rates vom 20. Dezember 2010 zur Durchführung einer Verstärkten Zusammenarbeit im Bereich des auf die Ehescheidung und Trennung ohne Auflösung des Ehebandes anzuwendenden Rechts sowie
   e) die Verordnung (EU) Nr. 650/2012 des Europäischen Parlaments und des Rates vom 4. Juli 2012 über die Zuständigkeit, das anzuwendende Recht, die Anerkennung und Vollstreckung von Entscheidungen und die Annahme und Vollstreckung öffentlicher Urkunden in Erbsachen sowie zur Einführung eines Europäischen Nachlasszeugnisses oder
2. Regelungen in völkerrechtlichen Vereinbarungen, soweit sie unmittelbar anwendbares innerstaatliches Recht geworden sind,

maßgeblich sind, bestimmt sich das anzuwendende Recht bei Sachverhalten mit einer Verbindung zu einem ausländischen Staat nach den Vorschriften dieses Kapitels (Internationales Privatrecht).

Schrifttum zum Begriff des IPR (Art. 3 letzter Halbs.): *Jahr,* Internationale Geltung nationalen Rechts, RabelsZ 54 (1990), 481; *Harald Koch,* Kollisionsrecht und Auslandsbezug: Wie international ist das IPR?, FS Magnus, 2014, 475; *Maultzsch,* Parteiautonomie bei reinen Inlandsfällen im Internationalen Privat-, Prozess- und Schiedsverfahrensrecht, FS v. Hoffmann, 2011, 304; *Michael F. Müller,* Mehrdeutige Begriffe im Internationalen Privatrecht, Jura 2015, 1319.

Schrifttum zu Regelungen der EU: Hier ist nur das allgemeine aktuelle Schrifttum zur Europäisierung des IPR aufgeführt; zu den einzelnen Rechtsakten s. die Angaben vor den jeweiligen Kommentierungen; zur Auswirkung auf einzelne Fragen des AT (insbesondere Art. 5, Art. 6) s. jeweils die dortigen Angaben; zu allgemeinen Methodenfragen (Vorfragen, Qualifikation usw.) s. auch die Angaben in der Einl. Zum älteren Schrifttum (vor 1994) s. die umfassenden Nachweise in *Brödermann/Iversen,* Europäisches Gemeinschaftsrecht und Internationales Privatrecht, 1994, 476 ff.

Andrae, Kollisionsrecht nach dem Lissabonner Vertrag, FPR 2010, 505; *Anweiler,* Die Auslegungsmethoden des Gerichtshofs der Europäischen Gemeinschaft, 1997; *Audit,* L'interprétation autonome du droit international privé communautaire, Clunet 2004, 789; *Baarsma,* European choice of law on divorce (Rome III): Where did it go wrong?, NIPR 2009, 9; *Baratta,* Note sull'evoluzione del diritto internazionale privato in chiave europea, Riv. dir. int. priv. proc. 51 (2015), 721; *Blanca Ballester* (European Added Value Unit), Cost of Non-Europe Report, European Code on Private International Law, PE 504.468, CONE 3/2013, abrufbar unter http://www.euro-parl.europa.eu; *v. Bar,* Europäisches Gemeinschaftsrecht und Internationales Privatrecht,1991; *Bariatti/Pataut,* Codification et théorie générale du droit international privé, in Fallon/Lagarde/Poillot-Peruzzetto, Quelle architecture pour un code européen de droit international privé?, 2011, 337; *Basedow,* Der kollisionsrechtliche Gehalt der Produktfreiheiten im europäischen Binnenmarkt: favor offerentis, RabelsZ 59 (1995), 1; *Basedow,* Europäisches Internationales Privatrecht, NJW 1996, 1921; *Basedow,* A common contract law for the common market, C. M. L. Rev. 1996, 1169; *Basedow,* Die Harmonisierung des Kollisionsrechts nach dem Vertrag von Amsterdam, EuZW 1997, 609; *Basedow,* The Communitarization of the Conflict of Laws under the Treaty of Amsterdam, C. M. L. Rev. 2000, 687; *Basedow,* Spécificite et coordination du droit international privé communautaire, Travaux du Comité Français de droit international privé, années 2002–2004 (2005), 275; *Basedow,* Kodifizierung des europäischen internationalen Privatrechts?, RabelsZ 75 (2011), 671; *Basedow,* Der Raum des Rechts und das Internationale Privatrecht, FS Sajko, 2012, 1; *Basedow,* Kohärenz im Internationalen Privat- und Verfahrensrecht der EU: Eine einleitende Orientierung, in v. Hein/Rühl, Kohärenz im Internationalen Privat- und Verfahrensrecht der Europäischen Union, 2016, 3; *Basedow,* Brexit und das Privat- und Wirtschaftsrecht, ZEuP 2016, 567; *Baumert,* Europäischer ordre public und Sonderanknüpfung zur Durchsetzung von EG-Recht – unter besonderer Berücksichtigung der sog. mittelbaren horizontalen Wirkung von EG-Richtlinienbestimmungen, 1994; *Beaumont,* A Critical Analysis of the Judicial Activism of the Court of Justice of the European Union in Opinion 1/13, in Franzina, The External Dimension of EU Private International Law After Opinion 1/13, 2016, 43; *Benicke/ Zimmermann,* Internationales Namensrecht im Spannungsfeld zwischen IPR, Europäischem Gemeinschaftsrecht und Europäischer Menschenrechtskonvention, IPRax 1995, 141; *Bogdan,* Some Nordic Reflections on the Desirability of an EU Code of Private International Law, in Fallon/Lagarde/Poillot-Peruzzetto, Quelle architecture pour un code européen de droit international privé?, 2011, 253; *Bogdan,* Concise Introduction to EU Private International Law, 3. Aufl. 2016; *Brand,* Abschied vom einheitlichen EU-Recht, DRiZ 2011, 56; *Brechmann,* Die richtlinienkonforme Auslegung, 1994; *Brödermann,* Europäisches Gemeinschaftsrecht versus IPR: Einflüsse und Konformitätsgebot, MDR 1992, 89; *Buck,* Über die Auslegungsmethoden des Gerichtshofs der Europäischen Gemeinschaft, 1998; *van Calster,* On the Role of Borders in European Conflict of Laws, Liber Amicorum Erauw, 2014, 219; *van Calster,* European Private International Law, 2. Aufl. 2016; *Canaris,* Die richtlinienkonforme Auslegung und Rechtsfortbildung im System der juristischen Methodenlehre, FS Bydlinski, 2002, 47; *Coester-Waltjen,* Die Rolle des EuGH im internationalen Privat- und Verfahrensrecht, in Kieninger/Remien, Europäische Kollisionsrechtsvereinheitlichung, 2012, 77; *Corneloup/Nourissat,* Quelle structure pour un code européen de droit international privé?, in Fallon/Lagarde/Poillot-Peruzzetto, Quelle architecture pour un code européen de droit international privé?, 2011, 257; *Czepelak,* Would We Like to Have a European Code of Private International Law?, ERPL 2010, 705; *Danov/Beaumont,* Measuring the Effectiveness of the EU Civil Justice Framework: Theoretical and Methodological Challenges, YbPIL 17 (2015/16), 151; *Dederichs,* Die Methodik des Gerichtshofes der Europäischen Gemeinschaften, EuR 2004, 345; *Dickinson,* European Private International Law: embracing new horizons or mourning the past, JPIL 1 (2005), 197; *Dickinson,* Back to the future: the UK's EU exit and the conflict of laws, JPIL 12 (2016) 195; *Dohrn,* Die Kompetenzen der Europäischen Gemeinschaft im internationalen Privatrecht, 2004; *Domej,* Das Verhältnis nach „außen": Europäische v. Drittstaatensachverhalte, in v. Hein/Rühl, Kohärenz im Internationalen Privat- und Verfahrensrecht der Europäischen Union, 2016, 90; *Douchy-Oudot/Guinchard,* La Justice Civile Européenne en Marche, 2012; *Drobnig,* European Private International Law after the Treaty of Amsterdam: Perspectives for the Next Decade, King's College L.J. 11 (2000), 190; *Dutta,* Gemeinsame oder getrennte Kodifikation von IPR- und IZVR auf europäischer Ebene: Die bisherigen und geplanten Verordnungen im Familien- und Erbrecht als Vorbilder für andere Rechtsgebiete?, in v. Hein/Rühl, Kohärenz im Internationalen Privat- und Verfahrensrecht der Europäischen Union, 2016, 27; *van der Eem,* Le droit international privé dans le nexus de l'intégration européenne, 2012; *Fallon,* Les conflits de lois et de juridictions dans un espace économique intégré, Rec. des Cours 253 (1995), 9; *Fallon,* Le domaine spatial d'un code européen de droit international privé. Émergence et modalités de règles de caractère universel, in Fallon/Lagarde/Poillot-Peruzzetto, Quelle architecture pour un code européen de droit international privé?, 2011, 137; *Fiorini,* Harmonizing the law applicable to divorce and legal separation – Enhanced cooperation as the way forward?, Int. Comp. L. Q. 59 (2010), 1143; *Fiorini,* Qu'y a-t-il en un nom? Un vrai code pour le droit international privé européen, in Fallon/Lagarde/ Poillot-Peruzzetto, Quelle architecture pour un code européen de droit international privé?, 2011, 27; *Freitag,* Der Einfluss des europäischen Gemeinschaftsrechts auf das internationale Produkthaftungsrecht, 2000; *Frenz,* Justizielle Zusammenarbeit in Zivilsachen, JR 2011, 277; *Furrer,* Meilensteine im Europäischen Kollisionsrecht, SZIER 2008, 3; *Gardeñes Santiago,* Les exigences du marché intérieur dans la consctruction d'un code européen de droit international privé, en particulier la place de la confiance et de la reconnaissance mutuelle, in Fallon/ Lagarde/Poillot-Peruzzetto, Quelle architecture pour un code européen de droit international privé?, 2011, 89; *Gebauer,* Europäische Auslegung des Zivilrechts, in Gebauer/Wiedmann, Zivilrecht unter europäischem Einfluss, 2. Aufl. 2010, Kap. 3; *Geier,* Internationales Privat- und Verfahrensrecht in föderalen Systemen: kollisions- und verfahrensrechtliche Anerkennungspflichten in der Europäischen Union und den Vereinigten Staaten von Amerika, 2013; *Gounalakis/Radke,* Das Verhältnis des Internationalen Privatrechts zum Europäischen Gemeinschaftsrecht am Beispiel des Diskriminierungsverbots (Art. 6 EGV), der Niederlassungsfreiheit (Art. 52, 58 EGV) und des Kollisionsrechts der EG-Datenschutzrichtlinie, ZVglRWiss. 98 (1999), 1; *v. Hein,* EUPILLAR – Einführung in ein internationales Forschungsprojekt, ZVglRWiss 115 (2016), 483; *Heinze,* Bausteine eines Allgemeinen Teils des europäischen Internationalen Privatrechts, FS Kropholler, 2008, 105; *Hess,* Binnenverhältnisse im Europäischen Zivilprozessrecht: Grenzüberschreitende v. nationale Sachverhalte, in v. Hein/Rühl, Kohärenz im Internationalen Privat- und Verfahrensrecht der Europäischen Union, 2016, 67; *Hess,* Back to the Past: BREXIT und das europäische internationale Privat- und Verfahrensrecht, IPRax 2016, 409; *Heymann,* Importing Proportionality to the Conflict of Laws, in Muir Watt/Fernández Arroyo, Private International Law and Global Governance, 2014, 277; *Höpping,* Auswirkungen der Warenverkehrsfreiheit auf das IPR – unter besonderer Berücksichtigung des Internationalen Produkthaftungsrechts und des Internationalen Vertragsrechts, 1997; *v. Hoffmann,* Richtlinien der Europäischen Gemeinschaft und Internationales Privatrecht, ZfRV 1995, 45; *v. Hoffmann,* European Private International Law, 1998; *Hommelhoff/Jayme/Mangold,* Europäischer Binnenmarkt, Internationales Privatrecht und Rechtsangleichung, 1995; *Jayme,* Ein Internationales Privatrecht für Europa, 1991; *Jayme,* Europäischer Binnenmarkt – Einwirkungen auf das Internationale Privatrecht, FS Skapski, 1994, 141; *Jayme,* Klauselrichtlinie und internationales Privatrecht – Eine Skizze, FS Trinkner, 1995, 575; *Jayme,* Europäisches Kollisionsrecht: Grundlagen – Grundfragen, in Müller-Graff, Perspektiven des Rechts in der Europäischen Union, 1998, 1; *Jayme,* Kodifikation und Allgemeiner Teil im IPR, in Leible/Unberath, Brauchen wir eine Rom 0-Verordnung, 2013, 33; *Jayme/Kohler,* Das Internationale Privat- und Verfahrensrecht der EG 1991 – Harmonisierungsmodell oder Mehrspurigkeit des Kollisionsrechts, IPRax 1991, 361; *Jayme/Kohler,* Das Internationale Privat- und Verfahrensrecht der EG nach Maastricht, IPRax 1992, 346; *Jayme/Kohler,* Das Internationale Privat- und Verfahrensrecht der EG 1993 – Spannungen zwischen Staatsverträgen und Richtlinien, IPRax 1993, 357; *Jayme/Kohler,* Europäisches Kollisionsrecht 1994: Quellenpluralismus und offene Kontraste, IPRax 1994, 405; *Jayme/Kohler,* Europäisches Kollisionsrecht 1995 – Der Dialog der Quellen, IPRax 1995, 343; *Jayme/Kohler,* L'interaction des règles de conflit contenues dans le droit dérivé de la Communauté Européenne et des conventions de Bruxelles et de Rome, Rev. crit. dr. int. pr. 1995, 1; *Jayme/Kohler,* Europäisches Kollisionsrecht 1996 – Anpassung und Transformation der nationalen Rechte, IPRax 1996, 377; *Jayme/Kohler,* Europäisches Kollisionsrecht 1997 – Vergemeinschaftung durch „Säulenwechsel"?, IPRax 1997, 385; *Jayme/Kohler,* Europäisches Kollisionsrecht 1998: Kulturelle Unterschiede und Parallelaktionen, IPRax 1998, 417; *Jayme/Kohler,* Europäisches Kollisionsrecht 1999: Die Abendstunde der Staatsverträge, IPRax 1999, 401; *Jayme/Kohler,* Europäisches Kollisionsrecht 2000: Interlokales Privatrecht oder universelle Gemeinschaftsrecht?, IPRax 2000, 454; *Jayme/Kohler,* Europäisches Kollisionsrecht 2001: Anerkennungsprinzip statt IPR?, IPRax 2001, 501; *Jayme/Kohler,* Europäisches Kollisionsrecht 2002: Zur Wiederkehr des Internationalen Privatrechts, IPRax 2002, 461; *Jayme/Kohler,* Europäisches Kollisionsrecht 2004: Territoriale Erweiterung und methodische Rückgriffe, IPRax 2004, 281; *Jayme/Kohler,* Europäisches Kollisionsrecht: Hegemonialgesten auf dem Weg zu einer Gesamtvereinheitlichung, IPRax 2005, 481; *Jayme/Kohler,* Europäisches Kollisionsrecht 2006: Eurozentrismus ohne Kodifikationsidee?, IPRax 2006, 537; *Jayme/Kohler,* Europäisches Kollisionsrecht 2007: Windstille im Erntefeld der Integration, IPRax 2007, 493; *Junker,* Die einheitliche europäische Auslegung nach dem EG-Schuldvertragsübereinkommen, RabelsZ 55 (1991), 674; *Kadner Graziano,* Gemeinsame oder getrennte Kodifikation von IPR und IZVR: Das schweizerische IPR-Gesetz als Modell für eine europäische Gesamtkodifikation – Lehren für die EU?, in v. Hein/Rühl, Kohärenz im Internationalen Privat- und Verfahrensrecht der Europäischen Union, 2016, 44; *Kessedjian,* Un code européen au regard des objectifs du droit international privé, in Fallon/Lagarde/Poillot-Peruzzetto, Quelle architecture pour un code européen de droit international privé?, 2011, 107; *Kieninger,* Mobiliarsicherheiten im Europäischen Binnenmarkt. Zum Einfluss der Warenverkehrsfreiheit auf das nationale und internationale Sachenrecht der Mitgliedstaaten, 1996; *Kieninger,* Securities in movable property within the Common Market, Eur. Rev. Priv. L. 4 (1996), 41; *Kieninger,* Das Europäische IPR vor der Kodifikation, FS v. Hoffmann, 2011, 184; *Kieninger,* Die weitere Kodifikation des europäischen IPR, IPRax 2017, 200; *Knoefel,* EC Legislation on Conflict of Laws: Interactions and Incompatibilities between Conflicts Rules, Int. Comp. L. Q. 47 (1998), 439; *Kohler,* Einheit, Vielheit und Relativität im Kollisionsrecht der EG-Mitgliedstaaten, IPRax 1992, 277; *Kohler,* Die Formung europäischen Kollisionsrechts durch den Gerichtshof der Europäischen Gemeinschaften, in Reichelt, Europäisches Kollisionsrecht, 1993, 13; *Kohler* Internationales Privatrecht und europäische Integration, FS Trusen, 1994, 543; *Kohler* La Cour de justice des Communautés européennes et le droit international privé, Travaux du Comité Français de droit international privé, années 1993–1995 (1996), 71; *Kohler* Interrogations sur les sources du droit international privé européen après le traité d'Amsterdam, Rev. crit. dr. int. pr. 88 (1999), 1; *Kohler* Europäisches Kollisionsrecht zwischen Amsterdam und Nizza, 2001; *Kohler,* Panel Introduction and Review, in: CILE Studies, Private Law, Private International Law & Judicial Cooperation in the EU-US Relationship, Vol. 2, 2005, S. 137; *Kohler* Musterhaus oder Luftschloss? Zur Architektur einer Kodifikation des Europäischen Kollisionsrechts, IPRax 2011, 419; *Xandra Kramer* et al., A European Framework for private international law: Current gaps and future perspectives, 9.10.2012, (IP/C/JURI/IC2012-009), abrufbar unter http://www.europarl.europa.eu/; *Krebber,* Die volle Wirksamkeit von Richtlinien in länderübergreifenden Sachverhalten. Der räumliche Geltungsanspruch von Richtlinien und seine Bedeutung für das internationale Privatrecht, ZVglRWiss. 97 (1998), 124; *Kreuzer,* Die Europäisierung des Internationalen Privatrechts – Vorgaben des Gemeinschaftsrechts, in Müller-Graff, Gemeinsames Privatrecht in der Europäischen Gemeinschaft, 2. Aufl. 1999, 457; *Kreuzer,* Was gehört in den allgemeinen Teil eines Europäischen Kollisionsrechtes?, in Jud/Rechberger/Reichelt, Kollisionsrecht in der Europäischen Union, 2008, 1; *Kroll-Ludwigs,* Die Rolle der Parteiautonomie im europäischen Kollisionsrecht, 2013; *Kropholler,* Eine Auslegungskompetenz des Gerichtshofs der Europäischen Gemeinschaften für das Internationale Schuldvertragsrecht, in Stoll, Stellungnahmen und Gutachten zum Europäischen Zivilverfahrens- und Versicherungsrecht, 1991, 171; *Kropholler,* Die Auslegung von EG-Verordnungen im Internationalen Privat- und Verfahrensrecht, in Basedow u. a., Aufbruch nach Europa, 2001, 583; *Kuipers,* The Law Applicable to Divorce as Test Ground for Enhanced Cooperation, Eur. L. J. 18 (2012), 201; *Laazouzi,* La clause „marché intérieur", in Azzi/Boskovic, Quel avenir pour la théorie générale des conflits de lois, 2015, 205;

Lagarde, L'unification des conflits de lois et des conflits de juridiction dans l'Europe communautaire: un modèle pour l'Europe de l'Est?, in v. Bar, Perspektiven des IPR nach dem Ende der Spaltung Europas, 1993, 207; *Lagarde/ v. Hoffmann*, L'européanisation du droit international privé, 1996; *Langenbucher*, Europarechtliche Methodenlehre, in Langenbucher, Europarechtliche Bezüge des Privatrechts, 2008, 1; *Lehmann/Zetzsche*, Die Auswirkungen des Brexit auf das Zivil- und Wirtschaftsrecht, JZ 2017, 62; *Leible*, Auf dem Weg zu einer Rom 0-Verordnung? – Plädoyer für einen Allgemeinen Teil des europäischen IPR, FS Martiny, 2014, 429; *Leible/Staudinger*, Art. 65 EGV im System der EG-Kompetenzen, EuLF 2000/01 (D), 225; *Lein*, Unchartered Territory? A Few Thoughts on Private International Law post Brexit, YbPIL 17 (2015/16), 33; *Lignier/Geier*, Die verstärkte Zusammenarbeit in der Europäischen Union, RabelsZ 79 (2015), 546; *de Ly/Wouters*, Europees Gemeenschapsrecht en Internationaal Privaatrecht, 1996; *Majer*, Die Geltung der EU-Erbrechtsverordnung für reine Drittstaatensachverhalte, ZEV 2011, 445; *Lord Mance*, The future of Private International Law, JPIL 2005, 185; *Mansel/Thorn/Wagner*, Europäisches Kollisionsrecht 2008: Fundamente der Europäischen IPR-Kodifikation, IPRax 2009, 1; *Mansel/Thorn/Wagner*, Europäisches Kollisionsrecht 2010: Verstärkte Zusammenarbeit als Motor der Vereinheitlichung, IPRax 2011, 1; *Mansel/Thorn/Wagner*, Europäisches Kollisionsrecht 2011: Gegenläufige Entwicklungen, IPRax 2012, 1; *Mansel/ Thorn/Wagner*, Europäisches Kollisionsrecht 2012: Voranschreiten des Kodifikationsprozesses – Flickenteppich des Einheitsrechts, IPRax 2013, 1; *Mansel/Thorn/Wagner*, Europäisches Kollisionsrecht 2013: Atempause im Status Quo, IPRax 2014, 1; *Mansel/Thorn/Wagner*, Europäisches Kollisionsrecht 2014: Jahr des Umbruchs, IPRax 2015, 1; *Mansel/Thorn/Wagner*, Europäisches Kollisionsrecht 2015: Neubesinnung, IPRax 2016, 1; *Mansel/Thorn/Wagner*, Europäisches Kollisionsrecht 2016: Brexit ante portas!, IPRax 2017, 1; *Meeusen*, Instrumentalisation of Private International Law in the European Union: Towards a European Conflicts Revolution, Eur. J. Migr. L. 2007, 287; *Meeusen*, La priorité de l'Espace de Liberté, de Sécurité et de Justice et l'élaboration d'un code européen de droit international privé, in Fallon/Lagarde/Poillot-Peruzzetto, Quelle architecture pour un code européen de droit international privé?, 2011, 69; *Meeusen*, A SWOT Analysis of EU Private International Law, Liber Amicorum Erauw, 2014, 139; *Michaels*, EU Law as Private International Law? Reconceptualising the Country-of-Origin Principle as Vested-Rights Theory, JPIL 2 (2006), 195; *Michaels/Kamann*, Europäisches Verbraucherschutzrecht und IPR, JZ 1997, 601; *de Miguel Asensio/Bergé*, The Place of International Agreements and European Law in a European Code of Private International Law, in Fallon/Lagarde/Poillot-Peruzzetto, Quelle architecture pour un code européen de droit international privé?, 2011, 185; *Mills*, Federalism in the European Union and the United States: Subsidiarity, Private Law, and the Conflict of Laws, U. Pa. J. Int'l L. 32 (2010), 369; *Mills*, Private International Law and EU External Relations: Think Local Act Global, or Think Global Act Local?, Int. Comp. L. Q. 65 (2016), 541; *Mülbert*, Privatrecht, die EG-Grundfreiheiten und der Binnenmarkt, ZHR 1995, 2; *Muir Watt*, La nécessité de la division tripartite. Conflit de lois, de juridiction, règles de reconnaissance et d'exécution?, in Fallon/Lagarde/Poillot-Peruzzetto, Quelle architecture pour un code européen de droit international privé?, 2011, 213; *Nielsen*, Denmark and EU Civil Cooperation, ZEuP 2016, 300; *Poillot-Peruzzetto*, La priorité de l'Espace de Liberté, de Sécurité et de Justice et l'élaboration d'un code européen de droit international privé, in Fallon/Lagarde/Poillot-Peruzzetto, Quelle architecture pour un code européen de droit international privé?, 2011, 51; *Pustorino*, Observations sur les principes généraux opérant dans le droit international privé et procédural communautaire, Rev. dr. U. E., 2005, 113; *Radicati di Brozolo*, L'influence sur les conflits de lois des principes du droit communautaire en matière de liberté de circulation, Rev. crit. dr. int. pr. 1993, 401; *Reichelt*, Der Beitrag des Internationalen Privatrechts zur Europäischen Integration, in *Reichelt*, Europäisches Kollisionsrecht, 1993, 115; *Reinhart*, Zur einheitlichen Auslegung vereinheitlichter IPR-Normen nach Art. 36 EGBGB, RIW 1994, 445; *Remien*, European Private International Law, the European Community and Its Emerging Area of Freedom, Security and Justice, C. M. L. Rev. 2001, 53; *Riesenhuber*, Die Auslegung, in Riesenhuber, Europäische Methoden-lehre, 3. Aufl. 2015, § 10; *Rigaux*, Droit international privé et droit communautaire, FS Loussouarn, 1994, 341; *Rodríguez Iglesias*, Der EuGH und die Gerichte der Mitgliedstaaten: Komponenten der richterlichen Gewalt in der Europäischen Union, NJW 2000, 1889; *W.-H. Roth*, Internationales Versicherungsvertragsrecht: Das Versiche-rungsverhältnis im internationalen Vertragsrecht, 1985; *W.-H. Roth*, Der Einfluß des Europäischen Gemeinschafts-rechts auf das Internationale Privatrecht, RabelsZ 55 (1991), 623; *W.-H. Roth*, Angleichung des IPR durch sekundäres Gemeinschaftsrecht, IPRax 1994, 165; *W.-H. Roth*, Die Freiheiten des EG-Vertrages und das nationale Privatrecht – Zur Entwicklung internationaler Sachnormen für europäische Sachverhalte, ZEuP 1994, 5; *W.-H. Roth*, Die Grundfreiheiten und das Internationale Privatrecht – das Beispiel Produkthaftung –, GS Lüderitz, 2000, 635; *W.-H. Roth*, Europäische Kollisionsrechtsvereinheitlichung: Überblick – Kompetenzen – Grundfragen, in Kieninger/Remien, Europäische Kollisionsrechtsvereinheitlichung, 2012, 11 = EWS 2011, 314; *Rueda*, La place de la matière administrative et des immunités au sein d'un code européen de droit international privé, in Fallon/ Lagarde/Poillot-Peruzzetto, Quelle architecture pour un code européen de droit international privé?, 2011, 223; *Rühl*, Bessere und intelligente Rechtsetzung: Die Evaluation von Verordnungen zum Internationalen Privat- und Verfahrensrecht, ZVglRWiss 115 (2016), 499; *Rühl*, Die Wahl englischen Rechts und englischer Gerichte nach dem Brexit, JZ 2017, 72; *Rühl/v. Hein*, Towards a European Code on Private International Law?, RabelsZ 79 (2015), 701; *Schack*, Die EG-Kommission auf dem Holzweg von Amsterdam, ZEuP 1999, 805; *Schmeinck*, IPR und Europäisches Gemeinschaftsrecht, FS Bleckmann, 1993, 251; *M. Schmidt*, Privatrechtsangleichende EU-Richtlinien und nationale Auslegungsmethoden, RabelsZ 59 (1995), 568; *Schockweiler*, La codification du droit international privé dans la Communauté Européenne, FS Droz, 1996, 391; *A. Schulz*, Die EU und die Haager Konferenz für Internationales Privatrecht, in v. Hein/Rühl, Kohärenz im Internationalen Privat- und Verfahrens-recht der Europäischen Union, 2016, 110; *R. Schulze*, Die Auslegung europäischen Privatrechts und angeglichenen Rechts, 1999; *Siehr*, Auf dem Weg zu einem Europäischen Internationalen Privatrecht, EuZ 2005, 90; *Siehr*, Die Kodifikation des Europäischen IPR – Hindernisse, Aufgaben und Lösungen, in Jud/Rechberger/Reichelt, Kollisionsrecht in der Europäischen Union, 2008, 77; *Sommer*, Der Einfluss der Freizügigkeit auf Namen und

Status von Unionsbürgern, 2009; *Sonnenberger,* Europarecht und Internationales Privatrecht, ZVglRWiss. 1996, 3; *Sonnenberger,* Die Umsetzung kollisionsrechtlicher Regelungsgebote in EG-Richtlinien, ZEuP 1996, 382; *Sonnenberger,* Grenzen der Verweisung durch europäisches internationales Privatrecht, IPRax 2011, 325; *Steindorff,* Europäisches Gemeinschaftsrecht und deutsches Internationales Privatrecht, EuR 1981, 426; *Stotz,* Die Rechtsprechung des EuGH, in Riesenhuber, Europäische Methodenlehre, 3. Aufl. 2015, § 22; *Struycken,* Les conséquences de l'intégration européenne sur le développement du droit international privé, Rec. des Cours 1992 II, 257; *Struycken,* Das Internationale Privatrecht der Europäischen Gemeinschaft im Verhältnis zu Drittstaaten und zur Haager Konferenz, ZEuP 2004, 276; *M. Stürner,* Die justizielle Zusammenarbeit im Privatrecht der EU, Jura 2015, 813; *Taupitz,* Das internationale Produkthaftungsrecht im Zugriff der europäischen Warenverkehrsfreiheit: Abschied vom favor laesi?, ZEuP 5 (1997), 986; *Taupitz,* Europäisches Gemeinschaftsrecht versus nationales IPR: Vorgaben der Warenverkehrsfreiheit für den Gestaltungsspielraum des Internationalen Produkthaftungsrechts, ZEuP 1998, 17; *Thomale,* Verstärkte Zusammenarbeit als Einigungsersatz? – Eine Gegenrede am Beispiel des Europäischen Privat- und Gesellschaftsrechts, ZEuP 2015, 517; *Thue,* European Private International Law as the European Solution, and the European Economic Area (EEA/EWR) Problem, in Reichelt, Europäisches Gemeinschaftsrecht und IPR, 2007, 93; *Trüten,* Die Entwicklung des Internationalen Privatrechts in der Europäischen Union, 2015; *Vékás,* Der Weg zur Vergemeinschaftung des Internationalen Privat- und Verfahrensrechts – eine Skizze, Liber Memorialis Šarčević, 2006, 171; *R. Wagner,* Zur Kompetenz der Europäischen Gemeinschaft in der justiziellen Zusammenarbeit in Zivilsachen, IPRax 2007, 290; *R. Wagner,* Vereinheitlichung des Internationalen Privat- und Zivilverfahrensrechts neun Jahre nach Inkrafttreten des Amsterdamer Vertrags, NJW 2008, 2225; *R. Wagner,* Der Grundsatz der Rechtswahl und das mangels Rechtswahl anzuwendende Recht (Rom I-Verordnung), IPRax 2008, 377; *R. Wagner,* Praktische Erfahrungen mit der Rechtsvereinheitlichung in der justiziellen Zusammenarbeit in Zivilsachen, in Kieninger/Remien, Europäische Kollisionsrechtsvereinheitlichung, 2012, 51 (zitiert: *Wagner* Praktische Erfahrungen); *R. Wagner,* Das rechtspolitische Umfeld für eine Rom 0-Verordnung, in Leible/Unberath, Brauchen wir eine Rom 0-Verordnung, 2013, 51; *R. Wagner,* Fünfzehn Jahre justizielle Zusammenarbeit in Zivilsachen, IPRax 2014, 217; *R. Wagner,* EU-Kompetenz in der justiziellen Zusammenarbeit in Zivilsachen, RabelsZ 79 (2016), 521; *R. Wagner,* Das Europäische Kollisionsrecht im Spiegel der Rechtspolitik, in Arnold, Grundfragen des Europäischen Kollisionsrechts, 2016, 105; *R. Wagner/P. Scholz,* Der Referentenentwurf eines Gesetzes zur Durchführung der EU-Erbrechtsverordnung, FamRZ 2014, 714; *M. Weller,* Europäisches Kollisionsrecht, 2016; *Wendehorst,* Kollisionsnormen im primären Europarecht?, FS Heldrich, 2005, 1071; *von Wilmowsky,* Der internationale Verbrauchervertrag im EG-Binnenmarkt, ZEuP 1995, 735; *von Wilmowsky,* EG-Freiheiten und Vertragsrecht, JZ 1996, 590; *von Wilmowsky,* EG-Vertrag und kollisionsrechtliche Rechtswahlfreiheit, RabelsZ 62 (1998), 1.

Schrifttum zu kollisionsrechtlichen Staatsverträgen: *Basedow,* EU-Kollisionsrecht und Haager Konferenz – Ein schwieriges Verhältnis, IPRax 2017, 194; *Bischoff,* Die Europäische Gemeinschaft und die Konventionen des einheitlichen Privatrechts, 2010; *Bischoff,* Die Europäische Gemeinschaft und die Haager Konferenz für Internationales Privatrecht, ZEuP 2008, 333; *Bothe,* Die Wiener Konvention über das Recht der Verträge zwischen Staaten und internationalen Organisationen und zwischen internationalen Organisationen, NJW 1991, 2169; *Buchs,* Die unmittelbare Anwendbarkeit völkerrechtlicher Vertragsbestimmungen. Am Beispiel der Rechtsprechung der Gerichte Deutschlands, Österreichs, der Schweiz und der Vereinigten Staaten von Amerika, 1993; *Delbrück/Matscher/Siehr,* Multilaterale Staatsverträge erga omnes und deren Inkorporation in nationale IPR-Kodifikationen – Vor- und Nachteile einer solchen Rezeption, BerGesVR 27 (1986); *Dutoit/Majoros,* Le cas des conflits de conventions en droit privé et leurs solutions possibles, Rev. crit. dr. int. pr. 1984, 383; *Ellger,* Europäische Menschenrechtskonvention und deutsches Privatrecht, RabelsZ 63 (1999), 625; *Gottschalk,* Allgemeine Lehren des IPR in kollisionsrechtlichen Staatsverträgen, 2002; *v. Hein,* Konflikte zwischen völkerrechtlichen Übereinkommen und europäischem Sekundärrecht auf dem Gebiet des IPR, FS Meinhard Schröder, 2012, 29; *Jayme,* Staatsverträge zum Internationalen Privatrecht – Internationalprivatrechtliche, staatsrechtliche, völkerrechtliche Aspekte, BerGesVR 16 (1975), 7; *Keller,* Hinweise auf Staatsverträge im IPR-Gesetz, FS v. Overbeck, 1990, 279; *Klabbers,* The Concept of Treaty in International Law, 1996; *Klabbers,* The New Dutch Law on the Approval of Treaties, Int. Comp. L.Q. 44 (1995), 629; *Kort,* Zur europarechtlichen Zulässigkeit von Abkommen der Mitgliedstaaten untereinander, JZ 1997, 640; *Kreuzer,* Gemeinschaftskollisionsrecht und universales Kollisionsrecht, FS Kropholler, 2008, 129; *van Loon,* The transnational context: Impact of the global Hague and regional European instruments, Riv. dir. int. priv. proc. 51 (2015) 743; *Majoros,* Konflikte zwischen Staatsverträgen auf dem Gebiet des Privatrechts, RabelsZ 46 (1982), 84; *Majoros,* Das Kollisionsrecht der Konventionskonflikte etabliert sich: Die Regel der maximalen Wirksamkeit in der doctrine des schweizerischen Bundesgerichts, FS Neumayer, 1986, 431; *Meessen,* Staatsverträge zum Internationalen Privatrecht – Vökerrechtliche und verfassungsrechtliche Aspekte, BerGesVR 16 (1975), 49; *Meyer-Sparenberg,* Staatsvertragliche Kollisionsnormen, 1990; *Mus,* Conflicts between Treaties in International Law, NILR 1998, 208; *Oehmichen,* Die unmittelbare Anwendbarkeit der völkerrechtlichen Verträge der EG, 1992; *Pirrung,* Internationale und europäische Einflüsse auf die IPR-Reform von 1986, IPRax 2017, 124; *Tallon,* International Conventions and Domestic Law. The Impact of International Conventions on Municipal Law, in Markesinis, The Gradual Convergence, 1994, 133; *Schaub,* Grundlagen und Entwicklungstendenzen des europäischen Kollisionsrechts, JZ 2005, 328; *Siehr,* Kollisionen des Kollisionsrechts, FS Kropholler, 2008, 211; *Vázquez,* The Four Doctrines of Self-executing Treaties, Am. J. Int. L. 89 (1995), 695; *Volken,* Konventionskonflikte im IPR, 1977; *Volken,* Probleme einer nicht abgestimmten Ratifikationspolitik gegenüber Konventionen EG-fremder Herkunft, in v. Bar, Europäisches Gemeinschaftsrecht und internationales Privatrecht, 1991, 131; *Voss,* Die Bindung der Europäischen Gemeinschaft an vorgemeinschaftliche Verträge ihrer Mitgliedstaaten, SZIER 1996, 161; *Walch,* Gespaltene Normen und Parallelnormen im deutschen IPR. Zum Verhältnis zwischen staatsvertraglichem und nationalem IPR nach der Reform von 1986 unter besonderer Berücksichtigung der rechsvergleichenden Methode bei der Auslegung von Kollisionsrecht, 1991; *Wilting,* Vertragskonkurrenz im Völkerrecht, 1996; *Zoller,* La conclusion et la mise en oeuvre des traités dans les États fédérés et unitaires, Rev. int. dr. comp. 1990, 737. Zu den aktuellen Entwicklungen im Rahmen der Haager Konferenz für IPR s. die zahlreichen Beiträge in FS van Loon, A Commitment to Private International Law, 2013.

Übersicht

A. Allgemeines

I. Überblick über den Norminhalt und -zweck

Art. 3 dient hauptsächlich dem Zweck, den Rechtsanwender darauf hinzuweisen, dass unions- **1** rechtliche und staatsvertragliche Kollisionsnormen den Vorrang gegenüber dem autonomen deutschen IPR genießen.[1] Der Gesetzgeber ist hierbei von der „Erfahrung" ausgegangen, dass Kollisionsnormen internationalen Ursprungs „in der Rechtspraxis teilweise nicht genügend beachtet werden".[2] Eine konstitutive Bedeutung hat die Vorschrift insoweit nicht.[3] Zugleich gibt die Norm dem Rechtsanwender einen Leitfaden für die **internationalprivatrechtliche Prüfungsreihenfolge** an die Hand:[4] An erster Stelle sind Kollisionsnormen in unmittelbar anwendbaren Rechtsakten der EU (insbesondere Verordnungen; näher → Rn. 45 ff.) zu prüfen (Art. 3 Nr. 1); diese haben „bereits aus sich heraus Vorrang vor dem nationalen Recht"[5] (Anwendungsvorrang des Unionsrechts). Wenn diese Regelungen nicht eingreifen, weil ihr (sachlicher, räumlich-persönlicher oder intertemporaler) Anwendungsbereich nicht eröffnet ist, sind Kollisionsnormen in völkerrechtlichen Vereinbarungen heranzuziehen, die aufgrund eines Anwendungsbefehls des deutschen Gesetzgebers (Vertragsgesetz) unmittelbar anwendbares staatliches Recht geworden sind (Art. 3 Nr. 2). Ebenso kann es vorkommen, dass EU-Verordnungen zwar grundsätzlich anwendbar sind, aber nationalen Umsetzungsvorschriften des Richtlinienkollisionsrechts (→ Rn. 75 ff.) oder bestehenden Staatsverträgen der Mitgliedstaaten den Vorrang einräumen (→ Rn. 48 ff.). Erst wenn sich auch auf dieser Sprosse der Prüfungsleiter keine maßgebende Kollisionsnorm finden lässt, kommt das autonome deutsche IPR zur Anwendung.[6]

Darüber hinaus enthält Art. 3 im letzten Halbsatz eine **Legaldefinition** des Internationalen Pri- **2** vatrechts (→ Rn. 6 ff.).

II. Entwicklung der Norm

Der wesentliche Gehalt des heutigen Art. 3 fand sich bereits in der Fassung des **IPR-Neurege- 3 lungsgesetzes von 1986** (BGBl. 1986 I S. 1142). Dort enthielt Art. 3 Abs. 1 S. 1 im Kern die noch heute verwendete Legaldefinition des IPR, und Art. 3 Abs. 2 wies auf den Vorrang staatsvertraglicher Kollisionsnormen (Satz 1) sowie gemeinschaftsrechtlicher Regelungen hin (Satz 2). Es war vom Normaufbau her unglücklich, dass der vom Gesetzgeber intendierte Hinweischarakter im Hinblick auf den Vorrang staatsvertraglicher und europarechtlicher Kollisionsnormen sich erst in Abs. 2 der Vorschrift befand, während die vorangestellte Legaldefinition des IPR in Abs. 1 sich bei flüchtiger Betrachtung allein auf die Art. 3 ff. EGBGB zu beziehen schien.[7] Überdies erwies sich auch die Reihenfolge innerhalb des Abs. 2 aF, der Staatsverträge vor den maßgebenden europarechtlichen Regelungen nannte, im Lichte der zunehmenden Europäisierung des IPR im 21. Jahrhundert nicht

---

[1] BT-Drs. 10/504, 35; 16/9995, 7; 16/12104, 8.
[2] So BT-Drs. 10/504, 35 unter Berufung auf *Jayme* BerGesVR 16 (1975), 7 (12), der etwas sarkastisch bemerkt: „Die Gerichte wehren sich gegen die Flut von Staatsverträgen dadurch, daß sie sie häufig nicht zur Kenntnis nehmen"; diese Beobachtung gilt leider bisweilen auch im Hinblick auf das europäische IPR, s. etwa OLG Koblenz MDR 2011, 539 = VersR 2012, 189: Skiunfall in Österreich am 17.1.2009, trotz Art. 31, 32 Rom II-VO Art. 40 Abs. 2 EGBGB angewendet.
[3] Von einem „ausschließlich klarstellenden Hinweis" spricht bereits in Bezug auf Staatsverträge BT-Drs. 10/504 S. 36; den Anwendungsvorrang unionsrechtlicher Regelungen „aus sich heraus" betonen auch BT-Drs. 16/9995 S. 7; 16/12104 S. 8; als „narrative Norm" wird die Vorschrift von BeckOGK/*Schulze* (1.8.2016) EGBGB Art. 3 Rn. 39 bezeichnet (im Anschluss an *Jayme*, Narrative Normen im Internationalen Privat- und Verfahrensrecht, 1993).
[4] BT-Drs. 16/9995, 7; 16/12104, 8.
[5] BT-Drs. 16/9995, 7.
[6] BT-Drs. 16/9995, 7.
[7] Von einer „teilweise als ‚versteckt' kritisierten Regelung" spricht insoweit BT-Drs. 16/9995, 7.

mehr als zeitgemäß.[8] Zudem wurden in Art. 3 aF sehr heterogene Regelungsmaterien in einer Norm zusammengefasst: Außer dem bereits erwähnten Hinweis auf den Vorrang staatsvertraglicher und europäischer Kollisionsnormen sowie der Begriffsbestimmung des IPR enthielt die alte Fassung der Vorschrift eine Legaldefinition der Sachnormverweisung (Art. 3 Abs. 1 S. 2 aF, heute Art. 3a Abs. 1) sowie die für Vermögensstatute im Familien- und – seinerzeit noch – Erbrecht relevante Regel „Einzelstatut bricht Gesamtstatut" (Art. 3 Abs. 3 aF, heute Art. 3a Abs. 2).

4   Im Zuge der **Anpassung des EGBGB an die Rom II-VO** hat der Gesetzgeber daher die Norm verschlankt und stringenter gefasst:[9] Erstens wurden die Bestandteile, welche die Sachvorschriften und das Einzelstatut betrafen, aus dem Art. 3 entfernt und in einem neuen Art. 3a geregelt (näher → Art. 3a Rn. 3 ff., 14 ff.). Hiermit wollte der Gesetzgeber die Bedeutung des Art. 3 als eigenständige Norm unterstreichen; ihre zentrale Stellung zu Beginn des Zweiten Kapitels sollte die Vorschrift „für den Rechtsanwender leichter auffindbar" machen, um der Rechtsklarheit und -einfachheit zu dienen.[10] Der Gesetzgeber erhoffte sich hiervon einen Beitrag zur Vermeidung von Rechtsanwendungsfehlern, zB durch das Übersehen eines EU-Rechtsakts.[11] Zweitens werden die **EU-Rechtsakte nunmehr bewusst vor den kollisionsrechtlichen Staatsverträgen** genannt, um die oben (→ Rn. 1) beschriebene Prüfungsreihenfolge zu verdeutlichen.[12] Die Aufzählung in Art. 3 Nr. 1 wird seither im Zuge der Europäisierung des IPR fortlaufend aktualisiert, zuletzt durch das Gesetz zum Internationalen Erbrecht und zur Änderung von Vorschriften zum Erbschein vom 29.6.2015, dessen Art. 15 eine neue lit. e hinzugefügt hat, mit der auf die EuErbVO verwiesen wird.[13] Bereits mit dem Rom III-Anpassungsgesetz wurde der zuvor verwendete Begriff der Europäischen „Gemeinschaft" durch denjenigen der „Union" ersetzt, um die Rechtsnachfolge der EU gemäß Art. 1 Abs. 3 S. 3 EUV auch im EGBGB korrekt wiederzugeben.[14]

5   Obwohl die in Art. 3 Abs. 1 S. 1 aF enthaltene Legaldefinition des IPR im Schrifttum öfters kritisiert worden war (zu den Gründen näher → Rn. 7 ff.), wurde sie in Art. 3 letzter Halbsatz der Neufassung lediglich „sprachlich vereinfacht übernommen, ohne ihren Inhalt zu ändern."[15]

B. Legaldefinition des Internationalen Privatrechts

I. Die Elemente der Legaldefinition im Überblick

6   Der Begriff des IPR, der in der heutigen deutschen Rechtspraxis und Lehre herkömmlich zugrunde gelegt wird, deckt sich im Kern mit der in Art. 3 gegebenen Legaldefinition. Demnach handelt es sich bei dem „Internationale[n] Privatrecht" um diejenigen Vorschriften, die bei Sachverhalten mit einer Verbindung zu einem ausländischen Staat das anzuwendende Recht bestimmen. Aus deutscher Sicht wird das IPR also maßgeblich **durch seine Rechtsfolge definiert**, nämlich das auf eine zivilrechtliche Frage anwendbare Sachrecht festzulegen (Verweisungsrecht, Rechtsanwendungsrecht);[16] andere Aspekte, die bei der Bewältigung eines Falles mit internationalen Elementen eine Rolle spielen können, insbesondere das internationale Zivilverfahrensrecht, das Staatsangehörigkeitsrecht (→ Art. 5 Rn. 13 ff.) oder das Fremdenrecht, zählen hingegen schon begrifflich nicht zum IPR in diesem Sinne. Im internationalen Sprachgebrauch finden sich teilweise aber weitere Begriffsverständnisse (näher → Rn. 24 ff.). Zu den **Arten von Kollisionsnormen** im Einzelnen → Einl. IPR Rn. 88 ff., insbes. zu selbstständigen und unselbstständigen Kollisionsnormen → Einl. IPR Rn. 88, zu einseitigen und allseitigen Kollisionsnormen → Einl. IPR Rn. 89 ff., zu gesetzesbezogenen Kollisionsnormen → Einl. IPR Rn. 92, zu „versteckten" Kollisionsnormen → Einl. IPR Rn. 93 ff., zu einheitsrechtlichen Abgrenzungsnormen → Einl. IPR Rn. 96 ff. sowie zu Sachnormen im IPR → Einl. IPR Rn. 99 ff.

---

[8] Vgl. BT-Drs. 16/9995, 7; 16/12104, 8.

[9] Gesetz vom 10.12.2008, BGBl. 2008 I S. 2401.

[10] BT-Drs. 16/9995, 7; 16/12104, 8.

[11] BT-Drs. 16/9995, 7; 16/12104, 8.

[12] BT-Drs. 16/9995, 7; 16/12104, 8.

[13] BGBl. 2015 I S. 1042; zum RefE s. noch *R. Wagner/P. Scholz* FamRZ 2014, 714 (721).

[14] BT-Drs. 17/11049, 10. Um der sprachlichen Vereinfachung und besseren Lesbarkeit willen wird daher auch im Folgenden von Rechtsakten der „EU" gesprochen, auch wenn diese seinerzeit noch von der EG erlassen worden sind.

[15] BT-Drs. 16/9995, 7.

[16] Näher BeckOGK/*Schulze* (1.8.2016) Rn. 10; *Michael F. Müller* Jura 2015, 1319 f.

II. Internationales Privatrecht

1. IPR als „Internationales" Privatrecht. Der auch in Art. 3 verwendete Terminus „Internati-   7
onales Privatrecht" hat sich immer wieder Angriffen ausgesetzt gesehen.[17] Erstens wurde moniert,
dass das Adjektiv „international" in irreführender Weise eine überstaatliche Herkunft der entsprechenden Regeln suggeriere, obwohl es sich beim IPR von der Rechtsquelle her ganz überwiegend
um gewöhnliches, innerstaatliches Recht handele.[18] Diese Kritik ist jedoch angesichts der Europäisierung und Internationalisierung der Materie zunehmend überholt. Wie der stetig länger werdende
Katalog des Art. 3 Nr. 1 illustriert, fließt das IPR heute mehr denn je tatsächlich nicht aus national-
staatlichen, sondern aus europäischen Rechtsquellen, und auch die Zahl der in Art. 3 Nr. 2 genannten
Staatsverträge hat einen beträchtlichen Umfang erreicht (näher → Rn. 168 ff.). Das autonome IPR
schrumpft demgegenüber auf einen Restanwendungsbereich zusammen (praktisch wichtig sind insbesondere noch das Internationale Namensrecht, Gesellschaftsrecht, Eheschließungsrecht, Abstammungsrecht und Sachenrecht),[19] der aber seinerseits in immer stärkerem Maße von Vorgaben des
europäischen Primärrechts überlagert wird (zum Gesellschaftsrecht → Rn. 90 ff.; zum Namensrecht
→ Rn. 119 ff.).

2. IPR als Teil des „Privatrechts". Zweitens wurde vereinzelt bezweifelt, dass es sich beim   8
IPR tatsächlich um „Privatrecht" handele.[20] Zwar sah noch *Joseph Story,* auf den der Begriff „Private
International Law" maßgeblich zurückgeht, dieses Rechtsgebiet im Ausgangspunkt als einen Teil
des öffentlichen Rechts an: „The jurisprudence, then, arising from the conflict of the laws of different
nations, in their actual application to modern commerce and intercourse, is a most interesting and
important branch of *public law.*"[21] Er beeilte sich jedoch hinzuzufügen: „This branch of public law
may be fitly denominated private international law, since it is chiefly seen and felt in its application
to the common business of private persons, and rarely rises to the dignity of national negotiations,
or national controversies."[22] Es mag bei einer strikten Anwendung der Subjektstheorie ein gewisses
Kopfzerbrechen bereiten, das IPR als einen Teil des Privatrechts einzustufen, weil Rechtsanwen-
dungsnormen nur ein Gericht oder eine Behörde – somit einen Träger öffentlicher Gewalt – verpflichten, sodass man daran denken könnte, das IPR – ebenso wie die ZPO[23] – als öffentliches
Recht zu klassifizieren.[24] Aber die Subjektstheorie dient der Abgrenzung des Verwaltungsrechtsweges
(§ 40 VwGO) vom Zugang zu den ordentlichen Gerichten; zur Einstufung des IPR ist diese Theorie
nicht brauchbar, was sich schon daran zeigt, dass noch niemand es sich, privatrechtliche Streitigkeiten mit Auslandsberührung den Verwaltungsgerichten zuzuweisen. Für die private Rechtsnatur des IPR wird des Weiteren geltend gemacht, dass dieses Rechtsgebiet nur Privatpersonen, nicht Staaten oder internationale Organisationen betreffe.[25] Aber dieses Argument greift zu
kurz, denn auch Staaten und deren Amtsträger sind im Bereich ihres nicht-hoheitlichen Handelns
(acta iure gestionis) dem jeweils vom IPR berufenen Zivilrecht unterworfen.[26] Herrschend ist daher
die Qualifikation des IPR als Privatrecht aufgrund der Interessentheorie oder der Subjektionstheorie:
Erstens dient das IPR nicht staatlichen Interessen, sondern „überwiegend den Interessen der Einzelnen, weil es dazu beiträgt, einen privaten Rechtsfall angemessen zu entscheiden, indem es unter
den zur Verfügung stehenden die *richtige* Rechtsordnung auswählt";[27] zweitens sind Über- und
Unterordnungsverhältnisse nicht prägend für das IPR.[28] Das IPR stellt also nach ganz hM tatsächlich
„Privatrecht" dar, wenngleich nicht Privatrecht iS von Sachrecht.[29] Ein begriffsjuristisches Missverständnis wäre es allerdings, allein aus dem Terminus des Internationalen „Privat"-Rechts zu folgern,
dass ausländisches öffentliches Recht, zB in Gestalt von Eingriffsnormen (vgl. Art. 9 Abs. 3 Rom I-

---

[17] Eingehend zur Begriffsgeschichte Staudinger/*Sturm/Sturm* (2012) Einl. IPR Rn. 21 ff.
[18] Exemplarisch *Kegel/Schurig* IPR § 1 VI; vgl. auch BeckOGK/*Schulze* (1.8.2016) Rn. 14.
[19] Aktuelle Bestandsaufnahmen bei *Heiderhoff* IPRax 2017, 160 ff. (Familienrecht); *M.-P. Weller* IPRax 2017,
167 ff. (Unternehmensrecht); *Jayme* IPRax 2017, 179 ff. (künftige Bedeutung des autonomen IPR).
[20] Für eine Einordnung des IPR als öffentliches Recht *Konzelmann* JuS 1997, 435 (436); s. hierzu die Erwide-
rung von *Michaels* JuS 1998, 192.
[21] *Story,* Commentaries on the Conflict of Laws, 1834, 9 (Hervorhebung hinzugefügt).
[22] *Story,* Commentaries on the Conflict of Laws, 1834, 9.
[23] Vgl. nur *Jauernig/Hess* ZivilProzR § 2 V.
[24] So *Konzelmann* JuS 1997, 435 (436).
[25] Vgl. *Batiffol/Lagarde* Rn. 2; *Hay/Borchers/Symeonides,* Conflict of laws, 5. Aufl. 2010, § 1.1.
[26] S. etwa zur Haftung eines in einem schweizerischen staatlichen Krankenhaus angestellten Arztes BGHZ
190, 301 = NJW 2011, 3584; allg. *Knöfel,* FS Magnus, 2014, 459 ff.
[27] *Kegel/Schurig* IPR § 1 V.
[28] *v. Bar/Mankowski* IPR I § 4 Rn. 52 Fn. 242.
[29] BeckOGK/*Schulze* (1.8.2016) Rn. 13; *Kropholler* IPR § 1 V 2; Staudinger/*Sturm/Sturm* (2012) Einl. IPR
Rn. 32.

VO), niemals von einem inländischen Gericht berücksichtigt werden dürfe.[30] Ferner ist nicht zu verkennen, dass aufgrund der Ausstrahlung der Grundfreiheiten des AEUV (→ Rn. 88 ff.) sowie der Beachtung der Grund- und Menschenrechte im Rahmen des ordre public (→ Art. 6 Rn. 137 ff.) auch das IPR zunehmend durch öffentliches Recht beeinflusst wird.[31]

9 **3. Sachverhalte mit Auslandsbezug.** Nach der in Art. 3 enthaltenen Legaldefinition ist der Anwendungsbereich des IPR nur eröffnet, wenn der zugrunde liegende Sachverhalt eine Verbindung zu einem ausländischen Staat aufweist.[32] Für reine Inlandsfälle soll hingegen „eine Anwendung des IPR von vornherein aus[scheiden]".[33] Bei der in Art. 3 gewählten Formulierung hat sich der Gesetzgeber an Art. 1 Abs. 1 des EG-Schuldvertragsübereinkommens (EVÜ) von 1980 orientiert,[34] an dessen Stelle heute der inhaltlich entsprechende Art. 1 Abs. 1 Rom I-VO getreten ist; das Erfordernis eines Auslandsbezuges findet sich ebenso in Art. 1 Abs. 1 Rom II-VO sowie Art. 1 Abs. 1 Rom III-VO.[35] Die Begründung des Regierungsentwurfs des IPRNG führte zur Erläuterung aus: „Die Möglichkeiten einer Auslandsberührung sind vielfältig. Sie kann sich bei Schuldverträgen auch allein aus einer Rechtswahl der Parteien ergeben."[36] Auf den ersten Blick erscheint es indes seltsam, dass ein objektiv reiner Inlandssachverhalt allein durch eine Rechtswahl eine kollisionsrechtlich relevante Verbindung mit einem ausländischen Staat erhalten solle.[37] Diese Passage der Regierungsbegründung ist nur im Lichte des **Spannungsverhältnisses zwischen Art. 1 Abs. 1 EVÜ/Rom I-VO einerseits, Art. 3 Abs. 3 EVÜ/Rom I-VO** andererseits verständlich:[38]

10 **Art. 3 Abs. 3 Rom I-VO** schränkt die Rechtswahlfreiheit bei reinen Inlandssachverhalten ein. Die Vorschrift reflektiert einen Kompromiss, der bereits bei der Schaffung des EVÜ erzielt worden war.[39] Während ein Teil der Sachverständigen eine Rechtswahl nur unter der Voraussetzung erlauben wollte, dass der Sachverhalt eine weitere Auslandsberührung aufweise, lehnten andere Delegierte, insbesondere die britische Seite, eine solche Einschränkung ab, weil es auch bei reinen Inlandssachverhalten ein legitimes Bedürfnis für die Wahl ausländischen Rechts geben könne.[40] Schließlich wurde die folgende Einigung erzielt: Die Parteien dürfen auch bei einem nur mit einer einzigen Rechtsordnung verbundenen Sachverhalt ein fremdes Recht wählen, müssen sich aber damit abfinden, dass die einfach zwingenden Vorschriften der erstgenannten Rechtsordnung von ihrer Rechtswahl unberührt bleiben. Die Rechtswahlvereinbarung ist folglich nicht generell unwirksam; sie entfaltet aber lediglich materiellrechtliche Wirkung, soweit zwingendes Recht entgegensteht.[41] Dieser Kompromiss wurde bei der Überführung in die Rom I-VO – trotz vereinzelter scharfer Kritik an Art. 3 Abs. 3 EVÜ[42] – inhaltlich nicht mehr infrage gestellt.

11 Es wäre zwar denkbar gewesen, nach dem Vorbild des Art. 1 Abs. 4 des Haager Kaufrechtsübereinkommens von 1955[43] Verträge, deren Internationalität sich in dem Vorliegen einer Rechtswahl-, Gerichtsstands- oder Schiedsvereinbarung erschöpft, bereits vom Anwendungsbereich der Rom I-VO auszunehmen. Der Preis dafür hätte allerdings darin bestanden, dass der kollisions- oder materiellrechtliche Status derartiger Vereinbarungen in der EU uneinheitlich beurteilt worden wäre. Ein

---

[30] Hiervor warnend bereits *Stoll* IPRax 1984, 1 f.; s. auch BeckOGK/*Schulze* (1.8.2016) Rn. 21; Erman/ *Hohloch* Rn. 5; Staudinger/*Hausmann* (2013) Rn. 10.

[31] Zu dieser Beeinflussung eingehend *Camus*, La distinction du droit public et du droit privé et le conflit de lois, 2015; *Mills*, The Confluence of Public and Private International Law, 2009.

[32] Nach der ursprünglichen Fassung in Art. 3 Abs. 1 S. 1 EGBGB 1986 war sogar eine Verbindung „zum Recht" eines ausländischen Staates erforderlich. Daran wurde zutr. kritisiert, dass eine solche Verbindung letztlich erst *nach* vollzogener kollisionsrechtlicher Prüfung (einschließlich des Renvoi) festgestellt werden könne; so *Stoll* IPRax 1984, 1. Diese Kritik hat sich durch die Neufassung erledigt; s. auch Erman/*Hohloch* Rn. 3.

[33] BT-Drs. 10/504, 35; ebenso Erman/*Hohloch* Rn. 4; Palandt/*Thorn* Rn. 2; näher BeckOGK/*Schulze* (1.8.2016) Rn. 7.1; aus englischer Sicht *Dicey/Morris/Collins* Rn. 1-002.

[34] BT-Drs. 10/504, 35.

[35] Näher *van Calster*, Liber Amicorum Erauw, 2014, 219 (223 f.).

[36] BT-Drs. 10/504, 35.

[37] Krit. bereits *Stoll* IPRax 1984, 1.

[38] Hierzu ausf. *Maultzsch*, FS v. Hoffmann, 2011, 304 (308 f.).

[39] Näher Bericht *Giuliano/Lagarde* Art. 3 Rn. 8.

[40] Bericht *Giuliano/Lagarde* Art. 3 Rn. 8.

[41] Zu Art. 3 Abs. 3 Rom I-VO *Garcimartín Alférez* EuLF 2008, I-64; zum EVÜ *Kegel/Schurig* IPR § 18 I; *Kropholler* IPR § 52 II 5; *Solomon* Tul. L. Rev. 82 (2008), 1727.

[42] *E. Lorenz* RIW 1987, 574 f.; krit. zu Art. 3 Abs. 3 Rom I-VO auch *Maultzsch*, FS v. Hoffmann, 2011, 304 (309).

[43] Haager Übereinkommen betreffend das auf internationale Kaufverträge über bewegliche Sachen anzuwendende Recht vom 15.6.1955, *Jayme/Hausmann* Nr. 76; zu dieser Lösung *Kropholler* IPR § 40 IV 3a in Fn. 25; *Lando* RabelsZ 57 (1993), 162. Dieses Übereinkommen wird von der Rom I-VO nicht berührt, s. Art. 25 Rom I-VO.

vertragliches Schuldverhältnis, das allein aufgrund einer Rechtswahl- oder Gerichtsstandsvereinbarung mit einem anderen Staat verknüpft ist, muss folglich iS des Art. 1 Abs. 1 S. 1 Rom I-VO als international, iS des Art. 3 Abs. 3 Rom I-VO aber als rein inländisch qualifiziert werden.[44] Gleiches gilt im Verhältnis zwischen Art. 1 Abs. 1 Rom II-VO und Art. 14 Abs. 2 Rom II-VO. Es ist also funktional zwischen der **Internationalität als einem Anwendungskriterium des IPR** einerseits **und als einer Voraussetzung freier kollisionsrechtlicher Rechtswahl** andererseits zu unterscheiden. Da das autonome IPR überwiegend auf bestimmte Rechtsordnungen beschränkte Wahlmöglichkeiten eröffnet (Art. 10 Abs. 2 und 3, Art. 14 Abs. 2 und 3, Art. 15 Abs. 2, Art. 25 Abs. 2), hat diese Differenzierung für das EGBGB heute nur noch geringe Bedeutung. Praktisch relevant kann sie für die Rechtswahl im autonomen IPR der außervertraglichen Schuldverhältnisse (Art. 42) werden: Hier können zB zwei Deutsche zwar auch bei einer rein inlandsbezogenen Persönlichkeitsrechtsverletzung nachträglich ein ausländisches Recht vereinbaren – insoweit liegt ein „Auslandsbezug" vor; die Wirkung dieser Rechtswahl wird aber – insoweit handelt es sich wiederum um einen „Inlandssachverhalt" – durch die einfach zwingenden Vorschriften des deutschen Rechts analog Art. 14 Abs. 2 Rom II-VO, Art. 3 Abs. 3 Rom I-VO begrenzt.[45]

Hieran zeigt sich, dass es außerordentlich problematisch ist, die Prüfung, ob ein Sachverhalt einen **12** kollisionsrechtlich relevanten Auslandsbezug hat, vor die Klammer ziehen zu wollen und abstrakt, dh ohne Bezugnahme auf die Anknüpfungsmomente und den Zweck einer bestimmten Kollisionsnorm, zu prüfen.[46] Die heute wohl überwiegende Lehre geht daher davon aus, dass das **IPR bei einer logischen Betrachtung allgemein auch reine Inlandssachverhalte erfasse,** dies aber lediglich dem Rechtsanwender nicht bewusst werde, wenn es offensichtlich sei, dass im Ergebnis die lex fori Anwendung finde.[47] Auch wenn ein solches Erfordernis logisch nicht geboten ist, bleibt aber im Lichte der Europäisierung des IPR zu bedenken, dass die **EU** von vornherein nur eine **Kompetenz** in Bezug auf die justizielle Zusammenarbeit mit **grenzüberschreitendem Bezug** hat (Art. 81 Abs. 1 AEUV); hieraus erklärt sich, dass die meisten kollisionsrechtlichen Verordnungen bei der Umschreibung ihres Anwendungsbereichs am Erfordernis des Auslandsbezuges festhalten.[48] Anders als im europäischen Zivilprozessrecht,[49] etwa in der EuMVVO oder EuGFVO (Art. 3 EuMVVO, Art. 3 EuGFVO), wird aber in den Rom I bis III-Verordnungen nicht präzisiert, welcher Art dieser Auslandsbezug sein muss; dies kann folglich auch insoweit nur im Lichte der jeweils in Betracht kommenden Kollisionsnormen entschieden werden. Zwingend erforderlich dürfte die davon losgelöste Kodifikation eines Auslandsbezuges auch im Unions-IPR daher nicht sein; Art. 1 Abs. 1 EuErbVO verzichtet darauf, dieses Kriterium explizit zu normieren. (Art. 2 EuErbVO stellt allerdings klar, dass die innerstaatlichen Zuständigkeiten unberührt bleiben.) Hingegen findet sich das Kriterium eines „internationalen Sachverhalt[s]" noch im neueren staatsvertraglichen Kollisionsrecht, so namentlich in Art. 1 Abs. 1 ErwSÜ, sorgt allerdings auch dort eher für Verwirrung als für Klarheit.[50] Letztlich ist auch insoweit der Grad der notwendigen Auslandsbeziehung im Lichte jeder einzelnen staatsvertraglichen Kollisionsnorm zu prüfen.[51]

Insgesamt empfiehlt sich ein **pragmatisches Vorgehen:**[52] Weist ein Sachverhalt irgendeinen **13** nicht offensichtlich irrelevanten Auslandsbezug auf, ist direkt anhand der möglicherweise einschlägigen Kollisionsnormen das anwendbare Recht zu bestimmen, ohne sich lange mit einer Vorprüfung in Bezug auf Art, Umfang oder Gewicht der Auslandsverbindungen aufzuhalten.[53] Ist hingegen kein irgendwie geartete Auslandsbezug erkennbar, darf direkt das deutsche Sachrecht angewendet werden, ohne schematisch eine kollisionsrechtliche Prüfung vorzuschalten.[54] Wann das eine und wann das andere der Fall ist, lässt sich nicht logisch abstrakt festlegen, sondern muss letztlich dem richterlichen Fingerspitzengefühl im Einzelfall überlassen bleiben.[55]

---

[44] Ebenso zum Verhältnis zwischen Art. 3 Abs. 1 aF und Art. 27 aF 4. Aufl. Art. 27 Rn. 88; Soergel/*v. Hoffmann* Art. 27 Rn. 85; Staudinger/*Magnus* (2002) Art. 27 Rn. 117.

[45] So Staudinger/*v. Hoffmann* (2001) Art. 42 Rn. 2 (im Hinblick auf Art. 27 Abs. 3 aF); vgl. auch *v. Hein* RabelsZ 64 (2000), 595 (612).

[46] Vor „unnützen Gedankenspielereien" warnte bereits *Stoll* IPRax 1984, 1; s. auch *Kegel/Schurig* IPR § 1 III; NK-BGB/*Freitag* Rn. 8; *Rauscher* IPR Rn. 4.

[47] Bamberger/Roth/*Lorenz* Rn. 2; *Jahr* RabelsZ 54 (1990), 481 (500 ff.); *Kegel/Schurig* IPR § 1 III; *Kropholler* IPR § 1 IV; *Rauscher* IPR Rn. 4; Staudinger/*Hausmann* (2013) Rn. 7 f.; *Stoll* IPRax 1984, 1.

[48] Hierzu ausf. *Nehne* Methodik S. 115 ff.

[49] Hierzu eingehend *Hess* in *v. Hein/Rühl* Kohärenz 67 ff.

[50] Ausf. Staudinger/*v. Hein* (2014) Vor Art. 24 Rn. 28 f. mwN.

[51] HM, näher Staudinger/*v. Hein* (2014) Vor Art. 24 Rn. 29 mwN.

[52] Näher *Koch,* FS Magnus, 2014, 475 (477 f.).

[53] *Rauscher* IPR Rn. 4.

[54] *Koch,* FS Magnus, 2014, 475 (476).

[55] Ebenso *Koch,* FS Magnus, 2014, 475 (478); *Rauscher* IPR Rn. 4.

14   Zum Teil wird gerade aus dem Kriterium des Auslandsbezuges geschlossen, dass **Internationales Einheits(sach)recht** (zB das CISG, die CMR oder das Kapstädter UNIDROIT-Übereinkommen über internationale Sicherungsrechte an beweglichen Sachen)[56] dem europäischen und autonomen IPR vorgeht. Hierfür wird insbesondere der englische Wortlaut des Art. 1 Abs. 1 S. 1 Rom I-VO ins Feld geführt („situations involving a conflict of laws"), aus dem sich ergebe, dass der Verordnungsgeber Fälle, in denen internationales Einheitsrecht seinen Anwendungsbereich ohne Vorschaltung des Kollisionsrechts („conflict of laws") bestimme, nicht erfassen wollte.[57] Andere Sprachfassungen der Rom I-VO tragen solch eine restriktive Auslegung aber nicht ohne weiteres. So setzt Art. 1 Abs. 1 Rom I-VO in der deutschen Version ähnlich wie Art. 3 EGBGB lediglich einen Sachverhalt voraus, der „eine Verbindung zum Recht verschiedener Staaten aufweis[t]". Das Vorliegen dieser Tatbestandsvoraussetzung lässt sich zB bei einem Vertrag über einen internationalen Warenkauf oder eine internationale Güterbeförderung nur schwerlich abstreiten. Es erscheint daher eher sachgerecht, den – in der Sache allgemein anerkannten – Vorrang internationalen Einheitsrechts vor dem (autonomen oder europäischen) IPR damit zu begründen, dass die in den jeweiligen Konventionen enthaltenen Abgrenzungs- oder Anwendungsnormen wegen ihrer **staatsvertraglichen Herkunft** (Art. 3 Nr. 2 EGBGB, Art. 25 Rom I-VO)[58] oder als **leges speciales** gegenüber den allgemeinen Kollisionsnormen des EGBGB oder der Rom-Verordnungen den Vorrang genießen (→ Einl. IPR Rn. 96 ff.). Im Einzelnen ist auf die Kommentierungen zum CISG, zur Rom I-VO und zur Rom II-VO zu verweisen.

15   Aus dem Erfordernis des Auslandsbezuges in Art. 3 ist überdies in der Vergangenheit abgeleitet worden, dass die Vorschriften des Zweiten Kapitels im **innerdeutschen Kollisionsrecht,** also im Verhältnis zur ehemaligen DDR, keine Anwendung fanden.[59] Einer entsprechenden Anwendung dieser Vorschriften stand dies aber nicht entgegen. Diese Problematik hat sich ein Vierteljahrhundert nach der Wiedervereinigung weitgehend erledigt (Art. 236).

16   **4. Vorschriften dieses Kapitels.** Die Bezugnahme auf die „Vorschriften dieses Kapitels" in Art. 3 wird vielfach als wenig geglückt kritisiert, weil es auch **zahlreiche Kollisionsnormen außerhalb des EGBGB** gibt.[60] Da man sich im Ergebnis aber darin einig ist, dass die in Art. 3 enthaltene Definition des IPR keinen ausschließlichen Charakter hat, ist dieser Einwand eher ästhetischer als praktischer Natur. Durch die Neufassung des Art. 3 im Zuge des Rom II-Anpassungsgesetzes und die Zusammenfassung der bisherigen Absätze 1 und 2 wird immerhin deutlich, dass auch europäische und staatsvertragliche Kollisionsnormen vom gesetzlich definierten Begriff des IPR umschlossen werden.[61] Zur Frage des Vorrangs von Staatsverträgen gegenüber Kollisionsrecht außerhalb des Zweiten Kapitels → Rn. 173 f.

17   Zum einen kommen **gesetzesbezogene Kollisionsnormen auf einzelnen Rechtsgebieten** in Betracht. Als spezielle Vorschriften außerhalb des EGBGB, deren kollisionsrechtliche Relevanz und deren Verhältnis insbesondere zum europäischen IPR aber zum Teil umstritten und deshalb jeweils genau zu prüfen ist, sind zB zu nennen: § 1 Abs. 1 Nr. 3TSG, § 8 Abs. 1 Nr. 1 TSG, §§ 3, 5 TMG (aber sehr str., → Rn. 82), Art. 91 ff. WG und Art. 60 ff. ScheckG, § 449 Abs. 3 HGB, § 451h Abs. 3 HGB, § 452a HGB (str.), § 452d Abs. 3 HGB, § 466 Abs. 4 HGB, Art. 6, 8 EGHGB, § 1 Abs. 2 WpHG, § 2b Abs. 1 WpHG, § 31 Abs. 10 WpHG, §§ 1, 129, 130, 135 InvG, § 32b UrhG, § 1 SchiffRG, §§ 103 ff. LuftRG, § 17a DepotG, § 185 Abs. 2 GWB (s. aber Art. 6 Rom II-VO), § 21 Abs. 4 FlaggRG (s. aber Art. 8 Rom I-VO), §§ 5, 9 KultGüRückG, § 19 AnfG idF des EGInsO vom 5.10.1994, Art. 335–358 InsO (s. aber die EuInsVO).[62] Diese und weitere spezielle Vorschriften werden im jeweiligen Sachzusammenhang insbesondere des Schuld-, Sachen-, Wettbewerbs- und Insolvenzrechts behandelt. Über das Verhältnis der Spezialnormen zu den Rom I/II-VOen s. die dortigen Kommentierungen im jeweiligen Sachzusammenhang. Im Bereich des Schuldvertragsrechts ist eine erhebliche Bereinigung dadurch erzielt worden, dass die Kollisionsnormen der maßgeblichen Verbraucherschutzrichtlinien heute in Art. 46b EGBGB und nicht mehr in Spezialgesetzen wie etwa dem AGBG aF geregelt sind.[63] Ferner wurde das Sonderkollisionsrecht der Versicherungsverträge,

---

[56] ABl. 2009 L 121, 8.

[57] *Nehne* Methodik S. 118 f.; ebenso *Schilling* EuZW 2011, 776 (779 f.); im Ergebnis ähnlich *Kampf* RIW 2009, 297 (300).

[58] Näher *v. Hein*, FS Meinhard Schröder, 2012, 29 (33 ff.) mwN.

[59] BT-Drs. 10/504, 30; Staudinger/*Hausmann* (2013) Rn. 11.

[60] Krit. insbes. Staudinger/*Hausmann* (2013) Rn. 5; Bamberger/Roth/*Lorenz* Rn. 2.

[61] Ebenso Staudinger/*Hausmann* (2013) Rn. 4.

[62] Für eine umfassende Zusammenstellung der IPR-Vorschriften außerhalb des EGBGB s. Staudinger/*Sturm/ Sturm* (2012) Einl. IPR Rn. 641 ff.; vgl. auch (einschließlich des IZVR) das Register A I 4 in der Textsammlung von *Jayme/Hausmann*.

[63] Zu Art. 46b umfassend *Kieninger*, FS Kropholler, 2008, 499; *Leible*, FS v. Hoffmann, 2011, 230.

das sich früher im EGVVG befand, heute durch Art. 7 Rom I-VO ersetzt; die ergänzende Regelung für Pflichtversicherungen wurde ebenfalls in das EGBGB eingestellt (Art. 46d).

In Bezug auf das **Personalstatut natürlicher Personen** bestehen Vorschriften in verschiedenen **18** **Sondergesetzen** (zB Art. 9 Abschn. II Nr. 5 FamRÄndG, § 2 Abs. 1 AsylG), die im Anh. II Art. 5 erläutert sind.

Auch **im BGB** selbst können Kollisionsnormen „versteckt" sein (klassischer Streitfall: § 244 BGB, **19** → Einl. IPR Rn. 93 ff.).

Schließlich existieren **richter- bzw. gewohnheitsrechtliche Kollisionsnormen** zB für das **20** Gesellschaftsrecht (→ IntGesR Rn. 4 f.).

5. Das anzuwendende Recht. Art. 3 Abs. 1 S. 1 EGBGB idF von 1986 umschrieb die Rechts- **21** folge einer Kollisionsnorm noch dahingehend, dass sie bestimme, „welche *Rechtsordnungen* anzuwenden sind".[64] Diese Terminologie war insbesondere von *Picone* scharf attackiert worden, weil man eine ganze „Rechtsordnung" – verstanden als institutionelles Gefüge, dh einschließlich der justiziellen Infrastruktur usw – nicht außerhalb ihrer selbst „anwenden" könne.[65] Die Neufassung spricht lediglich vom **anwendbaren „Recht"** und hat damit eine Quelle vermeidbarer Missverständnisse beseitigt. Es bleibt aber dabei, dass vor deutschen Gerichten nur **staatliches** Recht als kollisionsrechtlich anwendbar berufen werden kann;[66] „soft law" wie die **„lex mercatoria"**, **Unidroit-Prinzipien** oder die **Prinzipien des Europäischen Vertragsrechts** gehören nicht dazu (→ Rom I-VO Art. 3 Rn. 28 ff.; → Einl. IPR Rn. 315). Ob es sich beim insoweit anwendbaren Recht um das ausländische Kollisions- oder Sachrecht handelt, ergibt sich nicht aus der Legaldefinition in Art. 3 selbst, sondern aus Art. 3a Abs. 1 sowie Art. 4 Abs. 1 und 2 (s. die dortige Kommentierung). Die Beachtung ausländischen interlokalen, interpersonalen bzw. interreligiösen Kollisionsrechts richtet sich nach Art. 4 Abs. 3 (→ Art. 4 Rn. 162 ff.).

Der Legaldefinition in Art. 3 lässt sich in methodischer Hinsicht entnehmen, dass das deutsche IPR **22** auf einem klassischen, multilateralen und **verweisungsrechtlichen Modell** des Kollisionsrechts beruht:[67] Im Ausland geschaffene Rechtslagen – etwa die Eingehung einer Ehe, die Vereinbarung einer Privatscheidung, ein Vaterschaftsanerkenntnis oder eine Vertragsadoption – werden nicht als solche, dh ohne Rücksicht auf das in der Sache anwendbare Recht, „anerkannt", sondern nur dann als wirksam betrachtet, wenn die Erfordernisse gewahrt worden sind, die sich aus dem nach unserem IPR maßgebenden Sachrecht ergeben.[68] Hierin weicht das geltende IPR von der älteren Lehre der sog wohlerworbenen Rechte („Vested Rights Theory") entscheidend ab (→ Einl. IPR Rn. 13). Auch die in Art. 3 Nr. 1 genannten europäischen Rechtsakte stimmen mit diesem methodischen Ausgangspunkt des deutschen IPR überein (näher → Rn. 45 ff.). Fraglich ist aber, ob und in welchem Umfang die Grundfreiheiten des AEUV, insbesondere die durch Art. 21 AEUV gewährleistete Freizügigkeit, einen Übergang zu einem sog „Anerkennungsprinzip" erzwingen (näher → Rn. 117 ff.).

Ferner gibt es Vorschriften, die zwar einen Auslandsbezug als Tatbestandselement voraussetzen, **23** aber keine Kollisionsnormen darstellen, sondern nur zur Anwendung kommen, wenn nach dem IPR deutsches Sachrecht zur Anwendung berufen ist, sog **spezielles Sachrecht für Auslandssachverhalte.** Ein praktisch wichtiges Beispiel bildet § 92c HGB, der zB die Abbedingung des Ausgleichsanspruchs des Handelsvertreters gestattet, wenn dieser seine Tätigkeit außerhalb der EU bzw. des EWR verrichtet; diese Vorschrift setzt grundsätzlich (zur Einstufung des Ausgleichsanspruch als Eingriffsnorm → Rn. 84 ff.) voraus, dass deutsches Recht das Vertragsstatut ist.[69] Systematisch korrekt im Dritten und nicht im Zweiten Kapitel platziert ist Art. 47, bei dem es sich um eine Kollisionsnorm, sondern um „eine namensrechtliche Sachnorm des deutschen Rechts [handelt], deren Tatbestand einen Auslandsbezug aufweist".[70]

6. Internationale Verständigungsprobleme und Alternativvorschläge. Im internationalen **24** Sprachgebrauch finden sich von Art. 3 abweichende und vielfach weitere Begriffsverständnisse des IPR, die im Hinblick auf die wachsende Europäisierung und Internationalisierung dieses Rechtsgebiets Beachtung verdienen.[71] Obwohl der Terminus **„Private International Law"** maßgeblich von einem Amerikaner, *Joseph Story,* geprägt wurde (→ Rn. 8), dominiert heute im angloamerikanischen Sprachgebrauch die Bezeichnung **„Conflict of Laws".** Dieser Begriff hat den praktischen Vorzug,

---

[64] Hervorhebung hinzugefügt.
[65] *Picone,* Liber Amicorum Siehr, 2000, 569–589.
[66] Ebenso BeckOGK/*Schulze* (1.8.2016) EGBGB Art. 3 Rn. 19.
[67] Staudinger/*Hausmann* (2013) Rn. 9.
[68] *Rieks,* Anerkennung im internationalen Privatrecht, 2012, 23 f.
[69] S. Baumbach/Hopt/*Hopt* HGB § 92c Rn. 1 mwN.
[70] BGH NJW-RR 2015, 321 Rn. 17.
[71] Hierzu bereits *Kadner Graziano* GemEuIPR S. 32 ff.; *Nehne* Methodik S. 7 ff.

in Mehrrechtsordnungen wie den **USA** oder dem Vereinigten Königreich zwanglos auch das **interlokale Privatrecht** einzubeziehen, das keinen „internationalen" Charakter hat, für das aber *mutatis mutandis* vielfach dieselben Kollisionsnormen gelten.[72] Sowohl „private international law" als auch „conflict of laws" werden überwiegend weit verstanden; die Begriffe decken drei Stadien der Problemlösung bei internationalen Rechtsfällen ab: Erstens die Frage nach der internationalen Zuständigkeit (jurisdiction), zweitens die Bestimmung des anwendbaren Sachrechts (choice of law),[73] drittens die Anerkennung und Vollstreckung ausländischer Entscheidungen (recognition and enforcement).[74] Auch im europäischen Diskurs wird solch eine weite Auffassung des Begriffs „private international law" vertreten, zB in einer Studie des T.M.C. Asser Instituts für das Europäische Parlament zur Frage einer Kodifikation des Allgemeinen Teils des europäischen IPR (→ Rn. 69 ff.), um den Arbeitsauftrag thematisch einzugrenzen.[75]

25   Das **europäische Primärrecht** verwendet hingegen in der maßgeblichen Kompetenznorm (Art. 81 Abs. 2 lit. c Var. 1 AEUV) den Begriff des „Internationalen Privatrechts" nicht, sondern spricht von „Kollisionsnormen". In der englischen Fassung ist wiederum von „conflict of laws", in der französischen Version von „conflit de lois" die Rede. Hiermit ist der Sache nach das **engere deutsche Verständnis des IPR als Kollisionsrecht** gemeint,[76] das mit der französischen Auffassung von „conflit de lois" (in Abgrenzung von den „conflits de juridictions", also Fragen der internationalen Zuständigkeit) inhaltlich übereinstimmt.[77] Dies ergibt sich daraus, dass Art. 81 Abs. 2 AEUV spezielle Befugnisse zur Harmonisierung der internationalen Zuständigkeit („Vorschriften zur Vermeidung von Kompetenzkonflikten") in Art. 81 Abs. 2 lit. c Var. 2 AEUV sowie zur Anerkennung und Vollstreckung gerichtlicher Entscheidungen vorsieht (Art. 81 Abs. 2 lit. a AEUV); diese besonderen Kompetenzen wären überflüssig, wenn „conflict of laws" iS des Art. 81 Abs. 2 lit. c Var. 1 AEUV dem weiten angloamerikanischen Begriffsverständnis entsprechen würde. Dessen ungeachtet verfolgt die EU bei der **Europäisierung des IPR** zunehmend einen ganzheitlichen Ansatz, der darin besteht, in einem sektoriell definierten Rechtsakt **Fragen des IPR und des IZVR gemeinsam** zu lösen,[78] so in der EuUnthVO, die über ihren Art. 15 eng mit dem Haager Unterhaltsprotokoll von 2007 verzahnt ist, sowie in der EuErbVO, die nicht nur das auf grenzüberschreitende Erbfälle anwendbare Sachrecht regelt, sondern auch die einschlägigen verfahrensrechtlichen Probleme (internationale Zuständigkeit, Anerkennung und Vollstreckung) löst. Dem entsprechen die EuGüVO[79] und die EuPartVO.[80] Im Recht der Schuldverhältnisse findet sich hingegen auch auf europäischer Ebene die klassische Aufteilung in kollisionsrechtliche Rechtsakte einerseits (Rom I-VO und Rom II-VO), verfahrensrechtliche Verordnungen andererseits (Brüssel Ia-VO, EuVTVO, EuMVVO, EuGFVO). Wenn daher Rechtsakte der EU auf das „Internationale Privatrecht" der Mitgliedstaaten verweisen, zB für den Sitz einer Gesellschaft in Art. 24 Nr. 2 S. 2 Brüssel Ia-VO bzw. Art. 22 Nr. 2 LugÜ, ist damit das autonome Kollisionsrecht (im Beispiel also Gründungs- oder Sitztheorie) gemeint, nicht das internationale Verfahrensrecht (§ 17 ZPO).[81]

---

[72] Vgl. *Dicey/Morris/Collins* Rn. 1-089; für einen Vergleich des EU-Kollisionsrechts mit dem interlokalen Privatrecht in den USA s. eingehend *van der Eem*, Le droit international privé dans le nexus de l'intégration européenne, 2012; *Geier*, Internationales Privat- und Verfahrensrecht in föderalen Systemen: kollisions- und verfahrensrechtliche Anerkennungspflichten in der Europäischen Union und den Vereinigten Staaten von Amerika, 2013.

[73] Zum Teil wird „conflict of laws" auch in diesem engeren Sinne gebraucht, vgl. *Dicey/Morris/Collins* Rn. 1-089.

[74] Näher *Dicey/Morris/Collins* Rn. 1-003 ff.; *Hay/Borchers/Symeonides,* Conflict of laws, 5. Aufl. 2010, § 1.2.

[75] *Kramer,* A European Framework, 2012, 16; auch die Lehrbücher von *Bogdan,* Concise Introduction to EU Private International Law, 3. Aufl. 2016, 2 ff. (Schweden) und *van Calster,* European Private International Law, 2013, 1 f. (Belgien) beziehen das europäische IZVR bewusst ein.

[76] So auch *Nehne* Methodik S. 7 ff.

[77] Zum französischen Begriffsverständnis statt vieler *Batiffol/Lagarde* Rn. 3 f.; *Bureau/Muir Watt,* Droit international privé I, 2. Aufl. 2010, Rn. 16 ff.

[78] Zu dieser Regelungstechnik insbes. *Dutta* in v. Hein/Rühl Kohärenz, 27 ff.

[79] Verordnung (EU) 2016/1103 vom 24.6.2016 zur Durchführung einer Verstärkten Zusammenarbeit im Bereich der Zuständigkeit, des anzuwendenden Rechts und der Anerkennung und Vollstreckung von Entscheidungen in Fragen des ehelichen Güterrechts, ABl. 2016 L 183/1, 1.

[80] Verordnung (EU) 2016/1104 vom 24.6.2016 zur Durchführung der Verstärkten Zusammenarbeit im Bereich der Zuständigkeit, des anzuwendenden Rechts und der Anerkennung und Vollstreckung von Entscheidungen in Fragen güterrechtlicher Wirkungen eingetragener Partnerschaften, ABl. 2016 L 183/1, 30.

[81] Ganz hM, s. zur Gründungstheorie im Verhältnis zu EU/EWR-Staaten BGHZ 190, 242 = NJW 2011, 3372; zur Sitztheorie gegenüber der Schweiz BGHZ 178, 192 = NJW 2009, 289; näher *Kropholler/v. Hein* EuZPR EuGVO Art. 22 Rn. 41 mwN; anders zB noch *Schlosser* EuZPR, 2. Aufl. 2003, EuGVVO Art. 60 Rn. 1: „Andere Staaten machen die Unterscheidung nicht. Für sie ist das internationale Prozessrecht Teil des internationalen Privatrechts. [...] [Es] ist für das [LugÜ] [...] daher entgegen hM § 17 ZPO anzuwenden."

Auch **im romanischen Rechtskreis** wird der Begriff des „droit international privé" traditionell **26** weiter gefasst als in Deutschland. So wurden insbesondere in Frankreich hierzu über das Kollisionsrecht („conflit de lois") hinaus das **Staatsangehörigkeitsrecht** („nationalité") sowie das **Fremdenrecht** („condition des étrangers") gerechnet.[82] In neuerer Zeit dringt allerdings dort die Auffassung vor, dass es sich hierbei zwar um eng mit dem IPR verknüpfte Fragestellungen handelt, die aber systematisch und begrifflich von diesem unterschieden werden müssen.[83] Aus deutscher Sicht handelt es sich lediglich um Nachbargebiete des IPR (→ Art. 5 Rn. 13). Aus EU-Perspektive betreffen das Staatsangehörigkeits- und Fremdenrecht ebenfalls eigenständige Aspekte, die ggf. im Lichte der hierfür jeweils maßgebenden Bestimmungen zu beurteilen sind (Unionsbürgerschaft, Art. 18 AEUV; Grenzkontrollen, Asyl und Einwanderung, Art. 77–80 AEUV), aber nicht von der justiziellen Zusammenarbeit in Zivilsachen (Art. 81 AEUV) erfasst werden. Mittelbare Auswirkungen auf das IPR können aber nicht ausgeschlossen werden (zur Unionsbürgerschaft → Art. 5 Rn. 22; zur Angleichung der Zuerkennung der Flüchtlingseigenschaft in den Mitgliedstaaten [Qualifikationsrichtlinie] → Anh. II Art. 5 Rn. 21, 23).

Ferner ist der enge, rechtstechnische Begriff des IPR, den Art. 3 definiert, abzugrenzen von **27** **materiellem Sonderrecht für internationale Sachverhalte** (bereits → Rn. 14). Sowohl auf internationaler als auch auf nationaler Ebene können international verknüpfte Rechtsstreitigkeiten nicht nur in der Weise gelöst werden, dass sie durch Kollisionsnormen einem bestimmten nationalen, in- oder ausländischen Sachrecht zugewiesen werden, sondern dadurch, dass für sie ein besonderes sachrechtliches Regime zur Anwendung kommt. Besondere Bedeutung hat internationales Einheits(sach)recht auf den Gebieten des **grenzüberschreitenden Handelskaufs** (Wiener UN-Kaufrecht [CISG], hierzu s. die Kommentierung in Bd. 3) und des **Transportrechts** (CMR). Hierbei handelt es sich zweifellos um „Privatrecht", und angesichts des Gegenstands dieser Staatsverträge hat dieses Privatrecht in einem weiten, untechnischen Sinne auch „internationalen" Charakter. Die sachrechtlichen Normen dieser Rechtsquellen stellen aber kein „internationales Privatrecht" im technischen Sinne des Art. 3 EGBGB und auch keine Kollisionsnormen iS des Art. 81 Abs. 2 lit. c AEUV dar, weil sie kein nationales Recht zur Entscheidung des Falles berufen, sondern den Fall selbst entscheiden (→ aber Rn. 168). Gleichwohl bestehen zum Teil diffizile Abgrenzungsfragen, denn Konventionen des internationalen Einheitssachrechts enthalten regelmäßig Anwendungs- oder Abgrenzungsnormen, welche die Reichweite des Einheitsrechts im Verhältnis zu den vom IPR berufenen Sachrechten bestimmen.[84] Ebenso kommt es freilich in Betracht, materielles Sonderrecht für internationale Sachverhalte nur im Rahmen des nach den üblichen Kollisionsnormen berufenen Sachrechts heranzuziehen, so zB bei § 92c HGB, der die materiellrechtliche Dispositionsfreiheit der Parteien erweitert, dabei aber voraussetzt, dass deutsches Recht Vertragsstatut ist (näher → Rn. 84 ff.). Derartige Fragen sind nicht nur technischer Natur, sondern zur Abgrenzung und Bestimmung der EU-Kompetenzen von größter Wichtigkeit (zur Frage der Außenkompetenz der EU zum Abschluss kollisions- oder sachrechtsvereinheitlichender Staatsverträge → Rn. 29 ff.).

Weitgehend synonym mit dem Begriff des IPR iS des Art. 3 EGBGB wird heute vielfach die **28** auch in Art. 81 Abs. 2 lit. c AEUV bevorzugte **Bezeichnung der „Kollisionsnormen"** bzw. des Kollisionsrechts verwendet.[85] Der Begriff ist insoweit präziser, als er – zumindest nach deutschem und französischem Verständnis („conflit de lois") – klarstellt, dass die internationale Zuständigkeit bzw. Urteilsanerkennung nicht umfasst sein sollen (→ Rn. 25). Er ist allerdings auch insoweit unschärfer, als Kollisionsnormen nicht allein auf dem Gebiet des Privatrechts, sondern auch im Verwaltungs-, Straf- oder Verfahrensrecht existieren, wo sich ebenfalls die Frage stellen kann, welches Recht auf einen international verknüpften Sachverhalt Anwendung findet.[86] Jedoch ergibt sich bereits aus der systematischen Stellung des Art. 81 AEUV im Kapitel über die justizielle Zusammenarbeit in *Zivilsachen* eindeutig, dass mit „Kollisionsnormen" iS des Abs. 2 lit. c nur solche auf dem Gebiet des Privatrechts gemeint sind, so dass praktisch keine Missverständnisse zu befürchten sind. Gegen den Begriff des Kollisionsrechts ist des Weiteren immer wieder vorgebracht worden, dass er den Aspekt des Konflikts zu sehr in den Vordergrund stelle, während das IPR – insbesondere solches genuin internationaler Provenienz – seiner Funktion nach gerade auf die Vermeidung von Kollisionen durch die Koordination verschiedener Rechtssysteme im Interesse des internationalen Entscheidungs-

---

[82] Näher *Batiffol/Lagarde* Rn. 5 f.; *Bureau/Muir Watt*, Droit international privé I, 2. Aufl. 2010, Rn. 11 f.; *Kadner Graziano* GemEuIPR S. 37 f.

[83] *Bureau/Muir Watt*, Droit international privé I, 2. Aufl. 2010, Rn. 11 f.

[84] Zum Anwendungsbereich des geplanten Gemeinsamen Europäischen Kaufrechts s. *v. Hein*, FS Martiny, 2014, 365 mzN zum Streitstand.

[85] Zurückgehend auf *Ulrich Huber*, De conflictu legum diversarum in diversis imperiis, in: ders. Praelectiones juris romani et hodierni, 1689.

[86] *Kropholler* IPR § 1 V 2.

einklangs abziele.[87] Der daraus abgeleitete Alternativvorschlag „Koordinationsprivatrecht"[88] hat sich aber nicht durchgesetzt. Andere Neologismen (zB „Grenzrecht", „Zwischenprivatrecht") haben keinen Anklang gefunden und sind zu vernachlässigen.[89]

C. Recht der Europäischen Union

I. Die Kompetenzen der EU auf dem Gebiet des IPR

29   **1. Allgemeines.** Das europäische Sekundärrecht spielte **im 20. Jahrhundert** als Quelle des IPR keine nennenswerte Rolle, weil die EU bis zu dem 1999 in Kraft getretenen Vertrag von Amsterdam keine ausdrückliche Kompetenz zum Erlass von Rechtsakten auf diesem Gebiet hatte;[90] lediglich in **Verbraucherschutz-Richtlinien** fanden sich Kollisionsnormen, die heute in Art. 46b EGBGB umgesetzt sind und die noch auf ex-Art. 95 EGV bzw. ex-Art. 100a EGV idF von Maastricht, die Vorläufer des heutigen Art. 114 AEUV, gestützt wurden (zum Richtlinien-IPR näher → Rn. 75 ff.). Den wichtigsten Rechtsakt der Mitgliedstaaten auf dem Gebiet des Kollisionsrechts bildete das **Römische Vertragsrechtsübereinkommen (EVÜ),** das aber einen konventionellen völkerrechtlichen Vertrag darstellte und in Deutschland vor allem in den Art. 27–29, 30–37 EGBGB aF umgesetzt worden war (→ Rn. 46 f.).

30   Seit der Schaffung der – heute in **Art. 81 Abs. 2 lit. c AEUV** enthaltenen – Zuständigkeit der EU zur Verabschiedung von Maßnahmen zur Kollisionsrechtsvereinheitlichung hat sich die Rechtslage jedoch dramatisch geändert.[91] Die mit dem Vertrag von Amsterdam eingeleitete Europäisierung des IPR schreitet mit hoher Geschwindigkeit voran:[92] Im Jahre 2007 wurde die in Art. 3 Nr. 1 lit. a genannte **Rom II-VO** erlassen, der ein knappes Jahr später die in Art. 3 Nr. 1 lit. b erwähnte **Rom I-VO** folgte, mit der das zuvor bestehende EVÜ in den Mitgliedstaaten (außer Dänemark) abgelöst wurde. Hinzu kommt das von der EU abgeschlossene HUP, das in der EU kraft des in Art. 3 Nr. 1 lit. c aF genannten Beschlusses von 2009 bereits vor dem völkerrechtlichen Inkrafttreten des HUP in der Union Anwendung fand (→ Rn. 48). Als weiterer Rechtsakt wird in Art. 3 Nr. 1 lit. d die **Rom III-VO** genannt, die gegenüber der Rom I-VO und der Rom II-VO die Besonderheit aufweist, dass es sich hierbei um einen Akt der verstärkten Zusammenarbeit handelt (→ Rn. 51 ff.). Kürzlich ist die in lit. e genannte **EuErbVO** hinzugetreten, der ab dem 29.1.2019 die **EuGüVO** und die **EuPartVO** folgen werden.

31   Die maßgebende Kompetenzgrundlage zur justiziellen Zusammenarbeit in Zivilsachen (Art. 81 AEUV) lautet in der geltenden Fassung wie folgt:

Art. 81 AEUV [Justizielle Zusammenarbeit in Zivilsachen]

(1) [1]Die Union entwickelt eine justizielle Zusammenarbeit in Zivilsachen mit grenzüberschreitendem Bezug, die auf dem Grundsatz der gegenseitigen Anerkennung gerichtlicher und außergerichtlicher Entscheidungen beruht. [2]Diese Zusammenarbeit kann den Erlass von Maßnahmen zur Angleichung der Rechtsvorschriften der Mitgliedstaaten umfassen.

(2) Für die Zwecke des Absatzes 1 erlassen das Europäische Parlament und der Rat, insbesondere wenn dies für das reibungslose Funktionieren des Binnenmarkts erforderlich ist, gemäß dem ordentlichen Gesetzgebungsverfahren Maßnahmen, die Folgendes sicherstellen sollen:

[...]

c) die Vereinbarkeit der in den Mitgliedstaaten geltenden Kollisionsnormen und Vorschriften zur Vermeidung von Kompetenzkonflikten;

[...]

(3) [1]Abweichend von Absatz 2 werden Maßnahmen zum Familienrecht mit grenzüberschreitendem Bezug vom Rat gemäß einem besonderen Gesetzgebungsverfahren festgelegt. [2]Dieser beschließt einstimmig nach Anhörung des Europäischen Parlaments.

---

[87] So in jüngerer Zeit vor allem *Kadner Graziano* GemEuIPR S. 35 f. mwN zur älteren Diskussion; vgl. auch *Glenn* in: *Reimann/Zimmermann* (Hrsg.), Oxford Handbook of Comparative Law, 2008, 431; *Kropholler* IPR § 1 V 2.

[88] *Kadner Graziano* GemEuIPR S. 36.

[89] S. hierzu und zu anderen Vorschlägen nur *Kropholler* IPR § 1 V 2.

[90] Der Amsterdamer Vertrag vom 2.10.1997 (ABl. 1997 C 340, 1; BGBl. 1998 II S. 386) ist am 1.5.1999 in Kraft getreten (BGBl. 1999 II S. 296); ausführlich zur chronologischen Entwicklung der Kompetenzgrundlagen *M. Weller*, Europäisches Kollisionsrecht, 2015, Rn. 7 ff.

[91] Aktuelle Bestandsaufnahme bei *R. Wagner* RabelsZ 79 (2016), 521 ff.

[92] S. nur *W.-H. Roth* EWS 2011, 314 ff. sowie die jährlichen Berichte von *Mansel/Thorn/Wagner* in IPRax.

¹Der Rat kann auf Vorschlag der Kommission einen Beschluss erlassen, durch den die Aspekte des Familienrechts mit grenzüberschreitendem Bezug bestimmt werden, die Gegenstand von Rechtsakten sein können, die gemäß dem ordentlichen Gesetzgebungsverfahren erlassen werden. ²Der Rat beschließt einstimmig nach Anhörung des Europäischen Parlaments.

¹Der in Unterabsatz 2 genannte Vorschlag wird den nationalen Parlamenten übermittelt. ²Wird dieser Vorschlag innerhalb von sechs Monaten nach der Übermittlung von einem nationalen Parlament abgelehnt, so wird der Beschluss nicht erlassen. ³Wird der Vorschlag nicht abgelehnt, so kann der Rat den Beschluss erlassen.

Dänemark partizipiert an der justiziellen Zusammenarbeit bislang nicht (näher → Rn. 58), und **32** **Großbritannien** sowie **Irland** haben die Möglichkeit, entsprechenden Rechtsakten fernzubleiben (näher → Rn. 57), was ihnen ein gewisses Druckpotenzial verschafft, das Großbritannien insbesondere bei der Schaffung der Rom I-VO auch ausgenutzt hat.[93]

Es ist bereits dargelegt worden, dass diese Kompetenzgrundlage sich auf Sachverhalte mit grenz- **33** überschreitenden Bezügen beschränkt (Art. 81 Abs. 1 S. 1 AEUV; → Rn. 12) und dass der in Art. 81 Abs. 2 lit. c AEUV verwendete Begriff der „Kollisionsnormen" sich mit dem deutschen Verständnis des IPR deckt (→ Rn. 25).

In der Vergangenheit waren vor allem zwei Punkte kontrovers, zum einen die Vereinheitlichung **34** des IPR durch Verordnungen (→ Rn. 35), zum anderen die Frage der Schaffung eines einheitlichen IPR auch gegenüber Drittstaaten (→ Rn. 36).

2. Vereinheitlichung durch Verordnungen. In der Vergangenheit wurde mitunter, insbeson- **35** dere in Frankreich,[94] bezweifelt, ob die in ex-Art. 65 lit. b **EGV** gewählte Formulierung der bloßen „Förderung" der Vereinbarkeit mitgliedstaatlicher Kollisionsnormen über eine Rechtsangleichung durch Richtlinien hinausgehend auch eine Vereinheitlichung im Verordnungswege gestatte.[95] Die zahlreichen Ungereimtheiten und Widersprüche bei der Implementation der in den Verbraucher-schutz-Richtlinien[96] enthaltenen Kollisionsnormen in die Rechtsordnungen der Mitgliedstaaten ließen es jedoch als angezeigt erscheinen, die „Unsicherheiten eine[r] Richtlinienumsetzung" im Kollisionsrecht zu vermeiden und auf diesem Gebiet generell das Instrument der Verordnung zu bevorzugen.[97] Insoweit schafft Art. 81 Abs. 2 lit. c **AEUV,** der davon spricht, eine Vereinbarkeit der Kollisionsnormen sei „sicher[zu]stellen", Klarheit, denn die Vereinheitlichung des IPR durch eine Verordnung ist gegenüber einer bloßen Harmonisierung durch Richtlinien zweifellos der ein Höchstmaß an Sicherheit bietende Weg.[98]

3. Einheitliches IPR auch gegenüber Drittstaaten. Zudem wurde in der Vergangenheit bis- **36** weilen die Kompetenz der **EU** für die Schaffung **universellen Kollisionsrechts** infrage gestellt.[99] Bereits bei der Schaffung der Rom II-VO war die Entscheidung für ein auch gegenüber Drittstaaten einheitliches Kollisionsrecht insbesondere in britischen Stellungnahmen zum Teil scharf angegriffen worden, weil sie von der Ermächtigungsgrundlage für die Verordnung (ex-Art. 65 EGV) nicht gedeckt sei.[100] Diese Vorschrift, so der Tenor der Kritiker, erlaube nur eine Harmonisierung des Kollisionsrechts in Fällen mit einem Binnenmarktbezug.[101] Das Festhalten des Verordnungsgebers

---

[93] Hierzu *Basedow* Editorial EuZW 5/2009, V.

[94] S. *Ancel et al* J. C. P. 2006, Act. 586, 231; *Lequette,* Liber Amicorum Gaudemet-Tallon, 2008, 515 ff.; vgl. hingegen *Lagarde/Tenenbaum* Rev. crit. dr. int. pr. 2008, 728 f.; zum französischen „Professorenstreit" s. die Darstellung bei *Jayme* IPRax 2008, 187 f.; *Martiny* ZEuP 2008, 103 f., *Sonnenberger* IPRax 2011, 325 (326), alle mwN.

[95] So noch *Basedow* C. M. L. Rev. 2000, 687 ff.; *Kohler* Rev. crit. dr. int. pr. 1999, 1 ff.; *Pfeiffer* NJW 1999, 3674; *Remien* C. M. L. Rev. 38 (2001), 53; *Schack* ZEuP 1999, 805 ff.

[96] S. die Aufzählung der entsprechenden Rechtsakte in Art. 46b.

[97] Europäische Kommission Grünbuch vom 14.1.2003, KOM (2002) 654 S. 19 f.; für die Zulässigkeit des Erlasses von Verordnungen aufgrund der ex-Art. 61 lit. c, ex-Art. 65 lit. b EGV auch *Basedow* RabelsZ 73 (2009), 455 (460); *Besse* ZEuP 1999, 115; *Dohrn,* Die Kompetenzen der Europäischen Gemeinschaft im Internationalen Privatrecht, 2004, 136 ff.; *v. Hoffmann* in v. Hoffmann, European Private International Law, 1998, 31; *Leible/Staudinger* EuLF 2000/01 (D), 233 f.; Reithmann/Martiny/*Martiny* Rn. 1.53.

[98] *W.-H. Roth* EWS 2011, 314 (318); *Sonnenberger* IPRax 2011, 325 (326); vgl. auch *R. Wagner* IPRax 2014, 217 (220 f.); *R. Wagner* RabelsZ 79 (2016), 521 (538 f.).

[99] Zuletzt in Bezug auf Rom I *Francq* Clunet 2009, 47 f.; aus der Diskussion zur Kompetenzfrage im Allgemeinen s. insbes. *Basedow* C. M. L. Rev. 2000, 687 ff.; *Hess* NJW 2000, 23 ff.; *Leible/Staudinger* EuLF 2000/01 (D), 225 ff.; *Remien* C. M. L. Rev. 2001, 53 ff.; *Schack* ZEuP 1999, 805 ff.

[100] *Beaumont* in Brand, Private Law, Private International Law & Judicial Cooperation in the EU–US Relationship, CILE Studies 2, 2005, 15 (22 f.); *Dickinson* JPIL 1 (2005), 197 (222–227); *Petch* JIBLR 2006, 449 (452); hierzu auch *G. Wagner* IPRax 2006, 372 (389 f.); s. jetzt aber zur Rom I-VO *Wilderspin* ERA Forum 2008, 262 f.

[101] S. die Nachweise in der vorigen Fn.

an dem Konzept einer *loi uniforme* in allen kollisionsrechtlichen Rechtsakten (Rom I-VO, Rom II-VO, Rom III-VO, EuUnthVO iVm HUP, EuErbVO) ist indes zu **begrüßen,** weil die Rechtspraxis unter der Spaltung des IPR in unterschiedliche Normen für mit Drittstaaten verknüpfte Fälle einerseits, für binnenmarktinterne Sachverhalte andererseits, erheblich gelitten hätte.[102] Insoweit ist auf die Begründung des Kommissionsvorschlags zur Rom II-VO zurückzugreifen, dessen Erwägungen für Rom I und III ebenso gültig sind.[103] Wie die Kommission (in Bezug auf die Rom II-VO) hervorhob, ist der universelle Charakter der Rom I bis III-Verordnungen aufgrund ihrer Komplementarität zum EU-Zivilverfahrensrecht (Brüssel Ia-VO bzw. Brüssel IIa-VO) für das reibungslose Funktionieren des Binnenmarkts (einschließlich der Personenfreizügigkeit) unerlässlich, um Verzerrungen auszuschließen, denn alle in einem Mitgliedstaat ergangenen gerichtlichen Entscheidungen, die in den Anwendungsbereich der verfahrensrechtlichen Verordnungen (Brüssel Ia-VO bzw. Brüssel IIa-VO) fallen, unterliegen unabhängig davon, ob diesen Entscheidungen das Recht eines Mitgliedstaats oder eines Drittstaats zugrunde liegt, einer vereinfachten Anerkennungs- und Vollstreckungsregelung.[104] Zudem ist die Differenzierung zwischen Streitsachen mit „innergemeinschaftlichem" und „außergemeinschaftlichem" Bezug nicht fundiert.[105] Die Kommission führte hierfür das **Beispiel** an, dass eine Streitigkeit, an der zu Anfang ein Angehöriger aus nur einem Mitgliedstaat und ein Drittstaatsangehöriger beteiligt seien, später mehrere Mitgliedstaaten betreffe, weil beispielsweise der EU-Bürger die streitige Forderung an einen EU-Bürger in einem anderen Mitgliedstaat abtrete.[106] Ebenso wenig könnte es überzeugen, wenn ein US-amerikanisches Unternehmen, das einen deutschen und einen französischen Vertragspartner hat, sich durch eine Klageerhebung in Deutschland oder Frankreich aussuchen dürfte, welches IPR zur Anwendung käme.[107] Ähnliche Szenarien lassen sich auch für das Scheidungsrecht bilden, wenn zB eine Staatsangehörige eines Mitgliedstaates mit einem Drittstaatsangehörigen verheiratet ist, aber nach der Trennung von ihrem Mann in einen anderen Mitgliedstaat umzieht. Nachdem der EuGH in seinem **Lugano-Gutachten** die ausschließliche Kompetenz der EU zum Abschluss eines Parallelübereinkommens zur Brüssel I-VO mit Drittstaaten festgestellt hatte,[108] lag es noch ferner als zuvor, dass der Gerichtshof es der EU verwehren würde, eine Befugnis zur Regelung des IPR auch gegenüber Drittstaaten für sich in Anspruch zu nehmen.[109] Letztlich hat sich dieser Streit mit der Neufassung des Art. 81 AEUV, der nicht mehr unbedingt einen Binnenmarktbezug voraussetzt (arg. „insbesondere"), praktisch erledigt.[110] Auch aus dem Subsidiaritäts- und Verhältnismäßigkeitsprinzip (Art. 5 EUV; näher → Rn. 43 f.) lassen sich angesichts der oben dargestellten praktischen Vorzüge keine durchschlagenden Einwände gegen den Grundsatz der universellen Anwendbarkeit herleiten.[111]

37   **4. Besonderheiten auf dem Gebiet des internationalen Familienrechts.** Besonderheiten gelten gemäß **Art. 81 Abs. 3 AEUV** im Gesetzgebungsverfahren für Maßnahmen aus dem internationalen Familienrecht.[112] Während im ordentlichen Gesetzgebungsverfahren (Art. 81 Abs. 2 iVm Art. 294 AEUV) das Europäische Parlament mitentscheiden muss und der Rat mit qualifizierter Mehrheit entscheidet,[113] wird das Parlament in dem für familienrechtliche Maßnahmen geltenden besonderen Gesetzgebungsverfahren (Art. 81 Abs. 3 AEUV) lediglich angehört; im Gegenzug muss der Rat über die Maßnahme einstimmig beschließen. Hierin liegt eine beträchtliche Stärkung der Rolle der Mitgliedstaaten, die das Familienrecht vielfach als Teil ihrer „kulturellen Identität" betrachten.[114] Das **besondere**

---

[102] *Domej* in *v.* Hein/Rühl Kohärenz 90 f.; *R. Wagner* IPRax 2014, 217 (220); *M. Weller*, Europäisches Kollisionsrecht, 2015, Rn. 55; s. zur endgültigen Rom I-VO *Bonomi* YbPIL 10 (2008), 168 f.; *Garcimartín Alférez* EuLF 2008, I-61 (62) mzN zur Reformdiskussion; *Lagarde/Tenenbaum* Rev. crit. dr. int. pr. 2008, 728; *Leible/Lehmann* RIW 2008, 529; s. auch bereits zum Grünbuch MPI RabelsZ 68 (2004), 11.
[103] KOM (2003) 427 S. 10 f.; der Rom I-Verordnungsvorschlag von 2005 beschränkt sich hingegen auf die in → Rn. 2 diskutierte redaktionelle Klarstellung.
[104] KOM (2003) 427 S. 11; ebenso in Bezug auf die Rom I-VO *Bonomi* YbPIL 10 (2008), 168 f.; *W.-H. Roth* EWS 2011, 314 (317); *Wilderspin* ERA Forum 2008, 263.
[105] KOM (2003) 427 S. 11; ebenso in Bezug auf die Rom I-VO *Bonomi* YbPIL 10 (2008), 168 f.; *Wilderspin* ERA Forum 2008, 263; vgl. bereits MPI RabelsZ 68 (2004), 11.
[106] KOM (2003) 427 S. 11.
[107] Beispiel von *Lagarde/Tenenbaum* Rev. crit. dr. int. pr. 2008, 729.
[108] EuGH Slg. 2006, I-1145; hierzu *Bischoff* EuZW 2006, 295; *Lavranos* C. M. L. Rev. 43 (2006), 1087.
[109] Anders aber *Petch* JIBLR 2006, 449 (452); *G. Wagner* IPRax 2006, 372 (389 f.).
[110] *Czepelak* Eur. Rev. Priv. L. 2010, 705 (720); *Dutta* EuZW 2010, 530 (531); *Jayme* IPRax 2008, 72 f.; *Kieninger*, FS v. Hoffmann, 2011, 184 (187); *Mansel/Thorn/Wagner* IPRax 2010, 1 (25); *W.-H. Roth* EWS 2011, 314 (318); *R. Wagner* RabelsZ 79 (2016), 521 (536 f.).
[111] So aber *Majer* ZEV 2011, 445 (448) zur EuErbVO.
[112] Näher *Andrae* FPR 2010, 505 ff.; *Frenz* JR 2011, 277 (279); *R. Wagner* RabelsZ 79 (2016), 521 (526 ff.).
[113] Ausf. zum Ablauf des Gesetzgebungsverfahrens *R. Wagner* Praktische Erfahrungen S. 51 ff.
[114] Hierzu *Mansel* BerGesVR 43 (2008), 137 (163 f.); *M. Stürner* Jura 2015, 813 (821).

Gesetzgebungsverfahren ist allerdings nicht schlechthin zwingend; unter den Voraussetzungen des Art. 81 Abs. 3 UAbs. 2 und 3 AEUV (sog „passerelle"-Klausel) kann der Rat auf Vorschlag der Kommission und nach Anhörung des Europäischen Parlaments einen einstimmigen Beschluss fassen, der bestimmte Materien des Familienrechts wiederum dem ordentlichen Gesetzgebungsverfahren zuweist und so erneut den Weg zu einer Abstimmung mit qualifizierter Mehrheit im Rat eröffnet (Art. 81 Abs. 3 UAbs. 3 S. 3) AEUV. Dies hängt aber davon ab, dass keines der nationalen Parlamente, die zuvor angehört werden müssen, diesen Vorschlag ablehnt (Art. 81 Abs. 3 UAbs. 3 S. 2 AEUV).[115]

Vor diesem Hintergrund kommt im Einzelfall der Frage zentrale politische Bedeutung zu, ob **38** eine Maßnahme zur Vereinheitlichung des Kollisionsrechts das Familienrecht betrifft oder nicht. So stellte sich bislang insbesondere bei der **Schaffung der EuErbVO** die Frage, ob sie unter das ordentliche Gesetzgebungsverfahren (Art. 81 Abs. 2 AEUV) oder unter die Spezialkompetenz für das internationale Familienrecht (Art. 81 Abs. 3 AEUV) fällt.[116] Letztlich setzte sich die Auffassung durch, dass es sich beim Erbrecht, obwohl der Nachlass in der Regel Verwandten des Erblassers zukommen dürfte, rechtstechnisch um ein Teilgebiet des Vermögensrechts handelt, da ein Erblasser im Rahmen der Testierfreiheit auch nicht mit ihm verwandte Personen bedenken kann und erbenloser Nachlass an den Staat fällt.[117]

5. Abgrenzung von Kompetenzen zur Sachrechtsangleichung. Nicht gänzlich zweifelsfrei **39** ist die Abgrenzung der Unionskompetenzen auf dem Gebiet des IPR von der Zuständigkeit der EU zur Schaffung von internationalem Einheitssachrecht. So konnte sich die Kommission mit ihrem Versuch, in der Rom II-VO den materiellen ordre public der Mitgliedstaaten verbindlich zu definieren, gegen britischen Widerstand nicht durchsetzen (näher → Art. 6 Rn. 15). Man muss der Union aber im Rahmen des Art. 81 Abs. 2 lit. e AEUV eine gewisse Annexkompetenz für mit dem IPR funktional eng zusammenhängende Fragen der Fremdrechtsanwendung zubilligen, die sich im methodischen Grenzbereich zwischen dem IPR im technischen Sinne und der Sachrechtsanwendung bewegen (→ Einl. IPR Rn. 215 ff.). Hierzu gehören z.B. die Berücksichtigung ausländischer Sicherheits- und Verkehrsregeln (Art. 17 Rom II-VO) oder die für widerstreitende Kommorientenvermutungen geschaffene Anpassungsnorm in Art. 32 EuErbVO. Auch die spezielle Vorbehaltsklausel in Art. 10 Rom III-VO mag zwar rechtspolitisch verunglückt sein (→ Art. 6 Rn. 62); sie ist aber von der Kompetenznorm gedeckt. Zweifelhaft ist indes, ob es mit der Beschränkung der Unionskompetenz auf das IPR vereinbar wäre, Art. 9 Abs. 3 Rom I-VO im Sinne einer Sperrwirkung dahingehend auszulegen, dass deutschen Gerichten auch die materiellrechtliche Berücksichtigung drittstaatlicher Eingriffsnormen untersagt wäre (→ Einl. IPR Rn. 289); die Frage ist derzeit vor dem EuGH anhängig.[118]

Bis zur Rücknahme des Verordnungsvorschlags Ende 2014 war vor allem die Einordnung der spezi- **40** ellen Abgrenzungsnormen des geplanten **Gemeinsamen Europäischen Kaufrechts** (EuKaufR) umstritten. Die Kommission hatte ihren Vorschlag für ein EuKaufR auf Art. 114 AEUV gestützt, der die Rechtsangleichung im Binnenmarkt betrifft, und gerade bei der Erläuterung dieser Kompetenzgrundlage besonders hervorgehoben, dass die EuKaufR keinen kollisionsrechtlichen Charakter tragen sollte.[119] Hingegen war Art. 81 Abs. 2 lit. c AEUV, nach dem die EU die Kompetenz hat, die Vereinbarkeit der in den Mitgliedstaaten geltenden Kollisionsnormen sicherzustellen, von der Kommission nicht einmal ergänzend herangezogen worden. Diese Vorgehensweise fand Zustimmung, weil Art. 81 Abs. 2 lit. c AEUV allein eine Kompetenzgrundlage zur Harmonisierung des Internationalen Privat- und Verfahrensrechts, nicht aber des materiellen Privatrechts darstelle.[120] Betrachtete man das EuKaufR mit der Kommission lediglich als spezielles Sachrecht für grenzüberschreitende Verträge, war dies zwar folgerichtig. Anderes hätte aber gegolten, wenn man der Vereinbarung des EuKaufR eine „kollisionsrechtlich[e] Tragweite" zuerkannt hätte.[121] Hätte man die Abgrenzungsnormen des EuKaufVO-E offen als Anwendungsnormen mit kollisionsrechtlichem Charakter ausgestaltet, hätte sich insoweit – anders als für den Anhang, das eigentliche EuKaufR – durchaus plausibel für Art. 81

---

[115] Vgl. hierzu *R. Wagner* RabelsZ 79 (2016), 521 (527): „Dieses Verfahren ist […] so kompliziert, dass davon bislang noch kein Gebrauch gemacht worden ist."

[116] S. hierzu den Standpunkt des Europäischen Parlaments vom 13.3.2012 (Dok.-Nr. P7_TC1-COD (2009) 0157) und den Beschluss des Rates vom 7.6.2012; näher *Stumpf* EuR 2007, 291 ff.

[117] Vgl. jetzt Erwägungsgrund 2 EuErbVO sowie iE Begr. Kommissionsvorschlag KOM (2009) 154 endg. S. 3 f.; ferner *W.-H. Roth* EWS 2011, 314 (320); *R. Wagner* Praktische Erfahrungen S. 51 (54 f.).

[118] Hierzu GA *Szpunar* ECLI:EU:C:2016:281 = BeckRS 2016, 80665, Rn. 107.

[119] Begr. KOM (2011) 635 endg. S. 9.

[120] *W.-H. Roth* EWS 2012, 12 (15); anders *Basedow*, FS Säcker, 2011, 29 (36 ff.). Zur Abgrenzung im Familienrecht s. auch *Rauscher*, FS Jayme, 2004, 719 (722 f.).

[121] So expressis verbis *W.-H. Roth* EWS 2012, 12 (15).

Abs. 2 lit. c AEUV als Kompetenzgrundlage streiten lassen.[122] Das offenkundige Bestreben der Kommission, den Rückgriff auf Art. 81 Abs. 2 lit. c AEUV zu vermeiden, dürfte weniger durch dogmatische Überlegungen veranlasst, sondern vielmehr dadurch motiviert gewesen sein, dass der Geltungsbereich dieser Vorschrift wegen der für Großbritannien, Irland und Dänemark bestehenden Ausnahmen (→ Rn. 57 ff.) erheblich eingeschränkt ist.[123]

41 Die Kommission dürfte insoweit jedoch zu vorsichtig agiert haben. Art. 81 Abs. 2 lit. c AEUV lässt sich nach seinem Wortlaut („Kollisionsnormen") und seiner Entstehungsgeschichte in dem Sinne **restriktiv auslegen,** dass er sich nur auf das IPR im allgemeinen Sinne bezieht, nicht aber auf einheitsrechtliche Abgrenzungsnormen.[124] Umgekehrt könnte man Art. 114 AEUV in dem Sinne erweiternd verstehen, dass er als **Annexkompetenz** zu der Schaffung materiellrechtlicher Rechtsakte auch die Befugnis zum Erlass der notwendigen speziellen einseitigen Anwendungsnormen enthält. Insoweit könnte auf das Beispiel der Fluggastrechte-VO verwiesen werden (→ Rn. 45); zwar wurde diese nicht auf Grundlage des Art. 114 AEUV, sondern des ex-Art. 80 Abs. 2 EGV (heute: Art. 96 Abs. 2 AEUV) erlassen, es ist aber nicht erkennbar, warum die für die Frage der Kodifikation spezieller Abgrenzungsnormen in einer privatrechtlichen Verordnung einen sachlichen Unterschied begründen sollte. Ferner ist die Existenz der fortgeltenden mehrseitigen Kollisionsnormen zu berücksichtigen, die heute in Art. 46b EGBGB umgesetzt sind und die sich in Richtlinien finden, die noch auf ex-Art. 95 EGV bzw. ex-Art. 100a EGV idF von Maastricht, die Vorläufer des heutigen Art. 114 AEUV, gestützt wurden. Wenn diese Ermächtigungsgrundlage keine Annexkompetenz zur Regelung gesetzesbezogener Kollisionsnormen enthielte, müsste man dieses Richtlinien-IPR für unzulässig halten.[125] Die entscheidende Frage war vielmehr, ob **Art. 114 AEUV** überhaupt die richtige Grundlage für das EuKaufR bildete oder ob stattdessen auf die ergänzende Kompetenz des **Art. 352 AEUV** hätte zurückgegriffen werden müsse.[126] Gegen die Heranziehung des Art. 114 AEUV sprach nicht nur die Entscheidung des EuGH zur Europäischen Genossenschaft,[127] sondern auch der Umstand, dass der AEUV in Art. 118 eine spezielle Ermächtigungsnorm zum Erlass optionaler Instrumente im Bereich des Immaterialgüterrechts, aber nicht des Vertragsrechts enthält.[128] Hätte man hingegen auf den politisch sperrigen, aber sachlich einschlägigen Art. 352 AEUV zurückgegriffen, hätte die kollisionsrechtliche Natur der Anwendungsnormen des EuKaufVO-E nicht geleugnet werden müssen.

42 Hinsichtlich der Wahrnehmung ihrer **Außenkompetenzen** legt die EU weniger strenge Maßstäbe an die Abgrenzung zwischen Kollisions- und Sachrecht an: So ist es aufschlussreich, dass im Jahre 2009 die EU – und mit der Mitgliedstaaten – dem **Kapstädter Übereinkommen über internationale Sicherungsrechte an beweglicher Ausrüstung** (Kapstadt-Übk.)[129] beigetreten ist.[130] Obwohl auch dieses Übereinkommen primär international einheitliches Sachrecht schafft – eben ein internationales Sicherungsrecht –, hat die EU die spezielle Abgrenzungsnorm in Art. 3 Kapstadt-Übk. sowie die ergänzende Verweisung auf das nach dem IPR der *lex fori* anzuwendende Recht (Art. 5 Abs. 2 und 3 Kapstadt-Übk.) als hinreichend angesehen, um eine ausschließliche Kompetenz für sich in Anspruch zu nehmen.[131]

---

[122] Dafür *Leible* in Remien/Herrler/Limmer, Gemeinsames Europäisches Kaufrecht für die EU?, 2012, 21, Rn. 7; insoweit skeptisch *Stadler* AcP 212 (2012), 473 (478).

[123] Dass die Kommission Dänemark und das Vereinigte Königreich „im Boot" haben wollte, vermutet auch *Stadler* AcP 212 (2012), 473 (477); ebenso *Leible* in Remien/Herrler/Limmer, Gemeinsames Europäisches Kaufrecht für die EU?, 2012, 21, Rn. 7.

[124] Näher *Flessner* ZEuP 2012, 726 (736 f.); anders *Leible* in Remien/Herrler/Limmer, Gemeinsames Europäisches Kaufrecht für die EU?, 2012, 21, Rn. 7.

[125] Vgl. hierzu *Basedow,* FS Sajko, 2012, 1 (12); der Erlass der Rom I- und II-VOen hätte aber nicht auf ex-Art. 95 EGV bzw. Art. 114 AEUV gestützt werden können, *W.-H. Roth* EWS 2011, 314 (316 f.).

[126] Die Anwendbarkeit des Art. 114 AEUV verneinend der BT-Rechtsausschuss, BT-Drs. 17/8000, 5 und die in Deutschland hL, insbes. *Basedow,* FS Säcker, 2011, 29 (38 ff.); *Grigoleit* in Remien/Herrler/Limmer, Gemeinsames Europäisches Kaufrecht für die EU?, 2012, 67 ff.; *Eidenmüller/Jansen/Kieninger/Wagner/Zimmermann* JZ 2012, 269 (274) („Taschenspielertrick"); *Leible* in Remien/Herrler/Limmer, Gemeinsames Europäisches Kaufrecht für die EU?, 2012, 21, Rn. 7 in Fn. 14; *Mansel* WM 2012, 1309 (1315 ff.); *W-H Roth* EWS 2012, 12 (17 ff.); *Stadler* AcP 212 (2012), 473 (483 f.); zust. hingegen der Ausschuss Europäisches Vertragsrecht des DAV, ZIP 2012, 809.

[127] EuGH Slg. 2006, I-3733 = EuZW 2006, 380 – Parlament/Kommission und Rat.

[128] BT-Rechtsausschuss, BT-Drs. 17/8000, 5.

[129] Abgedruckt in IPRax 2003, 276.

[130] Beschluss des Rates 2009/370/EG vom 6.4.2009, ABl.2009 L 121/3, 3.

[131] Erwägungsgrund 5 des Beschlusses 2009/370/EG (vorige Fn.); für die Auslösung des Konsultationsverfahrens nach Art. 24 EVÜ hätte dieser Bezug wohl nicht ausgereicht, denn man kann kaum sagen, dass das „Hauptziel" des Kapstädter Übereinkommens eine international-privatrechtliche Regelung sei; krit. zur Annahme einer Außenkompetenz in derartigen Konstellationen aber *Schilling* EuZW 2011, 776 (779).

6. Allgemeine Schranken der Kompetenz. Ferner sind auch im Rahmen des Art. 81 Abs. 2   **43**
lit. c AEUV die allgemeinen Schranken des **Subsidiaritätsprinzips** und der **Verhältnismäßigkeit**
gemäß Art. 5 EUV zu beachten.[132] Einen allzu strengen Maßstab sollte man insoweit aber nicht
anlegen.[133] Allein die Vereinheitlichung des internationalen Zivilverfahrensrechts (Brüssel Ia-VO,
Brüssel IIa-VO) und die Anerkennung von zivilrechtlichen Entscheidungen ohne kollisionsrechtliche
Überprüfung (→ Rn. 117 ff.) machen die weitere Vereinheitlichung des IPR nicht entbehrlich;
diese ist vielmehr gerade erforderlich, um das *forum shopping* einzugrenzen und internationalen Entscheidungseinklang zu garantieren.[134] Es dürfte auch nicht sachgerecht sein, etwa für Fragen des
Allgemeinen Teils eine Kompetenz der Union nur dann anzunehmen, wenn die jeweiligen Regelun-
gen in den einzelnen Mitgliedstaaten tatsächlich so stark inhaltlich divergieren, dass deren Vereinheitlichung unabdingbar ist.[135] Auch soweit es sich um Fragen handelt, die in den mitgliedstaatlichen
Rechten weitgehend ähnlich gehandhabt werden (etwa der Begriff des ordre public, → Art. 6
Rn. 7 ff., oder des gewöhnlichen Aufenthalts, → Art. 5 Rn. 130 ff.), ist es doch aus Gründen der
Rechtsklarheit und -sicherheit angezeigt, derartige Fragen auf europäischer Ebene selbst zu beantworten statt insofern auf das nationale IPR zu verweisen. Die Überführung bestehender Staatsverträge
(etwa des EVÜ) in EU-Verordnungen (Rom I-VO) ist grundsätzlich ebenfalls mit dem Subsidiaritätsprinzip vereinbar, weil die Regelungsform der Verordnung gegenüber einer herkömmlichen Konvention erhebliche praktische Vorteile bietet (Entfallen langwieriger Ratifikationsverfahren, leichtere
Änderbarkeit in der Zukunft, unmittelbare Auslegungskompetenz des EuGH).[136] Angesichts vorhandener moderner Haager Konventionen (KSÜ, HUP, ErwSÜ) hat die EU schon in der Vergangenheit
rechtspolitisch weise Zurückhaltung geübt und auf den Erlass eigener Kollisionsnormen auf diesen
Sachgebieten verzichtet (zur Sonderstellung des HUP → Rn. 48). Eine generelle Sperrwirkung
gegenüber einem Rückgriff auf Art. 81 Abs. 2 lit. c AEUV entfalten die Haager Konventionen
aber nicht, insbesondere ältere Übereinkommen, deren Ratifikationserfolg mitunter bescheiden war,
stehen dem Voranschreiten der europäischen Integration nicht im Wege.[137] Weder das Subsidiaritäts-
noch das Verhältnismäßigkeitsprinzip stehen iÜ der Einbeziehung von Drittstaatensachverhalten
entgegen (→ Rn. 36).

Schließlich können grundsätzlich auch Rechtsakte auf dem Gebiet des IPR einer **ultra-vires-Kon-**   **44**
trolle nach den Maßstäben des „Lissabon"-Urteils des BVerfG unterliegen.[138] Hierbei ist allerdings die
im „Mangold"-Urteil gemachte Einschränkung zu beachten, dass eine solche Kontrolle nur in Betracht
kommt, wenn ein Kompetenzverstoß der europäischen Organe „hinreichend qualifiziert" ist.[139] Dies
setzt nach Ansicht des BVerfG voraus, „dass das kompetenzwidrige Handeln der Unionsgewalt offensichtlich ist und der angegriffene Akt im Kompetenzgefüge zu einer strukturell bedeutsamen Verschiebung zu Lasten der Mitgliedstaaten führt".[140] Dies dürfte im IPR nur ausnahmsweise der Fall sein;[141] am
ehesten wäre an einen Eingriff der Union in familienrechtliche Vorfragen zu denken, die staatsangehö-
rigkeitsrechtlich relevant sein können (→ Rn. 117 ff. zum „Anerkennungsprinzip").

II. Sekundärrechtliche Quellen des IPR iS des Art. 3 Nr. 1

1. Verordnungsrecht. Verordnungen gelten gemäß Art. 288 Abs. 2 AEUV unmittelbar in jedem   **45**
teilnehmenden Mitgliedstaat und haben daher Vorrang vor dem nationalen Recht; insoweit ist der in
Art. 3 Nr. 1 lit. a, b und d enthaltene Hinweis auf den Vorrang der Rom I bis III-Verordnungen rein
deklaratorischer Natur (→ Rn. 1). An dieser Rechtsqualität ändert es nichts, wenn Verordnungen wie
die Rom III-VO aufgrund einer **verstärkten Zusammenarbeit** zustande gekommen sind (näher

---

[132] Näher *Heymann* in Muir Watt/Fernández Arroyo, Private International Law and Global Governance, 2014,
277 ff.; *Kreuzer* in Jud/Rechberger/Reichelt, Kollisionsrecht in der Europäischen Union, 2008, 1 (5); *Meeusen*,
Liber Amicorum Erauw, 2014, 139 (140 ff.); *Mills* U. Pa. J. Int'l L. 32 (2010), 369 ff.; *W.-H. Roth* EWS 2011,
314 (319); *Sonnenberger* IPRax 2011, 325 (326); *R. Wagner* IPRax 2007, 290 (291).
[133] Vgl. auch (zum materiellen Recht) die im Roaming-Urteil des EuGH zugrunde gelegten Maßstäbe, EuGH
EuZW 2010, 359.
[134] *W.-H. Roth* EWS 2011, 314 (319).
[135] So aber *Kreuzer* in Jud/Rechberger/Reichelt Kollisionsrecht, 1 (5); insoweit skeptisch *Sonnenberger* IPRax
2011, 325 (326).
[136] Zu diesen Vorzügen statt vieler *Vékás*, Liber Memorialis Šarčević, 2006, 171; so im Ergebnis auch *W.-H.
Roth* EWS 2011, 314 (319); *M. Weller*, Europäisches Kollisionsrecht, 2015, Rn. 37.
[137] Vgl. *Drobnig* King's College L. J. 11 (2000), 190 (200 f.).
[138] BVerfGE 123, 267 Rn. 54 ff. = NJW 2009, 2267; zur ultra vires-Kontrolle auf dem Gebiet des IPR vgl.
W.-H. Roth EWS 2011, 314 (316); *Sonnenberger* IPRax 2011, 325 (327).
[139] BVerfGE 126, 286 = NJW 2010, 3422.
[140] BVerfGE 126, 286 = NJW 2010, 3422.
[141] Vgl. auch *Sonnenberger* IPRax 2011, 325 (327).

→ Rn. 51 ff.). Im Übrigen ist die in die Vorschrift aufgenommene Liste bewusst nicht abschließend formuliert („insbesondere");[142] auch Kollisionsnormen in dort **nicht aufgenommenen** Verordnungen, zB der EuInsVO, verdrängen aufgrund des Anwendungsvorrangs des Unionsrechts das autonome deutsche IPR.[143] Ebenso haben spezielle Abgrenzungsnormen in EU-Verordnungen auf **sachrechtlichem** Gebiet den Vorrang gegenüber dem europäischen oder deutschen IPR.[144] Dies folgt in Bezug auf das europäische IPR aus den entsprechenden Vorbehalten in den Verordnungen für spezielleres EU-Kollisionsrecht (zB Art. 23 Rom I-VO, Art. 27 Rom II-VO), hinsichtlich des deutschen IPR wiederum aus dem Anwendungsvorrang des Unionsrechts. Ein Beispiel bietet die EG-Fluggastrechte-VO:[145] Die nach dieser Verordnung gewährleisteten Ausgleichsansprüche der Flugpassagiere in Fällen von Annullierungen und Verspätungen[146] greifen auch dann ein, wenn der Beförderungsvertrag nach Art. 5 Rom I-VO dem Recht eines Drittstaates unterliegt;[147] erforderlich, aber auch ausreichend ist allein, dass die räumlich-persönlichen Anwendungsvoraussetzungen der Fluggastrechte-VO selbst erfüllt sind.[148]

46   Anders als Richtlinien bedürfen EU-Verordnungen **keiner Umsetzung in mitgliedstaatliches Recht;** es ist einem Mitgliedstaat sogar untersagt, den unionsrechtlichen Ursprung verordnungsrechtlicher Normen dadurch zu verdunkeln, dass er sie in Gestalt eines nationalen Gesetzes nacherzählt. Dem deutschen Gesetzgeber war daher eine Inkorporation der Rom I-VO in das EGBGB, wie sie seinerzeit in Bezug auf das EVÜ in den Art. 27 ff. EGBGB idF von 1986 vorgenommen worden war, nicht mehr möglich.[149] Das nationale IPR kommt folglich nur noch zur Ergänzung der Verordnungen in Betracht, wenn diese bestimmte Sachgebiete aus ihrem sachlichen Anwendungsbereich ausklammern oder der nationalen Gesetzgebung explizit Spielräume eröffnen. Die einschlägigen Regelungen zur Durchführung kollisionsrechtlicher Verordnungen hat der Gesetzgeber einheitlich im Siebten Abschnitt des Zweiten Kapitels des Ersten Teils des EGBGB eingestellt (Art. 46a ff.); auf die dortige Kommentierung ist zu verweisen.

47   Im Übrigen ist die **Herangehensweise der deutschen Gesetzgebung gegenüber den EU-Verordnungen** nicht einheitlich: So hat der deutsche Gesetzgeber aus der Begrenzung des sachlichen Anwendungsbereichs der Rom II-VO den Schluss gezogen, die autonomen Kollisionsnormen für außervertragliche Schuldverhältnisse (Art. 38–42 EGBGB) beizubehalten,[150] um auch die von der Rom II-VO nicht abgedeckten Fallgruppen (zB Persönlichkeitsrechtsverletzungen, Nuklearschäden) erfassen zu können. Ebenso wurde Art. 17 EGBGB lediglich an die Rom III-VO angepasst, aber nicht gestrichen, um weiterhin Kollisionsnormen für die von der Rom III-VO nicht erfassten vermögensrechtlichen Scheidungsfolgen und den Versorgungsausgleich bereit zu stellen (Art. 17 Abs. 1 und 3) sowie in verfahrensrechtlicher Hinsicht das Monopol der Gerichte für Inlandsscheidungen zu bewahren (Art. 17 Abs. 2). Hingegen sind die auf dem EVÜ basierenden Vorschriften im Ersten Unterabschnitt des Fünften Abschnitts des EGBGB (Art. 27–29, 30–37 EGBGB) ersatzlos gestrichen worden.[151] Für Verträge, die nicht von der Rom I-VO erfasst werden, wie zB Schieds- und Gerichtsstandsvereinbarungen (Art. 1 Abs. 2 lit. e Rom I-VO), bleibt daher, sofern nicht vorrangige Regelungen (zB Art. 25 Brüssel Ia-VO) eingreifen, nach Streichung der Art. 27 ff. EGBGB aF ab dem 17.12.2009 nur die analoge Anwendung der Art. 3 ff. Rom I-VO als Ausweg.[152]

48   **2. Von der EU abgeschlossene Staatsverträge.** Im Anschluss an die „AETR"-Rechtsprechung des EuGH,[153] die mit Inkrafttreten des Vertrags von Lissabon am 1.12.2009 in Art. 3 Abs. 2, Art. 216 Abs. 1 AEUV kodifiziert worden ist,[154] hat die **EU die alleinige Kompetenz für den Abschluss von**

---

[142] Vgl. BT-Drs. 16/9995, 7.

[143] AllgM, s. nur BGHZ 190, 364 = NJW 2011, 3784; *M.-P. Weller*, FS v. Hoffmann, 2011, 513.

[144] *v. Bar/Mankowski* IPR I § 3 Rn. 87.

[145] VO (EG) Nr. 261/2004 vom 11.2.2004, ABl. 2004 L 46, 1.

[146] Ein Ausgleichsanspruch bei Verspätungen ist zwar in der VO nicht direkt vorgesehen, vom EuGH aber in richterlicher Rechtsfortbildung anerkannt worden, s. EuGH Slg. 2009, I-10954 = NJW 2010, 43 – Sturgeon; NJW 2013, 671 – Nelson.

[147] BGHZ 188, 85 Rn. 33 = NJW 2011, 2056 noch zu Art. 28 aF.

[148] Zur Drittstaatenproblematik im Verhältnis zur Schweiz s. den Vorlagebeschluss des BGH NJW-RR 2013, 1068.

[149] Begr. RegE Rom I-AnpassungsG, BT-Drs. 16/12104, 8.

[150] Gesetz zur Anpassung der Vorschriften des Internationalen Privatrechts an die Verordnung (EG) Nr. 864/2007 vom 10.12.2008, BGBl. 2008 I S. 2401.

[151] Gesetz zur Anpassung der Vorschriften des Internationalen Privatrechts an die Verordnung (EG) Nr. 593/2008 vom 25.6.2009, BGBl. 2009 I S. 1574.

[152] IdS bereits MPI RabelsZ 68 (2004), 25; allg. zur Analogiefähigkeit der Rom I-VO *Martiny* RIW 2009, 740; zu Schiedsvereinbarungen jüngst OLG Hamm SchiedsVZ 2014, 38 mAnm *Bryant* SchiedsVZ 2014, 45 (Art. 27 ff. aF angewendet).

[153] EuGH Slg. 1971, 263 – AETR; Slg. 1279, 127976 – Cornelis Kramer.

[154] Vgl. Geiger/Khan/Kotzur/*Kotzur* AEUV Art. 3 Rn. 7: „Aus Richterrecht wird [...] Primärrecht.".

Staatsverträgen auf dem Gebiet des Internationalen Privatrechts, wenn der Abschluss einer solchen Übereinkunft in einem Gesetzgebungsakt der Union vorgesehen ist, wenn er notwendig ist, damit sie ihre interne Zuständigkeit ausüben kann, oder soweit er gemeinsame Regeln beeinträchtigen oder deren Tragweite verändern könnte.[155] Seit dem **Beitritt der EU zur Haager Konferenz für Internationales Privatrecht** im Jahre 2007 kann die Union auch im Rahmen dieser Organisation agieren.[156] Art. 3 Nr. 1 lit. c aF nannte aber nicht unmittelbar das von der EU abgeschlossene HUP als Rechtsquelle, sondern verwies auf den darauf bezogenen Beschluss des Rates vom 30.11.2009. Hiermit hatte es folgende Bewandtnis:[157] Nach Art. 15 der EuUnthVO richtet sich das in Unterhaltssachen anwendbare Recht nach dem HUP. Dies gilt aber nur für Mitgliedstaaten, die durch das Haager Protokoll gebunden sind, also nicht für Dänemark und das Vereinigte Königreich. Durch die Verweisung in Art. 15 machte sich die EuUnthVO die Kollisionsregeln des Haager Protokolls zu eigen, so dass nach den oben (→ Rn. 29 ff.) dargelegten Grundsätzen die Außenkompetenz zum Abschluss des HUP auf die EU übergegangen war. Mit dem in Art. 3 Nr. 1 lit. c EGBGB aF erwähnten Beschluss des Rates billigte der Rat das Haager Protokoll im Namen der EU. Auch nach Hinterlegung der Ratifikationsurkunde durch die EU konnte das Protokoll aber noch nicht in Kraft treten, weil es hierfür nach Art. 25 HUP der Hinterlegung einer zweiten Ratifikationsurkunde bedurfte. Das HUP trat als völkerrechtlicher Vertrag erst am 1.8.2013 in Kraft, nachdem Serbien das Protokoll ratifiziert und die entsprechende Urkunde hinterlegt hatte.[158] Die EuUnthVO sollte aber bereits ab dem 18.6.2011 Anwendung finden. Um der vom Verordnungsgeber intendierten sachlichen und intertemporalen Verzahnung des internationalen Privat- und Verfahrensrechts in Unterhaltsfragen Rechnung zu tragen (s. Art. 76 UAbs. 3 EuUnthVO), sah Art. 4 des genannten Beschlusses vor, das Haager Protokoll innerhalb der Union bereits für vorläufig anwendbar zu erklären, bevor es am 18.6.2011 völkerrechtlich noch nicht in Kraft getreten sein sollte. Nach Art. 5 des Ratsbeschlusses richtet sich das anzuwendende Recht für Unterhaltsansprüche, die vor dem Inkrafttreten des Protokolls oder vor seiner vorläufigen Anwendung in der Europäischen Union entstanden sind, bereits nach den neuen Kollisionsnormen des HUP, sofern der Unterhalt für diesen Zeitraum nach dem 18.6.2011 geltend gemacht wird. Insoweit hatten die Kollisionsnormen bereits vor dem 1.8.2013 aufgrund des Ratsbeschlusses die Qualität sekundären Unionsrechts, so dass der Beschluss in die Aufzählung des Art. 3 Nr. 1 aufzunehmen war. Nach dem nunmehr erfolgten, auch völkerrechtlichen Inkrafttreten des HUP ergibt sich dessen unmittelbare Anwendbarkeit für die Mitgliedstaaten (außer Dänemark und dem Vereinigten Königreich) aus Art. 216 Abs. 2 AEUV. Schon zuvor entsprach es der ständigen Rechtsprechung des EuGH, dass internationale Übereinkommen, die von der Union abgeschlossen worden sind, fester Bestandteil der Rechtsordnung der Union werden.[159] Es handelt es sich bei dem Haager Protokoll – im Gegensatz zum Vorläuferübereinkommen von 1973 – also nicht allein um einen völkerrechtlichen Vertrag, sondern zugleich um einen Teil des sekundären Unionsrechts, um dessen Auslegung der EuGH gemäß Art. 267 AEUV ersucht werden kann.[160] Art. 3 Nr. 1 lit. c EGBGB wurde mit Art. 11 des Gesetzes zur Durchführung der VO (EU) Nr. 1215/2012 vom 8.7.2014 (BGBl. 2014 I S. 890, 895) entsprechend angepasst.[161] Zu weiteren Einzelfragen s. die Kommentierung des HUP.

Die Inanspruchnahme einer ausschließlichen Außenkompetenz der EU ist jedoch nicht angemessen, wenn an dem **Abschluss eines spezifischen Übereinkommens** nur ein Mitgliedstaat gegenüber einem Drittstaat oder einige Mitgliedstaaten im Hinblick auf ihre Nachbarstaaten ein Interesse haben (vgl. Erwägungsgrund 42 Rom I-VO). Diese Fragen sind für Schuldverhältnisse in der VO (EG) Nr. 662/2009 vom 13.7.2009 geregelt worden;[162] in familienrechtlichen Fragen in der VO **49**

---

[155] Näher *Frenz* JR 2011, 277 (282 f.); *Mills* Int. Comp. L. Q. 65 (2016), 541 ff.; *R. Wagner* IPRax 2014, 217 (218 f.).

[156] Hierzu ausf. *Basedow* IPRax 2017, 194 (196 ff.); *Bischoff,* Die Europäische Gemeinschaft und die Konventionen des einheitlichen Privatrechts, 2010; *Bischoff* ZEuP 2008, 333 ff.; *van Loon* Riv. dir. int. priv. proc. 51 (2015) 743 ff.; *A. Schulz* in v. Hein/Rühl Kohärenz 110 ff.

[157] Zum Folgenden eingehend BT-Drs. 17/4887, 52.

[158] http://www.hcch.net.

[159] EuGH Slg. 1974, 449 Rn. 3–6 – Haegeman; Slg. 1987, 3719 Rn. 7 – Demirel; Slg. 2007, I-7001 Rn. 31 = EuZW 2007, 773 – Merck; Slg. 2010, I-4107 Rn. 60 = NJW 2010, 1736 – TNT Express/AXA.

[160] EuGH Slg. 1974, 449 Rn. 3–6 – Haegeman; Slg. 1987, 3719 Rn. 7 – Demirel; Slg. 2007, I-7001 Rn. 31 = EuZW 2007, 773 – Merck; Slg. 2010, I-4107 Rn. 60 = NJW 2010, 1736 – TNT Express/AXA.

[161] Vgl. hierzu auch mit Hinweisen zu Kodifikationen in anderen Mitgliedstaaten *van Loon* Riv. dir. int. priv. proc. 51 (2015) 743 (749).

[162] VO (EG) Nr. 662/2009 vom 13.7.2009 zur Einführung eines Verfahrens für die Aushandlung und den Abschluss von Abkommen zwischen Mitgliedstaaten und Drittstaaten über spezifische Fragen des auf vertragliche und außervertragliche Schuldverhältnisse anzuwendenden Rechts, ABl. 2009 L 200, 25; s. zuvor den Kommissionsvorschlag vom 23.12.2008, KOM (2008) 893 endg.; hierzu eingehend *Bischoff* ZEuP 2010, 321 ff.; *R. Wagner* NJW 2010, 1707 (1708).

(EG) Nr. 664/2009 vom selben Tag.[163] Diese Verordnungen sehen vor, dass ein Mitgliedstaat der Kommission seine Absicht, Verhandlungen über ein neues Abkommen aufzunehmen oder ein bestehendes Abkommen zu ändern, schriftlich mitteilt. Die Kommission prüft sodann, ob der Mitgliedstaat die Verhandlungen aufnehmen darf. Hat die Union mit dem betreffenden Drittland bereits ein Abkommen über denselben Gegenstand geschlossen, wird der Antrag ohne weitere Prüfung abgewiesen. Andernfalls kann die Kommission die Genehmigung erteilen, wenn der betreffende Mitgliedstaat nachweist, dass er an dem Abschluss des Abkommens vor allem infolge wirtschaftlicher, geografischer, kultureller oder historischer Bindungen zu dem Drittstaat ein besonderes Interesse hat und das geplante Abkommen auf die einheitliche und kohärente Anwendung der geltenden Gemeinschaftsvorschriften nur geringfügige Auswirkungen hat. Falls nötig, kann die Kommission auch Verhandlungsdirektiven ausgeben und die Aufnahme spezieller Klauseln in das Abkommen verlangen. Das Abkommen muss außerdem eine „sunset clause" für den Fall enthalten, dass die Europäische Union mit dem betreffenden Drittstaat selbst ein Übereinkommen abschließt. „Gemischte" Staatsverträge, die von den einzelnen Mitgliedstaaten nach einer Ermächtigung durch die EU abgeschlossen worden sind, wie zB das KSÜ, fallen nur unter Art. 3 Nr. 1, soweit die Zuständigkeit der Union betroffen ist, im Übrigen aber unter die Nr. 2 (→ Rn. 169).

50   Zu den von der EU abgeschlossenen Staatsverträgen auf dem Gebiet des Einheitssachrechts, wie etwa dem Kapstädter Übereinkommen (→ Rn. 42), gelten die → Rn. 39 ff. zum Vorrang sachrechtlicher EU-Verordnungen gemachten Ausführungen entsprechend.

51   **3. Akte der verstärkten Zusammenarbeit.** Art. 3 Nr. 1 lit. d nennt ferner die das Scheidungskollisionsrecht betreffende Verordnung (EU) Nr. 1259/2010 **(„Rom III-VO")**. Anders als bei der Rom I-VO und Rom II-VO ist die gängige „römische" Zählweise in diesem Fall kein Bestandteil der offiziellen Bezeichnung des Rechtsaktes im Amtsblatt der EU, weshalb die entsprechende Abkürzung auch in lit. d nicht erwähnt wird. Wichtiger als diese terminologische bzw. numerische Divergenz ist ein sachlicher Unterschied zu den vorangehenden Rom I-VO und Rom II-VO: Die Rom III-VO stellt den **ersten Anwendungsfall für eine verstärkte Zusammenarbeit** eines begrenzten Kreises der Mitgliedstaaten nach Art. 20 EUV iVm Art. 326–334 AEUV auf dem Gebiet des IPR dar.[164] In jüngster Zeit wurden auf diesem Wege die **EuGüVO** und die **EuPartVO** verabschiedet. Mit dem Instrument der verstärkten Zusammenarbeit wird es ermöglicht, dass auch eine Gruppe von mindestens neun Mitgliedstaaten sich der Instrumente des Unionsrechts und der Organe der Union bedienen darf, um eine vertiefte Integration zu erreichen.[165] Die verstärkte Zusammenarbeit stellt somit eine wichtige Alternative zur konventionellen Handlungsform des völkerrechtlichen Vertrages dar. Eine verstärkte Zusammenarbeit ist im Bereich der nicht ausschließlichen Zuständigkeiten der Union zulässig, wozu auch die justizielle Zusammenarbeit in Zivilsachen zählt. Sie darf nur als ein letztes Mittel eingesetzt werden, nachdem eine Einigung zwischen allen Mitgliedstaaten sich nicht als erreichbar erwiesen hat. Das übrige Unionsrecht und der Binnenmarkt dürfen durch die verstärkte Zusammenarbeit nicht beeinträchtigt werden. Der Beitritt zu einer Maßnahme der verstärkten Zusammenarbeit steht auch denjenigen Mitgliedstaaten offen, die sich an ihr zunächst nicht beteiligt hatten; Staaten, die erst nach dem Erlass einer solchen Maßnahme der EU beitreten, sind aber nicht verpflichtet, sie als Teil des acquis communautaire zu übernehmen. Zu weiteren Einzelheiten des Verfahrens s. Art. 329 ff. AEUV.

52   Ob die verstärkte Zusammenarbeit ein **geeignetes Instrument zur Rechtssetzung** auf dem Gebiet des Kollisionsrechts darstellt, ist umstritten.[166] Die **potenziellen Nachteile** lägen darin, dass es statt zu einer vertieften Integration zu einer Zersplitterung des IPR und zu einem Rückfall zu einer intergouvernementalen Arbeitsweise statt der bewährten Gemeinschaftsmethode komme.[167]

---

[163] VO (EG) Nr. 664/2009 vom 13.7.2009 zur Einführung eines Verfahrens für die Aushandlung und den Abschluss von Abkommen zwischen Mitgliedstaaten und Drittstaaten, die die Zuständigkeit und die Anerkennung und Vollstreckung von Urteilen und Entscheidungen in Ehesachen, in Fragen der elterlichen Verantwortung und in Unterhaltssachen sowie das anwendbare Recht in Unterhaltssachen betreffen, ABl. 2009 L 200, 46.

[164] Zur Geschichte der Verordnungsgebung eingehend *Winkler v. Mohrenfels,* FS v. Hoffmann, 2011, 527 (532 ff.).

[165] Zu den Einzelheiten näher *Fiorini* Int. Comp. L. Q. 59 (2010), 1143 (1147 ff.); *Lignier/Geier* RabelsZ 79 (2015), 546 ff.; *Thomale* ZEuP 2015. 517 ff; *Trüten,* Die Entwicklung des Internationalen Privatrechts in der Europäischen Union, 2015, 626 ff.

[166] Krit. *Baarsma* NIPR 2009, 9 ff.; *Brand* DRiZ 2011, 56; *Fiorini* Int. Comp. L. Q. 59 (2010), 1143 ff.; *Kuipers* Eur. L. J. 18 (2012), 201 ff.; *Lignier/Geier* RabelsZ 79 (2015), 546 (573 ff.); *Schurig,* FS v. Hoffmann, 2011, 405 (406); *Trüten,* Die Entwicklung des Internationalen Privatrechts in der Europäischen Union, 2015, S. 630 ff.; *Thomale* ZEuP 2015, 517 (526 f.) versteigt sich gar zu der These, die Rom III-VO sei primärrechtswidrig; anders aber implizit EuGH ECLI: EU:C:2016:343 = NZFam 2016, 789.

[167] Von einem „Abschied vom einheitlichen EU-Recht" spricht *Brand* DRiZ 2011, 56; ähnlich *Trüten,* Die Entwicklung des Internationalen Privatrechts in der Europäischen Union, 2015, 631 („Sündenfall").

Der im ordentlichen Gesetzgebungsverfahren bestehende Druck, einen Konsens oder zumindest eine qualifizierte Mehrheit unter den Mitgliedstaaten zu finden, werde hierdurch abgeschwächt.[168] In einer Union von nunmehr 28 Mitgliedstaaten wird angesichts der eher niedrig angesetzten Mindestbeteiligungsschwelle von neun Mitgliedstaaten gar befürchtet, dass bei kontroversen Themen konkurrierende Initiativen verschiedener nationaler Lager auf den Plan treten könnten.[169] Wenn man eine intergouvernementale Arbeitsweise bevorzuge, sei die Haager Konferenz das angemessenere Forum, zumal die dort ausgehandelten völkerrechtlichen Vereinbarungen auch dem Beitritt von Drittstaaten offen stünden.[170] Schließlich wird auf die Gefahr des Forum Shopping verwiesen, wenn in der Union die internationale Zuständigkeit und die Anerkennung von Entscheidungen nahezu unionsweit vereinheitlicht seien, wie zB durch die Brüssel IIa-VO, während die flankierende Vereinheitlichung des Kollisionsrechts nur einen begrenzten Kreis von Mitgliedstaaten erfasse.[171]

Diesen Bedenken stehen aber **erhebliche Vorteile** gegenüber. Deren wichtigster ist, dass aufgrund der Möglichkeit einer verstärkten Zusammenarbeit nicht mehr, bildlich gesprochen, das integrationspolitisch langsamste Schiff das Tempo des gesamten europäischen Geleitzuges bestimmen kann.[172] Die von den Kritikern als Alternative ins Spiel gebrachte Vereinbarung konventioneller Staatsverträge unter den Mitgliedstaaten überzeugt nicht, weil diese mit all den Nachteilen befrachtet wäre, die aus der Erfahrung mit dem EVÜ bekannt sind, insbesondere ein oft schleppender Verlauf der Ratifikationen und die Notwendigkeit, eine Auslegungskompetenz des EuGH erst separat völkervertraglich begründen zu müssen.[173] Die Gefahr der kollisionsrechtlichen Zersplitterung der Union wird dadurch ausgeglichen, dass Maßnahmen der verstärkten Zusammenarbeit weiteren beitrittswilligen Mitgliedstaaten offen stehen und insoweit eine Vorbildwirkung im Hinblick auf eine vertiefte Integration entfalten können.[174] Entgegen manchen Unkenrufen hat sich diese Perspektive in Bezug auf die Rom III-VO auch als erfolgversprechend erwiesen:[175] So haben sich schon kurze Zeit nach deren Inkrafttreten Litauen und Griechenland zu einer Teilnahme an der Rom III-VO bereit erklärt, so dass diese heute nicht nur in den vierzehn ursprünglich teilnehmenden Mitgliedstaaten (s. Erwägungsgrund 6 Rom III-VO), sondern schon in sechzehn – also der Mehrheit aller – Mitgliedstaaten gilt.[176] Für die EuGüVO und die EuPartVO wird die Zahl der teilnehmenden Mitgliedstaaten sogar jeweils achtzehn betragen (s. Erwägungsgrund 11 EuGüVO bzw. EuPartVO). **53**

Für die praktische Anwendung von Akten der verstärkten Zusammenarbeit, etwa der Rom III-VO, hat diese rechtspolitische Kontroverse nur eine **beschränkte Relevanz:** Die Rom III-VO ist für die teilnehmenden Mitgliedstaaten wie Deutschland eine voll gültige, unmittelbar anwendbare Verordnung iS des Art. 288 Abs. 2 AEUV; sie ist ebenso wie die Rom I und II-Verordnungen eine *loi uniforme* (Art. 4 Rom III-VO) und kommt daher vor deutschen Gerichten auch zum Zuge, wenn das nach ihren Kollisionsnormen anzuwendende Recht das eines nicht-teilnehmenden Mitgliedstaates ist. Bei der Beratung der Eheleute im Hinblick auf eine Rechtswahl (Art. 5 Rom III-VO) ist aber der eingeschränkte Geltungsbereich der Verordnung zu beachten, wenn es möglich erscheint, dass es später zu einem Scheidungsverfahren in einem nicht an der Rom III-VO teilnehmenden Mitgliedstaat kommt, von dessen Gerichten eine solche Vereinbarung unter Umständen nicht anerkannt wird (zum räumlichen Geltungsbereich der in Art. 3 Nr. 1 genannten Rechtsakte ausführlich → Rn. 55 ff.). Entsprechendes wird ab dem 29.1.2019 für die EuGüVO und die EuPartVO gelten. **54**

4. Geltungsbereich der in Art. 3 Nr. 1 genannten Rechtsakte. a) Grundsätze. Da es sich bei allen in Art. 3 Nr. 1 genannten Rechtsakten um *lois uniformes* handelt (→ Rn. 36), kommt es **55**

---

[168] *Baarsma* NIPR 2009, 9 (14); *Brand* DRiZ 2011, 56; *Fiorini* Int. Comp. L. Q. 59 (2010), 1143 (1157 f.); *Kuipers* Eur. L. J. 18 (2012), 201 (215 f.).

[169] *Kuipers* Eur. L. J. 18 (2012), 201 (213); ein Mehrheitserfordernis, wie es noch im Vertrag von Amsterdam vorsah, würde eine verstärkte Zusammenarbeit aber praktisch unmöglich machen, *Fiorini* Int. Comp. L. Q. 59 (2010), 1143 (1148 f.).

[170] *Kuipers* Eur. L. J. 18 (2012), 201 (215).

[171] Hierzu Palandt/*Thorn* Vor Rom III-VO Rn. 2; *Winkler von Mohrenfels*, FS v. Hoffmann, 2011, 527 (536).

[172] *R. Wagner* IPRax 2014, 217 (224): verstärkte Zusammenarbeit sei „immer noch besser als keine Rechtsvereinheitlichung"; dies räumt auch *Baarsma* NIPR 2009, 9 (14) ein; vgl. auch *Winkler v. Mohrenfels*, FS v. Hoffmann, 2011, 527 (534): „[D]er Spatz in der Hand [ist] immer noch besser als die Taube auf dem Dach.".

[173] Hierzu auch *Fiorini* Int. Comp. L. Q. 59 (2010), 1143 (1151).

[174] So auch *Baarsma* NIPR 2009, 9 (14).

[175] *Kuipers* Eur. L. J. 18 (2012), 201 (228) nannte es noch 2012 unwahrscheinlich („not likely"), dass irgendein anderer als die originären Teilnehmerstaaten der Rom III-VO beitreten werde; skeptisch auch *Schurig*, FS v. Hoffmann, 2011, 405 (406); die Beitritte Griechenlands und Litauens herunterspielend *Thomale* ZEuP 2015, 517 (527).

[176] S. ABl. 2012 L 323, 18 (Litauen); ABl. 2014 L 23, 41 (Griechenland); nur schwerlich nachvollziehbar ist deshalb die Kritik von *Lignier*/*Geier* RabelsZ 79 (2015), 546 (574), es beteilige sich nur eine „relativ geringe [!] Zahl von 16 Staaten an der Zusammenarbeit"; ähnliche Kritik aber durch *Thomale* ZEuP 2015, 517 (527).

für ihre Anwendbarkeit vor einem deutschen Gericht zwar grundsätzlich nicht darauf an, ob das von ihnen berufene Recht das eines (teilnehmenden) Mitgliedstaates oder eines Drittstaates ist. Der zum Teil eingeschränkte räumliche Geltungsbereich der in Art. 3 Nr. 1 genannten Rechtsakte muss aber, um unliebsame Überraschungen in Auslandsprozessen zu vermeiden, zB bei der Gestaltung von Rechtswahlklauseln beachtet werden.

56   Der räumliche Geltungsbereich der in Art. 3 Nr. 1 genannten Rechtsakte bestimmt sich im Grundsatz nach den für das Unionsrecht geltenden **allgemeinen Vorschriften.**[177] Art. 52 EUV trifft iVm Art. 355 AEUV (ex-Art. 299 EGV) insoweit eine detaillierte Regelung für die Verträge selbst, die aber auch für das auf deren Grundlage erlassene Sekundärrecht zugrunde zu legen ist.[178] Grundsätzlich ist jeweils das gesamte, nach dem Völkerrecht und der jeweiligen Staatsverfassung zu bestimmende Hoheitsgebiet der genannten Staaten erfasst,[179] jedoch macht Art. 355 AEUV für die Mitgliedstaaten mit bestimmten abhängigen Gebieten von diesem Grundsatz einige Ausnahmen (→ Rn. 60 ff.). Die in Art. 3 Nr. 1 lit. d genannte **Rom III-VO** hat als Maßnahme der verstärkten Zusammenarbeit von vornherein nur einen eingeschränkten Geltungsbereich (→ Rn. 51 ff.).

57   **b) Besonderheiten für einzelne Mitgliedstaaten.** Besonderheiten sind für das **Vereinigte Königreich, Irland, Dänemark** und **Zypern** zu beachten. Für das **Vereinigte Königreich** und **Irland** bestehen im Rahmen der justiziellen Zusammenarbeit in Zivilsachen Einschränkungen;[180] beide Staaten haben zwar gemäß Art. 3 des dem EUV und EGV im Anhang zum Amsterdamer Vertrag seinerzeit beigefügten Protokolls über die Position des Vereinigten Königreichs und Irlands mitgeteilt, dass sie sich an der Rom I- und II-VO beteiligen.[181] Das HUP gilt hingegen zwar für Irland, aber nicht für das Vereinigte Königreich. An der EuErbVO beteiligen sich beide Staaten ebenso wenig wie an der Rom III-VO, der EuGüVO und der EuPartVO (s. jeweils deren Erwägungsgrund 11). Mit dem Referendum vom 23.6.2016 hat die britische Bevölkerung schließlich für den Austritt aus der EU gestimmt. Die Konsequenzen des **„Brexit"** für das IPR sind gegenwärtig noch nicht geklärt.[182] Angesichts der ohnehin stark eingeschränkten Beteiligung des Vereinigten Königreichs am EU-Kollisionsrecht hat der Brexit im wesentlichen Bedeutung für die Rom I- und II-VO. Verlässt Großbritannien die EU, ohne dass eine Weitergeltung oder Erstreckung dieser Verordnungen im Verfahren nach Art. 50 EUV vereinbart wird, treten sie im Verhältnis zwischen der EU und dem Vereinigten Königreich außer Kraft. Zu erwägen bliebe, ob das EVÜ dann als konventioneller Staatsvertrag wieder aufleben würde.[183] Für die Rom II-VO scheidet auch diese Möglichkeit aus, weil es insoweit an einem staatsvertraglichen Vorgänger fehlt. Großbritannien wird insoweit als Drittstaat zu behandeln sein, was aber für deutsche Gerichte wegen der universellen Anwendbarkeit der Verordnungen (→ Rn. 36) keinen praktischen Unterschied machen wird. Aus britischer Sicht ist derzeit offenbar geplant, die Rom I- und II-Verordnungen im Zuge des „Great Repeal Act" einseitig in das nationale Recht umzusetzen.[184]

58   **Dänemark** ist trotz seiner Eigenschaft als Mitgliedstaat der EU nicht an die in Art. 3 Nr. 1 genannten Rechtsakte gebunden, weil es an Maßnahmen der justiziellen Zusammenarbeit in Zivilsachen bisher nicht teilnimmt,[185] was auch regelmäßig in den Verordnungen klargestellt wird (vgl. Art. 1 Abs. 4 S. 1 und Erwägungsgrund 46 Rom I-VO, Erwägungsgrund 40 Rom II-VO, Erwägungsgrund 83 EuErbVO). Die bis zum 1.12.2009 geltende Fassung des Protokolls über die Position Dänemarks eröffnete diesem Staat im Gegensatz zu Irland und Großbritannien nicht die Möglichkeit

---

[177] Hiervon geht ersichtlich auch EuGH Slg. 2009, I-3607 = BeckRS 2009, 70441 – Apostolides aus.

[178] Geiger/Khan/Kotzur/*Kotzur* AEUV Art. 355 Rn. 1 f.

[179] Zur Einbeziehung fester oder schwimmender Einrichtungen auf oder über dem an einen Mitgliedstaat angrenzenden Festlandsockel eingehend EuGH Slg. 2002, I-2013 = NJW 2002, 1635 – Weber.

[180] Näher *R. Wagner* RabelsZ 79 (2016), 521 (528 f.).

[181] Protokoll über die Position des Vereinigten Königreichs und Irlands hinsichtlich des Raums der Freiheit, der Sicherheit und des Rechts vom 2.10.1997, ABl. 1997 C 340, 99, zuletzt geändert durch Art. 1 Abs. 8 lit. e, Abs. 20 Protokoll Nr. 1 zum Vertrag von Lissabon vom 13.12.2007, ABl. 2007 C306, 165.

[182] Näher *Basedow* ZEuP 2016, 567 ff.; *Dickinson* JPIL 12 (2016) 195 ff.; *Hess* IPRax 2016, 409 ff.; *Lehmann/ Zetsche* JZ 2017, 62 ff.; *Lein* YbPIL 17 (2015/16) 33 ff.; *Mansel/Thorn/Wagner* IPRax 2016, 1 f.; *Müller-Graff* GPR 2016, 157; *Rühl* JZ 2017, 72 ff.; *M.-P. Weller/Thomale/Benz* NJW 2016, 2378 ff.

[183] Näher *Dickinson* JPIL. 12 (2016) 195, 201 ff.; *Lehmann/Zetsche* JZ 2017, 62 (65); *Lein* YbPIL 17 (2015/ 16) 33 (42 f.); ablehnend *Rühl* JZ 2017, 72 (76).

[184] House of Lords, European Union Committee, 17th Report of Session 2016-17, HL Paper 134 (20.3.2017), Rn. 125.

[185] Vor dem 1.12.2009 aufgrund des Art. 69 EG iVm Art. 1 und 2 des Protokolls über die Position Dänemarks im Anhang zum Vertrag über die Europäische Union und dem Vertrag zur Gründung der Europäischen Gemeinschaft, ABl. 1997 C 340, 101; ab dem 1.12.2009 aufgrund der Art. 1 und 2 des Protokolls Nr. 22 über die Position Dänemarks, ABl. 2008 C 115, 299; näher *Nielsen* ZEuP 2016, 300 ff.; *R. Wagner* Praktische Erfahrungen S. 51 (64); *R. Wagner* IPRax 2014, 217 (221).

eines *opt-in* zu einzelnen Maßnahmen. Zwar hätte die Neufassung des Protokolls einen solchen Schritt ermöglicht;[186] eine engere justizielle Kooperation mit den anderen EU-Mitgliedstaaten ist von der dänischen Bevölkerung jedoch in einem Referendum vom 4.12.2015 abgelehnt worden.[187] Das hat zur Folge, dass dänische Gerichte im internationalen Vertragsrecht weiterhin das EVÜ anwenden.[188] Deutsche Gerichte wenden hingegen die in Art. 3 Nr. 1 lit. a, b und d genannten Verordnungen als *lois uniformes* auch gegenüber Dänemark an;[189] für das HUP ist die Frage zweifelhaft, weil Dänemark Vertragsstaat des älteren UStA von 1973 ist (→ HUP Einl. Rn. 7).

In Bezug auf **Zypern** ist zu beachten, dass die Anwendung der in Art. 3 Nr. 1 genannten Rechts-   **59** akte ebenso wie die des sonstigen Unionsrechts auf den türkisch besetzten Nordteil der Insel gemäß Art. 1 Abs. 1 des Zypern betreffenden Protokolls zur Beitrittsakte[190] ausgesetzt ist. Das Unionsrecht – und damit auch die in Art. 3 Nr. 1 genannten Rechtsakte – findet ferner keine Anwendung auf die britischen Hoheitszonen auf Zypern (Art. 355 Abs. 5 lit. b AEUV).

   c) **Vom Mutterland abhängige Territorien.** Auf den zu **Finnland** gehörenden Ålandinseln   **60** ist das Unionsrecht – und damit auch die in Art. 3 Nr. 1 genannten Rechtsakte – gemäß Art. 355 Abs. 4 AEUV anzuwenden.

   Die in Art. 3 Nr. 1 genannten Rechtsakte gelten für sämtliche Gebiete, die Bestandteil der **Fran-**   **61** **zösischen Republik** sind. Hierzu gehören nach Art. 355 Abs. 1 AEUV (ex-Art. 299 Abs. 2 EGV) ausdrücklich auch die überseeischen Departemente (Guadeloupe, Guyana, Martinique und Réunion),[191] einschließlich der seit 2007 von Guadeloupe administrativ getrennten Inseln Saint-Barthélemy und Saint-Martin[192] sowie seit kurzem auch Mayotte.[193] Das Unionsrecht und mithin die in Art. 3 Nr. 1 genannten Rechtsakte gelten jedoch nicht für die besonderen Gebietskörperschaften St. Pierre und Miquelon. Letztere sind von der Regelung in Art. 355 Abs. 2 AEUV iVm Anhang II zum Vertrag erfasst und dem Assoziierungssystem des Vierten Teils des AEUV unterworfen. Gleiches gilt für Französisch-Polynesien, die französischen Süd- und Antarktisgebiete, Neukaledonien und Nebengebiete sowie Wallis und Futuna.

   Die ehemaligen **Niederländischen Antillen** und **Aruba** sind in Anhang II zum AEUV aufge-   **62** führt und daher gemäß Art. 355 Abs. 2 AEUV den besonderen Assoziierungsregeln des Vierten Teils des Vertrages unterworfen.[194] Die in Art. 3 Nr. 1 lit. a–lit. c genannten Rechtsakte gelten deshalb dort nicht.[195]

   Das Unionsrecht – und damit auch die in Art. 3 Nr. 1 genannten Rechtsakte – gelten laut Art. 355   **63** Abs. 1 AEUV ausdrücklich auch für die im Besitz **Portugals** stehenden Azoren und Madeira. Die zu **Spanien** gehörenden Kanarischen Inseln sind nach Art. 355 Abs. 1 AEUV ebenfalls von den in Art. 3 Nr. 1 genannten Rechtsakten erfasst. Auch die beiden Exklaven Ceuta und Melilla sind Teile der Union,[196] so dass auch dort die in Art. 3 Nr. 1 genannten Rechtsakte anwendbar sind.

   Für das **Vereinigte Königreich** ist – bis zum Wirksamwerden eines Austritts aus der EU   **64** (→ Rn. 57) – wie folgt zu differenzieren: Gestützt auf Art. 355 Abs. 3 AEUV wird Gibraltar als Teil der Union angesehen,[197] so dass die in Art. 3 Nr. 1 genannten Rechtsakte – soweit sich das Vereinigte Königreich an ihnen beteiligt (→ Rn. 57) – auch dort gelten.[198] Gemäß Art. 355 Abs. 2 AEUV iVm Anhang II zum Vertrag hingegen nicht vom Unionsrecht erfasst sind die überseeischen Länder und Gebiete Anguilla, Bermuda, das britische Antarktisterritorium, die britischen Jungfernin-

---

[186] Hierzu *Trüten*, Die Entwicklung des Internationalen Privatrechts in der Europäischen Union, 2015, 625.

[187] *Mansel/Thorn/Wagner* IPRax 2016, 1 (3).

[188] *Garcimartín Alférez* EuLF 2008, I-61; *Lando/Nielsen* C. M. L. Rev. 45 (2008), 1687 (1689); *Leible/Lehmann* RIW 2008, 528 (532); *Martiny* RIW 2009, 737 (739); *Pfeiffer* EuZW 2008, 622 (623); *Wilderspin* ERA Forum 2008, 259 (261).

[189] Näher zur Rom I-VO *v. Hein*, FS Schröder, 2012, 29 (38 ff.) mwN; *Rühl* JZ 2017, 72 (76); anders aber OLG Koblenz BeckRS 2012, 24995 = IPRax 2015, 255 mAnm *W.-H. Roth* IPRax 2015, 222.

[190] ABl. 2003 L 236, 7.

[191] Zu Réunion vgl. in Bezug auf die EheVO II auch EuGH Slg. 2010, I-14309 = FamRZ 2011, 617 = BeckRS 2011, 80648 – Mercredi.

[192] Hierzu Geiger/Khan/Kotzur/*Geiger* AEUV Art. 349 Rn. 3.

[193] Beschluss 2012/419/EU des Europäischen Rates vom 11.7.2012 zur Änderung des Status von Mayotte gegenüber der Europäischen Union, ABl. 2012 L 204, 131.

[194] Zu einer möglichen Statusänderung Arubas näher Geiger/Khan/Kotzur/*Geiger* AEUV Art. 355 Rn. 20.

[195] Anders wegen Art. 68 Abs. 1 Brüssel I-VO für das (von der Brüssel I-VO zu unterscheidende) EuGVÜ Czernich/Tiefenthaler/Kodek/*Czernich* EuGVÜ Art. 1 Rn. 6. An der Rom III-VO nehmen die Niederlande ohnehin nicht teil.

[196] Art. 25 Beitrittsakte 1985, ABl. 1985 L 302, 27; näher Geiger/Khan/Kotzur/*Geiger* AEUV Art. 349 Rn. 2.

[197] EuGH Slg. 2003, I-9481 = BeckRS 2004, 76135 – Kommission/Vereinigtes Königreich.

[198] Ebenso in Bezug auf die Rom I-VO Ministry of Justice, Rome I – Should the UK opt in?, January 2009, S. 10.

seln, das britische Territorium im Indischen Ozean, die Falklandinseln, die Kaimaninseln, Montserrat, Pitcairn, St. Helena und Nebengebiete, Südgeorgien und Südliche Sandwichinseln sowie die Turks- und Caicosinseln. Ebenfalls nicht zur Union gehören schließlich die britischen Kanalinseln (Guernsey, Jersey, Alderney und Sark) und die Isle of Man; die insoweit in Art. 355 Abs. 5 lit. c AEUV festgelegte, lediglich eingeschränkte Geltung des Vertrages[199] erstreckt sich nicht auf die in Art. 3 Nr. 1 genannten Rechtsakte.[200] Zu den britischen Hoheitszonen auf Zypern → Rn. 59.

65   **d) Drittstaaten.** Keine Mitgliedstaaten der EU und damit von vornherein nicht vom räumlichen Geltungsbereich der in Art. 3 Nr. 1 lit. a, b und d genannten Verordnungen erfasst sind Andorra,[201] Island, Liechtenstein, Norwegen, die Schweiz, der Vatikanstaat[202] sowie einige mittel- und osteuropäische Staaten wie zB Mazedonien, Serbien, Moldau oder die Ukraine. Diese Verordnungen gelten ferner nicht in Monaco und San Marino.[203] Diese Staaten sind zwar in mancher Hinsicht mit Frankreich bzw. Italien verbunden, so dass sie aufgrund dieser bilateralen Beziehungen zum Zollgebiet der Union gehören. Jedoch ist auf sie nicht das gesamte Unionsrecht – einschließlich der in Art. 3 Nr. 1 lit. a, b und d genannten Verordnungen – anwendbar, da beide Staaten ihre auswärtigen Beziehungen iS des Art. 355 Abs. 3 AEUV selbst regeln. Das HUP (Art. 3 Nr. 1 lit. c) gilt hingegen – zwar nicht als sekundäres Unionsrecht (→ Rn. 48), aber als konventionelles Völkervertragsrecht – auch in Drittstaaten, so derzeit in Serbien.[204] Weder das EFTA-Übereinkommen noch das Abkommen über den Europäischen Wirtschaftsraum (EWR) führen zu einer Ausdehnung des Geltungsbereichs der in Art. 3 Nr. 1 genannten Rechtsakte;[205] im Gegensatz zur Brüssel I-VO, die durch das Lugano-Übereinkommen auch auf Island, Norwegen und die Schweiz (nicht aber Liechtenstein) erstreckt worden ist,[206] fehlt es bislang an einem auf das IPR bezogenen Parallelübereinkommen mit den EFTA-Staaten.

66   **5. Verhältnis zum Allgemeinen Teil des IPR. a) Fragen des Allgemeinen Teils im geltenden europäischen IPR.** Die in Art. 3 Nr. 1 **genannten Rechtsakte** enthalten **jeweils eigenständige Regelungen** zu Fragen des Allgemeinen Teils, insbesondere zum Renvoi (→ Art. 4 Rn. 109 ff.), zur Anknüpfung bei Mehrrechtsstaaten (→ Art. 4 Rn. 216 ff.), zum ordre public (→ Art. 6 Rn. 153 ff.), zur Durchbrechung eines Gesamtvermögensstatuts durch zwingendes Recht am Belegenheitsort (→ Art. 3a Rn. 32 ff.) sowie zur Sonderanknüpfung von Eingriffsnormen (Art. 9 Rom I-VO, Art. 16 Rom II-VO; s. hierzu die dortigen Kommentierungen). Auch diese Normen gehen aufgrund des Anwendungsvorrangs des Unionsrechts den Art. 3a–6 EGBGB vor, was sich in der systematischen Stellung des Art. 3 vor den Art. 3a–6 widerspiegelt. Ob und inwieweit es hierdurch zu Abweichungen vom autonomen IPR kommt, welche Rückschlüsse sich daraus für die Dogmatik des Allgemeinen Teils und damit auch für die Auslegung des autonomen IPR ziehen lassen sowie schließlich die Frage, welche Perspektiven für eine kohärentere inhaltliche Ausgestaltung der gegenwärtig stark zersplitterten Materie bestehen, ist im jeweiligen Sachzusammenhang zu erörtern (zum Renvoi → Art. 4 Rn. 227 ff.; zum ordre public → Art. 6 Rn. 25 ff.).

67   **b) Regelungslücken.** Die derzeitige Regelung der Fragen des Allgemeinen Teils in den in Art. 3 Nr. 1 genannten Rechtsakten ist nicht nur sektoriell zersplittert, sondern **auch inhaltlich unvollständig.** So fehlt es trotz der in mehreren Verordnungen und dem HUP vorgesehenen Anknüpfung an die Staatsangehörigkeit (Art. 7 Abs. 3 lit. c Rom I-VO, Art. 4 Abs. 4 und Art. 8 Abs. 1 lit. a HUP, Art. 5 Abs. 1 lit. c, Art. 8 lit. c Rom III-VO, Art. 22 Abs. 1 und Art. 27 Abs. 1 lit. b EuErbVO) an Regelungen im Hinblick auf Staatenlose und Mehrstaater. Es bedarf daher ggf. der Ergänzung des europäischen IPR durch staatsvertragliche und autonome Vorschriften (näher → Art. 5 Rn. 72 ff.).

68   Generell darf aber bei einem Mangel ausdrücklicher Regelungen in den in Art. 3 Nr. 1 genannten Rechtsakten nicht einfach subsidiär auf das autonome IPR und die in dessen Rahmen entwickelten Grundsätze zurückgegriffen werden. Im Hinblick auf die Qualifikation ist im europäischen IPR autonom und nicht lege fori vorzugehen (→ Einl. IPR Rn. 126 ff.): auch bei der Vorfragenanknüpfung können sich unter Umständen Besonderheiten ergeben (→ Einl. IPR Rn. 174 ff.). Diese und

---

[199] Geiger/Khan/Kotzur/*Geiger* AEUV Art. 355 Rn. 7.

[200] Vgl. auch zur Nicht-Anwendbarkeit des EuGVÜ auf Jersey BGH NJW 1995, 264.

[201] Geiger/Khan/Kotzur/*Geiger* AEUV Art. 355 Rn. 3.

[202] Geiger/Khan/Kotzur/*Geiger* AEUV Art. 355 Rn. 3.

[203] Zu beiden Staaten näher Geiger/Khan/Kotzur/*Geiger* AEUV Art. 355 Rn. 3; zu Monaco s. auch Cass. 16.3.1999, Rev. crit. dr. int. pr. 1999, 759 mAnm *Ancel* Rev. crit. dr. int. pr. 1999, 760 = I. L. Pr. 2000, 515.

[204] Zu künftigen Ratifikationen weiterer Staaten s. die Angaben auf http://www.hcch.net.

[205] Näher *Thue*, European Private International Law, 2007, 93 ff.

[206] Näher *Kropholler/v. Hein* EuZPR Einl. Rn. 53, 83.

andere Abweichungen vom autonomen deutschen IPR werden ebenfalls im jeweiligen Sachzusammenhang angesprochen.

c) Europäische Kodifikation des Allgemeinen Teils. Angesichts der unübersichtlichen und **69** lückenhaften Regelung des Allgemeinen Teils im geltenden europäischen IPR wird seit einiger Zeit intensiv über die **Frage einer kohärenteren Kodifikation dieser Probleme** nachgedacht.[207] Die Europäische Kommission hat in ihrer am 11.3.2014 vorgelegten Mitteilung zur EU-Justizagenda für 2020 ausgeführt: „Seit dem Jahr 2000 hat die EU eine erhebliche Anzahl an Vorschriften im Bereich des Zivil- und Handelsrechts und des Kollisionsrechts erlassen. Die EU sollte prüfen, ob eine [scil: zusammenfassende] Kodifizierung der existierenden Rechtsinstrumente insbesondere für den Bereich des Kollisionsrechts nützlich sein könnte."[208] Bereits im Jahre 2012 hatte der Rechtsausschuss des Europäischen Parlaments einer Arbeitsgruppe des T.M.C.-Asser-Instituts in Den Haag den Auftrag für eine Studie zur Frage einer zusammenhängenden Kodifikation des europäischen IPR erteilt. Die Ergebnisse der von Prof. Dr. *Xandra Kramer* (Erasmus-Universität Rotterdam) geleiteten Arbeitsgruppe wurden im Oktober 2012 vorgelegt.[209] Ferner hat die „European Added Value Unit", eine Abteilung des Wissenschaftlichen Dienstes des Europäischen Parlaments für Folgenabschätzung, im Jahre 2013 Berechnungen darüber angestellt, welche Kosten die gegenwärtige Zersplitterung der kollisionsrechtlichen Regelungen verursacht.[210] Auch in der Rechtswissenschaft wird die Frage einer zusammenfassenden Kodifikation des europäischen IPR verstärkt diskutiert.[211] *Paul Lagarde* hat im Anschluss an eine Tagung in Toulouse im März 2011[212] einen Vorschlag für eine Kodifikation einiger Probleme des Allgemeinen Teils vorgelegt,[213] der in der vorliegenden Kommentierung im jeweiligen Sachzusammenhang berücksichtigt worden ist (→ Art. 4 Rn. 158 ff.; → Art. 5 Rn. 88 f., 135; → Art. 6 Rn. 25 ff.). Im Juni 2012 fand an der Universität Bayreuth eine Tagung statt, die sich mit der Frage befasste, ob die Fragen des Allgemeinen Teils vor die Klammer gezogen werden und in einer neuen „Rom 0-Verordnung" geregelt werden sollten.[214] Die Perspektiven einer kohärenteren Kodifikation des europäischen IPR und IZVR wurden auf einer Freiburger Konferenz im Oktober 2014 ausgelotet;[215] eine Münchner Tagung im September 2015 beschäftigte sich wiederum mit der Prinzipienbildung im europäischen Kollisionsrecht.[216] Auch das Europäische Parlament verfolgt diesen Ansatz weiter.[217] Last but not least sind die Arbeiten der Groupe Européen de Droit International Privé (GEDIP) zu nennen,[218] die zB jüngst einen Vorschlag zur Behandlung von Mehrstaatern im europäischen IPR vorgelegt hat (→ Art. 5 Rn. 89).

Die **Vorzüge** einer Bereinigung der unübersichtlichen, zersplitterten Rechtslage wären beträcht- **70** lich.[219] Die bereits zitierte Folgenabschätzung des Europäischen Parlaments gelangt zu dem Ergebnis, dass eine zusammenhängende Kodifikation des europäischen IPR der Rechtspraxis eine Fülle von

---

[207] Neuere Bestandsaufnahmen der Diskussion bei *Basedow* in *v.* Hein/Rühl Kohärenz 3 ff.; *Jayme* in Leible/Unberath Rom 0-VO 33 ff.; *Kieninger* IPRax 2017, 200 (205 ff.); *Meeusen*, Liber Amicorum Erauw, 2014, 139 (143 ff.); *Rühl/v. Hein* RabelsZ 79 (2015), 701 ff.; *R. Wagner* in Arnold Grundfragen 105 (127 ff.).

[208] KOM (2014) 144 endg., S. 9.

[209] *Kramer* et al., A European Framework for PIL, 2012. Der Verf. hat an den Verhandlungen dieser Arbeitsgruppe als externer Berater teilgenommen.

[210] *Ballester,* European Code on PIL, 2013.

[211] S. insbes. *Czepelak* Eur. Rev. Priv. L. 2010, 705 ff.; *Jayme* in Leible/Unberath Rom 0-VO 33 ff.; *Kieninger,* FS v. Hoffmann, 2011, 184 ff.; *Kreuzer,* Was gehört in den allgemeinen Teil, 2008, 1 ff.; *Siehr,* Die Kodifikation des europäischen IPR, 2008, 77 ff.; allg. zur Problematik der Europäisierung für den AT *Heinze,* FS Kropholler, 2008, 105 ff.; *Nehne* Methodik; *Sonnenberger,* FS Kropholler, 2008, 227 ff.; *Sonnenberger* IPRax 2011, 325 ff.

[212] *Fallon/Lagarde/Poillot-Peruzzetto,* Quelle architecture pour un code européen de droit international privé?, 2011; s. hierzu den Tagungsbericht von *Kohler* IPRax 2011, 419 ff.

[213] Veröffentlicht mit einer Einführung von *Basedow* RabelsZ 75 (2011), 671 ff.

[214] *Leible/Unberath* (Hrsg.), Rom 0-VO; hierzu s. die Tagungsberichte von *Jayme/C. Zimmer* IPRax 2013, 99 ff.; *Leible/Müller* YbPIL 14 (2012/13), 137 ff.; *Wilke* GPR 2012, 334 ff.; als erweiterte englische Fassung veröffentlicht von *Leible,* General Principles of European Private International Law, 2016.

[215] *v. Hein/Rühl,* Kohärenz im Internationalen Privat- und Verfahrensrecht der Europäischen Union, 2016; hierzu s. die Tagungsberichte von *Beil/Kühn* ZEuP 2015, 664; *Harms/Rentsch* JZ 2015, 885.

[216] *Arnold* (Hrsg.), Grundfragen des Europäischen Kollisionsrechts, 2016.

[217] S. die für eine Anhörung des Rechtsausschusses des EP verfasste Stellungnahme *Rühl/v. Hein* RabelsZ 79 (2015), 701 ff.

[218] Die bisherigen Arbeiten der GEDIP sind zusammengefasst in *Fallon/Kinsch/Kohler,* Le droit international privé européen en construction, 2011.

[219] Eingehende Abwägung der Vor- und Nachteile bei *Czepelak* Eur. Rev. Priv. L. 2010, 705 ff.; *Kieninger,* FS v. Hoffmann, 2011, 184 ff.; *Kieninger* IPRax 2017, 200 (206 ff.); *Kramer* et al., A European Framework for PIL, 2012, 84 ff.; *Rühl/v. Hein* RabelsZ 79 (2015), 701 ff.; zu den grundlegenden Fragen s. auch die Beiträge von *McEleavy Fiorini* (S. 27 ff.), *Poillot-Peruzzetto* (S. 51 ff.), *Meeusen* (S. 69 ff.), *Gardeñes Santiago* (S. 89) und *Kessedjian* (S. 107 ff.) in Fallon/Lagarde/Poillot-Peruzzetto.

Vorteilen böte, namentlich eine verbesserte Transparenz des Rechts sowie eine Beschleunigung von Prozessen, und damit generell zu erhöhter Rechtssicherheit beitrüge.[220] Das darin liegende Einsparungspotenzial beziffert diese Studie auf ca. 140 Millionen Euro im Jahr.[221] Auch wenn man hinter einen solchen mathematischen Exaktheitsanspruch durchaus ein Fragezeichen setzen mag, dürfte außer Zweifel stehen, dass die gegenwärtige, äußerst unübersichtliche Rechtslage eine erhebliche Belastung für die Praxis darstellt und das IPR (wieder einmal) in den Ruf einer esoterischen, unnötig komplizierten Spezialmaterie bringt.[222] Die Frage einer kohärenteren Kodifikation des Allgemeinen Teils wirft *de lege ferenda* aber eine Fülle struktureller, inhaltlicher und kompetenzieller Probleme auf, die im Rahmen einer Kommentierung des geltenden Rechts nicht im Detail erörtert werden können.[223] Hervorzuheben sind die folgenden denkbaren Weichenstellungen:

71   Erstens stellt sich die **Frage nach den erfassten Sachgebieten,** dh, ob man sich im Sinne des deutschen IPR-Verständnisses auf das Kollisionsrecht im engeren Sinne der auch in Art. 3 zugrunde gelegten Legaldefinition beschränken oder angesichts der zunehmend integrierten Regelung von IPR und IZVR für bestimmte Sachgebiete (EuUnthVO und HUP, EuErbVO, ferner die enge inhaltliche Abstimmung von Brüssel IIa-VO und KSÜ bzw. Rom III-VO) das Kollisions- und Verfahrensrecht auch darüber hinaus stärker verzahnen sollte;[224] *Lagarde* zB bezieht in seinen Vorschlag für einen europäischen IPR-Kodex wie selbstverständlich nicht nur das Kollisionsrecht („conflit de lois") ein, sondern auch die internationale Zuständigkeit („compétence judiciaire").[225] Die Studie von *Kramer* et al. beruht ebenfalls auf diesem Ausgangspunkt (→ Rn. 69). Eine Einbeziehung zumindest der Regeln über die internationale Zuständigkeit sowie die Anerkennung und Vollstreckung erscheint wegen der vielfältigen Wechselwirkungen zwischen IPR und IZVR sinnvoll und hat sich auch im nationalen Rahmen durchaus bewährt (s. zB das schweizerische IPRG).[226] Ein übergreifender Ansatz erhöht freilich die Komplexität der Kodifikationsaufgabe beträchtlich.[227] Andere Stimmen plädieren daher für eine Beschränkung der Kodifikation auf das IPR im engeren Sinne.[228]

72   Eine Alternative zur integrierten Gesamtkodifikation könnte die **Auslagerung** zumindest der Probleme des Allgemeinen Teils **in eine sog Rom 0-Verordnung** sein.[229] Ein solches Vorgehen könnte ebenfalls die Orientierung erleichtern und Redundanzen vermeiden, stünde aber vor dem Problem, dass viele Fragen des Allgemeinen Teils heute nach der Struktur der jeweiligen Kollisionsnormen und auch auf verschiedenen Sachgebieten stark differenzierend geregelt werden (zum Renvoi → Art. 4 Rn. 158 ff., zur Mehrstaaterproblematik → Art. 5 Rn. 88 f.; zu speziellen Vorbehaltsklauseln → Art. 6 Rn. 25 ff.), so dass ein schlichtes „Vor-die-Klammer-Ziehen" einer allgemeinen Regel oft nicht mehr ausreichen wird.[230]

73   Hinzu kommen gegenüber beiden Lösungsansätzen Bedenken im Hinblick auf die **Kompetenzen der EU** zu einer Zusammenfassung der bestehenden Rechtsakte.[231] Eine Gesamtkodifikation oder eine Rom 0-VO, die auch das Internationale Familienrecht abdecken soll, könnte nicht im ordentlichen Gesetzgebungsverfahren erlassen werden, sondern müsste die Besonderheiten des

---

[220] *Ballester,* European Code on PIL, 2013, 10.

[221] *Ballester,* European Code on PIL, 2013, 12.

[222] *Basedow* RabelsZ 75 (2011), 671 äußert die Befürchtung, die EU habe auf dem Gebiet des IPR eine Fülle von Bäumen gepflanzt, die aber keinen Wald ergäben; s. auch *Bogdan* in Fallon/Lagarde/Poillot-Peruzzetto S. 253, 254: „It is difficult to get a general picture of the whole field, in particular for practicing lawyers who are not specialists and for law students who complain that the size and nature of the material make it impossible for them to master the subject within the time frame reserved for it in the curriculum of their law school"; zum Aspekt einer besseren „Sichtbarkeit" des europäischen IPR eingehend *Kieninger,* FS v. Hoffmann, 2011, 184 (195).

[223] Hinzuweisen ist auch darauf, dass das Europäische Parlament insoweit kein Initiativrecht hat; dieses liegt allein bei der Kommission, s. *R. Wagner* in Arnold Grundfragen 105 (127 ff.).

[224] Näher *Muir Watt* in Fallon/Lagarde/Poillot-Peruzzetto S. 213 ff.; hierzu umfassend die Beiträge in v. Hein/Rühl, Kohärenz im Internationalen Privat- und Verfahrensrecht der Europäischen Union, 2016; zur Frage einer Einbeziehung auch des öffentlichen Rechts (zB der Staatenimmunität) s. *Rueda* in Fallon/Lagarde/Poillot-Peruzzetto S. 223 ff.

[225] RabelsZ 75 (2011), 673.

[226] Eingehend *Kadner Graziano* in v. Hein/Rühl Kohärenz 44 ff.; vgl. auch *Kieninger,* FS v. Hoffmann, 2011, 184 (195 f.); *Trüten,* Die Entwicklung des Internationalen Privatrechts in der Europäischen Union, 2015, 660 ff.

[227] So auch *Wilke* GPR 2012, 334 (340); s. die Überlegungen zur Struktur einer solchen Kodifikation bei *Corneloup/Nourissat* in Fallon/Lagarde/Poillot-Peruzzetto S. 257 ff.

[228] *Leible/Müller* YbPIL 14 (2012/13), 137 (140).

[229] Dafür vor allem *Leible,* FS Martiny, 2014, 429 ff.

[230] So auch *Bariatti/Pataut* in Fallon/Lagarde/Poillot-Peruzzetto S. 337, 339, die davor warnen, dass ein allzu abstrakter Text wenig nütze und die Komplexität der Materie insgesamt eher erhöhe.

[231] Hierzu eingehend *R. Wagner* in Leible/Unberath Rom 0-VO 51 ff.; *Kieninger* IPRax 2017, 200 (206 f.).

Art. 81 Abs. 3 (→ Rn. 37 f.) beachten.[232] Allenfalls könnte man auf die bereits behandelte *Passerelle*-Klausel (→ Rn. 37) zurückgreifen, was von einem ausgewiesenen Kenner der Materie aber als wenig realistisch eingestuft wird – kein nationales Parlament dürfte widersprechen.[233] Gedankenspiele, eine Rom 0-Verordnung durch Verweisungslösungen von den Rechtsakten des besonderen Teils abzukoppeln, werfen ebenfalls schwierige Fragen auf (statische oder dynamische Verweisung?).[234] Da Großbritannien und Irland zB an der EuErbVO nicht teilnehmen (ganz zu schweigen von Dänemark) und eine beachtliche Zahl an Mitgliedstaaten sich nicht an der Rom III-VO, der EuGüVO und der EuPartVO beteiligt (→ Rn. 51 ff.), ließen sich diese Verordnungen nur schwer in eine europäische Gesamtkodifikation re-integrieren.[235] Denkbar wäre zwar eine Beibehaltung von Opt-in bzw. Opt out-Rechten für einzelne Abschnitte im Besonderen Teil einer solchen Kodifikation; für den Allgemeinen Teil wäre eine nach den Mitgliedstaaten gespaltene Verordnung aber nur schwerlich durchzuführen und würde letztlich den Sinn eines solchen Unterfangens infrage stellen. Eine Gesamtkodifikation im Rahmen einer verstärkten Zusammenarbeit sähe sich überdies dem Einwand ausgesetzt, dass sie den Acquis Communautaire in Bezug auf die nicht teilnehmenden Mitgliedstaaten (Art. 326, 327 AEUV) nicht beeinträchtigen dürfe.[236] Soweit von der EU oder den Mitgliedstaaten abgeschlossene Staatsverträge vorliegen (HUP, KSÜ, ErwSÜ), aufgrund deren die EU vom Erlass eigenständiger Regelungen bislang abgesehen hat, ist darüber hinaus zu berücksichtigen, dass diese Kollisionsnormen kraft ihres völkerrechtlichen Ursprungs nicht ohne Weiteres in eine EU-Kodifikation integriert werden können.[237] Eine Renaissance der 1986 in Deutschland erprobten Inkorporationslösung (→ Rn. 173 f.), dh das Nacherzählen staatsvertraglicher Kollisionsnormen in einem europäischen Rechtsakt, sollte tunlichst unterbleiben.[238] Ein europäisches Internationales Familienrecht, welches das Unterhaltsrecht, das Kindschaftsrecht sowie das Vormundschafts-, Pflegschafts- und Betreuungsrecht ausspart, könnte man aber ohnehin schwerlich als „Gesamt"-Kodifikation betrachten.[239] Eine gewisse Pluralität der Rechtsquellen wird im IPR unvermeidbar bleiben, und allfällige Konventionskonflikte (→ Rn. 175 ff.) kann auch der europäische Gesetzgeber nicht einseitig gegenüber Drittstaaten lösen.[240]

Es erscheint daher auf mittlere Sicht der realistischere Vorgehensweise, **zunächst die bestehen-** **74** **den Lücken** in der Europäisierung des IPR **zu füllen** (insbesondere Sachenrecht,[241] Namensrecht,[242] Persönlichkeitsrechtsverletzungen,[243] Stellvertretung,[244] Gesellschaftsrecht; → Rn. 90 ff.) und **erst danach eine wünschenswerte konsolidierte Kodifikation** ins Auge zu fassen.[245] Auch bei einer solchen „Gesetzgebung auf Raten"[246] ist aber auf eine sprachlich und dogmatisch möglichst kohärente Rechtsetzung zu achten. Ferner ist die Bewährung der vorhandenen Verordnungen in der mitgliedstaatlichen **Rechtspraxis** kritisch zu evaluieren.[247] Für bestimmte Sachbereiche könnte man **schon heute eine stärkere Verzahnung** erwägen, so etwa für die Rom I- und II-VO, deren Entkoppelung eher auf pragmatischen als auf inhaltlichen Erwägungen beruht.[248] Auch die

---

[232] *Leible/Müller* YbPIL 14 (2012/13), 137 (141); *R. Wagner* in Leible/Unberath Rom 0-VO 51 (67).

[233] *R. Wagner* in Leible/Unberath Rom 0-VO 51 (68).

[234] Vgl. einerseits *Leible/Müller* YbPIL 14 (2012/13), 137 (141 f.); *Wilke* GPR 2012, 334 (339 f.); andererseits *R. Wagner* in Leible/Unberath Rom 0-VO 51 (67 ff.).

[235] *R. Wagner* in Leible/Unberath Rom 0-VO 51 (61 ff., 70); *Wilke* GPR 2012, 334 (339); zum räumlichen Anwendungsbereich einer europäischen IPR-Kodifikation s. *Fallon* in Fallon/Lagarde/Poillot-Peruzzetto S. 137 ff.

[236] Vgl. *Kramer* et al., A European Framework for PIL, 2012, 90 ff.

[237] Vgl. *R. Wagner* in Leible/Unberath Rom 0-VO 51 (65 f.); *de Miguel Asensio/Bergé* in Fallon/Lagarde/Poillot-Peruzzetto S. 185 ff.

[238] Abl. auch *R. Wagner* in Leible/Unberath Rom 0-VO 51 (65).

[239] Ähnliche Bedenken äußert *Bogdan* in Fallon/Lagarde/Poillot-Peruzzetto S. 253, 254.

[240] *Kieninger*, FS v. Hoffmann, 2011, 184 (189) gegen *Czepelak* Eur. Rev. Priv. L. 2010, 705 (716).

[241] Näher *Kieninger* IPRax 2017, 200 (203 f.).

[242] Vgl. den Entwurf einer Europäischen Verordnung über das Internationale Namensrecht von *Dutta/Frank/Freitag/Helms/Krömer/Pintens* StAZ 2014, 33; näher hierzu die Beiträge in *Dutta/Helms/Pintens*, Ein Name in ganz Europa, 2016.

[243] S. hierzu die Entschließung des Europäischen Parlaments vom 10.5.2012, ABl. 2013 C 261 E, 17.

[244] Hierzu s. ausführlich *Spickhoff* RabelsZ 80 (2016), 481 ff. sowie den Beschluss des Deutschen Rates für IPR, IPRax 2015, 578 mit einer Einf. durch *v. Hein*; ferner zB *Gebauer* in Leible/Unberath Rom 0-VO 325.

[245] So die Empfehlung von *Kramer* et al., A European Framework for PIL, 2012, 88 ff.; zu einzelnen Reformschritten ausführlich *Rühl/v. Hein* RabelsZ 79 (2015), 701 (738 ff.); ähnlich *Kieninger* IPRax 2017, 200 (207 f.); *M. Weller*, Europäisches Kollisionsrecht, 2015, Rn. 149; dezidiert aA *Czepelak* Eur. Rev. Priv. L. 2010, 705 (718 ff.).

[246] So plastisch *Siehr*, Die Kodifikation des europäischen IPR, 2008, 77 (82).

[247] Zu dem von der EU-Kommission geförderten EUPILLAR-Projekt (JUST/2013/JCIV/AG/4635) näher *Danov/Beaumont* YbPIL 17 (2015/16), 151 ff.; *v. Hein* ZVglRWiss 115 (2016), 483 ff.; allgemein zur Evaluationsproblematik *Rühl* ZVglRWiss 115 (2016), 499 ff.

[248] S. *v. Hein* ZVglRWiss. 2003, 528 (529 f.).

Aufspaltung der jüngst verabschiedeten Güterrechtsverordnungen auf Ehen einerseits, Lebenspartnerschaften andererseits erscheint weniger inhaltlich zwingend,[249] sondern eher im Hinblick auf die politischen Durchsetzungschancen gewählt worden zu sein.[250]

III. Richtlinien

75 **1. Allgemeines.** Kollisionsnormen, die in **Richtlinien** der EU enthalten sind (Art. 288 Abs. 3 AEUV), fallen unstreitig **nicht** unter Art. 3 Nr. 1, weil es sich hierbei nicht um „unmittelbar anwendbare Regelungen" der EU handelt, sondern die maßgebenden Bestimmungen erst in mitgliedstaatliches Recht umgesetzt werden müssen.[251] Sie können aber wiederum dem Kollisionsrecht der Verordnungen als unionsrechtliche leges speciales vorgehen, zB nach Art. 23 Rom I-VO, Art. 27 Rom II-VO. Im Übrigen ist bei der Interpretation dieser Kollisionsnormen das Gebot der richtlinienkonformen Auslegung zu beachten.[252] Ebenso wie Richtlinienbestimmungen auf dem Gebiet des Sachrechts entfalten Kollisionsnormen in Richtlinien keine horizontale Direktwirkung im Verhältnis zwischen Privaten.[253] Auch der ordre public hilft insoweit nicht (näher → Art. 6 Rn. 163). Die unterlassene oder fehlerhafte Umsetzung von Richtlinienkollisionsnormen kann aber nach allgemeinen Grundsätzen Staatshaftungsansprüche begründen.[254]

76 **2. Spezielles Richtlinienkollisionsrecht.** Obwohl das durch das Richtlinienkollisionsrecht geschaffene „Labyrinth" ein wesentliches Motiv für die Schaffung der Rom I-VO bildete,[255] ist eine Bereinigung der unübersichtlichen Rechtslage nur zum Teil gelungen. Die speziellen Kollisionsnormen der **Verbraucherschutz-Richtlinien** bleiben von der Rom I-VO gemäß ihrem Art. 23 unberührt.[256] Sie sind in Art. 46b EGBGB umgesetzt worden, der Art. 29a EGBGB aF abgelöst hat. Der Bundesrat hatte im Gesetzgebungsverfahren zum Rom I-Anpassungsgesetz eine Klarstellung des Konkurrenzverhältnisses zwischen Art. 46b EGBGB nF und Art. 6 Abs. 1, 2 Rom I-VO verlangt.[257] Die Bundesregierung lehnte dies aber mit der Begründung ab, dass die Klärung des Konkurrenzverhältnisses zwischen Verordnungs- und Richtlinienkollisionsrecht dem europäischen und nicht dem mitgliedstaatlichen Gesetzgeber vorbehalten sei.[258] Im Übrigen verwies die Bundesregierung auf die nach Art. 27 Abs. 1 lit. b Rom I-VO anstehende Evaluation.[259] In der VerbRRL (RL 2011/83/EU) hat der Unionsgesetzgeber auf eine spezielle Kollisionsnorm verzichtet und sich mit einem Hinweis auf die Geltung der Rom I-VO begnügt (Erwägungsgrund 58 VerbRRL); Art. 46b Abs. 3 ist mit der Streichung der bisherigen Nr. 2 (betreffend FARL) mit Wirkung zum 13.6.2014 entsprechend angepasst worden.[260] Zu weiteren Einzelfragen s. die Erläuterungen zu Art. 46b EGBGB, Art. 6 Rom I-VO und Art. 23 Rom I-VO. Zur Umsetzung der neugefassten Pauschalreise-Richtlinie ist aber mit Wirkung zum 1.7.2018 ein neuer Art. 46c EGBGB geschaffen worden (→ EGBGB Art. 46c Rn. 1 ff.).

77 In Bezug auf den **Arbeitnehmerschutz** bleiben die zwingenden Vorschriften des AEntG[261] zu beachten, mit dem die **Arbeitnehmer-Entsendungsrichtlinie**[262] in deutsches Recht umgesetzt worden ist. Der Vorrang der Gesetze der Mitgliedstaaten zur Umsetzung der Arbeitnehmer-Entsendungsrichtlinie folgt aus Art. 23 iVm Art. 9 Rom I-VO und wird in Erwägungsgrund 34 Rom I-VO ausdrücklich betont (im Einzelnen → Rom I-VO Art. 8 Rn. 133 f.).

---

[249] Krit. zu den hierdurch nötigen Verdoppelungen sachlich identischer Regelungen *Bogdan* in Fallon/Lagarde/Poillot-Peruzzetto S. 253, 255.

[250] Freilich wenig überzeugend, weil der Kreis der teilnehmenden Mitgliedstaaten bei beiden Verordnungen deckungsgleich ist (s. jeweils Erwägungsgrund 11 EuGüVO bzw. EuPartVO).

[251] AllgM, s. nur Bamberger/Roth/*Lorenz* Rn. 3; Palandt/*Thorn* Rn. 6; NK-BGB/*Freitag* Rn. 66; Staudinger/*Hausmann* (2013) Rn. 16.

[252] Palandt/*Thorn* Rn. 6; NK-BGB/*Freitag* Rn. 66.

[253] BGHZ 135, 124 (136) = NJW 1997, 1697; eingehend zur (heute durch die Neufassung des Art. 6 Rom I-VO weitgehend erledigten) Problematik der sog „Gran Canaria"-Fälle *Iversen* in Brödermann/Iversen, Europäisches Gemeinschaftsrecht und IPR, 1994, 257 ff.; ferner Bamberger/Roth/*Lorenz* Einl. Rn. 31; Palandt/*Thorn* Rn. 6; NK-BGB/*Freitag* Rn. 66.

[254] Vgl. EuGH Slg. 1994, I-3325 = NJW 1994, 2473 – Faccini Dori.

[255] S. *Vékás*, Liber Memorialis Šarčević, 2006, 171 (174 ff.).

[256] Eingehende Kritik bei *Kieninger*, FS Kropholler, 2008, 499 ff.; *Leible*, FS v. Hoffmann, 2011, 230 ff.

[257] Stellungnahme BR, BT-Drs. 16/12104, 13.

[258] Gegenäußerung BReg., BT-Drs. 16/12104, 14.

[259] Gegenäußerung BReg., BT-Drs. 16/12104, 14.

[260] Art. 2 Gesetz zur Umsetzung der Verbraucherrechterichtlinie vom 20.9.2013, BGBl. 2013 I S. 3642.

[261] Arbeitnehmer-Entsendegesetz vom 20.4.2009, BGBl. 2009 I S. 799.

[262] RL 96/71/EG vom 16.12.1996 über die Entsendung von Arbeitnehmern im Rahmen der Erbringung von Dienstleistungen, ABl. 1997 L 18, 1; zur anstehenden Neufassung s. KOM (2012) 131endg.

Die vielfach kritisierten Kollisionsnormen der **Versicherungsrichtlinien** (umgesetzt im EGVVG   **78**
aF) wurden durch Art. 7 Rom I-VO abgelöst, der allerdings ebenfalls zahlreiche inhaltliche Einwände
hervorgerufen hat.[263] Eine lückenlose Kodifikation des Internationalen Versicherungsvertragsrechts
wurde überdies auch insoweit nicht erreicht; für Pflichtversicherungsverträge bleibt Art. 46c EGBGB
maßgebend, der allerdings nicht auf den älteren Versicherungsrichtlinien beruht, sondern autonomes
IPR darstellt.[264] S. im Einzelnen die Kommentierung zu Art. 7 Rom I-VO und Art. 46c EGBGB.

Ferner ist auf die speziellen Kollisionsnormen in der **Übernahme-RL** hinzuweisen, die in   **79**
Deutschland im WpÜG umgesetzt worden sind.[265]

3. Richtlinien ohne explizite Kollisionsnormen. a) Herkunftslandprinzip. Größere Prob-   **80**
leme als die Umsetzung expliziter Kollisionsnormen (zB Art. 46b EGBGB) oder die Berücksichtigung eindeutig als solche ausgewiesener Eingriffsnormen (zB AEntG) bereiten diejenigen Richtlinien, die **keine ausdrücklichen Rechtsanwendungsbefehle** enthalten bzw. deren dogmatische
Einordnung zweifelhaft ist. Dies betrifft in der Praxis vor allem die **E-Commerce-Richtlinie
(ECLR).**[266] Während es vor der Verabschiedung der Rom II-VO im Jahre 2007 eine starke Tendenz
in der Generaldirektion Binnenmarkt gab, das hergebrachte IPR zugunsten eines europarechtlichen
Herkunftslandprinzips[267] aufzugeben, hat die Generaldirektion Justiz mit Recht an der Notwendigkeit einer differenzierteren kollisionsrechtlichen Verordnung festgehalten.[268] Eine starre, sektoriell
übergreifende Berufung des Herkunftslandrechts, im Internationalen Deliktsrecht also zB stets des
Rechts am Handlungsort, wäre ein Rückschritt gegenüber der verfeinerten Regelbildung in den
nationalen IPR-Kodifikationen gewesen.[269] Ein schematisches Herkunftslandprinzip würde vor allem
dem Bedürfnis des Opfers, sich in der Wahl seines Versicherungsschutzes an dem Standard seiner
Rechtsumwelt zu orientieren, nicht gerecht.[270] Die Praktikabilität eines solchen binnenmarktspezifi-
schen Kollisionsrechts würde zudem entscheidend davon abhängen, dass die materiellen Deliktsrechte
der Mitgliedstaaten allenfalls noch in Randbereichen voneinander abwichen, was gegenwärtig nicht
der Fall ist.[271] Schließlich könnte das Herkunftslandprinzip für die Beziehungen zu Drittstaaten
keine tragfähige Lösung bieten und müsste deshalb zu einem gespaltenen Kollisionsrecht führen.[272]
Erwägungsgrund 35 S. 3 Rom II-VO sowie Erwägungsgrund 40 S. 4 Rom I-VO weisen lediglich
auf die **ECRL** hin, ohne verbindlich zu klären, ob sich dieser Richtlinie ein kollisionsrechtliches
Herkunftslandprinzip entnehmen lässt.[273] Der BGH hatte diese Frage im Kontext des Internationalen Deliktsrechts dem EuGH zur Vorabentscheidung vorgelegt.[274] Der EuGH hat hierzu ausgeführt,

„dass eine Auslegung der Binnenmarktregel des Art. 3 Abs. 1 der Richtlinie dahin, dass sie zu einer Anwendung   **81**
des im Sitzmitgliedstaat geltenden Sachrechts führt, nicht ihre Einordnung als Regel im Bereich des internationalen
Privatrechts nach sich zieht. Dieser Absatz verpflichtet die Mitgliedstaaten nämlich in erster Linie dazu, dafür Sorge
zu tragen, dass die Dienste der Informationsgesellschaft, die von einem in ihrem Hoheitsgebiet niedergelassenen Diens-
teanbieter erbracht werden, den in diesen Mitgliedstaaten geltenden innerstaatlichen Vorschriften entsprechen, die in
den koordinierten Bereich fallen. Die Auferlegung einer solchen Verpflichtung weist nicht die Merkmale einer Kollisi-
onsregel auf, die dazu bestimmt wäre, einen spezifischen Konflikt zwischen mehreren zur Anwendung berufenen

---

[263] Eingehend *Heiss,* FS Kropholler, 2008, 459 ff.; *Gruber,* Insurance Contracts, in Ferrari/Leible, Rome I
Regulation, 2009, 109 ff.; *Fricke* VersR 2008, 443 ff.; *Katschthaler/Leichsenring* r+s 2010, 45 ff.; *Perner* IPRax 2009,
218 ff.

[264] Näher *Martiny* RIW 2009, 750 ff.

[265] Hierzu eingehend *v. Hein* AG 2001, 213; *v. Hein* ZGR 2005, 528.

[266] In Deutschland umgesetzt durch das TMG vom 26.2.2007, BGBl. 2007 I S. 179.

[267] Zur Frage des kollisionsrechtlichen Gehalts des Herkunftslandprinzips statt vieler *Ahrens* CR 2000, 835 ff.;
Deinert EWS 2006, 445; *Fezer/Koos* IPRax 2000, 349 ff.; *Koos* EuLF 2006, II-73; *Laazouzi* in Azzi/Boskovic
Quel avenir 205; *Mankowski* ZVglRWiss. 100 (2001), 137 ff.; *Ohly* GRUR Int. 2001, 899; *Ohly* WRP 2006,
1401; *Spindler* MMR-Beilage 7/2000, 4 ff.; *Thünken* IPRax 2001, 15 ff.; alle mwN.

[268] Zur Auseinandersetzung zwischen den Direktionen näher *Basedow* in de Lima Pinheiro, Seminário Internacional sobre a Comunitarização do Direito Internacional Privado, 2005, 17, 26; ferner *Bariatti* Riv. dir. int. priv.
proc. 41 (2005), 5 (15 ff.).

[269] Hierzu *Kadner Graziano* GemEuIPR S. 275 ff., 318 f., 340, 553.

[270] *Basedow* in de Lima Pinheiro, Seminário Internacional sobre a Comunitarização do Direito Internacional
Privado, 2005, 25; zu diesem legitimen Bedürfnis des Opfers auch *Petch* JIBLR 2006, 449 (454); *G. Wagner*
IPRax 2006, 372 (374).

[271] *Basedow* in de Lima Pinheiro, Seminário Internacional sobre a Comunitarização do Direito Internacional
Privado, 2005, 25; *Schaub* JZ 2005, 328 (333 f.).

[272] *Heiderhoff* GPR 2005, 92 (96).

[273] Vgl. *R. Wagner* IPRax 2014, 217 (222).

[274] BGH NJW 2009, 3371 mAnm *Staudinger/Czaplinski* NJW 2009, 3375 mwN zum Streitstand.

Rechtsordnungen zu lösen. Zum anderen untersagt Art. 3 Abs. 2 der Richtlinie den Mitgliedstaaten, den freien Ver-
kehr von Diensten der Informationsgesellschaft aus einem anderen Mitgliedstaat aus Gründen einzuschränken, die in
den koordinierten Bereich fallen. Aus Art. 1 Abs. 4 in Verbindung mit dem 23. Erwägungsgrund der Richtlinie
folgt dagegen, dass es den Aufnahmemitgliedstaaten grundsätzlich freisteht, das anwendbare Sachrecht anhand ihres
internationalen Privatrechts zu bestimmen, soweit sich daraus keine Einschränkung der Freiheit zur Erbringung von
Diensten des elektronischen Geschäftsverkehrs ergibt. Somit verlangt Art. 3 Abs. 2 der Richtlinie keine Umsetzung
in Form einer speziellen Kollisionsregel.'[275]

82   Letztlich sind die Mitgliedstaaten also nicht zur Umsetzung der ECRL in Gestalt eines kollisionsrechtlichen Herkunftslandprinzips verpflichtet; untersagt ist ihnen eine solche Transformation aber
auch nicht.[276] Das klingt vordergründig salomonisch, aber der Rechtsangleichung ist mit der Verkündung einer solchen *non-rule* durch ein Höchstgericht im Ergebnis kaum gedient. Entsprechend
uneinheitlich fällt weiterhin die Rechtspraxis in den Mitgliedstaaten aus:[277] Während der BGH
entschieden hat, dass § 3 TMG keine Kollisionsnorm, sondern nur ein sachrechtliches Beschränkungsverbot enthalte,[278] ist der österreichische OGH der entgegengesetzten Ansicht, das Herkunftslandprinzip gemäß § 20 des österreichischen E-Commerce-Gesetzes (ECG) stelle eine kollisionsrechtliche Sachnormverweisung dar.[279] Im Ergebnis bleibt also der Wille des nationalen Gesetzgebers
bzw. dessen Interpretation durch die nationale Rechtsprechung maßgebend.

83   Mit der „eDate"-Entscheidung dürfte geklärt sein, dass **auch andere Richtlinien** (zB die Prospekt-RL oder die Produkthaftungs-RL) nicht iS eines kollisionsrechtlichen Herkunftslandprinzips
ausgelegt werden müssen.[280] Andererseits verbietet es die „eDate"-Entscheidung auch nicht, zB bei
der Auslegung der Rom II-VO, etwa im Rahmen des Art. 4 Abs. 3 oder des Art. 17 Rom II-VO,
die europäische Harmonisierung öffentlich-rechtlicher Verhaltenspflichten, die sich auch auf die
Frage einer deliktischen Haftung auswirken können, bei der Anknüpfung zu berücksichtigen.[281] Das
Primärrecht enthält keine Festlegung der Anknüpfung im Sinne eines Herkunftslandprinzips, nach
dem zB im Internationalen Deliktsrecht allein das Recht am Sitz des Schädigers Anwendung finden
dürfe;[282] auch dies ist mittelbar durch die „eDate"-Entscheidung geklärt, denn wenn es bereits ein
entsprechendes primärrechtliches Gebot gäbe, wäre es auf die Auslegung der sekundärrechtlichen
ECRL nicht entscheidend angekommen.

84   **b) Sonderanknüpfung zwingenden Richtlinienrechts.** Zweifel wirft auch der kollisionsrechtliche Gehalt der **EG-Handelsvertreter-Richtlinie**[283] auf. Insbesondere ist fraglich, ob Art. 3 Abs. 4
die **„Ingmar"-Rechtsprechung** zur Sonderanknüpfung von Richtlinienrecht eingeschränkt hat oder
ob hieran unter Berufung auf eine ungeschriebene Richtlinienkollisionsnorm nach Art. 23 Rom I-VO
oder kraft Einstufung als Eingriffsnorm gemäß Art. 9 Abs. 2 Rom I-VO weiterhin festgehalten werden
kann.[284] In dem „Ingmar"-Fall ging es um einen Vertrag zwischen einem britischen Handelsvertreter
und seinem kalifornischen Prinzipal; gewählt worden war das kalifornische Recht, das anders als das britische bzw. EU-Recht keinen unabdingbaren Handelsvertreterausgleichsanspruch vorsieht. Der EuGH

[275] EuGH NJW 2012, 137 Rn. 61–63 – eDate, mAnm insbes. *Sack* EWS 2011, 513; ferner *Hess* JZ 2012,
189; *v. Hinden* ZEuP 2012, 940; *W.-H. Roth* IPRax 2013, 215; *Spindler* AfP 2012, 114; zur Rezeption in Frankreich
vgl. *Laazouzi* in Azzi/Boskovic Quel avenir 205 ff.
[276] Anders wohl *Sonnenberger* IPRax 2011, 325 (329), der von einem Vorrang der Rom I und II-VOen ausgeht.
[277] Krit. hierzu bereits *Sonnenberger* IPRax 2011, 325 (329), der diese Situation „grotesk" nennt.
[278] BGH NJW 2012, 2197.
[279] OGH ZfRV 2012, 226 = BeckRS 2016, 81213.
[280] Vgl. zur entspr. Diskussion im Hinblick auf die Prospekt-RL *v. Hein,* Die Internationale Prospekthaftung
im Lichte der Rom II-Verordnung, in Baum/Fleckner/Hellgardt/Roth, Perspektiven des Wirtschaftsrechts, 2008,
371, 385 ff.; *v. Hein* BerGesVR 45 (2012), 369 (411); *Steinrötter,* Beschränkte Rechtswahl im Internationalen
Kapitalmarktprivatrecht und akzessorische Anknüpfung an das Kapitalmarktordnungsstatut, 2014; zur Produkthaftungs-RL *W.-H. Roth* EWS 2011, 314 (325).
[281] Näher *v. Hein* BerGesVR 45 (2012), 369 (392); *Steinrötter,* Beschränkte Rechtswahl im Internationalen
Kapitalmarktprivatrecht und akzessorische Anknüpfung an das Kapitalmarktordnungsstatut, 2014, 227 mwN.
[282] Übereinstimmend abl. zB Staudinger/*v. Hoffmann* (2001) Art. 40 Rn. 104; *Freitag,* Der Einfluss des Europäischen Gemeinschaftsrechts auf das internationale Produkthaftungsrecht, 2000, 290 ff.; *Kadner Graziano* GemEu-
IPR S. 286; *H. Koch,* FS Koppensteiner, 2001, 609 (615 f.); *v. Hein,* Das Günstigkeitsprinzip im internationalen
Deliktsrecht, 1999, 431 ff.; zuletzt *Schaub* RabelsZ 66 (2002), 18 (31 ff.) mit umfassender Dokumentation des
Streitstandes; s. aber (zum Internationalen Wettbewerbsrecht) *Dethloff* JZ 2000, 179.
[283] RL 86/653/EWG des Rates vom 18.12.1986 zur Koordinierung der Rechtsvorschriften der Mitgliedstaaten
betreffend die selbständigen Handelsvertreter, ABl. 1986 L 382, 17.
[284] EuGH Slg. 2000, I-9305 = NJW 2001, 2007 – Ingmar GB; obiter bestätigt in einem Drittstaatensachverhalt
durch EuGH ECLI:EU:C:2017:129 Rn. 32 = ZVertriebsR 2017, 182 mAnm *Rohßen* ZVertriebsR 2017, 186 –
Agro Foreign Trade und in einem Inlandsfall (!) durch EuGH Slg. 2006, I-2899 Rn. 23 = EuZW 2006, 341 –
Honyvem/De Zotti.

urteilte, dass die Art. 17–19 EG-Handelsvertreter-Richtlinie bezwecken, die Niederlassungsfreiheit und einen unverfälschten Wettbewerb im Binnenmarkt zu schützen.[285] Daher sei die Einhaltung dieser Bestimmungen im Gebiet der heutigen EU für die Verwirklichung dieser primärrechtlichen Ziele unerlässlich.[286] Infolgedessen sei es „von grundlegender Bedeutung, dass ein Unternehmer mit Sitz in einem Drittland, dessen Handelsvertreter seine Tätigkeit innerhalb der Gemeinschaft ausübt, diese Bestimmungen nicht schlicht durch eine Rechtswahlklausel umgehen kann. Der Zweck dieser Bestimmungen erfordert nämlich, dass sie unabhängig davon, welchem Recht nach dem Willen der Parteien der Vertrag unterliegen soll, anwendbar sind, wenn der Sachverhalt einen starken Gemeinschaftsbezug aufweist, etwa weil der Handelsvertreter seine Tätigkeit im Gebiet eines Mitgliedstaats ausübt".[287] Im Ergebnis hatte der EuGH damit den Ausgleichsanspruch des Handelsvertreters zu einer Eingriffsnorm iS des Art. 34 EGBGB aF (Art. 7 Abs. 2 EVÜ)[288] erhoben.[289] Hieran hat der EuGH jüngst in der einen Binnenmarktfall betreffenden Entscheidung „Unamar" obiter festgehalten.[290] Ferner hat der BGH entschieden, dass der Vereinbarung eines ausschließlichen Gerichtsstands in einem Drittstaat (Virginia, USA) die Wirksamkeit zu versagen sei, wenn ihre Beachtung dazu führen würde, dass der Ausgleichsanspruch eines in der EU tätigen Handelsvertreters nach § 89b HGB unterlaufen würde.[291] Hiermit überträgt der BGH die zum Kollisionsrecht ergangene „Ingmar"-Entscheidung des EuGH auf die internationale Zuständigkeit. Es ist aber nicht selbstverständlich, dass von dieser Einschränkung der kollisionsrechtlichen Parteiautonomie automatisch auch die freie Wahl eines Gerichtsstandes betroffen ist; die französische Cour de Cassation hat noch im Jahre 2008 diese Frage klar verneint.[292] Die Berufung des BGH auf die acte-clair-Doktrin, um eine Vorlage an den EuGH nach Art. 267 Abs. 3 AEUV abzulehnen,[293] ist daher bedenklich.

Überdies ist kritisch zu hinterfragen, ob **im Lichte der heute geltenden Rom I-VO** an der Einstu- **85** fung des Handelsvertreterausgleichs als Eingriffsnorm überhaupt festzuhalten ist.[294] Bei der Abfassung dieser Verordnung ist durchaus das Problem erkannt worden, dass ein harmonisierter Schutzstandard in Fällen mit Bezügen zu einem oder mehreren Mitgliedstaaten durch die Wahl eines drittstaatlichen Rechts umgangen werden könnte.[295] **Art. 3 Abs. 4 Rom I-VO** errichtet deshalb eine Rechtswahlschranke für rein innerunionale Fälle, dh Konstellationen, in denen alle Sachverhaltselemente in einem oder mehreren Mitgliedstaaten belegen sind, aber die Parteien das Recht eines Drittstaates gewählt haben.[296] Die EU wird insoweit kollisionsrechtlich wie ein Staat behandelt.[297] Bei dieser Sachlage kommen ungeachtet der Rechtswahl der Parteien die (intern) zwingenden Vorschriften des Unionsrechts zur Anwendung, bei Richtlinien ggf. in der durch die lex fori gewählten Umsetzung. Ein Sachverhalt, wie er der „Ingmar"-Entscheidung[298] zugrunde lag, würde jedoch aufgrund der relevanten Verknüpfung zu Kalifornien, dem Sitz des Vertragspartners, nicht unter Art. 3 Abs. 4 Rom I-VO fallen.[299]

---

[285] EuGH Slg. 2000, I-9305 Rn. 24 = NJW 2001, 2007 – Ingmar GB.

[286] EuGH Slg. 2000, I-9305 Rn. 24 = NJW 2001, 2007 – Ingmar GB.

[287] EuGH Slg. 2000, I-9305 Rn. 25 = NJW 2001, 2007 – Ingmar GB.

[288] BGBl. 1986 II S. 810.

[289] So auch die dogmatische Einordnung durch GA *Wahl* Schlussanträge C-184/12, ECLI:EU:C:2013:301 Rn. 24 ff. – Unamar.

[290] EuGH ECLI: EU:C:2013:663 = IPRax 2014, 174 m. Aufsatz *Lüttringhaus* IPRax 2014, 148 = EuZW 2013, 956 – Unamar = D 2014, 16 (Ls.) mAnm *d'Avout* D 2014, 60; kritisch hierzu *Kühne*, FS Wegen, 2015, 451 (455 ff.).

[291] BGH BB 2012, 3103 (Ls.) m. krit. Anm. *Ayad/Schnell* BB 2012, 3103 = GWR 2012, 486 (Ls.) mAnm *Eckhoff* GWR 2012, 486; ebenso zuvor OLG Stuttgart IHR 2012, 163 = BeckRS 2012, 18704; OLG München IPRax 2007, 322, mAnm *Rühl* IPRax 2007, 294 = BeckRS 2006, 07559; zur Problematik eingehend *Basedow*, FS Magnus, 2014, 337.

[292] Cass. civ. (1re Ch.) Rev. crit. dr. int. pr. 2009, 69 – Monster Cable Products inc./Audio Marketing Services, m. Aufsatz *Bureau/Muir Watt* Rev. crit. dr. int. pr. 2009, 1.

[293] BGH BB 2012, 3103 Rn. 4 (Ls.) m. krit. Anm. *Ayad/Schnell* BB 2012, 3103 = GWR 2012, 486 (Ls.) mAnm *Eckhoff* GWR 2012, 486.

[294] Dagegen *Joh. Hoffmann* EWS 2009, 254 ff.; *Sonnenberger*, FS Kropholler, 2008, 227 (232 f.); dafür aber *Kindler*, FS v. Hoffmann, 2011, 198 (200 f.); *Ferrari/Staudinger* Rom I-VO Art. 9 Rn. 16; im Ergebnis an der „Ingmar"-Entscheidung festhaltend auch *W.-H. Roth*, FS Spellenberg, 2010, 309 ff., dieser allerdings nicht über Art. 9, sondern über Art. 23 Rom I-VO.

[295] *Lagarde/Tenenbaum* Rev. crit. dr. int. pr. 2008, 727 (737); *Pfeiffer* EuZW 2008, 622 (624).

[296] Krit. hierzu *Francq* Clunet 2009, 41 (54 f.).

[297] *Mankowski* IHR 2008, 133 (135).

[298] EuGH Slg. 2000, I-9305 Rn. 25 = NJW 2001, 2007 – Ingmar GB.

[299] *Althammer* JA 2008, 772 (775); *d'Avout* D 2008, 2165 (2166); *Bonomi* YbPIL 10 (2008), 165 (173); *Heiss* in Ferrari/Leible, Rome I Regulation, 2009, 1 (8); *Leible/Lehmann* RIW 2008, 528 (534); wohl auch *Mankowski* IHR 2008, 133 (136): Handelsvertreterrecht sei nur „internrechtlich zwingend"; krit. zu der Regelung daher *Garcimartín Alférez* EuLF 2008, I-61 (65); missverständlich jurisPK-BGB/*Ringe* Rom I-VO Art. 3 Rn. 48: Die Vorschrift beruhe auf der „Ingmar"-Entscheidung.

86   Allenfalls über die Annahme einer ungeschriebenen Richtlinienkollisionsnorm nach **Art. 23 Rom I-VO** oder über die Beibehaltung einer Einstufung des Ausgleichsanspruchs als Eingriffsnorm iS des Art. 9 Abs. 1, Abs. 2 Rom I-VO könnte der Ausgleichsanspruch auch in solchen Konstellationen durchgesetzt werden. Da die Rom I-VO aufgrund der Schaffung des Art. 3 Abs. 4 Rom I-VO – im Gegensatz zum EVÜ – keine Regelungslücke mehr für reine Binnenmarktsachverhalte aufweist, sollte aus der EG-Handelsvertreter-Richtlinie keine ungeschriebene einseitige Kollisionsnorm abgeleitet werden, die nach Art. 23 Rom I-VO den Vorrang vor der Verordnung hätte.[300] Vielmehr sollte Art. 3 Abs. 4 Rom I-VO im Interesse der Rechtssicherheit als eine abschließende Regelung für lediglich intern zwingendes Unionsrecht angesehen werden. Es bleibt folglich in derartigen Fällen allein ein Rückgriff auf Art. 9 Rom I-VO als Ausweg.[301]

87   Ob der Ausgleichsanspruch des Handelsvertreters aber im Lichte der in **Art. 9 Abs. 1 Rom I-VO** gegebenen engen Definition unverändert als eine Eingriffsnorm eingestuft werden kann, ist entgegen der EuGH-Entscheidung in der Sache „Unamar" zu bezweifeln.[302] Gemäß der Legaldefinition ist „[e]ine Eingriffsnorm […] eine zwingende Vorschrift, deren Einhaltung von einem Staat als so entscheidend für die Wahrung seines öffentlichen Interesses, insbesondere seiner politischen, sozialen oder wirtschaftlichen Organisation, angesehen wird, dass sie ungeachtet des nach Maßgabe dieser Verordnung auf den Vertrag anzuwendenden Rechts auf alle Sachverhalte anzuwenden ist, die in ihren Anwendungsbereich fallen". Der Ausgleichsanspruch des Handelsvertreters dient aber in allererster Linie der Behebung einer Ungleichgewichtslage im Privatrechtsverkehr und keinem öffentlichen Interesse.[303] Zwar lässt sich dem Anspruch eine gewisse Reflexwirkung im Hinblick auf den Wettbewerb im Binnenmarkt nicht gänzlich absprechen;[304] ob dieser seinerzeit vom EuGH stark in den Vordergrund gestellte Gedanke aber die Qualifikation der Vorschrift überwiegend prägt, ist fraglich. Wollte man schlechthin jeder Abweichung von einer intern zwingenden Richtlinienvorschrift einen wettbewerbsverfälschenden Charakter attestieren und allein deshalb Art. 9 Abs. 2 Rom I-VO anwenden, hätte Art. 3 Abs. 4 Rom I-VO überhaupt keinen eigenen Anwendungsbereich mehr; auch für das in in Art. 46b EGBGB umgesetzte Richtlinienkollisionsrecht verbliebe kaum noch ein Spielraum. Eine solche weite Auslegung ist daher systematisch alles andere als überzeugend. Es erscheint zudem kaum normativ konsistent, den Handelsvertreter, der unternehmerisch in aller Regel weitaus erfahrener ist als zB ein Verbraucher oder Arbeitnehmer und dem deshalb weder die Rom I-VO noch die Brüssel Ia-VO einen besonderen kollisions- bzw. zuständigkeitsrechtlichen Schutz angedeihen lassen, stärker vor der Abwahl eines mitgliedstaatlichen Rechts bzw. Gerichtsstandes zu schützen als diese typischerweise schwächeren Parteien.[305] Es wäre daher wünschenswert, wenn ein Gericht diese Fragen nach Art. 267 AEUV erneut dem EuGH vorlegen würde, damit dieser die Gelegenheit zur Korrektur oder Präzisierung der Reichweite der bisherigen „Ingmar"- und „Unamar"-Rechtsprechung erhielte.[306] Zumindest hat der EuGH in einem belgisch-türkischen Fall klargestellt, dass der Ausgleichsanspruch abdingbar ist, wenn der Handelsvertreter in einem Drittstaat ansässig ist und seine Tätigkeit außerhalb der EU bzw. des EWR ausübt.[307]

IV. Primärrecht als Quelle europäischen Kollisionsrechts

88   **1. Allgemeines.** Der Anwendungsvorrang des Unionsrechts, auf den Art. 3 Nr. 1 deklaratorisch in Bezug auf Akte des unmittelbar geltenden Sekundärrechts hinweist, gilt selbstverständlich nicht

---

[300] Dafür aber eingehend *W.-H. Roth,* FS Spellenberg 2010, 309 ff.; ebenso *Mankowski* EuZ 2009, 2 (15 f.); wohl auch *Garcimartín Alférez* EuLF 2008, I-61 (65).

[301] *Althammer* JA 2008, 772 (775); *Bonomi* YbPIL 10 (2008), 165 (173); *Garcimartín Alférez* EuLF 2008, I-61 (65); *Leible/Lehmann* RIW 2008, 528 (534).

[302] Zweifelnd auch *Heiss* in Ferrari/Leible Rome I Regulation, 2009, 1 (8); *Kühne,* FS Wegen, 2015, 451 (460 f.); keine Bedenken hegt insoweit aber GA *Wahl* Schlussanträge C-184/12, ECLI:EU:C:2013:301 Rn. 32 – Unamar.

[303] Vgl. noch BGH NJW 1961, 1061 (§ 89b HGB sei kein Bestandteil des deutschen ordre public).

[304] Vgl. EuGH Slg. 2000, I-9305 Rn. 24 = NJW 2001, 2007 – Ingmar GB.

[305] Dieser Widerspruch droht erst recht, wenn man in der Folge der „Unamar"-Entscheidung auch innerhalb der EU mitgliedstaatliche Vorschriften, die den von der EG-Handelsvertreter-Richtlinie gebotenen Mindeststandard überschreiten, als international zwingend iS des Art. 9 Rom I-VO einstuft: Dann könnte in zahlreichen Fällen nicht einmal mehr *innerhalb der EU* eine wirksame Rechtswahl- oder Gerichtsstandsvereinbarung mit einem Handelsvertreter getroffen werden.

[306] BGH NJW 2016, 1885 Rn. 34 hat davon abgesehen, weil es im vorliegenden Fall um einen Vertragshändler ging, der nicht unmittelbar unter die Handelsvertreter-RL fiel.

[307] EuGH ECLI:EU:C:2017:129 = ZVertriebsR 2017, 182 mAnm *Rohrßen* ZVertriebsR 2017, 186 – Agro Foreign Trade.

nur für die dort genannten Rechtsinstrumente, sondern a fortiori für das europäische Primärrecht.[308] Die noch im Jahre 1997 von der Europäischen Kommission vertretene Ansicht, dass IPR-Normen für sich genommen keine Beschränkungen enthielten, weil „[g]rundsätzlich [...] nicht der Mechanismus der Bestimmung des geltenden Rechts eine Behinderung dar[stellt], sondern das Ergebnis, zu dem er hinsichtlich des materiellen Rechts führt",[309] ist überholt. Die im AEUV gewährten Grundfreiheiten können vielmehr nicht nur durch die Sachnormen eines nationalen Rechts, sondern auch durch die Kollisionsnormen, die auf diese Sachvorschriften verweisen, beschränkt werden.[310] Ein deutsches Gericht darf sich einer entsprechenden Überprüfung autonomer Kollisionsnormen (und ggf. einer Vorlage an den EuGH) nicht etwa mit dem Hinweis entziehen, eine Anpassung des innerstaatlichen Rechts an die jeweiligen unionsrechtlichen Vorgaben müsse dem nationalen Gesetzgeber vorbehalten bleiben.[311] Kollisionsrechtliche Anknüpfungsmomente wie etwa die Staatsangehörigkeit sind an primärrechtlichen Diskriminierungs- und Beschränkungsverboten zu messen (ausführlich → Art. 5 Rn. 39 ff.). Ferner kann das europäische Primärrecht zu einer Anreicherung des ordre public führen (→ Art. 6 Rn. 144 ff., 161). Umstritten ist aber, ob sich darüber hinaus aus den Grundfreiheiten des AEUV, insbesondere der Niederlassungsfreiheit (Art. 49, 54 AEUV) und der Freizügigkeit (Art. 21 AEUV), „versteckte" Kollisionsnormen (→ Einl. IPR Rn. 93 ff.)[312] oder ein allgemeines „Anerkennungsprinzip" (→ Rn. 117 ff.) ableiten lassen. Den Anstoß zu dieser Diskussion haben mehrere Entscheidungen des EuGH auf den Gebieten des Gesellschafts- und des Namensrechts gegeben (näher → Rn. 91 ff. [Gesellschaftsrecht], → Rn. 119 ff. [Namensrecht]). Das Verhältnis zwischen **„Verweisung"** und **„Anerkennung"** bedarf zunächst einer begrifflichen Klärung.[313] Zwar ist im weiteren, untechnischen Sinne auch im IPR vielfach die Rede davon, ein im Ausland vorgenommenes Rechtsgeschäft (zB eine Eheschließung oder die Gründung einer Gesellschaft) werde „anerkannt".[314] Im engeren, technischen Sinne werden aber nur gerichtliche oder behördliche Entscheidungen verfahrensrechtlich „anerkannt", zB nach § 109 Abs. 1 FamFG, dh ihre Wirksamkeit wird, sofern kein besonderer Grund für die Versagung der Anerkennung vorliegt, in Deutschland akzeptiert. Eine kollisionsrechtliche Kontrolle eines ausländischen Judikats findet insoweit nicht statt; Art. 27 Nr. 4 EuGVÜ, der eine Versagung der Anerkennung für gewisse Fälle eines Widerspruchs zum IPR des Anerkennungsstaates vorsah,[315] wurde bewusst weder in die Brüssel I-VO (heute Brüssel Ia-VO) noch die Brüssel IIa-VO oder die EuErbVO übernommen.[316] Auch im Rahmen des strengeren Anerkennungsregimes der Art. 23 ff. EuUnthVO gegenüber denjenigen Mitgliedstaaten, die nicht am HUP teilnehmen (→ Rn. 48), ist keine kollisionsrechtliche Überprüfung der anzuerkennenden Entscheidung vorgesehen. Der Verzicht auf eine kollisionsrechtliche Nachprüfung im Rahmen der Urteilsanerkennung sollte eine schrittweise Annäherung des IPR der Mitgliedstaaten fördern.[317] Angesichts der heute erreichten Vereinheitlichung des europäischen

---

[308] AllgM, s. nur BGH ZIP 2005, 805 = NJW 2005, 1648; OLG München NJW-RR 2010, 660 = IPRax 2010, 452 m. Aufsatz *Wall* IPRax 2010, 433 = StAZ 2010, 76 mAnm *Sturm* StAZ 2010, 146.

[309] Mitteilung der Kommission zu Auslegungsfragen über den freien Dienstleistungsverkehr und das Allgemeininteresse im 2. Bankrichtlinie (97/C 209/04), ABl. 1997 C 209, S. 6 (20); *Duintjer Tebbens* Neth. Int. L. Rev. 44 (1997), 442 (444 f.); diff. *Kohler* TCDPIP 1993–94, 71 (75 f.).

[310] Statt vieler *W.-H. Roth* RabelsZ 55 (1991), 623 (639 f.); *Brödermann* in Brödermann/Iversen, Europäisches Gemeinschaftsrecht und IPR, 1994, Rn. 419 ff.; *Basedow* RabelsZ 59 (1995), 1 (4 f.); *Sonnenberger* ZVglRWiss. 95 (1996), 3 (22); *Steindorff*, EG-Vertrag und Privatrecht, 1996, 83; *Kreuzer* in Müller-Graff, Gemeinsames Privatrecht in der Europäischen Gemeinschaft, 2. Aufl. 1999, 457, 509–516.

[311] OLG München NJW-RR 2010, 660.

[312] Zur Frage der Einordnung der Grundfreiheiten als „versteckte" Kollisionsnormen insbes. *Wendehorst*, FS Heldrich, 2005, 1071 ff.; ferner *Thomale* NZG 2011, 1290 ff. (zur Niederlassungsfreiheit); *Wall* IPRax 2010, 433 ff. (zur Freizügigkeit); zum Begriff der „versteckten" Kollisionsnorm s. *Kropholler* IPR § 13 IV.

[313] Hierzu statt vieler *Grünberger* in Leible/Unberath Rom 0-VO 81, 86 ff.; *Mansel* RabelsZ 70 (2006), 651 (712 f.); *Wagner* FamRZ 2013, 1620 (1623); Staudinger/*Sturm*/*Sturm* (2012) Einl. IPR Rn. 63.

[314] Näher *Sonnenberger*, FS Spellenberg, 2010, 371 (384 f.); vgl. zu Art. 5 EheschlGberReg (Haager Eheschließungsabkommen vom 12.6.1902, abgedruckt bei *Jayme/Hausmann* Nr. 30) *v. Bar* RabelsZ 57 (1993), 63 (104) („nicht wirklich [...] eine Anerkennungs-, sondern [...] eine echte Kollisionsnorm"); ebenso zum Anerkennungsbegriff des autonomen Internationalen Gesellschaftsrechts (vor „Centros", → Rn. 93 ff.) *Behrens* ZGR 1978, 499 ff. (insbes. S. 514: „Das geltende deutsche Recht kennt keine fremdenrechtliche, sondern allenfalls eine kollisionsrechtliche Anerkennungsnorm. Da diese sich jedoch als identisch mit der Kollisionsnorm für die Bestimmung des gesamten Gesellschaftsstatuts erweist, hat auch eine kollisionsrechtliche Anerkennungsnorm nach geltendem Recht keine selbständige Bedeutung."); zum Anerkennungsbegriff im Internationalen Gesellschaftsrecht post-„Centros" eingehend *Basedow* in Lagarde, La reconnaissance des situations en droit international privé, 2013, 221 ff.

[315] Dazu näher *Kropholler* EurZPR, 6. Aufl. 1998, EuGVÜ Art. 27 Rn. 52 ff.

[316] Vgl. *R. Wagner* IPRax 2014, 217 (222 f.).

[317] So die Begr. des Kommissionsentwurfs zur Brüssel I-VO, KOM (1999) 348 endg. S. 25 = BR-Drs. 534/99, 24 (zu Art. 41 des Entwurfs).

Kollisionsrechts (Rom I-III-VOen, EuErbVO, EuUnthVO iVm HUP) wäre eine derartige Kontrolle ohnehin vielfach gegenstandslos; sie befindet sich auch im autonomen internationalen Zivilverfahrensrecht der Mitgliedstaaten auf dem Rückzug.[318]

89   Fehlt es an einer ausländischen Entscheidung, bleibt es hingegen bei der verweisungsrechtlichen Methode: Die Gründung einer juristischen Person (zum IntGesR → Rn. 90 ff.), die Vornahme einer Privatscheidung oder einer (reinen) Vertragsadoption im Ausland werden von uns grundsätzlich nicht einfach ohne Rücksicht auf das anwendbare Recht als bloßes Faktum „anerkannt", sondern nur dann für wirksam erachtet, wenn das nach unserem IPR bestimmte Sachrecht (also das Gesellschafts-, Scheidungs- oder Adoptionsstatut) ein solches Rechtsgeschäft für wirksam erklärt.[319] Diese Unterscheidung hat der EuGH offenbar verkannt,[320] als er sich für unzuständig erklärte, auf die – insoweit unglücklich formulierte – Frage des OLG München zu antworten, ob die Rom III-VO auch für die „Anerkennung" einer syrischen Privatscheidung gelte.[321] Methodisch ist es allerdings durchaus vorstellbar, auch bloße **„Rechtslagen"** nicht verweisungsrechtlich, sondern ähnlich wie behördliche oder gerichtliche Entscheidungen **anerkennungsrechtlich zu behandeln.**[322] Diese Lösung findet sich bereits im Haager Eheschließungsabkommen vom 14.3.1978,[323] dem allerdings nicht zuletzt aus diesem Grund nur eine geringe internationale Akzeptanz beschieden war.[324]

2. Niederlassungsfreiheit und Gründungstheorie.

Schrifttum: S. die Angaben zum IntGesR und vor → Rn. 115.

90   **a) Einführung.** Abgesehen von speziellen Kollisionsnormen für europäische Gesellschaftsformen (zB SEVO für die SE, EWIV-VO für die EWIV), fehlt es im Internationalen Gesellschaftsrecht bislang an einer unionsrechtlichen Regelung, obwohl die Niederlassungsfreiheit von juristischen Personen und Gesellschaften ein tragender, auch primärrechtlich anerkannter Pfeiler des Binnenmarktes ist (Art. 49, 54 AEUV) und im Kreis der Mitgliedstaaten die Frage der **Anknüpfung an die Registereintragung bzw. den Satzungssitz** (Gründungstheorie, zB in den Common Law-Rechtsordnungen und den Niederlanden) einerseits oder an den **effektiven Verwaltungssitz** (Sitztheorie, vor allem in Deutschland und anderen Ländern Kontinentaleuropas) andererseits traditionell umstritten ist.[325] Zu der noch in den älteren Fassungen des EG-Vertrages (zuletzt ex-Art. 293 EGV) ins Auge gefassten Ratifikation eines völkerrechtlichen Abkommens über die Anerkennung von Gesellschaften ist es bekanntlich nie gekommen.[326] Aber auch von der mit dem Vertrag von Amsterdam geschaffenen Möglichkeit zur sekundärrechtlichen Vereinheitlichung des Gesellschaftskollisionsrechts hat die EU bis heute keinen Gebrauch gemacht. Die Aufgabe, das Gesellschafts-IPR der Mitgliedstaaten auf seine Vereinbarkeit mit den Erfordernissen der Niederlassungsfreiheit zu überprüfen, ist daher bislang dem EuGH zugefallen. Eine Harmonisierung des Gesellschaftskollisionsrechts

---

[318] Vgl. zu Frankreich Cass. 20.2.2007, D 2007, 1115 mAnm *d'Avout/Bollée* D 2007, 1116; hierzu eingehend *Ancel/Muir Watt,* Liber Amicorum Gaudemet-Tallon, 2008, 135 ff.

[319] *Mansel* RabelsZ 70 (2006), 651 (712 f.); zu Privatscheidungen *Gärtner,* Die Privatscheidung im deutschen und gemeinschaftsrechtlichen Internationalen Privat- und Verfahrensrecht, 2008, 158 ff.; zu Vertragsadoptionen eingehend Staudinger/*Henrich* (2014) Art. 22 Rn. 98, auch zur Anerkennungsfähigkeit gerichtlicher Bestätigungen.

[320] So auch die Einschätzung von *Heiderhoff* IPRax 2017, 160 (161); *Helms* IPRax 2017, 153 (154); vgl. auch, verfahrensrechtliche und kollisionsrechtliche Anerkennung in Bezug auf eine im Ausland erfolgte Eheschließung ersichtlich verwechselnd, *Stockmann* jurisPR-FamR 17/2016 Anm. 6, sub D.

[321] EuGH ECLI:EU:C:2016:343 Rn. 19 ff. = NZFam 2016, 789 = IPRax 2017, 90 mAnm *Pika/Weller* IPRax 2017, 65.

[322] Eingehend *Bollée* Rev. crit. dr. int. pr. 96 (2007), 307 ff.; zum aktuellen Stand der internationalen Methodendiskussion eingehend *Basedow,* FS Martiny, 2014, 243 ff.; *Lagarde,* Introduction au thème de la reconnaissance des situations, in Lagarde, La reconnaissance des situations en droit international privé, 2013, 19 ff.; *Mankowski,* FS Coester-Waltjen, 2015, 571 ff.; *Mayer,* La reconnaissance: notions et méthodes, in Lagarde, La reconnaissance des situations en droit international privé, 2013, 35 ff.

[323] Text (englisch) in Am. J. Legal. Comp. L. 25 (1977), 399; inoffizielle dt. Übersetzung in StAZ 1977, 202; hierzu eingehend *v. Bar* RabelsZ 57 (1993), 63 (81 ff.); *Batiffol* Rev. crit. dr. int. pr. 66 (1977), 451 (467 ff.); *Böhmer* StAZ 1977, 185 ff.; *Gärtner,* Die Privatscheidung im deutschen und gemeinschaftsrechtlichen Internationalen Privat- und Verfahrensrecht, 2008, 376 ff.; *Lalive* SchwJbIntR 34 (1978), 31 ff.; *Nygh,* Liber amicorum Droz, 1996, 253 ff.

[324] Es wurde lediglich von den Niederlanden, Luxemburg und Australien ratifiziert; s. hierzu auch *Mansel/Coester-Waltjen/Henrich/Kohler* IPRax 2011, 335 (339); zum Anerkennungsprinzip in den Haager Konventionen näher *van Loon* in Lagarde, La reconnaissance des situations en droit international privé, 2013, 121 ff.; zu sonstigen Staatsverträgen *Bollée* in Lagarde, La reconnaissance des situations en droit international privé, 2013, 113 ff.

[325] Rechtsvergleichend hierzu *Behrens,* FS Magnus, 2014, 353 (362 ff.).

[326] Das entsprechende Übereinkommen vom 29.2.1968 (BGBl. 1972 II S. 370) ist seinerzeit mangels einer Ratifikation durch die Niederlande gescheitert; näher *Kropholler* IPR § 55 I 1.

durch richterliche Entscheidungsfindung muss jedoch an immanente Grenzen stoßen. Der EuGH kann lediglich in verschiedenen Fallkonstellationen das nationale Kollisionsrecht der Mitgliedstaaten auf seine Vereinbarkeit mit den primärrechtlichen Vorgaben des AEUV kontrollieren, aber kein geschlossenes System allseitiger Kollisionsnormen entwickeln. Hierfür bedarf es einer Intervention des europäischen oder des nationalen Gesetzgebers, für die der Deutsche Rat mit seinem im Jahre 2006 unter Federführung von *Sonnenberger* vorgelegten Vorschlag einen entscheidenden Impuls gegeben hat.[327] Die Grenzen einer richterrechtlichen Harmonisierung des Internationalen Gesellschaftsrechts ergeben sich aus einer Analyse der einschlägigen EuGH-Rechtsprechung:[328]

b) Die Rechtsprechung des EuGH. aa) Daily Mail und die „Geschöpftheorie". Den Aus-   **91** gangspunkt der Rechtsprechung des EuGH zur Niederlassungfreiheit für Gesellschaften bildet die „Daily-Mail"-Entscheidung aus dem Jahre 1988.[329] Dieser Fall betraf eine Aktiengesellschaft englischen Rechts, die aus steuerlichen Gründen ihren Verwaltungssitz in die Niederlande verlegen wollte. Dies wäre kollisionsrechtlich an sich unproblematisch gewesen, da sowohl England als auch die Niederlande herkömmlich der Gründungstheorie folgen; die maßgebenden nationalen Kollisionsrechte hätten einer Verlegung des Verwaltungssitzes unter Beibehaltung der englischen Rechtsform also grundsätzlich nicht entgegengestanden.[330] Ein Hauptziel der beabsichtigten Sitzverlegung bestand jedoch darin, nach Errichtung des neuen Sitzes einen Teil des Betriebsvermögens (sog „stille Reserven") zu veräußern und aus dem Erlös eigene Aktien zurückzukaufen, ohne hierfür Steuern entrichten zu müssen, die zwar nach britischem, nicht aber nach niederländischem Recht angefallen wären. Um den Zugriff des britischen Fiskus auf derartige Gewinne zu sichern, sah das dortige Recht vor, dass das Finanzministerium der Verlegung des Verwaltungssitzes zustimmen musste. Die insoweit erforderliche Genehmigung wurde aber verweigert. Der EuGH erblickte darin keinen Verstoß gegen die Niederlassungsfreiheit. Dies begründete er damit, dass Gesellschaften „[i]m Gegensatz zu natürlichen Personen [...] aufgrund einer Rechtsordnung, beim gegenwärtigen Stand des Gemeinschaftsrechts aufgrund einer nationalen Rechtsordnung, gegründet [werden]. Jenseits der jeweiligen nationalen Rechtsordnung, die ihre Gründung und ihre Existenz regelt, haben sie keine Realität".[331] Im deutschen Schrifttum hat sich hierfür die Bezeichnung **„Geschöpftheorie"** etabliert.[332] Welche Verknüpfung mit dem Hoheitsgebiet eines Mitgliedstaates für eine wirksame Gründung – oder die Beibehaltung der Rechtspersönlichkeit im Falle einer Sitzverlegung – erforderlich war, konnte der EuGH auch dem Sekundärrecht nicht entnehmen.[333] Der Inkorporationsstaat behielt also die Definitionshoheit darüber, unter welchen Voraussetzungen Gesellschaften nach seinem Recht gegründet wurden und ob sie die einmal erlangte Rechtspersönlichkeit trotz einer Verlegung des Verwaltungssitzes beibehalten konnten.

In Deutschland war die „Daily Mail"-Entscheidung zunächst überwiegend dahingehend verstan-   **92** den worden, dass es dem IPR der Mitgliedstaaten schlechthin überlassen bleibe, darüber zu befinden,

---

[327] *Sonnenberger,* Vorschläge und Berichte zur Reform des europäischen und deutschen internationalen Gesellschaftsrechts, 2007; der Vorschlag des Deutschen Rates ist auch abgedruckt in RIW Beilage 1 zu Heft 4/2006 mit einer Einführung von *Sonnenberger/Bauer;* hierzu s. auch *Kieninger* RabelsZ 73 (2009), 607 ff.; *Sonnenberger* Rev. crit. dr. int. pr. 102 (2013), 101 ff.; *Zimmer,* The Proposal of the Deutscher Rat für Internationales Privatrecht, in Basedow/Baum/Nishitani, Japanese and European Private International Law in Comparative Perspective, 2008, 209 ff.; *v. Hein,* Japanese Yearbook of Private International Law 17 (2015), 90 ff.; kritisch *Schurig,* FS Coester-Waltjen, 2015, 745 (748 ff.); auf dieser Grundlage wurde im BMJ ein Referentenentwurf eines Gesetzes zum Internationalen Privatrecht der Gesellschaften, Vereine und juristischen Personen (2008; abrufbar zB unter http://www.rwi.uzh.ch/oe/stiftungsrecht/rechtsentwicklungen/Referentenentwurf-IGR_120417.pdf) erstellt, der aber scheiterte und derzeit nicht weiter verfolgt wird, hierzu näher *Bollacher* RIW 2008, 200; *Clausnitzer* NZG 2008, 321; *Kindler* Status: recht 2/2008, 68; *Köster* ZRP 2008, 214; *Leuering* NZG 2008, 73; *Rotheimer* NZG 2008, 181; *C. Schneider* BB 2008, 566; *R. Wagner/B. Timm* IPRax 2008, 81.

[328] Überblicke zur Entwicklung der Judikatur bis 2010 *Haar* GPR 2010, 187 ff.; bis 2012 *Ege/Klett* DStR 2012, 2442; *Panz* Rpfleger 2012, 233; *M.-P. Weller/Leuering,* Sitzverlegungen von Gesellschaften in Europa: rechtliche und praktische Probleme, ZEW-Vorträge und Berichte Nr. 198, 2012; *Wilhelmi,* FS Hailbronner, 2013, 531; bis 2015 *Trüten,* Die Entwicklung des Internationalen Privatrechts in der Europäischen Union, 2015, 461 ff.; jüngst *M.-P. Weller* IPRax 2017, 167 ff.; alle mwN.

[329] EuGH Slg. 1988, 5483 = NJW 1989, 2186 – Daily Mail.

[330] Vgl. auch *Behrens* EuZW 2009, Heft 3 S. V: „Daily Mail" sei aus heutiger Sicht richtig entschieden, aber mit der falschen Begr.

[331] EuGH Slg. 1988, 5483 Rn. 19 = NJW 1989, 2186 – Daily Mail.

[332] *Rehm* in Eidenmüller, Ausländische Kapitalgesellschaften im deutschen Recht, 2004, § 2 Rn. 61; ebenso zB *Barth/Schall* NZG 2012, 414 (415); *Geyrhalter/Weber* DStR 2006, 146 (150); *Kindler* EuZW 2012, 888; *Kindler* DNotZ-Sonderheft 2016, 75 (93); *Mörsdorf* EuZW 2012, 296 f.; *Panz* Rpfleger 2012, 233 (238); *W.-H. Roth,* FS Hoffmann-Becking, 2013, S. 965 (972); *Weng* EWS 2008, 264 (268).

[333] EuGH Slg. 1988, 5483 Rn. 20 ff. = NJW 1989, 2186 – Daily Mail.

welche Anknüpfung im Internationalen Gesellschaftsrecht ausschlaggebend sein solle.[334] Nach dieser Lesart konnte Deutschland an der herkömmlichen Sitztheorie festhalten. Hierbei wurde aber übersehen, dass „Daily Mail" allein die Konstellation betraf, in der das Recht des **Wegzugstaates** auf seine Vereinbarkeit mit der Niederlassungsfreiheit zu überprüfen war, wenn eine Gesellschaft ihren Verwaltungssitz bei gleichzeitiger Beibehaltung ihrer Rechtspersönlichkeit in einen anderen Mitgliedstaat verlegen wollte. Ab 1999 erklärte der Gerichtshof indes in einer Kette von drei vielbeachteten Entscheidungen die Sitztheorie im Ergebnis für unvereinbar mit der Niederlassungsfreiheit, wenn sie dem **Zuzug** einer Gesellschaft – sei es durch die Errichtung einer Zweigniederlassung oder die Verlegung des Hauptverwaltungssitzes – in einen anderen Mitgliedstaat entgegensteht:

93   **bb) Centros, Überseering, Inspire Art: Übergang zur Gründungstheorie in Zuzugsfällen.** In der Rechtssache „Centros" hatten zwei dänische Eheleute eine private limited company – die Centros Ltd. – gegründet, die ihren Satzungssitz in Großbritannien hatte.[335] Das Gesellschaftskapital sollte lediglich 100 Pfund betragen, was weit unter den seinerzeit in Dänemark geltenden Anforderungen lag. Eine Tätigkeit der Gesellschaft in Großbritannien war nicht geplant; vielmehr wollten die Eheleute eine Zweigniederlassung in Dänemark errichten, die sodann die Geschäfte aufnehmen sollte. Die zuständige dänische Registerbehörde verweigerte indessen die Eintragung der Zweigniederlassung in das dortige Handelsregister mit der Begründung, die Gesellschaft habe in Wirklichkeit in Dänemark ihren Hauptsitz und sei nur zum Zwecke der Umgehung der dänischen Kapitalaufbringungsvorschriften in Großbritannien gegründet worden.

94   Der EuGH sah hierin eine unzulässige **Einschränkung der Niederlassungsfreiheit:** In der Ausnutzung des Gefälles zwischen den dänischen und den englischen Mindestkapitalerfordernissen lag nach Auffassung des Gerichtshofs kein Rechtsmissbrauch, sondern ein zulässiges Gebrauchmachen von einer im EG-Vertrag verbürgten Grundfreiheit.[336] Eine Verweigerung der Eintragung sei zum Zwecke des Gläubigerschutzes ungeeignet, da die dänischen Gläubiger nicht weniger gefährdet worden wären, wenn die Centros Ltd. auch eine Geschäftstätigkeit in England entfaltet hätte.[337] Zudem sei den Gläubigern der Gesellschaft aufgrund der bereits erfolgten europäischen Harmonisierung der einschlägigen Publizitätsvorschriften bekannt, dass sie es mit einer Gesellschaft englischen Rechts zu tun hätten.[338] Allenfalls zur Vermeidung von Betrügereien im konkreten Einzelfall sei die Verweigerung der Eintragung einer Zweigniederlassung rechtmäßig.[339]

95   Während einige Autoren die Entscheidung in der Sache „Centros" als Ende der Sitztheorie begrüßten,[340] meinten andere, das Urteil habe auf Staaten, die wie Deutschland der Sitztheorie folgten, keine Auswirkungen.[341] Weitere Kommentatoren wiesen darauf hin, dass „Centros" allein die Errichtung einer Zweigniederlassung betreffe, nicht aber die Sitzverlegung, für die weiterhin „Daily Mail" die Richtung vorgebe.[342] Schließlich legte der BGH dem EuGH die Frage vor, ob es die Niederlassungsfreiheit gebiete, **Rechts- und Parteifähigkeit einer Gesellschaft nach dem Recht des Gründungsstaates zu beurteilen.**[343]

96   Zugrunde lag der folgende Sachverhalt: Eine niederländische Gesellschaft, die Überseering B.V. hatte eine in Deutschland ansässige GmbH mit der Durchführung von Bauarbeiten beauftragt. In der Folge verlegte die Überseering B.V. ihren tatsächlichen Verwaltungssitz in die Bundesrepublik. Es kam zu einem Streit über die Bauarbeiten und sodann zu einer Klage der Überseering B.V. gegen ihre Auftragnehmerin. Der BGH hielt die Überseering B.V. gemäß der traditionellen Sitztheorie für nicht rechtsfähig und damit nicht für parteifähig. Der EuGH entschied jedoch, dass es gegen die Niederlassungsfreiheit verstoße, einer nach dem Recht ihres Satzungssitzes wirksam gegründeten

---

[334] Krit. und aus heutiger Sicht zutr. zu dieser seinerzeit in Deutschland nahezu einhelligen Interpretation des „Daily-Mail"-Urteils aber *Halbhuber* C. M. L. Rev. 38 (2001), 1385 (1390–1395) mwN.

[335] EuGH Slg. 1999, I-1459 = NJW 1999, 2027 – Centros.

[336] EuGH Slg. 1999, I-1459 Rn. 27 = NJW 1999, 2027 – Centros.

[337] EuGH Slg. 1999, I-1459 Rn. 35 = NJW 1999, 2027 – Centros.

[338] EuGH Slg. 1999, I-1459 Rn. 36 = NJW 1999, 2027 – Centros.

[339] EuGH Slg. 1999, I-1459 Rn. 38 = NJW 1999, 2027 – Centros.

[340] ZB *Behrens* IPRax 1999, 323 ff.; *Freitag* EuZW 1999, 267 ff.; *Kieninger* ZGR 1999, 724 ff.; *Sandrock* BB 1999, 1337 ff.; *Werlauff* ZIP 1999, 867 ff.

[341] ZB *Ebke* JZ 1999, 656 (660); *Kindler* NJW 1999, 1993 (1996 ff.); *Sonnenberger/Großerichter* RIW 1999, 721 (726).

[342] Ausf. idS *Zimmer* ZHR 164 (2000), 23 ff.; umfassende Bestandsaufnahme der zeitgenössischen Diskussion bei *Merkt* VGR 2 (2000), 111 ff.

[343] BGH DStR 2000, 1064; hierzu ua *Altmeppen* DStR 2000, 1061; *Behrens* EuZW 2000, 385; *Behrens* IPRax 2000, 384 (387 f.); *Forsthoff* DB 2000, 1109; *Kindler* RIW 2000, 649; *Meilicke* GmbHR 2000, 693; *W.-H. Roth* ZIP 2000, 1597; *Zimmer* BB 2000, 1361. Den Vorlagebeschluss des AG Heidelberg IPRax 2000, 425, hatte der EuGH zu Recht als unzulässig zurückgewiesen, EuGH NJW 2001, 3179 – HSB Wohnbau GmbH.

Gesellschaft die Rechts- und Parteifähigkeit für die Führung eines Rechtsstreits im Staate ihres Verwaltungssitzes zu versagen.[344] Der Staat des Verwaltungssitzes sei vielmehr dazu verpflichtet, die Rechts- und Parteifähigkeit zu achten, welche die Gesellschaft nach dem Recht ihres Gründungsstaates besitze.[345] Zu dem Einwand, er habe in der Sache „Daily Mail" mittelbar die Vereinbarkeit der Sitztheorie mit dem Gemeinschaftsrecht anerkannt,[346] stellte der EuGH klar, dass „Daily Mail" das Problem betroffen habe, wie der Gründungsstaat den Wegzug einer Gesellschaft behandele, während in „Überseering" die Frage entscheidungserheblich sei, ob der Zuzugsstaat die Rechtsfähigkeit einer solchen Gesellschaft anzuerkennen habe.[347] Zu den vom BGH genannten Schutzinteressen führte der EuGH aus, dass sich zwar nicht ausschließen lasse, „dass zwingende Gründe des Gemeinwohls, wie der Schutz der Interessen der Gläubiger, der Minderheitsgesellschafter, der Arbeitnehmer oder auch des Fiskus, unter bestimmten Umständen und unter Beachtung bestimmter Voraussetzungen Beschränkungen der Niederlassungsfreiheit rechtfertigen können".[348] Er lehnte es jedoch ab, in der Aberkennung der Rechtsfähigkeit ein geeignetes Instrument zum Schutz dieser Interessen zu sehen.[349]

Mit der Entscheidung des EuGH in der Sache „Überseering" stand fest, dass die Sitztheorie **97** im europäischen Gesellschaftskollisionsrecht jedenfalls für Zuzugsfälle nicht mehr zu halten war.[350] Umstritten blieb jedoch, **ob und in welchem Umfang trotz der grundsätzlichen Verweisung auf das Gründungsrecht eine Sonderanknüpfung zwingender Vorschriften des Rechts des Verwaltungssitzstaates zulässig** war.[351] Diese Frage wurde in der Sache „Inspire Art" geklärt.[352] Der Fall betraf einen in den Niederlanden ansässigen Kunstgewerbehändler, der in England eine Limited gegründet hatte, seine Geschäfte jedoch allein von den Niederlanden aus betrieb.[353] Zwar folgen die Niederlande grundsätzlich der Gründungstheorie.[354] Ein spezielles Gesetz über sogenannte „formal ausländische Gesellschaften" legte diesen jedoch besondere Pflichten auf, insbesondere über die entsprechende EG-Richtlinie hinausgehende Publizitätspflichten, Mindestkapitalanforderungen sowie eine persönliche Haftung der Geschäftsführer.[355] Der EuGH wies auch eine derartige generalpräventive Abwehrgesetzgebung gegenüber Briefkastengesellschaften als unvereinbar mit der Niederlassungsfreiheit zurück, wobei er in seiner Begründung in erster Linie mit argumentativen Versatzstücken operierte, die bereits aus den Entscheidungen „Centros" und „Überseering" bekannt waren.[356]

Unter dem Einfluss dieser europarechtlichen Vorgaben gab der BGH in der Folge – zumindest **98** für in der EU gegründete Gesellschaften – die Sitztheorie zugunsten der Gründungstheorie auf.[357] Der **Übergang zur Gründungstheorie** wirkt sich auch auf Gesellschaften aus Vertragsstaaten des EWR aus, die ebenso wie Gesellschaften aus Mitgliedstaaten der EU zu behandeln sind.[358] Ebenso gilt die Gründungstheorie kraft **bilateraler Abkommen** mit wichtigen Handelspartnern, insbesondere den USA.[359] In Bezug auf **Drittstaaten** wie zB die Schweiz folgt der BGH hingegen weiterhin

[344] EuGH Slg. 2002, I-9919 = NZG 2002, 1164 – Überseering.
[345] EuGH Slg. 2002, I-9919 Rn. 95 = NZG 2002, 1164 – Überseering.
[346] EuGH Slg. 2002, I-9919 Rn. 61 ff. = NZG 2002, 1164 – Überseering.
[347] EuGH Slg. 2002, I-9919 Rn. 73 = NZG 2002, 1164 – Überseering.
[348] EuGH Slg. 2002, I-9919 Rn. 92 = NZG 2002, 1164 – Überseering.
[349] EuGH Slg. 2002, I-9919 Rn. 93 = NZG 2002, 1164 – Überseering.
[350] S. die Abschlussentscheidung BGH ZIP 2003, 718 (720) = NJW 2003, 1461: „unmissverständlich"; vgl. auch BGH NJW 2005, 1648.
[351] Aus der Diskussion um die kollisionsrechtlichen Folgen der „Überseering"-Entscheidung s. zB *Forsthoff* DB 2002, 2471; *v. Halen* WM 2003, 571; *Hirte* EWS 2002, 573; *Kindler* NJW 2003, 1073; *Leible/Hoffmann* RIW 2002, 925; *Lutter* BB 2003, 7; *Paefgen* WM 2003, 561; *W.-H. Roth* IPRax 2003, 117; *Schulz/Sester* EWS 2002, 545; *Sedemund* IStR 2002, 816; *Zimmer* BB 2003, 1.
[352] EuGH Slg. 2003, I-10155 = NZG 2003, 1064 – Inspire Art.
[353] Zum Sachverhalt näher Schlussanträge GA *Alber* Slg. 2003, I-10159 Rn. 2, 8 = IBRRS 41220 – Inspire Art.
[354] Näher GA *Alber* Slg. 2003, I-10159 Rn. 7 = IBRRS 41220 – Inspire Art.
[355] Näher GA *Alber* Slg. 2003, I-10159 Rn. 34, 154 = IBRRS 41220 – Inspire Art.
[356] EuGH Slg. 2003, I-10155 Rn. 95, 143 = NZG 2003, 1064 – Inspire Art; ebenso GA *Alber* Slg. 2003, I-10159 Rn. 76, 154 = IBRRS 41220 – Inspire Art; s. auch BGH NJW 2005, 1648: keine analoge Anwendung der Handelndenhaftung aus § 11 Abs. 2 GmbHG auf englische Ltd. mit Verwaltungssitz in Deutschland; zu den Folgen für die Rechtspraxis im Umgang mit (Schein-)Auslandsgesellschaften s. *Behrens,* FS Magnus, 2014, 353 (367 f.); s. → IntGesR Rn. 428, 486 ff.
[357] BGH NJW 2005, 1648; vgl. auch zum Stiftungskollisionsrecht BGH NZG 2016, 1187 Rn. 13.
[358] BGHZ 164, 148 betr. Liechtenstein = NJW 2005, 3351.
[359] BGHZ 153, 353 zu Art. XXV Abs. 5 des deutsch-amerikanischen Freundschaftsvertrages = NJW 2003, 1607 = RIW 2003, 473 m. Aufsatz *Merkt* RIW 2003, 458 = IPRax 2003, 265 m. Aufsatz *Weller* IPRax 2003, 324 = DB 2003, 818, m. Aufsatz *Bungert* DB 2003, 1043 = BB 2003, 810 mAnm *Kindler* BB 2003, 812 = RabelsZ 68 (2004), 770 m. Aufsatz *Dammann* RabelsZ 68 (2004), 607 = EWiR 2003, 661 (Ls.) mAnm *Mankowski* EWiR 2003, 661; dazu *Pache* IStR 2003, 808; näher *Drouven/Mödl* NZG 2007, 7 ff.

der Sitztheorie.[360] Diese wird nach einem „**Brexit**" (→ Rn. 57) auch für das Vereinigte Königreich gelten, sofern keine anderweitigen (bi- oder multilateralen) Übereinkommen abgeschlossen werden oder ggf. wiederaufleben.[361] Für weitere Einzelheiten ist auf die Kommentierung des IntGesR zu verweisen.

99   **cc) Cartesio: Aufrechterhaltung der „Geschöpftheorie" für Wegzugsfälle.** Da die Entscheidungstrias „Centros", „Überseering" und „Inspire Art" lediglich den Zuzug von Gesellschaften betraf, stand die Frage im Raum, ob für die Verlegung des Verwaltungssitzes einer Gesellschaft in das Ausland weiterhin die in „Daily Mail" zugrunde gelegte „Geschöpftheorie" gelten sollte oder ob die Niederlassungsfreiheit auch gegenüber dem Herkunftsstaat selbst Wirkungen äußert.[362] Zu dieser Frage nahm der EuGH in der Rechtssache „Cartesio" Stellung.[363] Eine nach ungarischem Recht gegründete Gesellschaft – Cartesio – wollte ihren Verwaltungssitz nach Italien verlegen, zugleich aber ihre Rechtspersönlichkeit als Gesellschaft ungarischen Rechts beibehalten. Die ungarischen Behörden und Gerichte lehnten dies ab, weil das ungarische Recht den Fortbestand einer Gesellschaft ungarischen Rechts von dem Vorhandensein eines Verwaltungssitzes in Ungarn abhängig machte. Der Generalanwalt stellte sich auf die Seite von Cartesio, weil es nach dem Stand des europäischen Rechts nicht angehen könne, dass die Mitgliedstaaten im Falle einer Sitzverlegung „nach Belieben" über „Leben und Tod" der nach ihrem Recht gegründeten Gesellschaften befinden dürften.[364] Der EuGH entschied aber entgegengesetzt und knüpfte insoweit an die zwanzig Jahre zuvor ergangene Entscheidung „Daily Mail" an, wobei er eine **Parallele zur Behandlung der Staatsangehörigkeit bei natürlichen Personen** zog:[365]

100   *„In Ermangelung einer einheitlichen gemeinschaftsrechtlichen Definition der Gesellschaften, denen die Niederlassungsfreiheit zugutekommt, anhand einer einheitlichen Anknüpfung, nach der sich das auf eine Gesellschaft anwendbare Recht bestimmt, ist die Frage, ob Art. 43 EG auf eine Gesellschaft anwendbar ist, die sich auf die dort verankerte Niederlassungsfreiheit beruft, ebenso wie im Übrigen die Frage, ob eine natürliche Person ein Staatsangehöriger eines Mitgliedstaats ist und sich aus diesem Grund auf diese Freiheit berufen kann, daher*

[360] BGHZ 178, 192– Trabrennbahn = NJW 2009, 289 mAnm *Kieninger* NJW 2009, 292 = NZG 2009, 68 m. Aufsatz *Hellgardt/Ringe* NZG 2009, 94 = IPRax 2009, 259 m. Aufsatz *Kindler* IPRax 2009, 180 und m. Aufsatz *M.-P. Weller* IPRax 2009, 202 = RIW 2009, 79 m. Aufsatz *Balthasar* RIW 2009, 221 = BB 2009, 14 mAnm *Lamsa* BB 2009, 16 = ZIP 2008, 2411 m. Aufsatz *Gottschalk* ZIP 2009, 948 = Die AG 2009, 84 m. Aufsatz *Koch* Die AG 2009, 73 = DNotZ 2009, 385 mAnm *Thölke* DNotZ 2009, 389 = EWiR 2009, 355 mAnm *Tepfer* EWiR 2009, 355 = GmbHR 2009, 138 mAnm *Wachter* GmbHR 2009, 140 = IWB 2009, 63 mAnm *Wilke* IWB 2009, 65 = JR 2009, 507 mAnm *Elsing* JR 2009, 510; dazu *Schnyder* GPR 2009, 227; zur Rechtslage in Bezug auf die Schweiz näher *Jung* EuZW 2012, 863 ff.
[361] Näher *Bronger/Scherer/Söhnchen* EWS 2016, 131 (134 f.); *Freitag/Korch* ZIP 2016, 1361 ff.; *Kindler* DNotZ-Sonderheft 2016, 75 (89 f.); *Mäsch/Gausing/Peters* IPRax 2017, 49 ff.; *Mayer/Manz* BB 2016, 1731 (1732 ff.); *Schall* ZfPW 2016, 407 ff.; *Seeger* DStR 2016, 1817 ff.; *M.-P. Weller/Thomale/Benz* NJW 2016, 2378 ff.
[362] Im letztgenannten Sinne zB *Behrens* IPRax 2003, 193 (205); *W.-H. Roth* IPRax 2003, 117 (122 f.); *Zimmer* NJW 2003, 3585 (3592).
[363] EuGH Slg. 2008, I-9641 = NJW 2009, 569 – Cartesio; hierzu s. Bespr. *Autenne/Navez* Cah. dr. europ. 2009, 91; *Barthel* EWS 2010, 316; *Bayer/Schmidt* ZHR 173 (2009), 735; *Behme/Nohlen* BB 2009, 13; *Behrens* EuZW 2009, Editorial Heft 3, S. V; *Bellingwout* Weekblad Fiscaal Recht (WBFR) 2009, 217; *Bellingwout/Koerts* WBFR 2012, 1728; *Bohrenkämper* European Law Reporter 3/2009 S. 2; *Bollacher* RIW 2009, 150; *Borg-Barthet* Int. Comp. L. Q. 58 (2009), 1020; *Brakalova/Barth* DB 2009, 213; *Cains* ERPL 2010, 569; *Campos Nave* BB 2009, 870; *Cerioni* J. B. L. 2010, 311; *Crespi* Riv. dir. int. priv. proc. 2009, 869; *Crône* Defrénois 2008, 1546; *Däubler/Heuschmid* NZG 2009, 493; *Eckert* Der Gesellschafter 2009, 139; *Ehricke* EWS Heft 1-2/2009, Die erste Seite; *Engelhoven/Grohmann* Marburg L. Rev. 2009, 28; *Frenzel* EWS 2009, 158; *Frobenius* DStR 2009, 487; *Gerner-Beuerle/Schillig* Int. Comp. L. Q. 59 (2010), 303; *Goette* DStR 2009, 128; *Hammen* WuB II Q. Art. 43 EG Nr. 1.09; *Herrler* DNotZ 2009, 484; *Heymann* Rev. crit. dr. int. pr. 98 (2009), 559; *Johnston/Syrpis* Eur. L. Rev. 34 (2009), 378; *Jung,* FS Schwander, 2011, 563; *Kindler* NZG 2009, 130; *Knof/Mock* ZIP 2009, 30; *Knop* DZWiR 2009, 147; *Korom/Metzinger* ECFLR 2009, 125; *Kovar* D 2009, 465; *Kußmaul/Richter/Ruiner* EWS 2009, 1; *Légradi* in Ahrens/Lipp/Varga, Europäisches Zivilprozessrecht, 2011, 139; *Leible/Hoffmann* BB 2009, 58; *Manzini/Mucciarelli* Giur. comp. d. i. p. 36 (2009), 614; *Meilicke* GmbHR 2009, 92; *Mörsdorf* EuZW 2009, 97; *Moser* ecolex 2009, 493; *Nolting* NotBZ 2009, 109; *Ofner* ZfRV 2008, 193; *Otter* EWS 2009, 38; *Paefgen* WM 2009, 529; *Pasteger* J. Trib. 2009, 749; *Petronella* Eur. Bus. L. Rev. 2010, 245; *Petrović/Jakšić,* FS Sajko, 2012, 613; *Pießkalla* EuZW 2009, 81; *Ratka/Wolfbauer* ZfRV 2009, 57; *Ratka/Rauter* WBl. 2009, 26; *Schmidt-Kessel* GPR 2009, 26; *D. Schulz/H. Schröder* EWiR Art. 43 EG Nr. 1/09, S. 141; *Sethe/Winzer* WM 2009, 536; *Teichmann* ZIP 2009, 393; *Wöhlert* GWR 2009, 161; *Zimmer/Naendrup* NJW 2009, 545; zum Vorlagebeschluss – Regionalgericht Szeged ZIP 2006, 1536 – s. *Neye* EWiR Art. 43 EG Nr. 1/06, S. 459.
[364] GA *Poiares Maduro* ZIP 2008, 1067 Rn. 31; hierzu *Grohmann/Gruschinske* EuZW 2008, 463; *Nemessányi* ZfRV 2008, 264; *Szydło* ERPL 2008, 973; *Weng* EWS 2008, 264; *Wilhelmi* DB 2008, 1611.
[365] EuGH Slg. 2008, I-9641 Rn. 109 f. = NJW 2009, 569 – Cartesio; in dieser Parallelwertung sieht auch *Wilhelmi,* FS Hailbronner, 2013, 531 (545) „das zentrale Argument" der EuGH-Rechtsprechung.

*gemäß Art. 48 EG eine **Vorfrage,** die beim gegenwärtigen Stand des Gemeinschaftsrechts nur nach dem geltenden nationalem Recht beantwortet werden kann. Nur wenn die Prüfung ergibt, dass dieser Gesellschaft in Anbetracht der in Art. 48 EG genannten Voraussetzungen tatsächlich die Niederlassungsfreiheit zugutekommt, stellt sich die Frage, ob sich die Gesellschaft einer Beschränkung dieser Freiheit im Sinne des Art. 43 EG gegenübersieht.*

Ein Mitgliedstaat kann somit sowohl die Anknüpfung bestimmen, die eine Gesellschaft aufweisen muss, um als nach seinem innerstaatlichen Recht gegründet angesehen werden und damit in den Genuss der Niederlassungsfreiheit gelangen zu können, als auch die Anknüpfung, die für den Erhalt dieser Eigenschaft verlangt wird. Diese Befugnis umfasst die Möglichkeit für diesen Mitgliedstaat, es einer Gesellschaft seines nationalen Rechts nicht zu gestatten, diese Eigenschaft zu behalten, wenn sie sich durch die Verlegung ihres Sitzes in einen anderen Mitgliedstaat dort neu organisieren möchte und damit die Anknüpfung löst, die das nationale Recht des Gründungsmitgliedstaats vorsieht. "　　　**101**

Und in Rn. 123 dieses Urteils wurde explizit in Abgrenzung zur „Centros"-Rechtsprechung die **102** **Differenzierung zwischen Wegzugs- und Zuzugskonstellation** bestätigt. Jedoch wollte auch der EuGH dem Herkunftsstaat keinen uneingeschränkten Freibrief zur Löschung der nach seinem Recht gegründeten Gesellschaften verleihen.[366] Würde das italienische Recht die Umwandlung von Cartesio in eine Gesellschaft italienischen Rechts akzeptieren, betonte der EuGH, dürfe der ungarische Herkunftsstaat diese grenzüberschreitende Umstrukturierung nicht dadurch behindern, dass er die Auflösung und Liquidation der Gesellschaft anordne.[367]

dd) National Grid Indus: Unterscheidung von steuerrechtlichen Behinderungen und 103 Auflösung. Nachdem „Cartesio" eine Renaissance von „Daily Mail" herbeigeführt hatte, stellte sich die Frage, welcher konkrete Spielraum dem Herkunftsstaat für die Verhinderung einer Abwanderung nach seinem Recht gegründeter Gesellschaften künftig eingeräumt werden sollte. In der Sache „National Grid Indus BV" (im Folgenden: „National Grid") hatte der EuGH im Jahre 2011 Gelegenheit, zu dieser Frage wiederum in einem steuerrechtlichen Kontext Stellung zu nehmen.[368] Dieses Mal ging es um eine niederländische Gesellschaft, die ihren Verwaltungssitz in das Vereinigte Königreich verlegen wollte. Zwar standen weder das niederländische noch das englische Kollisionsrecht der Verlegung des Verwaltungssitzes unter Beibehaltung der Rechtspersönlichkeit als Gesellschaft niederländischen Rechts entgegen. Der niederländische Fiskus machte jedoch eine Schlussrechnungssteuer in Bezug auf die von National Grid erzielten Währungsgewinne geltend, die zum Zeitpunkt der Sitzverlegung eingezogen werden sollte. Sieben Regierungen – darunter die deutsche –, die in dem Verfahren eine Stellungnahme abgaben, trugen ein nahe liegendes argumentum a maiore ad minus vor: Wenn ein Mitgliedstaat sogar dazu befugt sei, die Auflösung und Liquidation einer Gesellschaft im Falle ihres Wegzugs zu verlangen, müsse er erst recht die Kompetenz haben, eine Verwaltungssitzverlegung unter Wahrung der Rechtsform davon abhängig zu machen, dass die Gesellschaft zuvor ihre steuerlichen Verpflichtungen gegenüber ihrem Herkunftsstaat erfülle.[369] Der EuGH entschied jedoch entgegengesetzt: **Solange die Gesellschaft** als niederländische juristische Person **fortbestehe, habe sie die Möglichkeit, sich – auch gegenüber ihrem Herkunftsstaat selbst – auf die Niederlassungsfreiheit zu berufen.**[370] Im Ergebnis stufte der EuGH die niederländische Regelung, die eine sofortige Einziehung der Steuer auf nicht realisierte Wertzuwächse im Zeitpunkt der Sitzverlegung vorsah, als eine unverhältnismäßige Einschränkung der Niederlassungsfreiheit ein.[371]

Wie dieses Urteil inhaltlich in Einklang mit der in „Daily Mail" und „Cartesio" zugrunde gelegten **104** „Geschöpftheorie" gebracht werden kann, ist fraglich.[372] Einerseits wird „Daily Mail" insoweit als stillschweigend „overruled" angesehen.[373] Andererseits werden Versuche unternommen, die Gegensätzlichkeit der Entscheidungen dadurch zu rechtfertigen, dass den Mitgliedstaaten nur die Entscheidung über die Gründung und Fortexistenz einer ihrem Recht unterliegenden Gesellschaft überlassen bleibe, sonstige, etwa steuerrechtliche Beschränkungen, aber an der Niederlassungsfreiheit zu messen

---

[366] EuGH Slg. 2008, I-9641 Rn. 112 = NJW 2009, 569 – Cartesio: „keinesfalls … Immunität".
[367] EuGH Slg. 2008, I-964 Rn. 111 f. = NJW 2009, 569 – Cartesio.
[368] EuGH Slg. 2011, I-12273 = NZG 2012, 114 – National Grid Indus; hierzu *Bayer/Schmidt* BB 2012, 3 (11 f.); *Stöber* ZIP 2012, 1273; *Verse* ZEuP 2013, 457 (463 ff.); *M.-P. Weller* IPRax 2017, 167 (170 f.); *Wilhelmi,* FS Hailbronner, 2013, 531 (538 f.); *Wöhlert/Degen* GWR 2012, 432.
[369] EuGH Slg. 2011, I-12273 Rn. 29 = NZG 2012, 114 – National Grid Indus.
[370] EuGH Slg. 2011, I-12273 Rn. 32 = NZG 2012, 114 – National Grid Indus; vgl. auch *Bayer/Schmidt* BB 2012, 3 (12).
[371] EuGH Slg. 2011, I-12273 Rn. 35 ff. = NZG 2012, 114 – National Grid Indus.
[372] Vgl. *Wilhelmi,* FS Hailbronner, 2013, 531 (539): zu „Daily Mail" bestehe „ein gewisser Widerspruch".
[373] *W.-H. Roth,* FS Hoffmann-Becking, 2013, 965 (971).

seien.[374] Man kann das in Anlehnung an das von Generalanwalt *Maduro* geprägte Bild (→ Rn. 99) auch so ausdrücken: Die Befugnis zur Verhängung der „Todesstrafe" bei einer Verwaltungssitzverlegung (Auflösung, Liquidation) impliziert nicht die Kompetenz zur Verhängung einer steuerrechtlichen „Geldstrafe", wenn nur die Gesellschaft trotz der Sitzverlegung vom Herkunftsstaat „am Leben gelassen" wird. Begrifflich kann man selbstverständlich auf diese Weise zwischen Beschränkungen der Sitzverlegung je nachdem unterscheiden, ob sie im Kollisions- oder im Sachrecht des Gründungsstaates wurzeln, aber im Lichte des Verhältnismäßigkeitsgrundsatzes erscheint diese Grenzziehung kaum normativ überzeugend.[375]

105   **ee) Die aktuelle Rechtslage nach „Vale".** Das jüngste Judikat des EuGH zur Niederlassungsfreiheit von Gesellschaften stellt die Entscheidung in der Sache „Vale" dar.[376] Hierbei ging es anders als in „Cartesio" nicht nur um eine Verlegung des Verwaltungs-, sondern auch um eine des Satzungssitzes. Eine italienische Gesellschaft wollte ihren Satzungssitz von Italien nach Ungarn verlegen und sich in eine Gesellschaft ungarischen Rechts umwandeln. Zwar war insoweit fraglich, ob eine identitätswahrende Umwandlung überhaupt noch in Betracht kam, weil die Gesellschaft bereits vor der in Ungarn begehrten Eintragung im italienischen Register gelöscht worden war; der EuGH hielt die Vorlagefrage dennoch nicht für rein hypothetischer Natur und nahm die Frage zur Entscheidung an. Während der EuGH bereits in „Cartesio" klargestellt hatte, dass der Herkunftsmitgliedstaat den Wegzug einer Gesellschaft nicht behindern darf, wenn deren Umwandlung in eine Gesellschaft des Aufnahmemitgliedstaates nach dessen Recht möglich ist,[377] ging es nunmehr um die Frage, welche Anforderungen im Lichte der Niederlassungsfreiheit an das Recht des Zuzugsstaates zu stellen sind. Insoweit wurde zum Teil argumentiert, dass die Hineinumwandlung aus der Sicht des Aufnahmestaates primärrechtlich wie eine Neugründung zu behandeln sei.[378] Da der AEUV die für die Gründung einer Gesellschaft maßgebenden Anknüpfungspunkte nicht regele, falle auch die Hineinumwandlung – außer im Falle der Verschmelzung[379] – nicht in den Anwendungsbereich der Art. 49 und 54 AEUV.[380] Der EuGH stellte jedoch klar, dass „die Wendung ‚soweit dies nach diesem Recht möglich ist' am Ende von Randnr. 112 des Urteils Cartesio nicht dahin verstanden werden [könne], dass damit die Rechtsvorschriften des Aufnahmemitgliedstaats über die Umwandlung von Gesellschaften von vornherein den Regeln des AEU-Vertrags über die Niederlassungsfreiheit entzogen werden sollen; vielmehr soll damit schlicht die Erwägung zum Ausdruck gebracht werden, dass eine aufgrund einer nationalen Rechtsordnung gegründete Gesellschaft nur vermittels der nationalen Rechtsvorschriften existiert, die somit die Gründung der Gesellschaft ‚ermöglichen', wenn die hierfür aufgestellten Bedingungen erfüllt sind".[381] Letztlich wandte auch der EuGH auf die **grenzüberschreitende Umwandlung** die sog **Kombinationslehre** an, wobei die Rechtsordnung des Aufnahmemitgliedstaates an den Grundsätzen der Äquivalenz und der Effektivität zu messen sei.[382] Das deutsche Recht lässt eine solche „Hereinumwandlung" einer ausländischen Kapitalgesellschaft zu.[383]

106   Besondere Beachtung verdienen schließlich die Ausführungen des EuGH zur umstrittenen **Zulässigkeit einer isolierten Verlegung des Satzungssitzes.** Diese wird vom EuGH mit der Begründung abgelehnt, „dass der Niederlassungsbegriff im Sinne der Bestimmungen des Vertrags über die Niederlassungsfreiheit die tatsächliche Ausübung einer wirtschaftlichen Tätigkeit mittels einer festen Einrichtung im Aufnahmemitgliedstaat auf unbestimmte Zeit impliziert. Daher setzt er eine tatsächli-

---

[374] *Verse* ZEuP 2013, 458 (464); *M.-P. Weller* IPRax 2017, 167 (171).

[375] Vgl. *Jung,* FS Schwander, 2011, 563 (570 f.).

[376] EuGH NJW 2012, 2715 – Vale, m. Aufsatz *Böttcher/Kraft* NJW 2012, 2701 = IPRax 2013, 566 m. Aufsatz *M.-P. Weller/Rentsch* IPRax 2013, 530 = RIW 2012, 712 mAnm *Bollacher* RIW 2012, 717 = EuZW 2012, 621 mAnm *Behrens* EuZW 2012, 625 = ZIP 2012, 1394 mAnm *Mörsdorf/Jopen* ZIP 2012, 1398; hierzu *Bayer/Schmidt* ZIP 2012, 1481; *Behme* NZG 2012, 936; *Conac* D 2012, 3009; *van Eck/Roelofs* Eur. Comp. L. 9 (2012), 319; *Jaensch* EWS 2012, 353; *Kindler* EuZW 2012, 888; *König/Bormann* NZG 2012, 1241; *Mansel/Thorn/Wagner* IPRax 2013, 1 (2 ff.); *Mutter/Kruchen* EWiR Art. 49 AEUV Nr. 3/12, S. 541; *G.-H. Roth* ZIP 2012, 1744; *W.-H. Roth,* FS Hoffmann-Becking, 2013, 965; *Schön* ZGR 2013, 333; *Streinz* JuS 2012, 1142; *Teichmann* DB 2012, 2085; *M.-P. Weller* LMK 2012, 336113; *Wicke* DStR 2012, 1756; *Wohlrab* GPR 2012, 316; *Wöhlert/Degen* GWR 2012, 432; Schlussanträge GA *Jääskinen* EWS 2012, 183 mAnm *Jaensch* EWS 2012, 184; hierzu auch *Frenzel* NotBZ 2012, 249; *J. Schmidt* GPR 2012, 144; zur abschließenden Entscheidung des ungarischen Obersten Gerichtshofs s. den Bericht von *Nagy* IPRax 2013, 582.

[377] EuGH Slg. 2008, I-9641 Rn. 112 = NJW 2009, 569 – Cartesio.

[378] So die Stellungnahme ua der deutschen Regierung, EuGH NJW 2012, 2715 Rn. 25 – Vale.

[379] EuGH Slg. 2005, I-10805 = NJW 2005, 425 – SEVIC.

[380] So die Stellungnahme ua der deutschen Regierung, EuGH NJW 2012, 2715 Rn. 25 – Vale.

[381] EuGH NJW 2012, 2715 Rn. 32 – Vale.

[382] Hierzu näher *M.-P. Weller/Rentsch* IPRax 2013, 530 ff.; *Wilhelmi,* FS Hailbronner, 2013, 531 (542 f.).

[383] OLG Nürnberg NJW-Spezial 2014, 272; anders die abschließende Entscheidung des ungarischen Obersten Gerichtshofs in der Sache Vale, s. den Bericht von *Nagy* IPRax 2013, 58.

che Ansiedlung der betreffenden Gesellschaft und die Ausübung einer wirklichen wirtschaftlichen Tätigkeit in diesem Staat voraus".[384] Hierbei berief sich der EuGH auf das ältere, wiederum in einem steuerrechtlichen Kontext ergangene Urteil in der Sache „Cadbury Schweppes".[385] Darin hatte der EuGH entschieden, dass eine Beschränkung der Niederlassungsfreiheit durch den Herkunftsstaat gerechtfertigt sein kann, wenn die Beschränkung darauf abzielt, Verhaltensweisen zu verhindern, die darin bestehen, rein künstliche, jeder wirtschaftlichen Realität bare Gestaltungen zu dem Zweck zu errichten, der Steuer zu entgehen, die normalerweise für durch Tätigkeiten im Inland erzielte Gewinne geschuldet wird.[386] Diese **realwirtschaftliche Betrachtung der Niederlassungsfreiheit** hat zu einer kontroversen Diskussion darüber geführt, ob der EuGH insoweit das Erfordernis eines **„genuine link"** zwischen der Tätigkeit einer Gesellschaft und ihrem Registrierungsstaat aufgestellt hat. Hiermit könnten die grundlegenden Prämissen der Entscheidungstrias „Centros", „Überseering" und „Inspire Art", in der die Niederlassungsfreiheit gerade auch auf bloße Briefkastengesellschaften (bzw. deren Gründer)[387] erstreckt worden war, wieder infrage gestellt worden sein. Insoweit haben sich in Rechtsprechung und Schrifttum **drei Lösungsansätze** herausgebildet:

(1) Containment. Zum einen wurde bereits nach Erlass des Urteils in der Sache „Cadbury 107 Schweppes" versucht, dessen Aussagen zur realwirtschaftlichen Fundierung der Niederlassungsfreiheit auf das Gebiet des Steuerrechts zu beschränken.[388] Diese Argumentation ist aber durch die „Vale"-Entscheidung, die eindeutig das Gebiet des Gesellschaftsrechts selbst betrifft, überholt.[389] Zweitens wird weiterhin für eine Zulässigkeit einer isolierten Satzungssitzverlegung eingetreten, weil das Erfordernis der realwirtschaftlichen Betätigung nicht die tatbestandliche Frage der Anwendbarkeit der Niederlassungsfreiheit, sondern allein die Rechtfertigungsebene betreffe.[390] Auch dieser Restriktionsversuch ist aber angesichts des Umstands, dass der EuGH das Erfordernis einer realen wirtschaftlichen Tätigkeit ausdrücklich in Bezug auf den „Niederlassungsbegriff" selbst thematisiert,[391] nur schwerlich zu halten.[392]

(2) Centros overruled. Nach der Gegenauffassung sollen „Centros", „Überseering" und „Ins- 108 pire Art" durch das vom EuGH in „Cadbury Schweppes" und „Vale" aufgestellte Erfordernis einer tatsächlichen Ansiedlung der betreffenden Gesellschaft im Niederlassungsstaat als „overruled" zu betrachten sein.[393] Nicht nur für die Errichtung einer Zweigniederlassung oder die Verlegung des Sitzes sei ein „genuine link" erforderlich, sondern auch für die originäre Gründung einer Gesellschaft nach dem Recht des Herkunftsmitgliedstaates; andernfalls bestehe keine primärrechtliche Verpflichtung der übrigen Mitgliedstaaten, eine solche „Briefkastengesellschaft" anzuerkennen.[394]

(3) Vermittelnde/differenzierende Lösung (hM). Nach der herrschenden, auch vom BGH 109 geteilten Interpretation der Entscheidungen „Cadbury Schweppes" und „Vale" wird hierdurch die seit „Centros" gewährleistete Freiheit zur Gründung von Briefkastengesellschaften hingegen nicht eingeschränkt.[395] Nach dieser Lesart fällt es weiterhin allein in die rechtliche Zuständigkeit des Gründungsstaates, darüber zu entscheiden, unter welchen Voraussetzungen eine Gesellschaft nach seinem Recht gegründet werden kann; verzichtet der Gründungsstaat insoweit auf das Erfordernis eines „genuine link" und lässt die Gründung bloßer Briefkastengesellschaften zu, ändert dies nichts

---

[384] EuGH NJW 2012, 2715 Rn. 34 – Vale.

[385] EuGH Slg. 2006, I-7995 Rn. 54 = NZG 2006, 835 – Cadbury Schweppes; hierzu *G. H. Roth* EuZW 2010, 607.

[386] EuGH Slg. 2006, I-7995 Rn. 51 ff., 55 = NZG 2006, 835 – Cadbury Schweppes.

[387] Vgl. EuGH Slg. 1999, I-1459 Rn. 18, 27 = NJW 1999, 2027 – Centros.

[388] So zB noch Bamberger/Roth/*Mäsch* (Edition 23/2012) Art. 12 Rn. 88e; *Teichmann* ZGR 2011, 639 (671 f.).

[389] Insoweit im Ausgangspunkt zutr. *Kindler* EuZW 2012, 888 (891).

[390] *Bayer/Schmidt* ZIP 2012, 1481 (1486 f.).

[391] EuGH NJW 2012, 2715 Rn. 34 – Vale.

[392] *Mansel/Thorn/Wagner* IPRax 2013, 1 (5); *Wilhelmi,* FS Hailbronner, 2013, 531 (541); dass der EuGH insoweit bereits auf der Tatbestandsebene der Niederlassungsfreiheit argumentiert, hebt auch *G.-H. Roth* ZIP 2012, 1744 hervor.

[393] Eingehend *Kindler* EuZW 2012, 888 (891 ff.); *Kindler* DNotZ-Sonderheft 2016, 75 (94); *König/Bormann* NZG 2012, 1241 ff.; *G.-H. Roth* EuZW 2010, 607 ff.; *G.-H. Roth* ZIP 2012, 1744 f.; ebenso auch *Böttcher/Kraft* NJW 2012, 2701 (2703).

[394] Eingehend *Kindler* EuZW 2012, 888 (891 ff.); *Kindler* DNotZ-Sonderheft 2016, 75 (94); *König/Bormann* NZG 2012, 1241 ff.; *G.-H. Roth* EuZW 2010, 607 ff.; *G.-H. Roth* ZIP 2012, 1744 f.; ebenso auch *Böttcher/Kraft* NJW 2012, 2701 (2703).

[395] BGH NZG 2011, 1114 Rn. 20 f.; *Mansel/Thorn/Wagner* IPRax 2013, 1 (5); *Schön* ZGR 2013, 333 (352 f.); *Verse* ZEuP 2013, 458 (472 ff.); *Wilhelmi,* FS Hailbronner, 2013, 531 (541).

daran, dass die nach dem Recht des Herkunftsstaates wirksam gegründeten Gesellschaften sich sodann auf das Recht der Niederlassungsfreiheit gegenüber anderen Mitgliedstaaten berufen können, wenn sie dort ihren Verwaltungssitz oder eine Zweigniederlassung errichten wollen, vorausgesetzt, im Zuzugsstaat soll tatsächlich eine wirtschaftliche Tätigkeit betrieben werden.[396] Aus dieser Perspektive lässt sich der Gegensatz zwischen „Vale" und „Centros" auflösen, denn die Centros Ltd. stellte zwar in Bezug auf ihren Gründungsstaat England eine Briefkastengesellschaft dar, sollte aber in Dänemark, wo die Eintragung einer Zweigniederlassung beabsichtigt war, eine reale wirtschaftliche Tätigkeit entfalten. Auf einem anderen Blatt steht, ob diese formale Differenzierung auf Grundlage des Primärrechts auch unter dem Blickwinkel der kollisionsrechtlichen Dogmatik überzeugt (näher → Rn. 112).

110   **c) Methodische Einordnung.** *Sonnenberger* und *Bauer* haben in ihrem erläuternden Bericht zum Vorschlag des Deutschen Rates deutlich die grundlegende methodologische Weichenstellung, vor der eine Kodifikation des Internationalen Gesellschaftsrechts auf europäischer Ebene steht, benannt, nämlich die Wahl zwischen einer klassischen Verweisungslösung und der in der neueren Rechtsprechung des EuGH, insbesondere im Namensrecht, vordringenden Anerkennungsmethode[397] (zu dieser → Rn. 119 ff.). Man könne zum einen, heißt es in dem Bericht, allseitige Kollisionsnormen formulieren und in- und ausländische Gesellschaften derselben Anknüpfung unterwerfen, wie dies etwa herkömmlich in Deutschland und der Schweiz geschehe, zum anderen könne man einseitige Kollisionsnormen für Gesellschaften festlegen, die nach dem eigenen Recht gegründet seien, und für Gesellschaften, die nach dem Recht eines anderen Staates gegründet worden seien, lediglich bestimmte Anerkennungsvoraussetzungen definieren, wie dies zB herkömmlich in Frankreich geschehe.[398] Die genaue dogmatische Einordnung der EuGH-Rechtsprechung auf diesem Spektrum zwischen Verweisung und Anerkennung war und ist vielfach umstritten.[399] Zahlreiche Autoren wollten und wollen der **Niederlassungsfreiheit** im Gefolge von „Centros" und „Überseering" eine **„versteckte Kollisionsnorm" im Sinne der Gründungstheorie** entnehmen.[400] Daran ist richtig, dass es der Rechtsprechung des EuGH nicht hinreichend Rechnung trüge, etwa in der „Überseering"-Konstellation lediglich die Rechts- und Parteifähigkeit der zuziehenden Gesellschaft als solche „anzuerkennen", indem man sie in eine rechtsfähige Personengesellschaft deutschen Rechts umqualifizierte, weil hierdurch das Privileg der Haftungsbeschränkung nach dem Gründungsrecht verlorenginge; dieser Ansicht hat sich – nach anfänglichem Zögern[401] – auch der II. Zivilsenat des BGH angeschlossen.[402] Der BGH ist insoweit von einer kollisionsrechtlichen Verweisung auf den Verwaltungssitz zu einer Anknüpfung an den Satzungssitz bzw. die Registereintragung übergegangen (→ Rn. 98); hierbei ist zwar das maßgebende Anknüpfungsmoment ausgewechselt worden; die verweisungsrechtliche Herangehensweise ist davon jedoch methodisch unberührt geblieben.[403] Die „Anerkennung" einer EU-Gesellschaft kann sich also zumindest in Zuzugsfällen primärrechtskonform nur darin manifestieren, dass auch im Aufnahmestaat auf diese Gesellschaft grundsätzlich allein ihr Gründungsrecht angewendet wird.[404]

111   Eine **allseitige** „versteckte" Kollisionsnorm iS der Gründungstheorie lässt sich jedoch der EuGH-Rechtsprechung nicht entnehmen.[405] Denn die in der „Daily-Mail"-Entscheidung begründete

[396] BGH NZG 2011, 1114 Rn. 20 f.; *Mansel/Thorn/Wagner* IPRax 2013, 1 (5); *Schön* ZGR 2013, 333 (352 f.); *Verse* ZEuP 2013, 458 (472 ff.); *Wilhelmi*, FS Hailbronner, 2013, 531 (541).

[397] *Sonnenberger/Bauer* RIW-Beilage 1/2006, 2; vgl. zu den methodischen Aspekten auch eingehend *M.-P. Weller* ZGR 2010, 679 (695 ff.).

[398] *Sonnenberger/Bauer* RIW-Beilage 1/2006, 2.

[399] Hierzu statt vieler *Funken*, Das Anerkennungsprinzip im internationalen Privatrecht, 2009, 42 ff.; *Mansel* RabelsZ 70 (2006), 651 (671 ff.); *Wendehorst*, FS Heldrich, 2005, 1071 (1083 ff.); *M.-P. Weller* IPRax 2017, 167 (168 ff.); wN s. → IntGesR Rn. 110 ff., 316 ff.

[400] ZB *Thomale* NZG 2011, 1290 ff.; *M.-P. Weller* ZGR 2010, 679 (697).

[401] S. BGHZ 151, 204 = NJW 2002, 3539.

[402] BGHZ 154, 185 = NZG 2003, 431.

[403] Ebenso *Grünberger* in Leible/Unberath Rom 0-VO 81, 90 f.; *Wendehorst* BerGesVR 45 (2012), 33 (54).

[404] *M.-P. Weller* ZGR 2010, 679 (697 f.); NK-BGB/*Freitag* Art. 3 Rn. 54; Ausnahmen bleiben möglich in Fällen des Rechtsmissbrauchs und zur Durchsetzung von Eingriffsnormen, s. *Kieninger* RabelsZ 73 (2009), 607 (609); eine theoretisch denkbare generelle Aufspaltung in die Anerkennung der Rechtsfähigkeit nach dem Gründungsrecht und eine Anwendung des zwingenden Verwaltungssitzrechts, wie sie noch das gescheiterte EWG-Übereinkommen von 1968 vorsah (→ Rn. 90), hat sich hingegen nicht durchgesetzt, s. hierzu *Kropholler* IPR § 55 I 5.

[405] *Kindler* DNotZ-Sonderheft 2016, 75 (92); *Sethe/Winzer* WM 2009, 536 (539); insofern einschr. auch *M.-P. Weller* ZGR 2010, 679 (697); *M.-P. Weller* IPRax 2017, 167 (170); vgl. auch BGH NZG 2011, 1114 Rn. 29: keine Anwendung der Gründungstheorie, „wenn nach dem internationalen Privatrecht des Herkunftsstaates ein dortiger Sitz der Gesellschaft im Sinne von Art. 22 Nr. 2 EuGVO zu verneinen ist".

„Geschöpftheorie" ist von der Folgerechtsprechung nie aufgegeben worden, so dass es für Wegzugs-fälle dabei bleibt, dass jeder Mitgliedstaat grundsätzlich selbst darüber befinden darf, welche Anknüp-fungspunkte er für eine wirksame Gründung nach seinem Recht und die Beibehaltung der so gewonnenen Rechtspersönlichkeit verlangt.[406] Insoweit entspricht die EuGH-Rechtsprechung in ihrer unilateralen Ausrichtung inhaltlich dem **Anerkennungsparadigma** (näher → Rn. 117 ff.): Es wird lediglich eine **einseitige** Kollisionsnorm aufgestellt, die für nach dem Recht des Wegzugsstaates gegründete Gesellschaften auf dessen eigenes Recht (einschließlich des IPR) verweist;[407] diese einsei-tige Kollisionsnorm wird sodann kombiniert mit einer Verpflichtung der anderen Mitgliedstaaten, im Falle eines Zuzugs die Anwendbarkeit des Gründungsrechts auf diese Gesellschaft anzuerkennen.[408]

d) Kritische Würdigung. aa) Differenzierung zwischen anfänglicher und nachträglicher **112**
Rechtsformwahl. Nach der gegenwärtigen Rechtsprechung des EuGH (→ Rn. 93 ff.) gewährleistet der AEUV zwar die freie anfängliche Rechtsformwahl durch die Gründung einer Briefkastengesell-schaft („Centros"), nicht aber die Freiheit zur nachträglichen Rechtsformwahl durch eine isolierte Sat-zungssitzverlegung („Vale").[409] Während für die ursprüngliche Gründung einer Gesellschaft auf das Erfordernis einer engen Verbindung zum Registrierungsstaat verzichtet wird, verlangt der EuGH bei einem Statutenwechsel durch eine Satzungssitzverlegung eine solche „reale" Beziehung zum Aufnah-memitgliedstaat (→ Rn. 106). Vor dem Hintergrund der in Art. 3 Nr. 1 genannten Rechtsakte zum europäischen Kollisionsrecht muss eine solche Differenzierung aber Zweifeln begegnen.[410] Begreift man die Gründungstheorie dogmatisch als eine besondere **Spielart der kollisionsrechtlichen Partei-autonomie,**[411] liegt ein Vergleich mit Regelungen zur Rechtswahlfreiheit in den existierenden EU-Verordnungen zum IPR nahe. Insbesondere stellt sich die Frage, ob nur solche Rechtsordnungen wähl-bar sein sollen, zu denen eine enge Verbindung besteht (wie zB nach Art. 5 Abs. 2 UAbs. 2 Rom I-VO, Art. 5 Rom III-VO) oder ob – wie nach Art. 3 Rom I-VO, Art. 14 Rom II-VO – jegliche, also auch eine „unverbundene" Rechtsordnung als Gegenstand einer Rechtswahl in Betracht kommt. Für ein **Erfordernis der engen Verbindung als Schranke einer Rechtswahl** ist regelmäßig der Gedanke ausschlaggebend, dass hierdurch schwächere Parteien oder Allgemeininteressen besonders geschützt werden sollen.[412] Die vorhandenen Regelungen in den EU-Verordnungen unterscheiden sich zwar in der Frage, ob eine enge Verbindung des gewählten Rechts zum betroffenen Rechtsverhältnis verlangt wird oder nicht; es wird jedoch hinsichtlich eines solchen Erfordernisses nicht danach differenziert, ob es sich um eine anfängliche oder um eine nachträgliche Rechtswahl handelt. Wenn bei ursprünglicher Rechtswahl die Wahl einer unverbundenen Rechtsordnung zulässig ist, ist dies auch bei einer nachträg-lichen Rechtswahl der Fall (Art. 3 Rom I-VO, Art. 14 Rom II-VO); lediglich die Rechte Dritter dür-fen von einer nachträglichen Rechtswahl nicht berührt werden (Art. 3 Abs. 2 S. 2 Rom I-VO, Art. 14 Abs. 1 S. 2 Rom II-VO[413]). Aus der Sicht der Systematik des europäischen IPR ist es daher kaum über-zeugend, zwar die primäre Gründung einer Briefkastengesellschaft – also die anfängliche Rechtsform-wahl – unter Verzicht auf ein Erfordernis der realwirtschaftlichen Betätigung zu akzeptieren, aber die iso-lierte Satzungssitzverlegung, die funktional einer nachträglichen Rechtsformwahl entspricht, aber nicht in den Gewährleistungsbereich der Niederlassungsfreiheit einzubeziehen.[414] Dies gilt umso mehr, als bei einer ökonomischen Betrachtung zwischen der Errichtung einer „Zweigniederlassung" wie im

---

[406] Ebenso *Behrens,* FS Magnus, 2014, 353 (361 f.); *Kindler* DNotZ-Sonderheft 2016, 75 (92).

[407] Zutreffend herausgearbeitet von *Schurig,* FS Coester-Waltjen, 2015, 745 ff.

[408] *Sonnenberger* Rev. crit. dr. int. pr. 102 (2013), 101 (109); zum unilateralen Charakter der Anerkennungsme-thode ausf. → Rn. 117 ff.

[409] Explizit auch *Däubler/Heuschmid* NZG 2009, 493 (494); *Mörsdorf/Jopen* ZIP 2012, 1398 (1399); *W.-H. Roth,* FS Hoffmann-Becking, 2013, 965 (992); *Wilhelmi,* FS Hailbronner, 2013, 531 (541); vgl. auch *Teichmann* ZIP 2009, 393 (400 f.).

[410] Rechtspolitisch abweichend mit Hinweis auf die erheblichen Missbrauchsgefahren *Kindler* DNotZ-Sonder-heft 2016, 75 (95 ff.).

[411] Näher *Seibl,* Internationales Gesellschaftsrecht und parteiautonome Gestaltungsoptionen, in Spickhoff, Symposium Parteiautonomie im Europäischen IPR, 2013, 45 ff.; vgl. zum Konzept der „Rechtsformwahlfreiheit" *Weller,* Europäische Rechtsformwahlfreiheit und Gesellschaftshaftung, 2004, 33 ff.; *Kroll-Ludwigs,* Die Rolle der Parteiautonomie im europäischen Kollisionsrecht, 2013, 278 ff.; dagegen aber *Schurig,* FS Coester-Waltjen, 2015, 745 (752 ff.).

[412] Näher *Rühl,* FS v. Hoffmann, 2011, 364 (369 f.); ebenso *Mansel* in Leible/Unberath Rom 0-VO 241, 268 f.; speziell zum Familienrecht *Coester-Waltjen/Coester,* Liber Amicorum Schurig, 2012, 33 (37 f.).

[413] Dies gilt nach der Rom II-VO auch für die anfängliche Rechtswahl, näher *Calliess/v. Hein* Rom II-VO Art. 14 Rn. 37.

[414] Ebenso *Jung,* FS Schwander, 2011, 563 (567); *Thomale* NZG 2011, 1290 (1292): Es überzeuge nicht, zwischen einer Mindestaktivität im Zuzugs- und einer solchen im Gründungsstaat zu unterscheiden, „[d]enn beide Kriterien zielen auf denselben transnationalen Realbezug als Voraussetzung für den Schutz der Niederlas-sungsfreiheit."

Falle „Centros", über die sodann alle Geschäfte der Gesellschaft abgewickelt werden, und der nachträglichen Verlegung des Sitzes kein erheblicher Unterschied besteht.[415] Vielmehr wäre es kollisionsrechtsdogmatisch stimmig, entweder die Schutzbedürfnisse in beiden Varianten höher zu gewichten als die Rechtsformwahlfreiheit und deshalb konsequent auf einem realen Bezug zu bestehen – so die in → Rn. 108 referierte Minderheitsmeinung –, oder aber, was rechtspolitisch vorzugswürdig wäre, der Liberalität den Vorzug zu geben und die Rechtsformwahlfreiheit folgerichtig nicht nur für die Gründung der Gesellschaft, sondern auch in Bezug auf die isolierte Satzungssitzverlegung zu gewähren,[416] wenngleich Letzteres nicht primärrechtlich zwingend sein mag.[417]

113   Bereits im Jahre 1997 hatte die Kommission einen **Vorentwurf eines Richtlinienvorschlags zur Verlegung des Gesellschaftssitzes innerhalb der EU** vorgelegt (14. RL-VE).[418] Dieser Entwurf enthielt sich bewusst soweit wie möglich einer Stellungnahme zum kollisionsrechtlichen Streit um Sitz- und Gründungstheorie.[419] Abweichend von der heutigen SE-VO gestattete der Entwurf auch (beim Wegzug aus einem Gründungstheoriestaat) die isolierte Verlegung des Satzungssitzes.[420] Zwar hatte nach dem Entwurf die Sitzverlegung weder eine Auflösung der Gesellschaft noch deren Neugründung zur Folge (Art. 3 S. 2 erster Halbsatz 14. RL-VE); wohl aber sah der Entwurf vor, dass die Sitzverlegung mit Eintragung des neuen Sitzes im Gesellschaftsregister einen Statutenwechsel bewirkt (Art. 3 S. 2 Hs. 2 14. RL-VE). Die identitätswahrende Sitzverlegung sollte weitgehend durch eine Harmonisierung der entsprechenden materiellrechtlichen Vorschriften (Verfahrensablauf, Eintragungsvoraussetzungen etc) erreicht werden. Ob es bei dieser Beschränkung bleiben wird, wenn das Projekt noch einmal aufgegriffen werden sollte, ist fraglich.[421] Die Kommission hielt es angesichts der bereits vorliegenden Verschmelzungs-Richtlinie[422] noch im Jahre 2007 nicht für erforderlich, einen erneuten Anlauf in Sachen 14. Richtlinie zu unternehmen.[423] Nach der „Vale"-Entscheidung zeigte sich die Kommission in ihrem Aktionsplan von 2012 insoweit aber aufgeschlossener und kündigte eine Konsultation zu diesem Thema an,[424] die im Jahr 2013 durchgeführt wurde.[425] Zur Sitzverlegung nach geltendem Recht s. näher die Kommentierung zum IntGesR.

114   **bb) Differenzierung zwischen Wegzugs- und Zuzugsfällen.** Ebenso problematisch wie die Unterscheidung von Gründung und Satzungssitzverlegung ist die vom EuGH verfochtene Differenzierung zwischen Wegzugs- und Zuzugsfällen.[426] Insoweit beruht die Rechtsprechung des EuGH auf der Prämisse, dass das **Personalstatut einer Gesellschaft funktional der Staatsangehörigkeit einer natürlichen Person entspreche** und daher als **Vorfrage der Niederlassungsfreiheit** grund-

---

[415] Zutr. *Paefgen* WM 2009, 529 (534); die Gesellschaften auf die Möglichkeit einer Auflösung im Wegzugsstaat und einer anschließenden Neugründung im Zuzugsstaat zu verweisen, ist wirtschaftlich unattraktiv, s. *Pießkalla* EuZW 2009, 81 (82).

[416] So auch der Vorschlag des Deutschen Rates in Art. 7 Abs. 1.

[417] Dass sich aus dem Primärrecht keine Rechtsformwahlfreiheit ergibt, betont *W.-H. Roth,* FS Hoffmann-Becking, 2013, 965 (992).

[418] Vorentwurf einer 14. RL (Stand: 22.4.1997, mit Begr. abgedruckt in ZIP 1997, 1721 ff.; ZGR 1999, 157 ff.); hierzu näher *Di Marco* ZGR 1999, 3; *Drury* Eur. L. Rev. 24 (1999), 354; *J. Hoffmann* ZHR 2000, 43; *Neye* ZGR 1999, 13; *Priester* ZGR 1999, 36; *Rajak* ZGR 1999, 111; *Roussos* Eur. Bus. L. Rev. 2001, 7 (17–22); *K. Schmidt* ZGR 1999, 20; *Wymeersch* ZGR 1999, 126; *Timmerman* ZGR 1999, 146; zur Frage der Kompetenzgrundlage *Mülbert/Schmolke* ZVglRWiss. 2001, 233 (272–274).

[419] Begr. unter VII 2, ZIP 1997, 1721 (1723); ZGR 1999, 157 (160).

[420] Näher *J. Hoffmann* ZHR 2000, 43 (51 f.).

[421] Vgl. hierzu den Bericht der Reflection Group on the Future of European Company Law ECFLR 2013, 304 (318 ff.).

[422] RL 2005/56/EG vom 26.10.2005, ABl. 2005 L 310, 1.

[423] European Commission, Impact Assessment on the Directive on the cross-border transfer of registered office, SEC (2007) 1707 vom 12.12.2007.

[424] Europäische Kommission, Aktionsplan: Europäisches Gesellschaftsrecht und Corporate Governance, KOM (2012) 740 endg. S. 14; s. hierzu Reflection Group on the Future of European Company Law ECFLR 2013, 304 (318 ff.).

[425] S. European Commission, Feedback Statement – Summary of Responses to the Public Consultation on Cross-border transfer of registered offices of companies, September 2013.

[426] Aus ökonomischer Sicht nennen diese Distinktion schlicht „sinnlos" *Kußmaul/Richter/Ruiner* EWS 2009, 1 (5) („denn wer nicht wegziehen darf, kann nirgendwo hinziehen"); krit. aus rechtswissenschaftlicher Sicht auch *Behme/Nohlen* BB 2009, 13 f.; *Borg-Barthet* Int. Comp. L. Q. 58 (2009), 1020 ff.; *Frenzel* EWS 2009, 158 ff.; *Frobenius* DStR 2009, 487 ff.; *Knof/Mock* ZIP 2009, 30 (31 ff.); *Jung,* FS Schwander, 2011, 563 (572 f.); *Leible/Hoffmann* BB 2009, 58 (59 f.); *Panz* Rpfleger 2012, 233 (238); *Pießkalla* EuZW 2009, 81 (82 f.); *Trüten,* Die Entwicklung des Internationalen Privatrechts in der Europäischen Union, 2015, 480 ff.; allein rechtspolitische Kritik bei *Sethe/Winzer* WM 2009, 536 (539 f.); positive Würdigung hingegen bei *Barthel* EWS 2010, 316 (320); *Bollacher* RIW 2009, 150 (153); *Kindler* NZG 2009, 130 ff.; tendenziell auch *Schmidt-Kessel* GPR 2009, 26 (28 f.).

sätzlich allein nach dem Recht des Gründungsstaates – einschließlich seines IPR – zu beantworten sei (→ Rn. 100 f.). Diese Parallele klingt zunächst einleuchtend,[427] führt bei näherer Betrachtung aber zu erheblichen Friktionen.[428] Dies zeigen bereits die Ergebnisse der „Cartesio"- und der „Vale"-Entscheidungen: Danach soll die Herkunftsrechtsordnung die Verlegung des Verwaltungssitzes einer Gesellschaft grundsätzlich mit dem Entzug der Rechtsfähigkeit sanktionieren dürfen (→ Rn. 99 ff.). Es dürfte aber auf der Hand liegen, dass ein Mitgliedstaat einer **natürlichen Person** deren Staatsangehörigkeit nicht allein mit der Begründung entziehen könnte, dass die betroffene Person ihren gewöhnlichen Aufenthalt in einen anderen Mitgliedstaat verlegt habe.[429] Die Argumentation des EuGH lässt sich auch nur schwerlich mit der Erwägung verteidigen, dass natürliche Personen eine von einer nationalen Rechtsordnung unabhängige Existenz hätten, während dies bei juristischen Personen naturgemäß nicht der Fall sei.[430] Denn die biologisch-kreatürliche Existenz einer natürlichen Person als solche ist für die Anwendung der Grundfreiheiten unerheblich, wenn diese Person nicht die Staatsangehörigkeit eines Mitgliedstaates hat; ob Letzteres der Fall ist, können aber wiederum nur die mitgliedstaatlichen Rechte selbst definieren.[431] Ferner wird bei einer mehrfachen Staatsangehörigkeit natürlicher Personen der daraus resultierende Konflikt üblicherweise zugunsten der effektiven Staatsangehörigkeit aufgelöst, die anhand des gewöhnlichen Aufenthalts ermittelt wird (→ Art. 5 Rn. 56 ff.); dies würde bei einem Auseinanderfallen von Satzungs- und Verwaltungssitz – wie etwa im Falle „Überseering" – aber in Parallelwertung zum gewöhnlichen Aufenthalt eher eine Anknüpfung an den Verwaltungssitz als an den Registrierungsort nahelegen (vgl. Art. 19 Abs. 1 Rom I-VO, Art. 23 Abs. 1 Rom II-VO), also im Ergebnis gerade nicht der Logik des EuGH entsprechen. Schließlich krankt die vom EuGH vorgenommene Parallelwertung daran, dass sie die Staatsangehörigkeit einer natürlichen Person – als *öffentlich-rechtliches* Rechtsverhältnis – und deren Personalstatut – als Sammelbegriff *privatrechtlicher* Beziehungen einer Person – miteinander vermengt (zum Begriff des Personalstatuts → Art. 5 Rn. 2 ff.): Zwar wird das Personalstatut natürlicher Personen auf dem Kontinent vielfach an die Staatsangehörigkeit angeknüpft (zum deutschen IPR eingehend → Art. 5 Rn. 27 ff.). Das bedeutet aber nicht, dass dem Heimatrecht bei der Bestimmung des Personalstatuts aus unionsrechtlicher Perspektive der Vorrang gegenüber dem gewöhnlichen Aufenthalt zukommen müsse: Dies widerspräche nicht nur der klaren Präferenz des EU-Kollisionsrechts für den gewöhnlichen Aufenthalt (→ Art. 5 Rn. 9), sondern auch der eigenen Rechtsprechung des EuGH zum Namensrecht („Grunkin Paul", → Rn. 120). Die Staatsangehörigkeit als öffentlich-rechtliche Beziehung der natürlichen Person zum Herkunftsstaat (status politicus) ist daher zwar insoweit mit dem privatrechtlichen Personalstatut einer natürlichen Person (status privatus) verbunden, als dieses Statut nach vielen Kollisionsrechten dem Heimatrecht unterliegt; die beiden Rechtsverhältnisse sind aber nicht identisch und unterliegen nicht notwendigerweise denselben rechtlichen Regeln.

cc) Fazit. Insgesamt beruht die EuGH-Rechtsprechung zur Niederlassungsfreiheit von Gesell- **115** schaften auf einer zweifelhaften, unilateralistisch und öffentlich-rechtlich geprägten Sicht ihres Personalstatuts.[432] Die herangezogene Wertungsparallele zur Staatsangehörigkeit natürlicher Personen erweist sich normativ als nur bedingt tragfähig, wenn nicht gar zirkulär.[433] Schließlich wäre für eine europäische Kodifikation eine Kombination aus einseitiger Kollisionsnorm des Wegzugsstaates einerseits, einer Anerkennungsverpflichtung des Zuzugsstaates andererseits, keine tragfähige Lösung.[434] Dies belegt auch ein Vergleich mit den bisher geschaffenen kollisionsrechtlichen Verordnungen (→ Rn. 45 ff.), die sämtlich dem klassischen Modell herkömmlicher, allseitiger Verweisungs-

---

[427] Die Auffassung, dass auch juristische Personen eine „Staatsangehörigkeit" im kollisionsrechtlichen Sinne haben, ist vor allem in den romanischen Rechtsordnungen verbreitet, s. zum französischen, spanischen und italienischen IPR *Behrens,* FS Magnus, 2014, 353 (354 ff.).

[428] Krit. auch *Jung,* FS Schwander, 2011, 563 (573).

[429] *Knof/Mock* ZIP 2009, 30 (32); *Leible/Hoffmann* BB 2009, 58 (59); *Zimmer/Naendrup* NJW 2009, 545 (546).

[430] *Jung,* FS Schwander, 2011, 563 (573); vgl. aber *Barthel* EWS 2010, 316 (320); *Zimmer/Naendrup* NJW 2009, 545 (546 f.).

[431] Zutr. *Frenzel* EWS 2009, 158 (161).

[432] Äußerst krit. auch *Sonnenberger* Rev. crit. dr. int. pr. 102 (2013), 101 (109), der die Kompetenz des EuGH bezweifelt, das traditionelle savignyanische IPR der Mitgliedstaaten aufzugeben.

[433] *Zimmer/Naendrup* NJW 2009, 545 (546) („führt offenbar in die Irre"); vgl. auch *Behrens,* FS Magnus, 2014, 353 (356): Die „Nationalität" einer Gesellschaft bestimme nicht das auf diese anwendbare Recht; vielmehr richte sich ihre „Nationalität" gerade nach dem Recht, das auf sie anwendbar ist („[T]he ‚nationality' [...] of a company is not in itself an indication of the law governing the company. It is rather the other way round: The ‚nationality' [...] of a company depends on the proper law of the company as determined by the relevant determinate connecting factor used in conflict of laws (choice of law) rules.").

[434] Näher *Kieninger* IPRax 2017, 200 (202 f.).

normen folgen.[435] Dem entspricht Art. 2 Abs. 1 des Vorschlags des Deutschen Rates, dem zufolge Gesellschaften dem Recht des Staates unterliegen sollen, in dem sie in ein öffentliches Register eingetragen sind, unabhängig davon, ob sich diese Frage aus der Sicht des Gründungs- oder eines anderen Staates stellt. Für eine kollisionsrechtliche Differenzierung je nach der Perspektive des Wegzugs- oder des Zuzugsstaates bliebe dann kein Raum mehr. Nur auf diese Weise könnte auch die missliche Spaltung des Gesellschaftskollisionsrechts in Bezug auf Gesellschaften aus der EU bzw. dem EWR einerseits, aus Drittstaaten andererseits überwunden werden, die dem im übrigen EU-IPR verfolgten Konzept der universellen Anwendbarkeit (→ Rn. 36) widerspricht.[436] Eine dogmatisch widerspruchsfreie Legitimation der Gründungstheorie als allseitige Kollisionsnorm kann letztlich nur gelingen, wenn man sie nicht als funktionales Äquivalent zur Staatsangehörigkeitsanknüpfung bei natürlichen Personen, sondern als Ausdruck der kollisionsrechtlichen Parteiautonomie begreift. Ein solches System lässt sich allein auf Grundlage des Primärrechts aber, wie die oben referierte Rechtsprechung des EuGH gezeigt hat, nicht entwickeln; hier ist der europäische Gesetzgeber gefordert.[437]

116 **e) Perspektiven.** Den Bedarf für eine gesetzliche Regelung des Internationalen Gesellschaftsrechts hat auch der **Europäische Rat** erkannt, der im Stockholmer Programm von 2010 festgehalten hat, es sei „zu untersuchen, ob gemeinsame Vorschriften zur Bestimmung des im gesellschaftsrechtlichen Bereich anzuwendenden Rechts [...] festgelegt werden können", und darin die Kommission um die Prüfung der Frage ersucht hat, „ob auf den betreffenden Gebieten Handlungsbedarf besteht, und gegebenenfalls entsprechende Vorschläge vorzulegen".[438] Die **Kommission** hat in ihrem Aktionsplan zum Stockholmer Programm angekündigt, ein „Grünbuch zu Aspekten des internationalen Privatrechts, einschließlich des anwendbaren Rechts, in Bezug auf Unternehmen, Vereinigungen und andere juristische Personen" vorzulegen[439] und im Mai 2015 zu dieser Frage eine entsprechende Studie in Auftrag gegeben.[440] Auch das **Europäische Parlament** hat sich in einer Entschließung vom 14.6.2012 für eine Kodifikation des Internationalen Gesellschaftsrechts in der EU ausgesprochen und sich dabei ausdrücklich auf den Vorschlag des Deutschen Rates (→ Rn. 90) als Ausgangspunkt bezogen.[441] Schließlich hat die **GEDIP** auf ihrer Sitzung in Mailand vom 16.-18.9.2016 einen entsprechenden Vorschlag ausgearbeitet.[442] Die weitere Entwicklung bleibt abzuwarten.[443] Zu weiteren Einzelfragen de lege lata s. die Kommentierung zum IntGesR.

3. Freizügigkeit und Anerkennungsprinzip.

Schrifttum:[444] *Basedow,* La reconnaissance des situations juridiques en droit des affaires, in Lagarde, La reconnaissance des situations en droit international privé, 2013, S. 221; *Basedow,* Das Prinzip der Anerkennung im internationalen Wirtschaftsverkehr, FS Martiny, 2014, 243; *Bollée,* L'extension du domaine de la méthode de reconnaissance unilatérale, Rev. crit. dr. int. pr. 96 (2007), 307; *Bollée,* Les conditions de la reconnaissance, notamment à la lumière des conventions internationales, in Lagarde, La reconnaissance des situations en droit international privé, 2013, S. 113; *Bucher,* La Migration de l'État Civil, Mélanges van Loon, 2013, 101; *Buschbaum,* Anerkennung von Rechtslagen aufgrund von Personenstandsurkunden?, StAZ 2011, 106; *Coester-Waltjen,* Das

---

[435] Anders aber *Schurig,* FS Coester-Waltjen, 2015, 745 (756), der es bei einer Ergänzung der Sitztheorie durch eine unilateralistische Kollisionsnorm zugunsten der EU/EWR-Staaten bewenden lassen will.

[436] Deutlich *Bayer/Schmidt* ZHR 173 (2009), 735 (772): Die „‚gespaltene Lösung' ist nicht nur kompliziert und inkonsistent, sondern erzeugt vor allem auch erhebliche Rechtsunsicherheit."; ebenso *Kieninger* IPRax 2017, 200 (202 f.); anders aber *Schurig,* FS Coester-Waltjen, 2015, 745 (748 ff.); *M.-P. Weller* IPRax 2017, 167 (177 f.).

[437] Näher *Kieninger* RabelsZ 73 (2009), 607 (610 ff.); ebenso *Trüten,* Die Entwicklung des Internationalen Privatrechts in der Europäischen Union, 2015, 484 ff.

[438] ABl. 2010 C 115, S. 1 (16) unter 3.4.2.

[439] KOM (2010) 171 endg. S. 26; ursprünglich sollte dieses bis Ende 2014 vorgelegt werden; s. auch jüngst Grünbuch Schaffung einer Kapitalmarktunion, KOM(2015) 63 endg., S. 27.

[440] Siehe Open call for Tender of 6 August 2014 JUST/2014/JCOO/PR/CIVI/0051: Study on the law applicable to companies with the aim of a possible harmonization of conflict of law rules on that matter, 2014/S 149-267126, JUST/A/4/MB/ARES(2014)2599553; beauftragt wurden *Gerner-Beuerle, Mucciarelli, Schuster* und *Siems,* dazu *Verse/Wiersch* EuZW 2016, 330 (337).

[441] Entschließung des Europäischen Parlaments vom 14.6.2012 zur Zukunft des europäischen Gesellschaftsrechts (2012/2669(RSP)), P7_TA(2012)0259, unter Nr. 11; hierzu auch *Mansel/Thorn/Wagner* IPRax 2013, 1 (36).

[442] GEDIP, Draft Rules on the Law Applicable to Companies and other Bodies, ZEuP 2017, 500; hierzu *Kieninger* IPRax 2017, 200 (202 f.); *Kohler* IPRax 2017, 323; zu den Vorarbeiten näher *Kohler* IPRax 2015, 186 ff.

[443] S. auch *Benedetteli* YbPIL 17 (2015/16), 209 ff.; *v. Hein,* Japanese Yearbook of Private International Law 17 (2015), 90 ff.; *Kieninger* IPRax 2017, 200 (201 ff.); *Kindler* Riv. dir. int. priv. proc. 2015, 897 ff., der de lege ferenda eine Rückkehr zur Anknüpfung an den effektiven Verwaltungssitz vorschlägt; so in Bezug auf Drittstaaten auch *M.-P. Weller* IPRax 2017, 167 (177 f.); entsprechende Vorschläge konnten sich aber weder im Deutschen Rat noch in der GEDIP durchsetzen (s. zu letzterer *Kohler* IPRax 2015, 186 ff.).

[444] Zum Internationalen Namensrecht s. auch die Angaben vor Art. 10 und Art. 48.

Anerkennungsprinzip im Dornröschenschlaf?, FS Jayme, 2004, 121; *Coester-Waltjen,* Anerkennung im Internationalen Personen-, Familien- und Erbrecht und das Europäische Kollisionsrecht, IPRax 2006, 392; *Dutta,* Namenstourismus in Europa?, FamRZ 2016, 1213; *Fulchiron,* La reconnaissance au service de la libre circulation des personnes et de leur statut familial dans l'espace européen, Mélanges Audit, 2014, 359; *Funken,* Das Anerkennungsprinzip im internationalen Privatrecht, 2009; *Gärtner,* Die Privatscheidung im deutschen und gemeinschaftsrechtlichen Internationalen Privat- und Verfahrensrecht, 2008, insbesondere S. 364 ff.; *Goldstein/Muir Watt,* La méthode de la reconnaissance à la lueur de la Convention de Munich du 5 septembre 2007 sur la reconnaissance des partenariats enregistrés, Clunet 2010, 1085; *Grünberger,* Alles obsolet? – Anerkennungsprinzip vs. klassisches IPR, in Leible/Unberath, Brauchen wir eine Rom 0-Verordnung?, 2013, 81 (zitiert: *Grünberger,* Alles obsolet?); *J. Guillaume,* The Weakening of the Nation-State and Private International Law – The „Right to International Mobility", YbPIL 12 (2012/2013), 519; *Hartley,* Recognition of Polygamous Marriages in English Law, in Lagarde, La reconnaissance des situations en droit international privé, 2013, 177; *Heiderhoff,* Ist das Anerkennungsprinzip schon geltendes internationales Familienrecht in der EU?, FS v. Hoffmann, 2011, 127; *Jayme/Kohler,* Europäisches Kollisionsrecht 2001: Anerkennungsprinzip statt IPR?, IPRax 2001, 501; *Jayme/Kohler,* Europäisches Kollisionsrecht 2004: Territoriale Erweiterung und methodische Rückgriffe, IPRax 2004, 481; *Kinsch,* L'apport de la jurisprudence de la Cour européenne des droits de l'homme, in Lagarde, La reconnaissance des situations en droit international privé, 2013, 43; *Kohler,* Towards the Recognition of Civil Status in the European Union, YbPIL 15 (2013/2014), 13; *Kohler/Buschbaum,* Die „Anerkennung" öffentlicher Urkunden?, IPRax 2010, 313; *Lagarde,* Développements futurs du droit international privé dans une Europe en voie d'unification: quelques conjectures, RabelsZ 68 (2004), 225; *Lagarde,* La reconnaissance – mode d'emploi, Liber Amicorum Gaudemet-Tallon, 2008, 481; *Lagarde,* Introduction au thème de la reconnaissance des situations, in Lagarde, La reconnaissance des situations en droit international privé, 2013, 19; *Lagarde,* The Movement of Civil Status Records in Europe, and the European Commission's Proposal of 24 April 2013, YbPIL 15 (2013/2014), 1; *Lagarde,* Sur la vulnérabilité des situations juridiques, Mélanges Pierre Mayer, 2015, 441; *Leifeld,* Das Anerkennungsprinzip im Kollisionsrechtssystem des internationalen Privatrechts, 2010; *Lehmann,* Recognition as a Substitute for Conflict of Laws?, in Leible, General Principles of European Private International Law, 2016, 11; *Lequette,* De la „proximité" au „fait accompli", Mélanges Pierre Mayer, 2015, 481; *Lipp,* Anerkennungsprinzip und Namensrecht, FS Coester-Waltjen, 2015, 521; *van Loon,* La méthode de la reconnaissance et les conventions de droit international privé de La Haye, in Lagarde, La reconnaissance des situations en droit international privé, 2013, 121; *Mankowski,* Primärrechtliche Anerkennungspflicht im Internationalen Familienrecht?, FS Coester-Waltjen, 2015, 571; *Mankowski/Höffmann,* Scheidung ausländischer gleichgeschlechtlicher Ehen in Deutschland?, IPRax 2011, 247; *Mansel,* Anerkennung als Grundprinzip des Europäischen Rechtsraums, RabelsZ 70 (2006), 651; *Mansel,* Kritisches zur „Urkundsinhaltsanerkennung", IPRax 2011, 341; *Mansel/Coester-Waltjen/Henrich/Kohler,* Stellungnahme im Auftrag des Deutschen Rates für Internationales Privatrecht zum Grünbuch der Europäischen Kommission – Weniger Verwaltungsaufwand für EU-Bürger: Den freien Verkehr öffentlicher Urkunden und die Anerkennung der Rechtswirkungen von Personenstandsurkunden erleichtern, KOM (2010) 747 endg., IPRax 2011, 335; *Mansel/Thorn/Wagner,* Europäisches Kollisionsrecht 2010: Verstärkte Zusammenarbeit als Motor der Vereinheitlichung?, IPRax 2011, 1; *Pierre Mayer,* Les méthodes de la reconnaissance en droit international privé, Mélanges en l'honneur de Paul Lagarde, 2005, 547; *Pierre Mayer,* La reconnaissance: notions et méthodes, in Lagarde, La reconnaissance des situations en droit international privé, 2013, 27; *Nordmeier,* Unionsbürgerschaft, EMRK und ein Anerkennungsprinzip: Folgen der namensrechtlichen EuGH-Rechtsprechung für Statusentscheidungen, StAZ 2011, 129; *Nordmeier,* Stand, Perspektiven und Grenzen der Rechtslagenanerkennung im europäischen Rechtsraum anhand der Entscheidungen mitgliedstaatlicher Gerichte, IPRax 2012, 31; *Pamboukis,* La renaissance-métamorphose de la méthode de reconnaissance, Rev. crit. dr. int. pr. 97 (2008), 513; *Rieks,* Anerkennung im internationalen Privatrecht, 2012; *Pintens,* Stand des Internationalen Namensrechts in Europa: Status Quo und Regelungsbedarf, in Dutta/Helms/Pintens, Ein Name in ganz Europa, 2016, 17; *Romano,* La bilatéralité éclipsée par l'autorité, Rev. crit. dr. int. pr. 95 (2006), 457; *W.-H. Roth,* Methoden der Rechtsfindung und Rechtsanwendung im Europäischen Kollisionsrecht, IPRax 2006, 338; *Sonnenberger,* Anerkennung statt Verweisung? Eine neue internationalprivatrechtliche Methode?, FS Spellenberg, 2010, 371; *Rolf Wagner,* Ausländische Entscheidungen, Rechtsgeschäfte und Rechtslagen im Familienrecht aus der Sicht des autonomen deutschen Rechts – Eine Neubearbeitung, FamRZ 2013, 1620; *Rolf Wagner,* Anerkennung von Personenstandsurkunden in Europa, NZFam 2014, 121; *Wall,* Enthält Art. 21 Abs. 1 AEUV eine „versteckte" Kollisionsnorm?, IPRax 2010, 433; *M.-P. Weller,* Die neue Mobilitätsanknüpfung im Internationalen Familienrecht – Abfederung des Personalstatutenwechsels über die Datumtheorie, IPRax 2014, 225; *Wendehorst,* Denkschulen im Internationalen Privatrecht, BerGesVR 45 (2012), 33.

a) Verweisung und Anerkennung. Darüber hinaus stellt sich auf dem Gebiet des Personen-, **117** Familien- und Erbrechts die Frage, ob die Grundfreiheiten, insbesondere die Freizügigkeitsgarantie in Art. 21 AEUV, es gebieten, Abschied von der klassischen Verweisungsmethode des IPR (→ Rn. 22) zu nehmen und diese durch ein sog **Anerkennungsprinzip** zu ersetzen.[445] Zur begrifflichen Abgrenzung zwischen „Verweisung" und „Anerkennung" → Rn. 88. Die rechtspolitische Brisanz des „Anerkennungsmodells" liegt darin, dass der Zweitstaat hierdurch auf eine eigenständige kollisionsrechtliche Kontrolle verzichtet:[446] Er muss es hinnehmen, dass im Ergebnis

---

[445] Monographisch hierzu *Funken,* Das Anerkennungsprinzip im internationalen Privatrecht, 2009; *Leifeld,* Das Anerkennungsprinzip im Kollisionsrechtssystem des internationalen Privatrechts, 2010; *Rieks,* Anerkennung im internationalen Privatrecht, 2012, jeweils mzN.

[446] *Lagarde* RabelsZ 68 (2004), 225 (230).

unter Umständen ein Sachrecht entscheidet, zu dem aus der Sicht des Forums keine enge Beziehung gegeben ist oder das die Beteiligten nach dem IPR der lex fori nicht hätten vereinbaren können.[447] Hiermit werden zugleich Anreize für Gesetzesumgehungen geschaffen.[448] Zwar ist dies in einem gewissen Maße auch bei der Anerkennung der Entscheidung eines ausländischen Gerichts der Fall, bei der auf eine kollisionsrechtliche Nachprüfung verzichtet wird („forum shopping"). Insoweit ist aber zu beachten, dass im autonomen IZVR nicht jede ausländische Entscheidung anerkannt wird, sondern nur diejenigen, welche die in § 109 Abs. 1 FamFG (bzw. § 328 Abs. 1 ZPO) festgelegten Bedingungen erfüllen, namentlich die anhand des Spiegelbildprinzips zu beurteilende internationale Zuständigkeit des Erstgerichts (Nr. 1). Das europäische IZVR sieht hingegen grundsätzlich keine Nachprüfung der internationalen Zuständigkeit als Filter der Entscheidungsanerkennung mehr vor (Art. 45 Abs. 3 Brüssel Ia-VO; Art. 24 Brüssel IIa-VO; Art. 24 lit. a EuUnthVO). Dies wird aber praktisch dadurch weitgehend ausgeglichen, dass die einschlägigen Verordnungen auch die internationale Entscheidungszuständigkeit im europäischen Rechtsraum regeln (Brüssel Ia-VO, Brüssel IIa-VO, EuUnthVO, EuErbVO). Zudem sollen die Möglichkeiten zum „forum shopping" gerade durch die Vereinheitlichung des europäischen Kollisionsrechts eingeschränkt werden, aufgrund dessen ein internationaler Entscheidungseinklang im Kreise der teilnehmenden Mitgliedstaaten gewährleistet wird.

118   Ein allgemeiner, unqualifizierter Übergang von der verweisungsrechtlichen zur anerkennungsrechtlichen Methode würde somit praktisch die Abdankung des eigenen IPR, die Aufgabe jeglicher Präferenz des Forums für die Bestimmung einer angemessenen Anknüpfung, bedeuten. Lediglich der ordre public, den auch das Haager Eheschließungsabkommen zulässt (Art. 14) und der selbst im Verfahrensrecht weitgehend aufrechterhalten wird (ausführlich → Art. 6 Rn. 99 ff.) könnte noch gegen die Anerkennung ausländischer „Rechtslagen" ins Feld geführt werden[449] (etwa in Bezug auf polygame Ehen,[450] die Eheschließung von Minderjährigen, höchst fraglich bereits im Hinblick auf „Namenstourismus"[451] und gleichgeschlechtliche Eheschließungen,[452] → Art. 6 Rn. 260, 57). Gleichwohl wird die Anerkennungsmethode bisweilen als Königsweg für das europäische IPR in Familiensachen empfohlen.[453] Die Kommission hat eine entsprechende Alternative in ihrem 2010 vorgelegten Grünbuch zur Anerkennung von Personenstandsurkunden zur Diskussion gestellt.[454]

[447] Plastisch formulieren *Mankowski/Höffmann* IPRax 2011, 247 (253), die Anerkennungsmethode würde das nationale IPR „pulverisieren"; krit. auch *Lequette*, Mélanges Pierre Mayer, 2015, 481 ff.

[448] *Lequette*, Mélanges Pierre Mayer, 2015, 481 (504 f.); *Wagner* NZFam 2014, 121 (123); zur Notwendigkeit gewisser „Schutzvorkehrungen […], um Missbrauch oder Betrug zu verhindern", s. auch Europäische Kommisson, Grünbuch: Weniger Verwaltungsaufwand für EU-Bürger: Den freien Verkehr öffentlicher Urkunden und die Anerkennung der Rechtswirkungen von Personenstandsurkunden erleichtern, KOM (2010) 747 endg. vom 15.12.2010 S. 15; für eine Korrektur nach den Regeln der „fraude à la loi" *Goldstein/Muir Watt* Clunet 2010, 1085 (1111).

[449] Dass der ordre public auch gegenüber dem „Anerkennungsprinzip" vorbehalten bleiben muss, ist allgemeine Ansicht, s. EuGH Slg. 2010, I-13693 = BeckRS 2010, 91487 = FamRZ 2011, 1486 – Sayn-Wittgenstein; KOM (2010) 747 endg. S. 15; *Basedow*, FS Martiny, 2014, 243 (249 f.); *Funken*, Das Anerkennungsprinzip im internationalen Privatrecht, 2009, 75 ff.; *Heiderhoff*, FS v. Hoffmann, 2011, 127 (136); *Lagarde* RabelsZ 68 (2004), 225 (232); *Mankowski/Höffmann* IPRax 2011, 247 (253); *Mansel* RabelsZ 70 (2006), 651 (727); *Sonnenberger*, FS Spellenberg, 2010, 371 (389); *Wagner* NZFam 2014, 121 (123).

[450] Hierzu näher *Hartley* in Lagarde, La reconnaissance des situations en droit international privé, 2013, 177.

[451] Zu diesem Begriff s. *Lipp*, FS Coester-Waltjen, 2015, 521 (526); *Dutta* FamRZ 2016, 1213.

[452] Näher *Fulchiron*, Mélanges Audit, 2014, 359 (376 ff.).

[453] S. Art. 145 und 146 des Vorschlags von *Lagarde* für einen AT des europäischen IPR, RabelsZ 75 (2011), 673 (676); *Lagarde* RabelsZ 68 (2004), 225 ff.; *Leifeld*, Das Anerkennungsprinzip im Kollisionsrechtssystem des internationalen Privatrechts, 2010, 220 f.; *Rieks*, Anerkennung im internationalen Privatrecht, 2012 249 ff.; Staudinger/*Sturm/Sturm* (2012) Einl. IPR Rn. 64: dem Anerkennungsprinzip „gehört in der Tat die Zukunft"; überwiegend positive Würdigung auch durch *Lehmann* in Leible General Principles of European Private International Law,11 (42 f.).

[454] KOM (2010) 747 endg. S. 14 f.; hierzu eingehend *Rieks*, Anerkennung im internationalen Privatrecht, 2012 237 ff.; sehr krit. *Buschbaum* StAZ 2011, 106; *Mansel/Coester-Waltjen/Henrich/Kohler* IPRax 2011, 335; *Kohler/Buschbaum* IPRax 2010, 313; *Mansel* IPRax 2011, 341 mwN; *Mansel/Thorn/Wagner* IPRax 2011, 1 (3 f.); Deutscher Notarverein, Stellungnahme vom 29.4.2011, abrufbar unter http://www.dnotv.de/_files/Dokumente/Stellungnahmen/StellungnahmeDNotVGrnbuchPersonenstandsurkunden.pdf (zuletzt abgerufen am 15.9.2016); positiv dagegen Bundesrechtsanwaltskammer, Stellungnahme der Bundesrechtsanwaltskammer zum Grünbuch der Europäischen Kommission, Weniger Verwaltungsaufwand für EU-Bürger: Den freien Verkehr öffentlicher Urkunden und die Anerkennung der Rechtswirkungen von Personenstandsurkunden erleichtern, abrufbar unter http://www.brak.de/zur-rechtspolitik/stellungnahmen-pdf/stellungnahmen-deutschland/2011/april/stellungnahme-der-brak-2011-27.pdf (zuletzt abgerufen am 15.9.2016), die sich allerdings gegen eine Einbeziehung von Namens- und Heiratsurkunden in den Anwendungsbereich einer europäischen Personenstandsurkunde ausspricht (S. 5).

Die am 6.7.2016 verabschiedete EU-Urkundenvorlageverordnung[455] vollzieht einen solchen kollisionsrechtlichen Paradigmenwechsel aber nicht, sondern beschränkt sich auf einen Abbau bzw. einer Vereinfachung der entsprechenden Förmlichkeiten. Art. 2 Abs. 4 stellt explizit klar, dass „[d]iese Verordnung [...] nicht für die in einem Mitgliedstaat vorgenommene Anerkennung rechtlicher Wirkungen des Inhalts öffentlicher Urkunden [gilt], die von den Behörden eines anderen Mitgliedstaats ausgestellt wurden".[456]

b) Die Rechtsprechung des EuGH zum Namensrecht. Der EuGH hat in mehreren Ent-   **119**
scheidungen auf dem Gebiet des Namensrechts Weichenstelllungen getroffen, die als Wegbereiter eines Anerkennungsprinzips im europäischen IPR aufgefasst worden sind.[457] Zwar hat die EU auf dem Gebiet des materiellen Namensrechts – ebenso wie in sonstigen Fragen des materiellen Personenstandsrechts – unbestritten überhaupt keine legislative Kompetenz.[458] Der Gerichtshof hat insoweit aber befunden, dass auch in Materien, die in die Zuständigkeit der Mitgliedstaaten fallen, diese Staaten „bei der Ausübung dieser Zuständigkeit gleichwohl das Unionsrecht beachten [müssen] [...], insbesondere die Vertragsbestimmungen über die jedem Unionsbürger zuerkannte Freiheit, sich im Hoheitsgebiet der Mitgliedstaaten zu bewegen und aufzuhalten [...]."[459]

In der Sache „Garcia Avello"entschied der EuGH, dass eine Beschränkung der Namensführung   **120**
spanisch-belgischer Doppelstaater auf die vom belgischen Recht eröffneten Möglichkeiten gegen das Recht auf Freizügigkeit (Art. 21 AEUV) verstoße, obwohl die belgische Staatsangehörigkeit angesichts des gewöhnlichen Aufenthalts der Kinder im Königreich eindeutig die effektive war.[460] Ferner hat der EuGH die Unionsbürgerschaft der betroffenen Kinder (Art. 20 AEUV) neben ihrer potentiell beeinträchtigten Freizügigkeit als Argument herangezogen, um das belgische Namensrecht auch am Diskriminierungsverbot (Art. 18 AEUV) zu messen.[461] In der Rechtssache „Grunkin Paul" hat der EuGH entschieden, dass ein deutsches Kind in seinem Recht auf Freizügigkeit (Art. 21 AEUV) verletzt wird, wenn ihm in der Bundesrepublik aufgrund des § 1617 BGB die Führung eines Doppelnamens untersagt wird, der zuvor in Dänemark, wo das Kind seinen gewöhnlichen Aufenthalt hatte, von der zuständigen Behörde in die dort ausgestellte Geburtsurkunde eingetragen worden war.[462] In der Sache „Sayn-Wittgenstein" musste der Gerichtshof sodann die Notbremse ziehen:[463] Eine österreichische Staatsangehörige war von einem deutschen Adligen adoptiert worden und beanspruchte fortan, nicht nur in Deutschland, sondern auch in Österreich – wo Adelstitel bekanntlich seit 1919 durch ein Verbot mit Verfassungsrang abgeschafft sind – den Namen „Fürstin von Sayn-Wittgenstein" zu führen. Aus konventioneller verweisungsrechtlicher Sicht lag strenggenommen überhaupt keine Rechtskollision vor, denn sowohl nach deutschem als auch nach österreichischem IPR (Art. 10 Abs. 1 EGBGB bzw. § 13 Abs. 1 öst. IPRG) unterliegt der Name einer Person dem Recht des Staates, dem diese Person angehört, hier also allein österreichischem Recht.[464] Der EuGH wählte jedoch eine rein faktisch orientierte Sichtweise und stellte unter Gesichtspunkten des Vertrauensschutzes darauf ab, dass die vermeintliche Fürstin ihren Namen in Deutschland mehr als

---

[455] Verordnung (EU) 2016/1191 des Europäischen Parlaments und des Rates vom 6.7.2016 zur Förderung der Freizügigkeit von Bürgern durch die Vereinfachung der Anforderungen an die Vorlage bestimmter öffentlicher Urkunden innerhalb der Europäischen Union und zur Änderung der Verordnung (EU) Nr. 1024/2012, ABl. 2016 L 200, 1.

[456] Vgl. zum gleichlautenden Art. 2 Abs. 2 des Kommissionsvorschlags vom 24.4.2013, KOM(2013) 228 endg. *Lagarde* YbPIL 15 (2013/2014), 1 (3); *Mankowski*, FS Coester-Waltjen, 2015, 571 (574 f.); *M. Weller*, Europäisches Kollisionsrecht, 2015, Rn. 148.

[457] EuGH Slg. 2003, I-11613 = BeckRS 2004, 74436 – Garcia Avello, mAnm *Henrich* FamRZ 2004, 173; Slg. 2008, I-7639 = NJW 2009, 135 – Grunkin Paul, mAnm *Funken* FamRZ 2008, 2091; Slg. 2010, I-13693 = BeckRS 2010, 91487 = FamRZ 2011, 1486, mAnm *Wall* StAZ 2011, 203 – Sayn-Wittgenstein; ECLI:EU:C:2016:401 = NJW 2016, 2093 – Bogendorff von Wolffersdorff; ferner Slg. 2011, I-3787 = BeckRS 2011, 80519 = StAZ 2011, 274 – Małgoŕzata Runevič-Vardyn, mAnm *Ho-Dac* GPR 2011, 317.

[458] Dies räumt auch die Kommission in ihrem Grünbuch ein, KOM (2010) 747 endg. S. 13 (sub 4.3).

[459] EuGH ECLI:EU:C:2016:401 Rn. 32 = NJW 2016, 2093 – Bogendorff von Wolffersdorff; ebenso bereits EuGH Slg. 2003, I-11613 Rn. 25 = BeckRS 2004, 74436 – Garcia Avello; bestätigt in EuGH Slg. 2008, I-7639 Rn. 16 = NJW 2009, 135 – Grunkin Paul; Slg. 2010, I-1449 Rn. 41 = BeckRS 2010, 90235 – Rottmann.

[460] EuGH Slg. 2003, I-11613 = BeckRS 2004, 74436 – Garcia Avello.

[461] EuGH Slg. 2003, I-11613 Rn. 21 ff. = BeckRS 2004, 74436 – Garcia Avello; in EuGH Slg. 2008, I-7639 Rn. 21 ff. = NJW 2009, 135 – Grunkin Paul – wurde hingegen allein auf die Freizügigkeit als Beschränkungsverbot abgestellt.

[462] EuGH Slg. 2008, I-7639 = NJW 2009, 135 – Grunkin Paul; s. auch zur Rezeption in der dt. Rspr. OLG München NJW-RR 2010, 660 = IPRax 2010, 452 m. Aufsatz *Wall* IPRax 2010, 433 = StAZ 2010, 76 mAnm *Sturm* StAZ 2010, 146.

[463] EuGH Slg. 2010, I-13693 = BeckRS 2010, 91487 = FamRZ 2011, 1486 – Sayn-Wittgenstein.

[464] S. hierzu nur *Kohler/Pintens* FamRZ 2011, 1433 (1439).

ein Jahrzehnt unbeanstandet geführt habe.[465] Im Ergebnis wären daher die österreichischen Gerichte zur Anerkennung dieser Rechtslage verpflichtet worden, wenn nicht der EuGH sodann das Notventil des österreichischen ordre public bemüht hätte, um der vermeintlichen Fürstin die Führung des Adelstitels in Österreich doch noch zu untersagen.[466] Erst am **ordre public** (→ Art. 6 Rn. 174 ff.) – und nicht bereits wegen eines naheliegenden Rechtsmissbrauchs (→ Einl. IPR Rn. 284) – ließ der EuGH auch einen Namenserwerb nach englischem Recht durch sog. „deed poll" scheitern, mit dessen Hilfe sich ein als „Nabiel Bagadi" geborener deutsch-britischer Doppelstaater den wohlklingenden Namen „Peter Mark Emanuel *Graf* von Wolffersdorf *Freiherr* von Bogendorff" zulegen wollte, der den fälschlichen Eindruck einer adligen Abstammung erweckte.[467] Dieser Anerkennungsversagung muss man im Ergebnis,[468] kann ihr aber nur schwerlich in der Begründung zustimmen:[469] Wer sich ohne jeglichen familiären Hintergrund durch einen frei gewählten „Designernamen" selbst zu nobilitieren versucht, obwohl er weiß, dass diese Namensgestaltung mit seinem Heimatrecht ersichtlich nicht im Einklang steht, sollte sich nicht auf die Freizügigkeit nach Art. 21 AEUV berufen dürfen, weil er das von ihm beklagte „hinkende" Rechtsverhältnis ohne Not selbst herbeigeführt hat. Die äußerst detaillierten Erwägungen des EuGH zum deutschen ordre public auf dem Gebiet des Namensrechts laufen auf eine bedenkliche Inhaltskontrolle mitgliedstaatlicher rechtspolitischer Wertungen in einem historisch sensiblen Bereich hinaus,[470] für den die EU keine materielle Kompetenz besitzt (→ Rn. 119). Mit dem bevorstehenden „Brexit" (→ Rn. 57) dürfte sich diese Problematik aber zumindest zum Teil entschärfen (wobei es nicht ohne Ironie ist, dass gerade das Unbehagen an einer unbeschränkten Personenfreizügigkeit von EU-Bürgern dem britischen Austrittsreferendum zum Sieg verholfen hat).[471]

121   Der deutsche Gesetzgeber hat auf diese EuGH-Rechtsprechung mit der Schaffung des Art. 48 reagiert.[472] Hierbei handelt es sich rechtstechnisch nicht um eine neue Kollisionsnorm, vielmehr wird lediglich bei nach Art. 10 gegebener Anwendbarkeit deutschen Rechts eine zusätzliche, an den vorherigen gewöhnlichen Aufenthalt in einem anderen Mitgliedstaat anknüpfende Optionsmöglichkeit für die Namensführung geschaffen, wobei der ordre public vorbehalten bleibt.[473] Dieses Notventil unterliegt aber, wie der Fall *Bogendorff* gezeigt hat, seinerseits einer zunehmend engmaschigen Kontrolle durch den EuGH.[474] Mit der Schaffung des Art. 48 hat der deutsche Gesetzgeber zugleich klargestellt, dass aus seiner Sicht im übrigen IPR das verweisungsrechtliche Modell beibehalten werden soll. Ob Art. 48 den primärrechtlichen Vorgaben genügt, war bereits Gegenstand eines Vorlageverfahrens vor dem EuGH.[475] Für weitere Einzelheiten des internationalen Namensrechts ist auf die Kommentierungen zu Art. 10 und Art. 48 zu verweisen.

122   **c) Ausdehnung des Anerkennungsprinzips?** Von allgemeinem Interesse ist aber im Hinblick auf die Europäisierung des IPR, ob die oben referierte EuGH-Rechtsprechung auch für Bereiche außerhalb des Namensrechts, namentlich für **Statusfragen** (zB Abstammung, insbesondere in Leihmutterschaftsfällen; gleichgeschlechtliche Partnerschaften) ein Umdenken und ggf. eine Anpassung des deutschen Rechts erzwingt. Diese Frage ist in Rechtsprechung und Literatur umstritten:[476]

---

[465] EuGH Slg. 2010, I-13693 Rn. 62 ff. = BeckRS 2010, 91487 = FamRZ 2011, 1486 – Sayn-Wittgenstein.

[466] EuGH Slg. 2010, I-13693 Rn. 84 ff. = BeckRS 2010, 91487 = FamRZ 2011, 1486 – Sayn-Wittgenstein; zu der unter Aspekten der Verhältnismäßigkeit nur bedingt überzeugenden Abwägung des EuGH mit Recht krit. *Wall* StAZ 2011, 203 (210); krit. auch *Kohler/Pintens* FamRZ 2011, 1433 (1439), die den Rückgriff auf den ordre public für „mit der sozialen Wirklichkeit in Österreich kaum vereinbar" halten; ebenfalls krit. *Lehmann/Grimm* LMK 2011, 318018.

[467] So in Bezug auf adlige Bestandteile des Nachnamens, jedoch nicht in Bezug auf den Vornamen EuGH ECLI:EU:C:2016:401 Rn. 61 ff. = NJW 2016, 2093 – Bogendorff von Wolffersdorff; vgl. die Abschlussentscheidung AG Karlsruhe StAZ 2017, 111 = BeckRS 2016, 118763.

[468] So bereits zuvor *Mansel/Thorn/Wagner* IPRax 2015, 1 (3 f.).

[469] Krit. auch *Rauscher* LMK 2016, 381541.

[470] Genau entgegengesetzt die Kritik von *Pintens* in Dutta/Helms/Pintens, Ein Name in ganz Europa, 2016, 17 (21), der meint, es sei zu „bedauern", dass der EuGH die Entscheidung über den deutschen ordre public den deutschen Gerichten überlasse.

[471] Vgl. auch *Rauscher* LMK 2016, 381541.

[472] Hierzu kritisch *Lipp*, FS Coester-Waltjen, 2015, 521 (527 ff.).

[473] Näher BT-Drs. 17/11049, 12.

[474] EuGH ECLI:EU:C:2016:401 Rn. 48 ff. = NJW 2016, 2093 – Bogendorff von Wolffersdorff.

[475] Rs. C-541/15, Mircea Florian Freitag, s. hierzu die Schlussanträge des Generalanwalts *Szpunar* BeckRS 2016, 82979 und EuGH ECLI:EU:C:2017:432 = BeckRS 2017, 112232.

[476] Dafür namentlich *Lagarde*, Liber Amicorum Gaudemet-Tallon, 2008, 481 (488 f.); *Mankowski*, FS Coester-Waltjen, 2015, 571 ff.; ebenso *Corthaut*, EU Ordre Public, 2012, 389 ff.; *Trüten*, Die Entwicklung des Internationalen Privatrechts in der Europäischen Union, 2015, 495 ff.; Überblick auch unter Einbeziehung ausländischer Gerichtsentscheidungen und neuerer Gesetze bei *Fulchiron*, Mélanges Audit, 2014, 359 ff.; *Kohler* YbPIL 15 (2013/2014), 13 ff.; *Nordmeier* IPRax 2012, 31 ff.

Während das OLG Celle es (vor Schaffung des Art. 17b Abs. 4 nF) abgelehnt hat, aus den Grundfreiheiten eine allgemeine Pflicht zur Anerkennung einer im europäischen Ausland geschlossenen gleichgeschlechtlichen Ehe abzuleiten,[477] hat sich das KG auf den Standpunkt gestellt, dass ein nach französischem Recht wirksames Vaterschaftsanerkenntnis auch in Deutschland akzeptiert werden müsse, selbst wenn die Mutter die nach deutschem Recht (Art. 23 S. 1) erforderliche Zustimmung nachträglich verweigere.[478] Die Konsequenzen eines solchen Paradigmenwechsels in Personenstandsfragen wären beträchtlich: Letzten Endes wären „alle Statusverhältnisse, die in einem Mitgliedstaat wirksam begründet wurden, bis zur Grenze des jeweiligen ordre public unabhängig von kollisionsrechtlichen Betrachtungen im Wege zwingender Rechtsvereinheitlichung in die gesamte EU zu exportieren".[479] Es bedarf daher einer näheren Präzisierung des gegenständlichen Anwendungsbereichs eines Anerkennungsprinzips jenseits des Namensrechts und einer schärferen Konturierung der tatbestandlichen Voraussetzungen, unter denen die Schaffung einer Rechtslage eine Anerkennungspflicht auslösen kann.

d) Gegenständlicher Anwendungsbereich. Für die Ausdehnung des Anerkennungsprinzips vom **123** Namensrecht auf Statusverhältnisse wird ein argumentum a fortiori ins Feld geführt: Wenn schon der Verlust des Namens einen Europarechtsverstoß darstelle, meint das KG, so müsse dies erst recht gelten, wenn die Verbindung zum Vater aufgrund der mangelnden Akzeptanz eines Vaterschaftsanerkenntnisses „gekappt" werde.[480] Zur Unterstützung weist das KG auf Art. 8 EMRK hin.[481] Dieser Argumentation ist entgegengehalten worden, dass der EuGH in der Rechtssache „Grunkin Paul" nicht auf Art. 8 EMRK, sondern allein auf Art. 21 AEUV abgestellt habe.[482] Da der EuGH in der neueren Entscheidung „Sayn-Wittgenstein" durchaus auch auf Art. 8 EMRK Bezug genommen hat,[483] kann man diese Vorschrift indes nicht generell als sachlich nicht einschlägig abtun.[484] Entscheidend ist vielmehr, dass die Konventionsstaaten nach der stRspr des EGMR zu Art. 8 EMRK in ethisch sensiblen Fragen über einen erheblichen Beurteilungs- und Gestaltungsspielraum (**„margin of appreciation"**) verfügen.[485] Es ist daher insoweit eine Einzelfallbetrachtung geboten, so dass eine schematische Anerkennung auch der Statusverhältnisse jedenfalls aus menschenrechtlicher Sicht keinesfalls zwingend erscheint.[486] Der EGMR hat erst jüngst explizit hervorgehoben, aus Art. 8 EMRK lasse sich kein Anspruch darauf ableiten, dass eine „rechtswidrige Situation als fait accompli legalisiert" werde.[487] Ferner ist mit Recht darauf hingewiesen worden, dass es in dem vom KG entschiedenen Einzelfall des Rückgriffs auf ein Anerkennungsprinzip wohl gar nicht bedurft hätte, weil man aus deutscher Sicht bereits die von der Kindesmutter gegenüber der französischen Behörde abgegebene Erklärung – nach den Grundsätzen zur Substitution (→ Einl. IPR Rn. 227 ff.) bzw. zu dem sog Handeln unter falschem Recht (→ Einl. IPR Rn. 223 ff.) – als wirksame Zustimmung zum Vaterschaftsanerkenntnis hätte werten können.[488] Es sind aber durchaus Fälle denkbar, in denen man auch mit Korrekturen innerhalb des verweisungsrechtlichen Systems nicht zu

[477] OLG Celle IPRax 2012, 544 m. Aufsatz *Heiderhoff* IPRax 2012, 523 (insoweit in NJW-RR 2011, 1157 nicht abgedruckt); abl. hierzu *Grünberger* in Leible/Unberath Rom 0-VO 81 (134 ff.).

[478] KG NJW 2011, 535 = IPRax 2011, 70 m. abl. Bespr. *Mansel/Thorn/Wagner* IPRax 2011, 1 (7–9) = StAZ 2011, 148 m. abl. Aufsatz *Nordmeier* StAZ 2011, 129; hierzu eingehend *Heiderhoff,* FS v. Hoffmann, 2011, 127 ff.; *Rauscher/Pabst* NJW 2011, 3547 (3549 f.); dem KG zust. aber *Grünberger* in Leible/Unberath Rom 0-VO 81, 133 f.; inhaltlich ebenso bereits *Lagarde,* Liber Amicorum Gaudemet-Tallon, 2008, 481 (489).

[479] *Rauscher/Pabst* NJW 2011, 3547 (3550); vgl. auch Diskussionsbeitrag *v. Hein* BerGesVR 45 (2012), 66 (67).

[480] So KG NJW 2011, 535 (536).

[481] KG NJW 2011, 535 (537); ebenso *Lagarde,* Liber Amicorum Gaudemet-Tallon, 2008, 481 (489 in Fn. 30); zur Eheschließung auch NK-BGB/*Freitag* Rn. 55.

[482] *Mansel/Thorn/Wagner* IPRax 2011, 1 (8).

[483] EuGH Slg. 2010, I-13693 Rn. 52 = BeckRS 2010, 91487 = FamRZ 2011, 1486 – Sayn-Wittgenstein.

[484] So auch *Grünberger* in Leible/Unberath Rom 0-VO 81, 117 f.; eingehend zur Auswirkung der EMRK auf die Anerkennungsmethode *Kinsch* in Lagarde, La reconnaissance des situations en droit international privé, 2013, 43 ff.; vgl. iU zum Gedanken eines „Rechts auf internationale Mobilität" die Überlegungen von J. *Guillaume* YbPIL 12 (2012/2013), 519 ff.

[485] EGMR NJW 2017, 941 Rn. 179 ff. – Paradiso u. Campanelli/Italien in Bezug auf Adoption, Unterbringung eines Kindes, künstliche Befruchtung und Leihmutterschaft; vgl. auch zu gleichgeschlechtlichen Partnerschaften EGMR (I. Sektion) NJW 2011, 1421 – Schalk u. Kopf/Österreich; EGMR (Große Kammer) NJW 2013, 2173 – X ua/Österreich; enger aber EGMR (Große Kammer) BeckRS 2014, 80296 Rn. 77 – Vallianatos ua/Griechenland; zum Verhältnis der Rspr. des EGMR auf dem Gebiet des Namensrechts (EGMR StAZ 2008, 375 – Freifrau von Rehlingen ua/Deutschland; FamRZ 2008, 1507 (Ls.) – Heidecker-Tiemann/Deutschland) zur Rspr. des EuGH (Rn. 119 ff.) eingehend *Nordmeier* StAZ 2011, 129 (134 f.); zur Frage der Abstammung sehr restriktiv jüngst EGMR NJW 2015, 3211 Rn. 75 ff. – Mennesson/Frankreich.

[486] Ebenso *Mankowski/Höffmann* IPRax 2011, 247 (254); *Nordmeier* StAZ 2011, 129 (134 f.).

[487] EGMR NJW 2017, 941 Rn. 209 – Paradiso u. Campanelli/Italien.

[488] *Mansel/Thorn/Wagner* IPRax 2011, 1 (7 ff.); *Nordmeier* StAZ 2011, 129 (132).

demselben Ergebnis kommt wie bei einer Zugrundelegung des Anerkennungsprinzips, so dass die allgemeine Problematik mit diesem Einwand nicht erschöpft ist.

124   Die Frage, ob die Nicht-Anerkennung von Statusverhältnissen gegen die Freizügigkeit (Art. 21 AEUV) verstößt, wird öfters mit einem Verweis auf die **Freizügigkeits-RL**[489] verneint, welche die Anerkennung gleichgeschlechtlicher Partnerschaften bewusst dem Recht des Aufnahmemitgliedstaates überlässt.[490] Ein Aufnahmemitgliedstaat, der eine eingetragene Lebenspartnerschaft nicht anerkenne, müsse den gleichgeschlechtlichen Lebenspartner eines Unionsbürgers nicht als Familienangehörigen iS dieser Richtlinie behandeln.[491] Hinzu kommt, dass auch in den neueren **kollisionsrechtlichen Verordnungen** Statusfragen von deren sachlichem Anwendungsbereich ausgenommen werden; insbesondere Art. 13 Alt. 2 Rom III-VO beruht offenkundig auf der Prämisse, es müsse nicht jede in einem anderen Mitgliedstaat geschlossene – unter Umständen gleichgeschlechtliche – Ehe allein deshalb in jedem anderen teilnehmenden Mitgliedstaat als wirksame Ehe „anerkannt" werden.[492] Ferner bedienen sich alle kollisionsrechtlichen Rechtsakte auf dem Gebiet des Familien- und Erbrechts bislang im Kern der klassischen verweisungsrechtlichen Methode (Rom III-VO, HUP, EuErbVO);[493] auch in die EuErbVO wurde insoweit nur Art. 59 EuErbVO über die Annahme öffentlicher Urkunden aufgenommen, die lediglich die „gleiche formelle Beweiskraft" entfalten wie im Ursprungsmitgliedstaat, im Übrigen aber die verweisungsrechtliche Methode unberührt gelassen.[494]

125   Gegen Überlegungen, die auf die Freizügigkeits-RL oder die vorhandenen EU-Verordnungen gestützt werden, lässt sich indes einwenden, dass vom sekundärrechtlichen Acquis Communautaire – oder dessen Lücken – nicht ohne Weiteres auf den Umfang primärrechtlicher Gewährleistungen geschlossen werden darf.[495] Auch die **Rechtsprechung des EuGH zum Internationalen Gesellschaftsrecht** bietet insoweit nur eine geringe Orientierungshilfe: Zwar hat das Argument, die Mitgliedstaaten hätten nach ex-Art. 293 EGV die Kompetenz zum Abschluss eines Übereinkommens über die Anerkennung juristischer Personen, von der sie aber bislang keinen Gebrauch gemacht hätten, den EuGH nicht davon abgehalten, eine Verpflichtung zur Anerkennung einer in einem anderen Mitgliedstaat gegründeten Gesellschaft unmittelbar aus der primärrechtlichen Niederlassungsfreiheit abzuleiten.[496] Andererseits hat der EuGH in der Rechtssache „Cartesio" betont, dass Probleme der Sitzverlegung durch das Primärrecht nicht gelöst werden, sondern einer Lösung im Wege der Rechtsetzung oder des Vertragsschlusses bedürften.[497] In der Rechtssache „Vale" bekräftigte der EuGH wiederum, dass sekundäres Unionsrecht für grenzüberschreitende Umwandlungen zwar hilfreich wäre, aber keine Vorbedingung für eine Berufung auf die Niederlassungsfreiheit darstelle.[498] Es bedarf daher letztlich einer **Abwägung auf primärrechtlicher Ebene,** für welche die Wertungen des Sekundärrechts zwar argumentative Anhaltspunkte geben, aber die Entscheidung nicht präjudizieren können.

126   Zum Teil wird auch im Familienrecht ein Anerkennungsgrundsatz auf ein vermeintliches europarechtliches **Herkunftslandprinzip** gestützt.[499] Aber diese Argumentation ist spätestens seit der bereits (→ Rn. 81) referierten „eDate"-Entscheidung des EuGH nicht mehr haltbar, denn es gibt weder im Primär- noch im Sekundärrecht ein allgemeines, von den einzelnen Grundfreiheiten losgelöstes kollisionsrechtliches Herkunftslandprinzip.[500] Erforderlich ist für das Bestehen einer Aner-

---

[489] RL 2004/38/EG vom 29.4.2004 über das Recht der Unionsbürger und ihrer Familienangehörigen, sich im Hoheitsgebiet der Mitgliedstaaten frei zu bewegen und aufzuhalten, ABl. 2004 L 158, S. 77.

[490] OLG Celle NJW-RR 2011, 1157 = IPRax 2012, 544 (548); *Heiderhoff,* FS v. Hoffmann, 2011, 127 (131).

[491] OLG Celle NJW-RR 2011, 1157 = IPRax 2012, 544 (548).

[492] Hierzu näher NK-BGB/*Gruber* Rom III-VO Art. 13 Rn. 7 ff.; Palandt/*Thorn* Rom III-VO Art. 13 Rn. 2.

[493] Vgl. auch *Mankowski/Höffmann* IPRax 2011, 247 (253); *Sonnenberger,* FS Spellenberg, 2010, 371 (387), die insoweit auf die mitgliedstaatliche Tradition im Bereich des IPR verweisen.

[494] Näher zum künftigen Recht *Wagner* NZFam 2014, 121 (123 f.); zum Verordnungsentwurf s. noch die krit. Stellungnahme von *Kohler/Buschbaum* IPRax 2010, 313 mwN.

[495] Insoweit zutr. *Grünberger* in Leible/Unberath Rom 0-VO 81, 148 f.

[496] EuGH Slg. 2002, I-9919 Rn. 54 = NZG 2002, 1164 – Überseering.

[497] EuGH Slg. 2008, I-9641 Rn. 108 = NJW 2009, 569 – Cartesio.

[498] EuGH NJW 2012, 2715 Rn. 38 – Vale.

[499] Vgl. *Bogdan,* Concise Introduction to EU Private International Law, 3. Aufl. 2016, 26 f.; *W.-H. Roth* IPRax 2006, 338 (339 ff.); *Trüten,* Die Entwicklung des Internationalen Privatrechts in der Europäischen Union, 2015, 495; *M.-P. Weller* IPRax 2014, 225 (228).

[500] *Sonnenberger,* FS Spellenberg, 2010, 371 (388); abl. auch *Gärtner,* Die Privatscheidung im deutschen und gemeinschaftsrechtlichen Internationalen Privat- und Verfahrensrecht, 2008, 368 ff.; *Kroll-Ludwigs,* Die Rolle der Parteiautonomie im europäischen Kollisionsrecht, 2013, 263 ff.; vgl. auch *Coester-Waltjen* IPRax 2006, 392 (392 f.), die insoweit aber den Begriff des Herkunftslandes mit dem des Heimatstaates gleichsetzt; „Herkunftsland" iS des Entstehungsortes einer Rechtslage kann aber zB auch der Staat des gewöhnlichen Aufenthalts sein (vgl. *Rieks,* Anerkennung im internationalen Privatrecht, 2012, 202 f.; zu „Grunkin Paul" und „Sayn-Wittgenstein" → Rn. 120); zwischen Anerkennungs- und Herkunftslandprinzip diff. auch *Wendehorst* BerGesVR 45 (2012), 33 (52 f.), die betont, dass das kollisionsrechtliche Herkunftslandprinzip innerhalb des konventionellen Verweisungsparadigmas operiere.

kennungspflicht vielmehr stets ein tatbestandlicher Eingriff in eine bestimmte Grundfreiheit (zB Art. 21 AEUV), der nicht gerechtfertigt werden kann.[501] Insoweit stellen sich vergleichbare Abgrenzungsprobleme wie bei der Warenverkehrs- oder der Niederlassungsfreiheit.

Fraglich ist zum einen, ob ein Primärrechtsverstoß dadurch vermieden werden kann, dass zB eine **127** gleichgeschlechtliche Ehe in einem anderen Mitgliedstaat zu einer eingetragenen Lebenspartnerschaft umqualifiziert wird (s. Art. 17b Abs. 4 aF, sog. „Kappungsgrenze"); das Statusverhältnis bestünde insoweit fort, wenn auch in einem anderen rechtlichen Gewand. Es ist jedoch bereits im dogmatischen Ausgangspunkt umstritten, ob die „Anerkennung" eines persönlichen Status im Sinne einer **Gleichstellung** (Nostrifikation) des fremden Rechtsverhältnisses mit den entsprechenden Institutionen des Anerkennungsstaates oder iS einer **Wirkungserstreckung** der Regelungen des Ursprungsstaates zu verstehen ist.[502] Im Falle einer Gleichstellung müssten die Betroffenen damit rechnen, dass ihr im Ausland eingegangenes Rechtsverhältnis (zB eine gleichgeschlechtliche Ehe) im Inland nur (wie noch nach Art. 17b Abs. 4 aF) eingeschränkte Wirkungen (zB die einer eingetragenen Lebenspartnerschaft) zeitigt.[503] Will man hingegen einen umfassenden Vertrauensschutz auf die Rechtslage nach den Maßstäben des Ursprungsstaates gewährleisten, kommt man im Anerkennungsstaat nicht umhin zu ermitteln, welche Rechtswirkungen (zB im Hinblick auf das Güter- und Erbrecht) mit dem im Herkunftsland begründeten Status verbunden sind.[504] Zwar könnte man erwägen, das Anerkennungsprinzip auf die Frage des Bestehens eines Status zu beschränken und zB die Ehe- und Partnerschaftswirkungen auszuklammern.[505] Eine Trennung zwischen Bestand und Wirkungen eines Statusverhältnisses wirft aber erstens Schwierigkeiten auf, wenn der Aufnahmemitgliedstaat den entsprechenden Status (zB eine gleichgeschlechtliche Ehe) gar nicht kennt;[506] zweitens drohen Qualifikationsprobleme bei der Abgrenzung zwischen Bestand und Wirkungen.[507] Skeptisch stimmt überdies, dass ähnliche methodische Ansätze, die der II. Senat des BGH im Gesellschaftsrecht zeitweilig erwogen hatte – Umwandlung einer im Ausland gegründeten Kapitalgesellschaft in eine rechtsfähige Personengesellschaft deutschen Rechts[508] –, dort infolge der „Überseering"-Entscheidung des EuGH (→ Rn. 96) allgemein aufgegeben worden sind;[509] bereits der hierdurch bewirkte Fortfall der Haftungsbeschränkung zB einer niederländischen B.V. würde nämlich eine Verletzung der Niederlassungsfreiheit darstellen. Obwohl natürlichen Personen im Falle einer Umqualifikation ihrer Statusverhältnisse kein Verlust einer Haftungsbeschränkung droht, kann doch nicht von vornherein ausgeschlossen werden, dass sie hierdurch Nachteile erleiden. Zum Teil wird daher versucht, Statusverhältnisse mithilfe eines **Spürbarkeitskriteriums**[510] oder analog der „Keck"-Rechtsprechung des EuGH[511] zu bloßen Verkaufsmodalitäten von einer primärrechtlich begründeten Anerkennungspflicht auszunehmen.[512] Auf diese Weise

---

[501] *Heiderhoff,* FS v. Hoffmann, 2011, 127 (132 ff.).

[502] Für Gleichstellung explizit *Coester-Waltjen* IPRax 2006, 392 (399); *Fulchiron,* Mélanges Audit, 2014, 359 (379 f.); für Wirkungserstreckung hingegen im Ausgangspunkt BeckOGK/*Schulze* (1.8.2016) Rn. 35; *Grünberger* in Leible/Unberath Rom 0-VO 81 (153 f.); *Lagarde,* Liber Amicorum Gaudemet-Tallon, 2008, 481 (495 ff.); NK-BGB/*Freitag* Rn. 62; *M.-P. Weller* IPRax 2014, 225 (228); vgl. zur Problematik der namensrechtlichen Angleichung BT-Drs. 17/11049, 12: Ziel der EuGH-Rspr. sei es, eine „Identität des im EU-Ausland eingetragenen mit dem nach deutschem Recht gebildeten Namen herzustellen": Dieses Identitätspostulat müsste bei einer Ausdehnung des Anerkennungsprinzips auch für das Personenstandsrecht gelten; eingehend zu den denkbaren Lösungsmöglichkeiten *Funken,* Das Anerkennungsprinzip im internationalen Privatrecht, 2009, 55 ff.

[503] Vgl. *Mansel* RabelsZ 70 (2006), 651 (720).

[504] Insoweit zutr. *Bollée* Rev. crit. dr. int. pr. 96 (2007), 307 (328): „[C]e qu'enregistre un État à la demande des intéressés, ce n'est pas un partenariat conçu de manière purement abstraite, indépendamment de toute référence à un droit particulier; il s'agit du partenariat organisé par sa propre loi, et d'aucun autre.".

[505] So *Lagarde,* Liber Amicorum Gaudemet-Tallon, 2008, 481 (496 f.); demnach soll sich die Anerkennung auf die Eheschließung bzw. Registrierung der Partnerschaft als solche beschränken; ähnlich diff. *Grünberger* in Leible/Unberath Rom 0-VO 81 (154 ff.).

[506] *Funken,* Das Anerkennungsprinzip im internationalen Privatrecht, 2009, 336; *Leifeld,* Das Anerkennungsprinzip im Kollisionsrechtssystem des internationalen Privatrechts, 2010, 133 fragt rhetorisch: „[W]elchen Sinn hat beispielsweise die Anerkennung einer eingetragenen Lebenspartnerschaft, wenn sie im Anerkennungsstaat dann keinerlei Wirkungen entfaltet?"

[507] *Funken,* Das Anerkennungsprinzip im internationalen Privatrecht, 2009, 336.

[508] S. BGHZ 151, 204 = NJW 2002, 3539.

[509] BGHZ 154, 185 = NZG 2003, 431.

[510] Vgl. *Mansel* RabelsZ 70 (2006), 651 (710): Das Namensrecht sei enger mit dem Persönlichkeitsrecht und dem Schutz der Identität des Betroffenen verknüpft als andere personenstandsrechtliche Fragen; ähnlich *Heiderhoff,* FS v. Hoffmann, 2011, 127 (134): Beeinträchtigungen der Freizügigkeit durch die Nichtanerkennung eines Statusverhältnisses seien nur „mittelbarer Art"; *Kroll-Ludwigs,* Die Rolle der Parteiautonomie im europäischen Kollisionsrecht, 2013, 272.

[511] EuGH Slg. 1993, I-6097 = GRUR Int. 2004, 626 – Keck und Mithouard.

[512] *Röthel* IPRax 2006, 250 (253); krit. aber *Heiderhoff,* FS v. Hoffmann, 2011, 127 (132).

lässt sich möglicherweise die Eintragung eines bestimmten Statusverhältnisses in ein Melderegister ablehnen, weil hiermit keine unmittelbare rechtliche oder wirtschaftliche Schlechterstellung einer Person einhergehe.[513] Bedenkt man aber, dass mit der Nicht-Anerkennung oder der Herabstufung eines Statusverhältnisses unter Umständen nicht nur Ordnungsaufgaben, persönlichkeitsrechtliche Belange oder bloße Empfindungen betroffen sind,[514] sondern verschiedene sozial-, steuer- oder besoldungsrechtliche Nachteile verbunden sein können, fällt es schwer, derartige Rechtsfolgen schlechthin aus dem Gewährleistungsbereich der Freizügigkeit auszuklammern.[515]

128   Auch auf eine fehlende **Regelungskompetenz der EU** wird man sich kaum berufen können, da die vom EuGH zu Art. 21 AEUV entwickelte Formel zur Einbeziehung auch solcher Sachgebiete, für welche die EU keine Zuständigkeit hat (→ Rn. 119), jegliche klare Kontur vermissen lässt.[516] Gegen eine Ausdehnung des Anerkennungsprinzips auf Statusfragen ist aber anzuführen, dass hiermit – anders als in Namensfragen – mittelbar auch in das Staatsangehörigkeitsrecht der Mitgliedstaaten eingegriffen wird, da die entsprechenden Erwerbstatbestände (→ Art. 5 Rn. 13 ff.) vielfach von statusrechtlichen Vorfragen abhängen.[517] Jedoch hat sich der EuGH in seiner Rechtsprechung zur Unionsbürgerschaft bereits selbst auf dieses eigentlich ausschließlich den Mitgliedstaaten vorbehaltene Terrain vorgewagt (näher → Art. 5 Rn. 22), so dass es fraglich ist, ob man mit einem solchen Einwand beim Gerichtshof Gehör fände. Da das Staatsangehörigkeitsrecht einen Kernbereich nationaler Souveränität betrifft, wäre es freilich nicht abwegig, in diesem Kontext an eine ultra-vires-Kontrolle anhand der verfassungsrechtlichen Maßstäbe des Lissabon-Urteils zu denken.[518]

129   Entscheidend ist, dass die **unionsrechtliche Gewaltenteilung** gegen ein allgemeines Anerkennungsprinzip und für richterliche Zurückhaltung in dieser Frage spricht: Denn die Kompetenzgrundlage des Art. 81 AEUV würde durch die ausufernde Ableitung versteckter Kollisionsnormen aus dem Primärrecht faktisch unterlaufen, vor allem Abs. 3, der besondere Kautelen gerade auf dem Gebiet des Familienrechts vorsieht (→ Rn. 37), um auf diesem rechtskulturell heiklen Gebiet die Position der Mitgliedstaaten zu stärken.[519] In den mitgliedstaatlichen Rechtsordnungen lassen sich in Fragen der Leihmutterschaft, einer mehrfachen Elternschaft, eines Adoptionsrechts für gleichgeschlechtliche Paare usw mit sachlichen Gründen unterschiedliche Auffassungen vertreten; auch der EGMR hat insoweit den Beurteilungsspielraum („margin of appreciation") der Konventionsstaaten betont (→ Rn. 123). Während es im Internationalen Gesellschaftsrecht angesichts der jahrzehntelangen Untätigkeit der Mitgliedstaaten (ex-Art. 293 EGV) und des Unionsgesetzgebers sowie angesichts der Bedeutung dieser Materie für den Binnenmarkt nachvollziehbar ist, dass der EuGH sich nach anfänglichem Zögern in die Rolle eines Motors der europäischen Integration begeben hat (→ Rn. 90), erscheint dies im Bereich des Internationalen Familienrechts angesichts der auf diesem Gebiet bereits erheblich vorangeschrittenen und in vollem Gang befindlichen Entwicklung (Rom III-VO, EuUnthVO, EuGüVO und EuPartVO) weniger dringlich;[520] hier wäre es wesentlich schwerer zu rechtfertigen, den auf mittlere Sicht zu erwartenden Entscheidungen des Unionsgesetzgebers durch eine ad-hoc-Kollisionsrechtsschöpfung unter Berufung auf das Primärrecht vorzugreifen.

130   Obwohl eine Ausdehnung des Anerkennungsprinzips auf Statusfragen aus den oben genannten Gründen nicht ratsam erscheint, kann derzeit nicht ausgeschlossen werden, dass der EuGH sich,

---

[513] Näher VG Berlin IPRax 2011, 270 m. Aufsatz *Mankowski/Höffmann* IPRax 2011, 247 = StAZ 2010, 372; hierzu auch *Nordmeier* IPRax 2012, 31 (38 f.).

[514] So aber *Heiderhoff*, FS v. Hoffmann, 2011, 127 (131).

[515] Skeptisch bis abl. insoweit auch *Lagarde*, Liber Amicorum Gaudemet-Tallon, 2008, 481 (488 f.); *Mankowski/Höffmann* IPRax 2011, 247 (254); NK-BGB/*Freitag* Rn. 56; *Nordmeier* IPRax 2012, 31 (39) in Fn. 120; *Rieks*, Anerkennung im internationalen Privatrecht, 2012, 218 ff.; vgl. KOM (2010) 747 endg. S. 12: „Jeder europäische Bürger sollte darauf vertrauen können, dass sein Personenstand gewahrt bleibt, wenn er von seinem Recht auf Freizügigkeit Gebrauch macht."

[516] Krit. hierzu *Mansel* RabelsZ 70 (2006), 651 (709): „Einfallstor allumfassender Kontrollrechte des EuGH, die ihm aber [...] nicht zugewiesen sind"; ebenso (im Hinblick auf das Staatsangehörigkeitsrecht) *Schoch*, FS Hailbronner, 2013, 355 (367): Leerformel, mit deren Hilfe sich der EuGH die Interpretationsmacht sichere; den Ansatz des EuGH verteidigend aber *Grünberger* in Leible/Unberath Rom 0-VO 81 (144 f.); *Heiderhoff*, FS v. Hoffmann, 2011, 127 (133).

[517] So bereits *Mansel* IPRax 2011, 341 (342).

[518] Vgl. BVerfGE 123, 267 Rn. 249 = NJW 2009, 2267: „Zu wesentlichen Bereichen demokratischer Gestaltung gehören unter anderem die Staatsbürgerschaft [...]. Zu diesen bedeutsamen Sachbereichen gehören auch kulturelle Fragen wie [...] die Gestaltung der Familien[...]verhältnisse"; vgl. auch *Kohler* YbPIL 15 (2013/2014), 13 (28).

[519] Auch *Mansel* IPRax 2011, 341 (342) betont, dass ein sekundärrechtlicher Übergang zur Anerkennungsmethode nur nach Art. 81 AEUV beschlossen werden könne.

[520] Ähnlich bereits *Mansel* RabelsZ 70 (2006), 651 (724 f.): Angesichts der Kollisionsrechtsvereinheitlichung bestehe kein praktischer Bedarf für ein „verkapptes zweites Kollisionsrechtssystem".

ähnlichen Überlegungen folgend wie das KG (→ Rn. 122 f.), in diese Richtung bewegen wird. Im Übrigen stellt sich, auch wenn man das Anerkennungsprinzip insoweit nicht bereits für primärrechtlich zwingend hält, die Frage, ob es im Rahmen weiterer Sekundärrechtssetzung (→ Rn. 45 ff.) eine Alternative zum herkömmlichen Verweisungsmodell bieten könnte. Aus beiden Blickwinkeln ist die Frage zu vertiefen, an welche tatbestandlichen Voraussetzungen eine solche Anerkennungspflicht geknüpft werden sollte.

e) Tatbestandliche Voraussetzungen der Anerkennung. Die Anerkennungsmethode schaffe, **131** so die Kommission, für die Unionsbürger, die von ihrem Recht auf Freizügigkeit Gebrauch machten, „Einfachheit und Transparenz im Umgang mit den Behörden".[521] Auch Kritiker des Anerkennungsprinzips räumen ein, dass diese Vorstellung einen gewissen „Charme" habe.[522] Unter praktischen Gesichtspunkten werden als Vorzüge der Anerkennungsmethode insbesondere gelobt, dass nach diesem Vorgehen keine Prüfung eines ausländischen Sachrechts nötig sei[523] und dass es im Gegensatz zum Verweisungsmodell überflüssig werde, die engste Verbindung zu bestimmen.[524] Beide Argumente sind aber zu relativieren: Auf jegliche Prüfung des ausländischen Rechts könnte nur verzichtet werden, wenn man „Anerkennung" im Sinne einer vollständigen Gleichstellung des im Ausland begründeten Rechtsverhältnisses mit einem vergleichbaren inländischen Status begreifen würde; eine solche Konstruktion ist aber im Hinblick auf den Vertrauensschutz der Betroffenen problematisch (→ Rn. 127). Man kann also nur schwerlich gleichzeitig beide Ziele verwirklichen, sowohl einen umfassenden Vertrauensschutz der Betroffenen als auch eine vollständige Entbehrlichkeit der Ermittlung ausländischen Rechts.[525]

Ebenso bedenklich ist die Abkehr vom Prinzip der engsten Verbindung. Auch die Anhänger der **132** Anerkennungsmethode räumen ein, dass es irgendeines **„Kristallisationspunktes"**, etwa einer Registereintragung und der „Verbriefung" des Personenstandes in einer Urkunde, bedarf, die sodann die Anerkennungspflicht auslösen soll.[526] Darüber, ob und ggf. welche Anforderungen an die Lokalisation eines solchen Kristallisationspunktes zu stellen sind, gehen die Meinungen wiederum auseinander. Insofern ist zweifelhaft, ob man wirklich gänzlich auf die Prüfung einer engen Verbindung verzichten kann bzw. sollte.[527] Hier wiederholt sich in der Auseinandersetzung um das Anerkennungsprinzip der im 19. Jahrhundert ausgetragene Streit um die Lehre von der **Anerkennung wohlerworbener Rechte** („vested rights theory"),[528] gegen die bereits *Wächter* und *Savigny* treffend einwandten, sie führe in einen logischen Zirkel, weil man erst dann beurteilen könne, ob ein Recht „wohlerworben" sei, wenn man wisse, welche Rechtsordnung über diesen Erwerb entscheide.[529] Es kann keine Rede davon sein, dass dieses Grundproblem auf „wundersame Weise" verschwunden

---

[521] KOM (2010) 747 endg. S. 14.

[522] So *Wagner* NZFam 2014, 121.

[523] KOM (2010) 747 endg. S. 12 f.; *Coester-Waltjen* IPRax 2006, 392 (399); *Lagarde,* Liber Amicorum Gaudemet-Tallon, 2008, 481, 492; *Lehmann* in Leible General Principles of European Private International Law, 11 (39); *Leifeld,* Das Anerkennungsprinzip im Kollisionsrechtssystem des internationalen Privatrechts, 2010, 176.

[524] KOM (2010) 747 endg. S. 12 f.; zur Problematik eingehend *Goldstein/Muir Watt* Clunet 2010, 1095 (1108 ff.).

[525] Vgl. *Rieks,* Anerkennung im internationalen Privatrecht, 2012, 245 f.

[526] Von einer „durch eine Personenstandsurkunde in einem Mitgliedstaat verbriefte[n] Rechtsstellung" spricht die Kommission, KOM (2010) 747 endg. S. 11; vom „Kristallisationspunkt" *Mayer,* Mélanges Lagarde, 2005, 547 (562); hierzu *Mankowski,* FS Coester-Waltjen, 2015, 571 (582); *Mansel* RabelsZ 70 (2006), 651 (716); *Leifeld,* Das Anerkennungsprinzip im Kollisionsrechtssystem des internationalen Privatrechts, 2010, 138 („formale[r] Akt der Registrierung"); NK/*Freitag* Rn. 58; vgl. aber auch *Goldstein/Muir Watt* Clunet 2010, 1085 (1107), die darauf hinweisen, dass es in „Garcia Avello" (Rn. 120) an einem „Kristallisationspunkt" für die Namensführung in Spanien fehlte.

[527] Vgl. auch *Bollée* Rev. crit. dr. int. pr. 96 (2007), 307 (335): „[L]'exercice d'un certain contrôle est indispensable, ce qui oblige à définir les conditions de la reconnaissance"; s. aber *Mankowski/Höffmann* IPRax 2011, 247 (254), die meinen, bereits der Registrierungsakt begründe eine „Nahebeziehung"; s. demgegenüber die Erwägungen zum Problem des „Namenstourismus" in OLG München NJW-RR 2010, 660; *Lagarde* schlägt in seinem Art. 146 Nr. 2 (RabelsZ 75 [2011], 673 (676)) vor, dass die Anerkennung beim vollständigen Fehlen einer Verbindung zwischen dem Registrierungsstaat und dem gewöhnlichen Aufenthalt oder der Staatsangehörigkeit der Betroffenen zu versagen sei.

[528] *Goldstein/Muir Watt* Clunet 2010, 1085 (1104 f.); *Lehmann* in Leible General Principles of European Private International Law, 11 (30 f.); ausf. zum dogmengeschichtlichen Hintergrund *Sonnenberger,* FS Spellenberg, 2010, 371 (375 ff.); *Wendehorst* BerGesVR 45 (2012), 33 (42 ff.), beide mwN; ferner *Pamboukis* Rev. crit. dr. int. pr. 97 (2008), 513 (522 ff.); zum Zusammenhang der älteren Debatte mit dem Anerkennungsprinzip auch *Jayme/Kohler* IPRax 2004, 481 (484); *Lagarde* RabelsZ 68 (2004), 225 (233); *Mansel* RabelsZ 70 (2006), 651 (701); *Mayer,* Mélanges Lagarde, 2005, 547 f.; die Unterschiede betonend aber *Coester-Waltjen* IPRax 2006, 392 (399).

[529] Deutlich *v. Savigny,* System des heutigen römischen Rechts, Bd. VIII, 1849, 132; ebenso bereits *v. Wächter* AcP 25 (1842), 1 (4 f.); im neueren Schrifttum zB *Kropholler* IPR § 21 I 2a.

sei.[530] Zwar wird bisweilen vertreten, dass eine im Ausland eingegangene Ehe bereits ein bestehendes Faktum darstelle, in das der Anerkennungsstaat nicht nachträglich eingreifen dürfe, indem er deren Unwirksamkeit feststelle.[531] Insoweit wird das Anerkennungsprinzip auch als Spielart der sog **„Datum"-Theorie** (→ Einl. IPR Rn. 271) gerechtfertigt.[532] Aber diese Argumentation krankt daran, dass sie die Ebenen von sozialer Faktizität und normativer Geltung nicht sauber trennt:[533] Aus der Sicht des Zweitstaates wird nicht eine zuvor wirksame Ehe aufgelöst, sondern es lag vielmehr von vornherein keine wirksame Ehe vor.[534] Die aktuelle Diskussion um die Rechtswirkung von Ehen, die im Ausland von Minderjährigen eingegangen worden sind, zeigt dies deutlich (→ EGBGB Art. 6 Rn. 259). Zwar wird es auch im deutschen IPR akzeptiert, dass eine unwirksame, aber tatsächlich von den Ehegatten gelebte Ehe aus Gründen des Vertrauensschutzes verfassungs- und sozialrechtliche Relevanz entfalten kann (→ Einl. IPR Rn. 206 ff.); auf die zivilrechtliche Unwirksamkeit einer solchen Beziehung schlägt diese öffentlich-rechtliche Betrachtungsweise aber gerade nicht durch.[535] Ferner hat die Datum-Theorie auch im europäischen IPR ihren Platz, wenn es zB um die faktische Berücksichtigung ausländischer Straßenverkehrsregeln bei einem Unfall geht (Art. 17 Rom II-VO).[536] Es versteht sich freilich von selbst, dass aufgrund des Territorialitätsprinzips öffentlich-rechtliche Sicherheitsregeln im Straßenverkehr grundsätzlich dem Recht des Unfallortes entnommen werden;[537] auf die Beurteilung genuin zivilrechtlicher Rechtslagen (Ehe, Lebenspartnerschaft, Abstammung) ist diese territorial orientierte Denkweise hingegen nicht ohne Weiteres übertragbar. Dies gilt insbesondere für die Vornahme bloß **deklaratorischer Eintragungen privater Rechtsgeschäfte.** Zumindest aus deutscher Sicht haben Personenstandsurkunden (s. § 54 Abs. 3 S. 1 PStG) keine konstitutive Wirkung;[538] insoweit ist die wertpapierrechtliche Terminologie der „Verbriefung" eines Rechts, deren sich die Kommission bedient (→ Rn. 132 und Fn. 526), schlicht irreführend. Eine Ehe zB muss zwar nach deutschem Recht formal vor einem Standesbeamten geschlossen werden (§ 1310 Abs. 1 S. 1 BGB); ihre Geltung beruht aber auf dem rechtsgeschäftlichen Willen der Eheschließenden und nicht auf einem konstitutiven staatlichen Akt.[539] Es ist kaum einzusehen, warum ausländische Personenstandsurkunden in Deutschland eine stärkere Rechtswirkung entfalten sollten als inländische.[540]

133   Möglicherweise lässt sich der bereits gegen die Lehre von den wohlerworbenen Rechten vorgebrachte Einwand des Zirkelschlusses aber durch den Verweis darauf entkräften, dass für die beteiligten Mitgliedstaaten gleichermaßen höherrangiges Recht gelte.[541] In diesem Sinne müsste zB Art. 21 AEUV eine kollisionsrechtliche Vorgabe zugunsten des Ursprungslandes (Registrierungsstaates) enthalten, die dem Vorwurf des Zirkelschlusses die Spitze nähme.[542] Das Argument, die Mitgliedstaaten

---

[530] So aber *Pamboukis* Rev. crit. dr. int. pr. 97 (2008), 513 (515) in Fn. 7: „Et, de façon un peu curieuse, la question qui a dominé jadis le courant critique envers ce qu'il a été convenu d'appeler la théorie moderne des droits acquis – pour qu'un droit soit acquis il faut savoir d'après quelle loi – a miraculeusement disparu"; zu seinem Lösungsmodell eingehend *Sonnenberger,* FS Spellenberg, 2010, 371 (383); ferner *Leifeld,* Das Anerkennungsprinzip im Kollisionsrechtssystem des internationalen Privatrechts, 2010, 144 ff.

[531] So *Pamboukis* Rev. crit. dr. int. pr. 97 (2008), 513 (524); ebenso mit Hinweis auf den Vertrauensschutz *Mayer,* Mélanges Lagarde, 2005, 547 (567); hierzu auch *Bollée* Rev. crit. dr. int. pr. 96 (2007), 307 (322).

[532] *Coester-Waltjen* IPRax 2006, 392 (399 f.); vgl. auch *M.-P. Weller* IPRax 2014, 225 (228); eingehende und krit. Analyse des Verhältnisses von Datum-Theorie und Anerkennungsprinzip bei *Funken,* Das Anerkennungsprinzip im internationalen Privatrecht, 2009, 254 ff.

[533] Abl. bereits *Sonnenberger,* FS Spellenberg, 2010, 371 (383); vgl. auch *Mayer,* Mélanges Lagarde, 2005, 547 (548): Subjektive Rechte seien keine natürlichen Realitäten; eingehend *Lequette,* Mélanges Pierre Mayer, 2015, 481 (495 ff.); vgl. auch EGMR NJW 2017, 941 Rn. 209 gegen eine Legalisierung rechtswidriger Situationen als *fait accompli.*

[534] Vgl. auch zum Beispiel der sog Gretna Green-Ehen *Kropholler* IPR § 21 I 2a.

[535] Eingehend BGH NJW-RR 2003, 850 = IPRax 2004, 438, mAnm *Mäsch* IPRax 2004, 421 = LMK 2003, 128 (Ls.) mAnm *Pfeiffer* LMK 2003, 128 = FamRZ 2003, 838 mAnm *Borgmann* FamRZ 2003, 844.

[536] Hierzu eingehend *v. Hein,* FS v. Hoffmann, 2011, 139 (141); *Pfeiffer,* Liber Amicorum Schurig, 2012, 229 ff.

[537] BT-Drs. 14/343, 11; *v. Bar* JZ 1985, 961 (967); näher (auch zu denkbaren Ausnahmen) *v. Hein,* FS v. Hoffmann, 2011, 139 (144 ff.).

[538] Näher *Wagner* NZFam 2014, 121 (123).

[539] In Deutschland allgM, s. nur *Wagner* FamRZ 2013, 1620 (1624); dass infolge des Anerkennungsprinzips „[b]ei Ehesachen […] Komplikationen auftreten [könnten]", räumt auch die Kommission ein, KOM (2010) 747 endg. S. 15.

[540] *Mansel/Coester-Waltjen/Henrich/Kohler* IPRax 2011, 335 (340); *Wagner* NZFam 2014, 121 (123).

[541] So (in Bezug auf das Herkunftslandprinzip) *Michaels* JPIL 2 (2006), 195 (235); ihm für das Anerkennungsprinzip folgend *Grünberger* in Leible/Unberath Rom 0-VO 81 (159).

[542] Zur Frage der dogmatischen Einordnung des Art. 21 AEUV als „versteckte" Kollisionsnorm eingehend *Wall* IPRax 2010, 433 ff.; krit. dazu *Heiderhoff,* FS v. Hoffmann, 2011, 127 (137 f.); vermittelnd *Grünberger* in Leible/Unberath Rom 0-VO 81 (157): Art. 21 AEUV sei keine Kollisionsnorm „im verweisungsrechtlichen Sinne".

hätten mit dem Beitritt zur EU nun einmal einen Teil ihrer Souveränität an die Union abgetreten und müssten sich deshalb mit einem kollisionsrechtlichen Herkunftsland- oder Anerkennungsprinzip abfinden,[543] verfängt aber nicht recht auf Sachgebieten, für welche die Mitgliedstaaten der Union gerade *keine* Regelungskompetenz eingeräumt haben – wie im materiellen Personenstandsrecht (→ Rn. 119) – oder auf denen sie diese Kompetenzen bewusst unter bestimmte Kautelen gestellt haben, mit denen ihre Souveränität gerade gewahrt werden soll – so im Internationalen Familienrecht (→ Rn. 129). **Art. 21 AEUV** stellt **unmittelbar nur eine Rangkollisionsnorm** dar (Anwendungsvorrang des Unionsrechts), löst also einen vertikalen Normenkonflikt.[544] Der Vorschrift lässt sich hingegen keine allseitige Norm zur Lösung von horizontalen Normenkonflikten entnehmen.[545] Ob der Staat, in dem die Rechtslage etwa durch eine Registereintragung geschaffen wird, insoweit an den gewöhnlichen Aufenthalt oder die gemeinsame Staatsangehörigkeit der Beteiligten anknüpft, ihnen eine Rechtswahl eröffnet oder nach dem Modell des Art. 17b EGBGB auf jeglichen Filter verzichtet, wird durch Art. 21 AEUV nicht vorgegeben;[546] im Gegenteil: Der Übergang zur Anerkennungsmethode würde nicht nur die materiellrechtlichen,[547] sondern insofern auch die kollisionsrechtlichen Unterschiede zwischen den Mitgliedstaaten unangetastet lassen.[548] Ferner ergibt sich aus Art. 21 AEUV nicht ohne weiteres, ob der Anerkennungsstaat jede in einem anderen Mitgliedstaat geschaffene Rechtslage schlechthin akzeptieren muss oder ob er auf der Einhaltung bestimmter und ggf. welcher räumlicher Mindestanforderungen an die Zuständigkeit des Registrierungsstaates beharren darf.[549] Zwar ließen sich durch eine Einzelfallbetrachtung und ein fortschreitendes Case Law des EuGH mit der Zeit möglicherweise gewisse Maßstäbe herausbilden; ein solches Vorgehen untergrübe aber wiederum gerade den Vorzug der einfachen und vorhersehbaren Rechtsanwendung, der dem Anerkennungsprinzip angeblich (→ Rn. 131) innewohnt.[550]

Ein auf dem Anerkennungsprinzip beruhendes Kollisionsrecht führt überdies zu demselben **134** Dilemma wie jedes System einseitiger Kollisionsnormen: Erklären sich mehrere Staaten für zuständig, kommt es zu einer Normenhäufung; betrachtet sich kein Staat als zuständig, droht ein Normenmangel.[551] Praktische Probleme bereitet insbesondere die Kumulation mehrerer, in verschiedenen Staaten entstandener Rechtslagen. Insoweit könnte man daran denken, ein reines **Prioritätsprinzip** zugrunde zu legen.[552] Dafür ließe sich anführen, dass bereits das Vertrauen in den staatlichen Akt eines Mitgliedstaates als solches Schutz verdiene.[553] Demgegenüber wird aber mit Recht eingewandt, dass die Legitimität der Parteierwartungen bzw. eine Rechtfertigung des Vertrauensschutzes zweifelhaft sei, wenn keinerlei enge Verbindung der Beteiligten zum Registrierungsstaat bestehe.[554] Vor allem spricht gegen ein reines Prioritätsprinzip, dass die Entstehung einer familienrechtlichen Lage für mehrere Beteiligte (Vater, Mutter, Kind) mit unter Umständen divergierenden Interessen relevant sein kann. Ein „Wettrennen" der Elternteile zu den Behörden unterschiedlicher Staaten, um dort die Eintragung des gewünschten Namens oder eines bestimmten Status (zB Anerkennung der Vaterschaft ohne Zustimmung der Mutter) zu erreichen, bildet aber kein sinnvolles Ziel europäischer Kollisionsrechtsharmonisierung.[555] Wenn

---

[543] So *Michaels* JPIL 2 (2006), 195 (235).

[544] Vgl. auch OLG München NJW-RR 2010, 660.

[545] *Heiderhoff,* FS v. Hoffmann, 2011, 127 (137 f.).

[546] Anders aber *Grünberger* in Leible/Unberath Rom 0-VO 81 (124): auch der Erststaat müsse (im Namensrecht) Wahlfreiheit garantieren, (159 f.): Ableitung der Parteiautonomie aus Art. 21 AEUV.

[547] Vgl. KOM (2010) 747 endg. S. 15.

[548] Zutr. *Mansel* IPRax 2011, 341 (342): Rechtsunterschiede würden perpetuiert; vgl. aber auch *Nordmeier* IPRax 2012, 31 (39); ferner *Rieks,* Anerkennung im internationalen Privatrecht, 2012, 243 f., die diesen „geringeren Eingriff in das bestehende IPR" der Mitgliedstaaten gerade als Vorzug des Anerkennungsprinzips lobt.

[549] *Rieks,* Anerkennung im internationalen Privatrecht, 2012, 234 f.

[550] *Heiderhoff,* FS v. Hoffmann, 2011, 127 (136 f.); *Nordmeier* StAZ 2011, 129 (138).

[551] Vgl. in Bezug auf die Theorie der „wohlerworbenen Rechte" *Kropholler* IPR § 21 I 2a; zum unilateralen Hintergrund des Anerkennungsprinzips eingehend *Bollée* Rev. crit. dr. int. pr. 96 (2007), 307 ff. („méthode de la reconnaissance unilatérale"); *Goldstein/Muir Watt* Clunet 2010, 1085 (1107); *Leifeld,* Das Anerkennungsprinzip im Kollisionsrechtssystem des internationalen Privatrechts, 2010, 216 f., der aber – zu Unrecht – innerhalb der EU eine Abgrenzung zwischen Uni- und Multilateralismus für „gar nicht möglich" hält.

[552] Dafür *Leifeld,* Das Anerkennungsprinzip im Kollisionsrechtssystem des internationalen Privatrechts, 2010, 131 ff.; NK-BGB/*Freitag* Rn. 59, der auf die Niederlassungsfreiheit von Briefkastengesellschaften als Regelungsvorbild (→ Rn. 93 ff.) verweist (s. aber auch NK-BGB/*Freitag* Rn. 60); vgl. auch die Überlegungen von *Coester-Waltjen* IPRax 2006, 392 (398); *W.-H. Roth* IPRax 2006, 338 (343 f.) (Wahlfreiheit oder Priorität).

[553] In diesem Sinne KOM (2010) 747 endg. S. 12; vgl. auch *Bollée* Rev. crit. dr. int. pr. 96 (2007), 307 (322); *Pamboukis* Rev. crit. dr. int. pr. 97 (2008), 513 (524).

[554] *Goldstein/Muir Watt* Clunet 2010, 1085 (1109).

[555] Gegen das „Wettrennen um einen Status" *Heiderhoff,* FS v. Hoffmann, 2011, 127 (135); in der Sache ebenso *Funken,* Das Anerkennungsprinzip im internationalen Privatrecht, 2009, 81 f.; *Mansel* RabelsZ 70 (2006), 651 (700 ff.); *Nordmeier* StAZ 2011, 129 (139).

man bei Gerichtsverfahren gerade das forum shopping verhindern will (Erwägungsgrund 6 Rom I und II-VO), ist es nicht überzeugend, auf familienrechtlichem Gebiet genau entgegengesetzt ein „Behördenshopping" im Hinblick auf die Urkundenerrichtung zu fördern.[556] Ebenso wenig ist es angebracht, die Entstehung einer materiellen Rechtslage davon abhängen zu lassen, welche Behörde im Einzelfall schneller gearbeitet hat.[557] Ähnliche Probleme können entstehen, wenn zwei Männer, die sich jeweils für den Vater eines Kindes halten, in verschiedenen Mitgliedstaaten ihre Vaterschaft anerkennen.[558] Schließlich wird es gerade für eingetragene Partnerschaften für interessengerechter gehalten, nicht die erste, sondern die letzte Registrierung den Ausschlag geben zu lassen.[559]

135   Will man Konflikte zwischen inhaltlich divergierenden Personenstandsurkunden bzw. den darin „verbrieften" Rechtslagen nicht generell nach rein temporalen Gesichtspunkten lösen oder das Anerkennungsprinzip insoweit schlicht für unanwendbar erklären,[560] bedarf es daher doch wieder **räumlicher Kriterien zur Lokalisierung des rechtlich maßgebenden „Kristallisationspunktes"** (zB gewöhnlicher Aufenthalt,[561] Staatsangehörigkeit).[562] Dem Anerkennungsprinzip wird insoweit ein „Meta-Kollisionsrecht" vorgeschaltet.[563] Ob das IPR dadurch wirklich einfacher wird, kann man bezweifeln.[564] Zwar mag man methodisch-begrifflich in der Weise differenzieren, dass im Rahmen des Anerkennungsprinzips durch die Festlegung der räumlichen Berührungspunkte des Ursprungsstaates nicht das anwendbare Recht, sondern nur die Zuständigkeit des Herkunftsstaates zur Schaffung einer Rechtslage definiert werde;[565] von einer regulären Kollisionsnorm unterscheidet sich dieses Modell aber im Ergebnis – jedenfalls wenn man im Rahmen des klassischen IPR Gesamtverweisungen ausspricht (→ Art. 4 Rn. 2, 17) – kaum.[566] Auch wenn man in Abkehr vom bisherigen IPR (zB Art. 13 Abs. 1 EGBGB) statt auf die Staatsangehörigkeit beider Nupturienten auf den gewöhnlichen Aufenthalt oder allein auf das Heimatrecht eines der Verlobten abstellen wollte,[567] würde sich strukturell gegenüber einer herkömmlichen kollisionsrechtlichen Anknüpfung nichts Entscheidendes ändern: Es würde – wie auch im internationalen Gesellschaftsrecht (→ Rn. 90) – **lediglich ein Anknüpfungsmoment durch ein anderes ersetzt** bzw. im Rahmen einer alternativen oder subsidiären Anknüpfung ergänzt. Durch die Definition räumlicher Zuständigkeitsbedingungen nähert man sich notwendigerweise dem Prinzip der engsten Verbindung und damit letztlich wieder dem

---

[556] Von „Registration shopping" spricht im deutschen Schrifttum *Leifeld,* Das Anerkennungsprinzip im Kollisionsrechtssystem des internationalen Privatrechts, 2010, 199 f. mwN.

[557] *Mansel* RabelsZ 70 (2006), 651 (701 f.).

[558] Vgl. *Mansel/Coester-Waltjen/Henrich/Kohler* IPRax 2011, 335 (340); *Wagner* NZFam 2014, 121 (123).

[559] So – unter Berufung auf Art. 17b Abs. 3 – *Lagarde,* Liber Amicorum Gaudemet-Tallon, 2008, 481 (498).

[560] Im letztgenannten Sinne *Rieks,* Anerkennung im internationalen Privatrecht, 2012, 148 f.: mangels Rechtswahl sei auf das konventionelle Verweisungs-IPR des Zweitstaates zurückzugreifen.

[561] Hierauf dürfte letztlich auch das von *Romano* Rev. crit. dr. int. pr. 95 (2006), 457 ff. ins Spiel gebrachte Kriterium der hinreichenden sozialen Integration einer Person hinauslaufen; zu diesem Lösungsvorschlag eingehend *Sonnenberger,* FS Spellenberg, 2010, 371 (382).

[562] *Mansel* RabelsZ 70 (2006), 651 (703); *Rieks,* Anerkennung im internationalen Privatrecht, 2012, 234; *Romano* Rev. crit. dr. int. pr. 95 (2006), 457 (497) („un quelconque lien significatif"); vgl. auch *Lagarde* RabelsZ 68 (2004), 225 (232 ff.); *Leifeld,* Das Anerkennungsprinzip im Kollisionsrechtssystem des internationalen Privatrechts, 2010, 202 f.; *Lipp,* FS Coester-Waltjen, 2015, 521 (525 f.); *Trüten,* Die Entwicklung des Internationalen Privatrechts in der Europäischen Union, 2015, 499. *Funken,* Das Anerkennungsprinzip im internationalen Privatrecht, 2009, 250 und *Rieks,* Anerkennung im internationalen Privatrecht, 2012, 204 sehen im Erfordernis der engen Verbindung den maßgebenden Unterschied des Anerkennungsprinzips gegenüber der Lehre der wohlerworbenen Rechte. Dieser Einwand verkennt jedoch, dass zB im US-amerikanischen Kollisionsrecht in der ersten Hälfte des 20. Jh. auf Grundlage der «vested rights theory» räumliche Anknüpfungskriterien entwickelt worden sind (vgl. nur die Regeln des 1st Restatement, 1933: lex loci delicti, lex contractus, lex rei sitae, hierzu aus heutiger Sicht *Hay/Borchers/Symeonides,* Conflict of Laws, 5. Aufl. 2010, § 2.7.

[563] *Wendehorst* BerGesVR 45 (2012), 33 (56); von „einheitlichem interlokalen Kollisionsrecht" spricht insoweit *Mansel* RabelsZ 70 (2006), 651 (718); vgl. auch *Baratta* Riv. dir. int. priv. proc 51 (2015) 721 (727).

[564] So auch *M. Weller,* Europäisches Kollisionsrecht, 2015, Rn. 146 („Hyperkomplexität").

[565] So *Lagarde* RabelsZ 68 (2004), 225 (233); ebenso *Coester-Waltjen* IPRax 2006, 392 (398); vgl. auch Art. 31 Abs. 2 des portugiesischen Zivilgesetzbuchs (*Riering* Nr. 6): „Jedoch werden in Portugal die Rechtsgeschäfte anerkannt, welche in dem Land des gewöhnlichen Aufenthalts des Erklärenden in Übereinstimmung mit dem Recht dieses Landes vorgenommen worden sind, soweit dieses Recht sich als anwendbar ansieht"; hierzu *Nordmeier* IPRax 2012, 31 (40).

[566] Dass derartige Zuständigkeitsnormen de facto versteckte Kollisionsnormen darstellen, räumt *Funken,* Das Anerkennungsprinzip im internationalen Privatrecht, 2009, 250 f. offen ein, anders wäre dies nur, wenn man im Anerkennungsstaat – analog den Regeln des europäischen Zivilverfahrensrechts (→ Rn. 117) – auch noch auf eine Nachprüfung der Einhaltung dieser Zuständigkeitsvoraussetzungen verzichtet, vgl. zur Problematik *Wendehorst* BerGesVR 45 (2012), 33 (56).

[567] Vgl. *Coester-Waltjen* IPRax 2006, 392 (398).

verweisungsrechtlichen Modell an.[568] Dem lässt sich nicht entgegenhalten, dass im Rahmen des Anerkennungsprinzips keine Einigung der Mitgliedstaaten auf die jeweils „engste", sondern nur auf eine „enge" Verbindung erforderlich sei, um die Zuständigkeit zur Registrierung einer Rechtslage zu begründen.[569] Bereits das konventionelle Verweisungsrecht (zB Art. 19) lässt nämlich zur Begünstigung der Entstehung eines Statusverhältnisses durch **alternative Anknüpfungen** das Vorliegen einer lediglich „engen" Verbindung genügen.[570] Insoweit zeigen sich deutliche Parallelen;[571] so wird zB im Abstammungsrecht vorgeschlagen, bei mehrfachen „Rechtslagen" nach den bestmöglichen Auswirkungen auf das Kindeswohl zu entscheiden.[572] Da sich aber verweisungsrechtliche alternative Anknüpfungen bereits im autonomen IPR zB für Abstammungsfragen bewährt haben, ist nicht zu erkennen, warum die Europäisierung des IPR für Personenstandsfragen einen grundsätzlichen Methodenwechsel in Richtung auf ein Anerkennungsprinzip erfordern soll. Vielmehr drängt sich der Eindruck auf, dass hier mit erheblichem methodischen Aufwand letztlich das Rad neu erfunden wird: Maßgebend soll im Ergebnis das Recht sein, zu dem zumindest eine enge Verbindung besteht; und diese soll sich wiederum entweder aus dem gewöhnlichen Aufenthalt oder der Staatsangehörigkeit einer Person ergeben.[573] Eine simple Alternativanknüpfung, wie sie zB in Formfragen oder für Umweltdelikte auch das europäische IPR kennt (Art. 11 Rom I-VO, Art. 7 Rom II-VO), würde denselben Zweck einfacher und ohne methodische Verwerfungen erfüllen.

Darüber hinaus spricht gegen das Anerkennungsprinzip, dass es das im europäischen IPR bislang **136** verfolgte Konzept der *loi uniforme* (→ Rn. 36) untergräbt.[574] Dies gilt jedenfalls, wenn man ein solches Prinzip mit dem bisher dominierenden Begründungsansatz des EuGH aus der Freizügigkeit (Art. 21 AEUV) und nicht primär aus Art. 8 EMRK ableitet.[575] Ein Sonderkollisionsrecht für unionsinterne Sachverhalte könnte zwar innerhalb der EU die Gefahr hinkender Rechtsverhältnisse verringern,[576] würde aber zugleich die Zahl hinkender Rechtsverhältnisse im Verhältnis zu Drittstaaten vergrößern, gegenüber die Gewährleistung der Freizügigkeit gemäß Art. 21 AEUV nicht gilt. Gegenüber diesen Staaten müsste folglich an verweisungsrechtlichen Kollisionsnormen festgehalten und somit eine methodische Spaltung des europäischen IPR in Kauf genommen werden.[577] Dagegen ließe sich wiederum einwenden, dass eine solche Divergenz wegen der Grundfreiheiten hinzunehmen und zB auch im Internationalen Gesellschaftsrecht bekannt sei, in dem die Gründungstheorie nur gegenüber Gesellschaften aus der EU bzw. dem EWR zur Geltung komme, während es im Verhältnis zu Drittstaaten wie der Schweiz bei der herkömmlichen Sitztheorie bleibe (→ Rn. 98). Gerade dort ist diese Spaltung des Kollisionsrechts aber höchst misslich und hat zu Überlegungen einer einheitlichen Kodifikation des Internationalen Gesellschaftsrechts iS der Gründungstheorie auch gegenüber Drittstaaten geführt (→ Rn. 115 f.); die bislang auf diesem Gebiet bestehende **Durchbrechung des Grundsatzes der universellen Anwendbarkeit des europäischen IPR** kann daher nur schwerlich als Blaupause für das Internationale Familienrecht dienen. Eine allgemeine

---

[568] *Sonnenberger,* FS Spellenberg, 2010, 371 (389): Die entsprechenden Kriterien seien entweder dem Arsenal der verweisungsrechtlichen Anknüpfungen entlehnt, lägen im Dunkeln oder seien untauglich; vgl. auch *Mansel/Coester-Waltjen/Henrich/Kohler* IPRax 2011, 335 (340); *Wagner* NZFam 2014, 121 (123); ins Affirmative wendet dieses Gegenargument wiederum *Leifeld,* Das Anerkennungsprinzip im Kollisionsrechtssystem des internationalen Privatrechts, 2010, 217: „Das Anerkennungsprinzip entspricht [...] dem Prinzip der engsten Verbindung (im engeren Sinne)." Wozu dann aber der (angebliche) methodische Paradigmenwechsel?

[569] So aber *Rieks,* Anerkennung im internationalen Privatrecht, 2012, 146 f. und 243 f.

[570] Zur Verwandtschaft zwischen alternativer Anknüpfung und Anerkennungsprinzip, weil beide Methoden statt der „engsten" eine bloß „enge" Verbindung genügen lassen, *Pamboukis* Rev. crit. dr. int. pr. 97 (2008), 513 (559); vgl. auch *Goldstein/Muir Watt* Clunet 2010, 1085 (1109 f.); *Lagarde,* Liber Amicorum Gaudemet-Tallon, 2008, 481 (492 ff.); zum Prinzip der hinreichend engen Verbindung bei Alternativanknüpfungen *v. Hein,* Das Günstigkeitsprinzip im internationalen Deliktsrecht, 1999, 73.

[571] ZB *Rieks,* Anerkennung im internationalen Privatrecht, 2012, 147 spricht explizit von der „Alternativität der Verknüpfungspunkte".

[572] *Lagarde,* Liber Amicorum Gaudemet-Tallon, 2008, 481 (498 f.).

[573] Vgl. *Rieks,* Anerkennung im internationalen Privatrecht, 2012, 147, die in Bezug auf Kinder noch den Geburtsort hinzufügt. Dieser kann aber völlig zufällig sein (zB verfrühte Geburt während der Durchreise der Mutter).

[574] *Sonnenberger,* FS Spellenberg, 2010, 371 (387); *Wagner* NZFam 2014, 121 f.; ebenso bereits *Gärtner,* Die Privatscheidung im deutschen und gemeinschaftsrechtlichen Internationalen Privat- und Verfahrensrecht, 2008, 371 f.; *Mansel/Coester-Waltjen/Henrich/Kohler* IPRax 2011, 335 (339); für „naturgemäß" hält diese Spaltung aber *NK-BGB/Freitag* Rn. 61.

[575] *Nordmeier* StAZ 2011, 129 (135).

[576] Näher *Mankowski,* FS Coester-Waltjen, 2015, 571 (580 ff.).

[577] *Wagner* NZFam 2014, 121 f.; die Schwierigkeiten der Abgrenzung relativierend aber *Lehmann* in Leible General Principles of European Private International Law, 11 (40); *Rieks,* Anerkennung im internationalen Privatrecht, 2012, 246 f.

Erweiterung des Anerkennungsprinzips auch auf Drittstaaten wäre allenfalls abstrakt-technisch denkbar, angesichts der erheblichen rechtskulturellen Differenzen gerade im Hinblick auf Statusverhältnisse (polygame Ehen, Ehen Minderjähriger usw) aber sachlich wenig einleuchtend und ohne eine erhebliche Aufblähung des ordre public kaum durchzuführen.[578]

137   Schließlich ist zu beachten, dass der **EuGH** in seiner Rechtsprechung den Mitgliedstaaten **keinen prinzipiellen Wechsel der Kollisionsrechtsmethodik vorgeschrieben** hat, sondern im Wege einer rein folgenorientierten Betrachtung vorgeht: Da hinkende Rechtsverhältnisse die Freizügigkeit nach Art. 21 AEUV beeinträchtigen können, ist im Einzelfall eine Korrektur des Anknüpfungs*ergebnisses* (!) im Lichte der Grundfreiheiten geboten.[579] Die methodische Vorgehensweise, die ein Mitgliedstaat dabei wählt – ob über eine sachrechtliche Anpassung (zB durch das NÄG), verweisungsrechtliche Lösungen (Erweiterungen der Parteiautonomie, Alternativanknüpfungen, subsidiäre Anknüpfungen) oder eben die bloße „Anerkennung" einer Rechtslage – schreibt der EuGH nicht allgemein vor.[580] Alle drei Leitentscheidungen zum Namensrecht hätten sich methodisch ohne Weiteres im Rahmen des Verweisungsparadigmas bewältigen lassen: Der Fall „Garcia Avello" wäre in Deutschland schon mit Art. 10 Abs. 3 S. 1 Nr. 1 zu lösen gewesen, der für Doppelstaater mit gewöhnlichem Aufenthalt im Inland eine Rechtswahlmöglichkeit eröffnet, ohne der effektiven bzw. inländischen Staatsangehörigkeit hierbei den Vorrang einzuräumen.[581] Der Fall „Grunkin Paul" hätte sich auch über eine verallseitigende Auslegung oder eine entsprechende Neufassung des Art. 10 Abs. 3 S. 1 Nr. 2 bewältigen lassen;[582] Art. 48 begründet statt dessen heute eine funktional äquivalente sachrechtliche Wahlbefugnis.[583] Und in „Sayn-Wittgenstein" ergab sich die Notwendigkeit eines Rückgriffs auf den ordre public nur, weil der EuGH nicht von vornherein bei dem sachlich identischen Ergebnis der verweisungsrechtlichen Lösung (Maßgeblichkeit österreichischen Rechts) stehenblieb. Für eine angebliche methodische Überlegenheit des Anerkennungsprinzips gegenüber dem Verweisungsmodell sind das insgesamt kaum überzeugende Belege.

138   Auch die **Problematik der hinkenden Statusverhältnisse** ließe sich folglich durchaus sachgerecht im Rahmen eines verweisungsrechtlichen Modells lösen, indem primär an den gewöhnlichen Aufenthalt einer Person angeknüpft wird (→ Art. 5 Rn. 48) und den Beteiligten im Gegenzug erweiterte Rechtswahlbefugnisse eingeräumt werden[584] oder indem verstärkt von alternativen bzw. subsidiären Anknüpfungen Gebrauch gemacht wird, um die Wirksamkeit bestimmter Statusverhältnisse zu begünstigen (→ Rn. 135). Gerade die zunehmende Verbreitung der Parteiautonomie auch im Personen-, Familien- und Erbrecht ermöglicht es, den berechtigten Anliegen der Parteien (Schutz berechtigter Erwartungen, Vermeidung hinkender Rechtsverhältnisse) auch im Rahmen des herkömmlichen Verweisungsmodells angemessen Rechnung zu tragen, so dass sich der praktische Bedarf nach einer „Anerkennungslösung" erheblich vermindert (zB, wenn man Privatscheidungen durch eine entsprechende Verweisung des autonomen IPR in den Anwendungsbereich der Rom III-VO

---

[578] Deutlich *Bucher,* Mélanges van Loon, 2013, 101 (108); insoweit abl. auch *Mansel/Coester-Waltjen/Henrich/Kohler* IPRax 2011, 335 (339); mit einer Ausdehnung des Anerkennungsprinzips gegenüber Drittstaaten sympathisierend aber *Lagarde,* Liber Amicorum Gaudemet-Tallon, 2008, 481 (489 f.); im Verhältnis zu Kalifornien s. jüngst EGMR NJW 2015, 3211 – Mennesson/Frankreich, der den französischen Behörden in einem Leihmutterschaftsfall die Berufung auf den ordre public versagt hat.

[579] S. auch *Funken,* Das Anerkennungsprinzip im internationalen Privatrecht, 2009, 45 f.; *Leifeld,* Das Anerkennungsprinzip im Kollisionsrechtssystem des internationalen Privatrechts, 2010, 19 ff.; *Pamboukis* Rev. crit. dr. int. pr. 97 (2008), 513(521).

[580] EuGH ECLI:EU:C:2017:432 = BeckRS 2017, 112232 – Mircea Florian Freitag. *Sonnenberger,* FS Spellenberg, 2010, 371 (390); ebenso *Kroll-Ludwigs,* Die Rolle der Parteiautonomie im europäischen Kollisionsrecht, 2013, 267; NK-BGB/*Freitag* Rn. 62; hiervon ist ersichtlich auch der deutsche Gesetzgeber bei der Schaffung des Art. 48 ausgegangen, s. BT-Drs. 17/11049, 12; vgl. auch zur Möglichkeit einer Namensänderung nach dem NamÄndG OLG München NJW-RR 2012, 454; enger wohl *Leifeld,* Das Anerkennungsprinzip im Kollisionsrechtssystem des internationalen Privatrechts, 2010, 133 f. (nur die Ausgestaltung des Anerkennungsprinzips stehe den Mitgliedstaaten frei).

[581] Vgl. BT-Drs. 17/11049, 12.

[582] Für Verallseitigung des Art. 10 Abs. 3 S. 1 Nr. 2 namentlich *Sturm* StAZ 2010, 146 (147 f.) mzN zum Streitstand; dagegen – de lege lata mit Recht – zB *Kropholler* IPR § 43 II 2b; de lege ferenda *Funken,* Das Anerkennungsprinzip im internationalen Privatrecht, 2009, 166; nachdem der Gesetzgeber diese Option jüngst explizit verworfen hat (BT-Drs. 17/11049, 12), fehlt es bereits an einer unbewussten Regelungslücke als Voraussetzung für eine Analogie.

[583] Zu den Motiven BT-Drs. 17/11049, 12. Der Gesetzgeber befürchtete vor allem, durch eine Ausdehnung kollisionsrechtlicher Wahlbefugnisse, die in anderen Staaten keine Entsprechung finden, die Zahl hinkender Rechtsverhältnisse im Ergebnis zu vergrößern.

[584] Vgl. zu einer denkbaren Kollisionsrechtsvereinheitlichung die Überlegungen im Grünbuch der Kommission, KOM (2010) 747 endg. S. 15 f.

einbezöge und insoweit die Rechtswahl zuließe).[585] Zwar wird bei divergierenden Interessenlagen möglicherweise kein Einvernehmen der Beteiligten zu erzielen sein;[586] für dieses Problem bietet aber auch das Anerkennungsprinzip keine Lösung, wenn man sich nicht mit einem bloßen Prioritätsprinzip und dem oben (→ Rn. 134) beschriebenen „Wettlauf" der Betroffenen zu einer ihnen jeweils gewogenen Behörde begnügen will.

f) Ergebnis und Ausblick. So ergibt sich derzeit folgendes Fazit: Art. 21 AEUV enthält keine **139** „versteckte" Kollisionsnorm, die generell zur Anerkennung personenstandsrechtlicher Rechtslagen allein deshalb zwingen würde, weil diese in einer Urkunde aus einem anderen Mitgliedstaat „verbrieft" worden sind (→ Rn. 133). Es bedarf jedoch der Prüfung im Einzelfall, ob eine betroffene Person durch ein hinkendes Rechtsverhältnis in ihrer Freizügigkeit in ungerechtfertigter Weise beeinträchtigt wird;[587] wenn dies der Fall ist, steht es den Mitgliedstaaten allerdings frei, ob sie das entsprechende Hindernis auf sach- oder kollisionsrechtlichem Wege beseitigen (→ Rn. 137). Ein allgemeiner sekundärrechtlicher Übergang zur Anerkennungsmethode erscheint im Vergleich zum bislang verfolgten verweisungsrechtlichen Ansatz bei der Kodifikation des europäischen IPR nicht empfehlenswert.[588] Eine radikale Vereinfachung der Rechtsanwendung ginge nämlich auf Kosten der internationalprivatrechtlichen Gerechtigkeit; eine Ergänzung des Anerkennungsprinzips durch am Prinzip der engsten Verbindung orientierte räumliche Kriterien würde hingegen letztlich die Frage aufwerfen, welcher Gewinn gegenüber dem herkömmlichen Verweisungsrecht erzielt wird (→ Rn. 135). Die aufgeworfenen Probleme lassen sich vielmehr im Rahmen eines **modifizierten Verweisungsparadigmas** (Erweiterung der Rechtswahl, alternative Anknüpfungen) befriedigend lösen. Gleichwohl ist die Anerkennungsmethode, soweit sie im Rahmen der bisherigen Rechtsprechung des EuGH ihren Ausdruck gefunden hat, als Bestandteil des europäischen Kollisionsrechts zu berücksichtigen. Die sich daraus ergebenden Konsequenzen für den Allgemeinen Teil des IPR sind im jeweiligen Sachzusammenhang zu erörtern (für den Renvoi → Art. 4 Rn. 158 ff.; für die Staatsangehörigkeitsanknüpfung → Art. 5 Rn. 12, 38, 88 f.; für den ordre public → Art. 6 Rn. 16, 25 ff.; zu Fragen des Art. 48 → Art. 48 Rn. 1 ff.; zum Anerkennungsprinzip im Internationalen Sachenrecht → Art. 43 Rn. 152 f.).[589]

4. Sonstige Einflüsse des primären Europarechts auf das IPR. Die Grundfreiheiten des **140** AEUV können auch auf das IPR der außervertraglichen und vertraglichen Schuldverhältnisse einwirken (zum vermeintlichen „Herkunftslandprinzip" → Rn. 80 ff.). Im Internationalen Deliktsrecht wurde in diesem Zusammenhang lange Zeit erörtert, ob die bekannte **Inländerschutzklausel** des Art. 38 EGBGB aF gegen das Diskriminierungsverbot (heute Art. 18 AEUV) verstieß;[590] diese Frage ist nicht nur durch die Rom II-VO, sondern auch im autonomen IPR durch die Schaffung des Art. 40 Abs. 3 EGBGB seit 1999 überholt.[591] Ferner war die – im Jahre 1999 durch Art. 40 Abs. 1 EGBGB modifizierte – **Ubiquitätsregel** auf dem Gebiet der Internationalen Produkthaftung im Lichte des Art. 34 AEUV als versteckte Diskriminierung ausländischer Hersteller kritisiert worden;[592] wegen des Anwendungsvorrangs des Art. 5 Rom II-VO hat sich heute auch diese Problematik erledigt. Darüber hinaus wird zum Teil aus den Grundfreiheiten, insbesondere aus Art. 34 AEUV, das Gebot der kollisionsrechtlichen Rechtswahlfreiheit **(Parteiautonomie)** abgeleitet:[593] Die Parteien einer internationalen Vertragsbeziehung müssten Sicherheit über das anwendbare Recht erlangen können; diese sei durch objektive Anknüpfungen allein nicht zu erreichen, worin eine Beschränkung der

---

[585] Umgekehrt führen *Bollée* Rev. crit. dr. int. pr. 96 (2007), 307 (353) und *Pamboukis* Rev. crit. dr. int. pr. 97 (2008), 513 (519) das Vordringen der Parteiautonomie und die damit einhergehende „Privatisierung" des IPR als Argument für das Anerkennungsprinzip an; dagegen wiederum *Goldstein/Muir Watt* Clunet 2010, 1085 (1111): Parteiautonomie sei im IPR nicht weit verbreitet – dieser Einwand ist überholt.

[586] *Bogdan,* Concise Introduction to EU Private International Law, 3. Aufl. 2016, 27 f. mit dem Beispiel des Ehegüterrechts.

[587] Vgl. *Lagarde*, Mélanges Pierre Mayer, 2015, 455 ff.

[588] *Sonnenberger,* FS Spellenberg, 2010, 371 (383 ff.).

[589] Vgl. auch *Bogdan,* Concise Introduction to EU Private International Law, 3. Aufl. 2016, 27 f.; *Wendehorst* BerGesVR 45 (2012), 33 (53 f.) mwN.

[590] Zum Streitstand Staudinger/*v. Hoffmann* (1998) Art. 38 Rn. 245.

[591] Zweifelnd aber *Staudinger* DB 1999, 1589 (1591 f.).

[592] Für Verstoß: *W.-H. Roth* RabelsZ 55 (1991), 623 (645 f.); *Wandt,* Internationale Produkthaftung, 1995, Rn. 1056 N. 39; *Wouters,* Conflict of Laws and the Single Market for Financial Services (Part II), MJ 4 (1997), 284 (285); *v. Hein,* Das Günstigkeitsprinzip im Internationalen Deliktsrecht, 1999, 423–433. Gegen Verstoß aber die wohl noch hM: *Basedow* RabelsZ 59 (1995), 1 (37 f.); *Taupitz* ZEuP 5 (1997), 986 (1009); Staudinger/*v. Hoffmann* (2001) EGBGB Art. 40 Rn. 104; *v. Hinden,* Persönlichkeitsverletzungen im Internet, 1999, 212–220.

[593] Dafür *v. Wilmowsky* RabelsZ 62 (1998), 1 (19 f.); *Grundmann,* FS Rolland, 1999, 150–153; zum Internationalen Deliktsrecht *v. Hein* RabelsZ 64 (2000), 595 (609 ff.); skeptisch zB *Wouters* MJ 4 (1997), 284 (287 f.).

Grundfreiheiten liege.[594] Aus entsprechenden Erwägungen wurde gefolgert, dass das Unionsrecht grundsätzlich die vertragsakzessorische Anknüpfung des Deliktsstatuts gebiete[595] bzw. dass auch die vorherige Rechtswahl (entgegen Art. 42 EGBGB) eröffnet werden müsse.[596] Angesichts des Art. 14 und der Art. 4 Abs. 3 Rom II-VO, Art. 5 Abs. 2 Rom II-VO hat auch diese Kontroverse ihre praktische Relevanz weitgehend eingebüßt. Schließlich könnte man erwägen, aus der in Art. 4 Abs. 3 EUV niedergelegten **Loyalitätspflicht** abzuleiten, dass **Eingriffsnormen** anderer Mitgliedstaaten (→ Einl IPR Rn. 289 ff.) von deutschen Gerichten auch über den Anwendungsbereich sekundär-rechtlicher Sonderanknüpfungen (Art. 9 Rom I-VO, Art. 16 Rom II-VO) hinaus angewandt werden müssten;[597] dem ist der EuGH aber nicht gefolgt.[598]

V. Auslegung und Anwendung europäischen Kollisionsrechts

141   **1. Vorabentscheidung durch den EuGH. a) Allgemeines.** Um eine einheitliche Auslegung der in Art. 3 Nr. 1 genannten Rechtsakte im Kreise der Mitgliedstaaten zu gewährleisten, sieht Art. 267 AEUV (ex-Art. 234 EGV) die Möglichkeit einer Vorabentscheidung durch den EuGH vor.[599] Ob eine Verordnung im üblichen Wege (Rom I-VO, Rom II-VO) oder als Maßnahme der verstärkten Zusammenarbeit (Rom III) beschlossen wurde, ist insoweit unerheblich. Die Vorlage-möglichkeit besteht auch für von der EU selbst abgeschlossene Staatsverträge wie das HUP (→ Rn. 48), nicht hingegen für von den Mitgliedstaaten selbst geschlossene Staatsverträge wie das KSÜ (→ Rn. 169). Die nach den Auslegungsprotokollen zum EVÜ gegebene Zuständigkeit des EuGH ist – außer für dänische Gerichte (Art. 24 Abs. 1, Art. 1 Abs. 4 Rom I-VO)[600] – nur noch für Altfälle, dh für vor dem 17.12.2009 abgeschlossene Verträge (Art. 28 Rom I-VO), bedeutsam.

142   Die noch in ex-Art. 68 EGV enthaltene Sonderregelung für das Vorabentscheidungsverfahren im Bereich der justiziellen Zusammenarbeit, mit der die Vorlagebefugnis der mitgliedstaatlichen Gerichte erheblich eingeschränkt worden war, ist mit dem Vertrag von Lissabon zum 1.12.2009 ersatzlos aufgehoben worden.[601] Auch **vor diesem Stichtag** von nicht-letztinstanzlichen Gerichten beim EuGH gestellte Vorabentscheidungsersuchen sind aber als zulässig zu behandeln;[602] andernfalls ergäbe sich die prozessökonomisch absurde Konsequenz, dass die als unzulässig abgelehnte Vorlage von demselben, nunmehr befugten Gericht umgehend erneut eingereicht werden könnte.[603]

143   **b) Vorlagevoraussetzungen nach Art. 267 AEUV. aa) Gegenstand der Vorlage.** Die erste Vorlagevoraussetzung besteht gemäß Art. 267 Abs. 1 lit. b AEUV darin, dass es sich um eine Frage der Auslegung eines der in Art. 3 Nr. 1 genannten Rechtsakte handelt. Der EuGH kann nur um die Auslegung des europäischen Rechts, nicht aber um die Auslegung des mitgliedstaatlichen Rechts (etwa des Art. 46c EGBGB) ersucht werden.[604] Folglich ist der EuGH unzuständig, wenn das vorle-gende Gericht seine Auslegungsfrage zwar so formuliert hat, dass Vorschriften einer Verordnung den Gegenstand der Vorlage bilden, die vom EuGH erbetene Auslegung jedoch lediglich die Anwendung solcher Regelungen klären soll, die sich inhaltlich an die in Rede stehenden Vorschriften der Verord-nung anlehnen und für deren Auslegung die Rechtsprechung des EuGH nicht als bindend angesehen wird.[605] Für Art. 17 Abs. 1 und 3 (akzessorische Anknüpfung an Rom III-VO) oder Art. 44 (entspre-chende Anwendung der Rom II-VO) kommt eine Vorlagemöglichkeit angesichts der ständigen Rechtsprechung des EuGH zur sog „überschießenden Richtlinienumsetzung" nur in Betracht, wenn der deutsche Gesetzgeber insoweit einen unbedingten Gleichlauf mit dem Verordnungskollisionsrecht

---

[594] v. Wilmowsky RabelsZ 62 (1998), 1 (4 f.).

[595] Brödermann in Brödermann/Iversen, Europäisches Gemeinschaftsrecht und IPR, 1994, Rn. 446–452.

[596] Ausf. hierzu v. Hein RabelsZ 64 (2000), 595 (606 ff.).

[597] BAG NZA 2015, 542 Rn. 17; hierzu Junker EuZA 2016, 1; Schlachter ZVglRWiss 115 (2016), 610 (621 f.); Siehr RdA 2014, 206; Solomon ZVglRWiss 115 (2016), 586 (606 f.); Thomale EuZA 2016, 116.

[598] EuGH ECLI:EU:C:2016:774 = NZA 2016, 1389 Rn. 52 – Nikiforidis; hierzu Pfeiffer LMK 2016, 382315.

[599] Ausf. hierzu Coester-Waltjen in Kieninger/Remien, Europäische Kollisionsrechtsvereinheitlichung, 2012, 77 ff.

[600] Zur Stellung Dänemarks näher Rauscher/v. Hein EuZPR/EuIPR Rom I-VO Art. 1 Rn. 70 ff. und Rom I-VO Art. 24 Rn. 3 f.

[601] Vgl. R. Wagner IPRax 2008, 386.

[602] EuGH Slg. 2011, I-601 Rn. 30 = NJW 2011, 2493 – Werynski/Mediatel 4B Spólka.

[603] Schlussanträge GA Kokott BeckRS 2010, 91031 Rn. 25 – Werynski/Mediatel 4B Spólka.

[604] Vgl. allg. Calliess/Ruffert/Wegener AEUV Art. 267 Rn. 3; Schwarze/Schwarze AEUV Art. 267 Rn. 15; ausf. Streinz/Ehricke AEUV Art. 267 Rn. 14 ff.

[605] Vgl. zum EuGVÜ EuGH Slg. 1995, I-615 = BeckRS 2004, 76609 – Kleinwort Benson; zur Problematik der „überschießenden Anwendung" von Sekundärrecht näher Calliess/Ruffert/Wegener AEUV Art. 267 Rn. 4; Schwarze/Schwarze AEUV Art. 267 Rn. 17; Kropholler/v. Hein, FS Großfeld, 1998, 615.

gewollt hat.[606] Fortgeltende Vorschriften des EGBGB, mit denen 1986 das EVÜ inkorporiert worden war (Art. 6, 11, 12 EGBGB), können trotz inhaltlicher Überschneidungen mit der Rom I-VO (vgl. Art. 11, 13, 21 Rom I-VO) nicht mehr Grundlage eines Vorabentscheidungsersuchens sein (außer in Altfällen, dh bei vor dem 17.12.2009 geschlossenen Verträgen).[607] Dies gilt erst recht, wenn eine Verordnungsvorschrift von den Gerichten eines Mitgliedstaates ohne gesetzliche Anordnung außerhalb des sachlichen Anwendungsbereichs der einschlägigen VO analog angewendet wird, zB Art. 3 Rom I-VO in Bezug auf Schieds- und Gerichtsstandsvereinbarungen.[608]

Für die **Auslegung mitgliedstaatlichen Rechts,** auf das in einem der in Art. 3 Nr. 1 genann- **144** ten Rechtsakte verwiesen wird, ist der EuGH nicht zuständig. Eindeutig auf nationales Recht verweist zB die Rom I-VO in Art. 7 Abs. 3 S. 2 Rom I-VO, Art. 7 Abs. 4 Rom I-VO, Art. 18 Abs. 2 Rom I-VO aE sowie in Erwägungsgrund 8 Rom I-VO. Auch in den ordre-public-Klauseln der Rom I-III-Verordnungen wird auf das mitgliedstaatliche Recht verwiesen, nämlich auf die öffentliche Ordnung des Staates des angerufenen Gerichts. Der EuGH kann gegebenenfalls Zweifel über den Umfang solcher Verweisungen klären, aber nicht die in Bezug genommenen mitgliedstaatlichen Regeln selbst auslegen oder den Gehalt des mitgliedstaatlichen ordre public definieren (näher → Art. 6 Rn. 27). Die Frage, ob ein Ausdruck der Verordnung unionsrechtlich-autonom zu verstehen oder unter Heranziehung eines nationalen Rechts auszulegen ist, ist hingegen vorlagefähig.

Schließlich ist auch die **Auslegung von Ausweichklauseln,** die auf dem Prinzip der engsten **145** Verbindung beruhen (Art. 4 Abs. 3 Rom I-VO, Art. 5 Abs. 3 Rom I-VO, Art. 8 Abs. 4 Rom I-VO, Art. 4 Abs. 3 Rom II-VO, Art. 5 Abs. 2 Rom II-VO, Art. 10 Abs. 4 Rom II-VO, Art. 11 Abs. 4 Rom II-VO, Art. 12 Abs. 2 lit. c Rom I-VO, Art. 21 Abs. 2 EuErbVO), durch den EuGH möglich.[609] Zwar kann nicht die Subsumtion eines konkreten Einzelfalls unter eine Ausweichklausel Gegenstand eines Vorlageverfahrens sein;[610] Fragen zur Auslegung der Ausweichklauseln im Allgemeinen, etwa zur Relevanz bestimmter Umstände oder zur Bedeutung von Formulierungsunterschieden der einzelnen Klauseln,[611] dürfen aber durchaus dem EuGH vorgelegt werden.[612]

bb) Vorlageberechtigung. Vorlageberechtigt ist jedes Gericht, dem sich eine Frage zur Ausle- **146** gung eines der in Art. 3 Nr. 1 genannten Rechtsakte stellt und das eine Entscheidung darüber zum Erlass seines Urteils für erforderlich hält (Art. 267 Abs. 2 AEUV). Entgegen dem passiven Wortlaut der Vorschrift muss die Auslegungsfrage dem Gericht nicht durch eine der Parteien „gestellt" worden sein, sondern das Gericht kann sie sich auch aus eigenem Antrieb gestellt haben.[613] Die Parteien können ein Vorlageverfahren lediglich anregen, aber nicht erzwingen.[614] Davon unberührt bleibt die Möglichkeit einer Verfassungsbeschwerde im Falle der Nicht-Vorlage wegen eines Verstoßes gegen die Garantie des gesetzlichen Richters (Art. 101 Abs. 1 S. 2 GG).[615]

Die noch in ex-Art. 68 Abs. 1 EGV enthaltene Beschränkung des Vorlagerechts auf letztinstanzli- **147** che Gerichte ist weggefallen. Auch die im Ersten Auslegungsprotokoll zum EVÜ enthaltene Eingrenzung des Vorlagerechts auf die obersten Gerichtshöfe des Bundes (Art. 2 lit. a Erstes Protokoll) und die Rechtsmittelgerichte (Art. 2 lit. b Erstes Protokoll) ist für die in Art. 3 Nr. 1 genannten Rechtsakte obsolet. Der Begriff des Gerichts ist im Wege einer unionsrechtlich-autonomen Auslegung zu bestimmen.[616] Nach stRspr des EuGH können nationale Gerichte den EuGH nur anrufen, wenn sie im Rahmen eines Verfahrens zu entscheiden haben, das auf eine Entscheidung mit Rechtsprechungscharakter abzielt.[617] Ein im Rahmen der freiwilligen Gerichtsbarkeit bei funktionaler Betrach-

---

[606] Ausf. zur Problematik *Kropholler/v. Hein,* FS Großfeld, 1998, 615 ff.
[607] Für Altfälle gelten weiterhin die EVÜ-Auslegungsprotokolle (→ Rn. 141).
[608] S. Rauscher/*v. Hein* EuZPR/EuIPR Rom I-VO Art. 1 Rn. 36, 39.
[609] Vgl. noch zu Art. 4 Abs. 5 S. 2 EVÜ EuGH Slg. 2009, I-9687 Rn. 53 ff. = EuZW 2009, 822 (825 f.) – Intercontainer Interfrigo.
[610] Nur insoweit zutr. *Deinert* RdA 2009, 147; allg. zur Abgrenzung von Auslegung und Anwendung des Unionsrechts von der Groeben/Schwarze/*Gaitanides* EGV Art. 234 Rn. 31 f.
[611] Vgl. zu Art. 8 Abs. 4 Rom I-VO Rauscher/*v. Hein* EuZPR/EuIPR Rom I-VO Art. 8 Rn. 64 ff.
[612] Vgl. *Ferrari,* Objektive Anknüpfung, in Ferrari/Leible, Ein Internationales Vertragsrecht für Europa, 2007, 57 (76 f.); MPI RabelsZ 71 (2007), 258.
[613] von der Groeben/Schwarze/*Gaitanides* EGV Art. 234 Rn. 51.
[614] Calliess/Ruffert/*Wegener* AEUV Art. 267 Rn. 21; Schwarze/*Schwarze* AEUV Art. 267 Rn. 34.
[615] BVerfGE 73, 339 (366); 82, 159 (192 ff.); BVerfG RIW 2010, 792.
[616] Ausf. Calliess/Ruffert/*Wegener* AEUV Art. 267 Rn. 18 ff.; Schwarze/*Schwarze* AEUV Art. 267 Rn. 26 ff.; Streinz/*Ehricke* AEUV Art. 267 Rn. 29 ff.
[617] So zB in einer Handelsregistersache EuGH Slg. 2001, I-5353 = NJW 2001, 3179 – HSB-Wohnbau; ferner Slg. 2009, I-5439 = NJW 2009, 2513 – Roda Golf & Beach Resort SL; Slg. 2008, I-9641= NJW 2009, 569 – Cartesio; Slg. 2006, I-3561 = NJW 2009, 135 = FamRZ 2006, 1349 – Grunkin Paul.

tung als Verwaltungsorgan tätiges Gericht ist deshalb nicht vorlagebefugt.[618] Ferner fehlt privaten Schiedsgerichten die Vorlagebefugnis.[619] Jedoch kann ein staatliches Gericht, das mit der Überprüfung eines Schiedsspruchs befasst ist, Auslegungsfragen vorlegen, die sich in dem zugrunde liegenden Schiedsverfahren gestellt haben.[620] Im Übrigen kommt es auf die Art des Verfahrens nicht an.[621] Auch in Verfahren des einstweiligen Rechtsschutzes ist eine Vorlage grundsätzlich möglich;[622] eine Vorlagepflicht besteht insoweit aber regelmäßig nicht.[623] Gerichte dritter Staaten oder nicht an einer Maßnahme teilnehmender Mitgliedstaaten sind ungeachtet der universellen Anwendbarkeit der in Art. 3 Nr. 1 genannten Rechtsakte nicht vorlageberechtigt.[624]

148   Die Auslegungsfrage muss **entscheidungserheblich** sein, dh der Verfahrensausgang muss von der Beantwortung der Vorlagefrage abhängen. Über das Vorliegen dieser Voraussetzung entscheidet zwar das vorlegende Gericht; der EuGH kann die Beantwortung des Vorabentscheidungsersuchens aber ablehnen, wenn es sich seiner Ansicht nach um eine bloß hypothetische Frage handelt.[625]

149   **cc) Vorlagepflicht.** Eine Vorlagepflicht besteht nach Art. 267 Abs. 3 AEUV, wenn sich eine Frage zur Auslegung der in Art. 3 Nr. 1 genannten Rechtsakte in einem schwebenden Verfahren bei einem einzelstaatlichen Gericht stellt, dessen Entscheidungen selbst nicht mehr mit Rechtsmitteln des innerstaatlichen Rechts angefochten werden können. Hierin liegt eine Verschärfung der Anforderungen im Vergleich zum Ersten EVÜ-Auslegungsprotokoll, das auch letztinstanzlichen Gerichten lediglich ein Vorlageermessen einräumte (Art. 2 lit. a Erstes Auslegungsprotokoll).[626] Ob nach ex-Art. 68 Abs. 1 EGV („legt … vor") eine Vorlagepflicht letztinstanzlicher Gerichte bestand, war umstritten, wurde aber überwiegend bejaht.[627] Insofern ist es zu begrüßen, dass Art. 267 Abs. 3 AEUV wieder Rechtssicherheit geschaffen und das Vorabentscheidungsverfahren als Instrument der einheitlichen Auslegung des Unionskollisionsrechts gestärkt hat.

150   Unter einem **letztinstanzlichen Gericht** sind nach der herrschenden **„konkreten Theorie"** nicht nur die „abstrakt", in jedem Falle letzten Instanzen (in Deutschland also die obersten Gerichtshöfe des Bundes) zu verstehen, sondern jedes Gericht, dessen Entscheidung im konkreten Rechtsstreit nicht mehr mit Rechtsmitteln angegriffen werden kann.[628] Dazu gehört auch ein Gericht, das zugleich in erster und letzter Instanz entscheidet.[629] Zu den „Rechtsmitteln" iS des Art. 267 Abs. 3 AEUV zählt auch die Beschwerde, einschließlich der Nichtzulassungsbeschwerde,[630] aber nicht die Verfassungsbeschwerde.[631]

---

[618] EuGH Slg. 2001, I-5353 = NJW 2001, 3179 – HSB-Wohnbau; ferner Slg. 2009, I-5439 = NJW 2009, 2513 – Roda Golf & Beach Resort SL; Slg. 2008, I-9641= NJW 2009, 569 – Cartesio; Slg. 2006, I-3561 = NJW 2009, 135 = FamRZ 2006, 1349 – Grunkin Paul; zur Abgrenzung näher *Mansel/Thorn/Wagner* IPRax 2010, 1 (3 f.).

[619] EuGH Slg. 1982, 1095 Rn. 9 ff. = NJW 1982, 1207 – Nordsee; Slg. 2005, I-923 Rn. 13 = EuZW 2005, 319 – Denuit und Cordenier; anders aber Schiedsgerichte auf gesetzlicher Grundlage, EuGH EuZW 2014, 301 Rn. 18 ff. – Merck Canada; s. zu einem tarifvertraglichen Schiedsgericht auch EuGH Slg. 1989, 3199 Rn. 7 f. = NZA 1990, 772 – Danfoss.

[620] EuGH Slg. 1999, I-3079 = EuZW 1999, 565 – Eco Swiss; *Geiger/Khan/Kotzur* AEUV Art. 267 Rn. 13.

[621] Vgl. Rauscher/*v. Hein* EuZPR/EuIPR Rom I-VO Art. 1 Rn. 14.

[622] Streinz/*Ehricke* AEUV Art. 267 Rn. 38; Schwarze/*Schwarze* AEUV Art. 267 Rn. 36.

[623] Näher Calliess/Ruffert/*Wegener* AEUV Art. 267 Rn. 30; Schwarze/*Schwarze* AEUV Art. 267 Rn. 46.

[624] Vgl. allg. von der Groeben/Schwarze/*Gaitanides* EGV Art. 234 Rn. 41; Callies/Ruffert/*Wegener* AEUV Art. 267 Rn. 18; einschränkend (Vorlageberechtigung der Gerichte von EFTA-Staaten gemäß Art. 107 des EWR-Abkommens): Streinz/*Ehricke* AEUV Art. 267 Rn. 28.

[625] StRspr, vgl. EuGH Slg. 1995, I-179 Rn. 12 = GRUR Int. 1995, 496 – Leclerc-Siplec; Slg. 2002, I-3139 Rn. 26 = EuZW 2002, 444 – Cura Anlagen; Slg. 2005, I-1383 Rn. 49 f. = EuZW 2005, 345 – Owusu/Jackson ua.

[626] Hierzu näher *Tizzano* ABl. 1990 C 219, 13 f.; *Kropholler,* Eine Auslegungskompetenz des Gerichtshofs der Europäischen Gemeinschaften für das Internationale Schuldvertragsrecht, in Stoll, Stellungnahmen und Gutachten zum Europäischen Zivilverfahrens- und Versicherungsrecht, 1991, 172; Soergel/*v. Hoffmann* Art. 36 Rn. 21.

[627] Für Annahme einer Vorlagepflicht Calliess/Ruffert/*Rossi,* 3. Aufl. 2007, EGV Art. 68 Rn. 5; *Hess* RabelsZ 66 (2002), 488; Schwarze/*Graßhof,* 2. Aufl. 2008, EGV Art. 68 Rn. 6; *Geiger,* EUV/EGV, 4. Aufl. 2004, EGV Art. 68 Rn. 1; dagegen von der Groeben/Schwarze/*Schmahl* EGV Art. 68 Rn. 3.

[628] EuGH Slg. 2002, I-4839 Rn. 15 = EuZW 2002, 476 – Lyckeskog; Calliess/Ruffert/*Wegener* AEUV Art. 267 Rn. 27; Geiger/Khan/*Kotzur* AEUV Art. 267 Rn. 17 f.; Schwarze/*Schwarze* AEUV Art. 267 Rn. 43; Streinz/*Ehricke* AEUV Art. 267 Rn. 41.

[629] Vgl. zum EuGVÜ EuGH Slg. 2004, I-1417 Rn. 14 ff. = BeckRS 2004, 74722 – DFDS Torline.

[630] Vgl. zu Art. 234 EGV EuGH Slg. 2002, I-4839 Rn. 16 = EuZW 2002, 476 – Lyckeskog; zum EuGVÜ OLG Köln NJOZ 2004, 2927; aA *Basedow,* Nationale Justiz und Europäisches Privatrecht, 2003, 16 f.

[631] Geiger/Khan/*Kotzur* AEUV Art. 267 Rn. 18; Schwarze/*Schwarze* AEUV Art. 267 Rn. 44; Callies/Ruffert/*Wegener* AEUV Art. 267 Rn. 26; Streinz/*Ehricke* AEUV Art. 267 Rn. 42.

Eine Vorlagepflicht entfällt, wenn auch unter Berücksichtigung der anderen Sprachfassungen der **151** in Art. 3 Nr. 1 genannten Rechtsakte die richtige Auslegung derart offenkundig ist, dass für einen vernünftigen Zweifel keinerlei Raum bleibt (sog **acte clair**).[632] Hieran sind strenge Maßstäbe anzulegen. Gleiches gilt für den sog **acte éclairé,** dh bereits vom EuGH geklärte Auslegungsfragen müssen nicht noch einmal vorgelegt werden.[633] Hierzu sind theoretisch auch Fragen zu rechnen, die in Bezug auf mit Vorschriften der Rom I-VO sachlich identische Vorläuferbestimmungen des EVÜ entschieden worden sind. Ferner ist zu beachten, ob Neuformulierungen einzelner Vorschriften (zB in Art. 3 Abs. 1 Rom I-VO, Art. 4 Abs. 3 Rom I-VO) eine restriktivere Auslegung als bisher nahelegen.[634]

Auch für nicht-letztinstanzliche Gerichte besteht ausnahmsweise eine Vorlagepflicht, sofern die **152** Gültigkeit eines der in Art. 3 Nr. 1 genannten Rechtsakte selbst in Zweifel gezogen werden sollte (etwa wegen der → Rn. 73 geschilderten kompetenzrechtlichen Bedenken), da der EuGH hinsichtlich der Gültigkeit von Unionsrecht das **Verwerfungsmonopol** genießt.[635]

dd) Abstrakte Normenkontrolle; Anrufung im Interesse des Gesetzes. Im Gegensatz zu **153** ex-Art. 68 Abs. 3 EGV sieht Art. 267 AEUV kein abstraktes Normenkontrollverfahren mehr vor. Praktische Bedeutung hatte diese Möglichkeit aber ohnehin nicht erlangt.[636] Ferner ist für die in Art. 3 Nr. 1 genannten Rechtsakte auch die noch in Art. 3 des Ersten EVÜ-Auslegungsprotokolls vorgesehene Möglichkeit einer Divergenzvorlage („Anrufung im Interesse des Gesetzes") durch die zuständige Stelle eines Vertragsstaates (in Deutschland: das Bundesamt für Justiz)[637] entfallen.[638] Auch diese Verfahrensart ist entbehrlich; sie war bereits für das EuGVÜ eröffnet (Art. 4 EuGVÜ-Auslegungsprotokoll[639]), ist aber auch insoweit niemals zur Anwendung gekommen.[640]

c) Wirkung der EuGH-Entscheidungen. Der EuGH beantwortet im Vorabentscheidungsver- **154** fahren allein die aufgeworfene Rechtsfrage, entscheidet aber nicht den konkreten Ausgangsfall selbst.[641] Das Urteil des Gerichtshofs entfaltet eine förmliche Bindungswirkung allein gegenüber dem vorlegenden Gericht sowie den Instanzgerichten im konkreten Rechtsstreit.[642] Es bleibt den mitgliedstaatlichen Gerichten daher unbenommen, eine bereits gestellte Auslegungsfrage in einem anderen Rechtsstreit erneut vorzulegen.[643] Hierbei handelt es sich aber um ein lediglich ausnahmsweise in Betracht kommendes Vorgehen, das zudem nur selten von Erfolg gekrönt ist.[644]

2. Methoden. a) Allgemeines. Im Gegensatz zum **EVÜ** (Art. 18 EVÜ) oder zum **CISG** **155** (Art. 7–9 CISG) enthalten die in Art. 3 Nr. 1 lit. a, b und d genannten Verordnungen, wie im sekundären Unionsrecht weitgehend üblich,[645] regelmäßig keine allgemeinen Vorgaben zu den für sie maßgebenden Auslegungsmethoden und -kriterien. Lediglich im HUP findet sich aufgrund seiner staatsvertraglichen Herkunft die Ermahnung zur einheitlichen Auslegung (Art. 20 HUP). Erwägungsgrund 11 Rom II-VO weist zudem explizit darauf hin, dass der Begriff des außervertraglichen Schuldverhältnisses als ein autonomer Begriff verstanden werden müsse. Es gelten für die in Art. 3 Nr. 1 genannten Rechtsakte grundsätzlich die anerkannten, von *Savigny* entwickelten Auslegungsmethoden (grammatische, systematische, historische und teleologische Auslegung),[646] deren

---

[632] BGHZ 153, 82 = NJW 2003, 426, im Ergebnis aber zu Unrecht; näher Calliess/Ruffert/*Wegener* AEUV Art. 267 Rn. 32; Streinz/*Ehricke* AEUV Art. 267 Rn. 47.

[633] EuGH Slg. 1982, 3415 Rn. 13 f. = NJW 1983, 1257 – C.I.L.F.I.T.; Calliess/Ruffert/*Wegener* AEUV Art. 267 Rn. 32; Schwarze/*Schwarze* AEUV Art. 267 Rn. 48; Streinz/*Ehricke* AEUV Art. 267 Rn. 47.

[634] *Looschelders* LMK 2009, 293118 (zu Art. 4 Abs. 3 Rom I-VO).

[635] Zum Verwerfungsmonopol des EuGH in Bezug auf die Gültigkeit von Unionsrechtsakten EuGH Slg. 1987, 4199 Rn. 11 f. = NJW 1988, 1451 – Foto Frost; Slg. 2005, I-8151 = BeckRS 2005, 70697 – Intermodal Transports; Slg. 2005, I-10513 Rn. 16 ff. = BeckRS 2005, 70935 – Gaston Schul; näher Calliess/Ruffert/*Wegener* AEUV Art. 267 Rn. 28; Schwarze/*Schwarze* AEUV Art. 267 Rn. 49; Streinz/*Ehricke* AEUV Art. 267 Rn. 45.

[636] *Everling* EuR 2009, Beiheft 1, S. 79; *R. Wagner* IPRax 2014, 217 (223).

[637] BGBl. 2006 II S. 1340.

[638] Hierzu *Tizzano* ABl. 1990 C 219, 14; in Bezug auf vor dem 17.12.2009 abgeschlossene Verträge bleibt aber auch diese Bestimmung anwendbar.

[639] EuGVÜ-Auslegungsprotokoll vom 3.6.1971 idF vom 26.5.1989, ABl. 1989 L 285, 7; BGBl. 1994 II S. 531.

[640] Näher *Kropholler* EurZPR, 6. Aufl. 1998, Einl. Rn. 19; bedauernd Soergel/*v. Hoffmann* Art. 36 Rn. 20.

[641] StRspr, vgl. nur EuGH Slg. 1979, 1163 Rn. 10 ff. = BeckRS 2004, 72399 – ICAP; Calliess/Ruffert/*Wegener* AEUV Art. 267 Rn. 5; HWB/*Pirrung* S. 514.

[642] HWB/*Pirrung* S. 514; Calliess/Ruffert/*Wegener* AEUV Art. 267 Rn. 47; Schwarze/*Schwarze* AEUV Art. 267 Rn. 68; Streinz/*Ehricke* AEUV Art. 267 Rn. 68.

[643] HWB/*Pirrung* S. 514; Schwarze/*Schwarze* AEUV Art. 267 Rn. 69 ff.

[644] HWB/*Pirrung* S. 514.

[645] HWB/*Rösler* S. 122.

[646] Vgl. *v. Savigny,* System des heutigen römischen Rechts, Bd. I, 1840, 213, Bd. III, 1840, 244; *Larenz/Canaris* Methodenlehre S. 133 ff.

Handhabung und Gewichtung aber an den europarechtlichen Kontext und seine besonderen Anforderungen anzupassen sind.[647] Dies gilt insbesondere für das grundsätzlich anzustrebende Ziel einer einheitlichen, autonomen Auslegung der in Art. 3 Nr. 1 genannten Rechtsakte (→ Rn. 156 ff.), in deren Rahmen der Rechtsvergleichung eine größere Rolle zukommt, als dies im nationalen Recht der Fall ist (→ Rn. 167). Angesichts der Auslegungshoheit des EuGH darf der deutsche Gesetzgeber den Gerichten keine verbindlichen Vorgaben für die Auslegung der in Art. 3 Nr. 1 genannten Rechtsakte machen. Zu § 21 Abs. 4 FlaggRG → Rom I-VO Art. 8 Rn. 95 ff.

156   **b) Autonome Auslegung.** Für eine autonome Auslegung spricht erstens die allgemeine Zielsetzung der in Art. 3 Nr. 1 genannten Rechtsakte, unabhängig vom angerufenen Gericht das anwendbare Recht einheitlich zu bestimmen (Erwägungsgrund 6 Rom I und II-VO, Erwägungsgrund 15, 21 Rom III-VO);[648] dieses Ziel könnte vereitelt werden, wenn die Anknüpfungsbegriffe der in Art. 3 Nr. 1 genannten Rechtsakte nicht grundsätzlich unionsrechtlich-autonom interpretiert würden.[649] Zweitens hat der EuGH wiederholt ausgeführt, der seinerzeit mit dem Vertrag von Amsterdam bewirkte „Säulenwechsel" der justiziellen Zusammenarbeit vom EUV in den EGV (jetzt: AEUV) belege „den Willen der Mitgliedstaaten, Maßnahmen der justiziellen Zusammenarbeit in der Gemeinschaftsrechtsordnung zu verankern und damit den Grundsatz der autonomen Auslegung dieser Maßnahmen festzulegen".[650] Zudem unterstreiche die Wahl der Verordnung statt einer Richtlinie als Handlungsform, „welche Bedeutung der Gemeinschaftsgesetzgeber der unmittelbaren Anwendbarkeit und der einheitlichen Anwendung der Vorschriften" beimesse.[651] Diese Erwägungen gelten auch für die in Art. 3 Nr. 1 lit. a, b und d genannten Rechtsakte. Für das HUP ist allerdings im Zweifel das in Art. 20 HUP enthaltene Gebot einer einheitlichen Auslegung auch im Hinblick auf diejenigen Vertragsstaaten, die nicht Mitgliedstaaten der EU sind, als lex specialis vorrangig zu beachten.

157   **Ausnahmen** muss der Grundsatz der autonomen Auslegung ferner dort erfahren, wo die Verordnungen selbst auf die lex fori (bzw. deren IPR) verweisen, so zB die Rom I- und II-VO nach Erwägungsgrund 8 bzw. 10 in Bezug auf familienähnliche Rechtsverhältnisse[652] oder beim ordre public „des Staates des angerufenen Gerichts" (Art. 21 Rom I-VO, Art. 26 Rom II-VO; → Rn. 144).

158   Aus dem Grundsatz der autonomen Auslegung ergibt sich, dass die in Art. 3 Nr. 1 genannten Rechtsakte auch insoweit losgelöst vom mitgliedstaatlichen Recht zu interpretieren sind, als sie erkennbar an Vorbildern aus dem nationalen Recht ausgerichtet sind.[653] Dies betrifft zB Art. 9 Abs. 3 Rom I-VO, dessen deutlichen Einfluss der englischen Rechtsprechung zur Beachtung ausländischer Eingriffsnormen verrät.[654]

159   **c) Auslegungsmethoden. aa) Grammatische Auslegung.** Der Wortlaut der in Art. 3 Nr. 1 genannten Rechtsakte bildet den Ausgangspunkt der Auslegung.[655] Bei der grammatischen Auslegung ist zu bedenken, dass die verschiedenen Sprachfassungen der in Art. 3 Nr. 1 genannten Rechtsakte gleichermaßen verbindlich sind.[656] Im Falle einer Divergenz zwischen den verschiedenen Text-

---

[647] Hierzu eingehend (speziell in Bezug auf Verordnungen zum IPR/IZVR) *Audit* Clunet 2004, 789; *Bertoli* in Franzina, La legge applicabile ai contratti nella proposta di regolamento „Roma I", 2006, 9 ff.; *Kropholler* in Basedow ua, Aufbruch nach Europa, 2001, 583 ff.; im Allgemeinen vgl. *Anweiler*, Die Auslegungsmethoden des Gerichtshofs der Europäischen Gemeinschaft, 1997; *Buck*, Über die Auslegungsmethoden des Gerichtshofs der Europäischen Gemeinschaft, 1998; *R. Schulze*, Auslegung europäischen Privatrechts und angeglichenen Rechts, 1999; *Rodríguez Iglesias* NJW 2000, 1889 ff.; *Canaris*, FS Bydlinski, 2002, 47 ff.; *Dederichs* EuR 2004, 345 ff.; *Röthel*, Normkonkretisierung im Privatrecht, 2004, 309 ff.; *Gebauer* in Gebauer/Wiedmann, Zivilrecht unter europäischem Einfluss, 2010, Kap. 3; *Langenbucher* in Langenbucher, Europäisches Privat- und Wirtschaftsrecht, 3. Aufl. 2013, 1 ff.; HWB/*Rösler* S. 122 ff.; *Riesenhuber* in Riesenhuber, Europäische Methodenlehre, 3. Aufl. 2015, § 10; *Stotz* in Riesenhuber, Europäische Methodenlehre, 3. Aufl. 2015, § 22.
[648] S. hierzu Rauscher/*v. Hein* EuZPR/EuIPR Einl. Rom I-VO Rn. 1.
[649] *Kropholler* in Basedow ua, Aufbruch nach Europa, 2001, 590.
[650] Zur EG-ZustVO EuGH Slg. 2005, I-9611 Rn. 45 = NJW 2006, 491 – Leffler; Slg. 2009, I-5439 Rn. 48 = NJW 2009, 2513 – Roda Golf & Beach Resort SL.
[651] Zur EG-ZustVO EuGH Slg. 2005, I-9611 Rn. 46 = NJW 2006, 491 – Leffler; Slg. 2009, I-5439 Rn. 49 = NJW 2009, 2513 – Roda Golf & Beach Resort SL.
[652] Hierzu näher Rauscher/*v. Hein* EuZPR/EuIPR Rom I-VO Art. 1 Rn. 26.
[653] Vgl. zur Unbeachtlichkeit der „Mutterrechtsordnung" bei der Auslegung von Unionsrecht statt vieler *Riesenhuber* in Riesenhuber, Europäische Methodenlehre, 3. Aufl. 2015, § 10 Rn 6.
[654] S. hierzu Rauscher/*v. Hein* EuZPR/EuIPR Einl. Rom I-VO Rn. 19.
[655] Vgl. zum EVÜ EuGH Slg. 2009, I-9687 Rn. 33, 43 = EuZW 2009, 822 – Intercontainer Interfrigo; allg. *Stotz* in Riesenhuber, Europäische Methodenlehre, 3. Aufl. 2015, § 22 Rn 12.
[656] VO Nr. 1 des Rates zur Regelung der Sprachenfrage für die EWG vom 15.4.1958, ABl. 1958 L 17, 385, zuletzt geändert durch VO (EG) Nr. 1791/2006 des Rates vom 20.11.2006, ABl. 2006 L 363, 1; s. allg. EuGH Slg. 1982, 3415 Rn. 18 = NJW 1983, 1257 – C.I.L.F.I.T.; *Riesenhuber* in Riesenhuber, Europäische Methodenlehre, 3. Aufl. 2015, § 10 Rn. 14 ff.

fassungen entscheidet weder der „kleinste gemeinsame Nenner" der Wortlautbedeutungen noch das numerische Übergewicht einer bestimmten Textvariante, sondern der Widerspruch ist unter Zuhilfenahme anderer Auslegungsmethoden, insbesondere der teleologischen Auslegung, aufzulösen.[657]

bb) Systematische Auslegung. Im Rahmen einer systematischen Auslegung ist in erster Linie **160** auf die Systematik der in Art. 3 Nr. 1 genannten Rechtsakte selbst abzustellen; diese bilden ebenso wie die Brüssel Ia-VO jeweils „ein kleines Rechtssystem für sich".[658] So lassen etwa in der Rom I-VO die Beschränkungen der Rechtswahlfreiheit für Personenbeförderungsverträge und Verträge über Massenrisiken (Art. 5 Abs. 2 S. 3, Art. 7 Abs. 3) den Gegenschluss zu, dass im Übrigen die Parteien jedes beliebige Recht wählen dürfen.[659] Ferner zeigen die besonderen Bestimmungen zum Schutz des Schwächeren in Art. 6 und Art. 8, dass nicht schlechthin jede verbraucher- oder arbeitnehmerschützende Norm als Eingriffsnorm iSd Art. 9 eingestuft werden kann, da andernfalls die speziellen Kollisionsnormen für Verbraucher- und Arbeitsverträge weitgehend ihres Sinns beraubt würden.[660] Der EuGH folgt allgemein dem Auslegungsgrundsatz, dass Ausnahmevorschriften im Zweifel eng auszulegen seien („singularia non sunt extendenda").[661]

Jedoch darf die **Fragmentierung des europäischen IPR und IZVR** in verschiedene Rechts- **161** akte nicht zu einer Unübersichtlichkeit der Rechtsanwendung und zu Wertungswidersprüchen führen.[662] Es ist daher der Grundsatz einer harmonischen Auslegung der Rom I-VO mit der Brüssel Ia-VO und der Rom II-VO ebenso zu befolgen wie im Hinblick auf die Rom III-VO und die Brüssel IIa-VO.[663] Dabei muss aber die Eigenständigkeit der unter Umständen unterschiedlichen Regelungszwecke im IZVR und IPR beachtet werden.[664] Darüber hinaus können sowohl primäres Unionsrecht als auch andere Sekundärrechtsakte zur Auslegung herangezogen werden.[665]

cc) Historische Auslegung. Die historische Auslegung der Rom I–III-Verordnungen wird **162** dadurch erschwert, dass es im Gegensatz zum EVÜ, das durch den Bericht von *Giuliano/Lagarde* erläutert wurde,[666] und anders als für das HUP (Bericht *Bonomi*) für die Rom I–III-Verordnungen keine vergleichbaren Dokumente gibt.[667] In Bezug auf die Auslegung des EVÜ hat der EuGH dem Bericht große Bedeutung zugemessen.[668] Jedenfalls insoweit, als die Rom I-VO wörtlich oder allenfalls mit redaktionellen Klarstellungen Vorschriften des EVÜ übernimmt, wird der Bericht von *Giuliano/Lagarde* deshalb weiterhin eine äußerst wertvolle Auslegungshilfe darstellen.[669]

Darüber hinaus können auch die übrigen Materialien der jeweiligen Gesetzgebungsprozesses **163** Aufschlüsse über den entstehungsgeschichtlichen Hintergrund der Vorschriften geben. Insgesamt spielt die historische Auslegung aber im Unionsrecht eine eher untergeordnete Rolle.[670] Dies liegt zum einen daran, dass die veröffentlichten Dokumente verstreut und wenig übersichtlich publiziert

---

[657] So schon zum EVÜ Soergel/*v. Hoffmann* Art. 36 Rn. 9; allg. *Kropholler* in Basedow ua, Aufbruch nach Europa, 2001, 590 f.
[658] So zur Brüssel I-VO *Kropholler/v. Hein* EurZPR Einl. Rn. 72.
[659] Rauscher/*v. Hein* EuZPR/EuIPR Rom I-VO Art. 3 Rn. 47 f.
[660] Vgl. noch zu Art. 29, 34 aF BGHZ 135, 124 (135 f.) = NJW 1997, 1697; BGHZ 165, 254 = NJW 2006, 762 m. Aufsatz *Weller* NJW 2006, 1247.
[661] Zu Art. 13–15 EuGVÜ EuGH Slg. 2005, I-481 Rn. 42 f. = NJW 2005, 811 = IPRax 2005, 239 (242) – Engler/Janus Versand GmbH, m. zust. Anm. *Lorenz/Unberath* IPRax 2005, 219 ff. und *Leible* NJW 2005, 797; Slg. 2005, I-439 Rn. 32 f. = EuZW 2005, 241 – Gruber/BayWa AG; zu Art. 15 Brüssel I-VO aF EuGH Slg. 2009, I-3961 Rn. 47 ff. = EuZW 2009, 489 (490) – Ilsinger; zu Art. 5 Nr. 3 Brüssel I-VO EuGH Slg. 2009, I-6987 Rn. 22 = NJW 2009, 3501 – Zuid-Chemie; allg. *Riesenhuber* in Riesenhuber, Europäische Methodenlehre, 3. Aufl. 2015, § 10 Rn 14 ff. mwN.
[662] Hierzu s. die Beiträge in *v. Hein/Rühl* (Hrsg), Kohärenz im Internationalen Privat- und Verfahrensrecht der Europäischen Union, 2016.
[663] Ebenso *Garcimartín Alférez* EuLF 2008, I-62; *Magnus* IPRax 2010, 27 (28).
[664] EuGH NJW 2014, 1166 Rn. 20 – Kainz/Pantherwerke; hierzu *Schack* in v. Hein/Rühl Kohärenz 279 (284 ff.).
[665] *Kropholler* in Basedow ua, Aufbruch nach Europa, 2001, 591; vgl. zum EVÜ Soergel/*v. Hoffmann* Art. 36 Rn. 10.
[666] *Giuliano/Lagarde* BT-Drs. 10/503.
[667] Näher hierzu *Lagarde/Tenenbaum* Rev. crit. dr. int. pr. 97 (2008), 727 (729 f.).
[668] Vgl. EuGH Slg. 2009, I-9687 Rn. 23, 48, 58 f. = EuZW 2009, 822 – Intercontainer Interfrigo.
[669] Ebenso *Lando/Nielsen* C. M. L. Rev. 45 (2008), 1687 (1688); Reithmann/Martiny/*Martiny* Rn. 1.59.
[670] Allg. HWB/*Rösler* S. 122; *Schmidt* RabelsZ 59 (1995), 568 (582); *Hommelhoff*, Die Auslegung angeglichenen Gesellschaftsrechts – eine Analyse der EuGH-Rechtsprechung, in Schulze, Die Auslegung europäischen Privatrechts und angeglichenen Rechts, 1999, 33 f.; *Stotz* in Riesenhuber, Europäische Methodenlehre, 3. Aufl. 2015, § 22 Rn 12: „sehr selten"; zur Brüssel I-VO *Kropholler/v. Hein* EurZPR Einl. Rn. 76; aA – „zentrale Rolle" – *Riesenhuber* in *Riesenhuber*, Europäische Methodenlehre, 3. Aufl. 2015, § 10 Rn 32.

sind, nicht immer klaren Aufschluss über die Motive der Beteiligten geben und oft Kompromisscharakter tragen.[671] Zudem ist es angesichts des dynamischen Charakters des Unionsrechts nicht immer sachgerecht, bei der Auslegung primär auf die Sichtweise im Zeitpunkt der Verordnungsgebung abzustellen.[672]

164   **dd) Teleologische Auslegung.** Eine entscheidende Bedeutung hat nach der stRspr des EuGH die teleologische Auslegung.[673] Im Einzelnen können die Erwägungsgründe Aufschlüsse über die Intentionen des Verordnungsgebers vermitteln.[674] Die genaue **normative Reichweite der Erwägungsgründe** ist allerdings noch nicht abschließend geklärt.[675] Der EuGH ignoriert sie in seiner jüngeren Rechtsprechung zum Internationalen Verfahrensrecht auf mitunter befremdliche Weise.[676] Insbesondere wirft die Verschiebung neuer Regelungsinhalte von dem eigentlichen Text eines Verordnungsvorschlags in die Erwägungsgründe schwierige Fragen auf.[677] Diese kompromissorientierte Strategie des Verordnungsgebers wird kritisiert, weil der genaue normative Gehalt derartiger Interpretationshilfen schwer zu bestimmen sei.[678] Außer Streit steht, dass ein Einzelner nicht direkt aus einem oder mehreren Erwägungsgründen Rechte ableiten kann, sondern dass es dazu einer Bestimmung im Text eines unmittelbar anwendbaren Rechtsaktes selbst bedarf.[679] Für ein Verständnis des Normenkontexts ist eine Heranziehung der Erwägungsgründe jedoch unerlässlich. Maßgebend für die teleologische Auslegung muss im Allgemeinen das in den Erwägungsgründen 6 Rom I- und II-VO genannte Ziel des **Internationalen Entscheidungseinklangs** sein, um die Rechtssicherheit zu erhöhen und das Forum Shopping zu verhindern.[680] Darüber hinaus gilt auch für die Rom I-III-Verordnungen der allgemeine Auslegungsgrundsatz des **effet utile,** dh die Verordnungen sind so zu interpretieren, dass sie ihren Regelungszweck in der Rechtswirklichkeit praktisch erreichen.[681] In diesem Zusammenhang kommt der Vorhersehbarkeit des Rechts für die Parteien große Bedeutung zu.[682]

165   Der für die Auslegung der Brüssel Ia-VO und der Brüssel IIa-VO als Leitgedanke genannte **Grundsatz des gegenseitigen Vertrauens,** das die Mitgliedstaaten ihren Rechtssystemen und Gerichten entgegenbringen,[683] hilft hingegen für die in Art. 3 Nr. 1 genannten Rechtsakte nur bedingt weiter, da diese als *lois uniformes* auch drittstaatliches Recht zur Anwendung berufen.[684] Die Sonderanknüpfung zwingenden Unionsrechts nach Art. 3 Abs. 4 Rom I-VO und Art. 14 Abs. 3 Rom II-VO trotz der Wahl eines drittstaatlichen Rechts macht deutlich, dass drittstaatlichem und mitgliedstaatlichem Recht nicht dasselbe Maß an Vertrauen entgegengebracht wird. Im Rahmen des ordre public legt der genannte Vertrauensgrundsatz aber eine gewisse Zurückhaltung bei der Kontrolle mitgliedstaatlichen Rechts nahe (näher → Art. 6 Rn. 172 ff.).

---

[671] Näher *R. Wagner* Praktische Erfahrungen S. 51 (53).
[672] Vgl. zur Brüssel I-VO *Kropholler/v. Hein* EurZPR Einl. Rn. 76.
[673] Vgl. zur Auslegung des EVÜ EuGH Slg. 2009, I-9687 Rn. 22 f. = EuZW 2009, 822 – Intercontainer Interfrigo; zur Brüssel I-VO EuGH Slg. 2007, I-11321 Rn. 28 = EuZW 2008, 124 mAnm *Sujecki* EuZW 2008, 126 = IPRax 2008, 123 (125) – FBTO Schadeverzekeringen NV/Odenbreit; allg. *Stotz* in Riesenhuber, Europäische Methodenlehre, 3. Aufl. 2015, § 22 Rn. 15 ff.
[674] *R. Wagner* IPRax 2014, 217 (221); zur Rom I-VO insbes. *Kenfack* Clunet 2009, 3 (8 ff.); *Bollée/Lemaire* D 2008, 2155 (2157 ff.); im Allgemeinen *Kropholler* in Basedow ua, Aufbruch nach Europa, 2001, S. 592; *Riesenhuber* in Riesenhuber, Europäische Methodenlehre, 3. Aufl. 2015, § 10 Rn. 38 ordnet die Erwägungsgründe daher der historischen Auslegung zu, wodurch sich auch erklärt, dass er dieser Methode eine größere Rolle beimisst als die hL (§ 10 Rn. 32).
[675] Für eine Analyse des normativen Gehalts von Erwägungsgründen im Allgemeinen s. *Bollée/Lemaire* D 2008, 2155 (2157–2161).
[676] EuGH NJW 2013, 3504 Rn. 24 ff. – Emrek.
[677] Eingehend *Bollée/Lemaire* D 2008, 2155 (2157 ff.).
[678] *Bermann* in Ferrari/Leible, Rome I Regulation, 2009, 349 (357 ff.); *Boskovic* D 2008, 2175; *Bollée/Lemaire* D 2008, 2155 (2160); billigend hingegen *Francq* Clunet 2009, 41 (66), die darin einen Zuwachs an Einzelfallgerechtigkeit erblickt.
[679] So Schlussanträge GA *Stix-Hackl* Slg. 2004, I-9425 Rn. 132 – Paul/Deutschland; zust. *Riesenhuber* in Riesenhuber, Europäische Methodenlehre, 3. Aufl. 2015, § 10 Rn. 38.
[680] S. hierzu Rauscher/*v. Hein* EuZPR/EuIPR Einl. Rom I-VO Rn. 1 ff.; vgl. zum EVÜ eingehend EuGH Slg. 2009, I-9687 Rn. 22 f. = EuZW 2009, 822 (823) – Intercontainer Interfrigo.
[681] Zum effet utile im sekundären Unionsrecht *Kropholler* in Basedow ua, Aufbruch nach Europa, 2001, S. 592 f.; allg. HWB/*Rösler* S. 122.
[682] Vgl. zum EVÜ eingehend EuGH Slg. 2009, I-9687 Rn. 44, 62 = EuZW 2009, 822 – Intercontainer Interfrigo.
[683] Hierzu EuGH Slg. 2003, I-14693 Rn. 72 = EuZW 2004, 188 – Gasser; Slg. 2004, I-3565 Rn. 24 f., 28 = BeckRS 2004, 74539 – Turner.
[684] In Bezug auf das EVÜ schon *Junker* RabelsZ 55 (1991), 674 (684).

Soweit der Normzweck eine den Wortlaut übersteigende Anwendung gebietet, lassen die in **166**
Art. 3 Nr. 1 genannten Rechtsakte grundsätzlich auch eine **analoge Anwendung** einzelner Vorschriften zu.[685] Voraussetzung ist aber stets, dass eine solche Ausdehnung nach dem Leitprinzip der autonomen bzw. nach Art. 20 HUP einheitlichen Auslegung aufgrund gemeinsamer rechtspolitischer Wertungen der Mitglied- bzw. Vertragsstaaten zulässig ist und keinen nationalen Sonderweg darstellt.[686] Außerhalb des sachlichen Anwendungsbereichs der Rom I-III-Verordnungen ist eine analoge Anwendung einzelner Vorschriften möglich und zum Teil auch notwendig, zB um die Streichung der Art. 27 ff. EGBGB aF auszugleichen.[687]

ee) Rechtsvergleichende Auslegung. Besondere Bedeutung kommt schließlich der rechtsver- **167**
gleichenden Auslegung zu, die sich dogmatisch als Unterfall der autonomen und teleologischen Auslegung erfassen lässt.[688] Solange eine Auslegungsfrage noch nicht verbindlich durch den EuGH entschieden worden ist, ist es im Interesse des internationalen Entscheidungseinklangs angezeigt, dass die mitgliedstaatlichen Gerichte die Rechtsprechung und Literatur anderer Mitgliedstaaten zu den in Art. 3 Nr. 1 genannten Rechtsakten berücksichtigen, soweit diese mit vertretbarem Aufwand zugänglich sind.[689] Für den EuGH und die Generalanwälte selbst kann die rechtsvergleichende Auslegung Unterstützung insbesondere bei der autonomen Qualifikation bestimmter Rechtsinstitute geben.[690] Um den internationalen Entscheidungseinklang auch mit Drittstaaten zu fördern, ist es grundsätzlich wünschenswert, deren Rechtspraxis in geeigneten Fällen ebenfalls zu würdigen.[691] Dies gilt insbesondere für diejenigen Nicht-Mitgliedstaaten der EU, die Vertragsstaaten des HUP sind.

D. Staatsverträge

I. Von Art. 3 Nr. 2 erfasste Staatsverträge

Art. 3 Nr. 2 weist auf den Vorrang staatsvertraglicher Kollisionsnormen hin. Hiermit sind die von **168**
der **Bundesrepublik Deutschland** abgeschlossenen völkerrechtlichen Vereinbarungen gemeint, wie zB das ErwSÜ, bzw. diejenigen Verträge des Deutschen Reiches, in welche die Bundesrepublik als Rechtsnachfolgerin eingetreten ist, wie zB das deutsch-iranische Niederlassungsabkommen.[692] Vereinzelt sind auch noch Staatsverträge aus der Zeit vor der Reichsgründung relevant.[693] Thematisch erfasst Art. 3 Nr. 2 nur Staatsverträge auf dem Gebiet des **IPR** iS der oben (→ Rn. 6 ff.) geschilderten Legaldefinition; für den Vorrang von Staatsverträgen auf dem Gebiet des **Internationalen Zivilverfahrensrechts** gilt aber im Ergebnis nichts anderes.[694] Eine unterschiedliche Behandlung wäre auch deshalb nicht sachgerecht, weil neuere Übereinkommen (zB das ErwSÜ) öfters verfahrens- und kollisionsrechtliche Fragen zusammenhängend nach dem Gleichlaufprinzip regeln. Auch Verträge auf dem Gebiet des **Internationalen Einheits(sach)rechts** (zB CISG, Warschauer Abkommen) gehen dem autonomen IPR vor; ob sich dies aus Art. 3 Nr. 2 ergibt, weil die in diesen Konventionen enthaltenen Abgrenzungsnormen ebenfalls Kollisionsregeln darstellen,[695] oder ob es bereits aus allgemeinen Grundsätzen (lex specialis) folgt,[696] ist angesichts der deklaratorischen Natur der Nr. 2

---

[685] Zur Frage der analogen Anwendbarkeit des Art. 8 Rom I-VO auf GmbH-Geschäftsführerverträge Rauscher/*v. Hein* EuZPR/EuIPR Rom I-VO Art. 8 Rn. 18 mwN.

[686] Vgl. noch zum EVÜ *Reinhart* RIW 1994, 445 (450).

[687] S. hierzu Rauscher/*v. Hein* EuZPR/EuIPR Einl. Rom I-VO Rn. 30.

[688] Vgl. zum EVÜ *Junker* RabelsZ 55 (1991), 674 (679); *Reinhart* RIW 1994, 445 (450).

[689] Näher (zum EVÜ) *Reinhart* RIW 1994, 445 (450).

[690] Vgl. zur Qualifikation der c.i.c. im Kontext des EuGVÜ EuGH Slg. 2002, I-7357 = NJW 2002, 3159 – Tacconi; ausf. *v. Hein* GPR 2007, 54 mwN; *Lagarde,* Liber Fausto Pocar, 2009, 594; *Lüttringhaus* RIW 2008, 193; *Stoll,* FS Georgiades, 2006, 941; *Volders* YbPIL 9 (2007), 127.

[691] So zum EVÜ *Reinhart* RIW 1994, 445 (450).

[692] Zur Weitergeltung dieses Übereinkommens eingehend BGHZ 160, 322 = NJW-RR 2005, 81.

[693] S. zum bayerisch-schweizerischen Konkursübereinkommen von 1834 OLG München KTS 1982, 313 = IPRspr. 1981 Nr. 210; *M.-P. Weller,* FS v. Hoffmann, 2011, 513 (514). Dieser Vertrag gilt aber nur als Landesrecht fort, so dass Art. 3 Nr. 2 als Bundesrecht insoweit nicht zum Zuge kommt. Aus schweizerischer Sicht s. BG 28.3.2013 – 5A_665/2012 und hierzu die Anm. *Schwander* SZIER 2013, 459 ff.

[694] *Kropholler* IPR § 9 vor I.

[695] So die stRspr, s. BGHZ 202, 258 Rn. 52 = NJW 2015, 867; BGH NJW 2015, 2584 Rn. 27; BGHZ 201, 252 Rn. 13 = NJW 2014, 3156; BGH NJW-RR 2014, 1202 Rn. 11; BGH NJW-RR 2013, 309 Rn. 15 (jeweils zum CISG); BGH NJW-RR 2010, 548 (zum Warschauer Abkommen); ebenso *v. Bar/Mankowski* IPR I § 3 Rn. 63; BeckOGK/*Schulze* (1.8.2016) Rn. 61; *v. Hoffmann/Thorn* IPR § 1 Rn. 65.

[696] Vgl. *Kropholler* IPR § 12 I 1a.

praktisch belanglos. Ob es sich bei einem Staatsvertrag um eine bi- oder multilaterale Konvention, ein geschlossenes oder offenes Übereinkommen, eine *loi uniforme* oder einen am Erfordernis der Gegenseitigkeit festhaltenden älteren Vertrag handelt,[697] ist insoweit unerheblich, als alle genannten Typen grundsätzlich den Vorrang vor dem autonomen IPR beanspruchen können.

169   Wie sich aus einer systematischen Auslegung im Hinblick auf Nr. 1 ergibt, werden hingegen von der Nr. 2 nicht diejenigen Staatsverträge erfasst, welche die **EU** aufgrund einer ihr allein zustehenden Kompetenz abgeschlossen hat, wie zB das HUP;[698] deren Stellung ergibt sich vielmehr aus dem Anwendungsvorrang des Unionsrechts, auf den bereits die Nr. 1 aufmerksam macht (→ Rn. 48 ff.). Schwieriger einzuordnen sind diejenigen Verträge, welche die **Mitgliedstaaten** selbst abgeschlossen haben, nachdem sie **von der EU hierzu ermächtigt** worden sind, wie zB das KSÜ.[699] Der Europäische Rat hatte mit seiner Entscheidung vom 5.6.2008 den Mitgliedstaaten der EU gestattet, das KSÜ zu ratifizieren bzw. ihm beizutreten.[700] Dieses Vorgehen beruhte darauf, dass die Mitgliedstaaten für diejenigen Bereiche des KSÜ zuständig geblieben waren, die das Unionsrecht nicht berührten, also die Kollisionsnormen des KSÜ, während die verfahrensrechtlichen Regelungen des Übereinkommens von der Brüssel IIa-VO verdrängt wurden. Die EU und die Mitgliedstaaten waren demnach gemeinsam für den Abschluss des KSÜ zuständig (sog. **„gemischtes" Übereinkommen**).[701] Nach dem KSÜ können aber nur souveräne Staaten, nicht regionale Organisationen wie die EU selbst, Parteien des Übereinkommens werden. Daher konnte die EU das KSÜ weder ratifizieren noch ihm beitreten. Für die **verfahrensrechtlichen** Normen des KSÜ ist infolgedessen unstreitig, dass diese in ihrer Rechtsqualität sekundäres Unionsrecht darstellen und dem EuGH insoweit die Auslegungskompetenz zukommt.[702] In Bezug auf die darin enthaltenen **Kollisionsnormen** ist das KSÜ in seiner Rechtsqualität hingegen streng genommen ein konventioneller Staatsvertrag, der nicht nach Art. 216 Abs. 2 AEUV unmittelbar geltendes Unionsrecht darstellt; der EuGH hat daher für das KSÜ insoweit auch keine Auslegungskompetenz.[703] Allerdings ist zu beachten, dass der EuGH die Kompetenzen der Union in Bezug auf das ebenfalls mit der Brüssel IIa-VO eng verknüpfte HKÜ weit ausgedehnt hat: In seinem Gutachten 1/13 hat der Gerichtshof festgestellt, dass „aufgrund der Überschneidung und der engen Verbindung zwischen den Bestimmungen der [Brüssel IIa-VO] und denen des [Haager Kindesentführungs-]Übereinkommens, insbesondere zwischen den Bestimmungen in Art. 11 der Verordnung und denen in Kapitel III des Übereinkommens, dessen Bestimmungen geeignet [sind], sich auf den Sinn, die Tragweite und die Wirksamkeit der Vorschriften der Verordnung Nr. 2201/2003 auszuwirken."[704] Der EuGH hat daraus den Schluss gezogen, dass das Einverständnis zum Beitritt eines Drittstaats zum HKÜ in die ausschließliche Zuständigkeit der EU fällt.[705] Auch in der Rechtsprechung des EuGH lässt sich praktisch nur schwer zwischen der Auslegung der Brüssel IIa-VO und des HKÜ trennen.[706] Es erscheint daher angesichts der ebenfalls engen Verflechtungen zwischen dem KSÜ und der Brüssel IIa-VO naheliegend, dass der EuGH auch in Bezug auf die Kollisionsnormen des KSÜ seine Kompetenz extensiv handhaben wird.

---

[697] Zu diesen typologischen Unterscheidungen näher *Kropholler* IPR § 9 IV.

[698] Anders („hybride Rechtsakte") BeckOGK/*Schulze* (1.8.2016) Rn. 58.

[699] Vgl., einerseits *R. Wagner,* Das rechtspolitische Umfeld, 2013, 51 (66): KSÜ sei kein Teil des EU-IPR; anders, für eine „Zwitterstellung" derartiger Übereinkommen und eine Anwendung sowohl der Nr. 1 als auch der Nr. 2 Staudinger/*Hausmann* (2013) Rn. 23; ebenso BeckOGK/*Schulze* (1.8.2016) Rn. 58.

[700] ABl. 2008 L 151, 36.

[701] Denkschrift der Bundesregierung zum KSÜ, BT-Drs. 16/12068, 28 (30); eingehend hierzu *A. Schulz* in v. Hein/Rühl Kohärenz 110 (118 ff.).

[702] Denkschrift der Bundesregierung zum KSÜ, BT-Drs. 16/12068, 28 (34): „Da das Übereinkommen, soweit es in die Zuständigkeit der Europäischen Gemeinschaft fällt, Teil des Gemeinschaftsrechts wird, ist der EuGH zur Auslegung des Übereinkommens [...] berufen"; *Hess,* Europäisches Zivilprozessrecht, 2010, § 5 Rn. 41.

[703] Vgl. die Denkschrift der Bundesregierung zum KSÜ, BT-Drs. 16/12068, 28 (34), in der eine Auslegungskompetenz des EuGH nur bejaht wird, „soweit" (!) das Übereinkommen in die Zuständigkeit der EU fällt; anders *Schäuble* BWNotZ 2016, 5 (8).

[704] EuGH ECLI:EU:C:2014:2303 Rn. 85 = BeckEURS 2014, 403969; kritisch hierzu *Beaumont* in Franzina, The External Dimension of EU Private International Law After Opinion 1/13, 2016, 43 ff.; vgl. auch *Kohler/Pintens* FamRZ 2015, 1537 (1540); *Mansel/Thorn/Wagner* IPRax 2015, 1 (2); *R. Wagner* NJW 2016, 1774 (1776).

[705] EuGH ECLI:EU:C:2014:2303 Rn. 90 = BeckEURS 2014, 403969.

[706] S. insbesondere EuGH ECLI:EU:C:2014:2268 – C/M; sehr deutlich in dieser Sache die Schlussanträge von GA *Szpunar* ECLI:EU:C:2014:2275 Rn. 55, der betont, „eine Auslegung durch den Gerichtshof [sei] auch im Kontext des Haager Übereinkommens von 1980 gewiss hilfreich, um eine parallele und kohärente Anwendung mit der Verordnung sicherzustellen, eine einheitliche Anwendung der Verordnung Nr. 2201/2003 zu gewährleisten und um zu einer kohärenten Auslegung des Haager Übereinkommens von 1980 durch die 28 Mitgliedstaaten der Europäischen Union beizutragen"; krit. hierzu *Pirrung* IPRax 2015, 207 (210): „etwas großzügige Haltung des EuGH zu Kompetenzfragen".

Von der Nr. 2 werden Staatsverträge nur erfasst, „soweit sie **unmittelbar anwendbares inner-   170
staatliches Recht**" geworden sind. Erforderlich ist also, dass die Regelungen des betreffenden
Staatsvertrages in Deutschland den Rang eines Gesetzes oder einer sog „gesetzesändernden" Rechtsverordnung erhalten haben müssen.[707] Art. 25 GG, dem zufolge allgemeine Regeln des Völkerrechts
Teil des innerstaatlichen Rechts sind, betrifft nicht das staatsvertragliche Kollisionsrecht und kann
daher nicht die insoweit notwendige Transformation herbeiführen.[708] Art. 3 Nr. 2 setzt vielmehr
voraus, dass der betreffende Staatsvertrag nach den maßgebenden innerstaatlichen Bestimmungen
(Art. 59 GG) wirksam in deutsches Recht gegossen worden ist; die Nr. 2 stellt hingegen selbst
keine derartige Umsetzungsnorm dar.[709] Die einzelnen Verfahrensschritte sind die folgenden: (1)
die Unterzeichnung des Staatsvertrages, (2) der Erlass eines Zustimmungsgesetzes nach Art. 59 Abs. 2
S. 1 Alt. 2 GG, (3) die Ratifikation (bzw. der Beitritt) gemäß Art. 59 Abs. 1 GG, dh die vom
Bundespräsidenten abgegebene Erklärung, den Vertrag als völkerrechtlich bindend anzuerkennen,
sowie schließlich (4) die Hinterlegung der Ratifikations- oder Beitrittsurkunde. Zu prüfen bleibt
schließlich, welcher Zahl an Ratifikationen es für das Inkrafttreten eines Staatsvertrages bedarf und
welche Zeit nach der Hinterlegung der letzten dafür erforderlichen Urkunde verstreichen muss, bis
der Vertrag wirksam wird. Ferner ist zu ermitteln, ob der Vertrag gekündigt worden ist, durch
eine neue Fassung ersetzt wurde oder ob er – vor allem bei Vorkriegsverträgen wichtig – durch
gewohnheitsmäßige Nicht-Anwendung (*desuetudo*) außer Kraft getreten ist.[710] Über den aktuellen
Stand informiert der jährlich erscheinende Fundstellennachweis B des Bundesgesetzblatts, Teil II
sowie in Bezug auf die Haager Übereinkommen die Webseite http://www.hcch.net.

Über die formalen Transformationsschritte hinaus ist inhaltlich zu prüfen, ob der jeweilige Staats-   171
vertrag **unmittelbar anwendungsfähige Kollisionsnormen** enthält oder ob er lediglich Staaten-
verpflichtungen (etwa zum Erlass bestimmter Normen) begründet.[711] Ferner muss festgestellt werden, ob die jeweilige Vereinbarung gerade im Verhältnis zu dem betreffenden ausländischen Staat
unmittelbar anwendbar geworden ist.[712] Die neueren Haager Übereinkommen (KSÜ, ErwSÜ,
HUP) verzichten regelmäßig auf ein Gegenseitigkeitserfordernis und kommen daher als sog *lois
uniformes* auch gegenüber Nicht-Vertragsstaaten zur Anwendung; ältere Verträge verdrängen hingegen
das autonome IPR nur im Verhältnis zu den jeweiligen Vertragsstaaten. Gegebenenfalls bleibt aber
die Bindungswirkung älterer Übereinkommen zu beachten; so kommt zB gegenüber China (Macao)
und der Türkei nach wie vor das Haager Minderjährigenschutzübereinkommen von 1961 (MSA) und
nicht das KSÜ zur Anwendung.[713] Schließlich sind die intertemporalen, sachlichen und räumlich-
persönlichen Anwendungsvoraussetzungen des jeweiligen Staatsvertrages bzw. (etwa im Falle des
KSÜ und des ErwSÜ) seiner einzelnen Kollisionsnormen zu untersuchen. Insoweit lassen sich keine
generalisierenden Aussagen treffen, so dass auf die Kommentierungen der einschlägigen Übereinkommen verwiesen werden muss. Um keine Staatsverträge iS der Nr. 2 handelt es sich bei bloßem
„soft law", dh rechtlich unverbindlichen Prinzipien, die der Rechtsanwendung oder künftigen
Gesetzgebung Hilfestellung leisten sollen, so z.B. die Haager Prinzipien zur Rechtswahl in internationalen Handelsverträgen.[714]

II. Verhältnis kollisionsrechtlicher Staatsverträge zum autonomen IPR

1. Allgemeines. Da kollisionsrechtliche Staatsverträge in der Bundesrepublik lediglich den Rang   172
einfachen Gesetzesrechts haben, können Konflikte mit dem autonomen innerstaatlichen IPR entstehen. Sofern der Staatsvertrag jüngeren Datums ist als die in Frage kommende autonome Norm,
ergibt sich der **Vorrang des Staatsvertrages** bereits aus der Regel „lex posterior derogat legi
priori".[715] Art. 3 Nr. 2 macht darüber hinaus deutlich, dass Staatsverträge auch dann den Vorrang
gegenüber innerstaatlichem IPR genießen, wenn sie älter als dieses sind. Dies entsprach in der Sache

---

[707] BT-Drs. 10/504, 36.
[708] *Jayme* BerGesVR 16 (1975), 7 (25 f.); Soergel/*Kegel* Vor Art. 3 Rn. 36; Staudinger/*Hausmann* (2013)
Rn. 24; vgl. BT-Drs. 10/504, 36 sowie zum materiellen Scheckrecht BGHZ 115, 247 = NJW 1992, 118.
[709] AllgM, s. nur Bamberger/Roth/*Lorenz* Rn. 5.
[710] Ein Beispiel bot das deutsch-polnische Vormundschaftsabkommen vom 5.3.1924 (RGBl. 1925 II S. 139
(145)), das aber spätestens seit dem 1.1.2011 ohnehin durch das KSÜ verdrängt wird, näher Staudinger/*v. Hein*
(2014) Vor Art. 24 Rn. 7.
[711] BT-Drs. 10/504, 36.
[712] BT-Drs. 10/504, 36.
[713] S. zB Staudinger/*v. Hein* (2014) Vor Art. 24 Rn. 3.
[714] The Hague Principles on Choice of Law in International Commercial Contracts, RabelsZ 79 (2015), 654;
hierzu s. *Martiny* RabelsZ 79 (2015), 624 ff.
[715] AllgM, BT-Drs. 10/504, 36; *Kropholler* IPR § 9 vor I.

bereits der ständigen Rspr. vor der IPR-Reform von 1986.[716] Zwar könne der Gesetzgeber, befand bereits das RG, durch ein später erlassenes Gesetz von einem älteren Staatsvertrag abweichen; im Zweifel sei aber keine derartige Absicht anzunehmen.[717] Hierfür spricht die Überlegung, dass der Gesetzgeber in der Regel nicht gegen seine völkervertraglichen Verpflichtungen verstoßen wolle.[718] Inhaltlich lässt sich ein **Vorrang älterer Staatsverträge** häufig auf deren Charakter als leges speciales gegenüber dem nationalen IPR stützen.[719] Auch insoweit hat die Regelung in Art. 3 Nr. 2 daher nach den eindeutigen Materialien nur einen klarstellenden Charakter;[720] der Gesetzgeber darf folglich, wenn er dies **ausnahmsweise** tatsächlich will, ungeachtet des Art. 3 Nr. 2 durch klar gefasste spätere Regelungen auch von älteren staatsvertraglichen Kollisionsnormen abweichen.[721] Die verfassungs- und völkerrechtliche Zulässigkeit eines solchen „**Treaty Override**" hat das BVerfG in Bezug auf Doppelbesteuerungsübereinkommen ausdrücklich bestätigt;[722] für kollisionsrechtliche Staatsverträge kann nichts anderes gelten. Aufgrund der nur deklaratorischen Wirkung des Art. 3 Nr. 2 kommt es im Ergebnis nicht darauf an, ob es um den Vorrang eines Staatsvertrages gegenüber den Art. 3a–46d EGBGB („Vorschriften dieses Kapitels") oder gegenüber nicht-kodifiziertem Richter- bzw. Gewohnheitsrecht (zB Internationales Gesellschaftsrecht) geht;[723] es gelten vielmehr in beiden Fällen für die Konfliktlösung die gleichen inhaltlichen Maßstäbe.

173   **2. Inkorporation von Staatsverträgen in das EGBGB.** Umstritten war insbesondere, ob der Vorrang eines Staatsvertrages auch zu beachten war, wenn sich im EGBGB inhaltlich gleichlautende Normen befanden. Im Zuge der IPR-Reform von 1986 wurde mit Art. 18 aF eine auf dem zuvor in Kraft getretenen Haager Unterhaltsstatutsübereinkommen von 1973 beruhende Norm geschaffen. Das Römische EWG-Schuldvertragsübereinkommen (EVÜ) trat für Deutschland am 1.4.1991 in Kraft.[724] Jedoch wurde das EVÜ – anders als das HaagUnthÜ – hier zu Lande nicht für unmittelbar anwendbar erklärt,[725] sondern nur in den Text des 1986 reformierten EGBGB eingestellt (Art. 6 S. 1, Art. 11 Abs. 1–4, Art. 12, Art. 27–29, Art. 30–37 S. 1 EGBGB 1986).[726] Für die gewillkürte Erbfolge stellte sich die Frage nach dem Vorrang des Haager Testamentsformübereinkommens (HTestformÜ),[727] das in Deutschland durch Art. 26 Abs. 1–3 aF in das EGBGB inkorporiert worden war. Der Gesetzgeber versprach sich von dieser Umsetzungstechnik eine bessere Auffindbarkeit der Normen in der gerichtlichen Praxis.[728] Die Verdrängung der maßgebenden staatsvertraglichen Kollisionsnormen durch Vorschriften des EGBGB barg aber die Gefahr in sich, dass die staatsvertragliche Herkunft dieser Normen vom Rechtsanwender übersehen wurde und es dadurch zu einer fehlerhaften Auslegung kam.[729]

174   Für das **Unterhalts-** und das **Schuldvertragsrecht** hat sich diese Streitfrage erledigt: Aufgrund der Ablösung des HaagUnthÜ durch das HUP, das unmittelbar anwendbares Unionsrecht darstellt (→ Rn. 48), und wegen der Transformation des EVÜ in die Rom I-VO war eine „Nacherzählung" der in diesen Rechtsakten enthaltenen Kollisionsnormen im EGBGB europarechtlich nicht mehr zulässig (→ Rn. 173). Eine begrenzte praktische Bedeutung hatte die Frage daher zuletzt nur noch für das **HTestformÜ** und sein Verhältnis zu **Art. 26 Abs. 1–3 aF.**[730] Die Vorauflage hatte empfohlen, sich nach dem Unterhalts- und dem Schuldvertragsrecht nunmehr auch im Erbrecht von der zwar gut gemeinten, aber kontraproduktiven Inkorporationslösung im deutschen IPR endgültig

---

[716] Umfassende Nachweise aus dieser Zeit bei Soergel/*Kegel* Vor Art. 3 Rn. 36 in Fn. 5.

[717] RGZ 71, 293 (296); ebenso BGHZ 89, 325 (336) = NJW 1984, 1302.

[718] *v. Hoffmann/Thorn* IPR § 1 Rn. 78.

[719] BT-Drs. 10/504, 36; *Kropholler* IPR § 9 vor I.

[720] BT-Drs. 10/504, 36; ebenso Bamberger/Roth/*Lorenz* Rn. 4; BeckOGK/*Schulze* (1.8.2016) Rn. 63 ff.; Erman/*Hohloch* Rn. 12; *v. Hoffmann/Thorn* IPR § 1 Rn. 78; Soergel/*Kegel* Vor Art. 3 Rn. 36; aA (teilweise konstitutive Bedeutung) *Gottschalk* Allgemeine Lehren des IPR 36 in Fn. 95; *Meyer-Sparenberg,* Staatsvertragliche Kollisionsnormen, 1990, 68; Palandt/*Thorn* Rn. 11; Staudinger/*Hausmann* (2013) Rn. 27; *M.-P. Weller,* FS v. Hoffmann, 2011, 513 (514); wohl auch NK-BGB/*Freitag* Rn. 75.

[721] Bamberger/Roth/*Lorenz* Rn. 4; PWW/*Mörsdorf-Schulte* Rn. 24; Soergel/*Kegel* Vor Art. 3 Rn. 36.

[722] BVerfG NJW 2016, 1295 mAnm *Payandeh* NJW 2016, 1279 = JuS 2016, 571 (*M. Sachs*).

[723] Erman/*Hohloch* Rn. 12; *Looschelders* Rn. 13; aA Palandt/*Thorn* Rn. 11; Staudinger/*Hausmann* (2013) Rn. 28.

[724] Bek. vom 12.7.1991, BGBl. 1991 II S. 871.

[725] Zustimmungsgesetz vom 25.7.1986, BGBl. 1986 II S. 809; s. auch *Jayme/Hausmann* Nr. 70a Fn. 5.

[726] Zum heute obsoleten Streit um diese Umsetzung näher Soergel/*v. Hoffmann* Vor Art. 27 Rn. 8 ff. mwN.

[727] BGBl. 1965 II S. 1144; 1966 II S. 11.

[728] Vgl. zum EVÜ und den Art. 27 ff. EGBGB 1986 BT-Drs. 10/504, 76: „Auf diese Weise soll die Überschaubarkeit des Internationalen Privatrechts gewahrt und einer zukünftigen Rechtszersplitterung entgegengewirkt werden."; hierzu aus heutiger Sicht *Pirrung* IPRax 2017, 124 (127 ff.).

[729] S. Voraufl. Rn. 173 f., mwN.

[730] S. Voraufl. Rn. 174.

zu verabschieden.[731] Dem ist der Gesetzgeber mit Art. 26 Abs. 1 nF gefolgt, der in Satz 1 eine Ausführungsbestimmung zum HTestformÜ enthält (bisher Art. 26 Abs. 1 Nr. 5 aF) und im Übrigen (Satz 2) auf die unmittelbare Anwendung des Übereinkommens verweist.[732] Diese Referenzmethode entspricht auch der bevorzugten Herangehensweise in anderen Vertragsstaaten.[733]

III. Konventionskonflikte

Über Konflikte zwischen verschiedenen Staatsverträgen sagt Art. 3 Nr. 2 nichts. Insoweit sind **175** primär die Bestimmungen der einschlägigen Übereinkommen selbst maßgebend (zB Art. 50–52 KSÜ, Art. 48 und 49 ErwSÜ), auf deren jeweilige Kommentierung zu verweisen ist. Falls – was bei neueren Haager Übereinkommen kaum vorkommen dürfte – ausdrückliche Regeln zur Konfliktlösung fehlen, ist auf die Regeln der Wiener Vertragsrechtskonvention[734] oder das Völkergewohnheitsrecht zurückzugreifen. In der Regel geht also (zwischen Vertragsparteien) das jüngere einem älteren Übereinkommen und die speziellere Konvention der allgemeineren (also zB das FlüchtlAbk der StaatenlosenKonv, → Anh. I Art. 5 Rn. 3) vor.[735] Ein sog „Prinzip der maximalen Wirksamkeit", das zur Anwendung der jeweils materiellrechtlich wirksameren Norm führen soll,[736] ist als Mittel der Konfliktlösung ungeeignet.[737]

IV. Verhältnis kollisionsrechtlicher Staatsverträge zu Regelungen der EU

Auch das Verhältnis kollisionsrechtlicher Staatsverträge zu Regelungen der EU wird in Art. 3 **176** nicht angesprochen.[738] Insoweit lässt sich weder mit dem Anwendungsvorrang des Unionsrechts (→ Rn. 45) noch mit der lex-posterior-Regel (→ Rn. 172) argumentieren, denn die EU ist dem Prinzip der Völkerrechtsfreundlichkeit und dem Grundsatz *pacta sunt servanda* auch gegenüber Drittstaaten verpflichtet.[739] **Art. 351 Abs. 1 AEUV** bestimmt ausdrücklich, dass die Rechte und Pflichten aus Übereinkünften, die vor dem 1.1.1958 oder, im Falle später beigetretener Staaten, vor dem Zeitpunkt ihres Beitritts zwischen einem oder mehreren Mitgliedstaaten einerseits und einem oder mehreren dritten Ländern andererseits geschlossen wurden, durch die europäischen Verträge nicht berührt werden. Dies war im Hinblick auf das IPR lange Zeit unproblematisch, weil die EU bis zu dem 1999 in Kraft getretenen Vertrag von Amsterdam keine Kompetenz zum Erlass von Sekundärrechtsakten auf diesem Rechtsgebiet hatte (→ Rn. 29 f.). Alle in Art. 3 Nr. 1 genannten EU-Rechtsakte (→ Rn. 45 ff.) treten aber heute in Konkurrenz zu völkerrechtlichen Übereinkommen, denen verschiedene Mitgliedstaaten in der Vergangenheit beigetreten sind. Es kommt daher zu einem Spannungsverhältnis zwischen dem Grundsatz der völkerrechtlichen Vertragstreue einerseits und dem Streben nach einer möglichst effektiven und umfassenden Vereinheitlichung des IPR im europäischen Rechtsraum andererseits.

Die Lösung des jeweiligen Konflikts zwischen einem völkerrechtlichen Übereinkommen und **177** europäischem Sekundärrecht ist in erster Linie anhand der hierfür vorgesehenen **Kollisionsregeln in den einschlägigen Rechtsakten** zu ermitteln.[740] Das Grundmodell zur Lösung derartiger Konflikte findet sich im Kern übereinstimmend in Art. 28 Rom II-VO, Art. 25 Rom I-VO, Art. 19 Rom III-VO und Art. 75 EuErbVO. Demnach lassen die EU-Verordnungen die Anwendung der internationalen Übereinkommen, denen ein oder mehrere Mitgliedstaaten im Zeitpunkt der Annahme der jeweiligen Verordnung angehören, und die Kollisionsnormen im sachlichen Anwendungsbereich der jeweiligen Verordnung enthalten, grundsätzlich unberührt (ebenso Art. 19 Abs. 1 HUP). Die Verordnungen genießen jedoch im Verhältnis zwischen den Mitgliedstaaten den Vorrang gegenüber

[731] S. Voraufl. Rn. 174.
[732] BGBl. 2015 I S. 1042 (1058).
[733] Näher *van Loon* Riv. dir. int. priv. proc. 51 (2015) 743 (748).
[734] BGBl. 1985 II S. 926.
[735] Ausf. *Malan,* La concurrence des conventions d'unification des règles de conflit de lois, 2002; *Brière,* Les conflits de conventions internationales en droit privé, 2001; *Majoros,* Les conventions internationales en matière de droit privé I (1976), II (1980); *Meessen* BerGesVR 16 (1975), 49 (55 ff.); *Volken,* Konventionskonflikte im IPR, 1977, krit. bespr. durch *von Overbeck* Rev. crit. dr. int. pr. 66 (1977), 655, und durch *Siehr* RabelsZ 43 (1979), 397. S. auch *Majoros* RabelsZ 46 (1982), 84; ferner *v. Bar/Mankowski* IPR I § 3 Rn. 106 ff.; *Gottschalk* Allgemeine Lehren des IPR 41 f.; Staudinger/*Hausmann* (2013) Rn. 54; Staudinger/*Sturm/Sturm* (2012) Einl. IPR Rn. 440, mit umfassenden Nachweisen zum internationalen Schrifttum.
[736] Dafür insbes. *Majoros* RabelsZ 46 (1982), 84 (93 ff.).
[737] Abl. auch *Gottschalk* Allgemeine Lehren des IPR 42 in Fn. 131.
[738] Eingehend *A. Schulz* in v. Hein/Rühl Kohärenz 110 ff.
[739] Vgl. allg. *Hobe* JuS 2002, 8 ff.; *Vranes* JBl. 2011, 11 ff.
[740] Näher *v. Hein,* FS Meinhard Schröder, 2012, 29 ff.; zu den theoretischen Grundlagen eingehend *Kreuzer,* FS Kropholler, 2008, 129 ff.; *Siehr,* FS Kropholler, 2008, 211 (224 f.).

solchen Übereinkommen, die ausschließlich zwischen zwei oder mehreren Mitgliedstaaten geschlossen worden sind.[741] Diese Vorrangklausel erfasst aber viele einschlägige Übereinkommen nicht; so bleiben namentlich das Haager Produkthaftungsübereinkommen (HPÜ) und das Haager Straßenverkehrsunfallübereinkommen (HStVÜ)[742] –, denen zahlreiche Mitgliedstaaten, wenn auch nicht die Bundesrepublik, angehören –, vom Inkrafttreten der Rom II-VO unberührt, weil beide Übereinkommen auch für Drittstaaten gelten.[743] Gleiches gilt zB für das Verhältnis zwischen dem Haager Kaufrechtsübereinkommmen von 1955 und der Rom I-VO oder für das Verhältnis zwischen dem deutsch-iranischen Niederlassungsabkommen und der Rom III-VO; in beiden Fällen genießt der ältere Staatsvertrag den Vorrang gegenüber der jeweiligen Verordnung. Diese fortbestehende Zersplitterung des europäischen IPR ist höchst unbefriedigend.[744] Spezielle Vorschriften sind jeweils im Hinblick auf Konflikte mit den Vorläuferregelungen in älteren Übereinkommen zu beachten (zB im Hinblick auf das EVÜ Art. 24 Rom I-VO,[745] in Bezug auf das HaagUnthÜ von 1973 Art. 18 HUP). Für weitere Einzelfragen ist auf die Kommentierungen der genannten Vorschriften zu verweisen.[746]

178 Schließlich ist zu beachten, dass Staatsverträge auch lediglich **partiell von EU-Verordnungen verdrängt** werden können. Dies betrifft namentlich das Verhältnis zwischen der Brüssel IIa-VO und dem KSÜ: Während die Zuständigkeitsvorschriften des KSÜ hinter die der Brüssel IIa-VO zurücktreten müssen, bleiben die Kollisionsormen der Art. 15 ff. KSÜ auch innerhalb der EU maßgebend. Welche Folgen sich daraus für das Gleichlaufprinzip ergeben, auf dem das Übereinkommen beruht (kollisionsrechtliche Anknüpfung an die Zuständigkeiten nach der Brüssel IIa-VO, hypothetische Zuständigkeitsprüfung nach dem KSÜ oder gar Rückgriff auf das autonome IPR, dh Art. 21, 24 EGBGB?) ist umstritten;[747] s. im Einzelnen die Kommentierungen zur Brüssel IIa-VO und zum KSÜ in diesem Band.

V. Auslegung und Anwendung staatsvertraglichen Kollisionsrechts

179 **1. Auslegungsmethoden. a) Allgemeines.** Für die Auslegung und Anwendung staatsvertraglicher Kollisionsnormen gelten besondere Maßstäbe, die sich aus deren Zweck ergeben, im Kreis der Vertragsstaaten eine einheitliche Handhabung der Vorschriften im Dienste des internationalen Entscheidungseinklangs herbeizuführen.[748] Insoweit gelten *mutatis mutandis* ähnliche Erwägungen wie für die in Art. 3 Nr. 1 genannten Rechtsakte der EU (→ Rn. 45 ff.). Es ist aber zu berücksichtigen, dass für die unter Art. 3 Nr. 2 fallenden Staatsverträge keine Auslegungskompetenz des EuGH besteht, so dass den nationalen Gerichten der Vertragsstaaten eine erhöhte Verantwortung für die Beachtung des internationalen Ursprungs der anzuwendenden Kollisionsnormen und der daraus folgenden Besonderheiten besteht. Im Einzelnen ist hierzu Folgendes zu bemerken:

180 **b) Grammatische Auslegung.** Allgemein anerkannt ist, dass dem Wortlaut eines Staatsvertrages eine „besondere Bedeutung" für die Auslegung zukommt.[749] Wenn etwa Art. 8 Abs. 3 S. 2 des deutsch-iranischen Niederlassungsabkommens den Ausschluss der Anwendung iranischer Gesetze „nur ausnahmsweise und [!] nur insoweit" zulässt, als ein solcher Ausschluss allgemein gegenüber jedem anderen Staat erfolgt, kann der exzeptionelle Charakter dieser Öffnungsklausel nicht dadurch nivelliert werden, dass das „und" als ein „oder" gelesen wird[750] (zu den Folgen → Art. 6 Rn. 38, 50). Wird hingegen – wie in der New Yorker StaatenlosenKonv. oder der Genfer FlüchtlKonv. – ein Rechtsbegriff wie der „Wohnsitz" gewählt, ohne für dessen Definition oder Anknüpfung verbindliche Maßstäbe vorzugeben, müssen die Vertragsstaaten dieses Anknüpfungsmoment nicht not-

---

[741] Ein solcher Vorbehalt fehlt hingegen in Art. 19 Abs. 1 HUP.

[742] *Jayme/Hausmann* Nr. 100.

[743] S. zum HStVÜ Cass. civ. (1ʳᵉ Ch.) Arrêt Nr. 428 vom 30.4.2014, abrufbar unter http://www.courdecassation.fr; im Falle des HPÜ sind dies Kroatien, Mazedonien, Norwegen und Serbien; im Falle des HStVÜ Bosnien-Herzegowina, Kroatien, Mazedonien, die Schweiz, Serbien und Weißrussland.

[744] Krit. *Sonnenberger* IPRax 2011, 325 (328 f.) mit dem Vorschlag einer teleologischen Restriktion der entspr. Regelungen; s. besonders im Hinblick auf die Rom II-VO *Kadner Graziano* NIPR 2008, 425 ff.; *Nagy* JPIL 6 (2010), 93 ff.; *Staudinger,* FS Kropholler, 2008, 691 ff.; *Thiede/Kellner* VersR 2007, 1624 ff.

[745] S. etwa *Rauscher/v. Hein* Rom I-VO Art. 24 Rn. 1 ff.

[746] S. ferner *v. Hein,* FS Meinhard Schröder, 2012, 29 ff.

[747] Näher BT-Drs. 16/12068, 31; s. bereits *Kropholler,* FS Schlosser, 2005, 449 ff.; zu den daraus resultierenden Zweifelsfragen ausf. Staudinger/*Henrich* (2014) Art. 21 Rn. 81, 112; Staudinger/*v. Hein* (2014) Vor Art. 24 Rn. 2c, jeweils mwN.

[748] Ausf. *Kropholler,* Internationales Einheitsrecht, 1975, 258 ff.; *Kropholler* IPR § 9 V; *Meyer-Sparenberg,* Staatsvertragliche Kollisionsnormen, 1990, 101 ff.

[749] BGHZ 52, 216 (220) = NJW 1969, 2083 (2084); BGH NJW 1976, 1583 mAnm *Kropholler* NJW 1976, 1585 = WM 1976, 566; NJW-RR 2005, 1449 (1450) zum deutsch-iranischen Niederlassungsabkommen.

[750] BGH NJW-RR 2005, 1449 (1450).

wendigerweise iS ihres internrechtlichen Wohnsitzbegriffes (§§ 7 ff. BGB) auffassen, sondern dürfen dieses auch als Verweisung auf den im IPR üblichen „gewöhnlichen Aufenthalt" verstehen (str., näher → Anh. II Art. 5 Rn. 62). Ein gleichlautender Wortlaut („gewöhnlicher Aufenthalt", „öffentliche Ordnung") in mehreren Haager Übereinkommen lässt grundsätzlich eine einheitliche Begriffsbildung zu, wobei aber im Zweifel funktional-teleologische Überlegungen den Ausschlag geben müssen (näher → Art. 5 Rn. 137, → Art. 6 Rn. 241). Unbedingt ist zu beachten, dass für die älteren Haager Übereinkommen wie zB das MSA allein der französische Vertragstext verbindlich ist,[751] während für neuere Übereinkommen wie das KSÜ und das ErwSÜ (nur) der englische und französische Text gleichermaßen authentisch sind (s. Art. 63 KSÜ, Art. 59 ErwSÜ).[752] Diese Sprachfassungen müssen daher bei der Auslegung der maßgebenden Kollisionsnormen gegenüber der deutschen Übersetzung den Vorrang genießen.[753]

c) Systematische Auslegung. Eine systematische Auslegung staatsvertraglicher Kollisionsnor- **181** men muss in erster Linie bei dem Aufbau und der Gestaltung des jeweiligen Staatsvertrages selbst ansetzen. Hingegen dürfen Staatsverträge nicht einfach wie gewöhnliche autonome IPR-Regeln im Hinblick auf einen „Gesamtzusammenhang" mit dem nationalen IPR und IZVR interpretiert werden.[754] Auch in Bezug auf diese methodisch unzulässige Eingemeindung staatsvertraglicher Kollisionsnormen hat sich die 1986 verfolgte, inzwischen weitgehend aufgegebene Inkorporationslösung (→ Rn. 173 f.) als wenig hilfreich erwiesen. Bedeutung kann aber die systematische Auslegung eines Staatsvertrages im Zusammenhang mit anderen Konventionen erlangen, insbesondere im Verhältnis verschiedener Haager Übereinkommen, die aufeinander abgestimmt sind.[755] So sollen etwa im Bereich des Kinder- und Erwachsenenschutzes das KSÜ und das ErwSÜ möglichst reibungslos ineinandergreifen; angesichts des Vorbildcharakters vieler Normen des KSÜ für den Erwachsenenschutz lassen sich insoweit oft Parallelschlüsse ziehen.[756]

d) Historische Auslegung. Auch die historische Auslegung spielt eine wichtige Rolle, um **182** Mehrdeutigkeiten eines Textes aufzuklären.[757] Dies verbessert die Aussicht, dass die Interpretationsergebnisse eines nationalen Gerichts internationale Akzeptanz im Kreis der anderen Vertragsstaaten finden.[758] Hilfe hierbei bieten insbesondere für die Haager Übereinkommen die offiziellen Berichte (Rapports), zB für das KSÜ und das ErwSÜ von *Lagarde,* für das HUP von *Bonomi.*[759] Ferner sind die in der Reihe „Actes et Documents" enthaltenen Materialien zur Entstehung der jeweiligen Übereinkommen aufschlussreich; viele dieser Texte sind auf der Homepage der Haager Konferenz abrufbar (http://www.hcch.net). Auch Begleitaufsätze der Delegierten können die Motive der Verfasser erhellen.[760] Schließlich kann die mit der Transformation eines Übereinkommens von der Bundesregierung vorgelegte Denkschrift, zB zum KSÜ[761] oder zum ErwSÜ,[762] gewisse Aufschlüsse geben.[763] Ebenso wie bei nationalen Gesetzgebungsmaterialien muss freilich zwischen subjektiven Vorstellungen und Präferenzen der an der Ausarbeitung einer Konvention beteiligten Personen und dem objektiven Norminhalt unterschieden werden.[764] Bei älteren Übereinkommen ist ferner zu bedenken, dass die bei der Ausarbeitung eines Staatsvertrages gehegten Anschauungen inzwischen durch soziale Veränderungen überholt sein können.[765] Andererseits können im Sinne von Kontinuität und Rechtssicherheit Auslegungen, die in Bezug auf ein älteres Übereinkommen wie zB das MSA erarbeitet worden sind, durchaus auch auf inhaltlich entsprechende Nachfolgebestimmungen zB im KSÜ übertragen werden, wenn es an Indizien fehlt, dass die neue Regelung inhaltlich von ihrer Vorläuferbestimmung abweichen sollte.[766]

---

[751] Näher Staudinger/*Kropholler* (2003) Vor Art. 19 Rn. 9.

[752] Es ist deshalb zu bedauern, dass diese für die Auslegung zentralen Bestimmungen in der iÜ verdienstvollen und bewährten Textausgabe von *Jayme/Hausmann* stets herausgekürzt werden.

[753] Vgl. etwa zum ErwSÜ Staudinger/*v. Hein* (2014) Vor Art. 24 Rn. 93, 117.

[754] *Kropholler* IPR § 9 V 1b.

[755] *Kropholler* IPR § 9 V 1b.

[756] Ausf. Staudinger/*v. Hein* (2014) Vor Art. 24 Rn. 15f.

[757] Vgl. zum deutsch-iranischen Niederlassungsabkommen BGH NJW-RR 2005, 1449 (1450).

[758] *Kropholler* IPR § 9 V 1c.

[759] Zum Stellenwert dieser Berichte ausf. Staudinger/*Kropholler* (2003) Vor Art. 19 Rn. 15 ff.

[760] Vgl. zum ErwSÜ Staudinger/*v. Hein* (2014) Vor Art. 24 Rn. 16.

[761] BT-Drs. 16/12068, 28.

[762] BT-Drs. 16/3250, 24.

[763] Vgl. Staudinger/*Kropholler* (2003) Vor Art. 19 Rn. 19.

[764] Staudinger/*Kropholler* (2003) Vor Art. 19 Rn. 17 f.

[765] Staudinger/*Kropholler* (2003) Vor Art. 19 Rn. 14.

[766] Vgl. zB zur intertemporalen Anwendbarkeit des KSÜ BGH FamRZ 2011, 796 mAnm *Völker* FamRZ 2011, 801 = NJW 2011, 2360 m. Aufsatz *Rauscher* NJW 2011, 2332, das die zum MSA ergangene Rspr. (BGHZ 60, 68 = NJW 1973, 417) fortführt.

183   **e) Rechtsvergleichende Auslegung.** Es versteht sich von selbst, dass eine international einheitliche Auslegung einer Konvention nur gelingen kann, wenn auch die hierzu vorliegende ausländische Rechtsprechung und Literatur zu Rate gezogen wird.[767] Da es für die von Art. 3 Nr. 2 erfassten Staatsverträge an einer supranationalen Auslegungsinstanz fehlt, hat die nationale Rechtsprechung eine besondere Verantwortung für eine harmonische Auslegung. Zwar sind ausländische Fachzeitschriften nicht in jeder Gerichtsbibliothek verfügbar. Auch insoweit lohnt sich aber ein Blick auf die Homepage der Haager Konferenz, zB in das dort abrufbare Handbuch zur praktischen Handhabung des HKÜ, das eingehend die internationale Rechtsprechung auf dem Gebiet der Kindesentführung auswertet,[768] in die dort fortlaufend aktualisierten Übersichten zu Veröffentlichungen zu den Haager Übereinkommen oder in die Rubrik „Blick in das Ausland" der IPRax. Das Internet macht heute viele Quellen problemlos erreichbar, die früher nur einigen Spezialbibliotheken vorbehalten waren.

184   **f) Teleologische Auslegung.** Auch für die Auslegung staatsvertraglicher Normen kommt deren Sinn und Zweck entscheidende Bedeutung zu.[769] Die internationale Einheitlichkeit der Rechtsanwendung darf dadurch aber nicht gefährdet werden.[770] Gegenüber einer **analogen Anwendung** einzelner Bestimmungen ist größte Zurückhaltung angebracht.[771]

185   **2. Verhältnis zum Allgemeinen Teil des IPR.** Sofern Staatsverträge spezielle Vorschriften zu Rechtsfiguren des Allgemeinen Teils enthalten, etwa zum ordre public (→ Art. 6 Rn. 36 ff.), zum Renvoi bzw. dessen Ausschluss (→ Art. 4 Rn. 109 ff.) oder zur Verweisung auf Mehrrechtsstaaten (→ Art. 4 Rn. 216 ff.), versteht es sich von selbst, dass auch diese Vorschriften dem autonomen IPR vorgehen. Aber auch wenn ein Staatsvertrag zu bestimmten allgemeinen Problemen schweigt – etwa der Behandlung von Mehrstaatern und Staatenlosen (→ Art. 5 Rn. 90 ff.), der Anknüpfung von Vorfragen (→ Einl. IPR Rn. 174 ff.) oder der Qualifikation (→ Einl. IPR Rn. 135) – darf nicht ohne weiteres zur Ergänzung auf das autonome IPR oder die hierfür entwickelten Grundsätze zurückgegriffen werden. Vielmehr ist auch insoweit stets vorrangig zu prüfen, ob die staatsvertragliche Herkunft einer Kollisionsnorm eine besondere Herangehensweise erfordert oder ob die Konvention bewusst eine Lücke für das Eindringen des nationalen IPR lässt. Diese Fragen werden im inhaltlichen Kontext des Allgemeinen Teils an den genannten Stellen aufgegriffen.

186   **3. Verfassungsmäßigkeit.** Da Staatsverträge innerstaatlich lediglich den Rang einfachen Gesetzesrechts haben,[772] unterliegen sie grundsätzlich in vollem Umfang der Nachprüfung auf ihre Verfassungsmäßigkeit.[773] Eine generelle Abschwächung des Kontrollmaßstabes (*favor conventionis*) ist nicht anzuerkennen.[774] Auch wenn ein im Ausland geltender Staatsvertrag von einem deutschen Gericht lediglich im Rahmen einer Renvoiprüfung anzuwenden ist, kann eine darin enthaltene Kollisionsnorm wegen eines Verstoßes gegen die Grundrechte nach Art. 6 S. 2 unbeachtlich sein (→ Art. 6 Rn. 126). Allerdings ist bei der Abwägung widerstreitender Belange auch den Bedürfnissen der internationalen Rechtspflege und der Reputation der Bundesrepublik als vertragstreuer Partner angemessen Rechnung zu tragen.[775] Ob zB die Staatsangehörigkeitsanknüpfung des deutsch-iranischen Niederlassungsabkommens gegen das GG verstößt, weil sie dazu führt, dass homosexuelle Iraner in Deutschland keine gleichgeschlechtliche Ehe eingehen können, ist zweifelhaft.[776]

---

[767] *Kropholler* IPR § 9 V 1d.

[768] Practical Handbook on the operation of the Hague Convention of 19 October 1996 on Jurisdiction, Applicable Law, Recognition, Enforcement and Co-operation in Respect of Parental Responsibility and Measures for the Protection of Children, 2014.

[769] S. zum Warschauer Abkommen BGH NJW 1976, 1583 mAnm *Kropholler* NJW 1976, 1585 = WM 1976, 566 mAnm *Geimer* WM 1976, 566.

[770] Staudinger/*Kropholler* (2003) Vor Art. 19 Rn. 24.

[771] Vgl. zum Warschauer Abkommen BGH NJW 2010, 1526 Rn. 16 ff.

[772] S. statt aller BVerwG NVwZ 2009, 1562 (1567).

[773] Vgl. zum Haager Ehewirkungsabkommen vom 17.5.1905 (RGBl. 1912 S. 453 (475); BGBl. 1955 II S. 188 zu c) im Verhältnis zu Italien BGH NJW 1987, 583, m. Aufsatz *Rauscher* NJW 1987, 531 = IPRax 1987, 114, m. Aufsatz *Henrich* IPRax 1987, 93; NJW 1988, 638 = IPRax 1988, 100 m. Aufsatz *Schurig* IPRax 1988, 88.

[774] Dafür aber noch *Jayme* BerGesVR 16 (1975), 7 (29 ff.); *Meessen* BerGesVR 16 (1975), 49 (77 ff.); wie hier Staudinger/*Hausmann* (2013) Rn. 42.

[775] Zurückhaltung hat das BVerfG im Ergebnis etwa bei der verfassungsrechtlichen Kontrolle des Haager Zustellungsübereinkommens und des Haager Kindesentführungsübereinkommens (KindEntfÜbk) geübt, BVerfG NJW 1996, 1402; 1996, 3145; 1997, 3301; 1999, 631; 1999, 2175.

[776] Bejahend *Grünberger* in Leible/Unberath Rom 0-VO 81 (128 f.); verneinend *Buschbaum* StAZ 2011, 106 (109); vgl. auch zur Parallelproblematik des franko-marokkanischen Übereinkommens vom 10.8.1981 Cass. 28.1.2015, D. 2015, 264 mAnm *Gallmeister* D. 2015, 264 und mAnm *Fulchiron* D. 2015, 464 (einen ordre public-Verstoß bejahend); kritisch hierzu *Libchaber* D. 2015, 481; aus deutscher Sicht hierzu *Lutzi* IPRax 2015, 381 ff.

Art. 3a EGBGB Sachnormverweisung; Einzelstatut

(1) Verweisungen auf Sachvorschriften beziehen sich auf die Rechtsnormen der maßgebenden Rechtsordnung unter Ausschluss derjenigen des Internationalen Privatrechts.

(2) Soweit Verweisungen im Dritten Abschnitt das Vermögen einer Person dem Recht eines Staates unterstellen, beziehen sie sich nicht auf Gegenstände, die sich nicht in diesem Staat befinden und nach dem Recht des Staates, in dem sie sich befinden, besonderen Vorschriften unterliegen.

Schrifttum zu Abs. 1: S. bei Art. 4.

Schrifttum zu Abs. 2: *Andrae,* Gesamtstatut oder Einzelstatut bei der Vererbung eines Miterbenanteils, IPRax 2000, 300; *Bachler,* Situs-Regel, innerdeutsche und inneramerikanische Nachlassspaltung, 2007; *Bosch,* Die Durchbrechungen des Gesamtstatuts im internationalen Ehegüterrecht, 2002; *Braga,* Einheitliches Erb- und Ehegüterrecht, FS Wengler, Bd. II, 1973, 191; *Bungert,* Grenzüberschreitendes Umwandlungsrecht: Gesamtrechtsnachfolge für im Ausland belegene Immobilien bei Verschmelzung deutscher Gesellschaften, FS Heldrich, 2005, 527; *Dörner,* Nachlaßspaltung – und die Folgen, IPRax 1994, 362; *Dutta,* Die Abgrenzung von Gesellschaftsstatut und Erbstatut beim Tod des Gesellschafters, RabelsZ 73 (2009), 727; *Everts,* Neue Perspektiven zur Pflichtteilsdämpfung aufgrund der EuErbVO?, ZEV 2013, 124; *Fetsch,* Auslandsvermögen im Internationalen Erbrecht, Teil 1, RhNotZ 2006, 1; *Fisch,* Der Übergang ausländischen Vermögens bei Verschmelzungen und Spaltungen, NZG 2016, 448; *Gesing,* Hinkende Rechtsverhältnisse im Internationalen Erbrecht, DAJV-NL 2012, 140; *Gottschalk,* Allgemeine Lehren des IPR in kollisionsrechtlichen Staatsverträgen, 2002, 199; *Hartwieg/Korkisch,* Die geheimen Materialien zur Kodifikation des Deutschen Internationalen Privatrechts 1881–1896, 1973, zu den einzelnen Entwürfen S. 182, 214, 256, 363, 383, 389, 408, 416, zum 2. Gebhard'schen Entwurf insbesondere S. 135 f.; *v. Hein,* Betreuungsrechtliche Genehmigungserfordernisse zur Veräußerung von Immobilien – Internationale Zuständigkeit und anwendbares Recht, IPRax 2015, 198; *v. Hein,* Conflicts between International Property, Family and Succession Law – Interfaces and Regulatory Techniques, European Property Law Journal 2017 (i.E.); *Hoger/Lieder,* Die grenzüberschreitende Anwachsung, ZHR 180 (2016), 613; *Kusserow/Prüm,* Die Gesamtrechtsnachfolge bei Umwandlungen mit Auslandsbezug, WM 2005, 633; *Looschelders,* Auslegung und Anpassung von Testamenten bei rechtlicher und faktischer Nachlassspaltung, IPRax 2005, 232; *Ludwig,* Zur Anwendbarkeit des Art. 3 Abs. 3 EGBGB im Internationalen Ehegüterrecht bei der Berechnung des Zugewinnausgleichs nach deutschem Recht, DNotZ 2000, 663; *Mansel,* Gesamt- und Einzelstatut: Die Koordination von Erb- und Sachstatut nach der EuErbVO, FS Coester-Waltjen, 2015, 587; *Melchior,* Die Selbstbeschränkung des deutschen IPR, RabelsZ 3 (1929), 733; *Paulus,* Das Schicksal von Gesellschaftsanteilen in internationalen Erbfällen, notar 2016, 3; *Reichelt,* Gesamtstatut und Einzelstatut im IPR, 1985; *Siehr,* Vermögensstatut und Geldausgleich im IPR, FS Hay, 2005, 389; *Rupp,* Die Verordnung zum europäischen internationalen Ehegüterrecht aus sachenrechtlicher Perspektive, GPR 2016, 295; *Solomon,* Der Anwendungsbereich von Art. 3 Abs. 3 EGBGB – dargestellt am Beispiel des internationalen Erbrechts, IPRax 1997, 81; *Staudinger/Hausmann* (2013) Art. 3a Rn. 77 ff. (Übersicht über „besondere Vorschriften" ausländischer Belegenheitsrechte); *Stöcker,* Die Neuordnung des Internationalprivatrechts und das Höferecht, WM 1980, 1134; *Stoll,* Bemerkungen zu den Vorschriften über den „Allgemeinen Teil" im Gesetzesentwurf der Bundesregierung zur Neuregelung des IPR (Art. 3–9, 11–12), IPRax 1984, 1; *Stoll,* Kollisionsrechtliche Fragen bei räumlicher Spaltung des anwendbaren Rechts, FS Keller, 1989, 511; *Stoll,* Ausländische Vermögensstatute im internationalen Privatrecht, FS Kropholler, 2008, 247; *Thoms,* Einzelstatut bricht Gesamtstatut. Zur Auslegung der „besonderen Vorschriften" in Art. 3 Abs. 3 EGBGB, 1996 (besprochen von *Michaels* RabelsZ 64 (2000), 177); *Tiedemann,* Internationales Erbrecht in Deutschland und Lateinamerika, 1993; *Wochner,* Gesamtstatut und Einzelstatut, FS Wahl, 1973, 161; *Wurmnest,* Der Anwendungsbereich des deutsch-iranischen Niederlassungsabkommens bei erbrechtlichen Streitigkeiten und ordre public, IPRax 2016, 447; s. ferner zu Art. 28 EGBGB 1900 die wN in der 1. Aufl. 1978.

Übersicht

A. Überblick

1   Wird der Zahl eines Artikels ein Buchstabenzusatz angefügt, lässt dies üblicherweise auf das Vorliegen einer neuen, erst nachträglich in eine Kodifikation aufgenommenen Vorschrift schließen (vgl. zB Art. 46a ff.). Diese Vorstellung geht in Bezug auf Art. 3a jedoch inhaltlich fehl: Der heutige Abs. 1 war bereits in der Fassung des EGBGB durch das Reformgesetz von 1986 enthalten, fand sich damals aber noch in Art. 3 Abs. 1 S. 2. Und der heutige Art. 3a Abs. 2 hatte bereits einen inhaltlich weitgehend entsprechenden Vorläufer in Art. 28 EGBGB idF von 1900,[1] der vom Reformgesetzgeber in Art. 3 Abs. 3 idF von 1986 lediglich redaktionellen Anpassungen übernommen wurde, obwohl sich die Rechtswissenschaft nahezu einhellig für die Streichung der Vorschrift oder zumindest eine erhebliche Einschränkung ihres Anwendungsbereichs ausgesprochen hatte.[2] Durch das Gesetz zur Anpassung des EGBGB an die Rom II-VO vom 10.12.2008 (BGBl. 2008 I S. 2401) wurden diese Normbestandteile wiederum aus dem bisherigen Art. 3 ausgegliedert; es handelt sich hierbei jedoch lediglich „um eine inhaltsneutrale Folgeänderung im Zuge der Neustrukturierung des Artikels 3".[3] Durch Art. 15 Nr. 2 des Gesetzes zum Internationalen Erbrecht vom 29.6.2015 (BGBl. 2015 I S. 1042) wurde mit Wirkung vom 17.8.2015 aufgrund der seither vorrangigen Anwendbarkeit der EuErbVO die zuvor in Art. 3a Abs. 2 enthaltene Verweisung auf den Vierten Abschnitt (Erbrecht) gestrichen.

2   Hieran überrascht, dass der Gesetzgeber die seit langem einhellig geäußerte Kritik an der fragwürdigen **systematischen Platzierung** der Vorschrift nicht aufgegriffen hat.[4] Art. 3a Abs. 1, in dem der Begriff der Sachnormverweisung definiert wird, gehört sachlich in den Problemkreis des Art. 4, welcher der Beachtlichkeit eines Renvoi gewidmet ist.[5] Den Art. 3a Abs. 2 („Einzelstatut bricht Gesamtstatut") mag man zwar im weiteren Sinne dem Problemkreis einer „bedingten" Verweisung zuordnen und insoweit eine Verwandtschaft zum Renvoi erkennen (näher → Rn. 14 ff.); dieser Teil der Vorschrift ist aber strenggenommen im Allgemeinen Teil fehl am Platz, weil er sich nur auf familienrechtliche Kollisionsnormen – und von diesen nicht einmal auf alle – bezieht[6] (näher → Rn. 18 ff.). Der Anwendungsbereich des Abs. 2 schrumpft zudem derzeit rapide aufgrund der Verdrängung der autonomen familien- und erbrechtlichen Kollisionsnormen durch vorrangiges EU-Recht (EuErbVO, ab dem 29.1.2019 die künftige EuGüVO[7] und EuPartVO[8]) und einschlägige

---

[1]   Die Vorschrift lautete: „Die Vorschriften der Art. 15, 19, des Art. 24 Abs. 1 und der Art. 25, 27 finden keine Anwendung auf Gegenstände, die sich nicht in dem Gebiete des Staates befinden, dessen Gesetze nach jenen Vorschriften maßgebend sind, und die nach den Gesetzen des Staates, in dessen Gebiet sie sich befinden, besonderen Vorschriften unterliegen."

[2]   S. Deutscher Rat für IPR, Vorschläge und Gutachten zur Reform des deutschen internationalen Erbrechts, hrsg. v. Lauterbach, 1969, 2, 14 f.; Vorschläge und Gutachten zur Reform des deutschen internationalen Personen-, Familien- und Erbrechts, hrsg. von Beitzke, 1981, 13 f., 66; *Kühne,* IPR-Gesetz-Entwurf, 1980, 206 f.; MPI RabelsZ 47 (1983), 595 (605 f.), aber nicht „ersatzlos" (so indes MPI RabelsZ 47 (1983), 595 (606)), sondern unter Einfügung einer Sonderanknüpfung an das Recht des Lageortes im Erbrecht (§ 26a MPI-Entwurf, RabelsZ 47 (1983), 595 (664 f.)), für „etwas überraschend" und „wenig konsequent" hielt die nahezu unveränderte Beibehaltung der Vorschrift auch *Stoll* IPRax 1984, 1 (2); umfassende Kritik der hergebrachten Lehre noch bei *Reichelt,* Gesamtstatut und Einzelstatut im IPR, 1985; für die Beibehaltung aber mit eingehender Begr. *Stöcker* WM 1980, 1134 ff.

[3]   BT-Drs. 16/9995, 7.

[4]   So auch PWW/*Mörsdorf-Schulte* Rn. 2.

[5]   So die einhellige Kritik im Schrifttum, s. bereits *Stoll* IPRax 1984, 1; ferner zB Bamberger/Roth/*Lorenz* Rn. 2; *Looschelders* IPR Art. 3 aF Rn. 11; Soergel/*Kegel* Art. 3 aF Rn. 4.

[6]   S. etwa die Kritik von HK-BGB/*Dörner* Art. 3a Rn. 1: „eine unglücklich eingeordnete lex specialis zu familienrechtlichen Anknüpfungsregeln"; ebenso *v. Bar/Mankowski* IPR I § 7 Rn. 45: „im Kern eine lex specialis zu Art. 15; 25 EGBGB".

[7]   Verordnung (EU) 2016/1103 vom 24.6.2016 zur Durchführung der Verstärkten Zusammenarbeit im Bereich der Zuständigkeit, des anzuwendenden Rechts und der Anerkennung und Vollstreckung von Entscheidungen in Fragen des ehelichen Güterrechts, ABl. EU L 183, 1.

[8]   Verordnung (EU) 2016/1104 vom 24.6.2016 zur Durchführung der Verstärkten Zusammenarbeit im Bereich der Zuständigkeit, des anzuwendenden Rechts und der Anerkennung und Vollstreckung von Entscheidungen in Fragen güterrechtlicher Wirkungen eingetragener Partnerschaften, ABl. EU L 183, 30.

Staatsverträge (KSÜ, ErwSÜ) (näher → Rn. 32 ff.). Diese internationalen Regelwerke enthalten aber regelmäßig keine oder allenfalls für einen engen Teilbereich Vorschriften, die dem Art. 3a Abs. 2 entsprechen (näher → Rn. 33 ff.).

B. Sachnormverweisung

I. Allgemeines

Art. 3a Abs. 1 enthält eine Legaldefinition der Verweisung auf „**Sachvorschriften**". Hierbei hat **3** sich der Gesetzgeber an der Formulierung in Art. 15 Römisches EWG-Übereinkommen über das auf vertragliche Schuldverhältnisse anwendbare Recht vom 19.6.1980 (EVÜ)[9] orientiert,[10] der 1986 in Gestalt des Art. 35 EGBGB aF in das deutsche Recht umgesetzt wurde und an dessen Stelle heute Art. 20 Rom I-VO getreten ist. In vielen älteren Haager Übereinkommen (zB Art. 4 Abs. 1 UStA, Art. 1 Abs. 1 HTestformÜ, Art. 3 HStVÜ) werden hingegen Sachvorschriften als „innerstaatliches Recht" bezeichnet. Dieser Terminus erschien dem Reformgesetzgeber als nicht hinreichend präzise;[11] zudem befürchtete man Verwechslungen mit dem in Bezug auf die Umsetzung völkerrechtlicher Vereinbarungen in Art. 3 Nr. 2 (Art. 3 Abs. 2 EGBGB idF von 1986) verwendeten Begriff des innerstaatlichen Rechts.[12] Die neueren Haager Übereinkommen und das europäische Kollisionsrecht formulieren den darin jeweils enthaltenen Ausschluss des Renvoi ähnlich wie Art. 3a Abs. 1, so zB Art. 21 Abs. 1 KSÜ oder Art. 19 ErwSÜ („das in einem Staat geltende Recht mit Ausnahme des Kollisionsrechts") bzw. Art. 24 Rom II-VO oder Art. 11 Rom III-VO („die in diesem Staat geltenden Rechtsnormen unter Ausschluss derjenigen des Internationalen Privatrechts"), so dass heute keine terminologische Divergenz mehr zu den einschlägigen Konventionen bzw. Verordnungen zu verzeichnen ist.

Unter „**Rechtsnormen**" iS des Art. 3a Abs. 1 sind nicht nur kodifizierte Vorschriften zu verste- **4** hen, sondern jegliches Recht (vgl. Art. 2), also auch Gewohnheits- bzw. Richterrecht.[13] Der Begriff der „**Sachvorschriften**" iS des Art. 3a Abs. 1 muss nicht notwendigerweise identisch mit dem gleichen Begriff aufzufassen sein, wenn er in anderen Gesetzen, wie zB in § 187 Abs. 4 FamFG oder § 199 FamFG iVm § 1 AdWirkG, in einem verfahrensrechtlichen Kontext verwendet wird. Denn im letzteren Zusammenhang steht nicht der Unterschied zum IPR, sondern der Gegensatz zum Verfahrensrecht im Vordergrund, so dass auch im Rahmen eines Renvoi zu prüfendes ausländisches IPR zu den „Sachvorschriften" iS des § 187 Abs. 4 FamFG gezählt wird,[14] während dies durch Art. 3a Abs. 1 für das EGBGB gerade ausgeschlossen wird.

Liegt eine Sachnormverweisung iS des Art. 3a Abs. 1 vor, hat dies nach dem klaren Wortlaut der **5** Vorschrift nur den Ausschluss des IPR, nicht aber des in der maßgebenden Rechtsordnung geltenden **intertemporalen** oder **interlokalen** Privatrechts zu Folge.[15] Zur Bestimmung der maßgebenden Teilrechtsordnung bei einer Sachnormverweisung auf einen Mehrrechtsstaat → Art. 4 Rn. 181 ff., 204 ff.

II. Ausdrückliche Verweisungen auf Sachvorschriften

Art. 3a Abs. 1 stellt zum einen klar, dass es sich stets um eine Sachnormverweisung handelt, wenn **6** das EGBGB selbst den gesetzlich definierten Begriff der „Sachvorschriften" verwendet. Dies ist in Gestalt allseitiger Verweisungen in Art. 4 Abs. 2 (Ausschluss des Renvoi bei Rechtswahl), Art. 8 Abs. 2–5 (Stellvertretung), Art. 12 (Schutz des inländischen Rechtsverkehrs) und Art. 17b Abs. 1 S. 1 (eingetragene Lebenspartnerschaft) der Fall. Entsprechendes gilt für Art. 46c, der in Bezug auf Pauschalreisen von „sachrechtlichen Vorschriften" spricht. Allein auf deutsche Sachvorschriften verweisen Art. 4 Abs. 1 S. 2 (Abbruch der Rückverweisung und infolgedessen Ablehnung des *double renvoi*; näher → Art. 4 Rn. 102) und Art. 17a (Ehewohnung und Haushaltsgegenstände). Eine Sach-

---

[9] BGBl. 1986 II S. 810. Die Bestimmung lautet: „Unter dem nach diesem Übereinkommen anzuwendenden Recht eines Staates sind die in diesem Staat geltenden Rechtsnormen unter Ausschluss derjenigen des internationalen Privatrechts zu verstehen."
[10] BT-Drs. 10/504, 35.
[11] BT-Drs. 10/504, 35: „nicht deutlich genug".
[12] BT-Drs. 10/504, 35.
[13] Vgl. allg. Soergel/*Kegel* Vor Art. 3 Rn. 189.
[14] OLG Frankfurt a. M. BeckRS 2011, 16100 = StAZ 2011, 333; ebenso zu § 43b Abs. 2 FGG iVm § 5 AdWirkG OLG Karlsruhe BeckRS 2005, 03141 = FamRZ 2005, 1695.
[15] Soergel/*Kegel* Art. 3 aF Rn. 3.

normverweisung liegt erst recht vor, wenn das EGBGB ausdrücklich auf einzelne Vorschriften des BGB Bezug nimmt, so in Art. 16 (Schutz Dritter im Ehegüterrecht).

III. Verweisungen auf deutsches Recht

7   Verweisungen auf deutsches Recht stellen darüber hinaus immer Sachnormverweisungen dar, auch wenn die entsprechende Kollisionsnorm den Begriff der „Sachvorschriften" nicht ausdrücklich verwendet.[16] Eine weitere kollisionsrechtliche Prüfung würde hier nur in einen sinnlosen *circulus vitiosus* führen.[17] Dies hat der Gesetzgeber als „selbstverständlich" angesehen,[18] so dass aus der Nicht-Verwendung des in Art. 3a Abs. 1 legaldefinierten Begriffs der Sachvorschriften im Einzelfall keinesfalls ein Umkehrschluss gezogen werden darf. Dies betrifft die Verweisung auf deutsches „Recht" in Art. 9 S. 2 (Todeserklärung), Art. 10 Abs. 2 S. 1 Nr. 2 und Art. 10 Abs. 3 S. 1 Nr. 2 (Namensrecht), Art. 13 Abs. 2 und 3 (Eheschließung), Art. 17 Abs. 3 bzw. Art. 17b Abs. 1 S. 2 und 3 (Versorgungsausgleich), Art. 23 S. 2 (Zustimmung im Kindschaftsrecht), Art. 24 Abs. 1 S. 2 (Betreuung) und Art. 46d Abs. 2 (Pflichtversicherungsvertrag). In Bezug auf die Wahl inländischen Rechts nach Art. 10 Abs. 2 S. 1 Nr. 2 und Art. 10 Abs. 3 S. 1 Nr. 2 ließe sich eine Sachnormverweisung zwar bereits aus Art. 4 Abs. 2 ableiten.[19] Da diese Bestimmung aber durchaus Raum für Auslegungszweifel bietet,[20] ist eine gewisse Redundanz im Dienst der Rechtssicherheit vertretbar.

8   Eine Sachnormverweisung liegt auch vor, wenn auf **sachrechtliche Erfordernisse** des deutschen Rechts verwiesen wird, so hinsichtlich der Form der Eheschließung in Art. 13 Abs. 4 S. 1.

IV. Inkorporation von Staatsverträgen in das EGBGB

9   Soweit Staatsverträge, die einen Renvoiausschluss enthalten, 1986 in das EGBGB inkorporiert worden waren (→ Art. 3 Rn. 173 f.), war bei der Auslegung der entsprechenden Kollisionsnormen auch ein in der jeweiligen Konvention enthaltenes Renvoiverbot zu beachten (zum Ausschluss des Renvoi in EU-Verordnungen und Staatsverträgen → Art. 4 Rn. 109 ff.). Dies betraf bis zum Inkrafttreten der EuErbVO Art. 26 Abs. 1 Nr. 1–4 aF, der die Bestimmungen des HTestformÜ in deutsches Recht transformiert hatte, so dass sich die darin genannten Formerfordernisse nur auf das „innerstaatliche Recht" iS des Art. 1 Abs. 1 HTestformÜ bezogen.[21] Heute gilt dies noch für den in Ausführung des Art. 3 HTestformÜ erlassenen Art. 26 Abs. 1 S. 1. Entsprechendes galt wegen der Umsetzung des Art. 9 EVÜ auch für Art. 11 EGBGB idF von 1986, jedenfalls soweit dieser das vertragliche Schuldrecht betraf.[22] Die bloße Anlehnung an staatsvertragliche Kollisionsnormen rechtfertigt hingegen keine Annahme einer Sachnormverweisung, auch wenn der als Regelungsvorbild dienende Staatsvertrag den Renvoi ausschließt.[23] Art. 21 stellt daher nach ganz hM eine Gesamtverweisung dar,[24] obwohl der Übergang zur Anknüpfung an den gewöhnlichen Aufenthalt des Kindes durchaus von den Vorbildern des MSA bzw. des KSÜ, die als Übereinkommen grundsätzlich renvoifeindlich sind (näher → Art. 4 Rn. 38), inspiriert worden war.[25]

V. Formerfordernisse

10   Da Art. 11 idF des Rom I-Anpassungsgesetzes vom 25.6.2009 (BGBl. 2009 I S. 1574) nunmehr eine rein autonome Kollisionsnorm darstellt, wird man allein mit der staatsvertraglichen Herkunft der Norm idF des EGBGB von 1986 (→ Rn. 1) zwar keinen Ausschluss des Renvoi mehr rechtfertigen können.[26] Indes ist bereits der Reformgesetzgeber des Jahres 1986 eindeutig davon ausgegangen, dass es sich bei der Verweisung auf Formerfordernisse nicht nur im Schuld-

---

[16]   BT-Drs. 10/504, 35.

[17]   AllgM, statt aller Erman/*Hohloch* Art. 4 Rn. 15; NK-BGB/*Freitag* Art. 4 Rn. 20.

[18]   BT-Drs. 10/504, 38.

[19]   So Erman/*Hohloch* Rn. 3; wie hier Staudinger/*Hausmann* (2013) Rn. 3.

[20]   Zweiseitige – arg. „die Parteien" – oder auch einseitige Rechtswahl? Bloße Auslegungsregel oder zwingender Ausschluss der Kollisionsrechtswahl? – Näher → Art. 4 Rn. 21 ff.

[21]   Erman/*Hohloch* Rn. 3; *Kropholler* IPR § 24 II 1c in Fn. 20; Staudinger/*Hausmann* (2013) Rn. 332.

[22]   NK-BGB/*Bischoff* Art. 11 Rn. 13; insoweit auch Soergel/*Kegel* Art. 11 Rn. 41.

[23]   Staudinger/*Hausmann* (2013) Art. 4 Rn. 112.

[24]   BGH NJW-RR 2016, 1473 Rn. 19 f.; AG Regensburg FamRZ 2014, 1556 = NZFam 2015, 142; Erman/*Hohloch* Art. 21 Rn. 4; *v. Hoffmann/Thorn* IPR § 8 Rn. 140; *Kropholler* IPR § 48 IV 4c; NK-BGB/*Benicke* Art. 21 Rn. 39; PWW/*Martiny* Art. 21 Rn. 12; Staudinger/*Henrich* (2014) Art. 21 Rn. 32; anders noch Voraufl. Art. 21 Rn. 17 *(Helms)*.

[25]   Vgl. zu Art. 19 Abs. 3 EGBGB idF von 1986 BT-Drs. 10/504, 67; zum heutigen Art. 21 BT-Drs. 13/4899, 138.

[26]   Insoweit zutr. HK-BGB/*Dörner* Art. 11 Rn. 19; Staudinger/*Hausmann* (2013) Art. 4 Rn. 183.

vertragsrecht, sondern allgemein um eine Verweisung auf „Sacherfordernisse", „Sachregelungen" bzw. „Sachvorschriften" des maßgebenden Rechts handelt.[27] Es gibt keinen Anhaltspunkt dafür, dass mit dem Rom I-Anpassungsgesetz, durch das Art. 11 lediglich „verschlankt" werden sollte, eine Änderung dieser Rechtslage beabsichtigt gewesen wäre.[28] An ihr ist folglich auch im geltenden IPR festzuhalten, so dass bereits nach Art. 3a Abs. 1 ein Renvoi in Formfragen (Art. 11, 14 Abs. 4 S. 2, Art. 15 Abs. 3, Art. 26 Abs. 1 S. 1) generell auszuschließen ist.[29] Nach anderer Ansicht soll nach Art. 4 Abs. 1 S. 1 letzter Hs. zu prüfen sein, ob die Beachtung eines Renvoi im Einzelfall dem Sinn der Verweisung widerspricht.[30] Auch bei dieser Betrachtungsweise spräche aber der Begünstigungszweck der alternativen Anknüpfung *(favor negotii)* regelmäßig gegen die Befolgung eines Renvoi;[31] eine Ausweitung des Begünstigungsgedankens über die vom Gesetzgeber zur Verfügung gestellten Rechte hinaus ist nicht angezeigt.[32] Nur wenn das Geschäftsrecht (Art. 11 Abs. 1 Var. 1, Art. 26 Abs. 1 S. 1) unter Einbeziehung eines Renvoi zu bestimmen ist, schlägt dieser unstreitig auch auf die Anknüpfung der Form durch.[33]

VI. Sonstige Sacherfordernisse

Nach der Begründung des Reformgesetzes von 1986 soll nicht nur im Hinblick auf Formfragen, **11** sondern allgemein ein Renvoi ausgeschlossen sein, wenn auf die „Sacherfordernisse des maßgebenden Rechts verwiesen wird".[34] Es besteht aber wiederum Streit darüber, wann dies im Einzelnen der Fall ist. Die Anknüpfung der Abstammung (Art. 19, 20) zählt nicht hierzu;[35] insoweit kann sich ein Ausschluss des Renvoi nur wegen der Alternativität der Anknüpfung gemäß Art. 4 Abs. 1 S. 1 letzter Hs. („Sinn der Verweisung") ergeben (→ Art. 4 Rn. 17).

Nach hM wird aber auch die **Zustimmungserfordernis des Art. 23 S. 1** als Gegenstand **12** einer Sachnormverweisung iS des Art. 3a Abs. 1 angesehen.[36] In der Tat legt die Entstehungsgeschichte der Vorschrift[37] die Schlussfolgerung nahe, dass insoweit unmittelbar auf das Sachrecht zurückgegriffen werden soll, zu dem gerade das Kind eine enge Verbindung hat.[38] Zudem wird auf die materielle Schutzrichtung des Art. 23 verwiesen, die auch in der am Kindeswohl orientierten Auffangklausel des Art. 23 S. 2 zum Ausdruck komme.[39] Der Wortlaut der Vorschrift allein spricht nicht entscheidend gegen diese Lesart,[40] da, wie oben (→ Rn. 7 ff.) gezeigt, das Gesetz nicht durchgängig den legaldefinierten Terminus der „Sachvorschriften" verwendet, sondern sich der Charakter einer Vorschrift als Sachnormverweisung erst aus deren Auslegung ergeben kann. Andererseits ist nicht zu verkennen, dass der Gedanke des internationalen Entscheidungseinklangs gerade bei Statusfragen ein besonderes Gewicht hat, so dass für eine flexiblere Lösung im Rahmen des Art. 4 Abs. 1 S. 1 letzter Hs. („Sinn der Verweisung") beachtliche

---

[27] BT-Drs. 10/504, 35, 38, 48.

[28] Vgl. BT-Drs. 16/12104, 8 f.

[29] OVG Lüneburg BeckRS 2008, 34318 = FamRZ 2008, 1785 (Form der Eheschließung: ausschließlich Sachnormverweisung), bestätigt durch BVerwG BeckRS 2008, 36361 = IPRspr. 2008 Nr. 51b; eingehend Staudinger/*Winkler v. Mohrenfels* (2013) Art. 11 Rn. 57 ff.; ebenso Bamberger/Roth/*Mäsch* Art. 11 Rn. 12; Erman/*Hohloch* Rn. 5; HK-BGB/*Dörner* Art. 11 Rn. 19; *Kropholler* IPR § 24 II 1c; NK-BGB/*Bischoff* Art. 11 Rn. 13 f.; Palandt/*Thorn* Rn. 3; aA *Kegel/Schurig* IPR § 17 V 3b; Art. 11 Rn. 13 ff. *(Spellenberg)*; Soergel/*Kegel* Art. 11 Rn. 41; Staudinger/*Hausmann* (2013) Art. 4 Rn. 184.

[30] *Looschelders* IPR Art. 11 Rn. 5; Staudinger/*Hausmann* (2013) Art. 4 Rn. 184.

[31] So auch Erman/*Hohloch* Art. 11 Rn. 5; HK-BGB/*Dörner* Art. 11 Rn. 19; näher zum Sinn der Verweisung bei alternativen Anknüpfungen → Art. 4 Rn. 31.

[32] HK-BGB/*Dörner* Art. 11 Rn. 19; Staudinger/*Winkler v. Mohrenfels* (2013) Art. 11 Rn. 59: „kein Wert an sich".

[33] Statt aller Erman/*Hohloch* Art. 11 Rn. 5; *Kropholler* IPR § 41 III 4; NK-BGB/*Bischoff* Art. 11 Rn. 14; Staudinger/*Hausmann* (2013) Art. 4 Rn. 185.

[34] BT-Drs. 10/504, 35.

[35] So aber Erman/*Hohloch* Rn. 5.

[36] So BayObLG NJW-RR 1988, 1352 = IPRax 1989, 172 mit krit. Aufsatz *Jayme* IPRax 1989, 157; BayObLGZ 2004, 368; OLG Stuttgart NJOZ 2004, 1553 = FamRZ 2004, 1124; OLG Zweibrücken NJOZ 2005, 3007 = FamRZ 2005, 920; OLG München NJOZ 2007, 2001 = StAZ 2008, 13; OLG Nürnberg NJW-RR 2012, 5; LG Bielefeld FamRZ 1989, 1338; AG Stuttgart BeckRS 2015, 20233; HK-BGB/*Kemper* Art. 23 Rn. 7; jurisPK-BGB/*Behrentin* Art. 23 Rn. 16; *Grünenwald* NZFam 2016, 344 (346); *Kropholler* IPR § 24 II 1c, § 49 IV 2; Palandt/*Thorn* Art. 23 Rn. 2; *Rauscher* IPR Rn. 989; *Sonnentag,* Der Renvoi im IPR, 2001, 259 ff.

[37] Angestrebt wurde eine Erweiterung des nur auf das deutsche Sachrecht bezogenen Art. 22 Abs. 2 EGBGB aF auf das ausländische Recht, vgl. BT-Drs. 10/504, 72 f.

[38] *Kropholler* IPR § 24 II 1c, § 49 IV 2; *Sonnentag,* Der Renvoi im IPR, 2001, 261.

[39] *Kropholler* IPR § 24 II 1c, § 49 IV 2; *Sonnentag,* Der Renvoi im IPR, 2001, 261.

[40] So aber Staudinger/*Henrich* (2014) Art. 23 Rn. 6.

Gründe sprechen.[41] Ferner könnten dem Kindeswohl abträgliche Ergebnisse ggf. mit der subsidiären Anwendung deutschen Rechts nach Art. 23 S. 2 korrigiert werden.[42] Diese insbesondere im Schrifttum vertretene Gegenauffassung würde zwar ein höheres Maß an kollisionsrechtlicher Einzelfallgerechtigkeit ermöglichen, allerdings aufgrund der nach ihr erforderlichen komplexen Abwägungsentscheidung die praktische Rechtsanwendung erheblich erschweren, weil das Kindeswohl nacheinander erst unter kollisionsrechtlichem Blickwinkel (im Rahmen des Art. 4 Abs. 1 S. 1 letzter Hs.) und sodann aus materiellrechtlicher Sicht (im Rahmen des Art. 23 S. 2) zu prüfen wäre.[43] Bislang besteht im Schrifttum keine Einigkeit, wann von einem Widerspruch zum Sinn der Verweisung gesprochen werden könne: Ein solcher Widerspruch wird zum Teil darin erblickt, dass das Recht, auf das verwiesen werde, von den Zustimmungserfordernissen im Heimatrecht des Kindes absehe oder dass dem Heimatrecht des Kindes das Rechtsinstitut zB der Namenserteilung fremd sei.[44] Andere sehen einen Fall des Art. 4 Abs. 1 S. 1 letzter Hs. bereits als gegeben an, wenn das Heimatrecht des Kindes keine dem Art. 23 S. 1 entsprechende spezielle Kollisionsnorm in Bezug auf das Zustimmungserfordernis enthalte.[45] Maßgeblich ist zu berücksichtigen, dass der Gesetzgeber das Ziel des internationalen Entscheidungseinklangs mit dem Heimatstaat des Kindes bereits dadurch als nur sekundär bewertet hat, dass er für die Statusänderung selbst anders, nämlich an den gewöhnlichen Aufenthalt des Kindes (Art. 19 Abs. 1 S. 1, Art. 21) oder elternbezogen (Art. 19 Abs. 1 S. 2 und 3, Art. 22), anknüpft.[46] Insgesamt dürfte daher der Gedanke des materiellrechtlichen Schutzes des Kindes als Regelungszweck des Art. 23 S. 1 letztlich überwiegen und der obergerichtlichen Rechtsprechung zu folgen sein (abweichend aber → Art. 23 Rn. 4).

13 **Art. 24 Abs. 3,** der auf vorläufige Maßregeln sowie den Inhalt der Betreuung, der angeordneten Vormundschaft und Pflegschaft das Recht des anordnenden Staates für anwendbar erklärt, spricht wiederum nach einhelliger Auffassung eine Verweisung auf die Sachvorschriften der lex fori aus.[47]

C. Einzelstatut bricht Gesamtstatut

I. Normzweck

14 Art. 3a Abs. 2 ordnet den Vorrang des sog „Einzelstatuts" vor einem „Gesamtstatut" an. Damit ist Folgendes gemeint: Familienrechtliche Verweisungen im autonomen deutschen IPR unterstellen das Vermögen einer Person regelmäßig insgesamt einem bestimmten Recht. Es gilt das Prinzip der Einheit des Güterrechts- oder Kindschaftsstatuts; eine kollisionsrechtliche Zersplitterung dieses Statuts in Bezug auf einzelne Vermögensgegenstände, insbesondere eine Spaltung in bewegliches und unbewegliches Vermögen, sieht das deutsche IPR selbst nicht vor. Ob die Rechtsordnung, in der die einzelne der vom Gesamtstatut erfassten Vermögensgegenstände sich befinden, diesen Standpunkt teilt, ist zunächst unerheblich. Dieser Grundsatz wird jedoch unter **zwei – kumulativ erforderlichen – Voraussetzungen** durchbrochen: Erstens, wenn Gegenstände, die prima facie vom Gesamtstatut erfasst werden, sich nicht in demjenigen Staat befinden, auf den unsere Kollisionsnormen verweisen, dh wenn etwa ein zum ehelichen Vermögen in einer deutschem Recht unterliegenden Ehe (Art. 15 Abs. 1 i.Vm Art. 14 Abs. 1 Nr. 1) gehörendes Grundstück nicht in Deutschland, sondern in einem anderen Staat belegen ist. Hinzukommen muss zweitens, dass ein solches Grundstück in dem Staat, in dem es sich befindet, „besonderen Vorschriften" unterworfen ist. Nur wenn diese beiden Voraussetzungen zusammentreffen, schränkt das deutsche IPR den von seinen eigenen Verweisungsnormen ausgesprochenen Rechts-

---

[41] Für grds. Gesamtverweisung AG Bielefeld IPRax 1989, 172; AG Siegen IPRax 1992, 259 m. zust. Anm. *Jayme*; obiter einen Renvoi erwägend auch OLG Frankfurt a. M. BeckRS 2011, 16100 = StAZ 2011, 333; *v. Bar* IPR II Rn. 323; Erman/*Hohloch* Art. 23 Rn. 4 (anders aber offenbar Erman/*Hohloch* Art. 3a Rn. 5); *v. Hoffmann/ Thorn* IPR § 8 Rn. 148 (anders aber Palandt/*Thorn* Art. 23 Rn. 2); *Jayme* IPRax 1989, 157; *Jayme* IPRax 1990, 309; *Looschelders* IPR Art. 23 Rn. 7; NK-BGB/*Benicke* Art. 23 Rn. 20; Soergel/*Lüderitz* Art. 23 Rn. 24; Staudinger/*Henrich* (2014) Art. 23 Rn. 6; vermittelnd *Andrae* IntFamR § 7 Rn. 58 und Bamberger/Roth/*Heiderhoff* Art. 23 Rn. 19: nur, wenn das Heimatrecht eine dem Art. 23 S. 1 entsprechende spezielle Kollisionsnorm in Bezug auf das Zustimmungserfordernis enthalte.

[42] 5. Aufl. 2010, Art. 4 Rn. 26 *(Sonnenberger)*.

[43] „Merkwürdige Konsequenzen" bei der Zulassung eines Renvoi befürchtet auch Staudinger/*Henrich* (2014) Art. 23 Rn. 6.

[44] Staudinger/*Henrich* (2014) Art. 23 Rn. 6 und 14.

[45] *Andrae* IntFamR § 7 Rn. 58; Bamberger/Roth/*Heiderhoff* Art. 23 Rn. 19.

[46] *Sonnentag*, Der Renvoi im IPR, 2001, 261 f.

[47] Erman/*Hohloch* Art. 24 Rn. 4; Palandt/*Thorn* Art. 24 Rn. 7; Staudinger/*v. Hein* (2014) Art. 24 Rn. 64.

anwendungsbefehl dahingehend ein, dass dem Recht am Belegenheitsort (dem „Einzelstatut")
der Vorrang vor dem „Gesamtstatut" eingeräumt wird: „Einzelstatut bricht Gesamtstatut."[48] Der
Begriff des „Einzelstatuts" ist insofern in einem weiteren Sinne zu verstehen; er bezeichnet „ein
dem Gesamtstatut widersprechendes Vermögenssonderstatut" in Bezug auf einen Kreis bestimmter Gegenstände (zB die ehegüterrechtliche Zuordnung von Grundstücken im Belegenheitsstaat),
nicht das Einzel*sach*statut iS der gerade einem einzelnen Vermögensgegenstand (das konkrete
Grundstück) beherrschenden Sachenrechtsordnung.[49] Trotz terminologischer Kritik[50] dürften
Missverständnisse aber im Lichte der gefestigten Rechtsprechung praktisch ausgeschlossen sein,
so dass die geläufige Kurzformel den Sinn des Art. 3a Abs. 2 durchaus treffend umschreibt.[51] Es
handelt sich bei Art. 3a Abs. 2 nach Systematik und Wortlaut um eine unselbstständige Kollisionsnorm[52] (→ Einl. IPR Rn. 88), nicht um eine bloße Zuständigkeitsregel.[53]

Um den Vorrang des Einzelstatuts **zu rechtfertigen,** werden herkömmlich zwei Gesichtspunkte   15
ins Feld geführt: Erstens die „Vermeidung undurchsetzbarer Rechtslagen", zweitens die „größere
Sachnähe" des Belegenheitsrechts.[54] Im Einzelnen ist es aber sehr kontrovers, ob es tatsächlich
gerechtfertigt ist, jedem – insbesondere einem nur aufgrund abweichender kollisionsrechtlicher Präferenzen bestimmten – Einzelstatut auf diese Weise den Vorrang vor dem nach unserem IPR angeknüpften Gesamtstatut einzuräumen, denn die Grundsatzentscheidung des eigenen Rechts für das
Prinzip der Einheit des Güterrechts- oder des Kindschaftsstatuts wird damit durchbrochen, obwohl
in ähnlichen Konfliktlagen an unserer eigenen kollisionsrechtlichen Wertung festgehalten wird (näher
→ Rn. 50 ff.).

Im Ergebnis unstreitig, wenn auch in der dogmatischen Konstruktion bisweilen unterschied-   16
lich, wird allerdings die Sonderanknüpfung solcher Sachnormen des Belegenheitsrechts bejaht, die **besonderen sozial- oder wirtschaftspolitischen Zielsetzungen** dienen (näher
→ Rn. 37). Typische Beispiele bildeten vor dem Inkrafttreten der nunmehr anwendbaren
EuErbVO Vorschriften, die etwa die Erbfolge in landwirtschaftlich genutzte Flächen abweichend
vom allgemeinen Erbrecht regeln, um eine agrarwirtschaftlich ineffiziente Zerschlagung lebensfähiger Bauernhöfe zu verhindern (näher → Rn. 38 ff.). Insoweit handelt es sich bei dem Vorrang
des Einzelstatuts um einen Fall der Sonderanknüpfung von Eingriffsnormen, der eine enge Verwandtschaft zu den für das Internationale Schuldrecht geltenden Bestimmungen in Art. 9 Rom
I-VO, Art. 11 Abs. 5 Rom I-VO und Art. 16 Rom II-VO aufweist.[55] Der Unterschied besteht
lediglich darin, „dass es nicht um die Hinnahme einzelner Normeingriffe geht, die das Zusammenspiel der allseitigen Kollisionsnormen stören, sondern um die Anwendung eines zusammenhängenden Komplexes territorial zwingender Normen".[56] Der Kreis der im Einzelnen erfassten
Vorschriften wird unten (→ Rn. 37 ff.) näher erläutert.

Über dieses berechtigte Kernanliegen des Art. 3a Abs. 2, dem inhaltlich auch heute noch in   17
Art. 30 EuErbVO Rechnung getragen wird (näher → Rn. 33, 37), geht die Auslegung der Vorschrift
in ständiger Rechtsprechung und hL jedoch erheblich hinaus (→ Rn. 43 ff. mwN): Nach hM wird
nicht nur international zwingenden Sachnormen des Belegenheitsrechts der Vorrang gegenüber
dem Gesamtstatut eingeräumt, sondern auch bestimmten Kollisionsnormen der lex rei sitae, die im
Widerspruch zu dem nach unserem IPR bestimmten Gesamtstatut das örtliche Zivilrecht (etwa das
dortige Güterrecht) berufen (näher → Rn. 43 ff.). Obwohl unser IPR dem Prinzip der Einheit des
Güterstatuts folgt, wird damit auf kollisionsrechtlicher Ebene eine Vermögensspaltung, die insbesondere das Common Law,[57] aber zB auch das autonome französische IPR kennt, in das deutsche Recht

---

[48] So die allg. gebräuchliche Formel, s. *Thoms,* Einzelstatut bricht Gesamtstatut, 1996.

[49] *Stoll,* FS Kropholler, 2008, 247; ebenso *v. Bar/Mankowski* IPR I § 7 Rn. 45; *Gottschalk* Allgemeine Lehren
des IPR 206; *Michaels* RabelsZ 64 (2000), 177 (182); *Siehr,* FS Hay, 2005, 389 f.; vgl. auch bereits zu Art. 28 aF
Melchior RabelsZ 3 (1929), 733 (739, 749).

[50] *v. Bar/Mankowski* IPR I § 7 Rn. 45; *Michaels* RabelsZ 64 (2000), 177 (182).

[51] Ebenso Bamberger/Roth/*Lorenz* Rn. 5.

[52] *Kropholler* IPR § 13 I; abw. jurisPK-BGB/*Ludwig* Art. 3–4 Rn. 250: „eigenständige" Kollisionsnorm.

[53] Ganz hM, s. nur *Thoms,* Einzelstatut bricht Gesamtstatut. Zur Auslegung der „besonderen Vorschriften" in
Art. 3 Abs. 3 EGBGB, 1996, 99 f.; anders zu Art. 28 EGBGB aF *Wochner,* FS Wahl, 1973, 161 (182 ff.); ebenso
im neueren Schrifttum „aus Praktikabilitätsgesichtspunkten" nur *Bosch,* Die Durchbrechungen des Gesamtstatuts
im internationalen Ehegüterrecht, 2002, 270, der aber einräumt, dass dies der Gesetzessystematik widerspricht.

[54] BT-Drs. 10/504, 36; dem folgend BGHZ 131, 22 (29) = DNotI-Report 1995, 213.

[55] Die Parallele zu den entspr. Vorläuferbestimmungen in Art. 34 und Art. 11 Abs. 4 EGBGB 1986 zog bereits
Begr. RegE, BT-Drs. 10/504, 37; ferner *Stoll,* FS Kropholler, 2008, 247 (248 f.).

[56] *Stoll,* FS Kropholler, 2008, 247 (248).

[57] Vgl. zum englischen Recht aber den Beschluss des OLG Hamm, NJOZ 2014, 887 = NZFam 2014, 85
mAnm *Pfeil,* in dem eine Anwendung des Art. 3a Abs. 2 mangels besonderer Behandlung des dort belegenen
Immobiliarvermögens abgelehnt wurde.

übernommen. Die Subsumtion von Kollisionsnormen unter die „besonderen Vorschriften" iS des Art. 3a Abs. 2 bildet seit je den Hauptstreitpunkt bei der **„engen" oder „weiten" Auslegung** der Vorschrift (näher → Rn. 43 ff.); entgegen der in Deutschland hM hat der europäische Verordnungsgeber in Art. 30 EuErbVO, Art. 21 EuGüVO/EuPartVO diesen weiten Ansatz jedoch nicht in das europäische Kollisionsrecht übernommen (näher → Rn. 61 f.). Dies gibt Anlass, die in der deutschen Rechtspraxis seit langem unreflektiert fortgeschleppte, herkömmliche Auslegung der Vorschrift erneut kritisch zu durchdenken (→ Rn. 62).

II. Anwendungsbereich

18 **1. Verweisungen im Dritten Abschnitt. a) Allgemeines.** Der Anwendungsbereich des Art. 3a Abs. 2 bezieht sich allein auf Verweisungen im Dritten Abschnitt, soweit diese das Vermögen einer Person dem Recht eines Staates unterstellen. In innerdeutschen Fällen, dh im Verhältnis zur ehemaligen DDR, fand die Vorschrift entsprechende Anwendung,[58] was heute nur noch in seltenen Altfällen bedeutsam sein dürfte.[59] Aus der in Art. 3a Abs. 2 enthaltenen Verweisung folgt zweierlei: Erstens, eine durch Art. 3a Abs. 2 zu ergänzende Kollisionsnorm muss zu den Vorschriften des EGBGB auf dem **Gebiet des Familienrechts** (Erster Teil, Zweites Kapitel, Dritter Abschnitt) zählen. Kollisionsnormen, die sich außerhalb dieses Abschnitts im EGBGB befinden oder die auf nicht-kodifiziertem Richter- bzw. Gewohnheitsrecht beruhen (insbesondere das Internationale Gesellschaftsrecht, näher → Rn. 22), werden von Art. 3a Abs. 2 tatbestandlich nicht erfasst.[60] Zweitens wird nicht jede Kollisionsnorm des Familienrechts gemäß Art. 3a Abs. 2 durch den Vorrang des Einzelstatuts eingeschränkt, sondern nur solche, die **das Vermögen einer Person dem Recht eines Staates unterstellen.**[61] Wenn eine Kollisionsnorm sowohl das Vermögen einer Person als auch andere Fragen (persönliche Sorge, Vormundschaft) betrifft, wie zB Art. 21, 22 und 24, wird nur (arg. „soweit") das auf das Vermögen bezogene Gesamtstatut verdrängt, nicht aber die Anknüpfung etwa der persönlichen Sorge oder der Vormundschaft im Allgemeinen.[62]

19 Der Vorrang des Einzelstatuts setzt sich also durch gegenüber dem Ehegüterrechtsstatut (Art. 15 Abs. 1;[63] zur Rechtswahl nach Art. 15 Abs. 2 näher → Rn. 23 ff.; zum Zugewinnausgleich näher → Rn. 46 ff.) bzw. den güterrechtlichen Wirkungen einer eingetragenen Lebenspartnerschaft (Art. 17b Abs. 1 S. 1), der Anknüpfung vermögensrechtlicher Scheidungsfolgen (Art. 17 Abs. 1),[64] dem Kindschafts- bzw. Adoptionsstatut im Hinblick auf das Vermögen des Kindes bzw. Angenommenen (Art. 21, 22) sowie dem Vormundschafts-, Betreuungs- oder Pflegschaftsstatut in Bezug auf das Vermögen des Mündels, Betreuten oder Pfleglings (Art. 24).[65]

20 Nicht zweifelsfrei ist die **Anwendbarkeit des Art. 3a Abs. 2 gegenüber dem allgemeinen Ehewirkungsstatut nach Art. 14,** soweit dieses vermögensrechtliche Fragen erfasst.[66] Die Vorläuferbestimmung, Art. 28 EGBGB 1900, hatte diejenigen Kollisionsnormen, die hinter dem Vorrang des Einzelstatuts zurückstehen müssen, noch abschließend aufgezählt, dabei aber den für die allgemeinen Ehewirkungen geltenden Art. 14 EGBGB 1900 ausgespart; hieraus wurde allgemein der Schluss gezogen, dass auch in Bezug auf die von Art. 14 EGBGB 1900 erfassten vermögensrechtlichen Ehewirkungen (etwa § 1357 BGB) der Vorrang des Einzelstatuts nicht gelte.[67] Da der Reformgesetzgeber von 1986 das Enumerationsprinzip durch eine generelle Verweisung auf die Vorschriften des Dritten und Vierten Abschnitts ersetzt hat, wird indes heute überwiegend angenommen, dass Art. 3a Abs. 2 auch in Bezug auf die nach Art. 14 anzuknüpfenden vermögensrechtlichen Ehewirkungen

---

[58] S. insbes. BGHZ 131, 22 = DNotI-Report 1995, 213; 146, 310 = NJW 2001, 2396.

[59] Hierzu 5. Aufl. 2010, Rn. 21 *(Sonnenberger)*; *Rauscher* IPR Rn. 558; umfassend *Bachler,* Situs-Regel, innerdeutsche und inneramerikanische Nachlassspaltung, 2007, 34 ff.; Staudinger/*Hausmann* (2013) Rn. 55 ff. mwN.

[60] Zum IntGesR *Dörner* IPRax 2004, 519 (520); *Kegel/Schurig* IPR § 12 II b aa bbb; *Looschelders* IPR Art. 3 Rn. 28; NK-BGB/*Freitag* Rn. 7; Palandt/*Thorn* Rn. 4; *Dutta* RabelsZ 73 (2009), 727 (741 f.); *Schurig* IPRax 2001, 446 (447) m. Fn. 12; grds. auch Erman/*Hohloch* Rn. 7; anders *v. Bar* IPR II, 1991, Rn. 371; vgl. auch *v. Oertzen* RIW 1994, 818 f. (für analoge Anwendung).

[61] Diese Klarstellung im Normtext geht zurück auf *Stoll* IPRax 1984, 1 (2); hierzu *Ferid* IPR Rn. 3–134.

[62] *Kegel/Schurig* IPR § 12 II 2a.

[63] Vgl. AG Berlin-Pankow/Weißensee BeckRS 2004, 31165896 = FamRZ 2004, 1501; AG Lemgo BeckRS 2014, 03904 = IPRspr. 2013 Nr. 83a; im Ausgangspunkt auch OLG Hamm NJOZ 2014, 887 = RNotZ 2014, 177; Erman/*Hohloch* Rn. 7, 11; Palandt/*Thorn* Rn. 4; einschr. im Hinblick auf den Zugewinnausgleich *Ludwig* DNotZ 2000, 663 ff.; *Siehr,* FS Hay, 2005, 389 (395 ff.).

[64] AG Lemgo BeckRS 2014, 03904 = IPRspr. 2013 Nr. 83a; im Ausgangspunkt auch OLG Hamm NJOZ 2014, 887; näher und zT abw. *Siehr,* FS Hay, 2005, 389 (398 f.).

[65] Näher *v. Hein* IPRax 2015, 198 (200 f.).

[66] Hierzu näher Staudinger/*Mankowski* (2011) Art. 14 Rn. 25 f.

[67] S. die Nachweise bei Staudinger/*Mankowski* (2011) Art. 14 Rn. 26.

Anwendung finde.[68] Allerdings wollte *Stoll* mit dem von ihm vorgeschlagenen Halbsatz „soweit diese das Vermögen einer Person dem Recht eines Staates unterstellen" gerade klarstellen, dass Art. 3a Abs. 2 nicht eingreife, wenn die deutsche Ehefrau eines Deutschen ein im Ausland belegenes Grundstück des Mannes veräußere und gemäß dem allgemeinen Ehewirkungsstatut zu beurteilen sei, ob dieses Geschäft nach § 1357 BGB wirksam sei.[69] Es lässt sich jedoch nicht von vornherein ausschließen, dass das Recht am Lageort zB Spezialvorschriften zur ehelichen Schlüsselgewalt enthält und diese auf Geschäfte über dort belegene Grundstücke unabhängig vom Ehewirkungsstatut anwendet;[70] kommt es zB insoweit zur Mitverpflichtung des anderen Ehegatten aus einem Grundstücksverkauf, lässt sich dies als Wirkung eines Einzelstatuts iS des Art. 3a Abs. 2 auffassen (zur Anwendung des Art. 3a Abs. 2 auf Teilfragen näher → Rn. 30). Auch eine vom Güterstand unabhängige Legalhypothek am ausländischen Grundbesitz eines Ehegatten kommt als vermögensrechtliche Ehewirkung fremden Rechts in Betracht; ihre Anerkennung scheitert nicht daran, dass Art. 3a Abs. 2 insoweit nicht anwendbar sei, sondern ggf. am Numerus Clausus des deutschen Sachenrechts.[71] Zudem sollten sich Qualifikationszweifel in Bezug auf die Abgrenzung zwischen Art. 14 und Art. 15 nicht auf den Vorrang des Einzelstatuts auswirken.[72] Grundsätzlich ist daher Art. 3a Abs. 2 auf nach Art. 14 anzuknüpfende vermögensrechtliche Ehewirkungen anwendbar.[73]

In den meisten der genannten Fälle wird der Anwendungsbereich des Art. 3a Abs. 2 aber schon **21** heute oder in naher Zukunft durch europäische bzw. staatsvertragliche Kollisionsnormen eingeschränkt, die den Verweisungen des Dritten und Abschnitts vorgehen (näher → Rn. 32 ff.).

b) Übertragung auf das Gesellschaftsrecht. Neben der regulären Anwendung des Art. 3a **22** Abs. 2 im Familienkollisionsrecht wird verschiedentlich eine Übertragung des Grundsatzes „Einzelstatut bricht Gesamtstatut" insbesondere auf das Gesellschaftsrecht vorgeschlagen.[74] Dabei geht es um die Frage, ob eine (partielle) Gesamtrechtsnachfolge durch Verschmelzung oder Spaltung im Inland auch für im Ausland belegene Vermögenswerte gilt.[75] Aus kollisionsrechtlicher Perspektive unterfallen Umwandlungen dem Gesellschaftsstatut.[76] Ordnet das berufene Gesellschaftsstatut eine Gesamtrechtsnachfolge der übernehmenden Gesellschaft an, müsste deren Wirkung *prima facie* auch im Ausland belegene Gegenstände erfassen. Dies ist jedenfalls dann unproblematisch, wenn das anwendbare ausländische Recht (bei Immobilien also zB die lex rei sitae) die Gesamtrechtsnachfolge als Rechtsfolge der Umwandlung anerkennt.[77] Ist dem Belegenheitsrecht die Gesamtrechtsnachfolge indes unbekannt oder steht sie hierzu sogar im Widerspruch, wird die Frage des Vorrangs des Einzelstatuts virulent. Nach einer Auffassung soll die Gesamtrechtsnachfolge unter Anerkennung des grundsätzlichen Vorrangs des Belegenheitsrechts überhaupt nur dann Vermögenswerte im Ausland erfassen, wenn sie sowohl durch das deutsche Gesamtstatut als auch das ausländische Einzelstatut angeordnet wird.[78] Zur Vermeidung undurchsetzbarer Rechtslagen spricht sich aber eine von *Vossius* begründete Auffassung im Schrifttum

---

[68] So Staudinger/*Mankowski* (2011) Art. 14 Rn. 26; iE ebenso *Andrae* IntFamR § 3 Rn. 149; Erman/*Hohloch* Rn. 7; *Lüderitz* IPR Rn. 168; NK-BGB/*Freitag* Rn. 3; Palandt/*Thorn* Rn. 4: hingegen wird Art. 14 (ohne Begr.) nicht zu den von Art. 3a Abs. 2 erfassten Vorschriften gezählt von *Kegel/Schurig* IPR § 12 II 2a; Staudinger/*Hausmann* (2013) Rn. 30.

[69] *Stoll* IPRax 1984, 1 (2); § 1357 BGB greift insoweit freilich bereits tatbestandlich wegen der Bedeutung derartiger Transaktionen nicht ein, vgl. BGH NJW-RR 1989, 85.

[70] Im deutschen Recht ist dies nicht der Fall, s. Staudinger/*Hausmann* (2013) Rn. 40.

[71] Vgl. *Kropholler* IPR § 45 II 1; auch *Stoll*, FS Kropholler, 2008, 247 (260): dingliche Mitberechtigung nach dem Ehestatut, die dem deutschen Recht fremd sei.

[72] Vgl. etwa zur Qualifikation der Morgengabe islamischer Provenienz BGHZ 183, 287 = NJW 2010, 1528.

[73] Staudinger/*Mankowski* (2011) Art. 14 Rn. 26; iE ebenso *Andrae* IntFamR § 3 Rn. 149; Erman/*Hohloch* Rn. 7; *Lüderitz* IPR Rn. 168; NK-BGB/*Freitag* Rn. 3; Palandt/*Thorn* Rn. 4.

[74] Widmann/Mayer/*Vossius* UmwG (33. Erg.-Lfg./Juli 96), § 20 Rn. 42 ff.; *Bungert*, FS Heldrich, 2005, 527 (529 ff.); Staudinger/*Mansel* (2015) Art. 43 EGBGB Rn. 313; Henssler/Strohn/*Heidinger* UmwG § 20 Rn. 9 mwN.; vgl. auch zur grenzüberschreitenden Anwachsung eingehend *Hoger/Lieder* ZHR 180 (2016) 613 (629).

[75] Für die hoheitliche Übertragungsanordnung bei systemrelevanten Kreditinstituten, vgl. die Regelung in § 48i KWG; dazu Staudinger/*Mansel* (2015) Art. 43 Rn. 305 ff.; *Lehmann/Hoffmann*, Die Übertragungsanordnung nach §§ 48a ff. KWG, Working Papers on Global Financial Markets Nr. 46 (Juni 2013), [online: http://nbn-resolving.de/urn:nbn:de:gbv:27-20131126-142829-2], S. 7 f.

[76] Vgl. → IntGesR Rn. 535, 791 ff.; Staudinger/*Großfeld* (1998) IntGesR Rn. 368.

[77] Innerhalb der EU ist die Anerkennung der Gesamtrechtsnachfolge bei grenzüberschreitenden Umwandlungen von Aktiengesellschaften durch Art. 19 I a RL/2011/35/EU bzw. Art. 17 I a RL 82/891/EWG reguliert, vgl. *Bungert*, FS Heldrich, 2005, 527 (531); *Fisch* NZG 2016, 448 (451 f.).

[78] → IntGesR Rn. 812; Staudinger/*Mansel* (2015), Art. 43 EGBGB Rn. 313 f.; Henssler/Strohn/*Heidinger* UmwG § 20 Rn. 9 mwN für Verschmelzungen bzw. Henssler/Strohn/*Wardenbach* UmwG § 131 Rn. 2 für Spaltungen.

zumindest für eine analoge Anwendung des Art. 3a Abs. 2 aus, wenn die Vermögensgegenstände nach dem Belegenheitsrecht „besonderen Vorschriften" unterliegen.[79] Beide Auffassungen führen im Ergebnis zu einer Durchbrechung des Prinzips der Einheit des Gesellschaftsstatuts, was allein aus Gründen der größeren Sachnähe bzw. der Vermeidbarkeit undurchsetzbarer Rechtslagen nur schwer zu rechtfertigen sein dürfte (näher → Rn. 50 ff.).[80] In der Praxis ist es aus Erwägungen der Rechtssicherheit gleichwohl regelmäßig anzuraten, auch die Übertragungsvoraussetzungen des Belegenheitsrechts einzuhalten.[81]

23   **c) Rechtswahl.** Noch nicht abschließend geklärt ist, ob und in welchem Umfang einem Einzelstatut iS des Art. 3a Abs. 2 auch dann der Vorrang einzuräumen ist, wenn die Parteien das anwendbare Recht parteiautonom gewählt haben.[82] De lege lata konnte sich diese Frage lange Zeit zwar allein im Hinblick auf das Ehegüterrecht stellen, weil das EGBGB im Familienrecht nur insoweit die unmittelbare Vereinbarung eines ausländischen Rechts gestattet (Art. 15 Abs. 2). Angesichts des Vordringens der Parteiautonomie auf dem Gebiet des europäischen und staatsvertraglichen Kollisionsrechts (→ Einl. IPR Rn. 35 ff.) handelt es sich hierbei aber in der Sache nicht mehr nur um ein ehegüterrechtliches Spezialproblem (so noch 5. Aufl. 2010 (*Sonnenberger*), Rn. 13). So ermöglicht heute auch die in Art. 17 Abs. 1 vorgesehene akzessorische Anknüpfung der vermögensrechtlichen Scheidungsfolgen an das nach der Rom III-VO, einschließlich deren Art. 5, anzuwendende Recht zumindest mittelbar die Möglichkeit einer entsprechenden Rechtswahl in Bezug auf das Gesamtstatut. Im Einzelnen sind die folgenden Konstellationen zu unterscheiden:

24   Erstens ist denkbar, dass die Parteien die güterrechtlichen Wirkungen ihrer Ehe in Bezug auf unbewegliches Vermögen dem Recht des Lageortes unterstellen **(Art. 15 Abs. 2 Nr. 3).** Zwar hielt noch die Gesetzesbegründung zu dem heutigen Art. 3a Abs. 2 die Gewährung einer solchen Rechtswahlmöglichkeit im Ehegüterrecht für entbehrlich: „Wird Art. 28 EGBGB [idF von 1900] seinem Grundsatz nach beibehalten, so bedarf es im Rahmen der im Entwurf vorgesehenen Rechtswahl (Güterstand) nicht der Einräumung einer Wahlmöglichkeit zum Belegenheitsrecht hin, weil dieses – soweit es selbst auf seiner Anwendung besteht – ohnehin vorrangig zu berücksichtigen und im Übrigen an einer Aufspaltung der anzuwendenden Rechtsordnungen durch Rechtswahl nicht anzuerkennen ist."[83] Dessen ungeachtet ist eben diese Wahlmöglichkeit 1986 in Art. 15 Abs. 2 Nr. 3 eingeführt worden. Ein Vorteil dieser Rechtswahl liegt gerade darin, dass sie Unklarheiten darüber beseitigt, ob im konkreten Sachverhalt ein Fall des Art. 3a Abs. 2 gegeben ist, der zu einer Durchbrechung des Ehegüterrechtsstatuts durch die lex rei sitae führt.[84] Es können jedoch trotzdem Qualifikationskonflikte auftreten, wenn die lex rei sitae den Begriff des unbeweglichen Vermögens anders definiert als das deutsche IPR (näher → Rn. 26). Im Übrigen folgt bereits aus Art. 4 Abs. 2, dass die Parteien nur die Sachvorschriften des Lageortes und nicht dessen Kollisionsrecht wählen können; es ist also unerheblich, ob das IPR der gewählten lex rei sitae auf ein anderes Recht rück- oder weiterverweisen würde (→ Rn. 28).

25   Zweitens kann es vorkommen, dass die Eheleute gemäß **Art. 15 Abs. 2 Nr. 1 oder 2** ein Ehegüterrecht als Gesamtstatut vereinbaren, so dass sich die Frage stellt, ob der in Art. 3a Abs. 2 angeordnete Vorrang des Einzelstatuts eingreift. Die Frage ist insoweit zu bejahen, als Art. 3a Abs. 2 der Sonderanknüpfung spezieller sozial-, agrar- oder wirtschaftspolitischer Sachnormen mit Eingriffscharakter dient,[85] denn es ist gerade ein Charakteristikum international zwingenden Rechts, dass es auch gegenüber dem von den Parteien gewählten Recht die Oberhand behält. Diese Auslegung wird unterstützt durch den Hinweis auf die enge Verwandtschaft des heutigen Art. 3a Abs. 2 mit Art. 34 EGBGB 1986 (heute Art. 9 Abs. 2 Rom I-VO) in der Gesetzesbegründung.[86] Ferner wird sie bestätigt durch die Sonderanknüpfung entsprechender Normen in Art. 30 EuErbVO, die sich auch gegenüber einem gewählten Erbstatut durchsetzt.

26   Größere Schwierigkeiten bereitet eine **bloß kollisionsrechtliche Vermögensspaltung im Recht des Lageortes.** Während die hM im Rahmen der objektiven Verweisungen des Dritten

---

[79] Widmann/Mayer/*Vossius* UmwG (33. Erg.-Lfg./Juli 96), § 20 Rn. 42 ff.; *Bungert*, FS Heldrich, 2005, 527 (530).

[80] Ablehnend auch *Kusserow/Prüm* WM 2005, 633 (636 ff.); *Fisch* NZG 2016, 448 (450 f.).

[81] *Hoger/Lieder* ZHR 180 (2016) 613 (629); zu den Folgen für die anwaltliche Beratung vgl. *Fisch* NZG 2016, 448 (451 f.).

[82] Umfassend hierzu *Bosch*, Die Durchbrechungen des Gesamtstatuts im internationalen Ehegüterrecht, 2002, 294 ff.; *Ludwig* DNotZ 2000, 663 (674 ff.).

[83] BT-Drs. 10/504, 37.

[84] *Kropholler* IPR § 45 IV 4c.

[85] Ebenso noch 6. Aufl. Art. 15 Rn. 127 *(Siehr)*; Staudinger/*Hausmann* (2013) Rn. 32; Hausmann/Odersky/*Hausmann* § 9 Rn. 106.

[86] BT-Drs. 10/504, 37.

Abschnitts auch diesen Fall im Allgemeinen unter Art. 3a Abs. 2 subsumiert (näher → Rn. 43 f.), wird eine Berücksichtigung der lediglich kollisionsrechtlichen Vermögensspaltung gegenüber einem parteiautonom nach Art. 15 Abs. 2 Nr. 1 oder 2 bestimmten Recht vielfach abgelehnt.[87] Nach einer vermittelnden Ansicht soll eine Rechtswahl zumindest insoweit aufrechterhalten werden, als der Belegenheitsstaat sie für dort befindliche Vermögensgegenstände anerkennt.[88] Die dogmatische Begründung für eine Ausnahme von Art. 3a Abs. 2 fällt auf Grundlage der hM allerdings nicht leicht. Die Stellung des Art. 3a Abs. 2 als Vorschrift des Allgemeinen Teils, die sich generell auf Verweisungen im Dritten Abschnitt erstreckt, könnte dafür sprechen, den Vorrang des Einzelstatuts auch gegenüber einem parteiautonom bestimmten Recht zu befolgen.[89] Jedoch sind die Ausführungen der Gesetzesbegründung zum Verhältnis des Einzelstatuts zur Rechtswahl wenig klar und zudem widersprüchlich (→ Rn. 24), so dass man diesem Aspekt kein überragendes Gewicht beimessen dürfte. Für die Nicht-Berücksichtigung der lex rei sitae lässt sich überdies eine Analogie zu Art. 4 Abs. 2 ins Feld führen:[90] Der Grundsatz „Einzelstatut bricht Gesamtstatut" bezieht sich auf die Lösung eines „positiven Kompetenzkonflikts" zweier Rechtsordnungen, die gleichermaßen Anwendung auf einen Sachverhalt beanspruchen und stellt insoweit das Spiegelbild zum „negativen Kompetenzkonflikt" dar, der Anlass zur Frage nach der Beachtlichkeit eines Renvoi gibt, dh in dem sich beide beteiligte Rechtsordnungen jeweils selbst für *nicht* anwendbar erklären (→ Rn. 53). Da das Gesetz einen solchen „negativen Kompetenzkonflikt" im Falle einer Rechtswahl gem. Art. 4 Abs. 2 ignoriert, also nicht etwa nach der Anwendungswilligkeit des gewählten Rechts fragt, erscheint es normativ durchaus stimmig, im Rahmen der Parteiautonomie auch dem spiegelbildlichen, von Art. 3a Abs. 2 geregelten „positiven Kompetenzkonflikt" grundsätzlich keine Beachtung zu schenken, der dadurch entsteht, dass ein nicht gewähltes Recht des Lageortes sich selbst eine Näherberechtigung zuerkennt. In beiden Konstellationen wird letztlich der Rechtswahlfreiheit der Parteien größeres Gewicht beigemessen als dem internationalen Entscheidungseinklang mit dem gewählten Recht (beim Renvoi) bzw. dem Recht des „näherberechtigten" Lageortes (bei Art. 3a Abs. 2).[91] Es ist den Parteien allerdings (anders als bei einer direkten Anwendung des Art. 4 Abs. 2) nicht verwehrt, nur eine Teilrechtswahl zu treffen und einen Vorrang des Belegenheitsrechts anzuerkennen;[92] in der Praxis dürfte sich dies zur erleichterten Durchsetzung einschlägiger Ansprüche vielfach empfehlen.[93]

Entsprechendes gilt für das Verhältnis des Art. 3a Abs. 2 zu **Art. 17 Abs. 1** (analog Art. 11 Rom III-VO).   **27**

d) Renvoi. Der von Art. 3a Abs. 2 angeordnete Vorrang des Einzelstatuts ist auch dann zu beachten, wenn das maßgebende Gesamtstatut unter Befolgung einer vom ausländischen IPR ausgesprochenen Rück- oder Weiterverweisung (Art. 4 Abs. 1) bestimmt wird.[94] Zwar befindet sich Art. 4 Abs. 1 im Ersten, nicht im Dritten Abschnitt, und Art. 3a Abs. 2 nennt Art. 4 Abs. 1 nicht (mehr) ausdrücklich, anders als noch Art. 28 EGBGB 1900, der die Vorläuferbestimmung zum Renvoi (Art. 27 EGBGB 1900) explizit einbezogen hatte. Hieraus kann aber nach allgemeiner Meinung kein Umkehrschluss gezogen werden, weil die Materialien keinerlei Hinweis darauf geben, dass insoweit eine inhaltliche Änderung beabsichtigt gewesen wäre.[95] Mit der Ersetzung der zuvor in Art. 28 EGBGB 1900 aufgezählten Einzelvorschriften durch die allgemeinere Formulierung in Bezug auf die Abschnitte 3 und (vormals) 4 sollte 1986 vielmehr lediglich „dem Umstand Rechnung getragen werden, daß die Vorschrift einen generellen Grundsatz enthält".[96] Zudem ändert auch die Einbeziehung eines Renvoi aufgrund der unselbstständigen Kollisionsnorm des Art. 4 Abs. 1 nichts   **28**

---

[87] Vgl. 6. Aufl. Art. 15 Rn. 128 *(Siehr)*; Staudinger/*Hausmann* (2013) Rn. 32; Hausmann/Odersky/*Hausmann* § 9 Rn. 106; *Stoll,* Die Rechtswahl im Namens-, Ehe- und Erbrecht, 1991, 106 f.; iE auch *Ludwig* DNotZ 2000, 663 (674 ff.), der Art. 3a Abs. 2 bei der Berechnung des Zugewinnausgleichs generell nicht anwenden will; iE auch auf Grundlage der Minderheitsmeinung (enge Auslegung) *Thoms,* Einzelstatut bricht Gesamtstatut. Zur Auslegung der „besonderen Vorschriften" in Art. 3 Abs. 3 EGBGB, 1996, 82 f.; aA aber *v. Bar* IPR II Rn. 232 m. Fn. 599 unter Berufung auf Ch. Civ. Buenos Aires 2.2.1982, Clunet 1984, 622.

[88] *Bosch,* Die Durchbrechungen des Gesamtstatuts im internationalen Ehegüterrecht, 2002, 299 ff.

[89] Näher *Bosch,* Die Durchbrechungen des Gesamtstatuts im internationalen Ehegüterrecht, 2002, 297; *Ludwig* DNotZ 2000, 663 (676 f.); jurisPK-BGB/*Ludwig* Art. 3–4 Rn. 252.

[90] AA *Ludwig* DNotZ 2000, 663 (675), dessen Argumente („petitio principii") aber allein gegen eine *direkte* Anwendung des Art. 4 Abs. 2 sprechen.

[91] AA *Bosch,* Die Durchbrechungen des Gesamtstatuts im internationalen Ehegüterrecht, 2002, 299, der den Entscheidungseinklang höher gewichtet.

[92] So noch 6. Aufl. Art. 15 Rn. 128 *(Siehr);* Staudinger/*Hausmann* (2013) Rn. 32.

[93] So noch 6. Aufl. Art. 15 Rn. 128 *(Siehr);* Staudinger/*Hausmann* (2013) Rn. 32.

[94] AllgM, s. nur *Dörner* IPRax 1994, 362 (364); *Fetsch* RNotZ 2006, 1 (11); *Kegel/Schurig* IPR § 12 II 2a; *Kropholler* IPR § 26 II 1; Staudinger/*Hausmann* (2013) Rn. 35; Hausmann/Odersky/*Hausmann* § 2 Rn. 179.

[95] *Kegel/Schurig* IPR § 12 II 2a; Staudinger/*Hausmann* (2013) Rn. 35.

[96] BT-Drs. 10/504, 37.

daran, dass die auf diese Weise gebildete Verweisungskette ihren Ausgangspunkt in den selbstständigen Kollisionsnormen des Dritten Abschnitts hat.[97] Wird das Belegenheitsrecht bereits aufgrund einer partiellen Rück- oder Weiterverweisung durch die nach unserem IPR maßgebende Rechtsordnung berufen (→ Art. 4 Rn. 80 ff.), ist das Recht des Lageortes anzuwenden, ohne dass es insoweit noch auf einen etwaigen Vorrang des Einzelstatuts (Art. 3a Abs. 2) ankommt.[98]

29   Davon zu unterscheiden ist die Frage, ob auch ein von dem nach Art. 3a Abs. 2 berufenen Belegenheitsrecht ausgesprochener Renvoi zu befolgen ist (näher → Rn. 67).

30   **e) Teil- und Vorfragen.** Abs. 2 findet auch Anwendung, wenn das Belegenheitsrecht einen Vorrang des Einzelstatuts zwar nicht in Bezug auf die Hauptfrage (zB das Güterrechtsstatut), aber in Bezug auf einzelne **Teilfragen** (etwa den Eigentumsübergang an Grundstücken, Haftungsfragen) vorsieht.[99] Dies wurde bislang vorwiegend in deutsch-österreichischen Erbfällen relevant, da das österreichische IPRG zwar wie das EGBGB die Rechtsnachfolge von Todes wegen grundsätzlich an die Staatsangehörigkeit anknüpfte (§ 28 Abs. 1 ÖIPRG), aber als Ausnahme davon den Eigentums-übergang an in Österreich belegenen Grundstücken und die Erbenhaftung der lex rei sitae unterwirft (§§ 31 Abs. 1, 32 ÖIPRG).[100] Heute gilt auch insoweit die EuErbVO (näher → Rn. 33).

31   Auf **Vorfragen,** die nach deutschem IPR grundsätzlich selbstständig anzuknüpfen sind (→ Einl. IPR Rn. 173), findet Abs. 2 hingegen regelmäßig keine Anwendung.[101] Haben zB Ehegatten ein Grundstück im Ausland, ändert eine nach Art. 3a Abs. 2 beachtliche Sonderanknüpfung an das Belegenheitsrecht im Verhältnis zu dem nach Art. 15 Abs. 1 bestimmten Güterrechtsstatut nichts daran, dass die Vorfrage der Wirksamkeit der Eheschließung ausschließlich nach dem durch Art. 13 Abs. 1 berufenen Recht zu beurteilen ist.[102] Ausnahmen sind denkbar, wenn das deutsche IPR ein bestimmtes Problem nicht als selbstständig anzuknüpfende Vorfrage, sondern als Teilfrage des Wirkungsstatuts behandelt. Sofern eine Vorfrage ausnahmsweise unselbstständig anzuknüpfen ist, ist auch insoweit der Vorrang des Einzelstatuts zu beachten.[103]

32   **2. Vorrangige europäische und staatsvertragliche Kollisionsnormen.** Art. 3a Abs. 2 wird bereits heute und künftig in noch zunehmendem Maße durch vorrangige europäische und staatsver-tragliche Kollisionsnormen verdrängt.[104]

33   Das Hauptanwendungsfeld des Abs. 2 lag mehr als ein Jahrhundert im **Internationalen Erbrecht.** Insoweit findet aber seit dem 17.8.2015 die **EuErbVO** Anwendung, die einen Vorrang des Einzelsta-tuts nur noch in Bezug auf besondere wirtschafts- und sozialpolitische Sachnormen des Belegenheits-staates vorsieht (Art. 30 EuErbVO), eine bloß kollisionsrechtliche Vermögensspaltung hingegen explizit für unerheblich erklärt (Erwägungsgrund 54 EuErbVO).[105] In verfahrensrechtlicher Hinsicht ist allerdings in Bezug auf Nachlass, der in einem Drittstaat belegen ist, die Beschränkungsmöglichkeit des Art. 12 EuErbVO zu bedenken (→ EuErbVO Art. 12 Rn. 1 ff.). Weiterhin ist für die gewillkürte Erbfolge der Vorrang des **Haager Testamentsformübereinkommens** (HTestformÜ) zu beachten, zu dem in Deutschland eine Ausführungsvorschrift in Art. 26 Abs. 1 S. 1 aufgenommen wurde. Es gilt als *loi uniforme* (Art. 6 HTestformÜ) auch gegenüber Nicht-Vertragsstaaten und bleibt von der EuErbVO gemäß deren Art. 75 Abs. 1 EuErbVO unberührt. Auch in Bezug auf die autonome Ausführungsvorschrift in Art. 26 Abs. 1 S. 1 kommt Art. 3a Abs. 2 nicht (mehr) zur Anwendung; selbst wenn man insoweit keinen unmittelbaren Vorrang der staatsvertraglichen Regelung nach Art. 3 Nr. 2 annehmen wollte, bliebe zu beachten, dass Art. 3a Abs. 2 sich seit dem 17.8.2015 nicht mehr auf die Verweisungen des Vierten Abschnitts, in dem sich Art. 26 Abs. 1 S. 1 befindet, erstreckt. Folglich kann ein deutscher Erblasser (Art. 22 EuErbVO) durch ein gemäß § 2247 BGB gültiges eigenhändiges Testament wirksam auch über ein in Florida belegenes Grundstück verfügen, obwohl diese Testamentsform dort nicht zulässig ist, die USA dem HTestFormÜ nicht beigetreten sind und

---

[97] Staudinger/*Hausmann* (2013) Rn. 35.

[98] Korrekt *Dörner* IPRax 1994, 362 (364) gegen ein obiter dictum des OLG Köln NJW-RR 1992, 1480 (1481); ihm zust. auch *Fetsch* RNotZ 2006, 1 (6 f.); Staudinger/*Hausmann* (2013) Art. 4 Rn. 299.

[99] Staudinger/*Hausmann* (2013) Rn. 34.

[100] Vgl. BayObLGZ 1982, 236 = IPRax 1983, 187 mAnm *Firsching* IPRax 1983, 166.

[101] *Stoll* IPRax 1984, 1 (2); ihm folgend Erman/*Hohloch* Rn. 13; Staudinger/*Hausmann* (2013) Rn. 33.

[102] Bsp. von *Stoll* IPRax 1984, 1 (2).

[103] Erman/*Hohloch* Rn. 13; Staudinger/*Hausmann* (2013) Rn. 33.

[104] S. auch die bis 2001 reichende Bestandsaufnahme staatsvertraglicher Regelungen bei *Gottschalk* Allgemeine Lehren des IPR 214 ff.

[105] Die EuErbVO folgt insoweit dem Regelungsvorbild in Art. 15 des Haager Erbrechtsübereinkommens von 1989 (IPRax 2000, 53); hierzu *Gottschalk* Allgemeine Lehren des IPR 222 ff.; näher statt vieler *Mansel*, FS Coester-Waltjen, 2015, 587 ff.

das floridianische Erbrecht dem Prinzip der Nachlassspaltung folgt.[106] Ferner ist die in einem nach dem HTestformÜ wirksam errichteten Testament getroffene Anordnung, nach der den Abkömmlingen des Erblassers ein Vermächtnis in Höhe des an das gesetzliche Pflichtteilsrecht angelehnten „Pflichtanteils" zuzuwenden sei, regelmäßig so auszulegen, dass als Berechnungsgrundlage das *gesamte* Vermögen des Erblassers einschließlich seines im Ausland belegenen Grundbesitzes heranzuziehen ist.[107] Schließlich können auf dem Gebiet des Internationalen Erbrechts **bilaterale Abkommen** in Betracht kommen (näher → Art. 25 Rn. 291 ff.); so kann zB aufgrund des Konsularvertrages zwischen der Türkischen Republik und dem Deutschen Reich vom 28.5.1929 (RGBl. 1930 II S. 748) keine Nachlasspflegschaft hinsichtlich des in der **Türkei** belegenen unbeweglichen Nachlasses angeordnet werden, weil dieses Abkommen insoweit eine ausschließliche internationale Zuständigkeit der türkischen Gerichte vorsieht.[108] Umstritten ist die Anwendbarkeit des Art. 3a Abs. 2 im Bereich des **Deutsch-Iranischen Niederlassungsabkommens**.[109] Während in der Rechtsprechung aus Art. 8 Abs. 3 S. 1 dieses Abkommens („im Gebiet des jeweiligen Staates") abgeleitet worden ist, dass auch insoweit der Vorrang des Belegenheitsrechts in Bezug auf ein in einem Drittstaat befindliches Grundstück (zB in Kanada) gemäß Art. 3a Abs. 2 zu beachten sei,[110] spricht sich die Lehre wohl überwiegend für ein Festhalten an dem nach dem Heimatrecht bestimmten Gesamtstatut aus.[111] Zumindest auf dem Gebiet des Erbrechts ist nunmehr der letztgenannten Meinung zu folgen: Zwar lässt die EuErbVO auch das Niederlassungsabkommen unberührt (Art. 75 Abs. 1 EuErbVO); Art. 3a Abs. 2 erfasst aber seit dem 17.8.2015 Verweisungen des Vierten Abschnitts nicht mehr. Nach einer dritten Ansicht soll hingegen das Niederlassungsabkommen generell – d.h. unabhängig vom Vorliegen besonderer Vorschriften iSd Art. 3a Abs. 2 – keine Anwendung auf Vermögensgegenstände außerhalb der Vertragsstaaten finden.[112] Für solch eine weitgehende Einschränkung bietet das Abkommen aber keine Anhaltspunkte.[113]

Auf dem Gebiet des internationalen **Ehegüterrechts** wird ab dem 29.1.2019 die von der EU **34** jüngst verabschiedete EuGüVO (→ Rn. 2) den Vorrang beanspruchen, die in Bezug auf Lebenspartnerschaften durch die EuPartVO (→ Rn. 2) ergänzt wird.[114] Die EuGüVO und die EuPartVO folgen dem Prinzip der Einheit des Güterrechtsstatuts (Art. 21 EuGüVO, Art. 21 EuPartVO), das lediglich zugunsten einer Sonderanknüpfung von Eingriffsnormen eines Mitgliedstaates durchbrochen wird (Art. 30 EuGüVO, Art. 30 EuPartVO). Die Einheit des Güterrechtsstatuts gilt unabhängig von der Art der Vermögenswerte und ohne Rücksicht darauf, ob diese in einem anderen Mitgliedstaat oder einem Drittstaat belegen sind (Erwägungsgrund 43 EuGüVO, ebenso Erwägungsgrund 42 EuPartVO). Selbst wenn man Art. 3a Abs. 2 auch auf die allgemeinen vermögensrechtlichen Ehewirkungen iS des Art. 14 anwendet (→ Rn. 20), wird hierfür aufgrund der in Art. 3 Abs. 1 lit. a EuGüVO vorgesehenen weiten Begriffsbestimmung des ehelichen Güterstandes („sämtliche vermögensrechtlichen Regelungen, die zwischen den Ehegatten und in ihren Beziehungen zu Dritten aufgrund der Ehe oder der Auflösung der Ehe gelten") kaum Spielraum verbleiben. Im Bereich des internationalen **Ehescheidungsrechts** klammert die Rom III-VO hingegen vermögensrechtliche Scheidungsfolgen aus ihrem Anwendungsbereich aus (Art. 1 Abs. 2 lit. e Rom III-VO); insoweit greift bislang ergänzend Art. 17 Abs. 1 ein, der wiederum durch Art. 3a Abs. 2 eingeschränkt wird (→ Rn. 19). Zum **Deutsch-Iranischen Niederlassungsabkommen** → Rn. 33.

Im internationalen **Kindschaftsrecht** ist schon heute anstelle des Art. 21 primär das KSÜ heranzu- **35** ziehen (näher → Rn. 62), für den internationalen **Erwachsenenschutz** gilt weitgehend statt Art. 24 das ErwSÜ (näher → Rn. 62). Beide Übereinkommen enthalten keine dem Art. 3a Abs. 2 entsprechende Vorschrift, gestatten aber in Durchbrechung des grundsätzlich maßgebenden Gleichlaufprinzips die ausnahmsweise Anwendung oder Berücksichtigung des Rechts eines anderen Staates, zu dem der Sachverhalt eine enge Verbindung hat, wenn der Schutz des Vermögens des Kindes bzw. des Erwachsenen dies erfordert (Art. 15 Abs. 2 KSÜ, Art. 13 Abs. 2 ErwSÜ);[115] ferner ermöglicht Art. 20 ErwSÜ

---

[106] BGH NJW 2004, 3558 = IPRax 2005, 253 mAnm *Looschelders* IPRax 2005, 232; anders zuvor OLG Celle ZEV 2003, 509 mAnm *Eichinger* = FamRZ 2003, 1876 mAnm *Dörner*; OLG Celle ZEV 2003, 165.

[107] BGH NJW 2004, 3558 (3559 f.).

[108] BGH NJW-RR 2013, 201; BGH NJW 2016, 571; OLG Karlsruhe ZEV 2014, 157; krit. zur Zuständigkeitsspaltung *Majer* ZEV 2012, 182 (184 f.).

[109] Niederlassungsabkommen zwischen dem Deutschen Reich und dem Kaiserreich Persien vom 17.2.1929, BGBl. 1930 II S. 1006 = *Jayme/Hausmann* Nr. 22.

[110] AG Hamburg-St. Georg ZEV 2015, 580; hierzu *Eule* ZErb 2015, 322; *Wurmnest* IPRax 2016, 447 (450).

[111] Näher *Dutta* Voraufl. Art. 25 Rn. 297 mwN; *Wurmnest* IPRax 2016, 447 (450).

[112] So *Eule* ZErb 2015, 322; *Süß*, Der Vorbehalt zugunsten bilateraler Abkommen mit Drittstaaten, in Dutta/Herrler, Die Europäische Erbrechtsverordnung, 2014, 181 (188 Rn. 21).

[113] So auch *Wurmnest* IPRax 2016, 447 (450).

[114] Näher *Rupp* GPR 2016, 295 ff.

[115] S. zu Art. 15 Abs. 2 KSÜ *Gottschalk* Allgemeine Lehren des IPR 219; zu Art. 13 Abs. 2 ErwSÜ Staudinger/*v. Hein* (2014) Art. 24 Rn. 149 ff.

eine Sonderanknüpfung von Eingriffsnormen der lex fori. Soweit es der Schutz der Vermögensinteressen des Kindes oder des Erwachsenen erfordert, kann daher besonderen Sachnormen des Belegenheitsstaates (zB Genehmigungserfordernissen) in angemessener Weise Rechnung getragen werden; die bloß kollisionsrechtliche Vermögensspaltung ist hingegen anders als im autonomen deutschen IPR unerheblich.[116] Zum **Deutsch-Iranischen Niederlassungsabkommen** → Rn. 33.

36 Zusammenfassend ist festzuhalten, dass jedenfalls der Vorrang einer bloß kollisionsrechtlichen Vermögensspaltung gegenüber dem berufenen Gesamtstatut („weite Auslegung"; näher → Rn. 43 ff.) einen Sonderweg des deutschen IPR bildet, der auf europäischer und internationaler Ebene keine anschlussfähige Lösung darstellt.[117]

III. Besondere Vorschriften

37 **1. Sachnormen über Sondervermögen. a) Allgemeines.** Der in Art. 3a Abs. 2 angeordnete Vorrang des Einzelstatuts erfasst als „besondere Vorschriften" **wirtschafts-, sozial- oder agrarpolitisch motivierte Sachnormen des Lageortes,** die sich auf sog gebundene Güter oder Sondervermögen wie Familienfideikommisse, Lehen, Stammgüter, Rentengüter, Anerbengüter, Erbpachtgüter oder Erbhöfe beziehen.[118] Der rechtspolitische Hintergrund solcher Vorschriften liegt zumeist darin, dass der Vermögensübergang, insbesondere die Erbfolge in landwirtschaftlich genutzte Flächen speziell geregelt werden soll, um eine agrarwirtschaftlich ineffiziente Zerschlagung lebensfähiger Bauernhöfe – oder im 19. Jahrhundert auch: Adelsgüter[119] – zu verhindern.[120] Bereits *Savigny* formulierte diesen Gedanken dahingehend, ein Anerbengesetz wolle „nicht, wie gewöhnliche Erbfolgegesetze, dem Vermögen verstorbener Einwohner das angemessenste Schicksal anweisen, sondern es will gewisse Staatszwecke fördern durch das einer bestimmten Klasse von Grundstücken angewiesene Schicksal".[121] Ein solches Gesetz habe „einen politischen, außer dem reinen Rechtsgebiet liegenden Zweck, und ist daher ein Gesetz von zwingender, streng positiver Natur".[122] Derartige erbrechtliche Sonderregelungen fallen seit dem Inkrafttreten der EuErbVO nicht mehr unter Art. 3a Abs. 2, sondern in den Anwendungsbereich des Art. 30 EuErbVO. Soweit familienrechtliche Auseinandersetzungen betroffen sind, bleibt weiterhin Art. 3a Abs. 2 anzuwenden; jedoch sieht zumindest das deutsche Sachrecht entsprechende Sonderregelungen im Ehegüterrecht wenn überhaupt nur höchst selten vor (näher zur HöfeO → Rn. 38, zur Zuweisung der Ehewohnung → Rn. 41). Besondere Sachnormen sind stets nur insoweit zu beachten, als sie nach dem Belegenheitsrecht international zwingenden Charakter haben, dh unabhängig vom im Übrigen anwendbaren Recht (etwa dem Güterrechtsstatut) angeknüpft werden.[123] Lediglich intern zwingende Sachnormen, die der Belegenheitsstaat aber nicht auch international gegenüber einem abweichenden Eheguterrecht durchsetzen will, können das nach allgemeinem IPR bestimmte Gesamtstatut hingegen nicht durchbrechen.[124] Es ist also auch in der ersten Fallgruppe des Art. 3a Abs. 2 stets eine einseitige „kollisionsrechtl[iche] Komponente" erforderlich,[125] ohne dass man deshalb die Abgrenzung zwischen speziellem Sachrecht und besonderen Kollisionsnormen (als zweiter Fallgruppe → Rn. 43) aufgeben sollte.[126] Die herkömmliche Trennung der Fallgruppen dient nicht nur der begrifflichen Klarheit, sondern beruht auch auf unterschiedlichen normativen Gesichtspunkten, die jeweils hinter der Berücksichtigung des „Einzelstatuts" stehen.

38 **b) Inländisches Recht. aa) Agrarwirtschaftliche Sonderregelungen.** Gemäß Art. 3a Abs. 2 gehen auch **deutsche international zwingende Sachnormen** einem Gesamtstatut vor, das ausländischem Recht unterliegt. Der hierzu wichtigste Anwendungsfall lag bislang im Vorrang der besonderen erbrechtlichen Hoffolge, welche die nordwestdeutsche **Höfeordnung** (HöfeO) vorschreibt.[127]

---

[116] Näher *v. Hein* IPRax 2015, 198 (201 ff.).

[117] So bereits das Resümee von *Gottschalk* Allgemeine Lehren des IPR 239.

[118] BT-Drs. 10/504, 38; BGHZ 50, 63 (64) = NJW 1968, 1571; *Kegel/Schurig* IPR § 12 II 2b aa; *Kropholler* IPR § 26 II 2a; *Staudinger/Hausmann* (2013) Rn. 8 ff.; *Thoms,* Einzelstatut bricht Gesamtstatut. Zur Auslegung der „besonderen Vorschriften" in Art. 3 Abs. 3 EGBGB, 1996, 109 ff.; HK-BGB/*Dörner* Rn. 6.

[119] Hierzu *v. Savigny,* System des heutigen römischen Rechts, Bd. VIII, 1849, 306.

[120] Zum rechtspolitischen Wandel derartigen Sonderrechts näher *Stöcker* WM 1980, 1134 (1135 f.).

[121] *v. Savigny,* System des heutigen römischen Rechts, Bd. VIII, 1849, 306.

[122] *v. Savigny,* System des heutigen römischen Rechts, Bd. VIII, 1849, 306.

[123] HK-BGB/*Dörner* Rn. 6; *v. Hoffmann/Thorn* IPR § 4 Rn. 19; *Looschelders* IPR Art. 3 Rn. 26.

[124] HK-BGB/*Dörner* Rn. 6; *v. Hoffmann/Thorn* IPR § 4 Rn. 19; *Looschelders* IPR Art. 3 Rn. 26.

[125] *Ferid* IPR Rn. 3–143.

[126] So aber HK-BGB/*Dörner* Rn. 6.

[127] Ob die HöfeO überhaupt in den Anwendungsbereich des Art. 3a Abs. 2 fiel, war jedoch bis zuletzt umstritten. Für die Anwendbarkeit der hM, *Bosch,* Die Durchbrechung des Gesamtstatuts im internationalen Eheguterrecht, 2002, 163 ff.; *Fetsch* RNotZ 2006, 1 (15 f.); *Stöcker* WM 1980, 1134 (1136 ff.); vgl. hierzu auch 6. Aufl. 2015, Rn. 38 f. Ablehnend etwa Staudinger/*Hausmann* (2013) Rn. 50; Staudinger/*Dörner* (2007) Art. 25 Rn. 582.

Aufgrund der Streichung der Verweisung auf den vierten Abschnitt in Art. 3a Abs. 2 kommt die Vorschrift insoweit nicht mehr zur Anwendung. Die besonderen erbrechtlichen Sachnormen der HöfeO gilt es aber weiterhin im Rahmen des Art. 30 EuErbVO zu beachten (→ EuErbVO Art. 30 Rn. 8). Die HöfeO enthält darüber hinaus auch Sondervorschriften, die vom jeweils einschlägigen Güterstand abhängen, so etwa in § 8 Abs. 3 HöfeO für die Fortsetzung der Gütergemeinschaft sowie in § 12 Abs. 10 HöfeO für den Zugewinnausgleich. Qualifiziert man diese Bestimmungen ausschließlich als ehegüterrechtlich (vgl. zum Zugewinnausgleich nach § 1371 BGB → Einl. IPR Rn. 124) und ist ein ausländischer Güterstand der Güter- oder Zugewinngemeinschaft iSd HöfeO substituierbar (→ Einl. IPR Rn. 227 ff.), kommt weiterhin eine Heranziehung von Art. 3a Abs. 2 in Betracht. Ordnet man die entsprechenden Vorschriften der HöfeO hingegen allein als erbrechtlich ein, gelangt Art. 30 EuErbVO zur Anwendung. Das Ergebnis (Sonderanknüpfung der HöfeO bei inländischer Belegenheit des Hofs) bleibt gleich, so dass die genaue Qualifikation der §§ 8 Abs. 3, 12 Abs. 10 HöfeO regelmäßig dahinstehen kann.

bb) Sondererbfolge in Mietverhältnisse. Auch die Regeln über die **Sondererbfolge in Miet– 39 verhältnisse** (§§ 563, 563a BGB) fallen als besondere Sachnormen in den Anwendungsbereich des Art. 30 EuErbVO, dh diese Vorschriften gelangen bei im Inland belegenem Wohnraum trotz eines abweichenden Erbstatuts auch künftig zur Anwendung.[128] Nach anderer Ansicht soll es sich hierbei hingegen von vornherein um nicht als erb-, sondern um als mietvertragsrechtlich zu qualifizierende Vorschriften handeln, die folglich nach Maßgabe der Rom I-VO gälten, ohne dass es insoweit auf das Erbstatut ankomme.[129] Aufgrund des hinter den §§ 563, 563a BGB stehenden sozial- und familienpolitischen Zwecks müsste man diese Regeln aber auch bei einer vertraglichen Qualifikation als Eingriffsnormen iS des Art. 9 Abs. 2 Rom I-VO einstufen, die infolgedessen selbst im Falle einer abweichenden Rechtswahl auf im Inland belegenen Wohnraum zwingend anzuwenden wären.[130] Da sich das inländische Wohnraummietrecht insoweit letztlich sowohl gegenüber dem Erb- als auch dem Vertragsstatut durchsetzt, hat auch dieser Qualifikationsstreit keine praktische Bedeutung.[131]

cc) Sondererbfolge in Anteile von Personengesellschaften. Die Regeln über die Sondererb– 40 folge in Anteile von Personengesellschaften wurden nach hM nicht von Art. 3a Abs. 2 aF erfasst.[132] Die entsprechenden Regeln sind richtigerweise gesellschaftsrechtlich zu qualifizieren und unterliegen daher von vornherein dem Gesellschafts-, nicht dem Erbstatut.[133] Mittlerweile hat Art. 1 Abs. 2 lit. h EuErbVO diese klassische Streitfrage iS der hM (gesellschaftsrechtliche Qualifikation) geklärt (näher → EuErbVO Art. 1 Rn. 27).

dd) Sonstiges. Der **Ausgleich von Versorgungsanwartschaften** (Art. 17 Abs. 3) fällt nicht 41 unter Art. 3a Abs. 2, da es an der hierfür erforderlichen Absonderung dieser Vermögensanteile fehlt.[134] In Bezug auf im Ausland „belegene" Versorgungsanwartschaften ist ggf. ein schuldrechtlicher Ausgleich durchzuführen.[135] Auch Vorschriften über die **Nutzungsbefugnis** an einer im Inland belegenen **Ehewohnung** unterliegen nicht Art. 3a Abs. 2,[136] sondern werden heute über die spezielle Vorbehaltsklausel des Art. 17a gegenüber einem ausländischen Ehewirkungs- oder Lebenspartnerschaftsstatut (Art. 17b Abs. 2 S. 1) durchgesetzt.[137] Erwgr. 53 EüGüVO stellt klar, dass es sich bei

---

[128] Vgl. zur alten Rechtslage Erman/*Hohloch* Rn. 9; Palandt/*Thorn* Rn. 5.
[129] *Looschelders* IPR Art. 3 Rn. 29; Staudinger/*Hausmann* (2013) Rn. 43; Staudinger/*Dörner* (2007) Art. 25 Rn. 585.
[130] Vgl. zum Wohnraummietrecht BT-Drs. 10/504, 83 f.; ebenso *Looschelders* IPR Art. 3 Rn. 29.
[131] Relativierend im Hinblick auf Art. 3 Abs. 3 und Art. 4 Abs. 1 lit. c Rom I-VO auch Erman/*Hohloch* Rn. 9.
[132] Bamberger/Roth/*Lorenz* Rn. 7; *Dutta* RabelsZ 73 (2009), 727 (741 f.); *Kegel/Schurig* IPR § 12 II 2b aa bbb; *Looschelders* IPR Art. 3 Rn. 28; Palandt/*Thorn* Art. 23 EuErbVO Rn. 2; PWW/*Mörsdorf-Schulte* Rn. 5; Staudinger/*Hausmann* (2013) Rn. 42; aA *v. Bar* IPR II, 1991, Rn. 371; *Bosch,* Die Durchbrechungen des Gesamtstatuts im internationalen Ehegüterrecht, 2002, 143 ff.; Erman/*Hohloch* Rn. 9; *v. Oertzen* IPRax 1994, 73 ff.; *Rauscher* IPR Rn. 553.
[133] LG München I IPRax 2001, 459, mAnm *Schurig* IPRax 2001, 446; eingehend zum Streitstand *Dutta* RabelsZ 73 (2009), 727 (736 ff.) mwN, der für eine Doppelqualifikation, aber eine Anpassung des Erbstatuts an das Gesellschaftsstatut eintritt; *Paulus* notar 2016, 3 (6 ff.); vgl. auch *Kindler* DNotZ-Sonderheft 2016, 75 (80), der darauf hinweist, dass bei erbrechtlicher Qualifikation jedenfalls die Sonderanknüpfung nach Art. 30 EuErbVO eingriffe.
[134] Bamberger/Roth/*Lorenz* Rn. 7; Erman/*Hohloch* Rn. 9; NK-BGB/*Freitag* Rn. 10; Palandt/*Thorn* Rn. 5; PWW/*Mörsdorf-Schulte* Rn. 6; Staudinger/*Hausmann* (2013) Rn. 44; aA AG Charlottenburg NJW 1984, 2042.
[135] Staudinger/*Hausmann* (2013) Rn. 44.
[136] So noch KG IPRspr. 1996 Nr. 67; abl. hierzu Erman/*Hohloch* Rn. 9; NK-BGB/*Freitag* Rn. 10; Palandt/ *Thorn* Rn. 5.
[137] Anders *Andrae* IntFamR § 3 Rn. 150, die Art. 17a als ein „[t]ypisches Beispiel" für eine dem Art. 3a Abs. 2 unterfallende Kollisionsnorm im deutschen Recht betrachtet; ebenso Hausmann/Odersky/*Hausmann* § 9 Rn. 49.

Vorschriften zum Schutz der Familienwohnung um Eingriffsnormen (Art. 30 EuGüVO) handelt, die ungeachtet des künftig geltenden Grundsatzes der Einheit des Güterrechtsstatuts (Art. 21 EuGüVO) Anwendung finden werden.[138]

42   **c) Ausländisches Recht.** Art. 3a Abs. 2 erfasst unstreitig auch **ausländische Sachnormen,** die besonderen wirtschafts- oder sozialpolitischen Zwecken dienen.[139] Die deutschen Gerichte sind damit allerdings bisher offenbar nicht konfrontiert worden.[140] Als denkbare Beispiele wurden zur alten Rechtslage unter anderem Bestimmungen über Erbhöfe in Polen, Norwegen und Österreich angeführt;[141] ferner Regelungen zur Kronerbfolge ausländischer Königshäuser, zB im Vereinigten Königreich.[142]

43   **2. Kollisionsnormen. a) Herrschende Rechtspraxis.** Art. 3a Abs. 2 ist de lege lata nach ständiger Rechtsprechung und hL nicht nur auf die oben (→ Rn. 17) beschriebenen zwingenden Sachnormen, sondern auch dann anwendbar, wenn das Kollisionsrecht des Belegenheitsstaates Rechtsverhältnisse in Bezug auf bestimmte Vermögensgegenstände lediglich abweichend von dem nach unserem IPR bestimmten Gesamtstatut (insbesondere dem Ehegüterrechtsstatut) der lex rei sitae unterwirft (sog **„weite Auslegung"** des Art. 3a Abs. 2).[143]

44   Dieser Vorrang des Einzelstatuts wird herkömmlich mit **zwei Argumenten** gerechtfertigt: Erstens mit der „Vermeidung undurchsetzbarer Rechtslagen", zweitens mit der „größere[n] Sachnähe" des Belegenheitsrechts.[144] Der erstgenannte Gesichtspunkt soll dem Umstand Rechnung tragen, dass insbesondere in Bezug auf Immobiliarvermögen ein deutscher Titel praktisch nicht viel wert sei, der am Ort der Belegenheit des jeweiligen Gegenstandes, zB eines Grundstücks, aufgrund entgegenstehender Vorschriften des Ortsrechts, der lex rei sitae, nicht anerkannt und vollstreckt werden könne.[145] Der Gedanke der Näherberechtigung des Ortsrechts soll insbesondere die „Verzahnung" des für den Vermögensübergang maßgeblichen Statuts mit dem Sachenrecht[146] widerspiegeln, indem der lex rei sitae im Falle ihrer eigenen Anwendungswilligkeit die vorrangige Befugnis zur Regelung der Vermögensverhältnisse an einem in dieser Rechtsordnung belegenen Gegenstand zuerkannt wird; das für die Berechtigung an den Vermögensgegenständen im Allgemeinen bestimmte „Gesamtstatut" soll dahinter zurücktreten.[147]

45   Eine solche Sonderanknüpfung kann das Ehegüterrecht ergreifen, aber zB auch die Verwaltung von Kindes- oder Mündelvermögen umfassen.[148] Ob die einschlägigen Kollisionsnormen einseitig

---

[138] Näher *Henrich* ZfRV 2016, 171 (173).

[139] Eingehend *Fetsch* RNotZ 2006, 1 (15 ff.); *Kegel/Schurig* IPR § 12 II 2b aa aaa; ferner *Gottschalk* Allgemeine Lehren des IPR 202 f.; *Kropholler* IPR § 26 II 2a; *Siehr,* FS Hay, 2005, 389 (394).

[140] Dies vermerken bereits *Kegel/Schurig* IPR § 12 II 2b aa aaa.

[141] *Kegel/Schurig* IPR § 12 II 2b aa aaa.

[142] *Rauscher* IPR Rn. 553.

[143] S. noch zu Art. 28 EGBGB aF grundlegend BGHZ 50, 63 = NJW 1968, 1571; zum heutigen Art. 3a Abs. 2 (bzw. dem inhaltsgleichen Art. 3 Abs. 3 EGBGB idF von 1986) BGH NJW 1993, 1920, 1921 = IPRax 1994, 375, 362 m. Aufsatz *Dörner*; BGHZ 131, 22 (26) = DNotI–Report 1995, 213 (innerdeutsch); BGHZ 146, 310 = NJW 2001, 2396 (innerdeutsch); BGH NJW 2004, 3558 = IPRax 2005, 253, 232 m. Aufsatz *Looschelders*; BayObLGZ 1998, 242 = IPRax 2000, 309, 300 m. Aufsatz *Andrae* (innerdeutsch); BayObLGZ 2003, 68; BayObLG NJW-RR 2005, 594 = FamRZ 2005, 1017 mAnm *Gottwald*; OLG Zweibrücken NJW-RR 1997, 1227 = IPRax 1999, 110, 98 m. Aufsatz *Kartzke*; OLG Celle ZEV 2003, 509 mAnm *Eichinger* = FamRZ 2003, 1876 mAnm *Dörner*; OLG Koblenz ZEV 2010, 262; OLG Frankfurt a.M. BeckRS 2014, 13386; OLG Hamm ZEV 2015, 598; LG Köln ZEV 2014, 507; AG Hamburg-St. Georg ZEV 2015, 580; Notariat Villingen-Schwenningen ZErb 2013, 20 (21); für die hL *v. Bar/Mankowski* IPR I § 7 Rn. 46 ff.; *Dörner* IPRax 1994, 362 (363); *Erman/Hohloch* Rn. 11; *Fetsch* RNotZ 2006, 1 (4); *v. Hoffmann/Thorn* IPR § 9 Rn. 62a; jurisPK–BGB/*Ludwig* Art. 3–4 Rn. 255 f.; *Kropholler* IPR § 26 II 2b; *Looschelders* IPR Art. 3 aF Rn. 30 ff.; NK-BGB/*Freitag* Rn. 8; Palandt/*Thorn* Rn. 6; *Rauscher* IPR Rn. 555; Hausmann/Odersky/*Hausmann* § 9 Rn. 47; Staudinger/*Dörner* (2007) Art. 25 Rn. 566; Staudinger/*Hausmann* (2013) Rn. 27 ff.

[144] BT-Drs. 10/504 S. 36; dem folgend zB BGHZ 131, 22 (29) = DNotI–Report 1995, 213; *Fetsch* RNotZ 2006, 1 (4).

[145] Grundlegend insoweit *Melchior* RabelsZ 3 (1929), 733 (735 ff.): „Selbstbeschränkung" des deutschen IPR, weil es die Grenzen seiner Wirkungsmöglichkeit erkenne; heute zB *Andrae* IntFamR § 3 Rn. 150; Erman/*Hohloch* Rn. 6; *v. Hoffmann/Thorn* IPR § 9 Rn. 61; jurisPK–BGB/*Ludwig* Art. 3–4 Rn. 255; NK-BGB/*Freitag* Rn. 4; *Rauscher* IPR Rn. 552.

[146] BT-Drs. 10/504, 37.

[147] Eingehend *Tiedemann,* Internationales Erbrecht in Deutschland und Lateinamerika, 1993, 40 ff.; ihr folgend *Dörner* (2007) IPRax 1994, 362 (363); Staudinger/*Dörner* (2007) Art. 25 Rn. 556; Staudinger/*Hausmann* (2013) Rn. 7.

[148] Eingehende Übersicht zu ausländischen Rechtsordnungen bei Staudinger/*Hausmann* (2013) Rn. 77 ff.; speziell zur Nachlassspaltung in den USA umfassend *Bachler,* Situs-Regel, innerdeutsche und inneramerikanische Nachlassspaltung, 2007, 115 ff.; zu Südamerika eingehend *Tiedemann,* Internationales Erbrecht in Deutschland und Lateinamerika, 1993; zum französischen Ehegüterrecht näher *Bosch,* Die Durchbrechungen des Gesamtstatuts im internationalen Ehegüterrecht, 2002, 367 ff.

oder allseitig gefasst sind, also nur für inländische oder auch für ausländische Grundstücke die Anwendung des Belegenheitsrechts anordnen, ist für ihre Einordnung als „besondere Vorschriften" unerheblich.[149] **Beispiele:**

Soweit etwa das **schottische IPR für vermögensrechtliche Ehewirkungen zwischen beweg-** **46** **lichem und unbeweglichem Vermögen differenziert** und letzteres dem am jeweiligen Belegenheitsort geltenden Recht unterstellt, liegt eine „besondere Vorschrift" iS des Art. 3a Abs. 2 vor.[150] Umstritten ist, ob der Vorrang des Belegenheitsrechts sich nur auf die unmittelbare güterrechtliche Zuordnung eines Grundstücks erstreckt oder ob das Einzelstatut auch bei der Berechnung des Zugewinnausgleichs zu beachten ist. Während die Rechtsprechung traditionell Grundstücke in Common-Law-Jurisdiktionen bei der Berechnung des Zugewinnausgleichs außer Betracht gelassen und konsequent diesbezügliche Auskunftsansprüche (§ 1379 Abs. 1, 2 BGB) abgelehnt hat,[151] spricht sich eine Lehrmeinung für eine restriktive Auslegung des Art. 3a Abs. 2 aus, weil das ausländische Ortsrecht in Bezug auf die bloße Berechnung des Zugewinnausgleichs unter deutschen Ehegatten keine sinnvolle Näherberechtigung beanspruchen könne.[152] Dies erscheint zwar rechtspolitisch vorzugswürdig und entspricht auch der künftigen EuGüVO (→ Rn. 34); die generelle Verweisung des Art. 3a Abs. 2 auf den Dritten Abschnitt lässt für eine solche Differenzierung aber de lege lata nur schwerlich Raum.[153]

Die **Vertretungsmacht eines Betreuers** kann, sofern nicht das ErwSÜ zur Anwendung **47** kommt, nach Art. 3a Abs. 2 beschränkt sein, wenn zum Vermögen des Betroffenen Immobilien im Ausland gehören. Dies kann praktische Bedeutung haben, wenn eine Rechtsordnung, in deren Geltungsbereich ein Grundstück belegen ist (etwa im anglo-amerikanischen Rechtskreis), eine besondere Vorschrift enthält, nach der ein im Ausland bestellter Betreuer keine Vertretungsmacht zur Verfügung über dieses Grundstück besitzt. So wird z.B. in den USA nach dem herkömmlichen Common Law zwischen Schutzmaßnahmen für die Person des Schützlings (Ernennung eines „guardian of the person") und solchen für sein Vermögen (Bestellung eines „guardian of the property", „conservator") unterschieden.[154] Sind Maßnahmen zum Schutz des Vermögens erforderlich, muss der „conservator" in jedem Belegenheitsstaat nach der lex fori neu ernannt werden.[155] Es ist dann nicht dem von Art. 24 EGBGB berufenen Recht zu folgen, sondern der Norm des Belegenheitsstaates, nach der für die Verfügung über dieses Grundstück ein besonderer Vertreter zu bestellen ist.

Art. 3a Abs. 2 ist **hingegen nicht anzuwenden,** wenn ein Teil eines Vermögens **ohne Rück-** **48** **sicht auf seine Belegenheit** einem eigenen Statut unterstellt wird, wie dies zB herkömmlich das anglo-amerikanische Kollisionsrecht für das bewegliche Vermögen der Ehegatten anordnet.[156] Allgemein werden abweichende Anknüpfungen eines ausländischen Kollisionsrechts im Rahmen des Art. 3a Abs. 2 nur dann berücksichtigt, wenn sie das eigene Recht gerade deshalb berufen, weil ein bestimmter Gegenstand innerhalb dieses Staates belegen ist.[157] Verweist die ausländische Kollisionsnorm hingegen lediglich auf das eigene Sachrecht, weil es eine vom deutschen Recht abweichende Anknüpfung verwendet, die nicht auf den Lageort abstellt, so ist dies im Rahmen von Art. 3a Abs. 2 unbeachtlich.[158] Ordnet ein fremdes Recht also zB eine Vermögensspaltung an, indem es das unbewegliche Vermögen der Eheleute der lex rei sitae, für das übrige (bewegliche) Vermögen aber dem Domizilrecht der Ehegatten unterwirft, bezieht sich Art. 3a Abs. 2 nicht auf die Domizilanknüp-

---

[149] *Andrae* IntFamR § 3 Rn. 150.

[150] Vgl. *Bergmann/Ferid/Henrich*, Vereinigtes Königreich (Schottland) (Stand 2016), 2 f.

[151] AG Lemgo BeckRS 2014, 03904 = IPRspr. 2013 Nr. 83a; im Ausgangspunkt auch OLG Hamm NJOZ 2014, 887 = RNotZ 2014, 177.

[152] Eingehend *Ludwig* DNotZ 2000, 663 ff.; *Siehr,* FS Hay, 2005, 389 (397).

[153] Vgl. auch Hausmann/Odersky/*Hausmann* § 9 Rn. 47.

[154] *Hay/Borchers/Symeonides*, Conflict of Laws, 5. Aufl. 2010, 1388 f., die aber auch auf zahlreiche abweichende gesetzliche Regelungen in den Einzelstaaten hinweisen.

[155] *Hay/Borchers/Symeonides*, Conflict of Laws, 5. Aufl. 2010, 1388 f.

[156] Vgl. *Bergmann/Ferid/Henrich*, Vereinigte Staaten von Amerika (Stand 2006), S. 68; siehe auch noch aus der Rspr. zum Int. Erbrecht BayObLGZ 2003, 68 (72 f.) (Ontario); OLG Zweibrücken NJWE-FER 1997, 258 (259) (Südafrika); LG Dortmund ZEV 2014, 158 (159) (Belgien); LG Köln ZEV 2014, 507 (Frankreich); ferner *Ebenroth/Eyles* IPRax 1989, 1 (4); *Kropholler* IPR § 26 II 2b; *Lüderitz* IPR Rn. 168; Staudinger/*Dörner* (2007) Art. 25 Rn. 575.

[157] BayObLGZ 2003, 68 (72 f.); OLG Zweibrücken NJWE-FER 1997, 258 (259); *Ebenroth/Eyles* IPRax 1989, 1 (4); *Kropholler* IPR § 26 II 2b; *Lüderitz* IPR Rn. 168; Staudinger/*Dörner* (2007) Art. 25 Rn. 575; iE auch *Michaels* RabelsZ 64 (2000), 177 (178), der aber darauf hinweist, dass diese Einschränkung sich nicht aus dem Wortlaut der Vorschrift ergebe.

[158] BayObLGZ 2003, 68 (72 f.); OLG Zweibrücken NJWE-FER 1997, 258 (259); *Ebenroth/Eyles* IPRax 1989, 1 (4); *Kropholler* IPR § 26 II 2b; *Lüderitz* IPR Rn. 168.

fung, sondern nur auf die davon abweichende besondere Anknüpfung des Immobiliarvermögens.[159] Dies ist im Einzelfall genau zu prüfen. Nach dem englischen Common Law findet zwar eine grundsätzliche Unterscheidung zwischen Mobilien und Immobilien im Bereich des Ehegüterrechts statt.[160] Soweit allerdings in Ermangelung eines ausdrücklichen Ehevertrages das Domizilrecht der Ehegatten bei Schließung der Ehe als vereinbart gilt und sich infolgedessen die Anknüpfungen für bewegliches wie für unbewegliches Vermögen decken, liegen im Ergebnis keine besonderen Vorschriften iSd Art. 3a Abs. 2 vor.[161] Unter diesen Voraussetzungen ist daher auch ein in England belegenes Grundstück in den Zugewinnausgleich nach deutschem Recht einzubeziehen.

49   Es ist selbstverständlich, dass Art. 3a Abs. 2 nicht zum Tragen kommt, wenn das ausländische IPR das Gesamtstatut ebenso einheitlich und nach demselben Kriterium (zB Staatsangehörigkeit der Ehegatten) anknüpft wie das deutsche Recht.[162] Ebenso wenig ist Art. 3a Abs. 2 aber anwendbar, wenn der Staat, in dem die betroffenen Vermögenswerte belegen sind, nicht nur für bestimmte Vermögensgegenstände, sondern **ganz allgemein ein anderes Vermögensstatut** beruft als das deutsche IPR, indem er etwa im internationalen Ehegüterrecht an den ersten gemeinsamen gewöhnlichen Aufenthalt nach der Eheschließung und nicht an die Staatsangehörigkeit der Eheleute anknüpft.[163] In einem solchen Fall besteht kein Konflikt zwischen dem nach unserer Kollisionsnorm bestimmten Gesamtstatut und einem davon abweichenden Einzelstatut, auf den Art. 3a Abs. 2 zugeschnitten ist, sondern es besteht lediglich eine Kollision zwischen zwei unterschiedlich angeknüpften Gesamtstatuten, die von Art. 3a Abs. 2 nicht erfasst wird.[164] Hier beharrt das deutsche Kollisionsrecht auf seiner eigenen Anknüpfung und nimmt den Mangel an internationalem Entscheidungseinklang mit dem Belegenheitsstaat bewusst in Kauf, jedenfalls sofern das von uns berufene Recht keinen (ggf. partiellen) Renvoi auf ein davon abweichendes Belegenheitsrecht ausspricht (→ Art. 4 Rn. 17, 42 ff.).

50   **b) Kritik.** Gerade an dem letztgenannten Beispiel entzündet sich seit je die rechtspolitische Kritik am Vorrang des Einzelstatuts:[165] Wenn wir schon einer abweichenden kollisionsrechtlichen Präferenz des Belegenheitsstaates, die sich auf ein Vermögenssonderstatut beschränkt, aus **Gründen der „Sachnähe"** den Vorrang einräumen, müsste man dies nicht erst recht tun, wenn eine solche Präferenz vom Belegenheitsstaat nicht nur in Bezug auf ein Einzelstatut, sondern sogar hinsichtlich des Gesamtstatuts selbst artikuliert wird? Warum soll zB ein Grundstück in Edinburgh dem schottischen Recht näher stehen als etwa ein Kopenhagener Grundstück dem dänischen Recht?[166] Das deutsche IPR entscheidet bekanntlich anders. Sollte dann aber nicht vielmehr in beiden Fällen gleichermaßen beachtet werden, dass nach der deutschen Kollisionsnorm (Art. 15 Abs. 1 iVm Art. 14 Abs. 1 Nr. 1) die engste Verbindung nicht zum Lageort, sondern zum Heimatrecht der Ehegatten besteht?[167]

51   Ebenso ambivalent ist das **Argument der „Durchsetzbarkeit"**: Müssten die Erwägungen zur „Durchsetzbarkeit" eines deutschen Titels im Ausland nicht auch für die Berücksichtigung des fremden IPR sprechen, wenn dieses das Ehegüterrechtsstatut gänzlich abweichend vom deutschen IPR bestimmt?[168] Das deutsche IPR lehnt indes im Allgemeinen[169] einen vorauseilenden Gehorsam

---

[159] Vgl. AG Lemgo NZFam 2014, 85; BayObLGZ 2003, 68 (72 f.); OLG Zweibrücken NJWE-FER 1997, 258 (259); LG Dortmund ZEV 2014, 158 (159); *Ebenroth/Eyles* IPRax 1989, 1 (4); *Kropholler* IPR § 26 II 2b; *Lüderitz* IPR Rn. 168; Staudinger/*Dörner* (2007) Art. 25 Rn. 575.

[160] Vgl. *Dicey/Morris* Rule 165 Rn. 28-007 ff.; *Bergmann/Ferid/Henrich*, Vereinigtes Königreich (England) (Stand 2016), 31.

[161] OLG Hamm NJOZ 2014, 887 (888) = FamRZ 2014, 947; *Dicey/Morris* Rule 165 Rn. 28-021 ff.; *Bergmann/Ferid/Henrich*, Vereinigtes Königreich (England) (Stand 2016), 31; Staudinger/*Mankowski* (2011), Art. 15 EGBGB Rn. 40 weist hingegen auf hierzu bestehende Unklarheiten hin.

[162] S. zu Italien BayObLG NJW-RR 2005, 91; zu Spanien BayObLG NJW-RR 2004, 1522.

[163] OLG München NJW-RR 2009, 1019 (1020); OLG Frankfurt a.M. BeckRS 2014, 13386; Bamberger/Roth/*Lorenz* Rn. 8; *Ebenroth/Eyles* IPRax 1989, 1 (4); *Kropholler* IPR § 26 II 2; *Solomon* IPRax 1997, 81 (83); Staudinger/*Dörner* (2007) Art. 25 Rn. 575.

[164] Bamberger/Roth/*Lorenz* Rn. 8; *Ebenroth/Eyles* IPRax 1989, 1 (4); *Fetsch* RNotZ 2006, 1 (8); *Kropholler* IPR § 26 II 2; *Rauscher* IPR Rn. 556; *Solomon* IPRax 1997, 81 (83); Staudinger/*Dörner* (2007) Art. 25 Rn. 575.

[165] *Kegel/Schurig* IPR § 12 II 2b cc; *Siehr*, FS Hay, 2005, 389 (390); *Solomon* IPRax 1997, 81 (84 f.); *Thoms*, Einzelstatut bricht Gesamtstatut. Zur Auslegung der „besonderen Vorschriften" in Art. 3 Abs. 3 EGBGB, 1996, 62 f.; *Gottschalk* Allgemeine Lehren des IPR 234; *Bachler*, Situs-Regel, innerdeutsche und inneramerikanische Nachlassspaltung, 2007, 29 ff.; vgl. auch von Seiten der hM Bamberger/Roth/*Lorenz* Rn. 8; *Kropholler* IPR § 26 II 2; *Rauscher* IPR Rn. 556.

[166] In der Sache bereits *Wochner*, FS Wahl, 1973, 161 (181).

[167] *Thoms*, Einzelstatut bricht Gesamtstatut. Zur Auslegung der „besonderen Vorschriften" in Art. 3 Abs. 3 EGBGB, 1996, 67; zust. *Michaels* RabelsZ 64 (2000), 177 (180).

[168] *Michaels* RabelsZ 64 (2000), 177 (179).

[169] Zur Vorfragenanknüpfung → etwa Einl. IPR Rn. 202 ff.; zu Ausnahmen bei der Feststellung einer versteckten Rückverweisung → Art. 4 Rn. 43 ff.

eines deutschen Gerichts gegenüber einer im Ausland möglicherweise drohenden Nicht-Anerkennung seiner Entscheidung ab, weil derartige Erwägungen auf problematische Weise Aspekte der Vollstreckbarkeit in das Erkenntnisverfahren hineintragen.[170] Es überzeugt letztlich nicht, in Bezug auf Vermögenssonderstatute davon abzuweichen: Einerseits mag der Belegenheitsstaat für seine Gerichte eine ausschließliche Zuständigkeit auch in Fragen des Ehegüterrechts beanspruchen, sofern diese dort belegene Grundstücke betreffen.[171] Dann muss aber eine Anerkennung einer deutschen Entscheidung bereits aus verfahrensrechtlichen Gründen scheitern, so dass die mithilfe des Art. 3a Abs. 2 an der Anknüpfung des Gesamtstatuts vorgenommene kollisionsrechtliche Korrektur wirkungslos bleibt.[172] Andererseits steht eine anerkennungsorientierte Betrachtungsweise in unserem IPR im Widerspruch dazu, dass eine kollisionsrechtliche Kontrolle der Anerkennung deutscher Urteile im Ausland schon seit geraumer Zeit auf dem Rückzug ist[173] und dass die Situs-Regel zB in den USA längst nicht mehr umfassende Geltung beanspruchen kann.[174] Vielfach dürfte dem Ausland daher in Art. 3a Abs. 2 voreilig eine Rücksichtnahme entgegengebracht werden, die entweder bei der Anerkennung einer deutschen Entscheidung praktisch nicht weiterhilft oder dort gar nicht (mehr) von uns erwartet wird.

Die Argumente der Sachnähe und der Durchsetzbarkeit tragen den Vorrang des Einzelstatuts **52** folglich nur bedingt. Es bedarf daher einer anderen inhaltlichen Rechtfertigung der Einbeziehung von Kollisionsnormen als „besondere Vorschriften" iS des Art. 3a Abs. 2. Zum Teil wurde an die in der Gesetzesbegründung genannte **„Verzahnung von Erb- und Sachenrecht"**[175] (→ Rn. 44) angeknüpft und argumentiert, dass jede Zusammenfassung von Einzelstatuten zu einem Gesamtstatut davon abhänge, dass das maßgebende Einzelstatut – also die lex rei sitae – eine solche integrative Betrachtungsweise billige.[176] Dieser bereits auf *Zitelmann* zurückgehende Ansatz[177] beruht aber im Kern auf einer längst überwundenen völkerrechtlichen Konzeption des IPR (→ Einl. IPR Rn. 46 ff.), die hier ebenso wenig zielführend ist wie etwa auf die Staatensouveränität gestützte Überlegungen im Rahmen der Renvoiproblematik (→ Art. 4 Rn. 6 ff.): Fremdes Privatrecht wird nicht deshalb angewendet, weil es aufgrund vermeintlicher völkerrechtlicher Prämissen – hier: einer angeblichen primären Regelungszuständigkeit des Belegenheitsstaates[178] – angewendet werden müsste, sondern weil es nach einem Normbefehl des inländischen Gesetzgebers angewendet werden *soll*.[179] Zudem begründet Art. 3a Abs. 2 den Vorrang eines ehegüterrechtlichen Vermögenssonderstatuts, nicht allein eines Einzelsachstatuts (→ Rn. 14).

Fraglich ist, ob sich aus der **Renvoifreundlichkeit des deutschen IPR** (Art. 4 Abs. 1 S. 1) **53** Rückschlüsse auch auf die Behandlung des Verhältnisses zwischen Einzel- und Gesamtstatut ziehen lassen. Öfters wird Art. 3a Abs. 2 als ein Fall einer sog „bedingten Verweisung" eingestuft.[180] Eine solche soll vorliegen, wenn „das Recht eines fremden Staates unter der Voraussetzung berufen [wird], daß sein IPR sein materielles Privatrecht für anwendbar erklärt".[181] Zwar hängt auch bei einer Gesamtverweisung iS des Art. 4 Abs. 1 S. 1 die Anwendung eines fremden Sachrechts davon ab, dass das fremde Kollisionsrecht die von unserem IPR ausgesprochene Verweisung überhaupt annimmt

---

[170] *Thoms,* Einzelstatut bricht Gesamtstatut. Zur Auslegung der „besonderen Vorschriften" in Art. 3 Abs. 3 EGBGB, 1996, 61 f.

[171] *Gottschalk* Allgemeine Lehren des IPR 235 f.; vgl. auch *Fetsch* RNotZ 2006, 1 (4).

[172] *Gottschalk* Allgemeine Lehren des IPR 235 f.; insofern ist die de lege lata unhaltbare Auslegung der Vorschrift als bloße Zuständigkeitsregel (→ Rn. 14) im Lichte des Durchsetzbarkeitsgedankens zumindest immanent schlüssig; s. heute Art. 12 EuErbVO (Beschränkung des Verfahrens).

[173] Vgl. *v. Bar/Mankowski* IPR I § 7 Rn. 48; *Thoms,* Einzelstatut bricht Gesamtstatut. Zur Auslegung der „besonderen Vorschriften" in Art. 3 Abs. 3 EGBGB, 1996, 65 f.; dies einräumend auch NK-BGB/*Freitag* Rn. 4.

[174] Hierzu ausf. *Bachler,* Situs-Regel, innerdeutsche und inneramerikanische Nachlassspaltung, 2007, 115 ff.

[175] BT-Drs. 10/504, 37.

[176] *Tiedemann,* Internationales Erbrecht in Deutschland und Lateinamerika, 1993, 40 ff.; ihr folgend *Dörner* IPRax 1994, 362 (363); Staudinger/*Dörner* (2007) Art. 25 Rn. 556; Staudinger/*Hausmann* (2013) Rn. 7; wohl auch *Fetsch* RNotZ 2006, 1 (4).

[177] Vgl. *Zitelmann* IPR II, 1912, S. 695; abl. hierzu bereits *Melchior* RabelsZ 3 (1929), 733 (748 f.); *Reichelt,* Gesamtstatut und Einzelstatut im IPR, 1985, 58 ff.; s. aus heutiger Sicht die eingehende Kritik bei *Thoms,* Einzelstatut bricht Gesamtstatut. Zur Auslegung der „besonderen Vorschriften" in Art. 3 Abs. 3 EGBGB, 1996, 54 ff.; abl. zu dieser „Vorwärtsverteidigung" der Norm auch *Kegel/Schurig* IPR § 12 II b cc; *Michaels* RabelsZ 64 (2000), 177 (181 f.); *Solomon* IPRax 1997, 81 (86 f.); *Gottschalk* Allgemeine Lehren des IPR 238.

[178] So die Grundannahme von *Frankenstein* IPR I S. 510: Das „Vermögensstatut lebt nur von der Gnade der Einzelstatuten."

[179] Zutr. *Michaels* RabelsZ 64 (2000) 177, 180: Der „Gnade" des Einzelstatuts bedürfe es nicht.

[180] So von *Kegel/Schurig* IPR § 12 I und *Siehr,* FS Hay, 2005, 389 in Fn. 1; die aber selbst die „enge" Auslegung befürworten; aus dem Kreis der hL s. zB *Ebenroth/Eyles* IPRax 1989, 1 (3 f.); *Lüderitz* IPR Rn. 168; Staudinger/*Hausmann* (2013) Rn. 45.

[181] *Kegel/Schurig* IPR § 12 I.

und nicht etwa rück- oder weiterverweist (näher → Art. 4 Rn. 42 ff.). Der Unterschied zum Renvoi liegt darin, dass unsere Kollisionsnorm auch im letzteren Fall an der Verweisung auf das fremde IPR festhält und seinen Anwendungsbefehl nicht zurücknimmt; vielmehr wird der Rück- oder Weiterverweisung dieses Rechts nach Art. 4 Abs. 1 S. 2 gefolgt. Der entscheidende Gegensatz des Art. 3a Abs. 2 zum Renvoi ist aber der, dass das ausländische IPR hier nicht aufgrund einer durch eine selbstständige Kollisionsnorm ausgesprochenen Gesamtverweisung (etwa auf das Heimatrecht einer Person) berufen wird, sondern vom deutschen Gesetzgeber nur die Aussage getroffen wird, dass das nach der regulären Kollisionsnorm bestimmte Gesamtstatut durchbrochen wird, wenn das IPR des Belegenheitsstaates dies so will. Während auch der Renvoi im klassischen Kollisionsrecht, der Fragestellung vom Sachverhalt her (→ Einl. IPR Rn. 28), beheimatet ist, wurzelt Art. 3a Abs. 2 ebenso wie die Sonderanknüpfung von Eingriffsnormen in der entgegengesetzten Fragestellung vom Gesetz her.[182] Eher weiterführend erscheinen daher Überlegungen, den Art. 3a Abs. 2 nicht als eine Art bedingte Modifikation,[183] sondern als „positives" Gegenstück des Renvoi zu rekonstruieren. Art. 3a Abs. 2 wird aus dieser Perspektive als ein rechtstechnisches Mittel angesehen, das der Lösung eines „positiven Kompetenzkonflikts" zweier Rechtsordnungen dient, die gleichermaßen Anwendung auf einen Sachverhalt beanspruchen.[184] Hierin liegt insoweit das Spiegelbild zum „negativen Kompetenzkonflikt", der Anlass zur Frage nach der Beachtlichkeit einer Rückverweisung gibt, dh in dem sich beide beteiligten Rechtsordnungen nach ihren primären kollisionsrechtlichen Anknüpfungen jeweils selbst für *nicht* anwendbar erklären.[185] Dies ist durchaus stringent; nur folgt aus dieser begrifflich-konstruktiven Parallele keine inhaltliche Legitimation für einen Vorrang des Einzelstatuts. Zwar kann auch ein partieller Renvoi zu einer Spaltung des ehelichen Vermögens führen (→ Art. 4 Rn. 80 ff.); dies hat aber zumindest bei der Rückverweisung den Vorteil, einem deutschen Gericht die Anwendung seines eigenen Rechts zu ermöglichen, was bei der Lösung des „positiven" Kompetenzkonflikts durch Art. 3a Abs. 2 gerade nicht der Fall ist: Hier wird vielmehr deutsches Recht sogar durch das fremde Einzelstatut verdrängt, obwohl es an sich als Gesamtstatut berufen ist.[186] Die begrenzte dogmatische Leistungskraft der Gegenüberstellung von Art. 3a Abs. 2 und Art. 4 Abs. 1 S. 1 wird nicht zuletzt dadurch verdeutlicht, dass maßgebende Vertreter beider Konstruktionen (bedingte Verweisung, positiver Kompetenzkonflikt) den Vorrang des Einzelstatuts im Ergebnis zumindest rechtspolitisch ablehnen.[187]

54   Ferner wird geltend gemacht, dass es einem **deutschen Gericht** nicht zugemutet werden könne, nachzuforschen, ob eine Sonderanknüpfung der lex rei sitae im Einzelfall auf besonderen sozial- oder wirtschaftspolitischen Zielsetzungen beruhe, also der ersten Fallgruppe des Art. 3a Abs. 2 (→ Rn. 37) angehöre, oder ob hierin nur gewöhnliche kollisionsrechtliche Erwägungen zum Ausdruck kämen, weshalb beide Fallgruppen letztlich gleichbehandelt werden müssten.[188] Dieses Argument überzeugt aber jedenfalls im Lichte des heutigen Standes des IPR nicht mehr, weil einem deutschen Gericht zB auch im Rahmen des Art. 9 Abs. 3 Rom I-VO die Prüfung ausländischer Eingriffsnormen und deren Abgrenzung von gewöhnlichem Kollisionsrecht abverlangt wird (→ Rom I-VO Art. 9 Rn. 120 f.); Gleiches gilt im internationalen Erbrecht nach Art. 30 EuErbVO.

55   Der Grundsatz „Einzelstatut bricht Gesamtstatut" führt insgesamt also zu nur schwerlich einleuchtenden Wertungswidersprüchen und ist daher zumindest rechtspolitisch abzulehnen.[189]

56   **c) Lösung de lege lata.** Die entscheidende Frage ist aber, ob die rechtspolitisch berechtigte Kritik an Art. 3a Abs. 2 bereits de lege lata dazu führen muss, den Anwendungsbereich der Vorschrift auf sozial- und wirtschaftspolitisch motiviertes Eingriffsrecht zu beschränken („enge Auslegung").[190]

---

[182] Die Ähnlichkeit der Normstruktur mit der Sonderanknüpfung von Eingriffsnormen hat bereits die 5. Aufl. 2010, Rn. 16 eingehend herausgearbeitet.

[183] Von einem „renvoi eigener Art" sprechen aber zB *Ebenroth/Eyles* IPRax 1989, 1 (3).

[184] *Kropholler* IPR § 26 I; abl. aber *Michaels* RabelsZ 64 (2000), 177 (180): „Mit dem Renvoi hat das nichts zu tun." Aber diese Kritik trifft nicht den Kern des Arguments, weil es nicht darum geht, den Vorrang des Einzelstatuts als eine bloße Spielart des Renvoi zu verstehen, sondern als dessen – genau entgegengesetztes – Spiegelbild.

[185] Ausf. hierzu *Kropholler* IPR § 26 I.

[186] *Thoms*, Einzelstatut bricht Gesamtstatut. Zur Auslegung der „besonderen Vorschriften" in Art. 3 Abs. 3 EGBGB, 1996, 79; für „eher schwach" hält dieses Argument *Michaels* RabelsZ 64 (2000), 177 (180), was aber der praktischen Bedeutung des „Heimwärtsstrebens" als Motivation für die Beachtlichkeit des Renvoi nicht gerecht wird (→ Art. 4 Rn. 15).

[187] *Kegel/Schurig* IPR § 12 II b cc; *Kropholler* IPR § 26 II 2.

[188] So *Stoll*, FS Kropholler, 2008, 247 (250).

[189] Deutlich auch *v. Bar/Mankowski* IPR I § 7 Rn. 48; *Kropholler* IPR § 26 II 2b.

[190] Dafür seit 1986 namentlich *Kegel/Schurig* IPR § 12 II b cc; *Michaels* RabelsZ 64 (2000), 177 (182 f.); *Solomon* IPRax 1997, 81 (84 ff.); *Thoms*, Einzelstatut bricht Gesamtstatut. Zur Auslegung der „besonderen Vorschriften" in Art. 3 Abs. 3 EGBGB, 1996, 105 ff.; vgl. auch *Siehr*, FS Hay, 2005, 389 (390).

Dem gegenüber Art. 28 EGBGB idF von 1900 unverändertem Wortlaut der Vorschrift („besondere Vorschriften") sind – wie schon vor 1986[191] – keine Anhaltspunkte für einen Ausschluss von Kollisionsnormen zu entnehmen.[192] Eine **entstehungsgeschichtliche Auslegung** spricht zudem gegen eine restriktive Interpretation der Vorschrift.[193] Denn der Reformgesetzgeber hat sich im Jahre 1986 bewusst die ständige Rechtsprechung zu eigen gemacht, der zufolge auch Kollisionsnormen zu den besonderen Vorschriften iS des heutigen Art. 3a Abs. 2 zählen.[194] Der Wille des Gesetzgebers zur Kontinuität ergibt sich eindeutig aus den Gesetzesmaterialien:

Es „hat vor allem die Rechtsprechung (BGHZ 50, S. 63 [64–69]) auch die rein kollisionsrechtliche Vermögens- **57** spaltung mit der Belegenheitsanknüpfung für Grundstücke hierzu gezählt. [...] Die gegen die herrschende Praxis vorgebrachten Bedenken [...] haben kein solches Gewicht, daß Artikel 28 EGBGB [aF] aufgegeben werden sollte. [...] Wegen der für die Praxis im wesentlichen durch die Rechtsprechung des Bundesgerichtshofs herausgearbeiteten Auslegungsansätze soll der Wortlaut nicht ohne zwingenden Grund geändert werden."[195]

Angesichts dieser klaren Ausführungen ist es nur schwerlich vertretbar, darauf zu beharren, der **58** Gesetzgeber hätte seinen Willen, an der bisherigen Rechtsprechung festzuhalten, durch eine Änderung des Wortlauts der Vorschrift explizit zum Ausdruck bringen müssen.[196]

Die herrschende „weite" Auslegung kann heutzutage auch nicht mehr mit einem Hinweis auf **59** die wechselvolle und von Missverständnissen geprägte **Entstehungsgeschichte der Vorläuferbestimmung, des Art. 28 EGBGB** idF von 1900, infrage gestellt werden.[197] Zwar erscheint die in der Leitentscheidung des BGH vom 5.4.1968[198] vorgenommene Rekonstruktion der ursprünglichen Entstehungsgeschichte im Lichte der erst später zugänglich gewordenen Quellen[199] durchaus angreifbar.[200] Das vermag aber nichts daran zu ändern, dass der Gesetzgeber des Jahres 1986 – also mehr als ein Jahrzehnt nach Veröffentlichung der „Geheimen Materialien" und in Kenntnis der kontroversen wissenschaftlichen Diskussion – sich die ständige Rechtsprechung des BGH explizit zu eigen gemacht hat (→ Rn. 43). Jedenfalls der Gesetzgeber der IPR-Reform hat sich bei der Schaffung des Art. 3 Abs. 3 EGBGB idF von 1986 also für die Einbeziehung von Kollisionsnormen ausgesprochen. Diese zuletzt getroffene inhaltliche Aussage des Gesetzgebers zum Inhalt der Norm – die Neunummerierung zu Art. 3a Abs. 2 war insoweit ebenso „inhaltsneutral" wie die Streichung des Verweises auf den Vierten Abschnitt (→ Rn. 1) – muss daher gegenüber etwaigen Unklarheiten im Gesetzgebungsprozess des 19. Jahrhunderts den Vorrang genießen.

Der am IPRG von 1986 orientierten entstehungsgeschichtlichen Auslegung lässt sich schließlich **60** nicht entgegenhalten, dass die Verfasser des Regierungsentwurfs die Beibehaltung des heutigen Art. 3a Abs. 2 auch mit dem Argument zu stützen suchten, es bedürfe in diesem Fall nicht der Einräumung einer Wahlmöglichkeit zum Belegenheitsrecht hin, weil dieses ohnehin vorrangig zu berücksichtigen sei (→ Rn. 24), diesem Argument aber dadurch der Boden entzogen worden sei, dass eben diese Rechtswahlmöglichkeit durch Art. 15 Abs. 2 Nr. 3 Eingang in das Gesetz gefunden habe.[201] Zwar besteht durchaus eine funktionale Komplementarität zwischen der Einräumung einer Rechtswahlbefugnis und dem dadurch ermöglichten Verzicht auf eine Einbeziehung von Kollisionsnormen in den Anwendungsbereich des Art. 3a Abs. 2; gerade aus der Wissenschaft war die Einführung einer solchen Rechtswahlbefugnis als Ausgleich für die vorgeschlagene Streichung des Art. 28 EGBGB aF ins Spiel gebracht worden.[202] Bei einer **systematischen Auslegung** ließe sich aus der Einführung des Art. 15 Abs. 2 also durchaus ein Schluss gegen die weite Auslegung des Art. 3a Abs. 2 ziehen. Dem ist aber zu widersprechen, weil gerade im ehemaligen Hauptanwendungsgebiet der Vorschrift, dem internationalen Erbrecht, der Gesetzgeber von 1986 die Wahlmöglichkeit des

---

[191] Vgl. zu Art. 28 EGBGB aF BGHZ 50, 63 (68) = NJW 1968, 1571.
[192] *v. Hoffmann/Thorn* IPR § 9 Rn. 62a.
[193] So auch Bamberger/*Roth*/*Lorenz* Rn. 8; *v. Bar*/*Mankowski* IPR I § 7 Rn. 46; *Ebenroth*/*Eyles* IPRax 1989, 1 (3); Erman/*Hohloch* Rn. 11; *v. Hoffmann/Thorn* IPR § 9 Rn. 62a; *Kropholler* IPR § 26 II 2; *Looschelders* IPR Art. 3 aF Rn. 31; *Lüderitz* IPR Rn. 168; Palandt/*Thorn* Rn. 6; Staudinger/*Hausmann* (2013) Rn. 29.
[194] BT-Drs. 10/504, 36 f.
[195] BT-Drs. 10/504, 36 f.
[196] So aber *Solomon* IPRax 1997, 81 (84); *Gottschalk* Allgemeine Lehren des IPR 204 f.; *Thoms,* Einzelstatut bricht Gesamtstatut, S. 48 f.; vgl. auch *Ludwig* DNotZ 2000, 663 (671); *Siehr,* FS Hay, 2005, 389 (390).
[197] So aber *Thoms,* Einzelstatut bricht Gesamtstatut. Zur Auslegung der „besonderen Vorschriften" in Art. 3 Abs. 3 EGBGB, 1996, 22 ff.; s. auch bereits *Wochner,* FS Wahl, 1973, 161 ff.
[198] BGHZ 50, 63 (68 f.) = NJW 1968, 1571 (1572).
[199] *Hartwieg/Korkisch,* Die geheimen Materialien, 1973.
[200] *Thoms,* Einzelstatut bricht Gesamtstatut. Zur Auslegung der „besonderen Vorschriften" in Art. 3 Abs. 3 EGBGB, 1996, 22 ff.; s. auch bereits *Wochner,* FS Wahl, 1973, 161 ff.
[201] So aber letztlich *Thoms,* Einzelstatut bricht Gesamtstatut. Zur Auslegung der „besonderen Vorschriften" in Art. 3 Abs. 3 EGBGB, 1996, 80 ff.
[202] *Neuhaus/Kropholler* RabelsZ 44 (1980), 326 (330).

Erblassers auf *im Inland* belegenes Vermögen beschränkt hatte; diese Rechtswahlmöglichkeit konnte daher nicht als funktionales Substitut für einen Fortfall der weiten Auslegung – die sich ja nur auf im *Ausland* belegene Immobilien beziehen konnte – eingestuft werden. Im Übrigen hat das auf die Entbehrlichkeit der Rechtswahlbefugnis gestützte Argument der Gesetzesverfasser im Gesamtduktus der Begründung gegenüber den traditionellen Argumenten der Sachnähe und der Durchsetzbarkeit, die dort ebenfalls vorgebracht werden,[203] einen eher untergeordneten Charakter.

61   Der Rechtsprechung und der hL ist daher insoweit zu folgen, als sie nach 1986 an der etablierten „weiten" Auslegung festgehalten haben (→ Rn. 43). Allerdings darf bei der künftigen Auslegung des Art. 3a Abs. 2 nicht unberücksichtigt bleiben, dass sich der Gesamtkontext der Regelung infolge der Europäisierung und Internationalisierung des Kollisionsrechts erheblich gewandelt hat. Diese fundamental geänderten Rahmenbedingungen könnten geeignet sein, bei einer **rechtsaktübergreifenden, systematischen Auslegung** eine Änderung der Rechtsprechung zu Art. 3a Abs. 2 zu legitimieren. Im internationalen Erbrecht wird Art. 3a Abs. 2 heute von **Art. 30 EuErbVO** verdrängt, der im Gegensatz zu der bisherigen hM in Deutschland der „engen" Auslegung folgt (→ Rn. 17). Dennoch sollte man für die noch dem autonomen IPR unterliegenden **Altfälle** nicht von der gefestigten weiten Auslegung abgehen. Denn gerade auf dem Gebiet des Erbrechts hat der Gedanke des Vertrauensschutzes in Bezug auf langfristige Dispositionen schlechthin überragende Bedeutung. Die notarielle und anwaltliche Praxis hat sich bei der Rechtsberatung und Testamentsgestaltung seit Jahrzehnten auf die ständige Rechtsprechung eingestellt. Für Altfälle kann schon aus diesem Grund die – rechtspolitisch vorzugswürdige – Lösung des Art. 30 EuErbVO nicht in Art. 3a Abs. 2 aF hineingelesen werden.

62   Fraglich bleibt allein, ob seit dem Inkrafttreten des Art. 30 EuErbVO, mit dem die kollisionsrechtliche Vermögensspaltung im Internationalen Erbrecht Rechtsgeschichte ist, auch in Bezug auf die verbleibenden Verweisungen des **Familienrechts** (Dritter Abschnitt) noch an der weiten Auslegung festgehalten werden sollte. Im Kindschaftsrecht sowie in Fragen der Vormundschaft, Pflegschaft und Betreuung wird das autonome IPR schon heute weitgehend durch das KSÜ und das ErwSÜ verdrängt, die keinen dem Art. 3a Abs. 2 entsprechenden Vorrang des Einzelstatuts kennen (→ Rn. 35). Bis zum Beginn der Anwendbarkeit der jüngst verabschiedeten EuGüVO (29.1.2019) beschränkt sich der Anwendungsbereich des Art. 3a Abs. 2 folglich im Wesentlichen auf das Ehegüterrecht, in dem aber die Rechtswahlbefugnis des Art. 15 Abs. 2 Nr. 3 es den Beteiligten schon heute ermöglicht, etwaige Konflikte zwischen dem Ehegüterrechtsstatut (Gesamtstatut) und dem Recht des Lageortes unbeweglichen Vermögens (Einzelstatut) zu vermeiden. Im Übrigen ist aus Gründen der Rechtssicherheit im Ehegüterrecht und Lebenspartnerschaftsrecht bis zum 29.1.2019 an der weiten Auslegung des Art. 3a Abs. 2 festzuhalten. Falls das Inkrafttreten der EuGüVO und EuPartVO vom deutschen Gesetzgeber nicht zum Anlass genommen werden sollte, Art. 3a Abs. 2 gänzlich zu streichen, wäre aber jedenfalls eine für die Zukunft wirkende Rechtsprechungsänderung hin zur „engen" Auslegung auch im Lichte der Entstehungsgeschichte der Vorschrift wünschenswert und vertretbar, um die verlorengegangene Kohärenz von europäischem und autonomem IPR in dieser Frage wiederherzustellen.

IV. Erfasste Gegenstände

63   Bei den „Gegenständen", die in Art. 3a Abs. 2 genannt werden, handelt es sich zwar in der Regel um Grundstücke; die Reichweite der Vorschrift beschränkt sich aber, wie bereits ihr Wortlaut erkennen lässt, nicht auf Immobiliarvermögen.[204] Es kommen daher grundsätzlich **auch sonstige Vermögenswerte** als taugliche Objekte eines Einzelstatuts in Betracht, also zB bewegliche Sachen oder Rechte, wie zB gewerbliche Schutzrechte, Forderungen, Anteile an einer Gesellschaft oder an einem Nachlass.[205] Hierbei sind aber zwei Dinge besonders zu beachten: Erstens ist auf der Stufe der Qualifikation genau zu prüfen, ob die betreffenden Rechtsverhältnisse überhaupt vom Gesamtstatut, etwa dem Ehegüterrechtsstatut, erfasst werden. Zweitens ist bei beweglichem Vermögen, Rechten und Forderungen genau hinzusehen, ob eine abweichende fremde Kollisionsnorm tatsächlich auf die Belegenheit dieser Vermögensgegenstände abstellt[206] oder hierfür unabhängig vom jeweiligen Lageort eine abweichende Anknüpfung vorsieht (→ Rn. 48).

---

[203] BT-Drs. 10/504, 36 f.

[204] BayObLGZ 1998, 242 (247); Bamberger/Roth/*Lorenz* Rn. 6; *Kropholler* IPR § 26 II 3; für eine einschränkende Auslegung aber *Stoll,* FS Kropholler, 2008, 247 (249) in Fn. 11.

[205] BayObLGZ 1998, 242 (247); Bamberger/Roth/*Lorenz* Rn. 6; *Fetsch* RNotZ 2006, 1 (5 f.); *Kropholler* IPR § 26 II 3; Staudinger/*Dörner* (2007) Art. 25 Rn. 560.

[206] S. die bei *Fetsch* RNotZ 2006, 1 (12) genannten Beispiele.

Welche „Gegenstände" jeweils vom maßgebenden Einzelstatut erfasst werden, ist den „besonderen **64** Vorschriften", dh der **lex rei sitae** selbst, zu entnehmen.[207] Diese trifft insbesondere die Entscheidung darüber, ob im Falle einer Vermögensspaltung ein bestimmter Gegenstand zum beweglichen oder unbeweglichen Vermögen zu zählen ist.[208] Hierdurch kann es zu einer **Qualifikations(rück)verweisung** auf das deutsche Belegenheitsrecht kommen (→ Art. 4 Rn. 76 ff.).

Über den **Ort der Belegenheit** entscheidet hingegen nach hM das deutsche Recht als lex fori.[209] **65** Dagegen wird eingewendet, dass nach dem Zweck des Art. 3a Abs. 2, undurchsetzbare Rechtslagen zu vermeiden, eine kumulative Prüfung geboten sei, bei der in einem ersten Schritt festgestellt werde, ob der Gegenstand im Inland zu lokalisieren sei; wenn dies nicht der Fall sei, müsse zusätzlich geprüft werden, ob die in Betracht kommende Rechtsordnung den fraglichen Gegenstand als auf ihrem Territorium belegen betrachte.[210] Hiergegen sprechen jedoch der Charakter des Art. 3a Abs. 2 als restriktiv auszulegende Ausnahmevorschrift und das Ziel der Vermeidung von Normenhäufungen: Wir wollen nur gerade demjenigen Staat ein Privileg einräumen, auf dessen Gebiet aus *unserer* Sicht der Vermögensgegenstand belegen ist, nicht aber auch jedem anderen Staat, der möglicherweise nach seinem Recht meint, ebenfalls Ansprüche geltend machen zu können.[211]

Bei **unkörperlichen Vermögenswerten** dürfte im Lichte der Ratio des Art. 3a Abs. 2, die **66** Durchsetzbarkeit einer Entscheidung zu erleichtern, primär darauf abzustellen sein, welcher Staat die effektive Zugriffsmöglichkeit auf das Recht hat;[212] zum Teil wird jedenfalls bei Forderungen auch analog § 2369 Abs. 2 S. 2 BGB an die internationale Zuständigkeit zu deren Geltendmachung[213] oder an den Wohnsitz des Schuldners angeknüpft.[214] Bei Sparbüchern kommt es auf den Ort der Belegenheit der Forderung und nicht des Sparbuchs an.[215] Die Belegenheit von Immaterialgüterrechten ist anhand des auch in Art. 8 Rom II-VO verankerten Schutzlandprinzips zu bestimmen.[216]

V. Rechtsfolge

Streng genommen enthält Art. 3a Abs. 2 zwar nur die negative Aussage, dass unsere familienrechtli- **67** chen Kollisionsnormen unter den in der Vorschrift festgelegten Bedingungen nicht gelten, bestimmt aber nicht positiv, auf welches Recht statt dessen verwiesen wird.[217] Nach dem Sinn und Zweck der Vorschrift kann dies aber nur das **jeweilige Belegenheitsrecht** (lex rei sitae) sein.[218] Eine Rück- oder Weiterverweisung des Rechts am Lageort ist insoweit – anders als zB gem. Art. 43 Abs. 1 – ausgeschlossen.[219] Dies wird damit begründet, dass Art. 3a Abs. 2 die Anwendbarkeit der lex rei sitae gerade davon abhängig mache, dass der Belegenheitsstaat sein eigenes materielles Recht berufe.[220] Jedenfalls würde die Beachtung eines **Renvoi** dem „Sinn der Verweisung" (Art. 4 Abs. 1 S. 1 letzter Hs.) widersprechen, denn

---

[207] BayObLGZ 1998, 242 (247); *Fetsch* RNotZ 2006, 1 (4); *Kropholler* IPR § 26 II 3; *Stoll,* FS Kropholler, 2008, 247 (251).

[208] *Fetsch* RNotZ 2006, 1 (5); *Stoll,* FS Kropholler, 2008, 247 (251); *Süß* ZErb 2001, 84 (85); vgl. zum Recht von Ohio BGHZ 144, 251 = NJW 2000, 2421 = IPRax 2002, 40, 33 m. Aufsatz *Umbeck* = JR 2001, 234 mAnm *Rauscher;* zum Recht von Colorado KG ZEV 2012, 593 (594); zum Common Law allg. KG VIZ 2001, 682 = IPRspr. 2000 Nr. 98; zur ex-DDR BGHZ 131, 22 = DNotI-Report 1995, 213; 146, 310 = NJW 2001, 2396; jurisPK-BGB/*Ludwig* Art. 3–4 Rn. 256.

[209] KG JW 1936, 2466 = IPRspr. 1935–44 Nr. 227; BayObLGZ 1998, 242 (248); *Fetsch* RNotZ 2006, 1 (4); *Kropholler* IPR § 26 II 3; NK-BGB/*Freitag* Rn. 6; Palandt/*Thorn* Rn. 3; Soergel/*Kegel* Art. 3 aF Rn. 22; *Tiedemann,* Internationales Erbrecht in Deutschland und Lateinamerika, 1993, 43 ff.; Staudinger/*Hausmann* (2013) Rn. 41; *Stoll,* FS Kropholler, 2008, 247 (251).

[210] So *Andrae* IPRax 2000, 300 (302); Staudinger/*Dörner* (2007) Art. 25 Rn. 566.

[211] Vgl. *Stoll,* FS Kropholler, 2008, 247 (251): Die Toleranz des deutschen Rechts finde ihre Grenze, wenn Gegenstände aus der Sicht des deutschen Rechts außerhalb des Territoriums des Sonderstatuts belegen seien.

[212] So Soergel/*Kegel* Art. 3 aF Rn. 22; ebenso *Fetsch* RNotZ 2006, 1 (5); NK-BGB/*Freitag* Rn. 6.

[213] KG JW 1936, 2465; LG Hamburg IPRspr. 1972 Nr. 127; LG Traunstein IPRspr. 1986 Nr. 111; *Piltz* FamRZ 1979, 991 (992).

[214] *Tiedemann,* Internationales Erbrecht in Deutschland und Lateinamerika, 1993, 46 ff.; jurisPK-BGB/*Ludwig* Art. 3–4 Rn. 253.

[215] LG Traunstein IPRspr. 1986 Nr. 111; bestätigt durch OLG München WM 1987, 809.

[216] *Fetsch* RNotZ 2006, 1 (5).

[217] *Kropholler* IPR § 26 II 4; *Looschelders* IPR Rn. 34; *Rauscher* IPR Rn. 559; Staudinger/*Dörner* (2007) Art. 25 Rn. 577.

[218] BGH NJW 1993, 1920 (1921); 2004, 3558 = IPRax 2005, 253, 232 m. Aufsatz *Looschelders; Fetsch* RNotZ 2006, 1 (6); *Kropholler* IPR § 26 II 4; *Looschelders* IPR Rn. 34; *Rauscher* IPR Rn. 559; Staudinger/*Dörner* (2007) Art. 25 Rn. 577.

[219] *Looschelders* IPR Art. 3 aF Rn. 34; Staudinger/*Dörner* (2007) Art. 25 Rn. 578; Staudinger/*Hausmann* (2013) Rn. 45; wohl auch *Fetsch* RNotZ 2006, 1 (6); aA jurisPK-BGB/*Ludwig* Art. 3–4 Rn. 262; *Ludwig* DNotZ 2000, 663 (672); anders in einem innerdeutschen Fall auch KG FamRZ 1995, 762.

[220] Staudinger/*Dörner* (2007) Art. 25 Rn. 578; Staudinger/*Hausmann* (2013) Rn. 45.

wenn der Belegenheitsstaat selbst sein eigenes Sachrecht gar nicht unbedingt angewendet sehen will, sprechen weder Gründe der besonderen Sachnähe des Belegenheitsrechts noch Aspekte der Durchsetzbarkeit einer deutschen Entscheidung (→ Rn. 15) dafür, seinen abweichenden kollisionsrechtlichen Präferenzen Rechnung zu tragen.[221] Es fehlt also, wenn zB das Belegenheitsrecht auf die Berechnung des Zugewinnausgleichs gar nicht angewendet sein will, insoweit schlicht an „besonderen Vorschriften" iS des Art. 3a Abs. 2, so dass es gar nicht erst zu einer Durchbrechung des Gesamtstatuts kommt.[222] In Bezug auf das Erbrecht schließt Art. 34 Abs. 2 EuErbVO die Annahme einer Rück- und Weiterverweisung im Falle einer Sonderanknüpfung nach Art. 30 EuErbVO nunmehr ausdrücklich aus, was allerdings eher klarstellenden Charakter hat, da die bloß kollisionsrechtliche Vermögensspaltung von Art. 30 EuErbVO ohnehin nicht erfasst wird (→ Rn. 17).

68   Die **Abspaltung des Einzelstatuts vom Gesamtstatut** führt nicht nur zur Berufung der Sachenrechtsordnung der lex rei sitae, sondern dazu, dass die auf diese Weise separierten Vermögensmassen *insgesamt* der sie zB in ehegüterrechtlicher Hinsicht jeweils beherrschenden Rechtsordnung unterworfen werden.[223] Ob zB zwischen den Eheleuten eine Gesamthandsgemeinschaft entsteht, welchen Verfügungsbeschränkungen die Ehegatten unterliegen und ob es bei der Veräußerung eines Vermögensgegenstandes zur Surrogation kommt, ist jeweils getrennt für die jeweiligen Vermögensmassen zu beurteilen.[224] Verbleibende Friktionen zwischen Einzel- und Gesamtstatut sind im Wege der Anpassung zu lösen[225] (allgemein → Einl. IPR Rn. 242 ff.). Haben die Eheleute in Bezug auf ein im Ausland belegenes Grundstück Anordnungen in der irrigen Annahme getroffen, dass auch hierfür das Gesamtstatut gelte, liegt ein Fall des sog Handelns unter falschem Recht vor[226] (→ Einl. IPR Rn. 223 ff.).

69   Auch im Rahmen des Art. 3a Abs. 2 bleibt gegenüber dem Einzelstatut die Berufung auf den deutschen **ordre public** vorbehalten (Art. 6).[227] Wird zB eine Ehefrau nach dem abgespaltenen Sonderstatut im Ehegüterrecht in unerträglicher Weise diskriminiert, kann hierin bei hinreichendem Inlandsbezug ein Verstoß gegen Art. 6 S. 2 liegen.

VI. Ausblick

70   Insgesamt handelt es sich bei Art. 3a Abs. 2 um eine rechtspolitisch kaum überzeugende, oftmals schwer zu handhabende und an die europäische Entwicklung nicht anschlussfähige Regelung, die angesichts ihrer ohnehin nur noch marginalen Bedeutung ersatzlos gestrichen werden sollte.

Art. 4 EGBGB Rück- und Weiterverweisung; Rechtsspaltung

   (1) [1]**Wird auf das Recht eines anderen Staates verwiesen, so ist auch dessen Internationales Privatrecht anzuwenden, sofern dies nicht dem Sinn der Verweisung widerspricht.** [2]**Verweist das Recht des anderen Staates auf deutsches Recht zurück, so sind die deutschen Sachvorschriften anzuwenden.**

   (2) **Soweit die Parteien das Recht eines Staates wählen können, können sie nur auf die Sachvorschriften verweisen.**

   (3) [1]**Wird auf das Recht eines Staates mit mehreren Teilrechtsordnungen verwiesen, ohne die maßgebende zu bezeichnen, so bestimmt das Recht dieses Staates, welche Teilrechtsordnung anzuwenden ist.** [2]**Fehlt eine solche Regelung, so ist die Teilrechtsordnung anzuwenden, mit welcher der Sachverhalt am engsten verbunden ist.**

Schrifttum: *Adam,* Zur Anwendbarkeit des deutschen Versorgungsausgleichs aufgrund versteckter Rückverweisung durch das englische Recht, IPRax 1987, 98; *Agostini,* Le mécanisme du renvoi, Rev. crit. dr. int. pr. 102 (2013), 545; *F. Bauer,* Der Streit um ein Kind kennt keine Grenzen (versteckter Renvoi), Jura 2002, 800; *W. Bauer,* Renvoi im internationalen Schuld- und Sachenrecht, 1985; *Beitzke,* Rück- und Weiterverweisung im internationalen Deliktsrecht, FS Wilburg, 1975, 31; *Beitzke,* Bemerkungen zur Kollisionsrechtsvergleichung in der Praxis, RabelsZ 48 (1984), 623 (zur Zuständigkeitsrückverweisung und versteckten Rückverweisung 627 ff.); *Beitzke,* Zuständigkeitsverweisung und versteckte Rückverweisung in Adoptionssachen, RabelsZ 37 (1973), 380; *Briggs,* In Praise and Defence of Renvoi,

---

[221]   Anders *Ludwig* DNotZ 2000, 663 (672).
[222]   Vgl. *Bachler,* Situs-Regel, innerdeutsche und inneramerikanische Nachlassspaltung, 2007, 284 f.; *Süß* ZErb 2004, 155 (158).
[223]   OLG Koblenz ZEV 2010, 262; *Fetsch* RNotZ 2006, 1 (6); *Rauscher* IPR Rn. 559.
[224]   Beispiele nach Hausmann/Odersky/*Hausmann* § 9 Rn. 47.
[225]   Ausf. *Looschelders* IPRax 2005, 232 ff.
[226]   *Fetsch* RNotZ 2006, 1 (18).
[227]   Die aA des BGH, dass der ordre public „wegen des Rangrücktritts der deutschen Rechtsordnung in Art. 28 EGBGB [aF] nicht zum Zuge kommt" (BGHZ 50, 63 (69 f.) = NJW 1968, 1571 (1572)), beruht offenbar auf einem „Lapsus", so *Kropholler* IPR § 26 II 4 in Fn. 14; s. auch *Dörner* IPRax 1994, 362 (363 f.).

Int. Comp. L. Q. 47 (1998), 877; *Campiglio,* Versalità e ambiguità del meccanismo del rinvio, Riv. dir. int. priv. proc. 2010, 367; *Chen,* Rück- und Weiterverweisung (Renvoi) in staatsvertraglichen Kollisionsnormen, 2004; *Corneloup,* Zum Bedeutungsverlust des Renvoi, IPRax 2017, 147; *Courbe,* Retour sur le renvoi, Écrits rédigés en l'honneur de Jacques Foyer, 2008, 241; *Davì,* Le renvoi en droit international privé contemporain, Rec. des Cours 352 (2010), 9 (bespr. von *Picone* Riv. dir. int. 2013, 1192); *Dessauer,* Zum renvoi im internationalen Deliktsrecht, ZVglRWiss. 81 (1982), 215; *Dutta,* Fragen des Allgemeinen Teils und Einbindung in das Kollisionsrecht der EU: Vorstellung des Vorschlags, in Dutta/Helms/Pintens, Ein Name in ganz Europa, 2016, 75; *Ebenroth/Eyles,* Der Renvoi nach der Novellierung des deutschen Internationalen Privatrechts, IPRax 1989, 1; *Edler,* Verjährung und Res iudicata im Englischen Internationalen Privatrecht, RabelsZ 40 (1976), 43; *Foyer,* Requiem pour le renvoi?, TCFDIP 1980/81, 105; *Francescakis,* La théorie du renvoi et les conflits de systèmes en droit international privé, 1958; *Gebauer,* Gesamtverweisung und ordre public, FS Jayme, 2004, 223; *Gottschalk,* Allgemeine Lehren des IPR in kollisionsrechtlichen Staatsverträgen, 2002, 135; *Graue,* Rück- und Weiterverweisung im internationalen Vertragsrecht, AWD 1968, 121; *Graue,* Rück- und Weiterverweisung (renvoi) in den Haager Abkommen, RabelsZ 57 (1993), 26; *Gündisch,* Internationale Zuständigkeit und versteckte Rückverweisung bei Adoptionen durch Amerikaner in Deutschland, FamRZ 1961, 352; *Hanisch,* Die „versteckte" Rückverweisung im internationalen Familienrecht, NJW 1966, 2085; *Hartwieg,* Der Renvoi im deutschen internationalen Vertragsrecht, 1967; *Hartwieg,* International Trade Law und die deutsche Justiz – Nebst Case Study zum Renvoi durch Qualifikation im Rechtsvergleich, ZVglRWiss. 101 (2002), 434; *Hausmann,* Der Renvoi im deutschen internationalen Gesellschaftsrecht nach „Überseering" und „Inspire Art", GS Blomeyer, 2004, 579; *Hausmann,* Le questioni generali nel diritto internazionale privato europeo, Riv. dir. int. priv. proc. 2015, 499; *v. Hein,* Rück- und Weiterverweisung im neuen deutschen Internationalen Deliktsrecht, ZVglRWiss. 99 (2000), 251; *v. Hein,* Die Ausweichklausel im europäischen Internationalen Deliktsrecht, FS Kropholler, 2008, 553; *v. Hein,* Der Renvoi im europäischen Kollisionsrecht, in Leible/Unberath, Brauchen wir eine Rom 0-Verordnung?, 2013, 341; *Henrich,* Die Rück- und Weiterverweisung im IPR, vor allem bei der Namensführung in der standesamtlichen Praxis, StAZ 1997, 225; *Henrich,* Rückverweisung auf Grund abweichender Qualifikation im internationalen Namensrecht, IPRax 2008, 121; *Henrich,* Der Renvoi: Zeit für einen Abgesang?, FS v. Hoffmann, 2011, 159; *Hughes,* The Insolubility of Renvoi and its Consequences, JPIL 6 (2010), 195; *Jayme,* Zur „versteckten" Rück- und Weiterverweisung im internationalen Privatrecht, ZfRV 11 (1970), 253; *Jayme,* Zur Qualifikationsverweisung im internationalen Privatrecht, ZfRV 17 (1976), 93; *Jayme,* Rückverweisung durch im Ausland geltende Staatsverträge, FS Beitzke, 1979, 541; *Jayme,* Zur Rückverweisung durch staatsvertragliche Kollisionsnormen, IPRax 1981, 17; *Jayme,* Kindesrecht und Rückverweisung im internationalen Adoptionsrecht, IPRax 1989, 157; *Kahn,* Der Grundsatz der Rückverweisung im deutschen BGB und auf dem Haager Kongress für IPR, in Lenel/Lewald, Abhandlungen zum IPR, Bd. I, 1928, 124; *Kartzke,* Renvoi und Sinn der Verweisung, IPRax 1988, 8; *Kassir,* Réflexions sur le renvoi en droit international privé comparé, 2002; *Kassir,* Le renvoi en droit international privé: Technique de dialogue entre les cultures juridiques, Rec. des Cours 377 (2016), 9; *Kegel,* Die Grenze von Qualifikation und Renvoi im internationalen Verjährungsrecht, 1962; *L. Kramer,* Return of the Renvoi, N. Y. U. L. Rev. 66 (1991), 979; *Kropholler,* Ein Anknüpfungssystem für das Deliktsstatut, RabelsZ 33 (1969), 601; *Kropholler,* Internationales Einheitsrecht, 1975; *Kropholler,* Der Renvoi im vereinheitlichten Kollisionsrecht, FS Henrich, 2000, 393; *Kühne,* Der Anwendungsbereich des Renvoi im Lichte der Entwicklung des IPR, FS Ferid, 1988, 251; *Kupfernagel,* Der Renvoi im englischen Internationalen Privatrecht, 2006; *Lagarde,* En guise de synthèse, in Fallon/Lagarde/Poillot-Peruzzetto, Quelle architecture pour un code européen de droit international privé?, 2011, 365; *Lagarde,* La nouvelle Convention de La Haye sur la loi applicable aux successions, Rev. crit. dr. int. pr. 78 (1989), 249; *Leible,* Rom I und Rom II: Neue Perspektiven im europäischen Kollisionsrecht, 2009, 50; *Lerebours-Pigionnière,* Observations sur la question du renvoi, Clunet 51 (1924), 877; *Lequette,* Le renvoi de qualifications, Mélanges Holleaux, 1990, 249; *Lewald,* La théorie du renvoi, Rec. des Cours 29 (1929-IV), 515; *Lindenau,* Die Einführung des Renvoi in das internationale Privatrecht Italiens, 2001; *van Loon,* The transnational context: Impact of the global Hague and regional European instruments, Riv. dir. int. priv. proc. 51 (2015) 743; *S. Lorenz,* Renvoi und ausländischer *ordre public,* FS Geimer, 2002, 555; *Lurger,* Die Gesamtverweisung und das Günstigkeitsprinzip im österreichischen IPRG, ZfRV 36 (1995), 178; *Mankowski,* Ausgewählte Einzelfragen zur Rom II-VO: Internationales Umwelthaftungsrecht, internationales Kartellrecht, renvoi, Parteiautonomie, IPRax 2010, 389; *Mäsch,* Der Renvoi – Plädoyer für die Begrenzung einer überflüssigen Rechtsfigur, RabelsZ 61 (1997), 285; *Mäsch,* Der Renvoi im Europäischen Kollisionsrecht, in Arnold, Grundfragen des Europäischen Kollisionsrechts, 2016, 55; *v. Mehren,* The Renvoi and its Relation to Various Approaches to the Choice-of-Law Problem, FS Yntema, 1961, 380; *Melchior,* Die Grundlagen des deutschen IPR, 1932; *Michaels,* Der Abbruch der Weiterverweisung im deutschen Internationalen Privatrecht, RabelsZ 61 (1997), 685; *K. Müller,* Zum Problem der Gesamtverweisung, Rechtsvergleichung und Rechtsvereinheitlichung, FS Heidelberger Institut, 1967, 191; *Müller-Freinfels,* Die Verjährung englischer Wechsel vor deutschen Gerichten, FS Zepos Bd. II, 1973, 491; *Nawroth,* Der versteckte *renvoi* im deutschen Internationalen Privatrechts, 2012; *Nehne,* Methodik und allgemeine Lehren des europäischen Internationalen Privatrechts, 2012; *Nordmeier,* Erbenlose Nachlässe im Internationalen Privatrecht – versteckte Rückverweisung, § 29 öst. IPRG und Art. 33 EuErbVO, IPRax 2013, 418; *Pagenstecher,* Der Grundsatz des Entscheidungseinklangs im internationalen Privatrecht, 1951; *Perreau-Saussine,* Le renvoi, in Azzi/Boskovic, Quel avenir pour la théorie générale des conflits de lois?, 2015, 139; *Picone,* Rinvio indietro „implicito" e coordinamento tra metodo classico e metodo giurisdizionale dei conflitti di leggi, Riv. dir. int. 1998, 925; *Raape,* Die Rückverweisung im internationalen Schuldrecht, NJW 1959, 1013; *Rauscher,* Sachnormverweisung aus dem Sinn der Verweisung, NJW 1988, 2151; *Reichart,* Der Renvoi im schweizerischen IPR, 1986; *Romano,* Le dilemme du renvoi en droit international privé, 2015; *K. Roosevelt III.,* Resolving Renvoi: The Bewitchment of Our Intelligence by Means of Language, Notre Dame L. Rev. 80 (2005), 1821; *Sandrock,* Rück- und Weiterverweisungen im internationalen Schuldvertragsrecht, FS Kühne, 2009, 881; *Sauveplanne* in Lipstein, International Encyclopedia of Comparative Law, Bd. III, Private International Law, 1988, Kap. 6, Renvoi; *Schack,* Was bleibt vom renvoi?, IPRax 2013, 315; *Schinkels,* Normsatzstruktur des IPR, 2007; *K. Schmidt,* Die Sinnklausel der Rück- und Weiterverweisung im IPR nach Art. 4 Abs. 1 Satz 1 EGBGB, 1999; *Schnitzer,* Der Renvoi. Rück- und Weiterverweisung im IPR, SchweizJZ 1973, 213; *J. Schröder,* Vom Sinn der Verweisung im internationalen Schuldvertragsrecht, IPRax 1987, 90; *Schwander,* Einige Gedanken zum Renvoi, FS Schnitzer, 1979, 411; *Schwimann,* „Versteckte Rückverweisung" und Art. 27 EGBGB, NJW 1976, 1000; *Schwimann,* Anglo-amerikanische Lex-fori-Regel als „versteckte Rückverweisung"?, FS Bosch, 1976, 909; *Siehr,* Renvoi und wohlerworbene Rechte, FS Heini, 1995, 407; *Siehr,* Renvoi: A Necessary Civil Evil Or Is It Possible To Abolish It By Statute?, in Fletcher/Mistelis/Cremona, Foundation and Perspectives of International Trade Law, 2001, 193; *Siehr,* Engste Verbindung und Renvoi, FS Sonnenberger, 2004, 667; *Solomon,* Die Renaissance des Renvoi im Europäischen Internationalen Privatrecht, Liber Amicorum Schurig, 2012, 237; *Sonnenberger,* Sackgassen des versteckten hypothetischen Renvoi, Mélanges Fritz Sturm Vol. II, 1999, 1683; *Sonnenberger,* Grenzen der Verweisung durch europäisches internationales Privatrecht, IPRax 2011, 325; *Sonnentag,* Der Renvoi im Internationalen Privatrecht, 2001; *Le Tourneau-Cadiet,* Droit de la responsabilité, 1996; *Venturini,* Sul c. d. rinvio in favorem nel sistema italiano di diritto internazionale privato, Riv. dir. int. priv. proc. 1997, 829; *M.-P. Weller,* Anknüpfungsprinzipien im Europäischen Kollisionsrecht: Abschied von der „klassischen" IPR-Dogmatik?, IPRax 2011, 429; *Wengler,* Zur Adoption deutscher Kinder durch amerikanische Staatsangehörige, NJW 1959, 127; *Wunderlich,* Die „Versteckte Rückverweisung" im internationalen Privatrecht, FS Möhring, 1973, 27.

Übersicht

A. Überblick über den Norminhalt

Art. 4 regelt in den Absätzen 1 und 2 die Beachtlichkeit eines Renvoi (Rück- und Weiterverwei- **1** sung) im deutschen IPR. Die Vorschrift kommt allerdings nur zum Zuge, wenn nicht bereits nach Art. 3a Abs. 1 ein Renvoi ausgeschlossen ist, weil eine deutsche Kollisionsnorm sich allein auf die Sachvorschriften des maßgebenden Rechts bezieht (näher → Art. 3a Rn. 6). Das deutsche IPR ist grundsätzlich gemäßigt renvoifreundlich; die in Art. 4 Abs. 1 S. 1 letzter Hs. enthaltene Ausnahmeklausel („Sinn der Verweisung") ist daher zurückhaltend zu handhaben, andererseits nicht auf eine bloße Einzelfallkorrektur zu beschränken. Abs. 3 regelt schließlich die Vorgehensweise, wenn die Rechtsordnung, auf die unsere Kollisionsnormen verweisen, territorial oder personal gespalten ist. Der gesamte Art. 4 wird heute weitgehend durch europäisches und staatsvertragliches Kollisionsrecht verdrängt, dessen Position sowohl zur Frage des Renvoi als auch zur Behandlung der Rechtsspaltung vielfach vom geltenden deutschen IPR abweicht.

B. Rück- und Weiterverweisung

I. Einleitung

Seit den Leitentscheidungen der französischen Cour de Cassation zum berühmten Fall *Forgo*[1] aus **2** dem späten 19. Jahrhundert bildet der Renvoi eine der meistdiskutierten Streitfragen des Internationalen Privatrechts.[2] Was bedeutet es genau, wenn das IPR eines Staates auf eine andere Rechtsordnung verweist? Bezieht sich die Verweisung allein auf die Sachnormen des fremden Rechts (sog **Sachnormverweisung,** s. Art. 3a Abs. 1) oder umfasst sie „auch", wie Art. 4 Abs. 1 S. 1 EGBGB missverständlich formuliert,[3] dessen Kollisionsnormen (sog **Gesamtverweisung**[4])? In den einzelstaatlichen Kollisionsrechten wurde und wird diese Frage unterschiedlich beantwortet; das Spektrum reicht von schroffer Ablehnung des Renvoi bis zu seiner grundsätzlichen Akzeptanz.[5] Allerdings dominieren in neuerer Zeit sowohl im deutschen IPR als auch in ausländischen Kollisionsrechten differenzierende Ansätze (näher → Rn. 17 ff.).

---

[1] Cass. civ. S. 1878.1.429; Cass. req. S. 1882.1.393, auch abgedruckt in Schack, Höchstrichterliche Rechtsprechung zum internationalen Privat- und Verfahrensrecht, 1993, Nr. 2; hierzu aus heutiger Sicht krit. *Mäsch* in Arnold Grundfragen 55 (58 f.).

[2] Für ausf. rechtsvergleichende Bestandsaufnahmen der Diskussion s. *Romano,* Le dilemme du renvoi en droit international privé, 2015; *Sauveplanne* in Lipstein, International Encyclopedia of Comparative Law, Bd. III, Private International Law, 1988, Kap. 6, Renvoi; *Sonnentag,* Der Renvoi im Internationalen Privatrecht, 2001.

[3] Vgl. *Michaels* RabelsZ 61 (1997), 685 (695) in Fn. 41; *v. Bar/Mankowski* IPR I § 7 Rn. 214 in Fn. 886.

[4] Nicht: „Gesamtnormverweisung", zum richtigen Sprachgebrauch s. Bamberger/Roth/*Lorenz* Rn. 2 in Fn. 1; *v. Bar/Mankowski* IPR I § 7 Rn. 214 in Fn. 885; präziser, aber weniger gebräuchlich ist der Ausdruck „Kollisionsnormverweisung", s. zB *Solomon,* Liber Amicorum Schurig, 2012, 237 in Fn. 1; *Sonnentag,* Der Renvoi im Internationalen Privatrecht, 2001, 5.

[5] Näher *Sonnentag,* Der Renvoi im Internationalen Privatrecht, 2001, 43 ff.

3   Bei der Behandlung des Renvoi in Staatsverträgen herrscht hingegen herkömmlich die Sicht vor, dass diese Rechtsfigur in einem **international vereinheitlichten IPR** keinen legitimen Platz mehr habe. Der mithilfe internationaler Rechtsakte auf dem Gebiet des Kollisionsrechts erzielte Entscheidungseinklang soll nicht, so der zugrunde liegende Gedanke, durch die Beachtung von Rück- und Weiterverweisungen erneut infrage gestellt werden.[6] So verfuhr auch der EU-Verordnungsgeber zunächst in der Rom I-, der Rom II- und der Rom III-VO: All diese Verordnungen schließen (zumindest grundsätzlich) den Renvoi auf den Gebieten des internationalen Vertrags-, Delikts- und Scheidungsrechts aus (zur Rom I-VO näher → Rn. 115 ff.; zur Rom II-VO → Rn. 109 ff.; zur Rom III-VO → Rn. 119 ff.). Es überrascht daher nicht, dass noch im Jahre 2011 *Dieter Henrich* nach eingehender Bestandsaufnahme einen „Abgesang" auf den Renvoi im europäischen IPR angestimmt und hieraus entsprechende Konsequenzen auch für das EGBGB abgeleitet hat.[7] In der seit dem 17.8.2015 anwendbaren EuErbVO wird hingegen – anders als noch im ursprünglichen Kommissionsvorschlag[8] – dem Renvoi wieder ein Spielraum eröffnet (Art. 34 EuErbVO), wenn auf das Recht eines Mitgliedstaates zurückverwiesen oder auf das Recht eines Drittstaates, der sein eigenes Recht anwenden würde, weiterverwiesen wird. Diese neuere Entwicklung hat wiederum *Dennis Solomon* dazu veranlasst, in diametralem Gegensatz zu *Henrich* eine „Renaissance" des Renvoi im europäischen IPR zu prophezeien.[9] Die **Frage nach der Legitimität und der zukünftigen Rolle des Renvoi im europäischen IPR** steht daher weiterhin auf der Tagesordnung. Insbesondere ist im Hinblick auf eine Kodifikation des „Allgemeinen Teils" des europäischen IPR, wie sie zB in einer „Rom 0-Verordnung" erfolgen könnte,[10] fraglich, ob der Ausschluss oder die Zulassung des Renvoi die Regel bilden sollte und ob angesichts eines Bedarfs nach differenzierenden Lösungen eine allgemeine Regel überhaupt sachgerecht wäre.

4   Einstweilen bleibt aber, sofern nicht vorrangige europäische oder staatsvertragliche Kollisionsnormen eingreifen (zu diesen → Rn. 109 ff.), die bei der IPR-Reform im Jahre 1986 geschaffene Regelung der Rück- und Weiterverweisung in Art. 4 Abs. 1 und 2 zu beachten, die im Folgenden erläutert wird. Hierbei wird zum besseren Verständnis zunächst ein Überblick über die Argumente gegeben, die allgemein für oder wider die Befolgung des Renvoi geltend gemacht werden (→ Rn. 5 ff.), da sich nur so der Normgehalt, insbesondere die eher kryptische Bezugnahme auf den „Sinn der Verweisung" (Art. 4 Abs. 1 S. 1 letzter Hs.), erschließen lässt. Daraufhin wird erörtert, anhand welcher Kriterien im autonomen deutschen IPR in Bezug auf die Beachtlichkeit des Renvoi differenziert wird (→ Rn. 17 ff.). Anschließend werden die Fragen geklärt, die sich im Falle der Beachtung einer Rück- und Weiterverweisung in der Praxis stellen, insbesondere die Feststellung und der Umfang eines Renvoi sowie der Abbruch der Weiterverweisung (→ Rn. 42 ff.). Sodann wird geprüft, ob das europäische Kollisionsrecht in der Frage des Renvoi einen konsistenten Ansatz verfolgt (→ Rn. 109 ff.). Im Anschluss daran werden die Konsequenzen der europäischen Entwicklung für das autonome Rest-Kollisionsrecht des EGBGB (→ Rn. 157) sowie die Perspektiven für eine Kodifikation der Renvoiproblematik auf europäischer Ebene (→ Rn. 158 ff.) beleuchtet. Eine Zusammenfassung der Ergebnisse und ein Ausblick beschließen diesen Abschnitt der Kommentierung (→ Rn. 161).

II. Das allgemeine Für und Wider des Renvoi

5   Über das Für und Wider des Renvoi im Allgemeinen ist im Laufe von 130 Jahren so viel Tinte vergossen worden, dass im Rahmen einer Kommentierung des geltenden Rechts nicht auf jede dogmatische Verästelung eingegangen werden kann.[11] Im Grunde lassen sich die angeführten Argumente recht übersichtlich in fünf Gruppen einteilen:[12]

---

[6] *Kropholler* IPR § 24 III (S. 177 ff.); 5. Aufl. 2004, Rn. 66 *(Sonnenberger)*.
[7] *Henrich,* FS v. Hoffmann, 2011, 159 ff. in Anlehnung an *Foyer,* Requiem pour le renvoi?, TCFDIP 1980/81, 105.
[8] Art. 26 des Vorschlags für eine Verordnung über die Zuständigkeit, das anzuwendende Recht, die Anerkennung und die Vollstreckung von Entscheidungen und öffentlichen Urkunden in Erbsachen sowie zur Einführung eines Europäischen Nachlasszeugnisses vom 14.10.2009, KOM (2009) 154 endg.
[9] *Solomon,* Liber Amicorum Schurig, 2012, 237 ff.
[10] Vgl. *Hau* in Leible, Das Grünbuch zum Internationalen Vertragsrecht – Beiträge zur Fortentwicklung des Europäischen Kollisionsrechts der vertraglichen Schuldverhältnisse, 2004, 13 ff.
[11] Monographisch *Davi* Rec. des Cours 352 (2010), 9 ff.; *Romano,* Le dilemme du renvoi en droit international privé, 2015, 17 ff.; *Sonnentag,* Der Renvoi im Internationalen Privatrecht, 2001; zum Diskussionsstand vor der IPR-Reform von 1986 s. den Überblick in der 5. Aufl. 2010, Rn. 16–19 *(Sonnenberger)*; vgl. zum Common Law *Briggs* Int. Comp. L. Q. 47 (1998), 877; zum französischen Recht *Agostini* Rev. crit. dr. int. pr. 102 (2013), 545; zum italienischen Recht *Campiglio* Riv. dir. int. priv. proc. 2010, 367.
[12] Ich folge insoweit der Klassifizierung bei *Sauveplanne* in Lipstein, International Encyclopedia of Comparative Law, Bd. III, Private International Law, 1988, Kap. 6, Renvoi Rn. 9 ff.; vgl. auch *Loussouarn/Bourel/de Vareilles-Sommières,* Droit international privé, 10. Aufl. 2013, Rn. 291 ff.; ähnlich auch *Romano,* Le dilemme du renvoi en droit international privé, 2015, 18, der zwischen logischen, juristischen und praktischen Argumenten unterscheidet.

1. Souveränität und Staatsinteressen. Immer wieder werden im Streit um den Renvoi Argu- 6
mente vorgebracht, die auf die Wahrung der Souveränität und der Interessen der beteiligten Staaten
abstellen.[13] Hierbei handelt es sich um ein zweischneidiges Schwert:[14]

Die Gegner des Renvoi halten die Beachtung einer Rück- oder Weiterverweisung für eine 7
„Abdankung der Souveränität" des Gerichtsstaates, der sich in verfassungsrechtlich unzulässiger
Weise seinem kollisionsrechtlichen Gestaltungsauftrag entziehe.[15] Diese Auffassung ist jedoch schon
oft und mit Recht widerlegt worden:[16] Das Gericht, das einen Renvoi befolgt, entspricht damit
lediglich einem Normbefehl, der von seinem eigenen Souverän, zB in Deutschland durch Art. 4
Abs. 1 S. 1, gesetzt worden ist.[17] Dies ist verfassungsrechtlich nicht bedenklicher als die Verweisung
auf fremdes Sachrecht, das auch nicht dem Gestaltungswillen des eigenen Gesetzgebers entsprungen
ist.[18] Auf europäischer Ebene gilt insoweit nichts anderes.

Die Befürworter des Renvoi sehen hingegen gerade in dem Prinzip der Souveränität und der 8
darauf gestützten Comitas inter gentium ein Argument für seine Beachtung: Die Souveränität und
die Interessen des fremden Staates würden nur dann vollumfänglich respektiert, wenn das Gericht
die **kollisionsrechtlichen Präferenzen des ausländischen Rechts** in seine Entscheidung einbe-
ziehe.[19] Dieses etwas altbackene Argument erfreut sich heute bei einigen Anhängern der US-amerikanischen Governmental Interest Analysis einer gewissen Beliebtheit.[20] Aber es ist bereits ein grundlegender Fehler, die Aufgabe des IPR in einem Ausgleich staatlicher statt privater Interessen zu
sehen. Fremdes Privatrecht wird nicht angewendet, weil es selbst angewendet werden will, sondern
weil es nach unserem Kollisionsrecht angewendet werden soll.[21] Dass man bei Eingriffsnormen
(Art. 9 Rom I-VO, Art. 16 Rom II-VO) anders verfährt und die Anknüpfung „vom Gesetz her"
aufzäumt, ist in Bezug auf den Renvoi, der methodisch im klassischen IPR, also der Fragestellung
„vom Sachverhalt her" beheimatet ist, kein tragfähiges Gegenargument.[22] Auf Souveränitätserwägun-
gen gestützte Argumente sind daher zu vernachlässigen. Sofern schließlich die **Parteien** auf die
Anwendbarkeit eines bestimmten Rechts **vertraut** haben,[23] ließe sich dem gegebenenfalls auch
anders als durch einen Renvoi Rechnung tragen, nämlich durch die Berücksichtigung dieses Aspekts
im Rahmen einer Ausweichklausel;[24] ein Ansatz, dem nunmehr Art. 26 Abs. 3 EuGüVO und Art. 26
Abs. 2 EuPartVO folgen (näher → Rn. 136 ff.; zur Beachtlichkeit des Renvoi im Rahmen von
Ausweichklauseln → Rn. 32). Darüber hinaus können Aspekte des Vertrauensschutzes im Rahmen
des vom EuGH entwickelten „Anerkennungsprinzips" (zu dessen Problematik näher → Rn. 143 ff.)
berücksichtigt werden.[25]

2. Abbruch der Rückverweisung. Ebenso wenig lassen sich aus rein logischen Überlegungen 9
eindeutige Argumente pro und contra Renvoi gewinnen.[26] Zwar wurde immer wieder der end-

---

[13] Umfassend zu diesem Strang der Diskussion *Romano,* Le dilemme du renvoi en droit international privé,
2015, 25 ff.

[14] Ebenso *Bureau/Muir Watt,* Droit international privé I, 2. Aufl. 2010, Rn. 492 f. mwN insbes. zur älteren
frz. Lit.

[15] Von einer „abdication of sovereignty" sprach bereits *Lorenzen* Col. L. Rev. 10 (1910), 190 (205); „a kernel
of truth" erblickt darin jüngst *Hughes* JPIL 6 (2010), 195 (213); monographisch gegen eine verfassungsrechtliche
Zulässigkeit des Renvoi aus deutscher Sicht *Schinkels,* Normsatzstruktur des IPR, 2007, insbes. S. 205 ff. mit
insoweit abl. Besprechung *Funke* DÖV 2008, 567 (568).

[16] In jüngerer Zeit NK-BGB/*Freitag* Rn. 6; *Romano,* Le dilemme du renvoi en droit international privé, 2015,
31 ff.

[17] Plastisch *Batiffol/Lagarde,* Traité de droit international privé, 8. Aufl. 1993, Bd. I, Rn. 304: „La règle étrangère
n'entre pas en jeu par miracle, mais par la désignation de notre règle de conflit [...]"; zust. *Mayer/Heuzé,* Droit
international privé, 11. Aufl. 2014, Rn. 230; *Romano,* Le dilemme du renvoi en droit international privé, 2015,
31; ebenso aus deutscher Sicht *Kropholler* IPR § 24 I 2 (S. 165).

[18] NK-BGB/*Freitag* Rn. 6.

[19] Geradezu von einer „apotheosis of comity" sprechen *Cheshire/North/Fawcett,* Private International Law,
14. Aufl. 2008, 63.

[20] Zur Frage der dogmatischen Eingliederung des Renvoi in die „governmental interest analysis" ausf. *Larry
Kramer* N. Y. U. L. Rev. 66 (1991), 979; *Kermit Roosevelt III.* Notre Dame L. Rev. 80 (2005), 1821, beide mzN
zur US-amerikanischen Diskussion.

[21] Insoweit zutr. *Mäsch* RabelsZ 61 (1997), 285 (294 f.). Daraus ergibt sich zwanglos, dass bei der Prüfung
eines Renvoi auch das Kollisionsrecht solcher Staaten befragt wird, die selbst den Renvoi ablehnen, s. hierzu am
Beispiel des griechischen Rechts 5. Aufl. 2010, Rn. 33 *(Sonnenberger).*

[22] Anders aber *Michaels* RabelsZ 61 (1997), 685 (710 f.).

[23] Auch dieses Argument wird von *Michaels* RabelsZ 61 (1997), 685 (710 f.) zugunsten des Renvoi angeführt.

[24] *van Loon* Riv. dir. int. priv. proc. 51 (2015) 743 (752 f.).

[25] *Corneloup* IPRax 2017, 147 (151 f.).

[26] Ausf. Analyse der Renvoiproblematik unter Rückgriff auf Prinzipien mathematischer Logik bei *Hughes* JPIL
6 (2010), 195; eingehend auch *Romano,* Le dilemme du renvoi en droit international privé, 2015, 19 ff.

lose Verweisungszirkel heraufbeschworen, der angeblich drohe, wenn die Rechtsordnung A auf B verweise, B wiederum auf A zurückverweise und das Gericht in Staat A vor der Frage stehe, wo und wann es diesen Kreisverkehr verlassen könne.[27] Die Frage ist einfach zu beantworten, wenn das ausländische IPR eine Sachnormverweisung auf das deutsche Recht ausspricht, die das deutsche Recht nur nach Art. 4 Abs. 1 S. 1 anzunehmen braucht.[28] Wenn hingegen das ausländische Recht eine Gesamtverweisung auf das deutsche Recht vorsieht, stellt sich das Problem, ob aus unserer Sicht erneut auf das ausländische Recht verwiesen wird, so dass anschließend wiederum zu prüfen wäre, ob das fremde Recht bei diesem zweiten Versuch unsere Verweisung annimmt oder nicht. Wenn diese Prüfung negativ ausfiele, müsste das Spiel von neuem beginnen, und man käme in der Tat zu einem endlosen Zirkel. Das geltende deutsche IPR entscheidet sich insoweit aber pragmatisch dafür, es bereits im Falle der ersten Gesamtverweisung durch das fremde Recht bei der Rückverweisung auf die eigenen Sachvorschriften (Art. 3a Abs. 1) zu belassen und die Verweisungskette schon an dieser Stelle abzubrechen **(Art. 4 Abs. 1 S. 2).**[29] Das deutsche IPR folgt also weder der sog Lehre vom *double renvoi,* die vor der Reform vor allem von *Kegel* vertreten worden war,[30] noch der aus dem englischen Recht stammenden sog *foreign court theory,*[31] die seinerzeit vom Deutschen Rat für IPR favorisiert worden war.[32] Hierzu heißt es in der Begründung des Regierungsentwurfs:[33]

10 „Den Gerichten wird es so ermöglicht, die oftmals nur unter unverhältnismäßigen Schwierigkeiten zu entscheidende Frage offenzulassen, ob es sich bei der Rückverweisung des fremden Rechts um eine Sachnorm- oder um eine Kollisionsnorm-Rückverweisung handelt. Zudem ist die Anerkennung der doppelten Rückverweisung nur unter der Voraussetzung durchführbar, daß das fremde Recht nicht ebenso verfährt. Tut es dies doch, wie zB die englische Praxis nach der sog. foreign-court-Doktrin, so geriete man in einen endlosen Zirkel.“

11 Hierbei handelt es sich um einen sinnvollen Kompromiss zwischen dem Ziel des internationalen Entscheidungseinklangs, dem die Zulassung des Renvoi dient (näher → Rn. 14), und den legitimen Bedürfnissen praktischer Rechtsanwendung.[34] Bereits das österreichische IPRG von 1978 (§ 5 Abs. 2 Hs. 1 öst. IPRG) folgte und auch neuere europäische IPR-Kodifikationen folgen diesem bewährten Lösungsmodell,[35] so zB Art. 13 Abs. 1 lit. b Italienisches IPRG vom 31.5.1995,[36] Art. 6 Abs. 2 Slowenischen IPRG vom 8.7.1999,[37] Art. 5 Abs. 1 Polnisches IPRG vom 4.2.2011[38] oder § 21 Abs. 1 S. 1 Tschechischen IPRG vom 25.1.2012.[39] Größere Probleme bereitet der im EGBGB nicht ausdrücklich geregelte Abbruch der Weiterverweisung (→ Rn. 96 ff.). De lege europaea ferenda ist auf den innovativen Vorschlag *Romanos* hinzuweisen, die betroffenen Parteien selbst über die Annahme einer Rückverweisung entscheiden zu lassen; treffen sie keine entsprechende Vereinbarung, will er den Konflikt anhand des Prinzips der engsten Verbindung auflösen.[40]

12 **3. Flexibilität und Streben nach dem besseren Recht.** Nicht immer offen ausgesprochen werden Überlegungen, nach denen der Renvoi als Instrument zur Herstellung größerer kollisions-

---

[27] Zur Argumentationsgeschichte näher *Sonnentag,* Der Renvoi im Internationalen Privatrecht, 2001, 101 f. mwN zur älteren Lit.; s. auch *Sauveplanne* in Lipstein, International Encyclopedia of Comparative Law, Bd. III, Private International Law, 1988, Kap. 6, Renvoi Rn. 11 f.

[28] BT-Drs. 10/504, 39.

[29] Ebenso bereits vor der IPR-Reform die höchstrichterliche Rspr., va RGZ 136, 361 (368).

[30] *Kegel* IPR, 4. Aufl. 1977, S. 168 ff. (zum geltenden Recht vgl. *Kegel/Schurig* IPR § 10 III, VI); mit rechtspolitischer Kritik am geltenden Recht auch die 5. Aufl. 2010, Rn. 35 (*Sonnenberger*); zur Lehre vom „double renvoi" aus der Sicht des geltenden Rechts näher *Kropholler* IPR § 24 II 3b (S. 173 f.); *Romano,* Le dilemme du renvoi en droit international privé, 2015, 37 f.

[31] Zu dieser Lehre näher *Hay/Borchers/Symeonides,* Conflict of Laws, 5. Aufl. 2010, § 3.13 in Fn. 10; aus deutscher Sicht *v. Bar/Mankowski* IPR I § 7 Rn. 216 f.; *Hartwieg* ZVglRWiss. (101) 2002, 434 (458 ff.).

[32] Vorschläge und Gutachten zur Reform des deutschen internationalen Personen-, Familien- und Erbrechts, 1981, 15: „Ist das Recht eines ausländischen Staates anzuwenden, dann ist so zu entscheiden, wie der ausländische Richter entscheiden würde."

[33] BT-Drs. 10/504, 39.

[34] *v. Bar/Mankowski* IPR I § 7 Rn. 217; *Kropholler* IPR § 24 II 3b; vgl. auch *Romano,* Le dilemme du renvoi en droit international privé, 2015, 22 f.

[35] Vgl. auch zu anderen Rechtsordnungen die Nachweise bei *Hay/Borchers/Symeonides,* Conflict of Laws, 5. Aufl. 2010, § 3.13 (S. 165), die diesen Ansatz als „good policy" billigen.

[36] *Riering* Nr. 3b.

[37] Deutsche Übersetzung in RabelsZ 66 (2002), 748.

[38] Deutsche Übersetzung in RabelsZ 76 (2012), 639.

[39] Deutsche Übersetzung in IPRax 2014, 91.

[40] *Romano,* Le dilemme du renvoi en droit international privé, 2015, 209 ff.

rechtlicher Einzelfallgerechtigkeit oder gar als Mittel zum Auffinden des materiell besseren Rechts dienen könne.[41] Eine durchaus sinnvolle Funktion der Flexibilisierung konnte der Renvoi in Kollisionsrechten spielen, die nur wenige, formal definierte Anknüpfungsmomente wie domicile, Staatsangehörigkeit oder den Tatort vorsahen.[42] Je mehr die Kollisionsregeln aber ausdifferenziert und durch Ausweichklauseln aufgelockert werden, desto geringer wird das Bedürfnis, starre Kollisionsnormen durch die Rechtsfigur des Renvoi zu korrigieren.[43] Ähnlich sieht es bei dem Streben nach dem materiell besseren Recht aus: Wenn der Gesetzgeber bestimmte Personen – Kinder, Opfer von Umweltschäden, Verbraucher oder Arbeitnehmer – materiell begünstigen will, mag er hierfür alternative Anknüpfungen vorsehen;[44] ein Rückgriff auf den Renvoi ist insoweit systemwidrig.[45] Bedenklich stimmt auch zB das Argument, die Zulassung des Renvoi verringere das Bedürfnis, zur Abwehr anstößigen Sachrechts, insbesondere islamischer Provenienz, auf den ordre public zurückzugreifen.[46] Wenn insoweit der allgemeine ordre public (Art. 6) wirklich nicht ausreichen sollte, mag man über eine spezielle Vorbehaltsklausel nachdenken (zB Art. 10 Rom III-VO); der Renvoi ist aber auch für solche Erwägungen systematisch nicht der richtige Ort.

Dennoch lässt sich nicht leugnen, dass die jeweilige Stellungnahme pro oder contra Renvoi auch **13** davon geprägt wird, ob man die vom eigenen Kollisionsrecht gewählte Anknüpfung als modern und gelungen oder eher als rückständig, gar als verfehlt beurteilt.[47] So wurde die gemäßigte Renvoifreundlichkeit des EGBGB vielfach auch deshalb begrüßt, weil der deutsche Gesetzgeber 1986, entgegen Forderungen aus der Wissenschaft,[48] im Familien- und Erbrecht am Primat der **Staatsangehörigkeitsanknüpfung** festgehalten hatte.[49] Diese – sowohl im Lichte anhaltender Migrationsbewegungen als auch vor dem Hintergrund der europäischen Einigung – rechtspolitisch fragwürdige Grundsatzentscheidung[50] wurde und wird in ihren praktischen Folgen erheblich dadurch abgemildert, dass aufgrund des Renvoi im Ergebnis häufig doch das regelmäßig sachnähere und passendere **Recht des gewöhnlichen Aufenthalts** zur Anwendung gelangt.[51] Da das europäische IPR aber ganz überwiegend an den gewöhnlichen Aufenthalt und nur in zweiter Linie an die Staatsangehörigkeit anknüpft (näher → Rn. 109 ff.), lässt sich dieser – zugegeben: am rechtspolitischen Ergebnis orientierte – Gedankengang auf das EU-Kollisionsrecht nicht übertragen.

4. Internationale Entscheidungsharmonie. Ausschlaggebende Bedeutung für die Beachtung **14** des Renvoi hat der Gedanke des internationalen Entscheidungseinklangs,[52] der nicht nur dem deutschen,[53] sondern auch dem europäischen Kollisionsrecht als Leitprinzip zugrunde liegt.[54] Zwar wird dagegen immer wieder vorgebracht, dass die Befolgung einer Rückverweisung nur dann zur Entscheidungsharmonie führen könne, wenn das ausländische Recht eine Position zur Frage des Renvoi einnehme, die derjenigen des Gerichtsstaates genau entgegengesetzt sei.[55] Aber dieses vermeintliche Gegenargument basiert auf einem Denkfehler, den Ökonomen als „Nirvana Approach" bezeichnen, dh eine theoretisch vorzugswürdige, aber praktisch nicht durchführbare Lösung – die vollständige Entscheidungsharmonie – wird gegenüber der theoretisch nur zweitbesten, aber prakti-

---

[41] Offen insoweit aber *Sauveplanne* in Lipstein, International Encyclopedia of Comparative Law, Bd. III, Private International Law, 1988, Kap. 6, Renvoi Rn. 17.

[42] Näher *Kropholler* IPR § 24 I 2 (S. 163 ff.).

[43] *Corneloup* IPRax 2017, 147 (149).

[44] Vgl. *Corneloup* IPRax 2017, 147 (149).

[45] So schon *Neuhaus*, Die Grundbegriffe des Internationalen Privatrechts, 2. Aufl. 1976, § 35 II; ebenso *Michaels* RabelsZ 61 (1997), 685 (712 f.).

[46] So in Bezug auf die EuErbVO *Henrich*, FS v. Hoffmann, 2011, 159 (165).

[47] Vgl. *Kropholler* IPR § 24 I 2 (S. 165); *Mäsch* RabelsZ 61 (1997), 285 (309).

[48] S. *Neuhaus/Kropholler* RabelsZ 44 (1980), 326 (335).

[49] Aufschlussreich ist die Begr. RegE eines Gesetzes zur Neuregelung des IPR, BT-Drs. 10/504, 38, dass der Renvoi im Schuldvertragsrecht deshalb auszuschließen sei, weil „dort im allgemeinen nicht personenbezogen und jedenfalls nicht an die Staatsangehörigkeit [!] angeknüpft wird."

[50] Ausf. Kritik bei *Henrich*, FS Stoll, 2001, 437 ff.

[51] Vgl. *Kropholler* IPR § 24 I 2 (S. 164); den Renvoi auf die Staatsangehörigkeitsanknüpfung beschränken will *Mäsch* RabelsZ 61 (1997), 285 (308 ff.); dagegen de lege lata *Michaels* RabelsZ 61 (1997), 685 (709 ff.).

[52] Umfassend *Sonnentag*, Der Renvoi im Internationalen Privatrecht, 2001, 116 ff.; konzis *Sauveplanne* in Lipstein, International Encyclopedia of Comparative Law, Bd. III, Private International Law, 1988, Kap. 6, Renvoi Rn. 13–15; ferner *Kropholler* IPR § 24 I 3b (S. 166 f.).

[53] S. die Begr. RegE eines Gesetzes zur Neuregelung des IPR, BT-Drs. 10/504, 38; ausführlich zu diesem Aspekt *Romano*, Le dilemme du renvoi en droit international privé, 2015, 35 ff.

[54] Vgl. Erwägungsgründe 6 der Rom I- und Rom II-VO, die dessen ungeachtet den Renvoi ausschließen.

[55] So in jüngerer Zeit insbes. *Mäsch* RabelsZ 61 (1997), 285 (296 f.); *Mäsch* in Arnold Grundfragen 55 (60 ff.); eingehend zu diesem Aspekt *Romano*, Le dilemme du renvoi en droit international privé, 2015, 35 ff.

kablen Lösung präferiert.[56] Solange verschiedene Staaten sich zur Frage des Renvoi unterschiedlich stellen, kann dieser zumindest in einer signifikanten Zahl von Fällen zur Erreichung eines größeren Entscheidungseinklangs beitragen.[57] So sieht es auch das Institut de Droit International (IDI), das in den Erwägungsgründen seiner Resolution aus dem Jahre 1999 festhält:[58] „[E]ven if total uniformity of decision cannot be achieved, a degree of uniformity may be achieved in the individual case if the referring court takes foreign private international law into consideration."[59] Dies vermindert die Gefahr eines Forum Shoppings und erhöht so die Effizienz der grenzüberschreitenden Streitbeilegung.[60]

15   **5. Vermehrte Anwendung der lex fori.** Last but not least gestattet die Beachtung einer Rückverweisung den Gerichten, vermehrt die lex fori anzuwenden.[61] Dieses Argument wird oft als anstößig empfunden, weil das klassische Kollisionsrecht iS *Savignys* bekanntlich auf dem Gedanken der Gleichwertigkeit und der Austauschbarkeit der Privatrechtsordnungen beruht; dem läuft eine offen ausgesprochene Vorzugsbehandlung der lex fori ersichtlich zuwider.[62] Gleichwohl sollte man auch insoweit die Bedürfnisse der Rechtspraxis nicht aus dem Auge verlieren. Die Anwendung ausländischen Rechts ist in aller Regel mühsam, zeitraubend und kostspielig.[63] Dem Wunsch der Gerichte – und oft auch der Parteien –, zur Anwendung des ihnen vertrauten Rechts zu gelangen, muss man daher Verständnis entgegenbringen.[64] Allerdings wäre diesem Ziel regelmäßig besser dadurch gedient, dass man den inhaltlichen Querverbindungen zwischen dem internationalen Privat- und Verfahrensrecht in der Weise Rechnung trägt, dass Gerichtsstand und anwendbares Recht möglichst aufeinander abgestimmt werden, sofern nicht die unterschiedlichen Regelungszwecke des Verfahrensrechts einerseits, des IPR andererseits abweichende Anknüpfungen erfordern.[65] Dieser Gedanke findet sich schon heute in den Haager Übereinkommen zum Kindes- und Erwachsenenschutz (Art. 15 KSÜ, Art. 13 ErwSÜ) verwirklicht,[66] und selbst im autonomen IPR bricht er sich in Gestalt der sog „versteckten" Rückverweisung vielfach Bahn (näher → Rn. 43 ff.).

16   **6. Ergebnis zu II.** Als tragfähige Argumente für die Beachtung des Renvoi verbleiben somit letztlich der internationale Entscheidungseinklang sowie – mit dem oben gemachten Vorbehalt – der Gedanke einer Vereinfachung der Rechtsanwendung. Diese Erwägungen können aber nicht für das gesamte Kollisionsrecht in gleichem Maße Geltung beanspruchen. Vielmehr verfolgt das autonome deutsche Recht einen differenzierenden Ansatz, der im Folgenden näher betrachtet wird.

III. Der differenzierende Ansatz des autonomen deutschen IPR

17   **1. Differenzierung nach dem Sinn der Verweisung.** Das deutsche IPR ordnet den Grundsatz der Gesamtverweisung an, durchbricht diesen aber zugunsten einer Sachnormverweisung, wenn die Parteien das anwendbare Recht durch Rechtswahl bestimmt haben (Art. 4 Abs. 2) oder der „Sinn der Verweisung" der Beachtung des Renvoi widerspricht (Art. 4 Abs. 1 S. 1 Hs. 2 EGBGB). Diese Norm hat auch auf europäischer Ebene Zuspruch gefunden: *Paul Lagarde* hat jüngst vorgeschlagen, sich bei einer Kodifikation des Renvoi im europäischen IPR am deutschen Recht zu orientieren,

---

[56] Vgl. zum Begriff *Demsetz* J. L. Econ. 12 (1969), 1: „[T]hose who adopt the Nirvana viewpoint seek to discover discrepancies between the ideal and the real and if discrepancies are found, they deduce that the real is inefficient."

[57] So auch *Schack* IPRax 2013, 315 (316).

[58] Institut de Droit International, Taking Foreign Private International Law into Account (August 1999), abgedruckt in IPRax 2000, 51 und RabelsZ 64 (2000), 354 ff. mit Einf. *Rigaux* RabelsZ 64 (2000), 350 ff.; s. hierzu den Bericht von *Lipstein* Annuaire Inst. Dr. int. 68 I (1998), 13 ff.

[59] Institut de Droit International, Taking Foreign Private International Law into Account (August 1999), abgedruckt in IPRax 2000, 51 und RabelsZ 64 (2000), 354 ff., Resolution, sechster Erwägungsgrund; vgl. auch *Romano*, Le dilemme du renvoi en droit international privé, 2015, 40 ff.

[60] Ebenso NK-BGB/*Freitag* Rn. 3.

[61] Begr. RegE eines Gesetzes zur Neuregelung des IPR, BT-Drs. 10/504, 38; *Kropholler* IPR § 24 I 3a (S. 165 f.); *Romano*, Le dilemme du renvoi en droit international privé, 2015, 35 ff.; *Sauveplanne* in Lipstein, International Encyclopedia of Comparative Law, Bd. III, Private International Law, 1988, Kap. 6, Renvoi Rn. 16; *Sonnentag,* Der Renvoi im Internationalen Privatrecht, 2001, 141 ff.

[62] *Mäsch* RabelsZ 61 (1997), 285 (298 f.); *Mäsch* in Arnold Grundfragen 55 (64); *Romano*, Le dilemme du renvoi en droit international privé, 2015, 41 f.; eher praxisfern die daran geübte Kritik von *Michaels* RabelsZ 61 (1997), 685 (712 f.), der gerade in der Gleichwertigkeit der Rechtsordnungen ein entscheidendes Argument *für* die Beachtung des Renvoi sieht.

[63] Zum „Parteiinteresse an der lex fori" vertieft *Flessner,* Liber Amicorum Pintens, 2012, 593 ff.

[64] Ebenso *Sonnentag,* Der Renvoi im Internationalen Privatrecht, 2001, 146.

[65] Näher *Mankowski*, FS Heldrich, 2005, 867 ff.

[66] Zum hierdurch bewirkten „Bedeutungsverlust des Renvoi" *Corneloup* IPRax 2017, 147 (149).

das seiner Ansicht nach der Komplexität und der Unterschiedlichkeit der regelungsbedürftigen Sachverhalte am besten Rechnung trage.[67] Sein Vorschlag für eine europäische Kodifikation lautet:[68]

„Article 134. – Lorsque le droit désigné par la présente loi renvoie à un autre droit, ce renvoi est **18** suivi, à moins qu'il n'aille à l'encontre du sens de la règle de conflit."

Allerdings gilt die **Auslegung** des Art. 4 Abs. 1 S. 1 Hs. 2, dh der **Sinnklausel,** allgemein als schwie- **19** rig.[69] Die ganz hM bejaht eine Sachnormverweisung aufgrund von Art. 4 Abs. 1 S. 1 Hs. 2 nur dann, wenn der jeweiligen Kollisionsnorm ein über den allgemeinen Sinn jeder Verweisungsnorm hinausgehender Regelungszweck innewohnt, der als „qualifizierte Sachgerechtigkeit" oder „rechtspolitisch ordnende Funktion" umschrieben wird.[70] Dies ist nach hM insbesondere bei alternativen Anknüpfungen und Ausweichklauseln der Fall; die Einzelheiten sind freilich sehr umstritten (näher → Rn. 31 f.). Bereits dies lässt die Tauglichkeit der deutschen Regelung als europäische Lösung fraglich erscheinen: Sie dürfte inhaltlich zu unbestimmt sein, um in den Mitgliedstaaten ohne Weiteres einheitlich angewendet zu werden;[71] eine hinreichende Konkretisierung des von *Lagarde* vorgeschlagenen Art. 134 würde in der Rechtspraxis zahlreicher Vorlageersuchen an den EuGH bedürfen. Zudem ist der entstehungsgeschichtliche Hintergrund der Sinnklausel zu bedenken.[72] Sie geht letztlich auf Vorschläge des Max-Planck-Instituts[73] und *Hans Stolls* zurück, der sich 1984 für eine „Differenzierung [...] derart" ausgesprochen hatte, „daß in bestimmten Verweisungsfällen der renvoi nach dem besonderen Zweck einer Verweisungsnorm ausgeschlossen wird."[74] Dieser vermittelnde Ansatz stellte zu der damaligen Zeit eine vernünftige Kompromisslösung dar, denn es war in den 1980-er Jahren, wie *Stoll* zu Recht ausführte, „noch nicht hinreichend geklärt, inwieweit materiellrechtliche Wertungen, die in eine Kollisionsnorm einfließen, oder individualisierende, dh die Umstände des Einzelfalles berücksichtigende Anknüpfungen implizit einen Renvoi ausschließen."[75] Wie die Worte „noch nicht" deutlich machen, war die Sinnklausel somit als Übergangslösung konzipiert, die Rechtsprechung und Wissenschaft eine weitere Konkretisierung ermöglichen sollte; als definitive Lösung, die am Ende eines europäischen Kodifikationsprozesses stehen sollte, war diese Generalklausel hingegen nicht gedacht. Da sie aber nach wie vor geltendes deutsches Recht darstellt, bleibt die Frage zu klären, ob wir heute, mehr als dreißig Jahre danach, bei der Suche nach Differenzierungskriterien weitergekommen sind.

2. Differenzierung zwischen verschiedenen Anknüpfungsmomenten. a) Renvoifreund- **20** **liche und -feindliche Anknüpfungen.** Es ist öfters vorgeschlagen worden, zwischen renvoifreundlichen und renvoifeindlichen Anknüpfungsmomenten zu differenzieren.[76] Als zumindest grundsätzlich renvoifeindlich wird man die Anknüpfung an den Parteiwillen, alternative Anknüpfungen und die engste Verbindung als Ausweichklausel einstufen können. Grundsätzlich renvoifreundlich sind hingegen die Anknüpfung an die Staatsangehörigkeit,[77] den Lageort einer Sache (Art. 43)[78] oder den Begehungsort eines Delikts (Art. 40 Abs. 1 S. 1).[79] Doch liegen die Verhältnisse bei näherer Betrachtung komplizierter:

b) Parteiautonomie. aa) Ausschluss des Renvoi. Nach Art. 4 Abs. 2 können die Parteien, **21** soweit sie das Recht eines Staates wählen können, nur auf die Sachvorschriften verweisen. Nicht zweifels-

---

[67] *Lagarde* in Fallon/Lagarde/Poillot-Peruzzetto, Quelle architecture pour un code européen de droit international privé?, 2011, 365 (373 f.); der Text seines Kodifikationsvorschlags für einen Allgemeinen Teil des europäischen IPR ist (ohne Erläuterungen) auch abgedruckt in RabelsZ 75 (2011), 673 ff.; positive Würdigung auch bei *Romano,* Le dilemme du renvoi en droit international privé, 2015, 292 f.

[68] RabelsZ 75 (2011), 673 (675).

[69] Zur Kritik s. statt vieler *Siehr* in Dutoit/Knoepfler/Schweizer/Siehr, Pollution transfrontière/Grenzüberschreitende Verschmutzung – Tschernobyl/Schweizerhalle, 1989, 55 (79); *v. Hoffmann* IPRax 1996, 1 (7); *Kropholler* IPR § 24 II 2 (S. 169 f.).

[70] *Rauscher* NJW 1988, 2151 (2152); ebenso *Ebenroth/Eyles* IPRax 1989, 1 (11); von „individueller Anknüpfungsgerechtigkeit" spricht Staudinger/*Stoll* (1996) IntSachenR Rn. 137; für eine Auslegung der Sinnklausel iS des Prinzips der engsten Verbindung hingegen *Romano,* Le dilemme du renvoi en droit international privé, 2015, 292 f.

[71] Skeptisch auch *Hausmann* Riv. dir. int. priv. proc. 2015, 499 (517).

[72] Vgl. auch *Davì* Rec. des Cours 352 (2010), 9, 364 f.

[73] MPI RabelsZ 47 (1983), 595 (607 f.).

[74] *Stoll* IPRax 1984, 1 (2).

[75] *Stoll* IPRax 1984, 1 (2).

[76] Insbes. *Neuhaus,* Die Grundbegriffe des Internationalen Privatrechts, 2. Aufl. 1976, § 36; dagegen *Sonnentag,* Der Renvoi im Internationalen Privatrecht, 2001, 108 ff.; 5. Aufl. 2010, Rn. 21 *(Sonnenberger).*

[77] *Neuhaus,* Die Grundbegriffe des Internationalen Privatrechts, 2. Aufl. 1976, § 36 II 1; eingehend *Mäsch* RabelsZ 61 (1997), 285 (308 ff.).

[78] OLG München FamRZ 2012, 1643 = BeckRS 2012, 21663.

[79] BGH NJW 2016, 1648 Rn. 13; OLG Köln GRUR-RR 2011, 305 m. Aufsatz *Engels/Kleinschmidt* AfP 2011, 345; OLG Stuttgart BeckRS 2014, 06419.

frei ist aber, ob es sich insoweit um eine bloße Auslegungsregel oder um einen zwingenden Ausschluss des Renvoi handelt. *Lagarde* hält es für evident, dass die Rechtswahl der Parteien nach ihrem Sinn und Zweck die Annahme eines Renvoi ausschließe;[80] er hat deshalb darauf verzichtet, zusätzlich zu der dem Art. 4 Abs. 1 S. 1 Hs. 2 entlehnten Sinnklausel auch den Art. 4 Abs. 2 enthaltenen expliziten Renvoi-ausschluss in seinen Verordnungsvorschlag (→ Rn. 18) zu übernehmen.[81] Diese Lösung ist jedoch rechtspolitisch keinesfalls selbstverständlich.[82] Zwar trifft es zu, dass „Parteien, die ein Recht wählen, in aller Regel das materielle Recht meinen."[83] Um diesem präsumtiven Willensinhalt Rechnung zu tragen, würde aber eine bloße **Auslegungsregel** genügen, wie sie zB für das Schiedsverfahren § 1051 Abs. 1 S. 2 ZPO vorsieht, der auf dem UNCITRAL-Modellgesetz beruht. Nach dieser Vorschrift darf auch eine **Kollisionsrechtswahl** getroffen werden, sofern sie ausdrücklich erfolgt.[84] Ebenso verfährt für die Rechtsanwendung vor staatlichen Gerichten § 11 Abs. 1 des österreichischen IPRG, dem zufolge die Rechtswahl der Parteien sich lediglich „im Zweifel" unmittelbar auf das Sachrecht bezieht.[85] Auch das IDI hat sich in seiner Resolution aus dem Jahre 1999 dafür ausgesprochen, eine Rechtswahl, die sich auf die Kollisionsnormen eines fremden Rechts bezieht, zu respektieren.[86] Jedoch ist zu bedenken, dass die Gewährung der Parteiautonomie das hinter der Zulassung des Renvoi stehende Bedürfnis nach internationalem Entscheidungseinklang (→ Rn. 14) bereits zu einem Großteil befriedigt: Zumindest auf Rechtsgebieten wie dem Internationalen Vertragsrecht, auf denen die Parteiautonomie nahezu weltweit anerkannt ist,[87] können die Parteien es schon mithilfe ihrer Rechtswahlklausel erreichen, dass die Gerichte verschiedener Staaten dasselbe Sachrecht anwenden. Insoweit besteht für eine zusätzliche Sicherung der internationalen Entscheidungsharmonie durch die Zulassung des Renvoi und die Inkaufnahme der dadurch unter Umständen bewirkten Verkomplizierung der Rechtsanwendung in der Regel schlicht keine praktische Notwendigkeit (näher zur Rom I-VO → Rn. 116).

22   Entscheidend für die grundsätzliche **Renvoifeindlichkeit der Parteiautonomie** ist vielmehr das Argument, dass der Gesetzgeber insbesondere im Familienrecht oft nur die Wahl bestimmter, enumerativ aufgeführter Rechtsordnungen gestattet und insofern vermieden werden muss, dass die Parteien die ihnen eingeräumten Rechtswahlbefugnisse „nach Belieben" erweitern könnten.[88] Entsprechendes gilt bei zeitlichen Beschränkungen der Rechtswahl: Dürften die Parteien etwa nachträglich gemäß Art. 42 ein internationales Deliktsrecht vereinbaren, das im Gegensatz zum autonomen deutschen Recht (→ Art. 42 Rn. 16 ff.) auch die antizipierte Rechtswahl zulassen würde, könnten sie einer Rechtswahl, die vor Eintritt des Ereignisses, durch das ein außervertragliches Schuldverhältnis entstanden ist, getroffen wurde und somit nach dem autonomen IPR grundsätzlich nicht zulässig ist,[89] mittelbar doch noch zur Wirksamkeit verhelfen.[90] Auch wenn man derartige räumliche oder zeitliche Einschränkungen der Rechtswahlfreiheit rechtspolitisch kritisieren mag, bleiben sie doch als geltendes Recht zu beachten.

23   Es handelt sich daher *de lege lata* bei Art. 4 Abs. 2 nicht bloß um eine widerlegliche Auslegungsregel,[91] sondern um einen **zwingenden Ausschluss des Renvoi.**[92] Sowohl der Wortlaut („können…

---

[80] *Lagarde* in Fallon/Lagarde/Poillot-Peruzzetto, Quelle architecture pour un code européen de droit international privé?, 2011, 365 (374).

[81] *Lagarde* in Fallon/Lagarde/Poillot-Peruzzetto, Quelle architecture pour un code européen de droit international privé?, 2011, 365 (374).

[82] Vgl. etwa *Solomon,* Liber Amicorum Schurig, 2012, 237 (259 f.), der auch insoweit den Renvoi zulassen will.

[83] *Kropholler* IPR § 24 II 5 (S. 175); ebenso für eine Rechtswahl des Erblassers der Bericht *Waters* zum Haager Erbrechtsübereinkommen vom 1.8.1989, Rn. 59 (abrufbar unter: http://www.hcch.net).

[84] Näher *Handorn,* Das Sonderkollisionsrecht der deutschen internationalen Schiedsgerichtsbarkeit, 2005, 82 f.

[85] Eine entsprechende Lösung wurde 1986 für das deutsche IPR bewusst abgelehnt, s. Begr. RegE eines Gesetzes zur Neuregelung des IPR, BT-Drs. 10/504, 39.

[86] Institut de Droit International, Taking Foreign Private International Law into Account (August 1999), abgedruckt in IPRax 2000, 51 und RabelsZ 64 (2000), 354 ff., Resolution, Nr. 3 lit. c.

[87] S. statt vieler *Basedow* RabelsZ 75 (2011), 32 ff. mwN.

[88] *Stoll* IPRax 1984, 1 (3); ihm folgend *Kropholler* IPR § 24 II (S. 175); anders, aber nicht überzeugend *Solomon,* Liber Amicorum Schurig, 2012, 237 (259 f.).

[89] Sofern nicht im Lichte der Grundfreiheiten anderes geboten ist, vgl. zu Art. 42 *v. Hein* RabelsZ 64 (2000), 595 (609 ff.).

[90] Zum Ausschluss der Rück- und Weiterverweisung im Rahmen des Art. 42 s. BT-Drs. 14/343, 8; näher *v. Hein* ZVglRWiss. 99 (2000), 251 (276 f.).

[91] So aber *v. Bar/Mankowski* IPR I § 4 Rn. 226 (anders noch *v. Bar* IPR I[1], 1987, § 7 Rn. 620); Erman/*Hohloch* Rn. 14.

[92] *Kropholler* IPR § 24 II; *Looschelders* IPR Rn. 17; NK-BGB/*Freitag* Rn. 19; Palandt/*Thorn* Rn. 10 („in allen Fällen"; abw. aber *v. Hoffmann/Thorn* IPR § 6 Rn. 111: Kollisionsrechtswahl sei zulässig, wenn der Kreis der wählbaren Rechte nicht eingeschränkt sei); PWW/*Mörsdorf-Schulte* Rn. 16; *Rauscher* IPR Rn. 366; Soergel/*Kegel* Rn. 22 (anders aber *Kegel/Schurig* IPR § 10 V); vgl. auch OLG Frankfurt a.M. IPRspr. 2013 Nr. 37 (S. 74) = BeckRS 2014, 03233; OLG Naumburg BeckRS 2014, 21474 Rn. 62 (aufgehoben aus anderen Gründen durch BGH NJW 2015, 169).

nur") als auch die Entstehungsgeschichte der Vorschrift sind insoweit eindeutig. In der Begründung des Regierungsentwurfs von 1986 heißt es unmissverständlich:[93]

„Dieser Grundsatz [Ausschluss des Renvoi] soll nicht nur als Auslegungsregel (wie in § 2 Abs. 3 **24** des Entwurfs von Kühne) sondern gemäß Art. 4 Abs. 2 als allgemeine Grenze der Rechtswahl […] gelten. Ein Bedürfnis für eine Kollisionsrechtswahl besteht im Allgemeinen nicht. Bei einer bloßen Auslegungsregel könnte sich gerade aus einer zu weiten Ermächtigung der Parteien zu Verweisungen die Gefahr unübersehbarer Folgen ergeben; dadurch könnten die allgemeinen Bedenken gegen die Zulassung einer Rechtswahl überhaupt unnötig verstärkt werden."

Soweit in der Vergangenheit aus Art. 35 EGBGB aF eine erweiternde Auslegung auch des Art. 4 **25** Abs. 2 abgeleitet worden ist,[94] ist dieser Argumentation dadurch die Grundlage entzogen, dass die in Art. 20 Rom I-VO enthaltene Nachfolgebestimmung richtiger Ansicht nach ebenfalls im Sinne eines zwingenden Renvoiausschlusses zu verstehen ist (näher → Rn. 116).

bb) Anwendungsfälle des Art. 4 Abs. 2. Art. 4 Abs. 2 kommt nicht zur Anwendung, soweit **26** vorrangige europarechtliche oder staatsvertragliche Kollisionsnormen eingreifen (zu diesen → Rn. 109 ff.).

Art. 4 Abs. 2 erfasst nach seinem Wortlaut („die Parteien") unmittelbar allein die zwei- oder **27** mehrseitige Rechtswahl. Darunter fallen zweifellos Art. 10 Abs. 2, Art. 14 Abs. 2 und 3, Art. 15 Abs. 2 und Art. 42. Fraglich ist die Anwendbarkeit des Art. 4 Abs. 2 auf Fälle einer nur einseitigen Rechtswahlbefugnis. Die Vorschrift wird zwar nach ganz hM auch auf das **einseitige Namensbestimmungsrecht des Sorgerechtsinhabers** aus Art. 10 Abs. 3 angewendet.[95] In diesem Fall widerspricht aber die Beachtung einer Rück- oder Weiterverweisung eindeutig dem materiellen Begünstigungszweck der Kollisionsnorm, so dass bereits nach Art. 4 Abs. 1 S. 1 Hs. 2 („Sinn der Verweisung") eine Sachnormverweisung vorliegt.

Vielfach wurde Art. 4 Abs. 2 auch auf das **einseitige Wahlrecht des Erblassers** nach Art. 25 **28** Abs. 2 aF angewendet.[96] Nach dieser Vorschrift konnte der Erblasser für im Inland belegenes unbewegliches Vermögen in der Form einer Verfügung von Todes wegen deutsches Recht wählen. Die Beschränkung des Erblassers auf das deutsche Recht folgte aber auch insoweit nicht erst aus Art. 4 Abs. 2, sondern bereits daraus, dass, wenn deutsche Kollisionsnormen „deutsches Recht" berufen, darunter iS des Art. 3a Abs. 1 stets deutsches *Sachrecht* zu verstehen ist (→ Art. 3a Rn. 7).

Schließlich stellt sich die Frage, ob die Ausübung des **Bestimmungsrechts des Verletzten** gem. **29** Art. 40 Abs. 1 S. 2 eine Rechtswahl im Sinne des Art. 4 Abs. 2 darstellt, so dass eine Sachnormverweisung vorliegt. Manche halten diese Vorschrift für auf das Bestimmungsrecht des Geschädigten unmittelbar, andere nur für analog anwendbar.[97] Richtiger Ansicht nach fehlt es insoweit an der für eine Analogie erforderlichen Regelungslücke, weil das deutsche IPR in Art. 4 Abs. 1 nicht von einer bedingungslosen Beachtung des Renvoi ausgeht, sondern diese unter den Sinnvorbehalt des S. 1 Hs. 2 gestellt hat.[98]

Ein praktisches Bedürfnis für eine Ausdehnung des Art. 4 Abs. 2 auf Fälle einer nur einseitigen **30** Rechtswahlbefugnis ist daher im autonomen IPR nicht zu erkennen.

c) Alternative Anknüpfungen. Nicht vollkommen zweifelsfrei ist auch die Renvoifeindlichkeit **31** **alternativer Anknüpfungen.**[99] Die **Rechtsprechung** lehnt insoweit die Beachtlichkeit eines Renvoi ab, weil der hinter einer alternativen Anknüpfung stehende Gedanke, eine Person dadurch zu begünstigen, dass ihr zur Erreichung eines rechtspolitisch erwünschten Zieles mehrere Rechtsordnungen zur Verfügung gestellt werden, nicht unterlaufen werden dürfe.[100] Ebenso hat sich das IDI

---

[93] BT-Drs. 10/504, 39.

[94] ZB Erman/*Hohloch* Rn. 14; zwischen Art. 35 EGBGB aF und Art. 4 Abs. 2 diff. hingegen zB *Kropholler* IPR § 24 II.

[95] Erman/*Hohloch* Rn. 13; *Looschelders* IPR Rn. 16; Palandt/*Thorn* Rn. 10.

[96] Erman/*Hohloch* Rn. 13; *Looschelders* IPR Rn. 16; Palandt/*Thorn* Rn. 11; Soergel/*Kegel* Rn. 23.

[97] Ausf. zum Streitstand *v. Hein* ZVglRWiss. 99 (2000), 251 (264 ff.).

[98] Für Art. 4 Abs. 1 S. 1 Hs. 2 als Ausgangspunkt auch *Looschelders* VersR 1999, 1316 (1324).

[99] Hierzu eingehend *v. Hein,* Das Günstigkeitsprinzip im Internationalen Deliktsrecht, 1999, 170 ff.; speziell zur EuErbVO *Solomon,* Liber Amicorum Schurig, 2012, 237 (260 ff.); aus italienischer Sicht *Venturini* Riv. dir. int. priv. proc. 1997, 829 ff.

[100] OLG Stuttgart FamRZ 2001, 246 = BeckRS 2000 30125487; OLG Nürnberg FamRZ 2005, 1697 = NJOZ 2005, 4043; OLG Hamm FamRZ 2009, 126 mAnm *Henrich* = BeckRS 2008, 10032; OLG Hamburg FamRZ 2012, 568 BeckRS 2011, 20660; OLG Nürnberg FamRZ 2016, 920 (921) = BeckRS 2016, 06878 Rn. 13; KG FamRZ 2016, 922 (923) = BeckRS 2016, 01392 Rn. 16; OLG Karlsruhe FamRZ 2016, 924 (925 f.) = BeckRS 2016, 01545; OLG München FGPrax 2016, 220 = BeckRS 2016, 13149 Rn. 15; vgl. auch obiter BGH NJW 2016, 1648 Rn. 13.

in diesen Fällen für einen Ausschluss des Renvoi ausgesprochen.[101] Auch ein Teil der deutschen Lehre behandelt Alternativanknüpfungen stets als Sachnormverweisungen, um der Gefahr einer Durchkreuzung des ihnen zugrunde liegenden **Begünstigungszwecks** (favor minoris, favor laesi, favor negotii etc) zu begegnen.[102] Mit diesem Argument lässt sich aber nicht begründen, eine Weiterverweisung, die sich im Einzelfall materiellrechtlich zugunsten der zu schützenden Partei auswirkt, nicht zu beachten. Selbst eine Rückverweisung kann im Einzelfall materiellrechtlich begünstigend wirken, nämlich wenn beide in einer alternativ aufgebauten Kollisionsnorm verwendeten Anknüpfungspunkte in verschiedenen ausländischen Staaten liegen, aber die alternativ berufenen Rechte übereinstimmend auf das deutsche Recht zurückverweisen, das für den Begünstigten in concreto materiell vorteilhafter ist. Die wohl herrschende Lehre zu Art. 4 Abs. 1 S. 1 Hs. 2 macht die Entscheidung für oder gegen eine Rück- oder Weiterverweisung bei alternativen Anknüpfungen daher im Allgemeinen von dem materiellen Ergebnis abhängig, zu dem der Renvoi im Einzelfall führt (zur Lösung in der EuErbVO näher → Rn. 128).[103] Die hiermit bewirkte weitere Komplikation der Rechtsanwendung und die erschwerte Vorhersehbarkeit des anwendbaren Rechts lassen es jedoch als fraglich erscheinen, ob diese Lösung auf die europäische Ebene übertragen werden sollte.[104] Schließlich ist zu bedenken, dass kollisionsrechtliche Alternativanknüpfungen nicht immer auf materiellrechtlichen Begünstigungserwägungen beruhen müssen,[105] sondern dass sie zB auch auf einer Transposition zivilverfahrensrechtlicher Wahlgerichtstände in das IPR beruhen können. Sofern für eine derartige Alternativanknüpfung primär der Gedanke des Gleichlaufs mit dem gewählten Forum ausschlaggebend ist,[106] spricht dies, wenn der Begünstigte im Inland Klage erhebt (zB am Handlungsort nach § 32 ZPO), aber trotzdem das Recht eines ausländischen Staates wählt (zB das des Erfolgsortes nach Art. 40 Abs. 1 S. 2), eher dafür, ggf. einen Renvoi auf die lex fori zu beachten.[107]

32   **d) Auffang- und Ausweichklauseln.** Besondere Probleme wirft die Handhabung des Renvoi im Rahmen von Ausweichklauseln auf, die sich am Prinzip der engsten Verbindung orientieren.[108] Hierbei ist richtigerweise zwischen bloßen Auffangklauseln und echten Ausweichklauseln im engeren Sinne zu differenzieren:[109] Wird das Recht der engsten Beziehung nur als Auffangordnung berufen, die bei einem Versagen der vorrangigen, renvoifreundlichen Anknüpfungsmerkmale eingreift – so zB im Falle des Art. 14 Abs. 1 Nr. 3 – leuchtet es nicht ein, eine Sachnormverweisung auf das fremde Recht anzunehmen, obwohl andere Rechte in vergleichbaren Fällen sogleich auf die lex fori zurückgreifen und das fremde Recht gar nicht angewendet sein will.[110] Wird das **Prinzip der engsten Verbindung** hingegen – wie zB in Art. 41 Abs. 1 oder Art. 46 – zur bewussten Korrektur typisierter Anknüpfungen zugunsten einer wesentlich engeren Verbindung eingesetzt, dient eine solche echte Ausweichklausel dem Zweck, „den Richter auf den Weg des klassischen Kollisionsrechts

---

[101] Institut de Droit International, Taking Foreign Private International Law into Account (August 1999), abgedruckt in IPRax 2000, 51 und RabelsZ 64 (2000), 354 ff., Resolution, Nr. 4 lit. a.
[102] Vgl. etwa zum Günstigkeitsprinzip im Internationalen Deliktsrecht OLG Saarbrücken NJW 1958, 752 (753); *Boisserée* NJW 1958, 1239 (1240); *Eujen/Müller-Freienfels* RIW 1972, 503 (506); *Kloepfer/Kohler,* Kernkraftwerk und Staatsgrenze, 1981, 157 f.; *Mühl,* Die Lehre vom „besseren" und „günstigeren" Recht im Internationalen Privatrecht, 1981, 153–155; für familienrechtliche Anknüpfungen auch *Ebenroth/Eyles* IPRax 1989, 1 (10); *Rauscher* NJW 1988, 2151 (2153).
[103] Für grundsätzliche Sachnormverweisung, aber ergebnisorientierte Korrektur im Sinne einer Gesamtverweisung die heute wohl hL: Bamberger/Roth/*Lorenz* Rn. 8; Erman/*Hohloch* Rn. 19; *Kartzke* IPRax 1988, 8 (9); *Kropholler* IPR § 24 II 2c (S. 171 f.); jurisPK-BGB/*Ludwig* Art. 3–4 Rn. 183; NK-BGB/*Freitag* Rn. 21; Palandt/*Thorn* Rn. 6; im Ansatz umgekehrt (grundsätzlich Gesamtverweisung, aber im Einzelfall Korrektur) 5. Aufl. 2010, Rn. 27 *(Sonnenberger)*; Staudinger/*Hausmann* (2013) Rn. 96.
[104] Plastisch spricht *Solomon,* Liber Amicorum Schurig, 2012, 237 (261) von einem „verwirrende[n] Kaleidoskop von Folgefragen". Seinem Lösungsvorschlag, auch bei alternativen Anknüpfungen den Renvoi schlechthin zu akzeptieren, so *Solomon,* Liber Amicorum Schurig, 2012, 237 (262), kann freilich nicht gefolgt werden; für einen Ausschluss des Renvoi *Corneloup* IPRax 2017, 147 (152).
[105] Treffend 5. Aufl. 2010, Rn. 27 *(Sonnenberger)*: „Nicht die Alternativität der Anknüpfung als solche spricht für Sachnormverweisung, sondern der mit ihr in einer bestimmten Kollisionsnorm verfolgte Zweck."
[106] Vgl. BGH NJW 2011, 2059 Rn. 10, der betont, dass „die Annahme der örtlichen und damit internationalen Zuständigkeit [nach § 32 ZPO] zugleich über die Anwendung des deutschen materiellen Rechts entscheidet, weil nach Art. 40 ff. EGBGB auch das Deliktstatut regelmäßig an den Handlungs- bzw. Erfolgsort anknüpft."
[107] Zu Art. 40 Abs. 1 S. 2 ausf. *v. Hein* ZVglRWiss. 99 (2000), 251 (261 ff.).
[108] Vgl. obiter BGH NJW 2016, 1648 Rn. 13.
[109] *v. Hein* ZVglRWiss. 99 (2000), 251 (274 f.); ebenso *Kropholler* IPR § 24 II 2a (S. 169 f.); 5. Aufl. 2010, Rn. 29 *(Sonnenberger)*; NK-BGB/*Freitag* Rn. 22.
[110] KG FamRZ 2007, 1561 mAnm Henrich = BeckRS 2008, 01367; ebenso Bamberger/Roth/*Lorenz* Rn. 8; *Ebenroth/Eyles* IPRax 1989, 1 (11); *Kartzke* IPRax 1988, 8 (9); *Kropholler* IPR § 24 II 2a (S. 170); jurisPK-BGB/*Ludwig* Art. 3–4 Rn. 182; NK-BGB/*Freitag* Rn. 22; Palandt/*Thorn* Rn. 7; aA (für Sachnormverweisung) Erman/*Hohloch* Rn. 18; *Siehr,* FS Sonnenberger, 2004, 667 (673).

zu führen und ihn zu einer systemgerechten Rechtsfortbildung anzuhalten."[111] Hat das Gericht das im konkreten Fall unpassende, typisierte Anknüpfungsmerkmal im Wege einer systemgerechten Rechtsfortbildung überwunden, würde der Normzweck einer solchen Ermächtigungsgrundlage verfehlt, wenn durch eine Rück- oder Weiterverweisung wieder eine typisierte Anknüpfung zum Zuge käme. Insoweit sprechen die besseren Argumente für die Annahme einer Sachnormverweisung.[112] Umstritten ist aber wiederum, ob bei der Interpretation des Begriffs der engsten Verbindung der Gedanke des **internationalen Entscheidungseinklangs** – und damit die Anwendungswilligkeit des fremden Rechts – zumindest als ein **Abwägungsfaktor** berücksichtigt werden darf (näher → Rn. 109 ff.).

e) Akzessorische Anknüpfungen. Auch in Bezug auf akzessorische Anknüpfungen ist die Aussage, der Renvoi sei stets ausgeschlossen,[113] zu allgemein und missverständlich.[114] Beispielsweise bei der vertragsakzessorischen Anknüpfung im autonomen Internationalen Deliktsrecht (Art. 41 Abs. 2 Nr. 1) ist der Renvoi zwar nach allgemeiner Ansicht nicht zu befolgen, um den angestrebten Gleichlauf zwischen dem renvoifeindlichen Vertragsstatut und dem Deliktsstatut nicht zu stören.[115] Erfolgt die Bezugnahme auf ein anderes Rechtsverhältnis (etwa eine Ehe) hingegen lediglich aus gesetzestechnischen Gründen, um Wiederholungen zu vermeiden, so insbesondere im Ehegüterrecht nach Art. 15 Abs. 1, ist der Renvoi (des ausländischen Ehegüterrechts, nicht des Ehewirkungsrechts) hingegen zu beachten.[116] Eine Rück- und Weiterverweisung ist stets ausgeschlossen, wenn im Restanwendungsbereich des autonomen Kollisionsrechts akzessorisch an das nach einer EU-Verordnung berufene Statut angeknüpft wird, für dessen Bestimmung der Renvoi nicht beachtet wird. Dies gilt im Hinblick auf die in Art. 17 Abs. 1 geregelten vermögensrechtlichen Scheidungsfolgen[117] sowie den in Art. 17 Abs. 3 geregelten Versorgungsausgleich (näher → Rn. 60), ferner für die in Art. 44 geregelte akzessorische Anknüpfung von Immissionsabwehransprüchen an das Umweltdeliktsrecht der Rom II-VO.

f) Domizil- und Staatsangehörigkeitsprinzip. Umstritten ist zudem das Verhältnis von Domizil- und Staatsangehörigkeitsprinzip. Vielfach wird das Staatsangehörigkeitsprinzip für tendenziell renvoifreundlicher gehalten als die Anknüpfung an den gewöhnlichen Aufenthalt.[118] Daran ist richtig, dass die Staatsangehörigkeit einer Person bei längerer Verweildauer im Ausland oft nur noch eine formale Verbundenheit mit der Heimatrechtsordnung widerspiegelt, während der gewöhnliche Aufenthalt, bei dessen Feststellung außer der reinen Aufenthaltsdauer auch Aspekte der sozialen Integration berücksichtigt werden, in der Regel eine höhere Treffsicherheit bei der Ermittlung der engsten Verbindung aufweist. Bereits die – niemals in Kraft getretene – Haager Renvoi-Konvention von 1955 gab, wenn das Heimatrecht einer Person auf ihr Domizil, der Domizilstaat aber wiederum auf das Heimatrecht verweist, letztlich dem Domizilprinzip den Vorzug (Art. 1 Haager Renvoi-Übk. 1955).[119] Dennoch ist der gewöhnliche Aufenthalt nicht schlechthin renvoifeindlich. So ist zB für die Anknüpfung an den gemeinsamen gewöhnlichen Aufenthalt in Art. 40 Abs. 2 ganz überwiegend anerkannt, dass hierbei ein Renvoi durch das Aufenthaltsrecht zu beachten ist.[120] Auch im Internationalen Familienrecht des EGBGB werden Verweisungen auf den gewöhnlichen Aufenthalt (Art. 14 Abs. 1 Nr. 2, Art. 15 Abs. 1) grundsätzlich als renvoifreundlich angesehen.[121] Dies lässt sich inhaltlich zumindest dann rechtfertigen, wenn der gewöhnliche Aufenthalt, wie namentlich im Ehegüterrecht, zeitlich fixiert („unwandelbar") wird, da insoweit ähnlich wie bei der Staatsangehörigkeit ein formales, typisiertes Element der Anknüpfung gegenüber der aktuellen sozialen Einbettung des Rechtsverhältnisses in den Vordergrund tritt (zur Unwandelbarkeit [bewegliche Verweisung] → Rn. 84 f.).

[111] *Kropholler* IPR § 4 II 2c (S. 28).
[112] *v. Hein* ZVglRWiss. 99 (2000), 251 (274 f.); ebenso *Kropholler* IPR § 24 II 2a (S. 169 f.); 5. Aufl. 2010, Rn. 29 *(Sonnenberger)*; Palandt/*Thorn* Rn. 7; *Siehr*, FS Sonnenberger, 2004, 667 (671 f.); anders aber *Solomon,* Liber Amicorum Schurig, 2012, 237 (256 ff.).
[113] So aber zu Art. 41 BT-Drs. 14/343, 8.
[114] Diff. auch Bamberger/Roth/*Lorenz* Rn. 9; *Kropholler* IPR § 24 II 2d (S. 172); 5. Aufl. 2010, Rn. 28 *(Sonnenberger)*; NK-BGB/*Freitag* Rn. 23.
[115] BGHZ 190, 301 (312) = NJW 2011, 3584; obiter BGH NJW 2016, 1648 Rn. 13; *Spickhoff* NJW 1999, 2209 (2212); *Staudinger* DB 1999, 1589 (1593).
[116] Bamberger/Roth/*Lorenz* Rn. 9; *Kropholler* IPR § 24 II 2d (S. 172); 5. Aufl. 2010, Rn. 28 *(Sonnenberger)*; NK-BGB/*Freitag* Rn. 23.
[117] BT-Drs. 17/11049, 10.
[118] *Neuhaus,* Die Grundbegriffe des Internationalen Privatrechts, 2. Aufl. 1976, § 36 II 1; eingehend *Mäsch* RabelsZ 61 (1997), 285 (308 ff.).
[119] Abrufbar unter http://www.hcch.net.
[120] Ausf. hierzu *v. Hein* ZVglRWiss. 99 (2000), 251 (272 f.).
[121] S. nur Erman/*Hohloch* Art. 14 Rn. 6, Art. 15 Rn. 7 mwN.

35   **g) Ergebnis.** Der voranstehende Überblick zeigt, dass selbst bei vordergründig klaren Fällen renvoifeindlicher Anknüpfungen der Teufel im Detail steckt, weshalb auf europäischer Ebene eine eindeutige Regelung unabdingbar ist. Gegen eine generell-abstrakte Unterscheidung von renvoi-freundlichen und renvoifeindlichen Anknüpfungen spricht, dass eine solche Differenzierung ohne Rücksicht auf die jeweils betroffenen Rechtsgebiete zu schematisch wäre.[122] Dies lässt sich beispiels-weise am Internationalen Versicherungsvertragsrecht verdeutlichen, das für Massenrisiken bei der objektiven Anknüpfung renvoifeindlich (Art. 7 Abs. 3 S. 3 iVm Art. 20 Rom I-VO), gerade bei der Rechtswahl aber in einigen Fällen renvoifreundlich ist (Art. 7 Abs. 3 S. 2 Rom I-VO). Überdies lässt die Rom I-VO bei der Wahl des Rechts am gewöhnlichen Aufenthalt des Versicherungsnehmers (Art. 7 Abs. 3 S. 1 lit. b Rom I-VO) einen Renvoi zu, schließt diesen bei der Wahl des Rechts der Staatsangehörigkeit für einen Lebensversicherungsvertrag (Art. 7 Abs. 3 S. 2 iVm Art. 20 Rom I-VO) aber aus – ein im Lichte der obigen Überlegungen zumindest kontra-intuitives Ergebnis.

36   Festzuhalten ist daher: **Die Einstufung eines Anknüpfungsmoments als renvoifreundlich oder -feindlich kann nicht abstrakt erfolgen, sondern muss dessen spezifischen Funktionen auf einem bestimmten Rechtsgebiet Rechnung tragen.**

37   **3. Differenzierung zwischen verschiedenen Rechtsgebieten.** Vielfach wird schon heute in den nationalen Rechtsordnungen bei der Beachtung des Renvoi zwischen verschiedenen Rechtsgebie-ten differenziert.[123] Auch in der Rechtswissenschaft wird zunehmend ein pragmatischer Ansatz bevor-zugt, der sich an dem unterschiedlichen Stellenwert orientiert, den der **internationale Entschei-dungseinklang** jeweils auf den betroffenen Rechtsgebieten einnimmt.[124] *Lagarde* und *Henrich* haben sich auf der Ebene des europäischen Kollisionsrechts ebenfalls für eine Differenzierung nach Rechtsge-bieten ausgesprochen.[125] Renvoifreundlich in diesem Sinne sind tendenziell das Personen-, Familien- und Erbrecht, weil es dort vielfach um Statusfragen geht, die möglichst international einheitlich entschie-den werden sollen.[126] Als grundsätzlich dem Renvoi feindlich werden hingegen Kollisionsnormen ein-gestuft, die das auf eine bestimmte Transaktion vertraglicher oder außervertraglicher Natur anwendbare Recht festlegen.[127] Hingegen soll der Renvoi auf den Gebieten des Sachen- und Gesellschaftsrechts wie-derum zu befolgen sein (zum internationalen Sachenrecht → Art. 43 Rn. 113, zum internationalen Gesellschaftsrecht → Rn. 506 ff.).[128] Auch dieser Ansatz bedarf jedoch insoweit der Verfeinerung, als dass auf den jeweiligen Rechtsgebieten wiederum nach der Art der einschlägigen Anknüpfungsmomente differenziert wird; so wäre zB nicht einzusehen, warum eine Rechtswahl oder eine Alternativanknüp-fung im Familien- oder Erbrecht ohne Weiteres renvoifreundlicher sein sollte als etwa im Vertrags- oder Deliktsrecht. Auf die Frage, ob das geltende europäische Kollisionsrecht insoweit stets konsistent ausge-staltet ist, wird zurückzukommen sein (→ Rn. 124 ff.).

38   **4. Differenzierung zwischen autonomem und international vereinheitlichtem IPR.** Schließlich wird bei der Beachtung des Renvoi herkömmlich zwischen autonomem und internatio-nal vereinheitlichtem IPR unterschieden; im international vereinheitlichten Kollisionsrecht soll der Renvoi grundsätzlich ausgeschlossen werden.[129] Dies ist insoweit gerechtfertigt, als vereinheitlichte

---

[122] *Sonnentag,* Der Renvoi im Internationalen Privatrecht, 2001, 108 ff.; 5. Aufl. 2010, Rn. 21 *(Sonnenberger);* auch *Neuhaus,* Die Grundbegriffe des Internationalen Privatrechts, 2. Aufl. 1976, § 36 II, räumte bereits ein, dass im Einzelfall praktische Erwägungen den Ausschlag geben müssten.

[123] S. den Überblick bei *Sonnentag,* Der Renvoi im Internationalen Privatrecht, 2001, 73 f., 124, 242 f., 263 ff.

[124] In diesem Sinne zB *Hughes* JPIL 6 (2010), 195 (196): „[R]envoi is necessary in those areas of law where especial importance is given to the policy of uniformity"; *Sonnentag,* Der Renvoi im Internationalen Privatrecht, 2001, 269 f.; s. auch *Cheshire/North/Fawcett,* Private International Law, 14. Aufl. 2008, 71 ff.

[125] *Henrich,* FS v. Hoffmann, 2011, 159 (165) im Anschluss an *Lagarde* in: *Bonomi/Schmid* (Hrsg.), Successions internationales, 2010, 11 (18); in diesem Sinne bereits *Sonnenberger,* FS Kropholler, 2008, 227 (238).

[126] *Henrich,* FS v. Hoffmann, 2011, 159 (165); *Hughes* JPIL 6 (2010), 195 (207); *Lagarde* in Bonomi/Schmid, Successions internationales, 2010, 11 (18); *Sonnenberger,* FS Kropholler, 2008, 227 (238); *Sonnentag,* Der Renvoi im Internationalen Privatrecht, 2001, 269.

[127] *Lagarde* in Bonomi/Schmid, Successions internationales, 2010, 11 (18); *Sonnentag,* Der Renvoi im Internati-onalen Privatrecht, 2001, 270; *Cheshire/North/Fawcett,* Private International Law, 14. Aufl. 2008, 71.

[128] Zum internationalen Sachenrecht in Deutschland allgM, s. nur BGHZ 108, 353 (357) = NJW 1990, 242; Erman/*Hohloch* Art. 43 Rn. 4; NK-BGB/*v. Plehwe* Art. 43 Rn. 13.

[129] OLG Köln FGPrax 2014, 124 (125); eingehend *Chen,* Rück- und Weiterverweisung (Renvoi) in staatsver-traglichen Kollisionsnormen, 2004; *Gottschalk,* Allgemeine Lehren des IPR in kollisionsrechtlichen Staatsverträgen, 2002, 43 ff.; *Kropholler,* FS Henrich, 2000, 393 ff.; *Kropholler* IPR § 24 III (S. 177 ff.); *van Loon* Riv. dir. int. priv. proc. 51 (2015) 743 (752); *Schack* IPRax 2013, 315 (317 f.); ebenso Bamberger/Roth/*Lorenz* Rn. 7a; Erman/*Hohloch* Rn. 1; 5. Aufl. 2010, Rn. 66 ff. *(Sonnenberger);* NK-BGB/*Freitag* Rn. 25; *Sonnentag,* Der Renvoi im Inter-nationalen Privatrecht, 2001, 76 f.; gegen eine entsprechende Differenzierung zwischen Staatsverträgen und IPR aber *Mäsch* RabelsZ 61 (1997), 284 (288); *Mäsch* in Arnold Grundfragen 55 (57): Auch autonomes Recht solle Sachnormverweisungen aussprechen; dem entgegengesetzt wiederum *Solomon,* Liber Amicorum Schurig, 2012, 237 (242 ff.): Auch Staatsverträge seien ohne Weiteres renvoifreundlich auszugestalten.

Kollisionsnormen einen Renvoi auf das autonome IPR eines Vertrags- oder Mitgliedstaates ausschließen; angesichts des durch die Kollisionsrechtsvereinheitlichung erreichten Ziels der Entscheidungsharmonie bedarf es des Renvoi nicht mehr, um unter den Vertrags- oder Mitgliedstaaten einen internationalen Entscheidungseinklang herbeizuführen.[130] Doch wird selbst dieser scheinbar selbstverständliche Grundsatz nicht lückenlos verwirklicht; Beispiele für eine Zulassung des Renvoi finden sich im heute noch zwischen Deutschland und Italien fortgeltenden Haager Eheschließungsabkommen vom 12.6.1902 und den Genfer Abkommen über das Internationale Wechsel- bzw. Scheckprivatrecht von 1930/31, in Deutschland umgesetzt in Art. 91 WG bzw. Art. 60 ScheckG.[131] Diese – vereinzelt gebliebenen – Ausnahmen dienten dem Zweck, den Gegensatz zwischen dem Domizil- und dem Staatsangehörigkeitsprinzip abzumildern, indem eine Verweisung des Heimatrechts auf ein anderes Recht akzeptiert wurde (aber nicht umgekehrt!); hierdurch sollte die Ratifikationsbereitschaft potenzieller Vertragsstaaten angeregt werden.[132]

Problematischer gestaltet sich der Ausschluss des Renvoi, wenn die **vereinheitlichten Kollisions-** 39 **normen** auf das Recht eines **Drittstaates** verweisen.[133] Herkömmlich wird auch insoweit, insbesondere in den älteren Haager Übereinkommen, der Renvoi ausgeschlossen.[134] Zur Begründung wird angeführt, dass der Entscheidungseinklang unter den Vertragsstaaten höher zu gewichten sei als derjenige mit Drittstaaten; ferner werden Komplikationen befürchtet, die durch die unterschiedliche Haltung der Vertragsstaaten zur Frage des Renvoi entstehen könnten.[135] Diese Argumentation wurde und wird vielfach vom staatsvertraglichen auf das EU-Kollisionsrecht übertragen.[136] Hierbei darf jedoch ein wichtiger Unterschied nicht außer Acht gelassen werden: Das Kollisionsrecht der Haager Konventionen ist dem Ideal einer möglichst weltweiten Akzeptanz verpflichtet: Alle Staaten können ihnen grundsätzlich beitreten. Wenn dieser Idealzustand verwirklicht wäre, hätten alle Staaten dieselben Kollisionsnormen, so dass es der Krücke des Renvoi nicht mehr bedürfte, um internationalen Entscheidungseinklang zu erzielen. Im Gegensatz zu den Haager Konventionen handelt es sich bei den einschlägigen **EU-Verordnungen** aber von ihrer Konzeption her nicht um eine globale, sondern lediglich um eine regional, auf den Kreis der Mitgliedstaaten ausgerichtete Rechtsvereinheitlichung, so dass die Frage aufzuwerfen ist, ob das IPR eines Staatenverbundes wie der EU funktional nicht größere Ähnlichkeit mit dem Kollisionsrecht eines Bundesstaates als mit einem Staatsvertrag aufweist. Letztlich dürfte aber dieser Unterschied dadurch zu relativieren sein, dass die EU sich als Mitglied der Haager Konferenz bei der Aushandlung künftiger Übereinkommen sehr stark am eigenen, unionsrechtlichen Acquis orientieren dürfte.[137] Bei realpolitischer Betrachtung ist daher auch dem EU-Kollisionsrecht der Anspruch auf Globalisierung der eigenen kollisionsrechtspolitischen Wertungen bereits eingeschrieben.

Auch in Den Haag hat man zudem erkannt, dass tatsächlich nur sehr wenige Übereinkommen 40 einen weltweiten Ratifikationserfolg erzielen und die Frage nach dem richtigen Umgang mit dem **Kollisionsrecht von Nicht-Vertragsstaaten** folglich unter Umständen einer differenzierenden Lösung bedarf.[138] Zwei neuere Haager Konventionen auf den Gebieten des Erb- und des Kindschaftsrechts akzeptieren den Renvoi, wenn das vom jeweiligen Übereinkommen berufene Recht eines Nichtvertragsstaates auf das Recht eines anderen Nichtvertragsstaates weiterverweist und dieser die Verweisung annimmt (Art. 4 ErbRÜ,[139] Art. 21 Abs. 2 KSÜ); eine Rückverweisung auf das Recht eines Vertragsstaates wird hingegen nicht befolgt. Ob diese Lösung interessengerecht ist, ist umstrit-

---

[130] S. nur *Corneloup* IPRax 2017, 147 (149); *Gottschalk* Allgemeine Lehren des IPR 134 f.; *Kropholler,* FS Henrich, 2000, 393 f.; 5. Aufl. 2010, Rn. 66 *(Sonnenberger); Perreau-Saussine* in Azzi/Boskovic Quel avenir 139 (149).

[131] S. Art. 1 Haager Abkommen zur Regelung des Geltungsbereichs der Gesetze auf dem Gebiete der Eheschließung vom 12.6.1902, RGBl. 1904, 221 = *Jayme/Hausmann* Nr. 30; Art. 2 Abs. 1 Genfer Abkommen über Bestimmungen auf dem Gebiet des internationalen Wechselprivatrechts vom 7.6.1930, RGBl. 1933 II 444; Art. 2 Abs. 1 Genfer Abkommen über Bestimmungen auf dem Gebiet des internationalen Scheckprivatrechts vom 19.3.1931, RGBl. 1933 II 594.

[132] Näher *Kropholler,* FS Henrich, 2000, 393 (394 f.).

[133] *Perreau-Saussine* in Azzi/Boskovic Quel avenir 139 (149 f.).

[134] Eingehender Überblick bei *Gottschalk* Allgemeine Lehren des IPR 62 ff.

[135] *Kropholler,* FS Henrich, 2000, 393 (394); krit. *Perreau-Saussine* in Azzi/Boskovic Quel avenir 139 (149 f.).

[136] S. zB *Kropholler* IPR § 24 III 2 (S. 178 f.); *Leible,* Rom I und Rom II: Neue Perspektiven im europäischen Kollisionsrecht, 2009, 53; *Mankowski* IPRax 2010, 389 (398 f.); NK-BGB/*Freitag* Rn. 24.

[137] Vgl. die gescheiterten Verhandlungen zu einem weltweiten Gerichtsstands- und Vollstreckungsübereinkommen, bei dem sich die Mitgliedstaaten sehr stark am EuGVÜ orientierten; hierzu ausf. *Baumgartner,* The Proposed Hague Convention on Jurisdiction and Foreign Judgments, 2003.

[138] *Courbe,* Écrits rédigés en l'honneur de Jacques Foyer, 2008, 241 (247 ff.).

[139] Haager Übereinkommen über das auf die Rechtsnachfolge von Todes wegen anwendbare Recht vom 1.8.1989, abgedruckt in IPRax 2000, 53 ff.; hierzu umfassend *Lagarde* Rev. crit. dr. int. pr. 78 (1989), 249 ff.

ten. Das Haager Erbrechtsübereinkommen ist aufgrund seines bescheidenen Ratifikationserfolgs nicht in Kraft getreten.[140] An der Regelung des auch für Deutschland geltenden KSÜ wird bemängelt, dass sie die Rechtsanwendung zulasten der Betroffenen gerade in Eilfällen (Art. 11 KSÜ) unnötig erschwere.[141] Im neueren Erwachsenenschutzübereinkommen wurde eine entsprechende Regelung bewusst nicht aufgenommen (vgl. Art. 19 ErwSÜ), weil das ErwSÜ im Gegensatz zum KSÜ keine Regelung für ex-lege-Gewaltverhältnisse, also die kraft Gesetzes entstehende Vertretungsmacht, enthält.[142] Von einer allgemeinen „Renaissance" des Renvoi lässt sich daher in Bezug auf die Haager Konventionen nur schwerlich sprechen. Umso bemerkenswerter ist es, dass die EuErbVO nicht nur die aus Art. 4 ErbRÜ und Art. 21 Abs. 2 KSÜ bekannte Regelung für die Weiterverweisung unter Nicht-Vertragsstaaten rezipiert, sondern darüber hinausgehend auch den Renvoi auf das Recht eines Mitgliedstaates für beachtlich erklärt.[143] Hierauf ist zurückzukommen (→ Rn. 124 ff.).

41   **5. Zusammenfassung.** Wie der voranstehende Überblick zeigt, lässt sich die Frage nach der Beachtlichkeit des Renvoi heute nicht mehr generell, für alle Rechtsgebiete und alle Anknüpfungsmomente gleichermaßen, mit einem schlichten ja oder nein beantworten.[144] Es herrschen vielmehr pragmatische Lösungsansätze vor, die zwischen verschiedenen Rechtsgebieten und verschiedenen Anknüpfungsmomenten differenzieren. Ausschlaggebend ist dabei die **Frage, welches Gewicht jeweils dem Ziel des internationalen Entscheidungseinklangs zukommt.** Auch der lange Zeit nahezu unangefochtene Grundsatz, dass vereinheitlichtes Kollisionsrecht renvoifeindlich ist, wird zunehmend in Frage gestellt, vor dem Erlass der EuErbVO allerdings nur mit sehr bescheidenen praktischen Auswirkungen. Im Folgenden (→ Rn. 42 ff.) werden zunächst weitere Fragen erläutert, die sich bei der Anwendung des autonomen deutschen IPR stellen. Im Anschluss daran (→ Rn. 109 ff.) soll untersucht werden, ob das europäische Kollisionsrecht in dieser unübersichtlichen Gemengelage bislang zu konsistenten Wertungen gefunden hat und ob sich hieraus Rückschlüsse für die Anwendung des deutschen Rechts bzw. dessen künftige Ausgestaltung ziehen lassen.

IV. Anwendungsprobleme

42   **1. Feststellung und Umfang einer Rückverweisung. a) Allgemeines.** Auch wenn die rechtspolitische Grundsatzentscheidung für die Beachtlichkeit des Renvoi ausgefallen ist und dem nicht der „Sinn der Verweisung" (Art. 4 Abs. 1 S. 1 Hs. 2) im Einzelfall entgegensteht, können die Feststellung einer Rückverweisung und die genaue Bestimmung ihres Umfangs Schwierigkeiten aufwerfen. In der Rechtspraxis ergibt sich ein Renvoi vor allem daraus, dass das von uns berufene ausländische IPR ein anderes Anknüpfungsmoment verwendet als wir (indem es zB entgegen Art. 14 Abs. 1 Nr. 1 an den gewöhnlichen Aufenthalt statt an die Staatsangehörigkeit der Eheleute anknüpft), auf eine andere Bezugsperson abstellt (zB im Kindschaftsrecht entgegen Art. 21 auf die Eltern statt auf das Kind)[145] oder ein unserem IPR bekanntes Anknüpfungsmoment (zB den gewöhnlichen Aufenthalt) anders definiert.[146] Im Übrigen sind insbesondere die folgenden **Fallgruppen** problemträchtig: Erstens ist zu klären, ob sich eine Rückverweisung nur den Kollisionsnormen des berufenen Rechts entnehmen lässt oder ob und ggf. unter welchen Voraussetzungen angenommen werden kann, dass die Zuständigkeitsnormen der berufenen Rechtsordnung eine sog „versteckte" Rückverweisung auf das deutsche Recht anordnen (→ Rn. 43 ff.). Zweitens kann sich ein Renvoi auch aufgrund einer abweichenden Qualifikation durch das berufene Recht ergeben (Renvoi kraft abweichender Qualifikation; → Rn. 70 ff.) oder das berufene Recht kann in Bezug auf die Qualifikation auf das deutsche Recht zurückverweisen (Qualifikationsverweisung; → Rn. 76 ff.). Drittens kommt in Betracht, dass der Renvoi sich nicht auf den gesamten Umfang der aufgeworfenen Rechtsfrage, sondern nur auf einen Teil derselben erstreckt (→ Rn. 80 ff.). Schließlich ist zu entscheiden, wie zu verfahren ist, wenn ein Renvoi durch das berufene Recht nicht festgestellt werden kann (→ Rn. 90 ff.).

---

[140] Hierauf weist auch *Bucher* SZIER 1997, 67 (95) hin.
[141] *Graul,* Die Tendenz zur Aufenthaltsanknüpfung im Internationalen Kindschaftsrecht, 2002, 396.
[142] Staudinger/*v. Hein* (2014) Vor Art. 24 Rn. 228 mwN.
[143] Zur Entstehungsgeschichte näher *Heinze,* FS Kropholler, 2008, 105 (118 f.).
[144] Vgl. auch *Courbe,* Écrits rédigés en l'honneur de Jacques Foyer, 2008, 241 (250 f.); *Perreau-Saussine* in Azzi/Boskovic Quel avenir 139 ff.
[145] Vgl. AG Regensburg NZFam 2015, 142 = BeckRS 2014, 18214.
[146] Zur 5-Jahres-Frist im früheren niederländischen internationalen Erbrecht bzw. dem HErbÜ OLG Düsseldorf ZEV 2015, 167 mAnm *Eule* ZEV 2015, 169; vgl. zu derartigen Divergenzen auch *Romano,* Le dilemme du renvoi en droit international privé, 2015, 171 ff.

b) Versteckte Rückverweisung. aa) Einführung. Die im Einzelnen umstrittene Problematik **43**
der „versteckten" bzw. „hypothetischen" Rückverweisung lässt sich am besten anhand eines Bei-
spielsfalles verdeutlichen:[147]

Der A ist US-amerikanischer Staatsangehöriger und seit August 2008 wohnhaft in Nürnberg. Er **44**
ist in Florida geboren, wohnte in den USA aber zuletzt in Kalifornien, wo er iS des Common Law
sein *domicile* hatte. Seit mehr als sechs Monaten verfügt er dort über keinen Wohnsitz mehr. Der A
hat im Jahre 2005 in Belgien vor dem Standesbeamten eine gleichgeschlechtliche Ehe mit dem
italienischen Staatsangehörigen B geschlossen. A und B leben in Deutschland in häuslicher Gemeinschaft. Der B ist der leibliche Vater des C, der im Jahre 2004 in Russland geboren wurde und sowohl
die russische als auch die italienische Staatsangehörigkeit besitzt. A, B und C leben seit 2004 als
Familie zusammen. A möchte nun den C adoptieren. Der B und die leibliche Mutter des C, die in
Russland lebende russische Staatsangehörige M, haben hierzu bereits formwirksam ihre Zustimmung
erteilt. Das Adoptionsstatut richtet sich nach Art. 22 Abs. 1 S. 1,[148] der auf die US-amerikanische
Staatsangehörigkeit des A und insoweit auf kalifornisches Recht verweist (Art. 4 Abs. 3 S. 2; näher
→ Rn. 169 ff.); hierbei handelt es sich um eine Gesamtverweisung, so dass zu prüfen ist, ob das
kalifornische IPR diese Verweisung annimmt.[149] Das IPR in Kalifornien ist jedoch größtenteils
nicht kodifiziert. Es existiert lediglich eine Regelung der internationalen bzw. interlokalen Zuständigkeit für Adoptionen. Gemäß section 9210 California Family Code sind die kalifornischen Gerichte
zuständig, wenn der anzunehmende Minderjährige zusammen mit einem gesetzlichen Vertreter
oder einem zukünftigen Adoptionselternteil unmittelbar vor Verfahrensbeginn mindestens sechs
aufeinanderfolgende Monate in Kalifornien gelebt hat. Die Zuständigkeit ist auch gegeben, wenn
die künftigen Adoptiveltern unmittelbar vor Verfahrensbeginn für mindestens sechs aufeinander
folgende Monate in Kalifornien gelebt haben. Sind die kalifornischen Gerichte zuständig, wenden
sie auf eine Adoption das Sachrecht der lex fori an.

Die für ein kalifornisches Gericht maßgebende, auf die lex fori verweisende Kollisionsnorm **45**
„versteckt" sich also gleichsam in den dortigen Zuständigkeitsvorschriften. Es stellt sich daher die
Frage, nach welchem Recht zu entscheiden ist, wenn der Fall – wie hier – nicht vor ein kalifornisches,
sondern vor ein deutsches Gericht gebracht wird. Für ein deutsches Gericht gilt im IZVR der
Grundsatz der lex fori, dh es darf unmittelbar nur sein eigenes Verfahrensrecht – also zB das
FamFG – anwenden, nicht aber die kalifornischen Zuständigkeitsvorschriften. Heißt das aber, dass
auch eine möglicherweise im kalifornischen Zivilverfahrensrecht enthaltene „versteckte" Kollisionsnorm ignoriert werden muss? Die ständige deutsche Rechtsprechung entscheidet anders:[150] Sie
nimmt in derartigen Fällen eine **„hypothetische" Rückverweisung** an, dh wir entscheiden den
Fall so, wie ihn ein kalifornisches Gericht entscheiden würde, wenn es in Deutschland über den Fall
befinden müsste.[151] Es ist also zu prüfen, ob die Zuständigkeit eines deutschen Gerichts gegeben
wäre, wenn im Inland spiegelbildlich die kalifornischen Zuständigkeitsvorschriften gälten; sodann
wird das deutsche Sachrecht als lex fori berufen.

---

[147] Nach AG Nürnberg FamRZ 2011, 308 = StAZ 2011, 310 = BeckRS 2010, 24523; ähnliches Beispiel bei
HK-BGB/*Dörner* Rn. 16.
[148] Nicht Art. 22 Abs. 1 S. 2, weil es sich bei gleichgeschlechtlichen Lebenspartnern nicht um „Ehegatten" iS
dieser Vorschrift handelt, so zB AG Nürnberg FamRZ 2011, 308 = StAZ 2011, 310 = BeckRS 2010, 24523.
Die Neuregelung in Art. 22 Abs. 1 S. 3 (BGBl. 2014 I 786), die seit dem 21.6.2014 gilt, konnte in dem zugrunde
liegenden Fall aus intertemporalen Gründen noch nicht angewendet werden.
[149] Die folgende Darstellung des kalifornischen IPR beruht auf AG Nürnberg FamRZ 2011, 308 = StAZ
2011, 310 = BeckRS 2010, 24523.
[150] So im Beispielsfall auch AG Nürnberg FamRZ 2011, 308 = StAZ 2011, 310 = BeckRS 2010, 24523; s.
ferner KG IPRspr. 1965–66 Nr. 94; FamRZ 2007, 1561 mAnm *Henrich* = BeckRS 2008, 01367; BayObLGZ
1971, 157; OLG Hamm IPRax 1991, 197 = BeckRS 2007, 00161; OLG Stuttgart FamRZ 1997, 958 = BeckRS
1996, 31138784; OLG Zweibrücken NJW-RR 1999, 948 = FamRZ 1999, 940; OLG Hamburg FamRZ 2001,
916 = IPRax 2002, 304 mAnm *Andrae/Essebier* IPRax 2002, 294 = NJWE-FER 2001, 194; OLG Stuttgart
FamRZ 2003, 1669 = BeckRS 2002 30471537; OLG Stuttgart FamRZ 2005, 911 = NJOZ 2005, 4717; OLG
Frankfurt a.M. FamFR 2013, 118; AG Leverkusen FamRZ 2002, 1484 = BeckRS 2002, 31142385; AG Leverkusen FamRZ 2007, 1565 = BeckRS 2008, 04995; AG Eutin IPRspr. 2009 Nr. 75; eine versteckte Rückverweisung
für das englische Namensrecht abl. aber LG Traunstein StAZ 2008, 246 = BeckRS 2009, 07016; OLG München
FamRZ 2009, 1581 = StAZ 2009, 108 = FGPrax 2009, 73; umfassende Bestandsaufnahme bei *Nawroth,* Der
versteckte *renvoi* im deutschen internationalen Privatrecht, 2007, 117 ff.
[151] S. die Nachweise in der vorigen Fn.; zur dogmatischen Begr. näher *Kegel/Schurig* IPR § 10 VI; *Kropholler*
IPR § 25 I; *Looschelders* IPR Rn. 6; krit. *Raape/Sturm* IPR I S. 168 f.: „Säße er [der fremde Richter] bei uns am
Richtertisch, dann müßte er auch qualifizieren wie wir, dh. materiell, dann brächte er seine Normen mit und
griffe nicht zur jeweiligen lex fori." Das Argument überzeugt nicht, denn auch bei der gewöhnlichen Renvoi-
Prüfung wird eine abw. Qualifikation durch das von uns berufene Recht beachtet (näher → Rn. 70 ff.).

46   Die **Terminologie** ist nicht ganz einheitlich:[152] Es kann nämlich auch Rückverweisungen geben, die aus einer „versteckten" allseitigen Kollisionsnorm des ausländischen Rechts resultieren, also insoweit nicht nur einem hypothetischen, sondern einem realen Anwendungsbefehl des ausländischen Staates entsprechen, den auch dessen eigene Gerichte befolgen. Insoweit kann man zwar von einer „versteckten", aber nicht von einer „hypothetischen" Rückverweisung sprechen.[153] Ebenso handelt es sich um eine echte Rückverweisung, wenn eine Rechtsordnung zB zwar selbst keine Adoption gestattet, aber eine im Ausland vollzogene Adoption anerkennt, wenn diese nach dem Recht am gewöhnlichen Aufenthalt des Annehmenden möglich ist (näher → Rn. 57). Umgekehrt sind Fälle denkbar, in denen zwar eine einseitige ausländische Kollisionsnorm existiert (diese also nicht in Verfahrensvorschriften „versteckt" ist), aber die Hypothese zu prüfen ist, ob diese von einem inländischen Gericht zum Zwecke einer Rückverweisung verallseitigt werden darf (hypothetische, aber nicht versteckte Rückverweisung).[154] Wer es ganz genau ausdrücken will, müsste daher in Bezug auf die hier in Rede stehenden familienrechtlichen Konstellationen, bei denen aus Kollisionsnormen, die in verfahrensrechtlichen Vorschriften „versteckt" sind, eine „hypothetische" Rückverweisung abgeleitet wird, streng genommen von einer „versteckten hypothetischen" Rückverweisung sprechen.[155] Der kürzere und eingängigere Begriff der „versteckten" Rückverweisung hat sich insoweit aber allgemein durchgesetzt[156] und wird daher auch hier verwendet.[157]

47   Der Reformgesetzgeber des Jahres 1986 hat auf eine ausdrückliche Kodifikation der „versteckten" Rückverweisung verzichtet, was aber nicht als Absage an die seit langem etablierte Rechtspraxis missverstanden werden darf.[158] In der Begründung des Regierungsentwurfs heißt es hierzu:[159]

48   *„Auch die Behandlung des sog. ‚versteckten renvoi' soll nicht ausdrücklich festgelegt werden. Manche Rechtsordnungen, insbesondere des angelsächsischen Rechtskreises, haben auf bestimmten Rechtsgebieten, zB im Ehe- und Kindschaftsrecht, keine herkömmlichen Kollisionsnormen, sondern nur Vorschriften über die internationale Zuständigkeit der eigenen Gerichte, bei deren Bejahung immer eigenes materielles Recht (lex fori) angewandt wird. Die deutsche Rechtsprechung hat derartigen Regelungen vielfach den unausgesprochenen Rechtssatz entnommen, daß diese Rechtsordnungen im Fall der Zuständigkeit fremder Gerichte ebenfalls mit der Anwendung der fremden lex fori einverstanden sind, und dementsprechend eine Rückverweisung bejaht (KG, NJW 1960, S. 248 [250]; BayObLG, NJW 1962, S. 1013 f.; die Rechtsfigur des „versteckten Renvoi" ist allerdings noch umstritten, Beitzke, RabelsZ 37 [1973], S. 380 [390–393]. Die gerichtliche Praxis soll mit dem bisherigen Spielraum beibehalten werden können, da sie im Ansatz mit den Verweisungsprinzipien übereinstimmt, die dem Satz 2 zugrunde liegen."*

49   Eine erhebliche **praktische Bedeutung** hatte die versteckte Rückverweisung früher im internationalen Scheidungsrecht,[160] vor allem im Verhältnis zu Staaten des Common–Law–Rechtskreises; mit dem Renvoiausschluss in der heute geltenden Rom III-VO ist diesem Vorgehen insoweit jedoch der Boden entzogen (näher → Rn. 122). Dies gilt auch im Hinblick auf die in Art. 17 Abs. 1 geregelten vermögensrechtlichen Scheidungsfolgen[161] sowie den in Art. 17 Abs. 3 geregelten Versor-

---

[152] Überblick bei *Nawroth,* Der versteckte *renvoi* im deutschen internationalen Privatrecht, 2007, 22 ff., 175 ff.; vgl. *Kegel/Schurig* IPR § 10 VI; *Bauer* Jura 2002, 800 (802).

[153] Ähnlich *Nawroth,* Der versteckte *renvoi* im deutschen internationalen Privatrecht, 2007, 27 („ausdrücklicher" Renvoi durch eine versteckte Kollisionsnorm).

[154] Vgl. zB zur str. Frage, ob Art. 24 Abs. 1 S. 2, der auf einen gewöhnlichen Aufenthalt des Betroffenen in Deutschland abstellt („Inland"), durch österreichische Gerichte iS eines Aufenthalts in Österreich ausgelegt werden könne, Staudinger/*v. Hein* (2014) Art. 24 Rn. 31 mwN.

[155] So konsequent *Sonnenberger,* Mélanges Sturm, 1999, 1683.

[156] Vgl. bereits *Jayme* ZfRV 11 (1970), 253 (255): „Selbst die Amtsgerichte verwenden diesen Terminus als selbstverständlich."

[157] Vgl. auch *Kegel/Schurig* IPR § 10 VI; *Bauer* Jura 2002, 800 (802); zum Teil wird auch von „unechter" Rückverweisung gesprochen, so Erman/*Hohloch* Rn. 6.

[158] Die genaue Interpretation der im Folgenden zitierten Passage ist allerdings str.; für Billigung der bisherigen Praxis *Lüderitz* IPR Rn. 165 in Fn. 28; NK-BGB/*Freitag* Rn. 10; Staudinger/*Hausmann* (2013) Rn. 83; dagegen für bloße Enthaltung des Gesetzgebers *Bauer* Jura 2002, 800 (802); Erman/*Hohloch* Rn. 6; *Nawroth,* Der versteckte *renvoi* im deutschen internationalen Privatrecht, 2007, 137.

[159] BT-Drs. 10/504, 38 f.

[160] KG FamRZ 2007, 1561 mAnm *Henrich* = BeckRS 2008, 01367; OLG Zweibrücken NJW-RR 1999, 948 = FamRZ 1999, 940; OLG Hamburg FamRZ 2001, 916 = IPRax 2002, 304 mAnm *Andrae/Essebier* IPRax 2002, 294 = NJWE-FER 2001, 194; OLG Stuttgart FamRZ 2003, 1669 = BeckRS 2002 30471537; OLG Stuttgart FamRZ 2005, 911 = NJOZ 2005, 4717; OLG Frankfurt a.M. FamFR 2013, 118; AG Leverkusen FamRZ 2002, 1484 = BeckRS 2002, 31142385; AG Leverkusen FamRZ 2007, 1565 = FamRZ 2007, 1565; AG Eutin IPRspr. 2009 Nr. 75; die Voraussetzungen einer versteckten Rückverweisung verneint in Bezug auf das chinesische Scheidungsrecht AG Duisburg IPRspr. 2010 Nr. 93 = BeckRS 2010, 16617.

[161] BT-Drs. 17/11049, 10.

gungsausgleich (näher → Rn. 60). Gleiches ist für andere Bereiche des Familienrechts der Fall, in denen die einschlägigen internationalen Rechtsquellen keine Rückverweisung mehr zulassen, namentlich im Kindes- und Erwachsenenschutz (Art. 21 Abs. 1 KSÜ, Art. 19 ErwSÜ).[162] Im ehelichen Güterrecht kann die versteckte Rückverweisung zwar bis zum 29.1.2019 noch zum Zuge kommen;[163] allerdings ist ab diesem Zeitpunkt der Ausschluss des Renvoi infolge der Güterrechtsverordnung der EU zu beachten (näher → Rn. 136 ff.). Im Internationalen Erbrecht wurde eine versteckte (partielle) Rückverweisung zB hinsichtlich der mit einer Nachlassabwicklung („administration") zusammenhängenden Rechtsfragen angenommen.[164] Ferner ist für die Fälle erbenlosen Nachlasses („bona vacantia") aus einem öffentlich-rechtlichen Aneignungsrecht eines anderen Staates zum Teil eine „stillschweigend[e] Rückverweisung" auf das deutsche Belegenheitsrecht abgeleitet worden;[165] heute gilt insoweit Art. 33 EuErbVO[166] (näher die dortige Kommentierung; zum Qualifikationsproblem näher → Einl. IPR Rn. 122). Soweit das internationale Erbrecht in Art. 34 EuErbVO einen Renvoi durch Drittstaaten zulässt, ist es eine Frage der Auslegung dieser Verordnung, ob hiervon auch ein „versteckter" Renvoi erfasst wird (näher → Rn. 134). Ungeschmälerte Anwendung wird die Figur der „versteckten" Rückverweisung daher in absehbarer Zukunft nur noch im Restanwendungsbereich des autonomen IPR, vor allem im Adoptionsrecht (Art. 22), finden können.[167]

Die ganz überwiegende deutsche Lehre billigt, ungeachtet argumentativer Differenzen in Einzelfragen, grundsätzlich die „versteckte" Rückverweisung.[168] Jedoch ist die bereits in der oben wiedergegebenen Begründung des Regierungsentwurfs zitierte fundamentale Kritik an dieser Rechtsfigur[169] auch nach 1986 nicht verstummt.[170] Bevor auf diese prinzipielle Infragestellung des „versteckten" Renvoi und denkbare Alternativlösungen eingegangen wird (→ Rn. 63 ff.), sollen im Folgenden zunächst die Voraussetzungen und Grenzen der versteckten Rückverweisung nach den Kriterien der hM erläutert werden. **50**

bb) Voraussetzungen. (1) Anwendung des eigenen Rechts als lex fori. Die Anerkennung **51** der „versteckten" oder „hypothetischen" Rückverweisung beruht auf dem Gedanken, dass zwar ein expliziter Renvoi durch herkömmliche Kollisionsnormen auf das deutsche Recht nicht festgestellt werden kann, dass man aber grundsätzlich davon ausgehen darf, dass eine ausländische Rechtsordnung, deren Gerichte bei gegebener internationaler Zuständigkeit stets ihr eigenes Recht als lex fori anwenden, auch damit einverstanden sein wird, dass ausländische Gerichte, die bei Zugrundelegung der ausländischen Verfahrensvorschriften zuständig wären, ebenfalls auf ihr eigenes Recht zurückgrei-

---

[162] Zum autonomen internationalen Kindschaftsrecht vgl. noch OLG Stuttgart FamRZ 1997, 958 = BeckRS 1996, 31138784.

[163] KG FamRZ 2007, 1564 = NJOZ 2007, 1998; AG Emmendingen IPRspr. 2000 Nr. 54; näher *Andrae* IntFamR § 3 Rn. 134 ff.

[164] Str., für die sog „Spaltungstheorie" zB *Berenbrok,* Internationale Nachlaßabwicklung, Zuständigkeit und Verfahren, 1989, 187 ff.; *Ferid* IPR Rn. 9–21; *Firsching* DNotZ 1959, 368; Staudinger/*Dörner* (2007) Art. 25 Rn. 683; *Wohlgemuth* MittRhNotK 1992, 107; dagegen („Anerkennungstheorie") zB *Hausmann,* FS Heldrich, 2005, 649 (660); *Felix Odersky* ZEV 2000, 492 (493), alle mwN.

[165] So zB *Kegel/Schurig* IPR § 7 III 3b cc bbb; *Nawroth,* Der versteckte *renvoi* im deutschen internationalen Privatrecht, 2007, 272 ff.; *Nordmeier* IPRax 2013, 418 (421 f.); anders KG IPRax 1986, 41 m. Aufsatz *Firsching* IPRax 1986, 25 = OLGZ 1985, 280; BVerwG IPRspr. 2004 Nr. 85 = BeckRS 2005, 21907: öffentlich-rechtliches Aneignungsrecht sei aufgrund des Territorialitätsprinzips in Deutschland nicht zu beachten (was im Ergebnis aber auch zur Anwendung deutschen Rechts führt; vgl. auch KG FamRZ 2011, 1008 = ZEV 2011, 132; § 29 des öst. IPRG (Kaduzitätsstatut) enthält hingegen eine echte Rück- und Weiterverweisung auf die lex rei sitae, s. OLG München FamRZ 2011, 1756 = ZEV 2011, 469 = IPRax 2013, 443 m. Aufsatz *Nordmeier* IPRax 2013, 418.

[166] Hierzu *Nordmeier* IPRax 2013, 418 (422 ff.).

[167] Vgl. AG Nürnberg FamRZ 2011, 308 = StAZ 2011, 310 = BeckRS 2010, 24523; ferner OLG Köln FamRZ 2003, 1773 = BeckRS 2002 30299812.

[168] *v. Bar/Mankowski* IPR I § 7 Rn. 218 f.; *Ferid* IPR Rn. 3–92 f.; *Kegel/Schurig* IPR § 10 VI; *Kropholler* IPR § 25; *Looschelders* IPR Rn. 6 ff.; *Lüderitz* IPR Rn. 165 f.; *PWW/Mörsdorf-Schulte* Rn. 7; *Rauscher* IPR Rn. 383 ff.; Soergel/*Kegel* Rn. 16; Staudinger/*Hausmann* (2013) Art. 22 Rn. 17 ff.; Staudinger/*Henrich* (2014) Art. 22 Rn. 17 ff.; trotz methodischer Bedenken im Ergebnis auch *Andrae* IntFamR § 3 Rn. 134 ff., § 7 Rn. 36 ff.; Erman/*Hohloch* Rn. 6; *v. Hoffmann/Thorn* IPR § 6 Rn. 83 ff.; NK-BGB/*Freitag* Rn. 10; Palandt/*Thorn* Rn. 2; umfassende Bestandsaufnahme bei *Nawroth,* Der versteckte *renvoi* im deutschen internationalen Privatrecht, 2007, 88 ff.

[169] Außer dem dort zitierten Aufsatz von *Beitzke* s. insbes. *Raape/Sturm* IPR I S. 168 f.; *Schwimann,* FS Bosch, 1976, 909 ff.; *Schwimann* NJW 1976, 1000; RGRK-BGB/*Wengler* IPR I § 9b 8.

[170] Insbes. 5. Aufl. 2010, Rn. 50–55 (*Sonnenberger*); *Sonnenberger,* Mélanges Sturm, 1999, 1683 ff.; krit. ferner Bamberger/Roth/*Lorenz* Rn. 12; *Bauer* Jura 2002, 800; *Mäsch* RabelsZ 61 (1997), 285 (300 f.); *Siehr* IPR § 51 III 2d; umfassende Bestandsaufnahme bei *Nawroth,* Der versteckte *renvoi* im deutschen internationalen Privatrecht, 2007, 106 ff.; aus französischer Sicht *Agostini* Rev. crit. dr. int. pr. 102 (2013), 545 (577 ff.); aus italienischer Sicht *Picone* Riv. dir. int. 81 (1998), 925 (944 ff.).

fen.[171] Denn die Berufung der lex fori bei einer gegebenen internationalen Zuständigkeit, die sich auch in vielen neueren Haager Übereinkommen findet (zB KSÜ, ErwSÜ), beruht ganz wesentlich auf den Effizienzvorteilen, die mit einem **Gleichlauf von internationaler Zuständigkeit und anwendbarem Recht** verbunden sind;[172] derartige Effizienzgewinne lassen sich aber nicht nur dann realisieren, wenn zB ein kalifornisches Gericht auf eine Adoption sein eigenes Recht anwendet, sondern auch dann, wenn ein deutsches Gericht, das aus kalifornischer Sicht zuständig wäre, entsprechend verfährt.[173]

52   Erste Voraussetzung eines „versteckten" Renvoi ist also, dass in der berufenen Rechtsordnung das eigene Recht bei gegebener internationaler Zuständigkeit gerade als lex fori angewendet wird, um das Gleichlaufprinzip zu verwirklichen.[174] Wenn sich hingegen in der ausländischen Rechtsordnung eine **„versteckte" Kollisionsnorm** feststellen lässt, die unabhängig davon zur Anwendung kommt, ob aus dem in ihr verwendeten Anknüpfungsmoment auch im Einzelfall die internationale Entscheidungszuständigkeit folgt – etwa indem allein bei der kollisionsrechtlichen Nachprüfung ausländischer Urteile auf das domicile einer Person abgestellt wird – liegt aus Sicht eines deutschen Gerichts kein Fall einer „hypothetischen" oder „unechten" Rückverweisung vor, sondern es ist eine gewöhnliche, „echte" oder „tatsächliche" Rückverweisung zu befolgen, nur dass diese die Besonderheit aufweist, dass es sich bei der rückverweisenden ausländischen IPR-Vorschrift ausnahmsweise um eine „versteckte" Kollisionsnorm handelt.[175] Im letztgenannten Fall ist nicht zu prüfen, ob aus der Sicht des fremden Rechts eine internationale Entscheidungszuständigkeit deutscher Gerichte besteht, sondern nur deren Anerkennungszuständigkeit aus Sicht des ausländischen Rechts festzustellen.[176] Ferner liegt kein Fall einer „versteckten" Rückverweisung vor, wenn das ausländische Recht die lex fori nicht aus Gleichlauferwägungen, sondern aus Gründen des **ausländischen ordre public** oder zur **Bevorzugung eigener Staatsangehöriger** in Gestalt einer Exklusivnorm bzw. einer speziellen Vorbehaltsklausel beruft.[177] Schließlich muss die Annahme einer versteckten Rückverweisung ausscheiden, wenn das ausländische Recht die Zuständigkeit seiner Gerichte nicht zum Zwecke einer Tätigkeit mit Rechtsprechungscharakter (zumindest im Sinne der freiwilligen Gerichtsbarkeit) und der damit verbundenen Rechtsanwendung begründet, sondern die Gerichte lediglich **deklaratorisch** oder **registrierend** an einem materiellrechtlich außergerichtlichen Vorgang mitwirken sollen. Da zB im Common Law der Grundsatz der freien Namensänderung ohne das Erfordernis einer behördlichen Mitwirkung gilt, indiziert die bloße Zuständigkeit der Gerichte eines Staates zur Registrierung einer solchen Änderung keine kollisionsrechtliche Anknüpfung an die lex fori.[178]

53   **(2) Hypothetische internationale Zuständigkeit nach der lex causae.** Für die Annahme einer „versteckten" oder „hypothetischen" Rückverweisung ist erforderlich, dass die Zuständigkeit der deutschen Gerichte sich bei spiegelbildlicher Prüfung des ausländischen Zuständigkeitsrechts, etwa aufgrund eines im Inland zu lokalisierenden domicile iS des Common Law, ergäbe;[179] eine allein auf die deutschen Vorschriften gestützte Zuständigkeit, etwa auf die Staatsangehörigkeit des Antragstellers nach § 98 Abs. 1 Nr. 1 FamFG, des Kindes (§ 99 Abs. 1 Nr. 1 FamFG) oder als Verbundzuständigkeit nach § 98 Abs. 2 FamFG, die im fremden Zivilverfahrensrecht kein Gegenstück

---

[171] IE *v. Bar/Mankowski* IPR I § 7 Rn. 218 f.; *Ferid* IPR Rn. 3–92 f.; *Kegel/Schurig* IPR § 10 VI; *Kropholler* IPR § 25; *Looschelders* IPR Rn. 6 ff.; *Lüderitz* IPR Rn. 165 f.; *PWW/Mörsdorf-Schulte* Rn. 7; *Rauscher* IPR Rn. 383 ff.; *Soergel/Kegel* Rn. 16; Staudinger/*Hausmann* (2013) Rn. 83 ff.; Staudinger/*Henrich* (2014) Art. 22 Rn. 17 ff.

[172] Insbes. *Kegel/Schurig* IPR § 10 VI.

[173] Vgl. *Kegel/Schurig* IPR § 10 VI: Die Anwendung des eigenen Rechts sei „schneller, billiger und sicherer"; ebenso Staudinger/*Hausmann* (2013) Rn. 83; Staudinger/*Henrich* (2014) Art. 22 Rn. 18 („Vorteil der Anwendung heimischen Rechts").

[174] Ausf. *Kropholler* IPR § 25 II 1; ebenso *Andrae* IntFamR § 3 Rn. 138.

[175] Vgl. zur Anerkennung ausländischer Ehescheidungen in Irland OLG Köln IPRax 1989, 297 (298) mit zust. Anm. *Coester-Waltjen* IPRax 1987, 282 f. = BeckRS 1988, 31147026: echte (!) Rückverweisung infolge einer Domizilanknüpfung; AG Minden IPRax 1992, 108 (Ls.) mAnm *Jayme*; anders – für „versteckte" Rückverweisung – AG Charlottenburg IPRax 1985, 162; Bamberger/*Roth*/*Lorenz* Rn. 12.

[176] OLG Köln IPRax 1989, 297 (298) = BeckRS 1988, 31147026; AG Minden IPRax 1992, 108 (Ls.) mAnm *Jayme*.

[177] FinG München ZEV 2007, 236 (zum niederl. Noterbrecht); allg. *v. Bar/Mankowski* IPR I § 7 Rn. 218; *Kropholler* IPR § 25 II 3; Staudinger/*Hausmann* (2013) Rn. 84.

[178] LG Traunstein StAZ 2008, 246 = BeckRS 2009, 07016; OLG München FamRZ 2009, 1581 = StAZ 2009, 108 = FGPrax 2009, 73.

[179] OLG Zweibrücken NJW-RR 1999, 948 = FamRZ 1999, 940; OLG Hamburg FamRZ 2001, 916 = IPRax 2002, 304 mAnm *Andrae/Essebier* IPRax 2002, 294 = NJWE-FER 2001, 194; *Andrae* IntFamR § 3 Rn. 138; *v. Bar/Mankowski* IPR I § 7 Rn. 218; Staudinger/*Hausmann* (2013) Rn. 83 aE.

hat, reicht hingegen als Grundlage einer versteckten Rückverweisung nicht aus.[180] Die jeweilige lex fori soll nach den Vorstellungen des ausländischen Rechts nicht in irgendeinem Forum, sondern „in foro proprio" berufen werden;[181] welches Forum insoweit angemessen ist, kann im Rahmen einer kollisionsrechtlichen Renvoi-Prüfung aber nur die von unserem IPR als maßgebend bezeichnete Rechtsordnung beantworten, nicht unser eigenes IZVR. Die internationale Zuständigkeit muss für die Annahme eines versteckten Renvoi nicht ausschließlich sein (näher → Rn. 59).

(3) Anerkennung entsprechender ausländischer Entscheidungen. Allein aus dem Umstand, **54** dass deutsche Gerichte bei spiegelbildlicher Anwendung des ausländischen Verfahrensrechts für die Entscheidung zuständig wären, kann indes nicht der sichere Schluss gezogen werden, dass die fremde Rechtsordnung mit der Anwendung der lex fori durch deutsche Gerichte einverstanden wäre.[182] Es kommt zB durchaus in Betracht, dass der betreffende Staat im Hinblick auf die Anerkennungszuständigkeit nicht einfach spiegelbildlich die eigenen Vorschriften über die direkte Zuständigkeit zugrunde legt, wie dies dem deutschen Recht entspricht (§ 328 Abs. 1 Nr. 1 ZPO), sondern dass er die indirekte Zuständigkeit eigenständig definiert und insoweit engere Grenzen setzt, indem er etwa den eigenen Gerichten konkurrierende Zuständigkeiten einräumt, die er aber nicht als Grundlage für die Urteilsanerkennung heranzieht.[183] In diesem Fall kann nicht davon ausgegangen werden, dass die betreffende Rechtsordnung einen Renvoi auf das deutsche Recht ausspricht.[184]

Aber selbst wenn der ausländische Staat im Hinblick auf die Anerkennungszuständigkeit dem **55** **Spiegelbildprinzip** folgt, ist damit noch nicht automatisch entschieden, dass ein deutsches Urteil, das in der Sache die lex fori anwendet, von ihm auch tatsächlich anerkannt wird.[185] Denn es ist durchaus denkbar, dass ein Staat zwar Ausländer mit gewöhnlichem Aufenthalt im Inland der lex fori unterwirft, eine spiegelbildliche Behandlung seiner eigenen Staatsbürger mit gewöhnlichem Aufenthalt im Ausland aber ablehnt (so zB noch heute das autonome deutsche internationale Betreuungsrecht, Art. 24 Abs. 1 S. 2). Und es ist nicht auszuschließen, dass dieser Staat – anders als das heutige deutsche Recht – ein ausländisches Urteil zum Schutze seiner Bürger vor der Anerkennung einer besonderen kollisionsrechtlichen Kontrolle unterzieht, wie sie früher etwa auch Art. 27 Nr. 4 EuGVÜ und § 328 Abs. 1 Nr. 3 ZPO aF vorsahen.[186] Liegen diese beiden Voraussetzungen vor, kann nicht davon ausgegangen werden, dass der betreffende Staat – trotz vorhandener Anerkennungszuständigkeit deutscher Gerichte – mit der Anwendung der lex fori auf seine Staatsangehörigen einverstanden ist, so dass für die Annahme einer versteckten Rückverweisung kein Raum bleibt.

Besteht hingegen aus der Sicht des ausländischen Staates eine Anerkennungszuständigkeit deut- **56** scher Gerichte und legt er gegen die Anwendung der lex fori auch kein kollisionsrechtliches Veto ein,[187] stehen sonstige Gründe, die eine Urteilsanerkennung verhindern könnten, wie etwa Verstöße gegen den verfahrensrechtlichen ordre public, der Annahme einer Rückverweisung nicht entgegen.[188]

Fraglich ist, ob sich eine „versteckte" Rückverweisung auch *allein* aus einer **Anerkennungsregel** **57** **des fremden Rechts** ergeben kann. Insoweit ist zu unterscheiden: Erstens kommt in Betracht, dass ein fremdes Recht zwar keine Entscheidungszuständigkeit seiner eigenen Gerichte im Hinblick auf ein ihm unbekanntes Rechtsinstitut vorsieht (früher vielfach die Ehescheidung, heute zB die Adoption), aber dessen ungeachtet zumindest indirekt die kollisionsrechtlichen Voraussetzungen festlegt, unter denen eine im Ausland vollzogene Scheidung oder Adoption im Inland anerkannt werden kann.[189] Lässt sich aus diesen Erfordernissen eine „versteckte" Kollisionsnorm – zB iS einer Domizil-anknüpfung – entnehmen, so liegt, wenn sich das maßgebende Domizil des oder der Betroffenen in Deutschland befindet, im Ergebnis eine – echte – Rückverweisung auf das deutsche Recht

---

[180] OLG Zweibrücken NJW-RR 1999, 948 = FamRZ 1999, 940 (zu § 606a Abs. 1 S. 1 Nr. 2 bzw. 4 ZPO aF); vgl. auch OLG Brandenburg IPRspr. 2014 Nr. 220; anders AG Heidelberg IPRax 1988, 113 m. abl. Anm. *Jayme.*

[181] *v. Bar/Mankowski* IPR I § 7 Rn. 219.

[182] *Kropholler* IPR § 25 II 2; ebenso *Andrae* IntFamR § 3 Rn. 138.

[183] Zumeist wird bei einer eigenständigen Regelung der Anerkennungszuständigkeit diese aber gegenüber der direkten Zuständigkeit erweitert, zum Problemkreis zB *Sonnentag* ZVglRWiss. 113 (2014), 83 (85 ff.).

[184] So im Ergebnis letztlich auch *Kegel/Schurig* IPR § 10 VI.

[185] *Kropholler* IPR § 25 II 2; zu stark vereinfacht insoweit *Kegel/Schurig* IPR § 10 VI; Staudinger/*Henrich* (2014) Art. 22 Rn. 20.

[186] *Kropholler* IPR § 25 II 2.

[187] Vgl. etwa OLG Stuttgart FamRZ 2003, 1669 = BeckRS 2002 30471537.

[188] *Kegel/Schurig* IPR § 10 VI; *Kropholler* IPR § 25 II 3 (aE); Staudinger/*Hausmann* (2013) Rn. 86; Staudinger/*Henrich* (2014) Art. 22 Rn. 20.

[189] Vgl. zur Anerkennung ausländischer Ehescheidungen in Irland OLG Köln IPRax 1989, 297 (298) mAnm *Coester-Waltjen* IPRax 1987, 282 f. = BeckRS 1988, 31147026; AG Minden IPRax 1992, 108 (Ls.) mAnm *Jayme.*

vor.[190] Auch wenn eine Rechtsordnung ein bestimmtes Rechtsinstitut kennt, ist es möglich, dass die Anerkennung zB einer Auslandsadoption besonderen Regeln unterworfen wird, aus denen sich eine Rückverweisung ergeben kann,[191] zB wenn die Anwendung der lex fori des entscheidenden Gerichts zur Bedingung der Anerkennung gemacht wird.[192]

58   Es ist aber auch denkbar, dass eine Rechtsordnung eine Entscheidung (zB in Bezug auf eine Adoption) anerkennt, die von einem (nur) nach seiner eigenen lex fori zuständigen ausländischen Gericht erlassen wurde, ohne dass es auf die Einhaltung der Zuständigkeitsvorschriften des Anerkennungsstaates oder das vom Erstgericht angewandte Sachrecht ankommt.[193] Vor dem Hintergrund der rechtspolitisch verfehlten und längst nicht mehr zeitgemäßen Anknüpfung an die Staatsangehörigkeit des Annehmenden (Art. 22 Abs. 1 S. 1) ist es zwar verständlich, dass auch insoweit in Rechtsprechung und Schrifttum zum Adoptionsrecht vielfach großzügig eine „versteckte" Rückverweisung bejaht wird, die zur Anknüpfung an den gewöhnlichen Aufenthalt des Kindes führt.[194] Gleichwohl kann solch einem ergebnisorientierten „Heimwärtsstreben" nicht gefolgt werden: Eine **positive Anerkennungsprognose,** die an keine weiteren inhaltlichen Voraussetzungen geknüpft ist, aus denen sich eine kollisionsrechtliche Wertung des Anerkennungsstaates gewinnen ließe (zB spiegelbildliche Entscheidungszuständigkeit; Anwendung eines bestimmten Rechts, etwa der lex domicilii), bringt lediglich die Tatsache zum Ausdruck, dass es dem ausländischen Staat letztlich gleichgültig ist, welches Recht in der Sache Anwendung findet – sie bietet jedoch keinen klaren Fingerzeig im Hinblick auf das anwendbare Sachrecht und vermag daher die Annahme einer versteckten Rückverweisung nicht zu tragen.[195] In Anbetracht der Tatsache, dass eine kollisionsrechtliche Kontrolle im Anerkennungsstadium in den autonomen Zivilverfahrensrechten nur noch äußerst selten erfolgt,[196] liefe eine allein auf eine positive Anerkennungsprognose gestützte Annahme einer Rückverweisung auf die bloße Fiktion von Rechtsanwendungsbefehlen und deren inflationäre Vermehrung hinaus.[197]

59   **cc) Grenzen. (1) Konkurrierende Zuständigkeiten.** Umstritten ist, ob es für die Annahme einer versteckten Rückverweisung ausreicht, wenn sich bei einer spiegelbildlichen Anwendung der ausländischen Verfahrensnormen keine ausschließliche, sondern lediglich eine konkurrierende Zuständigkeit deutscher Gerichte ergibt. Die Rechtsprechung bejaht dies.[198] In der Lehre wird die Frage aber zum Teil verneint, weil in diesen Fällen kein internationaler Entscheidungseinklang erreicht werde, denn das lediglich konkurrierend zuständige deutsche Gericht würde in der Sache ein anderes Recht anwenden als das ebenfalls zuständige ausländische Gericht.[199] Zudem würden den Parteien so Möglichkeiten zum „forum shopping" eingeräumt, da sie mit der Wahl des Gerichtsstandes zugleich das anwendbare Sachrecht bestimmen könnten.[200] Letztlich greifen diese Bedenken aber nicht durch:[201] Die mit dem Gleichlauf von Forum und Ius verbundenen Effizienzvorteile schlagen bei einer konkurrierenden Zuständigkeit ebenso zu Buche wie bei einer ausschließlichen.[202] Es wäre zudem ein kaum einleuchtender Wertungswiderspruch, wenn man eine offene Rückverweisung durch eine alternativ anknüpfende Kollisionsnorm akzeptieren, eine versteckte Rückverweisung

---

[190] OLG Köln IPRax 1989, 297 (298) = BeckRS 1988, 31147026; AG Minden IPRax 1992, 108 (Ls.) mAnm *Jayme; Coester-Waltjen* IPRax 1987, 282 f.; anders – nur „versteckte" Rückverweisung – AG Charlottenburg IPRax 1985, 162; Bamberger/Roth/*Lorenz* Rn. 12.

[191] Vgl. zum chinesischen Adoptionsrecht OLG Köln FamRZ 2003, 1773 = BeckRS 2002 30299812.

[192] So RGRK-BGB/*Wengler* IPR I § 9b 8: „äußerst selten".

[193] Näher Staudinger/*Henrich* (2014) Art. 22 Rn. 19; NK-BGB/*Freitag* Rn. 10.

[194] S. etwa AG Darmstadt StAZ 1979, 234 m. zust. Anm. *Jayme;* Staudinger/*Henrich* (2014) Art. 22 Rn. 19; NK-BGB/*Benicke* Art. 22 Rn. 59; NK-BGB/*Freitag* Rn. 10.

[195] OLG Zweibrücken NJW-RR 1999, 948 = FamRZ 1999, 940; *Andrae* IntFamR § 7 Rn. 40; *Kropholler* IPR § 25 II 3; Staudinger/*Hausmann* (2013) Rn. 87; insoweit zutr. *Beitzke* RabelsZ 37 (1973), 380 (391); anders AG Darmstadt StAZ 1979, 234 mit zust. Anm. *Jayme;* AG Heidelberg IPRax 1988, 113 mit abl. Anm. *Jayme;* Staudinger/*Henrich* (2014) Art. 22 Rn. 19; NK-BGB/*Benicke* Art. 22 Rn. 59.

[196] Vgl. etwa Cass. 20.2.2007, D 2007, 1115 mAnm *d'Avout/Bollée;* eingehend *Ancel/Muir Watt,* Liber Amicorum Gaudemet-Tallon, 2008, 135 ff.; *Kropholler/v. Hein* EurZPR EuGVO Art. 34 Rn. 2.

[197] Vgl. auch Staudinger/*Hausmann* (2013) Rn. 290.

[198] So im Ergebnis KG IPRspr. 1965–66 Nr. 94; BayObLGZ 1971, 157.

[199] So namentlich *Wengler* NJW 1959, 127 (130); RGRK-BGB/*Wengler* IPR I § 9b 8; ihm folgend *Beitzke* RabelsZ 37 (1973), 380 (390 f.); ebenso *Andrae* IntFamR § 3 Rn. 139.

[200] *Wengler* NJW 1959, 127 (130); RGRK-BGB/*Wengler* IPR I § 9b 8; ihm folgend *Beitzke* RabelsZ 37 (1973), 380 (390 f.); zweifelnd auch NK-BGB/*Freitag* Rn. 10.

[201] Eine konkurrierende Zuständigkeit genügt nach der heute ganz hL, s. *Kegel/Schurig* IPR § 10 VI; *Kropholler* IPR § 25 III 1; *Looschelders* IPR Rn. 8; *Lüderitz* IPR Rn. 166; PWW/*Mörsdorf-Schulte* Rn. 7; *Rauscher* IPR Rn. 386 f.; Staudinger/*Hausmann* (2013) Rn. 85.

[202] Staudinger/*Hausmann* (2013) Rn. 85; krit. *Andrae* IntFamR § 3 Rn. 139: bloßes „Heimwärtsstreben".

aber allein wegen der Gefahr des forum shopping ablehnen wollte.[203] Wenn die von unserem IPR zunächst berufene Rechtsordnung ein Urteil, das aus ihrer Sicht lediglich auf eine konkurrierende internationale Zuständigkeit gestützt wird, anerkennt, kann nach den oben (→ Rn. 54 ff.) dargelegten Grundsätzen auch davon ausgegangen werden, dass sie mit der Anwendung der lex fori einverstanden ist.[204] Dies gilt nur dann nicht, wenn eine Rechtsordnung ausnahmsweise eine bestimmte internationale Zuständigkeit bei direkter Anwendung (also als Entscheidungszuständigkeit ihrer eigenen Gerichte) als lediglich konkurrierend, denselben Gerichtsstand bei indirekter Prüfung (also als Anerkennungszuständigkeit) hingegen als ausschließlich ausgestaltet hat, ein Regelungsmuster, das wir zB auch im deutschen Recht in §§ 32a, 32b iVm § 328 Abs. 1 Nr. 1 ZPO vorfinden.[205]

(2) Dem fremden Recht unbekannte Rechtsinstitute. Die Feststellung einer versteckten **60** Rückverweisung kann Schwierigkeiten bereiten, wenn es um Rechtsinstitute geht, die der fremden Rechtsordnung unbekannt sind (zB Adoption oder Betreuung). Zum Teil wird insoweit die Annahme eines versteckten Renvoi schlechthin abgelehnt.[206] Dies überzeugt aber nicht in jedem Fall: Das deutsche IPR legt Kollisionsnormen auch in Bezug auf solche Institute nieder, die das deutsche materielle Recht selbst nicht kennt, so zB Art. 7 Abs. 1 S. 2 („Heirat macht mündig"). Ausländische Rechtsordnungen, die zB selbst keine Ehescheidung zuließen, wie lange Zeit das irische Recht, enthielten in Anerkennungsregeln versteckte Anknüpfungen an das Domizil der Ehegatten, wenn eine Scheidung im Ausland vorgenommen wurde (→ Rn. 57). Wenn Rechtsordnungen aber sowohl kodifizierte als auch versteckte Kollisionsnormen im Hinblick auf ihrem Sachrecht unbekannte Rechtsfiguren vorsehen können, ist nicht ersichtlich, warum insoweit nicht – a maiore ad minus – auch die Annahme einer versteckten Rückverweisung in Betracht kommen sollte.[207] Dies sollte zumindest dann gelten, wenn das Recht, das für das unbekannte Rechtsinstitut maßgebend ist, vom deutschen IPR akzessorisch an das Statut für ein anderes Rechtsinstitut angeknüpft wird, welches das fremde Recht kennt. Die Streitfrage war bis vor kurzem vor allem im Hinblick auf den **Versorgungsausgleich** relevant;[208] sie ist aber insoweit obsolet, weil Art. 17 Abs. 3 aufgrund der akzessorischen Anknüpfung an die Rom III-VO gemäß Art. 4 Abs. 1 S. 1 EGBGB iVm Art. 11 Rom III-VO keinen Renvoi mehr gestattet.[209]

(3) Versteckte Weiterverweisung. Fraglich ist, ob die für eine versteckte Rückverweisung gel- **61** tenden Grundsätze auch auf den Fall einer Weiterverweisung zu übertragen sind.[210] Ein solcher Fall kann zB auftreten, wenn deutsche Gerichte aufgrund des gewöhnlichen Aufenthalts einer Person im Inland zuständig sind, das domicile dieser Person iS des Common Law aber in einem dritten Staat zu lokalisieren ist, so dass aus der Sicht des nach unserem IPR berufenen Rechts die Gerichte dieses anderen Staates international zuständig wären. Während zahlreiche Autoren in einem solchen Fall eine versteckte Weiterverweisung auf das Recht des Drittstaates bejahen, weil wir im „System" des von uns berufenen Rechts „weiterdenken" müssten,[211] lehnen andere dies ab und nehmen insoweit eine Sachnormverweisung an.[212] Der letztgenannten Auffassung ist jedenfalls im autonomen IPR zu folgen: Es fehlt in dieser Konstellation nämlich an der grundlegenden Voraussetzung für

---

[203] *Lüderitz* IPR Rn. 166; ebenso *Looschelders* IPR Rn. 8; *Rauscher* IPR Rn. 386 f.; Staudinger/*Hausmann* (2013) Rn. 85; dagegen wiederum *Nawroth,* Der versteckte *renvoi* im deutschen internationalen Privatrecht, 2007, 182 ff. Sein Argument, die fremde Rechtsordnung berufe schlicht parallel zwei Rechte, ohne eines zu präferieren, verkennt indes, dass dieses „Patt" durch die Anhängigkeit der Rechtssache zugunsten der lex fori aufgelöst wird.

[204] *Kropholler* IPR § 25 III 1; für verzichtbar halten dieses Erfordernis auch insoweit *Kegel/Schurig* IPR § 10 VI.

[205] Zur Kritik daran ausf. *v. Hein* RIW 2004, 602 (605 ff.).

[206] So in Bezug auf den Versorgungsausgleich OLG Oldenburg FamRZ 1984, 715 = BeckRS 2010, 03119 mwN zum Streitstand.

[207] Eine versteckte Rückverweisung auch insoweit (im Hinblick auf den Versorgungsausgleich) bejahend OLG Hamm IPRax 1991, 197 = BeckRS 2007, 00161 mwN zum Streitstand.

[208] S. exemplarisch die in der vorigen und vorletzten Fn. zitierten Entscheidungen.

[209] Ebenso Staudinger/*Hausmann* (2013) Rn. 78.

[210] Diese Frage wird im Vergleich zur versteckten *Rück*verweisung nur selten näher erörtert, s. aber *Jayme* ZfRV 11 (1970), 253 (264 ff.); *Nawroth,* Der versteckte *renvoi* im deutschen internationalen Privatrecht, 2007, 179 ff.

[211] *Kegel/Schurig* IPR § 10 VI; Soergel/*Kegel* Rn. 16; ebenso *v. Bar/Mankowski* IPR I § 7 Rn. 222: „denkbar, kommt aber nur selten vor"; HK-BGB/*Dörner* Rn. 16; davon ausgehend auch Bamberger/*Roth/Lorenz* Rn. 12; so im Ergebnis auch AG Mainz StAZ 1967, 243 (abl. hierzu *Jayme* ZfRV 11 [1970], 253, 267 f.).

[212] *Jayme* ZfRV 11 (1970), 253 (264 ff.); *Rauscher* IPR Rn. 388 f.; Staudinger/*Hausmann* (2013) Rn. 84; ebenfalls abl. zur versteckten Weiterverweisung, allerdings auf Grundlage einer weiter gehenden Kritik des versteckten Renvoi: *Raape/Sturm* IPR I S. 179 in Fn. 33; *Sonnenberger,* Mélanges Sturm, 1999, 1683 (1692 f.); *Bauer* Jura 2002, 800 (803); *Picone* Riv. dir. int. 81 (1998), 925 (962).

einen versteckten Renvoi, dass das anwendbare Recht gerade als **lex fori** des zuständigen Gerichts und nicht etwa unabhängig von dessen hypothetischer Zuständigkeit bereits als lex domicilii berufen wird (→ Rn. 51 f.).[213] Aus dem Umstand, dass das von unserem IPR zunächst berufene Recht damit einverstanden wäre, dass die Gerichte eines Drittstaates iS eines Gleichlaufs ihre eigene lex fori anwenden würden, lässt sich nicht ohne weiteres folgern, dass es darüber hinaus billigen würde, dass deutsche Gerichte das Recht eines *anderen* Staates anwenden würden, weil es sich hierbei – im Gegensatz zur versteckten Rückverweisung – für das entscheidende Gericht gerade nicht um seine lex fori handelt, es mithin nicht zu einem Gleichlauf von internationaler Zuständigkeit und anwendbarem Recht kommt.[214] In diesem Fall droht die Nicht-Anerkennung einer solchen Entscheidung im Staat des zunächst berufenen Rechts, weil es deutschen Gerichten aus dessen Sicht an der Anerkennungszuständigkeit fehlt.[215] Selbst im Verhältnis zum Drittstaat ist kein Entscheidungseinklang zu erreichen, wenn dieser Staat einen versteckten Renvoi durch das zunächst berufene Recht nicht ebenfalls befolgen würde,[216] was angesichts der geringen internationalen Verbreitung des versteckten Renvoi (hierzu → Rn. 63 und Fn. 224) zu befürchten ist. Die Annahme einer versteckten Weiterverweisung fördert daher – im Gegensatz zur versteckten Rückverweisung – in der Regel weder den internationalen Entscheidungseinklang noch ermöglicht sie einen effizienzfördernden Gleichlauf von internationaler Zuständigkeit und anwendbarem Recht.

62 Diskussionswürdig ist aber, ob an der Ablehnung einer „versteckten" Weiterverweisung auch dann festzuhalten ist, wenn eine EU-Verordnung, wie in **Art. 34 Abs. 1 lit. a EuErbVO,** allgemein die Weiterverweisung durch das Recht eines Nicht-Mitgliedstaates auf das Recht eines anderen Mitgliedstaates ebenso behandelt wie die Rückverweisung auf das Recht des Mitgliedstaates, dem das entscheidende Gericht selbst angehört (→ Rn. 134).

63 **dd) Kritik und Alternativen. (1) Grundsätzliche Kritik.** Wie bereits oben angedeutet wurde, ist die grundsätzliche Kritik an der Figur der „versteckten" Rückverweisung auch nach der IPR-Reform im Jahre 1986 nicht zum Erliegen gekommen.[217] Im Einzelnen wurden und werden gegen die herrschende Rechtspraxis die folgenden Einwände vorgetragen: **Erstens** würden die Grenzen zwischen dem internationalen Zivilverfahrensrecht und dem IPR verwischt; insbesondere im Falle konkurrierender Zuständigkeiten ließe sich nicht schlussfolgern, dass damit zugleich über das anwendbare Recht entschieden werde.[218] **Zweitens** werde gegen den Grundsatz verstoßen, dass ausländisches Recht aus sich selbst heraus und nicht nach den Maßstäben des deutschen Rechts ausgelegt werden müsse.[219] Wenn eine fremde Rechtsordnung lediglich ihren eigenen Gerichten die Anwendung der lex fori vorschreibe, folge daraus im spiegelbildlichen Fall, dass ausländische Gerichte – gemessen an den Zuständigkeitsvorschriften des fremden Rechts – entscheidungsbefugt seien, für die Frage des anwendbaren Rechts gar nichts, da der ausländische Gesetzgeber diesen Fall schlicht nicht erfasst habe.[220] Dem fremden Recht sei es insoweit schlechthin gleichgültig, welches Recht ein deutsches Gericht in der Sache anwende, und dieses kollisionsrechtliche Desinteresse dürfe nicht in einen Renvoi umgedeutet werden.[221] **Drittens** wird auf logische Widersprüche der hM, etwa im Hinblick auf die versteckte Weiterverweisung,[222] sowie auf die Komplikationen der Rechtsanwendung verwiesen, die mit der Handhabung der „versteckten" Rückverweisung verbunden seien.[223] Im Lichte der europäischen und internationalen Vereinheitlichung des Kollisionsrechts darf nicht übersehen werden, dass die „versteckte" Rückverweisung im Ausland bislang überwiegend als

---

[213] So bereits *Jayme* ZfRV 11 (1970), 253 (265); *Picone* Riv. dir. int. 81 (1998), 925 (962); *Raape/Sturm* IPR I S. 179 in Fn. 33.

[214] *Rauscher* IPR Rn. 388 f.; *Picone* Riv. dir. int. 81 (1998), 925 (962).

[215] Zutr. *Jayme* ZfRV 11 (1970), 253 (265 f.); ebenso *Bauer* Jura 2002, 800 (803).

[216] *Sonnenberger,* Mélanges Sturm, 1999, 1683 (1692 f.).

[217] Außer dem dort zitierten Aufsatz von *Beitzke* s. insbes. *Raape/Sturm* IPR I S. 168 f.; *Schwimann,* FS Bosch, 1976, 909 ff.; *Schwimann* NJW 1976, 1000; RGRK-BGB/*Wengler* IPR I § 9b 8.

[218] So bereits *Wengler* NJW 1959, 127 ff.; RGRK-BGB/*Wengler* IPR I § 9b 8; *Schwimann,* FS Bosch, 1976, 909 (910 ff.); *Schwimann* NJW 1976, 1000 (1001); aus heutiger Sicht gegen die „Umprägung eines prozeßrechtlichen Zuständigkeitserfordernisses, bei dem keine kollisionsrechtlichen Wertungen Pate gestanden haben, in ein Anknüpfungselement" namentlich *Sonnenberger,* Mélanges Sturm, 1999, 1683 (1693); ferner *Bauer* Jura 2002, 800 (803); *Mäsch* RabelsZ 61 (1997), 285 (301); aus französischer Sicht *Agostini* Rev. crit. dr. int. pr. 102 (2013), 545 (577 ff.).

[219] Insbes. *Sonnenberger,* Mélanges Sturm, 1999, 1683 (1694 f.); ferner *Bauer* Jura 2002, 800 (803); *Mäsch* RabelsZ 61 (1997), 285 (301).

[220] Vor allem *Sonnenberger,* Mélanges Sturm, 1999, 1683 (1695 f.); ferner *Bauer* Jura 2002, 800 (803); *Mäsch* RabelsZ 61 (1997), 285 (301); *Picone* Riv. dir. int. 81 (1998), 925 (945): „frutto di *mera finzione*".

[221] *Sonnenberger,* Mélanges Sturm, 1999, 1683 (1695 f.); ferner *Bauer* Jura 2002, 800 (803); *Mäsch* RabelsZ 61 (1997), 285 (301).

[222] *Sonnenberger,* Mélanges Sturm, 1999, 1683 (1692 f.); *Bauer* Jura 2002, 800 (803).

[223] Zum letztgenannten Punkt vor allem *Mäsch* RabelsZ 61 (1997), 285 (301).

eine deutsche Besonderheit wahrgenommen wird.[224] **Schließlich** wird, insbesondere im Hinblick auf die rechtspolitisch zweifelhafte Anknüpfung an die Staatsangehörigkeit des Annehmenden im Adoptionsrecht (Art. 22 Abs. 1 S. 1), der Lehre von der versteckten Rückverweisung vorgeworfen, sie bilde lediglich „eine nur mühsam getarnte Krücke zur Gewinnung eines brauchbaren Ergebnisses", dh zur Ermöglichung einer Anknüpfung an den gewöhnlichen Aufenthalt des Kindes.[225]

Insbesondere der letztgenannte Einwand verdeutlicht, dass auch die Kritiker der versteckten Rück- **64** verweisung im neueren Schrifttum keinesfalls dafür plädieren, in den einschlägigen Konstellationen einfach von einer Gesamt- zu einer Sachnormverweisung auf das vom deutschen IPR berufene Recht überzugehen.[226] Stattdessen werden die folgenden Alternativvorschläge unterbreitet:

(2) Anwendung inländischen Sachrechts. *Schwimann* hat sich dafür ausgesprochen, in Fällen, **65** in denen zB das anglo-amerikanische Recht die Anwendung seines eigenen Rechts von der Zuständigkeit seiner Gerichte abhängig mache und diese im konkreten Fall nicht vorliege, unmittelbar das *deutsche* Sachrecht anzuwenden, ohne dass es auf die Erfüllung der Voraussetzungen für eine „jurisdiction" nach dem Common Law ankommen solle.[227]

(3) Ersatzanknüpfung. Andere schlagen hingegen vor, die Anknüpfung an die Staatsangehörig- **66** keit durch eine Ersatzanknüpfung an den gewöhnlichen Aufenthalt abzulösen, wenn die Staatsangehörigkeit im Falle eines Desinteresses des berufenen Rechts ihre Funktion als „Annäherungswert richtiger internationalprivatrechtlicher Zuweisung" nicht erfüllen könne.[228] Dies wird zum Teil als Ergebnis „freier, von der Rechtsvergleichung gestützter Rechtsfindung",[229] zum Teil als richterliche Rechtsfortbildung im Rahmen des deutschen IPR gerechtfertigt.[230]

(4) Stellungnahme. Den Kritikern der versteckten Rückverweisung ist in ihrem Ausgangspunkt **67** zuzustimmen, dass sich diese Konstruktion nicht ausschließlich aus dem fremden Recht ableiten lässt, sondern auf der Grundlage des eigenen IPR entwickelt wird.[231] Man kann insoweit von einer hybriden Lösung sprechen, die eine gedankliche Fortbildung des ausländischen Rechts für eine Konstellation darstellt, die von der ausländischen Rechtssetzung selbst nicht ausdrücklich bedacht worden ist, weil sie sich auf die Regelung der Rechtsanwendung durch ihre eigenen Gerichte beschränkt hat.[232] Allein dies zwingt aber nicht zur methodologischen Verwerfung der versteckten Rückverweisung. Hybride Rechtslagen sind im IPR nichts Ungewöhnliches;[233] auch im Falle der Anpassung bzw. Angleichung wird versucht, Normenwidersprüche zu überbrücken, was zB durch eine modifizierte Anwendung des ausländischen Sachrechts geschehen kann (→ Einl. IPR Rn. 254 ff.). Auch die Regelung des Renvoi im deutschen IPR folgt keineswegs in jedem Punkt schlechthin den Wertungen des ausländischen Rechts, was sich zB in der Frage des Abbruchs der Rückverweisung auf das deutsche Recht zeigt, die unabhängig davon erfolgt, ob das ausländische IPR eine Gesamt- oder Sachnormverweisung auf das deutsche Recht ausspricht (→ Rn. 9), sowie darin, dass wir einen Renvoi auch durch solche Rechtsordnungen prüfen, welche diese Rechtsfigur ablehnen (→ Rn. 8 mwN). Insoweit wohnt bereits der Beachtung einer offenen Rückverweisung vielfach ein Element der **Hybridisierung des ausländischen Rechts aus dem Blickwinkel der lex fori** inne. Die These, aus den Zuständigkeitsvorschriften eines ausländischen Rechts lasse sich schlechthin keine kollisionsrechtliche Wertung entnehmen, trägt dem Umstand nicht hinreichend

---

[224] Reserviert bis krit. die Stellungnahmen aus französischer Sicht von *Agostini* Rev. crit. dr. int. pr. 102 (2013), 545 (577) („une *figure* du renvoi isolée par la doctrine allemande"); aus italienischer Sicht von *Picone* Riv. dir. int. 81 (1998), 925 (926); vgl. aber auch die eher neutrale Stellungnahme zum „hidden renvoi" aus US-amerikanischer Sicht bei *Hay/Borchers/Symeonides,* Conflict of Laws, 5. Aufl. 2010, § 3.14 in Fn. 4, wo allerdings ebenfalls betont wird, dass diese Frage bislang vor allem in Deutschland diskutiert wird.

[225] So *Beitzke* RabelsZ 48 (1984), 623 (629); ähnlich RGRK-BGB/*Wengler* IPR I § 9b 8: „Bestreben […], möglichst oft der lex fori einen unparitätisch großen Anwendungsbereich zu verschaffen".

[226] Knapp *Bauer* Jura 2002, 800 (803) in Fn. 45: „Dies wurde bisher wohl noch nicht vertreten"; ebenso *Sonnenberger,* Mélanges Sturm, 1999, 1683 (1696) in Fn. 34; anders aber offenbar *Raape/Sturm* IPR I S. 169; möglicherweise auch RGRK-BGB/*Wengler* IPR I § 9b 8 aE.

[227] *Schwimann* NJW 1976, 1000 (1003 f.).

[228] 5. Aufl. 2010, Rn. 54 (*Sonnenberger*); ebenso *Siehr* IPR § 51 III 2d; ähnlich in Bezug auf den Wohnsitz des zu adoptierenden Kindes bereits *Beitzke* RabelsZ 48 (1984), 623 (629).

[229] So *Beitzke* RabelsZ 48 (1984), 623 (629); krit. hierzu *Nawroth,* Der versteckte renvoi im deutschen internationalen Privatrecht, 2007, 193.

[230] So *Sonnenberger,* Mélanges Sturm, 1999, 1683 (1696).

[231] Vgl. *v. Hoffmann/Thorn* IPR § 6 Rn. 85: Fortbildung des deutschen IPR, die sich aber an den Grundsätzen der fremden Rechtsordnung orientiert; ähnlich NK-BGB/*Freitag* Rn. 10.

[232] Vgl. die Stellungnahme zum „hidden renvoi" aus US-amerikanischer Sicht bei *Hay/Borchers/Symeonides,* Conflict of Laws, 5. Aufl. 2010, § 3.14 in Fn. 4.

[233] Näher *Pfeiffer,* FS Kropholler, 2008, 175 ff.

Rechnung, dass gerade im anglo-amerikanischen Rechtskreis nicht so trennscharf zwischen der Begründung der Zuständigkeit eines Gerichts und der Bestimmung des anwendbaren Rechts unterschieden wird, wie wir dies aus deutscher bzw. kontinentaleuropäischer Sicht gewohnt sind.[234] Dass die Präferenz des fremden Rechts für eine Domizilanknüpfung in eine am Gleichlauf orientierte Berufung der lex fori und somit zuständigkeitsrechtlich eingekleidet wird, rechtfertigt es bei funktional-rechtsvergleichender Betrachtung aber nicht, diese Wertung als ausschließlich verfahrensrechtlich zu qualifizieren und deshalb bei der Bestimmung des anwendbaren Rechts schlechthin zu ignorieren.[235] Denn der Renvoi dient gerade der **Milderung der Spannungen, die aus dem Widerspruch zwischen Domizil- und Nationalitätsprinzip entstehen,** und muss in Fällen, in denen die Friktionen zusätzlich daraus resultieren, dass unsere Rechtsordnung klassische Kollisionsnormen verwendet, das berufene Recht die kollisionsrechtliche Vorentscheidung hingegen bereits auf der verfahrensrechtlichen Ebene trifft, sachgerecht fortgedacht werden (→ Rn. 13).

68   Berechtigt ist zwar die Kritik an der Annahme einer versteckten *Weiter*verweisung; diese wird aber auch von mehreren Vertretern der hM nicht befolgt (→ Rn. 61 mwN) und taugt somit nicht als genereller methodischer Einwand gegen den versteckten Renvoi. Wenig durchschlagend ist der Hinweis auf die praktischen Komplikationen der versteckten Rückverweisung: Die meisten Streitpunkte sind durch die Rechtspraxis und -lehre hinreichend geklärt; die verbleibenden Zweifelsfragen gehen nicht über das Ausmaß hinaus, das auch bei anderen kollisionsrechtlichen Instituten unvermeidbar ist.[236] Des Weiteren ist der Vorwurf, die versteckte Rückverweisung reflektiere zu einem erheblichen Teil das „Heimwärtsstreben" deutscher Gerichte, nicht von der Hand zu weisen; es wird aber von den Vertretern der hM durchaus offen eingeräumt, dass auf das heimische Recht vor allem wegen der mit dem **Gleichlaufprinzip** verbundenen **Effizienzgewinne** zurückgegriffen werde.[237] Insoweit ist es überzeugender, sich mit der Lehre vom „versteckten" Renvoi wenigstens um einen Wertungseinklang mit dem fremden Recht zu bemühen, als von vornherein auf das deutsche Sachrecht zurückzugreifen.

69   Es kommt insbesondere nicht in Betracht, wie es *Schwimann* vorgeschlagen hat, in allen Fällen, in denen die von uns berufene Rechtsordnung die Zuständigkeit ihrer eigenen Gerichte verneint, umstandslos auf **deutsches Sachrecht** überzugehen.[238] Verneint beispielsweise die fremde Rechtsordnung ihre Zuständigkeit, weil das domicile des Betroffenen in einem *dritten* Staat liegt, ist nicht ersichtlich, warum es kollisionsrechtlich geboten sein soll, gerade das *deutsche* Sachrecht anzuwenden.[239] Die Annahme einer **Ersatzanknüpfung an den gewöhnlichen Aufenthalt** trifft eher das rechtspolitisch Richtige. Sie lässt sich de lege lata methodisch aber kaum widerspruchsfrei begründen.[240] Wenn – so die Prämisse der Kritiker – eine Gesamtverweisung auf die Staatsangehörigkeit im Einzelfall ihren Zweck verfehlt, besteht keine Regelungslücke, sondern es müsste nach der Sinnklausel in Art. 4 Abs. 1 S. 1 Hs. 2 eine Sachnormverweisung auf das fremde Recht an ihre Stelle treten[241] – was die Kritiker aber gerade ablehnen. Die Schwierigkeiten bei der Feststellung einer versteckten Rückverweisung gestatten es jedoch nicht, von dem deutschen IPR ausgesprochenen Verweis auf das ausländische Recht *praeter legem* abzurücken.[242] Da der Reformgesetzgeber des Jahres 1986 die Beibehaltung der versteckten Rückverweisung letztlich gebilligt hat (→ Rn. 48), sollte eine **Ersetzung der Staatsangehörigkeitsanknüpfung durch den gewöhnlichen Aufenthalt,** die in der Tat die versteckte Rückverweisung weitgehend entbehrlich machen würde,[243]

---

[234] Hierzu bereits *Hanisch* NJW 1966, 2085 (2089 f.); ausf. *Nawroth,* Der versteckte renvoi im deutschen internationalen Privatrecht, 2007, 144 ff.

[235] Vgl. NK-BGB/*Freitag* Rn. 10: Dem ausländischen Recht werde zumindest ansatzweise Rechnung getragen.

[236] Von einem „sicherlich praktikable[n] Vorgehen" spricht auch NK-BGB/*Freitag* Rn. 10.

[237] *v. Bar/Mankowski* IPR I § 7 Rn. 218 f.; *Ferid* IPR Rn. 3–92 f.; *Kropholler* IPR § 25; *Looschelders* IPR Rn. 6 ff.; *Lüderitz* IPR Rn. 165 f.; *PWW/Mörsdorf-Schulte* Rn. 7; *Rauscher* IPR Rn. 383 ff.; *Soergel/Kegel* Rn. 16; Staudinger/*Hausmann* (2013) Rn. 83 ff.; Staudinger/*Henrich* (2014) Art. 22 Rn. 17 ff. Insbes. *Kegel/Schurig* IPR § 10 VI.

[238] De lege lata abl. auch *Kegel/Schurig* IPR § 10 VI; *Kropholler* IPR § 25 III 3; *Lüderitz* IPR Rn. 164 in Fn. 28; *Nawroth,* Der versteckte renvoi im deutschen internationalen Privatrecht, 2007, 191 f.; *Picone* Riv. dir. int. 81 (1998), 925 (950).

[239] So bereits *Kegel/Schurig* IPR § 10 VI; *Nawroth,* Der versteckte renvoi im deutschen internationalen Privatrecht, 2007, 192.

[240] Abl. *Kropholler* IPR § 25 III 3; *Lüderitz* IPR Rn. 164 in Fn. 28; *Nawroth,* Der versteckte renvoi im deutschen internationalen Privatrecht, 2007, 193 f.; NK-BGB/*Freitag* Rn. 10; *Picone* Riv. dir. int. 81 (1998), 925 (950).

[241] So schon *Lüderitz* IPR Rn. 164 in Fn. 28: „[K]onsequent wäre […] Festhalten an der deutschen Verweisung und damit der Staatsangehörigkeit"; ähnlich *Nawroth,* Der versteckte *renvoi* im deutschen internationalen Privatrecht, 2007, 189 f., der diese Konsequenz freilich im Ergebnis ebenso ablehnt.

[242] *Kropholler* IPR § 25 III 3; *Nawroth,* Der versteckte renvoi im deutschen internationalen Privatrecht, 2007, 193; NK-BGB/*Freitag* Rn. 10.

[243] Freilich nicht immer, s. *Nawroth,* Der versteckte renvoi im deutschen internationalen Privatrecht, 2007, 40, 48 f., 194.

vielmehr ebenfalls dem Gesetzgeber vorbehalten bleiben.[244] Der Trend der europäischen Verordnungsgebung geht bereits in diese Richtung (zur Rom III-VO näher → Rn. 122). Solange aber im Restanwendungsbereich des autonomen Kollisionsrechts am rechtspolitisch zweifelhaften Primat der Staatsangehörigkeit festgehalten wird, sollte man auch den versteckten Renvoi als insgesamt bewährtes und praktikables Instrument zur sachgerechten Korrektur dieser Anknüpfung nicht aufgeben.

c) Renvoi kraft abweichender Qualifikation. aa) Grundsatz. Es ist heute zwar im Grundsatz 70 allgemein anerkannt, wird aber bisweilen selbst von höheren Gerichten übersehen,[245] dass ein Renvoi auch aus einer abweichenden Qualifikation im fremden Recht folgen kann.[246] Denn wir müssen im Falle einer Gesamtverweisung das ausländische IPR grundsätzlich so auslegen und anwenden, wie dies in der ausländischen Rechtsordnung geschieht,[247] und infolgedessen insoweit ausnahmsweise *lege causae* qualifizieren.[248] Anderes gilt nur, wenn die *lex causae* selbst ein anderes Recht zum Qualifikationsstatut bestimmt (Qualifikationsverweisung, näher → Rn. 76 ff.).

bb) Beispiele. Der Renvoi kraft abweichender Qualifikation begegnet uns vor allem im **interna-** 71 **tionalen Namensrecht** (Art. 10), weil die vom deutschen IPR vorgenommene selbstständige, vom zugrunde liegenden familienrechtlichen Erwerbs- oder Verlusttatbestand losgelöste Bestimmung des Namensstatuts keineswegs universell verbreitet ist. Qualifiziert also das Recht des Staates, dem eine Person angehört, den Erwerb des Ehenamens als eine Teilfrage der persönlichen Ehewirkungen und knüpft diese an den in Deutschland liegenden Ehewohnsitz an, kommt es zu einer Rückverweisung auf das deutsche Recht.[249] Entsprechendes gilt, wenn das Heimatrecht des ausländischen Namensträgers die Namensführung geschiedener Ehegatten im Nebenfolge der Scheidung dem Scheidungsstatut unterstellt und kollisionsrechtlich insoweit auf die Anwendung des Rechts am deutschen Wohnsitz oder Aufenthaltsort zurückverweist;[250] daran ändert der Renvoiausschluss (Art. 11 Rom III-VO) im europäischen internationalen Scheidungsrecht nichts, weil die Rom III-VO das Namensrecht nicht erfasst (Art. 1 Abs. 2 lit. d Rom III-VO). Aber auch außerhalb des Namensrechts können Qualifikationsunterschiede zu einem Renvoi führen, so zB, wenn das auf die Ansprüche aufgrund eines Verlöbnisbruchs anwendbare Heimatrecht des jeweils Verpflichteten[251] derartige Rechtsfolgen nicht als familienrechtlich, sondern als deliktisch einordnet und insoweit auf den deutschen „Tatort" zurückverweist.[252] Ferner kommt ein Renvoi zB in Betracht, wenn das nach unserem IPR auf die Erbfolge anwendbare Recht die Frage des Erwerbs der Erbschaft sachenrechtlich qualifiziert und infolgedessen der deutschen *lex rei sitae* unterstellt.[253] Verweist die für den Erwerb der Mitgliedschaft an einer drittstaatlichen Aktiengesellschaft maßgebende Sitztheorie auf das Recht eines Staates, der Inhaberaktien kollisionsrechtlich wie bewegliche Sachen behandelt (so zB die Schweiz), kann es zu einer Rückverweisung auf die deutsche *lex chartae sitae* kommen.[254]

cc) Grenzen. Die Anerkennung eines Renvoi kraft abweichender Qualifikation unterliegt jedoch 72 gewissen Einschränkungen.

---

[244] So auch *Lüderitz* IPR Rn. 164 in Fn. 28.

[245] ZB BayObLGZ 2002, 299 = StAZ 2003, 13; OLG Hamm FGPrax 2004, 115 = StAZ 2004, 171.

[246] BGH NJW 2007, 3347 = IPRax 2008, 137 m. Aufsatz *Henrich* IPRax 2008, 121; im Ergebnis bereits BGH NJW-RR 1999, 873 = FamRZ 1999, 570 = IPRax 2000, 428 m. Aufsatz *Hepting/Bauer* IPRax 2000, 394; *v. Bar/Mankowski* IPR I § 7 Rn. 149 ff.; *v. Hoffmann/Thorn* IPR § 6 Rn. 82; *Kropholler* IPR § 24 II 1a; *Rauscher* IPR Rn. 351, aus dem ausländischen Schrifttum sind hervorzuheben *Bernasconi,* Der Qualifikationsprozess im IPR, 1997, 239–254; *Lequette,* Le renvoi de qualification, Mélanges Holleaux, 1990, 249 ff.; *Tonolo,* Il rinvio di qualificazione nei conflitti di leggi, 2003, 87 ff.

[247] RGZ 145, 85 (86); BGHZ 24, 352 = NJW 1957, 1316; BGH NJW 1980, 2016 (2017).

[248] *Ferid* IPR Rn. 4–19; *v. Hoffmann/Thorn* IPR § 6 Rn. 17; *Kropholler* IPR § 16 I; *Raape/Sturm* IPR I S. 281; *Rauscher* IPR Rn. 478; *Reuter,* Die Qualifikation der Haftung des *falsus procurator* im Internationalen Privatrecht, 2016, 43 ff.; krit. zur dogmatischen Konstruktion, aber im Ergebnis ebenso *v. Bar/Mankowski* IPR I § 7 Rn. 152.

[249] BGH NJW-RR 1999, 873 = FamRZ 1999, 570 = IPRax 2000, 428 m. Aufsatz *Hepting/Bauer* IPRax 2000, 394; *v. Hoffmann/Thorn* IPR § 6 Rn. 82.

[250] BGH NJW 2007, 3347 = FamRZ 2007, 1540 = IPRax 2008, 137 m. Aufsatz *Henrich* IPRax 2008, 121; ebenso, wenn das nach Art. 15 Abs. 1 für die güterrechtlichen Ehewirkungen berufene Recht den Vermögensausgleich nach einer Scheidung als Scheidungsfolge qualifiziert, näher Bamberger/Roth/*Lorenz* Einl. IPR Rn. 60.

[251] BGHZ 132, 105 = NJW 1996, 1411 (str.); die Rom II-VO gilt insoweit nicht (Art. 1 Abs. 2 lit. a Rom II-VO).

[252] *v. Bar/Mankowski* IPR I § 7 Rn. 150; *Ferid* IPR Rn. 8–32; *Kropholler* IPR § 44 IV 3; *Looschelders* IPR Rn. 9; *Palandt/Thorn* Art. 13 Rn. 30; zur „umgekehrten", französischen Sicht auf dieses Problem s. *Bureau/Muir Watt,* Droit international privé I, 2. Aufl. 2010, Rn. 515.

[253] Näher LG Traunstein ZEV 2011, 477; *Rauscher* IPR Rn. 351 zum „Erbserwerb" nach österreichischem Recht (insoweit heute durch die EuErbVO überholt, aber im Verhältnis zu Drittstaaten weiterhin relevant, Art. 34 Abs. 1 EuErbVO).

[254] BGH NJW 1994, 939.

73   Erstens kann er von vornherein nicht zum Zuge kommen, wenn der Renvoi auf einem bestimmten Rechtsgebiet oder für eine bestimmte Anknüpfung überhaupt ausgeschlossen wird.[255] Eine abweichende Qualifikation durch ein fremdes Recht ist erst dann relevant, wenn feststeht, dass unser IPR in Bezug auf eine bestimmte Rechtsfrage eine **Gesamtverweisung** ausspricht; die anders geartete Qualifikationsentscheidung des ausländischen Rechts kann hingegen niemals dazu führen, eine Sachnormverweisung auf dieses Recht entgegen unserem IPR nachträglich in eine Gesamtverweisung umzuwandeln. Das fremde Recht würde insofern eine Frage beantworten, die wir ihm gar nicht gestellt haben. Im Internationalen Vertrags- oder Deliktsrecht (Art. 20 Rom I-VO, Art. 24 Rom II-VO) oder im Falle einer Rechtswahl auf einem sonstigen Rechtsgebiet (Art. 4 Abs. 2) braucht es uns daher nicht zu kümmern, dass zB im anglo-amerikanischen Recht die aus europäisch-autonomer bzw. deutscher Sicht als materiellrechtlich qualifizierten Institute der Verjährung (Art. 12 Abs. 1 lit. d Rom I-VO, Art. 15 lit. h Rom II-VO) oder der Aufrechnung (Art. 17 Rom I-VO) traditionell als prozessual eingestuft werden.[256]

74   Zweitens wird – insbesondere in Bezug auf den **Verlöbnisbruch** – zum Teil vertreten, dass ein Renvoi kraft abweichender Qualifikation ausscheiden müsse, wenn das berufene Recht für bestimmte Ansprüche gar keine **Sonderregeln** bereithalte, sondern sie ohne weiteres dem allgemeinen Vertrags- oder Deliktsrecht unterwerfe.[257] Ein solcher Ansatz führt aber zu kaum lösbaren Abgrenzungsproblemen und ist nach dem Prinzip der funktional-teleologischen Qualifikation auch nicht angezeigt.[258] Im Falle einer Gesamtverweisung ist die fremde Rechtsordnung *in toto* auf das Vorhandensein funktional äquivalenter Regelungen zu prüfen und nicht nur diejenige Sach- oder Kollisionsnorm heranzuziehen, die der systematischen Kategorisierung unseres Rechts entspricht.[259] Der praktische Zweck des Renvoi kraft abweichender Qualifikation liegt gerade darin, so „vorzugehen, wie wenn das fremde Kollisionsrecht eine *Sondernorm aufgestellt hätte*",[260] an der es aber tatsächlich fehlt. Daher kann aus logisch zwingenden Gründen die Aufstellung von Sonderregeln keine tatbestandliche Voraussetzung für das Eingreifen dieser Rechtsfigur sein. Es ist somit für die Frage eines Renvoi unerheblich, ob das berufene Recht einen Anspruch als besondere Folge des Verlöbnisbruchs oder als allgemeine Folge deliktischer Haftung ausgestaltet hat.[261] Ein Renvoi kraft abweichender Qualifikation kommt selbst dann in Betracht, wenn die Sachvorschriften des berufenen Rechts keine funktional äquivalente Anspruchsgrundlage (mehr) vorsehen, denn es ist nicht ausgeschlossen, dass es für einschlägige Fälle mit Auslandsbezug zumindest Kollisionsnormen bereithält.[262] Nur wenn der *Tatbestand* des Verlöbnisbruchs als solcher im fremden Recht keinerlei sach- oder kollisionsrechtlich relevante Haftung zeitigt, sondern zB allein ein dem § 825 BGB vergleichbarer – also von der Lösung eines Verlöbnisses gänzlich unabhängiger – Deliktsanspruch zum Schutz der sexuellen Selbstbestimmung gewährt wird, stellt sich das Problem einer vom deutschen Recht abweichenden Qualifikation nicht, weil ein derartiger Anspruch bereits aus unserer Sicht als deliktisch zu qualifizieren ist.[263]

75   Drittens ist umstritten, ob ein Renvoi kraft abweichender Qualifikation auch dann zu befolgen ist, wenn das berufene Recht eine Rechtsfrage (insbesondere die **Verjährung** oder die **Aufrechnung**), die aus deutscher Sicht als materiellrechtlich zu qualifizieren ist, dem Prozessrecht zuschlägt. Im Anwendungsbereich der Rom I- und II-VO stellt sich das Problem zwar nicht mehr (→ Rn. 73); für sonstige Anspruchsgrundlagen bleibt die Frage indes aktuell. Vereinzelt wird nach den oben (→ Rn. 43 ff.) geschilderten Grundsätzen eine versteckte bzw. hypothetische (Teil-)Rückverweisung auf das Recht am deutschen Gerichtsort befürwortet.[264] Ganz überwiegend wird aber insoweit ein Widerspruch zum Sinn der Verweisung (Art. 4 Abs. 1 S. 1 Hs. 2) angenommen:[265] Die Unterstellung der Gründe für das Erlö-

---

[255] *Kropholler* IPR § 24 II 1a; *Olaf Meyer* Jura 2015, 270 (273); *Schack* IPRax 2013, 315 (316 f.).

[256] So im Ergebnis bereits Cass. 1re Chambre civ. Rev. crit. dr. int. pr. 86 (1997), 702 – Soc. Mobil NSL/Compagnie Française d'Entreprises Métalliques, mAnm *Ancel* = Clunet 124 (1997), 789 mAnm *Santa-Croce;* da der Streit das Internationale Vertragsrecht betraf, dürfte hieraus nicht auf eine generelle Ablehnung des Renvoi kraft abw. Qualifikation zu schließen sein, *Bureau/Muir Watt,* Droit international privé I, 2. Aufl. 2010, Rn. 499.

[257] So – im Anschluss an 5. Aufl. 2010, Rn. 39 (*Sonnenberger*) – Staudinger/*Hausmann* (2013) Rn. 67.

[258] Zutr. *Mäsch* RabelsZ 61 (1997), 284 (302), der darauf hinweist, dass auch im Standardbeispiel des französischen Rechts allein die deliktische Generalklausel (Art. 1382 C.c.) die Anspruchsgrundlage im Falle des Verlöbnisbruchs bildet.

[259] *v. Bar/Mankowski* IPR I § 7 Rn. 151.

[260] *Kropholler* IPR § 24 II 1a.

[261] So auch *v. Bar/Mankowski* IPR I § 7 Rn. 152; Palandt/*Thorn* Art. 13 Rn. 30.

[262] Vgl. zum englischen Recht *Ferid* IPR Rn. 8–31.

[263] Dies ist der richtige Kern der Ausführungen in 5. Aufl. 2010, Rn. 39 (*Sonnenberger*); hierzu auch *Kropholler* IPR § 44 IV 3. Nach Art. 4 Abs. 3 Rom II-VO dürfte insoweit aber wiederum akzessorisch an das Verlöbnisstatut anzuknüpfen sein.

[264] *Kegel/Schurig* IPR § 10 VI; Soergel/*Kegel* Rn. 14.

[265] *Kropholler* IPR § 24 II 1a; *Looschelders* IPR Rn. 10; *Schack* IPRax 2013, 315 (316 f.); Soergel/*Lüderitz* Anh. Art. 10 Rn. 124; Staudinger/*Hausmann* (2013) Rn. 70; im Ergebnis bereits BGH NJW 1960, 1720.

schen einer Verpflichtung und der Verjährung unter das für den jeweiligen Anspruch maßgebende materielle Recht dient dadurch dem äußeren Entscheidungseinklang, dass die jeweiligen Fragen unabhängig vom angerufenen Forum beurteilt werden;[266] zudem werden Normenwidersprüche und Anpassungsprobleme vermieden, wenn auf eine gesonderte Anknüpfung der Verjährung oder der Aufrechnung verzichtet wird.[267] Hat ein Gericht eine bestimmte Rechtsfrage aus diesen Gründen *lege fori* materiellrechtlich qualifiziert und dem für das jeweilige Rechtsverhältnis maßgebenden Statut zugewiesen, darf es dieselbe Rechtsfrage daher nicht in einem zweiten Schritt *lege causae* prozessual einordnen.[268] Anders als in den oben (→ Rn. 44 ff.) dargestellten familienrechtlichen Konstellationen, die zur Annahme einer „versteckten" Rückverweisung führen, haben im Falle der Verjährung oder der Aufrechnung die maßgeblichen anglo-amerikanischen Zuständigkeitsvorschriften keinen besonderen, kollisionsrechtlich relevanten Gerechtigkeitsgehalt, der vor unseren Gerichten Beachtung finden müsste.[269] Schließlich dringt auch in den US-amerikanischen Gliedstaaten selbst erkennbar eine materielle Qualifikation der Verjährung vor.[270] Es besteht daher insgesamt kein Anlass, hier „päpstlicher als der Papst" zu sein und von der für richtig gehaltenen materiellen Qualifikation abzurücken.

d) Qualifikationsverweisung. Von der Rück- oder Weiterverweisung *kraft* abweichender Qualifikation ist ein Renvoi gerade *in Bezug auf* die Qualifikation, die sog **Qualifikationsverweisung**,[271] zu unterscheiden: Im Falle des Renvoi kraft abweichender Qualifikation berücksichtigen wir die kollisionsrechtliche Einordnung eines Rechtsinstituts durch eine fremde Rechtsordnung; im Falle der Qualifikationsverweisung bittet uns hingegen umgekehrt das fremde Recht darum, diese Entscheidung selbst zu treffen.[272] Dieser letztgenannte Fall tritt insbesondere im Rechtskreis des Common Law auf,[273] weil dort traditionell hinsichtlich des auf eine ehegüterrechtliche Auseinandersetzung anwendbaren Rechts zwischen beweglichem und unbeweglichem Vermögen unterschieden wird (näher → Art. 3a Rn. 45 ff.); hinzu kommt, dass die Entscheidung darüber, ob ein bestimmter Gegenstand zum beweglichen oder unbeweglichen Vermögen zu zählen ist, der jeweiligen *lex rei sitae* zu entnehmen ist.[274] Dahinter steht der Gedanke, auf das Grundstücksrecht des Lageortes Rücksicht zu nehmen.[275] Ist der fragliche Gegenstand in Deutschland belegen, nehmen wir diese Qualifikationsverweisung an und grenzen insoweit nach den zum deutschen Kollisionsrecht (Art. 15 Abs. 2 Nr. 3, Art. 25 Abs. 2 aF) entwickelten Maßstäben ab.[276] **Beispiele:** Anteile an einer Gesellschaft sind aus deutscher Sicht als bewegliches Vermögen zu

76

---

[266] Zur überragenden Bedeutung der Entscheidungsharmonie auf diesem Gebiet *Kropholler* IPR § 24 II 1a; Staudinger/*Hausmann* (2013) Rn. 70; die Gefahr des Forum Shopping aufgrund einer prozessualen Qualifikation der Verjährung wird auch in den USA deutlich erkannt, näher *Hay/Borchers/Symeonides,* Conflict of Laws, 5. Aufl. 2010, § 3.9.

[267] Soergel/*Lüderitz* Art. 10 Anh. Rn. 124.

[268] *v. Bar/Mankowski* IPR § 7 Rn. 148; zur Problematik im Wechselrecht auch *Müller-Freienfels,* FS Zepos Bd. II, 1973, 491 ff.; anders bekanntlich RGZ 7, 21 in dem berüchtigten „Tennessee-Wechsel-Fall"; hierzu aus heutiger Sicht *Olaf Meyer* Jura 2015, 270 ff.

[269] *Looschelders* IPR Rn. 10; *Schack* IPRax 2013, 315 (316).

[270] Zum Uniform Conflict of Laws Limitations Act 1982 (abrufbar zB unter http://apps.leg.wa.gov/rcw/default.aspx?cite=4.18&full=true) s. *Hay/Borchers/Symeonides,* Conflict of Laws, 5. Aufl. 2010, § 3.9; ferner *Adolphsen* EuZVR, 2. Aufl. 2015, 2. Kap. § 4 II in Fn. 54; zu richterrechtlichen Korrekturen der prozessualen Qualifikation bei gesetzlichen Ansprüchen *Hay/Borchers/Symeonides,* Conflict of Laws, 5. Aufl. 2010, § 3.10; zu sog „borrowing statutes" ebd. § 3.11.

[271] Eingehend *Jayme* ZfRV 17 (1976), 93 ff.; weniger anschaulich ist die Bezeichnung als „Begriffsverweisung" (so *Kropholler* IPR § 16 II 1); teils wird auch – ganz genau – von einer „Qualifikations*rück*verweisung" gesprochen (*v. Bar/Mankowski* IPR I § 7 Rn. 220), um deutlich zu machen, dass es nicht um einen generellen Übergang zur verpönten Qualifikation *lege causae* auch im eigenen IPR geht (*v. Bar/Mankowski* IPR I § 7 Rn. 153 ff.; dies betont auch *Kropholler* IPR § 16 II 1). Aber natürlich kann es auch eine Qualifikations*weiter*verweisung geben (zB KG ZOV 2001, 162 = VIZ 2001, 682), so dass ein weiter gefasster Oberbegriff doch nützlich ist.

[272] Auch insoweit (begrifflich) abw. *v. Bar/Mankowski* IPR I § 7 Rn. 220, die beide Fallgruppen als Unterfälle der „Qualifikationsrückverweisung" einstufen.

[273] Näher *Hook* JPIL 11 (2015), 185 (205).

[274] S. zum Recht von Kalifornien BGHZ 24, 352 (355) = NJW 1957, 1316; zum Recht von Ohio BGHZ 144, 251 = NJW 2000, 2421 = IPRax 2002, 40 m. Aufsatz *Umbeck* IPRax 2002, 33 = JR 2001, 234 mAnm *Rauscher;* zum Recht von Colorado KG ZEV 2012, 593; zum Common Law allg. KG ZOV 2001, 162 = VIZ 2001, 682.

[275] BGHZ 144, 251 = NJW 2000, 2421 = IPRax 2002, 40 m. Aufsatz *Umbeck* IPRax 2002, 33 = JR 2001, 234 mAnm *Rauscher.*

[276] BGHZ 144, 251 = NJW 2000, 2421 = IPRax 2002, 40 m. Aufsatz *Umbeck* IPRax 2002, 33 = JR 2001, 234 mAnm *Rauscher;* vgl. hierzu aber den krit. Besprechungsaufsatz von *Hartwieg* ZVglRWiss. 101 (2002), 434 ff.; wie der BGH auch KG ZOV 2001, 162 = VIZ 2001, 682; ebenso die ganz hL: Bamberger/Roth/*Lorenz* Einl. IPR Rn. 61; *v. Bar/Mankowski* IPR I § 7 Rn. 220; *v. Hoffmann/Thorn* IPR § 6 Rn. 17a; *Kegel/Schurig* IPR § 10 VI; *Kropholler* IPR § 16 II 1; NK-BGB/*Freitag* Rn. 11; *Rauscher* IPR Rn. 378 f.; Staudinger/*Hausmann* (2013) Rn. 76.

qualifizieren, auch wenn die Gesellschaft über Grundstücksvermögen verfügt.[277] Gleiches gilt für Anteile an einer Erbengemeinschaft.[278] – Ansprüche auf Rückübertragung eines Grundstücks nach dem Vermögensgesetz sind als beweglich einzustufen.[279] – Im Übrigen s. die Erläuterungen zu Art. 15 Abs. 2 Nr. 3, die insoweit entsprechend gelten.

77   Dagegen ist eingewandt worden, dass das deutsche Recht dem **Prinzip der Güterrechtseinheit** folge und es einer entsprechenden Rücksichtnahme des fremden Rechts auf unser Belegenheitsrecht somit gar nicht bedürfe, so dass der Renvoi ins Leere gehe.[280] Diese Kritik ist aber aufgrund der in Art. 15 Abs. 2 Nr. 3 vom deutschen Recht selbst vorgesehenen kollisionsrechtlichen **Differenzierung zwischen beweglichem und unbeweglichem Vermögen** überholt.[281] Ebenso wenig lässt sich der Berücksichtigung einer Qualifikationsverweisung de lege lata mit Argumenten widersprechen, die auf die Lehre vom *double renvoi*[282] oder auf die *foreign court theory*[283] gestützt werden, da beide Denkrichtungen vom Gesetzgeber des Jahres 1986 bewusst verworfen worden sind (→ Rn. 10).

78   Eine dem Art. 25 Abs. 2 aF entsprechende Teilrechtswahl lediglich für Immobiliarvermögen ist zwar in der **EuErbVO** ausgeschlossen (Art. 23 Abs. 1 EuErbVO).[284] In dem Rahmen, in dem Art. 34 EuErbVO heute noch eine Rück- und Weiterverweisung für beachtlich erklärt (näher → Rn. 124 ff.), sollte im Interesse des internationalen Entscheidungseinklangs aber auch weiterhin eine Qualifikationsverweisung durch einen Drittstaat respektiert werden. Im Falle der Weiterverweisung auf einen Drittstaat (Art. 34 Abs. 1 lit. b EuErbVO) ist die Qualifikation insoweit nach dem Recht des berufenen Drittstaates vorzunehmen. Da sich der EuErbVO keine autonomen Maßstäbe für die Abgrenzung zwischen beweglichem und unbeweglichem Vermögen entnehmen lassen, wird es auch bei dem Renvoi auf den Gerichts- oder einen anderen Mitgliedstaat (Art. 34 Abs. 1 lit. a EuErbVO) auf die Grenzziehung im jeweiligen nationalen Recht ankommen, so dass im Falle einer Rückverweisung auf deutsches Recht an den bisherigen Maßstäben (→ Rn. 76) festzuhalten ist.[285]

79   Das **deutsche IPR** selbst spricht hingegen regelmäßig **keine Qualifikationsverweisung** auf andere Rechte, etwa auf das Recht am Lageort unbeweglichen Vermögens iS des Art. 15 Abs. 2 Nr. 3, aus (→ Art. 15 Rn. 89 ff.). Zur Bestimmung der Vermögensgegenstände, die nach dem Grundsatz „Einzelstatut bricht Gesamtstatut" (Art. 3a Abs. 2) besonderen Regeln unterliegen, → Art. 3a Rn. 63 ff. Als ein Fall der Qualifikationsverweisung ist es allerdings anzusehen, dass die Rom II- und die Rom I-VO „Schuldverhältnisse aus einem Familienverhältnis oder aus Verhältnissen, die *nach dem auf diese Verhältnisse anzuwendenden Recht* vergleichbare Wirkungen entfalten" aus ihrem sachlichen Anwendungsbereich ausschließen (Art. 1 Abs. 2 lit. a Rom II-VO; Art. 1 Abs. 2 lit. b Rom I-VO; näher → Rn. 114).

80   **e) Partieller Renvoi.** Ungeachtet des – auch insoweit missverständlichen – Ausdrucks „Gesamtverweisung" ist allgemein anerkannt, dass eine Rück- oder Weiterverweisung durch das berufene Recht nicht nur dann zu beachten ist, wenn sie das gesamte zu beurteilende Rechtsverhältnis erfasst, sondern auch dann, wenn sie sich nur auf einen Teil der aufgeworfenen Rechtsfragen erstreckt.[286] Man spricht insoweit von einem „partiellen" Renvoi, einer Teilrück- oder -weiterverweisung oder auch einer „gespaltenen" Rück- oder Weiterverweisung.[287] Der partielle Renvoi tritt auf dem Gebiet des internationalen **Erbrechts nach Art. 34 EuErbVO und des noch geltenden internationalen Ehegüterrechts** gemäß Art. 15 EGBGB insbesondere (aber nicht nur)[288] im Verhältnis zu Staaten des Common

---

[277] BGHZ 24, 352 = NJW 1957, 1316; KG ZOV 2001, 162 = VIZ 2001, 682.
[278] KG ZEV 2012, 593.
[279] BGHZ 144, 251 = NJW 2000, 2421 = IPRax 2002, 40 m. Aufsatz *Umbeck* IPRax 2002, 33 = JR 2001, 234 mAnm *Rauscher.*
[280] So noch *Kegel* IPR, 7. Aufl. 1995, § 10 VI (aufgegeben von *Kegel/Schurig* IPR § 10 VI); krit. auch *Stoll,* FS Kropholler, 2008, 247 (250) in Fn. 15: „Begriffliche Konstruktionen wie die Annahme einer [...] Qualifikationsrückverweisung tragen zur Lösung nichts bei."
[281] Ausf. hierzu noch *Kegel/Schurig* IPR § 10 VI; *Staudinger/Hausmann* (2013) Rn. 74; aus der Rspr. vor der IPR-Reform s. BGHZ 24, 352 = NJW 1957, 1316.
[282] So auch – gegen *Kegel* IPR, 7. Aufl. 1995, § 10 VI – *Kegel/Schurig* IPR § 10 VI; *Staudinger/Hausmann* (2013) Rn. 74.
[283] So aber *Hartwieg* ZVglRWiss. 101 (2002), 434 (468).
[284] Krit. hierzu *Mansel* in Leible/Unberath Rom 0-VO 241 (282).
[285] Vgl. auch *Lehmann* ZEV 2012, 595 (596).
[286] BGHZ 24, 352 (355) = NJW 1957, 1316; ausf. *Rauscher* IPR Rn. 373 ff.; ebenso Bamberger/Roth/*Lorenz* Rn. 16; *Ferid* IPR Rn. 3–105; *Kropholler* IPR § 24 II 1; NK-BGB/*Freitag* Rn. 13; Staudinger/*Hausmann* (2013) Rn. 63 f.; Staudinger/*Dörner* (2007) Art. 25 Rn. 680 ff.
[287] Die Begriffe sind synonym, vgl. die in der vorigen Fn. Genannten.
[288] Vgl. etwa im Verhältnis zu Österreich OLG Köln NJW-RR 2015, 908 Rn. 13; hierzu *S. Frank* MittBayNot 2016, 69; *Steiner* ZEV 2015, 587; ferner LG Traunstein ZEV 2011, 477; im Verhältnis zu Belgien OLG Köln NJW-RR 1992, 1480 = IPRax 1994, 376 m. Aufsatz *Dörner* IPRax 1994, 362; zu Frankreich OLG Frankfurt a.M. IPRax 2014, 447 mAnm *Nordmeier* IPRax 2014, 418 = BeckRS 2014, 13147; zur Türkei OLG Bremen NJOZ 2015, 1953.

Law auf, weil dort in Bezug auf das anwendbare Recht vielfach zwischen beweglichem und unbeweglichem Vermögen unterschieden wird.[289] Richtet sich beispielsweise der **Güterstand** eines US-amerikanischen Ehepaares nach dem Recht von Kalifornien und gehört zum ehelichen Vermögen ein in Deutschland belegenes Grundstück (zur insoweit zu beachtenden Qualifikationsverweisung → Rn. 76 ff.), kommt es in Bezug auf dieses Immobiliarvermögen zu einer partiellen Rückverweisung auf das deutsche Recht;[290] insbesondere begründet der Umstand, dass das deutsche IPR in Art. 15 Abs. 1 dem Prinzip der Vermögenseinheit folgt, keinen Widerspruch zum Sinn der Verweisung iS des Art. 4 Abs. 1 S. 1 Hs. 2, weil das deutsche Kollisionsrecht selbst diesen Grundsatz in den Fällen des Art. 3a Abs. 2 und des Art. 15 Abs. 2 Nr. 3 durchbricht.[291] Entsprechendes gilt für sonstige Verweisungen im dritten Abschnitt.[292] Während Art. 34 **EuErbVO** trotz des in der VO strenger als im bisherigen deutschen IPR verwirklichten Prinzips der Nachlasseinheit weiterhin zur Beachtung eines partiellen Renvoi durch ein drittstaatliches Erbstatut verpflichtet (näher → Rn. 129 ff.), wird jeglicher Renvoi ab dem 29.1.2019 im internationalen Ehegüterrecht nicht mehr beachtlich sein (Art. 32 EuGüVO → Rn. 136 ff.). Im **Adoptionsrecht** kann eine partielle Rück- oder Weiterverweisung eintreten, wenn nach dem ausländischen IPR die Heimatrechte des Annehmenden und des Angenommenen oder bei der Adoption durch ein Ehepaar die Heimatrechte beider Ehegatten kumulativ anzuwenden sind.[293] Maßgebend für das Vorliegen einer Rückverweisung ist in diesem Fall aber die ausländische Kollisionsnorm für die Adoption, nicht die für die allgemeinen Ehewirkungen geltende Vorschrift.[294]

Die infolge eines partiellen Renvoi nach Art. 4 Abs. 1 eintretende kollisionsrechtliche Spaltung **81** ist **vom Vorrang des Einzelstatuts gegenüber dem Gesamtstatut zu unterscheiden,** der nach Art. 3a Abs. 2 zu respektieren ist:[295] Im Falle des partiellen Renvoi ist es das von unserem IPR (zB Art. 15) als Gesamtstatut berufene Recht *selbst,* das eine kollisionsrechtliche Vermögensspaltung anordnet; im Falle des Art. 3a Abs. 2 hingegen wird das aufgrund einer Kollisionsnorm des deutschen internationalen Familienrechts berufene Gesamtstatut durch eine aufgrund der besonderen Vorschriften eines *dritten Staates* – des Staates, in dem sich das Sondervermögen befindet – eintretende Vermögensspaltung durchbrochen. Das heißt: Trennen sich zwei kalifornische Ehegatten, denen ein Grundstück in Deutschland gehört, tritt eine Vermögensspaltung gemäß Art. 4 Abs. 1 ein; geht es hingegen um zwei deutsche Eheleute, denen ein Grundstück in Kalifornien gehört, resultiert die Vermögensspaltung aus Art. 3a Abs. 2. Zum Verhältnis zwischen Renvoi und Art. 3a Abs. 2 näher → Art. 3a Rn. 28 f. und 53.

Zu beachten bleibt, dass auch ein partieller Renvoi nach Art. 4 Abs. 1 EGBGB oder nach Art. 34 **82** EuErbVO insoweit eine „totale" Wirkung hat, als für das abgespaltene Sondervermögen in allen zB ehegüter- oder erbrechtlichen Beziehungen auf das maßgebende Recht verwiesen wird.[296] Im Falle einer Nachlassspaltung zB richtet sich daher nicht allein die Erbfolge, sondern auch die Frage, wem ggf. ein Pflichtteilsanspruch zusteht, nach dem Recht, auf das teilweise rück- oder weiterverwiesen worden ist.[297]

f) Bewegliche Rück- oder Weiterverweisung. Bei gewöhnlichen, wandelbaren Anknüpfun- **83** gen des deutschen IPR (zB Art. 14 Abs. 1) ist es selbstverständlich, dass eine Gesamtverweisung stets auch das intertemporale Recht der berufenen Rechtsordnung einschließt; dies gilt in Bezug auf Änderungen des materiellen Rechts sogar bei Sachnormverweisungen (→ Art. 3a Rn. 5). Ob zB Reformen des ausländischen Sachrechts oder des dortigen IPR für die persönlichen Wirkungen einer bereits bestehenden Ehe relevant sind, kann daher nur das maßgebliche ausländische intertemporale Recht beantworten; äußerste Grenzen zieht hier allein der rechtsstaatliche Grundsatz des Vertrauensschutzes im Rahmen des ordre public (Art. 6).[298]

---

[289] Näher Staudinger/*Hausmann* (2013) Rn. 63 f.; Staudinger/*Dörner* (2007) Art. 25 Rn. 680 ff.

[290] OLG München MittBayNot 2013, 404 mAnm *Süß* MittBayNot 2013, 405; vgl. auch OLG Karlsruhe NJW 1990, 1420 = IPRax 1990, 409 m. Aufsatz *Schurig* IPRax 1990, 383; BGHZ 24, 352 (355) = NJW 1957, 1316; eingehend Staudinger/*Dörner* (2007) Art. 25 Rn. 680 ff.; krit. *Stoll,* FS Kropholler, 2008, 247 (250) in Fn. 15, der die „vorgebliche Rückverweisung […] eher als Ausdruck des Desinteresses am rechtlichen Schicksal der ausländischen Grundstücke" auffassen möchte.

[291] KG FamRZ 2007, 1564 = NJOZ 2007, 1998.

[292] Vgl. *Siehr* IPRax 1987, 4 (5); ebenso *v. Hoffmann/Thorn* IPR § 9 Rn. 8; Staudinger/*Hausmann* (2013) Rn. 298.

[293] AG Landshut IPRax 1983, 246; LG Hamburg FamRZ 1999, 253 = NJWE-FER 1999, 181; AG Hamburg FamRZ 2007, 930 = IPRax 2007, 337 mAnm *Jayme* = BeckRS 2007, 10091.

[294] Ausf. Staudinger/*Henrich* (2014) Art. 22 Rn. 14 ff.

[295] Hierzu *Dörner* IPRax 1994, 362 (364); Staudinger/*Hausmann* (2013) Rn. 299.

[296] BGHZ 24, 352 (355) = NJW 1957, 1316.

[297] BGHZ 24, 352 (355) = NJW 1957, 1316.

[298] Hierzu OLG Hamm NJW-RR 2010, 1091 = FamRZ 2010, 975 = Rpfleger 2010, 24 = FGPrax 2010, 38 = RNotZ 2010, 206 mAnm *Böttcher* = MittBayNot. 2010, 223 mAnm *Süß* = ZEV 2010, 251; OLG Düsseldorf NJW-RR 2011, 1017 = FamRZ 2011, 1510 = ZEV 2011, 473.

84   Zweifel können jedoch auftreten, wenn das deutsche IPR eine **unwandelbare Anknüpfung** vorsieht, etwa auf das Ehewirkungsstatut im Zeitpunkt der Eheschließung (Art. 15 Abs. 1), die Staatsangehörigkeit des Annehmenden im Zeitpunkt der Adoption (Art. 22 Abs. 1 S. 1) oder den gemeinsamen gewöhnlichen Aufenthalt zur Zeit des Haftungsereignisses (Art. 40 Abs. 2) abstellt (näher → Einl. IPR Rn. 76 ff.). Insoweit sind **drei Konstellationen** denkbar: Erstens kann das ausländische IPR einen anderen Zeitpunkt für maßgebend erklären als das deutsche Recht, indem es zB im Ehegüterrecht wandelbar an das jeweilige Ehewirkungsstatut (also etwa an die aktuelle Staatsangehörigkeit oder den gewöhnlichen Aufenthalt der Ehegatten) anknüpft. Zweitens kann sich das anwendbare Sachrecht nach Eintritt des aus deutscher Sicht maßgeblichen Zeitpunkts (also zB im Ehegüterrecht nach der Eheschließung, im Adoptionsrecht nach der Annahme des Kindes) geändert haben. Drittens könnte eine Dynamisierung eines unwandelbaren Statuts auch daraus resultieren, dass sich das IPR der berufenen Rechtsordnung nach Verwirklichung des nach unseren Kollisionsnormen relevanten Ereignisses (Eheschließung, Adoption) geändert hat.

85   In der erstgenannten Fallgruppe ist nahezu allgemein anerkannt, dass auch eine Rück- oder Weiterverweisung zu befolgen ist, die sich daraus ergibt, dass das ausländische IPR anders als unser Kollisionsrecht eine bestimmte Rechtsfrage (etwa das Ehegüterrechtsstatut) wandelbar anknüpft.[299] Denn ebenso, wie das ausländische IPR selbst darüber befinden muss, welches Anknüpfungsmoment es für maßgeblich hält (Staatsangehörigkeit, gewöhnlicher Aufenthalt, erster gemeinsamer Wohnsitz etc) oder welches Anknüpfungssubjekt es (zB bei der Adoption) als relevant ansieht, muss es ihm selbst überlassen bleiben, ob es ein so bestimmtes Statut wandelbar oder unwandelbar ausgestaltet.[300] Man spricht insoweit anschaulich von einer **„beweglichen" Rück- bzw. Weiterverweisung.**[301] Gegen die Respektierung einer solchen Dynamik lässt sich nicht der „Sinn der Verweisung" (Art. 4 Abs. 1 S. 1 letzter Hs.) ins Feld führen, denn auch das deutsche Kollisionsrecht hat den Grundsatz der Unwandelbarkeit nicht ausnahmslos verwirklicht:[302] Dies belegen etwa im Ehegüterrecht die Rechtswahlmöglichkeit in Art. 15 Abs. 2 sowie die zeitweise wandelbar anknüpfende intertemporale Kollisionsnorm des Art. 220 Abs. 3. Die nur vereinzelt in der Rechtsprechung anzutreffende Gegenansicht[303] ist auf einhellige Ablehnung gestoßen.[304]

86   In Bezug auf die zweite Fallgruppe – **Änderungen des anwendbaren Sachrechts** – ist ebenfalls grundsätzlich davon auszugehen, dass auch bei einer unwandelbaren Anknüpfung materiellrechtliche Änderungen des anwendbaren Rechts (nach Maßgabe der fremden intertemporalen Regelungen) beachtet werden müssen.[305] Dieser Grundsatz wurde in der älteren Rechtsprechung aber im Hinblick auf Flüchtlinge und Vertriebene aus dem ehemaligen „Ostblock" durch die sog **„Versteinerungstheorie"** eingeschränkt:[306] Nach dieser Auffassung sollte aus Gründen des Vertrauensschutzes das anwendbare materielle Güterrecht auf den Zeitpunkt fixiert werden, in dem Flüchtlinge oder Vertriebene die Beziehung zu ihrem Heimatstaat durch die Annahme der deutschen Staatsangehörigkeit abgebrochen hatten.[307] Diese Rechtsprechung wurde sodann auch auf Änderungen des infolge einer Gesamtverweisung berufenen Kollisionsrechts übertragen.[308]

87   Die Versteinerungstheorie gilt heute aber schon in Bezug auf das materielle Recht infolge des Zusammenbruchs des real existierenden Sozialismus als überholt (→ Einl. IPR Rn. 77). Für das

---

[299] KG FamRZ 2007, 1564 = NJOZ 2007, 1998; OLG Hamm NJW-RR 2010, 1091 = FamRZ 2010, 975 = Rpfleger 2010, 24 = FGPrax 2010, 38 = RNotZ 2010, 206 mAnm *Böttcher* = MittBayNot. 2010, 223 mAnm *Süß* = ZEV 2010, 251; OLG Düsseldorf NJW-RR 2011, 1017 = FamRZ 2011, 1510 = ZEV 2011, 473; OLG München NJW-RR 2011, 663 = ZEV 2011, 471; OLG München NJW-RR 2011, 299 = FamRZ 2011, 1006 = ZEV 2011, 137; *Henrich* IPRax 2012, 263 f.; *Pasche* NJW-Spezial 2010, 260; *Schmellenkamp* RNotZ 2011, 530 (533); Staudinger/*Hausmann* (2013) Rn. 218.

[300] *Henrich* IPRax 2012, 263 f.

[301] OLG Hamm NJW-RR 2010, 1091 = RNotZ 2010, 206 mAnm *Böttcher* = ZEV 2010, 251; OLG Düsseldorf NJW-RR 2011, 1017 = FamRZ 2011, 1510 = ZEV 2011, 473; OLG Celle NJW-RR 2014, 1283; *Pasche* NJW-Spezial 2010, 260; *Schmellenkamp* RNotZ 2011, 530 (533); Staudinger/*Hausmann* (2013) Rn. 218.

[302] KG FamRZ 2007, 1564 = NJOZ 2007, 1998; OLG München NJW-RR 2011, 299 = FamRZ 2011, 1006 = ZEV 2011, 137; Staudinger/*Hausmann* (2013) Rn. 218.

[303] OLG Nürnberg FamRZ 2011, 1509 mAnm *Henrich* = IPRax 2012, 263 (Ls.) mAnm *Henrich* = DNotI-Report 2011, 147.

[304] *Rauscher* nennt den Beschluss schlicht „unzutr." (IPR Rn. 343 in Fn. 46); nach Ansicht *Henrichs* „hat das Gericht Art. 15 EGBGB missverstanden" (IPRax 2012, 263 (264)); abl. auch Palandt/*Thorn* Art. 15 Rn. 3; Staudinger/*Hausmann* (2013) Rn. 218.

[305] S. zB OLG Hamm FamRZ 2006, 1387 = NJOZ 2007, 2543 (Türkei).

[306] BGH NJW 1963, 1975; BayObLG NJW 1959, 1734; BayObLG FamRZ 1961, 319 = BayObLGZ 1961, 123.

[307] BGH NJW 1963, 1975; BayObLG NJW 1959, 1734; BayObLG FamRZ 1961, 319 = BayObLGZ 1961, 123.

[308] OLG Hamm NJW 1977, 1591.

Kollisionsrecht ist sie inzwischen von mehreren Oberlandesgerichten explizit aufgegeben worden.[309] Auch bei einer unwandelbaren Anknüpfung durch das deutsche IPR sind daher **Änderungen des ausländischen IPR** zu berücksichtigen, die sich erst nach dem aus deutscher Sicht für die Anknüpfung maßgebenden Zeitpunkt vollzogen haben.[310] Insoweit kann es noch nachträglich zu einer Wandelbarkeit zB des Güterrechtsstatuts kommen.[311] Ob auf eine bestimmte Rechtsfrage das alte oder neue IPR der berufenen Rechtsordnung Anwendung findet, bestimmen allein deren eigene intertemporale Kollisionsnormen.[312] Grenzen kann insoweit allenfalls der ordre public (Art. 6) ziehen.[313]

g) Renvoi durch im Ausland geltende Staatsverträge. Mit dem IPR „eines anderen Staates", auf das Art. 4 Abs. 1 S. 1 verweist, sind nicht nur die autonomen Kollisionsnormen dieser Rechtsordnung gemeint, sondern auch die Regelungen in von diesem Staat abgeschlossenen völkerrechtlichen Vereinbarungen, soweit sie im betreffenden Staat unmittelbar anwendbares Recht geworden sind.[314] Sofern diese Übereinkommen – wie in den neueren Haager Texten üblich – nicht zwischen Vertrags- und Nichtvertragsstaaten differenzieren *(lois uniformes)*, kann sich dadurch indirekt eine Anwendbarkeit einer Konvention für deutsche Gerichte ergeben, obwohl die Bundesrepublik dem entsprechenden Vertrag nicht beigetreten ist;[315] allein diese Abstinenz von deutscher Seite begründet aber keinen Widerspruch zum Sinn der Verweisung gemäß Art. 4 Abs. 1 S. 1 letzter Hs. Ferner ist es – ebenso wie hinsichtlich autonomer Kollisionsnormen[316] – unerheblich, ob der in Rede stehende Staatsvertrag seinerseits – wie dies in den Haager Konventionen überwiegend der Fall ist – die Beachtlichkeit einer Rück- oder Weiterverweisung ausschließt.[317] Praktisch relevant sind gegenwärtig vor allem das Haager Ehegüterrechtsabkommen[318] von 1978 sowie das Haager Trust-Übereinkommen[319] von 1985. Das Haager Straßenverkehrsunfall-Übereinkommen von 1971 und das Haager Produkthaftpflicht-Übereinkommen von 1973 können hingegen aufgrund des Vorrangs der Rom II-VO, die den Renvoi ausschließt (Art. 24 Rom II-VO), von deutschen Gerichten nicht mehr aufgrund einer Rück- oder Weiterverweisung angewendet werden (zum Problem näher → Rn. 109).

88

---

[309] So in Bezug auf die ehem. UdSSR und deren Nachfolgestaaten OLG Hamm NJW-RR 2010, 1091 = RNotZ 2010, 206 mAnm *Böttcher* = MittBayNot 2010, 223 mAnm *Süß*; OLG Düsseldorf NJW-RR 2011, 1017; OLG Celle FamRZ 2015, 160 = MittBayNot 2014, 470; im Ergebnis bereits KG FamRZ 2005, 1676 = BeckRS 2008, 26227.

[310] Neben den die ehem. Sowjetunion betreffenden Entscheidungen OLG Hamm NJW-RR 2010, 1091 = RNotZ 2010, 206 mAnm *Böttcher* = MittBayNot 2010, 223 mAnm *Süß*; OLG Düsseldorf NJW-RR 2011, 1017; OLG Celle FamRZ 2015, 160 = MittBayNot 2014, 470; im Ergebnis bereits KG FamRZ 2005, 1676 = BeckRS 2008, 26227 s. zu Spanien OLG München NJW-RR 2011, 663; zu Südkorea OLG München NJW-RR 2011, 299.

[311] ZB OLG München NJW-RR 2011, 299.

[312] KG FamRZ 2005, 1676 = BeckRS 2008, 26227; OLG Hamm NJW-RR 2010, 1091; RNotZ 2010, 206 mAnm *Böttcher* = MittBayNot 2010, 223 mAnm *Süß*; OLG Düsseldorf NJW-RR 2011, 1017; OLG München NJW-RR 2011, 663; 2011, 299.

[313] OLG Hamm NJW-RR 2010, 1091 = RNotZ 2010, 206 mAnm *Böttcher* = MittBayNot 2010, 223 mAnm *Süß*; OLG Düsseldorf NJW-RR 2011, 1017.

[314] AllgM, s. zB OLG Frankfurt a. M. NJW 2000, 1202; hierzu *Timme* NJW 2000, 3258; OLG Düsseldorf FamRZ 2000, 1574 = NJW-RR 2000, 542; OLG Stuttgart BeckRS 2014, 06419; AG Tempelhof-Kreuzberg BeckRS 2009, 21445; AG Borken NZV 2010, 252; aus dem Schrifttum insbes. *Jayme*, FS Beitzke, 1979, 541 (545); s. zu praktischen Beispielen *Jayme* IPRax 1981, 17 f.; Staudinger/*Hausmann* (2013) Rn. 148 ff.; ferner *Kropholler* IPR § 24 II 1b; *Rauscher* IPR Rn. 370.

[315] AllgM, s. zB OLG Frankfurt a. M. NJW 2000, 1202; hierzu *Timme* NJW 2000, 3258; OLG Düsseldorf FamRZ 2000, 1574 = NJW-RR 2000, 542; OLG Stuttgart BeckRS 2014, 06419; AG Tempelhof-Kreuzberg BeckRS 2009, 21445; AG Borken NZV 2010, 252; aus dem Schrifttum insbes. *Jayme*, FS Beitzke, 1979, 541 (545); s. zu praktischen Beispielen *Jayme* IPRax 1981, 17 f.; Staudinger/*Hausmann* (2013) Rn. 148 ff.; ferner *Kropholler* IPR § 24 II 1b; *Rauscher* IPR Rn. 370.

[316] S. zum griechischen IPR 5. Aufl. 2010, Rn. 33 *(Sonnenberger)*.

[317] AllgM, s. zB OLG Frankfurt a. M. NJW 2000, 1202; hierzu *Timme* NJW 2000, 3258; OLG Düsseldorf FamRZ 2000, 1574 = NJW-RR 2000, 542; OLG Stuttgart BeckRS 2014, 06419; AG Tempelhof-Kreuzberg BeckRS 2009, 21445; AG Borken NZV 2010, 252; aus dem Schrifttum insbes. *Jayme*, FS Beitzke, 1979, 541 (545); s. zu praktischen Beispielen *Jayme* IPRax 1981, 17 f.; Staudinger/*Hausmann* (2013) Rn. 148 ff.; ferner *Kropholler* IPR § 24 II 1b; *Rauscher* IPR Rn. 370.

[318] RabelsZ 41 (1977), 554; hierzu OLG Düsseldorf FamRZ 2000, 1574 = NJW-RR 2000, 542; AG Tempelhof-Kreuzberg BeckRS 2009, 21445; Staudinger/*Hausmann* (2013) Rn. 152; zum Ratifikationsstand s. die Angaben bei *Jayme/Hausmann* S. 86 Fn. 2 sowie unter http://www.hcch.net.

[319] IPRax 1987, 55 ff.; hierzu Staudinger/*Hausmann* (2013) Rn. 153; zum Ratifikationsstand s. die Angaben bei *Jayme/Hausmann* S. 374 Fn. 2 sowie unter http://www.hcch.net.

89   Entsprechendes würde für **EU-Verordnungen** im Rahmen der verstärkten Zusammenarbeit gelten, an denen die Bundesrepublik nicht teilnähme; doch liegen insoweit derzeit keine einschlägigen Fälle vor.

90   **h) Nicht feststellbarer Renvoi.** Mitunter kann das ausländische IPR nicht verlässlich ermittelt und das Vorliegen eines Renvoi deshalb nicht mit Sicherheit beurteilt werden. Hierzu kann es aus zwei Gründen kommen:[320] Zum einen kann ein bestimmtes Rechtsinstitut (zB die Adoption oder das Verlöbnis) dem materiellen Recht des Staates, auf den unser IPR verweist, unbekannt sein.[321] Diese Frage wurde lange Zeit vor allem für den Versorgungsausgleich diskutiert;[322] sie stellt sich aber nunmehr nicht mehr, weil Art. 17 Abs. 3 infolge der akzessorischen Anknüpfung an die Rom III-VO nunmehr eine Sachnormverweisung ausspricht (→ Rn. 60). Im Übrigen ist zu beachten, dass eine Rechtsordnung durchaus Kollisionsnormen auch in Bezug auf solche Rechtsverhältnisse bereitstellen kann, die sie im eigenen Sachrecht nicht kennt (→ Rn. 57 mwN).[323] Erst wenn sich – auch bei einer insoweit *lege causae* vorzunehmenden – Qualifikation im ausländischen IPR keine passende Kollisionsnorm ermitteln lässt, stellt sich die Frage nach dem weiteren Vorgehen.[324] Zum anderen kann es, ebenso wie bei der Ermittlung ausländischen Sachrechts (→ Einl. IPR Rn. 303 ff.), zB aufgrund politischer Umwälzungen (Revolution, Annexion, Staatenzerfall, → Einl. IPR Rn. 51 ff.) in der berufenen Rechtsordnung oder mangels verfügbarer Quellen schlicht nicht sicher festzustellen sein, welches Kollisionsrecht auf einem bestimmten Gebiet tatsächlich gilt.[325]

91   Nach einer Ansicht soll dieses Problem anhand der **allgemeinen Grundsätze zur Nichtermittelbarkeit ausländischen Rechts** (→ Einl. IPR Rn. 303 ff.) zu lösen sein.[326] Hiermit wird der bereits im Hinblick auf das Sachrecht bestehende Streit nach dem richtigen Ersatz auf die Renvoi-problematik übertragen. Nach einer Untermeinung soll anstelle des nicht ermittelbaren ausländischen IPR auf das Kollisionsrecht der lex fori zurückgegriffen werden,[327] dh ein dem ausländischen Recht unbekanntes Rechtsinstitut soll *lege fori* qualifiziert und der so passend gemachten ausländischen Kollisionsnorm zugeordnet werden.[328] Kommt dies nicht in Betracht, soll das nicht feststellbare ausländische IPR im Rahmen der Renvoiprüfung durch deutsches Kollisionsrecht ersetzt werden, so dass es nach Art. 4 Abs. 1 S. 2 zu einer Rückverweisung auf deutsches Sachrecht kommt.[329] Nach einer anderen Strömung soll das wahrscheinlichste oder das nächstverwandte Kollisionsrecht zu ermitteln und sodann ein von diesem ausgesprochener Renvoi zu beachten sein[330] oder auf eine Hilfsanknüpfung – also zB den gewöhnlichen Aufenthalt (Art. 14 Abs. 1 Nr. 2) statt der Staatsangehörigkeit (Art. 14 Abs. 1 Nr. 1) – zurückgegriffen werden.[331]

92   Nach überwiegender Rechtsprechung und Lehre bleibt es hingegen in Fällen eines nicht feststellbaren Renvoi bei der von unserem IPR ausgesprochenen **Verweisung** auf ausländisches Recht, die sich nun aber unmittelbar auf die **Sachvorschriften** des berufenen Rechts richtet.[332] Eine Anwendung deutschen materiellen Rechts ist hingegen nicht überzeugend, weil der deutsche Gesetzgeber selbst anhand des von ihm gewählten Anknüpfungsmoments auf ausländisches Recht verweist und diese Entscheidung nur dann zur Disposition stellt, wenn das berufene Recht davon abweicht. Bei einer umfassenden hypothetischen Ersetzung des nicht feststellbaren ausländischen IPR durch deutsches IPR im Rahmen der Renvoiprüfung müsste zudem auch Art. 4 Abs. 1 S. 2 in das ausländische Recht hineingelesen werden, so dass bei spiegelbildlicher Anwendung die Verweisung im

---

[320] Bamberger/Roth/*Lorenz* Rn. 17.

[321] *Mäsch* RabelsZ 61 (1997), 285 (300).

[322] S. zB *Sonnenberger*, FS Beitzke, 1979, S. 739 (751); *Mäsch* RabelsZ 61 (1997), 285 (300).

[323] Vgl. zu den früheren irischen Anerkennungsregeln im Scheidungsrecht OLG Köln IPRax 1989, 297 (298) mAnm *Coester-Waltjen* IPRax 1987, 282 f. = BeckRS 1988, 31147026; AG Minden IPRax 1992, 108 (Ls.) mAnm *Jayme*; zum Verlöbnisbruch im englischen Recht *Ferid* IPR Rn. 8–31.

[324] Bamberger/Roth/*Lorenz* Rn. 17; *Mäsch* RabelsZ 61 (1997), 285 (300).

[325] Vgl. Bamberger/Roth/*Lorenz* Rn. 17; *Mäsch* RabelsZ 61 (1997), 285 (299 f.).

[326] OLG Köln NJW 1980, 2646 (2648) m. abl. Anm. *Kropholler*; *v. Bar*/*Mankowski* IPR I § 7 Rn. 221; *Kegel*/*Schurig* IPR § 10 VI; Soergel/*Kegel* Rn. 36; ferner *Ebke* RabelsZ 48 (1984), 319 (337 f.); *Kreuzer* NJW 1983, 1943 f.

[327] So *v. Bar*/*Mankowski* IPR I § 7 Rn. 221; jurisPK-BGB/*Ludwig* Art. 3–4 Rn. 199.

[328] *v. Bar*/*Mankowski* IPR I § 7 Rn. 221.

[329] jurisPK-BGB/*Ludwig* Art. 3–4 Rn. 199.

[330] Dafür insbes. *Kegel*/*Schurig* IPR § 10 VI; Soergel/*Kegel* Rn. 36; für die wahrscheinlichste Anknüpfung auch *Ebke* RabelsZ 48 (1984), 319 (337 f.).

[331] Dafür *Kreuzer* NJW 1983, 1943 (1946 ff.).

[332] So im Ergebnis zB OLG München FamRZ 2009, 1602 = Rpfleger 2009, 566 = BWNotZ 2009, 154 (Togo); FamRZ 2010, 1095 = FGPrax 2010, 31 (Sierra Leone); ebenso Bamberger/Roth/*Lorenz* Rn. 17; *Jayme* AcP 188 (1988), 438 (440); *Kropholler* IPR § 31 III vor 1; NK-BGB/*Freitag* Rn. 14; *Sonnenberger*, FS Beitzke, 1979, 739 (751); Staudinger/*Hausmann* (2013) Rn. 119; *Wolff* Das Internationale Privatrecht Deutschlands, 1954, 77.

ausländischen Recht abzubrechen wäre. Die Versuche, ein nächstverwandtes oder wahrscheinliches IPR zu ermitteln, sind fehlerträchtig[333] und unangebracht: Während im Falle der Nicht-Ermittelbarkeit ausländischen Sachrechts unbedingt ein materielles Ersatzrecht gefunden werden muss, weil andernfalls eine Justizverweigerung droht, besteht ein vergleichbares Bedürfnis im Falle der bloßen Nicht-Ermittelbarkeit ausländischen Kollisionsrechts nicht.[334] Das abstrakte Ziel des internationalen Entscheidungseinklangs, das in derartigen Fällen ohnehin nicht sicher verwirklicht werden kann, muss insoweit hinter Praktikabilitäts- und Effizienzerwägungen zurücktreten.[335]

2. Renvoi und ordre public. a) Beachtlichkeit eines fremden ordre public. Im Falle einer 93 Gesamtverweisung auf ausländisches Recht nach Art. 4 Abs. 1 oder Art. 34 EuErbVO ist das ausländische IPR so anzuwenden, wie es sich in der betreffenden ausländischen Rechtsordnung darstellt (→ Rn. 70); dies schließt notwendigerweise die Prüfung des dortigen ordre public ein. Zu Einzelheiten → Art. 6 Rn. 77.

b) Ordre-public-Widrigkeit des berufenen Kollisionsrechts. Die Anwendung ausländischen 94 Kollisionsrechts im Rahmen einer Rück- oder Weiterverweisung kann am deutschen ordre public (Art. 6) scheitern (näher → Art. 6 Rn. 125 ff.). Dies kann etwa der Fall sein, wenn eine ausländische familienrechtliche Kollisionsnorm einseitig an die Staatsangehörigkeit oder Religionszugehörigkeit des Ehemannes anknüpft (→ Art. 6 Rn. 125). Darüber hinaus ist zum Teil argumentiert worden, dass die Befolgung einer grundrechts-, insbesondere gleichheitswidrigen Kollisionsnorm bereits gegen den „Sinn der Verweisung" gemäß Art. 4 Abs. 1 S. 1 letzter Hs. verstoße.[336] Diese dogmatische Konstruktion müsste aber dazu führen, dass die Vorbehaltsklausel des Art. 6 im Falle einer Gesamtverweisung weitgehend leerliefe und insbesondere der Grundsatz verletzt würde, dass stets nur das konkrete Ergebnis der Anwendung ausländischen Rechts, nicht aber dieses Recht in abstracto, an den Grundvorstellungen des deutschen Rechts zu messen ist.[337] Ein allgemeiner Ausschluss abstrakt gleichberechtigungswidrigen Kollisionsrechts nach Art. 4 Abs. 1 S. 1 letzter Hs. – mit der automatischen Folge einer Sachnormverweisung auf das ausländische Recht – würde über das Ziel hinausschießen, weil sich durchaus Fallgestaltungen denken lassen, in denen im Ergebnis kein Verstoß eines Renvoi gegen den ordre public vorliegt (etwa, weil die Ehefrau der Staatsangehörigkeit des Mannes teilt oder die Eheleute in dessen Heimatstaat auch ihren gewöhnlichen Aufenthalt haben; näher → Art. 6 Rn. 128). Die Sinnklausel des Art. 4 Abs. 1 S. 1 letzter Hs. ist daher ein für die ordre public-Kontrolle ausländischen Kollisionsrechts systematisch unpassendes, zu grobes Instrument.

Umgekehrt wäre es aber ebenso wenig überzeugend, zwar inländische Kollisionsnormen am GG zu 95 messen, fremdes IPR aber gegenüber einer Mindestkontrolle nach Art. 6 S. 2 zu immunisieren, indem man nur das sachrechtliche Ergebnis der Rechtsanwendung auf den Prüfstand des ordre public stellen würde (näher → Art. 6 Rn. 126). Dies würde zu dem kaum hinnehmbaren „Dilemma" führen, „daß unsere kollisionsrechtlichen Gerechtigkeitsvorstellungen entweder abstrakt auf die ganze Welt erstreckt werden (Art. 4 Abs. 1 S. 1) oder wir vor fremdem verfassungswidrigem Kollisionsrecht als solchem immer kapitulieren (Art. 6 als lediglich materiellrechtliche Sperre)".[338] Vorzugswürdig ist deshalb eine vermittelnde Lösung, nach der zwar einerseits keine abstrakte Grundrechtskontrolle nach Art. 4 Abs. 1 S. 1 vorzunehmen ist, aber die im Rahmen des ordre public (Art. 6) gebotene Kontrolle andererseits nicht allein auf das *materiellrechtliche* Ergebnis der Anwendung fremden Rechts beschränkt, sondern auch auf die *kollisionsrechtlichen* Interessen der Parteien bezogen wird (ausführlich → Art. 6 Rn. 125 ff.).

3. Abbruch der Weiterverweisung. a) Die unstreitigen Fälle. Der Abbruch der Rückverwei- 96 sung ist explizit in Art. 4 Abs. 1 S. 2 geregelt (→ Rn. 9 ff.). In Bezug auf den Abbruch einer Weiterverweisung muss nach den einzelnen Konstellationen unterschieden werden. Folgende Fallgestaltungen sind unproblematisch:

---

[333] Rechtsirrig zB OLG Köln NJW 1980, 2646 (2648), das mangels Feststellbarkeit des türkischen IPR das schweizerische IPR als vermeintlich nächstverwandtes Recht heranzieht; abl. hierzu *v. Bar/Mankowski* IPR I § 7 Rn. 223 in Fn. 926; *Kropholler* NJW 1980, 2648.
[334] Staudinger/*Hausmann* (2013) Rn. 119.
[335] NK-BGB/*Freitag* Rn. 14.
[336] BGH NJW 1988, 638 (640); ebenso *Kropholler* IPR § 24 II 2b, jedenfalls „unter den Voraussetzungen des Art. 6"; *Kühne,* FS Ferid, 1988, 251 (259).
[337] Insoweit berechtigte Kritik bei Bamberger/Roth/*Lorenz* Rn. 8; *Ebenroth/Eyles* IPRax 1989, 1 (10 f.); *Kartzke* IPRax 1988, 8 (11 f.); *Mäsch* RabelsZ 61 (1997), 285 (303); Palandt/*Thorn* Rn. 8; *Sonnentag,* Der Renvoi im Internationalen Privatrecht, 2001, 154 f.; Staudinger/*Hausmann* (2013) Rn. 114; s. auch *Andrae* IntFamR § 3 Rn. 75.
[338] So treffend *Kühne,* FS Ferid, 1988, 251 (259).

– Das von uns berufene IPR des Zweitstaates spricht eine Sachnormverweisung auf das Recht eines Drittstaates aus. In diesem Fall ist das Sachrecht des dritten Staates anzuwenden.[339]
– Das von uns berufene IPR des Zweitstaates spricht eine Gesamtverweisung auf das Recht eines Drittstaates aus. Das drittstaatliche IPR nimmt diese Verweisung an. In diesem Fall ist wiederum das Sachrecht des dritten Staates anzuwenden.[340]
– Das von uns berufene IPR des Zweitstaates spricht eine Gesamtverweisung auf das Recht eines Drittstaates aus. Das drittstaatliche IPR verweist auf deutsches Recht zurück. In diesem Fall liegt eine sog „mittelbare" Rückverweisung vor,[341] die gemäß Art. 4 Abs. 1 S. 2 abgebrochen wird, dh es ist deutsches Sachrecht anzuwenden, ohne dass es darauf ankommt, ob das drittstaatliche IPR eine Gesamt- oder Sachnormverweisung ausspricht.[342]

97   **b) Rückverweisung auf den Zweitstaat. aa) Verzicht auf eine gesetzliche Regelung.** Umstritten sind hingegen diejenigen Fälle, in denen die dritte Rechtsordnung die Gesamtverweisung durch den Zweitstaat nicht annimmt, sondern auf die zweite Rechtsordnung zurück oder auf eine vierte Rechtsordnung weiterverweist.[343] Anders als in einigen ausländischen IPR-Gesetzen (zB § 5 Abs. 2 öst. IPR-Gesetz,[344] Art. 13 Abs. 1 lit. a it. IPRG[345] oder § 21 Abs. 1 S. 2 des tschechischen IPRG vom 25.1.2012[346]) oder internationalen Rechtsinstrumenten (Art. 21 Abs. 2 KSÜ, Art. 34 Abs. 1 lit. b EuErbVO) ist im EGBGB bewusst nicht ausdrücklich geregelt worden, an welcher Stelle solche komplexen Weiterverweisungsketten abgebrochen werden sollen.[347] In der Begründung zu Art. 4 Abs. 1 EGBGB wird zu dieser Problematik ausgeführt:[348]

98   *„Grundsätzlich sind unter dem vom deutschen Recht berufenen fremden IPR im Sinn des Satzes 1 auch dessen allgemeine Regeln über die Rück- und Weiterverweisung zu verstehen. Dies muß aber nicht ausnahmslos zu befriedigenden Ergebnissen führen und wird deshalb nicht ausdrücklich angeordnet. Insbesondere soll darauf verzichtet werden, zwingend festzulegen, wo eine Verweisungskette außerhalb des deutschen Rechts abgebrochen werden soll. Dies erscheint mit Rücksicht auf die Seltenheit entsprechender Fälle vertretbar."*

99   Die Frage ist trotz ihrer geringen praktischen Bedeutung in der Literatur lebhaft umstritten. Folgende Lösungsvorschläge werden für den Fall, dass die dritte Rechtsordnung auf das Recht des Zweitstaates zurückverweist, vertreten:

100   **bb) Abbruch bei Weiterverweisung auf den Drittstaat.** Nach der am stärksten an Praktikabilitätsgesichtspunkten orientierten Sichtweise soll die Verweisungskette bereits nach der Weiterverweisung durch den Zweitstaat abgebrochen werden, dh das Sachrecht des Drittstaates soll zur Anwendung gelangen, ohne dass es insoweit darauf ankommt, ob das zweitstaatliche IPR eine Gesamt- oder Sachnormverweisung ausspricht.[349] Dieser Vorschlag wird auf eine Analogie zu Art. 4 Abs. 1 S. 2

---

[339] AllgM, s. nur BT-Drs. 10/504, 38.

[340] AllgM, s. nur BT-Drs. 10/504, 38; eingehend *Romano*, Le dilemme du renvoi en droit international privé, 2015, 201 ff.

[341] Vgl. *Romano*, Le dilemme du renvoi en droit international privé, 2015, 207 f.

[342] Ganz hM, BT-Drs. 10/504, 38: „Nach dem in Satz 2 ausgedrückten Grundsatz führt jedoch jede Rückverweisung fremden Rechts auf deutsches, also auch nach einer Weiterverweisung, zur Anwendung deutscher Sachvorschriften"; ebenso OLG Schleswig NJW-RR 2002, 361; Bamberger/Roth/*Lorenz* Rn. 15; *v. Bar/Mankowski* IPR I § 7 Rn. 224; Erman/*Hohloch* Rn. 9; jurisPK-BGB/*Ludwig* Art. 3–4 Rn. 222; *Kropholler* § 24 II 4; *Lüderitz* IPR Rn. 163; Palandt/*Thorn* Rn. 3; PWW/*Mörsdorf-Schulte* Rn. 4; *Rauscher* IPR Rn. 355; *Sonnentag*, Der Renvoi im Internationalen Privatrecht, 2001, 16; Staudinger/*Hausmann* (2013) Rn. 54; im Ergebnis (Art. 4 Abs. 1 S. 2 analog) auch *Looschelders* IPR Rn. 13; einschr. *Michaels* RabelsZ 61 (1997), 685 (706 ff.): nur, wenn die beteiligten Rechtsordnungen zu verschiedenen Ergebnissen kommen.

[343] Eingehend hierzu *Romano*, Le dilemme du renvoi en droit international privé, 2015, 205 ff.

[344] § 5 Abs. 2 öst. IPR-Gesetz (*Riering* Nr. 4) bestimmt: „Im Fall der Weiterverweisung sind unter Beachtung weiterer Verweisungen die Sachnormen der Rechtsordnung maßgebend, die ihrerseits nicht mehr verweist bzw. auf die erstmals zurückverwiesen wird."

[345] Die Vorschrift (abgedruckt in *Riering* Nr. 3b) lautet: „Wenn in den folgenden Artikeln ausländisches Recht für anwendbar erklärt ist, wird eine Verweisung des ausländischen internationalen Privatrechts auf das Recht eines anderen Staates berücksichtigt: a) wenn das Recht jenes Staates die Verweisung annimmt."

[346] Die Vorschrift (abgedruckt in IPRax 2014, 91 (94)) lautet: „Verweist die Bestimmung des ausländischen Rechts auf das Recht eines weiteren ausländischen Staates, so finden die materiellrechtlichen Bestimmungen dieses Rechts Anwendung, sofern sie nach dessen Kollisionsbestimmungen anwendbar sind; andernfalls kommen die materiellrechtlichen Bestimmungen des tschechischen Rechts zur Anwendung."

[347] BT-Drs. 10/504, 38.

[348] BT-Drs. 10/504, 38.

[349] Dafür namentlich *Ferid* IPR Rn. 3–104; *Kropholler* IPR § 24 II 4; Staudinger/*Dörner* (2007) Art. 25 Rn. 677 (s. aber auch HK-BGB/*Dörner* Rn. 13 f.); Staudinger/*Weick/Althammer* (2013) Art. 9 Rn. 56; so im Ergebnis bereits RGZ 64, 389 (394); weitere umfassende Nachweise zur Rspr. vor der IPR-Reform bei *Michaels* RabelsZ 61 (1997), 685 (687 ff.).

gestützt.[350] Diese Vorschrift zeige, dass fremde Gesamtverweisungen nicht unbedingt befolgt werden müssten, sondern dass aus Praktikabilitätsgründen von ihnen abgewichen werden dürfe.[351] Die Prüfung weiterer Anknüpfungs- oder Renvoi-Regeln fremder Rechtsordnungen erscheint den Vertretern dieser Ansicht „als ein zu hoher Preis für die Hoffnung auf internationale Entscheidungsgleichheit, der nicht gezahlt werden muß. Ohnehin ist Sicherheit über das Ergebnis [...] meistens nicht zu erzielen."[352]

cc) IPR des Zweitstaates. Nach der herkömmlichen und wohl noch hM soll hingegen das   **101** Kollisionsrecht der von uns berufenen Rechtsordnung, also das IPR des Zweitstaates, darüber entscheiden, ob eine Rückverweisung des Drittstaates auf dieses Recht angenommen wird.[353] Diese Lösung wird mit dem Ziel des internationalen Entscheidungseinklangs gerechtfertigt.[354] Der Entscheidungseinklang mit dem von unseren Kollisionsnormen berufenen Zweitstaat sei nach den Wertungen unseres eigenen IPR wichtiger als der mit den weiteren Gliedern der Kette.[355] Eine analoge Anwendung des Art. 4 Abs. 1 S. 2 wird abgelehnt, weil ein Abbruch der Verweisungskette in dieser Konstellation im Gegensatz zur Rückverweisungskonstellation nicht mit einem legitimen Interesse an der Anwendung deutschen Rechts („Heimwärtsstreben") gerechtfertigt werden könne, die Interessenlage mithin nicht vergleichbar sei.[356]

dd) Abbruch bei erstem Rückverweis auf ein vorangehendes Glied der Kette. Schließlich   **102** wird von einer international und auch in Deutschland vordringenden Meinung eine vermittelnde Lösung angestrebt: Ebenso, wie es § 5 Abs. 2 öst. IPRG vorsehe, solle aus Praktikabilitätserwägungen die Verweisungskette abgebrochen werden, wenn die dritte Rechtsordnung auf das zweitstaatliche Recht zurückverweise.[357] Im Gegensatz zur erstgenannten Ansicht (→ Rn. 100) gelangt also das Sachrecht des Zweitstaates, nicht das des Drittstaates zur Anwendung, dies aber – insoweit von der zweitgenannten Auffassung (→ Rn. 101) abweichend –, ohne dass es auf die etwaige Haltung des zweitstaatlichen IPR *(double renvoi, foreign court theory)* in dieser Frage ankommt.

ee) Stellungnahme. Die erstgenannte Ansicht, stets das Sachrecht des Drittstaates anzuwenden,   **103** hat zwar den Vorzug der Schlichtheit, opfert ihr das Ideal des Entscheidungseinklangs aber in einem nur schwerlich vertretbaren Ausmaß. Spricht beispielsweise der Drittstaat eine Gesamtverweisung auf das Recht des Zweitstaates aus und wird diese auch angenommen, leuchtet es nicht recht ein, statt des zweitstaatlichen Sachrechts dasjenige des Drittstaates zur Anwendung zu bringen.[358] Wir würden auf diese Weise weder mit dem Zweit- noch mit dem Drittstaat einen Entscheidungseinklang erzielen, und ein nennenswerter Effizienzgewinn wäre hiermit für ein deutsches Gericht auch nicht verbunden, da in jedem Fall ein fremdes Sachrecht angewendet werden müsste. Dies gilt erst recht, wenn der Drittstaat eine Sachnormverweisung auf das zweitstaatliche Recht ausspricht, da es in diesem Fall nicht einmal mehr der erneuten Prüfung des zweitstaatlichen IPR bedarf.[359]

Die hM wiederum verabsolutiert das Ziel des internationalen Entscheidungseinklangs mit dem   **104** Zweitstaat in einem Maße, das angesichts des Umstands, dass der Gesetzgeber der Rechtspraxis und -lehre bewusst einen Spielraum zur Entwicklung einer sachgerechten Lösung der Abbruchsproblematik gewähren wollte, nicht in jeder Hinsicht angemessen erscheint. Auch Vertreter der hM räumen ein, dass ein Abbruch der Weiterverweisung bei einer Rückkehr zum zweiten Glied der Verweisungskette „den internationalen Gepflogenheiten bei der Behandlung der Rückverweisung [ent-

---

[350] *Ferid* IPR Rn. 3–104; *Kropholler* IPR § 24 II 4; Staudinger/*Dörner* (2007) Art. 25 Rn. 677.

[351] *Kropholler* IPR § 24 II 4.

[352] *Kropholler* IPR § 24 II 4.

[353] *v. Bar/Mankowski* IPR I § 7 Rn. 224; *v. Hoffmann/Thorn* IPR § 6 Rn. 104; jurisPK-BGB/*Ludwig* Art. 3–4 Rn. 221; *Kegel/Schurig* IPR § 10 IV 3; *Lüderitz* IPR Rn. 163; Palandt/*Thorn* Rn. 3; Staudinger/*Hausmann* (2013) Rn. 57; einschr. *Michaels* RabelsZ 61 (1997), 685 (708): nur als Stichentscheid, falls nicht alle beteiligten Rechtsordnungen zu demselben Ergebnis gelangen.

[354] *v. Bar/Mankowski* IPR I § 7 Rn. 224; *v. Hoffmann/Thorn* IPR § 6 Rn. 104; jurisPK-BGB/*Ludwig* Art. 3–4 Rn. 221; *Kegel/Schurig* IPR § 10 IV 3; *Lüderitz* IPR Rn. 163; Palandt/*Thorn* Rn. 3; Staudinger/*Hausmann* (2013) Rn. 57; einschr. *Michaels* RabelsZ 61 (1997), 685 (708): nur als Stichentscheid, falls nicht alle beteiligten Rechtsordnungen zu demselben Ergebnis gelangen.

[355] *v. Hoffmann/Thorn* IPR § 6 Rn. 104; *Kegel/Schurig* IPR § 10 IV 3; *Lüderitz* IPR Rn. 163.

[356] *Michaels* RabelsZ 61 (1997), 685 (696 f.); *Sonnentag*, Der Renvoi im Internationalen Privatrecht, 2001, 298 f.; weitergehend jurisPK-BGB/*Ludwig* Art. 3–4 Rn. 218, 221: Die Vorschrift sei bereits wegen ihres Charakters als „Exklusivnorm" nicht analogiefähig (zum Begriff der Exklusivnorm näher → Art. 6 Rn. 49 ff.).

[357] Bamberger/Roth/*Lorenz* Rn. 15; Erman/*Hohloch* Rn. 9; *Looschelders* IPR Rn. 13; HK-BGB/*Dörner* Rn. 14; NK-BGB/*Freitag* Rn. 16; *Rauscher* IPR Rn. 356 (dort bereits als „hM" bezeichnet).

[358] LG Frankfurt a. M. IPRspr. 1997 Nr. 122, S. 234.

[359] Insoweit einschr. auch *Kropholler* IPR § 24 II 4.

spricht]".[360] Tatsächlich werden die meisten Rechtsordnungen einen Renvoi auf ihr eigenes Recht ohne weitere Prüfung der Frage, ob es sich insoweit um eine Gesamt- oder Sachnormverweisung handelt, annehmen,[361] so dass sich in der Mehrzahl der Fälle letztlich keine inhaltliche Abweichung ergibt (für Nachweise zu ausländischen Kollisionsrechten → Rn. 11). Es ist zwar zuzugestehen, dass auf diese Weise nicht stets ein internationaler Entscheidungseinklang erzielt wird, nämlich wenn das zweitstaatliche Recht „ausnahmsweise" der Lehre vom *double renvoi* oder der *foreign court theory* folgt.[362] Angesichts des auch von Vertretern der herkömmlichen Meinung konzedierten Befundes, dass „sich häufig kaum feststellen lassen [wird], wie sich der fremde Staat zu Weiterverweisungen mit einer oder mehreren Stationen stellt",[363] erscheint diese marginale Einbuße in Bezug auf den internationalen Entscheidungseinklang aber hinnehmbar.

105   Die vordringende Meinung hat insoweit den nicht zu unterschätzenden Vorteil, dass sie den deutschen Rechtsanwender von der mitunter komplizierten Prüfung des ausländischen IPR in diesem Punkt entlastet, indem sie ihm selbst einen einfach zu handhabenden Maßstab für die Lösung des Abbruchproblems bietet.[364] Sie ist auch bei rechtsvergleichender Betrachtung vertretbar, weil andere Rechtsordnungen die Weiterverweisung erst gar nicht zulassen (zB Spanien)[365] oder sie ebenso (Österreich) bzw. noch weitergehend (Italien, Tschechien) einschränken.[366] Auch Art. 21 Abs. 2 KSÜ und Art. 34 Abs. 1 lit. b EuErbVO sind restriktiv gehalten, indem sie eine Weiterverweisung auf einen Nicht-Vertrags- bzw. Verordnungsstaat nur beachten, wenn dieser selbst die Verweisung annimmt, nicht aber, wenn er auf das zweitstaatliche Recht zurückverweist (näher → Rn. 124 f.). Man kann daher durchaus von einem internationalen Trend dahingehend sprechen, dass im Falle einer Rückverweisung des Drittstaates auf das Recht des Zweitstaates das Sachrecht des letzteren *ohne weitere kollisionsrechtliche Prüfung* zur Anwendung gelangt. Eine entsprechende Lösung im Restanwendungsbereich des autonomen IPR hat folglich den weiteren Vorzug, die Übersichtlichkeit des IPR angesichts seiner Zersplitterung in zahlreiche unterschiedliche Rechtsquellen zu erhöhen; ob ein Gericht beispielsweise Art. 16 KSÜ oder Art. 21 EGBGB heranzieht, kann sich zumindest insoweit nicht auf das sachrechtliche Ergebnis auswirken.

106   **c) Weiterverweisung auf eine vierte Rechtsordnung.** Die oben in Bezug auf eine Rückverweisung auf das Recht des zweiten Staates geschilderten Meinungsverschiedenheiten bestehen auch in Bezug auf eine Weiterverweisung des dritten Staates auf eine vierte (oder gar eine fünfte)[367] Rechtsordnung. Derartige Fälle sind glücklicherweise extrem selten. Außerhalb des Geltungs- bzw. Anwendungsbereichs des EGBGB wird die Weiterverweisungskette vielfach bereits dann abgebrochen, wenn der dritte Staat die Verweisung nicht annimmt (so im italienischen und tschechischen IPR, Art. 21 Abs. 2 KSÜ und Art. 34 Abs. 1 lit. b EuErbVO).[368] Diese Lösung erscheint aber nicht immer sachgerecht, denn es ist nicht undenkbar, dass die vierte Rechtsordnung die Verweisung annimmt (Folge: Anwendung des vierten Sachrechts) oder auf das deutsche Recht zurückverweist (Folge: Anwendung deutschen Sachrechts nach Art. 4 Abs. 1 S. 2). In derartigen Fällen spricht aus Praktikabilitätsgesichtspunkten nichts dagegen, auch einer mehrfachen Weiterverweisung zu folgen.[369] Verweist die vierte Rechtsordnung aber auf den zweiten oder dritten Staat zurück, sollte, dem Vorbild des § 5 Abs. 2 Hs. 2 öst. IPRG entsprechend, wiederum beim Auftreten der ersten „Schleife" – also der Rückverweisung auf ein vorheriges Glied der Verweisungskette – abgebrochen werden, ohne den deutschen Rechtsanwender mit der Frage zu belasten, wie die dritte, vierte oder fünfte Rechtsordnung zu Fragen des *double renvoi* oÄ stehen.[370]

---

[360] So ausdrücklich *v. Hoffmann/Thorn* IPR § 6 Rn. 105.

[361] *Looschelders* IPR Rn. 13; dies gilt selbst für die meisten Länder des Common-Law-Rechtskreises: *Michaels* RabelsZ 61 (1997), 685 (708).

[362] Dies betonen *v. Hoffmann/Thorn* IPR § 6 Rn. 105; *Michaels* RabelsZ 61 (1997), 685 (704); Staudinger/ *Hausmann* (2013) Rn. 105.

[363] *Kegel/Schurig* IPR § 10 IV 3.

[364] *Looschelders* IPR Rn. 13.

[365] Art. 12 Abs. 2 Código Civil (*Riering* Nr. 9).

[366] Auch *Michaels* RabelsZ 61 (1997), 685 (703).

[367] Vgl. *v. Bar/Mankowski* IPR I § 7 Rn. 224.

[368] Dafür auch im deutschen IPR *Ferid* IPR Rn. 3–104; *Kropholler* IPR § 24 II 4; Staudinger/*Dörner* (2007) Art. 25 Rn. 677 (s. aber auch HK-BGB/*Dörner* Rn. 13 f.); Staudinger/*Weick/Althammer* (2013) Art. 9 Rn. 56.

[369] Bamberger/Roth/*Lorenz* Rn. 15; *v. Bar/Mankowski* IPR I § 7 Rn. 224; Erman/*Hohloch* Rn. 9; jurisPK-BGB/*Ludwig* Art. 3–4 Rn. 224; *Looschelders* IPR Rn. 13; HK-BGB/*Dörner* Rn. 14; NK-BGB/*Freitag* Rn. 12; *Rauscher* IPR Rn. 355; *Sonnentag,* Der Renvoi im Internationalen Privatrecht, 2001, 298 f.

[370] Bamberger/Roth/*Lorenz* Rn. 15; Erman/*Hohloch* Rn. 9; HK-BGB/*Dörner* Rn. 14; *Looschelders* IPR Rn. 13; NK-BGB/*Freitag* Rn. 16; *Rauscher* IPR Rn. 356; aA – kein Abbruch, sondern erneutes Durchspielen des gesamten Spektrums auf der Ebene der vierten, fünften oder x-ten Rechtsordnung – *v. Bar/Mankowski* IPR I § 7 Rn. 224; *Sonnentag,* Der Renvoi im Internationalen Privatrecht, 2001, 299: Befolgung jeder Weiterverweisung, bis eine Rechtsordnung die Verweisung auf ihr Recht akzeptiert oder eine Sachnormverweisung ausspricht.

4. Verfahrensrechtliche Hinweise. Wie der BGH jüngst klargestellt hat, ist auch nach der 107
Neufassung des § 545 ZPO durch das FGG-ReformG an der **Irrevisibilität ausländischen
Rechts** festzuhalten[371] (→ Einl. IPR Rn. 309 ff.). Für die Überprüfung ausländischen Kollisionsrechts gelten jedoch Besonderheiten: Schon das RG hatte insoweit befunden, dass ausländische Kollisionsnormen revisibel seien, weil sie nur eine „Vorfrage" im Hinblick auf die Anwendbarkeit deutschen Rechts beantworteten.[372] Dem folgt die nahezu einhellige Rechtsprechung
des BGH.[373] Auch im Hinblick auf die Parallelproblematik zur Divergenzvorlage im Recht der
Freiwilligen Gerichtsbarkeit (§ 28 Abs. 2 FGG aF; heute ersetzt durch die Rechtsbeschwerde
nach §§ 70 ff. FamFG)[374] ist der BGH wie selbstverständlich davon ausgegangen, dass er die Frage,
ob sich aus dem ausländischen IPR ein Renvoi kraft abweichender Qualifikation ergebe, voll
überprüfen dürfe.[375] Die allgemeine Lehre billigt dieses Vorgehen;[376] mit Recht, denn es leuchtet
nicht ein, dass dem BGH letztlich die Überprüfung der Anwendung oder Nicht-Anwendung
revisiblen Rechts entzogen werden dürfe, nur weil die Vorinstanz irrevisibles Recht auf eine
Vorfrage falsch angewendet hat.[377]

Geht es hingegen nicht um eine Rückverweisung auf deutsches, sondern um eine **Weiterver-** 108
weisung auf ein anderes Recht bzw. den **Abbruch dieser Verweisungskette,** soll nach der
bislang herrschenden Rechtsprechung die Anwendung ausländischen Rechts nicht revisibel
sein.[378] Formal logisch lässt sich zwar argumentieren, dass ausländisches Kollisionsrecht insoweit –
anders als bei der Rückverweisung – nicht als „Vorfrage" der Anwendbarkeit revisiblen deutschen
Sachrechts relevant wird, sondern hiervon nur die Anwendung eines ausländischen – irrevisib-
len – Sachrechts abhängt. Gleichwohl leuchtet diese Differenzierung rechtspolitisch allenfalls
bedingt ein,[379] insbesondere im Lichte des Umstands, dass Art. 34 Abs. 1 lit. a EuErbVO die
Weiterverweisung auf das Recht eines Mitgliedstaates der Rückverweisung auf deutsches Recht
gleichstellt. Aber auch im autonomen IPR ist an dieser Rechtsprechung nicht festzuhalten, wenn
man – wie hier – den Abbruch einer Weiterverweisungskette beim ersten Rückverweis auf ein
vorangehendes Glied befürwortet (→ Rn. 106), da diese Lösung der Abbruchsproblematik sich
gerade aus einer Rechtsfortbildung des deutschen IPR und nicht aus dem fremden Kollisionsrecht selbst ergibt.

V. Die gegenwärtige Lage im europäischen und staatsvertraglichen Kollisionsrecht

1. Schuldrecht. a) Rom II-VO. Die Rom II-VO stellt trotz ihrer Nummerierung die chronolo- 109
gisch erste Verordnung auf dem Gebiet des europäischen Kollisionsrechts dar. Diese VO schließt,
wie bereits erwähnt, den Renvoi schlechthin aus (Art. 24 Rom II-VO), auch in Bezug auf Drittstaaten (→ Rom II-VO Art. 24 Rn. 7).[380] Dies ist angesichts des modernen und differenzierten
Anknüpfungssystems der Verordnung, die der Parteiautonomie (Art. 14 Rom II-VO) einen erheblichen Rang einräumt, grundsätzlich inhaltlich gerechtfertigt (→ Rom II-VO Art. 24 Rn. 2).[381]
Allerdings ist diskussionswürdig, ob dies vor dem Hintergrund sachgerecht ist, dass die Rom II-VO
in zahlreichen Mitgliedstaaten durch vorrangige Staatsverträge verdrängt wird, insbesondere
durch die Haager Übereinkommen für Straßenverkehrsunfälle[382] und Produkthaftung.[383] Diese Konventionen gehen nach Art. 28 Rom II-VO in den jeweiligen Vertragsstaaten der Rom II-VO vor,

---

[371] BGHZ 198, 14 = BGH NJW 2013, 3656 = JZ 2014, 102 m. Aufsatz *Riehm* JZ 2014, 73.

[372] RGZ 136, 361 (362).

[373] BGH NJW 1958, 750 (751); BGHZ 24, 352 (356 ff.) = NJW 1957, 1316; BGH NJW 1992, 438; anders,
aber ohne Begr., nur BGH NJW 1996, 2096 = FamRZ 1996, 855.

[374] Im Allgemeinen verneinte der BGH die Vorlegungspflicht insoweit, als die Abweichung ausschließlich die
Anwendung ausländischen Rechts betraf, s. BGH NJW 1980, 532 (zu § 28 Abs. 2 FGG aF).

[375] BGH NJW 2007, 3347 = FamRZ 2007, 1540 = IPRax 2008, 137 m. Aufsatz *Henrich* IPRax 2008, 121
(zu § 28 Abs. 2 FGG aF).

[376] Soergel/*Kegel* Vor Art. 3 Rn. 223; Staudinger/*Hausmann* (2013) Rn. 121; *Geimer* IZPR Rn. 2612; *Prütting*,
FS Schütze, 2014, 449 (453).

[377] Soergel/*Kegel* Vor Art. 3 Rn. 223.

[378] BGHZ 45, 351 (355) = NJW 1966, 2270.

[379] Mit Recht krit. Staudinger/*Hausmann* (2013) Rn. 122; vgl. auch *Michaels* RabelsZ 61 (1997), 685 (694).

[380] Erman/*Hohloch* Rom II-VO Art. 24 Rn. 2; *Rauscher/Jakob/Picht* EuZPR/EuIPR Rom II-VO Art. 24
Rn. 3; krit. *Sonnenberger* IPRax 2011, 325 (330), weil nicht alle Drittstaaten an den Erfolgsort anknüpften.

[381] So bereits zu Art. 13 des GEDIP-Entwurfs von 1998 (IPRax 1999, 286) *v. Hein* ZVglRWiss. 99 (2000),
251 (255 f.).

[382] Haager Übereinkommen über das auf Straßenverkehrsunfälle anzuwendende Recht vom 4.5.1971, abgedruckt bei *Jayme/Hausmann* Nr. 100.

[383] Haager Übereinkommen über das auf die Produkthaftung anzuwendende Recht vom 2.10.1973, abrufbar
über www.hcch.net.

weil an ihnen auch Drittstaaten beteiligt sind.[384] Bei Straßenverkehrsunfällen muss daher zB ein polnisches Gericht ein anderes IPR anwenden als ein deutsches Gericht.[385] Die Prämisse, dass man aufgrund einer erfolgreichen europäischen Vereinheitlichung des Kollisionsrechts des Renvoi nicht mehr bedürfe, um im europäischen Rechtsraum internationalen Entscheidungseinklang zu erzielen und ein forum shopping zu verhindern, trifft insoweit faktisch nicht zu. Noch nicht abschließend geklärt ist die Frage, ob der Gedanke des internationalen Entscheidungseinklangs, den Erwägungsgrund 6 ausdrücklich anspricht, zumindest als ein **Abwägungsfaktor im Rahmen der Ausweichklausel** (Art. 4 Abs. 3 Rom II-VO) berücksichtigt werden kann; dies könnte zB dazu führen, dem Unfall- und Zulassungsort bei Mietwagenunfällen ein größeres Gewicht einzuräumen als etwa dem gewöhnlichen Aufenthalt zweier Touristen.[386]

110   Die Meinungen sind insoweit gespalten: Während die einen für eine teleologisch orientierte, flexible Gesamtabwägung plädieren, die zur Förderung des internationalen Entscheidungseinklangs auch das ausländische IPR berücksichtigt,[387] lehnen andere dies als unzulässige Umgehung des gemäß Art. 24 Rom II-VO geltenden Renvoiverbotes ab.[388] Das Umgehungsargument sticht aber nicht recht: Wie bereits *von Mehren* herausgearbeitet hat, besteht ein grundlegender methodologischer Unterschied darin, ob man zunächst einer Verweisung auf ein fremdes Recht, etwa das der Staatsangehörigkeit, „blind" folgt und sodann erst auf der Rechtsfolgenseite den von diesem Recht ausgesprochenen Renvoi beachtet (so das klassische **Zwei-Stufen-Modell des Renvoi**), oder ob man bereits auf der Tatbestandsebene, bei der Feststellung der engsten Verbindung, das ausländische Kollisionsrecht im Hinblick auf den internationalen Entscheidungseinklang lediglich berücksichtigt (**Ein-Stufen-Modell**):

111   „*This reformulation is important: It suggests that the question posed by the renvoi approach be asked at the very beginning; before the forum formulates its choice-of-law rule for the case. The cards are, in a sense, all to be on the table from the start; we need not lead without knowing all the information potentially relevant to the ultimate decision.*"[389]

112   Eine ausdrückliche Kodifikation dieses Ansatzes findet sich im IPR von Louisiana.[390] Für die internationale Akzeptanz dieser Lösung spricht auch aus europäischer Sicht das Vorgehen des IDI, den herkömmlichen Begriff des Renvoi als zu eng abzulehnen und sich in der Resolution von 1999 lediglich mit der Berücksichtigung fremden Kollisionsrechts („Taking foreign private international law into account") zu befassen.[391] Angesichts der methodologischen Zweifel an diesem Vorgehen wäre es freilich vorzugswürdig, das unerfreuliche Nebeneinander der Haager Konventionen und der Rom II-VO auf den genannten Gebieten durch eine effektive Vereinheitlichung des europäischen Kollisionsrechts zu beenden.[392]

113   Umstritten ist, ob das Renvoiverbot auch für die in Art. 14 Rom II-VO normierte **Rechtswahlfreiheit** gilt.[393] Die praktische Bedeutung dieser Frage ist gering, weil Art. 14 Rom II-VO, insbeson-

---

[384] Zur Problematik ausf. *Kadner Graziano* NIPR 2008, 425 ff.; *Nagy* JPIL 6 (2010), 93 ff.; *Staudinger,* FS Kropholler, 2008, 691 ff.; *Thiede/Kellner* VersR 2007, 1624 ff.; s. auch *v. Hein,* FS Meinhard Schröder, 2012, 29 (40 ff.).

[385] AG Frankenthal NZV 2015, 391 (392).

[386] Ausf. *v. Hein,* FS Kropholler, 2008, 553 (568 f.); *Rushworth/Scott* Lloyd's M. C. L. Q. (2008), 274 (280 f.).

[387] *Davì* Rec. des Cours 352 (2010), 9 (315); *v. Hein,* FS Kropholler, 2008, 553 (568 f.); *Romano,* Le dilemme du renvoi en droit international privé, 2015, S. 290 ff.; *Rushworth/Scott* Lloyd's M. C. L. Q. (2008), 274 (280 f.); damit sympathisierend *Mankowski* IPRax 2010, 389 (399).

[388] *Dickinson,* The Rome II Regulation, 2008, Rn. 4.86; *Nehne* Methodik 311 ff.; *Rauscher/Unberath/Cziupka/Pabst* EuZPR/EuIPR Rom II-VO Art. 4 Rn. 119; zweifelnd auch Bamberger/Roth/*Spickhoff* Rom II-VO Art. 4 Rn. 19.

[389] *v. Mehren,* FS Yntema, 1961, 380 (390); hierzu *Roosevelt* Notre Dame L. Rev. 80 (2005), 1821 (1866); ebenso *Siehr,* FS Sonnenberger, 2004, 667 (671); *Larry Kramer* N. Y. U. L. Rev. 66 (1991), 979; auch *Sauveplanne* in Lipstein, International Encyclopedia of Comparative Law, Bd. III, Private International Law, 1988, Kap. 6, Renvoi, Rn. 45 arbeitet den Unterschied des „informative renvoi" zur klassischen Methode deutlich heraus; vgl. auch *Schurig,* FS Heldrich, 2005, 1021 (1032); zum Internationalen Sachenrecht s. auch Staudinger/*Stoll* (1996) IntSachenR Rn. 137.

[390] Art. 3517 Louisiana Civil Code, IPRax 1993, 56.

[391] Vgl. Bericht *Rigaux* RabelsZ 64 (2000), 350 (351); mit der Lösung in Louisiana (Art. 3517 Louisiana Civil Code, IPRax 1993, 56) sympathisierend auch *Lipstein* Annuaire Inst. Dr. int. 68 (1998), 13 (38 f., 52 f.), der zutr. den Unterschied zur klassischen Methode herausarbeitet.

[392] So auch *Heinze,* FS Kropholler, 2008, 105 (116).

[393] Für einen Renvoiausschluss *Huber/Altenkirch* Rom II-VO Art. 24 Rn. 2; Bamberger/Roth/*Spickhoff* Rom II-VO Art. 24 Rn. 3; *Calliess/v. Hein* Rom II-VO Art. 14 Rn. 33; jurisPK-BGB/*Engel* Rom II-VO Art. 24 Rn. 4; *Nehne* Methodik S. 311; Palandt/*Thorn* Rom II-VO Art. 24 Rn. 1; *Rühl,* FS Kropholler, 2008, 187 (195); anders aber Erman/*Hohloch* Rom II-VO Art. 24 Rn. 2; → Rom II-VO Art. 24 Rn. 9 *(Junker)*; *Rauscher/Jakob/Picht* EuZPR/EuIPR Rom II-VO Art. 24 Rn. 5.

dere im Hinblick auf die antizipierte Rechtswahl, liberaler ausgestaltet ist als die meisten einzelstaatlichen Rechte, zB im Vergleich zu Art. 42 EGBGB, der nach hM nur die nachträgliche Rechtswahl zulässt (zur Problematik eingehend → Art. 42 Rn. 15–21 mwN). Der Versuch der Parteien, ihre Rechtswahlmöglichkeiten durch die Vereinbarung eines autonomen IPR zu erweitern, dürfte somit schon rein tatsächlich nicht zum Erfolg führen. Im Übrigen ist diese Kontroverse gleichsam aus dem EVÜ bzw. der heutigen Rom I-VO in die Rom II-VO importiert worden; sie ist daher aus Gründen systematischer Kohärenz ebenso zu lösen wie im Internationalen Vertragsrecht (näher → Rn. 116).

Sowohl die Rom II- als auch die Rom I-VO schließen „Schuldverhältnisse aus einem Familienver- **114** hältnis oder aus Verhältnissen, die nach dem auf diese Verhältnisse anzuwendenden Recht vergleichbare Wirkungen entfalten" aus ihrem sachlichen Anwendungsbereich aus (Art. 1 Abs. 2 lit. a Rom II-VO; Art. 1 Abs. 2 lit. b Rom I-VO). Erwägungsgrund 10 S. 2 Rom II-VO und Erwägungsgrund 8 S. 2 Rom I-VO erläutern hierzu übereinstimmend: „Die Bezugnahme in Artikel 1 Absatz 2 auf Verhältnisse, die mit der Ehe oder anderen Familienverhältnissen vergleichbare Wirkungen entfalten, sollte nach dem Recht des Mitgliedstaats, in dem sich das angerufene Gericht befindet, ausgelegt werden." Jedoch verweisen Art. 1 Abs. 2 lit. b Rom I-VO und Art. 1 Abs. 2 lit. a Rom II-VO nach ihrem eindeutigen Wortlaut nicht unmittelbar auf das Sachrecht der lex fori, sondern auf das – vom IPR der lex fori zu bestimmende – auf die fragliche Lebensgemeinschaft „anzuwendende" Sachrecht (→ Rom I-VO Art. 1 Rn. 29).[394] Gegen das in den Verordnungen enthaltene Renvoiverbot verstößt dieses Vorgehen nicht, denn außerhalb des sachlichen Anwendungsbereichs der Verordnungen kann auch der Renvoiausschluss keine Wirkungen entfalten.[395] Da die Verordnungen selbst nicht regeln, welches Recht auf die genannten **familienrechtsähnlichen Verhältnisse** Anwendung findet, hängt es vom Kollisionsrecht der lex fori ab, ob es insoweit einer Sachnorm- oder einer Gesamtverweisung folgt.

b) Rom I-VO. Weniger starr als in der Rom II-VO gestaltet sich die Regelung des Renvoi in **115** der Rom I-VO. Diese schließt den Renvoi nur aus, „soweit in dieser Verordnung nichts anderes bestimmt ist" (Art. 20 Rom I-VO). Eine ausdrückliche Zulassung des Renvoi findet sich allerdings lediglich bei der bereits erwähnten Erweiterung der Rechtswahlmöglichkeiten für bestimmte Verträge über Massenrisiken (Art. 7 Abs. 3 S. 2 Rom I-VO).[396] An dieser Regelung ist bemerkenswert, dass der Renvoi hier nicht zur Lösung der oben (→ Rn. 39 f.) beschriebenen Drittstaatenproblematik eingesetzt wird, sondern akzeptiert wird, obwohl er durch das Recht eines Mitgliedstaates ausgesprochen wird. Diese ausnahmsweise Zulassung des Renvoi hat offensichtlich, ähnlich wie die oben (→ Rn. 38) behandelten Ausnahmeklauseln in älteren Staatsverträgen, einen politisch bedingten Kompromisscharakter,[397] auch wenn insoweit der Gegensatz zwischen Domizil- und Staatsangehörigkeitsprinzip keine Rolle gespielt hat.[398] Dogmatisch oder auch nur rechtspolitisch zwingende Gründe sind für die Erweiterung der Rechtswahlfreiheit „jedenfalls nicht ersichtlich".[399] Im Gegenteil: Die geltende Regelung untergräbt die mit der Verordnung angestrebte Rechtsvereinheitlichung und stellt den in der Verordnung normierten Schutz des Versicherungsnehmers im Ergebnis zur Disposition der mitgliedstaatlichen Gesetzgeber.[400] Das **internationale Versicherungsvertragsrecht** der Rom I-VO sollte daher den nahezu allgemein anerkannten Grundsatz, dass vereinheitlichte Kollisionsnormen zumindest insoweit Sachnormverweisungen aussprechen, als sie sich auf das Recht eines Mitgliedstaates beziehen (→ Rn. 38), nicht in Frage stellen.

Ungeachtet des klaren Wortlauts des Art. 20 Rom I-VO und der konstanten Position der **116** Rechtsprechung[401] ist im deutschen Schrifttum weiterhin umstritten, ob sich der Renvoiaus-

---

[394] Näher zu Art. 1 Abs. 2 lit. a Rom II-VO *Althammer* NZFam 2016, 629, 633; *Dickinson,* The Rome II Regulation, 2008, Rn. 3.151; *v. Hein* ZEuP 2009, 6 (12); zu Art. 1 Abs. 2 lit. b Rom I-VO Staudinger/*Magnus* (2016) Rom I-VO Art. 1 Rn. 56; *Rauscher/v. Hein* EuZPR/EuIPR Rom I-VO Art. 1 Rn. 26; *Francq* Clunet 136 (2009), 42 (45 f.); *Lagarde/Tenenbaum* Rev. crit. dr. int. pr. 97 (2008), 727 (734); *Leible/Lehmann* RIW 2008, 528 (530); wohl auch *Mankowski* IHR 2008, 133 (134); aA *Pfeiffer* EuZW 2008, 622 (623): Qualifikation lege fori; ebenso Bamberger/Roth/*Spickhoff* Rom I-VO Art. 1 Rn. 13.

[395] Entspr. zum staatsvertraglichen IPR bereits *Gottschalk* Allgemeine Lehren des IPR 135.

[396] Für nur „renvoiähnlich" halten diese Regelung – zu Unrecht – Reithmann/Martiny/*Schnyder/Grolimund* Rn. 6.2752; Bamberger/Roth/*Spickhoff* Rom I-VO Art. 7 Rn. 15; vgl. auch Rom I-VO Art. 20 Rn. 4 *(Martiny).*

[397] Näher *Calliess/Gruber* Rom I-VO Art. 7 Rn. 51; Erman/*Hohloch* Rom I-VO Art. 7 Rn. 9.

[398] Näher *Heiss,* FS Kropholler, 2008, 459 (471).

[399] So zutr. *Rauscher/Wendt* EuZPR/EuIPR Rom I-VO Art. 7 Rn. 22; noch deutlicher *Heiss,* FS Kropholler, 2008, 459 (471): „rechtspolitisch ist diese Regelung unhaltbar."

[400] So zutr. *Heiss,* FS Kropholler, 2008, 459 (471).

[401] Durchgängig für Sachnormverweisung bei einer Rechtswahl (zu Art. 35 Abs. 1 EGBGB aF) BGHZ 165, 248 = NJW 2006, 762 Rn. 31; OLG München BeckRS 2015, 11202 Rn. 49 f.; OLG Nürnberg BeckRS 2013, 18284; LG Düsseldorf BeckRS 2014, 10383.

schluss auch auf eine **Rechtswahlvereinbarung** der Parteien nach Art. 3 Abs. 1 Rom I-VO bezieht.[402] Zum Teil wird vorgebracht, es handele sich bei dem von den Parteien gewählten Recht nicht um ein „nach dieser Verordnung", sondern aufgrund des Parteiwillens anzuwendendes Recht.[403] Es fehlt jedoch an jeglichem Anhaltspunkt dafür, dass die Reichweite des Art. 20 sich auf die objektiven Anknüpfungen der Rom I-VO beschränken sollte; wäre dies der Fall, hätte es zudem der bereits erwähnten Sonderregelung für Versicherungsverträge nicht bedurft. Ferner wird auf einen Wertungswiderspruch zur internationalen Handelsschiedsgerichtsbarkeit hingewiesen, in der, wie bereits geschildert (→ Rn. 21), gemäß § 1051 Abs. 1 S. 2 ZPO auch eine Kollisionsrechtswahl getroffen werden kann.[404] Zwar ist es richtig, dass ein größerer Spielraum für die Parteiautonomie – zumindest für B2B-Transaktionen – auch vor staatlichen Gerichten zu begrüßen wäre und eine Auslegungsregel nach dem Vorbild des UNCITRAL-Modellgesetzes und des § 11 Abs. 1 öst. IPRG dem Interesse an Rechtssicherheit genügen würde. Die gegenwärtige Fassung der Rom I-VO lässt für eine korrigierende Auslegung aber keinen Spielraum. Im Übrigen scheint der Leidensdruck der Praxis in dieser Frage auch gering zu sein.[405] Ebenso wie für Art. 3 Rom I-VO muss der Renvoi bei einer Rechtswahl nach Art. 14 Rom II-VO verneint werden.[406]

117 Es ist des Weiteren fraglich, ob Art. 20 Rom I-VO es zulässt, dass den Kollisionsnormen der Verordnung weitere spezielle Abgrenzungs- oder Anwendungsnormen des **internationalen Einheitsrechts,** etwa des **CISG,** nachgeschaltet werden. Besondere Relevanz hatte diese Frage im Hinblick auf den von der Kommission im Jahre 2011 vorgelegten **Vorschlag für ein Gemeinsames Europäisches Kaufrecht.**[407] Aus der Perspektive der Kommission lag allerdings von vornherein kein Problem vor, weil aus ihrer Sicht die Abgrenzungsnormen der geplanten GEKR-VO allein sachrechtlichen und keinen kollisionsrechtlichen Charakter hatten.[408] Auch wenn man diese Prämisse nicht teilt, lässt sich Art. 20 Rom I-VO im Lichte des Erwägungsgrundes 14 in dem Sinne einschränkend auslegen, dass er sich nur auf Vorschriften des „Internationalen Privatrechts" im herkömmlichen Sinne und nicht auf spezielle einheitsrechtliche Anwendungsnormen bezieht.[409] Welchen Weg man auch bevorzugt: Der Renvoiausschluss des Art. 20 Rom I-VO steht der Prüfung besonderer räumlich-persönlicher oder sachlicher Anwendungsvoraussetzungen internationalen Einheitsrechts, etwa des CISG, im Ergebnis nicht entgegen.

118 Der Renvoiausschluss des Art. 20 Rom I-VO strahlt auch auf angrenzende Regelungsbereiche aus. So spricht der enge Zusammenhang mit Art. 6 Rom I-VO dafür, auch im Rahmen des Art. 46b EGBGB, der auf den entsprechenden **Verbraucher-Richtlinien** beruht, einen Renvoi auszuschließen. Art. 35 Abs. 1 EGBGB aF ordnete das in Bezug auf die Vorläuferbestimmung in Art. 29a EGBGB aF noch ausdrücklich an, und für die Annahme, dass der Gesetzgeber mit der Verschiebung der letztgenannten Vorschrift eine inhaltliche Änderung beabsichtigt hätte, fehlt jeder Anhaltspunkt.[410] Das **internationale Stellvertretungsrecht** ist zwar aus dem sachlichen Anwendungsbereich der Rom I-VO ausgenommen worden (Art. 1 Abs. 2 lit. g Rom I-VO), so dass insoweit der Renvoiausschluss des Art. 20 Rom I-VO nicht unmittelbar eingreift. Bei der Verweisung auf das Recht des Wirkungslandes bzw. des Gebrauchsortes handelte es sich aber

---

[402] Für die Zulässigkeit einer Kollisionsrechtswahl insbes. *Sandrock,* FS G. Kühne, 2009, 881 (892 ff.); ebenso Erman/*Hohloch* Rom I-VO Art. 20 Rn. 2; jurisPK-BGB/*Ringe* Rom I-VO Art. 20 Rn. 7; Staudinger/*Hausmann* (2016) Rom I-VO Art. 20 Rn. 12; Staudinger/*Magnus* (2016) Rom I-VO Art. 3 Rn. 19; dagegen aber Bamberger/Roth/*Spickhoff* Rom I-VO Art. 20 Rn. 3; *Calliess/Rödl* Rom I-VO Art. 20 Rn. 7 f.; Ferrari/*Kieninger* Rom I-VO Art. 20 Rn. 6; → Art. 20 Rn. 6 *(Martiny)*; Palandt/*Thorn* Rom I-VO Art. 20 Rn. 1; *Rauscher/ Freitag* EuZPR/EuIPR Rom I-VO Art. 20 Rn. 2; *Rauscher/v. Hein* EuZPR/EuIPR Rom I-VO Art. 3 Rn. 65.

[403] In diesem Sinne Staudinger/*Magnus* (2016) Rom I-VO Art. 3 Rn. 19.

[404] *Sandrock,* FS G. Kühne, 2009, 881 (892 ff.).

[405] Vgl. bereits *Cheshire/North/Fawcett,* Private International Law, 14. Aufl. 2008, 71: „[N]o sane businessman or his lawyers would choose the application of renvoi."

[406] Für einen Renvoiausschluss *Huber/Altenkirch* Rom II-VO Art. 24 Rn. 2; Bamberger/Roth/*Spickhoff* Rom II-VO Art. 24 Rn. 3; Calliess/*v. Hein* Rom II-VO Art. 14 Rn. 33; jurisPK-BGB/*Engel* Rom II-VO Art. 24 Rn. 4; Palandt/*Thorn* Rom II-VO Art. 24 Rn. 1; *Rühl,* FS Kropholler, 2008, 187 (195); anders aber Erman/ *Hohloch* Rom II-VO Art. 24 Rn. 2; s. Rom II-VO Art. 24 Rn. 9 *(Junker)*; Rauscher/*Jakob/Picht* EuZPR/EuIPR Rom II-VO Art. 24 Rn. 5.

[407] Vorschlag für eine Verordnung des Europäischen Parlaments und des Rates über ein Gemeinsames Europäisches Kaufrecht vom 11.10.2011, KOM (2011) 635 endg.

[408] S. KOM (2011) 635 endg., S. 6 f., ebenso Erwägungsgrund 10.

[409] Vgl. auch *Calliess/Rödl* Rom I-VO Art. 20 Rn. 6 (im materiellen Recht verankerte räumlich-persönliche Anwendungsvoraussetzungen werden durch Art. 20 nicht ausgeschlossen).

[410] AllgM, s. nur Staudinger/*Magnus* (2016) Art. 46b Rn. 21 mwN.

schon nach vor 2017 im Ergebnis ganz hM um eine Sachnormverweisung.[411] So sieht es nun auch Art. 8 Abs. 2–5 EGBGB vor.[412] Die Beachtung eines Renvoi wäre zum einen als sinnwidrig einzustufen, weil die Annahme einer Gesamtverweisung dem Interesse des Verkehrsschutzes am Gebrauchsort zuwiderliefe; zudem weist die Stellvertretung ungeachtet des Art. 1 Abs. 2 lit. g Rom I-VO einen engen sachlichen Bezug zum Vertragsrecht auf, so dass die Wertung des Art. 20 Rom I-VO auch insoweit Beachtung verdient.[413] Dem folgte ohne Begründung schon vor 2017 die ständige Rechtsprechung des BGH, der noch nie einen Renvoi durch das Recht des Wirkungslandes geprüft hat.[414]

2. Familien- und Erbrecht. a) Rom III-VO. Anders als das bisherige autonome deutsche **119** Scheidungs-IPR (Art. 17 EGBGB aF) schließt die Rom III-VO jeglichen Renvoi auf diesem Gebiet aus (Art. 11 Rom III-VO). Bei Art. 10 Rom III-VO, der einen Rückgriff auf die lex fori eröffnet, wenn das berufene Recht „einem der Ehegatten aufgrund seiner Geschlechtszugehörigkeit keinen gleichberechtigten Zugang zur Ehescheidung oder Trennung ohne Auflösung des Ehebandes [gewährt]", handelt es sich – entgegen einer vereinzelten Stimme[415] – nicht um einen Fall des Renvoi, sondern um eine spezielle Vorbehaltsklausel.[416]

Folgt man der obigen Annahme, dass insbesondere Kollisionsnormen über **familienrechtliche** **120** **Statusfragen** renvoifreundlich sein sollten, um den internationalen Entscheidungseinklang zu wahren (→ Rn. 37), muss der Ausschluss des Renvoi in der Rom III-VO prima facie rechtspolitische Bedenken wecken.[417] „Hinkende Ehescheidungen" sind für alle Betroffenen misslich.[418] Dagegen kann man zwar wiederum ins Feld führen, dass vereinheitlichtes Kollisionsrecht grundsätzlich renvoifeindlich sei, und diesem Befund entspricht es, dass die Ablehnung des Renvoi in der Rom III-VO in den meisten Beiträgen zur Verordnung zustimmend oder kommentarlos referiert wird.[419] Aber es handelt sich bei der Rom III-VO bekanntlich nicht einmal um eine EU-weit geltende Verordnung, sondern um ein Rechtsinstrument, das im Wege der verstärkten Zusammenarbeit (Art. 20 EUV iVm Art. 326–334 AEUV) beschlossen wurde und an dem immerhin dreizehn Mitgliedstaaten nicht mitwirken.[420] Insoweit bestehen durchaus sachliche Gründe für die Zulassung des Renvoi.

Für den Ausschluss des Renvoi spricht indes, dass die Rom III-VO die grundsätzlich renvoifeindli- **121** che **Parteiautonomie** in den Vordergrund stellt (Art. 5 Rom III-VO).[421] Da die Verordnung den Kreis der wählbaren Rechte in Art. 5 Abs. 1 lit. a–d Rom III-VO abschließend aufzählt,[422] wäre es, wie oben (→ Rn. 22) ausgeführt, nicht sachgerecht, die Zahl der zur Verfügung stehenden Rechtsordnungen nach dem Belieben der Parteien zu erweitern. Fehlt es an einer Rechtswahl, schafft Art. 8 Rom III-VO eine klare Anknüpfungsleiter, an deren Spitze der **gemeinsame gewöhnliche** **Aufenthalt** vor der gemeinsamen Staatsangehörigkeit steht; erst auf der letzten Sprosse dieser Leiter wird offen auf die lex fori zurückgegriffen.[423] Diese auf einer bewussten Wertung der einzelnen Anknüpfungsmomente beruhende Rangfolge würde gestört, wenn man auf einzelnen Stufen einem

---

[411] Erman/*Hohloch* Art. 12 Anh. I Rn. 9; *Heinz,* Das Vollmachtsstatut, 2011, 33 f.; *Kropholler* IPR § 41 I 4; *Looschelders* IPR Art. 12 Anh. Rn. 17; Palandt/*Thorn* Art. 10 Anh. Rn. 1; Reithmann/Martiny/*Hausmann* Rn. 7.385; *Reuter,* Die Qualifikation der Haftung des falsus procurator im Internationalen Privatrecht, 2016, 314 f.; Staudinger/*Magnus* (2016) Rom I-VO Art. 1 Anh. II Rn. 67; im Ergebnis auch Soergel/*Lüderitz* Anh. Art. 10 Rn. 112 (Art. 35 aF analog); anders noch Staudinger/*Firsching,* 10./11. Aufl. 1978, Vor Art. 12 Rn. 239 sowie zum autonomen österreichischen IPR *Lurger/Melcher* IPR, 2013, Rn. 2/26: Gesamtverweisung.

[412] Näher (zum vorangehenden Vorschlag des Deutschen Rates für IPR) *v. Hein* IPRax 2015, 578 (580).

[413] S. die Nachweise zur hM in Fn. 411.

[414] So auch Reithmann/Martiny/*Hausmann* Rn. 7.385; zuletzt BGH NZG 2012, 1192 Rn. 31: Gebrauchsort in Brasilien, Folge: „Anwendung brasilianischen Rechts", ohne dass ein Renvoi thematisiert wird.

[415] *Pietsch* NJW 2012, 1768 (1769 f.).

[416] Statt vieler *Boele-Woelki* YbPIL 12 (2010), 1 (19); *Helms* FamRZ 2011, 1765 (1771); *Traar* ÖJZ 2011, 805 (812); zur genaueren dogmatischen Einordnung s. *Hammje* Rev. crit. dr. int. pr. 100 (2011), 291 (334 f.).

[417] Krit. *Hammje* Rev. crit. dr. int. pr. 100 (2011), 291 (330 f.); *Sonnenberger* IPRax 2011, 325 (330); *Traar* ÖJZ 2011, 805 (813).

[418] Ausf. zur Problematik „hinkender" Rechtsverhältnisse *Kropholler* IPR § 35 (S. 240 ff.).

[419] Zust. *Boele-Woelki* YbPIL 12 (2010), 1 (14): „In accordance with the generally accepted rule in private international law, Article 11 excludes *renvoi*"; ebenso *Franzina* Cuad. der. trans. Vol. 3 No. 2 (2011), 85 (100); *Helms* FamRZ 2011, 1765 (1767); ohne eigene Stellungnahme *Eva Becker* NJW 2011, 1543 (1544); *de Marzo* Foro it. 2011, 917 (919).

[420] Zum Hintergrund näher *Baarsma* NIPR 2009, 9 ff.; *Brand* DRiZ 2011, 56; zu den rechtlichen Grundlagen der verstärkten Zusammenarbeit ausf. *Fiorini* Int. Comp. L. Q. 2010, 1143 ff.; *Kuipers* Eur. L. J. 18 (2012), 201 ff.

[421] So auch *Hammje* Rev. crit. dr. int. pr. 100 (2011), 291 (330).

[422] Maßgebend ist insoweit die „Nahebeziehung" zum Sachverhalt, s. *Kohler/Pintens* FamRZ 2011, 1433 (1434).

[423] Hierzu näher *Helms* FamRZ 2011, 1765 (1769).

Renvoi Raum gäbe.[424] Einer Flexibilisierung objektiver Anknüpfungen durch den Renvoi, um im Interesse der Parteien vermehrt zur Anwendung der lex fori zu gelangen (→ Rn. 15), bedarf es auch nicht, weil die Parteien gemäß Art. 5 Abs. 2 Rom III-VO „jederzeit, spätestens jedoch zum Zeitpunkt der Anrufung des Gerichts", eine Rechtswahl zugunsten der lex fori treffen können; Art. 5 Abs. 3 Rom III-VO ermöglicht auch noch die Rechtswahl im Prozess, wenn die lex fori diese gestattet.[425]

122   Ferner rechtfertigt das der Verordnung zugrundeliegende Ziel, Ehescheidungen zu erleichtern, keine Zulassung des Renvoi.[426] Abgesehen davon, dass der Einsatz des Renvoi zur materiellrechtlichen Ergebniskorrektur aus den oben (→ Rn. 12) genannten Gründen systemwidrig ist, reicht die bereits erwähnte, in Art. 10 Rom III-VO enthaltene spezielle Vorbehaltsklausel zu diesem Zweck vollkommen aus. Schließlich wird bedauert, dass Art. 11 Rom III-VO es den Gerichten verwehrt, auf die bei deutschen und österreichischen Gerichten beliebte Rechtsfigur der sog **„versteckten" Rückverweisung** zurückzugreifen.[427] Diese Rechtsfigur ist ganz überwiegend in Fällen praktisch relevant, in denen das deutsche IPR an die Staatsangehörigkeit anknüpft, dem ausländischen Zuständigkeitsrecht aber ein „versteckter" Renvoi auf das Recht des gewöhnlichen Aufenthalts entnommen wird (→ Rn. 44 f.). Da die Rom III-VO entgegen dem bisherigen deutschen Recht (Art. 17 EGBGB aF) dem **gemeinsamen gewöhnlichen Aufenthalt** den **Vorrang vor der Staatsangehörigkeit** einräumt, hat sich der Spielraum für die Annahme einer „versteckten" Rückverweisung jedoch ohnehin deutlich verringert. Der vorgebrachten Kritik an Art. 11 Rom III-VO ist zudem entgegenzuhalten, dass schon zum bislang geltenden deutschen IPR mit beachtlichen Gründen vorgeschlagen worden ist, die komplizierte zu handhabende Figur der „versteckten" Rückverweisung dadurch abzulösen, dass eine die Staatsangehörigkeit verdrängende Ersatzanknüpfung an den gewöhnlichen Aufenthalt entwickelt wird (→ Rn. 66). Der Verordnungsgeber verdient daher keinen rechtspolitischen Tadel dafür, dass sich dieser Streit nunmehr erledigt hat.[428]

123   **b) EuUnthVO iVm dem Haager Protokoll.** Gänzlich ausgeschlossen ist der Renvoi – wie bisher (Art. 18 Abs. 1 aF iVm Art. 3a Abs. 1 EGBGB) – im Internationalen Unterhaltsrecht (Art. 12 HUP 2007 iVm Art. 15 EuUnthVO). Dies ist sachgerecht, denn es geht im Unterhaltsrecht nicht um familienrechtliche Statusfragen, sondern letztlich um die möglichst einfache und rasche Deckung eines finanziellen Bedarfs.[429] Der ursprüngliche Kommissionsvorschlag der EuUnthVO[430] hatte hingegen in Art. 19 Abs. 2 vorgesehen, dass bei einer Rück- oder Weiterverweisung durch das IPR eines Drittstaates ein mitgliedstaatliches Gericht generell seine lex fori anwenden sollte.[431] Diese Lösung sollte offenbar eine Beschleunigung der Anspruchsdurchsetzung bewirken,[432] hätte aber die zwischen den maßgebenden Anknüpfungspunkten fein austarierte, in Art. 13 EuUnthVO-E (heute: Art. 4 HUP 2007) normierte Anknüpfungsleiter (gewöhnlicher Aufenthalt des Berechtigten, lex fori, gemeinsame Staatsangehörigkeit von Berechtigtem und Verpflichteten) durcheinandergebracht.[433] Sie hat sich daher zu Recht nicht durchgesetzt.[434]

124   **c) EuErbVO. aa) Begrenzte Zulassung des Renvoi.** Eine Schneise für die Beachtlichkeit des Renvoi hat aber die EuErbVO geschlagen. Nach Art. 34 Abs. 1 lit. b EuErbVO wird die Weiterverweisung eines Drittstaates auf das Recht eines anderen Drittstaates, der sein eigenes Recht anwenden würde, befolgt. Diese Lösung folgt den entsprechenden Regelungen im Haager ErbRÜ und dem KSÜ (→ Rn. 40). Der Verordnungsgeber hat also auch hier dem Entscheidungseinklang im Verhältnis zu Drittstaaten gegenüber der Durchsetzung der eigenen kollisionsrechtlichen Anknüpfung den Vorzug eingeräumt; eine vielleicht nicht zwingende, aber zumindest vertretbare Abwägung. Allerdings ist zu bedenken, dass Art. 24 Abs. 1 lit. b ErbRÜ den Vertragsstaaten noch die Möglichkeit

---

[424] So auch *Finger* FamFR 2011, 433 (435), unter II 6: „Schließlich soll sachnahes Recht auch tatsächlich anwendbar werden oder bleiben"; anders *Traar* ÖJZ 2011, 805 (813).

[425] Hierzu *Kohler/Pintens* FamRZ 2011, 1433 (1434).

[426] Dazu tendierend aber *Hammje* Rev. crit. dr. int. pr. 100 (2011), 291 (331).

[427] So *Traar* ÖJZ 2011, 805 (813).

[428] Vgl. auch *Nawroth*, Der versteckte renvoi im deutschen internationalen Privatrecht, 2007, 196 f.

[429] Vgl. den lapidaren Kommentar im Bericht zum Haager Protokoll von *Bonomi*, 2009, Rn. 175 (abrufbar unter http://www.hcch.net): „It [Art. 12] calls for no particular comments."

[430] Vorschlag für eine Verordnung über die Zuständigkeit und das anwendbare Recht in Unterhaltssachen, die Anerkennung und die Vollstreckung von Unterhaltsentscheidungen und die Zusammenarbeit im Bereich der Unterhaltspflichten vom 15.12.2005, KOM (2005) 649 endg.

[431] Hierzu ausf. *Heinze*, FS Kropholler, 2008, 105 (117 f.).

[432] Vgl. die Mitteilung der Kommission, KOM (2006) 206 endg., S. 6; hierzu näher *Heinze*, FS Kropholler, 2008, 105 (118).

[433] *Heinze*, FS Kropholler, 2008, 105 (118).

[434] Gegen diese Lösung bereits *Heinze*, FS Kropholler, 2008, 105 (118).

einräumte, gegen diese Vorschrift einen Vorbehalt einzulegen; diese Befugnis ist in der EuErbVO, ebenso wie schon im KSÜ, entfallen. Über die Vorbilder im ErbRÜ und im KSÜ geht die EuErbVO zudem wesentlich hinaus. Bereits bei der Schaffung des ErbRÜ war von *Lagarde* befürwortet worden, einer Rückverweisung zu folgen, wenn das Recht eines Drittstaates auf das eines Vertragsstaates verweist.[435] Dieser, wie *Lagarde* selbst es nennt, „Tabubruch",[436] konnte sich jedoch seinerzeit ebenso wenig durchsetzen wie bei der Ausarbeitung des KSÜ.[437] Die EuErbVO verwirklicht nun in Art. 34 Abs. 1 lit. a diesen Vorschlag: Verweist das Recht eines Drittstaates auf das eines Mitgliedstaates, wird diese Rückverweisung angenommen. Auch diese Regelung ist in dem Sinne zu verstehen, dass die Rückverweisung an dieser Stelle abgebrochen, dh als Verweisung auf das Sachrecht des betreffenden Mitgliedstaates angesehen wird.[438]

Art. 34 EuErbVO schafft ebenso wie Art. 21 Abs. 2 KSÜ gewisse **Abgrenzungsprobleme,** da die Regelung nur einen Ausschnitt der denkbaren Rück- und Weiterverweisungskonstellationen betrifft: Art. 34 Abs. 1 lit. b EuErbVO kommt nur zum Zuge, wenn der zweite Drittstaat, auf dessen Recht der erste Drittstaat verweist, die Weiterverweisung annimmt. Lehnt der zweite Drittstaat die Annahme der Weiterverweisung ab, hat es im Umkehrschluss bei einer Sachnormverweisung auf das Recht des ersten Drittstaates sein Bewenden.[439] Verweist der zweite Drittstaat erneut auf das Recht eines dritten Drittstaates weiter, wird diese Weiterverweisung nicht befolgt.[440] Ebenfalls unbeachtlich ist es, wenn das **Recht des zweiten Drittstaates auf das Recht des ersten Drittstaates zurückverweist;** hier bleibt es aus Sicht der Mitgliedstaaten bei einer Sachnormverweisung auf das Recht des ersten Drittstaates, ohne dass zu prüfen ist, ob der erste Drittstaat nach seinem IPR die Rückverweisung durch das Recht des zweiten Drittstaates annehmen würde.[441] Besonders zweifelhaft ist die Konstellation, in welcher der erste Drittstaat auf das Recht eines zweiten Drittstaates weiter-, dieser aber sodann auf das Recht eines Mitgliedstaates zurückverweist.[442] Nach Wortlaut und Systematik des Art. 34 EuErbVO scheint es zwar insoweit bei einer Sachnormverweisung auf das Recht des ersten Drittstaates zu bleiben,[443] doch leuchtet dies vom praktischen Ergebnis her nicht recht ein.[444] Bei einer teleologischen Betrachtung sollte auch die **mittelbare Rückverweisung auf das Recht eines Mitgliedstaates** nach Art. 34 Abs. 1 lit. a EuErbVO zu beachten sein.[445] Insgesamt führt die begrenzte Zulassung des Renvoi zu einer im Vergleich zu einer reinen Sachnormverweisung nicht unerheblichen Verkomplizierung der Rechtsanwendung.

bb) Verhältnis zum Grundsatz der universellen Anwendbarkeit. In dogmatischer Hinsicht ist zweifelhaft, wie sich die begrenzte Zulassung des Renvoi zu dem Grundsatz der universellen Anwendbarkeit verhält. Bei der EuErbVO handelt es sich nach ihrem Art. 20 ebenso wie bei den Rom I-, Rom II- und Rom III-Verordnungen (Art. 2 Rom I-VO, Art. 3 Rom II-VO, Art. 4 Rom III-VO) um eine sog *loi uniforme,* dh das von der jeweiligen Verordnung berufene Recht ist – ohne Rücksicht auf die Erfordernis der Gegenseitigkeit – auch dann anzuwenden, wenn es nicht das Recht eines Mitgliedstaates ist (→ Rom II-VO Art. 3 Rn. 1 ff.).[446] Zum Teil wird gerade aus dem Prinzip der universellen Anwendbarkeit ein Argument *für* die Beachtung des Renvoi abgeleitet. So wird kritisiert, bei einem Ausschluss des Renvoi „würde dem nicht [an einer Verordnung] teilnehmenden Mitgliedstaat, auf dessen Recht verwiesen wird, die Entscheidungsmöglichkeit genommen, über die Annahme der Verweisung zu entscheiden".[447] Aber dieser Gedanke trägt nicht, denn es

---

[435] *Lagarde* Rev. crit. dr. int. pr. 78 (1989), 249 (259).

[436] *Lagarde* Rev. crit. dr. int. pr. 78 (1989), 249 (259).

[437] Hierzu Bericht *Lagarde* zum KSÜ, 1998, Rn. 116 (abrufbar unter http://www.hcch.net).

[438] Ebenso *Looschelders,* FS Coester-Waltjen, 2015, 531 (539); *Nordmeier* IPRax 2016, 439 (440); *Solomon,* Liber Amicorum Schurig, 2012, 237 (253).

[439] Vgl. zu Art. 21 Abs. 2 KSÜ Staudinger/*Pirrung* (2009) Vor Art. 19 Rn. G 120; rechtspolitische Kritik hieran übt im Kontext der EuErbVO *Solomon,* Liber Amicorum Schurig, 2012, 237 (255).

[440] So die allgM zu Art. 21 Abs. 2 KSÜ, s. NK-BGB/*Benicke* KSÜ Art. 21 Rn. 3; auch hierzu mit rechtspolitischer Kritik im Kontext der EuErbVO *Solomon,* Liber Amicorum Schurig, 2012, 237 (255).

[441] So im Ergebnis auch *Solomon,* Liber Amicorum Schurig, 2012, 237 (254); ebenso zu Art. 21 Abs. 2 KSÜ NK-BGB/*Benicke* KSÜ Art. 21 Rn. 3.

[442] Das MPI hatte sich noch dafür ausgesprochen, diese Frage der weiteren Entwicklung von Rspr. und Wissenschaft zu überlassen, MPI RabelsZ 74 (2010), 522 (659).

[443] *Solomon,* Liber Amicorum Schurig, 2012, 237 (255 f.); ebenso zu Art. 21 Abs. 2 KSÜ NK-BGB/*Benicke* KSÜ Art. 21 Rn. 3; Staudinger/*Pirrung* (2009) Vor Art. 19 Rn. G 120.

[444] *Solomon,* Liber Amicorum Schurig, 2012, 237 (255 f.); *Prinz v. Sachsen Gessaphe,* Symposium Winkler v. Mohrenfels, 2013, 163 (186 f.); insoweit krit. zu Art. 21 Abs. 2 KSÜ bereits *Bucher* SZIER 1997, 67 (95).

[445] So im Ergebnis bereits *Solomon,* Liber Amicorum Schurig, 2012, 237 (256); ebenso *Hausmann* Riv. dir. int. priv. proc. 2015, 499 (517).

[446] Zu diesem Grundsatz statt vieler Rauscher/*v. Hein* EuZPR/EuIPR Rom I-VO Art. 2 Rn. 1 ff. mwN.

[447] So in Bezug auf die Rom III-VO *Ganz* FuR 2011, 369 (373).

steht dem Verordnungsgeber aus den oben genannten Gründen ebenso wie einem nationalen Gesetzgeber frei, die Beachtung des Renvoi anzuordnen oder nicht (→ Rn. 7 f.); er ist nicht aus Gründen der Comitas daran gebunden, die ausländische Rechtsordnung – auch wenn es sich um die eines Drittstaates handelt – um „Erlaubnis" für die Anwendung ihres Rechts vor mitgliedstaatlichen Gerichten zu bitten.

127   Gewichtiger ist vielmehr ein auf das Prinzip der universellen Anwendbarkeit gestütztes Argument *gegen* die Befolgung eines Renvoi: Wenn man in der Frage der Annahme einer Rück- oder Weiterverweisung zwischen Mitglied- und Drittstaaten differenziert, werden die Rechtsordnungen dieser Staaten gerade nicht „uniform", sondern bewusst ungleich behandelt.[448] Eine solche Spaltung wird nicht nur als dogmatisch fragwürdig, sondern auch im Hinblick auf die Rechtssicherheit als bedenklich kritisiert.[449] Das Spannungsverhältnis zwischen dem Grundsatz der universellen Anwendbarkeit und der **Unterscheidung zwischen Vertrags- und Mitgliedstaaten in der Frage des Renvoi** lässt sich zwar schwerlich leugnen. Allerdings differenzieren die Verordnungen auch in anderen Punkten zwischen mitgliedstaatlichem und drittstaatlichem Recht, insbesondere hinsichtlich der Einschränkung der Rechtswahlfreiheit in reinen Binnenmarktsachverhalten (Art. 3 Abs. 4 Rom I-VO, Art. 14 Abs. 3 Rom II-VO). Die Schaffung eines europäischen Rechtsraums kann es durchaus rechtfertigen, vom **Grundgedanken der Gleichwertigkeit der Rechtsordnungen,** der dem klassischen Kollisionsrecht zugrunde liegt, Ausnahmen zu machen.[450] Auch die Bedenken im Hinblick auf die Rechtssicherheit dürften nicht durchgreifen, denn es lässt sich regelmäßig ohne Schwierigkeiten feststellen, ob es sich bei dem Staat, dessen Recht einen Renvoi ausspricht, um einen Mitglied- oder einen Drittstaat handelt.

128   **cc) Kein Renvoi bei renvoifeindlichen Anknüpfungsmomenten.** Sowohl in den Fällen des Buchstabens a als auch b werden Rück- und Weiterverweisungen gemäß Abs. 2 nicht befolgt, wenn das anwendbare Recht mithilfe der auf die engste Verbindung abstellenden Ausweichklausel (Art. 21 Abs. 2 EuErbVO), durch eine Rechtswahl (Art. 22 EuErbVO) oder durch eine alternative Anknüpfung der Formgültigkeit (Art. 27 EuErbVO, Art. 28 lit. b EuErbVO) bestimmt wird. Dies entspricht denjenigen Fallgruppen grundsätzlich renvoifeindlicher Anknüpfungsmomente, die bereits aus dem deutschen IPR vertraut sind (→ Rn. 20). Die ausdrückliche Regelung der einschlägigen Fallgruppen ist zu begrüßen, weil sie die mit der Bestimmung des „Sinns" einer Verweisung verbundenen Auslegungsschwierigkeiten vermeidet.[451]

129   **dd) Verhältnis zum Prinzip der Nachlasseinheit.** Problematisch ist jedoch das Verhältnis des in Art. 34 EuErbVO eröffneten Renvoi zum Prinzip der Nachlasseinheit, auf dem die Verordnung beruht.[452] Art. 21 Abs. 1 EuErbVO bestimmt das auf „die *gesamte* Rechtsnachfolge von Todes wegen" anwendbare Recht. Erwägungsgrund 37 Satz 4 erläutert hierzu: „Aus Gründen der Rechtssicherheit und um eine Nachlassspaltung zu vermeiden, sollte der gesamte Nachlass, dh. das gesamte zum Nachlass gehörende Vermögen, diesem Recht unterliegen, unabhängig von der Art der Vermögenswerte und unabhängig davon, ob diese in einem anderen Mitgliedstaat oder in einem Drittstaat belegen sind."

130   Hiervon macht Art. 30 EuErbVO eine **Ausnahme für besondere Regelungen über bestimmte Vermögensgegenstände** (näher → EuErbVO Art. 30 Rn. 1 ff.).

131   Hierbei handelt es sich um eine **Sonderanknüpfung sozial- oder wirtschaftspolitisch motivierter Eingriffsnormen,** die im Ergebnis für die betroffenen Vermögensgegenstände eine Spaltung des anwendbaren Rechts bewirkt.[453] Ausländische Kollisionsnormen, auch soweit sie auf dem Prinzip der Nachlassspaltung beruhen, zählen hingegen – im Gegensatz zu der in Deutschland hM zu Art. 3a Abs. 2 EGBGB (→ Art. 3a Rn. 43 ff.) – nicht zu den „besonderen Regelungen" iS des Art. 30 EuErbVO.[454] Diese Auslegung wird durch Art. 34 Abs. 2 EuErbVO bestätigt: Art. 34 Abs. 2

---

[448] Krit. deshalb *Mankowski* IPRax 2010, 389 (398) (in Bezug auf die Rom II-VO); *Leible* in Reichelt, Europäisches Gemeinschaftsrecht und IPR, 2007, 31, 51 f.; *Leible,* Rom I und Rom II: Neue Perspektiven im Europäischen Kollisionsrecht, 2009, 53.

[449] So zum heutigen Art. 24 Rom II-VO die Kommission in ihrer Begründung des Verordnungsvorschlags, KOM (2003) 427 endg., S. 30; daran anschließend *Heinze,* FS Kropholler, 2008, 105 (115); *Mankowski* IPRax 2010, 389 (398).

[450] *v. Hein* BerGesVR 45 (2012), 369 (419).

[451] Anders *Solomon,* Liber Amicorum Schurig, 2012, 237 (256 ff.), der auch bei den genannten Anknüpfungsmomenten einen Renvoi beachten will.

[452] Zur Frage eines „monistischen" oder „dualistischen" Ansatzes im europäischen Erbkollisionsrecht eingehend *Dutta* RabelsZ 73 (2009), 547 (554 ff.); noch *Lange* ZVglRWiss. 110 (2011), 426 (429) hatte die Renvoifeindlichkeit des Entwurfs (Art. 26 EuErbVO-E) gerade mit dem monistischen Prinzip begründet.

[453] Näher MPI RabelsZ 74 (2010), 522 (643 ff.); NK-BGB/*Freitag* EGBGB Art. 3a Rn. 5.

[454] MPI RabelsZ 74 (2010), 522 (645).

EuErbVO schließt die Annahme einer Rück- und Weiterverweisung im Falle einer Sonderanknüpfung nach Art. 30 EuErbVO aus.[455] Außerhalb des Anwendungsbereichs des Art. 30 EuErbVO könnte die Befolgung einer teilweisen Rück- oder Weiterverweisung, eines partiellen Renvoi, aber dazu führen, dass entgegen dem monistischen Grundansatz der Verordnung im Ergebnis doch wieder eine Nachlassspaltung eintritt.[456] Dies erscheint in der rechtspolitischen Wertung nur wenig konsistent.[457] Es ist daher zu erwägen, ob der Renvoi nur dann zu akzeptieren ist, wenn er insgesamt zu einem anderen Erbstatut führt, einen partiellen Renvoi hingegen für unzulässig zu erklären. Dagegen spricht aber, dass entsprechende Überlegungen bei der Vorbereitung der Verordnung durchaus angestellt,[458] letztlich aber offenbar verworfen worden sind.[459] Dies entspricht der Entstehungsgeschichte des Art. 4 ErbRÜ, in deren Verlauf bereits auf die **Problematik der Zulassung des partiellen Renvoi** hingewiesen worden war, ebenfalls ohne Erfolg.[460]

ee) Bewertung. Die Frage bleibt, ob es sich bei der Zulassung des Renvoi auf das Recht eines   **132** Mitgliedstaates um einen Fortschritt oder einen Rückschritt handelt.[461] Die begrenzte Zulassung des Renvoi hatte insbesondere in Deutschland prominente Fürsprecher,[462] darunter den Deutschen Rat für IPR[463] und das Max-Planck-Institut für ausländisches und internationales Privatrecht in Hamburg.[464] Für die Befolgung der Rückverweisung auf das Recht eines Mitgliedstaates werden der **internationale Entscheidungseinklang** und die Erleichterung der Rechtsanwendung ins Feld geführt.[465] Man darf jedoch kritisch hinterfragen, ob der internationale Entscheidungseinklang rechtspolitisch völlig losgelöst von der grundsätzlichen **Abwägung zwischen dem Domizil- und dem Staatsangehörigkeitsprinzip** gewürdigt werden kann. Im geltenden deutschen internationalen Erbrecht hat der Renvoi durchaus den Vorzug, das überkommene Staatsangehörigkeitsprinzip in der Weise aufzulockern, dass man öfter zur sachgerechten Anknüpfung an die dem Erblasser vertraute Rechtsumwelt an seinem gewöhnlichen Aufenthalt gelangt (→ Rn. 34). Art. 21 Abs. 1 EuErbVO stellt nun aber allein auf den gewöhnlichen Aufenthalt des Erblassers ab und räumt dem Staatsangehörigkeitsprinzip nicht einmal subsidiären Rang ein. Stellen wir uns den Fall vor, dass der aus einem Mitgliedstaat stammende Erblasser E vor mehr als dreißig Jahren in einen Drittstaat ausgewandert ist, der an der Staatsangehörigkeitsanknüpfung festhält. Hier zwingt die EuErbVO den Rechtsanwender dazu, von der als richtig erkannten Anknüpfung an den gewöhnlichen Aufenthalt wieder abzuweichen, obwohl aus unserer Sicht die engere Verbindung in dem geschilderten Beispielsfall zum gewöhnlichen Aufenthaltsort besteht.[466] Zwar mag man dagegen einwenden, dass die · Infragestellung der eigenen kollisionsrechtlichen Präferenzen jeder Zulassung des Renvoi immanent sei.[467] Das ist sicher richtig; aber einer kollisionsrechtlichen Wertentscheidung, die auf einem Konsens von mehr als zwanzig Staaten beruht, dürfte gerade unter dem Blickwinkel des internationalen Entscheidungseinklangs doch eine höhere rechtspolitische Dignität zukommen als der autonomen Regelung eines einzelnen Staates.[468]

Es ist auch fraglich, ob die Akzeptanz des Renvoi auf das Recht eines Mitgliedstaates allgemein   **133** mit einer **effizienteren Beilegung von Erbrechtsstreitigkeiten** gerechtfertigt werden kann.[469] Herkömmlich hat, wie bereits ausgeführt (→ Rn. 15), die Zulassung des Renvoi in der Tat den Gerichten und den Parteien das Leben wesentlich dadurch erleichtert, dass sie öfter die lex fori

---

[455] Insoweit ist die Regelung nicht als überflüssig zu kritisieren, so aber *Solomon,* Liber Amicorum Schurig, 2012, 237 (262).

[456] Darauf hat bereits das MPI RabelsZ 74 (2010), 522 (660) hingewiesen; ebenso *S. Lorenz* informaciones 2012, 3 (13); *R. Wagner* DNotZ 2010, 506 (516); näher *Nordmeier* IPRax 2016, 439 (440 ff.).

[457] Zutr. *S. Lorenz* informaciones 2012, 3 (13); krit. auch *Hausmann* Riv. dir. int. priv. proc. 2015, 499 (518); *Mäsch* in Arnold Grundfragen 55 (62 f.).

[458] MPI RabelsZ 74 (2010), 522 (660).

[459] Ebenso *Hausmann* Riv. dir. int. priv. proc. 2015, 499 (518).

[460] Näher Bericht *Waters* zum Haager Erbrechtsübereinkommen vom 1.8.1989, Rn. 59 (abrufbar unter: http://www.hcch.net).

[461] Hierzu auch *Hausmann* Riv. dir. int. priv. proc. 2015, 499 (518 f.).

[462] Aus dem Schrifttum *Buschbaum/Kohler* GPR 2010, 162 (163); *Kindler* IPRax 2010, 44 (48 f.); *Remde* RNotZ 2012, 65 (75 f.); *Wagner* DNotZ 2010, 506 (516).

[463] *Bauer* IPRax 2004, 275 ff.

[464] *Kindler* IPRax 2010, 44 (48 f.); MPI RabelsZ 74 (2010), 522 (656 ff.); die Regelung begrüßend auch *Schack* IPRax 2013, 315 (319).

[465] MPI RabelsZ 74 (2010), 522 (660).

[466] Krit. auch *Hausmann* Riv. dir. int. priv. proc. 2015, 499 (519).

[467] *Solomon,* Liber Amicorum Schurig, 2012, 237 (244 ff.).

[468] Ebenso *S. Lorenz* informaciones 2012, 3 (13); s. auch zur Rom I- und II-VO *Leible,* Rom I und Rom II: Neue Perspektiven im europäischen Kollisionsrecht, 2009, 53; allg. *Kropholler* IPR § 24 III 2 (S. 178 f.).

[469] MPI RabelsZ 74 (2010), 522 (660).

anwenden konnten. Das Recht desjenigen Mitgliedstaates, auf den iS des Art. 34 Abs. 1 lit. a EuErbVO zurückverwiesen wird, muss aber nicht gerade dasjenige des Gerichtsstaates sein, und es ist zu bezweifeln, dass das Recht eines Drittstaates stets oder auch nur in der Regel schwerer zu ermitteln ist als das Recht eines anderen Mitgliedstaates. Die üblicherweise mit Rechtsgutachten beauftragten deutschen Institute bzw. Professoren dürften eher zuverlässig über das Recht der Schweiz, Liechtensteins und Großbritanniens Auskunft geben können, obwohl es sich hierbei um Drittstaaten handelt, als über das Recht Estlands, Lettlands oder Ungarns, bei denen es sich allesamt um Mitgliedstaaten der EuErbVO handelt.[470] Das MPI verweist insoweit auf die Hilfestellung, die den Gerichten der Mitgliedstaaten durch das European Judicial Network zuteilwerde.[471] Dies erscheint angesichts der – bislang jedenfalls sehr allgemein gehaltenen – Informationen, die auf dieser Website dargeboten werden,[472] indes als ein fragwürdiger, zumindest aber verfrühter Optimismus.

134   Die Akzeptanz eines Renvoi auf das Recht eines anderen Mitgliedstaates hat auch Auswirkungen auf die Figur der **versteckten Rückverweisung,** die im Erbrecht zB hinsichtlich der mit einer Nachlassabwicklung („administration") zusammenhängenden Rechtsfragen oder im Hinblick auf einen erbenlosen Nachlass (Art. 33 EuErbVO) auftreten kann (→ Rn. 49). Es ist allerdings fraglich, ob diese bislang vor allem in Deutschland anerkannte Rechtsfigur auf die europäische Ebene transponiert werden kann,[473] da sie international bislang allenfalls geringen Anklang gefunden hat.[474] Eine solche Rückverweisung kann sich im autonomen IPR nur auf die lex fori des angerufenen Gerichts beziehen; eine versteckte Weiterverweisung sollte hingegen nicht befolgt werden (→ Rn. 61). Da Art. 34 Abs. 1 lit. a EuErbVO aber die Weiterverweisung auf einen anderen Mitgliedstaat und die Rückverweisung auf den Gerichtsstaat gleichbehandelt, käme auch in Betracht, im Gegensatz zur oben (→ Rn. 61) zum autonomen IPR vertretenen Auffassung nun auch die **versteckte Weiterverweisung** zu akzeptieren und auf diese Weise wieder einen Gleichklang im Rahmen des Art. 34 Abs. 1 lit. a EuErbVO herzustellen. Dagegen lässt sich einwenden, dass das drittstaatliche Recht in kaum vertretbarer Weise verfälscht würde, denn das anwendbare Recht eines anderen Mitgliedstaates würde in einer solchen Konstellation nicht, wie es die Lehre von der versteckten Rückverweisung postuliert (→ Rn. 51 f.), gerade als lex fori des tatsächlich entscheidenden Gerichts berufen. Andererseits ließe sich insoweit zumindest im Kreis der Mitgliedstaaten Entscheidungseinklang herstellen und die Anwendung eines drittstaatlichen Rechts vermeiden. Die Frage müsste in einem geeigneten Fall dem EuGH vorgelegt werden.

135'   Unter praktischen Aspekten sind die oben angeführten Bedenken gegen die Befolgung eines Renvoi jedoch zu relativieren.[475] Die EuErbVO ist nämlich keine rein kollisionsrechtliche Verordnung, sondern regelt auch das internationale Verfahrensrecht in Erbsachen. Da die allgemeine Zuständigkeit am letzten gewöhnlichen Aufenthalt begründet ist (Art. 4 EuErbVO), kommt es in der Regel ohnehin zu einem **Gleichlauf von Zuständigkeit und anwendbarem Recht** (Art. 21 Abs. 1 EuErbVO).[476] Eine Gerichtsstandsvereinbarung ist nur gestattet, wenn der Erblasser nach Art. 22 EuErbVO das Recht eines Mitgliedstaates gewählt hat (Art. 5 EuErbVO). Praktische Bedeutung kann die Zulassung eines Renvoi daher – abgesehen von der nur selten in Betracht kommenden Notzuständigkeit nach Art. 11 EuErbVO – nur in denjenigen Fällen entfalten, in denen die subsidiäre Zuständigkeit nach Art. 10 EuErbVO eingreift.[477] Diese Zuständigkeit ist nach Art. 10 Abs. 1 lit. a EuErbVO im Heimatstaat des Erblassers eröffnet, wenn dieser seinen letzten gewöhnlichen Aufenthalt nicht in einem Mitgliedstaat hatte und sich in dem Gerichtsstaat Nachlassvermögen befindet; Entsprechendes gilt für denjenigen Mitgliedstaat, in dem der Erblasser seinen vorletzten gewöhnlichen Aufenthalt hatte, sofern sein Umzug nicht länger als fünf Jahre zurückliegt (Art. 10 Abs. 1 lit. b EuErbVO). Insoweit – aber eben auch nur in diesen subsidiären Fällen – kann es in der Tat zu einer **Vereinfachung der Rechtsanwendung** führen, wenn das Recht des Drittstaats, in dem der Erblasser seinen letzten gewöhnlichen Aufenthalt hatte, auf die lex fori zurückverweist. Es wäre wohl vorzugswürdig gewesen, Art. 34 EuErbVO konsequent auf diese Fallgruppe zu beschränken; aber diese Frage ist anders entschieden worden.

---

[470] So auch *Prinz v. Sachsen Gessaphe,* Symposium Winkler v. Mohrenfels, 2013, 163 (186).

[471] MPI RabelsZ 74 (2010), 522 (660).

[472] Siehe http://ec.europa.eu/civiljustice/index_de.htm.

[473] Befürwortend *Nordmeier* IPRax 2013, 418 (423).

[474] Reserviert bis kritisch die Stellungnahmen aus französischer Sicht von *Agostini* Rev. crit. dr. int. pr. 102 (2013), 545 (577) („une *figure* du renvoi isolée par la doctrine allemande"); aus italienischer Sicht von *Picone* Riv. dir. int. 81 (1998), 925 (926); vgl. aber auch die eher neutrale Stellungnahme zum „hidden renvoi" aus US-amerikanischer Sicht bei *Hay/Borchers/Symeonides,* Conflict of Laws, 5. Aufl. 2010, § 3.14 in Fn. 4, wo allerdings ebenfalls betont wird, dass diese Frage bisher vor allem in Deutschland diskutiert wird.

[475] So auch *Hausmann* Riv. dir. int. priv. proc. 2015, 499 (519).

[476] In diesem Sinne die Renvoifrage relativierend bereits *Dörner* ZEV 2010, 221 (222).

[477] Vgl. *Looschelders,* FS Coester-Waltjen, 2015, 531 (540).

d) EU-Verordnungen zum Güterrecht. aa) Ausschluss des Renvoi in den Güterrechts- 136 verordnungen. Die ab dem 29.1.2019 anwendbaren EU-Verordnungen zum Güterrecht für Ehen (Art. 32 EuGüVO) und eingetragene Partnerschaften (Art. 32 EuPartVO) sehen wiederum – entgegen der EuErbVO (→ Rn. 124 ff.) – einen vollständigen Ausschluss der Rück- und Weiterverweisung vor, eine bereits in den Vorschlägen der Kommission getroffene Entscheidung (Art. 24 EuGüVO-E, Art. 19 EuPartVO-E), die in Deutschland vielfach auf Kritik gestoßen war.[478] Damit wird – wie schon im Scheidungsrecht (→ Rn. 122) – auch im Ehegüterrecht die „versteckte" Rückverweisung (→ Rn. 43 ff.) keine Rolle mehr spielen können.[479] Angesichts der gemäßigten Renvoifreundlichkeit der EuErbVO ist fraglich, ob das europäische Kollisionsrecht insofern einer kohärenten Bewertung des Renvoi im Familien- und Erbrecht folgt.[480]

bb) Ehegüterrecht. Wie bei der Rom III-VO (→ Rn. 121) spricht für einen Ausschluss des 137 Renvoi im Ehegüterrecht, dass die EuGüVO auf dem Grundsatz der Parteiautonomie (Art. 22 EuGüVO) beruht und die in der VO vorgesehenen objektiven Anknüpfungen dem gemeinsamen gewöhnlichen Aufenthalt der Ehegatten bewusst den Vorrang vor der Staatsangehörigkeitsanknüpfung einräumen (Art. 26 EuGüVO). Dagegen lässt sich allerdings einwenden, dass Art. 26 Abs. 1 lit. a EuGüVO im Interesse der Unwandelbarkeit des Ehegüterrechtsstatuts für die Bestimmung des gewöhnlichen Aufenthalts der Eheleute nicht auf den Zeitpunkt der güterrechtlichen Auseinandersetzung, sondern auf den unmittelbar der Eheschließung folgenden Zeitraum abstellt: Maßgebend soll nach dieser Vorschrift allein der **erste gemeinsame gewöhnliche Aufenthalt der Ehegatten nach der Eheschließung** sein. Wenn aber schon kurze Zeit nach Begründung des ersten gemeinsamen gewöhnlichen Aufenthalts ein Umzug der Ehegatten erfolgt und in einem anderen Staat ein neuer gewöhnlicher Aufenthalt begründet wird, der die Ehe möglicherweise über Jahrzehnte prägt, hat die formalisierte Anknüpfung an den ersten gewöhnlichen Aufenthalt im Hinblick auf die tatsächlich bestehende engste Verbindung inhaltlich keine wesentlich höhere Überzeugungskraft als die grundsätzlich renvoifreundliche (→ Rn. 34) Anknüpfung an die gemeinsame Staatsangehörigkeit.[481] Für die Zulassung des Renvoi könnte daher der Gedanke sprechen, dass er eine sachgerechtere Anknüpfung ermöglicht, wenn das ausländische Kollisionsrecht eine Wandelbarkeit des Güterstatuts anordnet.[482] Jedoch bedarf es des Renvoi nicht notwendigerweise, um eine derartige Flexibilisierung der formalen Anknüpfung an den ersten gewöhnlichen Aufenthalt zu ermöglichen, denn die Ehegatten können ihren Güterstand unter den in Art. 22 EuGüVO genannten Voraussetzungen jederzeit einvernehmlich einem anderen Recht unterwerfen. Zwar wird herkömmlich geltend gemacht, dass die Ehegatten zumeist zu wenig rechtskundig seien, um an die Möglichkeit einer solchen Rechtswahl zu denken,[483] doch dürfte dieser Einwand mit dem Vordringen der Parteiautonomie in den familien- und erbrechtlichen IPR-Verordnungen der EU zukünftig weniger ins Gewicht fallen: Die **Rechtswahlfreiheit** wird zunehmend auch auf diesen Gebieten zum **allgemeinen Anknüpfungsprinzip,**[484] wovon die Beratungspraxis Notiz nimmt. Hinzu kommt, dass unter den in Art. 26 Abs. 3 EuGüVO genannten Voraussetzungen das Gericht auf Antrag eines Ehegatten von der Regelanknüpfung in Art. 26 Abs. 1 lit. a EuGüVO abweichen darf;[485] auch insoweit bedarf es des Renvoi daher nicht mehr, um Vertrauensschutz zu gewährleisten und eine wünschenswerte Wandelbarkeit des Ehegüterrechtsstatuts zu erreichen.[486]

Auch der enge sachliche Zusammenhang des Ehegüterrechts mit dem Scheidungsrecht (Rom 138 III-VO), der sich insbesondere in der in Art. 5 EuGüVO geregelten Annexzuständigkeit manifestiert, mit dem Unterhaltsrecht (EuUnthVO iVm HUP) und – insbesondere aus Sicht der romanischen Rechtsordnungen[487] – mit dem Vertragsrecht (Rom I-VO) spricht dafür, aus Gründen systematischer

[478] *Buschbaum/Simon* GPR 2011, 262 (267); *Buschbaum/Simon* Rev. crit. dr. int. pr. 100 (2011), 801 (808); *Döbereiner* MittBayNot. 2011, 463 (465); *Martiny* IPRax 2011, 437 (452); *Sonnenberger* IPRax 2011, 325 (330); zust. aber *Finger* FuR 2012, 10 (15 f.); ohne eigene Stellungnahme *Kohler/Pintens* FamRZ 2011, 1433 (1437).
[479] *Dutta* FamRZ 2016, 1973 (1983).
[480] Für die Zulassung eines drittstaatlichen Renvoi auf das Recht eines Mitgliedstaates *Buschbaum/Simon* GPR 2011, 262 (267); *Buschbaum/Simon* Rev. crit. dr. int. pr. 100 (2011), 801 (808); *Döbereiner* MittBayNot. 2011, 463 (465); *Martiny* IPRax 2011, 437 (452).
[481] Zur vielfach kritisierten rechtspolitischen Fragwürdigkeit der Unwandelbarkeit des Güterstatuts s. *Kropholler* IPR § 28 III 2 (S. 196) mwN.
[482] So (zu Art. 15 EGBGB) *Kropholler* IPR § 45 IV 3b (S. 354).
[483] So zum deutschen IPR *Kropholler* IPR § 28 III 2 (S. 196).
[484] Zu diesem Wandel *Hohloch*, FS Thue, 2007, 257 ff.; *Leible*, FS Jayme, Bd. I, 2004, 485 ff.; *Rühl*, FS Kropholler, 2008, 187 ff.
[485] Vgl. *Dutta* FamRZ 2016, 1973 (1982).
[486] Ebenso *Corneloup* IPRax 2017, 147 (149).
[487] *Henrich*, FS v. Hoffmann, 2011, 160 (166).

Kohärenz am Ausschluss des Renvoi im Ehegüterrecht festzuhalten. Schließlich hätte die Akzeptanz eines partiellen Renvoi im Ehegüterrecht dem **Grundsatz der Einheit des Ehegüterstandes** widersprochen, auf dem die EuGüVO beruht (Art. 22 EuGüVO).[488] Zwar lässt das geltende deutsche internationale Ehegüterrecht den partiellen Renvoi zu,[489] doch wird insoweit – anders als nach der EuGüVO – auch im Übrigen systematisch konsequent der Vorrang des Einzelstatuts vor dem Gesamtstatut respektiert (Art. 3a Abs. 2 EGBGB). Wie bereits oben (→ Rn. 129 ff.) zur EuErbVO bemerkt wurde, ist es wenig überzeugend, die Spaltung eines Vermögensstatuts grundsätzlich abzulehnen, aber im Gegensatz dazu einen partiellen Renvoi zu akzeptieren.[490] Insgesamt ist daher, soweit die Bestimmung des ehelichen Güterstandes zu Lebzeiten der Ehegatten in Rede steht, der Ausschluss des Renvoi in der EuGüVO grundsätzlich nachvollziehbar.

139 Jedoch ist zu bedenken, dass die Auflösung eines ehelichen Güterstandes sich nicht nur unter Lebenden, sondern auch im Falle des **Todes eines Ehegatten** vollziehen kann.[491] Art. 4 EuGüVO trägt diesem engen Zusammenhang dadurch Rechnung, dass am Nachlassgerichtsstand aufgrund der EuErbVO auch eine Annexzuständigkeit für damit verbundene güterrechtliche Fragen eröffnet wird. Bei der **Beendigung des ehelichen Güterstandes im Todesfall** bestehen überdies aus dem deutschen Recht sattsam bekannte Qualifikationsprobleme, die etwa die Einordnung der Erhöhung des gesetzlichen Erbteils bei Gütertrennung (§ 1931 Abs. 4 BGB) oder den Zugewinnausgleich im Erbfall (§ 1371 Abs. 1 BGB) betreffen (→ Einl. IPR Rn. 124). Es hätten daher gute Gründe dafür gesprochen, möglichst einen **Gleichklang der Beurteilung erb- und ehegüterrechtlicher Fragen** in diesen Konstellationen anzustreben, um Anpassungsprobleme zu vermeiden.[492] Ferner greift auch das oben (→ Rn. 137) gegen den Renvoi angeführte Argument, die Eheleute könnten gemäß Art. 22 EuGüVO einvernehmlich einen Statutenwechsel bewirken, nach dem Tod eines der Ehegatten ersichtlich nicht mehr durch. Letztlich hätte es sich daher empfohlen, bei der Beendigung des Güterstandes im Todesfall nach dem Vorbild des Art. 34 EuErbVO den Renvoi zuzulassen.[493]

140 Allerdings hätte dem überlebenden Ehegatten im Falle des Todes des anderen Ehegatten die möglicherweise unangenehme Überraschung gedroht, dass nunmehr ein Statutenwechsel mit für ihn potenziell nachteiligen Folgen eingetreten wäre. Da die Ehegatten sich hiervor jedoch durch eine Rechtswahl zu Lebzeiten (Art. 22 EuGüVO) hätten schützen können, sollte man dieses Argument nicht überbewerten. Zu beachten bleibt, dass die Ausweichklausel in Art. 26 Abs. 3 EuGüVO offenbar auch für den ehegüterrechtlichen Ausgleich im Todesfall Anwendung findet, sodass u.U. auf diese Weise ein wünschenswerter Gleichlauf von Ehegüterrechts- und Erbstatut erreicht werden kann.

141 **cc) Güterrecht eingetragener Partnerschaften.** Auch die EuPartVO beruht auf dem Primat der Rechtswahlfreiheit (Art. 22 EuPartVO).[494] Darüber hinaus knüpft Art. 26 Abs. 1 EuPartVO ebenso wie das geltende deutsche IPR (Art. 17b Abs. 1 S. 1 EGBGB) an das **Recht des Registrierungsortes** („Recht des Staates, nach dessen Recht die eingetragene Partnerschaft begründet wurde") an; hierbei handelt es sich, auch insoweit wie im deutschen Recht (Art. 3a Abs. 1 EGBGB), um eine **Sachnormverweisung** (Art. 32 EuPartVO). Dies ist dogmatisch konsequent, denn die Anknüpfung an den Eintragungsort räumt den Parteien eine „mittelbar[e] Rechtswahlmöglichkeit" ein, da sie den Registerstaat frei aussuchen können, ohne hierbei an objektive Voraussetzungen wie zB einen gemeinsamen gewöhnlichen Aufenthalt gebunden zu sein (zum deutschen Recht näher → Art. 17b Rn. 22). Wenn man in der vordergründig objektiven Anknüpfung an den Registrierungsort inhaltlich ein funktionales Pendant zur Parteiautonomie erblickt, ist es nur folgerichtig, aus den oben (→ Rn. 137) in Bezug auf die Rechtswahlfreiheit dargelegten Gründen auch für die *lex libri* den Renvoi schlechthin auszuschließen. Hinzu kommt die Überlegung, dass die eingetragene Partnerschaft in rechtsvergleichender Sicht noch ein relativ junges Phänomen darstellt; eine Gesamtverweisung auf das Recht eines Drittstaates (Art. 20 EuPartVO) ginge daher oft mangels dort vorhandener Kollisionsnormen ins Leere, so dass die Rechtssicherheit darunter litte.[495]

---

[488] Dies betont *Godechot-Patris* D. 2016, 2292 (2297); vgl. auch *Hausmann* Riv. dir. int. priv. proc. 2015, 499 (520); krit. zu Art. 15 EuGüVO-E aber *Kohler/Pintens* FamRZ 2011, 1433 (1436), die sich für die Möglichkeit einer *Dépeçage* aussprechen.

[489] S. *Kropholler* IPR § 45 IV 1 (S. 352).

[490] In umgekehrter Richtung konsequent *Martiny* IPRax 2011, 437 (451 f.), der sowohl für einen Vorrang des Einzelstatuts als auch für den partiellen Renvoi eintrat.

[491] Zu den Interdependenzen zwischen EuErbVO und EuGüVO eingehend *J. Weber* DNotZ 2016, 424 ff.

[492] Zust. *Hausmann* Riv. dir. int. priv. proc. 2015, 499 (520 f.).

[493] *v. Hein* in Leible/Unberath Rom 0-VO 341 (384 f.).

[494] Anders noch der Kommissionsvorschlag, KOM (2011) 127 endg., S. 8; krit. hierzu im Hinblick auf das Diskriminierungsverbot (Art. 21 GRCh) *Kohler/Pintens* FamRZ 2011, 1433 (1438).

[495] So zu Art. 17b NK-BGB/*Gebauer* Art. 17b Rn. 21.

Das Erbrecht wird gemäß Art. 1 Abs. 2 lit. d EuPartVO vom Anwendungsbereich der VO ausge-   **142** nommen,[496] so dass es insoweit bei der Geltung der EuErbVO einschließlich der begrenzten Zulassung des Renvoi (Art. 34 EuErbVO) bleibt. Da Art. 4 EuPartVO für **güterrechtliche Fragen im Zusammenhang mit dem Tode** eines Partners eine Annexzuständigkeit des Nachlassgerichts eröffnet, wäre es – ebenso wie für Ehegatten (→ Rn. 139 f.) – auch für Lebenspartner sachgerecht gewesen, in diesen Fällen nach dem Vorbild des Art. 34 EuErbVO den Renvoi auch in Bezug auf das Güterrecht in eingeschränktem Maße zu akzeptieren, um möglichst einen Einklang von Erb- und Güterstatut zu erreichen. Da dies in der endgültigen Fassung der EuPartVO nicht verwirklicht wurde, lässt sich eine angemessene Wandelbarkeit der Anknüpfung allein über die Ausweichklausel in Art. 26 Abs. 2 EuPartVO zu erreichen.

e) Namensrecht und Anerkennungsprinzip. Die jüngere Rechtsprechung des EuGH auf dem   **143** Gebiet des Namensrechts[497] hat eine breite Debatte darüber ausgelöst, ob das herkömmliche IPR im europäischen Rechtsraum durch ein sog „Anerkennungsprinzip" ergänzt werden müsse (→ Art. 3 Rn. 117 ff.). Diese Kontroverse hat eine Problematik wiederbelebt, die schon früher unter dem Blickwinkel diskutiert wurde, wie sich die altbekannte Theorie der „wohlerworbenen Rechte" – bzw. im anglo-amerikanischen Sprachgebrauch die „vested rights theory" – zur Frage des Renvoi verhält.[498] Nach der herkömmlichen Auffassung stellt sich bei der „vested rights theory" die Frage einer Rück- oder Weiterverweisung gar nicht, weil der Richter bei Zugrundelegung dieser Methode kein fremdes Recht anwende, sondern nur eine im Ausland bestehende Rechtslage als Faktum anerkenne. So heißt es zB bei *Joseph Beale:*

„The vice in the decisions [accepting the renvoi] results from the assumption that the foreign law has legal **144** *force in a decision of the case; whereas [...] the only Conflict-of-Laws rule that can possibly be applied is the law of the forum and the foreign law is called in simply for furnishing a factual rule [...]."*[499]

Im gleichen Sinne führt *Sauveplanne* aus: **145**

„The difference between recognition of vested rights and renvoi is that, when accepting renvoi, the court takes notice of a foreign conflicts rule for the purpose of determining which law shall apply to the creation of a not yet existing, or the dissolution of an existing, situation; when recognizing a vested right, the court does not directly apply any law at all, but accepts as an accomplished fact a situation that already existed elsewhere."[500]

Aber die Fragwürdigkeit dieser Argumentation liegt auf der Hand:[501] Wie kann das Gericht, hat   **146** schon *Larry Kramer* eingewendet, ein Recht als „wohlerworben" anerkennen, ohne zuvor zu prüfen, ob es gemäß dem Sachrecht, das nach dem IPR des Ursprungsstaates anzuwenden war, dort überhaupt wirksam entstanden ist?[502]

Die Problematik lässt sich an dem vielbeachteten Urteil des EuGH in der Sache „Sayn-Wittgen-   **147** stein" illustrieren:[503] Eine österreichische Staatsbürgerin war von einem deutschen Adligen adoptiert worden und beanspruchte fortan, in Deutschland und Österreich den Namen „Fürstin von Sayn-Wittgenstein" zu führen. Bekanntlich gelten ehemalige Adelsprädikate („Fürstin") bzw. Adelszeichen („von") in Deutschland seit 1918 als bloße Bestandteile des Familiennamens, während sie in Österreich gänzlich abgeschafft worden sind; dort genießt das Verbot des Führens von Adelstiteln sogar

---

[496] Vgl. auch die Verweisung auf die „allgemeinen Vorschriften" in Art. 17b Abs. 1 S. 2.
[497] EuGH Slg. 2003, I-11613 – Garcia Avello = DNotI-Report 2003, 167, Anm. *Henrich* FamRZ 2004, 173; Slg. 2008, I-7639 – Grunkin und Paul = NJW 2009, 135 = FamRZ 2008, 2089 mAnm *Funken;* Slg. 2010, I-13693 – Sayn-Wittgenstein = GRUR Int 2011, 240 = FamRZ 2011, 1486, Anm. *Wall* StAZ 2011, 203; Slg. 2011, I-3787 – Malgožata Runevič-Vardyn = NJW 2011, 2034 (Ls.) = StAZ 2011, 274, Anm. *Ho-Dac* GPR 2011, 317; ECLI:EU:C:2016:401 = NJW 2016, 2093 – Bogendorff von Wolffersdorff.
[498] Hierzu aus europäischer Sicht *Bureau/Muir Watt,* Droit international privé I, 2. Aufl. 2010, Rn. 503; *Corneloup* IPRax 2017, 147 (151 f.); *Sauveplanne* in Lipstein, International Encyclopedia of Comparative Law, Bd. III, Private International Law, 1988, Kap. 6, Renvoi, Rn. 5; *Siehr,* FS Heini, Zürich, 1995, 407; aus US-amerikanischer Sicht *Larry Kramer* N. Y. U. L. Rev. 66 (1991), 979 (984) et seq.
[499] *Beale,* A Treatise on the Conflict of Laws, 1935, § 5.4. (S. 53).
[500] *Sauveplanne* in Lipstein, International Encyclopedia of Comparative Law, Bd. III, Private International Law, 1988, Kap. 6, Renvoi, Rn. 5.
[501] *Larry Kramer* N. Y. U. L. Rev. 66 (1991), 979 (984) nennt *Beales* Argumentation „ridiculously question-begging".
[502] *Larry Kramer* N. Y. U. L. Rev. 66 (1991), 979 (984) et seq.; vgl. auch *Bureau/Muir Watt,* Droit international privé I, 2. Aufl. 2010, Rn. 503: „Le renvoi est alors le signe [...] d'une abstention du for à lui imposer ses propres critères d'accueil."
[503] EuGH Slg. 2010, I-13693 = GRUR Int 2011, 240 = FamRZ 2011, 1486 – Sayn-Wittgenstein.

Verfassungsrang.[504] In Deutschland hatte die Österreicherin den adligen Namen seit 15 Jahren aufgrund eines Beschlusses des Kreisgerichts Worbis geführt; die österreichischen Behörden weigerten sich aber nunmehr, der Dame entsprechende Ausweispapiere auszustellen.[505] Aus internationalprivatrechtlicher Sicht lag strenggenommen überhaupt keine Rechtskollision vor, denn sowohl nach deutschem als auch nach österreichischem IPR (Art. 10 Abs. 1 EGBGB bzw. § 13 Abs. 1 öst. IPRG) unterliegt der Name einer Person dem Recht des Staates, dem diese Person angehört.[506] Dies wurde auch von der deutschen und der österreichischen Regierung vor dem EuGH geltend gemacht.[507] Der EuGH wählte jedoch eine rein **faktisch orientierte Sichtweise** und stellte unter Gesichtspunkten des **Vertrauensschutzes** darauf ab, dass die vermeintliche Fürstin ihren Namen mehr als ein Jahrzehnt unbeanstandet geführt habe.[508] Im Ergebnis wären daher die österreichischen Gerichte zur Anerkennung eines Ergebnisses verpflichtet worden, das nicht nur ihrem eigenen, sondern auch dem Kollisionsrecht des Ursprungsstaates evident widersprochen hätte – wenn nicht der EuGH sodann das Notventil des österreichischen ordre public bemüht hätte, um der vermeintlichen Fürstin die Führung des Adelstitels doch noch zu untersagen.[509] Der Grundsatz des internationalen Entscheidungseinklangs, der gerade im Namensrecht von herausragender Bedeutung ist, wird mit dieser Lösung jedoch eklatant missachtet: In Deutschland führt die Österreicherin weiterhin aufgrund der inhaltlich falschen, aber rechtskräftigen Entscheidung des Kreisgerichts den Fürstinnentitel, in Österreich hingegen nicht.

148   Der EuGH versteht das Anerkennungsprinzip also nicht im Sinne eines kollisionsrechtlichen Ansatzes, sondern wählt eine Herangehensweise, die ähnlich wie im internationalen Zivilverfahrensrecht auf die **Anerkennung einer durch einen gerichtlichen oder behördlichen Akt geschaffenen faktischen Situation** abzielt, ohne die Möglichkeit einer kollisionsrechtlichen *révision au fond* (vgl. § 109 Abs. 5 FamFG) zu eröffnen.[510] Mit dem Verzicht auf jegliche kollisionsrechtliche Kontrolle im Zweitstaat erledigt sich prima facie auch die Frage des Renvoi. Aber die Parallele zum internationalen Zivilverfahrensrecht zeigt zugleich die Schwächen dieses Ansatzes auf: Im autonomen Recht wird regelmäßig zumindest die Anerkennungszuständigkeit des Erststaates überprüft (zB nach § 109 Abs. 1 Nr. 1 FamFG). Der Rechtsprechung des EuGH lässt sich hingegen keinerlei sicherer Anhaltspunkt dafür entnehmen, welche staatlichen Behörden eigentlich zur Schaffung einer „Rechtslage" auf dem Gebiet des Namensrechts – mit der potenziellen Folge EU-weiter Anerkennungspflichtigkeit – befugt sind und welche Kriterien an die Dauer der Namensführung anzulegen sein sollen.[511] Man müsste derartige (objektive oder subjektive) Kriterien also erst aus dem EU-Primärrecht von Fall zu Fall entwickeln.[512] Über die Renvoiproblematik geht dies jedoch weit hinaus, so dass für nähere Einzelheiten auf → Art. 3 Rn. 117 ff. zu verweisen ist. De lege ferenda wird für eine europäische Kodifikation der Ausschluss des Renvoi empfohlen;[513] der internationale Entscheidungseinklang soll im Gegenzug durch die großzügige Einräumung von Rechtswahloptionen gewährleistet werden.[514]

149   **3. Internationales Gesellschaftsrecht.** Die im deutschen IPR herkömmlich herrschende (Verwaltungs-)Sitztheorie, die im Verhältnis zu Drittstaaten weiterhin gilt,[515] spricht nach allgemeiner Meinung eine Gesamtverweisung aus (→ IntGesR Rn. 506 f.).[516] Schwieriger ist die

---

[504] Zur Rechtslage in Deutschland und Österreich s. die Ausführungen in EuGH Slg. 2010, I-13693 Rn. 64 ff. = GRUR Int 2011, 240 = FamRZ 2011, 1486 – Sayn-Wittgenstein.

[505] EuGH Slg. 2010, I-13693 Rn. 22 ff. = GRUR Int 2011, 240 = FamRZ 2011, 1486 – Sayn-Wittgenstein.

[506] S. hierzu nur *Kohler/Pintens* FamRZ 2011, 1433 (1439).

[507] S. die Wiedergabe der Stellungnahmen in EuGH Slg. 2010, I-13693 Rn. 57 ff. = GRUR Int 2011, 240 = FamRZ 2011, 1486 – Sayn-Wittgenstein.

[508] EuGH Slg. 2010, I-13693 Rn. 62 ff. = GRUR Int 2011, 240 = FamRZ 2011, 1486 – Sayn-Wittgenstein; vgl. hierzu *Corneloup* IPRax 2017, 147 (151).

[509] EuGH Slg. 2010, I-13693 Rn. 84 ff. = GRUR Int 2011, 240 = FamRZ 2011, 1486 – Sayn-Wittgenstein; zu der unter Aspekten der Verhältnismäßigkeit nur bedingt überzeugenden Abwägung des EuGH mit Recht krit. *Wall* StAZ 2011, 203 (210); krit. auch *Kohler/Pintens* FamRZ 2011, 1433 (1439), die den Rückgriff auf den ordre public für „mit der sozialen Wirklichkeit in Österreich kaum vereinbar" halten; ebenfalls krit. *Lehmann/ Grimm* LMK 2011, 318018.

[510] Näher zur Unterscheidung dieser beiden Lösungsansätze *Wendehorst* BerGesVR 45 (2012), 33 (56); in diesem Sinne auch *Heymann* Clunet 138 (2011), 650 (652), der von Anerkennung einer „situation" spricht; von einer geradezu „unjuristisch[en]" Betrachtungsweise des EuGH sprechen *Lehmann/Grimm* LMK 2011, 318018.

[511] Skeptisch auch *Lehmann/Grimm* LMK 2011, 318018.

[512] Vgl. *Mansel* RabelsZ 70 (2006), 651 (717).

[513] *Dutta* in Dutta/Helms/Pintens, Ein Name in ganz Europa, 2016, 75 (79 ff.).

[514] *Dutta* in *Dutta/Helms/Pintens,* Ein Name in ganz Europa, 2016, 75 (79 ff.).

[515] BGHZ 178, 192 = NJW 2009, 289 – Trabrennbahn.

[516] BGH NJW 1994, 939; NJW 2004, 3706 (3707); OLG Düsseldorf BeckRS 2016, 03308 Rn. 38; BeckRS 2016, 03041 Rn. 36; BeckRS 2016, 03307 Rn. 38; LG München I GWR 2015, 406 mAnm *Rühle/Schmitz* =

Frage des Renvoi im Rahmen der Gründungstheorie zu beantworten, die von deutschen Gerichten nach der Rechtsprechung des EuGH in Bezug auf Gesellschaften aus EU/EWR-Mitgliedstaaten zugrunde zu legen ist (zur Rspr. des EuGH im IntGesR → Art. 3 Rn. 90 ff.);[517] ferner kann die Gründungstheorie aufgrund bilateraler Freundschaftsverträge gegenüber Drittstaaten wie zB den USA eingreifen.[518] Im letztgenannten Fall soll ein Renvoi aufgrund der Sinnklausel des Art. 4 Abs. 1 S. 1 Hs. 2 EGBGB ausgeschlossen sein (→ IntGesR Rn. 506); dieses Ergebnis dürfte sich aber bereits ohne Rückgriff auf das autonome IPR aus dem Prinzip ableiten lassen, dass staatsvertragliche Kollisionsnormen renvoifeindlich sind, sofern keine abweichende Regelung getroffen wird.[519] Komplizierter liegen die Dinge bei der vom EuGH entwickelten, **primärrechtlich induzierten Gründungsanknüpfung:** Wenn man in der Anknüpfung an das Recht des Registrierungsortes — ebenso wie bei eingetragenen Lebenspartnerschaften (→ Rn. 141) – ein **funktionales Äquivalent zur Parteiautonomie** erblickt, spricht dies dafür, die Gründungstheorie europarechtlichen Ursprungs für renvoifeindlich zu halten; dies ließe sich auch auf eine Analogie zu Art. 4 Abs. 2 EGBGB stützen.[520]

In der Rechtssache „Cartesio" hat der EuGH jedoch erneut festgestellt, dass die **Gründungs-** **150** **theorie** nicht allgemein zugrunde zu legen, sondern **zwischen Weg- und Zuzugsfällen zu unterscheiden** ist.[521] Demnach kann „ein Mitgliedstaat [...] sowohl die Anknüpfung bestimmen, die eine Gesellschaft aufweisen muss, um als nach seinem innerstaatlichen Recht gegründet angesehen werden und damit in den Genuss der Niederlassungsfreiheit gelangen zu können, als auch die Anknüpfung, die für den Erhalt dieser Eigenschaft verlangt wird. Diese Befugnis umfasst die Möglichkeit für diesen Mitgliedstaat, es einer Gesellschaft seines nationalen Rechts nicht zu gestatten, diese Eigenschaft zu behalten, wenn sie sich durch Verlegung ihres Sitzes in einen anderen Mitgliedstaat dort neu organisieren möchte und damit die Anknüpfung auflöst, die das nationale Recht des Gründungsmitgliedstaates vorsieht".[522] Richtigerweise ist daher auch in der Frage des Renvoi wie folgt zu differenzieren: Nach dem Recht eines anderen Mitgliedstaates der EU (bzw. des EWR) wirksam gegründete Gesellschaften, die ihren Verwaltungssitz nach Deutschland verlegen **(Zuzugsfall),** sind in ihrer Existenz anzuerkennen, wenn der Wegzugsstaat der Gründungstheorie folgt, obwohl Deutschland als Zuzugsstaat herkömmlich der Sitztheorie anhängt (→ IntGesR Rn. 507).[523] Verlegt hingegen eine Gesellschaft aus einem der Sitztheorie folgenden Mitgliedstaat ihren Verwaltungssitz **(Wegzugsfall),** ist der Herkunftsstaat grundsätzlich nicht primärrechtlich gezwungen, diese Sitzverlegung als existenzwahrend zu akzeptieren.[524] Ein entsprechender Renvoi des Gründungsrechts auf das Recht am Verwaltungssitz ist daher auch im Zuzugsstaat zu beachten (→ IntGesR Rn. 507).[525] Die primärrechtliche Gewährleistung der Niederlassungsfreiheit wird durch diese Vorschaltung des mitgliedstaatlichen Kollisionsrechts im Ergebnis erheblich eingeschränkt.

Der Europäische Rat hat im Stockholmer Programm vom Dezember 2009 daher mit Recht die **151** Auffassung geäußert, dass eine **Harmonisierung des Internationalen Gesellschaftsrechts** erfolgen solle.[526] Der zuvor am 7.1.2008 vom deutschen Bundesjustizministerium veröffentlichte Referentenentwurf für ein Gesetz zum Internationalen Privatrecht der Gesellschaften, Vereine und juristi-

---

BeckRS 2015, 15096; *Hausmann,* GS Blomeyer, 2004, 579 (580 f.); *Kropholler* IPR § 55 I 3c (S. 574); *M.-P. Weller* IPRax 2017, 167 (170); dass es sich hierbei um eine richterrechtliche, nicht im EGBGB kodifizierte Kollisionsnorm handelt, ist gleichgültig, s. 5. Aufl. 2010, Rn. 20 *(Sonnenberger).*

[517] EuGH Slg. 1999, I-14599 = NJW 1999, 2027 – Centros; Slg. 2002, I-9919 = NJW 2002, 3614 – Überseering; Slg. 2003, I-10159 = NZG 2003, 1064 – Inspire Art.

[518] Zur Rechtsfähigkeit von amerikanischen Gesellschaften in Deutschland s. BGHZ 153, 353 = NJW 2003, 1607.

[519] Allg. 5. Aufl. 2010, Rn. 30 *(Sonnenberger):* „Ob staatsvertragliche Kollisionsnormen Sachnormverweisungen enthalten, ist nicht nach dem Sinnvorbehalt des Art. 4 Abs. 1 [EGBGB] zu beurteilen, sondern dem Staatsvertrag zu entnehmen [...]."

[520] Vgl. die Begr. des Vorschlags der Spezialkommission für die Neugestaltung des Internationalen Gesellschaftsrechts auf europäischer/deutscher Ebene, in Sonnenberger, Vorschläge und Berichte zur Reform des europäischen und deutschen internationalen Gesellschaftsrechts, 2007, 3 (60).

[521] EuGH Slg. 2008, I-9664 = NJW 2009, 569 – Cartesio; zur weiteren Entwicklung → Art. 3 Rn. 99 ff.

[522] EuGH Slg. 2008, I-9664 Rn. 110 = NJW 2009, 569 – Cartesio.

[523] Näher *Hausmann,* GS Blomeyer, 2004, 579 (586); *M.-P. Weller* in Gebauer/Wiedmann, Zivilrecht unter europäischem Einfluss, 2. Aufl. 2010, Kap. 21 Rn. 25.

[524] S. EuGH Slg. 2008, I-9664 = NJW 2009, 569 – Cartesio.

[525] Näher *Hausmann,* GS Blomeyer, 2004, 579 (586); *M.-P. Weller* in Gebauer/Wiedmann, Zivilrecht unter europäischem Einfluss, 2. Aufl. 2010, Kap. 21, Rn. 26.

[526] Europäischer Rat, Das Stockholmer Programm – Ein offenes und sicheres Europa im Dienste und zum Schutz seiner Bürger, ABl. 2010 C 115, S. 1, 13.

schen Personen des Privatrechts[527] wird derzeit offenbar nicht weiterverfolgt.[528] Eine Spezialkommission des Deutschen Rates für IPR hat bereits im Jahre 2006 einen Regelungsvorschlag für ein europäisches Gesellschaftskollisionsrecht (im Folgenden: Dt. Rat-E) unterbreitet.[529] Dieser sieht vor, dass Gesellschaften dem Recht des Staates unterliegen, in dem sie in ein öffentliches Register eingetragen sind (Art. 2 Abs. 1 Dt. Rat-E). Die Anknüpfung an das Recht des Registrierungsortes soll einheitlich für Gesellschaften aus EU/EWR- sowie aus Drittstaaten gelten.[530] In der Frage des Renvoi soll aber wiederum zwischen Mitgliedstaaten und Drittstaaten unterschieden werden.

152 Art. 8 Dt. Rat-E

> Die Verweisungen auf das Recht eines Mitgliedstaates der EU oder des EWR sind Sachnormverweisungen. Wird auf das Recht eines anderen Staates verwiesen, so ist auch dessen Internationales Privatrecht anzuwenden, sofern dies nicht dem Sinn der Verweisung widerspricht. Verweist das Recht des anderen Staates auf das Recht eines Mitgliedstaates der EU oder des EWR zurück, so sind die Sachvorschriften dieses Staates anzuwenden.

153   Die **Zulassung des Renvoi im Verhältnis zu Drittstaaten** ist freilich aus dogmatischer Sicht nicht unproblematisch, wenn man die Gründungstheorie als eine objektivierende Spielart der Parteiautonomie einordnet, denn die funktional verwandte Registeranknüpfung in der EuPartVO trifft keine solche Unterscheidung (→ Rn. 141), und auch Art. 34 Abs. 2 EuErbVO schließt in Bezug auf die Wahl eines drittstaatlichen Rechts den Renvoi ebenso aus wie bei der Vereinbarung eines mitgliedstaatlichen Rechts (→ Rn. 128). Die Verfasser des Entwurfs haben aber bei der Feststellung des Personalstatuts einer Gesellschaft dem Gedanken des internationalen Entscheidungseinklangs ein stärkeres Gewicht eingeräumt: „Gelangt man zur Anwendung des Rechts des Drittstaates, in dem die Gesellschaft registriert ist, verweist dieses Recht aber auf das Recht des Staates, in dem die Gesellschaft ihren effektiven Sitz hat, so ist kein Grund ersichtlich, die Beachtlichkeit des Renvoi auszuschließen. Seine Nichtbeachtlichkeit führt hier zu Entscheidungsdisharmonien."[531] Es wäre in der Tat ein ungereimtes Ergebnis, eine drittstaatliche Gesellschaft in der EU als rechtsfähig zu behandeln, der diese Eigenschaft, zB aufgrund einer Verlegung des Verwaltungssitzes, nach dem Recht ihres eigenen Gründungsstaates nicht (mehr) zukommt. Anders entscheidet nun wiederum die **GEDIP,** die sich in Art. 13 ihres Entwurfs vom September 2016 (→ Art. 3 Rn. 116) für eine generelle Sachnormverweisung ausspricht.[532]

154   4. Materielle Gültigkeit von Gerichtsstandsvereinbarungen. Art. 25 Abs. 5 S. 1 EuGVO in der seit dem 10.1.2015 geltenden Fassung[533] stellt klar, dass es sich bei einer Prorogation um eine vom Hauptvertrag zu trennende Abrede handelt; insbesondere ist eine Gerichtsstandsvereinbarung nicht allein deshalb als unwirksam anzusehen, weil der Hauptvertrag nichtig ist (Art. 25 Abs. 5 S. 2 EuGVO).[534] Beides entspricht schon heute der hM.[535] Problematisch ist allerdings die **Bestimmung des Prorogationsstatuts.**[536] Während man bisher alle in Art. 23 EuGVO aF nicht erwähnten Voraussetzungen für das wirksame Zustandekommen einer Zuständigkeitsvereinbarung, wie zB

---

[527] Abrufbar unter http://beck-aktuell.beck.de/sites/default/files/rsw/upload/Beck_Aktuell/Referentenentwurf-IGR.pdf.

[528] Hierzu eingehend Michalski/*Leible* GmbHG, 2. Aufl. 2010, IntGesR Rn. 16 ff. mwN.

[529] Vorschlag der Spezialkommission für die Neugestaltung des Internationalen Gesellschaftsrechts auf europäischer/deutscher Ebene, abgedr. in RIW 2006, Beilage 1 zu Heft 4/2006 S. 1 ff. sowie in Sonnenberger, Vorschläge und Berichte zur Reform des europäischen und deutschen internationalen Gesellschaftsrechts, 2007, 3 ff.; hierzu auch *Kieninger* RabelsZ 73 (2009), 607 ff.

[530] S. den Präambelbeschluss Nr. 4 zu dem Vorschlag (vorige Fn.).

[531] So die Begründung des Vorschlags der Spezialkommission für die Neugestaltung des Internationalen Gesellschaftsrechts auf europäischer/deutscher Ebene, in Sonnenberger, Vorschläge und Berichte zur Reform des europäischen und deutschen internationalen Gesellschaftsrechts, 2007, 3 (60); ebenso erneut *Sonnenberger* IPRax 2011, 325 (330).

[532] *GEDIP* ZEuP 2017, 471.

[533] VO (EU) Nr. 1215/2012 des Europäischen Parlaments und des Rates vom 12.12.2012 über die gerichtliche Zuständigkeit und die Anerkennung und Vollstreckung von Entscheidungen in Zivil- und Handelssachen (Neufassung), ABl.2012 Nr. L 351, S. 1.

[534] Für eine solche Klarstellung bereits *Dickinson* YbPIL 12 (2010), 247 (301); *Gaudemet-Tallon* in Douchy-Oudot/Guinchard, La justice civile européenne en marche, 2012, 21, 31; *Nielsen,* Liber Amicorum Lando, 2012, 257, 270.

[535] EuGH Slg. 1997, I-3767 Rn. 21 = RIW 1997, 775 = BeckRS 2004, 75849 – Benincasa/Dentalkit; dem folgend BGHZ 167, 83 (87) = RIW 2006, 464 (465) = NJW 2006, 1672; näher *Merrett* Int. Comp. L. Q. 2009, 545 (560 ff.); *Kropholler/v. Hein* EurZPR EuGVO Art. 23 Rn. 91 mwN.

[536] Umfassend hierzu *Gebauer,* FS v. Hoffmann, 2011, 577 ff.

Geschäftsfähigkeit, Gebundenheit an die Erklärung, Fehlen von Willensmängeln,[537] wirksame Stellvertretung etc, nach demjenigen nationalen Recht beurteilte, das vom IPR des angerufenen Forums für anwendbar erklärt wurde,[538] verweist die VO insoweit nun auf das **Recht des prorogierten Gerichts** (Art. 25 Abs. 1 S. 1 EuGVO).[539] Da diesem Gericht aber zugleich nach Art. 31 Abs. 2 und 3 EuGVO die ausschließliche Kompetenz-Kompetenz zugewiesen wird, sofern dort tatsächlich eine Klage erhoben wird, bleibt es letztlich dabei, dass die materielle Wirksamkeit der Gerichtsstandsvereinbarung regelmäßig nach der lex fori geprüft wird.[540] Es ist indes zu bedenken, dass es sich hierbei ausweislich des Erwägungsgrundes 20 EuGVO nicht um eine – sonst in EU-Verordnungen überwiegend übliche[541] – Sachnormverweisung, sondern um eine **Gesamtverweisung** handeln soll, welche die Kollisionsnormen des gewählten Rechts einschließt.[542] Daher kommt es nicht zwingend zu einem Gleichlauf von Prüfungskompetenz und anwendbarem Sachrecht.[543]

Zudem ist **in der EU keine einheitliche rechtliche Beurteilung gewährleistet,** weil es an **155** EU-Kollisionsnormen für die genannten Bereiche fehlt: Die Rom I-VO findet auf Gerichtsstandsvereinbarungen nämlich keine Anwendung (Art. 1 Abs. 2 lit. e Rom I-VO). Da hierfür nach Streichung der Art. 27 ff. EGBGB aF[544] auch keine autonomen Kollisionsnormen mehr bestehen, bleibt deutschen Gerichten insoweit nur die analoge Anwendung der Art. 3 ff. Rom I-VO als Ausweg (→ Rom I-VO Art. 1 Rn. 64 und → Rom I-VO Vor Art. 1 Rn. 53 ff.).[545] Dies entspricht im Ergebnis der bisherigen deutschen Rechtsprechung.[546] Das Prorogationsstatut ist gegenüber dem Hauptvertrag richtiger Ansicht nach als rechtlich selbstständig zu betrachten,[547] eine Wertung, die durch das nun in Art. 25 Abs. 5 EuGVO kodifizierte Trennungsprinzip untermauert wird. Ferner hilft die analoge Heranziehung der Rom I-VO zB in Bezug auf Fragen der Geschäftsfähigkeit oder Stellvertretung nicht weiter, weil die Verordnung dafür keine Kollisionsnormen enthält (Art. 1 Abs. 2 lit. a und g Rom I-VO). Insgesamt fällt die mit der Revision der EuGVO erzielte Kollisionsrechtsvereinheitlichung also sehr dürftig aus.[548] Der **Deutsche Rat für IPR** hat im Anschluss an ein Gutachten von *Magnus* empfohlen, einen neuen Art. 11a EGBGB zu schaffen, der den Parteien die Möglichkeit zur Rechtswahl eröffnen und andernfalls auf die Sachvorschriften am Sitz des vereinbarten Gerichts verweisen würde.[549]

---

[537] Anders – für die Entwicklung eines unionsrechtlichen Begriffs von Treu und Glauben – *Merrett* Int. Comp. L. Q. 2009, 545 (559 ff.); ähnlich *Heinig,* Grenzen von Gerichtsstandsvereinbarungen im Europäischen Zivilprozessrecht, 2010, 374 ff., der Fälle von Druck und Täuschung über eine allgemeine Missbrauchskontrolle erfassen will.

[538] Siehe zur EuGVO aF noch *Schlosser* EU-Zivilprozessrecht, 3. Aufl. 2009, EuGVO Art. 23 Rn. 3; *Magnus* in Magnus/Mankowski, Brussels I Regulation, 2. Aufl. 2011, EuGVO Art. 23 Rn. 84 f.; *Hess,* Europäisches Zivilprozessrecht, 2010, § 6 Rn. 130, 137.

[539] Die „materielle Gültigkeit" ist abzugrenzen von den formalen Erfordernissen, die inhaltlich wie bisher von Art. 25 Abs. 1 S. 3 EuGVO erfasst sind. Die consideration des Common Law dürfte autonom zur Form und nicht zum Inhalt zu rechnen sein, vgl. Rauscher/*v. Hein* EuZPR/EuIPR Rom I-VO Art. 11 Rn. 11; zweifelnd aber *Magnus*/Mankowski ZVglRWiss. 110 (2011), 252 (275).

[540] Zutr. *Domej* in Bonomi/Schmid, La révision du Règlement 44/2001 (Bruxelles I), 2011, 105 (121).

[541] Dies monieren auch *Queirolo*/*De Maestri* EuLF 2011, 61 (67).

[542] Anders noch Art. 23a Abs. 3 idF des Draft Report *Zwiefka* vom 28.6.2011 (PE467.046v01-00, abrufbar unter http://www.europarl.europa.eu/meetdocs/2009_2014/documents/juri/pr/869/869709/869709en.pdf), S. 18; *Hess* IPRax 2011, 125 (129); hierzu krit. *Magnus,* FS v. Hoffmann, 2011, 664 (674); *Magnus*/Mankowski ZVglRWiss. 110 (2011), 252 (277); vgl. auch *Briggs* YbPIL 12 (2010), 311 (331).

[543] Wohl verkannt von *Bach* ZRP 2011, 97 (98).

[544] Gesetz zur Anpassung der Vorschriften des Internationalen Privatrechts an die VO (EG) Nr. 593/2008 vom 25.6.2009, BGBl. 2009 I S. 1574.

[545] In diesem Sinne bereits MPI RabelsZ 68 (2004), 1 (25); ebenso Staudinger/*Magnus* (2016) Rom I-VO Art. 1 Rn. 77; Ferrari/*Kieninger* Rom I-VO Art. 1 Rn. 18; Rauscher/*v. Hein* EuZPR/EuIPR Rom I-VO Art. 1 Rn. 39; rechtstechnisch abw. *Schack* IZVR Rn. 508: weiterhin Anwendung der Art. 27 ff. EGBGB aF.

[546] StRspr, BGHZ 171, 141 (146) = RIW 2007, 312 = NJW 2007, 2036; OLG Naumburg BeckRS 2014, 21474 Rn. 62 (aufgehoben aus anderen Gründen durch BGH NJW 2015, 169).

[547] Näher *Schack* IZVR Rn. 508; *Stöve,* Gerichtsstandsvereinbarungen nach Handelsbrauch, Art. 17 EuGVÜ und § 38 ZPO, 1998, 92–95; *Gerhard Wagner,* Prozessverträge. Privatautonomie im Verfahrensrecht, 1998, 369 f.; *v. Hoffmann*/*Thorn* IPR § 3 Rn. 76–79.

[548] Vgl. noch den Vorschlag von *Zwiefka* Draft Report vom 28.6.2011 (Fn. 542) S. 18 und *Nielsen,* Liber Amicorum Lando, 2012, 257 (269 f.): alternative Anknüpfung an lex fori oder lex causae. Der in Formfragen bekannte favor validitatis (Art. 11 Rom I-VO) passt aber nicht auf materielle Fragen zB der Geschäftsfähigkeit oder Stellvertretung; abl. auch *Magnus*/Mankowski ZVglRWiss. 110 (2011), 252 (278); vgl. auch den Kodifikationsvorschlag von *Heinze* RabelsZ 75 (2011), 581 (587): Rechtswahl der Parteien, subsidiär Vertragsstatut; ferner *Gaudemet-Tallon* in Douchy-Oudot/Guinchard, La justice civile européenne en marche, 2012, 21 (30 f.) und *Geimer,* FS D.-A. Simotta, 2012, 163 (183), die sich für die Schaffung von einheitlichem Unions*sach*recht ausgesprochen haben.

[549] Ausführlich *Magnus* IPRax 2016, 521 ff.

156   **5. Zusammenfassung.** Die differenzierende und begrenzte Zulassung des Renvoi in der EuErbVO zwingt zu der Prüfung, ob dieser Ansatz auf andere Rechtsgebiete übertragen werden sollte. Für das IPR der vertraglichen und außervertraglichen Schuldverhältnisse ist dies nicht sachgerecht. Auch im Rahmen des internationalen Scheidungsrechts sprechen letztlich die besseren Gründe dafür, am Ausschluss des Renvoi festzuhalten. Im Güterrecht der Ehen und eingetragenen Partnerschaften hätte sich eine differenzierende Regelung je nachdem empfohlen, ob der güterrechtliche Ausgleich zu Lebzeiten der Partner erfolgt – dann überwiegen die Bezüge zum Scheidungs-, Unterhalts- und Vertragsrecht – oder ob dies aufgrund des Todes eines Beteiligten der Fall ist; dann dürfte in der Renvoifrage dem Einklang mit dem Erbstatut größeres Gewicht zukommen. Der europäische Verordnungsgeber hat sich aber nunmehr auch insoweit für einen vollständigen Ausschluss des Renvoi entschieden. Das im internationalen Namensrecht vom EuGH entwickelte Anerkennungsprinzip knüpft allein an einen faktisch fundierten Vertrauenstatbestand an und lässt insoweit keinen Spielraum für einen Renvoi. Im Internationalen Gesellschaftsrecht dürfte, entsprechend dem Vorschlag des Deutschen Rates, eine zwischen Mitglied- und Drittstaaten differenzierende Lösung des Renvoiproblems den Vorzug verdienen. Die in Art. 25 Abs. 1 S. 1 EuGVO hinsichtlich der materiellen Gültigkeit einer Gerichtsstandsvereinbarung ausgesprochene Gesamtverweisung auf das Recht des prorogierten Gerichts bewirkt nur eine begrenzte Rechtsvereinheitlichung, da es an unmittelbar anwendbaren, spezifischen Kollisionsnormen zur Bestimmung des insoweit anwendbaren Sachrechts sowohl auf EU-Ebene als auch im deutschen Recht bislang fehlt.

VI. Auswirkungen auf das EGBGB

157   Der weitgehende Ausschluss des Renvoi im europäischen Kollisionsrecht hatte *Henrich* noch im Jahre 2011 dazu veranlasst, eine Umgestaltung des Art. 4 EGBGB vorzuschlagen, da der Renvoi entgegen dem in dieser Norm vorgeschlagenen Regel-Ausnahme-Verhältnis faktisch nur noch in Randbereichen eine Rolle spielt.[550] Die Frage dürfte aber angesichts der zunehmenden Europäisierung des Kollisionsrechts allzu große praktische Bedeutung mehr haben. Soweit das autonome IPR noch relevant ist (etwa Art. 10 EGBGB, Art. 13 EGBGB, Art. 15 EGBGB [bis zum 29.1.2019], Art. 22, 23 EGBGB, Art. 24 EGBGB oder Art. 40–42 EGBGB), erscheint es nicht geboten, von der insgesamt bewährten Regelung in Art. 4 Abs. 1 und 2 EGBGB abzugehen.[551] Dies gilt umso weniger, als auch das europäische Kollisionsrecht mit Erlass der EuErbVO einen differenzierteren Weg in der Renvoifrage eingeschlagen hat.

VII. Perspektiven einer europäischen Kodifikation des Renvoi

158   Erheblich wichtiger ist die Frage nach einer angemessenen europäischen Kodifikation des Renvoi. Das europäische Parlament hatte im April 2012 das T.M.C. Asser Instituut in Den Haag mit der Erstellung einer Studie zur Kodifikation des europäischen IPR beauftragt, an welcher der Verfasser als deutscher Berater der eingesetzten Arbeitsgruppe beteiligt war.[552] Die bereits eingehend erörterte (→ Art. 3 Rn. 69 ff.) Frage nach einer Rechtsgrundlage für eine Kodifikation des Allgemeinen Teils ist hier nicht erneut aufzugreifen. Unterstellt man, dass sich eine entsprechende Kompetenz finden lässt, bleibt die Frage, wie eine allgemeine Regelung des Renvoi auszusehen hätte. Wie bereits oben (→ Rn. 19) ausgeführt wurde, sollte dem Vorschlag von *Lagarde,* Art. 4 Abs. 1 EGBGB zum Vorbild einer europäischen Kodifikation zu erklären, bei allem Respekt nicht gefolgt werden, und dies nicht allein wegen der schon genannten Bedenken gegenüber der „Sinnklausel". Ungeachtet der begrenzten Wiederbelebung des Renvoi in der EuErbVO stellt sich die Lage im europäischen Kollisionsrecht nach der Verabschiedung der EuGüVO und der EuPartVO weiterhin so dar, dass der **Ausschluss des Renvoi die Regel, seine Zulassung aber die Ausnahme** bildet. Diese Gewichtung sollte in einer Kollisionsnorm des Allgemeinen Teils angemessen reflektiert werden.[553]

159   Der **Ansatz der EuErbVO** darf auch nicht undifferenziert auf andere Rechtsakte übertragen werden; bereits in Den Haag wurde, wie oben (→ Rn. 40) erwähnt, zB zwischen dem Kindes- und dem Erwachsenenschutz unterschieden. Erwägenswert ist zwar, die in Art. 34 Abs. 2 EuErbVO enthaltenen Gründe für einen Ausschluss des Renvoi – Rechtswahl, Ausweichklausel, alternative Anknüpfung – gewissermaßen vor die Klammer zu ziehen, wie dies in Bezug auf die Parteiautonomie bereits Art. 4 Abs. 2 EGBGB getan hat. Letztlich überzeugt dies aber nicht vollauf: Im Internationalen

[550] *Henrich,* FS v. Hoffmann, 2011, 159 (167).
[551] Ebenso, jedenfalls de lege lata, Bamberger/Roth/*Lorenz* Rn. 5; so auch noch Erman/*Hohloch*, 13. Aufl. 2011, Rn. 16; 5. Aufl. Rn. 24 *(Sonnenberger).*
[552] Study IP/C/JURI/IC/2012-009.
[553] Ebenso *Trüten,* Die Entwicklung des Internationalen Privatrechts in der Europäischen Union, 2015, 666.

Vertragsrecht wäre, wie oben (→ Rn. 116) ausgeführt, eine Auslegungsregel rechtspolitisch überzeugender als das starre Renvoiverbot. In Bezug auf die Ausweichklausel sollte der Möglichkeit Rechnung getragen werden, ausländisches Kollisionsrecht zwar nicht auf der Rechtsfolgenseite, wohl aber auf der Tatbestandsebene zu berücksichtigen, um Dissonanzen abzumildern, die zB aufgrund der Konkurrenz der Rom II-VO mit den Haager Konventionen bestehen (→ Rn. 109 ff.). Auch bei alternativen Anknüpfungen wird gegebenenfalls zu differenzieren sein: So schließt Art. 34 Abs. 2 EuErbVO die Beachtung des Renvoi bei der Beurteilung der Formgültigkeit einer Annahme- oder Ausschlagungserklärung nur hinsichtlich des in Art. 28 lit. b genannten Anknüpfungspunktes (gewöhnlicher Aufenthalt des Erklärenden), nicht aber in Bezug auf die in Art. 28 lit. a EuErbVO enthaltene Verweisung auf das nach Art. 21 EuErbVO bestimmte Erbstatut aus. Wenn man all diese Fragen einschließlich der sachlich gebotenen Differenzierungen in einem „Allgemeinen Teil" vor die Klammer ziehen wollte, so müsste diese Regelung einem stetigen Dreiklang von Regel-Ausnahme-Rückausnahme folgen und wäre daher höchst komplex und unübersichtlich.

Eine sinnvolle Regelung des Renvoi in einem Allgemeinen Teil des europäischen IPR bzw. einer **160** Rom 0-VO könnte daher allenfalls wie folgt lauten: „Unter dem anzuwendenden Recht eines Staates sind die in diesem Staat geltenden Rechtsnormen unter Ausschluss derjenigen des Internationalen Privatrechts zu verstehen, soweit nicht in dem jeweiligen Rechtsakt etwas anderes bestimmt ist."

VIII. Ausblick

Insgesamt bietet die Betrachtung der Lösungen, die das europäische Kollisionsrecht für die Ren- **161** voifrage bereithält, ein vielfältiges Bild. Der mittlerweile verfolgte Ansatz, bei der Beachtlichkeit des Renvoi zwischen verschiedenen Rechtsgebieten und auf diesen wiederum nach verschiedenen Anknüpfungsmomenten zu differenzieren, kann grundsätzlich überzeugen, auch wenn an der einen oder anderen Weichenstellung im Detail Kritik geübt werden mag, insbesondere im Hinblick auf die Abstimmung zwischen internationalem Erb- und Ehegüterrecht (→ Rn. 139 f.). Der mit der EuErbVO eingeschlagene Weg einer Differenzierung zwischen Mitglied- und Drittstaaten sollte nicht schematisch auf andere Rechtsgebiete übertragen werden, sondern nur dort, wo sachliche Gründe die Nachteile überwiegen, die mit der Durchbrechung des Grundsatzes der loi uniforme und der damit einhergehenden Verkomplizierung der Rechtsanwendung verbunden sind. Es besteht also weder ein Anlass für einen „Abgesang" auf den Renvoi noch sollte man vorschnell dessen allgemeine „Renaissance" feiern (→ Rn. 3). Vielmehr dürfte der vorsichtige Weg der europäischen Gesetzgebung, die jeweils auf dem Spiel stehenden, spezifischen rechtspolitischen Interessen miteinander abzuwägen, auch künftig den Vorzug verdienen. Daher kann auch im autonomen Recht an der Lösung in Art. 4 Abs. 1 und 2 festgehalten werden.

C. Rechtsspaltung

Schrifttum zu Art. 4 Abs. 3: *Aldeeb Abu-Sahlieh,* Conflits entre droit religieux et droit étatique chez les musulmans dans les pays musulmans et en Europe, Rev. int. dr. comp. 1997, 813; *Andrae/Essebier,* Zur Scheidung einer Ehe zwischen einer deutschen Christin und einem indischen Schiiten, IPRax 2002, 294; *Bälz,* Die „Islamisierung" des Rechts in Ägypten und Libyen: Islamische Rechtssetzung im Nationalstaat, RabelsZ 62 (1998), 437; *v. Bar* (Hrsg.), Islamic Law and its Reception by the Courts in the West, 1999; *Becker,* Der Ursprung der Rechtsspaltung im spanischen Privatrecht – eine historische Betrachtung der Foralrechte, ZEuP 1996, 88; *Becker,* Foralrechte und Kodifikation im spanischen Privatrecht, 1996; *Blagojevic,* Das interlokale Recht in Jugoslawien, FS Zweigert, 1981, 59; *Boparai,* The Customary and Statutory Law of Marriage in Nigeria, RabelsZ 46 (1982), 530; *Bungert,* Ehescheidung in Deutschland wohnender US-Amerikaner aus verschiedenen Einzelstaaten, IPRax 1993, 10; *Bungert,* Nigerianische Stammesehe vor deutschen Gerichten, StAZ 1993, 140; *Busse,* Staatenabspaltung und kollisionsrechtliche Verweisung, IPRax 1998, 155; *Charfi,* L'influence de la religion dans le droit international privé des pays musulmans, Rec. des Cours 203 (1987-III), 321; *Christandl,* Multi-unit states in European Union Private International Law, JPIL 9 (2013), 219; *Cornut,* Les conflits de normes internes en Nouvelle-Calédonie, Clunet 141 (2014), 51; *Droop,* Sachrechte der Gliedstaaten der USA und ihre kollisionsrechtliche Bewältigung, Jura 1993, 293; *Duran Rivacoba,* El nuevo régimen de la vecindad civil y los conflictos interregionales, 1992; *Eichel,* Interlokale und interpersonale Anknüpfungen, in Leible/Unberath, Brauchen wir eine Rom 0-Verordnung?, 2013, 397; *Einhorn,* Jewish Divorce in the International Arena, FS Siehr, 2000, 135; *El Mikayis,* Internationales und interreligiöses Personen-, Familien- und Erbrecht in der Vereinigten Arabischen Republik, RabelsZ 33 (1969), 517; *Elgeddawy,* Relations entre systèmes confessionnel et laïque en droit international privé, 1971; *Elwan,* Qualifikation der Unzulässigkeit von Klagen aus ‚urfi-Ehen' im ägyptischen Recht, FS v. Hoffmann, 2011, 99; *Elwan/Ost,* Die Scheidung deutsch-jordanischer Ehen vor deutschen Gerichten, unter besonderer Berücksichtigung des griechisch-orthodoxen Kirchenrechts, IPRax 1996, 389; *Emilianides,* Interracious and Interreligious Law in Cyprus, Rev. hell. dr. int. 1958, 286; *Gannagé,* La coexistence des droits confessionnels et des droits laïcs dans les relations privées internationales, Rec. des Cours 164 (1973-III), 339; *Gannagé,* Droit intercommunautaire et droit international privé, Clunet 110 (1983), 479; *Gannagé,* Le pluralisme des statuts personnels dans les États multicommunautaires – Droit libanais et droits proche-orientaux, 2001; *Geuenich,* Die Bestimmung des anwendbaren Rechts im Falle der internationalprivatrechtlichen Verweisung auf einen territorialen Mehrrechtsstaat, 2017; *Gouwgioksiong,* Interpersonal Law in Indonesia, RabelsZ 29 (1965), 545; *Graveson,* Problems of Private International Law in Non-Unified Legal Systems, Rec. des Cours 141 (1974–I), 187; *Grosserichter/Bauer,* Unwandelbarkeit und Staatenzerfall: zur Präzisierung von Verweisungen auf die Rechtsordnung zerfallener Staaten, RabelsZ 65 (2001), 201; *Haak,* Domestic conflict of Laws: a Dutch Opinion, FS Juenger, 2001, S. 215; *Hansen,* Die Ermittlung des anwendbaren Rechts bei der Verweisung auf Mehrrechtsstaaten im europäischen Kollisionsrecht, 2011; *Hay,* Die Anwendung US-amerikanischer jurisdiction-Regeln als Verweisungsnorm bei Scheidung von in Deutschland wohnhaften Amerikanern, IPRax 1988, 265; *Henneke,* Eingeborenenrecht vor südafrikanischen Gerichten, 1999; *Hepting,* Bemerkungen zur Anwendung der jugoslawischen Teilrechte in der deutschen Praxis, StAZ 1977, 99; *Herfarth,* Scheidung nach religiösem Recht durch deutsche Gerichte, IPRax 2000, 101; *Jayme,* Spanisches interregionales und deutsches internationales Privatrecht, IPRax 1989, 287; *Jayme,* Rechtsspaltung im spanischen Privatrecht und deutsche Praxis, RabelsZ 55 (1991), 303; *Jayme,* Religiöses Recht vor staatlichen Gerichten, 1999; *Jones,* Die Anwendung islamischen Rechts in der BRepD, DRiZ 1996, 332; *Kegel,* Die Anwendung des Rechts ausländischer Staaten mit räumlicher Rechtsspaltung, FS Arnold, 1955, 61; *Kollewijn,* Intergentiel recht, 1955; *Kotzur,* Kollisionsrechtliche Probleme christlich-islamischer Ehen, 1988; *Kreuzer,* Nationalitätsprivileg und islamisches Religionsprivileg im Internationalen Personenrecht muslimischer Staaten, FS Spellenberg, 2010, 211; *Krüger,* Zur Eheschließung von Tunesierinnen mit Nichtmuslimen, StAZ 1998, 251; *Krüger,* Einige Anmerkungen zum traditionellen islamischen Kollisionsrecht, Liber Amicorum Schurig, 2012, 121; *Lin Ma,* Innerchinesisches Kollisionsrecht unter besonderer Berücksichtigung des Erb- und Familienrechts – im Vergleich mit innerdeutschem Kollisionsrecht, 1997; *Lipstein/Szászy,* Interpersonal conflict of Laws, I. E. C. L. III/10, 1985; *v. Mehren,* Conflict of Laws in a Federal System – Some Perspectives, Int. Comp. L. Q. 18 (1969), 681; *Menhofer,* Religiöses Recht und internationales Privatrecht: dargestellt am Beispiel Ägyptens, Diss. Heidelberg 1995; *Michaels,* Religiöse Rechte und postsäkulare Rechtsvergleichung, in Zimmermann, Zukunftsperspektiven der Rechtsvergleichung, 2016, 39; *De Nova,* Il richiamo di ordinamenti plurilegislativi, 1940; *De Nova,* Les systèmes juridiques complexes en droit international privé, Rev. crit. dr. int. pr. 1955, 1; *De Nova,* Historical and comparative introduction to conflict of laws, Rec. des Cours 1966 II, 435 und 538; *De Nova,* Diritto interlocale e diritto internazionale privato: ancora un raffronto, Riv. dir. int. priv. proc. 12 (1976), 5; *Otto,* Die Bedeutung des Art. 4 Abs. 3 EGBGB bei Verweisung auf das Recht eines Mehrrechtsstaats, IPRax 1994, 1; *Otto,* Rechtsspaltung im indischen Erbrecht, 1996; *Parisot,* Le pluralisme juridique au sein de la République française, GedS Hübner, 2012, 733; *Parisot,* Internal Conflict of Laws, YbPIL 15 (2013/14), 541; *Pearl,* Interpersonal Conflict of Laws in India, Pakistan and Bangladesh, 1981; *Pouch,* Das innerstaatliche Kollisionsrecht Jugoslawiens, StAZ 1979, 161; *Rauscher,* Die Ausschaltung fremden interlokalen Rechtes durch Art. 4 III Satz 1 EGBGB, IPRax 1987, 206; *Reimann,* Domestic and International Conflicts Law in the United States and Western Europe, FS Juenger, 2001, 109; *Rheinstein,* Das Kollisionsrecht im System des Verfassungsrechts der Vereinigten Staaten, FS Rabel, Bd. I, 1954, 539; *Richter,* Die Rechtsspaltung im malaysischen Familienrecht, zugleich ein Beitrag zur „gestuften" Unteranknüpfung im IPR, 1978; *Rohe,* Rechtliche Perspektiven eines deutschen und europäischen Islam, RabelsZ 64 (2000), 256; *Prinz von Sachsen Gessaphe,* Verweisung auf einen Mehrrechtsstaat im Lichte des neuen mexikanischen interlokalen Privatrechts, FS Jayme, 2004, 773; *Prinz von Sachsen Gessaphe,* Die Verweisung auf einen Mehrrechtsstaat, vom autonomen deutschen IPR zur EuErbVO, Symposium Winkler von Mohrenfels, 2013, 163; *Sajko,* Die Rechtsspaltung im jugoslawischen Familien- und Erbrecht und ihre kollisionsrechtlichen Auswirkungen, StAZ 1977, 93; *Sajko,* Zu einigen Fragen der Anwendung des jugoslawischen interlokalen Privatrechts, WGO 1981, 225; *Sana-Chaillé de Néré,* Les conflits de normes internes issus du transfert à la Nouvelle-Calédonie de la compétence normative en droit civil, Clunet 141 (2014), 35; *Sanders,* The Internal Conflict of Laws in South Africa, 1990; *Scheftelowitz,* Das religiöse Eherecht im Staat, 1990; *Scheftelowitz,* Interkonfessionelles und internationales Kollisionsrecht in Israel, AcP 152 (1952/53), 516; *Schifman,* Religious affiliation in Israeli interreligious law, Isr. L. R. 15 (1980), 1; *Vincent Schröder,* Die Verweisung auf Mehrrechtsstaaten im deutschen Internationalen Privatrecht – unter besonderer Berücksichtigung der Verweisung auf die Vereinigten Staaten von Amerika, 2007; *Schütt,* Indisches Familienrecht und deutsche Praxis, FamRZ 1999, 1330; *Shah,* Comparatively Indian: Living with legal plurality, ZVglRWiss. 109 (2010), 314; *Sohbi,* Familien- und Erbrecht in der arabischen Republik Jemen, StAZ 1975, 124; *Spellenberg,* Interpersonelles und interlokales Kollisionsrecht in afrikanischen Staaten, in Law, Society and National Identity, 1990, 109; *Spellenberg,* Deutsch-indische Scheinehen, IPRax 1992, 233; *Spickhoff,* Die engste Verbindung im interlokalen und internationalen Familienrecht, JZ 1993, 336; *Steinmetz/Löber/García Alcázar,* Die EuErbVO und ihre Anwendbarkeit im Mehrrechtsstaat Spanien, ZEV 2013, 535; *Stiehl,* Das interpersonale Kollisionsrecht im IPR, Diss. Augsburg 1989; *Stoll,* Kollisionsrechtliche Fragen bei räumlicher Spaltung des anwendbaren Rechts, FS Keller, 1989, 511; *Sumampouw,* Droit interrégional privé et droit international privé, FS Kokkini-Iatridou, 1994, 291; *Szászy,* Le conflit interpersonnel dans les pays en voie de développement, Rec. des Cours 1973 I, 81; *Szászy,* Interpersonal Conflicts of Laws, FS Wengler, Bd. I, 1973, 793; *Vitta,* The Conflict of Laws in Matters of Personal Status in Palestine Tel Aviv, 1947; *Vitta,* Il diritto interpersonale, Ann. dir. comp. stud. leg. 28 (1953), 119; *Vitta,* The Conflict of Personal Laws, Isr. L. R. 5 (1970), 170, 337; *Vitta,* Interlocal Conflict of Laws, I. E. C. L. III/9, 1985; *Wähler,* Interreligiöses Kollisionsrecht im Bereich privatrechtlicher Rechtsbeziehungen, 1977; *Wähler,* Internationales Privatrecht und interreligiöses Kollisionsrecht, IPRax 1981, 163; *Wengler,* Internationales und interreligiöses Recht in Palästina, RabelsZ 12 (1939), 772; *Wengler,* The Problems of „Intergentile" Law and the Possible Methods of Their Solution in Private International Law, Rec. des Cours 104 (1961-III), 274; *Wengler,* Grundprobleme des interreligiösen Kollisionsrechts, FS Fragistas, Bd. II, 1967, 485.

I. Allgemeines

Anders als die Bundesrepublik Deutschland verfügen zahlreiche Staaten (sog Mehrrechtsstaaten) **162** über kein einheitliches Zivilrecht, das für ihr gesamtes Hoheitsgebiet gilt, sondern gliedern sich in mehrere verschiedene zivile Teilrechtsordnungen; dies gilt insbesondere, aber nicht nur, im Bereich des Familien- und Erbrechts.[554] Eine solche Rechtsspaltung kann zum einen territorialer Natur sein, dh auf den einzelnen Gebieten eines Bundesstaates gelten jeweils verschiedene Zivilrechte (sog **territoriale Rechtsspaltung**); zum anderen kann die Rechtsspaltung personal ausgerichtet sein, also zB an die Zugehörigkeit der betroffenen Person zu einer bestimmten Religion, einer gewissen Ethnie oder – heutzutage selten – einem besonderen sozialen Stand (Adel) anknüpfen (sog **personale Rechtsspaltung**). Zur erstgenannten Gruppe gehören in der EU das Vereinigte Königreich und Spanien;[555] außerhalb der EU sind zB die USA, Kanada, Australien oder Mexiko zu nennen. Eine personale Rechtsspaltung nach religiösen Kriterien begegnet uns vor allem im Nahen Osten; nach ethnischer Zugehörigkeit wird vielfach noch in den afrikanischen Staaten unterschieden (näher → Rn. 239). Ein Staatenverbund wie die EU oder sonstige Organisationen der regionalen Wirtschaftsintegration stellen keine Mehrrechtsstaaten iS des Art. 4 Abs. 3 bzw. vergleichbarer Bestimmungen dar; in Art. 16 Abs. 3 HUP wird dies ausdrücklich klargestellt.

Welches partikulare Zivilrecht jeweils gilt, bestimmt das Gericht eines Mehrrechtsstaates nach **163** den maßgebenden Regeln seines **interlokalen Privatrechts** (ILR), wobei zu beachten ist, dass in vielen Mehrrechtsstaaten weder ein einheitliches IPR noch ILR existiert, sondern das Zivilrecht auch in kollisionsrechtlicher Hinsicht territorial gespalten ist; dies trifft namentlich auf die USA zu.[556] Ein deutsches Gericht, das durch unser IPR auf das Recht eines Mehrrechtsstaates verwiesen wird, steht vor der Frage, ob das deutsche Kollisionsrecht auch die jeweils maßgebende Teilrechtsordnung unmittelbar, dh ohne vorherige Prüfung des ausländischen ILR, festlegt (Durchgriffslösung)[557] oder ob das ILR des bezeichneten Staates auch aus deutscher Sicht darüber bestimmt, welche Teilrechtsordnung zur Anwendung gelangt, mit anderen Worten, ob dem ausländischen ILR der Vorrang eingeräumt wird (Vorranglösung).[558]

Angesichts der unterschiedlichen Lösungsmöglichkeiten bedarf diese Frage einer klaren gesetzli- **164** chen Regelung.[559] Der deutsche Reformgesetzgeber des Jahres 1986 hat sich insoweit für einen vermittelnden Ansatz entschieden und dabei **in zweifacher Weise differenziert:** Erstens wird zwischen der Anknüpfung an die Staatsangehörigkeit (oder funktionsähnlichen Anknüpfungsmomenten, → Rn. 166 ff.) einerseits, ortsbezogenen Anknüpfungsmomenten – wie zB dem gewöhnlichen Aufenthalt einer natürlichen Person, dem Sitz einer juristischen Person, dem Lageort einer Sache, dem Handlungs- bzw. Erfolgsort bei einem Distanzdelikt – andererseits unterschieden; für die erstgenannten, auf das Hoheitsgebiet eines Gesamtstaates bezogenen Anknüpfungspunkte wird in Art. 4 Abs. 3 S. 1 der Vorranglösung gefolgt (näher → Rn. 167), für die zweiten, ortsbezogenen Anknüpfungsmomente wird hingegen der Durchgriffslösung der Vorzug gegeben, was durch den Halbsatz „ohne die maßgebende zu bezeichnen" ausgedrückt wird (→ Rn. 184). Zweitens wird auch die Vorranglösung insoweit eingeschränkt, als sie nur zum Zuge kommt, wenn der betreffende Mehrrechtsstaat über ein für sein gesamtes Hoheitsgebiet einheitliches ILR verfügt. Dies macht Art. 4 Abs. 3 S. 2 deutlich, der für den Fall, dass eine solche einheitliche Regelung fehlt, wiederum eine autonome Unteranknüpfung anhand des Prinzips der engsten Verbindung vorsieht (näher → Rn. 169 ff.).

Die Begründung des Regierungsentwurfs rechtfertigte diesen vermittelnden Ansatz mit den **165** Regelungsvorbildern in den (damals noch) neueren Haager Übereinkommen – insbesondere Art. 14

---

[554] Umfassender Überblick bei *V. Schröder,* Die Verweisung auf Mehrrechtsstaaten im deutschen Internationalen Privatrecht – unter besonderer Berücksichtigung der Verweisung auf die Vereinigten Staaten von Amerika, 2007, 9 ff.; Staudinger/*Hausmann* (2013) Anh. Art. 4.

[555] Zu den Problemen der Rechtsspaltung im französischen Neukaledonien s. *Parisot* YbPIL 15 (2013/14), 541 (544 f.); *Parisot,* GedS Hübner, 2012, 733 ff.; *Sana Chaillé de Néré* Clunet 141 (2014), 33 sowie *Cornut* Clunet 141 (2014), 51.

[556] Klaxon Co. v. Stentor Electric Manufacturing Co., 313 U.S. 487, 61 S.Ct. 1020 (1941); näher *Droop* Jura 1993, 293 ff.; *Hay/Borchers/Symeonides,* Conflict of Laws, 5. Aufl. 2010, § 3.36; *V. Schröder,* Die Verweisung auf Mehrrechtsstaaten im deutschen Internationalen Privatrecht – unter besonderer Berücksichtigung der Verweisung auf die Vereinigten Staaten von Amerika, 2007, 195 ff.

[557] Von einem „Durchgriff" spricht etwa HK-BGB/*Dörner* Rn. 20; ähnlich *Christandl* JPIL 9 (2013), 219 (222 ff.) („direct-reference model").

[558] *Christandl* JPIL 9 (2013), 219 (221 f.) bezeichnet dies als „classical model" bzw. als „indirect-reference model".

[559] Anders noch *Stoll* IPRax 1984, 1 (3), der meinte, auf eine Regelung wie Art. 4 Abs. 3 könne „getrost verzichtet werden".

MSA, Art. 1 Abs. 2 HTestformÜ und Art. 16 UStA – sowie der in Art. 19 EVÜ (Art. 35 Abs. 2 EGBGB aF, heute Art. 22 Abs. 1 Rom I-VO) gewählten Durchgriffslösung.[560] Dennoch ist Art. 4 Abs. 3 im Schrifttum zum Teil heftig kritisiert worden; insbesondere im Falle einer Gesamtverweisung durch ortsbezogene Anknüpfungsmomente wird der unmittelbare Zugriff auf die maßgebende Teilrechtsordnung von manchen als systemwidrig angesehen (→ Rn. 188 ff.). Ferner wird bezweifelt, ob sich aus den vom deutschen Gesetzgeber seinerzeit angeführten, im Einzelnen unterschiedlich ausgestalteten staatsvertraglichen Regelungsvorbildern schlüssig die in Art. 4 Abs. 3 kodifizierte Vorgehensweise ableiten lässt (→ Rn. 216 ff.). Tatsächlich räumen Vorschriften über die (territoriale) Rechtsspaltung, die in jüngeren, dh nach 1986 geschlossenen Haager Übereinkommen enthalten sind – etwa Art. 47, 48 KSÜ, Art. 45, 46 ErwSÜ und Art. 16 HUP –, dem ILR des Staates, auf dessen Recht verwiesen wird, auch bei ortsbezogenen Anknüpfungsmomenten wie dem gewöhnlichen Aufenthalt einer Person den Vorrang ein, während eine direkte, autonome Unteranknüpfung nur subsidiär zum Zuge kommt (näher → Rn. 198). Gleiches gilt im internationalen Erbrecht nach Art. 36 Abs. 1 EuErbVO sowie im künftigen europäischen internationalen Güterrecht (Art. 33 Abs. 1 EuGüVO/EuPartVO), während Art. 14 lit. b Rom III-VO für das internationale Scheidungsrecht bei einer Anknüpfung an den gewöhnlichen Aufenthalt den autonomen Durchgriff auf die maßgebende Teilrechtsordnung anordnet. Die Behandlung der Verweisung auf Mehrrechtsstaaten erfolgt im europäischen und staatsvertraglichen Kollisionsrecht also auf höchst unterschiedliche Weise (näher → Rn. 217 ff.). Der in der Gesetzesbegründung zum Ausdruck gelangte Wille, für das autonome IPR eine Lösung zu finden, die mit der **international vordringenden Regelungstendenz** in Einklang steht, wirft daher die Frage auf, ob im Wege der Auslegung das geltende Recht im Hinblick auf neuere Regelungsmuster im staatsvertraglichen und europäischen IPR ggf. der Modifikation iS einer dynamischen Interpretation bedarf (→ Rn. 216 ff.). Jedenfalls muss auch de lege lata stets beachtet werden, dass die genannten, in den einschlägigen EU-Verordnungen und Staatsverträgen enthaltenen Regelungen zur Mehrrechtsstaatenproblematik innerhalb ihres Anwendungsbereichs Art. 4 Abs. 3 verdrängen (Art. 3), so dass sich die praktische Bedeutung dieser Vorschrift in erster Linie auf den kontinuierlich schwindenden Restanwendungsbereich des autonomen IPR beschränkt (zur Ergänzung kollisionsrechtlicher Staatsverträge ohne eigene Regelung zur Rechtsspaltung → Rn. 216).

II. Territoriale Rechtsspaltung

166   **1. Anknüpfung an die Staatsangehörigkeit oder funktionsähnliche Anknüpfungsmomente. a) Allgemeines. aa) Staatsangehörigkeit oder funktionsähnliche Anknüpfungsmomente.** Die Begründung des Regierungsentwurfs nennt als einziges Beispiel für ein Anknüpfungsmoment, das auf einen Mehrrechtsstaat verweist, ohne die maßgebende Teilrechtsordnung zu bezeichnen, die Staatsangehörigkeit.[561] Wenngleich diese Anknüpfung den Hauptanwendungsfall des Art. 4 Abs. 3 darstellt, ist der sachliche Anwendungsbereich der Vorschrift nicht darauf beschränkt; vielmehr gilt die Norm grundsätzlich ebenso für andere Anknüpfungsmomente, die auf einen ausländischen Staat in seiner Gesamtheit verweisen, ohne einen bestimmten Ort auf dessen Hoheitsgebiet zu bezeichnen, so zB im internationalen Seerecht das Recht der Flagge[562] oder im internationalen Luftverkehrsrecht das Hoheitszeichen eines Flugzeugs. Für Delikte an Bord eines Seeschiffes oder eines Flugzeugs ist freilich vorrangig Art. 25 Abs. 1 Rom II-VO zu beachten.

167   **bb) Einheitliches Interlokales Privatrecht.** Nach Art. 4 Abs. 3 S. 1 ist, sofern nicht das deutsche IPR die maßgebende Teilrechtsordnung bezeichnet, das ILR des betreffenden Mehrrechtsstaates anzuwenden; die in Art. 4 Abs. 3 S. 2 vorgesehene autonome Unteranknüpfung kommt nur zum Tragen, wenn der Mehrrechtsstaat, auf den verwiesen wird, kein einheitliches ILR aufweist. Ob ein solches einheitliches ILR existiert, kann im Einzelfall schwierig festzustellen sein. Einfach liegt es, wenn der ausländische Staat ein kodifiziertes, einheitliches ILR geschaffen hat, wie dies zB in Spanien (jedenfalls für spanische Staatsangehörige) oder dem ehemaligen Jugoslawien der Fall ist.[563] Es reichen jedoch auch ungeschriebene, einheitliche Regeln des ILR aus, wenn zB die Bundesgerichte eines Mehrrechtsstaates solche entwickelt haben.[564] Ein einheitliches ILR iS des Art. 4 Abs. 3 S. 1 liegt zB auch vor, wenn der Mehrrechtsstaat lediglich über ein gesamtstaatliches IPR verfügt, aber seine

[560] BT-Drs. 10/504, 39; vgl. hierzu aus heutiger Sicht *Pirrung* IPRax 2017, 124 (126).
[561] BT-Drs. 10/504, 40.
[562] *Stoll,* FS Keller, 1989, 511 (512).
[563] Zu Spanien OLG München NJW-RR 2011, 663; *Jayme* IPRax 1989, 287; *Jayme* RabelsZ 55 (1991), 303; *Steinmetz/Löber/García Alcázar* ZEV 2013, 535; zu Jugoslawien aus jüngerer Zeit OLG Nürnberg FamRZ 2011, 1509 mAnm *Henrich* = DNotI-Report 2011, 147.
[564] BT-Drs. 10/504, 40: „geschriebene oder ungeschriebene Normen".

Gerichte diese Kollisionsnormen entsprechend auf interlokale Konflikte anwenden.[565] In Betracht kommt grundsätzlich auch, dass sich einheitliche interlokale Kollisionsnormen in bundesweit geltenden Zuständigkeitsvorschriften „verstecken", soweit die zuständigen Bundesgerichte die jeweilige lex fori anwenden müssen.[566] Dies wurde in der Vergangenheit zum Teil für das US-amerikanische Scheidungsrecht angenommen;[567] die Frage ist heute wegen des Vorrangs des Art. 14 lit. c Rom III-VO nicht mehr im Rahmen des Art. 4 Abs. 3 zu entscheiden (→ Rom III-VO Art. 14 Rn. 4). Hingegen reicht es nicht aus, wenn die Teilrechtsordnungen eines Mehrrechtsstaates über ihr jeweils eigenes ILR verfügen, auch wenn zwischen den einzelnen interlokalen Privatrechten zB einer Common Law-Rechtsordnung erhebliche inhaltliche Übereinstimmungen bestehen mögen, etwa in der Frage der Definition des *domicile*.[568] Insbesondere in den USA existiert im Allgemeinen weder ein einheitliches IPR noch ein einheitliches ILR.[569] Besondere Probleme werden schließlich im Falle eines **Staatenzerfalls** oder einer **Staatensukzession** aufgeworfen (→ Einl. IPR Rn. 51 ff.).

cc) Inhalt der Teilrechtsordnung. Verfügt ein Mehrrechtsstaat über ein einheitliches ILR, **168** werden dessen Kollisionsnormen häufig Verweisungen auf die Sachvorschriften der jeweils bezeichneten Teilrechtsordnung aussprechen. Sachlogisch vorgegeben oder denknotwendig ist dies aber nicht;[570] es kann durchaus vorkommen, dass ein Mehrrechtsstaat zwar ein einheitliches ILR kennt, das IPR aber wiederum nach den jeweiligen Teilrechtsordnungen gespalten ist (so zB im Falle Mexikos).[571] Ob in diesem Fall die Sach- oder Kollisionsvorschriften der jeweiligen Teilrechtsordnung anzuwenden sind, soll nach der Gesetzesbegründung in sinngemäßer Anwendung des Art. 4 Abs. 1 entschieden werden.[572]

dd) Engste Verbindung. (1) Engste Verbindung des Sachverhalts. Die überwiegende Zahl **169** der Mehrrechtsstaaten (wie zB die USA) verfügt nicht über ein einheitliches ILR, so dass hilfsweise gemäß Art. 4 Abs. 3 S. 2 die Teilrechtsordnung zu ermitteln ist, mit welcher „der Sachverhalt" aus unserer Sicht am engsten verbunden ist. Die vom Gesetzgeber gewählte Formulierung ist vielfach als missverständlich kritisiert worden, weil es nicht etwa um objektiv-gegenständliche Bezüge des Sachverhalts zu einer Rechtsordnung (etwa die Belegenheit des ehelichen Vermögens), sondern um die **Verbindungen der jeweiligen Bezugsperson** mit einer bestimmten Teilrechtsordnung gehe.[573] Darauf deuten auch die in der Regierungsbegründung[574] explizit als Vorbilder für die Hilfsanknüpfung genannten Art. 14 MSA und Art. 1 Abs. 2 HTestformÜ hin, die jeweils an engste Bindung des Minderjährigen bzw. des Erblassers anknüpfen. Insofern ist es richtig, dass die in Art. 4 Abs. 3 S. 2 vorgesehene Unteranknüpfung, die gegenüber der kollisionsrechtlichen Hauptanknüpfung lediglich eine dienende Funktion hat, nicht im Wege eines Wechsels von einer an der Person orientierten zu einer objektiv-gegenständlichen Anknüpfung dazu führen darf, dass die internationalprivatrechtliche Grundentscheidung für eine personale Anknüpfung unterlaufen wird.[575] Jedoch erfasst Art. 4 Abs. 3 S. 2 nicht nur die Anknüpfung an die Staatsangehörigkeit, sondern zB auch die Anknüpfung an das Recht der Flagge (→ Rn. 166), so dass die allgemein gehaltene, nicht speziell auf Personen zugeschnittene Formulierung der Vorschrift nicht schlechthin sinnwidrig ist. Zudem lässt das Abstellen auf den „Sachverhalt" erkennen, dass bei mehreren Bezugspersonen (etwa zweier Ehegatten im Rahmen des Art. 14 Abs. 1 Nr. 1) auf die gemeinsame engste Verbindung zu einer einzelnen Teilrechtsordnung abzustellen und – jedenfalls im ersten Zugriff – keine Einzelbetrachtung vorzunehmen ist (näher → Rn. 173 ff.).

Die Anknüpfung an die engste Verbindung kann ausnahmsweise trotz des Vorhandenseins eines **170** einheitlichen ILR im Mehrrechtsstaat zum Zuge kommen, wenn die Regeln des betreffenden ILR (zB wegen einseitiger Bevorzugung des Ehemannes) gegen den **ordre public** (Art. 6) verstoßen; im spanischen ILR ist die insoweit früher umstrittene Anknüpfung an das Recht des Ehemannes aber inzwischen korrigiert worden.[576]

---

[565] Vgl. *Stoll,* FS Keller, 1989, 511 (513 f.).

[566] Staudinger/*Hausmann* (2013) Rn. 378.

[567] *Hay* IPRax 1988, 265 (266 f.); zust. 5. Aufl. 2010, Rn. 80 *(Sonnenberger)*; Staudinger/*Hausmann* (2013) Rn. 395; aA *Looschelders* IPR Rn. 35; zweifelnd auch *Kropholler* IPR § 29 Fn. 114.

[568] Zutr. *Eichel* in Leible/Unberath Rom 0-VO 399; großzügiger im Hinblick auf inhaltlich übereinstimmende Regeln *Prinz v. Sachsen Gessaphe,* Symposium Winkler v. Mohrenfels, 2013, 163 (167).

[569] Ausf. *Droop* Jura 1993, 293 ff.

[570] Anders *Stoll,* FS Keller, 1989, 511 (513).

[571] Hierzu eingehend *Prinz v. Sachsen Gessaphe,* Symposium Winkler v. Mohrenfels, 2013, 163 ff.

[572] BT-Drs. 10/504, 40.

[573] *Stoll,* FS Keller, 1989, 511 (521); zust. *Spickhoff* JZ 1993, 336 (338); Staudinger/*Hausmann* (2013) Rn. 396; vgl. auch zu Art. 1 Abs. 2 HTestformÜ *Christandl* JPIL 9 (2013), 219 (222).

[574] BT-Drs. 10/504, 39.

[575] *Andrae* IPRax 2016, 578 (582); *Stoll,* FS Keller, 1989, 511 (521); ebenso *Rauscher* IPR Rn. 396.

[576] Näher OLG München NJW-RR 2011, 663.

171   **(2) Kriterien zur Feststellung der engsten Verbindung.** Es kommt also regelmäßig darauf an, zu welcher Teilrechtsordnung die engste Beziehung der betroffene(n) Person(en) im Lichte der gesamten Umstände des Einzelfalles besteht. Hierfür sind – in Anlehnung an Art. 5 Abs. 1 S. 1 – der gewöhnliche Aufenthalt dieser Person(en)[577] oder der Verlauf ihres Lebens maßgebend; mutatis mutandis ist daher auf die Erläuterungen zu Art. 5 Abs. 1 S. 1 zu verweisen (→ Art. 5 Rn. 56 ff.). Falls kein gewöhnlicher Aufenthalt in einer Teilrechtsordnung des Mehrrechtsstaates besteht, kommt es insoweit auf den letzten gewöhnlichen Aufenthalt an.[578] Im Falle einer verfestigten Absicht zur Rückkehr in den Mehrrechtsstaat kann auch von Belang sein, in welcher Teilrechtsordnung der Betroffene sich ansiedeln will. Weil die Unteranknüpfung an die engste Verbindung als Tatbestandsmerkmal einer deutschen Kollisionsnorm zu entfalten ist, muss insoweit auch der Begriff des gewöhnlichen Aufenthalts anhand der Kriterien des deutschen Rechts und nicht nach den Vorstellungen der in Betracht kommenden Teilrechtsordnungen bestimmt werden.[579] Auf abweichende ausländische Anschauungen bzw. Anknüpfungen wie *domicile* oder *state citizenship* kommt es folglich jedenfalls im ersten Zugriff nicht an;[580] derartige Kategorien sind erst im Rahmen eines Renvoi zu prüfen (→ Rn. 42 ff.).

172   **(3) Renvoi.** Da bei der Verweisung auf die Staatsangehörigkeit im deutschen IPR regelmäßig ein Renvoi zu befolgen ist (→ Rn. 20, 34), gilt dies auch dann, wenn die deutsche Kollisionsnorm mithilfe der in Art. 4 Abs. 3 S. 2 vorgesehenen Unteranknüpfung auf die Teilrechtsordnung eines Mehrrechtsstaates erstreckt wird.[581] Hierfür sprechen bereits der Wortlaut und die Systematik der Vorschrift, die im Gegensatz zu Art. 4 Abs. 1 S. 2 und Abs. 2 lediglich anordnet, die betreffende Teilrechtsordnung sei anzuwenden, ohne deren Anwendbarkeit auf die jeweiligen Sachvorschriften der Teilrechtsordnung zu verengen. Ferner ersetzt die in Art. 4 Abs. 3 S. 2 vorgesehene autonome Unteranknüpfung lediglich die mangels eines einheitlichen ILR fehlgeschlagene Verweisung in Art. 4 Abs. 3 S. 1; da im Rahmen des Art. 4 Abs. 3 S. 1 die Verweisung auf die vom ausländischen ILR bezeichnete Teilrechtsordnung nicht auf deren Sachvorschriften beschränkt ist (→ Rn. 168), ist es nur folgerichtig, auch in Bezug auf die subsidiäre Anknüpfung in Satz 2 einen Renvoi zu beachten. Hiergegen lässt sich nicht einwenden, dass Anknüpfungen an die engste Verbindung in der Regel renvoifeindlich seien (→ Rn. 20). Denn es handelt sich bei Satz 2 nicht um eine echte Ausweichklausel, die ein mithilfe eines regulären Anknüpfungsmoments gefundenes Ergebnis verdrängt, sondern um eine bloße Auffangklausel, die aufgrund eines Fehlschlagens der primär vorgesehenen Anknüpfung – nach dem einheitlichen ILR des Mehrrechtsstaates – zur Anwendung kommt;[582] solche Auffangklauseln sind regelmäßig renvoifreundlich (→ Rn. 20, 32). Schließlich spricht für die Beachtung eines Renvoi der Gedanke des internationalen Entscheidungseinklangs; dieser muss auch im Rahmen der Unteranknüpfung nach Satz 2 zum Zuge kommen, da diese Vorschrift gegenüber dem grundsätzlich renvoifreundlichen autonomen deutschen Kollisionsrecht nur eine untergeordnete, dienende Funktion hat. Auch wenn die maßgebende Teilrechtsordnung mithilfe des Satzes 2 bestimmt worden ist, muss daher ein von dieser Teilrechtsordnung ausgesprochener Renvoi befolgt werden. Dieser kann sich zum einen aus dem IPR der Teilrechtsordnung ergeben, wenn dieses auf das deutsche Recht zurück- oder auf ein drittes ausländisches Recht weiterverweist. Ebenso kommt in Betracht, dass das ILR der Teilrechtsordnung auf eine andere Teilrechtsordnung desselben Mehrrechtsstaates weiterverweist.[583]

173   **(4) Mehrzahl von Bezugspersonen.** Schwierigkeiten können entstehen, wenn das deutsche IPR nicht allein an die Staatsangehörigkeit einer Person, sondern (zB im Hinblick auf die allgemeinen Ehewirkungen) an die gemeinsame Staatsangehörigkeit zweier Personen (etwa der Ehegatten nach Art. 14

---

[577] BT-Drs. 10/504, 40.

[578] OLG Hamburg NJW-RR 1996, 203.

[579] *v. Bar/Mankowski* IPR I § 4 Rn. 157; *Kegel/Schurig* IPR § 11 III; *Looschelders* IPR Rn. 36; Staudinger/ *Hausmann* (2013) Rn. 398 mzN zur Rspr. vor 1986; im Ausgangspunkt auch *Rauscher* IPR Rn. 395; vgl. auch *Stoll*, FS Keller, 1989, 511 (520): State citizenship oder domicile können für das deutsche Gericht allenfalls indizielle Bedeutung haben, sind aber nicht bindend.

[580] So auch *v. Bar/Mankowski* IPR I § 4 Rn. 157; *Kegel/Schurig* IPR § 11 III; Staudinger/*Hausmann* (2013) Rn. 398 mzN zur abw. Rspr. vor 1986; im Ergebnis auch OLG Brandenburg Rpfleger 2001, 495 = FGPrax 2001, 206: letztes Domizil oder letzter Aufenthalt maßgebend; anders aber *v. Hoffmann/Thorn* IPR § 6 Rn. 121; *Rauscher* IPR Rn. 405, welche die *state citizenship* vorrangig gegenüber dem gewöhnlichen Aufenthalt prüfen wollen; abw. auch AG Nürnberg FamRZ 2011, 308 = StAZ 2011, 310 = BeckRS 2010, 24523, das auf das *domicile* der Bezugsperson abstellt, das aber im gegebenen Fall mit deren letztem gewöhnlichen Aufenthalt übereinstimmte.

[581] OLG Stuttgart NJW-RR 2015, 838; eingehend *Stoll*, FS Keller, 1989, 511 (521 f.); ebenso Bamberger/ Roth/*Lorenz* Rn. 21; Erman/*Hohloch* Rn. 26; *Kropholler* IPR § 29 II 1b; Palandt/*Thorn* Rn. 12; Staudinger/ *Hausmann* (2013) Rn. 407.

[582] *Stoll*, FS Keller, 1989, 511 (521 f.).

[583] *Kropholler* IPR § 29 II 1b.

Abs. 1 Nr. 1) anknüpft, die Betroffenen aber jeweils mit **unterschiedlichen Teilrechtsordnungen des Mehrrechtsstaates eng verbunden** sind. Lernt zB ein US-Amerikaner M, der aus dem Staate Michigan stammt und heute in Berlin lebt, ebendort die US-Amerikanerin F kennen, die ihr bisheriges Leben in Florida verbracht hat und nun ebenfalls in Berlin ansässig ist,[584] wo die beiden einander heiraten, ist zunächst zu prüfen, ob eine gemeinsame enge Verbindung zu einem US-amerikanischen Gliedstaat besteht.[585] Auch der vielfach kritisierte Wortlaut des Abs. 3 Satz 2 („der Sachverhalt am engsten verbunden") lässt erkennen, dass primär eine **Gesamtbetrachtung** der engsten Verbindungen beider Bezugspersonen zu einer Teilrechtsordnung vorzunehmen und nicht unmittelbar zu einer Einzelbetrachtung anzusetzen ist (→ Rn. 169). Der Wortlaut des Abs. 3 Satz 2 böte sogar einen hinreichenden Spielraum dafür, in Anlehnung an Art. 16 Abs. 1 lit. d und e HUP zwischen einer personalen und einer gegenständlichen Fokussierung der engsten Verbindung zu differenzieren, je nachdem, ob es um die Feststellung der engsten Verbindung in Bezug auf eine Person allein (Art. 16 Abs. 1 lit. e HUP) oder um die Ermittlung der gemeinsamen engsten Verbindung zweier Personen zu einer Teilrechtsordnung geht (Art. 16 Abs. 1 lit. d HUP): Während im erstgenannten Fall auf die Gebietseinheit abzustellen ist, der die betreffende Person angehört (lit. e), soll im zweitgenannten Fall diejenige Gebietseinheit maßgebend sein, „zu der die Unterhaltspflicht die engste Verbindung aufweist". In entsprechender Weise ließe sich für die unter Art. 14 fallenden Rechte und Pflichten der Eheleute nach der engsten Verbindung fragen, welche das jeweilige Recht bzw. die korrespondierende Pflicht zu einer bestimmten Teilrechtsordnung hat. Einem solchen Ansatz lässt sich jedoch entgegenhalten, dass nach der bisher einhelligen Lehre der Begriff des „Sachverhalts" bei der interlokalrechtlichen Unteranknüpfung gerade keine **Durchbrechung der personalen Orientierung** rechtfertigt, die der kollisionsrechtlichen Grundanknüpfung zugrunde liegt (→ Rn. 169). Ferner ist die räumliche Lokalisierung einer Pflicht als solcher mit erheblicher Rechtsunsicherheit behaftet. Eine Übertragung des im HUP gewählten Lösungsweges auf das autonome deutsche IPR dürfte daher bei dem gegenwärtigen Stand der Rechtsentwicklung ausscheiden, so dass an einer personal fundierten Perspektive festzuhalten ist.

Beabsichtigen die Eheleute zB, demnächst von Berlin in einen Gliedstaat der USA überzusiedeln, **174** weil einer der Ehepartner dort einen neuen Arbeitsplatz antreten wird, beide dort Immobilienvermögen haben oder ähnliche Beziehungen existieren, liegt es nahe, eine enge Verbindung zu diesem künftigen gemeinsamen gewöhnlichen Aufenthalt zu bejahen. Kommt dies nicht in Betracht, etwa weil im Beispielsfall beide Ehegatten für unbestimmte Zeit in Berlin bleiben wollen, ist für jeden Ehegatten gesondert zu bestimmen, zu welcher US-amerikanischen Teilrechtsordnung die jeweils engste Verbindung besteht (im Falle des M zu Michigan, im Falle der F zu Florida). Sodann ist, da es sich bei der Verweisung in Art. 14 Abs. 1 Nr. 1 um eine Gesamtverweisung handelt, jeweils nach dem Recht von Michigan bzw. Florida – einschließlich des dortigen IPR und ILR (→ Rn. 172) – zu bestimmen, ob die vom deutschen IPR ausgesprochene Verweisung angenommen wird oder nicht;[586] kommt es insoweit zu einer Rückverweisung auf das deutsche Recht oder zu einer Weiterverweisung auf dieselbe Teilrechtsordnung (also zB von Michigan auf Florida oder umgekehrt), ist das so ermittelte Recht anzuwenden.[587] Geht auch dies ins Leere, ist zu untersuchen, ob sich die Streitfrage nach dem übereinstimmenden Inhalt beider Rechte (Michigan und Florida) mit demselben Ergebnis entscheiden lässt;[588] insoweit ist es ausnahmsweise zulässig, die Rechtsanwendungsfrage iS einer interlokalrechtlichen Wahlfeststellung offen zu lassen, weil es nicht um die Entscheidung zwischen – revisiblem – deutschem und – irrevisiblem – ausländischem Recht geht (→ Einl. IPR Rn. 309 ff.), sondern allein um die Auswahl zwischen zwei Teilrechtsordnungen desselben Mehrrechtsstaates.[589] Für den Fall, dass auch dies nicht in Betracht kommt, besteht eine Fülle von Lösungsvorschlägen. Zum Teil wird auf den **Inhalt** der in Betracht kommenden Rechte abgestellt: So wird erwogen, das „schwächere" der beiden Teilrechte heranzuziehen, dh nur diejenigen Rechtsfolgen eingreifen zu lassen, die nach dem übereinstimmenden Inhalt beider Teilrechte begründet seien.[590]

---

[584] Ein ähnliches Beispiel findet sich schon bei *Stoll,* FS Keller, 1989, 511 (523) (Ohio/New York/Deutschland).

[585] Vgl. Staudinger/*Hausmann* (2013) Rn. 399.

[586] *Kropholler* IPR § 29 II 1c; abw. wohl *Stoll,* FS Keller, 1989, 511 (524) mit dem Argument, die für einen Renvoi maßgebende Teilrechtsordnung müsse erst noch bestimmt werden.

[587] Zur Bestimmung des Ehewirkungsstatuts in den USA näher *Hay/Borchers/Symeonides,* Conflict of Laws, 5. Aufl. 2010, §§ 13, 14.

[588] *Kropholler* IPR § 29 II 1c; *Spickhoff* JZ 1993, 336 (340).

[589] Vgl. zum internationalen Erbrecht nach dem übereinstimmenden Common Law der US-amerikanischen Gliedstaaten KG ZOV 2001, 162 = VIZ 2001, 682; allg. Staudinger/*Hausmann* (2013) Rn. 400; *Spickhoff* JZ 1993, 336 (340).

[590] Diesen von *Kegel/Schurig* IPR § 20 V 1a im Hinblick auf Art. 14 Abs. 1 Nr. 3 gemachten Vorschlag greifen *Spickhoff* JZ 1993, 336 (340) und Staudinger/*Hausmann* (2013) Rn. 401 auch im Rahmen des Art. 4 Abs. 3 S. 2 auf, verwerfen ihn aber letztlich.

Nach einem anderen Ansatz soll die Teilrechtsordnung heranzuziehen sein, die in dem betreffenden Gesamtstaat die weiteste Verbreitung habe („Wahrscheinlichkeitsgrundsatz").[591] Schließlich wird vorgeschlagen, diejenige Teilrechtsordnung heranzuziehen, die inhaltlich dem Recht am gewöhnlichen Aufenthalt der Betroffenen, mangels eines solchen der lex fori, am nächsten komme.[592] All diese Lösungsvorschläge kranken jedoch daran, dass sie mit einem beträchtlichen Aufwand für die erforderliche Rechtsvergleichung verbunden sind, andererseits aber keine leicht handhabbaren und rechtssicheren Abgrenzungskriterien bieten.[593]

175   Diese Schwierigkeiten lassen sich vermeiden, indem man einen formalen Stichentscheid herbeiführt, wofür sich Teile der Literatur aussprechen: Erstens wird vorgeschlagen, den Betroffenen die **Wahl** zwischen den in Betracht kommenden Rechtsordnungen zu lassen.[594] Dieser Ansatz hat, wie auch Art. 14 lit. c Var. 2 Rom III-VO zeigt, rechtspolitisch viel für sich, muss aber ausscheiden, wenn unser IPR den Betroffenen bei Bestehen einer gemeinsamen Staatsangehörigkeit keine Rechtswahlbefugnis einräumt (Art. 14 Abs. 3), denn es ist kaum anzunehmen, dass der Gesetzgeber den Parteien auf der interlokalrechtlichen Ebene die Freiheit der Rechtswahl einräumen wollte, wenn er sie ihnen in internationalprivatrechtlicher Hinsicht versagt. Zweitens wird herkömmlich befürwortet, bei einer nicht feststellbaren gemeinsamen engsten Verbindung der Betroffenen zu derselben Teilrechtsordnung das in der jeweiligen **Landeshauptstadt** (also im Beispielsfall Washington D.C.) geltende Recht zu berufen.[595] Diese Anknüpfung ist zwar vergleichsweise einfach zu ermitteln und rechtssicher zu handhaben;[596] in inhaltlicher Hinsicht ist es aber nur wenig überzeugend, eine Teilrechtsordnung zu berufen, mit der die Betroffenen weder durch ihren gewöhnlichen Aufenthalt noch anderweitig eng verbunden sind.[597]

176   Den Vorzug verdient daher die vordringende Auffassung, beim Fehlen einer gemeinsamen engsten Verbindung der Betroffenen zu einer Teilrechtsordnung auf die nächste Sprosse einer Anknüpfungsleiter zu steigen und das **Recht am gemeinsamen gewöhnlichen Aufenthalt** (im Beispielsfall also deutsches Recht gem. Art. 14 Abs. 1 Nr. 2) zu berufen.[598] Denn die Staatsangehörigkeit kann hier letztlich nicht zur Anwendung einer auch inhaltlich mit den betroffenen Personen eng verbundenen Rechtsordnung führen und hat somit bei wertender Betrachtung versagt.[599] Im Lichte des Vordringens des gewöhnlichen Aufenthalts im europäischen und staatsvertraglichen IPR (→ Art. 5 Rn. 113) ist es auch im autonomen IPR nicht länger sachgerecht, „unter allen Umständen" am Primat der Staatsangehörigkeitsanknüpfung festhalten zu wollen.[600] Der formal-dogmatische Einwand, dass lediglich die interlokalrechtliche Unteranknüpfung, nicht aber die internationalprivatrechtliche Grundanknüpfung gescheitert sei,[601] hat demgegenüber kein entscheidendes Gewicht, weil nicht nur in Art. 4 Abs. 3, sondern auch zB im Recht der USA nicht in jeder Hinsicht scharf zwischen international- und interlokalprivatrechtlichen Interessen und Wertungen getrennt wird. Diese Lösung widerspricht schließlich keiner „bewußt getroffenen Grundsatzentscheidung" des deutschen Gesetzgebers,[602] da mit der offenen Formulierung des Art. 4 Abs. 3 S. 2 gerade intendiert war, „der Praxis einen gewissen Spielraum" zu lassen.[603]

177   **b) Gesamtverweisung. aa) Mehrrechtsstaat mit einheitlichem IPR und ILR.** Wird auf das Recht eines Staates verwiesen, dem eine Person angehört, handelt es sich im autonomen deutschen IPR regelmäßig um eine Gesamtverweisung (Art. 4 Abs. 1 S. 1). Verfügt die durch die deutsche Kollisionsnorm bezeichnete Rechtsordnung über ein für den Gesamtstaat einheitliches IPR, ist zunächst dieses daraufhin zu befragen, ob es die Verweisung annimmt. Ist dies nicht der Fall, weil

---

[591] *Lüderitz* IPR Rn. 174; hierzu abl. *Spickhoff* JZ 1993, 336 (339); Staudinger/*Hausmann* (2013) Rn. 401.

[592] *Spickhoff* JZ 1993, 336 (340).

[593] Abl. auch Staudinger/*Hausmann* (2013) Rn. 401.

[594] So *Hay* IPRax 1988, 265 (266).

[595] So bereits *Kegel*, FS Arnold, 1955, 60 (77) mwN zum älteren Schrifttum; aus neuerer Zeit ebenso *Bungert* IPRax 1993, 10 (16); Staudinger/*Hausmann* (2013) Rn. 401; vgl. auch zu Ex-Jugoslawien AG Überlingen IPRspr. 1988 Nr. 82.

[596] Dies konzediert auch *Spickhoff* JZ 1993, 336 (339).

[597] *Stoll*, FS Keller, 1989, 511 (523) nennt dies „mehr oder weniger willkürlich"; ähnlich *Kropholler* IPR § 29 II 1c („weniger angemessen"); *Spickhoff* JZ 1993, 336 (339).

[598] Eingehend *Stoll*, FS Keller, 1989, 511 (523 f.); ebenso *Andrae* IntFamR § 3 Rn. 77; *Kropholler* IPR § 29 II 1c; AG Rosenheim IPRspr. 1992 Nr. 104.

[599] *Stoll*, FS Keller, 1989, 511 (523) betrachtet mit Recht die primäre Anknüpfung als „gescheitert".

[600] So aber noch *Bungert* IPRax 1993, 10 (16); im Ergebnis auch Staudinger/*Hausmann* (2013) Rn. 400, *Spickhoff* JZ 1993, 336 (339 f.).

[601] So aber *Spickhoff* JZ 1993, 336 (339); ebenso Staudinger/*Hausmann* (2013) Rn. 400.

[602] So aber *Spickhoff* JZ 1993, 336 (339); ebenso Staudinger/*Hausmann* (2013) Rn. 400.

[603] BT-Drs. 10/504, 40.

auf deutsches Recht zurück- oder auf das Recht eines dritten Staates weiterverwiesen wird, gelangt man von vornherein nicht zur interlokalen Problematik, unter mehreren Teilrechtsordnungen eine Auswahl treffen zu müssen. Nimmt der fremde Staat hingegen die Verweisung an, ist in einem zweiten Schritt zu prüfen, ob er über ein einheitliches ILR verfügt. Wenn dies zu bejahen ist, bestimmen gem. Art. 4 Abs. 3 S. 1 die Regeln dieses ausländischen ILR darüber, welche Teilrechtsordnung zur Anwendung berufen ist. Sodann ist das Sachrecht dieser Teilrechtsordnung anzuwenden, da mangels eines einzelstaatlichen IPR/ILR auf dieser Ebene keine Rück- oder Weiterverweisung mehr in Betracht kommt.

bb) Mehrrechtsstaat mit gespaltenem IPR und ILR. Die überwiegende Zahl der Mehr- **178** rechtsstaaten (wie zB die USA) verfügt aber weder über ein einheitliches IPR noch ILR. In diesem Fall ist wie folgt vorzugehen: Gemäß Art. 4 Abs. 3 S. 2 – in direkter, nicht analoger Anwendung[604] – ist zunächst die Teilrechtsordnung zu ermitteln, mit welcher „der Sachverhalt" aus unserer Sicht am engsten verbunden ist (→ Rn. 169 ff., insbesondere → Rn. 174 zum ausnahmsweise statthaften Offenlassen der Rechtsanwendungsfrage). Hat man auf diese Weise die maßgebende Teilrechtsordnung (also zB Illinois) bestimmt, ist nach deren IPR zu prüfen, ob sie die vom deutschen IPR ausgesprochene Verweisung annimmt oder nicht. Wenn sich insoweit ergibt, dass das IPR der betreffenden Teilrechtsordnung auf deutsches Recht zurückverweist (Art. 4 Abs. 1 S. 2), ist die kollisionsrechtliche Prüfung damit beendet und deutsches Sachrecht anzuwenden. Verweist das IPR der betreffenden Teilrechtsordnung hingegen auf einen dritten ausländischen Staat weiter, ist das Sachrecht dieses Staates anzuwenden, wenn es sich um eine Sachnormverweisung handelt; andernfalls ist das IPR dieses letztgenannten Staates daraufhin zu prüfen, ob es die Weiterverweisung annimmt (→ Rn. 172). Schließlich kommt in Betracht, dass die betreffende Teilrechtsordnung aufgrund der Regeln ihres eigenen ILR auf eine andere Teilrechtsordnung (also zB Michigan) weiterverweist. Handelt es sich um eine Sachnormverweisung, ist das Sachrecht dieser zweiten Teilrechtsordnung anzuwenden; andernfalls ist nach dem ILR dieser letztgenannten Teilrechtsordnung zu entscheiden, ob sie die Weiterverweisung annimmt.

cc) Mehrrechtsstaat mit einheitlichem IPR und gespaltenem ILR. Vielfach wird es bereits **179** als logisch ausgeschlossen bezeichnet, dass in dem Mehrrechtsstaat, auf den unser IPR verweist, zwar ein einheitliches IPR, aber kein die jeweiligen Teilrechtsordnungen überwölbendes gesamtstaatliches ILR existiert.[605] Denn im Falle der Existenz eines gesamtstaatlichen IPR müssten die Gerichte eines solchen Mehrrechtsstaates auch die interlokalrechtliche Ergänzung dieser Kollisionsnormen notwendigerweise einheitlich vornehmen.[606] Diese These erscheint in dieser Allgemeinheit aber unzutreffend: Ein Mehrrechtsstaat wie zB die USA könnte durchaus einem kollisionsrechtlichen Staatsvertrag beitreten und hierdurch auf Bundesebene einheitliches IPR schaffen; das ILR wäre dann aber genau so unvereinheitlicht wie vorher, da kollisionsrechtliche Staatsverträge regelmäßig klarstellen, dass die in ihnen enthaltenen Regeln nicht für interlokale Rechtskonflikte gelten (s. zB Art. 15 HUP). In derartigen Konstellationen ist folglich wiederum zunächst nach dem gesamtstaatlichen IPR zu prüfen, ob es die von unserem Kollisionsrecht ausgesprochene Verweisung annimmt. Daraufhin ist gemäß Art. 4 Abs. 3 S. 2 die Teilrechtsordnung zu ermitteln, mit welcher die Bezugsperson aus unserer Sicht am engsten verbunden ist (→ Rn. 169 ff.).

dd) Mehrrechtsstaat mit gespaltenem IPR und einheitlichem ILR. Hat der Mehrrechts- **180** staat, dem die Bezugsperson angehört, zwar ein einheitliches ILR, aber kein einheitliches IPR (→ Rn. 168), ist zunächst gemäß Art. 4 Abs. 3 S. 1 die maßgebende Teilrechtsordnung nach dem gesamtstaatlichen ILR zu bestimmen. Sodann ist nach dem einzelstaatlichen IPR zu prüfen, ob die vom deutschen Kollisionsrecht ausgesprochene Verweisung angenommen wird oder nicht (→ Rn. 172).

c) Sachnormverweisung. Zwar handelt es sich bei der Anknüpfung an die Staatsangehörigkeit **181** im autonomen deutschen IPR in aller Regel um eine Gesamtverweisung; zwingend ist dies aber nicht, da sich Ausnahmen etwa bei einer unmittelbaren Bezugnahme auf Sacherfordernisse des Heimatrechts, so nach hM im Falle der Art. 23 S. 1 (näher → Art. 3a Rn. 12), bei alternativen Anknüpfungen aus Art. 4 Abs. 1 S. 1 („Sinn der Verweisung"; → Rn. 17) oder im Falle einer Wahl des Rechts eines Staates, dem eine Person angehört (zB nach Art. 14 Abs. 3), aus Art. 4 Abs. 2

---

[604] So die ganz hM, s. zB Palandt/*Thorn* Rn. 12; Staudinger/*Hausmann* (2013) Rn. 407; aA *Otto* IPRax 1994, 1 (2); *V. Schröder*, Die Verweisung auf Mehrrechtsstaaten im deutschen Internationalen Privatrecht – unter besonderer Berücksichtigung der Verweisung auf die Vereinigten Staaten von Amerika, 2007, 124 f.
[605] So *Stoll*, FS Keller, 1989, 511 (513 f.); *Rauscher* IPR Rn. 399.
[606] *Stoll*, FS Keller, 1989, 511 (513 f.); *Rauscher* IPR Rn. 399.

(→ Rn. 21) ergeben können[607] (zu den besonderen Problemen der Verweisung auf Mehrrechtsstaaten im Falle einer Rechtswahl näher → Rn. 206 ff.). Auch wenn in derartigen Konstellationen die Staatsangehörigkeitsanknüpfung eine internationalprivatrechtliche Sachnormverweisung ausspricht, wird allein dadurch die **Berücksichtigung ausländischen interlokalen Privatrechts nicht ausgeschlossen.**[608] Dies belegen zahlreiche Vorschriften in EU-Verordnungen (Art. 14 lit. c Rom III-VO) oder Haager Übereinkommen (Art. 45 lit. d ErwSÜ, Art. 16 Abs. 1 lit. d und e HUP), welche die Anwendung eines ausländischen ILR vorschreiben, obwohl die Kollisionsnormen in diesen Rechtsinstrumenten ausschließlich Sachnormverweisungen darstellen (Art. 11 Rom III-VO, Art. 19 ErwSÜ, Art. 12 HUP). Auch mit dem geltenden autonomen Recht ist eine entsprechende Differenzierung zwischen internationalprivatrechtlicher Sachnormverweisung und interlokalprivatrechtlicher Gesamtverweisung nach der in Art. 3a Abs. 1 enthaltenen Legaldefinition vereinbar, denn gemäß dieser Bestimmung beziehen sich Verweisungen auf Sachvorschriften "auf die Rechtsnormen der maßgebenden Rechtsordnung unter Ausschluss des *Internationalen* [also gerade nicht: des *interlokalen!*] Privatrechts".[609] Ein logisch undenkbarer Widerspruch zum Ausschluss des internationalprivatrechtlichen Renvoi liegt darin nicht,[610] denn anders als bei ortsbezogenen Anknüpfungsmomenten (→ Rn. 184) kann die Anknüpfung an die Staatsangehörigkeit in Bezug auf einen Mehrrechtsstaat auch im Falle einer internationalprivatrechtlichen Sachnormverweisung nicht ohne eine interlokalrechtliche Ergänzungsnorm zur unmittelbaren Bestimmung der maßgebenden Teilrechtsordnung führen: Was sollten zB die Sachnormen "der USA" sein, wenn die Bezugsperson den Vereinigten Staaten angehört?[611]

182   Es bedarf daher auch in derartigen Fällen einer Entscheidung des Gesetzgebers über die **Methode der interlokalrechtlichen Unteranknüpfung.** Hierbei steht aus rechtspolitischer Sicht wiederum einerseits die Vorranglösung zur Verfügung (Anwendung des ausländischen ILR), andererseits kommt ein kollisionsrechtlicher Durchgriff mithilfe einer autonomen Unteranknüpfung an die engste Verbindung in Betracht. Zwar würde bei einer Sachnormverweisung, die begriffsnotwendig bereits ausländisches IPR ignoriert, eine interlokalrechtliche Ergänzung durch eine autonome Unteranknüpfung normativ durchaus konsequent erscheinen, denn wenn aus unserer Sicht schon dem internationalen Entscheidungseinklang mit dem betreffenden ausländischen Staat kein besonderes Gewicht eingeräumt wird, kann man *a maiore ad minus* einwenden, dass dann erst recht dessen ILR nicht beachtet zu werden brauche.[612] Der mit der Vorranglösung angestrebte interlokalrechtliche Entscheidungseinklang ist nämlich rein hypothetischer Natur, wenn im Einzelfall die zu entscheidende Rechtsfrage bereits nach dem IPR des fremden Staates anders als an die Staatsangehörigkeit, zB an den gewöhnlichen Aufenthalt der Bezugsperson, angeknüpft wird.[613]

183   Der **deutsche Gesetzgeber** hat sich aber in Art. 4 Abs. 3 auch insoweit dafür entschieden, primär das in einem Mehrrechtsstaat geltende einheitliche ILR anzuwenden (Satz 1) und nur mangels eines solchen mithilfe des Kriteriums der engsten Verbindung autonom unteranzuknüpfen (Satz 2).[614] Hierfür lässt sich anführen, dass die Gesamtverweisung im geltenden IPR nach der Systematik des Art. 4 die Regel, die Sachnormverweisung aber die Ausnahme darstellt, so dass nach der Maxime "singularia non sunt extendenda" die mit einer Sachnormverweisung verbundenen Divergenzen möglichst gering gehalten, also nicht ohne Not auch auf die interlokalrechtliche Ebene erstreckt werden sollten. Ferner kann man die Lösung des geltenden Rechts damit rechtfertigen, dass kein praktischer Bedarf für die Entwicklung einer autonomen Unteranknüpfung ad hoc (etwa anhand des Prinzips der engsten Verbindung) bestehe, wenn auf das einheitliche ILR eines ausländischen Mehrrechtsstaates zurückgegriffen werden könne. Schließlich wird das geltende Recht dadurch gestützt, dass es sich mit der Respektierung eines einheitlichen ILR des fremden Staates in Einklang mit den einschlägigen Regelungen in EU-Verordnungen und Staatsverträgen befindet (→ Rn. 4; zur Mehrrechtsstaatenproblematik in internationalen Rechtsquellen näher → Rn. 216 ff.). Zwar mögen all diese Argumente in rechtspolitischer Hinsicht angreifbar sein; allein dies rechtfertigt aber keine korrigierende Auslegung des geltenden Rechts.

---

[607] Hierzu *Stoll,* FS Keller, 1989, 511 (514 f.).

[608] Vgl. bereits *Stoll,* FS Keller, 1989, 511 (514 f.); s. auch das Beispiel zu Art. 19 Abs. 1 S. 2 bei *Rauscher* IPR Rn. 404.

[609] Hervorhebung hinzugefügt.

[610] Vgl. aber *Stoll,* FS Keller, 1989, 511 (515): "innerer Widerspruch jener Verweisungstechnik"; *Eichel* in Leible/Unberath Rom 0-VO 403 f.

[611] *v. Bar/Mankowski* IPR I § 4 Rn. 157.

[612] Insoweit berechtigte Einwände bei *Stoll,* FS Keller, 1989, 511 (514 f.); ebenso *Eichel* in Leible/Unberath Rom 0-VO 405–407.

[613] *Stoll,* FS Keller, 1989, 511 (515).

[614] Vgl. die Fallbeispiele bei *Rauscher* IPR Rn. 403–405; davon geht auch die Kritik an der Regelung von *Stoll,* FS Keller, 1989, 511 (514 f.) aus.

2. Ortsbezogene Anknüpfungsmomente. a) Arten ortsbezogener Anknüpfungsmo- 184
mente. Das EGBGB verwendet in zahlreichen Vorschriften ortsbezogene (territoriale) Anknüpfungsmomente. Hierzu gehören insbesondere die Anknüpfungen an den gewöhnlichen Aufenthalt
(Art. 5 Abs. 2, Art. 14 Abs. 1 Nr. 2, Art. 40 Abs. 2 S. 1), an den Verwaltungssitz einer juristischen
Person (Art. 40 Abs. 2 S. 2), an den Ort, an dem ein Rechtsgeschäft vorgenommen wurde (Art. 11
Abs. 1 Var. 2, Art. 39 Abs. 1), an den Eingriffsort oder den Staat, in dem die Bereicherung eingetreten
ist, im Bereicherungsrecht (Art. 38 Abs. 2 und 3), an den Handlungs- oder Erfolgsort bei einer
unerlaubten Handlung (Art. 40 Abs. 1) sowie an den Lageort einer Sache (Art. 3a Abs. 2,[615] Art. 43
Abs. 1[616]). Diesen ortsbezogenen Anknüpfungen lässt sich ohne Zwischenschaltung eines fremden
ILR unmittelbar die jeweils maßgebende Teilrechtsordnung entnehmen, denn verwiesen wird insoweit auf diejenige Teilrechtsordnung, auf deren Gebiet das jeweilige territoriale Anknüpfungsmoment
(der gewöhnliche Aufenthalt, der Handlungs- oder Lageort) zu lokalisieren ist. Dieser **Durchgriffsmethode,** die schon vor 1986 von gewichtigen Stimmen vertreten wurde,[617] ist der Gesetzgeber
bei der Schaffung des Art. 4 Abs. 3 S. 1 gefolgt.[618] In der Begründung des Regierungsentwurfs heißt
es: „Die Vorschrift [Art. 4 Abs. 3 S. 1] gilt nur, wenn die deutschen Kollisionsnormen die maßgebende Teilrechtsordnung nicht selbst bestimmen (‚ohne … zu bezeichnen‘). Diese Voraussetzung ist
bei der Anknüpfung an die Staatsangehörigkeit gegeben. Bei anderen Anknüpfungen, etwa an den
gewöhnlichen Aufenthalt oder den Lageort von Vermögensgegenständen, wird die anwendbare
Teilrechtsordnung unmittelbar berufen. Für eine Anwendung von Satz 1 ist dann kein Raum."[619]
Wenn der in Satz 1 vorgesehene Vorrang des fremden ILR für ortsbezogene Anknüpfungen gänzlich
ausgeschaltet wird (Art. 4 Abs. 3 S. 1), kommt auch die in Art. 4 Abs. 3 S. 2 für den Fall, dass der
Staat, auf den unser IPR verweist, über kein einheitliches ILR verfügt, vorgesehene Hilfsanknüpfung
insoweit nicht zum Zuge.[620] Zu erwägen ist aber, Art. 4 Abs. 3 S. 2 analog anzuwenden, wenn zB
zwar der gewöhnliche Aufenthalt einer Person in einem Mehrrechtsstaat zu lokalisieren ist, aber
nicht einer von dessen Teilrechtsordnungen zugeordnet werden kann (näher → Rn. 205).

Das Gesagte gilt unabhängig von der **Formulierung der einzelnen Kollisionsnorm,** die im 185
Gesetz nicht in konsistenter Weise erfolgt ist: Ob das EGBGB bei der Verwendung territorialer
Anknüpfungsmomente explizit vom Recht eines „Ortes" spricht (so zB in Art. 15 Abs. 2 Nr. 3)
oder insoweit auf das Recht eines „Staates" Bezug nimmt (so zB in Art. 5 Abs. 2, Art. 11 Abs. 1 Var.
2, Art. 14 Abs. 1 Nr. 2, Art. 40 Abs. 1), macht keinen Unterschied.[621] Ebenso wird die maßgebende
Teilrechtsordnung direkt bezeichnet, wenn eine ungeschriebene, richterrechtliche Kollisionsnorm
ein ortsbezogenes Anknüpfungsmoment verwendet, wie etwa die herkömmliche Anknüpfung an
den Verwaltungssitz im deutschen Internationalen Gesellschaftsrecht (s. → IntGesR Rn. 5) oder die
Anknüpfung an das Recht des Gebrauchsortes der Vollmacht im Stellvertretungsrecht.[622]

Fraglich ist, ob es sich auch bei der Anknüpfung an die **engste bzw. wesentlich engere Verbin-** 186
dung, wie sie etwa Art. 14 Abs. 1 Nr. 3, Art. 41 oder Art. 46 vorsehen, um ein ortsbezogenes
Anknüpfungsmoment im hier beschriebenen Sinne handelt.[623] Zwar ist es denkbar, dass die engste
bzw. engere Verbindung iS dieser Vorschriften durch räumliche Bezugspunkte konkretisiert wird,
denen sich sodann eine Zuweisung zu einer Teilrechtsordnung entnehmen lässt. Eine engere Verbindung – etwa im Sinne des Art. 41 Abs. 2 Nr. 1 oder des Art. 46 – kann indes auch zu einer rechtlichen
Beziehung bestehen, für die das anwendbare Recht wiederum nach einer personalen Anknüpfung
an die Staatsangehörigkeit (zB ein Familienverhältnis) oder aufgrund einer freien Rechtswahl (zB
ein Vertrag) zu bestimmen ist; in diesem Fall ergibt sich aus der engeren oder engsten Verbindung
zwar ein inhaltlicher, aber nicht notwendigerweise ein **unmittelbarer räumlicher Bezug** zu einer

---

[615] ZB BayObLG FamRZ 2005, 1017 mAnm *Gottwald* = FGPrax 2005, 69; Staudinger/*Dörner* (2007) Art. 25
Rn. 578.

[616] Vgl. OLG München FamRZ 2012, 1643 = BeckRS 2012, 21663 (in Florida belegener Trust).

[617] Grundlegend *Kegel,* FS Arnold, 1955, 61 ff.; *Stoll,* FS Keller, 1989, 511 (517) bezeichnet dies als „schon
vor der gesetzlichen Neuordnung des IPR hL"; anders die 5. Aufl. Rn. 96 *(Sonnenberger):* „Minderheit".

[618] Dies begrüßend *Parisot* YbPIL 15 (2013/14), 541 (570), mit weiteren rechtsvergleichenden Hinweisen.

[619] BT-Drs. 10/504 S. 40.

[620] *Ferid* IPR Rn. 2–38, 2.

[621] *v. Bar/Mankowski* IPR I § 4 Rn. 156; *Gottschalk* Allgemeine Lehren des IPR 196; *Kropholler* IPR § 29 II 2;
Stoll, FS Keller, 1989, 511 (517).

[622] Vgl. im Ergebnis BGH NJW 1990, 3088: Gebrauchsort der Vollmacht in England führt zur Anwendung
englischen Rechts, ohne dass das interlokale Privatrecht des Vereinigten Königreichs auch nur angesprochen wird.

[623] Dazu tendierend (im Hinblick auf Art. 14 Abs. 1 Nr. 3) *Spickhoff* JZ 1993, 336 (337); im Ergebnis auch *V.
Schröder,* Die Verweisung auf Mehrrechtsstaaten im deutschen Internationalen Privatrecht – unter besonderer
Berücksichtigung der Verweisung auf die Vereinigten Staaten von Amerika, 2007, 145; ebenso zum europ. IPR
Eichel in Leible/Unberath Rom 0-VO 411 in Fn. 54.

bestimmten Teilrechtsordnung.[624] Dem hinter der akzessorischen Anknüpfung stehenden Gleichlaufgedanken wird jedoch am besten dadurch Rechnung getragen, dass die in Bezug auf das Rechtsverhältnis, an das akzessorisch angeknüpft wird, maßgebende Unteranknüpfung auch auf das akzessorisch angeknüpfte Statut erstreckt wird. Es kommt also darauf an, ob das die akzessorische Anknüpfung tragende Rechtsverhältnis seinerseits ortsbezogen oder nach Art. 4 Abs. 3 angeknüpft wird. Fehlt es insoweit in dem Staat, auf dessen Recht verwiesen wird, an einem einheitlichen ILR, werden die Kriterien, die im Rahmen des Art. 14 Abs. 1 Nr. 3, Art. 41 oder Art. 46 zur Feststellung der engsten bzw. einer wesentlich engeren Verbindung führen, regelmäßig auch im Rahmen der engsten Verbindung iS des Art. 4 Abs. 3 S. 2 relevant sein.

187   Es ist im Einzelnen umstritten, ob die in Art. 4 Abs. 3 S. 1 verankerte Durchgriffsmethode auch im Falle einer Gesamtverweisung gilt oder ob die Norm insoweit einer Einschränkung bedarf (näher → Rn. 188 ff.).

188   **b) Gesamtverweisung. aa) Mehrrechtsstaat mit einheitlichem IPR und ILR.** Die Verdrängung des fremden ILR aufgrund der Durchgriffsmethode wird vielfach rechtspolitisch kritisiert, weil sie das Ziel des internationalen Entscheidungseinklangs gefährde.[625] Insbesondere ist die Anwendbarkeit der Ausnahmeklausel in Art. 4 Abs. 3 S. 1 („ohne die maßgebende zu bezeichnen") umstritten, wenn deutsche Kollisionsnormen zwar ortsbezogene Anknüpfungsmomente verwenden, aber eine Gesamtverweisung aussprechen (etwa bei der Anknüpfung an den gewöhnlichen Aufenthalt der Ehegatten in Art. 14 Abs. 1 Nr. 2 oder an den Lageort einer Sache in Art. 43 Abs. 1; → Rn. 184). Nach der **überwiegenden Meinung** wird die in Art. 4 Abs. 3 S. 1 vorgesehene unmittelbare Bestimmung der maßgebenden Teilrechtsordnung durch territoriale Anknüpfungsmomente auch befolgt, wenn die deutsche Kollisionsnorm eine Gesamtverweisung ausspricht und zwar selbst dann, wenn die fremde Gesamtrechtsordnung über ein einheitliches ILR verfügt.[626] Wenn zB Art. 14 Abs. 1 Nr. 2 auf den gemeinsamen gewöhnlichen Aufenthalt zweier Eheleute, von denen der Mann Spanier und die Frau Deutsche ist, in Barcelona verweist, nimmt das gesamtstaatliche spanische IPR diese Verweisung an (Art. 9 Nr. 2 Cód. civ.);[627] sodann wird im ersten Zugriff aufgrund der Ausnahmeklausel in Art. 4 Abs. 3 S. 1 unmittelbar die Teilrechtsordnung Kataloniens berufen.[628] Es ist aber fraglich, ob man hierbei – im Sinne einer Sachnormverweisung auf die katalanischen materiellen Vorschriften – stehen bleiben darf.[629] Denn bei einem solchen Ergebnis würde ein schwer einleuchtender **Wertungswiderspruch** zwischen der kollisionsrechtlichen Verpflichtung zur Beachtung eines Renvoi (Art. 4 Abs. 1) einerseits, dem interlokalrechtlichen Durchgriff (Art. 4 Abs. 3 S. 1) auf das Sachrecht der durch das ortsbezogene Anknüpfungsmoment bezeichneten Teilrechtsordnung andererseits entstehen.[630] Die Lösung dieser Frage ist höchst umstritten.

189   Zum Teil wird bereits de lege lata für eine **teleologische Reduktion** des Satzes 1 bzw. für dessen einschränkende Auslegung im Falle einer Gesamtverweisung plädiert:

190   Nach einer Auffassung – man könnte von einer **„großen berichtigenden Auslegung"** sprechen[631] – soll die in Satz 1 enthaltene Ausnahmeklausel („ohne die maßgebende zu bezeichnen") bei einer Gesamtverweisung durch das deutsche IPR schlechthin unanwendbar sein.[632] Die Anwendbarkeit der Klausel soll auf solche ortsbezogenen Anknüpfungsmomente beschränkt werden, die Sachnormverweisungen enthalten;[633] im Falle einer kollisionsrechtlichen Gesamtverweisung soll hingegen, um den angestrebten Entscheidungseinklang auf die interlokalrechtliche Ebene zu verlängern,

---

[624] Vgl. auch *Christandl* JPIL 9 (2013), 219 (240), der die Anknüpfung an die wesentlich engere Verbindung beiläufig als personales Anknüpfungsmoment einordnet.

[625] Eingehend 5. Aufl. Rn. 99 (*Sonnenberger*); *v. Bar* IPR I, 1. Aufl. 1987, Rn. 281 (anders aber *v. Bar/Mankowski* IPR I Rn. 155 f.); *Gottschalk* Allgemeine Lehren des IPR 193 ff.; NK-BGB/*Freitag* Rn. 33 ff.; *Otto* IPRax 1994, 1 ff.; *Rauscher* IPRax 1987, 206 ff.; ders. IPR Rn. 406; *V. Schröder*, Die Verweisung auf Mehrrechtsstaaten im deutschen Internationalen Privatrecht – unter besonderer Berücksichtigung der Verweisung auf die Vereinigten Staaten von Amerika, 2007, 127 ff.; *Spickhoff* JZ 1993, 336 (337); beiläufig auch Bamberger/Roth/*Lorenz* Rn. 19.

[626] Eingehend *Stoll*, FS Keller, 1989, 511 (517 ff.); ebenso *v. Bar/Mankowski* IPR I § 4 Rn. 156, Erman/*Hohloch* Rn. 22; *Kegel/Schurig* IPR § 11 II; *Kropholler* IPR § 29 II 2; *Lüderitz* IPR Rn. 171; Palandt/*Thorn* Rn. 13; de lege lata auch *V. Schröder*, Die Verweisung auf Mehrrechtsstaaten im deutschen Internationalen Privatrecht – unter besonderer Berücksichtigung der Verweisung auf die Vereinigten Staaten von Amerika, 2007, 133 ff.

[627] Abgedruckt bei *Riering* Nr. 9.

[628] Zu diesem von *Ferid* IPR Rn. 2–37,2, 2–38,6 gebildeten Beispiel *Kropholler* IPR § 29 II 2; *Stoll*, FS Keller, 1989, 511 (517 ff.).

[629] So Bamberger/Roth/*Lorenz* Rn. 19.

[630] *Kropholler* IPR § 29 II 2; *Stoll*, FS Keller, 1989, 511 (517 ff.).

[631] In Anlehnung an die bekannte Terminologie zu § 246 StGB.

[632] Explizit NK-BGB/*Freitag* Rn. 33 ff.

[633] NK-BGB/*Freitag* Rn. 33 ff.; *Otto* IPRax 1994, 1 ff.; *Rauscher* IPRax 1987, 206 ff.; *Prinz v. Sachsen Gessaphe*, Symposium Winkler v. Mohrenfels, 2013, 163 (167).

nicht nur das ausländische IPR, sondern gemäß Art. 4 Abs. 3 S. 1 auch das einheitliche ILR des Staates, auf dessen Recht verwiesen wird, Beachtung finden.[634] Im oben (→ Rn. 188) genannten Beispielsfall wäre folglich das spanische ILR anzuwenden, das allerdings ebenfalls nach Art. 16 Nr. 1 Cód. civ. zum katalanischen Recht führen würde. Nimmt das ausländische IPR die Verweisung an, fehlt es aber in dieser Rechtsordnung an einem einheitlichen ILR, soll wiederum nach Art. 4 Abs. 3 S. 2 diejenige Teilrechtsordnung anzuwenden sein, mit welcher der Sachverhalt die engste Verbindung aufweist.[635] Ein Renvoi durch das ILR dieser Teilrechtsordnung ist nach Maßgabe der Ausführungen unter → Rn. 172 ebenso zu beachten wie auch sonst bei der Anwendung des Satzes 2.

Nach einer vermittelnden Meinung – gewissermaßen einer **„kleinen" berichtigenden Ausle-** **191** **gung** – soll die unmittelbare Bezeichnung der maßgebenden Teilrechtsordnung durch eine deutsche Kollisionsnorm, die ein ortsbezogenes Anknüpfungsmoment verwendet, zwar grundsätzlich auch bei Gesamtverweisungen Anwendung finden; sie soll aber nur in Betracht kommen, wenn der Staat, auf dessen Recht verwiesen wird, über kein einheitliches ILR verfügt.[636] Der Halbsatz „ohne die maßgebende zu bezeichnen" wird so nicht gänzlich eliminiert, sondern inhaltlich von Satz 1 in Satz 2 verschoben und auf diese Weise subsidiär gegenüber der Anwendung eines einheitlichen ILR.[637] Eine ähnliche Lösung findet sich heute in Art. 36 Abs. 1, Abs. 2 lit. a EuErbVO und künftig in Art. 33 Abs. 1, Abs. 2 lit. a EuGüVO/EuPartVO.[638] Fehlt es an einem einheitlichen ILR, kommt nach dieser Auffassung daher nicht die in Satz 2 vorgesehene Unteranknüpfung an die aus unserer Sicht bestimmten engste Verbindung zum Zuge, sondern das ortsbezogene Anknüpfungsmoment unserer Kollisionsnorm, zB der gewöhnliche Aufenthalt, soll unmittelbar die anwendbare Teilrechts- ordnung bestimmen.[639] Eine interlokalrechtliche Weiterverweisung durch das Partikularrecht dieser Teilrechtsordnung dürfte aber auch nach dieser Ansicht zu befolgen sein.[640]

Ob man mit der erstgenannten Auffassung im Falle von Gesamtverweisungen die Ausnahmeklausel **192** in Satz 1 („ohne die maßgebende zu bezeichnen") für schlechthin unanwendbar erklärt oder diesen Halbsatz in den Satz 2 verschiebt, wird regelmäßig zum **selben Ergebnis** führen: Nach beiden Lösungsansätzen genießt ein einheitliches ILR der Zielgesamtrechtsordnung auch gegenüber ortsbe- zogenen Anknüpfungsmomenten den Vorrang. Fehlt es hingegen an einem einheitlichen ILR in der Zielgesamtrechtsordnung, wird es zumeist keinen Unterschied machen, ob man insoweit die maßgebende Teilrechtsordnung mithilfe der engsten Verbindung nach Satz 2 bestimmt oder zumin- dest insoweit eine direkte Verweisung auf die maßgebende Teilrechtsordnung durch ein ortsbezogenes Anknüpfungsmoment annimmt, denn da die engste Verbindung im Lichte der Wertungen unseres eigenen Rechts zu konkretisieren ist, bleibt kaum Spielraum für eine Abweichung von der kollisions- rechtlichen Grundentscheidung, die in dem ortsbezogenen Anknüpfungsmoment unseres IPR zum Ausdruck gelangt ist.[641] Verweist zB unser IPR auf den gewöhnlichen Aufenthalt einer Person und fehlt es im bezeichneten Staat an einem einheitlichen ILR, bleibt es sich praktisch gleich, ob man die maßgebende Teilrechtsordnung anhand der engsten Verbindung (so die erstgenannte Minderheits- meinung) oder unmittelbar anhand des gewöhnlichen Aufenthalts der Bezugsperson (so die zweitge- nannte Minderheitsmeinung) bestimmt, da die engste Verbindung regelmäßig zu derjenigen Teil- rechtsordnung besteht, in der die Bezugsperson ihren gewöhnlichen Aufenthalt hat. Die Frage ist vielmehr, ob es de lege lata überhaupt zulässig ist, Art. 4 Abs. 3 in einer Weise berichtigend auszule- gen, die für Gesamtverweisungen entweder zu einer faktischen Streichung der Ausnahmeklausel („ohne die maßgebende zu bezeichnen") oder zu deren Verschiebung von Satz 1 in Satz 2 führt. Dies ist im Folgenden zu klären.

Im Wesentlichen werden **für eine Einschränkung der Durchgriffslösung** die folgenden Argu- **193** mente vorgetragen: **Erstens** wird auf die **Souveränität des Staates** in seinen inneren Angelegenhei- ten abgestellt; es soll dem Staat, auf dessen Recht unser IPR verweist, selbst überlassen bleiben, wie und nach welchen Kriterien er die maßgebende Teilrechtsordnung bestimme.[642] Zudem bestehe

---

[634] NK-BGB/*Freitag* Rn. 33 ff.; *Otto* IPRax 1994, 1 ff.; *Rauscher* IPRax 1987, 206 ff.; *Prinz v. Sachsen Gessaphe,* Symposium Winkler v. Mohrenfels, 2013, 163 (167).

[635] *Otto* IPRax 1994, 1 (2).

[636] *v. Bar* IPR I, 1. Aufl. 1987, Rn. 281 (aufgegeben durch *v. Bar/Mankowski* IPR I Rn. 155 f.); *Gottschalk* Allgemeine Lehren des IPR 196 f.; *Spickhoff* JZ 1993, 336 (337); für eine einzelfallbezogene Korrektur der Direkt- verweisung auch die 5. Aufl. 2010, Rn. 99 (*Sonnenberger*).

[637] S. die Nachweise in der vorigen Fn.

[638] Zu weiteren Beispielen für ein solches „subsidiary-reference model" in den Haager Konventionen *Christandl* JPIL 9 (2013), 219 (224 ff.).

[639] *v. Bar* IPR I, 1. Aufl. 1987, Rn. 281.

[640] So wohl *Spickhoff* JZ 1993, 336 (337); vgl. auch (auf Grundlage der hM) Bamberger/Roth/*Lorenz* Rn. 19.

[641] Vgl. bereits *Ferid* IPR Rn. 2–38,2.

[642] 5. Aufl. Rn. 92 (*Sonnenberger*); vgl. idS auch (zu Art. 19 Abs. 2 ErbRÜ) den Bericht *Waters* zum Haager Erbrechtsübereinkommen vom 1.8.1989, abrufbar unter http://www.hcch.net, Rn. 122: „The State is therefore sovereign in these matters if it chooses to make its mind known through the introduction of its own rules."

für eine autonome interlokale Anknüpfung nach eigenen Kriterien der lex fori **kein praktisches Bedürfnis,** wenn das von unserem IPR berufene Recht einheitliche Regeln des ILR bereithalte.[643] Diese Einwände rechtfertigen aber keine Abweichung vom positiven Recht: Ebenso wie das IPR der lex fori selbst darüber entscheiden kann, ob und unter welchen Voraussetzungen es dem IPR eines fremden Staates Beachtung schenkt (→ Rn. 2), kann es frei darüber befinden, ob es dessen ILR befolgen will.[644] Die lex fori kann ausländisches ILR auf ganzen Rechtsgebieten für unbeachtlich erklären, indem Verweisungen auf Teilrechtsordnungen wie Verweisungen auf Staaten behandelt werden (Art. 22 Abs. 1 Rom I-VO, Art. 25 Abs. 1 Rom II-VO). Erst recht kann die lex fori folglich die Berücksichtigung des ausländischen ILR allein für bestimmte Anknüpfungsmomente verweigern. Auch das Argument, es bestehe kein Bedarf für eine autonome Lösung, sofern im ausländischen Recht ein einheitliches ILR vorhanden sei, ist zweischneidig. Mit dem gleichen, wenn nicht dem besseren Recht kann argumentiert werden, es bestehe keine Notwendigkeit für die Prüfung des ausländischen ILR mitsamt den damit einhergehenden Komplikationen (insbesondere die korrekte Handhabung von Anknüpfungsmomenten wie dem *domicile* iS des Common Law oder der *vecindad* iS des spanischen ILR), wenn sich bereits nach unserem eigenen Kollisionsrecht aufgrund der Anknüpfung an einen bestimmten Ort zwanglos eine Lokalisierung des Sachverhalts innerhalb einer bestimmten Teilrechtsordnung vornehmen lasse.[645] Insoweit unterscheidet sich die Sachlage bei ortsbezogenen Anknüpfungsmomenten von der Staatsangehörigkeitsanknüpfung, bei der sich selbst im Falle einer Sachnormverweisung argumentieren lässt, dass der Rückgriff auf das einheitliche ILR des fremden Mehrrechtsstaates einen Gewinn an Effizienz und Rechtssicherheit gegenüber der andernfalls erforderlichen Ad hoc-Entwicklung einer autonomen Unteranknüpfung anhand des Prinzips der engsten Verbindung bedeute (→ Rn. 183).

194   **Zweitens** wird geltend gemacht, dass auch ortsbezogene Anknüpfungsmomente sich notwendigerweise inhaltlich stets auf einen **„Staat" als Objekt der Verweisung** bezögen.[646] Dieses eher begrifflich-rechtstechnische Argument[647] wird dem Normzweck aber nicht gerecht.[648] Die Ratio legis hinter der vom Gesetzgeber gewählten Durchgriffsmethode liegt vielmehr darin, dass territoriale Anknüpfungspunkte regelmäßig der Verwurzelung einer Person oder eines Sachverhalts in einer bestimmten Rechtsumwelt Rechnung tragen sollen.[649] Diese Rechtsumwelt wird im Einzelfall inhaltlich durch die dort geltenden Zivilrechtsnormen geprägt, ohne dass es insoweit einen Unterschied macht, ob der Geltungsbereich dieser Vorschriften sich auf das gesamte Staatsgebiet erstreckt oder nur auf das Gebiet der jeweiligen Teilrechtsordnung.[650] Ob die gebietsbezogenen Anknüpfungen des EGBGB insoweit nach ihrem Wortlaut auf das Recht eines Ortes verweisen oder das Recht eines Staates in Bezug nehmen, rechtfertigt keine Differenzierung (→ Rn. 185).

195   **Drittens** wird aus systematischer Sicht eingewendet, dass der Durchgriff bei ortsbezogenen Anknüpfungsmomenten der sachlich gebotenen **Reihenfolge der Prüfung von IPR und ILR** widerspreche: Wenn der fremde Staat mit einheitlichem IPR die Verweisung annehme, sei der Fall dem deutschen IPR entzogen; sodann könnten nur noch die interlokalrechtlichen Kriterien des ausländischen Rechts maßgeblich sein.[651] Dieses systematisch-logische Argument ist aber nicht zwingend. Das deutsche Kollisionsrecht kann ebenso gut zunächst einen unmittelbaren Durchgriff auf die aus unserer Sicht maßgebende Teilrechtsordnung anordnen und erst im weiteren Rahmen das ausländische gesamtstaatliche IPR berücksichtigen, weil es zugleich einen Bestandteil der jeweiligen Teilrechtsordnung bildet.[652] Dass dies mitunter nicht empfehlenswert ist, sondern das gesamtstaatliche IPR des fremden Rechts bereits *vor* der Ermittlung der maßgebenden Teilrechtsordnung geprüft werden sollte, ist nicht logisch vorgegeben, sondern ergibt sich allein aus pragmatischen Gesichtspunkten einer ökonomischen Falllösung: Wenn nämlich schon auf der im Gesamtstaat einheitlich geregelten internationalprivatrechtlichen Ebene abzusehen ist, dass das Recht dieses Staates auf den Sachverhalt gar keine Anwendung findet, sondern auf deutsches Recht zurückverweist, und diese

---

[643] *v. Bar* IPR I, 1. Aufl. 1987, Rn. 281: nur bei einem andernfalls drohenden rechtlichen „Vakuum"; ebenso NK-BGB/*Freitag* Rn. 33 ff.: Die Regelung ignoriere „ohne Not" Wertungen des ausländischen Rechts.
[644] *v. Bar/Mankowski* IPR I § 3 Rn. 156.
[645] In diesem Sinne *Kropholler* IPR § 29 II 2.
[646] *v. Bar* IPR I, 1. Aufl. 1987, Rn. 281; *Otto* IPRax 1994, 1 (2); *Rauscher* IPRax 1987, 206.
[647] Vgl. *Rauscher* IPR Rn. 406: „technisch betrachtet".
[648] *v. Bar/Mankowski* IPR I Rn. 156; *Kropholler* IPR § 29 II 2 nennen diesen Einwand „gekünstelt".
[649] *Stoll,* FS Keller, 1989, 511 (517) spricht von „Rechtsmilieu".
[650] So bereits *Stoll,* FS Keller, 1989, 511 (517).
[651] *Rauscher* IPR Rn. 407.
[652] So die Herangehensweise bei *Stoll,* FS Keller, 1989, 511 (519): „Aber auch in Katalonien gilt das vereinheitlichte spanische IPR …"; ebenso Bamberger/Roth/*Lorenz* Rn. 21; *Kegel/Schurig* IPR § 11 II; *Kropholler* IPR § 29 II 2; Palandt/*Thorn* Rn. 13.

Antwort notwendigerweise in jeder Teilrechtsordnung gleich ausfallen muss, wäre es ineffizient, vor der Beantwortung der internationalprivatrechtlichen Frage Gedanken an die exakte Festlegung der maßgeblichen Teilrechtsordnung zu verschwenden, im Beispielsfall etwa aufwendig die Frage zu klären, ob der gewöhnliche Aufenthalt der Ehegatten sich in Barcelona, Bilbao oder Madrid befand.[653] Man kann auch insoweit (→ Rn. 174) von einer interlokalrechtlichen Wahlfeststellung sprechen, nur dass diese hier nicht die sach-, sondern die internationalprivatrechtliche Ebene betrifft. Insoweit ist es im Ergebnis richtig, dass sich die interlokalrechtliche Frage nach der maßgeblichen Teilrechtsordnung in voller Schärfe erst dann stellt, wenn das einheitliche IPR des fremden Staates die Verweisung durch unser Kollisionsrecht überhaupt annimmt.

Hiermit ist aber wiederum nur die internationalprivatrechtliche Frage entschieden, welchen *Staa-* **196** *tes* Recht auf den Sachverhalt Anwendung findet; es wird hingegen nicht ohne weiteres die daran anschließende Frage präjudiziert, nach welchen Kriterien zu ermitteln ist, **welche *Teilrechtsordnung*** innerhalb des fremden Staates maßgeblich ist. Insoweit ist das Kollisionsrecht der lex fori erneut in seiner Entscheidung frei, ob es die interlokalrechtliche Unteranknüpfung selbstständig, also nach seinen eigenen Wertungen, vornimmt, oder ob es insoweit unselbstständig anknüpft und die Kriterien des ausländischen ILR zugrunde legt. Der schlichte Grundsatz „Wer A sagt, muss auch B sagen", gilt hier ebenso wenig wie bei der Anknüpfung von Vorfragen, die nach hM ebenfalls grundsätzlich selbstständig, dh nach dem eigenen IPR, und nicht abhängig vom IPR des fremden Rechts vorzunehmen ist (→ Einl. IPR Rn. 173 ff.).

Dass die Fokussierung auf den Gesamtstaat als Bezugspunkt einer Kollisionsnorm zudem nicht **197** logisch vorrangig vor der Bestimmung einer Teilrechtsordnung ist, zeigen auch diejenigen Fälle, in denen es im fremden Recht **an einem einheitlichen IPR fehlt,** wie dies zB in den USA der Fall ist: Hier muss zwangsläufig erst interlokalrechtlich die Teilrechtsordnung, welcher das maßgebende IPR zu entnehmen ist, ermittelt werden, bevor geklärt werden kann, ob die vom deutschen IPR ausgesprochene Verweisung überhaupt angenommen wird.[654] Auf Grundlage der hM lässt sich dieser Fall zwanglos mithilfe der Ausnahmeklausel in Art. 4 Abs. 3 S. 1 („ohne die maßgebende zu bezeichnen") erfassen: Liegt zB der gewöhnliche Aufenthalt der Ehegatten nach Art. 14 Abs. 1 Nr. 2 in Illinois, USA, findet ein unmittelbarer Durchgriff auf die maßgebliche Teilrechtsordnung (Illinois) statt, da ein gesamtstaatliches IPR in den USA nicht existiert. Erst in einem zweiten Schritt ist sodann das IPR von Illinois daraufhin zu befragen, ob es die internationalprivatrechtliche Verweisung durch das deutsche IPR annimmt; entscheidet es insoweit anders (etwa wegen Abweichungen des Domicile-Begriffs im Common Law vom gewöhnlichen Aufenthalt im deutschen Verständnis; → Art. 5 Rn. 127 ff.), kann es dazu kommen, dass im Ergebnis das Sachrecht eines nicht-amerikanischen dritten Staates zur Anwendung gelangt. Die internationalprivatrechtliche Frage wird in dieser Konstellation also erst *nach* der interlokalrechtlichen Frage beantwortet. Ebenso wenig, wie es im internationalen Zivilverfahrensrecht logisch geboten ist, die internationale Zuständigkeit deutscher Gerichte stets vor der örtlichen Zuständigkeit eines konkreten Gerichts zu prüfen,[655] ist es im IPR immer sachgerecht, die internationalprivatrechtliche Frage vor der interlokalrechtlichen zu beantworten. Wer einen strikten logischen Vorrang der IPR-Prüfung vor der interlokalrechtlichen Fragestellung konstruiert, muss hingegen den Art. 4 Abs. 3 als lückenhaft einstufen und kann ihn auf derartige Konstellationen allenfalls analog anwenden.[656] Als Fazit ist festzuhalten: Da eine allgemeine, dem Gesetzgeber sachlogisch vorgegebene Prüfungsreihenfolge von IPR und ILR nicht besteht, ergibt sich nicht automatisch, dass nach der internationalprivatrechtlichen Zuweisung des Sachverhalts an den Gesamtstaat auch dessen einheitliches ILR die Auswahl der Teilrechtsordnung determinieren müsse.

Viertens wird gerügt, dass der **Reformgesetzgeber des Jahres 1986 sich darin geirrt habe,** **198** dass die von ihm präferierte Lösung einem vorherrschenden Trend im staatsvertraglichen Kollisionsrecht entspreche.[657] Allerdings lässt sich die vom Gesetzgeber gewählte Durchgriffsmethode nicht allein mit dem Argument widerlegen, dass die von ihm als Vorbilder für Art. 4 Abs. 3 genannten Art. 14 MSA und Art. 1 Abs. 2 HTestformÜ tatsächlich auf das ILR des fremden Staates Bezug nähmen, denn diese Vorschriften knüpfen allein an Verweisungen auf die Staatsangehörigkeit an (→ Rn. 217). Irrig ist hingegen der Verweis in der Regierungsbegründung auf Art. 16 UStA, der ebenso wie Art. 16 HUP gerade keinen Durchgriff auf die maßgebende Teilrechtsordnung vorsieht,

---

[653] Richtig daher OLG München NJW-RR 2011, 663.
[654] Vgl. zB OLG München FamRZ 2012, 1643 = BeckRS 2012, 21663 (in Florida belegener Trust).
[655] Hierzu statt vieler *Linke/Hau,* Internationales Zivilverfahrensrecht, 6. Aufl. 2015, Rn. 4.65 mwN.
[656] So konsequent *Otto* IPRax 1994, 1 (2); *V. Schröder,* Die Verweisung auf Mehrrechtsstaaten im deutschen Internationalen Privatrecht – unter besonderer Berücksichtigung der Verweisung auf die Vereinigten Staaten von Amerika, 2007, 124 f.
[657] *v. Bar* IPR I, 1. Aufl. 1987, Rn. 281; *Rauscher* IPRax 1987, 206 (207).

sondern genau entgegengesetzt den Vorrang des einheitlichen ILR des fremden Staates auch für den Fall anordnet, dass eine Kollisionsnorm der genannten Übereinkommen auf den gewöhnlichen Aufenthalt einer Person abstellt.[658] Ein solcher Irrtum in der Begründung reicht zwar als solcher nicht aus, um den erkennbar gewollten Inhalt des Gesetzes infrage zu stellen.[659] Allerdings ist angesichts des Vordringens der Vorranglösung im europäischen und staatsvertraglichen IPR de lege ferenda die Frage berechtigt, ob die Regelungssystematik des Art. 4 Abs. 3 auch für den Restanwendungsbereich des autonomen Kollisionsrechts dem international vorherrschenden Ansatz angeglichen werden sollte (näher → Rn. 227 ff.).

199   **Letztlich** bleibt de lege lata nur das Argument der Gefährdung des **internationalen Entscheidungseinklangs,** wenn im Falle einer Gesamtverweisung durch ein ortsbezogenes Anknüpfungsmoment das einheitliche ILR des fremden Rechts nicht befolgt wird. Diese Kritik an der Durchgriffslösung träfe aber nur zu, wenn im Ergebnis eine Weiterverweisung durch das einheitliche ILR auf eine andere Teilrechtsordnung nicht beachtet würde.[660] Das ist indes auch nach der hL nicht der Fall: Denn da einheitliches ILR innerhalb der vom ortsbezogenen Anknüpfungsmoment unserer Kollisionsnorm bezeichneten Teilrechtsordnung gilt, muss es von einem deutschen Gericht bei einer Gesamtverweisung auf diese Teilrechtsordnung ebenso angewendet werden, wie dies ein Gericht in der betreffenden Teilrechtsordnung selbst täte.[661] Dies widerspricht weder dem Wortlaut noch dem Zweck der Vorschrift:[662] Der Halbsatz „ohne die maßgebende zu bezeichnen" ist im Kontext des Satzes 1 zu lesen. Das Adjektiv „maßgebende" bezieht sich folglich auf den Begriff „Teilrechtsordnung". Hierbei handelt es sich aber nicht notwendigerweise um eine Sachnormverweisung, denn auch Kollisionsnormen sind Bestandteil der Teilrechtsordnung (→ Rn. 195). Der Gesetzgeber erläutert zur Rechtsspaltung iS des Art. 4 Abs. 3 S. 1 ausdrücklich, dass die Frage, „[o]b im Fall der Rechtsspaltung die Sach- oder Kollisionsvorschriften der Teilrechtsordnung anzuwenden sind, [...] in sinngemäßer Anwendung des Absatzes 1 entschieden werden [kann]".[663] Der Begriff der „Teilrechtsordnung" umfasst folglich in der Terminologie des Gesetzes auch deren IPR und ILR. Es ist daher völlig unbestritten, dass jedenfalls eine Weiterverweisung durch das partikulare ILR einer Teilrechtsordnung zu beachten ist, wenn im betreffenden Gesamtstaat kein einheitliches ILR existiert.[664] Dann leuchtet es aber nicht ein, im Gegensatz dazu eine Weiterverweisung durch das einheitliche ILR eines fremden Staates zu ignorieren: Art. 4 Abs. 3 verwendet in den Sätzen 1 und 2 den Begriff der „Teilrechtsordnung" mit gleichem Inhalt, ohne dass es insoweit darauf ankommt, ob in dem betreffenden Staat ein einheitliches ILR existiert oder nicht, und das Adjektiv „maßgebende" in der Ausnahmeklausel des Satzes 1 knüpft wiederum an dieses Begriffsverständnis an. Damit ist es nicht zu vereinbaren, den Begriff der Teilrechtsordnung im Falle der Existenz eines partikularen ILR iS einer Gesamtverweisung zu verstehen, ihn bei Vorhandensein eines einheitlichen ILR aber allein auf die Sachvorschriften der maßgebenden Teilrechtsordnung zu beziehen. Nur die Beachtung auch eines interlokalen Renvoi trägt schließlich dem Bedürfnis nach einer harmonischen Auslegung der Abs. 1 und 3 des Art. 4 Rechnung.

200   Letztlich führen die vertretenen Auffassungen zur Auslegung der Ausnahmeklausel in Art. 4 Abs. 3 S. 1 also zu in konstruktiver Hinsicht erheblich abweichenden Lösungswegen, stimmen aber nach ganz überwiegender Lehre im **Ergebnis** – Beachtung eines interlokalen Renvoi durch das einheitliche ILR des Mehrrechtsstaates – letztlich überein.[665] Diesen Befund hat bereits Kegel mit dem klassischen Bild ausgedrückt, es bleibe gleich, „ob man in das fremde Haus durch den ‚Keller' einsteigt (indem man selbst das Teilgebiet wählt) oder durch das ‚Dach' (indem man dem fremden einheitlichen interlokalen Privatrecht folgt)".[666] Zwar ist dieses Bild durchaus treffend; gerade die

---

[658] Insoweit zutr. bereits v. Bar IPR I, 1. Aufl. 1987, Rn. 281; Rauscher IPRax 1987, 206 (207); zweifelhaft insoweit Stoll, FS Keller, 1989, 511 (518), der den Anwendungsbereich des Art. 16 UStA auf interpersonale Rechtsspaltungen reduzieren will. Diese Einschränkung lässt sich jedenfalls auf den heute geltenden Art. 16 HUP nicht übertragen.

[659] v. Bar/Mankowski IPR I Rn. 156.

[660] Für eine Verweisung allein auf das Sachrecht der bezeichneten Teilrechtsordnung Ferid IPR Rn. 2–38, 6; Bamberger/Roth/Lorenz Rn. 19.

[661] So Kegel/Schurig IPR § 11 II; Kropholler IPR § 29 II 2; Stoll, FS Keller, 1989, 511 (519 f.); im Ergebnis auch Jayme IPRax 1989, 287 (288).

[662] AA Bamberger/Roth/Lorenz Rn. 19, der von einer „eindeutigen Entscheidung des Gesetzgebers" spricht, die respektiert werden müsse.

[663] BT-Drs. 10/504, 40.

[664] So auch Bamberger/Roth/Lorenz Rn. 19.

[665] Ebenso Gottschalk Allgemeine Lehren des IPR 197; Jayme IPRax 1989, 287 (288); Spickhoff JZ 1993, 336 (337); Staudinger/Hausmann (2013) Rn. 406.

[666] Kegel/Schurig IPR § 11 II; so bereits Kegel, FS Arnold, 1955, 61 (68); ähnlich Erman/Hohloch Rn. 22: IPR – Prüfung auf dem „Rückweg".

Ergebnisgleichheit sollte aber Anlass dazu geben, zumindest de lege ferenda eine möglichst einfache und effiziente dogmatische Konstruktion zu wählen,[667] oder, um im Bild zu bleiben, fremde Häuser im Allgemeinen möglichst weder durch den Keller noch das Dach, sondern am besten weniger umständlich durch die jeweils passende Tür zu betreten (→ Rn. 227 ff.).

bb) Mehrrechtsstaat mit gespaltenem IPR und ILR. Verfügt der Mehrrechtsstaat weder über **201** ein einheitliches IPR noch über ein einheitliches ILR, ist zunächst die interlokalrechtlich maßgebende Teilrechtsordnung anhand des von unserem eigenen IPR verwendeten ortsbezogenen Anknüpfungsmoments zu bestimmen (s. das Beispiel in → Rn. 197 zu Illinois/USA); sodann befindet das IPR dieser Teilrechtsordnung darüber, ob die Verweisung durch das deutsche IPR angenommen wird.[668] Im Anschluss daran kann es nach dem partikularrechtlichen ILR dieser Teilrechtsordnung wiederum zu einer Weiterverweisung auf eine andere Teilrechtsordnung (zB Wisconsin, Ohio) kommen.

cc) Mehrrechtsstaat mit einheitlichem IPR und gespaltenem ILR. Ferner ist denkbar, dass **202** in dem Mehrrechtsstaat, auf den unser IPR verweist, zwar ein einheitliches IPR, aber kein die jeweiligen Teilrechtsordnungen überwölbendes gesamtstaatliches ILR existiert. Dies kann zB der Fall sein, wenn das ausländische ILR nur Regeln in Bezug auf die eigenen Staatsangehörigen des Mehrrechtsstaates aufstellt, sofern diese nicht analog auf ausländische Staatsangehörige angewendet werden können.[669] Auch insoweit verweist ein ortsbezogenes Anknüpfungsmoment unseres Kollisionsrechts direkt auf die maßgebende Teilrechtsordnung, in deren Rahmen aber sodann das gesamtstaatliche IPR daraufhin zu befragen ist, ob es die internationalprivatrechtliche Verweisung annimmt, weil das gesamtstaatliche IPR einen gemeinsamen Bestandteil aller potenziell berufenen Teilrechtsordnungen bildet.[670] Ist fraglich, ob das ortsbezogene Anknüpfungsmoment, etwa der gewöhnliche Aufenthalt der Bezugsperson, in der einen oder anderen Teilrechtsordnung des betreffenden Mehrrechtsstaates zu lokalisieren ist, wird zweckmäßigerweise zunächst nach dem einheitlichen IPR zu prüfen sein, ob der Gesamtstaat die von unserem Kollisionsrecht ausgesprochene Verweisung auf internationaler Ebene überhaupt annimmt. Welche Teilrechtsordnung genau durch unser ortsbezogenes Anknüpfungsmoment bezeichnet wird, kann auf dieser Stufe zunächst offenbleiben. Erst wenn die Annahme der internationalprivatrechtlichen Verweisung feststeht, muss die Teilrechtsordnung exakt festgelegt werden, auf die das ortsbezogene Anknüpfungsmoment unserer Kollisionsnorm verweist. Ein interlokaler Renvoi nach dem partikularrechtlichen ILR dieser Teilrechtsordnung ist wiederum zu beachten; die internationalprivatrechtliche Anknüpfung kann dadurch nicht erneut infrage gestellt werden.

dd) Mehrrechtsstaat mit gespaltenem IPR und einheitlichem ILR. Verfügt der Mehr- **203** rechtsstaat zwar über ein einheitliches ILR, aber über kein gesamtstaatliches IPR, ist zunächst die interlokal maßgebende Teilrechtsordnung anhand des von unserem eigenen IPR verwendeten ortsbezogenen Anknüpfungsmoments zu bestimmen. Im Anschluss daran kann es nach dem einheitlichen ILR des Gesamtstaates jedoch zu einer Weiterverweisung auf eine andere Teilrechtsordnung kommen, weil auch das einheitliche ILR einen Bestandteil derjenigen Teilrechtsordnung bildet, auf die unser IPR verweist. Schließlich ist nach dem IPR der letztlich maßgebenden Teilrechtsordnung zu prüfen, ob die von unserem Kollisionsrecht ausgesprochene Verweisung angenommen wird.

c) Sachnormverweisung. Enthält das ortsbezogene Anknüpfungsmoment einer deutschen **204** Kollisionsnorm eine Sachnormverweisung, werden hierdurch nach nahezu allgemeiner Meinung unmittelbar die Sachvorschriften derjenigen Teilrechtsordnung berufen, auf deren Gebiet dieser Anknüpfungspunkt zu lokalisieren ist.[671] Ein Renvoi wird insoweit schlechthin nicht beachtet, unabhängig davon, ob er sich aus dem ausländischen IPR oder ILR ergibt und ohne Rücksicht darauf, ob das fremde IPR und ILR gesamt- oder einzelstaatlich geregelt ist. Denknotwendig ist

---

[667] Insoweit bezeichnet Staudinger/*Hausmann* (2013) Rn. 405 den „Dacheinstieg" als „wesentlich eleganter" als den Kellereinstieg.

[668] Vgl. KG FamRZ 2007, 1564 = NJOZ 2007, 1998 (gewöhnlicher Aufenthalt der Ehegatten in Massachusetts, Rückverweisung bejaht); OLG München FamRZ 2012, 1643 = BeckRS 2012, 21663 (in Florida belegener Trust, keine Rückverweisung).

[669] Näher zur Streitfrage der *vecindad* im spanischen ILR *Christandl* JPIL 9 (2013), 219 (232) in Fn. 73; *Steinmetz/Löber/García Alcázar* ZEV 2013, 535 ff.

[670] Bamberger/Roth/*Lorenz* Rn. 21; Palandt/*Thorn* Rn. 13; *Stoll*, FS Keller, 1989, 511 (518 f.).

[671] *Kegel/Schurig* IPR § 11 II; *Kropholler* IPR § 29 II 2; *Rauscher* IPRax 1987, 206 (208); *Rauscher* IPR Rn. 407; *Spickhoff* JZ 1993, 336 (337); *Stoll*, FS Keller, 1989, 511 (515–517); aA *Gottschalk* Allgemeine Lehren des IPR 197, der selbst insoweit das ausländische ILR anwenden will; zu älteren entgegenstehenden Auffassungen s. noch die Nachweise bei *Kegel*, FS Arnold, 1955, 61 (69 ff.).

aber auch diese Lösung nicht: Verschiedene Normen im staatsvertraglichen Kollisionsrecht belegen, dass man durchaus einen internationalprivatrechtlichen Renvoi ausschließen kann, zugleich aber das ILR des fremden Rechts respektiert, zumindest soweit es auf der gesamtstaatlichen Ebene vereinheitlicht ist.[672] Diesem Modell folgt zB Art. 16 Abs. 2 lit. a HUP, der ungeachtet des Umstands, dass das Unterhaltsprotokoll einen internationalprivatrechtlichen Renvoi ausschließt (Art. 12 HUP), die Anwendung des einheitlichen ILR der Zielrechtsordnung vorschreibt; entsprechende Lösungen finden sich auch im KSÜ und im ErwSÜ (näher → Rn. 218). Mit dem in Art. 3a Abs. 1 legaldefinierten Begriff der Sachnormverweisung wäre eine entsprechende Differenzierung zwischen international- und interlokalprivatrechtlichem Renvoi zwar durchaus vereinbar, denn nach dieser Bestimmung beziehen sich Verweisungen auf Sachvorschriften „auf die Rechtsnormen der maßgebenden Rechtsordnung unter Ausschluss des Internationalen [und nicht des interlokalen] Privatrechts" (→ Rn. 181). Jedoch würde bei einer solchen Lesart der einschränkende Halbsatz in Art. 4 Abs. 3 S. 1 („ohne die maßgebende zu bezeichnen") zu „völlig tote[m] Recht", was nicht dem Willen des Gesetzgebers entspräche.[673] Es ist auch rechtspolitisch zweifelhaft, ob es sachlich geboten ist, das ILR eines anderen Staates zu beachten und die damit verbundenen Komplikationen in Kauf zu nehmen, wenn schon auf der internationalprivatrechtlichen Ebene der Entscheidungseinklang hintangestellt wird[674] (→ Rn. 229). De lege lata ist daher der Durchgriffslösung bei Sachnormverweisungen zu folgen.

205   **d) Auffanglösung bei unklarer interlokalrechtlicher Zuordnung.** Schließlich bleibt zu klären, wie die maßgebende Teilrechtsordnung in denjenigen – freilich extrem seltenen – Fällen zu bestimmen ist, in denen das ortsbezogene Anknüpfungsmoment zwar einem Mehrrechtsstaat, aber nicht einer von dessen Teilrechtsordnungen zugewiesen werden kann. Insoweit kann die Frage der maßgebenden Teilrechtsordnung offenbleiben, wenn sich aus dem Inhalt aller in Betracht kommenden Kollisionsrechte (weil sie etwa einheitlich dem Common Law folgen) im Einzelfall dasselbe Resultat ergibt.[675] Jedoch ist dies bei inhaltlichen Divergenzen zwischen den Teilrechtsordnungen nicht immer möglich, zB wenn in Bezug auf Kanada sowohl das Recht von Quebec als auch einer anglophonen Teilrechtsordnung in Betracht kommen. Beispiel:[676] Ein US-amerikanischer Staatsbürger lebt in Kanada als reisender Handelsvertreter (bzw. als Schausteller, Vagabund, Straßenmusiker...), ohne einen festen Aufenthalt in einem bestimmten kanadischen Gliedstaat zu begründen. Zwar ist der gewöhnliche Aufenthalt des Betroffenen aus international-privatrechtlicher Sicht in Kanada zu lokalisieren, aus interlokaler Perspektive befindet sich sein gewöhnlicher Aufenthalt aber in keiner bestimmten Teilrechtsordnung. Insoweit ist die Voraussetzung der in Art. 4 Abs. 3 S. 1 enthaltenen Ausnahmeklausel („ohne die maßgebende zu bezeichnen") tatbestandlich nicht erfüllt, da das ortsbezogene Anknüpfungsmoment hier keine eindeutige interlokale Zuordnung ermöglicht. Folglich greifen im Wege einer Rückausnahme wiederum die in Art. 4 Abs. 3 vorgesehenen Grundregeln ein: In erster Linie ist das ILR des ausländischen Mehrrechtsstaates heranzuziehen (Satz 1); fehlen solche Vorschriften – wie zB in Kanada –, ist gemäß Satz 2 die Teilrechtsordnung anzuwenden, mit der die Bezugsperson am engsten verbunden ist.[677] Hierfür ist entsprechend Art. 5 Abs. 1 S. 1 vor allem der Verlauf ihres Lebens maßgebend. Für einen direkten Rückgriff auf den schlichten Aufenthalt (vgl. Art. 5 Abs. 2) bietet Art. 4 Abs. 3 keine Grundlage.

206   **3. Rechtswahl. a) Grundsatz.** Besondere Probleme wirft die Verweisung auf einen Mehrrechtsstaat infolge einer Rechtswahl der Parteien auf (etwa gem. Art. 14 Abs. 2 und 3, Art. 15 Abs. 2, Art. 42). In der Regierungsbegründung zu Art. 4 Abs. 3 wird die Vorschrift als eine „Zusatzregel" bezeichnet, „die sowohl bei einer unmittelbaren Verweisung durch deutsche Kollisionsnormen wie bei einer durch das IPR zugelassenen Verweisung durch Rechtswahl der Parteien gelten soll".[678] Dieser allgemein gehaltene Hinweis schließt aber nicht aus, dass die parteiautonome Bestimmung des anwendbaren Rechts als ein Fall der in Art. 4 Abs. 3 S. 1 enthaltenen Ausnahmeklausel („ohne die maßgebende zu bezeichnen") eingestuft wird, dh dass sich aus der Rechtswahl unmittelbar die

---

[672] Insoweit zutr. *Gottschalk* Allgemeine Lehren des IPR 195.

[673] *Ferid* IPR Rn. 2–38,1, der gleichwohl sarkastisch hinzufügt: „wenn es auch segensreich wäre".

[674] Zutr. *Rauscher* IPRax 1987, 206 (208); anders *Gottschalk* Allgemeine Lehren des IPR 195: Es müsse beim Primat des ILR des Mehrrechtsstaates bleiben.

[675] Vgl. zum internationalen Erbrecht nach dem übereinstimmenden Common Law der US-amerikanischen Gliedstaaten KG ZOV 2001, 162 = VIZ 2001, 682.

[676] Aus dem Bericht *Waters* zum Haager Erbrechtsübereinkommen vom 1.8.1989, abrufbar unter http://www.hcch.net, Rn. 125.

[677] Vgl. auch die Lösung in Art. 19 Abs. 7 ErbRÜ.

[678] BT-Drs. 10/504, 39.

anwendbare Partikularrechtsordnung ergibt, wenn die Parteien eine solche bezeichnen.[679] Zwar lässt sich diese Rechtsfolge nicht bereits unmittelbar daraus ableiten, dass Art. 4 Abs. 2 den Parteien lediglich die Wahl von Sachvorschriften gestattet,[680] da im Lichte der in Art. 3a Abs. 1 gegebenen Legaldefinition insoweit expressis verbis nur das ausländische IPR, nicht auch das ILR ausgeschlossen wird; die Rechts- und Interessenlage ist insoweit aber ähnlich wie bei Sachnormverweisungen aufgrund ortsbezogener Anknüpfungsmomente (→ Rn. 204). Hinzu kommt, dass die Willensbildung der Parteien sich in der Regel an den Sachvorschriften des gewählten Rechts orientiert (→ Rn. 21), so dass die Zwischenschaltung eines ausländischen ILR den berechtigten Erwartungen der Parteien regelmäßig ebenso widersprechen wird wie die Beachtung eines – nach Art. 4 Abs. 2 ausgeschlossenen – internationalprivatrechtlichen Renvoi.

Im Einzelnen stellen sich hierbei zwei Fragen: Erstens nach dem Kreis der wählbaren Rechte, **207** zweitens, wie zu verfahren ist, wenn die Parteien die maßgebende Teilrechtsordnung nicht ausdrücklich bezeichnen, sondern lediglich auf den Mehrrechtsstaat (USA, Spanien, Kanada) verweisen.

b) Wählbare Rechte. In Bezug auf den Kreis der wählbaren Rechte ist zu unterscheiden: Gestat- **208** tet das deutsche IPR, wie etwa in Art. 42, den Parteien die internationalprivatrechtliche Wahl einer Rechtsordnung, die **keine enge Verbindung zum Sachverhalt** haben muss (→ Art. 42 Rn. 23), ist ein solches Erfordernis auch auf der interlokalen Ebene verzichtbar.[681] Wer sich zB durch die New York Times in seinen Persönlichkeitsrechten verletzt sieht, kann mit dem Verlag gleichwohl die Anwendung kalifornischen Deliktsrechts auf seinen Schadensersatzanspruch vereinbaren, auch wenn objektiv die engere Verbindung des Sachverhalts zu New York bestehen dürfte. Das Gegenteil wäre kaum einleuchtend, weil die Parteien internationalprivatrechtlich auch das Recht eines völlig unberührten Drittstaates wirksam vereinbaren können. Auf das kalifornische ILR kommt es dann nicht mehr an.

Schwieriger ist die Frage zu entscheiden, wenn das deutsche IPR, wie insbesondere im Familien- **209** recht (Art. 14 Abs. 3 S. 1, Art. 15 Abs. 2), den Beteiligten nur eine nach räumlichen Kriterien **begrenzte Auswahl an Rechtsordnungen** zur Verfügung stellt.[682] Falls auch das über die Zulässigkeit der Rechtswahl bestimmende Auswahlkriterium selbst ein ortsbezogenes Anknüpfungsmoment iS der Ausnahmeklausel des Art. 4 Abs. 3 S. 1 darstellt – etwa der gewöhnliche Aufenthalt in Art. 15 Abs. 2 Nr. 2 oder das Recht des Lageortes in Art. 15 Abs. 2 Nr. 3 –, wird durch die Belegenheit dieses Anknüpfungsmoments zugleich unmittelbar interlokal abgegrenzt, welche Teilrechtsordnung gewählt werden darf.[683] Im Übrigen kommen drei Lösungsansätze in Betracht:

Erstens ist zu erwägen, ohne Rücksicht auf Einschränkungen der internationalprivatrechtlichen **210** Parteiautonomie den Parteien auf der interlokalen Stufe eine davon losgelöste, **freie Rechtswahl unter allen Teilrechtsordnungen** des betreffenden Mehrrechtsstaates zu eröffnen. Diesem Ansatz folgt im europäischen Kollisionsrecht Art. 14 lit. c Var. 2 Rom III-VO, sofern in dem betreffenden Staat kein einheitliches ILR existiert (näher → Rn. 224). Es ist aber rechtspolitisch bedenklich, den Parteien eine interlokale Rechtswahlfreiheit zu gewähren, die ihnen auf der internationalprivatrechtlichen Ebene verwehrt bleibt.[684] Ein Ausschluss der Wahl beziehungsarmer Rechtsordnungen dient

---

[679] IE einhellig und mit näherer Begründung *Stoll,* FS Keller, 1989, 511 (526); *V. Schröder,* Die Verweisung auf Mehrrechtsstaaten im deutschen Internationalen Privatrecht – unter besonderer Berücksichtigung der Verweisung auf die Vereinigten Staaten von Amerika, 2007, 140 f.; Staudinger/*Hausmann* (2013) Rn. 410; knapp auch Palandt/*Thorn* Rn. 15; *Spickhoff* JZ 1993, 336 (337); 5. Aufl.2010, Rn. 95 (*Sonnenberger*).

[680] So aber Palandt/*Thorn* Rn. 15; Staudinger/*Hausmann* (2013) Rn. 410; *V. Schröder,* Die Verweisung auf Mehrrechtsstaaten im deutschen Internationalen Privatrecht – unter besonderer Berücksichtigung der Verweisung auf die Vereinigten Staaten von Amerika, 2007, 140; vorsichtiger *Stoll,* FS Keller, 1989, 511 (526): „Rechtsgedanke" des Art. 4 Abs. 2.

[681] So auch *V. Schröder,* Die Verweisung auf Mehrrechtsstaaten im deutschen Internationalen Privatrecht – unter besonderer Berücksichtigung der Verweisung auf die Vereinigten Staaten von Amerika, 2007, 142.

[682] Hierzu eingehend *Stoll,* FS Keller, 1989, 511 (526 f.); *V. Schröder,* Die Verweisung auf Mehrrechtsstaaten im deutschen Internationalen Privatrecht – unter besonderer Berücksichtigung der Verweisung auf die Vereinigten Staaten von Amerika, 2007, 142 ff.

[683] *V. Schröder,* Die Verweisung auf Mehrrechtsstaaten im deutschen Internationalen Privatrecht – unter besonderer Berücksichtigung der Verweisung auf die Vereinigten Staaten von Amerika, 2007, 142.

[684] *Stoll,* FS Keller, 1989, 511 (526): keine „Rechtswahlpalette"; ausf. in diesem Sinne auch der Bericht *Waters* zum Haager Erbrechtsübereinkommen vom 1.8.1989, abrufbar unter http://www.hcch.net, Rn. 122 zu Art. 19 Abs. 5 ErbRÜ: „It is very important that a testator who has the nationality of, or an habitual residence within, such a State, not be permitted to choose any territorial unit within that State when those units may have very different provisions from each other on family inheritance matters. [...] It would be all too easy for any national or habitual resident to select his applicable succession law with a view to avoiding family inheritance provisions of the unit within which he lives or with which, if he lives there no longer, much of his life with the family has been associated.".

regelmäßig dem Schutz einer schwächeren Partei (→ Einl. IPR Rn. 38), und es ist nur schwerlich begründbar, dass die interlokale Interessenabwägung insoweit anders ausfallen sollte als die internationalprivatrechtliche.[685] Man kann auch nicht argumentieren, dass die Auswahl zwischen zwei Gebietseinheiten desselben Mehrrechtsstaates aufgrund der typischerweise geringeren inhaltlichen Divergenzen ihrer materiellen Rechte für eine Partei regelmäßig weniger gefahrvoll sei als die Wahl zwischen zwei unterschiedlichen staatlichen Rechtsordnungen. Heiratet zB ein aus Quebec stammender Kanadier in Deutschland eine ebenfalls hier lebende Französin, wäre es für die Ehefrau eine kaum vorhersehbare Überraschung, wenn für die Ehewirkungen gem. Art. 14 Abs. 3 S. 1 Nr. 1 nicht das Civil Law Quebecs, sondern das Common Law von Alberta gewählt werden könnte. Die inhaltlichen Unterschiede zwischen diesen Teilrechtsordnungen dürften für die Betroffenen auch signifikanter ausfallen als etwa die Variationen des Code civil im Verhältnis zwischen Frankreich, Belgien und Luxemburg, obwohl es sich insoweit um souveräne Staaten handelt. Eine freie Rechtswahl im interlokalen Kontext steht daher zu Beschränkungen auf der internationalprivatrechtlichen Ebene in einem **kaum auflösbaren Wertungswiderspruch.**

211 Zweitens ist daran zu denken, den Parteien nur die Wahl derjenigen Teilrechtsordnung zu gestatten, die **nach Art. 4 Abs. 3 objektiv anwendbar** wäre.[686] Es müsste also nach dem in Art. 4 Abs. 3 S. 1 enthaltenen Grundsatz zunächst geprüft werden, welches Recht nach dem einheitlichen ILR eines Mehrrechtsstaates (falls ein solches vorhanden ist) interlokal berufen wäre;[687] so entscheidet zB auch Art. 36 Abs. 1 EuErbVO, wenn der Erblasser das Recht eines Staates gewählt hat, dem er angehört (hierzu näher → Rn. 224). Erst hilfsweise wäre nach Art. 4 Abs. 3 S. 2 das Recht der engsten Verbindung zu bestimmen.[688] Auch insoweit würde sich diese Lösung mit Art. 36 Abs. 2 lit. b EuErbVO und anderen internationalen Rechtsquellen decken (näher → Rn. 224).

212 Für diese Lösung spricht zwar, dass sie nach dem Aufbau des Art. 4 Abs. 3 de lege lata naheliegt und zu einem Gleichlauf mit aktuellen Tendenzen des europäischen und staatsvertraglichen IPR führen würde (näher → Rn. 224). Die Zwischenschaltung eines ausländischen ILR zur Bestimmung des anwendbaren Sachrechts wird aber regelmäßig den **berechtigten Erwartungen der Parteien** widersprechen, deren Willensbildung sich gerade an den Sachvorschriften der von ihnen gewählten Teilrechtsordnung orientiert (→ Rn. 21). Eine solche Konstruktion unterläuft zudem im Ergebnis die zuvor konsentierte Einstufung der Rechtswahl als Fall der Ausnahmeklausel in Art. 4 Abs. 3 S. 1, weil entgegen der Präferenz für den interlokalen Durchgriff letztlich doch das ILR des ausländischen Staates angewendet wird, obwohl es sich bei der Rechtswahl um eine Sachnormverweisung handelt.[689] Sieht das ausländische ILR zudem im Einzelfall weitergehende Rechtswahlmöglichkeiten vor als das europäische oder staatsvertragliche IPR, indem es etwa die Wahl einer Teilrechtsordnung gestattet, zu der weder aufgrund des gewöhnlichen Aufenthalts einer Partei oder aufgrund anderer Kriterien eine enge Verbindung besteht, kann es unter Umständen sogar dazu kommen, dass auch insoweit zum Schutze der schwächeren Partei errichtete **Rechtswahlschranken auf der interlokalen Ebene unterlaufen** werden (→ Rn. 210).

213 Daher ist zu überlegen, unmittelbar auf Art. 4 Abs. 3 S. 2 zurückzugreifen und den Parteien die Wahl derjenigen Teilrechtsordnung zu gestatten, zu der die Bezugspersonen **die engste Verbindung** haben. Diese Lösung sehen auch die EuErbVO und zahlreiche Staatsverträge zumindest subsidiär für den Fall vor, dass im betreffenden Mehrrechtsstaat kein einheitliches ILR existiert (näher → Rn. 224). Dagegen lässt sich wiederum einwenden, dass die Parteien bei der Wahl des Rechts eines Staates, dem eine von ihnen angehört, im Falle der Mehrstaatigkeit nicht auf die effektive Staatsangehörigkeit beschränkt sind (→ Art. 5 Rn. 67, 78). Da die Parteien insoweit bei der Ausübung ihrer Wahl nicht auf das Recht der engsten Verbindung festgelegt sind, könnte man auch im Rahmen der ähnlich gelagerten interlokalrechtlichen Problematik großzügiger sein. So wird etwa vorgeschlagen, die Wahl einer Teilrechtsordnung zumindest als Abwägungsfaktor in die Feststellung der engsten Verbindung einfließen zu lassen.[690] Eine solche Subjektivierung der Auffangklausel wirft aber die Frage auf, ob der Parteiautonomie nicht von vornherein ein größerer Spielraum gewährt werden sollte.

---

[685] Ebenso *Stoll*, FS Keller, 1989, 511 (526 f.); *V. Schröder*, Die Verweisung auf Mehrrechtsstaaten im deutschen Internationalen Privatrecht – unter besonderer Berücksichtigung der Verweisung auf die Vereinigten Staaten von Amerika, 2007, 142.

[686] So grundsätzlich *Stoll*, FS Keller, 1989, 511 (527).

[687] *Stoll*, FS Keller, 1989, 511 (527).

[688] *Stoll*, FS Keller, 1989, 511 (527).

[689] Berechtigte Kritik bei *V. Schröder*, Die Verweisung auf Mehrrechtsstaaten im deutschen Internationalen Privatrecht – unter besonderer Berücksichtigung der Verweisung auf die Vereinigten Staaten von Amerika, 2007, 143.

[690] *Stoll*, FS Keller, 1989, 511 (527).

Als **vermittelnde Lösung** wird schließlich empfohlen, den Parteien – ohne Rücksicht auf 214
ein einheitliches ILR des fremden Rechts – die Wahl jeder Teilrechtsordnung zu gestatten, zu der
eine enge, aber nicht notwendigerweise die engste (Art. 4 Abs. 3 S. 2), Verbindung der jeweiligen
Bezugsperson(en) besteht (→ Art. 14 Rn. 128).[691] Diese vordringende Auffassung führt zwar zu
einer gewissen Rechtsunsicherheit, bringt aber die widerstreitenden Interessen am ehesten zu
einem gerechten Ausgleich.[692] Die für die Parteiautonomie aufgrund der Ausnahmeklausel in
Art. 4 Abs. 3 S. 1 geltende Durchgriffslösung wird insoweit systemgerecht im Sinne einer autonomen Unteranknüpfung fortentwickelt. Ohne weiteres wählbar ist daher das Recht derjenigen
Teilrechtsordnung, in der die Bezugsperson ihren aktuellen gewöhnlichen Aufenthalt hat bzw.
ihren letzten gewöhnlichen Aufenthalt hatte.[693] Aber auch ein früherer gewöhnlicher Aufenthalt
kann unter Umständen eine hinreichende Verknüpfung begründen, um das Recht einer solchen
Teilrechtsordnung als wählbar gelten zu lassen (vgl. Art. 15 Abs. 2 lit. b iVm Art. 46 lit. b ErwSÜ,
Art. 45 lit. a ErwSÜ). Ein schlichter Aufenthalt sollte hingegen nur hilfsweise in Betracht kommen.[694]

c) Verweisung auf einen Mehrrechtsstaat. Schließlich bleibt zu klären, wie zu verfahren ist, 215
wenn die Parteien lediglich unpräzise die Anwendung des Recht des Gesamtstaates vereinbaren
(„US-amerikanisches Recht"), ohne genau festzulegen, welche Teilrechtsordnung von ihnen gemeint
ist. Dies dürfte im Familienrecht aufgrund des Erfordernisses notarieller Beurkundung allenfalls selten
vorkommen (Art. 14 Abs. 4 S. 1), ist als Problem aber aus der vertragsrechtlichen Praxis bekannt,
wo jedoch nicht Art. 4 Abs. 3, sondern Art. 22 Abs. 1 Rom I-VO maßgebend ist.[695] Im Rahmen
des Art. 4 Abs. 3 ist zunächst im Wege der Auslegung zu ermitteln, welche konkrete Teilrechtsordnung die Parteien ins Auge gefasst haben. Lässt sich ein entsprechender übereinstimmender Wille
nicht eindeutig feststellen, darf man die Rechtswahl nicht für ungültig erklären,[696] sondern muss das
anwendbare Recht wiederum nach Art. 4 Abs. 3 bestimmen.[697] Haben die Parteien das Recht eines
Mehrrechtsstaates gewählt, in dem sich einer von ihnen gewöhnlich aufhält (Art. 15 Abs. 2 Nr. 2),
ergibt sich aus dieser ortsbezogenen Anknüpfung unmittelbar die maßgebende Teilrechtsordnung.
Haben die Ehegatten das Recht eines Staates gewählt, dem einer von ihnen angehört (Art. 14
Abs. 3), ist nach dem einheitlichen IPR dieses Staates – sofern vorhanden – zu bestimmen, welche
Teilrechtsordnung maßgebend ist (Satz 1);[698] hilfsweise kommt es auf die engste Verbindung der
Bezugsperson(en) an (Satz 2).

4. Vorrangige unionsrechtliche und staatsvertragliche Regelungen. a) Allgemeines. Wie 216
bereits einleitend ausgeführt wurde, wird Art. 4 Abs. 3 durch zahlreiche, in den einschlägigen EU-
Verordnungen und Staatsverträgen enthaltene Regelungen zur territorialen Rechtsspaltung verdrängt
(Art. 3). Hier sind in der EU aus dem internationalen Vertragsrecht Art. 22 Abs. 1 Rom I-VO, aus
dem IPR der außervertraglichen Schuldverhältnisse Art. 25 Abs. 1 Rom II-VO, aus dem internatio-
nalen Scheidungsrecht Art. 14 Rom III-VO, aus dem internationalen Erbrecht 36 EuErbVO
sowie im internationalen Ehe- bzw. Partnerschaftsgüterrecht ab dem 29.1.2019 Art. 33 EuGüVO/
EuPartVO zu nennen;[699] aus den für Deutschland geltenden Staatsverträgen sind insbesondere im
Unterhaltsrecht Art. 16 HUP, im Kindesschutz Art. 47, 48 KSÜ (bzw. – noch im Verhältnis zur
Türkei – Art. 14 MSA), im Erwachsenenschutz Art. 45, 46 ErwSÜ sowie im Erbrecht Art. 1 Abs. 2

---

[691] Von einem „Mindestbezug" spricht Staudinger/*Hausmann* (2013) Rn. 410; ebenso *V. Schröder,* Die Verweisung auf Mehrrechtsstaaten im deutschen Internationalen Privatrecht – unter besonderer Berücksichtigung der
Verweisung auf die Vereinigten Staaten von Amerika, 2007, 143.
[692] So auch im Rahmen der Haager Konventionen Art. 19 Abs. 5 lit. a ErbRÜ, allerdings nur für den Fall,
dass im gewählten Mehrrechtsstaat kein einheitliches ILR gilt (Art. 19 Abs. 2 ErbRÜ).
[693] *V. Schröder,* Die Verweisung auf Mehrrechtsstaaten im deutschen Internationalen Privatrecht – unter besonderer Berücksichtigung der Verweisung auf die Vereinigten Staaten von Amerika, 2007, 143.
[694] *V. Schröder,* Die Verweisung auf Mehrrechtsstaaten im deutschen Internationalen Privatrecht – unter besonderer Berücksichtigung der Verweisung auf die Vereinigten Staaten von Amerika, 2007, 143.
[695] Vgl. BGH NJW 2003, 2486; BAG NZA 2008, 761, jeweils zur Wahl „US-amerikanischen" Rechts; hierzu
auch *Rauscher/v. Hein* EuZPR/EuIPR Rom I-VO Art. 3 Rn. 67; umfassende Nachweise zum Streitstand im
Rahmen der Rom I-VO bei *Eichel* in Leible/Unberath Rom 0-VO 409 in Fn. 50.
[696] So auch Staudinger/*Hausmann* (2013) Rn. 411; anderes dürfte im internationalen Vertragsrecht gelten, weil
Art. 22 Rom I-VO insoweit keine Auffanglösung bereithält, näher → Rn. 226.
[697] Vgl. Staudinger/*Hausmann* (2013) Rn. 411, aber beschränkt auf Satz 2.
[698] Anders wohl Staudinger/*Hausmann* (2013) Rn. 411 (Art. 4 Abs. 3 S. 2).
[699] Für eine vergleichende Analyse der EU-Kollisionsnormen zur Mehrrechtsstaatenproblematik s. ausf. *Christandl* JPIL 9 (2013), 219 ff.; *Eichel* in Leible/Unberath Rom 0-VO 397 ff.; *Hansen,* Ermittlung des anwendbaren
Rechts, 2011, 1 ff.; *Nehne* Methodik S. 316 ff.

HTestformÜ einschlägig.[700] Zur Erläuterung dieser Vorschriften im Einzelnen ist zwar auf die hierauf bezogenen Kommentierungen zu verweisen. Die genannten Bestimmungen sind aber auch für die hier in Rede stehende Auslegung von Art. 4 Abs. 3 von Interesse, weil die Gesetzesbegründung im Jahre 1986 für sich in Anspruch nahm, „nur einen bereits auf Teilgebieten geltenden Grundsatz über den Anwendungsbereich dieser Übereinkommen hinaus [zu verallgemeinern]".[701] Dem lässt sich der Wille des Gesetzgebers entnehmen, die interlokalrechtliche Problematik im Restanwendungsbereich des autonomen Kollisionsrechts möglichst in Übereinstimmung mit dem international vorherrschenden Regelungsansatz zu dieser Frage zu lösen. Dieses Ziel ist aus Gründen der Übersichtlichkeit und Widerspruchsfreiheit des Kollisionsrechts zu begrüßen. Es ist daher zu prüfen, ob sich den genannten internationalen Regelungen übergreifende Grundsätze entnehmen lassen, ob diese sich gegebenenfalls mit dem geltenden deutschen Recht decken und, sofern dies nicht der Fall sein sollte, ob die lex lata einen interpretatorischen Spielraum für eine rechtsquellenübergreifende, harmonisierende Auslegung lässt.

217   **b) Durchgriff bei ortsbezogenen Anknüpfungsmomenten.** Zunächst ist die grundlegende Frage zu klären, ob die vom Gesetzgeber in Art. 4 Abs. 3 S. 1 („ohne die maßgebende zu bezeichnen") gewählte Durchgriffslösung bei ortsbezogenen Anknüpfungsmomenten im **Einklang mit den heute international dominierenden Regelungsansätzen** steht. Diese Frage ist insbesondere deshalb relevant, weil in europäischen Verordnungen und internationalen Staatsverträgen, insbesondere den Haager Konventionen, der gewöhnliche Aufenthalt den Vorrang gegenüber der Staatsangehörigkeit einnimmt (→ Art. 5 Rn. 113). Die Begründung des Regierungsentwurfs berief sich bei der Erläuterung des Art. 4 Abs. 3 recht pauschal auf Regelungsvorbilder in Art. 14 MSA, Art. 1 Abs. 2 HTestformÜ, Art. 16 UStA (heute Art. 16 HUP) sowie Art. 19 Abs. 1 EVÜ (Art. 35 Abs. 2 EGBGB aF, heute Art. 22 Abs. 1 Rom I-VO).[702] Daran ist, wie bereits ausgeführt wurde (→ Rn. 198), richtig, dass Art. 14 MSA und Art. 1 Abs. 2 HTestformÜ eine Beachtung ausländischen interlokalen Privatrechts nur bei einer Anknüpfung an die Staatsangehörigkeit, nicht aber bei der Anknüpfung an den gewöhnlichen Aufenthalt vorsehen.[703] Ebenso lässt sich der heutige Art. 22 Abs. 1 Rom I-VO (Art. 35 Abs. 2 EGBGB aF), dem zufolge jede Gebietseinheit eines Mehrrechtsstaates als „Staat" im Sinne der maßgeblichen Kollisionsnorm gilt, als Beleg für einen unmittelbaren Durchgriff auf die maßgebende Teilrechtsordnung heranziehen; dasselbe gilt für die Parallelvorschrift im Bereich der außervertraglichen Schuldverhältnisse (Art. 25 Abs. 1 Rom II-VO).[704] Eine entsprechende Regelung findet sich in Bezug auf den gewöhnlichen Aufenthalt auch in Art. 14 lit. b Rom III-VO.[705] In den einschlägigen Verordnungen wird jeweils klargestellt, dass die Entscheidung für einen interlokalrechtlichen Durchgriff auf die maßgebende Gebietseinheit die teilnehmenden Mehrrechtsstaaten nicht dazu verpflichtet, die Kollisionsnormen der Verordnungen auch auf Konflikte anzuwenden, die allein Berührungspunkte zu verschiedenen Teilrechtsordnungen eines solchen Staates aufweisen (Art. 22 Abs. 2 Rom I-VO, Art. 25 Abs. 2 Rom I-VO, Art. 16 Rom III-VO).[706] Das hindert die Mitgliedstaaten aber nicht daran, die Anwendung des europäischen Kollisionsrechts freiwillig auch auf die interlokale Ebene zu erstrecken, wie dies etwa in Großbritannien im Hinblick auf die Rom I- und II-VO geschehen ist.[707] Insgesamt konnte die Durchgriffslösung für ortsbezogene Anknüpfungsmomente bis zum Erlass der EuErbVO als vorherrschendes Modell zur Lösung der Mehrrechtsstaatenproblematik im EU-Kollisionsrecht eingestuft werden.[708]

218   Es ist jedoch in jüngerer Zeit eine hierzu **gegenläufige Entwicklung** zu verzeichnen.[709] Die Berufung der Gesetzesverfasser auf Art. 16 UStA war schon im Jahre 1986 inhaltlich unzutreffend, weil nach

---

[700] Für eine vergleichende Analyse der staatsvertraglichen Kollisionsnormen zur Mehrrechtsstaatenproblematik s. ausf. *Gottschalk* Allgemeine Lehren des IPR 157 ff.; *V. Schröder,* Die Verweisung auf Mehrrechtsstaaten im deutschen Internationalen Privatrecht – unter besonderer Berücksichtigung der Verweisung auf die Vereinigten Staaten von Amerika, 2007, 109 ff.

[701] BT-Drs. 10/504, 39.

[702] BT-Drs. 10/504, 39 f.

[703] *Stoll,* FS Keller, 1989, S. 511 (518).

[704] Hierzu *Christandl* JPIL 9 (2013) 219, 227 f.; *Eichel* in Leible/Unberath Rom 0-VO 410–412; *Sonnenberger,* FS Kropholler, 2008, 227 (238 f.).

[705] Näher, auch zum systematischen Verhältnis zu Art. 14 lit. a Rom III-VO, *Eichel* in Leible/Unberath Rom 0-VO 413 f.; ferner *Christandl* JPIL 9 (2013), 219 (228).

[706] Bedenken äußert insoweit noch *Sonnenberger,* FS Kropholler, 2008, 227 (239).

[707] Regulation 5 (1) (a) of The Law Applicable to Contractual Obligations (England and Wales and Northern Ireland) Regulations 2009 (No. 3064) und Regulation 4 (a) of The Law Applicable to Contractual Obligations (Scotland) Regulations 2009 (No. 410); zu den Problemen einer „überschießenden Umsetzung" näher *Hansen,* Ermittlung des anwendbaren Rechts, 2011, S. 17 f.; *Heinze,* FS Kropholler, 2008, 105 (119 f.).

[708] *Christandl* JPIL 9 (2013), 219 (243).

[709] Hierzu bereits *Gottschalk* Allgemeine Lehren des IPR 190 ff.

dieser Norm auch bei einer Anknüpfung an den gewöhnlichen Aufenthalt das einheitliche ILR des Mehrrechtsstaates die maßgebende Teilrechtsordnung bestimmte.[710] Auch in der heute geltenden Nachfolgeregelung (Art. 16 Abs. 2 lit. a HUP) wird eindeutig die Beachtung des einheitlichen ILR des ausländischen Mehrrechtsstaates nicht nur bei der Anknüpfung an die Staatsangehörigkeit, sondern auch bei der Anknüpfung an den gewöhnlichen Aufenthalt angeordnet.[711] Dem folgen die Regelungen zur räumlichen Rechtsspaltung in Art. 48 lit. a KSÜ sowie in Art. 46 lit. a ErwSÜ. Schließlich sieht auch Art. 36 Abs. 1 EuErbVO vor, dass das einheitliche ILR des Mehrrechtsstaates nicht nur bei einer Anknüpfung an die Staatsangehörigkeit, sondern auch in Bezug auf den gewöhnlichen Aufenthalt die maßgebende Teilrechtsordnung bestimmt; ein Durchgriff aufgrund des gewöhnlichen Aufenthalts in einer Gebietseinheit kommt nur zum Zuge, wenn es im Gesamtstaat an einem einheitlichen ILR fehlt (Art. 36 Abs. 2 lit. a EuErbVO).[712] Die EuErbVO folgt insoweit dem Vorbild des – bislang nicht in Kraft getretenen – Haager Erbrechtsübereinkommens (Art. 19 Abs. 2, Abs. 3 lit. a ErbRÜ).[713] Zudem weicht die EuErbVO von der Regelung des Art. 1 Abs. 2 HTestformÜ[714] insoweit ab, als der Vorrang des fremden ILR in Formfragen nicht nur bei einer Anknüpfung an die Staatsangehörigkeit des Erblassers, sondern selbst dann angeordnet wird, wenn an den Ort der Errichtung der letztwilligen Verfügung angeknüpft wird (Art. 36 Abs. 3 EuErbVO).[715] Die EuGüVO und die EuPartVO folgen dem Regelungsvorbild des Art. 36 Abs. 1 und 2 EuErbVO (Art. 33 EuGüVO/EuPartVO). Hervorzuheben ist, dass in den genannten Übereinkommen und Verordnungen der Vorrang des ILR bei einer Anknüpfung an den gewöhnlichen Aufenthalt – anders als im geltenden autonomen IPR (→ Rn. 204) – auch insoweit angeordnet wird, als es sich hierbei um eine Sachnormverweisung handelt. Ferner stellen auch die genannten Übereinkommen und Verordnungen jeweils ausdrücklich klar, dass ihre Kollisionsnormen auf rein interlokale Konflikte innerhalb desselben Mehrrechtsstaates nicht angewendet werden müssen (Art. 15 Abs. 1 HUP, Art. 46 KSÜ, Art. 44 ErwSÜ, Art. 38 EuErbVO, Art. 35 EuGüVO/EuPartVO).[716]

Es ergibt sich im Hinblick auf die Durchgriffslösung also ein nach Rechtsgebieten höchst **219** **gemischtes Bild,** das allerdings im Familien- und Erbrecht neuerer Provenienz eine Tendenz zur stärkeren Beachtung des ausländischen ILR erkennen lässt. Für eine rechtsfortbildende Korrektur schon der lex lata im Wege der Auslegung (→ Rn. 216) fällt dieser Befund aber zu mager aus,[717] zumal zweifelhaft ist, ob der in neueren Rechtsinstrumenten vorgesehene weitgehende Vorrang des ausländischen ILR, der selbst bei einer Sachnormverweisung durch ortsbezogene Anknüpfungsmomente eingreifen soll, inhaltlich überzeugt (→ Rn. 227 ff.).

c) Vorrang des ausländischen ILR bei der Staatsangehörigkeitsanknüpfung. In Bezug **220** auf die in EU-Verordnungen und internationalen Staatsverträgen zweitrangige Anknüpfung an die Staatsangehörigkeit befindet sich die in Art. 4 Abs. 3 getroffene Regelung hingegen weiterhin im Einklang mit dem international dominierenden Modell: Dem einheitlichen ILR des fremden Mehrrechtsstaates gebührt der Vorrang bei der Bestimmung der maßgebenden Teilrechtsordnung; fehlt es an einem solchen Recht, greift hilfsweise das Prinzip der engsten Verbindung ein. Diese erstmals im Jahre 1961 in Art. 14 MSA und Art. 1 Abs. 2 HTestformÜ getroffene Lösung fand eine positive Resonanz und ist seitdem in weitere Haager Übereinkommen übernommen worden,[718] so in Art. 16 UStA, der insoweit heute durch Art. 16 Abs. 2, Abs. 1 lit. e HUP abgelöst worden ist, in Art. 47 Nr. 4 KSÜ, in Art. 46 iVm Art. 45 lit. d ErwSÜ sowie in dem – bislang nicht in Kraft getretenen – Art. 19 Abs. 2, Abs. 3 lit. b ErbRÜ. Eine entsprechende Regelung treffen im europäischen internationalen Erbrecht Art. 36 Abs. 1, Abs. 2 lit. b, Abs. 3 EuErbVO, im Güterrecht Art. 33 Abs. 1, Abs. 2

---

[710] So schon *Gottschalk* Allgemeine Lehren des IPR 194; *Rauscher* IPRax 1987, 206; aA *Stoll,* FS Keller, 1989, 511 (518).

[711] *Christandl* JPIL 9 (2013), 219 (229); *Rauscher* IPR Rn. 409; näher (mit deutlicher rechtspolitischer Kritik) *Eichel* in Leible/Unberath Rom 0-VO 417 f.

[712] Näher *Christandl* JPIL 9 (2013), 219 (229 ff.); *Eichel* in Leible/Unberath Rom 0-VO 418 ff.

[713] Dt. Übers. in IPRax 2000, 53; zur großen Ähnlichkeit der Regelung in der EuErbVO mit dem Vorbild im ErbRÜ *Christandl* JPIL 9 (2013), 219 (231).

[714] Das für Deutschland weiterhin anwendbar bleibt, Art. 75 Abs. 1 S. 2 EuErbVO.

[715] Hierzu näher (mit deutlicher rechtspolitischer Kritik) *Christandl* JPIL 9 (2013), 219 (234 ff.).

[716] Dies wird angesichts der Absage an die Durchgriffslösung als überflüssig kritisiert von *Christandl* JPIL 9 (2013), 219 (238 f.) – freilich zu Unrecht: Da die genannten Rechtsinstrumente nur dem *einheitlichen* ILR eines Mehrrechtsstaates den Vorrang einräumen, müssten ohne eine solche Klarstellung die in ihnen vorgesehenen autonomen Hilfsanknüpfungen zum Zuge kommen, wenn ein teilnehmender Staat (zB Großbritannien) über kein einheitliches ILR verfügt. Jedenfalls erscheint es ratsam, insoweit keine Rechtsunsicherheit zuzulassen.

[717] Anders *Gottschalk* Allgemeine Lehren des IPR 196 f.

[718] Zum entstehungsgeschichtlichen Hintergrund *Christandl* JPIL 9 (2013), 219 (221); hierzu auch Staudinger/ *Kropholler* (2003) Vor Art. 19 Rn. 557.

lit. b EuGüVO/EuPartVO und im europäischen internationalen Scheidungsrecht Art. 14 lit. c Rom III-VO, der vor einem Rückgriff auf die engste Verbindung allerdings die Beachtung einer Wahl der maßgebenden Gebietseinheit anordnet (Art. 14 lit. c Var. 2 Rom III-VO; → Rn. 224). Das ausländische einheitliche ILR muss bei einer Anknüpfung an die Staatsangehörigkeit – wie nach dem geltenden autonomen IPR (→ Rn. 183) – selbst dann beachtet werden, wenn die Kollisionsnormen der genannten EU-Verordnungen und Staatsverträge Sachnormverweisungen aussprechen.[719]

221   Mit Blick auf die Staatsangehörigkeitsanknüpfung ist folglich im Lichte der genannten EU-Verordnungen und Staatsverträge kein Grund ersichtlich, von dem bewährten Ansatz des deutschen Rechts zur Lösung der interlokalrechtlichen Problematik abzugehen.

222   **d) Rechtswahl. aa) Allgemeines.** Da die Parteiautonomie im Jahre 1986 noch eine eher geringe Bedeutung im Familien- und Erbrecht hatte, wurde sie in Art. 4 Abs. 3 nicht gesondert geregelt (→ Rn. 206). Die neueren europäischen und staatsvertraglichen Regelungen zur interlokalrechtlichen Problematik schenken hingegen der Parteiautonomie, die nunmehr auch außerhalb des Schuldrechts eine immer wichtigere Rolle spielt (→ Einl. IPR Rn. 35 ff.), nicht nur in internationalprivatrechtlicher, sondern ebenso in interlokalrechtlicher Hinsicht zunehmend Beachtung. Zentrale rechtspolitische Bedeutung haben auch insofern die bei der Analyse des deutschen IPR herausgearbeiteten Fragestellungen (→ Rn. 207): Erstens, ob die Parteien unmittelbar das Sachrecht einer Gebietseinheit des Mehrrechtsstaates bestimmen dürfen oder ob auch im Falle der Rechtswahl das ILR des Gesamtstaates den Vorrang genießen soll; zweitens, ob die Wahl des Rechts einer Gebietseinheit nach räumlichen Kriterien eingeschränkt werden soll; drittens, was gilt, wenn die Parteien nur den Mehrrechtsstaat als solchen in ihrer Rechtswahl bezeichnet haben.

223   **bb) Unmittelbare Wahl der maßgebenden Teilrechtsordnung.** In Bezug auf den erstgenannten Punkt ist im europäischen IPR der Schuldverhältnisse die unmittelbare Wahl einer Teilrechtsordnung vorgesehen (Art. 22 Abs. 1 Rom I-VO, Art. 25 Abs. 1 Rom II-VO). Eine Durchgriffslösung findet sich in Bezug auf die Wahl des Rechts am gewöhnlichen Aufenthalt auch in Art. 14 lit. b Rom III-VO.[720] Wenn die Rechtswahl sich auf die Staatsangehörigkeit eines der Ehegatten bzw. des Erblassers bezieht, optieren hingegen sowohl die Rom III-VO als auch die EuErbVO für die vorrangige Bestimmung der maßgebenden Teilrechtsordnung anhand des einheitlichen ILR des Mehrrechtsstaates (Art. 14 lit. c Var. 1 Rom III-VO, Art. 36 Abs. 1, Abs. 2 lit. b EuErbVO).[721] Ebenso wie die EuErbVO entscheiden bei der Wahl des Heimatstaates im Unterhaltsrecht Art. 16 Abs. 2, Abs. 1 lit. d und e HUP,[722] im Güterrecht Art. 33 Abs. 1, Abs. 2 lit. b EuGüVO/EuPartVO sowie im Erwachsenenschutz Art. 46 iVm Art. 45 lit. d ErwSÜ. Eine Differenzierung zwischen ortsbezogenen Anknüpfungen (dann Durchgriff) und personalen Anknüpfungen (dann Vorrang des einheitlichen ILR) erschiene auch im Rahmen der Parteiautonomie als vertretbare Differenzierung. Die neueren Haager Konventionen und EU-Verordnungen (EuErbVO, EuGüVO, EuPartVO) unterscheiden aber insoweit nicht: Nach Art. 16 Abs. 2, Abs. 1 lit. c HUP sowie Art. 45 lit. a ErwSÜ findet vielmehr auch bei der Wahl des Rechts am gewöhnlichen Aufenthalt der Bezugsperson (Art. Art. 8 Abs. 1 lit. b HUP; Art. 15 Abs. 2 lit. b ErwSÜ) kein Durchgriff auf die maßgebende Teilrechtsordnung statt, sondern es bleibt insoweit der Vorrang eines fremden einheitlichen ILR zu beachten (Art. 16 Abs. 2 HUP; Art. 46 ErwSÜ). Gleiches gilt im internationalen Erbrecht nach Art. 36 Abs. 1, Abs. 2 lit. a EuErbVO sowie im internationalen Güterrecht nach Art. 33 Abs. 1, Abs. 2 lit. a EuGüVO/EuPartVO. Dies leuchtet vor dem Hintergrund, dass es sich bei den Anknüpfungen an den gewöhnlichen Aufenthalt in den genannten Übereinkommen und Verordnungen um Sachnormverweisungen handelt (Art. 12 HUP, Art. 19 ErwSÜ, Art. 34 Abs. 2 EuErbVO, Art. 32 EuGüVO/EuPartVO), inhaltlich kaum ein (→ Rn. 181).

224   **cc) Einschränkungen der Rechtswahl.** Die zweitgenannte Frage, ob die Wahl des Rechts einer Gebietseinheit nach räumlichen Kriterien eingeschränkt werden soll, wird in den Verordnungen und Staatsverträgen ebenfalls **unterschiedlich beantwortet.** Im europäischen IPR der Schuldverhältnisse ist zwar für die interlokale Rechtswahl grundsätzlich ebenso wenig wie auf internationalprivat-

---

[719] Krit. hierzu *Eichel* in Leible/Unberath Rom 0-VO 405–407, 414: „gesetzgeberischer Widerspruch ohne Not".

[720] Näher, auch zum systematischen Verhältnis zu Art. 14 lit. a Rom III-VO, *Eichel* in Leible/Unberath Rom 0-VO 413 f.; ferner *Christandl* JPIL 9 (2013), 219 (228); *Prinz v. Sachsen Gessaphe,* Symposium Winkler v. Mohrenfels, 2013, 163 (176).

[721] Näher zu Art. 14 Abs. 1 lit. c Rom III-VO *Eichel* in Leible/Unberath Rom 0-VO 414 f.; *Prinz v. Sachsen Gessaphe,* Symposium Winkler v. Mohrenfels, 2013, 163 (176); zu Art. 36 Abs. 1, Abs. 2 lit. b EuErbVO *Christandl* JPIL 9 (2013), 219 (233).

[722] Hierzu *Eichel* in Leible/Unberath Rom 0-VO 416 ff.

rechtlicher Ebene das Erfordernis einer engen Verbindung zur maßgebenden Teilrechtsordnung zu beachten (Art. 3 iVm Art. 22 Abs. 1 Rom I-VO, Art. 14 iVm Art. 25 Abs. 1 Rom II-VO). Soweit aber die Rom I-VO, etwa für Personenbeförderungsverträge (Art. 5 Abs. 2 UAbs. 2 Rom I-VO), die Rechtswahl vom Vorliegen eines ortsbezogenen Anknüpfungsmoments im betreffenden Staat abhängig macht (gewöhnlicher Aufenthalt, Abgangsort, Bestimmungsort), ist gemäß Art. 22 Abs. 1 Rom I-VO wiederum nur diejenige Teilrechtsordnung wählbar, auf deren Gebiet der jeweils genannte Ort zu lokalisieren ist (Art. 22 Abs. 1 Rom I-VO). Innerhalb der Rom III-VO ist hingegen auch insoweit zwischen einer Wahl des Rechts am gewöhnlichen Aufenthalt und einer Option für das Recht der Staatsangehörigkeit zu unterscheiden: Können die Parteien das Recht des Staates wählen, in dem sie (oder eine von ihnen) ihren gewöhnlichen Aufenthalt haben bzw. hatten (Art. 5 Abs. 1 lit. a und b Rom III-VO), sieht Art. 14 Abs. 1 lit. b Rom III-VO einen unmittelbaren Durchgriff auf die maßgebende Teilrechtsordnung vor, ohne dass es insoweit auf ein einheitliches ILR des Mehrrechtsstaates ankommt.[723] Hiermit wird zugleich sichergestellt, dass allein das Recht derjenigen Teilrechtsordnung gewählt werden darf, auf deren Gebiet der gewöhnliche Aufenthalt zu lokalisieren ist.[724] Bezieht sich die Rechtswahl hingegen auf die Staatsangehörigkeit eines oder beider Ehegatten (Art. 5 Abs. 1 lit. c b Rom III-VO), gestattet Art. 14 lit. c Var. 2 Rom III-VO den Parteien die Wahl der maßgebenden Teilrechtsordnung, sofern im betreffenden Mehrrechtsstaat kein einheitliches ILR existiert.[725] Daraus, dass Art. 14 Abs. 1 lit. c Var. 3 Rom III-VO eine Bestimmung der maßgebenden Teilrechtsordnung anhand der engsten Verbindung nur subsidiär für den Fall vorsieht, dass keine Wahlmöglichkeit besteht, lässt sich schließen, dass es für die Wahl einer Gebietseinheit offenbar nicht erforderlich sein soll, dass zu dieser eine enge Verbindung besteht.[726] Sachlich leuchtet dies jedoch kaum ein:[727] Während der aus Barcelona stammende spanische Staatsangehörige nach dem spanischen ILR nur katalanisches Recht wählen darf, wird es dem aus Florida stammenden US-Amerikaner gestattet, das Recht von Alaska zu wählen.[728] Überzeugender ist die Regelung in Art. 36 Abs. 1, Abs. 2 lit. b EuErbVO: Hat der Erblasser nach Art. 22 Abs. 1 EuErbVO das Recht seines Heimatstaates gewählt, muss zwar gemäß Art. 36 Abs. 1 EuErbVO – ebenso wie nach Art. 14 lit. c Rom III-VO – wiederum primär geprüft werden, ob im betreffenden Mehrrechtsstaat ein einheitliches ILR existiert; ist dies aber (wie in den USA) nicht der Fall, so wird dem Erblasser nicht etwa die Wahl der maßgebenden Teilrechtsordnung freigestellt, sondern ihm auferlegt, dass er nur für die Gebietseinheit optieren darf, zu der er die engste Verbindung hat (Art. 36 Abs. 2 lit. b EuErbVO). Entscheidet sich zB ein britischer Staatsbürger, der in Schottland geboren wurde und dort lebte, bevor er nach Spanien übersiedelte, in einer letztwilligen Verfügung für die Anwendbarkeit englischen und nicht schottischen Rechts, ist eine solche Wahl daher unwirksam.[729] Entsprechendes gilt im künftigen internationalen Güterrecht (Art. 33 Abs. 1, Abs. 2 lit. b EuGüVO/EuPartVO) sowie im internationalen Unterhaltsrecht nach Art. 16 Abs. 2, Abs. 1 lit. c HUP (gewöhnlicher Aufenthalt) und gemäß Art. 16 Abs. 2, Abs. 1 lit. e HUP (Staatsangehörigkeit).[730] Auch nach Art. 45 lit. d ErwSÜ kann der Erwachsene, wenn er eine Vorsorgevollmacht seinem Heimatrecht unterwerfen will (Art. 15 Abs. 2 lit. a ErwSÜ), mangels eines einheitlichen ILR des betreffenden Staates (Art. 46 ErwSÜ) nicht für jede beliebige Teilrechtsordnung optieren, sondern nur für diejenige Gebietseinheit, zu der er die engste Verbindung hat (Art. 45 lit. d ErwSÜ).

Insoweit bestätigt die **Auswertung der EU-Verordnungen und Staatsverträge** – mit der   **225** inhaltlich fragwürdigen Ausnahme des Art. 14 lit. c Var. 2 Rom III-VO – im Wesentlichen die oben (→ Rn. 209 ff.) zum autonomen deutschen IPR vorgenommene Analyse: Einer freien Rechtswahl auf internationalprivatrechtlicher Ebene korrespondiert eine freie Rechtswahl auf interlokaler Ebene; wird hingegen der Kreis der zur Auswahl stehenden Rechtsordnungen zum Schutz einer schwächeren Partei eingeschränkt, bedarf die Parteiautonomie auf interlokalrechtlicher Ebene einer Begrenzung, die mit einem Durchgreifen eines ortsbezogenen Anknüpfungsmoments auf das ILR oder durch das Prinzip der engsten Verbindung erreicht werden kann. Problematisch ist aber auch insoweit die Vorschaltung eines einheitlichen ILR des fremden Mehrrechtsstaates, wie sie namentlich in der

---

[723] Näher *Eichel* in Leible/Unberath Rom 0-VO 413 f.

[724] *Eichel* in Leible/Unberath Rom 0-VO 413.

[725] Hierzu *Eichel* in Leible/Unberath Rom 0-VO 414 ff.

[726] IE auch NK-BGB/*Nordmeier* Rom III-VO Art. 14 Rn. 22; *Prinz v. Sachsen Gessaphe,* Symposium Winkler v. Mohrenfels, 2013, 163 (176).

[727] Krit. auch NK-BGB/*Nordmeier* Rom III-VO Art. 14 Rn. 22; *Prinz v. Sachsen Gessaphe,* Symposium Winkler v. Mohrenfels, 2013, 163 (176).

[728] Beispiel von NK-BGB/*Nordmeier* Rom III-VO Art. 14 Rn. 22.

[729] Beispiel von *Christandl* JPIL 9 (2013), 219 (233).

[730] Vgl. *Prinz v. Sachsen Gessaphe,* Symposium Winkler v. Mohrenfels, 2013, 163 (177 f.).

EuErbVO, der EuGüVO/EuPartVO, dem HUP und dem ErwSÜ angeordnet wird (zum deutschen IPR → Rn. 212).

226   **dd) Verweisung auf einen Mehrrechtsstaat.** Drittens bleibt die Frage, was gelten soll, wenn die Parteien nur den Mehrrechtsstaat (USA, Kanada, Spanien) als solchen in ihrer Rechtswahlvereinbarung bezeichnet haben, ohne die maßgebende Teilrechtsordnung explizit zu benennen. Lässt sich insoweit auch durch eine Auslegung der Rechtswahlvereinbarung nicht hinreichend sicher klären, welche konkrete Gebietseinheit von den Parteien gemeint ist, bietet sich ein buntes Bild an **Lösungsansätzen:** Im Rahmen der Rom I- und II-Verordnungen wird herkömmlich – wohl überwiegend – für eine Unwirksamkeit der Rechtswahl und ein Eingreifen der objektiven Anknüpfungen plädiert;[731] es wird aber auch verbreitet eine Ermittlung der anwendbaren Teilrechtsordnung nach dem ILR des gewählten Staates oder nach dem Prinzip der engsten Verbindung befürwortet, um die Rechtswahl möglichst aufrechtzuerhalten.[732] Nach der Rom III-VO ist zu unterscheiden, ob die Rechtswahl an den gewöhnlichen Aufenthalt in einem Staat (Art. 14 lit. b Rom III-VO) oder an die Staatsangehörigkeit anknüpft (Art. 14 lit. c Rom III-VO). Wählen die Parteien das Aufenthaltsrecht (lit. b), wird ohne Rücksicht auf ein fremdes ILR auf die Teilrechtsordnung, in welcher der gewöhnliche Aufenthalt der Bezugspersonen liegt, durchgegriffen;[733] bei der Wahl des Heimatrechts (lit. c) kommt hingegen primär das einheitliche ILR des gewählten Mehrrechtsstaates (Var. 1) und subsidiär (mangels Ausübung einer interlokalrechtlich eindeutigen Rechtswahl iS der Var. 2) die Anknüpfung nach dem Prinzip der engsten Verbindung zum Zuge (Var. 3). Bei der Wahl des Heimatrechts des Erblassers deckt sich die Lösung nach der EuErbVO im Ergebnis mit derjenigen der Rom III-VO: Primär ist das einheitliche ILR des Mehrrechtsstaates zu befragen (Art. 36 Abs. 1 EuErbVO); subsidiär ist die maßgebende Gebietseinheit nach der engsten Verbindung zu bestimmen (Art. 36 Abs. 2 lit. b EuErbVO). Gleiches gilt nach Art. 3 Abs. 1, Abs. 2 lit. b EuGüVO/EuPartVO. Ebenso wie nach diesen Verordnungen ist bei der Wahl des Heimatrechts im Unterhaltsrecht (Art. 16 Abs. 2, Abs. 1 lit. e HUP) sowie im Erwachsenenschutz (Art. 46, Art. 45 lit. d ErwSÜ) zu verfahren. Im Gegensatz zur Rom III-VO findet aber nach dem HUP und dem ErwSÜ auch bei einer auf den gewöhnlichen Aufenthalt bezogenen Rechtswahl kein Durchgriff auf die maßgebende Teilrechtsordnung statt, sondern es ist auch insoweit primär das einheitliche ILR des betreffenden Mehrrechtsstaates anzuwenden (Art. 16 Abs. 2, Abs. 1 lit. c HUP bzw. Art. 46, Art. 45 lit. a ErwSÜ).

227   **5. Perspektiven.** Die gegenwärtige Rechtslage zur Mehrrechtsstaatenproblematik im deutschen, europäischen und staatsvertraglichen Kollisionsrecht ist höchst unübersichtlich und verwirrend. Es verwundert daher nicht, dass verschiedene **Vorschläge zu einer kohärenteren Regelung** dieser Frage unterbreitet worden sind. *Gottschalk* hat im Jahre 2002 nach einer eingehenden Auswertung der seinerzeit vorliegenden staatsvertraglichen Regelungen den folgenden Vorschlag für eine Reform des Art. 4 Abs. 3 gemacht:[734]

228   *„Wird auf das Recht eines Staates mit räumlicher oder personaler Rechtsspaltung verwiesen, so bestimmt das Recht dieses Staates, welche Teilrechtsordnung anzuwenden ist. Fehlt eine solche Regelung, so ist die Teilrechtsordnung anzuwenden, mit welcher der Sachverhalt am engsten verbunden ist."*

229   Eine solche Neufassung der Vorschrift, die sich am **Vorbild der neueren Haager Konventionen** orientiert (→ Rn. 217), würde eine vollständige Abkehr von der Durchgriffslösung bedeuten, da *Gottschalk* auch bei ortsbezogenen Anknüpfungsmomenten – und zwar selbst im Falle einer Sachnormverweisung – einen unbedingten Vorrang des fremden einheitlichen ILR befürwortet.[735] Zwar hat der Gleichlauf mit den neueren Staatsverträgen – und, so ist zu ergänzen, mit der EuErbVO (→ Rn. 218) – durchaus Gewicht; inhaltlich kann der unbedingte „Primat" des ausländischen ILR auch im Falle von Sachnormverweisungen durch ortsbezogene Anknüpfungsmomente aber nicht überzeugen. Es leuchtet unter Aspekten der effizienten und prozessökonomischen Handhabung des IPR nicht ohne weiteres ein, das ILR eines anderen Staates zu beachten und die damit verbundenen

---

[731]   ZB Erman/*Hohloch* Rom I-VO Art. 22 Rn. 2; NK-BGB/*Leible* Rom I-VO Art. 22 Rn. 9; Palandt/*Thorn* Rom I-VO Art. 22 Rn. 3; Rauscher/*v. Hein* EuZPR/EuIPR Rom I-VO Art. 3 Rn. 67; Staudinger/*Magnus* (2016) Rom I-VO Art. 3 Rn. 48.

[732]   ZB Bamberger/Roth/*Spickhoff* Rom I-VO Art. 22 Rn. 3; Rauscher/*Freitag* EuZPR/EuIPR Rom I-VO Art. 22 Rn. 3; Staudinger/*Hausmann* (2016) Rom I-VO Art. 22 Rn. 8; *Prinz v. Sachsen Gessaphe,* Symposium Winkler v. Mohrenfels, 2013, 163 (175); dagegen wiederum überzeugend NK-BGB/*Leible* Rom I-VO Art. 22 Rn. 10.

[733]   *Eichel* in Leible/Unberath Rom 0-VO 413 f.; *Corneloup/Parisot* Rom III-VO Art. 14 Rn. 7; anders *Rauscher* IPR Rn. 409: primär ILR des Mehrrechtsstaates, subsidiär engste Verbindung.

[734]   *Gottschalk* Allgemeine Lehren des IPR 198.

[735]   *Gottschalk* Allgemeine Lehren des IPR 197.

Komplikationen in Kauf zu nehmen, wenn schon auf der internationalprivatrechtlichen Ebene der Entscheidungseinklang hintangestellt wird und sich infolge der Verwendung eines ortsbezogenen Anknüpfungsmoment die maßgebende Teilrechtsordnung zwanglos und ohne weitere Zwischenschritte festlegen lässt.[736] An der Souveränität des Mehrrechtsstaates orientierte Argumente sind hier ebenso wenig zielführend wie in der Frage des internationalprivatrechtlichen Renvoi (→ Rn. 193). Zudem fällt der internationale Trend keineswegs eindeutig iS einer Abkehr von der Durchgriffslösung aus, wie die Rom I-, II- und III-Verordnungen zeigen (→ Rn. 217). Neuere Vorschläge zur Lösung der Mehrrechtsstaatenproblematik im europäischen IPR gehen daher mit Recht grundsätzlich weiterhin davon aus, dass ortsbezogene Anknüpfungsmomente unmittelbar die maßgebende Gebietseinheit bezeichnen.[737]

Während der Kodifikationsvorschlag von *Lagarde* keine Regelung zur territorialen Rechtsspaltung **230** enthält,[738] haben jüngere Autoren aus Deutschland und Österreich Reformvorschläge unterbreitet, die auf dem **unionsrechtlichen Acquis** aufbauen. *Nehne* orientiert sich an den Art. 22 Rom I-VO und 25 Rom II-VO und hat im Jahre 2012 als allgemeine Regelung Folgendes vorgeschlagen:[739]

„(1) Umfasst ein Staat mehrere Gebietseinheiten, von denen jede eigene Rechtsnormen für vertragliche oder **231** *außervertragliche Schuldverhältnisse hat, gilt für die Bestimmung des nach dem europäischen Kollisionsrecht anzuwendenden Rechts jede Gebietseinheit als Staat.*
(2) Kann das anzuwendende Recht nicht mittels Absatz 1 bestimmt werden, so ist das Recht anzuwenden, zu dem der Sachverhalt die engste Verbindung hat.
(3) Ein Mitgliedstaat, in dem verschiedene Gebietseinheiten ihre eigenen Rechtsnormen für vertragliche oder außervertragliche Schuldverhältnisse haben, ist nicht verpflichtet, das europäische Kollisionsrecht auf Kollisionen zwischen den Rechtsordnungen dieser Gebietseinheiten anzuwenden.“

Eine solche Regelung würde sich aber darin erschöpfen, lediglich die Regelungen der Rom I- **232** und II-VO zu einer Vorschrift zusammenzufassen, und ist insoweit schon heute durch die **weitere Entwicklung des europäischen IPR** überholt. Für Fragen des Familien- und Erbrechts, in denen auch die Anknüpfung an die Staatsangehörigkeit eine Rolle spielt, taugt die Durchgriffslösung nicht allgemein.[740] Zudem entstehen bei einer generellen Nichtbeachtung des ausländischen ILR im Falle einer Gesamtverweisung (Art. 34 EuErbVO) erhebliche Friktionen, die aus der Diskussion zu Art. 4 Abs. 3 sattsam bekannt sind (→ Rn. 188 ff.) und besser vermieden werden sollten.

Die Ausdehnung des europäischen Kollisionsrechts auf das Familien- und Erbrecht wird im Jahre **233** 2013 bereits von *Eichel* reflektiert, der allerdings an einer **Präferenz für die Durchgriffslösung** festhält und diese lediglich für die Staatsangehörigkeit durch eine autonome Unteranknüpfung an die engste Verbindung ergänzen möchte:[741]

„Für die Bezugnahme auf das Recht eines Staates, der mehrere Gebietseinheiten mit eigenen Rechtsnormen **234** *oder Rechtssystemen umfasst, gilt jede Gebietseinheit als Staat; jede Bezugnahme auf die Staatsangehörigkeit eines solchen Staates betrifft die durch das Recht dieses Staates bezeichnete Gebietseinheit oder, mangels solcher Vorschriften,[742] die Gebietseinheit, zu der die maßgebliche Person die engste Verbindung aufweist.“*

Die von *Eichel* vorgeschlagene **generelle Nichtbeachtung eines fremden ILR** vermag aber **235** zumindest in denjenigen Fällen nicht zu überzeugen, in denen das europäische Kollisionsrecht wie in Art. 34 EuErbVO eine Gesamtverweisung auf das fremde Recht ausspricht (zum Streitstand zu Art. 4 Abs. 3 → Rn. 188 ff.). In Bezug auf Sachnormverweisungen ist die Nichtbeachtung des fremden ILR hingegen vorzugswürdig, soweit die betreffende Kollisionsnorm ein ortsbezogenes Anknüpfungsmoment verwendet.[743] Schwieriger ist die Frage für eine Sachnormverweisung auf die Staatsangehörigkeit zu entscheiden. Zwar legt die Nichtbeachtung des ausländischen IPR in derartigen Fällen nahe, auch das ILR des betreffenden Mehrrechtsstaates zu überspielen; begrifflich oder dogmatisch zwingend ist dies aber nicht (→ Rn. 181 ff.). Zudem zeigen die bisherigen, in diesem

---

[736] Zutr. *Rauscher* IPRax 1987, 206 (208); anders *Gottschalk* Allgemeine Lehren des IPR 195: Es müsse beim Primat des ILR des Mehrrechtsstaates bleiben.
[737] Insoweit übereinstimmend *Christandl* JPIL 9 (2013), 219 (241); *Eichel* in Leible/Unberath Rom 0-VO 421; *Nehne* Methodik S. 318.
[738] *Lagarde* RabelsZ 75 (2011), 673 ff.
[739] *Nehne* Methodik S. 318.
[740] Zur Gefahr hierdurch drohender hinkender Rechtsverhältnisse bereits *Sonnenberger*, FS Kropholler, 2008, 227 (238 f.); ferner *Heinze*, FS Kropholler, 2008, 105 (120 f.).
[741] *Eichel* in Leible/Unberath Rom 0-VO 421.
[742] Fn. 93 bei *Eichel* in Leible/Unberath Rom 0-VO 421: „Diese Variante zu löschen, wäre sinnvoll, entspricht aber nicht der geltenden Rechtslage und erfordert einen neuen Entschluss des Gesetzgebers.“
[743] AA *Gottschalk* Allgemeine Lehren des IPR 197.

Punkt übereinstimmenden Regelungen auf europäischer und staatsvertraglicher Ebene, dass die teilnehmenden Mehrrechtsstaaten zu einem Verzicht auf die Beachtung ihres ILR insoweit nicht bereit sein dürften – was auch *Eichel* selbst in der zitierten Fn. 93 einräumt. Da eine Ermittlung des anwendbaren Rechts nach dem ausländischen ILR oftmals einfacher sein wird als die Ad-hoc-Bestimmung der engsten Verbindung im Einzelfall, verspricht die Schaffung einer autonomen Unteranknüpfung auch kaum nachhaltige Effizienzgewinne (→ Rn. 193). Daher erscheint es insgesamt nicht lohnend, sich an diesem Punkt für eine autonome Unteranknüpfung stark zu machen.

236   *Christandl* hat schließlich vorgeschlagen, sich an der **Regelung im HTestformÜ** zu orientieren und eine Durchgriffslösung für ortsbezogene Anknüpfungsmomente, insbesondere den gewöhnlichen Aufenthalt oder den Ort der Vornahme eines Rechtsgeschäfts, vorzusehen, während es für die Staatsangehörigkeitsanknüpfung bei einem Vorrang des fremden (einheitlichen) ILR bleiben soll.[744] Dieser Vorschlag entspricht inhaltlich dem **geltenden deutschen IPR**,[745] was nicht überrascht, da der Gesetzgeber von 1986 sich ebenfalls auf das HTestformÜ als Regelungsvorbild berufen hat (→ Rn. 165). Dagegen lassen sich allerdings in rechtspolitischer Sicht, insbesondere im Hinblick auf die Friktionen der Durchgriffslösung im Verhältnis zu einer Gesamtverweisung, all diejenigen Bedenken geltend machen, die bereits gegenüber dem geltenden deutschen IPR erhoben worden sind (→ Rn. 188 ff.).

237   Eine allgemeine Regelung auf europäischer Ebene – oder auch eine Neuregelung des Art. 4 Abs. 3 in Bezug auf den Restanwendungsbereich des autonomen IPR – sollte daher den erreichten Diskussionsstand reflektieren und eine **differenzierte Lösung** bereithalten. Für ortsbezogene Anknüpfungsmomente erscheint die Durchgriffslösung – entgegen dem dogmatischen Beharren auf einem unbedingten „Primat" des ausländischen ILR (→ Rn. 229) – nach wie vor effizient und praktikabel; sie sollte insoweit aber von vornherein auf Sachnormverweisungen beschränkt werden, um eine harmonische Abstimmung mit Gesamtverweisungen auf internationalprivatrechtlicher Ebene zu erreichen und den wenig eleganten „Kellereinstieg" in das fremde ILR, der im geltenden deutschen IPR praktiziert wird (→ Rn. 197), entbehrlich zu machen.[746] Für die Anknüpfung an die Staatsangehörigkeit ist an der seit 1961 bewährten Lösung festzuhalten, primär das einheitliche ILR des fremden Mehrrechtsstaates anzuwenden und nur subsidiär auf eine autonome Unteranknüpfung anhand des Prinzips der engsten Verbindung zu setzen. Diese international einhellig akzeptierte Abstufung erscheint insoweit auch im Falle einer Sachnormverweisung als letztlich vorzugswürdige Lösung. Schließlich ist angesichts der zunehmenden Bedeutung der Rechtswahl auch auf dem Gebiet des Familien- und Erbrechts für diese Variante eine besondere Regelung angebracht, die klarstellt, dass die Parteien grundsätzlich die maßgebende Teilrechtsordnung unmittelbar wählen können, aber hierbei nicht die ihnen durch das IPR auferlegten Rechtswahlschranken auf interlokalrechtlicher Ebene unterlaufen dürfen. Eine an diesen Überlegungen orientierte Regelung könnte die folgende Form annehmen:

238   *„(1) Wird auf das Recht eines Staates verwiesen, weil sich in diesem Staat ein bestimmter Ort, insbesondere der gewöhnliche Aufenthaltsort einer Person, befindet, wird hierdurch unmittelbar die maßgebende Teilrechtsordnung bezeichnet, sofern sich die Verweisung auf die Sachvorschriften des fremden Rechts bezieht. Erfasst die Verweisung hingegen das ausländische Internationale Privatrecht, ist auch die maßgebende Teilrechtsordnung nach dem Recht des betreffenden Staates zu bestimmen. Fehlt eine solche Regelung, gilt das Recht der gemäß Satz 1 bezeichneten Teilrechtsordnung einschließlich der darin enthaltenen Kollisionsnormen.*

(2) Wird auf das Recht eines Staates verwiesen, dem eine Person angehört, ist die maßgebende Teilrechtsordnung nach dem Recht des betreffenden Staates zu bestimmen. Fehlt eine solche Regelung, ist die Teilrechtsordnung anzuwenden, mit welcher die Person am engsten verbunden ist.

(3) Sofern die Parteien das Recht eines Staates wählen können, bezieht sich ihre Wahl unmittelbar auf die Sachvorschriften der maßgebenden Teilrechtsordnung. Sind die Parteien nach dem Internationalen Privatrecht in der Auswahl der zur Verfügung stehenden Rechtsordnungen beschränkt, können sie die folgenden Teilrechtsordnungen wählen:

1. Bei einer Wahl des an einem bestimmten Ort geltenden Rechts, insbesondere des Rechts am gewöhnlichen Aufenthalt einer oder beider Parteien, diejenige Teilrechtsordnung, in der sich dieser Ort befindet.

2. Bei einer Wahl des Rechts eines Staates, dem beide oder eine der Parteien angehören, diejenigen Teilrechtsordnungen, zu denen eine enge Verbindung der Partei oder der Parteien besteht.

(4) Ein Mitgliedstaat, in dem verschiedene Gebietseinheiten ihre eigenen Rechtsnormen für Fragen haben, die in den Anwendungsbereich des europäischen Kollisionsrechts fallen, ist nicht verpflichtet, das europäische Kollisionsrecht auf Konflikte anzuwenden, die allein zwischen diesen Teilrechtsordnungen bestehen."

---

[744] *Christandl* JPIL 9 (2013), 219 (241).

[745] Für eine Orientierung am Vorbild des Art. 4 Abs. 3 im europäischen Kollisionsrecht bereits *Heinze*, FS Kropholler, 2008, 105 (121).

[746] Für eine generelle Abkehr von der Durchgriffslösung de lege ferenda hingegen *Gottschalk* Allgemeine Lehren des IPR 197 f.

III. Personale Rechtsspaltung

1. Allgemeines. Außer der bereits behandelten räumlichen Rechtsspaltung kann eine Zersplitte- **239** rung des berufenen Rechts dadurch resultieren, dass eine Rechtsordnung in bestimmten Rechtsberei- chen, insbesondere auf den Gebieten des Personen-, Familien- und Erbrechts, nach personalen Kriterien unterscheidet. Das **deutsche Privatrecht** kennt derartige Regeln nicht, wenngleich etwa der ins Recht der elterlichen Sorge eingefügte und bewusst säkular formulierte Beschneidungspara- graph (§ 1631d BGB) seine praktische Relevanz vor allem für Familien jüdischen oder muslimischen Glaubens entfalten dürfte. Nach dem **sozialen Stand** (Adel) wird heute allenfalls noch in Monar- chien in Bezug auf die Angehörigen regierender Häuser differenziert.[747] Erhebliche praktische Bedeutung haben aber in anderen Ländern nach wie vor Unterscheidungen, die an die Zugehörigkeit einer Person zu einer bestimmten **Religionsgemeinschaft oder** einer **Volksgruppe** anknüpfen. Zur Bestimmung der anwendbaren Teilrechtsordnung bedarf es in diesen Fällen besonderer interper- sonaler Kollisionsregeln; im Hinblick auf die Religion spricht man von interreligiösem oder interkon- fessionellem Recht, in Bezug auf die ethnische Zugehörigkeit von intergentilem, interethnischem oder Stammeskollisionsrecht.[748] Eine religiöse Rechtsspaltung begegnet uns heutzutage vor allem in den überwiegend islamischen Staaten Nordafrikas, des Nahen Ostens und Asiens;[749] ferner in Israel und Indien.[750] Nach ethnischen Kriterien wird vielfach noch im mittleren und südlichen Afrika unterschieden.[751] Derartige stammesrechtliche Privilegien sind zum Teil sogar, etwa in der Republik Südafrika, in der Verfassung verankert worden;[752] sie werden aber auch dort als potenzielle Quelle von Diskriminierungen wegen der rassischen Zugehörigkeit zunehmend kritisch hinterfragt.[753]

In **typologischer Hinsicht** kann danach unterschieden werden, ob die berufene Rechtsordnung **240** selbst ein staatliches, zB interreligiöses Kollisionsrecht erlassen hat oder ob sie die Lösung der entspre- chenden Rechtsanwendungskonflikte den interreligiösen (einseitigen) Kollisionsnormen der betref- fenden Religionsgemeinschaften selbst überlässt.[754] Im letztgenannten Fall existieren aber regelmäßig zumindest vereinheitlichte Zuständigkeitsvorschriften auf gesamtstaatlicher Ebene, so dass sich dieser Unterschied rechtspraktisch kaum auswirkt.[755]

Obwohl religiöse und ethnische Rechtsspaltungen auch in Ländern mit kolonialer Vergangenheit **241** vielfach durch eine **stärkere Vereinheitlichung** des staatlichen Personen-, Familien- und Erbrechts zurückgedrängt worden sind,[756] sind Regeln zur Bewältigung der einschlägigen Konfliktlagen derzeit noch unumgänglich, was sich auch daran zeigt, dass die neueren Verordnungen zum europäischen Kollisionsrecht (EuErbVO, Rom III-VO) ebenfalls entsprechende Bestimmungen vorsehen (näher → Rn. 250).

2. Die Bewältigung personaler Rechtsspaltungen nach Art. 4 Abs. 3 EGBGB. Das deut- **242** sche Recht regelt, wie sich der Gesetzesbegründung eindeutig entnehmen lässt,[757] in Art. 4 Abs. 3 unmittelbar nicht nur die räumliche, sondern auch die personale Rechtsspaltung.[758] In der prakti- schen Handhabung der Vorschrift sind insoweit aber die folgenden **Besonderheiten** gegenüber den

---

[747] *Kropholler* IPR § 30 I vor 1; vgl. auch zu Regelungen über die Kronerbfolge *Rauscher* IPR Rn. 553.

[748] *Kropholler* IPR § 30 I vor 1.

[749] Zum interreligiösen Kollisionsrecht muslimischer Staaten näher *Kreuzer*, FS Spellenberg, 2010, 211 ff.; *Krüger*, Liber Amicorum Schurig, 2012, 121 ff.; vgl. auch *Michaels* in Zimmermann, Zukunftsperspektiven der Rechtsvergleichung, 2016, 39 (94 ff.).

[750] *Rauscher* IPR Rn. 15; ausf. Länderberichte bei Staudinger/*Hausmann* (2013) Art. 4 Anh. mwN.

[751] *Rauscher* IPR Rn. 15; ausf. Länderberichte bei Staudinger/*Hausmann* (2013) Art. 4 Anh. mwN.

[752] Section 211(3) RSA Constitution.

[753] Näher *Forsyth*, Private International Law, 5. Aufl. 2012, 21 f.

[754] Näher die 5. Aufl. 2010, Rn. 86 ff. (*Sonnenberger*); eingehende typologische Bestandsaufnahme interpersona- ler Kollisionsrechte bei *V. Schröder*, Die Verweisung auf Mehrrechtsstaaten im deutschen Internationalen Privat- recht – unter besonderer Berücksichtigung der Verweisung auf die Vereinigten Staaten von Amerika, 2007, 35 ff.

[755] *v. Bar/Mankowski* IPR I § 4 Rn. 166.

[756] *v. Bar/Mankowski* IPR I § 4 Rn. 168 nennen die personale Rechtsspaltung „ein Signum der Entwicklungs- länder"; s. auch *Kropholler* IPR § 30 I 2: der Zug der Zeit gehe vom Tribalismus zum Territorialstaat.

[757] BT-Drs. 10/504, 39 f.

[758] Ganz hM, s. statt vieler BGHZ 160, 332 (338 f.) = NJW-RR 2005, 81 (83); 169, 240 Rn. 16 = NJW- RR 2007, 145; *v. Bar/Mankowski* IPR I § 4 Rn. 16; *v. Hoffmann/Thorn* IPR § 6 Rn. 117; *Kropholler* IPR § 30 II; Soergel/*Kegel* Rn. 49; *V. Schröder*, Die Verweisung auf Mehrrechtsstaaten im deutschen Internationalen Privat- recht – unter besonderer Berücksichtigung der Verweisung auf die Vereinigten Staaten von Amerika, 2007, 125; so auch *Gottschalk* Allgemeine Lehren des IPR 193, der aber eine terminologische Klarstellung für wünschenswert hält; anders nur NK-BGB/*Freitag* Rn. 39, nach dessen Ansicht „die zu Art. 4 Abs. 3 entwickelten Grundsätze analog anzuwenden" seien.

bereits (→ Rn. 166 ff.) dargelegten Grundsätzen zur Bewältigung territorialer Rechtsspaltungen zu beachten:

243   Die in der Ausnahmeklausel des Art. 4 Abs. 3 S. 1 („ohne die maßgebende zu bezeichnen") enthaltene **Durchgriffslösung für ortsbezogene Anknüpfungsmomente** findet in Bezug auf eine personale Rechtsspaltung schlechthin keine Anwendung.[759] Denn das deutsche IPR verweist stets auf territoriale Rechtsordnungen und niemals unmittelbar auf einen durch die religiöse oder ethnische Zugehörigkeit einer Person definierten Normenbestand (→ Einl. IPR Rn. 308). Rechtssätze, die dem religiösen Recht, zB dem islamischen Recht, angehören, sind vielmehr von deutschen Justiz- und Verwaltungsbehörden nur dann anzuwenden, wenn die maßgeblichen deutschen Kollisionsnormen das Recht eines Staates für anwendbar erklären, der das religiöse Recht auch im staatlichen Bereich als verbindlich anerkennt.[760] Wird zB vom deutschen IPR an die Staatsangehörigkeit einer Person angeknüpft, kommt religiöses Recht nur deshalb zur Anwendung, weil das von unseren Kollisionsnormen berufene staatliche (zB iranische oder syrische) Recht eine „Weiterverweisung" auf religiöses Recht ausspricht,[761] nicht bereits aufgrund der Religionszugehörigkeit des Betroffenen als solcher. Entsprechendes gilt für Stammessitten oder Gebräuche, die an die ethnische Zugehörigkeit einer Person anknüpfen.[762] Ein interlokalrechtlicher Durchgriff scheidet im Hinblick auf eine personale Rechtsspaltung auch dann aus, wenn eine deutsche Kollisionsnorm, zB Art. 14 Abs. 3, den Parteien Rechtswahlfreiheit gewährt (näher → Rn. 248) oder, wie zB Art. 14 Abs. 1 Nr. 3, an die engste Verbindung anknüpft.[763]

244   Folglich ist gemäß Art. 4 Abs. 3 S. 1 die maßgebende personale Teilrechtsordnung **stets nach dem interpersonalen Kollisionsrecht** des berufenen Mehrrechtsstaates zu bestimmen, ohne dass es darauf ankommt, ob das maßgebliche deutsche Kollisionsnorm an den gewöhnlichen Aufenthalt oder an die Staatsangehörigkeit des Betroffenen anknüpft.[764] Das fremde interpersonale Kollisionsrecht muss nicht notwendigerweise allseitigen Charakter haben; ein einheitliches interpersonales Kollisionsrecht des Gesamtstaates liegt vielmehr auch dann vor, wenn zB die für die jeweiligen Religionsgemeinschaften geltenden Gesetze einseitig ihren jeweiligen Anwendungsbereich definieren.[765] Die interpersonalen Regeln des fremden Mehrrechtsstaates müssen auch nicht rechtstechnisch als Kollisionsnormen ausformuliert sein, sondern können sich ebenso aus einer Zuweisung der Zuständigkeit an religiöse Gerichte ergeben, die sodann ihr eigenes Recht anwenden.[766] Dem letztgenannten Ansatz folgt insbesondere das herkömmliche islamische interreligiöse Recht in Bezug auf Rechtsbeziehungen zwischen Nicht-Muslimen, die derselben Konfession angehören;[767] allerdings bleibt auch insoweit stets zu prüfen, ob das staatliche interpersonale Kollisionsrecht eines Mehrrechtsstaates vorrangige Sonderregelungen vorsieht.[768] Ferner ist es denkbar, dass der fremde Staat interpersonale Rechtsbeziehungen (zB konfessionsverschiedene Ehen) nicht dem Recht einer der betroffenen Religions- oder Stammesgemeinschaften unterwirft

---

[759] *v. Bar/Mankowski* IPR § 4 Rn. 165; *v. Hoffmann/Thorn* IPR § 6 Rn. 117; *Kegel/Schurig* IPR § 11 III; *Kropholler* IPR § 30 II.

[760] BGH NJW 1980, 1221; *v. Bar/Mankowski* IPR § 4 Rn. 165; *Kegel/Schurig* IPR § 11 III; *Kropholler* IPR § 30 II.

[761] So BGHZ 160, 332 (338 f.) = NJW-RR 2005, 81 (83); 169, 240 Rn. 16 = NJW-RR 2007, 145.

[762] Vgl. OLG Köln NJW-RR 1994, 1026 = FamRZ 1994, 1523 (Brautgeld nach Sitte der Sinti und Roma); OLG Hamm NJW-RR 2011, 1197 = IPRax 2012, 257 mAnm *Looschelders* IPRax 2012, 238 (Brautgeld nach yezidischem Brauchtum).

[763] Anders offenbar *V. Schröder,* Die Verweisung auf Mehrrechtsstaaten im deutschen Internationalen Privatrecht – unter besonderer Berücksichtigung der Verweisung auf die Vereinigten Staaten von Amerika, 2007, 125 Fn. 233 (zur Rechtswahl iE wie hier aber S. 144 f.).

[764] S. zB zur Anwendung interreligiösen Rechts BGHZ 160, 332 (338 ff.) = NJW-RR 2005, 81 (Iran; islamisches Scheidungsrecht); BGHZ 169, 240 Rn. 16 ff. = NJW-RR 2007, 145 (Syrien; kanonisches Eherecht); KG FamRZ 2012, 1495 = StAZ 2012, 142 mAnm *Frank* StAZ 2012, 129 (Libanon; Eheschließungsrecht der Schiiten); OLG Celle NJOZ 2011, 1993 (Iran; islamisches Scheidungsrecht); OLG München IPRspr. 2011 Nr. 117b (Indien; Adoption nach Hindu-Recht); AG Greifswald IPRspr. 2010 Nr. 85 (Irak; chaldäisch-katholisches Eherecht); AG Otterndorf FamRZ 2012, 1140 = BeckRS 2012, 15520 (Irak; islamisches Scheidungsrecht); zur Anwendung interethnischen Kollisionsrechts OLG Frankfurt a. M. NJW-RR 1990, 778 (Ghana); VG Stuttgart InfAuslR 1991, 224 = IPRspr. 1991 Nr. 73 (Nigeria); BayObLG NJW-RR 1993, 1351 (Nigeria).

[765] Vgl. zu Indien *Spellenberg* IPRax 1992, 233 (236); zu Syrien *Kegel/Schurig* IPR § 11 III, wo allerdings Art. 308 des Personalstatutsgesetzes Nr. 59 vom 17.9.1953, geändert durch Gesetz Nr. 34 vom 31.12.1975 eine staatliche interreligiöse Kollisionsnorm enthält, hierzu BGHZ 169, 240 Rn. 16 = NJW-RR 2007, 145.

[766] S. zB AG Greifswald IPRspr. 2010 Nr. 85 (Irak; chaldäisch-katholisches Eherecht); zum islamischen Recht *Kreuzer*, FS Spellenberg, 2010, 211 (212); allg. *v. Bar/Mankowski* IPR § 4 Rn. 166; *Kropholler* IPR § 30 II; zur Abgrenzung von materiellem Recht und Verfahrensrecht im ägyptischen interreligiösen Privatrecht näher *Elwan,* FS v. Hoffmann, 2011, 99 ff.

[767] Näher *Kreuzer*, FS Spellenberg, 2010, 211 (212 ff.).

[768] Auch hierzu näher *Kreuzer,* FS Spellenberg, 2010, 211 (214 ff.).

oder deren Anforderungen (zB an die Gültigkeit der Eheschließung) kumuliert, sondern hierfür ein spezielles Sachrecht auf der Ebene des Gesamtstaates vorsieht, wie dies etwa in Indien aufgrund des Special Marriage Act (1954) der Fall ist.[769] Ein solches Spezialrecht kann zB fakultativ neben die vorhandenen religiösen oder Stammesrechte treten.[770] Auch ein derartiges Sonderrecht für interpersonal heterogene Rechtsbeziehungen, das seinen Anwendungsbereich selbst bestimmt, stellt eine „Teilrechtsordnung" iS des Art. 4 Abs. 3 S. 1 dar.

Das interpersonale Kollisionsrecht des fremden Mehrrechtsstaates ist unabhängig davon anzuwen- **245** den, ob die maßgebliche deutsche Kollisionsnorm eine Sachnorm- oder Gesamtverweisung ausspricht.[771] **Art. 3a Abs. 1** steht dem nicht entgegen, weil die Sachnormverweisung iS dieser Legaldefinition allein die Beachtung eines fremden Internationalen Privatrechts, nicht aber eines interreligiösen Rechts oder eines Stammeskollisionsrechts ausschließt (→ Art. 3a Rn. 3 ff.). Ferner ist es denkbar, dass die vom interpersonalen Kollisionsrecht des betreffenden Mehrrechtsstaates berufene Teilrechtsordnung ihrerseits eigenständige interpersonale Kollisionsnormen enthält.[772] Ordnet etwa das staatliche interreligiöse Recht an, dass eine konfessionsverschiedene Ehe zulässig ist, wenn die Religionsgemeinschaften beider Eheleute deren Eingehung gestattet, und verweisen die berufenen Religionsgemeinschaften (oder eine davon) auf das Recht derjenigen Kirche weiter, in der die Ehe geschlossen wurde, ist auch eine solche interpersonale Weiterverweisung zu beachten.[773] In Bezug auf die Form der Eheschließung ist gegebenenfalls nicht nur das jeweilige interkonfessionelle Recht, sondern auch das maßgebende interrituelle Kirchenrecht zu beachten.[774]

Versteht man den Begriff des interpersonalen Kollisionsrechts in dem oben (→ Rn. 239) dargeleg- **246** ten weiten Sinn, so hat die subsidiär eingreifende **Unteranknüpfung nach Satz 2** bei der personalen Rechtsspaltung – anders als bei der territorialen Rechtsspaltung (→ Rn. 169 ff.) – nur eine äußerst geringe Bedeutung, weil praktisch jeder Staat, dessen Privatrecht personal gespalten ist, auch über interpersonale Kollisionsnormen verfügt.[775] Es kann aber vorkommen, dass das nach Satz 1 anwendbare interpersonale Kollisionsrecht gegen den deutschen ordre public (Art. 6) verstößt, etwa weil bei einer konfessionsverschiedenen Ehe gleichheitswidrig allein an die Religionsgemeinschaft des Ehemannes angeknüpft wird (zur Frage des Verstoßes ausländischen Kollisionsrechts gegen Art. 6 näher → Art. 6 Rn. 125 ff.).[776] Ebenso kann es eine Verletzung des ordre public begründen, wenn ein ausländischer Staat den Angehörigen einer religiösen Minderheit die rechtliche Anerkennung verweigert und sie zB in familienrechtlichen Angelegenheiten den Vorschriften der dort dominierenden Religionsgemeinschaft (insbesondere des Islam) unterwirft.[777] Eine auf diese Weise entstehende Lücke kann wiederum mithilfe des Prinzips der engsten Verbindung nach Satz 2 geschlossen werden.[778] Die engste Verbindung iS des Satzes 2 besteht zu derjenigen Religionsgemeinschaft oder Volksgruppe, der die betreffende Person angehört.[779] Auch wenn die anwendbare Teilrechtsordnung, zB die maßgebende Religionsgemeinschaft, mithilfe des Prinzips der engsten Verbindung bestimmt wird, schließt dies (etwa bei einer konfessionsverschiedenen Ehe) die Beachtung einer Weiterverweisung zB durch das für die jeweiligen Ehegatten berufene religiöse Recht, das wiederum eigenständige interreligiöse Kollisionsnormen enthalten mag, nicht aus.[780]

---

[769] Special Marriage Act (Act No. 43 of 1954), abrufbar unter http://www.legalserviceindia.com/helpline/ marriage.htm; hierzu in der deutschen Rspr. ausf. OLG Hamburg IPRax 2002, 304 mAnm *Andrae/Essebier* IPRax 2002, 294 = FamRZ 2001, 916 = NJWE-FER 2001, 194; ferner BVerwG NJW 2012, 3461 Rn. 28.

[770] So zB in Nigeria, näher Staudinger/*Hausmann* (2013) Rn. 416 mwN.

[771] Staudinger/*Hausmann* (2013) Rn. 414.

[772] Näher *V. Schröder*, Die Verweisung auf Mehrrechtsstaaten im deutschen Internationalen Privatrecht – unter besonderer Berücksichtigung der Verweisung auf die Vereinigten Staaten von Amerika, 2007, 40 f.

[773] *v. Bar/Mankowski* IPR I § 4 Rn. 166; Staudinger/*Hausmann* (2013) Rn. 414.

[774] Vgl. zum katholischen Kirchenrecht BGHZ 169, 240 Rn. 21 mwN = NJW-RR 2007, 145.

[775] *v. Bar/Mankowski* IPR I § 4 Rn. 166; *Eichel* in Leible/Unberath Rom 0-VO 423; *V. Schröder*, Die Verweisung auf Mehrrechtsstaaten im deutschen Internationalen Privatrecht – unter besonderer Berücksichtigung der Verweisung auf die Vereinigten Staaten von Amerika, 2007, 125.

[776] BGHZ 169, 240 Rn. 18 = NJW-RR 2007, 145 meint, dass insoweit ein Verstoß gegen den deutschen ordre public naheliege, lässt die Frage aber letztlich offen; vgl. auch NK-BGB/*Freitag* Rn. 39; *V. Schröder*, Die Verweisung auf Mehrrechtsstaaten im deutschen Internationalen Privatrecht – unter besonderer Berücksichtigung der Verweisung auf die Vereinigten Staaten von Amerika, 2007, 150 ff.

[777] Staudinger/*Hausmann* (2013) Rn. 419; Staudinger/*Sturm/Sturm* Einl. IPR Rn. 868; *Junker* IPR Rn. 229; anders OLG Hamm IPRax 1994, 49 (52 ff.) (Iran; Bahai).

[778] Im Ergebnis auch *V. Schröder*, Die Verweisung auf Mehrrechtsstaaten im deutschen Internationalen Privatrecht – unter besonderer Berücksichtigung der Verweisung auf die Vereinigten Staaten von Amerika, 2007, 155 (analoge Anwendung).

[779] Bamberger/Roth/*Lorenz* Rn. 20; Erman/*Hohloch* Rn. 24; *Kropholler* IPR § 30 II; Soergel/*Kegel* Rn. 55.

[780] *v. Bar/Mankowski* IPR I § 4 Rn. 166; Staudinger/*Hausmann* (2013) Rn. 414; anders Erman/*Hohloch* Rn. 24: Sachnormverweisung.

247   Besondere Probleme können dadurch entstehen, dass ein fremder Staat durch eine **zweifache Rechtsspaltung** gekennzeichnet ist, dh erstens in verschiedene räumliche Teilrechtsordnungen gespalten ist und zweitens überdies in bestimmten Teilrechtsordnungen eine personale Rechtsspaltung aufweist.[781] In diesem Fall ist zunächst gemäß den oben (→ Rn. 166 ff.) dargelegten Grundsätzen die maßgebende räumliche Teilrechtsordnung zu bestimmen; sodann ist gemäß dem interpersonalen Kollisionsrecht der maßgeblichen Teilrechtsordnung zu ermitteln, welches personale Recht Anwendung findet.[782]

248   Auch im Falle einer kollisionsrechtlichen **Rechtswahl**, etwa nach Art. 14 Abs. 3, ist stets das interpersonale Recht des gewählten Mehrrechtsstaates zu beachten.[783] Dies folgt daraus, dass die interlokalrechtliche Durchgriffslösung in Art. 4 Abs. 3 S. 1 („ohne die maßgebende zu bezeichnen") insoweit auf die personale Rechtsspaltung ebenso wenig Anwendung findet wie bei ortsbezogenen Anknüpfungsmomenten (→ Rn. 184). Die Ehegatten können daher nicht im Falle einer konfessionsverschiedenen Ehe gemäß Art. 14 Abs. 3 S. 1 das Heimatrecht des Mannes wählen, sodann aber für das Recht der Religionsgemeinschaft optieren, der die Frau angehört.[784] Etwas anderes gilt freilich, wenn das vereinbarte Recht selbst den Parteien eine interpersonale Rechtswahlbefugnis einräumt.[785] Ein derartiges interreligiöses Wahlrecht zB kann sich auch in einer Regelung verstecken, die den Parteien die Wahl lässt, ob sie in einem Streitfall religiöse oder weltliche Gerichte anrufen.[786]

249   Ob eine Person einer **bestimmten Religionsgemeinschaft oder Volksgruppe angehört**, kann schließlich – ähnlich wie bei der Staatsangehörigkeit (→ Art. 5 Rn. 14) – nur die jeweilige Religionsgemeinschaft oder Volksgruppe selbst entscheiden;[787] dies gilt auch dann, wenn ausnahmsweise auf die engste Verbindung iS des Art. 4 Abs. 3 S. 2 zurückgegriffen werden muss, denn das deutsche IPR kann zB einer Religionsgemeinschaft nicht gegen ihren Willen ein Mitglied aufdrängen.[788] Insoweit existiere eine Vielzahl problematischer Konstellationen, wie zB der Glaubenswechsel, die Zuordnung interkonfessioneller Beziehungen, die religiöse Zugehörigkeit nichtehelich geborener Kinder, die Bestimmung eines Ersatzrechts für Konfessionslose usw.[789] Generalisierende Aussagen lassen sich insoweit nicht treffen, so dass stets im Einzelfall die Kriterien des maßgebenden interreligiösen oder interethnischen Rechts zu ermitteln sind. Im Lichte des ordre public (Art. 6) kann insbesondere die subsidiäre Anwendung islamischen Rechts auf konfessionsverschiedene Ehen, bei denen keiner der Partner muslimischen Glaubens ist,[790] zu anstößigen Ergebnissen führen.[791] Sofern sich im Rahmen des berufenen Rechts keine ordre public-konforme Lösung gewinnen lässt, ist insoweit auf deutsches Recht zurückzugreifen (→ Art. 6 Rn. 130).

250   **3. Vorrangige unionsrechtliche und staatsvertragliche Regelungen.** Sofern ein kollisionsrechtlicher Staatsvertrag keine Vorschrift zur Bestimmung der maßgebenden personalen Rechtsordnung enthält, wie dies insbesondere beim deutsch-iranischen Niederlassungsabkommen der Fall ist, kann Art. 4 Abs. 3 ergänzend herangezogen werden.[792] Dies gilt auch für die Rom I-VO und II-VO: Zwar enthalten diese Verordnungen wie schon das EVÜ keine Regelungen über die personale Rechtsspaltung, weil ein religiös gespaltenes Vertrags- und Deliktsrecht nur sehr selten vorkommt.[793] Wo dies ausnahmsweise doch der Fall sein sollte (z.B. in auch insoweit religiös gespaltenen nahöstlichen Rechtsordnungen), lässt sich dieser Konflikt ebenfalls analog Art. 4 Abs. 3 dahingehend auflösen, dass primär nach dem interpersonalen Privatrecht der lex causae, hilfsweise nach dem Prinzip der engsten Verbindung anzuknüpfen ist.[794] In den **EU-Verordnungen** auf dem Gebiet des Familien- und Erbrechts finden sich hingegen spezielle Vorschriften zur Bewältigung der personalen

---

[781] Vgl. zur Zersplitterung des indonesischen Adatrechts IPG 1970 Nr. 23 S. 254.

[782] *v. Bar/Mankowski* IPR I § 4 Rn. 163; Staudinger/*Hausmann* (2013) Rn. 415.

[783] *Menhofer,* Religiöses Recht und internationales Privatrecht: dargestellt am Beispiel Ägyptens, Diss. Heidelberg 1995, 136; *V. Schröder,* Die Verweisung auf Mehrrechtsstaaten im deutschen Internationalen Privatrecht – unter besonderer Berücksichtigung der Verweisung auf die Vereinigten Staaten von Amerika, 2007, 144.

[784] *Menhofer,* Religiöses Recht und internationales Privatrecht: dargestellt am Beispiel Ägyptens, Diss. Heidelberg 1995, 136; *V. Schröder,* Die Verweisung auf Mehrrechtsstaaten im deutschen Internationalen Privatrecht – unter besonderer Berücksichtigung der Verweisung auf die Vereinigten Staaten von Amerika, 2007, 144.

[785] *v. Bar/Mankowski* IPR I § 4 Rn. 170; Staudinger/*Hausmann* (2013) Rn. 416 mwN.

[786] Näher *v. Bar/Mankowski* IPR I § 4 Rn. 170.

[787] *v. Bar/Mankowski* IPR I § 4 Rn. 170; Staudinger/*Hausmann* (2013) Rn. 417.

[788] Vgl. *Looschelders* IPR Rn. 37.

[789] Eingehend *v. Bar/Mankowski* IPR I § 4 Rn. 170; Staudinger/*Hausmann* (2013) Rn. 417.

[790] Hierzu *Kreuzer,* FS Spellenberg, 2010, 211 (212 f.); ferner *Elwan* IPRax 1985, 305 (306).

[791] 5. Aufl. 2010, Rn. 108 *(Sonnenberger).*

[792] BGHZ 160, 332 (338 f.) = NJW-RR 2005, 81 (83).

[793] *v. Bar/Mankowski* IPR I § 4 Rn. 167; *Eichel* in Leible/Unberath Rom 0-VO 423.

[794] Jauernig/*Mansel,* Rom I-VO Vor Art. 1 Rn. 58.

Rechtsspaltung: Art. 15 Rom III-VO, Art. 37 EuErbVO und Art. 34 EuGüVO/EuPartVO verweisen insoweit, ebenso wie Art. 4 Abs. 3, primär auf das interpersonale Recht des Mehrrechtsstaates, hilfsweise auf das Prinzip der engsten Verbindung. Ebenso entscheiden neuere **Haager Konventionen,** so zB Art. 49 KSÜ und Art. 47 ErwSÜ. Nur das HUP weicht von diesem Muster ab: Art. 17 HUP verweist insoweit ausschließlich auf das interpersonale Recht des betreffenden Mehrrechtsstaates, verzichtet aber auf eine subsidiäre Unteranknüpfung an die engste Verbindung. Diese bewusste Divergenz zu den üblichen Vorschriften sollte einen Anreiz für beitrittswillige Staaten schaffen, sich vor einer Ratifikation des HUP ein entsprechendes interpersonales Privatrecht zu geben.[795] Da es kaum jemals vorkommt, dass das Recht eines Staates personal gespalten ist, ohne dass hierfür auch entsprechende Kollisionsnormen bestehen (→ Rn. 240), dürfte diese Lücke nicht zu größeren praktischen Problemen führen.[796] Alle genannten Vorschriften zur Bewältigung personaler Rechtsspaltungen gelten auch im Falle einer kollisionsrechtlichen Rechtswahl.[797] Schließlich ist das ausländische interpersonale Privatrecht unabhängig davon zu beachten, ob die zugrundeliegende internationalprivatrechtliche Kollisionsnorm eine Gesamtverweisung ausspricht (zB im Falle des Art. 34 Abs. 1 EuErbVO) oder ob es sich insoweit um eine Sachnormverweisung handelt (zB gemäß Art. 11 Rom III-VO).[798]

Insgesamt bestätigt das vorherrschende Regelungsmuster in EU-Verordnungen und Staatsverträgen die bewährte Lösung des deutschen IPR, so dass insoweit – anders als in Bezug auf die territoriale Rechtsspaltung (→ Rn. 227 ff.) – **kein inhaltlicher Anpassungs- bzw. Reformbedarf** zu erkennen ist.[799] **251**

Art. 5 EGBGB Personalstatut

(1) ¹Wird auf das Recht des Staates verwiesen, dem eine Person angehört, und gehört sie mehreren Staaten an, so ist das Recht desjenigen dieser Staaten anzuwenden, mit dem die Person am engsten verbunden ist, insbesondere durch ihren gewöhnlichen Aufenthalt oder durch den Verlauf ihres Lebens. ²Ist die Person auch Deutscher, so geht diese Rechtsstellung vor.

(2) Ist eine Person staatenlos oder kann ihre Staatsangehörigkeit nicht festgestellt werden, so ist das Recht des Staates anzuwenden, in dem sie ihren gewöhnlichen Aufenthalt oder, mangels eines solchen, ihren Aufenthalt hat.

(3) Wird auf das Recht des Staates verwiesen, in dem eine Person ihren Aufenthalt oder ihren gewöhnlichen Aufenthalt hat, und ändert eine nicht voll geschäftsfähige Person den Aufenthalt ohne den Willen des gesetzlichen Vertreters, so führt diese Änderung allein nicht zur Anwendung eines anderen Rechts.

Schrifttum: *Aden,* Staatsangehörigkeit und Wohnsitz – Zu einer migrationspolitischen Anknüpfung im Internationalen Privatrecht, ZRP 2013, 186; *Audit,* Les avatars de la loi personelle en droit international privé contemporain, Écrits rédigés en l'honneur de Jacques Foyer, 2008, 49; *d'Avout,* La *lex personalis* entre nationalité, domicile et résidence habituelle, Mélanges Audit, 2014, 15; *Baetge,* Der gewöhnliche Aufenthalt im Internationalen Privatrecht, 1994; *Baetge,* Zum gewöhnlichen Aufenthalt bei Kindesentführungen, IPRax 2001, 573; *Baetge,* Kontinuierlicher, mehrfacher oder alternierender gewöhnlicher Aufenthalt bei Kindesentführungen, IPRax 2005, 335; *Baetge,* Auf dem Weg zu einem gemeinsamen europäischen Verständnis des gewöhnlichen Aufenthalts, FS Kropholler, 2008, 77; *Balthasar,* Internationale Zuständigkeit in Unterhaltsangelegenheiten – Auslegung des Begriffs „gewöhnlicher Aufenthalt", ÖJZ 2015, 12; *Bariatti,* Multiple Nationalities and EU Private International Law, YbPIL 13 (2011), 1; *Basedow,* Das Internationale Privatrecht in den Zeiten der Globalisierung, FS Stoll, 2001, 405; *Basedow,* Le rattachement à la nationalité et les conflits de nationalité en droit de l'Union Européenne, Rev. crit. dr. int. pr. 2010, 427; *Basedow,* Das Staatsangehörigkeitsprinzip in der Europäischen Union, IPRax 2011, 109; *Basedow/Diehl-Leistner,* Das Staatsangehörigkeitsprinzip im Einwanderungsland, in Jayme/Mansel, Nation und Staat im Internationalen Privatrecht, 1990, 13; *Beaumont/Holliday,* Recent Developments on the Meaning of „Habitual Residence" in Alleged Child Abduction Cases, in Župan, Private International Law in the Jurisprudence of European Courts – Family at Focus, 2015, 39; *Beitzke,*

---

[795] Bericht *Bonomi* zum Haager Unterhaltsprotokoll vom 23.11.2007, abrufbar unter http://www.hcch.net, Rn. 193.

[796] Denkbar bleibt aber auch insoweit der Verstoß des ausländischen interpersonalen Rechts gegen den ordre public (Art. 13 HUP).

[797] Vgl. zu Art. 15 Rom III-VO *Rauscher* IPR Rn. 410.

[798] Krit. hierzu *Rauscher* IPR Rn. 410.

[799] Ebenso in Bezug auf Art. 15 Rom III-VO *Eichel* in Leible/Unberath Rom 0-VO 424; so schon zu Art. 4 Abs. 3 das Fazit von *Gottschalk* Allgemeine Lehren des IPR 193, der aber eine terminologische Unterscheidung für wünschenswert hält.

Staatenlose, Flüchtlinge und Mehrstaater, in Lauterbach, Vorschläge und Gutachten zur Reform des deutschen internationalen Personen- und Sachenrechts, 1972, 143; *Beitzke,* Das Personalstatut des Doppelstaaters, Liber Amicorum Adolf F. Schnitzer, 1979, 19; *Benicke,* Auswirkungen des neuen Staatsangehörigkeitsrechts auf das deutsche IPR, IPRax 2000, 171; *Berlit,* „Rottmann" und die Option – schleichende Europäisierung des Staatsangehörigkeitsrechts?, FS Hailbronner, 2013, 283; *Bogdan,* The EC Treaty and the Use of Nationality and Habitual Residence as Connecting Factors in International Family Law, in Meeusen, International Family Law for the European Union, 2007, 303; *Bungert,* Ehescheidung in Deutschland wohnender US-Amerikaner aus verschiedenen Einzelstaaten, IPRax 1993, 10; *Carrera,* The Price of EU Citizenship, MJ 21 (2014), 406; *Clive,* The Concept of Habitual Residence, Juridical Review 1997, 137; *Corneloup,* Réflexion sur l'émergence d'un droit de l'Union européenne en matière de nationalité, Clunet 138 (2011), 491; *Dethloff,* Doppelstaatsangehörigkeit und Internationales Privatrecht, JZ 1995, 64; *Drobnig,* Verstößt das Staatsangehörigkeitsprinzip gegen das Diskriminierungsverbot des EWG-Vertrages?, RabelsZ 34 (1970), 636; *Dutta,* Der gewöhnliche Aufenthalt – Bewährung und Perspektiven eines Anknüpfungsmoments im Lichte der Europäisierung des Kollisionsrechts, IPRax 2017, 139; *Dutta/Schulz,* Erste Meilensteine im europäischen Kindschaftsverfahrensrecht: Die Rechtsprechung des Europäischen Gerichtshofs zur Brüssel IIa-Verordnung von *C* bis *Mercredi,* ZEuP 2012, 526; *Esbrook,* Citizenship Unmoored: Expatriation as a Counter-Terrorism Tool, U. Penn. J. Int. L. 37 (2016), 1273; *Ferid,* Zur kollisionsrechtlichen Behandlung von Inländern mit zugleich ausländischer Staatsangehörigkeit, RabelsZ 23 (1958), 498; *Gerfried Fischer,* Gemeinschaftsrecht und kollisionsrechtliches Staatsangehörigkeitsprinzip, in v. Bar, Europäisches Gemeinschaftsrecht und internationales Privatrecht, 1991, 157; *Fiorini,* Habitual Residence and the Newborn – A French Perspective, ICLQ 61 (2012), 530; *Forsyth,* The domicile of the illegal resident, JPIL 1 (2005), 335; *Fuchs,* Neues Staatsangehörigkeitsgesetz und Internationales Privatrecht, NJW 2000, 489; *Fuchs,* Mehrstaater im Internationalen Privatrecht, FS Martiny, 2014, 303; *Gallant,* Réflexions sur la résidence habituelle des enfants de couples désunis, Mélanges Pierre Mayer, 2015, 241; *Gaudemet-Tallon,* Un „rattachement cumulatif": nationalité étatique et citoyenneté européenne, Liber Amicorum Lando, 2012, 151; *Gruber,* Kollisionsrechtliche Implikation des neuen Staatsangehörigkeitsrechts, IPRax 1999, 426; *Gulati,* Resolving dual and multiple nationality disputes in a globalised world, Journal of Immigration, Asylum and Nationality Law (JIANL) 2014, 27; *Hailbronner/Renner/Maaßen,* Staatsangehörigkeitsrecht, 5. Aufl. 2010; *Hau,* Doppelte Staatsangehörigkeit im europäischen Eheverfahrensrecht, IPRax 2010, 50; *Hausmann,* Internationale Zuständigkeit und Verbot der Diskriminierung aus Gründen der Staatsangehörigkeit, FS Hailbronner, 2013, 429; *Heiderhoff,* Der gewöhnliche Aufenthalt von Säuglingen, IPRax 2012, 523; *Hellwig,* Die Staatsangehörigkeit als Anknüpfung im deutschen IPR, 2001; *Helms,* Selbständige Anfechtbarkeit einer Zwischenentscheidung über die internationale Zuständigkeit in Familiensachen der freiwilligen Gerichtsbarkeit, IPRax 2015, 217; *Henrich,* Der Domizilbegriff im englischen Internationalen Privatrecht, RabelsZ 25 (1960), 456; *Henrich,* Abschied vom Staatsangehörigkeitsprinzip, FS Stoll, 2001, 437; *Henrich,* Parteiautonomie, Privatautonomie und kulturelle Identität, FS Jayme, 2004, 321; *Hilbig-Lugani,* Divergenz und Transparenz: Der Begriff des gewöhnlichen Aufenthalts der privat handelnden Person im jüngeren EuIPR und EuZVR, GPR 2014, 8; *Hilpold,* Die verkaufte Unionsbürgerschaft, NJW 2014, 1071; *Jacob,* Staatenlos, Doppelstaater, deutsch oder gar nichts? – sich blockierendes Recht bei gemischtnationalen Ehen, ZAR 2014, 409; *Jayme,* Kulturelle Identität und Internationales Privatrecht, in *Jayme,* Kulturelle Identität und Internationales Privatrecht, 2003, 5; *Jayme,* Sprache und Recht, FS Kirchhof, 2013, 341; *Jayme,* Mehrstaater im Europäischen Kollisionsrecht, IPRax 2014, 89; *Kegel,* Was ist gewöhnlicher Aufenthalt?, FS Rehbinder, 2002, 699; *Koopmans,* Does assimilation work? Sociocultural determinants of labour market participation of European Muslims, Journal of Ethnic and Migration Studies (J. Ethn. Migr. Stud.) 42 (2016), 197; *Kränzle,* Heimat als Rechtsbegriff?, 2014; *Kreuzer,* Die Europäisierung des Internationalen Privatrechts – Vorgaben des Gemeinschaftsrechts, in Müller-Graff, Gemeinsames Privatrecht in der Europäischen Gemeinschaft, 2. Aufl. 1999, 457; *Kropholler,* Der gewöhnliche Aufenthalt des Kindes und das Aufenthaltsbestimmungsrecht, FS Jayme, 2004, 471; *Kruger/Verhellen,* Dual Nationality = Double Trouble?, JPIL 7 (2011), 601; *Lagarde,* Vers une approche fonctionnelle du conflit positif de nationalités, Rev. crit. dr. int. pr. 1988, 29; *Lagarde,* La fraude en matière de nationalité, Mélanges Audit, 2014, 511; *Lamont,* Habitual Residence and Brussels IIbis: Developing Concepts for European Private International Law, JPIL 3 (2007), 261; *Lurger,* Die Verortung natürlicher Personen im europäischen IPR und IZVR – Wohnsitz, gewöhnlicher Aufenthalt, Staatsangehörigkeit, in v. Hein/Rühl, Kohärenz im Internationalen Privat- und Verfahrensrecht der Europäischen Union, 2016, 202 (zitiert: *Lurger* Verortung natürlicher Personen); *Mankowski,* Der gewöhnliche Aufenthalt des Erblassers unter Art. 21 Abs. 1 EuErbVO, IPRax 2015, 39; *Mankowski,* Dual and Multiple Nationals, Stateless Persons, and Refugees, in Leible, General Principles of European Private International Law, 2016, S. 189 (zitiert: *Mankowski* Dual and Multiple Nationals); *Mankowski,* Das Staatsangehörigkeitsprinzip – gestern und heute, IPRax 2017, 130; *F.A. Mann,* Der gewöhnliche Aufenthalt im Internationalen Privatrecht, JZ 1956, 466; *Mansel,* Verfassungsrechtlicher Gleichheitssatz, deutsche Doppelstaater und die Lehre von der effektiven Staatsangehörigkeit im Internationalen Privatrecht, NJW 1986, 625; *Mansel,* Personalstatut, Staatsangehörigkeit und Effektivität, 1988; *Mansel,* Das Staatsangehörigkeitsprinzip im deutschen und gemeinschaftsrechtlichen Internationalen Privatrecht: Schutz der kulturellen Identität oder Diskriminierung der Person?, in Jayme, Kulturelle Identität und Internationales Privatrecht, 2003, 119; *Mansel,* Die kulturelle Identität im Internationalen Privatrecht, BerGesVR 43 (2008), 137; *McEleavy,* Regression and Reform in the Law of Domicile, Int. Comp. L. Q. 56 (2007), 453; *Martiny,* Probleme der Doppelstaatsangehörigkeit im deutschen internationalen Privatrecht, JZ 1993, 1145; *Masing,* Wandel im Staatsangehörigkeitsrecht vor den Herausforderungen moderner Migration, 2001; *Mellone,* La nozione di residenza abituale e la sua interpretazione nelle norme di conflitto comunitarie, Riv. dir. int. priv. proc. 2010, 685; *Meeusen,* Instrumentalisation of Private International Law in the European Union: Towards a European Conflicts Revolution, European Journal of Migration and Law (Eur. J. Migr. L.)

9 (2007), 287; *Mikat,* Zur Diskussion um die Lehre vom Vorrang der effektiven Staatsangehörigkeit, 1983; *Pataut,* Citoyenneté de l'Union, Rev. trim. dr. europ. 2010, 617; *Pirrung,* EuGH und Versorgungsausgleich: keine Diskriminierung durch Anknüpfung an die Staatsangehörigkeit, GS Lüderitz, 2000, 543; *Pirrung,* Gewöhnlicher Aufenthalt bei internationalem Wanderleben und Voraussetzungen für die Zulässigkeit einstweiliger Maßnahmen in Sorgerechtssachen nach der EuEheVO, IPRax 2011, 50; *Pirrung,* EuEheVO und HKÜ: Steine statt Brot?, IPRax 2015, 207; *Pitschas,* Verfassungsrechtliche Vorgaben für das Staatsangehörigkeitsprinzip des Internationalen Privatrechts, in Jayme/Mansel, Nation und Staat im Internationalen Privatrecht, 1990, 93; *Raiteri,* Citizenship as a connecting factor in private international law for family matters, JPIL 10 (2014), 309; *Rauscher,* Heimatlos in Europa? – Gedanken gegen eine Aufgabe des Staatsangehörigkeitsprinzips im IPR, FS Jayme, 2004, 719; *Rauscher,* Nur ein Not-Sitz des Rechtsverhältnisses – Zum gewöhnlichen Aufenthalt im Personalstatut, FS Coester-Waltjen, 2015, 637; *Rentsch,* Die Zukunft des Personalstatuts im gewöhnlichen Aufenthalt, ZEuP 2015, 288; *Rentsch,* Tatort- und Aufenthaltsanknüpfung im internationalen Deliktsrecht, GPR 2015, 191; *Rentsch,* Der gewöhnliche Aufenthalt im System des Europäischen Kollisionsrechts, 2017; *Rochat,* La dislocation du statut personnel, 1986; *Rogerson,* Habitual Residence: The New Domicile?, Int. Comp. L. Q. 49 (2000), 86; *Rohe,* Staatsangehörigkeit oder Lebensmittelpunkt? Anknüpfungsgerechtigkeit im Lichte neuerer Entwicklungen, FS Rothoeft, 1994, 1; *Samtleben,* Mehrstaater im Internationalen Privatrecht, RabelsZ 42 (1978), 456; *Siehr,* Gewöhnlicher Aufenthalt eines entführten Kindes vor und nach dessen Rückführung, IPRax 2015, 144; *Schmahl,* Auf dem Weg zu einer genuinen europäischen Personalhoheit?, FS Hailbronner, 2013, 339; *Schoch,* Europäisierung des Staatsangehörigkeits- und Aufenthaltsrechts durch den «Unionsbürgerstatus», FS Hailbronner, 2013, 355; *Scholz/Pitschas,* Effektive Staatsangehörigkeit und Grundgesetz, NJW 1984, 2721; *Götz Schulze,* Der engere gewöhnliche Aufenthalt?, IPRax 2012, 526; *Götz Schulze,* Das Personalstatut bei ineffektiver Mehrstaatigkeit, IPRax 2016, 575; *Schwind,* Der „gewöhnliche Aufenthalt" im IPR, FS Ferid, 1988, 423; *Siehr,* Auf dem Weg zu einem Europäischen Internationalen Privatrecht, EuZ 2005, 90; *Siehr,* Kindesentführung und EuEheVO, IPRax 2012, 316; *Siep,* Der gewöhnliche Aufenthalt im deutschen internationalen Privatrecht, 1981; *Sonnenberger,* Anerkennung der Staatsangehörigkeit und effektive Staatsangehörigkeit natürlicher Personen im Völkerrecht und Internationalen Privatrecht, BerGesVR 29 (1988), 9; *Sonnenberger,* Europarecht und Internationales Privatrecht, ZVglRWiss. 95 (1996), 3; *Sonnenberger,* Das Internationale Privatrecht im dritten Jahrtausend – Rückblick und Ausblick, ZVglRWiss. 100 (2001), 107; *Spickhoff,* Grenzpendler als Grenzfälle: Zum „gewöhnlichen Aufenthalt" im IPR, IPRax 1995, 185; *Stern,* Das Staatsangehörigkeitsprinzip in Europa, 2008; *Stille,* Abweichung von der Staatsangehörigkeitsanknüpfung bei ineffektiver Staatsangehörigkeit von Monostaatern – Die aktuelle Entwicklung in den Niederlanden, in Jayme/Mansel, Nation und Staat im Internationalen Privatrecht, 1990, 223; *Stone,* The Concept of Habitual Residence in Private International Law, Anglo-Am. L. Rev. 29 (2000), 342; *Sturm,* Europa auf dem Weg zur mehrfachen Staatsangehörigkeit, StAZ 1999, 225; *Sturm,* Zur Identifizierung Schriftenloser, FS Heldrich, 2005, 1325; *Sturm,* Die versteckte Novelle des Staatsangehörigkeitsgesetzes, StAZ 2008, 129; *Szabados,* Bestimmung des Personalstatuts in den postsozialistischen Staaten, ZEuP 2016, 278; *Trakman,* Domicile of choice in English Law: an Achilles Heel?, JPIL 11 (2015), 317; *Treggiari,* Nationales Recht und Recht der Nationalität – Mancini, in Jayme/Mansel, Nation und Staat im Internationalen Privatrecht, 1990, 145; *Trips-Hebert,* Internationales Privatrecht und Globalisierung – Der Einfluss der Globalisierung auf die Anknüpfung des Personalstatuts im internationalen Privatrecht, 2003; *Trips-Hebert,* „Islamisches Recht" als Herausforderung deutschen Kollisionsrechts? Zu den aktuellen Reformvorschlägen für eine Regelanknüpfung an den gewöhnlichen Aufenthalt im Internationalen Privatrecht, RuP (Recht und Politik) 2012, 214; *Troge,* Europarecht und das Staatsangehörigkeitsprinzip im Internationalen Privatrecht, 2009; *Ubertazzi,* The Inapplicability of the Connecting Factor of Nationality to the Negotiating Capacity in International Commerce, YbPIL 10 (2008), 711; *de Vido,* The Relevance of Double Nationality to Conflict-of-Laws Issues relating to Divorce and Legal Separation in Europe, Cuad. der. trans. 4 (2012) Nr. 1, 222; *Vonk,* De rol van dubbele nationaliteit, NJbl 2011, 1760; *Vonk,* Dual Nationality in the European Union: A Study on Changing Norms in Public and Private International Law and in the Municipal Laws of Four EU Member States, 2012; *M.-P. Weller,* Der „gewöhnliche Aufenthalt" – Plädoyer für einen willenszentrierten Aufenthaltsbegriff, in Leible/Unberath, Brauchen wir eine Rom 0-Verordnung?, 2013, 293; *M.-P. Weller,* Die lex personalis im 21. Jahrhundert: Paradigmenwechsel von der lex patriae zur lex fori, FS Coester-Waltjen, 2015, 897; *Westenberg,* Staatsangehörigkeit im schweizerischen IPRG, 1992; *Zimmer/Oppermann,* Geschäftsunfähigkeit, „Demenztourismus" und gewöhnlicher Aufenthalt nach der EuErbVO am Beispiel der Schweiz, ZEV 2016, 126.

Übersicht

A. Überblick über den Norminhalt

1   Art. 5 verwendet zwar als amtliche Überschrift den Begriff des **Personalstatuts** (näher → Rn. 2 ff.), definiert dessen Inhalt aber nicht und regelt dieses Statut auch nicht umfassend, sondern klärt als unselbstständige Kollisionsnorm lediglich einige Zweifelsfragen, die in besonderen Konstellationen bei der Anknüpfung an die Staatsangehörigkeit (Art. 5 Abs. 1 und 2) oder an den gewöhnlichen Aufenthalt (Abs. 3) auftreten können. Art. 5 Abs. 1 bestimmt, auf welche Staatsangehörigkeit bei **Doppel- bzw. Mehrstaatern** abzustellen ist. Für nicht-deutsche Mehrstaater wird an die effektive Staatsangehörigkeit angeknüpft (Abs. 1 S. 1); bei auch-deutschen Mehrstaatern genießt hingegen die deutsche Staatsangehörigkeit automatisch den Vorrang (Abs. 1 S. 2), was freilich nur gilt, sofern nicht höherrangiges Europarecht oder Staatsverträge entgegenstehen (näher → Rn. 21). Für **Staatenlose** und Personen, deren Staatsangehörigkeit **nicht festgestellt** werden kann, wird der gewöhnliche (notfalls der schlichte) Aufenthalt als Ersatzanknüpfung bereitgestellt (Abs. 2); auch insoweit bleibt der Vorrang internationaler Abkommen zu beachten (näher → Rn. 106). Der Begriff des **gewöhnlichen Aufenthalts** wird in Art. 5 bewusst nicht definiert (näher → Rn. 113 ff.). Abs. 3 regelt die besondere Situation eines Aufenthaltswechsels durch eine nicht voll geschäftsfähige Person (näher → Rn. 171 ff.). Auch diese Vorschrift wird in der Regel durch vorrangige internationale Übereinkommen (KSÜ, HKÜ) verdrängt (näher → Rn. 173).

B. Personalstatut

I. Begriff

Der Begriff des Personalstatuts ist komplex.[1] Von einem Personalstatut im formellen (weiteren, **2** uneigentlichen) Sinn spricht man, wenn der Fokus darauf gelegt wird, dass bei der Anknüpfung einer Rechtsfrage auf die davon betroffene Person abgestellt wird;[2] die Blickrichtung liegt insoweit auf dem maßgebenden Anknüpfungsmoment, im deutschen Recht also regelmäßig der Staatsangehörigkeit der Person, aus der sich ihr sog. „Heimatrecht" ergibt.[3] In einem materiellen (engeren, eigentlichen) Sinn bezeichnet der Begriff des Personalstatuts hingegen diejenige Rechtsordnung, die über die persönlichen Rechtsverhältnisse eines Menschen (oder auch einer juristischen Person, → IntGesR Rn. 282) entscheidet;[4] die Perspektive richtet sich insoweit also auf die Rechtsordnung, die für bestimmte Anknüpfungsgegenstände, herkömmlich das Personenrecht (Rechts- und Geschäftsfähigkeit, Geschlechtszugehörigkeit, Name) sowie das Familien- und Erbrecht, maßgebend ist.[5] In Deutschland ist heute die Begriffsverwendung im letztgenannten Sinne ganz herrschend;[6] sie wurde auch vom **Gesetzgeber des IPRG 1986** zugrunde gelegt:[7]

„Das ‚Personalstatut' im Sinne der herkömmlichen Bezeichnung umfaßt die Anknüpfungsgegenstände des Personen-, Familien- und Erbrechts [...]. Inhaltlich sind diese Rechtsbereiche dadurch gekennzeichnet, daß dort ganz überwiegend Grundvoraussetzungen und Fragen der persönlichen Existenz eines Menschen geregelt werden."

Auch wenn zB die Rom I-VO es den Parteien eines Lebensversicherungsvertrages erlaubt, für **3** diesen Vertrag das Recht desjenigen Staates zu wählen, dem der Versicherungsnehmer angehört (Art. 7 Abs. 3 lit. c Rom I-VO), wird das Versicherungsvertragsrecht hierdurch also nicht zu einem Anknüpfungsgegenstand, der dem Personalstatut im materiellen Sinne zuzurechnen wäre. Die Ursache für die **Begriffsverwirrung** liegt darin, dass noch die bis ins 19. Jahrhundert herrschende **Statutenlehre** (→ Einl. IPR Rn. 12) zwischen sog. *statuta personalia* (Normen, die an die Person anknüpften) einerseits und sog. *statuta realia* (Normen, die an Sachen anknüpften) unterschied, insoweit aber nicht präzise zwischen Anknüpfungsmomenten und -gegenständen trennte.[8] Leider lädt auch das geltende IPR zu Missverständnissen ein, weil der Gesetzgeber zwar grundsätzlich von der materiellen Konzeption des Personalstatuts ausging (→ Rn. 2), den Begriff dann aber lediglich als amtliche Überschrift für Art. 5 verwendete, also im Rahmen einer Vorschrift kodifizierte, die wiederum allein die für das Personalstatut maßgebenden Anknüpfungsmomente betrifft.[9]

Auch **rechtsvergleichend** wird der Begriff des Personalstatuts unterschiedlich gebraucht. Während der französische Begriff des „statut personnel" bzw. der „loi personnelle" sich überwiegend **4** mit dem deutschen Verständnis deckt,[10] ist der englische Begriff des „status [...] of natural persons",

---

[1] Ausf. hierzu *v. Bar/Mankowski* IPR I § 1 Rn. 22 ff.; *Kegel/Schurig* IPR § 13 II 2; *Kropholler* IPR § 37 I 1; *Mansel,* Personalstatut, Staatsangehörigkeit und Effektivität, 1988, Rn. 36; *Raape/Sturm* IPR S. 105 f.; *Trips-Hebert,* IPR und Globalisierung – Der Einfluss der Globalisierung auf die Anknüpfung des Personalstatuts im internationalen Privatrecht,, 2003, 25 ff.

[2] *Mansel,* Personalstatut, Staatsangehörigkeit und Effektivität, 1988, Rn. 36; *Raape/Sturm* IPR S. 105 f.; *Trips-Hebert,* IPR und Globalisierung – Der Einfluss der Globalisierung auf die Anknüpfung des Personalstatuts im internationalen Privatrecht, 2003, 25 ff.; vgl. auch *Lurger* Verortung natürlicher Personen S. 203 f.

[3] *v. Bar/Mankowski* IPR I § 1 Rn. 23; *Kegel/Schurig* IPR § 13 II 2.

[4] *v. Bar/Mankowski* IPR I § 1 Rn. 23; *v. Hoffmann/Thorn* IPR § 5 Rn. 3; *Kegel/Schurig* IPR § 13 II 2; *Kropholler* IPR § 37 I 1; *Mansel,* Personalstatut, Staatsangehörigkeit und Effektivität, 1988, Rn. 36; *Raape/Sturm* IPR S. 105 f.; *Trips-Hebert,* IPR und Globalisierung – Der Einfluss der Globalisierung auf die Anknüpfung des Personalstatuts im internationalen Privatrecht, 2003, 26 ff.; HK-BGB/*Dörner* Rn. 1 schlägt deshalb den Begriff „Persönlichkeitsstatut" vor, der aber nicht empfehlenswert sein dürfte, weil das allgemeine Persönlichkeitsrecht gerade nicht dem Personalstatut unterliegt (→ Rn. 10 f.).

[5] *Kegel/Schurig* IPR § 13 II 2; *Kropholler* IPR § 37 I 1.

[6] *v. Bar/Mankowski* IPR I § 1 Rn. 23 (einschränkend in Bezug auf das Erbrecht aber *Mankowski* IPRax 2015, 39 [41]); *v. Hoffmann/Thorn* IPR § 5 Rn. 3; *Kegel/Schurig* IPR § 13 II 2; *Kropholler* IPR § 37 I 1; *Mansel,* Personalstatut, Staatsangehörigkeit und Effektivität, 1988, Rn. 36; *Raape/Sturm* IPR S. 105 f.; *Trips-Hebert,* IPR und Globalisierung – Der Einfluss der Globalisierung auf die Anknüpfung des Personalstatuts im internationalen Privatrecht, 2003, 26 ff.

[7] BT-Drs. 10/504, 30.

[8] Näher *Kegel/Schurig* IPR § 13 II 2.

[9] *v. Bar/Mankowski* IPR I § 1 Rn. 23.

[10] Näher *Audit,* Écrits en l'honneur de J. Foyer, 2008, 49 ff; *d'Avout,* Mélanges Audit, 2014, 15 ff.; *Bureau/Muir Watt,* Droit international privé, 3. Aufl. 2014, Rn. 639 ff.; ebenso *v. Bar/Mankowski* IPR I § 1 Rn. 23; stärker die Unterschiede betonend *Kropholler* IPR § 37 I 1.

wie ihn zB Art. 1 Abs. 2 lit. a Rom I-VO verwendet, sachgerechter als „Personenstand" zu übersetzen.[11] Ebenso ist die sachliche Reichweite des Personalstatuts in den einzelnen Rechtsordnungen unterschiedlich; während im deutschen IPR hierzu die Geschäftsfähigkeit zählt (Art. 7), wird sie im Common Law herkömmlich dem jeweiligen Geschäftsstatut entnommen.[12]

Diese terminologischen Divergenzen erschweren die **Ausarbeitung von EU-Verordnungen** und Staatsverträgen bisweilen erheblich. So hieß es in den verschiedenen Sprachfassungen der Begründung des Kommissionsvorschlags für die Rom II-VO:[13]

*„Le règlement suit l'approche aujourd'hui largement confirmée par le droit des Etats membres que les atteintes à la vie privée et aux droits de la personnalité, notamment en cas de diffamation via les médias de masse, relèvent de la catégorie des obligations non contractuelles et non pas de celle du **statut personnel** – sauf pour le droit des noms. "*

*„The Regulation follows the approach generally taken by the law of the Member States nowadays and classifies violations of privacy and rights relating to the personality, particularly in the event of defamation by the mass media, in the category of non-contractual obligations rather than matters of **personal status,** except as regards rights to the use of a name. "*

*„Die Verordnung folgt dem Ansatz, der heute weitgehend in den Rechtsvorschriften der Mitgliedstaaten angewandt wird, nach dem eine Verletzung der Privatsphäre und der Persönlichkeitsrechte, insbesondere im Fall von Verleumdung durch Massenmedien, zu den außervertraglichen Schuldverhältnissen und – ausgenommen das Namensrecht – nicht zu den **Persönlichkeitsrechten** zählt. "*

5   Richtig ist ersichtlich allein die französische Fassung.

6   Diese Verständigungsschwierigkeiten setzen sich leider fort, wenn Begriffe wie „personal status", „statut personnel" oder Personalstatut in die endgültige Fassung einer Verordnung oder eines Staatsvertrages übernommen werden. Letztlich deckungsgleich mit dem deutschen Verständnis des Begriffs ist das Schlussprotokoll zu Art. 8 Abs. 3 des **deutsch-iranischen Niederlassungsabkommens,** in dem es heißt, „daß das Personen-, Familien- und Erbrecht, das heißt das Personalstatut, die folgenden Angelegenheiten umfaßt: [...]".[14] Größere Schwierigkeiten bereitet hingegen zB Art. 12 Abs. 1 der **Genfer Flüchtlingskonvention.** Darin heißt es: „Das Personalstatut jedes Flüchtlings bestimmt sich nach dem Recht des Landes seines Wohnsitzes [...]". Damit ist aber nicht gemeint, dass lediglich ein Kreis bestimmter Anknüpfungsgegenstände (Personen-, Familien-, Erbrecht) erfasst werden soll und im Übrigen das IPR des Wohnsitzlandes (zB in der Frage der Geschäftsfähigkeit oder Geschlechtszugehörigkeit nach oder analog Art. 7 Abs. 1) weiterhin an die Staatsangehörigkeit des Flüchtlings anknüpfen dürfe.[15] Vielmehr wird die Staatsangehörigkeit als Anknüpfungsmoment generell durch den Wohnsitz ersetzt, weil bei einer Person, die von ihrem Heimatstaat aus politischen oder sonstigen Gründen verfolgt wird, nicht mehr angenommen werden kann, dass zur Herkunftsrechtsordnung eine enge Verbindung im kollisionsrechtlichen Sinne besteht.[16] Zu weiteren Einzelheiten → Anh. II Art. 5 Rn. 58.

II. Bedeutung

7   Obwohl dem materiellen Begriff des Personalstatuts der Gedanke zugrunde liegt, die **persönlichen Rechtsverhältnisse eines Menschen möglichst nach einer Rechtsordnung zu beurteilen,**[17] ist diese Idee bereits im geltenden Recht nur mit starken Einschränkungen verwirklicht worden. Zwar dominiert im autonomen IPR noch immer die Anknüpfung persönlicher Rechtsverhältnisse an die **Staatsangehörigkeit** einer Person, die insbesondere das auf die Rechtsfähigkeit, Geschäftsfähigkeit, Geschlechtszugehörigkeit, die Todeserklärung und den Namen einer Person anwendbare Recht in erster Linie bestimmt (Art. 7–10); ferner unterliegen die Eheschließung und die allgemeinen Ehewirkungen grundsätzlich dem Heimatrecht der Eheleute (Art. 13 Abs. 1, Art. 14 Abs. 1 Nr. 1). Die Adoption richtet sich grundsätzlich nach dem Recht des Annehmenden (Art. 22

---

[11] So auch die deutsche Fassung der Vorschrift; näher *Kropholler* IPR § 37 I 1.

[12] *Kegel/Schurig* IPR § 13 II 2; *Kropholler* IPR § 37 I 1.

[13] KOM (2003) 427 endg. vom 22.7.2003, S. 18 (Hervorhebung hinzugefügt).

[14] RGBl. 1930 II S. 1012; ebenso *v. Bar/Mankowski* IPR I § 1 Rn. 22; vgl. auch *Kropholler* IPR § 37 I 1, der indes anmerkt, dass das Personalstatut hier die Anknüpfungsgegenstände unmittelbar (statt korrekt die für sie maßgebende Rechtsordnung) bezeichne.

[15] *v. Bar/Mankowski* IPR I § 1 Rn. 25.

[16] AllgM, s. BGHZ 169, 240 Rn. 10 = NJW-RR 2007, 145; OLG Nürnberg BeckRS 2016, 12182 Rn. 10 (Namensrecht); *Bamberger/Roth/Lorenz* Rn. 29; *v. Bar/Mankowski* IPR I § 1 Rn. 25; *Raape/Sturm* IPR S. 106; *Staudinger/Bausback* (2013) Art. 5 Anh. IV Rn. 65.

[17] *v. Hoffmann/Thorn* IPR § 5 Rn. 3 („einheitliches Anknüpfungsmoment"); *Rauscher*, FS Jayme, 2004, 719 (739); einschränkend *Kropholler* IPR § 37 I 1.

Abs. 1 S. 1); Vormundschaft, Pflegschaft und Betreuung werden grundsätzlich dem Heimatrecht des Mündels, Pfleglings oder Betreuten unterworfen (Art. 24 Abs. 1 S. 1). Schließlich gilt in Bezug auf vor dem 17.8.2015 eingetretene Erbfälle auch im autonomen Internationalen Erbrecht (Art. 25 Abs. 1 aF) noch das Staatsangehörigkeitsprinzip.

Schon heute wird die Ausrichtung des Personalstatuts am Heimatrecht aber vielfach durchbrochen, **8** und zwar durch die Anknüpfung an den **gewöhnlichen Aufenthalt** einer Person, **spezielle Vorbehaltsklauseln** zugunsten des deutschen Rechts und die Möglichkeit der **Rechtswahl.**[18] Die Anknüpfung an den gewöhnlichen Aufenthalt herrscht heute insbesondere im Abstammungsrecht (Art. 19 Abs. 1 S. 1), im Recht der elterlichen Sorge (Art. 21) und im Unterhaltsrecht (Art. 3 Unth-Prot; ebenso schon Art. 18 aF). Spezielle Vorbehaltsklauseln sehen vielfach eine Verdrängung eines ausländischen Heimatrechts durch die lex fori vor (zB Art. 9 S. 2, Art. 13 Abs. 2, Art. 17a, im weiteren Sinne auch Art. 23 S. 2, Art. 24 Abs. 1 S. 2; zur näheren dogmatischen Einordnung dieser Vorschriften → Art. 6 Rn. 48 ff.). Hingegen sind noch im EGBGB idF von 1986 enthaltene Exklusivnormen, die speziell Deutsche aufgrund ihrer Staatsangehörigkeit bevorzugten (Art. 17 Abs. 1 S. 2, Art. 38 EGBGB 1986), seither durch neutral formulierte Vorbehaltsklauseln (Art. 10 Rom III-VO, Art. 40 Abs. 3 EGBGB) ersetzt worden (zu den Folgen für die Behandlung Staatenloser → Rn. 94 ff.). Im Recht des Namens, der allgemeinen Ehewirkungen und dem Ehegüterrecht bestehen beschränkte Rechtswahlmöglichkeiten, auf deren Grundlage vom Heimatrecht abgewichen werden kann (Art. 10 Abs. 2 und 3, Art. 14 Abs. 3, Art. 15 Abs. 2; beachte auch für vor dem 17.8.2015 eingetretene Erbfälle Art. 25 Abs. 2 aF).

Diese schon im autonomen EGBGB von 1986 angelegten **Zersplitterungstendenzen** haben **9** sich durch die **Europäisierung und Internationalisierung** des Kollisionsrechts erheblich verstärkt: Sowohl das internationale Scheidungsrecht nach der Rom III-VO als auch das heute geltende internationale Erbrecht nach der EuErbVO knüpfen primär an den gewöhnlichen Aufenthalt der Eheleute bzw. des Erblassers an (Art. 8 lit. a und b Rom III-VO, Art. 21 Abs. 1 EuErbVO). Im Recht des Kindes- und Erwachsenenschutzes herrscht aufgrund der Haager Übereinkommen ebenfalls die Anknüpfung an den gewöhnlichen Aufenthalt (Art. 5 iVm Art. 15 Abs. 1 KSÜ, Art. 5 iVm Art. 13 Abs. 1 ErwSÜ).

Hinzu kommen Korrekturen, die durch **höherrangiges Recht** erzwungen wurden. So verstößt **10** es nach der Rechtsprechung des EuGH gegen die Freizügigkeit (Art. 21 AEUV), wenn einem Deutschen die Führung eines in einem anderen Mitgliedstaat erworbenen Doppelnamens versagt wird;[19] der deutsche Gesetzgeber hat hierauf mit der Einführung einer weiteren Wahlmöglichkeit reagiert (Art. 48). Nach der Rechtsprechung des BVerfG verletzt es den Gleichheitsgrundsatz iVm dem allgemeinen Persönlichkeitsrecht, wenn einem Transsexuellen in Deutschland unter Berufung auf sein Heimatrecht eine Geschlechtsumwandlung verweigert wird; das TSG wurde entsprechend überarbeitet (näher → Rn. 52 f.).

Schließlich ist die Reichweite des Personalstatuts seit jeher insoweit begrenzt, als der Schutz **11** bestimmter persönlichkeitsbezogener Rechte (Namensrecht, allgemeines Persönlichkeitsrecht) nicht dem Staatsangehörigkeitsprinzip unterfällt, sondern **deliktisch** qualifiziert und infolgedessen nach Art. 40 ff. angeknüpft wird.[20]

III. Perspektiven

Die oben beschriebene Zersplitterung des Personalstatuts ist schon oft diagnostiziert und zum **12** Teil auch beklagt worden.[21] Die im Hinblick auf die formale Übersichtlichkeit des IPR zweifellos missliche Aufspaltung der Anknüpfung persönlicher Rechtsverhältnisse ist letztlich aber nur der konsequente Ausdruck eines sozialen und liberalen Menschenbildes, das bei schwächeren Personen (Kinder, Unterhaltsberechtigte, schutzbedürftige Erwachsene) Aspekte ihres angemessenen Schutzes und im Übrigen bei Erwachsenen die freie Entfaltung ihrer Persönlichkeit in den Mittelpunkt des Kollisionsrechts stellt. Beide Tendenzen führen international zu einem stetigen Vordringen der

---

[18] Näher *Dutta* IPRax 2017, 139 (140 ff.).
[19] EuGH Slg. 2008, I-7639 = NJW 2009, 135 – Grunkin Paul.
[20] Zur Abgrenzung im Namensrecht näher *Henrich,* FS Großfeld, 1999, 355 (357 f.); zum Persönlichkeitsrecht *Kropholler/v. Hein,* FS Heldrich, 2005, 793 (799 ff.), jeweils mwN.
[21] Monographisch *Rochat,* La dislocation du statut personnel, 1986; vgl. auch *Audit,* Écrits en l'honneur de J. Foyer, 2008, 49 (70): „une perte de consistance de la loi personnelle"; aus deutscher Sicht *Basedow/Diehl-Leistner,* Staatsangehörigkeitsprinzip im Einwanderungsland, 1990, 39, die von einem „methodischen Eklektizismus" sprechen; *Mankowski* IPRax 2017, 130 (139); *Mansel,* Personalstatut, Staatsangehörigkeit und Effektivität, 1988, Rn. 43 ff.; *Kropholler* IPR § 37 I 2; *Rauscher,* FS Jayme, 2004, 719 (739); *Trips-Hebert,* IPR und Globalisierung – Der Einfluss der Globalisierung auf die Anknüpfung des Personalstatuts im internationalen Privatrecht, 2003, 27; zur Entwicklung in Osteuropa *Szabados* ZEuP 2016, 278.

Anknüpfung an den gewöhnlichen Aufenthalt und der Parteiautonomie auch in Kerngebieten des Personen-, Familien- und Erbrechts. Eine Wiederherstellung der verlorenen Einheit des Personalstatuts wird sich de lege ferenda daher von vornherein nur im Bereich der objektiven Anknüpfung erzielen lassen, und zwar indem – der europäischen und internationalen Entwicklung folgend – auch im Restanwendungsbereich des autonomen IPR das Regel-Ausnahme-Verhältnis von Staatsangehörigkeitsprinzip und Aufenthaltsanknüpfung umgedreht wird[22] (näher → Rn. 38).

C. Staatsangehörigkeit

I. Das Verhältnis des IPR zum Staatsangehörigkeitsrecht

13   **1. Trennung der Rechtsgebiete.** Während zB im französischen IPR traditionell das Staatsangehörigkeitsrecht (*nationalité*) – ebenso wie das Fremdenrecht (*condition des étrangers*) – zum IPR im weiteren Sinne gezählt wird,[23] ist im deutschen Recht unbestritten, dass es sich hierbei um ein zwar wichtiges, aber auch nur um ein Nebengebiet des IPR und nicht um einen Teil dieses Rechtsgebiets handelt.[24] Insbesondere gibt es grundsätzlich **keinen eigenständigen kollisionsrechtlichen Staatsangehörigkeitsbegriff,**[25] so dass bei einer Anknüpfung an die Staatsangehörigkeit stets nach den insoweit maßgebenden öffentlich-rechtlichen Vorschriften die Vorfrage zu prüfen ist, ob die betreffende Person die in Rede stehende Staatsangehörigkeit erworben oder verloren hat (näher → Rn. 14 ff., 24 ff.). Autonom ist das IPR jedoch in seiner Entscheidung, welche von mehreren Staatsangehörigkeiten einer Person als kollisionsrechtlich maßgebender Anknüpfungspunkt herangezogen wird (näher → Rn. 54 ff.). Eine gewisse Abkoppelung vom öffentlich-rechtlichen Staatsangehörigkeitsbegriff kann auch im Interesse der Betroffenen angezeigt sein, wenn der maßgebende Staat von uns völkerrechtlich nicht anerkannt wird (näher → Rn. 17). Zum Begriff des *domicile* im common law, der in mancher Hinsicht ein funktionales Äquivalent zur Staatsangehörigkeit darstellt, → Rn. 127 ff.

14   **2. Völkerrecht.** Das kollisionsrechtliche Staatsangehörigkeitsprinzip ist nach heute allgemeiner Ansicht völkerrechtlich nicht zwingend; ebenso gut darf ein Staat an den gewöhnlichen Aufenthalt, den Wohnsitz oder das *domicile* einer Person anknüpfen.[26] Es entspricht aber allgemein anerkanntem Völkergewohnheitsrecht, dass jeder Staat selbst darüber entscheidet, ob eine Person diesem Staat angehört.[27] Das **Prinzip der Gleichheit souveräner Staaten** gebietet, dass kein Staat einem anderen gegen dessen Willen Staatsangehörige aufdrängen oder entziehen darf.[28] Hieraus folgt für das Kollisionsrecht die wichtige Konsequenz, dass familienrechtliche Vorfragen, die für den Erwerb oder den Verlust einer ausländischen Staatsangehörigkeit relevant sind, nach allgemeiner Ansicht ausnahmsweise unselbstständig anzuknüpfen sind (→ Einl. IPR Rn. 181).

15   Ob sich aus dem allgemeinen Völkerrecht **Schranken für den Erwerb einer Staatsangehörigkeit** ergeben, ist zweifelhaft. Der IGH hat in dem berühmten „Nottebohm"-Fall zwar das Erfordernis einer tatsächlichen Verbindung der eingebürgerten Person mit dem betreffenden Staat aufgestellt.[29] Das Urteil behandelte diese Frage aber allein unter dem Aspekt, unter welchen Voraussetzungen es einem Staat völkerrechtlich gestattet ist, einer Person diplomatischen Schutz zu gewähren.[30] Prakti-

---

[22] Ebenso *Dutta* IPRax 2017, 139 (144 f.); *Rentsch* ZEuP 2015, 288 (294 f.) sowie (in Bezug auf das Verhältnis des europäischen zum italienischen IPR) *Raiteri* JPIL 10 (2014), 308 (334).

[23] *Bureau/Muir Watt,* Droit international privé, 3. Aufl. 2014, Rn. 4 bezeichnen dies als „tradition universitaire française", die sie selbst allerdings ablehnen; zur Notwendigkeit einer funktionellen Differenzierung eingehend *Lagarde* Rev. crit. dr. int. pr. 1988, 29 ff.

[24] S. etwa *Kropholler* IPR § 1 VI 1; zum Verhältnis von IPR und Fremdenrecht *v. Bar/Mankowski* IPR I § 4 Rn. 28 ff.

[25] Siehe nur *Mankowski* Dual and Multiple Nationals S. 195.

[26] Statt aller BVerfGE 116, 243 Rn. 71 = NJW 2007, 900.

[27] Art. 3 Abs. 1 des Europäischen Übereinkommens über die Staatsangehörigkeit vom 6.11.1997, BGBl. 2004 II S. 579; *Bamberger/Roth/Lorenz* Rn. 2; *Basedow* IPRax 2011, 109 (116); *Erman/Hohloch* Rn. 3a; *Kegel/Schurig* IPR § 1 IV 1c; *Kropholler* IPR § 1 VI 1; *Lüderitz* IPR Rn. 107; *Mankowski* Dual and Multiple Nationals S. 194; *Staudinger/Bausback* (2013) Anh. I Art. 5 Rn. 40; *Vonk,* Dual Nationality in the European Union: A Study on Changing Norms in Public and Private International Law and in the Municipal Laws of Four EU Member States, 2012, 35.

[28] *Kropholler* IPR § 1 VI 1; *Staudinger/Bausback* (2013) Anh. I Art. 5 Rn. 39.

[29] IGH ICJ Reports 1955, 4 (23): „rattachement effectif" bzw. „genuine connection"; hierzu aus heutiger Sicht *Gulati* JIANL 2014, 27 (31 ff.); *Siehr* IPRax 2013, 336 (337), mwN.

[30] Nähere Analyse bei *Mansel,* Personalstatut, Staatsangehörigkeit und Effektivität, 1988, Rn. 165; einschr. auch *Lüderitz* IPR Rn. 107 in Fn. 32.

sche Bedeutung für das IPR hat die „Nottebohm"-Entscheidung, soweit ersichtlich, nicht erlangt.[31] Ferner besteht zwischen dem für Mehrstaater im Völkerrecht geltenden Effektivitätsprinzip und dem kollisionsrechtlichen Effektivitätsgrundsatz (Art. 5 Abs. 1 S. 1) zwar eine unverkennbare historische Verwandtschaft;[32] beide Begriffe operieren aber auf einer anderen (öffentlich- bzw. privat-)rechtlichen Ebene und dürfen nicht unreflektiert in eins gesetzt werden.[33] Auch die Verleihung einer Staatsangehörigkeit an eine Person ohne effektive Verbindung zu dem ausländischen Staat ist folglich kollisionsrechtlich im Ausgangspunkt hinzunehmen. Sie kann allenfalls nach den Grundsätzen über die Gesetzesumgehung (→ Einl. IPR Rn. 282 ff.) in seltenen Ausnahmefällen als Anknüpfungspunkt ausgeschieden werden.[34] Zur Frage, ob das Unionsrecht insoweit eingreift, → Rn. 21.

Ebenso wie für den Erwerb einer Staatsangehörigkeit setzt das allgemeine Völkerrecht auch für **16** deren **Entzug** nur sehr weit gesteckte Grenzen.[35] Insoweit können allerdings völkervertragliche (→ Rn. 18 ff.) und europarechtliche Schranken (→ Rn. 21 f.) bestehen.

Auf die **völkerrechtliche Anerkennung einer Regierung,** die faktische Hoheitsgewalt in **17** einem bestimmten Gebiet ausübt, oder auf die völkerrechtliche Zuordnung eines annektierten Territoriums kommt es für die Bestimmung der Staatsangehörigkeit im Rahmen des IPR grundsätzlich nicht an.[36] Eine gegenteilige Entscheidung würde den legitimen Erwartungen der Betroffenen, die sich in ihrer Lebensführung an die faktisch herrschenden Normen ihres „Heimatstaates" halten, nicht gerecht.[37] Eine zB künftig auf der Krim von dort ansässigen Personen nach russischem Recht geschlossene Ehe wäre deshalb nach Art. 13 Abs. 1 als wirksam anzusehen, obwohl die Bundesrepublik den Anschluss der Halbinsel an Russland völkerrechtlich missbilligt.[38] Grenzen kann insoweit der ordre public (Art. 6) ziehen, in dessen Rahmen auch die allgemeinen Regeln des Völkerrechts (Art. 25 GG) zu beachten sind.[39] Hierbei sind aber im Interesse der Betroffenen an die Ergebniskontrolle strenge Maßstäbe anzulegen; die abstrakte Völkerrechtswidrigkeit einer Sezession bzw. Annexion zB reicht als solche für die Nicht-Anwendung ausländischen Zivilrechts nicht aus.

Größere Bedeutung als das allgemeine Völkerrecht haben für Erwerb und Verlust einer Staatsange- **18** hörigkeit die **einschlägigen staatsvertraglichen Verpflichtungen.**[40] Insoweit sind insbesondere zu nennen:
– das New Yorker UN-Übereinkommen über die Staatsangehörigkeit verheirateter Frauen vom 20.2.1957 (BGBl. 1973 II S. 1250);
– das New Yorker UN-Übereinkommen zur Verminderung der Staatenlosigkeit vom 30.8.1961 (BGBl. 1977 II S. 598; Ausführungsgesetz vom 29.6.1977, BGBl. 1977 I S. 1101);[41]
– das Berner CIEC-Übereinkommen zur Verringerung der Fälle von Staatenlosigkeit vom 13.9.1973 (BGBl. 1977 II S. 613);
– das in Deutschland seit dem 1.9.2005 geltende Europäische Übereinkommen über die Staatsangehörigkeit (EuÜStA) vom 6.11.1997 (BGBl. 2004 II S. 579). Das ältere Europäische Übereinkommen über die Verringerung der Mehrstaatigkeit und über die Wehrpflicht von Mehrstaatern vom 6.5.1963 (BGBl. 1969 II S. 1954) wurde von deutscher Seite mit Wirkung zum 21.12.2002 gekündigt (BGBl. II S. 171). Das EuÜStA wird ergänzt durch
– die Konvention des Europarates über die Vermeidung von Staatenlosigkeit in Zusammenhang mit Staatennachfolge vom 19.5.2006, die am 1.5.2009 in Kraft getreten, von der Bundesrepublik bisher aber nur gezeichnet worden ist.[42]

---

[31] *Kropholler* IPR § 8 II 3.
[32] Eingehend *Mansel,* Personalstatut, Staatsangehörigkeit und Effektivität, 1988, Rn. 157 ff.
[33] *Mansel,* Personalstatut, Staatsangehörigkeit und Effektivität, 1988, Rn. 175; *Sonnenberger* BerGesVR 29 (1988), 9 f.; ebenso *Kropholler* IPR § 8 II 3 in Fn. 26.
[34] Staudinger/*Bausback* (2013) Anh. I Art. 5 Rn. 40.
[35] Näher Staudinger/*Bausback* (2013) Anh. I Art. 5 Rn. 45 ff.
[36] Eingehend *Sonnenberger* BerGesVR 29 (1988), 9 (22 ff.); *Talmon,* Kollektive Nichtanerkennung illegaler Staaten, 2006, 477; ebenso *v. Bar/Mankowski* IPR I § 3 Rn. 25 ff.; *Kropholler* IPR § 8 II 3; *Lüderitz* IPR Rn. 108; *Raape/Sturm* IPR S. 45 f.; aA Staudinger/*Bausback* (2013) Anh. I Art. 5 Rn. 41.
[37] *Raape/Sturm* IPR S. 46; *Sonnenberger* BerGesVR 29 (1988), 9 (23); *Talmon,* Kollektive Nichtanerkennung illegaler Staaten, 2006, 477.
[38] Vgl. die Äußerungen der Völkerrechtler *Georg Nolte* und *Claus Kreß* bei *Helene Bubrowski,* Krim-Sekt aus Russland?, http://www.faz.net vom 16.3.2014.
[39] *Raape/Sturm* IPR S. 46; *Sonnenberger* BerGesVR 29 (1988), 9 (24).
[40] Näher erläutert bei Staudinger/*Bausback* (2013) Anh. I Art. 5 Rn. 47 ff.
[41] Siehe hierzu die Beschlüsse des EU-Rates und der Vertreter der Regierungen der Mitgliedstaaten zur Staatenslosigkeit vom 4.12.2015, abrufbar unter http://www.consilium.europa.eu/de/press/press-releases/2015/12/04-council-adopts-conclusions-on-statelessness.
[42] CETS Nr. 200, abrufbar unter http://conventions.coe.int.

19 Art. 14 **EuÜStA** regelt Fälle, in denen die Mehrstaatigkeit einer Person kraft Gesetzes eintritt. Nach dieser Bestimmung müssen die Vertragsstaaten es gestatten, dass Kinder, die bei der Geburt ohne weiteres verschiedene Staatsangehörigkeiten erworben haben, diese Staatsangehörigkeiten beibehalten; ferner darf ein Vertragsstaat seinen Staatsangehörigen den Besitz einer weiteren Staatsangehörigkeit nicht verwehren, wenn diese durch Eheschließung ohne weiteres erworben wird. Art. 15 EuÜStA betrifft andere mögliche **Fälle von Mehrstaatigkeit.** Nach dieser Vorschrift beschränkt das Übereinkommen nicht das Recht eines Vertragsstaats, in seinem innerstaatlichen Recht zu bestimmen, ob seine Staatsangehörigen, welche die Staatsangehörigkeit eines anderen Staates erwerben oder besitzen, seine Staatsangehörigkeit behalten oder verlieren und ob der Erwerb oder die Beibehaltung seiner Staatsangehörigkeit von der Aufgabe oder dem Verlust einer anderen Staatsangehörigkeit abhängt. Jedoch sind hierbei die von Art. 16 EuÜStA gezogenen Grenzen zu beachten; danach darf ein Vertragsstaat den Erwerb oder die Beibehaltung seiner Staatsangehörigkeit nicht von der Aufgabe oder dem Verlust einer anderen Staatsangehörigkeit abhängig machen, wenn die Aufgabe oder der Verlust unmöglich oder unzumutbar ist. Art. 17 EuÜStA definiert schließlich die **Rechte und Pflichten** im Zusammenhang mit Mehrstaatigkeit. Nach Art. 17 Abs. 1 EuÜStA haben die Staatsangehörigen eines Vertragsstaats, die eine weitere Staatsangehörigkeit besitzen, im Hoheitsgebiet des Vertragsstaats, in dem sie ansässig sind, dieselben Rechte und Pflichten wie andere Staatsangehörige dieses Vertragsstaats. Art. 17 Abs. 2 EuÜStA stellt schließlich klar, dass die Regeln des Völkerrechts über den diplomatischen oder konsularischen Schutz durch einen Vertragsstaat für einen seiner Staatsangehörigen, der gleichzeitig eine weitere Staatsangehörigkeit besitzt, durch die genannten Bestimmungen nicht berührt werden (Art. 17 Abs. 2 lit. a EuÜStA). Gleiches gilt in Fällen von Mehrstaatigkeit für die Anwendung der Regeln des internationalen Privatrechts jedes Vertragsstaats (Art. 17 Abs. 2 lit. b EuÜStA). Auch insoweit lassen sich dem Völkerrecht also keine unmittelbaren Vorgaben für die Ausgestaltung des Kollisionsrechts entnehmen.

20   Jedoch muss die Ausgestaltung des Staatsangehörigkeitsrechts der **EMRK**-Vertragsstaaten den in der Konvention enthaltenen **menschenrechtlichen Gewährleistungen** genügen; eine Ungleichbehandlung nicht-ehelicher Kinder im Vergleich zu ehelichen Kindern ist damit nicht zu vereinbaren.[43]

21   **3. Europarecht. a) Staatsangehörigkeit der Mitgliedstaaten.** Auch der EuGH hat in stRspr anerkannt, dass die Festlegung der Voraussetzungen für den Erwerb und den Verlust der Staatsangehörigkeit nach dem Völkerrecht weiterhin in die **Zuständigkeit der einzelnen Mitgliedstaaten** fällt.[44] Jedoch haben die Mitgliedstaaten nach der Rspr. des Gerichtshofs bei der Ausübung dieser Zuständigkeit das Unionsrecht zu beachten.[45] Dies begründet der EuGH damit, dass mit dem Erwerb oder Verlust der Staatsangehörigkeit eines Mitgliedstaates zugleich über den Status einer Person als Unionsbürger entschieden wird, an den Art. 20 Abs. 2 AEUV in diesem Vertrag vorgesehenen Rechte und Pflichten knüpft.[46] Aus diesem Grund unterzieht der EuGH beispielsweise den Entzug einer Staatsangehörigkeit, die zur Staatenlosigkeit des Betroffenen führt, einer unionsrechtlichen Verhältnismäßigkeitsprüfung.[47] Ferner darf ein Mitgliedstaat einer Person, die neben der Staatsangehörigkeit eines anderen Mitgliedstaates diejenige eines Drittstaates hat, die Inanspruchnahme einer Grundfreiheit nicht mit dem Argument verwehren, dass die drittstaatliche Staatsangehörigkeit als die effektive einzustufen sei.[48] Welche Grenzen das Unionsrecht der Verleihung einer Staatsangehörigkeit durch einen Mitgliedstaat zieht, ist noch nicht abschließend geklärt. Dieses Problem wurde 2014 im Lichte des Vorhabens der maltesischen Regierung diskutiert, Personen gegen die Zahlung einer

---

[43] EGMR IPRax 2013, 360 – Genovese/Malta, m. Aufsatz *Siehr* IPRax 2013, 36.

[44] EuGH Slg. 1992, I-4239 Rn. 10 = BeckRS 2004, 76798 – Micheletti; Slg. 1999, I-7955 Rn. 29 = BeckRS 2004, 74719 – Mesbah; Slg. 2004, I-9925 Rn. 37 = BeckRS 2004, 78097 – Zhu und Chen; Slg. 2010, I-1449 Rn. 39 = NVwZ 2010, 509 – Rottmann.

[45] EuGH Slg. 1992, I-4239 Rn. 10 = BeckRS 2004, 76798 – Micheletti; Slg. 1999, I-7955 Rn. 29 = BeckRS 2004, 74719 – Mesbah; Slg. 2004, I-9925 Rn. 37 = BeckRS 2004, 78097 – Zhu und Chen; Slg. 2001, I-123 Rn. 19 = BeckRS 2004, 74841 – Kaur; Slg. 2010, I-1449 Rn. 45 = NVwZ 2010, 509 – Rottmann; zu dieser Rspr. eingehend und zT krit. *Bariatti* YbPIL 13 (2011), 1 (6 ff.); *Berlit*, FS Hailbronner, 2013, 283 ff.; *Corneloup* Clunet 138 (2011), 491 ff.; *Gaudemet-Tallon*, Liber Amicorum Lando, 2012, 151 (157 ff.); *Schoch*, FS Hailbronner, 2013, 355 ff.; *Schmahl*, FS Hailbronner, 2013, 339 ff.; vgl. auch Erwägungsgrund 41 S. 2 EuErbVO.

[46] EuGH Slg. 2010, I-1449 Rn. 43 f. = NVwZ 2010, 509 – Rottmann.

[47] EuGH Slg. 2010, I-1449 Rn. 55 ff. = NVwZ 2010, 509 – Rottmann; hierzu näher *Berlit*, FS Hailbronner, 2013, 283 ff.; *Schmahl*, FS Hailbronner, 2013, 339 (343 ff.); *Pataut* Rev. trim. dr. europ. 2010, 617 (620 ff.).

[48] EuGH Slg. 1992, I-4239 Rn. 11 = BeckRS 2004, 76798 – Micheletti; näher zur Mehrstaaterproblematik aus Sicht der Grundfreiheiten *Corneloup* Clunet 138 (2011), 491 (498 ff.); *Vonk*, Dual Nationality in the European Union: A Study on Changing Norms in Public and Private International Law and in the Municipal Laws of Four EU Member States, 2012, 115 ff.

Summe von 650.000 Euro die Einbürgerung zu ermöglichen.[49] Es liegt nahe, dass ein solcher Verkauf der Staatsangehörigkeit eines Mitgliedstaates gegen dessen europarechtliche Loyalitätspflicht (Art. 4 Abs. 3 EUV) verstößt.[50] In Bezug auf die Eingehung einer Scheinehe hat der EuGH schon in der Vergangenheit angedeutet, dass insoweit der Einwand des Rechtsmissbrauchs eingreifen könnte.[51]

b) Unionsbürgerschaft. Wer die Staatsangehörigkeit eines Mitgliedstaates der EU besitzt, verfügt **22** zugleich über die darauf aufbauende Unionsbürgerschaft (Art. 20 Abs. 1 S. 2 AEUV).[52] Diese tritt zur mitgliedstaatlichen Staatsangehörigkeit lediglich hinzu, ohne sie zu ersetzen (Art. 20 Abs. 1 S. 3 AEUV). Die Unionsbürgerschaft stellt den „grundlegende[n] Status der Angehörigen der Mitgliedstaaten" dar, an den Art. 20 Abs. 2 lit. a–d AEUV die entsprechenden Rechte und Pflichten knüpft,[53] namentlich das freie Aufenthaltsrecht in allen Mitgliedstaaten (lit. a), das aktive und passive Wahlrecht bei Kommunal- und Europawahlen (lit. b), das Recht auf diplomatischen Schutz in einem Drittstaat (lit. c) sowie das in lit. d geregelte Petitionsrecht. Fraglich ist die kollisionsrechtliche Bedeutung der Unionsbürgerschaft. Unstreitig bleiben auch Unionsbürger, die aus einem anderen Mitgliedstaat stammen, aus Sicht des deutschen IPR ausländische Monostaater, so dass es einer Konfliktregel wie in Art. 5 Abs. 1 für die Zwecke der kollisionsrechtlichen Anknüpfung nicht bedarf. Insoweit kann zwar mit Recht gesagt werden, die Unionsbürgerschaft sei für das IPR grundsätzlich ohne Belang.[54] Das schließt aber nicht aus, dass die Unionsbürgerschaft eine **mittelbare Relevanz auch für das IPR** entfaltet. So hat der EuGH in der Sache „Garcia Avello" die Unionsbürgerschaft der betroffenen Kinder neben ihrer potentiell beeinträchtigten Freizügigkeit als Argument herangezogen, um das belgische Namensrecht am Diskriminierungsverbot (Art. 18 AEUV) zu messen.[55] In der Sache „Bogendorff von Wolffersdorff" hat der Gerichtshof entschieden, dass es – vorbehaltlich des ordre public (→ Art. 48 Rn. 3) – gegen Art. 20 iVm Art. 21 AEUV verstoße, wenn einem deutschbritischen Doppelstaater die Führung eines im Vereinigten Königreich erworbenen Namens in Deutschland unter Berufung auf Art. 5 Abs. 1 S. 2 verwehrt werde[56] (näher → Rn. 84 ff.). Ferner kommt in Betracht, dass die Unionsbürgerschaft im Rahmen der Feststellung eines Inlandsbezuges als Voraussetzung für die Annahme eines ordre-public-Verstoßes (Art. 6) einbezogen wird.[57] Entsprechendes gilt im Rahmen der nach Art. 9 Abs. 3 S. 2 Rom I-VO gebotenen Folgenbetrachtung bei der Berücksichtigung ausländischer, insbesondere drittstaatlicher Eingriffsnormen. Auch im Rahmen kollisionsrechtlicher Ausweichklauseln (zB Art. 4 Abs. 3 Rom II-VO, Art. 41 Abs. 1 EGBGB) kann die gemeinsame Unionsbürgerschaft der Parteien als ein Faktor in die Prüfung einfließen, ob der Sachverhalt eine engere Verbindung zum Recht eines Mitgliedstaates als zu dem des nach der Regelanknüpfung berufenen Drittstaates hat.[58]

4. Deutsches Staatsangehörigkeitsrecht. a) Verfassungsrecht. Das kollisionsrechtliche **23** Staatsangehörigkeitsprinzip ist dem Gesetzgeber – auch in Bezug auf Deutsche – **nicht verfassungsrechtlich vorgegeben;** ebenso gut darf er an den gewöhnlichen Aufenthalt oder den Wohnsitz einer Person anknüpfen.[59] Selbst bei auch-deutschen Mehrstaatern ist der in Art. 5 Abs. 1 S. 2 gewählte Vorrang der deutschen Staatsangehörigkeit nicht vom Grundgesetz geboten (näher → Rn. 62). Die Anknüpfung an das Heimatrecht kann im Einzelfall aber gegen **Grundrechte des**

---

[49] Hierzu näher *Carrera* MJ 21 (2014), 406 ff.; *Hilpold* NJW 2014, 1071 ff.; vgl. auch *Claudia Kornmeier*, Malta will EU-Bürgerschaft verkaufen: Nicht ganz loyal, in: Legal Tribune ONLINE, 15.11.2013, http://www.lto.de/persistent/a_id/10061/ (zuletzt abgerufen am 27.6.2016).

[50] *Carrera* MJ 21 (2014), 406 (419 ff.); *Hilpold* NJW 2014, 1071 (1074); ebenso der Augsburger Staatsrechtler *F. Wollenschläger*, zitiert nach *Kornmeier*, Malta will EU-Bürgerschaft verkaufen: Nicht ganz loyal, in: Legal Tribune ONLINE, 15.11.2013, http://www.lto.de/persistent/a_id/10061/ (zuletzt abgerufen am 27.6.2016).

[51] EuGH Slg. 2003, I-9607 = EuZW 2003, 752 – Akrich.

[52] Näher zu deren Inhalt und Rechtsnatur *Schoch*, FS Hailbronner, 2013, 355 ff.; s. auch *Gaudemet-Tallon*, Liber Amicorum Lando, 2012, 151 (153 ff.).

[53] EuGH Slg. 2010, I-1449 Rn. 43 f. = NVwZ 2010, 509 – Rottmann.

[54] Hailbronner/Renner/Maaßen/*Hailbronner* StAG Einl. D Rn. 10; *v. Hoffmann/Thorn* IPR § 5 Rn. 58; Staudinger/*Bausback* (2013) Anh. I Art. 5 Rn. 5.

[55] EuGH Slg. 2003, I-11613 Rn. 21 ff. = BeckRS 2004, 74436 – Garcia Avello; in EuGH Slg. 2008, I-7639 Rn. 21 ff. = NJW 2009, 135 – Grunkin Paul wurde hingegen allein auf die Freizügigkeit als Beschränkungsverbot abgestellt.

[56] EuGH ECLI:EU:C:2016:401 Rn. 28–34 = NJW 2016, 2093 – Bogendorff von Wolffersdorff.

[57] *v. Hoffmann/Thorn* IPR § 5 Rn. 58.

[58] Näher *v. Hein*, FS Kropholler, 2008, 553 (566); zust. jurisPK-BGB/*Wurmnest* Rom II-VO Art. 4 Rn. 29; aA NK-BGB/*Lehmann* Rom II-VO Art. 4 Rn. 152; Rauscher/*Unberath/Cziupka/Pabst* EuZPR/EuIPR Rom II-VO Art. 4 Rn. 71.

[59] BVerfGE 116, 243 Rn. 71 = NJW 2007, 900; Hailbronner/Renner/Maaßen/*Hailbronner* StAG Einl. D Rn. 6; aA *Pitschas*, Verfassungsrechtliche Vorgaben für das Staatsangehörigkeitsprinzip des Internationalen Privatrechts, in Jayme/Mansel, Nation und Staat im Internationalen Privatrecht, 1990, 93 ff.

Betroffenen verstoßen (→ Rn. 52 f.). Das Grundgesetz selbst bestimmt lediglich in Art. 16 Abs. 1, dass die deutsche Staatsangehörigkeit nicht entzogen werden darf (S. 1), ferner, dass ein Verlust der deutschen Staatsangehörigkeit nur auf gesetzlicher Grundlage erfolgen und nicht zur Staatenlosigkeit des Betroffenen führen darf (S. 2).[60] Auch das Staatsangehörigkeitsrecht selbst ist nicht im GG, sondern im einfachen Recht, dh im **Staatsangehörigkeitsgesetz** (StAG), geregelt, das seit dem 1.1.2000 das Reichs- und Staatsangehörigkeitsgesetz von 1913 (RuStAG) abgelöst hat.[61] Unmittelbar in der Verfassung ist lediglich die Rechtsstellung sog. Statusdeutscher normiert, dh Flüchtlinge und Vertriebene deutscher Volkszugehörigkeit bzw. deren Ehegatten oder Abkömmlinge, die im Gebiet des Deutschen Reiches in den Grenzen von 1937 Aufnahme gefunden haben (Art. 116 Abs. 1).[62] Dieser Personenkreis wird bereits durch Art. 9 Abschn. II Nr. 5 FamRÄndG[63] für Zwecke des Internationalen Privat- und Verfahrensrechts deutschen Staatsangehörigen gleichgestellt. Die praktische Bedeutung der Vorschrift ist heute gering, weil Personen, die am 1.8.1999 als **Statusdeutsche** galten, aufgrund des § 40a StAG in die deutsche Staatsangehörigkeit übergeleitet worden sind und Spätaussiedler unter den Voraussetzungen des § 7 StAG (Spätaussiedlerbescheinigung) die deutsche Staatsangehörigkeit erwerben (→ Anh. II Art. 5 Rn. 14). Ferner räumt die Verfassung durch NS-Vorschriften zu Unrecht ausgebürgerten Deutschen, insbesondere solchen jüdischer Abstammung, die Möglichkeit ein, auf Antrag wieder eingebürgert zu werden (Art. 116 Abs. 2 S. 1 GG); Personen, die nach dem Kriegsende ihren Wohnsitz in Deutschland genommen haben, gelten nicht als ausgebürgert, sofern sie keinen entgegenstehenden Willen zum Ausdruck gebracht haben (Art. 116 Abs. 2 S. 1 GG;[64] → Anh. II Art. 5 Rn. 16).

24   **b) Einfaches Recht.** Das deutsche Staatsangehörigkeitsrecht folgt herkömmlich dem **Abstammungsprinzip,** dh dem sog *ius sanguinis*. Ein Kind erwirbt durch seine Geburt die deutsche Staatsangehörigkeit, wenn ein Elternteil die deutsche Staatsangehörigkeit besitzt (§ 4 Abs. 1 S. 1 StAG). Eine Wirksamkeit der Vaterschaftsanerkennung oder -feststellung „nach den deutschen Gesetzen" iS von § 4 Abs. 1 S. 2 StAG liegt auch dann vor, wenn die Vaterschaft nach einem von unserem IPR (Art. 19) berufenen ausländischen Sachrecht besteht.[65] Bereits die grundlegende **Reform des Jahres 1999** hatte das Staatsangehörigkeitsrecht aber sowohl für Inlands- als auch für Auslandsgeburten um Elemente des *ius soli* angereichert. Kinder ausländischer Eltern erwerben seit dem 1.1.2000 durch eine Geburt im Inland die deutsche Staatsangehörigkeit, wenn ein Elternteil seit acht Jahren rechtmäßig seinen gewöhnlichen Aufenthalt im Inland hat und ein unbefristetes Aufenthaltsrecht oder als Staatsangehöriger der Schweiz oder dessen Familienangehöriger eine Aufenthaltserlaubnis auf Grund des Freizügigkeitsabkommens zwischen der EG und der Schweiz[66] besitzt (§ 4 Abs. 3 S. 1 StAG). Diese Regelung sollte die Integration von Migranten und Migrantinnen verbessern; sie hat aber zu einer kollisionsrechtlich nicht unproblematischen weiteren Zunahme deutsch-ausländischer Mehrstaatigkeit geführt.[67] Um eine eindeutige Zuweisung zu fördern, sah das StAG idF von 1999 die Verpflichtung zur Wahl zwischen deutscher und ausländischer Staatsangehörigkeit (Optionspflicht) vor. Erwarb das Kind mit der Geburt zugleich eine ausländische Staatsangehörigkeit, musste es sich nach § 29 StAG aF mit Erreichen der Volljährigkeit, spätestens bis zum 23. Lebensjahr, darüber erklären, welche Staatsangehörigkeit es behalten wollte; andernfalls kam es zu einem Verlust der deutschen Staatsangehörigkeit. Die Koalition aus CDU/CSU und SPD beschloss jedoch im Jahre 2014 eine **weitere Reform der doppelten Staatsangehörigkeit** für in Deutschland geborene Kinder ausländischer Eltern.[68] Bereits im Koalitionsvertrag war vereinbart worden, dass für in Deutschland geborene und aufgewachsene Kinder ausländischer Eltern in Zukunft die Optionspflicht (§ 29 StAG) entfallen sollte.[69] Ausdrücklich hieß es in dem Dokument: „Mehrstaatigkeit wird akzeptiert."[70] Auch § 29 StAG n.F. hält aber – für Nicht-EU-Doppelstaater (§ 29 Abs. 1 S. 1 Nr. 3 StAG) – prinzipiell an der Optionspflicht fest, die nunmehr ab dem 21. Lebensjahr eingreift. Von der Optionspflicht ist indes seither befreit, wer sich bei Vollendung seines 21. Lebensjahres mindestens acht Jahre

---

[60] Zu den Einzelheiten s. Hailbronner/Renner/Maaßen/*Hailbronner* StAG GG Art. 16 Rn. 1 ff.

[61] Zur umfassenden Novellierung i.J. 2008 näher *Sturm* StAZ 2008, 129.

[62] Zu den Einzelfragen in Hailbronner/Renner/Maaßen/*Renner/Maaßen* StAG GG Art. 116 Rn. 21 ff.

[63] BGBl. 1961 I S. 1221 = *Jayme/Hausmann* Nr. 16.

[64] S. hierzu den Fall „Krakinowski", BVerwGE 68, 220 = JZ 1984, 837 = BeckRS 1983, 30427635 m. Aufsatz *v. Mangoldt* JZ 1984, 821 und m. Anm. *Silagi* StAZ 1984, 165.

[65] *v. Hoffmann/Thorn* IPR § 5 Rn. 40; *Rauscher* IPR Rn. 257; Hailbronner/Renner/Maaßen/*Renner/Maaßen* StAG § 4 Rn. 8 ff.

[66] BGBl. 2001 II S. 810.

[67] S. iE *Fuchs* NJW 2000, 489; *Benicke* IPRax 2000, 171.

[68] Zweites Gesetz zur Änderung des StAG vom 13.11.2014, BGBl. 2014 I S. 1714.

[69] Deutschlands Zukunft gestalten, Koalitionsvertrag zwischen CDU, CSU und SPD, 2013, S. 74.

[70] Deutschlands Zukunft gestalten, Koalitionsvertrag zwischen CDU, CSU und SPD, 2013, S. 74.

in Deutschland gewöhnlich aufgehalten hat (§ 29 Abs. 1a Nr. 1 StAG). Gleiches gilt, wenn der Betroffene sechs Jahre in Deutschland eine Schule besucht hat (§ 29 Abs. 1a Nr. 2 StAG) oder über einen in Deutschland erworbenen Schulabschluss oder eine abgeschlossene Berufsausbildung verfügt (§ 29 Abs. 1a Nr. 3 StAG). Hiermit wird die Mehrstaatigkeit dieser Personengruppe verfestigt, was integrationspolitisch wünschenswert sein mag;[71] kollisionsrechtlich wird aber erneut die Tauglichkeit der Staatsangehörigkeit als eindeutiges und leicht festzustellendes Anknüpfungsmoment in Zweifel gezogen (→ Rn. 31). Auf dem Parteitag der CDU im Dezember 2016 wurde zudem mehrheitlich die **Wiederherstellung der Optionspflicht** befürwortet, sodass die weitere rechtspolitische Entwicklung im Blick behalten werden muss.[72] Diskussionswürdig erscheint insbesondere der Vorschlag eines sog. **Generationenschnitts**, d.h. ein Fortfall der nicht-deutschen Staatsangehörigkeit in der dritten Migrantengeneration.[73]

Auch für **Auslandsgeburten** wird vom reinen Prinzip des *ius sanguinis* abgewichen: Nach § 4   **25** Abs. 4 StAG wird die deutsche Staatsangehörigkeit bei einer Geburt im Ausland grundsätzlich nicht nach § 4 Abs. 1 StAG erworben, wenn der deutsche Elternteil nach dem 31.12.1999 im Ausland geboren wurde und dort seinen gewöhnlichen Aufenthalt hat, es sei denn, das Kind würde sonst staatenlos.[74]

Neben den bereits erwähnten Tatbeständen (Überleitung, Geburt) sieht das StAG den Erwerb   **26** der deutschen Staatsangehörigkeit aufgrund einer Erklärung von Seiten **nicht-ehelicher Kinder** (als Ersatz für die fortgefallene Legitimation), aufgrund einer Adoption durch einen deutschen Staatsangehörigen sowie durch Einbürgerung vor (§ 3 Abs. 1 StAG).[75] Die deutsche Staatsangehörigkeit erwirbt auch, wer seit zwölf Jahren von deutschen Stellen als deutscher Staatsangehöriger behandelt worden ist und dies nicht zu vertreten hat (§ 3 Abs. 2 S. 1 StAG). Eine iS von § 6 StAG „nach den deutschen Gesetzen wirksame" Annahme als Kind kann zwar auch nach einem gemäß Art. 22, 23 berufenen ausländischen Sachrecht erfolgen; hierbei ist aber zu verlangen, dass die ausländische Adoption in ihren Wirkungen einer deutschen Volladoption im Wesentlichen gleichwertig ist.[76] Ein Verlust der deutschen Staatsangehörigkeit kann – nach Maßgabe der gesetzlichen Voraussetzungen – eintreten durch Entlassung auf Wunsch des Betroffenen, Erwerb einer ausländischen Staatsangehörigkeit, Verzicht durch einen Doppel- oder Mehrstaater, die Adoption durch einen Ausländer, den Dienst in einer fremden Streitkraft, durch die bereits erwähnte Option bzw. Nicht-Erklärung nach § 29 StAG sowie durch die Rücknahme eines rechtswidrigen Verwaltungsakts (§ 17 StAG).[77]

II. Das Staatsangehörigkeitsprinzip

1. Traditionelle Bedeutung im IPR. Die Anknüpfung an das Heimatrecht beherrschte bereits   **27** die Ursprungsfassung des EGBGB von 1900.[78] Gleichwohl ist das Staatsangehörigkeitsprinzip im deutschen IPR eine **vergleichsweise junge Erscheinung;** *Savigny* bevorzugte in der Mitte des 19. Jahrhunderts die Anknüpfung des Personalstatuts an die *lex domicilii*.[79] Noch im Jahre 1883 folgte auch das Reichsgericht dem **Domizilprinzip**.[80] Im Zeitalter des Nationalismus vollzog sich aber in den neu gegründeten Staaten (Deutschland, Italien) gegen Ende des 19. Jahrhunderts eine zunehmende Hinwendung zur Staatsangehörigkeit als maßgebendem Anknüpfungsmoment;[81] eine treibende Rolle

---

[71] Krit. *Rauscher* IPR Rn. 260: Staatsangehörigkeit bewirke nicht Integration, sondern solle Ausdruck von Integration sein; zu den potenziellen Loyalitätskonflikten vgl. auch *Hailbronner*, Staatsangehörigkeit ist mehr als eine Ortswahl, FAZ Nr. 137 v. 15.6.2016, S. 4; *Gerster*, Generation Erdogan, FAZ Nr. 287 v. 8.12.2016, S. 3.

[72] *o.V.*, SPD kritisiert Beschluss der CDU gegen doppelte Staatsbürgerschaft, FAZ Nr. 287 v. 8.12.2016, S. 1.

[73] Eingehend *Masing*, Wandel im Staatsangehörigkeitsrecht vor den Herausforderungen moderner Migration, 2001, 55 ff.; vgl. hierzu Sachverständigenrat deutscher Stiftungen für Integration und Migration, Doppelpass mit Generationenschnitt einführen, modernes Staatsbürgerschaftsrecht schaffen (18.1.2017), abrufbar unter https://www.svr-migration.de/presse/presse-svr/doppelpass-mit-generationenschnitt/.

[74] Hierzu näher *Jacob* ZAR 2014, 409 (411 ff.).

[75] Überblick bei *v. Hoffmann/Thorn* IPR § 5 Rn. 42 ff.; *Rauscher* IPR Rn. 256 ff.

[76] BVerwG FamRZ 2007, 1550 = BeckRS 2007, 25117; näher Hailbronner/Renner/Maaßen/*Renner/Maaßen* StAG § 6 Rn. 24 f.; ebenso *Rauscher* IPR Rn. 264.

[77] Überblick bei *v. Hoffmann/Thorn* IPR § 5 Rn. 49 ff.; *Rauscher* IPR Rn. 267 ff.

[78] Zur damaligen Fassung und ihrer Entstehungsgeschichte näher *Mansel*, Personalstatut, Staatsangehörigkeit und Effektivität, 1988, Rn. 31 ff.

[79] *Savigny* System VIII S. 95–101; hierzu näher *Kegel* RabelsZ 52 (1988), 431 (434 ff.); vgl. auch *Rohe*, FS Rothoeft, 1994, 1 (6).

[80] RGZ 8, 146.

[81] Zur Entwicklung in Deutschland eingehend *Basedow/Diehl-Leistner*, Staatsangehörigkeitsprinzip im Einwanderungsland, 1990, 13 (15 ff.).

spielte hierbei die von *Mancini* begründete italienische Schule.[82] Bereits die Ursprungsfassung des EGBGB sah aber zahlreiche Durchbrechungen des Staatsangehörigkeitsprinzips vor.[83] In der Diskussion über die IPR-Reform in den 1980-er Jahren war von *Neuhaus* und *Kropholler* mit eingehender Begründung vorgeschlagen worden, das Personalstatut in konsequenter Abkehr vom bisherigen Recht an den **gewöhnlichen Aufenthalt** anzuknüpfen.[84] Die überwiegende Meinung (Deutscher Rat für IPR,[85] *Kühne*-Entwurf,[86] MPI-Mitarbeiterthesen[87]) sprach sich aber für eine grundsätzliche Beibehaltung der Staatsangehörigkeitsanknüpfung aus.[88] Dieser Lösung folgte auch der **Gesetzgeber,** was nicht verhindert hat, dass die Bedeutung der Staatsangehörigkeitsanknüpfung seither stark abgenommen hat.[89] Im staatsvertraglichen und europäischen IPR dominiert heute eindeutig die Anknüpfung familien- und erbrechtlicher Fragen an den gewöhnlichen Aufenthalt (→ Rn. 9, 28 ff.), und auch im deutschen IPR sind die bereits im IPRG von 1986 reichlich vorhandenen Durchbrechungen der Staatsangehörigkeitsanknüpfung in den vergangenen Jahrzehnten stetig ausgedehnt worden (→ Rn. 8). Weitere Korrekturen des Staatsangehörigkeitsprinzips wurden im Restanwendungsbereich des autonomen IPR durch den EuGH (näher → Rn. 43 ff.) und das BVerfG (näher → Rn. 52 f.) erzwungen. Die sachgerechte Handhabung des Staatsangehörigkeitsprinzips bedarf daher einer näheren Reflexion der hinter dieser Anknüpfung stehenden Motive des Gesetzgebers im Lichte des heutigen Entwicklungsstandes.

28   **2. Legitimation und Kritik. a) Das Prinzip der engsten Verbindung.** Es ist heute allgemein anerkannt, dass die kollisionsrechtliche Anknüpfung an die Staatsangehörigkeit keinen Ausfluss des Souveränitätsprinzips, sondern lediglich eine **Konkretisierung des Prinzips der engsten Verbindung** bildet.[90] Der Gesetzgeber ging davon aus, dass die Staatsangehörigkeit ein Ausdruck der „Verbundenheit mit dem Heimatstaat" sei.[91] „Die Staatsangehörigkeit", heißt es in der Begründung des IPRG recht forsch, „stellt immer [!] eine enge Beziehung zwischen einer Person und ihrem Heimatrecht dar […]."[92] Aber in dieser Unbedingtheit ist eine solche Aussage ersichtlich unzutreffend.[93] Erstens zeigen bereits die in den einzelnen Rechtsordnungen variierenden Gründe für den Erwerb einer Staatsangehörigkeit (*ius soli, ius sanguinis*), dass der hierdurch indizierte Grad der tatsächlichen Verbundenheit einer Person mit einer Rechtsordnung höchst unterschiedlich ausfallen kann.[94] Ferner sind auch bei Monostaatern Fälle denkbar, in denen die Verbindung einer Person zu ihrem Heimatstaat nur noch sehr schwach ausgeprägt ist, während am Ort ihres gewöhnlichen Aufenthalts eine tiefgehende soziale und familiäre Integration stattgefunden hat. Das geltende deutsche Recht lässt es aber, anders als manche unserer Nachbarrechtsordnungen,[95] nicht zu, in solchen atypischen Fällen korrigierend einzugreifen und an den gewöhnlichen Aufenthalt anzuknüpfen,[96] da es im Rahmen des Art. 5 – anders als zB in Art. 41 Abs. 1, Art. 46 – an einer Ausweichklausel fehlt.[97]

---

[82] Grundlegend *Mancinis* Rektoratsrede von 1851, Della nazionalità come fondamento del diritto delle genti (1873; Neudruck 2000); hierzu eingehend *Jayme,* Pasquale Stanislao Mancini – Internationales Privatrecht zwischen Risorgimento und praktischer Jurisprudenz, 1980, wieder abgedruckt in *Jayme,* Gesammelte Schriften IV, 2009, 8 (29 ff.); *Treggiari,* Nationales Recht und Recht der Nationalität – Mancini, in Jayme/Mansel, Nation und Staat im Internationalen Privatrecht, 1990, 145 ff.; hierzu aus heutiger italienischer Sicht *Raiteri* JPIL 10 (2014), 308 ff.

[83] S. *Neuhaus/Kropholler* RabelsZ 44 (1980), 326 (335).

[84] Art. 29 des Entwurfs *Neuhaus/Kropholler* RabelsZ 44 (1980), 326 (335).

[85] Dt. Rat für IPR, Vorschläge und Gutachten zur Reform des deutschen internationalen Personen-, Familien und Erbrechts, 1981, S. 1 ff. (vgl. zB S. 17, 23, 28, 38, 41).

[86] *Kühne,* IPR-Gesetz-Entwurf, 1980, 34.

[87] *Dopffel/Siehr* RabelsZ 44 (1980), 344 (345 f.).

[88] Rückblickend hierzu *Henrich,* FS Stoll, 2001, 437: Der Entwurf von *Neuhaus/Kropholler* „bekam wegen seiner Schlankheit und Klarheit viel bewunderndes Lob, wurde aber gleichwohl wegen seines revolutionären Inhalts abgelehnt"; vgl. auch *Dutta* IPRax 2017, 139 (145).

[89] Näher *Mankowski* IPRax 2017, 130 (136 ff.).

[90] *v. Bar/Mankowski* IPR I § 7 Rn. 18; *Mansel,* Das Staatsangehörigkeitsprinzip im deutschen und gemeinschaftsrechtlichen Internationalen Privatrecht: Schutz der kulturellen Identität oder Diskriminierung der Person?, in Jayme, Kulturelle Identität und Internationales Privatrecht, 2003, 119, 130; *Rauscher,* FS Jayme, 2004, 719 (730); *Rentsch* ZEuP 2015, 288 (303); *Rohe,* FS Rothoeft, 1994, 1 (12).

[91] BT-Drs. 10/504, 31.

[92] BT-Drs. 10/504, 31.

[93] *Knapp Kropholler* IPR § 38 III 2 in Fn. 7: „unrichtig".

[94] *Sonnenberger* ZVglRWiss. 100 (2001), 107 (111); ebenso *v. Bar/Mankowski* IPR I § 7 Rn. 20.

[95] S. zB die Schweiz (Art. 15 Abs. 1 IPRG), hierzu BGE 118 (1992), II 79, oder die Niederlande (Art. 8 Abs. 1 Buch 10 BW); hierzu *Stille,* Abweichung von der Staatsangehörigkeitsanknüpfung bei ineffektiver Staatsangehörigkeit von Monostaatern – Die aktuelle Entwicklung in den Niederlanden, in Jayme/Mansel, Nation und Staat im Internationalen Privatrecht, 1990, 223 ff.

[96] Schon de lege lata für eine teleologische Reduktion mit beachtlichen Argumenten *Mansel,* Personalstatut, Staatsangehörigkeit und Effektivität, 1988, Rn. 578.

[97] *Kropholler* IPR § 38 III 2.

Obwohl das Staatsangehörigkeitsprinzip nicht staats- oder verfassungsrechtlich vorgegeben ist **29** (näher → Rn. 52 f.), werden bisweilen **öffentlich-rechtliche und demokratietheoretische Argumente** zu seiner Rechtfertigung herangezogen. So lautet ein klassisches Argument zur Verteidigung der Staatsangehörigkeitsanknüpfung, dass betroffene Ausländer sich einbürgern lassen könnten; täten sie dies nicht, bezeugten sie hiermit ihren mangelnden Integrationswillen.[98] Aber dieser Einwand überzeugt nicht, denn für die Beibehaltung der Staatsangehörigkeit des Herkunftslandes kann es vielfältige Gründe geben (familiäre Tradition, erbrechtliche Vorschriften des Herkunftslandes, politische Hürden usw.), die nicht unbedingt auf eine fehlende Integrations- bereitschaft im Inland schließen lassen.[99] Hinzu kommt, dass für Unionsbürger ein zusätzlicher Erwerb der Staatsangehörigkeit des Aufenthaltslandes angesichts der ihnen ohnehin kraft ihres unionsrechtlichen Status zustehenden Rechte (Art. 21 Abs. 2 AEUV) nicht in jedem Fall die damit verbundene Mühe lohnt.[100]

Ein neuerer Ansatz legitimiert die Staatsangehörigkeitsanknüpfung mit der Erwägung, dass allein **30** die Staatsangehörigkeit über das daran gekoppelte **Wahlrecht** einem Bürger die Möglichkeit zur demokratischen Teilhabe biete, mit deren Hilfe er das ihn betreffende Recht mitgestalten könne.[101] Das ist in Bezug auf wahlberechtigte Erwachsene sicher ein wichtiger Gesichtspunkt,[102] auch wenn man einwenden kann, dass zB in islamischen Rechtsordnungen das aus religiösen Quellen abgeleitete Familien- und Erbrecht oftmals gerade nicht demokratisch legitimiert ist.[103] Aber das Argument des Wahlrechts passt auf viele Personengruppen nicht, denn insbesondere Kinder dürfen nicht wählen.[104] Hielte man wirklich das Wahlrecht einer Person für kollisionsrechtlich entscheidend, müsste man im Kindschaftsrecht entgegen der Reform von 1997[105] eigentlich wieder zu einer elternbezogenen Anknüpfung zurückkehren (vgl. Art. 19 EGBGB idF von 1986).[106] Selbst erwachsene Deutsche können zudem im Falle einer Betreuung unter den Voraussetzungen des § 13 Nr. 2 BWahlG vom aktiven Wahlrecht ausgeschlossen werden; dennoch unterliegen Entstehung und Beendigung der Betreuung im autonomen IPR (Art. 24 Abs. 1 S. 1) deutschem Recht. Ferner haben in der politi- schen Auseinandersetzung familien- und erbrechtliche Fragen eher selten eine wahlentscheidende Bedeutung. Schließlich betrifft die kollisionsrechtliche Bestimmung der engsten Verbindung einer Person zu einer Rechtsordnung nicht ihren staatsrechtlichen „status politicus", sondern ihren davon zu unterscheidenden zivilgesellschaftlichen „status privatus".[107] Es bedarf daher genuin privatrechtli- cher Argumente, um die Anknüpfung an die Staatsangehörigkeit zu rechtfertigen.

b) Rechtspraktische Argumente. aa) Leichtere Feststellbarkeit. Für die Beibehaltung des **31** Staatsangehörigkeitsprinzips führte die Regierungsbegründung eine Reihe rechtspraktischer Argu- mente an. Insbesondere wurde hervorgehoben, dass die Staatsangehörigkeit „allgemein mit größerer Sicherheit feststellbar" sei als der gewöhnliche Aufenthalt.[108] Auch von Kritikern des Staatsangehö- rigkeitsprinzips wird überwiegend eingeräumt, dass dieses Anknüpfungsmoment in aller Regel ver-

---

[98] Vgl. BT-Drs. 10/504, 31: erst mit der Einbürgerung entfalle die Beziehung zum Herkunftsstaat; ähnlich *Dopffel/Siehr* RabelsZ 44 (1980), 344 (345); ebenso *Rauscher,* FS Jayme, 2004, 719 (733 f.); jüngst *Trips-Hebert* RuP 2012, 214 (218).

[99] Zutr. *Mansel,* Personalstatut, Staatsangehörigkeit und Effektivität, 1988, Rn. 571; *Rohe,* FS Rothoeft, 1994, 1 (15).

[100] *Rohe,* FS Rothoeft, 1994, 1 (15).

[101] *Mansel,* Das Staatsangehörigkeitsprinzip im deutschen und gemeinschaftsrechtlichen Internationalen Privat- recht: Schutz der kulturellen Identität oder Diskriminierung der Person?, in Jayme, Kulturelle Identität und Internationales Privatrecht, 2003, 119 (135 ff.); *Mansel* BerGesVR 43 (2008), 137 (165 f.); zust. NK-BGB/*Schulze* Rn. 6; ebenso *v. Hoffmann/Thorn* IPR § 5 Rn. 12; krit. aber *Rentsch* ZEuP 2015, 288 (303) sowie *Lurger* Verortung natürlicher Personen S. 217, die im Gegensatz hierzu *de lege ferenda* vorschlägt, das Wahlrecht an den gewöhnlichen Aufenthalt zu koppeln.

[102] So auch *Mankowski* IPRax 2017, 130 (132).

[103] So Diskussionsbeitrag *Schack* BerGesVR 43 (2008), 301 (302).

[104] So bereits *Kropholler* IPR § 38 I 2; dies einräumend auch *Mankowski* IPRax 2017, 130 (132).

[105] Kindschaftsrechtsreformgesetz vom 16.12.1997, BGBl. 1997 I S. 2942.

[106] Dies lehnt aber auch *Mansel* BerGesVR 43 (2008), 137 (177) explizit aus Gründen des Kindeswohls ab.

[107] *Sonnenberger* ZVglRWiss. 100 (2001), 107 (111); ebenso *v. Bar/Mankowski* IPR I Rn. 20; *Mankowski* IPRax 2017, 130 (133); daraus erklärt sich auch die Präferenz des englischen IPR für das „domicile" als Ausdruck des „civil" gegenüber dem „political" status, s. *Cheshire/North/Fawcett,* Private International Law, 14. Aufl. 2008, 179 f.; ebenso aus französischer Sicht *d'Avout,* Mélanges Audit, 2014, 15 (20 f.); vgl. auch die Begründung des Vorschlags für das belgische IPRG, es gelte „das Prinzip der Untertanenpflicht zu relativieren, um das Prinzip der engsten Verbindung anzuerkennen" (zitiert nach *Francq* RabelsZ 70 [2006], 235 [251]). Dem oben genannten demokratietheoretischen Argument wird der Begriff der „Untertanenpflicht" freilich nicht gerecht.

[108] BT-Drs. 10/504, 31; ebenso *Dopffel/Siehr* RabelsZ 44 (1980), 344 (345); *Rauscher,* FS Jayme, 2004, 719 (730, 734); jüngst *Rauscher,* FS Coester-Waltjen, 2015, 637 (639 f.).

gleichsweise einfach zu prüfen ist.[109] Dagegen wird eingewandt, dass die Feststellung einer Staatsangehörigkeit aufgrund der Beurteilung familienrechtlicher Vorfragen für ihren Erwerb oder völkerrechtlicher Probleme (zB Staatenzerfall und -sukzession, → Einl. IPR Rn. 51 ff.) erhebliche Zweifel aufwerfen könne und dieses Anknüpfungsmoment bei einer Verweisung auf Mehrrechtsstaaten keine klare Zuordnung ermögliche.[110] Diese Bedenken sind nicht gänzlich von der Hand zu weisen, erscheinen aber weniger durchschlagend: Staatenzerfall oder Massenausbürgerungen kommen zwar vor, sind aber keine alltäglichen Phänomene, an denen sich eine auf typische Fälle zugeschnittene Regelbildung orientieren müsste, und solange im Familien- und Erbrecht der Renvoi befolgt wird, ermöglicht auch die Anknüpfung an den gewöhnlichen Aufenthalt nicht ohne weiteres die Bestimmung der letztlich maßgebenden Teilrechtsordnung (näher → Art. 4 Rn. 172). Gewichtiger sind vielmehr die folgenden Aspekte: Auch im internationalen Zivilverfahrensrecht für familien- und erbrechtliche Angelegenheiten bestehen heute vielfach Zuständigkeiten, die primär an den gewöhnlichen Aufenthalt des oder der Beteiligten anknüpfen (EuEheVO, EuErbVO, EuUnthVO). In diesen Fällen muss ohnehin für die Feststellung der Zulässigkeit einer Klage der gewöhnliche Aufenthalt des oder der Betroffenen ermittelt werden, so dass es keinen zusätzlichen Aufwand bereitet, sodann auch das anwendbare Recht daran anzuknüpfen.[111] Ferner schafft die Anknüpfung an die Staatsangehörigkeit erhebliche Schwierigkeiten bei Mehrstaatern und versagt bei Eheleuten mit verschiedener Staatsangehörigkeit.[112] Diese letzteren Probleme wurden in der Begründung des IPRG bereits erkannt, aber mithilfe des Art. 5 Abs. 1 bzw. der in Art. 14 Abs. 1 vorgesehenen Anknüpfungsleiter für beherrschbar gehalten.[113] Diese optimistische Prognose hat sich im Lichte der Rechtsentwicklung seit 1986 jedoch als zunehmend fragwürdig erwiesen: Insbesondere seit der Reform des deutschen Staatsangehörigkeitsrechts im Jahre 1999 ist eine erhebliche Zunahme der doppelten und mehrfachen Staatsangehörigkeit zu verzeichnen;[114] die im EGBGB zur Entlastung der Behörden und Gerichte gewählte Lösung, bei auch-deutschen Mehrstaatern stets dem deutschen Recht den Vorrang einzuräumen (Art. 5 Abs. 1 S. 2), ist unter Aspekten der kollisionsrechtlichen Gerechtigkeit fragwürdig und zudem europarechtlich kaum haltbar (näher → Rn. 61 ff.). Insgesamt ist das Argument der leichteren Feststellbarkeit der Staatsangehörigkeit also deutlich zu relativieren.

32 **bb) Geringere Manipulationsgefahr und Stabilität.** Ein weiteres rechtspraktisches Argument der Gesetzesverfasser lag in der **geringeren Manipulationsgefahr** und der Stabilität, welche die Staatsangehörigkeitsanknüpfung im Vergleich zum gewöhnlichen Aufenthalt auszeichneten.[115] Auch dieser Gedanke hat grundsätzlich seine Berechtigung.[116] Es ist aber nicht zu verkennen, dass die seit 1986 zu beobachtende Zunahme von Fällen doppelter und mehrfacher Staatsangehörigkeit insoweit die Manipulationsrisiken erhöht hat;[117] die Erschleichung einer Staatsangehörigkeit zB durch Dokumentenfälschung, Scheinehen oder Bestechung kann ebenfalls nicht ausgeschlossen werden.[118] Erhebliche Zweifel an der vermeintlich mangelnden Manipulationsanfälligkeit der Staatsangehörigkeit werden ferner geweckt, wenn EU-Staaten wie Malta (→ Rn. 21) Reisepässe mehr oder weniger zum Kauf anbieten.[119] Zudem lassen sich Manipulationen der Anknüpfung, die mittels einer Verlegung des gewöhnlichen Aufenthalts erstrebt werden, durch die Fixierung des für den Aufenthalt

[109] v. Bar/Mankowski IPR I § 7 Rn. 18; Henrich, FS Stoll, 2001, 444; Mankowski IPRax 2015, 39 (40); Rohe, FS Rothoeft, 1994, 1 (16).
[110] Eingehend Kropholler IPR § 38 II; zT auch v. Bar/Mankowski IPR I § 7 Rn. 19; Rohe, FS Rothoeft, 1994, 1 (16).
[111] Henrich, FS Stoll, 2001, 437 (444); v. Bar/Mankowski IPR I § 7 Rn. 20; Mansel BerGesVR 43 (2008), 137 (171 f.); dagegen wiederum eingehend Rauscher, FS Jayme, 2004, 719 (735).
[112] Kropholler IPR § 37 III 1 und § 38 III 1; Henrich, FS Stoll, 2001, 437 (441 ff.), Rohe, FS Rothoeft, 1994, 1 (19); Dutta IPRax 2017, 139 (143).
[113] BT-Drs. 10/504, 31; ebenso Rauscher, FS Jayme, 2004, 719 (733) in Fn. 89.
[114] Zur Entwicklung näher Hailbronner/Renner/Maaßen/Hailbronner StAG Einl. B Rn. 5 ff.; 2011 lebten in der Bundesrepublik ca. 1,5 Mio. Doppelstaater, das sind 1,8 % der Gesamtbevölkerung (Statistisches Bundesamt, Bevölkerung und Erwerbstätigkeit, 2011, S. 124).
[115] BT-Drs. 10/504, 31; Dopffel/Siehr RabelsZ 44 (1980), 344 (345).
[116] S. auch Henrich, FS Stoll, 2001, 437 (444); v. Bar/Mankowski IPR I § 7 Rn. 18; v. Hoffmann/Thorn IPR § 5 Rn. 13 f.; Lurger Verortung natürlicher Personen S. 218 f.; Mankowski IPRax 2017, 130 (132 f.); Rauscher, FS Coester-Waltjen, 2015, 637 (648); M.-P. Weller, FS Coester-Waltjen, 2015, 897 (911).
[117] Henrich, FS Stoll, 2001, 437 (444 f.).
[118] Eingehend hierzu Lagarde, Mélanges Audit, 2014, 511 ff.; im Zusammenhang mit der aktuellen Flüchtlingskrise, in deren Zuge sich offenbar nicht wenige Migranten fälschlich als Syrer ausgaben, Mankowski IPRax 2017, 130 (133).
[119] Zu derartigen „Geschäftsmodellen" s. den instruktiven Überblick bei Hilpold NJW 2014, 1071 (1072); vgl. auch zum „Gebär-Tourismus meist wohlhabende[r] Asiatinnen" in den USA Heil, „Born in the USA", FAZ Nr. 27 v. 2.2.2015, S. 7.

maßgebenden Zeitpunktes (Unwandelbarkeit)[120] oder Anforderungen an die Mindestdauer des Aufenthalts bekämpfen.[121] Überdies kommt die Schaffung spezieller Vorbehaltsklauseln[122] oder letztlich ein Rückgriff auf die Figur der Gesetzesumgehung (*fraus legis,* vgl. Erwägungsgrund 26 EuErbVO; → Einl. IPR Rn. 282 ff.) in Betracht.[123]

Die **Stabilität** der Staatsangehörigkeit wird auch in der neueren Literatur vielfach als Vorzug **33** dieser Anknüpfung gegenüber dem gewöhnlichen Aufenthalt gepriesen: Gerade in der modernen Gesellschaft bilde die Staatsangehörigkeit einen festen Bezugspunkt, der es Personen erst ermögliche, international mobil zu sein und zB ihre Freizügigkeit im Binnenmarkt (Art. 21 AEUV) zu verwirklichen, ohne sich um häufige, für Laien mitunter überraschende Statutenwechsel in familien- und erbrechtlichen Fragen sorgen zu müssen.[124] Jedoch ist die Stabilität einer Anknüpfung nicht schlechthin ein rechtspolitischer Wert an sich;[125] der BGH qualifiziert eine Morgengabe ersichtlich deshalb als Frage der allgemeinen Ehewirkungen und nicht als ehegüterrechtlich, um die Unwandelbarkeit des Ehegüterrechtsstatuts zu vermeiden;[126] die Bereitwilligkeit, mit der deutsche Gerichte eine sog. „bewegliche Verweisung" im Ehegüterrecht befolgen (→ Art. 4 Rn. 83 ff.), belegt ebenfalls, dass die erschwerte Wandelbarkeit einer Anknüpfung nicht stets sachgerecht ist. In zahlreichen Fällen hält die Staatsangehörigkeitsanknüpfung die betroffenen Personen trotz eines auf Dauer angelegten Aufenthalts in ihrem Gastland am Recht ihres Herkunftslandes fest und erschwert so deren soziale Integration.[127] Auch das **Freizügigkeitsargument** schlägt schon de lege lata nicht allgemein durch: Gerade die Fixierung etwa der namensrechtlichen Anknüpfung auf das Recht des Heimatstaates, die der Führung eines nach dem Recht am gewöhnlichen Aufenthalt erworbenen Doppelnamens entgegensteht, hat der EuGH in der Sache „Grunkin Paul" als unzulässige Beschränkung der Freizügigkeit (Art. 21 AEUV) verworfen;[128] der deutsche Gesetzgeber hat hierauf mit der in Art. 48 eingeführten Wahlmöglichkeit reagiert. Mobile Unionsbürger legen offenbar auf eine Ankerkette, die sie mit ihrem Heimatstaat verbindet, nicht unbedingt Wert.[129] Dem rechtspolitisch berechtigten Anliegen, Personen, die aus beruflichen oder familiären Gründen mehrmals umzugsbereit sind (bzw. sein müssen), allzu häufige ungewollte Statutenwechsel zu ersparen, lässt sich hinreichend dadurch Rechnung tragen, dass den Betroffenen die Möglichkeit einer Rechtswahl in Bezug auf ihr Heimatrecht eingeräumt wird,[130] wie dies heute schon die Rom III-VO, das ErwSÜ und die EuErbVO vorsehen. Vorschläge, sich zum Zwecke der Stabilisierung der Anknüpfung auf europäischer Ebene stärker dem *domicile*-Konzept iS des anglo-amerikanischen Rechts (→ Rn. 127 ff.) anzunähern,[131] dürften auf dem Kontinent keine Aussicht auf Erfolg haben und verdienen wegen der im Common Law hinlänglich kritisierten Schwächen dieses Begriffs (übermäßige Subjektivierung, mangelnde Vorhersehbarkeit → Rn. 127 ff.) auch keine Gefolgschaft.[132]

cc) Komplikationen und Kosten der Rechtsanwendung. Ein entscheidendes Argument, **34** mit dem *Neuhaus* und *Kropholler* 1980 ihren „revolutionären" Vorschlag für einen Übergang zur Anknüpfung des Personalstatuts an den gewöhnlichen Aufenthalt untermauerten, bestand darin,

---

[120] *Rohe,* FS Rothoeft, 1994, 1 (15 f.).

[121] *Henrich,* FS Stoll, 2001, 437 (445); für fünf Jahre plädieren *Basedow/Diehl-Leistner,* Staatsangehörigkeitsprinzip im Einwanderungsland, 1990, 40 ff.; *Basedow,* FS Stoll, 2001, 405 (414 f.) im Anschluss an das ErbRÜ, dessen – wohl zu reichlich bemessene – Fristenlösung (vgl. hierzu OLG Düsseldorf ZEV 2013, 552 m. Anm. *Eule*) in die EuErbVO aber bewusst nicht übernommen wurde.

[122] *Henrich,* FS Stoll, 2001, 437 (448) empfiehlt für die Eheschließung das Vorbild des Art. 45 Abs. 2 schweiz. IPRG.

[123] *Rohe,* FS Rothoeft, 1994, 1 (17).

[124] *Rauscher,* FS Jayme, 2004, 719 (734); *Stern,* Das Staatsangehörigkeitsprinzip in Europa, 2008 239 f.; ebenso *Gaudemet-Tallon,* Liber Amicorum Lando, 2012, 151 (155 f.); *M.-P. Weller,* FS Coester-Waltjen, 2015, 897 (911): „Heimatinteresse"; in der Sache bereits *Dopffel/Siehr* RabelsZ 44 (1980), 344 (345); relativierend aber *Mansel* BerGesVR 43 (2008), 137 (171).

[125] *Rohe,* FS Rothoeft, 1994, 1 (16); zur Stabilisierung durch eine unwandelbare Anknüpfung an den gewöhnlichen Aufenthalt s. auch *Lurger* Verortung natürlicher Personen S. 219.

[126] BGHZ 183, 287 = NJW 2010, 1528, mit dem Hinweis darauf, dass der Wechsel des Ehewirkungsstatuts der Ehefrau den Schutz des deutschen Scheidungsfolgenrechts gewähre.

[127] *Kropholler* IPR § 38 I 2 nennt die Anknüpfung gar „einen integrationsfeindlichen Fremdkörper"; ähnlich *Aden* ZRP 2013, 186.

[128] EuGH Slg. 2008, I-7639 = NJW 2009, 135 – Grunkin Paul.

[129] Entgegengesetzt die Prämisse von *M.-P. Weller,* FS Coester-Waltjen, 2015, 897 (911).

[130] *Henrich,* FS Stoll, 2001, 437 (446); skeptisch aber *Basedow/Diehl-Leistner,* Staatsangehörigkeitsprinzip im Einwanderungsland, 1990, 41 f.

[131] Dafür eingehend *d'Avout*, Mélanges Audit, 2014, 15 (30 ff.); im Ergebnis ähnlich *Rauscher,* FS Coester-Waltjen, 2015, 637 (649).

[132] Kritisch auch *Rentsch* ZEuP 2015, 288 ff.

dass die Staatsangehörigkeitsanknüpfung im Zeichen **starker Migrationsbewegungen** zu einer „massenhaften Anwendbarkeit ausländischen Rechts" führe.[133] Diese Entwicklung hat sich seither noch verstärkt:[134] Während im Jahre 1985 4.378.000 Ausländer in der Bundesrepublik wohnten,[135] waren es 2013 bereits 7,2 Millionen.[136] Die Begründung des IPRG hielt dieses Argument hingegen für kollisionsrechtlich systemfremd: Damit erhielte „ein rechtspolitischer Gedanke Vorrang [...], der internationalprivatrechtlich nicht allgemein zu rechtfertigen ist."[137] Das Bestreben nach häufigerer Anwendung deutschen Rechts werde durch die Zulassung der Rückverweisung (Art. 4 Abs. 1) und die im Gesetz vorgesehenen Sonderanknüpfungen zugunsten des deutschen Rechts angemessen berücksichtigt.[138] Es ist aber zweifelhaft, ob diese Ausführungen das Regel-Ausnahme-Verhältnis zwischen Staatsangehörigkeits- und Domizilprinzip aus heutiger Sicht noch zutreffend beschreiben. Die zahlreichen Sonderanknüpfungen im EGBGB, mit denen „ausnahmsweise" an den gewöhnlichen Aufenthalt einer Person angeknüpft oder in Gestalt spezieller Vorbehaltsklauseln direkt das deutsche Recht berufen wird, haben sich seit 1986 weiter vermehrt (→ Rn. 109 f.). Diese zahlreichen Durchbrechungen des Staatsangehörigkeitsprinzips werfen die Frage auf, ob ein solches Anknüpfungsmoment noch die taugliche Grundlage eines grundsätzlich einheitlichen Personalstatuts bilden kann.[139] Zudem wird eine regelgeleitete Rechtsanwendung durch die Vielzahl zu beachtender Ausnahmen (Sonderanknüpfungen, Vorbehaltsklauseln) beträchtlich erschwert. Auch im Rahmen des allgemeinen Teils des IPR, wie zB im Rahmen des in der Gesetzesbegründung genannten Renvoi, ist das **„Heimwärtsstreben" der Gerichte** zwar verständlich, führt zum Teil aber zur Entwicklung hoch komplexer Rechtsfiguren[140] (etwa zur umstrittenen Figur der „versteckten" Rückverweisung → Art. 4 Rn. 43 ff.). Ebenso sind zur Umgehung der Staatsangehörigkeitsanknüpfung ergebnisorientierte Qualifikationen oder in äußerster Not Rückgriffe auf den ordre public zu beobachten; insbesondere vor der Schaffung des heutigen Art. 17a entwickelten deutsche Gerichte einen beträchtlichen Scharfsinn darin, zu begründen, weshalb die Zuweisung einer Ehewohnung nicht nach einem ausländischen Ehewirkungs- oder Ehegüterstatut zu beurteilen sei, sondern sich anhand einer unterhaltsrechtlichen Qualifikation (Art. 18 aF) oder aufgrund des ordre public (Art. 6) letztlich doch nach deutschem Recht richte.[141] Solche offensichtlich ergebnisorientierte Rechtspraxis ist dem Ansehen und der Handhabbarkeit des IPR aber abträglich.[142] Weitere Friktionen entstehen dadurch, dass **im europäischen und staatsvertraglichen IPR der gewöhnliche Aufenthalt heute flächendeckend die Regelanknüpfung** familien- und erbrechtlicher Fragen bildet (→ Rn. 9); dadurch wächst die Gefahr, dass ein entgegengesetztes Regel-Ausnahme-Verhältnis im autonomen IPR das Rechtsgebiet unübersichtlich macht und zu disharmonischen Gesamtlösungen führt.[143] Im verbleibenden Restanwendungsbereich des autonomen IPR bilden sich gewissermaßen Inseln der Staatsangehörigkeitsanknüpfung, die nur noch schwer mit den im Übrigen maßgebenden Kollisionsnormen internationalen und europäischen Ursprungs verbunden werden können; Normenwidersprüche und Anpassungsprobleme sind die Folge.[144] Schließlich lassen sich auch die **Effizienzgewinne**, die mit einer Anknüpfung an den gewöhnlichen Aufenthalt verbunden sind, nicht als schlechthin systemfremd von der Hand weisen.[145] Man darf nicht die Augen davor verschließen, dass justizielle Ressourcen in der realen Welt begrenzt sind und sich die Abwägung zwischen Staatsangehörigkeits- und Domizilprinzip im Lichte eines zunehmenden ausländischen Bevölkerungsanteils auch im Lichte der Kosten stellt, die mit einer expansiven Fremdrechtsan-

---

[133] *Neuhaus/Kropholler* RabelsZ 44 (1980), 326 (335).

[134] *Mankowski* IPRax 2015, 39 (41); hierzu bereits aus der Sicht des Jahres 1990 eingehend *Basedow/Diehl-Leistner*, Staatsangehörigkeitsprinzip im Einwanderungsland, 1990, 13 (37 ff.).

[135] *Pirrung,* Internationales Privatrecht nach dem Inkrafttreten der Neuregelung des IPRG, 1987, 69.

[136] *o. V.,* Weniger Ausländer, mehr Verheiratete, FAZ Nr. 86 vom 11.4.2014, S. 17.

[137] BT-Drs. 10/504, 31; ebenso *v. Hoffmann/Thorn* IPR § 5 Rn. 18.

[138] BT-Drs. 10/504, 31.

[139] So bereits *Rohe,* FS Rothoeft, 1994, 1 (16).

[140] Auch *v. Bar/Mankowski* IPR I § 7 Rn. 19 betonen, dass die direkte Anwendung des Aufenthaltsprinzips im Vergleich zum Renvoi „sicherer und einfacher zum gewünschten Ergebnis" führt.

[141] Hierzu aus heutiger Sicht Staudinger/*Mankowski* (2011) Art. 17a Rn. 2.

[142] *Neuhaus/Kropholler* RabelsZ 44 (1980), 326 (335); insoweit krit. auch *v. Bar/Mankowski* IPR I § 7 Rn. 19, 21; *Rohe,* FS Rothoeft, 1994, 1 (16, 30).

[143] Hierzu bereits *Henrich,* FS Stoll, 2001, 437 (446 ff.).

[144] Eingehend *Rentsch* ZEuP 2015, 288 (292 ff.).

[145] Zum damit verbundenen Bedeutungsgewinn des IZVR gegenüber dem IPR eingehend *Audit,* Écrits en l'honneur de J. Foyer, 2008, 49 (57 ff.); kritisch *Rauscher,* FS Coester-Waltjen, 2015, 637 (648), der von einem „banal-praktischen lex-fori-Prinzip" spricht; ähnlich der Vorwurf des „Heimwärtsstrebens", den *M.-P. Weller,* FS Coester-Waltjen, 2015, 897 ff. erhebt.

wendung verbunden sind.[146] Schließlich muss, wer die Staatsangehörigkeitsanknüpfung im Sinne der kollisionsrechtlichen Gerechtigkeit gegen vermeintlich schnöde Kostenargumente verteidigt, bedenken, dass die Anwendung ausländischen Rechts durch hierfür nicht spezialisierte Gerichte unvermeidbar zu qualitativen Einbußen führt und hiermit trotz der erhöhten Fehleranfälligkeit einem erheblichen Teil der Bevölkerung in familienrechtlichen Fragen der Zugang zur Revisionsinstanz (§ 545 Abs. 1 ZPO) schlechthin abgeschnitten wird.[147]

c) Ausländer- und integrationspolitische Argumente. Entscheidende Bedeutung für die 35
Auseinandersetzung um das Staatsangehörigkeitsprinzip haben Argumente, die im weitesten Sinne einen ausländer- oder integrationspolitischen Charakter aufweisen.[148] So betonte noch die Begründung des IPRG, dass die Anknüpfung an die Staatsangehörigkeit den **internationalen Entscheidungseinklang** mit den Herkunftsländern der „Gastarbeiter" wahre.[149] Aber schon der heute verpönte Begriff der „Gastarbeiter" zeigt die Problematik dieses Ansatzes: Anders als man in den 1950er und 1960er Jahren erwartet hatte, kehrten zahlreiche Arbeitsmigranten und -migrantinnen nicht nach kurzer Zeit in ihre Herkunftsländer zurück, sondern blieben dauerhaft in Deutschland, so dass der Gedanke des Entscheidungseinklangs mit ihrem Herkunftsstaat in seiner praktischen Bedeutung für die Betroffenen stark abgenommen hat.[150] Dies gilt erst recht für Migranten und Migrantinnen der zweiten und dritten Generation.[151] Hinzu kommt, dass viele klassische Herkunftsländer von Arbeitsmigranten und -migrantinnen – zB Italien, Spanien, Portugal, Griechenland, Kroatien, Slowenien, Polen – heute Mitgliedstaaten der EU sind, so dass durch die Europäisierung des internationalen Familien- und Erbrechts bereits insoweit ein internationaler Entscheidungseinklang hergestellt wird.[152] Zwar bleiben Drittstaaten (insbesondere die Türkei) hiervon ausgeschlossen. Da aber in zahlreichen Drittstaaten (etwa im Rechtskreis des Common Law oder in der Schweiz) traditionell die Domizilanknüpfung dominiert, bewirkt der Übergang zum gewöhnlichen Aufenthalt auch insoweit nur eine begrenzte Gefährdung des internationalen Entscheidungseinklangs.[153] Ferner kann durch die Schaffung eines europäischen Internationalen Familien- und Erbrechts eine Vorbildwirkung in Bezug auf solche Drittstaaten eintreten, die bislang am Staatsangehörigkeitsprinzip festhalten.[154] Letztlich steht der Gedanke des internationalen Entscheidungseinklangs einer Abkehr vom Staatsangehörigkeitsprinzip jedenfalls aus heutiger Sicht nicht mehr entgegen.

Unabhängig vom fehlenden Rückkehrwillen zahlreicher Migranten und Migrantinnen wird die 36
Staatsangehörigkeitsanknüpfung allerdings mit dem Argument gerechtfertigt, sie wahre die **„kulturelle Identität"** der Betroffenen.[155] So meint etwa *Rauscher,* die Nation sei „der wesentliche Bezugspunkt der Identitätsfindung in einer Rechtskultur".[156] Daran ist zweifellos richtig, dass die ideelle Bindung einer Person an eine Rechtsordnung nicht zugunsten einer rein an räumlich objektivierbaren Kriterien orientierten Anknüpfung vernachlässigt werden sollte.[157] Aber auch in die Bestimmung des gewöhnlichen Aufenthalts fließen sprachliche und andere soziokulturelle, identitätsbildende Faktoren ein[158] (näher → Rn. 165). Zudem ist die Annahme, die kulturelle Prägung einer Person erfolge

---

[146] Auf die „unvertretbar" steigenden Kosten weist bereits *Basedow,* FS Stoll, 2001, 405 (414) hin; ebenso *Lurger* Verortung natürlicher Personen S. 217 f.; *v. Bar/Mankowski* IPR I § 7 Rn. 19, Rn. 50 äußern die Vermutung, dass im „OLG-Bezirk Hamm öfter türkisches Scheidungsrecht angewendet wird als in der Türkei selber". Zumindest dieses Problem hat sich nun durch die Rom III-VO weitgehend erledigt; vgl. aber *Mankowski* IPRax 2017, 130 (133).

[147] *Aden* ZRP 2013, 186 f.; krit. zur „Zwangsbeglückung" ausl. Staatsangehöriger auch *Rohe,* FS Rothoeft, 1994, 1 (32).

[148] So auch *Aden* ZRP 2013, 186 ff.; *Dutta* IPRax 2017, 139 (142 f.); *Lurger* Verortung natürlicher Personen S. 217; *Mankowski* IPRax 2015, 39 (40).

[149] BT-Drs. 10/504, 31; ebenso *v. Hoffmann/Thorn* IPR § 5 Rn. 16.

[150] Ende 2006 lebte ein Drittel aller Ausländer schon 20 Jahre oder länger in Deutschland, mehr als die Hälfte länger als zehn Jahre, s. *Hailbronner/Renner/Maaßen/Hailbronner* StAG Einl. B Rn. 5.

[151] Beinahe jeder fünfte Ausländer (i.J. 2006 also mehr als 1,3 Mio. Menschen) ist in Deutschland geboren, s. *Hailbronner/Renner/Maaßen/Hailbronner* StAG Einl. B Rn. 5.

[152] So bereits *Henrich,* FS Stoll, 2001, 437 (445).

[153] *Rohe,* FS Rothoeft, 1994, 1 (17).

[154] So bereits *Henrich,* FS Stoll, 2001, 437 (445); ebenso *Dutta* IPRax 2017, 139 (144) mit Hinweis auf jüngste IPR-Reformen in Südosteuropa.

[155] So insbes. *Jayme,* Kulturelle Identität und Internationales Privatrecht, in *Jayme,* Kulturelle Identität und Internationales Privatrecht, 2003, 5 (9 f.); *Rentsch* ZEuP 2015, 288 (303).

[156] *Rauscher,* FS Jayme, 2004, 719 (730).

[157] *Kropholler* IPR § 39 I 1a.

[158] Vgl. *Bureau/Muir Watt,* Droit international privé, 3. Aufl. 2014, Rn. 640: Das „milieu d'intégration" sei das „rattachement qui semble correspondre le mieux [!] au sentiment de l'identité de la personne".

allein durch ihren Heimatstaat, sowohl empirisch als auch normativ zweifelhaft.[159] Erstens ist die kulturelle Identität schon in den Herkunftsstaaten oft weniger auf der nationalen Ebene als durch regionale Einheiten (Gliedstaaten) geprägt.[160] Zweitens ist die Annahme einer allein auf den Herkunftsstaat bezogenen kulturellen Identität gerade für Migranten und Migrantinnen der zweiten oder dritten Generation soziologisch kaum haltbar.[161] Junge Türkinnen zB, die in Deutschland aufgewachsen sind, die deutsche Sprache beherrschen, hier zur Schule gegangen sind, deutsche Medien konsumieren usw., sind ersichtlich nicht mehr allein durch die türkische (Rechts-)Kultur geprägt, insbesondere soweit es um ihre Vorstellungen von Gleichberechtigung geht. Drittens werden für die kulturelle Prägung eines Menschen sprachliche oder religiöse Faktoren regelmäßig größere Bedeutung haben als rechtliche Vorschriften, die juristischen Laien häufig auch in ihrem eigenen Land unbekannt oder sogar unerwünscht sind.[162] Ein in Dänemark oder England lebendes deutsches Ehepaar dürfte es kaum ernsthaft als Teil der kulturellen Identität seines Kindes betrachten, dass es ihm keinen Doppelnamen geben darf. Ein deutscher Pensionär in Florida wird keinen gesteigerten Wert darauf legen, bei seiner letztwilligen Verfügung an das deutsche Pflichtteilsrecht gebunden zu sein.[163] Soweit rechtliche Eigenheiten einen auch soziokulturell prägenden Charakter haben (zB Polygamie, Verstoßungsscheidung, fehlende Adoptionsmöglichkeit, Eheverbot der Religionsverschiedenheit, Ausschluss vom Erbrecht wegen „falscher" Religionszugehörigkeit, Diskriminierung Homosexueller usw.; näher → Art. 6 Rn. 149 ff.), verstoßen sie zudem häufig gegen den ordre public.[164] Dem lässt sich nicht entgegenhalten, eine solche Argumentation müsste zu einem reinen lex-fori-Prinzip führen;[165] vielmehr zeigt sich auch hier, dass die Notwendigkeit allzu häufiger Korrekturen durch den ordre public, die Grundfreiheiten oder Rechtsfiguren wie das „Handeln unter falschem Recht" zumeist ein Indikator für eine verfehlte Regelanknüpfung ist.[166]

37 Gegen die Abkehr vom Staatsangehörigkeitsprinzip wird schließlich eingewandt, dass vonseiten der Betroffenen, die zum Teil in **„ethnischen Kolonien"**[167] lebten, sich aus ausländischen Medien informierten, die Sprache des Gastlandes nur wenig beherrschten usw., mitunter gar keine soziale Integration gewollt sei.[168] Diese Beobachtung ist empirisch sicherlich zutreffend, aber es ist doch

---

[159] Näher *Lurger* Verortung natürlicher Personen S. 216 ff.

[160] So zutr. *Basedow,* FS Stoll, 2001, 405 (414), der Bayern und Katalonien als Beispiele nennt; ebenso *Mankowski* IPRax 2017, 130 (134).

[161] Dass der Schluss von der Staatsangehörigkeit auf eine kulturelle Verbundenheit mit dem betreffenden Staat nicht immer überzeugend ist, räumt auch *Mansel* BerGesVR 43 (2008), 137 (164) ein; *Bureau/Muir Watt,* Droit international privé, 3. Aufl. 2014, Rn. 641 kritisieren scharf, dass ein allzu großer Respekt vor der kulturellen Identität von Migranten bzw. -innen dazu führen könne, sie in einer repressiven Herkunftskultur einzusperren („enfermement de chacun dans sa propre culture", „alibi de l'oppression légitimée par la culture d'origine").

[162] *Henrich,* FS Stoll, 2001, 437 (444); ihm zust. *v. Bar/Mankowski* IPR I § 7 Rn. 21; zwischen rechtlicher und kultureller Identität diff. auch *Trips-Hebert,* Globalisierung und Personalstatut – Der Einfluss der Globalisierung auf die Anknüpfung des Personalstatuts im internationalen Privatrecht, 2003, 82 f.; anders bereits *Rohe,* FS Rothoeft, 1994, 1 (13) mit der Frage, welcher Deutsche wohl die Vorschriften über den Versorgungsausgleich als identitätsstiftend betrachten würde; anders *Jayme,* Kulturelle Identität und Internationales Privatrecht, in *Jayme,* Kulturelle Identität und Internationales Privatrecht, 2003, 5 (10) und noch *Mansel,* Das Staatsangehörigkeitsprinzip im deutschen und gemeinschaftsrechtlichen Internationalen Privatrecht: Schutz der kulturellen Identität oder Diskriminierung der Person?, in Jayme, Kulturelle Identität und Internationales Privatrecht, 2003, 119, 134 in Bezug auf Verschuldens- und Zerrüttungsprinzip bei Ehescheidungen; s. jetzt aber Art. 8 lit. a und b Rom III-VO.

[163] Gerade in solchen Konstellationen kam es in der Vergangenheit häufig zu Fällen des sog. „Handelns unter falschem Recht" (→ Einl. IPR Rn. 223 ff.), weil den schon vor Jahrzehnten ausgewanderten – und rechtskulturell offenbar voll assimilierten – deutschen Erblassern gar nicht bewusst war, dass sie nach deutschem Recht hätten testieren müssen, s. zB BayObLG ZEV 2003, 503 = FamRZ 2003, 1595.

[164] *Henrich,* FS Stoll, 2001, 437 (444); ihm zustimmend *v. Bar/Mankowski* IPR I § 7 Rn. 21; ebenso *Aden* ZRP 2013, 186 f.

[165] *Mansel,* Das Staatsangehörigkeitsprinzip im deutschen und gemeinschaftsrechtlichen Internationalen Privatrecht: Schutz der kulturellen Identität oder Diskriminierung der Person?, in Jayme, Kulturelle Identität und Internationales Privatrecht, 2003, 119, 135.

[166] Vgl. *D'Avout,* Mélanges Audit, 2014, 15 (23), der die Herausbildung der Anknüpfung an den gewöhnlichen Aufenthalt als „Kristallisierung" verschiedener Interventionen des ordre public bezeichnet; ebenso bereits *Audit,* Écrits en l'honneur de J. Foyer, 2008, 49 (55 f.); genau umgekehrt verwendeten dieses Argument im Hinblick auf Auslandsdeutsche noch *Dopffel/Siehr* RabelsZ 44 (1980), 344 (345).

[167] Begriff bei *Mansel,* Das Staatsangehörigkeitsprinzip im deutschen und gemeinschaftsrechtlichen Internationalen Privatrecht: Schutz der kulturellen Identität oder Diskriminierung der Person?, in Jayme, Kulturelle Identität und Internationales Privatrecht, 2003, 119, 133; von „Ghettoisierung" sprachen *Dopffel/Siehr* RabelsZ 44 (1980), 344 (346).

[168] *Dopffel/Siehr* RabelsZ 44 (1980), 344 (346); *Gaudemet-Tallon,* Liber Amicorum Lando, 2012, 151 (156); *Mansel,* Das Staatsangehörigkeitsprinzip im deutschen und gemeinschaftsrechtlichen Internationalen Privatrecht:

sehr zweifelhaft, ob man die Entstehung und Verfestigung solcher „Parallelgesellschaften" mitsamt den damit verbundenen politischen und sozialen Folgeproblemen[169] kollisionsrechtlich noch fördern sollte.[170] Dagegen spricht, dass eine mangelnde kulturelle Assimilation der Betroffenen, insbesondere ein Festhalten an überkommen Männlichkeits- und Rollenvorstellungen, ein wesentliches Hindernis für ihre Eingliederung in den Arbeitsmarkt und somit eine finanzielle Belastung für die Allgemeinheit bildet.[171] Es wird zwar nicht verkannt, dass ein Übergang zur Aufenthaltsanknüpfung dazu führt, dass umgekehrt zB auch auf in „Rentnerkolonien" lebende Auslandsdeutsche in mediterranen Gefilden vermehrt ausländisches Recht zur Anwendung kommt.[172] Dem gegen das Aufenthaltsprinzip erhobenen **Vorwurf der „Zwangsintegration"**[173] lässt sich aber in In- und Auslandsfällen gleichermaßen dadurch hinreichend begegnen, dass den Betroffenen die Möglichkeit eingeräumt wird, mithilfe einer Rechtswahl an ihrem Heimatrecht festzuhalten, wie dies zB im Betreuungsrecht Art. 15 Abs. 2 lit. a ErwSÜ und im Erbrecht Art. 22 EuErbVO vorsehen.[174] Wer hingegen als Deutscher seinen gewöhnlichen Aufenthalt im Alter ins Ausland verlegt, ohne sich um naheliegende Fragen wie die Erteilung einer Vorsorgevollmacht oder die Errichtung eines Testaments zu kümmern, muss es sich gefallen lassen, wie andere Ortsansässige in Spanien oder der Türkei behandelt zu werden.[175]

d) Fazit. Darüber, dass der Zug der Zeit und insbesondere der europäischen Rechtsentwick- **38** lung über den starren Gegensatz von Nationalitäts- und Domizilanknüpfung hinweggegangen ist, dürfte heute Einigkeit zu erzielen sein.[176] Kontrovers wird aber das **angemessene Regel-Ausnahme-Verhältnis** diskutiert. Im Schrifttum wurde angeregt, grundsätzlich das Staatsangehörigkeitsprinzip beizubehalten, dieses aber durch eine **Rechtswahlmöglichkeit** im Hinblick auf den gewöhnlichen Aufenthalt zu ergänzen.[177] Einen ähnlichen Ansatz hat der Gesetzgeber jüngst im Namensrecht mit Art. 48 eingeschlagen. Auf diesem Rechtsgebiet bestehen wegen der hier besonders engen Verknüpfung zwischen dem privaten und öffentlichen Recht (Reisepass!) auch gute Gründe für den grundsätzlichen Primat des Heimatrechts. Auf anderen Sachgebieten (Scheidungsrecht, Erbrecht) ist dies aber anders, was sich sowohl an der Rom III-VO als auch an der EuErbVO ablesen lässt, die primär an den gewöhnlichen Aufenthalt anknüpfen.[178] Grundsätzlich sollte das Verhältnis zwischen objektiver und subjektiver Anknüpfung des Personalstatuts zugunsten eines Vorrangs des gewöhnlichen Aufenthalts aufgelöst werden,[179] und zwar aus den folgenden Gründen: Der gewöhnliche Aufenthalt eines Menschen wird – zumindest bei Erwachsenen und jedenfalls in der EU – regelmäßig frei gewählt[180] (zur Bedeutung des Willens näher → Rn. 118), während der freiwillige Wechsel der Staatsangehörigkeit nur unter größeren

---

Schutz der kulturellen Identität oder Diskriminierung der Person?, in Jayme, Kulturelle Identität und Internationales Privatrecht, 2003, 119, 133 ff.; *Mansel* BerGesVR 43 (2008), 137 (172 f.); *Trips-Hebert* RuP 2012, 214 (218); vgl. schon BT-Drs. 10/504, 31: „[E]in gewöhnlicher Aufenthalt kann […] ohne jeden Bezug des Betroffenen in seinen persönlichen Belangen zum Recht des Aufenthaltsstaats bestehen."

[169] Hierzu näher *Thomas Meyer*, Parallelgesellschaft und Demokratie, in Meyer/R. Weil, Die Bürgergesellschaft, 2002, 343 ff.; vgl. auch im strafrechtlichen Kontext *Uta Rasche*, Kultureller Rabatt für „Ehrenmord", FAZ Nr. 72 vom 26.3.2014, S. 4.

[170] Vgl. *Rohe*, FS Rothoeft, 1994, 1 (22 f.): Es sei widersprüchlich, einerseits mangelnde Integrationsbereitschaft zu beklagen, andererseits aber Migrantinnen „zwangsweise an Vorschriften des türkischen Familienrechts zu binden, denen sie sich längst entfremdet haben"; *Lurger* Verortung natürlicher Personen S. 217; anders *Mansel* BerGesVR 43 (2008), 137 (174), der auf die Korrekturmöglichkeit durch den ordre public (Art. 6) verweist; ferner *Trips-Hebert* RuP 2012, 214 (218), der bei einer Aufgabe der Staatsangehörigkeitsanknüpfung ein gänzliches Abgleiten der Betroffenen in eine „Paralleljustiz" befürchtet.

[171] Eingehend und mit zahlreichen empirischen Belegen *Koopmans* J. Ethn. Migr. Stud. 42 (2016), 197 ff.

[172] So aber der Vorwurf von *Mansel* BerGesVR 43 (2008), 137 (172).

[173] *Rauscher*, FS Jayme, 2004, 719 (736).

[174] *Henrich*, FS Stoll, 2001, 437 (446); *Henrich*, FS Jayme, 2004, 321 (322 ff.); *Kropholler* IPR § 39 III 2; krit. *Trips-Hebert* RuP 2012, 214 (218).

[175] *Lurger* Verortung natürlicher Personen S. 225; *Mankowski* IPRax 2015, 39 (44 f.); bloße „Rechtsunkenntnis" ist hier wie sonst auch kein durchschlagendes Gegenargument, vgl. aber *Trips-Hebert* RuP 2012, 214 (218).

[176] Vgl. *Dutta* IPRax 2017, 139: „Die Schlacht […] scheint geschlagen zu sein."

[177] *Mansel*, Das Staatsangehörigkeitsprinzip im deutschen und gemeinschaftsrechtlichen Internationalen Privatrecht: Schutz der kulturellen Identität oder Diskriminierung der Person?, in Jayme, Kulturelle Identität und Internationales Privatrecht, 2003, 119, 138 ff.; offen in Bezug auf das Regel-Ausnahme-Verhältnis nun der *Mansel* BerGesVR 43 (2008), 137 (174); ähnlich *Trips-Hebert* RuP 2012, 214 (219): Parteiautonomie als Primäranknüpfung bei subsidiärer Geltung des Staatsangehörigkeitsprinzips.

[178] Eingehende Bestandsaufnahme zum europäischen IPR bei *Lurger* Verortung natürlicher Personen S. 204 ff.

[179] Im Erg. ebenso *Raiteri* JPIL 10 (2014), 308 (334); ähnlich *Aden* ZRP 2013, 186 (187); vgl. bereits *Henrich*, FS Jayme, 2004, 321 (328).

[180] *Mankowski* IPRax 2015, 39 (42) spricht von einer indirekten „Rechtswahl" durch Faktengestaltung.

Schwierigkeiten möglich ist.[181] In der Regel lässt sich daher die Vermutung rechtfertigen, eine Person sei grundsätzlich damit einverstanden, sich auch in ihren persönlichen Angelegenheiten der Rechtsordnung des gewöhnlichen Aufenthaltsstaates zu unterstellen. Wenn sie dies – aus welchen Gründen auch immer – nicht will, genügt die Einräumung einer Rechtswahlbefugnis im Hinblick auf ihre Staatsangehörigkeit. Bei schutzbedürftigen Personen (Kindern, Unterhaltsberechtigten, betreuten Erwachsenen) greift zwar die Vermutung einer freien Wahl des Aufenthalts nicht ein; gerade in Bezug auf diese Personengruppe ist aber schon im heutigen IPR ganz überwiegend anerkannt, dass die Anknüpfung an den gewöhnlichen Aufenthalt ihren Schutzbedürfnissen am besten Rechnung trägt (HUP, KSÜ, ErwSÜ, Art. 21, Art. 24 Abs. 1 S. 2).[182] Zutreffend heißt es bereits in der Begründung des KindRG, es erscheine „sachgerecht, die Wirkungen des Eltern-Kind-Verhältnisses allgemein nach der Rechtsordnung zu bestimmen, in deren Bereich vorrangig das praktische Bedürfnis zum Handeln besteht. Daraus ergibt sich die Entscheidung [...] für den gewöhnlichen Aufenthalt als Anknüpfungsmerkmal [...]".[183] Es ist zu erwarten, dass diese im europäischen IPR schon heute herrschende Lösung in näherer Zukunft weiter auf den Restanwendungsbereich des autonomen Kollisionsrechts ausstrahlen wird. Für die vermögensrechtlichen Scheidungsfolgen ist dies in Art. 17 Abs. 1 nF bereits verwirklicht. Auch im Rahmen des Art. 14 dürfte die Sprossenfolge der Anknüpfungsleiter de lege ferenda umzukehren sein.[184]

39 **3. Europarechtliche Schranken. a) Allgemeines.** Die Anknüpfung an die Staatsangehörigkeit kann Beschränkungen unterliegen, die sich aus dem **europäischen Primärrecht** ergeben. Insoweit ist zwischen dem allgemeinen Diskriminierungsverbot (Art. 18 AEUV) und Beschränkungsverboten, die aus den Grundfreiheiten folgen können, zu unterscheiden.

40 **b) Diskriminierungsverbot.** Gemäß **Art. 18 AEUV** ist „[u]nbeschadet besonderer Bestimmungen der Verträge [...] in ihrem Anwendungsbereich jede Diskriminierung aus Gründen der Staatsangehörigkeit verboten". Schon vor mehr als vierzig Jahren ist die Frage aufgeworfen worden, ob die Heranziehung der Staatsangehörigkeit als Anknüpfungsmoment in einer Kollisionsnorm gegen dieses Diskriminierungsverbot verstoße.[185] Dies wurde und wird zum Teil insbesondere für die Anknüpfung der Geschäftsfähigkeit an das Heimatrecht nach Art. 7 Abs. 1 bejaht, jedenfalls soweit der sachliche Anwendungsbereich des AEUV bzw. des EUV eröffnet ist.[186] EU-Ausländer, die im Inland Geschäfte abschließen wollten, würden hierdurch im Ergebnis einem anderen Recht unterworfen als Inländer in einer vergleichbaren Situation.[187] Auch die Rom I-VO hat daran nichts geändert, weil sie Fragen der **Geschäftsfähigkeit** aus ihrem Anwendungsbereich ausklammert (Art. 1 Abs. 2 lit. a Rom I-VO). Praktisch kann es aber insoweit kaum zu einer spürbaren Beeinträchtigung der Vertragsabschlussfreiheit kommen, weil das **Volljährigkeitsalter** heute in allen Mitgliedstaaten bei achtzehn Jahren liegt.[188] Noch verbleibende Unterschiede in den nationalen Rechten werden regelmäßig aufgrund der Verkehrsschutzvorschriften in Art. 13 Rom I-VO, Art. 12 EGBGB und Art. 17 ErwSÜ unbeachtlich sein.[189] Bei dieser Rechtseinheit muss es allerdings nicht bleiben, denn die Absenkung wichtiger Altersgrenzen (Fahrerlaubnis,

[181] Vgl. zum Konflikt zwischen Statusbildung und individueller Handlungsfreiheit *Rohe,* FS Rothoeft, 1994, 1 (25 f.).

[182] Vgl. *Lurger* Verortung natürlicher Personen S. 219.

[183] BT-Drs. 13/4899, 138.

[184] Dies fordert bereits *Henrich,* FS Stoll, 2001, 437 (443); hierzu *Coester-Waltjen* FamRZ 2013, 170 ff.

[185] Grundlegend *Drobnig* RabelsZ 34 (1970), 636 ff.; ihm folgend *G. Fischer,* Gemeinschaftsrecht und kollisionsrechtliches Staatsangehörigkeitsprinzip, in v. Bar, Gemeinschaftsrecht und IPR, 1991, 157 ff.; in neuerer Zeit namentlich *Ubertazzi* YbPIL 10 (2008), 711 ff.

[186] So bereits im Hinblick auf Art. 7 EWGV *Drobnig* RabelsZ 34 (1970), 636 (649 f.); später *G. Fischer,* Gemeinschaftsrecht und kollisionsrechtliches Staatsangehörigkeitsprinzip, in v. Bar, Gemeinschaftsrecht und IPR, 1991, 157 (161 ff.); *Ubertazzi* YbPIL 10 (2008), 711 (729 ff.) (im internationalen Vertragsrecht); darüber hinausgehend in Bezug auf das Familien- und Erbrecht namentlich *Troge,* Europarecht und das Staatsangehörigkeitsprinzip im Internationalen Privatrecht, 2009, 38 ff.

[187] *Drobnig* RabelsZ 34 (1970), 636 (649 f.); *G. Fischer,* Gemeinschaftsrecht und kollisionsrechtliches Staatsangehörigkeitsprinzip, in v. Bar, Gemeinschaftsrecht und IPR, 1991, 157 (161 ff.); *Ubertazzi* YbPIL 10 (2008), 711 (729 ff.) (im internationalen Vertragsrecht).

[188] Vgl. bereits *Brödermann* in Brödermann/Iversen, Europäisches Gemeinschaftsrecht und Internationales Privatrecht, 1994, Rn. 463 mwN; *Kreuzer,* Die Europäisierung des Internationalen Privatrechts – Vorgaben des Gemeinschaftsrechts, in Müller-Graff, Gemeinsames Privatrecht in der Europäischen Gemeinschaft, 2. Aufl. 1999, 507.

[189] So schon *Kreuzer,* Die Europäisierung des Internationalen Privatrechts – Vorgaben des Gemeinschaftsrechts, in Müller-Graff, Gemeinsames Privatrecht in der Europäischen Gemeinschaft, 2. Aufl. 1999, 507 in Bezug auf Art. 12; anders Staudinger/*Bausback* (2013) Anh. I Art. 5 Rn. 27, der auf Lücken in diesem Schutz hinweist.

Wahlberechtigung bei Kommunalwahlen) auf siebzehn Jahre, die Verkürzung der Schulzeit (G 8) und die Abschaffung der Wehrpflicht geben in Deutschland durchaus rechtspolitischen Anlass zu der Frage, ob die Achtzehn-Jahres-Grenze noch in jeder Hinsicht heutigen Erfordernissen entspricht.[190] Zudem werden auch Fragen wie die Geschlechtszugehörigkeit, bei denen die rechtlichen Divergenzen zwischen den Mitgliedstaaten spürbarer sein mögen,[191] grundsätzlich analog Art. 7 Abs. 1 angeknüpft.[192] Schließlich wird von manchen Autoren eine unzulässige Diskriminierung auch im Falle inhaltlich übereinstimmender Sachrechte bereits darin gesehen, dass ein deutsches Gericht aufgrund der Anknüpfung an das Heimatrecht eines Ausländers ein fremdes Sachrecht anwenden müsse, was nur unter Inkaufnahme **qualitativer Einbußen** und der fehlenden Revisibilität dieses Rechts möglich sei.[193]

Entgegen dieser Kritik steht jedoch die **ganz hM** auf dem Standpunkt, dass die Anknüpfung **41** von Fragen des Personalstatuts nach dem Staatsangehörigkeitsprinzip grundsätzlich nicht gegen das allgemeine Diskriminierungsverbot in Art. 18 AEUV verstößt.[194] Die Problematik wurde bereits bei der Schaffung des IPR-Neuregelungsgesetzes von 1986 erkannt (→ Rn. 27). In der Regierungsbegründung heißt es hierzu:[195]

„Das Staatsangehörigkeitsprinzip führt im nichtvermögensrechtlichen IPR nicht zur Diskriminierung fremder Staatsangehöriger etwa im Sinn des Artikels 7 des EWG-Vertrages, sondern versucht, den Besonderheiten der auf die Person bezogenen Regelungsbereiche gerecht zu werden. Vor- und Nachteile der unterschiedlichen Staatsangehörigkeit wirken sich gleichermaßen aus. Als Grenze der Unterscheidung reicht der ordre public."

An dieser Grundhaltung des deutschen Gesetzgebers hat sich nichts geändert; auch der **jüngst 42 eingefügte Art. 48** bewirkt lediglich eine sachrechtliche Korrektur der Staatsangehörigkeitsanknüpfung, hält aber im kollisionsrechtlichen Ausgangspunkt an der Maßgeblichkeit des Heimatrechts in Namensfragen fest:[196]

„Diese Anknüpfung [an die Staatsangehörigkeit] ist sinnvoll und wird auch in der Mehrzahl der übrigen EU-Mitgliedstaaten verwendet. Sie verhindert in den meisten Fällen, dass eine Person in verschiedenen Staaten unterschiedliche Namen führen muss."

Auch der **EuGH** erlegte sich in der Frage einer primärrechtlichen Kontrolle der Staatsangehö- **43** rigkeitsanknüpfung im IPR **zunächst äußerste Zurückhaltung** auf. In der Rechtssache „Johannes" war dem Gerichtshof die Frage gestellt worden, ob die Anknüpfung eines Versorgungsausgleichsanspruchs an die Staatsangehörigkeit der Ehegatten (Art. 17 Abs. 3 EGBGB aF) gegen das Diskriminierungsverbot verstoße.[197] Der EuGH verneinte dies, weil „[w]eder die nationalen Bestimmungen des internationalen Privatrechts, die das auf die Ehescheidungsfolgen anwendbare materielle Recht bestimmen, noch die nationalen privatrechtlichen Bestimmungen, die die materiell-rechtliche Regelung der Scheidungsfolgen enthalten [...], in den Anwendungsbereich des Vertrages [fielen]".[198]

---

[190] Zur Diskussion in Deutschland s. *Eckart Lohse,* Nur über die Volljährigkeit spricht keiner, FAZ Nr. 64 vom 17.3.2014, S. 4.
[191] Zu „materiell unterschiedlichen Regelungen der einzelnen Rechtsordnungen" in Bezug auf intersexuelle oder transsexuelle Menschen s. Staudinger/*Hausmann* (2013) Art. 7 Rn. 38.
[192] Vgl. im Verhältnis zu einem Drittstaat BVerfGE 116, 243 Rn. 59, 72 = NJW 2007, 900.
[193] So *Drobnig* RabelsZ 34 (1970), 636 (639 f., 644); den Tatbestand einer Diskriminierung bejahen insoweit auch *Stern,* Das Staatsangehörigkeitsprinzip in Europa, 2008, 182 ff.; *Troge,* Europarecht und das Staatsangehörigkeitsprinzip im Internationalen Privatrecht, 2009, 179; iE auch *Ubertazzi* YbPIL 10 (2008), 711 (722 ff.).
[194] Eingehend *Basedow* IPRax 2011, 109 (112 f.); ebenso Bamberger/*Roth*/*Lorenz* Einl. IPR Rn. 29; *v. Bar/ Mankowski* IPR I § 3 Rn. 41; *Bogdan,* The EC Treaty and the Use of Nationality and Habitual Residence as Connecting Factors in International Family Law, in Meeusen, International Family Law for the European Union, 2007, 303, 309 ff.; *Brödermann* in Brödermann/Iversen, Europäisches Gemeinschaftsrecht und Internationales Privatrecht, 1994, Rn. 457 ff.; *v. Hoffmann*/*Thorn* IPR § 1 Rn. 125; *Kegel/Schurig* IPR § 4 II; *Kreuzer,* Die Europäisierung des Internationalen Privatrechts – Vorgaben des Gemeinschaftsrechts, in Müller-Graff, Gemeinsames Privatrecht in der Europäischen Gemeinschaft, 2. Aufl. 1999, 505 ff.; *Kropholler* IPR § 38 IV 3; *Mankowski* Dual and Multiple Nationals S. 194; *Mansel,* Das Staatsangehörigkeitsprinzip im deutschen und gemeinschaftsrechtlichen Internationalen Privatrecht: Schutz der kulturellen Identität oder Diskriminierung der Person?, in Jayme, Kulturelle Identität und Internationales Privatrecht, 2003, S. 119, 148 f.; *Meeusen* Eur. J. Migr. L. 9 (2007), 287 (291 ff.); *Rauscher,* FS Jayme, 2004, 719 (732); *Rohe,* FS Rothoeft, 1994, 1 (12 f.); *Siehr* EuZ 2005, 90 (97 f.); *Sonnenberger* ZVglRWiss. 95 (1996), 3 (15 f.).
[195] BT-Drs. 10/504, 31.
[196] BT-Drs. 17/11049, 12.
[197] EuGH Slg. 1999, I-3475 = IPRax 2000, 305 = BeckEuRS 1999, 234834 – Johannes/Johannes, m. Aufsatz *Rigaux* IPRax 2000, 287; dazu auch *Pirrung,* GS Lüderitz, 2000, 543 ff.
[198] EuGH Slg. 1999, I-3475 Rn. 27 = IPRax 2000, 305 = BeckEuRS 1999, 234834 – Johannes/Johannes.

44   Allein mit dem Argument der begrenzten sachlichen Reichweite der Verträge kann man aber angesichts des **heutigen Standes des Unionsrechts** die Staatsangehörigkeitsanknüpfung der primärrechtlichen Kontrolle nicht mehr schlechthin entziehen.[199] Das Urteil in der Rechtssache „Johannes" bezog sich noch auf die Rechtslage nach dem Vertrag von Maastricht; bereits mit dem Vertrag von Amsterdam wurden der EG aber Kompetenzen im Bereich des IPR eingeräumt, die sich heute in Art. 81 AEUV finden.[200] Da die EU von dieser Zuständigkeit etwa im Bereich des Ehescheidungsrechts (allerdings unter Ausklammerung des Versorgungsausgleichs) in Gestalt der Rom III-VO inzwischen Gebrauch gemacht hat,[201] wird man entsprechende Kollisionsnormen schon aus diesem Grund nicht mehr vom Schutzbereich des Diskriminierungsverbots ausnehmen dürfen.[202] Hinzu kommt, dass der EuGH bereits in der Sache „Garcia Avello" festgestellt hat, dass auch in Materien, die – wie zB das Namensrecht – in die Zuständigkeit der Mitgliedstaaten fallen, diese Staaten

> *„bei der Ausübung dieser Zuständigkeit gleichwohl das Gemeinschaftsrecht beachten [müssen] […], insbesondere die Vertragsbestimmungen über die jedem Unionsbürger zuerkannte Freiheit, sich im Hoheitsgebiet der Mitgliedstaaten zu bewegen und aufzuhalten […]."*[203]

In solchen Situationen kann daher das allgemeine Diskriminierungsverbot zum Tragen kommen.[204] Allein die Anknüpfung an die Staatsangehörigkeit begründet aber – jedenfalls im Hinblick auf eine Person, die nur einem Staat angehört – keine verbotene Diskriminierung.[205] Zudem schreibt der EuGH den Mitgliedstaaten keinen Wechsel des kollisionsrechtlichen Anknüpfungsmoments vor, sondern lässt den Weg über sachrechtliche Korrekturen (zB durch die Vornahme einer Namensänderung) offen (→ Rn. 83).

45   Jedenfalls in Bezug auf **allseitige Kollisionsnormen** lässt sich die Anknüpfung an die Staatsangehörigkeit grundsätzlich nicht als diskriminierend einstufen.[206] Denn durch die Anknüpfung an die

---

[199]   *Bogdan,* The EC Treaty and the Use of Nationality and Habitual Residence as Connecting Factors in International Family Law, in Meeusen, International Family Law for the European Union, 2007, 303, 308 f.; *Mansel,* Das Staatsangehörigkeitsprinzip im deutschen und gemeinschaftsrechtlichen Internationalen Privatrecht: Schutz der kulturellen Identität oder Diskriminierung der Person?, in Jayme, Kulturelle Identität und Internationales Privatrecht, 2003, 119, 148; *Meeusen* Eur. J. Migr. L. 9 (2007), 287 (292); *Troge,* Europarecht und das Staatsangehörigkeitsprinzip im Internationalen Privatrecht, 2009, 79; *Stern,* Das Staatsangehörigkeitsprinzip in Europa, 2008, 178; *Ubertazzi* YbPIL 10 (2008), 711 (728) in Fn. 46.

[200]   Eine Kompetenz zur Vereinheitlichung auch des materiellen Familien- und Erbrechts ergibt sich daraus nicht, s. *Rauscher,* FS Jayme, 2004, 719 (722 f.).

[201]   Zu diesem Erfordernis G. *Wagner* IPRax 2000, 512 (519).

[202]   *Bogdan,* The EC Treaty and the Use of Nationality and Habitual Residence as Connecting Factors in International Family Law, in Meeusen, International Family Law for the European Union, 2007, 303, 308 f.; *Mansel,* Das Staatsangehörigkeitsprinzip im deutschen und gemeinschaftsrechtlichen Internationalen Privatrecht: Schutz der kulturellen Identität oder Diskriminierung der Person?, in Jayme, Kulturelle Identität und Internationales Privatrecht, 2003, S. 119, 148; *Meeusen* Eur. J. Migr. L. 9 (2007), 287 (292); *Troge,* Europarecht und das Staatsangehörigkeitsprinzip im Internationalen Privatrecht, 2009, 79; *Stern,* Das Staatsangehörigkeitsprinzip in Europa, 2008, 178; *Ubertazzi* YbPIL 10 (2008), 711 (728) in Fn. 46; aA noch *Pirrung,* GS Lüderitz, 2000, 543 (551), weil die Kompetenz der EU den Versorgungsausgleich nicht erfasse.

[203]   EuGH Slg. 2003, I-11613 Rn. 25 = BeckRS 2004, 74436 – Garcia Avello; bestätigt in EuGH Slg. 2008, I-7639 Rn. 16 = NJW 2009, 135 – Grunkin Paul; Slg. 2010, I-1449 Rn. 41 = NVwZ 2010, 509 – Rottmann; krit. hierzu *Schoch,* FS Hailbronner, 2013, 355 (367): Leerformel, mit deren Hilfe sich der EuGH die Interpretationsmacht sichere.

[204]   EuGH Slg. 2003, I-11613 Rn. 29 = BeckRS 2004, 74436 – Garcia Avello; hierzu auch *Stern,* Das Staatsangehörigkeitsprinzip in Europa, 2008, 177 f.; *Troge,* Europarecht und das Staatsangehörigkeitsprinzip im Internationalen Privatrecht, 2009, 79: Jeder Bezug zur Freizügigkeit reiche für die Eröffnung des sachlichen Anwendungsbereichs aus.

[205]   EuGH Slg. 2008, I-7639 Rn. 19 = NJW 2009, 135 – Grunkin Paul; ebenso *Basedow* IPRax 2011, 109 (112 f.); ebenso Bamberger/Roth/*Lorenz* Einl. IPR Rn. 29; *v. Bar*/*Mankowski* IPR I § 3 Rn. 41; *Bogdan,* The EC Treaty and the Use of Nationality and Habitual Residence as Connecting Factors in International Family Law, in Meeusen, International Family Law for the European Union, 2007, 303, 309 ff.; *Brödermann* in Brödermann/Iversen, Europäisches Gemeinschaftsrecht und Internationales Privatrecht, 1994, Rn. 457 ff.; *v. Hoffmann*/*Thorn* IPR § 1 Rn. 125; *Kegel*/*Schurig* IPR § 4 II; *Kreuzer,* Die Europäisierung des Internationalen Privatrechts – Vorgaben des Gemeinschaftsrechts, in Müller-Graff, Gemeinsames Privatrecht in der Europäischen Gemeinschaft, 2. Aufl. 1999, 505 ff.; *Kropholler* IPR § 38 IV 3; *Mankowski* Dual and Multiple Nationals S. 194; *Mansel,* Das Staatsangehörigkeitsprinzip im deutschen und gemeinschaftsrechtlichen Internationalen Privatrecht: Schutz der kulturellen Identität oder Diskriminierung der Person?, in Jayme, Kulturelle Identität und Internationales Privatrecht, 2003, 119, 148 f.; *Meeusen* Eur. J. Migr. L. 9 (2007), 287 (291 ff.); *Rauscher,* FS Jayme, 2004, 719 (732); *Rohe,* FS Rothoeft, 1994, 1 (12 f.); *Siehr* EuZ 2005, 90 (97 f.); *Sonnenberger* ZVglRWiss. 95 (1996), 3 (15 f.).

[206]   Bamberger/Roth/*Lorenz* Einl. IPR Rn. 29; *v. Bar*/*Mankowski* IPR I § 3 Rn. 41; *Basedow* IPRax 2011, 109 (112 f.); *Kegel*/*Schurig* IPR § 4 II; *Kreuzer,* Die Europäisierung des Internationalen Privatrechts – Vorgaben des Gemeinschaftsrechts, in Müller-Graff, Gemeinsames Privatrecht in der Europäischen Gemeinschaft, 2. Aufl. 1999,

jeweilige Staatsangehörigkeit wird sichergestellt, dass für jede Anknüpfungsperson jeweils ihr eigenes Heimatrecht als sachnächste Rechtsordnung berufen wird.[207] Zu Recht hat Generalanwältin *Sharpston* in der Rechtssache „Grunkin Paul" ausgeführt:[208]

> „*Zwar unterscheidet die Bestimmung in Art. 10 EGBGB zwischen Personen nach ihrer Staatsangehörigkeit, doch sind solche Unterscheidungen unvermeidbar, wenn die Staatsangehörigkeit als Anknüpfungspunkt zu einer bestimmten Rechtsordnung dient. Die Bestimmung diskriminiert jedoch nicht aus Gründen der Staatsangehörigkeit. Zweck des Verbots solcher Diskriminierungen ist nicht, die Unterschiede zu beseitigen, die sich unweigerlich daraus ergeben, dass jemand die Staatsangehörigkeit des einen und nicht eines anderen Mitgliedstaats besitzt […], sondern, weitere Ungleichbehandlungen auszuschließen, die auf der Staatsangehörigkeit beruhen und die zum Nachteil eines Unionsbürgers wirken.*"

Die Annahme des deutschen oder eines anderen Gesetzgebers, dass gerade zu diesem Recht die **46** **engste Verbindung einer Person** bestehe, mag man zwar rechtspolitisch für kritikwürdig halten (→ Rn. 28 ff.); eine primärrechtliche Korrektur des IPR wird aber allein durch die Erwägung, dass eine andere rechtspolitische Entscheidung vertretbar oder vorzugswürdig wäre, nicht legitimiert.[209] Hinzu kommt der Gedanke, Fragen des Personalstatuts möglichst einheitlich und stabil anzuknüpfen, um Normwidersprüche und Anpassungsprobleme zu vermeiden;[210] ein Gesichtspunkt, der angesichts der starken Zersplitterung der Anknüpfung personen-, familien- und erbrechtlicher Fragen im heutigen IPR zwar nur noch eine untergeordnete Bedeutung hat (→ Rn. 8 f.), aber in der Abwägung auch nicht gänzlich vernachlässigt werden darf. Schließlich ist zu berücksichtigen, dass der Unionsgesetzgeber auf dem Gebiet des Kollisionsrechts selbst in der Rom III-VO und der EuErbVO Anknüpfungen an die Staatsangehörigkeit vorsieht und zwar nicht nur im Falle einer Rechtswahl, sondern auch als objektive Anknüpfung (Art. 8 lit. c Rom III-VO; näher → Rn. 82). Zwar kann das Sekundärrecht nicht die Auslegung des Primärrechts präjudizieren;[211] es erscheint aber im Lichte seiner bisherigen Rechtsprechung (→ Rn. 43 ff.) fernliegend, dass der EuGH derartige Kollisionsnormen als solche beanstanden wird.[212]

Die praktischen und prozessualen Erschwernisse der Auslandsrechtsanwendung, die aufgrund **47** der Staatsangehörigkeitsanknüpfung eintreten, sind rechtspolitisch kritikwürdig (→ Rn. 28 ff.), aber **primärrechtlich vertretbar.**[213] Erstens lassen sich diese Schwierigkeiten durch Maßnahmen im Bereich der Gerichtsorganisation oder durch die Konzentration auslandsrechtlicher Verfahren (→ Einl. IPR Rn. 313 f.) erheblich eindämmen.[214] Zweitens wird selbst durch eine Anknüpfung an den gewöhnlichen Aufenthalt nicht die Notwendigkeit beseitigt, gegebenenfalls auch ausländi-

---

505; *Kropholler* IPR § 38 IV 3; *Meeusen* Eur. J. Migr. L. 9 (2007), 287 (294); *Siehr* EuZ 2005, 90 (98); *Sonnenberger* ZVglRWiss. 95 (1996), 3 (15); krit. Staudinger/*Bausback* (2013) Rn. 22 ff., der insoweit aber Diskriminierungs- und Beschränkungsverbot vermengt; aA *Stern*, Das Staatsangehörigkeitsprinzip in Europa, 2008, 221 und *Troge*, Europarecht und das Staatsangehörigkeitsprinzip im Internationalen Privatrecht, 2009, 203 ff., welche die Anknüpfung an den gewöhnlichen Aufenthalt als mildere Mittel ansehen.

[207] Bamberger/Roth/*Lorenz* Einl. IPR Rn. 29; *v. Bar/Mankowski* IPR I § 3 Rn. 41; *Basedow* IPRax 2011, 109 (112 f.); *Kegel/Schurig* IPR § 4 II; *Kreuzer*, Die Europäisierung des Internationalen Privatrechts – Vorgaben des Gemeinschaftsrechts, in Müller-Graff, Gemeinsames Privatrecht in der Europäischen Gemeinschaft, 2. Aufl. 1999, 505; *Kropholler* IPR § 38 IV 3; *Meeusen* Eur. J. Migr. L. 9 (2007), 287 (294); *Siehr* EuZ 2005, 90 (98); *Sonnenberger* ZVglRWiss. 95 (1996), 3 (15); aA *Bogdan*, The EC Treaty and the Use of Nationality and Habitual Residence as Connecting Factors in International Family Law, in Meeusen, International Family Law for the European Union, 2007, 303, 313 in Fn. 17.

[208] GA *Sharpston* Schlussanträge vom 24.4.2008 – C-353/06, ECLI:EU:C:2008:246 Rn. 62 = BeckRS 2008, 70497 (Hervorhebung in den Schlussanträgen).

[209] Zutr. *Sonnenberger* ZVglRWiss. 95 (1996), 3 (16); ebenso Bamberger/Roth/*Lorenz* Einl. IPR Rn. 29; GA *Sharpston* Schlussanträge vom 24.4.2008 – C-353/06, ECLI:EU:C:2008:246 Rn. 66 = BeckRS 2008, 70497; diese Aspekte im Rahmen einer Verhältnismäßigkeitsprüfung vermengend aber *Stern*, Das Staatsangehörigkeitsprinzip in Europa, 2008, 191 ff.; *Troge*, Europarecht und das Staatsangehörigkeitsprinzip im Internationalen Privatrecht, 2009, 203 ff.

[210] So *Meeusen* Eur. J. Migr. L. 9 (2007), 287 (293); *Ubertazzi* YbPIL 10 (2008), 711 (727), mit Ausnahmen für wirtschaftlich relevante Tätigkeiten.

[211] Darauf weist auch *Troge*, Europarecht und das Staatsangehörigkeitsprinzip im Internationalen Privatrecht, 2009, 79, hin.

[212] Anders *Stern*, Das Staatsangehörigkeitsprinzip in Europa, 2008, 221, 237 und *Troge*, Europarecht und das Staatsangehörigkeitsprinzip im Internationalen Privatrecht, 2009, 335, die allenfalls eine Rechtswahlmöglichkeit in Bezug auf die Staatsangehörigkeit für unionsrechtlich akzeptabel halten.

[213] *v. Bar/Mankowski* IPR I § 3 Rn. 41; *Basedow* IPRax 2011, 109 (113); *Brödermann* in Brödermann/Iversen, Europäisches Gemeinschaftsrecht und Internationales Privatrecht, 1994, Rn. 471 ff.; *Kropholler* IPR § 38 IV 3; Staudinger/*Bausback* (2013) Anh. I Art. 5 Rn. 26.

[214] *Basedow* IPRax 2011, 109 (113).

sches Recht zu ermitteln und anzuwenden, etwa wenn im Heimatgerichtsstand (Art. 3 Abs. 1 lit. b EuEheVO) geklagt wird.[215] Schließlich wäre es nicht überzeugend, allein zur Vermeidung praktischer Probleme auf In- und Ausländer stets und unterschiedslos die lex fori anzuwenden.[216] Angesichts der zahlreichen Wahlmöglichkeiten bei der Bestimmung des maßgebenden Gerichtsstandes, die heutzutage auch auf familien- und erbrechtlichen Gebieten existieren, würde durch einen solchen Ansatz genau jenes Forum Shopping gefördert, das der EU-Verordnungsgeber durch die Schaffung einheitlichen Kollisionsrechts überwinden will (s. Erwägungsgrund 9 Rom III-VO, ferner Erwägungsgrund 6 Rom I und II-VO).[217] Zudem könnte eine solche Lösung Ausländer gerade dadurch diskriminieren, dass sie ohne angemessene inhaltliche Differenzierung einem ihnen fremden Recht unterworfen würden.[218]

48   Die Anknüpfung an die Staatsangehörigkeit kann aber eine **verbotene Diskriminierung** darstellen, wenn ein nationaler Gesetzgeber Exklusivnormen schafft, um gezielt eigene Staatsangehörige zu begünstigen, wie dies etwa vor 1999 im Internationalen Deliktsrecht (Art. 38 EGBGB aF, sog. „privilegium germanicum")[219] oder bis vor kurzem in Art. 17 Abs. 1 S. 2 EGBGB aF der Fall war.[220] Im heutigen autonomen IPR ist vor allem die Bevorzugung des deutschen Rechts bei auch-deutschen Mehrstaatern (Art. 5 Abs. 1 S. 2) zweifelhaft (näher → Rn. 61 ff.).

49   Es verbleiben also letztlich **zwei Fallgruppen,** in denen die Anknüpfung an die Staatsangehörigkeit unter primärrechtlichem Blickwinkel problematisch sein kann: Erstens besteht die Möglichkeit, dass die Anknüpfung an die Staatsangehörigkeit ein primärrechtliches Beschränkungsverbot, insbesondere im Hinblick auf die Freizügigkeit einer Person, verletzt (→ Rn. 50 f.). Zweitens kommt in Betracht, dass Doppel- oder Mehrstaater einen Nachteil erleiden, wenn allein eine ihrer Staatsangehörigkeiten in einem Mitgliedstaat als maßgebend angesehen wird; insoweit kann durchaus ein Verstoß gegen das Diskriminierungsverbot vorliegen (näher → Rn. 84).

50   **c) Beschränkungsverbote.** Wenngleich die Anknüpfung an die Staatsangehörigkeit somit regelmäßig keinen diskriminierenden Charakter trägt, kann sie doch gegen ein primärrechtliches Beschränkungsverbot verstoßen.[221] So hat der EuGH in der Rechtssache „Grunkin Paul" entschieden, dass ein deutsches Kind in seinem Recht auf Freizügigkeit (heute Art. 21 AEUV) verletzt wird, wenn ihm in Deutschland aufgrund des § 1617 BGB die Führung eines Doppelnamens untersagt wird, der zuvor in Dänemark, wo das Kind seinen gewöhnlichen Aufenthalt hatte, von der zuständigen Behörde in die dort ausgestellte Geburtsurkunde eingetragen worden war.[222] Hierin verwirklicht sich das in der neueren EuGH-Rechtsprechung entwickelte **Anerkennungsprinzip** im Hinblick auf in einem anderen Mitgliedstaat eingetretene Rechtslagen (näher → Art. 3 Rn. 117 ff.). Eine spezifische Beschränkung gerade der Staatsangehörigkeitsanknüpfung liegt darin jedoch streng genommen nicht; die in Dänemark geschaffene Rechtslage müsste in Deutschland ebenso anerkannt werden, wenn wir etwa das Namensrecht wandelbar an den gewöhnlichen Aufenthalt einer Person anknüpfen würden und es infolgedessen zu einem Statutenwechsel käme.[223] Diese dogmatische Nuance dürfte der Grund dafür sein, dass der EuGH auch jüngst in der Sache „Bogendorff von

---

[215] *Basedow* IPRax 2011, 109 (113); vgl. aber *Troge,* Europarecht und das Staatsangehörigkeitsprinzip im Internationalen Privatrecht, 2009, 226, der – nur rechtspolitisch zutr. – argumentiert, dass bei einer solchen Anknüpfung häufiger die *lex fori* zur Anwendung komme.

[216] *Basedow* IPRax 2011, 109 (113); *Kropholler* IPR § 38 IV; s. aber *Flessner,* Liber Amicorum Pintens, 2012, 593 ff.

[217] So bereits *Bogdan,* The EC Treaty and the Use of Nationality and Habitual Residence as Connecting Factors in International Family Law, in Meeusen, International Family Law for the European Union, 2007, 303, 317.

[218] Auf den Schutz „wohlerworbener Rechte" weist insoweit *Basedow* IPRax 2011, 109 (113) hin.

[219] Die Vorschrift lautete: „Aus einer im Ausland begangenen unerlaubten Handlung können gegen einen Deutschen nicht weitergehende Ansprüche geltend gemacht werden, als nach den deutschen Gesetzen begründet sind"; zur Gemeinschaftsrechtswidrigkeit dieser Norm s. noch *Brödermann* in Brödermann/Iversen, Europäisches Gemeinschaftsrecht und Internationales Privatrecht, 1994, Rn. 495 ff., *Kreuzer,* Die Europäisierung des Internationalen Privatrechts – Vorgaben des Gemeinschaftsrechts, in Müller-Graff, Gemeinsames Privatrecht in der Europäischen Gemeinschaft, 2. Aufl. 1999, 508 f.; *Sonnenberger* ZVglRWiss. 95 (1996), 3 (17), alle mwN. Das Problem hat sich durch die Schaffung der allseitigen speziellen Vorbehaltsklausel in Art. 40 Abs. 3 erledigt.

[220] Zur Frage des allseitigen Ausbaus dieser Norm eingehend *Nojack,* Exklusivnormen im IPR, 2005, 51 ff.

[221] Eingehend *Kruger/Verhellen* JPIL 7 (2011), 601 (609 ff.).

[222] EuGH Slg. 2008, I-7639 = NJW 2009, 135 – Grunkin Paul; fortgeführt in EuGH ECLI:EU:C:2016:401 Rn. 28–34 = NJW 2016, 2093 – Bogendorff von Wolffersdorff.

[223] Vgl. *Bogdan,* The EC Treaty and the Use of Nationality and Habitual Residence as Connecting Factors in International Family Law, in Meeusen, International Family Law for the European Union, 2007, 303, 316, der sich aufgrund des Herkunftslandprinzips für ein generelles Wahlrecht zwischen Staatsangehörigkeit und gewöhnlichem Aufenthalt ausspricht.

Wolffersdorff" in Bezug auf einen deutsch-britischen Doppelstaater – anders als noch Generalanwalt *Wathelet*[224] – nicht das Diskriminierungsverbot (Art. 18 AEUV), sondern die Unionsbürgerschaft i.V.m. der Freizügigkeit (Artt. 20, 21 AEUV) als Prüfungsmaßstäbe herangezogen hat[225] (→ Rn. 84 ff.). Der deutsche Gesetzgeber hat auf diese EuGH-Rechtsprechung inzwischen mit der Schaffung des neuen Art. 48 reagiert, auf dessen Kommentierung für Einzelheiten zu verweisen ist.

Für den Fall, dass keine in einem anderen Mitgliedstaat geschaffene Rechtslage vorliegt, **51** sodann im Inland anzuerkennen wäre, ist noch nicht abschließend geklärt, ob auch insoweit die Grundfreiheiten als Beschränkungsverbote der Anknüpfung an die Staatsangehörigkeit entgegenstehen können.[226] Zum Teil wird vertreten, dass innerhalb des Anwendungsbereichs der Grundfreiheiten **jede Schlechterstellung von Unionsbürgern** gegenüber den Angehörigen des Aufenthaltsstaates infolge des kollisionsrechtlichen Staatsangehörigkeitsprinzips, etwa nach Art. 7 Abs. 1, gegen Unionsrecht verstoße und daher das jeweils günstigere deutsche Sachrecht zur Anwendung gelangen müsse.[227] Nach einer verwandten Ansicht soll sich die **Geschäftsfähigkeit** jedenfalls im vermögensrechtlichen Bereich stets nach dem jeweiligen Geschäftsrecht (also zB dem Vertragsstatut) richten, um eine Gleichbehandlung der Marktteilnehmer zu gewährleisten.[228] Für beide Ansätze lässt sich jedoch keine primärrechtliche Grundlage erkennen.[229] Infolge der kollisionsrechtlichen Anknüpfung an das Heimatrecht wird eine Person nicht notwendigerweise schlechter, sondern lediglich anders behandelt als eine inländische Vergleichsperson; dass hierin grundsätzlich keine Diskriminierung liegt, wurde bereits (→ Rn. 40 ff.) ausgeführt. Ferner ist zu beachten, dass in der einschlägigen Rechtsprechung des EuGH („Garcia Avello", „Grunkin Paul") der Verstoß gegen die Grundfreiheit der Freizügigkeit nicht darin lag, dass die betroffenen Personen anders als Inländer behandelt wurden, sondern dass es gerade die Behandlung der Kinder nach dem Namensrecht der lex fori war, die einen Verstoß gegen die Grundfreiheit begründete.[230] Insofern ist schon die Prämisse dieses Vorschlags, eine kollisionsrechtliche Gleichstellung von Unionsbürgern mit Angehörigen des Aufenthaltsstaates sei primärrechtlich geboten, schwerlich haltbar. Im Übrigen würde ein genereller Günstigkeitsvergleich zu erheblichen Einbußen in Bezug auf die Rechtssicherheit führen. Gegen die Ersetzung der Staatsangehörigkeitsanknüpfung durch die generelle Anknüpfung an das Geschäftsrecht spricht, dass die Rom I-VO die Geschäftsfähigkeit explizit aus ihrem sachlichen Anwendungsbereich ausgeklammert hat (Art. 1 Abs. 2 lit. a Rom I-VO). Es erscheint daher mehr als kühn, eine primärrechtliche Pflicht zu deren Einbeziehung in das Vertragsstatut zu postulieren, zumal der Gedanke einer grundsätzlich einheitlichen Anknüpfung des Personalstatuts auch insoweit ein gewisses Gewicht hat.[231]

4. Verfassungsrechtliche Schranken. Das kollisionsrechtliche Staatsangehörigkeitsprinzip ist **52** dem Gesetzgeber verfassungsrechtlich nicht vorgegeben (→ Rn. 23). Auf der anderen Seite verstößt eine nach der Staatsangehörigkeit differenzierende Anknüpfung auch nicht per se gegen den **verfassungsrechtlichen Gleichheitssatz** (Art. 3 Abs. 1 GG). Das BVerfG führt hierzu in der Transsexuellen-Entscheidung aus, das Staatsangehörigkeitsprinzip „basiert auf der Achtung der Eigenständigkeit anderer Rechtsordnungen und der Annahme, es entspreche dem Interesse des Ausländers, in persönlichen Angelegenheiten nach dem Recht des Heimatstaats beurteilt zu werden, weil bei genereller Betrachtung die Staatsangehörigkeit eine fortdauernde persönliche Verbundenheit mit dem Heimatstaat dokumentiere und das eigene nationale Recht am vertrautesten sei. Diese Erwägungen rechtfertigen es grundsätzlich, das Namensrecht und die Feststellung der Geschlechtszugehörigkeit dem Heimatrecht eines Ausländers folgen zu lassen."[232]

Jedoch hat das BVerfG in derselben Entscheidung festgestellt, dass die ausnahmslose Anknüpfung **53** an das Heimatrecht, wenn dieses die Möglichkeit einer Geschlechtsumwandlung nicht vorsehe, das

---

[224] GA *Wathelet*, ECLI:EU:C:2016:11 Rn. 35–48 = BeckRS 2016, 80124.

[225] EuGH ECLI:EU:C:2016:401 Rn. 28–34 = NJW 2016, 2093 – Bogendorff von Wolffersdorff.

[226] Dafür Staudinger/*Bausback* (2013) Anh. I Art. 5 Rn. 29.

[227] Staudinger/*Bausback* (2013) Anh. I Art. 5 Rn. 29.

[228] So eingehend *Ubertazzi* YbPIL 10 (2008), 711 (729 ff.), die allerdings dogmatisch auf der Grundlage des Diskriminierungsverbots argumentiert.

[229] *Kreuzer,* Die Europäisierung des Internationalen Privatrechts – Vorgaben des Gemeinschaftsrechts, in Müller-Graff, Gemeinsames Privatrecht in der Europäischen Gemeinschaft, 2. Aufl. 1999, 507 weist mit Recht darauf hin, dass verschiedene Anknüpfungspunkte primärrechtskonform seien (Wohnsitz, gewöhnlicher Aufenthalt, Abschlussort), die Auswahlentscheidung aber der Gesetzgeber treffen müsse.

[230] Dies betont bereits *Bogdan,* The EC Treaty and the Use of Nationality and Habitual Residence as Connecting Factors in International Family Law, in Meeusen, International Family Law for the European Union, 2007, 303, 314.

[231] Vgl. auch *Kreuzer,* Die Europäisierung des Internationalen Privatrechts – Vorgaben des Gemeinschaftsrechts, in Müller-Graff, Gemeinsames Privatrecht in der Europäischen Gemeinschaft, 2. Aufl. 1999, 507: die Anknüpfung von Personenschutzregeln nach dem Heimatrecht sei zumindest vertretbar.

[232] BVerfGE 116, 243 Rn. 61 = NJW 2007, 900.

Persönlichkeitsrecht (Art. 2 Abs. 1 iVm Art. 1 Abs. 1 GG) der betroffenen transsexuellen Person verletze.[233] Das TSG ist inzwischen entsprechend überarbeitet worden (→ Art. 6 Rn. 240). Es ergibt sich also insgesamt ein ähnlicher Befund wie zum Unionsrecht: Als solches ist das Staatsangehörigkeitsprinzip unter Gleichheitsaspekten zwar auch verfassungsrechtlich nicht zu beanstanden; seine Folgen können aber in den **Schutzbereich anderer Grundrechte** eingreifen.

III. Mehrfache Staatsangehörigkeit

54   **1. Allgemeines.** Das Staatsangehörigkeitsprinzip ermöglicht im IPR ohne eine ergänzende Hilfsnorm keine eindeutige Bestimmung des anwendbaren Rechts, wenn eine Person zwei oder noch mehr Staaten angehört. Auch dem Völkerrecht lassen sich insoweit keine unmittelbaren Vorgaben entnehmen (zu Art. 17 Abs. 2 lit. b EuÜStA → Rn. 19). Für die **Entstehung von Mehrstaatigkeit** gibt es verschiedene Gründe:[234] So kann es seit jeher zu einer doppelten Staatsangehörigkeit dadurch kommen, dass eine Person über ihre Eltern, deren Heimatrecht dem *ius sanguinis* folgt, deren Staatsangehörigkeit erwirbt und eine weitere Staatsangehörigkeit hinzutritt, weil an ihrem Geburtsort das *ius soli* maßgebend ist.[235] Selbst wenn der Geburtsort ebenfalls dem *ius sanguinis* folgt, kann eine doppelte Staatsangehörigkeit eintreten, indem Eltern in binationalen Ehen ihren Kindern jeweils ihre unterschiedliche Staatsangehörigkeit vermitteln; kommt das Kind binationaler Eltern in einem *ius-soli*-Staat zur Welt, erwirbt es mit seiner Geburt unter Umständen sogar drei Staatsangehörigkeiten.[236] Der bis zur 2. Hälfte des 20. Jahrhunderts international übliche Vorrang des „Vaterrechts" ist ersichtlich verfassungswidrig und bietet daher keine taugliche Lösung des Konflikts.[237] Ferner können familienrechtliche Vorgänge wie Eheschließung oder Adoption (→ Rn. 26) dazu führen, dass eine Person zusätzlich zu ihrer ursprünglichen Staatsangehörigkeit eine weitere erwirbt.[238] Schließlich ging die Tendenz der Gesetzgebung in den europäischen und anderen westlichen Staaten seit längerer Zeit dahin, in Fragen der doppelten Staatsangehörigkeit tolerant zu sein, dh die Gründe für den Erwerb einer weiteren Staatsangehörigkeit eher auszudehnen, die Gründe für den Verlust einer Staatsangehörigkeit hingegen eher einzuschränken.[239] Hiervon versprach man sich eine bessere Integration von Migranten und Migrantinnen (→ Rn. 24). In dieses Bild fügt sich auch das seit dem 1.1.2000 geltende deutsche StAG ein,[240] aufgrund dessen die Zahl von Doppelstaatern erheblich zugenommen hat (→ Rn. 24). Da die seinerzeit in § 29 StAG bei Erreichen der Volljährigkeit der Betroffenen normierte Optionspflicht im Jahre 2014 erheblich eingeschränkt worden ist (→ Rn. 24), dürfte sich diese Entwicklung im Inland weiter verstärken. Ob dieser Trend auch auf internationaler Ebene anhält, bleibt indes abzuwarten. Im Lichte islamistischer Terroranschläge in Australien und Frankreich sind in den betroffenen Ländern jüngst politische und legislative Gegenbewegungen zu verzeichnen, die darauf abzielen, Terroristen doppelter Staatsangehörigkeit wieder aus dem Aufnahmestaat auszubürgern.[241]

55   Der **Gesetzgeber unterscheidet** im autonomen deutschen IPR zwischen Personen, bei denen die miteinander konkurrierenden Staatsangehörigkeiten ausschließlich ausländische sind (Art. 5 Abs. 1 S. 1), einerseits und solchen Personen, die auch Deutsche sind (Art. 5 Abs. 1 S. 1), andererseits. In Bezug auf die erstgenannte Personengruppe entscheidet das Prinzip der engsten Verbindung, das hier allgemein als sog. Effektivitätsprinzip bezeichnet wird (→ Rn. 56 ff.); bei auch deutschen Mehrstaatern soll hingegen stets die Rechtsstellung als Deutscher vorgehen (→ Rn. 61 ff.). Diese differenzierende Konfliktlösung ist auch zu beachten, wenn zu ermitteln ist, auf welche der gemeinsamen Staatsangehörigkeiten abzustellen ist, wenn zB im Ehewirkungsrecht an mehr als eine Bezugsperson angeknüpft wird (näher → Rn. 66). Die in Abs. 1 enthaltenen **Regeln gelten jedoch nicht ausnahmslos:** Im deutschen Recht sind insbesondere Besonderheiten im Falle der Rechtswahl (→ Rn. 67) und im Internationalen Zivilverfahrensrecht (→ Rn. 71) zu beachten. Ferner wird die

---

[233] BVerfGE 116, 243 Rn. 75 ff. = NJW 2007, 900.

[234] Näher *Jacob* ZAR 2014, 409 (410 ff.); *Vonk,* Dual Nationality in the European Union: A Study on Changing Norms in Public and Private International Law and in the Municipal Laws of Four EU Member States, 2012, 47 ff.

[235] BT-Drs. 10/504, 40.

[236] *Rauscher* IPR Rn. 222.

[237] BVerfGE 37, 217 (254) = NJW 1974, 1609 (1613); vgl. noch *Lüderitz* IPR Rn. 114.

[238] BT-Drs. 10/504, 40.

[239] So bereits BT-Drs. 10/504, 40; näher *Sturm* StAZ 1999, 225 ff.

[240] S. iE *Fuchs* NJW 2000, 489; *Benicke* IPRax 2000, 171.

[241] Australian Citizenship Amendment (Allegiance to Australia) Bill v. 11.12.2015, No. 166, 2015; hierzu *AFP,* Australia passes anti-terrorism law to strip citizenship, 4.12.2015, abrufbar unter http://www.yahoo.com; *The Economist,* A law to strip dual-citizen terrorists of French nationality moves a step forward, 11.2.2016, http://www.economist.com; zu diesen Entwicklungen näher *Esbrook* U. Penn. J. Int. L. 37 (2016), 1273 ff.; *Mankowski* IPRax 2017, 130 (134 f.).

Vorschrift in zunehmendem Maße durch EU-Recht (→ Rn. 72 ff.) und im Bereich des staatsvertraglichen Kollisionsrechts überlagert bzw. verdrängt (→ Rn. 90 ff.). Welcher **Zeitpunkt** für die Bestimmung der Effektivität oder das Vorliegen einer deutschen Staatsangehörigkeit jeweils maßgebend ist, richtet sich nach der Kollisionsnorm, zu deren Ergänzung Art. 5 Abs. 1 herangezogen wird.[242] Wird zB erst nach der Eheschließung von einem der Ehegatten auch die deutsche Staatsangehörigkeit erworben, ist diese für die Bestimmung des unwandelbar angeknüpften Ehegüterrechtsstatuts (Art. 15 Abs. 1 iVm Art. 14 Abs. 1 Nr. 1) unmaßgeblich.[243] Entsprechendes gilt, wenn die zusätzliche Staatsangehörigkeit erst nach Rechtshängigkeit des Scheidungsantrags (Art. 8 lit. c Rom III-VO; zur Anwendbarkeit des Art. 5 Abs. 1 insoweit → Rn. 84 ff.) erworben wird.[244]

2. Effektivitätsprinzip im autonomen IPR (Abs. 1 S. 1). In Bezug auf ausländische Mehr-   **56** staater entsprach es schon vor der IPR-Reform von 1986 der stRspr und hM, dass ein Konflikt zwischen mehreren Staatsangehörigkeiten anhand des **Prinzips der engsten Verbindung** (Effektivitätsprinzip) aufzulösen ist.[245] Dieses Prinzip ist im heutigen Art. 5 Abs. 1 S. 1 kodifiziert worden. Die engste Verbundenheit einer Person mit einer ihrer Heimatrechtsordnungen wird nach dieser Vorschrift „insbesondere durch ihren gewöhnlichen Aufenthalt oder durch den Verlauf ihres Lebens" konkretisiert. Obwohl diese beiden Kriterien nach dem Wortlaut formal alternativ-gleichrangig ausgestaltet sind („oder"), kommt dem gewöhnlichen Aufenthalt einer Person in einem ihrer Heimatstaaten praktisch regelmäßig ausschlaggebende Bedeutung für die Feststellung ihrer effektiven Staatsangehörigkeit zu; in diesem Fall bedarf es erheblicher abweichender Bezüge zu einer anderen Rechtsordnung, um zu rechtfertigen, dass eine andere Staatsangehörigkeit als diejenige des Domizilstaates als die effektive anzusehen ist.[246] Der Begriff des **gewöhnlichen Aufenthalts** wird in → Rn. 114 ff. ausführlich erläutert. Als zweites Kriterium nennt Abs. 1 S. 1 den **Verlauf des Lebens** der betroffenen Person.[247] Hiermit ist nach dem eindeutigen Willen der Gesetzesverfasser nicht nur der bisherige Lebensverlauf einer Person gemeint, „sondern auch die für die Zukunft geplante Entwicklung".[248] Dem ist zu folgen, um eine sachlich unangemessene Versteinerung der Staatsangehörigkeitsanknüpfung zu verhindern; das Streben nach Anknüpfungsstabilität muss hier zugunsten der kollisionsrechtlichen Gerechtigkeit zurücktreten. Im Interesse der Rechtssicherheit und um eine vom Gesetzgeber nicht gewollte Umwandlung objektiver Anknüpfungen in Rechtswahlmöglichkeiten auszuschließen, müssen allerdings hinreichende objektive Anhaltspunkte vorliegen, aus denen sich auf die künftige Entwicklung schließen lässt.[249] Das Kriterium des Lebensverlaufs hat entscheidende Bedeutung, wenn der gewöhnliche Aufenthalt des Betroffenen in keinem seiner Heimatstaaten, sondern in einem Drittstaat liegt.[250] Ein lediglich formaler Stichentscheid, etwa durch eine typisierte Anknüpfung an den letzten gewöhnlichen Aufenthalt in einem der Heimatstaaten[251] oder zugunsten eines Vorrangs der zuletzt erworbenen Staatsangehörigkeit,[252] ist auch insoweit nicht zulässig.[253]

Wie der Wortlaut der Vorschrift verdeutlicht („insbesondere"), handelt es sich bei dem gewöhnli-   **57** chen Aufenthalt und dem Lebensverlauf nicht um exklusive Kriterien, sondern nur um Regelbeispiele, welche die Einbeziehung weiterer Anhaltspunkte nicht ausschließen.[254] Maßgebend ist stets

---

[242] BT-Drs. 10/504, 41.

[243] OLG Hamm NJW 2016, 1185.

[244] Vgl. noch zu Art. 17 EGBGB aF OLG München MittBayNot 2012, 306 = FamRZ 2012, 1142 m. Anm. *Henrich* FamRZ 2012, 1144.

[245] So schon RG NiemeyersZ 18 (1908), 535 (539); zum intertemporalen Recht BGH NJW-RR 2015, 1089; umfangreiche Kasuistik bei Soergel/*Kegel*, 11. Aufl. 1983, Art. 29 Rn. 55.

[246] Vgl. schon vor der IPR-Reform BGHZ 75, 32 (39); aus neuerer Zeit AG Freiburg i.Br. JuS 2002, 1231 = IPRax 2002, 223 m. Aufsatz *Jayme* IPRax 2002, 209; hierzu *Hohloch* JuS 2002, 1231; ebenso Bamberger/Roth/*Lorenz* Rn. 6; Erman/*Hohloch* Rn. 5; *Kropholler* IPR § 37 II 1a; *Looschelders* IPR Rn. 20; NK-BGB/*Schulze* Rn. 22.

[247] In Art. 14 Abs. 1 Nr. 3 wurde dieses Kriterium hingegen, anders als noch im RegE vorgesehen, nicht aufgenommen; krit. zur Unbestimmtheit dieser Formel *Martiny* JZ 1993, 1145 (1147) („etwas wolkig"); Soergel/*Kegel* Rn. 8; Staudinger/*Bausback* (2013) Rn. 14.

[248] BT-Drs. 10/504, 41; ebenso die ganz hM, s. Bamberger/Roth/*Lorenz* Rn. 6; Erman/*Hohloch* Rn. 4; *Kropholler* IPR § 37 II 1a; *Looschelders* IPR Rn. 21; NK-BGB/*Schulze* Rn. 23; Palandt/*Thorn* Rn. 2; anders nur HK-BGB/*Dörner* Rn. 5.

[249] BT-Drs. 10/504, 41.

[250] S. zB AG Seligenstadt IPRax 2008, 443 = LSK 2008, 420145 (LS); Bamberger/Roth/*Lorenz* Rn. 6; Erman/*Hohloch* Rn. 5; *Looschelders* IPR Rn. 21.

[251] Dafür aber Soergel/*Kegel* Rn. 9; vorsichtiger (lediglich starker Indizcharakter) *Mansel*, Personalstatut, Staatsangehörigkeit und Effektivität, 1988, Rn. 380; *Kropholler* IPR § 37 II 1a (kann den Ausschlag geben).

[252] Für eine stärkere Gewichtung dieses Umstands aber NK-BGB/*Schulze* Rn. 22.

[253] Bamberger/Roth/*Lorenz* Rn. 6; Erman/*Hohloch* Rn. 5; Palandt/*Thorn* Rn. 2; letztlich auch NK-BGB/*Schulze* Rn. 22.

[254] Erman/*Hohloch* Rn. 4; Staudinger/*Bausback* (2013) Rn. 14.

eine **umfassende Abwägung** aller relevanten Umstände des Einzelfalles.[255] Als typische objektive Anhaltspunkte sind im Rahmen der Effektivitätsprüfung zu berücksichtigen:[256] Sprachkenntnisse,[257] Schul- und sonstige Ausbildung, familiäre Verbundenheit, berufliche Beziehungen, Ausübung des Wahlrechts, Ableistung des Wehr- oder eines zivilen Ersatzdienstes, Vorhandensein von Immobiliarvermögen oder sonstige nachhaltige Vermögensdispositionen, etwa die Einsetzung eines der Heimatstaaten als Vermächtnisnehmer,[258] Konfession (insbesondere im Hinblick auf die religiöse Prägung des Familien- und Erbrechts einer der Heimatrechtsordnungen) oder sonstige kulturelle Prägung. Darüber hinaus können auch subjektive Faktoren berücksichtigt werden, freilich wiederum nicht im Sinne einer beliebigen *professio iuris,*[259] sondern, wie bereits bei der Zukunftsplanung erläutert wurde (→ Rn. 56), nur, soweit sie durch objektive Indizien gestützt werden oder diesen zumindest nicht widersprechen.[260] So wird es regelmäßig ausscheiden, eine Staatsangehörigkeit als effektive anzusehen, von deren Verleihung der Betroffene noch gar nichts erfahren hat.[261] Die bloße Anrufung der Gerichte eines der Heimatstaaten reicht ohne Hinzutreten weiterer objektiver Gesichtspunkte für die Annahme der Effektivität dieser Staatsangehörigkeit nicht aus,[262] weil entsprechende Heimatzuständigkeiten regelmäßig auch in dem Staat eröffnet sind, dessen Staatsangehörigkeit nicht die effektive ist (näher → Rn. 71). Ebenso lässt sich aus der Ausübung von Rechtswahlbefugnissen im Namens- oder Ehewirkungsrecht, die auch eine nicht-effektive Staatsangehörigkeit genügen lassen (Art. 10 Abs. 3 S. 1 Nr. 1, Art. 14 Abs. 2; näher → Rn. 67), nicht mit Sicherheit auf die Effektivität der gewählten Staatsangehörigkeit im Rahmen objektiver Anknüpfungen schließen.[263]

58   Die **effektive Staatsangehörigkeit von Kindern** ist eigenständig zu bestimmen (zB durch deren Schulbesuch, Sprachkenntnisse usw.) und nicht einfach von der Staatsangehörigkeit des oder der Sorgeberechtigten abzuleiten.[264] Bei einem jüngeren Kind, das seinen gewöhnlichen Aufenthalt in einem Drittstaat hat, wird mangels gegenteiliger Anhaltspunkte aber regelmäßig diejenige Staatsangehörigkeit als effektive anzusehen sein, die der leibliche Elternteil besitzt, bei dem das Kind lebt[265] (zur besonderen Problematik des Abs. 3 näher → Rn. 171 ff.).

59   Nach der Gesetzesbegründung muss die Effektivitätsprüfung **nicht notwendigerweise in Bezug auf jeden Anknüpfungsgegenstand zu dem gleichen Ergebnis** führen.[266] Es ist also durchaus denkbar, dass die Abwägung aller Umstände des Einzelfalles im Hinblick auf die Geschäftsfähigkeit bei einem Vertragsschluss, für den die beruflichen Beziehungen einer Person erhebliche Bedeutung haben, anders ausfallen kann als im Scheidungs- oder Erbrecht, wo ihre familiäre Verbundenheit ausschlaggebend sein mag.[267] Diese „Relativierung" des Personalstatuts (*Beitzke*) wird aber zum

---

[255] Erman/*Hohloch* Rn. 4; Staudinger/*Bausback* (2013) Rn. 15; aA Soergel/*Kegel* Rn. 9 (Bildung einer formal-typisierten Anknüpfungsleiter; krit. zu der von *Kegel* vorgeschlagenen „Skala" bereits eingehend *Beitzke* in Vorschläge und Gutachten, 1972, 143, 166 ff.).

[256] S. zB BayObLG FamRZ 2005, 1704 = ZEV 2005, 165 = JuS 2006, 186 (Anm. *Hohloch*); AG Freiburg i.Br. JuS 2002, 1231 = IPRax 2002, 223 m. Aufsatz *Jayme* IPRax 2002, 209; hierzu *Hohloch* JuS 2002, 1231; AG Seligenstadt IPRax 2008, 443 = LSK 2008, 420145 (LS) (zur Effektivitätsprüfung nach niederländischem IPR); Bamberger/*Roth*/*Lorenz* Rn. 6; Erman/*Hohloch* Rn. 5; *Looschelders* IPR Rn. 21.

[257] Hierzu insbes. *Jayme*, FS Kirchhof, 2013, 341 (344 f.).

[258] So im Falle des rumänisch-französischen Bildhauers *Brâncusi,* der in seinem Testament den französischen Staat mit einem Vermächtnis bedacht hatte, s. OLG München GRUR-RR 2010, 161 = ZUM 2010, 186.

[259] *Mankowski* Dual and Multiple Nationals S. 202; für eine Ablösung des Effektivitätsprinzips durch eine Wahl zwischen mehreren Staatsangehörigkeiten aber *Gulati* JIANL 2014, 27 (42 ff.).

[260] Vgl. BayObLGZ 1984, 162 (164); BayObLG FamRZ 2005, 1704 = ZEV 2005, 165 = JuS 2006, 186 (Anm. *Hohloch*); Bamberger/Roth/*Lorenz* Rn. 6; *Kropholler* IPR § 37 II 1a; *Lüderitz* IPR Rn. 114; *Martiny* JZ 1993, 1145 (1147); Palandt/*Thorn* Rn. 2; iE auch NK-BGB/*Schulze* Rn. 23.

[261] LG Rottweil BeckRS 2007, 02560.

[262] *Mansel,* Personalstatut, Staatsangehörigkeit und Effektivität, 1988, Rn. 380; *Rauscher* IPR Rn. 226; Staudinger/*Bausback* (2013) Rn. 15; anders noch OLG Frankfurt a. M. IPRspr. 1981 Nr. 3; IPRspr. 1981 Nr. 180; iE abw. auch *Beitzke,* Liber Amicorum Schnitzer, 1979, S. 19, 27 f. (Beharren auf gerichtsfremder Staatsangehörigkeit bei Anrufung der Heimatgerichte sei rechtsmissbräuchlich).

[263] Vgl. aber AG Seligenstadt IPRax 2008, 443 = LSK 2008, 420145 (LS) (zur Effektivitätsprüfung nach niederländischem Recht): Die Parteien hätten sich durch ihre Heirat und den Abschluss eines Ehevertrages in Brasilien insgesamt diesem Recht „unterstellen [...] wollen".

[264] Näher BGH NJW-RR 2015, 1089; *Mansel,* Personalstatut, Staatsangehörigkeit und Effektivität, 1988, Rn. 297; ebenso Staudinger/*Bausback* (2013) Rn. 15.

[265] BayObLGZ 1984, 162 (164); AG Nürnberg FamRZ 2011, 308 = StAZ 2011, 310 = BeckRS 2010, 24523.

[266] BT-Drs. 10/504, 41 im Anschluss an *Beitzke* in Vorschläge und Gutachten, 1972, 143, 171 ff.; ebenso *v. Bar*/*Mankowski* IPR § 7 Rn. 117; Staudinger/*Bausback* (2013) Rn. 15.

[267] Vgl. das Beispiel von *Beitzke* in Vorschläge und Gutachten, 1972, 143, 183, das allerdings heute nach Art. 5 Abs. 1 *S. 2* zu lösen wäre.

Teil – vornehmlich aus Gründen der Rechtssicherheit – entschieden abgelehnt.[268] Diese Kritik hat zwar einen richtigen Kern darin, dass insoweit Zurückhaltung geboten ist. Eine „Relativierung" des Personalstatuts ist jedoch bereits in der Bezugnahme auf den gewöhnlichen Aufenthalt in Art. 5 Abs. 1 S. 1 selbst angelegt, denn auch dieses Anknüpfungsmoment ist nach vordringender Ansicht einer sachgebietsbezogenen Differenzierung zugänglich (näher → Rn. 133). Die Einheitlichkeit des Personalstatuts bildet angesichts seiner ohnehin beträchtlichen Zerstückelung durch Aufenthaltsanknüpfung, Exklusivnormen und Parteiautonomie (→ Rn. 8 f.) kein wirklich durchschlagendes Gegenargument mehr.[269] Schließlich kann eine differenzierte Handhabung des Effektivitätsprinzips dazu beitragen, problematische Fälle einer „Pattsituation" zwischen zwei gleich effektiven Staatsangehörigkeiten möglichst gering zu halten (→ Rn. 60).

Wenn sich ausnahmsweise auch nach einer umfassenden Abwägung aller relevanten Umstände **60** **keine effektive Staatsangehörigkeit des Betroffenen ermitteln lässt** oder sich seine mehrfachen Staatsangehörigkeiten als gleichermaßen effektiv erweisen sollten, ist in analoger Anwendung des Art. 5 Abs. 2 der gewöhnliche, hilfsweise der schlichte Aufenthalt dieser Person maßgebend.[270] Ebenso ist zu verfahren, wenn sich die tatsächlichen Umstände, die für die Feststellung der engsten Verbindung iS des Abs. 1 S. 1 erforderlich sind, nicht (mehr) ermitteln lassen.[271] Andere Lösungsvorschläge aus dem Schrifttum gehen dahin, bei einem Patt gleich effektiver Staatsangehörigkeiten dasjenige Recht anzuwenden, das dem deutschen Recht inhaltlich am nächsten steht[272] oder alle Heimatrechte kumulativ zu berücksichtigen, wenn sie im konkreten Fall zu inhaltlich gleichen Ergebnissen gelangen.[273] Diesen Anregungen ist aber aus dogmatischen und praktischen Gründen nicht zu folgen: Dogmatisch, weil das deutsche IPR – abgesehen von Alternativanknüpfungen – die kollisionsrechtliche Auswahlentscheidung regelmäßig nicht vom materiellen Inhalt der potentiell berufenen Rechtsordnungen abhängig macht; praktisch, weil solche rechtsvergleichenden Übungen, die erst zur Bestimmung des anwendbaren Rechts führen sollen, für die Gerichte eine erhebliche zusätzliche Belastung bedeuten würden.

3. Auch-deutsche Mehrstaater im autonomen IPR (Abs. 1 S. 2). Ist ein Doppel- oder **61** Mehrstaater auch Deutscher, geht diese Rechtsstellung nach Art. 5 Abs. 1 S. 2 vor, ohne dass es darauf ankommt, welche der Staatsangehörigkeiten nach den oben (→ Rn. 56 ff.) geschilderten Kriterien als die effektive anzusehen ist. Diese **Exklusivnorm**[274] bedeutet einen Bruch mit der vor 1986 herrschenden Rechtsprechung und Lehre: Der BGH hatte seit seiner grundlegenden Entscheidung vom 20.6.1979 die Auffassung vertreten, dass im Falle eines Mehrstaaters, der zugleich Deutscher war, der effektiven ausländischen Staatsangehörigkeit der Vorrang einzuräumen war, wenn die Beziehung des Mehrstaaters zu seinem ausländischen Heimatstaat wesentlich enger war als die zum Inland.[275] Hiermit war ein **jahrzehntelanger Diskussionsprozess**[276] zu einem von der Lehre ganz überwiegend gebilligten Abschluss gekommen.[277] Erwiesen sich die Verbindungen zu Deutschland und dem ausländischen Heimatstaat als gleich eng oder war zumindest keine *wesentlich* engere Beziehung zum Ausland festzustellen, blieb es hingegen beim Primat der deutschen Staatsangehörigkeit.[278] Während § 4 des *Kühne*-Entwurfs[279] und der Deutsche Rat für IPR[280] noch darüber hinaus gehen, dh den Konflikt mehrfacher Staatsangehörigkeiten generell und strikt paritätisch nach dem Prinzip der engsten Verbindung auflösen wollten, riss die Reform von 1986 das Ruder erneut herum

[268] Mit eingehender Begr. *Mansel,* Personalstatut, Staatsangehörigkeit und Effektivität, 1988, Rn. 295.
[269] Anders *Mansel,* Personalstatut, Staatsangehörigkeit und Effektivität, 1988, Rn. 295.
[270] BGH NJW-RR 2015, 1089; OLG Frankfurt a. M. FamRZ 1994, 715 (716) = NJW-RR 1995, 139; OLG München IPRax 1988, 32; Bamberger/Roth/*Lorenz* Rn. 7; Erman/*Hohloch* Rn. 5; *Kropholler* IPR § 37 II 1a; *Looschelders* IPR Rn. 22; Staudinger/*Bausback* (2013) Rn. 16; kritisch aber *Mankowski* FamRZ 2015, 1602 f.; *G. Schulze* IPRax 2016, 575 ff.
[271] *Looschelders* IPR Rn. 22; NK-BGB/*Schulze* Rn. 23.
[272] Soergel/*Kegel* Rn. 11.
[273] *Mansel,* Personalstatut, Staatsangehörigkeit und Effektivität, 1988, Rn. 410.
[274] Zur dogmatischen Einordnung näher *Nojack,* Exklusivnormen im IPR, 2005, 125 ff.; ebenso *v. Hoffmann/Thorn* IPR § 5 Rn. 22 („systemwidrige Exklusivnorm").
[275] BGHZ 75, 32 = NJW 1979, 1776 = FamRZ 1979, 696; BGH NJW 1980, 2016 m. zust. Anm. *Samtleben* NJW 1980, 2645 = IPRax 1981, 25 m. abl. Anm. *Firsching* IPRax 1981, 14.
[276] Grundlegend *Ferid* RabelsZ 23 (1958), 498; s. auch *Beitzke* in Vorschläge und Gutachten, 1972, 143, 164 f.; ausf. Nachweise zum Streitstand i.J. 1979 bei BGHZ 75, 32 (39 f.).
[277] Zust. zu BGHZ 75, 32 zB die Anm. *Kropholler* NJW 1979, 2468 und *Heldrich* FamRZ 1979, 1006; krit. aber aus öffentlich-rechtlicher Sicht *v. Mangoldt* JZ 1984, 821 ff.
[278] *Kropholler* NJW 1979, 2468.
[279] *Kühne,* IPR-Gesetz-Entwurf, 1980, 50 f.
[280] Lauterbach (Hrsg.), Vorschläge und Gutachten, 1972, 5.

und kehrte zum Vorrang der deutschen Staatsangehörigkeit zurück,[281] den bereits das RG in ständiger Rechtsprechung anerkannt hatte.[282]

62   Für diese Umkehr wurden im Regierungsentwurf **Gründe der „Rechtsklarheit und Praktikabilität"** genannt;[283] zudem wurde darauf hingewiesen, dass eine Bevorzugung der lex fori bei Mehrstaatern **„international üblich"** sei.[284] Nicht zuletzt wollten die Gesetzesverfasser auf die Bedürfnisse der standesamtlichen Praxis Rücksicht nehmen.[285] Diese Argumente sind nicht gänzlich von der Hand zu weisen, denn dass es deutschen Gerichten und Behörden die tägliche Arbeit vielfach erleichtert, wenn bei auch-deutschen Mehrstaatern auf eine unter Umständen komplizierte Effektivitätsprüfung verzichtet werden kann, steht außer Frage.[286] Ebenso ist der Befund zutreffend, dass in ausländischen Kodifikationen häufig ein Vorrang der lex fori bei Mehrstaatern angeordnet wird,[287] wenngleich diese Regel gerade in neueren Kodifikationen nicht mehr ausnahmslos gilt.[288] Jedoch bestehen gegen die Vorranglösung gravierende **Bedenken im Hinblick auf Sinn und Zweck der Staatsangehörigkeitsanknüpfung:** Unter dem Aspekt der kollisionsrechtlichen Gerechtigkeit kann es nicht überzeugen, einer inländischen Staatsangehörigkeit automatisch den Vorzug zu gewähren, wenn die betroffene Person zum Inland keine oder nur sehr schwache Beziehungen hat.[289] Hier verfehlt die Anknüpfung ihren Sinn, auf eine Rechtsordnung zu verweisen, mit welcher der Betroffene eng verbunden ist. Ferner untergräbt gerade die verbreitete Praxis, die jeweilige Staatsangehörigkeit der lex fori zu bevorzugen, den internationalen Entscheidungseinklang und begünstigt die Entstehung hinkender Rechtsverhältnisse.[290] Selbst unter Praktikabilitätsgesichtspunkten kann sich die Vorranglösung mitunter als kontraproduktiv erweisen: Fälle des „Handelns unter falschem Recht" (→ Einl. IPR Rn. 223 ff.) werden unnötig vermehrt, wenn seit längerer Zeit im Ausland lebende, auch-deutsche Doppelstaater (oder ihre Erben) wider Erwarten mit der Anknüpfung an eine nicht mehr effektive Staatsangehörigkeit konfrontiert werden.[291] Ferner wird die Rangfolge der Sprossen einer Anknüpfungsleiter (zB Art. 14 Abs. 1) hierdurch verfälscht[292] (→ Rn. 66). All diese Nachteile müsste man allenfalls in Kauf nehmen, wenn der Vorrang der deutschen Staatsangehörigkeit dem einfachen Recht vom Grundgesetz vorgegeben wäre;[293] dies ist aber nicht der Fall.[294]

63   Die in Art. 5 Abs. 1 S. 2 gewählte Lösung wird in der Lehre daher nahezu einhellig als ein höchst **bedauerlicher Rückschritt** kritisiert.[295] Diese Bedenken sind im Anwendungsbereich des AEUV nicht nur rechtspolitischer Natur, denn es wird mit guten Gründen bezweifelt, dass die in Art. 5 Abs. 1 S. 2 verankerte Ungleichbehandlung rein ausländischer und auch-deutscher Mehrstaater mit dem Diskriminierungsverbot des Art. 18 AEUV vereinbar ist (näher → Rn. 84 ff.).

---

[281] Zu den intertemporalen Problemen der Änderungen der Rechtslage s. BayObLGZ 2000, 18 = NJW-RR 2000, 1104; OLG Nürnberg StAZ 2011, 367 = NJOZ 2011, 1122.

[282] S. zB RGZ 150, 374 (376, 382).

[283] BT-Drs. 10/504, 40.

[284] BT-Drs. 10/504, 40.

[285] BT-Drs. 10/504, 41.

[286] So auch *Stoll* IPRax 1984, 1 (3); ebenso *Kropholler* IPR § 37 II 1a („sehr bequeme Lösung").

[287] ZB Art. 19 Abs. 2 S. 2 des it. IPRG vom 31.5.1995, *Riering* Nr. 3b; § 9 Abs. 1 S. 2 des öst. IPRG vom 15.6.1978, *Riering* Nr. 4; Art. 2 Abs. 1 des poln. IPRG vom 4.2.2011, YbPIL 13 (2011), 641.

[288] Anders zB Art. 23 Abs. 2 schweiz. IPRG; hierzu *Martiny* JZ 1993, 1145 (1147); *Westenberg,* Staatsangehörigkeit im schweizerischen IPRG, 1992, 130 ff.; differenzierte Bestandsaufnahme durch *Vonk,* Dual Nationality in the European Union: A Study on Changing Norms in Public and Private International Law and in the Municipal Laws of Four EU Member States, 2012, 169 ff. (Frankreich), 205 ff. (Niederlande), 249 ff. (Italien), 281 ff. (Spanien).

[289] So bereits BGHZ 75, 32 (41) = NJW 1979, 1776 (1778).

[290] *Dethloff* JZ 1995, 64; *Kropholler* IPR § 37 II 1a; *Kruger/Verhellen* JPIL 7 (2011), 601 (607).

[291] *Lüderitz* IPR Rn. 115.

[292] Hierzu insbes. krit. *Stoll* IPRax 1984, 1 (3).

[293] Dafür noch *Mikat,* Vorrang der effektiven Staatsangehörigkeit, 1983; *Pitschas,* Verfassungsrechtliche Vorgaben für das Staatsangehörigkeitsprinzip des Internationalen Privatrechts, in Jayme/Mansel, Nation und Staat im Internationalen Privatrecht, 1990, 93 ff.; *Scholz/Pitschas* NJW 1984, 2721 (2724 ff.).

[294] Eingehend *Mansel* NJW 1986, 625 ff.; *Mansel,* Personalstatut, Staatsangehörigkeit und Effektivität, 1988, Rn. 239 ff.; ebenso Hailbronner/Renner/Maaßen/*Hailbronner* StAG Einl. D Rn. 6; *Rauscher,* FS Jayme, 2004, 719 (730); *Rentsch* ZEuP 2015, 288 (303); *Rohe,* FS Rothoeft, 1994, 1 (11); verfassungs*widrig* ist Art. 5 Abs. 1 S. 2 aber angesichts der zumindest vertretbaren Argumente des Gesetzgebers freilich auch nicht, s. *Hailbronner* (diese Fn.); dazu tendierend indes *v. Bar/Mankowski* IPR I § 7 Rn. 119.

[295] Eingehend *Mansel,* Personalstatut, Staatsangehörigkeit und Effektivität, 1988, Rn. 232 ff.; *Sonnenberger* BerGesVR 29 (1988), 9 (19 ff.); ebenso *v. Bar* JZ 1984, 126 („schier unbegreiflicher Rückschritt"); *Dethloff* JZ 1995, 64 (73); *v. Hoffmann/Thorn* IPR § 5 Rn. 22; *Kegel/Schurig* IPR § 13 II 5 („Unheil", „Rückschritt", „Fehlgriff"); *Kropholler* IPR § 37 II 1a („Rückschritt"); *Rauscher* IPR Rn. 228; *Rohe,* FS Rothoeft, 1994, 1 (5, 20); *Stoll* IPRax 1984, 1 (3); die Regelung befürwortend hingegen Erman/*Hohloch* Rn. 6.

Um die gröbsten Unzuträglichkeiten des schematischen Vorrangs der Rechtsstellung als Deutscher **64** zu vermeiden, wird von einem Teil der Lehre mit beachtlichen Argumenten vorgeschlagen, Art. 5 Abs. 1 S. 2 zumindest in denjenigen Fällen **teleologisch zu reduzieren,** in denen der Betroffene – abgesehen von der formal bestehenden Staatsangehörigkeit – evidentermaßen keinerlei Beziehungen (mehr) zu Deutschland hat.[296] Da der Gesetzgeber aber in bewusster Abkehr von der vor 1986 herrschenden Rechtsprechung darauf verzichtet hat, den Vorrang der Rechtsstellung als Deutscher bei einer wesentlich engeren Beziehung zu dem fremden Heimatstaat entfallen zu lassen[297] und Gesichtspunkten der Rechtssicherheit und Praktikabilität insoweit offen den Vorzug gegenüber der Verwirklichung kollisionsrechtlicher Einzelfallgerechtigkeit gegeben hat,[298] fällt es schwer, hierfür im geltenden Recht eine tragfähige Grundlage zu finden.[299]

Der Gesetzgeber vermeidet in Art. 5 Abs. 1 S. 2 bewusst den Begriff der „Staatsangehörigkeit" **65** im engeren Sinne, sondern spricht allgemeiner von der „Rechtsstellung" als „Deutscher".[300] Damit sollte sichergestellt werden, dass auch **volksdeutsche Flüchtlinge und Vertriebene,** dh die „Statusdeutschen" iS des Art. 116 Abs. 1 GG und Art. 9 Abschnitt II Nr. 5 FamRÄndG (→ Rn. 23), in die Vorranglösung einbezogen sind.[301] Die praktische Bedeutung dieser Formulierung ist wegen der Überleitungsvorschriften in §§ 7, 40a StAG heute indes gering (→ Rn. 23). Ohne weiteres fallen Personen, welche die deutsche Staatsangehörigkeit nach § 4 Abs. 3 StAG *iure soli* erworben haben, in den Anwendungsbereich der Vorschrift.[302] Ungeachtet der nach Erreichen der Volljährigkeit eintretenden Optionspflicht handelt es sich auch bei der Staatsangehörigkeit „auf Zeit" um eine vollwertige Rechtsstellung, die nicht pauschal als ineffektiv oder „ruhend" eingestuft werden darf, wenn der vom Gesetzgeber angestrebte Integrationszweck nicht vereitelt werden soll.[303] Eine teleologische Reduktion des Art. 5 Abs. 1 S. 2 muss auch insoweit aus den bereits (→ Rn. 64) genannten Gründen ausscheiden.[304] Die fragwürdigen Ergebnisse, zu denen die Anwendung der Vorranglösung auf diese Personengruppe führen kann, etwa wenn die Betroffenen ihren gewöhnlichen Aufenthalt im ausländischen Heimatstaat haben,[305] lassen sich, soweit nicht Art. 18 AEUV als Korrektiv eingreift (→ Rn. 84 ff.), nur de lege ferenda durch eine Abschaffung des Art. 5 Abs. 1 S. 2[306] oder eine Reform des StAG (→ Rn. 24) vermeiden.

4. Mehrpersonenverhältnisse. Sofern im deutschen IPR an die gemeinsame Staatsangehörigkeit **66** mehrerer Personen angeknüpft wird, zB nach Art. 14 Abs. 1 Nr. 1, und diese mehrere Staatsangehörigkeiten besitzen, so dass prima facie keine eindeutige Zuweisung gelingt, ist nicht unmittelbar auf den gewöhnlichen Aufenthalt der Beteiligten abzustellen (zu diesem Ansatz in der EuGüVO-E → Rn. 73). Vielmehr wird an der Staatsangehörigkeitsanknüpfung auch insoweit festgehalten, aber es sind im Ergebnis nur jeweils diejenigen Staatsangehörigkeiten relevant, denen nach Art. 5 Abs. 1 in Bezug auf den einzelnen Beteiligten der Vorrang zukommt.[307] Daraus folgt: Ist nur einer der Ehegatten auch Deutscher, geht diese Staatsangehörigkeit für diese Person stets vor, selbst wenn beide Beteiligte auch eine andere – unter Umständen sogar effektive – Staatsangehörigkeit besitzen (Art. 5 Abs. 1 S. 2).[308] Somit wird der Fall im Ergebnis behandelt, als läge gar keine gemeinsame Staatsangehörigkeit vor, so dass an den gewöhnlichen Aufenthalt des Ehepaares anzuknüpfen ist (näher → Rn. 84). Dies führt, wenn das Auf-

---

[296] Grundlegend *Mansel,* Personalstatut, Staatsangehörigkeit und Effektivität, 1988, Rn. 272; *Sonnenberger* BerGesVR 29 (1988), 9 (21); ebenso Bamberger/Roth/*Lorenz* Rn. 9; *v. Bar/Mankowski* IPR I § 7 Rn. 119; *Looschelders* IPR Rn. 25; PWW/*Mörsdorf-Schulte* Rn. 23; Staudinger/*Spellenberg* (2016) § 98 FamFG Rn. 108.

[297] BT-Drs. 10/504, 41.

[298] BT-Drs. 10/504, 40.

[299] Eine teleologische Reduktion abl. daher die hM, s. OLG Hamm NJW-RR 1993, 1352 (1354); offengelassen von OLG Hamm NJW 2016, 1185 Rn. 8; aus dem Schrifttum Erman/*Hohloch* Rn. 6; *v. Hoffmann/Thorn* IPR § 5 Rn. 22; jurisPK-BGB/*Baetge* Rn. 43; *Martiny* JZ 1993, 1145 (1147); NK-BGB/*Schulze* Rn. 28; *Rauscher* IPR Rn. 229; Staudinger/*Bausback* (2013) Rn. 25; iE auch *Kegel/Schurig* IPR § 13 II 5.

[300] BT-Drs. 10/504, 41.

[301] OLG Hamm NJW-RR 1993, 1352 (1354); *Rauscher* IPR Rn. 232; Staudinger/*Bausback* (2013) Rn. 22.

[302] Eingehend *Fuchs* NJW 2000, 489 (491); *Hellwig,* Staatsangehörigkeit, 2001, 169 f.; ebenso Bamberger/Roth/*Lorenz* Rn. 8; Erman/*Hohloch* Rn. 6; *Looschelders* IPR Rn. 26; NK-BGB/*Schulze* Rn. 28; Palandt/*Thorn* Rn. 3; Staudinger/*Bausback* (2013) Rn. 26.

[303] S. die Nachweise in der vorigen Fn.; anders aber LG Karlsruhe StAZ 2001, 111 = LSK 2001, 150290 (LS); de lege ferenda auch *Gruber* IPRax 2000, 426 (429); dagegen wiederum *Mansel* BerGesVR 43 (2008), 137 (166).

[304] Dafür aber *Benicke* IPRax 2000, 171 (178 f.).

[305] Näher *Rauscher* IPR Rn. 260.

[306] Dafür auch *Fuchs* NJW 2000, 489 (492).

[307] Näher zB *Dethloff* JZ 1995, 64 (67 ff.).

[308] S. zB BGHZ 176, 365 Rn. 39 = NJW-RR 2008, 1169; OLG Hamm FamRZ 2011, 220 = NJOZ 2011, 763; OLG Düsseldorf NJW-RR 2012, 521 m. Anm. *Ramon* FamRBint 2012, 28.

enthaltsrecht ebenfalls dem Staatsangehörigkeitsprinzip folgt, infolge einer Gesamtverweisung (Art. 4 Abs. 1) zu der befremdlichen Konsequenz, dass im Rahmen des *ausländischen* IPR die Effektivitätsprüfung für deutsch-ausländische Doppelstaater nachzuholen ist, die der Gesetzgeber den Gerichten im eigenen Recht ersparen wollte, letztlich also keine Vereinfachung, sondern eine zusätzliche Verkomplizierung der Rechtsanwendung eintritt.[309] Handelt es sich um rein ausländische Mehrstaater, kommt nur eine gemeinsame effektive Staatsangehörigkeit in Betracht (Art. 5 Abs. 1 S. 1).[310] Stets ist bei Art. 14 Abs. 1 Nr. 1 zu beachten, dass es nicht nur auf die aktuellen Staatsangehörigkeiten der Eheleute ankommt, sondern auch auf ihre letzte gemeinsame Staatsangehörigkeit.[311] Erst wenn sich auch insoweit keine gemeinsame Staatsangehörigkeit der Beteiligten ermitteln lässt, kommt der gemeinsame gewöhnliche Aufenthalt (Art. 14 Abs. 1 Nr. 2) zum Zuge. Im Rahmen der Rom III-VO ist zwischen objektiver und subjektiver Anknüpfung zu differenzieren (→ Rn. 82).

67   **5. Anwendungsbereich des Art. 5 Abs. 1 im deutschen Recht. a) Abgrenzung im autonomen IPR. aa) Rechtswahl.** Für einige Tatbestände der Rechtswahl wird die **Anwendbarkeit des Art. 5 Abs. 1** im EGBGB explizit ausgeschlossen. Dies betrifft die Wahl des Ehenamens (Art. 10 Abs. 2 S. 1 Nr. 1) und des Familiennamens[312] des Kindes (Art. 10 Abs. 3 S. 1 Nr. 1) sowie die Wahl des Ehewirkungsstatuts nach Art. 14 Abs. 2. In diesen Fällen kann also ungeachtet des Art. 5 Abs. 1 S. 1 auch eine nicht-effektive bzw. ungeachtet des Art. 5 Abs. 1 S. 2 auch eine nicht-deutsche Staatsangehörigkeit gewählt werden.[313] Dies entspricht dem Interesse der Parteien an einer möglichst umfassenden Autonomie in der Gestaltung ihrer persönlichen Rechtsbeziehungen und dem Gedanken, dass es einer objektiven Kollisionsregel zur Bewältigung des Problems mehrfacher Staatsangehörigkeit nicht bedarf, wenn die Parteien selbst eine Auswahl unter den in Betracht kommenden Rechten treffen. Die übereinstimmende Interessenlage der Betroffenen rechtfertigt es, den Art. 5 auch in Bezug auf solche Rechtswahlmöglichkeiten nicht zum Zuge kommen zu lassen, in denen das EGBGB keine ausdrückliche Ausnahme anordnet, dh bei der Einbenennung nach Art. 10 Abs. 3 S. 1 Nr. 3 und im Ehegüterrecht nach Art. 15 Abs. 2.[314] Hierfür spricht insbesondere die europäische Rechtsentwicklung: Im Namensrecht kann eine Beschränkung der Namenswahl auf das Recht der effektiven Staatsangehörigkeit gegen Art. 20 und 21 AEUV verstoßen (näher → Rn. 83).[315] Im Ehescheidungsrecht dürfen die Eheleute schon heute im Rahmen des Art. 5 lit. c Rom III-VO das Recht einer nicht-effektiven Staatsangehörigkeit wählen (→ Rn. 79), was über Art. 17 Abs. 1 EGBGB auch für die sonstigen vermögensrechtlichen Scheidungsfolgen maßgebend ist. Es dient daher der Vermeidung von Qualifikations- und Anpassungsproblemen, im autonomen internationalen Ehegüterrecht gleichsinnig zu entscheiden. Widersprüche zwischen Güterrechts- und Erbstatut sind angesichts der in der EuErbVO geschaffenen Rechtswahlmöglichkeiten nicht mehr zu befürchten.[316] Überdies wäre es im Lichte der Freizügigkeit (Art. 21 AEUV) bedenklich, die Rechtswahlmöglichkeit auf das Recht der effektiven oder allein der deutschen Staatsangehörigkeit zu beschränken (→ Rn. 77): Ist zB ein Deutsch-Belgier mit einer Französin verheiratet und planen beide, in näherer Zukunft nach Brüssel überzusiedeln, ist nur schwerlich begründbar, wie man diesem Ehepaar die Wahl belgischen Güterrechts primärrechtskonform verwehren wollte. Aus Gründen der systematischen Kohärenz wäre es schließlich sinnvoll, auch im Rahmen des Art. 14 Abs. 3 die Rechtswahlmöglichkeit ungeachtet des Art. 5 Abs. 1 zu eröffnen, doch steht die hM insoweit noch auf dem eher formalen Standpunkt, dass Art. 14 Abs. 2 einen Umkehrschluss gebiete.[317] Das inhaltliche

---

[309] Vgl. zB AG Seligenstadt IPRax 2008, 443 = LSK 2008, 420145 (LS).

[310] AG Freiburg i.Br. JuS 2002, 1231 = IPRax 2002, 223 m. Aufs. *Jayme* IPRax 2002, 209.

[311] Wohl verkannt von OLG München IPRax 2012, 450 (LS) m. krit. Anm. *Jayme* IPRax 2012, 450.

[312] Nicht des *Vornamens,* OLG Karlsruhe BeckRS 2013, 18006 = StAZ 2014, 51.

[313] Für eine darüber hinaus generelle, generelle Wahlmöglichkeit zwischen mehreren Staatsangehörigkeiten anstelle des Effektivitätsprinzips *Gulati* JIANL 2014, 27 (42 ff.).

[314] Sehr str., wie hier Bamberger/Roth/*Lorenz* Rn. 9; Erman/*Hohloch* Rn. 7; jurisPK-BGB/*Baetge* Rn. 47; jurisPK-BGB/*Ludwig* Art. 15 Rn. 104; *Kropholler* IPR § 37 II 1a; NK-BGB/*Schulze* Rn. 30; PWW/*Mörsdorf-Schulte* Rn. 22; *Rauscher* IPR Rn. 785; Staudinger/*Bausback* (2013) Rn. 23; aA – Umkehrschluss – *Dethloff* JZ 1995, 64 (66, 68); *v. Hoffmann/Thorn* IPR § 8 Rn. 40; *Looschelders* IPR Art. 15 Rn. 35; Palandt/*Thorn* Rn. 4; PWW/*Martiny* Art. 14 Rn. 7; Staudinger/*Mankowski* (2011) Art. 15 Rn. 133, mit erschöpfenden Nachweisen zum Streitstand im Ehegüterrecht.

[315] Vgl. aber zur Anwendbarkeit des Art. 5 Abs. 1 im Rahmen des öffentlich-rechtlichen Namensänderungsgesetzes (NÄG) OLG München NJW-RR 2012, 454; OLG München FGPrax 2013, 68; VG Freiburg BeckRS 2013, 48922 = FamRZ 2013, 1520 (LS).

[316] Hierauf stellte noch 5. Aufl. 2010 Rn. 10 (*Sonnenberger*) entscheidend ab.

[317] Für die Ausweitung der Rechtswahlmöglichkeit auch im Falle des Art. 14 Abs. 3 jurisPK-BGB/*Ludwig* Art. 14 Rn. 72; *Kegel/Schurig* IPR § 20 V 1b; PWW/*Mörsdorf-Schulte* Rn. 22; *Rauscher* IPR Rn. 760; dagegen Erman/*Hohloch* Art. 14 Rn. 22; *Looschelders* IPR Art. 14 Rn. 34; *Mansel,* Personalstatut, Staatsangehörigkeit und Effektivität, 1988, Rn. 433; Palandt/*Thorn* Art. 14 Rn. 13; PWW/*Martiny* Art. 14 Rn. 11; Staudinger/*Mankowski* (2011) Art. 14 Rn. 181 ff. mit umfassenden Nachweisen zum Streitstand im Ehewirkungsrecht.

Argument, eine weite Auslegung des Art. 14 Abs. 3 könne die Parteien „unter scheidungsrechtlichen Aspekten zu einer rein sachrechtlich motivierten Rechtswahl veranlassen",[318] ist freilich hinfällig, weil Art. 5 lit. c Rom III-VO den Eheleuten eine solche Rechtswahl heute unmittelbar gestattet.

bb) Alternativanknüpfungen. In Bezug auf die **Formgültigkeit einer Verfügung von Todes** **68** **wegen** schaltete Art. 26 Abs. 1 Nr. 1 aF die Anwendbarkeit des Art. 5 Abs. 1 explizit aus, um den der alternativen Anknüpfung zugrunde liegenden *favor testamenti* nicht zu gefährden.[319] Auch insoweit reichte daher eine nicht-effektive Staatsangehörigkeit aus;[320] eine deutsche Staatsangehörigkeit genoss keinen Vorrang. Dieser Ausschluss des Art. 5 Abs. 1 war auf die staatsvertragliche Herkunft des Art. 26 aF zurückzuführen, mit dem Art. 1 Abs. 1 lit. b des Haager Testamentsformübereinkommens (HTestFormÜ) von 1961 (BGBl. 1965 II S. 1145) in das deutsche Recht umgesetzt worden war.[321] Heute ergibt sich die Nicht-Anwendbarkeit des Art. 5 Abs. 1 bereits daraus, dass seit der Neufassung des Art. 26 das HTestFormÜ unmittelbare Anwendung findet und insoweit die nationale Kollisionsnorm des Art. 5 Abs. 1 verdrängt (→ Rn. 90 ff.). Zwar könnte man erwägen, den hinter Art. 26 Abs. 1 Nr. 1 aF stehenden, inhaltlich fortgeltenden Rechtsgedanken auch auf andere alternative Anknüpfungen zu übertragen, bei denen im EGBGB zu Begünstigungszwecken an die Staatsangehörigkeit angeknüpft wird, zB im Rahmen der Art. 19 und 20.[322] Dies wird jedoch angesichts der schmalen Analogiebasis ganz überwiegend und de lege lata auch mit Recht abgelehnt.[323] Die Auslegung kollisionsrechtlicher EU-Verordnungen und Staatsverträge kann hingegen ergeben, dass insoweit mehrere Staatsangehörigkeiten gleichermaßen als Bezugspunkte einer alternativen Anknüpfung in Betracht kommen (zum HTestFormÜ und zum UnthProt → Rn. 93).

cc) Renvoi und Rechtsspaltung. Verweisungen auf die Staatsangehörigkeit stellen im autono- **69** men IPR in der Regel **Gesamtverweisungen** dar (näher → Art. 4 Rn. 20, 34 f.); hieran ändert sich nichts, wenn dieses Anknüpfungsmoment bei ausländischen Doppel- und Mehrstaatern mithilfe des Prinzips der engsten Verbindung (Art. 5 Abs. 1 S. 1) konkretisiert wird.[324] Denn die engste Verbindung wird hier nur im Rahmen einer Hilfsnorm eingesetzt und kommt folglich als bloße Auffangklausel, nicht als echte Ausweichklausel zum Zug, mit deren Hilfe eine Regelanknüpfung durchbrochen wird (zu dieser Unterscheidung → Art. 4 Rn. 32). Dies gilt auch, wenn das Recht der aus unserer Sicht effektiven Staatsangehörigkeit auf ein anderes der Heimatrechte des Mehrstaaters weiterverweist.[325] Auf Art. 5 Abs. 1 darf jedoch nicht zurückgegriffen werden, wenn im Rahmen eines Renvoi (Art. 4 Abs. 1) eine ausländische Kollisionsnorm anzuwenden ist, die ihrerseits an die Staatsangehörigkeit anknüpft.[326] Da bei der Prüfung einer Rück- oder Weiterverweisung das ausländische IPR so anzuwenden ist, wie ein ausländisches Gericht dies täte (→ Art. 4 Rn. 42 ff.), entscheidet vielmehr, wie der aus einer mehrfachen Staatsangehörigkeit resultierende Konflikt aus der Sicht des fremden Rechts aufgelöst wird, ob also insoweit dem Effektivitätsprinzip gefolgt oder ob der mit der berufenen Rechtsordnung übereinstimmenden Staatsangehörigkeit der Vorrang eingeräumt wird. Erst recht scheidet ein Rückgriff auf Art. 5 Abs. 1 im Rahmen des ausländischen Rechts aus, wenn dieses im Gegensatz zum deutschen IPR gar nicht an die Staatsangehörigkeit, sondern anders, etwa an das Ortsrecht oder den gewöhnlichen Aufenthalt, anknüpft.[327]

Da die engste Verbindung iS des Art. 5 Abs. 1 S. 1 auf die Zugehörigkeit zu einem Nationalstaat **70** abzielt und insoweit eine Vielzahl von Faktoren abzuwägen ist (→ Rn. 57), kann ihr im Falle einer **Verweisung auf Mehrrechtsstaaten** (zB die USA) nicht unmittelbar entnommen werden, welche Teilrechtsordnung maßgebend ist; es kommt also das interlokale bzw. interpersonale Recht des betreffenden Mehrrechtsstaates nach Art. 4 Abs. 3 S. 1, hilfsweise das in Art. 4 Abs. 3 S. 2 geregelte

---

[318] Staudinger/*Mankowski* (2011) Art. 14 Rn. 185.
[319] BayObLG FamRZ 2006, 70 = ZEV 2005, 441; Staudinger/*Dörner* (2007) Art. 26 Rn. 41.
[320] Anders, aber unrichtig *Lüderitz* IPR Rn. 116.
[321] Näher *Kropholler* IPR § 37 II 1.
[322] Dafür PWW/*Mörsdorf-Schulte* Rn. 23; für „denkbar" hält dies auch Bamberger/Roth/*Lorenz* Rn. 9; für teleologische Reduktion des Art. 5 Abs. 1 S. 2 die 5. Aufl. 2010 Rn. 14 (*Sonnenberger*).
[323] Vgl. zu Art. 19 OLG Köln BeckRS 2013, 17575 = FamFR 2013, 528 m. Anm. *M. Leipold*; OLG Köln BeckRS 2014, 07846 = StAZ 2014, 113; mit eingehender Begr., wenn auch rechtspolitisch bedauernd *Mansel*, Personalstatut, Staatsangehörigkeit und Effektivität, 1988, Rn. 416; iE ebenso Erman/*Hohloch* Rn. 7; *Kropholler* IPR § 37 II 1a; *Looschelders* IPR Rn. 28; NK-BGB/*Schulze* Rn. 31.
[324] Bamberger/Roth/*Lorenz* Rn. 6; Staudinger/*Hausmann* (2013) Art. 4 Rn. 111; Staudinger/*Dörner* (2007) Art. 25 Rn. 679; aA *Siehr* IPRax 1987, 4 (5).
[325] Anders insoweit *Sonnentag*, Der Renvoi im Internationalen Privatrecht, 2001, 177.
[326] OLG Hamm FamRZ 2011, 220 = NJOZ 2011, 763; OLG Düsseldorf NJW-RR 2012, 521 (LS) m. Anm. *Ramon* FamRBint 2012, 28; AG Seligenstadt IPRax 2008, 443 = LSK 2008, 420145 (LS); Bamberger/Roth/ *Lorenz* Rn. 10; *Jayme* IPRax 2012, 450.
[327] OLG Frankfurt a.M. BeckRS 2013, 12768 = StAZ 2014, 48.

Prinzip der engsten Verbindung zur Anwendung, in dessen Rahmen sodann aber auf die jeweils in Betracht kommenden Teilrechtsordnungen abzustellen ist. Ergibt sich die effektive Staatsangehörigkeit nach Art. 5 Abs. 1 S. 1 aus dem gewöhnlichen Aufenthalt in einer Teilrechtsordnung des heimatlichen Mehrrechtsstaates (zB Florida), wird hierdurch allerdings im Ergebnis auch im Rahmen des Art. 4 Abs. 3 S. 2 die maßgebende Teilrechtsordnung bezeichnet.

71   **b) Anwendbarkeit im autonomen Internationalen Zivilverfahrensrecht.** Im Internationalen Zivilverfahrensrecht findet Art. 5, den der Gesetzgeber „bewußt für das Internationale Privatrecht formuliert" hat, keine unmittelbare Anwendung.[328] Für Personen mit **doppelter Staatsangehörigkeit,** die auch Deutsche sind, sind die deutschen Gerichte gemäß § 98 Abs. 1 Nr. 1, § 99 Abs. 1 S. 1 Nr. 1 oder § 104 Abs. 1 S. 1 Nr. 1 FamFG international unabhängig davon zuständig, ob die deutsche Staatsangehörigkeit die effektive ist.[329] Dies folgt nicht aus einer analogen oder gar direkten Anwendung des Art. 5 Abs. 1 S. 2,[330] da bei einem starren Vorrang der deutschen Staatsangehörigkeit Entscheidungen, die im Forum der ausländischen Heimatzuständigkeit eines auch-deutschen Doppelstaaters getroffen worden wären, nach § 109 Abs. 1 Nr. 1 FamFG schlechthin nicht im Inland anerkannt werden könnten.[331] Die Gleichbehandlung beider Staatsangehörigkeiten unabhängig von ihrer Effektivität entspricht aber dem Bedürfnis nach einer rechtssicheren und leicht feststellbaren Bestimmung der internationalen Zuständigkeit.[332] Hinzu kommt gerade auf dem Gebiet des Kindes- und Erwachsenenschutzes die Schutzpflicht des Staates für seine eigenen Angehörigen.[333] Die gegenteilige Ansicht, die davon ausgeht, dass nur bei effektiver deutscher Staatsangehörigkeit die deutschen Gerichte international zuständig seien,[334] überzeugt nicht.[335] Eine örtliche Zuständigkeit, die davon abhängt, dass das Gericht ausländische Sachvorschriften anwenden muss (zB §§ 187 Abs. 4, 199 FamFG, § 5 Abs. 1 S. 1 AdWirkG), scheidet allerdings aus, wenn aufgrund des in Art. 5 Abs. 1 S. 2 angeordneten Vorrangs der deutschen Staatsangehörigkeit in der Sache kein ausländisches Recht berufen wird.[336] Für die Anerkennung einer ausländischen Scheidung nimmt die hM zudem an, dass eine Ehescheidung aus einem Drittstaat, zB der Türkei, in Deutschland zwingend der Anerkennungsfeststellung nach § 107 FamFG bedarf, wenn ein Ehegatte zugleich Deutscher ist.[337]

72   **6. Die Behandlung von Mehrstaatern nach EU-Recht. a) Einführung.** Die in Art. 5 Abs. 1 getroffene Regelung muss sich am Unionsrecht messen lassen.[338] Zwar verstößt die Anknüpfung an die Staatsangehörigkeit grundsätzlich nicht gegen das Diskriminierungsverbot (→ Rn. 40 ff.); in der Ungleichbehandlung von Personen je nachdem, ob sie zwei oder mehrere ausländische Staatsangehörigkeiten haben (Folge: Vorrang der effektiven Staatsangehörigkeit) oder ob es sich bei ihnen auch um Deutsche handelt (Folge: Vorrang der deutschen Staatsangehörigkeit), könnte aber ein **Verstoß gegen Art. 18 AEUV** liegen (näher → Rn. 84 ff.). Ferner kommt in Betracht, dass ein Doppel- oder Mehrstaater durch eine Konzentration der kollisionsrechtlichen Anknüpfung auf nur eine seiner Staatsangehörigkeiten in der Wahrnehmung einer Grundfreiheit eingeschränkt wird, so dass Art. 5 Abs. 1 auch im Lichte der einschlägigen **Beschränkungsverbote** zu untersuchen ist (näher → Rn. 50 f.).

---

[328]   BT-Drs. 10/504, 41.

[329]   Eingehend Prütting/Helms/*Hau* FamFG Vor §§ 98–106 Rn. 28; im Ergebnis ebenso Bork/Jacoby/Schwab/*Heiderhoff* FamFG § 99 Rn. 4; Haußleiter/*Gomille* FamFG § 99 Rn. 5; Johannsen/Henrich/*Henrich* FamFG § 99 Rn. 27; Keidel/*Engelhardt* FamFG § 99 Rn. 43; MüKoFamFG/*Rauscher* § 99 Rn. 48; Musielak/Borth/*Borth*/*Grandel* FamFG § 99 Rn. 3; *Rausch* BtPrax 2004, 137; BayObLG FamRZ 1997, 959; vgl. auch zu Art. 4 MSA BGH NJW 1997, 3024 = FamRZ 1997, 1070; OLG Köln NJW-RR 2010, 1225 = FamRZ 2010, 1590; ebenso zu Art. 3 Abs. 1 lit. b EuEheVO EuGH Slg. 2009, I-6871 = IPRax 2010, 66 = EuZW 2009, 619 – Hadadi/Mesko.

[330]   So aber MüKoFamFG/*Rauscher* § 99 Rn. 48; dazu neigend auch BGH NJW 1997, 3024 = FamRZ 1997, 1070; für direkte Anwendung offenbar Bork/Jacoby/Schwab/*Heiderhoff* FamFG § 99 Rn. 4; Musielak/Borth/*Borth*/*Grandel* FamFG § 99 Rn. 3; dagegen zutr. Johannsen/Henrich/*Henrich* FamFG § 99 Rn. 27; Prütting/Helms/*Hau* Vor FamFG §§ 98–106 Rn. 28.

[331]   *Martiny* JZ 1993, 1145 (1148 f.); Staudinger/*Henrich* (2014) Art. 21 Rn. 229.

[332]   Prütting/Helms/*Hau* FamFG Vor §§ 98–106 Rn. 28.

[333]   BGH NJW 1997, 3024 = FamRZ 1997, 1070; Johannsen/Henrich/*Henrich* FamFG § 99 Rn. 27.

[334]   KG NJW 1998, 1565 = FamRZ 1998, 440 = IPRax 1998, 274 m. Aufsatz *Henrich* IPRax 1998, 247; vgl. auch Staudinger/*Spellenberg* (2016) FamFG § 98 Rn. 105 ff.

[335]   Näher *Henrich* IPRax 1998, 248 f.

[336]   OLG Köln FamRZ 2008, 427 = StAZ 2007, 240 = FGPrax 2007, 265.

[337]   OLG Hamburg BeckRS 2014, 12753 = NZFam 2014, 814 m. Anm. *Gutmann*; ebenso bereits zu Art. 7 § 1 FamRÄndG aF BayObLG NJW-RR 1990, 842; näher MüKoFamFG/*Rauscher* FamFG § 107 Rn. 36 f.; Staudinger/*Spellenberg* (2016) FamFG § 107 Rn. 94.

[338]   Eingehend zur Problematik mit zahlreichen rechtsvergleichenden Hinweisen *Vonk*, Dual Nationality in the European Union: A Study on Changing Norms in Public and Private International Law and in the Municipal Laws of Four EU Member States, 2012, 115 ff.

Das **EU-Kollisionsrecht** enthält zum gegenwärtigen Zeitpunkt keine allgemeine Regelung zur 73 Lösung der aus einer mehrfachen Staatsangehörigkeit resultierenden Anknüpfungsprobleme, an der sich das autonome IPR orientieren könnte.[339] Art. 22 Abs. 1 S. 2 EuErbVO beschränkt sich auf die Frage der Rechtswahl, trifft aber keine Aussage in Bezug auf die objektive Anknüpfung bei mehrfacher Staatsangehörigkeit, weil die EuErbVO eine solche außer in Formfragen (Art. 27 Abs. 1 lit. b EuErbVO) nicht vorsieht (näher → Rn. 78). Im Übrigen verweisen die Rom III-VO und die EuErbVO in ihren Erwägungsgründen auf die Maßgeblichkeit des nationalen Rechts. Erwägungsgrund 22 Rom III-VO bestimmt: „Wird in dieser Verordnung hinsichtlich der Anwendung des Rechts eines Staates auf die Staatsangehörigkeit als Anknüpfungspunkt verwiesen, so wird die Frage, wie in Fällen der mehrfachen Staatsangehörigkeit zu verfahren ist, weiterhin nach innerstaatlichem Recht geregelt, wobei die allgemeinen Grundsätze der Europäischen Union uneingeschränkt zu achten sind."[340] Und Erwägungsgrund 41 EuErbVO besagt: „Für die Zwecke der Anwendung dieser Verordnung sollte die Bestimmung der Staatsangehörigkeit oder der Mehrfachstaatsangehörigkeit einer Person vorab geklärt werden. Die Frage, ob jemand als Angehöriger eines Staates gilt, fällt nicht in den Anwendungsbereich dieser Verordnung und unterliegt dem innerstaatlichen Recht, gegebenenfalls auch internationalen Übereinkommen, wobei die allgemeinen Grundsätze der Europäischen Union uneingeschränkt zu achten sind." Die jüngst verabschiedete **Europäische Ehegüterrechts-VO** (EuGüVO),[341] die ab dem 29.1.2019 gelten wird, folgt dem Vorbild der Rom III-VO und verweist ebenfalls auf das nationale IPR der Mitgliedstaaten, sofern dem nicht der Vorrang des primären Unionsrechts entgegensteht (Erwägungsgrund 50 EuGüVO; ebenso für eingetragene Lebenspartnerschaften Erwägungsgrund 49 EuPartVO).[342] Art. 17 Abs. 2 des Vorschlags für die EuGüVO sah hingegen noch eine im europäischen Kollisionsrecht neuartige Regelung vor.[343] Für den Fall, dass die Ehegatten mehr als eine gemeinsame Staatsangehörigkeit besitzen, sollte die objektive Anknüpfung an die gemeinsame Staatsangehörigkeit zur Zeit der Eheschließung (Art. 17 Abs. 1 lit. b EuGüVO-E) keine Anwendung finden und es sollte stattdessen auf das Recht des ersten gemeinsamen gewöhnlichen Aufenthalts nach der Eheschließung zurückzugreifen sein.[344] Auf diese Weise hätte sich das Problem erledigt, unter den mehreren Staatsangehörigkeiten der Ehegatten eine Auswahl treffen zu müssen.[345] Im deutschen IPR war bereits vor der IPR-Reform von 1986 im Schrifttum vereinzelt vorgeschlagen worden, bei Doppelstaatern grundsätzlich an den gewöhnlichen Aufenthalt anzuknüpfen;[346] dieser Vorschlag konnte sich aber seinerzeit nicht durchsetzen, weil er als im Kontext der gesetzlich vorgeschriebenen Anknüpfung an die Staatsangehörigkeit als systemfremd angesehen wurde.[347] Nunmehr ist er auch auf europäischer Ebene gescheitert.

Indessen sind bereits aus der Rechtswissenschaft **Vorschläge zur Regelung** der Mehrstaaterprob- 74 lematik unterbreitet worden. Der von *Paul Lagarde* 2011 vorgelegte Entwurf für einen AT des europäischen IPR enthält hierzu in Art. 114 eine knappe Vorschrift[348] und die Europäische Gruppe für IPR (GEDIP) hat jüngst eine detaillierte Stellungnahme zu diesem Thema ausgearbeitet.[349] Diese Vorschläge werden unter → Rn. 88 f. näher geschildert.

b) Mehrfache Staatsangehörigkeit im europäischen Internationalen Zivilverfahrens- 75 **recht.** Auch im Internationalen Zivilverfahrensrecht der EU (Art. 3 Abs. 1 lit. b EuEheVO) stellt sich – ebenso wie im autonomen Internationalen Zivilverfahrensrecht (→ Rn. 71) – die Frage, ob bei Mehrstaatern der jeweils **mit der lex fori übereinstimmenden Staatsangehörigkeit der**

---

[339] Hierzu insbes. *Bariatti* YbPIL 13 (2011), 1 ff.; *Kruger/Verhellen* JPIL 7 (2011), 601 ff.; *de Vido* Cuad. der. trans. 4 (2012), Nr. 1, 222 ff.; *Vonk* NJbl. 2011, 1760 ff.

[340] Krit. zur politisch bedingten Kompromissfassung dieses Erwägungsgrundes *Kruger/Verhellen* JPIL 7 (2011), 601 (620).

[341] Verordnung (EU) 2016/1103 vom 24.6.2016 zur Durchführung der Verstärkten Zusammenarbeit im Bereich der Zuständigkeit, des anzuwendenden Rechts und der Anerkennung und Vollstreckung von Entscheidungen in Fragen des ehelichen Güterrechts, ABl. EU Nr. l 183, S. 1.

[342] Verordnung (EU) 2016/1104 vom 24.6.2016 zur Durchführung der Verstärkten Zusammenarbeit im Bereich der Zuständigkeit, des anzuwendenden Rechts und der Anerkennung und Vollstreckung von Entscheidungen in Fragen güterrechtlicher Wirkungen eingetragener Partnerschaften, ABl. EU Nr. l 183, S. 30.

[343] KOM (2011) 126 endg.; für eine Übertragung dieses Ansatzes auf Art. 8 lit. c Rom III-VO *Mankowski* Dual and Multiple Nationals S. 198.

[344] Hierzu *Kruger/Verhellen* JPIL 7 (2011), 601 (620).

[345] Ob die Vorschrift auch gilt, wenn nur ein Ehegatte Doppelstaater ist, ist fraglich, verneinend *Kruger/Verhellen* JPIL 7 (2011), 601 (620).

[346] Dafür namentlich *Samtleben* RabelsZ 42 (1978), 456 (472 f.) mwN zum älteren Schrifttum.

[347] Eingehend *Beitzke,* Liber Amicorum Schnitzer, 1979, 19 (21 f.); ebenso *Kropholler* NJW 1979, 2468.

[348] Abgedruckt mit einer Einf. von *Basedow* in RabelsZ 75 (2011), 671 ff.

[349] Abgedruckt mit einer Einf. von *Jayme* in IPRax 2014, 89 ff.; hierzu *Mankowski* Dual and Multiple Nationals S. 207 f.

Vorrang einzuräumen ist oder ob es umgekehrt zulässig ist, die Parteien auf ihre jeweils **effektive Staatsangehörigkeit** zu beschränken.[350] Da Art. 5 Abs. 1 sich ohnehin nicht auf die internationale Zuständigkeit erstreckt (→ Rn. 71), könnte insoweit zwar **aus deutscher Sicht** offenbleiben, ob ein Rückgriff auf Art. 5 Abs. 1 schon wegen des Vorrangs des Unionsrechts versperrt wäre oder ob angesichts des Fehlens einer ausdrücklichen Regelung eine subsidiäre Rolle für das nationale Recht entsprechend Erwägungsgrund 22 Rom III-VO in Betracht käme. Der **EuGH** erteilt aber einem Rückgriff auf nationales IZVR (oder IPR) in dieser Frage allgemein eine deutliche Absage; er geht vielmehr von einem strikten Anwendungsvorrang der EuEheVO und der Notwendigkeit einer autonomen Lösung aus.[351] Dieses Ergebnis wird indes rein verordnungsimmanent, dh auf sekundärrechtlicher Ebene, mit dem Gebot der autonomen Auslegung begründet; zu einem etwaigen Verstoß eines Vorrangs der lex fori gegen Art. 18 AEUV nimmt der EuGH nicht Stellung.[352]

76   Aus der Absage an die Vorranglösung folgt nicht a contrario, dass ein Gerichtsstand nach Art. 3 Abs. 1 lit. b EuEheVO nur im Staat der effektiven Staatsangehörigkeit der Eheleute eröffnet wäre; diese können vielmehr auch in einem Staat ihre Scheidung betreiben, dem sie nur durch eine **gemeinsame nicht-effektive Staatsangehörigkeit** verbunden sind.[353] Im Einzelnen begründet der EuGH dies wie folgt:[354]

Erstens sollten mit dem durch die EuEheVO eingeführten System mehrfache Zuständigkeiten für eine Ehescheidung nicht ausgeschlossen werden. Vielmehr sei das Nebeneinander mehrerer gleichrangiger Gerichtsstände ausdrücklich vorgesehen. Dem Wortlaut von Art. 3 Abs. 1 lit. b EuEheVO lasse sich nicht entnehmen, dass nur die „effektive" Staatsangehörigkeit bei der Anwendung dieser Bestimmung berücksichtigt werden könne. Im Übrigen fände die Auslegung, dass nur eine „effektive" Staatsangehörigkeit für die Zwecke von Art. 3 Abs. 1 EuEheVO berücksichtigt werden könnte, weder in den Zielen noch im Kontext dieser Bestimmung eine Stütze: Zum einen würde eine solche Auslegung nämlich die Rechtsbürger insbesondere, wenn sie ihr Recht auf Freizügigkeit ausübten, in ihrer Wahl des Gerichtsstandes einschränken. Da der gewöhnliche Aufenthalt für die Bestimmung der effektiven Staatsangehörigkeit von wesentlicher Bedeutung wäre, fielen die Gerichtsstände nach Art. 3 Abs. 1 lit. a und b EuEheVO häufig zusammen. In der Praxis würde dies bei Mehrstaatern auf eine Rangfolge der darin vorgesehenen Gerichtsstände hinauslaufen, die sich aus dem Wortlaut dieses Absatzes nicht ergebe. Dagegen könnte ein Ehepaar, das nur die Staatsangehörigkeit eines Mitgliedstaats besitze, selbst dann noch die Gerichte dieses Staates anrufen, wenn es seinen gewöhnlichen Aufenthalt seit vielen Jahren nicht mehr in diesem Staat hätte und nur noch wenige tatsächliche Berührungspunkte mit diesem Staat bestünden. Zum anderen müsste wegen der Ungenauigkeit des Begriffs „effektive Staatsangehörigkeit" eine ganze Reihe tatsächlicher Umstände berücksichtigt werden, die nicht immer zu einem eindeutigen Ergebnis führten. Die Notwendigkeit einer Nachprüfung der Berührungspunkte zwischen den Ehegatten und ihren jeweiligen Staatsangehörigkeiten würde infolgedessen die Prüfung der gerichtlichen Zuständigkeit erschweren und damit dem Ziel, mit der Anwendung der EuEheVO durch die Verwendung eines einfachen und eindeutigen Anknüpfungskriteriums zu erleichtern, zuwiderlaufen.

77   Auch diese Argumentation stützt sich zwar in erster Linie auf den Wortlaut, die Ziele sowie die Systematik der EuEheVO und lässt insoweit keine unmittelbaren Rückschlüsse auf die Behandlung der Mehrstaaterproblematik im kollisionsrechtlichen Zusammenhang zu. Bemerkenswert ist aber die explizite Bezugnahme auf die Grundfreiheit der Freizügigkeit in Rn. 53 des Urteils. Der Gedanke, dass es die **Freizügigkeit** (Art. 21 AEUV) gebiete, Parteien nach ihrer Wahl auch eine Zuständigkeit in einem Mitgliedstaat zu eröffnen, dem sie nur durch eine nicht-effektive Staatsangehörigkeit verbunden sind, erscheint in Bezug auf kollisionsrechtliche Rechtswahlbefugnisse *mutatis mutandis* auch auf das IPR übertragbar.[355] Die Ausführungen des EuGH legen es insoweit zumindest nahe, dass eine Einschränkung der Rechtswahlbefugnis auf die jeweils effektive Staatsangehörigkeit im Lichte der Freizügigkeit als eine unzulässige Beschränkung zu verwerfen sein könnte (→ Rn. 78). Dies muss bereits de lege lata auch bei der Auslegung des Art. 15 Abs. 2 Nr. 1 beachtet werden (→ Rn. 67).

---

[350] EuGH Slg. 2009, I-6871 = IPRax 2010, 66 = EuZW 2009, 619 – Hadadi/Mesko; besprochen von *Dilger* IPRax 2010, 54 und *Hau* IPRax 2010, 50.

[351] EuGH Slg. 2009, I-6871 Rn. 32–43 = IPRax 2010, 66 = EuZW 2009, 619 – Hadadi/Mesko.

[352] Dass die Eröffnung des Gerichtsstandes im gemeinsamen Heimatstaat der Ehegatten als solche mit Art. 18 AEUV vereinbar ist, entspricht der hM, s. BGH NJW-RR 2013, 641 Rn. 13 ff.; ferner *Looschelders*, FS Kropholler, 2008, 329 (340 f.); *Schack* RabelsZ 65 (2001), 615 (623); anders namentlich *Hau* FamRZ 2000, 1333 (1336); *Hausmann*, FS Hailbronner, 2013, 429 (435 ff.), alle mwN.

[353] EuGH Slg. 2009, I-6871 Rn. 44–58 = IPRax 2010, 66 = EuZW 2009, 619 – Hadadi/Mesko.

[354] EuGH Slg. 2009, I-6871 Rn. 44–58 = IPRax 2010, 66 = EuZW 2009, 619 – Hadadi/Mesko.

[355] So auch *Bariatti* YbPIL 13 (2011), 1 (14 f.) und Thesen 4 bzw. 7 a und b (S. 18); Erman/*Hohloch* Rom III-VO Art. 5 Rn. 7; Palandt/*Thorn* Rom III-VO Art. 5 Rn. 4; iE auch NK-BGB/*Hilbig-Lugani* Rom III-VO Art. 5 Rn. 45a; skeptisch aber *Coester-Waltjen/Coester*, Liber Amicorum Schurig, 2012, 33 (39).

c) Parteiautonomie. Auf der eben skizzierten Linie des „Hadadi"-Urteils, im Falle einer zustän- **78**
digkeitsrechtlichen Wahlbefugnis von Mehrstaatern weder einen Vorrang der lex fori noch eine
Beschränkung auf die effektive Staatsangehörigkeit zu akzeptieren, liegen auch die Regelungen des
europäischen IPR zur kollisionsrechtlichen Rechtswahl.[356] Art. 22 Abs. 1 S. 2 **EuErbVO** bestimmt
ausdrücklich, dass eine Person, die mehrere Staatsangehörigkeiten besitzt, das Recht „eines" der
Staaten wählen kann, denen sie im Zeitpunkt der Rechtswahl oder im Zeitpunkt ihres Todes angehört. Dies ist in dem Sinne zu verstehen, dass sie bei einer mehrfachen Staatsangehörigkeit das Recht
eines jeden dieser Staaten wählen kann, unabhängig davon, ob diese Staatsangehörigkeit mit der lex
fori übereinstimmt oder ob es sich insoweit um die effektive Staatsangehörigkeit handelt (ebenso
→ EuErbVO Art. 22 Rn. 3). Erwägungsgrund 41 der EuErbVO spricht nicht dagegen: Während
Erwägungsgrund 22 Rom III-VO einen kollisionsrechtlichen Aussagegehalt hat, dürfte Erwägungsgrund 41 EuErbVO dahingehend zu verstehen sein, dass er lediglich die dem nationalen Recht
unterliegende Vorfrage anspricht, ob eine Person die Staatsangehörigkeit eines Mitgliedstaates erworben hat[357] (→ Rn. 13); die kollisionsrechtliche Problematik der wählbaren Rechte wird hingegen
allein in Art. 22 Abs. 1 S. 2 EuErbVO behandelt (vgl. auch → EuErbVO Art. 22 Rn. 4).

Die **Rom III-VO** enthält, wie bereits erwähnt, keine ausdrückliche Bestimmung zur Mehrstaater- **79**
problematik, sondern verweist insoweit über Erwägungsgrund 22 auf das nationale Recht, so dass
grundsätzlich Art. 5 Abs. 1 zur Anwendung kommt. Diese Inbezugnahme des nationalen Rechts
gilt aber nicht für den Fall der Rechtswahl.[358] Hierzu heißt es in der Begründung des Regierungsentwurfs des Rom III-Anpassungsgesetzes:

> *„Die Rom III-Verordnung macht nicht vollständig deutlich, welche Staatsangehörigkeit für eine Rechtswahl oder*
> *eine objektive Anknüpfung an die Staatsangehörigkeit maßgeblich sein soll, wenn die Ehegatten mehr als eine gemein-*
> *same Staatsangehörigkeit haben. Die Artikel 5 und 8 unterscheiden nicht zwischen einfacher und mehrfacher Staats-*
> *angehörigkeit. Aus der Stellung von Erwägungsgrund 22 und nach dem Sinn und Zweck der Regelung lässt sich*
> *Folgendes schließen: Bei der Rechtswahl können die Ehegatten das Recht eines der Staaten wählen, dessen Staatsan-*
> *gehörigkeit sie gemeinsam haben. Für die objektive Anknüpfung – deshalb die Stellung des Erwägungsgrundes 22*
> *erst nach den Erwägungsgründen über die Rechtswahl – wird allerdings auf Wunsch nur eines teilnehmenden Mitglied-*
> *staats auf das nationale Recht verwiesen. Soweit dieses eine Vorrangregelung wie Artikel 5 Absatz 1 Satz 2 des*
> *Einführungsgesetzes zum Bürgerlichen Gesetzbuche (EGBGB) enthält, geht diese vor. Die Verweisung auf das nati-*
> *onale Recht soll aber nur insoweit Anwendung finden, als die allgemeinen Grundsätze der Europäischen Union,*
> *zu denen auch die Grundrechte sowie das Diskriminierungsverbot, die Unionsbürgerschaft und der Grundsatz der*
> *Freizügigkeit nach dem AEUV gehören, dies zulassen."[359]*

Die Eröffnung der Rechtswahlmöglichkeit in Bezug auf eine nicht-effektive Staatsangehörigkeit **80**
sollte auch gelten, wenn es sich hierbei um die **Staatsangehörigkeit eines Drittstaates** handelt.[360]
Dies ergibt sich aus dem Prinzip der universellen Anwendung (Art. 4 Rom III-VO), das dem
europäischen Kollisionsrecht zugrunde liegt.

Auch nach der **EuGüVO** wird einem Ehepaar mit mehrfacher Staatsangehörigkeit die Wahl jeder **81**
beteiligten Rechtsordnung ohne Rücksicht auf die lex fori oder das Effektivitätsprinzip möglich sein;
dies folgt aus Erwägungsgrund 50 Satz 2 EuGüVO, dem zufolge die Behandlung einer mehrfachen
Staatsangehörigkeit nach dem IPR der Mitgliedstaaten „keine Auswirkung auf die Gültigkeit einer
Rechtswahl haben sollte, die nach dieser Verordnung getroffen wurde". Entsprechendes wird gemäß
Erwägungsgrund 49 Satz 2 EuPartVO für die güterrechtlichen Wirkungen eingetragener Partnerschaften gelten.

d) Objektive Anknüpfungen. aa) Mehrstaater ohne deutsche Staatsangehörigkeit. Es ist **82**
grundsätzlich mit dem Unionsrecht vereinbar, dass ein Konflikt zweier Staatsangehörigkeiten im
Rahmen einer objektiven Anknüpfung gemäß dem **Effektivitätsprinzip** (Art. 5 Abs. 1 S. 1)
aufgelöst wird.[361] Dies zeigt auch ein vergleichender Blick ins Sekundärrecht: Aus Erwägungs-

---

[356] Näher *Hausmann* Riv. dir. int. priv. proc. 2015, 499 (507 f.); *Lurger* Verortung natürlicher Personen S. 232;
Mankowski Dual and Multiple Nationals S. 200; *Mankowski* IPRax 2017, 130 (134).

[357] Ebenso *Mankowski* Dual and Multiple Nationals S. 194.

[358] Ebenso *Boele-Woelki* YbPIL 12 (2010), 1 (18 f.); Erman/*Hohloch* Rom III-VO Art. 5 Rn. 7; *Helms* FamRZ
2011, 1765 (1770 f.); jurisPK-BGB/*Ludwig* Rom III-VO Art. 5 Rn. 16; *Kruger/Verhellen* JPIL 7 (2011), 601
(618 f.); *Mankowski* Dual and Multiple Nationals S. 196 f., 200 f.; Palandt/*Thorn* Rom III-VO Art. 5 Rn. 4; *Traar*
ÖJZ 2011, 805 (809 f.); wohl auch *Hammje* Rev. crit. dr. int. pr. 100 (2011), 291 (318 f.); aA *Gruber* IPRax 2012,
381 (385); NK-BGB/*Hilbig-Lugani* Rom III-VO Art. 5 Rn. 45 f.

[359] BT-Drs. 17/11049, 8.

[360] *Bariatti* YbPIL 13 (2011), 1 (14); Erman/*Hohloch* Rom III-VO Art. 5 Rn. 7.

[361] Hiervon geht ersichtlich Begr. RegE des Rom III-Anpassungsgesetzes aus, s. BT-Drs. 17/11049, 8; vgl.
auch BGH NJW 2014, 1383 Rn. 14; skeptisch *Mankowski* IPRax 2017, 130 (134).

grund 22 Rom III-VO lässt sich schließen, dass nach der Vorstellung des europäischen Verordnungsgebers die Frage, welche Staatsangehörigkeit bei einem Doppelstaater den Vorrang genießt, weiterhin dem autonomen IPR der lex fori, also in Deutschland Art. 5 Abs. 1 S. 1, unterliegt und folglich die Ermittlung der effektiven Staatsangehörigkeit notwendig ist.[362] Dies gilt, da es sich bei den Verordnungen des europäischen Kollisionsrechts um *lois uniformes* handelt, auch, wenn der Vorrang der effektiven Staatsangehörigkeit eines Drittstaates dazu führt, dass kollisionsrechtlich die nicht-effektive Staatsangehörigkeit eines Mitgliedstaates nicht zum Tragen kommt.[363] Die Rechtsprechung des EuGH zur internationalen Zuständigkeit nach der EuEheVO im Fall „Hadadi"[364] (→ Rn. 75 ff.) ist insoweit wegen der andersartigen Zwecke des IPR nicht übertragbar: Im Falle einer objektiven kollisionsrechtlichen Anknüpfung geht es nicht um die bloße Auswahl eines von mehreren gleichrangigen, alternativ berufenen Gerichtsständen, sondern um die Festlegung der engsten Verbindung der Person mit einer bestimmten Rechtsordnung, für die eine bloß formale Staatsangehörigkeit nicht ausreicht;[365] das Gegenteil sollte nur bei kollisionsrechtlichen Alternativanknüpfungen gelten (→ Rn. 93). Die objektive Anknüpfung an eine nur formal bestehende gemeinsame Staatsangehörigkeit kann zudem eine diskriminierende Wirkung haben, wenn sie nur für einen der Ehegatten die effektive ist.[366] Zu Lasten des anderen Ehepartners wird dann nämlich das Recht eines Staates berufen, zu dem dieser unter Effektivitätsgesichtspunkten nicht die engste Verbindung hat.[367] Auch die „Micheletti"-Rechtsprechung (→ Rn. 21) kann nicht einfach auf das IPR übertragen werden.[368]

83   Das heißt nicht, dass das Effektivitätsprinzip in jeder Fallgestaltung unbedenklich ist.[369] Einen Vorrang des Primärrechts gegenüber der Verweisung auf das autonome IPR der Mitgliedstaaten hat auch die neuere Sekundärrechtssetzung in der EU ausdrücklich anerkannt (Erwägungsgrund 22 Rom III-VO). Es kann zB **primärrechtswidrig** sein, etwa gegen das Diskriminierungsverbot (Art. 18 AEUV) in Verbindung mit dem Recht auf Freizügigkeit (Art. 20 AEUV) verstoßen, wenn das IPR für einen Betroffenen ausschließlich eine objektive Anknüpfung an seine effektive Staatsangehörigkeit vorsieht, ohne ihm eine kollisionsrechtliche Wahlmöglichkeit zugunsten der jeweils nicht-effektiven Staatsangehörigkeit eines anderen Mitgliedstaates einzuräumen.[370] Dies ergibt sich mittelbar aus der Entscheidung des EuGH in der Sache „Garcia Avello", in der die Beschränkung der Namensführung der Kinder auf das belgische Recht dadurch primärrechtskonform wurde, dass die belgische Staatsangehörigkeit angesichts des gewöhnlichen Aufenthalts der Kinder im Königreich eindeutig die effektive war.[371] Das deutsche IPR vermeidet einen Primärrechtsverstoß in einer vergleichbaren Konstellation, indem es die objektive Anknüpfung an die Staatsangehörigkeit (Art. 10 Abs. 1) durch eine Wahlbefugnis im Hinblick auf die nicht-effektive Staatsangehörigkeit (Art. 10 Abs. 3 Nr. 1) ergänzt.[372] Entsprechendes gilt für die Rom III-VO, welche die objektive Anknüpfung an die gemeinsame effektive Staatsangehörigkeit (Art. 8 lit. c Rom III-VO) durch die Befugnis der Ehegatten flankiert, für eine nicht-effektive Staatsangehörigkeit zu optieren (Art. 5 lit. c Rom III-VO). Es ist allerdings dem Gesetzgeber nicht schlechthin geboten, einen Primärrechtsverstoß gerade mithilfe einer *kollisionsrechtlichen* Rechtswahlbefugnis zu vermeiden; vielmehr kommt auch eine sachrechtliche Ergebniskorrektur (Namensänderung oder ein Wahlrecht wie in Art. 48) in Betracht.

---

[362] Ebenso *Boele-Woelki* YbPIL 12 (2010), 1 (18); Erman/*Hohloch* Rom III-VO Art. 8 Rn. 4; *Franzina* Cuad. der. trans. 3 (2011), Nr. 2, 85, 111; *Gruber* IPRax 2012, 381 (388); *Hausmann* Riv. dir. int. priv. proc. 2015, 499 (508 f.); *Helms* FamRZ 2011, 1765 (1771); jurisPK-BGB/*Ludwig* Rom III-VO Art. 8 Rn. 8; NK-BGB/*Hilbig-Lugani* Rom III-VO Art. 8 Rn. 19, 19b; Palandt/*Thorn* Rom III-VO Art. 8 Rn. 4; iE auch *Hammje* Rev. crit. dr. int. pr. 100 (2011), 291 (327 f.); abweichend *Mankowski* Dual and Multiple Nationals S. 198 (Rückgriff auf Art. 17 Abs. 2 EuGüVO-E).

[363] Abw. NK-BGB/*Schulze* Rn. 25.

[364] EuGH Slg. 2009, I-6871 = EuZW 2009, 619 – Hadadi/Mesko.

[365] Ebenso *Boele-Woelki* YbPIL 12 (2010), 1 (18); *Helms* FamRZ 2011, 1765 (1771); *Mankowski* Dual and Multiple Nationals S. 197; NK/*Hilbig-Lugani* Rom III-VO Art. 8 Rn. 19b; Palandt/*Thorn* Rom III-VO Art. 8 Rn. 4; iE Erman/*Hohloch* Rom III-VO Art. 8 Rn. 4; wohl auch *de Vido* Cuad. der. trans. 4 (2012), Nr. 1, S. 222, 230; aA *Traar* ÖJZ 2011, 805 (809); dazu neigend auch *Basedow,* FS Posch, 2011, 17 (28).

[366] *Basedow,* FS Posch, 2011, 17 (28).

[367] Dies gilt insbes., wenn die zweite Staatsangehörigkeit lediglich aufgrund der Eheschließung erworben wurde, s. *Basedow,* FS Posch, 2011, 17 (28); anders wohl *Mankowski* Dual and Multiple Nationals S. 199 f. („general principle").

[368] Anders aber *Bariatti* YbPIL 13 (2011), 1 (15).

[369] Insoweit zutr. NK-BGB/*Schulze* Rn. 25; vgl. auch die Bedenken bei *Lurger* Verortung natürlicher Personen S. 230 f.

[370] NK-BGB/*Schulze* Rn. 25.

[371] EuGH Slg. 2003, I-11613 = BeckRS 2004, 74436 – Garcia Avello.

[372] BGH NJW-RR 2015, 1089 Rn. 19.

bb) Auch-deutsche Mehrstaater. Art. 5 Abs. 1 S. 2 kann gegen das **Diskriminierungsverbot** **84**
(Art. 18 AEUV) verstoßen, wenn der Betroffene aufgrund des Vorrangs der deutschen Staatsangehö-
rigkeit in der Wahrnehmung einer Grundfreiheit behindert wird.[373] Der **BGH hat diese Frage** in
Bezug auf eine deutsch-bulgarische Doppelstaaterin **ausdrücklich offengelassen,** weil die deutsche
Staatsangehörigkeit der Betroffenen die effektive war.[374] Dieser Vorbehalt macht aber deutlich, dass
in näherer Zukunft mit einer Vorlage an den EuGH zu rechnen ist. Insbesondere im Hinblick auf
Art. 8 lit. c iVm Erwägungsgrund 22 Rom III-VO wird bezweifelt, ob der Vorrang einer Staatsangehörigkeit der lex fori mit dem Primärrecht (Art. 18 AEUV) vereinbar ist.[375] **Gegen den Vorrang
der inländischen Staatsangehörigkeit** spricht insbesondere das bereits zum autonomen IPR vorgebrachte Argument (→ Rn. 62, 66), dass die Anknüpfungsleiter (Art. 8 Rom III-VO) zulasten
auch-deutscher Doppelstaater um eine Sprosse verkürzt wird, wenn ohne Rücksicht auf eine gemeinsame effektive Staatsangehörigkeit der Eheleute allein auf die deutsche Staatsangehörigkeit eines
Ehegatten abgestellt wird.[376] Wendet man Art. 5 Abs. 1 S. 2 auf Ehegatten mit gemeinsamer effektiver
Staatsangehörigkeit an, von denen einer auch-deutscher Doppelstaater ist, wird die Sprosse in Art. 8
lit. c übersprungen und direkt auf die lex fori abgestellt (Art. 8 lit. d). Hiermit werden auch-deutsche
Doppelstaater gegenüber nur-ausländischen Mehrstaatern ersichtlich anders behandelt. Fraglich ist,
ob hierin auch eine verbotene Diskriminierung iS des Art. 18 AEUV liegt.

Dagegen ließe sich Folgendes anführen: Erstens würde der Erwägungsgrund 22 Rom III-VO **85**
praktisch inhaltsleer, wenn selbst bei der objektiven Anknüpfung an die Staatsangehörigkeit nicht
auf eine Vorranglösung wie in Art. 5 Abs. 1 S. 2 zurückgegriffen werden könnte, obwohl diese den
autonomen Kollisionsrechten zahlreicher Mitgliedstaaten bekannt ist und auch dem Verordnungsgeber vor Augen gestanden haben dürfte. Zweitens kann man einwenden, dass die Heranziehung der
lex fori regelmäßig eine qualitativ bessere, effizientere und schnellere Rechtsanwendung ermöglicht,
so dass die kollisionsrechtliche Ungleichbehandlung eines solchen Ehepaares nicht notwendigerweise
auch zu einer materiellen Benachteiligung gegenüber nur-ausländischen Doppelstaatern führen
muss.[377] Drittens ist zu bedenken, dass es den Beteiligten unbenommen bleibt, eine Rechtswahl
nach Art. 5 lit. c Rom III-VO zu treffen, die nicht auf die deutsche Staatsangehörigkeit beschränkt
ist[378] (→ Rn. 67).

Für eine verbotene Diskriminierung sprechen hingegen die folgenden Argumente: Erstens **86**
kann der Erwägungsgrund einer Verordnung nicht die Auslegung des Primärrechts präjudizieren,
die allein dem EuGH obliegt. Zweitens reichen die Effizienzgewinne, die mit einer Anwendung der
lex fori für Behörden und Gerichte verbunden sind, nicht aus, um eine sich auf das materielle
Ergebnis der Rechtsanwendung auswirkende Diskriminierung aufgrund der Staatsangehörigkeit zu
rechtfertigen, was bereits die Entscheidung in der Sache „Garcia Avello" (→ Rn. 83) gezeigt hat.[379]
Hinzu kommt, dass der vorschnelle Rückgriff auf die lex fori den internationalen Entscheidungseinklang gefährdet und somit dem Kernanliegen der Kollisionsrechtsvereinheitlichung in der EU zuwi-

---

[373] So namentlich GA *Wathelet* ECLI:EU:C:2016:11 Rn. 35–48 = NJW 2016, 2093 – Bogendorff von Wolffersdorff; *v. Bar/Mankowski* IPR I Rn. 41; *Basedow* IPRax 2011, 109 (116); *Fuchs*, FS Martiny, 2014, 303 (313);
HK-BGB/*Dörner* Rn. 4; *Kropholler* IPR § 27 II 1a; *Rauscher* IPR Rn. 230; *Sonnenberger* ZVglRWiss. 95 (1996), 3
(17); *Troge*, Europarecht und das Staatsangehörigkeitsprinzip im Internationalen Privatrecht, 2009, 198 ff.; allg.
zum Vorrang der lex fori bei Doppelstaatern im internationalen Schrifttum *Meeusen* Eur. J. Migr. L. 9 (2007),
287 (295); *Raiteri* JPIL 10 (2014), 308 (323 f.).
[374] BGH NJW 2014, 1383 Rn. 14; vgl. auch OLG Frankfurt a.M. FGPrax 2017, 85 Rn. 26 a.E.
[375] Verneinend *Basedow* IPRax 2011, 109 (116); *Franzina* Cuad. der. trans. 3 (2011), Nr. 2, 85, 11; *Gruber*
IPRax 2012, 381 (386); jurisPK-BGB/*Ludwig* Rom III-VO Art. 8 Rn. 6; *Lurger* Verortung natürlicher Personen
S. 230; *Mankowski* Dual and Multiple Nationals S. 198; NK-BGB/*Hilbig-Lugani* Rom III-VO Art. 8 Rn. 19a;
Palandt/*Thorn* Rom III-VO Art. 8 Rn. 4; *Rauscher* IPR Rn. 230; *Traar* ÖJZ 2011, 805 (809 f.); ebenso zu dem
inhaltlich entsprechenden Art. 19 Abs. 2 it. IPRG *de Vido* Cuad. der. trans. 4 (2012), Nr. 1, 222, 229; iE auch
Kruger/Verhellen JPIL 7 (2011), 601 (622) (für eine Anknüpfung an die engste Verbindung); bejahend aber *Joh.
Stürner* Jura 2012, 708 (710); wohl auch Erman/*Hohloch* Rom III-VO Art. 8 Rn. 4; allg. für einen Vorrang der
lex fori bei Doppelstaatern *Bariatti* YbPIL 13 (2011), 1 (15 ff.).
[376] *Bariatti* YbPIL 13 (2011), 1 (10 f.); *Basedow*, FS Posch, 2011, 17 (28).
[377] In diesem Sinne *Bariatti* YbPIL 13 (2011), 1 (16): „Indeed, it would appear unreasonable that one or both
spouses seize the court of a Member State on the basis of the nationality they have in common and then the
court applies the law of the Member State of the other common nationality […]"; vgl. aber *Mankowski* Dual and
Multiple Nationals S. 201.
[378] Vgl. *Bariatti* YbPIL 13 (2011), 1 (16): „[T]he parties may actually choose any nationalities they possess,
and even the nationality of only one spouse, but if they do not choose, the court may not interfere and may not
decide *ex officio* which common nationality prevails."
[379] Eingehend *Troge*, Europarecht und das Staatsangehörigkeitsprinzip im Internationalen Privatrecht, 2009,
200 ff.

derläuft.[380] Müssen die Beteiligten damit rechnen, dass die Auswahl des Gerichtsstandes auch das anwendbare Recht bestimmt, droht ein Wettlauf zum Gericht, der unter Effizienzgesichtspunkten nicht wünschenswert ist. Drittens ist der Hinweis auf die Rechtswahlmöglichkeit im Falle einer zerrütteten Ehe oft lebensfern, denn die zerstrittenen Eheleute werden in dieser Situation häufig nicht mehr zu einem Konsens finden.[381] Es liegt daher nahe, dass Art. 5 Abs. 1 S. 2 gegen das Diskriminierungsverbot (Art. 18 AEUV) verstößt. Verbindlich kann diese Frage nur der EuGH klären. Wenn Art. 5 Abs. 1 S. 2 insoweit verworfen werden sollte, wäre die Vorschrift auch im autonomen IPR im Verhältnis zu Unionsbürgern nicht mehr zu halten. Der EuGH hat allerdings – anders als noch Generalanwalt *Wathelet*[382] – in der Sache „Bogendorff von Wolffersdorff" nicht das Diskriminierungsverbot (Art. 18 AEUV), sondern allein die **Unionsbürgerschaft i.V.m. der Freizügigkeit** (Artt. 20, 21 AEUV) als Prüfungsmaßstäbe herangezogen.[383] Nach dem EuGH ist der Unionsbürgerstatus (Art. 20 AEUV) der grundlegende Status der Angehörigen der Mitgliedstaaten (→ Rn. 22), der ihnen unabhängig von ihrer einzelstaatlichen Zugehörigkeit einen Anspruch auf rechtliche Gleichbehandlung in vergleichbaren Sachverhalten vermittelt.[384] Sofern die Behandlung eines deutsch-britischen Doppelstaaters als Nur-Deutscher durch hiesige Behörden dazu führe, dass der Betroffene einen im Vereinigten Königreich erworbenen Namen im Inland nicht führen dürfe, werde er – vorbehaltlich des ordre public – in seiner Freizügigkeit (Art. 21 AEUV) verletzt.[385]

87   Gegenüber **auch-deutschen Doppelstaatern, die neben der deutschen Staatsangehörigkeit nur diejenige eines Drittstaates (zB der Türkei) besitzen,** kann hingegen weiterhin Art. 5 Abs. 1 S. 2 angewendet werden, ohne dass dies gegen Art. 18 AEUV oder Art. 21 AEUV verstößt.[386] Zwar erscheint auch insoweit der Vorrang einer nicht-effektiven Staatsangehörigkeit aus den bereits oben (→ Rn. 84 ff.) dargelegten Gründen rechtspolitisch unangemessen;[387] allein dies rechtfertigt aber keine korrigierende Auslegung des Gesetzes.[388]

88   **e) Ausblick.** Art. 114 des bereits (→ Rn. 74) erwähnten *Lagarde*-**Entwurfs** (im Folgenden: LE) sieht folgende Regelung zur Mehrstaater-Problematik vor:

> *„Art. 114*
> *La nationalité d'une personne physique se détermine d'après le droit de l'Etat dont la nationalité est en cause.*
> *Lorsqu'un citoyen européen possède également la nationalité d'un ou de plusieurs Etats tiers, seule sa citoyenneté européenne est retenue pour déterminer les droits dont il a la jouissance au sein de l'Union ou pour fixer la compétence des juridictions des Etats membres.*
> *Lorsqu'un citoyen européen possède la nationalité de plusieurs Etats membres, ces nationalités sont placées sur un pied d'égalité pour déterminer la compétence des juridictions des Etats membres."*

89   Art. 114 Abs. 1 LE bekräftigt lediglich den bereits oben (→ Rn. 14) genannten Grundsatz, dass über den Erwerb der eigenen Staatsangehörigkeit jeder Staat selbst befinden muss. Art. 114 Abs. 2 LE kodifiziert das in → Rn. 21 referierte „Micheletti"-Urteil des EuGH. Art. 114 Abs. 3 LE schließlich folgt dem Urteil „Hadadi" zur EuEheVO (→ Rn. 75 ff.). Die vorgeschlagene Vorschrift beschränkt sich daher auf völkerrechtliche (Abs. 1), primärrechtliche (Abs. 2) und verfahrensrechtliche Aspekte (Abs. 3) der mehrfachen Staatsangehörigkeit und folgt insoweit anerkannten Lösungen. Die eigentliche kollisionsrechtliche Problematik, nach welchen Kriterien bei Doppel- oder Mehrstaatern der entsprechende Anknüpfungskonflikt bewältigt werden soll, bleibt hingegen auch nach diesem Vorschlag ungeklärt. Ausführlicher ist hingegen der Entwurf, den die GEDIP im September 2013 verabschiedet hat (→ Rn. 74). Nach Art. 9 des **GEDIP-Entwurfs** (im Folgenden: GE) kann eine Person im Fall einer Rechtswahlmöglichkeit in Bezug auf die Staatsangehörigkeit das Recht jedes Staates wählen, dem sie angehört, dh ohne Rücksicht auf die Effektivität oder die Übereinstim-

---

[380] *Basedow,* FS Posch, 2011, 17 (28); *Hausmann* Riv. dir. int. priv. proc. 2015, 499 (509).

[381] Vgl. *Bogdan,* The EC Treaty and the Use of Nationality and Habitual Residence as Connecting Factors in International Family Law, in Meeusen, International Family Law for the European Union, 2007, 303, 314.

[382] GA *Wathelet* ECLI:EU:C:2016:11 Rn. 35–48 = BeckRS 2016, 80124.

[383] EuGH ECLI:EU:C:2016:401 Rn. 28–34 = NJW 2016, 2093 – Bogendorff von Wolffersdorff.

[384] EuGH ECLI:EU:C:2016:401 Rn. 28 f. = NJW 2016, 2093 – Bogendorff von Wolffersdorff.

[385] EuGH ECLI:EU:C:2016:401 Rn. 34 = NJW 2016, 2093 – Bogendorff von Wolffersdorff bestätigt durch EuGH ECLI:EU:C:2017:432 Rn. 31, 112232 Rn. 31 – Mircea Florian Freitag.

[386] OLG Hamburg BeckRS 2014, 12753 (sub II.2); *Basedow* IPRax 2011, 109 (116); *de Vido* Cuad. der. trans. 4 (2012), Nr. 1, 222, 229; ebenso zu Art. 19 des italienischen IPRG *Raiteri* JPIL 10 (2014), 308 (322); ferner NK-BGB/*Hilbig-Lugani* Rom III-VO Art. 8 Rn. 19a, die jedoch auch in diesen Fällen einen schematischen Vorrang der deutschen Staatsangehörigkeit als nicht im Geiste der Verordnung betrachtet und daher ablehnt.

[387] NK-BGB/*Hilbig-Lugani* Rom III-VO Art. 8 Rn. 19a.

[388] Anders *Mankowski* Dual and Multiple Nationals S. 201 f.

mung mit der lex fori. Können zwei Personen das Recht des Staates wählen, dem sie gemeinsam angehören und besitzen sie mehrere gemeinsame Staatsangehörigkeiten, können sie ebenfalls für das Recht jedes dieser Staaten optieren (Art. 10 GE). Schließlich soll die Wahl zwischen mehreren Staatsangehörigkeiten auch dann eröffnet werden, wenn mehrere Personen das Recht des Staates wählen können, dem nur eine von ihnen angehört (Art. 11 GE). Letzten Endes bekräftigen also alle drei vorgeschlagenen Artikel, dass es im Falle einer Rechtswahl weder auf eine Effektivitätsprüfung noch auf eine Übereinstimmung des gewählten Rechts mit der lex fori ankommt.[389] In Bezug auf die objektive Anknüpfung an die gemeinsame Staatsangehörigkeit zweier Personen sieht Art. 12 GE vor, dass diese Anknüpfung von weiteren Staatsangehörigkeiten, welche die eine oder andere dieser Personen besitzen, unberührt bleibt. Was gelten soll, wenn *beide* Personen eine gemeinsame zweite Staatsangehörigkeit haben, wird hingegen nicht deutlich. Ferner ist der Fall der objektiven Anknüpfung an die Staatsangehörigkeit einer einzelnen Person nicht geregelt, der zB im Namensrecht relevant werden kann.

7. Staatsverträge. Auf **staatsvertragliche Kollisionsnormen** findet Art. 5 Abs. 1 grundsätzlich **90** keine Anwendung.[390] Bereits aus formaler Sicht spricht der in Art. 3 Nr. 2 hervorgehobene Vorrang von Staatsverträgen gegenüber dem deutschen IPR dafür, in Fällen mehrfacher Staatsangehörigkeit nicht Art. 5 Abs. 1 anzuwenden, sondern eine autonome Lösung im Rahmen des jeweiligen Übereinkommens zu entwickeln.[391] Dies gilt eindeutig dann, wenn die Konvention selbst eine Spezialvorschrift zur Lösung der Mehrstaaterproblematik (die allerdings in der Regel fehlt)[392] oder zumindest auslegungs- bzw. analogiefähige Normen enthält.[393] Aber selbst dann, wenn es an einer solchen Vorschrift mangelt, sollte nicht ohne weiteres zur Lückenfüllung auf das deutsche IPR zurückgegriffen werden.[394] Zwar kennen viele Rechtsordnungen dem Art. 5 Abs. 1 S. 2 inhaltlich entsprechende Regeln, die der eigenen Staatsangehörigkeit den Vorrang einräumen.[395] Daraus lässt sich aber keine allgemeine Vermutung ableiten, dass Vertragsstaaten Doppelstaater, die auch die Staatsangehörigkeit des Gerichtsstaates haben, stets nur als eigene Staatsangehörige betrachten.[396] Allein eine übereinkommensautonome Lösung, die sich grundsätzlich am Effektivitätsprinzip orientiert, ermöglicht die Wahrung des internationalen Entscheidungseinklangs, weil nur so sichergestellt ist, dass jeweils von den Gerichten der Vertragsstaaten dasselbe Sachrecht angewendet wird.[397] Zum Teil wird indes der in Art. 5 Abs. 1 S. 2 EGBGB festgelegte Vorrang der inländischen Staatsangehörigkeit auch im Rahmen staatsvertraglicher Kollisionsnormen, zB Art. 3 Haager Minderjährigenschutzabkommen (MSA) von 1961, für maßgeblich gehalten.[398] Der Gedanke des internationalen Entscheidungseinklangs gebietet es aber, die effektive Staatsangehörigkeit auch für Kinder mit einer inländischen Staatsangehörigkeit zu ermitteln.[399] Diese Lösung entspricht zudem der überwiegenden Praxis in den anderen Vertragsstaaten.[400] Für die Wechsel- und Scheckfähigkeit nach Art. 91 Abs. 1 WG, Art. 60 Abs. 1 ScheckG wird hingegen in der deutschen Literatur eine Ergänzung durch Art. 5

---

[389] Dies begrüßend *Mankowski* Dual and Multiple Nationals S. 209.

[390] Bamberger/Roth/*Lorenz* Rn. 10; *v. Bar/Mankowski* IPR I § 7 Rn. 120; *v. Hoffmann/Thorn* IPR § 5 Rn. 22; jurisPK-BGB/*Baetge* Rn. 50; *Kropholler* IPR § 37 II 1b; *Looschelders* IPR Rn. 30; *Lüderitz* IPR Rn. 116; *Mansel,* Personalstatut, Staatsangehörigkeit und Effektivität, 1988, Rn. 482 ff.; *Martiny* JZ 1993, 1145 (1148); NK-BGB/*Schulze* Rn. 32; PWW/*Mörsdorf-Schulte* Rn. 27; *Sonnenberger* BerGesVR 29 (1988), 9 (21 f.).

[391] *Lüderitz* IPR Rn. 116; *Mansel,* Personalstatut, Staatsangehörigkeit und Effektivität, 1988, Rn. 485; NK-BGB/*Schulze* Rn. 32; im Ausgangspunkt auch Staudinger/*Bausback* (2013) Rn. 28.

[392] jurisPK-BGB/*Baetge* Rn. 50.

[393] *Mansel,* Personalstatut, Staatsangehörigkeit und Effektivität, 1988, Rn. 485; insoweit auch Erman/*Hohloch* Rn. 8.

[394] *v. Bar/Mankowski* IPR I § 7 Rn. 120; *Mansel,* Personalstatut, Staatsangehörigkeit und Effektivität, 1988, Rn. 486; NK-BGB/*Schulze* Rn. 32; aA Erman/*Hohloch* Rn. 8.

[395] So Erman/*Hohloch* Rn. 8.

[396] So aber Staudinger/*Bausback* (2013) Rn. 29.

[397] Näher *Mansel,* Personalstatut, Staatsangehörigkeit und Effektivität, 1988, Rn. 486; *Sonnenberger* BerGesVR 29 (1988), 9 (21 f.); ebenso Bamberger/Roth/*Lorenz* Rn. 10; *v. Bar/Mankowski* IPR I § 7 Rn. 120; jurisPK-BGB/*Baetge* Rn. 50; *Kropholler* IPR § 37 II 1b.

[398] Allg. Erman/*Hohloch* Rn. 8; zu Art. 3 MSA BGH DAVorm. 2000, 704 = NJWE-FER 2000, 278; BayObLGZ 1990, 241 = FamRZ 1991, 216; OLG Koblenz NJW-RR 2009, 1014 = FamRZ 2009, 611; *v. Bar* IPR II Rn. 332; offengelassen von OLG Hamm NJW 1989, 672.

[399] So auch OLG Düsseldorf NJW-RR 1994, 5 = FamRZ 1994, 107; iE auch OLG München IPRax 1988, 32 m. Aufsatz *Mansel* IPRax 1988, 22; OLG Köln IPRspr. 1998 Nr. 101; *Jayme* IPRax 1989, 107; *Lüderitz* IPR Rn. 116; *Mansel* IPRax 1985, 209; *Martiny* JZ 1993, 1148; Soergel/*Kegel* Vor Art. 19 Rn. 38; Staudinger/*Kropholler* (2003) Vor Art. 19 Rn. 352.

[400] Cass. (Italien) Riv. dir. int. priv. proc. 2002, 128; hierzu *Bariatti* YbPIL 13 (2011), 1 (11); wN bei Staudinger/*Kropholler* (2003) Vor Art. 19 Rn. 353.

Abs. 1 – einschließlich des Satzes 2 – EGBGB für zulässig erachtet.[401] Vorzugswürdig erscheint aber auch insoweit zur Wahrung des internationalen Entscheidungseinklangs im Rahmen der Genfer Übereinkommen das Effektivitätsprinzip.[402]

91   Auch staatsvertragliche Vorschriften auf dem Gebiet des Verfahrensrechts, die eine **Heimatzuständigkeit** vorsehen (zB Art. 7 ErwSÜ, Art. 4 MSA), sollten nicht anhand des Art. 5 Abs. 1 konkretisiert werden.[403] Dagegen spricht bereits, dass diese Vorschrift selbst im deutschen Recht auf verfahrensrechtlichem Gebiet keine Anwendung findet (→ Rn. 71). Damit wird indes nicht ausgeschlossen, dass eine nicht-effektive Staatsangehörigkeit – ebenso wie im autonomen und europäischen Zivilverfahrensrecht (→ Rn. 71, 76) – für die Eröffnung einer staatsvertraglichen Heimatzuständigkeit ausreichen kann.[404]

92   Die Auslegung eines Staatsvertrages kann ferner ergeben, dass sein persönlicher Anwendungsbereich Mehrstaater unabhängig von der Frage ihrer effektiven Staatsangehörigkeit gar nicht erfasst. So ist zB das **deutsch-iranische Niederlassungsabkommen** vom 17.2.1929 nach stRspr auf deutsch-iranische Doppelstaater nicht anwendbar, denn der „Sinn des Niederlassungsabkommens ist es, den Staatsangehörigen des jeweils anderen Vertragsstaats in dem von dem Abkommen geregelten Bereich grundsätzlich die gleichen Rechte und Pflichten wie den eigenen Staatsangehörigen zukommen zu lassen. Wer [...] beide Staatsangehörigkeiten besitzt, bedarf dieser Privilegierung aber nicht, da ihm ohnehin die mit beiden Staatsangehörigkeiten jeweils verbundene Rechtsstellung zusteht [...].“[405] Dieses Abkommen kommt darüber hinaus nur dann zur Anwendung, wenn alle Beteiligten dieselbe Staatsangehörigkeit haben.[406] Hingegen schadet es nicht, wenn eine der beteiligten Personen neben der effektiven iranischen Staatsangehörigkeit auch noch über diejenige eines Drittstaates (zB Kanada) verfügt.[407]

93   Im Übrigen ist es eine Frage der **Auslegung der jeweiligen Kollisionsnorm** eines Staatsvertrages, ob diese nur in Bezug auf eine effektive Staatsangehörigkeit gelten soll oder auch eine nicht-effektive Staatsangehörigkeit ausreicht. Ist lediglich vom Recht „eines“ und nicht „des“ Staates die Rede, dem eine Person angehört, spricht dies regelmäßig dafür, dass auch eine nicht-effektive Staatsangehörigkeit einen tauglichen Anknüpfungspunkt bildet.[408] Ferner ist – wie im europäischen Kollisionsrecht (→ Rn. 78) – bei der Eröffnung einer Rechtswahlmöglichkeit, zB für die Vorsorgevollmacht nach Art. 15 Abs. 2 lit. a ErwSÜ oder im Unterhaltsrecht nach Art. 8 Abs. 1 lit. a UnthProt, in der Regel anzunehmen, dass auch das Recht einer nicht-effektiven Staatsangehörigkeit gewählt werden kann.[409] Ebenso wird man bei **alternativen Anknüpfungen** mangels gegenteiliger Anhaltspunkte davon ausgehen müssen, dass der dahinter stehende Begünstigungszweck die Einbeziehung auch einer nicht-effektiven Staatsangehörigkeit rechtfertigt.[410] Das ist für Art. 1 Abs. 1 lit. b HTestFormÜ allgemein anerkannt (→ Rn. 68); es ist auch für Art. 4 Abs. 4 HUP (*favor creditoris*) und Art. 6 HUP richtig.[411]

---

[401] HL, s. *v. Bar*, FS W. Lorenz, 1991, 273 (276 f.); *Baumbach/Hefermehl/Casper* Wechselgesetz/Scheckgesetz, 2008, WG Art. 91 Rn. 2; Staudinger/*Hausmann* (2013) Art. 7 Rn. 72.

[402] Eingehend *Morawitz*, Das internationale Wechselrecht, 1991, 77 f.; ebenso *Bülow* Wechselgesetz/Scheckgesetz, 2013, WG Art. 91 Rn. 1.

[403] So aber die stRspr zu Art. 4 MSA: BGH NJW 1997, 3024 = FamRZ 1997, 1070; BGHZ 163, 248 Rn. 20 = NJW 2005, 3424 (3427); OLG Nürnberg NJW-RR 2002, 1515 = FamRZ 2003, 163 = IPRax 2003, 147 m. Aufsatz *Bauer* IPRax 2003, 135.

[404] *Looschelders* IPR Rn. 30; eingehend zu Art. 7 ErwSÜ Staudinger/*v. Hein* (2014) Vor Art. 24 Rn. 86; im Rahmen von Art. 4 MSA ist die Frage sehr str., näher Staudinger/*Kropholler* (2003) Vor Art. 19 Rn. 388 ff. (für einen Vorrang der effektiven Staatsangehörigkeit zur Sicherung des internationalen Entscheidungseinklangs).

[405] BVerfG NJW-RR 2007, 577 (578); OLG München ZEV 2010, 255 = FamRZ 2010, 1280; OLG Hamm NJOZ 2013, 1006; im Erg. auch OLG Frankfurt a.M. NJW 2017, 896 Rn. 25 f.; LG Köln BeckRS 2014, 14466 (jeweils über Art. 5 Abs. 1 S. 2); zur Frage, auf welchen Zeitpunkt abzustellen ist, wenn es nach der Rechtshängigkeit der Klage zu einem Wechsel der Staatsangehörigkeit kommt, ausf. OLG Celle NJOZ 2011, 1993 m. Anm. *Yassari* FamRBint. 2012, 2; OLG Frankfurt a.M. NJW 2017, 896 Rn. 25 f.

[406] StRspr, BGHZ 60, 68 (74 f.); BGH IPRax 1986, 382 (383) = FamRZ 1986, 345 (346); BGH NJW 1990, 636 (637) = FamRZ 1990, 32 (33); OLG Frankfurt a.M. NJW 2017, 896 Rn. 25 f.; umfangreiche Kasuistik bei Staudinger/*Mankowski* (2011) Art. 14 Rn. 5a.

[407] AG Hamburg-St. Georg ZEV 2015, 580.

[408] Erman/*Hohloch* Rn. 8.

[409] Näher zum ErwSÜ Staudinger/*v. Hein* (2014) Art. 24 Rn. 189; zum UnthProt Erman/*Hohloch* UnthProt-Art. 8 Rn. 2; Palandt/*Thorn* UnthProt Art. 8 Rn. 30; Rauscher/*Andrae* EuZPR/EuIPR UnthProt Art. 16 Rn. 8.

[410] So auch (im Hinblick auf Art. 83 Abs. 2 EuErbVO) *Mankowski* Dual and Multiple Nationals S. 202 f.

[411] Eindeutig idS der Erläuternde Bericht zum UnthProt von *Bonomi* Rn. 76, 106; ihm folgend die hL, jurisPK-BGB/*Baetge* Rn. 51; NK-BGB/*Bach* UnthProt Art. 4 Rn. 26; Rauscher/*Andrae* EuZPR/EuIPR UnthProt Art. 16 Rn. 8; zu Art. 18 Abs. 1 S. 2 EGBGB aF bereits *Kropholler* IPR § 37 II 1b; aA aber Erman/*Hohloch* UnthProt Art. 4 Rn. 8; Palandt/*Thorn* UnthProt Art. 4 Rn. 18; zu Art. 18 Abs. 5 EGBGB aF noch OLG Frankfurt a.M. NJW-RR 2012, 1477 (1478).

IV. Staatenlose (Abs. 2 Alt. 1)

1. Allgemeines. Das Staatsangehörigkeitsprinzip versagt, wenn die Anknüpfungsperson staatlos 94 ist. In diesen Fällen bedarf es daher einer **Ersatzanknüpfung.** In der Ursprungsfassung des EGBGB unterschied Art. 29 aF zwischen Personen, die nie einem Staat angehört hatten, einerseits, und Personen, die ihre Staatsangehörigkeit verloren hatten, andererseits.[412] Für Personen, die von Geburt an staatlos waren, galt das Recht ihres Wohnsitzes, hilfsweise ihres Aufenthalts; für später staatlos gewordene Personen wurde hingegen an das Recht ihrer letzten Staatsangehörigkeit angeknüpft. Diese Differenzierung bewährte sich aber nicht: Aufgrund des Staatenzerfalls in Ost- und Mitteleuropa sowie der Russischen Revolution von 1917 kam es nach dem Ersten Weltkrieg zu einem erheblichen Anstieg an Fällen von Staatenlosigkeit, in denen es sich zunehmend als unangemessen erwies, staatenlose Personen am Recht ihres Herkunftslandes festzuhalten, also zB ausgebürgerte russische Emigranten den revolutionären Gesetzen der Sowjetunion zu unterwerfen, denen sie gerade zu entkommen getrachtet hatten.[413] Im Jahre 1938 wurde daher, auch unter dem Einfluss der 6. Haager Konferenz von 1928,[414] Art. 29 EGBGB aF im Sinne einer Gleichbehandlung der betroffenen Personengruppen novelliert;[415] fortan wurden nicht nur originär Staatenlose, sondern auch erst später staatlos gewordene Personen dem Recht an ihrem gewöhnlichen Aufenthalt, hilfsweise an ihrem schlichten Aufenthalt, unterstellt.[416] Bei der Reform des EGBGB stand außer Streit, dass diese Regelung inhaltlich beibehalten werden sollte.[417]

Der **persönliche Anwendungsbereich** der Vorschrift wird in erheblichem Maße durch vorran- 95 gige Staatsverträge eingeschränkt (New Yorker Staatenlosenübereinkommen, → Anh. I Art. 5 Rn. 1 ff.; Genfer Flüchtlingskonvention, → Anh. II Art. 5 Rn. 18 ff.). Daraus ergibt sich im Überblick Folgendes:

2. Erfasster Personenkreis. Als staatlos bezeichnet man eine Person, „die kein Staat auf Grund 96 seines Rechtes als Staatsangehörigen ansieht" (Art. 1 Abs. 1 StaatenlosenÜbk.); diese international anerkannte Definition liegt auch dem Art. 5 Abs. 2 Alt. 1 zugrunde.[418] Man spricht insoweit von **De-jure-Staatenlosen.**[419] Daneben wird im Völkerrecht von einer sog. De-facto-Staatenlosigkeit gesprochen, die eintritt, wenn eine Person zwar rechtlich noch die Staatsangehörigkeit ihres Heimatstaates besitzt, dieser ihr aber (etwa aus politischen Gründen) den diplomatischen Schutz verweigert oder ihr diesen Schutz zB wegen Handlungsunfähigkeit der staatlichen Organe (sog. „failed state") nicht gewähren kann.[420] Eine solche De-facto-Staatenlosigkeit kann zB im Ausländerrecht relevant sein.[421] Sie wird in anderen Ländern zum Teil auch kollisionsrechtlich anerkannt, namentlich in Art. 24 Abs. 1 Alt. 2 des schweizerischen IPRG, der eine Person als staatlos behandelt, „wenn ihre Beziehung zum Heimatstaat so gelockert ist, dass dies einer Staatenlosigkeit gleichkommt". Im geltenden deutschen IPR findet eine solche Analogie aber keine Stütze.[422] Insbesondere ist die De-Facto-Staatenlosigkeit im eben beschriebenen Sinne nicht mit der Situation gleichzusetzen, dass die Staatsangehörigkeit einer Person lediglich nicht festgestellt werden kann;[423] der letztgenannte Fall wird explizit von Art. 5 Abs. 2 Alt. 2 erfasst (näher → Rn. 111 f.). Um Verwechslungen zwischen

---

[412] Die Vorschrift lautete: „Gehört eine Person keinem Staate an, so werden ihre Rechtsverhältnisse, soweit die Gesetze des Staates, dem eine Person angehört, für maßgebend erklärt sind, nach den Gesetzen des Staates beurteilt, dem die Person zuletzt angehört hat, und, wenn sie auch früher einem Staat nicht angehört hat, nach den Gesetzen des Staates, welchem sie ihren Wohnsitz und in Ermangelung eines Wohnsitzes ihren Aufenthalt hat oder zu der maßgebenden Zeit gehabt hat"; zur geschichtlichen Entwicklung näher *Baetge,* Der gewöhnliche Aufenthalt, 1994, 11 ff.

[413] Näher *Baetge,* Der gewöhnliche Aufenthalt, 1994, 12 f.; *Carlier* Rec. des Cours 332 (2007), 9 Rn. 195; *Kropholler* RabelsZ 57 (1993), 207 (208 f.).

[414] Hierzu *Kropholler* RabelsZ 57 (1993), 207 (208 f.); *Dutta* IPRax 2017, 139 (140).

[415] Gesetz über die Änderung und Ergänzung familienrechtlicher Vorschriften und über die Rechtsstellung der Staatenlosen vom 12.4.1938, RGBl. 1938 I S. 380, 383.

[416] Die Vorschrift lautete nun: „Soweit die Gesetze des Staates, dem eine Person angehört, für maßgebend erklärt sind, werden die Rechtsverhältnisse einer staatenlosen Person nach dem Recht des Staates beurteilt, in dem sie ihren gewöhnlichen Aufenthalt oder mangels eines solchen ihren Aufenthalt hat oder zu der maßgebenden Zeit gehabt hat."

[417] Ausf. *Beitzke* in Vorschläge und Gutachten, 1972, 143 ff.

[418] *Looschelders* IPR Rn. 31; Staudinger/*Bausback* (2013) Rn. 32.

[419] *Rauscher* IPR Rn. 236; Staudinger/*Bausback* (2013) Rn. 33.

[420] Näher Staudinger/*Bausback* (2013) Rn. 34.

[421] Näher Bergmann/Dienelt/*Dienelt* Ausländerrecht, 11. Aufl. 2016, AufenthG § 1 Rn. 34.

[422] *Ferid* IPR 1-32,1; Staudinger/*Bausback* (2013) Rn. 34.

[423] Staudinger/*Bausback* (2013) Rn. 35.

diesen rechtlich und tatsächlich unterschiedlich gelagerten Fallgruppen zu vermeiden, sollte auf den Begriff der De-facto-Staatenlosigkeit im geltenden deutschen IPR besser verzichtet werden.[424]

97   Auch wenn es sich bei einer Person um einen De-jure-Staatenlosen im oben genannten Sinne handelt, ist der Anwendungsbereich des Art. 5 Abs. 2 in mehrfacher Hinsicht begrenzt: Erstens genießt eine Rechtsstellung als Deutscher, die sich aus Art. 116 GG ergibt, den Vorrang vor Art. 5 Abs. 2, wie sich auch aus der Formulierung des Art. 5 Abs. 1 S. 2 schließen lässt (→ Rn. 23). Zweitens gehen Sondervorschriften für das Personalstatut von Verschleppten und Flüchtlingen (AHKG Nr. 23, Genfer Konvention, → Anh. II Art. 5 Rn. 17) dem Art. 5 Abs. 2 vor.[425] Drittens bleiben selbst De-jure-Staatenlose vom persönlichen Anwendungsbereich des Art. 5 Abs. 2 ausgenommen, wenn sie unter die New Yorker Staatenlosenkonvention fallen.

98   Art. 5 Abs. 2 findet demnach **keine Anwendung** auf
- staatenlose Volksdeutsche, soweit sie deutschen Staatsangehörigen gleichstehen (Art. 116 Abs. 1 GG);
- durch NS-Vorschriften zu Unrecht ausgebürgerte Deutsche, insbesondere solche jüdischer Abstammung (Art. 116 Abs. 2 GG);
- Verschleppte und Flüchtlinge, die staatenlos sind oder deren Staatsangehörigkeit nicht feststellbar ist und die nicht bereits unter (1) fallen;
- staatenlose Flüchtlinge iS des Genfer Abkommens über die Rechtsstellung der Flüchtlinge und des ergänzenden Protokolls;
- staatenlose Personen, auf die § 2 AsylG und § 1 des Gesetzes über Maßnahmen für im Rahmen humanitärer Hilfsaktionen aufgenommene Flüchtlinge (außer Kraft seit 1.1.2005, → Anh. II Art. 5 Rn. 82) den Art. 12 des vorerwähnten Genfer Abkommens für anwendbar erklärt;
- Personen im Sinne des StaatenlosenÜbk. (s. Art. 5 Anh. I).

99 Wie schon Art. 29 aF ist auch Art. 5 Abs. 2 somit weitgehend gegenstandslos. Er bleibt nur noch für die unter die Ausnahmen von Art. 1 Abs. 2 lit. (i), (iii) StaatenlosenÜbk. fallenden Personen anwendbar, → Anh. I Art. 5 Rn. 2. Art. 1 Abs. 2 lit. (ii) StaatenlosenÜbk. ist praktisch vor allem für die staatenlosen Volksdeutschen relevant, für die nach dem oben (→ Rn. 97) Gesagten aber auch Art. 5 Abs. 2 außer Betracht bleibt.

100   Art. 5 Abs. 2 findet auch Anwendung, wenn ein Rechtsverhältnis in Bezug auf eine Person zu beurteilen ist, die zwar selbst nicht staatenlos ist, dieses Rechtsverhältnis aber an das Personalstatut einer anderen Person angeknüpft wird, die wiederum staatenlos ist, so insbesondere in Art. 19 Abs. 1 S. 2, Art. 22 Abs. 1 S. 1 (sog. **„personae coniunctae"**).[426]

101   **3. Ursachen.** Die Staatenlosigkeit einer Person kann auf verschiedenen Gründen beruhen.[427] Der geradezu klassische Entstehungsgrund ist die **Divergenz der nationalen Staatsangehörigkeitsrechte** zwischen den Prinzipien des *ius soli* einerseits, des *ius sanguinis* andererseits:[428] Wird ein Kind, dessen Eltern einem Staat des *ius soli* angehören, in einem Staat geboren, der dem *ius sanguinis* folgt, kann bereits von Geburt an Staatenlosigkeit eintreten.[429] Tatsächlich wird heute aber vielfach das *ius-soli*-Prinzip um Elemente des *ius sanguinis* ergänzt, um dieses Szenario zu vermeiden.[430] Ferner sieht Art. 6 Abs. 2 EuÜStA (→ Rn. 18 f.) vor, dass die Vertragsstaaten im Inland geborenen Kindern *iure soli* ihre Staatsangehörigkeit verleihen müssen, wenn diese andernfalls staatenlos werden. Zweitens kann eine Staatenlosigkeit durch **familienrechtliche Vorgänge** und deren unterschiedliche Bewertung durch die beteiligten Staaten verursacht werden, wenn zB eine Frau durch die Eheschließung mit einem Ausländer die Staatsangehörigkeit ihres Heimatstaates verliert, der Heimatstaat des Ehemannes sie aber – aus welchen Gründen auch immer – nicht einbürgern will.[431] Im Wege einer sog. „Leihmutterschaft" im Ausland geborene Kinder können staatenlos sein, wenn aus Sicht der ausländischen Rechtsordnung allein die (deutsche) genetische Mutter die Staatsangehörigkeit vermitteln kann, während das deutsche Recht genau umgekehrt nur die (ausländische) Tragemutter (§ 1591 BGB) für maßgebend hält.[432] Drittens kann eine Staatenlosigkeit durch **Ausbürgerung**

---

[424] *Ferid* IPR 1-32,1; Staudinger/*Bausback* (2013) Rn. 34; anders *Rauscher* IPR Rn. 238, der die in Art. 5 Abs. 2 Alt. 2 genannte Personengruppe (nicht feststellbare Staatsangehörigkeit) als „de facto staatenlos" bezeichnet.
[425] AG Rottweil BeckRS 2012, 23290.
[426] Soergel/*Kegel* Rn. 63; ebenso bereits zu Art. 29 EGBGB aF *Raape/Sturm* IPR S. 131.
[427] Näher *Lambert* ICLQ 64 (2015), 1 (3); *Rauscher* IPR Rn. 240 ff.; Staudinger/*Bausback* (2013) Rn. 36.
[428] Zu den denkbaren Konstellationen näher *Jacob* ZAR 2014, 409 (411 ff.).
[429] *Rauscher* IPR Rn. 240; Staudinger/*Bausback* (2013) Rn. 36.
[430] Zum Recht der USA s. *Rauscher* IPR Rn. 240.
[431] Heute eher selten, näher *Rauscher* IPR Rn. 242.
[432] Vgl. zur Problematik zB VG Berlin IPRax 2014, 80 = EZAR NF 79 Nr. 7; VG Köln NJW 2013, 2617; einschr. aufgrund des Art. 8 EMRK jetzt aber EGMR NJW 2015, 3211 – Mennesson/Frankreich.

einer Person oder bestimmter Personengruppen hervorgerufen werden.[433] Schließlich sind Personen staatenlos, die in einem Gebiet leben, das international nicht als Staat anerkannt wird und dem auch keine zumindest faktische Staatsqualität (→ Rn. 17) zukommt. In den palästinensischen Autonomiegebieten lebende Personen sind daher als staatenlos anzusehen.[434]

Ob eine Staatenlosigkeit im Einzelfall bereits mit der Geburt eines Menschen oder aus einem **102** anderen der oben genannten Gründe eingetreten ist, bedarf aus kollisionsrechtlicher Sicht grundsätzlich keiner Entscheidung, weil das geltende deutsche IPR seit 1938 nicht mehr zwischen verschiedenen Entstehungsgründen differenziert (→ Rn. 94); eine genaue Feststellung kann aber dann erforderlich sein, wenn es auf das Bestehen einer Staatsangehörigkeit zu einem bestimmten kollisionsrechtlich maßgebenden Zeitpunkt ankommt (→ Rn. 104).

4. Anknüpfung. a) Gewöhnlicher oder schlichter Aufenthalt. Das Personalstatut einer staa- **103** tenlosen Person richtet sich nach ihrem gewöhnlichen, oder mangels eines solchen, nach ihrem schlichten („einfachen") Aufenthalt (Art. 5 Abs. 2). Die Begriffe werden in → Rn. 114 bzw. → Rn. 121 ff. näher erläutert. Die Anknüpfung an den schlichten Aufenthalt ist im Verhältnis zum **vorrangigen gewöhnlichen Aufenthalt** als restriktiv zu handhabende Auffanglösung zu verstehen.[435] Sie darf nicht angewendet werden, wenn es lediglich faktisch schwerfällt, den gewöhnlichen Aufenthalt zu bestimmen, etwa bei einem jahreszeitlich wechselnden Aufenthalt der Person (näher → Rn. 163 ff.). Anders als zB im Rahmen des § 16 ZPO[436] schließt nach Art. 5 Abs. 2 auch ein gewöhnlicher Aufenthalt im Ausland die Anknüpfung an einen schlichten Aufenthalt im Inland aus. Lässt sich höchst ausnahmsweise nicht einmal ein schlichter Aufenthalt der betroffenen Person ermitteln (näher → Rn. 124), so dass selbst die gesetzlich vorgesehene letztsubsidiäre Ersatzanknüpfung scheitert, ist bei Staatenlosen nicht auf deren letzten bekannten gewöhnlichen oder schlichten Aufenthalt abzustellen,[437] da eine vergangenheitsbezogene Sichtweise dem Normzweck des Abs. 2 (→ Rn. 94) widerspricht.[438] Auch nach dem „wahrscheinlichsten" Aufenthalt zu forschen,[439] sollte aus Gründen der Rechtssicherheit ausscheiden. Sachgerechter erscheint es, in einer solchen äußersten Anknüpfungsnot auf die lex fori zurückzugreifen.[440]

b) Zeitpunkt. Welcher Zeitpunkt für das Vorliegen eines gewöhnlichen oder schlichten Aufent- **104** halts jeweils maßgebend ist, richtet sich nach der Kollisionsnorm, zu deren Ergänzung die in Art. 5 Abs. 2 genannten Ersatzanknüpfungen herangezogen werden.[441] Art. 29 EGBGB idF von 1938 sagte das noch ausdrücklich („zu der maßgebenden Zeit"); der Reformgesetzgeber von 1986 hielt eine solche Klarstellung für überflüssig und wollte insoweit auch den redaktionellen Einklang mit Art. 5 Abs. 1 wahren.[442] Verliert eine Person ihre zuvor bestehende Staatsangehörigkeit, tritt nach Art. 5 Abs. 2 ein **Statutenwechsel** hin zum gewöhnlichen oder schlichten Aufenthalt ein. Wohlerworbene Rechte dieser Person, zB aufgrund einer Eheschließung, bleiben davon indes grundsätzlich unberührt; Art. 12 Abs. 2 StaatenlosenÜbk drückt insoweit lediglich einen allgemeinen Rechtsgedanken aus, so dass auf die Erläuterungen hierzu (→ Anh. I Art. 5 Rn. 7) verwiesen werden kann. Daran können sich weitere Statutenwechsel anschließen, etwa wenn der Staatenlose seinen gewöhnlichen Aufenthalt in einen anderen Staat verlegt. Insoweit gelten keine Besonderheiten; es kommt jeweils darauf an, ob die jeweilige Kollisionsnorm eine wandelbare (zB Art. 14) oder unwandelbare Anknüpfung (zB Art. 15) vorsieht (→ Einl. IPR Rn. 76 ff.).

c) Renvoi und Rechtsspaltung. Die Ersetzung des Anknüpfungsmoments der Staatsangehörig- **105** keit durch den gewöhnlichen oder schlichten Aufenthalt nach Art. 5 Abs. 2 ändert nichts daran, ob die maßgebende Kollisionsnorm, zu deren Ergänzung die Vorschrift herangezogen wird, eine Gesamt- oder Sachnormverweisung (Art. 3a Abs. 1, Art. 4 Abs. 1) ausspricht.[443] Ein Renvoi kann

---

[433] Hierzu eingehend *Lambert* ICLQ 64 (2015), 1 ff.; *Rauscher* IPR Rn. 244 f.

[434] AG Neumünster RPfleger 1987, 311; *Rauscher* IPR Rn. 239; Staudinger/*Sturm*/*Sturm* (2012) Einl. IPR Rn. 815; vgl. auch *Looschelders* IPR Rn. 6; *Börner* IPRax 1997, 47 (51).

[435] Vgl. Bericht *Lagarde* Nr. 55 zu Art. 6 ErwSÜ.

[436] Nach § 16 ZPO schließt nur das Vorliegen eines in- oder ausländischen *Wohnsitzes* den Rückgriff auf den schlichten Aufenthalt aus.

[437] Dafür aber Staudinger/*Bausback* (2013) Rn. 50.

[438] *Looschelders* IPR Rn. 31.

[439] Dafür aber *Kegel*/*Schurig* IPR § 15 V 1b.

[440] Bamberger/Roth/*Lorenz* Rn. 17; *Looschelders* IPR Rn. 31; *Raape*/*Sturm* IPR S. 131.

[441] BT-Drs. 10/504, 41; s. zB OLG Hamm FamRZ 1995, 602 = StAZ 1995, 238 (Namenserwerb bei Geburt); OLG Zweibrücken StAZ 1996, 268 = IPRspr. 1996 Nr. 61 (Eheschließung); OLG Zweibrücken FamRZ 2006, 1201 = BeckRS 2005, 10798 (Ehescheidung).

[442] BT-Drs. 10/504, 41.

[443] Bamberger/Roth/*Lorenz* Rn. 11; Erman/*Hohloch* Rn. 16; Staudinger/*Bausback* (2013) Rn. 55.

sich zB auch daraus ergeben, dass die von unserem IPR im Wege der Ersatzanknüpfung berufene Rechtsordnung den Begriff des gewöhnlichen Aufenthalts anders definiert oder stattdessen an das *domicile* einer Person anknüpft. Zur str. Frage der Beachtlichkeit eines Renvoi im Rahmen des New Yorker Staatenlosenübereinkommens und der Genfer Flüchtlingskonvention → Anh. I Art. 5 Rn. 11; → Anh. II Art. 5 Rn. 68 f. Im Falle einer Verweisung auf einen Mehrrechtsstaat wird durch den gewöhnlichen oder schlichten Aufenthalt iS des Art. 4 Abs. 3 S. 1 unmittelbar die maßgebende Teilrechtsordnung bezeichnet (näher → Art. 4 Rn. 184).

106   **5. Sachlicher Anwendungsbereich. a) Europäisches und staatsvertragliches IPR.** Im europäischen und staatsvertraglichen IPR fehlen in der Regel spezielle Vorschriften zur Behandlung Staatenloser, nicht zuletzt deshalb, weil diese Materie bereits weitgehend durch das New Yorker Übereinkommen von 1954 geregelt ist. Es lässt sich aber zB aus Erwägungsgrund 22 Rom III-VO schließen, dass eine Ergänzung dieser Verordnung durch völkervertragliche Regeln oder autonomes Recht nicht nur in Bezug auf Mehrstaater, sondern auch in Bezug auf Staatenlose im Sinne des Verordnungsgebers ist.[444] Dagegen bestehen keine Bedenken, weil eine andere internationalisierungs-fähige Ersatzanknüpfung als der gewöhnliche Aufenthalt kaum vorstellbar ist.[445] Gleiches ist für die Kollisionsnormen der EuErbVO anzunehmen. Eine staatenlose Person kann also mit ihrem Ehegatten nach Art. 5 Abs. 1 lit. c Rom III-VO oder als künftiger Erblasser nach Art. 22 Abs. 1 S. 1 Alt. 1 EuErbVO das Recht ihres gewöhnlichen Aufenthalts wählen. Für Art. 15 Abs. 2 lit. a ErwSÜ ist die Frage weitgehend bedeutungslos, weil die Vorsorgevollmacht schon kraft objektiver Anknüpfung dem Recht am gewöhnlichen Aufenthalt des Erwachsenen im Zeitpunkt ihrer Erteilung unterliegt (Art. 15 Abs. 1 ErwSÜ). Für die Wechsel- und Scheckfähigkeit nach Art. 91 Abs. 1 WG und Art. 60 Abs. 1 ScheckG ist heute allgemein anerkannt, dass Staatenlose gemäß Art. 5 Abs. 2 einzubeziehen sind.[446]

107   **b) Internationales Zivilverfahrensrecht.** Für eine staatenlose Person entfällt naturgemäß die unmittelbare Heranziehung der Heimatzuständigkeiten im Familienverfahrensrecht (§§ 98 Abs. 1 Nr. 1, 99 Abs. 1 S. 1 Nr. 1, 100 Nr. 1, 101 Abs. 1 Nr. 1, 103 Abs. 1 Nr. 1, 104 Abs. 1 S. 1 Nr. 1 FamFG); eine besondere **Zuständigkeit für Staatenlose** mit gewöhnlichem Aufenthalt im Inland sieht aber § 98 Abs. 1 Nr. 3 FamFG in Ehesachen vor. Ebenso wenig wie Art. 5 Abs. 1 (→ Rn. 71) gilt Abs. 2 im internationalen Verfahrensrecht.[447] Bereits der Wortlaut der Vorschrift („ist das Recht des Staates anzuwenden") verdeutlicht ihre Rechtsnatur als bloße Hilfskollisionsnorm; zudem wäre § 98 Abs. 1 Nr. 3 FamFG andernfalls überflüssig. Soweit Staatenlose nicht ohnehin kraft internationalen oder deutschen Rechts auch für Zwecke des Verfahrens deutschen Staatsangehörigen gleichzustellen sind (Deutsche iS von Art. 116 GG nach Art. 9 Abschnitt II Nr. 5 FamRÄndG, Flüchtlinge iS der Genfer Konvention; näher → Anh. Art. 17a Rn. 48) verbleiben mit den sonstigen im FamFG geregelten Zuständigkeiten, die an den gewöhnlichen Aufenthalt einer Person anknüpfen, genügend Möglich-keiten, zu ihrem Schutz tätig zu werden.

108   Im **europäischen** und **staatsvertraglichen internationalen Zivilverfahrensrecht** bleibt zu prüfen, ob der jeweils maßgebende Zweck einer europäischen oder staatsvertraglichen Norm, die an die Staatsangehörigkeit anknüpft, eine Einbeziehung von Staatenlosen erlaubt. Dies ist für das europäische IZVR regelmäßig zu verneinen: So kann zB im 6. Spiegelstrich des Art. 3 Abs. 1 lit. a EuEheVO die Staatsangehörigkeit eines Ehegatten nicht durch den gewöhnlichen Aufenthalt eines Staatenlosen substituiert werden, weil die Staatsangehörigkeit hier gerade als ein *kumulativ* erforderli-ches, die Aufenthaltsanknüpfung verstärkendes Moment eingesetzt wird.[448] Erwägenswert wäre allenfalls die Anwendung des Art. 3 Abs. 1 lit. b EuEheVO, wenn ein Staatenloser seinen gewöhnli-chen Aufenthalt im Heimatstaat des anderen Ehegatten hat.[449] Angesichts der zahlreichen Aufent-haltszuständigkeiten der EuEheVO ist das praktische Bedürfnis für eine solche erweiternde Auslegung

---

[444] Ebenso zB jurisPK-BGB/*Ludwig* Rom III-VO Art. 5 Rn. 17; *Mankowski* Dual and Multiple Nationals S. 203 f.; NK-BGB/*Hilbig-Lugani* Rom III-VO Art. 5 Rn. 46; letztlich wohl auch Erman/*Hohloch* Rom III-VO Art. 5 Rn. 8.

[445] Die EU-Kollisionsnormen werden also nicht etwa um eine Wählbarkeit des Wohnsitzrechts erweitert, vgl. *Raiteri* JPIL 10 (2014), 308 (328 f.).

[446] Näher *Morawitz,* Das internationale Wechselrecht, 1991, 78; ebenso *v. Bar,* FS W. Lorenz, 1991, 273 (276 f.); Baumbach/Hefermehl/*Casper* Wechselgesetz/Scheckgesetz, 23. Aufl. 2008, WG Art. 91 Rn. 2; *Bülow* Wechselgesetz/Scheckgesetz, 5. Aufl. 2013, WG Art. 91 Rn. 1; Staudinger/*Hausmann* (2013) Art. 7 Rn. 72.

[447] Vgl. bereits (zu Art. 29 EGBGB aF) *Beitzke* in Vorschläge und Gutachten, 1972, 147.

[448] So zB *Dilger,* Die Regelungen zur internationalen Zuständigkeit in Ehesachen in der Verordnung (EG) Nr. 2201/2203, 2004, Rn. 503; Rauscher/*Rauscher* EuZPR/EuIPR EuEheVO Art. 3 Rn. 50; Zöller/*Geimer* EuEheVO Art. 3 Rn. 19.

[449] Rauscher/*Rauscher* EuZPR/EuIPR EuEheVO Art. 3 Rn. 60.

aber auch insoweit sehr gering.[450] Gleiches gilt angesichts der zahlreichen subsidiären bzw. Notzuständigkeiten nach Art. 10, 11 EuErbVO. Für Flüchtlinge, Vertriebene und Personen, deren gewöhnlicher Aufenthalt nicht festgestellt werden kann, ist im Bereich des Erwachsenenschutzes die Spezialvorschrift des Art. 6 ErwSÜ zu beachten; die Heimatzuständigkeit gilt insoweit nicht (Art. 7 Abs. 1 zweiter Halbsatz ErwSÜ). Für sonstige Staatenlose ist eine Einbeziehung in die Heimatzuständigkeit bedeutungslos, weil bereits die Primärzuständigkeit am gewöhnlichen Aufenthalt des Betroffenen besteht (Art. 5 ErwSÜ).

c) Exklusivnormen. Nach herkömmlicher Auffassung soll Art. 5 Abs. 2 keine Anwendung fin- **109** den, wenn in einer Vorschrift nicht aus allgemeinen kollisionsrechtlichen Erwägungen heraus an die Staatsangehörigkeit angeknüpft wird, sondern diese als besondere Exklusivnorm gerade Deutsche begünstigen will.[451] Als typische Beispiele wurden das frühere *privilegium germanicum* im Internationalen Deliktsrecht (Art. 38 EGBGB aF) und das ehemalige Scheidungsprivileg für Inländer nach Art. 17 Abs. 1 S. 2 EGBGB aF genannt.[452] Es bereitet jedoch erhebliche methodische Probleme, im Einzelfall danach zu differenzieren, ob eine bestimmte Norm gerade Deutsche begünstigen soll oder nicht;[453] die Rechtsprechung neigte jedenfalls in Bezug auf Flüchtlinge mit deutschem Personalstatut dazu, den Anwendungsbereich scheidungsrechtlicher Vorbehaltsklauseln auch auf diese Personengruppe auszudehnen.[454] Auch in der Lehre dringt die Auffassung vor, Staatenlose mit einem deutschen Personalstatut zum Zweck ihrer besseren Integration und aus Gründen der Rechtssicherheit allgemein den Inländern gleichzustellen.[455]

Dieser klassische Streit hat heute nur noch eine sehr geringe praktische Relevanz. Soweit im **110** internationalen Deliktsrecht nicht ohnehin die Rom II-VO den Art. 40 ff. vorgeht, kommt seit 1999 statt Art. 38 EGBGB aF Art. 40 Abs. 3 zur Anwendung, der nicht mehr an die Staatsangehörigkeit anknüpft. Auch das scheidungsrechtliche Inländerprivileg (Art. 17 Abs. 1 S. 2 aF) ist inzwischen durch die insoweit neutrale spezielle Vorbehaltsklausel in Art. 10 Rom III-VO ersetzt worden, so dass die Staatenlosigkeit eines scheidungswilligen Ehegatten kein Problem mehr darstellt. Als verbleibende Beispiele für Exklusivnormen, bei denen die Einbeziehung Staatenloser zu verneinen sei, werden genannt: Art. 7 Abs. 2 EGBGB,[456] Art. 13 Abs. 2 EGBGB[457] sowie Art. 91 Abs. 2 S. 2 WG und Art. 60 Abs. 2 S. 2 ScheckG.[458] Hiergegen ist Folgendes vorzubringen: Art. 7 Abs. 2 ist zwar seinerzeit – unnötigerweise – einseitig formuliert worden, um den „Eindruck eines Eingriffs in fremde Rechtsordnungen" zu vermeiden,[459] beruht aber auf dem Gedanken des Schutzes wohlerworbener Rechte und ist nach ganz überwiegender Meinung zu verallseitigen.[460] Die **Einbeziehung Staatenloser** mit deutschem Personalstatut bereitet daher keine Probleme.[461] Art. 13 Abs. 2 Nr. 1 Alt. 1 lässt es ausdrücklich genügen, wenn einer der Verlobten seinen gewöhnlichen Aufenthalt im Inland hat und ist daher ohne weiteres auf Staatenlose mit deutschem Personalstatut anzuwenden, sofern dieses nicht ausnahmsweise bloß auf dem schlichten Aufenthalt beruht.[462] Schließlich ist auch für Art. 91 Abs. 2 S. 2 WG und Art. 60 Abs. 2 S. 2 ScheckG angesichts der offenen Formulierung („Inländer") und der staatsvertraglichen Herkunft dieser Vorschriften (Genfer Übereinkommen) eine Auslegung iS einer nationalen Privilegierung zweifelhaft; vielmehr sollten auch insoweit Staatenlose mit deutschem Personalstatut als „Inländer" betrachtet werden. Schon aus Gründen der Rechtssicherheit sollte das „IPR eines weltoffenen Staates [nicht mehr] auf einem Restbestand von Diskriminierung [beharren]".[463]

---

[450] Weitere Einzelheiten bei *Dilger*, Die Regelungen zur internationalen Zuständigkeit in Ehesachen in der Verordnung (EG) Nr. 2201/2203, 2004, Rn. 504 f.; verneinend auch *Zöller/Geimer* EuEheVO Art. 3 Rn. 19.

[451] S. noch zu Art. 29 EGBGB aF *Beitzke* in Vorschläge und Gutachten, 1972, 143, 147; *Raape/Sturm* IPR S. 131; ebenso zu Art. 5 Abs. 2 *Erman/Hohloch* Rn. 14; *Soergel/Kegel* Rn. 63; *Staudinger/Bausback* (2013) Rn. 54; *Palandt/Thorn* Rn. 9; aA *Bamberger/Roth/Lorenz* Rn. 11.

[452] ZB *Erman/Hohloch*, 13. Aufl. 2011, Rn. 14.

[453] Eingehend *v. Bar* IPRax 1985, 272 f.

[454] Vgl. BGH IPRax 1985, 292 m. Anm. *v. Bar* IPRax 1985, 272; OLG Köln FamRZ 1996, 946.

[455] Eingehend 5. Aufl. 2010 Rn. 29 (*Sonnenberger*); ebenso *v. Bar* IPRax 1985, 272 (273); *Henrich* IPRax 1985, 353; *Looschelders* IPR Rn. 33.

[456] Diff. *Erman/Hohloch* Rn. 14.

[457] Diff. *Erman/Hohloch* Rn. 14.

[458] Zu den beiden letztgenannten Vorschriften NK-BGB/*Schulze* Rn. 38; *Soergel/Kegel* Rn. 63.

[459] BT-Drs. 10/504, 45; hierzu mit Recht krit. *Kropholler* IPR § 42 I 2.

[460] Ausf. *Nojack*, Exklusivnormen im IPR, 2005, 15 f. mwN.

[461] Insoweit auch *Staudinger/Bausback* (2013) Rn. 53.

[462] Im letztgenannten Fall mag man den auch im Rahmen dieser Vorschrift für einen ordre public-Verstoß erforderlichen Inlandsbezug verneinen, → Art. 6 Rn. 64.

[463] *v. Bar* IPRax 1985, 272 (273).

V. Nicht feststellbare Staatsangehörigkeit (Abs. 2 Alt. 2)

111   Bereits Art. 29 EGBGB idF von 1938 wurde auf Fälle **ungeklärter Staatsangehörigkeit** überwiegend entsprechend angewendet.[464] Diese Rechtsfolge hat der Gesetzgeber bei der Reform 1986 in Art. 5 Abs. 2 Alt. 2 ausdrücklich angeordnet. Damit ist eindeutig klargestellt, dass die Anknüpfung an eine frühere Staatsangehörigkeit auch insoweit – im Gegensatz zu Art. 29 EGBGB idF von 1900 (→ Rn. 94) – ausscheiden muss.[465] Die Vorschrift greift daher auch ein, wenn zwar eine letzte Staatsangehörigkeit bekannt ist, zugleich aber feststeht, dass diese aktuell nicht mehr gegeben ist und ein Neuerwerb einer anderen Staatsangehörigkeit nicht festgestellt werden kann. Ebenso ist Abs. 2 Alt. 2 anzuwenden, wenn nur zwei Staatsangehörigkeiten in Betracht kommen, aber nicht sicher ergründet werden kann, welchem der Staaten die betroffene Person letztlich angehört.[466] Hingegen ist Abs. 2 Alt. 2 nicht auf ein Kind anzuwenden, das im Inland aufgefunden wird (Findelkind) und infolgedessen bis zum Beweis des Gegenteils als Kind eines Deutschen gilt (§ 4 Abs. 2 StAG).[467]

112   Welche **Staatsangehörigkeit eine Person** besitzt, muss das Gericht im Rahmen seiner Pflicht zur Feststellung des anwendbaren Rechts (§ 293 ZPO, → Einl. IPR Rn. 295 ff.) **von Amts wegen ermitteln.**[468] An die Entscheidungen von Gerichten oder Behörden eines anderen als des präsumtiven Heimatstaates ist das deutsche Gericht dabei nicht gebunden.[469] Die bloße Wahrscheinlichkeit des Bestehens einer Staatsangehörigkeit reicht als kollisionsrechtliches Anknüpfungsmoment nicht aus.[470] Andererseits ist – wie auch sonst im Recht – keine Sicherheit im naturwissenschaftlich-exakten Sinne erforderlich, sondern nur eine die Bildung einer hinreichenden Überzeugung des Gerichts.[471] Die Anwendbarkeit des **Abs. 2 Alt. 2** setzt in diesem Sinne voraus, dass die Staatsangehörigkeit der betroffenen Person **endgültig ungeklärt** bleibt.[472] Gleichgültig ist, worauf die Unaufklärbarkeit beruht, ob zB das maßgebende Staatsangehörigkeitsrecht nicht ermittelt, eine familienrechtliche Beziehung nicht festgestellt werden konnte oder ob die erforderlichen Papiere verloren gegangen sind bzw. vernichtet wurden.[473] Der Ermittlung der Staatsangehörigkeit bedarf es nicht, wenn es kollisionsrechtlich hierauf nicht (mehr) ankommt, etwa weil der alleinige Inhaber des Sorgerechts eine Rechtswahl nach Art. 10 Abs. 3 Nr. 2 getroffen hat.[474]

D. Gewöhnlicher Aufenthalt

I. Bedeutung

113   Die Vorzüge des gewöhnlichen Aufenthalts gegenüber dem Staatsangehörigkeitsprinzip, das herkömmlich das autonome deutsche IPR dominiert, sind bereits oben (→ Rn. 38) geschildert worden. Es ist daher zu begrüßen, dass der gewöhnliche Aufenthalt im europäischen und staatsvertraglichen IPR die objektive Regelanknüpfung bildet, was Rechtswahlmöglichkeiten im Hinblick auf die Staatsangehörigkeit des oder der Beteiligten nicht ausschließt (→ Rn. 78 ff.). Im Folgenden ist näher zu erläutern, wie dieses Anknüpfungsmoment von anderen Begriffen (Wohnsitz, schlichter Aufenthalt, *domicile*) abzugrenzen ist (näher → Rn. 114 ff.) und nach welchen Kriterien der gewöhnliche Aufenthalt im Einzelfall zu bestimmen ist (→ Rn. 130 ff.).

---

[464] BT-Drs. 10/504, 41.

[465] *Looschelders* IPR Rn. 32; *Mankowski* IPRax 2017, 130 (135); NK-BGB/*Schulze* Rn. 37.

[466] Für die Anknüpfung an die wahrscheinlichste Staatsangehörigkeit aber *Kegel/Schurig* IPR § 15 V 1a.

[467] Hierzu näher Hailbronner/Renner/Maaßen/*Renner/Maaßen* StAG § 4 Rn. 45 ff.

[468] Erman/*Hohloch* Rn. 10; *Ferid* IPR Rn. 4–106; *Jacob* ZAR 2014, 409 (413); *Looschelders* IPR Rn. 32; Palandt/*Thorn* Rn. 6; Staudinger/*Bausback* (2013) Rn. 35; revisionsrechtlich einschränkend BGH WM 1987, 217 (218).

[469] BGH IPRspr. 1977 Nr. 110 (französische Behörde könne nicht verbindlich über türkische Staatsangehörigkeit entscheiden). Zu weitgehend ist aber die Aussage, deutsche Gerichte seien generell nicht an die Entscheidungen ausländischer Gerichte und Behörden gebunden. Ist eine Person durch ihren *Heimatstaat* wirksam ausgebürgert worden, muss dies grundsätzlich auch ein deutsches Gericht anerkennen (→ Rn. 15).

[470] jurisPK-BGB/*Baetge* Rn. 56; *Looschelders* IPR Rn. 32; NK-BGB/*Schulze* Rn. 37; aA *Kegel/Schurig* IPR § 15 V 1b.

[471] Vgl. zB LG Hamburg IPRspr. 1977 Nr. 130; insoweit auch *Kegel/Schurig* IPR § 15 V 1b.

[472] OLG Hamm StAZ 2011, 242 = NJOZ 2011, 631; *Mankowski* IPRax 2017, 130 (136); vgl. auch zur Namensgebung für ein Kind, wenn die Identität (und damit auch die Staatsangehörigkeit) der Eltern ungeklärt ist, AG Rottweil FamRZ 2010, 220 = BeckRS 2009, 86662.

[473] Eingehend *Mankowski* IPRax 2017, 130 (135 f.); rechtsvergleichend hierzu *Sturm*, FS Heldrich, 2005, 1325 ff.

[474] OLG Hamm StAZ 2011, 242 = NJOZ 2011, 631.

II. Abgrenzung

1. Begriffskern. Die Gesetzesverfasser haben den Begriff des gewöhnlichen Aufenthalts iS der **114** stRspr des BGH verstanden.[475] Die Begründung des RegE des IPRNG nahm insbesondere ausdrücklich Bezug auf ein zum Unterhaltsstatutabkommen von 1956 ergangenes Urteil, in dem der BGH die Formulierung geprägt hat, dass als gewöhnlicher Aufenthalt „der Ort oder das Land anzusehen [ist], in dem der Schwerpunkt der Bindungen der betreffenden Person, ihr Daseinsmittelpunkt, liegt".[476] Diese Rechtsprechung erfordert „nicht nur ein[en] Aufenthalt von einer Dauer, die zum Unterschied von dem einfachen oder schlichten Aufenthalt nicht nur gering sein darf, sondern auch das Vorhandensein weiterer Beziehungen, insbesondere in familiärer oder beruflicher Hinsicht, in denen – im Vergleich zu einem sonst in Betracht kommenden Aufenthaltsort – der Schwerpunkt der Bindungen der betreffenden Person zu sehen ist".[477] Häufig wird auch vom **tatsächlichen Mittelpunkt der Lebensführung einer Person** gesprochen.[478] Diese wertenden Umschreibungen bedürfen aber der Konkretisierung im Einzelfall, auf die unten (→ Rn. 130 ff.) näher eingegangen wird.

2. Wohnsitz. Der Wohnsitzbegriff hat sich für die Zwecke der Kollisionsrechtsvereinheitlichung **115** als weitgehend ungeeignet erwiesen, weil zahlreiche Detailfragen (Zulässigkeit mehrerer Wohnsitze, genauer räumlicher Bezugspunkt des Wohnsitzes, abgeleiteter Wohnsitz von Kindern, Wohnsitzfiktionen bei Soldaten usw.) in den einzelnen Rechtsordnungen unterschiedlich definiert werden.[479] Nur im Begriffskern, der **faktische** (wenn auch nicht ununterbrochene) **Anwesenheit** und einen **auf längere Zeit gerichteten Bleibewillen** (animus manendi) voraussetzt, stimmen die nationalen Wohnsitzrechte überein.[480] Auch im europäischen Zivilprozessrecht (Art. 59 EuGVO aF = Art. 62 EuGVO nF) ist es nicht gelungen, sich zum Zwecke der Gerichtsstandsbegründung auf einen einheitlichen Begriff des Wohnsitzes natürlicher Personen zu einigen.[481] Im deutschen, europäischen und staatsvertraglichen Kollisionsrecht wird daher heute allgemein der Begriff des gewöhnlichen Aufenthalts bevorzugt. Eine Ausnahme bildet Art. 1 Abs. 1 lit. c HTestformÜ.[482] Mit dem Begriff des „Wohnsitzes" iSd Genfer Flüchtlingskonvention und des New Yorker Staatenlosenübereinkommens ist nach hM der gewöhnliche Aufenthalt gemeint (→ Anh. II Art. 5 Rn. 62 ff.). Ebenso definiert Art. 2 lit. c des Kommissionsvorschlags für eine Verordnung zur grenzüberschreitenden Portabilität von Online-Inhaltediensten (PortabVO-E) den „Wohnsitzmitgliedstaat" als den Staat, in dem der Verbraucher seinen gewöhnlichen Aufenthalt hat.[483]

Die wesentlichen Abweichungen des gewöhnlichen Aufenthalts vom Wohnsitz iS der §§ 7–11 **116** BGB sind die folgenden:

Erstens entspricht es der überwiegenden Auffassung, dass der gewöhnliche Aufenthalt nach tat- **117** sächlichen Kriterien und nicht nach normativen Merkmalen bestimmt werden muss.[484] Es gibt daher keine Legalfiktionen, die zB den gewöhnlichen Aufenthalt eines Soldaten stets am letzten inländischen Standort lokalisieren (→ Rn. 157), wie dies in Bezug auf den Wohnsitz § 9 Abs. 1 S. 2 BGB anordnet. Die **Legalität der Anwesenheit** ist für die Begründung des gewöhnlichen Aufenthalts als solche irrelevant (näher → Rn. 159). Der gewöhnliche Aufenthalt von Kindern ist eigenständig anhand der Faktenlage zu bestimmen und nicht – wie deren Wohnsitz (§ 11 BGB) – kraft Gesetzes vom demjenigen der Eltern abzuleiten (→ Rn. 167 ff.).

---

[475] BT-Drs. 10/504, 41.

[476] BGH NJW 1975, 1068; stRspr, jüngst BGH NJW 2016, 3174 Rn. 24; ebenso zum MSA BGHZ 78, 293; BGH NJW 1997, 3024 = FamRZ 1997, 1070; BGHZ 151, 63 = NJW 2002, 2955 = FamRZ 2002, 1182 m. Anm. *Henrich* FamRZ 2002, 1184.

[477] BGHZ 78, 293 (295); BGH NJW 2016, 3174 Rn. 24.

[478] So zum MSA BayObLGZ 1981, 246 = IPRax 1982, 106 m. Aufsatz *Hüßtege* IPRax 1982, 95; OLG Köln FamRZ 1991, 363; OLG Hamm NJW 1989, 672; OLG Koblenz NJW 1989, 2201; OLG Düsseldorf FamRZ 1984, 194; ebenso in der öst. Rspr., OGH IPRax 1984, 159 m. Aufsatz *Hoyer* IPRax 1984, 164, mAnm *Schwimann* ÖJBl. 1984, 153.

[479] Näher *Kropholler* IPR § 39 II 1b; *M.-P. Weller* in Leible/Unberath Rom 0-VO 293, 303 f.; wenig hilfreich daher der Reformvorschlag von *Aden* ZRP 2013, 186 (187).

[480] *Kropholler* IPR § 39 I 2b; zum deutschen Wohnsitzrecht → BGB § 7 Rn. 23 ff.

[481] Näher *Kropholler/v. Hein* EuZPR EuGVO Art. 59 Rn. 1 ff.; *Spellenberg*, FS Kerameus, 2009, 1307 ff.

[482] Hierzu näher OLG Frankfurt a. M. ZEV 2009, 516 m. Anm. *Lorenz* ZEV 2009, 518 = FamRZ 2010, 677.

[483] Vorschlag für eine Verordnung des Europäischen Parlaments und des Rates zur Gewährleistung der grenzüberschreitenden Portabilität von Online-Inhaltediensten im Binnenmarkt vom 9.12.2015, KOM (2015) 627 endg., S. 18.

[484] BVerfGE 99, 145 (161) = IPRax 2000, 216 (220); OLG Stuttgart IPRax 2005, 363 = BeckRS 2003, 30309552; *Mankowski* IPRax 2017, 40 (48).

118   Auch in der Frage des **Domizilwillens** besteht eine erhebliche Divergenz. So unterscheidet sich der gewöhnliche Aufenthalt vom Wohnsitz nach stRspr „dadurch, daß der Wille, den Aufenthaltsort zum Mittelpunkt oder Schwerpunkt der Lebensverhältnisse zu machen, nicht erforderlich ist. Es handelt sich um einen ‚faktischen' Wohnsitz […].“[485] Dies ist jedenfalls heute insoweit unstreitig, als es um einen rechtsgeschäftlichen Willen geht.[486] Auch Geschäftsunfähige und beschränkt Geschäftsfähige können folglich einen eigenständigen gewöhnlichen Aufenthalt begründen, auch wenn ihr gesetzlicher Vertreter seinen gewöhnlichen Aufenthalt in einem anderen Land hat oder damit nicht einverstanden ist; gewisse Grenzen zieht Art. 5 Abs. 3 (näher → Rn. 171). Das heißt indes nicht, dass der sich in objektiven Umständen manifestierende Bleibewille für die Feststellung eines gewöhnlichen Aufenthalts schlechthin unerheblich ist; insbesondere wenn sich ein gewöhnlicher Aufenthalt nicht bereits aus der objektiven Dauer des Verweilens und der sozialen Integration einer Person ergibt, kann der Bleibewille ausschlaggebend sein (→ Rn. 145 ff.).

119   Schließlich liegt ein bedeutsamer Unterschied darin, dass eine Person zwar **mehrere Wohnsitze** haben kann (§ 7 Abs. 2 BGB), aber richtiger Ansicht nach keinen mehrfachen gewöhnlichen Aufenthalt (näher → Rn. 160 ff.).

120   Eher fruchtlos ist vor diesem Hintergrund der terminologische Streit, ob es sich bei dem gewöhnlichen Aufenthalt um einen bloßen **„Tatsachenbegriff" oder um einen „Rechtsbegriff"** handelt.[487] In einem weiteren Sinne stellt nämlich jedes Anknüpfungsmoment, das in einer Kollisionsnorm verwendet wird, einen „Rechtsbegriff" dar, weil unter einen solchen Begriff anhand juristischer Auslegungsmethoden und nach bestimmten rechtlichen Kriterien subsumiert werden muss.[488] Insbesondere das Merkmal der „Gewöhnlichkeit" des Aufenthalts lässt einen gewissen Abwägungsspielraum und verlangt nach einer Konkretisierung der insoweit anzulegenden rechtlichen Maßstäbe.[489] Bei der Bestimmung des gewöhnlichen Aufenthalts eines Minderjährigen muss dem Aspekt des Kindeswohls Rechnung getragen werden.[490] Der entscheidende Unterschied zum Wohnsitz liegt darin, dass es bei der Subsumtion unter diese Kriterien letztlich allein um eine Beurteilung tatsächlicher Umstände und Indizien, nicht aber um eine normative „Zurechnung" anhand rechtsgeschäftlicher Willenserklärungen oder Legalfiktionen geht.[491]

121   **3. Schlichter Aufenthalt.** Eine Person muss nicht unbedingt einen gewöhnlichen Aufenthalt haben (näher → Rn. 166). Fehlt es an einem solchen, sieht Art. 5 Abs. 2 für Staatenlose eine Ersatzanknüpfung an den schlichten bzw. einfachen Aufenthalt vor; Gleiches gilt für Art. 12 des Staatenlosenübereinkommens und Art. 12 der Genfer Flüchtlingskonvention. Entsprechend verfährt im internationalen Betreuungsrecht Art. 24 Abs. 1 S. 2, der aber durch den Vorrang des Art. 6

---

[485] BGHZ 78, 293 (295) = NJW 1981, 520; ebenso BGH NJW 1993, 2047 (2048); OLG Köln FamRZ 1991, 363 (364); OLG Düsseldorf FamRZ 1998, 1318; KG BeckRS 2013, 18219 = FamFR 2013, 552 (LS) m. Anm. *Finger;* OLG Karlsruhe NJW-RR 2015, 1415 Rn. 26.

[486] Statt aller *Kegel,* FS Rehbinder, 2002, 699 (701); *M.-P. Weller* in Leible/Unberath Rom 0-VO 293, 321; anders noch *Mann* JZ 1956, 466 (470).

[487] Umfassend zu dieser Kontroverse einerseits, den Charakter als Rechtsbegriff betonend, *Baetge,* Der gewöhnliche Aufenthalt, 1994, 102 ff.; *Kränzle,* Heimat als Rechtsbegriff?, 2014, 108 f.; *Rentsch* ZEuP 2015, 288 (306 ff.); andererseits, die faktische Natur hervorhebend, EuGH ECLI:EU:C:2017:436 Rn. 51 = BeckRS 2017, 117861 – OL/PQ („im Wesentlichen eine Tatsachenfolge"); AR v. RN [2015] UKSC 35, Rn. 17 („a question of fact"); In the matter of B (A child) [2016] UKSC 4, Rn. 46 (per Lord Wilson): „overarchingly a question of fact"; *Trips-Hebert,* IPR und Globalisierung – Der Einfluss der Globalisierung auf die Anknüpfung des Personalstatuts im internationalen Privatrecht, 2003, 41 ff., mwN.

[488] Vgl. hierzu *Engisch,* Einführung in das juristische Denken, 8. Aufl. 1983, 110 ff. der zwischen „normativen" und „deskriptiven" Begriffen unterscheidet.

[489] Deshalb für eine Einordnung als unbestimmter Rechtsbegriff *Kropholler,* FS Jayme, 2004, 471 (475); *Schwind,* FS Ferid, 1988, 423 f.; ebenso *Baetge,* FS Kropholler, 2008, 77 (87 f.).

[490] EuGH ECLI:EU:C:2014:2268, C ./. M = BeckEuRS 2014, 403063 Rn. 50; In the matter of B (A child) [2016] UKSC 4, Rn. 42.

[491] BGH NJW 1975, 1068; AR v. RN [2015] UKSC 35, Rn. 17; In the matter of B (A child) [2016] UKSC 4, Rn. 57 (per Lady Hale and Lord Toulson): „a mixed question of fact and law, because the concept is a matter of law but its application is a matter of fact"; ähnlich *M.-P. Weller* in Leible/Unberath Rom 0-VO 293, 303: „durch Fakten auszufüllender unbestimmter Rechtsbegriff"; zust. *Kränzle,* Heimat als Rechtsbegriff?, 2014, 109; *Rentsch* ZEuP 2015, 288 (306 ff.); *Dutta* IPRax 2017, 139 (145); s. auch bereits *Trips-Hebert,* IPR und Globalisierung – Der Einfluss der Globalisierung auf die Anknüpfung des Personalstatuts im internationalen Privatrecht, 2003, 46: „ein Rechtsbegriff, der dadurch gekennzeichnet ist, dass er weitgehend tatsächlich ausgefüllt wird"; vgl. auch *Beaumont/Holliday,* Recent Developments on the Meaning of „Habitual Residence" in Alleged Child Abduction Cases, in Župan, Private International Law in the Jurisprudence of European Courts – Family at Focus, 2015, 39 f.; *Mankowski* IPRax 2015, 39 (43); *Mellone* Riv. dir. int. priv. proc. 2010, 685 (714); Staudinger/ *Spellenberg* (2015) EuEheVO Art. 3 Rn. 53.

Abs. 2 ErwSÜ verdrängt wird.[492] Ferner knüpfen europäische und deutsche Kollisionsnormen in Formfragen (Art. 11 Abs. 2 und 3 EGBGB, Art. 11 Abs. 2 Rom I-VO) und zum Zwecke des Verkehrsschutzes (Art. 12 EGBGB, Art. 13 Rom I-VO)[493] an den Ort an, an dem sich eine Person „befindet", womit ebenfalls der schlichte Aufenthalt gemeint ist.[494] Auch im Zivilverfahrensrecht ist der schlichte Aufenthalt als Zuständigkeitsgrund bekannt (§ 343 Abs. 1 FamFG und § 16 ZPO, Art. 13 EuEheVO).

Der schlichte Aufenthalt setzt als **Mindesterfordernis** die tatsächliche, **physische Anwesenheit** 122 eines Menschen an einem Ort voraus.[495] Weitere Kriterien sind **streitig:** Zwar ist man sich darin einig, dass der schlichte Aufenthalt vorübergehender Natur sein kann und im Gegensatz zum gewöhnlichen Aufenthalt keine soziale Integration des Betroffenen voraussetzt.[496] Von der überwiegenden Lehre wird aber herkömmlich angenommen, dass sich aus dem Begriff des „Aufenthalts" das **Mindesterfordernis einer gewissen Verweildauer** ergebe, so dass ein schlichter Aufenthalt zu verneinen sei, wenn eine Person zB nur auf der Durchreise sei.[497] Man könne nicht annehmen, bemerkte schon *Melchior,* dass ein Staatenloser, der im Schnellzug mehrere Länder durchfahre, fortdauernd sein Personalstatut wechsele.[498] Ferner soll für „Landfahrer und Nichtsesshafte" ein schlichter Aufenthalt auszuschließen sein.[499] Die genaue Konkretisierung dieser Maßstäbe bereitet aber Schwierigkeiten. So soll ein Verweilen an Bord eines Schiffes während einer Kreuzfahrt für die Annahme eines schlichten Aufenthalts ausreichen.[500] Andererseits soll es für die Bestimmung des Personalstatuts nicht genügen, wenn der durchreisende Staatenlose etwa am Flughafen aufgehalten werde.[501]

Gegen die These, bereits eine grammatische Auslegung des Begriffs „Aufenthalt" ergebe das 123 Erfordernis einer gewissen Mindestverweildauer, lässt sich anführen, dass die allgM zu § 343 Abs. 1 FamFG und § 16 ZPO, die vom „Aufenthalt" bzw. dem „Aufenthaltsort" einer Person sprechen, auch die bloße Anwesenheit im Rahmen einer Durchreise, etwa in einem Zug, genügen lässt.[502] Andererseits wird im Rahmen des Art. 44 EuUnthVO für den „Aufenthalt", von dem das Recht einer Person auf Unterstützung durch die Zentrale Behörde abhängt, eine gewisse Beständigkeit verlangt;[503] Erwägungsgrund 32 S. 3 EuUnthVO betont ausdrücklich, das Kriterium des „Aufenthalts" sollte insoweit die „bloße Anwesenheit ausschließen".[504] Auch im Verfahrensrecht wird folglich nicht rein wortlautorientiert argumentiert, sondern bereichsbezogen nach funktional-teleologischen Aspekten differenziert.

Insoweit lässt sich aus dem Umstand, dass der Gesetzgeber außer dem schlichten Aufenthalt keine 124 weitere Ersatzanknüpfung in Art. 5 Abs. 2 vorgesehen hat, schließen, dass er mit weiteren Lücken grundsätzlich nicht gerechnet hat und die auftretenden Fälle mithilfe dieses Anknüpfungsmoments möglichst umfassend abgedeckt werden sollten. Verneint man hingegen den schlichten Aufenthalt einer Person mangels einer erforderlichen Mindestverweildauer, muss ersatzweise auf die lex fori zurückgegriffen werden (→ Rn. 103). Es ist daher **vorzugswürdig,** mit der vordringenden Meinung im IPR für die Feststellung des schlichten Aufenthalts einer Person **auf Anforderungen an Dauer und Beständigkeit dieser Anwesenheit grundsätzlich zu verzichten.**[505] Ein schlichter Aufenthalt im Inland liegt daher selbst dann vor, wenn ein Staatenloser etwa bei der Durchreise auf einem deutschen Flughafen vorübergehend festgehalten wird, weil seine Papiere Unstimmigkeiten aufweisen, wenn er sich kurzzeitig in einem Krankenhaus aufhält[506] oder wenn staatenlose Sinti und

---

[492] Näher Staudinger/*v. Hein* (2014) EGBGB Art. 24 Rn. 32.

[493] Inhaltlich entsprechend Art. 16 EGBGB und Art. 17 ErwSÜ.

[494] *v. Bar/Mankowski* IPR I § 7 Rn. 30.

[495] *v. Bar/Mankowski* IPR I § 7 Rn. 30; *Kropholler* IPR § 39 II 3a; *Rauscher* IPR Rn. 298.

[496] Erman/*Hohloch* Rn. 57; *Kropholler* IPR § 39 II 3a; Soergel/*Kegel* Rn. 60; Staudinger/*Bausback* (2013) Rn. 47.

[497] Bamberger/Roth/*Lorenz* Rn. 17; Erman/*Hohloch* Rn. 57; *Looschelders* IPR Rn. 13; PWW/*Mörsdorf-Schulte* Rn. 34; Soergel/*Kegel* Rn. 60; Staudinger/*Bausback* (2013) Rn. 47; noch enger (und de lege lata nicht mehr vertretbar) *Raape/Sturm* IPR S. 130 f.: Der Staatenlose müsse an dem betreffenden Ort wohnen.

[498] *Melchior* S. 458; auf *Melchiors* Ausführungen und Beispiele stützt sich im neueren Schrifttum explizit Soergel/*Kegel* Rn. 60; vgl. auch *Mankowski* IPRax 2015, 39 (44).

[499] Staudinger/*Bausback* (2013) Rn. 50; *Raape/Sturm* IPR S. 131; vgl. hingegen *Kränzle,* Heimat als Rechtsbegriff?, 2014, 123, der auch bei Obdachlosen sogar einen gewöhnlichen Aufenthalt bejaht.

[500] Soergel/*Kegel* Rn. 60; Staudinger/*Bausback* (2013) Rn. 47.

[501] *Raape/Sturm* IPR S. 131.

[502] Eingehend KG NJW 1973, 434; ferner Prütting/Helms/*Fröhler* FamFG § 343 Rn. 51; Zöller/*Vollkommer* ZPO § 16 Rn. 7, jeweils mwN.

[503] Näher Rauscher/*Andrae* EuZPR/EuIPR EuUnterhVO Art. 44 Rn. 11, Art. 55 Rn. 1.

[504] Hierzu *Balthasar* ÖJZ 2015, 12 (13).

[505] *v. Bar/Mankowski* IPR I § 7 Rn. 30; *v. Hoffmann/Thorn* IPR § 5 Rn. 84; jurisPK-BGB/*Baetge* Rn. 28; *Rauscher* IPR Rn. 298.

[506] *Mankowski* IPRax 2015, 39 (44).

Roma Deutschland von Ost nach West mit ihren Wohnmobilen durchreisen und hier kampieren.[507] Nur ganz flüchtige Kontakte sollten im Sinne einer *de-minimis*-Betrachtung ausgeschieden werden (etwa der Staatenlose, der an Bord eines Flugzeugs deutschen Luftraum durchquert).

125   Da eine gleichzeitige körperliche Präsenz eines Menschen an mehreren Orten nicht möglich und eine Mindestverweildauer nach dem oben (→ Rn. 121 ff.) Gesagten nicht erforderlich ist, kann es schon begrifflich **keinen mehrfachen schlichten Aufenthalt** zur selben Zeit geben[508] (zur Frage eines mehrfachen gewöhnlichen Aufenthalts → Rn. 160).

126   Der schlichte Aufenthalt bezeichnet ein „rein tatsächliches Verhältnis einer Person zu einem Orte".[509] Ob eine Person sich an diesem Ort **freiwillig oder gezwungenermaßen** (Krankenhaus, Internierungslager, Gefängnis) aufhält, ist **grundsätzlich ohne Belang**.[510] Wurde eine Person aber aus Gründen religiöser, ethnischer oder politischer Verfolgung zwangsweise verschleppt, besteht ihr bisheriger gewöhnlicher oder schlichter Aufenthalt fort (näher → Rn. 158), so dass es einer Ersatzanknüpfung nicht bedarf. Schließlich kommt es nicht darauf an, ob der schlichte Aufenthalt bewusst oder unbewusst begründet wurde;[511] die Verlegung eines komatösen Patienten in ein anderes Krankenhaus kann zB ausreichen. Ob vom Fundort einer Leiche mit hinreichender Sicherheit auf den letzten Aufenthalt der verstorbenen Person zu Lebzeiten geschlossen werden kann, hängt allerdings von den Umständen des Einzelfalles ab.[512]

127   **4. Domicile.** Obwohl die Anknüpfung an den gewöhnlichen Aufenthalt im deutschen IPR vielfach als Ausdruck des „Domizilprinzips" im Gegensatz zum oben behandelten Staatsangehörigkeitsprinzip bezeichnet wird,[513] darf der **im englischen und nordamerikanischen IPR** verwendete **Begriff des „domicile"** keinesfalls mit dem gewöhnlichen Aufenthalt („habitual residence")[514] verwechselt werden.[515] Auch gegenüber dem Wohnsitzbegriff des deutschen Rechts bestehen erhebliche Abweichungen. Die Notwendigkeit zur Prüfung des *domicile* einer Person kann sich für ein **deutsches Gericht im Rahmen einer Rück- oder Weiterverweisung** stellen (Art. 4 Abs. 1).[516] Hingegen ist bei der Feststellung der engsten Verbindung iS des Art. 4 Abs. 3 S. 2 auf die Sichtweise unseres IPR, in der Regel also den gewöhnlichen Aufenthalt einer Person, nicht auf deren *domicile,*[517] abzustellen (näher → Art. 4 Rn. 171).

128   Die **Besonderheiten** des *domicile* lassen sich wie folgt zusammenfassen:[518] Im Gegensatz zum deutschen Wohnsitz hat jeder Mensch nur *ein* domicile.[519] Nach englischer Auffassung liegt darin auch ein Unterschied zum gewöhnlichen Aufenthalt, da letzterer an mehreren Orten bestehen

---

[507] Vgl. auch zur EuEheVO EuGH Slg. 2009, I-02805 = IPRax 2011, 76 Rn. 8 = BeckEuRS 2009, 492411 – A.: Ein „Wanderleben" während eines kurzen Zeitraums schließt zwar den gewöhnlichen Aufenthalt aus, nicht aber den (schlichten) „Aufenthalt".

[508] Anders 5. Aufl. 2010, Rn. 34 (*Sonnenberger*); Soergel/*Kegel* Rn. 76 („selten") im Anschluss an OLG Braunschweig OLG 20, 285 (in Bezug auf § 16 ZPO): Kurzzeitiger Ausflug während eines Kuraufenthalts lasse den schlichten Aufenthalt unberührt.

[509] *Melchior* S. 457.

[510] S. bereits *Melchior* S. 457 und die dort angeführte Rspr. des RG; ebenso KG NJW 1973, 434 (zu § 73 Abs. 1 FGG aF); Prütting/Helms/*Fröhler* FamFG § 343 Rn. 52; anders Soergel/*Kegel* Rn. 61.

[511] KG OLGZ 1968, 462 (464); NJW 1973, 434 (zu § 73 Abs. 1 FGG aF); Prütting/Helms/*Fröhler* FamFG § 343 Rn. 52.

[512] Sehr weitgehend KG OLGZ 1968, 462; krit. hierzu *v. Hoffmann/Thorn* IPR § 5 Rn. 84; zust. aber Soergel/*Kegel* Rn. 60.

[513] ZB *v. Bar/Mankowski* IPR I § 7 Rn. 233; *Kropholler* IPR § 39 I; *Rentsch* ZEuP 2015, 288 (299 in Fn. 83); von „Wohnsitzprinzip" sprechen hingegen *Kegel/Schurig* IPR § 13 II 3.

[514] Zum Verständnis von „habitual residence" aus englischer Sicht s. *Clive* Jur. Rev. 1997, 137 ff.; *Lamont* JPIL 3 (2007), 261 ff.; *Rogerson* Int. Comp. L. Q. 49 (2000), 86 ff.; *Stone* Anglo-Am. L. Rev. 29 (2000), 342 ff.

[515] Zum Begriff des *domicile* aus deutscher Sicht eingehend *Kränzle*, Heimat als Rechtsbegriff?, 2014, 5 ff.; ferner *Bungert* IPRax 1993, 10 (13 ff.); *Henrich* RabelsZ 25 (1960), 456 ff.; *Kreitlow,* Das *domicile*-Prinzip im englischen IPR und seine europäische Perspektive, 2003; Staudinger/*Spellenberg* (2015) EuEheVO Art. 3 Rn. 137 ff.

[516] S. zB BGH NJW 1991, 3088 = FamRZ 1991, 300 (Ghana); KG FamRZ 2007, 1561 m. Anm. *Henrich* FamRZ 2007, 1564 (Nigeria); OLG Köln IPRax 1989, 297 m. Aufsatz *Coester-Waltjen* IPRax 1989, 282 (Irland); OLG Köln StAZ 2012, 88 = FGPrax 2011, 297 (Indien); OLG München NJW-RR 2010, 660 = IPRax 2010, 452 m. Aufsatz *Wall* IPRax 2010, 433 = StAZ 2010, 76 m. Anm. *Sturm* StAZ 2010, 146 (England); OLG Zweibrücken NJW-RR 1999, 948 = FamRZ 1999, 940 (Texas, Mississippi); LG Traunstein StAZ 2008, 246 = BeckRS 2009, 07016 (England); AG Pankow-Weißensee FamRZ 2009, 1325 = BeckRS 2009, 22584 (Indien).

[517] So aber AG Nürnberg FamRZ 2011, 308 = BeckRS 2010, 24523.

[518] Gute Übersicht auch in KG EuLF 2007, I-213 = BeckRS 2007, 32533.

[519] Mark v. Mark (2005) UKHL 42 Rn. 37; *Cheshire/North/Fawcett*, Private International Law, 14. Aufl. 2008, 155 f.; *Hay/Borchers/Symeonides*, Conflict of Laws, 5. Aufl. 2010, § 4.21; *Kränzle*, Heimat als Rechtsbegriff?, 2014, 25.

könne;[520] nach hier – und auch in den USA[521] – vertretener Ansicht (näher → Rn. 160 ff.) decken sich die Begriffe insoweit aber, da auch ein mehrfacher gewöhnlicher Aufenthalt nicht anerkannt werden sollte. Während eine Person nicht unbedingt einen Wohnsitz oder einen gewöhnlichen Aufenthalt haben muss, ist es nach anglo-amerikanischem Verständnis undenkbar, dass eine Person kein *domicile* hat.[522] Zudem ist das domicile anders als der Wohnsitz nicht an einem bestimmten Ort zu lokalisieren, sondern notwendigerweise auf ein Rechtsterritorium als ganzes zu beziehen.[523] Herkömmlich setzte der Begriff des *domicile* – anders als der gewöhnliche Aufenthalt (näher → Rn. 159) – auch die Legalität der Anwesenheit voraus; diese Ansicht ist inzwischen aber aufgegeben worden.[524] Schließlich wird der Begriff des *domicile* für jedes Rechtsgebiet strikt einheitlich definiert,[525] während – auch aus englischer Sicht[526] – der Begriff des gewöhnlichen Aufenthalts sachgebietsbezogenen Differenzierungen zugänglich ist (näher → Rn. 133).

Im Übrigen ist zwischen einem *domicile of origin* (**Ursprungsdomizil**) und einem *domicile of* **129** *choice* (**Wahldomizil**) zu unterscheiden.[527] Jeder Mensch erwirbt mit seiner Geburt ein domicile of origin.[528] Anders als der gewöhnliche Aufenthalt von Kindern (→ Rn. 167 ff.) ist deren *domicile* nicht selbstständig und rein faktisch zu bestimmen, sondern leitet sich notwendigerweise von dem seiner sorgeberechtigten Eltern ab.[529] Ein vom Ehemann abgeleitetes Domizil der Ehefrau gibt es hingegen selbst im englischen IPR seit 1974 nicht mehr[530] und auch die Ungleichbehandlung nichtehelicher gegenüber ehelichen Kindern wird allmählich abgebaut.[531] Das Ursprungsdomizil kann unter bestimmten Voraussetzungen von einem *domicile of choice* verdrängt werden.[532] Hierbei stellen das englische IPR und das IPR der US-amerikanischen Gliedstaaten unterschiedlich strenge Anforderungen.[533] Nach englischem Recht erfordert die **Begründung eines Wahldomizils** erstens eine **„residence"**, also eine Niederlassung in einem bestimmten Rechtsgebiet, und zweitens die Absicht, dort dauerhaft oder zumindest auf unbestimmte Zeit zu verweilen (**animus manendi**, „intention to reside permanently").[534] Der Maßstab, der von englischen Gerichten insoweit angelegt wird, ist außergewöhnlich strikt: Selbst nach einer Verweildauer von 26 oder gar 35 Jahren wurde in der Rechtsprechung die Begründung eines Wahldomizils abgelehnt.[535] Der Hintergrund für diese enge Sichtweise liegt in der kolonialen Vergangenheit des Vereinigten Königreichs: Auch nach längerer Abwesenheit sollten Engländer, die in überseeischen Gebieten lebten, nicht gleichsam internationalprivatrechtlich ausgebürgert werden.[536] Aus dieser enormen Stabilität des *domicile* erklärt sich, dass dieses Anknüpfungsmoment bei einer **funktionalen Betrachtung** eher ein **Äquivalent zur Staatsangehörigkeit** als zum gewöhnli-

---

[520] Mark v. Mark (2005) UKHL 42 Rn. 37; *Trakman* JPIL 11 (2015), 317 (322).
[521] *Hay/Borchers/Symeonides,* Conflict of Laws, 5. Aufl. 2010, § 4.14.
[522] Mark v. Mark (2005) UKHL 42 Rn. 37; *Cheshire/North/Fawcett,* Private International Law, 14. Aufl. 2008, S. 155; *Hay/Borchers/Symeonides,* Conflict of Laws, 5. Aufl. 2010, § 4.36; *Kränzle,* Heimat als Rechtsbegriff?, 2014, 24.
[523] Was interpersonale Differenzierungen, etwa in Indien, nicht ausschließt, näher *Cheshire/North/Fawcett,* Private International Law, 14. Aufl. 2008, 156.
[524] Grundlegend zum englischen IPR Mark v. Mark (2005) UKHL 42 Rn. 37 ff., besprochen von *Forsyth* J. JPIL 1 (2005), 335 ff.; zur US-amerikanischen Sicht *Hay/Borchers/Symeonides,* Conflict of Laws, 5. Aufl. 2010, § 4.32.
[525] Mark v. Mark (2005) UKHL 42 Rn. 37; zur US-amerikanischen Diskussion näher *Hay/Borchers/Symeonides,* Conflict of Laws, 5. Aufl. 2010, § 4.16.
[526] Mark v. Mark (2005) UKHL 42 Rn. 37; *McEleavy* Int. Comp. L. Q. 56 (2007), 453 (454); zur älteren Rspr. s. noch die Nachweise bei *Rogerson* Int. Comp. L. Q. 49 (2000), 86 (87 ff.).
[527] Eingehend *Trakman,* JPIL 11 (2015), 317 (323 ff.); *Kränzle,* Heimat als Rechtsbegriff?, 2014, 26 ff.
[528] *Cheshire/North/Fawcett,* Private International Law, 14. Aufl. 2008, 171 ff.; *Hay/Borchers/Symeonides,* Conflict of Laws, 5. Aufl. 2010, § 4.36.
[529] *Cheshire/North/Fawcett,* Private International Law, 14. Aufl. 2008, 174 ff.; *Hay/Borchers/Symeonides,* Conflict of Laws, 5. Aufl. 2010, § 4.37; *Kränzle,* Heimat als Rechtsbegriff?, 2014, 34 ff.
[530] Zur Geschichte näher *Cheshire/North/Fawcett,* Private International Law, 14. Aufl. 2008, 178; *Kränzle,* Heimat als Rechtsbegriff?, 2014, 46 ff.
[531] Näher *Hay/Borchers/Symeonides,* Conflict of Laws, 5. Aufl. 2010, § 4.38 (USA); *McEleavy* Int. Comp. L. Q. 56 (2007), 453 (459 ff.) zum schottischen IPR.
[532] Eingehend *Kränzle,* Heimat als Rechtsbegriff?, 2014, 50 ff.
[533] S. zum englischen IPR *Cheshire/North/Fawcett,* Private International Law, 14. Aufl. 2008, 157 ff.; *McEleavy* Int. Comp. L. Q. 56 (2007), 453 ff.; *Trakman* JPIL 11 (2015), 317 (322 ff.); zum IPR in den USA *Hay/Borchers/Symeonides,* Conflict of Laws, 5. Aufl. 2010, §§ 4.17–4.27.
[534] *Cheshire/North/Fawcett,* Private International Law, 14. Aufl. 2008, 157 ff.; KG EuLF 2007, I-213 = BeckRS 2007, 32533.
[535] S. Winans v. Attorney General (1904) AC 287; Liverpool Royal Infirmary v. Ramsay, 1930 SC (HL) 83.
[536] *Kegel/Schurig* IPR § 13 II 3.

chen Aufenthalt darstellt;[537] diese Einstufung wird auch in der europäischen Rechtssetzung anerkannt (siehe Art. 3 EuEheVO, Art. 2 Abs. 3 EuUnthVO). Allerdings weist das *domicile* gegenüber
der Staatsangehörigkeit die praktischen Vorteile auf, dass es nicht verloren gehen kann und dass
es kein mehrfaches *domicile* gibt.[538] In den USA werden an die Begründung eines *domicile of choice*
vergleichsweise geringere Bedingungen gestellt, wobei die Rechte der einzelnen Gliedstaaten
divergieren können.[539] In Deutschland stationierte Angehörige anglo-amerikanischer Streitkräfte
erwerben mangels Bleibewillens hierzulande in der Regel kein Wahldomizil;[540] anderes kann in
Bezug auf ihren gewöhnlichen Aufenthalt gelten (näher → Rn. 157). Eine Person kann im Laufe
ihres Lebens verschiedene Wahldomizile begründen. Gibt sie ihr bisheriges Wahldomizil auf,
ohne ein neues zu etablieren, lebt nach der traditionellen englischen Rechtsauffassung ihr in der
Zwischenzeit ruhendes *domicile of origin* wieder auf.[541] Diese Auffassung hat sich in den USA nie
durchzusetzen vermocht;[542] nach dem dortigen Verständnis besteht hingegen das bisherige *domicile of choice* fort, bis ein neues Wahldomizil begründet wird, wofür neben der tatsächlichen Anwesenheit an einem Ort auch der Wille ausreichen kann, dort für längere Zeit zu bleiben.[543]

III. Bestimmung im Einzelfall

130   **1. Auslegungsmaßstäbe. a) Offenheit des autonomen IPR.** Der deutsche Gesetzgeber hat
bei der IPR-Reform im Jahre 1986 **auf eine Legaldefinition** des gewöhnlichen Aufenthalts
bewusst verzichtet, um eine harmonische, rechtsaktübergreifende Auslegung des Begriffs, der
sowohl im staatsvertraglichen als auch im autonomen IPR verwendet wird, nicht zu gefährden.[544]
Lediglich im autonomen IPR der außervertraglichen Schuldverhältnisse gibt es seit 1999 eine nähere
Bestimmung (Art. 40 Abs. 2 S. 2, Art. 41 Abs. 2 Nr. 2 letzter Hs.), mit der das auf natürliche Personen
zugeschnittene Anknüpfungsmoment des gewöhnlichen Aufenthalts in Bezug auf juristische Personen handhabbar gemacht werden soll (näher → Art. 40 Rn. 59 ff.). Ferner verweist Art. 8 Abs. 8
EGBGB im Rahmen des Stellvertretungsrechts im Wesentlichen auf Art. 19 Rom I-VO. Im Rahmen
der Haager Übereinkommen finden sich bislang keine und im EU-Kollisionsrecht nur vereinzelt
Legaldefinitionen, die aber lückenhaft sind und außerhalb des von ihnen betroffenen Sachgebiets
keine Verbindlichkeit beanspruchen können (näher → Rn. 134 ff.). Bei der Bestimmung des
gewöhnlichen Aufenthalts ist daher grundsätzlich eine einheitliche Begriffsbildung im deutschen,
europäischen und staatsvertraglichen IPR anzustreben, was aber nicht ausschließt, Besonderheiten
der jeweiligen Sachgebiete Rechnung zu tragen (näher → Rn. 136 ff.).

131   Eine gewisse **Hilfestellung** kann eine Empfehlung des Europarats aus dem Jahre 1972 bieten,[545]
auf die auch die Regierungsbegründung des IPRNG Bezug genommen hat.[546] Im Einzelnen lässt
sich den einschlägigen Nr. 7–11 der Resolution Folgendes entnehmen:

*„Nr. 7: Der Aufenthalt einer Person bestimmt sich ausschließlich nach tatsächlichen Umständen; er hängt
nicht von einer Aufenthaltserlaubnis ab. – Nr. 8: Eine Person hat einen Aufenthalt in einem Land, in dem
eine bestimmte Rechtsordnung gilt, oder an einem Ort, der in einem solchen Land liegt, wenn sie dort während
eines gewissen Zeitraums wohnt. Die Anwesenheit muß nicht notwendigerweise ununterbrochen andauern. –
Nr. 9: Für die Frage, ob ein Aufenthalt als gewöhnlicher Aufenthalt anzusehen ist, sind die Dauer und die
Beständigkeit des Aufenthalts sowie andere Umstände persönlicher oder beruflicher Art zu berücksichtigen, die
dauerhafte Beziehungen zwischen einer Person und ihrem Aufenthalt anzeigen. – Nr. 10: Die freiwillige
Begründung eines Aufenthalts und die Absicht des Betreffenden, diesen Aufenthalt beizubehalten, sind keine*

---

[537] *D'Avout*, Mélanges Audit, 2014, 15 (19 f.), spricht plastisch von einer „kleinen Staatsangehörigkeit" („petite nationalité"); vgl. auch *Carlier* Rec. des Cours 332 (2007), 9 Rn. 196; *Kegel/Schurig* IPR § 13 II 3; *Raiteri* JPIL 10 (2014), 308 (329 ff.); *Rentsch* ZEuP 2015, 288 (298 f.).
[538] Dies betonen *Cheshire/North/Fawcett,* Private International Law, 14. Aufl. 2008, 181.
[539] OLG Zweibrücken NJW-RR 1999, 948 = FamRZ 1999, 940: zwischen einem Jahr und sechs Wochen; näher *Hay/Borchers/Symeonides,* Conflict of Laws, 5. Aufl. 2010, §§ 4.20 ff.
[540] OLG Zweibrücken NJW-RR 1999, 948 = FamRZ 1999, 940 (USA); OLG Hamm FamRZ 2009, 126 m. Anm. *Henrich* FamRZ 2009, 129 (UK); ausf. zu dieser Fallgruppe *Hay/Borchers/Symeonides,* Conflict of Laws, 5. Aufl. 2010, § 4.26.
[541] *Cheshire/North/Fawcett,* Private International Law, 14. Aufl. 2008, 173 f.; zur Reformdiskussion im Commonwealth ausführlich *Trakman* JPIL 11 (2015), 317 (323 ff.); *Kränzle,* Heimat als Rechtsbegriff?, 2014, 31 ff.
[542] Näher *Hay/Borchers/Symeonides,* Conflict of Laws, 5. Aufl. 2010, § 4.36.
[543] *Hay/Borchers/Symeonides,* Conflict of Laws, 5. Aufl. 2010, §§ 4.17 ff.
[544] BT-Drs. 10/504, 41.
[545] Resolution des Ministerrats 72 (1) vom 18.1.1972; auf deutsch veröffentlicht und mit einer Einleitung versehen von *Loewe* ÖJZ 1974, 144 ff.; näher zu deren Rezeption *Kränzle,* Heimat als Rechtsbegriff?, 2014, 112 ff, Staudinger/*Spellenberg* (2015) EuEheVO Art. 3 Rn. 70.
[546] BT-Drs. 10/504, 41 f.

Voraussetzungen für das Bestehen eines Aufenthalts oder eines gewöhnlichen Aufenthalts. Die Absichten der Person können aber bei der Bestimmung, ob sie einen Aufenthalt hat und welcher Art dieser Aufenthalt ist, berücksichtigt werden. – Nr. 11: Der Aufenthalt oder der gewöhnliche Aufenthalt einer Person hängt nicht von dem einer anderen Person ab."

Neuere ausländische Kodifikationen enthalten hingegen durchaus **Legaldefinitionen** des   **132** gewöhnlichen Aufenthalts.[547] Hier sind zB das schweizerische IPRG vom 18.12.1987,[548] das belgische IPRG vom 16.7.2004[549] sowie das bulgarische IPRG vom 4.5.2005 zu nennen.[550] Nach Art. 20 Abs. 1 lit. a schweiz. IPRG hat eine natürliche Person „ihren gewöhnlichen Aufenthalt in dem Staat, in dem sie während längerer Zeit lebt, selbst wenn diese Zeit von vornherein befristet ist".[551] Art. 4 § 2 belg. IPRG definiert als gewöhnlichen Aufenthalt „den Ort, wo eine natürliche Person sich hauptsächlich niedergelassen hat, auch wenn sie nicht eingetragen ist und unabhängig davon, ob sie eine Aufenthalts- oder Niederlassungserlaubnis hat; um diesen Ort zu bestimmen, werden insbesondere Umstände persönlicher oder beruflicher Art berücksichtigt, die auf dauerhafte Verbindungen mit diesem Ort oder auf den Willen, solche Verbindungen zu knüpfen, schließen lassen".[552] Nach Art. 48 Abs. 7 bulgar. IPRG „wird unter dem gewöhnlichen Aufenthalt einer natürlichen Person der Ort verstanden, an dem sie sich niedergelassen hat, um dort überwiegend zu leben, ohne dass dies mit der Notwendigkeit einer Registrierung oder Erlaubnis für den Aufenthalt oder die Niederlassung verbunden wäre. Für die Bestimmung dieses Ortes sind insbesondere die Umstände persönlichen oder beruflichen Charakters zu berücksichtigen, die aus dauerhaften Verbindungen der Person zu diesem Ort oder aus ihrer Absicht herrühren, derartige Verbindungen herzustellen."[553] Diese **Definitionen** sind jedenfalls dann zu **beachten,** wenn **im Rahmen eines Renvoi** das Kollisionsrecht eines der genannten Länder zu prüfen ist. Im Übrigen ist aber zu bedenken, dass alle genannten nationalen Begriffsklärungen expressis verbis nur im Rahmen der jeweiligen Kodifikationen maßgebend sind und keine Allgemeinverbindlichkeit für sich in Anspruch nehmen.[554] Dies schließt es andererseits nicht aus, sie als Indizien für einen europäischen Konsens in bestimmten Fragen auch bei der rechtsvergleichenden Auslegung des deutschen oder europäischen IPR zu würdigen.[555]

b) Differenzierung im autonomen IPR. Der Begriff des gewöhnlichen Aufenthalts wird im   **133** autonomen IPR **grundsätzlich einheitlich verwendet.**[556] **Nur natürliche Personen** können einen gewöhnlichen Aufenthalt iS des IPR haben (zum Nasciturus → Rn. 168), sofern nicht ausdrücklich im Gesetz etwas anderes bestimmt ist (so in Art. 40 Abs. 2 S. 2).[557] Im Übrigen schließt die grundsätzlich einheitliche Begriffsbildung es nicht aus, im Einzelfall auch den **Besonderheiten des jeweiligen Sachgebiets Rechnung zu tragen;**[558] so kann es – etwa bei der Bemessung des notwendigen Grades der sozialen und familiären Verbundenheit mit dem Aufenthaltsort – durchaus einen Unterschied machen, ob der gewöhnliche Aufenthalt als Hauptanknüpfung für das Personalstatut dient, wie in Art. 5 Abs. 2 bei Staatenlosen, oder nur als Kriterium für eine Auflockerung des Deliktsstatuts (Art. 40 Abs. 2 S. 1), für das berufliche Aspekte

---

[547] Hierzu auch *Baetge,* FS Kropholler, 2008, 77 f.; *M.-P. Weller* in Leible/Unberath Rom 0-VO 293, 307.

[548] *Riering* Nr. 8.

[549] Text (deutsch) in Belgisch Staatsblad 2005, 48274 und (englisch) in RabelsZ 70 (2006), 358.

[550] Text (deutsch) in RabelsZ 71 (2007), 457.

[551] Hierzu ausf. *Levante,* Wohnsitz und gewöhnlicher Aufenthalt im internationalen Privat- und Zivilprozeßrecht der Schweiz, 1998; bespr. von *Baetge* RabelsZ 65 (2001), 316; *Masmejan,* La localisation des personnes physiques en d.i.p., 1994; krit. *Baetge,* FS Kropholler, 2008, 77 (79), der auf die mangelnde Berücksichtigung der sozialen Integration in dieser Definition hinweist.

[552] Hierzu *Francq* RabelsZ 70 (2006), 235 (251 f.). Die amtliche Fassung im Staatsblad übersetzt „résidence habituelle" als „gewöhnlichen Wohnort", womit in der Sache aber eindeutig der gewöhnliche Aufenthalt gemeint ist.

[553] Hierzu *Zidarova/Stančeva-Minčeva* RabelsZ 71 (2007), 398 (414); ähnlich Art. 2.570 des neuen rumänischen ZGB (Rev. crit. dr. int. pr. 2012, 247), hierzu *M.-P. Weller* in Leible/Unberath Rom 0-VO 293, 307 f.

[554] Dies betont in Bezug auf das schweiz. IPR *Kropholler* IPR § 39 II vor 1.

[555] Vgl. *Kränzle,* Heimat als Rechtsbegriff?, 2014, 110, 114 f.

[556] Erman/*Hohloch* Rn. 46.

[557] Vgl. zum gewöhnlichen Aufenthalt iS des § 110 Abs. 1 ZPO hingegen OLG München IPRax 2011, 267 m. Aufsatz *Schütze* IPRax 2011, 245; zu Art. 3b EuUnthVO AG Stuttgart NJW-RR 2014, 70 = FamRZ 2014, 786 m. Anm. *Gottwald* FamRZ 2014, 787.

[558] *Kropholler,* Internationales Einheitsrecht, 1975, 334; *ders.* IPR § 39 II 5; *Baetge,* Der gewöhnliche Aufenthalt, 1994, 98 ff.; *Kränzle,* Heimat als Rechtsbegriff?, 2014, 120 f.; *Lurger* Verortung natürlicher Personen S. 228; krit. *Kegel,* FS Rehbinder, 2002, 699 (701), der aber ebenfalls einräumt: „An den Rändern gibt es Unterschiede nach Normzwecken …"; eingehend zum pro und contra *Spickhoff* IPRax 1995, 185 f. mwN.

der Lebensführung unter Umständen ein stärkeres Gewicht haben mögen.[559] So hat der österreichische OGH zum Begriff des gewöhnlichen Aufenthalts iS des Haager Straßenverkehrsunfallübereinkommens „auf den konkreten Fall" bezogen nachvollziehbar dargelegt, dass ein Bosnier, der in Österreich „den größten Teil des Jahres seine gesamte Arbeitszeit und den größten Teil seiner arbeitsfreien Zeit verbrachte und sein Leben zumindest auf absehbare Zeit diesem Zuschnitt unterwarf, während er seine ‚Heimat' und seine Familie nur fallweise an Wochenenden und im Urlaub besuchte und bei dieser nur einen Freizeit- oder Urlaubsaufenthalt nahm", seinen gewöhnlichen Aufenthalt in *Österreich* hatte;[560] in Fragen des Personalstatuts mögen hingegen die familiären Bindungen zur bosnischen Heimat stärker wiegen (→ Rn. 137 zur EuErbVO). Auch wenn man eine solche Differenzierung in der Begriffsbildung ablehnt, bleibt zu beachten, dass ggf. eine Abweichung von der Regelanknüpfung nach Art. 41 Abs. 1 möglich ist. Entsprechendes gilt im Anwendungsbereich der Rom II-VO (Art. 4 Abs. 3 Rom II-VO). Selbst bei einem Festhalten an einer strikt einheitlichen Begriffsbildung ist es daher möglich, die am Prinzip der engsten Verbindung orientierte kollisionsrechtliche Gerechtigkeit im Einzelfall zu verwirklichen. Wohl zu stark verfeinert und der Rechtssicherheit abträglich erscheint es hingegen, auch noch innerhalb des Personalstatuts selbst zu differenzieren und zB im Rahmen des Art. 5 Abs. 2 strengere Maßstäbe anzulegen als zB im Rahmen des Kindschaftsrechts (Art. 21).[561] Zu weiteren Differenzierungsvorschlägen s. die Erläuterungen zum europäischen IPR (→ Rn. 137 f.).

134   **c) EU-Kollisionsrecht und Staatsverträge. aa) Haager Übereinkommen.** Im Rahmen der Haager Konferenz ist letztlich stets von einer staatsvertraglichen **Umschreibung des gewöhnlichen Aufenthalts abgesehen worden,** um eine nach Sachgebieten differenzierende Begriffsbildung zu ermöglichen und sich nicht für künftige Übereinkommen die Hände zu binden.[562] Aus entsprechenden Erwägungen fehlt auch in neueren Konventionen, wie etwa dem UnthProt, auf das Art. 15 EuUnthVO verweist, eine verbindliche Definition des gewöhnlichen Aufenthalts. Im Zuge der Schaffung des HaagUnterhGeltdmÜbk 2007, dem gemäß Erwägungsgrund 8 Satz 2 EuUnthVO auch bei der Auslegung der Verordnung Rechnung zu tragen ist, war zwar eingehend darüber diskutiert worden, ob eine Legaldefinition des Begriffs „gewöhnlicher Aufenthalt" notwendig sei.[563] Insbesondere war die Frage aufgeworfen worden, ob zur Verbesserung der Stellung des Unterhaltsberechtigten vom Begriff des „gewöhnlichen" Aufenthalts iS des Haager Kindesschutz- und Kindesentführungsübereinkommens abgerückt werden sollte; stattdessen war eine Anknüpfung an den schlichten Aufenthalt (→ Rn. 121 ff.) erwogen worden.[564] Dies wurde indes verworfen, weil der Begriff des „gewöhnlichen Aufenthalts" unter der Geltung des HaagUnterhVollstrÜbk 1973 zu keinen Problemen in der Praxis geführt hatte.[565] In dem Bericht zum HaagUnterhGeltdmÜbk wird aber hervorgehoben, dass die Maßstäbe, die an die Feststellung eines gewöhnlichen Aufenthalts im Rahmen der Unterhaltsdurchsetzung anzulegen seien, weniger streng ausfallen dürften als bei der Frage, ob iS des Art. 3 HKÜ das Sorgerecht eines Elternteils verletzt worden sei.[566] Auch im ErwSÜ wurde der Begriff des gewöhnlichen Aufenthalts bewusst nicht definiert, um den Eindruck zu vermeiden, der Begriff habe auf dem Gebiet des Erwachsenenschutzes eine andere Bedeutung als sonst.[567]

135   **bb) EU-Verordnungen.** Spezielle Legaldefinitionen des gewöhnlichen Aufenthalts finden sich im EU-Kollisionsrecht der vertraglichen und außervertraglichen Schuldverhältnisse, nämlich in Art. 19 Rom I-VO sowie in Art. 23 Rom II-VO. Der **Begriff des gewöhnlichen Aufenthalts** wird in den genannten Vorschriften aber **nur ausschnittsweise definiert:** Für Gesellschaften, Vereine und juristische Personen ist grundsätzlich ihr Hauptverwaltungssitz (Art. 19 Abs. 1 S. 1 Rom I-VO, Art. 23 Abs. 1 S. 1 Rom II-VO), bei Beteiligung einer Niederlassung jedoch der Ort maßge-

---

[559] Anders aber *Spickhoff* IPRax 1995, 185 (186); Staudinger/*v. Hoffmann* (2001) Art. 40 Rn. 398; speziell für das Internationale Deliktsrecht ein restriktives Verständnis befürwortend auch *Baetge,* Der gewöhnliche Aufenthalt, 1994, S. 99; ebenso zur Rom II-VO aus Gründen der Vorhersehbarkeit des anwendbaren Rechts *Mellone* Riv. dir. int. priv. proc. 2010, 685 (712 f.).

[560] OGH IPRax 1995, 177 (178).

[561] Dafür aber Staudinger/*Kropholler* (2003) Vor Art. 19 Rn. 134.

[562] Näher *Kränzle,* Heimat als Rechtsbegriff?, 2014, 99 ff.; *Pirrung* IPRax 2011, 50 (53).

[563] Erläuternder Bericht zum HaagUnterhGeltdmÜbk 2007 von *Borrás/Degeling* Rn. 62 f.

[564] Vgl. Erläuternder Bericht zum HaagUnterhGeltdmÜbk 2007 von *Borrás/Degeling* Rn. 63, 444.

[565] Vgl. Erläuternder Bericht zum HaagUnterhGeltdmÜbk 2007 von *Borrás/Degeling* Rn. 444; ferner *Kropholler,* Internationales Einheitsrecht, 1975, 334.

[566] Erläuternder Bericht zum HaagUnterhGeltdmÜbk 2007 von *Borrás/Degeling* Rn. 444.

[567] Bericht *Lagarde* Nr. 49; *Siehr* RabelsZ 64 (2000), 715 (729); *Füllemann* Zeitschrift für Vormundschaftswesen (ZVW) 63 (2009), 30 (39 f.); für einen einheitlichen Begriff (in Bezug auf das KSÜ) auch OLG Stuttgart FamFR 2012, 288 = NJW 2012, 2043.

bend, an dem sich letztere befindet (Art. 19 Abs. 2 Rom I-VO, Art. 23 Abs. 1 S. 2 Rom II-VO). Der gewöhnliche Aufenthalt einer natürlichen Person, die im Rahmen ihrer beruflichen Tätigkeit handelt, wird am Ort ihrer Hauptniederlassung angesiedelt (Art. 19 Abs. 1 S. 2 Rom I-VO, Art. 23 Abs. 2 Rom II-VO). Hingegen fehlt es an einer autonomen Begriffsbestimmung des gewöhnlichen Aufenthalts für Fälle, in denen eine natürliche Person außerhalb ihrer beruflichen Tätigkeit handelt, zB als Verbraucher bei einem Vertragsschluss (Art. 6 Rom I-VO) oder als ein Tourist bei einem Straßenverkehrsunfall (Art. 4 Abs. 2 Rom II-VO). Die spezifische Zweckrichtung und die Lückenhaftigkeit der in der Rom I- und II-VO enthaltenen Legaldefinitionen des gewöhnlichen Aufenthalts machen deutlich, dass die darin vorgenommene Begriffsbildung im Bereich des Personen-, Familien- und Erbrechts nicht weiterhilft.[568] Auch der neue Kommissionsvorschlag für eine Portabilitätsverordnung (PortabVO-E)[569] enthält in Art. 2 lit. d iVm lit. c lediglich eine negative Begriffsbestimmung hinsichtlich eines sog. „vorübergehende[n] Aufenthalt[s]", der alle Aufenthalte des Verbrauchers außerhalb des Staates seines gewöhnlichen Aufenthalts umfassen soll. Eine eigenständige Definition des gewöhnlichen Aufenthalts enthält der Verordnungsentwurf nicht. Bei der Schaffung der Rom III-VO war von Seiten des Parlaments ein Vorstoß unternommen worden, den Begriff des gewöhnlichen Aufenthalts in einem recht allgemein gehaltenen Erwägungsgrund zu präzisieren, allerdings ohne Erfolg.[570] *Paul Lagarde* hat in seinem bereits (→ Rn. 74, 88) zitierten Entwurf für einen Allgemeinen Teil des europäischen IPR zwar einen Platzhalter für eine Legaldefinition des gewöhnlichen Aufenthalts vorgesehen, diesen jedoch noch nicht mit Inhalt gefüllt.[571] Recht detaillierte Hinweise zur Auslegung des Begriffs finden sich hingegen in Erwägungsgrund 23, 24 EuErbVO.[572]

cc) Folgen. Der **Begriff des „gewöhnlichen Aufenthalts"** ist folglich durch Auslegung der   **136** jeweils maßgebenden Kollisionsnormen zu gewinnen. Hierbei ist nicht auf die Kriterien des IPR der lex fori zurückzugreifen,[573] sondern ein **autonomes Verständnis** des gewöhnlichen Aufenthalts zu entwickeln, denn eine Auslegung nach Maßgabe der lex fori würde dem Ziel der einheitlichen Handhabung der EU-Verordnungen bzw. der Haager Übereinkommen in allen Mitglied- bzw. Vertragsstaaten widersprechen.[574] Da bereits im autonomen deutschen IPR ein Gleichklang mit der Verwendung des Begriffs in den Haager Konventionen und dem EVÜ angestrebt wurde (→ Rn. 130), dürften aber **nur in Randbereichen inhaltliche Divergenzen** auftreten. Die bisherige deutsche Rechtsprechung und Lehre zum IPR[575] können daher grundsätzlich auch zur Auslegung des europäischen Kollisionsrechts weiterhin *mutatis mutandis* Anhaltspunkte bieten; umgekehrt kann auch die Auslegung des Begriffs „gewöhnlicher Aufenthalt" durch den EuGH Impulse für die Auslegung des autonomen deutschen IPR geben. Im Folgenden wird daher zum Zwecke einer harmonischen Auslegung nicht zwischen einem „europäischen" und einem „deutschen" Begriff des gewöhnlichen Aufenthalts unterschieden.[576]

Auch wenn aus Gründen der Rechtssicherheit eine möglichst einheitliche Begriffsbildung anzu-   **137** streben ist, bleibt doch ebenso wie im autonomen IPR (→ Rn. 133) **Raum für eine differenzierende Begriffsbildung** auf den jeweiligen Sachgebieten, zB im Hinblick auf die vermögensrechtlichen Rom I- und II-Verordnungen einerseits, die familien- und erbrechtlichen Verordnungen

---

[568] Ebenso *Crawford/Carruthers* Int. Comp. L. Q. 63 (2014), 1 (8).

[569] Vorschlag für eine Verordnung des Europäischen Parlaments und des Rates zur Gewährleistung der grenzüberschreitenden Portabilität von Online-Inhaltediensten im Binnenmarkt vom 9.12.2015, KOM (2015) 627 endg.

[570] Der vorgeschlagene Erwägungsgrund 7 A Rom III-VO sollte lauten: „Der Begriff ‚gewöhnlicher Aufenthalt' ist gemäß den Zielen dieser Verordnung auszulegen. Seine Bedeutung sollte vom Gericht von Fall zu Fall aufgrund der tatsächlichen Umstände bestimmt werden. Dieser Begriff ist nicht gleichzusetzen mit einem Konzept nach nationalem Recht, sondern hat eine eigenständige Bedeutung im Gemeinschaftsrecht." (EP, Bericht über den Vorschlag KOM (2006) 399 endg. vom 19.9.2008, A6-0361-2008, S. 7 sowie Legislative Entschließung des EP vom 21.10.2008, ABl. 2010 C 15 E/39, S. 129].

[571] Art. 114 Sp.-Strich 4 seines Entwurfs lautet: „résidence habituelle: *question à débattre* » (RabelsZ 75 [2011], 673).

[572] Hierzu ausführlich *Mankowski* IPRax 2015, 39 (42 ff.).

[573] Dazu tendierend aber *Rushworth/Scott* Lloyd's M.C.L.Q. 2008, 274 (279).

[574] EuGH Slg. 2010, I-14309 Rn. 46 = FamRZ 2011, 617 = BeckRS 2011, 80085 – Mercredi/Chaffe; eingehend zum HKÜ OLG Frankfurt a. M. NJW-RR 2006, 938 = FamRZ 2006, 883; ebenso *Baetge,* FS Kropholler, 2008, 77 ff.; *Balthasar* ÖJZ 2015, 12 (13); *Dutta/Schulz* ZEuP 2012, 526 (557); *Hausmann* Riv. dir. int. priv. proc. 2015, 499 (505 f.); *Hilbig-Lugani* GPR 2014, 8 (10); *Kränzle,* Heimat als Rechtsbegriff?, 2014, 107; *Lurger* Verortung natürlicher Personen S. 232 f.; *Siehr* IPRax 2012, 316 (317); indifferent *Hohloch* YbPIL 9 (2007), 1 (12), der die Frage als „ultimately pointless" abtut.

[575] Nicht aber zum Sozial- oder Steuerrecht, → Rn. 139.

[576] Vgl. auch *Mankowski* IPRax 2015, 39 (42 ff.); ein Auseinanderfallen des europäischen und des nationalen Begriffs befürchtet *Rentsch* ZEuP 2015, 288 (301 f.).

andererseits.[577] Maßgebend ist stets die funktional-teleologische Bedeutung des gewöhnlichen Aufenthalts im Rahmen der jeweiligen Verordnung.[578] Auch die Erwägungsgründe der EuErbVO betonen die Notwendigkeit einer „Berücksichtigung der spezifischen Ziele dieser Verordnung" für die Bestimmung des gewöhnlichen Aufenthalts (Erwägungsgrund 23 S. 3 EuErbVO) und sprechen sich dafür aus, gegenüber beruflichen und wirtschaftlichen Bindungen einer Person auf dem Gebiet des Erbrechts die familiäre und soziale Situation stärker zu gewichten (Erwägungsgrund 24 S. 2 EuErbVO).

138   **Abzulehnen** ist indes eine **übermäßige Differenzierung** in der Begriffsbildung je nach der vom Verordnungsgeber verwendeten Anknüpfungstechnik.[579] So kommt es nicht in Betracht, den gewöhnlichen Aufenthalt allein aufgrund materiellrechtlicher Schutzerwägungen, zB im Verbraucherschutz (Art. 6 Rom I-VO), systemwidrig großzügiger zu definieren, als dies sonst geschieht.[580] Das kollisionsrechtliche Anknüpfungsmoment bestimmt hier über die Schutzwürdigkeit des Verbrauchers,[581] nicht anders herum. Auch soweit der gewöhnliche Aufenthalt zur Eröffnung von Rechtswahlmöglichkeiten dient (zB Art. 5 Abs. 1 lit. a Rom III-VO, Art. 5 Abs. 2 S. 3 lit. a und b Rom I-VO), ist es nicht angezeigt, ihn weiter als bei einer Verwendung in objektiven Kollisionsnormen auszulegen,[582] denn in den genannten Kollisionsnormen soll das Prinzip der freien Rechtswahl zum Schutz des Schwächeren dadurch eingeschränkt werden, dass nur Rechtsordnungen mit einer engen Verbindung zur Wahl gestellt werden.[583] Der Schutz des Schwächeren spricht hier also gerade gegen eine Aufweichung der für den gewöhnlichen Aufenthalt maßgebenden Kriterien. Freilich schließt das nicht aus, den Umstand, dass zB Eheleute in einer Rechtswahlvereinbarung nach Art. 5 Abs. 1 lit. a Rom III-VO einen bestimmten Ort als gemeinsamen gewöhnlichen Aufenthalt bezeichnet haben, als ein tatsächliches Indiz für eine dort bestehende soziale Integration zu bewerten. Umgekehrt muss es ausscheiden, den Begriff des gewöhnlichen Aufenthalts allein deshalb besonders restriktiv zu interpretieren, weil die Kollisionsnorm, in der er verwendet wird, rechtspolitisch umstritten ist.[584] Mit einer funktional-teleologischen Begriffsbildung soll das normative Programm des Verordnungsgebers optimal verwirklicht, nicht aber den subjektiven Präferenzen des Rechtsanwenders zum Durchbruch verholfen werden.

139   **d) Andere Rechtsgebiete.** Der gewöhnliche Aufenthalt wird nicht nur im IPR, sondern auch im internationalen Verfahrensrecht (EuEheVO, EuUnthVO, FamFG, EuMVVO, EuGFVO) verwendet; darüber hinaus spielt der Begriff als Anknüpfungsmoment eine wichtige Rolle im deutschen **Steuer- und Sozialrecht** (§ 9 S. 1 AO, § 30 Abs. 3 S. 2 SGB I). Bereits die Begründung des IPRNG nahm auf die Definition des gewöhnlichen Aufenthalts in § 9 S. 1 AO Bezug, um zu begründen, dass dieser Begriff primär anhand nach außen zutage getretener, objektiver Merkmale zu ermitteln sei.[585] Jedoch können angesichts der unterschiedlichen Zielsetzungen der jeweiligen Rechtsgebiete Konkretisierungen des gewöhnlichen Aufenthalts durch die Finanz- und Sozialgerichte nicht unbesehen auf das IPR übertragen werden.[586] Auch der EuGH hat in

---

[577] Eingehend *Kränzle*, Heimat als Rechtsbegriff?, 2014, 139 ff.; *Rentsch*, Der gewöhnliche Aufenthalt im System des Europäischen Kollisionsrechts, 2017, 358 ff., 435 ff.; *M.-P. Weller* in Leible/Unberath Rom 0-VO 293, 296, 311 ff.; zuvor knapp *Baetge*, FS Kropholler, 2008, 77 (82); ebenso *D'Avout*, Mélanges Audit, 2014, 15 (26 f.) („fonctionnalisme"); *Hausmann* Riv. dir. int. priv. proc. 2015, 499 (505 f.); *Lurger* Verortung natürlicher Personen S. 228 f; *Rauscher*, FS Coester-Waltjen, 2015, 637 (643 ff.); im IZVR *Kropholler/v. Hein* EuZPR EuMVVO Art. 3 Rn. 3; auch *Dutta/Schulze* ZEuP 2012, 526 (557) betonen, dass „autonome" Auslegung nicht zwangsläufig eine „einheitliche" Auslegung für alle Rechtsakte bedeute; für einen „funktionalen" Ansatz auch *Mellone* Riv. dir. int. priv. proc. 2010, 685 (712 ff.); ebenso zum PortabVO-E *Ehle/Werner* CR 2016, 376 (377 f.); aA *Hilbig-Lugani* GPR 2014, 8 (14 f.), die vor einer „völligen Atomisierung des Begriffs" warnt.

[578] Nach EuGH Slg. 2010, I-14309 Rn. 46 = FamRZ 2011, 617 = BeckRS 2011, 80085 – Mercredi/Chaffe ist „auf den Kontext der Vorschriften der Verordnung und auf deren Ziele abzustellen"; vgl. demgegenüber, stärker die Kohärenz des europäischen IPR betonend, *Rentsch*, Der gewöhnliche Aufenthalt im System des Europäischen Kollisionsrechts, 2017, 351 ff.

[579] Umfassend zu den denkbaren Konstellationen *Rentsch*, Der gewöhnliche Aufenthalt im System des Europäischen Kollisionsrechts, 2017, 374 ff.

[580] Dafür aber *Hilbig-Lugani* GPR 2014, 8 (13); skeptisch insoweit auch *Rentsch*, Der gewöhnliche Aufenthalt im System des Europäischen Kollisionsrechts, 2017, 408 f.

[581] Vgl. Staudinger/*Magnus* (2011) Rom I-VO Art. 6 Rn. 105: Nur das „Eindringen" des Unternehmers in die Rechts- und Umweltsphäre des Verbrauchers berechtige diesen zu der Erwartung, dass sein Recht gelte.

[582] Dafür aber *Hilbig-Lugani* GPR 2014, 8 (13); *Mellone* Riv. dir. int. priv. proc. 2010, 685 (712); vgl. auch eingehend *Rentsch*, Der gewöhnliche Aufenthalt im System des Europäischen Kollisionsrechts, 2017, 377 ff.

[583] Zu diesem Regelungsmuster näher *Rühl*, FS v. Hoffmann, 2011, 364 (369 f.).

[584] Anders *Hilbig-Lugani* GPR 2014, 8 (13) in Bezug auf Art. 5 Abs. 1 lit. b Rom III-VO.

[585] BT-Drs. 10/504, 41.

[586] Eingehend *Baetge*, Der gewöhnliche Aufenthalt, 1994, 39 ff.; ebenso Staudinger/*Kropholler* (2003) Vor Art. 19 Rn. 133; *Stoll* RabelsZ 22 (1957), 187; *M.-P. Weller* in Leible/Unberath Rom 0-VO 293, 306.

der Rechtssache „A." hervorgehoben, dass die Rechtsprechung des Gerichtshofs zum Begriff des gewöhnlichen Aufenthalts auf anderen Rechtsgebieten, wie zB dem Dienstrecht, nicht unmittelbar auf die EuEheVO übertragen werden könne.[587]

Größere Gemeinsamkeiten bestehen zwischen der Verwendung des Begriffs des gewöhnlichen **140** Aufenthalts auf den Gebieten des IPR einerseits, des **internationalen Verfahrensrechts** andererseits. Wird wie etwa im KSÜ oder im ErwSÜ das anwendbare Recht im Sinne eines Gleichlaufs parallel zur Zuständigkeit am gewöhnlichen Aufenthalt einer Person angeknüpft, liegt es auf der Hand, dass für begriffliche Divergenzen kein Raum bleibt.[588] Auch im europäischen IPR (Rom III-VO, EuErbVO) kann man die grundlegenden Entscheidungen des EuGH zum Verfahrensrecht der EuEheVO als Ausgangspunkt für eine kollisionsrechtliche Definition des gewöhnlichen Aufenthalts heranziehen.[589] Damit wird jedoch nicht prinzipiell ausgeschlossen, dass sich auch insoweit Differenzen zwischen der Auslegung des Begriffs im Verfahrensrecht einerseits, dem IPR andererseits ergeben können (→ Rn. 161). So kann es grundsätzlich angebracht sein, im Sinne einer eindeutigen Festlegung des anwendbaren Rechts etwa im Rahmen des Personalstatuts strengere Maßstäbe für die soziale Integration des Betroffenen aufzustellen als im Verfahrensrecht, wenn es dort nur um die Eröffnung einer konkurrierenden Zuständigkeit geht.[590] Dieses Bedürfnis nach einer stärkeren Differenzierung vermindert sich indes erheblich, wenn das Kollisionsrecht selbst den Beteiligten durch die Gewährung einer Rechtswahlmöglichkeit (Art. 5 Rom III-VO, Art. 22 EuErbVO) die Möglichkeit einräumt, von einem als unangemessene Anknüpfung empfundenen gewöhnlichen Aufenthalt abzuweichen, indem sie zB das Recht ihres Heimatstaates für anwendbar erklären. Aus Gründen der Rechtssicherheit sollte daher **grundsätzlich im europäischen IZVR und IPR der Begriff des gewöhnlichen Aufenthalts harmonisch** ausgelegt werden,[591] sofern nicht die unterschiedlichen Zielsetzungen der jeweiligen Rechtsgebiete im Einzelfall eine divergierende Begriffsbildung erfordern.

2. Begründung eines gewöhnlichen Aufenthalts. a) Aufenthalt. Der Begriff des „Aufent- **141** halts" setzt eine – zumindest zeitweilige – **körperliche (und nicht nur virtuelle) Anwesenheit** einer Person voraus.[592] Insoweit baut der gewöhnliche Aufenthalt auf dem oben (→ Rn. 121 ff.) erläuterten Begriff des schlichten Aufenthalts auf. Hingegen reicht es mangels tatsächlicher physischer Präsenz nicht aus, dass eine Person nur die **Absicht** hat, sich **an einem bestimmten Ort dauernd niederzulassen.**[593] Auch wenn die Person zur Verlegung ihres gewöhnlichen Aufenthalts entschlossen ist und die Reise an ihren neuen Aufenthaltsort bereits angetreten hat, entfaltet dies **keine objektive Vorwirkung,** denn es kann nie ausgeschlossen werden, dass das angestrebte Ziel nicht erreicht wird.[594] In derartigen Fällen können allenfalls kollisionsrechtliche Ausweichklauseln zu einer Korrektur der Anknüpfung führen: Hatte zB ein Erblasser in Deutschland bewusst alle Brücken hinter sich abgebrochen, ein Haus auf Gran Canaria erworben und den Flug mit der Iberia dorthin bereits angetreten, während dessen er einen Herzinfarkt erlitt, lag sein gewöhnlicher Aufenthalt zwar noch in Deutschland, es kommt aber eine engere Verbindung zu Spanien nach Art. 21 Abs. 2 EuErbVO in Betracht. Auf das Erfordernis der physischen Anwesenheit kann ausnahmsweise für Neugeborene zu verzichten sein, um eine Anknüpfung an den bisweilen gänzlich zufälligen Geburtsort zu vermeiden (→ Rn. 168).

Während im deutschen Sprachgebrauch der „gewöhnliche" vom „schlichten" Aufenthalt nur **142** durch ein Adjektiv unterschieden wird, wird im Englischen „habitual residence" auch im Hinblick auf das Substantiv von der bloßen „presence" abgegrenzt.[595] Daraus ergeben sich bei einer grammati-

---

[587] EuGH Slg. 2009, I-2805 Rn. 36 = IPRax 2011, 76 = BeckEuRS 2009, 492411 – A.; ebenso *Kränzle,* Heimat als Rechtsbegriff?, 2014, 116 ff.; *Pirrung* IPRax 2011, 50 (53); *Rentsch,* Der gewöhnliche Aufenthalt im System des Europäischen Kollisionsrechts, 2017, 363 ff.; *Staudinger/ Spellenberg* (2015) EuEheVO Art. 3 Rn. 56 ff.

[588] Näher *Rentsch,* Der gewöhnliche Aufenthalt im System des Europäischen Kollisionsrechts, 2017, 372 f; ebenso zur EuErbVO *Mankowski* IPRax 2015, 39 (41); stärker differenzierend aber *Rauscher,* FS Coester-Waltjen, 2015, 637 (645 ff.); *Staudinger/ Spellenberg* (2015) EuEheVO Art. 3 Rn. 58.

[589] So im Ausgangspunkt übereinstimmend *Hilbig-Lugani* GPR 2014, 8 ff.; *M.-P. Weller* in Leible/Unberath Rom 0-VO 293, 308 ff.; ebenso Palandt/ *Thorn* Rn. 13.

[590] *Kropholler* IPR § 39 II 5.

[591] So im Ausgangspunkt auch *Hilbig-Lugani* GPR 2014, 8 (15); *Lurger* Verortung natürlicher Personen S. 228 f.; *Rentsch,* Der gewöhnliche Aufenthalt im System des Europäischen Kollisionsrechts, 2017, 366 ff.

[592] EuGH Slg. 2009, I-2805 Rn. 38 = IPRax 2011, 76 = BeckEuRS 2009, 492411 – A.; Slg. 2010, I-14309 Rn. 49 = FamRZ 2011, 617 = BeckRS 2011, 80085 – Mercredi/Chaffe: „körperlich[e] Anwesenheit"; ebenso EuGH ECLI :EU:C:2014:2268, C ./. M = BeckEuRS 2014, 403063 Rn. 51.

[593] *Kropholler* IPR § 39 II 3a.

[594] *Kropholler* IPR § 39 II 3a.

[595] Näher *Rogerson* Int. Comp. L. Q. 49 (2000), 86 (90 f.).

schen Auslegung gewisse Implikationen; so wird etwa argumentiert, der Begriff „residence" habe Anklänge an das Heim („home") einer Person und beinhalte daher notwendigerweise ein subjektives Element (näher → Rn. 153 ff.). Ferner wird geltend gemacht, bereits der Begriff „residence" impliziere eine gewisse Dauer.[596] Der deutsche Begriff „Aufenthalt" erscheint insoweit weniger aussagekräftig (zum schlichten Aufenthalt → Rn. 121 ff.).

143   **b) Gewöhnlicher Charakter des Aufenthalts. aa) Zweck.** Das Adjektiv **„gewöhnlich"** („habituelle", „habitual") lässt mehrere Interpretationen zu. Nach hM bezeichnet es nicht die innere Gewöhnung einer Person an ihren Aufenthalt[597] oder eine „normale" – im Gegensatz zu einer „abgelegen[en] und unwohnlich[en]" – Behausung,[598] sondern zielt insbesondere auf faktische Gegebenheiten wie „die Dauer, die Regelmäßigkeit und die Umstände des Aufenthalts" ab.[599] Zur Unterscheidung des gewöhnlichen Aufenthalts von einer bloß vorübergehenden Anwesenheit ist eine „gewisse Dauer", eine „ausreichend[e] Beständigkeit" des Aufenthalts erforderlich.[600] Die Anwesenheit muss aber **nicht ununterbrochen** vorliegen, um von einem „gewöhnlichen" Aufenthalt sprechen zu können.[601] Wer für einen Urlaub, für drei Monate der Ausbildung als praktischer Arzt[602] oder für einen Sprachkurs ins Ausland reist, behält folglich seinen gewöhnlichen Aufenthalt im Inland bei, solange die dort vorhandenen sozialen, familiären oder beruflichen Bindungen weiterbestehen. Ein schematisches Abstellen auf bestimmte Mindestzeiten ist nicht sachgerecht.[603] Der Sinn einer Anknüpfung an den gewöhnlichen Aufenthalt liegt vielmehr darin, das Recht derjenigen sozialen Umwelt zu berufen, zu dem das betreffende Rechtsverhältnis die engste Verbindung aufweist.[604] Diese Zielvorgabe ist bei der Konkretisierung des gewöhnlichen Aufenthalts zu beachten.

144   **bb) Dauer.** Die Entstehung eines gewöhnlichen Aufenthalts hängt regelmäßig von einer **gewissen tatsächlichen Dauer** der Anwesenheit ab (→ Rn. 143). Es darf sich also „nicht nur um eine vorübergehende oder gelegentliche Anwesenheit" handeln.[605] Für die Zeitdauer, die eine Anwesenheit einer Person zu einem gewöhnlichen Aufenthalt erstarken lässt, werden in der deutschen Rechtsprechung in der Regel **sechs Monate** genannt.[606] Hierbei handelt es sich aber nur um eine grobe Faustregel.[607] Der EuGH hat sich diesen Richtwert bisher nicht zu Eigen gemacht, sondern betont, dass „[d]ie Dauer eines Aufenthalts […] nur als Indiz im Rahmen der Beurteilung seiner Beständigkeit dienen [kann], die im Licht aller besonderen tatsächlichen Umstände des Einzelfalls vorzunehmen ist".[608] Es kommt daher in Betracht, dass ein gewöhnlicher Aufenthalt ungeachtet einer nur geringen Dauer der Anwesenheit zu bejahen (→ Rn. 145 ff.) oder trotz einer längeren Dauer des Verweilens zu verneinen ist (→ Rn. 148). Im Einzelnen gilt Folgendes:

---

[596] *Clive* Jur. Rev. 1997, 137 (138 f.).

[597] So aber *Wuppermann* FamRZ 1972, 249; *Schwimann* ÖJBl. 1976, 236; entscheidend auf den „state of mind" eines Teenagers abstellend auch In the matter of LC (Children) (2014) UKSC 1; s. demgegenüber *Kropholler* IPR § 39 II 3a; *Baetge,* Der gewöhnliche Aufenthalt, 1994, S. 135 f.; im Ergebnis auch *Rauscher* IPR Rn. 276; *v. Bar/ Mankowski* IPR I § 7 Rn. 528; zur Frage der Berücksichtigung subjektiver Faktoren → Rn. 153 ff.; zum englischen IPR *Cheshire/North/Fawcett,* Private International Law, 14. Aufl. 2008, 189.

[598] *Kropholler* IPR § 39 II 3a; *Kränzle,* Heimat als Rechtsbegriff?, 2014, 109.

[599] EuGH Slg. 2009, I-2805 Rn. 39 = IPRax 2011, 76 = BeckEuRS 2009, 492411 – A.; ebenso EuGH Slg. 2010, I-14309 Rn. 44 = FamRZ 2011, 617 = BeckRS 2011, 80085 – Mercredi/Chaffe: „gewisse Beständigkeit oder Regelmäßigkeit"; s. auch Erwägungsgrund 23 S. 2 EuErbVO.

[600] EuGH Slg. 2010, I-14309 Rn. 51 = FamRZ 2011, 617 = BeckRS 2011, 80085 – Mercredi/Chaffe.

[601] Vgl. zu Unterbrechungen des gewöhnlichen Aufenthalts etwa OLG Düsseldorf FamRZ 1998, 1318; zum Unterhaltsstatutabkommen von 1956 BGH NJW 1975, 1068; *Clive* Jur. Rev. 1997, 137 (139); Staudinger/ *Spellenberg* (2015) EuEheVO Art. 3 Rn. 85 ff.

[602] BGH NJW 2009, 1482 = IPRax 2010, 367 m. Aufsatz *Seibl* IPRax 2010, 347.

[603] EuGH Slg. 2010, I-14309 Rn. 51= FamRZ 2011, 617 = BeckRS 2011, 80085 – Mercredi/Chaffe.

[604] Vgl. zum MSA BGHZ 78, 293 (298); NJW 1997, 3024 = FamRZ 1997, 1070; BGHZ 151, 63 = NJW 2002, 2955 = FamRZ 2002, 1182 m. Anm. *Henrich* FamRZ 2002, 1184.

[605] EuGH Slg. 2009, I-2805 Rn. 38 = IPRax 2011, 76 = BeckEuRS 2009, 492411 – A.; Slg. 2010, I-14309 Rn. 51 = FamRZ 2011, 617 = BeckRS 2011, 80085 – Mercredi/Chaffe.

[606] Näher *Kegel,* FS Rehbinder, 2002, 699 (701 ff.); st. dt. Rspr., s. BGHZ 78, 293 (301) = NJW 1981; 520; BVerwGE 109, 155 = DVBl 2000, 629 = NVwZ 2000, 325 betr. minderjährigen Asylbewerber; OVG NRW DVBl 1999, 482; OLG Hamm FamRZ 1991, 1466 m. Anm. *Henrich* FamRZ 1991, 1469; OLG Celle FamRZ 1991, 1221; OLG Bamberg IPRspr. 1989 Nr. 134; OLG Karlsruhe IPRspr. 1986 Nr. 83; OLG München FamRZ 1981, 389; OLG Karlsruhe FamRZ 2010, 1577 = BeckRS 2010, 23016; OLG Stuttgart NJW 2012, 2043; KG BeckRS 2013, 18219 = FamFR 2013, 552 (LS) m. Anm. *Finger;* OLG Karlsruhe NJW-RR 2015, 1415 Rn. 25; ebenso OGH IPRax 2015, 169 (170) m. Anm. *M.-P. Weller/A. Schulz* IPRax 2015, 176.

[607] AllgM, s. nur *Baetge,* FS Kropholler, 2008, 77 (81); *Kränzle,* Heimat als Rechtsbegriff?, 2014, 137.

[608] EuGH Slg. 2010, I-14309 Rn. 51 = FamRZ 2011, 617 = BeckRS 2011, 80085 – Mercredi/Chaffe; EuGH ECLI:EU:C:2014:2268 = BeckEuRS 2014, 403063 Rn. 53, C/M.

(1) Bejahung eines gewöhnlichen Aufenthalts trotz geringer Aufenthaltsdauer. Durch 145
die voraussichtliche Dauer des Aufenthalts und die zu erwartende soziale Integration kann bereits
ein gewöhnlicher Aufenthalt entstehen, bevor die Sechs-Monats-Faustregel eingreift.[609] Denn „das
Merkmal der nicht nur geringen Dauer des Aufenthalts bedeutet [...] nicht, daß im Falle eines
Wechsels des Aufenthaltsorts ein neuer gewöhnlicher Aufenthalt immer erst nach Ablauf einer entsprechenden Zeitspanne begründet werden könnte und bis dahin der frühere gewöhnliche Aufenthalt
fortbestehen würde. Der gewöhnliche Aufenthalt an einem Ort wird vielmehr grundsätzlich schon
dann begründet, wenn sich aus den Umständen ergibt, daß der **Aufenthalt** an diesem Ort **auf eine
längere Zeitdauer angelegt ist** und der neue **Aufenthaltsort künftig anstelle des bisherigen
Daseinsmittelpunkt sein soll** [...]."[610] In einem solchen Fall wird der neue gewöhnliche Aufenthalt bereits mit dem Eintreffen der Person (aber nicht schon vorher, → Rn. 141) begründet, und
zwar selbst dann, wenn dieser Aufenthalt sich wider Erwarten tatsächlich als kurzlebig erweisen sollte
(etwa, weil die Person infolge einer Erkrankung oder eines Unfalls verstirbt, an ihren Herkunftsort
zurückkehren oder weiterreisen muss).[611] Trotz der dogmatischen Einstufung des gewöhnlichen
Aufenthalts als „faktischer Wohnsitz" (→ Rn. 118), der vom Willen der betreffenden Person prinzipiell gerade unabhängig ist, ist im Rahmen dieser speziellen Fallgruppe „der Wille des Betreffenden,
dort den ständigen oder gewöhnlichen Mittelpunkt seiner Interessen in der Absicht zu begründen,
ihm Beständigkeit zu verleihen", maßgebend.[612] Diese Auffassung hat sich auch die Regierungsbegründung des IPRNG zu eigen gemacht.[613]

Bei **Kindern** sind insoweit die Intentionen derjenigen Person zu berücksichtigen, der das Aufent- 146
haltsbestimmungsrecht zusteht,[614] so dass bei einem entsprechenden Bleibewillen der Eltern ein
neugeborenes Kind bereits mit der Geburt einen gewöhnlichen Aufenthalt erwerben kann.[615] So
hat auch der EuGH zu Art. 8 Abs. 1 EuEheVO entschieden, dass „die Absicht der Eltern, sich mit
dem Kind dauerhaft in einem anderen Mitgliedstaat niederzulassen, die sich in bestimmten äußeren
Umständen, wie in dem Erwerb oder der Anmietung einer Wohnung im Zuzugsstaat, manifestiert,
ein Indiz für die Verlagerung des gewöhnlichen Aufenthalts sein [kann]. Ein anderes Indiz kann die
Einreichung eines Antrags auf Zuweisung einer Sozialwohnung bei den zuständigen Behörden
sein."[616] Zu beachten ist aber, dass die genannten subjektiven Faktoren hier **allein als Indizien** im
Rahmen der Feststellung eines objektiven Anknüpfungsmoments von Bedeutung sind, und dies auch
nur insoweit, als sie sich nachweislich **in äußeren Umständen** manifestieren.[617] Wer lediglich die
Absicht hat, sich in einem anderen Staat eine neue Wohnung zu suchen, dort aber nicht fündig wird
und unverrichteter Dinge wieder in seinen Herkunftsstaat zurückkehrt, hat nicht etwa während der
Wohnungssuche einen neuen gewöhnlichen Aufenthalt begründet.[618] Der gewöhnliche Aufenthalt
wird ferner nicht in dem Sinne subjektiviert, dass er einer freien Rechtswahl der Beteiligten (bzw.
der Eltern eines Kindes) zugänglich wäre (näher → Rn. 153) oder dass ein bloß innerer Widerwille

---

[609] BGHZ 78, 293 (301) = NJW 1981, 520; EuGH Slg. 2010, I-14309 Rn. 51 = FamRZ 2011, 617 =
BeckRS 2011, 80085 – Mercredi/Chaffe; KG BeckRS 2013, 18219 = FamFR 2013, 552 (LS) m. Anm. *Finger;*
AR v. RN [2015] UKSC 35, Rn. 19 ff. (vier Monate ausreichend); vgl. auch *Clive* Jur. Rev. 1997, 137 (142 f.).

[610] BGHZ 78, 293 (295); stRspr, ebenso zB OLG Hamburg IPRax 1986, 386 m. Aufsatz *Henrich* IPRax
1986, 364; OLG München BeckRS 2005, 33782; OLG Karlsruhe NJW-RR 2008, 1323 = FamRZ 2009, 239;
OLG Karlsruhe FamRZ 2010, 1577= BeckRS 2010, 23016; OLG Karlsruhe NJOZ 2014, 1211.

[611] BayObLG FamRZ 2001, 1543 = StAZ 2000, 370 = NJWE-FER 2001, 39: Versterben eines Kindes sechs
Tage nach der Geburt; *Kegel,* FS Rehbinder, 2002, 699 (702); *Kropholler,* FS Jayme, 2004, 471 (472); aA Staudinger/
Spellenberg (2015) EuEheVO Art. 3 Rn. 81 (vgl. aber auch Rn. 103, wo stärker zwischen IZVR und IPR differen-
ziert wird).

[612] EuGH Slg. 2010, I-14309 Rn. 51 = FamRZ 2011, 617 = BeckRS 2011, 80085 – Mercredi/Chaffe.

[613] BT-Drs. 10/504, 42.

[614] EuGH Slg. 2010, I-14309 Rn. 55 = FamRZ 2011, 617 = BeckRS 2011, 80085 – Mercredi/Chaffe; EuGH
ECLI:EU:C:2014:2268 = BeckEuRS 2014, 403063 Rn. 52, C/M; OLG Schleswig OLGR 2005, 744 = BeckRS
2005, 30364170; OLG Nürnberg FamRZ 2007, 1588 = NJOZ 2007, 5648; näher *Kropholler,* FS Jayme, 2004,
471 (472); ebenso *Clive* Jur. Rev. 1997, 137 (144); *Siehr* IPRax 2015, 144 (147).

[615] ZB OLG Saarbrücken FamRZ 2011, 1235 = BeckRS 2010, 29590; OLG Karlsruhe IPRax 2014, 178 m.
Aufsatz *Looschelders* IPRax 2014, 152.

[616] EuGH Slg. 2009, I-2805 Rn. 40 = IPRax 2011, 76 = BeckEuRS 2009, 492411 – A.; ebenso EuGH Slg.
2010, I-14309 Rn. 50 = FamRZ 2011, 617 = BeckRS 2011, 80085 – Mercredi/Chaffe.

[617] KG BeckRS 2013, 18219 = FamFR 2013, 552 (LS) m. Anm. *Finger;* AR v. RN [2015] UKSC 35, Rn. 17;
In the matter of B (A child) [2016] UKSC 4, Rn. 48 ff.; entgegengesetzt ist die Herangehensweise von *M.-P.
Weller* in Leible/Unberath Rom 0-VO 293, 311, der die herkömmlichen objektiven Faktoren (Dauer, soziale
Integration) nur als Indiz für den von ihm für maßgebend betrachteten Bleibewillen ansieht.

[618] OLG Hamm FamRZ 2005, 1702 = BeckRS 2004, 30347526; insoweit zutreffend Staudinger/*Spellenberg*
(2015) EuEheVO Art. 3 Rn. 81.

seiner Entstehung entgegenwirken würde[619] (→ Rn. 154). Ferner ist zu betonen, dass die Absicht, einen gewöhnlichen Aufenthalt zu begründen, rein natürlich-tatsächlichen Charakter hat und nicht mit dem rechtsgeschäftlichen Willen verwechselt werden darf, der für die Wohnsitzbegründung erforderlich ist (→ Rn. 118).

147   Zweifelhaft ist, ob zB im **Internationalen Vertragsrecht** (Art. 4 Abs. 1 Rom I-VO) für die Bestimmung des gewöhnlichen Aufenthalts ein unter Umständen geringer Zeitraum ausreichen kann, wenn es nur um einen punktuellen Austauschvorgang geht, hingegen eine längere Dauer zu verlangen sein soll, wenn es sich um ein Dauerschuldverhältnis handelt.[620] Zwar ist der Einwand berechtigt, der Käufer, der zB von einem Straßenkünstler in Salzburg ein Bild erwerbe, müsse nicht damit rechnen, dass dieser seinen gewöhnlichen Aufenthalt in Island habe.[621] Insoweit sorgen aber schon, falls nicht ohnehin das Recht des Verbrauchers nach Art. 6 Abs. 1 Rom I-VO zur Anwendung kommt, die Anknüpfung an die Zweigniederlassung des Verkäufers (Art. 19 Abs. 2) oder, mangels einer solchen, die Ausweichklausel (Art. 4 Abs. 3 Rom I-VO) für die Vermeidung unangemessener Ergebnisse.

148   **(2) Verneinung eines gewöhnlichen Aufenthalts trotz längerer Aufenthaltsdauer.** Ein gewöhnlicher Aufenthalt kann auch bei längerem Verweilen zu verneinen sein, wenn der Aufenthalt nur als vorübergehend geplant ist und es an einer **hinreichenden sozialen Integration einer Person am Aufenthaltsort fehlt.** So führt etwa selbst ein neunmonatiger Auslandsaufenthalt eines Kindes in einem Internat nicht unbedingt zur Begründung eines neuen gewöhnlichen Aufenthalts, wenn diese Unterbringung nur als Notlösung für eine Übergangszeit gedacht ist.[622] Gleiches gilt für zwei oder drei Auslandssemester einer Studentin[623] und selbst für einen Aufenthalt eines Erwachsenen in einer Rehabilitationsklinik, auch wenn dieser zwei Jahre dauert.[624] Das bedeutet aber nicht, dass ein Rückkehrwille (*animus revertendi*) der betreffenden Person die Entstehung eines gewöhnlichen Aufenthalts bei Vorliegen der erforderlichen objektiven Voraussetzungen, insbesondere einer vertieften sozialen Integration (→ Rn. 149 ff.), schlechthin ausschließt.[625] Vielmehr kann der Aufenthalt auch **von vornherein befristet** sein, etwa wenn ein Arbeitnehmer für einen längeren Zeitraum ins Ausland versetzt wird;[626] Art. 20 Abs. 1 lit. b schweiz. IPRG sagt das ausdrücklich (→ Rn. 132). Ebenso hält Nr. 10 der Resolution des Europarats fest, dass die Absicht des Betreffenden, diesen Aufenthalt beizubehalten, keine Voraussetzung für das Bestehen eines gewöhnlichen Aufenthalts ist. Nicht zuletzt hierin unterscheidet sich der gewöhnliche Aufenthalt vom „domicile" im Sinne des Common Law:[627] „It is […] the stability of the residence that is important, not whether it is of a permanent character."[628] Selbst wer mittelfristig beabsichtigt, in seinen Heimatstaat zurückzukehren, wenn er dort (wieder) eine Anstellung gefunden hat, kann also in einem anderen Land einen gewöhnlichen Aufenthalt begründen.[629] Auch eine deutsche Auslandskorrespondentin oder Nachwuchswissenschaftlerin, die von vornherein plant, für vier oder fünf Jahre in einem anderen Land zu leben, kann dort grundsätzlich einen neuen gewöhnlichen Aufenthalt erwerben.[630] Allerdings werden bei einer gefestigten Absicht der Rückkehr in den Heimatstaat strengere Anforderungen an die zeitliche Mindestdauer für die Begründung eines gewöhnlichen Aufenthalts angebracht sein. Im

---

[619] KG BeckRS 2013, 18219 = FamFR 2013, 552 (LS) m. Anm. *Finger*; den objektiven Charakter betonend auch In the matter of B (A child) [2016] UKSC 4, Rn. 1–56.

[620] Dafür (noch zum autonomen österreichischen IPRG) *Schwind*, FS Ferid, 1988, S. 423 (425); skeptisch *M.-P. Weller* in Leible/Unberath Rom 0-VO 293, 313; ablehnend *Baetge*, Der gewöhnliche Aufenthalt, 1994, 97; *Rentsch*, Der gewöhnliche Aufenthalt im System des Europäischen Kollisionsrechts, 2017, 402 f.; wohl auch *Hilbig-Lugani* GPR 2014, 8 (14) (Differenzierung zwischen Zeitpunkt und Zeitraum sei „illegitim").

[621] Beispiel in Anlehnung an *Schwind*, FS Ferid, 1988, 423 (425).

[622] BGH NJW 1975, 1068; anders *Raape/Sturm* IPR S. 137 Fn. 15 („Heimwärtsstreben").

[623] OLG Hamm FamRZ 1989, 1331; Bamberger/Roth/*Lorenz* Rn. 14; *M.-P. Weller* in Leible/Unberath Rom 0-VO 293, 322.

[624] BayObLG NJW 1993, 670 zur örtlichen Zuständigkeit in Betreuungssachen.

[625] *Clive* Jur. Rev. 1997, 137 (140); *Kränzle*, Heimat als Rechtsbegriff?, 2014, 134 ff.; *Lurger* Verortung natürlicher Personen S. 225; *Rogerson* Int. Comp. L. Q. 49 (2000), 86 (93 f.); weitergehend wohl *M.-P. Weller* in Leible/Unberath Rom 0-VO 293, 322 f.

[626] Vgl. zur Stationierung von Soldaten OLG Hamburg NJW-RR 1993, 40 = VersR 1992, 685; OLG Zweibrücken NJW-RR 1999, 948 = FamRZ 1999, 940; allgemein Staudinger/*Spellenberg* (2015) EuEheVO Art. 3 Rn. 83.

[627] Dies betonen auch *Cheshire/North/Fawcett*, Private International Law, 14. Aufl. 2008, 189.

[628] AR v. RN [2015] UKSC 35, Rn. 16.

[629] OLG Stuttgart FamRZ 2003, 959 = IPRax 2005, 362 m. Aufsatz *Baetge* IPRax 2005, 35.

[630] Vgl. OLG Karlsruhe NJW-RR 2015, 1415 Rn. 38 f.; *Spickhoff* IPRax 1995, 185 (186) umd 188; Soergel/*Kegel* Rn. 46 (mehrjährige Ausbildung als Facharzt, Abfassung einer Dissertation können reichen); sehr restriktiv insoweit *Kropholler* IPR § 39 II 5.

Schrifttum wird abweichend von der üblichen Sechs-Monats-Regel (→ Rn. 144) insoweit eine Zwei-Jahres-Grenze empfohlen.[631] Vor Schematismus ist aber zu warnen; **maßgebend** muss vielmehr stets die **gegenwärtige und zu erwartende soziale Integration** der betreffenden Person sein, für welche die objektive Verweildauer nur ein Indiz bildet. Bleiben familiäre, berufliche (zB ein ruhendes Arbeitsverhältnis, die Abfassung einer Qualifikationsschrift) oder sonstige Bindungen (Wohnungsmiete, Immobilienbesitz) in erheblichem Umfang zum Herkunftsstaat erhalten, spricht dies dafür, dass der gewöhnliche Aufenthalt auch bei längerer Dauer nicht ins Ausland verlegt worden ist. Bestehen derartige Bindungen hingegen nicht in nennenswertem Umfang fort (die Wohnung wurde gekündigt bzw. veräußert, der Kontakt zur Familie stark eingeschränkt, die deutsche Habilitation zugunsten einer *tenure track*-Stelle aufgegeben), wird sich eine Rückkehr nach einigen Jahren eher als Wiederbegründung eines zwischenzeitlich beendeten gewöhnlichen Aufenthalts darstellen.[632]

cc) Soziale Integration. Die bloße Dauer der Anwesenheit reicht für die Annahme eines **149** gewöhnlichen Aufenthalts allein nicht aus, wenngleich es mit längerer Aufenthaltsdauer umso wahrscheinlicher wird, dass eine soziale Integration stattfindet.[633] Hinzukommen muss vielmehr „das Vorhandensein weiterer **Beziehungen, insbesondere in familiärer oder beruflicher Hinsicht,** in denen – im Vergleich zu einem sonst in Betracht kommenden Aufenthaltsort – der Schwerpunkt der Bindungen der betreffenden Person zu sehen ist".[634] In diesem Sinne hat auch der EuGH zu Art. 8 Abs. 1 EuEheVO entschieden, dass der Begriff „gewöhnlicher Aufenthalt" iS dieser Vorschrift dahin auszulegen ist, dass darunter der Ort zu verstehen ist, der Ausdruck einer gewissen sozialen und familiären Integration des Kindes ist.[635] **Bei Kindern** findet eine solche Integration vor allem in **familiären Beziehungen und im Schulbesuch** ihren Ausdruck;[636] ein bloßes „Wanderleben" auf Campingplätzen reicht hingegen nicht aus.[637] Andererseits ist die Begründung eines festen Wohnsitzes nicht zwingend erforderlich.[638] Zu kleineren Kindern und Säuglingen → Rn. 168 f. Bei Erwachsenen spielen nicht nur die familiären, sondern auch die **beruflichen Bindungen** eine entscheidende Rolle;[639] hierauf weist auch Nr. 9 der Resolution des Europarats hin, der zB Art. 4 § 2 belg. IPRG und Art. 48 Abs. 7 bulgar. IPRG folgen. Fallen der Ort der Berufsausübung und der Schwerpunkt der familiären Lebensverhältnisse auseinander (Grenzpendler), entscheidet regelmäßig der letztgenannte Ort, dh der Wohnort der Familie.[640] Dieser Grundsatz wird für das internationale Erbrecht explizit in Erwägungsgrund 24 S. 2 EuErbVO bekräftigt.[641] Dies gilt grundsätzlich auch, wenn die betreffende Person am Ort ihrer Berufsausübung eine eigene Wohnung bezieht, die sie während der Arbeitswoche nutzt, und lediglich an den Wochenenden oder gar nur im Urlaub zu ihrer Familie heimkehrt.[642] Ein Wochenend- oder Ferienhaus begründet hingegen keinen

---

[631] *Mansel* IPRax 1990, 283 (286); *Spickhoff* IPRax 1995, 185 (186 und 188); vgl. auch BayObLG NJW 1993, 670.

[632] Vgl. zB die Kriterien zur Stipendienvergabe für die Rückgewinnung deutscher Wissenschaftler von Seiten des DAAD, https://www.daad.de/ausland/studieren/stipendium/de/70-stipendien-finden-und-bewerben/?detailid=880.

[633] AG Nürnberg FamRZ 2008, 1777 = BeckRS 2008, 21338; *Siehr* IPRax 2012, 316 (317); Staudinger/ *Spellenberg* (2015) EuEheVO Art. 3 Rn. 71.

[634] BGHZ 78, 293 (295); OLG Köln FamRZ 1991, 363; OLG Karlsruhe NJW-RR 2008, 1682 = FamRZ 2008, 2223; AG Nürnberg FamRZ 2008, 1777 = BeckRS 2008, 21338; *M.-P. Weller* in Leible/Unberath Rom 0-VO 293, 313.

[635] EuGH Slg. 2009, I-2805 = IPRax 2011, 76 = BeckEuRS 2009, 492411 – A., m. Anm. *Rauscher* LMK 2009, 282910; hierzu *Pirrung*, FS Kühne, 2009, 843 ff.; *Pirrung* IPRax 2011, 50; EuGH Slg. 2010, I-14309 Rn. 47 = FamRZ 2011, 617 = BeckRS 2011, 80085 – Mercredi/Chaffe; EuGH ECLI:EU:C:2014:2268 = BeckEuRS 2014, 403063 Rn. 51, C/M.

[636] EuGH Slg. 2010, I-14309 Rn. 53 = FamRZ 2011, 617 = BeckRS 2011, 80085 – Mercredi/Chaffe; EuGH ECLI:EU:C:2014:2268 = BeckEuRS 2014, 403063 Rn. 52, C/M; s. zB OLG München BeckRS 2015, 02636 Rn. 33 ff. = FamRZ 2015, 777 (779 f.) m. Anm. *Dutta* FamRZ 2015, 780; OLG Stuttgart FamFR 2012, 288 m. Anm. *Finger*; OLG Stuttgart NJOZ 2015, 565 = IPRax 2015, 251 m. Anm. *Helms* IPRax 2015, 217 (219 f.); AG Würzburg FamRZ 1998, 1319; der Besuch eines Kindergartens oder einer Vorschule hat bei jüngeren Kindern ebenfalls Indizwert, verneinend aber OLG Rostock NJW-RR 2001, 588 (589) = NJWE-FER 2001, 93 (94).

[637] EuGH Slg. 2009, I-2805 Rn. 41 = IPRax 2011, 76 = BeckEuRS 2009, 492411 – A.; ebenso zu wechselnden Unterkünften bei verschiedenen Verwandten AG Nürnberg FamRZ 2004, 725 = LSK 2004, 320328 (LS).

[638] *Kränzle*, Heimat als Rechtsbegriff?, 2014, 123; Staudinger/*Spellenberg* (2015) EuEheVO Art. 3 Rn. 89.

[639] Ausf. *Rauscher*, FS Coester-Waltjen, 2015, 637 (641 f.); *Spickhoff* IPRax 1995, 185 ff.; aA Staudinger/ *Spellenberg* (2015) EuEheVO Art. 3 Rn. 88.

[640] Näher *Kegel*, FS Rehbinder, 2002, 699 (703); ebenso *Baetge*, Der gewöhnliche Aufenthalt, 1994, 114 ff.; *Kränzle*, Heimat als Rechtsbegriff?, 2014, 131; *Kropholler* IPR § 39 II 6a (1); *Spickhoff* IPRax 1995, 185 (187); Staudinger/*v. Hoffmann* (2001) Art. 40 Rn. 400.

[641] Hierzu KG NJW-RR 2016, 1100; *Mankowski* IPRax 2015, 39 (45).

[642] *Kegel*, FS Rehbinder, 2002, 699 (704); zu den Kriterien im Einzelfall näher *Spickhoff* IPRax 1995, 185 (187 f.).

gewöhnlichen Aufenthalt, auch wenn es regelmäßig gemeinsam mit der Familie genutzt wird.[643] Erst recht schafft eine lediglich als Kapitalanlage angeschaffte Wohnung als solche keinen gewöhnlichen Aufenthalt;[644] das Vorhandensein erheblicher Vermögenswerte in einem bestimmten Staat kann aber ein Indiz für die Verbundenheit einer Person mit einer Rechtsordnung sein (vgl. Erwägungsgrund 24 S. 4 EuErbVO).[645] Seeleute auf einem unter fremder Flagge fahrenden Schiff behalten auch bei längerer Abwesenheit ihren gewöhnlichen Aufenthalt im Inland bei.[646] Auch wenn die Abwägung mitunter diffizil sein mag,[647] lässt sich nicht behaupten, eine objektive Festlegung des gewöhnlichen Aufenthalts sei in derartigen Konstellationen unmöglich.[648] Daher darf auch nicht vorschnell auf Ausweichklauseln (etwa Art. 41 EGBGB, Art. 4 Abs. 3 Rom II-VO, Art. 21 Abs. 2 EuErbVO) zurückgegriffen werden (s. Erwägungsgrund 25 S. 2).

150   Vor übertriebenem Schematismus in der Abwägung familiärer und beruflicher Bindungen ist allerdings zu warnen;[649] insbesondere müssen nicht beide Ehegatten oder gar alle Familienmitglieder notwendigerweise stets denselben gewöhnlichen Aufenthalt teilen.[650] Arbeitet zB der männliche Teil eines kinderlosen Ehepaares als Banker in London, während seine Frau als Professorin in Berlin tätig ist, und verfügen beide an ihrem Berufsort jeweils über eigene Wohnungen, in denen sie sich abwechselnd sehen, hat grundsätzlich jeder Ehegatte seinen eigenen gewöhnlichen Aufenthalt in England bzw. Deutschland.[651] Die eher nostalgische Vorstellung, dass der Mann als Alleinverdiener wie ein Soldat in den „Krieg" ziehe und dann zu „den Seinen" zurückkehre,[652] passt auf eine gleichberechtigte Doppelverdienerehe nicht. Auch wenn Kinder vorhanden sind, die Ehe aber gescheitert ist und die Ehefrau mit den Kindern in ihren Heimatstaat umzieht, während der Ehemann am Ort seiner beruflichen Tätigkeit in Deutschland bleibt, behält er hier seinen gewöhnlichen Aufenthalt, obwohl er in erheblichem Umfang die Kinder an ihrem neuen Aufenthaltsort besucht.[653] Bei Ruheständlern oder Arbeitslosen wird man wiederum die bestehenden familiären Bindungen stärker gewichten müssen als in der Vergangenheit liegende berufliche Beziehungen.[654] Schließlich ist zu beachten, dass familiäre und berufliche Bindungen einer Person nicht notwendigerweise auf jedem Sachgebiet des IPR in gleicher Weise miteinander abgewogen werden müssen; im vermögens-rechtlichen Bereich können die beruflichen Bindungen unter Umständen stärker zu gewichten sein als im familien- oder erbrechtlichen Kontext (→ Rn. 133).

151   Maßgebliche Bedeutung für die soziale Integration einer Person haben ihre **Sprachkenntnisse:**[655] Wer sich mit seiner sozialen Umwelt nicht verständigen kann, wird sich in diese auch oft nur schwer integrieren können.[656] Von übersteigerten Anforderungen ist indes abzusehen: Auch die türkischstämmige Migrantin der ersten Generation, die als Hausfrau in einem überwiegend von Türken bewohnten Stadtteil lebt und in ihrem Alltag kaum Deutschkenntnisse benötigt, hat aufgrund ihres Wohnorts und ihrer familiären Bindungen an Mann und Kinder ihren gewöhnlichen Aufenthalt in Deutschland.[657] Wer hingegen allein aus steuerlichen Gründen seinen Wohnsitz über die Grenze nach Frankreich verlegt, während sich das gesamte soziale und berufliche Leben weiterhin in Deutschland abspielt, behält seinen gewöhnlichen Aufenthalt in Deutschland.[658]

---

[643] *Kegel*, FS Rehbinder, 2002, 699 (704); *Kränzle*, Heimat als Rechtsbegriff?, 2014, 131.

[644] Staudinger/*Spellenberg* (2015) EuEheVO Art. 3 Rn. 89.

[645] Vgl. auch OLG Bremen NJW 2016, 655: Mitnahme des gesamten Goldschmucks durch die Ehefrau in den jetzigen Aufenthaltsstaat; hierzu *Baetge* StAZ 2016, 289 (292).

[646] *Kegel*, FS Rehbinder, 2002, 699 (703).

[647] Vgl. Staudinger/*Spellenberg* (2015) EuEheVO Art. 3 Rn. 93 ff.

[648] So aber *Rauscher*, FS Coester-Waltjen, 2015, 637 (648 f.).

[649] Zweifelhaft *Kegel*, FS Rehbinder, 2002, 699 (704), der bei einem auf der Landesgrenze belegenen Haus darauf abstellen will, auf welcher Seite sich das Schlafzimmer befindet.

[650] *Hilbig-Lugani* GPR 2014, 8 (11).

[651] Vgl. auch das ähnliche Beispiel bei *Rauscher*, FS Coester-Waltjen, 2015, 637 (640).

[652] In diesem Sinne noch *Kegel*, FS Rehbinder, 2002, 699 (704).

[653] Im Ergebnis zutr., wenn auch fragwürdig begründet, OLG Oldenburg NJW-RR 2010, 1592 = IPRax 2012, 550.

[654] Für einen generellen Vorrang privater Beziehungen *Baetge*, Der gewöhnliche Aufenthalt, 1994, 115; Staudinger/*Spellenberg* (2015) EuEheVO Art. 3 Rn. 88; zu erstgenannten Gruppe auch → Rn. 165.

[655] Eingehend *Jayme*, FS Kirchhof, 2013, 341 (345 f.); zu Kindern EuGH Slg. 2009, I-2805 Rn. 39 = IPRax 2011, 76 = BeckEuRS 2009, 492411 – A.; EuGH ECLI:EU:C:2014:2268 = BeckEuRS 2014, 403063 Rn. 52, C/M; zu Erwachsenen zB AG Nürnberg FamRZ 2008, 1777 = BeckRS 2008, 21338; allgemein *Kränzle*, Heimat als Rechtsbegriff?, 2014, 127.

[656] *Baetge*, Der gewöhnliche Aufenthalt, 1994, 117.

[657] Vgl. auch *Baetge*, FS Kropholler, 2008, 77 (80): „Eine vollständige Assimilation ist nicht erforderlich..."; *Baetge* StAZ 2016, 289 (292); ebenso *Kränzle*, Heimat als Rechtsbegriff?, 2014, 127; Staudinger/*Spellenberg* (2015) EuEheVO Art. 3 Rn. 90; übertrieben daher die Bedenken bei *Trips-Hebert* RuP 2012, 214 (218).

[658] AG Nürnberg FamRZ 2008, 1777 = BeckRS 2008, 21338; vgl. auch in einem deutsch-polnischen Fall KG NJW-RR 2016, 1100.

Als ein Indiz zur Bestimmung des gewöhnlichen Aufenthalts eines Kindes hat der EuGH im **152** Rahmen der EuEheVO auch dessen **Staatsangehörigkeit** herangezogen;[659] dem folgt in Bezug auf den Erblasser Erwägungsgrund 24 S. 4 EuErbVO. Zwar kann zumindest die effektive Staatsangehörigkeit durchaus ein Element sein, das im Rahmen einer Gesamtbetrachtung für die Feststellung der sozialen Integration einer Person relevant ist.[660] Eine Überbetonung dieses Faktors ist aber tunlichst zu vermeiden.[661] Erstens droht eine zirkuläre Argumentation, wenn im Rahmen der Effektivitätsprüfung nach Art. 5 Abs. 1 S. 1 zwischen den beteiligten Staatsangehörigkeiten einer Person anhand ihres gewöhnlichen Aufenthalts entschieden werden soll, der gewöhnliche Aufenthalt aber wiederum in Abhängigkeit von der effektiven Staatsangehörigkeit bestimmt wird. Zweitens besteht in Bezug auf Minderjährige die Gefahr, dass eine übermäßige Gewichtung der Staatsangehörigkeit eines Kindes, die sich im Falle des *ius sanguinis* notwendigerweise von dessen Eltern ableitet, zu einer Aushöhlung des Grundsatzes führt, dass der gewöhnliche Aufenthalt von Kindern – anders als deren Wohnsitz (→ Rn. 117) – gerade eigenständig zu bestimmen ist[662] (näher → Rn. 167). Drittens kann es, wie bereits oben ausgeführt wurde (→ Rn. 29), nachvollziehbare Gründe dafür geben, dass eine Einbürgerung der betreffenden Person unterblieben ist, ohne dass daraus notwendigerweise auf eine mangelnde soziale Integration geschlossen werde könnte.[663]

dd) Wille. Uneinigkeit besteht hinsichtlich der Frage, ob der **gewöhnliche Aufenthalt** von **153** einem entsprechenden Willen der Person getragen sein muss. Während die deutsche Rechtsprechung herkömmlich den gewöhnlichen Aufenthalt gerade in Abgrenzung zum Wohnsitz bewusst **primär faktisch definiert** hat,[664] wird in neuerer Zeit ein stärkere Berücksichtigung eines „natürlichen" Bleibewillens gefordert.[665] Hiermit wird allerdings der gerade aus anglo-amerikanischer Sicht erhebliche Vorteil des gewöhnlichen Aufenthalts, dass er anders als das *domicile* nicht von schwer beweisbaren subjektiven Voraussetzungen abhänge, gefährdet.[666] Nach dem normalen Sprachgebrauch lässt sich nur schwer bestreiten, bemerkt zB *Eric Clive,* dass Napoleon im Zeitpunkt seines Todes seinen gewöhnlichen Aufenthalt auf St. Helena hatte.[667] Allgemein anerkannt ist zwar, dass **subjektive Faktoren** bis zu einem gewissen Grad Defizite hinsichtlich der objektiven Bedingungen für das Vorliegen eines gewöhnlichen Aufenthalts ausgleichen können, insbesondere im Hinblick auf die erforderliche Mindestdauer, soweit diese Intentionen sich in äußeren Umständen manifestieren (→ Rn. 145). Nur in diesem besonderen Kontext hat bislang auch der EuGH den Willen der betreffenden Person als maßgebend für die Begründung eines gewöhnlichen

---

[659] EuGH Slg. 2009, I-2805 Rn. 39 = IPRax 2011, 76 = BeckEuRS 2009, 492411 – A.; EuGH ECLI:EU:C:2014:2268 = BeckEuRS 2014, 403063 Rn. 52, C/M; ebenso im IPR in Hinblick auf einen Erwachsenen OLG Oldenburg NJW-RR 2010, 1592 = IPRax 2012, 550.

[660] Mit dieser Einschränkung auch *G. Schulze* IPRax 2012, 526 (527); für die Einbeziehung auch einer nicht-effektiven Staatsangehörigkeit aber offenbar *M.-P. Weller* in Leible/Unberath Rom 0-VO 293, 310 (unter Berufung auf Art. 3 Abs. 1 lit. a EuEheVO); *Hausmann* Riv. dir. int. priv. proc. 2015, 499 (506); *Rentsch* ZEuP 2015, 288 (310); gänzlich ablehnend („als Indiz ungeeignet") noch *Baetge,* Der gewöhnliche Aufenthalt, 1994, 119; differenzierend zwischen durch Geburt oder Einbürgerung erworbener Staatsangehörigkeit nunmehr *Baetge* StAZ 2016, 289 (293); ablehnend auch Staudinger/*Spellenberg* (2015) EuEheVO Art. 3 Rn. 91.

[661] Zurückhaltend auch *Kränzle,* Heimat als Rechtsbegriff?, 2014, 127 f.

[662] Zutr. *Pirrung* IPRax 2011, 50 (53).

[663] Diesen Aspekt betont auch *Baetge,* Der gewöhnliche Aufenthalt, 1994, 119.

[664] Zum Begriff des „faktischen Wohnsitzes" s. nur BGHZ 78, 293 (295) = NJW 1981, 520; BGH NJW 1997, 3024 = FamRZ 1997, 1070; mit eingehender, auch rechtsvergleichender Begründung zum HKÜ OLG Frankfurt a. M. NJW-RR 2006, 938; KG BeckRS 2013, 18219 = FamFR 2013, 552 (LS) m. Anm. *Finger.*

[665] Für einen „willenszentrierten Anknüpfungsbegriff" eingehend *M.-P. Weller* in Leible/Unberath Rom 0-VO 293 ff.; zust. *Hausmann* Riv. dir. int. priv. proc. 2015, 499 (506); *Hilbig-Lugani* GPR 2014, 8 (9); *Rauscher,* FS Coester-Waltjen, 2015, 637 (649); *Rentsch* ZEuP 2015, 288 (308 f.); grundsätzlich sympathisierend auch *Lurger* Verortung natürlicher Personen S. 221 f.; für Freiwilligkeit der Aufenthaltsbegründung traditionell das englische IPR, s. *Cheshire/North/Fawcett,* Private International Law, 14. Aufl. 2008, 190 f.

[666] EuGH ECLI:EU:C:2017:436 Rn. 59 = BeckRS 2017, 117861 – OL/PQ; eingehend *Trakman* JPIL 11 (2015), 317 ff., der – genau entgegengesetzt – eine stärkere Verobjektivierung des *domicile*-Begriffs nach dem Vorbild des gewöhnlichen Aufenthalts einfordert; vgl. auch *Hay/Borchers/Symeonides,* Conflict of Laws, 5. Aufl. 2010, § 4.14: „To avoid the distasteful problems of the English concept [of domicile] and the uncertainties of meaning and proof of subjective intent, more recent legislation in Europe, England and the Hague Conventions have employed the term habitual residence"; aus englischer Sicht *Rogerson* Int. Comp. L. Q. 49 (2000), 86 (90): „[T]he subjective element tends to lead to unpredictability as very similar cases on the facts can be distinguished by almost imperceptible differences in the 'minds of men'"; skeptisch insoweit auch *D'Avout,* Mélanges Audit, 2014, 15 (28); *Kränzle,* Heimat als Rechtsbegriff?, 2014, 135; *Lurger* Verortung natürlicher Personen S. 224 f.; *Mankowski* IPRax 2015, 39 (43); ausdrücklich die englische Rechtsprechung als Vorbild lobend hingegen *Rauscher,* FS Coester-Waltjen, 2015, 637 (649); ähnlich *Rentsch* ZEuP 2015, 288 (308 f.).

[667] *Clive* Jur. Rev. 1997, 137 (146).

Aufenthalts bezeichnet.[668] Daraus darf jedoch nicht der Umkehrschluss gezogen werden, trotz langer Dauer des Aufenthalts und einer bereits erfolgten objektiven sozialen Integration müsse der bloße Rückkehrwille einer Person zwingend zur Verneinung ihres gewöhnlichen Aufenthalts führen[669] (→ Rn. 148). Auch die oben (→ Rn. 135 ff.) angeführten neueren europäischen Kodifikationen unterscheiden ausdrücklich zwischen diesen Konstellationen. Dass selbst ein fortbestehender entgegengesetzter Wille eines Aufenthaltsbestimmungsberechtigten die Entstehung eines neuen gewöhnlichen Aufenthalts eines Kindes nicht dauerhaft blockiert, verdeutlicht Art. 5 Abs. 3 (näher → Rn. 171 ff.). Insbesondere bei kleinen Kindern oder schutzbedürftigen Erwachsenen, denen im Falle fortgeschrittener Demenz mitunter gar nicht bewusst ist, wo sie sich eigentlich befinden, würde eine strikte Subjektivierung der Aufenthaltsanknüpfung kaum zu praktikablen Lösungen führen, wenn man nicht wieder bei bloßen Legalfiktionen Zuflucht nehmen wollte.[670] Der Supreme Court of the UK hat in jüngster Zeit zur EuEheVO wiederholt hervorgehoben, dass das Kindeswohl eine *objektive* Bestimmung des gewöhnlichen Aufenthalts unter Berücksichtigung aller familiären und sozialen Bindungen erfordert und nicht einseitig auf den Willen des oder der Sorgeberechtigten abzustellen ist.[671] Entsprechend ist in den befürchteten Fällen des sog „Demenztourismus"[672] vorzugehen (→ Rn. 155). Die **Aufenthaltsanknüpfung** sollte dogmatisch auch **nicht als funktionales Äquivalent zur Parteiautonomie** begriffen werden.[673] Bei einer solchen Perspektive verlöre der gewöhnliche Aufenthalt zum einen seine Funktion, in zahlreichen Kollisionsnormen die Zahl der für eine Rechtswahl zur Verfügung stehenden Rechtsordnungen objektiv sinnvoll zu begrenzen (zB Art. 14 Abs. 3, 15 Abs. 2 Nr. 2 EGBGB, Art. 5 Rom III-VO, Art. 8 Abs. 1 lit. b UnthProt). Überdies könnten durch eine Subjektivierung der Aufenthaltsanknüpfung iS einer quasi-parteiautonomen Ausgestaltung unter der Hand Rechtswahlmöglichkeiten eingeführt werden, von denen der Gesetz- oder Verordnungsgeber bewusst abgesehen hat:[674] Würde man es etwa einem Erblasser gestatten, sein Feriendomizil in der Toskana trotz überwiegender objektiver Bindungen nach Deutschland kraft eines bloßen Willensakts zu seinem „gewöhnlichen Aufenthalt" zu erheben, weil er nach Deutschland stets nur „unfreiwillig" aufgrund beruflicher Zwänge zurückkehre, würde damit im Ergebnis eine Wahlmöglichkeit in Bezug auf die Belegenheit bestimmter Nachlassgegenstände eingeführt, die sich in der EuErbVO aber bewusst nicht findet (vgl. Art. 21, 22 EuErbVO). Die Gefahr einer unzulässigen Ausdehnung der Parteiautonomie bildet auch im englischen IPR ein zentrales Argument gegen die überkom-

---

[668] EuGH Slg. 2010, I-14309 Rn. 51 = FamRZ 2011, 617 = BeckRS 2011, 80085 – Mercredi/Chaffe; näher Staudinger/*Spellenberg* (2015) EuEheVO Art. 3 Rn. 67 ff., 97 ff, der mit Recht davor warnt, die Bezugnahme des EuGH auf den Niederlassungswillen „über[zu]interpretieren" (Rn. 97).

[669] In diesem Sinne aber OLG Rostock IPRax 2001, 588 (589) = NJWE-FER 2001, 93 (94); insoweit mit Recht abl. *Baetge* IPRax 2000, 573 (576 f.); s. auch LG Karlsruhe IPRax 2005, 145 m. Aufsatz *Wilske/Kordts* IPRax 2005, 116 = LSK 2005, 190444 (LS); *Clive* Jur. Rev. 1997, 137 (140); *Rogerson* Int. Comp. L. Q. 49 (2000), 86 (93 f.).

[670] *Lurger* Verortung natürlicher Personen S. 225; *Mankowski* IPRax 2015, 39 (43); anders aber *M.-P. Weller* in Leible/Unberath Rom 0-VO 293, 323 mit dem Beispiel des „Alterspflegetourismus"; ebenfalls stark subjektivierend *Zimmer/Oppermann* ZEV 2016, 126 (129 f.), die selbst bei einem mehrjährigen Aufenthalt in einem deutschen Altersheim einen gewöhnlichen Aufenthalt verneinen wollen; diesen folgend nun OLG München ZEV 2017, 333; zur Bestimmung des Bleibewillens eines fünfjährigen (!) Kindes anhand objektiver Indizien *M.-P. Weller/A. Schulz* IPRax 2015, 176 (178); vgl. auch die Schwierigkeiten, den „state of mind" eines Kindes anhand von Facebook-Einträgen oder ähnlichen Quellen zu ermitteln, In the matter of LC (Children) [2014] UKSC 1; *Kränzle,* Heimat als Rechtsbegriff?, 2014, 126 will nach der „tatsächlichen Wahrnehmungsfähigkeit" des Betroffenen unterscheiden.

[671] In the matter of B (A child) [2016] UKSC 4, Rn. 56 (per *Lord Wilson*): „[I]t makes no sense to regard a person's intention, in this case a parent's intention, at the moment when the aeroplane leaves the ground as precipitating, at that moment, a loss of habitual residence. At all events, and more importantly, I remain clear that such is not the modern law"; deutlich auch bereits In the Matter of A (Children) [2013] UKSC 60 Rn. 54; AR v. RN [2015] UKSC 35, Rn. 21: „ [P]arental intentions [...] are a relevant factor, but they are not the only relevant factor"; zu dem Wechsel der englischen Rechtsprechung und Lehre von einem primär subjektiven Ansatz zu einem Kombinationsmodell näher *Beaumont/Holliday,* Recent Developments on the Meaning of „Habitual Residence" in Alleged Child Abduction Cases, in *Župan,* Private International Law in the Jurisprudence of European Courts – Family at Focus, 2015, 42 f.

[672] Hierzu eingehend *Zimmer/Oppermann* ZEV 2016, 126 ff.; ferner *Mankowski* IPRax 2015, 39 (43); *M.-P. Weller* in Leible/Unberath Rom 0-VO 293, 323.

[673] Dafür aber *M.-P. Weller* in Leible/Unberath Rom 0-VO 293, 320 f.; ähnlich *Rentsch,* Der gewöhnliche Aufenthalt im System des Europäischen Kollisionsrechts, 2017, 379 f.; sympathisierend *Dutta* IPRax 2017, 139 (146); kritisch Staudinger/*Spellenberg* (2015) EuEheVO Art. 3 Rn. 97; skeptisch auch *d'Avout,* Mélanges Audit, 2014, 15 (30 in Fn. 52).

[674] Warnend insoweit auch *Lurger* Verortung natürlicher Personen S. 224.

mene Subjektivierung des *domicile*-Begriffs.[675] Nur soweit tatsächlich eine entsprechende faktische Gestaltung der Lebensverhältnisse vorliegt, kann man von einer „indirekten" Rechtswahl sprechen.[676]

Letztlich ist deshalb an der bereits (→ Rn. 131) zitierten Empfehlung Nr. 10 des Europarats **154** festzuhalten, nach der die **freiwillige Begründung eines Aufenthalts** und die Absicht des Betreffenden, diesen Aufenthalt beizubehalten, zwar **keine unabdingbaren Voraussetzungen** für das Bestehen eines Aufenthalts oder eines gewöhnlichen Aufenthalts sind, aber die Absichten der Person bei der Bestimmung, ob sie einen Aufenthalt hat und welcher Art dieser Aufenthalt ist, **berücksichtigt werden können.**[677] Daraus folgt: Selbst wenn die Anwesenheit ursprünglich gegen den Willen der betreffenden Person begründet wurde, zB durch die Versetzung eines Arbeitnehmers,[678] oder die Person zu einem längeren Verweilen gezwungen wurde als ursprünglich geplant, etwa weil der Ehemann seiner Frau in der Türkei den Reisepass weggenommen hat,[679] oder ein Aufenthaltsbestimmungsberechtigter bei der Verlegung oder Begründung des Aufenthalts eines Kindes übergangen wurde (Art. 5 Abs. 3; näher → Rn. 171 ff.), kann der Aufenthalt durch Zeitablauf und soziale Integration rückwirkend zu einem gewöhnlichen werden.[680] Generell sollte auch bei entsandten Arbeitnehmern eine Freiwilligkeit der Aufenthaltsbegründung bejaht werden, da sie schließlich stets die Option haben, ihr Arbeitsverhältnis zu kündigen;[681] zur Abwägung von objektiver Dauer und Rückkehrabsicht → Rn. 148. Im Übrigen sind die Absichten einer Person im Rahmen der Würdigung ihrer sozialen Integration nur von Bedeutung, wenn sie sich in **äußeren Umständen** manifestieren;[682] eine **bloße Mentalreservation,** ein innerer Widerwille gegen die Umgebung, ist hingegen **unbeachtlich**[683] (zur „inneren Gewöhnung" → Rn. 143). Ebenso können die zur Bestimmung über den Aufenthalt eines Kindes berechtigten Personen nicht parteiautonom dessen gewöhnlichen Aufenthalt festlegen (zur Frage des „alternierenden" gewöhnlichen Aufenthalts → Rn. 163 ff.).

Insbesondere ist umstritten, ob auch der **erzwungene Aufenthalt** in einer Strafanstalt, einem **155** Erziehungsheim oder einem Krankenhaus zu einer Entstehung oder Veränderung des gewöhnlichen Aufenthalts führen kann. Vielfach wird dies generell verneint;[684] zum Teil allgemein bejaht.[685] Richtigerweise ist auch insoweit zu differenzieren.[686] Eine **Untersuchungshaft** genügt den Anforderungen an die Begründung eines gewöhnlichen Aufenthalts schon deshalb nicht, weil sie nach Zweck und gesetzlicher Ausgestaltung lediglich vorübergehender Natur ist.[687] Ebenso wenig reichen mehrfache kurze Inhaftierungen in Deutschland aus, wenn der Betroffene keinen gesicherten Aufenthaltsstatus in Deutschland hatte und sich zwischenzeitlich in den USA und Frankreich aufhielt.[688] Auch eine langjährige Haftstrafe trägt die Begründung eines gewöhnlichen Aufenthalts nicht, wenn zuvor keine soziale Integration des Betroffenen im

---

[675] Vgl. *Trakman* JPIL 11 (2015), 317 (335): „[I]f a person's subjective choice of domicile diverges from the place of habitual residence, that person's subjective choice may determine the applicable law, such as in relation to those areas of family law or succession in which subjective intention, as a matter of public policy, ought *not* to prevail."

[676] So *Mankowski* IPRax 2015, 39 (42).

[677] Vgl. auch *d'Avout*, Mélanges Audit, 2014, 15 (25 ff.), der gerade hierin die entscheidende Differenz zwischen *domicile* und gewöhnlichem Aufenthalt erblickt; von einer „combined method" sprechen *Beaumont/Holliday*, Recent Developments on the Meaning of „Habitual Residence" in Alleged Child Abduction Cases, in Župan, Private International Law in the Jurisprudence of European Courts – Family at Focus, 2015, 41.

[678] Als Beispiel genannt von Bamberger/Roth/*Lorenz* Rn. 14.

[679] Beispiel nach OLG Hamm NJW-RR 1993, 1155 = FamRZ 1993, 69; vgl. auch In the Matter of A (Children) [2013] UKSC 60 = [2013] 3 WLR 761; hierzu näher *Beaumont/Holliday*, Recent Developments on the Meaning of „Habitual Residence" in Alleged Child Abduction Cases, in Župan, Private International Law in the Jurisprudence of European Courts – Family at Focus, 2015, 43 ff.

[680] So im Ergebnis auch EuGH ECLI:EU:C:2017:436 Rn. 47 ff. = BeckRS 2017, 117861 – OL/PQ; OLG Hamm NJW-RR 1993, 1155 = FamRZ 1993, 69; Bamberger/Roth/*Lorenz* Rn. 14; Staudinger/*Kropholler* (2003) Vor Art. 19 Rn. 141.

[681] *Rogerson* Int. Comp. L. Q. 49 (2000), 86 (95).

[682] OGH IPRax 2014, 183 (185) m. Anm. *Heindler* IPRax 2014, 201.

[683] KG BeckRS 2013, 18219 = FamFR 2013, 552 (LS) m. Anm. *Finger.*

[684] OLG Köln FamRZ 1996, 946; OLG Koblenz FamRZ 1998, 756 m. Anm. *Gottwald* FamRZ 1998, 757; HK-BGB/*Dörner* Rn. 9; Palandt/*Thorn* Rn. 10; *Schwimann* ÖJBl 1976, 236; *Wuppermann* FamRZ 1972, 249; *Allinger*, Das Haager Minderjährigenschutzabkommen, 1988, 153; *Wanner-Laufer*, Inhalt und Bedeutung von Art. 3 MSA, 1992, 53; im Erg. auch *Zimmer/Oppermann* ZEV 2016, 126 (129 f.).

[685] *Raape/Sturm* IPR I S. 130.

[686] *Kropholler* IPR § 39 II 6c; ebenso *Kränzle*, Heimat als Rechtsbegriff?, 2014, 128; Staudinger/*Spellenberg* (2015) EuEheVO Art. 3 Rn. 106.

[687] OLG München FGPrax 2007, 224 = FamRZ 2007, 1913 zu § 5 VBVG.

[688] OLG Köln FamRZ 1996, 946.

Inland gegeben war und er anschließend wieder in sein Herkunftsland abgeschoben wird.[689] Wenn aber zum früheren Aufenthaltsort keine Beziehungen mehr bestehen und nicht zu erwarten ist, dass diese nach der Haftentlassung wieder aufgenommen werden, kann auch eine JVA bei längerer Haftdauer einen gewöhnlichen Aufenthaltsort darstellen.[690] Umgekehrt gilt: Kann ein in Beirut lebender Deutscher seine Wohnung in Marbella faktisch über Jahre nicht nutzen, weil ihm in der EU die Vollstreckung eines internationalen Haftbefehls droht, hat er seinen gewöhnlichen Aufenthalt im Libanon, nicht in Spanien.[691] Bringt eine nach Deutschland verzogene Schweizerin ihren bereits im Zeitpunkt des Umzugs dementen Ehemann hierzulande in einem **Pflegeheim** unter, wo er nach einigen Jahren verstirbt, hatte der Ehegatte seinen letzten gewöhnlichen Aufenthalt im Inland;[692] ggf. kann über Ausweichklauseln (zB Art. 13 Abs. 2 ErwSÜ, Art. 21 Abs. 2 EuErbVO) ein im Interesse des Erwachsenenschutzes unangemessenes Ergebnis korrigiert werden.

156   Zwar kann von einer sozialen Integration zumindest im herkömmlichen Sinne nicht gesprochen werden, wenn sich die Person in einem Gefängnis befindet oder zwangsweise in einem Heim untergebracht ist.[693] Aber auch der reguläre Strafvollzug, welcher der Resozialisierung der Gefangenen dient (§ 2 S. 1 StVollzG), ist letztlich ebenso ein Teil des sozialen Systems wie ein Erziehungsheim für Minderjährige oder ein Pflegeheim, in dem ein dementer, schutzbedürftiger Erwachsener untergebracht ist; seit der Abschaffung des „besonderen Gewaltverhältnisses" und der Entmündigung sollte außer Streit stehen, dass auch Strafgefangene, Heimkinder und schutzbedürftige Erwachsene Subjekte des Privatrechtsverkehrs bleiben. Gerade im Bereich des Kindes- und Erwachsenenschutzes, der heute ganz auf den gewöhnlichen Aufenthalt ausgerichtet ist, würden zudem negative Kompetenzkonflikte und Normenmangel drohen, wenn man schlechthin einen gewöhnlichen Aufenthalt des Betroffenen verneinen würde, weil dieser wider seinen „natürlichen" Willen in einem Erziehungs- oder Pflegeheim untergebracht worden ist.[694] Die streng auf einem *animus manendi* beharrende englische *domicile*-Anknüpfung (→ Rn. 129) bereitet in dieser Fallgruppe erhebliche Schwierigkeiten, die als warnendes Beispiel dienen sollten.[695]

157   **Soldaten im Kriegseinsatz** (oder gar in Kriegsgefangenschaft) behalten auch bei längerer Abwesenheit ihren gewöhnlichen Aufenthalt im Inland bei.[696] Im Übrigen kann aber in Bezug auf länger im Ausland dienende Soldaten nicht generell ausgeschlossen werden, dass diese einen gewöhnlichen Aufenthalt an ihrem Stationierungsort begründen; dies hängt vielmehr – wie bei anderen „Arbeitnehmern" auch (→ Rn. 154) – von den Umständen des Einzelfalles ab (Dauer, entstandene familiäre und soziale Bindungen, objektiv manifestierte Pläne für die Zeit nach der Entlassung usw.).[697] Selbst im englischen IPR, das traditionell die Freiwilligkeit der Aufenthaltsbegründung betont, wird diese Möglichkeit bejaht: Der Soldat hätte ja den Dienst quittieren können, wenn er mit seiner Stationierung im Ausland nicht einverstanden gewesen wäre.[698]

158   Eine Grenze muss aber selbstverständlich gezogen werden, wenn die betreffende Person mit dem Ziel an einen anderen Ort verschleppt worden ist, sie physisch zu vernichten oder gänzlich vom normalen Rechtsverkehr auszuschließen.[699] Wenn ein Mensch nur noch zum bloßen Objekt einer gesellschaftlichen *Exklusion* gemacht wird, verliert ein Anknüpfungsmoment, das gerade auf die

---

[689] OLG Koblenz FamRZ 1998, 756 m. Anm. *Gottwald* FamRZ 1998, 757.

[690] OLG München FamRZ 2006, 1562 = BeckRS 2006, 08108 zu § 5 VBVG; *Kropholler* IPR § 39 II 6c.

[691] Zutr. LG Karlsruhe IPRax 2005, 145 m. Aufsatz *Wilske/Kordts* IPRax 2005, 116.

[692] Beispiel nach *Zimmer/Oppermann* ZEV 2016, 126 (129), die den Fall aber entgegengesetzt (fortbestehender gewöhnlicher Aufenthalt des Mannes in der Schweiz) lösen wollen; vgl. auch zum Begriff des Wohnsitzes iSd § 343 Abs. 1 Hs. 1 FamFG OLG Düsseldorf NZFam 2016, 905.

[693] *Staudinger/Kropholler* (2003) Vor Art. 19 Rn. 154.

[694] So aber *Zimmer/Oppermann* ZEV 2016, 126 (130 f.), die stets auf den letzten gewöhnlichen Aufenthalt vor Verlust der Geschäftsfähigkeit abstellen wollen; diesen folgend OLG München ZEV 2017, 333 (334) mAnm *Rentsch* ZEV 2017, 334.

[695] Näher *Cheshire/North/Fawcett*, Private International Law, 14. Aufl. 2008, 177 f.

[696] S. nur *Kegel*, FS Rehbinder, 2002, 699 (703).

[697] Bejahend zB OLG Hamburg NJW-RR 1993, 40 = VersR 1992, 685; OLG Zweibrücken NJW-RR 1999, 948 = FamRZ 1999, 940; verneinend AG Landstuhl BeckRS 2002, 31146185 = FamRZ 2003, 1300 m. Anm. *Hau* FamRZ 2003, 1301.

[698] Vgl. *Winrow v. Hemphill and Aegeas Insurance* [2014] EWHC 3164 (QB); hierzu *Rentsch* GPR 2015, 191 ff.; *Cheshire/North/Fawcett*, Private International Law, 14. Aufl. 2008, 191; *Rogerson* Int. Comp. L. Q. 49 (2000), 86 (94 f.); zur Frage eines *domicile* aus US-amerikanischer Sicht in diesen Fällen eingehend *Hay/Borchers/Symeonides*, Conflict of Laws, 5. Aufl. 2010, § 4.26.

[699] OLG Hamm NJW 1954, 1731; OLG Köln NJW 1955, 755; *Kropholler* IPR § 39 II 6c; *Staudinger/Spellenberg* (2015) EuEheVO Art. 3 Rn. 106; anders *Raape/Sturm* IPR S. 130, der aber (Fn. 16) insoweit mit der Figur der *fraus legis* korrigieren will.

Feststellung der sozialen *Integration* einer Person gerichtet ist, seinen Sinn. Wer etwa in einem KZ umgebracht worden ist, hatte seinen letzten gewöhnlichen Aufenthalt nicht im Lager, sondern an dem Ort, an dem er vor seiner Deportation sozial integriert war.[700]

ee) Legalität. Es besteht heute ein internationaler Konsens darin, dass die Begründung eines **159** gewöhnlichen Aufenthalts – im Unterschied zum Wohnsitz (→ Rn. 117) – nicht von einer Aufenthalts- oder Niederlassungserlaubnis abhängt, sondern sich rein nach tatsächlichen Umständen richtet.[701] Nr. 7 der Resolution des Europarats sagt dies ausdrücklich; ebenso Art. 4 § 2 belg. IPR sowie Art. 48 Abs. 7 bulgar. IPRG. Selbst das englische Recht, das herkömmlich keine Begründung eines *domicile* durch illegale Einwanderer zuließ (→ Rn. 128), ist inzwischen zu einer faktischen Betrachtung der *habitual residence* in solchen Fällen umgeschwenkt.[702] Im deutschen und europäischen IPR gilt nichts anderes; **auf die Legalität des Aufenthalts** einer Person in einem bestimmten Land **kommt es daher für die Feststellung des gewöhnlichen Aufenthalts grundsätzlich nicht an.**[703] Auf einem anderen Blatt steht, dass in Fällen eines illegalen Aufenthalts das Kriterium der sozialen Integration der betreffenden Person (→ Rn. 149 ff.) regelmäßig einer besonders eingehenden Prüfung bedarf.[704] Im Einzelnen ist danach zu unterscheiden, ob bereits die objektiven Voraussetzungen für die Entstehung eines gewöhnlichen Aufenthalts gegeben sind (längere Dauer des Verweilens, soziale Integration zB aufgrund familiärer Bindungen) oder nicht.[705] Im erstgenannten Fall schadet die Illegalität der Anwesenheit aufgrund der faktischen Natur des gewöhnlichen Aufenthalts nicht, so dass es zB bei Asylbewerbern nicht mehr auf den Ausgang des Asylverfahrens ankommt.[706] Befindet sich eine Person hingegen erst kurze Zeit in Deutschland und ist hierzulande nicht sozial integriert, kann allein ihr subjektiver Bleibewille nicht zur Entstehung eines gewöhnlichen Aufenthalts führen, wenn zB ihr Asylantrag offensichtlich unbegründet oder bereits abgelehnt worden ist oder nur eine befristete Duldung vorliegt.[707] Da der Bleibewille des Betroffenen in einer solchen Konstellation aufgrund der nach der Rechtslage regelmäßig zu erwartenden weiteren Verlaufs der Ereignisse (Abschiebung) nicht mit hinreichender Wahrscheinlichkeit zu verwirklichen sein wird, ist er auch bei einer faktischen Betrachtung unbeachtlich.[708] Ferner hat der EuGH betont, es sei bei der Bestimmung des gewöhnlichen Aufenthalts eines Kindes zu berücksichtigen, dass eine gerichtliche Entscheidung zur Zuweisung des Sorgerechts an dessen Mutter nur vorläufiger Natur gewesen sei;[709] die Mutter habe sich insoweit nicht sicher sein können, dass der Aufenthalt in dem Mitgliedstaat, in den sie das Kind verbracht hatte, nicht nur vorübergehend sein würde.[710] Die Würdigung dieses

---

[700] Ein anderes Ergebnis bezeichnete schon *Mann* JZ 1956, 466 (468) als „untragbar"; anders (aber nicht zum IPR, sondern zum Entschädigungsrecht) noch BGH RzW 1955, 220 = LM § 8 BEG (1953) Nr. 1.

[701] Ausf. *Baetge,* Der gewöhnliche Aufenthalt, 1994, 118 f.; *Baetge* StAZ 2016, 289 (294 f.); *Mankowski* IPRax 2017, 40 (47); insoweit auch im Rahmen eines willenszentrierten Aufenthaltsbegriffs *M.-P. Weller* in Leible/Unbrath Rom 0-VO 293, 322; zur Rechtmäßigkeit des Verbringens eines Kindes im Rahmen des Unterhaltsrechts OGH IPRax 2015, 169 (170 f.) m. Anm. *M.-P. Weller/A. Schulz* IPRax 2015, 176; hierzu auch *Balthasar* ÖJZ 2015, 12 (14 ff.).

[702] Mark v. Mark [2005] UKHL 42 Rn. 36 (per *Baroness Hale of Richmond*); hierzu näher *Forsyth* JPIL1 (2005), 335 (340 ff.); so bereits aus schottischer Sicht *Clive* Jur. Rev. 1997, 137 (146 f.).

[703] BGHZ 163, 248 (257) = NJW 2005, 3424 (3426); OLG Hamm NJW 1990, 651 = IPRax 1990, 247 m. Aufsatz *Spickhoff* IPRax 1990, 225; OLG Koblenz FamRZ 1990, 536 = IPRax 1990, 249 m. Aufsatz *Spickhoff* IPRax 1990, 225; OLG Nürnberg FamRZ 1989, 1304; OLG Karlsruhe NJW-RR 2015, 1415 Rn. 31; LG Kassel NJW-RR 1996, 1091; *Baetge,* FS Kropholler, 2008, 77 (83 f.); Bamberger/Roth/*Lorenz* Rn. 14; *Kränzle,* Heimat als Rechtsbegriff?, 2014, 123 f.; Staudinger/*Spellenberg* (2015) EuEheVO Art. 3 Rn. 109.

[704] „A person who was on the run after a deportation order or removal directions might find it hard to establish a habitual residence here", Mark v. Mark [2005] UKHL 42 Rn. 36 (per *Baroness Hale of Richmond*).

[705] Bamberger/Roth/*Lorenz* Rn. 14; Palandt/*Thorn* Rn. 10; *Baetge,* Der gewöhnliche Aufenthalt, 1994, 134; *Spickhoff* IPRax 1990, 225 (228).

[706] OLG Hamm NJW 1990, 651 = IPRax 1990, 247 m. Aufsatz *Spickhoff* IPRax 1990, 225; OLG Koblenz FamRZ 1990, 536 = IPRax 1990, 249 m. Aufsatz *Spickhoff* IPRax 1990, 225; OLG Nürnberg FamRZ 1989, 1304; OLG Karlsruhe NJW-RR 1992, 1094 = FamRZ 1992, 316; OLG Nürnberg FamRZ 2002, 324 = NVwZ-Beil. 2001, 119; aA LG Memmingen DAVorm 1991, 873 = BeckRS 1991, 31274645; *Kegel,* FS Rehbinder, 2002, 699 (703) (kein gewöhnlicher Aufenthalt vor Anerkennung).

[707] OLG Karlsruhe NJW-RR 1991, 643 = FamRZ 1990, 1351; OLG Bremen FamRZ 1992, 962; OLG Köln FamRZ 1996, 946; OLG Koblenz FamRZ 1998, 756 m. Anm. *Gottwald* FamRZ 1998, 757; LG Rottweil NJW-RR 1995, 967; aA *Spickhoff* IPRax 1990, 225 (227).

[708] OLG Bremen FamRZ 1992, 962; Bamberger/Roth/*Lorenz* Rn. 14; Palandt/*Thorn* Rn. 10.

[709] EuGH ECLI:EU:C:2014:2268, C ./. M = BeckEuRS 2014, 403063 = IPRax 2015, 239 mit krit. Anm. *Pirrung* IPRax 2015, 207.

[710] EuGH ECLI:EU:C:2014:2268, C ./. M = BeckEuRS 2014, 403063 Rn. 55; krit. aber *Beaumont/Holliday,* Recent Developments on the Meaning of „Habitual Residence" in Alleged Child Abduction Cases, in Župan, Private International Law in the Jurisprudence of European Courts – Family at Focus, 2015, 52 ff.; *Pirrung* IPRax 2015, 207 (211).

Umstands schließt allerdings nicht aus, die Begründung eines neuen gewöhnlichen Aufenthalts nach Abwägung aller Umstände dennoch zu bejahen.[711]

160   **3. Mehrfacher gewöhnlicher Aufenthalt.** Ob eine Person einen mehrfachen gewöhnlichen Aufenthalt haben kann, wird international und auch in Deutschland unterschiedlich beurteilt.[712] Während ein Teil der Rechtsprechung[713] und zahlreiche Stimmen im Schrifttum[714] eine solche Möglichkeit bejahen, wird sie von einem anderen Teil der Rechtsprechung[715] und der Lehre jedenfalls für das IPR abgelehnt.[716] Zwar ist die Annahme eines mehrfachen gewöhnlichen Aufenthalts nicht bereits begrifflich ausgeschlossen,[717] weil auch das Konzept des Daseinsmittelpunkts einen gewissen Bewertungsspielraum lässt.[718] Ebenso kann die Möglichkeit eines mehrfachen gewöhnlichen Aufenthalts nicht allein mit dem Argument verneint werden, dass der gewöhnliche Aufenthalt im Unterschied zum Wohnsitz kein Willenselement beinhalte,[719] denn hierdurch wird das theoretische Szenario eines rein faktischen Anknüpfungspatts nicht ausgeschlossen. Es ist aber unzweckmäßig, unökonomisch und der Rechtssicherheit abträglich, einen mehrfachen gewöhnlichen Aufenthalt anzuerkennen.[720] Nimmt man begrifflich eine Pattsituation zwischen zwei gewöhnlichen Aufenthalten an, ändert dies nichts daran, dass **zum Zwecke einer eindeutigen Anknüpfung letztlich eine Auswahl getroffen werden muss.**[721] Insoweit soll auf das Kriterium der Effektivität iS des Art. 5 Abs. 1 S. 1, letztlich also den Verlauf des Lebens einer Person, abzustellen sein, um den „effektiveren" oder „engeren" gewöhnlichen Aufenthalt zu bestimmen.[722] Nach einer weitergehenden Ansicht soll sogar ein Vorrang des gewöhnlichen Aufenthalts in Deutschland analog Art. 5 Abs. 1 S. 2 angenommen werden.[723] Eine „Effektivitätsprüfung" führt aber lediglich dazu, dass all die Faktoren, die richtigerweise bereits im Hinblick auf die soziale Integration des Betroffenen bei der Ermittlung des gewöhnlichen Aufenthalts hätten geprüft werden müssen, künstlich abgespalten und in einen zweiten Prüfungsschritt verlagert werden.[724] Dies zeigt zB die bereits zitierte Entscheidung des OLG Oldenburg:[725] Ist eine Ehe gescheitert und die ausländische Ehefrau mit den Kindern in ihren Heimatstaat umgezogen, während der deutsche Ehemann am Ort seiner beruflichen Tätigkeit in Deutschland wohnhaft bleibt, behält er aufgrund der verfügbaren Indizien (berufliche Tätigkeit,

---

[711] So die Abschlussentscheidung G v. G [2015] IESC 12.

[712] Rechtsvergleichend hierzu *Baetge,* Der gewöhnliche Aufenthalt, 1994, 137 ff.; *Baetge* IPRax 2005, 335 (336 f.), mwN.

[713] S. zum IPR OLG Oldenburg NJW-RR 2010, 1592 = IPRax 2012, 550; zum HKÜ OLG Frankfurt a. M. FPR 2001, 233; ebenso zur internationalen bzw. örtlichen Zuständigkeit (§§ 606, 606a ZPO aF) BayObLGZ 1980, 52 = FamRZ 1980, 883; KG NJW 1988, 649 m. Anm. *Geimer* NJW 1988, 651 = FamRZ 1987, 603; OLG Bremen FamRZ 1992, 963.

[714] *Erman/Hohloch* Rn. 55; *Kegel,* FS Rehbinder, 2002, 699 (704 ff.); *Raape/Sturm* IPR S. 131; *G. Schulze* IPRax 2012, 526 ff.; *Siehr* IPR § 47 III 1b; *Siep,* Der gewöhnliche Aufenthalt, 1981, 65; *Spickhoff* IPRax 1995, 185 (189); Staudinger/*Bausback* (2013) Rn. 48; vgl. auch *Clive* Jur. Rev. 1997, 137 (144); *Gallant,* Mélanges Pierre Mayer, 2015, 241 (250 ff.).

[715] OLG Karlsruhe NJW-RR 1999, 1383 (1384); OLG Stuttgart FamRZ 2003, 959 = BeckRS 2003, 30309552 = IPRax 2005, 362 m. Aufsatz *Baetge* IPRax 2005, 335; LG München BeckRS 2011, 12330 unter II 3 a); im Ergebnis abl. auch LG Karlsruhe IPRax 2005, 145 m. Aufsatz *Wilske/Kordts* IPRax 2005, 116 = LSK 2005, 190444 (LS).

[716] Bamberger/Roth/*Lorenz* Rn. 13; *v. Bar/Mankowski* IPR I § 7 Rn. 24; HK-BGB/*Dörner* Rn. 10; *Kränzle,* Heimat als Rechtsbegriff?, 2014, 129; *Looschelders* IPR Rn. 8 („hilft nicht weiter"); *Mankowski* IPRax 2015, 39 (45); Palandt/*Thorn* Rn. 10; *Pirrung* IPRax 2011, 50 (54) („sollte tunlichst vermieden werden"); *Rauscher* IPR Rn. 282; *Rohe,* FS Rothoeft, 1994, 1 (21); Staudinger/*Henrich* (2014) EGBGB Art. 21 Rn. 23; Staudinger/ *Spellenberg* (2015) EuEheVO Art. 3 Rn. 59; *Stoll* RabelsZ 22 (1957) 187, 190 („graue Theorie"); *Stone* Anglo-Am. L. Rev. 29 (2000), 342 (348 f.); grundsätzlich ablehnend, aber mit Ausnahmen für Alternativanknüpfungen und konkurrierende Zuständigkeiten *Baetge,* Der gewöhnliche Aufenthalt, 1994, 142; *Kropholler* IPR § 39 II 6a; skeptisch auch Staudinger/*v. Hoffmann* (2001) Art. 40 Rn. 400 („denkbar, aber höchst selten").

[717] So aber (zu § 606 ZPO aF) *Gutzler* NJW 1949, 154; dazu neigend auch LG Karlsruhe IPRax 2005, 145 m. Aufsatz *Wilske/Kordts* IPRax 2005, 116 = LSK 2005, 190444 (LS); anders OLG Karlsruhe NJW-RR 2015, 1415 Rn. 40.

[718] *Baetge,* Der gewöhnliche Aufenthalt, 1994, 142; *Baetge* IPRax 2005, 335 (337).

[719] So aber OLG Karlsruhe NJW-RR 1999, 1383 (1384).

[720] Ebenso Palandt/*Thorn* Rn. 10, der mit Recht auf das Interesse an eindeutigen und berechenbaren Anknüpfungsergebnissen verweist.

[721] So auch *Looschelders* IPR Rn. 8; Staudinger/*Henrich* (2014) EGBGB Art. 21 Rn. 23.

[722] OLG Oldenburg NJW-RR 2010, 1592 = IPRax 2012, 550; *Erman/Hohloch* Rn. 55; *G. Schulze* IPRax 2012, 526 (527 f.); Staudinger/*Bausback* (2013) Rn. 48.

[723] Dafür *Spickhoff* IPRax 1995, 185 (189); dazu tendierend auch *Kegel,* FS Rehbinder, 2002, 699 (705 f.); vgl. auch *Raape/Sturm* IPR S. 131 (im Zweifel Vorrang der lex fori).

[724] Vgl. HK-BGB/*Dörner* Rn. 10: „unnötige Komplizierung der Anknüpfung".

[725] OLG Oldenburg NJW-RR 2010, 1592 = IPRax 2012, 550.

Wohnung, Staatsangehörigkeit, Bruder in Deutschland, der zugleich Geschäftspartner war) seinen *alleinigen* gewöhnlichen Aufenthalt in der Bundesrepublik, obwohl er oft und regelmäßig die Kinder an ihrem neuen Aufenthaltsort besucht; die gekünstelte Annahme eines mehrfachen gewöhnlichen Aufenthalts, nur um anschließend eine Effektivitätsprüfung vorzunehmen, die natürlich zu demselben Ergebnis führt, ist schlicht überflüssig.[726] Erst recht ist ein Rückgriff auf die verfehlte Vorrangregelung des Art. 5 Abs. 1 S. 2 abzulehnen, da mit einer solchen systemwidrigen Hilfsanknüpfung das hinter dem gewöhnlichen Aufenthalt stehende Prinzip der engsten Verbindung unterlaufen würde.[727]

Ob ein **mehrfacher gewöhnlicher Aufenthalt** anerkannt werden sollte, soweit es sich um   **161** konkurrierende Zuständigkeiten **im IZVR** handelt,[728] ist zweifelhaft. Hierdurch drohen unter Umständen positive Kompetenzkonflikte, für die es, da Art. 5 Abs. 1 insoweit nicht anwendbar ist (→ Rn. 71), an einem „Tie-Breaker" fehlt. Zudem würde das für zahlreiche EU-Verordnungen und Staatsverträge geltende Gleichlaufprinzip durchbrochen.[729] Angesichts der gerade im Familienverfahrensrecht zahlreichen Zuständigkeiten, die an die Staatsangehörigkeit bzw. den schlichten Aufenthalt einer Person oder an ein bloßes Fürsorgebedürfnis anknüpfen, besteht für eine solche Multiplikation der Aufenthaltsorte, um zusätzliche Gerichtsstände zu eröffnen, zumeist wohl auch kein dringendes Bedürfnis.

Von der abzulehnenden Konzeption eines mehrfachen gewöhnlichen Aufenthalts sind zwei   **162** **andere Fallgestaltungen** abzugrenzen: Erstens kann eine nach Sach- und Rechtsgebieten differenzierende Begriffsbildung dazu führen, dass in verschiedenen rechtlichen Kontexten jeweils ein unterschiedlicher gewöhnlicher Aufenthalt einer Person anzunehmen ist (→ Rn. 133); das ändert aber nichts daran, dass innerhalb desselben normativen Zusammenhangs, dh für einen bestimmten Anknüpfungszweck, stets nur ein einziger gewöhnlicher Aufenthalt vorliegt. Zweitens darf die zu verneinende Frage, ob eine Person gleichzeitig einen mehrfachen gewöhnlichen Aufenthalt haben kann, nicht mit der Problematik vermengt werden, ob der gewöhnliche Aufenthalt einer Person alternieren, dh jahreszeitlich wechseln kann (→ Rn. 163 ff.).[730]

4. Wechselnder gewöhnlicher Aufenthalt. Ein jahreszeitlich wechselnder gewöhnlicher Auf-   **163** enthalt einer Person wird insbesondere in Bezug auf Kinder angenommen: Hält ein Kind getrennt lebender Eltern sich regelmäßig jeweils ein halbes Jahr beim Vater, die andere Jahreshälfte bei der Mutter auf, und liegt an beiden Orten eine hinreichende soziale Integration vor, kommt in Betracht, dass es einen jahreszeitlich **alternierenden gewöhnlichen Aufenthalt** hat.[731] Zur Begründung wird angeführt, dass Kinder sich relativ schnell in einer neuen Umgebung einleben, insbesondere wenn ihnen diese aufgrund früherer Aufenthalte vertraut ist und dort einer der Elternteile wohnt.[732] Die Fragestellung beschränkt sich aber nicht auf Kinder. Zwar nimmt etwa das ErwSÜ zu dieser Frage nicht ausdrücklich Stellung.[733] Gerade bei älteren Personen dürfte ein jahreszeitlich wechselnder gewöhnlicher Aufenthalt (zB Winter auf Teneriffa, Sommer in Deutschland) jedoch nicht undenkbar sein.[734] Für die Annahme eines alternierenden gewöhnlichen Aufenthalts spricht gerade im Bereich des Kindes- und Erwachsenenschutzes die Erwägung, dass negative Kompetenzkonflikte zwischen Behörden und Gerichten verschiedener Staaten so vermieden werden können; ein positiver Kompetenzkonflikt bzw. eine Normenhäufung drohen hingegen nicht, weil zu einem bestimmten Zeitpunkt stets nur ein gewöhnlicher Aufenthalt der betreffenden Person vorliegt.

Ein alternierender gewöhnlicher Aufenthalt darf aber nicht vorschnell angenommen werden.[735]   **164** Erstens muss tatsächlich ein gewisses (nicht auf den Tag genaues)[736] **zeitliches Gleichgewicht**

---

[726] Die Gleichheit der Ergebnisse räumt auch Staudinger/*Bausback* (2013) Rn. 49 ein.

[727] Insoweit ablehnend auch Erman/*Hohloch* Rn. 55; G. *Schulze* IPRax 2012, 526 (528); Staudinger/*Bausback* (2013) Rn. 48; Staudinger/*v. Hoffmann* (2001) Art. 40 Rn. 400.

[728] Dafür *Kropholler* IPR § 39 II 6a (2); Staudinger/*Spellenberg* (2015) EuEheVO Art. 3 Rn. 59; Ikimi v. Ikimi, [2001] EWCA Civ 873; *Stone* Anglo-Am. L. Rev. 29 (2000), 342 (348 f.); offengelassen von OLG Karlsruhe NJW-RR 2015, 1415 Rn. 40.

[729] *Kränzle,* Heimat als Rechtsbegriff?, 2014, 130.

[730] Beide Fallgruppen gleichbehandelnd aber *Gallant,* Mélanges Pierre Mayer, 2015, 241 (250 ff.).

[731] Dafür OLG Stuttgart FamRZ 2003, 959 = BeckRS 2003, 30309552 = IPRax 2005, 362 m. Aufsatz *Baetge* IPRax 2005, 335; *Baetge* IPRax 2001, 573 (575 ff.); *Kropholler* IPR § 39 II 6; s. auch OLG Nürnberg FamRZ 2007, 1588 = NJOZ 2007, 5648.

[732] *Baetge* IPRax 2001, 573 (575 f.).

[733] *Siehr* RabelsZ 64 (2000), 715 (729).

[734] *Mankowski* IPRax 2015, 39 (45); *Siehr* RabelsZ 64 (2000), 715 (729 f.); jurisPK-BGB/*Gärtner/Duden* Art. 24 Rn. 26; NK-BGB/*Benicke* ErwSÜ Art. 5 Rn. 12; Staudinger/*v. Hein* (2014) Vor Art. 24 Rn. 74; grds. auch *Füllemann* ZVW 63 (2009), 30 (40 f.); *Helms* FamRZ 2008, 1995 (1996 f.).

[735] Zurückhaltend auch Staudinger/*Spellenberg* (2015) EuEheVO Art. 3 Rn. 60.

[736] Unzutr. OLG Rostock NJWE-FER 2001, 93 (94) = IPRax 2001, 588 (589); berechtigte Kritik daran übt *Baetge* IPRax 2001, 573 (576).

zwischen der Präsenz an den jeweiligen Aufenthaltsorten gegeben sein.[737] Verbringt ein Kind getrennt lebender Eltern nur die großen Ferien bei seinem Vater, aber den übrigen Teil des Jahres bei seiner Mutter, hat es allein bei dieser seinen gewöhnlichen Aufenthalt.[738] Bei mehr als sechs Jahre alten Kindern wird schon aufgrund der in Deutschland geltenden allgemeinen Schulpflicht kein Wechsel des gewöhnlichen Aufenthalts im Halbjahresturnus in Betracht kommen; da zahlreiche andere europäische Staaten und auch die USA in Fragen des Hausunterrichts aber liberaler eingestellt sind, kann ein alternierender gewöhnlicher Aufenthalt indes auch für ältere Kinder nicht schlechthin ausgeschlossen werden. Entsprechende Arrangements werden regelmäßig auf einer entsprechenden Vereinbarung der getrennt lebenden Eltern beruhen.[739] Eine solche Vereinbarung kann als ein tatsächliches Indiz für die Feststellung des gewöhnlichen Aufenthalts herangezogen werden; ergibt sich zB, dass der Wechsel des Aufenthalts nur als Übergangslösung für die Kindergarten- oder Vorschulzeit gewollt ist, die Eltern sich aber darin einig sind, dass das Kind in naher Zukunft in Deutschland am Wohnort der Mutter eingeschult werden soll, dürfte der Schwerpunkt der sozialen Integration bereits während der vorschulischen Pendelphase in Deutschland anzusiedeln sein. Es steht den Eltern aber nicht zu, den gewöhnlichen Aufenthalt des Kindes in Abweichung von der objektiven Faktenlage zu fixieren. Auch wenn ein Elternteil sich wiederholt nicht an die mit dem anderen getroffene Vereinbarung in Bezug auf den Aufenthaltswechsel hält, muss letztlich die objektive soziale Integration des Kindes und nicht der unverwirklicht gebliebene Elternwille entscheiden.[740]

165   Insbesondere ist im Hinblick auf die **soziale Integration** zu prüfen, ob tatsächlich auch insoweit eine Äquivalenz zwischen den beiden Aufenthaltsorten besteht.[741] Speziell in den Fällen der sog. „Winter Birds", dh Senioren, die das Winterhalbjahr in wärmeren Gefilden verbringen, zeigt sich häufig, dass bei Würdigung aller Indizien (Sprache, familiäre Bindungen, Immobilienbesitz, Staatsangehörigkeit, kulturelle Prägung, Altersvorsorge) die kalte Heimat letztlich doch der gewöhnliche Aufenthaltsort bleibt, auch wenn die Anwesenheit dort für das Winterhalbjahr unterbrochen wird. Im Internationalen Erbrecht (Art. 21 Abs. 1 EuErbVO), bei dem es auf eine dauerhafte enge Verbindung einer Person mit einer bestimmten Rechtsordnung ankommt, dürfte die Annahme eines alternierenden Aufenthalts oft wenig angemessen sein: Ob der Erblasser im Sommer in Deutschland oder im Winter auf den Kanaren verstirbt, sollte nicht den Ausschlag für die Erbfolge geben. Allerdings lassen sich insoweit unangemessene Ergebnisse zur Not mithilfe der Ausweichklausel (Art. 21 Abs. 2 EuErbVO) korrigieren.[742]

166   **5. Fehlen eines gewöhnlichen Aufenthalts.** Eine Person muss nicht unbedingt einen gewöhnlichen Aufenthalt haben; dies ergibt sich bereits aus dem Wortlaut von Art. 5 Abs. 2 und Art. 24 Abs. 1 S. 2 („mangels eines solchen").[743] Entsprechendes gilt für das europäische IPR und IZVR.[744] Auch hierin unterscheidet sich der gewöhnliche Aufenthalt vom englischen *domicile*-Begriff (→ Rn. 129); anders als beim *domicile* gibt es keine gesetzliche Vermutung für das Fortbestehen eines einmal begründeten gewöhnlichen Aufenthalts. Jedoch darf bei einem Umzug nicht vorschnell das Fehlen jeglichen gewöhnlichen Aufenthalts (→ Rn. 171) mit der Begründung angenommen werden, der alte gewöhnliche Aufenthalt sei vom Betroffenen aufgegeben, ein neuer gewöhnlicher Aufenthalt aber noch nicht begründet worden.[745] Dies gilt insbesondere in Bezug auf Kinder, um diese nicht in einem – dem Kindeswohl abträglichen – rechtlichen Fegefeuer („legal limbo") zu halten.[746] Vielmehr sollte, wenn die objektive Lage noch nicht geklärt ist und auch subjektiv eine gewisse Unschlüssigkeit der betreffenden Person festzustellen ist, die Anknüpfung an den gewöhnlichen Aufenthalt im Ursprungsstaat für eine angemessene Zeit fortbestehen, bis ein neuer gewöhnlicher Aufenthalt im Zuzugsstaat begründet wurde.[747] Etwas anderes kann gelten, wenn eine Person

---

[737] Dies betont auch *Stone* Anglo-Am. L. Rev. 29 (2000), 342 (349).

[738] Auch ein Verhältnis von 8:4 Monaten reicht nicht aus, vgl. hingegen *Schwind,* FS Ferid, 1988, 423 (425).

[739] ZB OLG Rostock NJWE-FER 2001, 93 = IPRax 2001, 588 m. Aufsatz *Baetge* IPRax 2001, 573.

[740] Anders, den Begriff des gewöhnlichen Aufenthalts stark voluntativ-subjektiv interpretierend, OLG Rostock NJWE-FER 2001, 93 = IPRax 2001, 588 m. krit. Aufsatz *Baetge* IPRax 2001, 573.

[741] S. auch *Mankowski* IPRax 2015, 39 (45), der allerdings vor einer Vermischung mit dem *Domicile* warnt.

[742] Vgl. *Mankowski* IPRax 2015, 39 (45).

[743] S. im Rahmen des Art. 14 Abs. 1 Nr. 2 EGBGB BGH NJW 1993, 2047.

[744] S. insbes. Art. 13 EuEheVO und hierzu EuGH Slg. 2009, I-2805 Rn. 43 = IPRax 2011, 76 = BeckEuRS 2009, 492411 – A.; vgl. auch In the Matter of A (Children) [2013] UKSC 60 Rn. 54; *Clive* Jur. Rev. 1997, 137 (144).

[745] Zu weitgehend im Rahmen des Art. 14 Abs. 1 Nr. 2 EGBGB BGH NJW 1993, 2047; vgl. hingegen (zu Art. 6 ErwSÜ) Bericht zum ErwSÜ *Lagarde* Nr. 55; *Dutoit* Fiches Jur. Suisses 2011, 1 (8); NK-BGB/*Benicke* ErwSÜ Art. 6 Rn. 5; *Siehr* RabelsZ 64 (2000) 715 (730); *Füllemann* ZVW 63 (2009) 30 (42).

[746] Eingehend In the matter of B (A child) [2016] UKSC 4, Rn. 1–56.

[747] Ebenso zu Art. 6 Abs. 2 ErwSÜ Bericht *Lagarde* Nr. 55; *Dutoit* Fiches Jur. Suisses 2011, 1 (8); *Füllemann* ZVW 63 (2009) 30 (42); vgl. auch zum schottischen IPR *Clive* Jur. Rev. 1997, 137 (145); in Bezug auf Kinder näher In the matter of B (A child) [2016] UKSC 4, Rn. 1, 42.

ihren bisherigen gewöhnlichen Aufenthalt aufgibt und es nach den äußeren Umständen wahrscheinlich ist, dass sie am neuen Aufenthaltsort länger als sechs Monate leben wird; in diesem Fall endet
der bisherige gewöhnliche Aufenthalt bereits mit dem Wegzug.[748]

6. Nicht voll Geschäftsfähige. a) Bestimmung des gewöhnlichen Aufenthalts von Kin- 167
dern. Die bereits zitierte Empfehlung Nr. 11 des Europarats (→ Rn. 131) besagt ausdrücklich, dass
der gewöhnliche Aufenthalt einer Person nicht von dem einer anderen Person abhängt. Dies gilt
nicht nur unter Erwachsenen (etwa zwischen Ehegatten oder im Verhältnis eines Betreuten zu
seinem Betreuer), sondern auch für das Verhältnis zwischen Eltern und Kindern. Der gewöhnliche
Aufenthalt von Kindern ist folglich eigenständig anhand der Faktenlage zu ermitteln; ein **„abgeleiteter" oder sonstiger gewöhnlicher Aufenthalt „kraft Gesetzes" besteht für Minderjährige
nicht.**[749] Gerade in diesem Verzicht auf formale Ableitungen und Legalfiktionen liegt ein wesentliches Motiv für die Ersetzung des Wohnsitzes durch den gewöhnlichen Aufenthalt im IPR
(→ Rn. 115), das nicht durch eine gegenteilige Auslegung unterlaufen werden darf. Bedenklich ist
es daher, wenn in der Rechtsprechung für den gewöhnlichen Aufenthalt eines Kindes dessen – durch
die Eltern vermittelte – Staatsangehörigkeit übermäßig stark gewichtet wird (→ Rn. 152) oder
wenn den Eltern gestattet wird, durch eine Vereinbarung den gewöhnlichen Aufenthalt ihres Kindes
kontrafaktisch zu definieren (→ Rn. 146). Im Allgemeinen gelten in Bezug auf Kinder im Ausgangspunkt dieselben Kriterien für die Bestimmung des gewöhnlichen Aufenthalts wie bei Erwachsenen
(→ Rn. 130 ff.). Die besondere Situation gerade kleinerer Kinder kann aber Modifikationen erfordern. Im Einzelnen ist Folgendes zu beachten:

Zwar bildet auch für kleinere Kinder deren körperliche Anwesenheit regelmäßig die Grundvo-   168
raussetzung für die Begründung eines gewöhnlichen Aufenthalts.[750] Für **Neugeborene** kann aber
nach Sinn und Zweck des Anknüpfungsmoments, das auf die soziale Integration des Kindes abzielt,
in besonderen Fällen eine Ausnahme vom Erfordernis der physischen Anwesenheit angezeigt sein,
um bloße Zufallsergebnisse auszuschließen.[751] So kann etwa ein auf der Durchreise oder im Urlaub
im Ausland geborenes Kind seinen gewöhnlichen Aufenthalt bereits im Inland haben, obwohl es
selbst noch nie dort war, wenn der gewöhnliche Aufenthalt der Eltern oder zumindest der Mutter
sich hierzulande befindet.[752] Ebenso ist zu entscheiden, wenn ein in Deutschland geborenes Kind
mit seiner ausländischen Mutter einige Wochen nach der Geburt in deren Herkunftsland abgeschoben
wird und die Mutter sich bereits vorher in Abschiebehaft befand.[753] Hatte die Mutter ihren gewöhnlichen Aufenthalt in Spanien bereits vor der Geburt des Kindes nach Deutschland verlegt und sich
nur für die Entbindung nach Spanien zurückbegeben, erwirbt das Kind keinen gewöhnlichen Aufenthalt in Spanien, wenn es nach sieben Wochen ebenfalls nach Deutschland gebracht wird.[754] Besteht
aber aufgrund der staatsangehörigkeits- und aufenthaltsrechtlichen Lage keine hinreichende Wahr-

---

[748] *Kegel*, FS Rehbinder, 2002, 699 (702).
[749] EuGH ECLI:EU:C:2017:436 Rn. 50 = BeckRS 2017, 117861 – OL/PQ; BGHZ 78, 293; BGH NJW
1997, 3024 = FamRZ 1997, 1070; OGH IPRax 2014, 183 (185) m. Anm. *Heindler* IPRax 2014, 201; ebenso
BayObLGZ 1984, 178; OLG Hamm NJW 1992, 636 = FamRZ 1991, 1466 m. Anm. *Henrich* FamRZ 1991,
1469; OLG Hamm FamRZ 1999, 348; OLG Frankfurt a. M. FamRZ 2006, 883 = NJW-RR 2006, 938; OLG
Saarbrücken FamRZ 2011, 1235 = BeckRS 2010, 29590; OLG Celle NJW-RR 2011, 1157 = IPRax 2012, 544
m. Aufsatz *Heiderhoff* IPRax 2012, 523; OLG Stuttgart NJW 2012, 2043 (2044); OLG Karlsruhe NJW-RR 2015,
1415 Rn. 30; LG Kassel NJW-RR 1996, 1091; In the Matter of A (Children) [2013] UKSC 60 Rn. 54; In the
matter of LC (Children) [2014] UKSC 1, Rn. 34–37; In the matter of B (A child) [2016] UKSC 4, Rn. 31;
Kropholler IPR § 39 II 6d; *Hilbig-Lugani* GPR 2014, 8 (11); *Rentsch* ZEuP 2015, 288 (301); *Siehr* IPRax 2012,
316; *M.-P. Weller/A. Schulz* IPRax 2015, 176 (178); *Clive* Jur. Rev. 1997, 137 (144 f.).
[750] EuGH Slg. 2009, I-2805 Rn. 38 = IPRax 2011, 76 = BeckEuRS 2009, 492411 – A.; Slg. 2010, I-
14309 Rn. 49 = FamRZ 2011, 617 = BeckRS 2011, 80085 – Mercredi/Chaffe; EuGH ECLI:EU:C:2017:436
Rn. 42 ff. = BeckRS 2017, 117861 – OL/PQ.
[751] GA *Wahl* ECLI:EU:C:2017:375 Rn. 81 = NZFam 2017, 695 mAnm *Riegner* NZFam 2017, 701; *Kropholler*,
FS Jayme, 2004, 471 (473); eingehend zur Problematik *Fiorini* ICLQ 61 (2012), 530 ff.
[752] Cass. 26.10.2011 – n° 1015 Rev. crit. dr. int. pr. 2012, 599; hierzu *Fiorini* ICLQ 61 (2012), 530 (537 f.);
Kropholler, FS Jayme, 2004, 471 (473); ebenso für den Fall, dass die Mutter an der Rückkehr in den Staat ihres
gewöhnlichen Aufenthalts gehindert worden war: B v. H (Habitual Residence: Wardship) (2002) 1 FLR 388;
(obiter) In the Matter of A (Children) [2013] UKSC 60 Rn. 88 (per *Lord Hughes*); insoweit offengelassen von In
the Matter of A (Children) [2013] UKSC 60 Rn. 55 ff. (per *Baroness Hale of Richmond*); hierzu näher *Beaumont/
Holliday*, Recent Developments on the Meaning of „Habitual Residence" in Alleged Child Abduction Cases, in
Župan, Private International Law in the Jurisprudence of European Courts – Family at Focus, 2015, 43 ff.;
ablehnend aber *Cheshire/North/Fawcett*, Private International Law, 14. Aufl. 2008, 192; *Clive* Jur. Rev. 1997, 137
(146).
[753] Staudinger/*Kropholler* (2003) Vor Art. 19 Rn. 136.
[754] OLG Celle NJW-RR 2011, 1157 = IPRax 2012, 544 m. Aufsatz *Heiderhoff* IPRax 2012, 523.

scheinlichkeit, dass zB das von einer indischen Leihmutter ausgetragene Kind deutscher Wunscheltern von diesen tatsächlich nach Deutschland verbracht werden kann, hat es seinen gewöhnlichen Aufenthalt in Indien, wo es tatsächlich aufwächst und betreut wird.[755] Ein eingefrorener, in einem künstlichen Behältnis befindlicher **Embryo** ist kein „Kind" iSd Art. 19 Abs. 1 S. 1 und hat deshalb keinen gewöhnlichen Aufenthalt am Verwahrungsort.[756] Soweit es ausnahmsweise, etwa im Rahmen des § 1717 S. 2 BGB, auf den „gewöhnlichen Aufenthalt" eines **Nasciturus** ankommt, ist auf den gewöhnlichen Aufenthalt der Mutter als Ersatzanknüpfung abzustellen.[757]

169   Auch die **soziale Integration von Kindern** ist zwar grundsätzlich unabhängig von den Eltern zu beurteilen (Schulbesuch, Lehre, Sprachkenntnisse usw., → Rn. 149 ff.). Bei Säuglingen und Kleinkindern ist aber zu beachten, dass deren gesellschaftliches Leben außerhalb des Elternhauses naturgemäß recht eingeschränkt ist.[758] „[E]in Säugling [...] teilt zwangsläufig das soziale und familiäre Umfeld des Personenkreises, auf den er angewiesen ist. Wird [...] der Säugling tatsächlich von seiner Mutter betreut, ist folglich deren Integration in ihr soziales und familiäres Umfeld zu beurteilen. Dabei können [...] etwa die Gründe für den Umzug der Kindesmutter in einen anderen Mitgliedstaat, ihre Sprachkenntnisse oder ihre geografische und familiäre Herkunft, eine Rolle spielen."[759] Der bloße Umstand, dass ein Elternteil als Grenzgänger in einem anderen EU-Mitgliedstaat (Luxemburg) volles Kindergeld bezieht, schließt einen gewöhnlichen Inlandsaufenthalt des Kindes iS des Kollisionsrechts nicht aus.[760]

170   Schließlich sind gewisse Modifikationen im Hinblick auf den **Bleibe- oder Rückkehrwillen** erforderlich. Zwar kommt es nach allgemeiner Meinung für die Begründung eines gewöhnlichen Aufenthalts im Gegensatz zum Wohnsitz (§ 11 BGB) nicht auf einen rechtsgeschäftlichen Niederlassungswillen, sondern allenfalls auf einen „natürlichen" Bleibewillen an.[761] Bei älteren Kindern ist mithin deren tatsächlicher Lebensmittelpunkt, also im Ergebnis deren „natürlicher" Wille, nicht derjenige des Sorgerechtsinhabers entscheidend.[762] Dieses Prinzip lässt sich aber bei einer Änderung des gewöhnlichen Aufenthalts gegen den Willen des Aufenthaltsbestimmungsberechtigten, also bei Kindesentführungen oder jugendlichen Ausreißern, nicht ohne Einschränkungen durchhalten; diesem Konflikt trägt im autonomen IPR Art. 5 Abs. 3 Rechnung, der sogleich (→ Rn. 171 ff.) erläutert wird.

171   **b) Änderung des gewöhnlichen Aufenthalts. aa) Die Spezialregelung in Art. 5 Abs. 3.**
Würde man bei Kindern allein deren „natürlichen" Bleibewillen oder den Willen nur eines Elternteils für maßgebend halten, könnte schon durch bloßes „Ausreißen" eines Kindes oder durch eine Kindesentführung in ein anderes Land ein neuer gewöhnlicher Aufenthalt des Minderjährigen begründet werden. Der entgegenstehende Wille der Eltern bzw. des übergangenen Elternteils könnte nicht berücksichtigt werden, da der gewöhnliche Aufenthalt, wie oben (→ Rn. 167) dargelegt, primär faktisch und nicht in rechtlicher Abhängigkeit vom Elternwillen zu bestimmen ist. Dies hätte für den übergangenen Aufenthaltsbestimmungsberechtigten aber unter Umständen höchst nachteilige Konsequenzen, da hiermit regelmäßig auch ein Statutenwechsel im Hinblick auf die elterliche Sorge einherginge (Art. 16 KSÜ, Art. 21 EGBGB). Die Spezialregelung in Art. 5 Abs. 3 ordnet daher an, dass bei nicht voll geschäftsfähigen Personen – regelmäßig Kindern, aber grundsätzlich auch iS von § 1903 BGB unter Betreuung mit Einwilligungsvorbehalt gestellten Erwachsenen – der Wille dessen zu berücksichtigen ist, dem das Aufenthaltsbestimmungsrecht zusteht (Eltern, Vormund, Betreuer). Ohne oder gegen den Willen einer zur Bestimmung des Aufenthalts berechtigten Person kann ein neuer gewöhnlicher Aufenthalt des Kindes, Mündels oder Betreuten folglich nicht umgehend

---

[755] VG Berlin BeckRS 2011, 49966 = IPRax 2012, 548 m. Aufsatz *Heiderhoff* IPRax 2012, 523.

[756] BGH NJW 2016, 3174 Rn. 25; ebenso die Vorinstanz OLG Düsseldorf BeckRS 2015, 13606 = FamRZ 2015, 1979 m. Anm. *Mankowski* FamRZ 2015, 1980 und m. Anm. *Coester-Waltjen* FamRZ 2015, 1981 = IPRax 2016, 466 mit Anm. *Claudia Mayer* IPRax 2016, 432; die dagegen eingelegte Verfassungsbeschwerde blieb erfolglos, BVerfG NJW 2017, 948.

[757] Staudinger/*von Hein* (2014) Art. 24 EGBGB Rn. 50b und Rn. 117, mwN.

[758] So auch BGHZ 78, 293 = NJW 1981, 520: soziale Beziehungen zu Außenstehenden spielen für ein Kind im Alter von 21 Monaten „nur eine geringe Rolle"; OGH IPRax 2014, 183 (185) m. Anm. *Heindler* IPRax 2014, 201; *Siehr* IPRax 2012, 316 (317).

[759] EuGH Slg. 2010, I-14309 Rn. 55 = FamRZ 2011, 617 = BeckRS 2011, 80085 – Mercredi/Chaffe; vgl. auch BG Sem. Jud. 2013, I-25 ff.

[760] OLG Koblenz NJW-RR 2015, 1482.

[761] M.-P. *Weller* in Leible/Unberath Rom 0-VO 293, 321 f.

[762] Explizit BayObLGZ 1984, 184 (189), das auf den Willen des 14 Jahre alten Kindes statt auf den entgegenstehenden Willen der Eltern abstellt; ebenso Staudinger/*Kropholler* (2003) Vor Art. 19 Rn. 153; vgl. auch OLG Stuttgart NJW 2012, 2043 (2044).

begründet werden. Das Gesetz drückt dies mithilfe des Wortes „allein" aus:[763] Eine Aufenthaltsänderung ohne den Willen des gesetzlichen Vertreters führt „allein" nicht zur Änderung des anwendbaren Rechts. Wenn aber zu dieser Aufenthaltsänderung weitere Faktoren hinzutreten (längere Aufenthaltsdauer, soziale Integration des Kindes), entsteht sehr wohl ein gewöhnlicher Aufenthalt am Ort der neuen Anwesenheit.[764] Diese Lösung entspricht der Rechtsprechung zum MSA,[765] zum HKÜ[766] und zum europäischen Unterhaltsrecht[767] sowie der Vorstellung des Gesetzgebers.[768] Sie ist sinnvoll, weil das Festhalten an einer durch die Entwicklung der Ereignisse überholten Anknüpfung nach längerer Zeit, in der sich das Kind am neuen Aufenthaltsort bereits voll integriert hat (Lernen einer neuen Sprache, Schulbesuch, Aufbau familiärer und freundschaftlicher Bindungen), mitunter negativere Auswirkungen auf sein Wohl hätte als ein Statutenwechsel.[769] Welcher Zeitrahmen für die Entstehung eines gewöhnlichen Aufenthalts maßgebend ist, sagt das Gesetz nicht; die Begründung des IPRNG verwies auf die in Art. 8 Abs. 1 lit. b und Art. 9 des ESÜ genannten sechs Monate bzw. die in Art. 12 HKÜ normierte Einjahresfrist.[770] Auch hier vermögen zeitliche Grenzen aber nur Anhaltspunkte zu liefern; entscheidend bleibt die Würdigung aller Umstände des Einzelfalles.[771] Mit dem geltenden Recht unvereinbar ist die Annahme, ein Erwachsener könne nach dem Verlust seiner Geschäftsfähigkeit seinen gewöhnlichen Aufenthalt schlechthin nicht mehr ändern.[772]

bb) Vorfragen. Im Rahmen des Art. 5 Abs. 3 auftretende Vorfragen sind selbstständig anzuknüpfen (→ Einl. IPR Rn. 173 ff.). Über die mangelnde Geschäftsfähigkeit einer Person entscheidet folglich das gemäß Art. 7 EGBGB bestimmte Recht.[773] Ob die Änderung des Aufenthalts „unfreiwillig" ist, richtet sich nach dem Willen des zur Aufenthaltsbestimmung berufenen gesetzlichen Vertreters. Über dessen Bestimmung entscheidet bei Kindern regelmäßig das Recht, das für das Eltern-Kind-Verhältnis maßgebend ist, also das nach Art. 16 KSÜ bzw. Art. 21 anwendbare Recht.[774] Auch diese Vorschriften knüpfen aber an den gewöhnlichen Aufenthalt des Kindes an. Zur Vermeidung eines Zirkelschlusses ist daher für die Ermittlung des gesetzlichen Vertreters auf den gewöhnlichen Aufenthalt des Kindes *vor* der Änderung abzustellen.[775] Für die Auswahl und Bestellung eines Vormunds (bei angeordneter Vormundschaft) oder Betreuers ist, soweit nicht das KSÜ oder das ErwSÜ vorgeht, auch im autonomen IPR die lex fori maßgebend (Art. 24 Abs. 3).[776] Eine unfreiwillige Änderung des Aufenthalts von Kindern liegt insbesondere dann vor, wenn beide Eltern gemeinsam zur Aufenthaltsbestimmung berufen sind und nur ein Elternteil gegen den Willen des anderen Aufenthalt des Kindes ändert.[777]

cc) Anwendungsbereich. Art. 5 Abs. 3 ist praktisch weitgehend bedeutungslos, da die Vorschrift im Rahmen sowohl des Kindes- (KSÜ und HKÜ) als auch des Erwachsenenschutzes (ErwSÜ) wegen des Vorrangs dieser Staatsverträge vor dem autonomen IPR (Art. 3 Nr. 2) nicht anwendbar ist. Das KSÜ verlangt in seinem Art. 7 Abs. 1 lit. b einen mindestens einjährigen Aufenthalt im Entführungs-

172

173

---

[763] BT-Drs. 10/504, 42; vgl. auch zu Art. 5 Nr. 2 EuGVO aF bzw. zur EuUnthVO OGH IPRax 2015, 169 (170) m. Anm. *M.-P. Weller/A. Schulz* IPRax 2015, 176; hierzu auch *Balthasar* ÖJZ 2015, 12 (14 ff.).

[764] Näher *Kropholler,* FS Jayme, 2004, 471 (473 f.).

[765] BGHZ 78, 293 = NJW 1981, 520; BGHZ 151, 63 = NJW 2002, 2955 = FamRZ 2002, 1182 m. Anm. *Henrich* FamRZ 2002, 1184; ebenso zB OLG Celle FamRZ 1991, 1221; OLG Koblenz NJW 1989, 2201; OLG Nürnberg NJW-RR 2002, 1515 = IPRax 2003, 147 m. Aufsatz *Bauer* IPRax 2003, 135.

[766] ZB OLG Koblenz OLGR 2005, 50 = BeckRS 2004, 30470654 = IPRspr. 2005 Nr. 71; näher In the matter of B (A child) [2016] UKSC 4, Rn. 1–56 in Bezug auf familiäre Bindungen zu einem nicht-sorgeberechtigten Elternteil.

[767] OGH IPRax 2015, 169 (170 f.) m. Anm. *M.-P. Weller/A. Schulz* IPRax 2015, 176 (179); hierzu krit. *Balthasar* ÖJZ 2015, 12 (14 ff.).

[768] BT-Drs. 10/504, 42.

[769] BGHZ 78, 293 = NJW 1981, 520; BGHZ 151, 63 = NJW 2002, 2955 = FamRZ 2002, 1182 m. Anm. *Henrich* FamRZ 2002, 1184; ebenso zB OLG Celle FamRZ 1991, 1221; OLG Koblenz NJW 1989, 2201; OLG Nürnberg NJW-RR 2002, 1515 = IPRax 2003, 147 m. Aufsatz *Bauer* IPRax 2003, 135; ferner *Kropholler* IPR § 39 II 6d.

[770] BT-Drs. 10/504, 42.

[771] 15 Monate sollten reichen nach BGHZ 78, 293 = NJW 1981, 520; hingegen wurde die notwendige soziale Eingliederung auch nach etwa einjährigem Aufenthalt verneint von OLG Stuttgart FamRZ 1997, 51.

[772] Anders aber *Zimmer/Oppermann* ZEV 2016, 126 (130).

[773] BT-Drs. 10/504, 42.

[774] BT-Drs. 10/504, 42.

[775] BT-Drs. 10/504, 42.

[776] Näher Staudinger/*v. Hein* (2014) EGBGB Art. 24 Rn. 38; im Ansatz auch *Zimmer/Oppermann* ZEV 2016, 126 (130).

[777] BT-Drs. 10/504, 42.

staat und die Erfüllung weiterer Voraussetzungen, bevor die Behörden dort zuständig werden.[778] Art. 5 Abs. 3 kann aber etwa im Rahmen von Art. 19 oder 20 EGBGB zur Anwendung kommen.[779]

Anh. I Art. 5 EGBGB: Übereinkommen über die Rechtsstellung der Staatenlosen

vom 28. September 1954

(ratifiziert durch Gesetz vom 12.4.1976, BGBl. 1976 II S. 474,

für die Bundesrepublik in Kraft getreten am 24.1.1977, BGBl. 1977 II S. 235)

– Auszug –

Art. 1 StaatenlosenÜbk Definition des Begriffs „Staatenloser"

(1) Im Sinne dieses Übereinkommens ist ein „Staatenloser" eine Person, die kein Staat auf Grund seines Rechtes als Staatsangehörigen ansieht.

(2) Dieses Übereinkommen findet keine Anwendung

i)   auf Personen, denen gegenwärtig ein Organ oder eine Organisation der Vereinten Nationen mit Ausnahme des Hohen Flüchtlingskommissars der Vereinten Nationen Schutz oder Beistand gewährt, solange sie diesen Schutz oder Beistand genießen;

ii) auf Personen, denen die zuständigen Behörden des Landes, in dem sie ihren Aufenthalt genommen haben, die Rechte und Pflichten zuerkennen, die mit dem Besitz der Staatsangehörigkeit dieses Landes verknüpft sind;

iii) auf Personen, bei denen aus schwerwiegenden Gründen die Annahme gerechtfertigt ist,

    a) daß sie ein Verbrechen gegen den Frieden, ein Kriegsverbrechen oder ein Verbrechen gegen die Menschlichkeit im Sinne der internationalen Übereinkünfte begangen haben, die abgefaßt wurden, um Bestimmungen hinsichtlich derartiger Verbrechen zu treffen;

    b) daß sie ein schweres nichtpolitisches Verbrechen außerhalb ihres Aufenthaltslands begangen haben, bevor sie dort Aufnahme fanden;

    c) daß sie sich Handlungen zuschulden kommen ließen, die den Zielen und Grundsätzen der Vereinten Nationen zuwiderlaufen.

Art. 12 StaatenlosenÜbk Personalstatut

(1) Das Personalstatut eines Staatenlosen bestimmt sich nach den Gesetzen des Landes seines Wohnsitzes oder, wenn er keinen Wohnsitz hat, nach den Gesetzen seines Aufenthaltslands.

(2) Die von einem Staatenlosen früher erworbenen, sich aus seinem Personalstatut ergebenden Rechte, insbesondere die aus der Eheschließung, werden von jedem Vertragsstaat vorbehaltlich der nach seinen Gesetzen gegebenenfalls zu erfüllenden Förmlichkeiten geachtet; hierbei wird vorausgesetzt, daß es sich um ein Recht handelt, das nach den Gesetzen dieses Staates anerkannt worden wäre, wenn der Berechtigte nicht staatenlos geworden wäre.

Art. 16 StaatenlosenÜbk Zugang zu den Gerichten

(1) Ein Staatenloser hat im Hoheitsgebiet aller Vertragsstaaten freien und ungehinderten Zugang zu den Gerichten.

(2) Ein Staatenloser erfährt in dem Vertragsstaat, in dem er seinen gewöhnlichen Aufenthalt hat, die gleiche Behandlung wie dessen Staatsangehörige hinsichtlich des Zugangs zu den Gerichten, einschließlich des Armenrechts und der Befreiung von der Sicherheitsleistung für Prozeßkosten.

(3) Ein Staatenloser erfährt in den Vertragsstaaten, in denen er nicht seinen gewöhnlichen Aufenthalt hat, hinsichtlich der in Absatz 2 genannten Angelegenheiten die gleiche Behandlung wie die Staatsangehörigen des Landes, in dem er seinen gewöhnlichen Aufenthalt hat.

Schrifttum: *Beitzke,* Staatenlose, Flüchtlinge und Mehrstaater, in Lauterbach, Vorschläge und Gutachten zur Reform des deutschen internationalen Personen- und Sachenrechts, 1972, 143, 148 ff.; *Lambert,* Comparative Perspectives on Arbitrary Deprivation of Nationality and Refugee Status, Int. Comp. L. Q. 64 (2015), 1; *Robinson,* Convention relating to the Status of stateless persons, 1955; *Weis,* The Convention Relating to the Status of Stateless Persons, Int. Comp. L. Q. 10 (1961), 255; *Kimminich,* Der internationale Rechtsstatus des Flüchtlings, 1962, 336; *Vukas,* International Instruments Dealing with the Status of Stateless Persons and of Refugees, Rev. belge dr. int. 1972, 143.

Materialien: Denkschrift der Bundesregierung, BT-Drs. 7/4170, 33 ff.

Geltungsbereich: BGBl. 2017 II Fundstellennachweis B (Stand: 31.12.2016), S. 486.

---

[778] Näher *Kropholler,* FS Jayme, 2004, 471 (474).
[779] OLG Karlsruhe BeckRS 2017, 121175.

1. Normzweck. Da das Staatsangehörigkeitsprinzip versagt, wenn die Anknüpfungsperson staa- **1** tenlos ist, bedarf es in diesen Fällen einer Ersatzanknüpfung. Nachdem sich die kollisionsrechtliche Anknüpfung an eine frühere Staatsangehörigkeit, die sich noch bis 1938 auch im deutschen IPR fand, nicht bewährt hatte (→ Art. 5 Rn. 94), entschied man sich bei der Ausarbeitung des Staatenlosen-Übk für eine Lösung nach dem Domizilprinzip (zu den Anknüpfungsmomenten → Rn. 8 ff.).

2. Anwendungsbereich. a) Persönlich. Art. 12 Abs. 1 StaatenlosenÜbk enthält eine unselbst- **2** ständige Kollisionsnorm, die grundsätzlich auf alle De-jure-Staatenlosen anzuwenden ist (zum Begriff → Art. 5 Rn. 96). Ob jemand staatenlos ist, beurteilt sich nach Art. 1 Abs. 1 StaatenlosenÜbk gemäß der allgemeinen Regel, wonach jeder Staat selbst über seine Staatsangehörigkeit entscheidet (→ Art. 5 Rn. 14 ff.). Einige Gruppen von Staatenlosen fallen dennoch nicht unter das Staatenlosen-Übk. Sie sind abschließend in Art. 1 Abs. 2 StaatenlosenÜbk aufgeführt, der im Wesentlichen den Ausschlusstatbeständen des FlüchtlAbk entspricht (→ Anh. II Art. 5 Rn. 40 f.). Nach Art. 1 Abs. 2 Ziff. ii StaatenlosenÜbk sind staatenlose Volksdeutsche ausgenommen, auf die Art. 116 Abs. 1 GG anzuwenden ist. Desgleichen ist das StaatenlosenÜbk gemäß Art. 1 Abs. 2 Ziff. i StaatenlosenÜbk nicht anzuwenden auf Personen, denen eine besondere Organisation der UN Schutz oder Beistand gewährt. Daher fallen **staatenlose Palästinenser** nicht unter das StaatenlosenÜbk, soweit sie von der United Nations Relief and Works Agency for Palestine Refugees (UNRWA) betreut werden.[1] Im Übrigen hat die Rechtsprechung das StaatenlosenÜbk mangels palästinensischer Staatsangehörigkeit angewandt,[2] wenn der Betreffende nicht eine Staatsangehörigkeit, zB Ägyptens, Jordaniens, Israels oder des Libanon, besitzt.[3] Dabei wurde hervorgehoben, dass diese Handhabung von der Entwicklung der politischen Verhältnisse abhängt.[4] Ob sich in Zukunft eine eigenständige palästinensische Staatlichkeit herausbildet, bleibt abzuwarten (→ Art. 5 Rn. 101). Das StaatenlosenÜbk ist ferner auf Personen nicht anwendbar, bei denen der schwerwiegende Verdacht besteht, dass sie Kriegsverbrechen, Verbrechen gegen die Menschlichkeit oÄ begangen haben. Dieser aus praktisch relevante Ausschlusstatbestand entspricht dem gleichlautenden Art. 1 F FlüchtlAbk, auf dessen Erläuterung zu verweisen ist (→ Anh. II Art. 5 Rn. 40). Ob diese Ausnahme verfassungsrechtlichen Bedenken begegnet,[5] kann dahinstehen, weil subsidiär für diese Personengruppe Art. 5 Abs. 2 EGBGB eingreift, letztlich also in kollisionsrechtlicher Hinsicht keine relevante Ungleichbehandlung eintritt.

Aus Art. 1 StaatenlosenÜbk ergibt sich, dass zahlreiche Personen unter das StaatenlosenÜbk **3** fallen, auf die auch das FlüchtlAbk anwendbar ist.[6] Insoweit ist der **Flüchtlingskonvention** als der spezielleren und idR günstigeren Regelung (vgl. Art 5 StaatenlosenÜbk) der Vorrang einzuräumen.[7] Die Frage der genauen Abgrenzung der Anwendungsbereiche ist jedenfalls für das Kollisionsrecht aber praktisch bedeutungslos, da Art. 12 StaatenlosenÜbk und Art. 12 FlüchtlAbk, von Unterschieden in der Formulierung abgesehen, inhaltlich identisch sind.[8]

Kommt weder die Anwendung des StaatenlosenÜbk noch des FlüchtlAbk in Betracht, ist auf **4** Staatenlose (abgesehen von Volksdeutschen iS des Art. 116 GG) Art. 5 Abs. 2 EGBGB anzuwenden.

---

[1] Näher Erman/*Hohloch* Art. 5 Rn. 61; *Börner* IPRax 1997, 52.

[2] Vgl. OVG NRW NJW 1990, 663; BVerwG StAZ 1993, 357 = NVwZ 1993, 782; StAZ 1994, 82 = NVwZ 1994, 387.

[3] Zur libanesischen Staatsangehörigkeit und einem im Libanon ausgestellten „Document du Voyage pour les Réfugiés Palestiniens" BVerwG DÖV 1975, 286 = BeckRS 1974, 31272936; NVwZ 1985, 589; 1986, 759.

[4] Vgl. zB OVG NRW NJW 1990, 663; BVerwG StAZ 1993, 357 = NVwZ 1993, 782; StAZ 1994, 82 = NVwZ 1994, 387.

[5] So NK-BGB/*Schulze* Anh. I Art. 5 Rn. 5; Staudinger/*Bausback* (2013) Art. 5 Rn. 60.

[6] Ausführlich zur Abgrenzung *Lambert* Int. Comp. L. Q. 64 (2015), 1 ff.

[7] Erman/*Hohloch* Art. 5 Rn. 62; *Kimminich,* Der internationale Rechtsstatus des Flüchtlings, 1962, 337; *Lambert* Int. Comp. L. Q. 64 (2015), 1 (3); NK-BGB/*Schulze* Anh. I Art. 5 Rn. 1; *Raape/Sturm* IPR S. 133; im Ergebnis ebenso Soergel/*Kegel* Art. 5 Rn. 23 (Subsidiarität des StaatenlosenÜbk).

[8] Palandt/*Thorn* Anh. Art. 5 Rn. 2; Staudinger/*Bausback* (2013) Art. 5 Rn. 61; Bamberger/Roth/*Lorenz* Art. 5 Rn. 53; *Baetge* StAZ 2016, 289 (290).

5   **b) Gegenständlich. aa) Kollisionsrecht.** Art. 12 Abs. 1 StaatenlosenÜbk enthält Anknüpfungspunkte für das „Personalstatut". Zum Begriff → Art. 5 Rn. 2 ff. In Deutschland kommt das in Art. 12 StaatenlosenÜbk enthaltene Anknüpfungsmoment stets zum Zuge, wenn das deutsche IPR die Staatsangehörigkeit des Anknüpfungssubjekts für maßgeblich erklärt, was vor allem im Personen- und Familienrecht der Fall ist. Die Vorschrift erschöpft sich darin, anstelle einer ausfallenden Staatsangehörigkeit Wohnsitz und Aufenthalt treten zu lassen. Sie kann insoweit nicht nur zur Ergänzung des autonomen IPR, sondern auch des unionsrechtlichen und staatsvertraglichen Kollisionsrechts herangezogen werden, sofern die Auslegung der entsprechenden Verordnungen bzw. Staatsverträge ergibt, dass auch Staatenlose in ihren persönlichen Anwendungsbereich einbezogen werden sollen (näher → Art. 5 Rn. 106). In anderen dem StaatenlosenÜbk beigetretenen Staaten kann wegen anderer Umschreibungen des Personalstatuts der gegenständliche Anwendungsbereich vom deutschen IPR abweichen.[9] Derartige Divergenzen sind zu berücksichtigen, wenn man einen Renvoi für beachtlich hält (→ Rn. 11). Zur Anwendung von Art. 12 Abs. 1 StaatenlosenÜbk nicht nur bei allseitigen, sondern auch bei einseitigen Kollisionsnormen zugunsten Deutscher (Exklusivnormen) gelten die Erläuterungen zu Art. 5 Abs. 2 EGBGB (→ Art. 5 Rn. 109 f.) entsprechend.

6   **bb) Internationales Zivilverfahrensrecht.** Die prozessuale Stellung der Staatenlosen nach dem StaatenlosenÜbk wird nicht in Art. 12 StaatenlosenÜbk, sondern in Art. 16 StaatenlosenÜbk geregelt. Ob sich aus Art. 16 Abs. 2 StaatenlosenÜbk ergibt, dass bei Staatenlosen an die Stelle einer auf die Staatsangehörigkeit gegründeten, direkten internationalen Zuständigkeit deutscher Gerichte eine solche am gewöhnlichen Aufenthaltsort tritt, ist fraglich. Eine solche Handhabung dürfte aber der Zielsetzung des Abkommens entsprechen[10] und findet sich speziell für Ehesachen in § 98 Abs. 1 Nr. 3 FamFG geregelt (→ Art. 5 Rn. 107). Im Übrigen verbleiben mit den sonstigen im FamFG geregelten Zuständigkeiten, die an den gewöhnlichen Aufenthalt einer Person anknüpfen, genügend Möglichkeiten, zum Schutz einer staatenlosen Person tätig zu werden (→ Art. 5 Rn. 107).

7   **c) Zeitlich.** Weder aus dem Wortlaut noch (im Unterschied zu Art. 29 EGBGB idF von 1938) durch Auslegung lässt sich etwas für eine Rückwirkung entnehmen. Demnach kommt die allgemeine Regel zum Zuge, wonach im Zweifel keine Rückwirkung gewollt ist.[11] Im Übrigen ergeben sich intertemporale Überleitungsprobleme praktisch nicht, da die Anknüpfungsmomente in Art. 12 Abs. 1 StaatenlosenÜbk und Art. 5 Abs. 2 EGBGB (sowie bereits in Art. 29 idF von 1938) inhaltlich deckungsgleich sind (→ Art. 5 Rn. 103 ff.).

8   **3. Anknüpfungsmomente. a) Wohnsitz.** Ob der Wohnsitz im Sinn des materiellen Rechts des Forums oder als gewöhnlicher Aufenthalt ausgelegt werden muss, ist umstritten.[12] Die Entscheidung für den gewöhnlichen Aufenthalt verdient hier indes aus den gleichen Gründen wie bei dem FlüchtlAbk (→ Anh. II Art. 5 Rn. 62 ff.) den Vorzug. Ebenso wie Art. 12 Abs. 1 FlüchtlAbk (→ Anh. II Art. 5 Rn. 64) setzt auch Art. 12 Abs. 1 StaatenlosenÜbk als *loi uniforme* nicht voraus, dass der gewöhnliche Aufenthalt in einem Vertragsstaat liegt.[13]

9   **b) Aufenthalt.** Der Begriff entspricht dem schlichten Aufenthalt (→ Art. 5 Rn. 121 ff.).[14]

10   **c) Maßgeblicher Zeitpunkt.** Welcher Zeitpunkt für das Vorliegen eines gewöhnlichen oder schlichten Aufenthalts jeweils maßgebend ist, richtet sich nach der Kollisionsnorm, zu deren Ergänzung die in Art. 12 Abs. 1 StaatenlosenÜbk genannten Ersatzanknüpfungen jeweils herangezogen werden (zu Art. 5 Abs. 2 → Art. 5 Rn. 104). Verweist diese Kollisionsnorm (zB Art. 15 EGBGB) auf einen vor dem Verlust der Staatsangehörigkeit liegenden Zeitpunkt, etwa den einer Eheschließung, bleibt es insoweit bei der Anknüpfung an die Staatsangehörigkeit (zu Art. 12 FlüchtlAbk → Anh. II Art. 5 Rn. 65 ff.). Art. 12 Abs. 2 StaatenlosenÜbk dient dem Zweck, wohlerworbene Rechte des Flüchtlings gegenüber den Auswirkungen eines Statutenwechsels abzuschirmen. Die Regelung entspricht inhaltlich allgemeinen Grundsätzen und in der konkreten Ausgestaltung Art. 12 Abs. 2 FlüchtlAbk, auf dessen Erläuterung daher zu verweisen ist (→ Anh. II Art. 5 Rn. 66).

---

[9]   Zu starr daher *Kimminich,* Der internationale Rechtsstatus des Flüchtlings, 1962, 311 (zu Art. 12 FlüchtlAbk).
[10] Vgl. mwN HdB IZVR/*Kropholler* Bd. 1, 1982, Rn. 48; OLG Hamm IPRspr. 1985 Nr. 72.
[11] Ebenso Erman/*Hohloch* Art. 5 Rn. 63; *Raape/Sturm* IPR S. 132; Soergel/*Kegel* Art. 5 Rn. 31.
[12] Für Auslegung iS des gewöhnlichen Aufenthalts BT-Drs. 10/504, 41; Bamberger/Roth/*Lorenz* Art. 5 Rn. 54 iVm Rn. 30; Erman/*Hohloch* Art. 5 Rn. 65; *Ferid* IPR Rn. 1–32; *Kropholler* IPR § 38 I 2; *Looschelders* IPR Art. 5 Anh. Rn. 13; NK-BGB/*Schulze* Anh. I Art. 5 Rn. 2; Palandt/*Thorn* Art. 5 Anh. Rn. 2; Staudinger/ *Bausback* (2013) Art. 5 Rn. 66; aA *Beitzke* in: Vorschläge und Gutachten, 1972, S. 143 (148 ff.); *Raape/Sturm* IPR S. 136 in Fn. 5c; Soergel/*Kegel* Art. 5 Rn. 29; wohl auch *Mankowski* IPRax 2017, 130 (134); *Mankowski* Dual and Multiple Nationals S. 204 f. (anders aber de lege ferenda, S. 210).
[13] Erman/*Hohloch* Art. 5 Rn. 65; *Kegel/Schurig* IPR § 13 II 6 aE.
[14] *Looschelders* IPR Art. 5 Anh. Rn. 13; Staudinger/*Bausback* (2013) Art. 5 Rn. 67.

4. Renvoi. Ob ein Renvoi beachtet werden muss, ist streitig.[15] Geht man davon aus, dass Art. 12 **11** Abs. 1 StaatenlosenÜbk nur die Aufgabe hat, eine an die Stelle der Staatsangehörigkeit tretende Ersatzanknüpfung bereitzustellen, wird man den Renvoi trotz der staatsvertraglichen Herkunft der Norm in gleichem Maße wie bei der Anwendung von Art. 5 Abs. 2 EGBGB (→ Art. 5 Rn. 105) befolgen müssen. Eine Einschränkung ist aber erforderlich, wenn der Staatenlose zugleich Flüchtling iS des FlüchtlAbk ist: In diesem Fall ist der Renvoi auf das Recht der früheren Staatsangehörigkeit nicht zu beachten, weil er dem Zweck dieses Abkommens zuwiderläuft[16] (→ Anh. II Art. 5 Rn. 68 f.).

Anh. II Art. 5 EGBGB: Flüchtlinge, Vertriebene, Verschleppte, Asylberechtigte

Schrifttum: Gesamtübersicht bei Staudinger/*Bausback* (2013) Anh. IV Art. 5 vor Rn. 1.

Übersicht

A. Überblick

Die Sonderregelungen nationalen und internationalen Ursprungs für Flüchtlinge und ähnliche Perso- **1** nengruppen verdanken ihre Entstehung dem unmittelbar nach dem Zweiten Weltkrieg auftretenden Massenphänomenen, dass ganze Bevölkerungsgruppen aus nationalen, ethnischen, religiösen oder politischen Gründen ihre Heimatländer verlassen mussten. Der deutsche Gesetzgeber hatte als Antwort auf das Phänomen der osteuropäischen Fluchtbewegung nach der russischen Revolution 1917 schon im Jahre 1938 die den Staatenlosen gewidmete Vorschrift Art. 29 EGBGB aF geändert (→ Art. 5 Rn. 94). Die Entwicklung in und nach dem Zweiten Weltkrieg erforderte weitere gesetzliche Maßnahmen und zwar erneut vor allem für die aus Osteuropa stammenden volksdeutschen Flüchtlinge und Vertriebenen ohne deutsche Staatsangehörigkeit sowie für ausländische (nichtdeutsche) Flüchtlinge, die vielfach mit den deutschen Truppen vor der heranrückenden Sowjetarmee ihre Heimat verließen, und für die von den Deutschen verschleppten Personen, die nicht mehr in ihre Heimatländer zurückkehrten. Eine weitere Gruppe bildeten die vor dem NS-Regime ins Ausland geflohenen jüdischen Deutschen, denen die Staatsangehörigkeit entzogen worden war und die sich nun teilweise in einer neuen Heimat einlebten, zum geringeren Teil aber auch nach Deutschland zurückkehrten. Indessen zeigte sich schon bald, dass der Zweite Weltkrieg nur eine Etappe in der Entwicklung des Flüchtlings- und Vertriebenenproblems war. Nach der gewaltsamen Unterdrückung des ungarischen Aufstandes durch die sowjetischen Interventionstruppen im Jahre 1956, nach den kommunistischen Machtergreifungen in Indochina, der Inter-

---

[15] Bejahend Bamberger/Roth/*Lorenz* Art. 5 Rn. 54; *Looschelders* IPR Anh. Art. 5 Rn. 15; *Mankowski* Dual and Multiple Nationals S. 206; *Raape/Sturm* IPR S. 132 f.; Soergel/*Kegel* Art. 5 Rn. 32; Staudinger/*Bausback* (2013) Art. 5 Rn. 70; Staudinger/*Hausmann* (2012) Art. 4 Rn. 133; aA Erman/*Hohloch* Art. 5 Rn. 65; Palandt/*Thorn* Anh. Art. 5 Rn. 2 iVm Rn. 24.

[16] Bamberger/Roth/*Lorenz* Art. 5 Rn. 54; darüber hinausgehend *Looschelders* IPR Anh. Art. 5 Rn. 15 (genereller Ausschluss des Renvoi auf das frühere Heimatrecht).

vention der Warschauer-Pakt-Truppen in der Tschechoslowakei im Jahre 1968, dem sowjetischen Überfall auf Afghanistan, aber auch im Gefolge zahlreicher Revolutionen, Putsche, Aufstände, staatlicher oder staatlich tolerierter Repressionen von Bevölkerungsgruppen und Staatsspaltungen internationalisierte sich das Problem immer mehr. Gegenwärtig stellt die Massenflucht aus dem syrischen Bürgerkriegsgebiet eine zentrale Herausforderung für die EU dar.[1] Ende 2015 wurden nach Angaben des UNHCR weltweit 21,3 Mio. Flüchtlinge und 40,8 Mio. Binnenvertriebene gezählt.[2]

2   Die **Schwerpunkte** der juristischen Bewältigung des Flüchtlingsproblems liegen nicht im IPR, sondern im **Fremdenrecht** (zB humanitäre und wirtschaftliche Hilfe, soziale und kulturelle Betreuung). Für das IPR ergibt sich im Wesentlichen die Notwendigkeit einer Korrektur der Anknüpfungsmomente in Angelegenheiten, welche die Flüchtlinge persönlich betreffen, vor allem, weil die allgemeinen Anknüpfungen in der Situation, in der sich die Flüchtlinge befinden, teils offenkundig untauglich sind, teils zu schwerfälliger Rechtsanwendung führen. Das betrifft insbesondere Anknüpfungen, die weiterhin zur Anwendung des Rechts des Herkunftslandes führen. Die Kollisionsnormen für Flüchtlinge und Vertriebene entstanden nicht in einem einheitlichen Zuge, sondern nacheinander in Reaktion auf konkret auftretende Bedürfnisse. Es haftet ihnen deshalb teilweise der Charakter des Zufälligen an. Auch kommt es zu einigen unerwünschten und schwer zu durchschauenden Doppelungen. **Nach Personengruppen gegliedert** ergibt sich im Einzelnen **folgende Rechtslage:**

3   (1) Auf Personen, die den Status volksdeutscher Flüchtlinge und Vertriebener besitzen, ist ausschließlich die in Art. 116 Abs. 1 GG iVm Art. 9 Abschnitt II Nr. 5 FamRÄndG vom 11.8.1961 enthaltene Kollisionsnorm anzuwenden, sofern die Betroffenen nicht aufgrund der §§ 7, 40a StAG die deutsche Staatsangehörigkeit erworben haben (→ Rn. 13 f.);[3]

4   (2) für ausgebürgerte Deutsche, insbesondere Juden, wurde eine besondere kollisionsrechtliche Regelung nicht geschaffen. Sie ergibt sich im Anschluss an Art. 116 Abs. 2 GG (→ Rn. 15);

5   (3) für Personen, die weder Volksdeutsche noch deutsche Staatsangehörige sind, sich als Flüchtlinge oder Verschleppte im Bundesgebiet aufhalten und eine amtliche Bescheinigung der Betreuung durch UNO-Stellen besitzen, gelten die in Art. 1, 2 AHKG 23 vom 17.3.1950 iVm § 8 HeimatlAuslG enthaltenen Kollisionsnormen (→ Rn. 17);

6   (4) auf Personen, die weder Volksdeutsche noch deutsche Staatsangehörige sind und den Flüchtlingsstatus nach Art. 1 FlüchtlAbk oder des FlüchtlingsProt besitzen, ist die in Art. 12 FlüchtlAbk enthaltene Kollisionsnorm anzuwenden (→ Rn. 18 ff.);

7   (5) für Personen, die gemäß Art. 16a Abs. 1 GG als politisch Verfolgte asylberechtigt sind oder denen Schutz vor Verfolgung nach dem FlüchtlAbk zuerkannt wird, erklärt § 2 Abs. 1 AsylG die Kollisionsnorm des Art. 12 FlüchtlAbk für anwendbar (→ Rn. 74);

8   (6) für Ausländer, die mit einer Aufenthaltserlaubnis oder als aufnahmebedürftige Jugendliche nach dem Gesetz über Maßnahmen für im Rahmen humanitärer Hilfsaktionen aufgenommene Flüchtlinge vom 22.7.1980 im Bundesgebiet Aufnahme gefunden haben, erklärte § 1 des Gesetzes gleichfalls die Kollisionsnorm des FlüchtlAbk für anwendbar (→ Rn. 82). Das Gesetz ist am 1.1.2005 ohne Rückwirkung außer Kraft getreten (Art. 15 Zuwanderungsgesetz).

9   **Rangprobleme** ergeben sich:

10   (1) zwischen Art. 1, 2 AHKG 23 iVm § 8 HeimatlAuslG und Art. 12 FlüchtlAbk, da sich beide teilweise auf die gleichen Personen beziehen. Da Art. 12 FlüchtlAbk als lex posterior vorgeht,[4] sind insoweit AHKG 23 und HeimatlAuslG gegenstandslos. Die Letzteren gelten demnach nur noch für den sehr kleinen Kreis Verschleppter, die nicht zugleich Flüchtlinge iS des FlüchtlAbk sind, und für Personen, die den Flüchtlingsstatus verloren haben.[5]

11   Ob den Kollisionsnormen des AHKG 23 iVm dem HeimatlAuslG darüber hinaus noch eine Restbedeutung für Flüchtlinge iS des FlüchtlAbk zukommt, hängt davon ab, ob man letztere rückwirkend auf alle Vorgänge anwendet, die sich ereignet haben, nachdem die betreffende Person im Bundesgebiet Aufenthalt genommen hat, oder nur auf solche, die sich nach Inkrafttreten des FlüchtlAbk ergeben haben. Das Problem hat, sich durch Zeitablauf weitgehend erledigt (s. 4. Aufl. 2006, Art. 5 Anh. II Rn. 21).

---

[1] Vgl. auch die Resolution der GEDIP, Declaration on the Legal Status of Applicants for International Protection from Third Countries to the European Union, September 2015, abrufbar unter http://conflictoflaws.net/2015/declaration-on-the-legal-status-of-applicants-for-international-protection-from-third-countries-to-the-european-union.

[2] o.V., Die meisten Flüchtlinge werden von Nachbarländern aufgenommen, FAZ Nr. 141 v. 20.6.2016, S. 2.

[3] Art. 1 Abs. 2 Ziff. ii StaatenlosenÜbk, Art. 10 lit. a AHKG 23, Art. 1 E FlüchtlAbk nehmen diese Personen von ihrem Anwendungsbereich aus.

[4] *Beitzke* in Vorschläge und Gutachten, 1972, 143, 159; *Kegel/Schurig* IPR § 13 II 7b; *Raape/Sturm* IPR § 10 A II.

[5] *Beitzke* in Vorschläge und Gutachten, 1972, 143, 159; *Raape/Sturm* IPR § 10 A II.

(2) zwischen Art. 12 FlüchtlAbk und § 2 Abs. 1 AsylG. Bis zur Neufassung des § 3 AsylG im Jahr **12** 2007 ergab sich die Frage nach einer Einschränkung der Anwendbarkeit des Art. 12 FlüchtlAbk gemäß § 2 AsylG auf Personen, deren Asylberechtigung behördlich festgestellt war (s. 4. Aufl. 2006, Art. 5 Anh. II Rn. 22). Dieses Problem ist durch die Neufassung der § 1 Abs. 1 und § 3 AsylG erledigt. Nach § 2 Abs. 1 AsylG ist Art. 12 FlüchtlAbk ohne weiteres anzuwenden, wenn die Asylberechtigung einer Person behördlich anerkannt ist, im Übrigen ist die Anwendung vom Vorliegen der Flüchtlingseigenschaft abhängig.[6] Ein Rangproblem zwischen § 2 Abs. 1 AsylG und Art. 12 FlüchtlAbk ergibt sich folglich nicht (näher → Rn. 75 f.).

B. Volksdeutsche

Art. 116 GG [Begriff des „Deutschen"; nationalsozialistische Ausbürgerung]

(1) Deutscher im Sinne dieses Grundgesetzes ist vorbehaltlich anderweitiger gesetzlicher Regelung, wer die deutsche Staatsangehörigkeit besitzt oder als Flüchtling oder Vertriebener deutscher Volkszugehörigkeit oder als dessen Ehegatte oder Abkömmling in dem Gebiete des Deutschen Reiches nach dem Stande vom 31. Dezember 1937 Aufnahme gefunden hat.

(2) (nicht abgedruckt)

Art. 9 FamRÄndG Schlußvorschriften II. Übergangsvorschriften

1.–4. [aufgehoben]

5. Soweit im deutschen bürgerlichen Recht oder im deutschen Verfahrensrecht die Staatsangehörigkeit einer Person maßgebend ist, stehen den deutschen Staatsangehörigen die Personen gleich, die, ohne die deutsche Staatsangehörigkeit zu besitzen, Deutsche im Sinne des Artikels 116 Abs. 1 des Grundgesetzes sind. Rechtskräftige gerichtliche Entscheidungen bleiben unberührt.

Schrifttum: *Beitzke,* Staatenlose, Flüchtlinge und Behrstaater, in Lauterbach, Vorschläge und Gutachten zur Reform des deutschen internationalen Personen- und Sachenrechts, 1972, 143, 161 ff.; *Ferid,* Hat die Gleichstellung der Vertriebenen mit Inländern in Art. 116 Abs. 1 GG kollisionsrechtlichen Gehalt?, FS Nawiasky, 1956, 395; *Fuchs,* Neues Staatsangehörigkeitsgesetz und Internationales Privatrecht, NJW 2000, 489; *Gerhardt,* Derivativer Erwerb der Rechtsstellung eines Deutschen ohne deutsche Staatsangehörigkeit, DÖV 1962, 260; *Hailbronner/Renner/Maaßen,* Staatsangehörigkeitsrecht, 5. Aufl. 2010; *Lass* (jetzt: *Wendehorst*), Der Flüchtling im deutschen Internationalen Privatrecht, 1995, 147 ff.; *Makarov/v. Mangoldt,* Deutsches Staatsangehörigkeitsrecht, 3. Aufl., (Loseblatt-Ausgabe), 1. Teil, 2., Art. 116 GG; *Giegerich* in Maunz/Dürig, Grundgesetz, Kommentar, Loseblattsammlung; *Menzel* in Bonner Kommentar zum Grundgesetz, Loseblattsammlung; *Raape/Sturm* IPR § 10 B; *Schlichting,* Zweifelsfragen zu Artikel 116 Absatz 1 des Grundgesetzes, StAZ 1956, 129; *Staudinger/Bausback* (2013) Anh. IV Art. 5 Rn. 11 ff.

Art. 116 Abs. 1 GG enthält unmittelbar keine Aussage zum IPR. Er stellt aber die deutsche **13** Volkszugehörigkeit von Personen, die als Flüchtlinge oder Vertriebene im Reichsgebiet nach dem Stand von 1937 Aufnahme gefunden haben, der deutschen Staatsangehörigkeit hinsichtlich der rechtlichen Stellung der betroffenen Personen (sog „Statusdeutsche") gleich. Es liegt daher nahe, dass die deutsche Volkszugehörigkeit **in allen, also auch privatrechtlichen Zusammenhängen,** die fehlende deutsche Staatsangehörigkeit ersetzt. Entgegen dieser Annahme war jedoch zunächst die Auffassung verbreitet, die Gleichstellung beziehe sich nur auf den öffentlich-rechtlichen Status, den die Staatsangehörigkeit vermittelt, lasse also als rein fremdenrechtliche Regelung das IPR unberührt.[7] Art. 9 Abschnitt II Nr. 5 FamRÄndG hat diesen Streit im Jahre 1961 beendet und die sachlich gebotene kollisionsrechtliche Gleichstellung Statusdeutscher ausdrücklich angeordnet.

Die in Art. 116 Abs. 1 GG angeordnete rechtliche Gleichstellung Volksdeutscher mit deutschen **14** Staatsangehörigen wird funktionslos, sobald ein Volksdeutscher die deutsche Staatsangehörigkeit erwirbt. Dies erklärt, dass Art. 116 Abs. 1 GG mit der Reform der Staatsangehörigkeit durch Gesetz vom 15.7.1999 (BGBl. 1999 I S. 1618, in Kraft getreten am 1.1.2000) weitgehend seine Bedeutung für das IPR verloren hat. Nach § 40a S. 1 StAG haben nämlich mit Wirkung **ex nunc** alle Volksdeutschen und Spätaussiedler, die am 1.8.1999 eine Spätaussiedlerbescheinigung besaßen, kraft Gesetzes ab 1.8.1999 die deutsche Staatsangehörigkeit erhalten. Die Gleichstellungsfunktion des Art. 116 Abs. 1 GG betrifft daher nur noch Altfälle aus der Zeit vor dem 1.8.1999 und Spätaussiedler, die am 1.8.1999 noch keine Spätaussiedlerbescheinigung besaßen. Auch für die letztgenannte Personengruppe verliert Art. 116 Abs. 1 GG seine Bedeutung aber, sobald sie die entsprechende Bescheinigung erhalten und damit zugleich nach § 7

---

[6] Ebenso Erman/*Hohloch* Art. 5 Rn. 93; Palandt/*Thorn* Art. 5 Anh. Rn. 27.
[7] Eingehend *Ferid,* FS Nawiasky, 1956, 395 ff.; *Ferid* IPR Rn. 1–28 mwN zur historischen Entwicklung der Diskussion.

StAG die deutsche Staatsangehörigkeit erwerben.[8] Für die noch verbleibenden Restanwendungsfälle sei daher an dieser Stelle auf die detaillierten Erläuterungen in der 5. Aufl. 2015 (→ Anh. II Art. 5 Rn. 25 ff.) verwiesen; ferner auf die einschlägigen Kommentare zum GG und zum StAG.

C. Ausgebürgerte Deutsche

Art. 116 GG [Begriff des „Deutschen"; nationalsozialistische Ausbürgerung]

(1) (nicht abgedruckt)

(2) [1]Frühere deutsche Staatsangehörige, denen zwischen dem 30. Januar 1933 und dem 8. Mai 1945 die Staatsangehörigkeit aus politischen, rassischen oder religiösen Gründen entzogen worden ist, und ihre Abkömmlinge sind auf Antrag wieder einzubürgern. [2]Sie gelten als nicht ausgebürgert, sofern sie nach dem 8. Mai 1945 ihren Wohnsitz in Deutschland genommen haben und nicht einen entgegengesetzten Willen zum Ausdruck gebracht haben.

Schrifttum: *Makarov/v. Mangoldt,* Deutsches Staatsangehörigkeitsrecht, 3. Aufl., Loseblatt-Ausgabe, Erster Teil 2b) GG Art. 116 Rn. 82 ff.; *Giegerich* in Maunz/Dürig (s. Schrifttum vor Rn. 13) GG Art. 116 Rn. 91 ff.; *Renck,* Staatsangehörigkeit und Art. 116 Abs. 2 GG, JZ 1979, 752; *Mann,* Ausbürgerung und Wiedereinbürgerung nach Art. 116 Abs. 2 GG in der Rechtsprechung des BVerfG und des Auslands, FS Coing, Bd. II, 1982, 323; *Hailbronner/ Renner/Maaßen,* Staatsangehörigkeitsrecht, 5. Aufl. 2010; Staudinger/*Bausback* (2013) Anh. IV Art. 5 Rn. 24 ff.

15   Art. 116 Abs. 2 GG enthält keine kollisionsrechtliche Regelung, sondern ordnet Wiedergutmachung gegenüber staatsangehörigkeitsrechtlichen Unrechtsakten des NS-Regimes an. Es geht um die Ausbürgerungen nach dem Gesetz vom 14.7.1933 (RGBl. 1933 I S. 480), vor allem von emigrierten jüdischen Deutschen durch die 11. VO zum Reichsbürgergesetz vom 25.11.1941 (RGBl. 1941 I S. 722), aber auch durch Einzelausbürgerungen.[9] Diese Ausbürgerungen waren von Anfang an nichtig.[10]

16   Hinsichtlich der kollisionsrechtlichen Auswirkungen der von Art. 116 Abs. 2 GG geschaffenen staatsangehörigkeitsrechtlichen Lage ist zu differenzieren: Haben „ausgebürgerte" Personen im Vertrauen auf die Wiederherstellung rechtsstaatlicher Zustände in Deutschland Rechtsverhältnisse, für die das IPR an die Staatsangehörigkeit anknüpft, unter Beachtung deutschen Rechts begründet, bleibt es auch kollisionsrechtlich bei der ex-tunc-Wirkung, wie sie sich aus Art. 116 Abs. 2 S. 2 GG ergibt. Haben sie sich dagegen als „Ausgebürgerte" nach dem Recht ihrer neuen Umgebung verhalten, so ist dies zu respektieren. Denn dass die Betroffenen bei einer retrospektiven Betrachtung stets Deutsche geblieben sind, ändert nichts an der Tatsache, dass der NS-Staat sie in eine Situation gebracht hatte, in der sie (auch privatrechtlich) nicht davon ausgehen konnten, jemals wieder als Deutsche behandelt zu werden. Der BGH hat daher mit Recht die sachlichen Voraussetzungen einer nach einer „Ausbürgerung" unter Beachtung ausländischen Rechts erfolgten Eheschließung nicht gemäß dem durch die deutsche Staatsangehörigkeit angezeigten deutschen Recht beurteilt.[11] Auch das Güterrechtsstatut einer von einem „Ausgebürgerten" mit einer Ausländerin geschlossenen Ehe ist weiterhin nach dem im Zeitpunkt der Eheschließung maßgebenden Recht zu beurteilen.[12] Zu weiteren Einzelfragen s. 5. Aufl. 2010, Art. 5 Anh. II Rn. 38 ff.; Staudinger/*Bausback* (2013) Anh. IV Art. 5 Rn. 24 ff.

D. Nichtdeutsche Flüchtlinge und Verschleppte

I. AHKG 23 iVm HeimatlAuslG

AHKG 23 über die Rechtsverhältnisse verschleppter Personen und Flüchtlinge

vom 17. März 1950 (AHKABl. 1950, S. 140, SaBl. 1950, S. 256),

idF AHKG 48 vom 1. März 1951 (AHKABl. 1951, S. 808, SaBl. 1950, S. 322)

Art. 1 AHKG 23

Soweit das Einführungsgesetz zum Bürgerlichen Gesetzbuch bestimmt, daß die Gesetze des Staates, dem eine Person angehört, maßgebend sind, werden die Rechtsverhältnisse einer verschleppten

---

[8] Vgl. zum Ganzen *Fuchs* NJW 2000, 490; Staudinger/*Bausback* (2013) Anh. IV Art. 5 Rn. 13; *Looschelders* IPR Anh. Art. 5. Rn. 8 f.

[9] Näher *Makarov/v. Mangoldt* Rn. 82 ff.; Maunz/Dürig/*Giegerich* GG Art. 116 Rn. 95 ff.; *Mann,* FS Coing, Bd. II, 1982, 323 ff. mwN Fn. 4.

[10] So in Bezug auf die 11. VO zum Reichsbürgergesetz BVerfGE 23, 98 = NJW 1968, 1036; bestätigt durch BVerfGE 54, 53 = NJW 1980, 2797.

[11] BGHZ 27, 375 ff. (382 f.) = NJW 1958, 1627; zust. *Makarov/v. Mangoldt* Rn. 130.

[12] OLG Düsseldorf IPRspr. 1981 Nr. 65 = IPRax 1981, 219 (Ls.) m. zust. Anm. *Henrich.*

Person oder eines Flüchtlings nach dem Recht des Staates beurteilt, in welchem die Person oder der Flüchtling zu der maßgebenden Zeit den gewöhnlichen Aufenthalt hat oder gehabt hat, oder, falls ein gewöhnlicher Aufenthalt fehlt, nach dem Recht des Staates, in welchem die Person oder der Flüchtling sich zu der maßgebenden Zeit befindet oder befunden hat.

Art. 2 AHKG 23

Artikel 1 findet keine Anwendung auf die in den Artikeln 24 und 25 des Einführungsgesetzes zum Bürgerlichen Gesetzbuch geregelten Gegenstände.

Art. 10 AHKG 23

Im Sinne dieses Gesetzes bedeutet:

a) der Ausdruck „verschleppte Personen und Flüchtlinge" Personen, die nicht die deutsche Staatsangehörigkeit besitzen oder deren Staatsangehörigkeit nicht festgestellt werden kann, sofern sie ihren Aufenthalt im Gebiet der Bundesrepublik haben und eine amtliche Bescheinigung darüber besitzen, daß sie der Obhut der internationalen Organisation unterstehen, die von den Vereinten Nationen mit der Betreuung der verschleppten Personen und Flüchtlinge beauftragt ist; (…)

Gesetz über die Rechtsstellung heimatloser Ausländer im Bundesgebiet

vom 25. April 1951 (BGBl. 1951 1 S. 269),

zuletzt geändert durch Gesetz vom 30. Juli 2004 (BGBl. 2004 I S. 1950)

§ 8 HeimatlAuslG [Früherer Rechtserwerb]

[1]Hat ein heimatloser Ausländer vor Inkrafttreten dieses Gesetzes nach anderen als den deutschen Vorschriften Rechte erworben, so behält er diese, sofern die Gesetze des Ortes beobachtet sind, an dem das Rechtsgeschäft vorgenommen ist. [2]Dies gilt insbesondere für eine vor Inkrafttreten dieses Gesetzes geschlossene Ehe.

Schrifttum: Zum AHKG 23: *Beitzke,* Der Personenstand heimatloser Ausländer in Deutschland, 1952; *Beitzke,* Staatenlose, Flüchtlinge und Mehrstaater, in Lauterbach, Vorschläge und Gutachten zur Reform des deutschen internationalen Personen- und Sachenrechts, 1972, 143, 157 ff.; *Raape/Sturm* IPR § 10 A 11; Staudinger/*Bausback* (2013) Anh. IV Art. 5 Rn. 37 ff.; zum Gesetz vom 25.4.1951; *Raape/Sturm* IPR § 10 A 12; Staudinger/*Bausback* (2013) Anh. IV Art. 5 Rn. 42 ff.

Art. 1 und 2 AHKG 23 sind weitgehend durch Art. 12 Abs. 1 FlüchtlAbk überholt und bleiben **17** allenfalls auf einen sehr kleinen Kreis von Verschleppten und Personen anwendbar, so dass sie nicht als gegenstandslos außer Kraft getreten sind.[13] Außerdem ergibt sich intertemporal gegenüber des geringfügig jüngeren FlüchtlAbk als lex posterior ein äußerst schmaler Restanwendungsbereich. Da sich jedoch zur Anwendung der Art. 1 und 2 AHKG 23 seit Jahrzehnten keine Entwicklungen mehr abzeichnen, ist eine ausführliche Kommentierung nicht mehr gerechtfertigt (s. 5. Aufl. 2010, Anh. II Art. 5 Rn. 53 ff.).

II. FlüchtlAbk iVm. FlüchtlingsProt

Abkommen über die Rechtsstellung der Flüchtlinge (FlüchtlAbk)

vom 28.7.1951 (BGBl. 1953 II S. 560, ratifiziert durch Gesetz vom 1.9.1953, BGBl. 1953 II S. 559, für die Bundesrepublik in Kraft getreten am 24.12.1953, völkerrechtlich bindend seit 22.4.1954, BGBl. 1954 II S. 619)

Amtliche deutsche Übersetzung aus dem laut Schlussklausel maßgeblichen englischen und französischen Wortlaut:

Art. 1 FlüchtlAbk Definition des Begriffs „Flüchtling"

A. Im Sinne dieses Abkommens findet der Ausdruck „Flüchtling" auf jede Person Anwendung:
1. Die in Anwendung der Vereinbarungen vom 12. Mai 1926 und 30. Juni 1928 oder in Anwendung der Abkommen vom 28. Oktober 1933 und 10. Februar 1938 und des Protokolls vom 14. September 1939 oder in Anwendung der Verfassung der Internationalen Flüchtlingsorganisation als Flüchtling gilt.
Die von der Internationalen Flüchtlingsorganisation während der Dauer ihrer Tätigkeit getroffenen Entscheidungen darüber, daß jemand nicht als Flüchtling im Sinne ihres Statuts anzusehen

---

[13] *Beitzke* in Vorschläge und Gutachten, 1972, 143 (158 f.); aA *Lass,* Der Flüchtling im deutschen Internationalen Privatrecht, 1995, 24 ff.

ist, stehen dem Umstand nicht entgegen, daß die Flüchtlingseigenschaft Personen zuerkannt wird, die die Voraussetzungen der Ziffer 2 dieses Artikels erfüllen;

2. Die infolge von Ereignissen, die vor dem 1. Januar 1951 eingetreten sind, und aus der begründeten Furcht vor Verfolgung wegen ihrer Rasse, Religion, Nationalität, Zugehörigkeit zu einer bestimmten sozialen Gruppe oder wegen ihrer politischen Überzeugung sich außerhalb des Landes befindet, dessen Staatsangehörigkeit sie besitzt, und den Schutz dieses Landes nicht in Anspruch nehmen kann oder wegen dieser Befürchtungen nicht in Anspruch nehmen will; oder die sich als staatenlose infolge solcher Ereignisse außerhalb des Landes befindet, in welchem sie ihren gewöhnlichen Aufenthalt hatte, und nicht dorthin zurückkehren kann oder wegen der erwähnten Befürchtungen nicht dorthin zurückkehren will.

Für den Fall, daß eine Person mehr als eine Staatsangehörigkeit hat, bezieht sich der Ausdruck „das Land, dessen Staatsangehörigkeit sie besitzt" auf jedes der Länder, dessen Staatsangehörigkeit diese Person hat. Als des Schutzes des Landes, dessen Staatsangehörigkeit sie hat, beraubt gilt nicht eine Person, die ohne einen stichhaltigen, auf eine begründete Befürchtung gestützten Grund den Schutz eines der Länder nicht in Anspruch genommen hat, deren Staatsangehörigkeit sie besitzt.

B. 1. Im Sinne dieses Abkommens können die im Artikel 1 Abschnitt A enthaltenen Worte „Ereignisse, die vor dem 1. Januar 1951 eingetreten sind" in dem Sinne verstanden werden, daß es sich entweder um
   a) „Ereignisse, die vor dem 1. Januar 1951 in Europa eingetreten sind" oder
   b) „Ereignisse, die vor dem 1. Januar 1951 in Europa oder anderswo eingetreten sind"
   handelt. Jeder vertragschließende Staat wird zugleich mit der Unterzeichnung, der Ratifikation oder dem Beitritt eine Erklärung abgeben, welche Bedeutung er diesem Ausdruck vom Standpunkt der von ihm auf Grund dieses Abkommens übernommenen Verpflichtungen zu geben beabsichtigt.
2. jeder vertragschließende Staat, der die Formulierung zu a) angenommen hat, kann jederzeit durch eine an den Generalsekretär der Vereinten Nationen gerichtete Notifikation seine Verpflichtungen durch Annahme der Formulierung b) erweitern.

C. Eine Person, auf die die Bestimmungen des Absatzes A zutreffen, fällt nicht mehr unter dieses Abkommen,
1. wenn sie sich freiwillig erneut dem Schutz des Landes, dessen Staatsangehörigkeit sie besitzt, unterstellt; oder
2. wenn sie nach dem Verlust ihrer Staatsangehörigkeit diese freiwillig wiedererlangt hat; oder
3. wenn sie eine neue Staatsangehörigkeit erworben hat und den Schutz des Landes, dessen Staatsangehörigkeit sie erworben hat, genießt; oder
4. wenn sie freiwillig in das Land, das sie aus Furcht vor Verfolgung verlassen hat oder außerhalb dessen sie sich befindet, zurückgekehrt ist und sich dort niedergelassen hat; oder
5. wenn sie nach Wegfall der Umstände, auf Grund deren sie als Flüchtling anerkannt worden ist, es nicht mehr ablehnen kann, den Schutz des Landes in Anspruch zu nehmen, dessen Staatsangehörigkeit sie besitzt.
   Hierbei wird jedoch unterstellt, daß die Bestimmung dieser Ziffer auf keinen Flüchtling im Sinne der Ziffer 1 des Abschnittes A dieses Artikels Anwendung findet, der sich auf zwingende, auf früheren Verfolgungen beruhende Gründe berufen kann, um die Inanspruchnahme des Schutzes des Landes abzulehnen, dessen Staatsangehörigkeit er besitzt;
6. wenn es sich um eine Person handelt, die keine Staatsangehörigkeit besitzt, falls sie nach Wegfall der Umstände, auf Grund deren sie als Flüchtling anerkannt worden ist, in der Lage ist, in das Land zurückzukehren, in dem sie ihren gewöhnlichen Wohnsitz hat.
   Dabei wird jedoch unterstellt, daß die Bestimmung dieser Ziffer auf keinen Flüchtling im Sinne der Ziffer 1 des Abschnittes A dieses Artikels Anwendung findet, der sich auf zwingende, auf früheren Verfolgungen beruhende Gründe berufen kann, um die Rückkehr in das Land abzulehnen, in dem er seinen gewöhnlichen Aufenthalt hatte.

D. Dieses Abkommen findet keine Anwendung auf Personen, die zur Zeit den Schutz oder Beistand einer Organisation oder einer Institution der Vereinten Nationen mit Ausnahme des Hohen Kommissars der Vereinten Nationen für Flüchtlinge genießen.
Ist dieser Schutz oder diese Unterstützung aus irgendeinem Grunde weggefallen, ohne daß das Schicksal dieser Personen endgültig gemäß den hierauf bezüglichen Entschließungen der Generalversammlung der Vereinten Nationen geregelt worden ist, so fallen diese Personen ipso facto unter die Bestimmungen dieses Abkommens.

E. Dieses Abkommen findet keine Anwendung auf eine Person, die von den zuständigen Behörden des Landes, in dem sie ihren Aufenthalt genommen hat, als eine Person anerkannt wird, welche die Rechte und Pflichten hat, die mit dem Besitz der Staatsangehörigkeit dieses Landes verknüpft sind.

F. Die Bestimmungen dieses Abkommens finden keine Anwendung auf Personen, in bezug auf die aus schwerwiegenden Gründen die Annahme gerechtfertigt ist,

a) daß sie ein Verbrechen gegen den Frieden, ein Kriegsverbrechen oder ein Verbrechen gegen die Menschlichkeit im Sinne der internationalen Vertragswerke begangen haben, die ausgearbeitet worden sind, um Bestimmungen bezüglich dieser Verbrechen zu treffen;

b) daß sie ein schweres nichtpolitisches Verbrechen außerhalb des Aufnahmelandes begangen haben, bevor sie dort als Flüchtling aufgenommen wurden;

c) daß sie sich Handlungen zuschulden kommen ließen, die den Zielen und Grundsätzen der Vereinten Nationen zuwiderlaufen.

Art. 12 FlüchtlAbk Personalstatut

1. Das Personalstatut jedes Flüchtlings bestimmt sich nach dem Recht des Landes seines Wohnsitzes oder, in Ermangelung eines Wohnsitzes, nach dem Recht seines Aufenthaltslandes.

2. [1]Die von einem Flüchtling vorher erworbenen und sich aus seinem Personalstatut ergebenden Rechte, insbesondere die aus der Eheschließung, werden von jedem vertragschließenden Staat geachtet, gegebenenfalls vorbehaltlich der Formalitäten, die nach dem in diesem Staat geltenden Recht vorgesehen sind. [2]Hierbei wird jedoch unterstellt, daß das betreffende Recht zu demjenigen gehört, das nach den Gesetzen dieses Staates anerkannt worden wäre, wenn die in Betracht kommende Person kein Flüchtling geworden wäre.

Art. 16 FlüchtlAbk Zugang zu den Gerichten

1. Jeder Flüchtling hat in dem Gebiet der vertragschließenden Staaten freien und ungehinderten Zugang zu den Gerichten.

2. In dem vertragschließenden Staat, in dem ein Flüchtling seinen gewöhnlichen Aufenthalt hat, genießt er hinsichtlich des Zugangs zu den Gerichten einschließlich des Armenrechts und der Befreiung von der Sicherheitsleistung für Prozeßkosten dieselbe Behandlung wie ein eigener Staatsangehöriger.

3. In den vertragschließenden Staaten, in denen ein Flüchtling nicht seinen gewöhnlichen Aufenthalt hat, genießt er hinsichtlich der in Ziffer 2 erwähnten Angelegenheit dieselbe Behandlung wie ein Staatsangehöriger des Landes, in dem er seinen gewöhnlichen Aufenthalt hat.

Protokoll über die Rechtsstellung der Flüchtlinge (FlüchtlingsProt)
vom 31.1.1967

(BGBl. 1969 II S. 1294, ratifiziert durch Gesetz vom 11.7.1969, BGBl. 1969 II S. 1293, für die Bundesrepublik in Kraft getreten am 5.11.1969, BGBl. 1970 II S. 194)

Art. I FlüchtlingsProt Allgemeine Bestimmung

(1) Die Vertragsstaaten dieses Protokolls verpflichten sich, die Artikel 2 bis 34 des Abkommens auf Flüchtlinge im Sinne der nachstehenden Begriffsbestimmung anzuwenden.

(2) Außer für die Anwendung des Absatzes 3 dieses Artikels bezeichnet der Ausdruck „Flüchtlinge" im Sinne dieses Protokolls jede unter die Begriffsbestimmung des Artikels 1 des Abkommens fallende Person, als seien die Worte „infolge von Ereignissen, die vor dem 1. Januar 1951 eingetreten sind, und..." sowie die Worte „...infolge solcher Ereignisse" in Artikel I Abschnitt A Absatz 2 nicht enthalten.

(3) Dieses Protokoll wird von seinen Vertragsstaaten ohne jede geographische Begrenzung angewendet; jedoch finden sie bereits nach Artikel 1 Abschnitt B Absatz 1 Buchstabe a) des Abkommens abgegebenen Erklärungen von Staaten, die schon Vertragsstaaten des Abkommens sind, auch auf Grund dieses Protokolls Anwendung, sofern nicht die Verpflichtungen des betreffenden Staates nach Artikel 1 Abschnitt B Absatz 2 des Abkommens erweitert worden sind.

Schrifttum: Amt des Hohen Flüchtlingskommissars der Vereinten Nationen (UNHCR), Die Flüchtlingseigenschaft im Sinne von Art. 1 der FlüchtlAbk vom 28.7.1951 im Zusammenhang mit den deutschen Entschädigungsgesetzen, RzW 1968, 150; Amt des Hohen Flüchtlingskommissars der Vereinten Nationen (UNHCR), Handbuch über Verfahren und Kriterien zur Feststellung der Flüchtlingseigenschaft, 2003; *Andrae,* Flüchtlinge und Kinderehen, NZFam 2016, 923; *Baetge,* Gewöhnlicher Aufenthalt und Personalstatut von Flüchtlingen, StAZ 2016, 289; *v. Bar,* Exklusivnormen und Ausländer unter deutschem Personalstatut, IPRax 1985, 292; *Beitzke,* Probleme der Flüchtlingsscheidung, FS Fragistas, Bd. I, 1966, 377; *Beitzke,* Staatenlose, Flüchtlinge und Mehrstaater, in Lauterbach, Vorschläge und Gutachten zur Reform des deutschen internationalen Personen- und Sachenrechts, 1972, 143; *Bode,* Zur bevorstehenden Ratifikation des Genfer Abkommens, BAnz. 1952 Nr. 175 S. 5 f.; *Bogdan,* Refugees in Swedish Private International Law, in Grimheden/Ring, Human Rights Law: From Dissemination to Application, Essays in Honour of Melander, 2006, 311; *Carlier,* Droit d'Asile et des Réfugiés – De la Protection aux Droits, Rec. des Cours 332 (2007), 9; *Chetail,* Les relations entre droit international privé et droit international des réfugiés: histoire d'une brève rencontre, Clunet 2014, 447; *v. Eck,* De facto-Flüchtlinge, 1999; *Féaux de la Croix,* Zum Begriff der Flüchtlingseigenschaft im Sinne der Genfer Konvention, RzW 1968, 289; *Gottschalk,* Allgemeine Lehren des IPR in kollisionsrechtlichen Staatsverträgen, 2002, 73; *Grünenwald,* Adoption und Flüchtlinge – Schaffen wir das?, Teil1: Adoption, NZFam 2016, 344; Teil 2: Flüchtlinge, NZFam 2016, 389; *Hailbronner,* Die Rechtsstellung der de facto-Flüchtlinge in den EG-Staaten, 1993; *Hirschberg,* Scheidung von Flüchtlingen im Sinn der Genfer Flüchtlingskonvention, NJW 1972, 361; *Julien-Laferrière,* Réflexions sur la notion de réfugié en

1978, AWR-Bulletin 1979, 30; *Kimminich,* Der internationale Rechtsstatus des Flüchtlings, 1962; *Kimminich,* Probleme der Anpassung der Genfer Flüchtlingskonvention an gewandelte Verhältnisse, FS Menzel, 1975, 307; *Lass,* Der Flüchtling im deutschen Internationalen Privatrecht, 1995; *Lambert,* Comparative Perspectives on Arbitrary Deprivation of Nationality and Refugee Status, Int. Comp. L. Q. 64 (2015), 1; *Majer,* Flüchtlinge im Internationalen Privatrecht – Vorschlag für eine teleologische Reduktion des Art. 12 GFK, StAZ 2016, 337; *Mankowski,* Die Reaktion des Internationalen Privatrechts auf neue Erscheinungsformen der Migration, IPRax 2017, 40; *McKeever,* Evolving Interpretation of Multilateral Treaties: „Acts contrary to the purposes and principles of the United Nations" in the Refugee Convention, Int. Comp. L. Q. 64 (2015), 405; *Mezger,* Das Personalstatut der Flüchtlinge seit dem 25. Dezember 1953, JZ 1954, 663; *Reichmann,* Das eheliche Güterrecht bei Flüchtlingen, DNotZ 1958, 512; *Robinson (Nehemiah),* Convention relating to the Status of Refugees, 1953; *Sarraute-Tager,* Le nouveau statut international des réfugiés, Rev. crit. dr. int. pr. 1953, 245; *Seidl-Hohenveldern,* Die internationale Flüchtlingskonvention von 1951 in der Praxis, FS Schätzel, 1960, 441; *Schätzel,* Die Rechtsstellung ausländischer Flüchtlinge in der Bundesrepublik Deutschland, ROW 1958, 138; *Schätzel/Veiter,* Handbuch des internationalen Flüchtlingsrechts, 1960; *Weis,* The Refugee Convention, 1951 – The Travaux Préparatoires analysed with a Commentary by Dr Paul Weis, 1990, abrufbar unter http://www.unhcr.org/pages/49da0e466.html (zitiert: *Weis* Refugee Convention); *Weis,* Die Genfer Flüchtlingskonvention vom 28.7.1951, JbIntR 4 (1954), 53; *Weis,* 25 Jahre Abkommen über die Rechtsstellung der Flüchtlinge, AWR-Bulletin 1978, 30; *A. Zimmermann* (Hrsg.), The 1951 Convention Relating to the Status of Refugees and its 1967 Protocol – A Commentary, 2011 (zitiert: Zimmermann/*Bearbeiter*).

Weitere Schrifttumshinweise insbesondere bei *Kegel/Schurig* IPR § 13 II 7 b (auch ausländisches Schrifttum) sowie bei *Raape/Sturm* IPR Vor § 10.

Geltungsbereich FlüchtlAbk und FlüchtlingsProt: BGBl. 2017 II Fundstellennachweis B (Stand: 31.12.2016) S. 659 ff. Staaten, die dem Protokoll ohne vorherige Ratifizierung des FlüchtlAbk beigetreten sind, haben damit de facto auch diese übernommen.[14]

18   **1. Allgemeines. a) Normzweck.** Während bei Staatenlosen eine Anknüpfung an eine bestehende Staatsangehörigkeit schon begrifflich nicht möglich ist (zu den Gründen dafür, nicht an eine frühere Staatsangehörigkeit anzuknüpfen, → Art. 5 Rn. 94), wäre eine solche Anknüpfung zumindest bei denjenigen Flüchtlingen, die von ihrem Herkunftsstaat noch nicht aus ihrer Staatsangehörigkeit entlassen worden sind, zwar rechtstechnisch denkbar. Sie wäre aber mit Blick auf die kollisionsrechtliche Gerechtigkeit verfehlt, weil es typischerweise nicht der Interessenlage von Flüchtlingen entspricht, dass auf ihre persönlichen Rechtsbeziehungen weiterhin das Recht gerade desjenigen Staates Anwendung findet, der sie aus politischen, ethnischen oder religiösen Motiven verfolgt hat.[15] Das FlüchtlAbk dient deshalb dem Ziel, den Flüchtlingen bei der Eingliederung in ihrer neuen Umwelt behilflich zu sein, indem sie praktisch den Einwohnern des Wohnsitzstaates gleichgestellt werden.[16] In kollisionsrechtlicher Hinsicht erreicht das FlüchtlAbk diesen Zweck dadurch, dass es mithilfe einer unselbstständigen Kollisionsnorm (Art. 12 Abs. 1 FlüchtlAbk) das „Personalstatut" des Flüchtlings nicht an die Staatsangehörigkeit anknüpft, sondern dem Recht des Staates des Wohnsitzes oder Aufenthalts unterstellt, wobei man vor allem an den Zufluchtsstaat gedacht hat.[17] Von der den Vertragsstaaten durch Art. 42 FlüchtlAbk eingeräumten Möglichkeit, gegen diese Vorschrift einen Vorbehalt einzulegen, hat die Bundesrepublik keinen Gebrauch gemacht.[18] Eine teleologische Reduktion des Art. 12 Abs. 1 FlüchtlAbk dahingehend, dass dieser als spezielle Vorbehaltsklausel allein diskriminierende Vorschriften des Verfolgerstaates ausschaltet, im Übrigen aber die Staatsangehörigkeitsanknüpfung unberührt lässt,[19] kommt allenfalls de lege ferenda in Betracht. Wegen der hierdurch bewirkten erheblichen Verkomplizierung der praktischen Rechtsanwendung ist davon aber abzuraten. Sinnvoller erschiene es, Flüchtlingen, die sich weiterhin mit dem Privatrecht ihres Herkunftslandes verbunden fühlen, die Möglichkeit zu einer entsprechenden Rechtswahl einzuräumen.[20]

---

[14]   *Kimminich,* FS Menzel, 1975, 315.

[15]   *Carlier* Rec. des Cours 332 (2007), 9 Rn. 194; *Chetail* Clunet 2014, 447 (467); *Kropholler* IPR § 37 II 2; *Mankowski* IPRax 2017, 40 (41); *Weis,* Refugee Convention, Article 12, Commentary; rechtspolitische Kritik daran übt *Bogdan,* Essays in Honour of Melander, 2006, 311 (318 ff.).

[16]   Zimmermann/*Metzger* FlüchtlAbk Art. 12 Rn. 2.

[17]   Zur rechtspolitischen Begr. vgl. vor allem *Schätzel* ROW 1958, 138 (139 f.); krit. *Majer* StAZ 2016, 337 (339 ff.).

[18]   Anders Ägypten, Botswana, Israel, Schweden und Spanien, hierzu *Bogdan,* Essays in Honour of Melander, 2006, 311 ff.; *Carlier* Rec. des Cours 332 (2007), 9 Rn. 196; Zimmermann/*Metzger* FlüchtlAbk Art. 12 Rn. 15 f.; zu den Vorbehaltsstaaten siehe http://www.unhcr.org/protection/convention/3d9abe177/reservations-declarations-1951-refugee-convention.html.

[19]   Dafür *Majer* StAZ 2016, 337 (339 ff.).

[20]   *Henrich,* FS Jayme, 2004, 321 (328).

b) Verhältnis zu EU-Recht und anderen Staatsverträgen. In der EU wird eine einheitliche **19** Handhabung des Flüchtlingsbegriffs angestrebt.[21] Unter anderem zu diesem Zweck hat die Union bislang die folgenden Richtlinien erlassen:

– RL 2003/9/EG des Rates vom 27.1.2003 zur Festlegung von Mindestnormen für die Aufnahme **20** von Asylbewerbern in den Mitgliedstaaten der Europäischen Union (ABl. EU 2003 L 31 S. 18);

– RL 2004/83/EG des Rates vom 29.4.2004 über Mindestnormen für die Anerkennung und den **21** Status von Drittstaatsangehörigen oder Staatenlosen als Flüchtlinge oder als Personen, die anderweitig internationalen Schutz benötigen, und über den Inhalt des zu gewährenden Schutzes (ABl. EU L 304 S. 12); diese sog **Qualifikationsrichtlinie** ist neu gefasst worden durch die Richtlinie 2011/ 95/EU des Europäischen Parlaments und des Rates vom 13.12.2011 über Normen für die Anerkennung von Drittstaatsangehörigen oder Staatenlosen als Personen mit Anspruch auf internationalen Schutz, für einen einheitlichen Status für Flüchtlinge oder für Personen mit Anrecht auf subsidiären Schutz und für den Inhalt des zu gewährenden Schutzes (ABl. EU 2011 L 337 S. 9);[22]

– RL 2005/85/EG des Rates vom 1.12.2005 über Mindestnormen für Verfahren in den Mitglied- **22** staaten zur Zuerkennung und Aberkennung der Flüchtlingseigenschaft (ABl. EU 2005 L 326 S. 13).

Diese Richtlinien sind in Deutschland vornehmlich im AsylG umgesetzt worden, dessen hier **23** interessierende Bestimmungen in → Rn. 72 ff. erläutert werden.

Art. 12 Abs. 1 FlüchtlAbk greift selbst dann ein, wenn zwischen Deutschland und dem Fluchtstaat **24** ein älterer zweiseitiger Staatsvertrag besteht, der eine Anknüpfung an die Staatsangehörigkeit vorschreibt. Das folgt, da beide Staatsverträge den Rang einfachen deutschen Rechts haben, aus der lex-posterior-Regel. Haben zB iranische Flüchtlinge gemäß Art. 12 Abs. 1 FlüchtlAbk aufgrund ihres gewöhnlichen Aufenthalts in Deutschland ein deutsches Personalstatut, scheidet die Anwendung des deutsch-iranischen Niederlassungsabkommens von 1929 aus.[23]

Die in Art. 12 FlüchtlAbk vorgesehene Ersatzanknüpfung kommt nicht nur im Rahmen von **25** Kollisionsnormen des EGBGB zum Zuge, sondern auch bei der Anwendung von Kollisionsnormen, die in EU-Verordnungen oder in Haager Übereinkommen enthalten sind und die an die Staatsangehörigkeit anknüpfen.

c) Verhältnis zum autonomen deutschen Recht. Art. 12 FlüchtlAbk genießt als staatsvertrag- **26** liche Kollisionsnorm (Art. 3 Nr. 2 EGBGB) den Vorrang gegenüber Art. 5 Abs. 2 EGBGB, auch soweit es sich bei einem Flüchtling um eine staatenlose Person handelt. Der persönliche Anwendungsbereich des Art. 12 FlüchtlAbk wird in Bezug auf Asylbewerber durch § 2 AsylG erweitert (zu den Folgen näher → Rn. 74 ff.). Im Übrigen regelt das FlüchtlAbk allein die Rechtsstellung des Flüchtlings, wenn ihm Schutz gewährt wird, beinhaltet aber kein subjektives Recht auf Asyl.[24]

2. Anwendungsbereich. a) Persönlich. aa) Überblick. Art. 12 FlüchtlAbk bezieht sich auf **27** Flüchtlinge iS des FlüchtlAbk und des FlüchtlingsProt.[25] Maßgeblich sind Art. 1 A FlüchtlAbk und Art. 1 FlüchtlingsProt. Flüchtlinge sind danach Personen, die

(1) nach den in Art. 1 A Nr. 1 FlüchtlAbk genannten Vereinbarungen, Abkommen und Protokollen **28** Flüchtlinge sind (sog Nansen-Flüchtlinge);[26]

(2) nach der in Art. 1 A Nr. 1 FlüchtlAbk genannten Verfassung der International Refugee Organisa- **29** tion (IRO)[27] als Flüchtlinge gelten;[28]

(3) nach der Definition in Art. 1 A Nr. 2 FlüchtlAbk, der § 3 AsylG inhaltlich entspricht, Flüchtlinge **30** sind; hierbei sind die Konkretisierungen in den §§ 3a–3e AsylG zu beachten, mit deren Hilfe die RL 2011/95/EU in deutsches Recht umgesetzt worden ist, die eine unionsweit einheitliche Handhabung des FlüchtlAbk sicherstellen soll;

---

[21] Staudinger/*Bausback* (2013) Anh. IV Art. 5 Rn. 55. Vgl. *Hailbronner,* Rechtsstellung der de-facto-Flüchtlinge, 1993 und *v. Eck,* De facto Flüchtling, 1999.

[22] Hierzu eingehend *Lafrai,* Die Qualifikationsrichtlinie und ihre Auswirkungen auf das deutsche Flüchtlingsrecht, 2013, besprochen von *Göbel-Zimmermann* ZAR 2015, 40.

[23] StRspr, s. BGH NJW 1990, 636 = IPRax 1991, 54 m. Aufsatz *Dörner/Kötters* IPRax 1991, 39; BayObLGZ 2000, 335; OLG Hamburg FamRZ 2004, 459 = BeckRS 2003, 14928; LG München I FamRZ 1997, 1354 = BeckRS 2011, 05748; AG Leverkusen BeckRS 2008, 21260.

[24] Näher *Hailbronner* Asyl- und AusländerR Rn. 1223.

[25] Vgl. insbes. *Berlit* NVwZ 2012, 193 ff.; *Hailbronner* Asyl- und AusländerR Rn. 1220 ff.; ferner *Seidl-Hohenveldern,* FS Schätzel, 1960, 441 ff.; *Kimminich,* Der internationale Rechtsstatus des Flüchtlings, 1962, 286 ff.; *Féaux de la Croix* RzW 1968, 289 ff.; Soergel/*Kegel* Anh. Art. 5 Rn. 42 ff.; Staudinger/*Bausback* (2013) Anh. IV Art. 5 Rn. 53 ff. Zum Nachweis und den Voraussetzungen der Flüchtlingseigenschaft ausf. das UNHCR-Handbuch.

[26] Näher *Makarov* ZaöRV 1951/52, 452 ff.

[27] Die IRO wurde am 1.1.1951 aufgelöst; an deren Stelle ist am 1.5.1952 der Hohe Flüchtlingskommissar der Vereinten Nationen (UNHCR) getreten; näher Staudinger/*Bausback* (2013) Anh. IV Art. 5 Rn. 3.

[28] *Makarov* ZaöRV 1951/52, 452, 435 ff.

31 (4) infolge der Ausweitung in Art. I FlüchtlingsProt Flüchtlinge sind.

32 (5) Hinzu kommen infolge Gleichstellung die sog Flüchtlingsseeleute nach der Haager Vereinbarung über Flüchtlingsseeleute vom 23.11.1957, BGBl. 1961 II S. 828, 1670, da diese selbst keine kollisionsrechtliche Regelung enthält.

33   **bb) Nansen–Flüchtlinge.** Die in Ziffer (1) genannte Gruppe ist durch den sog Nansenpass ausgewiesen *(Fridtjof Nansen,* erster Hoher Kommissar des Völkerbundes für das Flüchtlingswesen).

34   **cc) IRO–Flüchtlinge.** Die unter Ziffer (2) fallenden Personen weisen sich durch den IRO–Ausweis oder eine sonstige Bescheinigung der UN-Flüchtlingsbehörde aus, die ersichtlich macht, dass sie unter die Betreuung der IRO fallen. Fehlt ein solcher Ausweis oder hat die IRO den Flüchtlingsstatus abgelehnt, so steht dem Betreffenden die Möglichkeit offen, sich auf den Flüchtlingsbegriff iS von Ziffer (3) oder (4) zu berufen. Einer besonderen Anerkennung bedarf es nicht. Er ist in diesem Sinn aber ohne weiteres als Flüchtling ausgewiesen, wenn er nach den Vorschriften des AsylG (→ Rn. 74 ff.) als Flüchtling oder sonstiger politisch Verfolgter als asylberechtigt anerkannt ist. Da weder Asylberechtigung noch das Vorliegen der materiellen Voraussetzungen der Flüchtlingseigenschaft oder der politischen Verfolgung erneut zu prüfen sind, kann man der rechtsbeständig gewordenen Entscheidung des Bundesamtes oder einer im Anfechtungsverfahren ergangenen Entscheidung für die Anerkennung ausländischer Flüchtlinge konstitutive Wirkung beimessen, sofern der Begünstigte sie de facto nicht erfüllt. Im Übrigen hat sie rein deklar.atorischen Charakter. Die nicht rechtsbeständigen Entscheidungen sowie Entscheidungen anderer[29] (auch ausländischer)[30] Behörden, in denen die Flüchtlingseigenschaft bejaht wird, haben dagegen nur Indizfunktion[31] und binden die Gerichte und andere Behörden nicht. Desgleichen sind ablehnende Entscheidungen des Bundesamtes nicht bindend.[32] Die mit der formellen Rechtskraft von Verwaltungsakten begründete Gegenauffassung[33] verkennt, dass der ablehnende Bescheid nicht in materielle Rechtskraft erwächst. Das FlüchtlAbk legt die Voraussetzungen der Flüchtlingseigenschaft sachlich fest. Eine deutsche Behörde kann sie nicht verkürzen. Ist die Entscheidung des Bundesamtes vom Verwaltungsgericht bestätigt, so ist allerdings die formelle und materielle Rechtskraft des Urteils zu beachten.[34]

35   **dd) Sonstige Konventionsflüchtlinge.** In allen Fällen, in denen keine bindenden Entscheidungen bzw. überhaupt noch nicht über die Flüchtlingseigenschaft oder die politische Verfolgung entschieden wurde, befinden die Behörden und Gerichte selbst, ob eine Person Konventionsflüchtling iS der Definition in Art. 1 A Nr. 2 FlüchtlAbk ist.[35] Das FlüchtlAbk sieht hierfür kein besonderes internationales Organ vor.[36] Das Amt des Hohen Flüchtlingskommissars der Vereinten Nationen (UNHCR) hat jedoch ein Handbuch über Verfahren und Kriterien zur Feststellung der Flüchtlingseigenschaft erstellt, das bei der Auslegung des FlüchtlAbk berücksichtigt werden sollte. Innerhalb der EU sind zudem die Vorgaben der RL 2011/95/EU zu beachten, die in §§ 3 ff. AsylG umgesetzt worden sind.

36   **(1) Flüchtlingseigenschaft.** Entscheidend hierfür ist nach Art. 1 A Nr. 2 FlüchtlAbk iVm § 3 Abs. 1 AsylG, dass ein **Ausländer**[37] sich aus begründeter Furcht vor Verfolgung wegen seiner Rasse, Religion, Nationalität, politischen Überzeugung oder Zugehörigkeit zu einer bestimmten sozialen

---

[29] Diese Einschränkung findet sich bei Soergel/*Kegel* Anh. Art. 5 Rn. 34 nicht, so dass er offenbar auch den positiven Entscheidungen des Bundesamtes nur Indizfunktion einräumt. Wie hier Staudinger/*Bausback* (2013) Anh. IV Art. 5 Rn. 56.

[30] Übersicht über die Rechtslage in den westeuropäischen Staaten und den USA bei Staudinger/*Bausback* (2013) Anh. IV Art. 5 Rn. 9.

[31] Str., ebenso Palandt/*Thorn* Anh. Art. 5 Rn. 27; Bamberger/Roth/*Lorenz* Art. 5 Rn. 38; Erman/*Hohloch* Art. 5 Rn. 96. Entsprechend in Frankreich für Feststellungen des Office français de protection des réfugiés et apatrides, vgl. näher *Raape/Sturm* IPR § 10 A 13 m. Fn. 30, aber auch Soergel/*Kegel* Anh. Art. 5 Rn. 34; Staudinger/*Bausback* (2013) Anh. IV Art. 5 Rn. 56.

[32] Palandt/*Thorn* Anh. Art. 5 Rn. 27. HM, vgl. iE Nachweise bei Soergel/*Kegel* Anh. Art. 5 Rn. 34 Fn. 2. Aus der Rspr. OLG Hamm IPRspr. 1985 Nr. 72. Zur Entscheidung ausländischer Behörden BVerwG NVwZ 1987, 507. Vgl. auch OGH IPRax 1999, 260 sowie dazu *Wendehorst* IPRax 1999, 276 f.

[33] *Raape/Sturm* IPR S. 150.

[34] Insoweit zutr. *Raape/Sturm* IPR S. 150.

[35] EinhM, Soergel/*Kegel* Anh. Art. 5 Rn. 42 ff.; Palandt/*Thorn* Anh. Art. 5 Rn. 22; *Raape/Sturm* IPR S. 150; OLG Stuttgart FamRZ 1962, 160 (161); BayObLGZ 1974, 95 (99) = StAZ 1974, 149 (150); BayObLGZ 1986, 193; OLG Hamm NJW-RR 1992, 391 (Inzidentprüfung; zu unterscheiden von der verwaltungsgerichtlichen Entscheidung, → Rn. 34); OLG Frankfurt a. M. StAZ 2005, 73 = BeckRS 2007, 01007.

[36] Staudinger/*Bausback* (2013) Anh. IV Art. 5 Rn. 55.

[37] Es handelt sich – wie auch beim Begriff „Flüchtling", der gar keine weibliche Entsprechung kennt – um ein sog generisches Maskulinum; Ausländerinnen sind selbstverständlich ebenso gemeint.

Gruppe außerhalb seines Herkunftslandes befindet. Volksdeutsche Flüchtlinge oder Vertriebene iS des Art. 116 Abs. 1 GG werden vom FlüchtlAbk nach Art. 1 E FlüchtlAbk nicht erfasst (→ Rn. 3). Auch die Flucht aus einem Konventionsstaat begründet die Flüchtlingseigenschaft.[38] Innerhalb der EU sollen als Flüchtlinge aber nur Angehörige von **Drittstaaten** oder Staatenlose anzusehen sein (Art. 2 lit. d RL 2011/95/EU).[39] Die Vermutung, dass in Mitgliedstaaten der EU keine Verfolgung iS von Art. 1 A Nr. 2 FlüchtlAbk stattfinde, dürfte jedoch nicht unwiderlegbar sein.[40] Art. 1 B Nr. 1 FlüchtlAbk hatte es den Vertragsstaaten freigestellt, das Übereinkommen nur auf Flüchtlinge infolge von Ereignissen in **Europa** oder darüber hinaus auch **in anderen Teilen der Welt** anzuwenden. Die Bundesrepublik hatte sich für letzteres entschieden (BGBl. 1953 II S. 579) und damit Art. I Abs. 3 FlüchtlingsProt vorweggenommen. Nach § 3 Abs. 1 AsylG fallen in Deutschland zB auch Flüchtlinge auf Grund der Ereignisse im Iran, in Afghanistan, in Ruanda-Burundi, in China (Tibet), Sudan usw unter Art. 12 FlüchtlAbk.

Als **„Herkunftsland"** ist grundsätzlich das Land anzusehen, dessen Staatsangehörigkeit die betref- **37** fende Person besitzt und dessen Schutz sie nicht in Anspruch nehmen kann oder wegen dieser Furcht nicht in Anspruch nehmen will (Art. 1 A Nr. 2 FlüchtlAbk iVm § 3 Abs. 1 Nr. 2 lit. a AsylG).[41] Bei einer **staatenlosen** Person ist das Land maßgeblich, in dem sie ihren vorherigen gewöhnlichen Aufenthalt hatte und in das sie nicht zurückkehren kann oder wegen dieser Furcht nicht zurückkehren will (Art. 1 A Nr. 2 FlüchtlAbk iVm § 3 Abs. 1 Nr. 2 lit. b AsylG); der Begriff der Staatenlosigkeit ist hier ebenso zu verstehen wie nach dem StaatenlosenÜbk (→ Anh. I Art. 5 Rn. 2). Bei **Mehrstaatern** kann das Land einer jeden Staatsangehörigkeit Herkunftsland sein (Art. 1 A Nr. 2 S. 1 Flüchtl-Abk, Art. 2 lit. n RL 2011/95/EU). Verzichtet ein Doppelstaater aber ohne stichhaltigen Grund auf den diplomatischen Schutz, den ihm zumindest eines seiner Heimatländer gewähren kann, scheidet die Zuerkennung der Flüchtlingseigenschaft aus (Art. 1 A Abs. 2 S. 2 FlüchtlAbk).[42] Mit der Neufassung des § 3 AsylG im Jahre 2013 ist der Wortlaut der Vorschrift bewusst der in Art. 1 A Nr. 2 FlüchtlAbk und in Art. 2 lit. d RL 2011/95/EU enthaltenen Flüchtlingsdefinition angeglichen worden, um eine möglichst einheitliche Entscheidungspraxis innerhalb der Mitgliedstaaten der EU zu gewährleisten.[43]

Wie sich aus der Wendung **„außerhalb des Landes befindet"** in Art. 1 A Nr. 2 FlüchtlAbk **38** bzw. § 3 Abs. 1 Nr. 2 AsylG ergibt, ist unter einer Flucht nicht nur das Verlassen des Herkunftslandes als Reaktion auf eine Verfolgung zu verstehen. Vielmehr sind als Flüchtlinge auch solche Personen anzusehen, die zwar **unter normalen Verhältnissen ausgereist** sind, nun aber an einer sicheren Rückkehr gehindert sind oder mit begründeter Furcht vor Verfolgungen zurückreisen könnten und dies deshalb nicht wollen („Sur-place-Flüchtlinge").[44]

Zwar stellt die in Art. 1 A Nr. 2 FlüchtlAbk enthaltene Legaldefinition noch auf Ereignisse ab, **39** die **vor dem 1.1.1951** eingetreten sind. Diese zeitliche Schranke hat aber bereits Art. I Abs. 2 FlüchtlingsProt vom 31.1.1967 beseitigt. Es handelte sich hierbei aus deutscher Sicht nur um eine klarstellende Regelung, da die Rechtsprechung schon vorher anlässlich der ungarischen Volkserhebung von 1956 den Stichtag des 1.1.1951 als unrealistisch und dem Gang der Zeitgeschichte nicht entsprechend im Wege richterlicher Rechtsfortbildung für überholt erklärt hatte.[45] Infolge des FlüchtlingsProt steht jedenfalls außer Zweifel, dass nach Nr. 2 auch gegenwärtige und künftige Ereignisse die Flüchtlingseigenschaft iS des FlüchtlAbk begründen können; dem entspricht auch die heutige Fassung des § 3 Abs. 1 AsylG.

Das FlüchtlAbk ist nach Art. 1 F FlüchtlAbk iVm § 3 Abs. 2 AsylG nicht auf Personen anwendbar, **40** bei denen der schwerwiegende Verdacht besteht, dass sie **Kriegsverbrechen, Verbrechen gegen die Menschlichkeit** oÄ begangen haben.[46] Zu den entsprechenden Ausschlussgründen im StaatenlosenÜbk → Anh. I Art. 5 Rn. 2. Für die Konkretisierung kann auf die Bestimmungen im Statut des Internationalen Strafgerichtshofs (BGBl. 2000 II S. 1394) zurückgegriffen werden.[47] Die Aus-

---

[38] BVerwG NJW 1962, 2267; LG Hamburg NJW 1970, 2168.

[39] Zur Problematik dieser Einschränkung näher *Hailbronner* Asyl- und AusländerR Rn. 1230.

[40] *Hailbronner* Asyl- und AusländerR Rn. 1230.

[41] Verkannt von LG Hamburg IPRspr. 1977 Nr. 130 (auf das FlüchtlAbk sei nicht einzugehen, weil eine aus der Volksrepublik China nach Hongkong gekommene Person weder de jure noch de facto staatenlos sei).

[42] Näher Staudinger/*Bausback* (2013) Anh. IV Art. 5 Rn. 58.

[43] BT-Drs. 17/13063, 19.

[44] OLG Bamberg FamRZ 1982, 505; OLG Hamm IPRax 1992, 390 = NJW-RR 1993, 266; zu dieser Fallgruppe näher *Hailbronner* Asyl- und AusländerR Rn. 1227.

[45] Statt aller Palandt/*Thorn* Anh. Art. 5 Rn. 17; BayObLGZ 1963, 52 verfuhr in gleicher Weise gegenüber einem Jugoslawen.

[46] Hierzu eingehend *McKeever* Int. Comp. L. Q. 64 (2015) 405 ff.

[47] BVerwG NVwZ 2010, 979.

schlusstatbestände des Art. 1 F haben insbesondere im Falle einer Verwicklung des Betroffenen in Akte des internationalen **Terrorismus** große praktische Bedeutung.[48] Der Ausschluss von der Zuerkennung der Flüchtlingseigenschaft setzt weder voraus, dass von dem Betroffenen eine gegenwärtige Gefahr für den Zufluchtsstaat ausgeht, noch, dass eine auf den Einzelfall bezogene Verhältnismäßigkeitsprüfung vorzunehmen ist.[49]

41   Ferner ist auf Flüchtlinge, die unter Art. 1 D FlüchtlAbk bzw. § 3 Abs. 3 AsylG fallen, Art. 12 FlüchtlAbk nicht anzuwenden. Art. 1 D FlüchtlAbk geht auf einen Antrag Ägyptens, Libyens und Saudi-Arabiens zurück, der darauf abzielte, dass das Problem der im Nahen Osten lebenden **Palästina-Flüchtlinge** unmittelbar in der Kompetenz der Vereinten Nationen bleiben müsse.[50] Art. 12 FlüchtlAbk wird anwendbar, sobald die Betreuung durch die zuständige UN-Organisation (UNRWA) entfällt; zur Lage der Palästinenser auch → Anh. I Art. 5 Rn. 2 hinsichtlich des StaatenlosenÜbk. Art. 1 D FlüchtlAbk war ferner bedeutsam für die Koreaflüchtlinge, die im Gefolge des Koreakrieges von 1950 von einer UN-Organisation betreut wurden, ist aber insoweit heute gegenstandslos.

42   Im Übrigen hängt die Zuerkennung der Flüchtlingseigenschaft vom Vorhandensein bestimmter **positiver** Tatbestandsmerkmale und dem gleichzeitigen Fehlen gewisser **negativer** Tatbestandsmerkmale ab. Als positive Tatbestandsmerkmale sind die Handlungen bestimmter Akteure zu nennen, die eine Verfolgung aus den im FlüchtlAbk genannten Gründen darstellen (→ Rn. 43 ff.). Als negative Tatbestandsmerkmale sind das Vorhandensein von Akteuren, die Schutz vor Verfolgung bieten können, sowie die Möglichkeit sonstigen internen Schutzes innerhalb des Herkunftslandes zu prüfen (→ Rn. 48 f.). Diese „Elemente der Flüchtlingsdefinition" werden seit 2013 in den neu eingefügten §§ 3a–3e AsylG näher spezifiziert.[51] Diese Vorschriften enthalten „Auslegungsbestimmungen" für die Anwendung des Flüchtlingsbegriffs des FlüchtlAbk.[52] Sie setzen zugleich die Art. 6–10 RL 2011/95/EU in deutsches Recht um. Die inhaltlich weitgehend entsprechenden Vorläuferbestimmungen aus der älteren RL 2004/83/EG waren zuvor über einen Verweis im bisherigen § 60 Abs. 1 **AufenthG** in das deutsche Recht inkorporiert. Im Hinblick auf eine bessere Lesbarkeit wurden sie im Zuge der Umsetzung der RL 2011/95/EU in das AsylG selbst aufgenommen.[53] Hierbei hat sich der Gesetzgeber eng an den Wortlaut der einzelnen Richtlinienbestimmungen gehalten, um eine einheitliche Entscheidungspraxis innerhalb der Mitgliedstaaten zu gewährleisten.[54]

43   **(2) Akteure, von denen Verfolgung ausgehen kann.** Eine „Verfolgung" iS von Art. 1 A Nr. 2 FlüchtlAbk muss auf **menschliches Handeln** zurückzuführen sein. Dies stellt § 3c AsylG, mit dem Art. 6 RL 2011/95/EU in deutsches Recht umgesetzt worden ist, klar. Deshalb begründet ein Verlassen des Herkunftsstaates, um Naturkatastrophen, wirtschaftlichen Notlagen oder einer Hungersnot zu entgehen, keine Flüchtlingseigenschaft[55] (zum subsidiären Schutzstatus → Rn. 74). Die Verfolgung kann nach § 3c Nr. 1 AsylG vom Herkunftsstaat selbst oder gemäß § 3c Nr. 2 AsylG von Parteien oder Organisationen ausgehen, die diesen Staat oder einen wesentlichen Teil seines Staatsgebiets beherrschen. Die Verfolgung muss aber nicht notwendigerweise unmittelbar auf die Staatsgewalt zurückzuführen sein. Eine Verfolgung durch die in § 3c Nr. 3 AsylG genannten **nichtstaatlichen Akteure** – zB „schwarze Schwadrone", Milizen oder Untergrundorganisationen – genügt, sofern die Staatsgewalt iS der Nummern 1 und 2 des § 3c AsylG – einschließlich internationaler Organisationen – außerstande ist, diese irregulären Kräfte zu kontrollieren, oder die von ihnen ausgehenden Verfolgungsmaßnahmen gar deckt. Im Einzelnen ist eine genaue Abwägung der Gesamtumstände erforderlich. So wird man eine Flucht wegen einzelner gewalttätiger Aktionen von Terrorgruppen so lange nicht ausreichen lassen können, als die legale Staatsgewalt sie insgesamt noch mit Erfolg bekämpft; anders liegt es dagegen, wenn solche Gruppen gezielte „ethnische Säuberung" im stillen Einvernehmen mit den Staatsorganen betreiben. Die bisher in § 60 Abs. 1 S. 4 lit. c AufenthG enthaltene Klarstellung, dass es bei nichtstaatlicher Verfolgung nicht auf das Vorhandensein einer staatlichen Herrschaftsmacht ankommt, ist aus Gründen der Rechtssicherheit in die Neufassung des § 3c AsylG übernommen worden.[56]

---

[48] EuGH NVwZ 2017, 457 – Commissaire général aux réfugiés et aux apatrides/Mostafa Lounani; näher *Berlit* NVwZ 2012, 193 (194 ff.).

[49] EuGH NVwZ 2011, 285 – Bundesrepublik Deutschland/B und D.

[50] *Kimminich,* Der internationale Rechtsstatus des Flüchtlings, 1962, 291 f.; Erman/*Hohloch* Art. 5 Rn. 79.

[51] Vgl. BT-Drs. 17/13063, 19.

[52] BT-Drs. 17/13063, 19.

[53] BT-Drs. 17/13063, 19.

[54] BT-Drs. 17/13063, 19.

[55] AllgM, s. nur Staudinger/*Bausback* (2013) Anh. IV Art. 5 Rn. 63; *Mankowski* IPRax 2017, 40 (46).

[56] BT-Drs. 17/13063, 20.

(3) Verfolgungshandlungen. Die Art und Qualität der Handlungen, die als „Verfolgung" iS **44** des FlüchtlAbk gelten, wird in § 3a AsylG umschrieben, mit dem Art. 9 RL 2011/95/EU in deutsches Recht umgesetzt worden ist. Grundsätzlich müssen derartige Handlungen auf Grund ihrer Art oder durch ihre Wiederholung so gravierend sein, dass sie eine **schwerwiegende Verletzung der grundlegenden Menschenrechte** darstellen, insbesondere der Rechte, von denen nach Art. 15 Abs. 2 EMRK auch im Notstandsfall nicht abgewichen werden darf (§ 3a Abs. 1 Nr. 1 AsylG). Diese Rechte umfassen das Recht auf Leben, in das nur durch rechtmäßige Kriegshandlungen eingegriffen werden darf, das Folterverbot, das Verbot der Sklaverei und den Grundsatz „nulla poena sine lege". Das Recht auf Achtung des Privat- und Familienlebens (Art. 8 EMRK), einschließlich der sexuellen Ausrichtung, gehört hingegen nicht dazu.[57] Der bloße Umstand, dass homosexuelle Handlungen im Herkunftsland unter Strafe gestellt sind, begründet daher keine Verfolgung iS des FlüchtlAbk.[58] Die Verfolgungshandlungen können auch in einer Kumulierung unterschiedlicher Maßnahmen bestehen, die so gravierend ist, dass eine Person davon in ähnlicher wie der in Abs. 1 Nr. 1 beschriebenen Weise betroffen ist (§ 3a Abs. 1 Nr. 2 AsylG). Hiermit sind Unklarheiten, die in Bezug auf die bisherige deutsche Rechtsprechung bestanden,[59] beseitigt worden.[60]

§ 3a Abs. 2 AsylG nennt als Regelbeispiele für Verfolgungshandlungen iS des FlüchtlAbk die **45** Anwendung physischer oder psychischer Gewalt einschließlich sexueller Gewalt (Nr. 1), gesetzliche, administrative, polizeiliche oder justizielle Maßnahmen, die als solche diskriminierend sind oder in diskriminierender Weise angewandt werden (Nr. 2),[61] unverhältnismäßige oder diskriminierende Strafverfolgung oder Bestrafung (Nr. 3), die Verweigerung gerichtlichen Rechtsschutzes mit dem Ergebnis einer unverhältnismäßigen oder diskriminierenden Bestrafung (Nr. 4), die Strafverfolgung wegen Wehrdienstverweigerung, wenn dieser Dienst mit Kriegsverbrechen oder Verbrechen gegen die Menschlichkeit verbunden wäre (Nr. 5), schließlich Handlungen, die an die Geschlechtszugehörigkeit anknüpfen oder gegen Kinder gerichtet sind (Nr. 6). Wie diese Regelbeispiele in den Nr. 1 sowie 3–5 zeigen, wird grundsätzlich vorausgesetzt, dass sich die Verfolgungsmaßnahmen gegen Leib, Leben oder Freiheit der Betroffenen richten. Diskriminierende Maßnahmen iS der Nr. 2 und 3 können aber bei einem hinreichenden Schweregrad auch in einer tatsächlichen Bestrafung wegen Homosexualität liegen[62] oder die materielle Existenzgrundlage angreifen.[63] Stets ist erforderlich, dass zwischen den Verfolgungshandlungen iS des § 3a Abs. 1 und 2 AsylG und den Verfolgungsgründen iS des § 3b AsylG eine Verknüpfung besteht (§ 3a Abs. 3 AsylG). Dies ergibt sich freilich bereits aus dem Wortlaut des Art. 1 A Nr. 2 FlüchtlAbk, der nur eine Verfolgung „wegen" der dort genannten Gründe erfasst.

(4) Verfolgungsgründe. Als Verfolgungsgründe kommen nur solche „Ereignisse"[64] in Betracht, **46** die **Grund zur Furcht vor Verfolgung** aus einem der in Art. 1 A Nr. 2 FlüchtlAbk aufgeführten Motive geben, dh wenn sich die Verfolgung auf Gründe der „Rasse", Religion, Nationalität, Zugehörigkeit zu einer bestimmten sozialen Gruppe oder auf die politische Überzeugung der Betroffenen stützt. Näheres regelt § 3b AsylG, mit dem im Wesentlichen Art. 10 RL 2011/95/EU in deutsches Recht umgesetzt worden ist. § 3b Abs. 1 Nr. 1 AsylG konkretisiert den problematischen Begriff der **„Rasse"** im Hinblick auf ethnische Merkmale wie zB die Hautfarbe oder die Herkunft. Der Begriff der **Religion** wird in § 3b Abs. 1 Nr. 2 AsylG näher umschrieben; klargestellt wird insbesondere, dass auch die Verfolgung wegen einer atheistischen Überzeugung die Flüchtlingseigenschaft begründen kann. Ob es dem Schutzzweck der Norm entspricht, zwischen einer religiösen Betätigung im öffentlichen und im privaten Bereich zu unterscheiden, ist fraglich.[65] Unter **„Nationalität"** iS des FlüchtlAbk fällt nicht nur die Staatsangehörigkeit im engeren Sinne, sondern unter anderem auch die Zugehörigkeit zu einer Gruppe, die durch ihre kulturelle, ethnische oder sprachliche Identität bestimmt wird. Großzügiger als die EU-Richtlinie ist das deutsche Recht im Hinblick auf die geschlechtsspezifische Verfolgung. Art. 10 Abs. 1 lit. d RL 2011/95/EU sieht vor, dass geschlechtsbezogene Aspekte, einschließlich der **geschlechtlichen Identität,** bei der Bestimmung einer sozialen

---

[57] EuGH NVwZ 2014, 132 Rn. 54 – Minister voor Immigratie en Asiel/X, Y, Z.
[58] EuGH NVwZ 2014, 132 Rn. 55 – Minister voor Immigratie en Asiel/X, Y, Z.
[59] BVerwG InfAuslR 1983, 257 = BeckRS 1983, 31254425; BVerwGE 82, 171 (173) = NVwZ 1990, 267 (268).
[60] Näher *Hailbronner* Asyl- und AusländerR Rn. 1239.
[61] Wozu auch die willkürliche Ausbürgerung gehören kann, ausführlich *Lambert* Int. Comp. L. Q. 64 (2015), 1 ff.
[62] EuGH NVwZ 2014, 132 Rn. 56 – Minister voor Immigratie en Asiel/X, Y, Z.
[63] Im Ergebnis auch Palandt/*Thorn* Anh. Art. 5 Rn. 18; Staudinger/*Bausback* (2013) Anh. IV Art. 5 Rn. 63.
[64] Zu diesem Begriff *Kimminich,* FS Menzel, 1975, 307 (311 ff.).
[65] S. jüngst VG Köln BeckRS 2014, 46823 mwN zum Streitstand; ausf. auch *Hailbronner* Asyl- und AusländerR Rn. 1268 f.

Gruppe lediglich angemessen zu berücksichtigen sind. Da diese Regelung für Antragsteller weniger günstig war als die Regelung in § 60 Abs. 1 S. 3 AufenthG aF, wurde sie vom deutschen Gesetzgeber bewusst nicht übernommen.[66] Stattdessen wurde der Anwendungsbereich der bisherigen Regelung in § 3b Nr. 4 AsylG auf das Merkmal der geschlechtlichen Identität ausgedehnt. Die bloße Strafbarkeit homosexueller Handlungen als solche begründet aber keine Flüchtlingseigenschaft (→ Rn. 44). Denkbare Fallgruppen betreffen die Zwangsverheiratung oder die Genitalverstümmelung von Frauen.[67] Jedoch kann eine Verfolgung wegen sexueller Handlungen, die auch nach deutschem Recht als strafbar gelten (zB Kindesmissbrauch), nicht zur Qualifikation einer Person als Flüchtling führen (§ 3b Abs. 1 Nr. 4 AsylG). Es handelt sich hierbei um eine hypothetische Prüfung; ob das materielle deutsche Strafrecht nach den Regeln des Internationalen Strafrechts (§§ 3 ff. StGB) auf das die Verfolgung auslösende Verhalten tatsächlich Anwendung findet, ist ohne Belang.[68] Die Verfolgung wegen einer **politischen Überzeugung** setzt schließlich nicht voraus, dass der Betroffene aufgrund seiner politischen Einstellung eine entsprechende oppositionelle Aktivität entfaltet hat (§ 3b Abs. 1 Nr. 5 AsylG).

47   Art. 1 A Nr. 2 FlüchtlAbk trägt die Bejahung einer Flüchtlingseigenschaft nur, wenn eine „**begründet[e] Furcht**" vor einer Verfolgung vorliegt. Es genügt also weder eine bloße Unzufriedenheit mit den Entwicklungen im Herkunftsland noch ein rein subjektives, irrationales Furchtempfinden. Erforderlich ist vielmehr eine substantiierte Verfolgungsprognose aus der Sicht eines verständigen Betrachters.[69] Unerheblich ist es jedoch, ob die betroffene Person tatsächlich die Merkmale der „Rasse" oder die religiösen, nationalen, sozialen oder politischen Merkmale aufweist, die zu ihrer Verfolgung führen, sofern ihr diese Merkmale von ihren Verfolgern zugeschrieben werden (§ 3b Abs. 2 AsylG).

48   **(5) Interner Schutz.** Die Zuerkennung der Flüchtlingseigenschaft scheidet aus, wenn innerhalb des Herkunftslandes eine sichere **Alternative zur Flucht** besteht, dh wenn der betroffenen Person dort interner Schutz gewährt wird. Die Einzelheiten regelt § 3e AsylG, mit dem Art. 8 RL 2011/95/EU umgesetzt worden ist. Für die Beurteilung, ob eine Region im Herkunftsland internen Schutz bieten kann, kommt es darauf an, dass der Betroffene in dem fraglichen Gebiet keine Verfolgung zu befürchten hat oder zumindest Schutz vor Verfolgung durch die in § 3d AsylG genannten Stellen (→ Rn. 49) finden kann (§ 3e Abs. 1 Nr. 1 AsylG). Daneben muss das Zufluchtsgebiet für den Betroffenen auch erreichbar sein. Hierfür legt die Neufassung der Qualifikationsrichtlinie eine Reihe von Kriterien fest. Das Zufluchtsgebiet muss für den Antragsteller sicher und legal erreichbar sei, er muss dort aufgenommen werden und von ihm muss vernünftigerweise erwartet werden können, dass er sich dort niederlässt (§ 3e Abs. 1 Nr. 2 AsylG). Wann diese Erwartungshaltung gerechtfertigt ist – insbesondere wenn der Betroffene am sicheren Ort keinerlei wirtschaftliche Existenzgrundlage hat –, ist noch nicht abschließend geklärt.[70] Im Gegensatz zu Art. 8 der Qualifikationsrichtlinie aF kann nach dem Wortlaut des Art. 8 RL 2011/95/EU nicht mehr davon ausgegangen werden, dass das Vorliegen praktischer, in der Regel vorübergehender Rückkehrhindernisse, wie etwa unterbrochene Verkehrsverbindungen in das Zufluchtsgebiet, für die Annahme einer internen Schutzmöglichkeit unschädlich ist.[71] Art. 8 Abs. 3 RL 2004/83/EG, der eine solche Regelung enthielt, wurde nämlich aufgehoben. Nach § 3e AsylG ist folglich interner Schutz nur dann gegeben, wenn im Zeitpunkt der Entscheidung auch eine tatsächliche Möglichkeit besteht, in das in Betracht kommende Zufluchtsgebiet zu reisen.[72]

49   **(6) Akteure, die Schutz bieten können.** Die Akteure, die Schutz vor einer Verfolgung bieten können, werden in § 3d AsylG definiert, mit dem Art. 7 RL 2011/95/EU in deutsches Recht umgesetzt wird. Im Gegensatz zur Verfolgerseite (→ Rn. 43) kann ein für die Versagung der Flüchtlingseigenschaft relevanter Schutz nur vom Staat selbst oder Einrichtungen wie Parteien und internationalen Organisationen ausgehen (§ 3d Abs. 1 AsylG), nicht aber durch nichtstaatliche Akteure wie etwa private Söldner ausgeübt werden.

50   **(7) Wahrung der Familieneinheit.** Auf das nach Art. 12 Abs. 1 FlüchtlAbk bestimmte Personalstaut kommt es auch an, wenn ein Rechtsverhältnis in Bezug auf eine Person zu beurteilen ist, der

---

[66] BT-Drs. 17/13063, 19.
[67] Näher *Hailbronner* Asyl- und AusländerR Rn. 1270 ff.
[68] BT-Drs. 17/13063, 20.
[69] IE str., s. *Berlit* NVwZ 2012, 193 (196) mwN zur verwaltungsgerichtlichen Rspr.; *Hailbronner* Asyl- und AusländerR Rn. 1228, 1242.
[70] Näher *Hailbronner* Asyl- und AusländerR Rn. 1279 f.
[71] BT-Drs. 17/13063, 20.
[72] BT-Drs. 17/13063, 20.

zwar selbst keine Flüchtlingseigenschaft zukommt, dieses Rechtsverhältnis aber an das Personalstatut einer anderen Person angeknüpft wird, die wiederum Flüchtling iS des FlüchtlAbk ist, so zB bei einer Adoption durch einen Flüchtling nach Art. 22 Abs. 1 S. 1 EGBGB.[73]

Umstritten ist jedoch die Frage des sog **abgeleiteten Flüchtlingsstatus.** Nach herkömmlicher   **51** und wohl überwiegender Auffassung teilen die Ehefrau und Abkömmlinge eines Flüchtlings dessen Flüchtlingseigenschaft und folglich auch das nach Art. 12 FlüchtlAbk anzuknüpfende Personalstatut, wenn sie nicht bereits aus in ihrer eigenen Person liegenden Gründen selbst Flüchtlinge sind („personae coniunctae").[74] Zwar ist unstreitig, dass sich aus dem FlüchtlAbk selbst – im Gegensatz zu Art. 116 Abs. 1 GG (→ Rn. 13 f.) und zum AHKG 23 iVm HeimatlAuslG[75] – nicht unmittelbar ein derivativer Erwerb der Flüchtlingseigenschaft entnehmen lässt.[76] Für die Einbeziehung naher Angehöriger wird aber das „Wesen des Flüchtlingsrechts" angeführt, aus dem sich ergebe, dass aus dem Flüchtlingsstatus des Stammberechtigten abgeleitete Rechtsfolgen auch für dessen minderjährige Kinder gelten müssten.[77] Auch das Handbuch des UNHCR betont den Grundsatz der Familieneinheit bei der Zuerkennung der Flüchtlingseigenschaft.[78] Zwar wurde dieser Grundsatz nicht ausdrücklich in die Flüchtlingsdefinition des FlüchtlAbk aufgenommen.[79] Es findet sich jedoch in der Schlussakte der Konferenz eine Empfehlung zur Wahrung der Familieneinheit, die in den meisten Staaten befolgt wird.[80] Das UNHCR zieht daraus die folgenden Schlüsse:

„184. Wenn ein Familienvorstand die in der Definition [Art. 1 A FlüchtlAbk] genannten Kriterien erfüllt,   **52** *wird seinen Angehörigen normalerweise die Rechtsstellung als Flüchtling nach dem Grundsatz der Einheit der Familie gewährt. Selbstverständlich sollte einem Angehörigen die formale Rechtsstellung als Flüchtling nicht zuerkannt werden, wenn diese mit seinem persönlichen Rechtsstatus unvereinbar wäre; der Angehörige einer Flüchtlingsfamilie kann unter Umständen nämlich die Staatsangehörigkeit des Landes besitzen, in dem er Asyl gefunden hat, oder auch die eines anderen Landes und den Schutz dieses Landes genießen. Unter solchen Umständen gäbe es keine Notwendigkeit, ihm den Flüchtlingsstatus zu gewähren.*

185. Bei der Frage, welche Familienmitglieder in den Genuss des Grundsatzes der Einheit der Familie kommen sollen, ist die Mindestforderung die, dass der Ehegatte und die minderjährigen Kinder davon erfasst werden. In der Praxis werden normalerweise auch andere Personen berücksichtigt, wenn sie im selben Haushalt leben, zB die alten Eltern eines Flüchtlings. Wenn andererseits der Familienvorstand kein Flüchtling ist, kann nichts einen seiner Angehörigen daran hindern, selbst die Anerkennung als Flüchtling zu ersuchen, wenn er gemäß dem Abkommen von 1951 oder dem Protokoll von 1967 eigene Gründe für dieses Begehren hat. Der Grundsatz der Einheit der Familie ist immer zugunsten der Angehörigen, nie zu ihrem Nachteil, auszulegen.

186. Der Grundsatz der Einheit der Familie gilt nicht nur, wenn alle Familienmitglieder zur selben Zeit Flüchtlinge wurden, er gilt auch, wenn die Einheit der Familie vorübergehend durch die Flucht einer oder mehrerer ihrer Mitglieder aufgehoben war.

187. Wird die Einheit der Familie eines Flüchtlings durch Scheidung, Trennung oder Tod zerstört, so behalten Angehörige, die ihre Flüchtlingseigenschaft aufgrund des Prinzips der Familieneinheit erhalten haben, den Flüchtlingsstatus bei, es sei denn, dass in einem Falle ohne Beendigungsklausel Anwendung findet; oder, wenn diese Angehörigen keine anderen Gründe vorbringen können, um ihre Flüchtlingseigenschaft beizubehalten, außer Gründe rein persönlicher Art; oder, wenn sie selbst nicht mehr ihren Flüchtlingsstatus beibehalten wollen.

188. Fällt der Angehörige eines Flüchtlings unter eine der Ausschlussklauseln [Art. 1 D, F FlüchtlAbk], so sollte ihm die Flüchtlingseigenschaft versagt werden."

Nach einer vordringenden Gegenansicht soll hingegen die Rechtsfigur des abgeleiteten Flücht-   **53** lingsstatus generell abzulehnen sein.[81] Der Begriff eines abgeleiteten Flüchtlingsstatus, so die Kritik, beruhe auf der noch das EGBGB idF von 1900 prägenden Vorstellung, dass der Ehemann und Vater

---

[73] Soergel/*Kegel* Anh. Art. 5 Rn. 66.

[74] BayObLGZ 1974, 95 (100); BayObLG NJW 1975, 2146; BayObLGZ 1999, 27; AG Berlin-Schöneberg StAZ 1996, 209; Erman/*Hohloch* Art. 5 Rn. 83; *Hohloch* JuS 2000, 296 (297); *Kegel/Schurig* IPR § 13 II 7b; *Mankowski* IPRax 2017, 40 (47 f.); Palandt/*Thorn* Anh. Art. 5 Rn. 21; *Raape/Sturm* IPR S. 150; Staudinger/*Bausback* (2013) Anh. IV Art. 5 Rn. 59.

[75] Hierzu BayObLGZ 1983, 1 (3 f.); *Kegel/Schurig* IPR § 13 II 7b; Staudinger/*Bausback* (2013) Anh. IV Art. 5 Rn. 38.

[76] BayObLGZ 1999, 27 (30).

[77] BayObLGZ 1999, 27 (30).

[78] UNHCR-Handbuch Rn. 181 ff.

[79] UNHCR-Handbuch Rn. 183.

[80] UNHCR-Handbuch Rn. 182 f., dort auch auszugsweise abgedruckt.

[81] OLG Düsseldorf NJW-RR 1989, 1033 = StAZ 1989, 281; AG Rottweil BeckRS 2003, 01389; 5. Aufl. 2010, Rn. 71 (*Sonnenberger*); Bamberger/Roth/*Lorenz* Art. 5 Rn. 25; *Lass,* Der Flüchtling im deutschen Internationalen Privatrecht, 1995, 48 ff.; NK-BGB/*Schulze* Anh. II Art. 5 Rn. 22; außer für minderjährige Kinder ablehnend bereits *Jayme* IPRax 1981, 73 (74 f.).

als Familienoberhaupt der Ehefrau und den Kindern die Staatsangehörigkeit vermittele und die Ersetzung dieses Anknüpfungsmoments für seine Person auch auf die von ihm abhängigen Angehörigen durchschlagen müsse; diese Auffassung sei aber heute überholt.[82] Die Verdrängung der Staatsangehörigkeitsanknüpfung durch den gewöhnlichen Aufenthalt nach Art. 12 Abs. 1 FlüchtlAbk sei deshalb nur für den aus seinem Herkunftsland geflohenen Stammberechtigten, nicht aber für dessen Angehörige kollisionsrechtlich angemessen, sofern diesen nicht selbst die Flüchtlingseigenschaft nach Art. 1 A FlüchtlAbk zuerkannt werden müsse.[83] Als Beispiel wird die Heirat eines in Deutschland lebenden Flüchtlings mit einer Italienerin genannt, die anschließend bei einem Unfall vor dem 17.8.2015 versterbe; in diesem Fall müsse sich die Erbfolge gemäß Art. 25 Abs. 1 EGBGB aF nach dem italienischen Heimatrecht der Ehefrau, nicht nach dem deutschen Personalstatut des Flüchtlings richten.[84]

54   Die praktische Bedeutung dieses Streits darf nicht überschätzt werden, denn „Familienangehörige sind aufgrund der alleinigen Tatsache, dass sie mit dem Flüchtling verwandt sind, in der Regel gefährdet, in einer Art und Weise verfolgt zu werden, dass ein Grund für die Zuerkennung des Flüchtlingsstatus gegeben sein kann".[85] Auch eine vom Stammberechtigten formal abgelöste Prüfung der Flüchtlingseigenschaft seiner nahen Angehörigen wird daher im Ergebnis meist zu deren Bejahung führen.[86] Die Begründung fällt im Rahmen einer eigenständigen Prüfung jedoch nicht immer leicht: Beschränkt sich beispielsweise eine Diktatur darauf, oppositionelle Politiker durch gezielte Tötungen zu liquidieren, wobei sie deren Frauen und Kinder aber verschont, ist es eher gekünstelt, hieraus für die Angehörigen einen *eigenständigen* Verfolgungstatbestand zu konstruieren, wenn man nicht doch entscheidend auf die Verwandtschaft zum politisch Verfolgten abstellt. Das Konstrukt eines abgeleiteten Flüchtlingsstatus beruht deshalb weniger auf – in der Tat überholten – Vorstellungen vom „Vater als Familienoberhaupt" als vielmehr auf dem Gedanken, das Verfahren der Zuerkennung der Flüchtlingseigenschaft angesichts der typischerweise auch für enge Angehörige bestehenden Gefahrenlage zu beschleunigen und zu vereinfachen. Ferner ist die Erstreckung des Anwendungsbereichs des Art. 12 FlüchtlAbk auf Asylberechtigte durch § 2 Abs. 1 AsylG zu berücksichtigen. Nach § 26 AsylG haben Familienangehörige eines Asylberechtigten die gleichen Rechte wie der Stammberechtigte selbst; auf den Tatbestand einer *eigenen* Verfolgung der Familienangehörigen kommt es insoweit explizit nicht an.[87] Werden Familienangehörige aber aufgrund des § 26 AsylG als asylberechtigt anerkannt, greift die in § 2 Abs. 1 AsylG ausgesprochene Rechtsfolgenverweisung auf Art. 12 FlüchtlAbk auch für diese Personengruppe ein (→ Rn. 77 f.); in diesem Fall kommt es daher kraft Gesetzes im Ergebnis zu einem „abgeleiteten" Flüchtlingsstatus.

55   Relevant ist der Streit um den abgeleiteten Flüchtlingsstatus also nur in denjenigen Fällen, in denen ein Asylantrag von Seiten eines in § 26 AsylG genannten Familienangehörigen noch nicht gestellt worden bzw. über diesen (bzw. die Zuerkennung der Flüchtlingseigenschaft, § 26 Abs. 5 AsylG) noch nicht entschieden oder dieser zurückgewiesen worden ist. Hierbei ist zu berücksichtigen, dass nach § 14a AsylG mit der Asylantragstellung durch den Stammberechtigten ein Asylantrag auch für die dort genannten Kinder des Ausländers als gestellt gilt. Lehnt man dessen ungeachtet bis zur Zuerkennung des Familienasyls einen abgeleiteten Flüchtlingsstatus der Angehörigen nach dem FlüchtlAbk ab, muss man daher in Kauf nehmen, dass mit der positiven Entscheidung über den Asylantrag zB eines Kindes ggf. ein Statutenwechsel (von der Staatsangehörigkeit zum gewöhnlichen Aufenthalt) stattfindet. Angesichts des Umstands, „dass bei Familienangehörigen häufig eine vergleichbare Bedrohungslage wie bei dem Stammberechtigten vorliegen wird",[88] ist zweifelhaft, ob diese Komplikation sachlich zu rechtfertigen ist. Es empfiehlt sich vielmehr eine differenzierende Lösung, die sich an den oben (→ Rn. 52) wiedergegebenen Empfehlungen des UNHCR orientiert. Grundsätzlich rechtfertigen den im Flüchtlings- und Asylrecht anerkannte Grundsatz der Familieneinheit und der Gedanke der Verfahrensvereinfachung (beschleunigte Prüfung des Status, Vermeidung eines Statutenwechsels bei Anerkennung als Asylberechtigter oder Zuerkennung der Flüchtlingseigenschaft) bei engen Angehörigen (minderjährige Kinder, Ehegatten, Lebenspartner) angesichts der für diese typischerweise gegebenen Gefahrenlage in der Regel die Annahme eines abgeleiteten

---

[82] 5. Aufl. 2010, Rn. 71 (*Sonnenberger*).
[83] OLG Düsseldorf NJW-RR 1989, 1033 = StAZ 1989, 281.
[84] *Jayme* IPRax 1981, 73 (75). Die Frage behält auch nach dem Inkrafttreten der EuErbVO zumindest im Hinblick auf die Rechtswahlmöglichkeit (Art. 22 EuErbVO) ihre praktische Bedeutung.
[85] Erwägungsgrund 36 der RL 2011/95/EU.
[86] Zur sog „indirekten Verfolgung" näher *Lass*, Der Flüchtling im deutschen Internationalen Privatrecht, 1995, 51; vgl. auch Bamberger/Roth/*Lorenz* Art. 5 Rn. 25.
[87] S. auch *Hailbronner* Asyl- und AusländerR Rn. 1291.
[88] BT-Drs. 17/13063, 21.

Flüchtlingsstatus.[89] Dies ist allerdings nicht der Fall, wenn es sich bei dem Angehörigen um einen Doppelstaater handelt und seine effektive Staatsangehörigkeit nicht mit derjenigen des Stammberechtigten übereinstimmt.[90] Ebenso muss der derivative Erwerb des Flüchtlingsstatus ausscheiden, wenn der Angehörige die deutsche Staatsangehörigkeit oder auch die eines anderen Landes besitzt und den Schutz dieses Landes genießt.[91] Auch Art. 23 RL 2011/95/EU, der die Wahrung des Familienverbands betrifft, sieht ausdrücklich in Abs. 2 eine Ausnahme vor, wenn die Ausdehnung des internationalen Schutzes vom Stammberechtigten auf seine Angehörigen nicht „mit der persönlichen Rechtsstellung des Familienangehörigen vereinbar ist". Ferner kann es nicht zur Ableitung des Flüchtlingsstatus kommen, wenn der Angehörige nicht mit dem Stammberechtigten in der Bundesrepublik lebt.[92] Stets ist Voraussetzung, dass das familiäre Verhältnis bereits vor Einsetzen der Verfolgung bestanden hat. Auch nach § 26 Abs. 1 Nr. 2 AsylG muss zB die Ehe oder Lebenspartnerschaft mit dem Asylberechtigten schon in dem Staat bestanden haben, in dem der Asylberechtigte politisch verfolgt wird; es ist nicht ersichtlich, warum bei der Zuerkennung der Flüchtlingseigenschaft anders verfahren werden sollte (s. auch § 26 Abs. 5 AsylG). In dem von *Jayme* gebildeten Beispielsfall – Heirat eines Flüchtlings mit einer Italienerin in Deutschland (→ Rn. 53) – kann es daher auch bei einer grundsätzlichen Anerkennung eines abgeleiteten Flüchtlingsstatus letztlich nicht dazu kommen, dass die Ehefrau das Personalstatut des Stammberechtigten teilt; bei nach dem 17.8.2015 eingetretenen Erbfällen kommt es nach Art. 21 Abs. 1 EuErbVO ohnehin auf den gewöhnlichen Aufenthalt der Verstorbenen und nicht auf deren Staatsangehörigkeit an. Im Übrigen (zB Scheidung, Ausschlussgründe nach Art. 1 F FlüchtlAbk) ist auf die in → Rn. 52 wiedergegebenen Auszüge aus dem UNHCR-Handbuch zu verweisen.

56   Wenn unter den soeben genannten Voraussetzungen die Annahme eines abgeleiteten Flüchtlingsstatus ausscheidet, hängt die Anwendung des Art. 12 FlüchtlAbk davon ab, dass das Zivilgericht nach einer eigenen Prüfung einen selbstständigen Verfolgungstatbestand in Bezug auf den Angehörigen bejaht.

57   **ee) Ende der Flüchtlingseigenschaft.** Ist eine Person Flüchtling, so **endet** diese Eigenschaft und damit auch die Anwendung von Art. 12 FlüchtlAbk, wenn einer der Fälle des Art. 1 C FlüchtlAbk eintritt. Auch insoweit bleibt der Schutz wohlerworbener Rechte zu beachten.[93] Einzelheiten zum Verfahren regeln die §§ 72 ff. AsylG (→ Rn. 79). Die Ziffern 1–4 des Art. 1 C FlüchtlAbk beziehen sich auf Fälle, in denen der Flüchtling selbst die Beziehung zum Herkunftsland wieder anknüpft.[94] Nr. 5 erfasst den Fortfall der objektiven Gründe für die Flucht. Beispielsweise war ein Grieche, der nach dem Militärputsch von 1967 in die Bundesrepublik geflüchtet war, mit der Wiederherstellung rechtsstaatlicher Verhältnisse in seiner Heimat nach Art. 1 C Nr. 5 FlüchtlAbk kein Flüchtling mehr.[95] Gleiches trifft für Flüchtlinge aus den ehemals kommunistischen Staaten des Ostblocks zu. Allgemeine offiziöse Erklärungen, die vorrangig politischen Charakter haben, stehen der tatsächlichen Entwicklung aber nicht gleich. Daher ist eine Liste, wonach es sich um ein sicheres Land handelt, allenfalls ein Indiz.

58   **b) Gegenständlich. aa) Kollisionsrecht.** Ebenso wie Art. 12 Abs. 1 StaatenlosenÜbk enthält Art. 12 Abs. 1 FlüchtlAbk eine Ersatzanknüpfung für die Bestimmung des „Personalstatuts". Der in Art. 12 Abs. 1 FlüchtlAbk verwendete Begriff des Personalstatuts – „personal status" bzw. „statut personnel" in den authentischen englischen bzw. französischen Fassungen – wird nicht im Übereinkommenstext selbst definiert und ist daher unterschiedlichen Deutungen zugänglich.[96] Grundsätzlich kann man das Personalstatut entweder im formellen (weiten) Sinne verstehen, dh darunter alle Kollisionsnormen fassen, welche die Staatsangehörigkeit einer Person als Anknüpfungsmoment verwenden, oder es materiell (eng) begreifen, dh auf die Anknüpfungsgegenstände des Personen-, Familien- und Erbrechts beziehen (→ Art. 5 Rn. 2 ff.). Dieser Streit hatte zu Zeiten eine Bedeutung, in denen nicht nur im Personen-, Familien und Erbrecht, sondern etwa auch im Internationalen Deliktsrecht noch an die Staatsangehörigkeit angeknüpft wurde,[97] ist insoweit aber heute durch Art. 40 Abs. 2 EGBGB bzw. Art. 4 Abs. 2 Rom II-VO, die allein auf

---

[89] Ebenso *Baetge* StAZ 2016, 289 (294).

[90] Palandt/*Thorn* Anh. Art. 5 Rn. 21; Staudinger/*Bausback* (2013) Anh. IV Art. 5 Rn. 59.

[91] Vgl. UNHCR-Handbuch Rn. 184.

[92] *Raape/Sturm* IPR S. 150.

[93] Cass. civ. Rev. crit. dr. int. pr. 2007, 397; näher *Carlier* Rec. des Cours 332 (2007), 9 Rn. 204.

[94] OLG Hamm FamRZ 1993, 113 = BeckRS 1992, 30984687 (Beantragung oder Verlängerung des Passes); Staudinger/*Bausback* (2013) Anh. IV Art. 5 Rn. 57.

[95] Einen interessanten spanischen Fall schildert *Seidl-Hohenveldern*, FS Schätzel, 1960, 441 f.

[96] *Weis*, Refugee Convention, Article 12, Commentary.

[97] Näher *Kegel/Schurig* IPR § 13 II 7 b.

den gewöhnlichen Aufenthalt abstellen, überholt. Im Gegensatz zu Art. 2 AHKG 23 wird von dem FlüchtlAbk nach in Deutschland unstreitiger Meinung auch das Erbrecht erfasst.[98] Auch für die Rechts- und Geschäftsfähigkeit, die aus deutscher Sicht zum Kernbereich des Personalstatuts gehört, war bis vor kurzem – unabhängig von einer engen oder weiten Auffassung des Personalstatuts – allgemein anerkannt, dass Art. 12 Abs. 1 FlüchtlAbk die Staatsangehörigkeitsanknüpfung des Art. 7 Abs. 1 EGBGB verdrängt.[99] Dem hat aber jüngst das OLG Karlsruhe widersprochen, indem es unter Rückgriff auf den Grundsatz der autonomen Auslegung staatsvertraglicher Kollisionsnormen (→ Art. 3 Rn. 179 ff.) den Begriff des Personalstatuts iS des Art. 12 Abs. 1 FlüchtlAbk gegenüber der deutschen Auffassung dahingehend verengt hat, dass die Volljährigkeit einer Person davon nicht erfasst sein soll.[100] Zwar dürfte zumindest im deutschen Schrifttum die Auffassung herrschend sein, dass Art. 12 FlüchtlAbk es weitgehend den Vertragsstaaten überlässt, was sie zum Personalstatut zählen.[101] Demnach handelt es sich bei Art. 12 Abs. 1 FlüchtlAbk – ebenso wie bei Art. 12 Abs. 1 StaatenlosenÜbk oder Art. 5 Abs. 2 EGBGB – um eine **unselbstständige Kollisionsnorm** (Hilfsnorm), die lediglich das in einer selbstständigen Kollisionsnorm, zB Art. 14 Abs. 1 Nr. 1 EGBGB, verwendete Anknüpfungsmoment der Staatsangehörigkeit (näher → Rn. 61) gegen den gewöhnlichen oder schlichten Aufenthalt des Flüchtlings austauscht.[102] Diese Lösung dient der Rechtssicherheit und findet ihre Rechtfertigung in besonderem Maße im rechtlichen Integrationsgebot des FlüchtlAbk (→ Rn. 18). Es ist aber einzuräumen, dass gewichtige Stimmen sich im Ausgangspunkt für eine **autonome Auslegung** des Personalstatuts aussprechen.[103] Von den Vertretern dieser Auffassung wird indes offen eingestanden, dass eine autonome Definition des Personalstatuts große Schwierigkeiten bereitet, weil man sich bei der Ausarbeitung des Übereinkommens nicht auf einen allseits konsentierten Begriffsinhalt einigen konnte.[104] Es wird deshalb eine „vermittelnde Lösung" vorgeschlagen, die unter Rückgriff auf die Materialien, insbesondere die Studie der Vereinten Nationen zur Staatenlosigkeit,[105] einen Kernbereich des Personalstatuts bestimmt und im Übrigen – etwa in der genauen Abgrenzung zum Vermögensrecht – den Vertragsstaaten einen Entscheidungsspielraum belässt.[106] Selbst wenn man eine solche materiell-autonome Auslegung bevorzugt, kann nicht zweifelhaft sein, dass die Geschäftsfähigkeit und insbesondere die Volljährigkeit einer Person von Art. 12 Abs. 1 FlüchtlAbk erfasst werden,[107] da sie explizit in der genannten Studie als essentielle Bestandteile des Personalsta-

---

[98] Hierzulande allgM, s. nur Erman/*Hohloch* Art. 5 Rn. 85; Palandt/*Thorn* Anh. Art. 5 Rn. 23; aber nicht notwendigerweise in allen Vertragsstaaten, s. *Weis*, Refugee Convention, Article 12, Commentary.

[99] S. nur MüKoBGB/*Lipp* EGBGB Art. 7 Rn. 34; Palandt/*Thorn* Anh. Art. 5 Rn. 23; Staudinger/*Hausmann* (2013) Art. 7 EGBGB Rn. 20; *Grünewald* NZFam 2016, 389 (394); vgl. auch OLG München FGPrax 2010, 31 und OLG München FamRZ 2010, 1096 = BeckRS 2010, 00523, wo lediglich die Anwendbarkeit des FlüchtlAbk offengelassen, aber nicht die Prämisse infrage gestellt wurde, dass dieses bei Vorliegen einer Flüchtlingseigenschaft dem Art. 7 Abs. 1 EGBGB vorgehen würde; ebenso OLG Brandenburg BeckRS 2016, 106213 Rn. 10; OLG Koblenz NZFam 2017, 728 Rn. 35; OLG Hamm BeckRS 2017, 117082.

[100] OLG Karlsruhe NJW-RR 2015, 1284 mit abl. Anm. *v. Hein* FamRZ 2015, 1820; abl. auch *Baetge* StAZ 2016, 289 (291 f.); BeckOK BGB/*Heiderhoff*, 41. Ed. 1.5.2016, EGBGB Art. 24 Rn. 12; Hausmann/Odersky/*Hausmann* § 4 Rn. 10; Palandt/*Thorn* Anh. Art. 5 Rn. 23; dem OLG Karlsruhe folgend hingegen HK-BGB/*Dörner* EGBGB Art. 5 Rn. 7; NK-BGB/*Schulze* Anh. II Art. 5 Rn. 25.

[101] *v. Bar/Mankowski* IPR I § 1 Rn. 24 f.; Bamberger/Roth/*Lorenz* Art. 5 Rn. 29; entsprechend jüngst das OLG Frankfurt a. M. NJW-RR 2015, 827 (828): Einreisebestimmungen des Königreichs Marokko, die in Deutschland als Flüchtlinge anerkannte Reisende hinsichtlich der Visumpflicht an ihrer türkischen Staatsangehörigkeit festhalten, seien nicht von Art. 12 Abs. 1 FlüchtlAbk erfasst.

[102] HM, *Baetge* StAZ 2016, 289 (291); Bamberger/Roth/*Lorenz* Art. 5 Rn. 29; Erman/*Hohloch* Art. 5 Rn. 85; *Grünewald* NZFam 2016, 389 (390); Staudinger/*Bausback* (2013) Anh. IV Art. 5 Rn. 65; vgl. auch BGHZ 169, 240 Rn. 8 = NJW-RR 2007, 145: „Art. 17 Abs. 1 Satz 1, 14 Abs. 1 Nr. 1 EGBGB *in Verbindung mit* Art. 12 der Genfer Flüchtlingskonvention" (Hervorhebung hinzugefügt); OLG Nürnberg BeckRS 2016, 12182; aA (selbstständige Kollisionsnorm) *Lass*, Der Flüchtling im deutschen Internationalen Privatrecht, 1995, 103 ff.; ihr folgend *Gottschalk* Allgemeine Lehren des IPR 75.

[103] S. insbesondere *Lass*, Der Flüchtling im deutschen Internationalen Privatrecht, 1995, 117 f.; Zimmermann/*Metzger* FlüchtlAbk Art. 12 Rn. 24.

[104] *Lass*, Der Flüchtling im deutschen Internationalen Privatrecht, 1995, 118; Zimmermann/*Metzger* FlüchtlAbk Art. 12 Rn. 24; zur Entstehungsgeschichte eingehend *Weis*, Refugee Convention, Article 12, Travaux Préparatoires.

[105] UNO, Department of Social Affairs [Hrsg.], A Study of Statelessness, Lake Success, N.Y. 1949, abrufbar unter http://www.unhcr.org/3ae68c2d0.html.

[106] *Lass*, Der Flüchtling im deutschen Internationalen Privatrecht, 1995, 118; *Majer* StAZ 2016, 337 (338); Zimmermann/*Metzger* FlüchtlAbk Art. 12 Rn. 24.

[107] Ebenso *Baetge* StAZ 2016, 289 (291 f.); BeckOK BGB/*Heiderhoff*, 41. Ed. 1.5.2016, EGBGB Art. 24 Rn. 12; Hausmann/Odersky/*Hausmann* § 4 Rn. 10; *Lass*, Der Flüchtling im deutschen Internationalen Privatrecht, 1995, 118; Palandt/*Thorn* Anh. Art. 5 Rn. 23; Zimmermann/*Metzger* FlüchtlAbk Art. 12 Rn. 25.

tuts bezeichnet werden.[108] Das vom OLG Karlsruhe vorgetragene Gegenargument, im Common Law werde die Geschäftsfähigkeit im Hinblick auf den Abschluss von Schuldverträgen dem Vertrags- und nicht dem Personalstatut zugeordnet,[109] ist zwar als solches richtig; das OLG verkennt hierbei aber, dass die Geschäftsfähigkeit als Vorfrage *familienrechtlicher* Rechtsgeschäfte und Beziehungen auch im Common Law sehr wohl als Teil des „personal status" gilt.[110] Ebenso ist bisher nicht bestritten worden, dass Art. 12 Abs. 1 FlüchtlAbk bei Eingehung einer Ehe in Deutschland für die Ehemündigkeit iS des Art. 13 Abs. 1 EGBGB gilt.[111] Zudem ist die französische Fassung („statut personnel") nicht minder authentisch; im französischen IPR gelten „état et capacité" aber selbstverständlich als Elemente des Personalstatuts.[112] Auch die praktischen Folgen einer Anknüpfung der Geschäftsfähigkeit an den gewöhnlichen Aufenthalt vermögen kein abweichendes Ergebnis zu begründen.[113] Weder einem achtzehnjährigen Flüchtling selbst noch dem Rechtsverkehr drohen Gefahren, wenn der Betroffene in Deutschland – ebenso wie ein deutscher Erwachsener – als volljährig behandelt wird. Das Schreckensbild eines Verlustes der Volljährigkeit bei einer Rückkehr des Flüchtlings in den Heimatstaat[114] hält einer näheren Betrachtung nicht stand, denn es ist ganz überwiegend anerkannt, dass der Grundsatz „semel major, semper major" in Art. 7 Abs. 2 EGBGB über den engen Wortlaut der Vorschrift hinaus nicht nur auf einen Wechsel der Staatsangehörigkeit, sondern auf sonstige Veränderungen des Personalstatuts entsprechend anzuwenden ist.[115] Zur Frage, ob zu den Vorschriften des „Personalstatuts" auch **Exklusivnormen** zu Gunsten Deutscher gehören, → Art. 5 Rn. 109 ff. Zur Auslegung des Art. 12 FlüchtlAbk → Rn. 61 ff.

  bb) Internationales Zivilverfahrensrecht. Nach Art. 16 Abs. 2 FlüchtlAbk genießt ein Flücht- **59** ling in dem Staat, in dem er seinen gewöhnlichen Aufenthalt hat, hinsichtlich des Zugangs zu den Gerichten dieselbe Behandlung wie ein eigener Staatsangehöriger. Dieser Regelung hat der BGH zunächst entnommen, dass der Flüchtling in der Bundesrepublik auch in Bezug auf die internationale Zuständigkeit, zB nach dem heutigen § 98 Abs. 1 Nr. 1 FamFG, einem deutschen Staatsangehörigen gleichstehe.[116] In einer späteren Entscheidung hat der BGH indes offengelassen, ob an dieser Rechtsprechung festzuhalten sei oder ob im Einklang mit einer vordringenden Meinung im Schrifttum die Heimatzuständigkeit nur solchen Flüchtlingen zugute kommen solle, die weiterhin ihren gewöhnlichen Aufenthalt in Deutschland hätten.[117] Für Einzelheiten ist auf die Kommentare zur EuEheVO und zum FamFG zu verweisen (→ Anh. Art. 17a Rn. 48).[118] Weitergehende verfahrensrechtliche Zwecke verfolgt das FlüchtlAbk nicht. Insbesondere kann aus ihm nicht hergeleitet werden, dass Gerichte des Herkunftsstaates generell als unzuständig zur Regelung persönlicher Angelegenheiten des Flüchtlings zu gelten haben.[119]

  c) Zeitlich. Der Integrationszweck des FlüchtlAbk würde zwar an sich eine Rückwirkung auf **60** solche Personen nahelegen, die vor dem Inkrafttreten dem FlüchtlAbk ihren Wohnsitz in einem Vertragsstaat genommen haben.[120] Das FlüchtlAbk entfaltet jedoch nach ganz überwiegender Ansicht keine Rückwirkung.[121] Hierfür spricht auch Art. 28 der Wiener Konvention über das Recht der Verträge vom 23.5.1969 (BGBl. 1985 II S. 927). Obgleich diese Konvention sich nach Art. 4 der Wiener Konvention über das Recht der Verträge selbst keine rückwirkende Bedeutung für frühere

---

[108] UNO, A Study of Statelessness, Lake Success, N.Y. 1949, abrufbar unter http://www.unhcr.org/3ae68c2d0.html, Part 1, Section 1, Chapter 2, sub 1.a; vgl. auch *Weis*, Refugee Convention, Article 12, Commentary („„[P]ersonal status' [...] includes, in any case [!], legal capacity (age of majority, the rights of persons underage, capacity to marry, capacity of married women, the question of loss of legal capacity (guardianship and curatorship)".

[109] OLG Karlsruhe NJW-RR 2015, 1284 Rn. 16; ebenso *Majer* StAZ 2016, 337 (338).

[110] Vgl. zur Eheschließung *Dicey/Morris/Collins*, The Conflict of Laws, London 2012, Rn. 32–170.

[111] *Andrae* NZFam 2016, 923 (924 f.).

[112] Vgl. nur *d'Avout*, Mélanges Audit, 2014, 15 (28); *Bureau/Muir Watt*, Droit international privé, 3. Aufl. 2014, Rn. 629 ff.

[113] Anders OLG Karlsruhe NJW-RR 2015, 1284 Rn. 21 ff.; wie hier *Baetge* StAZ 2016, 289 (291 f.).

[114] OLG Karlsruhe NJW-RR 2015, 1284 Rn. 24.

[115] S. nur *Kropholler* IPR § 42 I 2; MüKoBGB/*Lipp* Art. 7 Rn. 102; Palandt/*Thorn* Art. 7 Rn. 8.

[116] BGH NJW 1982, 2732 m. Aufsatz *Hirschberg* IPRax 1984, 33, 19; NJW 1985, 1283; anders OLG München IPRax 1989, 238 m. Aufsatz *Jayme* IPRax 1989, 223, das die Zuständigkeit für Staatenlose (heute § 98 Abs. 1 Nr. 3 FamFG) bevorzugt.

[117] BGH NJW 1990, 636; hierzu *Dörner/Kötters* IPRax 1991, 39 mwN zum Streitstand.

[118] MüKoFamFG/*Rauscher* FamFG § 98 Rn. 49 ff.; vgl. auch *Chetail* Clunet 2014, 447 (472 ff.).

[119] BGH NJW 1980, 530 mwN sub III.

[120] Staudinger/*Bausback* (2013) Anh. IV Art. 5 Rn. 66.

[121] BayObLGZ 1971, 204 (213 f.); BayObLGZ 1990, 1 = NJW-RR 1990, 770; OLG Bamberg FamRZ 1982, 505.

Konventionen beimisst, bringt Art. 28 der Wiener Konvention über das Recht der Verträge doch einen unabhängig davon wirkenden, schon zuvor anerkannten allgemeinen Grundsatz der Auslegung völkerrechtlicher Verträge zum Ausdruck.[122] Danach ist bei völkerrechtlichen Normen nicht von Rückwirkung auszugehen, es sei denn, eine andere Absicht geht aus dem Abkommen hervor oder ist anderweitig festgestellt. Bei Art. 12 Abs. 1 FlüchtlAbk ist das nicht der Fall.[123]

61 **3. Anknüpfungsmomente. a) Ersatzanknüpfung.** Art. 12 Abs. 1 FlüchtlAbk ersetzt als unselbstständige Kollisionsnorm für die Bestimmung des Personalstatuts regelmäßig, auch im Falle einer Rechtswahl,[124] die Anknüpfung an die Staatsangehörigkeit durch diejenige an den „Wohnsitz" (zu diesem Begriff näher → Rn. 62). Die Funktion der Vorschrift beschränkt sich indes nicht auf den Ausschluss des Rechts gerade des Staates, dem der Flüchtling angehört, sondern soll allgemein der Berufung des Rechts des Fluchtstaates entgegenstehen (zum Normzweck → Rn. 18). Daher hat Art. 12 Abs. 1 FlüchtlAbk auch in solchen Vertragsstaaten Bedeutung, in denen rechtstechnisch nicht an die Staatsangehörigkeit, sondern zB an das *domicile of origin* im Sinne des common law angeknüpft wird (zum Begriff des *domicile* → Art. 5 Rn. 127 ff.). Dass es auf den Ausschluss des Rechts des Herkunftsstaates ankommt, steht zwar nicht im Text der Vorschrift, entspricht aber ihrem Sinn und Zweck.[125] Es sind folglich – vorbehaltlich Art. 12 Abs. 2 FlüchtlAbk – in Angelegenheiten des Personalstatuts, soweit der Flüchtling Anknüpfungssubjekt ist, alle Anknüpfungen, die zum Recht des Heimat- und Fluchtlandes führen, außer Betracht zu lassen und durch die in Art. 12 Abs. 1 FlüchtlAbk vorgesehene Ersatzanknüpfung zu substituieren, also zB die Anknüpfung an den letzten gewöhnlichen Aufenthalt im Herkunftsstaat oder an die Belegenheit von Immobilien (zu Art. 3a Abs. 2 EGBGB → Rn. 68 ff.). Ist also zB ein Ehegatte Flüchtling, während der andere im Heimatstaat verblieben ist, so führt Art. 14 Abs. 1 Nr. 1 EGBGB nicht mehr zur Anknüpfung an die letzte gemeinsame Staatsangehörigkeit, da man hierdurch zum Recht des Herkunftsstaates gelangen würde (→ Art. 14 Rn. 89 f.). Aber auch Art. 14 Abs. 1 Nr. 2 EGBGB muss ausgeschieden werden, da der letzte gemeinsame Aufenthalt wiederum zum Herkunftsrecht führen würde. Ergeben sich keine ausreichenden gemeinsamen Beziehungen zu einem anderen als dem Fluchtstaat, so versagt auch die letzte Sprosse der Anknüpfungsleiter (Art. 14 Abs. 1 Nr. 3 EGBGB). Es ist dann genauso zu verfahren wie auch sonst, wenn die letztgenannte Anknüpfung scheitert (→ Einl. IPR Rn. 306), und die lex fori anzuwenden.[126]

62 **b) Wohnsitz, Aufenthalt.** Art. 12 Abs. 1 FlüchtlAbk sieht als Anknüpfungsmoment, das die für Flüchtlinge unpassende Staatsangehörigkeit ersetzt, primär den „Wohnsitz" und, falls ein solcher nicht besteht, das „Aufenthaltsland" vor. Diese Terminologie des FlüchtlAbk entspricht dem New Yorker Staatenlosenübereinkommen (→ Anh. I Art. 5 Rn. 8 f.). Sie steht jedenfalls, was den Wohnsitz anbelangt, im Gegensatz zu Art. 5 Abs. 2 EGBGB, der an den gewöhnlichen Aufenthalt anknüpft. Auf eine genaue Definition des Wohnsitzes hat das FlüchtlAbk ebenso verzichtet wie das New Yorker Übereinkommen.[127] Rein rechtlich gesehen bleibt es daher jedem Vertragsstaat unbenommen, auf seinen eigenen Wohnsitzbegriff zurückzugreifen.[128] Hierfür ließe sich auch anführen, dass das FlüchtlAbk den Begriff des „gewöhnlichen Aufenthalts" durchaus an anderer Stelle, namentlich in Art. 16 Abs. 2 FlüchtlAbk, selbst verwendet.[129] Eine solche Lösung, die in Deutschland zur Anwendung der §§ 7 ff. BGB führen müsste, würde aber dem Ziel einer einheitlichen Anwendung des FlüchtlAbk zuwiderlaufen, das eine autonome, internationalisierungsfähige Interpretation wünschenswert erscheinen lässt.[130] Es entspricht daher der ganz überwiegenden Auffassung, dass der Begriff des „Wohnsitzes" im Einklang mit den neueren Haager Übereinkommen im Sinne des „gewöhnlichen Aufenthalts" des Flüchtlings aufgefasst wer-

---

[122] Völkerrechtliche Verträge treten, wenn nichts anderes bestimmt ist, mit Beendigung des Vertragsabschlussverfahrens in Kraft; eine Rückwirkung bedarf besonderer Vereinbarung; vgl. *Wengler,* Völkerrecht, Bd. 1, 1964, 233 ff.; *Strupp/Schlochauer,* Wörterbuch des Völkerrechts, Bd. III, 1962, 537 f.; *Verdross/Simma,* Universelles Völkerrecht, 3. Aufl. 1984, §§ 653, 717; *Ipsen,* Völkerrecht, 6. Aufl. 2014, § 13 Rn. 15; *Stein/v. Buttlar/Kotzur,* Völkerrecht, 14. Aufl. 2014, Rn. 67.
[123] Ebenso *Staudinger/Bausback* (2013) Anh. IV Art. 5 Rn. 66.
[124] Näher *Mankowski* Dual and Multiple Nationals S. 205 f.; str., anders *Carlier* Rec. des Cours 332 (2007), 9 Rn. 201.
[125] Vgl. *Lass,* Der Flüchtling im deutschen Internationalen Privatrecht, 1995, 109 mwN in Fn. 32; NK-BGB/*Schulze* Anh. II Art. 5 Rn. 25; *Baetge* StAZ 2016, 289 (294). So schon für die Konvention von 1938, vgl. *Sarrauter-Tager* Rev. crit. dr. int. pr. 1953, 266.
[126] Ebenso NK-BGB/*Schulze* Anh. II Art. 5 Rn. 25.
[127] Näher *Weis,* Refugee Convention, Article 12, Commentary.
[128] Vgl. BT-Drs. 10/504, 41; *Chetail* Clunet 2014, 447 (469); *Mankowski* Dual and Multiple Nationals S. 204; *Raape/Sturm* IPR S. 151.
[129] So insbes. *Raape/Sturm* IPR S. 152; unzutr. *Rauscher* IPR Rn. 251: Der Begriff des gewöhnlichen Aufenthalts sei 1951 noch unbekannt gewesen; ähnlich *Mankowski* Dual and Multiple Nationals S. 205.
[130] *Kropholler* IPR § 37 II 2; Palandt/*Thorn* Anh. Art. 5 Rn. 23.

den sollte.[131] Hiermit wird zugleich erreicht, dass sich die Bestimmung des Personalstatuts von Flüchtlingen möglichst reibungslos in das europäische und deutsche IPR einfügt, das heute nahezu durchgängig den Begriff des gewöhnlichen Aufenthalts dem des Wohnsitzes vorzieht (→ Art. 5 Rn. 115). Zur Ermittlung des gewöhnlichen Aufenthalts → Art. 5 Rn. 130 ff.

Fehlt es an einem gewöhnlichen Aufenthalt, kommt das Recht des „Aufenthaltslandes" zur **63** Anwendung. Hiermit ist der schlichte („einfache") Aufenthalt einer Person gemeint;[132] zu dessen Bestimmung → Art. 5 Rn. 121 ff.

Ist die Flüchtlingseigenschaft gegeben, so hängt die Anwendung von Art. 12 FlüchtlAbk nicht **64** davon ab, dass der Flüchtling in einem Konventionsstaat lebt.[133] Die Vorschrift ersetzt vielmehr als *loi uniforme* generell die Anknüpfung an die Staatsangehörigkeit oder sonstige zum Herkunftsland führende Anknüpfungsmomente.[134]

c) Maßgeblicher Zeitpunkt. Welcher Zeitpunkt für das Vorliegen eines gewöhnlichen oder **65** schlichten Aufenthalts jeweils maßgebend ist, richtet sich nach der Kollisionsnorm, zu deren Ergänzung die in Art. 12 Abs. 1 FlüchtlAbk genannten Ersatzanknüpfungen jeweils herangezogen werden.[135] Verweist diese Kollisionsnorm (zB Art. 15 EGBGB) auf einen vor dem Erwerb der Flüchtlingseigenschaft liegenden Zeitpunkt, etwa den einer Eheschließung, bleibt es insoweit bei der Anknüpfung an die Staatsangehörigkeit.[136]

Art. 12 Abs. 2 S. 1 FlüchtlAbk dient dem Zweck, **wohlerworbene Rechte** des Flüchtlings **66** gegenüber den Auswirkungen eines Statutenwechsels abzuschirmen.[137] Dies kann etwa die Wirksamkeit einer zuvor erfolgten **Eheschließung** betreffen, die in der Vorschrift explizit als Regelbeispiel („insbesondere") genannt wird,[138] oder auch den Erwerb eines Namens.[139] Welche personenstandsrechtlichen „Formalitäten" für die Ausübung des hierdurch eröffneten kollisionsrechtlichen Wahlrechts ggf. zu beachten sind (zB Erklärung der Namenswahl gegenüber dem Standesbeamten)[140] unterliegt dem Recht des jeweiligen Vertragsstaates, was durch den letzten Halbsatz des Art. 12 Abs. 2 S. 1 FlüchtlAbk klargestellt wird. Gleichfalls vorbehalten bleibt nach Art. 12 Abs. 2 S. 2 FlüchtlAbk der **ordre public** der Vertragsstaaten.[141] Die Anerkennung zB einer von einem minderjährigen Flüchtling eingegangenen Ehe kann daher an Art. 6 EGBGB scheitern (→ EGBGB Art. 6 Rn. 259). Einzelheiten zur namensrechtlichen Angleichung im Falle eines Wechsels des Personalstatuts regelt Art. 47 EGBGB.[142]

Ob die Vorschrift eine darüber hinausgehende „Versteinerungswirkung" in dem Sinne entfaltet, **67** dass materielle Rechtsänderungen, die im Heimatland des Flüchtlings nach dessen Flucht in Kraft gesetzt worden sind, schlechthin nicht zu beachten wären, ist fraglich.[143] Hierfür wird der größtmög-

---

[131] BT-Drs. 10/504, 41; ebenso die Denkschrift der Bundesregierung zum Staatenlosen-Übereinkommen, BT-Drs. 7/4170, 33 (35); *Baetge* StAZ 2016, 289 (290); Bamberger/*Roth*/*Lorenz* Art. 5 Rn. 30; Erman/*Hohloch* Art. 5 Rn. 84; *Grünenwald* NZFam 2016, 389 (390); *Kropholler* IPR § 37 II 2; *Looschelders* IPR Anh. Art. 5 Rn. 20; NK-BGB/*Schulze* Anh. II Art. 5 Rn. 26; *Palandt*/*Thorn* Anh. Art. 5 Rn. 23; *Rauscher* IPR Rn. 251; *Rentsch* ZEuP 2015, 288 (299 f.); Soergel/*Kegel* Anh. Art. 5 Rn. 61; wohl auch *Mankowski* Dual and Multiple Nationals S. 204 f.; Staudinger/*Bausback* (2013) Anh. IV Art. 5 Rn. 67 iVm Art. 5 Rn. 65; aA *Raape*/*Sturm* IPR S. 152; Soergel/*Kegel* Anh. Art. 5 Rn. 61.

[132] AllgM, statt aller Erman/*Hohloch* Art. 5 Rn. 85; Staudinger/*Bausback* (2013) Anh. IV Art. 5 Rn. 67 iVm Art. 5 Rn. 67; nur missverständlich formuliert BGHZ 169, 240 Rn. 10 = NJW-RR 2007, 145: „Bei einem Flüchtling [...] wird zur Bestimmung seines Personalstatuts an dessen Wohnsitz oder gewöhnlichen Aufenthalt angeknüpft [...]."

[133] Ebenso *Baetge* StAZ 2016, 289 (294); *Mankowski* IPRax 2017, 40 (44); Soergel/*Kegel* Anh. Art. 5 Rn. 29; Staudinger/*Bausback* (2013) Anh. IV Art. 5 Rn. 66; Zimmermann/*Metzger* FlüchtlAbk Art. 12 Rn. 32 f. Überflüssig daher der Hinweis in BayObLG NJW 1975, 2146, dass der Flüchtling in einem Konventionsstaat lebt.

[134] Ebenso *Mankowski* IPRax 2017, 40 (44).

[135] Erman/*Hohloch* Art. 5 Rn. 86; Palandt/*Thorn* Anh. Art. 5 Rn. 23.

[136] Bamberger/*Roth*/*Lorenz* Art. 5 Rn. 31.

[137] Näher *Carlier* Rec. des Cours 332 (2007), 9 Rn. 202; Zimmermann/*Metzger* FlüchtlAbk Art. 12 Rn. 43 ff.

[138] OVG Rheinland-Pfalz NVwZ 1994, 514.

[139] BayObLGZ 1968, 7 (13 f.); 1971, 204 (213 f.); OLG Hamm OLGZ 1983, 46 (55).

[140] OLG Hamm OLGZ 1983, 46 (55 f.).

[141] Zum Charakter der Vorschrift als ordre public-Klausel s. nur OLG Hamm OLGZ 1983, 46 (56 f.); *Carlier* Rec. des Cours 332 (2007), 9 Rn. 202; *Raape*/*Sturm* IPR S. 153: Staudinger/*Bausback* (2013) Anh. IV Art. 5 Rn. 67.

[142] Hierzu OLG Hamm StAZ 2014, 19 = BeckRS 2013, 06315.

[143] Dafür *Raape*/*Sturm* IPR S. 152; Staudinger/*Bausback* (2013) Anh. IV Art. 5 Rn. 67; ebenso namentlich die frz. Rspr., s. Trib. gr. inst. Seine Rev. crit. dr. int. pr. 1967, 323; App. Paris Rev. crit. dr. int. pr. 1968, 467; Cass. civ. Rev. crit. dr. int. pr. 1970, 95; Rev. crit. dr. int. pr. 2003, 92 m. Anm. *Droz*; hierzu näher *Chetail* Clunet 2014, 447 (471); Encyclopédie *Dalloz*, Droit International, Réfugié Nr. 16. In Italien vorsichtig zust. *Vitta*, Diritto Internazionale Privato, Bd. I, 1972, 273 Fn. 36; anders Bamberger/*Roth*/*Lorenz* Art. 5 Rn. 31; 5. Aufl. 2010, Rn. 81 (*Sonnenberger*).

liche Schutz der Flüchtlinge vor einer Verfolgung „über die Grenze" angeführt.[144] Aber nicht alle nach der Flucht erlassenen Gesetze auf zivilrechtlichem Gebiet müssen den Charakter einer politisch bedingten Verfolgungsmaßnahme tragen. Schranken gegenüber konfiskatorischen oder diskriminierenden Gesetzen, insbesondere solchen mit Rückwirkung, kann insoweit freilich der ordre public (Art. 6) setzen (→ Art. 4 Rn. 86 f.).[145]

68   **4. Umfang der Verweisung. a) Renvoi.** Ob Art. 12 Abs. 1 FlüchtlAbk der Beachtlichkeit eines Renvoi entgegensteht, ist umstritten.[146] Vielfach wird dies abgelehnt, Art. 12 Abs. 1 FlüchtlAbk also im Sinne einer Sachnormverweisung verstanden.[147] Hierfür spricht die Vermutung, dass Verweisungen durch staatsvertragliche Kollisionsnormen im Zweifel renvoifeindlich sind.[148] Allerdings gilt diese Regel nicht ausnahmslos; maßgebend muss stets die Auslegung des jeweiligen Übereinkommens sein (→ Art. 4 Rn. 38 ff.). In Bezug auf das FlüchtlAbk lässt sich gegen den Ausschluss eines Renvoi einwenden, dass das FlüchtlAbk keinen autonomen Begriff des Wohnsitzes definiert (→ Rn. 62) und hierdurch Auslegungsdivergenzen im Kreise der Vertragsstaaten hingenommen hat, zu deren Abmilderung wiederum der Renvoi beitragen kann.[149] Inhaltlich wird für einen Ausschluss von Rück- und Weiterverweisung geltend gemacht, dass das Parteiinteresse des Flüchtlings es gebiete, einen Renvoi außer acht zu lassen, weil dieser auf das Recht seines Heimatlandes zurückführen könne.[150] Daraus folgt aber nicht zwingend, dass ein Renvoi auf das Recht anderer Staaten, zB im Falle der Belegenheit von Nachlass- oder Mündelvermögen in einem Drittstaat, ausscheiden müsse. Von einer ebenfalls starken Meinung wird daher ein Renvoi grundsätzlich befürwortet.[151] Diese Auslegung wird insbesondere auf die Rechtsnatur des Art. 12 Abs. 1 FlüchtlAbk als bloß unselbstständige Kollisionsnorm gestützt, die den Charakter einer gesamtverweisenden Kollisionsnorm, zu deren Ergänzung sie herangezogen werde, nicht verändern könne.[152] Ferner wird gerade die Gleichbehandlung des Flüchtlings mit anderen Ansässigen des Zufluchtsstaates für die Beachtlichkeit eines Renvoi (zB auf das Recht eines Drittstaates, in dem sich Nachlassvermögen befindet) ins Feld geführt.[153]

69   Trotz dieser im Ausgangspunkt konträren Positionen besteht im praktischen Ergebnis zumeist Einigkeit: Unbestritten ist, dass der Renvoi jedenfalls dann nicht zu beachten ist, wenn er im Ergebnis zur Berufung des Heimatrechts des Flüchtlings führen würde (zB aufgrund einer Weiterverweisung auf das Recht eines Nichtvertragsstaates, der an der Staatsangehörigkeitsanknüpfung festhält).[154] Umgekehrt soll ein Renvoi zu befolgen sein, wenn das nach Art. 12 Abs. 1 FlüchtlAbk berufene Recht zB die Erbfolge in einen unbeweglichen Nachlassgegenstand nicht dem Personalstatut unterstellt, sondern an die lex rei sitae anknüpft.[155] Kontrovers sind also im wesentlichen diejenigen Fälle, in denen sich ein Renvoi daraus ergibt, dass das Recht an dem aus unserer Sicht ermittelten gewöhnlichen Aufenthaltsort des Flüchtlings an einen davon abweichend definierten Begriff des Wohnsitzes anknüpft. In diesen – offenbar seltenen – Konstellationen spricht nichts dagegen, im Interesse des internationalen Entscheidungseinklangs den Renvoi zu befolgen. Anders verhält es sich freilich, wenn die Kollisionsnorm, zu deren Ergänzung Art. 12 Abs. 1 FlüchtlAbk herangezogen wird, von vornherein eine Sachnormverweisung enthält, zB Art. 8 lit. c Rom III-VO.

70   **b) Vorrang des Einzelstatuts.** Der Grundsatz „Einzelstatut bricht Gesamtstatut" (Art. 3a Abs. 2 EGBGB) bleibt ebenfalls von Art. 12 Abs. 1 FlüchtlAbk unberührt. Ist für den Güterstand eines nach Deutschland geflüchteten Ehepaars nach Art. 15 Abs. 1, 14 Abs. 1 Nr. 1 EGBGB iVm Art. 12

---

[144] *Raape/Sturm* IPR S. 152.

[145] Dies hält wegen des Prozessrisikos nicht für hinreichend *Raape/Sturm* S. 152.

[146] Ausf. *Gottschalk* Allgemeine Lehren des IPR 73 ff.

[147] Erman/*Hohloch* Art. 5 Rn. 87; *Gottschalk* Allgemeine Lehren des IPR 75; *Graue* RabelsZ 57 (1993), 26 (41 f.); Palandt/*Thorn* Anh. Art. 5 Rn. 24; Soergel/*Kegel* Anh. Art. 5 Rn. 74; Staudinger/*Dörner* (2007) Art. 25 Rn. 488.

[148] Erman/*Hohloch* Art. 5 Rn. 87; Soergel/*Kegel* Anh. Art. 5 Rn. 74; *Weis*, Refugee Convention, Article 12, Commentary.

[149] *Carlier* Rec. des Cours 332 (2007), 9 Rn. 201; *Raape/Sturm* IPR S. 152; Zimmermann/*Metzger* FlüchtlAbk Art. 12 Rn. 37.

[150] Soergel/*Kegel* Anh. Art. 5 Rn. 74.

[151] Bamberger/Roth/*Lorenz* Art. 5 Rn. 33; *Looschelders* IPR Anh. Art. 5 Rn. 21; *Mankowski* Dual and Multiple Nationals S. 206; *Raape/Sturm* IPR S. 153; Staudinger/*v. Bar,* 12. Aufl. 1992, Vor Art. 13 Rn. 199; Staudinger/*Bausback* (2013) Anh. IV Art. 5 Rn. 68.

[152] Bamberger/Roth/*Lorenz* Art. 5 Rn. 33.

[153] *Raape/Sturm* IPR S. 153 f.

[154] *Weis*, Refugee Convention, Article 12, Commentary; Zimmermann/*Metzger* FlüchtlAbk Art. 12 Rn. 37; so im Ergebnis auch OLG Hamm NJW-RR 1992, 391; StAZ 1993, 77.

[155] Erman/*Hohloch* Art. 5 Rn. 87; Palandt/*Thorn* Anh. Art. 5 Rn. 24; Staudinger/*Dörner* (2007) Art. 25 Rn. 488.

v. Hein

Abs. 1 FlüchtlAbk deutsches Recht maßgebend, erstreckt sich diese Verweisung folglich nicht auf Immobiliarvermögen, das zB in einem Drittstaat belegen ist, der hierfür das Lagerecht als maßgebend ansieht (→ Art. 3a Rn. 43 ff.). Jedoch bedarf auch dieser Grundsatz der Einschränkung, wenn das Grundstück gerade im Herkunftsstaat der Geflüchteten belegen ist; insoweit hält das nach unserer Kollisionsnorm bestimmte Gesamtstatut stand.

c) **Rechtsspaltung.** Mit der Anknüpfung an den gewöhnlichen oder schlichten Aufenthalt nach **71** Art. 12 Abs. 1 FlüchtlAbk wird iS von Art. 4 Abs. 3 unmittelbar die maßgebende räumliche Teilrechtsordnung bestimmt[156] (→ Art. 4 Rn. 184 ff.). Im Falle der religiösen Rechtsspaltung ist der Flüchtling ebenso zu behandeln wie ein Angehöriger des Aufenthaltsstaates.[157]

III. AsylG

Asylgesetz

idF der Bekanntmachung vom 2. September 2008 (BGBl. 2008 I S. 1798),

zuletzt geändert durch Art. 6 Abs. 14 des Gesetzes zur Reform der strafrechtlichen Vermögensabschöpfung vom 13.4.2017 (BGBl. 2017 I S. 872)

– Auszug –

Abschnitt 1. Geltungsbereich

§ 1 AsylG Geltungsbereich

(1) Dieses Gesetz gilt für Ausländer, die Folgendes beantragen:

1. Schutz vor politischer Verfolgung nach Artikel 16a Absatz 1 des Grundgesetzes oder
2. internationalen Schutz nach der Richtlinie 2011/95/EU des Europäischen Parlaments und des Rates vom 13. Dezember 2011 über Normen für die Anerkennung von Drittstaatsangehörigen oder Staatenlosen als Personen mit Anspruch auf internationalen Schutz, für einen einheitlichen Status für Flüchtlinge oder für Personen mit Anrecht auf subsidiären Schutz und für den Inhalt des zu gewährenden Schutzes (ABl. L 337 vom 20.12.2011, S. 9); der internationale Schutz im Sinne der Richtlinie 2011/95/EU umfasst den Schutz vor Verfolgung nach dem Abkommen vom 28. Juli 1951 über die Rechtsstellung der Flüchtlinge (BGBl. 1953 II S. 559, 560) und den subsidiären Schutz im Sinne der Richtlinie; der nach Maßgabe der Richtlinie 2004/83/EG des Rates vom 29. April 2004 über Mindestnormen für die Anerkennung und den Status von Drittstaatsangehörigen oder Staatenlosen als Flüchtlinge oder als Personen, die anderweitig internationalen Schutz benötigen, und über den Inhalt des zu gewährenden Schutzes (ABl. L 304 vom 30.9.2004, S. 12) gewährte internationale Schutz steht dem internationalen Schutz im Sinne der Richtlinie 2011/95/EU gleich; § 104 Absatz 9 des Aufenthaltsgesetzes bleibt unberührt.

(2) Dieses Gesetz gilt nicht für heimatlose Ausländer im Sinne des Gesetzes über die Rechtsstellung heimatloser Ausländer im Bundesgebiet in der im Bundesgesetzblatt Teil III, Gliederungsnummer 243-1, veröffentlichten bereinigten Fassung in der jeweils geltenden Fassung.

Abschnitt 2. Schutzgewährung
Unterabschnitt 1. Asyl

§ 2 AsylG Rechtsstellung Asylberechtigter

(1) Asylberechtigte genießen im Bundesgebiet die Rechtsstellung nach dem Abkommen über die Rechtsstellung der Flüchtlinge.

(2) Unberührt bleiben die Vorschriften, die den Asylberechtigten eine günstigere Rechtsstellung einräumen.

(3) Ausländer, denen bis zum Wirksamwerden des Beitritts in dem in Artikel 3 des Einigungsvertrages genannten Gebiet Asyl gewährt worden ist, gelten als Asylberechtigte.

Unterabschnitt 2. Internationaler Schutz

§ 3 AsylG Zuerkennung der Flüchtlingseigenschaft

(1) Ein Ausländer ist Flüchtling im Sinne des Abkommens vom 28. Juli 1951 über die Rechtsstellung der Flüchtlinge (BGBl. 1953 II S. 559, 560), wenn er sich

1. aus begründeter Furcht vor Verfolgung wegen seiner Rasse, Religion, Nationalität, politischen Überzeugung oder Zugehörigkeit zu einer bestimmten sozialen Gruppe
2. außerhalb des Landes (Herkunftsland) befindet,

---

[156] Zimmermann/*Metzger* FlüchtlAbk Art. 12 Rn. 38.
[157] Zimmermann/*Metzger* FlüchtlAbk Art. 12 Rn. 38.

a) dessen Staatsangehörigkeit er besitzt und dessen Schutz er nicht in Anspruch nehmen kann oder wegen dieser Furcht nicht in Anspruch nehmen will oder

b) in dem er als Staatenloser seinen vorherigen gewöhnlichen Aufenthalt hatte und in das er nicht zurückkehren kann oder wegen dieser Furcht nicht zurückkehren will.

(2) [1]Ein Ausländer ist nicht Flüchtling nach Absatz 1, wenn aus schwerwiegenden Gründen die Annahme gerechtfertigt ist, dass er

1. ein Verbrechen gegen den Frieden, ein Kriegsverbrechen oder ein Verbrechen gegen die Menschlichkeit begangen hat im Sinne der internationalen Vertragswerke, die ausgearbeitet worden sind, um Bestimmungen bezüglich dieser Verbrechen zu treffen,

2. vor seiner Aufnahme als Flüchtling eine schwere nichtpolitische Straftat außerhalb des Bundesgebiets begangen hat, insbesondere eine grausame Handlung, auch wenn mit ihr vorgeblich politische Ziele verfolgt wurden, oder

3. den Zielen und Grundsätzen der Vereinten Nationen zuwidergehandelt hat.

[2]Satz 1 gilt auch für Ausländer, die andere zu den darin genannten Straftaten oder Handlungen angestiftet oder sich in sonstiger Weise daran beteiligt haben.

(3) [1]Ein Ausländer ist auch nicht Flüchtling nach Absatz 1, wenn er den Schutz oder Beistand einer Organisation oder einer Einrichtung der Vereinten Nationen mit Ausnahme des Hohen Kommissars der Vereinten Nationen für Flüchtlinge nach Artikel 1 Abschnitt D des Abkommens über die Rechtsstellung der Flüchtlinge genießt. [2]Wird ein solcher Schutz oder Beistand nicht länger gewährt, ohne dass die Lage des Betroffenen gemäß den einschlägigen Resolutionen der Generalversammlung der Vereinten Nationen endgültig geklärt worden ist, sind die Absätze 1 und 2 anwendbar.

(4) Einem Ausländer, der Flüchtling nach Absatz 1 ist, wird die Flüchtlingseigenschaft zuerkannt, es sei denn, er erfüllt die Voraussetzungen des § 60 Abs. 8 Satz 1 des Aufenthaltsgesetzes oder das Bundesamt hat nach § 60 Absatz 8 Satz 3 des Aufenthaltsgesetzes von der Anwendung des § 60 Absatz 1 des Aufenthaltsgesetzes abgesehen.

§ 3a AsylG Verfolgungshandlungen

(1) Als Verfolgung im Sinne des § 3 Absatz 1 gelten Handlungen, die

1. auf Grund ihrer Art oder Wiederholung so gravierend sind, dass sie eine schwerwiegende Verletzung der grundlegenden Menschenrechte darstellen, insbesondere der Rechte, von denen nach Artikel 15 Absatz 2 der Konvention vom 4. November 1950 zum Schutze der Menschenrechte und Grundfreiheiten (BGBl. 1952 II S. 685, 953) keine Abweichung zulässig ist, oder

2. in einer Kumulierung unterschiedlicher Maßnahmen, einschließlich einer Verletzung der Menschenrechte, bestehen, die so gravierend ist, dass eine Person davon in ähnlicher wie der in Nummer 1 beschriebenen Weise betroffen ist.

(2) Als Verfolgung im Sinne des Absatzes 1 können unter anderem die folgenden Handlungen gelten:

1. die Anwendung physischer oder psychischer Gewalt, einschließlich sexueller Gewalt,

2. gesetzliche, administrative, polizeiliche oder justizielle Maßnahmen, die als solche diskriminierend sind oder in diskriminierender Weise angewandt werden,

3. unverhältnismäßige oder diskriminierende Strafverfolgung oder Bestrafung,

4. Verweigerung gerichtlichen Rechtsschutzes mit dem Ergebnis einer unverhältnismäßigen oder diskriminierenden Bestrafung,

5. Strafverfolgung oder Bestrafung wegen Verweigerung des Militärdienstes in einem Konflikt, wenn der Militärdienst Verbrechen oder Handlungen umfassen würde, die unter die Ausschlussklauseln des § 3 Absatz 2 fallen,

6. Handlungen, die an die Geschlechtszugehörigkeit anknüpfen oder gegen Kinder gerichtet sind.

(3) Zwischen den in § 3 Absatz 1 Nummer 1 in Verbindung mit den in § 3b genannten Verfolgungsgründen und den in den Absätzen 1 und 2 als Verfolgung eingestuften Handlungen oder dem Fehlen von Schutz vor solchen Handlungen muss eine Verknüpfung bestehen.

§ 3b AsylG Verfolgungsgründe

(1) Bei der Prüfung der Verfolgungsgründe nach § 3 Absatz 1 Nummer 1 ist Folgendes zu berücksichtigen:

1. der Begriff der Rasse umfasst insbesondere die Aspekte Hautfarbe, Herkunft und Zugehörigkeit zu einer bestimmten ethnischen Gruppe;

2. der Begriff der Religion umfasst insbesondere theistische, nichttheistische und atheistische Glaubensüberzeugungen, die Teilnahme oder Nichtteilnahme an religiösen Riten im privaten oder öffentlichen Bereich, allein oder in Gemeinschaft mit anderen, sonstige religiöse Betätigungen oder Meinungsäußerungen und Verhaltensweisen Einzelner oder einer Gemeinschaft, die sich auf eine religiöse Überzeugung stützen oder nach dieser vorgeschrieben sind;

3. der Begriff der Nationalität beschränkt sich nicht auf die Staatsangehörigkeit oder das Fehlen einer solchen, sondern bezeichnet insbesondere auch die Zugehörigkeit zu einer Gruppe, die durch ihre kulturelle, ethnische oder sprachliche Identität, gemeinsame geografische oder politische Herkunft oder ihre Verwandtschaft mit der Bevölkerung eines anderen Staates bestimmt wird;
4. eine Gruppe gilt insbesondere als eine bestimmte soziale Gruppe, wenn
    a) die Mitglieder dieser Gruppe angeborene Merkmale oder einen gemeinsamen Hintergrund, der nicht verändert werden kann, gemein haben oder Merkmale oder eine Glaubensüberzeugung teilen, die so bedeutsam für die Identität oder das Gewissen sind, dass der Betreffende nicht gezwungen werden sollte, auf sie zu verzichten, und
    b) die Gruppe in dem betreffenden Land eine deutlich abgegrenzte Identität hat, da sie von der sie umgebenden Gesellschaft als andersartig betrachtet wird;
    als eine bestimmte soziale Gruppe kann auch eine Gruppe gelten, die sich auf das gemeinsame Merkmal der sexuellen Orientierung gründet; Handlungen, die nach deutschem Recht als strafbar gelten, fallen nicht darunter; eine Verfolgung wegen der Zugehörigkeit zu einer bestimmten sozialen Gruppe kann auch vorliegen, wenn sie allein an das Geschlecht oder die geschlechtliche Identität anknüpft;
5. unter dem Begriff der politischen Überzeugung ist insbesondere zu verstehen, dass der Ausländer in einer Angelegenheit, die die in § 3c genannten potenziellen Verfolger sowie deren Politiken oder Verfahren betrifft, eine Meinung, Grundhaltung oder Überzeugung vertritt, wobei es unerheblich ist, ob er auf Grund dieser Meinung, Grundhaltung oder Überzeugung tätig geworden ist.

(2) Bei der Bewertung der Frage, ob die Furcht eines Ausländers vor Verfolgung begründet ist, ist es unerheblich, ob er tatsächlich die Merkmale der Rasse oder die religiösen, nationalen, sozialen oder politischen Merkmale aufweist, die zur Verfolgung führen, sofern ihm diese Merkmale von seinem Verfolger zugeschrieben werden.

§ 3c AsylG Akteure, von denen Verfolgung ausgehen kann
Die Verfolgung kann ausgehen von
1. dem Staat,
2. Parteien oder Organisationen, die den Staat oder einen wesentlichen Teil des Staatsgebiets beherrschen, oder
3. nichtstaatlichen Akteuren, sofern die in den Nummern 1 und 2 genannten Akteure einschließlich internationaler Organisationen erwiesenermaßen nicht in der Lage oder nicht willens sind, im Sinne des § 3d Schutz vor Verfolgung zu bieten, und dies unabhängig davon, ob in dem Land eine staatliche Herrschaftsmacht vorhanden ist oder nicht.

§ 3d AsylG Akteure, die Schutz bieten können
(1) Schutz vor Verfolgung kann nur geboten werden
1. vom Staat oder
2. von Parteien oder Organisationen einschließlich internationaler Organisationen, die den Staat oder einen wesentlichen Teil des Staatsgebiets beherrschen,
sofern sie willens und in der Lage sind, Schutz gemäß Absatz 2 zu bieten.

(2) [1]Der Schutz vor Verfolgung muss wirksam und darf nicht nur vorübergehender Art sein. [2]Generell ist ein solcher Schutz gewährleistet, wenn die in Absatz 1 genannten Akteure geeignete Schritte einleiten, um die Verfolgung zu verhindern, beispielsweise durch wirksame Rechtsvorschriften zur Ermittlung, Strafverfolgung und Ahndung von Handlungen, die eine Verfolgung darstellen, und wenn der Ausländer Zugang zu diesem Schutz hat.

(3) Bei der Beurteilung der Frage, ob eine internationale Organisation einen Staat oder einen wesentlichen Teil seines Staatsgebiets beherrscht und den in Absatz 2 genannten Schutz bietet, sind etwaige in einschlägigen Rechtsakten der Europäischen Union aufgestellte Leitlinien heranzuziehen.

§ 3e AsylG Interner Schutz
(1) Dem Ausländer wird die Flüchtlingseigenschaft nicht zuerkannt, wenn er
1. in einem Teil seines Herkunftslandes keine begründete Furcht vor Verfolgung oder Zugang zu Schutz vor Verfolgung nach § 3d hat und
2. sicher und legal in diesen Landesteil reisen kann, dort aufgenommen wird und vernünftigerweise erwartet werden kann, dass er sich dort niederlässt.

(2) [1]Bei der Prüfung der Frage, ob ein Teil des Herkunftslandes die Voraussetzungen nach Absatz 1 erfüllt, sind die dortigen allgemeinen Gegebenheiten und die persönlichen Umstände des Ausländers gemäß Artikel 4 der Richtlinie 2011/95/EU zum Zeitpunkt der Entscheidung über den Antrag zu berücksichtigen. [2]Zu diesem Zweck sind genaue und aktuelle Informationen aus relevanten Quellen, wie etwa Informationen des Hohen Kommissars der Vereinten Nationen für Flüchtlinge oder des Europäischen Unterstützungsbüros für Asylfragen, einzuholen.

§ 4 AsylG Subsidiärer Schutz

(1) [1]Ein Ausländer ist subsidiär Schutzberechtigter, wenn er stichhaltige Gründe für die Annahme vorgebracht hat, dass ihm in seinem Herkunftsland ein ernsthafter Schaden droht. [2]Als ernsthafter Schaden gilt:
1. die Verhängung oder Vollstreckung der Todesstrafe,
2. Folter oder unmenschliche oder erniedrigende Behandlung oder Bestrafung oder
3. eine ernsthafte individuelle Bedrohung des Lebens oder der Unversehrtheit einer Zivilperson infolge willkürlicher Gewalt im Rahmen eines internationalen oder innerstaatlichen bewaffneten Konflikts.

(2) [1]Ein Ausländer ist von der Zuerkennung subsidiären Schutzes nach Absatz 1 ausgeschlossen, wenn schwerwiegende Gründe die Annahme rechtfertigen, dass er
1. ein Verbrechen gegen den Frieden, ein Kriegsverbrechen oder ein Verbrechen gegen die Menschlichkeit im Sinne der internationalen Vertragswerke begangen hat, die ausgearbeitet worden sind, um Bestimmungen bezüglich dieser Verbrechen festzulegen,
2. eine schwere Straftat begangen hat,
3. sich Handlungen zuschulden kommen lassen hat, die den Zielen und Grundsätzen der Vereinten Nationen, wie sie in der Präambel und den Artikeln 1 und 2 der Charta der Vereinten Nationen (BGBl. 1973 II S. 430, 431) verankert sind, zuwiderlaufen oder
4. eine Gefahr für die Allgemeinheit oder für die Sicherheit der Bundesrepublik Deutschland darstellt.

[2]Diese Ausschlussgründe gelten auch für Ausländer, die andere zu den genannten Straftaten oder Handlungen anstiften oder sich in sonstiger Weise daran beteiligen.

(3) [1]Die §§ 3c bis 3e gelten entsprechend. [2]An die Stelle der Verfolgung, des Schutzes vor Verfolgung beziehungsweise der begründeten Furcht vor Verfolgung treten die Gefahr eines ernsthaften Schadens, der Schutz vor einem ernsthaften Schaden beziehungsweise die tatsächliche Gefahr eines ernsthaften Schadens; an die Stelle der Flüchtlingseigenschaft tritt der subsidiäre Schutz.

Abschnitt 3. Allgemeine Bestimmungen

§ 5 AsylG Bundesamt

(1) [1]Über Asylanträge entscheidet das Bundesamt für Migration und Flüchtlinge (Bundesamt). [2]Es ist nach Maßgabe dieses Gesetzes auch für ausländerrechtliche Maßnahmen und Entscheidungen zuständig.

(2) [1]Das Bundesministerium des Innern bestellt den Leiter des Bundesamtes. [2]Dieser sorgt für die ordnungsgemäße Organisation der Asylverfahren.

(3) [1]Der Leiter des Bundesamtes soll bei jeder Zentralen Aufnahmeeinrichtung für Asylbewerber (Aufnahmeeinrichtung) mit mindestens 1000 dauerhaften Unterbringungsplätzen in Abstimmung mit dem Land eine Außenstelle einrichten. [2]Er kann in Abstimmung mit den Ländern weitere Außenstellen einrichten.

(4) [1]Der Leiter des Bundesamtes kann mit den Ländern vereinbaren, ihm sachliche und personelle Mittel zur notwendigen Erfüllung seiner Aufgaben in den Außenstellen zur Verfügung zu stellen. [2]Die ihm zur Verfügung gestellten Bediensteten unterliegen im gleichen Umfang seinen fachlichen Weisungen wie die Bediensteten des Bundesamtes. [3]Die näheren Einzelheiten sind in einer Verwaltungsvereinbarung zwischen dem Bund und dem Land zu regeln.

(5) [1]Der Leiter des Bundesamtes kann mit den Ländern vereinbaren, dass in einer Aufnahmeeinrichtung Ausländer untergebracht werden, deren Verfahren beschleunigt nach § 30a bearbeitet werden sollen (besondere Aufnahmeeinrichtungen). [2]Das Bundesamt richtet Außenstellen bei den besonderen Aufnahmeeinrichtungen nach Satz 1 ein oder ordnet sie diesen zu. [3]Auf besondere Aufnahmeeinrichtungen finden die für Aufnahmeeinrichtungen geltenden Regelungen Anwendung, soweit nicht in diesem Gesetz oder einer anderen Rechtsvorschrift etwas anderes bestimmt wird.

§ 6 AsylG Verbindlichkeit asylrechtlicher Entscheidungen

[1]Die Entscheidung über den Asylantrag ist in allen Angelegenheiten verbindlich, in denen die Anerkennung als Asylberechtigter oder die Zuerkennung des internationalen Schutzes im Sinne des § 1 Absatz 1 Nummer 2 rechtserheblich ist. [2]Dies gilt nicht für das Auslieferungsverfahren sowie das Verfahren nach § 58a des Aufenthaltsgesetzes.

Schrifttum: *Bergmann/Dienelt,* Ausländerrecht, Kommentar, 11. Aufl. 2016; *Berlit,* Flüchtlingsrecht im Umbruch, NVwZ 2012, 193; *Hailbronner,* Asyl- und Ausländerrecht, 3. Aufl. 2014; *Hailbronner,* Ausländerrecht, Loseblattsammlung (Stand: 99. Aktualisierung Februar 2017); *Hailbronner,* Die Qualifikationsrichtlinie und ihre Umsetzung im deutschen Ausländerrecht, ZAR 2008, 209 und 265; *Kloesel/Christ/Häußer,* Deutsches Aufenthalts- und Ausländerrecht, Loseblattsammlung (Stand: 23. Aktualisierung Januar 2016); *Lafrai,* Die Qualifikationsrichtlinie und ihre Auswirkungen auf das deutsche Flüchtlingsrecht, 2013; *Lass,* Der Flüchtling im deutschen Internationalen Privatrecht, 1995, 54 ff.; *Marx,* Kommentar zum Asylverfahrensgesetz, 8. Aufl. 2014; *Neundorf,* Neuerungen im Aufenthalts- und Asylrecht durch das Asylverfahrensbeschleunigungsgesetz, NJW 2016, 5; *Thym,* Schnellere und strengere Asylverfahren: Die Zukunft des Asylrechts nach dem Beschleunigungsgesetz, NVwZ 2015, 1625; *Thym,* Die Auswirkungen des Asylpakets II, NVwZ 2016, 409.

1. Normzweck. § 2 Abs. 1 AsylG dient dem Zweck, Asylberechtigte ebenso zu behandeln wie **72** Flüchtlinge iS des FlüchtlAbk. Die Gleichstellung mit den Konventionsflüchtlingen betrifft vor allem das Fremdenrecht. Die Verweisung auf die **FlüchtlAbk** umfasst aber auch den kollisionsrechtlich relevanten Art. 12 FlüchtlAbk über die Anknüpfung des Personalstatus (→ Rn. 58) und **erweitert** den Anwendungsbereich dieser Vorschrift, **soweit der Asylberechtigte nicht zugleich Konventionsflüchtling** ist. Die Anerkennung als Asylberechtigter macht daher eine erneute Überprüfung der Flüchtlingseigenschaft iS des FlüchtlAbk für die Anwendbarkeit des Art. 12 FlüchtlAbk überflüssig.[158] Daraus darf aber nicht der Umkehrschluss gezogen werden, die rechtskräftige Ablehnung eines Asylantrages oder gar die noch ausstehende Entscheidung darüber schließe den Status eines Konventionsflüchtlings aus;[159] vielmehr ist in diesen Fällen die Flüchtlingseigenschaft vom Zivilgericht eigenständig zu prüfen.[160] Zum Verhältnis des AsylG zu Art. 12 FlüchtlAbk näher → Rn. 75.

2. Entwicklung. Seit 1.8.1982 galt für Ausländer, die sich auf das Asylrecht des Art. 16 Abs. 2 **73** S. 2 GG aF beriefen, das AsylVfG aF. Die bis dahin für die kollisionsrechtliche Behandlung dieser Personen bedeutsamen Vorschriften des AuslG (das inzwischen nach Art. 15 Abs. 3 Nr. 1 Zuwanderungsgesetz insgesamt außer Kraft getreten ist) waren gleichzeitig aufgehoben worden. Im Zuge der Asylrechtsänderung im GG wurde auf Grund der Einfügung des Art. 16a GG und gleichzeitiger Aufhebung des Art. 16 Abs. 2 S. 2 GG aF 1993 auch das AsylVfG neugefasst. Nach einer am BVerfG[161] gescheiterten Reform 2002 erfolgten weitere Änderungen 2005. Diese Novellierungen berührten das IPR allenfalls am Rande. Gleiches gilt für die Anpassungen des Gesetzes in den Jahren 2007 und 2013 zur Umsetzung europäischer Richtlinien.

3. Anwendungsbereich. a) Asylberechtigte. Nach § 2 Abs. 1 AsylG ist Art. 12 FlüchtlAbk auf **74** **„Asylberechtigte"** anzuwenden. Die Asylberechtigung ergibt sich aus der Eigenschaft als Verfolgter iS des Art. 16a GG oder als Flüchtling iS des FlüchtlAbk (§ 1 Abs. 1 Nr. 1 und 2 AsylG). Maßgeblich für die Asylberechtigung als Flüchtling ist nach dem heutigen § 3 AsylG das materielle Vorliegen der Flüchtlingseigenschaft im Gleichklang mit dem FlüchtlAbk. Hinzu kommen die Verfolgten iS des Art. 16a GG, sofern es sich um einen zusätzlichen Personenkreis handelt. Zugleich kommt die Funktion der Entscheidung über die Asylberechtigung in § 6 AsylG zum Ausdruck: Sie ist nicht Voraussetzung für die Flüchtlingseigenschaft, erübrigt aber deren neuerliche Prüfung, wenn sie vorgelegt wird. Lediglich **subsidiär Schutzberechtigte** iS des § 1 Abs. 1 Nr. 2 Hs. 2 AsylG stellen weder Flüchtlinge iS des Art. 12 FlüchtlAbk noch Asylberechtigte dar;[162] es sie findet daher Art. 12 FlüchtlAbk weder unmittelbar kraft Konventionsrechts noch aufgrund einer Verweisung durch § 2 Abs. 1 AsylG Anwendung.[163] Dem Vorschlag einer analogen Anwendung des Art. 12 FlüchtlAbk auf diese Personengruppe[164] steht entgegen, dass der bewusst auf „Asylberechtigte" beschränkte Wortlaut des § 2 Abs. 1 AsylG nur schwerlich Raum für die Annahme einer ungeplanten Regelungslücke lässt. Es ist auch zweifelhaft, ob die hinter Art. 12 FlüchtlAbk stehende typisierte Vermutung, der Flüchtling habe die rechtlichen Brücken zum Verfolgerstaat abgebrochen (→ Rn. 61), auf subsidiär Schutzberechtigte passt, die gerade nicht wegen einer speziell gegen sie gerichteten politischen oder religiösen Verfolgung ihr Heimatland verlassen haben, sondern von denen regelmäßig die Rückkehr in den Heimatstaat nach Wegfall des Fluchtgrundes (zB dem Ende eines Bürgerkrieges) erwartet wird.

Folgerungen für das Verhältnis von § 2 Abs. 1 AsylG zu Art. 12 FlüchtlAbk. Die dort **75** vorgesehene Anknüpfung in Angelegenheiten des Personalstatuts hat stattzufinden: (1) Wenn dem Asylantrag stattgegeben bzw. die Flüchtlingseigenschaft zuerkannt wurde. Für die Anwendung des Art. 12 FlüchtlAbk ist nicht das Datum der Entscheidung maßgeblich. Es kommt vielmehr darauf

---

[158] BGHZ 169, 240 Rn. 9 = NJW-RR 2007, 145; *Mankowski* IPRax 2017, 40 (42).

[159] Zweifelhaft daher OLG Brandenburg BeckRS 2016, 106213 Rn. 10.

[160] BGHZ 169, 240 Rn. 9 = NJW-RR 2007, 145; *Baetge* StAZ 2016, 289 (290); *Mankowski* IPRax 2017, 40 (45).

[161] BVerfG NJW 2003, 339.

[162] *Andrae* NZFam 2016, 923 (925); zu dieser Personengruppe vgl. EuGH NJW 2016, 1077; *GEDIP,* Declaration on the Legal Status of Applicants for International Protection from Third Countries to the European Union, IPRax 2016, 400; hierzu *Kohler* IPRax 2016, 401 (402 f.).

[163] *Andrae* NZFam 2016, 923 (925); insoweit auch *Mankowski* IPRax 2017, 40 (42 ff.); anders offenbar *Coester* StAZ 2016, 257 (259).

[164] Dafür eingehend *Mankowski* IPRax 2017, 40 (44 f.).

an, ab welchem Zeitpunkt die in der Entscheidung zu Grunde gelegten Voraussetzungen für die Flüchtlingseigenschaft gegeben waren.[165] Solange die Entscheidung Bestand hat, erübrigt sich eine neuerliche Prüfung,[166] und der Einwand, dass die Sachlage unzutreffend beurteilt worden war, wird nicht gehört.[167] (2) Liegt keine Entscheidung vor, so muss nach § 3 AsylG und dem FlüchtlAbk festgestellt werden, ob die Voraussetzungen der Flüchtlingseigenschaft vorliegen, bzw. nach Art. 16a GG, ob der Betreffende politisch Verfolger ist (→ Rn. 74). (3) Liegt eine ablehnende Entscheidung vor, so wird ungeachtet des nicht ganz eindeutigen Wortlautes des § 6 AsylG eine direkte Anwendung des FlüchtlAbk durch das Zivilgericht nicht versperrt.[168] Nur die Zuerkennung der Asylberechtigung und Flüchtlingseigenschaft ist verbindlich.[169] Für dieses Verständnis des § 6 AsylG spricht insbesondere, dass hierdurch ein Verstoß gegen eine völkervertragliche Regelung vermieden wird.

76 § 2 Abs. 1 AsylG ist **nur** anzuwenden auf **in Deutschland** und der **ehemaligen DDR Asylberechtigte** (§ 2 Abs. 3). Asylberechtigung in einem anderen EU-Staat oder einem Drittstaat oder Einreise aus einem solchen genügen nicht.[170] Da für die Anwendung des FlüchtlAbk keine entsprechende Schranke besteht, kann aber Art. 12 FlüchtlAbk unmittelbar anzuwenden sein.

77 **b) Familienangehörige.** Asylberechtigt ist unmittelbar der anerkannte Asylberechtigte (Stammberechtigte) selbst. Eine relevante eigene Betroffenheit der Familienangehörigen kann vorliegen, wenn sie selbst von dem Verfolgerstaat in die Verfolgung einbezogen werden. Auf solche Familienangehörigen ist § 2 Abs. 1 AsylG unmittelbar anwendbar. Im Interesse der Integration und Verfahrensvereinfachung ist es aber auch möglich, dass Familienasyl zu Gunsten der Ehefrau und minderjähriger Abkömmlinge nach § 26 AsylG gewährt wird. Auf eine eigene politische Verfolgung der Angehörigen kommt es insoweit nicht an (Art. 23 Abs. 2 RL 2011/95/EU). Eine Asylberechtigung auf Grund eines Familienasyls setzt eines Zuerkennungsakt des Bundesamtes voraus. Die Vorschriften über die Gewährung des Familienasyls gelten für die Zuerkennung der Flüchtlingseigenschaft zugunsten von Familienangehörigen entsprechend (§ 26 Abs. 5 AsylG). Ob ein die Angehörigeneigenschaft begründendes Rechtsverhältnis, zB eine Ehe, wirksam zustande gekommen ist, bestimmt sich nach dem aus Sicht des deutschen IPR anwendbaren Sachrecht.[171] Die Unwirksamkeit oder Aufhebung einer Minderjährigenehe schafft keinen asylrechtlichen Nachteil (§ 26 Abs. 1 S. 2 AsylG) für den minderjährigen Ehegatten. Ist der Status als Asylberechtigter oder als Flüchtling vom Bundesamt zuerkannt worden, so braucht für die Anwendbarkeit des Art. 12 FlüchtlAbk indes von dem Zivilgericht nicht mehr geprüft zu werden, welche Anforderungen an die Vorfrage der Eigenschaft als Ehegatte bzw. minderjähriger Abkömmling zu stellen sind.[172]

78 Während Angehörigen, denen Familienasyl gewährt wird, früher lediglich die Rechtsstellung eines Asylberechtigten verliehen wurde (§ 7a Abs. 3 AsylVfG idF von 1991),[173] erhalten sie nach dem heutigen § 26 AsylG unmittelbar den Status eines Asylberechtigten.[174] Auch Familienangehörige, deren Asylberechtigung sich von derjenigen eines Stammberechtigten ableitet, stehen folglich den originär Asylberechtigten in vollem Umfang gleich.[175] Dies gilt auch für die Anknüpfung des Personalstatuts nach Art. 12 FlüchtlAbk iVm § 2 Abs. 1 AsylG.[176] Zur Frage des abgeleiteten Flüchtlingsstatus vor Zuerkennung der Asylberechtigung oder Flüchtlingseigenschaft bzw. bei deren Verweigerung → Rn. 51 ff.

---

[165] BGHZ 156, 105 = NJW 2003, 3339.

[166] Vgl. *Jayme* IPRax 1984, 115; Staudinger/*Bausback* (2013) Anh. IV Art. 5 Rn. 74. Zum alten Recht LG Bochum IPRspr. 1976 Nr. 61 (Anerkennung, „damit" Flüchtling), → Rn. 79.

[167] Zur entsprechenden Rechtslage nach §§ 28, 44 AuslG aF vgl. *Marx* ZRP 1980, 192 ff. Dazu, dass es auch unter neuem Recht dabei bleiben sollte, vgl. *Lass*, Der Flüchtling im deutschen Internationalen Privatrecht, 1995, 57; zur Vorgängervorschrift (§ 3 Abs. 1 AsylVfG 1982) vgl. BGH IPRspr. 1992 Nr. 142; OLG Hamm StAZ 1993, 77.

[168] BGHZ 169, 240 Rn. 9 = NJW-RR 2007, 145; *Grünenwald* NZFam 2016, 389 (390).

[169] Erman/*Hohloch* Art. 5 Rn. 96; Palandt/*Thorn* Anh. Art. 5 Rn. 27; aA Staudinger/*Bausback* (2013) Anh. IV Art. 5 Rn. 56.

[170] Palandt/*Thorn* Anh. Art. 5 Rn. 26.

[171] BVerwG NVwZ 2005, 428.

[172] Vgl. Nachweise insbes. zum Problem polygamer Ehen bei *Lass*, Der Flüchtling im deutschen Internationalen Privatrecht, 1995, 57 Fn. 14.

[173] Näher zum Familienasyl des § 7a Abs. 3 AsylG *Koisser/Nicolaus* ZAR 1991, 31; *Marx*, Kommentar zum AsylVfG, 2014, § 26 Rn. 1.

[174] *Bergmann/Dienelt*/Bergmann Ausländerrecht, 11. Aufl. 2016, AsylG § 2 Rn. 7; *Marx*, Kommentar zum AsylVfG, 2014, § 26 Rn. 1.

[175] *Bergmann/Dienelt*/Bergmann Ausländerrecht, 11. Aufl. 2016, AsylG § 2 Rn. 7; *Marx*, Kommentar zum AsylVfG, 2014, § 26 Rn. 2.

[176] Vgl. *Lass*, Der Flüchtling im deutschen Internationalen Privatrecht, 1995, 58.

c) Erlöschen der Zuerkennung. Die Anwendbarkeit von § 2 Abs. 1 AsylG endet mit dem 79 Erlöschen der Zuerkennung der Flüchtlingseigenschaft. Dies tritt in Anlehnung an Art. 1 C Nr. 1–3 FlüchtlAbk kraft Gesetzes ein (§ 72 AsylG). Zu einem Verlust kommt es ferner durch behördlichen Widerruf bzw. Rücknahme der Anerkennung als Asylberechtigter und der Zuerkennung der Flüchtlingseigenschaft nach § 73 AsylG.

d) Heimatlose Ausländer, Kontingentflüchtlinge. Für **heimatlose Ausländer** (→ Rn. 17) 80 ohne Asylberechtigung gilt das AsylG nach § 1 Abs. 2 nicht. Damit ist auch § 2 Abs. 1 nicht anwendbar. Es kommt Art. 12 FlüchtlAbk unmittelbar zur Anwendung, sofern sie Flüchtlinge iS des FlüchtlAbk sind. Ist dies nicht der Fall, so sind sie nach den allgemeinen Vorschriften betreffend Staatenlose zu behandeln (s. Art. 5 Anh. I). Das Sonderproblem der sog **Kontingentflüchtlinge** ist mit der Aufhebung des Gesetzes vom 22.7.1980 mit Wirkung ab 1.1.2005 entfallen. Die sie betreffende Ausnahmeregelung des § 1 Abs. 2 AsylVfG aF (vgl. 3. Aufl. 1998) ist außer Kraft getreten. Zu Nachwirkungen von Altfällen → Rn. 82.

4. Rückgriff auf die Staatsangehörigkeit der Asylberechtigten. Unter Berufung auf § 3 81 Abs. 2 AsylVfG aF, jetzt § 2 Abs. 2 AsylG, hält *Jayme*[177] neben der sich aus Art. 12 FlüchtlAbk ergebenden Anknüpfung an den gewöhnlichen Aufenthalt eine Berücksichtigung des Heimatrechts des Asylberechtigten und damit einen (allerdings nicht näher gekennzeichneten) Rückgriff auf seine Staatsangehörigkeit als Anknüpfungsgrund für möglich. Dem ist nicht zu folgen. Die Vorschrift ist an die Stelle von § 44 Abs. 4 AuslG aF getreten, der lediglich darauf abzielte, dem anerkannten Asylberechtigten eine bessere materiellrechtliche Stellung zu gewähren, als sie sich aus dem AuslG ergab. Die Vorschrift hatte folglich fremdenrechtlichen Charakter. Trotz des infolge der veränderten gesetzlichen Lage abgewandelten Wortlautes des § 2 Abs. 2 AsylG spricht nichts dafür, dass sich an dieser Funktion etwas ändern sollte.[178]

IV. HumHAG (aF)

Das Gesetz über Maßnahmen für im Rahmen humanitärer Hilfsaktionen aufgenommene Flücht- 82 linge (HumHAG)[179] vom 22.7.1980 (BGBl. 1980 I S. 1057) ist nach Art. 15 Abs. 3 Nr. 3 Zuwanderungsgesetz vom 30.7.2004 (BGBl. 2004 I S. 1950–2010) am 1.1.2005 außer Kraft getreten. Wer als Ausländer während der Geltung des HumHAG – also zwischen dem 1.8.1980 und dem 31.12.2005 – gemäß oder analog § 1 HumHAG als sog **Kontingentflüchtling** im Geltungsbereich des HumHAG aufgenommen worden ist, ist deswegen in den Genuss der Rechtsstellung nach Art. 2–34 FlüchtlAbk gekommen; das dabei gemäß Art. 12 Abs. 1 FlüchtlAbk erworbene deutsche Personalstatut wird durch das Außerkrafttreten des HumHAG zum 1.1.2005 nicht berührt.[180] Zu Einzelfragen s. 4. Aufl. 2006, Anh. II Art. 5 Rn. 95 ff.

Art. 6 EGBGB Öffentliche Ordnung (ordre public)

[1]**Eine Rechtsnorm eines anderen Staates ist nicht anzuwenden, wenn ihre Anwendung zu einem Ergebnis führt, das mit wesentlichen Grundsätzen des deutschen Rechts offensichtlich unvereinbar ist.** [2]**Sie ist insbesondere nicht anzuwenden, wenn die Anwendung mit den Grundrechten unvereinbar ist.**

Schrifttum: *Andrae*, Flüchtlinge und Kinderehen, NZFam 2016, 923; *Antomo*, Kinderehen, ordre public und Gesetzesreform, NJW 2016, 3558; *Aubin*, Die rechtsvergleichende Konkretisierung von Kontrollmaßstäben des Verfassungsrechts und des Kollisionsrechts in der deutschen Rechtsprechung, Deutsche Landesreferate zum VII. Int. Kongreß für Rechtsvergleichung, 1966, 1967, 99; *Basedow*, Die Verselbständigung des europäischen ordre public, FS Sonnenberger, 2004, 291; *Basedow*, Recherches sur la formation de l'ordre public européen dans la jurisprudence, Mélanges en l'honneur de Paul Lagarde, 2005, 55; *Baumert*, Europäischer ordre public und Sonderanknüpfung zur Durchsetzung von EG-Recht, Diss. Freiburg i. Br. 1994; *Beitzke*, Art. ordre public, in Strupp/Schlochauer, Wörterbuch des Völkerrechts, Bd. II, 2. Aufl. 1961; *Beitzke* (Hrsg.), Vorschläge und Gutachten zur Reform des deutschen internationalen Personen-, Familien- und Erbrechts, 1981; *Bleckmann*, Sittenwidrigkeit wegen Verstoßes gegen den ordre public international, Anm. zum Urteil des BGH v. 22. Juni 1972, ZaöRV

---

[177] *Jayme* IPRax 1984, 115; ihm folgend Palandt/*Thorn* Anh. Art. 5 Rn. 28.
[178] So die hM, eingehend *Lass*, Der Flüchtling im deutschen Internationalen Privatrecht, 1995, 60 ff.; ebenso Erman/*Hohloch* Art. 5 Rn. 94; Bamberger/Roth/*Lorenz* Art. 5 Rn. 41; *Looschelders* IPR Anh. Art. 5 Rn. 26; Staudinger/*Bausback* (2013) Anh. IV Art. 5 Rn. 76.
[179] Zum Personalstatut der „Kontingentflüchtlinge" *Jayme* IPRax 1981, 73.
[180] OLG Celle StAZ 2012, 81 = BeckRS 2011, 19676; AG Leverkusen FamRZ 2007, 1565 = BeckRS 2008, 04995.

34 (1974), 112; *Bock,* Der Islam in der Entscheidungspraxis der Familiengerichte, NJW 2012, 122; *Boden,* L'ordre public: limite et condition de la tolérance; recherches sur le pluralisme juridique, 2002; *Brüning,* Die Beachtlichkeit des fremden ordre public, 1997; *v. Brunn,* Der europäische ordre public, NJW 1962, 985; *A. Bucher,* L'ordre public et le but social des lois en droit international privé, Rec. des Cours II 1993, 9 (zitiert: Rec.); *Burst,* Pönale Momente im ausländischen Privatrecht und deutscher ordre public, Diss. Freiburg i. Br. 1994; *Canor,* National Constitutional Identity and Ordre public: An Intradisciplinary Analysis of European Constitutional Law and European Private International Law, Liber Amicorum Torsten Stein, 2015, 475; *Coester,* Die rechtliche Behandlung von im Ausland geschlossenen Kinderehen, StAZ 2016, 257; *Coester,* Kinderehen in Deutschland, FamRZ 2017, 77; *Coester-Waltjen,* Die Wirkungskraft der Grundrechte bei Fällen mit Auslandsberührung – familien- und erbrechtlicher Bereich, BerGesVR 38 (1998), 9; *Colombi Ciacchi,* Internationales Privatrecht, *ordre public européen* und Europäische Grundrechte, ZERP-Diskussionspapier 1/2008; *Corneloup,* Le contrôle de l'ordre public par la Cour européenne des droits de l'homme, Journal européen des droits de l'homme (J. eur. dr. de l'homme) 2013, 381; *Corthaut,* EU Ordre Public, 2012 (bespr. v. *Matthias Weller,* RabelsZ 2014, 872); *Courbe,* L'ordre public de proximité, Mélanges en l'honneur de Paul Lagarde, 2005, 225; *Damm,* Die Einwirkung der Grundrechte des Grundgesetzes auf das nach deutschem internationalen Privatrecht anwendbare ausländische Sach- und Kollisionsrecht, Diss. Mannheim 1993; *de Boer,* Unwelcome foreign law: Public Policy and other means to protect the fundamental values and public interests of the European Community, in Malatesta/Bariatti/Pocar, The external dimension of EC Private International Law in family and succession matters, 2008, 295; *Dietzi,* Zur Einführung einer generellen Ausweichklausel im schweizerischen IPR, Festgabe zum schweizerischen Juristentag 1973, 1973, 49; *Dilger,* Deutsches Recht als Ersatzrecht, StAZ 1979, 37; *Dölle,* Der ordre public im internationalen Privatrecht, Deutsche Landesreferate zum III. Int. Kongreß für Rechtsvergleichung in London 1950, 1950, 397; *Dörner,* Bürgenhaftung und ordre public, FS Sandrock, 2000, 204; *Duden,* Leihmutterschaft im Internationalen Privat- und Verfahrensrecht, 2015, 133 ff.; *Dutta,* Namenstourismus in Europa, FamRZ 2016, 1213; *Feraci,* L'ordine pubblico nel diritto dell'Unione Europea, 2012; *Fischer,* Abschied vom ordre public beim Abschluss von Börsentermingeschäften im Ausland, IPRax 1999, 450; *Föhlisch,* Der gemeineuropäische ordre public, 1997; *Foyer,* Remarques sur l'évolution de l'exception d'ordre public international depuis la thèse de Paul Lagarde, Mélanges en l'honneur de Paul Lagarde, 2005, 285. *Francescakis,* Quelques précisions sur les „lois d'application immédiate" et leurs rapports avec les règles de conflits de lois, Rev. crit. dr. int. pr. 55 (1966), 1; *Francescakis,* La théorie du renvoi et les conflits de systèmes en droit international privé, 1958; *Frank,* Die Anerkennung von Minderjährigenehen, StAZ 2012, 129; *Frank,* Die zeitliche Relativität des Ordre Public, FS Vrellis, 2014, 287; *Frey/Pfeifer,* Der ordre public – die öffentliche Ordnung: derselbe Begriff, verschiedene Funktionen – ein Rechtsprinzip?, EuR 2015, 721; *Frick,* Ordre public und Parteiautonomie, 2005; *Fumagalli,* EC Private International Law and the Public Policy Exception – Modern Features of a Traditional Concept, YbPIL 2004, 171; *Gebauer,* Gesamtverweisung und ordre public, FS Jayme, 2004, 413; *Girsberger/Mráz,* Völkerrechtlicher ordre public, IPRax 2003, 548; *Gössl,* The public policy exception in the European civil justice system, EuLF 2016, 85; *Grosser,* Der ordre public-Vorbehalt im Europäischen Kollisionsrecht, Bucerius LJ 2008, 9; *Hay,* Comments on Public Policy in Current American Conflicts Law, FS Kropholler, 2008, 89; *Heiderhoff,* Das autonome IPR in familienrechtlichen Fragen, IPRax 2017, 160; *v. Hein,* Gewerkschaftliche Rechtsschutzgewährung bei Arbeitsunfall im Ausland: „forum shopping" und ordre public, IPRax 2001, 567; *Heini,* Ausländische Staatsinteressen und internationales Privatrecht, ZSchweizR 100 (1981) I, 65; *Heiz,* Das fremde öffentliche Recht, 1959; *Heldrich,* Heimwärtsstreben auf neuen Wegen. – Zur Anwendung der lex fori bei Schwierigkeiten der Ermittlung ausländischen Rechts, FS Ferid, 1978, 299; *Helms,* Ordre public – Der Einfluss der Grund- und Menschenrechte auf das IPR, IPRax 2017, 153; *Henrich,* Wann verbietet der deutsche ordre public die Anwendung ausländischen Rechts?, StAZ 1966, 301; *Horn,* Die Entwicklung des internationalen Wirtschaftsrechts durch Verhaltensrichtlinien – Neue Elemente eines internationalen ordre public, RabelsZ 44 (1980), 423; *van Houtte,* From a national to a European public policy, in Nafziger/Symeonides, Law and Justice in a Multistate World – Essays in Honor of Arthur T. von Mehren, 2002, 841; *Jaenicke,* Zur Frage des internationalen ordre public, BerGesVR 7 (1967), 77; *Jayme,* Die Wiederanwendung der Haager Familienrechtsabkommen von 1902 und 1905, NJW 1965, 13; *Jayme,* Wandlungen des ordre public im internationalen Kindschaftsrecht, StAZ 1980, 301; *Jayme,* Methoden der Konkretisierung des ordre public im IPR, 1989; *Jayme,* Menschenrechte und Theorie des Internationalen Privatrechts, Erstveröffentlichung in IJVO 1991/92, 8; hier zitiert nach: Gesammelte Schriften Bd. III, 2003, 95; *Jayme,* Nationaler ordre public und europäische Integration, 2000; *Jayme/Meessen,* Staatsverträge zum Internationalen Privatrecht, BerGesVR 16 (1975), 1; *Kahn,* Die Lehre vom ordre public, JherJb. 39 (1898), 1 = Abh. zum Internationalen Privatrecht I, 1928, 161; *Kegel/Seidl-Hohenveldern,* Zum Territorialitätsprinzip im internationalen öffentlichen Recht, FS Ferid, 1978, 233; *Knüppel,* Zwingendes materielles Recht und internationale Schuldverträge, Diss. Bonn 1988; *Kokott,* Grund- und Menschenrechte als Inhalt eines internationalen ordre public, BerGesVR 38 (1998), 71; *Koloseus,* Begrenzungen der Rechtswahl insbesondere durch den ordre public, in Verschraegen, Rechtswahl – Grenzen und Chancen, 2010, 33; *Kreuzer,* Berichtigungsklauseln im internationalen Privatrecht, FS Zajtay, 1982, 295; *Kreuzer,* Einheitsrecht als Ersatzrecht, NJW 1983, 1943; *Kreuzer,* Was gehört in den Allgemeinen Teil eines Europäischen Kollisionsrechtes?, in Jud/Rechberger/Reichelt, Kollisionsrecht in der Europäischen Union, 2008, 1; *Kreuzer,* Clash of civilizations und Internationales Privatrecht, Rechtswissenschaft 2010, 143; *Kropholler,* Der Einfluss der Haager Übereinkommen auf die deutsche IPR-Kodifikation, RabelsZ 57 (1993), 211; *Kuttler,* Zur Frage der Beschränkung der Funktion des ordre public im internationalen Privatrecht, SchweizJZ 1951, 149; *Lagarde,* Public Policy, I. E. C. L. III, Kap. 11, 1994; *Lalive,* Application du Droit Public Etranger, Ann. Inst. Dr. Int. 56 (1975), 158, 375; *H. Lewald,* Die staatsvertragliche Regelung der international-privatrechtlichen Vorbehaltsklausel, Mitt. der Gesellschaft für Völkerrecht 7 (1926), 47; *Landfermann,* AGB-Gesetz und Auslandsgeschäfte, RIW 1977, 445; *Looschelders,* Die Ausstrahlung der Grund- und Menschenrechte auf das IPR, RabelsZ 65 (2001), 463; *Looschelders,* Anpassung und ordre public im internatio-

nalen Erbrecht, FS v. Hoffmann, 2011, 266; *Lorenz,* Islamisches Ehegattenerbrecht und deutscher ordre public: Vergleichsmaßstab für die Ergebniskontrolle, IPRax 1993, 148; *Lorenz,* „RGZ 106, 82 ff. revisited": Zur Lückenfüllungsproblematik beim ordre public in „Ja/Nein-Konflikten", IPRax 1999, 429; *Lorenz,* Deutscher Gleichberechtigungsgrundsatz und fremdes Kollisionsrecht – oder: Soll am deutschen Grundrechtswesen die Welt genesen, Mélanges Sturm, Bd. II, 1999, 1559; *Lorenz,* Renvoi und ausländischer ordre public, FS Geimer, 2002, 555; *Lutzi,* Der gleichberechtigte Zugang zur Ehe als Teil des französischen ordre public international, IPRax 2015, 381; *Makarov,* Die Haager Internationalprivatrechtlichen Abkommen und die Vorbehaltsklausel, FG Gutzwiller, 1959, 303; *Mann,* Eingriffsgesetze und Internationales Privatrecht, FS Wahl, 1973, 137; *Mann,* Öffentlich-rechtliche Ansprüche im internationalen Rechtsverkehr, RabelsZ 21 (1956), 1; *Mann,* Sonderanknüpfung und zwingendes Recht im internationalen Privatrecht, FS Beitzke, 1979, 607; *Martiny,* Gemeinschaftsrecht, ordre public, zwingende Bestimmungen und Exklusivnormen, in v. Bar, Europäisches Gemeinschaftsrecht und internationales Privatrecht, 1991, 211, *Martiny,* Spiel und Wette im Internationalen Privat- und Verfahrensrecht, FS W. Lorenz, 2001, 375; *Martiny,* Die Zukunft des europäischen ordre public, FS Sonnenberger, 2004, 523; *Martiny,* Art. ordre public, in Basedow/Hopt/Zimmermann, Handwörterbuch des Europäischen Privatrechts, 2009, 1129; *Maury,* L'ordre public en droit international privé français et en droit international privé allemand, Rev. crit. dr. int. pr. 43 (1954), 7; *Meise,* Zur Relativität der Vorbehaltsklausel im internationalen und interlokalen Privatrecht, Diss. Hamburg 1966; *Mills,* The Dimensions of Public Policy in Private International Law, JPIL 2008, 201; *Mosler,* Der „gemeinschaftliche ordre public" in europäischen Staatengruppen, Homenaje a D. Antonio de Luna, 1968, 372; *Moulier,* L'ordre public international, in Dubreuil, L'ordre public, 2013, 85; *K. Müller,* Deutsches Scheidungsurteil als prozessuale Vorfrage und fremder ordre public, RabelsZ 36 (1972), 60; *Neuhaus/Kropholler,* Entwurf eines Gesetzes über Internationales Privat- und Verfahrensrecht, RabelsZ 44 (1980), 326; *Neumayer,* Autonomie de la volonté et dispositions impératives en droit international privé des obligations, Rev. crit. dr. int. pr. 46 (1957), 579 und 47 (1958), 53; *Neumayer,* Zur positiven Funktion der kollisionsrechtlichen Vorbehaltsklausel, FS Dölle, Bd. II, 1963, 179; *Nußberger,* Die Europäische Menschenrechtskonvention und das Privatrecht, RabelsZ 80 (2016), 817; *Oster,* Public policy and human rights, JPIL 2015, 542; *Reichelt,* „Europäischer" ordre public im autonomen Kollisionsrecht, ZfRV 16 (1975), 217; *Reichelt,* Zur Kodifikation des Europäischen Kollisionsrechts – am Beispiel des ordre public, in Reichelt, Europäisches Gemeinschaftsrecht und IPR, 2007, 5; *Renfert,* Über die Europäisierung der ordre public-Klausel, 2003; *Renner,* Ordre public und Eingriffsnormen – Konvergenzen und Divergenzen zwischen IPR und IZVR, in v. Hein/Rühl, Kohärenz im Internationalen Privat- und Verfahrensrecht der EU, 2016, 358; *Rohe,* The Application of Islamic Family Law in German Courts and its Compatibility with German Public Policy, in Basedow/Yassari, Iranian Family and Succession Laws and their Application in German Courts, 2004, 19; *Rohe,* Europäisches Kollisionsrecht und religiöses Recht, in Arnold, Grundfragen des Europäischen Kollisionsrechts, 2016, 67; *Roth,* Der Vorbehalt des ordre public im Internationalen Privatrecht, NJW 1967, 134; *Saastamoinen,* The European Private International Law and the Charter of Fundamental Rights, Mélanges van Loon, 2013, 503 ff.; *Sandrock,* „Scharfer" ordre public interne und „laxer" ordre public international, FS Sonnenberger, 2004, 615; *Schemmer,* Der ordre public-Vorbehalt unter der Geltung des Grundgesetzes, Diss. Köln 1995; *Schmalenbach,* Ordre Public-Vorbehalte im Europäischen Unionsrecht, FS Posch, 2011, 691; *Scholz,* Die Internationalisierung des deutschen ordre public und ihre Grenzen am Beispiel islamisch geprägten Rechts, IPRax 2008, 213; *Schulte,* Die Anknüpfung von Eingriffsnormen, insbesondere wirtschaftsrechtlicher Art im internationalen Vertragsrecht, 1975; *J. Schulze,* Das öffentliche Recht im internationalen Privatrecht, 1972; *G. Schulze,* Moralische Forderungen und das IPR, IPRax 2010, 290; *Schurig,* Kollisionsnorm und Sachrecht, 1981, insbesondere S. 248–269; *Schütz,* Der internationale ordre public, 1984; *Schwander,* Lois d'application immédiate, Sonderanknüpfung, IPR-Sachnormen und andere Ausnahmen von der gewöhnlichen Anknüpfung im internationalen Privatrecht, Diss. Fribourg 1975; *Schwark,* Ordre public und Wandel grundlegender Wertvorstellungen am Beispiel ausländischer Börsentermingeschäfte, FS Sandrock, 2000, 881; *Schwung,* Das Ersatzrecht bei einem Verstoß des ausländischen Rechts gegen den ordre public, RabelsZ 49 (1985), 407; *Seidl-Hohenveldern,* Voraussetzungen für die Anwendung ausländischen öffentlichen Rechts, Rev. esp. der. int. 25 (1972), 349; *Siehr,* Grundrecht der Eheschließungsfreiheit und Internationales Privatrecht, RabelsZ 36 (1972), 93; *Siehr,* Der ordre public im Zeichen der Europäischen Integration: Die Vorbehaltsklausel und die EU-Binnenbeziehung, FS v. Hoffmann, 2011, 424; *K. Simitis,* Gute Sitten und ordre public: Ein kritischer Beitrag zur Anwendung des § 138 Abs. 1 BGB, 1960; *S. Simitis,* Zur Kodifikation der Vorbehaltsklausel, in Beitzke, Vorschläge und Gutachten zur Reform des deutschen internationalen Personen-, Familien- und Erbrechts, 1981, 267; *Sinay-Cytermann,* Les tendances actuelles de l'ordre public international, Mélanges Audit, 2014, 635 ff.; *Sonnenberger,* Bemerkungen zum Internationalen Privatrecht im AGB-Gesetz, FS Ferid, 1978, 377; *Sonnenberger,* Wandlungen und Perspektiven des familienrechtlichen ordre public, Symposium Spellenberg 2005, 29; *Spickhoff,* Der ordre public im internationalen Privatrecht, Entwicklung – Struktur – Konkretisierung, Diss. Göttingen 1989; *Spickhoff,* Der völkerrechtsbezogene ordre public, in Leible/Ruffert, Völkerrecht und IPR, 2006, 275; *Stöcker,* Art. 30 EGBGB im Spannungsfeld zwischen Religion und Vernunft, StAZ 1968, 33; *Stöcker,* Grund- und Menschenrechte bleiben im Zweifel unberührt. Völkerrechtliche Implikationen des innerstaatlichen Grundrechtsschutzes, JZ 1976, 45; *Stöcker,* Der internationale ordre public im Familien- und Familienerbrecht, RabelsZ 38 (1974), 79; *Stöcker,* Internationaler ordre public zum Schutz der Menschenrechte, StAZ 1981, 16; *Stöcker,* Vom ordre public-Vorbehalt zur internationalprivatrechtlichen Härteklausel, StAZ 1970, 325; *Struycken,* L'ordre public de la communauté européenne, Liber Amicorum Gaudemet-Tallon, 2008, 617; *M. Stürner,* Europäisierung des (Kollisions-)rechts und nationaler ordre public, FS v. Hoffmann, 2011, 463; *M. Stürner,* Die Rolle des Kollisionsrechts bei der Durchsetzung von Menschenrechten, FS Coester-Waltjen, 2015, 843; *M. Stürner,* Der ordre public im Europäischen Kollisionsrecht, in Arnold, Grundfragen des Europäischen Kollisionsrechts, 2016, 87; *Thoma,* Die Europäisierung und Vergemeinschaftung des nationalen ordre public, Diss. Hamburg 2007; *Thomale,* Mietmutterschaft, 2015; *Vallindas,* Der Vorbehalt des ordre public im Internationalen Privatrecht, RabelsZ 18 (1953), 1; *de Vareilles-Sommières*, L'ordre public, in Azzi/Boskovic, Quel avenir pour la théorie générale des conflits de lois?, 2015, 169; *Vlas*, Public Policy in Private International Law and its Continuing Importance, Mélanges van Loon, 2013, 621; *K. Vogel*, Der räumliche Anwendungsbereich der Verwaltungsrechtsnorm, 1965; *Völker*, Zur Dogmatik des ordre public, 1998; *Voltz*, Menschenrechte und ordre public im IPR, 2002; *G. Wagner*, Haftung für Menschenrechtsverletzungen, RabelsZ 80 (2016), 717; *M.-P. Weller/Kaller/A. Schulz*, Haftung deutscher Unternehmen für Menschenrechtsverletzungen im Ausland, AcP 216 (2016), 387; *Weitz*, Inlandsbeziehung und ordre public in der deutschen Rechtsprechung zum internationalen Familienrecht, 1981; *Matthias Weller*, Ordre-public-Kontrolle internationaler Gerichtsstandsvereinbarungen im autonomen Zuständigkeitsrecht, 2005; *Wengler*, Sonderanknüpfung, positiver und negativer ordre public, JZ 1979, 175; *Wengler*, Die Anknüpfung des zwingenden Schuldrechts im internationalen Privatrecht, ZVglRWiss. 54 (1941), 168; *Wiethölter*, Zur Frage des internationalen ordre public, BerGesVR 7 (1967), 133; *Wuppermann*, Die deutsche Rechtsprechung zum Vorbehalt des ordre public im Internationalen Privatrecht seit 1945 vornehmlich auf dem Gebiet des Familienrechts, 1977; *Wurmnest*, Ordre public, in Leible/Unberath, Brauchen wir eine Rom 0-Verordnung?, 2013, 445 (; *Wurmnest*, Der Anwendungsbereich des deutsch-iranischen Niederlassungsabkommens bei erbrechtlichen Streitigkeiten und ordre public, IPRax 2016, 447; *Zweigert*, Internationales Privatrecht und öffentliches Recht, in Fünfzig Jahre Institut für Internationales Recht an der Universität Kiel, 1965, 124; *Zweigert*, Nichterfüllung auf Grund ausländischer Leistungsverbote, RabelsZ 14 (1942), 283.

Übersicht

A. Allgemeines

I. Normzweck und Rechtsnatur

Das klassische Kollisionsrecht im Sinne *Savignys* ist grundsätzlich neutral gegenüber dem materiell- **1** rechtlichen Ergebnis, welches das durch seine Verweisungsnormen berufene Recht herbeiführt; es atmet den Geist der Liberalität und der Toleranz gegenüber anderen Rechtsordnungen, die grundsätzlich als dem einheimischen Recht gleichwertig akzeptiert werden.[1] Hierbei handelt es sich angesichts der erheblichen Divergenzen in den rechtskulturellen Grundvorstellungen und des unterschiedlichen Entwicklungsniveaus der weltweit vorhandenen Rechtsordnungen aber nicht um die Beschreibung einer real existierenden Austauschbarkeit der einzelnen Rechtsordnungen, sondern um eine funktional bedingte Arbeitshypothese, welche die Herstellung eines internationalen Entscheidungseinklangs ermöglichen soll: Das anwendbare Recht soll grundsätzlich ohne Rückgriff auf die materiellrechtlichen Präferenzen und Gerechtigkeitskonzepte des eigenen Rechts bestimmt werden, da andernfalls nicht gewährleistet wäre, dass unabhängig von der Wahl des angerufenen Gerichts in der Sache dasselbe Recht zur Anwendung kommt. Jedoch ist das IPR lediglich seiner Funktion nach, nicht aber von seiner Stellung in der Hierarchie der Rechtsquellen, ein Recht „über" Rechtsordnungen.[2]

---

[1] Grundlegend idS *Goldschmidt/Perugini Zanetti*, Derecho internacional privado – derecho de la tolerancia, 10. Aufl. 2009, 231 ff.; s. auch den Untertitel der Dissertation von *Boden* über den ordre public: „limite et condition de la tolérance"; vgl. ferner *Mills* JPIL 2008, 201 (234): „the basic principle of tolerance of difference which underpins private international law".

[2] *Kropholler* IPR § 1 II 2.

Auch das Kollisionsrecht ist an grundlegende Wertvorstellungen des eigenen Rechts gebunden, die sich insbesondere in den Grundrechten manifestieren (Art. 6 S. 2; → Einl. IPR Rn. 45). Der Mut, den das klassische Kollisionsrecht durch seine Bereitschaft zum „Sprung ins Dunkle" beweist,[3] darf nicht in eine Indifferenz gegenüber der Verletzung elementarer im Inland geltender Rechtsgrundsätze umschlagen. Es bedarf daher eines „Überdruckventils",[4] einer „Notbremse"[5] oder eines „Bollwerks",[6] das dem angerufenen Gericht bei besonders krassen Verstößen gegen tragende Grundsätze des deutschen Rechts gestattet, den von einer Verweisungsnorm ausgesprochenen Rechtsanwendungsbefehl nicht zu befolgen. Der formale Leitgedanke des internationalen Entscheidungseinklangs muss insoweit aus Gründen der Einheit der Rechtsordnung hinter fundamentalen sachrechtlichen Prinzipien zurücktreten. Diese **Korrekturaufgabe** erfüllt im deutschen IPR grundsätzlich die **ordre public-Klausel** des Art. 6: Sie „bezweckt allgemein, durch Kollisionsnormen berufenes fremdes Recht abzuwehren, sofern dessen Anwendung im Einzelfall zu Ergebnissen führen würde, die den Kernbestand der inländischen Rechtsordnung antasten."[7]

2   Diese **Abwehr anstößigen ausländischen Rechts** wird allgemein als Normzweck akzeptiert und als **negative Funktion** des ordre public bezeichnet.[8] Umstritten ist jedoch, ob der ordre public darüber hinaus auch eine **positive Funktion** hat. Nach einer Metapher *Hays* kann man sich den ordre public einerseits als einen Schild vorstellen, der ausländisches Recht abwehrt, andererseits als ein Schwert, das inländischem Recht zur Durchsetzung verhilft.[9] Dieser Streit ist nur vor dem Hintergrund der dogmengeschichtlichen Entwicklung verständlich.[10] Insbesondere in den romanischen Rechten dominierten seit dem 19. Jahrhundert Ansätze, die den ordre public als integralen Bestandteil des Kollisionsrechts begriffen und aus ihm eine **international zwingende Sonderanknüpfung** elementarer inländischer Rechtssätze ableiten wollten.[11] Diese Problematik wird im heutigen europäischen und deutschen Kollisionsrecht aber dogmatisch nicht mehr im Rahmen des ordre public abgehandelt, sondern als eine Frage der Sonderanknüpfung von Eingriffsnormen thematisiert (näher → Rn. 83 f.). Zwar zeigt sich noch in den neueren europäischen Rechtsakten die enge historische Verwandtschaft zwischen der Wahrung des ordre public und der Sonderanknüpfung von Eingriffsnormen darin, dass beide Rechtsfiguren im Zusammenhang erläutert werden, so zB in Erwägungsgrund 37 Rom I-VO und Erwägungsgrund 32 Rom II-VO: „Gründe des öffentlichen Interesses rechtfertigen es, dass die Gerichte der Mitgliedstaaten unter außergewöhnlichen Umständen die Vorbehaltsklausel („ordre public") und Eingriffsnormen anwenden können." Das ändert aber nichts daran, dass die Verordnungen selbst deutlich zwischen der Vorbehaltsklausel (Art. 21 Rom I-VO, Art. 26 Rom II-VO) einerseits, der Sonderanknüpfung international zwingender Normen andererseits (Art. 9 Rom I-VO, Art. 16 Rom II-VO) differenzieren.[12] Da die positive Funktion der Sonderanknüpfung inländischen Eingriffsrechts mithin anderen Vorschriften als den jeweiligen Vorbehaltsklauseln der Rom I-VO und der Rom II-VO zugewiesen ist, besteht keine Notwendigkeit dafür, den ordre public insoweit durch eine positive Komponente anzureichern.[13] Um die Metapher *Hays* zu variieren: Ein Ritter, der nur über einen Schild als Waffe verfügt, mag diesen zwar auch – faute de mieux – zum Angriff benutzen; hat er hingegen auch ein Schwert, ist es klüger, den Einsatz des Schildes auf die Abwehr zu beschränken.

3   Auch in Bezug auf Art. 6 gilt nichts anderes. Zwar lässt sich für das autonome deutsche IPR in formaler Hinsicht kein Umkehrschluss mehr auf Art. 34 EGBGB aF stützen,[14] weil diese Vorschrift

---

[3] Ubiquitär zitierte Metapher von *Raape/Sturm* IPR S. 199; krit. *Kegel/Schurig* IPR § 16 I: „etwas überzeichnet"; vgl. auch *Siehr* IPR § 53 II 1a: „Man springt ins Dunkle in der stillen Hoffnung auf eine glückliche Rettung."

[4] *v. Bar/Mankowski* IPR I § 7 Rn. 258; ähnlich *Mills* JPIL 4 (2008), 201 (202): „safety net".

[5] *Siehr*, FS Kropholler, 2008, 211 (223).

[6] HWB/*Martiny* S. 1129.

[7] BT-Drs. 10/504, 42.

[8] S. BVerfGK 9 (2006), 155 Rn. 13: „negative Vorbehaltsklausel mit Abwehrfunktion"; ferner Bamberger/Roth/*Lorenz* Rn. 3; *Frey/Pfeifer* EuR 2015, 721 (728); *Gössl* EuLF 2016, 85 (86); HWB/*Martiny* S. 1129; *Kropholler* IPR § 36 I; eingehend Staudinger/*Voltz* (2013) Rn. 8 ff.; *Kegel/Schurig* IPR § 16 I.

[9] *Hay*, FS Kropholler, 2008, 89 ff.

[10] Ausführlich zur rechtsgeschichtlichen Entwicklung BeckOGK/*Stürner* (1.2.2017) EGBGB Art. 6 Rn. 10 ff.

[11] Eingehend zur „romanischen Schule" *Spickhoff*, ordre public, 1989, 45 ff.; ferner Staudinger/*Voltz* (2013) Rn. 12.

[12] Von zweifelhaftem Wert war daher der Änderungsvorschlag des EP zu Art. 22 des Kommissionsvorschlags der EuGüVO (KOM 2011 [126] endg.), mit dem Eingriffsnormen als „provisions the disregard for which would be manifestly incompatible with the public policy (ordre public) of the Member State concerned" definiert werden sollten (Rechtsausschuss), Bericht vom 20.8.2013, A7-0253/2013.

[13] So auch *M. Stürner* in Arnold Grundfragen 87 (97 f.); *G. Wagner* RabelsZ 80 (2016), 717 (748 f.); *M.-P. Weller/Kaller/A. Schulz* AcP 216 (2016), 387 (396).

[14] So noch *v. Bar/Mankowski* IPR I § 7 Rn. 275; *Kropholler* IPR § 36 I.

zur Sonderanknüpfung inländischen Eingriffsrechts durch das Rom I-Anpassungsgesetz[15] aufgehoben worden ist. Auch im übrigen EGBGB finden sich – abgesehen von Art. 3a Abs. 2 (→ EGBGB Art. 3a Rn. 37 ff.) – keine speziellen Normen zur Sonderanknüpfung von Eingriffsrecht. Aus dem Mangel autonomer Sondervorschriften zum Eingriffsrecht kann aber nicht gefolgert werden, Art. 6 sei anders als Art. 21 Rom I-VO und Art. 26 Rom II-VO um eine positive Funktion zu ergänzen. Die Streichung des – ohnehin deklaratorischen – Art. 34 EGBGB aF resultiert allein aus seiner Ersetzung durch den ihm funktional äquivalenten Art. 9 Abs. 2 Rom I-VO und rechtfertigt nicht den formalistischen Schluss, hiermit solle die Normstruktur des Art. 6 auf eine positive Funktion umgepolt werden.

Obwohl allgemein anerkannt ist, dass aus den genannten Gründen bei Art. 6 die **negative Funk-** 4
tion des ordre public jedenfalls **„im Vordergrund"** steht,[16] finden sich noch im heutigen deutschen Schrifttum zahlreiche Stimmen, die dem Art. 6 zumindest auch eine positive Funktion zuschreiben.[17] Hierfür wird vorgebracht, dass es sich bei dem Ausschluss anstößigen fremden Rechts einerseits, der stattdessen erfolgenden Anwendung wesentlicher deutscher Rechtsgrundsätze andererseits lediglich um „zwei Seiten einer Medaille" handele.[18] Dieses Argument beruht jedoch insoweit auf einer petitio principii, als suggeriert wird, die durch den Ausschluss des an sich berufenen Rechts aufgrund der Vorbehaltsklausel entstandene Lücke müsse notwendigerweise durch das deutsche Sachrecht gefüllt werden.[19] Art. 6 beschränkt sich aber nach der gesetzgeberischen Konzeption bewusst darauf, allein die Nicht-Anwendung anstößigen ausländischen Rechts anzuordnen; welche Normen als Ersatzrecht berufen sind, wurde hingegen absichtlich offengelassen[20] (zu dieser Frage ausführlich → Rn. 214 ff.). Allenfalls in einem **weiten, untechnischen Sinne** könnte von einer **„positiven"** **Funktion** des Art. 6 insoweit die Rede sein, als bei der Prüfung eines ordre public-Verstoßes inländisches Recht als „Vergleichsmaßstab" heranzuziehen ist.[21] Untechnisch ist dieser Sprachgebrauch deshalb, weil es einen grundlegenden Unterschied macht, ob man inländisches Recht lediglich im Rahmen der tatbestandlichen Seite des Art. 6 zur Konkretisierung des ordre public *berücksichtigt*, oder ob inländisches Recht effektiv von einer inländischen Kollisionsnorm zur *Anwendung* berufen wird;[22] diese Rechtsfolge ordnet Art. 6 aber gerade nicht zwingend an. Insgesamt stiftet das Konzept der „positiven" Funktion des ordre public für die Rechtspraxis mehr Verwirrung als Nutzen;[23] es sollte deshalb (auch in der oben genannten „untechnischen" Variante) aufgegeben werden.[24]

Die genaue **dogmatische Einordnung der Vorbehaltsklausel** hängt maßgebend von der 5
Gewichtung der oben beschriebenen Funktionen ab. Wenig hilfreich ist es insoweit, wenn der Art. 6 agnostisch als „weder Sach- noch Kollisionsnorm" bezeichnet wird,[25] denn um eine Norm etwa des Verfahrensrechts handelt es sich bei Art. 6 im Gegensatz zu § 328 Abs. 1 Nr. 4 ZPO sicherlich nicht. Es wäre zudem im Lichte der Europäisierung des Kollisionsrechts problematisch, den ordre public allein auf der sachrechtlichen Ebene ansiedeln zu wollen, denn dann hätte die EU überhaupt keine Kompetenz, um in ihre auf Art. 81 Abs. 2 lit. c AEUV („Vereinbarkeit der […] Kollisionsnormen") gestützten Verordnungen Regelungen zum ordre public aufzunehmen.[26] Dass es sich hierbei nicht nur um akademische Quisquilien handelt, zeigt die letztlich erfolgreiche Opposition des britischen House of Lords gegen die seinerzeit von der Kommission vorgeschlagene Abwehrklausel gegenüber punitive damages (Art. 24 Kommissionsvorschlag für die Rom II-VO von 2003).[27] Diese wurde mit dem bemerkenswerten Argument abgelehnt, „that Article 24 moves away from dealing simply with conflict of laws/choice of law rules, and addresses an aspect of the substantive law applicable in tortious and other actions. Article 24 would effect a harmonisation of part of the substantive law of damages. […] As mentioned above, we do not believe that the Community

---

[15] BGBl. 2009 I S. 1574.

[16] So *v. Hoffmann/Thorn* IPR § 6 Rn. 143.

[17] Namentlich Erman/*Hohloch* Rn. 2; *v. Hoffmann/Thorn* IPR § 6 Rn. 142; *Kegel/Schurig* IPR § 16 I; *Looschelders* IPR Rn. 2; *Siehr* IPR § 53 II 2b.

[18] So plastisch *Kegel/Schurig* IPR § 16 I; Erman/*Hohloch* Rn. 2; inhaltlich ebenso *v. Hoffmann/Thorn* IPR § 6 Rn. 142; *Looschelders* IPR Rn. 2; *Siehr* IPR § 53 II 2b; ähnlich zum französischen IPR *Bureau/Muir Watt* Droit International Privé I Rn. 468, die einer negativen Ausschlussfunktion eine positive Substitutionswirkung gegenüberstellen.

[19] Mit Recht abl. daher *Rauscher* IPR Rn. 581; Staudinger/*Voltz* (2013) Rn. 18; jurisPK-BGB/*Baetge* Rn. 14.

[20] BT-Drs. 10/504, 44.

[21] Dahingehend Erman/*Hohloch* Rn. 2; *Looschelders* IPR Rn. 2; vgl. auch jurisPK-BGB/*Baetge* Rn. 14.

[22] Dies betont auch *Kubis* RabelsZ 64 (2000), 797 (801).

[23] So auch BeckOGK/*Stürner* (1.2.2017) EGBGB Art. 6 Rn. 174.

[24] Konsequent bereits *Kropholler* IPR § 36 I; *Rauscher* IPR Rn. 581.

[25] So noch *Kegel* IPR, 7. Aufl. 1995, § 16 XI.

[26] Zur Beschränkung des Art. 81 AEUV auf das Kollisionsrecht → Art. 3 Rn. 39 ff.

[27] KOM(2003), 427 endg.

has the *vires* to do this under Articles 61 and 65 of the EC Treaty."[28] Gegenüber allgemeinen Vorbehaltsklauseln bestehen hingegen insoweit keine Bedenken, wie das britische opt-in zur Rom I-VO und Rom II-VO zeigt, das ungeachtet der Tatsache erfolgte, dass beide Verordnungen allgemeine Vorbehaltsklauseln enthalten (zu diesen näher → Rn. 21 ff.).

6   In einem weiteren Sinne gehört also auch der ordre public zum Kollisionsrecht im deutschen und europäischen Verständnis dieses Begriffs. Wer die positive Funktion der Vorbehaltsklausel betont, wird auch Art. 6 letztlich als eine von ihrer Struktur her gewöhnliche Kollisionsnorm zur Berufung wesentlicher Grundsätze des deutschen Rechts begreifen, deren Anknüpfungsmoment – der Inlandsbezug (näher → Rn. 184 ff.) – freilich der Konkretisierung im Einzelfall bedarf.[29] Aus der oben beschriebenen, negativen Korrekturfunktion ergibt sich jedoch, dass es sich bei Art. 6 nicht um eine gewöhnliche, selbstständige Verweisungsregel, sondern allenfalls um eine **„kollisionsrechtliche Hilfsnorm“**[30] bzw. eine **„unselbstständige Kollisionsnorm“**[31] handelt.[32] Der Gesetzgeber hätte ohne weiteres jede einzelne selbstständige Kollisionsnorm des EGBGB mit dem einschränkenden Zusatz versehen können: „soweit die Anwendung des vorstehend bezeichneten Rechts nicht offensichtlich gegen wesentliche Grundsätze des deutschen Rechts verstößt“, ähnlich also, wie er dies in Art. 48 S. 1 getan hat. Eine solche Regelungstechnik wäre aber redundant und ineffizient, weshalb man die Wahrung des ordre public aus den Kollisionsnormen des Besonderen Teils (abgesehen von speziellen Vorbehaltsklauseln; → Rn. 48 ff.) regelmäßig ausgekoppelt und gleichsam „vor die Klammer gezogen“ hat.

II. Begriff des ordre public

7   Die amtliche Überschrift des Art. 6 verwendet – für ein deutsches Gesetz bemerkenswert[33] – neben dem deutschen Terminus **„öffentliche Ordnung“** das fachsprachliche Synonym des „ordre public“.[34] Hiermit wird deutlich hervorgehoben, dass der Begriff der „Ordnung“ iS des Art. 6 „eine viel stärkere Bedeutung [hat], als wenn wir im Deutschen etwa von bloßen ‚Ordnungsvorschriften‘ sprechen, deren Verletzung nur eine ‚Ordnungswidrigkeit‘ bedeutet“.[35] Im Englischen ist der gleichbedeutende Begriff der „public policy“ gebräuchlich.[36] Verbreitet ist auch die Bezeichnung des Art. 6 als „Vorbehaltsklausel“.[37]

8   Im internationalen Sprachgebrauch, aber auch in der deutschen Rechtsprechung, findet sich oft eine Differenzierung zwischen **ordre public interne** und **ordre public international**.[38] Diese Unterscheidung geht, wie sich schon aus den Begriffen selbst ergibt, ursprünglich auf das französische IPR zurück.[39] Erstmals findet sich der Terminus des ordre public in Art. 6 des französischen Code Civil von 1804.[40] Herkömmlich bezeichnet der **„ordre public interne“** das zwingende Recht im Sinne des materiellen Vertragsrechts, dh das Recht, von dem durch

---

[28] House of Lords, European Union Committee, Eighth Report, 2004, Rn. 164.

[29] So konsequent *Kegel/Schurig* IPR § 16 II; ähnlich aus englischer Sicht *Mills* JPIL 2008, 201 (208): „The application of public policy is essentially an implicit and overriding choice of English law“; mit Recht krit. *Kubis* RabelsZ 64 (2000), 797 (801).

[30] So *Lorenz*, FS Geimer, 2002, 555 (559).

[31] *Kropholler* IPR § 13 I; Staudinger/*Voltz* (2013) Rn. 21; *M. Stürner* in Arnold Grundfragen 87 (89 ff.).

[32] BeckOGK/*Stürner* (1.2.2017) EGBGB Art. 6 Rn. 25 ff.; näher zur rechtstheoretischen Einordnung *Schinkels*, Normsatzstruktur des IPR, 2007, 182.

[33] Ebenso der deutsche Normtext der Art. 21 Rom I-VO, Art. 26 Rom II-VO.

[34] Krit. *Ferid* IPR Rn. 3–11, 1: „kindisch-läppische Hilfsüberschrift [...], die im deutschen Gesetzestext fehl am Platze ist“.

[35] *Kropholler* IPR § 36 vor I; vgl. auch *Jayme*, Methoden und Konkretisierung, 1989, 10; NK-BGB/*Schulze* Rn. 4; zur Unterscheidung vom Begriff der öffentlichen Ordnung im Polizeirecht näher *Frey/Pfeifer* EuR 2015, 721 (731 f.).

[36] Vgl. etwa *Hay*, FS Kropholler, 2008, 89 ff.

[37] So insbes. BT-Drs. 10/504, 42; der Begriff geht zurück auf *Zitelmann* IPR I S. 317; vgl. auch in Bezug auf Art. 21 Rom I-VO Erwägungsgrund 37 Rom I-VO; in Bezug auf Art. 26 Rom II-VO Erwägungsgrund 32 Rom II-VO.

[38] Zu § 328 Abs. 1 Nr. 4 ZPO BGHZ 138, 331 (334 f.) = NJW 1998, 2358; ähnlich zum Schiedsverfahrensrecht BGH NJW 2009, 1215 Rn. 5; BGH NJW-RR 2017, 313 Rn. 56; näher *Sandrock*, FS Sonnenberger, 2004, 615 ff.

[39] *Kropholler* IPR § 36 I; Staudinger/*Voltz* (2013) Rn. 12; zum heutigen Stand der frz. Dogmatik zB *Bureau/Muir Watt* Droit International Privé I Rn. 464 ff.; *Corneloup* IPRax 2012, 569 ff.; *Moulier* in Dubreuil, L'ordre public, 2013, 85 ff.; *Sinay-Cytermann*, Mélanges Audit, 2014, 635 ff.; vgl. auch zu Art. 34 Nr. 1 EuGVO aF zB Civ. Tournai 18.11.2009, J. Trib. 2010, 456; zu Art. 45 Nr. 1 lit. a Brüssel Ia-VO nF s. *Magnus/Mankowski/Francq* EuGVO Art. 45 Rn. 16.

[40] Die Vorschrift lautet: „On ne peut déroger, par des conventions particulières, aux lois qui intéressent l'ordre public et les bonnes mœurs.“.

Parteivereinbarung in einem Inlands- oder Binnenmarktsachverhalt nicht abgewichen werden darf (einfachrechtliches ius cogens, s. auch Art. 3 Abs. 3 und 4 Rom I-VO).[41] Demgegenüber gehören zum „ordre public international" nur diejenigen zwingenden inländischen Normen, die sich auch in einem Sachverhalt mit Auslandsbezug gegenüber dem an sich anwendbaren ausländischen Recht durchsetzen.[42] Für das deutsche IPR wird eine entsprechende begriffliche Differenzierung ganz überwiegend als entbehrlich angesehen, weil das EGBGB in Art. 6 eine Vorbehaltsklausel enthält, die sich eindeutig nur auf die „wesentlichen Grundsätze des deutschen Rechts" (Art. 6 S. 1), somit auf den **„ordre public international"** und nicht lediglich auf das einfach zwingende Recht, etwa im Sinne des Art. 3 Abs. 3 Rom I-VO, bezieht.[43] Allerdings verwendet die deutsche Rechtsprechung des Öfteren den Begriff des „ordre public international" als Umschreibung für den abgeschwächten **anerkennungsrechtlichen** ordre public (§ 328 Abs. 1 Nr. 4 ZPO, § 109 Abs. 1 Nr. 4 FamFG), um diesen vom strengeren kollisionsrechtlichen ordre public (Art. 6) abzugrenzen.[44] Diese Terminologie soll der Verdeutlichung des in der Sache anerkannten *effet atténué* des anerkennungsrechtlichen ordre public (näher → Rn. 101 ff.) dienen;[45] sie ist jedoch als missverständlich abzulehnen, weil auch Art. 6 lediglich den ordre public international meint und nicht etwa den ordre public interne schützt.[46]

Irreführend ist der Begriff des „ordre public *international*" auch insoweit, als Art. 6 allein die **9** *deutsche* öffentliche Ordnung schützt (näher → Rn. 132 ff.). Dies schließt freilich nicht aus, dass der deutsche ordre public auch im Lichte europäischer oder völkerrechtlicher Vorgaben konkretisiert wird (näher → Rn. 144 ff.). Eine andere Frage ist es, ob sich fundamentale Wertungen auf völkerrechtlicher Ebene bereits zu einem Kernbestand verdichtet haben, der losgelöst von den nationalen oder regionalen Kollisionsrechten, etwa der EU, als ein genuin „internationaler" ordre public apostrophiert werden kann (näher → Rn. 115). Ein vergleichbares Problem stellt sich in Bezug auf die Verselbstständigung des unionsrechtlichen („europäischen") ordre public (näher → Rn. 154 ff.).

Bedeutsam ist ferner die **Unterscheidung zwischen „materiellem" und „prozessualem" 10 ordre public.** Während verfahrensrechtliche Vorbehaltsklauseln wie § 328 Abs. 1 Nr. 4 ZPO oder Art. 45 Abs. 1 lit. a Brüssel Ia-VO nF sowohl Verstöße gegen wesentliche materielle als auch prozessuale Rechtsgrundsätze erfassen (näher → Rn. 99 f.), beschränkt sich Art. 6 auf die Kontrolle materieller Rechtsverstöße,[47] wozu allerdings auch eine Unvereinbarkeit mit tragenden Grundsätzen des deutschen Kollisionsrechts zu zählen ist (str., näher → Rn. 125 ff.).

III. Entstehungsgeschichte

Bereits die Ursprungsfassung des EGBGB von 1900 (RGBl. 1896 I S. 609) enthielt in Art. 30 **11** eine Vorbehaltsklausel, die wie folgt lautete: „Die Anwendung eines ausländischen Gesetzes ist ausgeschlossen, wenn die Anwendung gegen die guten Sitten oder gegen den Zweck eines deutschen Gesetzes verstoßen würde." Die Neufassung in Gestalt des heutigen **Art. 6,** die **durch die IPR-Reform von 1986** geschaffen wurde, diente dem Zweck, die Vorschrift „der internationalen Rechtslage unter Berücksichtigung der Erfordernisse der Rechtsklarheit" anzupassen.[48] Eine inhaltliche

---

[41] *Frey/Pfeifer* EuR 2015, 721 (723); *Kropholler* IPR § 36 I; *Spickhoff,* ordre public, 1989, 87; Staudinger/*Voltz* (2013) Rn. 73 ff.; vgl. auch noch BGHZ 48, 327 (331) = NJW 1968, 354 (355).

[42] *Frey/Pfeifer* EuR 2015, 721 (723); *Kropholler* IPR § 36 I; *Spickhoff,* ordre public, 1989, 87; Staudinger/*Voltz* (2013) Rn. 73 ff.; vgl. auch noch BGHZ 48, 327 (331) = NJW 1968, 354 (355).

[43] Staudinger/*Voltz* (2013) Rn. 120; BeckOGK/*Stürner* (1.2.2017) EGBGB Art. 6 Rn. 168 f.; s. auch *v. Danwitz* DÖV 2004, 501 (507); insoweit auch *Frey/Pfeifer* EuR 2015, 721 (723), die aber an anderer Stelle Art. 6 dem ordre public interne zuordnen, *Frey/Pfeifer* EuR 2015, 721 (728).

[44] ZB BGHZ 138, 331 (334 f.) = NJW 1998, 2358; BGHZ 203, 350 Rn. 28 = NJW 2015, 479 mAnm *Heiderhoff*; BGHZ 206, 86 Rn. 34 = NJW 2015, 2800 mAnm *Kemper*; OLG Karlsruhe NJW 2004, 516 (517), dazu die krit. Anm. *Looschelders* IPRax 2005, 28 ff.; OLG Düsseldorf BeckRS 2011, 08116 = IPRax 2013, 349 mAnm *Wüdinger* IPRax 2013, 322; BVerwG NVwZ 2013, 427 Rn. 21; ähnlich zum Schiedsverfahrensrecht BGH EuZW 2008, 768 Rn. 5; hierzu auch *Völker,* Zur Dogmatik des ordre public, 1998, 265 ff.; wohl auch *Frey/Pfeifer* EuR 2015, 721 (728).

[45] Vgl. *Baumert* SchiedsVZ 2014, 139 (140 f.); MüKoZPO/*Gottwald* EuGVO aF Art. 34 Rn. 12.

[46] Zur Beschränkung des Art. 6 auf den ordre public international s. Bamberger/Roth/*Lorenz* Rn. 2; BeckOGK/*Stürner* (1.2.2017) EGBGB Art. 6 Rn. 168 f.; *v. Hoffmann/Thorn* IPR § 6 Rn. 146; *Hopt/Kulms/v. Hein,* Rechtshilfe und Rechtsstaat, 2006, 146; HWB/*Martiny* S. 1129; *Rauscher* IPR S. 587; Staudinger/*Voltz* (2013) Rn. 120; im Erg. auch BGH SchiedsVZ 2014, 151 Rn. 29.

[47] Staudinger/*Voltz* (2013) Rn. 111.

[48] BT-Drs. 10/504, 42; die gefundene Umschreibung wird allg. als Fortschritt begrüßt, s. *v. Bar/Mankowski* IPR I § 7 Rn. 259; Staudinger/*Voltz* (2013) Rn. 133.

Veränderung war damit nicht beabsichtigt.[49] Insoweit kann grundsätzlich die zu Art. 30 EGBGB aF ergangene Rechtsprechung weiterhin herangezogen werden,[50] wenngleich mit wachsendem Abstand das Prinzip der zeitlichen Relativität des ordre public aufgrund des Wandels der sozialen und rechtlichen Wertvorstellungen besonders zu berücksichtigen ist (näher → Rn. 202 ff.).

12   Die „internationale Rechtslage", an welche die Formulierung der Vorschrift angepasst werden sollte, wurde vor allem durch die Haager Konventionen der Nachkriegszeit und das Europäische Schuldvertragsübereinkommen (EVÜ) von 1980 geprägt. In diesen Rechtsakten findet sich die Wendung von der „offensichtlichen Unvereinbarkeit", die der deutsche Gesetzgeber in Art. 6 S. 1 übernommen hat.[51] Über eine solche allgemeine Anlehnung geht Art. 6 S. 1 aber hinaus: Die Vorschrift dient als vor die Klammer gezogene Umsetzungsvorschrift der Implementation der Vorbehaltsklauseln, die sich in Art. 11 Abs. 1 HaagUnthÜ, Art. 7 HTestformÜ sowie Art. 16 EVÜ finden (zu dieser Inkorporationslösung näher → Art. 3 Rn. 173 f.). Der Gesetzgeber hielt eine „unterschiedliche Formulierung des Vorbehalts in verschiedenen Bereichen des IPR trotz sachlich übereinstimmenden Inhalts nicht [für] sinnvoll".[52] Art. 11 Abs. 1 HaagUnthÜ ist inzwischen durch Art. 13 HUP und Art. 16 EVÜ durch Art. 21 Rom I-VO abgelöst worden. Lediglich in Bezug auf die zu Art. 3 HTestformÜ erlassene Ausführungsbestimmung des Art. 26 Abs. 1 S. 1 ist die partiell staatsvertragliche Herkunft des Art. 6 weiterhin zu beachten, wenn man nicht, was im Lichte des Art. 3 Nr. 2 und des Art. 26 Abs. 1 S. 2 vorzugswürdig erscheint, auch insoweit Art. 7 HTestformÜ direkt anwendet. Zu den daraus für die Auslegung folgenden Besonderheiten näher → Rn. 14 f.

IV. Auslegung

13   Art. 6 ist vom Gesetzgeber bewusst als eine **Vorschrift von generalklauselartiger Weite** konzipiert worden, die in besonderem Maße der Konkretisierung durch Rechtsprechung und Lehre bedarf[53] (näher → Rn. 132 ff.). Zugleich ist zu bedenken, dass die Vorschrift sowohl nach ihrem Wortlaut, ihrer Entstehungsgeschichte als auch nach ihrem Zweck **mit großer Zurückhaltung zu handhaben** ist:[54] Dem Wortlaut und der Entstehungsgeschichte nach, weil der Gesetzgeber die Formulierung der Vorschrift gegenüber Art. 30 aF bewusst verschärft hat, nämlich durch das den Haager Übereinkommen und dem EVÜ entlehnte Erfordernis der „offensichtlichen Unvereinbarkeit" des Rechtsanwendungsergebnisses mit wesentlichen Rechtsgrundsätzen;[55] dem Zweck nach, weil die Korrektur des nach den regulären Kollisionsnormen gefundenen Ergebnisses durch materiellrechtliche Wertungen einen Ausnahmecharakter bewahren muss, um nicht das Ziel des internationalen Entscheidungseinklangs mehr als unbedingt nötig auszuhöhlen.[56] Ferner spricht gegen eine extensive Auslegung, dass eine auf den ordre public gestützte Entscheidung in Staaten, die bei einer Urteilsanerkennung noch an einer kollisionsrechtlichen Kontrolle festhalten, auf Widerstände stoßen könnte.[57]

14   Fraglich ist, welche Auswirkung die Anlehnung an staatsvertragliche Bestimmungen für die Auslegung der Vorschrift im Einzelnen hat. Soweit Art. 6 der Umsetzung des Art. 16 EVÜ dient, ist für Altfälle, dh vor dem 17.12.2009 abgeschlossene Verträge (Art. 28 Rom I-VO),[58] das Gebot der einheitlichen Auslegung und Anwendung des EVÜ (Art. 18 EVÜ, in Deutschland nur unzureichend in Art. 36 EGBGB aF umgesetzt) zu beachten. Zur Vorlagemöglichkeit an den EuGH → Rn. 244 mit verfahrensrechtlichen Hinweisen.

15   Indem der Reformgesetzgeber die Formulierung des Art. 6 über den sachlichen Anwendungsbereich des HUnthÜ, des HTestformÜ und des EVÜ hinausgehend an die Fassung der in den genannten Rechtsakten jeweils enthaltenen Vorbehaltsklauseln angelehnt hat, stellt sich ein ähnliches Problem, wie es im Zusammenhang mit der überschießenden Richtlinienumsetzung bekannt ist, nämlich

---

[49] BT-Drs. 10/504, 42; s. BGHZ 104, 240 (243) = NJW 1988, 2173 (2174); eine Einschränkung der bisherigen Fassung zumindest um eine „Nuance" durch das Erfordernis der offensichtlichen Unvereinbarkeit konstatiert hingegen *Kropholler* RabelsZ 57 (1993), 207 (212).

[50] So auch Bamberger/Roth/*Lorenz* Rn. 1; Erman/*Hohloch* Rn. 1; jurisPK-BGB/*Baetge* Rn. 8; *Looschelders* IPR Rn. 3; Überblick zur Rspr. zu Art. 30 aF bei Staudinger/*Voltz* (2013) Rn. 130 ff. mwN.

[51] Näher *Kropholler* RabelsZ 57 (1993), 207 (211 f.).

[52] BT-Drs. 10/504, 43.

[53] BT-Drs. 10/504, 43.

[54] AllgM, so nur Bamberger/Roth/*Lorenz* Rn. 14; Erman/*Hohloch* Rn. 11; Palandt/*Thorn* Rn. 4.

[55] Hierzu *Pirrung* IPRax 2017, 124 (126).

[56] Vgl. BGH NJW 2014, 1597 Rn. 4.

[57] *Kropholler* IPR § 36 II 3.

[58] Beispiel: LAG RhPf BeckRS 2012, 68453 zur Frage der ordre public-Widrigkeit einer at-will-Kündigung nach dem Recht von New Hampshire.

die Frage nach der harmonischen oder gespaltenen Auslegung entsprechender Bestimmungen.[59] Eine Pflicht zur richtlinienkonformen Auslegung richtlinienfreien Rechts fließt bei einer richtlinienüberschießenden Umsetzung zwar nicht aus dem Unionsrecht; sie kann sich aber aus nationalem Recht, das heißt aus einem entsprechenden Willen des nationalen Gesetzgebers, ergeben.[60] Entsprechendes muss für die überschießende Inkorporation von Staatsverträgen in das nationale Recht gelten.[61] Wie bereits ausgeführt wurde, hat der Reformgesetzgeber die Formulierung der allgemeinen Vorbehaltsklausel bewusst an die des EVÜ und der Haager Konventionen angeglichen, weil ihm eine unterschiedliche Formulierung der Klausel trotz sachlich übereinstimmenden Inhalts nicht sinnvoll erschien (→ Rn. 12). Daraus folgt, dass die Vorbehaltsklausel im autonomen deutschen IPR nicht etwa großzügiger, sondern ebenso zurückhaltend anzuwenden ist wie im staatsvertraglichen und im heutigen europäischen Kollisionsrecht, das an die Stelle der seinerzeit inkorporierten Staatsverträge getreten ist **(Gebot der harmonischen Auslegung der Vorbehaltsklausel)**.[62] Ferner wird die künftige EuGH-Rechtsprechung zu den verschiedenen unionsrechtlichen Vorbehaltsklauseln (zB Art. 21 Rom I-VO, Art. 26 Rom II-VO, Art. 12 Rom III-VO) mutatis mutandis auch für das autonome IPR zu beachten sein. Dies muss insbesondere dann gelten, wenn das autonome IPR akzessorisch an die unionsrechtlichen Kollisionsregeln anknüpft (zB Art. 17 Abs. 1 und 3, Art. 44).

V. Praktische Bedeutung und Entwicklungstendenzen

Hinsichtlich der praktischen Bedeutung der Vorbehaltsklausel stehen sich **widerstreitende Ten-** **16** **denzen** gegenüber, die zum Teil auf eine Zurückdrängung des ordre public in der Zukunft, zum Teil aber auf dessen wichtigere Rolle schließen lassen.[63] Hierbei ist zu unterscheiden zwischen der ordre public-Kontrolle als allgemeinem Konzept und der spezifischen Relevanz der autonomen Vorbehaltsklausel des Art. 6. Letztere hat schon deshalb eine abnehmende Bedeutung, weil sie immer öfter durch vorrangige unionsrechtliche und staatsvertragliche Vorbehaltsklauseln verdrängt wird (näher → Rn. 21 ff., 36 ff.); hinzu kommt, dass sich auch im nationalen Kollisionsrecht seit 1986 die speziellen Vorbehaltsklauseln (zB Art. 40 Abs. 3, Art. 17b Abs. 4, jüngst Art. 48 S. 1) stark vermehrt haben und insoweit dem Anwendungsbereich der allgemeinen Vorbehaltsklausel erheblich einengen (näher → Rn. 48 ff.). Die gegenwärtige Entwicklung wird daher durch eine zunehmende Fragmentierung des ordre public charakterisiert, eine Tendenz, der sich der Reformgesetzgeber von 1986 durch die Schaffung einer allgemeinen, besondere staatsvertragliche Vorbehaltsklauseln inkorporierenden Vorschrift noch erfolglos entgegenzustellen suchte.[64] Ob es künftig gelingen wird, im Rahmen einer Kodifikation des Allgemeinen Teils auf europäischer Ebene („Rom 0-VO"; → Art. 3 Rn. 69 ff.) die Vorbehaltsklausel erneut „vor die Klammer" zu ziehen, bleibt abzuwarten (näher → Rn. 25 ff.).

In Bezug auf die ordre public-Kontrolle im Allgemeinen fällt das Bild hingegen wesentlich kom- **17** plexer aus. Zum einen bestehen so insoweit auf eine **Zurückdrängung des ordre public** gerichtete Entwicklungen. Diese manifestieren sich im Siegeszug der restriktiven Formulierung der „offensichtlichen Unvereinbarkeit", die aus den Haager Konventionen und dem EVÜ in die entsprechenden Vorbehaltsklauseln der EU-Verordnungen eingeflossen ist.[65] Auch in dogmatischer und systematischer Hinsicht ist der Spielraum für die ordre public-Kontrolle in neuerer Zeit erheblich reduziert worden. Dies ergibt sich erstens daraus, dass der Anwendungsbereich des ordre public aus den oben (→ Rn. 2 ff.) ausführlich dargelegten Gründen auf dessen negative Funktion, die Abwehr ausländischen Rechts, beschränkt worden ist, während die Sonderanknüpfung von Eingriffsnormen den dafür einschlägigen speziellen Vorschriften überlassen bleibt.[66] Zweitens ist sowohl für das deutsche als auch für das europäische IPR eine wachsende Materialisierung des Kollisionsrechts festzustellen, die vielfach rechtspolitischen Wertvorstellungen des eigenen Rechts durch alternative oder subsidiäre Anknüpfungen zum Durchbruch verhilft (→ Einl. IPR Rn. 63 ff.); hiermit verringert sich das Bedürfnis, anstößige Ergebnisse der Anwendung des ausländischen Rechts mithilfe der

---

[59] Hierzu jüngst ausf. BGH NJW 2013, 220 (221 f.) mAnm *Lorenz* NJW 2013, 207 ff. = JZ 2013, 189 mAnm *Mörsdorf* mwN.

[60] BGH NJW 2013, 220 Rn. 20.

[61] Hierzu ausf. *Kropholler/v. Hein*, FS Großfeld, 1998, 615 ff.

[62] IdS bereits *Kropholler* RabelsZ 57 (1993), 207 (211 f.); zust. *Frey/Pfeifer* EuR 2015, 721 (729); leicht abschwächend formulieren *v. Bar/Mankowski* IPR I § 3 Rn. 74: zwischen dem autonomen deutschen IPR und den Haager Konventionen „bestehen in diesem Punkt eigentlich keine relevanten Unterschiede mehr".

[63] Schon HWB/*Martiny* S. 1129 konstatiert „nicht widerspruchsfreie Entwicklungstendenzen".

[64] Vgl. auch *M. Stürner* in Arnold Grundfragen, 87 (99 f.).

[65] Ebenso HWB/*Martiny* S. 1129.

[66] Ebenso BeckOGK/*Stürner* (1.2.2017) EGBGB Art. 6 Rn. 67 ff.; HWB/*Martiny* S. 1129; *Helms* IPRax 2017, 153 (154).

Vorbehaltsklausel auszuschalten.[67] Drittens führt die Bevorzugung des gewöhnlichen Aufenthalts gegenüber der Staatsangehörigkeitsanknüpfung im internationalen Familien- und Erbrecht der EU (Rom III-VO, EuErbVO; näher → Art. 5 Rn. 28 ff.) dazu, dass sich im Vergleich zum EGBGB die Notwendigkeit, wesentliche Grundsätze des eigenen Rechts durch den Rückgriff auf den ordre public zu schützen, erheblich verringert.[68] Denn die Berufung des Rechts am gewöhnlichen Aufenthalt einer oder der Parteien führt häufiger als deren Heimatrecht dazu, dass in der Sache das lex fori des angerufenen Gerichts zur Anwendung kommt (→ Art. 5 Rn. 34). Viertens ist die Ausdehnung der Parteiautonomie über das Vertragsrecht hinaus zu nennen (→ Einl. IPR Rn. 35 ff.). Zwar ist der ordre public selbst unstreitig nicht dispositiv (näher → Rn. 207 f.). Durch eine geschickte und vorausschauende Rechtswahl haben es die Parteien aber weitgehend selbst in der Hand, sich (etwa im Scheidungs- oder Erbrecht nach der Rom III-VO bzw. der EuErbVO) für ein Recht zu entscheiden, das am Ort seiner gerichtlichen Durchsetzung voraussichtlich keinen Anstoß erregen wird.[69] Schließlich wird seit geraumer Zeit die Frage diskutiert, ob die zunehmende rechtliche Integration im Kreise der EU es gebietet, dass die Mitgliedstaaten im Verhältnis zueinander nach dem Vorbild bestimmter verfahrensrechtlicher Verordnungen (zu diesen → Rn. 90 ff.) auf eine ordre public-Kontrolle verzichten oder diese zumindest einschränken (näher → Rn. 172 ff.). Obwohl derartige Vorstöße im IPR bislang ohne nennenswerten Erfolg geblieben sind, wird diese Frage in den nächsten Jahren auf der Tagesordnung bleiben.

18   Diesen auf eine Zurückdrängung des ordre public gerichteten Tendenzen stehen jedoch Entwicklungen gegenüber, die auf dessen **wachsende Bedeutung** schließen lassen. Aufgrund der Globalisierung der Wirtschafts- und Kommunikationsbeziehungen sowie der gestiegenen Mobilität der Menschen schwillt die Zahl der Fälle an, in denen die deutsche Justiz mit fremden religiösen oder kulturellen Wertvorstellungen, insbesondere aus dem islamischen Recht, konfrontiert wird.[70] Dies gilt jedenfalls für das autonome IPR, solange dort entgegen der EU-Rechtsentwicklung an der rechtspolitisch fragwürdigen Präferenz für die Staatsangehörigkeitsanknüpfung festgehalten wird (→ Art. 5 Rn. 27 ff.). Aber auch im Hinblick auf religiös grundierte Anschauungen, die in Europa auf eine deutlich längere Tradition zurückblicken können, ist in einer säkularisierten Gesellschaft die Bereitschaft geschwunden, uns fremd gewordene Einschränkungen der persönlichen Freiheit hinzunehmen; das Scheidungsverbot des katholischen Kirchenrechts zB galt dem BGH, sofern es einer Auflösung der Ehe auch vor staatlichen Gerichten entgegensteht, schon vor In-Kraft-Treten der Rom III-VO – zutreffend – als ordre public-widrig.[71] Art. 10 Rom III-VO enthält nun zur Absicherung der größtmöglichen Scheidungsfreiheit eine spezielle Vorbehaltsklausel (ausführlich → Rom III-VO Art. 10 Rn. 1 ff.).

19   Eine zunehmend wichtigere Rolle des ordre public resultiert ferner daraus, dass dieser im IPR als Einfallstor für europäische und internationale Menschenrechte fungiert, deren Umfang und Bedeutung in den vergangenen Jahrzehnten erheblich angewachsen ist[72] (näher → Rn. 144 ff.). Insbesondere wenn man bei Verstößen gegen grundlegende Menschenrechte auf das Erfordernis der Inlandsbeziehung verzichtet (näher → Rn. 197 ff.), wird die ordre public-Kontrolle auf Sachverhalte ausgedehnt, die aus einer nationalen Perspektive allenfalls geringen Anstoß erregt hätten.

20   Vor dem Hintergrund dieser gegenläufigen Tendenzen und angesichts der im europäischen IPR gegebenen Umbruchsituation stellt sich die Frage, wie die Existenz der Vorbehaltsklausel rechtspolitisch zu würdigen ist. Im autonomen IPR wird der ordre public als ein „Störenfried" bezeichnet, der aber andererseits als Korrekturmechanismus im Rahmen des klassischen IPR schlechthin unverzichtbar sei.[73] Allenfalls wird die Frage gestellt, ob im Verhältnis zu anderen EU-Mitgliedstaaten bei der Anwendung des Art. 6 größere Zurückhaltung angebracht ist als gegenüber Drittstaaten (näher → Rn. 172 ff.). Im staatsvertraglichen und europäischen IPR ist die Frage nach der grundsätzlichen Berechtigung einer ordre public-Kontrolle hingegen vielschichtiger (→ Rn. 21 ff.).

---

[67] Vgl. bereits zum autonomen IPR *Spickhoff,* ordre public, 1989, 284 f.; zu den Haager Konventionen *Gottschalk* Allgemeine Lehren des IPR 301; zum europäischen IPR *de Boer,* Unwelcome foreign law, 2008, 295, 313.

[68] So auch *Helms* IPRax 2017, 153 (154); *M. Stürner* in Arnold Grundfragen 87 (100 f.).

[69] Ebenso zu den Haager Konventionen *Gottschalk* Allgemeine Lehren des IPR 300 f.

[70] *v. Hoffmann/Thorn* IPR § 6 Rn. 143; zur ordre public-Kontrolle islamischen Rechts eingehend *Bock* NJW 2012, 122; *Kreuzer* Rechtswissenschaft 2010, 143; *Rohe,* Islamic Family Law, 2004, 19 ff.; *Scholz* IPRax 2008, 213; zu Einzelfällen insbes. im Familien- und Erbrecht näher → Rn. 257 ff.

[71] BGHZ 169, 240 = NJW-RR 2007, 145.

[72] Vgl. zur „Konstitutionalisierung des Familienrechts" *Helms* IPRax 2017, 153 (155 f.).

[73] *Ferid* IPR Rn. 3–13; *v. Bar/Mankowski* IPR I § 7 Rn. 258; so im Ergebnis auch aus ökonomischer Sicht *Rühl,* Statut und Effizienz, 2011, 421 f.; zust. *M. Stürner* in Arnold Grundfragen 87 (91).

VI. Rechtsquellen der ordre public-Kontrolle im IPR

1. Unionsrechtliche Vorbehaltsklauseln. a) Allgemeine Vorbehaltsklauseln. Im heutigen 21
Kollisionsrecht der EU finden sich durchgängig allgemeine Vorbehaltsklauseln, die es dem angerufenen Gericht gestatten, die Anwendung des nach dem jeweiligen Rechtsakt berufenen Rechts wegen einer offensichtlichen Unvereinbarkeit mit dem ordre public der lex fori zu versagen.[74] Dies sind gegenwärtig im IPR der vertraglichen Schuldverhältnisse Art. 21 Rom I-VO, im IPR der außervertraglichen Schuldverhältnisse Art. 26 Rom II-VO, im internationalen Unterhaltsrecht Art. 13 HUP (iVm Art. 15 EuUnthVO), im internationalen Scheidungsrecht Art. 12 Rom III-VO, im internationalen Erbrecht der seit dem 17.8.2015 anwendbare Art. 35 EuErbVO und zukünftig im Güterrecht ab dem 29.1.2019 Art. 31 EuGüVO[75] bzw. Art. 31 EuPartVO[76] für eingetragene Partnerschaften. Diese Klauseln gehen sowohl dem Art. 6 als auch speziellen Vorbehaltsklauseln des autonomen IPR (zB Art. 40 Abs. 3 EGBGB) wegen des Anwendungsvorrangs des Unionsrechts (vgl. Art. 3 Nr. 1 EGBGB) vor.[77] Für Einzelerläuterungen zu den genannten Vorschriften ist auf die dortigen Kommentierungen zu verweisen; hier soll es nur darum gehen, ob sich aus ihnen Rückschlüsse für den Schutz des ordre public im europäischen Rechtsraum ergeben, die auch für die Auslegung des Art. 6 relevant sein können (zum Gebot der harmonischen Auslegung → Rn. 15).

Der Umstand, dass heute in allen genannten Rechtsakten allgemeine Vorbehaltsklauseln vorhanden sind,[78] kann leicht darüber hinwegtäuschen, dass es bei der Schaffung des heutigen europäischen Kollisionsrechts ernst zu nehmende Ansätze gegeben hat, die Berufung auf den ordre public im europäischen IPR abzuschaffen oder zumindest einzuschränken. Ein gänzlicher Verzicht auf eine allgemeine Vorbehaltsklausel kommt im europäischen IPR jedoch schon deshalb nicht in Betracht, weil es sich bei allen genannten Verordnungen um *lois uniformes* handelt, die auch zur Berufung drittstaatlichen Rechts führen können (s. etwa Art. 2 Rom I-VO, Art. 3 Rom II-VO, Art. 4 Rom III-VO). Rechtsordnungen außerhalb der EU kann man aber nicht schlechthin einen Vertrauensvorschuss einräumen, der es rechtfertigen würde, von jeglicher ordre public-Kontrolle abzusehen.[79]

Damit ist jedoch nicht die Frage beantwortet, ob zwischen Mitglied- und Drittstaaten dahingehend zu differenzieren ist, dass innerhalb der EU eine ordre public-Kontrolle ausscheidet, wenn in der Sache das Recht eines Mitgliedstaates zur Anwendung kommt.[80] Hierfür ließe sich anführen, dass bereits in neueren EU-Verordnungen zum Internationalen Zivilverfahrensrecht auf eine ordre public-Kontrolle mitgliedstaatlicher Gerichtsentscheidungen verzichtet wird, wenngleich sich derartige Bestrebungen im Zuge der jüngst durchgeführten Revision der EuGVO nicht durchgesetzt haben (näher → Rn. 92 ff.). Tatsächlich hatte die Kommission in ihrem Entwurf für die EuUnthVO vom 15.12.2005[81] (im Folgenden: EuUnthVO-E) vorgeschlagen, dass ein Eingreifen der Vorbehaltsklausel gegenüber dem Recht eines anderen Mitgliedstaates ausgeschlossen werden sollte (Art. 20 S. 2 EuUnthVO-E).[82] Dieser Vorstoß hat jedoch zu Recht keine Gefolgschaft gefunden (vgl. Art. 13 HUP iVm Art. 15 EuUnthVO), weil gerade auf dem Gebiet des Familien- und Erbrechts angesichts der zum Teil erheblichen nationalen Divergenzen in grundlegenden Wertungsfragen eine Abschaf-

22

23

---

[74] Vgl. *Frey/Pfeifer* EuR 2015, 721 (727); *Siehr*, FS v. Hoffmann, 2011, 424 (427 f.); *M. Stürner* in Arnold Grundfragen 87 ff.; *Wurmnest* in Leible/Unberath Rom 0-VO 445 ff.
[75] VO (EU) 2016/1103 des Rates vom 24.6.2016 zur Durchführung einer Verstärkten Zusammenarbeit im Bereich der Zuständigkeit, des anzuwendenden Rechts und der Anerkennung und Vollstreckung von Entscheidungen in Fragen des ehelichen Güterstands, ABl. Nr. 2016 L 183, S. 1.
[76] VO (EU) 2016/1104 des Rates vom 24.6.2016 zur Durchführung einer Verstärkten Zusammenarbeit im Bereich der Zuständigkeit, des anzuwendenden Rechts und der Anerkennung und Vollstreckung von Entscheidungen in Fragen güterrechtlicher Wirkungen eingetragener Partnerschaften, ABl. 2016 Nr. L 183, S. 30.
[77] AllgM, s. nur Bamberger/Roth/*Lorenz* Rn. 8; Staudinger/*Voltz* (2013) Rn. 43.
[78] Als „selbstverständlich" betrachtet dies *Sonnenberger*, FS Kropholler, 2008, 227 (244).
[79] *de Boer*, Unwelcome foreign law, 2008, 295, 325 ff.; *v. Hein* ZEuP 2009, 6 (23); zust. *Leible*, Rom I und Rom II: Neue Perspektiven im Europäischen Kollisionsrecht, Zentrum für Europäisches Wirtschaftsrecht (Bonn), Vorträge und Berichte Nr. 173, 2009, 68; ebenso BeckOGK/*Stürner* (1.2.2017) EGBGB Art. 6 Rn. 238; *Rauscher* IPR Rn. 582; in der Sache ebenso bereits vor Schaffung der Rom I- und II-Verordnungen *Martiny*, FS Sonnenberger, 2004, 523 (541).
[80] *Leible*, Rom I und Rom II: Neue Perspektiven im Europäischen Kollisionsrecht, Zentrum für Europäisches Wirtschaftsrecht (Bonn), Vorträge und Berichte Nr. 173, 2009, 68 f.; vgl. bereits *Martiny*, FS Sonnenberger, 2004, 523 (541).
[81] KOM(2005), 649 endg. = *Jayme/Hausmann*, Internationales Privat- und Verfahrensrecht, 14. Aufl. 2009, Nr. 161.
[82] Hierzu krit. *Heinze*, FS Kropholler, 2008, 105 (126); *Leible*, Rom I und Rom II: Neue Perspektiven im Europäischen Kollisionsrecht, Zentrum für Europäisches Wirtschaftsrecht (Bonn), Vorträge und Berichte Nr. 173, 2009, 68 f.; *Rühl*, FS Kropholler, 2008, 187 (207 f.).

fung der Vorbehaltsklausel verfrüht gewesen wäre.[83] Die neueren Verordnungen (Rom III-VO, EuErbVO) verzichten ebenfalls auf eine Unterscheidung zwischen mitglied- und drittstaatlichem Recht im Hinblick auf die ordre public-Kontrolle.[84] Aus dem sekundären Unionsrecht ergibt sich daher eindeutig, dass auch gegenüber dem Recht anderer Mitgliedstaaten eine ordre public-Kontrolle grundsätzlich statthaft ist; dies muss erst recht im Rahmen des autonomen IPR (Art. 6) gelten. Eine andere Frage ist, ob Vorgaben des sonstigen EU-Rechts insoweit Einschränkungen erfordern (näher → Rn. 170 ff.) oder die Prüfungsdichte im Verhältnis zu mitgliedstaatlichen Rechten abzuschwächen ist (näher → Rn. 172 ff.).

24   Ferner ist erwogen worden, die prozessuale Handhabung der Vorbehaltsklausel in Bezug auf die Prüfung mitgliedstaatlichen Rechts zu modifizieren. So hatte der Rechtsausschuss des EP bei der Vorbereitung der Rom II-VO vorgeschlagen, die Anwendbarkeit der Vorbehaltsklausel nicht von Amts wegen vorzusehen, sondern sie von dem Antrag einer Partei abhängig zu machen, wenn das von der VO berufene Recht das eines Mitgliedstaates ist (Art. 24 Abs. 4 des Parlamentsentwurfs von 2005).[85] Dieser Vorschlag wurde jedoch von der Kommission zurückgewiesen, weil es „Aufgabe des Gerichts [sei], darüber zu wachen, dass die Grundwerte der lex fori eingehalten werden. Diese Aufgabe kann nicht den Parteien übertragen werden, zumal diese nicht immer durch einen Rechtsanwalt vertreten sind".[86] Art. 26 Rom II-VO ist daher, ebenso wie die anderen Vorbehaltsklauseln des EU-Rechts, von Amts wegen anzuwenden (→ Rom II-VO Art. 26 Rn. 13). Es besteht folglich im Lichte der Europäisierung des Kollisionsrechts kein Anlass, von der bislang allgemein anerkannten Prüfung des Art. 6 von Amts wegen (→ Rn. 242) abzuweichen, auch soweit es um die Kontrolle mitgliedstaatlichen Rechts geht (näher → Rn. 177).

25   Die Fragmentierung inhaltlich übereinstimmender Vorbehaltsklauseln in verschiedenen Rechtsakten ist misslich, weil der Rechtsanwender hierdurch leicht die dogmatischen und strukturellen Gemeinsamkeiten dieser Vorschriften, die bei deren Auslegung zu beachten sind, aus dem Blick verlieren können.[87] *Lagarde* hat daher folgenden erwägenswerten Vorschlag für eine Kodifikation des ordre public in einem Allgemeinen Teil des europäischen IPR unterbreitet:[88]

   „*Art. 135. L'application du droit étranger est exclue si elle conduit à un résultat manifestement incompatible avec l'ordre public du for, en particulier si elle est incompatible avec les droits garantis par la charte européenne des droits fondamentaux. Cette incompatibilité s'apprécie en tenant compte, notamment, de l'intensité du rattachement de la situation avec l'ordre juridique du for.*"

26   **Maßgebend** ist auch für das Eingreifen der allgemeinen Vorbehaltsklauseln des Unionsrechts die **öffentliche Ordnung des jeweiligen Mitgliedstaates,** bei Prüfung ausländischen Rechts in Deutschland also der deutsche ordre public.[89] Dies stellt Art. 135 S. 1 des Vorschlags von *Lagarde* („ordre public *du for*") klar. Die Mitgliedstaaten können grundsätzlich selbst festlegen, welche Anforderungen sich nach ihren innerstaatlichen Anschauungen aus ihrer öffentlichen Ordnung ergeben.[90] In den Rom I- und II-Verordnungen wurde bewusst auf die Kodifikation eines europäischen ordre public verzichtet.[91] Die Verweisung auf den einzelstaatlichen ordre public bedeutet aber keineswegs, dass die Vorbehaltsklauseln allein in nationalem Geist auszufüllen wären.[92] Vielmehr entspricht es der Intention des europäischen IPR, das Ziel der Integration zu berücksichtigen und nationale Interessen und Wertungen dementsprechend zu relativieren (näher → Rn. 170 ff.). Zudem können europäische Grundrechte, insbesondere das **Diskriminierungsverbot** nach Art. 21 GR-Ch, der Berufung auf den innerstaatlichen ordre public **Grenzen** setzen, worauf Erwägungsgrund 25 Rom III-VO, Erwägungsgrund 58 EuErbVO, Erwägungsgrund 54 EuGüVO und Erwägungsgrund 53 EuPartVO ausdrücklich hinweisen.[93]

27   Es ist zwar nicht die Aufgabe des EuGH, den Inhalt der öffentlichen Ordnung eines Mitgliedstaats zu definieren, die Abgrenzung dieses Begriffs gehört aber zur Auslegung der kollisionsrechtlichen

---

[83] So bereits *Heinze,* FS Kropholler, 2008, 105 (126); *Leible,* Rom I und Rom II: Neue Perspektiven im Europäischen Kollisionsrecht, Zentrum für Europäisches Wirtschaftsrecht (Bonn), Vorträge und Berichte Nr. 173, 2009, 68 f.; *Rühl,* FS Kropholler, 2008, 187 (207 f.); s. auch *Schmalenbach,* FS Posch, 2011, 691 (699).

[84] So bereits *Kreuzer,* Was gehört in den Allgemeinen Teil eines Europäischen Kollisionsrechts?, 2008, 1, 46.

[85] Legislative Entschließung vom 6.7.2005, IPRax 2006, 413 (418); hierzu → Rom II-VO Art. 26 Rn. 13.

[86] Geänderter Vorschlag vom 21.2.2006, KOM(2006), 83 endg. = IPRax 2006, 404 (405).

[87] Vgl. auch BeckOGK/*Stürner* (1.2.2017) EGBGB Art. 6 Rn. 76 ff.

[88] *Lagarde* RabelsZ 75 (2011), 673 (675).

[89] AllgM, s. nur Bamberger/Roth/*Lorenz* Rn. 9; *de Boer,* Unwelcome foreign law, 2008, 295, 314 f.; *Heinze,* FS Kropholler, 2008, 105 (121 f.); Staudinger/*Voltz* (2013) Rn. 43.

[90] Vgl. EuGH Slg. 2009, I-2563 Rn. 38 = NJW 2009, 1938 – Gambazzi.

[91] Näher *Calliess/v. Hein* Rom II-VO Art. 26 Rn. 6 ff.

[92] *Heinze,* FS Kropholler, 2008, 105 (121 ff.); *Sonnenberger,* FS Kropholler, 2008, 227 (244).

[93] Vgl. auch *Helms* IPRax 2017, 153 f.

Verordnungen, die gemäß Art. 267 AEUV dem EuGH obliegt.[94] Der EuGH hat somit über die Grenzen zu wachen, innerhalb deren sich ein staatliches Gericht auf diesen Begriff stützen darf, um die Anwendung des Rechts eines anderen Staates auszuschließen.[95]

Nur **untragbar erscheinende Verstöße gegen das inländische Recht** berechtigen zur Nicht- 28 Anwendung des von den Verordnungen berufenen Rechts.[96] Nicht jede Abweichung vom inländischen Recht führt daher zu einer offensichtlichen Verletzung des ordre public. Eine Anwendung unionsrechtlicher Vorbehaltsklauseln kommt vielmehr nur dann in Betracht, wenn die Anwendung des von den Verordnungen berufenen Rechts mit der öffentlichen Ordnung des Gerichtsstaates „offensichtlich unvereinbar" ist, dh gegen einen wesentlichen Rechtsgrundsatz verstieße und deshalb in einem nicht hinnehmbaren Gegensatz zur Rechtsordnung des angerufenen Gerichts stünde.[97] Es muss sich bei diesem Verstoß um eine offensichtliche Verletzung einer in der Rechtsordnung des angerufenen Gerichts als wesentlich geltenden Rechtsnorm oder eines dort als grundlegend anerkannten Rechts handeln.[98] Insoweit kann auf die Rechtsprechung und Lehre zu Art. 6, der ebenso restriktiv formuliert ist, zurückgegriffen werden, und umgekehrt. Auch Art. 135 S. 1 des Vorschlags von *Lagarde* übernimmt diese bewährte Einschränkung.

Unzweifelhaft gehören die in Art. 6 S. 2 hervorgehobenen **Grundrechte** auch ohne einen ent- 29 sprechenden Hinweis zu den wesentlichen Rechtsgrundsätzen im Sinne der europäischen Vorbehaltsklauseln.[99] So hat der EuGH[100] in Bezug auf den prozessualen ordre public ausdrücklich den aus den Grundrechten entwickelten allgemeinen unionsrechtlichen Grundsatz anerkannt, dass jedermann Anspruch auf ein faires Verfahren hat (vgl. Art. 6 EMRK).[101] Für den materiellen ordre public kann insoweit nichts anderes gelten. Diese Rechtsprechung zu den Grundrechten wird durch Art. 6 Abs. 3 EUV bestätigt. Nach dieser Bestimmung achtet die Union die Grundrechte, wie sie in der EMRK gewährleistet sind und wie sie sich aus den gemeinsamen Verfassungsüberlieferungen der Mitgliedstaaten ergeben, als allgemeine Grundsätze des Unionsrechts. Ferner ist die Grundrechte-Charta der Europäischen Union[102] (Art. 6 Abs. 1 EUV) zu beachten, auf die auch Art. 135 S. 1 des Vorschlags von *Lagarde* hinweist.

Für **Verstöße gegen das Unionsrecht** → Rn. 161 f.   30

Die **Vorbehaltsklausel** wurde in den **EU-Verordnungen** bewusst so formuliert, dass entschei- 31 dend ist, ob die **Anwendung des ausländischen Rechts** offensichtlich gegen den ordre public verstößt. Das angerufene Gericht soll also kein Urteil darüber abgeben, ob die Rechtsnorm als solche der öffentlichen Ordnung widerspricht, sondern sich ebenso wie im Rahmen des Art. 6 (→ Rn. 117 ff.) auf eine Ergebniskontrolle beschränken.[103] Dem entspricht es, ebenso wie bei Art. 6 (→ Rn. 204 ff.) für das Verständnis des ordre public auf den **Zeitpunkt** abzustellen, in dem die fragliche Rechtsnorm anzuwenden ist, und nicht auf den ihres Erlasses.[104] Ferner setzt das Eingreifen der unionsrechtlichen Vorbehaltsklauseln ebenso wie Art. 6 (näher → Rn. 184 ff.) das Vorhandensein

[94] Vgl. zu Art. 27 Nr. 1 EuGVÜ bzw. Art. 34 Nr. 1 EuGVO aF EuGH Slg. 2000, I–1935 Rn. 22 = NJW 2000, 1853 – Krombach; Slg. 2000, I–2973 Rn. 27 = NJW 2000, 2185 – Renault; Slg. 2009, I–2563 Rn. 26 = NJW 2009, 1938 – Gambazzi; Slg. 2009, I–3571 Rn. 57 = BeckRS 2009, 70441 – Apostolides/Orams; ebenso für das IPR zB → Rom II–VO Art. 26 Rn. 17; *Rauscher/Thorn* EuZPR/EuIPR Rom I–VO Art. 21 Rn. 5; Staudinger/*Voltz* (2013) Rn. 45.

[95] Vgl. zu Art. 27 Nr. 1 EuGVÜ bzw. Art. 34 Nr. 1 EuGVO aF EuGH Slg. 2000, I–1935 Rn. 23 = NJW 2000, 1853 – Krombach; Slg. 2000, I–2973 Rn. 28 = NJW 2000, 2185 – Renault; Slg. 2009, I–2563 Rn. 26 = NJW 2009, 1938 – Gambazzi; Slg. 2009, I–3571 Rn. 56 = BeckRS 2009, 70441 – Apostolides/Orams.

[96] So zum EuGVÜ (wie bereits zuvor zu § 328 Abs. 1 Nr. 4 ZPO) BGHZ 75, 167 = NJW 1980, 527; BGHZ 122, 16 = NJW 1993, 1801, dazu die Anm *H. Roth* IPRax 1994, 350 ff.

[97] Vgl. BGH NJW 2014, 1597 Rn. 9; idS zu Art. 27 Nr. 1 EuGVÜ bzw. Art. 34 Nr. 1 EuGVO aF EuGH Slg. 2000, I–1935 Rn. 37 = NJW 2000, 1853 – Krombach; Slg. 2009, I–2569 Rn. 27 = NJW 2009, 1938 – Gambazzi; Slg. 2009, I–3571 Rn. 59 = BeckRS 2009, 70441 – Apostolides/Orams.

[98] IdS zu Art. 27 Nr. 1 EuGVÜ bzw. Art. 34 Nr. 1 EuGVO aF EuGH Slg. 2000, I–1935 Rn. 37 = NJW 2000, 1853 – Krombach; Slg. 2009, I–2569 Rn. 27 = NJW 2009, 1938 – Gambazzi; Slg. 2009, I–3571 Rn. 59 = BeckRS 2009, 70441 – Apostolides/Orams.

[99] *Helms* IPRax 2017, 153; *Rauscher/Thorn* EuZPR/EuIPR Rom I–VO Art. 21 Rn. 7.

[100] EuGH Slg. 2000, I–1935 Rn. 26 f. = NJW 2000, 1853 – Krombach; Slg. 2009, I–2569 Rn. 28 = NJW 2009, 1938 – Gambazzi. Vgl. auch die spätere Krombach-Entscheidung EGMR NJW 2001, 2387 mAnm *Gundel* NJW 2001, 2380 ff. und *Matscher* IPRax 2001, 428.

[101] Näher zur Einbeziehung der EMRK in die Interpretation des ordre public–Vorbehalts *Gundel* EWS 2000, 442 ff.; *van Hoek* C. M. L. Rev. 2001, 1016 ff.; *Hess*, FS Jayme, 2004, 348 ff.; *Matscher*, FS Kollhosser, Bd. 2, 2004, 427 ff.

[102] ABl. 2007 C 303, S. 1 = BGBl. 2008 II S. 1166.

[103] Bericht *Giuliano/Lagarde* S. 38.

[104] *Rauscher/Thorn* EuZPR/EuIPR Rom I–VO Art. 21 Rn. 8; vgl. zum IZVR OLG Köln NJW-RR 1995, 446.

einer hinreichenden **Inlandsbeziehung** voraus,[105] was durch Art. 135 S. 2 des Vorschlags von *Lagarde* klargestellt werden soll. Angesichts der zunehmenden europarechtlichen Prägung des ordre public kommt in Betracht, dass der herkömmliche Inlandsbezug zum Erfordernis einer EU-Binnenbeziehung fortentwickelt wird (näher → Rn. 193 ff.).

32   Die unionsrechtlichen Vorbehaltsklauseln beschränken sich ebenso wie Art. 6 darauf, die Anwendung eines ordre public-widrigen fremden Rechts zu versperren, schweigen aber zu der Frage, welche **Rechtsfolge** sodann in positiver Hinsicht eintritt:[106] Anwendung der lex fori als Ersatzrecht,[107] Modifikation des ausländischen Rechts (so die hM im deutschen IPR; näher → Rn. 214 ff.), Heranziehung allgemeiner Rechtsgrundsätze (näher → Rn. 229) oder gar die Abweisung der Klage als unzulässig (näher → Rn. 233)? Es ist damit zu rechnen, dass die Gerichte der Mitgliedstaaten ihrer bisherigen Praxis in diesem Punkt weiterhin folgen werden[108] (näher → Rn. 179 f.). Art. 135 des Vorschlags von *Lagarde* bringt insoweit keine Klärung, sondern überlässt die Frage weiterhin der Entwicklung von Rechtsprechung und Wissenschaft. Zur Vermeidung von Restanreizen für ein Forum Shopping wäre es wünschenswert, insoweit zu einer möglichst harmonischen Lösung in der EU zu gelangen, weshalb die Gerichte auch die Praxis in anderen Mitgliedstaaten berücksichtigen sollten.[109]

33   **b) Spezielle Vorbehaltsklauseln.** Außer den bereits genannten allgemeinen Vorbehaltsklauseln können EU-Verordnungen auch spezielle Vorbehaltsklauseln enthalten, die dem Art. 6 (oder auch speziellen Vorbehaltsklauseln des deutschen IPR, wie zB Art. 40 Abs. 3) ebenfalls vorgehen. Hier ist bislang Art. 10 Rom III-VO zu nennen, der einen gleichberechtigten Zugang beider Ehegatten zur Scheidung ermöglichen soll[110] (näher → Rom III-VO Art. 10 Rn. 1 ff.). Hingegen konnte sich die noch in den Vorentwürfen zur Rom II-VO enthaltene spezielle Vorbehaltsklausel zur Abwehr von Strafschadensersatz letztlich nicht durchsetzen (näher → Rom II-VO Art. 26 Rn. 5 ff.). Nicht um eine spezielle Vorbehaltsklausel, sondern um eine subsidiäre Anknüpfung handelt es sich bei Art. 4 Abs. 2 HUP (iVm Art. 15 EuUnthVO), der ebenso wie Art. 18 Abs. 2 EGBGB aF die lex fori beruft, wenn die berechtigte Person nach dem regulären Unterhaltsstatut keinen Anspruch gegen den Unterhaltspflichtigen hat.[111]

34   Auch die Vorbehaltsklauseln des Unionsrechts beschränken sich auf den Schutz der **öffentlichen Ordnung im Staat des angerufenen Gerichts.**[112] Der noch bei der Schaffung der Rom II-VO unternommene Versuch, eine Spezialvorschrift zur Wahrung eines davon gesonderten europäischen ordre public zu schaffen, blieb hingegen ohne Erfolg (ausführlich → Rom II-VO Art. 26 Rn. 3 f.); er ist auch in den seither erlassenen Verordnungen nicht erneut aufgegriffen worden. Daraus, dass der Unionsgesetzgeber zum Schutz wesentlicher Rechtsgrundsätze des EU-Rechts die allgemeinen Vorbehaltsklauseln für ausreichend hält, lässt sich der Schluss ziehen, dass auch im Rahmen des autonomen IPR keine über Art. 6 hinausgehenden Bestimmungen erforderlich sind, um europäische Wertvorstellungen in die Abwehrfunktion der nationalen ordre public-Klausel einzubeziehen (näher → Rn. 136).

35   Rechtspolitisch sind spezielle Vorbehaltsklauseln auf dem Gebiet des europäischen Kollisionsrechts nicht minder fragwürdig als im deutschen IPR (näher → Rn. 70 ff.). Der bisher zu beobachtende zurückhaltende Umgang des Unionsgesetzgebers mit derartigen Klauseln verdient daher Beifall und sollte auch den deutschen Gesetzgeber zu der Prüfung veranlassen, ob nicht manche der im EGBGB vorhandenen Exklusivnormen verzichtbar sind (näher → Rn. 72).

36   **2. Staatsvertragliche Vorbehaltsklauseln. a) Allgemeines.** Auch im Verhältnis zwischen den Vertragsstaaten internationaler Übereinkommen stellt sich die oben bereits für das europäische IPR

---

[105] Eingehend *Siehr,* FS v. Hoffmann, 2011, 424 ff.; *M. Stürner,* FS v. Hoffmann, 2011, 463 (480 f.); *Wurmnest* in Leible/Unberath Rom 0-VO 469 f.

[106] Hierzu schon *Sonnenberger,* FS Kropholler, 2008, 227 (244); s. auch *Schurig,* FS v. Hoffmann, 2011, 405 (408) zu Art. 12 Rom III-VO.

[107] Dafür als allgemeine Lösung im europäischen IPR *Grosser* Bucerius L.J. 2008, 9 (13); dagegen aber mit Recht *Kreuzer,* Was gehört in den Allgemeinen Teil eines Europäischen Kollisionsrechtes?, 2008, 1, 46 f.

[108] Ebenso Staudinger/*Voltz* (2013) Rn. 44; *Wurmnest* in Leible/Unberath Rom 0-VO 474 ff.

[109] So mit Recht *Sonnenberger,* FS Kropholler, 2008, 227 (244); weitergehend für eine europäische Kodifikation der Ersatzrechtsbestimmung *Kreuzer,* Was gehört in den Allgemeinen Teil eines Europäischen Kollisionsrechtes?, 2008, 1, 46 f.

[110] Zur Einordnung als spezielle Vorbehaltsklausel statt vieler *Basedow,* FS Posch, 2011, 17 (30 f.); *Boele-Woelki* YbPIL 2010, 1 (19); *Hammje* Rev. crit. 100 (2011), 291 (334 f.); *Helms* FamRZ 2011, 1765 (1771); *Joubert* in Corneloup, Droit Européen de divorce, 2013, Rom III-VO Art. 10 Rn. 14 ff.; *Schurig,* FS v. Hoffmann, 2011, 405 (408 ff.); *Siehr,* FS v. Hoffmann, 2011, 424 (427); *Traar* ÖJZ 2011, 805 (812); abwegig *Pietsch* NJW 2012, 1768 (1769 f.), der die Vorschrift als einen Fall des Renvoi einordnet.

[111] Vgl. zu Art. 18 Abs. 2 EGBGB aF *Kropholler* IPR § 36 VIII; *Nojack,* Exklusivnormen im IPR, 2005, 82 ff.

[112] Statt aller *Vlas,* Mélanges van Loon, 2013, 621 (624 f.).

angesprochene Frage, ob insoweit auf die allgemeine Vorbehaltsklausel verzichtet werden kann. Bei einer hinreichenden Übereinstimmung in den rechtlichen Grundwertungen und einem geschlossenen Kreis von Vertragsstaaten erscheint dies durchaus möglich; so haben die skandinavischen Staaten regelmäßig keine Vorbehaltsklausel in ihre IPR-Konventionen aufgenommen.[113] Auch die älteren Haager Übereinkommen (dh aus der Zeit vor dem Zweiten Weltkrieg) hatten bereits den Versuch unternommen, von einer allgemeinen Vorbehaltsklausel abzusehen und die Berufung auf den ordre public nur in eng umgrenzten Fällen zuzulassen.[114] Statt zu einer größeren rechtlichen Integration beizutragen, erwies sich dieser Ansatz aber als kontraproduktiv: Der Umstand, dass französische und belgische Gerichte nach dem Haager Eheschließungsabkommen von 1902[115] daran gehindert waren, deutsche Deserteure zu trauen, weil die Richter das im deutschen Recht verankerte Ehehindernis des mangelnden Vorgesetztenkonsenses beachten mussten, trug erheblich zur Kündigung des Abkommens durch diese Staaten bei.[116] Auch die auf der nationalsozialistischen „Rassenlehre" beruhenden Eheverbote ließen sich nur schwer unter die spezielle Vorbehaltsklausel in Art. 3 des Abkommens, die auf Fälle der Religionsverschiedenheit beschränkt war, subsumieren.[117] Die Haager Konferenz zog aus diesen Erfahrungen nach dem Zweiten Weltkrieg die Lehre, die bis heute verwendete restriktive Formulierung einer allgemeinen Vorbehaltsklausel („offensichtlich unvereinbar") auszuarbeiten, die sich zB auch in Art. 13 HUP und Art. 22 KSÜ findet.[118]

b) Verhältnis zum nationalen ordre public. Für das Verhältnis staatsvertraglicher Vorbehalts- **37** klauseln zu Art. 6 gelten die folgenden Grundsätze, wobei drei Typen staatsvertraglicher Regelungen zu unterscheiden sind:

aa) Staatsverträge ohne Vorbehaltsklausel. Zunächst sind Staatsverträge ohne Vorbehaltsklau- **38** sel zu nennen. Ein Staatsvertrag muss nicht unbedingt eine eigenständige Vorbehaltsklausel enthalten, sondern kann es den **Vertragsparteien gestatten,** dass sie auf ihre jeweiligen **nationalen Vorbehaltsklauseln zurückgreifen** dürfen, wie dies zB in **Art. 8 Abs. 3 S. 2 des deutsch-iranischen Niederlassungsabkommens**[119] vorgesehen ist.[120] Bei dieser Bestimmung handelt es sich nach ständiger Rechtsprechung um eine „Öffnungsklausel, die es lediglich gestattet, bei Verstößen gegen den ordre public anstelle des von Art. 8 Abs. 3 S. 1 des Abkommens berufenen iranischen Rechts deutsches Recht anzuwenden".[121] In einem solchen Fall ist **Art. 6 ohne weiteres anwendbar; spezielle Vorbehaltsklauseln** sind dies hingegen **nur,** wenn sie auch inhaltlich auf Zielsetzungen beruhen, die nicht allein einem bloßen Inländerschutz, Praktikabilitätserwägungen oder dem Schutz individueller Erwartungen dienen, sondern **echten ordre public–Gehalt haben**[122] (näher → Rn. 52). Fraglich ist aber, ob die Vorbehaltsklauseln des EGBGB insoweit durch Art. 10 und 12 Rom III–VO bzw. Art. 35 EuErbVO **verdrängt** werden. Dafür spräche zwar, dass auch diese Klauseln trotz ihres unionsrechtlichen Ursprungs einen Teil des in Deutschland geltenden IPR darstellen (Art. 288 Abs. 2 AEUV; vgl. Art. 3 Nr. 1) und universelle Anwendbarkeit auch gegenüber Drittstaaten beanspruchen. Dagegen ist wiederum anzuführen, dass das Niederlassungsabkommen gemäß Art. 19 Rom III–VO bzw. Art. 75 EuErbVO gegenüber diesen Verordnungen den Vorrang genießt und die genannten unionsrechtlichen Vorbehaltsklauseln nach ihrem Wortlaut nur zur Korrektur der Anwendung eines gemäß der jeweiligen Verordnung bestimmten Rechts eingreifen. Wird aber das anwendbare Recht nicht nach den genannten Verordnungen ermittelt, können auch die darin enthaltenen Vorbehaltsklauseln nicht zum Tragen kommen, da insoweit ihr tatbestandlicher Anwendungsbereich nicht eröffnet ist. Es bleibt also dabei, dass Art. 8 Abs. 3 S. 2 dt.-iran. Niederlassungsab-

---

[113] Näher *Kropholler* IPR § 36 VI.

[114] Hierzu *Wolff* IPR S. 70; *v. Bar/Mankowski* IPR I § 3 Rn. 74; *Makarov,* FG Gutzwiller, 1959, 303 ff.

[115] Haager Abkommen zur Regelung des Geltungsbereichs der Gesetze auf dem Gebiete der Eheschließung vom 12.6.1902, RGBl. 1904 S. 221 = *Jayme/Hausmann* Nr. 30; hierzu Anh. Art. 13 Rn. 3.

[116] *Wolff* IPR S. 70; allg. zum „Zerfall" der älteren Haager Konventionen *v. Bar/Mankowski* IPR I § 3 Rn. 74.

[117] Hierzu *Makarov,* FG Gutzwiller, 1959, 303, 304 ff., 311 f.

[118] Zur gegenwärtigen Lage s. *Vlas,* Mélanges van Loon, 2013, 621, 626 ff.

[119] *Jayme/Hausmann* Nr. 22.

[120] Zur Auslegung dieser Vorschrift näher *Coester-Waltjen,* The German Conflict of Law Rules and the Application of Foreign Law in German Courts, in Basedow/Yassari, Iranian Family and Succession Laws and their Application in German Courts, 2004, 3, 6 ff.

[121] BGHZ 160, 332 = NJW-RR 2005, 81 = FamRZ 2004, 1952 mAnm *Henrich* und *Rauscher,* IPRax 2005, 313; BGH NJW-RR 2005, 1449; ebenso bereits BGHZ 120, 29 (35) = NJW 1993, 848; ferner zB OLG Hamm BeckRS 1992, 30984687 = IPRax 1994, 49 m. Aufsatz *Dörner* IPRax 1994, 33 ff.; OLG Düsseldorf NJW-RR 2009, 732; OLG Celle NJOZ 2011, 1993; AG Hamburg-St. Georg ZEV 2015, 580 (582); ebenso die hL, näher Staudinger/*Voltz* (2013) Rn. 60.

[122] Vgl. zu Art. 17 Abs. 3 S. 2 EGBGB aF BGH NJW-RR 2005, 1449; OLG Frankfurt a. M. BeckRS 2011, 18167 = FamRZ 2011, 1065.

kommen allein die Anwendbarkeit der Vorbehaltsklauseln des autonomen IPR freischaltet.[123] Die Frage ist praktisch bedeutsam, weil Art. 6 einen erheblich größeren Spielraum für die Anwendung islamischen Scheidungsrechts lassen dürfte als der starr formulierte Art. 10 Rom III-VO (→ Rn. 62); zudem muss insoweit eine Vorlage an den EuGH ausscheiden (→ Rn. 244).

39   Andererseits kann sich aus einer ausdrücklichen Bestimmung eines Staatsvertrages – ggf. im Umkehrschluss – ergeben, dass die **Anwendung des ordre public eingeschränkt oder ausgeschlossen** werden soll.[124] Ein Beispiel hierfür bildet das *Abkommen von Bretton Woods* über den internationalen Währungsfonds. Gemäß Art. VIII Abschn. 2b des Abkommens[125] müssen die Mitgliedstaaten Devisenkontrollbestimmungen anderer Mitgliedstaaten als fremde Eingriffsnormen beachten, woraus folgt, dass sie sich der Anwendung der einschlägigen Vorschriften auch nicht ohne Weiteres mithilfe ihres nationalen ordre public – etwa unter Berufung auf einen allgemeinen Grundsatz der Nicht-Anwendbarkeit ausländischen öffentlichen Rechts (→ Einl. IPR Rn. 323 ff.) – entziehen dürfen.[126] Eine **Berufung auf den ordre public** muss aber ausnahmsweise **in besonders schwerwiegenden Fällen möglich** bleiben, in denen der fremde Staat sich als Anleiheschuldner seinen Leistungspflichten einseitig zu entziehen sucht[127] oder die von ihm erlassenen Devisenkontrollbestimmungen diskriminierenden Charakter haben.[128] Das ehemalige Außenhandelsmonopol der UdSSR gemäß dem deutsch-sowjetischen Abkommen über Allgemeine Fragen des Handels und der Seeschifffahrt vom 25.4.1958 (BGBl. 1959 II S. 222) ist auch nach dem Untergang der Sowjetunion zu respektieren, ohne dass dem schlechthin der ordre public entgegengehalten werden könnte.[129]

40   Nur noch selten finden sich heutzutage ältere Staatsverträge **ohne jegliche Regelung im Hinblick auf den ordre public** (so aber zB noch der Deutsch-amerikanische Freundschafts-, Handels- und Schifffahrtsvertrag [DAFV][130]). Bei solchen Konventionen ist im Wege der Vertragsauslegung zu ermitteln, ob die Vertragsstaaten sich die Berufung auf den jeweiligen nationalen ordre public konkludent vorbehalten wollten oder nicht.[131] Grundsätzlich ist insoweit – jedenfalls bei **geschlossenen Abkommen,** dh solchen mit einem feststehenden Kreis teilnehmender Staaten – Zurückhaltung angebracht, da der Staatsvertrag dem nationalen IPR und damit auch dem Art. 6 gerade vorgehen soll.[132] Es ist daher zB unzulässig, durch einen Rückgriff auf den deutschen ordre public das Erfordernis einer realen Verknüpfung („genuine link") einer juristischen Person mit ihrem Gründungsstaat in den DAFV hineinzulesen.[133] Auch der Ansatz, eine Berufung auf den nationalen ordre public zu gestatten, wenn dieser inhaltlich, zB in Bezug auf das Verbot des Rechtsmissbrauchs, demjenigen des anderen Vertragsstaates entspricht,[134] ist nur eine Scheinlösung, denn in diesem Fall wird bereits im Ursprungsstaat keine wirksame Rechtslage begründet, die von deutscher Seite anzuerkennen wäre.[135]

41   Dennoch sollte man es nicht kategorisch ausschließen, eine Berufung auf den ordre public für krasse Ausnahmefälle in engen Grenzen zuzulassen, denn der Zwang zu einer starren Anwendung der älteren Haager Konventionen ohne jede Ausweichmöglichkeit hat sich als in der Rechtspraxis

---

[123] Zust. BeckOGK/*Stürner* (1.2.2017) EGBGB Art. 6 Rn. 116; *Wurmnest* IPRax 2016, 447 (452); so im Erg. auch *Eule* ZErb 2015, 322 (325); *Rohe* in Arnold Grundfragen 67 (73 f.).

[124] Staudinger/*Voltz* (2013) Rn. 62.

[125] BGBl. 1952 II S. 637 = *Jayme/Hausmann* Nr. 130 (Auszug).

[126] Ebenso Staudinger/*Voltz* (2013) Rn. 40; zu Ausnahmefällen, die denkbar bleiben, ausf. → Rom I-VO Anh. II Art. 9 Rn. 9 ff.; Reithmann/Martiny/*Thode* Rn. 672; *Schefold* IPRax 2007, 313 (317); Staudinger/*Ebke* (2016) Rom I-VO Anh. Art. 9 Rn. 14.

[127] OLG Frankfurt a. M. NJW 2006, 2931 mAnm *Sester* NJW 2006, 2891 = WM 2007, 929 = IPRax 2007, 331 m. Aufsatz *Schefold* IPRax 2007, 313 = VuR 2006, 307 mAnm *Schantz* = WuB VII C. Art. VIII IWF-Übereinkommen – Nr. 2.03 mAnm *Mankowski*.

[128] *Schefold* IPRax 2007, 313 (317).

[129] BGHZ 147, 178 (185) = NJW 2002, 596 (598) – Lepo Sumera; LG Hamburg GRUR Int. 2010, 67; ebenso Staudinger/*Voltz* (2013) Rn. 41.

[130] Freundschafts-, Handels- und Schifffahrtsvertrag zwischen der Bundesrepublik Deutschland und den Vereinigten Staaten von Amerika vom 29.10.1954, BGBl. 1956 II S. 488.

[131] Eingehend *Jayme* NJW 1965, 13 (17); ebenso Bamberger/Roth/*Lorenz* Rn. 7.

[132] Im Zweifel gegen die Anwendung der Vorbehaltsklausel Bamberger/Roth/*Lorenz* Rn. 7; Soergel/*Kegel* Art. 24 Rn. 64; Staudinger/*Voltz* (2013) Rn. 61; eine Zusammenstellung älterer Ansichten findet sich bei *Makarov*, FG Gutzwiller, 1959, S. 303, 321 f.; s. ferner die Diskussion in *Jayme/Meessen* BerGesVR 16 (1975) S. 122 ff.

[133] So aber noch OLG Düsseldorf NJW-RR 1995, 1124 = IPRax 1996, 128, mAnm *M. Ulmer* IPRax 1996, 100; s. → IntGesR Rn. 346 mwN; wie hier hingegen OLG Koblenz BeckRS 2003, 18065; Bamberger/Roth/*Lorenz* Rn. 7; implizit auch BGHZ 153, 353 = NJW 2003, 1607.

[134] OLG Düsseldorf NJW-RR 1995, 1124 = IPRax 1996, 128 mAnm *M. Ulmer* IPRax 1996, 100.

[135] Bamberger/Roth/*Lorenz* Rn. 7.

nur wenig sinnvoll erwiesen.[136] Schon das RG hat bei der Anwendung des ohne Vorbehaltsklausel geschlossenen Haager Ehewirkungsabkommens vom 17.7.1905 die Berufung auf den ordre public nicht beanstandet.[137] Selbst wenn die Auslegung eines Staatsvertrages ergibt, dass die Berufung auf die nationale Vorbehaltsklausel ausgeschlossen sein soll, können unvorhergesehene, fundamentale Änderungen der Rechtslage – zB durch eine Revolution in einem Vertragsstaat – nach dem Grundsatz „clausula rebus sic stantibus" dazu führen, dass ein zunächst verdrängter ordre public wieder auflebt.[138]

Bei **offenen Abkommen** ist hingegen regelmäßig von einem Vorbehalt des nationalen ordre   **42** public auszugehen, da hier der Kreis der Vertragsstaaten nicht von vornherein abgegrenzt ist und die Annahme eines generellen „Vertrauensvorschusses" *ad incertas nationes* nicht sachgerecht wäre.[139] Die praktische Bedeutung eines Rückgriffs auf die Vorbehaltsklausel wird jedoch dadurch eingeschränkt, dass Völkervertragsrecht in der Bundesrepublik nur im Range einfachen Bundesrechts gilt[140] und insoweit unabhängig vom einfachrechtlichen Einfallstor des Art. 6 jedenfalls die deutschen Grundrechte nicht verletzt werden dürfen.[141]

bb) Staatsverträge mit speziellen Vorbehaltsklauseln. Enthalten Staatsverträge keine allge-   **43** meine, sondern nur spezielle Vorbehaltsklauseln, wie zB Art. 2, 3 des Haager Eheschließungsabkommens von 1902 (→ Anh. Art. 13 Rn. 3), ist wiederum im Wege der Auslegung zu bestimmen, ob über diese ausdrücklich geregelten Einzelfälle hinaus auf den nationalen ordre public zurückgegriffen werden darf.[142] Im Zweifel wird man aus der Aufnahme einer speziellen Vorbehaltsklausel in einen Staatsvertrag den Umkehrschluss ziehen müssen, dass die Vertragsstaaten eine Heranziehung der allgemeinen Vorbehaltsklausel gerade nicht gestatten wollten.[143]

cc) Staatsverträge mit allgemeinen Vorbehaltsklauseln. In einem Staatsvertrag enthaltene   **44** **allgemeine Vorbehaltsklauseln,** wie sie sich heutzutage in den neueren Haager Konventionen finden (zB Art. 22 KSÜ, Art. 20 ErwSÜ), gehen, soweit der betreffende Staatsvertrag unmittelbar anwendbares innerstaatliches Recht geworden ist (vgl. Art. 3 Nr. 2), nicht nur dem Art. 6, sondern auch speziellen Vorbehaltsklauseln des autonomen IPR vor.[144] Praktisch bedeutsam ist dies angesichts der bewussten Angleichung der Formulierung des Art. 6 an die Prüfungsmaßstäbe der Haager Konventionen („offensichtliche Unvereinbarkeit") regelmäßig nicht. Auch das in Art. 22 KSÜ besonders hervorgehobene Kindeswohl ist der Sache nach bereits als Bestandteil des ordre public im Sinne des Art. 6 anerkannt.[145] Enthält ein Staatsvertrag aber eine restriktive oder auf spezifische öffentliche bzw. private Belange zugeschnittene Formulierung des ordre public, wie dies insbesondere in der internationalen Rechtshilfe (Art. 13 Abs. 1 HZÜ) der Fall ist (näher → Rn. 106 ff.), kann Art. 6 nicht herangezogen werden, um den Prüfungsumfang der ordre public-Kontrolle auszudehnen.

c) Auslegung staatsvertraglicher Vorbehaltsklauseln. Auch staatsvertragliche Vorbehaltsklau-   **45** seln dienen dem **Schutz der öffentlichen Ordnung der jeweiligen Vertragsstaaten;** diese behalten insoweit die Interpretationshoheit darüber, welche wesentlichen Rechtsgrundsätze zu ihrem ordre public zählen.[146] Bei der Auslegung staatsvertraglicher Vorbehaltsklauseln ist aber zu berücksichtigen, dass Konventionen auf dem Gebiet des IPR maßgeblich darauf abzielen, Rechtssicherheit und einen internationalen Entscheidungseinklang zu schaffen.[147] Diese Zielsetzung würde durchkreuzt, wenn völkervertragliche Vorbehaltsklauseln nach Belieben im Sinne der lex fori interpretiert werden könnten. Staatsvertragliche Vorbehaltsklauseln sind folglich eng auszulegen, um den internationalen Ent-

---

[136] Vgl. *Kropholler,* Internationales Einheitsrecht, 1975, 340 ff.; Staudinger/*v. Hein* (2014) Vor Art. 24 Rn. 382.
[137] RGZ 150, 283 = IPRspr. 1935–44 Nr. 12; nur zehn Monate zuvor hatte der gleiche Senat noch anders entschieden (RGZ 147, 385 = IPRspr. 1935–44 Nr. 208).
[138] 5. Aufl. 2010, Rn. 29 *(Sonnenberger)*.
[139] Ebenso *Gottschalk* Allgemeine Lehren des IPR 302 f.; *Spickhoff* in Leible/Ruffert Völkerrecht und IPR 275, 284; Staudinger/*Voltz* (2013) Rn. 61.
[140] Zum Rang des Völkervertragsrechts als einfaches Bundesrecht s. statt aller BVerwG NVwZ 2009, 1562 (1567).
[141] Ebenso *Gottschalk* Allgemeine Lehren des IPR 303; im Ergebnis auch *Raape/Sturm* IPR S. 222.
[142] *Gottschalk* Allgemeine Lehren des IPR 257, 300; *Kropholler* IPR § 36 VI; Staudinger/*Voltz* (2013) Rn. 59; jurisPK-BGB/*Baetge* Rn. 25.
[143] *Gottschalk* Allgemeine Lehren des IPR 257, 300; *Kropholler* IPR § 36 VI; Staudinger/*Voltz* (2013) Rn. 59; jurisPK-BGB/*Baetge* Rn. 25.; aA *Raape/Sturm* IPR S. 222.
[144] BVerfGK 9 (2006), 155 Rn. 14; OLG Hamm BeckRS 1992, 30984687 = IPRax 1994, 49 mAnm *Dörner* IPRax 1994, 33; Bamberger/Roth/*Lorenz* Rn. 7; *Jayme* NJW 1965, 13 (17); *Kropholler* IPR § 36 VI; Staudinger/*Voltz* (2013) Rn. 56.
[145] Eingehend BGHZ 120, 29 = NJW 1993, 848; ebenso Staudinger/*Voltz* (2013) Rn. 58.
[146] *Gottschalk* Allgemeine Lehren des IPR 306; Staudinger/*Voltz* (2013) Rn. 57; jurisPK-BGB/*Baetge* Rn. 27.
[147] *Kropholler* IPR § 36 VI.

scheidungseinklang nicht zu gefährden.[148] Angesichts der Angleichung des Art. 6 EGBGB an die übliche Formulierung der Haager Übereinkommen (→ Rn. 12) ergeben sich praktische Unterschiede aber nur, wenn eine staatsvertragliche Vorbehaltsklausel noch restriktiver als im autonomen IPR gefasst ist,[149] wie dies insbesondere bei Art. 13 Abs. 1 HZÜ der Fall ist (näher → Rn. 107 ff.). Des Weiteren ist es erforderlich, staatsvertragliche Vorbehaltsklauseln unter Einbeziehung rechtsvergleichender Erkenntnisse, insbesondere im Lichte der international vorherrschenden Rechtsprechung und Justizverwaltungspraxis zu interpretieren, um Friktionen mit anderen Vertragsstaaten zu vermeiden.[150] Dies hat vor allem für solche Konventionen Bedeutung, die noch nicht von der EU, sondern von den einzelnen Mitgliedstaaten abgeschlossen wurden und für die der EuGH daher keine Auslegungskompetenz nach Art. 267 AEUV besitzt (zB KSÜ und ErwSÜ; näher → Art. 3 Rn. 169). Schließlich sind die allgemeinen Grundsätze zur Auslegung des Völkervertragsrechts zu beachten, wie sie in der Wiener Konvention über das Recht der Verträge von 1969 (WVK)[151] ihren international anerkannten Ausdruck gefunden haben.[152]

46   Da die neueren Haager Konventionen ebenso wie die EU-Verordnungen universelle Anwendbarkeit (lois uniformes) beanspruchen (zB Art. 20 KSÜ, Art. 18 ErwSÜ), ist es für das Eingreifen dieser staatsvertraglichen Vorbehaltsklauseln unerheblich, ob die Kontrolle sich auf das Recht eines Vertrags- oder eines Nichtvertragsstaates bezieht. Auch im Hinblick auf die anzulegenden Prüfungsmaßstäbe ist insoweit keine Differenzierung statthaft. Allenfalls im Hinblick auf ältere Haager Konventionen, die noch keine allgemeine Vorbehaltsklausel enthalten, mag man erwägen, wesentliche Rechtsgrundsätze, die den vertragsschließenden Staaten gemeinsam sind, über den nationalen ordre public gegenüber drittstaatlichem Recht zur Geltung zu bringen.[153]

47   Im Übrigen kann für die Handhabung staatsvertraglicher Vorbehaltsklauseln mutatis mutandis auf die obigen Ausführungen (→ Rn. 28 ff.) zu unionsrechtlichen ordre public-Bestimmungen verwiesen werden.

48   **3. Spezielle Vorbehaltsklauseln. a) Allgemeines.** Die allgemeine Vorbehaltsklausel des Art. 6 wird durch zahlreiche sog spezielle Vorbehaltsklauseln des EGBGB flankiert, die in besonderen Fällen die bevorzugte Anwendung deutschen Rechts oder seiner Grundsätze vorschreiben, ohne dass hierfür notwendigerweise die Voraussetzungen vorliegen müssen, die im Allgemeinen für das Eingreifen des ordre public (insbesondere Offensichtlichkeit des Widerspruchs zu wesentlichen Rechtsgrundsätzen, hinreichende Inlandsbeziehung) erforderlich sind. Auch in der Rechtsfolge gehen spezielle Vorbehaltsklauseln über Art. 6 insoweit hinaus, als regelmäßig **direkt die Anwendbarkeit der lex fori angeordnet** wird, während die allgemeine Vorbehaltsklausel in der Frage der Bestimmung des anwendbaren Ersatzrechts eine größere Flexibilität aufweist (näher → Rn. 214 ff.). Für derartige Klauseln ist auch der Ausdruck **„Exklusivnormen"** gebräuchlich.[154] Auch das Unionsrecht sowie kollisionsrechtliche Staatsverträge enthalten vereinzelt spezielle Vorbehaltsklauseln, so insbesondere Art. 10 Rom III-VO (zur dogmatischen Einordnung → Rn. 50), während die Rom II-VO sich im Gegensatz zum deutschen Recht (Art. 40 Abs. 3 EGBGB) mit einer allgemeinen Vorbehaltsklausel begnügt.

49   **b) Begriff.** Hinsichtlich der Begrifflichkeit ist zu unterscheiden: In einem weiteren, untechnischen Sinne kann man auch die allgemeinen Vorbehaltsklauseln unionsrechtlichen oder staatsvertraglichen Ursprungs (→ Rn. 21 ff., 44) als „spezielle Vorbehaltsklauseln" bezeichnen, weil sie gegenüber Art. 6 als leges speciales für bestimmte Rechtsgebiete (Internationales Vertragsrecht, Deliktsrecht, Scheidungsrecht usw) einzuordnen sind.[155] Präziser und sachlich angemessener ist es hingegen, in einem engeren Sinne auf die vom Tatbestand der jeweiligen Kollisionsnorm erfassten Rechtsgrundsätze abzustellen: Dient eine Vorbehaltsklausel, wenn auch nur auf einem bestimmten Rechtsgebiet, der Verteidigung nicht näher spezifizierter Grundsätze der öffentlichen Ordnung,

---

[148]   *Kropholler* IPR § 36 VI; nicht unbedenklich daher die Entscheidung des Cour d'appel Chambéry (3e ch.) vom 22.10.2013, D. 2013, 2464 mAnm *Fulchiron* D. 2013, 2576, die weniger als fünf Monate nach Verabschiedung des französischen Gesetzes zur gleichgeschlechtlichen Ehe dieses Institut zum „nouvel ordre public international" iS von Art. 4 des französisch-marokkanischen Abkommens von 1981 erklärte.

[149]   *v. Bar/Mankowski* IPR I § 7 Rn. 273.

[150]   *Bischof,* Die Zustellung im internationalen Rechtsverkehr in Zivil- und Handelssachen, 1997, 283; *Maack,* Englische antisuit injunctions im europäischen Zivilrechtsverkehr, 1999, 87; *Koch/Diedrich* ZIP 1994, 1830 (1831); *Lejeune* CR 2003, 762 (764); *Stadler* JZ 1995, 718 (720).

[151]   Wiener Übereinkommen über das Recht der Verträge vom 23.5.1969, BGBl. 1985 II S. 927.

[152]   Ebenso *Maack,* Englische antisuit injunctions im europäischen Zivilrechtsverkehr, 1999, 87; *Malzahn,* GATT-widrige Treble Damages-Klagen auf der Grundlage des US Antidumping Act 1916, 2003, 336.

[153]   Dafür Bamberger/Roth/*Lorenz* Rn. 7.

[154]   Vgl. eingehend *Nojack,* Exklusivnormen im IPR, 2005.

[155]   So zB Staudinger/*Voltz* (2013) Rn. 42.

handelt es sich um eine allgemeine Vorbehaltsklausel (zB Art. 21 Rom I-VO, Art. 26 Rom II-VO, Art. 12 Rom III-VO, Art. 35 EuErbVO).[156] Soll eine Vorbehaltsklausel hingegen **nur einer bestimmten Wertung des eigenen Rechts zur Durchsetzung verhelfen,** etwa der Unzulässigkeit pönaler Formen des Schadensersatzes (zB Art. 40 Abs. 3 Nr. 1), ist sie **im engeren Sinne spezieller Natur.** Insoweit ist zu beachten, dass eine vorrangige unionsrechtliche oder staatsvertragliche Vorbehaltsklausel allgemeiner Natur in ihrem sachlichen Anwendungsbereich auch spezielle Vorbehaltsklauseln des nationalen IPR verdrängt, so insbesondere die allgemeine Vorbehaltsklausel des europäischen Deliktskollisionsrechts (Art. 26 Rom I-VO) die spezielle Vorbehaltsklausel des Art. 40 Abs. 3 (→ Rom II-VO Art. 26 Rn. 8).

Exklusivnormen, die nicht erst nach der Bestimmung des anwendbaren Rechts eine Ergebniskor- **50** rektur bewirken, sondern unmittelbar, **„von vornherein" die lex fori berufen,** werden zum Teil begrifflich nicht als spezielle Vorbehaltsklauseln, sondern als **einseitige Kollisionsnormen** eingestuft.[157] Dies betrifft zB im EGBGB den durch Art. 13 Abs. 4 S. 1 geschützten Grundsatz der obligatorischen Zivilehe, das durch Art. 17 Abs. 2 gewährleistete Monopol deutscher Gerichte für Inlandsscheidungen[158] oder die Maßgeblichkeit deutschen Rechts in Bezug auf Betretungs-, Näherungs- und Kontaktverbote nach Art. 17a. Bisweilen wird auch Art. 10 Rom III-VO in diese Kategorie eingeordnet,[159] aber zu Unrecht, weil diese Vorschrift zunächst wenigstens eine abstrakte Prüfung des nach Art. 5 oder 8 Rom III-VO auf die Scheidung anwendbaren Rechts voraussetzt.[160] Von anderen werden auch die zuvor genannten Vorschriften des EGBGB herkömmlich als spezielle Vorbehaltsklauseln angesehen.[161] Es handelt sich hierbei primär um eine Frage der Perspektive: Gäbe es Art. 13 Abs. 4 S. 1 nicht, würde nach allgemeinen Regeln für die Form der Eheschließung auch bei einer Inlandstrauung die alternative Anknüpfung an das Geschäftsstatut eingreifen (Art. 11 Abs. 1 Var. 1 iVm Art. 13 Abs. 1); insoweit kann man Art. 13 Abs. 4 S. 1 durchaus als auf ordre public-Erwägungen beruhende Korrektur des nach üblichen Anknüpfungsregeln gewonnenen Ergebnisses begreifen, welche die Wahrung der Inlandsform gegenüber dem – an sich auch auf Formfragen anwendbaren – Eheschließungsstatut „vorbehält".[162] Ähnlich lässt sich das Verhältnis des Art. 17a zum Ehewirkungsstatut nach Art. 14 begreifen.[163] Bei Art. 17 Abs. 2 schließlich handelt es sich ohnehin trotz des Standorts der Vorschrift im EGBGB inhaltlich weniger um eine kollisionsrechtliche Vorbehaltsklausel zur Wahrung des *materiellen* ordre public, die in Konkurrenz zu Art. 6 – bzw. heute Art. 12 Rom III-VO – stünde (→ Rn. 21), als vielmehr um „eine Vorschrift zum Scheidungsverfahren im Inland, die [auch] von der Rom III-Verordnung nicht berührt wird".[164] Die Einordnung der genannten Vorschriften stellt nicht nur eine begriffliche Frage dar, da von ihrer Klassifikation unter anderem die Frage abhängt, ob zB die „Öffnungsklausel" in Art. 8 Abs. 3 S. 2 dt.-iran. Niederlassungsabkommen auch in Bezug auf diese Spezialvorschriften eingreift. Dies wird etwa für Art. 17a zum Teil verneint,[165] ein kaum interessengerechtes Ergebnis, das dann auch umgehend durch eine deliktische (Um-)qualifikation der genannten Bestimmungen[166] oder durch ein Wiederaufleben des Art. 6 korrigiert werden muss.[167] Der Grundsatz der obligatorischen Zivilehe (Art. 13 Abs. 4 S. 1) und das Scheidungsmonopol bei Inlandsfällen (Art. 17 Abs. 2) werden auch im Rahmen des Art. 8 Abs. 3 S. 2 dt.-iran. Niederlassungsabkommen geschützt.[168]

---

[156] Vgl. *Siehr,* FS v. Hoffmann, 2011, 424 (427 f.).

[157] Staudinger/*Voltz* (2013) Rn. 48.

[158] Hierzu eingehend *Ziereis/Zwirlein* IPRax 2016, 103 (105 f.).

[159] *Hammje* Rev. crit. 100 (2011), 291 (334 f.); zweifelnd aber *Joubert* in Corneloup, Droit Européen de divorce, 2013, Rom III-VO Art. 10 Rn. 18.

[160] *Franzina,* Nuove leggi civ. com. 2011, Rom III-VO Art. 10 Rn. 5.

[161] ZB von *Kegel/Schurig* IPR § 16 II; *Kropholler* IPR § 36 VIII; jurisPK-BGB/*Baetge* Rn. 21; *Martiny,* Gemeinschaftsrecht, 1991, 224.

[162] So *Rauscher* IPR Rn. 601: „Konkretisierung des negativen ordre public".

[163] Vor Schaffung des Art. 17a wurde insoweit häufig ein Rückgriff auf Art. 6 vorgenommen, s. OLG Köln FamRZ 1996, 1220; AG Recklinghausen FamRZ 1995, 677; für Sonderanknüpfung aber *Rauscher* IPR Rn. 601.

[164] Begr. RegE zum Rom III-Anpassungsgesetz, BR-Drs. 468/12, 11; zur Rechtsnatur der Vorschrift näher *Ziereis/Zwirlein* IPRax 2016, 103 (105 f.).

[165] Bamberger/Roth/*Heiderhoff* EGBGB Art. 17a Rn. 6; BeckOGK/*Stürner* (1.2.2017) EGBGB Art. 6 Rn. 114; jurisPK-BGB/*Ludwig* Art. 17a Rn. 2; anders mit Recht *Coester-Waltjen,* The German Conflict of Law Rules and the Application of Foreign Law in German Courts, in Basedow/Yassari, Iranian Family and Succession Laws and their Application in German Courts, 2004, 8; Erman/*Hohloch* Art. 17a Rn. 3.

[166] NK-BGB/*Gruber* EGBGB Art. 17a Rn. 23.

[167] Vgl. noch OLG Köln FamRZ 1996, 1220; AG Recklinghausen FamRZ 1995, 677.

[168] Eingehend zu Art. 17 Abs. 2 EGBGB BGHZ 160, 332 = NJW-RR 2005, 81 = FamRZ 2004, 1952 mAnm *Henrich* = IPRax 2005, 346 m. Aufsatz *Rauscher* IPRax 2005, 313; ferner *Coester-Waltjen,* The German Conflict of Law Rules and the Application of Foreign Law in German Courts, in Basedow/Yassari, Iranian Family and Succession Laws and their Application in German Courts, 2004, 8.

51   **Korrekturen der Hauptanknüpfung,** die all- oder mehrseitig formuliert sind und die somit auch vor einem deutschen Gericht einem ausländischen Sachrecht zur Durchsetzung verhelfen können, wie zB im Falle der Einschränkung der Parteiautonomie bei Verbraucherverträgen durch die zwingenden Vorschriften des abbedungenen EU-Rechts (Art. 46b Abs. 1), stellen **keine speziellen Vorbehaltsklauseln** dar,[169] da sie sich nicht auf den Schutz gerade der deutschen öffentlichen Ordnung (als ordre public des Forumstaates) beziehen.[170] Entsprechendes gilt für den allseitigen Schutz des Numerus clausus der Sachenrechte in Art. 43 Abs. 2 EGBGB (näher → Art. 43 Rn. 147 ff.). Obwohl also insoweit ein Eingreifen der allgemeinen Vorbehaltsklausel theoretisch möglich bleibt,[171] verringert sich das praktische Bedürfnis hierfür jedenfalls in denjenigen Fällen erheblich, in denen solche all- oder mehrseitig formulierten Kollisionsnormen ohnehin zur Anwendbarkeit deutschen Rechts führen oder durch die Berufung des in einem anderen Mitgliedstaat umgesetzten Richtlinienrechts ein äquivalentes Schutzniveau garantieren.[172] Hingegen macht es für die Einstufung einer Kollisionsnorm als spezielle Vorbehaltsklausel keinen sachlich erheblichen Unterschied, ob nach ihrem Wortlaut, wie herkömmlich im EGBGB, gerade deutsches Recht berufen wird oder aber – was in unionsrechtlichen oder staatsvertraglichen Vorbehaltsklauseln nicht zu vermeiden ist – auf die jeweilige lex fori Bezug genommen wird, wie zB in Art. 10 Rom III-VO.

52   **c) Arten spezieller Vorbehaltsklauseln. aa) Spezielle Vorbehaltsklauseln zum Schutz wesentlicher Rechtsgrundsätze.** Einige der im geltenden IPR vorhandenen **Exklusivnormen** stellen wirkliche Konkretisierungen der allgemeinen Vorbehaltsklausel zur Sicherung von wesentlichen Grundsätzen des deutschen Rechts dar und haben damit auch inhaltlich **echten ordre public-Charakter.** Einen signifikanten ordre public-Gehalt hat Art. 13 Abs. 2 Nr. 3, der auf die Spanier-Entscheidung zurückgeht (→ Einl. IPR Rn. 45) und der Sicherung der Eheschließungsfreiheit dient. Gleiches gilt für den durch das Gesetz zur Bekämpfung von Kinderehen (BGBl. 2017 I S. 2429, → Rn. 259) eingefügten Art. 13 Abs. 3 nF. Ebenso ließe sich der in Art. 40 Abs. 3 Nr. 1 und 2 verankerte Schutz deutschrechtlicher Grundvorstellungen zur Bestimmung der Schadenshöhe auch aus einer allgemeinen Vorbehaltsklausel herleiten,[173] was Erwägungsgrund 32 Rom II-VO in Bezug auf deren Art. 26 zutreffend hervorhebt. Der Bezug zum allgemeinen ordre public ist auch bei Art. 48 S. 1 deutlich ausgeprägt, der gegenüber der Wahl eines in einem anderen Mitgliedstaat der Europäischen Union erworbenen Namens einen Vorbehalt zugunsten der wesentlichen Grundsätze des deutschen Rechts aufstellt.[174] Auch dem durch Art. 13 Abs. 4 S. 1 gesicherten Grundsatz der obligatorischen Zivilehe sowie der in Art. 17 Abs. 2 vorgesehenen Wahrung des Scheidungsmonopols deutscher Gerichte kann man – unabhängig vom Streit um die genaue dogmatische Einordnung dieser Vorschriften – (→ Rn. 50) einen inhaltlichen ordre public-Charakter nicht absprechen. Schließlich weist auch Art. 10 Rom III-VO, der den freien und gleichberechtigten Zugang zur Ehescheidung schützt, einen ordre public-Gehalt auf (Eheschließungsfreiheit, Art. 6 GG; Nicht-Diskriminierung, Art. 3 GG).[175]

53   **bb) Vorbehaltsklauseln ohne ordre public-Gehalt.** Bei zahlreichen anderen Exklusivnormen ist hingegen **kein wesentlicher Rechtsgrundsatz als tragender Grund** für die Vorzugsbehandlung des deutschen Rechts auszumachen. Dies betrifft insbesondere die Exklusivnormen des Allgemeinen Teils, also den Abbruch der Rückverweisung auf deutsches Recht nach **Art. 4 Abs. 1 S. 2**[176] und den Vorrang der deutschen Staatsangehörigkeit bei auch-deutschen Mehrstaatern **(Art. 5 Abs. 1 S. 2).**[177]

54   Bei dem inzwischen aufgrund des Inkrafttretens der Rom III-VO abgeschafften **Art. 17 Abs. 1 S. 2 aF** handelte es sich ebenso wie bei dem deliktsrechtlichen *privilegium germanicum* des **Art. 38 aF**

---

[169] So aber *Siehr*, FS v. Hoffmann, 2011, 424 (426 f.); vgl. auch *de Boer*, Unwelcome foreign law, 2008, 295, 313, der alternative Anknüpfungen wie zB Art. 6 Rom I-VO – zu Unrecht – als „versteckte" ordre public-Klauseln bezeichnet.

[170] Zur Abgrenzung bei internationalen Arbeitsverträgen eingehend *Corneloup* IPRax 2012, 569 ff.; allg. *Kropholler* IPR § 36 VIII; *Rauscher* IPR Rn. 601; *Staudinger/Voltz* (2013) Rn. 49.

[171] Ob dies im Anwendungsbereich des Art. 46b nach wie vor der Art. 6 EGBGB ist (so Staudinger/*Magnus* [2016] Art. 46b Rn. 22) oder nicht vielmehr Art. 21 Rom I-VO (so NK-BGB/*Leible* Art. 46b Rn. 19), hat, da die Vorschriften inhaltsgleich sind, keine praktische Bedeutung.

[172] Ebenso zu Art. 46b NK-BGB/*Leible* Art. 46b Rn. 19; Staudinger/*Magnus* (2016) Art. 46b Rn. 22: praktischer Fall lasse sich kaum vorstellen.

[173] Ausf. *Kropholler/v. Hein*, FS Stoll, 2001, 553 ff.

[174] Staudinger/*Hepting/Hausmann* (2013) Art. 48 Rn. 20.

[175] Näher *Basedow*, FS Posch, 2011, 17 (30 f.); *Hammje* Rev. crit. 100 (2011), 291 (334 f.); *Joubert* in Corneloup, Droit Européen de divorce, 2013, Rom III-VO Art. 10 Rn. 14 ff.

[176] Als Exklusivnorm eingestuft zB von jurisPK-BGB/*Ludwig* Art. 3–4 Rn. 218, 221.

[177] Hierzu eingehend *Nojack*, Exklusivnormen im IPR, 2005, 125 ff.

in der konkreten Ausgestaltung der Vorschriften um **bloße Schutzklauseln zugunsten deutscher Staatsangehöriger,**[178] auch wenn man den ihnen jeweils zugrunde liegenden rechtspolitischen Anliegen einen berechtigten Kern (Ermöglichung der Ehescheidung, Abwehr von Strafschadensersatz) nicht absprechen sollte. Letzteres wird durch ihre Nachfolgebestimmungen (Art. 10 Rom III-VO bzw. Art. 40 Abs. 3) bestätigt, die ohne eine Beschränkung auf eigene Staatsangehörige formuliert sind. Dem Art. 17 Abs. 1 S. 2 aF bzw. Art. 38 aF vergleichbar grobschlächtige Inländerschutzklauseln sind dem modernen IPR hingegen fremd und wären auch mit Art. 18 AEUV kaum zu vereinbaren (näher → Art. 5 Rn. 48).

Auch der zugunsten des deutschen Rechtsverkehrs eingreifende **Art. 16,** der als spezielle Vorbe-   **55** haltsklausel eingestuft wird,[179] **beruht nicht auf ordre public-Erwägungen.**[180] Weitere Bevorzugungen des deutschen Rechts stützen sich zum Zwecke der erleichterten sozialen Integration auf den inländischen gewöhnlichen Aufenthalt, ohne dass dies aus Gründen der öffentlichen Ordnung zwingend geboten erschiene (so **Art. 10 Abs. 2 S. 1 Nr. 2 und Abs. 3 Nr. 2** für die Namensbestimmung). Die unzureichend einseitige Fassung dieser Bestimmungen machte es vielmehr im Lichte der *Grunkin Paul*-Rechtsprechung (→ Art. 10 Rn. 190 ff.) erforderlich, dass zur Wahl eines in einem anderen Mitgliedstaat erworbenen Namens jüngst eine neue Bestimmung in Art. 48 eingeführt werden musste, die wiederum mit einer speziellen Vorbehaltsklausel versehen wurde.

Die Rechtsnatur der in **Art. 17 Abs. 3 S. 2** für den Versorgungsausgleich vorgesehenen korrigie-   **56** renden Anknüpfung an das deutsche Recht war lange Zeit umstritten.[181] Nach inzwischen gefestigter Rechtsprechung hat die Vorschrift **keinen ordre public-Charakter,** da sie es für die Anwendung des deutschen Versorgungsausgleichsrechts genügen lässt, dass die Durchführung des Versorgungsausgleichs „der Billigkeit entspricht", aber gerade nicht verlangt, „dass dessen Unterbleiben aus der Sicht des deutschen Rechts zu untragbaren und deshalb mit dem ordre public unvereinbaren Ergebnissen führen würde".[182] Die entscheidenden Gesichtspunkte sieht der BGH vielmehr in der Verflechtung des Versorgungsausgleichs mit dem Sozialversicherungsrecht und dem Schutz berechtigter Erwartungen der Ehegatten.[183] Dies hat die praktisch wichtige Konsequenz, dass die Vorschrift nicht von einer staatsvertraglichen „Öffnungsklausel" wie zB Art. 8 Abs. 3 S. 2 dt.-iran. Niederlassungsabkommen erfasst wird (→ Rn. 38). Dieser Ausschluss des Versorgungsausgleichs ist mit der EMRK vereinbar.[184] Aus ähnlichen Erwägungen muss man auch der in Art. 9 S. 2 für die Todeserklärung eines Ausländers vorgesehenen Anwendung deutschen Rechts den ordre public-Charakter absprechen, da diese – ebenfalls ganz unbestimmt – ein „berechtigtes Interesse" ausreichen lässt.[185]

Die in **Art. 17b Abs. 4 aF** enthaltene Kappungsgrenze hinsichtlich der Rechtswirkungen einge-   **57** tragener Lebenspartnerschaften hatte nach der Intention des historischen Gesetzgebers zwar insoweit einen **ordre public-Gehalt,** als das seinerzeit noch angenommene „Abstandsgebot" der eingetragenen Partnerschaft zur Ehe auch kollisionsrechtlich abgesichert werden sollte.[186] Aus heutiger Sicht ist aber die Vereinbarkeit dieser Vorschrift selbst mit dem Verfassungs- und Europarecht als höchst problematisch zu bewerten:[187] Mit dem GG, weil die neuere Rechtsprechung des BVerfG die eingetragene Partnerschaft immer stärker der rechtlichen Behandlung der Ehe angeglichen hat;[188] mit dem Europarecht aufgrund der noch offenen Frage, ob das in der Rechtsprechung des EuGH entwickelte „Anerkennungsprinzip" auch die volle Respektierung einer in einem anderen Mitgliedstaat eingegangenen gleichgeschlechtlichen Ehe verlangt (→ Art. 3 Rn. 117 ff.). Zutreffend hatte der BGH betont, dass der Charakter der Vorschrift als spezielle Vorbehaltsklausel und ihre einschnei-

---

[178] Zu Art. 17 Abs. 1 S. 2 aF s. 5. Aufl. 2010, Rn. 26; *Kropholler* IPR § 36 VIII; bei Art. 38 aF war die Frage bis zuletzt umstr.; für Einordnung als Spezialfall des Art. 6 BGHZ 118, 312 (329) = NJW 1992, 3096 (3100 f.); zum Streitstand näher *Kropholler/v. Hein,* FS Stoll, 2001, 553 (555 f.) mwN.

[179] ZB bei *Rauscher* IPR Rn. 601.

[180] *Kropholler* IPR § 36 VIII.

[181] Vgl. zu Art. 17 Abs. 3 S. 2 aF BGH NJW-RR 2005, 1449; OLG Frankfurt a. M. BeckRS 2011, 18167 = FamRZ 2011, 1065 = IPRspr. 2010 Nr. 100 mwN zum Streitstand.

[182] So noch zu Art. 17 Abs. 3 S. 2 aF BGH NJW-RR 2005, 1449; OLG Frankfurt a. M. BeckRS 2011, 18167 = FamRZ 2011, 1065; aA → Art. 17 Rn. 91 *(Winkler v. Mohrenfels).*

[183] So noch zu Art. 17 Abs. 3 S. 2 aF BGH NJW-RR 2005, 1449; OLG Frankfurt a. M. BeckRS 2011, 18167 = FamRZ 2011, 1065.

[184] EGMR BeckRS 2011, 81080 = FamRZ 2011, 1037 – A/Deutschland.

[185] *Kropholler* IPR § 36 VIII; näher zu den insoweit maßgebenden Kriterien Staudinger/*Weick/Althammer* (2013) Art. 9 Rn. 64 ff.; für eine Verallseitigung der Vorschrift *Nojack,* Exklusivnormen im IPR, 2005, 16 ff., abl. aber Staudinger/*Weick/Althammer* (2013) Art. 9 Rn. 62.

[186] Näher BGHZ 210, 59 = NJW 2016, 2322 Rn. 41 ff.; *Coester* IPRax 2013, 114 (121).

[187] Ausf. *Coester* IPRax 2013, 114 (121); vgl. auch BGHZ 210, 59 = NJW 2016, 2322 Rn. 42.

[188] S. zur Stiefkindadoption BVerfG NJW 2013, 874; zum Ehegattensplitting BVerfG NJW 2013, 2257.

denden Rechtsfolgen gegen eine weite Auslegung sprächen.[189] Nachdem das Gesetz zur Einführung des Rechts auf Eheschließung für Personen gleichen Geschlechts (BGBl. 2017 I S. 2787) die **Kappungsgrenze abgeschafft** hat, unterliegen auch die Wirkungen einer gleichgeschlechtlichen Ehe oder einer eingetragenen Partnerschaft ausländischen Rechts allein der allgemeinen ordre-public-Kontrolle gem. Art. 6.

58   Fraglich ist ferner die Einordnung des **Art. 23 S. 2,** der es ermöglicht, auf die für eine Abstammungserklärung, Namenserteilung oder Adoption erforderliche Zustimmung statt des an sich berufenen ausländischen Rechts deutsches Recht anzuwenden, soweit dies zum Wohl des Kindes erforderlich ist.[190] Da auch der Schutz des Kindeswohls eine verfassungsrechtliche Grundierung und somit **ordre public-Charakter** hat, kann man auch diese Vorschrift als eine echte spezielle Vorbehaltsklausel ansehen.[191] Die Anwendung deutschen Rechts nach Art. 23 S. 2 kommt aber bereits aus eher pragmatischen Gründen in Betracht, wenn die Erfordernisse eines inhaltlich nicht anstößigen Heimatrechts nicht oder nur unter unverhältnismäßigen Schwierigkeiten erfüllt werden können; in derartigen Fällen dürfte ein ordre public-Gehalt zu verneinen sein.[192]

59   Auf rechtspraktischen Erwägungen und **nicht auf Gedanken des ordre public** beruht auch **Art. 24 Abs. 1 S. 2,** der es ermöglicht, für einen Ausländer mit gewöhnlichem oder, mangels eines solchen, mit schlichtem Aufenthalt im Inland einen Betreuer nach deutschem Recht zu bestellen.[193] Zum Teil wird aber auch diese Vorschrift – zu Unrecht – als Exklusivnorm dahingehend verstanden, dass eine Betreuung von Ausländern im Inland ausschließlich auf der Grundlage deutschen Rechts möglich sei.[194] Die wahlweise Anwendung deutschen Rechts nach Art. 24 Abs. 1 S. 2 ermöglicht es jedenfalls, eine Anwendung anstößigen ausländischen Rechts bereits bei der Anknüpfung zu vermeiden, so dass es einer Korrektur nach Art. 6 regelmäßig nicht bedarf.[195]

60   **d) Handhabung spezieller Vorbehaltsklauseln. aa) Absenkung der Eingriffsschwelle.** Bei der Auslegung spezieller Vorbehaltsklauseln stellt sich regelmäßig die Frage, ob durch sie die Schwelle für ein Eingreifen des ordre public gezielt abgesenkt worden ist oder ob ihre Anwendbarkeit ebenso wie Art. 6 S. 1 eine offensichtliche Unvereinbarkeit mit wesentlichen Grundsätzen des deutschen Rechts voraussetzt. So bemerkte zB *v. Hoffmann,* der Gesetzgeber indiziere durch die Aufstellung spezieller Vorbehaltsklauseln, dass er ein besonders sensibles Gebiet erkannt habe und es durchaus wünsche, dass von der jeweiligen Vorbehaltsklausel Gebrauch gemacht werde.[196] Im Einzelnen ist aber zu differenzieren, denn bei den oben (→ Rn. 52) genannten echten speziellen Vorbehaltsklauseln zum Schutz wesentlicher Rechtsgrundsätze weicht die Formulierung der einschlägigen Vorschriften voneinander ab:

61   **Art. 48 S. 1** übernimmt wörtlich die **restriktive Formulierung** des Art. 6 S. 1 („mit wesentlichen Grundsätzen des deutschen Rechts offensichtlich unvereinbar") und lässt damit erkennen, dass insoweit keine Abweichung von den zu Art. 6 entwickelten Maßstäben (näher → Rn. 132 ff.) beabsichtigt ist. In Bezug auf **Art. 40 Abs. 3 Nr. 1 und 2** hat bereits die Begründung des Regierungsentwurfs unter Berufung auf die einschränkenden Tatbestandsmerkmale der Vorschrift („wesentlich", „offensichtlich") hervorgehoben, dass diese Klauseln „ebenso wie Artikel 6 EGBGB […] nur bei gravierenden Widersprüchen zu den Grundvorstellungen unseres Rechts Anwendung finden [sollen]".[197] **Großzügiger formuliert** ist hingegen **Art. 13 Abs. 2 Nr. 3,** der nur von einer Unvereinbarkeit spricht, die zumindest nach dem Wortlaut der Vorschrift – anders als bei Art. 6 S. 1 – nicht „offensichtlich" sein muss. Dies hat die Rechtsprechung aber richtigerweise nicht davon abgehalten, diese Vorschrift ebenfalls zurückhaltend auszulegen und nicht jedes unserem eigenen

---

[189] BGHZ 210, 59 = NJW 2016, 2322 Rn. 44.

[190] Staudinger/*Voltz* (2013) Rn. 51; weitergehend *Kropholler* IPR § 36 VIII.

[191] So OVG Bln-Bgb BeckRS 2011, 46605; OLG Köln StAZ 2013, 319 = BeckRS 2013, 17575; vgl. auch BVerfG NJW 2008, 2835 Rn. 29: Zustimmung des gesetzlichen Vertreters könne unter Beachtung des ordre public erforderlich sein.

[192] Begr. RegE, BT-Drs. 10/504, 73; *Nojack,* Exklusivnormen im IPR, 2005, 94 f.; aA BeckOGK/*Stürner* (1.2.2017) EGBGB Art. 6 Rn. 128; ob die Vorschrift auf die jeweilige lex fori erweiternd angewandt werden kann, ist str.; vgl. einerseits *Kegel/Schurig* IPR § 2 III aE, andererseits *Nojack,* Exklusivnormen im IPR, 2005, 94 f.

[193] Zum Vorrang des ErwSÜ → Art. 24 Rn. 12 ff.

[194] So *v. Bar* IPR II Rn. 50 ff., 348; Erman/*Hohloch* Rn. 15; Soergel/*Kegel* Rn. 4: Betreuungsgebot; explizit gegen Einstufung des Art. 24 Abs. 1 S. 2 als Exklusivnorm aber *Nojack,* Exklusivnormen im IPR, 2005, 97 f.; näher Staudinger/*v. Hein* (2014) EGBGB Art. 24 Rn. 51 mwN.

[195] jurisPK-BGB/*Röthel* EGBGB Art. 24 Rn. 47.

[196] *v. Hoffmann* IPRax 1996, 1 (8).

[197] Begr. RegE, BT-Drs. 14/343, 12.

Recht nach heutiger Rechtslage unbekannte Ehehindernis (zB das der Schwägerschaft) als hinreichenden Grund anzusehen, die Anwendung ausländischen Rechts auszuschließen.[198]

Andere Exklusivnormen mit ordre public-Gehalt, insbesondere **Art. 13 Abs. 3 Nr. 1** (Unwirksamkeit der Eheschließung, wenn der Verlobte im Zeitpunkt der Eheschließung das 16. Lebensjahr nicht vollendet hatte), **Art. 13 Abs. 4 S. 1** (Grundsatz der obligatorischen Zivilehe) sowie **Art. 17 Abs. 2** (Wahrung des Scheidungsmonopols deutscher Gerichte) lassen hingegen dem Rechtsanwender keinerlei Wertungsspielraum; insoweit wird die offensichtliche Unvereinbarkeit mit wesentlichen Grundsätzen des deutschen Rechts von Gesetzes wegen **unwiderleglich vermutet.** Noch nicht abschließend geklärt ist, ob **Art. 10 Rom III-VO** ebenso wie bisher Art. 6 die Hinnahme einer Verstoßungsscheidung nach islamischem Recht ermöglicht, wenn die Ehefrau einverstanden ist oder die Voraussetzungen einer Scheidung auch nach deutschem Recht vorliegen;[199] der Vergleich mit der Formulierung des Art. 12 Rom III-VO legt zwar eine Verneinung nahe,[200] doch erscheint diese grammatische Interpretation, die zu einer bloß abstrakten Überprüfung ausländischer Rechtsnormen führen müsste, kaum interessengerecht[201] (abweichend aber → Rom III-VO Art. 10 Rn. 2 ff.). Das Problem ist praktisch teilweise dadurch entschärft worden, dass der EuGH nunmehr klargestellt hat, dass die Rom III-VO auf im Ausland vollzogene Privatscheidungen keine unmittelbare Anwendung findet.[202] Zumindest in diesen Fällen bleibt es daher, sofern man die Rom III-VO nicht kraft eines impliziten Ausdehnungsbefehls analog anwenden will,[203] bei den bewährten, zu Art. 6 entwickelten Maßstäben (→ Rn. 264).

Für die oben (→ Rn. 53 ff.) aufgeführten speziellen **Vorbehaltsklauseln ohne materiellen ordre public-Gehalt** ist hingegen **kein offensichtlicher Verstoß gegen wesentliche Grundsätze des deutschen Rechts erforderlich;** dies dürfte de lege lata auch für die fragwürdige Kappungsgrenze des Art. 17b Abs. 4 gelten (näher → Art. 17b Rn. 78 ff.), jedoch ist auch insoweit eine restriktive Auslegung angezeigt.[204]

bb) Erfordernis der Inlandsbeziehung. Eine entscheidende Funktion spezieller Vorbehaltsklauseln wird vielfach darin gesehen, das Ausmaß der zum Eingreifen des ordre public im Allgemeinen erforderlichen Inlandsbeziehung (näher → Rn. 184 ff.) verbindlich zu konkretisieren.[205] Insbesondere ist hier die Anknüpfung an den gewöhnlichen Aufenthalt oder die Staatsangehörigkeit eines Verlobten in Art. 13 Abs. 2 Nr. 1 zu nennen; ferner die Inlandsbelegenheit der Ehewohnung in Art. 17a; auch die Anknüpfung an die deutsche Staatsangehörigkeit in Art. 17 Abs. 1 S. 2 aF und Art. 38 aF ließ sich als Beispiel für eine solche genauere Festlegung anführen.[206] Die Beschränkung auf Eheschließungen bzw. Scheidungen „im Inland" in Art. 13 Abs. 4 S. 1 (Grundsatz der obligatorischen Zivilehe) sowie Art. 17 Abs. 2 (Wahrung des Scheidungsmonopols deutscher Gerichte) fällt gleichfalls in diese Rubrik. Entsprechende Erwartungen werden durch neuere spezielle Vorbehaltsklauseln aber häufig enttäuscht, denn zB in Art. 40 Abs. 3 Nr. 1 und 2 findet sich ebenso wenig ein Wort über einen notwendigen Inlandsbezug wie in Art. 10 Rom III-VO.[207] Der Verzicht auf das

62

63

64

---

[198] Näher BVerwG NJW 2012, 3461; OLG Stuttgart BeckRS 1999, 13848 = FamRZ 2000, 821; beachte aber auch EGMR LSK 2006, 080283 (Ls.) = FamRZ 2005, 1971 (Ls.).

[199] S. zur bisherigen Praxis noch BGHZ 160, 332 = NJW-RR 2005, 81; OLG Hamm NJW-RR 2010, 1090 = FamRZ 2010, 1563; OLG Hamm NJOZ 2013, 961 = FamRZ 2013, 1481 (1484); ferner zB AG Kulmbach IPRax 2004, 529 mAnm *Unberath* IPRax 2004, 515; zusammenfassender Überblick bei *Bock* NJW 2012, 122 (125); *Rohe* in Arnold Grundfragen 67 (72 f.).

[200] Vgl. *Franzina* Nuove leggi civ. com. 2011, Rom III-VO Art. 10 Rn. 4; *Gössl* EuLF 2016, 85 (91); *Gruber* IPRax 2013, 381 (391); *Joubert* in Corneloup, Droit Européen de divorce, 2013, Rom III-VO Art. 10 Rn. 12; *M.-P. Weller* in Arnold Grundfragen 133 (155 ff.); *Winkler v. Mohrenfels* ZVglRWiss 115 (2016), 650 (657 ff.).

[201] S OLG München BeckRS 2015, 12777 Rn. 21 ff.; *Basedow*, FS Posch, 2011, 17 (30 f.); BeckOGK/*Stürner* (1.2.2017) EGBGB Art. 6 Rn. 87; *Heiderhoff* IPRax 2017, 160 (163); *Helms* FamRZ 2011, 1765 (1772); *Helms* IPRax 2017, 153 (154); *Rohe* in Arnold Grundfragen 67 (75 f.); *Schurig,* FS v. Hoffmann, 2011, 405 (409 f.); *Matthias Weller,* Europäisches Kollisionsrecht, 2015, Rn. 110; *Wurmnest* in Leible/Unberath Rom 0-VO 465 ff.; einen Fall des Art. 10 Rom III-VO verneint, wenn die iranische Ehefrau auch nach deutschem Recht die Scheidung beantragen könnte, OLG Hamm NJOZ 2013, 1524 = FamRZ 2013, 1486 (Ls.); anders aber *M.-P. Weller/Hauber/A. Schulz* IPRax 2016, 123 (126 ff.).

[202] EuGH BeckRS 2016, 81033 = IPRax 2017, 90 mAnm *Pika/Weller* IPRax 2017, 65.

[203] Hierzu siehe den erneuten Vorlagebeschluss des OLG München BeckRS 2016, 12020 = IPRax 2017, 92 mAnm *Pika/Weller* IPRax 2017, 65.

[204] BGHZ 210, 59 = NJW 2016, 2322 Rn. 44.

[205] *Ferid* IPR Rn. 3–31; RGRK-BGB/*Wengler* IPR I S. 83 f.; *Batiffol/Lagarde* DIP 576 f. (Rn. 359).

[206] Vgl. RGRK-BGB/*Wengler* IPR I S. 83 f.; auch *v. Hoffmann* IPRax 1996, 1 (8).

[207] Dies beanstandet in Bezug auf Art. 40 Abs. 3 bereits *v. Hoffmann* IPRax 1996, 1 (8); zu Art. 10 Rom III-VO statt vieler *Gruber* IPRax 2012, 381 (391).

Erfordernis jeglicher Inlandsbeziehung soll nach einer Ansicht sogar dazu führen, den genannten Vorschriften den Charakter einer Vorbehaltsklausel überhaupt abzusprechen.[208]

65   Richtigerweise ist aber für jede dieser Vorschriften die Frage aufzuwerfen, ob das Erfordernis des **hinreichenden Inlandsbezuges** aus der allgemeinen Dogmatik des ordre public auf diese speziellen Klauseln **übertragen werden kann oder sogar muss.**[209] Die hM bejaht zB unter Berufung auf die Rechtsnatur des Art. 40 Abs. 3 als spezielle ordre public-Klausel insofern die Notwendigkeit eines Inlandsbezuges.[210] Hierbei konkretisiert nicht die spezielle Norm den allgemeinen ordre public, sondern es muss auf letzteren zurückgegriffen werden, um die Lücken der besonderen Norm zu füllen. Als Einfallstor für ein Hineinlesen der Inlandsbeziehung in den Art. 40 Abs. 3 bietet sich die generalklauselartige Weite der Tatbestandsmerkmale „angemessen" und „offensichtlich" an.[211] Man kann die Inlandsbeziehung aber auch schlicht – ebenso wie bei Art. 6 (näher → Rn. 184 f.) – als ungeschriebenes Tatbestandsmerkmal betrachten.[212] Für Art. 17b Abs. 4 aF war das Erfordernis eines Inlandsbezuges umstritten; die Korrekturfunktion der Vorschrift gegenüber der auf jede Verbindung zum Inland verzichtenden Registeranknüpfung in Art. 17b Abs. 1 dürfte es bei einer parallelen Wertung nahelegen, die Frage zu verneinen (näher → Voraufl. Art. 17b Rn. 90). Noch nicht abschließend geklärt ist die Problematik für Art. 10 Rom III-VO; jedenfalls in den Fällen einer Gerichtszuständigkeit nach Art. 3 Brüssel IIa-VO wird regelmäßig eine für das Eingreifen der speziellen Vorbehaltsklausel hinreichende Inlandsbeziehung vorliegen.[213]

66   **cc) Rechtsfolgen.** Spezielle Vorbehaltsklauseln legen **regelmäßig** als Rechtsfolge explizit fest, dass statt des verdrängten ausländischen Rechts **deutsches Recht** (zB Art. 13 Abs. 2 und Abs. 3 S. 1, Art. 17 Abs. 2 und Abs. 3 S. 2) **bzw. die lex fori** (Art. 10 Rom III-VO) **anzuwenden ist.** Zwingend notwendig oder gar im Wesensmerkmal spezieller Vorbehaltsklauseln ist dies aber nicht. Flexibler ausgestaltet ist zB Art. 40 Abs. 3 Nr. 1, der es zulässt, das ausländische Deliktsstatut in modifizierter Form, dh in einem um unverhältnismäßige Auswüchse beschnittenen Umfang anzuwenden (→ Art. 40 Rn. 115).[214] Auch die Kappungsgrenze des Art. 17b Abs. 4 aF begrenzte lediglich die Wirkungen des Partnerschaftsstatuts auf einen mit dem deutschen Recht kompatiblen Umfang, unterwarf die Partnerschaft aber nicht pauschal dem deutschen Recht (→ Voraufl. Art. 17b Rn. 78 ff.).

67   **e) Verhältnis zu Art. 6.** Besondere Vorbehaltsklauseln verdrängen als **leges speciales** grundsätzlich die allgemeine Vorbehaltsklausel des Art. 6. Dieser Grundsatz wird aber in mehrfacher Hinsicht eingeschränkt:

68   Einhellig anerkannt ist, dass spezielle Vorbehaltsklauseln den Rückgriff auf den allgemeinen ordre public nur **innerhalb ihres jeweiligen tatbestandlichen Anwendungsbereichs** ausschließen.[215] Erregt also zB ein ausländisches Eherecht nicht deshalb Anstoß, weil es einer Eheschließung entgegensteht, sondern diese über die vom deutschen Recht gezogenen Grenzen hinaus ermöglicht (zB im Falle der Polygamie, einer postmortalen Eheschließung oÄ), bleibt ungeachtet des Art. 13 Abs. 2 der Rückgriff auf Art. 6 eröffnet (näher → Art. 13 Rn. 34 f.). Die Kappungsgrenze (Art. 17b Abs. 4 aF) erfasste nicht die Frage der **Abstammung** des Kindes von einem der Partner, sodass insoweit Spielraum für Art. 6 blieb.[216] Art. 6 wird ferner nicht durch Art. 40 Abs. 3 Nr. 1 verdrängt, wenn zB im Falle einer Persönlichkeitsrechtsverletzung nicht die Höhe des nach ausländischem Recht zuzuerkennenden Schadensersatzes Bedenken weckt, sondern das Deliktsstatut gar kein „right to

---

[208] So zu Art. 10 Rom III-VO *Joubert* in Corneloup, Droit Européen de divorce, 2013, Rom III-VO Art. 10 Rn. 17.

[209] Ebenso BeckOGK/*Stürner* (1.2.2017) EGBGB Art. 6 Rn. 135; s. zu Art. 40 Abs. 3 ausf. *Kropholler/v. Hein,* FS Stoll, 2001, 553 (563 f.); zu Art. 17b Abs. 4 die Kommentierung zu → Art. 17b Rn. 90; zu Art. 10 Rom III-VO vgl. → Rom III-VO Art. 1 Rn. 12.

[210] *Junker* RIW 2000, 241 (249); NK-BGB/*Wagner* Art. 40 Rn. 36; *Spickhoff* NJW 1999, 2209 (2213); *Staudinger* DB 1999, 1589 (1592); *Vogelsang* NZV 1999, 497 (501); für die Nr. 1 auch Erman/*Hohloch* Art. 40 Rn. 25b.

[211] *Burst,* Pönale Momente im ausländischen Privatrecht und deutscher ordre public, 1994, 167; wohl auch *Vogelsang* NZV 1999, 497 (501); für die „Erforderlichkeit" (Art. 40 Abs. 3 Nr. 1) als Einfallstor Erman/*Hohloch* Art. 40 Rn. 25b.

[212] So *Junker* RIW 2000, 241 (249); NK-BGB/*Wagner* Art. 40 Rn. 36; *Spickhoff* NJW 1999, 2209 (2213); *Staudinger* DB 1999, 1589 (1592).

[213] Vgl. auch *Joubert* in Corneloup, Droit Européen de divorce, 2013, Rom III-VO Art. 10 Rn. 16 f., die aber auf denkbare Divergenzen hinweist.

[214] *Kegel/Schurig* IPR § 16 I.

[215] *Ferid* IPR Rn. 3–31; Staudinger/*Voltz* (2013) Rn. 52; Bamberger/Roth/*Lorenz* Rn. 2; jurisPK-BGB/ *Baetge* Rn. 22.

[216] Näher BGHZ 210, 59 = NJW 2016, 2322 Rn. 41 ff.

privacy" anerkennt oder eine unverhältnismäßig kurze Verjährungsfrist vorsieht.[217] Haben die Ehegatten iS des Art. 10 Rom III-VO grundsätzlich einen gleichberechtigten Zugang zur Ehescheidung, schließt dies ausweislich des Erwägungsgrund 24 S. 2 Rom III-VO nicht aus, dass das Scheidungsstatut wegen einer Ungleichbehandlung im konkreten Einzelfall oder aus anderen Gründen (etwa wegen eines anstößigen Verschuldenserfordernisses, einer unangemessen langen Trennungsdauer etc) als Verstoß gegen den ordre public eingestuft wird.[218]

Im Übrigen ist als Richtschnur von der Prämisse auszugehen, dass der Gesetzgeber durch die **69** Aufstellung spezieller Vorbehaltsklauseln den Schutz der öffentlichen Ordnung in als besonders sensibel empfundenen Bereichen lediglich verstärken, aber hiermit **keine Schutzlücken bei der Wahrung wesentlicher Rechtsgrundsätze** reißen will.[219] Schematische Spezialitätsargumente sind daher regelmäßig nicht sachgerecht. So soll auf Art. 6 auch zurückgegriffen werden, wenn der Schutzbereich einer speziellen Vorbehaltsklausel überschritten wird, sich also zB ein ausländisches Ehehindernis nicht allein als Verstoß gegen die Eheschließungsfreiheit darstellt, sondern zugleich andere, dem Schutzbereich der allgemeinen Vorbehaltsklausel zugewiesene Grundrechte tangiert (etwa bei – heute seltenen – Eheverboten der ethnischen oder religiösen Verschiedenheit).[220] Schließlich wird eine Anwendbarkeit der allgemeinen Vorbehaltsklausel auch befürwortet, wenn der in einer spezialisierten Vorbehaltsklausel konkretisierte Grad des Inlandsbezuges nicht vorliegt, etwa bei Art. 13 Abs. 2 keiner der ausländischen Verlobten seinen gewöhnlichen Aufenthalt im Inland hat, aber gleichwohl ein für Art. 6 hinreichender Inlandsbezug besteht[221] Ebenso schließt zB Art. 17a nicht a limine aus, dass in Bezug auf eine im Ausland belegene Ferienwohnung eines Ehepaars gegenüber dem an sich nach Art. 14 anwendbaren Ehewirkungsstatut auf Art. 6 zurückzugreifen ist, sofern ein erheblicher Inlandsbezug vorliegt (etwa weil ein Ehegatte erneut seinen gewöhnlichen Aufenthalt im Inland begründet hat) und das betreffende Recht keinen hinreichenden Schutz bietet.[222]

f) Rechtspolitische Würdigung. Der seit der Reform von 1986 zu beobachtende **Trend zur** **70** **Schaffung spezieller Vorbehaltsklauseln** im deutschen IPR ist ungebrochen. Seither wurden die Art. 40 Abs. 3, der inzwischen wieder abgeschaffte Art. 17b Abs. 4 aF und Art. 48 S. 1 in das EGBGB eingefügt. Jüngste Vorstöße sehen die Einführung neuer Vorbehaltsklauseln zum Schutz Minderjähriger im Hinblick auf ihre Ehemündigkeit bei Auslandsheiraten (Art. 13 Abs. 3 nF; → Rn. 259) sowie zur Versagung der Anerkennung im Ausland eingegangener polygamer Ehen vor.[223] Der hiermit verbundene Verlust an Flexibilität und Einzelfallgerechtigkeit ist zu bedauern; erst recht stimmt bedenklich, dass dieser Ansatz in Art. 10 Rom III-VO auch auf **europäischer Ebene** Gefolgschaft gefunden hat, nachdem bei der Schaffung der Rom II-VO noch entsprechende Vorstöße abgewehrt werden konnten.[224] Es stellt aus rechtsvergleichender Sicht ein **fragwürdiges Alleinstellungsmerkmal des deutschen IPR** dar, dass Exklusivnormen in ihm besonders zahlreich vorhanden sind.[225] Die Ursache hierfür liegt in erster Linie darin, dass der Reformgesetzgeber von 1986 entgegen dem internationalen Trend am Primat des Staatsangehörigkeitsprinzips festgehalten hat, wodurch ein erheblicher Korrekturbedarf hervorgerufen wird, der nur zum Teil im Schutz wesentlicher Rechtsgrundsätze, sondern vielfach im Ziel der erleichterten sozialen Integration der Betroffenen oder schlichten Praktikabilitätserwägungen wurzelt (→ Art. 5 Rn. 34). Wird hingegen vorrangig an den gewöhnlichen Aufenthalt angeknüpft, verringert sich in der Regel die sachliche Notwendigkeit, Exklusivnormen zugunsten des inländischen Rechts zu schaffen.

Spezielle Vorbehaltsklauseln können den Zweck verfolgen, die Furcht am Gesetzgebungsverfahren **71** interessierter Gruppen zu besänftigen.[226] Bei der Ausarbeitung von EU-Verordnungen oder dem

---

[217] Zu derartigen Fällen ausf. *Kropholler/v. Hein,* FS Stoll, 2001, 553 (570 ff.); allg. → Art. 40 Rn. 116.

[218] AllgM, s. nur *Franzina,* Nuove leggi civ. com. 2011, Rom III-VO Art. 10 Rn. 1; *Gruber* IPRax 2012, 381 (391); *Joubert* in Corneloup, Droit Européen de divorce, 2013, Rom III-VO Art. 10 Rn. 12.

[219] *Ferid* IPR Rn. 3–31.

[220] Näher → Art. 13 Rn. 34; Staudinger/*Voltz* (2013) Rn. 53.

[221] Näher → Art. 13 Rn. 34. Staudinger/*Voltz* (2013) Rn. 54.

[222] So auch PWW/*Martiny* Art. 17a Rn. 5; aber → Art. 17a Rn. 12.

[223] *o.V.,* Maas will Mehrfach-Ehen die Anerkennung verweigern, FAZ vom 14.6.2016, http://www.faz.net/-gpf-8i798.

[224] Rechtspolitisch abweichend *M.-P. Weller* in Arnold Grundfragen 133 (155 ff.); *M.-P. Weller/Hauber/A. Schulz* IPRax 2016, 123 (126 ff.).

[225] Vgl. etwa *Joubert* in Corneloup, Droit Européen de divorce, 2013, Rom III-VO Art. 10 Rn. 16: „Les clauses spéciales d'ordre public, bien connues notamment du droit allemand […]"; s. auch zum Internationalen Deliktsrecht *Kropholler/v. Hein,* FS Stoll, 2001, 553 (559 ff.).

[226] Vgl. zum Internationalen Deliktsrecht *Sonnenberger* Rev. crit. dr. int. pr. 88 (1999), 647 (662); *Wandt,* Internationale Produkthaftung, 1995, Rn. 1261 in Fn. 92.

Abschluss von Staatsverträgen können sie dem Abbau gegenseitigen Misstrauens oder der Beschwichtigung von Ängsten gegenüber drittstaatlichem Recht förderlich sein (vgl. zB Art. 10 Rom III-VO in Bezug auf das islamische Recht).[227] Diesen realpolitischen Gegebenheiten nachzugeben, birgt indes Gefahren, denn was einmal speziell kodifiziert worden ist, lässt sich oft nur schwer wieder zurücknehmen. Zudem ist die rigide **Durchsetzung eigener Wertvorstellungen** ohne Rücksicht auf Art und Schwere des Verstoßes sowie ohne Differenzierung hinsichtlich der erforderlichen Inlandsbeziehung (etwa bei Art. 10 Rom III-VO) gegenüber den im Rahmen der allgemeinen Vorbehaltsklausel von der Rechtsprechung bislang entwickelten verfeinerten Lösungen allenfalls ein zweifelhafter Fortschritt.[228] Wird zudem nach Art. 10 Rom III-VO für die **Scheidung** umstandslos auf die lex fori zurückgegriffen statt sich, wie dies bislang im Rahmen des Art. 6 anerkannt war (näher → Rn. 214 ff.), mit einer modifizierten Anwendung des ausländischen Rechts zu begnügen, wird damit unter Umständen die Anerkennung eines solchen Scheidungsurteils in Drittstaaten erschwert, womit den scheidungswilligen Parteien nicht gedient ist: Gut gemeint ist auch hier nicht gut gemacht.[229] Ebenso ist es zweifelhaft, wenn zum Schutz vermeintlicher verfassungsrechtlicher Grundsätze, wie etwa des lange Zeit behaupteten „Abstandsgebotes" zwischen Ehe und gleichgeschlechtlicher Partnerschaft, eine spezielle Vorbehaltsklausel (Art. 17b Abs. 4 aF) geschaffen wird, die schon nach wenigen Jahren in einen deutlichen Gegensatz zu den seither gewandelten sozialen und rechtlichen Wertvorstellungen in der Bundesrepublik gerät (Rn. 57). Die Schaffung spezieller Vorbehaltsklauseln bezeugt auf Seiten des Gesetzgebers einen Mangel an Vertrauen in das Urteilsvermögen der Justiz, für den zumindest die deutsche Rechtsprechung keinen Anlass bietet.

72   Selbst der mit speziellen Vorbehaltsklauseln angestrebte Gewinn an Rechtssicherheit fällt regelmäßig bescheiden aus. Soweit derartige Klauseln einzelne tragende Grundsätze der öffentlichen Ordnung umschreiben, kranken sie an der Schwäche jedes kasuistischen Regelungsansatzes, nämlich einer **Lückenhaftigkeit,** die vielfach doch wieder zu einem Rückgriff auf allgemeine dogmatische Grundsätze zwingt. Dadurch werfen sie in vielen Punkten komplizierte Fragen der Abgrenzung zwischen allgemeiner und spezieller Vorbehaltsklausel auf, die einer flexiblen Lösung der sachlich entscheidenden Abwägungs- und Wertungsprobleme eher im Wege stehen. Um die maßgebenden Wertungen nicht durch technische Spitzfindigkeiten zu präjudizieren, ist es daher geboten, **spezielle Vorbehaltsklauseln** soweit wie möglich **im Einklang mit dem allgemeinen ordre public und im Zweifel restriktiv auszulegen**[230] (→ Rn. 60 ff.).

73   **4. Die allgemeine Vorbehaltsklausel des Art. 6 EGBGB.** Nur wenn keine der bereits genannten, vorrangig zu prüfenden Vorbehaltsklauseln eingreift, bleibt Raum für die Anwendung der allgemeinen Vorbehaltsklausel, deren Voraussetzungen ausführlich in Abschnitt B (→ Rn. 117 ff.) erläutert werden.

74   **5. Ausländische Vorbehaltsklauseln. a) Grundsatz.** Ausländische Vorbehaltsklauseln sind – ebenso wie ein ausländischer ordre public im Allgemeinen[231] – von deutschen Gerichten **grundsätzlich nicht zu beachten.**[232] Es ergibt sich bereits aus dem Wortlaut des Art. 6 S. 1, der allein auf wesentliche Grundsätze „des deutschen Rechts" Bezug nimmt, dass jedenfalls bei unmittelbarer Anwendung dieser einseitig formulierten Vorschrift eine Berücksichtigung eines ausländischen ordre public ausscheiden muss.[233] Nimmt zB eine ursprünglich österreichische Staatsangehörige, deren Geburtsname „von W.", infolge der Abschaffung des Adels in Österreich aber nur noch „W." lautete, nach ihrer Einbürgerung in Großbritannien wieder den Namen „von W."

---

[227] Deutliche Kritik am islamophoben Hintergrund dieser Vorschrift übt *Schurig,* FS v. Hoffmann, 2011, 405 (410).

[228] Zutr. spricht *Gruber* IPRax 2012, 381 (391), von einem „Missgriff des europäischen Gesetzgebers"; krit. auch *Basedow,* FS Posch, 2011, 17 (30 f.); *Schurig,* FS v. Hoffmann, 2011, 405 (409 f.); *Matthias Weller,* Europäisches Kollisionsrecht, 2015, Rn. 110; positive Würdigung hingegen durch *M.-P. Weller* in Arnold Grundfragen 133 (155 ff.); *M.-P. Weller/Hauber/A. Schulz* IPRax 2016, 123 (126 ff.).

[229] Krit. hierzu bereits *Basedow,* FS Posch, 2011, 17 (30 f.); *Gruber* IPRax 2012, 381 (391); *Schurig,* FS v. Hoffmann, 2011, 405 (409 f.); an der bisherigen Praxis auch unter Art. 10 Rom III-VO festhaltend OLG Hamm NJOZ 2013, 1524 = FamRZ 2013, 1486 (Ls.); dagegen *M.-P. Weller* in Arnold Grundfragen 133 (155 ff.); *M.-P. Weller/Hauber/A. Schulz* IPRax 2016, 123 (126 ff.).

[230] Vgl. BGHZ 210, 59 = NJW 2016, 2322 Rn. 44.

[231] Eingehende rechtsvergleichende Bestandsaufnahme bei BeckOGK/*Stürner* (1.2.2017) EGBGB Art. 6 Rn. 32 ff., mwN.

[232] *Erman/Hohloch* Rn. 22; *Kropholler* IPR § 36 VII; *Looschelders* IPR Rn. 14; Staudinger/*Voltz* (2013) Rn. 105; anders *Brüning,* Die Beachtlichkeit des fremden ordre public, 1997, 74 ff.; dazu tendierend auch *Kegel/Schurig* IPR § 16 VII.

[233] Zutr. *Kubis* RabelsZ 64 (2000), 797 (802).

an, ist dies, soweit nach englischem Recht wirksam, in Deutschland anzuerkennen;[234] der entgegenstehende österreichische ordre public ist für uns nicht maßgebend. Allerdings ist einzuräumen, dass dem deutschen IPR aus historischer Sicht die Verallseitigung einseitiger Kollisionsnormen keinesfalls unbekannt ist (→ Einl. IPR Rn. 23) und dass das moderne IPR auch eine Sonderanknüpfung ausländischer Eingriffsnormen akzeptiert (Art. 9 Abs. 3 Rom I-VO).[235] Daraus lässt sich jedoch kein entsprechender Ausbau des Art. 6 zu einer Art allseitig wirkenden Vorbehaltsklausel ableiten.[236] **Art. 6** ist nach der Konzeption des Gesetzgebers lediglich eine **negativ wirkende Vorbehaltsklausel,** die schon in Bezug auf das deutsche Recht keine positive, anknüpfungsbegründende Funktion entfaltet (→ Rn. 2 ff.); erst recht kann diese Klausel **keine Anknüpfung ausländischer Rechtsgrundsätze begründen.**[237] Auch die bereits dargestellten unionsrechtlichen Vorbehaltsklauseln nehmen allein auf den Schutz der jeweiligen lex fori Bezug (→ Rn. 21 und 26) und verpflichten ein deutsches Gericht nicht etwa zur Berücksichtigung des nationalen ordre public anderer Mitgliedstaaten. Eine solche Pflicht lässt sich auch nicht aus dem Grundsatz der loyalen Zusammenarbeit (Art. 4 Abs. 3 AEUV) ableiten.[238]

b) Ausnahmen. Von dem Grundsatz der Unbeachtlichkeit eines ausländischen ordre public sind aber Ausnahmen zuzulassen. 75

Eine **ausdrückliche Ausnahme,** die wegen des Vorrangs der Brüssel IIa-VO jedoch nur eingeschränkte Bedeutung hat, enthält das deutsche Familienverfahrensrecht in **§ 98 Abs. 1 Nr. 4 FamFG:**[239] Nach dieser Vorschrift ist die internationale Zuständigkeit deutscher Gerichte für Ehesachen nur in einem Ehegatte seinen gewöhnlichen Aufenthalt im Inland hat, es sei denn, dass die zu fällende Entscheidung offensichtlich nach dem Recht keines der Staaten anerkannt würde, denen einer der Ehegatten angehört. Im Rahmen dieser **negativen Anerkennungsprognose** ist zwar nicht der kollisionsrechtliche, sondern der anerkennungsrechtliche **ordre public des Heimatrechts zu prüfen;** dies schließt indes nicht nur dessen wesentliche prozessuale, sondern auch materielle Rechtsgrundsätze ein.[240] Zum verfahrensrechtlichen ordre public näher → Rn. 99 ff. 76

Zweitens ist im Falle einer **Gesamtverweisung** auf ausländisches Recht nach Art. 4 Abs. 1 EGBGB oder Art. 34 EuErbVO das ausländische IPR so anzuwenden, wie es sich in der betreffenden ausländischen Rechtsordnung darstellt (→ Art. 4 Rn. 70); dies schließt notwendigerweise die Prüfung des dortigen ordre public ein.[241] Hiergegen lässt sich nicht das begriffliche Argument erheben, dass die Heranziehung der kollisionsrechtlichen Vorbehaltsklausel nicht auf der Ebene der Anknüpfung des anwendbaren Rechts anzusiedeln sei, sondern erst die materiellrechtliche Streitentscheidung beeinflusse.[242] Auch wenn der ordre public nach heutigem Verständnis keine positive, anknüpfungsbestimmende Funktion hat (→ Rn. 2 ff.), ist doch zumindest seine allgemein anerkannte negative Funktion, der Ausschluss des an sich anwendbaren Rechts, aus deutscher und europäischer Sicht auf der kollisionsrechtlichen Ebene und nicht erst auf der Stufe des Sachrechts zu lokalisieren;[243] dies zeigt sich nicht zuletzt an der Kodifikation der allgemeinen Vorbehaltsklauseln im EGBGB und den EU-Verordnungen (→ Rn. 5 f.). Ferner müssten selbst nach diesem Begründungsansatz zumindest spezielle Vorbehaltsklauseln des ausländischen Rechts berücksichtigt werden, weil diese regelmäßig 77

---

[234] LG Heidelberg IPRspr. 1988 Nr. 6 = IPRax 1989, 52 (Ls.) m. zust. Anm. *Henrich.*

[235] IdS ausf. *Brüning,* Die Beachtlichkeit des fremden ordre public, 1997, 126 ff.

[236] Ebenso *Kubis* RabelsZ 64 (2000), 797 (801 ff.).

[237] Ausf. *Kubis* RabelsZ 64 (2000), 797 (803).

[238] Vgl. zur Problematik der Berücksichtigung drittstaatlicher Eingriffsnormen GA *Szpunar* ECLI:EU: C:2016:281 Rn. 113 ff.

[239] Hierzu näher MüKoFamFG/*Rauscher* FamFG § 98 Rn. 85, 93; *Horndasch/Viefhues/Hohloch* FamFG § 98 Rn. 54 ff.; ferner Bork/Jacoby/Schwab/*Heiderhoff* FamFG § 98 Rn. 11; *Prütting/Helms/Hau* FamFG § 98 Rn. 36.

[240] *Erman/Hohloch* Rn. 22; MüKoFamFG/*Rauscher* FamFG § 98 Rn. 85, 93; missverständlich Staudinger/ *Voltz* (2013) Rn. 109.

[241] RGZ 132, 416; OLG Karlsruhe FHZivR 16 Nr. 3264 (Ls.) = FamRZ 1970, 251 (253); OLG Frankfurt a. M. NJW 1990, 2204 (2205); AG Duisburg FHZivR 27 Nr. 3285 (Ls.) = StAZ 1980, 335; eingehend *Gebauer,* FS Jayme, 2004, 223 (232 ff.); ebenso BeckOGK/*Stürner* (1.2.2017) EGBGB Art. 6 Rn. 143 ff.; Erman/*Hohloch* Rn. 22; *v. Hoffmann/Thorn* IPR § 6 Rn. 149; *Kegel/Schurig* IPR § 10 VI; *Kropholler* IPR § 36 VII; *Kubis* RabelsZ 64 (2000), 797 (798); Palandt/*Thorn* Rn. 8; anders im neueren Schrifttum insbes. Bamberger/Roth/*Lorenz* Rn. 19; *Lorenz,* FS Geimer, 2002, 555 ff.

[242] So aber Bamberger/Roth/*Lorenz* Rn. 19.

[243] So offenbar auch im Ausgangspunkt *Lorenz,* FS Geimer, 2002, 555 (563), der dann aber (564 f.) zwischen einer „systematischen" Einordnung des ordre public (als Teil des IPR) und dessen „funktionaler" Einstufung (als Sachrechtsanwendung) differenzieren will. Das überzeugt letztlich nicht, weil der Befehl der Nichtanwendung einer Norm ebenso kollisionsrechtlichen Charakter hat wie die positive Anordnung einer Verweisung. „Knüpfe es an!" und „Knüpfe es nicht an!" sind gleichermaßen Imperative der eigenen Rechtsordnung.

unmittelbar das Anknüpfungsergebnis präjudizieren.[244] Da aber gerade derartige Exklusivnormen sich häufig unangenehm durch „national[e] Einseitigkeit" auszeichnen,[245] wäre es sachlich kaum gerechtfertigt – und rechtspolitisch ein völlig falsches Signal gegenüber anderen Rechten –, ausgerechnet diese Vorschriften gegenüber der allgemeinen Vorbehaltsklausel bevorzugt zu behandeln. Schließlich wird der hinter dem Renvoi stehende Zweck des internationalen Entscheidungseinklangs vereitelt, wenn nicht das ausländische IPR insgesamt herangezogen wird, sondern nur dessen um die ordre public amputierte Version.[246] Aus dem in Art. 4 Abs. 1 S. 2 EGBGB angeordneten Abbruch der Rückverweisung lässt sich kein Gegenschluss herleiten;[247] erstens trägt der Gedanke nicht für die Weiterverweisung, und zweitens fehlt gerade eine entsprechende ausdrückliche Anordnung der Nicht-Berücksichtigung eines ausländischen ordre public.

78   Entsprechendes gilt, wenn im Rahmen einer ausnahmsweise erfolgenden **unselbstständigen Vorfragenanknüpfung** (→ Einl. IPR Rn. 180 ff.) ausländisches IPR anzuwenden ist; auch insoweit kann ein internationaler Entscheidungseinklang nur erzielt werden, wenn das ausländische Kollisionsrecht insgesamt, dh unter Einschluss seiner allgemeinen und speziellen Vorbehaltsklauseln, angewendet wird.[248]

79   Ferner kann **das innerhalb der EU entwickelte Anerkennungsprinzip** (→ Art. 3 Rn. 117 ff.) zumindest mittelbar zur Berücksichtigung eines ausländischen ordre public führen: Hat zB ein deutsches Kind deutscher Eltern in einem anderen Mitgliedstaat einen von den Eltern bestimmten Doppelnamen erhalten, weil das dortige Recht das Verbot der Bildung eines solchen Namens im deutschen Recht (§§ 1617, 1671a BGB) als einen Verstoß gegen seinen ordre public ablehnt, kann dieser Name unter den Voraussetzungen des Art. 48 auch im Inland geführt werden. Insoweit macht es für die auf der Freizügigkeit basierende Verpflichtung zur Anerkennung einer im EU-Ausland entstandenen Rechtslage keinen Unterschied, ob sich der vom deutschen Recht abweichende Name des Kindes aus einer generell anders ausgerichteten Regelanknüpfung des ausländischen IPR (etwa dem Domizilprinzip) oder aber im Einzelfall daraus ergibt, dass wegen eines ordre public-Verstoßes dort das Recht des betreffenden Mitgliedstaates als Ersatzrecht berufen wird.

80   **Ausländische Vorbehaltsklauseln** sind in derartigen Konstellationen **so auszulegen,** wie dies ein **Gericht des jeweiligen Staates,** auf dessen Recht verwiesen wird, **tun würde.**[249] Die Konkretisierung solcher Generalklauseln kann für ein deutsches Gericht zwar schwierig sein, doch bestehen ähnliche Schwierigkeiten auch bei der Handhabung ausländischer Ausweichklauseln oder einer im Rahmen einer Gesamtverweisung erforderlichen Qualifikation nach ausländischem Recht. Ist für das Eingreifen des ordre public auch nach dem ausländischen Recht ein hinreichender Inlandsbezug erforderlich, muss gegebenenfalls dem Umstand Rechnung getragen werden, dass dieser geringer ausfällt, wenn das aus der Sicht des Auslands anstößige Recht nicht in einem dort durchzuführenden Prozess, sondern vor einem deutschen Gericht zur Anwendung gelangt.[250]

81   Der **Berücksichtigung ausländischer Vorbehaltsklauseln** bzw. dem nach ausländischem IPR berufenen Sachrecht kann gegebenenfalls **wiederum der deutsche ordre public** (Art. 6) **entgegengehalten** werden.[251] Dies kommt insbesondere in Betracht, wenn der ausländische ordre public auf Wertvorstellungen beruht, die im Ergebnis eine Diskriminierung von Minderheiten aus Gründen ihrer Religion, ethnischen Zugehörigkeit oder sexuellen Orientierung bewirken können. Bei solchen grundlegenden Wertungsdivergenzen wird es häufig doch dazu kommen, dass zB ein Renvoi auf das deutsche Recht trotz des Widerspruchs zum ausländischen ordre public zu bejahen ist.[252] Angesichts der räumlichen und zeitlichen Relativität unseres ordre public (näher → Rn. 184 ff.) ist das jedoch nicht schlechthin immer der Fall.[253]

---

[244]   Vgl. Bamberger/Roth/*Lorenz* Rn. 19, der einen ausländischen ordre public zumindest dann berücksichtigen will, wenn „er […] bereits auf der Ebene des Kollisionsrechts eingreift, dh. die dortige Anknüpfung beeinflusst".

[245]   S. *Kropholler* IPR § 36 VIII.

[246]   Das Interesse an der „realen" Entscheidung betont *Gebauer,* FS Jayme, 2004, 223 (234); ebenso *Kropholler* IPR § 36 VII.

[247]   So aber *Lorenz,* FS Geimer, 2002, 555 (566).

[248]   So bereits die 5. Aufl. 2010, Rn. 73.

[249]   *Kropholler* IPR § 36 VII.

[250]   Hierzu eingehend *M. A. Jagmetti,* Die Anwendung fremden Kollisionsrechtes durch den inländischen Richter, 1961, 236 f., 245; ferner *Kropholler* IPR § 36 VII; vgl. auch OLG Karlsruhe FHZivR 16 Nr. 3264 (Ls.) = FamRZ 1970, 251 (253).

[251]   OLG Karlsruhe FHZivR 16 Nr. 3264 (Ls.) = FamRZ 1970, 251 (253); *Gebauer,* FS Jayme, 2004, 223 (236 f.); *Kropholler* IPR § 36 VII; *Looschelders* IPR Rn. 14; NK-BGB/*Schulze* Rn. 22; Staudinger/*Voltz* (2013) Rn. 108 mwN.

[252]   Vgl. *Looschelders* IPR Rn. 14; NK-BGB/*Schulze* Rn. 22.

[253]   Insoweit zutr. *Lorenz,* FS Geimer, 2002, 555 (562).

Schließlich ist zu erwägen, ob ein **ausländischer ordre public im Rahmen des Art. 6** insoweit **82** **Berücksichtigung finden kann,** als die ausländischen wesentlichen Rechtsgrundsätze sich mit ihren deutschen Pendants decken; als Vorbild wird die Berücksichtigung ausländischer Verbotsgesetze (Kulturgüterschutz, Embargovorschriften) im Rahmen des § 138 BGB („Nigerianische Masken", „Borax"; → Einl. IPR Rn. 291) genannt,²⁵⁴ die freilich versagt, wenn es sich bei dem maßgebenden Statut um ausländisches Recht handelt. Soweit im heute geltenden IPR auch die Sonderanknüpfung ausländischer Eingriffsnormen anerkannt ist, insbesondere in Art. 9 Abs. 3 Rom I-VO, besteht für eine Heranziehung der Vorbehaltsklausel zu diesem Zweck weder eine dogmatische Rechtfertigung noch ein dringendes praktisches Bedürfnis mehr; nur soweit derartige Vorschriften noch Spielraum lassen (insbesondere in Bezug auf Eingriffsnormen, die nicht, wie in Art. 9 Abs. 3 Rom I-VO vorgesehen, dem Recht des Erfüllungsortes entstammen), mag ein Rückgriff auf den ordre public in Betracht kommen, der dann aber in Art. 21 Rom I-VO und nicht in Art. 6 zu verorten wäre. Mit der heute im Vordergrund stehenden negativen Funktion des ordre public (→ Rn. 2 ff.) wäre ein solcher Ansatz zudem kaum zu vereinbaren. Wird die Berücksichtigung eines ausländischen ordre public auf die inhaltliche Übereinstimmung der Wertvorstellungen des ausländischen mit denen des deutschen Rechts gestützt, liegt bei hinreichendem Inlandsbezug **in der Regel ohnehin ein gravierender Verstoß gegen wesentliche deutsche Rechtsgrundsätze** vor, so dass die Heranziehung eines ausländischen ordre public keine eigenständige Korrekturfunktion erfüllt und demzufolge dogmatisch überflüssig und auch praktisch entbehrlich ist.²⁵⁵ Scheitert ein Eingreifen des deutschen ordre public jedoch an der fehlenden Inlandsbeziehung des Sachverhalts (näher → Rn. 184 ff.), kann dieses Defizit nicht dadurch überspielt werden, dass wesentliche Rechtsgrundsätze desjenigen Staates verletzt werden, zu dem der Sachverhalt eine hinreichende Beziehung aufweist, auch wenn die ausländischen Wertvorstellungen inhaltlich mit den unseren übereinstimmen. Dies zeigt schon das Standardbeispiel der obligatorischen Zivilehe: Wird ein Paar im Ausland nach dem Eheschließungs-statut wirksam kirchlich getraut (Art. 11 Var. 1 iVm Art. 13 Abs. 1), schadet es aus unserer Sicht nicht, wenn die lex loci celebrationis eine dem Art. 13 Abs. 4 S. 1 spiegelbildlich entsprechende spezielle Vorbehaltsklausel enthält.²⁵⁶ Die Heranziehung eines ausländischen ordre public ist schließlich entbehrlich, wenn die Kongruenz der ausländischen Wertvorstellungen mit wesentlichen deutschen Rechtsgrundsätzen daraus resultiert, dass für beide Staaten dieselben europa- oder völkerrechtlichen Vorgaben für den Schutz der Grund- und Menschenrechte gelten; insoweit bewirkt schon die Anreicherung des deutschen ordre public um internationale Rechtsgrundsätze (näher → Rn. 144 ff.), dass im Ergebnis auch übereinstimmenden Wertungen des ausländischen Rechts Rechnung getragen wird. Außer in den bereits genannten Fallgruppen des Renvoi (→ Rn. 77) und der unselbstständigen Vorfrageanknüpfung (→ Rn. 78) muss die Berücksichtigung eines ausländischen ordre public also ausscheiden. Dies schließt es selbstverständlich keinesfalls aus, im **Rahmen der Konkretisierung des deutschen ordre public** auch **ausländische Rechtsquellen und Gerichtsentscheidungen als Anschauungsmaterial** und ggf. als „persuasive authority" heranzuziehen (näher → Rn. 181 ff.).

VII. Abgrenzung der Vorbehaltsklausel von anderen Rechtsinstituten

1. Eingriffsnormen. Auf die enge historische Verwandtschaft zwischen der sog. „positiven" **83** Funktion des ordre public und der Sonderanknüpfung von Eingriffsnormen ist bereits oben (→ Rn. 2) hingewiesen worden. Die Emanzipation der Eingriffsnormen vom ordre public und ihre kollisionsrechtliche Behandlung in besonderen Vorschriften (Art. 9 Rom I-VO, Art. 16 Rom II-VO) beschränkt sich nicht auf eine bloß formal-kodifikatorische Auslagerung, sondern spiegelt dogmatische und praktische Unterschiede wider.²⁵⁷ Beim ordre public handelt es sich um einen Mechanismus, der im Rahmen des herkömmlichen IPR-Systems, also der Fragestellung vom Sach-verhalt her, operiert und lediglich deren Ergebnis im Einzelfall korrigiert, während bei der Sonderan-knüpfung von Eingriffsnormen die Fragestellung generell aus einem anderen Blickwinkel, nämlich vom Anwendungswillen der jeweils betroffenen Eingriffsnorm her erfolgt (näher → Einl. IPR Rn. 286). Zu weit dürfte es aber gehen, Eingriffsnormen schlechthin außerhalb des internationalpri-vatrechtlichen Bereichs anzusiedeln, weil sie allein staatliche Interessen verfolgten;²⁵⁸ demgegenüber ist heute die Ansicht herrschend, dass unter besonderen Voraussetzungen auch privatrechtliche Nor-

---

²⁵⁴ *Brüning,* Die Beachtlichkeit des fremden ordre public, 1997, 126 ff.
²⁵⁵ Vgl. das Beispiel bei *Bureau/Muir* Droit International Privé I Rn. 473, die insoweit von einer „Reflexwir-kung" („effet réflexe") des ausländischen ordre public sprechen.
²⁵⁶ *Raape/Sturm* IPR S. 220; Palandt/*Thorn* Art. 13 Rn. 19; Staudinger/*Voltz* (2013) Rn. 105.
²⁵⁷ S. *v. Bar/Mankowski* IPR I § 7 Rn. 275; Erman/*Hohloch* Rn. 3; Staudinger/*Voltz* (2013) Rn. 24 ff.
²⁵⁸ So aber *v. Bar/Mankowski* IPR I § 7 Rn. 275.

men Eingriffscharakter haben können (näher → Einl. IPR Rn. 287 ff.). Richtig ist ferner die Beobachtung, dass es sich bei Art. 6 um eine Kollisionsnorm handelt („ist nicht anzuwenden", → Rn. 6), während Vorschriften wie Art. 9 Abs. 2 Rom I-VO oder Art. 16 Rom II-VO lediglich eine deklaratorische Platzhalterfunktion haben („berührt nicht"), aber nicht selbst die Bedingungen regeln, unter denen Eingriffsnormen der lex fori zur Anwendung kommen.[259] Ebenso trifft es zu, dass Art. 6 nur auf eine Kontrolle des Ergebnisses der Rechtsanwendung zielt, während **Eingriffs-normen der lex fori** sich gegenüber ausländischem Recht **unbedingt, also ergebnisunabhängig**, durchsetzen.[260] Eine weitere Differenz liegt darin, dass die Sonderanknüpfung inländischer Eingriffs-normen **automatisch zur Anwendung der lex fori** führt, während Art. 6 auf der Rechtsfolgen-seite offen ausgestaltet ist (näher → Rn. 210 ff.). Schließlich unterscheiden sich die Vorbehaltsklausel und die Sonderanknüpfung von Eingriffsnormen darin, dass ein ausländischer ordre public für uns grundsätzlich unbeachtlich ist (näher → Rn. 74), während nach Art. 9 Abs. 3 Rom I-VO unter den dort genannten Voraussetzungen auch ausländische Eingriffsnormen herangezogen werden können.

84   Andererseits sollte man die Bedeutung der Unterschiede auch nicht überzeichnen. Ebenso wie der ordre public von einem hinreichenden Inlandsbezug abhängt (näher → Rn. 184 ff.), setzt auch die Berufung einer Vorschrift als Eingriffsnorm voraus, dass eine gewisse **Nähe des Sachverhalts zum Inland** besteht.[261] Ferner ist zumindest bei der Berücksichtigung ausländischer Eingriffsnormen eine Folgenorientierung explizit geboten (Art. 9 Abs. 3 S. 2 Rom I-VO), so dass sich auch insoweit der Gegensatz zwischen „unbedingter" Sonderanknüpfung und „ergebnisabhängiger" Ordre-public-Kontrolle verwischt. Zwar unterliegen auch ausländische Eingriffsnormen, soweit sie im Inland zu berücksichtigen sind, „selbstverständlich" wiederum der Kontrolle anhand des inländischen ordre public (Art. 21 Rom I-VO).[262] Allerdings bleibt, wenn die in Art. 9 Abs. 3 S. 2 Rom I-VO vorge-schriebene Folgenabwägung umfassend durchgeführt worden ist, praktisch kaum noch Raum für eine anschließende weitere Ergebniskontrolle.[263] Schließlich zeigt sich die historische Verwandtschaft zwischen der Vorbehaltsklausel und der Sonderanknüpfung von Eingriffsnormen auch darin, dass die Nicht-Berücksichtigung einer inländischen Eingriffsnorm durch ein ausländisches Gericht es rechtfertigen kann, die Anerkennung der ausländischen Entscheidung unter Berufung auf den ordre public zu versagen (näher → Rn. 100).

85   **2. Gesetzesumgehung.** Eine enge historische Verbundenheit mit dem ordre public weist ferner die im deutschen IPR nicht besonders kodifizierte Gesetzesumgehung *(fraus legis)* auf.[264] **Traditio-nell** wurde die Gesetzesumgehung jedenfalls dann, wenn sie zur Ausschaltung des an sich berufenen deutschen Rechts führte, als ein **Anwendungsfall der Vorbehaltsklausel** angesehen.[265] Noch in jüngster Zeit hat zB das OLG Düsseldorf einer liechtensteinischen Stiftung unter Berufung auf Art. 6 die Anerkennung versagt, weil ihr Hauptzweck im konkreten Einzelfall in der Steuerhinterziehung liege.[266] Auch die nur zum Schein erfolgte Wohnsitzverlegung zum Zwecke einer erleichterten Restschuldbefreiung wird als Verstoß gegen den ordre public (Art. 26 EuInsVO aF) eingestuft.[267] Gegen die Einordnung der Gesetzesumgehung unter Art. 6 bestehen aber durchgreifende Bedenken. Zwar kann man gegen diese Lösung nicht schlechthin einwenden, dass die Gesetzesumgehung schon deshalb kein Fall des ordre public sein könne, weil die Vorbehaltsklausel allein der *materiellrechtlichen* Gerechtigkeit diene, die Gesetzesumgehung jedoch gegen die *kollisionsrechtliche* Gerechtigkeit ver-stoße,[268] denn die Vorbehaltsklausel kann grundsätzlich auch zur Abwehr anstößigen Kollisionsrechts

---

[259] *v. Bar/Mankowski* IPR I § 7 Rn. 275; Erman/*Hohloch* Rn. 4.

[260] *v. Bar/Mankowski* IPR I § 7 Rn. 275; Staudinger/*Voltz* (2013) Rn. 30.

[261] *Kropholler* IPR § 52 IX 1.

[262] Erman/*Hohloch* Rn. 4; *Günther,* Die Anwendbarkeit ausländischer Eingriffsnormen im Lichte der Rom I- und II-Verordnungen, 2011, 188; Staudinger/*Voltz* (2013) Rn. 39.

[263] So bereits 5. Aufl. 2010, Rn. 36; ebenso *Günther,* Die Anwendbarkeit ausländischer Eingriffsnormen im Lichte der Rom I- und II-Verordnungen, 2011, 188; vgl. auch Staudinger/*Voltz* (2013) Rn. 39.

[264] Vgl. etwa die entsprechende, beide Fallgruppen zusammenfassende Rubrik I.2 der IPRspr.: „Ordre public und Gesetzesumgehung".

[265] Mit eingehender Begr. insbes. *Melchior* S. 379 f.; *Wolff* IPR S. 48 f.; im neueren Schrifttum noch *Lüderitz* IPR Rn. 144; aus der älteren Rspr. KG JW 1938, 1242; LG Hamburg FHZivR 4 Nr. 3040 (Ls.) = StAZ 1955, 61; OLG Hamburg IPRspr. 1970 Nr. 113.

[266] OLG Düsseldorf IStR 2011, 475 (492) mAnm *Lennert/Blum* = ZEV 2010, 528 mAnm *Stucke/Remplik* und *Wachter* = IPRax 2012, 433 m. Aufsatz *Jakob/Uhl* IPRax 2012, 451; OLG Düsseldorf BeckRS 2016, 04555 Rn. 45 = WuB 2016, 754 mAnm *Ulmer*; grds. ebenso, aber im konkreten Fall verneinend BGH NJW 2015, 623 Rn. 26; krit. zur zivilrechtlichen Nicht-Anerkennung aus steuerrechtlicher Sicht *Körner/Schwarz* DStR 2015, 2501 (2503 f.); *Linn/Schmitz* DStR 2014, 2541 (2544 f.); vgl. auch zur Verwirkung als Fall des Art. 6 LAG Mecklenburg-Vorpommern IPRspr. 2014 Nr. 76.

[267] BFH NZI 2016, 929 Rn. 23.

[268] So aber *Kegel/Schurig* IPR § 14 VII 3; Staudinger/*Voltz* (2013) Rn. 70; ebenso *Benecke,* Gesetzesumgehung im Zivilrecht, 2004, 241 f.

zur Anwendung kommen (näher → Rn. 125 ff.). Art. 6 ließe sich insofern durchaus in dem Sinne auslegen, dass er sich nicht nur gegen den materiellen Inhalt eines ausländischen Gesetzes, sondern ebenso gegen die fraudulöse Herbeiführung seiner Anwendbarkeit im Einzelfall richten würde.[269] Denkbar wäre es zB, aus den verstreut geregelten Verboten der Umgehungsgeschäfte (§ 306a BGB, § 312k Abs. 1 S. 2 BGB, § 487 S. 2 BGB, § 512 S. 2 BGB) einen allgemeinen, wesentlichen Rechtsgrundsatz iS des Art. 6 S. 1 abzuleiten oder die Umgehungsabsicht in die Feststellung des für das Eingreifen des ordre public erforderlichen Inlandsbezuges (→ Rn. 184 ff.) einfließen zu lassen.[270]

Dennoch wird der Rückgriff auf Art. 6 in der Lehre heute ganz überwiegend abgelehnt und die **86** Gesetzesumgehung unabhängig vom ordre public bewältigt.[271] Eine Lösung über Art. 6 würde nämlich zu schwerlich einleuchtenden Lücken führen: Erstens könnte die Vorbehaltsklausel schon tatbestandlich diejenigen Fälle nicht erfassen, in denen eine Bestimmung eines ausländischen Rechts umgangen wird, um gerade die Anwendung deutschen Rechts zu erschleichen.[272] Auch eine solche Umgehung gilt aber im Hinblick auf die Wahrung des internationalen Entscheidungseinklangs und des Ansehens der deutschen Rechtsordnung als grundsätzlich unerwünscht.[273] Zweitens ist es nur schwer zu begründen, warum gerade auf deutsches Recht zurückgegriffen werden sollte, wenn etwa das Recht des fremden Staates A umgangen wird, um die Anwendung des Rechts eines anderen fremden Staates B zu erreichen.[274] Mit dem deutschen ordre public ließe sich nicht rechtfertigen, zB einer liechtensteinischen Stiftung die Anerkennung zu versagen, wenn mit deren Hilfe nicht etwa in Deutschland, sondern zB in der Schweiz fällige Steuern hinterzogen werden. Zudem spricht das Prinzip der **Ergebniskontrolle** (→ Rn. 117 ff) vielfach gegen eine Heranziehung des ordre public: Auch wenn das deutsche Recht der Vereinbarung von **Leihmutterschaften** im Ausland ablehnend gegenübersteht, kann das Wohl des – nun einmal geborenen – Kindes es gleichwohl gebieten, generalpräventive Erwägungen zurückzustellen und dessen Abstammung von den Bestelleltern zu bejahen.[275] Auch im europäischen Kollisionsrecht wird die **Gesetzesumgehung heute als Rechtsfigur eigener Art** *(fraude à la loi)* und nicht als Unterfall des ordre public angesehen, was durch Erwägungsgrund 26 EuErbVO belegt wird. Der Umstand, dass selbst die jüngere Rechtsprechung trotz dieser seit langem bekannten Einwände vorzugsweise den ordre public gebraucht, um Gesetzesumgehungen zu bekämpfen, dürfte oft weniger auf Sachargumente als vielmehr darauf zurückzuführen sein, dass Gerichte eine gewisse Scheu haben, offen mit ungeschriebenen Rechtsinstituten zu arbeiten und die scheinbare Sicherheit schätzen, die durch eine kodifizierte Norm wie Art. 6 verbürgt wird. Das kann aus dogmatischer Sicht und angesichts der praktischen Schwächen dieses Ansatzes aber nicht überzeugen, so dass die Gesetzesumgehung nicht als ein Unterfall des ordre public, sondern davon gesondert zu betrachten ist (näher → Einl. IPR Rn. 282 ff.). Eine Heranziehung der Grundsätze der Gesetzesumgehung kann schließlich durch **europäisches Primärrecht** ausgeschlossen sein, wenn das fragliche Verhalten der Betroffenen sich gerade als Ausübung einer Grundfreiheit (Niederlassungsfreiheit, Freizügigkeit) darstellt (→ Einl. IPR Rn. 284). So soll nach der Rechtsprechung des EuGH die freiwillige – von einem familiären Erwerbsvorgang losgelöste – in England vorgenommene Namensänderung eines Deutsch-Briten in „*Graf* von Wolffersdorff *Freiherr* von Bogendorff" nicht bereits als rechtsmissbräuchlich zu qualifizieren sein, sondern allenfalls am deutschen ordre public scheitern.[276]

3. Ausweichklauseln. Zwar ermöglichen sowohl der ordre public (Art. 6) als auch das zB in Art. 41 **87** und 46 kodifizierte Prinzip der engsten Verbindung Korrekturen der von einer regulären Kollisionsnorm

[269] Vgl. *Kropholler* IPR § 23 II 2; NK-BGB/*Freitag* Art. 3 Rn. 41; *Raape/Sturm* IPR S. 331; wohl auch Bamberger/Roth/*Lorenz* Einl. IPR Rn. 73.

[270] Im letztgenannten Sinne *v. Bar/Mankowski* IPR I § 7 Rn. 137.

[271] So im Ausgangspunkt übereinstimmend Bamberger/Roth/*Lorenz* Einl. IPR Rn. 73; *v. Bar/Mankowski* IPR I § 7 Rn. 137; *Benecke*, Gesetzesumgehung im Zivilrecht, 2004, 241 f.; *Erman/Hohloch* Einl. Art. 3–47 Rn. 56; *v. Hoffmann/Thorn* IPR § 6 Rn. 123; *Kegel/Schurig* IPR § 14 VII 3; *Kropholler* IPR § 23 II 2; *Looschelders* IPR Vor Art. 3–6 Rn. 30; Palandt/*Thorn* Einl. IPR Rn. 25; Staudinger/*Voltz* (2013) Rn. 70; eher zum ordre public tendierend noch NK-BGB/*Freitag* Art. 3 Rn. 41.

[272] Bamberger/Roth/*Lorenz* Einl. IPR Rn. 73; *Benecke*, Gesetzesumgehung im Zivilrecht, 2004, 242; *Kegel/Schurig* IPR § 14 VII 3; *Kropholler* IPR § 23 II 2; Palandt/*Thorn* Einl. IPR Rn. 25; Staudinger/*Voltz* (2013) Rn. 69; dies räumen *Lüderitz* IPR Rn. 144; *Melchior* S. 379 f. und *Wolff* IPR S. 48 f. auch offen ein.

[273] *Kropholler* IPR § 23 II 2; Staudinger/*Voltz* (2013) Rn. 69; aA *Lüderitz* IPR Rn. 144.

[274] *Benecke*, Gesetzesumgehung im Zivilrecht, 2004, 242; *Kegel/Schurig* IPR § 14 VII 3; die Berufung auf den ordre public schloss *Melchior* S. 380 in einem solchen Fall explizit aus.

[275] BGHZ 203, 350 = NJW 2015, 479 Rn. 46; AG Konstanz BeckRS 2016, 02376 = FamRZ 2016, 248 (249); eingehend *Duden*, Leihmutterschaft im Internationalen Privat- und Verfahrensrecht, 2015, 133 ff, mwN; anders aber – in Bezug auf den Elternteil ohne genetischen Bezug zum Kind – das schweizerische BG FamRZ 2015, 1912; hierzu *Thomale* IPRax 2016, 177; für die Bejahung eines Ordre-public-Verstoßes auch OLG Braunschweig BeckRS 2017, 107276; *Thomale*, Mietmutterschaft, 2015, 26 ff.

[276] EuGH ECLI:EU:C:2016:401 Rn. 57 ff. = NJW 2016, 2093 – Bogendorff von Wolffersdorff; krit. *Rauscher* LMK 2016, 381541; skeptisch auch *Helms* IPRax 2017, 153 (158 f.); näher *Dutta* FamRZ 2016, 1213 (1216 ff.).

ausgesprochenen Anknüpfung. Dennoch muss die Vorbehaltsklausel des ordre public von kollisions-rechtlichen Ausweichklauseln dogmatisch und praktisch streng getrennt werden.[277] Während das Ein-greifen des Art. 6 einen Verstoß des Ergebnisses der Rechtsanwendung gegen wesentliche Rechtsgrund-sätze und damit eine inhaltliche Überprüfung voraussetzt, darf im Gegensatz dazu bei kollisionsrechtli-chen Ausweichklauseln das materielle Ergebnis der Rechtsanwendung gerade nicht berücksichtigt wer-den;[278] letztere Klauseln dienen keinem „better law approach" (näher → Einl. IPR Rn. 29 ff.). Mithilfe einer auf dem **Prinzip der engsten Verbindung beruhenden Ausweichklausel** wird daher nicht das Ergebnis der Anwendung *ausländischen* Sach- oder Kollisionsrechts aus materiellen Erwägungen heraus korrigiert, sondern vielmehr auf die Unangemessenheit der vom *eigenen* IPR ausgesprochenen Regel-verweisung (zB Art. 40 Abs. 1 oder 2, Art. 43 Abs. 1) wegen der **kollisionsrechtlichen Atypizität des Einzelfalls reagiert.**[279] Auf einem anderen Blatt steht, dass die Rechtsprechung in der Vergangenheit den Anwendungsbereich des ordre public mitunter recht großzügig definiert hat, um zu einer Korrektur insbesondere des Staatsangehörigkeitsprinzips im internationalen Familienrecht zu gelangen.[280] Das Vor-dringen der Anknüpfung an den gewöhnlichen Aufenthalt (zB Art. 21) und die Verankerung alternativer (zB Art. 19) oder subsidiärer Anknüpfungen (zB Art. 23 S. 2) im internationalen Familienrecht haben das Bedürfnis für derartige, methodisch unsaubere Griffe in die internationalprivatrechtliche „Trickkiste" aber erheblich verringert. Aus Gründen der Rechtsklarheit empfiehlt es sich auch de lege ferenda nicht, den ordre public und das Prinzip der engsten Verbindung in einer konturenlosen General-Ausnahme-klausel zusammenzufassen.[281]

88   **4. Anpassung.** Sowohl die Rechtsfigur der Anpassung (bzw. Angleichung; hierzu → Einl. IPR Rn. 242 ff.) als auch die Vorbehaltsklausel dienen dem Zweck, das reguläre Ergebnis des internatio-nalprivatrechtlichen Rechtsanwendungsvorgangs aus Gründen der Billigkeit zu korrigieren.[282] Trotz dieser bei einer untechnischen Betrachtung gegebenen Gemeinsamkeit muss streng zwischen beiden Instituten getrennt werden.[283] Im Falle des ordre public kommt es zu einem echten inhaltlichen Widerspruch zwischen dem von unserem IPR berufenen fremden Sachrecht und Grundwertungen des deutschen Rechts. Bei der **Anpassung** ist hingegen der **Inhalt des ausländischen Sachrechts für sich genommen unbedenklich:** Wenn zB das belgische Deliktsrecht Haftungsansprüche bei einer Tötung des Hauskindes nicht an dessen Rechtspflicht zur Erbringung von Diensten knüpft, sondern Schadensersatz gemäß einer Generalklausel gewährt, ist diese Lösung als solche nicht zu beanstanden.[284] Führt diese vom deutschen Recht abweichende Konstruktion aber dazu, dass bei Maßgeblichkeit deutschen Haftungsrechts (§ 845 BGB) mangels einer Dienstleistungspflicht „kraft Gesetzes" den belgischen Eltern kein Anspruch zusteht,[285] tritt ein Ergebnis ein, dass nach dem übereinstimmenden Inhalt *beider* Rechtsordnungen – also anders als beim ordre public nicht nur aus unserer Perspektive! – so nicht gewollt ist.[286] Die Wurzel des Normwiderspruchs liegt vielmehr auf der kollisionsrechtlichen Ebene, genauer: in der Aufspaltung funktional zusammenhängender Normkomplexe auf unterschiedliche Kollisionsnormen und der Schwierigkeit, die jeweils berufenen Rechtsfragmente wieder zu einem sinnvollen Ganzen zusammenzufügen.[287] Mithilfe der Anpassung

---

[277] Eingehend zum Verhältnis zwischen ordre public-Vorbehalt und kollisionsrechtlichen Ausweichklauseln *Hirse,* Die Ausweichklausel im Internationalen Privatrecht, 2006, 72 ff.; knapp auch *v. Hoffmann/Thorn* IPR § 2 Rn. 54a.

[278] Ebenso *Hirse,* Die Ausweichklausel im Internationalen Privatrecht, 2006, 73 f.; vgl. auch zum europäischen IPR *Remien* in Leible/Unberath Rom 0-VO 223, 230 f.; zu Art. 4 Abs. 3 Rom II-VO *Hein,* FS Kropholler, 2008, 553 (564 f.).

[279] *Hirse,* Die Ausweichklausel im Internationalen Privatrecht, 2006, 74.

[280] S. das bei *Hirse,* Die Ausweichklausel im Internationalen Privatrecht, 2006, 73 in Fn. 28 zusammengestellte Fallmaterial; krit. insoweit auch *v. Hoffmann/Thorn* IPR § 2 Rn. 54a in Bezug auf die – mE aber gut vertretbare (so auch *Hohloch* JuS 2002, 924 (925); Staudinger/*Henrich* [2014] Art. 22 Rn. 71) – Entscheidung des OLG Schleswig NJW-RR 2001, 1372 = FamRZ 2002, 698 zur ordre public-Widrigkeit des Ausschlusses einer dem Kindeswohl dienlichen Adoption wegen des Vorhandenseins ehelicher Abkömmlinge nach türkischem Recht.

[281] So aber noch Art. 30 des Vorschlags von *Neuhaus/Kropholler* RabelsZ 44 (1980), 326 (336 f.); s. hierzu die berechtigte Kritik von *Kreuzer* ZfRV 33 (1992), 168 (187) („Ein derartiges Potpourri vermengt völlig verschiedene rechtspolitische Gesichtspunkte, deren Verwirklichung unterschiedliche Tatbestände und Rechtsfolgen erfordert.").

[282] *v. Bar/Mankowski* IPR I § 7 Rn. 250; *Looschelders,* FS v. Hoffmann, 2011, 266 f.; *Rauscher* IPR Rn. 550; Staudinger/*Voltz* (2013) Rn. 71.

[283] *v. Bar/Mankowski* IPR I § 7 Rn. 250; *Looschelders,* FS v. Hoffmann, 2011, 266 f.; Staudinger/*Voltz* (2013) Rn. 71.

[284] Beispiel nach OLG Köln NZV 1995, 448 = FamRZ 1995, 1200.

[285] OLG Köln NZV 1995, 448 = FamRZ 1995, 1200.

[286] *v. Bar/Mankowski* IPR I § 7 Rn. 250; *Looschelders,* FS v. Hoffmann, 2011, 266 f.; in US-amerikanischer Terminologie würde man von einem „false conflict" sprechen.

[287] *v. Bar/Mankowski* IPR I § 7 Rn. 250; *Kropholler,* FS Ferid, 1978, 279 (288); *Looschelders,* FS v. Hoffmann, 2011, 266 f.

wird daher regelmäßig bereits auf der Ebene der Verweisung selbst korrigiert, während der ordre public erst nach vollzogener Anknüpfung zum Zuge kommt.[288] Die Anpassung hat daher nach allgM den Vorrang gegenüber einem Rückgriff auf die Vorbehaltsklausel.[289]

5. Retorsion. Noch Art. 31 EGBGB in der bis 1986 geltenden Fassung enthielt eine ausdrückli-   **89** che Grundlage, welche die Regierung dazu ermächtigte, gegen einen ausländischen Staat bzw. dessen Angehörige ein sog „Vergeltungsrecht" zur Anwendung zu bringen. Eine solche **Retorsion** diente im 19. Jh. dem Zweck, andere Staaten mittelbar dazu zu bewegen, deutschen Staatsangehörigen ihrerseits eine Meistbegünstigung einzuräumen.[290] Die Vorschrift kam indes praktisch nie zur Anwendung.[291] Dem heutigen IPR ist das Beharren auf einem Gegenseitigkeitserfordernis im Verhältnis zu anderen Staaten zudem fremd geworden (s. Art. 2 Rom I-VO, Art. 3 Rom II-VO).[292] Art. 31 EGBGB idF von 1900 wurde deshalb im Zuge der IPR-Reform als obsolet gestrichen.[293] Im Internationalen Zivilverfahrensrecht hat der Gesetzgeber hingegen ausdrücklich an Gegenseitigkeitserfordernissen in Bezug auf Prozesskostensicherheit und Entscheidungsanerkennung festgehalten (s. § 110 Abs. 2 Nr. 1 und § 328 Abs. 1 Nr. 5 ZPO, § 109 Abs. 4 Nr. 5 FamFG).[294] Die Zulässigkeit von Repressalien oder Retorsionen gegen andere Staaten oder ihre Angehörigen im Rahmen des allgemeinen Völkerrechts bleibt von der Streichung des Art. 31 EGBGB aF unberührt.[295]

VIII. Ordre public-Kontrolle auf Nebengebieten des IPR

1. Internationales Zivilverfahrensrecht. a) Allgemeines. aa) Rechtsquellen. Der materielle   **90** ordre public wird nicht allein im Kollisionsrecht durch Art. 6 oder die oben (→ Rn. 21 ff.) aufgeführten sonstigen Vorbehaltsklauseln geschützt; darüber hinaus finden sich im internationalen Zivilverfahrensrecht vielfach Vorbehaltsklauseln, die außer untragbaren Verstößen gegen prozessuale Grund- und Menschenrechte auch solche gegen den materiellen ordre public abwehren sollen (→ Rn. 99 f.). Hier sind insbesondere die für die **Anerkennung ausländischer Gerichtsentscheidungen** maßgebenden Vorbehaltsklauseln der Brüssel Ia-VO (Art. 34 Nr. 1 EuGVO aF[296] = Art. 45 Abs. 1 lit. a Brüssel Ia-VO), der Brüssel IIa-VO (EuEheVO) (Art. 22 lit. a Brüssel IIa-VO), der ZPO (§ 328 Abs. 1 Nr. 4 ZPO) und des FamFG (§ 109 Abs. 1 Nr. 4 FamFG[297]) zu nennen. Auch im **internationalen Schiedsverfahrensrecht** bleibt nach Art. V Abs. 2 lit. b New Yorker UN-Übereinkommen[298] ebenso wie nach § 1059 Abs. 2 Nr. 2 lit. b ZPO die Wahrung der öffentlichen Ordnung des Anerkennungsstaates vorbehalten.[299]

Ferner kann die **Anerkennung** eines im Ausland **eingeleiteten Insolvenzverfahrens** oder einer   **91** in einem solchen Verfahren ergangenen Entscheidung wegen eines Verstoßes gegen den ordre public versagt werden (Art. 26 EuInsVO aF = Art. 33 EuInsVO nF[300] bzw. § 343 Abs. 1 Nr. 2 InsO, § 353 Abs. 1 InsO iVm § 723 Abs. 2 S. 2 und § 328 Abs. 1 Nr. 4 ZPO).[301] Auch in Staatsverträgen zur **internationalen Rechtshilfe** sind restriktiv gefasste Vorbehaltsklauseln enthalten (zur Zustellung s.

---

[288] *v. Bar/Mankowski* IPR I § 7 Rn. 250; *Kropholler*, FS Ferid, 1978, 279 (288); *Looschelders*, FS v. Hoffmann, 2011, 266 f.

[289] *v. Bar/Mankowski* IPR I § 7 Rn. 250; *Kropholler*, FS Ferid, 1978, 279 (288); *Looschelders*, FS v. Hoffmann, 2011, 266 f.; NK-BGB/*Schulze* Rn. 30; Palandt/*Thorn* Rn. 5; Staudinger/*Voltz* (2013) Rn. 71.

[290] *Rauscher* IPR Rn. 188; näher Erman/*Hohloch* Rn. 60; *Kegel* IPR, 7. Aufl. 1995, § 16 XV; *Raape/Sturm* IPR S. 228 f.

[291] BT-Drs. 10/504, 35; so bereits *Raape/Sturm* IPR S. 228 f.

[292] Vgl. die Bezugnahme auf Art. 2 EVÜ in BT-Drs. 10/504, 35.

[293] BT-Drs. 10/504, 35.

[294] BT-Drs. 10/504, 35; rechtspolitisch ist diese Differenzierung zwischen IPR und IZVR indes kaum überzeugend, näher *Kropholler* IPR § 60 IV 6; *Linke/Hau* IZVR Rn. 13.46; *Nagel/Gottwald* IZPR § 1 Rn. 33 ff.; *Schack* IZVR, 6. Aufl. 2014, Rn. 964 ff.

[295] Hierzu näher *Blumenwitz*, FS Ferid, 1988, 39 ff.; Erman/*Hohloch* Rn. 61; *Schnyder* BerGesVR 37 (1998), 73 = Ausgewählte Schriften, 2013, S. 53; *Wiegandt* ZaöRV 2011, 31 (55).

[296] Inhaltlich entsprechend Art. 34 Nr. 1 LugÜ 2007 sowie Art. 24 lit. a EuUnthVO.

[297] S. hierzu zB OVG Berlin-Brandenburg BeckRS 2011, 46605.

[298] Übereinkommen vom 10.6.1958 über die Anerkennung und Vollstreckung ausländischer Schiedssprüche, BGBl. 1961 II S. 121.

[299] Zu den hierbei anzulegenden Maßstäben eingehend BGH NJW 2009, 1215 (1216) mwN; BGH NJW 2014, 1597 = SchiedsVZ 2014, 98 mAnm *Baumert* SchiedsVZ 2014, 139; BGH NJW-RR 2017, 313 Rn. 54 ff.; OLG Saarbrücken SchiedsVZ 2012, 47 = IHR 2013, 19; zur Ordre-public-Widrigkeit kartellrechtlicher Schiedssprüche nach dem NYÜ näher *Kasolowsky/Steup* IPRax 2009, 268 ff.; *Kasolowsky/Steup* IPRax 2011, 96 ff.

[300] VO (EU) 2015/848 des EP und des Rates vom 20.5.2015 über Insolvenzverfahren (gültig ab dem 26.6.2017, vgl. Art. 92 EuInsVO nF), ABl. 2016 Nr. L 141, S. 19.

[301] Zur ordre public-Kontrolle nach der EuInsVO eingehend → EuInsVO Art. 26 Rn. 1 ff.; ferner *Laukemann* IPRax 2012, 207 ff. (insbes. 214 f. zum materiellen ordre public), beide mwN.

Art. 13 Abs. 1 HZÜ, zur Beweisaufnahme Art. 12 Abs. 1 lit. b HBÜ[302]), die besondere Auslegungs-probleme aufwerfen (näher → Rn. 106 ff.).

92   bb) Verzichtbarkeit im europäischen Rechtsraum. In Bezug auf die Vollstreckung von Titeln aus anderen Mitgliedstaaten hat der EU-Verordnungsgeber in **mehreren neueren Rechtsakten** das herkömmliche Exequaturverfahren und damit auch die Möglichkeit einer der Vollstreckbarerklärung vorausgehenden **ordre public-Kontrolle abgeschafft** (EuVTVO,[303] EuMVVO,[304] EuGFVO[305] und die EuUnthVO,[306] sofern es sich um Titel aus Mitgliedstaaten handelt, die durch das HUP gebunden sind). Der in diesen Verordnungen enthaltene Verzicht auf eine Kontrolle anhand des ordre public wird von dem Verordnungsgeber mit dem Vertrauen in die ordnungsgemäße Rechtspflege der anderen Mitgliedstaaten gerechtfertigt (zB Erwägungsgrund 18 EuVTVO),[307] ist aber im Schrifttum vielfach auf Kritik gestoßen.[308] Es ist also denkbar, dass anstößige Ergebnisse in Einzelfällen hinge-nommen werden müssen. Auf der anderen Seite fördert das Fehlen der ordre public-Schranke die Rechtssicherheit, nimmt dem Schuldner eine beliebte Verzögerungsmöglichkeit und erleichtert so die mit den genannten Verordnungen erstrebte schnelle Vollstreckung in allen Mitgliedstaaten. Auch der Kommissionsvorschlag für eine Revision der EuGVO von 2010[309] sah noch vor, dass sich die Gerichte im ersuchten Mitgliedstaat bei der Kontrolle des ordre public nach Art. 46 EuGVO-E auf grundlegende verfahrensrechtliche Fragen hätten beschränken müssen;[310] ein Verstoß gegen den materiellen ordre public des Zweitstaates hätte hingegen fortan der Anerkennung und Vollstreckung einer mitgliedstaatlichen Entscheidung nicht mehr entgegengehalten werden können.[311] Mit diesem angestrebten Paradigmenwechsel ist die Kommission jedoch letztlich gescheitert. Zwar wird in der Brüssel Ia-VO nF das Erfordernis einer Vollstreckbarerklärung mitgliedstaatlicher Entscheidungen abgeschafft (Art. 39 Brüssel Ia-VO). Der Schuldner kann indes auch in Zukunft nach Art. 46 Brüssel Ia-VO die Verweigerung der Vollstreckung beantragen, wenn einer der in Art. 45 Brüssel Ia-VO normierten Anerkennungsversagungsgründe vorliegt, wozu auch der herkömmliche Vorbehalt des ordre public zählt (Art. 45 Abs. 1 lit. a Brüssel Ia-VO). Ungeachtet des von der Kommission beschwo-renen „Vertrauens" in die Rechtspflege der Mitgliedstaaten[312] hatte sich gezeigt, dass bei der Wah-rung des materiellen ordre public eine Mehrheit der Beteiligten nicht dazu bereit war, schon heute auf jede Möglichkeit der inländischen Kontrolle ausländischer Titel zu verzichten.[313] Anders als in

---

[302]   Hierzu zB OLG Saarbrücken BeckRS 2011, 16039.

[303]   VO (EG) Nr. 805/2004 des EP und des Rates vom 21.4.2004 zur Einführung eines europäischen Vollstre-ckungstitels für unbestrittene Forderungen, ABl. 2004 Nr. L 143, S. 15.

[304]   VO (EG) Nr. 1896/2006 des EP und des Rates vom 12.12.2006 zur Einführung eines Europäischen Mahnverfahrens, ABl. 2006 Nr. L 399, S. 1.

[305]   VO (EG) Nr. 861/2007 des EP und des Rates vom 11.7.2007 zur Einführung eines europäischen Verfahrens für geringfügige Forderungen, ABl. 2007 Nr. L 199, S. 1.

[306]   VO (EG) Nr. 4/2009 des Rates vom 18.12.2008 über die Zuständigkeit, das anwendbare Recht, die Anerkennung und Vollstreckung von Entscheidungen und die Zusammenarbeit in Unterhaltssachen, ABl. 2009 Nr. L 7, S. 1.

[307]   Eingehende Rechtfertigung dafür bei *Stein* IPRax 2004, 181 (182 ff.) und *Bach*, Grenzüberschreitende Vollstreckung in Europa, 2008, 462 ff.; zust. auch *Hüßtege*, FS Jayme, 2004, 371 (385) sowie *König* in König/Mayr, Europäisches Zivilverfahrensrecht in Österreich, 2007, 113, 115; zu dem Vorschlag der Einführung einer nachträglichen ordre public-Kontrolle in dem Vollstreckungsstaat s. *Georganti*, Die Zukunft des ordre public-Vorbehalts im Europäischen Zivilprozessrecht, 2006, 206 ff. und *Gerling*, Die Gleichstellung ausländischer mit inländischen Vollstreckungstiteln durch die Verordnung zur Einführung eines Europäischen Vollstreckungstitels für unbestrittene Forderungen, 2006, 245 f.

[308]   Vgl. etwa zur EuVTVO *R. Wagner* IPRax 2002, 75 (89 ff.); *Coester-Waltjen*, FS Beys, 2003, 183 (193); *Kohler* in Reichelt/Rechberger, Europäisches Kollisionsrecht, 2004, 63, 75 ff.; *Stadler* IPRax 2004, 2 (8); *Stadler* RIW 2004, 801 (803 f.); *Bajons*, FS Rechberger, 2005, 1 (18 f.).

[309]   KOM(2010), 748 endg., hierzu im Überblick *Bach* ZRP 2011, 97 ff.; *Cachia* ELSA Malta L. Rev. 2011, 69 ff.; *Dickinson* YbPIL 2010, 247 ff.; *Domej* ecolex 2011, 124 ff.; *Gaudemet-Tallon* in Douchy-Oudot/Guinchard La justice civile européenne 21 ff.; *Geimer*, FS D.-A. Simotta, 2012, 163 ff.; *van der Grinten* NIPR 2011, 269 f.; *Guinchard* Rev. trim. dr. eur. 2011, 465 ff.; *Hess* IPRax 2011, 125 ff.; *Hess* C. M. L. Rev. 49 (2012), 1075 (1100 ff.); *Kessedjian* Rev. trim. dr. eur. 2011, 117 ff.; *Magnus/Mankowski* ZVglRWiss 110 (2011), 252 ff.; *Nielsen*, Liber Amicorum Lando, 2012, 257 ff.; *A. Simotta*, FS D.-A. Simotta, 2012, 527 ff.; *Matthias Weller* GPR 2012, 34 ff.

[310]   Zur Verfahrensgerechtigkeit im europäischen Zivilprozess eingehend *Salerno* Riv. dir. int. priv. proc. 2011, 895 ff.

[311]   *Bach* ZRP 2011, 97 (99); *Domej* ecolex 2011, 124 (125); *Geimer*, FS D.-A. Simotta, 2012, 163 (177); *Hess* IPRax 2011, 125 (128); *Nielsen*, Liber Amicorum Lando, 2012, 257, 265.

[312]   Vgl. Erwägungsgrund 23 EuGVO-E; krit. zur leerformelhaften Verwendung dieses Begriffs *Dickinson* YbPIL 2010, 247 (255 f.); *Gaudemet-Tallon* in Douchy-Oudot/Guinchard La justice civile européenne 21, 29.

[313]   Gegen die Abschaffung des ordre public-Vorbehalts insbes. der Berichterstatter des EP, *Zwiefka*, Draft Report on the proposal for a regulation of the European Parliament and of the Council on jurisdiction and the

den Fällen, die der EuVTVO, der EuMVVO oder der EuGFVO unterliegen, geht es bei Verfahren nach der Brüssel Ia-VO nicht notwendigerweise um unbestrittene Forderungen oder um Bagatellansprüche;[314] wenn einem ausländischen Titel aber streitige Verfahren über erhebliche Summen zugrunde liegen oder Allgemeininteressen tangiert sind, wird durch seine Vollstreckung der inländische Rechtsschutz unter Umständen im Kernbereich betroffen.[315] Im Gegensatz zur Anwendung der EuUnthVO im Kreise derjenigen Mitgliedstaaten, die durch das HUP gebunden sind, fehlt es überdies für wichtige Bereiche, die der Brüssel Ia-VO nF unterfallen, weiterhin an einer flankierenden Vereinheitlichung des europäischen Kollisionsrechts (zB für Persönlichkeitsrechtsverletzungen, s. Art. 1 Abs. 2 lit. g Rom II-VO).

Ob mit der **Brüssel Ia-VO nF** die **Aufrechterhaltung der ordre public-Kontrolle** durch 93 den Zweitstaat dauerhaft im europäischen Zivilverfahrensrecht verankert worden ist, muss allerdings skeptisch beurteilt werden. Zum internationalen Familienverfahrensrecht, nämlich in Bezug auf die Rückführung widerrechtlich entführter oder zurückgehaltener Kinder nach der Brüssel IIa-VO, hat der EuGH entschieden, dass die Abschaffung der Vorbehaltsklausel im Rahmen des Art. 42 Abs. 1 Brüssel IIa-VO mit der EU-Grundrechte-Charta vereinbar ist.[316] Und der Europäische Gerichtshof für Menschenrechte (EGMR) hat erst jüngst bestätigt, dass es nicht gegen die EMRK verstößt, wenn die EU in derartigen Fällen dem Ursprungsstaat die exklusive Befugnis zuweist, eine gerichtliche Entscheidung auf mögliche Verstöße gegen die EMRK zu untersuchen.[317] Unter dem Aspekt der normativen Kohärenz des europäischen Zivilverfahrensrechts mag es zwar prima facie befremdlich wirken, dass das grundrechtlich gewährleistete Kindeswohl gegenüber der Anerkennung und Vollstreckung mitgliedstaatlicher Entscheidungen geringer geschützt werden soll als bloß vermögensrechtliche Belange, die im Rahmen der Brüssel Ia-VO nF auf dem Spiel stehen. Grundsätzlich ist eine solche Zurückhaltung aber aus den Besonderheiten des Rechts der internationalen Kindesentführung zu erklären, das – funktional ähnlich wie der possessorische Besitzschutz im Sachenrecht – auf eine schnelle und unbürokratische Rückführung des widerrechtlich verbrachten oder zurückgehaltenen Kindes gerichtet ist, während die für die Zuweisung des Sorgerechts maßgebliche – gewissermaßen „petitorische" – Kindeswohlprüfung gerade im Ursprungsstaat vorgenommen werden soll.[318] Diese Aufgabenteilung hat zwar auch das BVerfG im Prinzip anerkannt.[319] Ob das BVerfG sich aber damit abfinden wird, insoweit selbst bei evidenten Verfahrensfehlern im Ursprungsstaat jegliche Grundrechtskontrolle aus der Hand zu geben, muss sich erst noch zeigen.[320]

Im **Bereich der europäischen Rechtshilfe** (Zustellung, Beweisaufnahme) sind die **Vorbehalts-** 94 **klauseln** der Haager Konventionen bereits **aufgegeben** (EuZVO) oder durch **eng gefasste** spezielle Vorbehaltsklauseln (Art. 10 Abs. 3 S. 2, Art. 17 Abs. 5 lit. c EuBVO) ersetzt worden.[321]

cc) Bedeutung für das Kollisionsrecht. Die genannten verfahrensrechtlichen Vorbehaltsklau- 95 seln haben **für das IPR eine dreifache Bedeutung:** Erstens für die Auslegung des Art. 6 und

---

recognition and enforcement of judgments in civil and commercial matters (recast), 28.6.2011, PE467.046, abrufbar unter http://www.europarl.europa.eu., S. 46 f. auch unter Hinweis auf die Beibehaltung der Vorbehaltsklausel im europäischen IPR (Art. 21 Rom I-VO; 26 Rom II-VO); ferner *Cuniberti/Rueda* RabelsZ 75 (2011), 286 (313 f.); *Dickinson* YbPIL 2010, 247 (256 ff.); *Gaudemet-Tallon* in Douchy-Oudot/Guinchard La justice civile européenne 21, 28; *Kessedjian* Rev. trim. dr. eur. 2011, 117 (129 f.); (unter Hinweis auf die ordre public-Vorbehalte im Primärrecht) *Magnus/Mankowski* ZVglRWiss 110 (2011), 252, 293; *Dennis Müller* ZEuS 2012, 329 (356 ff.); *A. Simotta*, FS D.-A. Simotta, 2012, 527 (543); *R. Wagner/M. Beckmann* RIW 2011, 44 (45 ff.); *Matthias Weller* GPR 2012, 34 (36 f.); vgl. auch den Tagungsbericht von *Müller-Graff* ZVglRWiss. 111 (2012), 72 (78 u. 82 f.); den EuGVO-E insoweit befürwortend hingegen *Bach* ZRP 2011, 97 (100); grds. auch *Domej* ecolex 2011, 124 (126 f.); *Hess* IPRax 2011, 125 (128 f.); *Hess* C. M. L. Rev. 49 (2012), 1075 (1104).

[314] Dies betont auch *Dickinson* YbPIL 2010, 247 (261).

[315] Zutr. *R. Wagner/M. Beckmann* RIW 2011, 44 (47); *Geimer,* FS D.-A. Simotta, 2012, 163 (178); drastisch formuliert *Nielsen,* Liber Amicorum Lando, 2012, 257, 265: Nur ein dummes Schaf mache den Wolf zum Beichtvater.

[316] EuGH Slg. 2010, I-6673 = NJW 2010, 2863 (Ls.) = FamRZ 2010, 1229 – Povse/Alpago, mAnm *Andrea Schulz* FamRZ 2010, 1307 = LMK 2010, 308104 (Ls.) mAnm *Halfmeier;* hierzu auch *Gruber* GPR 2011, 153 ff.; EuGH Slg. 2010, I-14247 = FamRZ 2011, 355 – Aguirre Zarraga/Pelz, mAnm *Andrea Schulz;* hierzu auch *Hau/Eichel* GPR 2012, 94 ff.

[317] EGMR 18.6.2013 – Nr. 3890/11, – Povse/Österreich, abrufbar unter http://hudoc.echr.coe.int/sites/eng/pages/search.aspx?i=001-122449 = FamRZ 2013, 1793 (red. Ls. und Gründe); zu den Vorgaben der EMRK für die Erforderlichkeit des Exequaturs relativierend bereits *Schilling* IPRax 2011, 31 ff. mwN.

[318] Hierzu ausf. MPI RabelsZ 60 (1996), 485 ff. zu Kindesentführung und Grundrechten.

[319] Ausf. etwa BVerfG (3. Kammer des Zweiten Senats) NJW 1999, 2173 (red. Ls. und Gründe) = IPRax 2000, 221 m. Aufsatz *A. Staudinger* IPRax 2000, 194.

[320] Vgl. die eingehend begründeten Bedenken einer Bundesverfassungsrichterin: *Britz* JZ 2013, 105 ff.

[321] Näher *Rauscher/Heiderhoff* EuZPR/EuIPR Einl. EuZVO Rn. 12 ff.; *Rauscher/v. Hein* EuZVR/EuIPR EuBVO Art. 10 Rn. 14 ff. und Art. 17 Rn. 6 ff.

sonstiger kollisionsrechtlicher Vorbehaltsklauseln, zweitens für die Wahl der richtigen Prozessstrategie, drittens für die rechtspolitischen Perspektiven einer europäischen Kodifikation des ordre public.

96   Hinsichtlich der **Auslegung des Art. 6 und sonstiger kollisionsrechtlicher Vorbehaltsklauseln** kann mutatis mutandis auch die im verfahrensrechtlichen Kontext ergangene, reichhaltige Rechtsprechung zur Prüfung von Verstößen gegen den materiellen ordre public wertvolle Fingerzeige liefern, soweit hierbei dem Umstand Rechnung getragen wird, dass die Inlandsbeziehung des Sachverhalts stärker ausgeprägt ist, wenn ein deutsches Gericht über den Fall selbst entscheidet, als wenn es lediglich die Anerkennung oder Vollstreckung einer ausländischen Entscheidung gestattet (näher → Rn. 101 ff.). Ferner ist zu beachten, dass viele Rechtsbereiche nach dem heutigen Stand des Kollisionsrechts nicht mehr dem Art. 6 unterliegen, sondern von vorrangigen europarechtlichen oder staatsvertraglichen Vorbehaltsklauseln erfasst werden.[322] Insbesondere bei den Vorbehaltsklauseln der kollisionsrechtlichen EU-Verordnungen ist das in Erwägungsgrund 7 Rom I-VO und II-VO hervorgehobene Gebot einer möglichst harmonischen Auslegung dieser Rechtsakte im Verhältnis zur Brüssel Ia-VO zu befolgen. Aber auch der gleichlautende Wortlaut der §§ 328 Abs. 1 Nr. 4 ZPO bzw. § 109 Abs. 1 Nr. 4 FamFG einerseits, des Art. 6 andererseits deutet darauf hin, dass der Gesetzgeber insoweit grundsätzlich von einem einheitlichen Schutzobjekt (insbesondere den Grund- und Menschenrechten), wenn auch nicht notwendigerweise von derselben Prüfungsintensität (*effet atténué;* näher → Rn. 102 ff.), ausgegangen ist.

97   In Bezug auf die vom Kläger zu verfolgende **Prozessstrategie** muss ex ante berücksichtigt werden, in welchen Staaten eine Anerkennung und Vollstreckung der angestrebten Entscheidung in Betracht kommt und ob der Einwand des ordre public diesem Ziel entgegenstehen könnte. Dies ist insbesondere dann relevant, wenn der Kläger ein bestimmtes Forum nicht zuletzt deshalb wählt, weil er die Anwendbarkeit von Eingriffsnormen eines anderen Staates zu vermeiden sucht (näher → Rn. 100).

98   Betrachtet man die **rechtspolitischen Perspektiven** einer europäischen Kodifikation des ordre public, ist darauf hinzuweisen, dass das Vorbild der Abschaffung einer Vorbehaltsklausel in der EuVTVO, der EuMVVO und der EuGFVO bereits Anlass zu Vorstößen gegeben hat, die ordre public-Kontrolle nicht nur im europäischen Verfahrensrecht, sondern auch im europäischen Kollisionsrecht tatbestandlich oder prozedural einzuschränken (→ Rn. 22 ff.). Derartige Überlegungen konnten sich bislang aber nicht durchsetzen (→ Rn. 23). Die Beibehaltung der materiellen ordre public-Kontrolle in der jüngst verabschiedeten Neufassung der Brüssel Ia-VO (→ Rn. 92 f.) hat insoweit den Druck erheblich vermindert, der von entsprechenden Tendenzen im europäischen Zivilverfahrensrecht auf das europäische IPR ausging.

99   **b) Anerkennung. aa) Prozessualer und materieller ordre public.** Verfahrensrechtliche ordre public-Klauseln schützen nicht nur **prozessuale Grund- und Menschenrechte,**[323] sondern auch den **materiellen ordre public.**[324] Der Inhalt des materiellen ordre public wird insoweit grundsätzlich in derselben Weise bestimmt wie im Rahmen des IPR (→ Rn. 132 ff.), wenngleich verfahrensrechtliche Vorbehaltsklauseln im Vergleich zum IPR nur eine **abgeschwächte Wirkung** entfalten (näher → Rn. 101 ff.). Ob umgekehrt Art. 6 ausnahmsweise auch herangezogen werden darf, um verfahrensrechtliche Garantien – wie zB die Gewährung rechtlichen Gehörs (Art. 103 Abs. 1 GG) – abzusichern, wenn ein ausländisches Recht eine Gestaltung der Rechtslage nicht durch eine gerichtliche Entscheidung, sondern durch die einseitige Erklärung einer Partei oder durch privatautonome Vereinbarung ermöglicht (zB bei Privatscheidungen oder Vertragsadoptionen), ist umstritten (näher → Rn. 131).

100   Auch untragbare **Verstöße gegen wesentliche Sätze des IPR** können in seltenen Ausnahmefällen zu einer Versagung der Anerkennung gemäß Art. 45 Abs. 1 lit. a Brüssel Ia-VO oder § 328 Abs. 1

---

[322] Vgl. etwa die bei *Kropholler/v. Hein* EuZPR EuGVO aF Art. 34 Rn. 18a; *Linke/Hau* IZVR Rn. 13.35; *Nagel/Gottwald* IZPR Rn. 33 ff. aufgeführte anerkennungsrechtliche Kasuistik zu Fällen ua aus dem Sorgerecht (heute Art. 22 KSÜ), dem Scheidungsrecht (heute Art. 10, 12 Rom III-VO), dem Deliktsrecht (Art. 26 Rom II-VO bzw. Art. 40 Abs. 3 EGBGB) und dem Vertragsrecht (Art. 21 Rom I-VO).

[323] Zum prozessualen ordre public ausf. *Jüngst,* Der europäische verfahrensrechtliche ordre public – Inhalt und Begrenzung, 2013; *Kropholler/v. Hein* EuZPR EuGVO aF Art. 34 Rn. 13–16 mwN; vgl. auch zum Schiedsverfahrensrecht BGH NJW-RR 2017, 313 Rn. 54 ff.

[324] *Staudinger/Voltz* (2013) Rn. 111; *MüKoZPO/Gottwald* EuGVO aF Art. 34 Rn. 14; *Rauscher* IPR Rn. 602; jüngst etwa OLG Düsseldorf BeckRS 2011, 08116 = IPRax 2013, 349 mAnm *Würdinger* IPRax 2013, 322 (Verzugsaufschläge im niederländischen Arbeitsrecht); ebenso zB die stRspr zum schweizerischen autonomen IZVR, s. den Überblicksaufsatz von *Levante* IPRax 2013, 191 mwN; abzulehnen ist die auf den Bereich des Verfahrensrechts verengende Sichtweise des Art. 27 Nr. 1 EuGVÜ durch H.R. vom 11.10.1996, Ned. Jur. 1998 Nr. 95 m. – zu Recht – krit. Anm. *de Boer.*

Nr. 4 ZPO führen.[325] Die Frage hat indes aufgrund der europäischen Vereinheitlichung weiter Teile des Kollisionsrechts durch die einschlägigen EU-Verordnungen erheblich an Bedeutung verloren (→ Rn. 21 ff.). Zwar bildet es weder nach der Brüssel Ia-VO noch nach der ZPO einen besonderen Versagungsgrund, dass das ausländische Gericht ein anderes Recht angewandt hat, als dasjenige, welches nach dem IPR des Gerichts, vor dem die Anerkennung geltend gemacht wird, berufen worden wäre.[326] Es bleibt aber bei dem allgemeinen Rechtssatz, dass die Anerkennung einer ausländischen Entscheidung ausgeschlossen ist, wenn sie zu den Grundgedanken der inländischen Regelung – sei sie kollisionsrechtlich oder materiellrechtlich – und zu den in ihnen liegenden Gerechtigkeitsvorstellungen in so starkem Widerspruch steht, dass sie für untragbar gehalten werden muss.[327] Um das Eingreifen des ordre public zu rechtfertigen, müssen also ganz besonders starke Gründe vorliegen. Das ist im Rahmen des Kollisionsrechts nur sehr selten denkbar, am ehesten noch bei solchen nationalen *wirtschaftsrechtlichen Regelungen* des Anerkennungsstaates, die als Eingriffsnormen iS des Art. 9 Abs. 1 Rom I-VO auch bei Auslandsbezügen gemäß Art. 9 Abs. 2 Rom I-VO bzw. Art. 16 Rom II-VO stets zwingend angewendet werden sollen.[328] Da die Rom II-VO die Berücksichtigung von Eingriffsnormen eines anderen als des Gerichtsstaates jedenfalls nicht ausdrücklich zulässt (Art. 16 Rom II-VO; näher → Rom II-VO Art. 16 Rn. 23 ff.) und auch die Rom I-VO insoweit nur auf die Normen des Erfüllungsortes abstellt (Art. 9 Abs. 3 Rom I-VO; näher → Rom I-VO Art. 9 Rn. 112 ff.), kann es selbst innerhalb der EU geschehen, dass das Erstgericht einer Eingriffsnorm des Zweitstaates nicht Rechnung trägt. Zudem kann im Rahmen der Urteilsanerkennung keine Korrektur mehr durch eine kollisionsrechtliche Sonderanknüpfung von Eingriffsnormen erfolgen, weil die Anwendung des materiellen Rechts mit dem Erlass des erststaatlichen Urteils abgeschlossen ist. Daher steht dem **Zweitgericht** – anders als im IPR (→ Rn. 83 f.) – nur noch die **negative (Abwehr-)funktion des materiellen ordre public als Korrekturmechanismus** zur Verfügung.[329] Die Nicht-Anwendung einer drittstaatlichen Eingriffsnorm durch das Erstgericht kann auf diese Weise jedoch nicht sanktioniert werden, weil auch der materielle ordre public im Sinne verfahrensrechtlicher Vorbehaltsklauseln sich auf die Wahrung der öffentlichen Ordnung des Anerkennungsstaates beschränkt.[330] Auch bei einer Nicht-Berücksichtigung einer aus Sicht des Zweitstaates zwingenden Eingriffsnorm durch das Erstgericht ist die Anerkennung zudem nur dann ausgeschlossen, wenn die Entscheidung des Erstgerichts im materiellrechtlichen Ergebnis nicht hinnehmbar wäre.[331] Wenn selbst die Berücksichtigung der Eingriffsnorm des Zweitstaates nicht zu einem anderen Ausgang des Rechtsstreits geführt hätte, liegt kein Verstoß gegen den ordre public vor.

bb) Abgeschwächte Wirkung. Zwar tragen § 328 Abs. 1 Nr. 4 ZPO und § 109 Abs. 1 Nr. 4 **101** FamFG, die im Übrigen ähnlich wie Art. 6 formuliert sind, anders als die letztgenannte Vorschrift (→ Rn. 7) nicht die amtliche Überschrift „öffentliche Ordnung (ordre public)". Im Ausgangspunkt können verfahrensrechtliche Vorbehaltsklauseln des deutschen Rechts aber ebenso wie Art. 6 und die Parallelnormen des EU-Verfahrensrechts (Art. 45 Abs. 1 lit. a Brüssel Ia-VO nF; Art. 22 lit. a Brüssel IIa-VO) ausgelegt werden.[332] Die abweichende Formulierung „öffentliche Ordnung (ordre public)" in der Überschrift des Art. 6 sowie im Normtext des Art. 45 Abs. 1 lit. a Brüssel Ia-VO nF folgt einem internationalen Sprachgebrauch (→ Rn. 8) und meint in der Sache nichts anderes als die Umschreibung in der ZPO bzw. im FamFG („wesentlich[e] Grundsätze des deutschen Rechts"). Bei der Prüfung, ob ein untragbarer Verstoß gegen inländisches materielles Recht (einschließlich des IPR, → Rn. 100) die Ablehnung der Anerkennung und Vollstreckung einer ausländischen Entscheidung rechtfertigt, kommt es nicht darauf an, ob das ausländische Gesetz auf den gleichen Prinzipien wie die inländische Regelung beruht, sondern nur darauf, ob das **konkrete Ergebnis einer Anerkennung und Vollstreckung** des zuerkannten Anspruchs unter Berücksichtigung des Grades der Inlandsbeziehung des Sachverhalts **vom**

---

[325] Grundsätzlich auch *Magnus/Mankowski/Francq* EuGVO nF Art. 45 Rn. 25; anders *Martiny* in HdB IZVR III/2 Kap. II Rn. 85, 94.

[326] Näher *Kropholler/v. Hein* EuZPR EuGVO aF Art. 34 Rn. 2 mwN.

[327] So formuliert BGH NJW 1975, 1600 = RIW 1975, 500 mAnm *Samtleben*.

[328] Vgl. das fiktive Beispiel von *Geimer,* FS D.-A. Simotta, 2012, 163 (178): ein osteuropäisches Gericht verurteilt ein hiesiges Unternehmen entgegen einem deutschen Verbot zur Lieferung von Kriegswaffen; allg. zur Problematik zwingender Normen des Anerkennungsstaates *Martiny* in HdB IZVR III/1 Kap. I Rn. 1005 ff.; *Michael Becker* RabelsZ 60 (1996), 691 ff.; *Magnus/Mankowski/Francq* EuGVO nF Art. 45 Rn. 25; *Nagel/Gottwald* IZPR Rn. 173; *Völker,* Zur Dogmatik des ordre public, 1998, 74 ff.

[329] Näher *Völker,* Zur Dogmatik des ordre public, 1998, 74 ff.

[330] So „in der Regel" auch *Nagel/Gottwald* IZPR Rn. 173.

[331] *Nagel/Gottwald* IZPR Rn. 173.

[332] *v. Bar/Mankowski* IPR I § 5 Rn. 120.

Standpunkt des inländischen Rechts krass zu missbilligen ist.[333] In Deutschland formuliert der BGH:[334] „Der Inhalt eines ausländischen Urteils verletzt die deutsche öffentliche Ordnung nur, wenn das Ergebnis der Anwendung des ausländischen Rechts zu den Grundgedanken der deutschen Regelungen und der in ihnen enthaltenen Gerechtigkeitsvorstellungen in so starkem Widerspruch steht, dass es nach inländischen Vorstellungen untragbar erscheint."

102   Die Beurteilung des materiellen ordre public im Rahmen verfahrensrechtlicher Vorbehaltsklauseln stimmt daher insofern mit den zu Art. 6 geltenden Prüfungsmaßstäben überein, als es allein um eine Ergebniskontrolle geht. Zu beachten ist aber, dass das zu kontrollierende Ergebnis hier nicht aus der Anwendung eines anstößigen ausländischen Rechts durch ein deutsches Gericht resultiert, sondern aus der Anerkennung einer ausländischen Entscheidung. Obwohl der Wortlaut der deutschen verfahrensrechtlichen Vorbehaltsklauseln (§ 328 Abs. 1 Nr. 4 ZPO bzw. § 109 Abs. 1 Nr. 4 FamFG) mit dem des Art. 6 übereinstimmt, ist es notwendig, im Einzelfall (etwa bei der Anerkennung im Ausland vollzogener Privatscheidungen oder Vertragsadoptionen) genau festzulegen, ob die Kontrolle des ordre public auf einer kollisionsrechtlichen oder verfahrensrechtlichen Vorbehaltsklausel beruht, weil der ordre public im Rahmen der Anerkennung ausländischer Entscheidungen nach hM nur **eine im Vergleich zum IPR abgeschwächte Wirkung entfaltet** (so genannter *effet atténué*).[335] Dies wird in der Rechtsprechung – missverständlich[336] – oft als „ordre public international" bezeichnet (→ Rn. 8).

103   Im Einzelnen ist diese abgeschwächte Wirkung indes umstritten.[337] Die Annahme eines *effet atténué* wird vor allem auf zwei miteinander verflochtene Argumentationsstränge gestützt: Erstens wird insbesondere in der französischen Doktrin, in welcher der *effet atténué* des anerkennungsrechtlichen ordre public maßgeblich entwickelt worden ist, darauf abgestellt, dass die Parteien aufgrund der rechtskräftigen oder zumindest vollstreckbaren **ausländischen Entscheidung** bereits über eine **Art wohlerworbenes Recht** verfügten, auf dessen Bestand sie grundsätzlich vertrauen dürften; die Versagung der Anerkennung einer ausländischen Entscheidung würde hingegen das schutzwürdige Vertrauen der Parteien untergraben und zu hinkenden Rechtsverhältnissen führen.[338] Auch der BGH stellt dieses Interesse am internationalen Entscheidungseinklang deutlich heraus.[339] Zweitens folgt die unterschiedliche Kalibrierung der Prüfungsintensität daraus, dass der **Grad der Inlandsbeziehung** des Sachverhalts **regelmäßig schwächer** ausgeprägt ist, wenn es lediglich um die Anerkennung einer Entscheidung eines ausländischen Gerichts geht, als wenn ein deutsches Gericht in unmittelbarer Anwendung des anstößigen ausländischen Rechts den Fall entscheiden soll.[340]

104   **Dagegen** wird eingewandt, dass das Vertrauen auf eine bestimmte Rechtslage und die Vermeidung hinkender Rechtsverhältnisse zwar in Bezug auf die Anerkennung von Statusentscheidungen Relevanz hätten, diese Aspekte bei Leistungsurteilen auf vermögensrechtlichem Gebiet aber eher weniger ins Gewicht fielen.[341] Ferner wird geltend gemacht, dass auch die Inlandsbeziehung durchaus variie-

---

[333] S. zB BGHZ 140, 395 = NJW 1999, 2372 = IPRax 1999, 371 mAnm *G. Schulze* IPRax 1999, 342 = JZ 1999, 1117 mAnm *H. Roth*: Nicht das nach französischem Recht ergangene Leistungsurteil gegen den Bürgen ist an den deutschen Grundrechten zu messen, sondern nur die deutsche Vollstreckbarerklärung ist daraufhin zu prüfen, ob sie die Handlungsfähigkeit des Bürgen verfassungswidrig einschränkt.

[334] BGHZ 122, 16 = NJW 1993, 1801 = IPRax 1994, 367 mAnm *H. Roth* IPRax 1994, 350: keine Sittenwidrigkeit der in einem italienischen Zahlungsurteil berücksichtigten Währungsaufwertung. Ähnlich zB BGHZ 123, 268 = NJW 1993, 3269 = IPRax 1994, 118, 85 m. krit. Anm. *Basedow* IPRax 1994, 85 = JZ 1994, 254 m. zust. Anm. *Eichenhofer* = ZZP 1995, 241 m. krit. Aufsatz *Haas* ZZP 1995, 219 = ZEuP 1995, 846 mAnm *Kubis*.

[335] BGHZ 138, 331 (334 f.) = NJW 1998, 2358; BGHZ 203, 350 Rn. 28 = NJW 2015, 479 mAnm *Heiderhoff*; BGHZ 206, 86 Rn. 34 = NJW 2015, 2800 mAnm *Kemper*; OLG Karlsruhe NJW 2004, 516 = IPRax 2005, 39 (40) mit krit. Anm. *Looschelders* ebd. 28 ff.; OLG Düsseldorf IPRax 2013, 349 Rn. 19; ähnlich zum Schiedsverfahrensrecht BGH EuZW 2008, 768 Rn. 5 = IPRax 2009, 519; näher *Kropholler* § 60 III 5; *Linke/Hau* IZVR Rn. 13.31; Stein/Jonas/*H. Roth* ZPO, 21. Aufl. 1998, § 328 Rn. 133; *Wandt*, Internationale Produkthaftung, 1995, Rn. 1259; Zöller/*Geimer* ZPO § 328 Rn. 210; s. auch *Jayme*, Methoden der Konkretisierung, 1989, 17, Fn. 22; *Renner* in v. Hein/Rühl Kohärenz 359 (368); zu den dogmatischen und geschichtlichen Grundlagen näher Batiffol/Lagarde, Traité de droit international privé, Bd. 1, 8. Aufl. 1993, 580 ff.; *Meise*, Zur Relativität der Vorbehaltsklausel im internationalen und interlokalen Privatrecht, 1966, 168 ff.

[336] Vgl. etwa, verfahrensrechtliche und kollisionsrechtliche Anerkennung ersichtlich verwechselnd, *Stockmann* jurisPR-FamR 17/2016 Anm. 6, sub D.

[337] Krit. insbes. *Völker*, Zur Dogmatik des ordre public, 1998, 51 ff.; ferner *Frank*, FS Vrellis, 2014, 287 (292); *Looschelders* IPRax 2005, 28 ff.; *Looschelders* IPR Rn. 8.

[338] Klassische Darlegung der französischen Lehre bei *Batiffol/Lagarde,* Traité de droit international privé, Bd. 1, 8. Aufl. 1993, Rn. 361; den Gedanken der bereits erworbenen Rechtsposition betont auch Staudinger/*Voltz* (2013) Rn. 118, die Störung des internationalen Entscheidungseinklangs *Linke/Hau* IZVR Rn. 13.31.

[339] BGHZ 203, 350 Rn. 29 = NJW 2015, 479 mAnm *Heiderhoff*; BGHZ 206, 86 Rn. 34 = NJW 2015, 2800 mAnm *Kemper*.

[340] Vgl. BGHZ 203, 350 Rn. 28 = NJW 2015, 479 mAnm *Heiderhoff*; BGHZ 206, 86 Rn. 34 = NJW 2015, 2800 mAnm *Kemper*; *Kropholler* IPR § 60 III 5.

[341] *Völker,* Zur Dogmatik des ordre public, 1998, 86 f.

ren könne. Ebenso wie ein Fall vor ein deutsches Gericht kommen könne, der mit dem Inland nur schwach verknüpft sei, sei es denkbar, dass trotz des ausländischen Ursprungs der Entscheidung der zugrunde liegende Lebenssachverhalt einen erheblichen Inlandsbezug aufweise (etwa aufgrund des Umzugs eines adoptierten Kindes nach Deutschland).[342] Schließlich wird im Hinblick auf die EMRK argumentiert, dass die Verpflichtung zur Achtung der Menschenrechte uneingeschränkt auch für die Urteilsanerkennung gelte.[343] Gegenüber dieser Kritik ist einzuräumen, dass auch das Eingreifen des anerkennungsrechtlichen ordre public stets von einer Einzelfallprüfung abhängt und die schematische Berufung auf einen „*effet atténué*" eine solche Beurteilung nicht zu ersetzen vermag. **Für den Regelfall** ist aber an der grundsätzlichen **Abschwächung der Prüfungsintensität im Verfahrensrecht festzuhalten,** da die Belange des inländischen Rechtsverkehrs aus den genannten Gründen bei einer typisierenden Betrachtung durch die Anerkennung einer ausländischen Entscheidung weniger beeinträchtigt werden als durch die Anwendung eines anstößigen Rechts selbst und insoweit konfligierende Interessen (Vertrauen der Parteien in den Bestand der ausländischen Entscheidung) Beachtung verlangen, die bei der Prüfung des Art. 6 keine Rolle spielen. Es wäre im Übrigen dogmatisch inkonsistent, im Rahmen des Art. 6 einen *effet atténué* in Bezug auf die Anerkennung im Ausland begründeter Rechtsverhältnisse anzunehmen (näher → Rn. 191 f.), bei der Handhabung verfahrensrechtlicher Vorbehaltsklauseln aber eine entsprechende Differenzierung abzulehnen. Letztlich verwirklicht sich in dieser Einschränkung für beide Fallgruppen nur der anerkannte Grundsatz der räumlichen Relativität des ordre public (näher → Rn. 184 ff.)

Die sachlich gerechtfertigte Differenzierung hinsichtlich der Prüfungsintensität darf jedoch nicht **105** zu dem Fehlschluss verleiten, der von verfahrensrechtlichen Vorbehaltsklauseln geschützte materielle ordre public stelle hinsichtlich seines Schutzobjekts etwas kategorial anderes dar als der materielle ordre public iS des Art. 6. Dagegen spricht bereits die vom Gesetzgeber bewusst herbeigeführte Übereinstimmung des Wortlauts des Art. 6 einerseits, der § 328 Abs. 1 Nr. 4 ZPO, § 109 Abs. 1 Nr. 4 FamFG andererseits: Alle genannten Vorschriften dienen dem Schutz wesentlicher Grundsätze des deutschen Rechts, insbesondere der Grundrechte (→ Rn. 101). Es ist deshalb missverständlich, wenn der anerkennungsrechtliche ordre public in einem vermeintlichen Gegensatz zu Art. 6 vielfach als spezieller, sog „ordre public international" bezeichnet wird (→ Rn. 8). Irreführend ist der Begriff des „ordre public international" zudem insoweit, als auch die anerkennungsrechtlichen Vorbehaltsklauseln in Art. 45 Abs. 1 lit. a Brüssel Ia-VO und § 328 Abs. 1 Nr. 4 ZPO bzw. § 109 Abs. 1 Nr. 4 FamFG ebenso wie Art. 6 (näher → Rn. 9) allein die *deutsche* öffentliche Ordnung schützen.[344] In der Sache dient diese kritikwürdige Formulierung aber regelmäßig nur als berechtigter Hinweis auf die abgeschwächte Wirkung des anerkennungsrechtlichen ordre public.

c) Rechtshilfe. Besonderheiten gelten schließlich im Bereich der internationalen Rechtshilfe. **106** Seit Jahrzehnten schwelt ein **Justizkonflikt zwischen Deutschland und den USA.**[345] Dieser hat seine Ursache in fundamentalen Unterschieden zwischen dem deutschen und dem US-amerikanischen Recht.[346] Anders als in Deutschland kann ein Kläger in den USA Straf- oder mehrfachen Schadensersatz verlangen, der explizit abschreckende Wirkung entfalten soll (punitive and treble damages).[347] Ansprüche einer Vielzahl von Geschädigten können in den USA zudem mit Hilfe einer dem deutschen Recht unbekannten Sammelklage (class action) gebündelt werden.[348] Während ferner das deutsche Beweisrecht traditionell den Grundsatz des „Nemo tenetur contra se edere" und das Verbot des sog Ausforschungsbeweises hochhält, zwingt die US-amerikanische pre-trial discovery den Beklagten dazu, dem Kläger umfangreiches Beweismaterial zu übergeben.[349] Auf Befremden stößt aus deutscher Sicht schließlich, dass die obsiegende Partei nach der sog American Rule on Costs keine Erstattung ihrer Prozesskosten vom Gegner verlangen kann.[350] Wiederholt haben in den

---

[342] *Looschelders* IPRax 2005, 28 (29).

[343] *Oster* JPIL 2015, 542 (552 ff.).

[344] S. zur Maßgeblichkeit des ordre public des Anerkennungsmitgliedstaates EuGH Slg. 2009, I-2563 Rn. 38 = NJW 2009, 1938 – Gambazzi; näher *Kropholler/v. Hein* EuZPR EuGVO aF Art. 34 Rn. 5; *Linke/Hau* IZPR Rn. 13.34; dass die EU-Recht insoweit wie im Kollisionsrecht (Rn. 23) einen Rahmen setzt (*Nagel/Gottwald* IZPR § 12 Rn. 32) steht dem nicht entgegen.

[345] Hierzu einerseits *Hess* AG 2006, 809; *Schütze* RIW 2004, 162; *Schütze,* Die Allzuständigkeit amerikanischer Gerichte, 2003; andererseits *Schack* AG 2006, 823; *Stürner* JZ 2006, 60; ferner aus Unternehmenssicht der Leiter der Rechtsabteilung der DaimlerChrysler AG, *Schwung* AG 2006, 818, alle mwN; unter Einbeziehung der US-amerikanischen Sichtweise *Geulen/Sebok* NJW 2003, 3244.

[346] Überblick bei den in der vorigen Fn. genannten Autoren.

[347] Näher *v. Hein* RIW 2007, 249 (252 f.).

[348] Näher *v. Hein* RIW 2007, 249 (255).

[349] Näher *v. Hein* RIW 2007, 249 (253 f.).

[350] Näher *v. Hein* RIW 2007, 249 (254).

USA verklagte deutsche Unternehmen deshalb versucht, den dortigen Verfahrensfortgang bereits zum frühestmöglichen Zeitpunkt zu behindern, indem die Zustellung einer US-amerikanischen Klage auf deutschem Staatsgebiet nach dem Haager Zustellungsübereinkommen (HZÜ[351]) abgewehrt werden soll.[352] Nach der – inzwischen gefestigten[353] – Rechtsprechung des BVerfG bleibt entsprechenden Verfassungsbeschwerden aber regelmäßig der Erfolg versagt.[354]

107   **Art. 13 Abs. 1 HZÜ** gestattet es dem ersuchten Staat nur bei einer Gefährdung seiner Hoheitsrechte oder seiner Sicherheit, die Zustellung zu verweigern. Diese bewusst **sehr restriktiv gefasste Vorbehaltsklausel ist eng auszulegen**.[355] Die Zustellung einer Klage präjudiziert nicht die Prüfung eines ordre public-Verstoßes bei einer späteren Urteilsanerkennung (§ 328 Abs. 1 Nr. 4 ZPO).[356] Auch kollisionsrechtliche ordre public-Vorschriften wie Art. 6 oder Art. 40 Abs. 3 dürfen nicht in das HZÜ hineingelesen werden.[357] Schließlich legt die Rechtsvergleichung äußerste Zurückhaltung bei der Berufung auf Art. 13 Abs. 1 HZÜ nahe.[358]

108   Die in Art. 13 Abs. 1 HZÜ geschützte Justizhoheit steht zB der Zustellung ausländischer Prozessführungsverbote oder von Amtshaftungsklagen gegen inländische Richter entgegen.[359] Weniger klar konturiert ist der Begriff der „Sicherheit". In der zivilrechtlichen Praxis ist kaum vorstellbar, dass bereits der Inhalt eines zuzustellenden Schriftstücks den Bestand des Staates gefährdet.[360] Ein hypothetisches Beispiel betrifft die Zustellung einer Klageschrift unter einem verfassungsfeindlichen Briefkopf.[361] Des Weiteren wird der Fall angeführt, dass das zuzustellende Schriftstück eine Aufforderung zu illegalem Tun enthalte.[362] Die Zustellung einer Class Action oder einer auf punitive damages gerichteten Klage lässt sich keiner der international akzeptierten Fallgruppen des Art. 13 Abs. 1 HZÜ zuordnen.[363]

109   In Bezug auf die Tragung der Prozesskosten auch bei obsiegendem Urteil und die Beweisaufnahme im Wege der Pre-Trial Discovery ist geklärt, dass diese Umstände der Anerkennung eines US-amerikanischen Urteils nicht entgegenstehen.[364] Sie können daher erst recht nicht im Rahmen des enger gefassten Art. 13 Abs. 1 HZÜ herangezogen werden. Fragen der Beweisaufnahme sind zudem mit Hilfe des spezielleren Haager Beweisaufnahmeübereinkommens[365] zu bewältigen und nicht systemwidrig in das Zustellungsstadium vorzuverlagern.[366]

110   Das BVerfG hält sich jedoch in gefestigter Rechtsprechung die Möglichkeit offen, in Fällen eines evidenten Rechtsmissbrauchs die Zustellung nach Art. 13 Abs. 1 HZÜ zu verweigern.[367] Ein solcher

---

[351] BGBl. 1977 II S. 1453 = *Jayme/Hausmann* Nr. 211.

[352] Zu den hierfür maßgebenden prozesstaktischen Überlegungen *Hopt/Kulms/v. Hein* ZIP 2006, 973 (976); zu weiteren Abwehrstrategien *Hess* AG 2006, 809 (812); *Paulus* RIW 2006, 258; *Schütze* RIW 2005, 579.

[353] Im Juli 2003 hatte der Zweite Senat des BVerfG aufgrund einer Verfassungsbeschwerde der Bertelsmann AG eine vielbeachtete einstweilige Anordnung erlassen, mit der die Zustellung einer US-amerikanischen Sammelklage untersagte, die auf Schadensersatzzahlung in der erschreckenden Höhe von US-Dollar 17 Milliarden gerichtet war, BVerfGE 108, 238 = NJW 2003, 2598 = RIW 2003, 874 mAnm *Rothe* RIW 2003, 859; hierzu *Bachmann*, FS Schlosser, 2005, 1; *Bellinghausen* PHI 2003, 222; *Braun* ZIP 2003, 2225; *v. Danwitz* DÖV 2004, 501; *Hess* JZ 2003, 923; *Peter Huber*, FS Jayme, Bd. I, 2004, 361; *Lejeune* CR 2003, 764 f.; *Oberhammer* IPRax 2004, 40; *Prütting*, FS Jayme, Bd. I, 2004, 709; *Rasmussen-Bonne*, Liber Amicorum Peter Hay, 2005, 323; *Schütze*, FS Boguslavskij, 2004, 325; *Zekoll* NJW 2003, 2885; zu den aufgeworfenen Rechtsfragen ausf. das vom BVerfG beim Hamburger MPI angeforderte Gutachten: *Hopt/Kulms/v. Hein*, Rechtshilfe und Rechtsstaat: Die Zustellung einer US-amerikanischen class action in Deutschland, 2006; die Verfassungsbeschwerde wurde später zurückgenommen, BVerfGE 114, 396 = BeckRS 2005, 31116; zur Lage nach Ausgang des Verfahrens näher *Rohe*, FS Vollkommer, 2006, 291 (306 ff.); *Schack* AG 2006, 823; *R. Stürner* JZ 2006, 60.

[354] BVerfG RIW 2007, 211 = BeckRS 2009, 71201; NJW 2007, 3709 = WM 2007, 1392; NJW 2013, 990; NJOZ 2016, 465 = WM 2016, 51.

[355] BVerfGE 91, 335 (340) = NJW 1995, 649.

[356] Eingehend *Hopt/Kulms/v. Hein*, Rechtshilfe und Rechtsstaat, 2006, 126–129 mwN.

[357] Näher *Hopt/Kulms/v. Hein*, Rechtshilfe und Rechtsstaat, 2006, 130–132 mwN.

[358] Ausf. *Hopt/Kulms/v. Hein*, Rechtshilfe und Rechtsstaat, 2006, 132 ff. mwN.

[359] *Hopt/Kulms/v. Hein*, Rechtshilfe und Rechtsstaat, 2006, 136 f. mwN.

[360] Zu diesem Maßstab *Maack*, Englische antisuit injunctions im europäischen Zivilrechtsverkehr, 1999, 92.

[361] Näher *Huber*, FS Jayme, Bd. I, 2004, 361 (369).

[362] Schlosser/Hess/*Schlosser*, EU-Zivilprozessrecht, 4. Aufl. 2015, HZÜ Art. 13 Rn. 2.

[363] BVerfG RIW 2007, 211 = BeckRS 2009, 71201; NJW 2007, 3709 = WM 2007, 1392; NJW 2013, 990.

[364] Zu den Prozesskosten BGHZ 118, 312 (325 f.) = NJW 1992, 3096 (3099 f.); 141, 286 (298); zur Discovery BGHZ 118, 312 (323 f.) = NJW 1992, 3096.

[365] Haager Übereinkommen über die Beweisaufnahme im Ausland in Zivil- oder Handelssachen vom 18.3.1970, BGBl. 1977 II S. 1472.

[366] Näher *Hopt/Kulms/v. Hein*, Rechtshilfe und Rechtsstaat, 2006, 93; aA OLG Koblenz NJOZ 2005, 3122 (3145 f.) = IPRax 2006, 25 (37 f.); *v. Danwitz* DÖV 2004, 501 (508 f.).

[367] BVerfG RIW 2007, 211 (212) = BeckRS 2009, 71201; NJW 2007, 3709 = WM 2007, 1392; NJW 2013, 990; NJOZ 2016, 465 (469) = WM 2016, 51 (53 f.).

Fall sei nicht schlechthin ausgeschlossen, wenn „Forderungen von Strafschadensersatz in für einen Beschwerdeführer existenzgefährdender Höhe oder bei Sammelklagen (class action) mit einer unübersehbaren Anzahl von Klägern, einer entsprechenden Klageforderung und einer begleitenden Medienkampagne" geltend gemacht würden.[368] Bislang hat das Gericht von diesem Vorbehalt jedoch keinen Gebrauch gemacht[369] – mit Recht, denn eine allgemeine Rechtsmissbrauchskontrolle der Klageschrift im Rahmen des Art. 13 Abs. 1 HZÜ begegnet erheblichen Bedenken.[370] Diese Frage setzt eine inhaltliche Sachprüfung voraus, die wegen der damit einhergehenden Verzögerung des Verfahrens nicht vor der Zustellung getroffen werden kann.[371] Auch nach deutschem Zivilprozessrecht findet keine Schlüssigkeitsprüfung vor Zustellung einer Klage statt.[372] Zumindest müsste den Klägern die Möglichkeit gegeben werden, den Missbrauchsvorwurf zu widerlegen.[373] Einer solchen Einbeziehung der Kläger stünde indes in der Regel der Eilcharakter des einstweiligen Rechtsschutzes entgegen.[374] Eine **erweiternde Auslegung des Art. 13 Abs. 1 HZÜ** ist allenfalls angezeigt, soweit es um den **Schutz grundlegender, international akzeptierter Menschenrechte** geht.[375]

2. Interlokales Privatrecht. Im **innerdeutschen Kollisionsrecht** fand vor der Wiedervereini- **111** gung **Art. 6** im Verhältnis zum Recht der DDR **analoge Anwendung.**[376] Ob daran nach dem Abschluss des Einigungsvertrages festzuhalten war oder ob ein Rückgriff auf den ordre public wegen des ohnehin bestehenden Gebots der verfassungskonformen Auslegung des ehemaligen DDR-Rechts nunmehr entbehrlich geworden war, blieb umstritten.[377] Rechtsprechung und hL folgten der letztgenannten Lösung;[378] praktisch erhebliche Unterschiede ergaben sich daraus wegen der verfassungsrechtlichen Prägung des ordre public (Art. 6 S. 2) jedoch nicht.[379] Heute dürfte sich diese Problematik durch Zeitablauf weitgehend erledigt haben.

Das interlokale oder interpersonale Privatrecht eines ausländischen Mehrrechtsstaates, insbeson- **112** dere gleichberechtigungswidriges interreligiöses Privatrecht, kann ebenfalls gegen den deutschen ordre public (Art. 6) verstoßen[380] (näher → Rn. 125 ff.).

3. Europäisches Primärrecht. Der **AEUV** enthält an verschiedenen Stellen **Vorbehalte zum** **113** **Schutz der öffentlichen Ordnung der Mitgliedstaaten.**[381] So können etwa die Warenverkehrs- und die Niederlassungsfreiheit aus Gründen der öffentlichen Ordnung oder Sicherheit beschränkt werden (Art. 36 S. 1 bzw. Art. 52 Abs. 1 AEUV). Ferner behält Art. 72 AEUV die Zuständigkeiten der Mitgliedstaaten für die Aufrechterhaltung der öffentlichen Ordnung und den Schutz der inneren Sicherheit im Rahmen des Titels V („Raum der Freiheit, der Sicherheit und des Rechts") vor. Diese Bestimmungen werden zwar vielfach als ordre public-Vorbehalte bezeichnet,[382] sind aber nicht mit kollisionsrechtlichen Vorbehaltsklauseln zu verwechseln.[383] Da die Grundfreiheiten regelmäßig keine Rechtsanwendungsbefehle auf dem Gebiet des Privatrechts enthalten (näher → Art. 3 Rn. 88 ff.), ist auch die Einschränkung einer Grundfreiheit (etwa nach Art. 36 S. 1 bzw. Art. 52 Abs. 1 AEUV) aus Gründen der öffentlichen Ordnung im polizei- und ordnungsrechtlichen Kontext anzusiedeln

---

[368] BVerfG RIW 2007, 211 (212) = BeckRS 2009, 71201.
[369] BVerfG RIW 2007, 211 (212) = BeckRS 2009, 71201; NJW 2007, 3709 = WM 2007, 1392; NJW 2013, 990; NJOZ 2016, 465 = WM 2016, 51.
[370] OLG Frankfurt a. M. NJW-RR 2002, 357 = ZZPInt 2001, 245 (248) m. zust. Anm. *Hau* 253 f.; ausf. *Hopt/Kulms/v. Hein,* Rechtshilfe und Rechtsstaat, 2006, 143–145 mwN.
[371] OLG Düsseldorf NJW 1992, 3110 (3111).
[372] *R. Stürner* JZ 2006, 60 (64).
[373] OLG Frankfurt a. M. NJW-RR 2002, 357 = ZZPInt 2001, 245 (248).
[374] *R. Stürner* JZ 2006, 60 (61 f.) kritisiert, dass das BVerfG in BVerfGE 108, 238 = NJW 2003, 2598 die Kläger nicht anhörte, die Sache sodann aber zwei Jahre ruhen ließ.
[375] Eingehend *Hopt/Kulms/v. Hein,* Rechtshilfe und Rechtsstaat, 2006, 145–155 mwN.
[376] BGH NJW 1989, 1352 = IPRax 1990, 365 zu Art. 30 aF.
[377] Ausf. hierzu Bamberger/Roth/*Lorenz* Rn. 6; Staudinger/*Voltz* (2013) Rn. 101 ff., beide mwN.
[378] BGHZ 127, 195 (204 f.) = NJW 1995, 256 (258); Bamberger/Roth/*Lorenz* Rn. 6; Staudinger/*Voltz* (2013) Rn. 104, beide mwN.
[379] So auch BGHZ 127, 195 (204 f.) = NJW 1995, 256 (258): „Im Ergebnis wird sich allerdings diese Heranziehung der grundlegenden verfassungsrechtlichen Wertungen des Grundgesetzes bei der Anwendung des Rechts der ehemaligen DDR häufig mit einer Prüfung an Hand des Vorbehalts des Ordre public decken. Dabei ist insbes. zu bedenken, daß nach Art. 6 S. 2 EGBGB eine Rechtsnorm bei Unvereinbarkeit mit den Grundrechten nicht anzuwenden ist."
[380] Obiter BGHZ 169, 240 Rn. 18 = NJW-RR 2007, 145.
[381] Grundlegend EuGH Slg. 2004, I-9641 = EuZW 2004, 753 mAnm *Bröhmer* EuZW 2004, 755 – Omega; näher *Corthaut,* EU Ordre Public, 2012, S. 50 ff.; *Frey/Pfeifer* EuR 2015, 721 (729 f.); *Schmalenbach,* FS Posch, 2011, 691 f.).
[382] ZB *Streinz/Weiß* AEUV Art. 72 Rn. 1.
[383] Zutr. *Schmalenbach,* FS Posch, 2011, 691 (692 f.).

und hat **als solche keinen kollisionsrechtlichen Charakter.**[384] Eine Verschränkung von primärrechtlichem und kollisionsrechtlichem ordre public ist aber dort zu beobachten, wo aus primärrechtlichen Gewährleistungen selbst zumindest mittelbar kollisionsrechtliche Schlussfolgerungen gezogen werden. Dies betrifft etwa das vom EuGH auf dem Gebiet des Namensrechts entwickelte **Anerkennungsprinzip,** das auf der in Art. 21 AEUV verankerten Freizügigkeit der Unionsbürger beruht, aber nach den in der Rechtssache *Sayn-Wittgenstein* festgelegten Grundsätzen aus Gründen des ordre public eingeschränkt werden darf (näher → Rn. 174 ff.), was auch der deutsche Gesetzgeber in Art. 48 S. 1 besonders umgesetzt hat. Ebenso bleibt gegenüber der auf Art. 49, 54 AEUV gestützten Gründungstheorie im europäischen internationalen Gesellschaftsrecht der ordre public vorbehalten.[385]

114   In all diesen Fällen werden durch den AEUV gewährleistete Grundfreiheiten aufgrund des nationalen ordre public eingeschränkt, der aber wiederum durch europarechtliche Einflüsse „angereichert" oder begrenzt werden kann. Insbesondere „ist eine Berufung auf die öffentliche Ordnung nur möglich, wenn eine tatsächliche und hinreichend schwere Gefährdung vorliegt, die ein Grundinteresse der Gesellschaft berührt".[386] Eine andere Frage ist es, ob sich aus dem primären und sekundären Europarecht selbst ein eigenständiger, europäischer ordre public im kollisionsrechtlichen Sinne ergibt (näher → Rn. 154 ff.).

115   **4. Völkerrecht und Internationales Öffentliches Recht. a) Völkerrechtlicher ordre public.** Das Konzept eines „völkerrechtlichen" ordre public ist sowohl in begrifflicher Hinsicht als auch in Bezug auf seine Konsequenzen für das IPR umstritten.[387] Im engeren Sinne wird von einem völkerrechtlichen ordre public (als einem Bestandteil des Völkerrechts) gesprochen, wenn es um elementare, international zwingende Rechtssätze geht, die unmittelbar für die Völkerrechtssubjekte (Staaten und internationale Organisationen) in ihren Rechtsbeziehungen untereinander gelten.[388] Nach diesem Verständnis könnte der völkerrechtliche ordre public schon begrifflich keine Auswirkungen auf den Privatrechtsverkehr entfalten.[389] Eine unmittelbar aus dem Völkerrecht abgeleitete Pflicht, ausländisches Recht im Inland nicht anzuwenden, wird jedoch ganz überwiegend für den eng begrenzten Bereich schwerster Völkerrechtsverletzungen, das sog *ius cogens* iS des Art. 53 Wiener Konvention über das Recht der Verträge vom 23.5.1969, angenommen; auch hierin wird in einem weiteren Sinne ein „völkerrechtlicher" ordre public gesehen.[390] Die hierunter fallenden Tatbestände (zB Genozid, Sklaverei, Folter)[391] werden im IPR aber nur höchst selten relevant.[392] Praktisch von weitaus größerer Bedeutung ist die **Konkretisierung der innerstaatlichen Vorbehaltsklausel im Lichte völkerrechtlicher Verpflichtungen,** insbesondere von Konventionen zum Schutz der Menschenrechte (näher → Rn. 144 ff.). Insoweit kann man von einem „völkerrechtsbezogenen" ordre public sprechen, der aber von seiner Rechtsquelle und -natur her im innerstaatlichen (Kollisions-)recht verankert bleibt.[393] Hierbei ist der Kreis der in Betracht kommenden Normen nicht auf Rechtssätze des völkerrechtlichen *ius cogens* beschränkt, sondern erfasst zB auch völkerrechtlich dispositive, gewohnheitsrechtlich anerkannte Menschenrechte.[394]

116   **b) Völkerrecht als Schranke des ordre public.** Eine Anwendung des Art. 6, insbesondere die Heranziehung der Grundrechte im Rahmen des Satzes 2 (näher → Rn. 137 ff.), widerspricht nicht allgemeinen völkerrechtlichen Regeln, die gemäß Art. 25 GG als Bestandteil des Bundesrechts zu beachten sind.[395] Aus der völkerrechtsfreundlichen Grundeinstellung der deutschen Verfassung „folgt [...] keine Verpflichtung zur uneingeschränkten Anwendung fremden Rechts durch inländische Hoheitsträger auf Sachverhalte mit Auslandsbeziehung; erst recht lässt sich dem Grundgesetz nirgends ein genereller Vorbehalt dahin entnehmen, dass insoweit die Grundrechte zurücktreten müssten. Das der Verfassung vorangestellte Bekenntnis zu unverletzlichen und unveräußerlichen Menschenrechten

---

[384] *Schmalenbach,* FS Posch, 2011, 691 (692 f.); vgl. auch *Brödermann* in Brödermann/Iversen, Europäisches Gemeinschaftsrecht und IPR, 1994, Rn. 275.
[385] Vgl. LG Aachen NZG 2007, 600 = IPRax 2008, 270 mAnm *Lamsa* IPRax 2008, 239; näher → IntGesR Rn. 381.
[386] EuGH Slg. 2004, I-9641 Rn. 30 = EuZW 2004, 753 mAnm *Bröhmer* EuZW 2004, 755 – Omega.
[387] Eingehend Staudinger/*Voltz* (2013) Rn. 74 ff.; konziser *M. Stürner* in Arnold Grundfragen 87 (102).
[388] *Kokott* BerGesVR 38 (1998), 71 (73); Staudinger/*Voltz* (2013) Rn. 75.
[389] Explizit *Kokott* BerGesVR 38 (1998), 71 (73).
[390] *Kropholler* IPR § 8 I 2.
[391] Näher Staudinger/*Voltz* (2013) Rn. 76.
[392] *Kropholler* IPR § 8 I 2.
[393] So *Spickhoff* in Leible/Ruffert Völkerrecht und IPR 275 ff.
[394] *Kokott* BerGesVR 38 (1998), 71 (92 f.); *Kropholler* IPR § 8 II 2.
[395] BGHZ 169, 240 Rn. 49 = NJW-RR 2007, 145; BVerfGK 9 (2006), 155 Rn. 13; näher RGRK-BGB/ *Wengler* IPR I S. 77 f.; Staudinger/*Voltz* (2013) Rn. 217.

als der Grundlage jeder menschlichen Gemeinschaft, des Friedens und der Gerechtigkeit in der Welt (Art. 1 Abs. 2 GG) ist nicht zu vereinbaren mit der Vorstellung, die mit den Grundrechten aufgerichtete Wertordnung, besonders die dadurch gewährte Sicherung eines Freiheitsraums für den Einzelnen, könne oder müsse allgemein außer Funktion treten, um der Rechtsordnung anderer Staaten den Vorrang zu lassen."[396] Jedoch lässt sich aus der völkerrechtlich begründeten Pflicht zur Achtung der Souveränität anderer Staaten ableiten, dass die Vorbehaltsklausel grundsätzlich nur bei einem hinreichenden Inlandsbezug (näher → Rn. 184 ff.) zur Anwendung kommt.[397]

B. Voraussetzungen eines ordre public-Verstoßes

I. Gegenstand der Prüfung

1. Ergebnis der Rechtsanwendung. Die Prüfung eines ordre public-Verstoßes richtet sich **117** **niemals gegen eine ausländische Rechtsnorm als solche,** sondern stets nur gegen das **konkrete Ergebnis ihrer Anwendung in einem bestimmten Fall.** Dies folgt bereits aus dem bewusst gewählten,[398] klaren Wortlaut des Art. 6 S. 1 („wenn ihre Anwendung zu einem **Ergebnis** führt")[399] und wird von der ständigen deutschen Rechtsprechung auch so praktiziert.[400] Hierin unterscheidet sich die Anwendung der Vorbehaltsklausel von der Durchführung eines abstrakten Normenkontrollverfahrens, wie es zB in Art. 93 Abs. 1 Nr. 2 GG vorgesehen ist.[401] Inhaltlich lässt sich diese **zurückhaltende Handhabung** des ordre public auf drei Erwägungen stützen: Erstens auf den funktionalen Gedanken, dass jede Heranziehung des ordre public gegenüber ausländischen Rechtsordnungen eine **Störung des internationalen Entscheidungseinklangs** bewirkt, die möglichst gering gehalten werden sollte, damit das IPR seine grundlegende Aufgabe (→ Einl. IPR Rn. 3 ff.) erfüllen kann, die Anwendung unterschiedlicher Sachrechte möglichst harmonisch zu koordinieren (zum ordre public als „Störenfried" → Rn. 20). Zweitens entspricht es rechtspolitischer Toleranz und diplomatischer Klugheit, **keine abstrakt-generellen Unwerturteile** über ein uns fremdes Recht zu fällen, sondern uns mit der Feststellung zu begnügen, dass wir das Ergebnis seiner Anwendung im konkreten Einzelfall nicht hinnehmen können. Wie der BGH zutreffend betont, geht es nicht um eine „Diskriminierung" eines ausländischen Rechts, „das im eigenen Bereich sinnvoll oder vertretbar sein mag, sondern nur [um] die Feststellung, dass die konkrete uneingeschränkte Anwendung [einer bestimmten Rechtsnorm, zB] des Art. 1180 IranZGB durch ein deutsches Gericht unserer Verfassungsordnung widerspricht".[402] Drittens und vor allem ist zu bedenken, dass eine abstrakt-generelle Überprüfung ausländischer Rechtsnormen vielfach auch den **Interessen der jeweils betroffenen Parteien** selbst zuwiderliefe. Obwohl das deutsche Sachrecht zB die **Leihmutterschaft** missbilligt, kann das Kindeswohl es dennoch gebieten, die Abstammung eines im Ausland geborenen Kindes von seinen Bestelleltern anzuerkennen (→ Rn. 86). Ferner ist es wenig überzeugend, einem Paar die Anwendung eines in abstracto gleichheitswidrigen Scheidungsrechts zu verweigern, obwohl die Ehefrau selbst mit der **Scheidung** einverstanden ist und in ihrem Heimatstaat die Anerkennung eines deutschen Gestaltungsurteils betreiben möchte, die ggf. wiederum von der Anwendung des Heimatrechts der Eheleute abhängen kann.[403] Mit Recht hat der BGH hervorgehoben, dass „den ausländischen Beteiligten [...] keine ihnen fremde Rechtsordnung aufgezwungen" werden sollte.[404] Dieser Einsicht hat sich der Verordnungsgeber in Art. 10 Rom III-VO jedoch leider nicht gebeugt (→ Rn. 62).

---

[396] BGHZ 169, 240 Rn. 49 = NJW-RR 2007, 145.

[397] So Staudinger/*Voltz* (2013) Rn. 217.

[398] Begr. RegE, BT-Drs. 10/504, 43.

[399] Krit. zu dieser Formulierung aber Staudinger/*Dörner* (2007) Art. 25 Rn. 710, der darauf hinweist, dass es gerade auf die normative Prägung dieses Ergebnisses durch die Anwendung der ausländischen Rechtsnorm ankomme; ebenso *Looschelders* IPRax 2009, 246 (247); NK-BGB/*Schulze* Rn. 30.

[400] Etwa BGHZ 50, 370 (375 f.) = NJW 1969, 369 (370) noch zu Art. 30 aF; 118, 312 (331) = NJW 1992, 3096; 120, 29 (36) = NJW 1993, 848 = IPRax 1993, 102 m. Aufsatz *Henrich* IPRax 1993, 81; NJW-RR 1993, 962; 160, 332 (344) = NJW-RR 2005, 81 (84); SchiedsVZ 2014, 151 Rn. 27 ff.; BGHZ 210, 59 = NJW 2016, 2322 Rn. 49 ff.; OLG Hamm NJOZ 2013, 961 = FamRZ 2013, 1483 (1484); OLG Hamm BeckRS 2014, 19794 Rn. 25; OLG Köln BeckRS 2016, 09602 Rn. 34; offenbar verkannt von OVG Berlin-Brandenburg NVwZ-RR 2014, 935 Rn. 5 ff.; hierzu krit. *Riegner* NZFam 2014, 967.

[401] Diesen Unterschied betont auch *Kropholler* IPR § 36 II 1.

[402] BGHZ 120, 29 (36) = NJW 1993, 848 (849) = IPRax 1993, 102 m. Aufsatz *Henrich* IPRax 1993, 81; ebenso BGHZ 169, 240 Rn. 48 = NJW-RR 2007, 145.

[403] Ausf. BGHZ 160, 332 (344) = NJW-RR 2005, 81; OLG Hamm FamRZ 2013, 1483 (1484) = NJOZ 2013, 961.

[404] So in Bezug auf das Kindeswohl BGHZ 120, 29 (36) = NJW 1993, 848 (849) = IPRax 1993, 102 m. Aufsatz *Henrich* IPRax 1993, 81.

118   Aus dem Prinzip der Ergebniskontrolle folgt, dass vor jeder Prüfung des ordre public die genaue **Ermittlung und Anwendung des maßgeblichen Rechts von Amts wegen** zu stehen hat;[405] ob das so gefundene Ergebnis der öffentlichen Ordnung offensichtlich widerspricht, kann hingegen „[e]rst dann in einem zweiten Schritt beurteilt werden".[406] Auch wenn es aus Gründen der Prozessökonomie verführerisch erscheinen mag, auf die Bestimmung des anwendbaren Rechts und erst recht auf die bisweilen sehr zeitaufwändige und kostspielige Ermittlung des Inhalts eines ausländischen Rechts zu verzichten, weil das sich abzeichnende Ergebnis ohnehin am deutschen ordre public scheitern müsse, darf einem solchen Impuls nicht nachgegeben werden.[407] Hierdurch würde ein Anreiz für ein „Heimwärtsstreben" geschaffen, das der Rechtssicherheit abträglich wäre.[408] Ferner würde hierdurch gegen den bislang anerkannten Grundsatz verstoßen, dass zumindest in der Berufungsinstanz die Frage des anwendbaren Rechts nicht offengelassen werden dürfe (→ Einl. IPR Rn. 302). Schließlich würde sich die den Parteien zugedachte Wohltat, die Kosten und die Dauer des Rechtsstreits zu senken, in ihr Gegenteil verkehren, wenn sich bei dem Versuch, aus dem Titel im Ausland zu vollstrecken, herausstellen sollte, dass die Entscheidung gerade wegen der Berufung auf den deutschen ordre public im Zweitstaat nicht anerkannt wird.[409] Aus all diesen Gründen ist es unzulässig, die Vorbehaltsklausel „auf Verdacht" anzuwenden.[410]

119   Unter der **„Anwendung"** einer Rechtsnorm ist nicht nur ihre Heranziehung zur **Beurteilung der kollisionsrechtlichen Hauptfrage** zu verstehen; auch die Anwendung ausländischen Rechts zur **Beantwortung einer Vorfrage** (zum Begriff → Einl. IPR Rn. 148 ff.) kann gegen den deutschen ordre public verstoßen. Jedoch wird insoweit die Wirkung des ordre public iS eines *effet atténué* abgeschwächt (näher → Rn. 191). Selbst wenn das ausländische Recht die Hauptfrage negativ beantwortet – etwa eine aus unserer Sicht inakzeptabel niedrige Erbquote der überlebenden Ehefrau vorsieht – kann bei einer Gesamtbetrachtung ein ordre public-Verstoß zu verneinen sein, wenn dieser Mangel durch Korrekturmechanismen auf anderen Rechtsgebieten (etwa im Güter- oder Unterhaltsrecht) ausgeglichen wird.[411] Dies hängt freilich davon ab, ob die entsprechenden güteroder unterhaltsrechtlichen Vorschriften im konkreten Fall kraft kollisionsrechtlicher Verweisung auch tatsächlich Anwendung finden.[412]

120   Ein ordre public-Verstoß kann nicht nur daraus folgen, dass das ausländische Recht eine positive, aus deutscher Sicht anstößige Norm (zB ein Adoptionsverbot) enthält, sondern auch spiegelbildlich daraus, dass das **ausländische Recht eine bestimmte Institution nicht vorsieht,** deren Vorhandensein einen wesentlichen Grundsatz des deutschen Rechts bildet,[413] zB die Möglichkeit einer Adoption,[414] einer Geschlechtsumwandlung[415] oder – vor Schaffung des heutigen Art. 17a – der Zuweisung der Ehewohnung.[416] Die Frage der „positiven" oder „negativen" Regelungstechnik kann für die im Rahmen des Art. 6 vorzunehmende inhaltliche Wertung nicht maßgebend sein.[417] Zur Bestimmung des Ersatzrechts in dieser Fallgruppe näher → Rn. 237 ff.

121   Ferner kommt es in Betracht, dass nicht nur eine abstrakt anstößige Norm in ihrer Anwendung zu einem in concreto akzeptablen Ergebnis führt, sondern dass auch in umgekehrter Weise eine im Allgemeinen **vertretbare Norm im Einzelfall ein nicht hinnehmbares Resultat bewirkt.**[418]

---

[405] BGH NJW 1997, 1697 (1700); WM 1998, 1637 = VIZ 1998, 526; unklar noch BGHZ 69, 387 = NJW 1978, 496.

[406] BGH WM 1998, 1637 = VIZ 1998, 526.

[407] So dezidiert *Kropholler* IPR § 36 II 3.

[408] *Kropholler* IPR § 36 II 3: „Auflösung des IPR zugunsten bloßer Gefühlsentscheidungen"; aus ökonomischer Sicht zur Gefahr des Heimwärtsstrebens mithilfe des ordre public *Rühl*, Statut und Effizienz, 2011, 421 f.

[409] So bereits *Kropholler* IPR § 36 II 3.

[410] BGH SchiedsVZ 2014, 151 Rn. 28; *Heldrich*, FS Ferid, 1978, 209 (218); ebenso Bamberger/Roth/*Lorenz* Rn. 13; NK-BGB/*Schulze* Rn. 25; Palandt/*Thorn* Rn. 5; Staudinger/*Voltz* (2013) Rn. 121.

[411] OLG Hamm ZEV 2005, 436 (438); OLG Düsseldorf IPRax 2009, 520 (522) = NJW-RR 2009, 732; Bamberger/Roth/*Lorenz* Rn. 10.

[412] OLG Hamm ZEV 2005, 436 (438); OLG Düsseldorf IPRax 2009, 520 (522) = NJW-RR 2009, 732; Bamberger/Roth/*Lorenz* Rn. 10.

[413] OLG Naumburg BeckRS 2015, 19835 Rn. 27.

[414] OLG Schleswig BeckRS 2007, 19588 = FamRZ 2008, 1105 Rn. 32; LG Hannover FHZivR 16 Nr. 3235 (Ls.) = FamRZ 1969, 668 zur Legitimation; Bamberger/Roth/*Lorenz* Rn. 10; NK-BGB/*Schulze* Rn. 26; Palandt/ *Thorn* Rn. 5; vgl. auch OLG Karlsruhe BeckRS 9998, 01676 = FamRZ 1998, 56 = IPRax 1999, 49 f. mAnm *Jayme*: kafala islamischen Rechts sei als funktionales Substitut zu prüfen.

[415] BVerfGE 116, 243 (267 f.) = NJW 2007, 900 (903).

[416] OLG Köln FamRZ 1996, 1220; AG Recklinghausen FamRZ 1995, 677.

[417] Anders *Ferid* IPR Rn. 3–37.

[418] BVerwG NJW 1960, 452 (453); Bamberger/Roth/*Lorenz* Rn. 10; Staudinger/*Voltz* (2013) Rn. 126 mwN zur älteren Rspr.; aA *Spickhoff*, ordre public, 1989, 80.

Zur Abgrenzung des ordre public von der Gesetzesumgehung → Rn. 85 f. Denkbar ist ein Eingreifen des ordre public gegenüber einer abstrakt nicht anstößigen Norm zB im Falle einer mittelbaren Diskriminierung im konkreten Einzelfall, etwa wenn eine allgemein tragbare Vorschrift von der ausländischen Rechtsprechung faktisch nur zulasten einer ethnischen Minderheit angewendet wird.[419] Sofern die Anstößigkeit des Ergebnisses im Einzelfall gerade daraus resultiert, dass das anwendbare Sachrecht keine Korrektur eines evident atypischen Falles aus Gründen der Billigkeit (vergleichbar § 242 oder § 313 BGB) ermöglicht, handelt es sich hierbei lediglich um eine Variation des eben beschriebenen Falls eines anstößigen Normenmangels innerhalb der berufenen Rechtsordnung; hier ist dann, soweit möglich, durch eine inländischen Gerechtigkeitsvorstellungen entsprechende Modifikation des berufenen Rechts und, soweit dieser Weg nicht gangbar ist, durch die Anwendung eines Ersatzrechts (näher → Rn. 214 ff.) zu helfen. Sofern es aufgrund des Zusammenspiels von Normen aus unterschiedlichen Rechtsordnungen zu Fällen eines Normenmangels oder einer Normenhäufung kommt, ist die Lösung zunächst im Wege der Angleichung bzw. Anpassung (→ Rn. 88) zu suchen;[420] erst wenn diese Möglichkeit ausscheidet, darf auf den ordre public zurückgegriffen werden.

2. Rechtsnormen, deren Anwendung überprüft wird. a) Rechtsnormen eines anderen **122** **Staates.** Nach dem Wortlaut des Art. 6 S. 1 kann nur die Anwendung der „Rechtsnorm" eines anderen **„Staates",** also staatliches Recht, überprüft werden.[421] Der Begriff erstreckt sich auf jede Rechtsnorm iS des Art. 2, auf dessen Erläuterung daher zu verweisen ist. Bloß **private Regelwerke** (zB Unidroit Principles, Principles of European Contract Law) **zählen nicht dazu,** weil ihre Anwendung de lege lata nicht im Wege einer kollisionsrechtlichen Rechtswahl, sondern nur im Rahmen einer materiellrechtlichen Vereinbarung erfolgen kann (→ Rom I-VO Art. 3 Rn. 28 ff.). Insoweit greifen die entsprechenden materiellrechtlichen Kontrollinstrumente (§§ 134, 138 BGB) ein, nicht die kollisionsrechtliche Vorbehaltsklausel (Art. 6 EGBGB oder Art. 21 Rom I-VO). Nur wenn die ausländische lex causae die Einwahl in private Regelwerke mit kollisionsrechtlicher Wirkung gestattet und dies nicht am Renvoi-Ausschluss im Falle der Rechtswahl scheitert (Art. 4 Abs. 2; ebenso Art. 20 Rom I-VO), bleibt Raum für eine ordre public-Kontrolle.[422] Sofern private Regelwerke aber durch EU-Richtlinien oder Verordnungen als gesetzesvertretende Regelungen anerkannt werden (etwa der Takeover Code im Vereinigten Königreich oder internationale Rechnungslegungsstandards)[423] können sie ggf. auch Gegenstand der ordre public-Kontrolle sein. Ferner ist insbesondere im internationalen Familien- und Erbrecht zu bedenken, dass zahlreiche Staaten, vor allem im Nahen Osten, derartige Beziehungen religiösen Rechten unterwerfen; sofern insoweit religiöses Recht auch vor deutschen Gerichten zur Anwendung gelangt, ist das Ergebnis selbstverständlich an Art. 6 zu messen.[424] Schließlich können auch privatrechtliche Regelwerke in einzelnen Staaten zu Gewohnheitsrecht erstarken, so etwa die FIS-Regeln in den alpinen Ländern.[425] Zu EU-Richtlinien und Verordnungen → Rn. 171 ff.

Bei den Rechtsnormen, deren Anwendung überprüft wird, muss es sich nach dem Wortlaut des **123** Art. 6 S. 1 stets um Vorschriften „eines anderen Staates" handeln. Die Anwendung deutschen Rechts kann daher niemals durch die Vorbehaltsklausel korrigiert werden,[426] auch nicht aufgrund einer Europäisierung des ordre public[427] (zum innerdeutschen bzw. interlokalen ordre public → Rn. 111 f.). Allenfalls kann vorrangiges europäisches Recht der Berufung auf den nationalen ordre public Schranken setzen (näher → Rn. 170 ff.). Der deutsche ordre public verbietet jedoch die Inanspruchnahme eines Bürgen, der sich für die Verbindlichkeiten seines im Ausland gelegenen Unternehmens verbürgt hatte, wenn die im Inland ansässige Bürgschaftsgläubigerin von demjenigen ausländischen Staat beherrscht wird, der sämtliche Anteile des Bürgen an der Hauptschuldnerin entschädigungslos enteignet hat.[428] Hier richtet sich die ordre public-Kontrolle nicht gegen die

---

[419] Vgl. BVerwG NJW 1960, 452 (baltischer Adel), dort aber verneint.
[420] AllgM, s. nur *Kropholler,* FS Ferid, 1978, 279 (288); *Looschelders* IPR Rn. 12; NK-BGB/*Schulze* Rn. 25; Palandt/*Thorn* Rn. 5; Staudinger/*Voltz* (2013) Rn. 122.
[421] Bamberger/Roth/*Lorenz* Rn. 5.
[422] NK-BGB/*Schulze* Rn. 26 in Fn. 110.
[423] S. RL 2004/25/EG betreffend Übernahmen vom 21.4.2004, ABl. 2004 Nr. L 142, S. 12; VO (EG) Nr. 1725/2003 betreffend die Übernahme bestimmter internationaler Rechnungslegungsstandards vom 29.9.2003, ABl. 2003 Nr. L 261, S. 1.
[424] S. zum katholischen Eherecht BGHZ 169, 240 = NJW-RR 2007, 145.
[425] OLG Hamm NJW 2002, 451 (Ls.) = VersR 2002, 318.
[426] Bamberger/Roth/*Lorenz* Rn. 5; gleichsinnig zum englischen IPR *Mills* JPIL 2008, 201 (207).
[427] NK-BGB/*Schulze* Rn. 14.
[428] BGHZ 104, 240 = NJW 1988, 2173.

Anwendung des deutschen Bürgschaftsrechts,[429] sondern gegen die Hinnahme der entschädigungslosen Enteignung im Ausland, denn bei wirtschaftlicher Betrachtung würde die Inanspruchnahme des Bürgen zu demselben ordre public-widrigen Ergebnis führen wie die Anerkennung der Enteignung selbst.[430]

124   **b) Privatrecht.** Da es sich bei Art. 6 um eine Vorbehaltsklausel auf dem Gebiet des IPR handelt, kommen als **Prüfungsgegenstände** grundsätzlich nur solche Rechtsnormen in Betracht, die zuvor von unserem Kollisionsrecht zur Anwendung berufen werden, dh ihrerseits bei einer Qualifikation lege fori als **Vorschriften des Privatrechts,** nicht des öffentlichen oder des Strafrechts eingeordnet werden können. Die Tatsache, dass ausländisches öffentliches Recht von deutschen Zivilgerichten grundsätzlich nicht angewendet werden darf, ergibt sich nicht erst aus der Heranziehung des kollisionsrechtlichen ordre public,[431] sondern aus dem weltweit anerkannten Grundsatz der Nicht-Durchsetzbarkeit ausländischer öffentlich-rechtlicher Forderungen („Revenue rule"; → Einl. IPR Rn. 324 ff.). Soweit ausländische Eingriffsnormen ausnahmsweise auch im Inland zu beachten sind (vgl. die hierfür in Art. 9 Abs. 3 Rom I-VO genannten Kriterien; allgemein → Einl. IPR Rn. 289 ff.), bedarf es des ordre public zur Korrektur des Rechtsanwendungsergebnisses regelmäßig nicht, weil schon bei der Entscheidung der Frage, ob ausländischen Eingriffsnormen Wirkung zu verleihen ist, die Folgen zu berücksichtigen sind, die sich aus ihrer Anwendung oder Nichtanwendung ergeben würden (→ Rn. 84). Zum internationalen Enteignungsrecht → Anh. Art. 46 Rn. 1 ff.

125   **c) Sach- und Kollisionsrecht.** Die Vorbehaltsklausel kann zweifelsohne herangezogen werden, um die Anwendung ausländischen Sachrechts auszuschließen, und diese Fälle stehen praktisch auch im Vordergrund.[432] Es kommt jedoch ferner in Betracht, dass die Anwendung ausländischen internationalen Privatrechts im Rahmen einer Rück- oder Weiterverweisung am deutschen ordre public scheitert oder dass nach Art. 4 Abs. 3 S. 1 zu prüfendes ausländisches interlokales bzw. interpersonales, vor allem interreligiöses Privatrecht, gegen den ordre public verstößt.[433] Dies kann etwa der Fall sein, wenn eine ausländische familienrechtliche Kollisionsnorm einseitig an die Staatsangehörigkeit oder Religionszugehörigkeit des Ehemannes anknüpft.[434] Sedes materiae ist insoweit Art. 6, nicht die Sinnklausel des Art. 4 Abs. 1 S. 1 letzter Hs. (näher → Art. 4 Rn. 94 f.). Auch hierbei ist zu beachten, dass die Vorbehaltsklausel nicht zu einer abstrakten Normenkontrolle missbraucht werden darf, sondern dass es allein um die Abwehr eines anstößigen Ergebnisses der Rechtsanwendung im Einzelfall geht.[435] Ob hierfür kollisions- oder sachrechtliche Maßstäbe anzulegen sind, ist allerdings str.

126   Nach einer verbreiteten restriktiven Auffassung soll allein darauf abzustellen sein, ob die Anwendung des von der gleichberechtigungswidrigen Kollisionsnorm berufenen *Sachrechts* gegen den ordre public verstoße, was notwendigerweise ausscheiden müsse, wenn im Ergebnis deutsches Sachrecht zur Anwendung gelange.[436] Ausnahmen seien allenfalls denkbar, wenn zB eine wohlerworbene Rechtsposition der Ehefrau missachtet werde.[437] Hiermit wird jedoch der seit den 1970er Jahren in der Rechtsprechung des BVerfG und des BGH herausgearbeiteten Erkenntnis, dass auch gleichberechtigungswidriges Kollisionsrecht – unabhängig vom Inhalt des hierdurch berufenen Sachrechts – gegen das GG verstoßen kann (→ Einl. IPR Rn. 45), nicht hinreichend Rechnung getragen.[438]

---

[429] Insoweit krit. aber Bamberger/Roth/*Lorenz* Rn. 5 in Fn. 19; *Behrens* IPRax 1989, 217 (221).

[430] BGHZ 104, 240 (244) = NJW 1988, 2173; vgl. auch *Kronke* BerGesVR 38 (1998), 33 (52).

[431] So aber AG Leverkusen NZV 1996, 36; mit Recht krit. dazu *Schmittmann/Kocker* DAR 1996, 293 (294).

[432] *Kropholler* IPR § 36 II 1.

[433] Eingehend *Gebauer,* FS Jayme, 2004, 223 (225 ff.); ebenso Erman/*Hohloch* Rn. 24; *v. Hoffmann/Thorn* IPR § 6 Rn. 151; *Kropholler* IPR § 24 II 2b, § 36 II 1; *Lüderitz* IPR Rn. 213; NK-BGB/*Schulze* Rn. 27; Palandt/*Thorn* Rn. 7; dass bei einer Anknüpfung an das Mannesrecht in religionsverschiedenen Ehen ein ordre public-Verstoß naheliege, bemerkt obiter auch BGHZ 169, 240 Rn. 18 = NJW-RR 2007, 145; grundsätzlich auch Bamberger/Roth/*Lorenz* Rn. 5; *Rauscher* IPR Rn. 584; Staudinger/*Voltz* (2013) Rn. 123.

[434] *Gebauer,* FS Jayme, 2004, 223 (225 ff.); *Kropholler* IPR § 36 II 1; NK-BGB/*Schulze* Rn. 27; Palandt/*Thorn* Rn. 7; obiter auch BGHZ 169, 240 Rn. 18 = NJW-RR 2007, 145.

[435] Erman/*Hohloch* Rn. 24.

[436] Eingehend *Heldrich,* 50 Jahre BGH, 2000, Bd. 2, 733 (754 f.); ebenso *Andrae* IntFamR § 3 Rn. 75; Bamberger/Roth/*Lorenz* Rn. 23; *v. Bar/Mankowski* IPR I § 7 Rn. 276; *Ebenroth/Eyles* IPRax 1989, 1 (10 f.); *Kartzke* IPRax 1988, 8 (11 f.); *Lorenz,* Mélanges Sturm, 1999, 1559 ff.; Soergel/*Kegel* Art. 4 Rn. 27; *Sonnentag,* Der Renvoi im Internationalen Privatrecht, 2001, 125 f., 154 f.; Staudinger/*Hausmann* (2013) Art. 4 Rn. 114; Staudinger/*Voltz* (2013) Rn. 123.

[437] Bamberger/Roth/*Lorenz* Einl. IPR Rn. 23.

[438] *Gebauer,* FS Jayme, 2004, 223 (225 ff.); *Kropholler* IPR § 24 II 2c; dazu neigend auch *Mäsch* RabelsZ 61 (1997), 285 (302).

Insoweit ist das am ordre public zu messende „Ergebnis der Anwendung einer fremden Verweisungs-norm bereits der aus ihr gewonnene Rechtsanwendungsbefehl".[439] Es wäre zudem nur schwer einleuchtend, eine Haager Konvention, welcher die Bundesrepublik selbst angehört, auf ihre Verein-barkeit mit dem GG zu überprüfen,[440] einen Staatsvertrag, der nur kraft einer Gesamtverweisung von deutschen Gerichten anzuwenden ist (→ Art. 4 Rn. 88), hingegen von der Kontrolle nach Art. 6 S. 2 schlechthin auszunehmen.[441] Wird zB mangels einer gemeinsamen Staatsangehörigkeit der Ehegatten gemäß Art. 14 Abs. 1 Nr. 2 Var. 1 an deren gemeinsamen gewöhnlichen Aufenthalt angeknüpft, ist nicht ohne weiteres zu akzeptieren, dass das Aufenthaltsrecht einseitig auf die Staatsan-gehörigkeit des Mannes zurück- oder weiterverweist.[442] Erforderlich, aber auch ausreichend für das **Eingreifen der Vorbehaltsklausel** ist es vielmehr, dass die **Anwendung einer gleichberechti-gungswidrigen Kollisionsnorm** zu einem Ergebnis führt, das die *kollisionsrechtlichen* Interessen der Ehefrau im konkreten Fall missachtet, indem zB ein Recht berufen wird, zu dem nur der Ehemann, nicht aber die Ehefrau eine enge Verbindung hat.[443] Denn da die Ehefrau sich in einer solchen Konstellation zur Einschätzung der Erfolgsaussichten ihrer Rechtsverfolgung erst zeit- und kostenauf-wändig über eine *für sie* fremde Rechtsordnung informieren muss, verschlechtert sich ihre prozessuale Stellung in einer Weise, die unabhängig vom Inhalt des materiellen Rechts eine nicht hinnehmbare Diskriminierung bedeutet.[444] Die dagegen vorgebrachte Erwägung, dass in einem derartigen Fall regelmäßig auch das ausländische Sachrecht „auf einem patriarchalischen Weltbild [beruhe]" und die Frau die vom deutschen Zivilrecht eröffneten „gleichberechtigten Lebenschancen" ihrem „Heimat-gefühl" vorziehen werde,[445] ist spekulativ, weil aufgrund der Verzögerung, mit der das IPR oft sachrechtlichen Entwicklungen folgt, nicht von vornherein ausgeschlossen werden kann, dass zwar das ausländische IPR in einem bestimmten Punkt ordre public-widrig ist, das betreffende Sachrecht aber keinen Anlass zur Beanstandung gibt.

Selbst wenn das ausländische Sachrecht unseren heutigen Vorstellungen von Gleichberechtigung   **127** im Allgemeinen nicht entsprechen sollte, bleibt denkbar, dass es in Bezug auf ein Paar, das sein Leben nach traditionellen Rollenvorstellungen eingerichtet hat, im Einzelfall doch zu einem zumindest akzeptablen Ergebnis führt. Befolgt man aufgrund einer kollisionsrechtlichen Diskriminierung den Renvoi auf das deutsche Sachrecht nicht, schließt dies zudem keinesfalls aus, das sachrechtliche Ergebnis, das infolge der Anwendung des mangels Renvoi berufenen ausländischen Rechts ermittelt wird, seinerseits erneut am deutschen ordre public, dieses Mal jedoch im Hinblick auf das Sachrecht, zu messen.

Auch ein Renvoi aufgrund einer in abstracto gleichberechtigungswidrigen Kollisionsnorm ist   **128** allerdings zu beachten, wenn sich bei einer **hypothetischen ordre public-konformen Ausgestal-tung** des ausländischen internationalen oder interpersonalen Privatrechts dasselbe Resultat im Einzel-fall ergeben würde. Wird zB im ausländischen internationalen oder interpersonalen Privatrecht zwar gleichheitswidrig allein an die Staatsangehörigkeit oder Religionszugehörigkeit des Mannes angeknüpft, gehört die Frau aber im konkreten Fall demselben Staat bzw. derselben Religion an, muss die Rück- oder Weiterverweisung im konkreten Fall befolgt werden, weil auch bei einer (hypothetischen) diskriminierungsfreien Anknüpfung an die gemeinsame Staatsangehörigkeit bzw. Religionszugehörigkeit der Eheleute deren gemeinsames Heimat- oder Bekenntnisrecht zur Anwen-

---

[439] *Mäsch* RabelsZ 61 (1997), 285 (302 f.).
[440] Vgl. zum Haager Ehewirkungsabkommen vom 17.5.1905 (RGBl. 1912, S. 453 (475); BGBl. 1955 II S. 188 zu c) im Verhältnis zu Italien BGH NJW 1987, 583 m. Aufsatz *Rauscher* NJW 1987, 531 = IPRax 1987, 114 m. Aufsatz *Henrich* IPRax 1987, 93; NJW 1988, 638 = IPRax 1988, 100 m. Aufsatz *Schurig* IPRax 1988, 88.
[441] Insoweit im Ergebnis richtig BGH NJW 1988, 638 (640): „Es wäre offensichtlich sinnwidrig, wenn die als Folge der Grundgesetzwidrigkeit des Art. 2 I des Haager Ehewirkungsabkommens vorzunehmende Bestim-mung des anwendbaren Ehegüterrechts nach Art. 220 III EGBGB analog dazu führen würde, daß bei Berufung italienischen Rechts doch wieder Art. 2 I des Haager Ehewirkungsabkommens den Ausschlag gäbe." Die hieran geäußerte Kritik (vgl. Bamberger/Roth/*Lorenz* Rn. 8 in Fn. 10: „unhaltbar") trifft allenfalls auf den vom BGH gewählten, zweifelhaften Lösungsweg über die „Sinnklausel" des Art. 4 Abs. 1 S. 1 letzter Hs. statt über Art. 6 S. 2 (näher → Art. 4 Rn. 94 f.), nicht aber auf den Inhalt der Argumentation zu.
[442] Beispiel von *Kropholler* IPR § 24 II 2b.
[443] *Coester-Waltjen* BerGesVR 38 (1998), 9 (24 f.); *Gebauer,* FS Jayme, 2004, 223 (226); *Kropholler* IPR § 24 II 2c; NK-BGB/*Schulze* Rn. 27; Palandt/*Thorn* Rn. 7.
[444] So bereits *Raape/Sturm* IPR § 13 X 1; eingehend *Gebauer,* FS Jayme, 2004, 223 (226 ff.); ebenso *v. Hoffmann/ Thorn* IPR § 6 Rn. 151; Palandt/*Thorn* Rn. 7; vgl. auch zum Haager Ehewirkungsabkommen BGH NJW 1987, 583: „Diese kollisionsrechtliche Zurücksetzung der Frau wurzelt in der zur Zeit der Entstehung des Ehewirkungs-abkommens vorherrschenden patriarchalischen Betrachtungsweise und führt unabhängig vom Inhalt des danach berufenen Sachrechts [!] zu einer Benachteiligung der Frau, indem sie ihr die Rechtsordnung vorenthält, welche auf Personen ihrer Nationalität ausgerichtet und ihr typischerweise die vertrauteste ist."
[445] So *Heldrich,* FS 50 Jahre Bundesgerichtshof, 2000, Bd. 2, 733 (755).

dung gelangen würde.[446] Dies muss auch dann gelten, wenn das deutsche IPR gemäß Art. 14 Abs. 1 Nr. 1 Var. 2 im konkreten Einzelfall allein an die Staatsangehörigkeit des Ehemannes anknüpft, weil dieser zufällig derjenige Ehegatte ist, der noch dem Staat angehört, dem beide Eheleute während der Ehe zuletzt angehörten. Der Umstand, dass das von uns berufene ausländische IPR eine vorherige gemeinsame Staatsangehörigkeit nicht verlangt, sondern gleichberechtigungswidrig von vornherein an das Mannesrecht anknüpft, wirkt sich insoweit auf das kollisionsrechtliche Ergebnis nicht aus, und eine abstrakte Normenkontrolle ist hier ebenso wenig angezeigt wie in Bezug auf ausländisches Sachrecht. Anders liegt es, wenn der Ehemann im Gegensatz zu seiner Ehefrau inzwischen die Staatsangehörigkeit gewechselt hat und das ausländische IPR auch insoweit allein an das Mannesrecht anknüpft.

129 Erforderlich ist auch für die ordre public-Kontrolle ausländischen Kollisionsrechts stets ein **hinreichender Inlandsbezug des Sachverhalts** (hierzu allgemein → Rn. 184 ff.). Dieser wird regelmäßig gegeben sein, wenn das ausländische IPR auf deutsches Sachrecht zurückverweist, da in diesem Fall irgendein aus Sicht des fremden Rechts relevantes Anknüpfungsmoment im Inland belegen sein muss. Im Falle einer Weiterverweisung des ausländischen IPR auf eine dritte Rechtsordnung kann es hingegen unter Umständen an einem hinreichenden Inlandsbezug fehlen.[447] Auch bei einer Weiterverweisung auf ein drittes Recht bleibt die daran anschließende Möglichkeit einer Anwendung der Vorbehaltsklausel gegenüber dem so bestimmten ausländischen Sachrecht wiederum unberührt.

130 Muss eine ausländische Kollisionsnorm wegen eines Verstoßes gegen den deutschen ordre public unangewendet bleiben, stellt sich – ähnlich wie bei der ordre public-Widrigkeit fremden Sachrechts (näher → Rn. 214 ff.) – die Frage nach dem anwendbaren **Ersatzrecht.** Der Rückgriff auf das eigene IPR verdient hier aus Gründen der Praktikabilität und Effizienz den Vorzug gegenüber einer unsicheren Fortbildung des ausländischen Kollisionsrechts.[448] In Fällen, in denen im deutschen Recht eine Anknüpfungsleiter zur Verfügung steht, wie zB in Art. 14 Abs. 1, bietet es sich an, als Hilfsanknüpfung auf die nächste Sprosse der Anknüpfungsleiter hinabzusteigen.[449] Beispiel:[450] Gehörten die Ehegatten zuletzt gemeinsam dem Staat X an und gehört nur die Frau diesem Staat noch an, verweist aber das IPR von X allein auf die Staatsangehörigkeit des Mannes, der inzwischen Deutscher geworden ist (Art. 14 Abs. 1 Nr. 1 Var. 2), ist deutsches Recht anzuwenden, wenn auch der gewöhnliche Aufenthalt der Eheleute in Deutschland liegt bzw. zuletzt lag (Art. 14 Abs. 1 Nr. 2).[451] Diese Lösung trägt sowohl deutschen Vorstellungen über die Gleichberechtigung als auch dem Ziel des internationalen Entscheidungseinklangs angemessen Rechnung; nur schwerlich sachgerecht wäre es hingegen, eine Sachnormverweisung auf das Recht von X anzunehmen. Es kann ferner – ebenso wie bei von Deutschland abgeschlossenen Staatsverträgen[452] – in Betracht kommen, aus Gründen des Vertrauensschutzes ggf. die in Bezug auf gleichheitswidrige Kollisionsnormen des deutschen Rechts geschaffenen intertemporalen Überleitungsvorschriften (Art. 220 Abs. 3) analog heranzuziehen. Lassen sich entsprechende Korrekturen nicht bewerkstelligen, bleibt es bei dem vom deutschen IPR ausgesprochenen Rechtsanwendungsbefehl, allerdings in Gestalt einer Sachnormverweisung.[453]

131 **d) Verfahrensrecht.** Ob Art. 6 auch herangezogen werden darf, um verfahrensrechtliche Garantien – wie zB die Gewährung rechtlichen Gehörs (Art. 103 Abs. 1 GG) – abzusichern, wenn ein ausländisches Recht eine Gestaltung der Rechtslage nicht durch eine gerichtliche Entscheidung, sondern durch die einseitige Erklärung einer Partei oder durch privatautonome Vereinbarung ermöglicht (zB bei Privatscheidungen oder Vertragsadoptionen), ist zweifelhaft.[454] Für eine **ordre public-Kontrolle auch elementarer verfahrensrechtlicher Standards** spricht in solchen Fällen die Wertung des deutschen Rechts, für derartige Vorgänge die Mitwirkung eines Gerichts in Inlandsfällen zwingend anzuordnen (Art. 17 Abs. 2 EGBGB, § 1752 BGB), dagegen wiederum das hinter Art. 6

---

[446] *Coester-Waltjen* BerGesVR 38 (1998), 9 (24 f.); *Gebauer,* FS Jayme, 2004, 223 (225 ff.); NK-BGB/*Schulze* Rn. 27.

[447] *Andrae* IntFamR § 3 Rn. 75.

[448] Dafür aber primär *Gebauer,* FS Jayme, 2004, 223 (232).

[449] Näher *Gebauer,* FS Jayme, 2004, 223 (232); *Kühne,* FS Ferid, 1988, 251 (259 f.).

[450] Nach *Kühne,* FS Ferid, 1988, 251 (259).

[451] *Kühne,* FS Ferid, 1988, 251 (259 f.).

[452] Vgl. in Bezug auf das Haager Ehewirkungsabkommen BGH NJW 1987, 583 m. Aufsatz *Rauscher* NJW 1987, 531 = IPRax 1987, 114 m. Aufsatz *Henrich* IPRax 1987, 93; NJW 1988, 638 = FamRZ 1987, 679 = IPRax 1988, 100 m. Aufsatz *Schurig* IPRax 1988, 88.

[453] Ebenso *Gebauer,* FS Jayme, 2004, 223 (232); *Kühne,* FS Ferid, 1988, 251 (260).

[454] Dafür in Ausnahmefällen Staudinger/*Voltz* (2013) Rn. 110; Erman/*Hohloch* Art. 22 Rn. 27; vgl. auch OVG Berlin-Brandenburg NVwZ-RR 2014, 935 Rn. 5 ff., das aber nicht hinreichend zwischen materiellem und verfahrensrechtlichem ordre public unterscheidet; hierzu krit. *Riegner* NZFam 2014, 967.

stehende Konzept einer materiellrechtlich fokussierten Ergebniskontrolle. Praktisch relevant ist diese Frage bei der kollisionsrechtlichen „Anerkennung" im Ausland vollzogener Privatscheidungen zB nach islamischem Recht (Talaq) geworden.[455] Diese Problematik ist aufgrund der Rechtsprechung des EuGH nicht im Rahmen der Rom III-VO,[456] sondern weiterhin über Art. 6 EGBGB zu lösen. Da §§ 108, 109 FamFG „reine" Vertragsadoptionen nicht erfassen,[457] verbleibt insoweit hingegen ein Spielraum für eine ordre public-Kontrolle nach Art. 6. Zum Teil wird im Hinblick auf § 1752 BGB bei einer hinreichenden Inlandsbeziehung die Vereinbarkeit einer im Ausland vollzogenen Vertragsadoption mit dem ordre public verneint.[458] § 1752 BGB dürfte als Vorschrift über Art und Zustandekommen einer Adoption der kollisionsrechtlichen „Anerkennung" einer Auslandsadoption aber nur entgegenstehen, wenn nach Art. 22 deutsches Recht als Adoptionsstatut berufen ist.[459]

II. Prüfungsmaßstäbe

1. Wesentliche Grundsätze des deutschen Rechts. Wie bereits (→ Rn. 13) ausgeführt **132** wurde, hat der Gesetzgeber Art. 6 bewusst als eine Generalklausel ausgestaltet, „deren nähere Konkretisierung [...] der richterlichen Einzelfallentscheidung überlassen werden muss".[460] Gleichwohl bedarf diese Einzelfallentscheidung sowohl aus Gründen der Gewaltenteilung als auch der Rechtssicherheit gewisser strukturierender Prinzipien, um die Entscheidungsfindung nicht gänzlich subjektiven rechtspolitischen Präferenzen der jeweiligen Rechtsanwender anheimzugeben.[461] Mit dem in **Art. 6 S. 1 verwendeten Begriff der „wesentlichen Grundsätze des deutschen Rechts"** hat der Gesetzgeber einen Mittelweg zwischen der Formulierung des zuvor geltenden Art. 30 aF und der in internationalen Übereinkommen gebräuchlichen Umschreibung gewählt. Art. 30 aF schloss unter vermeintlich präziser Bezugnahme auf zwei Fallgruppen die Anwendung eines ausländischen Gesetzes aus, „wenn die Anwendung gegen die guten Sitten oder gegen den Zweck eines deutschen Gesetzes verstoßen würde" (→ Rn. 11). In neueren Übereinkommen wie dem EVÜ von 1980 war hingegen schlicht von „öffentlicher Ordnung" die Rede, ohne nähere Fingerzeige zu geben, welche rechtlichen oder rechtsethischen Grundsätze davon umfasst sein sollten. Vor diesem Hintergrund orientierte sich der deutsche Gesetzgeber an § 6 S. 1 des österreichischen IPR-Gesetzes von 1978,[462] der zur Konkretisierung des ordre public auf die „Grundwertungen der österreichischen Rechtsordnung" Bezug nimmt.[463] Die begriffliche Zusammenfassung der bisher in Art. 30 aF bezeichneten Fallgruppen (gute Sitten und Gesetzeszweck) sollte „ihren inhaltlichen Gemeinsamkeiten Rechnung [tragen]".[464]

Schon vor 1986 hatte der BGH in ständiger Rechtsprechung entschieden, dass nicht jede Abwei- **133** chung von deutschem Gesetzesrecht als zweckwidrig iS der Vorbehaltsklausel angesehen werden könne, sondern dass darauf abzustellen sei, „ob das Ergebnis der Anwendung des ausländischen Rechts zu den Grundgedanken der deutschen Regelung und der in ihnen liegenden Gerechtigkeitsvorstellungen in so starkem Widerspruch steht, daß es von uns für untragbar gehalten wird".[465] Diese Definition machte sich der Gesetzgeber bewusst zu eigen,[466] so dass sie auch für die Konkretisierung des Art. 6 S. 1 herangezogen werden kann.[467] Die Bezugnahme auf die „guten Sitten" sollte nach der vor 1986 geltenden hM und dem auch vom Gesetzgeber zugrunde gelegten Verständnis dazu dienen, „auf die nicht in speziellen Rechtssätzen niedergelegten, sondern in den Generalklauseln der §§ 138, 826 BGB enthaltenen ungeschriebenen rechtsethischen Grundsätze [hinzuweisen]".[468]

---

[455] Für eine Nicht-Anerkennung wegen Verletzung des Art. 103 Abs. 1 GG OLG Stuttgart BeckRS 1998, 13578 = FamRZ 2000, 171 = IPRax 2000, 497 m. insoweit abl. Anm. *Rauscher* IPRax 2000, 391; s. auch BayObLG NJW 1982, 1949 (Ls.) = IPRax 1982, 104 (105).
[456] EuGH BeckRS 2016, 81033 = IPRax 2017, 90 mAnm *Pika/Weller* IPRax 2017, 65.
[457] *Horndasch/Viefhues/Hohloch* FamFG § 109 Rn. 54; *Prütting/Helms/Hau* FamFG § 108 Rn. 7.
[458] Erman/*Hohloch* Art. 22 Rn. 27.
[459] Staudinger/*Henrich* (2014) Art. 22 Rn. 98; vgl. die von Erman/*Hohloch* Art. 22 Rn. 27 zur Stützung seiner Auffassung angeführten Entscheidungen KG FGPrax 2006, 255 = NJOZ 2006, 2655; AG Tübingen StAZ 1992, 217 (in beiden Fällen war nach dem Adoptionsstatut eine Dekretadoption vorgeschrieben).
[460] BT-Drs. 10/504, 43.
[461] Hierzu eingehend (aus englischer Sicht) *Mills* JPrivIntL 2008, 201 (205).
[462] BT-Drs. 10/504, 43.
[463] Bundesgesetz vom 15.6.1978 über das internationale Privatrecht, BGBl. Nr. 304, abgedruckt in *Riering* (Hrsg.), IPR-Gesetze in Europa, 1997, Nr. 4.
[464] BT-Drs. 10/504, 43.
[465] BGHZ 50, 370 (375 f.) = NJW 1969, 369 (370); ähnlich BGHZ 54, 123 (130) = NJW 1970, 1503; 54, 132 (140) = NJW 1970, 2160.
[466] BT-Drs. 10/504, 43.
[467] BGHZ 104, 240 (243) = NJW 1988, 2173; BGH SchiedsVZ 2014, 151 Rn. 29.
[468] BT-Drs. 10/504, 43.

Angesichts der im 20. Jahrhundert vollzogenen, nahezu flächendeckenden Konstitutionalisierung des Privatrechts[469] lassen sich aber auch lange Zeit als „ungeschrieben" geltende Grundsätze vielfach auf positives (Verfassungs-)Recht zurückführen. So wurzelt etwa das Prinzip der Privatautonomie, das dem deutschen Vertragsrecht zugrunde liegt[470] und in Situationen strukturell ungleicher Verhandlungsmacht besonderen Schutzes bedarf (zB bei Angehörigenbürgschaften) in dem Grundrecht auf freie Entfaltung der Persönlichkeit;[471] der internationalprivatrechtliche Schutz der Ehe, aufgrund dessen Scheidungsverträge oder Verlöbnisse bei bestehender Ehe als ordre public-widrig gelten,[472] entspringt der verfassungsrechtlichen Institutsgarantie (Art. 6 Abs. 1 GG). Da die Grundrechte als Bestandteil des ordre public in Art. 6 S. 2 explizit hervorgehoben werden (näher → Rn. 137 ff.), überrascht es nicht, dass bei der Anwendung der Vorbehaltsklausel heutzutage kaum noch auf die „guten Sitten" Bezug genommen wird, um die Geltung fundamentaler Wertungen zu begründen.[473]

134   Auch wenn mit der Neufassung der Vorbehaltsklausel keine inhaltliche Änderung gegenüber Art. 30 aF angestrebt war,[474] ist es unter dem geltenden Recht nicht länger zielführend, ordre public-Verstöße trennscharf einer der vor 1986 verwendeten Fallgruppen (Sittenverstoß oder Zweck eines Gesetzes) zuordnen zu wollen. Der flexible **Begriff der „Rechtsgrundsätze" deckt allgemein Grundwertungen** der deutschen Rechtsordnung ab, **unabhängig** von der Frage, **ob sie sich aus kodifiziertem Recht oder ungeschriebenen Grundsätzen ableiten lassen.** Hinzu kommt, dass die an §§ 134, 138 BGB orientierten Kategorien des Gesetzes- oder Sittenverstoßes die wesentlichen Grundsätze des deutschen Rechts nicht erschöpfend beschreiben.[475]

135   Die Abdingbarkeit einer Vorschrift ist ein starkes Indiz dafür, dass sie nicht zum ordre public zählt.[476] Wie bereits oben (→ Rn. 8 f.) zur Abgrenzung von ordre public interne und ordre public international ausgeführt wurde, reicht es für die Annahme eines ordre public-Verstoßes aber umgekehrt keinesfalls aus, dass das berufene ausländische Recht von Vorschriften abweicht, die in einen Inlandsfall nicht zur Disposition der Parteien stehen, also intern zwingenden Charakter haben.[477] Vielmehr ist im Sinne der bereits zitierten (→ Rn. 133) Abgrenzungsformel des BGH erforderlich, dass durch die Anwendung ausländischen Rechts gleichsam der **„Kernbestand der inländischen Rechtsordnung"** angetastet wird.[478] Zumindest missverständlich ist das Postulat, „dass das fremde Recht mit tragenden Grundsätzen nicht nur des Privatrechts, sondern des Rechts aller Rechtsbereiche [!] unvereinbar sein muss".[479] Die Annahme eines ordre public-Verstoßes auf dem Gebiet des Privatrechts hängt jedoch nicht davon ab, dass die beanstandete Verhaltensweise auch noch straf- oder verwaltungsrechtliche Sanktionen nach sich zöge. Das Vorhandensein straf- oder verwaltungsrechtlicher Sanktionen kann allerdings unter dem Blickwinkel der Einheit der Rechtsordnung ein Indiz dafür bilden, dass ein bestimmtes Verhalten rechtsgebietsübergreifend missbilligt wird und auch aus diesem Grund zum Kernbestand der inländischen Rechtsordnung zu zählen ist.[480] So folgt aus dem strafbewehrten Verbot der Eingehung einer Mehrehe (§ 172 StGB) zugleich, dass eine polygame Eheschließung im Inland auch zivilrechtlich nicht vorgenommen werden darf (näher → Rn. 257); ebenso können zB die Altersgrenzen des deutschen Sexualstrafrechts (§ 176 StGB) mutatis mutandis Anhaltspunkte dafür bilden, was auch aus privatrechtlicher Sicht bei der Bestimmung der Ehemündigkeit noch als hinnehmbar angesehen werden kann (näher → Rn. 259).

136   Art. 6 S. 1 erfasst nach seinem Wortlaut allein die wesentlichen Grundsätze „des deutschen Rechts"; diese Einschränkung ist vom Gesetzgeber bewusst gewählt worden, auch im Anschluss an Art. 16 EVÜ (heute Art. 21 Rom I-VO), der sich allein auf die öffentliche Ordnung der lex fori bezieht.[481] **Schutzobjekt des Art. 6** ist folglich **allein die deutsche öffentliche Ordnung;** ein

---

[469] Hierzu statt vieler (und durchaus krit.) *Canaris* AcP 200 (2000), 273; *Diederichsen* AcP 197 (1997), 171; *G. Hager* JuS 2006, 769; *Isensee,* FS Großfeld, 1998, 485 ff.; *Maultzsch* JZ 2012, 1040, alle mwN.

[470] Als Beispiel genannt bei *Kropholler* IPR § 36 III 1.

[471] BVerfGE 89, 214 = NJW 1994, 36.

[472] Beispiel von *Kropholler* IPR § 36 III 1.

[473] Vgl. den rein grundrechtsorientierten Diskurs in BGHZ 120, 29 (34) = NJW 1993, 848 (Kindeswohl); BGHZ 169, 240 Rn. 33 ff. = NJW-RR 2007, 145 (Ehescheidung); zur Unterscheidung von Art. 6 und § 138 BGB vgl. auch *Frey/Pfeifer* EuR 2015, 721 (732 f.).

[474] BT-Drs. 10/504, 42.

[475] *Rauscher* IPR Rn. 586.

[476] Vgl. zu § 615 BGB LAG RhPf BeckRS 2011, 74580.

[477] AllgM, vgl. nur BGHZ 118, 312 (330) = NJW 1992, 3096; Bamberger/Roth/*Lorenz* Rn. 14; Palandt/*Thorn* Rn. 4.

[478] BT-Drs. 10/504, 42; Bamberger/Roth/*Lorenz* Rn. 14; Palandt/*Thorn* Rn. 4.

[479] So aber Staudinger/*Voltz* (2013) Rn. 136.

[480] Versteht man sie in diesem Sinne, ist die Formulierung von Staudinger/*Voltz* (2013) Rn. 136 nicht zu beanstanden.

[481] BT-Drs. 10/504, 44; *Stoll* IPRax 1984, 1 (4).

ausländischer ordre public ist hingegen nicht zu berücksichtigen (→ Rn. 74). Die bewusste Beschränkung auf den Schutz des deutschen ordre public verbietet es jedoch nicht, den Inhalt der öffentlichen Ordnung auch im Lichte europa- und völkerrechtlicher Vorgaben und Einflüsse zu konkretisieren (näher → Rn. 144 ff.).

2. Insbesondere die Grundrechte. a) Deutsche Grundrechte. aa) Hintergrund der Son- 137
derregelung. Ob die in Art. 6 S. 2 enthaltene Sonderregelung erforderlich ist und ob sie letztlich das Verständnis des Gesetzes erleichtert, muss durchaus bezweifelt werden.[482] Bereits der Gesetzgeber des Jahres 1986 verkannte nicht, dass im EVÜ, dessen Art. 16 in Art. 6 inkorporiert werden sollte (→ Rn. 12), ein vergleichbarer ausdrücklicher Hinweis fehlte, ohne dass dies eine inhaltliche Abwei-chung zur Folge hätte.[483] Auch die Vorbehaltsklauseln im heutigen europäischen Kollisionsrecht, wie zB Art. 21 Rom I-VO (→ Rn. 21 ff.), kommen bislang regelmäßig ohne eine besondere Beto-nung der Grund-und Menschenrechte aus (abgesehen von dem in Art. 10 Rom III-VO genannten „gleichberechtigten Zugang" zur Ehescheidung, der auf das Diskriminierungsverbot verweist; vgl. auch Art. 135 S. 1 des Vorschlags von *Lagarde,* Rn. 25 f.). Schließlich hatte auch § 6 S. 1 des österrei-chischen IPR, an dem sich der deutsche Gesetzgeber bei der Formulierung der wesentlichen Rechts-grundsätze in Art. 6 S. 1 orientierte (→ Rn. 132), auf eine explizite Bezugnahme auf Grund- oder Menschenrechte verzichtet. Verständlich ist die vom deutschen Gesetzgeber gewählte, eher schwerfäl-lige zweistufige Regelungstechnik nur vor dem historischen Hintergrund der **Spanier-Entschei-dung des BVerfG**[484] (→ Einl. IPR Rn. 45). Das BVerfG hatte darin zwei gangbare Wege gewiesen, um Grundrechtsverletzungen infolge der Anwendung ausländischen Rechts zu vermeiden, nämlich „entweder dadurch [...], daß in den Grundrechten eine Schranke gesehen wird, die unmittelbar die Anwendung des durch eine Kollisionsnorm berufenen Rechts begrenzt, oder aber durch Heranzie-hung" der kollisionsrechtlichen Vorbehaltsklausel.[485] Entscheide man sich für die zweitgenannte Alternative, dürfe, so das BVerfG, indessen „nicht zwischen tragbaren und untragbaren Grundrechts-verstößen unterschieden werden".[486] Der deutsche Gesetzgeber hat sich, wie Art. 6 S. 2 zeigt, grund-sätzlich für den zweiten Weg und damit gegen die Entwicklung eines eigenständigen „Grundrechts-kollisionsrechts" (näher → Rn. 143) ausgesprochen.[487] Zugleich hat er sich das vom BVerfG ausgesprochene Verbot, zwischen tragbaren und untragbaren Grundrechtsverletzungen zu differen-zieren, zu eigen gemacht und daraus den Schluss gezogen, dass „[e]ine Grundrechtsverletzung im Einzelfall durch Anwendung einer Vorschrift fremden Rechts [...] als unvereinbar mit dem deutschen ordre public von vornherein ausgeschlossen" sei.[488] Eine solche Verletzung wäre daher „im Sinne des Satzes 1 immer ein ‚offensichtlicher' Verstoß gegen wesentliche Grundsätze des deutschen Rechts".[489] Dies sollte „die von S. 1 unabhängige Formulierung der Voraussetzung für die Nichtan-wendung fremden Rechts in S. 2" sicherstellen.[490]

bb) Ergebniskontrolle. Daraus darf jedoch nicht gefolgert werden, dass in Bezug auf Grund- 138
rechtsverletzungen aufgrund der Sonderregelung in S. 2 schlechthin andere inhaltliche Maßstäbe gälten als für die Prüfung des ordre public im Allgemeinen nach S. 1. So liegt darin, dass S. 1 als Prüfungsgegenstand das „Ergebnis" der Anwendung einer ausländischen Rechtsnorm nennt, wäh-rend S. 2 nur von ihrer „Anwendung" spricht, lediglich eine unbeachtliche terminologische, aber keine vom Gesetzgeber beabsichtigte inhaltliche Abweichung.[491] **Prüfungsgegenstand ist auch im Rahmen des Satzes 2** nicht die ausländische Rechtsnorm als solche, sondern **allein das Ergeb-nis ihrer Anwendung auf den konkreten Sachverhalt.**[492] Dies ergibt sich schon daraus, dass der ausländische Gesetzgeber nach Art. 1 Abs. 3 GG bei dem Erlass von Rechtsakten nicht an die

---

[482] Krit. insoweit bereits MPI, Stellungnahme zum IPR-RegE, RabelsZ 47 (1983), 595 (611); Soergel/*Kegel* Rn. 30: die Regelung bringe nichts Neues, sondern hebe nur den Zeigefinger; als „missverständlich" bezeichnet die Regelung auch im heutigen Schrifttum Bamberger/Roth/*Lorenz* Rn. 15.

[483] BT-Drs. 10/504, 44.

[484] BVerfGE 31, 58 = NJW 1971, 1509.

[485] BVerfGE 31, 58 (86) = NJW 1971, 1509.

[486] BVerfGE 31, 58 (86) = NJW 1971, 1509.

[487] So auch Staudinger/*Voltz* (2013) Rn. 140.

[488] BT-Drs. 10/504, 44; BGHZ 120, 29 (34) = NJW 1993, 848 (849).

[489] BT-Drs. 10/504, 44; so auch zB OLG Hamm DNotI-Report 2005, 117 = IPRax 2006, 481 (485); *Coester-Waltjen* BerGesVR 38 (1998), 9 (19); *Kronke* BerGesVR 38 (1998), 33 (49).

[490] BT-Drs. 10/504, 44; krit. *Looschelders* RabelsZ 65 (2001), 463 (479 ff.).

[491] Vor entspr. Missverständnissen warnend bereits MPI, Stellungnahme zum IPR-Regierungsentwurf, RabelsZ 47 (1983), 595 (611); aus heutiger Sicht Bamberger/Roth/*Lorenz* Rn. 15.

[492] AllgM, s. statt aller Bamberger/Roth/*Lorenz* Rn. 15; *Coester-Waltjen* BerGesVR 38 (1998), 9 (20); *Looschel-ders* RabelsZ 65 (2001), 463 (477).

Vorgaben der deutschen Verfassung gebunden sein kann.[493] Zudem stellt auch die Begründung des Regierungsentwurfs explizit auf eine „Grundrechtsverletzung *im Einzelfall*" ab.[494] Schließlich hat sich bereits das BVerfG in der Spanier-Entscheidung klar für eine auf das Ergebnis fokussierte Prüfung ausgesprochen: „Das ausländische Recht wird nicht losgelöst von der dortigen Verfassung und den Gegebenheiten seines nationalen Geltungsbereichs generell auf eine Übereinstimmung mit dem Grundgesetz geprüft. Vielmehr kommt es allein darauf an, ob eine innerstaatliche Rechtshandlung deutscher Staatsgewalt in Bezug auf einen konkreten Sachverhalt, der eine mehr oder weniger starke Inlandsbeziehung aufweist, zu einer Grundrechtsverletzung führt. Ergibt sich dabei, daß sich die Anwendung des ausländischen Rechts an einer Grundrechtsnorm ‚bricht', so liegt hierin keine generelle Zensur der fremden Regelung, die nicht für die Anwendung durch deutsche Hoheitsträger geschaffen worden ist und im eigenen Bereich vertretbar oder sinnvoll sein mag, sondern allein die Feststellung, daß ihre konkrete Anwendung sich in einem bestimmten Punkt mit unserer Verfassungsordnung nicht verträgt."[495]

139 **cc) Inlandsbeziehung.** Dennoch war vor der Schaffung des Gesetzes aus der Wissenschaft die Befürchtung geäußert worden, die besondere Bezugnahme auf die Grundrechte in S. 2 könne dahingehend missverstanden werden, dass insoweit – anders als nach S. 1 (näher → Rn. 184 ff.) und in Abkehr von der Spanier-Entscheidung (→ Rn. 138) – keine hinreichende Inlandsbeziehung für das Eingreifen des ordre public mehr erforderlich sei.[496] Ein solcher Umkehrschluss wäre aber schon deshalb unbegründet, weil auch in S. 1 das dort allgemein anerkannte Erfordernis des Inlandsbezuges (näher → Rn. 185) nicht erwähnt wird.[497] Überdies wird in der Gesetzesbegründung hervorgehoben, dass im Rahmen des Satzes 2 nicht jede Rechtsanwendung der deutschen öffentlichen Ordnung widerspreche, „die bei einem Inlandsfall grundrechtswidrig wäre".[498] Der Gesetzgeber machte sich auch insoweit die Rechtsprechung des BVerfG zu eigen,[499] das in der Spanier-Entscheidung das **Erfordernis einer differenzierenden Anwendung der Grundrechte bei Sachverhalten mit Auslandsberührung** hervorgehoben hatte.[500] So betonte das BVerfG, dass es nicht sachgerecht wäre, wollte man „die Anwendung des ausländischen Rechts in jedem Fall genauso behandeln wie die Anwendung gewöhnlicher deutscher Sachnormen auf rein inlandsbezogene Sachverhalte. Eine sinngerechte Auslegung der Grundrechte läßt durchaus eine Berücksichtigung der hier bestehenden Besonderheiten zu".[501] Zur dogmatischen Begründung verwies das BVerfG darauf, „daß der Verfassungsgeber selbst bei der Ausprägung einzelner Grundrechte zwischen Deutschen und Nichtdeutschen unterschieden hat".[502] Unabhängig davon könne „ein Grundrecht wesensgemäß eine bestimmte Beziehung zur Lebensordnung im Geltungsbereich der Verfassung voraussetzen, so daß eine uneingeschränkte Durchsetzung in ganz oder überwiegend auslandsbezogenen Sachverhalten den Sinn des Grundrechtsschutzes verfehlen würde".[503] Hinzu kommt, dass Grundrechte selbst in Inlandsfällen nicht schlechthin und absolut gelten, sondern regelmäßig unter einem Gesetzesvorbehalt stehen.[504]

140 Unter welchen Voraussetzungen Grundrechte im Einzelfall auf Sachverhalte mit Auslandsberührung anzuwenden sind, lässt sich nach Auffassung des BVerfG nicht allgemein bestimmen.[505] „Vielmehr ist jeweils durch Auslegung der entsprechenden Verfassungsnorm festzustellen, ob sie nach

---

[493] *Looschelders* RabelsZ 65 (2001), 463 (477).

[494] BT-Drs. 10/504, 44 (Hervorhebung hinzugefügt).

[495] BVerfGE 31, 58 (75) = NJW 1971, 1509.

[496] MPI, Stellungnahme zum IPR-RegE, RabelsZ 47 (1983), 595 (611); so aber in der Tat *Looschelders* IPR Rn. 25 im Anschluss an die vor der IPR-Reform von *Raape/Sturm* IPR S. 217 vertretene Auffassung; den erforderlichen Inlandsbezug im Rahmen des Art. 6 S. 2 stark einschr. auch *Spickhoff*, ordre public, 1989, 125 f.

[497] Für das Erfordernis der Inlandsbeziehung auch im Rahmen des Art. 6 S. 2 die ganz hM, s. nur BGHZ 120, 29 (34) = NJW 1993, 848 (849) = IPRax 1993, 102 m. Aufsatz *Henrich* IPRax 1993, 81; BGHZ 169, 240 Rn. 48 = NJW-RR 2007, 145; ebenso Bamberger/Roth/*Lorenz* Rn. 15; *v. Bar/Mankowski* IPR I § 7 Rn. 263; Erman/*Hohloch* Rn. 19; *v. Hoffmann/Thorn* IPR § 6 Rn. 152; *Kropholler* IPR § 36 IV 1; *Lüderitz* IPR Rn. 210; NK-BGB/*Schulze* Rn. 48 f.

[498] BT-Drs. 10/504, 44.

[499] BT-Drs. 10/504, 44.

[500] BVerfGE 31, 58 (77) = NJW 1971, 1509; fortgeführt in BVerfGE 116, 243 (266) = NJW 2007, 900 (903); vgl. auch BGHZ 60, 68 (78 f.) = NJW 1973, 417; 120, 29 (34) = NJW 1993, 848; 169, 240 Rn. 33= NJW-RR 2007, 145.

[501] BVerfGE 31, 58 (76 f.) = NJW 1971, 1509.

[502] BVerfGE 31, 58 (77) = NJW 1971, 1509.

[503] BVerfGE 31, 58 (77) = NJW 1971, 1509.

[504] *Kokott* BerGesVR 38 (1998), 71 (97).

[505] BVerfGE 31, 58 (77) = NJW 1971, 1509; zu ergänzenden dogmatischen Begründungssträngen vgl. *Kropholler* IPR § 36 IV 1.

Wortlaut, Sinn und Zweck für jede denkbare Anwendung hoheitlicher Gewalt innerhalb der Bundes-republik gelten will oder ob sie bei Sachverhalten mit mehr oder weniger intensiver Auslandsbezie-hung eine Differenzierung zuläßt oder verlangt."[506] Maßgebend ist daher, „ob und wieweit das betroffene spezielle Grundrecht nach Wortlaut, Inhalt und Funktion unter Berücksichtigung der Gleichstellung anderer Staaten und der Eigenständigkeit ihrer Rechtsordnungen für auslandsbezogene Sachverhalte Geltung verlangt".[507] Einen **hinreichenden Inlandsbezug des zugrunde liegenden Sachverhalts** sieht das BVerfG heute „in der Regel bei einem gewöhnlichen Aufenthalt des Betroffe-nen im Inland" als gegeben an.[508] Entgegenstehende ältere Rechtsprechung ist insoweit überholt.[509] Auch die deutsche Staatsangehörigkeit eines der Beteiligten kann einen hinreichenden Inlandsbezug begründen.[510] In diesem Zusammenhang ist zu beachten, dass „die Anforderungen an den Inlandsbe-zug umso geringer sind, je stärker die ausländische Norm gegen grundlegende Gerechtigkeitsvorstel-lungen hierzulande verstößt".[511] Gegen das Erfordernis einer Inlandsbeziehung als positiv festzustel-lende Voraussetzung der Anwendbarkeit eines Grundrechts auf einen konkreten Fall wird eingewandt, dass ein deutsches Gericht bei Auslandsberührung grundsätzlich die Grundrechte zu beachten habe und die „Beweislast" daher bei denjenigen liege, welche die Anwendbarkeit einer grundrechtswidrigen ausländischen Vorschrift bejahen würden.[512] Allein der Umstand, dass deutsche Gerichte fremdes Recht anwenden, führt aber nicht dazu, dass die zugrunde liegenden Rechtsver-hältnisse in vollem Umfang der deutschen (Verfassungs-)Rechtsordnung unterliegen.[513] Da der ordre public überdies ohnehin von Amts wegen zu prüfen ist (näher → Rn. 242), sollte man die praktische Auswirkung solch einer – allenfalls untechnisch denkbaren – „Beweislastverteilung" auf die Durch-führung der maßgeblichen Abwägung nicht überschätzen.

Bei der **Feststellung des erforderlichen Inlandsbezuges** geht es „nicht um ein bloßes ‚Aufad-   **141** dieren' von tatsächlichen Aspekten", die entweder Bezug zur Bundesrepublik Deutschland oder dem jeweils anderen ausländischen Staat haben:[514] „Erforderlich ist vielmehr eine Wertung dieser Tatsa-chen auf der Grundlage des jeweils betroffenen Grundrechts."[515] Insofern ist zu bedenken, dass es häufig nicht nur um die isolierte Bestimmung der Anwendbarkeit eines einzelnen Grundrechts geht, sondern dass auch kollidierende Grundrechtspositionen Beachtung verlangen können. So kann etwa im Rahmen des Art. 35 EuErbVO die auf religiöse Gründe gestützte gesetzliche Diskriminierung eines aus deutscher Sicht Erbberechtigten trotz Art. 3 Abs. 3 S. 1 GG hinzunehmen sein, wenn diese Erbfolge dem festgestellten Willen des Erblassers entspricht, da eine inhaltsgleiche gewillkürte Erbfolge auch im deutschen Recht den Schutz des Art. 14 GG (Testierfreiheit) genießen würde.[516] Schließlich ist der Entscheidungsspielraum des Rechtsanwenders nicht darauf beschränkt, ein Grund-recht auf einen Sachverhalt mit Auslandsberührung entweder vollumfänglich oder gar nicht anzuwen-den; vielmehr kommt auch eine den Besonderheiten des jeweiligen Falles, insbesondere dem Grad der Inlandsbeziehung angepasste Auslegung der Grundrechte in Betracht.[517] Im Übrigen ist mutatis mutandis auf die Erläuterungen der Inlandsbeziehung im Rahmen des S. 1 zu verweisen (näher → Rn. 184 ff.).

dd) Verhältnis von Verfassungsrecht und einfachem Kollisionsrecht. In inhaltlicher Hin-   **142** sicht, dh im Hinblick auf eine Ergebniskontrolle und das Erfordernis der Inlandsbeziehung, weicht die Prüfung eines ordre public-Verstoßes im Rahmen des Satzes 2 folglich nicht oder allenfalls marginal von den Erwägungen ab, die bei einer Heranziehung des Satzes 1 anzustellen sind. Der wesentliche Unterschied zwischen der Prüfung einer Grundrechtsverletzung nach S. 2 und der eines sonstigen Rechtsgrundsatzes nach S. 1 liegt vielmehr auf prozeduralem Gebiet, nämlich in Bezug

---

[506] BVerfGE 31, 58 (77) = NJW 1971, 1509.
[507] BVerfGE 31, 58 (87) = NJW 1971, 1509.
[508] BVerfGE 116, 243 (266) = NJW 2007, 900 (903); ebenso BGHZ 120, 29 (36) = NJW 1993, 848 (849); Staudinger/*Voltz* (2013) Rn. 142.
[509] Zutr. in Bezug auf BGHZ 60, 68 = NJW 1973, 417 Staudinger/*Voltz* (2013) Rn. 142; zu restriktiv auch OLG Hamm BeckRS 1992, 30984687 = IPRax 1994, 49 mAnm *Dörner*, IPRax 1994, 33 (36); hierzu krit. auch *Coester-Waltjen* BerGesVR 38 (1998), 9 (29); *Looschelders* RabelsZ 65 (2001), 463 (480).
[510] *Coester-Waltjen* BerGesVR 38 (1998), 9 (28).
[511] So BVerfGE 116, 243 (266) = NJW 2007, 900 (903); näher *Kronke* BerGesVR 38 (1998), 33 (49 ff.).
[512] So *Looschelders* RabelsZ 65 (2001), 463 (491).
[513] So treffend *Kokott* BerGesVR 38 (1998), 71 (99).
[514] OLG Hamm DNotI-Report 2005, 117 = IPRax 2006, 481 (485).
[515] OLG Hamm DNotI-Report 2005, 117 = IPRax 2006, 481 (485).
[516] Ausf. OLG Hamm DNotI-Report 2005, 117 = IPRax 2006, 481 mAnm *Looschelders* IPRax 2006, 462 = ZEV 2005, 436 mAnm *Lorenz*.
[517] BGHZ 63, 219 (226) = NJW 1975, 114; 120, 29 (34) = NJW 1993, 848 (849); Bamberger/Roth/*Lorenz* Rn. 15; *Kropholler* IPR § 36 IV 1.

auf die Abgrenzung der Kompetenzen der zivilen Fachgerichtsbarkeit einerseits, der Verfassungsgerichtsbarkeit andererseits. Bereits in der Spanier-Entscheidung hatte das BVerfG betont, dass die kollisionsrechtliche Vorbehaltsklausel als „eine zur Disposition des einfachen Gesetzgebers stehende Norm [nicht] Rang und Reichweite von Verfassungsnormen bestimmen" dürfe.[518] Die einschränkenden Kriterien der Ergebniskontrolle und der Inlandsbeziehung werden daher nicht von außen, durch das einfachrechtliche IPR, an das Verfassungsrecht herangetragen, sondern verfassungsimmanent aus den Grundrechten selbst entfaltet.[519] Dies hat die praktisch wichtige Konsequenz, dass etwa das Vorliegen einer mangelnden Inlandsbeziehung in einem gegebenen Sachverhalt nicht allein Gegenstand einer fachgerichtlichen Feststellung im Rahmen des Art. 6 ist, die das BVerfG widerspruchslos hinzunehmen hätte, sondern dass es insoweit um die Anwendung spezifischen Verfassungsrechts geht, die vom BVerfG uneingeschränkt überprüfbar ist. Obwohl der deutsche Gesetzgeber sich angesichts der vom BVerfG in der Spanier-Entscheidung skizzierten Alternative, entweder ein eigenständiges Grundrechtskollisionsrecht zu entwickeln oder den **ordre public zur „Einbruchstelle" der Grundrechte in das IPR** auszubauen,[520] klar für den zweiten Ansatz entschieden hat, ist folglich nicht zu verkennen, dass die in diesem Rahmen notwendige verfassungsimmanente Entfaltung der Kriterien, welche die Anwendung der Grundrechte in Fällen mit Auslandsberührung begrenzt, eine über das einfache Recht hinausgehende, spezifisch grundrechtskollisionsrechtliche Komponente aufweist.[521]

143   Darüber hinaus ist es nicht angezeigt, praeter legem und neben dem Art. 6 S. 2 ein eigenständiges Grundrechtskollisionsrecht zu kreieren.[522] Ein solcher Ansatz würde hinter die bei der IPR-Reform getroffene Entscheidung des Gesetzgebers zurückfallen, der angesichts der vom BVerfG zur Wahl gestellten Optionen – eigenständiges Grundrechtskollisionsrecht einerseits, Vorbehaltsklausel als „Einbruchstelle" der Grundrechte andererseits – die zweitgenannte Lösung bevorzugt hat. Hierfür besteht auch kein Anlass, weil das BVerfG selbst zB in der Transsexuellen-Entscheidung aus dem Jahre 2006 die gesetzliche Lösung gebilligt und ausdrücklich anerkannt hat, dass „[d]em Grundrechtsschutz […] im deutschen Internationalen Privatrecht Art. 6 EGBGB Rechnung [trägt] […]. Damit ermöglicht diese Norm vor allem bei mit der Anwendung ausländischen Rechts verbundenen Grundrechtsverletzungen den Rückgriff auf das deutsche Recht, um solche Verletzungen zu verhindern."[523] Die Abkoppelung einer grundrechtskollisionsrechtlichen Dogmatik von bewährten Elementen der ordre public-Prüfung (Ergebniskontrolle, Inlandsbezug, zurückhaltende Handhabung) würde zudem die Gefahr in sich bergen, eigene grundrechtliche Wertungen bei Sachverhalten mit Auslandsberührung zu verabsolutieren und so Störungen im internationalen Rechtsverkehr hervorzurufen.[524] Entsprechendes gilt, wenn einzelne Grundrechte wie zB das Diskriminierungsverbot aus der bislang bewährten Einbettung in den ordre public herausgelöst und zum Gegenstand spezieller Vorbehaltsklauseln gemacht werden (→ Rn. 62 zu Art. 10 Rom III-VO). Ein eigenständiges deutsches Grundrechtskollisionsrecht wäre im Rahmen der einschlägigen EU-Verordnungen auf dem Gebiet des IPR überdies nur schwerlich mit dem Vorrang des Europarechts zu vereinbaren; insoweit sind auch die deutschen Grundrechte allein über die jeweiligen Vorbehaltsklauseln der EU-Verordnungen zur Geltung zu bringen (→ Rn. 26 ff.). Allenfalls nach einer ersatzlosen Streichung des ordre public-Vorbehalts aus dem europäischen Kollisionsrecht (→ Rn. 22 ff.) wäre zu erwägen, ob aus verfassungsrechtlichen Gründen auch ohne eine „Einbruchstelle" in den einschlägigen Verordnungen Raum für eine Anwendung der Grundrechte auf Sachverhalte mit Auslandsberührung geschaffen werden müsste.[525] Die insoweit restriktive Rechtsprechung des EuGH und des EGMR im Kontext der Brüssel IIa-VO spricht aber gegen die Zulässigkeit eines solchen ergänzenden Grundrechtsschutzes auf nationaler Ebene (→ Rn. 93). Von der hier abgelehnten Konzeption eines eigenständigen privatrechtlichen Grundrechtskollisionsrechts muss die Frage eines öffentlichrechtlichen Rangkollisionsrechts unterschieden werden, mit dessen Hilfe abgegrenzt wird, ob bestimmte Rechts-

---

[518] BVerfGE 31, 58 (74) = NJW 1971, 1509; ebenso *Looschelders* RabelsZ 65 (2001), 463 (475).
[519] Eingehend *Kronke* BerGesVR 38 (1998), 33 (47 ff.), *Looschelders* RabelsZ 65 (2001), 463 (475 ff.); beide mwN zum öffentlich-rechtlichen Schrifttum; dies betont auch Staudinger/*Voltz* (2013) Rn. 143 aE; ebenso OLG Hamm DNotI-Report 2005, 117 = IPRax 2006, 481 (485).
[520] BVerfGE 31, 58 (86) = NJW 1971, 1509.
[521] So auch Bamberger/Roth/*Lorenz* Rn. 15; *Kronke* BerGesVR 38 (1998), 33 (47 ff.); Staudinger/*Voltz* (2013) Rn. 141.
[522] Dies als Möglichkeit erwägend, aber letztlich inhaltlich abl. *Kropholler* IPR § 36 IV 3; *Looschelders* RabelsZ 65 (2001), 463 (474 f.).
[523] BVerfGE 116, 243 (267 f.) = NJW 2007, 900 (903).
[524] Hiervor warnt bereits *Kropholler* IPR § 36 IV 3; vgl. auch *Looschelders* RabelsZ 65 (2001), 463 (475).
[525] Vgl. die Überlegungen der Bundesverfassungsrichterin *Britz* JZ 2013, 105 ff., zum Grundrechtsschutz in der justiziellen Zusammenarbeit.

akte anhand der EMRK, der EU-Grundrechtecharta oder der nationalen Grundrechte zu beurteilen sind.[526]

b) Europäische und internationale Grund- und Menschenrechte. aa) Rechtsquellen. Von **144** erheblicher Bedeutung ist, dass zu den durch Art. 6 geschützten **wesentlichen Rechtsgrundsätzen** auch solche **Grund- und Menschenrechte** zählen, die **aus EU-rechtlichen oder völkerrechtlichen Quellen** fließen.[527] Hier sind insbesondere die Grundrechte-Charta der EU, die allgemeinen Rechtsgrundsätze iS des Art. 6 Abs. 3 EUV sowie die EMRK zu nennen. Der zunehmende Einfluss insbesondere der EMRK auf das Privatrecht der Vertragsstaaten zeigt sich ua an Entscheidungen zum Sorge- und Umgangsrecht,[528] zur Bildberichterstattung über Prominente[529] oder zum Ehehindernis der Schwägerschaft.[530] Die Gewährleistungen der EMRK bilden folglich einen wesentlichen Bestandteil des zunehmenden Europäisierung des ordre public,[531] auf die sogleich ausführlicher einzugehen ist (→ Rn. 153 ff.). Entsprechendes gilt für die Grundrechte-Charta.[532]

Hinzu kommen Menschen- und Bürgerrechte, die in Übereinkommen der Vereinten Nationen[533] **145** oder sonstigen internationalen Konventionen niedergelegt sind.[534] Im Hinblick auf ihre Relevanz für das IPR sind insbesondere zu nennen:
– die Allgemeine Erklärung der Menschenrechte der Vereinten Nationen vom 10.12.1948;[535]
– der Internationale Pakt über bürgerliche und politische Rechte (IPBPR) vom 19.12.1966;[536]
– der Internationale Pakt über wirtschaftliche, soziale und kulturelle Rechte (IPWSKR) vom 19.12.1966;[537]
– das Übereinkommen zur Beseitigung jeder Form von Diskriminierung der Frau vom 18.12.1979;[538]
– das UN-Übereinkommen über die Rechte des Kindes vom 20.11.1989[539] sowie
– in Bezug auf die Verantwortlichkeit von Unternehmen für Menschenrechtsverletzungen die UN Guiding Principles on Business and Human Rights vom 16.6.2011.[540]
Die Heranziehung internationaler Standards im Rahmen des Art. 6 kann völkerrechtlichen Geboten **146** entsprechen.[541] (Zur Frage eines vom Kollisionsrecht unabhängigen völkerrechtlichen ordre public → Rn. 115.) Soweit die in den oben genannten Konventionen verankerten **Menschenrechte** heutzutage als **Bestandteil des Völkergewohnheitsrechts** angesehen werden müssen, finden sie über Art. 25 GG Eingang in die deutsche Rechtsordnung und müssen folglich zu deren **wesentlichen**

---

[526] Eingehend *Sauer* EuGRZ 2011, 195 ff.
[527] BT-Drs. 10/504, 44; Bamberger/Roth/*Lorenz* Rn. 15; *Coester-Waltjen* BerGesVR 38 (1998), 9 (20); *Gössl* EuLF 2016, 85 (86 ff.); *Helms* IPRax 2017, 153 (156 ff.); *Kropholler* IPR § 36 IV 2; *Oster* JPIL 2015, 542 ff.; *M.-P. Weller/Kaller/A. Schulz* AcP 216 (2016), 387 (395).
[528] EGMR NJW 2004, 3397 – Görgülü/Deutschland; dazu auch BVerfGE 111, 307 = NJW 2004, 3407 sowie *Rensmann, Das „letzte Wort" im Dialog zwischen Karlsruhe und Straßburg,* in Menzel/Müller-Terpitz, Verfassungsrechtsprechung, 2. Aufl. 2011, S. 744 ff. mwN.
[529] EGMR NJW 2004, 2647 – Caroline v. Hannover/Deutschland; hierzu *v. Hein* GPR 2003–04, 252 ff.; EGMR NJW 2012, 1053 – v. Hannover/Deutschland II.
[530] EGMR FamRZ 2005, 1971 (Ls.) – B. und L./Vereinigtes Königreich, mAnm *Henrich.*
[531] Hierzu ausf. *Coreloup* J. eur. dr. de l'homme 2013, 381 ff.; *Nußberger* RabelsZ 80 (2016), 817 (833 f.), mzN; *Oster* JPIL 11 (2015), 542 ff.; *Renfert,* Über die Europäisierung der ordre public Klausel, 2003, 105 ff.; *Thoma,* Europäisierung und Vergemeinschaftung, 2007, S. 22 ff.
[532] Hierzu näher *Saastamoinen,* Mélanges van Loon, 2013, 503 ff.
[533] Zu den „Menschenrechte[n] in der Praxis der Vereinten Nationen" s. den gleichnamigen Überblicksbeitrag von *Tomuschat* in v. Hoffmann, Universalität der Menschenrechte, 2008, 13 ff.
[534] *Kegel/Schurig* IPR § 16 V 2; *Kropholler* IPR § 36 IV 2; ausf. *Voltz,* Menschenrechte und ordre public im IPR, 2002, 111 ff.; zur Bedeutung der Menschenrechte speziell im Verhältnis zum islamischen Recht eingehend *Kreuzer* Rechtswissenschaft 2010, 143 (166 ff.).
[535] In Neuübersetzung und mit Materialien sowie einer Einführung abgedruckt bei *Fassbender* (Hrsg.), Menschenrechteerklärung, 2009.
[536] BGBl. 1973 II S. 1533, 1976 II S. 1068, 1979 II S. 1218, auszugsweise abgedruckt bei *Fassbender,* Menschenrechteerklärung, 2009, 184 ff.
[537] BGBl. 1973 II S. 1569, 1976 II S. 428; auszugsweise abgedruckt bei *Fassbender,* Menschenrechteerklärung, 2009, 206 ff.
[538] BGBl. 1985 II S. 648.
[539] BGBl. 1992 II S. 121, 990, auch als Textausgabe mit Materialien abrufbar unter http://www.auswaertiges-amt.de/cae/servlet/contentblob/358176/publicationFile; hierzu *Jayme* IPRax 2000, 169.
[540] Abrufbar unter http://www2.ohchr.org/english/bodies/hrcouncil/docs/17session/A.HRC.17.31_en.pdf; hierzu eingehend *G. Wagner* RabelsZ 80 (2016), 717 (723 ff.); *v. Bernstorff,* Die UN Guiding Principles on Business and Human Rights – Ein Kommentar aus völkerrechtlicher Sicht (November 2012), abrufbar unter http://www.unesco.de.
[541] *Kokott* BerDGesVR 38 (1998), 71 (106).

Rechtsgrundsätzen iS des Art. 6 gezählt werden.[542] Sofern menschenrechtliche Verpflichtungen Deutschlands aus den von der Bundesrepublik abgeschlossenen Staatsverträgen fließen und im Inland als einfaches Recht gelten (Art. 59 Abs. 2 GG), trägt ihre Beachtung durch die Gerichte im Rahmen des Art. 6 dazu bei, dass der Staat seine völkerrechtlichen Verpflichtungen im Außenverhältnis erfüllt.[543]

147   Die Einbeziehung solcher auch außerhalb Deutschlands anerkannter menschenrechtlicher Standards in die Konkretisierung des ordre public eröffnet ferner die Aussicht, dass die Störung des internationalen Entscheidungseinklangs, die unvermeidlich durch das Eingreifen der Vorbehaltsklausel bewirkt wird, möglichst gering gehalten wird, weil universal anerkannte Menschenrechte von den Gerichten anderer Staaten im Rahmen ihrer Vorbehaltsklauseln ebenfalls beachtet werden müssen.[544] Zudem bietet dieser Ansatz die Perspektive, dass die Akzeptanz einer deutschen Gerichtsentscheidung, in der unter Berufung auf den ordre public die Anwendung fremden Rechts abgelehnt wird, sowohl auf Seiten der Betroffenen als auch im Ausland erhöht wird.[545] Insbesondere wenn die einschlägige Konvention auch den Staat der *lex causae* selbst bindet, entspricht die Heranziehung der im Übereinkommen enthaltenen Standards den Grundsatz der möglichst weitgehenden Schonung des fremden Rechts.[546] Gänzlich ausschalten lassen sich Durchbrechungen des internationalen Entscheidungseinklangs aber nicht, denn ein deutsches Gericht ist bei der Konkretisierung des Art. 6 nicht darauf beschränkt, auf die einschlägigen menschenrechtlichen Konventionen nur im Verhältnis zu anderen Vertragsstaaten zurückzugreifen, sondern kann – und muss gegebenenfalls sogar (Art. 25 GG) – diese **auch gegenüber Drittstaaten** in Betracht ziehen.[547] Ebenso wenig wird die Auslegung des Art. 6 im Lichte menschenrechtlicher Verbürgungen dadurch beeinträchtigt, dass der Staat, dessen Recht kollisionsrechtlich berufen wird, gegen einzelne Bestimmungen einen Vorbehalt eingelegt hat.[548] Obwohl zB Kuwait gegenüber der UN-Kinderrechtekonvention den Vorbehalt erklärt hat, die Bestimmungen der Konvention gälten nur, soweit sie nicht mit der Sharia unvereinbar seien,[549] ist ein deutsches Recht nicht daran gehindert, das Ergebnis der Anwendung zB kuwaitischen Sorgerechts an Art. 6 zu messen und diese Vorschrift auch im Lichte der Konvention zu konkretisieren. Schließlich kann nicht nur bindendes Völkerrecht Fingerzeige für die Konkretisierung des ordre public bieten; auch bloße Empfehlungen und Leitlinien („soft law") internationaler Organisationen, wie etwa die oben genannten UN Guiding Principles on Business and Human Rights,[550] können dem Rechtsanwender bei einer informierten Abwägung dienlich sein.

148   **bb) Auswirkungen.** An die Konkretisierung des deutschen ordre public durch universal anerkannte Menschenrechte schließen sich zwei Fragen an: Zum einen kann dieses Vorgehen potenziell zu einer **Erweiterung** des Anwendungsbereichs der Vorbehaltsklausel führen. So wird vielfach vertreten, dass aufgrund des universalen Geltungsanspruchs bestimmter Menschenrechte insoweit auf das herkömmliche Erfordernis einer Inlandsbeziehung des Sachverhalts verzichtet werden müsse (näher → Rn. 197 ff.).

149   Zum anderen werden die Menschenrechte aber genau entgegengesetzt zur **Begrenzung** des nationalen ordre public ins Feld geführt. So hat insbesondere *Jayme* die Auffassung entwickelt, dass eine Verpflichtung zur Achtung der „kulturellen Identität" der Betroffenen einer Anwendung der

---

[542] So die hM, zB *v. Hoffmann/Thorn* IPR § 6 Rn. 147; *Kegel/Schurig* IPR § 16 V 2; *Kokott* BerGesVR 38 (1998), 71 (106 f.); *Kropholler* IPR § 36 II 2a; *Schütz,* Der internationale ordre public, 1984, 129 f.; darüber hinausgehend, einen direkten Rückgriff auf Art. 25 GG befürwortend *F. A. Mann,* FS Duden, 1977, 297 (300 ff.) (zu völkerrechtswidrigen Enteignungen); Staudinger/*Voltz* (2013) Rn. 78; gegen einen solchen Ansatz *Meessen* AWD 1973, 177 (179).

[543] *Kokott* BerGesVR 38 (1998), 71 (106); Staudinger/*Voltz* (2013) Rn. 84.

[544] Diskussionsbeitrag *v. Hoffmann* BerGesVR 38 (1998), 129.

[545] *Kokott* BerGesVR 38 (1998), 71 (105); ebenso *Kropholler* IPR § 36 III 2c.

[546] *Peter Scholz* IPRax 2008, 213 (218).

[547] *Kokott* BerGesVR 38 (1998), 71 (102); *Kreuzer* Rechtswissenschaft 2010, 143 (178); Staudinger/*Voltz* (2013) Rn. 86.

[548] *Kokott* BerGesVR 38 (1998), 71 (101 f.); *Kreuzer* Rechtswissenschaft 2010, 143 (178); *Scholz* IPRax 2008, 213 (217 f.); Staudinger/*Voltz* (2013) Rn. 86.

[549] Näher zu dieser Praxis *Tomuschat* in v. Hoffmann, Universalität der Menschenrechte, 2008, 13, 19 f.; *Kreuzer* Rechtswissenschaft 2010, 143 (170 f.).

[550] Bei der Unternehmensverantwortung nach diesen Prinzipien handelt es sich um „eine politische Erwartung gegenüber den Unternehmen, – und nicht um eine Rechtspflicht" (*J. v. Bernstorff*, Die UN Guiding Principles on Business and Human Rights – Ein Kommentar aus völkerrechtlicher Sicht (November 2012), abrufbar unter http://www.unesco.de, S. 3).

Vorbehaltsklausel entgegenstehen könne.[551] Er leitet aus verschiedenen Vorschriften internationaler Konventionen die These ab, dass ein Menschenrecht auf Achtung des eigenen Lebensstils existiere, das auch den Respekt vor religiös-kulturell andersartigen Wertvorstellungen gebiete.[552] Im Ergebnis gelangt er somit zu einer weitgehenden Abschirmung der im Wege der Anknüpfung an die Staatsangehörigkeit gewonnenen Ergebnisse gegenüber einer Korrektur durch den ordre public des davon abweichenden Aufenthaltsstaates. Im Einzelnen verwirft *Jayme* zB das gerichtliche Scheidungsmonopol gemäß Art. 17 Abs. 2 als menschenrechtswidrig, weil es muslimischen oder fernöstlichen Anschauungen zur Abgrenzung von privater und staatlicher Sphäre nicht hinreichend Rechnung trage.[553] Ferner betrachtet er unter Verweis auf Art. 20 Abs. 3 der UN-Kinderrechtekonvention die Anordnung einer *kafala*, einer Art Pflegekindschaft islamischen Rechts, gegenüber der Adoption muslimischer Kinder nach deutschem (Ersatz-)Recht als vorzugswürdig.[554]

Eine **generelle Einschränkung der Vorbehaltsklausel** in derartigen Konstellationen **kann** **150** **aber nicht überzeugen.** Es wird der Lebenswirklichkeit nicht gerecht, den individuell von der Anwendung fremden Rechts Betroffenen eine eindimensionale, allein mit dem Heimatstaat verbundene kulturelle Prägung zu unterstellen;[555] gerade Migranten der zweiten Generation sind vielmehr häufig in einem Maße an die Wertvorstellungen am Ort ihres gewöhnlichen Aufenthalts assimiliert, dass ein Festhalten an religiös-kulturell fundierten Wertungen ihres Herkunftsrechts nicht schlechthin den Vorzug verdient.[556] Das französische IPR (Art. 370-3 C.c.) respektiert daher ein Adoptionsverbot des islamischen Heimatrechts nicht, wenn das anzunehmende Kind in Frankreich geboren und aufgewachsen ist, also ein starker Inlandsbezug vorliegt (→ Rn. 239). Auch in Bezug auf die Gleichberechtigung von Frauen, die sich patriarchalischen Zumutungen ihres Heimatstaates möglicherweise gerade entziehen wollten, wäre ein allzu großer Respekt vor der Herkunftskultur fragwürdig.[557] Die Tendenz der deutschen Gesetzgebung weist dezidiert in eine andere Richtung (→ Rn. 70): Es wäre ersichtlich unvertretbar, zB von der Anordnung eines Betretungsverbotes (Art. 17a) zum Schutze einer Ehefrau vor ihrem prügelnden Mann mit der Begründung abzusehen, die „kulturelle Identität" eines muslimischen Ehepaares würde hierdurch tangiert.[558] Auch im europäischen IPR zeigt der begrüßenswerte Übergang zum Primat des gewöhnlichen Aufenthalts gegenüber der Staatsangehörigkeitsanknüpfung (→ Art. 5 Rn. 28 ff.), dass insoweit im Allgemeinen keine menschenrechtlich fundierten Bedenken bestehen. Schließlich ist das bisweilen gegen die Universalität der Menschenrechte vorgebrachte Argument, diese reflektierten primär eine westliche (christlich-jüdische) Rechtskultur,[559] längst als ein „Mythos" entlarvt worden.[560]

Einen richtigen Kern haben die Überlegungen *Jaymes* aber darin, dass zB bei der Prüfung des **151** Kindeswohls im Einzelfall der Aspekt der gelingenden Integration des Kindes in seinen religiös geprägten Familienverband als einer – auch verfassungsrechtlich (Art. 4 Abs. 1 und 2 GG) legitimer – von mehreren Abwägungsfaktoren zu berücksichtigen ist; dies hat im Hinblick auf die EMRK auch der EGMR anerkannt.[561] Insbesondere kommt in Betracht, der kulturellen Prägung der Betroffenen gegebenenfalls im Wege einer modifizierten Anwendung des ausländischen oder ggf. als Ersatzrecht berufenen deutschen Rechts Rechnung zu tragen, allerdings nur, soweit eine solche Anpassung in

---

[551] Grundlegend *Jayme*, Menschenrechte und Theorie des IPR, GS III, 2003, 95 ff.; *Jayme* Rec. des Cours 251 (1995), 9 ff.; *Jayme* IPRax 1996, 237 ff.; *Jayme* RabelsZ 67 (2003), 211 (216 ff.); zur Diskussion s. die Beiträge in *Jayme* (Hrsg.), Kulturelle Identität und IPR, 2003; abl. insbes. *Kokott* BerGesVR 38 (1998), 71 (90 f.); krit. auch Staudinger/*Voltz* (2013) Rn. 89; vermittelnd, eine Lösung auf Sachrechtsebene befürwortend *Mankowski* IPRax 2004, 282 (288 ff.); ebenso *Kropholler* IPR § 6 III; *Looschelders* RabelsZ 65 (2001), 464 (468 ff.); *Siehr* BerGesVR 38 (1998), 120 (121); offen *v. Hoffmann/Thorn* IPR § 6 Rn. 57.

[552] *Jayme*, Menschenrechte und Theorie des IPR, GS III, 2003, 95, 97; zum Adoptionsrecht *Jayme* RabelsZ 67 (2003), 211 (217 f.).

[553] *Jayme*, Menschenrechte und Theorie des IPR, GS III, 2003, 95, 107.

[554] Eingehend *Jayme* RabelsZ 67 (2003), 211 (217 f.); vgl. auch die Erwägungen des OLG Karlsruhe BeckRS 9998, 01676 = FamRZ 1998, 56 = IPRax 1999, 49 mAnm *Jayme*.

[555] *Kokott* BerGesVR 38 (1998), 71 (91); Diskussionsbeitrag *Siehr* BerGesVR 38 (1998), 120 (121).

[556] *Siehr* BerGesVR 38 (1998), 120 (121).

[557] *Kokott* BerGesVR 38 (1998), 71 (91); *Mankowski* IPRax 2004, 282 (288 ff.).

[558] Vgl. *Rohe* in Arnold Grundfragen 67 (70), der sich entschieden gegen eine kulturalistische Relativierung des Menschenrechtsschutzes nach der Herkunft der Betroffenen wendet; ähnlich Bundesjustizminister *Maas* (SPD): „Niemand, der zu uns kommt, hat das Recht, seine kulturelle Verwurzelung oder seinen religiösen Glauben über unsere Gesetze zu stellen", zitiert nach *o. V.*, Maas will Mehrfach-Ehen die Anerkennung verweigern, FAZ vom 14.6.2016, http://www.faz.net/-gpf-8i798.

[559] Gegen einen vermeintlichen „Imperialismus des Universellen" zB *Steinkamp*, The West and the Rest, FAZ Nr. 232 vom 7.10.2013 S. 7.

[560] MzN hierzu *Kreuzer* Rechtswissenschaft 2010, 143 (166 ff.).

[561] EGMR 4.10.2012 – 43631/09, Rn. 51 – Harroudj/Frankreich; hierzu *Gallala-Arndt* RabelsZ 79 (2015), 405 ff.; *Kinsch* YbPIL 15 (2013/14), 39 ff.; *Nußberger* RabelsZ 80 (2016), 817 (845 f.).

grund- und menschenrechtlich vertretbarer Weise statthaft ist.[562] Schließlich macht *Jayme* grundsätzlich zu Recht darauf aufmerksam, dass bei der Handhabung des ordre public die Eigenständigkeit anderer Rechtskulturen gebührende Achtung im Rahmen eines angemessenen richterlichen Beurteilungsspielraums verdient; inflexible Abwehrklauseln wie Art. 10 Rom III-VO werden diesem Postulat in der Regel nicht gerecht (→ Rn. 62). Auch die derzeit diskutierte Einführung spezieller Vorbehaltsklauseln zum Schutz der Ehemündigkeit durch eine starre Altersgrenze und zur generellen Nicht-Anerkennung polygamer Eheschließungen (→ Rn. 70) dürfte den Interessen der Betroffenen an der Aufrechterhaltung ihrer Ehe im Einzelfall nur unzureichend gerecht werden (→ Rn. 190 f.; → Rn. 206).

152   **c) Ausländische Grundrechte.** Ausländische Grundrechte sind, ebenso wie ein ausländischer ordre public im Allgemeinen (→ Rn. 74 ff.), von deutschen Gerichten **grundsätzlich nicht zu beachten.**[563] Sofern diese Grundrechte aber auf das von unserem IPR berufene fremde Privatrecht zB über die darin enthaltenen Generalklauseln einwirken, muss auch ein deutsches Gericht einer solchen Ausstrahlung Rechnung tragen, um das fremde Recht möglichst originalgetreu anzuwenden.[564] Zur rechtsvergleichenden Konkretisierung des ordre public → Rn. 181.

153   **3. Europäisches Recht. a) Europäische Einflüsse auf den ordre public.** Obwohl der ordre public im Kern ein nationales Konzept darstellt (→ Rn. 132 ff.), darf bei seiner Konkretisierung und Handhabung nicht unbeachtet bleiben, dass unsere Rechtsordnung heutzutage maßgeblich durch die Einbettung Deutschlands in die EU sowie durch von der Bundesrepublik ratifizierte Staatsverträge, insbesondere die EMRK, beeinflusst wird.[565] Die öffentliche Ordnung iS des Art. 6 stellt in den Worten des BGH „eine Ausprägung der elementaren Wertvorstellungen der inländischen und zunehmend auch der europäischen Rechtsgemeinschaft" dar.[566] Ferner kann die Rechtsvergleichung im Kreise der Mitgliedstaaten der EU bzw. der Vertragsstaaten der EMRK Anhaltspunkte auch für die Bestimmung des nationalen ordre public geben (zur Rolle der Rechtsvergleichung näher → Rn. 181). Bei genauer Betrachtung lässt sich zwischen einer **„Europäisierung" des ordre public** und dessen **„Vergemeinschaftung"** (Unionisierung) unterscheiden.[567] Während die Europäisierung als weiter Oberbegriff auch die Konkretisierung des ordre public durch einen Rückgriff auf die EMRK oder andere allgemein-europäische Rechtsquellen abdeckt, bezieht sich die Unionisierung allein auf die spezifische Prägung des ordre public durch das Primär- und Sekundärrecht der EU.[568] Die praktische Bedeutung dieser Differenzierung sollte zwar nicht überzeichnet werden, da die Gewährleistungen der EU-Grundrechtecharta inhaltlich schon heute vielfach denen der EMRK entsprechen, soweit letztere „als allgemeine Grundsätze Teil des Unionsrechts" sind (Art. 6 Abs. 3 EUV).[569] Dies gilt, obwohl die EU in absehbarer Zeit selbst der EMRK nicht nach Art. 6 Abs. 2 EUV beitreten wird.[570] Jedoch können unionsrechtliche Gewährleistungen über den Standard der EMRK hinausgehen, so zB die Garantie des Rechts auf Ehescheidung in Art. 10 Rom III-VO (→ Rn. 33), die sich allein auf Grundlage des Art. 8 EMRK nicht begründen ließe.[571]

154   Umstritten ist, ob – zumindest in statu nascendi – von einem **eigenständigen europäischen bzw. unionsrechtlichen ordre public** gesprochen werden kann[572] oder ob die Einflüsse des euro-

---

[562] Speziell zur kafala in Bezug auf das frz. Recht EGMR 4.10.2012 – 43631/09, Rn. 51 – Harroudj/ Frankreich (Namensänderung, gewillkürte Erbfolge); ferner *Looschelders* RabelsZ 65 (2001), 464 (468 ff.); *Mankowski* IPRax 2004, 282 (288 ff.); ebenso *Kropholler* IPR § 6 III; *Siehr* BerGesVR 38 (1998), 120 (121).

[563] Näher *Coester-Waltjen* BerGesVR 38 (1998), 9 (11 f.).

[564] *Coester-Waltjen* BerGesVR 38 (1998), 9 (11).

[565] S. etwa *Föhlisch,* Der gemeineuropäische ordre public, 1997; *Frey/Pfeifer* EuR 2015, 721 (727 f.); *R. Stürner,* 50 Jahre BGH, 2000, Bd. III, 687 ff.; *Renfert,* Über die Europäisierung der ordre public Klausel, 2003, 77 ff.; *Basedow,* FS Sonnenberger, 2004, 313 ff.; *Meidanis* Eur. L. Rev. 2005, 95 ff.; *Georganti,* Die Zukunft des ordre public-Vorbehalts im Europäischen Zivilprozessrecht, 2006, 84 ff.; *Thoma,* Die Europäisierung und Vergemeinschaftung des nationalen ordre public, 2007, 129 ff.; *Reichelt,* Zur Kodifikation des Europäischen Kollisionsrechts, 2007, 5 ff.; *de Boer,* Unwelcome foreign law, 2008, 295, 314 ff.; *Schmalenbach,* FS Posch, 2011, 691 ff.; *Corneloup* J. eur. dr. de l'homme 2013, 381 ff.; *Feraci,* L'ordine pubblico nel diritto dell'Unione Europea, 2012.

[566] BGHZ 169, 240 Rn. 37 = NJW-RR 2007, 145.

[567] Diff. zB *Thoma,* Die Europäisierung und Vergemeinschaftung des nationalen ordre public, 2007, 1 ff.

[568] *Thoma,* Die Europäisierung und Vergemeinschaftung des nationalen ordre public, 2007, 1 ff.

[569] So auch *Frey/Pfeifer* EuR 2015, 721 (729).

[570] S. das Gutachten 2/13 des EuGH, ECLI:EU:C:2014:2454.

[571] Vgl. EGMR 10.1.2017 – Nr. 1955/10, BeckRS 2017, 100041 – Babiarz/Polen.

[572] Dafür schon heute namentlich *Basedow,* FS Sonnenberger, 2004, 291 ff.; *Corthaut,* EU Ordre Public, 2012, 411 ff.; NK-BGB/*Schulze* Rn. 13; zurückhaltender, nur im Hinblick auf die künftige Entwicklung Staudinger/ *Voltz* (2013) Rn. 100; Bamberger/Roth/*Lorenz* Rn. 9 („bleibt abzuwarten"); *de Vareilles-Sommières* in Azzi/Boskovic Quel avenir 169 (186 ff.); vermittelnd *Kropholler* IPR § 36 III 2c.

päischen Rechts lediglich zu einer Ergänzung des nationalen ordre public in dem Sinne führen, dass die öffentliche Ordnung der Mitgliedstaaten zwar durch europäische (unionsrechtliche) Vorgaben einerseits „angereichert"[573] bzw. „geprägt"[574] (näher → Rn. 161 ff.), andererseits beschränkt wird (näher → Rn. 170 ff.), der ordre public aber im Ausgangspunkt seinen nationalen Charakter behält.[575] Aus der Perspektive eines nationalen Gerichts wird die genaue dogmatische Einordnung vielfach offenbleiben können, da der ordre public nur auf eine Ergebniskontrolle gerichtet ist (näher → Rn. 117 ff.) und es insoweit zumeist keine Auswirkungen hat, ob man den Verstoß eines ausländischen Rechts gegen einen wesentlichen europäischen Rechtsgrundsatz als selbstständigen Tatbestand des ordre public oder lediglich als Unterfall der allgemeinen ordre public-Kontrolle ansieht.[576] Es können sich aus der dogmatischen Konstruktion jedoch durchaus auch praktisch relevante Unterschiede ergeben.

Dies betrifft zum einen die Frage der angemessenen Kodifikation der Vorbehaltsklausel im europä- **155** ischen Kontext.[577] Würde der herkömmliche, in erster Linie national geprägte Begriff der öffentlichen Ordnung europäische Rechtsgrundsätze nicht oder jedenfalls nicht hinreichend erfassen, müssten diese sowohl im nationalen Recht als auch in den einschlägigen EU-Verordnungen tatbestandlich gesondert geregelt werden, sei es in Gestalt einer Ergänzung der allgemeinen Vorbehaltsklausel oder in Form einer speziellen, **auf EU-Recht zugeschnittenen Vorbehaltsklausel.** Tatsächlich sind im Verlauf der unionsrechtlichen Kodifikation des IPR Vorstöße zu einer entsprechenden Differenzierung in der Verordnungsgebung unternommen worden: So wurde der ordre public iS des Art. 22 Rom II-VO-Entwurfs von 2003 im Gegensatz zu Art. 20 des Vorentwurfs vom Mai 2002 auf die nationale öffentliche Ordnung des jeweiligen Gerichtsstaates verengt, während die wesentlichen Grundsätze des Gemeinschaftsrechts allein über Art. 23 Abs. 1 dritter Spiegelstrich des Rom II-Verordnungsentwurfs von 2003 geschützt werden sollten.[578] Diese Aufspaltung wurde als „gekünstelt" kritisiert[579] und hat sich in der Endfassung der Rom II-VO nicht durchgesetzt (näher → Rom II-VO Art. 26 Rn. 3 f.). Auch bei der Schaffung der Rom I-VO fand der Vorschlag aus der Wissenschaft, den europäischen ordre public im Normtext gesondert auszuweisen,[580] nicht das Gehör des Verordnungsgebers (vgl. Art. 21 Rom I-VO). Vielmehr bleibt insoweit die bereits in dem Bericht zum EVÜ geäußerte Rechtsauffassung maßgeblich, dass „die öffentliche Ordnung des befaßten Gerichtes durch die Anwendung des bezeichneten Rechts beeinträchtigt sein muß. Es versteht sich von selbst, daß dieser Ausdruck der öffentlichen Ordnung der Gemeinschaft mitumfaßt, die Bestandteil der öffentlichen Ordnung der Mitgliedstaaten der Europäischen Gemeinschaft geworden ist."[581] Zwar betont die Begründung des IPR-Reformgesetzes von 1986 ausdrücklich, dass Art. 6 „nur die deutsche öffentliche Ordnung" schütze;[582] im selben Atemzug wird aber hervorgehoben, dass Art. 6 S. 1 den „Anschluß [...] an die Formulierung des EG-Schuldvertragsübereinkommens (Art. 16, öffentliche Ordnung des Staates des angerufenen Gerichts)" herstellen solle.[583] Insoweit bleiben auch nach der Ablösung des EVÜ durch die Rom I-VO in entstehungsgeschichtlicher Sicht die soeben zitierten Erläuterungen des Berichts *Giuliano/Lagarde* weiterhin für die Auslegung des Art. 6 relevant. Zudem wird in Bezug auf Art. 6 S. 2 in der Begründung des IPRNG explizit klargestellt, dass „Grundrechte oder vergleichbare Menschenrechte [...] sich im übrigen nicht nur aus dem Grundgesetz und den Verfassungen der Länder, sondern auch aus den menschenrechtlichen Übereinkommen ergeben [können]; diese gehören insoweit ebenfalls zum ordre public."[584] Die Entstehungsgeschichte sowohl der europäischen Vorbehaltsklauseln als auch des Art. 6 spricht **somit gegen die Notwendigkeit einer gesonderten Kodifikation des europäischen ordre public;** vielmehr ist der

---

[573] Der Begriff der „Anreicherung" des nationalen ordre public wird vielfach verwendet, so zB bei *von Bar/Mankowski* IPR I § 7 Rn. 271; Erman/*Hohloch* Rn. 23; *Kropholler* IPR § 36 III 2d; Staudinger/*Voltz* (2013) Rn. 95; *M. Stürner,* FS v. Hoffmann, 2011, 463 (464); *Wurmnest* in Leible/Unberath Rom 0-VO 461.
[574] Von einer „unionsrechtliche[n] Prägung" spricht zB *Rauscher/Thorn* EuZPR/EuIPR Rom I-VO Art. 21 Rn. 5.
[575] Im letztgenannten Sinne die hM, ausf. *M. Stürner,* FS v. Hoffmann, 2011, 463 (481 f.); *M. Stürner* in Arnold Grundfragen 87 (92 ff.); *Wurmnest* in Leible/Unberath Rom 0-VO 460 ff.; eher zurückhaltend auch *de Boer,* Unwelcome foreign law, 2008, 295, 313 ff.
[576] Vor einer Überzeichnung des Streits warnt auch mit Recht *Wurmnest* in Leible/Unberath Rom 0-VO 461 ff.
[577] Hierzu eingehend *Wurmnest* in Leible/Unberath Rom 0-VO 445 ff.
[578] Begr. des Vorschlags vom 22.7.2003, KOM(2003), 427 endg., S. 31.
[579] *v. Hein* ZVglRWiss. 102 (2003), 528 (550).
[580] MPI-Stellungnahme RabelsZ 71 (2007), 225, 337 f.
[581] Bericht *Giuliano/Lagarde* zu Art. 16 EVÜ, BT-Drs. 10/503, 70.
[582] BT-Drs. 10/504, 43.
[583] BT-Drs. 10/504, 43; vgl. auch *Kronke* BerGesVR 38 (1998), 33 (59).
[584] BT-Drs. 10/504, 44.

Gesetz- bzw. Verordnungsgeber jeweils davon ausgegangen, dass die Generalklausel des ordre public hinreichend flexibel ist, um auch wesentliche Grundsätze des Unionsrechts in sich aufzunehmen.

156   Die **unterschiedliche dogmatische Konstruktion** (eigenständiger europäischer ordre public oder lediglich „Anreicherung" bzw. Beschränkung des nationalen ordre public durch europäische Rechtsgrundsätze) kann darüber hinaus **Auswirkungen auf die Formulierung von Vorabentscheidungsersuchen an den EuGH** haben. Nähme man die Existenz eines verselbstständigten unionsrechtlichen ordre public an, müsste der EuGH folgerichtig dazu befugt sein, den Inhalt eines solchen unionsrechtlichen Instituts mit bindender Wirkung für die nationalen Gerichte zu konkretisieren. Betrachtet man hingegen den ordre public als ein im Kern nationales Konzept, obliegt es dem EuGH nur zu kontrollieren, ob durch die Berufung auf den nationalen ordre public unionsrechtliche Gewährleistungen, insbesondere Grundfreiheiten sowie die europäischen Grund- und Menschenrechte, unterlaufen zu werden drohen.[585] Die ständige Rechtsprechung des EuGH zum anerkennungsrechtlichen ordre public (Art. 45 Abs. 1 lit. a Brüssel Ia-VO) weist eindeutig in die letztgenannte Richtung: Die Mitgliedstaaten können in diesem Zusammenhang „grundsätzlich selbst festlegen, welche Anforderungen sich nach ihren innerstaatlichen Anschauungen aus ihrer öffentlichen Ordnung ergeben, doch gehört die Abgrenzung dieses Begriffs zur Auslegung der [Brüssel Ia-VO]".[586] Es ist also zwar „nicht Sache des Gerichtshofs, den Inhalt der öffentlichen Ordnung eines Mitgliedstaats zu **definieren,** doch hat er über die **Grenzen** zu wachen, innerhalb deren sich das Gericht eines Mitgliedstaats auf diesen Begriff stützen darf, um der Entscheidung eines Gerichts eines anderen Mitgliedstaats die Anerkennung zu versagen".[587]

157   Gleiches gilt für die Rechtsprechung des EuGH als Schranke des kollisionsrechtlichen Anerkennungsprinzips; auch insoweit räumt der EuGH den zuständigen innerstaatlichen Behörden für die Definition des ordre public einen Beurteilungsspielraum innerhalb der durch den Vertrag gesetzten Grenzen ein (näher → Rn. 174 ff.). Diese in der Frage der Anerkennung von Entscheidungen oder Rechtslagen entwickelte Abgrenzung ist auf die Vorbehaltsklauseln des EU-Kollisionsrechts zu übertragen (→ Rn. 95 f.). A fortiori ergibt sich für Art. 6, dass im Rahmen dieser Vorschrift erst recht keine Vorlagefrage an den EuGH zur Bestimmung des Inhalts des nationalen ordre public gerichtet werden kann. Droht hingegen die Berufung auf den nationalen ordre public zu einem Verstoß etwa gegen die Grundfreiheiten oder sonstige wesentliche Grundsätze des Unionsrechts zu führen, ist ggf. ein Vorabentscheidungsersuchen in Bezug auf die Auslegung der einschlägigen Grundfreiheit (oder des ggf. einschlägigen unionsrechtlichen Rechtssatzes) zu formulieren.

158   Es ist einzuräumen, dass die Bestimmung der Grenzen, die dem nationalen ordre public durch das Unionsrecht gezogen werden, den **Beurteilungsspielraum der nationalen Gerichte** bei einem klaren **Verstoß gegen EU-Grundrechte oder -freiheiten** (etwa das Diskriminierungsverbot) im Einzelfall praktisch **auf null** schrumpfen lassen kann.[588] Insoweit wird letztlich inhaltlich unionsweit ein gemeinsamer Maßstab der ordre public-Kontrolle etabliert, der aber kollisionsrechtlich gerade nicht verselbstständigt, sondern lediglich vermittelt über die unterschiedlichen nationalen oder sekundärrechtlichen Vorbehaltsklauseln umgesetzt wird.[589]

159   Schließlich werden für die Annahme einer Verselbstständigung des unionsrechtlichen ordre public Konstellationen angeführt, in denen Vorschriften des EU-Primärrechts, insbesondere die Wettbewerbsregeln der Art. 101 ff. AEUV, oder des EU-Sekundärrechts, zB der Ausgleichsanspruch des Handelsvertreters nach der entsprechenden Richtlinie („Ingmar"-Urteil; → Art. 3 Rn. 84 ff.), unabhängig vom Vertragsstatut gesondert angeknüpft werden.[590] Hierbei handelt es sich aber um Fälle, die allenfalls bei einer historischen Betrachtung dem sogenannten „positiven" ordre public zugeordnet werden können (→ Rn. 2 ff.), während es sich nach dem heutigen Stand der Rechtsentwicklung entweder um einen Fall der Sonderanknüpfung von Eingriffsnormen (Art. 9 Rom I-VO) oder

---

[585] Zur Beschränkung des kollisionsrechtlichen ordre public durch EU-Recht s. Staudinger/*Voltz* (2013) Rn. 94; *M. Stürner*, FS v. Hoffmann, 2011, 463 (469 ff.); *Wurmnest* in Leible/Unberath Rom 0-VO 402 f.

[586] EuGH IPRax 2013, 427 Rn. 49 = BeckRS 2012, 81840 – Trade Agency Ltd./Seramico Investments; vgl. ebenso bereits EuGH Slg. 2000, I-1935 Rn. 22 = NJW 2000, 1853 – Krombach; Slg. 2000, I-2973 Rn. 27 = NJW 2000, 2185 – Renault; Slg. 2009, I-2563 Rn. 26 = NJW 2009, 1938 – Gambazzi; Slg. 2009, I-3571 Rn. 56 = BeckRS 2009, 70441 – Apostolides/Orams.

[587] EuGH IPRax 2013, 427 Rn. 49 = BeckRS 2012, 81840 – Trade Agency Ltd./Seramico Investments; vgl. ebenso bereits EuGH Slg. 2000, I-1935 Rn. 23 = NJW 2000, 1853 – Krombach; Slg. 2000, I-2973 Rn. 28 = NJW 2000, 2185 – Renault; Slg. 2009, I-3571 Rn. 57 = BeckRS 2009, 70441 – Apostolides/Orams; vgl. auch *Renner* in v. Hein/Rühl Kohärenz 359 (361 ff.).

[588] *Martiny*, FS Sonnenberger, 2004, 523 (532) weist zutr. darauf hin, dass „in dem Maße, in welchem die Grenzen definiert werden, zumindest mittelbar auch immer mehr Inhalte vorgegeben [werden]."

[589] Zutr. zwischen Kontrollmaßstäben und Kontrollinstrumentarien diff. Bamberger/Roth/*Lorenz* Rn. 9.

[590] *Basedow*, FS Sonnenberger, 2004, 300 ff.

um die Durchsetzung intern zwingender unionsrechtlicher Normen bei einem ausschließlichen Binnenmarktbezug (Art. 3 Abs. 4 Rom I-VO) handelt (→ Rom I-VO Art. 9 Rn. 28). Über die Europäisierung auch des „negativen" ordre public (→ Rn. 153) im Sinne der Art. 21 Rom I-VO, Art. 26 Rom II-VO oder des Art. 6 sagen diese Beispiele hingegen nichts aus.[591]

Aus all dem folgt, dass nach dem gegenwärtigen Stand des europäischen und deutschen Kollisi- **160** onsrechts im Allgemeinen noch nicht von einem eigenständigen europäischen oder unionsrechtlichen ordre public gesprochen werden sollte. Jedoch ist zu berücksichtigen, dass die Entwicklung sich insoweit im Fluss befindet. So könnte die spezielle Vorbehaltsklausel des Art. 10 Rom III-VO, der den Ehepartnern einen gleichberechtigten Zugang zur Ehescheidung ermöglichen soll, in dem Sinne interpretiert werden, dass es im Gegensatz zur sonstigen ordre public-Kontrolle nicht auf ein gegen die nationale öffentliche Ordnung verstoßendes Ergebnis der Anwendung ausländischen Rechts, sondern allein auf einen abstrakten Widerspruch zum Gleichheitspostulat ankommen soll (→ Rn. 62). Eine entsprechende Handhabung der allgemeinen Vorbehaltsklausel ließe sich hingegen bei einer „Anreicherung" des Art. 6 durch europäische Grund- und Menschenrechte keinesfalls begründen (näher → Rn. 161 ff.). Art. 10 Rom III-VO kann daher durchaus als erster Baustein eines gegenüber der nationalen öffentlichen Ordnung verselbstständigten europäischen ordre public angesehen werden.[592] Diese Vorschrift verdeutlicht in ihrer formalen und abstrakten Rigidität aber zugleich die Problematik eines Konzepts des ordre public, das von nationalen Wertungen gänzlich abgelöst wird. Insoweit bietet die Vorschrift eher einen Beleg dafür, dass der bisher verfolgte Weg, die Durchsetzung wesentlicher europäischer Rechtsgrundsätze über das Einfallstor der allgemeinen Vorbehaltsklausel in flexibler Weise zur Geltung zu bringen, dogmatisch und rechtspolitisch den Vorzug gegenüber einer kollisionsrechtlichen Abkoppelung (vermeintlicher) europäischer Wertungen vom allgemeinen ordre public verdient.

b) Anreicherung des ordre public. aa) Primärrecht und EMRK. Eine Anreicherung des **161** ordre public durch europäische bzw. unionsrechtliche Grundsätze kann sich aus verschiedenen Quellen ergeben, die bereits oben (→ Rn. 144 f.) genannt worden sind. Ferner ist auf das im AEUV geregelte europäische Kartellrecht hinzuweisen (zu dessen Auswirkungen auf das Kollisionsrecht → IntWettbR/IntKartellR Rn. 180).

bb) Sekundärrecht. Auch in **Richtlinien** der EU enthaltene Vorgaben, die in deutsches Recht **162** umgesetzt worden sind, **können wesentliche Rechtsgrundsätze iS des Art. 6 darstellen.**[593] Dies gilt jedenfalls, sofern die entsprechende Vorschrift nach ihrem materiellen Inhalt zum ordre public zählt und dessen sonstige Anwendungsvoraussetzungen erfüllt sind;[594] ob auch der bloß formale Umstand der **unterlassenen oder nicht rechtzeitig erfolgten Umsetzung der Richtlinie** in einem anderen Mitgliedstaat als solcher ausreicht, um einen Verstoß gegen den ordre public zu begründen, ist hingegen streitig.[595] Für die Annahme eines ordre public-Verstoßes in den letztgenannten Fällen wird, jedenfalls bei einem hinreichend konkreten Richtlinieninhalt, das Prinzip der Unionstreue (Art. 4 Abs. 3 AEUV) ins Feld geführt, das die Mitgliedstaaten dazu verpflichte, richtlinienwidriges Recht nicht anzuwenden.[596] Dieses Gebot stelle einen wesentlichen Grundsatz auch des deutschen Recht iS des Art. 6 S. 1 dar[597] und treffe nicht nur ein Gericht des säumigen Mitgliedstaates selbst, sondern auch das Gericht eines anderen Mitgliedstaates, das aufgrund einer kollisionsrechtlichen Verweisung berufenes fremdes richtlinienwidriges Recht nicht anwenden dürfe.[598] Ein deutsches Gericht müsse dieses Recht auch deshalb unangewendet lassen, um die

[591] Anders *Siehr*, FS v. Hoffmann, 2011, 424 (427 f.), der den „Ingmar"-Fall heute über Art. 21 Rom I-VO lösen möchte.

[592] So auch *Basedow*, FS Posch, 2011, 17 (30 f.); Staudinger/*Voltz* (2013) Rn. 97.

[593] Erman/*Hohloch* Rn. 23; *Kropholler* IPR § 36 III 2c; *Martiny*, FS Sonnenberger, 2004, 523 (538); NK-BGB/ *Schulze* Rn. 15.

[594] *de Boer*, Unwelcome foreign law, 2008, 295, 318 ff.; Erman/*Hohloch* Rn. 23; *Kropholler* IPR § 36 III 2c; *Martiny*, FS Sonnenberger, 2004, 523 (538); NK-BGB/*Schulze* Rn. 15; vgl. zu Art. 34 Nr. 1 EuGVO aF EuGH ECLI:EU:C:2015:471 Rn. 49 ff. = EuZW 2015, 713 – Diageo Brands; hierzu *Dietze* EuZW 2015, 717; *Götz Schulze* IPRax 2016, 24; *Thomale* LMK 2016, 376871.

[595] Dafür *Iversen* in Brödermann/Iversen, Gemeinschaftsrecht und IPR, 1994, Rn. 1043 ff.; ebenso *Basedow*, FS Sonnenberger, 2004, 291 (306); dagegen *de Boer*, Unwelcome foreign law, 2008, 295, 318 ff.; Erman/*Hohloch* Rn. 23; *Michaels/Kamann* JZ 1997, 601 (607); *Martiny*, FS Sonnenberger, 2004, 523 (538); *M. Stürner*, FS v. Hoffmann, 2011, 463 (468).

[596] *Iversen* in Brödermann/Iversen, Gemeinschaftsrecht und IPR, 1994, Rn. 1043 ff.; ebenso *Basedow*, FS Sonnenberger, 2004, 291 (306).

[597] Ausf. *Iversen* in Brödermann/Iversen, Gemeinschaftsrecht und IPR, 1994, Rn. 1044 ff.; ebenso *Basedow*, FS Sonnenberger, 2004, 291 (306 f.).

[598] *Iversen* in Brödermann/Iversen, Gemeinschaftsrecht und IPR, 1994, Rn. 1052; *Basedow*, FS Sonnenberger, 2004, 291 (307).

Bundesrepublik nicht einem Vertragsverletzungsverfahren (Art. 258 AEUV) oder Staatshaftungsansprüchen nach der „Francovich"-Rechtsprechung des EuGH[599] auszusetzen.[600]

163   Es ist jedoch zweifelhaft, ob man die deutschen Gerichte über den kollisionsrechtlichen ordre public zu einer Überwachung der Verpflichtungen anderer Mitgliedstaaten zur rechtzeitigen Richtlinienumsetzung nötigen sollte;[601] hierdurch würde mittelbar in die nach Art. 258, 259 AEUV dem EuGH vorbehaltene Zuständigkeit zur Durchführung eines Vertragsverletzungsverfahrens gegen den säumigen Mitgliedstaat eingegriffen. Bei einer solchen Handhabung des kollisionsrechtlichen ordre public käme es zudem über Art. 6 zu einer **horizontalen Direktwirkung der Richtlinie** im Privatrechtsverkehr, **die das Unionsrecht gerade nicht vorsieht.**[602] Wenn schon ein Gericht im Mitgliedstaat der lex causae nach fruchtlosem Ablauf der Umsetzungsfrist einer Richtlinie diese nicht unmittelbar zwischen Privaten anwenden darf, sondern den Kläger auf Staatshaftungsansprüche wegen nicht rechtzeitiger Umsetzung verweisen muss,[603] kann diese Richtlinie erst recht nicht in einem anderen Mitgliedstaat eine solche Wirkung entfalten.[604] Dagegen spricht schließlich, dass auch bei der Urteilsanerkennung keine Kontrolle gegenüber schlichten Anwendungsfehlern in Bezug auf Richtlinienrecht stattfindet, wenn die maßgebliche Bestimmung keinen materiellen ordre-public-Gehalt hat.[605] Da ein Gericht durch den Grundsatz der Unionstreue also nicht dazu verpflichtet wird, richtlinienwidriges Recht eines anderen Mitgliedstaates unangewendet zu lassen, drohen dem Forumstaat auch weder ein Vertragsverletzungsverfahren noch Staatshaftungsansprüche; diese Instrumente treffen vielmehr allein den säumigen Mitgliedstaat, dessen Recht kollisionsrechtlich berufen wird: Bezugspunkt der Vertragsverletzung bzw. auslösendes Moment für die Staatshaftung ist die Nicht-Umsetzung der Richtlinie, die aber nicht dem Forumstaat zur Last gelegt werden kann.[606]

164   Ist eine Richtlinie nicht fristgerecht in die lex causae implementiert worden, können die in ihr enthaltenen Wertungen jedoch ausnahmsweise als Bestandteil des deutschen ordre public angesehen werden, wenn sie nach den einschlägigen Kriterien, die der EuGH für die **Vorwirkung von Richtlinien** aufgrund des unionsrechtlichen Frustrationsverbotes aufgestellt hat, bereits vor Ablauf der maßgebenden Fristen Beachtung verlangen.[607] Dies ist jedenfalls dann gerechtfertigt, wenn die Richtlinie Wertungen widerspiegelt, die sich zugleich aus den im Entscheidungszeitpunkt maßgebenden wesentlichen Rechtsgrundsätzen des Unionsrechts, etwa dem Verbot der Altersdiskriminierung, ergeben.[608] Nur dieses Resultat entspricht dem Gebot des internationalen Entscheidungseinklangs: Ein deutsches Gericht entscheidet bei Berücksichtigung der Vorwirkung einer in die lex causae nicht fristgemäß umgesetzten Richtlinie im Ergebnis nämlich genauso, wie dies ein Gericht der lex causae bei unionsrechtskonformer Rechtsanwendung hätte tun müssen. Hierin liegt auch kein Widerspruch zum Verbot der horizontalen Direktwirkung: Die Richtlinie wird in einem solchen Fall nicht unmittelbar angewendet, sondern sie entfaltet nur negative Wirkung insoweit, als entgegenstehende Bestimmungen der lex causae in einem Rechtsstreit unter Privaten unangewendet bleiben müssen.[609]

165   Eine andere Frage ist es, ob die Vorwirkung von Richtlinien nach der einschlägigen EuGH-Rechtsprechung auch dazu führen kann, dass eine **Richtlinienbestimmung in Deutschland bereits zu einem Bestandteil des ordre public** wird, noch **bevor die Bundesrepublik selbst die einschlägige Richtlinie überhaupt umgesetzt hat.**[610] Grundsätzlich können in Richtlinien enthaltene Grundsätze nur beachtet werden, wenn die maßgebenden Bestimmungen bereits in deutsches Recht gegossen worden sind.[611] Nach dem europarechtlichen Frustrationsverbot dürfen die Mitgliedstaaten aber, auch wenn die RL vor Ablauf der Umsetzungsfrist keine unmittelbare Wirkung entfalten kann, die Erreichung des mit einer Richtlinie verfolgten Ziels nicht gefährden, insbesondere

---

[599] EuGH Slg. 1991, I-5357 = NJW 1992, 165 – Francovich und Bonifaci/Italien.

[600] *Basedow,* FS Sonnenberger, 2004, 291 (307).

[601] Vgl. *Michaels/Kamann* JZ 1997, 601 (607): kein „gemeinschaftsrechtliches Selbsthilferecht"; *Martiny,* FS Sonnenberger, 2004, 523 (538): „Ein Mitgliedstaat braucht nicht über den anderen zu wachen"; ebenso *de Boer,* Unwelcome foreign law, 2008, 295, 324 in Fn. 60; NK-BGB/*Leible* Art. 46b Rn. 19; Staudinger/*Magnus* (2016) Art. 46b Rn. 22; *M. Stürner,* FS v. Hoffmann, 2011, 463 (468).

[602] *Michaels/Kamann* JZ 1997, 601 (607); *Martiny,* FS Sonnenberger, 2004, 523 (538); *M. Stürner,* FS v. Hoffmann, 2011, 468.

[603] EuGH Slg. 1994 I-3325 = NJW 1994, 2473 – Faccini Dori.

[604] *Michaels/Kamann* JZ 1997, 601 (607); NK-BGB/*Leible* Art. 46b Rn. 19; Staudinger/*Magnus* (2016) Art. 46b Rn. 22.

[605] EuGH ECLI:EU:C:2015:471 Rn. 49 ff. = EuZW 2015, 713 – Diageo Brands.

[606] *M. Stürner,* FS v. Hoffmann, 2011, 463 (468).

[607] Vgl. EuGH Slg. 2005, I-9981 = NJW 2005, 3695 – Mangold.

[608] Vgl. EuGH Slg. 2005, I-9981 = NJW 2005, 3695 – Mangold.

[609] Vgl. zu einem Inlandsfall BVerfG NJW 2010, 3422 Rn. 77.

[610] Abl. *M. Stürner,* FS v. Hoffmann, 2011, 463 (466 f.).

[611] Erman/*Hohloch* Rn. 23; *Looschelders* IPR Rn. 15; NK-BGB/*Schulze* Rn. 49.

dürfen sie keine Vorschriften erlassen, die geeignet sind, die Erreichung des in der Richtlinie vorgesehenen Ziels ernstlich in Frage zu stellen.[612] Zwar handelt es sich bei der Anwendung richtlinienwidrigen fremden Rechts technisch nicht um den Erlass von Vorschriften des Forumstaates; es kann aber nicht schlechthin ausgeschlossen werden, dass im Ergebnis auch auf diese Weise die Erreichung des mit der Richtlinie verfolgten Ziels gefährdet wird (zB wenn in einem deutschen Urteil festgestellt wird, dass ein bestimmtes Rechtsverhältnis über die Umsetzungsfrist hinaus einem richtlinienwidrigen fremden Recht unterliegt). Sofern eine noch nicht implementierte Richtlinienbestimmung inhaltlich einen bereits geltenden wesentlichen Rechtsgrundsatz des Unionsrechts widerspiegelt (zB das Diskriminierungsverbot), kann es daher in seltenen Fällen in Betracht kommen, dass diese Wertung gegenüber einem fremden Recht auch schon vor der Umsetzung der fraglichen Richtlinie über Art. 6 iVm dem europarechtlichen Frustrationsverbot zur Geltung gebracht wird.

Schließlich bleibt es im Einzelfall denkbar, dass die Berufung eines richtlinienwidrigen fremden **166** Rechts nach den Grundsätzen der Gesetzesumgehung (näher → Einl. IPR Rn. 282 ff.) korrigiert werden kann.[613] Art. 46b EGBGB und Art. 3 Abs. 4 Rom I-VO verhindern aber bereits zumindest in Bezug auf Drittstaaten eine solche Umgehung.

Verordnungen sind auf dem Gebiet des Privatrechts eine im Vergleich zur Richtlinie von der EU **167** bislang deutlich seltener benutzte Regelungsform.[614] Da Verordnungen in allen Mitgliedstaaten unmittelbar gelten, kann sich aufgrund derartiger Rechtsakte grundsätzlich kein Rechtsgefälle innerhalb der EU, sondern nur eines gegenüber Drittstaaten ergeben. Ausnahmen sind jedoch im Fall der verstärkten Zusammenarbeit nach Art. 326 ff. AEUV, an der nur einige Mitgliedstaaten partizipieren, möglich. Insoweit ist es durchaus denkbar, dass eine Verordnungsvorschrift nicht nur gegenüber Drittstaaten, sondern auch im Verhältnis zu Mitgliedstaaten, die nicht an der Kooperation teilnehmen, zu den wesentlichen Grundsätzen des deutschen Rechts iS des Art. 6 S. 1 gezählt werden muss.

Zu beachten ist freilich, dass Verordnungen – wie zB die Fluggastrechte-VO[615] – ihren **Anwen-** **168** **dungsbereich** häufig selbstständig und **ohne Vorschaltung des unionsrechtlichen oder nationalen IPR definieren;** folglich können sie auch dann eingreifen, wenn die zugrundeliegenden Rechtsverhältnisse gemäß unionsrechtlichem oder nationalem IPR dem Recht eines Drittstaates unterliegen.[616] Erforderlich, aber auch ausreichend ist insofern allein, dass die räumlich-persönlichen Anwendungsvoraussetzungen der Verordnung selbst, zB der Fluggastrechte-VO, erfüllt sind.[617] Ein **Rückgriff auf** den kollisionsrechtlichen **ordre public** ist daher in diesen Fällen **weder statthaft noch erforderlich,** um verordnungswidriges Drittstaatenrecht abzuwehren; vielmehr verwirklicht sich hierin lediglich der Grundsatz, dass spezielle einheitsrechtliche Anwendungsnormen dem allgemeinen Kollisionsrecht vorgehen (näher → Einl. IPR Rn. 96 ff.).[618]

Sofern eine Verordnung ihren räumlichen Anwendungsbereich nicht selbst definiert, sondern **169** insoweit das allgemeine IPR vorgeschaltet wird – wie dies etwa für das Gemeinsame Europäische Kaufrecht geplant war (näher → Einl. IPR Rn. 98) – ist es schon wegen des Vorrangs des Unionsrechts vor dem nationalen Recht ausgeschlossen, dass autonomes nationales Recht über die Vorbehaltsklauseln des ordre public gegenüber dem Verordnungsrecht selbst zur Geltung gebracht wird.[619] Außerhalb des räumlichen, persönlichen oder sachlichen Anwendungsbereichs eines solchen Instruments ist der ordre public hingegen selbstverständlich zu beachten.[620] Sofern ein derartiges Instrument zB Fragen der Sitten- oder Gesetzeswidrigkeit eines Rechtsgeschäfts ausklammert, bleibt es also weiterhin möglich, das Ergebnis der Rechtsanwendung über den ordre public (etwa Art. 21 Rom I-VO für schuldrechtliche, Art. 6 für dingliche Rechtsgeschäfte) zu korrigieren.[621] Zu Verord-

---

[612] EuGH Slg. 2005, I-9981 Rn. 28 = NJW 2005, 3695 – Mangold.

[613] So auch *M. Stürner,* FS v. Hoffmann, 2011, 463 (469) in Fn. 37.

[614] Zu den Hintergründen näher *Heiderhoff,* Europäisches Privatrecht, 3. Aufl. 2012, Rn. 11.

[615] VO (EG) Nr. 261/2004 vom 11.2.2004 über eine gemeinsame Regelung für Ausgleichs- und Unterstützungsleistungen für Fluggäste im Fall der Nichtbeförderung und bei Annullierung oder großer Verspätung von Flügen, ABl. 2004 Nr. L 46, S. 1.

[616] BGHZ 188, 85 Rn. 33 = NJW 2011, 2056 (noch zu Art. 28 EGBGB aF).

[617] Zur Drittstaatenproblematik im Verhältnis zur Schweiz s. den Vorlagebeschluss BGH NJW-RR 2013, 1068 (Ls.) = RIW 2013, 484 (Ls.).

[618] Vgl. aber *Basedow,* FS Sonnenberger, 2004, 291 (302), der die Anwendbarkeit der Fluggastrechte-VO zu den „gesetzliche[n] Spezifikationen eines positiven europäischen ordre public" zählt.

[619] So (in Bezug auf Art. 21 Rom I-VO) *Lehmann,* Dogmatische Konstruktion der Einwahl in das EU-Kaufrecht (2., 28. oder integriertes Regime) und die praktischen Folgen, in Gebauer, Gemeinsames Europäisches Kaufrecht – Anwendungsbereich und kollisionsrechtliche Einbettung, 2013, 67, 83; Rauscher/*Thorn* EuZPR/ EuIPR Rom I-VO Art. 21 Rn. 15; allg. zum Vorrang von „uniformem Spezialrecht" vor dem ordre public RGRK-BGB/*Wengler* IPR I S. 77 f.

[620] *Corneloup* ZEuP 2012, 705 (722).

[621] *M. Stürner* GPR 2011, 236 (238).

nungen/Richtlinien auf dem Gebiet des EU-Kartellrechts und Wettbewerbsrechts → IntLautR Rn. 53 ff.

170   **c) EU-Recht als Beschränkung des ordre public. aa) Primärrecht.** Das Primärrecht der EU kann nicht nur eine Anreicherung des nationalen ordre public bewirken, dh diesen um Wertungen ergänzen, die im autonomen mitgliedstaatlichen Recht nicht enthalten sind, sondern umgekehrt auch dazu führen, dass die Berufung auf wesentliche Grundsätze des autonomen Rechts eingeschränkt wird, wenn hierdurch ein Verstoß gegen vorrangige unionsrechtliche Grundsätze droht.[622] Bildlich gesprochen, „fungiert hier das EU-Recht als Gärtner, der nationalen Wildwuchs bei der Anwendung des ordre public zurückschneiden kann".[623] Diese **Begrenzungsfunktion des EU-Rechts** hat der EuGH in seiner ständigen Rechtsprechung zum Anerkennungsrecht deutlich herausgearbeitet (→ Rn. 156); dies ist mutatis mutandis auf das Kollisionsrecht zu übertragen. Auch der Verordnungsgeber hat diesen Aspekt verschiedentlich betont, so etwa in Erwägungsgrund 25 S. 2 Rom III-VO und Erwägungsgrund 58 S. 2 EuErbVO. Dort wird hervorgehoben, dass die Gerichte die Anwendung des Rechts eines anderen (Mitglied-)Staates[624] nicht unter Berufung auf den ordre public ausschließen dürften, wenn dies gegen die Grundrechte-Charta, insbesondere das in deren Art. 21 enthaltene Diskriminierungsverbot, verstoßen würde (→ EuErbVO Art. 35 Rn. 5). Auch insoweit kommt es aber nicht zu einer Spaltung des ordre public in eine nationale und eine europäische Variante; vielmehr zählt eine gegen das Diskriminierungsverbot verstoßende Regelung im Ergebnis nicht mehr zum richtig verstandenen ordre public, wenn man diesen Begriff nicht ausschließlich aus der nationalen Perspektive, sondern unter Einschluss wesentlicher europäischer Rechtsgrundätze definiert.[625]

171   **bb) Sekundärrecht.** Auch Bestimmungen des Sekundärrechts können die Berufung auf den nationalen ordre public einschränken. Dies versteht sich von selbst für − nach Art. 288 AEUV unmittelbar anwendbare − Verordnungen sowie für Richtlinien, die auf dem von ihnen erfassten Gebiet eine Vollharmonisierung der mitgliedstaatlichen Rechte bewirken; hier verbietet schon der Vorrang des Unionsrechts die Berufung auf entgegenstehendes nationales Recht. Fraglich ist jedoch, ob eine Berufung auf den ordre public auch dann ausscheidet, wenn eine Richtlinie lediglich den Ansatz einer **Mindestharmonisierung** verfolgt, dh den Mitgliedstaaten (insgesamt oder sektoriell begrenzt) den Spielraum gewährt, über das von der Richtlinie gezogene Schutzniveau hinauszugehen. Insoweit ist zu erwägen, ob der Mitgliedstaat, der sich bei der Umsetzung einer Richtlinie in das **nationale Recht** für einen **höheren Standard** entschieden hat, die Anwendung des Rechts eines anderen Mitgliedstaates, der dahinter zurückbleibt, unter Berufung auf den ordre public abwehren darf. Dafür spräche zwar der Gedanke, dass die Harmonisierung in diesem Fall eben nicht über einen Mindeststandard hinausgehe und insoweit den Mitgliedstaaten als Korrelat zu dem ihnen gewährten materiellrechtlichen Ermessen auch die Freiheit zur kollisionsrechtlichen Durchsetzung des eigenen Rechts gewähren sollte; in diesem Sinne hat GA *Wahl* in der Rechtssache „Unamar" dafür plädiert, nationale Vorschriften, die den von der Handelsvertreter-Richtlinie gebotenen Mindeststandards überschreiten, als international zwingend iS des Art. 7 Abs. 2 EVÜ (Art. 34 EGBGB aF, heute Art. 9 Abs. 1 und 2 Rom I-VO) einzustufen.[626] Dagegen lässt sich aber einwenden, dass eine autonome Überschreitung desjenigen Standards, den der Unionsgesetzgeber als ausreichend erachtet hat, im Lichte der Grundfreiheiten nur schwerlich als ein zwingendes Interesse des Forumstaates angesehen werden kann, das auch gegenüber dem kollisionsrechtlich berufenen Recht durchgesetzt werden müsste.[627] Soweit sich diese Problematik in Bezug auf ältere Verbraucherschutzrichtlinien stellt, sorgen schon das in Art. 6 Abs. 2 S. 2 Rom I-VO enthaltene Günstigkeitsprinzip sowie Art. 46b dafür, dass ein Rückgriff auf den ordre public (Art. 21 Rom I-VO) zur Anwendung eines höheren Schutzniveaus des Forumstaates regelmäßig entbehrlich ist. Im Übrigen sollte die Problematik im Rahmen des „negativen" ordre public ebenso behandelt werden wie im Kontext der „positiven" Sonderanknüpfung von Eingriffsnormen (→ Art. 3 Rn. 84 ff.). Die abschließende Entschei-

---

[622] EuGH IPRax 2013, 427 Rn. 49 = BeckRS 2012, 81840 − Trade Agency Ltd./Seramico Investments; vgl. ebenso bereits EuGH Slg. 2000, I-1935 Rn. 22 = NJW 2000, 1853 − Krombach; Slg. 2000, I-2973 Rn. 27 = NJW 2000, 2185 − Renault; Slg. 2009, I-2563 Rn. 26 = NJW 2009, 1938 − Gambazzi; Slg. 2009, I-3571 Rn. 56 = BeckRS 2009, 70441 − Apostolides/Orams.
[623] *Wurmnest* in Leible/Unberath Rom 0-VO 462.
[624] Obwohl es sich in beiden Fällen um lois uniformes handelt, spricht nur die Rom III-VO allg. von „Staaten", die EuErbVO hingegen von „Mitgliedstaaten". Ein sachlicher Unterschied dürfte damit nicht beabsichtigt sein.
[625] *M. Stürner*, FS v. Hoffmann, 2011, 463 (475).
[626] GA *Wahl* Schlussanträge vom 15.5.2013 − C-184/12, − Unamar, abrufbar unter BeckRS 2013, 80999.
[627] *Basedow*, FS Sonnenberger, 2004, 291 (308); *Fumagalli* YbPIL 2004, 171 (178 f.); *Spickhoff* in Leible/Ruffert Völkerrecht und IPR 275, 286; Staudinger/*Voltz* (2013) Rn. 94; im Ergebnis auch *Kropholler* IPR § 36 III 2c.

dung des EuGH in der Sache *Unamar* hat eine Sonderanknüpfung mitgliedstaatlichen Rechts, das den Mindestschutz der Handelsvertreter-RL überschreitet, grundsätzlich für zulässig erachtet, aber den nationalen Gerichten insoweit eine besonders substantiierte Begründungspflicht auferlegt.[628] Diese in Bezug auf den sog „positiven" ordre public ergangene Entscheidung ist *mutatis mutandis* auch auf den „negativen" ordre public zu übertragen.

d) Abgeschwächte Wirkung gegenüber mitgliedstaatlichen Rechtsordnungen. Teilweise **172** wird vertreten, dass bei der Prüfungsintensität der ordre public-Kontrolle in der Weise zu differenzieren sei, dass die Vorbehaltsklausel nur gegenüber Drittstaaten in vollem Umfang zur Anwendung gelange, gegenüber anderen Mitgliedstaaten der EU aber lediglich – ähnlich wie im Anerkennungsrecht (→ Rn. 102 ff.) – eine abgeschwächte Wirkung *(effet atténué)* entfalte.[629] Daran ist richtig, dass eine **Beschränkung des ordre public** zB **durch die Grundfreiheiten des AEUV** nur insoweit in Betracht kommt, als der räumlich-persönliche Anwendungsbereich der jeweiligen Grundfreiheit eröffnet ist:[630] Die Anwendung des Art. 6 kann zB im Internationalen Gesellschaftsrecht nur gegenüber Gesellschaften aus Mitglied- bzw. EWR-Staaten durch die Niederlassungsfreiheit (Art. 49, 54 AEUV) begrenzt werden,[631] während gegenüber Gesellschaften aus Drittstaaten wie zB der Schweiz eine entsprechende Restriktion ausscheidet, weil insoweit die Niederlassungsfreiheit nicht eingreift (näher → IntGesR Rn. 455 ff.). Auch aus der Warenverkehrs- und Dienstleistungsfreiheit können sich entsprechende Einschränkungen ergeben,[632] die aber heute überwiegend im Rahmen der Art. 21 Rom I-VO, Art. 26 Rom II-VO zu bewältigen sind.[633] Ferner kann die ordre public-Kontrolle im Rahmen des vom EuGH aus der Freizügigkeit abgeleiteten Anerkennungsprinzips begrenzt sein (näher → Rn. 174 ff.). Schließlich können sich Einschränkungen daraus ergeben, dass die materielle Mindestharmonisierung eines Rechtsbereichs nicht durch eine vorschnelle Berufung auf den nationalen ordre public infrage gestellt werden darf; so hat der EuGH zu der verwandten Problematik der Sonderanknüpfung von Eingriffsnormen im mindestharmonisierten Bereich entschieden, dass die Harmonisierungswirkung der Handelsvertreter-RL nicht beeinträchtigt werden dürfe und insoweit strengere Maßstäbe anzulegen seien als gegenüber Drittstaaten;[634] diese Wertung lässt sich *mutatis mutandis* auf die ordre public-Kontrolle übertragen.

Ob über den Anwendungsbereich der Grundfreiheiten oder sonstigen vorrangigen (auch sekundä- **173** ren) Unionsrechts hinaus eine **generelle Abschwächung der Wirkung des ordre public** im Verhältnis zum Recht anderer Mitgliedstaaten geboten ist, muss hingegen bezweifelt werden.[635] Zwar reicht es zur Widerlegung dieser Annahme nicht aus, darauf hinzuweisen, dass der Wortlaut des Art. 6 für einen *effet atténué* keinen Anhaltspunkt biete,[636] denn die Europäisierung des ordre public hat ganz allgemein in der Formulierung des Art. 6 keinen besonderen Niederschlag gefunden (→ Rn. 132), und auch im Anerkennungsrecht (§ 328 Abs. 1 Nr. 4 ZPO) lässt sich der dort (→ Rn. 102) anerkannte *effet atténué* nicht dem Normtext selbst entnehmen. Es bedürfte aber einer positiven Begründung dafür, weshalb der ordre public im Verhältnis zu anderen Mitgliedstaaten nur eine abgeschwächte Wirkung entfalten soll. Die pauschale Erwägung, dass „ein Souveränitätsverzicht zugunsten einer gemeinsamen Spitze Widersprüche in fundamentalen Prinzipien nicht mehr duldet",[637] reicht hierfür nicht aus, denn die Mitgliedstaaten sind bislang jedenfalls im IPR nicht dazu bereit gewesen, auf den Schutz ihrer Souveränität zu verzichten, der sich aus der Möglichkeit einer Berufung auf den nationalen ordre public ergibt (zu den unionsrechtlichen Vorbehaltsklauseln → Rn. 21 ff.). Der in Art. 4 Abs. 3 EUV verankerte Grundsatz der loyalen Zusammenarbeit ver-

---

[628] EuGH ECLI:EU:C:2013:663 – Unamar = EuZW 2013, 956 = IPRax 2014, 174, m. Aufsatz *Lüttringhaus* IPRax 2014, 148 = D. 2014, 16 (Ls.) mAnm *d'Avout* Rn. 62; mit Recht kritisch *Renner* in v. Hein/Rühl Kohärenz 359 (367).

[629] *v. Brunn* NJW 1962, 985 (988); grds. auch *Iversen* in Brödermann/Iversen, Gemeinschaftsrecht und IPR, 1994, Rn. 1020.

[630] Insoweit differenzierend auch *Renner* in v. Hein/Rühl Kohärenz 359 (361 ff.).

[631] Vgl. LG Aachen NZG 2007, 600 = IPRax 2008, 270 mAnm *Lamsa* IPRax 2008, 239.

[632] Vgl. zum internationalen Vertragsrecht *Steindorff* EuR 1981, 426 (439): Das Eingreifen der lex fori im Rahmen der Vorbehaltsklausel sei nur zulässig, „wenn es im Sinne des Gemeinschaftsrechts billigenswerte Ziele verfolgt und wenn es hierzu nicht stärker beschränkende Lösungen vorsieht, als dies erforderlich ist".

[633] Siehe *Renner* in v. Hein/Rühl Kohärenz 359 (361 ff.).

[634] EuGH ECLI:EU:C:2013:663 – Unamar = EuZW 2013, 956 = IPRax 2014, 174, m. Aufsatz *Lüttringhaus* IPRax 2014, 148 = D. 2014, 16 (Ls.) mAnm *d'Avout* Rn. 52.

[635] Abl. *de Boer*, Unwelcome foreign law, 2008, 295, 323 ff.; *Spickhoff*, ordre public, 1989, 89 f.; *M. Stürner*, FS v. Hoffmann, 2011, 463 (477); *M. Stürner* in Arnold Grundfragen 87 (95 f.); *Matthias Weller*, Europäisches Kollisionsrecht, 2015, Rn. 109; *Wurmnest* in Leible/Unberath Rom 0-VO 454 f.

[636] Das Wortlautargument betonen *Spickhoff*, ordre public, 1989, 89 f.; *M. Stürner*, FS v. Hoffmann, 2011, 463 (477); ebenso *Wurmnest* in Leible/Unberath Rom 0-VO 454 (zu den Vorbehaltsklauseln der EU-Verordnungen).

[637] So *v. Brunn* NJW 1962, 985 (988).

pflichtet die Mitgliedstaaten ebenfalls nicht dazu, auf eine ordre public-Kontrolle untereinander zu verzichten bzw. diese allgemein abzuschwächen.[638] Auch der Gedanke, dass die Rechtsordnung eines anderen Mitgliedstaates „im ganzen ähnliche Schutzanliegen verfolgt wie das deutsche Recht",[639] kann eine allgemeine Abschwächung der ordre public-Kontrolle nicht rechtfertigen, denn bei dieser Prüfung geht es gerade nicht um eine abstrakte Beurteilung der ausländischen Rechtsordnung oder der Normen für ein Rechtsgebiet „als ganzes", die insgesamt durchaus ausgewogen sein mögen, sondern allein um die Vermeidung eines anstößigen Ergebnisses der Rechtsanwendung im konkreten Einzelfall (näher → Rn. 117 ff.). Es bleibt letztlich das Argument, dass angesichts der für alle Mitgliedstaaten verbindlichen europäischen Grund- und Menschenrechte die Kriterien, an denen ein ordre public-Verstoß gemessen werden müsse, ohnehin in allen Mitgliedstaaten dieselben seien, so dass für eine entsprechende Kontrolle kein Bedarf mehr bestehe.[640] Diesem Ansatz folgte noch Erwägungsgrund 27 S. 2 des Kommissionsvorschlags für die EuErbVO vom 14.10.2009,[641] in dem es hieß: „Die Gerichte sollten die Anwendung des Rechts eines anderen Mitgliedstaates [...] auf der Grundlage dieses Ordre-public-Vorbehalts [Art. 27 Abs. 1 des Vorschlags] allerdings nur dann versagen dürfen, wenn dies gegen die Charta der Grundrechte der Europäischen Union, insbesondere gegen das Diskriminierungsverbot in Artikel 21, verstoßen würde." Die Vorgaben der Grundrechtecharta wären auf diese Weise zu einer positiven und abschließenden inhaltlichen Konkretisierung des nationalen ordre public erhoben worden. Die endgültige Fassung der EuErbVO folgt hingegen der bewährten Herangehensweise, die Grundrechtecharta primär im Sinne einer Beschränkung des nationalen ordre public anzusehen (→ Rn. 170). Dies ist zu begrüßen: Zwar werden Verstöße gegen den materiellen ordre public im europäischen Rechtsraum in der Tat selten sein.[642] Jedoch existiert bislang (→ Rn. 154 ff.) kein selbstständiger europäischer ordre public, der den nationalen ordre public schlechthin verdrängt.[643] Zudem folgt aus der Bindung aller Mitgliedstaaten an dieselben Grund- und Menschenrechte nicht, dass diese auch tatsächlich in jedem Fall von der Gesetzgebung der Mitgliedstaaten respektiert werden.[644] Da es an einem grenzüberschreitenden Normenkontrollverfahren fehlt, kann ein deutsches Gericht in Fällen, in denen nach seinem IPR ein mitgliedstaatliches, aber ordre public-widriges Recht berufen wird und die betroffene Partei nicht im Ursprungsstaat der Regelung dagegen vorgeht, keine Korrektur durch die dortigen Gerichte in Gang setzen. Es bedarf daher weiterhin der Möglichkeit einer ordre public-Kontrolle im Forumstaat. Richtig ist zwar, dass diese mit Augenmaß und Zurückhaltung gehandhabt werden sollte; dies gilt aber für den ordre public generell, dh auch im Verhältnis zu Drittstaaten, so dass auch insoweit **keine Sonderbehandlung mitgliedstaatlichen Rechts** angebracht ist.

174   Noch nicht abschließend geklärt ist, welche Konsequenzen das vom EuGH entwickelte **kollisionsrechtliche Anerkennungsprinzip** (→ Art. 3 Rn. 117 ff.) für die Handhabung des ordre public hat. Würde man die Anerkennung von Rechtslagen, die in anderen Mitgliedstaaten entstanden sind, lediglich als modifizierte Bestimmung des auf eine Rechtsfrage anwendbaren Rechts betrachten, wäre Art. 6 unmittelbar anzuwenden. Art. 48 S. 1 enthält indes nun für das Namensrecht eine spezielle Vorbehaltsklausel. Zwar nimmt diese ebenso wie Art. 6 auf wesentliche Grundsätze des deutschen Rechts Bezug und bietet in ihrem Wortlaut keinen expliziten Anhaltspunkt für einen *effet atténué*. Der Gedanke des Vertrauens in eine im Ausland entstandene Rechtslage, der für den *effet atténué* des anerkennungsrechtlichen ordre public angeführt wird (→ Rn. 103 ff.) und schon bislang für die Anerkennung im Ausland begründeter Rechtsverhältnisse beachtet wurde (näher → Rn. 192), lässt sich aber auch im Rahmen des kollisionsrechtlichen Anerkennungsprinzips fruchtbar machen, denn insoweit ist die jeweilige Interessenlage der Betroffenen grundsätzlich vergleichbar. Hinzu kommt auch hier die Begrenzung des nationalen ordre public durch die Grundfreiheiten des AEUV (→ Rn. 172). Im Einzelnen sind bei der Handhabung des ordre public gegenüber der Anerkennung im EU-Ausland entstandener Rechtslagen die Grundsätze zu beachten, die der EuGH in der Sache „Sayn-Wittgenstein" aufgestellt hat.[645] Danach gilt für die ordre public-Prüfung Folgendes:

[638] *M. Stürner*, FS v. Hoffmann, 2011, 463 (477).
[639] So zum internationalen Vertragsrecht *Steindorff* EuR 1981, 426 (440).
[640] In diesem Sinne bereits *v. Brunn* NJW 1962, 985 (988); vgl. auch die Argumentation des EuGH und des EGMR im Hinblick auf die Unzulässigkeit einer ordre public-Kontrolle im Rahmen des Art. 42 Abs. 1 Brüssel IIa-VO (→ Rn. 93).
[641] KOM(2009), 154 endg.; hierzu krit. *M. Stürner*, FS v. Hoffmann, 2011, 463 (477).
[642] *M. Stürner*, FS v. Hoffmann, 2011, 463 (477); ebenso PWW/*Mörsdorf-Schulte* Rn. 8.
[643] So aber *v. Brunn* NJW 1962, 985 (988).
[644] *M. Stürner*, FS v. Hoffmann, 2011, 463 (477).
[645] EuGH ECLI:EU:C:2010:806 Rn. 86 f. = GRUR Int. 2011, 240 – Sayn-Wittgenstein; ebenso EuGH ECLI:EU:C:2016:401 Rn. 67 = NJW 2016, 2093 – Bogendorff von Wolffersdorff.

„Der Gerichtshof hat wiederholt darauf hingewiesen, dass der Begriff der öffentlichen Ordnung, wenn er eine **175**
Ausnahme von einer Grundfreiheit rechtfertigen soll, eng zu verstehen ist, so dass seine Tragweite nicht von
jedem Mitgliedstaat einseitig ohne Nachprüfung durch die Organe der Europäischen Union bestimmt werden
darf (vgl. Urteile vom 14. Oktober 2004, Omega, C-36/02, Slg. 2004, I-9609, Rn. 30, und vom 10. Juli
2008, Jipa, C-33/07, Slg. 2008, I-5157, Rn. 23). Folglich ist eine Berufung auf die öffentliche Ordnung
nur möglich, wenn eine tatsächliche und hinreichend schwere Gefährdung vorliegt, die ein Grundinteresse der
Gesellschaft berührt (vgl. Urteil Omega, Rn. 30 und die dort angeführte Rechtsprechung). Allerdings können
die konkreten Umstände, die möglicherweise die Berufung auf den Begriff der öffentlichen Ordnung rechtfertigen,
von einem Mitgliedstaat zum anderen und im zeitlichen Wechsel verschieden sein. Insoweit ist den zuständigen
innerstaatlichen Behörden daher ein Beurteilungsspielraum innerhalb der durch den Vertrag gesetzten Grenzen
zuzubilligen (vgl. Urteil Omega, Rn. 31 und die dort angeführte Rechtsprechung)."

Obwohl der Ausgangspunkt des EuGH eine eher restriktive Handhabung des ordre public nahezu- **176**
legen scheint, hat er in dem konkreten Fall das österreichische Verbot der Führung einer Adelstitels
für hinnehmbar gehalten, ohne dem Umstand, dass die Betroffene ihren vermeintlich adligen Namen
bereits seit fünfzehn Jahren unbeanstandet in Deutschland geführt hatte, besonderes Gewicht beizumessen.[646] Auch in der Sache „Bogendorff" hat der EuGH den Beurteilungsspielraum der deutschen
Gerichte in der Frage betont, ob durch Namensänderung selbstgeschaffene und in England registrierte Schein-Adelstitel in Deutschland geführt werden dürfen.[647] Entscheidend war für den EuGH
jeweils, dass die Untersagung der Führung im Ausland erworbener Adelstitel dem in Art. 20 der
Grundrechte-Charta verwirklichten Grundsatz der Gleichbehandlung der Staatsbürger und der Entscheidung eines Mitgliedstaats für eine republikanische Staatsform entspreche.[648] Ob der Gerichtshof
bei weniger politisch aufgeladenen ordre public-Gründen vergleichbar großzügig sein wird, bleibt
allerdings abzuwarten. Für Einzelheiten des Internationalen Namensrechts ist auf die Kommentierungen zu Art. 10 und Art. 48 zu verweisen (→ Art. 10 Rn. 48 ff.; → Art. 48 Rn. 1 ff.). Im Übrigen
sind die in *Sayn-Wittgenstein* und *Bogendorff* aufgestellten Grundsätze aber auch über das Namensrecht
hinaus zu beachten, soweit das Anerkennungsprinzip auf die Begründung von Statusverhältnissen
ausgedehnt wird (→ Art. 3 Rn. 117 ff.).

**e) Weitere Modifikationen des ordre public im europäischen Kontext. aa) Antragserfor- 177
dernis.** Der Vorschlag, die Prüfung eines ordre public-Verstoßes vom Antrag einer Partei abhängig
zu machen, hat sich selbst bei der Schaffung der Rom-Verordnungen nicht durchgesetzt (→ Rn. 24).
Daraus ist zu schließen, dass im Rahmen der nationalen Vorbehaltsklausel erst recht kein Anlass
besteht, vom Grundsatz der Prüfung des ordre public von Amts wegen (näher → Rn. 242) abzuweichen, wenn in der Sache das Recht eines anderen Mitgliedstaates zur Anwendung gelangt.

bb) Einschränkung der erforderlichen Inlandsbeziehung. Je mehr der ordre public durch **178**
europäische bzw. unionsrechtliche Grundsätze angereichert wird, liegt es nahe, auch Art und Maß
der Inlandsbeziehung, die für ein Eingreifen der Vorbehaltsklausel erforderlich ist, in entsprechender
Weise zu modifizieren (näher → Rn. 193 ff.).

cc) Bestimmung des anwendbaren Ersatzrechts bei einem ordre public-Verstoß. Die **179**
einschlägigen allgemeinen Vorbehaltsklauseln der EU-Verordnungen enthalten keine Regelung der
Frage, wie das bei einem Verstoß gegen den ordre public anwendbare Ersatzrecht zu bestimmen ist
(→ Rn. 32). Auch für die entsprechende Problematik im Rahmen der nationalen Vorbehaltsklausel
bietet das **EU-Recht keine unmittelbare Vorgabe.** Es bleibt daher auch insoweit, als sich der
Verstoß gegen den ordre public aus dessen „Anreicherung" durch europäische Rechtsgrundsätze
ergibt, grundsätzlich bei den unten näher erläuterten Lösungswegen des deutschen IPR
(→ Rn. 210 ff.). Dies schließt nicht aus, dass die Gerichte zu dieser Frage rechtsvergleichend die
Lösungsmöglichkeiten in anderen Mitgliedstaaten in ihre Betrachtung einbeziehen, um auf diese
Weise zu einer gewissen Harmonisierung zu gelangen.[649]

[646] Zu der unter Aspekten der Verhältnismäßigkeit nur bedingt überzeugenden Abwägung des EuGH mit
Recht krit. *Wall* StAZ 2011, 203 (210); krit. auch *Kohler/Pintens* FamRZ 2011, 1433 (1439), die den Rückgriff
auf den ordre public für „mit der sozialen Wirklichkeit in Österreich kaum vereinbar" halten; ebenfalls krit.
Lehmann/Grimm LMK 2011, 318018.
[647] EuGH ECLI:EU:C:2016:401 Rn. 68 = NJW 2016, 2093 – Bogendorff von Wolffersdorff.
[648] EuGH ECLI:EU:C:2010:806 Rn. 89 = GRUR Int. 2011, 240 – Sayn-Wittgenstein; EuGH
ECLI:EU:C:2016:401 Rn. 69 = NJW 2016, 2093 – Bogendorff von Wolffersdorff; zur Achtung der nationalen
Verfassungsidentität im Rahmen des ordre public eingehend *Canor*, Liber Amicorum Torsten Stein, 2015, 475 ff.
[649] *Sonnenberger*, FS Kropholler, 2008, 227 (244); skeptisch insoweit *Wurmnest* in Leible/Unberath Rom 0-VO
474, der für eine unionsrechtliche Regelung auch der Bestimmung des Ersatzrechts plädiert.

180   Gewisse Modifikationen können aber daraus folgen, dass sich der ordre public-Verstoß aus Rechtsgrundsätzen ergibt, die im EU-Sekundärrecht enthalten sind. Resultiert die Verletzung des ordre
public aus der Missachtung eines wesentlichen Grundsatzes, der in einer EU-Verordnung kodifiziert
wurde, so ist, wenn eine Lösung unter Berücksichtigung des berufenen Rechts ausscheidet
(→ Rn. 212), selbstverständlich als Ersatzrecht nicht die autonome lex fori, sondern das Verordnungsrecht heranzuziehen. Komplexer gestaltet sich die Lückenfüllung, wenn der wesentliche
Rechtsgrundsatz, der den ordre public-Verstoß begründet, in einer Richtlinie verankert ist. Wiederum unter der Prämisse, dass eine Lösung unter Berücksichtigung des anwendbaren Rechts nicht in
Betracht kommt, ist insoweit fraglich, welchen Mitgliedstaates Umsetzungsvorschriften als Ersatzrecht
berufen sind. Es wäre einerseits zB denkbar, wenn das von den Parteien gewählte Recht gegen den
durch die Wertungen einer Richtlinie „angereicherten" ordre public verstößt, bei der Bestimmung
des Ersatzrechts auf die Umsetzungsvorschriften desjenigen Mitgliedstaates zurückzugreifen, dessen
Recht bei einer objektiven Anknüpfung maßgebend wäre. Aus prozessökonomischer Sicht bedeutet
es aber eine erhebliche Vereinfachung, wenn das Gericht eines Mitgliedstaates in einer derartigen
Konstellation diejenigen Vorschriften anwenden darf, mit denen die entsprechende Richtlinie in die
lex fori umgesetzt wurde. Dieser Lösungsweg lässt sich zudem auf eine Wertungsparallele zu dem
Modell stützen, das der Verordnungsgeber in Art. 3 Abs. 4 Rom I-VO bzw. Art. 14 Abs. 3 Rom II-
VO für die Durchsetzung intern zwingenden Richtlinienrechts in reinen Binnenmarktfällen vorgesehen hat.

181   **4. Rechtsvergleichung.** Zwar ist ein ausländischer ordre public als solcher grundsätzlich unbeachtlich (→ Rn. 74). Gleichwohl kommt der Rechtsvergleichung bei der **Konkretisierung der
öffentlichen Ordnung iS des Art. 6** eine entscheidende Bedeutung zu.[650] Der Grund hierfür
liegt darin, dass die durch das Eingreifen des ordre public bewirkte **Störung des internationalen
Entscheidungseinklangs möglichst gering** gehalten werden sollte. Je stärker nämlich ein aus
deutscher Sicht grundlegender Rechtssatz in verwandten Rechtsordnungen ebenfalls verankert ist,
desto eher ist die Annahme gerechtfertigt, dass es sich hierbei auch nach international akzeptierten
Maßstäben um ein wesentliches Prinzip handelt, das gegenüber einem inhaltlich abweichenden
Recht durchzusetzen ist.[651] Da insoweit auch andere Staaten in der Anwendung des in Rede stehenden ausländischen Rechts einen Verstoß gegen ihren ordre public sehen würden, werden Bedenken
im Hinblick auf die internationale Entscheidungsharmonie weitgehend entkräftet: Der „Störenfried"
im internationalen Rechtsverkehr ist in einem solchen Fall nicht die deutsche Vorbehaltsklausel (zu
diesem Bild → Rn. 20), sondern das nach rechtsvergleichend ermittelten Maßstäben Anstoß erre-
gende fremde Recht. Umgekehrt kann eine rechtsvergleichende Umschau auch ergeben, dass ein
deutscher Rechtssatz zwar intern zwingender Natur ist, vergleichbare Regeln in uns nahestehenden
Rechtsordnungen aber keine Gefolgschaft gefunden haben oder dort abgeschafft worden sind; in
diesen Fällen wird es regelmäßig ausscheiden, eine entsprechende Norm als Bestandteil des ordre
public anzusehen.[652] Schließlich wird auch die Akzeptanz einer Entscheidung in sensiblen soziokultu-
rellen Konfliktlagen verbessert, wenn das Gericht deutlich macht, dass es sich nicht einfach unreflektiert auf eine Wertung des eigenen Rechts stützt, die historisch kontingent oder von der sozialen
Entwicklung überholt sein mag, sondern dass es die Rechtslage in anderen Ländern in seine wohlin-
formierte Abwägung einbezogen hat. Mustergültig für einen solchen rechtsvergleichenden Ansatz
ist die Entscheidung des BGH zur ordre public-Widrigkeit der nach katholischem Kirchenrecht
gegebenen Unscheidbarkeit einer Ehe (heute: Art. 10 Var. 1 Rom III-VO), zu welcher der Senat
nach einer eingehenden rechtsvergleichenden Bestandsaufnahme[653] ausführt: „Wie sehr sich die
Vorstellungen auch in traditionell katholisch geprägten Ländern in den letzten Jahren und Jahrzehnten
gewandelt haben, zeigt auch eindrucksvoll die Entscheidung des kolumbianischen Verfassungsge-
richtshofes vom 5.2.1993 [...], die unter anderem Art. VIII des Konkordats mit dem Heiligen Stuhl
teilweise – nämlich hinsichtlich der zivilrechtlichen Wirkungen kirchlich geschlossener Ehen – für
unanwendbar erklärte, weil die darin vereinbarte ausschließliche Jurisdiktion der Kirchengerichte

---

[650] Eingehend *Jayme,* Methoden der Konkretisierung, 1989, 44–46, 49 ff.; *H. Koch* RabelsZ 61 (1997), 623
(634 f.); für die Entwicklung eines rechtsvergleichende[n] Kontrollmaßstab[es] auch *v. Hoffmann / Thorn* IPR § 6
Rn. 143.

[651] Näher *Jayme,* Methoden der Konkretisierung, 1989, 44 ff.

[652] Vgl. am Beispiel der heute obsoleten „Kranzgeld"-Entscheidung BGHZ 28, 375 = NJW 1959, 529
(aufgegeben in BGHZ 62, 282 = NJW 1974, 1506) *Jayme,* Methoden der Konkretisierung, 1989, 49; ferner *H.
Koch* RabelsZ 61 (1997), 623 (635); vgl. auch zur Führung eines gemeinsamen Ehenamens KG NJW 1963, 51
(54).

[653] BGHZ 169, 240 Rn. 40–42 = NJW-RR 2007, 145.

für die Auflösung des Ehebands kanonisch geschlossener Ehen gegen die Verfassung verstoße."[654] Etwaigen Vorwürfen im Hinblick auf einen richterlichen „Kulturkampf" kann insoweit von vornherein die Spitze genommen werden; Entsprechendes gilt – mit anderem religiösen Vorzeichen – gegenüber dem Verdikt der „Islamophobie".[655]

III. Erforderliches Gewicht des Verstoßes

Bereits aus dem Wortlaut des Art. 6 S. 1 ergibt sich, dass nicht jeder Verstoß gegen einen wesentli- **182** chen Grundsatz des deutschen Rechts ein Eingreifen der Vorbehaltsklausel auslöst, sondern dass dies nur bei einer „offensichtlich[en]" Unvereinbarkeit der Fall ist (→ Rn. 13). Diese Formulierung ist bewusst einschlägigen staatsvertraglichen bzw. europäischen Regelungsvorbildern entlehnt, so dass auf die in diesem Rahmen entwickelten Maßstäbe zurückgegriffen werden kann (→ Rn. 15). Die **Abweichung des Rechtsanwendungsergebnisses** von deutschen Grundwertungen muss daher **„krass"**[656] bzw. im Sinne der ständigen Rechtsprechung des BGH **„untragbar" sein** (→ Rn. 133). Aus dem Kriterium der Offensichtlichkeit darf keinesfalls geschlossen werden, dass eine bloß summarische Prüfung geboten und eine eingehende Prüfung bzw. Abwägung ausgeschlossen sei.[657] Ganz im Gegenteil impliziert das Erfordernis der Offensichtlichkeit gerade eine Verpflichtung des entscheidenden Gerichts, für die Annahme eines ordre public-Verstoßes eine besondere Begründung abzugeben.[658]

Besonderheiten gelten bei Grundrechtsverletzungen im Rahmen des Satzes 2: Diese gelten zwar **183** per se als „offensichtlich" mit der öffentlichen Ordnung unvereinbar, dies jedoch nur unter der Prämisse, dass das in Rede stehende Grundrecht auf einen Sachverhalt mit Auslandsberührung überhaupt Anwendbarkeit beansprucht (→ Rn. 139 f.). In beiden Fallgruppen ist zu beachten, dass das für die Annahme eines ordre public-Verstoßes erforderliche Ausmaß der Abweichung von Grundwertungen des deutschen Rechts nicht abstrakt-generell festgelegt werden kann, sondern dass das Gewicht des Verstoßes im Einzelfall in ein angemessenes Verhältnis zum Inlands- und Gegenwartsbezug des jeweiligen Sachverhalts zu setzen ist. Der ordre public ist in räumlicher und zeitlicher Hinsicht nicht statisch, sondern relativ (→ Rn. 184 ff.).

IV. Relativität des ordre public

1. Räumliche Relativität. a) Inlandsbezug. aa) Grundsätze. Nach ganz einhelliger Ansicht **184** wird für das Eingreifen des nationalen ordre public eine hinreichende Verknüpfung des Sachverhalts mit dem Inland verlangt (Inlandsbezug bzw. Inlandsbeziehung): Auch wesentliche Grundsätze des deutschen Rechts sollen nicht stets mit unbedingtem Geltungsanspruch geschützt werden, sondern nur, wenn angesichts einer gewissen Nähe des Falls zum Inland der Verstoß gegen fundamentale Werte untragbar erscheint.[659] Dieses Erfordernis wird zwar in Art. 6 ebenso wenig explizit erwähnt wie in Art. 30 aF;[660] der Gesetzgeber hat es aber als allgemein anerkannt zugrunde gelegt.[661] Auch die Vorbehaltsklauseln des europäischen Kollisionsrechts setzen einen **hinreichenden Inlandsbezug** voraus, wenngleich dieses Tatbestandsmerkmal insoweit bislang ebenfalls nicht kodifiziert worden ist (→ Rn. 31). Einen entsprechenden Kodifikationsvorschlag hat *Lagarde* in Art. 135 S. 2 seines Entwurfs für einen europäischen AT unterbreitet (→ Rn. 26). Aus rechtsvergleichender Sicht wird das Kriterium des hinreichenden Inlandsbezuges in den nationalen Kollisionsrechten allgemein akzeptiert.[662]

Inhaltlich kann das Erfordernis des Inlandsbezuges daraus abgeleitet werden, dass Art. 6 nicht die **185** abstrakte Überprüfung einer ausländischen Rechtsnorm gestattet, sondern nur die Korrektur eines konkreten Rechtsanwendungsergebnisses im Einzelfall (→ Rn. 117 ff.); dieses Ergebnis kann aber im Hinblick auf die öffentliche Ordnung nicht sachgerecht ohne eine Berücksichtigung der Inlands-

---

[654] BGHZ 169, 240 Rn. 43 = NJW-RR 2007, 145; ausf. rechtsvergleichend (zu Art. 13 Abs. 2) im Hinblick auf das Eheverbot der Schwägerschaft auch OLG Stuttgart BeckRS 1999, 13848 = FamRZ 2000, 821.
[655] Zum „clash of civilizations" näher *Kreuzer* Rechtswissenschaft 2010, 143 ff.
[656] So *Jayme,* Methoden der Konkretisierung, 1989, 33.
[657] *Kegel/Schurig* IPR § 16 III 2c.
[658] So zu Art. 16 EVÜ *Giuliano/Lagarde* BT-Drs. 10/503, 70.
[659] BT-Drs. 10/504, 43; BGHZ 120, 29 (34) = NJW 1993, 848 (849); 169, 240 Rn. 33 = NJW-RR 2007, 145.
[660] Von einem „ungeschriebene[n] Tatbestandsmerkmal" sprechen *Siehr* IPR § 53 II 3c; Staudinger/*Voltz* (2013) Rn. 157.
[661] BT-Drs. 10/504, 43.
[662] Näher *Gössl* EuLF 2016, 85 (90 f.); s. zB zu Frankreich *Courbe,* Mélanges Lagarde, 2005, 227 ff.; *Foyer,* Mélanges Lagarde, 2005, 285, 296 ff.; zu England *Mills* JPIL 2008, 201 (210 ff.).

beziehung des Sachverhalts gewürdigt werden.[663] Ferner sind der „Ausnahmecharakter" der Vorbehaltsklausel[664] sowie das Prinzip der grundsätzlichen Toleranz gegenüber anderen Rechtsordnungen[665] zu beachten. Es ist aber zu berücksichtigen, dass der Gedanke einer „Relativität unserer Wertordnung"[666] im Lichte zunehmend universal anerkannter Menschenrechte ggf. einzuschränken ist (näher → Rn. 197 ff.). Schließlich mag man die Voraussetzung des Inlandsbezuges auch in die offensichtliche Unvereinbarkeit nach Art. 6 S. 1 hineinlesen;[667] hierbei darf aber nicht übersehen werden, dass auch die Feststellung einer Grundrechtsverletzung im Rahmen des Satzes 2 von einem bestimmten Grad des Inlandsbezuges abhängt, obwohl das einschränkende Kriterium der Offensichtlichkeit dort bewusst ausgelassen wurde (→ Rn. 139 ff.).

186   Die *hinreichende* Inlandsbeziehung darf nicht mit der *engsten* Verbindung des Sachverhalts verwechselt werden, die als Leitprinzip unserem IPR zugrunde liegt (→ Einl. IPR Rn. 29 ff.). Andernfalls müsste man stets auf das Anknüpfungsmoment abstellen, das bereits in derjenigen Kollisionsnorm enthalten ist, die zu dem im konkreten Fall anwendbaren Recht geführt hat, was ersichtlich zirkulär wäre und die Vorbehaltsklausel leer laufen ließe.[668] Der Umstand, dass das deutsche und europäische IPR bestimmte Anknüpfungsmomente in ihren regulären Kollisionsnormen verwenden, rechtfertigt es aber, derartigen Bezugspunkten auch im Rahmen der Feststellung einer Inlandsbeziehung besondere Beachtung zu schenken.[669] So nennt bereits die Gesetzesbegründung den gewöhnlichen Aufenthalt oder die Staatsangehörigkeit eines Beteiligten als **typische Anhaltspunkte für einen hinreichenden Inlandsbezug.**[670] Faktoren der kulturellen oder sozialen Integration (Schulbesuch, Sprachkenntnisse) sowie der Wille einer Person, in ihr Heimatland zurückzukehren, sind ebenfalls von großer Bedeutung, werden aber in aller Regel schon bei der Feststellung des gewöhnlichen Aufenthalts (näher → Art. 5 Rn. 149 ff.) zu würdigen sein.[671] Darüber hinaus kann der im deutschen Kollisionsrecht nur vereinzelt relevante Wohnsitz (vgl. Art. 1 Abs. 1 lit. c HTestformÜ) bei der Ermittlung des Inlandsbezuges Berücksichtigung finden.[672] Die Staatsangehörigkeit eines Beteiligten vermag selbst dann einen relevanten Inlandsbezug zu begründen, wenn die Beteiligten ihren Lebensmittelpunkt in einem anderen Staat haben.[673] Auch der Geburts- oder Zeugungsort kann in Bezug auf persönliche Rechtsverhältnisse eine gewisse Indizwirkung entfalten.[674] Ebenso kommen als Faktoren zur Ermittlung eines hinreichenden Inlandsbezuges in Betracht: der Sitz einer juristischen Person,[675] die Belegenheit signifikanten Vermögens, insbesondere des Streitgegenstandes,[676] der Ort, an dem eine bestimmte Handlung vorgenommen wurde (Ort des Abschlusses eines Rechtsgeschäfts,[677] insbesondere der Eheschließung,[678] Erwerbs- oder Zahlungsort,[679] deliktischer Handlungsort[680]), der Ort, an dem ein bestimmter Erfolg eingetreten ist (deliktischer Erfolgsort,[681] zB bestimmungsgemäßer Abruf einer Website) usw.[682]

---

[663] In diesem Sinne *Coester* StAZ 2016, 257 (259 f.); Erman/*Hohloch* Rn. 16; *Kropholler* IPR § 36 II 2.

[664] Bamberger/Roth/*Lorenz* Rn. 16; Staudinger/*Voltz* (2013) Rn. 157.

[665] Bamberger/Roth/*Lorenz* Rn. 16; Erman/*Hohloch* Rn. 16; *v. Hoffmann/Thorn* IPR § 6 Rn. 152; *Rauscher* IPR Rn. 590; *Siehr* IPR § 53 II 3c.

[666] So die Formulierung von *Siehr* IPR § 53 II 3c.

[667] So wohl *Rauscher* IPR Rn. 589; vgl. auch Erman/*Hohloch* Rn. 16.

[668] *Kropholler* IPR § 36 II 2.

[669] Erman/*Hohloch* Rn. 16.

[670] BT-Drs. 10/504, 43; ebenso zB KG FamRZ 2012, 1495 = NJOZ 2012, 165.

[671] Hierzu im Rahmen der Inlandsbeziehung zB BGHZ 120, 29 (36) = NJW 1993, 848 (849); OLG Schleswig NJW-RR 2001, 1372 = FamRZ 2002, 698.

[672] S. zB KG FamRZ 2012, 1495 = NJOZ 2012, 165; Staudinger/*Voltz* (2013) Rn. 158.

[673] OLG Frankfurt a. M. ZEV 2011, 135.

[674] Staudinger/*Voltz* (2013) Rn. 158; aA *Raape/Sturm* IPR S. 217.

[675] Bamberger/Roth/*Lorenz* Rn. 16; NK-BGB/*Schulze* Rn. 39; vgl. auch zur Grundrechtsberechtigung juristischer Personen aus anderen EU-Mitgliedstaaten BVerfG NJW 2011, 3428 mAnm *Ritter* = RIW 2011, 857.

[676] Bamberger/Roth/*Lorenz* Rn. 16; NK-BGB/*Schulze* Rn. 39; vgl. zur Nachlassbelegenheit OLG Frankfurt a. M. ZEV 2011, 135; verneinend für die Belegenheit eines Bankkontos KG FamRZ 2011, 1008 = ZEV 2011, 132 = IPRax 2012, 255; insoweit krit. G. *Schulze/Stieglmeier* IPRax 2013, 245 (246 f.); dem KG zust. aber *Dörner* IPRax 2012, 235 (238).

[677] Erman/*Hohloch* Rn. 16; nicht genügen soll nach *Raape/Sturm* IPR S. 217 der Eheschließungsort (zweifelhaft).

[678] *Coester* StAZ 2016, 257 (259 f.).

[679] Bamberger/Roth/*Lorenz* Rn. 16; NK-BGB/*Schulze* Rn. 39.

[680] Erman/*Hohloch* Rn. 16: „Tatort"; es ist deshalb – entgegen *Looschelders* RabelsZ 65 (2001), 463 (477) – kein tragfähiges Argument gegen das Erfordernis des Inlandsbezuges, wenn deutsche Gerichte (etwa BGHZ 128, 1 = NJW 1995, 861; 131, 332 = NJW 1996, 1128) bei Persönlichkeitsrechtsverletzungen ausländischer Prominenter durch deutsche Medienunternehmen (Verlagssitz = Handlungsort) die deutschen Grundrechte beachten.

[681] Erman/*Hohloch* Rn. 16: „Tatort".

[682] Umfangreiche Kasuistik bei Soergel/*Kegel* Rn. 27.

Die **internationale Zuständigkeit deutscher Gerichte** reicht hingegen als solche für die **187** Annahme einer hinreichenden Inlandsbeziehung im Rahmen der Vorbehaltsklausel nicht aus,[683] auch nicht im Hinblick auf eine Grundrechtsverletzung nach S. 2.[684] Jedoch dürfte es nur selten vorkommen, dass bei einer gegebenen internationalen Zuständigkeit deutscher Gerichte überhaupt kein Bezug des Sachverhalts zum Inland besteht,[685] denn selbst der exorbitante Vermögensgerichtsstand (§ 23 ZPO) wird vom BGH heutzutage entsprechend teleologisch reduziert.[686] Zwar werden in der Literatur verschiedene Beispielsfälle dafür angeführt, dass etwa im Erb-, Ehegüter- oder Presserecht ein Grundrechtsschutz erforderlich sei, obwohl es aufgrund des ausländischen gewöhnlichen Aufenthalts bzw. der fremden Staatsangehörigkeit der betroffenen Person an einem hinreichenden Inlandsbezug fehle.[687] Tatsächlich liegt aber in allen gebildeten Beispielen bei genauerer Betrachtung ein solcher Bezug vor (Belegenheit des Bankkontos der betroffenen Person, Anfall der Erbschaft, Verlagssitz in Deutschland);[688] der gewöhnliche Aufenthalt oder die Staatsangehörigkeit einer Person sind zwar wichtige, aber nicht die einzigen Kriterien zur Ermittlung einer hinreichenden Inlandsbeziehung. Gänzlich ausgeschlossen ist es freilich nicht, dass ein Inlandsbezug trotz einer internationalen Zuständigkeit deutscher Gerichte fehlt (zB im Rahmen der Prüfung einer Vorfrage, dazu näher → Rn. 191).[689] Zudem sind die im Rahmen des Verfahrensrechts, etwa des § 23 ZPO oder des Art. 15 Brüssel IIa-VO, an eine hinreichende Inlandsbeziehung anzulegenden Kriterien nicht notwendigerweise dieselben, die für den kollisionsrechtlichen ordre public maßgebend sind. Insofern muss im Einzelfall hingenommen werden, dass auch der räumliche Anwendungsbereich der Grundrechte eingeschränkt sein kann. Zur Frage der Einschränkung oder Verzichtbarkeit des Inlandsbezuges bei Verstößen gegen universal geltende Menschenrechte → Rn. 197 ff.

Haben die Parteien eine **Rechtswahlvereinbarung** zugunsten des deutschen Rechts getroffen, **188** die aber nach unserem IPR unzulässig oder aus sonstigen Gründen unwirksam ist, kann diese Abrede **keine im Rahmen des Art. 6 relevante Inlandsbeziehung** begründen, wenn keine sonstigen Bezugspunkte zum deutschen Recht bestehen. Da selbst eine wirksame Vereinbarung eines fremden Rechts einem reinen Inlandsfall keinen kollisionsrechtlich relevanten Auslandsbezug vermitteln kann (Art. 3 Abs. 3 Rom I-VO), kann e contrario auch die Vereinbarung deutschen Rechts einen reinen Auslandsfall nicht im Hinblick auf die ordre public-Prüfung mit dem erforderlichen Inlandsbezug versehen.

Ein hinreichender Inlandsbezug soll zu bejahen sein, wenn der **fragliche Bezugspunkt „den** **189** **Kern der jeweiligen Rechtsfrage** berührt".[690] Ein solch strenges Erfordernis wird man aber nicht für jedes einzelne Indiz verlangen dürfen; vielmehr kann sich ein hinreichender Inlandsbezug bei einer Gesamtabwägung auch aus einer Kumulation mehrerer, für sich allein genommen nicht aussagekräftiger Indizien ergeben. Ebenso wie bei der Frage nach dem räumlichen Anwendungsbereich eines Grundrechts (→ Rn. 141) ist freilich auch im Rahmen der Inlandsbeziehung nach Art. 6 S. 1 kein bloßes „Aufaddieren" von tatsächlichen Aspekten angebracht, die entweder Bezug zu Deutschland oder dem jeweils anderen ausländischen Staat haben, sondern es ist stets eine Wertung dieser Tatsachen erforderlich.[691] Für die Beantwortung der Frage, ob ein bestimmter Bezugspunkt als aussagekräftig gelten kann, ist maßgeblich auf den Sinn und Zweck des wesentlichen Rechtsgrundsatzes abzustellen, der im konkreten Fall durch den ordre public gewahrt werden soll: Geht es etwa um den Schutz des inländischen Rechtsverkehrs, dürfte die Staatsangehörigkeit eines der Beteiligten keinen hinreichenden Inlandsbezug vermitteln, wenn das fragliche Geschäft im Ausland vorgenommen wurde.[692] Ferner ist es geboten, im Rahmen der Feststellung einer Inlandsbeziehung insbesondere die praktischen Folgen abzuwägen, die das Eingreifen der Vorbehaltsklausel für die Beteiligten im Inland hat.[693]

---

[683] OLG Hamm IPRax 1982, 194 (197) = OLGZ 1982, 289; Bamberger/Roth/*Lorenz* Rn. 16; *Lüderitz* IPR Rn. 209; Palandt/*Thorn* Rn. 6; Soergel/*Kegel* Rn. 27; Staudinger/*Voltz* (2013) Rn. 157; *M. Stürner*, FS Coester-Waltjen, 2015, 843 (852 f.); aA *Raape/Sturm* IPR S. 217 f.; *Stöcker* RabelsZ 38 (1974), 79 (85).

[684] *Lüderitz* IPR Rn. 209; aA *Looschelders* RabelsZ 65 (2001), 463 (476 f.): Es genüge, dass die betreffende Person der deutschen Gerichtsgewalt unterliege; *Raape/Sturm* IPR S. 218.

[685] So auch *M.-P. Weller/Kaller/A. Schulz* AcP 216 (2016), 387 (396 f.).

[686] BGHZ 115, 90 = NJW 1991, 3092.

[687] Vgl. die Beispiele bei *Raape/Sturm* IPR S. 218 und *Looschelders* RabelsZ 65 (2001), 463 (477).

[688] Vgl. die Beispiele bei *Raape/Sturm* IPR S. 218 und *Looschelders* RabelsZ 65 (2001), 463 (477).

[689] Insoweit zutr. Bamberger/Roth/*Lorenz* Rn. 16.

[690] *Kropholler* IPR § 36 II 2.

[691] NK-BGB/*Schulze* Rn. 39.

[692] Beispiel von *Kropholler* IPR § 36 II 2; allerdings ist die Staatsangehörigkeit selbst im Internationalen Vertragsrecht nicht völlig irrelevant (vgl. Art. 7 Abs. 3 lit. c Rom I-VO), so dass man sie als Faktor auch bei anderen, unter das EGBGB fallenden Rechtsgeschäften nicht generell als Indiz ausschließen sollte.

[693] BGHZ 50, 370 (378) = NJW 1969, 369 (370 f.); hierzu *Jayme*, Methoden der Konkretisierung, 1989, 47.

190   Die an das erforderliche Ausmaß der Inlandsbeziehung anzulegenden Maßstäbe sind nicht generell und abstrakt, sondern stets in Abhängigkeit von dem Gewicht des jeweiligen Verstoßes gegen inländische Grundwertungen zu bestimmen; insoweit besteht eine räumliche **Relativität des ordre public.**[694] Das heißt: Die Anforderungen an den Inlandsbezug sind einerseits umso geringer, je stärker das Ergebnis der Anwendung einer ausländischen Norm gegen hierzulande geltende, grundlegende Gerechtigkeitsvorstellungen verstößt;[695] andererseits ist ein besonders ausgeprägter Inlandsbezug zu verlangen, wenn die Stärke des Verstoßes gegen wesentliche Rechtsgrundsätze vergleichsweise gering erscheint.[696] Das Schulbeispiel für diese Relativität des ordre public bildet bislang die auch in der Gesetzesbegründung zu Art. 6 angeführte **polygame Ehe:**[697] So scheitert eine nach Art. 13 Abs. 1 gemäß dem anwendbaren Heimatrecht zulässige zweite Eheschließung eines bereits verheirateten saudi-arabischen Staatsangehörigen muslimischen Bekenntnisses mit einer gleichfalls muslimischen Staatsangehörigen in Deutschland am ordre public; wenn es hingegen darum geht, ob im Rahmen einer unterhaltsrechtlichen Auseinandersetzung die Gültigkeit einer in Saudi-Arabien geschlossenen Zweitehe anzuerkennen ist, steht die Vorbehaltsklausel (heute Art. 13 HUP) dem nach bisher hM nicht entgegen.[698] Gleiches gilt etwa im Rahmen des Art. 35 EuErbVO für den erbrechtlichen Anspruch einer Zweitfrau,[699] die Anknüpfung der Abstammung eines Kindes nach Art. 19 Abs. 1 S. 3,[700] im Rahmen der akzessorischen Anknüpfung eines Delikts an ein bestehendes Rechtsverhältnis nach Art. 41 Abs. 2 Nr. 1 EGBGB bzw. Art. 4 Abs. 3 Rom II-VO, im Sozialrecht nach § 34 Abs. 2 SGB I für die Aufteilung einer Witwenrente auf mehrere Ehegatten bzw. -gattinnen[701] oder – im Ausländerrecht – hinsichtlich der Erteilung einer Aufenthaltsbefugnis für die Zweitfrau.[702] Im Bundesjustizministerium wird derzeit aber erwogen, im Ausland eingegangen polygamen Ehen die Anerkennung im Inland generell zu versagen.[703] Auch bei der Eheschließung durch Minderjährige ist danach zu unterscheiden, ob diese im Inland vorgenommen werden soll oder ob es lediglich darum geht, eine bereits im Ausland wirksam eingegangene Ehe im Inland anzuerkennen (→ Rn. 259).

191   Der Grund für die bisher tolerante Haltung gegenüber der im Ausland vollzogenen polygamen oder unter Abweichung von deutschen Altersgrenzen erfolgten Eheschließung liegt darin, dass diese Problematik im Rahmen zB einer unterhalts- oder erbrechtlichen Auseinandersetzung vor deutschen Gerichten lediglich als **Vorfrage** relevant wird (zum Begriff → Einl. IPR Rn. 148 ff.). Eine Vorfrage weist aber in aller Regel einen erheblich geringeren Inlandsbezug auf, als wenn über dasselbe Rechtsproblem als Hauptfrage zu entscheiden ist.[704] Man spricht insoweit auch, ähnlich wie bei der Entscheidungsanerkennung im IZVR (→ Rn. 103), von einem *effet atténué* des ordre public.[705] Im Einzelfall können aber aufgrund der Ergebnisbezogenheit der ordre public-Prüfung Besonderheiten gelten: Wird zB im Inland ein Regressanspruch geltend gemacht, der in seiner Höhe einer ordre public-widrigen Hauptforderung, die zB auf unverhältnismäßigen Schadensersatz gerichtet war (Art. 40 Abs. 3 Nr. 1), entspricht, ist entscheidend, dass im wirtschaftlichen Ergebnis der Gläubiger eine Zahlung in exorbitanter Höhe verlangt, auch wenn die Hauptforderung selbst nur als Vorfrage des Regressanspruchs zu prüfen ist, so dass über Art. 6 eine entsprechende Kappung angezeigt sein kann.[706] Gleiches gilt, wenn über die Inanspruchnahme einer Bürgschaft bei wirtschaftlicher

---

[694] AllgM, s. nur *Meise,* Relativität der Vorbehaltsklausel, 1966; aus neuerer Zeit zB *v. Bar/Mankowski* IPR I § 7 Rn. 264; Erman/*Hohloch* Rn. 17; *v. Hoffmann/Thorn* IPR § 6 Rn. 152; *Kropholler* IPR § 36 II 2; *Looschelders* IPR Rn. 18; NK-BGB/*Schulze* Rn. 38; Palandt/*Thorn* Rn. 6.

[695] So BVerfGE 116, 243 (266) = NJW 2007, 900 (903) = IPRax 2007, 217 (223) im Anschluss an die zu § 328 Abs. 1 Nr. 4 ZPO ergangene Entscheidung BGHZ 118, 312 (349) = NJW 1992, 3096 (3105 f.); KG FamRZ 2011, 1008 = ZEV 2011, 132; näher *Kronke* BerDGesVR 38 (1998), 33 (49 ff.).

[696] Erman/*Hohloch* Rn. 17; NK-BGB/*Schulze* Rn. 38.

[697] BT-Drs. 10/504, 43.

[698] BT-Drs. 10/504, 43; ebenso *Kropholler* IPR § 36 II 2; *Looschelders* RabelsZ 65 (2001), 463 (489); RGRK-BGB/*Wengler* IPR I S. 80; Staudinger/*Voltz* (2013) Rn. 162.

[699] *v. Hoffmann/Thorn* IPR Rn. 153; *Kropholler* IPR § 36 II 2; *Looschelders* RabelsZ 65 (2001), 463 (489).

[700] Vgl. LG Frankfurt a. M. FamRZ 1976, 217.

[701] Vgl. hierzu BSGE 87, 88 = NZS 2001, 426; BGH NVwZ 2013, 1568; *Eichenhofer* SGb 2016, 184.

[702] OVG Rheinland-Pfalz InfAuslR 2004, 294 = BeckRS 2004, 22082.

[703] *o. V.,* Maas will Mehrfach-Ehen die Anerkennung verweigern, FAZ vom 14.6.2016, http://www.faz.net/-gpf-8i798.

[704] OLG Hamm BeckRS 2014, 19794 Rn. 29; *Andrae* NZFam 2016, 923 (928) (zur Minderjährigenehe als Vorfrage der Vaterschaftsfeststellung); Erman/*Hohloch* Rn. 19 aE; *Gössl* EuLF 2016, 85 (91 f.); *v. Hoffmann/Thorn* IPR § 6 Rn. 153; *Kropholler* IPR § 36 II 2; *Raape/Sturm* S. 216; RGRK-BGB/*Wengler* IPR I S. 79.

[705] So zB *v. Hoffmann/Thorn* IPR § 6 Rn. 153.

[706] Eingehend zum Fall BGH NJW-RR 2000, 1372 = IPRax 2001, 586 die Besprechung *v. Hein* IPRax 2001, 567 ff.; s. aber auch die Abschlussentscheidung OLG Hamburg IPRspr. 2008 Nr. 42, in der unter Hinweis auf § 843 Abs. 3 BGB letztlich ein ordre public-Verstoß verneint wurde.

Betrachtung eine ordre public-widrige, entschädigungslose Enteignung im Inland hingenommen würde (→ Rn. 123).

Über die Vorfragenkonstellation hinaus wird eine im Hinblick auf den erforderlichen Inlandsbezug **192** **abgeschwächte Wirkung** des ordre public befürwortet, wenn es lediglich darum geht, eine **im Ausland begründete Rechtslage im Inland anzuerkennen,** zB eine im Ausland vollzogene Privatscheidung[707] (zur Frage der Geltung der Rom III-VO insoweit → Rn. 131). Hierfür spricht der legitime Gedanke, dass andernfalls hinkende Rechtsverhältnisse entstünden.[708] Das kann aber nicht bedeuten, insoweit auf die Prüfung des ordre public schlechthin zu verzichten, insbesondere wenn der Sachverhalt durch den gewöhnlichen Aufenthalt oder die Staatsangehörigkeit einer der betroffenen Personen einen erheblichen Inlandsbezug aufweist.[709] Im europäischen Rechtsraum sind insoweit die Grundsätze zu beachten, die der EuGH im Hinblick auf das von ihm entwickelte Anerkennungsprinzip aufgestellt hat; auch dieses wird gegebenenfalls durch den ordre public des Anerkennungsstaates begrenzt (näher → Rn. 174 ff.).

bb) Durch die Europäisierung des ordre public bedingte Modifikationen. Je mehr der **193** ordre public durch europäische bzw. unionsrechtliche Grundsätze angereichert wird, liegt es indes nahe, auch das Prinzip der räumlichen Relativität des ordre public in entsprechender Weise zu modifizieren: Da beispielsweise die EMRK oder die Grundrechtecharta nicht allein in Deutschland, sondern auch in den anderen Vertrags- bzw. Mitgliedstaaten Geltung beanspruchen, ist es bei Verstößen gegen die darin enthaltenen wesentlichen Rechtsgrundsätze (zB das Diskriminierungsverbot) nicht länger sachgerecht, das Eingreifen der Vorbehaltsklausel aus einer rein nationalen Perspektive davon abhängig zu machen, dass eine Verbindung gerade zum Forumstaat besteht, eine enge Beziehung des Sachverhalts zu einem oder mehreren *anderen* Mitglied- bzw. Vertragsstaaten aber schlechthin außer Betracht zu lassen.[710] Das hiergegen vor zwei Jahrzehnten in Bezug auf die damalige EG vorgebrachte Argument, diese bilde „noch keinen einheitlichen Rechtsraum",[711] vermag angesichts der seither erheblich vorangeschrittenen Fortentwicklung eines „Raum[s] der Freiheit, der Sicherheit und des Rechts" (Titel V AEUV) nicht mehr zu überzeugen. Nach einer restriktiveren Auffassung soll ein Bezug zu anderen Mitglied- oder Vertragsstaaten hingegen lediglich eine vorhandene schwache Inlandsbeziehung dahingehend verstärken können, dass der Sachverhalt einer ordre public-Kontrolle unterliegt, bei einem gänzlich fehlenden Inlandsbezug aber keine Anwendung des Art. 6 auslösen.[712] Auch im letztgenannten Fall sollte es aber dem Forumstaat – gewissermaßen stellvertretend für die europäische Rechtsgemeinschaft – obliegen, deren Grundwertungen gegenüber einem drittstaatlichen Recht zu schützen, wenn nur ein hinreichender Bezug zum Kreis anderer EU- bzw. EMRK-Staaten besteht; insoweit kann also ein **fehlender Inlandsbezug durch die europäische Binnenbeziehung substituiert** werden.[713] In diesem Rahmen kann zB auch die Unionsbürgerschaft eines Beteiligten (Art. 20 AEUV) relevant sein.[714] Dieser Ansatz fügt sich dogmatisch in Tendenzen ein, bei der schwerwiegenden Verletzung elementarer Menschenrechte das Erfordernis der Inlandsbeziehung großzügig zu handhaben oder gar darauf zu verzichten (näher → Rn. 197 ff.). Nur wenn ausschließlich wesentliche Grundsätze des autonomen deutschen Rechts betroffen sind, erscheint es angebracht, ohne weitere Modifikationen an dem herkömmlichen Erfordernis einer national definierten Inlandsbeziehung festzuhalten.[715]

Darüber hinausgehend wird zum Teil für die **EMRK** gefordert, selbst auf eine europäische Bin- **194** nenbeziehung zu verzichten.[716] Zur Begründung wird angeführt, dass die EMRK trotz ihres formalen Charakters als regional begrenzte Konvention inhaltlich einen **universalen Geltungsanspruch**

---

[707] Mit diesem Beispiel *Kropholler* IPR § 36 II 2 („vollendete Tatsache"); *Looschelders* RabelsZ 65 (2001), 463 (490); im Ergebnis ebenso *v. Hoffmann/Thorn* IPR § 6 Rn. 153; *Rauscher* IPRax 2000, 391 (394); Staudinger/ *Voltz* (2013) Rn. 177.
[708] *Looschelders* RabelsZ 65 (2001), 463 (490).
[709] Vgl. *Looschelders* RabelsZ 65 (2001), 463 (490); auch *Kropholler* IPR § 46 IV 4a: keine Anerkennung einer Privatscheidung, wenn die gegen ihren Willen verstoßene Frau die deutsche Staatsangehörigkeit besitzt; so auch Staudinger/*Voltz* (2013) Rn. 177.
[710] Eingehend *Siehr*, FS v. Hoffmann, 2011, 424 (429 ff.); *ders.*, FS Kropholler, 2008, 211 (223); ebenso *Courbe,* Mélanges Lagarde, 2005, 227, 239 zur EMRK; *Gössl* EuLF 2016, 85 (91); NK-BGB/*Schulze* Rn. 41; Staudinger/ *Voltz* (2013) Rn. 160 zum EU-Recht; *M. Stürner,* FS v. Hoffmann, 2011, 463 (480 f.); *Thoma,* Europäisierung und Vergemeinschaftung, 2007, 112; *Wurmnest* in Leible/Unberath Rom 0-VO 470.
[711] So *Martiny* in v. Bar, Europäisches Gemeinschaftsrecht und IPR, 1991, 211, 231.
[712] So Bamberger/Roth/*Lorenz* Rn. 16; 5. Aufl. 2010, Rn. 84.
[713] BeckOGK/*Stürner* (1.2.2017) EGBGB Art. 6 Rn. 267; NK-BGB/*Schulze* Rn. 41.
[714] Palandt/*Thorn* Rn. 6.
[715] So auch Staudinger/*Voltz* (2013) Rn. 160; weitergehend wohl *Siehr*, FS v. Hoffmann, 2011, 424 (429 ff.).
[716] Eingehend Staudinger/*Voltz* (2013) Rn. 88.

erhebe.[717] Zwar ist es richtig, dass die menschenrechtlichen Gewährleistungen der EMRK ihrem inhaltlichen Potenzial nach auf eine Universalisierung angelegt sind.[718] Es ist aber fraglich, ob dies allein ausreicht, um das Erfordernis einer zumindest regional-europäischen Binnenbeziehung im Rahmen des IPR aufzugeben.[719] Auch die deutsche Verfassung bekennt sich in Art. 1 Abs. 2 GG „zu unverletzlichen und unveräußerlichen Menschenrechten als Grundlage jeder menschlichen Gemeinschaft", ohne dass aus diesem Universalitätsanspruch abgeleitet wird, die Grundrechte seien auf Fälle mit Auslandsberührung ohne Berücksichtigung eines Inlandsbezuges anzuwenden (→ Rn. 139 ff.). Der Umstand, dass die EMRK bei der Auslieferung einer Person in einen Drittstaat oder im Falle der Ausübung militärischer Hoheitsgewalt durch einen Vertragsstaat in einem Drittstaat eingreifen kann,[720] ist für das internationale *Privatrecht* nur wenig aussagekräftig.[721] Schließlich ist auch die Prämisse, bei einer Heranziehung universal geltender Menschenrechte sei auf einen Inlandsbezug schlechthin zu verzichten, bei näherer Betrachtung nicht unproblematisch (näher → Rn. 197 ff.). Zumindest soweit die EMRK den Vertragsstaaten ein Ermessen (**„margin of appreciation"**) bei der Erfüllung ihrer Konventionsverpflichtungen einräumt,[722] erscheint es normativ nicht stimmig, den Gerichten der Vertragsstaaten bei der Beurteilung des für das Eingreifen der Vorbehaltsklausel erforderlichen Binnenbezuges jeglichen Spielraum zu versagen.[723] Die räumliche Relativität der Vorbehaltsklausel stellt vielmehr das im IPR notwendige funktionale Korrelat zum materiellrechtlichen Ermessensspielraum der Vertragsstaaten dar. Jedenfalls ist vor der Annahme eines ordre public-Verstoßes aufgrund einer Verletzung der EMRK stets genau zu prüfen, ob die in einem Drittstaat verwirklichte Fallkonstellation überhaupt deckungsgleich mit einem vom EGMR entschiedenen Sachverhalt ist. So hat zB das BVerwG das Ehehindernis der Schwägerschaft im indischen Recht nicht für ordre public-widrig iS des Art. 13 Abs. 2 gehalten, obwohl der EGMR dieses Eheverbot in einem britischen Fall als konventionswidrig eingestuft hatte.[724] Dies begründete der Senat nicht mit einem mangelnden Inlandsbezug des Sachverhalts – die an der unwirksamen Eheschließung beteiligte Frau war deutsche Staatsangehörige –, sondern damit, dass der vom EGMR entschiedene Fall eine Konstellation langjährigen Zusammenlebens in ständiger Partnerschaft betraf, wovon in dem Fall des BVerwG ersichtlich keine Rede sein konnte.[725]

195   Auch soweit es nicht um die Verletzung europäischer Grund- und Menschenrechte geht, sondern Bestimmungen des **EU-Sekundärrechts** ordre public-Charakter zukommt (→ Rn. 162 ff.), erscheint es angemessen, bei der erforderlichen räumlichen Nähe nicht allein auf eine Beziehung des Sachverhalts zum Forumstaat abzustellen, sondern auch **Verknüpfungen zu einem oder mehreren anderen Mitgliedstaaten** einzubeziehen.[726] Hierfür spricht eine Wertungsparallele zu Art. 3 Abs. 4 Rom I-VO, der die Sonderanknüpfung (intern) zwingenden europäischen Rechts in Sachverhalten mit einem ausschließlichen Binnenmarktbezug regelt.[727] Zwar handelt es sich hierbei dogmengeschichtlich um eine Ausprägung des sog „positiven" ordre public (→ Rn. 159); der Grundgedanke aber, dass wesentliche Grundsätze des europäischen Rechts nicht nur gegen eine Umgehung in reinen Inlandsfällen (Art. 3 Abs. 3 Rom I-VO), sondern auch bei einem Bezug zu einem oder mehreren anderen Mitgliedstaaten geschützt werden müssen, lässt sich mutatis mutandis auch im Rahmen der Abwehrfunktion des „negativen" ordre public fruchtbar machen.

196   Für die Konkretisierung des erforderlichen Grades der EU- bzw. EMRK-Binnenbeziehung ist im Übrigen auf die Erläuterungen der Inlandsbeziehung (→ Rn. 186 ff.) zu verweisen.

---

[717] Staudinger/*Voltz* (2013) Rn. 88.

[718] Hierzu ausf. *Kotzur*, Der Europäische Gerichtshof für Menschenrechte: Ein regionaler Akteur im Dienste universaler Menschenrechte, in v. Hoffmann, Universalität der Menschenrechte, 2009, 41 ff.

[719] Für einen solchen Bezug mit eingehender Begründung *Renfert*, Über die Europäisierung der ordre public Klausel, 2003, 133 ff.; *Courbe*, Mélanges Lagarde, 2005, 227, 239; *Fahrenhorst*, Familienrecht und EMRK, 1994, 227 f.; *Mayer* Rev. crit. 1991, 651 (659 ff.); *Hammje* Rev. crit. 1997, 1 (17); vgl. auch *Siehr*, FS v. Hoffmann, 2011, 424 (431); *Wurmnest* in Leible/Unberath Rom 0-VO 470.

[720] Hierzu eingehend *Kotzur*, Der Europäische Gerichtshof für Menschenrechte: Ein regionaler Akteur im Dienste universaler Menschenrechte, in v. Hoffmann, Universalität der Menschenrechte, 2009, 41 mwN.

[721] Anders Staudinger/*Voltz* (2013) Rn. 88.

[722] Siehe jüngst EGMR NJW 2017, 941 Rn. 179 ff. – Paradiso u. Campanelli/Italien in Bezug auf Adoption, Unterbringung eines Kindes, künstliche Befruchtung und Leihmutterschaft; aktuelle Bestandsaufnahme bei *Koutnatzis/Weilert* AVR 51 (2013), 72 ff. mwN.

[723] Auf den Zusammenhang zwischen „margin of appreciation" und Inlandsbeziehung weist auch *Looschelders* RabelsZ 65 (2001), 463 (484) hin; anders offenbar Staudinger/*Voltz* (2013) Rn. 88.

[724] BVerwG NJW 2012, 3461 Rn. 21 in Auseinandersetzung mit EGMR FamRZ 2005, 1971 (Ls.) – B. und L./Vereinigtes Königreich, mAnm *Henrich*.

[725] BVerwG NJW 2012, 3461 Rn. 21.

[726] Staudinger/*Voltz* (2013) Rn. 160.

[727] *M. Stürner*, FS v. Hoffmann, 2011, 463 (481).

b) Einschränkungen bei universal geltenden Menschenrechten. Eine weitere Einschrän- **197**
kung des erforderlichen Inlandsbezuges ist in Bezug auf universal geltende Menschenrechte zu erwägen, die vor allem in einschlägigen Übereinkommen der Vereinten Nationen enthalten sind
(→ Rn. 145). Hierfür wird die Universalität der Menschenrechte angeführt: Der **Gerichtsstaat**
verteidige in diesem Fall nicht nur eigene, nationale Grundwertungen, sondern werde gewissermaßen
als **Sachwalter der internationalen Gemeinschaft** zur Durchsetzung fundamentaler Rechtssätze
tätig, so dass das Kriterium des Inlandsbezuges praktisch funktionslos werde.[728] Zudem wird argumentiert, dass der internationale Entscheidungseinklang nicht gestört werde, wenn ausländische
Gerichte aufgrund weltweit anerkannter Menschenrechte den gegebenen Fall ebenso beurteilen
müssten wie ein deutsches Gericht.[729] Zum Teil wird deshalb verlangt, das Erfordernis des Inlandsbezuges bei Menschenrechtsverletzungen gänzlich aufzugeben.[730] Hierdurch soll eine größere Rechtssicherheit erreicht werden.[731] Von anderen wird hingegen vorsichtiger formuliert, dass in Bezug auf
Menschenrechtsverletzungen auch eine nur „geringe“ oder „schwache“ Inlandsbeziehung für das
Eingreifen der Vorbehaltsklausel ausreiche,[732] womit zumindest ein gewisses Maß an Inlandsberührung als Erfordernis aufrechterhalten wird. In dieselbe Richtung geht die Auffassung, dass bei Menschenrechtsverletzungen „jede“ Inlandsberührung ausreiche, die zB auch in der Befassung eines
deutschen Gerichts oder einer deutschen Behörde mit dem Sachverhalt liegen könne.[733]

Ein völliger und undifferenzierter Verzicht auf das Erfordernis der Inlandsbeziehung erscheint **198**
jedoch auch für den Bereich des Menschenrechtsschutzes nicht angebracht.[734] Anders als im internationalen Strafrecht hat sich **im internationalen Privat- und Zivilverfahrensrecht** noch **kein sog**
Weltrechtsprinzip, dh eine universale zivilrechtliche Jurisdiktion bei Menschenrechtsverletzungen,[735] etabliert.[736] Selbst in den USA, die in den vergangenen drei Jahrzehnten die Speerspitze bei
der zivilrechtlichen Verfolgung von Menschenrechtsverstößen bildeten,[737] ist jüngst in Gestalt der
„Kiobel"-Entscheidung des US Supreme Court das Pendel wieder deutlich zu einer Beschränkung
der Gerichtsgewalt auf Sachverhalte mit Inlandsbezug zurückgeschwungen.[738] Wenn es aber nach
dem derzeitigen Stand des Völkerrechts keine allgemeine Verpflichtung der Staaten gibt, für die
zivilrechtliche Verfolgung von Menschenrechtsverletzungen ohne signifikanten Bezug zum jeweiligen Gerichtsstaat ein Forum zur Verfügung zu stellen, ist es normativ fragwürdig, ob allein aus dem
Prinzip der Universalität der Menschenrechte für das mit dem internationalen Verfahrensrecht eng
verwandte Kollisionsrecht die Folge abzuleiten ist, dass insoweit generell auf das Kriterium einer
hinreichenden Inlandsbeziehung verzichtet werden müsse. Die Erfahrungen mit der ausufernden
extraterritorialen Jurisdiktion der US-amerikanischen Gerichte vor „Kiobel" lehren zudem, dass
ein solcher Verzicht – jedenfalls im internationalen Zivilverfahrensrecht – kaum einen Gewinn an
Rechtssicherheit, sondern eher das Gegenteil bewirkt.

Auch das Argument, der internationale Entscheidungseinklang werde nicht gefährdet, ist im **199**
Einzelfall daraufhin zu prüfen, ob und in welchem Umfang die in den zahlreichen Menschenrechts-
konventionen enthaltenen Gewährleistungen tatsächlich universale Anerkennung erfahren haben.[739]
Daran ist richtig, dass der Verzicht oder die Einschränkung auf das Erfordernis des Inlandsbezuges

---

[728] Eingehend *Kreuzer* Rechtswissenschaft 2010, 143 (179 ff.); ähnlich *Scholz* IPRax 2008, 213 (216); vornehmlich zur Schiedsgerichtsbarkeit *Horn* RabelsZ 44 (1980), 423 ff.

[729] *Staudinger/ Voltz* (2013) Rn. 143.

[730] *Kokott* BerGesVR 38 (1998), 71 (107); wohl auch *Kropholler* IPR § 36 IV 2.

[731] *Kokott* BerGesVR 38 (1998), 71 (107).

[732] *v. Bar/Mankowski* IPR I § 7 Rn. 269; *Siehr,* FS v. Hoffmann, 2011, 424 (430 f.); *Staudinger/ Voltz* (2013)
Rn. 143; *Matthias Weller,* Europäisches Kollisionsrecht, 2015, Rn. 110.

[733] *Kegel/Schurig* IPR § 16 III 2b; *Kreuzer* Rechtswissenschaft 2010, 143 (180); *Scholz* IPRax 2008, 213 (216).

[734] Ebenso *M. Stürner,* FS Coester-Waltjen, 2015, 843 (853).

[735] Siehe die Resolution des Institut de Droit International vom 30.8.2015, RabelsZ 80 (2016), 155 mit einer
Einführung von *Basedow* RabelsZ 80 (2016), 151 = IPRax 2016, 85 mit einer Einführung von *Jayme* IPRax
2016, 82.

[736] Hierzu umfassend *Bucher* Rec. des Cours 372 (2015), 9 ff.; *Theresa Wilhelmi,* Das Weltrechtsprinzip im
internationalen Privat- und Strafrecht, 2007 mwN; *Theresa Wilhelmi,* Menschenrechtsschutz durch universale
Jurisdiktion im internationalen Privat- und Strafrecht, in v. Hoffmann, Universalität der Menschenrechte, 2009,
229 ff.

[737] Hierzu im Überblick *Hailer,* Die US-amerikanische Human Rights Litigation, in v. Hoffmann, Universalität
der Menschenrechte, 2009, 211 ff.

[738] US Supreme Court 17.4.2013, Nr. 10-1491, 569 US… (2013) = 133 S. Ct. 1659 (2013) – Kiobel et al.
v. Royal Dutch Petroleum Co. et al.; hierzu s. die Besprechungsaufsätze *Reimann* IPRax 2013, 455 ff.; *Reynolds/*
Zimmer RIW 2013, 509 ff.; *Sandrock* RIW 2013, 497 ff.; *M. Stürner* JZ 2014, 13 ff.; *Thomale* ZIP 2014, 1158 ff.;
Winter IPRax 2013, 462 ff.; zur weiteren Entwicklung der US-Rechtsprechung eingehend *v. Hein* ZGR 2016,
414 ff.; *Saage-Maaß/Beinlich* KJ 48 (2015), 146 ff.

[739] Ausf. *Tomuschat* in v. Hoffmann, Universalität der Menschenrechte, 2009, 13 ff.

zumindest im Kreise derjenigen Staaten, welche die universal geltenden Menschenrechte respektieren, zu einem größeren Entscheidungseinklang beiträgt, da das Erfordernis der Binnenbeziehung in den nationalen Kollisionsrechten nicht einheitlich gehandhabt wird.[740] Andererseits zeigt sich bei näherer Betrachtung, dass auch diejenigen Konventionen, die allgemein als **Quelle universal anerkannter Menschenrechte** herangezogen werden, **hinsichtlich ihres Geltungsbereichs zum Teil erhebliche Lücken aufweisen:** So ist etwa die VR China dem Internationalen Pakt über bürgerliche und politische Rechte nicht beigetreten, die USA konnten dem Internationalen Pakt für wirtschaftliche, soziale und kulturelle Rechte nichts abgewinnen, und gegen die UN-Kinderrechtekonvention haben mehrere islamische Staaten Vorbehalte im Sinne eines Vorrangs der Scharia eingelegt.[741] Insoweit hält die Überlegung, bei einer Zugrundelegung menschenrechtlicher Standards im Rahmen des Art. 6 werde der internationale Entscheidungseinklang nicht gefährdet,[742] der Wirklichkeit nicht immer stand, denn die einschlägigen Rechtskollisionen ergeben sich gerade im Verhältnis zu denjenigen Staaten, welche die Vorgaben der einschlägigen Konventionen nicht als verbindlich akzeptieren. Das schließt ein Eingreifen der Vorbehaltsklausel im Ergebnis zwar nicht aus (zur Anwendung von Menschenrechten auch gegenüber Nicht-Vertrags- bzw. Vorbehaltsstaaten → Rn. 147; zum umstrittenen Argument der „kulturellen Identität" → Rn. 149 ff.), aber man muss sich, will man eine informierte Entscheidung treffen, über die Folgen für die Rechtspraxis und die Betroffenen im Klaren sein, denn es drohen unter Umständen hinkende Rechtsverhältnisse.[743]

200   Nach einer vermittelnden Ansicht soll auf das Erfordernis einer Inlandsbeziehung jedenfalls verzichtet werden, soweit der **menschenrechtliche Mindeststandard** betroffen sei – genannt werden etwa die Anerkennung der Rechtsfähigkeit oder das Recht auf Leben und körperliche Unversehrtheit.[744] Schon im kursorischer rechtsvergleichender Überblick zeigt indes, dass, sobald man sich vom universal anerkannten Mindeststandard entfernt, hinsichtlich der Konkretisierung dieses Schutzes im Einzelfall eine erhebliche Bandbreite an Lösungsmöglichkeiten besteht:[745] Auch unter menschenrechtlich aufgeklärten Juristen kann man sich über den Beginn und das Ende menschlichen Lebens[746] oder über die Abwägung des Rechts auf körperliche Unversehrtheit mit anderen Rechtsgütern (etwa dem Elternrecht auf religiöse Kindererziehung, s. die deutsche „Beschneidungsdebatte"[747]) streiten. Daher wird auch von den Kritikern des Erfordernisses einer Inlandsbeziehung bei universalen Menschenrechten zugestanden, dass für die Berücksichtigung dieser Rechte im Rahmen des nationalen ordre public ein **materieller Beurteilungsspielraum des Staates der lex causae** respektiert werden müsse.[748] Gerade dieser Respekt vor dem materiellen Beurteilungsspielraum anderer Staaten bei der Umsetzung internationaler Menschenrechtskonventionen gebietet es aber, in Fällen mit Auslandsberührung nicht ohne Weiteres unsere eigenen Anschauungen von einem angemessenen Schutz der Menschenrechte zugrunde zu legen. Obwohl die Menschenrechte als solche universale Geltung beanspruchen, wäre es ein logischer Kurzschluss, im Rahmen des Art. 6 die deutschen Vorstellungen von einem angemessenen Schutz dieser Rechte ohne Rücksicht auf den Inlandsbezug des Sachverhalts durchzusetzen. Hierzu ein Beispiel: Der den Vertragsstaaten einer Menschenrechtskonvention zustehende Beurteilungsspielraum deckt die unterschiedlichen materiellen Schutzniveaus 1, 2 und 3 ab. Wenn die Staaten A, B und C sich im Rahmen ihres eigenen Rechts jeweils für eines dieser Niveaus entscheiden, kann dies folglich niemand beanstanden. Ebenso sollte es aber erlaubt sein, dass der Staat A sich bei reinen Inlandssachverhalten für das hohe Schutzniveau 3, bei Sachverhalten mit Auslandsberührung, aber starkem Inlandsbezug, für das mittlere Schutzniveau 2 und bei Sachverhalten mit nur geringem Inlandsbezug für das niedrige Schutzniveau 1 entscheidet.

201   Es ist folglich **im Ergebnis** auch bei der Konkretisierung des ordre public durch universale Menschenrechte jedenfalls insoweit ein **Mindestmaß an Inlandsberührung zu verlangen,** als der Verstoß gegen den ordre public gerade auf unsere nationale Anschauung eines angemessenen Schutzniveaus im Hinblick auf ein bestimmtes Menschenrecht gestützt wird. Dem auch in Fragen des Menschenrechtsschutzes anerkannten Beurteilungsspielraum des ausländischen Staates ist im IPR

---

[740] *Kreuzer* Rechtswissenschaft 2010, 143 (178).

[741] *Tomuschat* in v. Hoffmann, Universalität der Menschenrechte, 2009, 13, 18 ff.; zu den Vorbehalten islamischer Staaten auch näher *Kreuzer* Rechtswissenschaft 2010, 143 (170 f.); *Scholz* IPRax 2008, 213 (217).

[742] Staudinger/*Voltz* (2013) Rn. 143.

[743] So auch *M. Stürner*, FS Coester-Waltjen, 2015, 843 (853).

[744] Ausf. *Looschelders* RabelsZ 65 (2001), 463 (483 ff.).

[745] Dies konzediert auch *Looschelders* RabelsZ 65 (2001), 463 (484).

[746] S. am Beispiel der EMRK *Koutnatzis/Weilert* AVR 51 (2013), 72 ff.

[747] Hierzu statt vieler einerseits *Herzberg* JZ 2009, 332 ff.; *Hörnle/Huster* JZ 2013, 328 ff.; *Isensee* JZ 2013, 317 ff.; andererseits *Fateh-Moghadam* Rechtswissenschaft 2010, 115 ff.; *Schwarz* JZ 2008, 1125 ff.

[748] *Kreuzer* Rechtswissenschaft 2010, 143 (179); *Scholz* IPRax 2008, 213 (217).

bei der Ausfüllung der räumlichen Kriterien im Rahmen des Inlandsbezuges Rechnung zu tragen. Dieser Inlandsbezug kann, ebenso wie bei den Grundrechten (→ Rn. 140), umso schwächer ausfallen, je stärker das Gewicht des Verstoßes ist. Es kann daher bei universal anerkannten Menschenrechten ausreichend sein, dass deutsche Gerichte oder Behörden über den fraglichen Sachverhalt zu entscheiden haben.[749] Soweit die Anwendung fremden Privatrechts – was selten vorkommen dürfte – gegen völkerrechtliches *ius cogens* verstößt (→ Rn. 115), ist es angebracht, gänzlich auf einen Inlands- oder Regionalbezug zu verzichten.

2. Zeitliche Relativität. a) Wandel der Rechtsanschauungen. Nach allgemeiner Ansicht ist **202** der ordre public nicht nur in räumlicher (→ Rn. 184 ff.), sondern **auch in zeitlicher Hinsicht relativ.**[750] So hat der BGH hervorgehoben, „dass der ordre public nicht statisch und unveränderlich ist, sondern als Substrat der geltenden Rechtsordnung ebenso wie diese eine Ausprägung der elementaren Wertvorstellungen der inländischen und zunehmend auch der europäischen Rechtsgemeinschaft darstellt, dem Wandel dieser Wertvorstellungen unterworfen ist und ihm – wenn auch bisweilen mit zeitlicher Verzögerung – folgt".[751] Ebenso hat der EuGH anerkannt, dass „die konkreten Umstände, die möglicherweise die Berufung auf den Begriff der öffentlichen Ordnung rechtfertigen, [...] im zeitlichen Wechsel verschieden sein [können]".[752] Bei der Heranziehung älterer Präzedenzfälle ist daher stets Vorsicht geboten: Während zB in den 1950-er Jahren noch das **„Kranzgeld"** für die unbescholtene Verlobte als ein wesentlicher Grundsatz der deutschen Rechtsordnung galt,[753] war dies schon im Jahre 1974 nicht mehr der Fall.[754] Der **Termin- und Differenzeinwand** gehörte gemäß §§ 52 ff. BörsG aF und § 764 BGB aF zwar nach früherer Rechtsprechung des BGH zum deutschen ordre public.[755] Daran wurde aber nach der Änderung der §§ 53, 58 und 61 BörsG aF durch die Börsengesetznovelle 1989 nicht mehr festgehalten.[756] Und wohingegen der BGH noch in den 1960-er Jahren keinen Anstoß an der nach ausländischem Recht gegebenen **Unscheidbarkeit** einer Ehe nahm,[757] begründete dies im Jahre 2006 einen klaren Verstoß gegen die seither gewandelte deutsche öffentliche Ordnung;[758] heute wird der Zugang zur Ehescheidung als elementares Recht auf europäischer Ebene sogar speziell in Art. 10 Rom III-VO garantiert (→ Rn. 33). Ein besonders anschauliches Beispiel für den mitunter rasanten Wandel in fundamentalen weltanschaulichen Fragen hat jüngst das französische Recht geboten: Während die Cour de Cassation in zwei Entscheidungen aus dem Jahre 2012 die **Adoption** eines Kindes **durch ein homosexuelles Paar** noch als ordre public-widrig eingestuft hatte, legalisierte der französische Gesetzgeber nur ein Jahr später ebendieses Institut.[759]

Die **zeitliche Relativität** des ordre public **gebietet ein besonderes Augenmaß bei der Hand- 203 habung der Vorbehaltsklausel.**[760] Eine ausländische Regelung, die noch bis vor kurzem eine inhaltliche Entsprechung im deutschen Recht fand, darf nicht allein aufgrund einer inländischen Rechtsreform **von einem Tag auf den anderen** als ein Verstoß gegen die öffentliche Ordnung angesehen werden;[761] so haben die deutschen Gerichte zB (im Rahmen des Art. 13 Abs. 2) grundsätzlich mit Recht im Hinblick auf das noch in zahlreichen Rechtsordnungen vorhandene Eheverbot

---

[749] *M.-P. Weller/Kaller/A. Schulz* AcP 216 (2016), 387 (396 f.).
[750] Ausf. *Frank*, FS Vrellis, 2014, 287 ff.
[751] BGHZ 169, 240 Rn. 37 = NJW-RR 2007, 145.
[752] EuGH Slg. 2010 I-13693 = FamRZ 2011, 1486 Rn. 87 = GRUR Int 2011, 240 – Sayn-Wittgenstein.
[753] BGHZ 28, 375 = NJW 1959, 529.
[754] BGHZ 62, 282 = NJW 1974, 1506.
[755] BGH WM 1975, 676 (677) = NJW 1975, 1600; WM 1978, 1203 (1204 f.) = NJW 1979, 488; WM 1981, 758 f. = NJW 1981, 1898; WM 1987, 1153 (1154) = NJW 1987, 3193.
[756] Zum IPR BGH NJW-RR 2005, 1071 (1073); zum IZPR BGHZ 138, 331 (336 ff.) = NJW 1998, 2358.
[757] BGHZ 41, 136 (147) = NJW 1964, 976; BGHZ 42, 7 (11) = NJW 1964, 2013.
[758] BGHZ 169, 240 = NJW-RR 2007, 145; verkannt von OLG Karlsruhe BeckRS 2004, 31159811 = IPRax 2006, 181 m. krit. Aufsatz *Rauscher* IPRax 2006, 140.
[759] Cass. (Civ. 1ère) Rev. crit. dr. int. pr. 2013, 636 mAnm *Gannagé* Rev. crit. dr. int. pr. 2013, 587 mwN zum Gesetzgebungsverfahren.
[760] *Ferid* IPR Rn. 3–27; *Frank*, FS Vrellis, 2014, 287 ff.
[761] Vgl. OLG Hamm FamRZ 2009, 126 mAnm *Henrich* = BeckRS 2008, 10032: „Es ist nämlich nicht untragbar, wenn auch heute [2008] noch ausländische Vorschriften angewandt werden, die bis zum 1.7.1998 auch in Deutschland gegolten haben (§ 1593 BGB aF)"; allg. *Kropholler* IPR § 36 II 3; sehr forsch hingegen Cour d'appel Chambéry (3e ch.) 22.10.2013, D. 2013, 2464 mAnm *Fulchiron* D. 2013, 2576: bereits fünf Monate (!) nach Verabschiedung des französischen Gesetzes zur gleichgeschlechtlichen Ehe sei diese Bestandteil des ordre public geworden; bestätigt durch Cass. 28.1.2015, Clunet 2015, 597 mAnm *Guillaumé/Godechot-Patris*, Clunet 2015, 598, mAnm *Vignal* Clunet 2015, 613 und mAnm *Mathieu* Clunet 2015, 622 = D. 2015, 264 mAnm. *Gallmeister* und mAnm *Fulchiron* D. 2015, 464; kritisch hierzu *Libchaber* D. 2015, 481; vgl. aus deutscher Sicht auch *Lutzi* IPRax 2015, 381.

der Schwägerschaft, das auch im deutschen Recht bis 1998 galt, Zurückhaltung geübt.[762] Insoweit wird künftig aber auch die Rechtsprechung des EGMR Beachtung finden müssen.[763] Je mehr eine rechtsvergleichende Bestandsaufnahme ergibt, dass eine Reform des deutschen Rechts einen europäischen oder gar weltweiten rechtspolitischen Trend widerspiegelt, desto eher ist es gerechtfertigt, anstößigen ausländischen Vorschriften unter Berufung auf den ordre public die Anwendung zu versagen (zur Bedeutung der Rechtsvergleichung → Rn. 181 ff.).

204   **b) Maßgebender Beurteilungszeitpunkt.** Der für die Beurteilung eines ordre public-Verstoßes maßgebende Zeitpunkt ist **grundsätzlich** – ebenso wie bei der Anerkennung und Vollstreckbarerklärung ausländischer Urteile[764] – der **Erlass der (inländischen) gerichtlichen Entscheidung.**[765] Hiervon macht der BGH jedoch eine Ausnahme insoweit, als es um die Gültigkeit eines Rechtsgeschäfts geht; hierfür soll die Rechtslage im Zeitpunkt der Vornahme des Rechtsgeschäfts ausschlaggebend sein.[766] Diese Rechtsprechung „beruht auf der Erwägung, dass es im Allgemeinen mit dem Gebot der Rechtssicherheit nicht vereinbar wäre, wenn ein Rechtsgeschäft, das zum Zeitpunkt seines Abschlusses den damals geltenden Vorschriften entsprochen hat, auf Grund einer Änderung der Rechtslage unwirksam würde oder die Unwirksamkeit eines Rechtsgeschäfts nachträglich durch eine Gesetzesänderung geheilt werden könnte. Dies gilt insbesondere, wenn die Gültigkeit eines Verfügungsgeschäfts in Rede steht".[767] Nach anderer Ansicht sollen auch insoweit die im Zeitpunkt der Entscheidung geltenden Maßstäbe heranzuziehen sein, in deren Rahmen aber das Gebot der Rechtssicherheit einfließen müsse.[768]

205   Für die Ansicht des BGH spricht, dass sie einen klaren Anhaltspunkt bietet und der hM zu dem für die Sittenwidrigkeit maßgebenden Beurteilungszeitpunkt im Rahmen des § 138 BGB entspricht (näher → BGB § 138 Rn. 133 mwN). Allerdings ist die Frage auch dort umstritten (ausführlich → BGB § 138 Rn. 134 ff.). Der Auffassung des BGH ist insbesondere für solche Rechtsgeschäfte beizupflichten, die zwischen den Parteien bereits abgewickelt sind oder die dingliche Wirkung auch gegenüber Dritten entfalten; in diesen Konstellationen gebührt den Gesichtspunkten des Vertrauensschutzes und der Rechtssicherheit regelmäßig der Vorrang gegenüber den im Zeitpunkt der Gerichtsentscheidung gewandelten Anschauungen.[769] Bei Rechtsgeschäften, die im Zeitpunkt der Entscheidungsfindung noch nicht abgewickelt sind, insbesondere Dauerschuldverhältnissen, kann hingegen ein durch ihre (weitere) Durchführung begründeter Verstoß gegen heutige Grundwertungen der deutschen Rechtsordnung unter Umständen schwerer wiegen als das Vertrauen der Parteien in den Fortbestand der rechtsgeschäftlichen Bindung. Hiermit wird nicht die Eingehung des Rechtsgeschäfts durch die Parteien missbilligt, das im Zeitpunkt seiner Vornahme der herrschenden Rechtsauffassung entsprochen haben mag, sondern lediglich im Sinne einer Ergebniskorrektur ex nunc in seine weitere Durchführung eingegriffen; es handelt sich gewissermaßen um einen kollisionsrechtlichen Einwand der unzulässigen Rechtsausübung. Aus dem Gedanken der Ergebniskontrolle lässt sich auch ableiten, dass bei Verfügungen von Todes wegen – jedenfalls im Kollisionsrecht (heute Art. 35 EuErbVO; zum materiellen Recht näher → BGB § 138 Rn. 134) – nicht auf den Zeitpunkt ihrer Errichtung, sondern auf den Zeitpunkt der Rechtsanwendung (in der Regel also den Eintritt des Erbfalls) abzustellen ist:[770] Es soll nicht die Gesinnung des Erblassers überprüft werden, sondern nur, ob die von ihm angeordnete Erbfolge im Ergebnis mit deutschen Rechtsgrundsätzen offensichtlich unvereinbar ist.[771]

206   **c) Gegenwartsbezug.** Auch soweit sich die Rechtsanschauungen im Inland seit der Vornahme eines Rechtsgeschäfts inhaltlich nicht nennenswert gewandelt haben, kann dem Gegenwartsbezug des Sachverhalts eine entscheidende Bedeutung für die ordre public-Kontrolle zukommen.[772] So

---

[762] BVerwG NJW 2012, 3461; OLG Stuttgart BeckRS 1999, 13848 = FamRZ 2000, 821.

[763] EGMR FamRZ 2005, 1971 (Ls.) – B. und L./Vereinigtes Königreich, mAnm *Henrich.*

[764] RGZ 114, 171 (172); BGHZ 88, 113 (128) = NJW 1983, 2775; 138, 331 (335) = NJW 1998, 2358; BGH NJW 1989, 2197 (2199).

[765] So in Bezug auf die Vereinbarung eines Erfolgshonorars BGHZ 51, 290 (293); allg. Bamberger/Roth/ *Lorenz* Rn. 14; BeckOGK/*Stürner* (1.2.2017) EGBGB Art. 6 Rn. 271; *Coester* StAZ 2016, 257 (260); Erman/ *Hohloch* Rn. 15; *Kegel/Schurig* IPR § 16 V; NK-BGB/*Schulze* Rn. 43; Staudinger/*Voltz* (2013) Rn. 144.

[766] BGHZ 147, 178 (185) = NJW 2002, 596 – Lepo Sumera; BGH NJW-RR 2005, 1071 (1073); dezidiert aA *Ferid* IPR Rn. 3–27 (der aber IPR Rn. 3–26 großzügig im Hinblick auf einen fehlenden Gegenwartsbezug ist); *Kegel/Schurig* IPR § 16 V.

[767] BGHZ 147, 178 (185) = NJW 2002, 596 – Lepo Sumera.

[768] *Frank,* FS Vrellis, 2014, 287 (294 ff.); *Kegel/Schurig* IPR § 16 V in Fn. 54.

[769] So für bereits abgeschlossene Sachverhalte auch Staudinger/*Voltz* (2013) Rn. 165.

[770] *Frank,* FS Vrellis, 2014, 287 (295).

[771] Vgl. Staudinger/*Dörner* (2007) Art. 25 Rn. 712.

[772] BeckOGK/*Stürner* (1.2.2017) EGBGB Art. 6 Rn. 272; *Ferid* IPR Rn. 3–26; *Kegel/Schurig* IPR § 16 III 2b; *Spickhoff,* ordre public, 1989, 101.

konnte nach Art. 6 eine vor zwei Jahrzehnten im Ausland geschlossene **Ehe unter Minderjährigen** (14 und 17 Jahre), die im Zeitpunkt ihrer Eingehung fraglos ordre public-widrig war,[773] gleichwohl als wirksam zu behandeln sein, wenn sich zwischen den Partnern in der Folge eine echte, von Zuneigung getragene Paarbeziehung entwickelt hatte, aus der bereits Kinder hervorgegangen waren.[774] Unter diesen Umständen stellte die Hinnahme einer nach der lex causae wirksamen Ehe trotz ihrer anstößigen Begründung im Ergebnis keinen offensichtlichen Verstoß gegen die deutsche öffentliche Ordnung (mehr) dar.[775] Erheblich weniger flexibel gestaltet sich die Abwägung aber nach der Verabschiedung des Gesetzes zur Bekämpfung von Kinderehen (→ Rn. 259). Allerdings ist weiterhin eine **Ausnahme von** der nach **Art. 13 Abs. 3 Nr. 1 bei Unterschreitung der Altersgrenze von 16 Jahren** automatisch eintretenden Unwirksamkeit der Eheschließung für den Fall vorgesehen, dass die nach ausländischem Recht wirksame Ehe bis zur Volljährigkeit des minderjährigen Ehegatten geführt worden ist und kein Ehegatte seit der Eheschließung bis zur Volljährigkeit des minderjährigen Ehegatten seinen gewöhlichen Aufenthalt in Deutschland hatte **(Art. 229 § 44 Abs. 4 Nr. 2).** Ferner begründet der Umstand, dass Vorfahren der Beteiligten, die einer Bevölkerungsminderheit arabischen Ursprungs angehören, vor Jahrzehnten im türkischen Rechtskreis in möglicherweise diskriminierender Weise **türkische Familiennamen** zugeordnet worden sind, keinen Anspruch der Angehörigen **nachfolgender Generationen** darauf, einen davon abweichenden Familiennamen in deutsche Personenstandsurkunden zu übernehmen.[776] Allgemeine und feste Maßstäbe lassen sich insofern, ebenso wie bei der Konkretisierung der Inlandsbeziehung (→ Rn. 190), nicht vorgeben:[777] Je gewichtiger die zu schützende Grundwertung des inländischen Rechts ist, desto schwächer kann der Gegenwartsbezug ausfallen, und umgekehrt.[778]

3. Ordre public und Parteiautonomie. Die Vorbehaltsklausel des ordre public begrenzt nach **207** allgemeiner Meinung nicht nur die Anwendung eines kraft objektiver Anknüpfung bestimmten Rechts, sondern auch die Rechtswahlfreiheit der Parteien, dh auch das von den Parteien **vereinbarte Recht unterliegt der ordre public-Kontrolle.**[779] Dies ergibt sich inhaltlich daraus, dass der Schutz der öffentlichen Ordnung Allgemeininteressen des Forumstaates berührt, die nicht der Dispositionsfreiheit der Parteien unterliegen; systematisch folgt dies aus der Stellung des Art. 6 als Vorschrift des Allgemeinen Teils des IPR, die auch in Bezug auf diejenigen Kollisionsnormen Anwendung findet, durch die Parteiautonomie gewährt wird (also zB Art. 10 Abs. 3, Art. 14 Abs. 3, Art. 15 Abs. 2, Art. 42).

Die Parteien können nach ganz überwiegender Meinung auch **nicht die Anwendbarkeit der** **208** **Vorbehaltsklausel selbst abbedingen** bzw. auf ihr Eingreifen verzichten.[780] Inhaltlich folgt auch diese Verneinung der Parteiautonomie aus den hinter dem ordre public stehenden Allgemeininteressen. Dogmatisch resultiert die fehlende Abdingbarkeit des Art. 6 daraus, dass die Parteien nach Art. 4 Abs. 2 im Falle einer Rechtswahl auf die Vereinbarung der Sachvorschriften eines anderen Staates beschränkt sind, also keine anderen – auch keine unselbstständigen – Kollisionsnormen als die des EGBGB berufen können (näher → Art. 4 Rn. 21 ff.). Da die Parteien also nicht etwa statt des Art. 6 für die Anwendung einer ausländischen Vorbehaltsklausel, zB des § 6 des österreichischen IPRG, optieren können, dürfen sie erst recht nicht die ordre public-Kontrolle gänzlich ausschließen.

Eine andere Frage ist es, ob man von den Parteien getroffene **Rechtswahl** im Rahmen der **209** Relativität des ordre public **als ein Abwägungsfaktor** einzubeziehen ist.[781] So wird etwa dafür plädiert, im Falle der Vereinbarung eines fremden Rechts höhere Anforderungen an die Inlandsbeziehung zu stellen, als wenn die lex causae kraft objektiver Anknüpfung bestimmt werde.[782] Hierfür

---

[773] S. nur (zum libanesischen bzw. ottomanischen Recht) KG NJOZ 2012, 165 = StAZ 2012, 242 mAnm *Frank* StAZ 2012, 129; zum iranischen Recht OLG Zweibrücken BeckRS 2000, 30150759 = FamRZ 2001, 920; zur Kasuistik näher → Rn. 259.

[774] Vgl. (zum vietnamesischen Recht) AG Hannover BeckRS 2002, 01869 = FamRZ 2002, 1116; zust. *Antomo* NJW 2016, 3558 (3562); *Heiderhoff* IPRax 2017, 160 (161).

[775] Näher *Frank,* FS Vrellis, 2014, 287 (290 ff.), mwN zu unveröffentlichten Entscheidungen; ebenso *Coester* StAZ 2016, 257 (260 f.).

[776] OLG Hamm StAZ 2015, 110 = BeckRS 2014, 19794.

[777] Zur Verneinung einer Heilung bei einer nur kurze Zeit (ca. zwei Jahre) zurückliegenden Eheschließung und starkem Inlandsbezug s. etwa KG NJOZ 2012, 165.

[778] *Spickhoff,* ordre public, 1989, 101; Staudinger/*Voltz* (2013) Rn. 165.

[779] Näher *Koloseus,* Begrenzungen der Rechtswahl, 2010, 33 ff.; RGRK-BGB/*Wengler* IPR I S. 79 f.; *Rühl,* FS Kropholler, 2008, 187 (207 f.); *de Vareilles-Sommières* in Azzi/Boskovic, Quel avenir 169 (171 ff.).

[780] jurisPK-BGB/*Baetge* Rn. 19; aA *Frick,* Ordre public und Parteiautonomie, 2005, passim; Abweichungen bestanden zum Teil nur bei den Inländerschutz dienenden speziellen Vorbehaltsklauseln wie Art. 38 aF, hierzu *Kropholler/v. Hein,* FS Stoll, 2001, 553 (564 f.) mwN.

[781] Vgl. *Koloseus,* Begrenzungen der Rechtswahl, 2010, 33, 43 ff.

[782] RGRK-BGB/*Wengler* IPR I S. 80.

spräche der Gedanke, dass es zumindest im Falle einer informierten Rechtswahl nicht um das klassische Szenario eines „Sprungs ins Dunkle" geht (→ Rn. 1), der anschließend eine Ergebniskorrektur erfordert.[783] Spiegelbildlich wird in Fällen, in denen keine Rechtswahlmöglichkeit zugunsten des deutschen Rechts besteht, erwogen, zumindest „im Rahmen der Generalklausel des *ordre public* auch den Umstand [zu] berücksichtigen, dass die Parteien die Anwendung deutscher Rechtsgrundsätze wünschen und dieser Wunsch redlichen Interessen entspricht".[784] Tatsächlich hat die deutsche Rechtsprechung auch bislang schon das Verhalten der Parteien als einen Abwägungsfaktor in die Feststellung eines ordre public-Verstoßes einbezogen, so zB bei dem Festhalten der Eheleute an einer Ehe, deren Eingehung aufgrund der Minderjährigkeit der Eheleute ordre public-widrig war (→ Rn. 206) oder im Hinblick auf das Einverständnis der Ehefrau mit einer vom Ehemann ausgesprochenen Verstoßungsscheidung (→ Rn. 117). Hinzu kommt, dass auch die im Rahmen einer objektiven Feststellung des Inlandsbezuges maßgebenden Berührungspunkte (Staatsangehörigkeit, gewöhnlicher Aufenthalt) oft nicht frei von subjektiven Einflüssen sind, da die Parteien in der Regel einen gewissen Entscheidungsspielraum haben, ob sie eine Staatsangehörigkeit beibehalten oder aufgeben, einen gewöhnlichen Aufenthalt neu begründen oder abbrechen usw. Da es im Rahmen des Art. 6 allein auf das Ergebnis der Rechtsanwendung im konkreten Einzelfall ankommt, muss in diese Gesamtabwägung somit auch der Umstand einfließen, ob angesichts des Verhaltens der Parteien von einer Verletzung wesentlicher Grundsätze des deutschen Rechts gesprochen werden kann.[785]

C. Rechtsfolgen eines ordre public-Verstoßes
I. Allgemeines

210 Sofern das Ergebnis der Anwendung ausländischen Rechts gegen den deutschen ordre public verstößt, muss die betreffende **ausländische Norm unbeachtet bleiben.** Bisweilen erschöpft sich die Rechtsfolge des Art. 6 bereits darin (näher → Rn. 211 ff.). Vielfach entsteht aber durch die Nicht-Anwendung einer ausländischen Rechtsnorm eine **Regelungslücke,** die in irgendeiner Weise wieder gefüllt werden muss. Der deutsche Gesetzgeber hat im Gegensatz zu § 6 S. 2 öst. IPRG bewusst darauf verzichtet, die Rechtsfolgen eines ordre public-Verstoßes tatbestandlich zu umschreiben.[786] Durch diese Offenheit sollte es der Praxis ermöglicht werden, „flexible und differenzierte Lösungen" zu entwickeln.[787] Auch die allgemeinen Vorbehaltsklauseln des europäischen und staatsvertraglichen Kollisionsrechts sehen regelmäßig davon ab, die Rechtsfolgen ihres Eingreifens festzulegen (→ Rn. 32). Rechtsprechung und Wissenschaft genießen insoweit also einen beträchtlichen Spielraum zur Herausarbeitung einzelfallgerechter Lösungen, die freilich aus Gründen der Rechtssicherheit und des internationalen Entscheidungseinklangs anhand möglichst klarer methodologischer Prinzipien erfolgen sollte.

II. Nicht-Anwendung ausländischen Rechts

211 Vielfach reicht es aus, eine ausländische Rechtsnorm, die zu einem **Verstoß gegen den ordre public** führt, schlicht unangewendet zu lassen. Dies ist insbesondere dann der Fall, wenn das **ausländische Recht** ein **bestimmtes Verhalten verbietet** oder den Eintritt einer **bestimmten Rechtsfolge untersagt** und hierdurch die deutsche öffentliche Ordnung verletzt. Typische **Beispiele** sind Eheschließungsverbote aufgrund der Religionsverschiedenheit oder – heute ein Fall des Art. 35 EuErbVO – ein auf diesen Grund gestützter Ausschluss von der Erbfolge,[788] eine ordre public-widrige ausländische Eingriffsnorm,[789] ein ordre public-widriges Wettbewerbsverbot oder ein solcher Haftungsausschluss.[790] In all diesen Fällen genügt es, die betreffende ausländische Rechtsnorm nicht anzuwenden, ohne dass eine Regelungslücke entsteht.[791] Denn das auch vom ausländischen Recht im Allgemeinen anerkannte Prin-

[783] So *Koloseus,* Begrenzungen der Rechtswahl, 2010, 33, 43.
[784] *Colombi Ciacchi,* Internationales Privatrecht, *ordre public européen* und Europäische Grundrechte, ZERP-Diskussionspapier 1/2008, 28.
[785] Im Ergebnis ähnlich *Koloseus,* Begrenzungen der Rechtswahl, 2010, 33, 43: Es sei im Falle einer Rechtswahl vom ordre public nur „äußerst sparsam Gebrauch zu machen".
[786] BT-Drs. 10/504, 44.
[787] BT-Drs. 10/504, 44.
[788] ZB OLG Frankfurt a. M. ZEV 2011, 135; ferner *Kropholler* IPR § 36 V; *Lorenz* IPRax 1999, 429 (430); jurisPK-BGB/*Baetge* Rn. 114.
[789] *Kropholler* IPR § 36 V; *Rauscher* IPR Rn. 595.
[790] *Kropholler* IPR § 36 V.
[791] *Kropholler* IPR § 36 V; *Lagarde* I.E.C.L. III/11 (1994), Rn. 59; *Lorenz* IPRax 1999, 429 (430); jurisPK-BGB/*Baetge* Rn. 120; *Rauscher* IPR Rn. 595; Staudinger/*Voltz* (2013) Rn. 206.

zip der Eheschließungs- bzw. Vertragsfreiheit oder des Erbrechts naher Angehöriger wird durch die Ausschaltung einer besonderen Verbotsnorm nicht infrage gestellt und lebt insoweit wieder auf.[792] Zwar wird zum Teil eingewandt, dass an die Stelle des durch Art. 6 ausgeschalteten ausländischen Verbots notwendigerweise die gegenteilige (unter Umständen ungeschriebene) Erlaubnisnorm des deutschen Rechts trete;[793] praktische Auswirkungen hat diese – etwas gekünstelte – Betrachtungsweise aber nicht. Im Übrigen bleibt nämlich das nach unseren Kollisionsnormen ermittelte jeweilige ausländische Statut anwendbar.[794] Es bedarf daher zur weiteren Lösung des Falles keiner Bestimmung eines von der lex causae abweichenden Ersatzrechts. Komplizierter liegt es, wenn eine **besondere ausländische Erlaubnisnorm** (etwa zur ausnahmsweise statthaften Eingehung einer Ehe durch Minderjährige) durch die Vorbehaltsklausel ausgeschaltet wird und infolgedessen das auch im ausländischen Recht als Regel geltende allgemeine Verbot (zB der Eheschließung durch Minderjährige) wiederauflebt.[795] Hier musste grundsätzlich die lex causae ggf. in modifizierter Form angewendet werden, um hinsichtlich der Rechtsfolgen eine Entscheidung darüber zu treffen, ob die Ehe nichtig oder nur aufhebbar war.[796] Allerdings hätte es das Gebot der größtmöglichen Schonung des ausländischen Rechts (→ Rn. 214) in sein Gegenteil verkehrt, eine nach der lex causae wirksam geschlossene Ehe aufgrund eines ordre public-Verstoßes als nichtig zu behandeln, die selbst bei Anwendung deutschen Rechts allenfalls aufhebbar gewesen wäre.[797] Zudem blieb im Einzelfall zu prüfen, ob auch die Rechtsfolgenbestimmung des ausländischen Rechts ihrerseits gegen den deutschen ordre public verstieß, was zB bei einer nach diesem Recht eintretenden „Heilung" fehlender Ehemündigkeit durch „Vollzug" der Ehe mit der minderjährigen Partnerin in Betracht kam.[798] Zur Neuregelung dieser Fragen → Rn. 259.

Umgekehrt kann eine **Lücke nur durch die lex fori** gefüllt werden, wenn das anwendbare **ausländische Recht** ein bestimmtes **Verhalten** nicht ausnahmsweise, sondern **generell erlaubt** (zB die Eingehung einer Mehrehe), dieses aber **gegen eine deutsche Verbotsnorm** mit ordre public-Charakter verstößt.[799] Hier soll die Vorbehaltsklausel „gerade Raum schaffen für die Anwendung solchen inländischen Rechts, von dem in unerträglicher Weise abgewichen wird".[800] Im Falle des ordre public-Verstoßes durch die Eingehung einer polygamen Ehe führt die Nichtanwendung der anstößigen ausländischen Erlaubnisnorm daher zu einem Eingreifen des § 1306 BGB.[801] Derartige klare Fälle sind aber im Rahmen der allgemeinen Vorbehaltsklausel selten, weil der Gesetz- bzw. Verordnungsgeber bei einem dringenden Interesse an der Berufung gerade des inländischen Rechts eher zur Schaffung spezieller Vorbehaltsklauseln (→ Rn. 48 ff.) oder zur Sonderanknüpfung inländischer Eingriffsnormen (→ Rn. 83 ff.) neigt.

212

Es verbleiben zahlreiche Konstellationen, in denen es **weder mit der Nicht-Anwendung ausländischen Rechts sein Bewenden haben kann noch der unmittelbare Rückgriff auf die lex fori zwingend vorgegeben** ist. Verletzt es zB den deutschen ordre public, dass einem Vater nach islamischem Recht die Sorge für seine männlichen Nachkommen ohne Kindeswohlprüfung im Einzelfall zugewiesen wird, muss in der Folge **anders** über die elterliche Verantwortung befunden werden.[802] Nehmen wir an der Unverjährbarkeit einer Forderung Anstoß, bleibt zu untersuchen, welche Verjährungsfrist aus unserer Sicht noch akzeptabel ist.[803] Erscheint einem deutschen Gericht

213

---

[792] Vgl. OLG Hamm ZEV 2005, 436 (440); KGRep 2005, 668; so bereits *Wolff* IPR S. 70; ebenso Erman/*Hohloch* Rn. 26.

[793] *Schwung* RabelsZ 49 (1985), 407 (421); NK-BGB/*Schulze* Rn. 54 in Fn. 200.

[794] AllgM s. nur Bamberger/Roth/*Lorenz* Rn. 17; *Kropholler* IPR § 36 V; jurisPK-BGB/*Baetge* Rn. 122; Staudinger/*Voltz* (2013) Rn. 206; Palandt/*Thorn* Rn. 13; *Rauscher* IPR Rn. 594; ferner *Lagarde* I.E.C.L. III/11 (1994) Rn. 61.

[795] KG NJOZ 2012, 165 (166); OLG Bamberg BeckRS 2016, 09621 Rn. 24 ff. = FamRZ 2016, 1270 mAnm *Mankowski* FamRZ 2016, 1274 = StAZ 2016, 270 mAnm *Coester* StAZ 2016, 257 = NZFam 2016, 807 (*Hilbig-Lugani*) mAnm *Majer* NZFam 2016, 1019.

[796] KG NJOZ 2012, 165 (166); OLG Bamberg BeckRS 2016, 09621 Rn. 24 ff.; *Antomo* NJW 2016, 3558 (3562); wohl auch *Heiderhoff* IPRax 2017, 160 (161); aA (lex fori mit der Folge der Aufhebbarkeit) *Andrae* NZFam 2016, 923 (929); *Mankowski* FamRZ 2016, 1274 (1276); *Rauscher* NJW 2016, 3493 (3494).

[797] *Andrae* NZFam 2016, 923 (929) gegen KG NJOZ 2012, 165 (166).

[798] *Majer* NZFam 2016, 1019 (1021).

[799] *Kegel/Schurig* IPR § 16 VI; *Kropholler* IPR § 36 V.

[800] *Kropholler* IPR § 36 V.

[801] *Kegel/Schurig* IPR § 16 VI.

[802] S. BGHZ 120, 29 = NJW 1993, 848 (Art. 22 KSÜ findet insoweit auch heute wegen des Vorrangs des deutsch-iranischen Niederlassungsabkommens [Art. 52 Abs. 1 KSÜ] keine Anwendung); nicht überzeugend in Bezug auf die Ordre-public-Widrigkeit des afghanischen Sorgerechts OVG Berlin-Brandenburg NVwZ-RR 2014, 935 Rn. 10, das irrig annimmt, die Sorgerechtslage bleibe bei einem „Verstoß gegen den ordre public vielmehr offen".

[803] S. RGZ 106, 82 (heute nach Art. 12 Abs. 1 lit. d Rom I-VO ein Fall des Art. 21 Rom I-VO, aber für die Verjährung auf anderen Rechtsgebieten [zB dingliche oder familienrechtliche Ansprüche] immer noch relevant).

die Höhe eines Anspruchs in ordre public-widriger Weise übermäßig oder umgekehrt zu niedrig angesetzt, muss es klären, welchen Betrag der Kläger stattdessen verlangen kann.[804] In welcher Weise in derartigen Konstellationen das anwendbare Ersatzrecht zu bestimmen ist, wird angesichts der bewusst offen gehaltenen gesetzlichen Regelung (→ Rn. 210) kontrovers diskutiert.

III. Methoden der Lückenfüllung

214   **1. Modifikation der lex causae. a) Grundsatz.** Die ständige Rechtsprechung und die hL folgen ebenso wie die Gesetzesbegründung dem **Grundsatz möglichst weitgehender Schonung des fremden Rechts.**[805] Dieses methodische Leitprinzip speist sich normativ aus der für das IPR grundlegenden Zielvorgabe des internationalen Entscheidungseinklangs und dem Gebot der zurückhaltenden Anwendung des Art. 6, das wiederum aus dem Ausnahmecharakter des ordre public folgt.[806] Das heißt: Es ist nicht automatisch und vorschnell auf die deutsche lex fori zurückzugreifen, sondern primär zu versuchen, die Regelungslücke durch eine modifizierte Anwendung des jeweiligen ausländischen Rechts zu schließen.[807] Insoweit ist zu prüfen, ob sich dem ausländischen Recht eine dem deutschen Rechtsverständnis entsprechende, funktional äquivalente Lösung entnehmen lässt.[808] Eine solche Modifikation kann zB darin liegen, eine andere, sachlich passende Vorschrift des fremden Rechts heranzuziehen[809] oder einzelfallbezogen eine neue Sachnorm aus dem ausländischen Recht zu entwickeln.[810] Erst wenn diese Möglichkeiten im Einzelfall nicht in Betracht kommen oder ohne befriedigendes Ergebnis ausgeschöpft worden sind (→ Rn. 211), ist als Auffangordnung die lex fori berufen.[811] In diesem Fall ist „innerhalb der deutschen Bestimmungen diejenige Rechtsvorschrift zu ermitteln, die dem Rechtsgedanken des fremden Rechts am nächsten kommt".[812] Auch dann ist das deutsche Recht als Ersatzrecht nur insoweit heranzuziehen, als dies zur Lückenschließung erforderlich ist; iÜ bleibt es bei der Anwendung der lex causae.[813]

215   **b) Anwendung.** Die Konkretisierung dieser Leitlinien ist allerdings nicht immer einfach. In dem bereits genannten Beispielsfall der alleinigen Zuweisung des Sorgerechts für die Söhne an den Vater hielt der BGH zur Heilung des ordre public-Verstoßes eine Fortentwicklung des iranischen Rechts in dem Sinne für gangbar, dass dem Vater das Recht zur Vermögenssorge belassen bleibe, während

---

[804] S. zB BGHZ 44, 183 (190) = NJW 1996, 296 (Herabsetzung eines Erfolgshonorars, heute ein Fall des Art. 21 Rom I-VO); OLG Düsseldorf IPRax 2009, 520 = BeckRS 2009, 06272; OLG Hamburg MittBayNot 2016, 261 (263) (Erhöhung einer Erbquote nach iranischem Recht; wegen Art. 75 Abs. 1 EuErbVO kein Fall des Art. 35 EuErbVO).

[805] Zu diesem Grundsatz BT-Drs. 10/504, 44; OLG Koblenz FamRZ 2004, 1877 = BeckRS 2011, 06263; OLG Düsseldorf IPRax 2009, 520 (523) = BeckRS 2009, 06272; Bamberger/*Roth*/*Lorenz* Rn. 18; *Kropholler* IPR § 36 V; er geht zurück auf *Pillet*/*Niboyet,* Manuel de droit international privé, Paris, 2. Aufl. 1928, 554.

[806] Zur dogmatischen Rechtfertigung näher *Schurig* RabelsZ 49 (1985), 407 (413 f.); *Spickhoff,* ordre public, 1989, 104.

[807] RGZ 106, 82 (85 f.); BGHZ 120, 29 (37 f.) = NJW 1993, 848 (849); 169, 240 Rn. 50 = NJW-RR 2007, 145; KG IPRax 2009, 263 (265) = NJW-RR 2008, 1109 (1111); KG NJOZ 2012, 165 (166); OLG Hamm BeckRS 1992, 30984687 = IPRax 1994, 49 (54); OLG Düsseldorf FamRZ 1998, 1113; OLG Hamm NJW-RR 2010, 1090 = FamRZ 2010, 1563; OLG Koblenz FamRZ 2004, 1877 (1879) = BeckRS 2011, 06263; OLG Düsseldorf IPRax 2009, 520 (523) = NJW-RR 2009, 732; OLG München NJW-RR 2012, 1096 (1097); OLG Bamberg BeckRS 2016, 09621 Rn. 24 ff.; OLG Hamburg MittBayNot 2016, 261 (263); so im Ausgangspunkt auch die hL: *Antomo* NJW 2016, 3558 (3562); BeckOGK/*Stürner* (1.2.2017) EGBGB Art. 6 Rn. 277; Erman/*Hohloch* Rn. 26; *Ferid* IPR Rn. 3–34; *v. Hoffmann*/*Thorn* IPR § 6 Rn. 154; jurisPK-BGB/*Baetge* Rn. 111; *Kropholler* IPR § 36 V; Palandt/*Thorn* Rn. 13; *Rauscher* IPR Rn. 596; *M. Stürner* in Arnold Grundfragen 87 (90); *Wolff* IPR S. 70.

[808] BGHZ 169, 240 Rn. 50 = NJW-RR 2007, 145.

[809] Vgl. KG IPRax 2009, 263 (265) = NJW-RR 2008, 1109 (entspr. Anwendung der ägyptischen Bestimmungen über das gesetzliche Vermächtnis).

[810] BT-Drs. 10/504, 44; *Kropholler* IPR § 36 V.

[811] RGZ 106, 82 (85 f.); BGHZ 120, 29 (37 f.) = NJW 1993, 848 (849); 169, 240 Rn. 50 = NJW-RR 2007, 145; KG IPRax 2009, 263 (265) = NJW-RR 2008, 1109 = ZEV 2008, 440 mAnm *Dörner*; KG NJOZ 2012, 165 (166); OLG Hamm BeckRS 1992, 30984687 = IPRax 1994, 49 (54); OLG Düsseldorf FamRZ 1998, 1113 = BeckRS 1997, 12720; OLG Hamm NJW-RR 2010, 1090 = FamRZ 2010, 1563; OLG Koblenz FamRZ 2004, 1877 (1879) = BeckRS 2011, 06263; OLG Düsseldorf IPRax 2009, 520 (523) = NJW-RR 2009, 732; so im Ausgangspunkt auch die hL Erman/*Hohloch* Rn. 26; *Ferid* IPR Rn. 3–34; *v. Hoffmann*/*Thorn* IPR § 6 Rn. 154; jurisPK-BGB/*Baetge* Rn. 123; *Kropholler* IPR § 36 V; Palandt/*Thorn* Rn. 13; *Rauscher* IPR Rn. 596; *Wolff* IPR S. 70; wohl auch („im Zweifel") *M.-P. Weller*/*Kaller*/*A. Schulz* AcP 216 (2016), 387 (395).

[812] RGZ 106, 82 (86); ebenso *Kropholler* IPR § 36 V.

[813] OLG Frankfurt a. M. FamRZ 2011, 1065 = BeckRS 2011, 18167: Scheidung iranischer Ehegatten nach deutschem Recht, weil iranisches Recht insoweit ordre public-widrig, aber kein Versorgungsausgleich; zust. *Rauscher* IPR Rn. 597.

der Mutter die Personensorge übertragen werde.[814] Diese Vorgehensweise trifft auch auf die Billigung des BVerfG, dem zufolge „ein Verstoß gegen den ordre public im Sinne von Art. 6 EGBGB vorliegen kann, wenn der Anwendung des ausländischen Rechts der Personensorge im konkreten Fall das Kindeswohl entgegensteht und *bei Anwendung dieses Rechts* auch kein anderes Ergebnis erzielt werden kann".[815]

Die **Leitentscheidung des RG** zur **Unverjährbarkeit einer Forderung** nach dem damaligen **216** schweizerischen Recht ist noch heute lebhaft umstritten und verdient daher eine nähere Betrachtung.[816] Zwar sind unverjährbare Forderungen im europäischen Zivilrecht selten;[817] zum Teil werden derartige Ansprüche aber gerade in jüngster Zeit neu geschaffen.[818] Das RG sprach sich dafür aus, die Ausfüllung der aus der ordre public-Widrigkeit der schweizerischen Regelung entstandenen Lücke wiederum primär im schweizerischen Recht zu suchen; erst wenn insoweit eine Ergänzung nicht in Betracht komme, sei auf deutsches Recht zurückzugreifen, wobei das Gericht einen deutlichen Fingerzeig auf die in § 218 BGB aF (heute § 197 Abs. 1 Nr. 3 BGB) enthaltene 30-Jahres-Frist für rechtskräftig festgestellte Ansprüche gab.[819] Gegen den Lösungsweg des RG wird zum einen eingewandt, es sei einem bloßen „Scheinproblem" aufgesessen: Da es bei der Prüfung eines ordre public-Verstoßes nur um eine Ergebniskontrolle gehe, sei nicht die Unverjährbarkeit der Forderung als solche Gegenstand der Prüfung, sondern nur die Frage, ob im konkreten Fall bereits eine Verjährung eingetreten sei.[820] Den Maßstab für die Beantwortung dieser Frage könne aber nur die lex fori vorgeben.[821] Dagegen lässt sich indes einwenden, dass „die" lex fori durchaus unterschiedliche Verjährungsfristen enthält und es in dem Fall des RG gerade fraglich war, auf welche Frist insoweit abzustellen war; das OLG hatte noch die zwei- bis vierjährigen Fristen der §§ 196, 197 BGB aF statt der 30-Jahres-Frist des § 218 BGB aF zur Anwendung gebracht.[822] Ohne die genaue Ermittlung der einschlägigen Frist kann man aber auch das konkrete Ergebnis (Verjährung ja/nein) nicht bestimmen.[823] Ferner wirkt sich die Unverjährbarkeit einer Forderung nicht erst in dem Augenblick aus, in dem die Einrede der Verjährung vom Beklagten erhoben wird; vielmehr schafft die Aussicht, sich einer unverjährbaren Forderung gegenüber zu sehen, schon vorher für den Schuldner die – kostenträchtige – Pflicht zur ewigen Aufbewahrung von Belegen und Beweismitteln, ein Aspekt, den das RG deutlich betont hat.[824] Die ordre public-Kontrolle einer Vereinbarung etwa, mit der eine Forderung entgegen § 202 Abs. 2 BGB als unverjährbar ausgestaltet wird, könnte deshalb nicht mit dem Argument der Ergebnisbezogenheit bis zum Ablauf von 30 Jahren (der maximalen Frist nach deutschem Recht) aufgeschoben werden. Ähnliche Probleme können sich im Hinblick auf die zu Bilanzierungszwecken oder im Rahmen eines Factoring erforderliche Bestimmung der Werthaltigkeit einer Forderung stellen.

Auch wenn man die Bestimmung der ersatzweise eingreifenden Verjährungsfrist daher nicht **217** generell als Scheinproblem abtun sollte, wird dem Verweis des RG auf das schweizerische Recht vielfach entgegengehalten, dass die maximale Verjährungsfrist des schweizerischen Obligationenrechts (zehn Jahre gemäß Art. 127 OR) dem Inhalt des ausgeschalteten Rechtssatzes ferner stehe als die längstmögliche Frist des deutschen Rechts (30 Jahre gemäß § 197 BGB) und insoweit ein Rückgriff auf die lex fori sachgerechter sei.[825] Tatsächlich legte sich das RG aber gar nicht auf die Zehnjahresfrist des Art. 127 OR fest; diese Bestimmung wird in den Urteilsgründen nicht einmal

[814] BGHZ 120, 29 (37 f.) = NJW 1993, 848 (849); vgl. auch OLG Koblenz NJW-RR 2009, 1014; zu undifferenziert OVG Berlin-Brandenburg NVwZ-RR 2014, 935 Rn. 5 ff.; hierzu krit. *Riegner* NZFam 2014, 967.

[815] BVerfGK 9 (2006), 155 Rn. 15 (Hervorhebung hinzugefügt).

[816] Hierzu ausf. *Lorenz* IPRax 1999, 429 ff.

[817] Näher HWB/ *Zimmermann* 1637 ff.

[818] So in Bezug auf den sexuellen Missbrauch von Kindern durch Art. 123b der schweizerischen Bundesverfassung, der gemäß Art. 60 Abs. 2 OR auch zivilrechtliche Wirkung entfaltet. Insoweit würde allerdings Art. 26 Rom II-VO den Art. 6 verdrängen, soweit nicht Art. 1 Abs. 2 lit. g Rom II-VO eingreift. Vgl. auch in Deutschland die durch das „Gurlitt" ausgelöste bayerische Initiative zum Ausschluss der Verjährungseinrede in Bezug auf NS-Raubkunst, BR-Drs. 2/14; hierzu aus rechtswissenschaftlicher Sicht *Kähler* Legal Tribune ONLINE vom 14.1.2014, http://www.lto.de/persistent/a_id/10651/ (abgerufen am 29.5.2017).

[819] RGZ 106, 82 (85 f.).

[820] *Lorenz* IPRax 1999, 429 (430 f.); ebenso *Looschelders* IPR Rn. 32; abl. aber *v. Bar/Mankowski* IPR I § 7 Rn. 286 in Fn. 1237; NK-BGB/ *Schulze* Rn. 56 in Fn. 212; skeptisch auch *Kropholler* IPR § 36 IV in Fn. 51.

[821] *Lorenz* IPRax 1999, 429 (431).

[822] RGZ 106, 82 (85).

[823] *v. Bar/Mankowski* IPR I § 7 Rn. 286 in Fn. 1237.

[824] RGZ 106, 82 (85).

[825] *v. Bar/Mankowski* IPR I § 7 Rn. 286; *Kropholler* IPR § 36 V; NK-BGB/ *Schulze* Rn. 56; Staudinger/ *Voltz* (2013) Rn. 214; *Lagarde* I.E.C.L. III/11 (1994), Rn. 62.

erwähnt.[826] Das schweizerische ZGB kennt für Sonderfälle durchaus auch eine 30jährige Frist (Art. 521, 600 Abs. 2 ZGB).[827] Das RG gab dem Instanzgericht lediglich auf, „in erster Linie" zu versuchen, eine Lückenfüllung aus dem schweizerischen Recht zu entwickeln, äußerte sich zum *Ergebnis* dieser Prüfung aber aus revisionsrechtlichen Gründen dezidiert nicht.[828] Wäre das RG wirklich der Ansicht gewesen, die Zehnjahresfrist sei maßgebend, hätte die Revision gegen das oberlandesgerichtliche Urteil, mit dem die Klage wegen Verjährung abgewiesen worden war, zudem kaum Erfolg haben können, weil zwischen dem Vertragsschluss und der Klageerhebung bereits elf (!) Jahre gelegen hatten.[829] Vielmehr muss der Hinweis des RG an die Vorinstanz, die 30-Jahres-Regelung in § 218 BGB aF (heute § 197 Abs. 1 Nr. 3 BGB) sei ein „Seitenstück zu der Schweizer Vorschrift" und weise „unverkennbar eine gewisse Verwandtschaft mit ihr" auf,[830] als eine höchstrichterliche Hilfestellung zur Bestimmung des Ersatzrechts angesehen werden, die kaum misszuverstehen sein dürfte. Die zum Teil harsche Kritik an dieser Entscheidung des RG[831] wird der Differenziertheit und Flexibilität des darin aufgezeigten Lösungsweges daher bei weitem nicht gerecht.

218   Weniger problematisch stellen sich Konstellationen dar, in denen ein ausländisches Recht Ansprüche nicht dem Grunde nach, aber **in quantitativer Hinsicht** so ausgestaltet, dass in anstößiger Weise **von deutschen Grundwertungen abgewichen** wird, also etwa ein exorbitantes anwaltliches Erfolgshonorar vorsieht,[832] Unterhalt in allzu schmalem Umfang gewährt,[833] die Erbquote der Ehefrau in diskriminierender Weise niedrig bemisst[834] oder eine Morgengabe in exzessiver Höhe ermöglicht, welche die Eheschließungsfreiheit des Mannes aushebeln würde.[835] Bereits die Gesetzesbegründung hat hervorgehoben, dass gerade in diesen Fällen eine Anpassung des ausländischen Rechts an das nach deutscher Rechtsauffassung vertretbare bzw. gebotene Maß gegenüber einem uneingeschränkten Rückgriff auf die lex fori (etwa beim Erfolgshonorar auf die Sätze des RVG)[836] den Vorzug verdiene;[837] dem folgt die bereits zitierte Rechtsprechung[838] sowie – jedenfalls im Ergebnis – die überwiegende Literatur.[839] Zum Teil wird der entsprechend gekürzte Anspruch hingegen als Ausfluss einer Modifikation der lex fori angesehen.[840] Diese Betrachtungsweise wirkt aber gekünstelt, wenn das deutsche Recht den nach ausländischem Recht gegebenen und als solchen nicht anstößigen Anspruch dem Grunde nach gar nicht kennt, wie zB bei der Zahlung einer Morgengabe.[841] Warum hier auf komplizierte Weise eine neue Sachnorm in der lex fori geschaffen werden soll,[842] obwohl

[826] Dennoch wird praktisch allg. davon ausgegangen, dass RG habe die Zehn-Jahres-Frist für anwendbar gehalten, s. zB *Ferid* IPR Rn. 3–33 f.; *Wolff* IPR S. 70.
[827] Hierzu (abl.) *Raape/Sturm* IPR S. 247 in Fn. 229.
[828] RGZ 106, 82 (86): „Die Fragen von hier aus zu entscheiden, kann schon deshalb nicht Aufgabe des Revisionsrichters sein, weil dabei die Auslegung des Schweizer Rechts in Frage kommt.".
[829] Vgl. bereits *Raape/Sturm* IPR S. 247 in Fn. 229.
[830] RGZ 106, 82 (86).
[831] So bei *v. Bar/Mankowski* IPR I § 7 Rn. 286 („eine weitere klassische Fehlentscheidung"); *Lorenz* IPRax 1999, 429 (430) („Grundlagenfehler"); ferner *Raape/Sturm* IPR S. 247 in Fn. 229.
[832] BGHZ 44, 183 (190) = NJW 1966, 296 (Herabsetzung eines Erfolgshonorars, heute ein Fall des Art. 21 Rom I-VO); vgl. aber auch zu § 328 Abs. 1 Nr. 4 ZPO BGHZ 118, 312 = NJW 1992, 3096 (keine Herabsetzung eines nach US-amerikanischen Maßstäben üblichen Erfolgshonorars).
[833] Vgl. etwa OLG Köln FamRZ 1980, 886 (889) = BeckRS 2010, 20072; OLG Zweibrücken FamRZ 2001, 920 = BeckRS 2000, 30150759; heute Fälle des Art. 13 bzw. 14 HUP.
[834] OLG Düsseldorf IPRax 2009, 520 = BeckRS 2009, 06272 (Erhöhung einer Erbquote nach iranischem Recht; auch künftig wegen Art. 75 Abs. 1 EuErbVO kein Fall des Art. 35 EuErbVO); OLG Frankfurt a. M. ZEV 2011, 135.
[835] OLG Bamberg NJOZ 2011, 577.
[836] Vgl. NK-BGB/*Schulze* Rn. 55.
[837] BT-Drs. 10/504, 44.
[838] RGZ 106, 82 (85 f.); BGHZ 120, 29 (37 f.) = NJW 1993, 848 (849); 169, 240 Rn. 50 = NJW-RR 2007, 145; KG IPRax 2009, 263 (265) = NJW-RR 2008, 1109; KG NJOZ 2012, 165 (166); OLG Hamm IPRax 1994, 49 (54) = BeckRS 1992, 30984687; OLG Düsseldorf FamRZ 1998, 1113 = BeckRS 1997, 12720; OLG Hamm NJW-RR 2010, 1090 = FamRZ 2010, 1563; OLG Koblenz FamRZ 2004, 1877 (1879) = BeckRS 2011, 06263; OLG Düsseldorf IPRax 2009, 520 (523) = BeckRS 2009, 06272; so im Ausgangspunkt auch die hL Erman/*Hohloch* Rn. 26; *Ferid* IPR Rn. 3–34; *v. Hoffmann/Thorn* IPR § 6 Rn. 154; jurisPK-BGB/*Baetge* Rn. 121 ff.; *Kropholler* IPR § 36 V; Palandt/*Thorn* Rn. 13; *Rauscher* IPR Rn. 596; *Wolff* IPR S. 70.
[839] Bamberger/Roth/*Lorenz* Rn. 18; BeckOGK/*Stürner* (1.2.2017) EGBGB Art. 6 Rn. 279; *Kropholler* IPR § 36 V; NK-BGB/*Schulze* Rn. 55; Staudinger/*Voltz* (2013) Rn. 214.
[840] So *v. Bar/Mankowski* IPR I § 7 Rn. 286; *Looschelders* IPR Rn. 33.
[841] Vgl. OLG Bamberg NJOZ 2011, 577.
[842] Vgl. zur Bildung eines funktionalen Äquivalents (ehevertragliche Zusage), wenn eine Morgengabe auch dem Grunde nach infolge eines Statutwechsels deutschem Recht unterliegt, BGHZ 183, 287 = NJW 2010, 1528.

bereits die bloße Kürzung der Anspruchshöhe ausreicht, um dem deutschen ordre public Rechnung zu tragen, bleibt sowohl dogmatisch als auch praktisch unerfindlich.

Der oben skizzierten, **zweistufigen Lösungsstrategie** – in erster Linie Modifikation des auslän- **219** dischen Rechts, erst an zweiter Stelle Rekurs auf die lex fori – stehen aber zahlreiche abweichende Auffassungen gegenüber, die entweder generell oder zumindest für bestimmte Fallgruppen eine stärkere Berücksichtigung der lex fori fordern.[843]

2. Alternative Lösungsvorschläge. a) Sachrechtliche Lösungsansätze. aa) Rückgriff auf **220** **die lex fori.** Für eine generelle Anwendung der lex fori als Ersatzrecht werden im Wesentlichen die folgenden Argumente angeführt:[844] Erstens wird vorgebracht, dass der Gesetzgeber in den speziellen Vorbehaltsklauseln des EGBGB selbst die lex fori als Ersatzrecht vorgesehen habe.[845] Zudem sei es widersprüchlich, die „[n]egative und positive Funktion des ordre public auseinander klaffen zu lassen";[846] **Kontrollmaßstab und Rechtsfolge müssten** vielmehr **derselben Rechtsordnung entnommen werden.**[847] Dieser Einwand ist jedoch nicht tragfähig. Nicht einmal alle speziellen Vorbehaltsklausen des EGBGB verweisen direkt auf die lex fori als Ersatzrecht; offen ausgestaltet ist zB Art. 40 Abs. 3 Nr. 1 (näher → Rn. 66). Im Übrigen legt der Umstand, dass der Gesetzgeber nur in speziellen Vorschriften die Anwendung der lex fori als Ersatzrecht angeordnet hat, eher den Umkehrschluss nahe, dass dies im Rahmen der allgemeinen Vorbehaltsklausel gerade nicht gewollt ist.[848] Auch eine Gleichbehandlung von negativem und positivem ordre public ist methodologisch nicht geboten: Da der Gesetz- bzw. Verordnungsgeber heutzutage tatbestandlich zwischen der allgemeinen Vorbehaltsklausel mit bloßer Abwehrfunktion einerseits (Art. 6; Art. 21 Rom I-VO; Art. 26 Rom II-VO), der Sonderanknüpfung von Eingriffsnormen andererseits (Art. 9 Rom I-VO, Art. 16 Rom II-VO) deutlich trennt (→ Rn. 2), ist es dogmatisch nicht angezeigt, von der Sonderanknüpfung inländischer Eingriffsnormen (zB nach Art. 9 Abs. 2 Rom I-VO, Art. 16 Rom II-VO) darauf zu schließen, dass auch im Rahmen der allgemeinen Vorbehaltsklausel die Rechtsfolgen stets der lex fori entnommen werden müssten. Überdies werden zum Teil auch ausländische Eingriffsnormen gesondert angeknüpft (Art. 9 Abs. 3 Rom I-VO), so dass selbst im Hinblick auf den „positiven" ordre public der Schluss auf einen generellen Primat der lex fori fragwürdig erscheint.

Zweitens wird eine **Konsistenz mit der Fallgruppe der Nicht–Ermittelbarkeit** ausländischen **221** Rechts verlangt, in der ebenfalls auf die lex fori zurückgegriffen werde.[849] Auch dort gilt dieser Grundsatz aber nicht als unumstößlich, sondern wird vielfach zugunsten anderer Lösungen durchbrochen (→ Einl. IPR Rn. 304 ff.).

Drittens wird angeführt, dass die **Heranziehung der lex fori einfacher und praktikabler** sei **222** als die Anwendung eines modifizierten ausländischen Rechts.[850] Dies wird zwar oft zutreffen, aber keinesfalls immer. Es ist bereits in Bezug auf Ansprüche, deren Grund im ausländischen Recht nicht anstößig ist, deren Bemessung jedoch Bedenken weckt, darauf hingewiesen worden, dass insoweit die schlichte Kürzung bzw. Erhöhung des nach fremdem Recht gegebenen Anspruchs wesentlich einfacher durchzuführen ist als die komplizierte Neuschaffung einer dem deutschen Recht unter Umständen unbekannten Anspruchsgrundlage (→ Rn. 218). Hinzu kommt, dass auch nach den Anhängern der lex fori-Lösung die Ausschaltung der lex causae allein auf die jeweils ordre public-widrige Regelung beschränkt bleibt, während die lex causae iÜ anwendbar bleibt.[851] Infolgedessen kommt es zu einer Zersplitterung des anwendbaren Rechts,[852] die unter Umständen gravierendere Friktionen und größere Anpassungsprobleme hervorruft als eine bloße Modifikation der lex causae, die innerhalb desselben Rechtssystems operiert.

Zudem wird das bloße Praktikabilitätsargument der Zielvorgabe nicht gerecht, die mit dem **223** Eingreifen der Vorbehaltsklausel verbundene Beeinträchtigung des internationalen Entscheidungsein- klangs möglichst gering zu halten (→ Rn. 214). Dieser Aspekt verdient insbesondere im Rahmen

---

[843] Dies wird zT als „materiellrechtliche Lösung" bezeichnet (Erman/*Hohloch* Rn. 26); diese Terminologie erscheint aber irreführend, weil auch die hM eine Lösung auf materiellrechtlicher Ebene, nur eben der lex causae, sucht (vgl. *Kegel/Schurig* IPR § 16 VI, die gerade die hM als materiellrechtliche Lösung bezeichnen).

[844] Die ältere Auffassung, dass sich dies bereits aus dem Territorialitätsprinzip ergebe, wird – soweit ersichtlich – nicht mehr vertreten, hierzu noch *Lagarde* I.E.C.L. III/11 (1994), Rn. 60.

[845] *v. Bar/Mankowski* IPR I § 7 Rn. 285.

[846] *v. Bar/Mankowski* IPR I § 7 Rn. 285.

[847] *v. Bar/Mankowski* IPR I § 7 Rn. 285; ähnlich *Lagarde* I.E.C.L. III/11 (1994), Rn. 60.

[848] S. *Schwung* RabelsZ 49 (1985), 407 (411); dies räumen auch *v. Bar/Mankowski* IPR I § 7 Rn. 285 ein.

[849] *v. Bar/Mankowski* IPR I § 7 Rn. 285.

[850] *v. Bar/Mankowski* IPR I § 7 Rn. 285; *Lagarde* I.E.C.L. III/11 (1994) Rn. 60; *Mankowski* FamRZ 2016, 1274 (1276).

[851] Deutlich *Lagarde* I.E.C.L. III/11 (1994), Rn. 61.

[852] Näher *Aubart*, Die Behandlung der dépeçage im europäischen IPR, 2013, 25.

des europäischen Kollisionsrechts verstärkte Beachtung: Nehmen die Gerichte der Mitgliedstaaten der EU das nach den gemeinsamen Kollisionsnormen ermittelte Recht als übereinstimmenden Ausgangspunkt für die Lückenfüllung, eröffnet dies eher die Aussicht auf die Herausarbeitung harmonischer Lösungen in der EU, als wenn jedes Gerichts umstandslos auf seine eigene lex fori zurückgreifen würde. Ferner ist zu bedenken, dass die Handhabung der Vorbehaltsklausel ohnehin durch ihre „verlockend[e] Einfachheit" das Heimwärtsstreben der Gerichte begünstigt,[853] so dass man diese Tendenz nicht auch noch durch eine weitere Vereinfachung in der Behandlung der Rechtsfolgen fördern sollte. Auf europäischer Ebene würde hiermit zudem einem unerwünschten forum shopping Vorschub geleistet.

224   Schließlich werden gegen die von der hM bevorzugte modifizierte Anwendung des ausländischen Rechts die **Grundsätze der realen Entscheidung**[854] und der **Methodenehrlichkeit** ins Feld geführt:[855] Die Abwandlung ausländischen Rechts, um dadurch seine ordre public-Konformität herzustellen, schaffe lediglich fiktive Lösungen, die real nirgendwo gälten.[856] Zum Teil werden sogar völkerrechtliche Bedenken dagegen geltend gemacht, dass der deutsche Rechtsanwender einzelfallbezogen das ausländische Recht unseren Grundwertungen anpasse.[857] Zumindest das letzte Argument erscheint indes überzogen, denn da ein inländisches Gericht völkerrechtskonform aufgrund der Vorbehaltsklausel von der Anwendung ausländischen Rechts gänzlich absehen darf (→ Rn. 116), kann man ihm *a maiore ad minus* nicht die Befugnis absprechen, anstößiges ausländisches Recht in einer entschärften Form anzuwenden: Das Völkerrecht enthält nämlich „keine Verpflichtung zur *uneingeschränkten* Anwendung fremden Rechts durch inländische Hoheitsträger auf Sachverhalte mit Auslandsbeziehung".[858]

225   Auch der Grundsatz der realen Entscheidung (allgemein → Einl. IPR Rn. 255) sollte im vorliegenden Kontext nicht überbewertet werden: Selbst die lex fori ließe sich in zahlreichen Konstellationen nicht in gleicher Weise anwenden wie in reinen Inlandsfällen, sondern bedürfte der Anpassung an die Besonderheiten des Auslandssachverhalts (zB → Rn. 218 zur überhöhten Morgengabe). Eine modifizierte Anwendung der lex fori wäre aber nicht minder irreal oder fiktiv als eine vergleichbare Handhabung der lex causae. Ferner erzwingt das IPR auch außerhalb des ordre public in vielen Fällen Anpassungen des ausländischen Rechts (zur Anpassung → Einl. IPR Rn. 242 ff.), die im Interesse der Einzelfallgerechtigkeit geboten sind.[859] Überdies dringt auf zahlreichen Feldern nicht nur des Vermögensrechts (CISG, CMR), sondern auch des Familienrechts (zB deutsch-französischer Wahlgüterstand) spezielles Einheitsrecht für internationale Sachverhalte vor, dem man ebenso den Vorwurf machen könnte, in keinem einzelnen Staat „real" für bloße Inlandssachverhalte zu gelten. Hier werden aber zu Recht unterschiedliche Sachverhalte, nämlich solche mit und ohne Auslandsberührung, rechtlich unterschiedlich behandelt. Die Herausbildung speziellen Sachrechts für internationale Sachverhalte ist daher nicht schlechthin illegitim, sondern eine vom Gesetzgeber längst akzeptierte Methode. Daher kann man es auch einem Gericht nicht verwehren, angesichts einer Regelungslücke in einem internationalen Sachverhalt so zu handeln, wie es vielfach auch der Gesetzgeber täte, nämlich spezielles Sachrecht zu schaffen.

226   Es bleibt der Einwand der Methodenehrlichkeit: Da man ohnehin nach einer Ersatzlösung suchen müsse, die aus der Perspektive beider Rechtsordnungen nicht vollauf befriedigen könne, liege es angesichts des für das Eingreifen des ordre public erforderlichen Inlandsbezuges nahe, insoweit den Interessen des Inlands den Vorzug einzuräumen.[860] Diese auf den Gedanken eines neutralen Stichentscheids zwischen zwei gleichermaßen in Betracht kommenden Rechten trägt jedoch dem Umstand nicht hinreichend Rechnung, dass die sich zur lex causae neigende Waagschale bereits dadurch belastet ist, dass unsere Kollisionsnormen dieses Recht als dasjenige identifiziert haben, zu dem die engste Verbindung des Sachverhalts besteht. Zwar setzt die Vorbehaltsklausel für ihr Eingreifen ihrerseits einen Inlandsbezug voraus (→ Rn. 184 ff.), dieses begrenzende Tatbestandsmerkmal steht aber wertungsmäßig nicht dem Anknüpfungspunkt einer selbstständigen Kollisionsnorm gleich (zum ausländischen ordre public → Rn. 74).

---

[853] *Kropholler* IPR § 36 II 3.

[854] Insbesondere *Kegel,* FS Drobnig, 1998, 315 (323 ff.); vgl. auch *Schwung* RabelsZ 49 (1985), 407 (421 f.).

[855] Zum Gebot der Methodenehrlichkeit in diesem Zusammenhang *Lagarde* I.E.C.L. III/11 (1994), Rn. 60 (Rückgriff auf die lex fori sei „in the end more honest"); ferner zB Erman/*Hohloch* Rn. 26, der aber im Ausgangspunkt der hM folgt.

[856] So insbes. *Kegel/Schurig* IPR § 16 VI; *Lagarde* I.E.C.L. III/11 (1994), Rn. 62; wohl auch OVG Berlin-Brandenburg NVwZ-RR 2014, 935 Rn. 10; hierzu krit. *Riegner* NZFam 2014, 967.

[857] *v. Bar/Mankowski* IPR I § 7 Rn. 285.

[858] BGHZ 169, 240 Rn. 49 = NJW-RR 2007, 145 (Hervorhebung hinzugefügt).

[859] Im Ergebnis ebenso bereits *Wolff* IPR S. 71 unter Berufung auf die *local law theory.*

[860] IdS (obwohl grds. der hM folgend) Erman/*Hohloch* Rn. 26.

Schließlich findet sich nicht selten die Auffassung, dass die Frage, ob man von der lex causae 227
ausgehe und diese einzelfallbezogen modifiziere oder ob man umgekehrt an der lex fori ansetze und
diese entsprechend angleiche, letztlich bloß akademisch-dogmatischer Natur sei und keine Ergebnis-
relevanz habe.[861] Dieser Ansicht kann aber – jedenfalls im deutschen Recht – schon aus prozessualen
Gründen nicht gefolgt werden. Da ausländisches Recht vor dem BGH nicht revisibel ist (→ Einl.
IPR Rn. 309 ff.) und das Berufungsgericht die Frage nach dem anwendbaren Recht nicht einfach
offenlassen darf (→ Einl. IPR Rn. 302), ist es vielmehr von erheblicher Bedeutung, ob ein Gericht
zur Lückenfüllung im Ausgangspunkt ausländisches oder inländisches Recht – wenngleich jeweils
in modifizierter Form – anwendet.[862] Im ersten Fall bliebe die Revision versperrt, im zweiten nicht
(zum Verfahrensrecht näher → Rn. 242).

Ein **allgemeiner Vorrang der lex fori** bei der Lückenfüllung ist **nach alldem nicht empfeh-** 228
lenswert.[863] Zu einer verstärkten Heranziehung der lex fori in besonderen Fallgruppen näher
→ Rn. 235 ff.

bb) Rückgriff auf allgemeine Rechtsgrundsätze oder internationales Einheitsrecht. Fer- 229
ner ist ebenso wie bei der verwandten Problemstellung der Nicht-Ermittelbarkeit des anwendbaren
Rechts (→ Einl. IPR Rn. 305) erwogen worden, die durch das Eingreifen der Vorbehaltsklausel
entstandene Lücke nicht aus dem Normenbestand einer der beteiligten nationalen Rechtsordnungen,
sondern durch den Rückgriff auf international anerkannte allgemeine Rechtsgrundsätze oder internationales Einheitsrecht zu füllen.[864] Für diesen Ansatz spricht, dass die Tatbestandsseite des ordre
public infolge der Anreicherung durch europäische bzw. universale Grund- und Menschenrechte
schon heute in erheblichem Maße internationalisiert ist (→ Rn. 144), so dass es naheläge, auch
auf der Rechtsfolgenseite eine in korrespondierendem Maße international ausgerichtete Sichtweise
einzunehmen.[865] Dies wäre dem internationalen Entscheidungseinklang – zumindest in der EU –
langfristig dienlich.[866] So könnte man zB im Falle des Verstoßes eines ausländischen Ehegüterrechts
gegen den deutschen ordre public daran denken, sich bei der Lückenfüllung auch durch die Regelungen des deutsch-französischen Wahlgüterstandes (→ Rn. 225) inspirieren zu lassen. Ferner könnte
man etwa zur Lösung des bereits beschriebenen Verjährungsfalls des RG (→ Rn. 216 f.) versuchen,
Maßstäbe aus dem New Yorker UN-Übereinkommen über die Verjährungsfrist beim internationalen
Warenkauf[867] zu entwickeln, was nach deren Art. 23 wiederum zu einer Maximalfrist von zehn
Jahren führen und insoweit die Wertung des schweizerischen Rechts (Art. 127 OR) bestätigen
würde.[868] Die Bedenken dagegen liegen aber auf der Hand: Zwar lässt sich argumentieren, dass
die Bundesrepublik, dadurch, dass sie auf einem bestimmten Gebiet internationales Einheitsrecht
akzeptiert, zugleich die Reichweite ihres ordre public bei internationalen Sachverhalten eingrenzt.
Unhaltbar ist diese Argumentation jedoch in Bezug auf solche Instrumente des internationalen
Einheitsrechts, wie die UN-Verjährungskonvention, von Deutschland nicht gezeichnet bzw.
ratifiziert worden sind. Zudem existiert internationales Einheitsrecht bislang vorwiegend im Bereich
des Handels- und Wirtschaftsrechts, in denen die „negative" Abwehrfunktion des ordre public
gegenüber der Sonderanknüpfung von Eingriffsnormen eine geringe Bedeutung hat (→ Rn. 100).
Den ordre public tangierende Fragestellungen, wie zB die Gültigkeit eines Rechtsgeschäfts bei
Verstößen gegen die guten Sitten, werden im internationalen Einheitsrecht vielfach ausgeklammert
(zB Art. 4 S. 2 lit. a CISG). Angesichts der gegenwärtigen **fragmentarischen Natur des internati-**
onalen Einheitsrechts, zumal auf dem ordre public-relevanten Sektor des Familien- und Erbrechts,
kann dieser Ansatz daher keine allgemein befriedigende Lösung bieten. Es ist aber durchaus möglich
und im Einzelfall empfehlenswert, im Rahmen einer zur Lückenfüllung erforderlichen Modifikation
der lex causae (→ Rn. 214) auch diejenigen Rechtsgrundsätze heranzuziehen, die im einschlägigen

---

[861] So namentlich Bamberger/Roth/*Lorenz* Rn. 18; *Looschelders* IPR Rn. 33; Staudinger/*Voltz* (2013)
Rn. 214; ähnlich auch NK-BGB/Schulze Rn. 53; die praktische Konvergenz der deutschen und französischen
Herangehensweise betont auch *Lagarde* I.E.C.L. III/11 (1994), Rn. 62 aE.
[862] Vgl. RGZ 106, 82 (86).
[863] So auch BeckOGK/*Stürner* (1.2.2017) EGBGB Art. 6 Rn. 287.
[864] Dafür namentlich *Dölle* IPR S. 113; *Wuppermann,* Die deutsche Rechtsprechung zum Vorbehalt des ordre
public im Internationalen Privatrecht seit 1945 vornehmlich auf dem Gebiet des Familienrechts, 1977,72; zu
diesem Ansatz näher *Schwung* RabelsZ 49 (1985), 407 (415 f.).
[865] Strikt abl. hingegen noch *Schwung* RabelsZ 49 (1985), 407 (416), weil die Heranziehung nationaler Rechte
den Verkehrs- und Parteiinteressen hinreichend diene.
[866] Skeptisch insoweit BeckOGK/*Stürner* (1.2.2017) EGBGB Art. 6 Rn. 288.
[867] Abrufbar unter http://www.uncitral.org/pdf/english/texts/sales/limit/limit_conv_E_Ebook.pdf; deutsche
Übersetzung bei Staudinger/*Magnus* (2013) Anh. II CISG Rn. 31.
[868] Vgl. zur Bestimmung der Verjährungsfrist nach den „allgemeinen Rechtsgrundsätzen des internationalen
Handels" *Schwung* RabelsZ 49 (1985), 407 (423).

Rechtskreis (etwa dem Common Law oder dem islamischen Recht) anerkannt sind.[869] Dies kommt insbesondere dann in Betracht, wenn das positive Recht der lex causae eine ordre public-widrige Bestimmung enthält, mit der von denjenigen Prinzipien abgewichen wird, die in dem fraglichen Rechtskreis im Übrigen gelten.

230   **cc) Bildung eigener Sachnormen ad hoc.** Zudem wird vorgeschlagen, sich sowohl von den Sachnormen der lex causae als auch der lex fori zu lösen und stattdessen im IPR ad hoc spezielle, einzelfallbezogene materielle Normen zur Lückenfüllung zu bilden.[870] So wollen *Kegel/Schurig* den bereits erwähnten, klassischen Verjährungsfall des RG (→ Rn. 216) weder nach schweizerischem noch nach deutschem Sachrecht, sondern dadurch lösen, dass die längste noch tragbare Verjährungsfrist eingesetzt wird, die konkret fünfzig Jahre betragen soll.[871] Es ist aber **dogmatisch nicht angängig,** die Frage der materiellrechtlichen Angleichung zum Zweck der Lückenfüllung im IPR statt in einem der beteiligten Sachrechte anzusiedeln, denn die Kollisionsnormen zB über die Verjährung (etwa Art. 12 Abs. 1 lit. d Rom I-VO) sagen zu der sachrechtlichen Frage, wie lang derartige Fristen maximal sein dürfen, rein gar nichts aus; man müsste also vorher erst Sachnormen in das IPR hineinlesen, die man anschließend aus ihm zu gewinnen vorgäbe.[872] Gerade unter dem Aspekt der Methodenehrlichkeit, der von den Kritikern der hM betont wird (→ Rn. 224), kann einem solchen Vorgehen nicht gefolgt werden. Auch unter praktischen Gesichtspunkten wäre es der **Rechtssicherheit abträglich,** formal-rechtstechnische Fragen wie die Länge einer Verjährungsfrist ohne Verankerung in einem der beteiligten Sachrechte der richterlichen Kreativität ad hoc zu überlassen:[873] Warum gerade 50 Jahre, warum nicht 35 oder 55? Es überzeugt nicht, der Modifikation der lex causae den Vorwurf der Willkür zu machen,[874] aber als Alternative hierzu lediglich einen unbekümmerten freirechtlichen Dezisionismus anzubieten.[875]

231   **b) Kollisionsrechtliche Lösungsansätze.** Abgesehen von den bereits diskutierten, an den in Frage kommenden Sachrechten orientierten Methoden wird zum Teil auch ein kollisionsrechtlicher Ansatz zur Lückenfüllung, die sog „Ersatzanknüpfung",[876] erwogen:[877] So könnte man bei der Ausschaltung des an die Staatsangehörigkeit angeknüpften Rechts durch die Vorbehaltsklausel daran denken, nicht die lex fori, sondern eine dritte, aufgrund eines anderen Anknüpfungspunkts (zB des gewöhnlichen Aufenthalts oder der Nachlassbelegenheit) bestimmte Rechtsordnung zu berufen.[878] Ohne Weiteres ist eine solche Technik **bei alternativen Anknüpfungen,** wie zB Art. 19 Abs. 1, **praktikabel:**[879] Erweist sich das Recht des Staates, in dem das Kind seinen gewöhnlichen Aufenthalt hat (Art. 19 Abs. 1 S. 1), als ordre public-widrig, entsteht im Ergebnis keine Regelungslücke, weil die Abstammung alternativ auch nach einem der in Art. 19 Abs. 1 S. 2 und 3 genannten Rechte bestimmt werden kann. Gleiches gilt, wenn das Gesetz selbst eine subsidiäre Auffangklausel bereitstellt; so kann etwa, wenn das interpersonale Privatrecht eines Mehrrechtsstaates (Art. 4 Abs. 3 S. 1) gegen den ordre public verstößt, stattdessen auf die in Art. 4 Abs. 3 S. 2 genannte engste Verbindung zurückgegriffen werden (→ Art. 4 Rn. 170). Ein solches Vorgehen böte sich darüber hinaus bei Anknüpfungsleitern an; man könnte beispielsweise in dem Fall, dass sich das auf die allgemeinen Ehewirkungen nach Art. 14 Abs. 1 Nr. 1 EGBGB bestimmte Heimatrecht als ordre public-widrig herausstellt, stattdessen auf die nächste Sprosse der Anknüpfungsleiter herabsteigen und das Recht

---

[869]   *Rauscher* IPR Rn. 596.

[870]   So namentlich *Kegel,* FS Drobnig, 1998, 315 (324).

[871]   So *Kegel/Schurig* IPR § 16 VI.

[872]   Dies wird jetzt auch von *Kegel/Schurig* IPR § 16 VI in Abkehr von der 7. Aufl. eingeräumt: Es sei im deutschen Sachrecht, nicht im IPR, eine neue materielle Norm ad hoc zu bilden.

[873]   So *Kropholler* IPR § 36 V.

[874]   So aber *Kegel/Schurig* IPR § 16 VI.

[875]   Insoweit abl. bereits *Ferid* IPR Rn. 3–36, der vor einer „von Fall zu Fall schwankenden Billigkeitsrechtsprüfung […] ohne jede Vorhersehbarkeit des Ergebnisses" warnt; BeckOGK/*Stürner* (1.2.2017) EGBGB Art. 6 Rn. 289.

[876]   So plastisch *Schwung* RabelsZ 49 (1985), 407 (416 f.).

[877]   So de lege europaea ferenda *Kreuzer,* Was gehört in den Allgemeinen Teil eines Europäischen Kollisionsrechtes?, 2008, 1, 46 f.; von einer kollisionsrechtlichen Lösung spricht insoweit auch Staudinger/*Voltz* (2013) Rn. 208; anders verwendet den Begriff Erman/*Hohloch* Rn. 26, der damit die → Rn. 214 beschriebene hM (Modifikation der lex causae) bezeichnet; wiederum anders *Kegel/Schurig* IPR § 16 VI, die ihren Ansatz der Ad-hoc-Bildung von Sachnormen als „kollisionsrechtliche Sicht des *ordre public*" bezeichnen.

[878]   *Neuhaus* IPR S. 391; RGRK-BGB/*Wengler* IPR I S. 82; *Lagarde* I.E.C.L. III/11 (1994), Rn. 63; *Schwung* RabelsZ 49 (1985), 407 (423 f.).

[879]   Vgl. *Kreuzer,* Was gehört in den Allgemeinen Teil eines Europäischen Kollisionsrechtes?, 2008, 1, 46 f.; *Schwung* RabelsZ 49 (1985), 407 (423).

des gewöhnlichen Aufenthalts (Art. 14 Abs. 1 Nr. 2 EGBGB) anwenden.[880] Angesichts der Präferenz des europäischen Verordnungsgebers für die Technik der Anknüpfungsleiter (s. etwa Art. 8 Rom III-VO, Art. 5 Abs. 1 Rom II-VO) ließe sich dieser Ansatz auch dort fruchtbar machen und so der internationale Entscheidungseinklang fördern.

Gleichwohl hat dieser Vorschlag bislang weder in der Praxis noch in der Literatur nennenswerte **232** Gefolgschaft gefunden.[881] Denn es fehlt – zumindest außerhalb der Fallgruppe der Alternativanknüpfungen bzw. Anknüpfungsleitern – an klaren Anhaltspunkten dafür, nach welchen Kriterien die jeweils maßgebende Ersatzrechtsordnung mangels eines vom Gesetz- oder Verordnungsgeber zu diesem Zweck bereit gestellten Anknüpfungsmoments ausgewählt werden sollte.[882] Zudem wird eine Verletzung des ordre public in den meisten Fällen durch einen Verstoß gegen grundlegende Wertungen des *Sach-* und nicht des *Kollisionsrechts* begründet (zur ordre public-Widrigkeit ausländischen Kollisionsrechts aber → Rn. 125 ff.); eine sachrechtliche Diagnose indiziert aber in der Regel keine kollisionsrechtliche Therapie.[883] Denn eine Rechtsordnung, zu der nicht die engste Verbindung des Rechtsverhältnisses besteht, wird nicht dadurch kollisionsrechtlich sachnäher, dass das materielle Recht einer anderen, kollisionsrechtlich berufenen Rechtsordnung gegen den ordre public verstößt. Zudem schießt die gänzliche Ausschaltung der an sich berufenen Rechtsordnung über das Ziel hinaus, wenn sich durch das mildere Mittel ihrer bloßen Anpassung an deutsche Grundwertungen ein ordre public-Verstoß vermeiden lässt (zum Gebot der größtmöglichen Schonung des berufenen Rechts → Rn. 214).

c) Prozessualer Lösungsansatz. Schließlich werden insbesondere im Rechtskreis des Common **233** Law, vor allem in den USA, die Rechtsfolgen eines Verstoßes gegen den ordre public traditionell auf verfahrensrechtliche Weise bewältigt, indem eine Klage, die nur bei Zugrundelegung eines gegen die „public policy" verstoßenden Rechts Erfolg haben könnte und die keinen erheblichen Bezug zum Gerichtsstaat aufweist, unter Berufung auf die Doktrin des **„forum non conveniens"** bereits als unzulässig abgewiesen wird.[884] Ein entsprechender Ansatz wird zum Teil auch für die Vorbehaltsklauseln des europäischen Kollisionsrechts vorgeschlagen.[885] Dem steht jedoch bereits entgegen, dass die Brüssel Ia-VO keinen Raum für die Anwendung der forum-non-conveniens-Doktrin lässt.[886] Erst recht besteht kein Anlass zur Rezeption dieser Doktrin im autonomen deutschen IPR, das die kollisionsrechtliche Vorbehaltsklausel eindeutig im materiellen Recht und nicht im Prozessrecht lokalisiert[887] (zur verfahrensrechtlichen Praxis näher → Rn. 242 ff.).

3. Ergebnis. Es zeigt sich, dass **keiner der gegen die hM gerichteten Alternativvorschläge 234** zur Bestimmung des Ersatzrechts generell **zu überzeugen vermag.** Es bleibt jedoch zu klären, ob zumindest in bestimmten Fallgruppen der lex fori als Ersatzrecht der Vorrang gegenüber einer Modifikation der lex causae einzuräumen ist.

IV. Einzelne Fallgruppen

1. Quantitative und qualitative Verstöße gegen den ordre public. Bereits in der Gesetzesbe- **235** gründung zu Art. 6 wird eine Behandlung der Ersatzrechtsproblematik angedeutet, die zwischen „quantitativen" und „qualitativen" Verstößen gegen den ordre public differenziert: So werde „die Bandbreite möglicher Lösungen [...] allgemein wesentlich davon abhängen, ob es sich im konkreten Fall um eine quantitativ teilbare Rechtsfolge handelt oder nicht."[888] Während die Begrün-

---

[880] Vgl. in Bezug auf die Bestimmung des Ersatzrechts bei ordre public-widrigem fremden Kollisionsrecht *Kühne,* FS Ferid, 1988, 251 (259 f.).

[881] Abl. BeckOGK/*Stürner* (1.2.2017) EGBGB Art. 6 Rn. 290; Staudinger/*Voltz* (2013) Rn. 211; *Schwung* RabelsZ 49 (1985), 407 (416 f.); positiver aber *Lagarde* I.E.C.L. III/11 (1994), Rn. 63 („This method deserves attention"); bezogen auf Alternativanknüpfungen auch *Kreuzer,* Was gehört in den Allgemeinen Teil eines Europäischen Kollisionsrechtes?, 2008, 1, 46 f.

[882] Staudinger/*Voltz* (2013) Rn. 211; diese Schwierigkeit räumt auch *Lagarde* I.E.C.L. III/11 (1994), Rn. 63 ein.

[883] Zutr. merkt bereits *Schwung* RabelsZ 49 (1985), 407 (417) an, es könne „kaum von einem reinen Problem der Kollisionsnorm und ihrer anknüpfungstechnischen Anwendung gesprochen werden".

[884] Vgl. *Hay/Borchers/Symeonides,* Conflict of Laws, 5. Aufl. 2010, §§ 3.15 f. mwN; hierzu aus deutscher Sicht *Spickhoff,* ordre public, 1989, 60 f.; *Schwung* RabelsZ 49 (1985), 407 (408 f.); aus französischer Sicht *Lagarde* I.E.C.L. III/11 (1994), Rn. 59.

[885] So in Bezug auf Art. 26 Rom I-VO *Weintraub* Tex. Int'l L. J. 43 (2008), 401 (405).

[886] S. EuGH Slg. 2005, I-1383 = EuZW 2005, 345 – Owusu/Jackson; näher *Kropholler/v. Hein* EuZPR EuGVO aF vor → Art. 2 Rn. 20 mwN.

[887] So bereits *Schwung* RabelsZ 49 (1985), 407 (409); ebenso BeckOGK/*Stürner* (1.2.2017) EGBGB Art. 6 Rn. 276.

[888] BT-Drs. 10/504, 44.

dung in der **erstgenannten Fallgruppe** die herkömmliche Lösung **(Modifikation der lex causae)** bevorzugt, heißt es zur zweiten Fallgruppe: „Im letzten Fall, zB bei Statusfragen, wird nicht selten der einzig gangbare Ausweg in der Anwendung deutschen Rechts bestehen."[889] Im Schrifttum wird daran anknüpfend zwischen ordre public-Verstößen mit quantitativem Element bzw. ohne ein solches unterschieden und für die **letztgenannte Fallgruppe** ein **Vorrang der lex fori** befürwortet.[890]

236   Daran ist zwar richtig, dass es sich vergleichsweise einfach bewerkstelligen lässt, einen nach der lex causae begründeten Zahlungsanspruch zu erhöhen oder zu mindern (→ Rn. 218), während eine **Anpassung ausländischen Rechts** zB in Statusfragen demgegenüber größere praktisch-konstruktive Probleme bereitet. Daraus lässt sich jedoch nicht der dogmatische Schluss ziehen, dass diese Methode **bei qualitativ bedingten Verstößen** gegen den ordre public schlechthin ausscheiden müsse. Dies zeigt bereits die grundlegende Entscheidung des BGH zur Frage des iranischen Sorgerechts, in der eine gangbare Kompromisslösung zur Verteilung der Vermögens- und Personensorge auf der Basis des iranischen Rechts angeregt wird (→ Rn. 215). Auch bei der Behandlung von Verstoßungsscheidungen nach islamischem Recht hat sich die hM in Deutschland – vor der Schaffung des Art. 10 Rom III-VO – aus guten Gründen für eine modifizierte, ordre public-konforme Anwendung des ausländischen Rechts ausgesprochen, ohne die Scheidung insgesamt deutschem Recht zu unterwerfen.[891] Ferner ist die für registrierte Partnerschaften geltende Kappungsgrenze des Art. 17b Abs. 4 ein Indiz dafür, dass der Gesetzgeber die Anpassung ausländischer Statusfragen an die Vorgaben des deutschen Rechts für möglich hält, ohne dass auf den betreffenden Status insgesamt deutsches Recht angewendet werden müsste (zB nicht, soweit einzelne Wirkungen der ausländischen Lebenspartnerschaft hinter deutschem Recht zurückbleiben; näher → Art. 17b Rn. 78 ff.). Es besteht daher auch bei ordre public-Verstößen mit einem qualitativen Element kein hinreichender Grund dafür, in Abweichung von den allgemeinen Grundsätzen zur Bestimmung des Ersatzrechts a priori der lex fori den Vorrang einzuräumen.

237   **2. Fehlen einer Regelung im ausländischen Recht.** Ferner soll ein Rückgriff auf die lex fori stets geboten sein, wenn das berufene ausländische Recht ein bestimmtes Institut des deutschen Rechts (zB die Möglichkeit der Ehescheidung, Adoption oder Geschlechtsumwandlung) nicht kennt und es hierdurch zu einem ordre public-widrigen Ergebnis **(Normenmangel)** kommt.[892] Auch insoweit ist eine unmittelbare Berufung des Inlandsrechts zwar häufig das letzte in Betracht kommende Mittel, aber weder ohne weiteres zwingend geboten noch liegt sie wegen der Gefahr hinkender Rechtsverhältnisse notwendigerweise im Interesse der Betroffenen.[893]

238   Der BGH hat zB in einem Fall, in dem das anwendbare ausländische Recht **keine Möglichkeit der Ehescheidung** vorsah, der Vorinstanz ausdrücklich aufgegeben, vor einem Rückgriff auf die lex fori zunächst zu prüfen, ob „sich dem maßgeblichen ausländischen Recht keine dem deutschen Rechtsverständnis entsprechende äquivalente Lösung entnehmen" lasse.[894] So hätte zB nicht unbedingt deutsches Scheidungsrecht als Ersatzrecht berufen werden müssen, wenn das ausländische Recht – unter den gegebenen Voraussetzungen und ohne Benachteiligung einer Partei – statt einer Scheidung die Annullierung der Ehe ermöglicht hätte.[895] Zwar wird die Konstellation der Unscheidbarkeit nunmehr durch die spezielle Vorbehaltsklausel des Art. 10 Rom III-VO im Sinne einer direkten Anwendung des Scheidungsrechts der lex fori abweichend geregelt; hieraus lässt sich aber ebenso wenig wie aus anderen speziellen Vorbehaltsklauseln ein Rückschluss auf eine entsprechende Lösung der Ersatzrechtsproblematik im Rahmen der allgemeinen Vorbehaltsklausel ziehen (→ Rn. 220).

239   In der Frage der **fehlenden Adoptionsmöglichkeit** nach islamischem Recht hat sich das OLG Schleswig für die Heranziehung der lex fori als Ersatzrecht ausgesprochen.[896] Auch insoweit sollte aber methodengerecht erst dann auf deutsches Recht zurückgegriffen werden, nachdem geprüft

---

[889] BT-Drs. 10/504, 44.

[890] *Lorenz* IPRax 1999, 429 (431 f.); Bamberger/Roth/*Lorenz* Rn. 18; ähnlich auch *v. Bar*/*Mankowski* IPR I § 7 Rn. 287 f.

[891] OLG Düsseldorf FamRZ 1998, 1113 = BeckRS 1997, 12720.

[892] OLG Naumburg BeckRS 2015, 19835 Rn. 27; ebenso *v. Hoffmann*/*Thorn* IPR § 6 Rn. 154; *Junker* IPR Rn. 282; Palandt/*Thorn* Rn. 13; Staudinger/*Voltz* (2013) Rn. 215; vgl. auch zur Fallgruppe des Normenmangels *v. Bar*/*Mankowski* IPR I § 7 Rn. 288 aE; vgl. auch noch zur Zuweisung der Ehewohnung (heute Art. 17a) OLG Köln FamRZ 1996, 1220; AG Recklinghausen FamRZ 1995, 677.

[893] Zurückhaltend auch RGRK-BGB/*Wengler* IPR I S. 81.

[894] BGHZ 169, 240 Rn. 50 = NJW-RR 2007, 145.

[895] Vgl. zur Nichtigerklärung einer nach philippinischem Recht unscheidbaren Ehe AG Frankfurt/M Streit 1999, 136 mAnm *Becker-Rojcyk*.

[896] OLG Schleswig FamRZ 2008, 1104 Rn. 32 = BeckRS 2007, 19588; LG Hannover FamRZ 1969, 668 (zur Legitimation); Bamberger/Roth/*Lorenz* Rn. 10; NK-BGB/*Schulze* Rn. 26; Palandt/*Thorn* Rn. 5; näher *Gallala-Arndt* RabelsZ 79 (2015), 405 (421 ff.), mit rechtsvergleichenden Hinweisen.

worden ist, ob nicht im Einzelfall eine *kafala* islamischen Rechts als Substitut in Betracht kommt,[897] was allerdings in aller Regel ausscheidet, weil die *kafala* eher eine Art Pflegekindschaft (vgl. § 1630 Abs. 3 BGB), aber keine Verwandtschaftsbeziehung begründet und insoweit keine vollwertige funktionale Äquivalenz zur Adoption vorliegt.[898] Dies wird auch dadurch untermauert, dass das KSÜ zwar die Adoption aus seinem sachlichen Anwendungsbereich ausschließt (Art. 4 lit. b KSÜ), die *kafala* aber einbezieht (Art. 3 lit. e KSÜ). Auch der EGMR hat betont, dass die *kafala* eher als eine Form der Vormundschaft oder Pflegschaft einzuordnen sei;[899] in der Regelung des französischen IPR, dass eine Adoption grundsätzlich nicht in Betracht komme, wenn das islamische Heimatrecht des Kindes diese nicht gestatte, hat der Gerichtshof zwar keinen Verstoß gegen die EMRK gesehen; er hat insoweit aber darauf hingewiesen, dass das französische IPR eine Adoption sehr wohl gestattet, wenn das Kind in Frankreich geboren und aufgewachsen ist.[900]

Schließlich bestätigt das Beispiel der dem Heimatrecht **unbekannten Geschlechtsumwand-** **240** **lung**[901] eher den Ansatz der hM, in erster Linie nach einem funktionalen Äquivalent in der lex causae zu suchen: Als Reaktion auf ein Urteil des BVerfG[902] wurde § 8 Abs. 1 Nr. 1 iVm § 1 Abs. 1 Nr. 3 lit. d TSG zwar dahingehend abgeändert, dass die nach dem TSG verbürgten Rechte auch auf Ausländer mit gewöhnlichem Aufenthalt in Deutschland erstreckt werden, dies allerdings nur, wenn das Heimatrecht der betroffenen Person keine dem TSG *„vergleichbare Regelung* kennt".[903] Gerade diese Rücksichtnahme auf das Heimatrecht wird im Schrifttum kritisiert; so meint etwa *Augstein*, diese Lösung sei „nicht zweckmäßig. Sie kann eingehende und schwierige Ermittlungen zum ausländischen Recht erfordern. Auch wenn das Heimatrecht grds. vergleichbare Regelungen bereit hält, kann deren praktische Umsetzung (von Deutschland aus!) schwierig sein oder im Einzelfall scheitern".[904] Zwar sind diese Bedenken rechtspolitisch erwägenswert; die Neufassung der §§ 1 und 8 TSG unterstreicht aber, dass der Gesetzgeber auch insoweit vom Grundsatz der möglichst weitgehenden Schonung des ausländischen Rechts (→ Rn. 214) und nicht von einer Sonderanknüpfung des TSG ausgegangen ist. Zudem hat das BVerfG festgehalten, dass eine solche Rücksichtnahme auf das Heimatrecht auch im Rahmen des Art. 6 mit den Vorgaben des GG vereinbar ist.[905]

Sofern ein ordre public-konformes Äquivalent zu einer deutschen Regelung im ausländischen **241** Recht vorhanden ist, wird allerdings nach dem Grundsatz einer **funktional-teleologischen Quali-** **fikation** (→ Einl. IPR Rn. 118 ff.) dieses Rechtsinstitut häufig ohnehin von unserem IPR zur Anwendung berufen sein, so dass sich in der Folge die Frage eines ordre public-Verstoßes wegen eines Normenmangels nicht mehr stellt. So wäre es zB offensichtlich verfehlt, etwa das Fehlen einer registrierten Partnerschaft (Art. 17b) im ausländischen Recht als ordre public-widrige (weil diskriminierende) Lücke einzustufen, sodann aber ersatzweise die im dortigen Recht verankerte gleichgeschlechtliche Ehe heranzuziehen; hier liegt bei funktionaler Betrachtung schon auf der Tatbestandsebene kein Normenmangel vor, sondern es sind schlicht die ausländischen Vorschriften zur gleichgeschlechtlichen Ehe anzuwenden.

D. Verfahrensrechtliche Hinweise

I. Deutsches Verfahrensrecht

Ob die rechtlichen **Voraussetzungen** für ein Eingreifen **des ordre public** vorliegen, ist **von** **242** **Amts wegen zu prüfen.**[906] Dies gilt auch in Bezug auf die Anwendung des Rechts anderer

---

[897] Vgl. OLG Karlsruhe = BeckRS 9998, 01676 = FamRZ 1998, 56 = IPRax 1999, 49 mAnm *Jayme*; *Looschelders* IPR Rn. 54; NK-BGB/*Schulze* Rn. 54 m. Fn. 202.

[898] Vgl. näher BVerwGE 138, 77 = NVwZ 2011, 1205; VG Berlin BeckRS 2009, 33046 (keine „Annahme" iS des 6 S. 1 StAG); eingehend *Borrás*, Mélanges van Loon, 2013, 77 ff.; *Gallala-Arndt* RabelsZ 79 (2015), 405 (422 f.).

[899] EGMR 4.10.2012 – 43631/09, Rn. 21 – Harroudj/Frankreich; hierzu eingehend *Gallala-Arndt* RabelsZ 79 (2015), 405 (424 f.).

[900] EGMR 4.10.2012 – 43631/09, Rn. 51 – Harroudj/Frankreich; näher *Gallala-Arndt* RabelsZ 79 (2015), 405 (425).

[901] Angeführt von *v. Hoffmann/Thorn* IPR § 6 Rn. 154.

[902] BVerfGE 116, 243 = NJW 2007, 900 = IPRax 2007, 217 mAnm *Röthel* 204; das Gericht hatte darin dem Gesetzgeber die Wahl gelassen zwischen einer Lösung über Art. 6 EGBGB und einer Erstreckung des TSG auf im Inland lebende Ausländer (so die heutige Rechtslage).

[903] In der Fassung des Gesetzes zur Änderung des Passgesetzes und weiterer Vorschriften vom 20.7.2007 (BGBl. I S. 1566); Hervorhebung hinzugefügt.

[904] *Augstein* Transsexuellengesetz, 2012, TSG § 1 Rn. 4.

[905] BVerfGE 116, 243 = NJW 2007, 900 = IPRax 2007, 217 mAnm *Röthel* IPRax 2007, 204.

[906] Bamberger/Roth/*Lorenz* Rn. 20; BeckOGK/*Stürner* (1.2.2017) EGBGB Art. 6 Rn. 291; jurisPK-BGB/ *Baetge* Rn. 124; *Struycken*, Liber Amicorum Gaudemet-Tallon, 2008, 617, 620 f.

EU-Mitgliedstaaten (→ Rn. 177). Soweit es für das Vorliegen eines ordre public-Verstoßes auf das Vorhandensein tatsächlicher Umstände ankommt, trifft die insoweit bestehende Darlegungs- und Beweislast diejenige Partei, welcher die Nicht-Anwendung des ausländischen Rechts zugute käme.[907] Ob die Anwendung ausländischen Rechts im Ergebnis gegen den deutschen ordre public verstößt, lässt sich nur beurteilen, nachdem zuvor der Inhalt des betreffenden ausländischen Rechts ermittelt worden ist.[908] Diese Aufgabe obliegt auch im Rahmen des Art. 6 dem Tatrichter.[909] **Revisibel** ist insoweit nur, ob das Tatgericht die rechtlichen Voraussetzungen des Art. 6 verkannt hat[910] und ob es gemäß § 293 ZPO das ausländische Recht zutreffend ermittelt hat, nach § 545 Abs. 1 ZPO (näher → Einl. IPR Rn. 309) nicht aber die Auslegung und Anwendung des fremden Rechts selbst.[911] Ergibt sich überdies infolge des Eingreifens des ordre public im Rahmen der Lückenfüllung die Notwendigkeit, in der lex causae eine Lösung zu finden oder diese ggf. aus dem fremden Recht zu entwickeln (→ Rn. 214 ff.), kann das Revisionsgericht diese Aufgabe nicht selbst übernehmen, sondern muss insoweit – durchaus mit Hinweisen zu denkbaren Gestaltungsmöglichkeiten – an das Tatgericht zurückverweisen.[912] Die Abweisung einer Klage wegen eines ordre public-Verstoßes betrifft deren Begründetheit und nicht deren Zulässigkeit, so dass es sich hierbei – anders als herkömmlich im US-amerikanischen Common Law (→ Rn. 233) – um eine Sach- und nicht um eine Prozessentscheidung handelt.[913] Ungeachtet der zeitlichen Wandelbarkeit des ordre public (→ Rn. 202 ff.) hat diese Entscheidung nach heute allgemeiner Ansicht endgültigen Charakter.[914] Eine Prozessentscheidung wegen mangelnder internationaler Zuständigkeit darf nur insoweit ergehen, als die dem deutschen Gericht abverlangte Tätigkeit ihm schlechthin wesensfremd ist (näher → Einl. IPR Rn. 308) was aber nicht allein wegen der Notwendigkeit, religiöses (zB islamisches) Recht anzuwenden, der Fall ist.[915]

243   Da die kollisionsrechtlichen Verordnungen der EU grundsätzlich nicht das Zivilverfahren selbst erfassen (Art. 1 Abs. 3 Rom I-VO, Art. 1 Abs. 3 Rom II-VO), gelten die vorstehenden Grundsätze auch im Rahmen der Anwendung EU-rechtlicher Vorbehaltsklauseln.

II. Vorlage an den EuGH

244   Aufgrund der Inkorporation des – inzwischen durch die Rom I-VO abgelösten – EVÜ in Art. 6 ist weiterhin für vor dem 17.12.2009 abgeschlossene Altverträge im Anwendungsbereich des Art. 37 S. 1 EGBGB aF den obersten Gerichtshöfen des Bundes (zB BGH, BAG) die Möglichkeit gegeben, gemäß den beiden EVÜ-Auslegungsprotokollen[916] ein Vorabentscheidungsersuchen zur Auslegung des Art. 6 EGBGB bzw. Art. 16 EVÜ an den EuGH zu richten. Für ab dem 17.12.2009 abgeschlossene Verträge ergibt sich die (erheblich erweiterte) Vorlagemöglichkeit hingegen direkt aus Art. 267 AEUV iVm Art. 21 Rom I-VO. Die Orientierung an international gebräuchlichen und auch in europäischen Rechtsakten (Art. 21 Rom I-VO, Art. 26 Rom II-VO) verwendeten Formulierungen reicht iÜ nicht aus, um im sachlichen Anwendungsbereich des autonomen IPR Vorabentscheidungsersuchen zur Auslegung des Art. 6 auf Art. 267 AEUV zu stützen (→ Rn. 38).

245   In Bezug auf Art. 11 Abs. 1 HUnthÜ, der ebenfalls durch Art. 6 in das deutsche Recht inkorporiert worden war, bestand mangels eines flankierenden Auslegungsprotokolls keine Vorlagemöglichkeit an den EuGH. Für Rechtsfragen im Rahmen des von der EU ratifizierten Art. 13 HUP (iVm Art. 15 EuUnthVO) greift heute aber wiederum Art. 267 AEUV ein. Für Art. 7 HTestformÜ besteht hingegen nicht die Möglichkeit, ein Vorabentscheidungsersuchen an den EuGH zu richten, da diese

---

[907] BeckOGK/*Stürner* (1.2.2017) EGBGB Art. 6 Rn. 292; jurisPK-BGB/*Baetge* Rn. 124 im Anschluss an die zu § 328 Abs. 1 Nr. 4 ZPO ergangene Entscheidung BGHZ 134, 79 (91) = NJW 1996, 524 (526).
[908] BeckOGK/*Stürner* (1.2.2017) EGBGB Art. 6 Rn. 293.
[909] BGHZ 169, 240 Rn. 50 = NJW-RR 2007, 145.
[910] Insoweit zutr. Bamberger/Roth/*Lorenz* Rn. 20; jurisPK-BGB/*Baetge* Rn. 126.
[911] Vgl. zur Frage der „wesensfremden" Zuständigkeit BGHZ 160, 332 (340 f.) = NJW-RR 2005, 81; speziell zu Art. 6 BGHZ 120, 29 (37 f.) = NJW 1993, 848 (849); 169, 240 Rn. 50 = NJW-RR 2007, 145.
[912] StRspr, s. RGZ 106, 82 (86); BGHZ 120, 29 (37 f.) = NJW 1993, 848 (849); 169, 240 Rn. 50 = NJW-RR 2007, 145.
[913] Vgl. RGRK-BGB/*Wengler* IPR I S. 81, der aber die Gegenansicht für zumindest „denkbar" hält; *Schurig* RabelsZ 49 (1985), 407 (409).
[914] Näher hierzu noch Soergel/*Kegel*, 11. Aufl. 1983, Art. 30 Rn. 24 mwN zur älteren gegenteiligen Auffassung.
[915] BGHZ 160, 332 = NJW-RR 2005, 81.
[916] Erstes Brüsseler Protokoll vom 19.12.1988 idF des 4. Beitrittsübereinkommens vom 14.4.2005, BGBl. 2006 II S. 348; Zweites Brüsseler Protokoll vom 19.12.1988 idF des 4. Beitrittsübereinkommens vom 14.4.2005, BGBl. 2006 II S. 348.

Vorschrift bislang lediglich als konventionelle, von der Bundesrepublik ratifizierte staatsvertragliche Bestimmung gilt.

E. Praxis auf einzelnen Rechtsgebieten

I. Rechts- und Geschäftsfähigkeit natürlicher Personen

Es **verletzt** den ordre public,　　　　　　　　　　　　　　　　　　　　　246
- einer natürlichen Person aus religiösen („Klostertod"), ethnischen, politischen oder sonstigen Gründen die Rechtsfähigkeit abzusprechen;[917]
- Ehefrauen nach dem ausländischen Recht nur eine beschränkte Geschäftsfähigkeit zuzuerkennen[918] oder dem Ehemann gar die Vormundschaft über sie zuzusprechen[919]
- ein zehnjähriges Kind als volljährig zu behandeln.[920]

II. Name

Es verstößt **nicht** gegen den ordre public,　　　　　　　　　　　　　　　247
- wenn die Eheleute nach ausländischem Recht entgegen § 1355 Abs. 1 S. 1 BGB nicht die Möglichkeit haben, einen gemeinsamen Familiennamen (Ehenamen) zu bestimmen;[921]
- wenn nach dem Namensrecht von Kamerun für ein Kind als Nachname eine Kombination aus dem Nachnamen des Vaters und dem Nachnamen der Großmutter väterlicherseits gewählt wird;[922]
- wenn einem ausländischen (zB ghanaischen) Brauch entsprechend der Familienname des Kindesvaters zum zweiten Vornamen des Kindes bestimmt werden soll;[923]
- wenn der nach ausländischem (zB türkischem) Recht bestimmte Name („Deniz") das Geschlecht des Kindes nicht eindeutig erkennen lässt;[924]
- wenn der für ein Kind gewählte Name aus deutscher Sicht zwar **lang und ungewöhnlich** ist („Frieden Mit Gott Allein Durch Jesus Christus"), aber der bereits fünfzehn Jahre alte Betroffene an dem Namen festhalten möchte.[925] Auch nach Auffassung des EuGH rechtfertigt das Bestreben, übermäßig lange oder zu komplizierte (Nach-)Namen zu vermeiden, keine Berufung auf den ordre public.[926] Zumindest bei jüngeren Kindern ist im Interesse des Kindeswohls aber ein strengerer Kontrollmaßstab angezeigt;
- wenn der Name eines deutschen (zuvor türkischen) Staatsangehörigen durch Verwaltungsakt nach dem NÄG geändert worden ist und es bei dem neuen Namen auch dann verbleibt, wenn der Betroffene auf seinen Antrag durch Beschluss des türkischen Innenministeriums (unter seinem früheren Namen) wiedereingebürgert wird; das allgemeine Persönlichkeitsrecht des Betroffenen erfordert es nicht, den früheren Namen als rechtmäßig geführt anzusehen, solange er nicht alle zumutbaren Anstrengungen unternommen hat, (türkische) Personaldokumente mit dem zutreffenden neuen Namen zu erhalten;[927]
- wenn nach dem Heimatrecht des Betroffenen **Adelsprädikate** abgeschafft worden sind oder ihm die Führung eines in Deutschland (zB durch Heirat) erworbenen adligen Namensbestandteils untersagt wird – ungeachtet des persönlichkeitsrechtsrechtlichen Gehalts auch adliger Namen und der Fortgeltung des Art. 109 Abs. 3 S. 2 WRV.[928] Die Abschaffung des Adels bleibt hierbei nicht etwa in Analogie zum Enteignungsrecht auf das Territorium des aberkennenden Staates

---

[917] NK-BGB/*Schulze* Rn. 58; vgl. noch (zum vorrevolutionären russischen Recht) RGZ 32, 173.
[918] jurisPK-BGB/*Baetge* Rn. 82; *Looschelders* IPR Rn. 35.
[919] Zum islamischen Recht *Bock* NJW 2012, 122 (123).
[920] So zum iranischen Recht OLG Köln FamRZ 1997, 1240 = NJW-FER 1997, 55.
[921] KG NJW 1963, 51 (52); OLG Hamburg StAZ 1970, 53; OLG Hamm StAZ 1979, 170 (172) = OLGZ 1979, 176.
[922] AG Kleve StAZ 2013, 290.
[923] OLG Köln FGPrax 2015, 262.
[924] OLG Düsseldorf NJW-RR 1989, 1033 (1034 f.).
[925] OLG Bremen NJW-RR 1996, 1029 (anders noch die Vorinstanz, LG Bremen StAZ 1996, 46).
[926] EuGH ECLI:EU:C:2016:401 Rn. 60 = NJW 2016, 2093 – Bogendorff von Wolffersdorff.
[927] KG FamRZ 2013, 1519 (Ls.) = BeckRS 2013, 03448.
[928] AllgM, s. für Österreich: KG KGJ 53, 76; OLG Bremen StAZ 1954, 133; BayObLG StAZ 1954, 250; für die Sowjetunion: BayObLGZ 1971, 204 (214); für Tschechoslowakei: BVerwGE 8, 317 = BeckRS 1959, 00220; ferner KG JW 1938, 857 = StAZ 1938, 485; BayVerwGH BayVerwBl. 1957, 160; VGH Stuttgart StAZ 1958, 323; für Ungarn: OLG Karlsruhe StAZ 1957, 10 (11); BayVGH StAZ 1989, 77 (78); für Rumänien BVerwG StAZ 1981, 277 (278) = NJW 1982, 299; aus dem Schrifttum Bamberger/Roth/*Lorenz* Rn. 22; Erman/*Hohloch* Rn. 28.

beschränkt.[929] Nach älterer Rechtsprechung sollte es selbst dann nicht gegen den deutschen ordre public verstoßen, wenn sich die Beseitigung von Adelsprädikaten im ausländischen (estnischen) Recht in erster Linie gegen die dort ansässige deutsche Minderheit (Deutschbalten) richtete;[930] der deutsche Gesetzgeber schob einer solchen faktischen Diskriminierung aber durch eine Reform des NÄG umgehend einen Riegel vor.[931] Hiermit kann Angehörigen nicht-deutscher Minderheiten freilich nicht geholfen werden.[932] Nach ausländischem Recht geführte Adelsprädikate dürfen nicht als solche (dh als einen gesellschaftlichen Stand verbürgende Titel), sondern nur als Bestandteile des Familiennamens in deutsche Personenstandsbücher eingetragen werden, sofern sie in dieser Weise gebraucht werden können.[933] Ein ausländischer ordre public, zB die Untersagung von Adelsprädikaten nach österreichischem Recht, ist auch bei einem Bezug des Sachverhalts zu Österreich (etwa aufgrund der ehemaligen Staatsangehörigkeit der betroffenen Person) für deutsche Gerichte unbeachtlich, sofern das nach Art. 10 anwendbare (zB englische) Recht der Führung eines entsprechenden Namensbestandteils nicht entgegensteht (→ Rn. 74). Die Eintragung bloß deutsch klingender, in Wirklichkeit völlig **fiktiver Titel** („Baronin zu Romkerhall") ohne irgendeinen realen familiären Hintergrund verstößt gegen den ordre public, auch wenn zB das aserbaidschanische Recht eine solche Namensänderung zulassen mag.[934] Ebenso wenig sind deutsche Behörden nach Art. 21 AEUV iVm Art. 48 EGBGB verpflichtet, es anzuerkennen, wenn ein deutsch-britischer Doppelstaater seinem im deutschen Pass eingetragenen Namen durch Registrierung in England wohlklingende Scheinadelstitel („Graf", „Freiherr") hinzufügen möchte.[935]

248 Sieht das Heimatrecht einer Person keine Änderung des Vornamens trotz einer Geschlechtsumwandlung vor, macht die Neufassung des § 8 Abs. 1 Nr. 1 iVm § 1 Abs. 1 Nr. 3 lit. d TSG (→ Rn. 240) einen Rückgriff auf Art. 6 entbehrlich.

249 Nach bisheriger Rechtsprechung soll es auch **nicht** gegen Art. 6 verstoßen,
– wenn die Ehefrau nach einer Scheidung gemäß türkischem Recht den in der Ehe geführten Mannesnamen grundsätzlich wieder ablegen müsse, sofern sie nach der lex causae die Möglichkeit habe, im konkreten Fall die Erlaubnis zur Fortführung des bisher geführten Namens zu erwirken.[936] Angesichts der Rechtsprechung des BVerfG zum verfassungsmäßigen Schutz des durch die Ehe erworbenen Namens ist dies zweifelhaft.[937] Ein ordre public-Verstoß liegt aber jedenfalls dann nicht vor, wenn der geschiedene Ehemann auch nach deutschem Recht ausnahmsweise die Möglichkeit hätte, der Ehefrau die Fortführung des Ehenamens zu untersagen.[938]
– wenn die Wahl eines ausländischen (zB nigerianischen) Rechts für die Namensführung eines Kindes dazu führt, dass die nicht personensorgeberechtigte Mutter nicht in die Bestimmung des Familiennamens durch den Vater einwilligen muss;[939] hieran kann jedoch ersichtlich nicht mehr festgehalten werden, wenn bereits die ausschließliche Zuweisung des Sorgerechts an den Vater im Einzelfall ordre public-widrig ist,[940] da sich im alleinigen Namensbestimmungsrecht des Mannes lediglich die ordre public-widrige Zuteilung der elterlichen Verantwortung konkretisiert.

250 Es **verstößt** gegen den ordre public,
– wenn die Taufe eines Kindes zur Bedingung für die Vornamensgebung gemacht wird;[941]
– wenn Angehörige einer ethnischen oder religiösen Minderheit zum Zweck einer forcierten Assimilation zur Änderung ihres Namens gezwungen werden;[942]

---

[929] Ganz hM, zB BayObLGZ 1971, 204 (214) – Leuchtenberg; *Kropholler* IPR § 43 II 3; aA *Kegel/Schurig* IPR § 17 IV 2.

[930] BVerwG NJW 1960, 452; BayObLGZ 1960, 418 (baltischer Adel).

[931] § 3a NÄG idF des Gesetzes vom 29.8.1961, BGBl. 1961 I S. 1621; hierzu BVerfGE 17, 199 = NJW 1964, 715.

[932] BVerwG NJW 1993, 1355.

[933] BayObLG StAZ 1991, 43.

[934] OLG Naumburg BeckRS 2014, 02904.

[935] EuGH ECLI:EU:C:2016:401 Rn. 61 ff. = NJW 2016, 2093 – Bogendorff von Wolffersdorff; OLG Nürnberg = FGPrax 2015, 234 = FamRZ 2015, 1655 mAnm *Wall* FamRZ 2015, 1658; OLG Jena BeckRS 2016, 06875; AG Karlsruhe StAZ 2017, 111 = BeckRS 2016, 118763; vgl. auch *Helms* IPRax 2017, 153 (158 f.); krit., aber insoweit nicht überzeugend *Dutta* FamRZ 2016, 1213 (1218): „Adel für jedermann."

[936] So OLG Hamm StAZ 2004, 171 (172) = FGPrax 2004, 115; s. auch noch zum niederländischen Recht BGHZ 44, 121 = NJW 1965, 2052.

[937] Vgl. BVerfGE 109, 256 = NJW 2004, 1155 = FamRZ 2004, 515 m. krit. Anm. *v. Hein*.

[938] Zu den hierbei in einem Inlandsfall anzulegenden Kriterien BGH NJW-RR 2005, 1521.

[939] So jüngst mit inhaltlich und sprachlich dürftiger Begr. AG Halle/Saale IPRspr. 2011 Nr. 6; ebenso bereits LG Wuppertal StAZ 1973, 305 mAnm *Schlicher*; AG Essen IPRax 1998, 213 mAnm *Jayme*; für „bedenklich" hält dies bereits Erman/*Hohloch* Rn. 30; der Rspr. folgend aber zB jurisPK-BGB/*Baetge* Rn. 113.

[940] Vgl. BGHZ 120, 29 ff. = NJW 1993, 848; OVG Berlin-Brandenburg NVwZ-RR 2014, 935 Rn. 5 ff.; hierzu *Riegner* NZFam 2014, 967.

[941] LG Köln StAZ 1976, 82.

[942] VG Augsburg FamRZ 2003, 1013 = BeckRS 2003, 20529.

– wenn dem neuen Rechtsträger des in der ehem. DDR belegenen Vermögens eines dort entschädigungslos enteigneten Unternehmens durch die dortigen Machthaber der Firmenname dieses Unternehmens verliehen worden war und der neue Inhaber Rechte aus der Namensverleihung in der Bundesrepublik geltend machte, obwohl der bisherige Inhaber des Unternehmens dieses unter dem angestammten Namen in Westdeutschland fortgeführt hatte.[943]

III. Recht der Rechtsgeschäfte

1. Allgemeines. Für schuldrechtliche Rechtsgeschäfte ist der **Anwendungsvorrang** der **Art. 21** 251 **Rom I-VO, Art. 26 Rom II-VO** zu beachten; auf dem Gebiet des Erbrechts (Testamente, Erbverträge) der des **Art. 35 EuErbVO bzw. Art. 7 HTestFormÜ** (→ Rn. 12). Auf die Kommentierungen dieser Vorschriften wird deshalb verwiesen (→ EuErbVO Art. 35 Rn. 1 ff.). Im Übrigen (zB im Ehe-, Sachen- oder Gesellschaftsrecht) gelten die folgenden Grundsätze:

Es verletzt nicht den ordre public, wenn das ausländische Recht strengere Voraussetzungen für 252 die Anfechtung eines Rechtsgeschäfts wegen Täuschung aufstellt als § 123 Abs. 1 Alt. 1 BGB;[944] ein Verstoß ist jedoch zu bejahen, wenn eine Anfechtung wegen Drohung (§ 123 Abs. 1 Alt. 2 BGB) von der lex causae überhaupt nicht vorgesehen ist.[945]

Hinsichtlich der Formgültigkeit von Rechtsgeschäften (Art. 11; § 125 BGB) sind Abweichungen 253 von strengeren deutschen Vorschriften nicht per se ordre public-widrig.[946] Eine formgültige Ehe kann zB in Nigeria auch nach dem dortigen Stammesrecht (Übergabe eines Bechers Palmwein durch die Braut an den heiratswilligen Mann) geschlossen werden;[947] für die Schließung von Inlandsehen ist aber Art. 13 Abs. 4 als lex specialis zu beachten. In Bezug auf die Übereignung deutscher Grundstücke sorgt schon Art. 11 Abs. 4 für die Anwendung allein deutschen Rechts (§ 925 BGB) als der lex rei sitae, so dass sich insoweit ein Rückgriff auf Art. 6 erübrigt. Dies gilt auch für Akte, welche die Verfassung einer Gesellschaft betreffen (zB Gründung oder Satzungsänderung einer GmbH), wenn insoweit Art. 11 Abs. 4 analog herangezogen wird.[948]

Die Rechtsprechung deutscher Gerichte zur Sittenwidrigkeit (§ 138 Abs. 1 BGB) in Fällen eines 254 besonders groben Missverhältnisses von Leistung und Gegenleistung ist nur in ihrem schlechthin unverzichtbaren Kernbereich, aber nicht in all ihren einzelnen Ausprägungen Bestandteil des ordre public.[949] Es verletzt nicht den ordre public, wenn nach der lex causae entgegen § 139 BGB die Teilnichtigkeit eines Rechtsgeschäfts im Zweifel nicht zu dessen Gesamtnichtigkeit führt.[950]

2. Stellvertretung. Es widerspricht dem ordre public, wenn ein Rechtsgeschäft nur durch den 255 Missbrauch einer Vollmacht zustande gekommen ist.[951] Das Verbot des Selbstkontrahierens (§ 181 BGB) gehört hingegen nicht zum ordre public.[952] Die Annahme einer Anscheinsvollmacht nach japanischem Recht verstößt nicht gegen Art. 6.[953] Zur Stellvertretung bei der Eheschließung → Rn. 258.

3. Verjährung. Die Unverjährbarkeit einer Forderung verstößt grundsätzlich gegen den ordre 256 public[954] (zur Frage des insoweit anwendbaren Ersatzrechts → Rn. 216 f.); die bloße Abweichung einer ausländischen Verjährungsfrist vom deutschen Recht hingegen nicht.[955] Die Hemmung der zivilen Verjährung bei einer strafrechtlichen Untersuchungshandlung auch gegen Mitbeschuldigte nach französischem Recht[956] verletzt den ordre public ebenso wenig wie die dreißigjährige Verjährungsfrist des französischen Rechts in Art. 2262 Code civil aF (action paulienne).[957] Sind Verjäh-

---

[943] BGH NJW 1958, 17 = JZ 1958, 241 mAnm *Steindorff.*
[944] RG IPRspr. 1933 Nr. 16.
[945] RG IPRspr. 1928 Nr. 10.
[946] StRspr seit RGZ 63, 18 (19 f.); 121, 154 (157).
[947] OLG München NJW-RR 1993, 1350 = StAZ 1993, 151 mAnm *Bungert* StAZ 1993, 140.
[948] S. *Kropholler* IPR § 41 III 7; näher → IntGesR Rn. 535 ff.; aA → Art. 11 Rn. 177 ff. (*Spellenberg*).
[949] OLG Saarbrücken SchiedsVZ 2012, 47 = IHR 2013, 19; weitergehend ArbG Bielefeld BeckRS 2008, 58340; vgl. auch *Frey/Pfeifer* EuR 2015, 721 (732 f.).
[950] OLG Hamm NJW-RR 1998, 1542.
[951] BayObLGZ 1977, 180 (185).
[952] RG JW 1928, 2013 = IPRspr. 1928 Nr. 13.
[953] Vgl. zu § 328 Abs. 1 Nr. 4 ZPO OLG Hamburg IPRspr. 2011 Nr. 236b.
[954] RGZ 106, 82.
[955] RGZ 151, 193 (201).
[956] OLG Saarbrücken NJOZ 2011, 1243 zu Art. 34 Nr. 1 EuGVO aF.
[957] OLG Düsseldorf BeckRS 2010, 20000.

rungsregeln derart ausgestaltet, dass dem Berechtigten die Durchsetzung eines Anspruchs de facto unmöglich gemacht wird, kann hierin ein Verstoß gegen die EMRK liegen.[958]

IV. Ehe und eingetragene Lebenspartnerschaft

257   **1. Eingehung der Ehe bzw. Lebenspartnerschaft.** Die Vereinbarung einer Vertragsstrafe für den Fall des Scheiterns der Eheschließung widerspricht dem ordre public.[959] **Eheschließungsverbote** aus Gründen der Religionsverschiedenheit verstoßen auch außerhalb des Anwendungsbereichs des Art. 13 Abs. 2 gegen den deutschen ordre public (ausführlich, auch zu sonstigen denkbaren Eheverboten, → Art. 13 Rn. 47 ff.). Die Eingehung einer **polygamen Ehe** im Inland ist nach allgemeiner Ansicht mit einem wesentlichen Grundsatz des deutschen Rechts (§ 1306 BGB) unvereinbar, auch wenn eine Mehrehe nach dem Eheschließungsstatut beider Nupturienten zulässig ist.[960] Wenn eine solche Ehe hingegen im Ausland geschlossen wurde, ist sie grundsätzlich wirksam, wenn das Heimatrecht der Ehegatten sie gestattet;[961] allenfalls bei einem starken Inlandsbezug kann die Anerkennung zu versagen sein.[962] Nicht hinnehmbar ist die Anerkennung einer ausländischen Entscheidung, mit der die Aufhebung einer bigamischen Ehe ausgeschlossen wird.[963] Soweit das Bestehen einer polygamen Ehe im Inland lediglich als Vorfrage relevant wird, ist sie regelmäßig als wirksam zu behandeln (→ Rn. 190 f.). Art. 23 Abs. 4 IPBürgR und Art. 12 EMRK stehen der Duldung derartiger Rechtswirkungen nicht entgegen.[964] **Ehen zwischen Blutsverwandten** iS des § 1307 BGB werden allgemein als ordre public-widrig angesehen,[965] kommen aber auch praktisch, soweit ersichtlich, nicht vor.[966] Auch **Ehen „auf Zeit"**, die das islamische Recht im Gegensatz zu § 1311 S. 2, § 1353 Abs. 1 S. 2 BGB ermöglicht, werden herkömmlich als ordre public-widrig eingestuft.[967]

258   Die **Eheschließung durch einen Stellvertreter** „in der Erklärung", dh mit klarer inhaltlicher Weisung („Handschuhehe"), wie sie etwa das islamische Recht oder afrikanische Stammesrechte kennen, ist als solche zwar nicht mit dem ordre public unvereinbar.[968] Eine sog Vertretung „im Willen" verstößt jedoch gegen den deutschen ordre public; eine solche Vertretung liegt vor, wenn der Vertreter eine eigene Willenserklärung abgeben darf, er insbesondere über das Ob der Abgabe der Willenserklärung zu entscheiden hat oder ihm die Auswahl des Ehegatten überlassen bleibt.[969] Die Anerkennung der Heirat eines Minderjährigen in der Form der „Handschuhehe" ist überdies mit einem wesentlichen Grundsatz des deutschen Rechts unvereinbar, wenn der Ehepartner von den Eltern des Minderjährigen ausgewählt wurde.[970] Der auf dem Gebiet des Strafrechts mit der Einführung des § 237 StGB manifestierte Wille des Gesetzgebers,[971] Zwangsheiraten effektiver als bisher zu bekämpfen, legt mit Blick auf den Grundsatz der Einheit der Rechtsordnung auch im IPR eine kritische Überprüfung der bisher teilweise eher großzügigen Rechtsprechung nahe.[972]

---

[958] EGMR 17.9.2013 – 5601/09 (*Eşim ./. Türkei*); 11.3.2014 – 52067/10, 41072/11 (*Howald Moor u.a. ./. Schweiz*); näher *Nußberger* RabelsZ 80 (2016), 817 (838 ff.).

[959] LG Bochum FamRZ 1990, 882 (884).

[960] Statt aller BVerwGE 71, 228 = NJW 1985, 2097 = JZ 1985, 740 mAnm *Kimminich;* Erman/*Hohloch* Rn. 34; Staudinger/*Voltz* (2013) Rn. 172; rechtsvergleichend hierzu *Kreuzer* Rechtswissenschaft 2010, 143 (152 ff.) mwN; ferner *Bock* NJW 2012, 122 (125).

[961] LG Frankfurt a. M. FamRZ 1976, 217; AG Bremen StAZ 1991, 232; Staatsanwaltschaft bei dem LG München I IPRspr. 1996 Nr. 62; HessVGH NVwZ-RR 1999, 174, 275.

[962] AG Hanau FamRZ 2004, 949 = BeckRS 2009, 04622.

[963] OLG München NJW-RR 2015, 1349 = NZFam 2015, 920 m. krit. Anm. *Andrae* NZFam 2015, 922.

[964] Hierzu näher *Scholz* IPRax 2008, 213 (217).

[965] Bamberger/Roth/*Lorenz* Rn. 25; jurisPK-BGB/*Baetge* Rn. 97; *Looschelders* IPR Rn. 44; vgl. auch (zu § 173 StGB) BVerfGE 120, 224 = NJW 2008, 1137; EGMR (V. Sektion) NJW 2013, 215 – Stübing/Deutschland.

[966] Obwohl Inzest in eng benachbarten Rechtsordnungen (zB Luxemburg, Belgien) vielfach straflos ist, erlaubt keiner der Mitgliedstaaten des Europarats die Eingehung einer Ehe unter Geschwistern, s. EGMR (V. Sektion) NJW 2013, 215 Rn. 61 – Stübing/Deutschland.

[967] *Bock* NJW 2012, 122 (124); *Rohe,* Islamic Family Law, 2004, 19, 26 f.; einschränkend BeckOGK/*Stürner* (1.2.2017) EGBGB Art. 6 Rn. 353.

[968] KG NJOZ 2006, 2138; OLG Zweibrücken NJW-RR 2011, 725 = IPRax 2013, 442 (443) mAnm *Sturm* IPRax 2013, 412 (416); LG Stuttgart StAZ 1992, 379; VG Koblenz InfAuslR 1994, 97 = BeckRS 1993, 31218291; *Bock* NJW 2012, 122 (123).

[969] OLG Zweibrücken NJW-RR 2011, 725 = IPRax 2013, 442 (443) mAnm *Sturm* IPRax 2013, 412 (416) (auch näher zur Abgrenzung); AG Gießen StAZ 2001, 39 = BeckRS 2000, 31212431; *Rohe,* Islamic Family Law, 2004, 19, 26.

[970] AG Offenbach FamRZ 2010, 1561 = BeckRS 2010, 23013; *Bock* NJW 2012, 122 (123).

[971] Gesetz vom 23.6.2011, BGBl. 2011 I S. 1266.

[972] Näher *Eisele/Majer* NStZ 2011, 546 (549 f.).

Es verstößt für sich genommen nicht gegen den ordre public, wenn das ausländische Recht bei   **259**
der **Ehemündigkeit** anhand der Geschlechtszugehörigkeit differenziert.[973] Eheschließungen im
Inland sind als ordre public-widrig anzusehen, wenn bei einem der Beteiligten die in § 1303 S. 2
BGB, Art. 13 Abs. 3 Nr. 1 gezogene **Altersgrenze** (sechzehn Jahre) unterschritten wird;[974] solche
Eheschließungen kommen in der standesamtlichen Praxis auch, soweit ersichtlich, nicht vor.[975] Bei
im Ausland eingegangenen Ehen wurde bislang im Rahmen des Art. 6 zwar nicht jede Unterschreitung der vom deutschen Recht gezogenen Altersgrenze als schlechthin ordre public-widrig angesehen;[976] eine erhebliche Absenkung dieser Altersschwelle galt aber aus Gründen des Kindeswohls und
zum Schutz der sexuellen Selbstbestimmung insbesondere junger Mädchen schon bisher regelmäßig
als untragbar.[977] Als Anhaltspunkt für einen unverzichtbaren Mindeststandard wurde zT auf die im
deutschen Sexualstrafrecht (§ 176 StGB) gezogene Grenze von vierzehn Jahren zurückgegriffen.[978]
Zum Teil wurde auch auf die in § 180 Abs. 1 StGB genannte Schwelle von sechzehn Jahren abgestellt.[979] In der Rechtsprechung wurde jedenfalls zu Recht eine Ehemündigkeit mit neun[980] oder
mit zehn Jahren[981] für eindeutig ordre public-widrig gehalten. Ab der Vollendung des vierzehnten
Lebensjahres fanden sich gegenteilige Entscheidungen.[982] Mit dem fünfzehnten Lebensjahr begann
insoweit eine rechtliche Grauzone, in der die Würdigung der Umstände des Einzelfalles entscheidende Bedeutung hatte.[983] Aus Art. 8 EMRK ergab und ergibt sich kein Anspruch auf Anerkennung
einer Minderjährigenehe.[984] Aufgrund des Massenzustroms muslimischer Migranten und Migrantinnen seit der weitgehenden Öffnung der deutschen Grenzen im Herbst 2015 hatte sich die öffentliche
Wahrnehmung dieses Problems erheblich verschärft.[985] Nachdem bereits der bayerische Justizminister
zur Klärung der Rechtslage die Schaffung einer speziellen Vorbehaltsklausel vorgeschlagen hatte,[986]
stellte die Bundesregierung am 25.4.2017 den Entwurf eines Gesetzes „zur **Bekämpfung von
Kinderehen**" vor.[987] Dieses Gesetz wurde am 17.7.2017 vom Bundestag verabschiedet (BGBl. 2017
I S. 2429). Es sieht im Kern folgende Neuerungen im EGBGB vor: Unterliegt die Ehemündigkeit
eines Verlobten ausländischem Recht, ist die Ehe nach deutschem Recht unwirksam, wenn einer
der Eheschließenden im Zeitpunkt der Eheschließung das 16. Lebensjahr noch nicht vollendet hatte
(Art. 13 Abs. 3 Nr. 1). Hatte einer der Eheschließenden im Zeitpunkt der Eheschließung das 16.,
aber noch nicht das 18. Lebensjahr vollendet, ist die Ehe nach deutschem Recht aufhebbar (Art. 13
Abs. 3 Nr. 2). Insbesondere die in Art. 13 Abs. 3 Nr. 1 verwirklichte Nichtigkeitslösung beachtet
nicht hinreichend, dass auch eine im Zeitpunkt ihrer Eingehung fraglos ordre public-widrige Ehe
durch ein andauerndes einvernehmliches Zusammenleben der Eheleute geheilt werden kann
(→ Rn. 206). Zudem kann eine Nichtigkeit der Ehe sich gerade für Ehefrauen aus dem islamischen
Rechtskreis sehr nachteilig auswirken, wenn sie nach Fortfall des Fluchtgrundes wieder in ihre
Heimat zurückkehren; Entsprechendes gilt für die aus einer solchen Verbindung hervorgegangenen
„nicht-ehelichen" Kinder. Der Entwurf ist daher aus Fachkreisen mit Recht als zu schematisch und

---

[973] *Andrae* NZFam 2016, 923 (926); *Antomo* NJW 2016, 3558 (3561); *Majer* NZFam 2016, 1019 (1020).

[974] *Heiderhoff* IPRax 2017, 160 (161).

[975] *Helms* IPRax 2017, 153 (155).

[976] Vgl. KG NJOZ 2012, 165 (166): keine „statische Grenze"; OLG Bamberg BeckRS 2016, 09621 Rn. 23
(„kein Automatismus") = FamRZ 2016, 1270 mAnm *Mankowski*; *Heiderhoff* IPRax 2017, 160 (161); zu undifferenziert insoweit *Bock* NJW 2012, 122 (123).

[977] Näher *Frank*, FS Vrellis, 2014, 287 (290 ff.).

[978] Auf diese Vorschrift hinweisend OLG Köln FamRZ 1997, 1240 = NJW-FER 1997, 55; im Ergebnis
(14 Jahre) ebenso Bamberger/*Roth*/*Lorenz* Rn. 25; BeckOGK/*Stürner* (1.2.2017) EGBGB Art. 6 Rn. 338; *Heiderhoff* IPRax 2017, 160 (161); *Looschelders* IPR Rn. 44; DIJuF-Rechtsgutachten JAmt 2016, 127.

[979] AG Offenbach FamRZ 2010, 1561 = BeckRS 2010, 23013; im Erg. auch *Antomo* NJW 2016, 3558 (3561);
Mankowski FamRZ 2016, 1274 (1275).

[980] So (zum iranischen Recht) OLG Zweibrücken FamRZ 2001, 920 = NJWE-FER 2001, 174.

[981] OLG Köln FamRZ 1997, 1240 = NJW-FER 1997, 55.

[982] Einen ordre public-Verstoß verneinend AG Tübingen ZfJ 1992, 48 mAnm *Coester* ZfJ 1992, 141 (zum
urugayischen Recht); bejahend aber (zum libanesischen bzw. ottomanischen Recht) KG NJOZ 2012, 165; offengelassen von OLG Bamberg BeckRS 2016, 09621 Rn. 24 ff. = FamRZ 2016, 1270 mAnm *Mankowski* FamRZ
2016, 1274.

[983] Einen ordre public-Verstoß verneinend KG FamRZ 1990, 45; bejahend aber AG Offenbach FamRZ 2010,
1561 = BeckRS 2010, 23013.

[984] EGMR (III- Sektion) 8.12.2015 – Nr. 60119/12 – Z.H und R.H. / Schweiz.

[985] S. *Amann*/*Hipp*/*Schlesier*, „Kindeswohl", Der Spiegel Nr. 52 vom 23.12.2016, S. 46.

[986] *Schäffer*, „Keine Heirat mit 14 Jahren" – Bayern fordert Gesetzesänderung", FAZ Nr. 125 vom 1.6.2016,
S. 4; zur rechtspolitischen Diskussion ausführlich *Andrae* NZFam 2016, 923 ff.; *Antomo* NJW 2016, 3558 ff.; *Coester*
FamRZ 2017, 77 ff.; *Heiderhoff* IPRax 2017, 160 (161); *Helms* IPRax 2017, 153 (155).

[987] BT-Drs. 18/12086.

rigide kritisiert worden.[988] In gewissem Umfang entschärft werden diese Nachteile durch die in Art. 229 § 44 Abs. 4 „versteckte" **Überleitungsregelung.** Erstens greift Art. 13 Abs. 3 Nr. 1 nicht ein, wenn der minderjährige Ehegatte vor dem 22.7.1999 geboren worden ist, also bei dem **Inkrafttreten des Gesetzes bereits volljährig** war (Art. 229 § 44 Abs. 4 Nr. 1). Zweitens gilt die in Art. 13 Abs. 3 Nr. 1 vorgesehene Nichtigkeitslösung nicht, wenn die nach ausländischem Recht wirksame Ehe **bis zur Volljährigkeit des minderjährigen Ehegatten geführt** worden ist und kein Ehegatte seit der Eheschließung bis zur Volljährigkeit des minderjährigen Ehegatten seinen **gewöhnlichen Aufenthalt in Deutschland** hatte (Art. 229 § 44 Abs. 4 Nr. 2). Mit der letztgenannten Einschränkung wird auch in Bezug auf Art. 13 Abs. 3 Nr. 1 der räumlichen (→ Rn. 184 ff.) und zeitlichen (→ Rn. 206) **Relativität des ordre public** Rechnung getragen; in der Sache handelt es sich eher um eine tatbestandliche Ergänzung der in Art. 13 Abs. 3 Nr. 1 enthaltenen Kollisionsnorm als um eine intertemporale Regel stricto sensu. Zu weiteren Einzelheiten → Art. 13 Rn. 38.

260   Die **Anerkennung** einer im Ausland geschlossenen **gleichgeschlechtlichen Ehe** widersprach schon vor Einführung der Eheschließung für Personen gleichen Geschlechts durch das Gesetz vom 20.7.2017 (BGBl. 2017 I S. 2787) nicht dem deutschen ordre public.[989] Jedoch unterlagen ihre Rechtsfolgen bislang der zweifelhaften Kappungsgrenze des Art. 17b Abs. 4 aF (→ Rn. 57), sodass eine solche Ehe im Melderegister bislang nur als Lebenspartnerschaft eingetragen werden konnte.[990] Diese Einschränkung ist mit der Abschaffung des Art. 17b Abs. 4 aF hinfällig. Schon bisher erfasste die Kappungsgrenze nicht die Frage der **Abstammung** des Kindes von einem der Partner.[991] Es verstößt im Lichte der neueren Rechtsprechung des EGMR gegen Art. 14 iVm Art. 8 EMRK, wenn das anwendbare (zB das griechische) Recht die Lebensform der eingetragenen Partnerschaft nur heterosexuellen, nicht aber gleichgeschlechtlichen Paaren zur Verfügung stellt.[992] Aufgrund der Registeranknüpfung in Art. 17b Abs. 1 S. 1, die nach Art. 17b Abs. 4 nF für die gleichgeschlechtliche Ehe entsprechend gilt, wird die Frage einer ordre public-Kontrolle aber für die Begründung einer gleichgeschlechtlichen Ehe in Deutschland praktisch nicht relevant, da es auf das Heimatrecht derjenigen, die eine solche Ehe miteinander eingehen wollen, ohnehin nicht ankommt.

261   **2. Allgemeine Wirkungen der Ehe bzw. Lebenspartnerschaft und Güterrecht.** Die Vereinbarung einer **Braut- bzw. Morgengabe** (mahr) nach islamischem Recht verstößt grundsätzlich nicht gegen den ordre public.[993] Bei Zahlungen an die Familie der Braut kann anders zu entscheiden sein.[994] Möglich bleibt auch die Herabsetzung einer exorbitant hohen Brautgabe auf ein mit inländischen Wertvorstellungen kompatibles Maß.[995] Die Anwendung einer ausländischen Vorschrift (Art. 160 türk. ZGB), die vorsieht, dass nur der Ehemann berechtigt ist, die Ehefrau in Streitfragen mit Dritten bezüglich ihres persönlichen Vermögens zu vertreten, widerspricht dem ordre public.[996] Soweit die intertemporalen Vorschriften des durch Art. 14, 15 in Bezug genommenen Rechts eine Rückwirkung vorsehen, die mit dem Grundgesetz nicht vereinbar ist, und der durch die Bestimmung des Rechtsanwendungszeitpunkts nicht begegnet werden kann, kann auf Art. 6 zurückgegriffen werden.[997]

262   **3. Ehescheidung bzw. Auflösung der Lebenspartnerschaft.** S. hierzu in erster Linie die Kommentierungen zu Art. 10 und 12 Rom III-VO.

---

[988] Kritisch die Stellungnahme des DAV, abrufbar unter http://www.famrz.de/downloads/Dokumente/2.Stellungnahme-DAV-Nr.12-2017-Kinderehe.pdf, und des Deutschen Juristinnenbundes, https://www.djb.de/Kom-u-AS/K2/17-02/; aus wissenschaftlicher Sicht *Basedow,* Der Gesetzentwurf zur Minderjährigenehe und das IPR, 17.3.2017, abrufbar unter https://www.mpipriv.de/files/pdf4/Interview_mit_Jrgen_Basedow_zum_Gesetzentwurf_zur_Minderjhrigenehe1.pdf.

[989] BGHZ 210, 59 = NJW 2016, 2322 Rn. 34 ff.; AG Münster NJW-RR 2010, 1308 = IPRax 2011, 269 mAnm *Mankowski/Höffmann* IPRax 2011, 247; jurisPK-BGB/*Baetge* Rn. 100; aA noch AG Nürnberg FamRZ 2011, 308 = StAZ 2011, 310 = BeckRS 2010, 24523; vgl. auch VG Münster IPRax 2006, 284 (287) mAnm *Röthel* IPRax 2006, 250 = BeckRS 2004, 24618.

[990] VG Berlin IPRax 2011, 270 mAnm *Mankowski/Höffmann* IPRax 2011, 247.

[991] Näher BGHZ 210, 59 = NJW 2016, 2322 Rn. 41 ff.

[992] EGMR FamRZ 2014, 189 = BeckRS 2014, 80296 – Vallianatos ua/Griechenland.

[993] OLG Stuttgart NJW-RR 2009, 585 = FamRZ 2009, 1580; OLG Köln NJW-RR 2007, 154; OLG Frankfurt a.M. NJW 2017, 896 Rn. 30; vgl. aber OLG Hamm NZFam 2016, 1035 Rn. 66 ff.: Nicht mit dem ordre public sei indes vereinbar, dass der Ehefrau die „Abendgabe" nach libanesischem Recht nur bei einer Auflösung der Ehe durch den Ehemann (*talaq*) und nicht gleichermaßen bei Auflösung durch die Ehefrau zustehe. Eingehend zum ganzen Fragenkreis *Yassari,* Die Brautgabe im Familienvermögensrecht, 2014, 328 ff. Zum *talaq* im iranischen Recht → Rn. 266.

[994] *Bock* NJW 2012, 122 (124).

[995] OLG Bamberg NJOZ 2011, 577; AG Brühl FamFR 2011, 92; näher (mit Kritik an den genannten Entscheidungen) *Yassari,* Die Brautgabe im Familienvermögensrecht, 2014, 330 ff.

[996] LG Berlin FamRZ 1993, 198.

[997] OLG Düsseldorf NJW-RR 2011, 1017.

Art. 6 ist aber weiterhin anzuwenden, sofern der sachliche Anwendungsbereich der Rom III-VO **263**
nicht eröffnet ist. Dies betrifft insbesondere die vermögensrechtlichen Folgen der Ehescheidung
(Art. 1 Abs. 2 lit. e Rom III-VO). Das Fehlen einer der Hausratsteilung entsprechenden Regelung
im ausländischen Recht verstößt nicht gegen den ordre public.[998] Die Nicht-Durchführung eines
Versorgungsausgleichs in deutsch-iranischen Fällen aufgrund des Vorrangs des Niederlassungsabkommens verletzt nicht die EMRK (→ Rn. 56). Zu weiteren Einzelheiten → Art. 17 Rn. 91 ff.

Ob die Rom III-VO auch die Anerkennung im Ausland vollzogener **Privatscheidungen** erfasst, **264**
war in Deutschland umstritten.[999] Nachdem der EuGH insoweit die unmittelbare Anwendbarkeit
der Rom III-VO verneint hat,[1000] gilt die bisherige Rechtsprechung zum autonomen IPR weiterhin
(→ Rn. 266; näher → Art. 17 Rn. 3), sofern man nicht aus der Aufhebung des Art. 17 aF folgert,
der deutsche Gesetzgeber habe die analoge Anwendbarkeit der Rom III-VO auf Privatscheidungen
implizit angeordnet (→ Rn. 62).

Ebenfalls ungeklärt ist die Anwendbarkeit der Rom III-VO auf die **Scheidung gleichge- 265
schlechtlicher Ehen** (→ Rom III-VO Art. 1 Rn. 6). Lehnt man einen Vorrang der Rom III-VO
insoweit ab, weil das deutsche Recht die gleichgeschlechtliche Ehe trotz ihrer Aufnahme in das BGB
kollisionsrechtlich weiterhin wie eine eingetragene Lebenspartnerschaft behandelt (Art. 17b Abs. 4
nF, → Einl. IPR Rn. 121), greifen insoweit Art. 17b Abs. 1 S. 1 (Auflösung) und nach Abschaffung
der Kappungsgrenze (Art. 17b Abs. 4 aF) ggf. die allgemeine Vorbehaltsklausel (Art. 6) ein.

Auch im Rahmen des sachlichen Anwendungsbereichs der Rom III-VO ist, sofern ausschließlich **266**
iranische Staatsangehörige beteiligt sind, der **Vorrang des deutsch-iranischen Niederlassungsabkommens** nach Art. 19 Rom III-VO zu beachten,[1001] das lediglich den Rückgriff auf Art. 6 eröffnet
(→ Rn. 38). Insofern kann sich ein praktischer Unterschied dadurch ergeben, dass das autonome
deutsche IPR keine spezielle, dem Art. 10 Rom III-VO entsprechende Vorbehaltsklausel für den Fall
eines diskriminierenden ausländischen Scheidungsrechts enthält.[1002] Hier bleibt es bei der bisherigen
Rechtsprechung zum *talaq,* dh der abstrakte Verstoß des iranischen Scheidungsrechts gegen deutsche
Gleichbehandlungsgrundsätze bleibt außer Betracht, sofern die Ehefrau in die Scheidung einwilligt
oder auch nach deutschem Recht die Voraussetzungen für eine Ehescheidung vorliegen.[1003] Es
verstößt ferner nicht gegen den ordre public, wenn die Ehefrau die Scheidung in für sie zumutbarer
Weise durch den nach islamischem Recht vorgesehenen Selbstloskauf durchsetzen kann.[1004] Es
verletzt jedoch die öffentliche Ordnung, wenn allein dem Ehemann ein einseitiges Recht zur Auflösung der Ehe durch Verstoßung der Ehefrau eingeräumt wird, während die Ehefrau die Scheidung
gegen den Willen des Ehemanns nur dann herbeiführen kann, falls ein im ausl. Scheidungsrecht
aufgeführter Scheidungsgrund gegeben ist und ein solcher im Einzelfall nicht vorliegt, obwohl sie
nach deutschem Recht die Scheidung begehren könnte.[1005]

V. Unterhalt

S. hierzu die Kommentierung zu Art. 13 HUP. Soweit Art. 6 daneben noch einen Anwendungsbe- **267**
reich hat (etwa in deutsch-iranischen Fällen), gelten die dortigen Ausführungen mutatis mutandis
entsprechend.

VI. Kindschaft

1. Abstammung. Die Vorbehaltsklausel ist auf dem Gebiet des Abstammungsrechts in der Ver- **268**
gangenheit häufig zum Einsatz gekommen;[1006] jedoch haben die heute in Art. 19 und 20 vorgesehe-

---

[998] OLG Hamm FamRZ 1998, 1530 = NJW-RR 1998, 1542.
[999] Verneinend *Gärtner* StAZ 2012, 357 (362); *Schurig,* FS v. Hoffmann, 2011, 405 (412); bejahend aber mit
guten Gründen, BT-Drs. 17/11049, 8; *Corneloup* in Corneloup, Droit européen du divorce, 2013, Rom III-VO
Art. 1 Rn. 9; *Helms* FamRZ 2011, 1765 (1766); *Sonnenberger* IPRax 2011, 325 (328); näher → Rom III-VO
Art. 1 Rn. 8.
[1000] EuGH BeckRS 2016, 81033 = IPRax 2017, 90 mAnm *Pika/Weller* IPRax 2017, 65.
[1001] Näher OLG Hamm NJOZ 2013, 961; NJOZ 2013, 1524 = IPRax 2014, 349 mAnm *Helms* IPRax 2014,
334.
[1002] Auch im Rahmen des Art. 10 Rom III-VO an der bisherigen Praxis festhaltend aber OLG Hamm NJOZ
2013, 1524 = IPRax 2014, 349 mAnm *Helms* IPRax 2014, 334.
[1003] Ausf. BGHZ 160, 332 (344) = NJW-RR 2005, 81; OLG Frankfurt a. M. FamRZ 2009, 1504 = BeckRS
2009, 24414; OLG Hamm NJW-RR 2010, 1090 = FamRZ 2010, 1563; OLG Hamm NJOZ 2013, 961; ferner
zB AG Kulmbach IPRax 2004, 529 mAnm *Unberath* IPRax 2004, 515; *Rohe* in Arnold Grundfragen 67 (72 f.).
[1004] So zum ägyptischen Recht OLG Koblenz NJW 2013, 1377 mAnm *Hohloch.*
[1005] So zum marokkanischen Recht OLG Hamm FamRZ 2011, 1056 = BeckRS 2011, 18163.
[1006] Umfassende Kasuistik bei Erman/*Hohloch* Rn. 38 f.; Staudinger/*Voltz* (2013) Rn. 185. Zu Altfällen vgl.
Erman/*Hohloch,* 13. Aufl. 2011, Rn. 38 f.

nen Alternativanknüpfungen die Notwendigkeit, Art. 6 heranzuziehen, um zu einer ordre public-konformen Lösung bzw. der lex fori zu gelangen, praktisch stark vermindert. Hierfür besteht in der Regel nur dann ein Bedürfnis, wenn sich die Abstammung des Kindes (Art. 19) bzw. deren Anfechtung (Art. 20) nur nach einem einzigen Recht feststellen bzw. beseitigen lässt. Ausgeschlossen ist dies allerdings nicht.[1007] In derartigen Fällen gilt:

269   Die Wirksamkeit eines bewusst wahrheitswidrig abgegebenen Vaterschaftsanerkenntnisses ist mit dem ordre public vereinbar.[1008] Es verstößt jedoch gegen den ordre public, wenn das auf die Vaterschaftsanfechtung anwendbare Recht für ein ohne Willensmängel abgegebenes **Vaterschaftsanerkenntnis** keine Anfechtungsmöglichkeit des Anerkennenden vorsieht und auch nicht sicherstellt, dass der Anerkennende vor Abgabe des Anerkenntnisses eine ausreichende Bedenkzeit wahrnimmt.[1009] Ebenso ist es im Lichte der Rechtsprechung des EGMR[1010] ordre public-widrig, wenn das anwendbare Recht den Beginn der Frist zur Anfechtung der Vaterschaft zu einem in einer Ehe geborenen Kind auf den Zeitpunkt festlegt, zu dem der angebliche Vater von der Eintragung der Geburt in das Geburtsregister Kenntnis erhalten hat, unabhängig davon, wann ihm Umstände bekannt geworden sind, die gegen seine Vaterschaft sprechen; die entgegenstehende ältere deutsche Rechtsprechung[1011] ist insoweit obsolet.[1012] Im Übrigen ist es aber mit dem ordre public grundsätzlich vereinbar, wenn die Anfechtungsfrist im ausländischen Recht kürzer bemessen ist als die in § 1600b BGB vorgesehenen zwei Jahre.[1013] Die Regelung des hanefitischen Rechts, nach der das Anfechtungsrecht nur am Tage der Geburt bzw. in den Tagen, welche gemäß Ortsgebräuchen für den Glückwunsch bestimmt sind, ausgeübt werden kann, dürfte jedoch in der Regel als unverhältnismäßige Einschränkung des Anfechtungsrechts einzustufen sein; sie kann nur dann hingenommen werden, wenn dem Scheinvater nach Lage der Dinge (etwa wegen einer längeren Trennung von seiner Frau) ohne Weiteres klar sein musste, dass er als biologischer Vater schlechthin nicht in Betracht kommt.[1014] Schließlich widerspricht es dem ordre public, wenn ein in Deutschland gestellter Antrag auf Prozesskostenhilfe nach dem anwendbaren Recht keine Hemmung des Laufs der Anfechtungsfrist bewirkt.[1015]

270   Die früher vieldiskutierte Frage, ob ein ordre public-Verstoß darin liegt, dass das anwendbare Recht keine **Legitimation** ermöglicht, ist mit der Abschaffung der Unterscheidung ehelicher und nicht-ehelicher Kindschaft im BGB und im IPR (Art. 21 aF) weitgehend gegenstandslos geworden.[1016] Art. 6 kann aber weiterhin eingreifen, wenn die in der lex causae fehlende Möglichkeit der Legitimation die Feststellung der Abstammung überhaupt verhindert.[1017]

271   Wachsende Bedeutung hat die ordre public-Kontrolle auf dem Gebiet der **Leih- bzw. Ersatzmutterschaft,** die zwar in Deutschland untersagt (§ 1 Abs. 1 Nr. 7 Embryonenschutzgesetz), international aber durchaus nicht allgemein verpönt ist.[1018] Die deutsche Rechtsprechung folgte insoweit zunächst einer restriktiven Linie: Die entgeltliche Vereinbarung einer Ersatzmutterschaft verletzt die Menschenwürde der Tragemutter und somit den deutschen ordre public.[1019] Allein durch eine solche Vereinbarung konnte daher keine Abstammung des Kindes von den Bestelleltern begründet werden.[1020] Die Anwendung einer Regelung wie zB § 123 Abs. 2 des ukrainischen Familiengesetzbu-

---

[1007] Vgl. OLG Stuttgart IPRax 2002, 128 mAnm *Henrich* IPRax 2002, 118 = BeckRS 2000, 30125487.
[1008] BVerfG NJW 2008, 2835 Rn. 22.
[1009] OLG Stuttgart IPRax 2002, 128 mAnm *Henrich* IPRax 2002, 118 = BeckRS 2000, 30125487.
[1010] EGMR FamRZ 2006, 181 – Shofman/Russland.
[1011] BGHZ 75, 32 (43) = NJW 1979, 1776; OLG Karlsruhe FamRZ 2002, 899 = BeckRS 2001, 30985887.
[1012] So auch Erman/*Hohloch* Rn. 38; Staudinger/*Voltz* (2013) Rn. 185.
[1013] BGHZ 75, 32 (43) = NJW 1979, 1776; OLG Düsseldorf FamRZ 1973, 311 (313); OLG Karlsruhe FamRZ 2002, 899 = BeckRS 2001, 30985887; AG Spandau FamRZ 1998, 1132 = NJWE-FER 1997, 249 (ein Monat nach türk. Recht).
[1014] So der Sachverhalt in OLG München NJW 1984, 2043 (Ls.) = IPRax 1984, 163 (Ls.) m. zust. Anm. *Jayme.*
[1015] OLG Hamm FamRZ 1998, 1133.
[1016] Ausf. zur Behandlung der Legitimation im heutigen IPR *Budzikiewicz,* Materielle Statuseinheit und kollisionsrechtliche Statusverbesserung, 2007.
[1017] Ausf. Erman/*Hohloch* Rn. 39. Zur älteren Rspr., vgl. Erman/*Hohloch*, 13. Aufl. 2011, Rn. 39.
[1018] S. die Länderberichte in *Trimmings/Beaumont*, International Surrogacy Arrangements, Oxford/Portland (Oregon) 2013.
[1019] VG Berlin BeckRS 2009, 42145; AG Hamm ZKJ 2007, 369 = BeckRS 2007, 31437 (Verstoß gegen Art. 7 UN-Kinderrechtskonvention); AG Nürnberg FamRZ 2010, 1579 = BeckRS 2010, 02638; vgl. auch (zu § 138 BGB) AG Hamm BeckRS 2011, 25140; eingehend *Thomale*, Mietmutterschaft, 2015, 17 ff.; einschränkend in Bezug auf den Vergütungsanspruch der Leihmutter *Renner* in v. Hein/Rühl Kohärenz 359 (375 f.); aA für die freiwillige, unentgeltliche Leihmutterschaft *Duden*, Leihmutterschaft im Internationalen Privat- und Verfahrensrecht, 2015, 159 ff, mwN.
[1020] So – im Rahmen des § 109 Abs. 1 Nr. 4 FamFG – KG BeckRS 2013, 14333.

ches, die im Fall der Leihmutterschaft – entgegen §§ 1591, 1592 BGB – die genetischen Eltern des Kindes als dessen Eltern im Rechtssinne anerkennt, wurde ebenfalls als Verstoß gegen wesentliche Grundsätze des deutschen Rechts bewertet.[1021] Die Literatur sprach sich hingegen vielfach für eine stärker an der Wahrung des Kindeswohls im Einzelfall ausgerichtete Betrachtungsweise aus.[1022] Im letztgenannten Sinne hatten auch der österreichische OGH und VfGH entschieden:[1023] Es verstoße gegen das Kindeswohl, dem Kind seine biologische Mutter als Mutter im Rechtssinne zu nehmen und stattdessen die Leihmutter gegen ihren Willen in die Mutterrolle zu zwingen.[1024] Auch der **BGH** verfolgt in nunmehr stRspr eine am Ergebnis der Abstammungsfeststellung orientierte, liberale Herangehensweise: Allein aus dem Umstand, dass eine ausländische Entscheidung im Fall der Leihmutterschaft die rechtliche Elternschaft zu dem Kind den Bestelleltern zuweise, folge jedenfalls dann kein Verstoß gegen den ordre public, wenn ein Bestellelternteil – anders als die Leihmutter – mit dem Kind genetisch verwandt sei.[1025] Ebenso begründe es keinen Verstoß gegen Art. 6, wenn das berufene ausländische Recht die Elternstellung für ein Kind neben der Mutter auch deren Lebenspartnerin zuweise.[1026]

Wirksame Vaterschaftsanerkennungen werden durch die ordre public-Widrigkeit einer Ersatzmut-   **272** terschaftsvereinbarung nicht ausgeschlossen. So kann ein deutscher Staatsangehöriger die Vaterschaft eines in Russland von einer russischen Staatsangehörigen geborenen Kindes auch dann wirksam anerkennen, wenn der Verdacht der Ersatzmutterschaft naheliegt.[1027] Ebenso kann der Bestellvater seine Vaterschaft mit Zustimmung der (unverheirateten) Leihmutter wirksam anerkennen.[1028]

2. Eltern-Kind-Verhältnis. Zu sorgerechtlichen Fragen in erster Linie s. Art. 22 KSÜ (Art. 1–   **273** 20 Brüssel IIa-VO Anh.). Soweit Art. 6 daneben noch einen Anwendungsbereich hat (etwa in deutsch-iranischen Fällen), gelten die dortigen Ausführungen entsprechend. Zur Entwicklung einer Lösung nach dem iranischen Recht, wenn die alleinige Zuweisung der elterlichen Verantwortung an den Vater gegen den ordre public verstößt, → Rn. 215.

3. Kindesentführung. Zu Art. 13 KindEntfÜbk und Art. 11 Brüssel IIa-VO näher → KindEnt-   **274** fÜbk Art. 13 Rn. 5 ff., → Brüssel IIa-VO Art. 11 Rn. 1 ff.

VII. Adoption

Zur Frage, ob die fehlende Möglichkeit einer Adoption nach der lex causae (zB im islamischen   **275** Recht) gegen den ordre public verstößt, → Rn. 237; zur Bestimmung des Ersatzrechts → Rn. 239. Zur Frage der kollisionsrechtlichen Anerkennung einer Vertragsadoption → Rn. 131. Im Übrigen muss auch bei der Anwendung ausländischen Adoptionsrechts das grundrechtlich geschützte Kindeswohl gewahrt bleiben; zu Art. 23 S. 2 als lex specialis insoweit → Rn. 58. Das Erfordernis der Kinderlosigkeit des Annehmenden ist mit dem ordre public unvereinbar, wenn es eine Annahme vereitelt, die dem Wohl des Kindes entspricht.[1029] Die Adoption eines Kindes gemäß dem Recht von Minnesota durch ein nach kalifornischem Recht verheiratetes gleichgeschlechtliches Paar verstößt nicht gegen den ordre public.[1030] Auch in der Adoption durch ein unverheiratetes bzw. unverpartnertes gleichgeschlechtliches Paar sieht der BGH keinen Verstoß gegen das Kindeswohl, sofern

---

[1021] VG Berlin FamRZ 2013, 738 = StAZ 2012, 382 = BeckRS 2012, 56424.

[1022] Umfassende Aufarbeitung des Streitstands bei *Duden,* Leihmutterschaft im Internationalen Privat- und Verfahrensrecht, 2015, 133 ff, mwN; ferner BeckOK-BGB/*Heiderhoff* Art. 19 Rn. 26, 36; Staudinger/*Henrich* (2014) Art. 19 Rn. 123; *Henrich,* FS Schwab, 2005, 1141 (1151); *Sturm,* FS G. Kühne, 2009, 919 (930); *Kreß* FPR 2013, 240 (243).

[1023] OGH IPRax 2013, 271 (274 f.); VfGH IPRax 2013, 275 (277); hierzu eingehend *Lurger* IPRax 2013, 282 ff.

[1024] OGH IPRax 2013, 271 (274 f.); VfGH IPRax 2013, 275 (277); vgl. auch EGMR BeckRS 2014, 14980 – Mennesson/Frankreich; hierzu *Helms* IPRax 2017, 153 (156 f.); *Nußberger* RabelsZ 80 (2016), 817 (847 f.); einschränkend aber EGMR NJW 2017, 941 – Paradiso u. Campanelli/Italien.

[1025] BGHZ 203, 350 = NJW 2015, 479 (zu § 109 Abs. 1 Nr. 4 FamFG); ebenso OLG Düsseldorf FamRZ 2015, 1638; die Bedeutung der genetischen Verwandtschaft betont auch EGMR NJW 2017, 941– Paradiso u. Campanelli/Italien mAnm *Sanders* NJW 2017, 925.

[1026] BGHZ 210, 59 = NJW 2016, 2322 Rn. 49 ff.; näher *Frie* FamRZ 2015, 889 ff.

[1027] AG Nürnberg FamRZ 2010, 1579 = BeckRS 2010, 02638; vgl. aber auch VG Köln NJW 2013, 2617: keine Vaterschaftsanerkennung, solange die Vaterschaft eines anderen Mannes besteht (§ 1594 Abs. 2 BGB).

[1028] KG BeckRS 2013, 14333; OLG Düsseldorf FamRZ 2013, 1495 = BeckRS 2013, 7831.

[1029] OLG Zweibrücken NJW-RR 2001, 1372; AG Siegen IPRax 1993, 184 (185); AG Heidenheim IPRspr. 1996 Nr. 111; s. auch OLG Schleswig NJW-RR 2001, 1372 = FamRZ 2002, 698 (hierzu krit. *v. Hoffmann/Thorn* IPR § 2 Rn. 54a); aA AG Weilheim IPRax 1982, 161.

[1030] So im Rahmen des § 109 Abs. 1 Nr. 4 FamFG OLG Schleswig BeckRS 2014, 5770; s. bereits KG FamRZ 2013, 717 = BeckRS 2013, 00016; vgl. auch Cass. 22.9.2014 Clunet 2015, 101 mAnm *Barrière Brousse.*

das ausländische Recht eine hinreichende Stabilität dieser Paarbeziehung zur Voraussetzung der Annahme macht.[1031] Die Adoption durch die leibliche Mutter begründet keinen Verstoß gegen den ordre public.[1032] Zu weiteren Einzelfragen → Art. 22 Rn. 48 ff.

VIII. Vormundschaft, Pflegschaft, Betreuung

276   S. hierzu die Kommentierungen zu Art. 22 KSÜ (Art. 1–20 Brüssel IIa-VO Anh.) und Art. 21 ErwSÜ. Soweit Art. 6 daneben noch einen – schmalen – Anwendungsbereich hat (etwa in deutsch-iranischen Fällen; → Rn. 38), gelten die dortigen Ausführungen mutatis mutandis entsprechend.

IX. Erbrecht

277   S. hierzu die Kommentierung zu Art. 35 EuErbVO. Soweit Art. 6 daneben noch einen Anwendungsbereich hat (etwa in deutsch-iranischen Fällen; → Rn. 38), gelten die dortigen Ausführungen entsprechend; im Übrigen Voraufl. Art. 25 Rn. 112 ff.

X. Schuldrecht

278   S. hierzu in erster Linie die Kommentierungen zu Art. 21 Rom I-VO und Art. 26 Rom II-VO. Außerhalb des sachlichen Anwendungsbereichs der Rom I-VO siehe zur **Stellvertretung** → Rn. 255, zum **Gesellschafts- und Kapitalmarktrecht** → Rn. 280. Da die Rom I-VO (Art. 1 Abs. 2 lit. e Rom I-VO) die materielle Wirksamkeit von **Schieds- und Gerichtsstandsvereinbarungen** nicht erfasst, bleibt auf die ordre public-Kontrolle entsprechender Abreden Art. 6 anwendbar.[1033] Die Bindung des Patentinhabers an die von ihm als Vertreter der Lizenzgeberin selbst vereinbarte Schiedsklausel verstößt nicht gegen den ordre public.[1034] Im Internationalen Deliktsrecht kann Art. 6 unter anderem noch bei Nuklearschäden (Art. 1 Abs. 2 lit. f Rom II-VO) und bei Persönlichkeitsrechtsverletzungen (Art. 1 Abs. 2 lit. g Rom II-VO) eine Rolle spielen. Auch insoweit ist aber der Vorrang des Art. 40 Abs. 3 als lex specialis zu beachten, der für einen Rückgriff auf Art. 6 nur einen geringen Spielraum lässt.[1035] Art. 40 Abs. 3 enthält nur ein Verbot des Über-, nicht des Untermaßes bei der Zuerkennung von Schadensersatz.[1036] Geboten bleibt daher eine Heranziehung des Art. 6 zB in Fällen, in denen ein ausländisches Recht der von einer Presseveröffentlichung betroffenen Person den nach der EMRK unverzichtbaren Mindestschutz der Privatsphäre vorenthält, indem es etwa die Veröffentlichung entwürdigender und heimlich erstellter Aufnahmen ohne jeglichen Informationsgehalt zulässt.[1037]

XI. Sachenrecht

279   Im internationalen Sachenrecht stellen sich Probleme des ordre public vor allem in der Frage der Anerkennung entschädigungsloser Enteignungen. Diese verletzen nach ständiger Rechtsprechung nicht den ordre public, sofern sie sich auf das Territorium des enteignenden Staates beschränken.[1038] Auf die zahlreichen völkerrechtlichen und innerdeutschen Details dieser Problematik ist hier nicht einzugehen (näher → Anh. Art. 46 Rn. 25 ff.).[1039] Eine weitere praktisch bedeutsame Fallgruppe bildet die Wirksamkeit von Kreditsicherungsrechten, die dem deutschen Recht unbekannt sind (insbesondere besitzlose Registerpfandrechte); nachdem der Numerus Clausus im Sachenrecht heute durch Art. 43 Abs. 2 als lex specialis geschützt wird, muss auf die dortige Kommentierung verwiesen werden (→ Art. 43 Rn. 147 ff.). Zur Form der Übereignung von Grundstücken → Rn. 253.

[1031] BGHZ 206, 86 Rn. 42 = NJW 2015, 2800 mAnm *Kemper* (zu § 109 Abs. 1 Nr. 4 FamFG).
[1032] OLG Schleswig FamRZ 2015, 1985 (1986) (zu § 109 Abs. 1 Nr. 4 FamFG).
[1033] BGH SchiedsVZ 2014, 151 Rn. 26 ff. mAnm *Schütze* SchiedsVZ 2014, 274 = IPRax 2016, 63 mAnm *Kröll* IPRax 2016, 43; eingehend *Matthias Weller*, Ordre-public-Kontrolle internationaler Gerichtsstandsvereinbarungen im autonomen Zuständigkeitsrecht, 2005, 302 ff.; vgl. auch zur kartellrechtlichen Kontrolle BGH NJW 2016, 2266 Rn. 44 m. Aufsatz *Heermann* NJW 2016, 2224 – Pechstein.
[1034] BGH SchiedsVZ 2014, 151 Rn. 30.
[1035] Ausf. *Kropholler/v. Hein*, FS Stoll, 2001, 553 (567 ff.).
[1036] *Looschelders* IPR Rn. 40; vgl. OLG Naumburg BeckRS 2015, 19835 Rn. 27.
[1037] Vgl. EGMR (III. Sektion) NJW 2004, 2647 – Caroline v. Hannover/Deutschland; hierzu *v. Hein* GPR 2003–04, 252 ff.; EGMR (Große Kammer) NJW 2012, 1053 – v. Hannover/Deutschland II; dass hieraus „positive Handlungspflichten" der EMRK-Mitgliedstaaten folgen, betont zutreffend *Nußberger* RabelsZ 80 (2016), 817 (825 ff.).
[1038] BVerfGE 84, 90 = NJW 1991, 1597; BGHZ 104, 240 (244) = NJW 1988, 2173; OLG Hamburg OLGR 2005, 448.
[1039] Ausf. auch Staudinger/*Voltz* (2013) Rn. 80 ff.

XII. Gesellschafts- und Kapitalmarktrecht

Es verstößt nicht gegen den ordre public, wenn einer ausländischen Gesellschaft nach ihrem **280** Personalstatut die Rechtsfähigkeit zur Eingehung von Außenhandelsverträgen fehlt.[1040] Die Rechtsprechung hat einer liechtensteinischen Stiftung gemäß Art. 6 die Anerkennung versagt, wenn ihr Hauptzweck in der Steuerhinterziehung liegt;[1041] zur Abgrenzung des ordre public von der Gesetzesumgehung näher → Rn. 85 f. Insbesondere im Gesellschafts- und Kapitalmarktrecht ist die Einschränkung des Art. 6 durch die Grundfreiheiten des AEUV zu beachten. So kann die Eintragung der Zweigniederlassung einer englischen Private Limited Company unter der Firma „Auskunft Limited" nicht gemäß Art. 6 mit der Begründung versagt werden, dass die Firma nicht im Sinne des § 18 HGB unterscheidungskräftig sei.[1042] Zur Mitbestimmung s. → IntGesR Rn. 570 ff. Die Geltendmachung eines Anspruchs auf Rückzahlung griechischer Staatsanleihen durch deutsche Anleger verstößt nicht gegen den ordre public.[1043]

XIII. Insolvenzrecht

Es verstößt nicht gegen den ordre public, dass gemäß Art. L 643-11 Abs. 1 frz. C. com. die **281** Insolvenzgläubiger durch die Einstellung des Insolvenzverfahrens mangels Masse nicht das Recht wiedererlangen, ihre Ansprüche gegen den Schuldner persönlich geltend zu machen, auch wenn dieser keine Beiträge zur Tilgung der Insolvenzforderungen leisten muss.[1044] Es begründet keine unzumutbare Rechtsfolge iS des Art. 6, dass der Nichtigkeitsprozess in Bezug auf ein Patent wegen der Anerkennung eines US-amerikanischen Insolvenzverfahrens unterbrochen ist, während aus dem im Verletzungsprozess ergangenen Urteil, dessen Wirksamkeit vom Bestand des Patents abhängt, weiter gegen die darin unterlegene Partei vollstreckt werden kann.[1045]

XIV. Recht des geistigen Eigentums

Während der Geltung des staatlichen Außenhandelsmonopols in der Sowjetunion konnte die **282** staatliche Agentur VAAP – nach deutschem Recht wirksam – Nutzungsrechte an den Werken sowjetischer Urheber einräumen. Der Wirksamkeit eines entsprechenden Musikverlagsvertrags steht der deutsche ordre public auch nach Abschaffung des Außenhandelsmonopols in der Sowjetunion und nach der Auflösung der UdSSR nicht entgegen.[1046]

[1040] BGH NJW 1998, 2452 = RIW 1998, 628 = IPRax 1999, 104 mAnm *Schütze* IPRax 1999, 87.

[1041] OLG Düsseldorf IStR 2011, 475 (492) mAnm *Lennert/Blum* = ZEV 2010, 528 mAnm *Stucke/Remplik* und *Wachter* = IPRax 2012, 433 (451) mAnm *Jakob/Uhl* = GWR 2010, 427 (Ls.) mAnm *Brill* = ZErb 2010, 305 mAnm *Büch*.

[1042] LG Aachen IPRax 2008, 270 mAnm *Lamsa* IPRax 2008, 239 = NZG 2007, 600.

[1043] OLG Köln BeckRS 2016, 09602 Rn. 34 = WuB 2016, 614 mAnm *Mankowski*; vgl. auch OLG Schleswig BeckRS 2015, 08584 Rn. 86; OLG Nürnberg BeckRS 2016, 09249; LG Osnabrück BeckRS 2016, 01243.

[1044] OLG Celle IPRax 2011, 186 m. Aufsatz *M.-P. Weller* IPRax 2011, 150.

[1045] BGH RIW 2009, 871 = WM 2009, 2330 = IPRax 2011, 181 = GRUR 2010, 861 = GRUR Int 2010, 436.

[1046] LG Hamburg GRUR Int. 2010, 67 = ZUM 2009, 667.

Teil 2. Internationales Privatrecht der natürlichen Personen und der Rechtsgeschäfte

Einführungsgesetz zum Bürgerlichen Gesetzbuche

In der Fassung der Bekanntmachung vom 21. September 1994
(BGBl. 1994 I S. 2494, ber. BGBl. 1997 I S. 1061)

Zuletzt geändert durch Art. 2 Abs. 4 Gesetz zur Einführung des Rechts auf Eheschließung für Personen gleichen Geschlechts vom 20. Juli 2017 (BGBl. 2017 I S. 2787)

Erster Teil. Allgemeine Vorschriften

Zweites Kapitel. Internationales Privatrecht

Zweiter Abschnitt. Recht der natürlichen Personen und der Rechtsgeschäfte

Art. 7 EGBGB Rechtsfähigkeit und Geschäftsfähigkeit

(1) ¹Die Rechtsfähigkeit und die Geschäftsfähigkeit einer Person unterliegen dem Recht des Staates, dem die Person angehört. ²Dies gilt auch, soweit die Geschäftsfähigkeit durch Eheschließung erweitert wird.

(2) Eine einmal erlangte Rechtsfähigkeit oder Geschäftsfähigkeit wird durch Erwerb oder Verlust der Rechtsstellung als Deutscher nicht beeinträchtigt.

Schrifttum: *Backmann,* Künstliche Fortpflanzung und internationales Privatrecht unter besonderer Berücksichtigung des Persönlichkeitsschutzes, Diss. München 2002; *Baetge,* Anknüpfung der Rechtsfolgen bei fehlender Geschäftsfähigkeit, IPRax 1996, 185; *Ferrari/Pfeiler,* Die österreichische Reform des Kindschaftsrechts, FamRZ 2002, 1079; *Fabricius,* Relativität der Rechtsfähigkeit: ein Beitrag zur Theorie und Praxis des privaten Personenrechts, 1963; *G. Fischer,* Verkehrsschutz im internationalen Vertragsrecht, 1990; *G. Fischer,* Die Neuregelung des Kollisionsrechts der ungerechtfertigten Bereicherung und der Geschäftsführung ohne Auftrag im IPR-Reformgesetz von 1999, IPRax 2002, 1; *Gössl,* Intersexuelle Menschen im Internationalen Privatrecht, StAZ 2013, 301; *Guttenberger,* Das Haager Übereinkommen über den internationalen Schutz von Erwachsenen, Diss. Regensburg 2003; *Hausmann/Odersky,* Internationales Privatrecht in der Notar- und Gestaltungspraxis, 3. Aufl. 2017; *Hepting,* Die Herabsetzung des Volljährigkeitsalters und ihre Auswirkungen im internationalen Privat- und Verfahrensrecht, FamRZ 1975, 451; *Hepting,* Zur Emanzipation ausländischer Minderjähriger durch deutsche Gerichte, ZBlJugR 1976, 145; *Jessurun d'Oliveira,* Transsexualität im internationalen Personenrecht, IPRax 1987, 189; *Kirchhoff,* Das Rechtsfolgenstatut der beschränkten Geschäftsfähigkeit und der Geschäftsunfähigkeit – Ein Beitrag zur Auslegung des Art. 7 und 24 EGBGB, Diss. Bonn 2004; *Knauber,* Zur Reichweite des Art. 7 EGBGB, Diss. München 1960; *Kropholler,* Internationales Privatrecht, 6. Aufl. 2006; *Kropholler/v. Hein,* Der postmortale Persönlichkeitsschutz im geltenden und künftigen Internationalen Privatrecht, FS Heldrich, 2005, 793; *Lagarde,* Convention of 13 January 2000 on the International Protection of Adults – Explanatory Report, edited by the Permanent Bureau of the Hague Conference on private international law, inoffizielle deutsche Übersetzung in BT-Drucks. 16/3250, 28 (zitiert: Bericht *Lagarde*); *Lipp,* Verkehrsschutz und Geschäftsfähigkeit im IPR, RabelsZ 63 (1999), 107; *Lipp,* Geschäftsfähigkeit im europäischen IPR: Status oder Willensmangel?, FS Kühne, 2009, 765; *Lorenz,* Der Bereicherungsausgleich im internationalen Privatrecht und in rechtsvergleichender Sicht, FS Zweigert, 1981, 199; *Lüderitz,* Rechtsfähigkeit, Geschäftsfähigkeit und Entmündigung natürlicher Personen, in Lauterbach, Vorschläge und Gutachten zur Reform des deutschen internationalen Personen- und Sachenrechts, 1972, 32; *Marquordt,* Bemerkungen zur Rechtsfähigkeit, Geschäftsfähigkeit, Entmündigung, Todeserklärung, in Beitzke, Vorschläge und Gutachten zur Reform des deutschen internationalen Personen-, Familien- und Erbrechts, 1981, 73; *Menold-Weber,* Verträge Minderjähriger und ihre Rückabwicklung im englischen Recht: ein Vergleich zur Rechtslage in der Bundesrepublik Deutschland, Diss. Bonn 1991; *Nitzinger,* Das Betreuungsrecht im internationalen Privatrecht, Diss. Regensburg 1998; *Oberhammer/Graf/Slonina,* Sachwalterschaft für Deutsche und Schweizer in Österreich – Kollisionsrechtliche Fragen am Übergang vom nationalen Recht zum Haager Erwachsenenschutzübereinkommen, ZfRV 2007, 133; *Oda,* Überlegungen zur Prozessfähigkeit von Ausländern, FS Konzen, 2006, 603; *Oelkers,* Internationales Betreuungsrecht, Diss. Osnabrück 1995; *Pagenstecher,* Zur Geschäftsfähigkeit der

Ausländer in Deutschland, RabelsZ 15 (1949/50), 149; *Pagenstecher,* Werden die Partei- und Prozessfähigkeit eines Ausländers nach seinem Personalstatut oder nach den Sachnormen der lex fori beurteilt?, ZZP 64 (1951), 249; *Rauscher,* Heimatlos in Europa? – Gedanken gegen eine Aufgabe des Staatsangehörigkeitsprinzips im IPR, FS Jayme, Bd. I, 2004, 719; *Rauscher,* Internationales Privatrecht, 4. Aufl. 2012; *Reithmann,* Geschäftsfähigkeit und Verfügungsbefugnis nach deutschem internen Recht und Kollisionsrecht, DNotZ 1967, 232; *Reithmann/Martiny,* Internationales Vertragsrecht, 8. Aufl. 2015; *Röthel,* Inländerprivilegien und Grundrechtsschutz der Transsexualität: Gleichwertigkeit von Staatsangehörigkeits- und Aufenthaltsanknüpfung?, IPRax 2007, 204; *Schippel,* Rechtsverkehr mit geschäftsunfähigen und beschränkt geschäftsfähigen Personen nach internem und internationalem deutschem Privatrecht, 1963; *Siehr,* Die allgemeine und besondere Geschäftsfähigkeit von Ausländern für eine Vaterschaftsanerkennung im Inland, StAZ 1976, 356; *Siehr,* Internationales Privatrecht, 2001; *Sonnenberger,* Das Internationale Privatrecht im dritten Jahrtausend – Rückblick und Ausblick, ZVglRWiss. 100 (2001), 107; *Spellenberg,* Folgen der Geschäftsunfähigkeit und Prozessaufrechnung, IPRax 2013, 466; *Thorn,* Entwicklungen im Internationalen Privatrecht 2000–2001, IPRax 2002, 349; *Wohlgemuth,* Der minderjährige Gesellschafter im internationalen Privatrecht, RIW 1980, 759.

<h2 style="text-align:center">Übersicht</h2>

<h2 style="text-align:center">A. Internationales Personenrecht</h2>

1   Das in den Art. 7–10 geregelte internationale Personenrecht bezieht sich nur auf die **natürlichen Personen** (zum Kollisionsrecht der juristischen Personen und Personenvereinigungen, dh zum internationalen Gesellschaftsrecht → IntGesR Rn. 1 ff.). Es ist auch nach den Reformen von 1986 und

1999[1] sowie den weiteren Neuregelungen, wie etwa der Aufhebung des Art. 8 oder der Einführung des Art. 17b, **nur teilweise gesetzlich geregelt.**

Die Regelungen der **Rechts- und Geschäftsfähigkeit in Art. 7** und der **Verschollenheit in** 2 **Art. 9** gehören systematisch zusammen. Art. 9 wird durch Art. 2 § 1 Abs. 4 S. 1 VerschÄndG ergänzt. Die Geschäftsfähigkeit nach Art. 7 ist darüber hinaus eng mit dem **internationalen Kindschaftsrecht,** insbesondere Art. 21, und dem **internationalen Betreuungsrecht** (Art. 24), bzw. den ihnen vorgehenden internationalen Regelungen des Haager Minderjährigenschutzabkommens vom 5.10.1961 bzw. des Kinderschutzübereinkommens vom 19.10.1996 (→ Brüssel IIa-VO Vor Art. 1 Rn. 2 ff.) und des Haager Erwachsenenschutzübereinkommens vom 13.1.2000 verbunden. Den kollisionsrechtlichen **Verkehrsschutz** gegenüber Beschränkungen der Rechts- und Geschäftsfähigkeit, die dem Ortsrecht unbekannt sind, gewährleisten Art. 13 Rom I-VO bzw. Art. 12.

Das am 1.1.1992 in Kraft getretene Betreuungsgesetz[2] hat die **Entmündigung** im deutschen 3 Recht abgeschafft und **Art. 8** sowie die diese Vorschrift ergänzenden prozessualen Bestimmungen der §§ 648a und 676 ZPO **aufgehoben.** Zur Bedeutung ausländischer Entmündigungen im Inland → Art. 8 aF Rn. 4 ff.

B. Rechts- und Geschäftsfähigkeit

I. Normzweck

Die **Rechtsfähigkeit,** dh die allgemeine Fähigkeit eines Menschen, Träger von Rechten und 4 Pflichten zu sein und insoweit jedenfalls passiv am Rechtsleben teilzunehmen,[3] ist heute **weltweit als Menschenrecht** anerkannt. Art. 6 der Allgemeinen Erklärung der Menschenrechte vom 10.12.1948 legt etwa fest: „Jedermann hat das Recht, überall als rechtsfähig anerkannt zu werden." Ähnlich formuliert Art. 16 des Internationalen Paktes über bürgerliche und politische Rechte vom 19.12.1966: „Jeder Mensch hat überall Anspruch auf Anerkennung als Rechtsperson." Ob diese allgemeine menschenrechtliche Gewährleistung auch die **rechtliche Handlungsfähigkeit** mit umfasst, dh die Fähigkeit, rechtlich handeln und damit aktiv am Rechtsverkehr teilnehmen zu können, ist umstritten, aber angesichts der neueren Menschenrechtskonventionen, die sie ausdrücklich anerkennen (Art. 15 Abs. 2 UN-Frauenrechtskonvention vom 18.12.1979, Art. 12 Abs. 2 UN-Behindertenrechtskonvention vom 13.12.2006) richtigerweise zu bejahen.[4]

Die menschenrechtlichen Gewährleistungen bilden dabei allerdings nur einen Rahmen, innerhalb 5 dessen die einzelnen Rechtsordnungen zum Teil beachtliche Divergenzen bei ihren Regelungen der Rechtsfähigkeit und vor allem der Geschäftsfähigkeit aufweisen.[5] Das **Kollisionsrecht** muss daher eine Rechtsordnung bestimmen, um die entsprechenden Fragen entscheiden zu können. Dabei sind die **Grund- und Menschenrechte** der Beteiligten vom Kollisionsrecht zu beachten; sie haben jedoch keinen eigenen kollisionsrechtlichen Gehalt.[6]

Die Anerkennung als Rechtsperson und die mit ihr verbundene Rechts- und Handlungsfähigkeit 6 ist allerdings ein komplexer Status. Dieser bezieht sich nicht nur auf das Privatrecht, sondern auf die gesamte Rechtsordnung und damit auch auf das öffentliche Recht. Zwar geht das öffentliche Recht idR von der vom bürgerlichen Recht bestimmten Rechts- und Geschäftsfähigkeit aus, hat aber auch besondere Fähigkeiten entwickelt. Für das zivilrechtliche Kollisionsrecht geht es indes nur um die **Fähigkeit, am Privatrechtsverkehr teilzunehmen,** dh um die **zivilrechtliche Rechts- und Handlungsfähigkeit.** Im **Sachrecht** differenziert das deutsche Recht die Handlungsfähigkeit in verschiedener Weise, zB als Geschäfts-, Ehe-, Testier-, Einwilligungsfähigkeit sowie als Deliktsfähigkeit.[7]

---

[1] Vgl. zu Reformen im IPR *Sonnenberger* ZVglRWiss. 100 (2001), 107; *Thorn* IPRax 2002, 349.

[2] Gesetz zur Reform des Rechts der Vormundschaft und Pflegschaft für Volljährige (Betreuungsgesetz – BtG) vom 12.9.1990, BGBl. 1990 I S. 2002.

[3] Dazu *Lipp,* Freiheit und Fürsorge, Der Mensch als Rechtsperson, 2000, 40 ff.

[4] Vgl. dazu *Aichele/v. Bernstorff* BtPrax 2010, 199 (200 f.); *Folio* in Henkin, The International Bill of Rights, 1981, 185, 197; *Lipp* FamRZ 2012, 669 (672); *Schmahl* in Coester-Waltjen/Lipp/Schumann/Veit, Perspektiven und Reform des Erwachsenenschutzes, 2013, 17 ff.; aA *Rothfritz,* Die Konvention der Vereinten Nationen zum Schutz der Rechte von Menschen mit Behinderungen, 2010, 365 ff.; *Nowak,* U.N. Covenant on Civil and Political Rights, 2. Aufl. 2005, IPBR Art. 16 Rn. 1 ff.

[5] Rechtsvergleichender Überblick bei Staudinger/*Hausmann* (2013) Rn. 30, 33, 34 (zur Rechtsfähigkeit) und in Anh. Art. 7 (zur Volljährigkeit und Abstufungen der Geschäftsfähigkeit); Bamberger/Roth/*Mäsch* Rn. 57 (Volljährigkeitsalter).

[6] Staudinger/*Hausmann* (2013) Rn. 2.

[7] Vgl. *Lipp,* Freiheit und Fürsorge, Der Mensch als Rechtsperson, 2000, 44 ff., 48 ff.

7   **Kollisionsrechtlich** stellen sich bei der **Rechtsfähigkeit** vor allem Fragen des Beginns und des Endes der Rechtsfähigkeit. Bei der **Handlungsfähigkeit** geht es um die verschiedenen Altersstufen der Mündigkeit und der mit ihnen verbundenen (teilweisen oder beschränkten) Geschäftsfähigkeit, um die Möglichkeit ihrer Erweiterung durch Emanzipation und Eheschließung sowie um ihre Beschränkung durch Maßnahmen des Erwachsenenschutzes, um die Unwirksamkeit eines Rechtsgeschäftes wegen des psychischen Zustands eines Beteiligten oder um dessen haftungsrechtliche Verantwortlichkeit. Diese Fragen stellen sich allerdings **nie isoliert,** sondern stets **im Zusammenhang mit einer Hauptfrage.** So ist zB für die Erbfolge bedeutsam, ob und wann ein Mensch gestorben ist, für den Bestand einer vertraglichen Verpflichtung etwa, ob ein siebzehnjähriger Jugendlicher oder ein an schwerer Demenz leidender alter Mensch diesen Vertrag wirksam abschließen konnten und für die Haftung wegen eines Delikts, ob sie dafür verantwortlich gemacht werden können.

8   Das **deutsche IPR** unterstellt die Rechts- und Geschäftsfähigkeit nicht dem Recht, das für die jeweilige Hauptfrage maßgeblich ist (Wirkungsstatut, Geschäftsstatut oder lex causae),[8] sondern enthält in Art. 7 eine **selbständige Kollisionsnorm** für diese Teilfrage. Rechts- und Geschäftsfähigkeit werden durch **Art. 7 Abs. 1 S. 1** generell und einheitlich dem Recht des Staates unterworfen, dem die Person angehört (**Personalstatut,** Heimatrecht). Die Anknüpfung des Personalstatuts an die Staatsangehörigkeit **verstößt nicht gegen das Unionsrecht** (→ Art. 5 Rn. 39 ff.).

9   Ergänzend zur Grundregel bestimmt Art. 7, dass das Personalstatut auch für die **Erweiterung der Geschäftsfähigkeit durch Eheschließung** maßgeblich ist (Abs. 1 S. 2). Abs. 2 enthält eine Regelung des **Statutenwechsels.**

10   Die Sonderanknüpfung des Art. 7 Abs. 1 S. 1 an das Personalstatut hat eine **dreifache Funktion:** Erstens gilt eine Person nicht je nach Zusammenhang einmal als rechts- und geschäftsfähig, ein andermal dagegen nicht,[9] zweitens trägt sie dem Interesse an der Stabilität und Kontinuität des Status einer Person Rechnung,[10] und drittens wird der sachliche Zusammenhang von Rechts- und Geschäftsfähigkeit als den beiden Teilaspekten der Anerkennung eines Menschen als Rechtsperson (→ Rn. 4 ff.) im Kollisionsrecht gewahrt.[11]

11   Die Sonderanknüpfung der Rechts- und Geschäftsfähigkeit an das Personalstatut führt notwendigerweise zu **Abgrenzungsproblemen zwischen Personal- und Wirkungsstatut.** Klärungsbedürftig sind vor allem der Anwendungsbereich des Art. 7, was also unter „Rechtsfähigkeit" bzw. „Geschäftsfähigkeit" iS des Art. 7 zu verstehen ist bzw. welche Formen der Rechts- oder Handlungsfähigkeit dem Wirkungsstatut unterfallen, sowie die Frage, ob das Personal- oder das Wirkungsstatut über ihre Voraussetzungen entscheidet und welchem Recht die Rechtsfolgen bei ihrem Fehlen zu entnehmen sind.[12]

II. Rechtsfähigkeit

12   **1. Grundregel.** Über die Rechtsfähigkeit der **natürlichen Person** entscheidet nach Art. 7 Abs. 1 S. 1 ihr **Heimatrecht.** Abs. 1 ist zwingendes Recht und folglich der Parteidisposition entzogen. Durch die möglicherweise für das Wirkungsstatut eröffnete Rechtswahl kann die Bestimmung des maßgeblichen Rechts nicht beeinflusst werden.

13   **Rechtsvergleichend** gesehen[13] steht die deutsche Regelung im Einklang mit vielen kontinentaleuropäischen Rechtsordnungen (zB § 12 des österreichischen IPR-Gesetzes). An das domicile knüpfen demgegenüber die meisten Länder des Common Law-Rechtskreises an, an den Wohnsitz viele südamerikanische Staaten. Einen eigenen Weg geht Art. 34 des schweizerischen IPR-Gesetzes: Danach untersteht die Rechtsfähigkeit allgemein dem schweizerischen Recht (Art. 34 Abs. 1), „Beginn und Ende der Persönlichkeit" richten sich aber nach dem Wirkungsstatut (Art. 34 Abs. 2).

14   Ausschlaggebend ist nach Art. 7 Abs. 1 S. 1 grundsätzlich das durch die Staatsangehörigkeit des Betroffenen vermittelte Heimatrecht. Bei **mehrfacher Staatsangehörigkeit** entscheidet gemäß Art. 5 Abs. 1 S. 1 das Recht des Staates, mit dem die Person am engsten verbunden ist (effektive

---

[8] Dafür früher zB *Lüderitz* in Lauterbach, Vorschläge und Gutachten zur Reform des deutschen internationalen Personen- und Sachenrechts, 1972, 37 f. für den Beginn der Rechtsfähigkeit; das „Ende der Persönlichkeit" soll durch eine Sondernorm einheitlich festgelegt werden; dagegen zB *Marquordt* in Beitzke, Vorschläge und Gutachten zur Reform des deutschen internationalen Personen-, Familien- und Erbrechts, 1981, 73.
[9] *Looschelders* IPR Rn. 1; PWW/*Mörsdorf-Schulte* Rn. 1; Staudinger/*Hausmann* (2013) Rn. 3; Bamberger/ Roth/*Mäsch* Rn. 1.
[10] Bamberger/Roth/*Mäsch* Rn. 1; zur Stabilisierungsfunktion des Status *Windel* in Lipp/Röthel/Windel, Familienrechtlicher Status und Solidarität, 2008, 1, 11 ff.
[11] *v. Bar* IPR II Rn. 28; Staudinger/*Hausmann* (2013) Rn. 1.
[12] *v. Bar* IPR II Rn. 34 ff.
[13] Überblick über die verschiedenen Kollisionsrechte bei Staudinger/*Hausmann* (2013) Rn. 4.

Staatsangehörigkeit), bei **ausländisch-deutscher Staatsangehörigkeit** wird allein ohne Rücksicht auf die konkreten Beziehungen auf die deutsche Staatsangehörigkeit abgestellt (Art. 5 Abs. 1 S. 2).

Als Personalstatut von **Staatenlosen, Flüchtlingen** und **Asylberechtigten** fungiert das Recht **15** des Wohnsitzes bzw. des gewöhnlichen oder schlichten Aufenthalts als ihr Personalstatut (näher Art. 5 Abs. 2 sowie Anh. I Art. 5 und Anh. II Art. 5).

2. Besondere Rechtsfähigkeiten – Teilrechtsfähigkeiten. Rechtsfähigkeit bedeutet die allge- **16** meine Fähigkeit, Träger von Rechten und Pflichten zu sein (→ Rn. 4). Geht es nicht um die **allgemeine Teilhabe am Privatrechtsverkehr,** sondern um die Fähigkeit, Träger ganz bestimmter Rechte und Pflichten zu sein, handelt es sich um **besondere Rechtsfähigkeiten.** Diese treten idR zur allgemeinen Rechtsfähigkeit hinzu, zB die Fähigkeit zum Erwerb von Grundstücken oder die Erbfähigkeit, oder sie bilden als **Teilrechtsfähigkeit** deren Vorstufe, zB die Einsetzbarkeit des nasci-turus zum Testamentserben oder seine geschützte Stellung im Deliktsrecht.[14]

Kollisionsrechtlich sind beide Fälle gleichzustellen. Besondere Rechtsfähigkeiten wie Teilrechtsfä- **17** higkeit beurteilen sich nicht nach dem Personalstatut, sondern nach dem für das jeweilige Recht maßgebenden **Wirkungsstatut:**[15] Die Fähigkeit zum Erwerb von Grundstücken also nach der lex rei sitae,[16] die Erbfähigkeit[17] und die erbrechtliche Stellung des nasciturus[18] nach dem **Erbstatut** sowie die Ersatzfähigkeit für vorgeburtliche Schäden nach dem **Deliktsstatut.**[19] Die Anknüpfung besonderer Rechtsfähigkeiten an das jeweilige Wirkungsstatut bestimmt auch Art. 20 S. 2 Italienisches IPR-G.[20]

3. Anwendungsbereich. Voraussetzungen, Beginn und **Dauer** der Rechtsfähigkeit bestim- **18** men sich nach dem Personalstatut. Wenn das Personalstatut die Rechtsfähigkeit als Frage des Wirkungsstatuts ansieht, ist diese abweichende Qualifikation im Rahmen der Weiter- oder Rückverweisung zu beachten (→ Art. 4 Rn. 70 ff.).

a) Personenqualität und Beginn der Rechtsfähigkeit. Das Personalstatut entscheidet die **19** Frage, ob überhaupt eine natürliche **Person vorhanden** ist und dieser Person **Rechtsfähigkeit zugesprochen** wird. Da die Rechtsfähigkeit nicht nach allen Rechtsordnungen zum gleichen Zeitpunkt beginnt, entscheidet das Personalstatut auch über deren **Anfang.** Es ist dabei insoweit zunächst hypothetischer Natur, als es eine Person und ihre Rechtsfähigkeit im Sinne einer bestimmten Rechtsordnung voraussetzt. Die Rechtsfähigkeit beurteilt sich daher nach derjenigen Rechtsordnung, die bei vorhandener Personenqualität und Rechtsfähigkeit das Personalstatut bilden würde.[21] So kann sich zB bei Neugeborenen mit schweren Fehlbildungen, die kurz Lebenszeichen von sich geben, die Frage stellen, ob sie als rechtsfähig anzusehen sind. Das kann davon abhängen, ob die Lebensfähigkeit Voraussetzung der Rechtsfähigkeit bildet. Hier kommt es auf die Antwort des Personalstatuts an.[22] Nach § 1 BGB ist dies die Vollendung der Geburt, nicht deren Einleitung; in extensiver Interpretation von Art. 725 Code civil wird in Frankreich für die allgemeine Rechtsfähigkeit die Lebensfähigkeit des Neugeborenen verlangt, während in Spanien gemäß Art. 30 Código civil das Kind sogar mindestens 24 Stunden lang nach seiner Geburt gelebt haben muss.

b) Ende der Rechtsfähigkeit und Tod. Wie über den Beginn so entscheidet das **Personalsta- 20 tut** auch über das Ende der Rechtsfähigkeit. Das Personalstatut bestimmt damit auch über die **Kriterien,** nach denen der **Tod festzustellen** ist (vgl. Art. 9 S. 1). Damit ist nicht nur die verfahrensmäßige Feststellung des Todes bzw. Todeszeitpunkts gemeint (vgl. §§ 39 ff. VerschG), sondern auch

---

[14] Generell zu dieser Problematik aus der Sicht des deutschen Rechts *Fabricius,* Relativität der Rechtsfähigkeit, 1963; vgl. auch *Backmann,* Künstliche Fortpflanzung und internationales Privatrecht unter besonderer Berücksichtigung des Persönlichkeitsschutzes, 2002, 68 ff.

[15] *Erman/Hohloch* Rn. 7; *Palandt/Thorn* Rn. 2 f.; NK-BGB/*Schulze* Rn. 10; *Soergel/Kegel* Rn. 4; *Staudinger/Hausmann* (2013) Rn. 29, 81 ff.; *Finger/Verschraegen,* Das gesamte Familienrecht, Bd. I, Stand 12/2012, Rn. 2.

[16] *Kegel/Schurig* IPR § 17 I 1b.

[17] → EuErbVO Art. 23 Rn. 18; *Siehr* IPR § 15 IV; *Staudinger/Hausmann* (2013) Rn. 84; vgl. auch Art. 23 Abs. 2 lit. c EuErbVO.

[18] *Junker* IPR Rn. 292; *Siehr* IPR § 15 II; *Soergel/Kegel* Rn. 4; *Erman/Hohloch* Rn. 7; *Staudinger/Hausmann* (2013) Rn. 84.

[19] Vgl. *Lüderitz* in Lauterbach, Vorschläge und Gutachten zur Reform des deutschen internationalen Personen- und Sachenrechts, 1972, 37; *Junker* IPR Rn. 292; Bamberger/Roth/*Mäsch* Rn. 16; *Erman/Hohloch* Rn. 7; PWW/*Mörsdorf-Schulte* Rn. 8.

[20] Vgl. RabelsZ 61 (1997), 344 (349).

[21] *Staudinger/Hausmann* (2013) Rn. 15; Bamberger/Roth/*Mäsch* Rn. 8; die Formulierung von *Soergel/Kegel* Rn. 1 berücksichtigt nicht die Fälle der Staatenlosigkeit.

[22] *v. Bar* IPR II Rn. 4; *Staudinger/Hausmann* (2013) Rn. 30 f.; NK-BGB/*Schulze* Rn. 12; *Erman/Hohloch* Rn. 4.

die Frage nach den für die Todesfeststellung maßgebenden medizinischen Kriterien.[23] Infolge der Fortschritte der modernen Medizin sind Sterben und Tod von einem natürlichen Ereignis zu einem medizinisch geprägten Geschehen geworden. Das Personalstatut muss daher auch festlegen, ob es für den Tod im Rechtssinne zB auf den „Herztod" oder „Hirntod" ankommt.[24] Die verschiedentlich vertretene Anwendung des deutschen Rechts,[25] des Ortsrechts[26] oder der lex fori[27] auf die Todeskriterien ist mit Art. 7 und 9 nicht vereinbar. Die von ihren Befürwortern befürchtete Überforderung der (deutschen) Ärzte ist indes nicht zu erwarten. Umfang und Dauer der Behandlungspflicht richten sich nach dem für die Behandlung maßgeblichen Vertrags- bzw. Deliktsstatut[28] und nicht nach dem Personalstatut des Patienten.

21   Der sog **bürgerliche Tod** als rein rechtliche Begrenzung und Beendigung der Rechtsfähigkeit spielt heute keine Rolle mehr,[29] im Übrigen verstieße die Anwendung der ihn anordnenden Norm gegen Art. 6.[30]

22   **c) Lebens- und Todesvermutungen; Todeserklärung.** Ist infolge längerer Abwesenheit eines Menschen ungewiss, ob er noch lebt, so kann die Rechtsordnung daraus verschiedene Konsequenzen ziehen: Sie vermutet etwa – mit bestimmten rechtlichen Auswirkungen – seine Abwesenheit, dass er noch lebt oder bereits tot ist. Das auf **Lebens- und Todesvermutungen** anzuwendende Recht beurteilt sich, da sie die generelle rechtliche Existenz eines Menschen betrifft, ebenfalls nach dessen **Personalstatut,**[31] wie Art. 9 S. 1 ausdrücklich bestimmt (näher → Art. 9 Rn. 29 ff.).

23   Abwesenheits- sowie Lebens- und Todesvermutung können unter Umständen von einer vorherigen **behördlichen oder gerichtlichen Todeserklärung** abhängen. Soweit dafür **deutsche Gerichte** zuständig sind (§ 12 VerschG), haben sie nach Art. 9 S. 1 grundsätzlich ebenfalls das vom **Personalstatut** berufene Recht anzuwenden. Bei einem berechtigten Interesse kann nach Art. 9 S. 2 die Todesfeststellung indes auch nach deutschem Recht erfolgen (→ Art. 9 Rn. 30 ff.).

24   Die Wirkung entsprechender **ausländischer Todeserklärungen** ist demgegenüber nicht kollisionsrechtlich zu bestimmen, sondern richtet sich nach den Grundsätzen für die Anerkennung ausländischer Entscheidungen der freiwilligen Gerichtsbarkeit, dh nach §§ 108, 109 FamFG (→ Art. 9 Rn. 35 ff.).

25   **4. Rechtsstellung Verstorbener; Totensorge.** Das Personalstatut und nicht das für die Vermögensnachfolge maßgebende Erbstatut bestimmt darüber, welche Rechtsstellung einer natürlichen Person nach ihrem Tode zukommt. Dem Personalstatut unterliegen daher alle Fragen der **Totensorge.**[32] Es bestimmt deshalb, wem die Sorge für den Leichnam des Verstorbenen obliegt, wer über Art und Ort der Bestattung entscheidet, wessen Einverständnis zur Durchführung einer Obduktion oder Organentnahme eingeholt werden muss und wem ggf. ein Aneignungsrecht an künstlichen Körperteilen oder zB Zahnplomben, Herzschrittmachern usw zusteht. Es regelt ferner, ob die vom Verstorbenen in diesem Zusammenhang getroffenen Anordnungen und Verbote wirksam sind und welche Rechtswirkungen sie auslösen.

26   **Ansprüche wegen Persönlichkeitsrechtsverletzungen** unterfallen dem jeweiligen **Wirkungsstatut,** zB dem Deliktsstatut oder dem für Ansprüche aus ungerechtfertigter Bereicherung oder GoA berufenen Recht. Dieses Recht entscheidet daher grundsätzlich auch über Art und Umfang des **postmortalen Persönlichkeitsschutzes.** Das **Personalstatut** legt aber fest, inwieweit einem Verstorbenen das allgemeine Persönlichkeitsrecht überhaupt zusteht und wer dieses geltend machen kann. Für die Anwendung des Personalstatuts auf diese Teilfragen des postmortalen Persönlichkeitsschutzes spricht der Umstand, dass die Anerkennung der Persönlichkeit nach dem Tode und die

---

[23] *Dörner* IPRax 1994, 362 (364 f.).
[24] Ebenso *Rauscher* IPR Rn. 609; Soergel/*Schurig* Art. 25 Rn. 23; Staudinger/*Dörner* (2007) Art. 25 Rn. 78.
[25] *v. Bar* IPR II Rn. 22.
[26] Staudinger/*Hausmann* (2013) Rn. 35; *Junker* IPR Rn. 293.
[27] Erman/*Hohloch* Rn. 4.
[28] Zu dem für die Behandlung maßgeblichen Recht → Rom I-VO Art. 4 Rn. 76; → Rom II-VO Art. 4 Rn. 46 ff.; Spickhoff/*Spickhoff* IPR Rn. 12 ff.
[29] Vgl. aus der Zeit vor der Jahrhundertwende RGZ 32, 173; zu den wenigen Rechten, die diese Figur noch kennen, vgl. *Kegel/Schurig* IPR § 17 I 1b; Staudinger/*Hausmann* (2013) Rn. 34.
[30] Bamberger/Roth/*Mäsch* Rn. 9; *v. Hoffmann/Thorn* IPR § 7 Rn. 1; *Junker* IPR Rn. 291; Soergel/*Kegel* Rn. 2; Staudinger/*Hausmann* (2013) Rn. 34.
[31] RG ZIR 4 (1894), 72; OLG Dresden ZBlFG 10 (1910), 630 (633); *Marquordt* in Beitzke, Vorschläge und Gutachten zur Reform des deutschen internationalen Personen-, Familien- und Erbrechts, 1981, 74; *Kegel/Schurig* IPR § 17 I 1e; Soergel/*Kegel* Rn. 5; Palandt/*Thorn* Art. 9 Rn. 2; Erman/*Hohloch* Art. 9 Rn. 14; Staudinger/*Hausmann* (2013) Rn. 36.
[32] Staudinger/*Dörner* (2007) Art. 25 Rn. 25 f.; Erman/*Hohloch* Rn. 4. Das gilt auch nach Inkrafttreten der EuErbVO, vgl. → EuErbVO Art. 1 Rn. 13.

Regelung der Totensorge keine vom Umweltrecht am Handlungs- oder Erfolgsort zu entscheidenden Fragen darstellen, sondern die Nachwirkungen der Rechtsfähigkeit und der Anerkennung als Person betreffen, über die nach Art. 7 das Personalstatut entscheidet.[33]

5. Geschlechtszuordnung. Es entspricht allgM, dass sich die Geschlechtszuordnung nach dem **27** **Personalstatut** des Betroffenen richtet. Es ist nicht nur für die erstmalige Zuordnung nach der Geburt maßgeblich, sondern entscheidet folgerichtig auch über die Möglichkeit, Voraussetzungen und Wirkungen einer **Änderung** der Geschlechtszuordnung.[34]

Bei **deutschem Personalstatut** ist das deutsche Transsexuellengesetz maßgeblich, das eine Ände- **28** rung des Vornamens („kleine Lösung" nach §§ 1–7 TSG) und eine gerichtliche Feststellung bzw. Änderung des Geschlechts („große Lösung" nach § 8 TSG) vorsieht.[35]

Bei **ausländischem Personalstatut** konnte eine Änderung der Geschlechtszuordnung in **29** Deutschland ursprünglich nur nach Maßgabe des Heimatrechts erfolgen. Für die EMRK hat der EGMR aus Art. 8 und 12 EMRK eine Verpflichtung der Mitgliedstaaten abgeleitet, die Änderung des Geschlechts zu ermöglichen.[36] Soweit das ausländische Personalstatut jedoch eine Änderung nicht erlaubt, war sie danach in Deutschland nicht möglich. Aufgrund zweier Vorlagefragen[37] entschied das BVerfG, dass dieser Ausschluss ausländischer Transsexueller von der Geschlechtsänderung verfassungswidrig ist, wenn sie sich rechtmäßig und nicht nur vorübergehend in Deutschland aufhalten und deren Heimatrecht vergleichbare Regelungen nicht kennt.[38] Mit Gesetz vom 20.7.2007 (BGBl. 2007 I S. 1566) wurde daher § 1 Abs. 1 TSG neu gefasst. Für Ausländer besteht nunmehr nach **§ 1 Abs. 1 Nr. 3 lit. d TSG** die Möglichkeit, die **Änderung des Vornamens bzw. Geschlechts nach deutschem Recht** durchzuführen, wenn ihr Heimatrecht keine dem TSG vergleichbare Regelung kennt und sie in Deutschland ein unbefristetes Aufenthaltsrecht besitzen oder eine verlängerbare Aufenthaltserlaubnis und sich dauerhaft rechtmäßig im Inland aufhalten. Insoweit wird das Staatsangehörigkeitsprinzip durchbrochen.[39]

Die **Anerkennung** einer ausländischen gerichtlichen oder behördlichen Entscheidung über die **30** Vornamensänderung oder die rechtliche Geschlechtszugehörigkeit richtet sich nach §§ 108, 109 Abs. 1 Nr. 1–4 FamFG (bzw. bis zum 1.9.2009 nach § 16a FGG).[40]

Das Scheidungsstatut entscheidet über die **Auswirkungen einer Änderung des Geschlechts** **31** auf den Bestand der Ehe, wenn die Geschlechtsumwandlung während der bestehenden Ehe erfolgt.[41]

III. Geschäftsfähigkeit

1. Grundregel. Die Geschäftsfähigkeit wird im deutschen Recht nicht dem Wirkungsstatut, etwa **32** dem Vertragsstatut, entnommen. Sie ist wie die Rechtsfähigkeit ein Aspekt des **Status der Person** (→ Rn. 6). Sie wird deshalb durch Art. 7 S. 1 gesondert angeknüpft und dem **Personalstatut** unterstellt.[42]

Abs. 1 ist **zwingendes Recht** und folglich der Parteidisposition entzogen. Durch Rechtswahl **33** kann die Bestimmung des maßgeblichen Rechts nicht beeinflusst werden.[43]

2. Bestimmung des Personalstatuts. a) Heimatrecht, Recht des gewöhnlichen Aufent- **34** **haltsortes, Wohnsitzrecht.** Abs. 1 S. 1 knüpft zur Bestimmung des für die Geschäftsfähigkeit maß-

[33] Staudinger/*Dörner* (2007) Art. 25 Rn. 26; NK-BGB/*Schulze* Rn. 15; *Looschelders* IPR Rn. 9; aA (nur Deliktsstatut) *Kropholler/v. Hein*, FS Heldrich, 2005, 793 (795 f.); *v. Bar* IPR II Rn. 23; Bamberger/Roth/*Mäsch* Rn. 15; Erman/*Hohloch* Rn. 5; diff. Staudinger/*Hausmann* (2013) Rn. 86; vgl. auch *Schack* Anm. zu BGH JZ 2000, 1056 (1060).

[34] OLG Frankfurt a. M. StAZ 2005, 73; OLG Karlsruhe StAZ 2003, 139; Präsidentin des KG StAZ 2002, 307 (308); LG Stuttgart StAZ 1999, 15 (16); AG Hamburg StAZ 1984, 42; *Jessurun d'Oliveira* IPRax 1987, 189 (190); *Gössl* StAZ 2013, 301 (303); Staudinger/*Hausmann* (2013) Rn. 39; Bamberger/Roth/*Mäsch* Rn. 36; *Looschelders* IPR Rn. 10; Erman/*Hohloch* Rn. 6; Palandt/*Thorn* Rn. 6.

[35] Zum TSG Spickhoff/*Spickhoff* TSG; *Augstein* TSG, 2012; zur kollisionsrechtlichen Problematik vgl. *v. Bar* IPR II Rn. 10–12; *Kegel/Schurig* IPR § 17 I 3.

[36] EGMR NJW-RR 2004, 289 – Goodwin.

[37] BayObLG FGPrax 2004, 71; OLG Frankfurt a. M. StAZ 2005, 73.

[38] BVerfGE 116, 243 = NJW 2007, 900 = FamRZ 2007, 271 f. mAnm *Scherpe* = StAZ 2007, 9 mAnm *Roth* = JZ 2007, 409 mAnm *Pawlowski*; vgl. auch *Röthel* IPRax 2007, 204.

[39] Zust. (und de lege ferenda für das Aufenthaltsprinzip) Bamberger/Roth/*Mäsch* Rn. 37; vgl. zur Durchbrechung des Staatsangehörigkeitsprinzips auch Art. 14 Abs. 1 Nr. 2 und Art. 17b sowie *Rauscher*, FS Jayme, Bd. I, 2004, 719 ff.

[40] Bamberger/Roth/*Mäsch* Rn. 55.

[41] Bamberger/Roth/*Mäsch* Rn. 38; *v. Bar* IPR II Rn. 13.

[42] *v. Bar* IPR II Rn. 28; *Kirchhoff*, Rechtsfolgenstatut der beschränkten Geschäftsfähigkeit, 2004, 43, 121.

[43] Vgl. *v. Bar* IPR II Rn. 40; *Hausmann* in Reithmann/Martiny IntVertragsR Rn. 7.937.

gebenden Rechts an die **Staatsangehörigkeit**[44] an. Bei Doppelstaatern genügt zur Anwendung des deutschen Rechts, dass eine Staatsangehörigkeit die deutsche ist. Sie muss nicht die effektive Staatsangehörigkeit sein (Art. 5 Abs. 1 S. 2). Auf die effektive Staatsangehörigkeit kommt es dagegen an, wenn der Betreffende Angehöriger mehrerer ausländischer Staaten ist. Für **Staatenlose,** Flüchtlinge und Asylanten wird das Heimatrecht durch das Wohnsitzrecht bzw. das Recht des gewöhnlichen, hilfsweise des schlichten Aufenthalts ersetzt (Art. 5 Abs. 2 sowie → Anh. I Art. 5 und → Anh. II Art. 5).

35 **b) Rück- und Weiterverweisung.** Verweist das **Personalstatut** auf das deutsche Recht zurück,[45] so beurteilt sich nach Art. 4 Abs. 1 S. 2 die **Geschäftsfähigkeit** nach **deutschem Sachrecht.** Entsprechendes gilt nach allgemeiner Auffassung auch für die Weiterverweisung durch das Personalstatut auf ein anderes Recht (näher → Art. 4 Rn. 96 ff.).[46] Rück- und Weiterverweisung kommen vor allem in Betracht, wenn das Heimatrecht die Frage der Geschäftsfähigkeit anders qualifiziert und sie zB dem Wirkungsstatut, also dem auf das Rechtsgeschäft anzuwendenden Recht, oder dem Recht des gewöhnlichen Aufenthalts oder Wohnsitzes unterstellt.

36 **c) Ordre public.** Rechtsvergleichend ist eine internationale Tendenz zur Einebnung des Eintritts der Volljährigkeit mit Vollendung des 18. Lebensjahres zu verzeichnen. Gleichwohl kann die Anwendung einer **vom deutschen Recht abweichenden Altersgrenze** für die Geschäftsfähigkeit nach oben oder unten jedoch nicht per se als Verstoß gegen den deutschen ordre public angesehen werden. Ein ordre public-Verstoß ist auch hier **nur in Ausnahmefällen** zu bejahen.[47] Er liegt zB nahe, wo eine Rechtsordnung unterschiedliche Altersgrenzen für die volle oder die beschränkte Geschäftsfähigkeit festsetzt, und die Differenzierung auf Grund **gleichheitswidriger Kriterien** (Geschlecht, Religionszugehörigkeit, etc) erfolgt. Auch solche Fälle dürften aber selten sein (→ Rn. 68).

37 **3. Reichweite des Geschäftsfähigkeitsstatuts.** Was unter Geschäftsfähigkeit zu verstehen ist, muss das deutsche Kollisionsrecht bestimmen. Angesichts der häufigen Möglichkeit, fremdes Recht anwenden zu müssen, werden entsprechend der vorherrschenden funktionalen Qualifikation (→ Einl. IPR Rn. 108 ff.) **alle ausländischen Rechtsfiguren mit gleichartigem Ordnungszweck** erfasst. Maßgeblich sind daher die Funktionen der Geschäftsfähigkeit; auf die rechtstechnische Entsprechung mit den Normen des deutschen Sachrechts (§§ 104 ff. BGB) kommt es nicht an.[48]

38 **a) Grundsatz.** Die Geschäftsfähigkeit iS des Art. 7 betrifft die **allgemeine Zulassung** einer natürlichen Person **zum aktiven Handeln im Rechtsverkehr** (→ Rn. 4)[49] bzw. die allgemeine Fähigkeit, durch Rechtsgeschäfte oder Rechtshandlungen Rechtswirkungen herbeizuführen.[50] Diese Regeln begründen den Status der Person und gelten unabhängig von einem jeweiligen Rechtsgeschäft. Das kollisionsrechtlich, dh räumlich am besten geeignete Recht, über die allgemeine Zulassung eines Menschen zum Rechtsverkehr zu entscheiden, ist nicht das Recht, das das einzelne Rechtsgeschäft beherrscht, sondern das Recht, mit dem die Person am engsten räumlich verbunden ist.[51] Deshalb bestimmt ihr Personalstatut nach Art. 7 S. 1 über ihre Geschäftsfähigkeit. Danach unterfallen Art. 7 die Regeln über die **Mündigkeit,** dh die Altersgrenzen und Altersstufen und die mit ihnen verbundene (teilweise oder beschränkte) Geschäftsfähigkeit, und ihre Erweiterung durch **Emanzipation** und wegen Art. 7 Abs. 1 S. 2 auch ihre Erweiterung durch **Eheschließung.**

39 Dagegen bleibt das jeweilige Wirkungsstatut maßgeblich für **besondere Geschäftsfähigkeiten,** deren Geltungsbereich auf ein bestimmtes Gebiet bzw. Rechtsgeschäft beschränkt ist, wie zB die

---

[44] BGH NJW 2004, 1315 (1316) = IPRspr. 2004 Nr. 29 = JA 2004, 591 mAnm *Staake.*

[45] Vgl. KG OLGE 9, 43; KG IPRspr. 1929 Nr. 88; KG IFG 20, 171 (180); BayObLGZ 1963, 35 (39).

[46] Vgl. ferner Soergel/*Kegel* Rn. 21; Staudinger/*Hausmann* (2013) Rn. 21 f.

[47] KG JFG 20, 171 (179): kein Verstoß gegen den deutschen ordre public bei Eintritt der Volljährigkeit mit 15 Jahren. Die Frage des ordre public wurde gar nicht aufgeworfen, obwohl nach deutschem Recht damals die Volljährigkeit mit 21 Jahren eintrat. OLG Köln FamRZ 1997, 1240: Eine Zehnjährige galt nach Art. 1210 iran. ZGB als volljährig. Sie in Deutschland als volljährig zu behandeln, sah das Gericht als Verstoß gegen den deutschen ordre public an.

[48] Bamberger/Roth/*Mäsch* Rn. 17; Erman/*Hohloch* Rn. 8; Staudinger/*Hausmann* (2013) Rn. 40.

[49] *Lipp,* FS Kühne, 2009, 765 ff. (772 ff.); ähnlich *Kirchhoff,* Rechtsfolgenstatut der beschränkten Geschäftsfähigkeit, 2004, 42.

[50] So etwa die Definition in der 5. Aufl. 2010, Rn. 21 *(Birk);* ebenso NK-BGB/*Schulze* Rn. 16; Erman/*Hohloch* Rn. 8; Staudinger/*Hausmann* (2013) Rn. 40; ähnlich Bamberger/Roth/*Mäsch* Rn. 17; *Looschelders* IPR Rn. 13.

[51] Vgl. *Kühne,* IPR-Gesetz-Entwurf, 1980, 64; *Kegel/Schurig* IPR § 17 I 2a, § 13 II 3; *Lüderitz* in Lauterbach, Vorschläge und Gutachten zur Reform des deutschen internationalen Personen- und Sachenrechts, 1972, 41.

Ehemündigkeit und Ehegeschäftsfähigkeit oder die Testierfähigkeit (→ Rn. 63 ff.). Nicht erfasst wird auch die **Deliktsfähigkeit,** die dem Deliktsstatut unterliegt (→ Art. 40 Rn. 40).[52]

b) Beschränkung der Geschäftsfähigkeit durch Staatsakt, „natürliche Geschäftsunfähig- 40 keit". Die hM will darüber hinaus neben den oben (→ Rn. 38) dargestellten Fällen auch die **Entmündigung** und andere Beschränkungen der Geschäftsfähigkeit durch Staatsakt[53] sowie die sog „natürliche Geschäftsunfähigkeit" iS der **§§ 104 Nr. 2, 105 Abs. 1 BGB**[54] dem Personalstatut unterstellen. Obgleich sie das Gesetz nicht als „Geschäftsunfähigkeit" bezeichnet, werden die **Fälle des § 105 Abs. 2 BGB** von manchen ebenfalls hierzu gezählt.[55] Teilweise wird auch die **Ausnahmeregelung nach § 105a BGB** dem Personalstatut unterstellt.[56] Die Anwendung des Personalstatuts auf all diese Fälle ist aus folgenden Gründen **abzulehnen:**

Ob das deutsche BGB diese Regelungen als solche der Geschäftsfähigkeit bezeichnet (wie zB 41 § 104 Nr. 2 BGB) oder nicht (wie zB im Falle des § 105 Abs. 2 BGB und auch des § 1903 BGB), ist nach allgemeiner Ansicht für die Zuordnung zu Art. 7 nicht ausschlaggebend. Entscheidend sind vielmehr die **Ratio des Art. 7** und die **funktionelle Qualifikation** der Regelungen auch des deutschen Rechts (→ Rn. 37).

Eine **Beschränkung der Geschäftsfähigkeit durch Staatsakt** kennt das deutsche Recht seit 42 der Abschaffung der Entmündigung durch das BtG zum 1.1.1992 nur noch in Gestalt der Anordnung eines Einwilligungsvorbehalts nach § 1903 BGB durch das Betreuungsgericht. Sie kann nie isoliert erfolgen, sondern setzt zwingend eine Betreuung voraus. Das Kollisionsrecht hat diese Reform mit vollzogen: Art. 8 ist gestrichen worden; nunmehr regelt Art. 24 alle Fragen der Betreuung. Die Beschränkung der Geschäftsfähigkeit durch eine behördliche oder gerichtliche Entscheidung entspricht funktionell der Anordnung eines deutschen Einwilligungsvorbehalts. Sie ist kollisionsrechtlich als **Maßnahme der Betreuung iS des Art. 24** zu qualifizieren.[57] Das gilt auch für alle Formen der Entmündigung. Sie sind daher nicht nach Art. 7, sondern nach Art. 24 zu beurteilen (→ Rn. 89; → Art. 24 Rn. 18 ff.).

Bei der **„natürlichen" Geschäftsunfähigkeit** im umfassend verstandenen Sinne, dh bei den Rege- 43 lungen der § 104 Nr. 2 BGB, § 105 Abs. 1 BGB, § 105 Abs. 2 BGB und § 105a BGB, macht die hL selbst für den praktisch bedeutsamsten Fall eine Ausnahme: Die Rückabwicklung eines nach dem Personalstatut unwirksamen Vertrages soll sich nicht dem dem Personalstatut, sondern nach dem Vertragsstatut richten (→ Rn. 57). Voraussetzungen und Rechtsfolgen lassen sich jedoch nicht trennen; die Anwendung zweier unterschiedlicher Rechtsordnungen führt zu einer unnötigen und sachlich nicht gerechtfertigten dépeçage. Die „natürliche Geschäftsunfähigkeit" ist vielmehr insgesamt, dh in ihren Voraussetzungen und in ihren Rechtsfolgen nach dem **Wirkungsstatut** zu beurteilen,[58] denn bei ihr geht es allein um die Wirksamkeit eines ganz bestimmten einzelnen Rechtsgeschäfts.[59] Das gilt nicht nur für § 105 Abs. 2 BGB[60] und für § 105a BGB,[61] sondern auch für den Fall des § 104 Nr. 2 BGB. Zwar setzt diese Regelung eine dauerhafte psychische Störung voraus, doch betrifft auch diese Form der Geschäftsunfähigkeit nur die Wirksamkeit eines bestimmten einzelnen Rechtsgeschäfts (§ 105 Abs. 1 BGB) und nicht den Status des Betroffenen. Art. 7 beruft das Personalstatut, weil und soweit es um die allgemeine Zulassung

---

[52] *Siehr* IPR § 15 IV; *Staudinger/Hausmann* (2013) Rn. 71.

[53] Staudinger/*Hausmann* (2013) Rn. 40; *Looschelders* IPR Rn. 13; PWW/*Mörsdorf-Schulte* Rn. 9; dagegen NK-BGB/*Schulze* Rn. 25 f. (Art. 24); unklar Bamberger/Roth/*Mäsch* Rn. 24; Palandt/*Thorn* Rn. 3.

[54] BayObLGZ 2002, 189 (198) = NJW 2003, 216 (218): „natürliche Geschäftsunfähigkeit" bei Ausschlagung einer Erbschaft; *Kirchhoff,* Rechtsfolgenstatut der beschränkten Geschäftsfähigkeit, 2004, 43 ff.; *Kegel/Schurig* IPR § 17 V 1; NK-BGB/*Schulze* Rn. 16; Staudinger/*Hausmann* (2013) Rn. 50; wohl auch (Das Personalstatut entscheide über geistige Gesundheit als Voraussetzung der Geschäftsfähigkeit) Erman/*Hohloch* Rn. 9; *Looschelders* IPR Rn. 13; PWW/*Mörsdorf-Schulte* Rn. 9; Palandt/*Thorn* Rn. 3; Bamberger/Roth/*Mäsch* Rn. 21; zu Österreich vgl. OGH IPRax 2013, 447 (448 f.) mAnm *Spellenberg* IPRax 2013, 466.

[55] NK-BGB/*Schulze* Rn. 16; aA (Wirkungsstatut) *Kegel/Schurig* IPR § 17 V 1; RGRK-BGB/*Wengler* VI/1 § 20c Rn. 43; meist werden die Fälle des § 105 Abs. 2 BGB jedoch überhaupt nicht erwähnt, vgl. etwa Staudinger/*Hausmann* (2013) Rn. 50 f.

[56] Dafür Staudinger/*Hausmann* (2013) Rn. 51; NK-BGB/*Schulze* Rn. 16; dagegen (Wirkungsstatut) Bamberger/Roth/*Mäsch* Rn. 29; → Rn. 43.

[57] *Oelkers,* Internationales Betreuungsrecht, 1995, 214 ff.; *Nitzinger,* Das Betreuungsrecht im IPR, 1998, 70 ff.; *Oberhammer/Graf/Slonina* ZfRV 2007, 133 (140 ff.); Staudinger/*Hausmann* (2013) Rn. 152; anders wohl Staudinger/*v. Hein* (2014) Art. 24 Rn. 12; nicht behandelt wird die Frage bei Erman/*Hohloch* Art. 24 Rn. 11; Palandt/*Thorn* Art. 24 Rn. 3 ff. und Anh. Rn. 2.

[58] *Lipp,* FS Kühne, 2009, 765 ff. (772 ff.); ebenso für die Fälle des § 105 Abs. 2 BGB *Kegel/Schurig* IPR § 17 V 1; RGRK-BGB/*Wengler* VI/1 § 20c; für § 105a BGB auch Bamberger/Roth/*Mäsch* Rn. 29.

[59] Zutr. *Kegel/Schurig* IPR § 17 V 1.

[60] Ebenso *Kegel/Schurig* IPR § 17 V 1; RGRK-BGB/*Wengler* VI/1 § 20c.

[61] Ebenso Bamberger/Roth/*Mäsch* Rn. 29.

zum aktiven Handeln im Rechtsverkehr geht (→ Rn. 38). Erfasst eine Regelung nicht die allgemeine Zulassung zum Rechtsverkehr, sondern ausschließlich die Wirksamkeit eines bestimmten Rechtsgeschäfts, ist nicht der Status der Person, sondern allein dieses Rechtsgeschäft betroffen. Kollisionsrechtlich ist daher das Recht maßgeblich, dem dieses Rechtsgeschäft untersteht, dh das Wirkungsstatut. Das ist für die besonderen Geschäftsfähigkeiten wie zB die Testierfähigkeit oder die Ehemündigkeit bzw. Ehegeschäftsfähigkeit ebenso anerkannt wie für die Deliktsfähigkeit (→ Rn. 39), gilt aber aus demselben Grund auch für die „natürliche Geschäftsunfähigkeit".

44   **c) Erfordernis, Grad und Zeitpunkt der Geschäftsfähigkeit.** Die Zulassung zum Rechtsverkehr ist aber nicht nur Ausdruck des Status der Person, sondern zugleich **Voraussetzung eines wirksamen Rechtsgeschäfts** bzw. einer wirksamen Rechtshandlung. Soweit die Geschäftsfähigkeit nach den oben dargelegten Grundsätzen dem Personalstatut unterliegt, stellt sich daher die Frage nach der **Abgrenzung des Personalstatuts vom Wirkungsstatut**.

45   Im Hinblick auf die **Anforderungen** an die Geschäftsfähigkeit lautet die übliche Antwort, dass das Vertragsstatut bestimme, **ob Geschäftsfähigkeit erforderlich** sei und zu welchem **Zeitpunkt** sie vorliegen müsse, während das Personalstatut darüber entscheide, ob sie vorliege (hM).[62] Manche wollen dies auch auf den erforderlichen **Grad** der Geschäftsfähigkeit erstrecken,[63] was die hM jedoch ablehnt.[64]

46   Alle drei Fragen sind richtigerweise nach dem **Personalstatut** zu beantworten, denn das Personalstatut entscheidet über die allgemeine Zulassung zur aktiven Teilnahme am Rechtsverkehr. Nach dem Personalstatut ist deshalb zu beurteilen, **ob** diese Zulassung den Abschluss eines bestimmten Vertrages oder die Vornahme eines bestimmten Rechtsgeschäfts umfasst, **welche** Voraussetzungen erfüllt sein müssen und **wann** diese erfüllt sind. Es spielt deshalb keine Rolle, welche Anforderungen das Wirkungsstatut seinerseits in diesem Falle an die Zulassung zum Rechtsverkehr stellen würde, ob sie weitergehend oder geringer sind als diejenigen des Personalstatuts. Entscheidend ist allein, ob die betreffende Person nach ihrem **Personalstatut** in der Lage ist, dieses **konkrete Rechtsgeschäft selbständig** vorzunehmen.[65] Deshalb können sechsjährige deutsche Kinder Rechtsgeschäfte nur nach Maßgabe der §§ 104 ff. BGB vornehmen. Es kommt daher nicht darauf an, ob das Wirkungsstatut nur geringere Anforderungen an den Grad der Geschäftsfähigkeit stellt oder ob es ganz auf sie verzichtet.[66] Wenn die hM nur ersteres dem Personalstatut unterstellt, aber letzteres dem Wirkungsstatut überlässt, geht dies am Kern des Art. 7 vorbei. Danach entscheidet das Personalstatut und nicht das Wirkungsstatut über den Minderjährigenschutz.[67] Das Wirkungsstatut bestimmt also weder über die Notwendigkeit der statusbedingten Geschäftsfähigkeit noch über ihren erforderlichen Grad oder den Zeitpunkt, an dem sie erfüllt sind. Diese Fragen richten sich ausschließlich nach dem Personalstatut, und zwar in jeder Hinsicht.

47   Hinsichtlich des **Zeitpunkts** ist jedoch eine **Differenzierung** nötig: Das Personalstatut entscheidet zwar, wann seine Voraussetzungen erfüllt sein müssen bzw. erfüllt sind. Soweit es aber um die Frage geht, zu welchem Zeitpunkt das jeweilige Rechtsgeschäft vorgenommen ist, bleibt das Wirkungsstatut maßgebend.

48   **d) Volljährigkeit, Altersstufen und Teilmündigkeiten.** Unter drei Aspekten gewinnt die Frage der Voraussetzungen der Geschäftsfähigkeit Bedeutung:
a)   hinsichtlich des Volljährigkeitsalters und der Abstufungen der Geschäftsfähigkeit Minderjähriger,
b)   bezüglich des Kreises der Rechtsgeschäfte, die ein Minderjähriger selbständig tätigen kann (Teilmündigkeit, Generalkonsens usw) und
c)   des maßgeblichen Zeitpunkts für ihr Vorliegen.

49   **aa) Stufen der allgemeinen Geschäftsfähigkeit.** Das Personalstatut entscheidet darüber, wann die **volle Geschäftsfähigkeit** eintritt (Volljährigkeit, **Mündigkeit**) sowie über **Abstufungen der**

---

[62] *Baetge* IPRax 1996, 185 f.; *v. Bar* IPR II Rn. 38; Staudinger/*Hausmann* (2013) Rn. 55; Bamberger/Roth/*Mäsch* Rn. 20; Palandt/*Thorn* Rn. 5; ebenso BayObLGZ 2002, 189 (198) = NJW 2003, 216 (218) für die Geschäftsfähigkeit bei der Ausschlagung der Erbschaft, dh für das Verhältnis des Erbstatuts als Wirkungsstatut zum Personalstatut. In der Sache ging es freilich nicht um die statusbedingte, sondern um die „natürliche" Geschäftsunfähigkeit.

[63] AG Hildesheim IPRspr. 1971 Nr. 94; *Kegel/Schurig* IPR § 17 I 2a; Palandt/*Thorn* Rn. 5.

[64] Vgl. *v. Bar* IPR II Rn. 39; Soergel/*Kegel* Rn. 8; Bamberger/Roth/*Mäsch* Rn. 20; Staudinger/*Hausmann* (2013) Rn. 59; *Hausmann/Odersky*, IPR in der Notar- und Gestaltungspraxis, 3. Aufl. 2017, § 4 Rn. 6, 24, 40 f.

[65] Zutr. *v. Bar* IPR II Rn. 39; Staudinger/*Hausmann* (2013) Rn. 59; *Hausmann/Odersky*, IPR in der Notar- und Gestaltungspraxis, 3. Aufl. 2017, § 4 Rn. 40 f.; *Kirchhoff*, Rechtsfolgenstatut der beschränkten Geschäftsfähigkeit, 2004, 49 ff. Die Formulierung geht zurück auf Staudinger/*Raape* (1931) Art. 7 EGBGB Anm. A VI 2b.

[66] Ebenso *Kirchhoff*, Rechtsfolgenstatut der beschränkten Geschäftsfähigkeit, 2004, 51 ff.

[67] So das zutr. Argument von *v. Bar* IPR II Rn. 39 gegen eine Bestimmung des erforderlichen Grades der Geschäftsfähigkeit durch das Wirkungsstatut.

Geschäftsfähigkeit Minderjähriger und ihre Voraussetzungen.[68] Während das deutsche Recht unterhalb der Grenze von 18 Jahren zwei Stufen nach formalen Alterskriterien bildet (bis zum vollendeten 7. Lebensjahr; vom 7. bis zum vollendeten 18. Lebensjahr), stellt etwa das englische Recht allein auf die Einsichtsfähigkeit des noch nicht Achtzehnjährigen ab.[69] Manche Rechtsordnungen lassen die Volljährigkeit und die mit ihr verbundene volle Geschäftsfähigkeit erst später eintreten.[70]

Das Personalstatut entscheidet auch darüber, ob der Minderjährige das jeweilige Geschäft nur **mit** 50 **Zustimmung seines gesetzlichen Vertreters,** des Sorgeberechtigten oder eines anderen Dritten vornehmen kann. Wer gesetzlicher Vertreter oder Sorgeberechtigter ist, entscheidet jedoch das dafür maßgebliche Recht (→ Rn. 61).

bb) Kreis der selbständigen Rechtsgeschäfte. Ebenfalls nach dem **Personalstatut** wird die 51 **Teilgeschäftsfähigkeit** bzw. **Teilmündigkeit**[71] beurteilt, dh ob ein Minderjähriger eine bestimmte Art von Rechtsgeschäften kraft Gesetzes oder privaten Akts (Ermächtigung) selbständig vornehmen kann und insofern als voll geschäftsfähig zu gelten hat. Zur Emanzipation → Rn. 71 ff.

Ebenfalls nach dem Personalstatut zu beurteilen sind Regelungen, die funktional den Vorschriften 52 des § 110 BGB („Taschengeldparagraf"), des § 112 BGB (selbständiger Betrieb eines Erwerbsgeschäfts) und des § 113 BGB (Arbeits- und Dienstverhältnisse) entsprechen und an einen **Generalkonsens** der sorgeberechtigten Eltern anknüpfen.[72] Zur Abgrenzung vom Statut der gesetzlichen Vertretung → Rn. 60 f.

e) Erweiterung der Geschäftsfähigkeit durch Eheschließung (Abs. 1 S. 2). Gegenüber der 53 alten Fassung enthält Art. 7 Abs. 1 einen neuen S. 2, in welchem die Erweiterung der Geschäftsfähigkeit durch Eheschließung (zB „Heirat macht mündig") nicht dem Recht der persönlichen Ehewirkungen nach Art. 14, sondern dem **Personalstatut** des betreffenden Ehegatten unterworfen wird. Für einen wenig relevanten Sachverhalt ordnet der Gesetzgeber somit eine bestimmte Qualifikation an.[73] Die praktische Bedeutung dieser Vorschrift dürfte gering sein.[74]

Voraussetzung für die Anwendung von Art. 7 Abs. 1 S. 2 ist, dass der Ehegatte nicht die volle 54 Geschäftsfähigkeit besitzt. Art. 7 Abs. 1 S. 2 erfasst dabei sowohl den Fall, dass durch die Eheschließung die volle Geschäftsfähigkeit erlangt wird („Heirat macht mündig") als auch den Fall einer Erweiterung, die vor der umfassenden Geschäftsfähigkeit halt macht. Als **Rechtsfolge** dieser Vorschrift werden die Einwirkungen der Ehe auf die Geschäftsfähigkeit zwei verschiedenen Rechten unterworfen: Die Erweiterungen ergeben sich aus dem Personalstatut (Art. 7 Abs. 1 S. 2), die Einschränkungen – soweit noch zulässig (→ Rn. 36) – aus dem Ehewirkungs- oder Güterrechtsstatut (Art. 14, 15). Das erscheint in der Sache wenig sinnvoll.

f) Folgen mangelnder Geschäftsfähigkeit. Fehlt für die Vornahme eines Rechtsgeschäfts die 55 Geschäftsfähigkeit, so können sich in den einzelnen Rechtsordnungen daraus recht unterschiedliche Rechtsfolgen ergeben. Wenn **Geschäftsfähigkeitsstatut und Wirkungsstatut** hier **nicht die gleichen Rechtsfolgen** (zB Nichtigkeit oder bloß Vernichtbarkeit) eintreten lassen, ist es auch von praktischem Interesse, welche der beiden Rechtsordnungen über diese Frage entscheidet.

Die **hM** ist der Auffassung, dass die Folgen mangelnder Geschäftsfähigkeit nicht nach dem Wir- 56 kungsstatut, sondern nach dem **Personalstatut** zu beurteilen sind.[75] Das ist zutreffend, denn man

---

[68] Palandt/*Thorn* Rn. 3; Soergel/*Kegel* Rn. 7; Staudinger/*Hausmann* (2013) Rn. 45, 56; *Junker* IPR Rn. 299; *Rauscher* IPR Rn. 615.

[69] Vgl. *Menold-Weber,* Verträge Minderjähriger und ihre Rückabwicklung im englischen Recht, 1991, 104; *Wohlgemuth* RIW 1980, 759 (763 f.).

[70] Vgl. Staudinger/*Hausmann* (2013) Anh. Art. 7 Länderübersicht zu Volljährigkeit, beschränkter bzw. Teil-Geschäftsfähigkeit und vorzeitiger Mündigkeit.

[71] *Pagenstecher* RabelsZ 15 (1949/50), 189; Palandt/*Thorn* Rn. 3; Staudinger/*Hausmann* (2013) Rn. 46 ff.; Bamberger/Roth/*Mäsch* Rn. 25; vgl. auch AG Moers IPRspr. 1997 Nr. 5 = DAVorm. 1997, 925.

[72] AG Moers IPRspr. 1997 Nr. 5 zu § 112 BGB; *v. Bar* IPR II Rn. 35; Erman/*Hohloch* Rn. 9; Bamberger/Roth/*Mäsch* Rn. 25, 27; Staudinger/*Hausmann* (2013) Rn. 46.

[73] Vgl. *Lüderitz* IPR Rn. 232.

[74] Vgl. etwa KG IPRspr. 1991 Nr. 10 = FamRZ 1991, 1456.

[75] OLG Hamm NJW-RR 1996, 1144 f.; KG IPRspr. 1929 Nr. 88 (obiter); *Spellenberg* IPRax 2013, 466 (467 f.); *Baetge* IPRax 1996, 185 (187); *Reithmann* DNotZ 1967, 232 (238); *Knauber,* Zur Reichweite des Art. 7 EGBGB, 1960, 69 f.; *Kirchhoff,* Rechtsfolgenstatut der beschränkten Geschäftsfähigkeit, 2004, 162 ff.; *v. Hoffmann/Thorn* IPR § 7 Rn. 8; *v. Bar* IPR II Rn. 43; Staudinger/*Hausmann* (2013) Rn. 88 ff.; *Hausmann* in Reithmann/Martiny IntVertragsR Rn. 7.944 f.; *Schippel,* Rechtsverkehr mit geschäftsunfähigen und beschränkt geschäftsfähigen Personen nach internem und internationalem deutschem Privatrecht, 1963, 13; *Hausmann/Odersky,* IPR in der Notar- und Gestaltungspraxis, 3. Aufl. 2017, § 4 Rn. 46 ff.; Erman/*Hohloch* Rn. 14; Palandt/*Thorn* Rn. 5; Soergel/*Kegel* Rn. 7; Staudinger/*Hausmann* (2013) Rn. 88 ff.; PWW/*Mörsdorf-Schulte* Rn. 9; anders – Wirkungsstatut – dagegen 5. Aufl. 2010, Rn. 36 (*Birk*); OLG Düsseldorf NJW-RR 1994, 755 = IPRax 1996, 199.

kann Status und Geschäftsfähigkeit einer Person nicht von den damit verbundenen rechtlichen Wirkungen trennen.[76] Der Umstand, dass jemand nach seinem Heimatrecht minderjährig ist, besagt für sich allein genommen noch nichts. Bedeutung erlangt er erst durch die konkreten Regeln dieser Rechtsordnung über Art, Umfang und Bedingungen seiner Zulassung zum Rechtsverkehr. Diese Regeln legen auch fest, wie dabei der Schutz des Minderjährigen einerseits und der Schutz des Verkehrs andererseits ausgestaltet sind. Ob der Vertrag nichtig, schwebend unwirksam oder anfechtbar ist, ob eine Klage erforderlich und wie eine Heilung möglich ist, entnimmt die hM deshalb zu Recht dem Personalstatut.

57   Ist danach ein Vertrag nach dem Heimatrecht unwirksam, will eine verbreitete Ansicht die **Rückabwicklung des unwirksamen Vertrages** dessen ungeachtet jedoch nach dem **Vertragsstatut** bestimmen.[77] Sie beruft sich dabei insbesondere auf Art. 10 Abs. 1 Rom I-VO, wonach alle Fragen des Vertragsschlusses und der Wirksamkeit des Vertrages dem Vertragsstatut unterliegen. Ist der Vertrag nach diesem Recht unwirksam, soll danach dasselbe Recht auch über die Rückabwicklung bereits ausgetauschter Leistungen entscheiden. Diese Vorschriften verhindern damit eine gesonderte Beurteilung der Rückabwicklung zB nach dem Bereicherungsstatut (vgl. Art. 10 Abs. 1 Rom II-VO bzw. Art. 38 Abs. 1) und wahren damit die Einheit des Vertragsstatuts für Grund und Folgen dieser Unwirksamkeit. Sie setzen jedoch voraus, dass sich die **Unwirksamkeit aus dem Vertragsstatut** ergibt. Folgt man der hier vertretenen Ansicht zum Anwendungsbereich des Art. 7 (→ Rn. 7 ff.), ist wie folgt zu **differenzieren:**[78]

58   Die **„natürliche Geschäftsunfähigkeit"** und vergleichbare Gründe für die Unwirksamkeit des Vertrages aufgrund des psychischen Zustands eines Vertragspartners (dh im deutschen Recht die § 104 Nr. 2 BGB, § 105 Abs. 1 BGB und § 105 Abs. 2 BGB) und ihre Rechtsfolgen unterliegen sowohl in ihren **Voraussetzungen** wie in ihren **Rechtsfolgen** dem **Vertragsstatut.**[79] Dazu gehört auch § 105a BGB, der damit nur bei deutschem Vertragsstatut anwendbar ist (ausführlich → Rn. 43).[80]

59   Bei der **statusbedingten Geschäftsunfähigkeit** (→ Rn. 38) beruht die Unwirksamkeit des Vertrages auf dem Personalstatut. Deshalb bestimmt dieses auch über die Rechtsfolgen. Das ist im Grundsatz allgemein anerkannt (→ Rn. 56). Das **Personalstatut** bestimmt deshalb auch über die **Rückabwicklung des Vertrages,**[81] denn die Einheit von Voraussetzungen und Rechtsfolgen fehlender Geschäftsfähigkeit muss hier ebenso gewahrt werden. Dem steht auch Art. 10 Abs. 1 Rom I-VO nicht entgegen, denn Fragen der Geschäftsfähigkeit werden von der Rom I-VO nicht erfasst (Art. 1 Abs. 2 lit. a Rom I-VO). Der Anwendungsbereich von Art. 10 Abs. 1 Rom I-VO erfasst deshalb die Rückabwicklung nicht, soweit diese als Frage der „Geschäftsfähigkeit" iS von Art. 1 Abs. 2 lit. a Rom I-VO anzusehen ist. Die Reichweite des für die „Geschäftsfähigkeit" maßgeblichen Personalstatuts und seine Abgrenzung vom Vertragsstatut wird dadurch bestimmt, wie das Personalstatut die von ihm geregelte allgemeine Zulassung zum aktiven Rechtsverkehr ausgestaltet und dabei den Schutz des Geschäftsunfähigen und den seines Vertragspartners regelt. Das umfasst alle vom Vertragsstatut abweichenden **besonderen Regelungen des Personalstatuts für Verträge Geschäftsunfähiger.** Unterwirft das Personalstatut die Rückabwicklung erbrachter Leistungen besonderen Vorschriften – was praktisch für alle europäischen Rechtsordnungen zutrifft, allerdings in durchaus unterschiedlicher Art und Weise[82] – müssen sie als Teil der Zulassungsregelung des Personalstatuts auch angewendet werden.[83] Nur soweit das Personalstatut keine derartigen Sondervorschriften aufstellt, bleibt das Vertragsstatut für die Rückabwicklung maßgeblich.

---

[76] *Savigny,* System des heutigen römischen Rechts VIII, 1849 (Neudruck 1974), § 362 S. 134 ff.; *v. Bar* IPR II Rn. 43 f.; *Baetge* IPRax 1996, 185 (186 f.); Bamberger/Roth/*Mäsch* Rn. 26.

[77] OLG Düsseldorf NJW-RR 1994, 755 = IPRax 1996, 199; *Baetge* IPRax 1996, 185 (187 f.); *Lorenz,* FS Zweigert, 1981, 199 (206 f.); *Hausmann* in Reithmann/Martiny IntVertragsR Rn. 7.945; Staudinger/*Hausmann* (2013) Rn. 92; Palandt/*Thorn* Rn. 5; Erman/*Hohloch* Rn. 15; Bamberger/Roth/*Mäsch* Rn. 29; *Hausmann/Odersky,* IPR in der Notar- und Gestaltungspraxis, 3. Aufl. 2017, § 4 Rn. 48; zu Österreich vgl. OGH IPRax 2013, 447 mAnm *Spellenberg* IPRax 2013, 466.

[78] Ausführlich *Lipp,* FS Kühne, 2009, 765 ff.

[79] Ebenso für § 105 Abs. 2 BGB *Kegel/Schurig* IPR § 17 V 1; RGRK-BGB/*Wengler* VI/1 § 20c.

[80] Ebenso Bamberger/Roth/*Mäsch* Rn. 29.

[81] Ebenso *Kirchhoff,* Rechtsfolgenstatut der beschränkten Geschäftsfähigkeit, 2004, 126 ff., 160, 162 ff.; *Fischer* IPRax 2002, 1 (3); *Degner* RIW 1983, 825 (829); *Bydlinski* ZfRV 2 (1961), 22 (30 f.); *Hoyer* ZfRV 12 (1971), 1 (8); *v. Bar* IPR II Rn. 44.

[82] Überblick bei *Heldrich/Steiner,* International Encyclopedia of Comparative Law, vol. IV, chapter 2, 2007, 13 ff.

[83] *v. Bar* IPR II Rn. 44; *Kirchhoff,* Rechtsfolgenstatut der beschränkten Geschäftsfähigkeit, 2004, 126 ff., 160, 162 ff.

g) Gesetzliche Vertretung. Das für die Geschäftsfähigkeit maßgebliche **Personalstatut** bestimmt **60** nicht nur darüber, ob ein Minderjähriger ein bestimmtes Geschäft selbständig vornehmen kann oder in seiner Geschäftsfähigkeit beschränkt ist, sondern auch, ob er es **mit Zustimmung seines gesetzlichen Vertreters** vornehmen kann bzw. ob es **durch seinen gesetzlichen Vertreter** vornehmen und dieser ihn dabei vertreten kann. Damit entscheidet das Personalstatut auch über die Zulässigkeit der gesetzlichen Vertretung bzw. ihren Ausschluss. Die sog Höchstpersönlichkeit eines Geschäfts, dh der Ausschluss der Stellvertretung, ist deshalb ebenfalls vom Personalstatut zu entscheiden.[84]

Wer gesetzlicher Vertreter ist und die **mit der gesetzlichen Vertretung zusammenhängenden** **61** **Fragen** entscheidet allerdings nicht das Geschäftsfähigkeitsstatut, sondern diejenige Rechtsordnung, welche die spezielle Beziehung zwischen dem Minderjährigen und seinem gesetzlichen Vertreter regelt, also das **Statut des Eltern-Kind-Verhältnisses** (Art. 21) bzw. der **Vormundschaft oder Pflegschaft** (Art. 24) bzw. die dafür einschlägigen internationalen Abkommen (zB das Haager MSA bzw. KSÜ oder ErwSÜ).[85] Das betrifft etwa die Befugnisse des gesetzlichen Vertreters,[86] die Möglichkeit des alleinigen Handelns oder des Selbstkontrahierens[87] oder die Notwendigkeit und Bedingungen einer behördlichen oder gerichtlichen Genehmigung.[88] Näher → Art. 21 Rn. 19; → Art. 24 Rn. 36 ff.

Da das Statut der gesetzlichen Vertretung über alle die mit ihr zusammenhängenden Fragen **62** entscheidet, geht es den entsprechenden Anforderungen des Personalstatuts vor, gleichgültig ob diese strenger oder milder sind. Aus rechtlicher Sicht gibt es deshalb **keine Konfliktregel** etwa in dem Sinne, dass die Voraussetzungen des strengeren Rechts zu erfüllen seien.[89] Sie zu erfüllen kann lediglich ein Gebot praktischer Klugheit sein.[90]

h) Besondere Geschäftsfähigkeiten – besondere rechtliche Handlungsfähigkeiten. In **63** manchen Fällen weicht eine Rechtsordnung für die Vornahme bestimmter Rechtsgeschäfte vom Erfordernis der allgemeinen Geschäftsfähigkeit zu Gunsten oder zu Lasten des Erklärenden ab und lässt solche Rechtsgeschäfte unter erleichterten oder nur unter erschwerten Voraussetzungen zu. Man spricht dann von besonderen Geschäftsfähigkeiten. Ihr Geltungsbereich ist auf ein bestimmtes Gebiet bzw. Rechtsgeschäft beschränkt. Sie betreffen nicht die allgemeine Zulassung zur aktiven Teilnahme am Rechtsverkehr und unterfallen daher nach allgM dem **Wirkungsstatut.**[91] Nicht erfasst wird auch die **Deliktsfähigkeit,** die dem Deliktsstatut unterliegt (→ Art. 40 Rn. 100).[92]

aa) Schuldrecht. Das deutsche Recht sieht in einigen Rechtsbereichen nicht nur besondere **64** Geschäftsfähigkeiten für bestimmte Rechtsgeschäfte vor, sondern enthält auch **besondere Kollisi-onsnormen,** zB für die **Wechsel- und Scheckfähigkeit** (Art. 91 WG, Art. 60 ScheckG).[93]

Die **Börsenterminfähigkeit** unterlag früher den besonderen Kollisionsnormen in §§ 53, 61 **65** BörsG (aF). Nachdem diese entfallen sind (vgl. §§ 37d ff. WpHG), unterliegt sie als besondere Geschäftsfähigkeit dem Wirkungsstatut.[94]

Die **Arbeitsvertragsfähigkeit** ist dagegen keine besondere Geschäftsfähigkeit; für sie gilt die **66** allgemeine Kollisionsnorm des Art. 7.

bb) Familien- und Erbrecht. Im Bereich des Familienrechts kommen besondere Geschäftsfä- **67** higkeiten vor als **Ehefähigkeit, Ehevertragsfähigkeit, Adoptionsfähigkeit**[95] und Fähigkeit zur

---

[84] Vgl. BGH NJW 1978, 1159 f.; *Wohlgemuth* RIW 1980, 759 (760); *v. Bar* IPR II Rn. 42; Staudinger/ *Hausmann* (2013) Rn. 95, 97; Palandt/*Thorn* Rn. 5; aA (Wirkungsstatut) Bamberger/Roth/*Mäsch* Rn. 30; Erman/ *Hohloch* Rn. 16; die dort angeführte Entscheidung BGH NJW 1992, 618 = JZ 1992, 579 betrifft jedoch nicht die gesetzliche Vertretung, vgl. dazu Anm. *v. Bar* JZ 1992, 581 f.
[85] RGZ 125, 265 (272); RG SA 86, 247 (248); OLG Köln ZUM 2001, 166 (170); LG Berlin II IPRspr. 1930 Nr. 86; Erman/*Hohloch* Rn. 10, 16; Palandt/*Thorn* Rn. 5; Soergel/*Kegel* Rn. 7; Staudinger/*Hausmann* (2013) Rn. 93 ff.; differenzierend *v. Bar* IPR II Rn. 42.
[86] BayObLGZ 1967, 443 (451); Soergel/*Kegel* Rn. 7; Staudinger/*Hausmann* (2013) Rn. 93.
[87] BayObLGZ 1967, 443 (451); Bamberger/Roth/*Mäsch* Rn. 30; Staudinger/*Hausmann* (2013) Rn. 93; aA (Personalstatut) *v. Bar* IPR II Rn. 42.
[88] RGZ 110, 173; Staudinger/*Hausmann* (2013) Rn. 93 ff.; Bamberger/Roth/*Mäsch* Rn. 30; aA (Personalsta-tut) BGH NJW 1978, 1159 f.; *v. Bar* IPR II Rn. 42.
[89] Ebenso Bamberger/Roth/*Mäsch* Rn. 30; *v. Bar* IPR II Rn. 42.
[90] Ebenso Staudinger/*Hausmann* (2013) Rn. 98.
[91] *v. Bar* IPR II Rn. 35 f.; Palandt/*Thorn* Rn. 3; Soergel/*Kegel* Rn. 8; *Looschelders* IPR Rn. 17; Bamberger/ Roth/*Mäsch* Rn. 31; Staudinger/*Hausmann* (2013) Rn. 61 ff.
[92] *Siehr* IPR § 15 IV; Staudinger/*Hausmann* (2013) Rn. 71.
[93] Vgl. Staudinger/*Hausmann* (2013) Rn. 72; *Looschelders* IPR Rn. 17; ungenau – „besondere Geschäftsfähig-keit" – Bamberger/Roth/*Mäsch* Rn. 31.
[94] Staudinger/*Hausmann* (2013) Rn. 74; Bamberger/Roth/*Mäsch* Rn. 31.
[95] Vgl. aber OLG Bremen FamRZ 2007, 930: über die Volljährigkeit des zu Adoptierenden entscheidet sein Heimatrecht gemäß Art. 7 Abs. 1; wie hier dagegen → Art. 22 Rn. 20.

Abgabe eines **Vaterschaftsanerkenntnisses**,[96] im Erbrecht als **Testierfähigkeit** (vgl. dazu Art. 26 Abs. 1 lit. a und Abs. 2 EuErbVO). Auch für diese besonderen Geschäftsfähigkeiten gilt das Wirkungsstatut, also etwa das Statut der Eheschließung, das Güterrechts-, Adoptions-, Anerkennungs- oder Erbstatut und nicht das Geschäftsfähigkeitsstatut. Es ist deshalb auf die Kommentierung der einschlägigen Kollisionsnormen zu verweisen. Das Geschäftsfähigkeitsstatut kommt nur zur Anwendung, wenn das Wirkungsstatut diese besondere Geschäftsfähigkeit von der allgemeinen Geschäftsfähigkeit abhängig macht. Dann ist diese nach Art. 7 zu bestimmen.[97]

68 Im Gegensatz zur Erweiterung der Geschäftsfähigkeit durch Eheschließung (Art. 7 Abs. 1 S. 2) bestimmt sich die Frage, ob die Fähigkeit zur Vornahme bestimmter Rechtsgeschäfte **infolge der Eheschließung beschränkt** ist, je nach Sachzusammenhang entweder nach dem Güterrechtsstatut (Art. 15) oder dem Statut der allgemeinen Ehewirkungen (Art. 14).[98] Das gilt richtigerweise auch für die Ehegattenbürgschaften, soweit es um besondere eherechtliche Beschränkungen geht (→ Art. 14 Rn. 92).[99] Der früher so häufig zitierte Fall der beschränkten Geschäftsfähigkeit der Ehefrau ist durch die Rechtsentwicklung weitgehend obsolet geworden.[100] Soweit eine ausländische Norm noch heute die Frau in dieser Hinsicht diskriminiert, verstößt ihre Anwendung gegen die grundrechtlich abgesicherte **Gleichberechtigung** und ist nach Art. 6 S. 2 zu behandeln.

69 **cc) Kaufmannseigenschaft.** Die Kaufmannseigenschaft einer Person ist nach deutschem Recht Anwendungsvoraussetzung des HGB und seiner besonderen Regeln für die Erleichterung gewisser zivilrechtlicher Rechtsgeschäfte (zB der Bürgschaft). Sie betrifft daher nicht die allgemeine Zulassung einer natürlichen Person zum aktiven Rechtsverkehr, sondern ob ein bestimmtes Rechtsgeschäft unter gewissen Voraussetzungen unter erleichterten Umständen abgeschlossen werden kann. Eine Sonderanknüpfung der Kaufmannseigenschaft an das Personalstatut ist daher sachlich nicht gerechtfertigt (heute allgM). Gleiches gilt jedoch auch für die Sonderanknüpfung an das Recht, das am Ort der gewerblichen Niederlassung herrscht.[101] Daher entscheidet das **Wirkungsstatut** darüber, wann und unter welchen Voraussetzungen der Abschluss eines solchen Rechtsgeschäfts ermöglicht wird.[102]

70 **i) Verfügungsmacht.** Ob jemand Verfügungsmacht über ein bestimmtes Recht besitzt, stellt **keine Frage der Geschäftsfähigkeit** dar. Fehlt die Verfügungsmacht, so bedeutet dies einen Mangel an Recht, nicht aber an Geschäftsfähigkeit. Folglich bestimmt über die Reichweite der Verfügungsmacht nicht das Geschäftsfähigkeits-, sondern das **Wirkungsstatut** (allgM).[103] Auf Grund anderer rechtlicher Beziehungen (Güterrecht, Erbrecht, Insolvenzrecht), die nicht dem Wirkungsstatut unterliegen, kann freilich auch die Verfügungsmacht eingeschränkt sein.

71 **4. Emanzipation und Volljährigkeitserklärung.** Die **vorzeitige Erlangung**[104] der teilweisen oder vollen Geschäftsfähigkeit stellt eine von derjenigen Rechtsordnung zu entscheidende Frage dar, welche über die allgemeine Geschäftsfähigkeit befindet. Die meist erforderliche Mitwirkung und Einschaltung von Behörden oder Gerichten macht es notwendig, die Problematik der Rechtsanwendung durch diejenige der internationalen Entscheidungszuständigkeit sowie der Anerkennung ausländischer Entscheidungen über die Emanzipation und Volljährigkeitserklärung zu ergänzen.

72 Die vor allem im romanischen Rechtskreis verbreitete **Emanzipation** eines Minderjährigen bedeutet eine Vorstufe zur vollen Geschäftsfähigkeit. Die Minderjährigkeit wird in ihren rechtlichen Wirkungen gemildert, aber es erfolgt keine Volljährigkeitserklärung (vgl. etwa Art. 413-1 des französischen und des luxemburgischen Code civil). Die Emanzipation kann auf verschiedene Weise, nämlich ohne und mit behördlicher oder gerichtlicher Mitwirkung erfolgen, wobei letztere entweder nur beurkundenden oder aber rechtsgestaltenden Charakter hat.

---

[96] Näher dazu *Siehr* StAZ 1976, 356 ff.

[97] Bamberger/Roth/*Mäsch* Rn. 31.

[98] Staudinger/*Hausmann* (2013) Rn. 75 ff.

[99] Vgl. *Kegel/Schurig* IPR § 20 V 3; Staudinger/*Hausmann* (2013) Rn. 77; aA – Wirkungsstatut – BGH NJW 1977, 1011 mit abl. Anm. *Jochem* = JZ 1977, 438 mit abl. Anm. *Kühne;* OLG Köln RIW 1998, 148.

[100] Vgl. auch *G. Fischer,* Verkehrsschutz im internationalen Vertragsrecht, 1990, § 1 I 3, § 9 I 3.

[101] Für letzteres jedoch LG Hamburg IPRspr. 1957/59 Nr. 22; *Ebenroth* JZ 1988, 18 (19); *Hagenguth,* Die Anknüpfung der Kaufmannseigenschaft im Internationalen Privatrecht, Diss. München 1981; Palandt/*Thorn* Rn. 7.

[102] *Birk* ZVglRWiss. 79 (1980), 268 (281) Fn. 50; Erman/*Hohloch* Rn. 11; Staudinger/*Hausmann* (2013) Rn. 78; Bamberger/Roth/*Mäsch* Rn. 40; NK-BGB/*G. Schulze* Rn. 23; *Looschelders* IPR Rn. 19; ausf. *van Venrooy,* Die Anknüpfung der Kaufmannseigenschaft im deutschen IPR, 1985, 16 ff.

[103] *v. Bar* IPR II Rn. 779; Soergel/*Kegel* Rn. 8; Staudinger/*Hausmann* (2013) Rn. 80; Bamberger/Roth/*Mäsch* Rn. 34.

[104] *Hepting* FamRZ 1975, 451 ff.; *Hepting* ZBlJugR 1976, 149 ff.; Soergel/*Kegel* Rn. 16–19; Staudinger/*Hausmann* (2013) Rn. 136 ff.

Da die **Volljährigkeitserklärung** nur in ihren Wirkungen über die **Emanzipation** hinausgeht, **73** ansonsten aber zwischen beiden keine Wesensverschiedenheit besteht, sind im Folgenden beide kollisionsrechtlich gleich zu behandeln. Soweit daher im Folgenden von Emanzipation gesprochen wird, ist damit auch die Volljährigkeitserklärung gemeint.

Problematisch sind daher aus deutscher Sicht drei Konstellationen: (a) die Emanzipation oder **74** Volljährigkeitserklärung durch deutsche Gerichte und (b) die Anerkennung ausländischer behördlicher oder gerichtlicher Akte sowie (c) die Wirkung eines privaten Emanzipationsakts.

a) Emanzipation und Volljährigkeitserklärung im Inland. Sofern das maßgebliche Personal- **75** statut eine Emanzipation vorsieht, können deutsche Gerichte auf dessen Basis eine Emanzipation oder Volljährigkeit vornehmen. Insbesondere sollte man dies nicht wegen der Möglichkeit, in bestimmten Fällen einen Pfleger bestellen zu können, von vornherein ablehnen.[105]

aa) Internationale Zuständigkeit. Für eine Emanzipation kommt das **Familiengericht** als **76** Nachfolger des früher für die Volljährigkeitserklärung zuständigen Vormundschaftsgerichts (vgl. den 1974 aufgehobenen § 56 FGG) als sachlich zuständiges Gericht in Frage (vgl. §§ 23a, 23b GVG).[106] Eine unter Umständen die Zuständigkeit ausschließende wesensfremde (funktionsfremde) Tätigkeit liegt, wie sich aus der früher möglichen Volljährigkeitserklärung ergibt, nicht vor. Genauso wenig scheitert die internationale Zuständigkeit selbst am fehlenden Gleichlauf zwischen internationaler Zuständigkeit und anwendbarem Recht, da dieses Prinzip für das geltende Recht abzulehnen ist.

Die **internationale** und **örtliche Zuständigkeit** eines deutschen Familiengerichts bestimmt **77** sich entsprechend § 99 Abs. 1 FamFG, § 152 Abs. 2 FamFG nach dem **gewöhnlichen Aufenthalt** des Minderjährigen.[107]

bb) Anwendbares Recht. Als allgemeine Einschränkung (Emanzipation) oder Aufhebung (Voll- **78** jährigkeitserklärung) der Rechtswirkungen der Minderjährigkeit richtet sich diese nach dem **Personalstatut des Minderjährigen,** da es sich nicht um die Verleihung einer besonderen Geschäftsfähigkeit handelt.[108] Eine Emanzipation oder Volljährigkeitserklärung kommt also nur nach Maßgabe des Personalstatuts in Frage.

b) Emanzipation und Volljährigkeitserklärung im Ausland. aa) Durch ein Gericht oder **79** **Behörde.** Wurde eine Emanzipation im Ausland vorgenommen, stellt sich die Frage der Anerkennung einer ausländischen gerichtlichen oder behördlichen Entscheidung, soweit ein Gericht oder eine Behörde daran beteiligt war. Wie die frühere Volljährigkeitserklärung des deutschen Rechts zeigt, sind die entsprechenden ausländischen Akte als Akte der freiwilligen Gerichtsbarkeit zu qualifizieren. Die **Anerkennung** einer Emanzipation oder Volljährigkeitserklärung von ausländischen Gerichten oder Behörden richtet sich daher nach §§ 108, 109 Abs. 1 Nr. 1–4 FamFG (bzw. bis zum 1.9.2009 nach § 16a FGG).[109] Die Anerkennung erfolgt nach § 108 Abs. 1 FamFG kraft Gesetzes.

Umstritten ist, ob die Anerkennung einer ausländischen Emanzipation zu versagen ist, wenn ein **80** Doppelstaater zugleich die **deutsche Staatsangehörigkeit** besitzt. Das wird zum Teil mit der Begründung verneint, dass sich das ausländische Gericht nach deutscher Auffassung eine Zuständigkeit angemaßt hat, die ein deutsches Gericht im vorliegenden Fall gegenüber einem Deutschen gar nicht besitze.[110] Diese Auffassung ist jedoch heute mit dem Gesetz nicht vereinbar. Die Anerkennung richtet sich allein nach §§ 108, 109 FamFG. Die Anerkennungszuständigkeit ist danach zu bejahen, wenn der Doppelstaater im Emanzipationsstaat seinen gewöhnlichen Aufenthalt hatte; die deutsche Staatsangehörigkeit spielt insoweit keine Rolle. Und die Anwendung des aus deutscher Sicht „richtigen" Personalstatuts, nämlich des deutschen Rechts (Art. 5 Abs. 1 S. 2) ist keine Voraussetzung für die Anerkennung. Möglich ist nur eine Kontrolle anhand des deutschen ordre public; ein Verstoß dürfte jedoch allenfalls in Ausnahmefällen zu bejahen sein. Im Ergebnis ist daher die ausländische Emanzipation eines auch-deutschen Doppelstaaters regelmäßig anzuerkennen.[111]

---

[105] Dazu *Hepting* FamRZ 1975, 453; *Hepting* ZBlJugR 1976, 149 f.

[106] Vgl. Bamberger/Roth/*Mäsch* Rn. 47; zur früheren Rechtslage *Hepting* FamRZ 1975, 452.

[107] Ebenso AG Hamburg StAZ 1967, 301; Erman/*Hohloch* Rn. 27; Staudinger/*Hausmann* (2013) Rn. 141.

[108] AG Hamburg StAZ 1967, 301; AG Fürth ZBlJugR 1976, 169; AG Moers DAVorm 1997, 925; Staudinger/ *Hausmann* (2013) Rn. 139; Bamberger/Roth/*Mäsch* Rn. 24; Erman/*Hohloch* Rn. 26; unzutr. AG Hochheim StAZ 1966, 208 (lex fori).

[109] *Hepting* FamRZ 1975, 453 f.; Staudinger/*Hausmann* (2013) Rn. 133 ff.; Bamberger/Roth/*Mäsch* Rn. 48; NK-BGB/*Schulze* Rn. 24; Erman/*Hohloch* Rn. 29; zu Unrecht differenzierend nach der Form der Entscheidung (Urteil nach § 328 ZPO, Beschluss nach § 16a FGG) Soergel/*Kegel* Rn. 16; aA *Hausmann/Odersky,* IPR in der Notar- und Gestaltungspraxis, 3. Aufl. 2017, § 4 Rn. 33 (für eine Anerkennung sei die jeweils gestaltende Wirkung der Entscheidung im maßgebenden ausländischen materiellen Recht entscheidend).

[110] Erman/*Hohloch* Rn. 29.

[111] Bamberger/Roth/*Mäsch* Rn. 48; Staudinger/*Hausmann* (2013) Rn. 145.

81   Erfolgt die **Emanzipation durch einen Drittstaat** und nicht durch den Heimatstaat des Minderjährigen, kommt es ebenfalls allein auf die Anerkennung nach den §§ 108, 109 FamFG an.[112] Wie sich der Staat des Personalstatuts dazu stellt, ist hierfür gleichgültig. Zusätzlich die Anerkennungsfähigkeit nach dem Personalstatut zu verlangen, ist nicht nur nicht erforderlich,[113] sondern wegen §§ 108, 109 FamFG auch nicht zulässig.[114]

82   **bb) Durch Privatakt.** Beruht die Emanzipation nur auf einem privatrechtlichen Rechtsgeschäft, entscheidet darüber das **Personalstatut** des Minderjährigen gemäß Art. 7 Abs. 1. Die Frage der Anerkennung stellt sich dann nicht. Für die **Beurkundung** oder Beglaubigung durch staatliche Behörden gilt Art. 11.[115]

83   Im Falle eines **ausländisch-deutschen Minderjährigen** ist die Emanzipation durch Privatakt nach ausländischem Recht deshalb aus deutscher Sicht unwirksam, da sein Personalstatut nach Art. 7 Abs. 1 S. 1 und Art. 5 Abs. 1 S. 2 durch seine deutsche Staatsangehörigkeit bestimmt wird.[116]

84   Soweit für die Emanzipation indes zusätzlich eine **staatliche Genehmigung** erteilt wurde, richtet sich deren Anerkennung nach §§ 108, 109 FamFG entsprechend den eben dargestellten Grundsätzen (→ Rn. 79).[117]

85   **5. Beschränkungen der Geschäftsfähigkeit durch Staatsakt, Entmündigung. a) Entmündigung und Personalstatut.** Bei der Entmündigung handelt es sich um die nach Eintritt der vollen Geschäftsfähigkeit durch behördlichen oder gerichtlichen Akt herbeigeführte **nachträgliche Einschränkung oder Beseitigung** der Geschäftsfähigkeit. Daher hat man sie früher nach Art. 7 dem Personalstatut unterstellt.[118] Soweit deutsche Gerichte nach §§ 648a, 676 ZPO (aF) international zuständig waren, bestimmte das Personalstatut des Betroffenen Voraussetzungen und Folgen der Entmündigung. Ergänzend sah Art. 8 vor, dass deutsche Gerichte trotz ausländischem Personalstatut nach deutschem Recht entmündigen konnten bzw. mussten (näher → Art. 8 Rn. 1). Die Entmündigung ist durch das BtG zum 1.1.1992 abgeschafft worden. Seitdem kann die Geschäftsfähigkeit nach deutschem Recht nur noch durch die Anordnung eines Einwilligungsvorbehalts nach § 1903 BGB durch das Betreuungsgericht beschränkt werden. Das kann nie isoliert erfolgen, sondern setzt zwingend eine Betreuung voraus. Das Kollisionsrecht hat diese Reform mit vollzogen: Art. 8 ist gestrichen worden; nunmehr regeln Art. 24 bzw. das vorrangige Haager Erwachsenenschutzübereinkommen vom 13.1.2000 alle Fragen der Betreuung (→ Art. 24 Rn. 12 f., → ErwSÜ Art. 1–4 Rn. 8 ff., 20).

86   Gleichwohl wollen viele auch heute noch die **Beschränkung der Geschäftsfähigkeit** weiterhin Art. 7 unterstellen.[119] Das bedeutet zweierlei: Zum einen soll eine **Entmündigung durch deutsche Gerichte** grundsätzlich weiterhin möglich sein, wenn sein ausländisches Personalstatut dies vorsieht. Die überwiegende Auffassung lässt das freilich an Art. 6 scheitern. Im Ergebnis können deutsche Gerichte daher die Geschäftsfähigkeit nur in dem Umfang beschränken, den § 1903 BGB äußerstenfalls erlaubt.[120] Zum anderen wird die Anerkennung einer **ausländischen Entmündigung** in Deutschland vereinzelt auch heute noch von ihrer Anerkennung durch das nach Art. 7 berufene Personalstatut abhängig gemacht[121] oder ihre Wirkungen dem Personalstatut unterstellt.[122] Die Anwendung des Art. 7 ist jedoch in allen Varianten **abzulehnen.** Richtig ist vielmehr Folgendes:

87   **b) Anerkennung einer ausländischen Entmündigung.** Zur Anerkennung einer ausländischen Entmündigung und ihre Wirkungen im Inland → Art. 8 Rn. 4 ff. Im vorliegenden Zusammenhang geht es allein um die **Bedeutung des Art. 7** für die Anerkennung. Diese Frage ist zu verneinen.

---

[112] Anders (parallele Anerkennung durch Personalstatut und nach §§ 108, 109 FamFG) Staudinger/*Hausmann* (2013) Rn. 134 f., 144; Erman/*Hohloch* Rn. 29.
[113] Ebenso *Hepting* FamRZ 1975, 454; Staudinger/*Hausmann* (2013) Rn. 134, 144.
[114] Vgl. Bamberger/Roth/*Mäsch* Rn. 48; *Looschelders* IPR Rn. 20; PWW/*Mörsdorf-Schulte* Rn. 16; NK-BGB/ *G. Schulze* Rn. 24.
[115] Staudinger/*Hausmann* (2013) Rn. 143; Bamberger/Roth/*Mäsch* Rn. 49.
[116] Staudinger/*Hausmann* (2013) Rn. 143.
[117] Staudinger/*Hausmann* (2013) Rn. 143; Bamberger/Roth/*Mäsch* Rn. 49.
[118] Vgl. dazu Soergel/*Kegel* Anh. Art. 7 Rn. 3 f.; *Kirchhoff,* Rechtsfolgenstatut der beschränkten Geschäftsfähigkeit, 2004, 182 ff.
[119] *Looschelders* IPR Rn. 13; PWW/*Mörsdorf-Schulte* Rn. 9; Erman/*Hohloch* Art. 8 Rn. 2; ähnlich – Entmündigung nach Art. 7, Betreuung nach Art. 24 – Bamberger/Roth/*Mäsch* Rn. 24; Palandt/*Thorn* Rn. 3; aA – Art. 24 – Staudinger/*Hausmann* (2013) Rn. 151 f. (anders aber Rn. 40: Art. 7); NK-BGB/*Schulze* Rn. 26 (jedenfalls im Ergebnis Art. 24).
[120] *Looschelders* IPR Rn. 13; PWW/*Mörsdorf-Schulte* Rn. 9; Erman/*Hohloch* Art. 8 Rn. 2; Bamberger/Roth/ *Mäsch* Rn. 24, 50; Palandt/*Thorn* Rn. 3.
[121] Staudinger/*Hausmann* (2013) Rn. 163 f., der jedoch daneben die verfahrensrechtliche Anerkennung nach §§ 108, 109 FamFG zulassen will.
[122] *Kirchhoff,* Rechtsfolgenstatut der beschränkten Geschäftsfähigkeit, 2004, 202 ff.

Art. 22 ff. ErwSÜ bzw. §§ 108, 109 Abs. 1 Nr. 1–4 FamFG (bzw. vor dem 1.9.2009: § 16a FGG) legen die Voraussetzungen für die Anerkennung einer ausländischen Entmündigung und ihre Wirkungen abschließend fest. Das Kollisionsrecht und das von Art. 7 berufene Personalstatut haben danach **für die Voraussetzungen und Wirkungen der Anerkennung keine Bedeutung.**[123] Die Anerkennung setzt insbesondere nicht voraus, dass der deutsche Heimatstaat die Entmündigung als solche bzw. einen entsprechenden Entmündigungsgrund kennt[124] oder dass der ausländische Heimatstaat die Entmündigung ebenfalls anerkennt.[125] Beide Auffassungen entstammen dem früheren Recht[126] und sind mit den heutigen gesetzlichen Vorschriften unvereinbar. Gleiches gilt für die Wirkungen der ausländischen Entmündigung. Nach Art. 22 Abs. 1 ErwSÜ bzw. § 108 Abs. 1 FamFG werden die Wirkungen, die ihr im Ursprungsstaat zukommen, kraft Gesetzes auf den Anerkennungsstaat erstreckt (Wirkungserstreckung) (→ Art. 24 Rn. 87 f.).[127] Die Wirkungen der anerkannten ausländischen Entmündigung sind daher nach dem Recht des Entscheidungsstaats zu bestimmen (→ Art. 24 Rn. 87 f.).[128]

c) Entmündigung durch deutsche Gerichte. Eine Entmündigung durch deutsche Gerichte **88** ist heute weder bei deutschem noch bei ausländischem Personalstatut möglich. Das entspricht allgemeiner Auffassung und ist im Ergebnis zutreffend (→ Rn. 91).[129] Problematisch ist jedoch die Begründung dieses Ergebnisses. Richtig dürfte Folgendes sein:

Der **Ansatz bei Art. 7** wirft zum einen praktische Schwierigkeiten auf, weil dann Art. 7 und **89** Art. 24 nebeneinander anzuwenden wären. Entmündigungen müssten nach Art. 7 beurteilt werden, die einem Einwilligungsvorbehalt nach § 1903 BGB entsprechenden Beschränkungen der Geschäftsfähigkeit jedoch nach Art. 24. Zum anderen berücksichtigt dieser Ansatz das Gebot der funktionellen Qualifikation nicht ausreichend. Entmündigung und Einwilligungsvorbehalt beschränken beide gleichermaßen die Geschäftsfähigkeit. Sie unterscheiden sich daher nicht in ihrer Funktion, sondern nur in dem Ausmaß, in dem sie die Geschäftsfähigkeit beschränken. Jede Beschränkung der Geschäftsfähigkeit durch eine behördliche oder gerichtliche Entscheidung entspricht funktionell der Anordnung eines deutschen Einwilligungsvorbehalts. Sie ist kollisionsrechtlich als **Maßnahme der Betreuung iS des Art. 24** zu qualifizieren, und zwar auch dann, wenn sie weiter geht als dies nach § 1903 BGB möglich wäre.[130] Sie ist daher nicht nach Art. 7, sondern nach Art. 24 zu beurteilen (→ Art. 24 Rn. 18 ff.). Dafür spricht auch, dass eine Entmündigung **verfahrensrechtlich als Betreuungssache** zu qualifizieren ist und sich die internationale Zuständigkeit des Betreuungsgerichts nach § 104 FamFG richtet.[131] Eine Entmündigung nach ausländischem Recht geht jedoch in ihren Rechtsfolgen regelmäßig weit über das hinaus, was nach deutschem Betreuungsrecht maximal möglich ist. Sie beschränkt die rechtliche Handlungsfähigkeit des Betroffenen im Rechtsverkehr erheblich und stellt

---

[123] Bamberger/Roth/*Mäsch* Rn. 51; PWW/*Mörsdorf-Schulte* Rn. 16; Erman/*Hohloch* Art. 8 Rn. 3; NK-BGB/ *Schulze* Rn. 27; *Looschelders* IPR Rn. 21; *Kegel/Schurig* IPR § 17 I 2 S. 564; Soergel/*Kegel* Anh. Art. 7 Rn. 6, 12, 18; *v. Bar* IPR II Rn. 48; zur Anerkennung vor Inkrafttreten des BtG vgl. *Nitzinger,* Das Betreuungsrecht im IPR, 1998, 126 ff.

[124] So aber Erman/*Hohloch* Art. 8 Rn. 3; wie hier dagegen Soergel/*Kegel* Anh. Art. 7 Rn. 18; Staudinger/ *Hausmann* (2013) Rn. 161; Bamberger/Roth/*Mäsch* Rn. 52.

[125] Dafür Staudinger/*Hausmann* (2013) Rn. 133 ff., 163 f. (Anerkennung entweder nach §§ 108, 109 FamFG oder nach dem von Art. 7 berufenen Heimatrecht); wie hier dagegen *Kirchhoff,* Rechtsfolgenstatut der beschränkten Geschäftsfähigkeit, 2004, 200 ff.; *Oelkers,* Internationales Betreuungsrecht, 1995, 312 ff.; *Kegel/Schurig* IPR § 17 I 2; Bamberger/Roth/*Mäsch* Rn. 52; Erman/*Hohloch* Art. 8 Rn. 3; NK-BGB/*Schulze* Rn. 27; *Looschelders* IPR Rn. 21; Soergel/*Kegel* Anh. Art. 7 Rn. 12.

[126] Vgl. die Darstellungen bei *Nitzinger,* Das Betreuungsrecht im IPR, 1998, 264 ff., 312 ff.; *Oelkers,* Internationales Betreuungsrecht, 1995, 264 ff., 312 ff.

[127] Zu Art. 22 ErwSÜ → ErwSÜ Art. 22 Rn. 3; zu §§ 108, 109 FamFG Bamberger/Roth/*Mäsch* Rn. 52; Staudinger/*v. Hein* (2014) Art. 24 Rn. 86 ff.; vgl. allg. MüKoFamFG/*Rauscher* FamFG § 108 Rn. 18 ff.; *Prütting/ Helms/Hau* FamFG § 108 Rn. 10, jeweils mwN.

[128] Zu Art. 22 ErwSÜ → ErwSÜ Art. 22 Rn. 3; zum autonomen deutschen Recht ebenso *Röthel* BtPrax 2006, 90 (93); *Kropholler* IPR § 42 II; *Lüderitz* IPR Rn. 234; Bamberger/Roth/*Mäsch* Rn. 51 f.; Staudinger/*v. Hein* (2014) Art. 24 Rn. 86 ff.; aA *Kirchhoff,* Rechtsfolgenstatut der beschränkten Geschäftsfähigkeit, 2004, 202 ff. (Rechtsfolgen der beschränkten Geschäftsfähigkeit unterfallen dem Personalstatut nach Art. 7).

[129] Vgl. nur Staudinger/*Hausmann* (2013) Rn. 151 f.; Erman/*Hohloch* Rn. 2; Bamberger/Roth/*Mäsch* Rn. 50.

[130] Ebenso *Kirchhoff,* Rechtsfolgenstatut der beschränkten Geschäftsfähigkeit, 2004, 185 ff.; *Oelkers,* Internationales Betreuungsrecht, 1995, 214 ff.; *Oberhammer/Graf/Slonina* ZfRV 2007, 133 (140 ff.); NK-BGB/*Schulze* Rn. 26; jurisPK-BGB/*Gärtner/Duden* Art. 24 Rn. 3, 8; Bamberger/Roth/*Heiderhoff* Art. 24 Rn. 29; Staudinger/ *Hausmann* (2013) Rn. 151 f. (anders aber Rn. 40: Art. 7); aA (für Anwendung des Art. 7) *Nitzinger,* Das Betreuungsrecht im IPR, 1998, 41 (vgl. aber S. 70 f.); *Looschelders* IPR Rn. 13; PWW/*Mörsdorf-Schulte* Rn. 8; Bamberger/Roth/*Mäsch* Rn. 24; wohl auch Staudinger/*v. Hein* (2014) Art. 24 Rn. 12; nicht behandelt wird die Frage bei Erman/*Hohloch* Art. 24 Rn. 11; Palandt/*Thorn* Art. 24 Rn. 3 ff.

[131] MüKoFamFG/*Rauscher* FamFG § 104 Rn. 3 ff.; vgl. auch *Prütting/Helms/Hau* FamFG § 104 Rn. 4 ff.

deshalb einen schwerwiegenden Eingriff in das Selbstbestimmungsrecht (Art. 1 und 2 Abs. 1 GG) dar, der zu einer Verletzung des deutschen ordre public führen kann (Art. 6).[132] Daher ist in diesen Fällen von der **Ausweichklausel des Art. 24 Abs. 1 S. 2** Gebrauch zu machen und ein Betreuer nach deutschem Recht zu bestellen (→ Art. 24 Rn. 21).[133]

90   Seit dem 1.1.2009 ist das **Haager Erwachsenenschutzübereinkommen** vom 13.1.2000 vorrangig anzuwenden. Das ErwSÜ erfasst die Beschränkung der Geschäftsfähigkeit durch Staatsakt in Art. 3 lit. a ErwSÜ ausdrücklich als Maßnahme des Erwachsenenschutzes (→ ErwSÜ Art. 1–4 Rn. 20).[134] Die nach Art. 5 ff. ErwSÜ zuständigen Behörden wenden gemäß Art. 13 Abs. 1 ErwSÜ ihr eigenes Recht oder gemäß Abs. 2 ausnahmsweise das Recht des Staates an, zu dem der Sachverhalt eine enge Verbindung hat. Da die Verweisung auf das Recht der zuständigen Behörde eine Sachnormverweisung ist (Art. 19 ErwSÜ), haben deutsche Gerichte daher regelmäßig **deutsches Betreuungsrecht** anzuwenden. Dieses Recht bestimmt ebenfalls, ob aus einer angeordneten Maßnahme eine Beschränkung der Geschäftsfähigkeit oder sogar Aufhebung der Geschäftsfähigkeit folgt.[135] Im Anwendungsbereich des ErwSÜ ist daher eine Entmündigung durch deutsche Gerichte ausgeschlossen.

91   **Zusammenfassend** ist daher festzuhalten: Eine Entmündigung durch deutsche Gerichte nach den Vorschriften des Personalstatuts ist nicht möglich. Das entspricht allgemeiner Auffassung. Der Streit beschränkt sich auf die Begründung dieses Ergebnisses. Richtigerweise ist **vorrangig auf das ErwSÜ** abzustellen (Art. 3 Nr. 2). Danach haben deutsche Gerichte regelmäßig das deutsche Betreuungsrecht anzuwenden (Art. 13 Abs. 1 ErwSÜ). Wendet man das ErwSÜ nicht nur bei gewöhnlichem Aufenthalt in einem Vertragsstaat, sondern auch dann an, wenn der Betroffene seinen gewöhnlichen Aufenthalt in einem Nichtvertragsstaat hat (→ ErwSÜ Vor Art. 13 Rn. 11), ist eine Entmündigung in Deutschland deshalb auch dann ausgeschlossen, wenn sie nach dem Personalstatut möglich wäre (→ Rn. 90). Soweit das **deutsche Kollisionsrecht** zur Anwendung kommt, ist die Entmündigung funktional als Maßnahme der Betreuung zu qualifizieren und **nach Art. 24** zu beurteilen. Hier führt Art. 24 Abs. 1 S. 2 zur Anwendung des deutschen Betreuungsrechts (→ Rn. 89).

IV. Stellung im Verfahrensrecht

92   **1. Rechtsfähigkeit im Verfahrensrecht: Partei- und Beteiligtenfähigkeit.** Wer in einem inländischen Verfahren partei- oder beteiligtenfähig ist, ist eine **verfahrensrechtliche Frage.** Während über die Ergebnisse vielfach Einigkeit besteht, herrscht über die richtige Begründung Streit.[136] Eine Auffassung sieht die **deutsche lex fori** und damit § 50 Abs. 1 ZPO bzw. die entsprechenden Vorschriften in den anderen Verfahrensordnungen als maßgeblich an. Dort wird auf die materiellrechtliche Rechtsfähigkeit verwiesen und damit auf die Rechtsfähigkeit nach dem Personalstatut des Art. 7 (einschließlich einer etwaigen Rück- und Weiterverweisung).[137] Demgegenüber geht die Gegenauffassung von einer ungeschriebenen **verfahrensrechtlichen Kollisionsregel** aus, die aus § 50 Abs. 1 ZPO bzw. den entsprechenden Vorschriften in den anderen Verfahrensordnungen zu entnehmen sei und die die Partei- oder Beteiligtenfähigkeit dem Prozessrecht des Heimatstaates unterstellt.[138] Solange zwischen der Rechtsfähigkeit und der Partei- bzw. Beteiligtenfähigkeit nach dem Heimatrecht Gleichlauf besteht, spielt dieser Streit keine Rolle. Aber auch wenn nach dem Heimatrecht entweder nur die Rechtsfähigkeit oder nur die Partei- bzw. Beteiligtenfähigkeit besteht, wird man die Person für ein deutsches Verfahren jedenfalls im Ergebnis als partei- bzw. beteiligtenfähig ansehen müssen.[139] Bei natürlichen Personen dürften sich daher die unterschiedlichen Ansätze letztlich nicht auswirken.[140]

---

[132] *Looschelders* IPR Art. 24 Rn. 8; Soergel/*Kegel* Art. 24 Rn. 4; Staudinger/*v. Hein* (2014) Art. 24 Rn. 5; ausf. *Nitzinger,* Das Betreuungsrecht im IPR, 1998, 44 ff.

[133] *Röthel* in Lipp Vorsorgeverfügungen-HdB § 20 Rn. 19; *Looschelders* IPR Art. 24 Rn. 8; Soergel/*Kegel* Art. 24 Rn. 4; Staudinger/*v. Hein* (2014) Art. 24 Rn. 5; aA *Nitzinger,* Das Betreuungsrecht im IPR, 1998, 97 ff.; *Oelkers,* Internationales Betreuungsrecht, 1995, 239 ff. (Art. 24 Abs. 1 S. 2 sei auf Ausnahmen zu beschränken).

[134] Andere Fragen der Geschäftsfähigkeit werden dagegen nicht vom ErwSÜ erfasst, vgl. *Guttenberger,* Das Haager Übereinkommen über den internationalen Schutz von Erwachsenen, 2003, 67, 279; Bericht *Lagarde* Nr. 19, 90.

[135] Staudinger/*Hausmann* (2013) Rn. 12.

[136] Vgl. MüKoZPO/*Lindacher* § 50 Rn. 55 f.; Staudinger/*Hausmann* (2013) Rn. 119; Erman/*Hohloch* Rn. 24; alle mwN.

[137] Erman/*Hohloch* Rn. 24 f.; NK-BGB/*Schulze* Rn. 11; *Looschelders* IPR Rn. 8; Bamberger/Roth/*Mäsch* Rn. 11; Palandt/*Thorn* Rn. 2.

[138] *Pagenstecher* ZZP 64 (1951), 249 ff.; Soergel/*Kegel* Rn. 3; *Schack* IZVR Rn. 598.

[139] Näher MüKoZPO/*Lindacher* § 50 Rn. 56; Staudinger/*Hausmann* (2013) Rn. 119.

[140] Ebenso Erman/*Hohloch* Rn. 25.

Die Beteiligtenfähigkeit natürlicher Personen in den Verfahren der freiwilligen Gerichtsbarkeit **93** und in den Familiensachen regelt heute **§ 8 Nr. 1 FamFG**. Da die Norm nur von „natürlichen Personen" spricht, stellt sich ebenfalls die Frage, wie die Existenz einer natürlichen Person und damit ihre Rechtsfähigkeit zu bestimmen ist. Sie ist wie im Zivilprozess zu beantworten.[141]

2. Prozessfähigkeit im Zivilprozess. Die Prozessfähigkeit einer Partei im inländischen Verfah- **94** ren ist ebenfalls eine **verfahrensrechtliche Frage.** Sie richtet sich nach heute **hM** nach dem Prozessrecht des Heimatstaates der Partei.[142] Ergänzt wird diese Grundregel durch § 55 ZPO, wonach der Ausländer auch prozessfähig ist, wenn er nach deutschem Recht prozessfähig wäre.

3. Verfahrensfähigkeit in der freiwilligen Gerichtsbarkeit. Die Verfahrensfähigkeit in den **95** Verfahren der freiwilligen Gerichtsbarkeit und in den Familiensachen ist heute **in § 9 FamFG gesetzlich geregelt.**[143] Die Struktur der Regelung entspricht den zivilprozessualen Vorschriften. § 9 Abs. 1–4 FamFG ersetzt § 52 ZPO, im Übrigen verweist § 9 Abs. 5 FamFG auf die §§ 53–58 ZPO. Die Ausführungen zur Prozessfähigkeit im Zivilprozess gelten daher entsprechend für die Verfahren der freiwilligen Gerichtsbarkeit nach dem FamFG: Ein Beteiligter ist dann verfahrensfähig, wenn er nach seinem Heimatrecht für ein entsprechendes Verfahren verfahrensfähig ist oder wenn er nach deutschem Recht verfahrensfähig wäre.[144]

4. Insolvenz-, Konkurs- und Vergleichsfähigkeit. Über die Insolvenz-, Konkurs- und Ver- **96** gleichsfähigkeit entscheidet das **Insolvenzstatut.** Es geht dabei um die Gesamtvollstreckung in das Vermögen einer Person, nicht um ihre Rechts- oder Geschäftsfähigkeit iS des Art. 7.

5. Verwaltungsverfahrens- und Verwaltungsprozessfähigkeit. Die **Verfahrensfähigkeit** im **97** Verwaltungsverfahren und die **Prozessfähigkeit** im Verwaltungsprozess sind ebenfalls verfahrens- rechtliche Fragen. Die einschlägigen Regelungen der § 12 VwVfG, § 62 VwGO entsprechen im Grundsatz den zivilprozessualen Vorschriften; sie verweisen insbesondere auch auf § 55 ZPO (vgl. § 12 Abs. 3 VwVfG bzw. § 62 Abs. 4 VwGO). Die Ausführungen zur Prozessfähigkeit im Zivilprozess gelten daher auch hier entsprechend: Ein Beteiligter ist also dann verfahrens- oder prozessfähig, wenn er nach seinem Heimatrecht für ein entsprechendes Verfahren verfahrens- oder prozessfähig ist oder wenn er nach deutschem Recht verfahrens- oder prozessfähig wäre.[145]

Zu beachten sind darüber hinaus die einschlägigen deutschen **Sondervorschriften zur Verfah- 98 rens- bzw. Prozessfähigkeit** in bestimmten Bereichen des öffentlichen Rechts. Eine Sondervor- schrift für das Verwaltungsverfahren in **Asyl- und Ausländersachen** enthalten § 12 AsylG bzw. § 80 AufenthG. Sie bestimmen jeweils in Abs. 1, dass ein Ausländer verfahrensfähig ist, wenn er volljährig ist. Nach § 12 Abs. 2 AsylG und § 80 Abs. 3 AufenthG richtet sich die Minder- bzw. Volljährigkeit eines Ausländers nach den Vorschriften des BGB, jedoch bleiben die Geschäftsfähigkeit und die sonstige rechtliche Handlungsfähigkeit eines nach dem Recht seines Heimatstaates volljähri- gen Ausländers davon unberührt. Im Ergebnis ist daher ein Ausländer mit Vollendung des 18. Lebens- jahres grundsätzlich verfahrensfähig, sofern er nicht schon vorher nach seinem Heimatrecht verfah- rensfähig ist.[146]

V. Statutenwechsel (Abs. 2)

1. Eingangsstatutenwechsel. a) Rechtsfähigkeit. Bei Rechtsfähigkeit dürfte der Statuten- **99** wechsel kaum einen besonderen Einfluss ausüben, weil er in den interessanten Fällen des Beginns und des Endes der Rechtsfähigkeit praktisch nicht relevant wird. Beim lebenden Kind kommt es

---

[141] Wie hier Erman/*Hohloch* Rn. 24; MüKoFamFG/*Pabst* FamFG § 8 Rn. 1.

[142] Grundlegend *Pagenstecher* ZZP 64 (1951), 276 ff.; vgl. heute etwa MüKoZPO/*Lindacher* § 55 Rn. 1; Stau- dinger/*Hausmann* (2013) Rn. 121; Erman/*Hohloch* Rn. 26; aA (lex fori, dh § 52 ZPO und damit Geschäftsfähigkeit nach Art. 7) jedoch noch *Oda,* FS Konzen, 2006, 603 ff.

[143] Zum früheren Recht vgl. Staudinger/*Hausmann* (2013) Rn. 124.

[144] MüKoFamFG/*Pabst* FamFG § 9 Rn. 11; Keidel/*Zimmermann* FamFG § 9 Rn. 29; Erman/*Hohloch* Rn. 26; Staudinger/*Hausmann* (2013) Rn. 125; ebenso zum früheren Recht BayObLGZ 2002, 99 (101); unklar (Geschäfts- fähigkeit nach Heimatrecht oder Verfahrensfähigkeit nach deutschem Recht) *Bumiller/Harders/Schwamb* FamFG § 9 Rn. 9.

[145] Vgl. BVerwG NJW 1982, 539; NdsOVG DVBl 1982, 218; Schoch/Schneider/Bier/*Bier* Stand: 30. EL 2016, VwGO § 62 Rn. 15; Stelken/Bonk/Sachs/*Bonk/Schmitz* VwVfG § 12 Rn. 26; Staudinger/*Hausmann* (2013) Rn. 126.

[146] Die Altersgrenze ist durch Gesetz v. 28.10.2015 (BGBl. 2015 I S. 1802) mit Wirkung vom 1.11.2015 auf 18 Jahre angehoben worden. Davor setzte die Handlungsfähigkeit eines Ausländers bereits mit vollendetem 16. Lebensjahr ein. Zum früheren Recht vgl. OLG Hamburg IPRspr. 1996 Nr. 8; Staudinger/*Hausmann* (2013) Rn. 127.

später nur noch auf das Geburtsdatum an, beim Toten scheidet ein Statutenwechsel ohnehin aus. Art. 7 Abs. 2 fehlt mithin insoweit ein realer Regelungsgegenstand.

100   **b) Geschäftsfähigkeit.** Abs. 2 erhält einem Ausländer, der nach seinem bisherigen Heimatrecht bereits voll geschäftsfähig war, diese Rechtsstellung, wenn er danach die deutsche Staatsangehörigkeit erworben hat und nach deutschem Recht noch nicht volljährig ist **(semel maior, semper maior)**; eine besondere Volljährigkeitserklärung ist also nicht erforderlich. Abs. 2 regelt den Fall des Eingangsstatutenwechsels. Seine praktische Bedeutung dürfte aber durch die weit verbreitete Angleichung des Volljährigkeitsalters auf 18 Jahre zurückgegangen sein.

101   Liegt die Vornahme des Rechtsgeschäfts vor dem Statutenwechsel, ist für die Geschäftsfähigkeit im Ausgang das frühere Personalstatut maßgeblich. Fehlt danach die Geschäftsfähigkeit, beurteilt sich auch die etwaige **Heilung** zunächst nach dem früheren Personalstatut (→ Rn. 55 ff.). Nach dem Statutenwechsel entscheidet darüber jedoch das neue Personalstatut.[147] Nach dem Statutenwechsel abgeschlossene Rechtsgeschäfte unterfallen von vornherein dem neuen Personalstatut, freilich nach Maßgabe des Abs. 2.

102   Was für den Wechsel des Heimatrechts gilt, muss sinnvollerweise generell für alle anderen Fälle eines **Wechsels des Personalstatuts** gelten. Abs. 2 findet hier entsprechende Anwendung.[148] Das gilt etwa für den Fall, dass das Heimatrecht an das Recht am **Wohnsitz** oder **gewöhnlichen Aufenthalt** weiterverweist und der Ausländer nun nach Deutschland zieht. War der Ausländer nach dem früheren Personalstatut volljährig, so bleibt er es auch nach seinem Umzug nach Deutschland. Statutenwechsel kraft Staatsangehörigkeitswechsels und kraft Verlegung des Wohnsitzes bzw. gewöhnlichen Aufenthalts müssen insoweit **gleich behandelt** werden.[149]

103   Dem Gegenstande nach bezieht sich Abs. 2 nur auf die volle Geschäftsfähigkeit, nicht aber auf eine **Teilgeschäftsfähigkeit** oder die Stellung eines **Emanzipierten.** Indes sollte bei einem Wechsel des Personalstatuts diese **Rechtsstellung ebenfalls erhalten** bleiben.[150]

104   **2. Ausgangsstatutenwechsel.** Wird ein Deutscher **Staatsbürger eines ausländischen Staates** und verliert er deshalb die deutsche Staatsangehörigkeit, so hat dies nach Art. 7 Abs. 2 keinen negativen Einfluss auf seine Geschäftsfähigkeit. Der ihm durch das deutsche Recht eingeräumte Rechtsstatus bleibt ihm ebenfalls ungeschmälert erhalten. Dies ist insbesondere dann der Fall, wenn ein achtzehnjähriger Deutscher Angehöriger eines Staates wird, dessen Recht die Geschäftsfähigkeit erst später eintreten lässt. Wegen der fortschreitenden Anpassung des Volljährigkeitsalters auf 18 Jahre kommt diese Situation derzeit in der Praxis allerdings nicht mehr häufig vor.[151]

105   Auch beim Ausgangsstatutenwechsel ist Abs. 2 auf andere Fälle eines **Wechsels des Personalstatuts** (→ Rn. 102) und auf **Teilgeschäftsfähigkeiten** (→ Rn. 103) entsprechend anzuwenden.

106   **3. Neutraler Statutenwechsel.** Wird ein Ausländer Bürger eines Drittstaates, so regelt Art. 7 Abs. 2 diesen Fall nicht. Der Gesetzgeber war sich der Fallgestaltung durchaus bewusst, wollte aber „den Eindruck eines Eingriffs in fremde Rechtsordnungen vermeiden".[152] Diese Auffassung ist freilich irrig. **Art. 7 Abs. 2** ist daher **analog anzuwenden.**[153]

107   **4. „Heirat macht mündig".** Knüpft eine Rechtsordnung an die Eheschließung Minderjähriger die Emanzipation oder gar die Erlangung der Volljährigkeit, so stellt sich zum einen das von einem Statutenwechsel unabhängige Problem der Zuordnung (Qualifikation) dieser Rechtsfolgen zum Recht der allgemeinen Ehewirkungen (Art. 14) oder zur Geschäftsfähigkeit (Art. 7 Abs. 1). Diese Frage hat der Gesetzgeber nunmehr in Art. 7 Abs. 1 S. 2 zu Gunsten der Unterstellung unter die Geschäftsfähigkeit entschieden (→ Rn. 53 f.). Zum anderen ist mit der Eheschließung aber häufig

---

[147] Ebenso Staudinger/*Hausmann* (2013) Rn. 106; anders (Wirkungsstatut) die 5. Aufl. 2010, Rn. 72 (*Birk*).

[148] Staudinger/*Hausmann* (2013) Rn. 113, *v. Hoffmann/Thorn* IPR § 7 Rn. 9; Palandt/*Thorn* Rn. 8; NK-BGB/ *Schulze* Rn. 30; Bamberger/Roth/*Mäsch* Rn. 45 f.; Erman/*Hohloch* Rn. 22 f.

[149] Bamberger/Roth/*Mäsch* Rn. 46; *Kegel/Schurig* IPR § 17 I 1c; Staudinger/*Hausmann* (2013) Rn. 116.

[150] Ebenso Staudinger/*Hausmann* (2013) Rn. 117; Erman/*Hohloch* Rn. 20.

[151] Bis zum 1.7.2001 war dieser Fall noch im Verhältnis zu Österreich denkbar. Mit dem KindschaftsrechtsÄnderungsgesetz (KindRÄG) wurde die Volljährigkeitsgrenze in § 21 Abs. 2 ABGB jedoch von 19 auf 18 Jahre herabgesetzt (BGBl. I Nr. 135/2000); vgl. auch *Ferrari/Pfeiler* FamRZ 2002, 1079; Die Mitgliedstaaten des Europarats sehen nunmehr vollständig eine Volljährigkeitsgrenze von 18 Jahren vor, vgl. zu Volljährigkeitsgrenzen die Länderübersicht bei Staudinger/*Hausmann* (2013) Anh. Art. 7; vgl. auch die krit. Würdigung bei *Siehr* IPR § 15 VI.

[152] BT-Drs. 10/504, 45.

[153] Ebenso *Lüderitz* in Lauterbach, Vorschläge und Gutachten zur Reform des deutschen internationalen Personen- und Sachenrechts, 1972, 50 f.; *Lüderitz* IPR Rn. 62; *Kegel/Schurig* IPR § 17 I 1c und 2c; Soergel/*Kegel* Rn. 11; Palandt/*Thorn* Rn. 8; Staudinger/*Hausmann* (2013) Rn. 114; diff. (Analogie nur, wenn das nach Art. 7 Abs. 1 S. 1 berufene Heimatrecht keinen entspr. Schutz bietet) *v. Bar* IPR II Rn. 33; Erman/*Hohloch* Rn. 22.

der **Erwerb einer neuen Staatsangehörigkeit** und deshalb ein Statutenwechsel verbunden. Nach Art. 7 Abs. 1 S. 1 entscheidet dann das **neue Personalstatut** darüber, ob sich die Geschäftsfähigkeit des Minderjährigen durch die Eheschließung erweitert oder er die Volljährigkeit erlangt.

Hat der Minderjährige bereits **vor der Eheschließung** nach seinem alten Personalstatut die **108** Rechtsstellung eines Emanzipierten oder Volljährigen erlangt und wechselt er sein Heimatrecht als unmittelbare Folge oder durch die Ausübung einer entsprechenden Wahlmöglichkeit im Gefolge der Eheschließung, bleibt die zuvor begründete Rechtsstellung nach Art. 7 Abs. 2 davon unberührt, dh sie bleibt ihm erhalten. Würde diese Wirkung nach dem bisherigen Heimatrecht jedoch erst aufgrund der Heirat eintreten und wechselt mit der Heirat zugleich die Staatsangehörigkeit, erwirbt er die neue Rechtsstellung **zeitgleich mit dem Statutenwechsel.** Hier tritt kein Verlust der betreffenden Rechtsstellung ein. Es kommt insoweit nur auf das neue Heimatrecht an.[154] Beim Staatsangehörigkeitswechsel **nach der Eheschließung** aufgrund einer dadurch eröffneten Option dürfte es davon abhängen, ob das alte Heimatrecht derartige Fälle überhaupt sinnvollerweise erfassen will, in denen es alsbald „abgeschüttelt" wird. Das ist wohl zu verneinen.

VI. Verkehrsschutz

Der Schutz des inländischen Rechtsverkehrs, den früher Art. 7 Abs. 3 (aF) geregelt hatte, wurde **109** durch das IPRG 1986 dem neuen **Art. 12** zugewiesen, der eine Kombination von Art. 11 EVÜ und Art. 7 Abs. 3 S. 2 (aF) darstellt. Art. 11 EVÜ ist durch die inhaltsgleiche Vorschrift des **Art. 13 Rom I-VO** abgelöst worden; sie geht in ihrem Anwendungsbereich Art. 12 vor.[155]

Der inländische Rechtsverkehr darf nach Art. 13 Rom I-VO bzw. Art. 12 darauf vertrauen, dass **110** der Teilnehmer am inländischen Rechtsverkehr grundsätzlich dem dort geltenden **inländischen Sachrecht der Rechts- und Geschäftsfähigkeit** untersteht. Das umfasst die Zuerkennung der Rechts- und Geschäftsfähigkeit wie ihre Beschränkungen und auch den sachrechtlichen Verkehrsschutz (den zB das deutsche Recht nicht kennt).[156] Näher → Rom I-VO Art. 13 Rn. 1 ff.; → Art. 12 Rn. 1 ff.

Art. 8 EGBGB aF (aufgehoben)

Schrifttum: *Kirchhoff,* Das Rechtsfolgenstatut der beschränkten Geschäftsfähigkeit und Geschäftsunfähigkeit – ein Beitrag zur Auslegung des Art. 7 und 24 EGBGB, Diss. Bonn 2004; *Kropholler,* Internationales Privatrecht, 6. Aufl. 2006; *Lipp,* Verkehrsschutz und Geschäftsfähigkeit im IPR, RabelsZ 63 (1999), 107; *Lipp,* Betreuungsrecht und UN-Behindertenrechtskonvention, FamRZ 2012, 669; *Lipp,* Erwachsenenschutz und Verfassung – Betreuung, Unterbringung und Zwangsbehandlung, FamRZ 2013, 913; *Nitzinger,* Das Betreuungsrecht im internationalen Privatrecht, Diss. Regensburg 1998; *Oelkers,* Internationales Betreuungsrecht, Diss. Osnabrück 1995; *Rausch,* Betreuung bei Auslandsbezug, BtPrax 2004, 137; *Röthel,* Das Betreuungsrecht im IPR, BtPrax 2006, 90; *Röthel,* Private Vorsorge im internationalen Rechtsverkehr, in Lipp, Handbuch der Vorsorgeverfügungen. Vorsorgevollmacht – Patientenverfügung – Betreuungsverfügung, 2009, Teil III (§§ 19 ff.). Schrifttum zum Haager Übereinkommen über den internationalen Schutz von Erwachsenen vom 13.1.2000 s. S. 1641.

Übersicht

I. Entmündigung im Inland

Art. 8 wurde mit Wirkung zum 1.1.1992 **aufgehoben.**[1] Diese Vorschrift erlaubte die Entmündi- **1** gung von Ausländern mit Aufenthalt in Deutschland nach deutschem Recht und ergänzte damit

---

[154] Soergel/*Kegel* Rn. 13; vgl. auch Staudinger/*Hausmann* (2013) Rn. 109.
[155] Zur Genese ausf. *Lipp* RabelsZ 63 (1999), 107 (110 ff.).
[156] *Lipp* RabelsZ 63 (1999), 107 (136 ff.); *Oelkers,* Internationales Betreuungsrecht, 1995, 306 f., 318 f.; Soergel/*Kegel* Anh. Art. 7 Rn. 18; Bamberger/Roth/*Mäsch* Rn. 53; ebenso die hM für die in Deutschland anerkannten Entmündigungen von Ausländern, vgl. nur Staudinger/*Hausmann* (2013) Rn. 164.
[1] Art. 7 § 29 Nr. 1 Gesetz zur Reform des Rechts der Vormundschaft und Pflegschaft für Volljährige (Betreuungsgesetz – BtG) vom 12.9.1990, BGBl. 1990 I S. 2002; vgl. zur alten Rechtslage sowie zum Schrifttum über die Entmündigung die Kommentierung zu Art. 8 in der 2. Aufl. 1990, sowie Staudinger/*Hausmann* (2013) Art. 7 Rn. 146.

den aus Art. 7 Abs. 1 S. 1 abgeleiteten Grundsatz, dass die Entmündigung dem Heimatrecht unterlag. Die hM leitete daraus ab, dass das Heimatrecht nur über das Ob der Entmündigung entschied, die Inlandsentmündigung aber immer nach deutschem Recht erfolgte.[2] Infolge der Abschaffung der Entmündigung, der mit ihr zusammenhängenden Vormundschaft für Erwachsene und der Gebrechlichkeitspflegschaft und ihre Ersetzung durch das Rechtsinstitut der Betreuung (§§ 1896 ff. BGB) können deutsche Gerichte seit dem 1.1.1992 **keine Entmündigung** mehr anordnen. Dies gilt sowohl bei deutschem als auch bei ausländischem Personalstatut. Seit dem 1.1.1992 ist daher weder die Entmündigung nach deutschem Recht gemäß Art. 8 (aF) noch die Entmündigung eines Ausländers auf der Grundlage seines nach Art. 7 Abs. 1 S. 1 berufenen Heimatrechts mehr möglich (→ Art. 7 Rn. 88 ff.). Die Überleitung der am 1.1.1992 bestehenden Entmündigungen in das Betreuungsrecht regelte Art. 9 BtG.

2   Das deutsche internationale Betreuungsrecht richtet sich kollisionsrechtlich heute nach Art. 24 bzw. nach dem vorrangigen Haager Übereinkommen über den internationalen Schutz von Erwachsenen vom 13.1.2000 (ErwSÜ) oder dem Deutsch-Iranischen Niederlassungsabkommen vom 17.2.1929. Auch die von einem danach berufenen ausländischen Recht vorgesehene Entmündigung unterfällt diesen Vorschriften (näher → Art. 7 Rn. 85 ff.; → Art. 24 Rn. 21 f.).

3   Das **Haager Abkommen über die Entmündigung und gleichartige Fürsorgemaßnahmen vom 17.7.1905** ist von der Bundesrepublik Deutschland gekündigt worden und mit Wirkung vom 23.8.1992 nicht mehr anzuwenden (BGBl. 1992 II S. 272).

II. Entmündigung im Ausland

4   Nach Beseitigung des Rechtsinstituts der Entmündigung können deutsche Gerichte diese nicht mehr anordnen. Es stellt sich aber weiterhin die Frage nach den **inländischen Wirkungen einer im Ausland erfolgten Entmündigung** von Deutschen wie auch von Ausländern.[3] Für sie gelten die Grundsätze für die Anerkennung ausländischer Maßnahmen des Erwachsenenschutzes, dh die Regelungen der **Art. 22 ff. ErwSÜ** bzw. der **§§ 108, 109 Abs. 1 Nr. 1–4 FamFG** (bis zum 1.9.2009 des § 16a FGG).

5   **1. Anerkennung.** Die Anerkennung einer ausländischen Entmündigung und ihre Wirkungen im Inland richten sich heute in erster Linie nach **Art. 22 ff. ErwSÜ**, ansonsten nach **§§ 108, 109 Abs. 1 Nr. 1–4 FamFG** bzw. vor dem 1.9.2009 nach § 16a FGG.[4] Denn auch wenn das frühere Entmündigungsverfahren im Inland in der ZPO geregelt war, handelt es sich auch bei ihr um eine fürsorgerische Maßnahme des Erwachsenenschutzes und damit um eine Angelegenheit der freiwilligen Gerichtsbarkeit.

6   Art. 22 ErwSÜ bzw. §§ 108, 109 Abs. 1 Nr. 1–4 FamFG legen die **Voraussetzungen für die Anerkennung abschließend** fest. Das ist in zweierlei Hinsicht von Bedeutung: Zum einen setzt die Anerkennung der Auslandsentmündigung eines Deutschen nicht mehr voraus, dass das deutsche Recht die Entmündigung als solche bzw. einen entsprechenden Entmündigungsgrund kennt.[5] Zum anderen wird bei der Entmündigung eines Ausländers in einem Drittstaat nicht verlangt, dass der Heimatstaat des Ausländers die Entmündigung ebenfalls anerkennt.[6] Beide Auffassungen entstammen dem früheren Recht[7] und sind mit den heutigen gesetzlichen Vorschriften unvereinbar.

7   Die **Anerkennung** erfolgt nach Art. 22 Abs. 1 ErwSÜ bzw. § 108 Abs. 1 FamFG **unmittelbar kraft Gesetzes,** dh ohne ein besonderes Verfahren. Anerkennung bedeutet auch im vorliegenden Zusammenhang, dass die Wirkungen der Anordnung, die ihr im Ursprungsstaat zukommen, auf den

---

[2] Dazu krit. Soergel/*Kegel* Anh. Art. 7 Rn. 5 mwN.

[3] Rechtsvergleichender Überblick über die Erwachsenenschutzrechte bei *Röthel* in Lipp, Vorsorgeverfügungen-HdB Teil III; zum Kollisionsrecht vgl. Staudinger/*v. Hein* (2014) Art. 24 Rn. 68 ff.

[4] Bamberger/Roth/*Mäsch* Art. 7 Rn. 52; PWW/*Mörsdorf-Schulte* Art. 7 Rn. 16; Erman/*Hohloch* Rn. 3; NK-BGB/*Schulze* Art. 7 Rn. 27; *Looschelders* IPR Art. 7 Rn. 21; *Kegel/Schurig* IPR § 17 I 2; durch das FamFG überholt ist die Anwendung von § 328 ZPO bei Soergel/*Kegel* Anh. Art. 7 Rn. 6, 12, 18; *v. Bar* IPR II Rn. 48; zur Anerkennung vor Inkrafttreten des BtG vgl. *Nitzinger,* Das Betreuungsrecht im IPR, 1998, 126 ff.

[5] Ebenso Soergel/*Kegel* Anh. Art. 7 Rn. 18; Staudinger/*Hausmann* (2013) Art. 7 Rn. 161; Bamberger/Roth/*Mäsch* Art. 7 Rn. 52; aA Erman/*Hohloch* Rn. 2; zur früheren Rechtslage vgl. *Nitzinger,* Das Betreuungsrecht im IPR, 1998, 126 ff.; *Oelkers,* Internationales Betreuungsrecht, 1995, 264 ff.

[6] Ebenso *Oelkers,* Internationales Betreuungsrecht, 1995, 312 ff.; *Kegel/Schurig* IPR § 17 I 2; Bamberger/Roth/*Mäsch* Art. 7 Rn. 52; Erman/*Hohloch* Rn. 3; NK-BGB/*Schulze* Art. 7 Rn. 27; *Looschelders* IPR Art. 7 Rn. 21; Soergel/*Kegel* Anh. Art. 7 Rn. 12; aA Staudinger/*Hausmann* (2013) Art. 7 Rn. 133 ff., 163 f. (Anerkennung entweder nach §§ 108, 109 FamFG oder nach dem von Art. 7 berufenen Heimatrecht); zur früheren Rechtslage vgl. *Oelkers,* Internationales Betreuungsrecht, 1995, 312 f.; Soergel/*Kegel* Anh. Art. 7 Rn. 12.

[7] Vgl. die Darstellungen bei *Nitzinger,* Das Betreuungsrecht im IPR, 1998, 126 ff.; *Oelkers,* Internationales Betreuungsrecht, 1995, 264 ff., 312 ff.

Anerkennungsstaat erstreckt werden **(Wirkungserstreckung)**.[8] Die Wirkungen der ausländischen Maßnahme sind daher nach dem **Recht des Entscheidungsstaats** zu bestimmen. Das gilt auch für eine ausländische Entmündigung.[9]

Die hM beschränkt die **Wirkungen der Entmündigung eines Deutschen im Ausland** jedoch **8** auf diejenigen einer Betreuung nach deutschem Recht in ihrem weitestreichenden Umfang, dh entsprechend Art. 9 § 1 BtG auf die Betreuung in allen Angelegenheiten mit umfassendem Einwilligungsvorbehalt.[10] Das ErwSÜ und das deutsche Anerkennungsrecht kennen jedoch **keine generelle Kappungsgrenze** oder Obergrenze für die Anerkennung einer ausländischen Maßnahme des Erwachsenenschutzes.[11] Auch erlauben sie im Gegensatz zum früheren deutschen Recht **keine pauschale Differenzierung zwischen In- und Ausländern**.[12] Die Anerkennung wird vielmehr nur durch den Vorbehalt des **ordre public** begrenzt (→ Rn. 9). Soweit die danach in Deutschland anzuerkennende ausländische Entmündigung die Geschäftsfähigkeit jedoch unter anderen Voraussetzungen oder in größerem Umfang beschränkt, als dies nach deutschem Sachrecht möglich ist, greift der **Verkehrsschutz nach Art. 13 Rom I-VO bzw. Art. 12** ein (→ Rn. 11).

Angesichts dieser Einwände wird daher die og Begrenzung der Anerkennung einer ausländischen **9** Entmündigung zunehmend auf einen Verstoß gegen den **deutschen ordre public** (Art. 22 Abs. 1 lit. b ErwSÜ bzw. § 109 Abs. 1 Nr. 4 FamFG) gestützt.[13] Entscheidend ist insbesondere die Überlegung,[14] dass die Entmündigung einen erheblichen **Eingriff in die Freiheitsgrundrechte** (Art. 1 und Art. 2 Abs. 1 GG und Art. 8 EMRK) des Betroffenen darstellt.[15] Es ist jedoch problematisch, bei jeder Auslandsentmündigung einen solchen Verstoß generell und unabhängig von den Umständen des Einzelfalls und insbesondere unabhängig von den Voraussetzungen und Wirkungen der konkreten Entmündigungsentscheidung anzunehmen.[16] Ein **Verstoß gegen den ordre public** dürfte jedoch anzunehmen sein, wenn die ausländische Entmündigung dem Betroffenen im konkreten Fall die **Geschäftsfähigkeit** unabhängig vom Ausmaß seiner noch vorhandenen Fähigkeiten **pauschal und vollständig** entzieht und damit das Prinzip der Erforderlichkeit und Verhältnismäßigkeit[17] völlig missachtet.[18] Möglich ist ein Verstoß gegen den ordre public auch, wenn die **Voraussetzungen der Entmündigung** im konkreten Fall mit den Grund- und Menschenrechten des Betroffenen oder den Grundentscheidungen des deutschen Betreuungsrechts unvereinbar sind.[19]

---

[8] Zu Art. 22 ErwSÜ → ErwSÜ Art. 22 Rn. 1 ff.; Staudinger/*v. Hein* (2014) Vor Art. 24 Rn. 242; zu §§ 108, 109 FamFG Bamberger/Roth/*Mäsch* Art. 7 Rn. 52; Staudinger/*v. Hein* (2014) Art. 24 Rn. 134; vgl. allg. MüKo-FamFG/*Rauscher* FamFG § 108 Rn. 18; *Prütting/Helms/Hau* FamFG § 108 Rn. 10, jeweils mwN.

[9] Zu Art. 22 ErwSÜ → ErwSÜ Art. 22 Rn. 1 ff.; Staudinger/*v. Hein* (2014) Vor Art. 24 Rn. 252; zum autonomen deutschen Recht ebenso *Röthel* BtPrax 2006, 90 (93); *Kropholler* IPR § 42 II; *Lüderitz* IPR Rn. 234; Bamberger/Roth/*Mäsch* Art. 7 Rn. 51 f.; Staudinger/*v. Hein* (2014) Art. 24 Rn. 133; aA *Kirchhoff*, Rechtsfolgenstatut der beschränkten Geschäftsfähigkeit, 2004, 202 ff. (Rechtsfolgen der beschränkten Geschäftsfähigkeit unterfallen dem Personalstatut nach Art. 7).

[10] *Rausch* BtPrax 2004, 137 (139); *Kropholler* IPR § 42 II; *v. Bar* IPR II Rn. 48; Palandt/*Thorn* Art. 7 Rn. 9; Staudinger/*Hausmann* (2013) Art. 7 Rn. 162; Staudinger/*v. Hein* (2014) Art. 24 Rn. 133; NK-BGB/*Schulze* Art. 7 Rn. 27; *Oelkers*, Internationales Betreuungsrecht, 1995, 297 ff.; für Entmündigung von Ausländern auch Erman/*Hohloch* Rn. 3 aE; weitergehend *Nitzinger*, Das Betreuungsrecht im IPR, 1998, 132 ff. (im Ergebnis keine Wirkung in Deutschland, da die Entmündigung hier abgeschafft ist).

[11] *Lipp* RabelsZ 63 (1999) 107, 138; *Röthel* BtPrax 2006, 90 (93); *Kirchhoff*, Rechtsfolgenstatut der beschränkten Geschäftsfähigkeit, 2004, 198 ff.; vgl. auch *Prütting/Helms/Hau* FamFG § 108 Rn. 11; MüKoFamFG/*Rauscher* FamFG § 108 Rn. 20; MüKoZPO/*Gottwald* ZPO § 328 Rn. 5; aA *Oelkers*, Internationales Betreuungsrecht, 1995, 297 ff.; noch weitergehend *Nitzinger*, Das Betreuungsrecht im IPR, 1998, 132 ff. (im Ergebnis keine Wirkung in Deutschland, da die Entmündigung hier abgeschafft ist).

[12] Zu Recht krit. gegenüber hM, die diese Differenzierung des früheren Rechts ohne Begründung ins heutige Recht übernommen hat, Soergel/*Kegel* Anh. Art. 7 Rn. 18; Bamberger/Roth/*Mäsch* Art. 7 Rn. 52.

[13] *v. Bar* IPR II Rn. 48; Palandt/*Thorn* Art. 7 Rn. 9; Staudinger/*Hausmann* (2013) Art. 7 Rn. 158 f.; Staudinger/*v. Hein* (2014) Art. 24 Rn. 133; NK-BGB/*Schulze* Art. 7 Rn. 27; für Entmündigung von Ausländern auch Erman/*Hohloch* Rn. 3 aE.

[14] Staudinger/*v. Hein* (2014) Art. 24 Rn. 133.

[15] Vgl. etwa BVerfG NJW 2002, 206 = FamRZ 2002, 945; BVerfG FamRZ 2008, 2260; 2009, 1803; ebenso für Art. 8 EMRK auch EGMR FamRZ 2008, 1734 – Shtukaturov; ausf. dazu *Lipp* FamRZ 2013, 913 ff.; zur UN-Behindertenrechtskonvention vgl. *Lipp* FamRZ 2012, 669 ff.

[16] Bamberger/Roth/*Mäsch* Art. 7 Rn. 52; ähnlich *Röthel* BtPrax 2006, 90 (93); NK-BGB/*Schulze* Art. 7 Rn. 27; vgl. auch *Oelkers*, Internationales Betreuungsrecht, 1995, 283 ff.

[17] Zu Bedeutung des Verhältnismäßigkeitsgrundsatzes vgl. etwa BVerfG NJW 2002, 206 = FamRZ 2002, 945; BVerfG FamRZ 2008, 2260; BVerfG FamRZ 2009, 1803; ebenso für Art. 8 EMRK auch EGMR FamRZ 2008, 1734 Rn. 86 ff., 95 f. – Shtukaturov; *Lipp* FamRZ 2012, 669 ff.

[18] Ähnlich *Oelkers*, Internationales Betreuungsrecht, 1995, 286 ff.; Staudinger/*v. Hein* (2014) Art. 24 Rn. 133.

[19] Dazu *Oelkers*, Internationales Betreuungsrecht, 1995, 292 ff.

10   Ein Verstoß gegen den ordre public kommt nicht nur bei der Auslandsentmündigung deutscher Staatsangehöriger in Betracht, sondern auch in anderen Fällen, in denen ein **ausreichender Inlandsbezug** vorliegt.[20] Entgegen der hM gilt daher für die Anerkennung von Entmündigungen bei Ausländern grundsätzlich derselbe Maßstab.[21]

11   **2. Schutz des inländischen Rechtsverkehrs.** Der inländische Rechtsverkehr wird über **Art. 13 Rom I-VO** bzw. **Art. 12** geschützt. Er darf darauf vertrauen, dass der Teilnehmer am inländischen Rechtsverkehr nur unter den Voraussetzungen und in dem Umfang in seiner Geschäftsfähigkeit beschränkt werden kann, die das deutsche Betreuungsrecht vorsieht.[22]

12   **3. Begleitende Anordnung der Vormundschaft.** Ist die Entmündigung mit einer begleitenden Anordnung einer Vormundschaft über Volljährige verbunden, richtet sich deren Anerkennung ebenfalls nach den oben genannten Grundsätzen (→ Art. 24 Rn. 90 f.).

13   **4. Änderung und Aufhebung.** Ändern sich die Umstände, die der einer im Inland anerkannten ausländischen Entmündigung oder der Zuständigkeit der ausländischen Behörde zugrunde liegen, bleibt die **Entmündigung bestehen,** bis sie aufgehoben oder geändert wird. Das Nähere bestimmen Art. 12 ErwSÜ (→ ErwSÜ Art. 12 Rn. 1 ff.) bzw. das autonome deutsche Recht (→ Art. 24 Rn. 18 ff., 76 ff.).

Art. 8 EGBGB Gewillkürte Stellvertretung

(1) [1]Auf die gewillkürte Stellvertretung ist das vom Vollmachtgeber vor der Ausübung der Vollmacht gewählte Recht anzuwenden, wenn die Rechtswahl dem Dritten und dem Bevollmächtigten bekannt ist. [2]Der Vollmachtgeber, der Bevollmächtigte und der Dritte können das anzuwendende Recht jederzeit wählen. [3]Die Wahl nach Satz 2 geht derjenigen nach Satz 1 vor.

(2) Ist keine Rechtswahl nach Absatz 1 getroffen worden und handelt der Bevollmächtigte in Ausübung seiner unternehmerischen Tätigkeit, so sind die Sachvorschriften des Staates anzuwenden, in dem der Bevollmächtigte im Zeitpunkt der Ausübung der Vollmacht seinen gewöhnlichen Aufenthalt hat, es sei denn, dieser Ort ist für den Dritten nicht erkennbar.

(3) Ist keine Rechtswahl nach Absatz 1 getroffen worden und handelt der Bevollmächtigte als Arbeitnehmer des Vollmachtgebers, so sind die Sachvorschriften des Staates anzuwenden, in dem der Vollmachtgeber im Zeitpunkt der Ausübung der Vollmacht seinen gewöhnlichen Aufenthalt hat, es sei denn, dieser Ort ist für den Dritten nicht erkennbar.

(4) Ist keine Rechtswahl nach Absatz 1 getroffen worden und handelt der Bevollmächtigte weder in Ausübung seiner unternehmerischen Tätigkeit noch als Arbeitnehmer des Vollmachtgebers, so sind im Falle einer auf Dauer angelegten Vollmacht die Sachvorschriften des Staates anzuwenden, in dem der Bevollmächtigte von der Vollmacht gewöhnlich Gebrauch macht, es sei denn, dieser Ort ist für den Dritten nicht erkennbar.

(5) [1]Ergibt sich das anzuwendende Recht nicht aus den Absätzen 1 bis 4, so sind die Sachvorschriften des Staates anzuwenden, in dem der Bevollmächtigte von seiner Vollmacht im Einzelfall Gebrauch macht (Gebrauchsort). [2]Mussten der Dritte und der Bevollmächtigte wissen, dass von der Vollmacht nur in einem bestimmten Staat Gebrauch gemacht werden sollte, so sind die Sachvorschriften dieses Staates anzuwenden. [3]Ist der Gebrauchsort für den Dritten nicht erkennbar, so sind die Sachvorschriften des Staates anzuwenden, in dem der Vollmachtgeber im Zeitpunkt der Ausübung der Vollmacht seinen gewöhnlichen Aufenthalt hat.

(6) Auf die gewillkürte Stellvertretung bei Verfügungen über Grundstücke oder Rechte an Grundstücken ist das nach Artikel 43 Absatz 1 und Artikel 46 zu bestimmende Recht anzuwenden.

(7) Dieser Artikel findet keine Anwendung auf die gewillkürte Stellvertretung bei Börsengeschäften und Versteigerungen.

---

[20] Für Ausländer ebenso Erman/*Hohloch* Rn. 3 aE.
[21] Ebenso Soergel/*Kegel* Anh. Art. 7 Rn. 18; Bamberger/Roth/*Mäsch* Art. 7 Rn. 52; vgl. auch *Oelkers,* Internationales Betreuungsrecht, 1995, 289 ff., 294.
[22] *Lipp* RabelsZ 63 (1999), 107 (136 ff.); *Oelkers,* Internationales Betreuungsrecht, 1995, 306 f., 318 f.; Soergel/*Kegel* Anh. Art. 7 Rn. 18; Bamberger/Roth/*Mäsch* Art. 7 Rn. 52; ebenso die hM für die in Deutschland anerkannten Entmündigungen von Ausländern, vgl. nur Staudinger/*Hausmann* (2013) Art. 7 Rn. 164.

(8) [1]**Auf die Bestimmung des gewöhnlichen Aufenthalts im Sinne dieses Artikels ist Artikel 19 Absatz 1 und 2 erste Alternative der Verordnung (EG) Nr. 593/2008 mit der Maßgabe anzuwenden, dass an die Stelle des Vertragsschlusses die Ausübung der Vollmacht tritt.** [2]**Artikel 19 Absatz 2 erste Alternative der Verordnung (EG) Nr. 593/2008 ist nicht anzuwenden, wenn der nach dieser Vorschrift maßgebende Ort für den Dritten nicht erkennbar ist.**

Schrifttum : *Bach,* Zurück in die Zukunft – die dogmatische Einordnung der Rechtsscheinvollmacht im gemeineuropäischen IPR, IPRax 2011, 116; *Behnen,* Die Haftung des falsus procurator im IPR, IPRax 2011, 221; *Berger,* Das Statut der Vollmacht im schweizerischen IPR, 1974; *Braga,* Der Anwendungsbereich des Vollmachtsstatuts, RabelsZ 24 (1959), 337; *v. Caemmerer,* Die Vollmacht für schuldrechtliche Geschäfte im deutschen internationalen Privatrecht, RabelsZ 24 (1959), 201; *Ph. Didier,* De la représentation en droit privé, 2000; *Dorsel,* Stellvertretung und Internationales Privatrecht, MittRhNotK 1997, 7; *Ebenroth,* Kollisionsrechtliche Anknüpfung kaufmännischer Vollmachten, JZ 1983, 821; *Ficker,* Die Bestimmung des Vollmachtsstatuts in besonderen Fällen, RabelsZ 24 (1959), 330; *G. Fischer,* Verkehrsschutz im internationalen Vertragsrecht, 1990; *G. Fischer,* Anscheinsvollmacht, Vollmachtsstatut und Rechtswahl, IPRax 2005, 269; *Flume,* Allgemeiner Teil des bürgerlichen Rechts, 2. Bd. Das Rechtsgeschäft, 1965 (zitiert: *Flume* BGB AT II); *Gebauer,* Stellvertretung, in Leible/Unberath, Brauchen wir eine Rom 0-VO? Überlegungen zu einem Allgemeinen Teil des europäischen IPR, 2013; *v. Hein,* Beschluss der Zweiten Kommission des Deutschen Rats für Internationales Privatrecht zu dem auf die Vollmacht anwendbaren Recht, IPRax 2015, 578; *Heinz,* Das Vollmachtsstatut, 2011; *Kayser,* Vertretung ohne Vertretungsmacht im deutschen IPR, Diss. Würzburg 1967; *Kleinschmidt,* Stellvertretung, IPR und ein optionales Instrument für ein europäisches Vertragsrecht, RabelsZ 75 (2011), 497; *Klinke,* Bemerkungen zum Statut der Vollmacht unter besonderer Berücksichtigung niederländischen Rechts, RIW/AWD 1978, 642; *Kropholler,* Die Anscheinshaftung im internationalen Recht der Stellvertretung, NJW 1965, 1641; *Kurzynsky-Singer,* Die Anknüpfung und Reichweite des Vollmachtsstatuts, 2005; *Leible,* Vollmachtsanknüpfung bei inländischen Zweigniederlassungen ausländischer Gesellschaften, IPRax 1997, 133; *Leible,* Vertretung ohne Vertretungsmacht, Genehmigung und Anscheinsvollmacht im IPR, IPRax 1998, 257; *Lüderitz,* Prinzipien im internationalen Vertretungsrecht, FS Coing, Bd. 2, 1982, 305; *Lurger,* Vollmacht und Verbraucherschutz im österreichischen IPR, IPRax 1996, 54; *Makarov,* Die Vollmacht im IPR, FS Perassi, Bd. 2, 1957, 40; *Makarov,* Das Recht des Wirkungslandes als Vollmachtsstatut, RabelsZ 24 (1959), 328; *Mäsch,* Ein Vollmachtsstatut für Europa, Liber amicorum Schurig, 2012, 147; *Moser,* Einzelinteresse und Verkehrsschutz bei internationaler Betrachtung der gewillkürten Stellvertretung, FS zur 50-Jahr-Feier der Handelshochschule St. Gallen, 1949, 385; *D. Moser,* Die Offenkundigkeit der Stellvertretung, 2010; *Moursi Badr,* Agency: Unification of Material Law and of Conflict Rules, Rec. des Cours 144 (1984-I), 9; *P. Müller,* Die Vollmacht im Auslandsgeschäft – ein kalkulierbares Risiko?, RIW/AWD 1979, 377; *Ulrich Müller,* Die Entwicklung der direkten Stellvertretung und des Vertrages zu Gunsten Dritter, 1969; *Müller-Freienfels,* Die Vertretung beim Rechtsgeschäft, 1955; *Müller-Freienfels,* Stellvertretungsregelungen in Einheit und Vielfalt, 1982; *Müller-Freienfels,* Die Sonderanknüpfung der Vollmacht, RabelsZ 24 (1959), 326; *Müller-Freienfels,* Der Haager Konventionsentwurf über das auf die Stellvertretung anwendbare Recht, RabelsZ 43 (1979), 80; *Niemann,* Die rechtsgeschäftliche und organschaftliche Stellvertretung und ihre kollisionsrechtliche Einordnung, 2004; *Pawlowski,* Die gewillkürte Stellvertretung, JZ 1996, 125; *Petersen,* Die Vertretung ohne Vertretungsmacht, RabelsZ 24 (1959), 340; *de Quenaudon,* Quelques remarques sur le conflit de lois en matière de représentation volontaire, Rev. crit. dr. int. pr. 1984, 413, 597; *Rabel,* Vertretungsmacht für obligatorische Rechtsgeschäfte, RabelsZ 3 (1929), 807; *Rabel,* Unwiderruflichkeit der Vollmacht, RabelsZ 7 (1933), 797; *Rademacher,* Kodifikation des internationalen Stellvertretungsrechts – Zum Referentenentwurf des Bundesjustizministeriums, IPRax 2017, 56; *Rigaux,* Le statut de la représentation, 1963; *Rueda Valdivia,* La representación volantaria en la contración internacional, Granada 1998; *Ruthig,* Vollmacht und Rechtsschein im IPR, 1996; *Schäfer,* Das Vollmachtsstatut im deutschen IPR – einige neuere Ansätze in kritischer Würdigung, RIW 1996, 189; *Schmitthoff,* Agency in International Trade. A Study in Comparative Law, Rec. des Cours 129 (1970 I), 109; *S. Schwarz,* Das internationale Stellvertretungsrecht im Spiegel nationaler und internationaler Kodifikationen, RabelsZ 71 (2007), 729; *Seibl,* Die Beweislast bei Kollisionsnormen, 2009; *Seibold/Groner,* Die Vollmacht in internationalen M&A- und Finanztransaktionen, NZG 2009, 126; *Spellenberg,* Geschäftsstatut und Vollmacht im IPR, 1979; *Spellenberg,* Atypischer Grundstücksvertrag, Teilrechtswahl und nicht ausgeübte Vollmacht, IPRax 1990, 295; *Spellenberg,* Stellvertretung und Vertragsauslegung im englischen Recht, FS Kramer, 2004, 311; *Spellenberg,* Vertreterverträge in Ferrari/Leible, Ein neues Internationales Vertragsrecht für Europa, 2007, 151; *Spellenberg,* Handschuhehen im IPR, FS Schwab, 2005, 1279; *Spellenberg,* Handeln unter fremdem Namen in England und Deutschland, Liber amicorum Klaus Schurig, 2012, 265; *Spickhoff,* Kodifikation des Internationalen Privatrecht der Stellvertretung, RabelsZ 80 (2016) 481; *Starace,* La rappresentanza nel diritto internazionale privato, 1962; Steding, Die Anknüpfung der Vollmacht im internationalen Privatrecht, ZVglRWiss. 86 (1987) 25; *Thiele,* Die Zustimmung in der Lehre vom Rechtsgeschäft, 1966; *Zweigert,* Die Form der Vollmacht, RabelsZ 24 (1959), 334.

Übersicht

I. Allgemeines

1   **1. Entstehung.** Das IPR der Vollmacht ist von großer praktischer Bedeutung oder müsste es sein, denn internationale Verträge werden wohl mindestens ebenso oft durch Vertreter geschlossen wie nationale. Dennoch hat es lange Zeit erstaunlich wenig Aufmerksamkeit gefunden. Nach zwei Aufsätzen von *Ernst Rabel* 1929 und 1932[1] gab es 1959 eine Serie von Berichten in RabelsZ,[2] doch schlief die Beschäftigung mit dem Vollmachtsstatut wieder ein und begann 1979 neu mit inzwischen vier Monographien,[3] umfangreicheren Kommentierungen[4] und Aufsätzen. Rechtsprechung blieb aber nach dem Krieg fast ebenso selten wie zuvor. Der BGH wiederholt in seinen seltenen Urteilen eher stereotyp und ohne nähere Begründung, dass die Vollmacht gesondert an das Wirkungsstatut anzuknüpfen sei.[5] **Wirkungsstatut** sei grundsätzlich das Recht des Landes, in dem die Vollmacht ihre Wirkung entfalte oder entfalten solle;[6] das seinerseits vielfach mit dem Land des Gebrauchsorts der Vollmacht[7] oder ggf. mit der Niederlassung des Vertreters[8] gleich gesetzt wird. Bei nicht rechtsge-

---

[1] Vertretungsmacht für obligatorische Rechtsgeschäfte, RabelsZ 3 (1929), 807; Unwiderruflichkeit der Vollmacht, RabelsZ 7 (1933), 797.

[2] RabelsZ 24 (1959), 201 ff., von v. *Caemmerer, Ficker, Makarov, Müller-Freienfels, Stoll* und *Zweigert.*

[3] *Spellenberg,* Geschäftsstatut und Vollmacht, 1979; *Ruthig,* Vollmacht und Rechtsschein im IPR, 1996; *Kurzynsky-Singer,* Die Anknüpfung und Reichweite des Vollmachtsstatuts, 2005; *Heinz,* Das Vollmachtsstatut, 2011; vgl. aber auch G. *Fischer,* Verkehrsschutz im internationalen Vertragsrecht, 1990, bes. S. 275 ff.

[4] Heute Staudinger/*Magnus* (2016) Rom I-VO Anh. II Art. 1 Rn. 1–67; *Hausmann* in Reithmann/Martiny IntVertragsR Rn. 7.361–7.468; MüKoBGB/*Spellenberg,* 6. Aufl. 2015, EGBGB Vor Art. 11 Rn. 45–168.

[5] StRspr, siehe BGH NJW 2013, 1605 Rn. 26; BGHZ 128, 41 (47) = NJW 1995, 250; BGH NJW 2004, 1315 (1316); ferner OLG München NJW-RR 1989, 663 (664); OLG Stuttgart DNotZ 1981, 746, jew. mwN.

[6] Zuletzt BGH NJW 2013, 1605 Rn. 26; BGHZ 158, 1 (6) = NJW 2004, 1315 (1316); BGHZ 128, 41 (47) = NJW 1995, 250; BGH RIW 2001, 937 (939); BGHZ 64, 183 (192) = NJW 1975, 1220; BGH VersR 1993, 1244; BGH NJW-RR 1990, 248 (250); BGH NJW 1982, 2733 = IPRax 1983, 67; OLG Celle OLGR 2009, 720 („Wirkungsland bzw. Gebrauchsort"); OLG München IPRspr. 2008 Nr. 13; OLG Köln IHR 2009, 62 = IPRspr. 2008 Nr. 14, 25. – Zur Entwicklung vgl. näher *Spellenberg,* Geschäftsstatut und Vollmacht im IPR, 1979, 21 ff.

[7] OLG Celle OLGR 2009, 720 Rn. 32; OLG München IPRspr. 208 Nr. 13; OLG Köln IPRspr. 2008 Nr. 14.

[8] BGH NJW 2015, 2584 Rn. 46; BGHZ 43, 12 (26) = WM 1965, 82; BGH NJW 1990, 3038; BGH IPRax 1991, 247 m. Aufsatz *Ackmann* IPRax 1991, 220; *Geimer* IPRax 1994, 32; RGZ 38, 194 (196); 51, 147 (149); RG JW 1910, 181; OLG Schleswig RIW 1992, 582 f.; OLG Düsseldorf RIW 1993, 761; *S. Schwarz* RabelsZ 71 (2007), 147 ff.; Staudinger/*Magnus* (2016) Rom I-VO Anh. II Art. 1 Rn. 24; *Hausmann* in Reithmann/Martiny IntVertragsR Rn. 7.391 f.; *Kropholler* IPR § 41 I 2b; Palandt/*Thorn* Anh. Art. 10 Rn. 2; *Junker* IPR Rn. 335.

schäftlich erteilten Rechtsscheinsvollmachten komme deshalb der Gebrauchsort nicht in Frage, vielmehr komme es darauf an, wo der Rechtschein entstanden sei und wo er sich ausgewirkt habe (→ Rn. 131 ff.).[9]

Zwar war auch ganz hL, dass die Vollmacht gesondert anzuknüpfen sei,[10] doch war sehr umstritten, **2** ob der tatsächliche oder der vom Vollmachtgeber intendierte Gebrauchsort oder ggf. die Niederlassung des Vertreters gelten solle und ob vor allem letztere auch dann, wenn der Vertreter im Einzelfall nicht dort handelt.[11] Auch eine Anknüpfung an die Niederlassung oder den gewöhnlichen Aufenthalt des Vollmachtgebers wurde vertreten mit Vorbehalt zugunsten des gutgläubigen Drittkontrahenten.[12] Das Interesse der Beteiligten an einem ihnen nahen bzw. inhaltlich vertrauten Recht findet sich eher bei den Autoren, die an die Niederlassung des Vollmachtgebers anknüpfen wollen, während die Anknüpfungen an den Gebrauchsort oder die Niederlassung des Vertreters nach und nach und zuletzt fast ausschließlich mit dem Interesse des Dritten an der **sicheren Erkennbarkeit** des Anknüpfungspunktes und damit des geltenden Rechts begründet wurde.[13]

Gleichzeitig verloren die Anknüpfungen an den gewöhnlichen Aufenthalt des Vollmachtgebers[14] **3** und die Einbeziehung in das Statut des vom Vertreter geschlossenen Vertrags (unselbständige Anknüpfung der Vollmacht)[15] mehr und mehr an Unterstützung.

Weitgehend anerkannt war zuletzt bei allen, dass das Vollmachtstatut bei Schuldverträgen gewählt **4** werden kann, streitig war wie und durch wen.[16] Weil die Vollmacht durch einseitige Erklärung erteilt werde, nahm die überwiegende Meinung an, dass auch die Rechtswahl einseitig sein könne, doch müssten die anderen beiden Beteiligten, der Dritte und der Vertreter, davon in Kenntnis gesetzt werden.[17] Jedoch wird die Vollmacht in manchen anderen Rechtsordnungen wie zB Frankreich durch Vertrag erteilt, und daher wurde auch eine Rechtswahl durch Vertrag vertreten.[18] In der Praxis

---

[9] BGHZ 43, 21 (27) = NJW 1965, 487; weiter BGH WM 1965, 868; BGH NJW 1982, 2733; BGH NJW 1990, 3088; BGH NJW 2007, 1529; BGH DNotZ 1994, 485; BayObLG NJW-RR 1988, 873; BGHZ 64, 183 (192) = NJW 1975, 1220: für Anscheinsvollmacht gelte nicht die Niederlassung des Vertreters; OLG Karlsruhe ZIP 1986, 1578 nimmt für Anscheinsvollmacht ebenfalls jedenfalls nicht die Niederlassung, sondern den Handlungsort oder Anscheinsort; unklar BGH NJW 2004, 1315; LG Karlsruhe RIW 2002, 153; wohl OLG Celle OLGR 2009, 720 (Niederlassung in Finnland, Gebrauchsort Deutschland; mitgeteilter Sachverhalt aber unklar) *Kegel/Schurig* IPR § 17 V 2 S. 621; *v. Hoffmann/Thorn* IPR § 7 Rn. 51; *Erman/Hohloch* Anh. II Art. 12 EGBGB Rn. 8aE; *Hausmann* in Reithmann/Martiny IntVertragsR Rn. 7.392; *Rabel* RabelsZ 7 (1933), 797 ff.; *Schäfer* RIW 1996, 189 ff.; *Schäfer* RIW 1996, 192; *Ackmann* IPRax 1991, 222; *v. Caemmerer* RabelsZ 24 (1954), 207. für Gebrauchsort: *G. Fischer*, Verkehrsschutz im internationalen Vertragsrecht, 1990, 298 f.; *v. Bar* IPR II Rn. 592; *Steding* ZVglRWiss. 86 (1987), 45; *S. Schwarz* RabelsZ 71 (2007), 753, nur wenn die Niederlassung nicht erkennbar war; LG Bielefeld IPRax 1990, 315.

[10] Dagegen vor allem *Spellenberg* 6. Aufl. 2015, Vor Art. 11 EGBGB Rn. 45–168; *Müller-Freienfels*, Vertretung beim Rechtsgeschäft, 1955, 236 ff., teilweise *Lüderitz*, FS Coing Bd 2, 1982, 305 ff., *Kleinschmidt* RabelsZ 75 (2011), 497 ff.; *Lurger* IPRax 1996, 54 ff.

[11] Näher 6. Aufl. 2015, Vor Art. 11 Rn. 132 ff.

[12] *Kegel/Schurig* IPR IPR § 17 V 2a S. 621 f.; *Ebenroth* JZ 1983, 824 ff.; *Luther* RabelsZ 38 (1974) 421 (437 f.); *Hausmann* in Reithmann/Martiny IntVertragsR Rn. 7.377 f.; *Kropholler* IPR § 41 I 2; *Seibold/Groner* NZG 2009, 126 (129); *Erman/Hohloch* Anh. I Art. 12 Rn. 6; wohl auch *G. Fischer* IPRax 2005, 269 (270); im Ergebnis ähnlich Staudinger/*Magnus* (2016) Rom I-VO Anh. II Art. 1 Rn. 12; wohl auch *Rabel* RabelsZ 3 (1929), 835; *v. Bar* IPR II Rn. 457, 586; im Ergebnis auch *Ruthig*, Vollmacht und Rechtsschein im IPR, 1996, 124. In manchen ausländischen Rechten ist die Bevollmächtigung aber ein Vertrag. *G. Fischer*, Verkehrsschutz im internationalen Vertragsrecht, 1990, 281 ff.; vgl. auch *Klinke* RIW/AWD 1978, 642 ff.; *Luther* RabelsZ 38 (1974), 421 (438).

[13] Zuletzt eingehend *Spickhoff* RabelsZ 80 (2015) 481 ff. Den Unterschied konstatiert auch *G. Fischer*, Verkehrsschutz im internationalen Vertragsrecht, 1990, 295 Fn. 209.

[14] Zuletzt noch *Kegel/Schurig* IPR § 17 V 1a S. 621 mit Vorbehalt zugunsten des gutgläubigen Dritten nach Art. 12 S. 1 EGBGB; dazu *G. Fischer*, Verkehrsschutz im internationalen Vertragsrecht, 1990, bes. S. 281 ff.; ähnlich *P. Müller* RIW 1979, 377, 382; *Ebenroth* JZ 1983, 821, 824.

[15] 6. Aufl. 2015, Vor Art. 11 Rn. 98 ff.; und als Grundlage einer Rechtsvereinheitlichung in Europa *Kleinschmidt* RabelsZ 75 (2011), 497 (531 ff.).

[16] 6. Aufl. 2015, Vor Art. 11 Rn. 83 ff.

[17] *Hausmann* in Reithmann/Martiny IntVertragsR Rn. 7.377 f.; *Kropholler* IPR § 41 I 2; *Seibold/Groner* NZG 2009, 126, 129; *Erman/Hohloch* Anh. I Art. 12 Rn. 6; wohl auch *G. Fischer* IPRax 2005, 269 (270); im Ergebnis ähnlich Staudinger/*Magnus* (2016) Rom I-VO Anh. II Art. 1 Rn. 12; wohl auch *Rabel* RabelsZ 3 (1929), 835; *v. Bar* IPR II Rn. 457, 586; im Ergebnis auch *Ruthig*, Vollmacht und Rechtsschein im IPR, 1996, 124. In manchen ausländischen Rechten ist die Bevollmächtigung aber ein Vertrag.

[18] *Lüderitz*, FS Coing, Bd. 2, 1982, 195 (196); *de Quenaudon* Rev. crit. dr. int. pr. 1984, 601 ff. verlangt nicht nur die Zustimmung der beiden Hauptparteien, sondern immer das Einverständnis aller drei Beteiligter. Die Haager Konvention über das auf die Stellvertretung anwendbare Recht v. 14.3.1975 (Text Clunet 1974, 68 ff.), das nur von wenigen Staaten ratifiziert wurde, verlangt in Art. 14 einen schriftlichen Vorschlag des Vollmachtgebers und ausdrückliche, nicht notwendig schriftliche Annahme der anderen Hauptpartei.

war der Unterschied wohl nicht so groß, weil eine konkludente Zustimmung zum Wahlvorschlag des Vollmachtgebers in dem Abschluss des Vertrages mit dem Vertreter gesehen werden kann. Rechtsprechung dazu fehlte aber anscheinend.

5   Sehr umstritten war dagegen die Anknüpfung mangels Rechtswahl.[19] Dabei stellte die hM nicht mehr wie anfänglich das RG darauf ab, dass dem Drittkontahenten nicht zugemutet werden solle, ein ihm **inhaltlich fremdes Stellvertretungsrecht** zu beachten, sondern es ging ihr darum, dass der Dritte und in einem geringeren Maße auch der Vollmachtgeber leicht erkennen könne, **welches Recht** dafür gelte, dass er also den Anknüpfungspunkt erkennen könne, um sich ggf. über dieses Recht zu informieren.[20] In dieser Hinsicht wurden die Parteiinteressen von der hM abgewogen und das „Wirkungsland" ggf. teils nach der Niederlassung des Vertreters, teils nach dem Ort bestimmt, an dem er von der Vollmacht durch den Vertragsschluss Gebrauch machte. Es fand sich aber auch der Gedanke, die Vollmacht habe einen eigenen Schwerpunkt in einer Rechtsordnung oder sogar das Dreiecksverhältnis insgesamt.[21] Es hätte der Diskussion gut getan, wenn man sich genauer über diese durchaus verschiedenen Fragestellungen verständigt hätte.

6   Der **Anwendungsbereich** des so bestimmten Vollmachtsstatuts wurde mit der Formel bestimmt, es erfasse alle unmittelbaren Vollmachtsfragen von ihrer wirksamen Erteilung über Inhalt und Wirkung bzw. ihre wirksame Begründung, Umfang, Wirkungen bis zu ihrem Erlöschen.[22] Die Formel erweist sich aber als wenig trennscharf, vor allem weil die Wirkung der Vertretungsmacht gerade die ist, den Vertretenen gegenüber dem Dritten wirksam zu verpflichten und zu berechtigen. Es verwundert daher nicht, dass die Zuordnung vieler Einzelfragen zum einen oder anderen Statut streitig war und weiterhin ist (→ Rn. 150 ff.). Besser schiene die Formel, dass das Vollmachtsstatut die Erteilung und die Beendigung der Befugnis, besser der Legitimation des Vertreters, für den Vollmachtgeber zu handeln, und ihren Inhalt bzw. ihren Umfang erfasse, nicht aber das dadurch entstandene Rechtsverhältnis der Hauptparteien bzw. die Wirkung des Vertreterhandelns. Aber auch sie gäbe bei vielen Einzelfragen keine bündige Antwort.

7   Rechtsprechung hierzu ist ebenfalls selten, was sich zT damit erklären mag, dass in erster Linie um die Wirksamkeit des durch den Vertreter geschlossenen Vertrages zwischen den Hauptparteien gestritten wurde, und zB die Haftung des falsus procurators bei seiner Unwirksamkeit erst in einem späteren Prozess zu behandeln gewesen wäre. Bei der Annahme der Wirksamkeit der Vollmacht stellte sich anscheinend nicht mehr die Frage, ob diese oder jene Vertragswirkung vielleicht nach dem Vollmachtsstatut zu beurteilen wäre. Es fällt auch auf, dass die Vollmacht im praktischen Ergebnis eher selten nach einem anderen Recht als dem Statut des Vertrages beurteilt wurde.[23]

8   Da der **europäische Verordnungsgeber** die Frage der Stellvertretung aus der **Rom I-VO ausgeklammert** hatte (Art. 1 Abs. 2 lit. g Rom I-VO) und ein Tätigwerden auf europäischer Ebene in näherer Zukunft auch nicht zu erwarten war (→ Rn. 10), schlug der **Deutsche Rat für IPR i.J. 2015** eine eigene **gesetzliche Regelung** vor,[24] die der Gesetzgeber nun mit dem neuen Art. 8 weitgehend gefolgt ist.[25] Zudem ist von einer größeren Bedeutung der Frage auszugehen, als sie die zum Teil spärliche Rechtsprechung widerspiegelt. Wenngleich die Einbeziehung in das Vertragsstatut einfacher und angemessener gewesen wäre (Voraufl. Vor Art. 11 Rn. 102 ff.), so ging die Entwicklung national wie international doch deutlich zur selbständigen Anknüpfung.[26]

9   **2. Plazierung.** Es lag auch nahe, den durch die Abschaffung der Entmündigung 1990[27] frei gewordenen Art. 8 aF wieder zu verwenden, obwohl dort vielfach bereits die Kommentierung der Anerkennung ausländischer Entmündigungen, die es durchaus noch gibt, Platz gefunden hatte.[28] So

---

[19] Eingehend 6. Aufl. 2015, Vor Art. 11 Rn. 98 ff.

[20] Näher 6. Aufl. 2015, Vor Art. 11 Rn. 98 ff., mwN.

[21] *Ruthig,* Vollmacht und Rechtsschein im IPR, 1996, 120 ff., 154 f.; *S. Schwarz* RabelsZ 71 (2007) 729 (749 ff., 761 f.).

[22] Staudinger/*Magnus* (2016) Rom I-VO Anh. II Art. 1 Rn. 42; *Hausmann* in Reithmann/Martiny IntVertragsR Rn. 7.407.

[23] Staudinger/*Magnus* (2016) Rom I-VO Anh. II Art. 1 Rn. 11; Voraufl. Vor Art. 11 EGBGB Rn. 149 mN.

[24] Abgedruckt mit einer Einführung durch *v, Hein* IPRax 2015, 578 ff. Grundlage war ein ausführliches Rechtsgutachten von *Spickhoff* RabelsZ 80 (2016) 481 ff.

[25] Eingefügt durch Art. 5 des Gesetzes zur Änderung von Vorschriften im Bereich des Internationalen Privat- und Zivilverfahrensrechts vom 11.6.2017, BGBl. 2017 I S. 1607; vorangegangen war der Entwurf eines Gesetzes zur Änderung von Vorschriften im Bereich des internationalen Privat- und Zivilverfahrensrechts, BT-Drs. 18/ 10714, 24 ff.; zum vorangehenden Referentenentwurf eingehend *Rademacher* IPRax 2017, 56 ff.

[26] Kollisionsrechtsvergleichung zB bei *G. Fischer,* Verkehrsschutz im internationalen Vertragsrecht, 1990, 278 ff; *S. Schwarz* RabelsZ 71 (2007) 729, 734; auch *Ruthig,* Vollmacht und Rechtsschein im IPR, 1996, 81 ff; *Spellenberg,* Geschäftsstatut und Vollmacht im internationalen Privatrecht, 1976.

[27] Betreuungsgesetz v. 25.1.1990 BGBl., 1990 I S. 2002.

[28] Voraufl. Art. 8 Rn. 5 ff.

findet sich die gewillkürte Vollmacht nun etwas überraschend zwischen den Artikeln betreffend die Rechtsfähigkeit und die Todeserklärungen. Keinesfalls sollte daraus der Schluss gezogen werden, dass die Vollmacht eine Eigenschaft der Person sei. Richtig und wichtig ist aber, dass die gewillkürte Stellvertretung in dem 2. Abschnitt steht, der (auch) dem Recht der Rechtsgeschäfte im Allgemeinen gewidmet ist, zu dem sie gehört (Voraufl. Vor Art. 11 Rn. 47 ff.). Es schadet nicht, dass es Rechtsgeschäfte gibt, bei denen Art. 8 nicht anzuwenden ist (→ Rn. 51 ff.), der seinen praktischen Schwerpunkt bei Schuldverträgen und Verfügungen hat.

II. Zweck der Regelung

1. Rechtsklarheit. Die neue gesetzliche Regelung dient der **Rechtsklarheit und Rechtssicher-** **10** **heit,** indem sie die bisherigen Diskussionen um die richtige Anknüpfung im Grundsatz beendet, die immer ausgedehnter und differenzierter wurden.[29] Eine neue gesetzliche Regelung schneidet immer manche Diskussionen ab. Auch verspricht sich der deutsche Gesetzgeber mehr Gewicht bei einer allfälligen **europäischen Vereinheitlichung** der Materie,[30] nachdem ein erster Versuch dazu mit der Rücknahme des Art. 7 auf Beschluss des europäischen Parlaments aus dem „Vorschlag für eine Verordnung des Europäischen Parlaments und des Rates über das auf vertragliche Schuldverhältnisse anwendbare Recht" gescheitert war.[31] Der Vorschlag enthielt einige sehr umstrittene Regelungen.[32] Es sieht auch nicht so aus, dass ein neuer Versuch bald ansteht.

Der Vorschlag der Kommission von 2005 sah vor (zumindest konnte der zugegebenermaßen **11** unklar formulierte Text so verstanden werden), dass die Vertretungsmacht vom Vertragsstatut umfasst werde.[33] Das war zwar zu begrüßen, aber wohl zu revolutionär, da die Entwicklung seit langem auch international zu einer selbständigen Anknüpfung der Vollmacht ging (6. Aufl. 2015, Vor Art. 11 Rn. 98 ff.). Der Gesetzgeber ist natürlich frei.

2. Grundprinzipien. a) Rechtswahl. Rechtswahl geht nach Art. 8 Abs. 1 der objektiven **12** Anknüpfung vor. Das war auch bisher hM, doch ist sie soweit ersichtlich in der Rechtsprechung nie erkannt worden, obwohl sie nicht ausdrücklich sein musste, sondern auch konkludent erfolgen konnte.[34]

Im Übrigen war in der Literatur sehr streitig, durch wen die Rechtswahl vorzunehmen war. Die **13** überwiegende Meinung sprach sich für eine einseitige Erklärung des Vollmachtgebers entsprechend dem § 167 BGB aus, ohne dazu Stellung zu nehmen, dass nach fremdem Sachrecht auch eine Erteilung durch Vertrag vorkommt (zB Art. 1984 franz.C.c.). Die Gegenmeinung sah einen Vertrag der drei Beteiligten, wenigstens der beiden Hauptparteien vor (→ Rn. 4). Art. 8 Abs. 1 gibt beiden Seiten recht und unterscheidet die einseitige Wahl durch den Vollmachtgeber und die gemeinsame Wahl durch Vereinbarung der drei Beteiligten. Letztere geht vor, auch wenn schon eine einseitige Wahl erklärt war (→ Rn. 87 f.).

b) Objektive Anknüpfung. aa) Gebrauchsort und Niederlassung. Mangels Rechtswahl ist **14** objektiv anzuknüpfen. Inhaltlich folgt die Neuregelung im Prinzip der bisher hM und damit der selbständigen Anknüpfung der Vollmacht (Voraufl. Vor Art. 11 Rn. 118 ff.). Sie hat aber eine Anknüpfungsleiter neu eingeführt, bei der ggf. an der Spitze die Niederlassung des Vertreters steht, und ersatzweise zuletzt an den Gebrauchsort anzuknüpfen ist. Die Diskussion innerhalb der hM um die richtige Anknüpfung an den Gebrauchsort der Vollmacht oder die Niederlassung des Vertreters wurde bisher vor allem unter dem Gesichtspunkt ihrer Erkennbarkeit geführt, und diese steht nun auch deutlich im Vordergrund der Neuregelung. Dabei ist jedoch zu beachten, dass die prinzipielle Erkennbarkeit nicht der Grund für die Anknüpfungsregeln ist,[35] sondern der Gesetzgeber macht die jeweilige Anknüpfung nun davon abhängig, dass der individuelle Drittkontrahent zB die Niederlassung des Vertreters im konkreten Fall auch erkennen konnte. Nur bei der letzten Stufe in der Anknüpfungsleiter ist das nicht mehr nötig (Abs. 5 S. 3). Das ist insoweit neu, als bisher im internatio-

---

[29] *Rademacher* IPRax 2017, 56 (62).

[30] *v. Hein* IPRax 2015, 578 (579).

[31] KOM(2005) 650 endg.

[32] Zur Kritik der noch im Kommissionsentwurf vorgeschlagenen Regelung siehe *Heinz*, Das Vollmachtsstatut, 2011, 84 ff.; *Spellenberg* in Ferrari/Leible, Ein neues Internationales Vertragsrecht für Europa, 2007, 151 ff.; kritisch auch *Mankowski* IPRax 2006, 101 (108 f.) *Max Planck Institute* RabelsZ 71 (2007), 225 (298–301); *Schwarz* RabelsZ 71 (2007) 729 (746–774).

[33] *Spellenberg* in Leible/Unberath, Ein neues internationales Vertragsrecht für Europa, 2007, 151 ff.

[34] 6. Aufl. 2015, Vor Art. 11 Rn. 83 ff.

[35] So anscheinend oder tendenziell Staudinger/*Magnus* (2016) Rom I-VO Anh. II Art. 1 Rn. 13; *Hausmann* in Reithmann/Martiny IntVertragsR Rn. 7.371 f.; wie hier *v. Hein* IPRax 2015, 578 (580); wohl auch *Spickhoff* RabelsZ 80 (2016) 481 (513 f., 516 ff.) u.ö.

nalen Vertragsrecht die Anknüpfung zB an den gewöhnlichen Aufenthalt des Verkäufers (Art. 4 Abs. 1 lit a Rom I-VO) auch dann gilt, wenn der Käufer im Einzelfall diesen nicht erkennen konnte.[36] Deshalb war auch eine Regelung der Beweislast nötig (→ Rn. 122).

15   Es entsprach schon bisher der hM, dass nicht an den Gebrauchsort der Vollmacht, sondern ggf. an die eigene Niederlassung des gewerbsmäßig tätigen Vertreters anzuknüpfen sei,[37] bei einem Arbeitnehmer an die Niederlassung seines Arbeitgebers.[38] Die Rechtsprechung tendierte eher zum Gebrauchsort, musste sich aber nicht wirklich festlegen.[39] Insoweit bringt Art. 8 Abs. 2, 3 nichts grundlegend Neues, gibt aber beiden Anknüpfungen je ihren eigenen Anwendungsbereich. Anders ist das mit dem Ort der gewöhnlichen Ausübung, der in Abs. 4 auftaucht, und definitionsgemäß eine Dauervollmacht voraussetzt. Ihre möglichen Besonderheiten sind bisher wenig erörtert,[40] doch ging auch der BGH davon aus, dass in diesem Fall nicht an den jeweiligen Gebrauchsort angeknüpft werden könnte.[41] Die einem Vertreter mit Niederlassung erteilte Vollmacht ist jedenfalls nicht notwendig auch eine Dauervollmacht.

16   Die Anknüpfung an den gewöhnlichen Aufenthalt des Vertreters gilt nach Art. 8 Abs. 2 nur, wenn er – selbständig – unternehmerisch tätig ist. Das ist nicht dasselbe wie eine selbständige berufliche Tätigkeit. Im deutschen Recht ist der Rechtsanwalt gewerblich, aber nicht unternehmerisch tätig. Der Vorschlag des deutschen Rats sprach noch von einer „selbständigen beruflichen oder unternehmerischen Tätigkeit".[42] Der Gesetzgeber verweist jedoch zurecht auf § 14 BGB, wonach unternehmerisch handelt, wer gewerblich oder selbständig beruflich tätig ist. Dass Art. 8 Abs. 2 bei den selbständig oder abhängig unternehmerisch tätigen Vertretern auf den gewöhnlichen Aufenthalt und nicht mehr wie der Deutsche Rat auf die Niederlassung verweist, bedeutet also keinen Unterschied, weil die Verweisung in Abs. 8 auf Art. 19 Abs. 1 und 2 1. Alt. Rom I-VO ergibt, dass die Niederlassung an die Stelle des gewöhnlichen Aufenthalts tritt.

17   Die Anknüpfung an die Niederlassung entfällt selbst bei einem gewerblich tätigen Vertreter, wenn er keine Niederlassung hat, die eine hinreichende sachliche und personelle Ausstattung voraussetzt. Ein Beispiel kann der selbständige Handelsvertreter sein. Nach § 84 HGB kann er sowohl als Vermittlungs- wie als Abschlussvertreter tätig werden, so dass von daher keine Bedenken bestünden. Hat er aber wie oft keine Niederlassung, so bleiben nur je nachdem, ob Einzel- oder Dauervollmacht die Anwendung der Abs. 4 oder 5. Zudem nimmt Art. 19 Abs. 1 S. 2 1. Alt. Rom I-VO die Gleichstellung bei natürlichen Personen nur vor, wenn sie bei der Ausübung der Vollmacht beruflich tätig sind (→ Rom I-VO Art. 19 Rn. 9, 12). Das gilt auch, wenn der Vertreter als Arbeitnehmer tätig ist (→ Rom I-VO Art. 19 Rn. 16). Dasselbe sagen Art. 8 Abs. 2 und 3.

18   Art. 8 erwähnt nicht die Möglichkeit mehrerer Niederlassungen des Vertreters, sodass wieder Art. 19 Rom I-VO herangezogen werden kann. Dessen Abs. 2 stellt darauf ab, ob der Vertrag – durch den Vertreter – „im Rahmen des Betriebs der Zweigniederlassung" geschlossen wird. Die Anknüpfung an die Haupt- oder eine Zweigniederlassung schließt ein Handeln des Vertreters an einem anderen Ort nicht aus, so lange diese Aktivität dem einen oder anderen Betrieb zugeordnet werden kann (→ Rom I-VO Art. 19 Rn. 16).[43] Ist die Zweigniederlassung bzw. ihr Ort nicht erkennbar, gilt die Hauptniederlassung.[44]

---

[36] Der Fall wurde anscheinend in der Kommentarliteratur so nirgends erörtert.

[37] BGHZ 43, 12 (26); BGH NJW 1990, 3038; BGH IPRax 1991, 247 m. Aufsatz *Ackmann* IPRax 1991, 220; *Geimer* IPRax 1994, 32; RGZ 38, 194 (196); 51, 147 (149); RG JW 1910, 181; OLG Schleswig RIW 1992, 582 f.; OLG Düsseldorf RIW 1993, 761; *S. Schwarz* RabelsZ 71 (2007), 147 ff.; Staudinger/*Magnus* (2011) Rom I-VO Anh. II Art. 1 Rn. 24; *Hausmann* in Reithmann/Martiny IntVertragsR Rn. 5457 f.; *Kropholler* IPR § 41 I 2b; Palandt/*Thorn* Anh. Art. 10 Rn. 2; *Junker* IPR Rn. 335.

[38] BGH NJW 2015, 2584 Rn. 46.

[39] BGHZ 43, 21 (26) = NJW 1965, 487; BGH WM 1965, 868; BGH NJW 1982, 2733; BGH NJW 1990, 3088; BGH DNotZ 1994, 485; BayObLG NJW-RR 1988, 873; BGHZ 64, 183 (192) = NJW 1975, 1220: für Anscheinsvollmacht gelte nicht die Niederlassung des Vertreters; OLG Karlsruhe ZIP 1986, 1578 nimmt für Anscheinsvollmacht ebenfalls jedenfalls nicht die Niederlassung, sondern den Handlungsort oder Anscheinsort; unklar BGH NJW 2004, 1315; LG Karlsruhe RIW 2002, 153; wohl OLG Celle OLGR 2009, 720 (Niederlassung in Finnland, Gebrauchsort Deutschland; mitgeteilter Sachverhalt aber unklar) *Kegel/Schurig* IPR § 17 V 2 S. 621; *v. Hoffmann/Thorn* IPR § 7 Rn. 51; Hohloch/*Erman* Anh. II Art. 12 EGBGB Rn. 8aE; *Hausmann* in Reithmann/Martiny IntVertragsR Rn. 7.392; *Rabel* RabelsZ 7 (1933), 797 ff.; *Schäfer* RIW 1996, 189 (192); *Ackmann* IPRax 1991, 222; *v. Caemmerer* RabelsZ 24 (1954), 207. Für Gebrauchsort: *G. Fischer,* Verkehrsschutz im internationalen Vertragsrecht, 1990, 298 f.; *v. Bar* IPR II Rn. 592; *Steding* ZVglRWiss. 86 (1987), 45; *S. Schwarz* RabelsZ 71 (2007), 753, nur wenn die Niederlassung nicht erkennbar war. LG Bielefeld IPRax 1990, 315.

[40] Vgl. jedoch *Ruthig,* Vollmacht und Rechtsschein im IPR, 1996, 41 f.

[41] BGH NJW 2013, 1605 Rn. 27; BGH IPRspr. 1989 Nr. 3.

[42] *v. Hein* IPRax 2015, 578 (580).

[43] Staudinger/*Magnus* (2016) Rom I-VO Anh. II Art. 1 Rn. 22 f.

[44] BeckOK BGB/*Mäsch* Rn. 47.

Die unternehmerische Tätigkeit des Vertreters muss grundsätzlich auf Gewinn ausgerichtet und 19
auf eine gewisse Dauer angelegt sein. Die einzelne Vollmacht – und idR auch der Auftrag- kann
aber durchaus eine Einzelvollmacht sein.

Wenn die konkrete Vollmacht einem zwar gewerblich, dh grundsätzlich in einem auf Gewinn 20
ausgerichteten und auf Dauer angelegten Betrieb, tätigen Vertreter gegeben wird, aber sachlich
nicht in den Rahmen dieser seiner Tätigkeit fällt, ist nicht an die Niederlassung anzuknüpfen: Der
Handelsmakler übernimmt die Verwaltung eines Mietshauses seiner Schwiegermutter. Hier gelten
nur Abs. 4 oder 5. Jedenfalls gibt es auch die nicht berufliche oder unternehmerische Vertretung in
Abs. 4, wobei die Unterscheidung danach erfolgt, ob er „in Ausübung seiner unternehmerischen
Tätigkeit" handelt oder nicht (→ Rn. 96, 100).

Auch juristische Personen können vertreten. Ihre Vollmacht ist wegen Art. 19 Abs. 1 und 2 Rom 21
I-VO an ihre Hauptverwaltung oder ggf. Zweigniederlassung anzuknüpfen.

Auf den **Gebrauchsort** oder den gewöhnlichen Ort des Vollmachtsgebrauchs kommt es nun nur 22
noch nachrangig an (Art. 8 Abs. 4 und 5). Darunter wird der Ort verstanden, an dem der Vertreter
die Erklärung, die den Vertrag schließt, abgibt oder empfängt.

bb) Erkennbarkeit. Der **Gebrauchsort** der Vollmacht kann insbesondere bei Gebrauch der 23
modernen Kommunikationsmittel wie e-mail oder Handy durch den Vertreter dem Dritten oder
auch dem Vertretenen nicht erkennbar sein. Der Gebrauchsort ist der, an dem der Vertreter seine
Vertragserklärung abgibt, nicht da wo sie zugeht und wirksam wird (→ Rn. 120). Die **Niederlassung** hat hier Vorzüge,[45] weil es nicht darauf ankommt, wo die Vollmacht ausgeübt wird, aber auch
die Niederlassung kann im konkreten Fall nicht erkennbar sein, weil der Vertreter sie nicht nennt,[46]
oder, wenn er mehrere hat, nicht erkennbar ist, von welcher aus er handelt (Abs. 2, Abs. 4).

Die Erkennbarkeit ist nicht die Anknüpfung, sondern eine **Voraussetzung** der Anknüpfung; es 24
gilt primär die Vertreterniederlassung, in zweiter Linie der Gebrauchsort und in letzter Linie der
gewöhnlichen Aufenthalt des Vollmachtgebers. Während die Niederlassung oder der Gebrauchsort
dem Dritten erkennbar sein müssen, ist die Auffangregelung des gewöhnlichen Aufenthalts des
Vollmachtgebers unabhängig von seiner Erkennbarkeit.[47] Der Gesetzgeber hat sich in Abs. 5 S. 1 für
den Ort der Abgabe der Erklärung durch den Vertreter entschieden und nicht für den Zugangsort
und erst Recht nicht für einen Ort des Vertragsschlusses.[48] Das ist zwar nicht vertreten worden,
hätte aber unter dem Gesichtspunkt der Erkennbarkeit für den Dritten einiges für sich gehabt.

Weder die amtliche Begründung noch der Deutsche Rat für IPR[49] oder *Spickhoff* erläutern näher, 25
was der Dritte erkennen können muss.[50] Immerhin hat der BGH einmal obiter zum alten Recht
im Hinblick auf ein Handeln des Vertreters außerhalb seiner Niederlassung eine Ausnahme von
der Anknüpfung an die Niederlassung erwogen, wenn „der Vertreter erkennbar nicht von seiner
Niederlassung aus gehandelt hat".[51] Es muss also nicht nur der Ort der Niederlassung, sondern auch
die Niederlassung selbst zB durch einen verwandten Briefkopf, und wohl auch die Zuordnung der
Vollmachtsausübung zu ihr erkennbar sein.[52] Ohne Niederlassung auch kein „Ort der Niederlassung".

Zwar ist ein solches obiter dictum keine sehr feste Grundlage, aber es ist vernünftig, dass der 26
Dritte dies erkennen kann. Zweifelhaft ist, ob er auch erkennen können muss, dass der Vertreter
„in Ausübung seiner gewerblichen Tätigkeit" agiert. Das kann nicht nur wichtig sein für die
Unterscheidung zwischen selbstständigen und angestellten Vertretern. Diese Einschränkung ist früher
nicht deutlich gemacht worden, auch der Deutsche Rat erwähnt sie nicht. Die Vermutung liegt
nahe, dass sie aus Art. 19 Rom I-VO entnommen wurde, wonach eine Niederlassung beruflichen
und gewerblichen Zwecken dient, und die internationale Zuständigkeit der Niederlassung verlangt
nach Art. 7 Nr. 5 Brüssel Ia-VO eine Streitigkeit „aus dem Betrieb".[53] Das soll wohl auch für die
Vollmachtsanknüpfung gelten, wenngleich andererseits diese Kenntnis für die Erkennbarkeit des
Anknüpfungspunkts nicht entscheidend scheint.

---

[45] Amtl. Begründung BT-Drs. 18/10714, 25, 26.
[46] *Spickhoff* RabelsZ 80 (2016) 481 (513, 516).
[47] Dazu *Spickhoff* RabelsZ 80 (2016) 481 (521 f.), das notfalls mit dem o.p. oder dem Institut der Gesetzesumgehung korrigieren will.
[48] BT-Drs. 18/10714, 26 zu Ab. 4; *Rademacher* IPRax 2017, 56 (61).
[49] *v. Hein* IPRax 2015, 579 ff.
[50] *Spickhoff* RabelsZ 80 (2016) 481 ff.
[51] BGH NJW1990, 3089 = IPRax 1991, 247 m. Aufs. *Ackmann* IPRax 1991, 220; ebenso *Hausmann* in
Reithmann/Martiny IntVertragsR Rn. 7.392.
[52] Letzteres auch Staudinger/*Magnus* (2016) Rom I-VO Anh. II Art. 1 Rn. 28.
[53] EuGH Slg. 1981, 819 Rn. 12 f.

27   *Heinz* meint, dass der Dritte das bei „**zumutbarer Aufmerksamkeit**" erkennen können muss,[54] doch kann man zweifeln, ob er auf alle diese Aspekte achten muss. Jedoch wäre eine Grenze schwer zu finden. Zwar wird in vielen Fällen sich der Dritte darüber vermutlich keine Gedanken machen, aber es genügt, dass er hätte erkennen können, wenn er sich die Gedanken gemacht hätte. Die Erkennbarkeit kann auch leicht fehlen, wenn bei der **Dauervollmacht** des Abs. 4 der Ort ihrer gewöhnlichen Ausübung erkennbar sein muss.

28   **3. Beweislast.** Im Sachrecht bedeutet die Beweislast, dass, wenn eine Tatsache die die Klage oder eine Einwendung begründen würde, nicht bewiesen oder auch nicht widerlegt ist, die Klage oder die Einwendung abgewiesen wird. Bei Kollisionsnormen kann so nicht verfahren werden, weil eine Antwort auf die Frage gegeben werden muss, welches Recht anzuwenden ist, und sei es für die Beweislast (vgl. Art. 18 Abs. 1 Rom I-VO). *Seibl* hat eingehend dargelegt, dass Ersatzanknüpfung hier auch die Antwort auf die Beweislastfrage geben. Ist die primär nötige Anknüpfungstatsache nicht erwiesen (oder nicht ausgeschlossen), dann kommt die **Ersatzanknüpfung** zum Zuge;[55] alternative Anknüpfungen wirken dagegen stets auch ohne dass die andere Anknüpfung nicht bewiesen ist.

29   Art. 8 enthält nun eine ganze Leiter von Ersatzanknüpfungen: Rechtswahl (Abs. 1) schließt alle objektiven Anknüpfungen der Abs. 2–5 aus. Ist sie nicht bewiesen und insbesondere auch nicht die Kenntnis des Drittkontrahenten von ihr, dann erst kommen die Abs. 2–5. Ein solches Verhältnis besteht nicht zwischen Abs. 2 und 3, sondern eine tatbestandliche Alternativität. Dagegen ist Abs. 4 eine Ersatzanknüpfung, wenn nicht bewiesen werden kann, dass der Vertreter von seiner Niederlassung oder der seines Arbeitgebers aus gehandelt hat. Dann kommt ersatzweise die Anknüpfung an den gewöhnlichen Gebrauchsort zur Anwendung (Abs. 4). Zwischen Abs. 4 und Abs. 5 S. 1 (Dauervollmacht und Einzelvollmacht) könnte eine tatbestandliche Alternativität bestehen, aber richtiger scheint doch, dass man von einer Einzelvollmacht ausgeht, wenn unklar bleibt, ob jene vorliegt. Diese Anknüpfungen werden, wie erwähnt, eingegrenzt durch das Erfordernis der positiven **Kenntnis** von der einseitigen Rechtswahl und ggf. der **Erkennbarkeit** der objektiven Anknüpfungen. Fehlt es daran, so kommen jeweils die nächstfolgenden Anknüpfungsregeln zur Anwendung, wenn zB der gewöhnliche Gebrauchsort bei einer Dauervollmacht nicht zu erkennen war, dann gilt der intendierte Gebrauchsort, und wenn diese Intention des Vollmachtgebers nicht erkennbar war, dann gilt der konkrete Gebrauchsort. Ist auch dieser nicht erkennbar, dann gilt ohne Einschränkung der gewöhnliche Aufenthalt des Vollmachtgebers. Auch für die zweiten oder dritten Ersatzanknüpfungen außer für die letzte müssen die Tatsachen bewiesen werden. Zu Ersatzanknüpfungen und Beweislastentscheidungen wird es möglicherweise vor allem wegen Unaufklärbarkeit der subjektiven Voraussetzungen der Anknüpfungen kommen. Ob man daraus auch ableiten kann, welche Partei subjektiv die Beweisführungslast trägt, ist zweifelhaft.

30   **4. Bewertung.** Die Diskussion drehte sich in den letzten Jahrzehnten vornehmlich um die **Erkennbarkeit der Vollmachtsanknüpfung,** aber sie ist kein ausreichender Grund für die richtige Anknüpfung. Auch die Niederlassung des Vollmachtgebers ist gut erkennbar und die des Dritten wäre es auch. Die Wahl braucht noch andere Gründe. Im Ergebnis dient Art. 8 vor allem den **Interessen des Vertreters,** wenn man in der Anknüpfung an seine Niederlassung, hilfsweise den vom ihm gewählten Gebrauchsort, nicht einen Kompromiss zwischen den Interessen der Hauptparteien an je ihrem eigenen Recht sehen will. Die Vollmacht wird jedoch häufig im Ergebnis an ein Recht angeknüpft, das weder der einen noch der anderen Partei näher steht, und kann daher auch nicht als Kompromiss zwischen ihren Rechtsanwendungsinteressen gelten, die aber auf ein ihnen nahes Recht gerichtet sind, zu dem die Anknüpfung an die Niederlassung des Vertreters prinzipiell nicht bzw. nur zufällig führt. Möglicherweise zielt darauf das Argument, der Vollmachtgeber, der damit seinen Aktionskreis erweitert, sei näher daran das Risiko, das mit der Stellvertretung verbunden sei, zu tragen, wenngleich oft nicht genauer ausgeführt wird, worin das Risiko der Stellvertretung gesehen wird.

31   Gemeint scheint meistens die Situation, dass sich der Vertreter bei seiner Handlung nicht im Rahmen dessen gehalten hat, was der Vollmachtgeber wollte oder sich vorstellte, bzw. aus der Sicht des Dritten, dass er mit Beschränkungen der Vollmacht konfrontiert wird, die sich aus diesem ihm fremden Recht ergeben. Es sei dem inländischen Rechtsverkehr nicht zuzumuten, meinte das RG, sich nach einem fremden Stellvertretungsrecht zu richten.[56] Das war eine typische **Verkehrsschutz-**

---

[54] Das Vollmachtsstatut S. 173; ebenso *Rademacher* IPRax 2017, 56 (59); BeckOK BGB/*Mäsch* Rn. 41 (gehörige Aufmerksamkeit).
[55] *Seibl*, Die Beweislast bei Kollisionsnormen, 2009, 95 f., 151 ff., zu alternativen Anknüpfungen S. 151 ff.
[56] RGZ 38, 194 (195); 78, 55 (60); RG Recht 1923 Nr. 1222; LZ 1929 Sp. 1268 = IPRspr. 1929 Nr. 29; DNotZ 1944, 151 f. = DR 1942, 1066.

regel, die der Partei ein ihr nahes oder vertrauteres Recht gewährt. Weitere Beispiele sind Art. 12 EGBGB und Art. 10 Abs 2 Rom I-VO oder Art. 16 EGBGB. Auch Art. 11 ist so zu verstehen.

Erst nach dem zweiten Weltkrieg hat sich die Fragestellung, ohne dass der Unterschied zunächst **32** näher diskutiert worden wäre,[57] unmerklich dahin verschoben, dass der Dritte leicht die **Anknüpfung** solle **erkennen** können, um sich dann über das betreffende Vertretungsrecht zu informieren.[58] Dieses Recht muss ihm aber keineswegs immer leicht zugänglich sein, und wird nicht selten erst im Prozess durch Gutachten ermittelt.[59] Die Erleichterung für die Drittkontrahenten ist so recht beschränkt schon bei niedergelassenen Vertretern, wenn die **Niederlassung nicht im Lande des Dritten** liegt, was bei der zunehmenden internationalen Verflechtung immer häufiger der Fall sein dürfte. Die heutige Regelung in Art. 8 entfernt sich so deutlich von der Position des Reichsgerichts.

Zu kritisieren ist weniger, dass Art. 8 sich nur zur Anknüpfung der rechtsgeschäftlich erteilten **33** Vollmacht äußert und nicht auch zu den sehr umstrittenen Scheinvollmachten, was durch Auslegung zu beantworten ist, als dass man nichts dazu erfährt, welche Fragen denn dem **Vollmachtsstatut** unterstehen sollen und welche dem **Vertragsstatut.**

III. Anwendbarkeit

1. International. Gemäß Art. 3 aE greift Art. 8 nur ein, wenn die Vollmacht einen Bezug zu **34** einem nicht deutschen Recht hat. Art. 1 Rom I-VO spricht von einer Beziehung zu mehreren Staaten. Ob das ein Unterschied ist, ist nicht hier zu untersuchen (→ Art. 3 Rn. 9 ff.). Die Internationalität einer Vollmacht kann sich daraus ergeben, dass sie zum Abschluss eines idS internationalen Vertrages verwendet wird. Das ergibt ua unmittelbar Abs. 3, denn da Vollmachtgeber und Vertreter im selben Staat sitzen, wird die einzige denkbare Auslandsbeziehung durch das Vertretergeschäft vermittelt. Das steht bei ihrer Erteilung aber noch nicht unbedingt fest. Zudem ist umstritten, wann genau ein Vertrag ein internationaler ist. Wenn man mit der hM, aber zu Unrecht, meint, das Vollmachtsstatut müsse schon vor dem Vertragsschluss feststehen, dann muss man also verlangen, dass sie zum Abschluss eines internationalen Vertrages ermächtigen müsse. Das führt einerseits zu Schwierigkeiten, wenn sie das nicht sagt, aber dann dazu verwendet wird, eventuell aber auch wenn die idS „internationale" Vollmacht zu einem rein inländischen Vertrag verwendet wird. Entscheidend muss im ersteren Fall sein, ob die Auslegung der Vollmacht ergibt, dass sie zu einem idS internationalen Vertrag ermächtigte. Andernfalls handelte der Vertreter auch ohne Vollmacht. Doch für dessen Folgen muss das anwendbare Recht auch festgestellt werden. Es ist das Statut des vom eventuell nicht legitimierten Vertreter geschlossenen Vertrages festzustellen (→ Rn. 184). Das gehört zu den Fragen, die sich uU erst nach der Ausübung der Vollmacht beantworten lassen.

2. Verhältnis zur Rom I-VO. Art. 1 Abs. 2 lit. g Rom I-VO nimmt die rechtsgeschäftliche **35** Stellvertretung von seiner Anwendung ganz aus (wie übrigens auch die gesellschaftsrechtliche Organvertretung in lit. f). Der Plan, erstere mit zu regeln, was sachlich geboten gewesen wäre, scheiterte, weil keine Einigkeit erzielt werden konnte (→ Rn. 10 f.). Deshalb wurde Art. 8 geschaffen. Der Hauptanwendungsbereich der Vollmacht wird aber der Schuldvertrag sein, für den dann das maßgebende Recht nach Art. 3 ff. Rom I-VO zu bestimmen ist.

Allgemein gehen die Bestimmungen des internationalen Schuldvertragsrechts der Rom I-VO **36** dem nationalen IPR vor, davon macht aber ua Art. 1 Abs. 2 lit. g Rom I-VO eine **Ausnahme** für die gewillkürte Stellvertretung. Die Bereichsausnahme umfasst auch Fragen, die **damit eng zusammenhängen** wie ua die Formanknüpfung der Vollmacht (→ Rn. 173 ff.), für die Art. 11 heranzuziehen ist anstelle des Art. 11 Rom I-VO, die Auslegung (Art. 32 Abs. 1 EGBGB aF und nicht Art. 12 Abs. 1 lit. a Rom I-VO) (→ Rn. 165) und der Vorbehalt des eigenen Rechts (Art. 31 Abs. 2 EGBGB aF anstelle von Art. 10 Abs. 2 Rom I-VO) (→ Rn. 140 f.). Im Allgemeinen stimmen diese deutschen und europäischen Regeln inhaltlich überein, doch nicht die Art. 11 Rom I-VO und Art. 11 EGBGB (→ Rom I-VO Art. 11 Rn. 13 ff.).

3. Zeitlicher Anwendungsbereich. Art. 8 gilt gem Art. 229 § 41 EGBGB ab dem 17. Juni **37** 2017, wobei es darauf ankommt, ob die Vollmacht noch vor diesem Tag erteilt wurde oder ein Rechtsgeschäft in fremdem Namen vorgenommen wurde. Die Vollmacht oder das Rechtsgeschäft müssen zu diesem Zeitpunkt noch nicht sachrechtlich wirksam sein. Der Gesetzgeber geht ersichtlich vom deutschen Sachrecht aus, wonach die Vollmacht durch einseitige, empfangsbedürftige Erklärung erteilt wird. Es ist denkbar, wenn auch sicher selten, dass die Erklärung vor dem Stichtag abgegeben, aber erst nach ihm zugeht und damit wirksam wird. Maßgebend ist der Tag der **Erklärungsabgabe.**

---

[57] Heute aber eingehender *Ruthig*, Vollmacht und Rechtsschein im IPR, 1996, 50 ff.
[58] Vgl. etwa *Steding* ZVglRWiss. 86 (Nr. 131987) 25 mwN.
[59] ZB in OLG München IPRspr. 2009 das Recht der Vereinigten Arabischen Emirate (Dubai).

Wenn nach dem anzuwendenden Recht die Vollmacht durch Vertrag erteilt wird wie zB nach Art. 1984 fr. C. civ. kann eine längere Zeit zwischen der „Erteilung" und ihrer Wirksamkeit durch Annahme liegen. Man wird konsequenterweise genügen lassen, wenn das Angebot vor dem Stichtag erfolgte, die Annahme mag nachfolgen.

38   Es genügt aber auch in der 2. Alt., wenn davor ein Rechtsgeschäft im Namen eines andren vorgenommen oder für einen andren entgegengenommen wurde. Das bezieht sich auf Rechtsgeschäfte in fremdem Namen ohne genügende Vollmacht. Sie können noch nach dem Stichtag genehmigt werden. Diese Situation ist häufiger, weil oft Verträge in fremdem Namen, aber erklärtermaßen ohne Vollmacht abgeschlossen werden. Die Genehmigungsfähigkeit folgt zwar aus dem Geschäftsstatut (→ Rn. 161), aber die Genehmigung selbst wird nach hM gem. dem Vollmachtsstatut vorzunehmen sein. Das wäre dann noch das alte Recht.

39   **4. Sachlicher Anwendungsbereich. a) Rechtsgeschäftlich erteilte Vollmacht.** Art. 8 benennt seinen Gegenstand und damit insoweit seinen sachlichen Anwendungsbereiche in der Überschrift als „gewillkürte Stellvertretung". Das ist zu breit und irreführend. Gemeint ist, wie der Text sogleich ergibt, die Vollmacht als Vertretungsmacht oder in neuerem Verständnis die Legitimation des Vertreters, für den Vollmachtgeber Rechte und Pflichten durch Rechtsgeschäft, dh eine Willenserklärung zu begründen. Es ist nicht die Stellvertretung in dem weiteren Sinne auch des Vorgangs der Handlung für einen anderen oder des dadurch entstandenen Rechtsverhältnisses der Hauptparteien gemeint. Dieser Vertrag beurteilt sich nach dem von den Art. 3–6 Rom I-VO etc. bestimmten Recht und nicht nach dem des Gebrauchsorts der Vollmacht.

40   Es kommt aber nicht selten vor, dass die Vertreter die Verhandlungen im Namen der Vollmachtgeber **ausdrücklich ohne Vollmacht** führen und den Vertrag paraphieren, den dann der Vollmachtgeber selbst oder ein anderer Firmenvertreter unterzeichnet.[60] Man muss fragen, ob auch für diese Art **„Verhandlungsvollmacht"** Art. 8 gilt. Weil eine Vertretungsmacht nicht einmal behauptet wird, kann sie anscheinend auch nicht angeknüpft werden.[61] Für den Vertragsschluss bzw. seine Wirksamkeit und seinen Inhalt kommt es auf eine Vollmacht der Verhandler auch nicht an, nachdem sie nicht nur ohne Vollmacht handeln, sondern der Vollmachtgeber selbst oder ein anderer von ihm Bevollmächtigter unterschreibt (zur Genehmigung des vollmachtlosen Handelns → Rn. 161 f.).

41   Eine **andere Frage** ist, wieweit der Geschäftsherr für Angaben und Zusagen zB hinsichtlich der Qualität der Waren außerhalb des Vertragstextes einstehen muss oder geltend machen kann, der Verhandler habe diese Angaben nicht machen dürfen. Das und die Zurechnung von Kenntnissen, bösem oder gutem Glauben des Verhandlers zum Vertretenen zB im Hinblick auf eine Anfechtung regelt besser allein das **Geschäftsstatut** (→ Rom I-VO Art. 10 Rn. 42).[62] Insbesondere gilt das auch für die Auslegung des Vertrages – nach seiner Genehmigung – im Lichte solcher Angaben. Das Haften des Vertreters oder Verhandlungsgehilfen aus sog. **Sachwalterhaftung** fällt unter die vertragsakzessorische Anknüpfung nach Art. 12 Abs. 1 Rom II-VO (→ Rom II-VO Art. 12 Rn. 17 mwN).[63] Bei internationalen Investitionen bezeichnen sich die beiderseitigen Anwälte dem Vernehmen nach übrigens gerne auch nur als Berater ihrer Parteien. Wenn aber das Vertragsstatut für die Zurechnung zum Geschäftsherrn eine Legitimation durch den Vertretenen voraussetzt, dann wird man diese entsprechend zur Vollmacht anknüpfen.

42   **b) Rechtsgeschäftliche Erteilung.** Der Gesetzgeber verweist in seiner Begründung (BT-Drs. 18/10714, 24) auf § 166 Abs. 2 S. 1 BGB, dh die „durch Rechtsgeschäft erteilte Vertretungsmacht".[64] Damit scheiden hier alle **direkt vom Gesetz** selbst erteilten Vertretungsbefugnisse aus wie die **gesetzliche Vertretung** Minderjähriger (Art. 16 KSÜ), die „Schlüsselgewalt" der Ehegatten (§ 1357 BGB) und sonstige güterrechtliche gesetzliche Vertretungsbefugnisse.

43   Zwar ist die Wirkung des Handelns eines **gesetzlichen Vertreters** der eines rechtsgeschäftlich Bevollmächtigten ähnlich, aber Grund und Zweck der gesetzlichen Vertretungsmacht und der Vollmacht sind grundlegend verschieden. Das ist heute im Sachrecht wie im IPR gefestigt. Versuche einer gemeinsamen oder einheitlichen Theorie der Stellvertretung waren erfolglos.

44   Die **rechtsgeschäftliche Stellvertretung** folgt im IPR anderen Regeln, weil Gegenstand der im Folgenden zu behandelnden Anknüpfungsregeln die Frage ist, ob der Vertretene kraft eines **eigenen Aktes der Selbstbestimmung** Partei des vom Vertreter vorgenommenen Rechtsgeschäfts geworden ist. Dieser Akt ist die ausdrückliche oder konkludente **Bevollmächtigungserklärung.**

---

[60] Beispiele KG Berlin IPRax 1998, 280 m. Aufs. *Leible* IPRax 1998, 257; OLG München NJW-RR 1998, 758.

[61] *Leible* IPRax 1998, 257 (258).

[62] BeckOK BGB/*Mäsch* Art. 8 Rn. 29; vgl. auch *Hausmann* in Reithmann/Martiny IntVertragsR Rn. 7.438 f.

[63] AA *Martiny* in Reithmann/Martiny IntVertragsR Rn. 4.42.

[64] Amtl. Begr. BT-Drs. 18/10714, 24; weiter Staudinger/*Magnus* (2016) Rom I-VO Anh. II Art. 1 Rn. 6.

Duldungsvollmachten sind im Grunde oft konkludente Bevollmächtigungen, wenngleich nicht immer. Weil die Übergänge fließend sind, sind auch die **Anscheinsvollmachten** gleich zu behandeln.[65] Selbst wenn man diese Zurechnung des Vertreterhandelns auf die geschäftliche Organisation des Kaufmannes zurückführt,[66] ist die Gleichbehandlung gerechtfertigt.[67] Der BGH hat recht vordergründig unterschieden, weil keine rechtsgeschäftliche Bevollmächtigung vorliege, sei anders anzuknüpfen (weiter → Rn. 133 ff.).

Auch der etwa von **Gerichten** oder Verwaltungsbehörden erteilten Vertretungsbefugnisse wie **45** zB die eines Betreuers, Pflegers, oder Insolvenzverwalters, wenn man sie überhaupt als Vertreter einstufen will, liegt **keine Selbstbestimmung** des Vertretenen zugrunde, sondern sie sind für ihn Fremdbestimmung, selbst wenn sie zu seinem Schutz erfolgen. Ein Testamentsvollstrecker wird zwar nicht notwendig vom Gericht ernannt, sondern durch das Testament, doch vertritt er den Erben, für den eine Fremdbestimmung durch den Erblasser vorliegt.

Die **organschaftliche Vertretung** juristischer Personen wie zB der GmbH oder auch nicht **46** rechtsfähiger Personenvereinigungen folgt eigenen Regeln (eingehend → IntGesR Rn. 560 ff.). Selbst wenn die organschaftliche Vertretungsmacht inhaltlich der Vollmacht angeglichen sein sollte, so ist doch ihr Entstehungsgrund und Zweck ein anderer. Sie **wurzeln unmittelbar im Gesellschaftsvertrag** oder **im Gesetz,** und Existenz und Umfang der Organbefugnisse machen erst die Handlungsfähigkeit der Vereinigung oder Gesellschaft aus.[68] Die Organe stehen nicht neben der Gesellschaft.

Ob man die **OHG** als juristische Person einstufen will oder nicht,[69] kann dahinsehen. Jedenfalls **47** ist sie ein eigenes Rechtssubjekt[70] und handelt durch Gesellschafter als Organe. Entsprechendes gilt bei der Partnerschaftsgesellschaft. Spätestens seit der Entscheidung des BGH vom 29.1.2001 ist die Rechtsfähigkeit auch der **Außengesellschaft bürgerlichen Rechts** anerkannt, die darum auch Organe haben muss (→ BGB Vor § 705 Rn. 11, → BGB § 705 Rn. 256 ff.).

Schwieriger wird die Abgrenzung bei **nicht rechtsfähigen Gruppen,** weil der Gesetzgeber **48** nicht gezwungen ist, überhaupt eine Handlungsfähigkeit der Gruppe als solcher vorzusehen, vielmehr auch die Gesellschafter persönlich als Rechtsträger ansehen kann.[71] Das Recht, dem die Vereinigung untersteht, also das Gesellschaftsstatut entscheidet zunächst darüber, ob eine organschaftliche oder vergleichbare Vertretung besteht,[72] oder ob die Gesellschafter als gemeinsam oder einzeln Selbsthandlungsbefugte sich nur gegenseitig bevollmächtigen können. Nur letzteres ist dann nach den Anknüpfungsregeln der Vollmacht zu beurteilen. Sieht das Gesetz ggf. mit dem Gesellschaftsvertrag aber Gesellschaftsorgane vor, so gehört deren Befugnis im Außenverhältnis nicht hierher, sondern ins Gesellschaftsstatut.[73]

Dagegen fällt nicht unter das Gesellschaftsstatut die Vertretungsbefugnis von **Angestellten,** auch **49** wenn sie leitende Funktionen haben.[74] Ihre Vertretungsmacht beruht auf einer vom Gesellschaftsorgan oder der Gesellschafterversammlung erteilten Vollmacht,[75] ohne dass sie selbst Gesellschaftsorgan würden. Wenn dagegen das Gesellschaftsstatut gesetzlich die Bestellung derartiger Angestellter zu Organen wie zB einen Vorstand einer AG verlangt, sind sie trotz ihrer Bestellung durch Vertrag Gesellschaftsorgane.[76] Wer allein oder mit anderen die Gesellschaft vertritt, sagt in der Regel der Gesellschaftsvertrag. Wenn Gesetz und Gesellschaftsvertrag Gesamtvertretung vorsehen, aber erlauben, dass die Gesamtvertreter einen von ihnen zur Einzelvertretung ermächtigen, dann bleibt dieser

---

[65] *Hausmann* in Reithmann/Martiny IntVertragsR Rn. 7.428.

[66] So *Pawlowski* JZ 1996, 129.

[67] Staudinger/*Magnus* (2016) Rom I-VO Anh. II Art. 1 Rn. 39 f.; *Hausmann* in Reithmann/Martiny IntVertragsR Rn. 7.428.

[68] Vgl. zB *Pawlowski* JZ 1996, 130; *Flume* BGB AT I 2, 1983, § 11, 1; der Streit um Organ- oder Vertretertheorie kann dahinstehen; ähnlich *Rigaux,* Statut de la représentation, 1963, 13 ff., 21.

[69] Dazu BeckOK HGB/*Klimke* HGB § 124 Rn. 1 f. mwN.

[70] BGH NJW 2008, 1737 Rn. 15.

[71] Zur Dogmatik von GbR und OHG vgl. einerseits *Flume* BGB AT I 1, 1977, S. 50 ff., Palandt/*Sprau* BGB § 705 Rn. 24 f., andererseits → BGB Vor § 705 Rn. 9 ff. mwN.

[72] BGHZ 128, 41 (47) = IPRax 1996, 342; BGH WM 1993, 1513 = NJW 1992, 618 (627); unstr.; vgl. auch EuGH Slg. 2000, I-9919 = NJW 2002, 3614 – Überseering.

[73] Staudinger/*Großfeld* (1998) IntGesR Rn. 685, 708 stellte auf das Vorliegen einer Organisation ab.

[74] OLG Frankfurt BB 1976, 569 verneint gesetzliche Vertretung auch für den Hauptbevollmächtigten einer ausländischen Versicherung in Deutschland nach VAG; missverständlich OLG Koblenz IPRspr. 1974 Nr. 159, das darauf abstellt, ob die Befugnisse denen eines deutschen Gesellschaftsorgans entsprechen; solche könnten aber auch durch Vollmacht erteilt werden.

[75] BGH BB 2004, 683.

[76] *Hausmann* in Reithmann/Martiny IntVertragsR Rn. 7.387 will anscheinend darüber hinaus auch Vertreter in der Geschäftsleitung ieS zum Gesellschaftsrecht nehmen.

doch Gesellschaftsorgan, so dass das Gesellschaftsstatut und nicht das Vollmachtsstatut über seine Befugnisse bestimmt.[77]

50   Nicht zuzustimmen ist der Auffassung,[78] die eine rechtsgeschäftlich erteilte Vollmacht den gesetzlichen Vertretungsbefugnissen gleichstellen will, wenn ihr Inhalt bzw. **Umfang gesetzlich** zwingend **geregelt** ist wie namentlich bei der deutschen **Prokura.** Ebenso wenig wie bei sonstigen (eigenhändigen) Rechtsgeschäften steht hier eine gesetzliche Fixierung der Wirkungen eines rechtsgeschäftlichen Handelns seiner Einordnung als Akt der Selbstbestimmung entgegen.[79]

51   **c) Ausgenommene Vertretergeschäfte. Sonderregelungen. aa) Allgemeines.** Anscheinend soll Art. 8 das Vollmachtsstatut bei allen Rechtsgeschäften des Vertreters bestimmen; er steht entsprechend im Abschnitt der Rechtsgeschäfte (im Allgemeinen). Ausdrücklich gesagt wird es nicht; es werden nur Verfügungen über Grundstücke in Abs. 6 positiv genannt, und in Abs. 7 umgekehrt Börsengeschäfte und Versteigerungen ausgenommen. Hier ergibt sich die Anwendungsgrenze nicht aus der Art der Bevollmächtigung, sondern aus der Art der Vertretergeschäfte. Die Konsequenz dieser Geltungsbeschränkung des Abs. 7 ist, dass das auf die Börsenvollmacht etc. anwendbare Recht nach anderen Regeln bestimmt wird. Sie werden hier vom Recht der Börse oder des Versteigerungsortes beherrscht,[80] das idR auch für das betreffende Rechtsgeschäft gilt, dh in diesem Bereich soll die Vollmacht im Ergebnis nicht selbständig angeknüpft werden.

52   Weitere Rechtsgeschäfte nennt Art. 8 nicht. Die amtl. Begründung erklärt jedoch, ohne darin ein Problem zu sehen, dass die **Prozessvollmacht** der lex fori folge.[81] Eine ausdrückliche Erwähnung in Art. 8 sei nicht erforderlich. Es könnte auch noch andere solche Ausnahmen nach ihrer Art geben. Es ist durchaus ein **Problem,** für welche Vertretergeschäfte Art. 8 heranzuziehen ist. Weder ein Umkehrschluss aus noch eine Analogie zu Abs. 7 geben befriedigende Antworten. Das ist nicht die Frage, die das betreffende Geschäftsstatut beantwortet, ob dabei Stellvertretung überhaupt zulässig ist, sondern es geht darum, ob die Vollmacht bei der zulässigen Stellvertretung nach Art. 8 anzuknüpfen sei oder nach anderen Regeln, die nicht geschrieben sein müssten.

53   Dafür kann man einen Hinweis der Bemerkung des Gesetzgebers entnehmen, dass im Bereich der gesetzlichen und der organschaftlichen Vertretung „die geltenden Anknüpfungen unberührt" bleiben, und **darüber hinaus** bleibe es dabei, dass Erteilung und Umfang der Prozessvollmacht nach der lex fori zu beurteilen seien.[82] Daraus darf man folgern, dass der Gesetzgeber im Übrigen den sachlichen Anwendungsbereich des Vollmachtstatuts in dieser Hinsicht **nicht ändern** wollte. Allerdings war dieser bisher auch nicht gesetzlich geregelt und es bestand doch einiger Streit darüber. Im Wesentlichen deckte das Vollmachtstatut aber schuldrechtliche Rechtsgeschäfte und Verfügungen über Sachen. Es scheint, dass der Gesetzgeber mit dem neuen Art. 8 der sachrechtlichen Vorstellung folgt, wonach die Vollmacht zur **allgemeinen Rechtsgeschäftslehre** gehört, aber nicht ausgeschlossen hat, für manche Rechtsgeschäfte anders zu regeln.

54   *Rabel* hatte seine Lehre vom eigenen Vollmachtstatut nur für Schuldverträge entwickelt.[83] Auch er hatte allerdings nicht erörtert, warum das bei Schuldverträgen anders als sonst sein sollte. Art. 8 nennt ausdrücklich auch **Grundstücksverfügungen,** wenngleich die Anknüpfung nach Abs. 6 dann anders ist. Dieser Absatz ist nicht bei **Mobilien** anwendbar, wobei noch offen bleibt, ob dennoch dieselbe Anknüpfungsregel anzuwenden ist. Verfügungen über Anteile an einer GmbH werden nicht gesondert erwähnt, daher gilt Art. 8 auch bei § 15 GmbHG.[84]

55   **bb) Prozessvollmacht.** Prozessvollmachten werden in vollem Umfang der **lex fori** unterworfen,[85] was zwar als Anknüpfung an den Gebrauchsort der Vollmacht verstanden werden kann,[86]

---

[77] AA LG Karlsruhe RIW 2002, 153 (155), jedenfalls wenn die Einzelvertretung nicht im Register verlautbar ist.
[78] *Rabel* RabelsZ 3 (1929), 811 (835); *Rabel* III S. 149, 153; *Raape* IPR S. 502.
[79] Insoweit auch *Hausmann* in Reithmann/Martiny IntVertragsR Rn. 7.387; er bildet für Bevollmächtigten in der Geschäftsleitung aber eine eigene Anknüpfungsregel; *v. Caemmerer* RabelsZ 24 (1959), 205; im schweizer Recht *Berger,* Das Statut der Vollmacht im Schweizerischen IPR, 1974, 24.
[80] *Spickhoff* RabelsZ 80 (2016) 481 (513).
[81] Unter Berufung auf BGH NJW 1990, 3088 = IPRax 1991, 247 m. Aufs. *Ackmann* IPRax 1991, 220; krit. zum Schweigen des Gesetzgebers zu dieser Ausnahme auch BeckOK BGB/*Mäsch* Rn. 15.
[82] BT-Drs. 18/10714, 24.
[83] RabelsZ 3 (1929), 807 ff.
[84] Baumbach/Hueck/*Fastrich* GmbHG § 15 Rn. 23 verweist sachrechtlich auf die §§ 164 ff.
[85] BGH MDR 1958, 319 f. = WM 1958, 557 (559); RIW 1990, 833 f. = IPRax 1991, 247 m. Aufsatz *Ackmann* IPRax 1991, 220; vgl. auch BGH NJW 1982, 2733 = IPRax 1983, 67 m. Aufsatz *Stoll* IPRax 1983, 52; ORG Berlin IPRspr. 1968/69 Nr. 20a; OLG München WM 1969, 731 = IPRspr. 1968/69 Nr. 20; OLG München IPRspr. 1970 Nr. 93; OLG Köln BeckRS 2004, 2985; OLG Zweibrücken RIW/AWD 1975, 347; LG Frankfurt a. M. RIW 1980, 291; BayObLG IPRspr. 1981 Nr. 121 (Adoptionsverfahren); *Schack* IZVR Rn. 547 unstr.
[86] So BGH LM Art. 11 Nr. 1 = MDR 1958, 319 f.; IPRax 1991, 247; OLG München IPRspr. 1974 Nr. 10b; OLG Zweibrücken RIW/AWD 1975, 347 = IPRspr. 1074 Nr. 191.

besser aber als Anwendung des „Geschäftsstatuts" zu sehen ist.[87] Hier fallen Geschäftsstatut und Recht des Gebrauchsorts notwendig zusammen. Anders ist es dagegen, wenn die Niederlassung des Vertreters zB eines Anwalts, Maß gäbe, da dieser durchaus den Prozess auch im von ihm aus gesehen Ausland führen kann.

Ob die Partei im Prozess ordnungsgemäß vertreten war, ist nach der **lex fori** zu beantworten, die die **56** Anforderungen für die Prozessvertretung aufstellt. Das betrifft die Fragen, wer im Prozess als Vertreter zugelassen werden kann,[88] ob Prozessvertretung überhaupt zulässig ist,[89] ob eine Prozessvollmacht für die Rechtsmittelinstanz[90] oder die Zwangsvollstreckung neu erteilt werden muss, und ob sie durch Tod oder Insolvenz des Vollmachtgebers erlischt.[91] Verlangt die lex fori etwa eine erneute Bevollmächtigung beim Tod der Partei oder für die Rechtsmittelinstanz oder die Zwangsvollstreckung, dann muss die Prozessvollmacht neu erteilt werden, auch wenn ein anderes Recht dies nicht verlangt. Die lex fori bestimmt „Rechtsbeständigkeit und Rechtswirkungen einer Prozessvollmacht", formuliert der BGH.[92] Sie legt fest, ob sie nötig und wie sie **nachzuweisen** ist,[93] und entscheidet auch, ob ein Prozessbevollmächtigter Untervollmacht erteilen darf oder persönlich auftreten muss.[94]

Ob ein Vertreter (oder ein Gesellschaftsorgan)[95] seinerseits eine **Prozessvollmacht erteilen** kann, **57** bestimmt dagegen das Vertretungs- oder Gesellschaftsstatut für deren Vertretungsmacht. So entnahm der BGH dem in casu englischen Vertretungsstatut, ob ein von seiner Niederlassung **in England** aus handelnder Generalvertreter eine Prozessvollmacht für einen Prozess in Deutschland erteilen konnte.[96] Der Generalvertreter war für die Durchführung eines Bauprojekts in Deutschland eingesetzt, das unter deutschem Recht durchgeführt werden sollte, und aus dem der Rechtsstreit erwuchs. Das deutsche Vertragsstatut sei nicht maßgebend dafür, ob der Generalvertreter die Prozessvollmacht erteilen durfte, sondern das Recht seiner Niederlassung. Jedoch wäre wohl **das deutsche Recht** als lex fori in Betracht gekommen, wie wenn die Vollmacht des englischen Vertreters auch die Prozessführung in Deutschland eingeschlossen hätte (und wahrscheinlich hatte), und er also eine Prozessuntervollmacht erteilt hätte, für die die lex fori gilt.[97] Die übliche Prozessvollmacht schließt häufig auch materielle Rechtsgeschäfte wie zB die Aufrechnung ein. Insoweit wird man auch die **Anknüpfung spalten** müssen. Was für die Prozessvollmacht gilt, gilt ebenso für die Vertretung vor Behörden und Schiedsgerichten.[98]

cc) Prozessführungsbefugnis. Eine **gewillkürte Prozessstandschaft** wird nach dem Verfah- **58** rensrecht des Gerichts beurteilt, welches also auch über die Voraussetzungen der erteilten Ermächtigung entscheidet, nicht aber auch über die Befugnis des zB ausländischen Konkursverwalters, sie zu erteilen.[99] Ob die Partei eine Prozessführungsbefugnis erteilen darf, oder selbst prozessieren muss, sagt die lex fori.

dd) Vorsorgevollmacht. Die Vorsorgevollmacht wird durch Rechtsgeschäft erteilt, über ihr **59** Statut entscheidet aber Art. 15 ErwSÜ und also nicht Art. 8 (→ ErwSÜ Art. 15 Rn. 1 ff.).

ee) Eheschließung. Die Eheschließung durch Boten („Handschuhehe") wird als Formfrage **60** angesehen (→ Art. 11 Rn. 130, 153; → Art. 13 Rn. 148 mwN).[100] Der BGH nannte dies Vertretung „in der **Erklärung** des Willens", man sollte aber neben Stellvertretung „im Willen" und Botenschaft nicht noch eine dritte Kategorie bilden (→ BGB Vor § 164 Rn. 63).

---

[87] So im Grunde BGH MDR 1958, 319 f. = WM 1958, 557 (559); BGHZ 64, 183, 192 = NJW 1975, 1220; ORG Berlin IPRspr. 1968/69 Nr. 20; *Schack* IZVR Rn. 547.

[88] Bei einem Botschafter stellt OLG Köln WPR 1991, 509 wohl nach Völkerrecht auf dessen Amtsbefugnisse ab; vgl. weiter *Leible* IPRax 1998, 261 f.

[89] In manchen Ländern war oder ist das in Ehesachen verboten.

[90] BGH IPRax 1991, 247 m. Aufsatz *Ackmann* IPRax 1991, 220 f.

[91] BGH WM 1958, 538; OLG München WM 1969, 731; IPRspr. 1970 Nr. 93 = RIW 1971, 111 für Beendigung durch Tod (freiwillige Gerichtsbarkeit).

[92] BGH WM 1958, 557 (559).

[93] BGH NJW-RR 2002, 933 (Vollstreckung ausländischer Schiedssprüche); BGHZ 166, 278 = NJW 2007, 772; KG NJW-RR 2004, 331 für eine Handelsregisteranmeldung.

[94] Implizit BGHZ 166, 278 = NJW 2007, 772; OLG München WM 1969, 731.

[95] BGH NJW 1992, 627; OLG Köln WRP 1991, 509.

[96] BGH RIW 1990, 833 = IPRax 1991, 247 m. Aufsatz *Ackmann* IPRax 1991, 220; abl. *Ruthig,* Vollmacht und Rechtsschein im IPR, 1996, 37 ff., 165.

[97] *Ruthig,* Vollmacht und Rechtsschein im IPR, 1996, 36 f., 164 ff; auch OLG München WM 1969, 731.

[98] KG NJW-RR 2004, 331; BFH RIW 1987, 635; BPatG GRUR 1988, 685; *Hausmann* in Reithmann/Martiny IntVertragsR Rn. 7.403.

[99] BGHZ 125, 196 (199) = NJW 1994, 2549; BGH NJW 1981, 2640; *Bernstein,* FS Sieg, 1976, 58.

[100] Vgl. BGHZ 29, 137 (142) = NJW 1959, 717; OLG Bremen FamRZ 1975, 209; OLG Hamm StAZ 1986, 134; Staudinger/*Mankowski* (2011) Art. 13 Rn. 757; *Spellenberg,* FS Schwab, 2005, 1279 ff.; aA *Gamillscheg,* FS Michaelis, 1972, 86 f.; *Gamillscheg,* FS Maridakis, Bd. 3, 1964, 47 ff.

61   Eine Vertretung mit Entscheidungsbefugnis des Vertreters kann jedenfalls nicht als Form angesehen werden (→ Art. 11 Rn. 153).[101] Das wird, vielleicht wegen der unglücklichen Begriffsbildung des BGH,[102] von den Gerichten manchmal verkannt und eine echte Vertretung „im Willen" bei der Eheschließung ebenfalls als Form eingeordnet.[103] Ob Stellvertretung bei der Eheschließung zulässig oder verboten ist, und welche Folgen im letzteren Fall für die Ehe eintreten, ist ebenso nach dem **Heimatrecht des vertretenen Nupturienten** zu beurteilen wie die Anforderungen an die Vollmachterteilung und das Maß der Entscheidungsfreiheit des Vertreters, dh der mögliche Umfang der Vollmacht. Anders als bei Schuldverträgen werden also alle Vertretungsfragen einheitlich der nach Art. 13 Abs. 1 bestimmten lex causae unterworfen (→ Art. 13 Rn. 148).[104]

62   **ff) Erbrechtliche Geschäfte.** Ob bei letztwilligen Verfügungen Stellvertretung zulässig ist, sagt nach Art. 26 Abs. lit c EuErbVO das Erbstatut.[105] Da sie sachrechtlich in der Regel, aber nicht überall ausgeschlossen ist,[106] tritt das Problem der Anknüpfung einer Vollmacht selten auf. Da bei Testamenten kein Verkehrs- oder Vertrauensschutz zu gewähren ist, entfällt von vorneherein der Grund der hM bzw. des Art. 8 für die eigenständige Anknüpfung der betreffenden Vollmacht, doch liegen keine Äußerungen zur Anknüpfung der Vollmachten vor, die der Erblasser zur Errichtung seines Testaments oder eines Erbvertrags erteilt hat. Man sollte das Erbstatut als Statut des Erbvertrages anwenden. Art. 26 Abs. 1 lit. c EuErbVO unterstellt die Zulässigkeit der Stellvertretung dem Erbstatut. Das dürfte auch die Erteilung der Vollmacht dazu einschließen.[107] Die nicht letztwillig verfügende Partei eines Erbvertrages kann sich jedenfalls nach § 2274 BGB vertreten lassen, und hier mag Art. 8 herangezogen werden, da es sich dabei um schuldrechtliche Versprechen handelt. Im Übrigen aber gilt Art. 8 als eine Ausprägung des Verkehrsschutzes, der bei Testamenten und Erbverträgen auf Seiten des Erblassers keine Rolle spielt, so dass die Voraussetzungen und Wirkungen einer Vollmacht dazu dem Erbstatut unterstellt werden sollten.

63   Wenn **Geschäfte auf den Todesfall** wie Schenkungen von Todes wegen und **Erbteilsverkäufe** als lebzeitige zu qualifizieren sind, kommt auch Art. 8 zum Zuge. Das bedarf aber weiterer Untersuchung.

64   Vollmachten zur Verfügung über Grundstücke und erst recht über Mobilien fallen unter Art. 8, wenn auch die Anknüpfung jedenfalls für erstere eine andere ist (Abs. 6).

IV. Anknüpfung

65   **1. Vorrang der Rechtswahl. a) Zulässigkeit.** Abs. 1 lässt generell die Wahl des Vollmachtsstatuts zu und rückt sie an die erste Stelle. Das entspreche einem praktischen Bedürfnis und der heutigen, zentralen, Stellung der Parteiautonomie im IPR[108] und folgt der schon bisher ganz hM[109] sowie einem praktischen Bedürfnis angesichts der manchmal schwierigen Lokalisierung des Gebrauchsortes der Vollmacht. Es entspricht der Rechtswahlfreiheit für schuldrechtliche Verträge. Dabei muss, was seltener[110] erwogen wird, auch die (konkludente) Wahl des Geschäftsstatuts als Vollmachtsstatut zugelassen werden.

[101] Zur Ehe Staudinger/*Mankowski* (2011) EGBGB Art. 13 Rn. 219; *Spellenberg*, FS Schwab, 2005, 1285 ff.; *Rauscher* IPR S. 159; BayObLGZ 2000, 335; BGHZ 29, 137 = NJW 1959, 717; aber auch → EGBGB Art. 13 Rn. 148.

[102] BGHZ 29, 137 (142) = NJW 1959, 717.

[103] OLG Karlsruhe StAZ 1994, 286: zudem verdeckte Stellvertretung durch Heirat unter fremden Namen; VG Koblenz InfAuslR 1993, 97; KG FamRZ 1973, 435; OLG Hamm StAZ 1986, 134; dagegen aber Staudinger/ *Winkler v. Mohrenfels* (2013) Art. 11 Rn. 110 f.; KG OLGZ 1973, 435 = StAZ 1973, 217; LG Stuttgart StAZ 1992, 379.

[104] Zur Handschuhehe weiter rechtsvergleichend Staudinger/*Mankowski* (2011) Art. 13 Rn. 748 ff.; *Spellenberg*, FS Schwab, 2005, 1279 ff.

[105] Zum bisherigen Recht Staudinger/*Dörner* (2007) Art. 25 Rn. 236; *Kegel/Schurig* IPR § 21 III 2c S. 1015; unstr.

[106] Ausnahmen nennt Staudinger/*Dörner* (2007) Art. 25 Rn. 236.

[107] *Kurzynsky-Singer*, Anknüpfung und Reichweite des Vollmachtsstatuts, 2005, 182.

[108] *v. Hein* IPRax 2015, 578 f.

[109] ZB *Rabel* RabelsZ 3 (1929), 808 (835); *Makarov*, FS T. Perassi, Bd. 2, 1957, 51 f.; *P. Müller* RIW/AWD 1979, 383 f.; *Lüderitz*, FS Coing, Bd. 2, 1982, 319 f.; *Hausmann* in Reithmann/Martiny IntVertragsR Rn. 7.376; Staudinger/*Magnus* (2016) Rom I-VO Anh. II Art. 1 Rn. 12; Soergel/*Lüderitz* Anh. Art. 10 Rn. 101; BeckOK BGB/*Mäsch* Rn. 33; *Schäfer* RIW 1996, 191; *E. Lorenz* RIW 1987, 569 f.; *v. Hoffmann/Thorn* IPR § 7 Rn. 55; Erman/*Hohloch* Art. 37 Rn. 15; *v. Bar* IPR II Rn. 457, 586; *G. Fischer* IPRax 2005, 269 (271 f.); *Spickhoff* RabelsZ 80 (2016) 497 ff.; *Heinz*, Das Vollmachtsstatut, 2011, 194 ff., 202, allerdings auch auf der Grundlage des dann gescheiterten Entwurf der Rom I-VO; *v. Caemmerer* RabelsZ 24 (1959), 208 hielt die Frage für noch ungeklärt.

[110] Ausnahme *G. Fischer*, Verkehrsschutz im internationalen Vertragsrecht, 1990, 285 f.; *Ruthig*, Vollmacht und Rechtsschein im IPR, 1996, 127 ff.; zur Lehre von *Lüderitz* → Rn. 94 f.

Allerdings enthält Abs. 6 eine eigene Regel für Vollmachten zu Verfügungen über **Grundstücke** **66**
und Rechte an Grundstücken, die auf Art. 43 und 46 verweist, die eine **Rechtswahl ausschließen.**
Es war auch bisher hM, dass eine Rechtswahl für die Vollmacht zu Verfügungen über Grundstücke
ausgeschlossen war.[111] Als **Grund** für die zwingende Anwendung der lex rei sitae, also des Geschäftsstatuts auch für die **Verfügungsvollmacht,** wurde meist das Interesse an der reibungslosen Durchführung der Verfügung im Belegenheitsland angegeben.[112] Art. 43 Abs. 1und 46 gelten auch für die
Bewilligung von Vormerkungen, weil sie einer dinglichen Verfügung nahe kommen.[113]

Rechte an Grundstücken sind insbesondere die Grundpfandrechte,[114] und der dingliche Nieß- **67**
brauch. Grunddienstbarkeiten und beschränkt persönliche Dienstbarkeiten sind in Deutschland nicht
selbständig veräußerlich und daher hier nicht zu behandeln.

Abs. 6 beschränkt sich ausdrücklich auf die **Verfügung über Grundstücke,**[115] und wirft daher zwei **68**
Fragen auf: Zum einen: Schließt der Verweis auf Art. 43 Abs. 1 und 46 tatsächlich auch die Rechtswahl
für die Vollmacht aus? Es wird nämlich vertreten, dass das Statut der Vollmacht gewählt werden könne,
weil man den Dritten nicht gegen seinen Willen schützen müsse.[116] Abs. 6 gibt aber zum anderen, wenn
hier das Verfügungsstatut nicht gewählt werden kann, auch Anlass zu der Frage, ob die Rechtswahl für
die Vollmacht nur dann zu zulassen ist, wenn sie es auch für das Hauptgeschäft ist.[117] In der Tat ist eine
Wahl des Vollmachtsstatuts für erbrechtliche Geschäfte[118] oder für die Prozessvollmacht kaum erwogen worden. Für **dingliche Verfügungen** über Mobilien wird sie dagegen vertreten,[119] obwohl die
Verfügung selbst eine Rechtswahl nicht zulässt. Doch die Vertretungsmacht ist eine Wirksamkeitsvoraussetzung des Hauptgeschäfts und daher fällt auch sie unter den Zweck des Ausschlusses der Parteiautonomie. Die Gründe, dafür die Rechtswahl nicht zuzulassen, dürften vielfach, wenn nicht idR auch für die
Vollmacht dazu gelten.

Das beträfe also nicht nur die Vollmacht zu **Verfügungen über Mobilien,** sondern auch GmbH- **69**
Anteile. Methodisch ist sowohl an eine Analogie zu Abs. 6 wie an einen Umkehrschluss zu denken.
Für die Zulassung der **Rechtswahl bei Mobiliarverfügungen** spricht zwar, dass bei ihnen das
Interesse der Umwelt über die Rechtsverhältnisse an ihnen deutlich geringer ist als bei Grundstücken,
doch genügt das nicht für die Zulassung der Rechtswahl solange die Verfügung selbst sie nicht zulässt.
Bei GmbH-Anteilen gilt das ebenso.

Für **schuldrechtliche** Grundstücke und erst recht Mobilien betreffende Verträge zB den Verkauf **70**
gilt die allgemeine Regel der Abs. 1 bis 5.[120] Das entspricht insoweit der bisher hM, die dafür[121]

---

[111] RGZ 149, 93; RG DNotZ 1944, 151 = DR 1943, 1066; BGH NJW 1963, 46; LG Berlin I IPRspr. 1932
Nr. 63; JW 1935, 877; KG IPRspr. 1933 Nr. 9; OLG Stuttgart OLGZ 1981, 164 und 1982, 257 (dieselbe Sache);
OLG München IPRax 1990, 320 m. Aufsatz *Spellenberg* IPRax 1990, 296 = RIW 1990, 226 f.; *Spickhoff* RabelsZ
80 (2016) 494. Da die lex rei sitae meist auch das Recht des Ortes ist, wo die Vollmacht gebraucht wird,
wird in den Formulierungen häufig nicht deutlich unterschieden zwischen Sonderanknüpfung an den Ort und
Anwendung des Geschäftsstatuts; in RGZ 149, 93 wurde die Vollmacht außerhalb des Belegenheitslandes
gebraucht, Bedenken bei *v. Caemmerer* RabelsZ 24 (1959), 209; Staudinger/*Mansel* (2015) EGBGB Art. 43
Rn. 1191 f.; Staudinger/*Magnus* (2016) Rom I-VO Anh. II Art. 1 Rn. 32.

[112] RGZ 149, 93 (94); *Hausmann* in Reithmann/Martiny IntVertragsR Rn. 7.371; Staudinger/*Magnus* (2016)
Rom I-VO Anh. II Art. 1 Rn. 30; Staudinger/*Mansel* (2015) EGBGB Art. 43 Rn. 103; zur str. Zulassung der
Auflassung deutscher Grundstücke im Ausland *Spellenberg,* FS Schütze, 1999, 894 f.

[113] *Leible* IPRax 1998, 258 (262); aA *Spickhoff* RabelsZ 80 (2016) 481 (498); NK-BGB/*Doehner* Anh. Art. 11
Rn. 6.

[114] RGZ 149, 93 Hypothek.

[115] Im Ergebnis nur für Vollmachtsumfang BGH JZ 1955, 702 m. Anm. *Gamillscheg;* offengelassen in RGZ
149, 93 bei Verpfändung von Briefhypotheken im Ausland, wogegen *v. Caemmerer* (RabelsZ 24 (1959), 201 (209))
Bedenken äußert, Briefhypotheken überhaupt der lex rei sitae des Grundstücks zu unterwerfen; obiter BGH
NJW-RR 1990, 248 (250), aber abl., weil es sich um eine Dauervollmacht handelte; BGH NJW 1963, 46; OLG
Frankfurt WM 1963, 872; LG Berlin I IPRspr. 1930 Nr. 24 (S. 61); KG IPRspr. 1931 Nr. 21 (bei beiden waren
jedoch lex rei sitae und Wirkungsstatut der Vollmacht identisch); für Anwendung der lex rei sitae *Ferid* IPR
Rn. 5–155; *Müller* RIW/AWD 1976, 378 f.; wohl *Leible* IPRax 1998, 257 (260).

[116] *Hausmann* in Reithmann/Martiny IntVertragsR Rn. 7.398; aA *S. Schwarz* RabelsZ 71 (2007) 729 (774).

[117] So BeckOK BGB/*Mäsch* Rn. 34; *Seibold/Groner* NZG 2009, 126 (129); gegen *Hausmann* in Reithmann/
Martiny IntVertragsR Rn. 7.398; *Spickhoff* RabelsZ 80 (2016) 481 (498).

[118] Vgl. aber nun Art. 26 EuErbVO.

[119] *Spickhoff* RabelsZ 80 (2016) 481 (498); NK-BGB/*Doehner* Anh. Art. 11 Rn. 6; *Hausmann* in Reithmann/
Martiny IntVertragsR Rn. 7.398 lässt sie sogar bei Grundstücken zu; aA *Seibold/Groner* NZG 2009, 126 (129);
BeckOK BGB/*Mäsch* Rn. 34.

[120] *Hausmann* in Reithmann/Martiny IntVertragsR Rn. 7.400 m. 7.376.

[121] Vgl. *Hausmann* in Reithmann/Martiny IntVertragsR Rn. 7.400 zu, *v. Caemmerer* RabelsZ 24 (1959), 201
(209); *Ficker* RabelsZ 24 (1959) 333; Staudinger/*Magnus* (2016) Rom I-VO Anh. II Art. 1 Rn. 33; Soergel/
Lüderitz Anh. Art. 10 Rn. 90, 101; aA *Leible* IPRax 1998, 258.

wie für die Grundstücksverwaltung[122] die Vollmachten **objektiv** und überwiegend nicht dem Belegenheitsrecht, sondern dem Gebrauchsort der Vollmachten unterstellte.

71   Abs. 1 sagt nichts zur **Form** der Wahl eines Vollmachtsstatuts. Aus Art. 3 Abs. 1 Rom I-VO entnimmt man, dass die Vereinbarung eines Vertragsstatuts grundsätzlich, dh solange nichts anderes gesagt ist (vgl. Art. 11 Abs. 4 Rom I-VO) formfrei ist.[123] Zwar ist Art. 3 Rom I-VO wegen Art. 1 Abs. 2 lit g hier nicht anwendbar, aber dasselbe galt und gilt auch im deutschen IPR und ist in dem aufgehobenen Art. 27 Abs. 1 EGBGB aF enthalten, und bedeutet insbesondere, dass die Rechtswahl nicht der Form des Hauptgeschäfts bedarf. Da für eine Rechtswahl grundsätzlich **keine besondere Form** vorgeschrieben ist, ist sie es auch hier nicht.[124]

72   **b) Vorrang der Rechtswahl.** Nach den allgemeinen Regeln des internationalen Schuldvertragsrechts geht eine Rechtswahl vor, wie auch immer man die Vertretungsmacht sonst anknüpfen wollte. Lässt man sie zu, so muss man konsequenterweise prüfen, ob nach dem Parteiwillen die Wahl eines Rechts für den **Hauptvertrag** die Vollmacht mit einbeziehen soll.[125] So hat der BGH einmal zur gesetzlichen Teilfrage der Form in der Wahl eines Geschäftsstatuts die konkludente Abwahl des Ortsrechts gesehen (→ Rom I-VO Art. 11 Rn. 68 ff.). Das muss auch hier gelten, **wenn der Wille** der Wahlberechtigten dahin geht. Das kann durchaus, muss aber nicht notwendig der Fall sein, wenn die Parteien ihr ganzes Rechtsverhältnis einem bestimmten Recht unterstellen wollen.

73   **c) Wahlberechtigte. aa) Altes Recht.** Fraglich ist, wer die Wahl vornehmen kann und muss. Verschiedentlich wurde eine **einseitige Festlegung durch** den **Vollmachtgeber** erlaubt, weil die Bevollmächtigung – in Deutschland – als einseitiges Rechtsgeschäft gesehen wird.[126] Allerdings verlangten auch diejenigen, die eine einseitige Rechtswahl durch den Vollmachtgeber vorsahen, dass diese **dem Dritten** zur **Kenntnis** gebracht wird oder ihm doch erkennbar sein müsse, damit er notfalls den Vertrag noch ablehnen könne. Tut er das nicht, so könne darin auch eine konkludente Zustimmung gesehen werden (6. Aufl. 2015, Vor Art. 11 Rn. 88), dh der Unterschied zu einer beiderseitigen Wahl ist nicht sehr groß. *Lüderitz*[127] fordert weitergehend eine **Zustimmung des Drittkontrahenten,** wenn die Bevollmächtigung einem anderen Recht unterstellt werden soll als es die sonstigen Umstände wie Sitz des Prinzipals, des Vertreters oder der Gebrauchsort nahe legen, letztlich also immer dann, wenn es auf die Wahl ankommt.

74   **bb) Art. 8.** Abs. 1 enthält nun eine salomonische Lösung: eine einseitige Rechtswahl ist ebenso zugelassen wie eine durch Vereinbarung der drei Beteiligten. Mit ersterer erledigt sich die Frage, ob im Vertragsschluss eine konkludente Zustimmung des Dritten liege. Letztere geht vor, indem sie sowohl eine einseitige Bestimmung ausschließt als sie auch ggf. ersetzt.

75   **d) Einseitige Bestimmung. aa) Erklärung.** Abs. 1 erklärt, dass der Vollmachtgeber das Statut wählen könne, dass die Wahl jedoch dem Dritten und dem Vertreter bekannt sein muss. Er sagt nicht, wie genau die Wahl erfolgen soll. Da es sich um ein Rechtsgeschäft handelt bzw. handeln muss, wird man mindestens eine Erklärung mit **Erklärungsbewusstsein** verlangen, genauer einen Wahlwillen. Auffallend ist aber, dass die Wahl den beiden andren Beteiligten nur bekannt sein muss. Es ist offenbar nicht gefordert, dass die Erklärung zugeht, denn die amtl. Begründung sagt, es sei unerheblich wie die beiden anderen Beteiligten die Kenntnis erlangt haben. Das könnte also auch über Dritte geschehen.

76   Man wird wohl von einer Willenserklärung ausgehen, die **nicht zugehen** muss, um wirksam zu werden. Ein Beispiel dafür wäre, wenn auch die Beziehung nicht nahe liegt, das Testament, das erst

---

[122] BGH JZ 1955, 702 m Anm. *Gamillscheg; Kropholler* IPR § 41 I 2d; Staudinger/*Magnus* (2016) Rom I-VO Anh. II Art. 1 Rn. 31; aA Belegenheitsort OLG Frankfurt WM 1963, 872; *Hausmann* in Reithmann/Martiny IntVertragsrecht Rn. 7.399.

[123] *Ferrari* in Ferrari IntVertragsR Rom I-VO Art. 3 Rn. 11.

[124] *Spickhoff* RabelsZ 80 (2016) 481 (503 f.), der mit Recht darauf hinweist, dass dem Dritten – und dem Vertreter – die erforderliche Kenntnis praktisch idR schriftlich vermittelt werden muss. *Lüderitz,* FS Coing, Bd. 2, 1982, 305 (319), plädiert für Schriftform dann, wenn ein Recht für die Vollmacht gewählt werden soll, dem sie objektiv sonst nicht unterstünde. Das lässt sich mit Art. 3 Abs. 5 Rom I-VO schlecht vereinbaren.

[125] Das wird nur selten erörtert; Ausnahme G. *Fischer,* Verkehrsschutz im internationalen Vertragsrecht, 1990, 285 f.; *Ruthig,* Vollmacht und Rechtsschein im IPR, 1996, 127 ff.

[126] *Hausmann* in Reithmann/Martiny IntVertragsR Rn. 7.377 f.; *Kropholler* IPR § 41 I 2; *Heinz,* Das Vollmachtsstatut, 2011, 15 f., 195 f.; *Seibold/Groner* NZG 2009, 126 (129); Erman/*Hohloch* Anh. I Art. 12 Rn. 6; wohl auch G. *Fischer* IPRax 2005, 269 (270); im Ergebnis ähnlich Staudinger/*Magnus* (2016) Rom I-VO Anh. II Art. 1 Rn. 12; wohl auch *Rabel* RabelsZ 3 (1929), 835; *v. Bar* IPR II Rn. 457, 586; im Ergebnis auch *Ruthig,* Vollmacht und Rechtsschein im IPR, 1996, 124. In manchen ausländischen Rechten ist die Bevollmächtigung aber ein Vertrag.

[127] *Lüderitz,* FS Coing, Bd. 2, 1982, 319.

im Erbfall Wirkungen entfaltet. Die Bevollmächtigungserklärung entspricht ihm insoweit, als sie auch erst mit dem Gebrauch durch ein Vertretergeschäft Rechtswirkungen hat. Bis dahin stellt sie nur eine Vertretungsmacht in Aussicht und kann stets zurückgenommen werden. Die Vollmacht verpflichtet auch den Vertreter nicht zum Handeln; das kann allenfalls der Auftrag oder dergleichen. Die unwiderrufliche Vollmacht ist ein Sonderfall, hinter der sich oft eine Verfügung verbirgt.

bb) Kenntnis des Dritten. Nötig ist jedoch **positive Kenntnis** des Dritten; Kennen-Müssen 77 genügt also nicht. Die amtliche Begründung sagt ausdrücklich, es sei unerheblich, auf welche Weise der Vertreter und der Dritte diese Kenntnis erlangt haben, eine, gar schriftliche, Mitteilung sei nicht zwingend erforderlich, aber sicher nützlich.[128] Es heißt dort auch, dass die beiden nicht vom Vollmachtgeber informiert werden müssen. Informationen vom Hörensagen oder von dritter Seite sollten aber doch nicht genügen. Man kann vielmehr den Gedanken von § 171 Abs. 1 2. Alt. BGB und § 172 Abs. 1 BGB verwenden: Hat der Vollmachtgeber seine Wahl des Vollmachtsstatuts öffentlich, zB in einer Registereintragung bekannt gemacht, so ist das ausreichend. Erst recht ist die Information der Wahl gegeben, wenn der Vertreter eine Urkunde vorweist, in der das Vollmachtsstatut bezeichnet ist.

Die einseitige Rechtswahl muss vor dem Gebrauch der Vollmacht erfolgt sein, und sie muss 78 auch den beiden anderen Beteiligten vorher bekannt sein, sonst gilt die objektive Anknüpfung (→ Rn. 92 ff.). Bei ihr bleibt es, wenn nicht noch später die dreiseitige Rechtswahl vorgenommen wird. Eine nachträgliche Information der anderen Beteiligten nützt nichts mehr. Anscheinend ist die Kenntnis der anderen Beteiligten eine Wirksamkeitsvoraussetzung der Wahl. Bis dahin ist sie allenfalls schwebend wirksam. Sie muss den beiden anderen Beteiligten in der Sekunde vor der Ausübung der Vollmacht bekannt sein, nicht also eigentlich erst bei dem Vertragsschluss, sonst können sie nicht mehr vom Geschäft Abstand nehmen. Danach kann die Kenntnis nicht mehr erlangt werden.

Man wird zweckentsprechend darauf abstellen, dass der Drittkontrahent die Rechtswahl in der 79 Vollmacht in dem Moment kennen muss, zu dem er seine **Vertragserklärung an den Vertreter** abgibt, dh in der Sekunde davor. Entsprechend ist für die Kenntnis des Vertreters zu entscheiden. Es kann sein, dass der Vollmachtgeber die Vollmacht dem Dritten gegenüber erteilt (Außenvollmacht) oder sie nur ihm mitgeteilt hat.

Etwas einfacher ist es, wenn der Vertreter unter Berufung auf seine Vollmacht mit Rechtswahl 80 ein einseitiges Rechtsgeschäft vornimmt und wenn diese dem Dritten spätestens dabei mitgeteilt wird. Ob die Gegenpartei dann die Erklärung zurückweisen darf oder muss zB nach § 180 S. 2 BGB, ist zweifelhaft.

e) Konkludente Rechtswahl. Abs. 1 sagt nicht, dass die einseitige Rechtswahl ausdrücklich sein 81 muss, so dass sie nach allgemeiner Regel auch konkludent erfolgen könnte, wobei zwischen der sachrechtlichen Vollmacht und der Wahl des Rechts dafür zu unterscheiden ist. So könnte in einer Vollmachtsurkunde der Vertreter „von dem Verbot des Selbstkontrahierens gemäß § 181 BGB befreit" sein. Selbst ohne dass ausdrücklich deutsches Recht genannt wird, dürfte anzunehmen sein, dass der Vollmachtgeber an eine Vollmacht nach deutschem Recht gedacht hat, und das dürften auch die Drittkontrahenten erkennen können. Es ergeben sich jedoch gegen die Annahme der Rechtswahl Bedenken sowohl auf Seiten des Vollmachtgebers als auch auf Seiten des Dritten.

Für eine konkludente nachträgliche Wahl im Prozess eines anderen Rechts als desjenigen, welches 82 objektiv galt, ist nach der Rechtsprechung des BGH außer der Berührung zu einem ausländischen Recht (Art. 3) erforderlich und zu prüfen, ob die Parteien einen dahin gehenden Gestaltungswillen hatten.[129] In casu hatten die beiden Parteien aus Taiwan nach deutschem Recht plädiert, doch hatten die Beklagten dann bemerkt, dass eigentlich taiwanisches Recht galt und ihnen günstiger war. Zwar könne die Bezugnahme auf ein bestimmtes, hier deutsches Recht im Prozess eine nachträgliche Rechtswahl sein, doch vermisste der BGH den Gestaltungwillen bzw. den Rechtswahlwillen, anscheinend deshalb, weil die Parteien bei ihrem anfänglichen Vortrag sich dessen nicht bewusst waren, dass ein anderes Recht galt und dass sie deutsches hätten wählen können und müssen. Der Gesichtspunkt trägt auch bei der einseitig erklärten Vollmacht. Der Wahlwille fehlt, wenn der Vertretene an einen Vollmachtsgebrauch nur in nationalen Geschäften denkt. Er fehlt aber auch dann, wenn die Vollmacht international gebraucht werden soll, der Vollmachtgeber aber nicht erkennt, dass, im Beispiel, anderes Recht als das deutsche gelten kann.

---

[128] BT-Drs. 18/10714, 25.
[129] BGH NJW 2009, 1205 Rn. 19 ff. = RIW 2009, 245 f.; *Hausmann* in Reithmann/Martiny IntVertragsR Rn. 7.378; Staudinger/*Magnus* (2016) Rom I-VO Anh. II Art. 1 Rn. 12; *Spickhoff* RabelsZ 80 (2016) 481 (502); abzulehnen daher in casu OLG Karlsruhe MDR 1998, 1470.

83 Man muss auch an Bevollmächtigungen denken, bei denen sich **der Vollmachtgeber** deutlich erkennbar auf eine Rechtsordnung bezieht, und dabei besonders an **registrierte Vollmachten.** Bestellt ein deutscher Unternehmer einen Angestellten als Prokurist und lässt er dies im deutschen Handelsregister eintragen, so wird man in der Regel annehmen dürfen, dass er deutsches Recht der Prokura vor Augen hat. Ebenso wenig kann ein deutscher Drittkontrahent einen französischen **„fondé de pouvoir"**[130] oder einen italienischen **„institore"** (Art. 2203 it. C. c.) einfach in den ihm vertrauten deutschen Prokuristen übersetzen. Gleiches gilt bei einer Bestellung und **Eintragung,** vom Vollmachtgeber gesehen, **im Ausland** (vgl. § 13e Abs. 2 S. 5 HGB). Es muss aber noch eine Rechtswahl gewollt sein,[131] die zumindest voraussetzt, dass die Vollmacht auch international gebraucht werden soll. Dann aber könnte er durchaus gegeben sein.

84 Doch kommt es darauf aus einem anderen Grund praktisch selten an, denn wie der BGH auch feststellt, ist von einer Rechtswahl nicht zu sprechen, wenn das ohnehin geltende Recht gewählt würde. Die registrierten Vertreter handeln in aller Regel von einer eigenen Niederlassung oder der ihres Arbeitgebers aus. Es gilt also nach Abs. 2 oder 3 dieses Recht, und dort sind sie in aller Regel eingetragen, womit zugleich auch der Ort der Niederlassung erkennbar wird, so dass Recht und verwendete Bezeichnung zusammen fallen.

85 Allerdings können jedenfalls im deutschen Handelsregister nach §§ 13d ff. HGB auch „fremde" Vertretungsbefugnisse und ihre Beschränkungen eingetragen werden.[132] Wenn sie sich wie meist auf eine inländische Zweigniederlassung beziehen, in der der betreffende Vertreter handelt, könnte darin eine Wahl des ausländischen Rechts gegen das deuche Vollmachtsstatut gemäß Abs. 2 und 3 liegen.[133]

86 **f) Dreiseitige Rechtswahl.** Eine Vereinbarung des Vollmachtsstatuts durch die drei Beteiligten hat den Vorrang (Abs. 1 S. 2), der sich daran zeigt, dass sie eine einseitige aufhebt bzw. ggf. ausschließt. Sie entspricht der früher vertretenen Auffassung, die die Zustimmung von Vollmachtgeber, Drittem und Vertreter verlangte, weil durch die Ausübung der Vollmacht ihre Rechte berührt werden (→ Rn. 88).[134] Da die Vertreter der einseitigen Rechtswahl früher auch die Information der anderen beiden Beteiligten verlangten, war der praktische Unterschied aber nicht groß.[135]

87 Eine Wahl des Vollmachtsstatuts durch alle drei Beteiligten ist **jederzeit möglich,** auch noch nach dem Vertragsschluss.[136] Die amtliche Begründung spricht von einer dreiseitigen Vereinbarung. Angesichts ihrer Bedeutung muss man einen Vertrag mit Rechtsbindungswillen verlangen. Er ändert das bis dahin geltende Vollmachtsstatut und könnte zu einem Recht führen, nach dem die Vertretungsmacht nun besteht oder umgekehrt nicht besteht. Insbesondere steht eine einseitige Rechtswahl durch den Vertretenen nicht im Wege, vielmehr geht die dreiseitige Vereinbarung ihr vor und hebt sie ggf. auf.

88 Dass sich alle drei vor dem Vertragsschluss zu diesem ausdrücklichen Rechtswahlvertrag zusammenfinden, scheint in der Praxis eher unwahrscheinlich. Eher denkbar ist, dass sie sich nach dem Vertragsschluss zusammenfinden, um eine Unklarheit zu beseitigen. Man kann daran denken, dass Streit über die Gültigkeit oder Reichweite der einseitigen Rechtwahl besteht. Eine einseitige Rechtswahl wäre nun nicht mehr möglich und hilfreich, denn sie kann nur vor dem Gebrauch der Vollmacht erfolgen (Abs. 1 S. 1).

89 Man geht dabei, eigentlich ohne Grund, davon aus, dass nur ein Vollmachtgeber die Rechtwahl vornimmt. Es ist aber wohl häufig, dass **beide Seiten** durch Vertreter kontrahieren wollen, und wenn beide Vertreter eine Vollmacht mit verschiedenen Rechtswahlklauseln vorlegen, so sind die jeweiligen Vollmachten eben nach verschiedenen Rechten zu beurteilen. Eine Zustimmung der jeweiligen Gegenpartei ist hier nicht nötig, und daher kann in der Wahl der Gegenpartei für ihren Vertreter auch keine Ablehnung der anderen Wahl liegen. Da der Hauptvertrag auch noch einem dritten Recht folgen kann, kann es zu Spannungen kommen, die vielleicht durch eine dreiseitige Vereinbarung gelöst werden könnten.

90 Internationale Verträge werden mindestens so oft durch Vertreter geschlossen wie nationale. Dabei darf der Prinzipal dem Vertreter die **Wahl** des auf den Vertrag anwendbaren Rechts **überlassen** und

---

130 BeckOK BGB/*Mäsch* Rn. 37; aA Staudinger/*Magnus* (2016) Rom I-VO Anh. II Art. 1 Rn. 12.
131 Staudinger/*Magnus* (2016) Rom I-VO Anh. II Art. 1 Rn. 12.
132 BayObLG IPRspr. 1985 Nr. 216 mwN; OLG München GmbHR 2006, 603.
133 *Ruthig*, Vollmacht und Rechtsschein im IPR, 1996, 131, 171 f.
134 *Lüderitz*, FS für Coing Bd. 2, 1982, 305 (319); *de Quenaudon* Rev. crit. dr. int. priv. 1984, 601 ff.
135 NK-BGB/*Doehner* Anh. Art. 11 Rn. 7; Staudinger/*Magnus* (2016) Rom I-VO Anh. II Art. 1 Rn. 12; Bamberger/Roth/*Mäsch* EGBGB Anh. Art. 10 Rn. 101 hielt den Streit, letztlich wohl zu Unrecht, für praktisch unerheblich.
136 Eine zweiseitige Rechtswahl ist zu Recht nicht vorgesehen. Das OLG Karlsruhe hat sie einmal im Prozess zwischen dem Dritten und dem falsus procurator zugelassen, als und weil es nur um dessen Haftung ging, OLG Karlsruhe MDR 1998, 1470.

tut es wohl häufig. Er könnte ihm nach allgemeinen Grundsätzen auch die Vereinbarung eines Vollmachtstatuts mit dem Vertragsgegner überlassen.[137] Das aber schließt heute Abs. 1 praktisch aus, indem er nur die einseitige Wahl vor dem Vertragsschluss oder jederzeit die dreiseitige zulässt.

2. Objektive Anknüpfung. a) Anknüpfungsleiter. Ist das Vollmachtstatut nicht gewählt wor-   91
den, so muss objektiv angeknüpft werden. Das ist der Regelfall in der Rechtsprechung, auch weil die Möglichkeiten einer Rechtswahl nicht immer gesehen werden. Hier war die Meinungsvielfalt in der Literatur sehr groß, während die Rechtsprechung wenig klare Antworten gab. An *Rabels* Feststellung von 1929, kaum eine denkbare Lösung sei nicht vorgeschlagen worden,[138] hatte sich nichts Entscheidendes geändert.[139] Vielmehr hat die Diskussion im nationalen wie internationalen Bereich in den letzten Jahrzehnten an Umfang und Differenzierung noch zugenommen.

Recht neu ist mW der Gedanke, dass die Beteiligten und vor allem der Dritte im **konkreten**   92
Fall den Anknüpfungspunkt, zB den Gebrauchsort, müsse erkennen können. Dieser Forderung der Erkennbarkeit des Deutschen Rats, dem der Gesetzgeber nun gefolgt ist, wird nicht nur als ein Argument für die Entwicklung der objektiven Anknüpfungsregel verwandt, sondern ist Vorausset-zung der konkreten Anknüpfung (→ Rn. 23 ff.). Das ist von großer praktischer Bedeutung, denn mit den heutigen – mobilen – Kommunikationstechniken („gesandt von meinem iPhone") ist kaum noch zu erkennen, wo der Vertreter seine Erklärung abgesandt hat. Man kennt die vielen Geschäftsrei-senden, die ihr Gewerbe „im Umherziehen" ausüben, und in Abfertigungshallen auf Flughäfen in ihre Laptops tippen, und die e-mail noch dort oder nach der Landung oder im Zug abschicken. Es ist ganz natürlich, dass die Orte der Vornahme eines Rechtsgeschäfts auch von den Beteiligten nicht für wichtig erachtet werden.

Nachdem der Gesetzgeber der ganz herrschenden selbständigen Anknüpfung der Vollmacht   93
gefolgt ist und entsprechend dem internationalen Schuldrecht den Vorrang der Rechtswahl auch hier anerkennt, stand er im Wesentlichen vor der Alternative der Anknüpfung an den Gebrauchsort der Vollmacht oder an die Niederlassung des Vertreters (zum bisherigen Meinungsstand 6. Aufl. 2015, Vor Art. 11 Rn. 129 ff.). Art. 8 Abs. 2–5 verwendet beide, gibt aber der Niederlassung des Vorzug, sofern die Voraussetzungen gegeben sind. Andernfalls greift man, subsidiär,[140] auf den Ort des **gewöhnlichen Gebrauchs** durch den Vertreter oder auf den einzeln Gebrauchsort zurück. Letztlich bleibt noch der gewöhnliche Aufenthalt des Vertretenen, der nun nicht mehr erkennbar sein muss. So entsteht eine absteigende Anknüpfungsleiter einerseits nach den objektiven Gegeben-heiten der Niederlassung oder des Gebrauchsortes und andererseits der Erkennbarkeit der vorrangi-gen Anknüpfungen.

b) Unternehmerisch tätiger Vertreter. Abs. 1 verweist auf den gewöhnlichen Aufenthalt des   94
unternehmerisch tätigen Vertreters. Der deutsche Anwalt ist nach herrschendem Verständnis nicht unternehmerisch, sondern selbständig gewerblich tätig. § 14 BGB definiert aber als „unternehme-risch", wer gewerblich oder selbständig beruflich tätig ist. Abs. 1 umfasst daher auch die letzteren (näher → Rn. 15 ff.).

Der deutsche Rat für IPR hatte noch die **geschäftliche Niederlassung** genannt des selbständigen   95
Vertreters. Abs. 8 verweist jedoch richtig auf Art. 19 Abs. 1 S. 2 und 2 1. Alt Rom I-VO, welcher bei **beruflicher** Tätigkeit den gewöhnlichen Aufenthalt einer natürlichen Person als den Ort ihrer Hauptniederlassung definiert. Auch in dieser Hinsicht darf man die „berufliche" Tätigkeit als „unter-nehmerisch" iSd Abs. 1 verstehen. Auch Gesellschaften, juristische Personen oder Vereine können in Vollmacht handeln. Ihr gewöhnlicher Aufenthalt ist der Ort ihrer Hauptverwaltung (Art. 19 Abs. 1 S. 1 Rom I-VO).

Wichtiger als diese begrifflichen Unterschiede ist, dass die Anknüpfung nach Abs. 1 nicht an die   96
Eigenschaft der Person des Vertreters, sondern an seine **Tätigkeit** anknüpft sofern die Vollmacht „in Ausübung" dieser unternehmerischen Tätigkeit" gebraucht wird. Es ist also zwischen der **beruf-lichen Ausübung** und einer nicht beruflichen, dh mehr oder weniger privaten Ausübung zu unter-scheiden. Abs. 1 gilt nur bei ersterer (→ Rn. 16).

---

[137] NK-BGB/*Doehner* Anh. Art. 11 Rn. 7; im Ergebnis *Moursi Badr* Rec. des Cours 144 (1984-1), 94 f.; für einen Sonderfall OLG Karlsruhe MDR 1998, 1470: Vereinbarung deutschen Rechts im Prozess zwischen dem Dritten und dem falsus procurator.
[138] RabelsZ 3 (1929), 807.
[139] So auch *Lüderitz*, FS Coing, Bd. 2, 1982, 305 f.; gegen den Optimismus *v. Caemmerers* RabelsZ 24 (1959), 203 f.; *Ruthig*, Vollmacht und Rechtsschein im IPR, 1996, 64; vgl. auch die Übersicht bei *de Quenaudon* Rev. crit. dr. int. pr. 1984, 421 ff.; *G. Fischer*, Verkehrsschutz im internationalen Vertragsrecht, 1990, 275 ff.; *S. Schwarz* RabelsZ 71 (2007), 729 ff.
[140] So die Formulierung *v. Hein* IPRax 2015, 578 (580).

97   An die Stelle der Hauptniederlassung tritt die Zweigniederlassung, wenn die Vollmacht in deren Geschäftsbereich ausgeübt wird. Beide Niederlassungen verlangen, vor allem nach der Rechtsprechung des EuGH, eine gewisse organisatorische Verfestigung, Personal und Sachmittel, und muss auf eine gewisse Dauer angelegt sein (→ Rom I-VO Art. 19 Rn. 10).[141] Fehlt das, so wäre selbst die berufliche Tätigkeit zB ohne deutlich sichtbares Büro (Handelsvertreter) für Abs. 2 nicht ausreichend und Abs. 2 nicht anwendbar. Die gewerbliche Tätigkeit muss einen gewissen Umfang haben, denn andernfalls fehlt die Ratio der Anknüpfung, nämlich die Sichtbarkeit und Stabilität des Anknüpfungspunkts. Dann kommt die Anwendung von Abs. 4 oder 5 in Betracht.

98   Aus der Gegenüberstellung von Abs. 2 und 4 ergibt sich, dass es sich um eine **selbständige** unternehmerische Tätigkeit handeln muss, die zumindest üblicherweise dem **Erwerb** dient. Das heißt nicht, dass auch die Ausübung der konkreten Vollmacht im Einzelfall remuneriert werden muss. Jedoch muss die Ausübung von Vollmachten **generell zur gewerblichen** Tätigkeit des Vertreters gehören. Art. 19 Rom I-VO hingegen unterscheidet nicht zwischen selbständiger und unselbständiger beruflicher Tätigkeit.

99   Abs. 3 deutet an, dass die unselbständige berufliche Tätigkeit dann vorliegt, wenn der Vertreter als **Arbeitnehmer** tätig ist. Bei Art. 8 Rom I-VO ist das der, der abhängig, weisungsgebunden und entgeltlich beschäftigt wird (→ Rom I-VO Art. 8 Rn. 19 f.). Die Vollmacht kann Weisungen enthalten idS dass der Vertreter Bestimmtes im Namen des Vollmachtgebers tun darf und anderes nicht (vgl. § 166 Abs. 2 BGB). Es ist hier nicht zu prüfen, ob die Weisungen Bestandteil des Auftrags oder wirklich der Vollmacht sind, jedenfalls machen sie den Vertreter nicht zum Angestellten.

100   Die Unterscheidung in Abs. 2, dass in **Ausübung** der unternehmerischen Tätigkeit zu handeln ist, bedeutet, dass auch der Vertreter, der an sich Unternehmer mit eigener Niederlassung ist, doch auch gewissermaßen **privat** handeln kann, so dass seine Vollmacht nicht seiner **Niederlassung zugeordnet** wird, wenn zB ein Handelsmakler das Mietshaus seiner Schwiegermutter verwaltet. Hier wird nicht an seinen gewöhnlichen Aufenthalt, sondern an den Ort angeknüpft, an dem er gewöhnlich von einer Dauervollmacht Gebrauch macht, und bei Einzelvollmacht an den Ort ihres Gebrauchs (Abs. 4 und 5).

101   Wie die Einschränkung der Vollmacht auf ihre Ausübung in seiner unternehmerischen Tätigkeit in das Gesetz kam, ist nicht erkennbar. Der Deutsche Rat und *Spickhoff* hatten sie nicht vorgeschlagen. auch die frühere hM erwog sie nicht oder nicht deutlich. Wahrscheinlich ist es ein Reflex von Art. 19 Rom I-VO, der eine Niederlassung nur für gewerbliche oder berufliche Tätigkeit vorsieht.

102   An die Niederlassung wird dennoch nicht angeknüpft, wenn der Ort der Niederlassung für den Dritten nicht erkennbar war. Das leuchtet ein, denn dann kann er nicht erkennen welches Recht gelten soll. Dasselbe gilt, wenn er die Niederlassung nicht als solche erkennt. So kann man unterscheiden, dass die Niederlassung als solche oder dass ihr Ort oder die Zuordnung der Ausübung der Vollmacht zur beruflichen Tätigkeit des Vertreters nicht erkennbar war. Nach seinem Wortlaut stellt Abs. 2 nur auf den Ort der Niederlassung ab. Das ist aber zu eng formuliert, so dass auch entgegenstünde, dass der Dritte nicht erkennt, dass es sich um einen gewerblich Tätigen handelt (→ Rn. 25 f.).

103   Denn bei Abs. 2 ist es ohne Bedeutung, wo der Vertreter handelt. Es wird ohne Rücksicht darauf an die Niederlassung angeknüpft. Der Gesetzgeber ist hier der sehr umstrittenen Meinung gefolgt, die die Niederlassung auch dann heranzieht, wenn der Vertreter außerhalb dieses Landes handelt (Voraufl. Rn. 132 Fn. 288, 289). Auch der Sitz der beiden Hauptparteien ist unerheblich. Es genügt und ist erforderlich, dass der Vertreter „in Ausübung seiner unternehmerischen Tätigkeit" gehandelt hat, die sich einer Niederlassung zuordnen lässt, er muss nicht von dort aus gehandelt haben.

104   Andererseits verlangt eine Niederlassung nicht nur eine für Geschäfte ausreichende sachliche personelle Ausstattung sondern auch, dass dort der Schwerpunkt der geschäftlichen Tätigkeit liegt. Das schließt jedoch nicht aus, dass im Einzelfall Verträge außerhalb abgeschlossen werden (→ Rom I-VO Art. 19 Rn. 10 f.). Der Formulierungsunterschied zwischen Art. 19 Abs. 1 S. 2 und Abs. 2 1. Alt. Rom I-VO ist aufschlussreich, indem er eine räumliche Beziehung des betreffenden Vertrages nur für die Zweigniederlassung fordert, um von der Hauptniederlassung zu unterscheiden.

105   Bei einem Vertragsschluss in der Niederlassung unter Anwesenden dürften kaum Unklarheiten auftreten; allenfalls vielleicht hinsichtlich der Ausübung einer unternehmerischen oder privaten Tätigkeit (→ Rn. 26). Anders kann es bei einem Distanzvertrag sein, denn hier müsste der Vertreter angeben, dass er geschäftlich handelt und wo die Niederlassung liegt, denn ohne diese Ortsangabe oder Ortskenntnis kann Abs. 2 nicht angewandt werden. Das kann bei schriftlicher Erklärung durch einen Briefkopf geschehen, wobei es dann nicht erheblich ist, ob die Erklärung in einem anderen Land abgegeben wird. Die Anknüpfung an die Niederlassung soll gerade auch dann tragen, wenn die Erklärung anderswo abgegeben wird. Bei telefonischer Erklärung müsste der Vertreter seine

---

[141] Staudinger/*Magnus* (2016) Art. 19 Rom I-VO Rn. 20.

Beziehung zu seiner Niederlassung nennen, und bei mehreren zu welcher. Oder deren Ort müsste dem Dritten anders bekannt sein.

Der Dritte ist grundsätzlich nicht verpflichtet, von sich aus zu erforschen, ob der Vertreter seine **106** Erklärung **in Ausübung** seiner unternehmerischen Tätigkeit abgegeben hat und wo ggf. seine Niederlassung liegt. *Heinz* will hier Art. 13 Rom I-VO (entspricht Art. 12 EGBGB) entsprechend anwenden.[142] Dieser passt aber weder nach seiner Struktur noch nach seinem Zweck. Wie auch sonst bei der Auslegung von Willenserklärungen muss der Dritte die Umstände und den Zusammenhang der Vertretererklärung beachten, die ihm zugänglich sind oder offen liegen. So können die unternehmerische Tätigkeit und die Beziehung zu einer Niederlassung damit erkennbar sein, dass vorher mit dem Vertreter in der Niederlassung verhandelt wurde, oder dass briefliche Kontakte unter dem Namen der Niederlassung stattfanden, oder aus der Bezeichnung des Geschäftsbereiches der Niederlassung. Auch wenn nun nicht mehr erkennbar ist, wo die entscheidende Erklärung abgegeben wurde, kann man wohl vermuten, dass sie der Niederlassung zuzuordnen ist.

Einer der Hauptvorteile der Niederlassungsanknüpfung ist, dass damit die Nachteile der modernen **107** Kommunikationsmittel vermieden werden, dass der Ort, an dem eine Erklärung abgegeben wird, immer weniger erkennbar ist (→ Rn. 92), weil es auf ihn nicht mehr ankommt.[143]

c) Angestellter Vertreter. Abs. 3 behandelt den Vertreter, der beim Vollmachtgeber angestellt **108** ist, also nicht den, der bei einem anderen Unternehmen angestellt ist.

Vertreter, die beim Vollmachtgeber angestellt sind, sind vor allem das kaufmännische und betriebli- **109** che Hilfspersonal auf allen Ebenen bis hin zur Leitung einer Gesellschaft. Nur die Gesellschafter und sonstigen Gesellschaftsorgane sind hier nicht gemeint (→ Rn. 46 ff.). Sie handeln für den Inhaber bzw. in seinem Namen. Man denkt an Prokuristen, Handlungsbevollmächtigte und Ladenangestellte (§§ 48, 54, 56 HGB). Sie sind wohl in der Regel auch räumlich im Betrieb ihres Arbeitgebers tätig, aber nicht notwendig. Nicht selten werden zB Anwalts- oder Notargehilfen in einem notariellen Vertrag zu bestimmten Erklärungen bevollmächtigt. Insbesondre kann es vorkommen, dass sie für die Vornahme einzelner Geschäfte, die in ihren Aufgabenbereich fallen, außer Hauses tätig werden. § 55 HGB sieht dies ausdrücklich vor.

Die Regelung des Abs. 3 ist nach Auskunft der amtl. Begründung „ähnlich strukturiert" wie **110** Abs. 2, knüpfe aber anders als dieser an die **Niederlassung** oder den gewöhnlichen Aufenthalt **des Vollmachtgebers** an.[144] In vielen Fällen ist das auch der Handlungsort, aber eben nicht immer. Auch dann wird ihre Tätigkeit kollisionsrechtlich dem Geschäftsherrn zugeordnet, und, so die amtliche Begründung, der gewöhnliche Aufenthalt des Vertreters sei für den Ort der gewöhnlichen Ausübung der Vollmacht von untergeordneter Bedeutung.[145] Der Deutsche Rat für IPR dagegen will so die Niederlassungsanknüpfung auch auf den abhängig beschäftigten Vertreter ohne eigene Niederlassung erstrecken und ihm insoweit die Niederlassung des Vertretenen bzw. Arbeitgebers zurechnen.[146] Im Ergebnis entspricht Abs. 3 mit zT anderen Begründungen einer früheren Mindermeinung.[147]

Ansonsten gilt dasselbe wie für die Niederlassungsanknüpfung des Abs. 2. Auch hier muss der **111** Ort der **Niederlassung des Arbeitgebers** für den Dritten erkennbar sein. Wohl auch dass er der Arbeitgeber des Vertreters ist. Bei mehreren Niederlassungen kommt es nach Art. 19 Abs. 2 Rom I-VO darauf an, zu welcher Niederlassung der Vertreter gehört. Der angestellte Vertreter muss „als Arbeitnehmer" des Vollmachtgebers gehandelt haben, so dass Abs. 3 nicht eingreift, wenn er die Vollmacht außerhalb seines Arbeitsverhältnisses erhält und ausübt. Jenes wird man zumindest vermuten, wenn er im Namen des Arbeitgebers oder des Unternehmens auftritt. Zweifeln kann man, wenn der von ihm geschlossene Vertrag nicht in den Geschäftsbereich des Unternehmens fällt.

d) Nicht berufliche Vollmachten. Vollmachten, die weder im eigenen Unternehmen, noch als **112** Angestellter in einem fremden beruflich ausgeübt werden, sind in Abs. 4 und 5 behandelt. Bei diesen gewissermaßen privaten Vollmachten ist zwischen Dauer- und Einzelvollmacht zu unterscheiden. Hierher gehören aber auch die ganz anderen, in → Rn. 102 erwähnten und möglicherweise häufigen Fälle, dass der Dritte die gemäß Abs. 2 und 3 maßgebenden Niederlassungen nicht erkennen konnte so dass deshalb Abs. 4 hilfsweise eingreift.

aa) Dauervollmacht. Erstere wird nicht dem Recht am gewöhnlichen Aufenthalt des Vertreters **113** oder des Vollmachtgebers unterstellt, sondern dem Staat, in dem der Vertreter gewöhnlich von der Voll-

---

[142] *Heinz*, Das Vollmachtsstatut, 2011, 173 f. m. S. 165.
[143] Zum bisherigen Recht *Spickhoff* RabelsZ (80) 2015, 481 (516 f.).
[144] BT-Drs. 18/10714, 26.
[145] BT-Drs. 18/10714, 26.
[146] *v. Hein* IPRax 2015, 578 (580).
[147] *Ebenroth* JZ 1983, 821; *Kegel/Schurig* IPR § 17 V 2 S. 621; *Ferid* IPR Rn. 5-144 ff.; mit Bedenken und Einschränkungen für typisierte Vollmachten ebenso *Spickhoff* RabelsZ 80 (2015) 478 (512).

macht Gebrauch macht. So könnte es sein, dass der Vertreter die ihm übertragene Verwaltung zB eines Mietshauses einer Tante gewöhnlich von zuhause aus erledigt, aber im Einzelfall dazu ins Ausland reist.

114   Der Begriff der Dauervollmacht ist leicht missverständlich, denn es geht nicht um die unbefristete Vollmacht oder auch um ihre kürzere oder längere Befristung, wie der Gesetzgeber meint,[148] die dann vielleicht auch nur für ein Geschäft legitimiert, sondern darum, dass die Vollmacht zu mehreren, nicht unbedingt verschiedenartigen Geschäften auch mit verschiedenen Dritten gebraucht werden kann.[149] Hier kann man an ein Interesse denken, dass die Vertretungsmacht gleichförmig beurteilt wird. Es ist allerdings problematisch, um wessen Interesse es geht und ob es Schutz verdient.[150] Am ehesten ist der Vertreter daran interessiert, seine Vertretertätigkeit zu rationalisieren,[151] doch stehen dessen Interessen nicht im Vordergrund, wenn es um die Rechtsbeziehung kraft der Vollmacht zwischen den Hauptparteien geht (→ Rn. 29).

115   Wenn man bedenkt, dass eine Dauervollmacht zu mehreren einzelnen Geschäften mit **verschiedenen Dritten** verwendet wird, muss man sich fragen, ob bzw. wie der jeweilige Drittkontrahent erkennen kann, wo die Vollmacht gewöhnlich gebraucht wird. Auf den konkreten Gebrauchsort kommt es entgegen der bisher hM[152] nicht an, und darin liegt durchaus eine Neuerung des Art. 8 nF, dass die Vollmacht nicht mehr wie bisher nach hM für jeden einzelnen Gebrauch aufgespalten werden muss.[153] Der Gesetzgeber hat den gewöhnlichen Gebrauchsort statt des gewöhnlichen Aufenthalts des Vertreters genommen, weil jener nicht notwendig mit diesem korrespondiere.[154] Dass so vermieden wird, dass die Dauervollmacht nicht für jeden einzelnen Gebrauch aufgespalten wird, ist an sich sinnvoll,[155] doch ist problematisch, dass der Dritte oft nur schwer wird erkennen können, dass die Vollmacht ihm gegenüber nicht an dem Ort ihres gewöhnlichen Gebrauchs ausgeübt wird.

116   Andere vermuten, dass die Dauervollmacht im privaten Bereich meist am gewöhnlichen Aufenthalt des Vertreters ausgeübt werden.[156] Da der Gesetzgeber aber keine Vermutung anbietet, und es auch nur schwer könnte, muss im Einzelfall im Nachhinein der Ort der **gewöhnlichen Ausübung** der Dauervollmacht ermittelt werden, und man wird nicht selten feststellen, dass der Dritte ihn oder die Tatsache der Dauerhaftigkeit bei Vertragsschluss nicht erkennen konnte. Auch eine tatsächliche Vermutung ist abzulehnen.[157] Das heißt, der auch in Abs. 4 enthaltene Vorbehalt, dass der Dritte den Ort der gewöhnlichen Ausübung der Vollmacht nicht erkennen kann, wird praktisch öfter einschlägig werden.

117   **bb) Einzelvollmacht.** Abs. 5 hat eine doppelte Funktion. Zum einen geht es um die Anknüpfung der von den Abs. 2–4 nicht erfassten privaten Einzelvollmacht und zum anderen um die Vollmachten, die nach ihrer Art unter die Abs. 2–4 fallen, bei denen aber die jeweiligen Anknüpfungen für den Dritten nicht erkennbar waren, und die durchaus zB Dauervollmachten sein können.[158]

118   Dass es sich im ersteren Fall um eine Vollmacht handelt, die nur **für ein Vertretergeschäft** erteilt wird, ergibt sich nicht direkt aus dem Wortlaut, denn der Vertreter könnte „von seiner Vollmacht im Einzelfall Gebrauch" auch dann machen, wenn er seine Dauervollmacht im Einzelfall nicht an dem gewöhnlichen Gebrauchsort (→ Rn. 115 f.), sondern anderswo ausübt. Es ergibt sich aber aus der Gegenüberstellung mit Abs. 4, also mit der Dauervollmacht, die für mehrere Geschäfte gelten soll, auch, dass ihr Charakter als Dauer- oder Einzelvollmacht bei der Bevollmächtigung festgelegt wird („auf Dauer angelegt"). Letzteres wird schon bei zwei Hauptgeschäften anzunehmen sein, denn eine zahlenmäßige Grenze zu ziehen, die vielleicht sachlich etwas für sich hätte, weil man kaum von einem gewöhnlichen Ausübungsort sprechen mag, verbietet sich, weil diese Zahl nicht zu fixieren wäre.

119   Für diese Einzelvollmacht kommt nun letztendlich doch der **Gebrauchsort** zum Zuge, der bisher in der Lehre und Rechtsprechung wohl noch allgemein als Anknüpfungspunkt herrschend

---

[148] Vgl. amtl. Begr. BT-Drs. 18/10714, 26; so auch *Spickhoff* RabelsZ 80 (2015), 478 (514); krit. zur Regelung *Rademacher* IPRax 2017, 56 (61).

[149] So eher *Hausmann* in Reithmann/Martiny IntVertragsR Rn. 7.401.

[150] *Spickhoff* RabelsZ 80 (2015) 481, 514 hält diese Anknüpfung für nicht gerechtfertigt.

[151] Vor allem *Tomasi* Rev. crit. dr. int. pr. 1958, 622 f.; *S. Schwarz* RabelsZ 71 (2008), 749 f.; *Hausmann* in Reithmann/Martiny IntVertragsR Rn. 7.391; BGH NJW-RR 1990, 248 (250); *Seibold/Groner* NZG 2009, 126 (129) plädieren daher nachdrücklich für Rechtswahlklauseln besonders in Anwaltsvollmachten.

[152] 6. Aufl. 2015, Vor Art. 11 Rn. 125, 132.

[153] Krit. dazu insbesondere *Ruthig*, Vollmacht und Rechtsschein im IPR, 1996, 41 f.

[154] Amtl. Begr. BT-Drs. 18/10714, 26. Das Beispiel des Gesetzgebers der an Familienangehörige mit gewöhnlichem Aufenthalt im Ausland ist schwer verständlich. Vielleicht ist die Vorstellung, dass die Vertreter dennoch gewöhnlich im Inland handeln.

[155] *Ruthig*, Vollmacht und Rechtsschein im IPR, 1996, 41 f.

[156] *Spickhoff* RabelsZ 80 (2015) 481 (514).

[157] Allgemein MüKoZPO/*Prütting* ZPO § 292 Rn. 27 f.

[158] Amtl. Begr. BT-Drs. 18/10714, 26.

war.[159] Jedoch gilt er heute nicht für die berufsmäßigen Vertreter, bei denen auch die Einzelvollmacht an die Niederlassung angeknüpft wird (Abs. 2 und 3), und für die Dauervollmachten, für die der Ort des gewöhnlichen Gebrauchs gilt (Abs. 4).

Gebrauchsort ist der, an dem der Vertreter seine Vertragserklärung abgibt,[160] nicht der des **120** Zugangs oder der der Verhandlungen, mögen dort ggf. auch die Vollmachtsurkunden vorgelegt werden. Ob die Erklärung wirksam ist oder der Vertrag zustande kommt, regelt das Geschäftsstatut. Bei einem einseitigen Geschäft dem Vertreter gegenüber ist er da, wo ihm die Erklärung zugeht.

Gemeint ist grundsätzlich der **tatsächliche Gebrauchsort.** In vielen Fällen lässt der Vollmachtge- **121** ber dem Vertreter auch bei dessen Wahl wohl freie Hand. In der Literatur wurde aber durchaus die Frage diskutiert, wenn der reale Gebrauchsort nicht der vom Vollmachtgeber beabsichtigte war. In der Praxis, scheinen die Begründungen der Urteile eher zum vom Vollmachtgeber beabsichtigten Gebrauchsort zu tendieren, doch kam diese Situation anscheinend nicht vor, so dass darauf nicht viel Gewicht zu legen ist.[161] Die Literatur war gespalten.[162]

Der Gesetzgeber hat nun einen vernünftigen Kompromiss gefunden, da der **beabsichtigte** **122** **Gebrauchsort** öfters nicht zu erkennen sein dürfte, und den **tatsächlichen Gebrauchsort** genommen unter dem Vorbehalt, dass der **Dritte und der Vertreter** wissen mussten, dass von der Vollmacht nur in einem **bestimmten anderen Lande** Gebrauch gemacht werden sollte. Hier genügt es also nicht, dass allein der Dritte den beabsichtigten Gebrauchsort erkennen konnte, doch dürfte das idR beim Vertreter der Fall sein. Das Gesetz enthält hier in Abs. 5 S. 2 eine Beweislast oder eine Vermutung, dass der reale Gebrauchsort auch der beabsichtigte war.

Denkbar ist aber **umgekehrt** auch, dass der Dritte nicht erkennen kann, wo der Vertreter tatsächlich **123** gehandelt hat, und also auch nicht die Abweichung von etwaigen Plänen des Vollmachtgebers. In diesem Fall kommt es auf die Absichten des Vollmachtgebers nicht an, sondern es gilt das Recht am **gewöhnlichen Aufenthalt** des Vollmachtgebers (Abs. 5 S. 3), selbst wenn der Dritte den **geplanten Gebrauchsort** erkennen konnte. Auch dieser Fall wird nicht häufig sein, ist aber denkbar, wenn der Vertretene dem Dritten die Bevollmächtigung mit einem Hinweis auf das Gebrauchsland angezeigt hatte (Außenvollmacht), dieser aber nicht erkennen konnte, wo der Vertreter dann wirklich gehandelt hat. Hier hätte eine Vermutung näher gelegen, dass der Vertreter weisungsgemäß gehandelt hat.

e) Verfügungen. aa) Grundstücke. Nach Abs. 6 wird die Vollmacht für Verfügungen über **124** Grundstücke und Rechte an Grundstücken nach der **lex rei sitae** (Art. 43 Abs. 1 und Art. 46)

---

[159] BGHZ 43, 21 (26) = NJW 1965, 487 = WM 1965, 868; BGH NJW 1982, 2733; BGH NJW 1990, 3088; BGH DNotZ 1994, 485; BayObLG NJW-RR 1988, 873; BGHZ 64, 183 (192) = NJW 1975, 1220: für Anscheinsvollmacht gelte nicht die Niederlassung des Vertreters; OLG Karlsruhe ZIP 1986, 1578 nimmt für Anscheinsvollmacht ebenfalls jedenfalls nicht die Niederlassung, sondern den Handlungsort oder Anscheinsort; unklar BGH NJW 2004, 1315; LG Karlsruhe RIW 2002, 153; wohl OLG Celle OLGR 2009, 720 (Niederlassung in Finnland, Gebrauchsort Deutschland; mitgeteilter Sachverhalt aber unklar) *Kegel/Schurig* IPR § 17 V 2 S. 621; *v. Hoffmann/Thorn* IPR § 7 Rn. 51; Erman/*Hohloch* Anh. II Art. 12 EGBGB Rn. 8 aE; *Hausmann* in Reithmann/ Martiny IntVertragsR Rn. 7.392; *Rabel* RabelsZ 7 (1933), 797 ff.; *Schäfer* RIW 1996, 189 ff.; *Schäfer* RIW 1996, 192; *Ackmann* IPRax 1991, 222; *v. Caemmerer* RabelsZ 24 (1954), 207; für Gebrauchsort: *G. Fischer,* Verkehrsschutz im internationalen Vertragsrecht, 1990, 298 f.; *v. Bar* IPR II Rn. 592; *Steding* ZVglRWiss. 86 (1987), 45; *S. Schwarz* RabelsZ 71 (2007), 753, nur wenn die Niederlassung nicht erkennbar war. LG Bielefeld IPRax 1990, 315.

[160] ZB BGH NZG 2012, 1192 Rn. 31; OLG Saarbrücken IPR.spr. 1968/69 Nr. 19a; OLG Frankfurt AWD 1969, 415 f.; LG Karlsruhe RIW 2002, 153 (155); *Hausmann* in Reithmann/Martiny IntVertragsR Rn. 7.375; *v. Caemmerer* RabelsZ 24 (1954), 207; Soergel/*Lüderitz* Anh. Art. 10 Rn. 101; Erman/*Hohloch* Anh. I Art. 37 Rn. 16; Staudinger/*Magnus* (2016) Rom I-VO Anh. II Art. 1 Rn. 21; dagegen hat OLG Köln IPR.spr. 1966/67 Nr. 25 den Handlungsort bei telefonischem Vertragsschluss mit zweifelhafter Deduktion an den Empfangsort verlegt.

[161] RGZ 38, 194 (195); 78, 55 (60); RG Recht 1923 Nr. 1222; LZ 1929 Sp. 1268 = IPR.spr. 1929 Nr. 29; DNotZ 1944, 151 f. = DR 1942, 1066; BGH NJW 1954, 1561; BGHZ 43, 21 = NJW 1965, 487; BGHZ 64, 183 (192) = NJW 1975, 1220; BGHZ 128, 41 (47); BGH BB 2004, 683 sub. II 2a; BGH NJW 1990, 3088; BGH WM 1958, 558 f.; OLG Koblenz IPRax 1994, 302 m. Aufs. *Frank* IPRax 1994, 279; OLG Düsseldorf BeckRS 2003, 30328865; OLG München IPRax 1990, 320 m. Aufs *Spellenberg* IPRax 1990, 295; OLG Frankfurt IPRax 1986, 373 (375): „Wo ausgeübt werden *soll*".

[162] Für den gewollten Gebrauchsort, jedenfalls wenn die Abweichung des realen davon erkennbar, war *Makarov,* FS T. Perassi, Bd. 2, 1957, 60 f.; *Hausmann* in Reithmann/Martiny IntVertragsR Rn. 7.392; Staudinger/*Magnus* (2016) Rom I-VO Anh. II Art. 1 Rn. 22; *v. Bar* IPR II Rn. 457; *Kropholler* IPR § 41 I 2a; Palandt/*Thorn* Anh. Art. 10 Rn. 1; *Raape* IPR S. 503; soweit er nicht für das Geschäftsstatut ist; auch *Lüderitz,* FS Coing, Bd. 2, 1982, 319. Für den tatsächlichen Gebrauchsort *v. Hoffmann/Thorn* IPR § 7 Rn. 50–51; *Kropholler* IPR § 41 I 2a; *Kegel/ Schurig* IPR § 17 V 2a S. 621; *Kayser,* Vertretung ohne Vertretungsmacht im deutschen IPR, 1967, 25; *v. Caemmerer* RabelsZ 24 (1959), 210 (mit Bedenken); *Rabel* RabelsZ 3 (1933), 805; *Rabel* Bd. III S. 157; *G. Fischer,* Verkehrsschutz im internationalen Vertragsrecht, 1990, 298; Erman/*Hohloch* Anh. I Art. 12 Rn. 7; NK-BGB/*Doehner* Anh. Art. 11 Rn. 5; Staudinger/*Magnus* (2016) Rom I-VO Anh. II Art. 1 Rn. 22. Sehr kritisch zur jetzigen Regelung BeckOK BGB/*Mäsch* Rn. 44.

beurteilt.[163] Was ein Grundstück und insbesondere ein gleichgestelltes – dingliches – Recht an einem Grundstück ist, sagt nach allgemeiner Regel die lex rei sitae.[164] Es handelt sich vor allem außer dem Eigentum um Grundpfandrechte und Grundstückszubehör. Als Grund für die Anwendung der lex rei sitae, also des Geschäftsstatuts auch für die Verfügungsvollmacht, wird meist das Interesse an der reibungslosen Durchführung der Verfügung im Belegenheitsland angegeben.[165] Diese Regeln gelten auch für die Bewilligung von Vormerkungen, weil sie einer dinglichen Verfügung nahe kommen.[166]

125   Der Verweis auf die Art. 43 Abs. 1 und 46 bedeutet auch, dass eine **Rechtswahl** für die Verfügungsvollmacht bei Grundstücken nicht zulässig ist. Das war bisher streitig.[167]

126   **bb) Mobilien.** Für bewegliche Sachen gilt Abs. 6 nach seinem Wortlaut nicht, und es liegt ein Umkehrschluss nahe, so dass die Vollmacht zur **Verfügung** nicht nur nach Abs. 2–5 anzuknüpfen ist, sondern auch die Wahl des Vollmachtsstatuts zulässig wäre. Bei ihnen wiege das Verkehrsinteresse oder Vertrauen der Erwerber weniger als bei Immobilien.[168] Dagegen spricht aber zum einen die Nähe zur Verfügungsermächtigung,[169] die vom BGH grundsätzlich der lex rei sitae unterstellt wird (→ Art. 43 Rn. 80),[170] und es macht wertungsmäßig keinen entscheidenden Unterschied, ob der Nichteigentümer kraft Ermächtigung im eigenen oder kraft Vollmacht in fremdem Namen wirksam verfügt.[171] Es gilt die **lex rei sitae** als Verfügungsstatut.

127   Ebenso folgt die **nachträgliche Genehmigung** einer Verfügung der lex rei sitae. Vorherige Ermächtigung und nachträgliche Genehmigung sollten gleichgestellt sein. Nach diesem Recht ist auch der gutgläubige Erwerb bei fehlender Ermächtigung des Verfügenden zu beurteilen. (→ Art. 43 Rn. 80). Zwar wird eine Verfügungsvollmacht in der Regel im Belegenheitsland ausgeübt werden, aber unbedingt notwendig ist das nicht, vor allem wenn die lex rei sitae keine Besitzübergabe verlangt.[172] Man sollte die lex rei sitae auf die Vollmacht anwenden und nicht das davon unter Umständen verschiedene Recht am Ort des Vertreterhandelns oder der Niederlassung.

128   Abs. 6 kann mit dem Verweis auf Art. 43 Abs. 1 EGBGB, der die Rechtswahl nicht vorsieht, auch als Beleg für die Regel gelesen werden, dass das Staut der Vollmacht nur da gewählt werden kann, wo die Rechtswahl auch für das Vertretergeschäft zugelassen ist.[173]

129   **f) Schuldrechtliche Geschäfte über Sachen.** Da Art. 8 Abs. 6 nF ausdrücklich nur von Verfügungen spricht, sind für **schuldrechtliche Verträge**, also insbesondere den Kauf von Grundstücken[174] und ihre Verwaltung,[175] die Vollmachten nicht nur nach den allgemeinen Regeln der Abs. 2–

---

[163] RGZ 149, 93; RG DNotZ 1944, 151 = DR 1943, 1066; BGH NJW 1963, 46; LG Berlin I IPRspr. 1932 Nr. 63; JW 1935, 877; KG IPRspr. 1933 Nr. 9; OLG Stuttgart OLGZ 1981, 164 und 1982, 257 (dieselbe Sache); OLG München IPRax 1990, 320 m. Aufsatz *Spellenberg* IPRax 1990, 296 = RIW 1990, 226 f.; *Spickhoff* RabelsZ 80 (2016) 494. Da die lex rei sitae meist auch das Recht des Ortes ist, wo die Vollmacht gebraucht wird, wird in den Formulierungen häufig nicht deutlich unterschieden zwischen Sonderanknüpfung an den Ort und Anwendung des Geschäftsstatuts, in RGZ 149, wurde die Vollmacht aber außerhalb des Belegenheitslandes gebraucht, Bedenken bei *v. Caemmerer* RabelsZ 24 (1959), 209; Staudinger/*Mansel* (2015) EGBGB Art. 43 Rn. 1191 f.; Staudinger/*Magnus* (2016) Rom I-VO Anh. II Art. 1 Rn. 32; *v. Hoffmann/Thorn* IPR § 10 Rn. 18; aA *Ruthig*, Vollmacht und Rechtsschein im IPR, 1996, 161 ff.

[164] Eingehend Staudinger/*Mansel* (2015) Art. 43 EGBGB Rn. 450 ff.

[165] *Hausmann* in Reithmann/Martiny IntVertragsR Rn. 7.397; Staudinger/*Magnus* (2016) Rom I-VO Anh. II Art. 1 Rn. 30; zur str. Zulassung der Auflassung deutscher Grundstücke im Ausland *Spellenberg*, FS Schütze, 1999, 894 f.

[166] *Leible* IPRax 1998, 258 (262).

[167] Für Rechtswahl *Hausmann* in Reithmann/Martiny IntVertragsR Rn. 7.398; dagegen Staudinger/*Magnus* (2016) Rom I-VO Anh. II Art. 1 Rn. 32.

[168] Staudinger/*Mansel* (2015) Rn. 1090 mN; NK-BGB/*Doehner* EGBGB Art. 11 Anh. Rn. 1, 12; *Spickhoff* RabelsZ (2016) 481 (494); *Rademacher* IPRax 2017, 56 (57).

[169] So zutr. BGH NJW-RR 2000, 1583 (1585), der aber letztlich sich nicht zwischen den beiden Ansätzen der Ermächtigung oder der Vollmacht entscheidet, da das Ergebnis gleich wäre.

[170] Für Genehmigung und Ermächtigung bei Verfügung eines Nichtberechtigten grds. so und nur ausnahmsweise anders BGH NJW-RR 2000, 1583. *Spickhoff* RabelsZ80 (2106) 494/5. Die Ausnahme war aber eigentlich keine, weil sie erst erteilt wurde, nach dem die Sache nach Deutschland verbracht worden war, so dass die Übereignung nach dem neuen Statut zu vollenden war (Art. 43 Abs. 3). Vgl. weiter BGH NJW 2009, 2824.

[171] Anders die hM; Staudinger/*Mansel* (2015) Art. 43 Rn. 1089 ff.

[172] Häufig bewirkt dann schon der Kaufvertragsabschluss den Eigentumsübergang nach dem betr. Belegenheitsrecht zB Art. 1138 Abs. 2 frz. C. c.

[173] Ebenso BeckOK BGB/*Mäsch* Rn. 34.

[174] *Hausmann* in Reithmann/Martiny IntVertragsR Rn. 7.400; *v. Caemmerer* RabelsZ 24 (1959), 201 (209); *Ficker* RabelsZ 24 (1959) 333; Staudinger/*Magnus* (2016) Rom I-VO Anh. II Art. 1 Rn. 33; Soergel/*Lüderitz* Anh. Art. 10 Rn. 90, 101; *Leible* IPRax 1998, 258.

[175] BGH JZ 1955, 702 m Anm. *Gamillscheg; Kropholler* IPR § 41 I 2d; Staudinger/*Magnus* (2016) Rom I-VO Anh. II Art. 1 Rn. 31; aA Belegenheitsort OLG Frankfurt WM 1963, 872; *Hausmann* in Reithmann/Martiny IntVertrags Rn. 7.399.

5 objektiv anzuknüpfen, sondern auch die **Wahl** ihres Statuts nach Abs. 1 ist **zulässig.**[176] Dasselbe gilt erst recht für den Verkauf etc. von Mobilien.

g) Gesellschaftsanteile. Auch Gesellschaftsanteile, namentlich GmbH-Anteile können durch **130** Vertreter übertragen und verkauft werden, ohne dass hier auch im IPR Besonderes zu beachten wäre.[177]

3. Rechtsscheinsvollmachten. a) Anknüpfung. Art. 8 nF erwähnt Anscheins- und Duldungs- **131** vollmacht nicht gesondert, woraus gefolgert werden kann, dass diese wie die anderen Vollmachten anzuknüpfen seien.[178] Der Deutsche Rat für IPR hat freilich explizit abgelehnt, dazu Stellung zu nehmen, doch begründet er seine Abstinenz damit, dass sich hier Abgrenzungsprobleme zu europäischem Recht ergäben, so dass man erst abwarten sollte, bis der EuGH entschieden habe.[179] Gemeint ist vermutlich die Frage, ob es sich insbesondere bei der Haftung des vollmachtlosen Vertreters um eine Frage der culpa in contrahendo handelt, so dass Art. 12 Rom II-VO eingreift.[180] Ob der Gesetzgeber diese Zurückhaltung teilt, ist dem Gesetz und der dazu schweigenden amtlichen Begründung nicht zu entnehmen. *Spickhoff* hatte sich de lege ferenda dafür ausgesprochen, die Rechtsscheinsvollmachten im neuen Gesetz gleich wie die erklärten anzuknüpfen.[181]

Danach müsste ein Gericht bei der ersten Gelegenheit mit einem falsus procurator dem EuGH **132** vorlegen, aber bis dahin muss doch entschieden werden, ob der neue Art. 8 oder das alte Recht angewandt werden muss. Es besteht aber kein dringender Grund Art. 8 nF nicht schon jetzt anzuwenden (weiter → Rn. 184 f.).

Es herrschte aber bisher besonders viel Unsicherheit, die Rechtsscheinsvollmachten anzuknüpfen. **133** Nach dem BGH soll, weil keine Bevollmächtigungserklärung vorliege, nicht an deren Statut angeknüpft werden wie etwa „den Ort der Bevollmächtigung oder das Domizil des Vollmachtgebers", vielmehr komme nur „der Ort, an dem der Rechtschein entstanden ist und sich ausgewirkt hat" in Frage.[182] Der BGH geht 1964 anscheinend noch von einer ungebräuchlichen Regelanknüpfung wohl an den Sitz **des Vertretenen** oder den Ort seiner Erklärung aus. Es bleibt aber die Aussage, dass Rechtsscheinsvollmachten anders angeknüpft werden sollten an den Ort der Entstehung oder der Auswirkung des Rechtsscheins. Diese vielfach wiederholte Formel[183] ist nicht nur anerkanntermaßen sehr unklar und nie wirklich konkretisiert worden,[184] sondern deutet auch an, dass diese Orte auseinanderfallen könnten. Vielleicht ist es auch der unausgesprochene Gedanke, dass sich der Rechtsschein im Glauben der Drittkontrahenten auswirkt, doch löste das den Vertrauensschutz der Dritten von jeder örtlichen Grundlage.[185]

Im Falle eines Angestellten, der vom deutschen Firmensitz in die Niederlande gereist war, hat das **134** OLG Hamm den Rechtsschein nach deutschem Recht beurteilt, weil er in Deutschland begründet wurde.[186] Meist wird formuliert, wo der Rechtsschein **entstanden** ist **und** sich **ausgewirkt** hat. Das muss aber nicht dasselbe Land sein, und dann war die Rechtsprechung unsicher und zeigte Züge von Heimwärtsstreben,[187] indem man den Eindruck gewinnt, dass jeweils die zum deutschen Recht

---

[176] BGH JZ 1955, 702 m.Anm. *Gamillscheg; Kropholler* IPR § 41 I 2d; Staudinger/*Magnus* (2016) Rom I-VO Anh. II Art. 1 Rn. 31; aA Belegenheitsort OLG Frankfurt WM 1963, 872; aA für Grundstücksverwaltungsvollmachten *Hausmann* in Reithmann/Martiny IntVertragsR Rn. 7.398 f.

[177] Baumbach/Hueck/*Fastrich,* 21. Aufl. 2017, GmbHG § 15 Rn. 23.

[178] So zum bisherigen Recht *Kropholler* NJW 1965, 1641 (1642 f., 1645); *Heinz,* Das Vollmachtsstatut, 2011, 211 ff.; *Kurzynsky-Singer,* Anknüpfung und Reichweite des Vollmachtsstatuts, 2005, 189; *Hausmann* in Reithmann/Martiny IntVertragsR Rn. 7.428.

[179] *v. Hein* IPRax 2015, 578 (580); vgl. auch *Rademacher* IPRax 2017, 56 (57).

[180] So mit Bedenken zur Rechtsscheinsvollmacht *Bach* IPRax 2011, 116 (118 ff.); aA zur Haftung des falsus procurators *Behnen* IPRax 2015, 221 (225 ff.).

[181] RabelsZ 80 (2016) 481 (523).

[182] BGHZ 43, 21 (27) = NJW 1965, 487.

[183] BGH IPRpr. 1968/69 Nr. 19b; BGH NJW-RR 1990, 248 (250); BGHZ 64, 183 (192 f.); BGH NJW 2004, 1523 (1530); BGH NJW 2007, 1529 f.; OLG Köln IPRspr 1966/67 Nr. 25; OLG Frankfurt IPRspr. 1986 Nr. 21; OLG Saarbrücken IPRspr 1968/69 Nr. 21; OLG Karlsruhe IPRax 1987, 238; OLG Hamm IPRspr 2013 Nr. 282 Rn. 69.

[184] So schon *Kropholler* NJW 1965, 1641; *Leible* IPRax 1998, 257 (260); *Ruthig,* Vollmacht und Rechtsschein im IPR, 1996, 44 ff., 182 f.

[185] NK-BGB/Doehner Anh. Art. 11 EGBGB Rn. 17; aA wohl Staudinger/*Magnus* (2016) Rom I-VO Anh. II Art. 1 Rn 39.

[186] OLG Hamm IPRspr. 2013 Nr. 282 Rn. 69, obwohl der Vertreter in den Niederlanden gehandelt hat.

[187] Vgl. OLG Hamm IPRspr. 2013 Nr. 282 Rn. 69; OLG Köln IPRspr 1966/67 Nr. 25: der Scheinvertreter hatte stets nur von seinem Sitz in der Schweiz aus mit deutschen Kunden kommuniziert, die in Deutschland an seine Vollmacht glaubten. Vgl. auch BGHZ 64, 183 (192 f.) = NJW 1975, 1220: der schweizer Anwalt Solchenizyns hatte von der Schweiz aus mit deutschen Verlagen kontrahiert, die an seine Vollmacht glaubten. BGHZ 43,

führende Anknüpfung genommen wird. Wenn der Scheinvertreter in Deutschland gehandelt hat, wäre das Ergebnis mit der Anknüpfung an den Gebrauchsort zu gewinnen, denn dieses Statut deckte nach der hL auch sonst die Erteilung der Vollmacht. Das träfe dann auf OLG Köln zu,[188] wo der in der Schweiz niedergelassene Vertreter nur von dort aus mit deutschen Kunden telefonierte. Hier hätte keine der üblichen Anknüpfungen der Vollmacht zu deutschem Recht geführt. Insgesamt hat die herrschende selbständige Anknüpfung der Vollmacht große Schwierigkeiten mit den Scheinvollmachten, wohl weil, wie der BGH einmal formulierte, keine Erteilung durch ein Rechtsgeschäft vorliegt.[189] Keinesfalls ist der Ort als solcher maßgebend – und feststellbar –, an dem der Dritte an eine Vollmacht geglaubt hat.[190]

135   Die hL sah mit Recht keinen Grund, die Rechtsscheinsvollmachten anders als allgemein die Vollmacht anzuknüpfen (→ Rn. 44),[191] schwankte aber entsprechend zwischen dem Gebrauchsort und ggf. der Niederlassung des Vertreters.[192] Auch die Nähe der Duldungsvollmacht zur konkludent erteilten legt die Gleichbehandlung nahe,[193] denn es ist häufig nicht sicher zu entscheiden, ob nicht überhaupt eine konkludente Bevollmächtigung vorlag. Eine echte Anscheinsvollmacht ist anscheinend in der Rechtsprechung nie streitig geworden, wäre aber ihrerseits auch nicht von der Duldungsvollmacht abgrenzbar.

136   Die Rechtsscheinsvollmachten beruhen definitionsgemäß nicht auf einer Bevollmächtigungserklärung des Vertretenen, sondern als Duldungsvollmacht darauf, dass der Vertretene weiß, dass ein Vertreter in seinem Namen handelt und das nicht unterbindet, obwohl er es könnte, und als Anscheinsvollmacht darauf, dass er dies wissen müsste, es aber nicht verhindert. Dieses Verhalten des Vertretenen durch Unterlassen lässt sich idR am Sitz oder gewöhnlichen Aufenthalt des Vertretenen lokalisieren. Möglicherweise meint das auch der BGH mit dem **Ort der Entstehung** des Rechtsscheins. Daran sollte aber nicht angeknüpft werden, weil dieser Ort auch bei der ausdrücklichen Vollmacht grundsätzlich nicht relevant ist. Der Anschein der Bevollmächtigung wirkt sich dann im **Vertragsschluss** durch den Scheinvertreter aus, den der Dritte für bevollmächtigt hält. Auch dieser **Ort** ist nicht erheblich. Daher ist mit der hM so anzuknüpfen wie auch sonst an die Niederlassung oder den gewöhnlichen Aufenthalt des Vertreters.[194] Davon sollte man einen dritten Ort, an dem der Rechtsschein nach außen entsteht, so dass der Dritte auf ihn vertraut, nicht unterscheiden.[195] Das OLG Köln ist damit einmal zu Unrecht zum Sitz des Dritten gekommen.[196] Der Rechtsschein kann durchaus grenzüberschreitend bestehen.

137   Bei der **Anscheinsvollmacht** fehlt dem angeblich Vertretenen die Kenntnis des Vertreterhandelns, der Dritte rechnet aber mit seinem Einverständnis, weil jener bei gehöriger Sorgfalt das Vertreterhandeln hätte kennen müssen. Sie beruhe, so der BGH, „nicht auf einem Rechtsgeschäft der Bevollmächtigung, sondern der Vertretene hafte auf Grund eines infolge eines Verschuldens tatsächlich entstandenen Rechtsscheins".[197] Deshalb sei sie anders als die „echte" Vollmacht anzuknüpfen. Ob eine Anscheins-

---

21 (27) = NJW 1965, 487, Niederlassung des Vertreters für eine bulgarische Fa. in Deutschland; der Rechtsschein sei durch das Verhalten überwiegend in Bulgarien der Fa. entstanden; BGH NJW 2007, 1529 m. Aufs. *Kindler* NJW 2007, 1785 (aber Haftung des falsus procurator und möglicherweise Organ einer Gesellschaft); OLG Karlsruhe IPRax 1987, 257 m. Aufs. *Weitnauer* IPRax 1987, 221, nicht bevollmächtigter Vertreter handelt zwar in Deutschland, hat seine eigene Niederlassung aber in Italien.

[188] IPRspr. 1966/67 Nr. 25.

[189] *Leible* IPRax 1998. 257, 260.

[190] NK-BGB/*Doehner* Art. 11 EGBGB Anh. Rn. 1., so aber anscheinend Staudinger/*Magnus* (2016) Rom I-VO Anh. II Art. 1 Rn. 39.

[191] *Heinz*, Das Vollmachtsstatut, 2011, 208; *Hausmann* in Reithmann/Martiny IntVertragsR Rn. 7.428; *Kurzynsky-Singer*, Anknüpfung und Reichweite des Vollmachtsstatuts, 2007, 121 f., 183 f.; BeckOK BGB/*Mäsch* Rn. 56 f.; *Leible* IPRax 1998, 257 (260).

[192] Beides fiel zusammen in OLG München IPRspr. 2008 Nr. 13 S. 20–24: Vollmacht ausgeübt durch Firmenangestellten in Dubai, vertrauende Gegenpartei in Deutschland.

[193] OLG Celle OLGR 2009, 720 Rn. 40, 42; OLG Stuttgart IPRax 2015, 430 Rn. 132 f. m Aufs. *Thole* IPRax 2015, 420; OLG Karlsruhe IPRax 1987, 238; OLG Celle OLGR 2009, 720 Rn. 40, 42; OLG München IPRspr. 2008 Nr. 13 Rn. 38 OLG Stuttgart IPRax 2015, 430 Rn. 132 f. m. Aus. *Thole* S. 420, OLG Karlsruhe IPRax 1987, 238; *Hausmann* in Reithmann/Martiny IntVertragsR Rn. 7.428, 7.430 unter Berufung auf ausländische gesetzliche Regelungen (Belgien, Italien, Bulgarien, Österreich, Spanien, Liechtenstein, Schweiz; vgl. *S. Schwarz* RabelsZ 71 (2007), 729, 793 f.); NK-BGB/*Doehner* Anh. Art. 11 Rn. 17; *Leible* IPRax 1998, 257 (260 f.); *Spickhoff* RabelsZ 80 (2016), 523.

[194] So OLG Karlsruhe IPRax 1989, 232 m. Auf. *G. Fischer* IPRax 1989, 305; *Junker* IPR Rn. 338; Palandt/*Thorn* Anh. Art. 10 EGBGB Rn. 3.

[195] So aber Staudinger/*Magnus* (2016) Rom I-VO Anh. II Art. 1 Rn. 39.

[196] OLG Köln IPRspr. 1966/67 Nr. 25 (deutlich von Heimwärtsstreben geprägt).

[197] BGHZ 43, 21 (27).

vollmacht überhaupt oder vielleicht nur im kaufmännischen Verkehr anzuerkennen ist, ist nicht nur im deutschen Recht umstritten,[198] sondern auch international rechtvergleichend.[199]

Es ist nach wie vor richtig, dass die Rechtsscheinsvollmachten wie die erklärten Vollmachten **138** anzuknüpfen sind, denn es sind keine systematischen und praktischen Gründe erkennbar, die eine Unterscheidung rechtfertigen.[200] Da weder der Gesetzestext noch die amtliche Begründung anderes sagen, kann man annehmen, dass Art. 8 sie wie das bisherige Recht auch erfasst (→ Rn. 44). Er knüpft an die Niederlassung des Vertreters oder seines Arbeitgebers, hilfsweise an den Gebrauchsort an, und das ist gleichermaßen möglich, wenn der angebliche Vollmachtgeber eine Bevollmächtigung erklärt hat wie wenn er das Handeln seines angeblichen Vertreters nur geduldet oder zurechenbar den Anschein einer solchen Bevollmächtigung erweckt hat, denn Art. 8 stellt auf die Situation des angeblichen Vertreters oder sein Handeln ab und nicht auf den Vertretenen. Das aber tut der BGH in jener unglücklichen Entscheidung.[201]

Es geht um die Bindung des angeblich Vertretenen an das vom Vertreter vorgenommene Rechts- **139** geschäft. Sie kann auf seinem erklärten Einverständnis beruhen, dem aber wertungsmäßig gleich gestellt werden soll, wenn er das Vertreterhandeln duldet oder zurechenbar den Anschein seines Einverständnisses gesetzt hat. Die Kernfrage ist daher, ob man den Rechtsschein der Wirklichkeit, die er vorgibt, auch im IPR gleich werten darf. Man kann das bejahen, wobei es im IPR „nur" um die Frage geht, welches Recht darüber entscheiden soll, ob ein solcher Schein einer Bevollmächtigung eine Vertretungsmacht begründet. Die Voraussetzungen und der Bestand einer Duldungs- oder Anscheinsvollmacht werden heute dem Recht der Niederlassung des Vertreters bzw. des Arbeitgebers oder hilfsweise des Gebrauchsorts unterworfen. Die alte Formel von dem Land, in dem der Rechts- schein entstanden ist und sich ausgewirkt hat, gilt nicht mehr (→ Rn. 44). Das hat die Sache sehr vereinfacht.

b) Vorbehalt des eigenen Rechts. Art. 10 Abs. 2 Rom I-VO bzw. der gleich lautende Art. 31 **140** Abs. 2 EGBGB aF, der weiterhin anwendbar sein dürfte wegen der Ausnahme der Stellvertretung von der Rom I-VO durch Art. 1 Abs. 2 lit g (→ Rn. 35 f.), enthält ein Grundprinzip des internationalen Schuldvertragsrechts. Danach kann eine Partei einwenden, sie habe dem Vertrag nicht zugestimmt, wenn es nach den Umständen nicht gerechtfertigt wäre, ihr zum Vertrag führendes Verhalten, das also schon vor dem Vertragsschluss liegt, nach dem Vertragsstatut zu beurteilen, vorausgesetzt nach ihrem eigenen Recht läge keine Zustimmung und Bindung an den Vertrag vor. Der Vorgriff auf das Vertragsstatut ist gerechtfertigt, wenn die Partei sich zurechenbar in internationale Beziehungen begeben hat und subjektiv die anderen Regeln des äußeren Vertragsschlusses hätte erkennen können (näher → Rom I-VO Art. 10 Rn. 351). Grundlegend dafür war die Entscheidung des BGH zur Frage, ob bzw. unter welchen Voraussetzungen das Schweigen auf überreichte AGB mit einer Rechts- wahlklausel als deren Annahme gelten kann.[202] Die „vertragsschließende Erklärung" ist hier die Bevollmächtigung, wobei man darüber streiten mag, ob man Art. 31 Abs. 2 EGBGB auf die Voll- macht anwendet oder Art. 10 Abs. 2 Rom I-VO direkt bzgl. der Bindung an das Vertretergeschäft.

Es ist das allgemeine Prinzip der internationalen Rechtsgeschäftslehre, dass man nicht ohne weite- **141** res, sondern nur unter bestimmten Voraussetzungen in rechtsgeschäftliche Bindungen nach einem anderen Recht als dem am eigenen gewöhnlichen Aufenthalt geraten kann. Die Bindungen entstehen hier durch die Vollmacht, wobei dahin stehen mag, ob man ggf. den Vorbehalt des eigenen Rechts gegen die Vertretungsmacht erhebt oder – richtiger – erst gegen das Vertretergeschäft. Entscheidend ist, dass diese Regel nicht dadurch entfallen kann, dass die Partei eines Vertrages durch einen angebli- chen oder wirklichen Vertreter gehandelt hat.[203] Es wäre inkonsequent, Art. 10 Abs. 2 Rom I-VO/ Art. 31 Abs. 2 EGBGB aF nur auf vertragliche Bindungen bei eigenhändigem Handeln anzuwenden. Das ist keine Modifikation der Vollmachtsanknüpfung, sondern ein **allgemeiner Vorbehalt** im internationalen Schuldvertragsrecht, der die objektiven Anknüpfungen rechtfertigt, indem er die Partei vor unvorhersehbarer Bindung durch ein fremdes Recht schützt. Art. 31 Abs. 2 EGBGB ist zusammen mit dem ganzen Abschnitt zum internationalen Schuldvertragsrecht voreilig gestrichen worden. Denn das kann aber nur soweit gelten, als die Rom I-VO eine „Ersatzregelung" enthält, was wegen Art. 1 Abs. 2 lit. g Rom I-VO nicht der Fall zu sein scheint.[204] Art. 10 Abs. 2 Rom I-

---

[198] Staudinger/*Schilken* (2014) BGB § 1667 Rn. 31.
[199] *Ruthig*, Vollmacht und Rechtsschein im IPR, 1996, 66–104 u. pass.
[200] BeckOK BGB/*Mäsch* Rn. 56.
[201] BGHZ 43, 21 (27) = NJW 1965, 487.
[202] BGHZ 57, 72 (77) = NJW 1972, 391 (Küchenmöbel).
[203] Ebenso BeckOK BGB/*Mäsch* Rn. 59; Palandt/*Thorn* Anh. Art. 10 Rn. 3; aA zB *Spickhoff* RabelsZ 80 (2016) 481 (524); Staudinger/*Magnus* (2016) Rom I-VO Anh. II Art. 1.
[204] Ein entsprechendes Problem besteht im internationalen Gesellschaftsrecht wegen Art. 1 Abs. 2 lit. g Rom I-VO.

VO/Art. 31 Abs. 2 EGBGB sind ein **tragender Bestandteil** der Vertragsanknüpfung, auch wenn ihre Voraussetzungen selten erfüllt sind (Rom I-VO Art. 10 Rn. 9, 10, 201, 205), denn die Regel, dass auch ausländisches Recht bindet, wird nur durch die Ausnahme gerechtfertigt werden.

142   Die **Voraussetzungen** dieser Einwendung sind aber recht **eng,** so dass sie bei einer erklärten Bevollmächtigung sehr selten erfüllt sein werden. Nötig ist, dass die Partei sich nicht durch zurechenbares Verhalten in internationale Beziehungen begeben hat, dass sie nicht erkennen konnte, dass deshalb fremdes Recht gelten könnte, und dass sie letztendlich die fremden Sachregeln für ihre Bindung nicht hätte feststellen können (→ Rom I-VO Art. 10 Rn. 253, 256 f., 260). Sind diese Voraussetzungen kumulativ gegeben, nützt die Berufung auf das eigene Recht nur, wenn dieses die Bindung **insgesamt verneint,** und nicht nur beschränkt.[205]

143   Hat der angeblich Vertretene **tatsächlich** die Vollmacht **erteilt,** so kommen Art. 31 Abs. 2 bzw. Art. 10 Abs. 2 Rom I-VO allenfalls in Betracht, wenn der Vertreter unerlaubt und unvorhersehbar einen internationalen Vertrag im Namen des Vertretenen schließt, und selbst dann wird der Einwand meist daran scheitern, dass er immerhin nach dem Recht des Vollmachtgebers bevollmächtigt war. Bei einer **Duldungsvollmacht** scheitert er schon daran, dass der angebliche Vollmachtgeber voraussetzungsgemäß die internationale Aktivität des angeblichen Vertreters kennt. Er könnte allenfalls geltend machen, er habe diese Konsequenz seiner Untätigkeit im fremden Sachrecht nicht kennen können, denn nach seinem eigenen hätte er gefahrlos schweigen können (→ Rom I-VO Art. 10 Rn. 260). Erst ist zudem zu prüfen, ob er nach seinem **eigenen Recht** durch das Vertretergeschäft auch **gebunden** wäre. Oft wird sich wohl ergeben, dass der Vertretene auch danach wegen zurechenbar veranlassten Rechtsscheins haftet.[206] Erst dann ist die Frage der **Zumutbarkeit** zu stellen.[207] Denkbar ist auch, dass der Vollmachtgeber nicht wollte und nicht vorhersehen konnte, dass sein Vertreter auch ein Auslandsgeschäft mit fremdem Vertragsstatut schließen würde.

144   So bleibt noch am ehesten die **Anscheinsvollmacht,** bei der der Vertretene die Auslandsaktivität seines angeblichen Vertreters nicht kennt. Das Rechtsinstitut findet sich nicht in allen ausländischen Rechten. Wenn es sich dann um einen Vertreter in der Niederlassung des Vertretenen handelt, so entfällt das Problem schon weil die Vollmacht an dieses Recht des Vertretenen angeknüpft wird.

145   Handelt der angebliche Vertreter von seiner eigenen Niederlassung in Deutschland aus für einen ausländischen angeblichen Vollmachtgeber, so entscheidet also das deutsche Recht, ob ein ausreichender Anschein der Bevollmächtigung besteht. Entsprechendes gilt, wenn an den Gebrauchsort der Vollmacht nach Abs. 4 oder 5 anzuknüpfen ist. Das kann sehr von den entsprechenden Regelungen am ausländischen Sitz des **angeblich Vertretenen** abweichen, welches etwa das Institut der Anscheinsvollmacht nicht kennt.[208] Ggf. wird man aber dem Vertretenen erlauben, sein Recht geltend zu machen, das die Anscheinsvollmacht nicht kennt, wenn er keinen Anlass hatte sich oder seinen Betrieb so einzurichten, dass der falsche Anschein vermieden wird.[209] Das kann nicht allein mit einer vernünftigen Handhabung des Merkmals „der Veranlassung des tatsächlichen Rechtsscheins" erreicht werden.[210]

146   Zu Scheinvollmachten kann man auch die Fälle der §§ 171 und 172 BGB rechnen, wenn noch eine Urkunde über die schon widerrufene Vollmacht existiert oder der Widerruf der Außenvollmacht dem Dritten nicht bekannt gemacht wurde. Auch an die unterbliebene Löschung einer Eintragung im Handelsregister ist hier zu denken (zB § 53 HGB). Ob man dann von einer Scheinvollmacht oder von einer Fortwirkung der Vollmachtserklärung reden will, ist unerheblich, wenn man auch auf erstere das Vollmachtsstatut anwendet (→ Rn. 135). Man könnte hier an den Fall denken, dass von einer ausländischen Urkunde ganz unvorhergesehen und unvorhersehbar in Deutschland Gebrauch gemacht wird, wenn deutsches Recht Vollmachtsstatut zB kraft der Vertreterniederlassung ist und das eigene Recht des Vollmachtgebers keine den §§ 171, 172 BGB entsprechende Regelung kennt.

147   Bei den Scheinvollmachten muss aber wie auch sonst zunächst das Vollmachtsstatut sachrechtlich entscheiden, ob die Bindung des angeblich Vertretenen schon daran scheitert, dass er sein Verhalten

---

[205] Insoweit aA BeckOK BGB/*Mäsch* Rn. 60.

[206] *Lüderitz,* FS Coing, Bd. 2, 1982, 321.

[207] Das ist der Kern der Auffassung *Rabels* RabelsZ 3 (1929), 823 und 7 (1933), 806, das Vertretenenrecht entscheide mit, ob überhaupt eine Vollmacht erteilt sei. Das entspricht heute Art. 10 Abs. 2 Rom I-VO; ähnlich zB *Rigaux,* Le statut de la représentation, 1963, 229 f.; *Rabel* hat den Vorbehalt später aber als zu differenzierend fallen gelassen; dazu und zum insoweit gleichen Recht vor 1986 *Spellenberg,* Geschäftsstatut und Vollmacht im IPR, 1979, 227 ff.

[208] Rechtsvergleichung dazu bei *Ruthig,* Rechtsschein und Vollmacht im IPR, 1996, 67 ff.

[209] Darauf gründet *Canaris,* Vertrauenshaftung im deutschen Privatrecht, 1971, 194 f. die Haftung kraft Anscheinsvollmacht.

[210] So aber Staudinger/*Magnus* (2016) Rom I-VO Anh. II Art. 1 Rn. 40.

verständlicherweise an „seinem" Recht ausgerichtet hat. Das ist der richtige Kern der Auffassungen, die nur das Vollmachtsstatut heranziehen wollen.[211]

Im Ausgangspunkt geht auch *Ruthig* so vor, ergänzt aber die regelmäßige Anknüpfung an die **148** Vertreterniederlassung und mangels einer solchen an den Gebrauchsort[212] um eine **sachrechtliche** Mitberücksichtigung der durch das Vollmachtsstatut verdrängten zweiten Rechtsordnung iS der Datumtheorie (Zweistufentheorie). Diese zweite, verdrängte Rechtsordnung könne sowohl das Umweltrecht des Vollmachtgebers als auch das des Dritten als auch das des Gebrauchsortes sein, wenn sie nicht zugleich Vollmachtsstatut sind.[213] Der Unterschied zum hier vertetenen Weg über Art. 31 Abs. 2 EGBGB aF, den *Ruthig* ablehnt,[214] besteht darin, dass die „verdrängte" Rechtsordnung nicht notwendig das Recht des Vollmachtgebers ist. Die Feststellungen wann welche zweite Rechtsordnung mitzuberücksichtigen ist, und wie das dann in den einzelnen Fällen des Rechtsscheins zB aufgrund von Registereintragungen geschehen kann, führt zu mE in der Praxis nicht mehr handhabbaren Differenzierungen, obwohl für den Ansatz manches spräche.

Neuerdings wird jedoch mit hörenswerten Gründen der vertraglichen bzw. rechtsgeschäftlichen Ein- **149** ordnung der Haftung des Vertretenen aus Rechtsscheinsvollmachten eine **außervertragliche Qualifikation** vorgezogen, weil der EuGH die culpa in contrahendo und ähnliche Haftungen ohne eine freiwillige, darauf gerichtete Verpflichtungsübernahme als außervertraglich ansieht und der Rom II-VO unterstellt (→ Rn. 131). Doch da die Tätigkeit des Scheinbevollmächtigten immerhin in einem Vertrag endet oder wenigstens auf dessen Abschluss gerichtet war, sei das anwendbare Recht nach Art. 12 Rom II-VO zu bestimmen. Die Haftung des Scheinvertretenen folge daher dem Statut des vom Scheinvertreter geschlossenen Vertrages.[215] Damit kommt *Bach* für diesen Fall im Ergebnis zu einer akzessorischen, und praktisch unselbständigen Anknüpfung an das **Geschäftsstatut** auch der Frage, ob eine Scheinvollmacht zu bejahen war. Bedenken ergeben sich aber daraus, dass die Frage ursprünglich in der Rom I-VO geregelt werden sollte,[216] dass dann die vorgesehene Regelung aber gestrichen und den nationalen Rechten überlassen wurde. Man kann darum nun **nicht** doch eine Regelung in der – älteren – **Rom II-VO** finden.

V. Reichweite des Vollmachtsstatuts

1. Vollmachtsstatut und Geschäftsstatut. Wird die Vollmacht eigenständig anknüpft, muss **150** man den Anwendungsbereich des **Vollmachtsstatuts** gegenüber dem **Statut des Vertretergeschäfts** abgrenzen. Hierin liegt ein weitgehend noch **ungelöstes Problem.**[217] Der Gesetzgeber schweigt zu der Frage, die aber mE auch nicht stringent zu beantworten ist. *Magnus* meint zwar optimistisch, die Statutenabgrenzung sei bei gar nicht so vielen Fragen ernsthaft streitig und man werde sich schon einigen können.[218] Doch die Streitfragen sind nicht wirklich selten, und die **Einigungsmöglichkeiten** sind schon deshalb unsicher, weil die Zuordnung zum einen oder anderen Statut oft nicht näher begründet wurde und oft auch nicht zwingend begründet werden kann. Es handelt sich doch oft um eher gefühlsmäßige Entscheidungen, und hier ist vieles nicht wirklich evident. Angesichts des Grundsatzes der umfassenden Geltung des Vertragsstatuts (→ Vor Art. 11 Rn. 7 ff.) müsste man genau genommen bei den konkreten **Einzelfragen** prüfen, **warum** sie davon ausgenommen werden müssen, und das entscheidet eigentlich erst darüber, inwieweit die Sonderanknüpfung der Vollmacht wirklich zum Tragen kommt. Die Vertretungsmacht als solche ist an sich ohne wirkliches Interesse. Sie ist weder ein Recht des Vertreters noch gar seine Fähigkeit, sondern allenfalls eine Legitimation (Voraufl. 2015 EGBGB Vor Art. 11 Rn. 49). Wichtig sind vielmehr ihr Vorliegen und ihr Fehlen für die Vertragsbeziehung zwischen den Hauptparteien.

Als Generallinie wird verbreitet zwischen Fragen unterschieden, die die **Bevollmächtigung** bzw. **151** wie meist wird formuliert wird, **die Wirksamkeit der Vollmacht selbst** betreffen, und denen, die mit der **Stellvertretung beim Rechtsgeschäft,** besonders ihrer Zulässigkeit, zusammenhängen.[219] Oder

---

[211] *v. Caemmerer* RabelsZ 24 (1959), 210; *Erman/Hohloch* Anh. I Art. 12 Rn. 10; *Rudolf Moser,* FS Handelshochschule St. Gallen, 1949, 391 (auch für Duldungs- und Anscheinsvollmacht); *Rigaux,* Le statut de la représentation, 1963, 229 ff.; *Lurger* IPRax 1996, 58; im Erg. ebenso Staudinger/*Magnus* (2016) Rom I-VO Anh. II Art. 1 Rn. 40.

[212] *Ruthig,* Vollmacht und Rechtsschein im IPR, 1996, 154 ff., 160 ff.

[213] *Ruthig,* Vollmacht und Rechtsschein im IPR, 1996, 272 ff.

[214] *Bach* IPRax 2011, 116 (118 f.).

[215] *Bach* IPRax 2011, 116 (118 f.).

[216] Dazu *Spellenberg* in Ferrari/Leible, Ein neues Internationales Vertragsrecht für Europa, 2007, 151 ff.

[217] *Braga* RabelsZ 24 (1959), 337 ff.

[218] Staudinger/*Magnus* (2016) Rom I-VO Anh. II Art. 1 Rn. 11.

[219] BGH WM 1965, 868; NJW 1971, 323 (325); OLG Hamburg IPRspr. 1964/65 Nr. 46 S. 157; *Hausmann* in Reithmann/Martiny IntVertragsR Rn. 7.408, 7.433; *v. Caemmerer* RabelsZ 24 (1959), 214 (217); *Müller-Freienfels* RabelsZ 24 (1959), 327; *Raape* IPR S. 503; *Braga* RabelsZ 24 (1959), 338; Soergel/*Lüderitz* Anh. Art. 10

es werden dem Vollmachtsstatut die Erteilung, der Bestand, der Inhalt bzw. Umfang, und die Beendigung der Vollmacht zugewiesen.[220] Dem Geschäftsstatut bleiben dann die Fragen belassen, die die **Bindung des Vertretenen** durch das Vertretergeschäft, also die Wirkung der Vertretungsmacht betreffen.[221] Die Richtschnur sollte sein, dass das Statut der Vollmacht **nicht Fragen** erfassen darf, die das **Rechtsverhältnis zwischen den Hauptparteien** betrifft, denn sachrechtlich bringt die Vollmacht dieses zustande, bestimmt aber weiter nicht über seinen Inhalt, seine Wirksamkeit im Übrigen und seine Beendigung. Die Unterscheidungen klingen genauer als sie sind, und die Grenzziehung ist in der Praxis und Lehre unsicher und oft umstritten, weil die wirksame Bevollmächtigung Voraussetzung der Bindung des Vertretenen ist und sonst keine Funktion hat, als eben diese zu bewirken.[222] Die Abgrenzung ist im Grunde nicht befriedigend möglich. Die Einbeziehung der Vollmacht in das Statut des Vertretergeschäfts hätte das Problem vermieden. Die Rechtsprechung dazu ist spärlich, die älteren Äußerungen der Literatur können aber auch für Art. 8 herangezogen werden, da der Gesetzgeber hierzu nichts sagt.

152   **a) Vollmachtsstatut.** Dem Vollmachtsstatut werden **zugewiesen:** Art und Weise der **Vollmachtserteilung,** zB durch einseitige Willenserklärung oder durch Vertrag (wie im französischen Recht), ob ausdrücklich oder auch konkludent[223] ob und wem die Erklärung **zugehen** muss;[224] die **Gültigkeit** des Erteilungsaktes, insbesondere auch der Einfluss von **Willensmängeln** des Vollmachtgebers dabei.[225]

153   Entsprechend werden die Voraussetzungen und der Bestand einer **Duldungs- oder Anscheinsvollmacht** heute dem Recht der Niederlassung des Vertreters bzw. des Arbeitgebers oder hilfsweise des Gebrauchsorts unterworfen. Die **alte Formel** von dem Land, in dem der Rechtsschein entstanden ist und sich ausgewirkt hat, gilt **nicht mehr** (→ Rn. 44, 138 f.). Richtig hätte danach das OLG Hamm zugunsten deutschen Rechts entschieden als der leitende Angestellte aus der deutschen Firmenzentrale zum Vertragsschluss in die Niederlande reiste angeblich ohne Vollmacht aber unter Umständen, die eine solch vermuten ließen.[226] Falsch lag das OLG Köln,[227] wo der in der Schweiz niedergelassene Vertreter nur von dort aus mit deutschen Kunden telefonierte. Hier hätte damals wie heute keine der üblichen Anknüpfungen der Vollmacht zu deutschem Recht geführt, welches das Gericht tatsächlich anwandte. Unrichtig wäre heute und war schon damals die Anwendung deutschen Rechts als der italienische Vertreter mit eigener Niederlassung in Italien nur zur Feststellung von Mängeln der vom italienischen Verkäufer gelieferten Ware nach Deutschland gereist war.[228]

154   Insgesamt hatte die herrschende selbständige Anknüpfung der Vollmacht große Schwierigkeiten mit den Scheinvollmachten, wohl weil, wie der BGH einmal formulierte, keine Erteilung durch ein Rechtsgeschäft vorliegt. Das aber ist ein Scheinproblem, denn auch für eine selbständige Anknüpfung braucht man keine **Bevollmächtigungserklärung,** sondern nur ein dem Vertretenen durch Unterlassen oder Dulden zurechenbares Vertreterhandeln. Man muss die Scheinvollmacht so anknüpfen wie die durch Rechtsgeschäft erteilte.[229] Damit hat der neue Art. 8 namentlich durch die Anknüpfung an die Niederlassung die Sache sehr vereinfacht. Keinesfalls ist der Ort als solcher maßgebend – und feststellbar –, an dem der Dritte an eine Vollmacht geglaubt hat.[230]

Rn. 102 f.; für weitergehende Anwendung des Vollmachtsstatuts Staudinger/*Magnus* (2016) Rom I-VO Anh. II Art. 1 Rn. 42 ff.; *Gebauer* in Leible/Unberath, Brauchen wir eine Rom 0-VO, 2013, 325, 336 f.; ähnlich unter Verweis auf Art. 1 Abs. 2 lit g Rom I-VO *Spickhoff* RabelsZ 80 (2016), 522 (523).

[220] Staudinger/*Magnus* (2016) Rom I-VO Anh. II Art. 1 Rn. 42.
[221] *Hausmann* in Reithmann/Martiny IntVertragsR Rn. 7.408, 7.433 ff.; Staudinger/*Magnus* (2016) Rom I-VO Anh. II Art. 1 Rn. 42 f.; *S. Schwarz* RabelsZ 71 (2007), 792 ff.
[222] Staudinger/*Magnus* (2016) Rom I-VO Anh. II Art. 1 Rn. 11 meint optimistisch, es gebe meist eine deutlich hM.
[223] BeckOK BGB/*Mäsch* Rn. 24.
[224] *Braga* RabelsZ 24 (1959), 337; *v. Caemmerer* RabelsZ 24 (1959), 215; *Hausmann* in Reithmann/Martiny IntVertragsR Rn. 7.408; *Raape* IPR S. 503; Palandt/*Thorn* Anh. Art. 10 Rn. 3; NK-BGB/*Doehner* Anh. Art. 11 Rn. 13.
[225] BGH JZ 1963, 167 (168); BGH NJW 1982, 2733; in NJW-RR 1990, 248 (250) lässt der BGH ausdrücklich offen, ob die Erteilung der Vollmacht *nicht* an den Gebrauchsort, sondern an den Ort ihrer Erteilung anzuknüpfen sei; LG Bielefeld IPRax 1992, 315 (aber eventuell organschaftliche Vertretung); *Hausmann* in Reithmann/Martiny IntVertragsR Rn. 7.408; *v. Caemmerer* RabelsZ 24 (1959), 214; Soergel/*Lüderitz* Vor Art. 7 Rn. 305; *Steding* ZVglRWiss. 86 (1987), 46.
[226] OLG Hamm IPRspr. 2013 Nr. 282 Tz 69.IPRspr 2013.
[227] IPRspr. 1966/67 Nr. 25.
[228] OLG Karlsruhe IPRax 1987, 237 (239).
[229] *Leible* IPRax 1998. 257, 260.
[230] NK-BGB/*Doehner* Anh. Art. 11 Rn. 1., so aber anscheinend Staudinger/*Magnus* (2016) Rom I-VO Anh. II Art. 1 Rn. 3.

Dem Vollmachtsstatut wird weiter unterstellt die **Beendigung** der Vollmacht durch **gesetzliche** 155
Befristung (zB nach russischem Recht);[231] Tod[232] und ihre **Widerruflichkeit**[233] wie wohl auch der
Widerruf selbst (vor ihrem Gebrauch)[234] bzw. die Zulässigkeit und Gültigkeit einer unwiderruflichen
Vollmacht.[235]

b) Geschäftsstatut. Vor allem hier ist viel streitig. Ob das Geschäft **überhaupt** durch **Stellver-** 156
treter vorgenommen werden kann, sagt sein Statut,[236] und ebenso ob dabei das Vertreterhandeln
offen gelegt werden muss **oder verdeckt** bleiben kann, wie im deutschen Recht beim Geschäft
für den, den es angeht, oder zB im englischen Recht,[237] bzw. wann dann eine Vertretung oder
ein Eigengeschäft vorliegt, und wie das Handeln **unter fremdem** und **unter falschem Namen**
einzuordnen ist.[238] Hierher gehört auch das Handeln für einen ungenannten Prinzipal. Es handelt
sich um die Zulässigkeit der Vertretung iwS.

Ob für ein bestimmtes Geschäft eine **Generalvollmacht** genügt oder eine **Spezialvollmacht** 157
erforderlich ist, sagt das **Geschäftsstatut**,[239] und **entgegen** der **hM**[240] gilt das Vertragsstatut auch

---

[231] BGHZ 64, 183 (191) = NJW 1975, 1220 (August Vierzehn), allerdings war die Niederlassung des beauftrag-
ten Anwalts in der Schweiz, so dass nach hM schweizer Recht Vollmachtsstatut hätte sein sollen oder können;
BGH WM 1958, 557 (559) (Prozessvollmacht); *Sandrock/Müller*, Handbuch des internationalen Vertragsgestaltung,
1980, Rn. D 92; *v. Caemmerer* RabelsZ 24 (1959), 215; *Braga* RabelsZ 24 (1959), 339; *Hausmann* in Reithmann/
Martiny IntVertragsR Rn. 7.424; Palandt/*Thorn* Anh. Art. 10 Rn. 3; *Steding* ZVglRWiss. 86 (1987), 46; Erman/
Hohloch Anh. I Art. 12 Rn. 10; für Personalstatut des Vertretenen aber *Makarov*, FS T. Perassi, Bd. 2, 1957, 44 f.
[232] OLG Frankfurt WM 1963, 872 (875); NK-BGB/*Doehner* Anh. Art. 11 Rn. 15; *Hausmann* in Reithmann/
Martiny IntVertragsR Rn. 7.425.
[233] BGH WM 1958, 557; BGHZ 64, 183 = NJW 1975, 1220; LG Berlin I JW 1935, 877; OLG Frankfurt
WM 1963, 872 (875) = IPRspr. 1962/63 Nr. 164; KG IPRspr. 1958/59 Nr. 40, aber eher nach dem Geschäftssta-
tut; *Braga* RabelsZ 24 (1959), 339; *v. Caemmerer* RabelsZ 24 (1959), 215; *Ferid* IPR Rn. 5–160; *Raape* IPR S. 503.
Für Beendigung durch Konkurs des Vertretenen LG Frankfurt a. M. RIW 1980, 291, aber mit verworrener
Begründung zu § 237 KO aF (Prozessvollmacht).
[234] KG IPRspr. 1958/59 Nr. 40; *Braga* RabelsZ 24 (1959), 339; *Raape* IPR S. 503; Soergel/*Lüderitz* Anh.
Art. 10 Rn. 102; Staudinger/*Magnus* (2016) Rom I-VO Anh. II Art. 1 Rn. 56; *Hausmann* in Reithmann/Martiny
IntVertragsR Rn. 7.426; Palandt/*Thorn* Anh. Art. 10 Rn. 3.
[235] RGZ 30, 122; LG Berlin I IPRspr. 1932 Nr. 63; KG IPRspr. 1933 Nr. 9; IPRspr. 1958/59 Nr. 40; *Rabel*
RabelsZ 7 (1933), 797 ff. (806 f.); Soergel/*Lüderitz* Anh. Art. 10 Rn. 102; Staudinger/*Magnus* (2016) Rom I-
VO Anh. II Art. 1 Rn. 56; *Hausmann* in Reithmann/Martiny IntVertragsR Rn. 7.426.
[236] Unstr. Staudinger/*Magnus* (2016) Rom I-VO Anh. II Art. 1 Rn. 47; Soergel/*Lüderitz* Anh. Art. 10
Rn. 103; Palandt/*Thorn* Anh. Art. 10 Rn. 3; *Kropholler* IPR § 41 I 3; NK-BGB/*Doehner* Anh. Art. 11 Rn. 18; *v.
Caemmerer* RabelsZ 24 (1959), 217; für Eheschließung BGHZ 29, 137 = NJW 1959, 717; für Anmeldung einer
Kapitalerhöhung BayObLG IPRspr. 1987 Nr. 14a.
[237] **Geschäftsstatut:** BGH NJW 2013, 743; OLG Hamburg IPRspr. 1964/65 Nr. 46; Palandt/*Thorn* Anh.
Art. 10 Rn. 3; *Hausmann* in Reithmann/Martiny IntVertragsR Rn. 7.436; *Raape* IPR S. 503; Soergel/*Lüderitz*
Anh. Art. 10 Rn. 103; *v. Hoffmann* IPR § 10 Rn. 13; *Junker* IPR Rn. 337; *Schäfer* RIW 1996, 193; *Spickhoff*
RabelsZ 80 (2016), 526; BeckOK BGB/*Mäsch* Rn. 25; *Kieninger* in Ferrari IntVertragsR Rom I-VO Art. 1
Rn. 28; Staudinger/*Magnus* (2016) Rom I-VO Anh. II Art. 1 Rn. 59–62: *Kurzynsky-Singer*, Anknüpfung und
Reichweite des Vollmachtsstatuts, 2005, 127 f.; *Heinz*, Das Vollmachtsstatut, 2011, 218 ff: *Spickhoff* RabelsZ 80
(2016) 525; mit Bedenken *Braga* RabelsZ 24 (1959), 338; für Kumulation der Statuten *Stoll* RabelsZ 24 (1959),
620 f. (624); *Lüderitz*, FS Coing, Bd. 2, 1982, 320 kommt hier immer zum Geschäftsstatut, weil der Vertreter
hier nicht als solcher auftritt und also auch nicht unter einem bestimmten (anderen) Vollmachtsrecht; Staudinger/
Magnus (2016) Rom I-VO Anh. II Art. 1 Rn. 40; aA **Vollmachtsstatut:** *S. Schwarz* RabelsZ 71 (2007), 729
(781); *Steding* ZVglRWiss. 86 (1987), 46; *G. Fischer* IPRax 1996, 335; *Kayser*, Vertretung ohne Vertretungsmacht
im deutschen IPR, 1967, 135 ff.; schweiz. BGE 88 II, 195; 100 II, 200; rechtsvergleichend *Spellenberg*, FS Kramer,
2004, 311 ff. (Bedeutung der Vertragsauslegung); *D. Moser*, Die Offenkundigkeit der Stellvertretung, 2010.
[238] Staudinger/*Magnus* (2016) Rom I-VO Anh. II Art. 1 Rn. 45; Rechtsvergleichend dazu *Spellenberg*, Liber
amicorum Schurig, 2012, 265 ff.
[239] **Geschäftsstatut:** BGH NJW 2013, 743; *Müller-Freienfels* RabelsZ 24 (1959), 241; *Braga* RabelsZ 24 (1959),
338; *v. Caemmerer* RabelsZ 24 (1959), 217; *Raape* IPR S. 503; Soergel/*Lüderitz* Anh. Art. 10 Rn. 103; *Hausmann*
in Reithmann/Martiny IntVertragsR Rn. 7.436; Staudinger/*Magnus* (2016) Rom I-VO Anh. II Art. 1 Rn. 45;
NK-BGB/*Doehner* Anh. Art. 11 Rn. 18; *Spickhoff* RabelsZ 80 (2016) 525; *Schäfer* RIW 1996, 189, 193; OLG
Bremen FamRZ 1975, 209 (obiter) zur Handschuhehe; **Vollmachtsstatut:** *Rabel* RabelsZ 3 (1929), 826; anders
aber *Rabel* Conflict of Laws III S. 145, 176 (für Geschäftsstatut).
[240] **Vollmachtsstatut:** BGH NJW 1992, 618, aber organschaftliche Vertretungsmacht; OLG Koblenz RIW
1996, 151 f.; OLG Düsseldorf IPRax 1996, 423 (425); BeckOK BGB/*Mäsch* Rn. 38; *Hausmann* in Reithmann/
Martiny IntVertragsR Rn. 7.411; *v. Bar* IPR II Rn. 593; Staudinger/*Magnus* (2016) Rom I-VO Anh. II Art. 1
Rn. 51; Palandt/*Thorn* Anh. Art. 10 Rn. 3; *v. Caemmerer* RabelsZ 24 (1959), 216; *Ferid* IPR Rn. 5–160; für
organschaftliche Vertretung BGH NJW 1992, 618 = JZ 1992, 579 m. zust. Anm. *v. Bar;* für interlokales Recht
RGZ 97, 215 (217 f.); **Recht des Innenverhältnisses:** *Braga* RabelsZ 24 (1959), 338 f. **Geschäftsstatut:** *Raape*
IPR S. 502/503; unklar RG JW 1928, 2013.

für die Zulässigkeit der **Doppelvertretung** und des **Selbstkontrahierens.**[241] Bestimmungen wie § 181 BGB betreffen die Zulässigkeit einer Art der Stellvertretung bzw. genauer den Schutz der Privatautonomie bzw. Freiheit des Vertretenen,[242] denn das Geschäftsstatut muss entgegen der hM entscheiden, welche **Interessenkonflikte** zulasten des Vertretenen im Schuldvertragsrecht verhindert werden sollen. Es geht nicht primär um den Umfang der Befugnis des Vertreters. Das Geschäftsstatut muss dann wie beim vollmachtlosen Vertreter auch entscheiden, ob ggf. eine zulässige Befreiung oder eine Genehmigung erteilt wurde. Davon ist aber die Frage, wie eine Generalvollmacht gültig erteilt werden kann,[243] zu unterscheiden.[244]

158   Es liegt zwar nahe, nach dem Vollmachtsstatut zu beurteilen, ob eine Vollmacht durch gesetzliche Befristung[245] oder den **Tod des Vollmachtgebers** erlischt.[246] Der BGH[247] hat aber bei einer Prozessvollmacht das, in casu deutsche, Prozessrecht herangezogen, welches dem **Geschäftsstatut** entspricht, dagegen anscheinend das OLG Frankfurt das Recht des deutschen Gebrauchsortes bei einer Hausverwaltungsvollmacht.[248] Dagegen ist die Fortdauer einer Grundstücksvollmacht über den Tod hinaus[249] einmal nach der deutschen lex rei sitae beurteilt worden. Die Anknüpfung an den Gebrauchsort, so dass eine vom Geschäftsstatut nicht vorgesehene Beendigung einträte oder umgekehrt eine Fortdauer, ist zweifelhaft. Es geht vielmehr um die Frage, ob die Erben noch über das Erblassers Tod hinaus gebunden werden können. Daher gilt das **Geschäftsstatut** wie für die Frage, ob eine Offerte noch nach dem Tod des Offerenten angenommen werden kann. Die Folgen einer **ausländischen Insolvenz** für eine Vollmacht sind dem Insolvenzstatut zu entnehmen, wenn jene anerkannt ist (Art. 4 und 17 Abs. 1 EuInsVO).[250]

159   Das Geschäftsstatut gilt weiter für die **Zurechnung von Kenntnissen** des Vertreters zum Vertretenen (zB § 166 BGB).[251] Bei der Anfechtung wegen **Willensmängeln,**[252] und auf wessen Willen

---

[241] **Geschäftsstatut:** *Raape* IPR S. 502/503; unklar RG JW 1928, 2013. Als zwei deutsche Unternehmen sich bei einem Verkauf einer deutschen GmbH unter deutschem Recht vor einem Basler Notar beide durch dieselbe vollmachtlose Vertreterin vertreten ließen, wandte das OLG München ohne weitere Erörterung deutsches Recht als Gesellschaftsstatut auf die Doppelvertretung wie auf die spätere Genehmigungen an, die zT ebenfalls dem Notar gegenüber zu erklären waren (NJW-RR 1998, 758). **Vollmachtsstatut:** BGH JZ 1992, 579 (580); OLG Düsseldorf IPRspr. 1994 Nr. 17; OLG Koblenz IPRspr. 1995 Nr. 34 (S. 58); *Kurzynsky-Singer,* Die Anknüpfung und die Reichweite des Vollmachtsstatuts, 2005, 120;OLG Frankfurt WM 1963, 872, 875; *v. Caemmerer* RabelsZ 24 (1959) 201, 214; *Hausmann* in Reithmann/Martiny IntVertragsR Rn. 7.411; Als zwei deutsche Unternehmen sich bei einem Verkauf einer deutschen GmbH unter deutschem Recht vor einem Basler Notar beide durch dieselbe vollmachtlose Vertreterin vertreten ließen, wandte das OLG München ohne weitere Erörterung deutsches Recht als Gesellschaftsstatut auf die Doppelvertretung wie auf die spätere Genehmigungen an, die zT ebenfalls dem Notar gegenüber zu erklären waren (NJW-RR 1998, 758).

[242] Umfassende Rechtsvergleichung *U. Hübner,* Interessenkonflikt und Vertretungsmacht, 1977, 40 ff.

[243] Manche Rechte sind hier recht restriktiv; BGH JZ 1955, 702 (m. Anm. *Gamillscheg*) wandte hier Personalstatut des Vertretenen an.

[244] **Vollmachtsstatut:** *Makarov:* FS T. Perassi, 1957, 47; *Steding* ZVglRWiss. 86 (1987), 48; *Zweigert* RabelsZ 24 (1959), 335; *v. Caemmerer* RabelsZ 24 (1959), 213; BGH WM 1965, 868 = IPRspr. 1964/65 Nr. 34; OLG Stuttgart OLGZ 1981, 164 = IPRspr. 1980 Nr. 12 = MDR 1981, 405; LG Hamburg RIW/AWD 1978, 124 (sehr unklar, möglicherweise Kumulation mit Geschäftsstatut und mit Recht am Sitz des Vollmachtgebers); aber mit anderer Bestimmung des Vollmachtsstatuts BGH JZ 1955, 702; wie hier **Geschäftsstatut:** *Raape* IPR S. 503; *Rabel* Conflict of Laws III S. 176; Soergel/*Lüderitz* Anh. Art. 10 Rn. 108, wenn das Vertretergeschäft seiner besonderen Natur wegen eine besondere Form der Vollmacht fordert; (vielleicht) OLG Nürnberg IPRspr. 1929 Nr. 26; für beide Rechte alternativ: *Rigaux,* Le statut de la représentation, 1963, 79 ff., 84.

[245] BGHZ 64, 183 = NJW 1975, 1220; NK-BGB/*Doehner* Anh. Art. 11 Rn. 15; Staudinger/*Magnus* (2016) Rom I-VO Anh. II Art. 1 Rn. 55.

[246] LG Berlin JW 1935, 877; Staudinger/*Magnus* (2016) Rom I-VO Anh. II Art. 1 Rn. 55.

[247] BGH DB 1958, 1010 = WM 1959, 538.

[248] OLG Frankfurt WM 1963, 872 (875).

[249] LG Berlin JW 1935, 877.

[250] LG München NJW-RR 1994, 1150; *Hausmann* in Reithmann/Martiny IntVertragsR Rn. 7.425.

[251] **Geschäftsstatut:** *Rabel* RabelsZ 3 (1929), 831 ff.; *v. Caemmerer* RabelsZ 24 (1959), 216; *Raape* IPR S. 503; Staudinger/*Magnus* (2016) Rom I-VO Anh. II Art. 1 Rn. 48; *Hausmann* in Reithmann/Martiny IntVertragsR Rn. 7.438; BeckOK BGB/*Mäsch* Rn. 29; mit Bedenken *Müller-Freienfels* RabelsZ 24 (1959), 242 f.; aA **Vollmachtsstatut:** RGZ 51, 147 (149 f.); (wohl) RGZ 78, 55 (60); RG LZ 1929 Sp. 1268; RGZ 134, 67 (69) (alle Zurechnung der Kenntnis von der Spielabsicht des Drittkontrahenten im Rahmen der §§ 762 BGB, 58 BörsG aF); *v. Caemmerer* RabelsZ 24 (1959), 216; *Braga* RabelsZ 24 (1959), 338; *Steding* ZVglRWiss. 86 (1987), 48; Soergel/*Lüderitz* Anh. Art. 10 Rn. 104 f., aber Geschäftsstatut dafür, ob das unter Mitwirkung des Vertreters vorgenommene Rechtsgeschäft wegen Willensmängeln nichtig oder anfechtbar ist.

[252] NK-BGB/*Doehner* Anh. Art. 11 Rn 18; Staudinger/*Magnus* (2016) Rom I-VO Anh. II Art. 1 Rn. 48, unterscheidet zwischen Willensmängeln im Verhältnis zwischen dem Vertretenen und dem Vertreter und dem Dritten.

überhaupt abzustellen ist,[253] mag man Irrtümer des Vertreters bei Vornahme des Geschäfts und des Vertretenen bei der Bevollmächtigung tatbestandlich unterscheiden, doch ist auf ersteres das **Geschäftsstatut** anzuwenden,[254] denn letztlich geht es um die Lösung des Vertretenen vom Vertretergeschäft. Wenn zB das Geschäftsstatut vorsieht, wie es auch in der deutschen Lehre vertreten wird, dass der irrende Vollmachtgeber das Hauptgeschäft anfechten kann oder muss, käme man mit selbständigen und daher anderen Anknüpfung der Vollmacht zu einer Kumulierung von Lösungsmöglichkeiten vom Vertretergeschäft. Zum Geschäftsstatut gehört auch eine Haftung des Vollmachtgebers wegen c.i.c. des Vertreters.[255]

Problematischer, und im deutschen Recht von der Repräsentationstheorie überschattet, sind die **160** Folgen eines Irrtums des Vollmachtgebers bei der Bevollmächtigung. Ist die Vollmacht noch nicht ausgeübt, genügt der Widerruf, der idR ohne weiteres zulässig ist, und den das Vollmachtsstatut regelt. Nach der Ausübung geht es aber um die Lösung des Vertretenen vom Vertrag, und es sollte dessen Statut entgegen der hM (→ Rn. 152) gelten.[256]

Die **Folgen** einer **Vertretung ohne** oder ohne ausreichende **Vertretungsmacht** für den **161** **Vertretenen** bzw. das Vertretergeschäft (zB die Genehmigungsfähigkeit) sind nach dem Geschäftsstatut zu beurteilen.[257] Dazu gehört, entgegen vielleicht dem Anschein, § 174 BGB, weil die Nichtvorlegung der schriftlichen Vollmacht die Unwirksamkeit des Vertretergeschäfts nach sich zieht.[258] Ob die Vollmacht vorlag und ausreichte, entscheidet zwar das Vollmachtsstatut wie über die Frage, ob eine Scheinvollmacht bestand,[259] aber im Übrigen gilt das **Geschäftsstatut,** und man sollte hier nicht weiter differenzieren. Das führte zu unnötiger Komplizierung. Das betrifft im Einzelnen, ob **Handeln ohne Vertretungsmacht** überhaupt zugelassen ist bzw., was dieselbe Frage ist, ob das Geschäft für den Vertretenen, vor allem durch Genehmigung, wirksam werden kann (vgl. § 177 Abs. 2 BGB).[260] Nach dem Geschäftsstatut richtet sich entsprechend die **Erteilung und die Möglichkeit der Genehmigung** des Geschäfts des falsus procurators,[261] und welche Anforderung an eine wirksamen Genehmigung zu stellen ist[262] (→ Rom I-VO Art. 10 Rn. 128 f.) sowie das **Widerrufsrecht des Drittkontrahenten** bis zur Genehmi-

---

[253] **Geschäftsstatut:** *Hausmann* in Reithmann/Martiny IntVertragsR Rn. 7.438 f.; BeckOK BGB/*Mäsch* Rn. 29; aA **Vollmachtsstatut** Staudinger/*Magnus* (2016) Rom I-VO Anh. II Art. 1 Rn. 48.

[254] *Hausmann* in Reithmann/Martiny IntVertragsR Rn. 7.438; NK-BGB/*Doehner* Anh. Art. 11 Rn. 18; wohl unstr.

[255] BeckOK BGB/*Mäsch* Rn. 29.

[256] Wie hier vielleicht BeckOK BGB/*Mäsch* Rn. 29.

[257] **Geschäftsstatut:** BGHZ 128, 41 (48) = IPRax 1996, 342 (344) m. zust. Aufs. *G. Fischer* IPRax 1996, 332 (335); BGH NJW 1992, 618 = JZ 1992, 579 zust. Anm. *v. Bar;* (organschaftliche Vertretung); BGH WM 1965, 868 (869); OLG Hamburg DB 1959, 1396 = IPRspr. 1958/59 Nr. 52; OLG Celle WM 1984, 494 (500), aber Gebrauchsort und Vertreterniederlassung nicht mitgeteilt; KG IPRax 1998, 280 m. Aufsatz *Leible* IPRax 1998, 257; OLG Düsseldorf IPRax 1996, 423 (426); OLG Koblenz RIW 1996, 151; OLG Celle OLGR 2009, 72 (obiter); LG Bielefeld IPRax 1990, 315 m. Aufsatz *Reinhart* IPRax 1990, 289; BGH JZ 1963, 167 m. Anm. *Lüderitz,* spricht unklar von der Haftung des Vertretenen für Vollmachtsüberschreitung und lässt das Statut offen; BeckOK BGB/*Mäsch* Rn. 26; *Hausmann* in Reithmann/Martiny IntVertragsR Rn. 7.441; Soergel/*Lüderitz* Anh. Art. 10 Rn. 105; *v. Caemmerer* RabelsZ 24 (1959), 216 (217); *Raape* IPR S. 503; *v. Bar* IPR II S. 433; Erman/*Hohloch* Anh. I Art. 10 Rn. 10; *Junker* IPR Rn. 337; Palandt/*Thorn* Anh. Art. 10 Rn. 3; **aA Vollmachtsstatut:** *Kegel/Schurig* IPR § 17 V S. 624; *Kropholler* IPR § 41 I 3; *Ruthig,* Vollmacht und Rechtsschein im IPR, 1996, 170 f.; *Kayser,* Vertretung ohne Vertretungsmacht im deutschen IPR, 1967, 95 f.; NK-BGB/*Doehner* Anh. Art. 11 Rn. 19; *Leible* IPRax 1998, 257 (259); öOHG ZfRV 1987, 205, 107.; diff. BeckOK BGB/*Mäsch* Rn. 26.

[258] *Ostendorf* RIW 2014, 93, 94 f.

[259] OLG Frankfurt IPRspr. 1968/69 Nr. 21; Soergel/*Lüderitz* Anh. Art. 10 Rn. 102, 107.

[260] **Geschäftsstatut:** BGH WM 1965, 868; IPRspr. 1964/65 Nr. 34; NJW 1992, 618; BGHZ 128, 41 = IPRax 1996, 342 m. Aufsatz *G. Fischer* IPRax 1996, 332; OLG Hamburg DB 1959, 1396; (implizit) OLG München NJW-RR 1998, 758; KG IPRax 1998, 293; *v. Bar* JZ 1992, 582; *v. Caemmerer* RabelsZ 24 (1959), 217; Erman/*Hohloch* Anh. I Art. 12 Rn. 10; Staudinger/*Magnus* (2016) Rom I-VO Anh. II Art. 1 Rn. 62 (mit Bedenken); *Hausmann* in Reithmann/Martiny IntVertragsR Rn. 7.441; **aA Vollmachtsstatut:** OLG Celle OLGR 2009, 720 (aber CISG); *Kayser,* Vertretung ohne Vertretungsmacht im deutschen IPR, 1967, 95 f.; *Kegel/Schurig* IPR § 17 V 2c; *Leible* IPRax 1998, 259; *Ruthig,* Vollmacht und Rechtsschein im IPR, 1996, 170 f.; *Kropholler* IPR § 41 I 3; *Steding* ZVglRWiss. 86 (1987) 25, 47; NK-BGB/*Doehner* Anh. Art. 11 Rn. 19.

[261] **Geschäftsstatut:** BGH IPRax 1996, 342 (344); NJW 1992, 618 f.; OLG Hamburg DB 1959, 1396; OLG Celle WM 1984, 594; *Raape* IPR S. 502 f.; *G. Fischer* IPRax 1996, 335; *Hausmann* in Reithmann/Martiny IntVertragsR Rn. 7.441; **Vollmachtsstatut:** *Rabel* RabelsZ 3 (1929), 823 f.; BeckOK BGB/*Mäsch* Rn. 26; *v. Caemmerer* RabelsZ 24 (1959), 216 (217); *Kegel/Schurig* IPR § 17 V 2c; *Leible* IPRax 1998, 257 (259). BeckOK BGB/*Mäsch* Rn. 26 (Geschäftsstatut erst, wenn Genehmigung fehlt).

[262] BGHZ 128, 41 (48) = IPRax 1996, 342 (344); implizit OLG München NJW-RR 1998, 758.

gung,[263] bzw. die Unwirksamkeit des Geschäfts ohne Vorlage einer (schriftlichen) Vollmacht (§ 174 BGB).[264] Die Anwendung des Geschäftsstatuts vermeidet insbesondere Schwierigkeiten, wenn der Vertreter **offen ohne Vollmacht** handelt,[265] so dass der Vertrag von vorneherein auf die Genehmigung ausgerichtet ist, und auch keine Anscheinsvollmacht in Frage kommt. Mit der Genehmigung zieht der Vertretene das Geschäft an sich. Als zwei deutsche Unternehmen sich bei einem Verkauf einer deutschen GmbH unter deutschem Recht vor einem Basler Notar beide durch dieselbe vollmachtlose Vertreterin vertreten ließen, wandte das OLG München ohne weitere Erörterung deutsches Recht als Gesellschaftsstatut auf die Doppelvertretung wie auf die spätere Genehmigungen an, die zT ebenfalls dem Notar gegenüber zu erklären waren (NJW-RR 1998, 758). Wer für eine juristische Person oder eine Gesellschaft genehmigen kann, entscheidet jedoch deren Statut.[266]

162   Eine Vollmacht zur Erteilung einer Genehmigung soll ihrerseits nach dem Statut der Vollmacht zu beurteilen sein.[267] Ob eine Vertretungsmacht wegen **Missbrauchs** nicht bestand, ist wie ihre Überschreitung nach dem Vollmachtstatut zu beurteilen.[268] Gegebenenfalls gilt für die Folgen das eben zum Handeln ohne Vollmacht Gesagte.

163   **2. Praktische Bedeutung der Sonderanknüpfung.** Die von der Rechtsprechung schon bisher betonte eigenständige Anknüpfung musste sich freilich nur selten an der **Realität der Fakten** bewähren. Es ergab sich meist, dass das Recht am Ort der Niederlassung des Vertreters oder am Handlungsort, an welche die **Vollmacht angeknüpft** wurde, **zugleich Geschäftsstatut**[269] war, sei es kraft Rechtswahl,[270] sei es kraft Schwerpunkts.[271] Eine solche **Statuteneinheit** entsteht natürlich schon, wenn nur die konkrete Vertretungsfrage nach den oben mitgeteilten Auffassungen dem Geschäftsstatut zugewiesen wird (→ Rn. 142 ff.).[272] Früher wurde bisweilen sogar zur Absicherung der Anknüpfung der Vollmacht hervorgehoben, dass das so gefundene Recht auch Geschäftsstatut sei.[273]

164   Die Identität von lex causae und Vollmachtstatut ist seltener zu erwarten, wenn Vertreter an einen Verhandlungs- oder Abschlussort entsandt werden, der vielfach aus Gründen der Praktikabilität gewählt wird und mit dem Vertrag selbst keine Beziehungen hat. In der Vertragspraxis hätte deshalb der Gebrauchsort der Vollmacht häufiger nicht mit dem Vertragsstatut zusammenfallen müssen als es dem Bild entspricht, das die veröffentlichten Begründungen geben (Voraufl. EGBGB Vor Art. 11 Rn. 149 ff.). Ob sich mit der neuen vorrangigen Anknüpfung an die Vertreterniederlassung Wesentliches ändert, bleibt abzuwarten ist aber zu erwarten, da nun der Gebrauchsort geringere Bedeutung hat.

VI. Sonderfragen

165   **1. Auslegung; Umfang der Vollmacht.** Die Frage der Anknüpfung der Vollmacht stellt sich für den **Vollmachtsumfang** nur zum Teil, nämlich nur soweit der Umfang gesetzlich fixiert ist. Das sind bei rechtsgeschäftlich erteilten Vollmachten Ausnahmen. Man denkt vor allem an die

---

[263] **Geschäftsstatut:** Soergel/*Lüderitz* Anh. Art. 10 Rn. 103; *Hausmann* in Reithmann/Martiny IntVertragsR Rn. 7.442; *Raape* IPR S. 503; sehr diff. *Rabel* RabelsZ 3 (1929), 823 (834); aA **Vollmachtsstatut:** *Kayser,* Vertretung ohne Vertretungsmacht im deutschen IPR, 1967, 106 ff.; *Steding* ZVglRWiss. 86 (1987), 47; NK-BGB/*Doehner* Anh. Art. 11 Rn. 19; wohl auch *Kegel/Schurig* IPR § 17 V 2c S. 624.

[264] *Ostendorf* RIW 2014, 93 (95 f.).

[265] Beispiele OLG München NJW-RR 1998, 758; KG IPRax 1998, 280 m. Aufs. *Leible* IPRax 1998, 257.

[266] BGH NJW 1992, 618 = JZ 1992, 579 m. Anm. *v. Bar; Leible* IPRax 1998, 260 zu KG IPRax 1998, 280 für russische Behörden; OLG Köln WPR 1991, 509.

[267] BGH NJW 1992, 618 f., sehr zweifelhaft.

[268] RGZ 134, 67 (71); RG DNotZ 1944, 151.

[269] ZB RGZ 38, 194 (Statut der Erfüllungsmodalitäten); RGZ 51, 147; 134, 67; RG JW 1910, 181 Nr. 2; BGH NJW 1954, 1561; BGHZ 43, 21 = NJW 1965, 487; BGH NJW 1982, 2733; anders aber zB BGH VersR 1968, 995; darauf weist auch Staudinger/*Magnus* (2016) Rom I-VO Anh. II Art. 1 Rn. 11 hin; KG IPRax 1998, 280 m. Aufs. *Leible* IPRax 1998, 257, 263; manchmal wurden wenigstens die streitigen Fragen dem Vertragsstatut zugeordnet.

[270] Vgl. BGH JZ 1963, 167 m Anm. *Lüderitz;* BGH NJW 1963, 46; BGHZ 64, 183 (191) = NJW 1975, 1220; LG Hamburg IPRspr. 1960/61 Nr. 49; OLG Köln IPRspr. 1966/67 Nr. 25; LG und OLG München IPRspr. 1974 Nr. 10a und 10b.

[271] ZB BGH NJW 1954, 1561; BGHZ 43, 21 = NJW 1965, 487; BGH WM 1965, 868; VersR 1968, 995; WM 1968, 440; NJW 1982, 2733 = IPRax 1983, 67 f.; BB 2004, 683; 78, 55; KG IPRspr. 1958/59 Nr. 40; OLG Frankfurt WM 1963, 872; OLG Hamburg IPRspr. 1964/65 Nr. 46 (unklar); OLG München IPRspr. 1970 Nr. 93; OLG Düsseldorf WM 1971, 168; KG IPRax 1998, 280 m. Aufsatz *Leible* IPRax 1998, 257.

[272] ZB BGH WM 1965, 868.

[273] RG JW 1910, 181 Nr. 2; RGZ 97, 215 (218 f.).

Prokura. Dabei wird leicht übersehen, dass der Umfang der **rechtsgeschäftlichen** Vollmacht primär auf dem **erklärten Willen** des Vollmachtgebers beruht. Dieser Wille ist ggf. durch **Auslegung** zu ermitteln und daher zum erheblichen Teil Tatfrage

Das **Vollmachtsstatut** als zugleich für die Auslegung maßgebende Rechtsordnung bestimmt, **166** ob es auf den Willen ankommt und wie dieser ggf. zu ermitteln ist (näher → Rom I-VO Art. 12 Rn. 14 ff.).[274] Nicht nur bei deutschem Statut gilt, was der Dritte als gewollt erkennen konnte, wenn ihm gegenüber die Vollmacht erklärt oder mitgeteilt wird (Außenvollmacht).[275] Bei der reinen Innenvollmacht hat der Vertreter auszulegen. Es ist zwar international durchaus mit Unterschieden bei den **Auslegungsregeln** zu rechnen, für die sich die Anknüpfungsfrage stellt,[276] in der Gerichtspraxis sind aber solche anscheinend nur selten problematisiert geworden.[277]

Rechtsscheinsvollmachten sind nicht auszulegen, weil eine Willenserklärung fehlt. Vielmehr ist **167** das Verhalten des angeblichen Vollmachtgebers zu bewerten, ob der Dritte bei einer Duldungsvollmacht auf eine Bevollmächtigung vertrauen durfte, und bei einer Anscheinsvollmacht er billige das Auftreten seines „Vertreters".[278]

Zur Auslegung gehört, zumindest nach deutschem Recht (§ 157 BGB), auch die Beachtung von **168** **Verkehrssitten** als Erklärungssitten (→ Rom I-VO Art. 12 Rn. 21 ff.) und **Gebräuchen.** Die vor allem ältere Rechtsprechung tendiert anscheinend dazu, diese dem Vollmachtsstatut als Rechtsregel zuzuordnen.[279] Das verkennt aber, wenn der Umfang wie hier nach der Erklärung des Vollmachtgebers festzulegen ist, wenn er sich an seinen Verkehrssitten etc. ausgerichtet hat. Das muss der Dritte bei der Auslegung (→ BGB § 157 Rn. 24) namentlich fremdsprachiger Vollmachtsurkunden beachten (→ Rom I-VO Art. 12 Rn. 32). Das haben LG und OLG München verkannt, als sie eine eindeutig am italienischen Sprachgebrauch der Notare mit offensichtlich spezifischen Formulierungen wörtlich ins Deutsche übersetzten und wie einen deutschen Text auslegten,[280] während zu fragen war, wie der Drittkontrahent den Text unter Beachtung seiner offensichtlichen italienischen Herkunft hätte verstehen müssen.

Das Vollmachtsstatut als Auslegungsstatut ergibt auch, wie sehr sich der Dritte **bemühen** muss, **169** das Gewollte zu ermitteln.[281] Stellt sich ein ad hoc ins Ausland gereister Vertreter eines deutschen Unternehmens als „Prokurist" oder „Handlungsbevollmächtigter" vor, so liegt nahe, dass es sich nach dem Wollen des Vertretenen **nicht** um einen mehr oder weniger gleichlautenden **Vertretertyp** des Gebrauchslandes handeln soll.[282] Das Vollmachtsstatut muss sagen, ob der Dritte sich **erkundigen** muss, was ein solcher Vertreter in Deutschland darf und vor allem nicht darf. Dazu gehören auch Erkundigungen über deutsches Recht. Das hat weiter Auswirkungen auf die Haftung für Vollmachtsüberschreitungen. Und bei einer ausländischen Herkunft der Vollmacht darf umgekehrt ein Deutscher sie nicht einfach einer inländischen gleichstellen und zB einen italienischen „Istitutore" nicht für einen deutschen Prokuristen nehmen.

Gesetzlich, zwingend oder abdingbar fixierte Vollmachten werden vornehmlich gewerbsmäßigen **170** Vertretern erteilt und häufig in **Registern** verlautbart, und dann besonders ihre Einschränkungen. Hier ist der Wille des Vollmachtgebers besonders einfach und zuverlässig zu ermitteln. Was ein Register zB ein Handelsregister bezeugt, sagt sein Recht. Es ist eine Frage der Publizitätswirkung solcher Eintragungen, ob Dritte, insbesondere die Vertragsgegner sich auf die Eintragung verlassen

---

[274] Palandt/*Thorn* Art. 10 Rn. 3; Staudinger/*Magnus* (2016) Rom I-VO Anh. II Art. 1 Rn. 50; *Hausmann* in Reithmann/Martiny IntVertragsR Rn. 7.410; dagegen hat OLG München IPRax 1990, 321 f. eine spanischem Recht unterstellte Vollmacht nach deutschen Grundsätzen ausgelegt.

[275] *Hausmann* in Reithmann/Martiny IntVertragsR Rn. 7.410.

[276] Für Vollmachtsstatut ganz hM: BGH JZ 1955, 702 f.; *Luther* RabelsZ 38 (1974), 435; NK-BGB/*Doehner* Anh. Art. 11 Rn 14.

[277] Das RG hat sich zweimal auf deutsche Auslegungsregeln §§ 137, 153 BGB bezogen, doch beide Male war auch das Geschäftsstatut deutsch (RG HRR 1928 Nr. 303; RG DNotZ 1944, 151; so lag es auch in BGHZ 43, 21 = WM 1965, 82 (Rechtsscheinsvollmacht) und BGHZ 64, 183 (192 f.) = NJW 1975, 1220, (Erlöschen der Vollmacht durch Zeitablauf), BGH NJW 2015, 2584 Tz. 47 ff.; wo Auslegungsfragen nicht zu entscheiden waren. Das gilt auch für OLG München IPRax 1990, 320 m. Aufs. *Spellenberg* IPRax 1990, 295, hätte die Vollmacht nach ihrem spanischen Statut ausgelegt werden müssen, das OLG nennt dieses aber nicht; letztlich wohl zu Recht, da die Parteien sich verglichen hatten. Am ehesten könnte genannt werden OLG Stuttgart IPRax 2015, 430 Rn. 176 ff., 196 ff. insoweit dort nicht abgedruckt: englische Anwaltsvollmacht als Empfangsvollmacht in einem deutschen Prozess.

[278] Staudinger/*Schilken* (2014) § 167 BGB Rn. 30 ff.

[279] RGZ 51, 147 (149); RG JW 1910, 181; BGH JZ 1955, 702; BayObLG NJW-RR 1988, 873.

[280] LG und OLG München IPRspr. 1984 Nr. 10a und 10b, abl. auch *Steding* ZVglRWiss. 86 (1987) 25(46).

[281] BGH NJW 1972, 940 (942); zB müssen uU Erkundigungen beim angeblichen Vollmachtgeber eingeholt werden, *Leible* IPRax 1998, 262; irrig deshalb zB LG und OLG München IPRspr. 1974 Nr. 10a und 10b.

[282] Ebenso BeckOK BGB/*Mäsch* Rn. 22.

können oder müssen oder auch darauf, dass etwas nicht eingetragen ist (zB eine Vollmachtsbeschränkung). Für diese Publizitätswirkung ist auf → Art. 11 Rn. 59 ff. zu verweisen.

171   Unstreitig entfalten diese Eintragungen ihre Wirkungen, wenn von der Vollmacht im Registerland Gebrauch gemacht wird. Es ist ein Vorzug bei der Anknüpfung ggf. an die gewerbliche Niederlassung des Vertreters, dass so **Vollmachtsstatut und Registrierungsland** gewöhnlich zusammen fallen, doch schließt das nicht aus, dass der Dritte unter Umständen ein für ihn ausländisches Register konsultieren muss, wenn der Vertreter zB mit ihm von dort brieflich oder telefonisch aus seiner Niederlassung kontrahiert. Dabei verneinen manche von vorneherein diese Obliegenheit des Dritten, das ausländische Register einzusehen.[283] Das entscheidet aber das Vollmachtsstatut, und dürfte das häufig im Grundsatz verlangen. Wenn deutsches Recht das Vertretungsstatut ist, so können die Eintragungen in ausländischen Registern dem Dritten entgegengehalten werden, soweit die Einsicht zumutbar und möglich war.[284]

172   Selbst wenn nach dem Recht des betreffenden Registers die Grenzen der Vertretungsmacht und der eingetragenen Beschränkungen dem Dritten auch ohne Einsicht in das Register entgegengehalten werden können, so beruht eine solche Regelung doch auf der Einsichtnahmemöglichkeit. Im **grenzüberschreitenden Verkehr** muss zugestanden werden, dass unter Umständen eine zuverlässige Information nicht möglich oder nicht in zumutbarer Zeit zu erlangen war. Unter Umständen hätte der Drittkontrahent sich aber einen Auszug aus dem Register vorlegen lassen können, und heute können zB Handelsregister oft elektronisch eingesehen werden.

173   **2. Form der Vollmacht.** Art. 8 befasst sich nicht mit der Form der Vollmachten, weder für Verfügungen noch für Schuldverträge, obwohl die Formanforderungen sachrechtlich erhebliche Bedeutung haben (→ Art. 11 Rn. 1).

174   **a) Geschäfts- und Ortsform.** Für die Form der Bevollmächtigung kann nicht Art. 11 Rom I-VO herangezogen werden, weil Art. 1 Abs. 2 lit. g Rom I-VO die rechtsgeschäftliche Stellvertretung ganz ausgeschlossen hat. Die in Art. 12 Rom I-VO-Entwurf vorgesehene Regelung der Form der Vollmachten ist nicht in die VO übernommen worden. Es gilt nur **Art. 11 EGBGB,**[285] dh neben dem Geschäftsstatut genügt auch die Einhaltung der vom Recht am Ort der Vollmachtserteilung vorgeschriebenen Form.[286] Für die Form einer Genehmigung des Vertreterhandelns gilt entsprechend das Geschäftsstatut und der Ort der Abgabe dieser Erklärung. Für **Verfügungen über Sachen** gilt weiterhin gemäß Art. 43 EGBGB die lex rei sitae. Hinsichtlich **der Form für die Verfügungsvollmachten** unterschied die hM zwischen Immobilien und Mobilien.

175   **b) Geschäftsform.** Für Verfügungen sowohl über Grundstücke als auch Mobiliarverfügungen gilt nach Art. 11 Abs. 4 nur die Form des Verfügungsstatuts. Zwar enthält Art. 8 Abs. 6 nur bei Grundstücken eine besondere Regelung für die Verfügungsvollmachten, die aber unmittelbar nichts zur Form der Vollmacht sagt. Mobiliarverfügungen sind freilich sachrechtlich selten formbedürftig.

176   Es ist eine Frage des Art. 11 Abs. 4, ob für die Form auch der Vollmachten zu beiden **Verfügungen (über „Sachen")** nur die lex rei sitae gilt. Der Verweis in Art. 8 Abs. 6 auf die Art. 43 und 46 ist nicht ergiebig, denn diese sagen ihrerseits auch nichts zur Form, die Art. 11 überlassen bleibt. Es scheint dass der Gesetzgeber die Frage nicht gesehen hat. Dabei muss man **unterscheiden,** ob die lex rei sitae als das Recht, das „auf seinen Gegenstand anzuwenden ist" auch das **Vollmachtsstatut** ist, und ob Art. 11 Abs. 4 eine alternative Ortsform ausschließt.

177   Die erste Frage ist für beide Sachen ohne Bedenken zu bejahen. In manchen Rechtsordnungen gilt eine allgemeine sachrechtliche Regel, dass die Vollmacht die Form des Vertretergeschäfts erfüllen muss (zB Art. 1392 It. C. c.; **Formverbund;** vgl. auch § 2 Abs. 2 GmbHG). Im deutschen Sachrecht ist streitig, wird aber zunehmend vertreten, dass die **Formanforderungen** der Verfügung auf die Vollmacht zu **erstrecken** sind (→ BGB § 167 Rn. 17 ff.).[287] So ist die dem Erwerber erteilte Auflassungsvollmacht formbedürftig.[288] Mobiliarverfügungen sind wohl in der Regel nicht formbedürftig;

---

[283] Staudinger/*Magnus* (2016) Rom I-VO Anh. II Art. 1 Rn. 35.

[284] In dieser Situation will Staudinger/*Magnus* (2016) Rom I-VO Anh. II Art. 1 Rn. 35 nur Kenntnis des Dritten schaden lassen.

[285] BGH NJW 2013, 1605 Rn. 26; Staudinger/*Magnus* (2016) Rom I-VO Anh. II Art. 1 Anh. II Rn. 64; *Hausmann* in Reithmann/Martiny IntVertragsR Rn. 7.413.

[286] BGH NJW 2013, 1605 Rn. 26; BGH WM 1965, 868; OLG Stuttgart OLGZ 1982, 257 = IPRspr. 1981 Nr. 12; OLG München IPRax 1990, 320 m. Aufs. *Spellenberg* IPRax 1990, 295; *Hausmann* in Reithmann/Martiny IntVertragsR Rn. 7.418; Soergel/*Lüderitz* Anh. Art. 10 Rn. 108 f.

[287] Für bestimmte Vollmachten zu Grundstücksverkäufen (→ BGB § 167 Rn. 17 ff.) und generell für Bürgschaften BGHZ 132, 119 = NJW 1996, 1467; einschr. BGHZ 138, 239 = NJW 1998, 1857. Zu den Schwierigkeiten im IPR vgl. LG Hamburg RIW 1978, 124 = IPRspr. 1977 Nr. 6.

[288] BGH DNotZ 1963, 672; WM 1974, 1229 (1231); OLG München NJW-RR 1989, 663 (665).

das Erfordernis der Besitzübergabe ist keine Formfrage. Formanforderungen kommen etwa beim Eigentumsvorbehalt vor (Art. 1254, 2704 it. C. c.). Die Einbeziehung der Vollmacht in das Geschäftsstatut hat den Vorteil, dass wenigstens insoweit der vom Geschäftsstatut ggf. gewollte Formverbund nicht zerrissen wird. Bei der Anknüpfung ist eine solche Formerstreckung des Vertragsstatuts auf die Vollmachten für formbedürftige Verträge zwar im Rahmen des Ortsrechts nicht zu beachten, wohl aber im Rahmen des Vollmachtsstatuts als Geschäftsstatut.[289]

Art. 8 knüpft die Vollmacht zu **Schuldverträgen** über Sachen einschließlich schuldrechtlicher **178** Grundstücksverträge **selbständig** an den Gebrauchsort oder die Vertreterniederlassung an,[290] und dieses Recht ergibt dann auch die **Formanforderungen** als Geschäftsform.[291] Das wäre vielfach ein anderes Recht als das nach Art. 3 ff. Rom I-VO geltende Vertragsstatut.

c) Ortsform. Eine Mindermeinung wendet Art. 11 Abs. 4 analog auch auf **Vollmachten zu** **179** **Verfügungen** über **Grundstücke** an, womit dann auch die alternative Ortsform ausscheidet.[292] Der Zweck des Art. 11 Abs. 4, dass man nicht gegen die lex rei sitae entscheiden will, zumal das kaum durchsetzbar wäre, trägt auch für die Verfügungsvollmacht.[293] Auf die Unwiderruflichkeit der Vollmacht kommt es dafür nicht an. Bei Mobilien besteht diese Bedenken weniger, da das Interesse der Belegenheitsstaaten geringer ist, und die Mobilien leicht ins Ausland verbracht werden können.

Die hM trennt dagegen generell die Verfügung von der Vollmacht dazu, und lässt in beiden **180** Fällen die **Ortsform** für die Verfügungsvollmachten zu.[294] Art. 11 Abs. 4 greife nicht ein, denn die Vollmacht sei noch nicht die Verfügung.

Art. 11 EGBGB lässt dann alternativ die Formanforderungen am Ort der **Abgabe der Vertrags-** **181** **erklärungen** genügen. (Art. 11 Abs. 3 EGBGB bzw. Art. 11 Abs. 1 Rom I-VO nennen zwar den Vertreter der Hauptparteien, befassen sich aber nicht mit den Formanforderungen für seine Vollmacht, sondern für den von ihm geschlossenen Vertrag.) Die hM sieht in der Bevollmächtigung ein selbständig anzuknüpfendes, einseitiges Rechtsgeschäft und könnte daher Art. 11 Abs. 3 Rom I-VO heranziehen, doch ist dieser, wie in → Rn. 36 erwähnt, für Bevollmächtigungen nicht anwendbar. Es bleibt daher bei Art. 11 Abs. 1 EGBGB, der auch einseitige Rechtsgeschäfte erfasst, so dass der hM die Form alternativ an den Ort ihrer Erteilung anknüpft.[295] Eine Bevollmächtigung ist danach also formwirksam, wenn sie den Anforderungen Erteilungsortes genügt.

Für **obligatorische Verträge** über Grundstücke wie zB die Miete kommt es nach Art. 11 Abs. 5 **182** **Rom I-VO** unter Umständen darauf an, ob das Recht des Belegenheitsstaates[296] **international** **zwingend** die Anwendung seiner Formvorschriften vorschreibt. Erstreckt man richtigerweise die Formanforderungen für diesen schuldrechtlichen Vertrag auch auf die Vollmachten dazu, so schließt das die alternativen Ortsformen dafür aus.[297]

3. Nachweis der Vertretungsmacht. Für den Nachweis einer Bevollmächtigung für das Grund- **183** buch gilt § 29 GBO, denn für Eintragungen im deutschen Handelsregister gilt das Verfahrensrecht des Registers, also in Deutschland zB § 13g Abs. 2 S. 1 HGB, § 13d Abs. 3 HGB, § 12 HGB.[298] Für diese vorwiegend verfahrensrechtlichen Regeln gilt Art. 11 Abs. 1 EGBGB nicht. Die öffentliche

---

[289] AA *Hausmann* in Reithmann/Martiny IntVertragsR Rn. 7.419; NK-BGB/*Doehner* Anh. Art. 11 Rn. 16; für Grundstücke wie hier *Ludwig* NJW 1983, 495 (496).

[290] *Hausmann* in Reithmann/Martiny IntVertragsR Rn. 7.416; Staudinger/*Magnus* (2016) Rom I-VO Anh. II Art. 1 Rn. 66; aA für lex rei sitae aber BGH NJW 1963, 46; WM 1965, 868; *v. Caemmerer* RabelsZ 24 (1959), 213 f.; RG DNotZ 1931, 402 (Grundstückskauf); OLG Zweibrücken IPRspr. 1999 Nr. 194; *Raape* IPR S. 503; teilweise Soergel/*Lüderitz* Anh. Art. 10 Rn. 108.

[291] *Hausmann* in Reithmann/Martiny IntVertragsR Rn. 7.414; NK-BGB/*Doehner* Anh. Art. 32 Rn. 11; *v. Caemmerer* RabelsZ 24 (1959), 213 f.; RG DNotZ 1931, 402 (Grundstückskauf); OLG Zweibrücken IPRspr. 1999 Nr. 194; im Ergebnis BGH WM 1965, 868 Rn. 49 (lex rei sitae); teilweise Soergel/*Lüderitz* Anh. Art. 10 Rn. 108.

[292] Staudinger/*Mansel* (2014) Art. 3 Rn. 102 nur für Vollmachten, die zB als unwiderrufliche einer Verfügung gleich kommen. Das entspricht einer hM im deutschen Sachrecht zu § 167 BGB. Staudinger/*Winkler v.Mohrenfels* (2013) Art. 11 Rn. 77; *Ludwig* NJW 1983, 495 f.

[293] Staudinger/*Mansel* (2014) Art. 43 Rn. 1100.

[294] *Hausmann* in Reithmann/Martiny IntVertragsR Rn. 7.418; NK-BGB/*Doehner* Anh. Art. 11 Rn. 16 (das IPR kenne keinen Formverbund); BeckOK BGB/*Mäsch* Rn. 55, Art. 11 Rn. 62; *Kurzynsky-Singer*, Anknüpfung und Reichweite des Vollmachtsstatuts, 2005, 196 (eine Vollmacht auch im Ausland erteilen zu können); Palandt/*Thorn* Art. 11 Rn. 20; *Spickhoff* RabelsZ 80 (2016) 481(527); Staudinger/*Winkler v. Mohrenfels* (2013) Art. 11 Rn. 77 f.

[295] ZB *Hausmann* in Reithmann/Martiny IntVertragsR Rn. 7.414; Erman/*Hohloch* Anh. I Art. 12 Rn. 11.

[296] Das hier, anders als bei Verfügungen, nach deutschem IPR nicht notwendig Geschäftsstatut ist.

[297] AA BeckOK BGB/*Mäsch* Rn. 55.

[298] *Reithmann* IPRax 2012, 133 (134); KG BB 2003, 2644; OLG Köln GmbHR 1989, 125; OLG München GmbHR 2006, 63 (Eintragung ausländischer Vertretungsbefugnisse).

Beglaubigung kann auch von einem ausländischen Notar, auch einem angelsächsischen notary public vorgenommen werden (→ Art. 11 Rn. 89).[299] Im Rahmen des deutschen Rechts als maßgebliches Verfahrensrecht hat das OLG Köln eine ausländische notarielle Bescheinigung über die Bevollmächtigung von Vertretern für einen Gesellschafterbeschluss ausreichen lassen, wenn sie § 21 BNotO gleichwertig ist.[300] Auch eine Prozessvollmacht muss dem Gericht in der von seinem Recht verlangten Form nachgewiesen werden, wobei gleichwertige ausländische Dokumente ausreichen, aber eventuell übersetzt werden müssen.

184   **4. Eigenhaftungen des Vertreters.** Die Haftung des **falsus procurator** ist nach dem Statut des von ihm geschlossenen Vertrages zu beurteilen.[301] Fraglich ist nun aber geworden, ob nicht nur Art. 12 Rom II-VO für culpa in contrahendo einschlägig ist. Das würde am Ergebnis nichts ändern, ist aber zu verneinen, denn der Plan, die Haftung des falsus procurators in der Rom I-VO zu regeln, ist mit der Streichung des Art. 12 des Entwurfs der Rom I-VO nicht verwirklicht worden. Daher ist nicht anzunehmen, dass die Frage nun in der, zudem **älteren, Rom II-VO** geregelt sein soll (aA wohl → Rom II-VO Art. 12 Rn. 17). Die Frage bleibt damit dem **nationalen IPR** überlassen. Man kann der Haftung eines falsus procurator auch den Zweck des Verkehrsschutzes, besser des Schutzes des Dritten vor der Enttäuschung seines Vertrauens auf die Vertretungsmacht zuschreiben,[302] aber sie wird durchgeführt und in ihrem Umfang bemessen wie dem Vertrag; der Vertreter hat den Dritten ersatzweise wie bei Erfüllung des Vertrages zu stellen (§ 179 Abs. 1 BGB). Der Dritte vertraut auch weniger auf die Vertretungsmacht als auf die Gültigkeit seines Vertrages. Es handelt sich im deutschen Recht nicht um einen Fall der culpa in contrahendo, sondern nach ganz hM in Deutschland um eine **verschuldensunabhängige** gesetzliche Einstandshaftung des Vertreters dafür, dass der Vertrag mit dem angeblich Vertretenen zustande komme (→ BGB § 179 Rn. 1).[303]

185   Auf der Grundlage der hM spricht für die Anwendung des **Geschäftsstatuts** entscheidend, dass der vollmachtlose Vertreter den Vertrag gewollt und geschlossen hat und sich damit in wenigstens quasivertragliche Beziehungen begeben hat.[304] Es ist allerdings richtig, dass er nicht erklärt hat, Vertragspartei werden zu wollen, aber unabhängig davon beruht seine Haftung auf dem von ihm vorgenommenen Vertragsschluss, und grundsätzlich hängt der Umfang seiner Haftung vom Inhalt dieses Vertrages ab. Für diese Einordnung spricht auch, dass unstreitig im Falle des Verschuldens des Vertreters **zusätzlich** seine Haftung aus culpa in contrahendo gegeben sein kann,[305] die dann aber wegen der engen Beziehung akzessorisch an den Vertrag angeknüpft werden kann.[306] Das OLG Karlsruhe hat zu Recht auch eine Rechtswahl für diese Haftung zugelassen, wobei von dieser Haftung nur der Vertreter und der Dritte betroffen sind, so dass die Zustimmung des angeblich Vertretenen nicht nötig sei.[307] Seit Art. 8 Abs. 1 nF ist das zweifelhaft.

186   Denkbar ist auch, dass der bevollmächtigte Vertreter vertraglich zusätzlich eine Haftung für die Leistung der Partei übernimmt, die sich dann nach dem Vertragsstatut bemisst, falls nicht anderes vereinbart ist. So ist es aber auch, wenn zB nach englischem Recht der Drittkontrahent bei einer verdeckten Stellvertretung **wahlweise** auch den bevollmächtigten **undisclosed agent** als Vertragspartei in Anspruch nehmen kann. Die Haftung eines Vertreters als sog Sachwalter fällt als Haftung aus culpa in contrahendo unter Art. 12 Rom II-VO (→ Rom II-VO Art. 12 Rn. 17, 32). Soweit der Vertretene für das Handeln des falsus procurator nach dem Vollmachtsstatut etwa aus culpa in contrahendo haften sollte, ist dennoch das Vertragsstatut heranzuziehen.[308]

187   **5. Geschäftsfähigkeit.** Die Wirksamkeit einer Bevollmächtigung **durch** einen **Geschäftsunfähigen,** dh seine Bindung an das Vertretergeschäft, ist nicht nach dem Gebrauchsort der Vollmacht,

---

[299] OLG Zweibrücken Rpfleger 1999, 326. Zur Legalisation ausländischer Urkunden → Art. 11 Rn. 185 ff.
[300] OLG Köln GmbHR 1989, 125; offenbar hatten die Gesellschafter einer deutschen GmbH einen Gesellschafterbeschluss durch Vertreter in Belgien gefasst (→ Art. 11 Rn. 66). Dazu aber *Reithmann* IPRax 2012, 133 (135 f.).
[301] BeckOK BGB/*Mäsch* Rn. 26.
[302] So *Behnen* IPRax 2011, 227; *Hausmann* in Reithmann/Martiny IntVertragsR Rn. 7.444.
[303] Staudinger/*Schilken* (2014) BGB § 179 Rn. 2 mN.
[304] OLG München NJW-RR 1998, 758; *Rabel* RabelsZ 3 (1929), 807 (823 f.); *Schäfer* RIW 1978, 189 (191); *Raape* IPR S. 503; *v. Bar* IPR II Rn. 593; *v. Hoffmann/Thorn* IPR § 7 Rn. 49; *v. Bar* IPR II Rn. 593; Erman/*Hohloch* Anh. I Art. 12 Rn. 10; BeckOK BGB/*Mäsch* Rn. 26; aA (Vollmachtstatut) OLG Hamburg VersR 1987, 1216; *G. Fischer* IPRax 1996, 332 (335); *Leible* IPRax 1998, 257 (263); Staudinger/*Magnus* (2016) Rom I-VO Anh. II Art. 1 Rn. 59; *Kayser*, Vertretung ohne Vertretungsmacht im deutschen IPR, 1967, 126 ff.; NK-BGB/*Doehner* Anh. Art. 11 Rn. 19; mit Bedenken *Hausmann* in Reithmann/Martiny IntVertragsR Rn. 7.443.
[305] Staudinger/*Schilken* (2014) § 179 Rn. 20 mN; zur sog Sachwalterhaftung → Rom I-VO Art. 12 Rn. 20.
[306] OLG München OLGR 1994, 152.
[307] MDR 1998, 1470, aber Handeln für einen nicht existenten Vertretenen.
[308] BeckOK BGB/*Mäsch* Rn. 26; zust. NK-BGB/*Doehner* Anh. Art. 11 Rn. 19.

sondern wegen Art. 7 nach dem Heimatrecht des Vollmachtgebers zu beurteilen.[309] Entsprechend ist auch Art. 12 zugunsten des gutgläubigen Dritten anzuwenden. Freilich muss auch die situative Voraussetzung gegeben sein, dh der geschäftsbeschränkte Vollmachtgeber muss im selben Land wie der Dritte handeln (→ Art. 12 Rn. 55 m. → Rom I-VO Art. 13 Rn. 54 ff.).

Bei der **Bevollmächtigung eines nicht (voll) Geschäftsfähigen** ist zum einen deren Schutz vor **188** Haftung wegen Überschreitung ihrer Vollmacht, aber ebenso die Frage betroffen, ob ihre gegebenen Fähigkeiten für die Vornahme des betreffenden Rechtsgeschäfts ausreichen. Beides führt zum Heimatrecht des Vertreters (Art. 7).[310] Welche Geschäftsfähigkeit das **Vertretergeschäft** verlangt, sagt dessen **Statut** sowohl für die Fähigkeit des Vertreters als auch für die des vertretenen Vollmachtgebers. Es entscheidet auch, ob Vertreter eine besondere Fähigkeit oder Qualifikation haben müssen, wie zB die Prozessvertreter (→ Rn. 55 f.).

6. Stellvertretung und CISG. Das CISG regelt die Stellvertretung nicht. Für diesen Fall verweist **189** es auf nationales Recht und zunächst auf das Kollisionsrecht des Gerichts. Wie bei der Verjährung (→ Rom I-VO Art. 12 Rn. 110) ist konsequenterweise das Recht anzuwenden, das nach deutschem IPR Vollmachtsstatut ist.[311]

VII. Allgemeine Regeln

Art. 8 verweist in Abs. 1–5 auf die „Sachvorschriften" iS des Art. 3a und macht so deutlich, dass **190** insoweit ein Renvoi nicht zu befolgen ist. Das entspricht Art. 20 Rom I-VO.

Der deutsche ordre public könnte dagegen zu beachten sein. Praktische Beispiele sind kaum **191** bekannt geworden (→ Art. 6 Rn. 255). Man könnte an Fälle denken, in denen ein deutscher Vertretener an ein Rechtsgeschäft seines angeblichen Vertreters gebunden würde, dessen Agieren ihm nicht zugerechnet werden kann zB nach fremden Regeln der Scheinvollmacht,[312] oder dass ihm minimale Möglichkeiten der Geltendmachung von Willensmängeln nicht gewährt werden. Für erstere Fall hilft aber schon Art. 31 Abs. 2 EGBGB aF. Abweichende Regeln für das Selbstkontrahieren zB sind hinzunehmen.[313] Der ordre public ist hier der deutsche grundsätzlich ohne Beeinflussung durch europäische Prinzipien.

Art. 9 EGBGB Todeserklärung

[1]**Die Todeserklärung, die Feststellung des Todes und des Todeszeitpunkts sowie Lebens- und Todesvermutungen unterliegen dem Recht des Staates, dem der Verschollene in dem letzten Zeitpunkt angehörte, in dem er nach den vorhandenen Nachrichten noch gelebt hat.** [2]**War der Verschollene in diesem Zeitpunkt Angehöriger eines fremden Staates, so kann er nach deutschem Recht für tot erklärt werden, wenn hierfür ein berechtigtes Interesse besteht.**

Schrifttum: *Bechtold,* Konkurrenz inländischer und ausländischer Todeserklärungen, NJW 1952, 52; *Berkl,* Todeserklärung und gerichtliche Feststellung der Todeszeit im Personenstandsrecht, StAZ 2013, 46; *Bosch,* Toterklärung – Todeszeitfeststellung – Irrige Totmeldung, FS P. Mikat, 1989, 793; *Dörner,* Nachlassspaltung – und die Folgen, IPRax 1994, 362; *Fragistas,* Die Kommorientenvermutungen im Internationalen Privatrecht, FS R. Laun, 1953, 693; *Geimer,* Anerkennung ausländischer Entscheidungen auf dem Gebiet der freiwilligen Gerichtsbarkeit, FS M. Ferid, 1988, 89; *Ferid/Firsching/Dörner/Hausmann,* Internationales Erbrecht, 97. Aufl. 2016; *Jayme/Haack,* Die Kommorientenvermutung im internationalen Erbrecht bei verschiedener Staatsangehörigkeit der Verstorbenen, ZVglRWiss. 84 (1985), 80; *Kühne,* Das internationale Personen- und Eherecht im Regierungsentwurf des Gesetzes zur Neuregelung des IPR, StAZ 1984, 3; *Nitsche,* Das internationale Privatrecht der Todeserklärung, Diss. München 1971; *Rugullis,* Commorientes internationales, ZVglRWiss. 113 (2014), 186; *Schotten/Wittkowski,* Das deutsch-iranische Niederlassungsabkommen im Familien- und Erbrecht, FamRZ 1995, 264; *Vékás,* Zur Bindung an die Todesfeststellung durch ein ausländisches Gericht, IPRax 1982, 142.

---

[309] BGH NJW 2004, 1315 f.: Bevollmächtigung durch geschäftsunfähigen Geschäftsführer einer schweizer GmbH.

[310] Staudinger/*Magnus* (2016) Rom I-VO Anh. II Art. 1 Rn. 46; *Makarov,* FS T. Perassi, Bd. 2, 1957, 63; Vollmachtsstatut: *v. Caemmerer* RabelsZ 24 (1959), 215, unter Berücksichtigung des Innenverhältnisses; Geschäftsstatut: *Müller-Freienfels,* Die Vertretung beim Rechtsgeschäft, 1955, 243; *Raape* IPR S. 503; unentschieden *Braga* RabelsZ 24 (1959), 338. – *Steding* ZVglRWiss. 86 (1987), 46 unterscheidet weiter: Welche Geschäftsfähigkeit der daran Beteiligten die Vollmachtserteilung verlangt, entscheide das Vollmachtsstatut, welche für den Hauptvertrag gefordert ist, dessen Recht; aA *Spickhoff* RabelsZ 80 (2016), 481 (528): nur Vollmachtsstatut.

[311] So BGH NJW 2015, 2584 Rn. 46; OLG München IPRspr. 2008 Nr. 13.

[312] Vgl. aber, einen ordre-public-Verstoß verneinend, OLG Hamburg IPRspr. 2011 Nr. 236b (zu § 328 Abs. 1 Nr. 4 ZPO).

[313] RG JW 1928, 2013 = IPRspr. 1928 Nr. 13.

Übersicht

I. Normzweck

1   Art. 9 regelt die kollisionsrechtliche Problematik der **Verschollenheit,** dh der **Ungewissheit über den Tod eines Menschen** oder den **Zeitpunkt seines Todes.** Der Tod hat neben dem mit ihm verbundenen Ende der Rechtsfähigkeit noch zahlreiche rechtliche Auswirkungen auf die unterschiedlichsten Rechtsgebiete, insbesondere im Familien- und Erbrecht, aber auch im Sozialrecht und in anderen Bereichen des öffentlichen Rechts. Die Ungewissheit über den Tod oder Todeszeitpunkt und der damit verbundene Schwebezustand kann durch verschiedene rechtliche Instrumente beseitigt oder jedenfalls eingegrenzt werden. Sie reichen von der Aufstellung rechtlicher, in der Regel widerleglicher Vermutungen bis hin zu behördlichen oder gerichtlichen Erklärungen über den Tod bzw. Todeszeitpunkt.

2   Für die **inhaltliche Regelung** der relevanten Sachfragen lassen sich im Wesentlichen **vier Systeme** ausmachen:[1] die Todeserklärung (zB Deutschland, §§ 3 ff. VerschG;[2] Österreich, Todeserklärungsgesetz), die Verschollenheits- oder Abwesenheitserklärung (zB Schweiz, Art. 35 ZGB), eine Kombination beider Regelungen (zB Frankreich, Art. 88–92, 112 Code civil; Italien, Art. 48 ff., 58 ff. Codice civile) sowie Rechtsordnungen, die keine allgemeine gerichtliche oder behördliche Erklärung kennen und statt dessen eine widerlegliche Vermutung aufstellen, die im jeweiligen Einzelfall eingreift (zB England,[3] USA[4]). Das **Kollisionsrecht** muss diese Systemvielfalt bewältigen, ebenso wie auch das internationale Verfahrensrecht.

3   Es liegt auf der Hand, dass nicht nur für das Sachrecht, sondern auch für das Kollisionsrecht durchaus verschiedene Lösungswege denkbar sind. So lassen sich die mit dem Tod zusammenhängenden Probleme im Zusammenhang mit den einzelnen Sachfragen behandeln und kollisionsrechtlich dem Statut zuweisen, das für diese Sachfragen jeweils berufen ist (zB im Erbrecht, im Sozialversicherungsrecht usw). Das deutsche Recht folgt hingegen weitgehend einer **Einheitslösung im Privatrecht,** die in ihrem **kollisionsrechtlichen Aspekt** in **Art. 9** zum Ausdruck kommt. Es beruft nicht das jeweilige Wirkungsstatut, sondern grundsätzlich das Personalstatut (Art. 9 S. 1). Ausnahmen enthalten Art. 9 S. 2 und Art. 2 § 1 Abs. 4 S. 1 VerschÄndG.

---

[1] Staudinger/*Weick/Althammer* (2013) Rn. 11 ff.; vgl. auch *Bosch,* FS P. Mikat, 1989, 793 (820 ff.).

[2] Vgl. zu den Voraussetzungen und Wirkungen der Todeserklärung *Berkl* StAZ 2013, 46 (49 ff.); zu den Voraussetzungen auch OLG Düsseldorf StAZ 2012, 86 = Rpfleger 2012, 36.

[3] *Henrich* in Ferid/Firsching/Dörner/Hausmann Großbritannien, Stand 05/2016, Grdz. D II Rn. 102; Staudinger/*Weick/Althammer* (2013) Rn. 20.

[4] Vgl. *Firsching/Heusler* in Ferid/Firsching/Dörner/Hausmann USA, Stand 05/2016, Grdz. DX Rn. 96.

Die Reform des IPR von 1986 hat das **internationale Verschollenheitsrecht** neu geregelt.[5]   4
Seitdem sind Kollisionsrecht und internationale Zuständigkeit inländischer Gerichte getrennt
(→ Rn. 16). Allerdings wurde das VerschÄndG wohl versehentlich nicht aufgehoben;[6] es enthält
weiterhin eine Verschränkung von internationaler Zuständigkeit und anwendbarem Recht. Demnach
ist das **Kollisionsrecht** enthalten in **Art. 9** und **Art. 2 § 1 Abs. 4 S. 1 VerschÄndG.** Die Regeln
über die **internationale Zuständigkeit** finden sich in **§ 12 VerschG.**[7] Die Verweisung in Art. 2
§ 1 Abs. 4 S. 2 VerschÄndG auf § 12 Abs. 2 und 3 VerschG geht allerdings ins Leere und hätte
anlässlich der Reform aufgehoben werden müssen, weil die alte Fassung dieser Vorschrift entfiel und
durch eine andere Regelung ersetzt wurde, die sich allein auf die internationale Zuständigkeit für
Maßnahmen nach Art. 9 bezieht.[8]

II. Staatsverträge

Im Gefolge des Zweiten Weltkrieges wurde am 6.4.1950 im Rahmen der Vereinten Nationen   5
die **UN-Konvention über die Todeserklärung Verschollener** verabschiedet, der auch die Bundes-
desrepublik Deutschland beigetreten war und die für sie am 29.2.1956 in Kraft trat.[9] Die zeitlich
zunächst bis zum 23.1.1957 befristete Konvention bezog nicht nur die im Krieg, sondern auch die
nach dem Kriegsende Verschollenen mit ein. Die Bundesrepublik Deutschland schloss sich freilich
nur ihrer ersten Verlängerung bis zum 23.1.1967 an, so dass sie seit dem 24.1.1967 für sie **außer
Kraft getreten** ist.[10]

Die Internationale Kommission für das Zivilstandswesen (CIEC), der die Bundesrepublik   6
Deutschland bis zum 30.06.2015 angehörte, hat am 18.9.1966 in Athen das **CIEC-Übereinkommen Nr. 10 über die Feststellung gewisser Todesfälle** verabschiedet.[11] Dieses Übereinkommen
ist allerdings **für Deutschland nicht in Kraft** getreten und daher nicht anzuwenden.[12] Es regelt
im Wesentlichen die internationale Zuständigkeit für Todeserklärungen (Art. 1) und Beurkundungen
des Todes (Art. 2) von Personen, die auf Grund eines Schiffsunglücks oder Flugzeugabsturzes verschollen oder zu Tode gekommen sind. Es räumt den Gerichten und Behörden derjenigen Staaten
eine internationale Zuständigkeit zur Vornahme der erwähnten Maßnahmen ein, in denen das
benutzte Schiff oder Flugzeug registriert ist oder deren Angehöriger der Verschollene oder Tote war
oder in denen er seinen Wohnsitz oder Aufenthalt hatte oder in denen die Verschollenheit eintrat.

Das **deutsch-iranische Niederlassungsabkommen** vom 17.2.1929 (RGBl. 1930 II S. 1006)   7
erfasst das Personenrecht und gilt damit auch für die Fragen der Verschollenheit. Seine Regelung in
Art. 8 Abs. 3 des Abkommens geht Art. 9 vor (Art. 3 Nr. 2).[13] Zwar beruft die Norm ebenfalls das
Heimatrecht, jedoch handelt es sich um eine staatsvertragliche Verweisung auf das jeweilige **Sachrecht des Heimatstaates;** Rück- und Weiterverweisung sind daher im Gegensatz zu Art. 9 S. 1
ausgeschlossen.[14] Allerdings enthält Art. 8 Abs. 3 S. 2 des Abkommens eine Öffnungsklausel zugunsten von Ausnahmeregelungen, die gegenüber jedem anderen fremden Staat gelten. Hierzu zählt
Art. 9 S. 2, der daher auch im Rahmen des Abkommens anwendbar ist.[15] Im Ergebnis verdrängt
Art. 8 Abs. 3 S. 1 des Abkommens also nur die allgemeine Kollisionsregel des Art. 9 S. 1.

---

[5] Frühere Rspr. und Lit. sind daher nur noch in sehr eingeschränktem Umfang brauchbar; vgl. zur Entwicklung
des internationalen Verschollenheitsrechts und zur Reform durch das IPRG 1986 Staudinger/*Weick*/*Althammer*
(2013) Rn. 28 ff., Rn. 42 ff.
[6] So *Kegel*/*Schurig* IPR § 17 I 1f bb bbb.
[7] Unklar insoweit *Kegel*/*Schurig* IPR § 17 I 1f bb ccc.
[8] Erman/*Hohloch* Rn. 1.
[9] BGBl. 1955 II S. 701 (706) sowie Bek. vom 29.2.1956, BGBl. 1956 II S. 329.
[10] Vgl. auch Erman/*Hohloch* Rn. 2; Soergel/*Kegel,* 11. Aufl. 1983, Rn. 52; Staudinger/*Weick*/*Althammer* (2013)
Rn. 37.
[11] Der offizielle Text in französischer Sprache ist zu finden auf der Internetseite des Bundesministeriums des
Inneren: www.personenstandsrecht.de, unter: Übereinkommen der Internationalen Kommission für das Zivilstandswesen. Eine deutsche Übersetzung liegt nicht vor.
[12] Vgl. zum Abkommen *Kegel*/*Schurig* IPR § 17 I 1f dd bbb.
[13] Ausf. zum Anwendungsbereich und Anwendungsvorrang des Abkommens *Schotten*/*Wittkowski* FamRZ
1995, 264 ff. und → EuErbVO Art. 75 Rn. 8 ff.; zur Anwendung auf Mehrstaater, die neben der deutschen oder
iranischen eine weitere Staatsangehörigkeit besitzen, vgl. AG Hamburg-St. Georg ZEV 2015, 580 = ZerbR 2015,
318 mAnm *Eule.*
[14] NK-BGB/*Schulze* Rn. 5; *Looschelders* IPR Rn. 25; zum Ausschluss des Renvoi → Art. 3a Rn. 9; → Art. 4
Rn. 103 ff.; übersehen (kein Unterschied zu Art. 9) von Staudinger/*Weick*/*Althammer* (2013) Rn. 40; Erman/
Hohloch Rn. 2; unklar PWW/*Mörsdorf-Schulte* Rn. 8.
[15] *Looschelders* IPR Rn. 25; NK-BGB/*Schulze* Rn. 5; insofern zutr. auch Staudinger/*Weick*/*Althammer* (2013)
Rn. 40; Erman/*Hohloch* Rn. 2.

III. EuErbVO

8   Die EuErbVO regelt die Verschollenheit nicht (Art. 1 Abs. 2 lit. c EuErbVO), erfasst aber die Anordnung einer **Nachlasspflegschaft** (→ EuErbVO Vor Art. 4 Rn. 4 ff.), unterstellt die **Kommorientenvermutung** dem Erbstatut und regelt auch den Fall widersprechender Vermutungen (Art. 32 EuErbVO). Diese Regelungen gehen den Vorschriften des autonomen deutschen Rechts vor, soweit die EuErbVO sachlich und zeitlich anwendbar ist.

IV. Anwendungsbereich

9   **1. Funktionale Bestimmung.** Art. 9 ergänzt Art. 7 Abs. 1 S. 1, also die Grundnorm über die Rechtsfähigkeit, die beim Menschen mit dessen Tod endet. Art. 9 S. 1 erfasst daher **alle ausländischen Systeme zur Regelung** der mit der **Verschollenheit** (→ Rn. 2) zusammenhängenden Fragen.[16] Denn andernfalls wäre auf die allgemeine Norm des Art. 7 Abs. 1 S. 1 zurückzugreifen und aus ihr für die von Art. 9 S. 1 nicht geregelten Fragen eine Lösung zu entwickeln oder Art. 9 S. 1 uU entsprechend anzuwenden. Eine enge Qualifikation der in Art. 9 S. 1 verwendeten Begriffe nach der lex fori scheidet mithin aus, sie sind vielmehr **funktional** auszulegen[17] (→ Einl. IPR Rn. 108 ff.). Demnach verweist diese Bestimmung auf solche Rechtsordnungen, die sachlich einem der in → Rn. 2 erwähnten Systeme zugeordnet werden können. Entsprechendes gilt für die Regelung der internationalen Zuständigkeit nach § 12 VerschG, während für Art. 2 § 1 Abs. 4 S. 1 VerschAndG als einseitige Norm des Kollisionsrechts nur die Anwendung deutschen Rechts in Frage steht, und die Todeserklärung daher allein eine solche nach dem VerschG sein kann.

10   **2. Einheitliche kollisionsrechtliche Behandlung.** Die mit dem Tod zusammenhängenden Fragen der Verschollenheit weist Art. 9 S. 1 einheitlich zur Beurteilung dem **Personalstatut des Verschollenen oder Verstorbenen** zu. Der Artikel ist freilich nicht ganz genau in seinem Wortlaut, da er sowohl für die Todeserklärung wie für die Feststellung des Todes und des Todeszeitpunkts auf den Verschollenen abstellt, obwohl im letzten Fall der Tod gewiss ist und mithin nur vom Verstorbenen, nicht aber vom Verschollenen, gesprochen werden kann.

11   Rechtsordnungen, die in ihrem Sachrecht eine einheitliche Regelung der entsprechenden Fragen anordnen wie die Bundesrepublik Deutschland, verselbständigen diesen Problemkomplex auch kollisionsrechtlich (vgl. etwa § 14 Österreichisches IPR-Gesetz, umfassender Art. 41 und 42 Schweizerisches IPR-Gesetz; s. auch Art. 22 Italienischen IPR-Gesetzes).[18] Soweit die Frage des Todes eines Menschen eine Vorfrage für eine andere Rechtsfrage darstellt (zB Inhaberschaft einer Forderung, Eigentumsrecht, Bestehen einer Ehe usw), bedeutet die Regelung des Art. 9 eine **kollisionsrechtliche Verselbständigung** der Anknüpfung dieser Vorfrage (→ Einl. IPR Rn. 148 ff.), um dadurch für alle oder möglichst viele Rechtsbeziehungen eine einheitliche rechtlich relevante Antwort zu erhalten.

12   **3. Reichweite des Verschollenheitsstatuts.** Das Verschollenheitsstatut regelt **Voraussetzungen** und **Wirkungen** der Todes- oder Verschollenheitserklärung bzw. Lebens- und Todesvermutungen. Damit soll aus Sicht des deutschen Rechts vermieden werden, dass bei je nach Rechtsfrage unterschiedlichem Wirkungsstatut (zB Ehewirkungs- oder Erbstatut) jeweils eine unterschiedliche Antwort auf die Frage gegeben wird, ob ein Verschollener noch als lebend oder bereits als tot anzusehen ist (→ Rn. 2). Die Vorschrift regelt jedoch nur die Todeserklärung, die Feststellung des Todes und des Todeszeitpunkts sowie Lebens- und Todesvermutungen. Ihre **Auswirkungen auf die Rechtsbeziehungen des Verschollenen** unterfallen hingegen dem jeweiligen **Wirkungsstatut**.[19] So bestimmt das Verschollenheitsstatut des Art. 9 über die Voraussetzungen und Wirkungen der Todeserklärung, während die Erbfolge nach einem für tot Erklärten dem Erbstatut unterliegt.[20]

13   **4. Sonderregelungen im deutschen Recht.** Soweit das deutsche Sachrecht jedoch Sonderregeln für die Verschollenheit aufstellt, wie dies im Bereich des öffentlichen Entschädigungs- (§ 180 BEG) und Versorgungsrechts (§ 52 BVG, § 29 BeamtVG, § 44 SVG) oder im Sozialversicherungsrecht (§ 63 Abs. 4 SGB VII[21] bzw. § 49 SGB VI)[22] der Fall ist, muss die kollisionsrechtliche Tragweite dieser

---

[16] Ebenso Erman/*Hohloch* Rn. 5; Staudinger/*Weick/Althammer* (2013) Rn. 48; PWW/*Mörsdorf-Schulte* Rn. 2; NK-BGB/*Schulze* Rn. 7.
[17] So schon Begr. RegE zum IPRG 1986, vgl. BT-Drs. 10/504, 46.
[18] S. Mat. in RabelsZ 61 (1997), 344 ff.
[19] Zutr. Erman/*Hohloch* Rn. 3.
[20] Palandt/*Thorn* Rn. 2; Erman/*Hohloch* Rn. 3; anders die 5. Aufl. 2010, Rn. 24 *(Birk)*.
[21] Vorschrift entspricht im Wesentlichen § 597 Abs. 1–3 RVO aF, Hauck/Noftz/*Riebel* SGB VII § 63 Rn. 11.
[22] Vorschrift ersetzt § 1271 RVO, § 48 AVG, § 68 RKG, Hauck/Noftz/*Kamprad* SGB VI § 49 Rn. 2.

Regelungen unabhängig von Art. 9 S. 1 bestimmt werden.[23] Manche wollen hier das Wirkungsstatut berufen.[24] Soweit die Sonderregelung anwendbar ist, dürfte das zum selben Ergebnis führen. Unterschiede ergeben sich allerdings, wenn die Sonderregelung die Frage nicht abschließend beantwortet. Hier ist richtigerweise nicht das Wirkungsstatut, sondern die allgemeine kollisionsrechtliche Regel des Art. 9 anzuwenden.

Soweit diese Sondervorschriften **keine vorrangige Regelung** treffen, bleibt es bei den allgemei- **14** nen Regelungen des VerschG bzw. des Art. 9.[25] Gleiches gilt, wenn die Sondervorschriften (auch) für Auslandsfälle **auf das VerschG verweisen;** dann tritt Art. 9 anstelle der aufgehobenen kollisionsrechtlichen Regelung in § 12 VerschG (aF).[26]

5. Sonderregelungen im ausländischen Recht. Verweist Art. 9 S. 1 auf eine ausländische **15** Rechtsordnung als Personalstatut, welche die Frage der Verschollenheit im Kollisionsrecht (und dann meist auch im Sachrecht) nicht allgemein regelt, sondern **nur** über **Sonderregeln** verfügt, ist dies **keine Frage des Anwendungsbereichs** des Art. 9. Die Verweisung des Art. 9 S. 1 geht auch nicht ins Leere.[27] Es handelt sich vielmehr um einen Fall abweichender Qualifikation durch das von Art. 9 S. 1 berufene Personalstatut, weil dieses die Verschollenheit als Frage des Wirkungsstatuts ansieht. Daher entscheidet das aus Sicht der von Art. 9 S. 1 berufenen Rechtsordnung zu bestimmende **Wirkungsstatut** über die Rechtsfolgen der Verschollenheit für die entsprechende Frage.[28]

6. Fürsorgemaßnahmen für Abwesende. Solange ein Verschollener nicht für tot oder abwe- **16** send erklärt wurde oder als tot vermutet werden kann, stellt sich die Frage nach etwaigen Fürsorgemaßnahmen, die zu seinen Gunsten ergriffen werden können. Nach deutschem Sachrecht kommen eine **Abwesenheitspflegschaft** (§ 1911 BGB) oder eine **Nachlasspflegschaft** (§ 1960 BGB) in Frage.[29] Die Zuständigkeit deutscher Gerichte für solche Fürsorgemaßnahmen richtet sich nach § 104 FamFG (Abwesenheitspflegschaft) bzw. §§ 105, 343 FamFG (Nachlasspflegschaft), das anwendbare Recht ist gemäß Art. 24 Abs. 3 deutsches Recht, weil sie von einem inländischen Gericht ergriffen werden. Das Haager Erwachsenenschutzübereinkommen vom 13.1.2000 ist hierauf nicht anwendbar, weil es nicht um Maßnahmen des Erwachsenenschutzes geht (→ ErwSÜ Art. 1–4 Rn. 15 f.). Für die Nachlasspflegschaft geht die ErbVO vor (→ Rn. 8).

V. Todes- und Verschollenheitserklärung

1. Allgemeines. Während **früher** generell von einem **Gleichlauf** von internationaler Zuständig- **17** keit und anwendbarem Recht bei der Todeserklärung ausgegangen und damit nur bei der Anwendung deutschen Rechts im Tätigwerden der inländischen Gerichte für zulässig gehalten wurde,[30] sind seit der Reform des IPR von 1986 internationale Zuständigkeit und Kollisionsrecht **heute getrennt** geregelt. Deutsche Gerichte können einschlägige Erklärungen nach ausländischem Personalstatut erteilen. Dies bedeutet umgekehrt prinzipiell auch die Anerkennung einschlägiger ausländischer Maßnahmen im Hinblick auf ausländische und deutsche Verschollene.[31] Einen davon abweichenden Standpunkt nimmt etwa das schweizerische Recht in Art. 41 IPR-Gesetz ein, der den Gleichlauf von internationaler Zuständigkeit und anwendbarem Recht verlangt, auf der anderen Seite aber nach Art. 42 IPR-Gesetz ausländische Verschollenheits- oder Todeserklärungen anerkennt.

Für die rechtliche Beurteilung kommt es deshalb entscheidend darauf an, ob die **Todeserklärung 18 im Inland oder im Ausland** erfolgt. Die kollisionsrechtliche Frage nach dem anwendbaren Recht

---

[23] Ebenso Erman/*Hohloch* Rn. 5; Staudinger/*Weick/Althammer* (2013) Rn. 31 (zu § 180 BEG), Rn. 34 (zu § 52 BVG, § 63 Abs. 4 SGB VII, § 49 SGB VI), anders aber Rn. 49 (Wirkungsstatut).

[24] NK-BGB/*Schulze* Rn. 2; Staudinger/*Weick/Althammer* (2013) Rn. 49, anders aber Rn. 31 (zu § 180 BEG), Rn. 34 (zu § 52 BVG, § 63 Abs. 4 SGB VII, § 49 SGB VI).

[25] Vgl. BGH RzW 1961, 133; BGH RzW 1962, 563; Staudinger/*Weick/Althammer* (2013) Rn. 31, jeweils zu § 180 BEG.

[26] Ebenso Bamberger/Roth/*Mäsch* Rn. 6.

[27] So aber die 5. Aufl. 2010, Rn. 11 (*Birk*).

[28] Bamberger/Roth/*Mäsch* Rn. 3.

[29] Vgl. etwa den Fall OLG Düsseldorf StAZ 2012, 86 = Rpfleger 2012, 36, wo zunächst eine Abwesenheitspflegschaft eingerichtet worden war.

[30] Aus dem Schrifttum: *Nitsche,* IPR der Todeserklärung, 1971, 175 ff.; Soergel/*Kegel,* 11. Aufl. 1983, Rn. 32; Staudinger/*Coing/Weick,* 12. Aufl. 1984, VerschG § 12 Rn. 91, 97, jeweils mN aus der Rspr.

[31] Zur Anerkennung nach früherem Recht BGHZ 30, 140 (146); BGHZ 43, 80 (82 ff.); BGH IPRspr. 1960/ 61 Nr. 63; BGH IPRspr. 1962/63 Nr. 4; BGH IPRspr. 1979 Nr. 208; BGH Rpfleger 1981, 141; BayObLGZ 1981, 145 (151); KG IPRspr. 1964/65 Nr. 8; OLG Frankfurt a. M. IPRspr. 1960/61 Nr. 10; OLG Frankfurt a. M. IPRspr. 1968/69 Nr. 8; LG Bad Kreuznach IPRspr. 1950/51 Nr. 7; LG Berlin IPRspr. 1964/65 Nr. 7; LG Hamburg IPRspr. 1964/65 Nr. 11; LG Mönchengladbach IPRspr. 1970 Nr. 1; AG Hamburg IPRspr. 1968/69 Nr. 7.

stellt sich nur im ersten Fall; denn im zweiten Fall handelt es sich ausschließlich um ein Problem der Anerkennung ausländischer Akte der freiwilligen Gerichtsbarkeit.[32]

19   **2. Todes-, Verschollenheits- und Abwesenheitserklärung im Inland.** Die **Todeserklärung** erfolgt nach deutschem Recht gemäß § 14 VerschG durch das Amtsgericht, funktionell zuständig ist dabei der Rechtspfleger (§ 3 Nr. 1 lit. g RPflG). An dieser **sachlichen** und **funktionellen Zuständigkeit** nach der deutschen **lex fori** ändert sich in Fällen mit Auslandsbeziehungen nichts.

20   Dass die dem deutschen Sachrecht unbekannte **Verschollenheits- oder Abwesenheitserklärung** auch von einem inländischen Gericht ausgesprochen werden kann, ergibt sich, wie bereits dargelegt wurde, aus der internationalen Zuständigkeit eines deutschen Gerichts nach § 12 VerschG, auch wenn über die Todeserklärung ein ausländisches Personalstatut entscheidet (Art. 9 S. 1). Die Verschollenheits- oder Abwesenheitserklärung des ausländischen Rechts kommt in ihren Wirkungen einer Todeserklärung gleich,[33] oder sie lässt sich dieser gegenüber wenigstens als ein sachliches Minus[34] und nicht als ein aliud auffassen. Entscheidend ist, dass der Anwendungsbereich sowohl der Zuständigkeitsnorm des § 12 VerschG als auch der Kollisionsnorm des Art. 9 alle funktional entsprechenden Rechtsakte des ausländischen Rechts erfasst (→ Rn. 9).[35]

§ 12 VerschG Zwischenstaatliches Recht

(1) Für Todeserklärungen und Verfahren bei Feststellung der Todeszeit sind die deutschen Gerichte zuständig, wenn der Verschollene oder der Verstorbene in dem letzten Zeitpunkt, in dem er nach den vorhandenen Nachrichten noch gelebt hat,
1. Deutscher war oder
2. seinen gewöhnlichen Aufenthalt im Inland hatte.

(2) Die deutschen Gerichte sind auch dann zuständig, wenn ein berechtigtes Interesse an einer Todeserklärung oder Feststellung der Todeszeit durch sie besteht.

(3) Die Zuständigkeit nach den Absätzen 1 und 2 ist nicht ausschließlich.

21   **a) Internationale Zuständigkeit.** Ein Amtsgericht der Bundesrepublik Deutschland besitzt zur Todeserklärung eines Verschollenen oder zu dessen Verschollenheits- oder Abwesenheitserklärung internationale Zuständigkeit nach **§ 12 Abs. 1 und 2 VerschG.**[36]

22   **aa) Deutsche Staatsangehörigkeit.** Nach **§ 12 Abs. 1 Nr. 1 VerschG** ist ein deutsches Gericht als Gericht des Heimatstaates stets zur Todeserklärung eines verschollenen Deutschen international zuständig, auch wenn sich sein zuletzt bekannter Wohnsitz oder gewöhnlicher Aufenthalt im Ausland befand. Daneben kann durchaus ein ausländisches Gericht nach den für dieses geltenden Regeln eine konkurrierende internationale Zuständigkeit besitzen, wie dies ausdrücklich § 12 Abs. 3 VerschG hervorhebt, weil die deutsche internationale Zuständigkeit sowohl im Falle des § 12 Abs. 1 wie 2 VerschG **keine ausschließliche Zuständigkeit** ist.[37]

23   **bb) Letzter gewöhnlicher Aufenthalt in Deutschland.** Die deutschen Gerichte sind weiter nach **§ 12 Abs. 1 Nr. 2 VerschG** für die Todeserklärung eines **Ausländers** oder für vergleichbare Erklärungen international zuständig, wenn dieser seinen letzten gewöhnlichen Aufenthalt im Inland hatte. Der schlichte Inlandsaufenthalt reicht allerdings hierfür nicht aus.[38] Auf der anderen Seite ist ein inländischer Wohnsitz nicht erforderlich. Soweit sich daraus Unzuträglichkeiten ergeben sollten, lassen diese sich durch § 12 Abs. 2 VerschG auffangen (→ Rn. 24 ff.).[39]

24   **cc) Zuständigkeit kraft berechtigten Interesses.** Nach § 12 Abs. 2 VerschG sind die deutschen Gerichte ferner international für die Todeserklärung oder vergleichbare Maßnahmen zuständig, wenn ein berechtigtes Interesse an einer Todeserklärung oder einer vergleichbaren Maßnahme durch ein deutsches Gericht besteht.[40] Bei diesen Maßnahmen geht es im Gegensatz zur Abwesenheits- oder Nachlasspflegschaft nicht um die Fürsorge für das Vermögen oder die Person des Verschollenen. Sie

---

[32] Vgl. BGH FamRZ 1994, 498 = NJW-RR 1994, 264; nicht ganz klar insoweit *Bosch* FamRZ 1994, 499 (502).
[33] So zB nach schweiz. Recht (Art. 38 Abs. 1 ZGB).
[34] Soergel/*Kegel* Rn. 7; PWW/*Mörsdorf-Schulte* Rn. 11.
[35] Ebenso Erman/*Hohloch* Rn. 5, 8; Bamberger/Roth/*Mäsch* Rn. 6; NK-BGB/*Schulze* Rn. 7.
[36] Ausf. Kommentierung bei Staudinger/*Habermann* (2013) § 12 VerschG.
[37] Staudinger/*Habermann* (2013) VerschG § 12 Rn. 4.
[38] Dies wird von *Kegel/Schurig* IPR § 17 I 1f bb ccc bedauert.
[39] *Kegel/Schurig* IPR § 17 I 1f bb ccc; Staudinger/*Habermann* (2013) VerschG § 12 Rn. 9.
[40] Vgl. auch *Kühne* StAZ 1984, 4 f.

werden vielmehr im Interesse des Antragstellers bzw. des Rechtsverkehrs getroffen. Man sollte daher nicht von einer Zuständigkeit aufgrund eines Fürsorgebedürfnisses sprechen.[41]

Das Erfordernis des berechtigten Interesses enthielt schon § 12 Abs. 4 VerschG (aF) für den 25 Fall des Staatenlosen, wenn dieser früher deutscher Staatsangehöriger war. Nicht zutreffend ist freilich die Annahme, ein berechtigtes Interesse liege stets in den Fällen des § 12 Abs. 2–4 VerschG (aF) vor,[42] zumal § 12 Abs. 4 VerschG (aF) selbst ein berechtigtes Interesse voraussetzte.

Den Begriff des **berechtigten Interesses** verwendet neben **§ 12 Abs. 2 VerschG** auch **Art. 9** 26 **S. 2.** Der Begriff muss jedoch in beiden Vorschriften **nicht gleich ausgelegt** werden, weil Zuständigkeits- und Rechtsanwendungsinteressen nicht miteinander konform sein müssen. Die internationale Zuständigkeit eines deutschen Gerichts kann nach § 12 Abs. 2 VerschG vorliegen, ohne dass daraus auch notwendig die Anwendung deutschen materiellen Verschollenheitsrechts gemäß Art. 9 S. 2 folgt.[43] Im Regelfall will freilich § 12 Abs. 2 VerschG dann, wenn ein berechtigtes Interesse an einer Todeserklärung nach deutschem Recht besteht, auch ein international zuständiges inländisches Gericht bereitstellen und damit ausnahmsweise für einen Gleichlauf von anwendbarem Recht und internationaler Zuständigkeit sorgen.[44]

Das berechtigte Interesse iS des § 12 Abs. 2 VerschG muss daher an der Maßnahme gerade eines 27 deutschen Gerichts bestehen. Das ist zu bejahen, wenn ohne die Todeserklärung bzw. sonstige Maßnahme der **inländische Rechtsverkehr** oder die **Rechtsstellung** eines sich gewöhnlich im Inland Aufhaltenden beeinträchtigt würde.[45] Dazu ist nicht erforderlich, dass die betroffene Rechtsbeziehung dem deutschen Recht unterliegt. Soweit eine Todeserklärung oder eine ähnliche Maßnahme im Heimatstaat oder Staat des gewöhnlichen Aufenthalts möglich ist und nicht unvertretbar lange Zeit in Anspruch nimmt, besteht kein berechtigtes Interesse iS § 12 Abs. 2 VerschG an einer vergleichbaren Maßnahme eines deutschen Gerichts. Ein berechtigtes Interesse ist in den letztgenannten Fällen daher im Ergebnis nur anzunehmen, wenn ausländische Institutionen praktisch versagen oder ausländische, der inländischen Todeserklärung vergleichbare Rechtsinstitute fehlen.[46] Die letzte Alternative dürfte freilich nicht allzu häufig sein.

Für die Durchsetzung von **Rentenansprüchen** von Hinterbliebenen bedarf es des § 12 Abs. 2 28 VerschG nicht, wie die Begründung des Regierungsentwurfs[47] fälschlicherweise annahm. Denn hier gelten **Sonderregeln** (§ 63 Abs. 4 SGB VII, § 49 SGB VI), die das VerschG verdrängen.

b) Anwendbares Recht. aa) Grundsatz: Personalstatut (Art. 9 S. 1). Das **Verschollen-** 29 **heitsstatut** und damit das für die Todeserklärung oder vergleichbare Institute maßgebende Recht ist nach Art. 9 S. 1 das letzte **Personalstatut** des Verschollenen, also das Recht des Staates, dem der Verschollene in dem letzten Zeitpunkt angehörte, in dem er nach den vorhandenen Nachrichten noch gelebt hat. Art. 9 S. 1 legt damit den maßgeblichen **Zeitpunkt** fest.[48] Das Personalstatut ist nach den allgemeinen Regeln der Art. 4 und 5 zu bestimmen (zur Bedeutung von Sonderregelungen im berufenen Recht → Rn. 14).

bb) Ausnahme des Art. 9 S. 2. Abweichend von der Regelanknüpfung an das Personalstatut 30 des Verschollenen durch Art. 9 S. 1 lässt Art. 9 S. 2 im Falle eines berechtigten Interesses auch eine **Todeserklärung eines Ausländers nach deutschem Verschollenheitsrecht** zu. Damit wird zum einen ein Gleichlauf von internationaler Zuständigkeit (§ 12 Abs. 2 VerschG) und anwendbarem Recht möglich. Ebenso kann dadurch eine Harmonisierung von Verschollenheitsstatut und Wirkungsstatut eintreten, also beide im konkreten Fall zusammenfallen, wenn es etwa um die Auflösung einer Ehe durch den Tod eines Ehegatten geht, deren allgemeine Wirkungen sich nach deutschem Recht (vgl. Art. 14) richten.

Wann ein **berechtigtes Interesse** an einer Todeserklärung die Anwendung deutschen Verschol- 31 lenheitsrechts rechtfertigt, hängt vom **Einzelfall** ab. Allerdings darf Art. 9 S. 2 nicht dazu gebraucht werden, über diese Bestimmung die in dem früheren § 12 Abs. 2–4 VerschG enthaltenen Regelungen unbesehen zu tradieren.[49] Dem Personalstatut gebührt vom Sinn der Neuregelung her gesehen

---

[41] Anders *Kegel/Schurig* IPR § 17 I 1f bb ccc; Bamberger/Roth/*Mäsch* Rn. 13.
[42] So unzutr. Begr. RegE, vgl. *Pirrung* Intern. Privat- und VerfahrensR 214.
[43] Ebenso Bamberger/Roth/*Mäsch* Rn. 13; Erman/*Hohloch* Rn. 7, 9; PWW/*Mörsdorf-Schulte* Rn. 11; *Looschelders* IPR Rn. 15; Staudinger/*Habermann* (2013) VerschG § 12 Rn. 13; aA *v. Bar* IPR II Rn. 16.
[44] Vgl. *Pirrung* Intern. Privat- und VerfahrensR 214.
[45] Vgl. auch Bamberger/Roth/*Mäsch* Rn. 13; Erman/*Hohloch* Rn. 7.
[46] Zust. Staudinger/*Habermann* (2013) VerschG § 12 Rn. 13.
[47] Vgl. *Pirrung* Intern. Privat- und VerfahrensR 214.
[48] *Looschelders* IPR Rn. 9.
[49] Bamberger/Roth/*Mäsch* Rn. 9; in diese Richtung jedoch *v. Bar* IPR II Rn. 19; *v. Hoffmann/Thorn* IPR § 7 Rn. 5.

der Vorrang.[50] Deshalb kann man ein berechtigtes Interesse nicht schon dann bejahen, wenn das Wirkungsstatut einer bestimmten Rechtsfrage deutsches Recht ist,[51] da damit die Sonderanknüpfung an das Personalstatut im Ergebnis praktisch aufgegeben wird. Ebenso wenig kann alleine entscheidend sein, dass das Verschollenheitsstatut kein der Todeserklärung vergleichbares Institut kennt.[52] Erforderlich ist vielmehr ein **Inlandsbezug.** Es kommt iwS auf die Funktionsfähigkeit des inländischen Rechtsverkehrs oder die Rechte eines betroffenen Einzelnen im Inland an.[53] Liegt ein Inlandsbezug vor, können die vorstehend genannten Umstände allerdings ergänzend berücksichtigt werden.

32   **cc) Ausnahme des Art. 2 § 1 Abs. 4 S. 1 VerschÄndG.** Art. 2 § 1 Abs. 4 S. 1 VerschÄndG enthält eine weitere Ausnahme von der generellen Anwendung des Personalstatuts auf die Todeserklärung **zugunsten des deutschen Verschollenheitsrechts.** Die Vorschrift vereinfacht die Todeserklärung von Personen, die im Zweiten Weltkrieg verschollen sind, und hat daher heute nur noch geringe Bedeutung. **Ausländische oder staatenlose Verschollene** können unter gegenüber dem VerschG erleichterten Bedingungen für tot erklärt werden. Dabei handelt es sich um solche Personen, die entweder ihren Wohnsitz oder gewöhnlichen Aufenthalt im Gebiet des Geltungsbereichs des VerschÄndG hatten oder die Angehörige der früheren deutschen Wehrmacht im Zweiten Weltkrieg waren.[54] Seit der deutschen Wiedervereinigung am 3.10.1990 ist das VerschÄndG daher auch auf Personen anwendbar, die ihren letzten Wohnsitz oder Aufenthalt in dem Gebiet der ehemaligen DDR hatten, da es gemäß Art. 8 EV auch dort gilt. Ausnahme sind Verfahren, die vor dem 3.10.1990 in der ehemaligen DDR bereits eingeleitet waren. Auf diese bleibt das Recht der ehemaligen DDR anwendbar. Personen, die ihren letzten Wohnsitz oder Aufenthalt in anderen Gebieten des ehemaligen Deutschen Reichs hatten, werden hingegen nicht von dem VerschÄndG erfasst, falls sie nicht Angehörige der früheren deutschen Wehrmacht im Zweiten Weltkrieg waren. Sachliche Voraussetzung der Todeserklärung ist gemäß Art. 2 § 1 Abs. 4 S. 1 iVm Abs. 1 und 2 VerschÄndG entweder die Verschollenheit eines aus Anlass des Krieges vor dem 1.7.1948 Vermissten oder einer Person, die seit ihrer Gefangennahme oder Zwangsinternierung als verschollen anzusehen ist.[55]

Gesetz zur Änderung von Vorschriften des Verschollenheitsrechts

Art. 2 Sondervorschriften für Verschollenheitsfälle aus Anlaß des Krieges 1939 bis 1945

§ 1 [Voraussetzungen einer Todeserklärung]

(1) Wer vor dem 1. Juli 1948 im Zusammenhang mit Ereignissen oder Zuständen des letzten Krieges vermißt worden und seitdem unter Umständen, die ernstliche Zweifel an seinem Fortleben begründen, verschollen ist, kann für tot erklärt werden.

(2) [1]Wer in dem letzten Zeitpunkt, in dem er nach den vorhandenen Nachrichten noch gelebt hat, infolge Gefangennahme oder infolge einer gegen ihn gerichteten Zwangsmaßnahme seinen Aufenthalt nicht frei bestimmen konnte und seit diesem Zeitpunkt unter Umständen, die ernstliche Zweifel an seinem Fortleben begründen, verschollen ist, kann jedoch erst für tot erklärt werden, wenn nach dem Ende des Jahres, in dem er noch gelebt hat, fünf Jahre verstrichen sind. [2]War der Verschollene in dem bezeichneten Zeitpunkt in Lebensgefahr, so tritt an die Stelle der Frist von fünf Jahren eine solche von einem Jahr.

(3) §§ 4 bis 8 des Verschollenheitsgesetzes sind nicht anzuwenden.

(4) [1]Die Absätze 1 bis 3 gelten auch für einen Verschollenen, der in dem letzten Zeitpunkt, in dem er nach den vorhandenen Nachrichten noch gelebt hat, Angehöriger eines fremden Staates oder staatenlos war,
a) wenn er in diesem Zeitpunkt seinen Wohnsitz oder seinen Aufenthalt im Geltungsbereich dieses Gesetzes hatte oder als Angehöriger der ehemaligen deutschen Wehrmacht am letzten Krieg teilgenommen hat, oder
b) wenn der Ehegatte, ein Abkömmling oder ein anderer nach § 16 des Verschollenheitsgesetzes antragsberechtigter Verwandter des Verschollenen seinen Wohnsitz oder seinen gewöhnlichen Aufenthalt im Geltungsbereich dieses Gesetzes hat und die Todeserklärung beantragt.

[2]§ 12 Abs. 2 und 3 des Verschollenheitsgesetzes bleiben unberührt.

---

[50] Erman/*Hohloch* Rn. 9; *Looschelders* IPR Rn. 12; aA *v. Bar* IPR II Rn. 18.

[51] Anders *v. Bar* IPR II Rn. 19; *v. Hoffmann/Thorn* IPR § 7 Rn. 5; *Kropholler* IPR § 42 III; Palandt/*Thorn* Rn. 3.

[52] So aber Erman/*Hohloch* Rn. 9.

[53] Zust. Bamberger/Roth/*Mäsch* Rn. 9; PWW/*Mörsdorf-Schulte* Rn. 5.

[54] Soergel/*Kegel* Rn. 33; Staudinger/*Weick/Althammer* (2013) Rn. 73.

[55] Näher dazu Soergel/*Kegel* Rn. 20 ff.; Staudinger/*Habermann* (2013) VerschG § 4 Rn. 12 ff.

Die ursprünglich aus Art. 2 § 1 Abs. 4 S. 1 VerschÄndG ebenfalls entnommene **internationale** 33 **Zuständigkeit** für die Todeserklärung ausländischer Verschollener[56] wurde durch die Bestimmung des § 12 VerschG abgelöst.[57] Angesichts der umfassenden Regelung des § 12 VerschG bleibt für eine zusätzliche internationale Zuständigkeitsregelung in Art. 2 § 1 Abs. 4 S. 1 VerschÄndG kein Raum mehr.

c) Rechtsfolgen. Das **Verschollenheitsstatut** bestimmt nicht nur die Voraussetzungen, sondern 34 auch die Rechtsfolgen einer Erklärung (zur Abgrenzung zum Wirkungsstatut → Rn. 12). Die an eine **Todeserklärung** anknüpfende Vermutung des § 9 Abs. 1 S. 1 VerschG[58] kommt daher nur zur Anwendung, wenn deutsches Recht berufen ist. Wird die Todeserklärung später **aufgehoben,** so entfällt damit auch deren Wirkung als Todesvermutung. Es greifen dann wieder die allgemeinen Beweisregeln ein.

3. Anerkennung ausländischer Todes-, Verschollenheits- oder Abwesenheitserklärun- 35 **gen.** Von ausländischen Gerichten oder Behörden ausgesprochene Todes-, Verschollenheits- oder Abwesenheitserklärungen sind, gleichgültig ob sie in der Form eines Urteils, Beschlusses oder Verwaltungsaktes ergehen,[59] nach deutscher lex fori **Akte der freiwilligen Gerichtsbarkeit** (§ 13 Abs. 1 VerschG). Ihre Anerkennung in Deutschland richtet sich deshalb nach §§ 108, 109 Abs. 1 Nr. 1–4 FamFG (bzw. vor dem 1.9.2009 nach § 16a FGG).[60]

a) Todes- oder Verschollenheitserklärung eines Deutschen im Ausland. Da § 12 Abs. 3 36 VerschG ausdrücklich feststellt, dass die internationale Zuständigkeit zur Todeserklärung eines Deutschen oder ähnlicher Maßnahmen keine ausschließliche ist, rechnet der deutsche Gesetzgeber ausdrücklich auch mit der Möglichkeit einschlägiger ausländischer Maßnahmen, welche sich auf deutsche Staatsangehörige beziehen.[61] Für eine Anerkennung kommen zB österreichische, französische oder italienische Todeserklärungen und schweizerische oder aus anderen romanischen Ländern stammende Verschollenheitserklärungen in Frage.

Die Anerkennung einer ausländischen Entscheidung erfolgt nach § 108 Abs. 1 FamFG **unmittel-** 37 **bar kraft Gesetzes,** dh ohne ein besonderes Verfahren. Anerkennung bedeutet auch im Rahmen der freiwilligen Gerichtsbarkeit, dass die Wirkungen der Entscheidung, die ihr im Ursprungsstaat zukommen, auf den Anerkennungsstaat erstreckt werden **(Wirkungserstreckung).**[62] Die Wirkungen der ausländischen Todeserklärung sind daher nach dem **Recht des Entscheidungsstaates** zu bestimmen.[63] Auf das deutsche Verschollenheitsstatut nach Art. 9 kommt es daher nicht an.[64] Unmittelbare Rechtsfolgen einer Todes- oder Verschollenheitserklärung sind dabei idR die Anwendbarkeit bestimmter Lebens- und/oder Todesvermutungen (→ Rn. 34).

Anerkennungsvoraussetzungen sind dabei nach § 109 Abs. 1 Nr. 1–4 FamFG die internatio- 38 nale Zuständigkeit der entscheidenden ausländischen Stelle nach deutschem Recht (Nr. 1), die Wahrung des rechtlichen Gehörs (Nr. 2), die Vereinbarkeit mit einer inländischen oder früheren ausländischen, ebenfalls anzuerkennenden Entscheidung (Nr. 3; zu diesem Aspekt → Rn. 43 ff.) und die Vereinbarkeit mit dem inländischen ordre public (Nr. 4). Verbürgung der Gegenseitigkeit ist anders als in den Familiensachen (§ 109 Abs. 4 FamFG) und im allgemeinen Zivilverfahren (§ 328 Abs. 1 Nr. 5 ZPO) nicht erforderlich.

Dass der Deutsche unter Anwendung deutschen Rechts, also seines Personalstatuts, für tot erklärt 39 wurde, ist nicht erforderlich.[65] Deshalb kommt auch die **Anerkennung einer ausländischen Verschollenheitserklärung eines Deutschen** in Frage, obwohl das deutsche Recht die Verschollenheitserklärung nicht kennt.[66]

Die **internationale Zuständigkeit** der ausländischen Stelle (sog Anerkennungszuständigkeit) ist 40 aus Sicht des deutschen Rechts zu beurteilen. **§ 12 Abs. 1 Nr. 2 VerschG** setzt voraus, dass der

---

[56] Vgl. Soergel/*Kegel*, 11. Aufl. 1983, Rn. 37; Staudinger/*Weick/Althammer* (2013) Rn. 72–76.

[57] Anders wohl *Kegel/Schurig* IPR § 17 I 1f bb ccc.

[58] Zu ihren Wirkungen vgl. *Berkl* StAZ 2013, 46 (50 ff.).

[59] Zutr. *Beitzke* StAZ 1988, 119; Erman/*Hohloch* Rn. 11; *Kropholler* IPR § 42 III 3; aA *Kegel/Schurig* IPR § 17 I 1f bb aaa.

[60] S. Bamberger/Roth/*Mäsch* Rn. 14; Erman/*Hohloch* Rn. 11; *Geimer,* FS M. Ferid, 1988, 89 (96); *Junker* IPR Rn. 294.

[61] Ebenso *Bosch* FamRZ 1994, 499 (501); Erman/*Hohloch* Rn. 11.

[62] Ebenso NK-BGB/*Schulze* Rn. 21; näher MüKoFamFG/*Rauscher* FamFG § 108 Rn. 18; *Prütting/Helms/Hau* FamFG § 108 Rn. 10, jeweils mwN.

[63] Vgl. BGH NJW-RR 1994, 264 = FamRZ 1994, 498; *Looschelders* IPR Rn. 19; Staudinger/*Weick/Althammer* (2013) Rn. 81.

[64] Ebenso NK-BGB/*Schulze* Rn. 21 (mißverständlich jedoch die Bezeichnung des Rechts des Entscheidungsstaates als „Verschollenheitsrecht").

[65] Vgl. auch Bamberger/Roth/*Mäsch* Rn. 14; *v. Bar* IPR II Rn. 15; *Kegel/Schurig* IPR § 17 I 1f bb aaa.

[66] Vgl. auch *v. Bar* IPR II Rn. 16; *Kegel/Schurig* IPR § 17 I 1f bb aaa; *Kropholler* IPR § 42 III 1, Fn. 24.

deutsche Staatsangehörige „in dem letzten Zeitpunkt, in dem er nach den vorhandenen Nachrichten noch gelebt hat, seinen gewöhnlichen Aufenthalt" im Entscheidungsstaat hatte. Darüber hinaus kann die internationale Zuständigkeit der ausländischen Stelle auch **nach § 12 Abs. 2 VerschG** wegen eines **berechtigten Interesses** an der Erklärung der ausländischen Stelle begründet sein.[67]

41   Verstöße ausländischer Todes- oder Verschollenheitserklärungen gegen den **ordre public** des deutschen Rechts sind zwar theoretisch denkbar, sie dürften aber praktisch kaum vorkommen, da die Wirkungen ausländischer Maßnahmen der Art nach von denen des deutschen Rechts nicht oder nicht wesentlich verschieden sind.[68] Wenn etwa nach manchen Rechten[69] durch die Todeserklärung anders als nach § 1319 BGB die **Ehe unmittelbar aufgelöst** wird, so ist auch diese Entscheidungswirkung nach § 108 Abs. 1 FamFG grundsätzlich anzuerkennen. Diese Wirkung verstößt auch nicht gegen den deutschen ordre public (§ 109 Abs. 1 Nr. 4 FamFG), da dieselbe Rechtswirkung zwar nicht durch, aber unmittelbar nach der Todeserklärung herbeigeführt werden kann (vgl. § 1319 Abs. 2 S. 1 BGB). Auch wenn nach ausländischem Recht längere bzw. kürzere Fristen Voraussetzung für eine Todeserklärung sind, wird ein Verstoß gegen den ordre public in aller Regel nicht vorliegen.[70]

42   **b) Todes- oder Verschollenheitserklärung eines ausländischen Staatsangehörigen im Ausland.** Die nach § 109 Abs. 1 Nr. 1 FamFG erforderliche internationale Zuständigkeit ergibt sich für den **Heimatstaat** aus § 12 Abs. 1 Nr. 1 VerschG. Gehört der Verschollene nicht dem Entscheidungsstaat an, ergibt sich die internationale Anerkennungszuständigkeit entweder aus § 12 Abs. 1 Nr. 2 VerschG **(gewöhnlicher Aufenthalt)** oder aus § 12 Abs. 2 VerschG **(berechtigtes Interesse).** Im Übrigen gilt das zu a) Ausgeführte hier entsprechend (→ Rn. 36 ff.).

43   **c) Konkurrenz zwischen mehreren Entscheidungen.** Da sowohl inländische wie ausländische Gerichte oder Behörden nebeneinander[71] international für eine Todes- oder Verschollenheitserklärung zuständig sein können, kann als Folge einer solchen Zuständigkeitskonkurrenz ein Verschollener in mehreren Staaten gleichzeitig oder zeitlich nacheinander für tot oder verschollen erklärt werden. **Entscheidungen können einander widersprechen,** wenn etwa im Inland die Todeserklärung abgelehnt, sie in einem anderen Staat aber ausgesprochen wird. Ein Widerspruch ist auch in der Weise denkbar, dass zwar beide Gerichte die Verschollenheit bejahen, die Rechtsfolgen sich aber nicht decken oder gar widersprechen.

44   Die Konkurrenz muss daher im Rahmen der **Anerkennung** gelöst werden. Nach § 109 Abs. 1 Nr. 3 FamFG geht die **inländische Erklärung** stets der ausländischen Erklärung vor, auch wenn sie später ausgesprochen worden sein sollte. Eine ausländische Erklärung wird ebenfalls nicht anerkannt, wenn ein **inländisches Verfahren früher rechtshängig** war als das ausländische Verfahren. Handelt es sich um **zwei ausländische Erklärungen** und sind beide anerkennungsfähig, entscheidet ihre Priorität; es wird also lediglich die zeitlich frühere Entscheidung anerkannt.

45   § 109 Abs. 1 Nr. 3 FamFG erfasst auch die **Ablehnung einer Todes- oder Verschollenheitserklärung.** Hat zB ein inländisches Gericht eine Todes- oder Verschollenheitserklärung abgelehnt, scheidet deshalb die Anerkennung einer stattgebenden ausländischen Erklärung aus.

46   Treffen eine **Todes- und eine Verschollenheitserklärung** aufeinander, verhindert § 109 Abs. 1 Nr. 3 FamFG ebenfalls die Anerkennung einer der beiden ausländischen Erklärungen, auch wenn beide Erklärungen der Sache nach verschieden sind, da sie weitgehend dieselben Rechtsfolgen auslösen.

47   **d) Aufhebung und Abänderung einer ausländischen Todes- oder Verschollenheitserklärung.** Wird eine ausländische Todes- oder Verschollenheitserklärung in Deutschland anerkannt, stellt sich die Frage, ob ein inländisches Gericht diese aufheben oder abändern kann, wenn sich nachträglich etwa herausstellt, dass der Verschollene noch lebt oder ein unzutreffender Zeitpunkt für den Tod des Verschollenen festgestellt wurde. Das wird im Allgemeinen für **zulässig** erachtet.[72] Dem ist grundsätzlich zuzustimmen, jedoch wie folgt zu differenzieren:

48   Die Abänderung oder Aufhebung einer ausländischen Todes- oder Verschollenheitserklärung setzt zunächst voraus, dass das **deutsche Gericht** jetzt **nach § 12 VerschG zuständig** ist.[73]

49   Des Weiteren kommt es darauf an, ob die **vorhandene Todes- oder Verschollenheitserklärung** einer erneuten Prüfung der Verschollenheit und einer daraus folgenden Aufhebung bzw. Abänderung

---

[67] Ebenso *Kegel/Schurig* IPR § 17 I 1f bb ccc; *Looschelders* IPR Rn. 18; *Bosch* FamRZ 1994, 499 (501 f.).
[68] Ähnlich Erman/*Hohloch* Rn. 11.
[69] Rechtsvergleichende Hinweise bei *Bosch,* FS P. Mikat, 1989, 793 (820 ff.).
[70] Zutr. *Lüderitz* IPR Rn. 231; vgl. auch Bamberger/Roth/*Mäsch* Rn. 4.
[71] Zum früheren Recht *Bechtold* NJW 1952, 52 f.; *Nitsche,* IPR der Todeserklärung, 1971, 203 ff.; Soergel/*Kegel,* 11. Aufl. 1983, Rn. 48; Staudinger/*Coing/Weick,* 12. Aufl. 1984, VerschG § 12 Rn. 113–117.
[72] Bamberger/Roth/*Mäsch* Rn. 15; Erman/*Hohloch* Rn. 12.
[73] Ebenso Bamberger/Roth/*Mäsch* Rn. 15.

der Erklärung **entgegensteht.** Das deutsche Recht lässt eine Aufhebung oder Abänderung einer Todeserklärung oder einer Feststellung des Todeszeitpunkts zu (vgl. §§ 30, 33a VerschG). Für die ausländische Erklärung ist dies jedoch nicht ohne Weiteres maßgeblich, da sie in Deutschland nach § 108 Abs. 1 FamFG die Wirkungen entfaltet, die ihr nach dem Recht des Entscheidungsstaates zukommen. Es ist daher umstritten, ob die erneute Prüfung der Verschollenheit und die Abänderung oder Aufhebung einer ausländischen Erklärung nur möglich sind, wenn sie der **Entscheidungsstaat grundsätzlich zulässt** oder ob sich die Abänderbarkeit nach der **deutschen lex fori** richtet, dh nach den §§ 30, 33a VerschG.[74] Die Frage hat allerdings **keine praktische Bedeutung.** Selbst wenn man der erstgenannten Auffassung folgt, ist ein Verbot der Abänderung einer Todes- oder Verschollenheitserklärung durch das ausländische Recht kaum denkbar[75] und würde dann wohl gegen den deutschen ordre public verstoßen.

Ist eine erneute Prüfung der Verschollenheit durch ein deutsches Gericht danach im Ergebnis **50** verfahrensrechtlich zulässig, ist das **anwendbare Recht** nach deutschem Kollisionsrecht zu bestimmen. Das hiernach berufene Verschollenheitsstatut entscheidet letztlich darüber, ob die vorhandene Erklärung geändert oder aufgehoben werden muss.[76]

VI. Feststellung des Todeszeitpunkts

1. Inzidente Feststellung des Todeszeitpunkts. Erfolgt die Todeserklärung nach deutschem **51** Recht, umfasst die Todeserklärung nach § 9 VerschG auch die Feststellung des Todes des Verschollenen zu dem im Beschluss genannten Zeitpunkt. Der Todeszeitpunkt wird daher inzident mit festgestellt.

2. Isolierte Feststellung des Todeszeitpunkts. Das deutsche Recht kennt daneben eine iso- **52** lierte Feststellung des Todeszeitpunkts nach §§ 39 ff. VerschG für den Fall, dass der Tod des Betroffenen gewiss und lediglich der Zeitpunkt ungewiss ist. Für die Beseitigung dieser Ungewissheit besteht ebenfalls ein praktisches Bedürfnis.

Für die Feststellung des Todeszeitpunkts eines Menschen, der mit Sicherheit verstorben ist, sind **53** die deutschen Gerichte nach § 12 VerschG ebenfalls **international zuständig.**

Anwendbares Recht ist nach Art. 9 S. 1 das letzte Heimatrecht des Verstorbenen bzw. dessen **54** **Personalstatut.** Anders als die beiden genannten Vorschriften erstreckt sich jedoch die **Ausnahmeregelung in Art. 9 S. 2** nach ihrem Wortlaut nicht auf die Feststellung des Todeszeitpunkts. Sachliche Gründe, die für ihre Nichteinbeziehung sprechen, sind allerdings nicht ersichtlich. Daher ist Art. 9 S. 2 analog auf die Feststellung des Todeszeitpunkts anzuwenden. Besteht ein berechtigtes Interesse, kann sie gleichfalls nach deutschem Sachrecht erfolgen.[77]

Ist **deutsches Recht** anwendbar, erfolgt die Feststellung des Todeszeitpunkts nach §§ 39 ff. **55** VerschG. Sie begründet nach § 44 Abs. 2 S. 1 VerschG die Vermutung, dass der Tod in dem festgestellten Zeitpunkt eingetreten ist.

3. Anerkennung ausländischer Entscheidungen. Ausländische Entscheidungen, die den **56** Todeszeitpunkt isoliert feststellen, sind nach §§ 108, 109 FamFG anzuerkennen.[78]

VII. Lebens- und Todesvermutungen

Eine wesentliche Rechtsfolge der Verschollenheit stellen gesetzliche oder richterrechtliche **57** Lebens- oder Todesvermutungen dar, die die Unsicherheit über das Leben oder den Tod des Verschollenen rechtlich eingrenzen oder beseitigen. Dazu gehören auch die für die Praxis wichtigen Kommorientenvermutungen, dh Vermutungen über den Zeitpunkt des Todes bei mehreren Verstorbenen. Dabei ist zu unterscheiden, ob diese Vermutungen die **Rechtsfolge einer gerichtlichen bzw. behördlichen Feststellung** darstellen (wie zB § 9 Abs. 1 S. 1 VerschG) oder **unmittelbar kraft Gesetzes zur Anwendung** kommen (wie zB die Vermutungen des Common Law oder § 10 und § 11 VerschG). Im ersten Fall gelten die oben dargestellten Grundsätze für inländische und ausländische Erklärungen (→ Rn. 43 ff.). Für den zweiten Fall ist das anwendbare Recht vom deutschen Rechtsanwender unmittelbar nach Art. 9 zu bestimmen.

1. Lebensvermutungen. Die Unsicherheit darüber, ob ein Mensch noch am Leben oder bereits **58** verstorben ist, kann rechtlich dadurch beseitigt oder eingeschränkt werden, dass er entweder als

---

[74] Für letzteres Bamberger/Roth/*Mäsch* Rn. 15; vgl. zur Problematik allg. *Schack* IZVR Rn. 1104 ff.
[75] Ebenso Bamberger/Roth/*Mäsch* Rn. 15.
[76] Vgl. Keidel/*Zimmermann* FamFG § 108 Rn. 14.
[77] Ebenso *Looschelders* IPR Rn. 14; Erman/*Hohloch* Rn. 13; Bamberger/Roth/*Mäsch* Rn. 10.
[78] Aus der früheren Praxis zur Anerkennung ausländischer Todeszeitfeststellungen BGH MDR 1981, 577 = IPRax 1982, 155 = Rpfleger 1981, 141, dazu *Vékás* IPRax 1982, 142 f.

lebend oder tot vermutet wird. Im Falle der Vermutung, dass er lebt, können deshalb keine an den Tod geknüpften oder sonst mit ihm zusammenhängenden Rechtsfolgen eintreten. Lediglich fürsorgende Maßnahmen, etwa für sein Vermögen, können in diesem Fall ergriffen werden (zB eine Abwesenheitspflegschaft nach § 1911 BGB). Für den Verschollenen oder Abwesenden sind die Lebensvermutungen seines **Personalstatuts maßgebend** (Art. 9 S. 1). Zur Bedeutung von **Sonderregeln** im deutschen Recht oder im ausländischen Verschollenheitsstatut → Rn. 13 ff.

59   Bei **deutschem Personalstatut** kommt als Lebensvermutung zB die Regel des § 10 VerschG in Betracht. Sie entfällt aber wieder nach den in § 9 Abs. 3 und 4 VerschG genannten Zeitpunkten, dh es besteht dann weder eine Lebens- noch eine Todesvermutung, vielmehr gelten die allgemeinen Beweisgrundsätze.

60   **2. Todesvermutungen.** Todesvermutungen unterliegen nach Art. 9 S. 1 dem letzten **Personalstatut** des Verschollenen. Das Personalstatut entscheidet sowohl über die **Voraussetzungen** wie die **Wirkungen**[79] der Todesvermutungen.

61   **3. Vermutung des Todeszeitpunkts.** Obwohl es sich um keine Todesvermutung handelt, gelten für sie doch die gleichen Grundsätze. Dies bedeutet, dass zu den Todesvermutungen iS von **Art. 9 S. 1** auch diejenigen über den Todeszeitpunkt zu rechnen sind.

62   **4. Vermutungsloser Zustand.** Ob der Tod oder das Leben eines Menschen ausreichend bewiesen worden ist, entscheidet außerhalb der Beweiserleichterungen durch die Vermutungen des geschriebenen oder ungeschriebenen Verschollenheitsrechts das **Beweisrecht** und damit das **Verfahrensrecht der lex fori** (Zivilprozess, Verwaltungsgerichtsverfahren usw). Ein solcher vermutungsloser Zustand besteht, wenn etwa kein Verfahren zur Todes- oder Verschollenheitserklärung durchgeführt oder der entsprechende Antrag abgelehnt wurde oder die Lebensvermutung nach § 10 VerschG nicht mehr eingreift.

63   **5. Kommorientenvermutung.** Die Wirkung einer Lebens- oder Todesvermutung bzw. einer Vermutung des Todeszeitpunkts haben auch die Regeln über die sog Kommorientenvermutung. Sie betreffen die Problematik, dass mehrere Personen verstorben sind, ohne dass der jeweilige Todeszeitpunkt genau zu bestimmen ist. Der Zeitpunkt des Todes ist aber rechtlich in verschiedenen Zusammenhängen relevant, namentlich im Erbrecht. Die Lösungen sind hier sehr unterschiedlich.[80] Während beispielsweise Art. 725-1 des französischen Code civil eine zeitliche Reihenfolge der Verstorbenen anordnet, vermutet § 11 VerschG das gleichzeitige Versterben zweier für tot erklärter Verschollener oder zweier bei einem Ereignis ums Leben gekommener Menschen. Die Kommorientenvermutung ist **kollisionsrechtlich** ebenfalls nach Art. 9 S. 1 zu beurteilen; sie unterliegt daher dem **Personalstatut**.[81]

64   Kommen wegen **unterschiedlichen Personalstatuts** der Verschollenen oder Verstorbenen mehrere Rechtsordnungen zur Anwendung und widersprechen diese sich hier inhaltlich – wie zB das deutsche und französische Recht –, ist die Lösung dieses **Normenwiderspruchs** umstritten.[82] In der 5. Auflage wurde vorgeschlagen, die Kommorientenvermutung im Falle eines derartigen Konflikts für die Zwecke des Erbrechts erbrechtlich zu qualifizieren und dem Erbstatut zu entnehmen.[83] Wie Art. 21 italienischen IPR-G zeigt, der die Kommorientenvermutung dem Wirkungsstatut unterwirft, ist die **Anwendung des jeweiligen Wirkungsstatuts** rechtspolitisch durchaus bedenkenswert. Sie widerspricht jedoch dem Grundsatz des Art. 9, der diese Frage gesondert anknüpft.[84] Die Lösung ist daher im Wege der **Angleichung** zu suchen (allgemein → Einl. IPR Rn. 242 ff.). Eine Auffassung will das Recht berufen, dem die familienrechtlichen Beziehungen der Verschollenen unterliegen, sonst das Recht der gemeinsamen engsten Verbindung und nur hilfsweise das deutsche Sachrecht.[85] Die wohl mittlerweile herrschende Gegenauffassung wendet das deutsche Sachrecht an und geht

---

[79] Vgl. BayObLG FamRZ 1998, 443.

[80] Hierzu ausf. *Fragistas*, FS R. Laun, 1983, 693 ff.; *Jayme/Haack* ZVglRWiss. 84 (1985), 80 ff.; *Rugullis* ZVglRWiss. 113 (2014), 186 ff.

[81] Aus der früheren Praxis KG NJW 1958, 24; OLG Hamburg IPRspr. 1966/67 Nr. 172.

[82] NK-BGB/*Schulze* Rn. 10; ausf. *v. Bar/Mankowski* IPR I § 7 Rn. 254 f.; Staudinger/*Dörner* (2007) Art. 25 Rn. 91 ff.

[83] 5. Aufl. 2010, Rn. 47 (*Birk*). In diese Richtung auch *Kropholler* IPR, 3. Aufl. 1997, § 42 III (anders jetzt *Kropholler* IPR, § 42 III 1).

[84] Bamberger/Roth/*Mäsch* Rn. 8; Staudinger/*Dörner* (2007) Art. 25 Rn. 92; vgl. auch *v. Bar/Mankowski* IPR I § 7 Rn. 255.

[85] *Jayme/Haack* ZVglRWiss. 84 (1985), 80 (96); Bamberger/Roth/*Mäsch* Rn. 8; Erman/*Hohloch* Rn. 14; Palandt/*Thorn* Rn. 3; Staudinger/*Weick/Althammer* (2013) Rn. 61.

nach § 11 VerschG vom gleichzeitigen Versterben aus.[86] Für die letztgenannte Auffassung spricht, dass Art. 9 S. 2 trotz ausländischem Personalstatuts die Anwendung deutschen Sachrechts eröffnet, wenn dafür ein berechtigtes Interesse besteht. Dieser Rechtsgedanke ist bei der kollisionsrechtlichen Angleichung im Rahmen des Art. 9 zu beachten. Statt eines dem Regelungskonzept des Art. 9 fremden „Beziehungsstatuts" ist daher entsprechend dem Rechtsgedanken des Art. 9 S. 2 das **deutsche Sachrecht, dh § 11 VerschG** anzuwenden. **Vorrangig** ist allerdings die Prüfung, ob überhaupt ein Normwiderspruch vorliegt.[87]

Zur **vorrangigen Regelung der EuErbVO** → Rn. 8 und EuErbVO Art. 32.   **65**

Art. 10 EGBGB Name

(1) Der Name einer Person unterliegt dem Recht des Staates, dem die Person angehört.

(2) ¹Ehegatten können bei oder nach der Eheschließung gegenüber dem Standesamt ihren künftig zu führenden Namen wählen

1. nach dem Recht eines Staates, dem einer der Ehegatten angehört, ungeachtet des Artikels 5 Abs. 1, oder

2. nach deutschem Recht, wenn einer von ihnen seinen gewöhnlichen Aufenthalt im Inland hat.

²Nach der Eheschließung abgegebene Erklärungen müssen öffentlich beglaubigt werden. ³Für die Auswirkungen der Wahl auf den Namen eines Kindes ist § 1617c des Bürgerlichen Gesetzbuchs sinngemäß anzuwenden.

(3) ¹Der Inhaber der Sorge kann gegenüber dem Standesamt bestimmen, daß ein Kind den Familienname erhalten soll

1. nach dem Recht eines Staates, dem ein Elternteil angehört, ungeachtet des Artikels 5 Abs. 1,

2. nach deutschem Recht, wenn ein Elternteil seinen gewöhnlichen Aufenthalt im Inland hat, oder

3. nach dem Recht des Staates, dem ein den Namen Erteilender angehört.

²Nach der Beurkundung der Geburt abgegebene Erklärungen müssen öffentlich beglaubigt werden.

Schrifttum: *Ackermann,* Anmerkung zu EuGH, Urteil vom 2.10.2003, C-148/02 – Garcia Avello, C. M. L. Rev. 44 (2007), 141; *Baratta,* Problematic elements of an implicit rule providing for mutual recognition of personal and family status in the EC, IPRax 2007, 4; *Bauer,* Neues europäisches Kollisions- und Verfahrensrecht auf dem Weg: Stellungnahme des Deutschen Rates für IPR zum internationalen Erb- und Scheidungsrecht, IPRax 2006, 202; *Benicke,* Aktuelle Probleme des internationalen Namensrechts unter besonderer Berücksichtigung spanisch-deutscher Fälle, StAZ 1996, 97; *Benicke/A. Zimmermann,* Internationales Namensrecht im Spannungsfeld zwischen Internationalem Privatrecht, Europäischem Privatrecht, Europäischem Gemeinschaftsrecht und Europäischer Menschenrechtskonvention, IPRax 1995, 144; *Besselink,* Anmerkung zu EuGH, Urteil vom 22.12.2010, C-208/09 – Sayn-Wittgenstein, C. M. L. Rev. 49 (2012), 671; *Birk,* Schadensersatz und sonstige Restitutionsformen im internationalen Privatrecht, 1969; *Ch. Böhmer,* Die CIEC-Konferenz 1973 in Interlaken, StAZ 1974, 85; *Ch. Böhmer,* Die CIEC-Konferenz 1980 in München, StAZ 1981, 6; *Ch. Böhmer,* Die CIEC-Konferenz 1982 in Den Haag, StAZ 1983, 121; *Ch. Böhmer,* Die CIEC-Konferenz 1983 in Brüssel, StAZ 1984, 181; *Ch. Böhmer,* Die Transliteration ausländischer Namen, Anmerkung zu EuGH, Urteil vom 30.3.1993, C-168/91 – Konstantinidis, IPRax 1994, 80; *Bornhofen,* Die Reform des Kindschaftsrechts und die Neuordnung des Eheschließungsrechts in der standesamtlichen Praxis, StAZ 1997, 362; *Bornhofen,* Das Gesetz zur Reform des Personenstandsrechts, StAZ 2007, 33; *Buschbaum,* Anerkennung von Rechtslagen aufgrund von Personenstandsurkunden – Kritische Gedanken über einen zweifelhaften Ansatz im Grünbuch zu freien Verkehr öffentlicher Urkunden, StAZ 2011, 106; *Coester,* Das neue Familienrechtsgesetz, FuR 1994, 1; *Coester-Waltjen,* Das Anerkennungsprinzip im Dornröschenschlaf?, FS Jayme, Bd. I, 2004, 121; *Coester-Waltjen,* Anerkennung im Internationalen Personen-, Familien- und Erbrecht und das Europäische Kollisionsrecht, IPRax 2006, 392; *Demharter,* Anmerkung zu BGH, Beschluss vom 20.6.2007 – XII ZB 17/04, FGPrax 2007, 219; *Dörner,* Die Wahl des Vornamens im deutschen IPR, IPRax 1983, 287; *Dumoulin,* Die Adelsbezeichnung im deutschen und ausländischen Recht, Diss. Mainz 1997; *Dutta,* Die Inzidentprüfung der elterlichen Sorge bei Fällen mit Auslandsbezug – eine Skizze, StAZ 2010, 193; *Dutta/Freitag/Helms/Kissner,* Der freie

---

[86] *Dörner* IPRax 1994, 362 (365 f.); Staudinger/*Dörner* (2007) Art. 25 Rn. 92 f.; Kegel/*Schurig* IPR § 8 III; *Looschelders* IPR Rn. 8; PWW/*Mörsdorf-Schulte* Rn. 10; Bamberger/Roth/*Lorenz* Art. 25 Rn. 23; *v. Bar/Mankowski* IPR I § 7 Rn. 255.

[87] Was Staudinger/*Dörner* (2007) Art. 25 Rn. 93 für die Erbfolge in der Regel verneint: Kämen mehrere in einer Gefahr um, richte sich die Beerbung eines jeden von ihnen nach seinem Erbstatut (Art. 25 Abs. 1). Das bestimme auch, ob der andere als erbfähig zur Erbschaft berufen sei. Ob der andere dieser Berufung folgen oder aber – weil er als gleichzeitig oder vorher verstorben gilt – die Erbfolge nicht mehr antreten könne, entscheide dagegen das Personalstatut des Berufenen.

Verkehr öffentlicher Urkunden und die gegenseitige Anerkennung der Rechtswirkungen von Personenstandsurkunden in der Europäischen Union, StAZ 2011, 165; *Edlbacher,* Das Recht des Namens: in systematischer Darstellung, 1978; *Edlbacher,* Der Name im internationalen Privatrecht – Die Arbeiten der CIEC an einem Übereinkommen, StAZ 1979, 3; *Ehlers,* Die Behandlung fremdartiger Namen im deutschen Recht, 2016; *van Eijken,* Anmerkung zu EuGH, Urteil vom 12.5.2011, C-391/09 – Runevic-Vardyn, C. M. L. Rev. 2012 (49), 809; *Frank,* Die Entscheidung des EuGH in Sachen Garcia Avello und ihre Auswirkungen auf das internationale Namensrecht, StAZ 2005, 161; *Freitag,* Die Namenswahl nach Art. 48 EGBGB, StAZ 2013, 69; *Frowein,* Die menschen- und verfassungsrechtswidrige Praxis bei Namen von Auslandsdeutschen, FS Jayme, Bd. 1, 2004, 197; *Funken,* Anmerkung zu EuGH, Urteil vom 14.10.2008, C-353/06 – Grunkin-Paul II, FamRZ 2008, 2091; *Funken,* Das Anerkennungsprinzip im internationalen Privatrecht. Perspektiven eines europäischen Anerkennungskollisionsrechts für Statusfragen, Diss. Bucerius Law School Hamburg 2009; *Gaaz,* Zur Reichweite der Wahl eines gemeinsamen Familiennamens gemäß ausländischem Recht nach einem Statutenwechsel zum deutschen Recht, Anmerkung zu BayObLG, 26.5.1999 – 1 Z BR 200/98, IPRax 2000, 115; *Gaaz,* Der Doppelname als Menschenrecht? – Zum Recht des Kindesnamens in Europa, FS Frank, 2008, 381; *Gaaz,* Zum Recht des Kindesnamens in Europa, StAZ 2008, 365; *Geè-Korošec,* Die Reform des slowenischen Internationalen Privatrecht- und Verfahrensrechts und seine Anpassung an das Recht der Europäischen Union, RabelsZ 66 (2002), 710; *de Groot,* Auf dem Wege zu einem europäischen (internationalen) Familienrecht, ZEuP 2001, 617; *Grünberger,* Von Bernhard Markus Antoinette zu Anderson Bernd Peter, AcP 207 (2007), 314; *Grünberger,* Alles obsolet? – Anerkennungsprinzip vs. klassisches IPR –, in Leible/Unberath, Brauchen wir eine Rom 0-Verordnung? Überlegungen zu einem Allgemeinen Teil des europäischen IPR, 2013, 81; *Gundrum,* Zur Behandlung von Zwischennamen in Personenstandsbüchern und -urkunden, StAZ 1973, 149; *Heldrich,* Persönlichkeitsverletzungen im Internationalen Privatrecht, FS Zajtay, 1982, 215; *Heldrich,* Das Internationale Privatrecht in der Rechtsprechung des Bundesgerichtshofes, 50 Jahre Bundesgerichtshof, Bd. 2, 2000, 733; *Helms,* Europarechtliche Vorgaben zur Bestimmung des Namensstatuts von Doppelstaatern, Anmerkung zu EuGH, Urteil vom 2.10.2003, C-148/02 – Garcia Avello, GPR 2005, 36; *Henrich,* Der Ehe- und Familienname im internationalen Privatrecht, FS K. Zweigert, 1981, 127; *Henrich,* Der Erwerb und die Änderung des Familiennamens unter besonderer Berücksichtigung von Fällen mit Auslandsberührung, 1983; *Henrich,* Die Änderung des Ehenamens in einer gemischt-nationalen Ehe, Anmerkung zu LG Hagen, Beschluss vom 22.9.1983, 13 T 419/82, IPRax 1985, 273; *Henrich,* Die Namensführung von Ehegatten nach dem IPR-Gesetz oder: Was deutsche Gründlichkeit vermag, IPRax 1986, 333; *Henrich,* Kollisionsrechtliche Aspekte der Neuordnung des Familiennamensrechts, IPRax 1994, 174; *Henrich,* Die Rechtswahl im internationalen Namensrecht und ihre Folgen, StAZ 1996, 129; *Henrich,* Änderungen der internationalprivatrechtlichen Vorschriften im Regierungsentwurf zur Reform des Kindschaftsrechts, StAZ 1996, 353; *Henrich,* Das Kollisionsrecht im Kindschaftsrechtsreformgesetz, StAZ 1998, 1; *Henrich,* Kindschaftsrechtsreformgesetz und IPR, FamRZ 1998, 1401; *Henrich,* Die Wirksamkeit der Adoption als Vorfrage für die Namensführung des Adoptierten, Anmerkung zu OLG Karlsruhe, Beschluss vom 30.1.1997, 1 Wx 43/96, IPRax 1998, 96; *Henrich,* Legitimationen nach ausländischem Recht: Sind sie noch zu beachten?, FS Sturm, Bd. 2, 1999, 1505; *Henrich,* Wie soll unser Kind heißen? Ein Blick auf die Spielwiese des internationalen Namensrecht, GS Lüderitz, 2000, 273; *Henrich,* Kollisionsrechtliche Fragen der eingetragenen Lebenspartnerschaft, FamRZ 2002, 137; *Henrich,* Anmerkung zu EuGH, Urteil vom 2.10.2003, Rs. C-148/02 – Garcia Avello, FamRZ 2004, 173; *Henrich,* Das internationale Namensrecht auf dem Prüfstand des EuGH, FS Heldrich, 2005, 667; *Henrich,* Anmerkung zu OLG Stuttgart, Beschluss vom 31.5.2006, 8 W 185/06, IPRax 2007, 52; *Henrich,* Die Angleichung im internationalen Namensrecht – Namensführung nach Statutenwechsel, StAZ 2007, 197; *Henrich,* Rückverweisung aufgrund abweichender Qualifikation im internationalen Namensrecht, IPRax 2008, 121; *Henrich,* Anmerkungen zu BGH, Beschluss vom 30.4.2008, XII ZB 5/08, FamRZ 2008, 1333; *Henrich,* Vorfragen im Familien- und Erbrecht: eine unendliche Geschichte, FS Schurig, 2012, 63; *Hepting,* Was sind abgeschlossene Vorgänge im Sinne des Art. 220 Abs. 1 BGB, StAZ 1987, 188; *Hepting,* Spanische Doppelnamen im deutschen Namensrecht: Kommt eine neue Kehrtwende in der Rechtsprechung?, StAZ 1992, 233; *Hepting,* Das IPR des Kindesnamens nach der Kindschaftsrechtsreform, StAZ 1998, 133; *Hepting,* Angleichung im internationalen Namensrecht, StAZ 2001, 257; *Hepting,* Der Schutz des tatsächlich geführten Namens. Vertrauensschutz in der Rechtsprechung des BVerfG – und etwa auch des EuGH? – Teil 1 und 2, StAZ 2013, 1 und 34; *Hepting/Bauer,* Spanische Doppelnamen im deutschen Namensrecht – die letzte Kehrtwende der Rechtsprechung?, Anmerkung zu BGH, Beschluss vom 23.12.1998, XII ZB 5/98, IPRax 2000, 394; *Hepting/Dutta,* Familie und Personenstand, 2. Aufl. 2015; *Homeyer,* Wie viele Vornamen darf ein Kind erhalten, StAZ 2005, 20; *Homeyer,* Namensführung von deutschen Staatsangehörigen, die aus Kasachstan nach Deutschland zugezogen sind, StAZ 2008, 86; *Heuer,* Neue Entwicklungen im Namensrecht, Diss. Mainz 2006; *Jakob,* Legitimation im rumänischen Recht?, Anmerkung zu AG Rottweil, Beschluss vom 24.6.1999 – 2 GRI 94/96, IPRax 2001, 577; *Jayme,* Anmerkung zu OLG Frankfurt, Beschluss vom 12.10.1989, 1 UF 163/89, IPRax 1990, 254; *Jayme,* Anmerkungen zu AG Essen, Beschluss vom 24.9.1997, 79 III 30/96, IPRax 1998, 213; *Jayme,* Anmerkung zu LG Essen, Beschluss vom 29.1.1998, 7 T 626/97, IPRax 1999, 50; *Jessurun d'Oliveira,* Transsexualität im internationalen Personenrecht, IPRax 1987, 189; *Kampe,* Können Ehegatten aufgrund einer Rechtswahl gemäß Art. 10 Abs. 2 EGBGB zugunsten amerikanischen Rechts einen Ehedoppelnamen führen?, StAZ 2007, 149; *Kinsch,* Recognition in the forum of a status acquired abroad – private international law rules and European human rights law, FS Siehr, 2010, 259; *Kinsch,* Private International Law Topics before the European Court of Human Rights, YbPIL 13 (2011), 37; *Kohler,* Verständigungsschwierigkeiten zwischen europäischem Gemeinschaftsrecht und internationalem Privatrecht, FS Jayme, Bd. 1, 2004, 445; *Kraus,* Mehrmalige Rechtswahl nach Art. 10 Abs. 3 EGBGB für den Namen eines Kindes mit deutscher Mutter und spanischem Vater, StAZ 2006, 81; *Kroll-Ludwigs,* Anmerkung zu EuGH, Urteil vom 14.10.2008, C-353/06 – Grunkin Paul II, JZ 2009, 153; *Kroll-Ludwigs,* Anmerkung zu EuGH, Urteil vom 22.12.2010, C-209/09-8 – Sayn-Wittgenstein, GPR 2011, 242; *Kroll-Ludwigs,* Die Rolle der Parteiautonomie im europäischen Kollisionsrecht, 2013; *Krömer,* Ermöglicht Art. 10

Abs. 3 EGBGB die Wahl eines Namensstatuts welches keine Vor- und Familiennamen kennt?, StAZ 2006, 152; *Krömer,* Ehenamensbestimmung in einer türkisch-deutschen Ehe unter Geltung des jeweiligen Namensrechts, Fachausschuss Nr. 3802, StAZ 2007, 242; *Lagarde,* Anmerkung zu EuGH, Urteil vom 2.10.2003, C-148/02 – Garcia Avello, Rev. crit. dr. int. pr. 2004, 192; *Lagarde,* Développements futurs du droit international privé dans une Europe en voie d'unification quelques conjectures, RabelsZ 68 (2004), 225; *Leifeld,* Das Anerkennungsprinzip im Kollisionsrecht des internationalen Privatrechts, Diss. Passau 2009; *Lenaerts,* In the name of EU citizenship, FS Pintens, Bd. 1, 2012, 831; *Lindemann,* Widersprüche in Art. 10 EGBGB, Diss. Mainz 1998; *Lipp,* Namensrecht und Europa, FS Frank, 2008, 393; *Lipp,* Namensrecht und Europarecht – Die Entscheidung Grunkin-Paul II und ihre Folgen für das deutsche Namensrecht, StAZ 2009, 1; *Lipp,* Die „Anerkennung" des ausländischen Namens eines Bürgers der Europäischen Union – Von „Konstantinidis" bis „Runevič-Vardyn/Wardyn", FS Vrellis, 2014, 539; *Lipp,* Anerkennungsprinzip und Namensrecht, FS Coester-Waltjen 2015, 521; *Looschelders,* Rückverweisung auf Grund abweichender Qualifikation im internationalen Namensrecht, Anmerkung zu BGH, Beschluss vom 20.6.2007, XII ZB 17/04, JA 2008, 65; *Lüderitz,* Die Ehescheidung nach dem Gesetz zur Neuregelung des Internationalen Privatrechts, IPRax 1987, 74; *Luther,* Namensänderungen nach englischem Recht und ihre Beachtung im deutschen Personenstandsrecht, StAZ 1980, 61; *Mankowski,* Die Anknüpfung des Namensschutzes für natürliche Personen im Internationalen Privatrecht, StAZ 2011, 293; *Mansel,* Zu Auslegungsproblemen des IPR-Reformgesetzes, StAZ 1986, 315; *Mansel,* Anerkennung als Grundprinzip des Europäischen Rechtsraums, RabelsZ 70 (2006), 651; *Mansel/Coester-Waltjen/Henrich/Kohler,* Stellungnahme im Auftrag des Deutschen Rats für Internationales Privatrecht zum Grünbuch der Europäischen Kommission – Weniger Verwaltungsaufwand für EU-Bürger: Den freien Verkehr öffentlicher Urkunden und die Anerkennung der Rechtswirkungen von Personenstandsurkunden erleichtern – KOM (2010), 747, IPRax 2011, 335; *Mansel/Thorn/R. Wagner,* Europäisches Kollisionsrecht 2010: Verstärkte Zusammenarbeit als Motor der Vereinheitlichung, Diss. 2011, 1; *Martiny,* Zur Namensbildung und Namensgebung, Anmerkung zu EuGH, Urteil vom 14.10.2008, C-353/06 – Grunkin-Paul II, DNotZ 2009, 453; *Mäsch,* Einstein und das Scheidungsurteil – die kollisionsrechtliche Relativität der Rechtskraft nach dem BayObLG, IPRax 2004, 102; *Maßfeller,* Die Übereinkommen der Commission Internationale de l'Etat Civil, StAZ 1962, Teil 1 bis 4, 148, 205, 293 und 321; *Meyer-Witting,* Das Personennamensrecht in England: Geschichte und Gegenwart, Diss. Osnabrück 1990; *Mörsdorf-Schulte,* Europäische Impulse für Namen und Status des Mehrstaaters, Anmerkung zu EuGH, Urteil vom 2.10.2003, Rs. C 148/02 – Garcia Avello, IPRax 2004, 315; *Nordmeier,* Unionsbürgerschaft, EMRK und ein Anerkennungsprinzip: Folgen der namensrechtlichen EuGH-Rechtsprechung für Statusentscheidungen, Anmerkung zu KG, Beschluss vom 23.9.2010, 1 W 70/08, StAZ 2011, 129, 134; *Nowak,* Der Name der natürlichen Person. Der Ehe- und Familienname im deutschen und ausländischem Recht unter besonderer Berücksichtigung des inländischen Kollisionsrechts, Diss. Giessen 1996; *Pintens,* Der Fall Konstantinidis, Das Namensrecht als Beispiel für die Auswirkungen des Europäischen Gemeinschaftsrechts auf das Privatrecht, Anmerkung zu EuGH, Urteil vom 30.3.1993, C-168/91, ZEuP 1995, 89; *Pintens,* Familienrecht und Personenstand – Perspektiven einer Europäisierung, StAZ 2004, 353; *Pintens,* Entwicklungen im belgischen Familien- und Erbrecht, FamRZ 2004, 1420; *Pintens,* Name und Menschenrechtskonvention, FS Henrich, 2000, 452; *Raschauer,* Namensrecht: eine systematische Darstellung des geltenden österreichischen und des geltenden deutschen Rechts, 1978; *Reichard,* Die Namensführung nach Inkrafttreten des neuen IPR-Gesetzes, StAZ 1986, 242; *Rieck,* Anerkennung des Familiennamens in Mitgliedstaaten, Anmerkung zu EuGH, Urteil vom 14.10.2008, C-353/06 – Grunkin-Paul II, NJW 2009, 125; *Rieks,* Anerkennung in Internationalen Privatrecht, Diss. Münster 2012; *Roth,* Anmerkungen zu BVerfG, Beschluss vom 18.7.2006, 1 BvL 1/04, StAZ 2007, 9; *Röthel,* Inländerprivilegien und Grundrechtsschutz der Transsexualität: Gleichwertigkeit von Staatsangehörigkeits- und Aufenthaltsanknüpfung?, Anmerkung zu BVerfG, Beschluss vom 18.7.2006, 1 BvL 1/04 und 1 BvL 12/04, IPRax 2007, 204; *von Sachsen Gessaphe,* Transposition oder Fortführung von Vatersnamen nach einem Eingangsstatutenwechsel? Zur Entscheidung des BGH vom 19.2.2014, StAZ 2016, 65; *Scherer,* Le nom en droit international privé – étude de droit comparé français et allemand, Diss. Paris 2004; *Scherpe,* Antrag auf Namensänderung ausländischer Transsexueller, Anmerkungen zu BVerfG, Beschluss vom 18.7.2006, 1 BvL 1/04/1 BvL 12, FamRZ 2007, 271; *Schmitz,* Das Personenstandsrecht im internationalen Vergleich, StAZ 1999, 138; *Schwab,* Personenname und Recht, StAZ 2015, 354; *Seibicke,* Wie viele Vornamen braucht der Mensch?, StAZ 2005, 230; *Seibicke,* Anmerkung zu BVerfG, Beschluss vom 3.11.2005, 1 BvR 691/03, StAZ 2006, 52; *Seibicke,* Was ist ein Familienname?, StAZ 2006, 294; *Silagi,* Zur Einbürgerung des ausländischen Ehegatten eines Spätaussiedlers, Anmerkung zu BayObLG, Beschluss vom 9.2.2004, 1Z BR 103/03, StAZ 2004, 270; *Sommer,* Der Einfluss der Freizügigkeit auf Namen und Status von Unionsbürgern, Diss. Jena 2009; *Spellenberg,* Der EuGH und das internationale Namensrecht, FS Pintens, Bd. 2, 2012, 1349; *Sperling,* Familiennamensrecht in Deutschland und Frankreich – Eine Untersuchung der Rechtslage sowie namensrechtlicher Konflikte in grenzüberschreitenden Sachverhalten, Diss. Erlangen-Nürnberg 2012; *Streinz,* Gemeinschaftsrecht und deutsches Personenstandsrecht, StAZ 1993, 243; *Struycken,* La convention de Munich sur la loi applicable aux noms et prénoms, Rev. esp. der. int. 1990, 153; *Sturm,* Zur Reform des deutschen internationalen Namensrechts, in Beitzke, Vorschläge und Gutachten zur Reform des deutschen internationalen Privatrechts, 1981, 84; *Sturm,* Wie soll das internationale Namensrecht in der Bundesrepublik Deutschland geregelt werden?, FS K. Lipstein, 1981, 295; *Sturm,* Das internationale Namensrecht im Regierungsentwurf für ein IPR-Gesetz, in Beitzke/Hoffmann/Sturm, Einbindung fremder Normen in das Personenstandsrecht – Festgabe H. Reichard, 1987, 73; *Sturm,* Spanisches Namensrecht vor dem Forum von Art. 220 Abs. 5 S. 3 EGBGB, IPRax 1990, 99; *Sturm,* Selbständige und unselbständige Anknüpfung im deutschen IPR beim Vor- und Familiennamen (Ehenamen), StAZ 1990, 350; *Sturm,* Der Familienname des Kindes nach den FamNamRG-E, StAZ 1993, 273; *Sturm,* Persönlichkeitsrecht und Namensführung, StAZ 1994, 370; *Sturm,* Namensführung in gemischt-nationalen Ehen, StAZ 1995, 255; *Sturm,* Der Kindesname national und international, FS Lüke, 1997, 809; *Sturm,* Namenserklärungen Auslandsdeutscher vor Berliner Hürden? Zu § 15c und § 31a PStG, FS Sonnenberger, 2004, 711; *Sturm,* Namenserklärungen: Auslandsdeutsche und Heiratstouristen,

StAZ 2005, 253; *Sturm,* Anmerkung zu OLG München, Beschluss vom 19.1.2010, 31 W 152/09, StAZ 2010, 146; *Sturm/Sturm,* Der renvoi im Namensrecht, FS Jayme, Bd. 1, 2004, 919; *Sturmhöfel,* Der Name im In- und Ausland, Diss. Mainz 2007; *Thomas,* Öffentlich-rechtliche Namensänderungen, StAZ 2010, 33; *Vent,* Die Namensführung des Kindes in Italien, einschließlich einer vergleichenden Darstellung des Kindesnamensrechts, Diss. Innsbruck 2011; *Wagenitz,* Neues Recht in alten Formen: Zum Wandel des Kindesnamensrechtes, FamRZ 1998, 1545; *E. Wagner,* Die Namensführung der verheirateten Frau im italienischen Recht unter Berücksichtigung des deutsch-italienischen Rechtsverkehrs, Diss. Univ. Mainz 2002; *R. Wagner,* Das neue internationale Privat- und Verfahrensrecht zur eingetragenen Lebenspartnerschaft, IPRax 2001, 281; *R. Wagner,* Anerkennung von Personenstandsurkunden – was heißt das? Überlegung vor dem Hintergrund des Grünbuchs der Europäischen Kommission vom 14.12.2010, DNotZ 2011, 176; *R. Wagner,* Inhaltliche Anerkennung von Personenstandsurkunden – ein Patentrezept? Überlegungen aus privatrechtlicher Sicht, FamRZ 2011, 609; *Wall,* Zur Vermeidung hinkender Namensverhältnisse in der EU, Folgerungen aus den Schlussanträgen und dem Urteil des EuGH in der Sache Grunkin-Paul, StAZ 2009, 261; *Wall,* Anerkennung rechtswidriger Namensregistrierungen in der EU, StAZ 2010, 225; *Wall,* Enthält Art. 21 Abs. 1 AEUV eine „versteckte" Kollisionsnorm?, Anmerkung zu OLG München, Beschluss vom 19.1.2010, 31 Wx 152/09, IPRax 2010, 433; *Wall,* Vermeidung hinkender Namensverhältnisse in der EU durch unselbständige Anknüpfung von Vorfragen, Anmerkung zu OLG Düsseldorf, Beschluss vom 29.12.2009, I-3 Wx 73/09, StAZ 2011, 37; *Wall,* Realisierung des Rechts auf „Einnamigkeit" aus Art. 21 I AEUV nur im Namensänderungsverfahren?, Anmerkung zu OLG München, Beschluss vom 30.1.2012, 31 Wx 534/11, StAZ 2012, 169; *Wall,* Wege zur Durchsetzung des Rechts auf „Einnamigkeit" aus Art. 21 Abs. 1 AEUV de lege ferenda. Vorschläge zu einer Reform von Art. 10 EGBGB, StAZ 2012, 301; *Wall,* Recht auf „Einnamigkeit" auch in Drittstaatenfällen? Anmerkung zur Entscheidung des OLG München vom 19.5.2014, StAZ 2014, 356; *Wall,* Verstößt ein durch englische „deed poll" gewählter Phantasiename gegen den ordre public i. S. von Art. 48 EGBGB?, StAZ 2015, 41; *Wall,* Probleme von Angleichungserklärung und Angleichungslage in Art. 47 EGBGB in der Rechtsprechung des BGH. Anmerkung zu BGH 19.2.2014 und 3.12.2014, StAZ 2015, 363; *Wengler,* Der Name der natürlichen Person im internationalen Privatrecht, StAZ 1973, 205; *Will,* „Ben Mohamed" und das Mädchen „Mohamed" – Islamische Zwischennamen im deutschen Recht, StAZ 1974, 291; *Woelke,* Namensrecht und Selbstbestimmung, FamRZ 2004, 1342; *Wohlgemuth,* Vietnamesische Personennamen in Deutschland, Anmerkung zu OLG Brandenburg, Beschluss vom 3.9.2003, 13 Wx 8/07, StAZ 2008, 329.

Übersicht

A. Normzweck

Das internationale Namensrecht hat eine **besonders komplexe Materie** zu bewältigen. Der **1** Name einer Person steht im Spannungsfeld zwischen seinem **Persönlichkeitsbezug,** seinem Bezug zum **Familienleben** und dem **öffentlichen Interesse** an seiner Ordnungs- und Identifizierungsfunktion.[1] Der Persönlichkeitsbezug führt dazu, dass der Name als Teil der Persönlichkeit und der Identität eines Menschen durch die Grund- und Menschenrechte sowie durch das Unionsrecht geschützt wird (→ Rn. 21 ff.). Das öffentliche Interesse kommt ua darin zum Ausdruck, dass viele Staaten den Namenserwerb und die Namensänderung mit einer Eintragung in ein öffentliches Register verbinden und die Führung sowie die isolierte Änderung des Namens öffentlich-rechtlich regeln (→ Rn. 65 ff.).[2] Namenserwerb und Namensänderung sind darüber hinaus mit dem Familienleben verbunden: Die Namensgebung beim Kind obliegt idR den Sorgeberechtigten, die Änderung des Namens ist vielfach Folge eines familienrechtlichen Vorganges.[3]

Darüber hinaus **unterscheiden sich die Sachrechte** erheblich.[4] Das internationale Namensrecht **2** muss daher viele Erscheinungsformen des Namens bewältigen, die dem deutschen Sachrecht unbekannt sind (→ Rn. 28 ff.).

Art. 10 enthält eine **selbständige Kollisionsnorm.** Damit wird der Name von den familien- **3** rechtlichen Vorgängen abgelöst und kollisionsrechtlich verselbständigt.[5]

Der **Name einer natürlichen Person** wird dem Recht des Staates unterstellt, dem die Person **4** angehört (Abs. 1). Die Berufung des Heimatrechts beruht darauf, dass der Name einer Person Teil

---

[1] Staudinger/*Hepting/Hausmann* (2013) Rn. 1 ff.; ähnlich Soergel/*Schurig* Rn. 3 f.; allein auf den Persönlichkeitsbezug und das öffentliche Interesse stellen ab, ohne den Familienbezug zu berücksichtigen: *Looschelders* IPR Rn. 1; NK-BGB/*Mankowski* Rn. 1 ff.

[2] Vgl. auch *Pintens/Will* I. E. C. L. vol. 4 (2007), ch. 2 IV.

[3] Staudinger/*Hepting/Hausmann* (2013) Rn. 5; Soergel/*Schurig* Rn. 3 f.

[4] *Pintens/Will* I. E. C. L. vol. 4 (2007), ch. 2 IV.

[5] NK-BGB/*Mankowski* Rn. 1; krit. Soergel/*Schurig* Rn. 3 f.

ihrer Persönlichkeit ist und daher dem **Personalstatut** unterstehen soll. Gleichzeitig wahrt dies den Gleichlauf mit dem öffentlich-rechtlichen Namensrecht.[6]

5   Für den **Ehenamen** eröffnet Abs. 2, für den **Kindesnamen** Abs. 3 die Möglichkeit der **Rechtswahl.** Damit sollen die Anpassung des Ehe- bzw. Kindesnamens an das Umweltrecht[7] und die Namenseinheit in der Familie[8] ermöglicht werden. Sie ist deshalb auf bestimmte Rechtsordnungen beschränkt.

B. Entwicklung des internationalen Namensrechts

I. Die Rechtslage bis 1986

6   Das internationale Namensrecht war bis 1986 **gesetzlich nicht geregelt.** Die Rechtsprechung hatte den Namen einer natürlichen Person bereits früh ihrem **Heimatrecht** unterstellt.[9]

7   Allerdings unterlagen der Erwerb und die Änderung eines Namens infolge eines **familienrechtlichen Vorganges** dem dafür geltenden Recht.[10] In einer grundlegenden Entscheidung gab der BGH im Jahre 1971 diese Rechtsprechung auf und unterstellte den Namen auch in diesen Fällen dem Personalstatut. Zugleich eröffnete er aber die Möglichkeit der Rechtswahl.[11] Diese Konzeption prägt das internationale Namensrecht bis heute (→ Rn. 3 ff.).

II. IPRG (1986)

8   Die von der Rechtsprechung entwickelte **Zweigleisigkeit** aus objektiver Anknüpfung an das **Heimatrecht** und **Rechtswahl** nahm das IPRG[12] von 1986 auf. Das IPRG bestätigte die Anwendung des **Personalstatuts** in Art. 10 Abs. 1 und regelte die **Rechtswahl** eingehend in Art. 10 Abs. 2–6 (aF) und Art. 220 Abs. 4 und 5 (aF).[13]

III. FamNamRG (1993)

9   Das **Kollisionsrecht** des Ehe- und Familiennamens wurde durch das FamNamRG[14] 1993 **wesentlich geändert.** Diese Änderungen bezogen sich rein äußerlich auf den Gesetzestext und inhaltlich auf die noch stärkere Abwendung von der objektiven Anknüpfung zugunsten einer stark erweiterten Rechtswahl. Damit verlor die Grundregel des Art. 10 Abs. 1 an Bedeutung.

10   Das FamNamRG kürzte den **Gesetzestext erheblich.** Art. 10 Abs. 3 und 4 (aF) sowie Art. 220 Abs. 4 und 5 wurden ersatzlos gestrichen. Art. 10 Abs. 2 wurde um die Sätze 2 und 3 ergänzt. Art. 10 Abs. 5 und 6 (aF) wurden zu Art. 10 Abs. 3 und 4, wobei Art. 10 Abs. 3 (nF) im Wortlaut leicht geändert wurde.

11   Als **Übergangsvorschrift** fungierten Art. 7 § 5 FamNamRG für Art. 10 Abs. 2 und Art. 10 Abs. 3 Nr. 1.

IV. KindRG (1998)

12   Das KindRG[15] trat am 1.7.1998 in Kraft.[16] Es verfolgte das Ziel einer **Gleichstellung ehelicher und nichtehelicher Kinder.** Die Gleichstellung im Status wurde durch Art. 12 Nr. 1 KindRG auch im internationalen Privatrecht eingeführt.[17] Seitdem gilt das Prinzip der „einheitlichen Kindschaft".[18]

---

[6] BT-Drs. 10/504, 46 f.; *Looschelders* IPR Rn. 3; NK-BGB/*Mankowski* Rn. 47 f.; krit. Soergel/*Schurig* Rn. 4.

[7] *Looschelders* IPR Rn. 4; Bamberger/Roth/*Mäsch* Rn. 35, 60; *Hepting* StAZ 1998, 133 (137).

[8] *v. Bar* IPR II § 1 Rn. 63; Bamberger/Roth/*Mäsch* Rn. 35, 60.

[9] RGZ 29, 123 (127); RGZ 95, 268 (272).

[10] Vgl. nur BGHZ 44, 121 (124) = NJW 1965, 2052; BGH NJW 1978, 1107 (1108).

[11] BGHZ 56, 193 (200) = NJW 1971, 1516; vgl. auch BGHZ 63, 107 = NJW 1975, 112; BGHZ 72, 163 = NJW 1979, 489; BGHZ 73, 370 = NJW 1979, 1775.

[12] Gesetz zur Neuregelung des Internationalen Privatrechts vom 26.7.1986, BGBl. 1986 I S. 1142.

[13] Zur Kritik vgl. 2. Aufl. 1990, Rn. 35.

[14] Gesetz zur Neuordnung des Familiennamensrechts (Familiennamensrechtsgesetz – FamNamRG) vom 16.12.1993, BGBl. 1993 I S. 2054.

[15] Gesetz zur Reform des Kindschaftsrechts (Kindschaftsrechtsreformgesetz – KindRG) vom 16.12.1997, BGBl. 1997 I S. 2942.

[16] Zu den Neuerungen durch das Kindschaftsrechtsreformgesetz vgl. *Lindemann*, Widersprüche in Art. 10 EGBGB, 1998, 3 ff.

[17] Zu den namensrechtlichen Aspekten der Reform *Bornhofen* StAZ 1997, 362; Staudinger/*Hepting/Hausmann* (2013) Rn. 324 ff.; *Wagenitz* FamRZ 1998, 1545; krit. noch zum Entwurf des KindRG *Sturm*, FS Lüke, 1997, 810 ff. (818 f.).

[18] Staudinger/*Hepting/Hausmann* (2013) Rn. 324.

Demzufolge beziehen sich die Rechtswahlmöglichkeiten des neu gefassten Art. 10 Abs. 3 auch auf Kinder, deren Mutter bei der Geburt nicht verheiratet war. Nicht verändert hat sich hingegen der Grundsatz der objektiven Anknüpfung des Kindesnamens an die Staatsangehörigkeit gemäß Art. 10 Abs. 1. Es blieb also bei der für das deutsche internationale Namensrecht typischen Kombination von Grundsatzanknüpfung und Rechtswahlmöglichkeit.[19]

Durch die Einführung der einheitlichen Kindschaft ist die Rechtsfigur der **Legitimation** im **13** deutschen Recht bedeutungslos geworden (zur personenstandsrechtlichen Behandlung nach ausländischem Recht eintretender Legitimationswirkungen → Art. 19 Rn. 54; zur Behandlung von Legitimationen als Vorfrage in Sachnormen eines ausländischen Hauptfragestatuts → Einl. IPR Rn. 148 ff., 182 ff.; → Art. 21 Rn. 26; näher → Rn. 37 ff.).[20]

Die Regelung der **Rechtswahl** wurde durch das KindRG verändert: Während Art. 10 Abs. 3 **14** (aF) die Eltern als Rechtswahlbefugte festlegte, wird dieses Recht in der neuen Fassung dem „Inhaber der Sorge" zugesprochen. Dies stellt eine Rückkehr zur Rechtslage vor dem FamNamRG dar.[21]

Zum anderen **erweiterte** das KindRG die **Rechtswahlmöglichkeit**. Gemäß Art. 10 Abs. 3 (aF) **15** konnte der Rechtswahlbefugte von dieser Befugnis nur vor der Beurkundung der Geburt Gebrauch machen. Nach dem neuen Art. 10 Abs. 3 ist die Rechtswahlausübung **nicht mehr zeitlich beschränkt**. Allerdings bedarf eine nach der Beurkundung der Geburt des Kindes erklärte Rechtswahl gemäß Art. 10 Abs. 3 Nr. 3 S. 2 der öffentlichen Beurkundung. Dieser Ausbau der Rechtswahlmöglichkeit bedeutet eine zusätzliche Aufweichung des Grundsatzes des Art. 10 Abs. 1 und eine weitere „Dynamisierung" des Namensrechtes.[22] Dadurch kann es hinsichtlich des Namens des Kindes leichter zu hinkenden Rechtsverhältnissen kommen.[23]

V. LPartG (2001)

Das LPartG[24] führte die **eingetragene Lebenspartnerschaft** für **Personen desselben 16 Geschlechts** ein, die der Ehe weitgehend rechtlich gleichgestellt ist. Die Partner einer Lebensgemeinschaft können gemäß § 3 LPartG einen gemeinsamen **Lebenspartnerschaftsnamen** bestimmen. Es ergeben sich insoweit dieselben kollisionsrechtlichen Probleme wie bei der Bestimmung des Ehenamens (näher → Rn. 122 ff.). Der neu eingefügte Art. 17b Abs. 2[25] enthält einen Verweis auf die Rechtswahlmöglichkeiten des Art. 10 Abs. 2, die den Lebenspartnern ebenfalls zustehen sollen.

VI. PStRG (2007) und PStRÄndG (2013)

Durch das PStRG[26] wurde in Art. 10 Abs. 2 S. 1 und Abs. 3 S. 1 der **Begriff** des Standesbeamten **17** durch den des **Standesamts** ersetzt. Diese Änderungen traten mit der Reform des Personenstandsrechts am 1.1.2009 in Kraft.

Vorgezogen wurde die **Einfügung des Art. 47** in das EGBGB. Er trat bereits am 24.5.2007 in **18** Kraft.[27] Art. 47 ermöglicht die **Namensangleichung** von Vor- und Familiennamen **nach einem Statutenwechsel** zum deutschen Recht. Da er Sachnormen enthält, die die Geltung deutschen Namensrechts voraussetzen, wurden seine Regelungen nicht in die Kollisionsnorm des Art. 10 aufgenommen (ausführlich → Art. 47 Rn. 4 ff.).[28] Art. 47 wurde zum 1.11.2013 geändert.[29] Damit sollte sichergestellt werden, dass eine **Angleichung des Ehenamens** oder **Lebenspartnerschaftsnamens** nur gemeinsam erfolgt.[30]

---

[19] *Lindemann,* Widersprüche in Art. 10 EGBGB, 1998, 32.

[20] *Henrich* StAZ 1998, 1 (5); vgl. auch *Jakob* IPRax 2001, 578; Staudinger/*Hepting/Hausmann* (2013) Rn. 429.

[21] Staudinger/*Hepting/Hausmann* (2013) Rn. 379.

[22] So auch Staudinger/*Hepting/Hausmann* (2013) Rn. 326; *Hepting* StAZ 1998, 134.

[23] *Henrich* StAZ 1998, 1 (5); *v. Hoffmann/Thorn* IPR § 7 Rn. 19.

[24] Gesetz zur Beendigung der Diskriminierung gleichgeschlechtlicher Gemeinschaften: Lebenspartnerschaften vom 16.2.2001, BGBl. 2001 I S. 266 (279).

[25] Als Art. 17a eingeführt durch Art. 3 § 25 LPartG, neugefasst durch Art. 10 Gesetz vom 11.12.2001, BGBl. 2001 I S. 3513 (3517).

[26] Gesetz zur Reform des Personenstandsrechts (Personenstandsrechtsreformgesetz – PStRG) vom 19.2.2007, BGBl. 2007 I S. 122; hierzu *Bornhofen* StAZ 2007, 33 ff.

[27] Das Inkrafttreten wurde vorgezogen durch das Siebte Gesetz zur Änderung des BVFG, BGBl. 2007 I S. 748 (751, 752).

[28] BT-Drs. 16/1831, 78; zust. Palandt/*Thorn* Art. 47 Rn. 2; de lege ferenda für Einfügung in Art. 10 hingegen Bamberger/Roth/*Mäsch* Art. 47 Rn. 1.

[29] Art. 6 des Gesetzes zur Änderung personenstandsrechtlicher Vorschriften (Personenstandsrechts-Änderungsgesetz – PStRÄndG) vom 7.5.2013, BGBl. 2013 I S. 1122.

[30] BT-Drs. 17/10489, 54.

VII. Einführung des Art. 48 (2013)

19   Eine bedeutsame Änderung im internationalen Namensrecht erfolgte durch die **Einführung des neuen Art. 48** in das EGBGB zum 29.1.2013.[31] Diese Norm soll den **unionsrechtlichen Vorgaben** und der **Rechtsprechung des EuGH** Rechnung tragen und es ermöglichen, einen Namen in Deutschland zu führen, der in einem anderen Mitgliedstaat der EU erworben wurde und aus deutscher Sicht an sich nicht statthaft ist (ausführlich → Rn. 179 ff.; → Art. 48 Rn. 1 ff.).[32]

20   Art. 48 führt dazu die Möglichkeit einer **sachrechtlichen Namenswahl** ein. Wenn der Name einer Person deutschem Recht unterliegt, sie aber während ihres gewöhnlichen Aufenthalts in einem anderen Mitgliedstaat nach dessen Recht wirksam einen anderen Namen erworben hat und dieser dort registriert worden ist, kann sie statt des deutschen Namens diesen ausländischen Namen wählen.

C. Grundlagen

I. Der Name der natürlichen Person

21   Der Name ist ein gedankliches und sprachliches Mittel zur **Identifikation** einer Person und zu ihrer **Unterscheidung** von anderen Personen. Er dient darüber hinaus der **Zuordnung** zu seiner Familie.[33] Der Name hat daher verschiedene Funktionen: Er ist Ausdruck der **Individualität** der Person, er dient der Identifikation durch Dritte und hat neben dieser **Unterscheidungs-** auch eine **Ordnungsfunktion.** Die Person kann daher auch durch das **öffentliche Recht** gehalten sein, von seinem Namen Gebrauch zu machen, ihn also zu nennen bzw. **zu führen.**[34]

22   Rechtlich schlägt sich der Persönlichkeitsbezug des Namens als **Persönlichkeitsrecht des Namensträgers** nieder.[35] Dies ermöglicht gleichzeitig seinem Träger dessen wirtschaftliche Verwertung. Als Teil der Persönlichkeit eines Menschen ist sein Name auch grundrechtlich durch das allgemeine Persönlichkeitsrecht des Art. 2 Abs. 1 iVm Art. 1 Abs. 1 GG und durch die Menschenrechte geschützt (→ Rn. 173 ff.).

23   Je nach Kulturkreis und Geschichte finden wir als Normaltyp den zwei- oder dreiteiligen Namen. **Vor- und Familienname** sind die Regel; sie kommen dabei als einfacher Name oder als Doppelname vor. Häufig tritt hierzu noch ein **Zwischenname** (→ Rn. 62).[36]

24   Als zum Namen gehörend und daher als dessen Bestandteil finden sich im deutschen Recht noch die **Adelsbezeichnungen** (→ Rn. 64).

25   Nicht zum Namen gehören **Namenszusätze.** Sie sind dadurch charakterisiert, dass sie keine Unterscheidung ermöglichen. Ihnen fehlt deshalb die Individualisierungsfunktion.[37]

26   Einen Namenszusatz bilden **akademische Grade** wie zB der Doktorgrad.[38] Ob ein solcher Grad in einem anderen Staat geführt werden darf als dem, in dem er erworben bzw. verliehen wurde, bestimmt ausschließlich dieser selbst. In Deutschland war Rechtsgrundlage für die Genehmigung zum Tragen ausländischer akademischer Titel ursprünglich das Gesetz über die Führung akademischer Grade vom 7.6.1939, das durch eine ebenfalls aus dem Jahre 1939 stammende Verordnung konkretisiert wurde.[39] Dieses Gesetz wurde von den Bundesländern, in deren Kompetenzbereich diese Materie fällt, zunächst weiterhin als Rechtsgrundlage herangezogen. Sie sind jedoch zunehmend

---

[31] Art. 1 Nr. 7 des Gesetzes zur Anpassung der Vorschriften des Internationalen Privatrechts an die Verordnung (EU) Nr. 1259/2010 und zur Änderung anderer Vorschriften des internationalen Privatrechts vom 23.1.2013, BGBl. 2013 I S. 101. Das Gesetz ist nach Art. 5 am 29.1.2013 in Kraft getreten.

[32] BT-Drs. 17/11049, 12.

[33] Vgl. zum Ganzen *Schwab* StAZ 2015, 354 ff.; *Raschauer,* Namensrecht: eine systematische Darstellung des geltenden österreichischen und des geltenden deutschen Rechts, 1978, 1 ff.; Staudinger/*Hepting/Hausmann* (2013) Rn. 1 ff.; *Sperling,* Familiennamensrecht in Deutschland und Frankreich, 2012, 1 ff.; *Nowak,* Der Name der natürlichen Person, 1996, 20 ff.

[34] Dazu *Edlbacher,* Recht des Namens, 1978, 27 f., 44; *Raschauer,* Namensrecht: eine systematische Darstellung des geltenden österreichischen und des geltenden deutschen Rechts, 1978, 248 ff.

[35] Ausf. *Sturm* StAZ 1994, 370 ff.; *Nowak,* Der Name der natürlichen Person, 1996, 21 f.

[36] Vgl. *Will* StAZ 1974, 291; für Bulgarien vgl. OLG Hamm StAZ 1981, 190.

[37] Staudinger/*Hepting/Hausmann* (2013) Rn. 13; *Hepting/Dutta,* Familie und Personenstand, 2. Aufl. 2015, II-203 ff.

[38] Zum deutschen Recht vgl. BGHZ 38, 380 (382 f.) = NJW 1963, 581 (582); BGH FamRZ 2013, 1885 (1886 f.); BVerwGE 5, 291 (293); *Berkl* StAZ 2013, 177 ff.; *Kaiser* StAZ 2013, 264 f.

[39] Beide auch abgedruckt in BGBl. 1962 III Folge 46, S. 2.

durch eigene **landesrechtliche Regelungen** (idR in den Hochschulgesetzen der Länder) ersetzt worden.[40]

Ebenfalls als Namenszusatz angesehen werden von der hM zB die Bezeichnungen **„Singh"** 27 („Löwe") und **„Kaur"** („Schmuck"), die bei den indischen Sikhs jedem Sohn bzw. jeder Tochter als weiterer Vorname gegeben werden können,[41] die damit vergleichbaren pakistanischen Zusätze **„Khan"** und **„Begum"** oder die in den USA gebräuchlichen Zusätze **„junior"** (jr. bzw. jun.) und **„senior"** (sr. bzw. sen.) oder römische Ziffern (Tom Jones II).[42] Dementsprechend bilden sie nach hM keine Bestandteile des Namens bzw. können nicht zum Familiennamen bestimmt werden. Soweit sie religiös bedingt sind, genießen sie freilich den Schutz des Art. 4 GG und sind daher in das Personenstandsregister aufzunehmen.[43] Vorzugswürdig erscheint es jedoch, die Qualifikation als Namenszusatz oder Namensbestandteil sowie die Zuordnung als Vor- oder Familienname nach dem Namensstatut vorzunehmen und zu fragen, welche namensrechtlichen Funktionen einem derartigen Zusatz nach diesem Recht zukommen.[44]

II. Grundfragen des internationalen Namensrechts

1. Allgemeine Anknüpfung. Da der Name rechtlich ein sehr komplexes Gebilde darstellt, das 28 in die verschiedensten Rechtsgebiete reicht, gibt es **kein einheitliches Namensstatut,** das alle mit dem Namen zusammenhängenden Fragen zu regeln imstande wäre.[45]

Für die Anknüpfung der **zivilrechtlichen Namensfragen** kommt in erster Linie das **Personal-** 29 **statut des Namensträgers** in Betracht, da es sich beim Namen um einen Aspekt seiner Persönlichkeit handelt. Darauf beruht die objektive Anknüpfung in Art. 10 Abs. 1 an das Recht des Staates, dem die Person angehört.[46] Die Anknüpfung an das Heimatrecht hat den **Vorzug,** öffentliches und privates Namensrecht einheitlich nach der gleichen Rechtsordnung beurteilen zu können. Sie vermeidet damit Statutenkonkurrenzen und -kollisionen bei mehreren Beteiligten. Sie stellt den Namensträger in den Mittelpunkt. Soweit es jedoch um familiäre Namenssachverhalte geht, liegen auch die **Nachteile** einer solchen Anknüpfung an das Personalstatut jedes einzelnen Betroffenen auf der Hand. Diesen Nachteilen sollen die Rechtswahlmöglichkeiten nach Art. 10 Abs. 2 und 3 abhelfen (→ Rn. 5).

Aus **europäischer Sicht** ergeben sich keine Bedenken gegen die Grundregel des Art. 10 Abs. 1. 30 Weder liegt ein Verstoß gegen das Unionsrecht, noch gegen die EMRK vor (näher → Rn. 175, 183).[47]

Die Verweisung auf das Heimatrecht in Art. 10 Abs. 1 ist eine **Gesamtverweisung.** Rück- und 31 Weiterverweisung durch das IPR des Heimatrechts sind daher zu beachten (Art. 4 Abs. 1 S. 1); sie kann sich auch aus einer abweichenden Qualifikation der Namensfrage ergeben.[48]

Die Möglichkeiten einer **Rechtswahl** für den Ehenamen und den Familiennamen des Kindes 32 nach Art. 10 Abs. 2 und 3 ergänzt die objektive Anknüpfung an das Personalstatut. Für den Familien- und Ehenamen ist die objektive Anknüpfung an das Heimatrecht daher nur noch erheblich, wenn keine Rechtswahl vorliegt oder diese unwirksam ist.[49] Bedeutung hat die Anknüpfung an das Personalstatut dann vor allem noch für den Vornamen.

---

[40] Ein Überblick und eine Zusammenstellung der einschlägigen Regelungen ist auf der Internetseite der Konferenz der Kultusminister (KMK) zu finden: www.kmk.org unter Themen – Anerkennung ausländischer Abschlüsse – Anerkennung im Hochschulbereich – Führung ausländischer Hochschulgrade.

[41] OLG Hamm StAZ 1998, 258 f.; OLG Stuttgart StAZ 2002, 338; wN bei *Kegel/Schurig* IPR § 17 IV 1c; Zur Möglichkeit der Eintragung des Namenszusatzes „Singh" als Familienname nach tatsächlicher, lang andauernder Nutzung in Deutschland BVerfG NJWE-FER 2001, 193.

[42] Staudinger/*Hepting/Hausmann* (2013) Rn. 16 f.; NK-BGB/*Mankowski* Rn. 79.

[43] BayObLGZ 1987, 102 = StAZ 1987, 168; OLG Hamm StAZ 1998, 258 f.; Staudinger/*Hepting/Hausmann* (2013) Rn. 14.

[44] Soergel/*Schurig* Rn. 9; NK-BGB/*Mankowski* Rn. 80; Bamberger/Roth/*Mäsch* Rn. 21; in diese Richtung auch *Hepting/Dutta,* Familie und Personenstand, 2. Aufl. 2015, II-206.

[45] Überblick bei *Wengler* StAZ 1973, 205 ff.; *Wengler* IPR § 17; *Edlbacher,* Recht des Namens, 1978, 45 ff.; *Raschauer,* Namensrecht: eine systematische Darstellung des geltenden österreichischen und des geltenden deutschen Rechts, 1978, 306 ff.

[46] Statt vieler *Wengler* StAZ 1973, 205 (206); *Sturm/Sturm,* FS Jayme, Bd. I, 2004, 919; im Übrigen → Rn. 4.

[47] HM, Bamberger/Roth/*Mäsch* Rn. 13; Erman/*Hohloch* Rn. 8; Palandt/*Thorn* Rn. 1; aA *de Groot* ZEuP 2001, 617.

[48] Vgl. BGH NJW 2007, 3347 = IPRax 2008, 137 mAnm *Henrich* IPRax 2008, 121; vgl. auch die Anm. von *Demharter* FGPrax 2007, 219; *Looschelders* JA 2008, 65; Palandt/*Thorn* Rn. 3; PWW/*Mörsdorf-Schulte* Rn. 14.

[49] In manch anderen Staaten wird hingegen die Anknüpfung an die Staatsangehörigkeit erst eingeführt zB in Slowenien, s. *Geč-Korošec* RabelsZ 66 (2002), 710 (721).

33   Das Personalstatut entscheidet über **Bildung und Inhalt** des bürgerlichen Namens. Dazu gehören insbesondere der Erwerb, der Verlust und die Änderung des Namens auf Grund privatrechtlicher Vorgänge. **Maßgebender Zeitpunkt** für die Anknüpfung ist der namensbegründende bzw. -ändernde Vorgang.[50] Das Personalstatut bestimmt auch, in welcher Form der Name zu **führen** ist.[51]

34   In das **deutsche Personenstandsregister** sind die Namen so einzutragen, wie es das Personalstatut bestimmt. Das Personenstandsverfahren dient dem materiellen Namensrecht. Es muss deshalb auch den Erfordernissen eines ausländischen Namensrechts Rechnung tragen und den ausländischen Namen in der vom ausländischen Recht vorgesehen **Form** (zB als Zwischenname, → Rn. 63),[52] **Reihenfolge**[53] und **Schreibweise**[54] in das deutsche Personenstandsregister eintragen. Die Schreibweise richtet sich stets, dh auch wenn der Heimatstaat nicht beigetreten ist,[55] nach dem CIEC-Übereinkommen Nr. 14 vom 13.9.1973 über die Angabe von Familiennamen und Vornamen in den Personenstandsbüchern (BGBl. 1976 II S. 1473; 1977 II S. 254), das die Transliteration gemäß den ISO-Normen vorsieht, soweit es sich um nicht in lateinischer Schrift geschriebene Namen handelt (zur Bedeutung des Unionsrechts für die Transliteration → Rn. 199 ff.).[56]

35   Ob auch der privatrechtliche Namensschutz als Schutz eines Persönlichkeitsrechts vom Personalstatut sinnvoll geleistet werden kann, erscheint fraglich. Deshalb wird der **privatrechtliche Namensschutz** nach hM dem **Deliktsstatut** zugeordnet (→ Rn. 76).[57]

36   Art. 10 erfasst den Namen der natürlichen Personen. Das Kollisionsrecht des **Namens der juristischen Person,** des **Handelsnamens,** der **Firma** und der **Geschäftsbezeichnung** folgt daher eigenen Regeln (→ IntGesR Rn. 234 ff.).

37   **2. Vorfragen.** Im Rahmen des Namensrechts hat die Problematik der Vorfrage (allgemein → Einl. IPR Rn. 148 ff.) wegen der zahlreichen namensrechtlich relevanten familienrechtlichen Tatbestände (zB Bestehen einer Ehe, Kindschaft oder Adoption)[58] eine erhebliche Bedeutung. Da über Erwerb, Änderung und Verlust des Namens nach Art. 10 Abs. 1 primär das Personalstatut entscheidet, sollten die einschlägigen Vorfragen deshalb **in Übereinstimmung mit dem Namensstatut** beantwortet werden. Über sie sollte daher das Kollisionsrecht des Namensstatuts und nicht dasjenige der lex fori befinden. **Vorfragen** sind im Namensrecht mithin **unselbständig anzuknüpfen.**[59] Das sichert sowohl den vom Gesetzgeber intendierten **Gleichlauf** mit dem **öffentlich-rechtlichen Namensrecht** (→ Rn. 4) als auch die **Namenskontinuität** in grenzüberschreitenden Fällen und trägt damit dem Unionsrecht sowie dem grund- und menschenrechtlichen Namensschutz Rechnung (→ Rn. 173 ff., 179 ff.).[60]

38   Die **Rechtsprechung** nimmt in dieser Frage keinen einheitlichen Standpunkt ein. Nachdem der BGH ursprünglich Vorfragen selbständig anknüpfte, also die maßgebliche Rechtsordnung unter Heranziehung der einschlägigen deutschen Kollisionsnorm bestimmte,[61] entschied er sich später zugunsten der

---

[50] KG OLGZ 1979, 166 (171); s. auch BGH FamRZ 1993, 935 (hinsichtlich deutscher Volkszugehöriger ausländischer Staatsangehörigkeit); BayObLG DA 1996, 516 (518); OLG Zweibrücken StAZ 2013, 384.

[51] Vgl. Staudinger/*Hepting/Hausmann* (2013) Rn. 50 ff.; zur geschlechtsabhängigen Form der Namensführung OLG Hamm StAZ 2005, 262.

[52] BGH StAZ 1971, 250; 1993, 352; OLG Karlsruhe StAZ 2013, 317.

[53] OLG Rostock StAZ 1994, 287 (288); OLG Brandenburg StAZ 2008, 43 (44); Staudinger/*Hepting/Hausmann* (2013) Rn. 51.

[54] BGHZ 121, 305 (311) = NJW 1993, 2241 (2242); OLG Zweibrücken StAZ 2016, 51 (52); OLG Nürnberg FGPrax 2015, 189 (190); OLG Brandenburg StAZ 2008, 43 (44) mAnm *Wohlgemuth* StAZ 2008, 329.

[55] OLG Nürnberg FGPrax 2015, 189 (190); OLG Hamburg FamRZ 2014, 1554 (1555) = FGPrax 2014, 280 (281).

[56] Ausführlich *Hepting/Dutta*, Familie und Personenstand, 2. Aufl. 2015, II-190 ff.; *Ehlers*, Die Behandlung fremdartiger Namen im deutschen Recht, 2016, 40 ff.

[57] Vgl. BT-Drs. 10/504, 46; Palandt/*Thorn* Rn. 11; Bamberger/Roth/*Mäsch* Rn. 31; *Birk,* Schadensersatz und sonstige Restitutionsformen im IPR, 1969, 193 ff.; diff. Staudinger/*Hepting/Hausmann* (2013) Rn. 92.

[58] Zur Wirksamkeit der Adoption als Vorfrage *Henrich* IPRax 1998, 96 f.

[59] BGHZ 90, 129 (140) = NJW 1984, 1299; BGH NJW 1986, 984; BayObLG IPRax 2004, 121 (122); OLG Karlsruhe FGPrax 1997, 144; FamRZ 1999, 52 f.; Palandt/*Thorn* Rn. 2; Erman/*Hohloch* Rn. 7a; Staudinger/*Sturm/Sturm* (2012) Einl. IPR Rn. 286; *Edlbacher* StAZ 1979, 3 (5); ausführlich → Einl. IPR Rn. 182 ff.; für eine selbständige Anknüpfung AG Gießen StAZ 2005, 362; *Heldrich,* 50 Jahre BGH, Bd. II, 2000, 747; *Nowak,* Der Name der natürlichen Person, 1996, 139 ff., 146 f.; *Hepting/Dutta,* Familie und Personenstand, 2. Aufl. 2015, II-221 ff.; Soergel/*Schurig* Rn. 88; Staudinger/*Hepting/Hausmann* (2013) Rn. 130 ff.; NK-BGB/*Mankowski* Rn. 17 f.; PWW/*Mörsdorf-Schulte* Rn. 15; diff. Bamberger/Roth/*Mäsch* Rn. 10 (unselbständige Anknüpfung bei Art. 10 Abs. 1, selbständige Anknüpfung bei Art. 10 Abs. 2 und 3).

[60] Vgl. *Wall* StAZ 2011, 37 ff.; Palandt/*Thorn* Rn. 2 aE.

[61] BGHZ 73, 370 (372) = NJW 1979, 1775.

unselbständigen Anknüpfung.[62] Das entspricht der heute überwiegenden Auffassung.[63] Von der unselbständigen Anknüpfung wollte der BGH in einer vor dem KindRG ergangenen Entscheidung jedoch „im Fall der Feststellung der Ehelichkeit bzw. Nichtehelichkeit eines Kindes" eine Ausnahme machen und diese Vorfrage selbständig anknüpfen.[64] Seit dem KindRG differenziert das deutsche Recht jedoch nicht mehr zwischen ehelichen und nichtehelichen Kindern. Damit ist diese Ausnahme entbehrlich geworden (näher → Rn. 12 ff.).[65] Das Beispiel der Ehelichkeit zeigt im Übrigen deutlich, dass man die Vorfragenproblematik nicht unter Hinweis darauf beantworten kann, dass es um den Status gehe.[66] Die Ehelichkeit bestimmt heute nicht mehr den Status des Kindes, auch nicht im deutschen IPR.

Soweit die Vorfrage Gegenstand einer **gerichtlichen oder behördlichen Entscheidung** ist (zB **39** bei der Scheidung, der Dekretadoption und der gerichtlichen Vaterschaftsfeststellung) kommt es allein auf die **verfahrensrechtliche Wirkung** dieser Entscheidung an. Die Wirkung **inländischer Entscheidungen** bestimmt sich in Deutschland deshalb nach deutschem Verfahrensrecht.[67] Falls es sich um eine **ausländische Entscheidung** handelt, ist maßgeblich, ob sie **in Deutschland anzuerkennen** ist. Ist die Entscheidung wirksam bzw. anzuerkennen, ist die Vorfrage dadurch beantwortet. Das Verfahrensrecht geht insofern dem materiellen Recht vor (näher → Einl. IPR Rn. 202).[68] Der deutsche Rechtsanwender darf daher in diesen Fällen **keine erneute materiellrechtliche Prüfung** der Vorfrage vornehmen.[69]

Auch spielt es **keine Rolle,** ob die **Entscheidung im Heimatstaat anzuerkennen** ist.[70] Auf **40** das Heimatrecht kommt es nur an, wenn das deutsche IPR darauf verweist (zB nach Art. 10 Abs. 1), also im Rahmen einer materiellrechtlichen Prüfung. Diese ist dem deutschen Rechtsanwender gerade verwehrt. Verfahrensrechtlich ist es für die Anerkennung der ausländischen Entscheidung in Deutschland dagegen unerheblich, ob ein Drittstaat, nämlich der Heimatstaat, diese Entscheidung anerkennt.

3. Einwirkung familienrechtlicher Beziehungen. Der bürgerliche Name eines Menschen **41** kann nach vielen Rechten durch die familienrechtlichen Rechtsbeziehungen beeinflusst werden: etwa durch Eheschließung, Ehescheidung, eheliche oder nichteheliche Abstammung,[71] Legitimation oder Adoption. Da die namensrechtliche Wirkung einer familienrechtlichen Beziehung ohne diese nicht eintritt, liegt es deshalb nahe, erstere nicht dem Personalstatut des Namensträgers, sondern dem entsprechenden **familienrechtlichen Statut** zu unterwerfen. Das war früher der Standpunkt des deutschen Rechts. Heute ist das **Namensstatut** nach Art. 10 jedoch gegenüber dem familienrechtlichen Einzelstatut **verselbstständigt** (→ Rn. 3).

Die familienrechtlichen Rechtsbeziehungen unterstehen einem eigenen Statut, das auf andere **42** Weise als das Namensstatut bestimmt wird. Dies schließt freilich nicht aus, dass im konkreten Einzelfall **Namensstatut und familienrechtliches Einzelstatut zusammenfallen,** etwa weil sie **dasselbe Anknüpfungskriterium** verwenden oder, soweit dies zulässig ist, auf Grund einer **Rechtswahl.** Die Rechtswahl hat deshalb gerade auch den Sinn, die Namenseinheit in der Familie zu ermöglichen (→ Rn. 5).

4. Statutenwechsel. Art. 10 Abs. 1 beruft als Namensstatut das jeweils zum **Entscheidungs- 43 zeitpunkt maßgebliche Personalstatut.** Die Anknüpfung an die Staatsangehörigkeit ist also wandelbar. Daraus ergibt sich die Möglichkeit eines Statutenwechsels.[72] Das gilt auch dann, wenn das

---

[62] BGHZ 90, 129 (140) = NJW 1984, 1299 (1301); ebenso BayObLGZ 1986, 155 (162) = StAZ 1986, 318; BayObLG FamRZ 2000, 700; anders jedoch OLG Düsseldorf FamRZ 1999, 328.

[63] Vgl. *Siehr* IPR § 15 IV; Staudinger/*Hausmann* (2013) Rn. 71.

[64] BGH NJW 1986, 3022 (3023).

[65] *Henrich* StAZ 1996, 357; *Henrich* FamRZ 1998, 1401, *Henrich* StAZ 1998, 1 (5); ebenso BayObLGZ 2002, 4 = FamRZ 2002, 686; aA OLG Köln FamRZ 2014, 315 (Ls.); OLG Düsseldorf StAZ 1999, 114; *Lindemann,* Widersprüche in Art. 10 EGBGB, 1998, 32; Staudinger/*Hepting/Hausmann* (2013) Rn. 135, 340; *Hepting* StAZ 1998, 133.

[66] So aber NK-BGB/*Mankowski* Rn. 17.

[67] OLG Hamm StAZ 2004, 171; OLG Düsseldorf FamRZ 1999, 328; AG Gießen StAZ 2005, 362; *Mäsch* IPRax 2004, 102 (103); *Heuer,* Neue Entwicklungen im Namensrecht, 2006, 143; NK-BGB/*Mankowski* Rn. 19; Bamberger/Roth/*Mäsch* Rn. 11; Staudinger/*Hepting/Hausmann* (2013) Rn. 139 f.; offengelassen von BGH NJW 2007, 3347 = IPRax 2008, 137 mAnm *Henrich* IPRax 2008, 121; vgl. dazu Anm. *Demharter* FGPrax 2007, 219; *Looschelders* JA 2008, 65.

[68] *Lüderitz* FamRZ 1988, 881; Bamberger/Roth/*Mäsch* Rn. 11.

[69] So aber zB OLG Karlsruhe FGPrax 1997, 144 = IPRax 1998, 110 mAnm *Henrich* IPRax 1998, 96.

[70] So aber zB KG StAZ 1988, 325 (326); BayObLG IPRax 2004, 121 m. abl. Anm. *Mäsch* IPRax 2004, 102.

[71] Zur Bedeutung der Ehelichkeit im deutschen Recht nach dem KindRG → Rn. 12, 130.

[72] *Henrich* StAZ 2007, 197 ff.; *Edlbacher,* Recht des Namens, 1978, 49 f.; *Raschauer,* Namensrecht: eine systematische Darstellung des geltenden österreichischen und des geltenden deutschen Rechts, 1978, 326 ff.; *Henrich,* FS Zweigert, 1981, 134 ff.; Palandt/*Thorn* Rn. 10; Staudinger/*Hepting/Hausmann* (2013) Rn. 151 ff.; vgl. auch Soergel/*Schurig* Art. 7 Rn. 23, 50.

Namensstatut für den Familiennamen durch eine **Rechtswahl nach Art. 10 Abs. 2 oder 3** bestimmt worden ist. Zwar ist das Wahlrecht ausgeübt und damit verbraucht (→ Rn. 102 ff., 110 ff.). Doch erfasst die Rechtswahl nur den Familiennamen; im Übrigen bleibt es beim Personalstatut nach Art. 10 Abs. 1 (→ Rn. 105 ff.). Mit dem Erwerb einer neuen Staatsangehörigkeit verändert sich das Personalstatut. Damit entfällt zugleich die Grundlage der früheren Rechtswahl; das Wahlrecht nach Art. 10 Abs. 2 oder 3 ensteht von neuem.[73]

44 Die **Folgen des Statutenwechsels** bestimmen sich nach dem jeweils einschlägigen Kollisionsrecht und dem von ihm berufenen Namensstatut (zum Statutenwechsel → Einl. IPR Rn. 78 ff.). Es bestimmt darüber, ob der nach einem anderen Recht, also einem früheren Namensstatut, begründete Name „anerkannt" wird. Demnach kann nur im jeweiligen Einzelfall **auf Grundlage des aktuellen Namensstatuts** eine Aussage gemacht werden, ob und inwieweit dieses Recht frühere Namen unverändert anerkennt oder formal und/oder sachlich Änderungen verlangt.[74]

45 Für das **deutsche Recht** lässt sich der **Grundsatz der Namenskontinuität** aufstellen, wonach der bisherige Name weiter geführt werden kann, aber das deutsche Recht für die Namensführung maßgebend ist.[75] Dafür spricht nicht zuletzt der **Schutz des erworbenen Namens,** den das Unionsrecht und die Grund- und Menschenrechte vermitteln (→ Rn. 173 ff., 179 ff.).

46 Umgekehrt bleibt der nach dem früheren Namensstatut **verlorene Name** auch nach einem Wechsel zum deutschen Recht weiterhin verloren.[76]

47 Namen, die unter der Geltung einer ausländischen Rechtsordnung erworben wurden, die keine Vor- und Familiennamen kennt, müssen bei einem Wechsel in das deutsche Recht an dieses angeglichen werden.[77] Die **Angleichung oder Anpassung**[78] wird vor allem bei einer Eintragung in das deutsche Personenstandsregister bedeutsam (→ Einl. IPR Rn. 242 ff.). Dabei kommt den sog **Angleichungserklärungen** der Beteiligten, mit denen sie erklären, welche der verschiedenen Namensbestandteile zu Vor- bzw. Familienname werden sollen, erhebliche praktische Bedeutung zu. Ihre rechtliche Qualität und ihre Verbindlichkeit für das Standesamt sind jedoch umstritten.[79]

48 Die Probleme der Angleichung haben den Gesetzgeber mehrfach auf den Plan gerufen. Er hat zunächst eine Sonderregelung für Aussiedler in **§ 94 BVFG** geschaffen und danach mit **Art. 47** eine allgemeine Vorschrift für die Angleichung von Vor- und Familiennamen nach einem **(Eingangs-)Statutenwechsel zum deutschen Recht** eingeführt (→ Rn. 18). Diese Vorschriften eröffnen dem Namensträger die Möglichkeit, durch formgebundene **Erklärung gegenüber dem Standesamt** seinen nach ausländischem Recht erworbenen Vor- und Familiennamen an das deutsche Recht anzupassen oder neu zu bilden.

49 Gibt der Namensträger **keine Erklärung** ab und verstößt sein bislang geführter Name gegen zwingendes deutsches Namensrecht muss sein Name im Wege **objektiver Angleichung** den zwingenden Vorgaben des deutschen Namensstatuts angepasst werden.[80] Dies entspricht der Verfahrenspraxis vor dem Inkrafttreten des Art. 47. Die objektive Angleichung erfolgt dann allerdings ohne, uU sogar gegen den Willen des betroffenen Namensträgers.

50 Da die objektive Angleichung in das grundrechtlich geschützte **Recht am Namen** (→ Rn. 173 ff.) eingreift, muss sorgfältig geprüft werden, ob die Fortführung des bisherigen Namens tatsächlich gegen zwingende Vorgaben des deutschen Namensrechts verstößt und welche Änderungen ggf. zur Angleichung geeignet, erforderlich und verhältnismäßig sind.[81] Soweit die nach dem früheren Namensstatut

---

[73] OLG Frankfurt a. M. StAZ 2013, 352 (353); NK-BGB/*Mankowski* Rn. 153a; aA Bamberger/Roth/*Mäsch* Rn. 16; PWW/*Mörsdorf-Schulte* Rn. 13.

[74] Ebenso BGH NJW 2014, 1383 Rn. 15; NK-BGB/*Mankowski* Rn. 22.

[75] BGH NJW 2014, 1383 Rn. 16; BGHZ 147, 159 (168); BGHZ 63, 107 = NJW 1975, 112; BGH NJW 1993, 2244 = IPRspr. 1993 Nr. 10; BayObLGZ 1989, 147 (150); KG StAZ 1996, 301 f.; OLG Hamm StAZ 1995, 239; OLG Hamm FGPrax 1999, 56; Erman/*Hohloch* Rn. 6; Staudinger/*Hepting/Hausmann* (2013) Rn. 155; Bamberger/Roth/*Mäsch* Rn. 14; NK-BGB/*Mankowski* Rn. 21; Soergel/*Schurig* Rn. 92.

[76] BVerwG StAZ 1984, 103; BayObLG StAZ 1691, 43; BayObLGZ 171, 204; Staudinger/*Hepting/Hausmann* (2013) Rn. 158.

[77] LG München I StAZ 2006, 168 (169) zu nach sri-lankischem Recht erworbenen Namen; vgl. auch OLG Hamm StAZ 2006, 355 (357); KG StAZ 2008, 42; BayObLG StAZ 2000, 235.

[78] Zur Terminologie *von Sachsen Gessaphe* StAZ 2015, 65 (69 ff.); *Ehlers*, Die Behandlung fremdsprachiger Namen im deutschen Recht, 2016, 80 ff.; NK-BGB/*Mankowski* Rn. 27 ff.; Staudinger/*Hepting/Hausmann* (2013) Rn. 160; Bamberger/Roth/*Mäsch* Rn. 15.

[79] Für ein Bestimmungsrecht des Namensträgers etwa Bamberger/Roth/*Mäsch* Rn. 15; dagegen NK-BGB/*Mankowski* Rn. 29 f.

[80] *von Sachsen Gessaphe* StAZ 2015, 65 (71 f.); *Hepting* StAZ 2008, 161 (176); *Henrich* StAZ 2007, 197 (199); Staudinger/*Hepting/Hausmann* (2013) Art. 47 Rn. 29 f.; Erman/*Hohloch* Rn. 5; NK-BGB/*Mankowski* Rn. 33a; offen gelassen bei Palandt/*Thorn* Rn. 5.

[81] Vgl. etwa BGH NJW 2014, 1383 Rn. 28; LG Paderborn FamRZ 2008, 1779 f.; *Wall* StAZ 2015, 361 (363).

erworbenen Namen die nach deutschem Namensrecht zwingend notwendigen Bestandteile enthalten, ist eine Angleichung nicht erforderlich.[82] Zwingend notwendig ist nach ganz hM die strukturelle Aufgliederung des Namens in **Vor- und Familienname.**[83] Keine zwingende Angleichung ist dagegen zB erforderlich, wenn der Familienname nicht **geschlechtsneutral** ist,[84] wenn der Familienname aus mehreren Namen **zusammengesetzt** ist[85] oder wenn ein **Zwischenname** zusätzlich zu Vor- und Familienname geführt wird.[86]

Die Wahl eines **im EU-Ausland erworbenen Namens** ermöglicht der neu eingefügte Art. 48 **51** (→ Rn. 19 f.).

5. Ordre public. Für ein Eingreifen des ordre public (Art. 6) dürfte **im Namensrecht wenig** **52** **Raum** sein. Der Persönlichkeitsbezug sowie der **grund- und menschenrechtliche Namens-schutz** und der auf ihnen beruhende Grundsatz der Namenskontinuität (→ Rn. 173 ff.) werden in der Regel das Interesse an einer Beachtung der Grundsätze des deutschen Namensrechts überwiegen.[87] Auch ist hier der **Einfluss des Unionsrechts** zu beachten, wenn der Name in einem EU-Mitgliedstaat erworben wurde (näher → Rn. 179 ff.)

Der **Erwerb einer Adelsbezeichnung** nach ausländischem Personalstatut kann bei hinreichen- **53** dem Inlandsbezug wegen der verfassungsrechtlich verankerten Aufhebung des Adels (Art. 109 Abs. 3 WRV iVm Art. 123 GG) und der damit verbundene Grundsatz der Gleichheit aller Staatsbürger nach hM gegen den ordre public verstoßen.[88] Allerdings sind Adelsbezeichnungen in Deutschland, anders als in Österreich, nicht völlig abgeschafft worden, sondern leben als Namensbestandteile fort und können im Zusammenhang mit einer familienrechtlichen Statusänderung auch weitergegeben und erworben werden (→ BGB Vor § 1616 Rn. 13). Mit Blick auf den grund- und menschenrechtlichen bzw. den unionsrechtlichen Schutz des Namens dürfte daher ein ordre public-Verstoß nur in Ausnahmefällen zu bejahen sein (zu den Grund- und Menschenrechten → Rn. 173 ff.; zum Unions-recht → Rn. 195 ff., 205 ff. sowie → Art. 48 Rn. 32 ff.).[89]

Lässt ein Personalstatut dem Namensträger freie Hand in der Wahl und Ausgestaltung seines **54** Namens (Vor- und Familiennamen), wie zB Rechte des anglo-amerikanischen Rechtskreises,[90] ist umstritten, ob ein solcher **frei gewählter Name** („Fantasiename") bei ausreichender Inlandsbezie-hung gegen den deutschen ordre public verstößt, weil die für das deutsche Recht zentrale Ordnungs-funktion des Namens dessen Kontinuität und Stabilität verlangt.[91] Wegen des grund- und menschen-rechtlichen bzw. des unionsrechtlichen Schutzes des erworbenen Namens (→ Rn. 173 ff.) genügt dies für sich genommen jedoch nicht, wie auch der EuGH[92] zu Recht betonte (→ Rn. 205 ff.). Ein ordre public-Verstoß kommt daher nur in Betracht, wenn im Einzelfall **kein sachlicher Grund** für die private Namensänderung erkennbar und daher ein rechtsmißbräuchliches Verhalten anzuneh-men ist.[93] Zum ordre public bei der Anerkennung eines in einem EU-Mitgliedstaat geänderten Namens → Art. 48 Rn. 32 ff.

---

[82] OLG Frankfurt a. M. StAZ 2006, 142 (143).
[83] BGH NJW 2014, 1383 Rn. 24; *von Sachsen Gessaphe* StAZ 2015, 65 (71 ff.); *Wall* StAZ 2015, 361 (365); *Ehlers*, Die Behandlung fremdartiger Namen im deutschen Recht, 2016, 97 ff., 295; Staudinger/*Hepting/Hausmann* (2013) Rn. 160; PWW/*Mörsdorf-Schulte* Rn. 18; aA NK-BGB/*Mankowski* Rn. 33a.
[84] OLG München NJW-RR 2008, 1680 (1681 f.); KG StAZ 1968, 351 (352); Bamberger/Roth/*Mäsch* Rn. 21; aA Staudinger/*Hepting/Hausmann* (2013) Art. 47 Rn. 69 ff.
[85] BGH NJW-RR 1999, 873 f.; OLG Düsseldorf StAZ 1995, 41; *Hepting/Bauer* IPRax 2000, 394 ff.; Bamber-ger/Roth/*Mäsch* Rn. 21; NK-BGB/*Mankowski* Rn. 34 f.
[86] BGH NJW 2014, 1383 Rn. 25 ff.; BGH NJW 1993, 2244 (2246); OLG Nürnberg StAZ 2012, 182; OLG Frankfurt a. M. StAZ 2006, 142; *von Sachsen Gessaphe* StAZ 2015, 65 (71 ff.); Bamberger/Roth/*Mäsch* Rn. 15; aA *Wall* StAZ 2015, 361 (366 f.); *Hepting* Deutsches und Internationales Familienrecht im PStR, 2010, II–259 ff. (263).
[87] Erman/*Hohloch* Rn. 7; vgl. auch *Edlbacher,* Recht des Namens, 1978, 51; *Raschauer,* Namensrecht: eine systematische Darstellung des geltenden österreichischen und des geltenden deutschen Rechts, 1978, 336.
[88] OLG Jena StAZ 2016, 114 (116); OLG Nürnberg FGPrax 2015, 234 = FamRZ 2015, 1655 mAnm *Wall*. Das Verbot gilt grundsätzlich auch für die Namensänderung nach § 3 NamÄndG, BVerwG NJW 1997, 1594 f.
[89] Ebenso EuGH StAZ 2016, 203 = NJW 2016, 2093 Rn. 72 ff. – Bogendorff von Wolffersdorff; *Wall* StAZ 2015, 41 (48 f.).
[90] Vgl. *Luther* StAZ 1980, 61 ff.; *Ferid* IPG 1987/88 Nr. 1 (England); ausf. *Meyer-Witting,* Das Personennamens-recht in England, 1990.
[91] Bejahend OLG Jena StAZ 2016, 116 f.; OLG Nürnberg FGPrax 2015, 234 (236 f.) = FamRZ 2015, 1655 mAnm *Wall;* OLG Naumburg StAZ 2014, 338 (340) = BeckRS 2014, 02904; LG Hagen IPRax 1985, 294 mAnm *Henrich* IPRax 1985, 273; Erman/*Hohloch* Rn. 7, 13; ablehnend Soergel/*Schurig* Rn. 92; NK-BGB/*Mankowski* Rn. 42; Staudinger/*Hepting/Hausmann* (2013) Rn. 163.
[92] EuGH StAZ 2016, 203 = NJW 2016, 2093 Rn. 52 ff. – Bogendorff von Wolffersdorff.
[93] Ebenso EuGH StAZ 2016, 203 = NJW 2016, 2093 Rn. 52 ff. – Bogendorff von Wolffersdorff; *Wall* StAZ 2015, 41 (49 ff.); Bamberger/Roth/*Mäsch* Rn. 12; in diese Richtung argumentierend auch OLG Naumburg StAZ

55   Das Erfordernis eines **Familiennamens** gehört seit den Änderungen des deutschen Namensrechts durch das FamNamRG nicht mehr zum deutschen ordre public.[94] Problematisch können jedoch bei hinreichendem Inlandsbezug namensrechtliche Regeln eines fremden Namensstatuts sein, die gegen den Grundsatz der **Gleichberechtigung** verstoßen, indem sie etwa stets dem Männernamen den Vorzug geben.[95]

56   Eine Schranke der **Vornamensbestimmung** für Eltern eines Kindes aus dem Gesichtspunkt des Kindeswohls als Bestandteil des ordre public bildet der von der deutschen Praxis befolgte Grundsatz, dass nur solche Vornamen gewählt werden dürfen, die nicht erkennbar **anstößig** oder **lächerlich** sind.[96] Ein Verstoß kann insoweit wegen der Schutzfunktion dieses Prinzips sowohl vorliegen, wenn der Vorname nach dem Beurteilungshorizont des Vornamensstatuts als auch nach dem des deutschen Rechts anstößig bzw. lächerlich ist. Auch die **alleinige Bestimmung des Vornamens durch ein Elternteil** kann, soweit das Namensstatut sie erlauben sollte und das alleinige Kriterium für die Auswahl des Elternteils das Geschlecht ist, bei Inlandsbezug gegen Art. 6 und Art. 3 GG und damit gegen den deutschen ordre public verstoßen.[97]

III. Ehe- und Familienname

57   Große praktische Bedeutung besitzen die mit dem Ehenamen oder einem gemeinsamen Familiennamen zusammenhängenden Probleme. Sie werden deshalb im Anschluss an die Grundlagen dargestellt (→ Rn. 86 ff.).

IV. Vorname

58   Als eine Ausprägung des Namens eines Menschen beurteilt sich der Vorname[98] ebenfalls nach dem **Namensstatut.** Das Namensstatut bestimmt über sein rechtliches Schicksal, sobald er von der oder den zuständigen Personen wirksam festgelegt worden ist; es grenzt insbesondere auch die mögliche Auswahl ein.[99] Über die Geschlechtszuordnung bei ausländischen Vornamen entscheidet die Gebräuchlichkeit im Ursprungsland und nicht das deutsche Sprachempfinden.[100] **Ändert** sich das Namensstatut, so ändert sich zwar idR nicht der Vorname,[101] aber auf Grund des neuen öffentlich-rechtlichen wie privatrechtlichen Namensstatuts ergeben sich neue, uU erleichterte Möglichkeiten seiner Abänderung, auf die insbesondere auch das CIEC-Abkommen über die Änderung von Namen und Vornamen vom 4.9.1958 anwendbar ist (→ Rn. 66 ff.).

59   Die **Namensgebung** beim **Vornamen eines Kindes** bestimmt sich im Interesse einer einheitlichen Beurteilung aller namensrechtlichen Fragen beim Kindesnamen ebenfalls nach dem **Namensstatut.**[102] Die Grenze für die Namensgebung nach einem ausländischen Namensrecht bildet der ordre public (→ Rn. 52 ff.). Das Namensstatut entscheidet auch, wer zur Namensgebung **berechtigt** ist. Soweit es dafür die Eltern oder die Sorgeberechtigten beruft, handelt es sich um Vorfragen (→ Rn. 37 ff.).[103] Nimmt man den Grundsatz der **Einheitlichkeit des Namensstatuts** für den

---

2014, 338 = BeckRS 2014, 02904; offen gelassen von OLG Nürnberg FGPrax 2015, 234 (237) = FamRZ 2015, 1655 mAnm. *Wall;* aA (Rechtsmissbrauch keine Frage des ordre public) NK-BGB/*Mankowski* Rn. 42; Staudinger/*Hepting/Hausmann* (2013) Rn. 163.

[94] NK-BGB/*Mankowski* Rn. 43; aA *Krömer* StAZ 2006, 152 (153).

[95] *Looschelders* IPR Rn. 8; PWW/*Mörsdorf-Schulte* Rn. 19; NK-BGB/*Mankowski* Rn. 40; aA LG Essen IPRax 1999, 50 mAnm *Jayme;* AG Essen IPRax 1998, 213 mAnm *Jayme;* Staudinger/*Hepting/Hausmann* (2013) Rn. 164 f.; Soergel/*Schurig* Rn. 92.

[96] Bamberger/Roth/*Mäsch* Rn. 12 mwN; ähnlich unter Berufung auf das Kindeswohl Staudinger/*Hepting/Hausmann* (2013) Rn. 171, 487 f.; zu fremdsprachlichen Sachbezeichnungen als Vorname BayObLG StAZ 1997, 207.

[97] Erman/*Hohloch* Rn. 29 mwN.

[98] Vgl. allg. *Dörner* IPRax 1983, 287 ff.

[99] OLG Frankfurt a. M. OLGZ 1978, 411 (türkisches Recht); OLG Celle FamRZ 1999, 46 (libanesisches Recht); KG FamRZ 2000, 53 (US-Recht); AG Duisburg StAZ 1987, 283 (türkisches Recht).

[100] OLG Frankfurt a. M. StAZ 1995, 173 (174); 2005, 14 (15); OLG Hamm StAZ 2005, 139; AG Bielefeld StAZ 2008, 108; vgl. auch AG Arnsberg StAZ 2008, 77 (78); AG Frankfurt/M. StAZ 2006, 171; AG Regensburg StAZ 2004, 234 f.

[101] Vgl. LG München I StAZ 1974, 154 (156) zur Beibehaltung eines weiblichen Vornamens bei einem Mann („Erich Leopold Magda“).

[102] OLG Köln StAZ 2005, 202 (203); OLG Frankfurt a. M. StAZ 2005, 14; BayObLG StAZ 2000, 235; NK-BGB/*Mankowski* Rn. 67; PWW/*Mörsdorf-Schulte* Rn. 5; Palandt/*Thorn* Rn. 19; Erman/*Hohloch* Rn. 29; *Looschelders* IPR Rn. 16; Soergel/*Schurig* Rn. 66; für eine Namensgebung durch die Inhaber der elterlichen Sorge Bamberger/Roth/*Mäsch* Rn. 25; ebenso 5. Aufl. 2010, Rn. 36 *(Birk).*

[103] NK-BGB/*Mankowski* Rn. 67; Soergel/*Schurig* Rn. 66; aA Bamberger/Roth/*Mäsch* Rn. 25; ebenso 5. Aufl. 2010, Rn. 36 *(Birk).*

Namen des Kindes ernst, kann das Namensstatut des Kindes allerdings nicht nur bei der **objektiven Anknüpfung** nach Art. 10 Abs. 1 über die Vornamensgebung entscheiden. Es muss vielmehr auch bei einer **Rechtswahl** nach Art. 10 Abs. 3 für die Vornamensgebung maßgeblich sein;[104] diese Vorschrift ist daher auf die Vornamensgebung entsprechend anzuwenden.[105] Daher greift es zu kurz, wenn die hM die Vornamensgebung generell dem Personalstatut unterstellt,[106] weil dies im Falle einer Rechtswahl für den Familiennamen des Kindes nach Art. 10 Abs. 3 die Einheitlichkeit des Namensstatuts des Kindes zerstört und zu einer dépecage führt.

Bei **deutschem Namensstatut** unterfällt die Bestimmung des Vornamens eines Kindes der **60** Personensorge nach § 1626 Abs. 1 S. 2 BGB.[107] Das Kindeswohl wird mittlerweile als alleinige Grenze der Vornamensbestimmung angesehen.[108] Vom Grundsatz der **Geschlechtsoffenkundigkeit** des Vornamens[109] werden deshalb zunehmend Ausnahmen zugelassen, wenn das Kindeswohl durch diesen Namen nicht gefährdet ist.[110] Auch sieht man heute idR das Kindeswohl nicht als verletzt an, wenn der **Familienname eines Elternteils** als (weiterer) Vorname gewählt wird.[111] Die mögliche **Anzahl der Vornamen** ist aufgrund der Kennzeichnungsfunktion des Vornamens und der Selbstidentifikation des Kindes mit seinem Vornamen beschränkt.[112] Zwölf Vornamen[113] sind sicherlich zu viele. Die regelmäßige Maximalzahl von Vornamen ist nach dem OLG Düsseldorf auf vier bis fünf Vornamen begrenzt, sofern kein triftiger Grund für eine Abweichung erkennbar ist.[114] Das OLG Köln ließ aufgrund beachtlicher Gründe im zu entscheidenden Fall sieben Vornamen zu.[115]

Einen Fall der öffentlich-rechtlichen (behördlichen) Änderung des Vornamens stellt die **Änderung 61 des Vornamens nach dem TSG**[116] dar (zur Geschlechtsänderung vgl. → Art. 7 Rn. 29).[117] Ob sie möglich ist, entscheidet in erster Linie das **Personalstatut** des Betroffenen. § 1 Abs. 1 Nr. 1 TSG gestattete die Änderung des Vornamens ursprünglich nur Deutschen, staatenlosen bzw. heimatlosen Ausländern mit gewöhnlichem Aufenthalt im Inland und Asylberechtigten bzw. ausländischen Flüchtlingen mit inländischem Wohnsitz. Die **Namensänderung** richtete sich daher weiterhin im Einklang mit Art. 10 Abs. 1 nach dem Personalstatut des/der Betroffenen.[118] Nach der Entscheidung des BVerfG,[119] dass Art. 1 Abs. 1 Nr. 1 TSG mit Art. 3 Abs. 1 GG in Verbindung mit dem Grundrecht auf Schutz der Persönlichkeit nicht vereinbar ist, soweit er ausländische Transsexuelle, die sich rechtmäßig und nicht nur vorübergehend in Deutschland aufhalten, von der Antragsberechtigung ausnimmt, sofern deren Heimatrecht vergleichbare Regelungen nicht kennt, wurde § 1 Abs. 1 TSG durch Gesetz vom 20.7.2007 (BGBl. 2007 I S. 1566) neu gefasst. Nunmehr ist die Vornamensänderung ausländischer Transsexueller in Deutschland möglich, sofern unter Anwendung ihres Personalstatuts eine entsprechende Regelung ihres Heimatstaates nicht greift. Dies lässt sich als eine **spezielle Ausprägung des ordre public** begreifen,

---

[104] Zutr. Soergel/*Schurig* Rn. 66.
[105] Ähnlich Erman/*Hohloch* Rn. 12, der jedenfalls Art. 10 Abs. 3 Nr. 2 entspr. anwenden will; *Frowein,* FS Jayme, Bd. I, 2004, S. 197 f.
[106] Für das Personalstatut OLG Karlsruhe StAZ 2014, 51 Rn. 12; Palandt/*Thorn* Rn. 19; Staudinger/*Hepting*/*Hausmann* (2013) Rn. 464; *Looschelders* IPR Rn. 16; offen lassen die Frage („Namensstatut") NK-BGB/*Mankowski* Rn. 67; PWW/*Mörsdorf-Schulte* Rn. 5.
[107] OLG Frankfurt a. M. StAZ 2005, 14 (15).
[108] BVerfG StAZ 2004, 109; BVerfG StAZ 2006, 50 (51); BGH NJW 2008, 2500 (2501) = FamRZ 2008, 1331 mAnm *Henrich;* OLG Brandenburg StAZ 2015, 57 f.; OLG Köln FGPrax 2015, 262 f.; KG FGPrax 2006, 160; vgl. aber noch zB BayObLG StAZ 1997, 207 (208) (allgemeine Sitte und Ordnung als Grenze).
[109] AG Bremen StAZ 2004, 77; zur Geschlechtsoffenkundigkeit bei Phantasienamen vgl. OLG Düsseldorf StAZ 1998, 343.
[110] Vgl. AG Bielefeld StAZ 2008, 108 (109) zu „Danny" mwN; aA AG Bremen StAZ 2004, 77 zu „Chris"; aA LG Nürnberg-Fürth StAZ 2005, 18 zu „Zooey"; AG Gießen StAZ 2008, 248 zu „Mika" als alleinigem männlichen Vornamen, abl. für „Mika" AG Flensburg StAZ 2007, 179. „Kiran" als alleiniger Vorname eines Mädchens wurde vom OLG München nicht zugelassen, StAZ 2007, 122. Das BVerfG gab der Verfassungsbeschwerde der Eltern und ihrer Tochter statt und verwies an das OLG München zurück, BVerfG NJW 2009, 663.
[111] BGH NJW 2008, 2500 = FamRZ 2008, 1331 mAnm *Henrich;* OLG Köln FGPrax 2015, 262 (263); OLG Frankfurt a. M. NJW-RR 2000, 1171; abl. für „Lindbergh" noch AG München StAZ 2007, 179.
[112] BVerfG StAZ 2004, 109; zu dieser Problematik auch *Homeyer* StAZ 2005, 20; *Seibicke* StAZ 2005, 230.
[113] So der dem Beschluss des BVerfG NJW 2004, 1586 – zugrunde liegender Sachverhalt, BVerfG StAZ 2004, 109.
[114] OLG Düsseldorf StAZ 1998, 343, vgl. auch AG Hamburg StAZ 1980, 198.
[115] OLG Köln StAZ 1988, 82, anders AG Hamburg StAZ 1980, 198.
[116] Gesetz über die Änderung der Vornamen und die Feststellung der Geschlechtszugehörigkeit in besonderen Fällen (Transsexuellengesetz) vom 10.9.1980, BGBl. 1980 I S. 1654.
[117] Dazu auch *Jessurun d'Oliveira* IPRax 1987, 189 ff.
[118] So auch *Kegel/Schurig* IPR § 17 I 3; Erman/*Hohloch* Rn. 13.
[119] BVerfGE 116, 243 = NJW 2007, 900 mAnm *Scherpe* FamRZ 2007, 271 f.; *Roth* StAZ 2007, 9; *Röthel* IPRax 2007, 204; vgl. die Vorlage OLG Frankfurt a. M. StAZ 2005, 73.

der insoweit einer Anwendung des Personalstatuts entgegensteht.[120] Die **Anerkennung** einer **ausländischen gerichtlichen oder behördlichen Entscheidung** über Vornamensänderung eines Transsexuellen richtet sich nach § 109 Abs. 1 Nr. 1–4 FamFG.[121]

V. Zwischenname

62   Besondere Probleme wirft der Zwischenname auf,[122] der seinen äußeren Platz zwischen Vor- und Familienname einnimmt, wie er vor allem im arabisch-islamischen Kulturkreis, aber auch in Skandinavien, Russland („Vatersname") oder den USA („middle name") vorkommt.[123] Die **Rechtsprechung** sieht den Zwischennamen überwiegend nicht als **Bestandteil** des Familien-, sondern des **Vornamens** an,[124] so dass in jedem Fall das Personalstatut und somit das Heimatrecht anwendbar bleibt,[125] unabhängig davon, ob eine etwaige Eheschließung zu einem Ehenamen führen konnte, der vom bisherigen Familiennamen abwich. Entscheidendes Argument für die Einstufung als Vorname ist dabei, dass der Zwischenname im Gegensatz zum Familiennamen nicht von Generation zu Generation weitergegeben werde.[126] Jedoch hat der BGH die Ansicht vertreten, dass die Weitergabe von Generation zu Generation nach deutschem Verständnis nicht mehr als eine zwingende Funktion des Familiennamens anzusehen sei.[127] Es erscheint daher fraglich, ob der Zwischenname weiterhin unter Berufung auf den Mangel an Weitergabe durch die Generationen generell als Vorname eingestuft werden kann.[128]

63   Der nach dem **ausländischen Personalstatut** zu beurteilende Zwischenname kann im Inland geführt werden. Er ist daher als solcher in das deutsche Personenstandsregister einzutragen und darf weder als Vor- noch als Familienname behandelt werden. Das deutsche Personenstandsrecht hat diese materiellrechtliche Vorgabe umzusetzen und sich den Erfordernissen des ausländischen Namensrechts unterzuordnen.[129]

VI. Adelsbezeichnungen

64   Adelsbezeichnungen richten sich generell nach dem für den Namen maßgebenden Recht und damit gemäß Art. 10 Abs. 1 nach dem Heimatrecht bzw. **Personalstatut** des Betroffenen.[130] Es entscheidet nicht nur über deren **Erwerb,** sondern auch **Verlust,** jeweils in den vom **ordre public** gezogenen Grenzen (→ Rn. 53; zu den Einschränkungen durch das Unionsrecht → Rn. 179 ff.). Es werden außer familien- und erbrechtlichen Vorgängen auch hoheitliche Eingriffe – wie etwa die Abschaffung des Adels – erfasst. Bei letzteren kann deshalb noch zusätzlich das Problem der Anerkennung ausländischer Verwaltungsakte eine Rolle spielen.[131] Die Anerkennung einer **im EU-Ausland erworbenen Adelsbezeichnung** in Deutschland richtet sich nach Art. 48.

VII. Namensänderung

65   **1. Behördliche Namensänderung.** Die administrative Namensänderung (Änderung des Vornamens oder Familiennamens), also nicht die Änderung des Namens als Folge eines familienrechtlichen

---

[120] Erman/*Hohloch* Rn. 13.

[121] Bamberger/Roth/*Mäsch* Art. 7 Rn. 55.

[122] Dazu *Gundrum* StAZ 1973, 149 ff.; *Will* StAZ 1974, 291 ff.; *Edlbacher,* Recht des Namens, 1978, 29 f.; *Raschauer,* Namensrecht: eine systematische Darstellung des geltenden österreichischen und des geltenden deutschen Rechts, 1978, 339 f.; vgl. auch Staudinger/*Hepting/Hausmann* (2013) Rn. 26 ff.; generell zur Problematik vom deutschen Recht abweichenden ausländischen Namensrechts *Hepting* StAZ 2001, 257 ff.

[123] Vgl. etwa OVG NRW IPRspr. 1993 Nr. 15; zum Vatersnamen *von Sachsen Gessaphe* StAZ 2016, 65 (66).

[124] BGH StAZ 1971, 250; OLG Hamm StAZ 1978, 65 (67); OLG Hamm StAZ 1998, 259; OLG Köln StAZ 1980, 92; OLG Rostock StAZ 1994, 288; AG Bochum StAZ 1981, 197; unentschieden bei bulgarischem Zwischennamen, ob Vor- oder Familienname OLG Hamm StAZ 1981, 190 (193); s. auch noch OLG Frankfurt a. M. StAZ 2006, 142 (143); KG StAZ 1968, 351; bei vietnamesischem Zwischennamen für Familienname BezG Cottbus IPRspr. 1993 Nr. 14; für Vorname dagegen Soergel/*Schurig* Rn. 8; zum US-amerikanischen „middle name" als Vorname *Siehr* IPR § 18 II; KG FamRZ 2000, 53; AG Berlin-Schöneberg StAZ 1997, 16.

[125] BGH NJW 1971, 1521; BGH NJW 1993, 2244 = IPRspr. 1993 Nr. 10; BayObLG StAZ 1987, 168 f.; BayObLG StAZ 1996, 41 f.; BayObLG StAZ 2000, 235 f.; OLG Hamm StAZ 1998, 260; OLG Frankfurt a. M. FGPrax 2000, 106.

[126] Vgl. Staudinger/*Hepting/Hausmann* (2013) Rn. 28; zust. NK-BGB/*Mankowski* Rn. 70, 74.

[127] BGH FamRZ 1999, 570.

[128] *Henrich,* GS Lüderitz, 2000, 273 (276).

[129] BGH NJW 1971, 1521; OLG Karlsruhe StAZ 2013, 317; Staudinger/*Hepting/Hausmann* (2013) Rn. 29, 46 f., zum Mittelnamen eines Jungen nach englischem Recht AG Stuttgart FamRZ 2008, 181.

[130] Eingehende Nachweise bei Soergel/*Schurig* Rn. 10, 13–19; ausf. *Dumoulin,* Die Adelsbezeichnung, 1997, 137 ff.

[131] Vgl. *Kegel/Schurig* IPR § 17 IV 2 mwN; illustrativ OLG Naumburg FamRZ 2014, 1036 (Ls.) = NJW-Spezial 2014, 293 mAnm *Haußleiter/Schramm.*

Tatbestandes, bedeutet einen hoheitlichen Eingriff in den bisher richtigen Namen, über den an sich ebenfalls das **Personalstatut** befindet.[132] Es gilt dementsprechend Art. 10 Abs. 1 auch für die Möglichkeit und die Voraussetzungen einer Namensänderung.[133]

Für den Bereich der Namensänderung durch die Verwaltung, die in der Bundesrepublik Deutsch- **66** land insbesondere das NamÄndG als wesentliche Rechtsgrundlage regelt, ist im internationalen Rechtsverkehr das **CIEC-Abkommen Nr. 4 vom 4.9.1958 über die Änderung von Namen und Vornamen** (→ Abdruck Anh. I Art. 10) zu beachten,[134] da die Bundesrepublik Deutschland zu dessen Vertragsstaaten gehört. Es regelt die internationale Zuständigkeit zur Namensänderung sowie die Anerkennung ausländischer behördlicher Namensänderungen. Nicht zu seinem Gegenstand gehört die Problematik des auf die behördliche Namensänderung anwendbaren Rechts. Dieses Abkommen hat freilich bislang nur **geringe Bedeutung** erlangt, da es nur von wenigen Staaten ratifiziert worden ist.[135]

Was den **sachlichen Anwendungsbereich** des Übereinkommens betrifft, so erfasst es gemäß **67** Art. 1 nur behördliche Namensänderungen. Es bezieht sich nach dem ausdrücklichen Wortlaut dieser Bestimmung nicht auf Namensänderungen, die auf einer Änderung des Personenstandes beruhen, auch wenn diese von einer Behörde registriert werden.[136] Bei Ausarbeitung des Übereinkommens hat man die Problematik der **Transsexualität** nicht bedacht. Es erfasst daher die Vornamensänderung auf Grund einer Geschlechtsumwandlung (vgl. § 8 TSG) bzw. die isolierte Vornamensänderung (§ 1 TSG) nicht, da die Namensänderung auf keiner behördlichen Entscheidung, sondern auf dem Willen des/der Betroffenen beruht und die zuständige Behörde (Standesamt) diese Entscheidung allein durch Eintragung in das Personenstandsregister (zB Geburtenbuch) vollzieht. Auch dürfte sie eine Änderung des Personenstandes darstellen[137] bzw. sich als Berichtigung eines Irrtums begreifen lassen, die jeweils nach Art. 1 vom Anwendungsbereich ausgeschlossen sind.

Die **internationale Zuständigkeit** knüpft Art. 2 des Übereinkommens daran, dass nur von **68** **eigenen Staatsangehörigen** der Name geändert werden darf, auch wenn diese noch weitere Staatsbürgerschaften besitzen. Ihnen stehen nach Art. 3 Abs. 1 S. 1 Hs. 2 **Staatenlose und Flüchtlinge** iS des Genfer Flüchtlingsabkommens gleich, die im Änderungsstaat ihren Wohnsitz oder zumindest ihren Aufenthalt haben. Zu den deutschen Staatsangehörigen iS dieses Übereinkommens gehören auch volksdeutsche Flüchtlinge nach Art. 116 Abs. 1 GG, da sie nach Art. 9 Abs. 2 Nr. 5 FamRÄndG diesen gleichgestellt werden.[138] Es handelt sich bei der internationalen Zuständigkeit nach Art. 2 um die Staatsangehörigkeitszuständigkeit bzw. Wohnsitz- oder Aufenthaltszuständigkeit, die sich in der Bundesrepublik Deutschland zugleich mit der Statutszuständigkeit deckt, da Namensänderungen sich nach dem Personalstatut richten.

Eine unanfechtbare **Namensänderung** durch einen Vertragsstaat wird **ohne weiteres Verfah-** **69** **ren,** also automatisch, in den anderen Vertragsstaaten **anerkannt** (Art. 3 Abs. 1 Hs. 1), „soweit seine öffentliche Ordnung hierdurch nicht beeinträchtigt wird" oder der besondere Vorbehalt für Mehrstaater des Art. 5 nicht eingreift. Die Anerkennung von Namensänderungen durch andere Vertragsstaaten bezieht sich nach Art. 4 auch auf Entscheidungen, durch welche diese für nichtig erklärt oder widerrufen werden.

Gegenüber **Nichtvertragsstaaten** bleibt es bei den allgemeinen Regeln. Eine Namensänderung **70** durch **deutsche Behörden** richtet sich nach dem NamÄndG. Die internationale Zuständigkeit besteht für Deutsche, für heimatlose Ausländer, Asylberechtigte und Flüchtlinge mit gewöhnlichem Aufenthalt oder Wohnsitz in Deutschland.[139] Inhaltlich ist das Namensstatut maßgeblich, das bei diesem Personenkreis nach Art. 10 Abs. 1 ihr deutsches Personalstatut ist (→ Art. 5 Rn. 94 ff.). Dieser Gleichlauf von Zuständigkeit und anwendbarem Recht erklärt, warum man häufig verkürzt davon spricht, dass eine Namensänderung in Deutschland nur bei Personen mit deutschem Personalstatut in Betracht komme.[140]

---

[132] OLG Naumburg FamRZ 2014, 1036 (Ls.) = NJW – Spezial 2014, 293 mAnm *Haußleiter/Schramm;* OLG Hamm OLGZ 1975, 275 (277 f.); AG Augsburg IPRspr. 1977 Nr. 180; mittelbar auch AG Hamburg IPRspr. 1968/69 Nr. 11; *Wengler* StAZ 1973, 205 (206); Palandt/*Thorn* Rn. 8; Soergel/*Schurig* Rn. 11.

[133] BayObLG NJW-RR 2000, 1106; OLG Hamm FGPrax 98, 223 = NJW-RR 1999, 874; VG Oldenburg StAZ 2008, 82; aA Staudinger/*Hepting/Hausmann* (2013) Rn. 80.

[134] Soergel/*Schurig* Rn. 93 ff.

[135] Übereinkommen ratifiziert von Belgien, Deutschland, Frankreich, Luxemburg, Niederlande, Schweiz, Türkei, aktueller Stand unter www.personenstandsrecht.de – Übereinkommen der Internationalen Kommission für das Zivilstandswesen.

[136] OLG München FGPrax 2014, 186.

[137] So *Jessurun d'Oliveira* IPRax 1987, 187 (191); Soergel/*Schurig* Rn. 94.

[138] *Massfeller* StAZ 1962, 211; *Kegel/Schurig* IPR § 17 IV 1i.

[139] NK-BGB/*Mankowski* Rn. 57; zur behördlichen Namensänderung *Thomas* StAZ 2010, 33.

[140] Vgl. Bamberger/Roth/*Mäsch* Rn. 27.

71   Eine Änderung des Vor- und/oder Familiennamens durch eine **ausländische Behörde** ist entsprechend § 328 ZPO, § 109 FamFG anzuerkennen, soweit sie durch die zuständige Behörde des **Heimatstaates** erfolgt und nicht gegen den **ordre public** verstößt, zB wenn sie ohne oder gar gegen den Willen des Betroffenen erfolgt.[141] Die Abänderung des Namens eines **Deutschen im Ausland** ist daher mangels internationaler Zuständigkeit des ändernden Staates in Deutschland grundsätzlich nicht anzuerkennen.[142] Umstritten ist, ob dies auch dann gilt, wenn der **Deutsche zugleich die Staatsangehörigkeit des abändernden Staates** hat.[143] Das ist richtigerweise zu verneinen. Es geht dabei nicht um die materiellrechtliche bzw. kollisionsrechtliche Problematik der maßgeblichen Staatsangehörigkeit (Art. 5 Abs. 1 S. 2), sondern um die verfahrensrechtliche Anerkennungszuständigkeit entsprechend § 328 Abs. 1 Nr. 1 ZPO, § 109 Abs. 1 Nr. 1 FamFG. Für eine ausschließliche Zuständigkeit deutscher Behörden in diesen Fällen ist jedoch kein Grund ersichtlich.[144] Wenn der deutsch-ausländische Doppelstaater die Namensänderung bei der zuständigen Behörde seines zweiten Heimatstaates beantragt oder angeregt hat, ist diese deshalb anzuerkennen.[145] Die Anerkennung eines **im EU-Ausland erworbenen Namens** in Deutschland richtet sich stets nach Art. 48 – und damit auch im Falle einer behördlichen Namensänderung (→ Art. 48 Rn. 13).

72   **2. Private Namensänderung.** Da das deutsche Recht keine privatautonome Namensbildung oder Namensänderung kennt, wirft die private Namensänderung zunächst die Frage der **Qualifikation** auf. Sie ist im Einklang mit der hM privatrechtlich zu qualifizieren und damit nach Art. 10 zu behandeln.[146] Das Namensstatut bestimmt daher über die Voraussetzungen und Wirkungen einer privaten Namensänderung. Sie ist bei **deutschem Namensstatut** nicht möglich, da das deutsche Recht nur die öffentlich-rechtliche Namensänderung vorsieht.[147]

73   Ob eine private Namensänderung, wie sie nach englischem und zum Teil nach US-amerikanischem Recht möglich ist,[148] bei **ausländischem Namensstatut** im Inland zu beachten, ist umstritten. Hält man eine private Namensänderung mit der hM für grundsätzlich beachtlich,[149] stellt sich die weitere Frage, ob die Führung dieses Namens gegen den deutschen ordre public verstößt (zum ordre public → Rn. 54; zur Bedeutung des Unionsrechts → Rn. 205 ff.). Die Anerkennung eines **im EU-Ausland erworbenen Namens** in Deutschland richtet sich auch im Falle einer privaten Namensänderung nach Art. 48.

74   **3. Sachrechtliche Namensangleichung.** Eine Namensänderung in Form der Namensangleichung gestattet **§ 94 Abs. 1 BVFG** Vertriebenen und Spätaussiedlern, deren Ehegatten[150] und Abkömmlingen. Sie müssen Deutsche iS des Art. 116 Abs. 1 GG sein. Durch die Erklärung können fremde Namensbestandteile des Geburtsnamens abgelegt und der Vor- und/oder Familienname in

---

[141] OLG Bremen StAZ 1986, 9; OLG Naumburg FamRZ 2014, 1036 = NJW – Spezial 2014, 293 mAnm *Haußleiter/Schramm*; NK-BGB/*Mankowski* Rn. 58.

[142] BayObLG StAZ 1993, 388; BayObLGZ 2000, 24; OLG Hamm StAZ 1999, 40; Bamberger/Roth/*Mäsch* Rn. 28; Erman/*Hohloch* Rn. 14 mwN; vgl. zur Änderung eines Familiennamens OLG Stuttgart FamRZ 2005, 982.

[143] Dafür OLG München StAZ 2013, 193; BayObLGZ 2000, 18 (24); OLG Hamm StAZ 1999, 40; NK-BGB/*Mankowski* Rn. 58; Erman/*Hohloch* Rn. 14; dagegen OLG Bremen StAZ 1986, 9; OVG Münster StAZ 1994, 195; Bamberger/Roth/*Mäsch* Rn. 28.

[144] Zutr. Bamberger/Roth/*Mäsch* Rn. 28.

[145] Ebenso im Ergebnis die 5. Aufl. 2010, Rn. 49 (*Birk*).

[146] OLG Jena StAZ 2016, 116 f.; OLG Nürnberg FGPrax 2015, 234 = FamRZ 2015, 1655 mAnm. *Wall*; OLG Naumburg StAZ 2014, 338 = BeckRS 2014, 02904; LG Traunstein StAZ 2008, 246; aA *Hepting/Dutta*, Familie und Personenstand, 2. Aufl. 2015, II-217; Staudinger/*Hepting/Hausmann* (2013) Rn. 80.

[147] Bamberger/Roth/*Mäsch* Rn. 26.

[148] Vgl. dazu *Luther* StAZ 1980, 61 ff.; *Ferid* IPG 1987/88 Nr. 1 (Großbritannien, England); *Woelke* FamRZ 2004, 1342; *Wall* StAZ 2015, 41 (42); Nach OLG München StAZ 2014, 179 soll hierzu auch die Namensänderung nach § 157 Abs. 2 des österreichischen ABGB gehören, mit der das Kind nach der Scheidung der Eltern den neuen Familiennamen eines Elternteils annimmt.

[149] So (entweder explizit oder implizit, da auf den ordre public abstellend) OLG Jena StAZ 2016, 116 f.; OLG Nürnberg FGPrax 2015, 234 = FamRZ 2015, 1655 mAnm. *Wall*; OLG Naumburg StAZ 2014, 338 = BeckRS 2014, 02904; OLG Hamburg StAZ 1980, 285; LG Bonn StAZ 1984, 343; LG Heidelberg IPRax 1989, 52; Bamberger/Roth/*Mäsch* Rn. 12; NK-BGB/*Mankowski* Rn. 42; Erman/*Hohloch* Rn. 7, 13; aA (die Änderung durch „deed poll" erfasse nur den „conventional name", nicht den „legal name" und ändere aber die Familiennamen nicht) LG Traunstein StAZ 2008, 246; AG Nürnberg StAZ 2015, 59 f.; hiergegen wiederum die zutreffende Kritik von *Wall* StAZ 2015, 41 (42 f.); vgl. auch *Sturmhöfel*, Der Name im In- und Ausland, 2007, 38 ff.

[150] Nach BayObLG StAZ 2004, 167 darf der ausländische Ehegatte eines Spätaussiedlers eine Namenserklärung nach seiner Einbürgerung auch dann abgeben, wenn er selber kein Spätaussiedler ist. Vgl. die Anm. von *Silagi* StAZ 2004, 270 ff.

deutschsprachiger Form geführt werden. Diese Namensangleichung an die deutsche Sprache steht der Anwendung des Art. 10 hinsichtlich des Ehenamens nach einem Statutenwechsel nicht entgegen.[151]

Darüber hinaus ermöglicht **Art. 47** allgemein eine Angleichung des Namens beim Statutenwech- 75 sel zum deutschen Recht.

VIII. Namensschutz

Der Namensschutz bestimmt sich nach heute vorherrschender Auffassung nach dem **Deliktssta-** 76 **tut,**[152] **nicht** aber nach dem **Namensstatut,** wie dies vor allem früher vertreten wurde.[153] Eine solche an sich konsequente Anwendung des Personalstatuts ist in den wirtschaftlich relevanten Fällen der Namensberühmung praktisch untauglich, weil dabei mindestens zwei uU verschiedene Personalstatute aufeinander treffen. Deshalb erscheint die Maßgeblichkeit des Deliktsstatuts angemessener. Ihm sind die Voraussetzungen und Rechtsfolgen bei Verletzung des Namensrechts zu entnehmen. Dies schließt nicht aus, im Rahmen des Deliktsstatuts etwa die Namensbildung nach dem Personalstatut als dem maßgeblichen Namensstatut zu beurteilen (näher → Art. 40 Rn. 84).

IX. Intertemporales Recht

Fragen des intertemporalen Übergangsrechts stellen sich im internationalen Namensrecht infolge 77 der Änderungen des Gesetzes (→ Rn. 9 ff.) in **dreierlei Hinsicht:** Die Neuordnung des internationalen Namensrechts durch die IPR-Reform 1986, durch das FamNamRG 1994 und durch das KindRG 1998 werfen die Frage nach dem **Verhältnis zwischen** dem jeweiligen **alten und neuen Recht** auf. Hierbei ist nicht lediglich das Übergangsrecht der letzten Reform maßgeblich. Zu fragen ist vielmehr auch, inwieweit ein namensrechtlicher Sachverhalt noch nach dem vor 1986 geltenden internationalen Namensrecht zu beurteilen ist.

1. Übergangsrecht des IPRG. Nach **Art. 220 Abs. 1** ist auf vor dem 1.9.1986 **abgeschlossene** 78 **Vorgänge** das bisherige IPR anwendbar. Bis zum 31.8.1986 abgeschlossene namensrechtliche Vorgänge beurteilen sich damit nach dem vorreformatorischen IPR. Doch wann ist ein namensrechtlicher Vorgang abgeschlossen?[154] Darüber sagt Art. 220 Abs. 1 nichts Näheres.

Allgemein anerkannt ist, dass ein Vorgang iS von Art. 220 Abs. 1 abgeschlossen ist, wenn das 79 **letzte Tatbestandsmerkmal erfüllt** wurde.[155] Denn dann tritt ohne weiteres die vorgesehene Rechtsfolge ein. Das gilt auch für das Namensrecht. Art. 220 Abs. 2 ist hier nicht einschlägig, denn er bezieht sich lediglich auf „Wirkungen familienrechtlicher Rechtsverhältnisse". Zu diesen zählt aber der Name gerade nicht, da auch der Ehename nach Art. 10 und nicht etwa nach dem Ehewirkungsstatut zu beurteilen ist.

Problematisch sind namensrechtlich jene Fälle, in denen nach dem bisher maßgeblichen IPR und 80 den von ihm berufenen Sachrecht ein namensrechtlicher Tatbestand noch nicht voll erfüllt und damit abgeschlossen war, sondern ein einzelnes oder mehrere zur Herbeiführung der namensrechtlichen Rechtsfolge erforderliche Tatbestandsmerkmale nach dem 31.8.1986 eingetreten sind oder noch eintreten. Solche **gestreckten Tatbestände** finden sich vor allem im Bereich des Zusammenwirkens von Familienrecht und Namensrecht, etwa beim Ehenamen oder Lebenspartnerschaftsnamen. Dies betrifft sowohl den Ersterwerb als auch eine nachträgliche Änderung des Namens.[156] Beim Vornamen sind solche gestreckten Tatbestände indes wenig wahrscheinlich.

2. Übergangsrecht des FamNamRG. Zum 1.4.1994 wurde Art. 10 durch das FamNamRG 81 geändert. Das Übergangsrecht fand sich in Art. 7 § 5 FamNamRG. Abs. 1 regelte die Möglichkeiten, die **bei Inkrafttreten der Änderungen bereits verheiratete Ehegatten** zur namensrechtlichen Gestaltung hatten. Die Regelungen in Abs. 2 bezogen sich auf die namensrechtlichen Möglichkeiten für ein vor Inkrafttreten des FamNamRG geborenen ehelichen Kindes. Die Übergangregelungen erlaubten eine nachträgliche Rechtswahl des Ehenamensstatuts bzw. die Wahl eines ausländischen Statuts für den Kindesnamen. Die nachträgliche Bestimmung musste innerhalb einer Frist von zwei

---

[151] OLG Frankfurt a. M. StAZ 2006, 263 f.

[152] Vgl. Bamberger/Roth/*Mäsch* Rn. 31; Palandt/*Thorn* Rn. 11; Erman/*Hohloch* Rn. 16; Soergel/*Schurig* Rn. 20; NK-BGB/*Mankowski* Rn. 91; vgl. dazu auch *Mankowski* StAZ 2011, 293 ff.; *Birk,* Schadensersatz und sonstige Restitutionsformen im IPR, 1969, 195.

[153] Nachweise aus der Lit. bei *Heldrich,* FS Zajtay, 1982, 215 (216, 217) m. Fn. 11 f.

[154] Dazu *Hepting* StAZ 1987, 188 ff.

[155] Vgl. etwa BGH NJW-RR 2015, 1089 Rn. 10; BGH NJW 2014, 1383; BGH NJW 1991, 1417 = IPRspr. 1990 Nr. 17; BGH NJW 1993, 2244 = IPRspr. 1993 Nr. 10; OLG Hamm StAZ 1990, 260 (261).

[156] So auch *Hepting* StAZ 1987, 194; BayObLG NJW-RR 2000, 1105: Erwerb, Änderung und Verlust des Namens sind „abgeschlossene Vorgänge".

Jahren nach Inkrafttreten des FamNamRG, mithin bis zum 31.3.1996, erfolgt sein. Zu weiteren Einzelheiten → 4. Aufl. 2010, Rn. 48 ff.

82   Das FamNamRG wurde durch Art. 23 des Zweiten Gesetzes über die Bereinigung von Bundesrecht im Zuständigkeitsbereich des Bundesministeriums der Justiz vom 23.11.2007 (BGBl. 2007 I S. 2614) mit Wirkung **zum 30.11.2007 aufgehoben.**

83   **3. Übergangsrecht des KindRG.** Die für das internationale Namensrecht relevante Übergangsvorschrift des KindRG ist Art. 224 § 3. Er betrifft die Geltung der aktuellen Fassung des Art. 10. Gemäß Art. 224 § 3 Abs. 1 gilt für **Kinder,** die vor dem 1.7.1998 geboren sind, Art. 10 aF. Allerdings betrifft Art. 224 § 3 Abs. 1 nicht die gemäß Art. 10 Abs. 2 und Abs. 3 bestehenden Rechtswahlmöglichkeiten.[157]

84   Für die **Rechtswahl des Kindesnamens** nach Art. 10 Abs. 3 gilt, dass sie unbefristet und deshalb nicht auf Kinder beschränkt ist, die nach dem 1.7.1998 geboren wurden. Vielmehr kann sie sich insbesondere auch auf solche Kinder beziehen, die am 1.7.1998 bereits geboren waren und unter elterlicher Sorge standen. Allerdings ist dies nur dann zulässig, wenn vor dem 1.7.1998 noch keine Art. 10 Abs. 3 entsprechende Rechtswahl vorgenommen wurde.[158]

85   Für die **Rechtswahl der Ehegatten** nach Art. 10 Abs. 2 ist übergangsrechtlich von Bedeutung, dass sie, wenn sie am 1.7.1998 bereits miteinander verheiratet waren, die Rechtswahl nach Art. 10 Abs. 2 unbefristet wahrnehmen können.

D. Namensführung von Ehegatten

86   Im **deutschen Recht** ist der **Familienname**[159] der von einer Person zu einem bestimmten Zeitpunkt geführte Nachname. Er ist entweder der Geburtsname (vgl. § 1355 Abs. 6 BGB) oder der Ehename. Der **Ehename** ist der von beiden Ehegatten gemeinsam bestimmte Familienname. Sie können dazu den Namen der Frau oder des Mannes bestimmen[160] (vgl. § 1355 Abs. 1 S. 1 und Abs. 2 BGB). Der Ehename der Eltern wird dann der Geburtsname des Kindes (§ 1616 BGB). Das **Prinzip der Namenseinheit** in der Familie besteht jedoch heute nur in **abgeschwächter** Form: Die Ehegatten können ihren bisherigen Familiennamen weiterführen (§ 1355 Abs. 1 S. 2 BGB) und selbst wenn sie später einen Ehenamen wählen, wird dieser nicht stets der Familienname ihres Kindes (vgl. § 1617c BGB).

87   Demgegenüber kennen viele **ausländischen Rechte** (zB die romanischen und skandinavischen Rechtsordnungen) **keinen Ehenamen.** Freilich wird dort im sozialen Verkehr von Ehegatten häufig ein gemeinsamer Name gebraucht (Gebrauchsname).[161]

88   Das **internationale Recht des Ehenamens** hatte das IPRG zunächst äußerst kompliziert und unübersichtlich geregelt. Die Reform durch das FamNamRG hat zu einer deutlichen Straffung geführt (→ Rn. 9 ff.). Heute verbindet Art. 10 die **objektive Anknüpfung an das Personalstatut** (Abs. 1) mit der Möglichkeit einer **Rechtswahl** (Abs. 2).

89   Nach einem **Statutenwechsel** (→ Rn. 43 ff.) können die Ehegatten für ihre künftige Namensführung in Anwendung des Art. 10 Abs. 2 eine Rechtswahl treffen, auch wenn sie zuvor unter ihrem damaligen Recht einen Ehenamen bestimmt hatten.[162]

I. Namensführung von Ehegatten bei fehlender bzw. unwirksamer Rechtswahl

90   **1. Objektive Anknüpfung des Familiennamens.** Als **Grundsatz** enthält Art. 10 Abs. 1 weiterhin die objektive Anknüpfung des Namens einer Person und damit auch des Familiennamens an

---

[157] Erman/*Hohloch* Rn. 35.

[158] Erman/*Hohloch* Rn. 35.

[159] Krit. zum Begriff des Familiennamens mit dem Änderungsvorschlag in „Zuname" und dem Hinweis, dass in skandinavischen Ländern der Begriff des „Nachnamens" verwendet wird, vgl. *Seibicke* StAZ 2006, 294.

[160] Zur Verfassungsmäßigkeit des Ausschlusses eines Doppelnamens vgl. BVerfGE 104, 737 = NJW 2002, 1256; zur Vereinbarung mit der EMRK vgl. EGMR FamRZ 2008, 1507 = StAZ 2008, 375 – Heidecker-Tiemann.

[161] Für Frankreich vgl. *Sperling,* Familiennamensrecht in Deutschland und Frankreich, 2012, 39 ff.; für Italien E. *Wagner,* Die Namensführung der verheirateten Frau im italienischen Recht, 2002, 103 ff.; für die Schweiz *Aebi-Müller* SchweizJZ 108 (2012), 449; allg. *Nowak,* Der Name der natürlichen Person, 1996, 56 ff.; Erman/*Hohloch* Rn. 19.

[162] BGH StAZ 2001, 211 (213); OLG Frankfurt a. M. StAZ 2006, 263 eine Rückkehr zu getrennter Namensführung in der Ehe ist möglich; zur folgenden Namensänderung der Kinder vgl. OLG Frankfurt a. M. StAZ 2007, 146 f.; *Sturm,* FS Sonnenberger, 2004, 711 (724 f.).

deren **Personalstatut.**[163] Dieses bestimmt auch darüber, ob und in welcher Form ein **Ehename** gebildet werden kann.[164] Infolge der Möglichkeit einer Rechtswahl nach Art. 10 Abs. 2 kommt der objektiven Anknüpfung jedoch im Ergebnis nur Bedeutung zu, wenn die Verlobten bzw. Ehegatten von dieser Wahlmöglichkeit keinen Gebrauch gemacht haben oder die Wahl unwirksam ist. Es ist daher durchaus zutreffend, wenn die **Praxis** an erster Stelle prüft, ob die Verlobten bzw. Ehegatten den Ehenamen durch Rechtswahl bestimmt haben.

Nach dem **Personalstatut** der Ehegatten richtet sich die Bildung eines Ehenamens dann, wenn **91** entweder von den Ehegatten keine Rechtswahl nach Art. 10 Abs. 2 getroffen wurde oder eine an sich zulässige Rechtswahl unwirksam ist. Die hM stellt dabei auf das Personalstatut jedes Ehegatten **vor der Eheschließung** ab. Erwirbt ein Ehegatte (etwa die Frau) mit Eheschließung zusätzlich eine andere Staatsangehörigkeit und wird er dadurch Mehrstaater, so bleibt es deshalb bei der Maßgeblichkeit der bisherigen Staatsangehörigkeit für die Anknüpfung.[165] Zutreffend erscheint es jedoch, generell auf das Personalstatut **nach Eheschließung** abzustellen, weil es um die künftige Namensführung geht. Maßgeblich ist je nach Lage des Falles die effektive bzw. die deutsche Staatsangehörigkeit (Art. 5 Abs. 1).[166] Damit lässt sich auch ohne weiteres erklären, warum bei einem Verlust der alten Staatsangehörigkeit durch die Eheschließung auf die gegenwärtige, aktuelle Staatsangehörigkeit abgestellt wird.[167]

Die Anknüpfung des Ehenamens durch Art. 10 Abs. 1 an das Personalstatut des Ehegatten ist im **92** ausländischen Kollisionsrecht nicht so verbreitet. Häufig wird dort der Ehename dem Recht der Ehewirkungen zugewiesen. Führt die Verweisung auf ein fremdes Recht aus diesem Grunde zur **Rück- oder Weiterverweisung** auf das vom Kollisionsrecht des Namensstatuts für maßgeblich erklärte Ehewirkungsstatut, so ist dies nach Art. 4 Abs. 1 zu beachten.[168] In manchen Ländern herrscht allerdings Streit darüber, welches Recht über den Ehenamen befindet,[169] so dass entsprechend unsicher ist, ob überhaupt eine Rück- oder Weiterverweisung seitens des Namensstatuts vorliegt. Zur Behandlung dieser Situation → Art. 4 Rn. 90 ff.

2. Unterschiedliche Personalstatute der Ehegatten. Besitzen die beiden Ehegatten – bis zur **93** Eheschließung würde man besser von Verlobten sprechen – **kein gemeinsames Personalstatut** (gemischtnationale Ehe), führt die objektive Anknüpfung nach Art. 10 Abs. 1 zur **Berufung zweier Ehenamensstatute.** Ebenso verhält es sich, wenn beide Lebenspartner einer eingetragenen Lebenspartnerschaft unterschiedlicher Nationalität sind.[170] Entweder handelt es sich dabei um das Zusammentreffen deutschen und ausländischen Rechts oder um ein solches zweier ausländischer Rechte. Im Allgemeinen setzt sich dabei dasjenige Recht durch, das die **strengeren Regeln** enthält, wenn sich die maßgeblichen Rechtsordnungen hinsichtlich der Bildung des Ehenamens inhaltlich unterscheiden.[171] Darin liegt freilich keine materiellrechtliche Angleichung bzw. Anpassung[172] (zu dieser → Einl. IPR Rn. 242 ff.), sondern lediglich die Konsequenz einer getrennten Beurteilung des Familiennamens nach dem jeweiligen Personalstatut. Falls einer der Statute einen gemeinsamen Ehenamen verlangt und darüber hinaus bestimmt, dass dieser entweder regelmäßig oder zumindest bei fehlender Einigung der Ehegatten der Name des Ehemannes ist, kann die Anwendung dieses Rechts indes gegen den **ordre public** verstoßen (→ Rn. 55). In diesem Falle setzt sich die strengere Rechtsordnung nicht durch; im Ergebnis erfolgt dann die Bildung des Ehenamens nach dem Personalstatut des anderen Ehegatten.[173]

Schwierigkeiten ergeben sich, wenn die beiden Personalstatute inhaltlich voneinander abweichen **94** und nicht miteinander vereinbare Sachnormen über den Ehenamen besitzen, zB wenn jedes Personal-

---

[163] Auch die Zusammensetzung des Familien- bzw. Ehenamens richtet sich nach dem Personalstatut, BGH FamRZ 1999, 570, so zB die Zulässigkeit privater Namenszusätze.

[164] NK-BGB/*Mankowski* Rn. 88; Palandt/*Thorn* Rn. 12.

[165] BGHZ 72, 163 = NJW 1979, 489; OLG Frankfurt a. M. StAZ 2004, 338; BayObLG IPRax 1987, 242; OLG Hamm StAZ 1979, 147; Palandt/*Thorn* Rn. 12; aA für den Fall, dass ein Ehegatte durch die Heirat seine alte Staatsangehörigkeit verliert, NK-BGB/*Mankowski* Rn. 88a.

[166] Bamberger/Roth/*Mäsch* Rn. 33; PWW/*Mörsdorf-Schulte* Rn. 10; Soergel/*Schurig* Rn. 27; Staudinger/*Hepting/Hausmann* (2013) Rn. 211.

[167] Vgl. NK-BGB/*Mankowski* Rn. 88a.

[168] *Henrich,* Erwerb und Änderung des Familiennamens, 1983, 39 ff.; Staudinger/*Hepting/Hausmann* (2013) Rn. 215.

[169] Etwa in Frankreich, vgl. *Sperling,* Familiennamensrecht in Deutschland und Frankreich, 2012, 121 ff.

[170] Am Beispiel einer deutsch-niederländischen eingetragenen Lebenspartnerschaft *Henrich* FamRZ 2002, 137 (138).

[171] Dazu *Hepting* StAZ 1994, 3 f.; NK-BGB/*Mankowski* Rn. 88b; Bamberger/Roth/*Mäsch* Rn. 34.

[172] So aber Bamberger/Roth/*Mäsch* Rn. 34; vgl. aber *Henrich* IPRax 1986, 333 (334).

[173] Anders wohl *Hepting* StAZ 1994, 4.

statut zu einem **anderen Ehenamen** führt oder eines von beiden überhaupt **keinen Ehenamen** kennt. Durch **Rechtswahl** kann ein solcher Normenwiderspruch indes verhindert oder beseitigt werden (→ Rn. 96). Was in den übrigen Fällen gilt, ist umstritten. Während die Ehegatten nach der wohl überwiegenden Meinung **verschiedene Namen** nach Maßgabe ihres jeweiligen Personalstatuts führen,[174] will die Gegenauffassung eine **materiellrechtliche Angleichung** durchführen.[175] Für die hM spricht indes, dass die positivrechtliche materielle Angleichungsnorm des Art. 220 Abs. 4 (aF) durch das FamNamRG ersatzlos gestrichen wurde, weil sie angesichts der Rechtswahlmöglichkeiten nach Art. 10 Abs. 2 entbehrlich sei. Auch hält das deutsche Recht einen Ehenamen nicht mehr für zwingend (→ Rn. 86).[176]

II. Gemeinsame Rechtswahl der Ehegatten

95 **1. Allgemeines.** Die objektive Anknüpfung des Ehenamens nach Art. 10 Abs. 1 kann im weiteren Umfang durch gemeinsame Rechtswahl der Ehegatten **bei** und **nach** der Eheschließung ersetzt werden. Die **Rechtswahl** bezieht sich auf das **Namensstatut,** also die Namensrechtsordnung, nicht auf den konkreten Namen.[177] Art. 10 Abs. 2 ist insoweit rechtstechnisch ungenau gefasst. Er erweckt den fälschlichen Anschein, die Ehegatten könnten nicht allein das anwendbare Namensrecht, sondern auch noch den konkreten Namen wählen. Die Rechtswahl erfasst das Namensstatut, soweit es Regeln über den **Ehenamen** enthält. Insoweit entfällt auch die Beachtung der Rück- und Weiterverweisung (Art. 4 Abs. 2).[178] **Andere namensrechtliche Fragen** (zB der Vorname) bleiben nach wie vor gemäß Art. 10 Abs. 1 dem Personalstatut unterworfen.[179]

96 Eine Rechtswahl nach Art. 10 Abs. 2 liegt vor allem dann nahe, wenn dadurch bei inhaltlich einander widersprechenden Personalstatuten einem Normenwiderspruch aus dem Wege gegangen werden kann (→ Rn. 94). Die Ehegatten können auf diese Weise mit Hilfe des gewählten Rechts einen **gemeinsamen Ehenamen** bilden und überdies die Namensführung auf ihre gegenwärtige oder spätere **soziale Umwelt** ausrichten.[180] Zu den Grenzen → Rn. 104.

97 Von der Rechtswahl nach Art. 10 Abs. 2 zu unterscheiden ist die vom gewählten Recht oder dem/den kraft objektiver Anknüpfung nach Art. 10 Abs. 1 maßgeblichen Personalstatut(en) auf Grund dessen/deren Sachnormen eingeräumte **Namenswahl.**[181] Rechtswahl und Namenswahl können miteinander verbunden werden. Auch kann in der Namenswahl konkludent eine Rechtswahl liegen, wenn der gewählte Name nur nach einem anderen, nach Art. 10 Abs. 2 wählbaren Recht gebildet werden kann.[182]

98 Bei der Rechtswahl kommt es nach Art. 10 Abs. 2 entgegen dessen früherer Fassung **nicht** mehr darauf an, ob die **Eheschließung im Inland oder im Ausland** erfolgt. Angesichts der praktischen, nach wie vor erheblich unterschiedlichen Gestaltung der Eheschließung in der Bundesrepublik Deutschland und in einem anderen Staat, empfiehlt es sich, bei der bisherigen Systematik zu bleiben.[183]

99 **2. Eheschließung im Inland. a) Rechtswahl bei der Eheschließung. aa) Wählbare Rechte.** Art. 10 Abs. 2 sieht als wählbare Rechte für das Ehenamensstatut das **Heimatrecht** eines der beiden Ehegatten oder das **deutsche Recht** als **Aufenthaltsrecht** (Art. 10 Abs. 2 Nr. 2) vor. Weitere Rechte stehen nicht zur Wahl. Insbesondere kann das Recht des **ausländischen Aufenthaltsstaates** nicht nach Art. 10 Abs. 2 Nr. 2 gewählt werden. Die hM hält dies zwar rechtspolitisch für problematisch, lehnt eine Wahl des Aufenthaltsrechts **analog Art. 10 Abs. 2 Nr. 2** jedoch ab,

---

[174] Bamberger/Roth/*Mäsch* Rn. 34; Erman/*Hohloch* Rn. 20; Palandt/*Thorn* Rn. 12; Soergel/*Schurig* Rn. 29 aE.

[175] OLG Stuttgart StAZ 2006, 361 mAnm *Henrich* IPRax 2007, 52; Staudinger/*Hepting/Hausmann* (2013) Rn. 235 ff.; krit. *Krömer* StAZ 2007, 242.

[176] Soergel/*Schurig* Rn. 29 aE; Bamberger/Roth/*Mäsch* Rn. 3.

[177] BGH NJW-RR 2015, 321 f.; BayObLGZ 1999, 153 = IPRax 2000, 131 mAnm *Gaaz* IPRax 2000, 115 f. = IPRspr. 1999 Nr. 7; OLG Hamm FGPrax 1999, 55; *Henrich* StAZ 1996, 129; Staudinger/*Hepting/Hausmann* (2013) Rn. 244; Bamberger/Roth/*Mäsch* Rn. 40; NK-BGB/*Mankowski* Rn. 122; Soergel/*Schurig* Rn. 30, 63d; aA *Sturm* StAZ 1995, 255 (256); *Sturm* StAZ 2005, 253 (254 ff.).

[178] Erman/*Hohloch* Rn. 25; Bamberger/Roth/*Mäsch* Rn. 49.

[179] BGH NJW-RR 2015, 321 f.; OLG Karlsruhe StAZ 2014, 334 = BeckRS 2014, 05667 (Vorname); Bamberger/Roth/*Mäsch* Rn. 39.

[180] Staudinger/*Hepting/Hausmann* (2013) Rn. 245 f.; Bamberger/Roth/*Mäsch* Rn. 35.

[181] BGH NJW-RR 2015, 321 f.; Bamberger/Roth/*Mäsch* Rn. 50; zur gemeinsamen Familiennamensbestimmung ohne Rechtswahl gemäß Art. 10 Abs. 2 mit Wirkung nur für den deutschen Ehegatten vgl. OLG Stuttgart StAZ 2006, 361 mAnm *Henrich* IPRax 2007, 52.

[182] Vgl. OLG Düsseldorf StAZ 2010, 110; OLG München StAZ 2009, 241; Bamberger/Roth/*Mäsch* Rn. 51.

[183] Vgl. auch Staudinger/*Hepting/Hausmann* (2013) Rn. 247 ff., 274 ff.

weil der Gesetzgeber diese Beschränkung in Kenntnis der Problematik beibehalten habe.[184] Vorzugswürdig erscheint demgegenüber eine Analogie.[185] Sie würde auch den unionsrechtlichen Anforderungen besser Rechnung tragen und Namensspaltungen vermeiden,[186] die dann erst wieder mit
Hilfe des Art. 48 zu bewältigen sind (→ Rn. 234).

Danach sind also nicht nur das inländische Recht, sondern auch ausländische Rechte wählbar. **100**
Die Vorschrift selbst enthält keine weiteren Eingrenzungen. Insbesondere sind die Ehegatten nicht
auf die Wahl eines Rechtes beschränkt, aus dessen Anwendung ein Familienname iS des § 1355
Abs. 1 BGB folgt; vielmehr kann auch ein Recht, das zur Namensverschiedenheit der Ehegatten
führt, gewählt werden.[187] Dies macht es an sich auch einem **rein deutschen Ehepaar** möglich,
deutsches Recht als Ehenamensstatut zu wählen, obwohl Art. 10 Abs. 1 zum gleichen Ergebnis führt.
Eine derartige Rechtswahl erscheint freilich im Hinblick auf Art. 3 Abs. 1 S. 1 fraglich, da eine
„Verbindung zum Recht eines ausländischen Staates" fehlt.

Bei einem **rein ausländischen Ehepaar** kann sowohl Art. 10 Abs. 2 Nr. 1 wie Nr. 2 in Frage **101**
kommen, gleichgültig, ob jeder Ehegatte eine verschiedene Staatsangehörigkeit hat oder nicht. Besitzt
einer von ihnen daneben die deutsche Staatsangehörigkeit, so greift Art. 5 Abs. 1 S. 2 gemäß Art. 10
Abs. 2 Nr. 1 nicht ein; selbst bei zugleich vorliegender deutscher Staatsangehörigkeit kann deshalb
auch eine fremde Rechtsordnung gewählt werden. Ebenso ist es möglich, bei einer **deutsch–ausländischen Ehe** das deutsche Recht in vollem Umfang abzuwählen, denn dem Ehegatten steht es frei,
das Heimatrecht des ausländischen Ehepartners zum Ehenamensstatut zu machen.

bb) Rechtswahl als Rechtsgeschäft. Das kollisionsrechtliche Rechtsgeschäft „Rechtswahl" ist **102**
nach hM nur dann wirksam, wenn die von der **deutschen lex fori** für Rechtsgeschäfte aufgestellten
Voraussetzungen von beiden Ehegatten erfüllt werden.[188] Eine „Vorwirkung" des gewählten Rechts
wie bei der vertraglichen Rechtswahl für schuldrechtliche Verträge (Art. 3 Abs. 5 iVm Art. 10 Abs. 1
Rom I-VO bzw. früher Art. 27 Abs. 3 iVm Art. 31 Abs. 1 aF) für die Beurteilung der Wirksamkeit
der Rechtswahl scheidet hier aus. Eine direkte Heranziehung der Vorschriften scheitert am fehlenden
schuldrechtlichen Charakter der Rechtswahl. Auch eine analoge Anwendung kommt nicht in
Betracht. Die gemeinsame Namensrechtswahl[189] durch die Ehegatten hat zwar Ähnlichkeit mit der
Vereinbarung der Rechtswahl; sie unterliegt aber nicht nur zwingend den Formvorschriften der lex
fori, sondern steht auch mit den deutschen Sachnormen in engem Zusammenhang, der eine Verweisung auf fremdes Recht zur Beurteilung der Rechtswirksamkeit des Verweisungsaktes schon aus
diesem Grund verbieten dürfte.

Der Akt der Namensrechtswahl ist ein einseitiges kollisionsrechtliches, von beiden Ehegatten aber **103**
gemeinsam, dh mit gleichem Inhalt vorzunehmendes Rechtsgeschäft, dessen Adressat das Standesamt
und nicht etwa der andere Ehegatte ist. Dessen Wirksamkeit und Bestandskraft (zB ersatzloser Widerruf, Neubestimmung des Statuts, Anfechtung) beurteilen sich nach deutschem Recht. Ob etwa eine
Anfechtung wegen Rechtsfolgenirrtums oder fehlender Kenntnis des gewählten Rechts in Frage
kommt, entscheidet ebenfalls das deutsche Recht. Nach hM ist die **Anfechtung** durch einen oder
beide Ehegatten wie bei der materiellrechtlichen Namenswahl **ausgeschlossen.** Die von Art. 10
Abs. 2 geforderte gemeinsame Rechtswahl trägt damit deshalb endgültigen Charakter.[190] Eine **Ausnahme** gilt für den Fall einer fehlerhaften oder falschen Beratung durch das Standesamt bei Abgabe
der Erklärung. Da es sich hierbei um einen behördlichen Fehler handelt, steht den Beteiligten ihr
Recht zur Namenswahl aufgrund des Folgenbeseitigungsanspruches weiterhin zu.[191] Zu den Folgen
einer **Scheidung** oder **Auflösung der Ehe** → Rn. 117 ff.; zum **Statutenwechsel** → Rn. 43.

---

[184] Staudinger/*Hepting/Hausmann* (2013) Rn. 253 ff.; Bamberger/Roth/*Mäsch* Rn. 43 Palandt/*Thorn* Rn. 15;
Erman/*Hohloch* Rn. 24.
[185] *Sturm* StAZ 1995, 255 (258); *Sturm* StAZ 2005, 253 (257); NK-BGB/*Mankowski* Rn. 103.
[186] Vgl. etwa *Mörsdorf-Schulte* IPRax 2004, 315 (324).
[187] BayObLG FamRZ 1999, 326; Erman/*Hohloch* Rn. 25; Palandt/*Thorn* Rn. 16; zur Verfassungskonformität
der Vorgängervorschrift BVerfG NJW 1988, 1577 f.
[188] Bamberger/Roth/*Mäsch* Rn. 44; Palandt/*Thorn* Rn. 14; Staudinger/*Hepting/Hausmann* (2013) Rn. 256;
aA NK-BGB/*Mankowski* Rn. 106: gewähltes Recht.
[189] Zur Wahl durch Unterschrift auf der Heiratsurkunde vgl. Staudinger/*Hepting/Hausmann* (2013) Rn. 279
mwN.
[190] BayObLG StAZ 1992, 306; OLG Stuttgart StAZ 1986, 354; *Henrich* StAZ 1996, 129 (131); Staudinger/
Hepting/Hausmann (2013) Rn. 260; Bamberger/Roth/*Mäsch* Rn. 48; *Hepting/Dutta*, Familie und Personenstand,
2. Aufl. 2015, II-153 ff.; krit. *Sturm* StAZ 2005, 253 (257); diff. OLG Frankfurt a. M. FamRZ 2008, 1024; OLG
Celle StAZ 2014, 274 = BeckRS 2013, 18730.
[191] Im Ergebnis ebenso, aber auf eine Anfechtung analog § 119 Abs. 2 BGB gestützt, OLG Celle StAZ 2014,
274 = BeckRS 2013, 18730; LG Stuttgart StAZ 2002, 341; aA LG München I StAZ 2006, 168 (170); wie hier
zu § 94 BVFG LG Bremen StAZ 1997, 237; LG Kassel StAZ 1997, 212; AG Bremen StAZ 1994, 352; *Krömer*
StAZ 1994, 353 (354); Bamberger/Roth/*Mäsch* Art. 47 Rn. 29; NK-BGB/*Mankowski* Art. 47 Rn. 56.

104   Auf der anderen Seite bleibt zu prüfen, ob und wann die Rechtswahl als **missbräuchlich** und damit als unzulässig angesehen werden kann. Für deutsche Ehegatten scheidet wegen Art. 3 Abs. 1 S. 1 eine kollisionsrechtliche Rechtswahl nach Art. 10 Abs. 2 aus. Fraglich kann daher nur sein, ob eine Wahl des schon kraft objektiver Anknüpfung maßgeblichen Rechts möglich oder als missbräuchlich anzusehen ist.[192] Ein Bedürfnis dafür kann sich etwa bei ungeklärter Staatsangehörigkeit ergeben.[193] Eine solche **klarstellende Rechtswahl** des möglichen oder wahrscheinlichen objektiven Namensstatuts kann kaum als missbräuchlich angesehen werden. Auch die **dauerhafte Festlegung des Namensstatuts** durch eine Ausschaltung des Renvoi oder eines späteren Wechsels der objektiven Anknüpfung und damit eines Statutenwechsels kann einem praktischen Bedürfnis entsprechen und lässt sich nicht ohne Weiteres als rechtsmissbräuchlich ansehen.[194]

105   **cc) Wirkung und Umfang der Rechtswahl.** Art. 10 Abs. 2 gestattet nur die Wahl des **Ehenamensstatuts** durch die Ehegatten. Dadurch verändert sich jedoch nicht das **allgemeine Namensstatut** des einzelnen Ehegatten (→ Rn. 90). Art. 10 Abs. 2 enthält daher nur die Möglichkeit einer Teilrechtswahl. Das allgemeine Namensstatut ist nach wie vor nach Art. 10 Abs. 1 zu bestimmen und bleibt für alle Fragen anwendbar, soweit sie nicht solche sind, die zur Bildung, zur Führung und zum Verlust des Ehenamens gehören. Damit wird es notwendig, beide Statute gegeneinander abzugrenzen. Hierbei ist im Wesentlichen auf das deutsche Recht zurückzugreifen. Auf die Auffassung des allgemeinen Namensstatuts oder des Ehewirkungsstatuts kommt es für die Qualifikation nicht an, eine Rück- und Weiterverweisung scheidet ja gemäß Art. 4 Abs. 2 aus.

106   Zum Ehenamensrecht gehört etwa die Bildung eines **Begleitnamens**[195] oder **Doppelnamens**.[196] Zu den Auswirkungen von **Scheidung, Tod** oder sonstiger **Auflösung** der Ehe → Rn. 117 ff.

107   Möchte ein Ehegatte seinen Namen später **ändern,** gelten die Grundsätze für eine behördliche oder private Namensänderung (→ Rn. 65 ff.). Inhaltlich richtet sich die Änderung nach dem gewählten **Ehenamensstatut.**

108   Der Name der gemeinsamen **Kinder** wird nicht von Art. 10 Abs. 2 erfasst; er richtet sich vielmehr nach Art. 10 Abs. 1 oder Art. 10 Abs. 3. Durch die unterschiedliche Anknüpfung von Ehenamen und Kindesnamen können Probleme entstehen (→ Rn. 134 ff.).

109   Im **Personenstandsregister** selbst erscheint die Wahl des Ehenamensstatuts durch die Ehegatten nicht. Eingetragen wird die Namensänderung, nicht die Rechtswahl.[197]

110   **b) Rechtswahl nach Eheschließung.** Erfolgt die gemeinsame Rechtswahl der Ehegatten nicht bei, sondern erst nach Eheschließung, so hat dies einen **Wechsel des Ehenamensstatuts** zur Folge. Zunächst war der Ehename nach Art. 10 Abs. 1 zu bestimmen, nach Ausübung der Rechtswahl richtet er sich nach dem gewählten Recht. Die Rechtswahl besitzt keine Rückwirkung, denn es geht nur um die Bestimmung des „künftig zu führenden Namens". Ob sich aus dem Wechsel des Ehenamensstatuts auch die Möglichkeit ergibt, einen neuen Ehenamen zu wählen, folgt aus dem gewählten Recht.[198]

111   Art. 10 Abs. 2 setzt der Möglichkeit der nachträglichen Rechtswahl **keine zeitlichen Grenzen.** Auch das materielle Namensrecht kennt keine derartige Befristung bei der nachträglichen Wahl des Ehenamens (§ 1355 Abs. 3 S. 2 BGB).[199] Allerdings gilt das Wahlrecht nur dann unbefristet, wenn die Eheleute bislang keinen Gebrauch von der Rechtswahlmöglichkeit gemacht haben.[200]

112   Eine **mehrfache Rechtswahl** hinsichtlich derselben Ehe ist nicht zulässig. Entweder muss die Rechtswahl bei oder nach der Eheschließung erfolgen. Das Ehenamensstatut kann jedoch nicht mehrfach durch Rechtswahl verändert werden.[201] Zum **Statutenwechsel** → Rn. 43.

113   **3. Eheschließung im Ausland.** Art. 10 Abs. 2 gestattet die Wahl des Ehenamensstatuts unabhängig davon, wo die Eheschließung erfolgte, so dass rechtlich an sich **keine Unterschiede** in den Voraussetzungen wie in den Wirkungen bei einer Auslandseheschließung bestehen. Die Ehegatten

---

[192] So 5. Aufl. 2010, Rn. 79 *(Birk).*
[193] Vgl. OLG Hamm StAZ 2011, 242 (243); zust. PWW/*Mörsdorf-Schulte* Rn. 11.
[194] So aber 5. Aufl. 2010, Rn. 79 *(Birk).*
[195] AG Berlin-Schöneberg StAZ 2002, 81; Erman/*Hohloch* Rn. 26.
[196] OLG Karlsruhe FamRZ 1999, 60; Erman/*Hohloch* Rn. 26; zum amerikanischen Recht vgl. *Kampe* StAZ 2007, 149 (150).
[197] *Gaaz/Bornhofen/Gaaz* PStG, 2. Aufl. 2010, § 16 Rn. 35.
[198] Ebenso *Henrich* IPRax 1994, 174 (175).
[199] Zur früheren Diskussion vgl. Soergel/*Schurig* Rn. 63g; *Coester* FuR 1994, 1 (8).
[200] Palandt/*Thorn* Rn. 14.
[201] *Henrich* StAZ 1996, 131; Staudinger/*Hepting/Hausmann* (2013) Rn. 271; Bamberger/Roth/*Mäsch* Rn. 48; Erman/*Hohloch* Rn. 26; PWW/*Mörsdorf-Schulte* Rn. 13; aA *Sturm* StAZ 2005, 253 (258); ihm folgend NK-BGB/*Mankowski* Rn. 113 ff.

müssen also die Rechtswahl bei der Eheschließung gegenüber dem Standesamt erklären. Daraus ergeben sich bei einer Eheschließung im Ausland **zwei Problemkreise:**

Sieht das Recht des ausländischen Eheschließungsortes keine Rechtswahl hinsichtlich des Ehena- **114** mens vor, fehlt es meist an einer ausdrücklichen **Rechtswahlerklärung.** In diesen Fällen muss dann ermittelt werden, ob die Ehegatten die Rechtswahl **konkludent** vorgenommen haben, indem sie einen Namen gewählt bzw. mit einem bestimmten Namen unterschrieben haben. Eine pauschale Antwort lässt sich hierauf nicht geben. Man wird daher auf Grund von **Indizien eine Rechtswahl ermitteln** müssen.[202]

Art. 10 Abs. 2 verlangt darüber hinaus, dass die Rechtswahl **gegenüber dem Standesamt** erklärt **115** wird, dh dem nach § 41 Abs. 2 PStG zuständigen Standesamt zugeht („Amtsempfangsbedürftigkeit"). Es geht sicher zu weit, dies auch im Falle der Eheschließung im Ausland zu fordern.[203] Es muss nach den Grundsätzen der Substitution (→ Einl. IPR Rn. 227 ff.) jedenfalls genügen, wenn die Rechtswahl gegenüber einer **funktionell gleichwertigen ausländischen Behörde** erklärt wird.[204] Praktisch wird hier häufig die **nachträgliche Rechtswahl** nach Art. 10 Abs. 1 S. 2 helfen können. Die hierfür nötige öffentliche Beglaubigung kann auch durch das zur Entgegennahme zuständige Standesamt erfolgen (§ 41 Abs. 1 S. 1 PStG).

Sind **beide Ehegatten Deutsche,** so ändert sich zwar nichts an der Verweisung auf das deutsche **116** Ehenamensrecht, jedoch können die Ehegatten im Ausland nur sehr eingeschränkt von den Möglichkeiten des deutschen Sachrechts Gebrauch machen. Auch hier kann eine **nachträgliche Wahl des Ehenamens** nach § 1355 Abs. 3 S. 2 BGB helfen, die heute unbefristet möglich ist.[205]

III. Name nach Auflösung der Ehe

Nach deutschem Recht wird die Ehe aufgelöst durch den Tod des anderen Ehegatten, Wiederver- **117** heiratung des einen nach Todeserklärung des anderen Ehegatten, Scheidung oder Aufhebung der Ehe durch gerichtliches Urteil; vernachlässigt werden kann die Vernichtung einer Ehe durch Nichtigkeitsklage. Relevant für das Kollisionsrecht sind in erster Linie die **Ehescheidung** und die **Auflösung durch Tod,** die im deutschen Sachrecht unter namensrechtlichen Aspekten gleich behandelt werden, was in anderen Rechtsordnungen nicht ohne Weiteres vermutet werden darf.[206] Relevant wird die Frage des anwendbaren Rechts zB dafür, ob die geschiedene Ehefrau den Mannesnamen verliert oder ob sie ihren Mädchennamen wieder annehmen darf oder muss.

Eine **ausdrückliche Regelung** der namensrechtlichen Folgen der Scheidung oder Auflösung **118** durch Tod enthält **Art. 10 nicht.** Da der Einfluss familienrechtlicher Verhältnisse auf den Namen weitgehend durch die IPR-Reform zurückgedrängt worden ist, können etwa Scheidungsstatut oder Ehewirkungsstatut für die Beurteilung der namensrechtlichen Folgen nicht mehr herangezogen werden, wie dies früher weitgehend der Fall war.[207] Besteht demnach kein Raum mehr für diejenigen Statute, die die familienrechtlichen Beziehungen regeln, bleibt nur der **Rückgriff auf** das **allgemeine Namensstatut oder** das **Ehenamensstatut,** sofern ein solches besonders konstituiert und vom Namensstatut abgespalten wurde.

Sofern eine kollisionsrechtliche Rechtswahl des Ehenamensstatuts (Art. 10 Abs. 2) nicht erfolgt **119** ist, kommt deshalb nur das **Personalstatut als allgemeines Namensstatut (Art. 10 Abs. 1)** in Frage. Dies gilt zunächst für die namensrechtlichen Folgen der **Auflösung der Ehe durch Tod** des anderen Ehegatten. Der Überlebende ist namensrechtlich nur seinem eigenen Personalstatut und nicht zugleich demjenigen des Verstorbenen unterworfen.[208] Für den Fall der **Ehescheidung** ist für jeden Ehegatten sein eigenes Personalstatut maßgebend.[209]

---

[202] Ausf. Staudinger/*Hepting/Hausmann* (2013) Rn. 278 ff.; nach OLG Frankfurt a. M. StAZ 2004, 338 (340) wird durch die bloße Unterschrift der Ehefrau mit dem Familiennamen des Mannes auf der „Marriage License" keine rechtsgeschäftliche Erklärung zur Rechtswahl nach Art. 10 Abs. 2 oder zur Familiennamenswahl abgegeben; vgl. auch BayObLGZ 1989, 363 (366) zum früheren Recht.

[203] So aber NK-BGB/*Mankowski* Rn. 109; Staudinger/*Hepting/Hausmann* (2013) Rn. 285.

[204] OLG Düsseldorf StAZ 2010, 11; Palandt/*Thorn* Rn. 14; enger Soergel/*Schurig* Rn. 63 f.: nur wenn für Entgegennahme von Rechtswahlerklärungen zuständig; weiter Bamberger/Roth/*Mäsch* Rn. 47: jede ausländische Trauperson.

[205] Vgl. Staudinger/*Hepting/Hausmann* (2013) Rn. 307.

[206] Vgl. etwa Art. 143bis italienischer Codice civile einerseits und Art. 5 Abs. 2 legge Nr. 898 über die Regelung der Fälle der Eheauflösung andererseits.

[207] Nachweise 1. Aufl. 1983, Nach Art. 7 Rn. 43–45.

[208] Staudinger/*Hepting/Hausmann* (2013) Rn. 242.

[209] OLG Frankfurt a. M. StAZ 2007, 276; OLG Stuttgart StAZ 2006, 361; OLG Hamm StAZ 2004, 171; NK-BGB/*Mankowski* Rn. 89a; Palandt/*Thorn* Rn. 12; vgl. zu der Scheidung einer vormals türkischen Staatsangehörigen, die bei Scheidung ihrer Ehe Deutsche ist und daher ihren Ehenamen nach deutschem Recht fortführen darf, AG Köln StAZ 2004, 173 f.

120 Haben die Ehegatten bei oder nach Eheschließung ein eigenes **Ehenamensstatut** durch **Rechtswahl** begründet, so stellt sich die Frage nach dessen zeitlicher und sachlicher Reichweite. Die Wahl des Ehenamensstatuts hat zur Folge, dass alle mit der Führung des Ehenamens zusammenhängenden namensrechtlichen Fragen von diesem zu beurteilen sind, solange es solche gibt. Deshalb **wirkt** die **Rechtswahl weiter** über den Bestand der Ehe hinaus, wenn es um die namensrechtlichen Folgen der **Scheidung, Auflösung oder Nichtigerklärung der Ehe** geht.[210] Gleiches gilt auch für die Auflösung der Ehe durch den **Tod.**[211]

121 Die namensrechtlichen Folgen der Beendigung der Ehe richten sich mithin nach dem durch Rechtswahl festgelegten Ehenamensstatut. Das kann freilich zu gewissen Schwierigkeiten führen, wenn Ehenamensstatut und Umweltrecht des gewöhnlichen Aufenthaltsortes eines Ehegatten unterschiedliche Rechtsfolgen für den Namen des Geschiedenen vorsehen. Da die Ehe beendet ist, gibt es keinen Grund dafür, die früheren Ehegatten für immer an dem einmal gewählten Ehenamen festzuhalten. Deshalb kann jeder Ehegatten **analog Art. 10 Abs. 2 Nr. 1** zu seinem **Personalstatut** „zurückkehren".[212] Wenn eine **neue Ehe** eingegangen wird, hat ein Ehegatte zusammen mit seinem neuen Ehegatten dann wieder die Möglichkeit der Wahl des Ehenamensrechtes.

E. Namensführung von Partnern einer eingetragenen Lebenspartnerschaft

122 Der für eingetragene Lebenspartnerschaften maßgebliche Art. 17b Abs. 1 regelt nicht die namensrechtlichen Aspekte der Lebenspartnerschaften.[213] Grundsätzlich ist daher für die Bestimmung des maßgeblichen Rechtes für den Namen des Lebenspartner die **allgemeine Regel des Art. 10 Abs. 1** entscheidend.[214] Nutzen die Lebenspartner die Möglichkeit der Rechtswahl gemäß Art. 17b Abs. 2 S. 1 iVm Art. 10 Abs. 2 nicht, gilt für jeden Lebenspartner deshalb sein **Heimatrecht.** Besitzen die beiden Lebenspartner kein gemeinsames Personalstatut, führt die objektive Anknüpfung nach Art. 10 Abs. 1 zur Berufung zweier Namensstatute.[215] Ist nach Art. 10 Abs. 1 deutsches Recht anzuwenden, haben die Partner die Möglichkeit, sich nach § 3 LPartG einen gemeinsamen Lebenspartnerschaftsnamen zu geben. Probleme stellen sich auch, wenn eine ausländische Rechtsordnung, auf die gemäß deutschem Kollisionsrecht verwiesen wird, das Institut der eingetragenen Lebenspartnerschaft nicht kennt. Den dadurch entstehenden Schwierigkeiten können die Lebenspartner jedoch ebenso wie den durch zwei unterschiedliche Namensstatute entstehenden Unannehmlichkeiten ausweichen, indem sie von ihren Rechtswahlmöglichkeiten Gebrauch machen.

123 Gemäß Art. 17b Abs. 2 S. 1 stehen den Lebenspartnern die **Rechtswahlmöglichkeiten** des Art. 10 Abs. 2 zu (→ Art. 17b Rn. 59 ff.). Die Lebenspartner können also das Recht eines Staates wählen, dem ein Lebenspartner angehört **(Heimatrecht)** oder deutsches Recht, wenn einer der Lebenspartner seinen **gewöhnlichen Aufenthalt in Deutschland** hat. Weitere Rechte stehen nach hM nicht zur Wahl. Richtigerweise ist ihnen aber wie Ehegatten auch die Wahl eines **ausländischen Aufenthaltsrechts** zu ermöglichen (→ Rn. 99 ff.).

124 Bei der **Auflösung** einer eingetragenen Lebenspartnerschaft gilt für die Namensführung das zur Auflösung einer Ehe Gesagte entsprechend (→ Rn. 117 ff.).[216] Bei **deutschem Namensstatut** kommt § 3 Abs. 3 LPartG zum Tragen. Gemäß dieser Vorschrift kann der Lebenspartnerschaftsname nach der Beendigung derselben weitergeführt werden.

F. Name des Kindes

125 Auch für den Kindesnamen gilt, dass die kollisionsrechtlichen Reformen vor dem Hintergrund der **Änderungen des deutschen Kindschaftsrechts** zu sehen sind. Bedeutsam ist vor allem die

---

[210] OLG Frankfurt a. M. StAZ 2005, 47 (48); OLG Dresden StAZ 2004, 170; BayObLG FamRZ 2003, 310; OLG Hamm StAZ 1999, 370; *Henrich* StAZ 1986, 333 (336); *Reichard* StAZ 1986, 242 (245 f.); Staudinger/*Hepting/Haussmann* (2013) Rn. 269; NK-BGB/*Mankowski* Rn. 127; Soergel/*Schurig* Rn. 63; vgl. aber *Sturm* StAZ 1990, 350 (353); *Lüderitz* IPRax 1987, 74 (77).

[211] Soergel/*Schurig* Rn. 63; Bamberger/Roth/*Mäsch* Rn. 54; aA 5. Aufl. 2010, Rn. 95 *(Birk).*

[212] OLG Hamm StAZ 1999, 370; OLG Dresden StAZ 2004, 170; OLG Frankfurt a. M. StAZ 2005, 47; Staudinger/*Hepting/Haussmann* (2013) Rn. 273; *Henrich* IPRax 1986, 333 (336); *Henrich* StAZ 1996, 129 (132 f.); krit. Bamberger/Roth/*Mäsch* Rn. 54.

[213] Bamberger/Roth/*Heiderhoff* Art. 17b Rn. 37.

[214] *R. Wagner* IPRax 2001, 281 (291).

[215] Am Beispiel einer eingetragenen, deutsch-niederländischen Lebenspartnerschaft *Henrich* FamRZ 2002, 137 (138).

[216] *Henrich* FamRZ 2002, 137 (138).

vom KindRG eingeführte rechtliche Gleichbehandlung ehelicher und nichtehelicher Kinder („einheitliche Kindschaft").[217] Dadurch ist auch die Legitimation für das deutsche Recht gegenstandslos geworden (→ Rn. 13).

Die **kollisionsrechtlichen Fragen** des Kindesnamens und des Einflusses der Adoption auf den **126** Namen des Adoptierten regelt das Gesetz auch nach der Reform nicht umfassend. Für den Kindesnamen gilt ebenfalls die objektive Anknüpfung an das Personalstatut nach Art. 10 Abs. 1. Darüber hinaus eröffnet Art. 10 Abs. 3 die Möglichkeit der Rechtswahl.

I. Erwerb des Kindesnamens bei der Geburt

1. Grundregel des Art. 10 Abs. 1. Während vor 1986 der Name des Kindes nach dem Recht **127** beurteilt wurde, das für die Beziehung zwischen dem Kind und seinen Eltern (Art. 19 aF) maßgebend war, hat die IPR-Reform eine radikale Wende gebracht, die von der Rechtsprechung des BGH vorbereitet wurde.[218] Seitdem gibt nach **Art. 10 Abs. 1** das **Personalstatut des Kindes** den Ausschlag für dessen Namen.[219] Zum **Vornamen** → Rn. 59.

Besitzt das Kind nur eine **ausländische Staatsangehörigkeit,** entscheidet das von diesem Staat **128** berufene Kindesnamensstatut (unter Einschluss der Rück- und Weiterverweisung) über alle Namensfragen. Bei mehrfacher ausländischer Staatsangehörigkeit gibt gemäß Art. 5 Abs. 1 S. 1 die effektive Staatsangehörigkeit den Ausschlag. Besitzt das Kind auch die deutsche Staatsangehörigkeit, so bestimmt sich sein Name gemäß Art. 5 Abs. 1 S. 2 nach deutschem Recht.[220] Allerdings wird in der neueren Rechtsprechung manchmal davon abgewichen, so dass zum Teil fremdes Namensrecht angewandt wird.[221]

Das **Kindesnamensstatut** ist **mit dem Personalstatut identisch,** wenn letzteres keine Rück- **129** oder Weiterverweisung für den Namen ausspricht oder keine Rechtswahl nach Art. 10 Abs. 3 erfolgt. In diesem Fall hat das Kind den Namen zu tragen, den das Sachrecht seines Heimatstaates vorschreibt.

Zwar sind Vorfragen im Namensrecht grundsätzlich unselbständig anzuknüpfen, jedoch wurde **130** bisher von der Rechtsprechung als Ausnahme von diesem Grundsatz die **Vorfrage der Ehelichkeit** selbständig angeknüpft (→ Rn. 38). Nachdem das deutsche Recht die Differenzierung zwischen ehelichen und nichtehelichen Kindern abgeschafft hat, spielt sie auch **im deutschen Kollisionsrecht keine Rolle** mehr. Heute kann es auf die Ehelichkeit nur dann ankommen, wenn das von Art. 10 berufene Namensstatut diese Unterscheidung noch kennt und sie für den Namen relevant ist.[222] Dementsprechend ist auch diese Vorfrage nunmehr unselbständig anzuknüpfen.[223]

Für die **kollisionsrechtliche** Beurteilung des Kindesnamens spielt der **Geburtsort** an sich **keine** **131** **Rolle.** Für Art. 10 ist unerheblich, ob das Kind im Inland oder im Ausland geboren wurde. **Personenstandsrechtlich** wird freilich unterschieden: Inlandsgeburten sind nach § 21 PStG stets in das deutsche Geburtenregister einzutragen, Auslandsgeburten nach § 36 PStG nur auf Antrag. Für den Namen eines **deutschen Kindes** hat der ausländische Geburtsort keinen Einfluss. Es führt den nach deutschem Recht maßgebenden Namen (Art. 10 Abs. 1). Dies heißt: sein Familienname ist der Ehename seiner Eltern (§ 1616 BGB). Führen die Eltern keinen gemeinsamen Ehenamen,[224] richtet sich die Namensbestimmung nach §§ 1617a–1617c BGB.[225]

Auslandsgeburten werden idR im Ausland von einem **ausländischen Standesamt** registriert. **132** Der ausländische Standesbeamte ermittelt den Kindesnamen nach den für ihn geltenden **ausländischen Kollisionsnormen.** Aus deutscher Sicht ist indes Art. 10 maßgeblich. Art. 10 Abs. 1 stellt nicht auf den Geburtsort ab. Dies kann dazu führen, dass das Kind, solange es sich im Ausland

---

[217] Staudinger/*Hepting/Hausmann* (2013) Rn. 324.

[218] BGHZ 90, 129 = NJW 1984, 1299.

[219] Zur Entwicklungsgeschichte des namensrechtlichen Anknüpfungsgrundsatzes *Lindemann,* Widersprüche in Art. 10 EGBGB, 1998, 35 ff.; zur Namensführung des Kindes bei ungeklärter Identität der Mutter vgl. *Krömer* StAZ 2006, 151 f.

[220] Erman/*Hohloch* Rn. 28; LG München I StAZ 1999, 174.

[221] LG Frankfurt a. M. StAZ 2000, 267; AG Tübingen StAZ 2001, 112.

[222] Staudinger/*Hepting/Hausmann* (2013) Rn. 331; zu Italien vgl. *Vent,* Die Namensführung des Kindes in Italien, einschließlich einer vergleichenden Darstellung des Kindesnamensrechts, 2011, 59 ff., 159 ff., 265 ff.; zur Türkei vgl. *Krüger* StAZ 2011, 271 ff.

[223] *Henrich* StAZ 1996, 357; *Henrich* FamRZ 1998, 1401; aA OLG Köln FamRZ 2014, 315 (Ls.); OLG Düsseldorf StAZ 1999, 114; Staudinger/*Hepting/Hausmann* (2013) Rn. 340.

[224] Vgl. LG Frankfurt a. M. StAZ 2003, 113; AG Hagen FamRZ 2003, 1688; Nachname eines deutschen Kindes, wenn Mutter und Vater nach ihrem Heimatrecht nur Eigennamen haben.

[225] Der Ausschluss eines Doppelnamens ist verfassungsgemäß (BVerfG NJW 2002, 1256) und verstößt auch nicht gegen Art. 8 EMRK (EGMR FamRZ 2008, 1507 = StAZ 2008, 375 – Heidecker-Tiemann); vgl. dazu *Gaaz* StAZ 2008, 365.

aufhält, einen anderen Familiennamen tragen muss, als während seiner Anwesenheit im Inland. Es entsteht ein hinkendes Namensverhältnis bzw. eine **Namensspaltung.** Der Wechsel des Aufenthalts vom Ausland ins Inland führt allerdings nicht etwa zu einem Statutenwechsel beim Kindesnamen, da es aus deutscher Sicht stets denselben Namen trug.

133   Es ist freilich nicht zu übersehen, dass durch den Aufenthalt im Ausland Fakten geschaffen wurden oder werden konnten, die ebenfalls ein schützenswertes **Interesse des Kindes an der Namenskontinuität** begründen und insofern mit der Problematik eines Statutenwechsels vergleichbar sind. Das geltende Recht enthält hier zunächst die Möglichkeit der **Rechtswahl** nach Art. 10 Abs. 3. Im Übrigen ermöglicht nunmehr Art. 48 eine Weiterführung des am ausländischen **Geburtsort in der EU** erworbenen Familiennamens durch eine **sachrechtliche Wahl** dieses Namens (zur „Anerkennung" des ausländischen Namens aufgrund des Unionsrechts und des menschenrechtlichen Namensschutzes → Rn. 210 ff.). In **Drittstaatenfällen** bleibt es hingegen nach Art. 10 Abs. 1 iVm Art. 5 Abs. 1 beim deutschen Namensstatut.[226]

134   **2. Rechtswahl. a) Allgemeines.** Nach dem internationalen Namensrecht unterliegt der Name einer Person und damit auch der des Kindes gemäß Art. 10 Abs. 1 grundsätzlich dem Heimatrecht. Jedoch besteht unter bestimmten Voraussetzungen und in bestimmten Grenzen die Möglichkeit, eine **andere Rechtsordnung zu wählen,** nach der der **Familienname** des Kindes bestimmt werden soll. Der Text des Gesetzes erfasst den **Vornamen** nicht; er ist jedoch im Interesse der einheitlichen Beurteilung des Kindesnamens mit einzubeziehen (→ Rn. 59).

135   Durch die Rechtswahl kann es zu hinkenden Namensverhältnissen bzw. **zur Namensspaltung kommen,** insbesondere wenn Eltern mit ausländischer Staatsangehörigkeit das deutsche Recht als Aufenthaltsrecht wählen (Art. 10 Abs. 3 Nr. 2), da andere Staaten uU diese Rechtswahl nicht anerkennen und demnach dem Kind einen anderen Namen geben werden, als den im deutschen Geburtsregister verzeichneten.[227] Umgekehrt kann aber die Rechtswahl auch helfen, eine solche **Namensspaltung zu vermeiden** und damit einem im Ausland geführten Namen zur „Anerkennung" in Deutschland verhelfen (→ Rn. 148).

136   Die Befugnis zur Rechtswahl durch Art. 10 Abs. 3 steht dem **Inhaber der Sorge** zu.[228] Falls eine **gerichtliche Entscheidung** darüber vorliegt, ist diese maßgeblich, wenn es sich entweder um eine deutsche Sorgerechtsentscheidung handelt oder die ausländische Sorgerechtsentscheidung anzuerkennen ist (nach Maßgabe der Brüssel IIa-VO, des KSÜ, EuSorgeRÜbk oder § 109 FamFG).[229] Ansonsten ist **selbständig zu bestimmen,** wer Inhaber der Sorge iS des Art. 10 Abs. 3 ist.[230] Maßgeblich sind daher Art. 15 ff. KSÜ[231] bzw. Art. 21.[232] Ist nach ausländischem Recht zu bestimmen, wer Inhaber der Sorge ist, können sich Probleme stellen, wenn etwa das ausländische Recht das, was nach deutschem Verständnis zum Sorgerecht gehört, sachlich aufspittet. Maßgeblich ist dann der Teil des Sorgerechts, der nach dem ausländischen Recht die **Befugnis zur Namensbestimmung** mit umfasst.

137   Für die **Zustimmung des Kindes** und von **weiteren Personen,** zu denen das Kind in einem familienrechtlichen Verhältnis steht (zB einem nicht sorgeberechtigten Elternteil), ist nach Art. 23 kumulativ das Heimatrecht des Kindes bzw. ggf. deutsches Recht anzuwenden.[233]

138   Seit dem KindRG spielt die **Unterscheidung zwischen ehelichen und nichtehelichen Kindern** im deutschen IPR keine Rolle mehr. Sowohl die objektive Anknüpfung nach Art. 10 Abs. 1 als auch die Rechtswahl nach Art. 10 Abs. 3 gelten für alle Kinder gleichermaßen. Die Unterscheidung kann jedoch noch bedeutsam werden, wenn entweder das für den Namen gewählte Recht (→ Rn. 134) oder das Sorgerechtsstatut danach differenziert. Dem ist dann grundsätzlich zu folgen (→ Art. 21 Rn. 26).[234]

---

[226] OLG München FamRZ 2014, 1551 = StAZ 2014, 366 = BeckRS 2014, 10871; zustimmend *Wall* StAZ 2014, 356 ff.

[227] So auch *Junker* IPR Rn. 314; *Henrich* FamRZ 1998, 1401 (1406), der allerdings Fälle nennt, in denen eine hinkende Namensführung beabsichtigt sein kann; zur Problematik der hinkenden Namensführung am Beispiel des türkischen Rechts *Henrich* StAZ 1998, 1 (5).

[228] Vgl. BayObLGZ 1997, 167 = FamRZ 1997, 1558 = IPRspr. 1997 Nr. 14.

[229] Vgl. *Dutta* StAZ 2010, 193 ff.

[230] Staudinger/*Hepting/Hausmann* (2013) Rn. 382; Bamberger/Roth/*Mäsch* Rn. 63.

[231] OLG Köln FamRZ 2014, 315 (Ls.); OLG Köln StAZ 2013, 319; *Dutta* StAZ 2010, 193 (200); Erman/*Hohloch* Rn. 31; *Kropholler* IPR § 43 III.

[232] OLG Düsseldorf FamRZ 1999, 329; *v. Hoffmann/Thorn* IPR § 7 Rn. 18; bestätigend OLG Köln FamRZ 2014, 315 (Ls.).

[233] OLG Köln StAZ 2013, 319 (320 f.); bestätigend OLG Köln FamRZ 2014, 315 (Ls.).

[234] Für das Sorgerechtsstatut ebenso Erman/*Hohloch* Rn. 31.

b) **Wählbare Rechte.** Als Statut des Familiennamens des Kindes kommen nach Art. 10 Abs. 3 **139** Nr. 1 das **Personalstatut eines Elternteils** oder das **deutsche Aufenthaltsrecht eines Elternteils** (Art. 10 Abs. 3 Nr. 2) in Betracht. Der Aufenthalt des Kindes spielt hierfür keine Rolle.

Darüber hinaus eröffnet Art. 10 Abs. 3 Nr. 3 die Wahl der Rechtsordnung des **Staates, dem der** **140** **Namenserteilende angehört.** Praktische Relevanz hat diese Regelung dann, wenn der rechtswahl-befugte Inhaber der Sorge nicht identisch mit einem Elternteil ist, da dieses Recht andernfalls bereits über Art. 10 Abs. 3 Nr. 1 als Personalstatut eines Elternteiles gewählt werden kann.

Die Wahl des **ausländischen Aufenthaltsrechts** sieht das Gesetz nicht vor. Die Rechtswahl soll **141** die Anpassung des Kindesnamens an das Umweltrecht ermöglichen. Das setzt voraus, dass dieses Umweltrecht die Rechtswahl anerkennt. Das ist nur bei einem Aufenthalt im Inland garantiert. Beim gewöhnlichen Aufenthalt im Ausland muss das dortige Recht über die ggf. erforderliche Anpassung entscheiden. Insofern erweist sich die Beschränkung der Rechtswahl auf das deutsche Umweltrecht beim Kindesnamen als sachgerecht.[235] Anders liegt die Sache beim Ehenamen (→ Rn. 99 f.). Zur Problematik der „Anerkennung" eines im Ausland erworbenen Namens des Kindes in Deutschland → Rn. 179 ff.

c) **Rechtswahl vor der Beurkundung der Geburt. aa) Zeitpunkt.** Vor dem KindRG war **142** eine Rechtswahl ausschließlich vor der Beurkundung der Geburt möglich. Heute kann die Wahl eines Namensstatutes gemäß des Art. 10 Abs. 3 sowohl **vor der Beurkundung der Geburt** (S. 1) wie **nach ihrer Beurkundung** (S. 2) erfolgen.[236] Es ist also zwischen der vor und der nach der Beurkundung der Geburt erfolgten Rechtswahlerklärung zu differenzieren. Der Zeitpunkt der Rechtswahl ist nach wie vor bedeutsam. Nur eine vor der Beurkundung der Geburt erfolgte Rechts-wahl kann sich auf den **Namenserwerb** auswirken. Die Rechtswahl nach der Beurkundung der Geburt kann nur noch eine **Namensänderung** bewirken (→ Rn. 154 ff.).[237]

bb) **Voraussetzungen.** Die Wahlbefugnis steht dem **Inhaber des Sorgerechts** zu (zur Bestim- **143** mung → Rn. 136).

Die Rechtswahl muss **gegenüber dem Standesamt** erfolgen, dh dem nach § 45 Abs. 2 PStG **144** zuständigen Standesamt zugehen („Amtsempfangsbedürftigkeit"). Dabei handelt es sich um eine materielle Wirksamkeitsvoraussetzung, nicht um eine Frage der Form.[238] Auch für den Fall einer **Auslandsgeburt** sieht § 45 Abs. 2 S. 2 und 3 PStG eine Zuständigkeit zur Entgegennahme der Rechtswahlerklärung vor. Streitig ist, ob die Rechtswahl nur gegenüber einem inländischen Standes-amt zulässig ist, dieses also ausschließlich zur Entgegennahme zuständig ist, oder ob sie auch gegen-über einer ausländischen Amtsperson erfolgen kann.[239] Wie bei der Rechtswahl beim Ehenamen nach Art. 10 Abs. 2 muss es jedenfalls genügen, wenn die Rechtswahl beim Kindesnamen nach den Grundsätzen der Substitution (→ Einl. IPR Rn. 227 ff.) gegenüber einer **funktionell gleichwerti-** **gen ausländischen Behörde** erklärt wird.[240] Praktisch gesehen kann häufig die nachträgliche Rechtswahl nach Art. 10 Abs. 1 S. 2 helfen. Die hierfür nötige öffentliche Beglaubigung kann auch durch das zur Entgegennahme zuständige Standesamt erfolgen (§ 45 Abs. 1 S. 1 Nr. 1 PStG).

An weitere Voraussetzungen ist die Möglichkeit der Rechtswahl nicht gebunden; insbesondere **145** ist **kein besonderer Inlandsbezug** erforderlich.[241]

cc) **Inhalt und Wirkungen.** Die Rechtswahl bedeutet **Wahl des jeweiligen Sachrechts;** **146** Rück- und Weiterverweisung sind ausgeschlossen (Art. 4 Abs. 2). Die einmal getroffene Rechtswahl ist wie bei Art. 10 Abs. 2 bindend,[242] kann aber unter bestimmten Voraussetzungen ausnahmsweise korrigiert werden (näher → Rn. 103).

---

[235] Staudinger/*Hepting*/*Hausmann* (2013) Rn. 373; NK–BGB/*Mankowski* Rn. 146; krit. Soergel/*Schurig* Rn. 68, 75a.

[236] Dazu *Henrich* StAZ 1998, 1 (5); *Hepting* StAZ 1998, 137; *Kegel/Schurig* IPR § 17 IV 1d.

[237] Staudinger/*Hepting*/*Hausmann* (2013) Rn. 378.

[238] Bamberger/Roth/*Mäsch* Rn. 44; Staudinger/*Hepting*/*Hausmann* (2013) Rn. 385; anders wohl Palandt/*Thorn* Rn. 21.

[239] Erman/*Hohloch* Rn. 33; Palandt/*Thorn* Rn. 21; *Looschelders* IPR Rn. 58; PWW/*Mörsdorf-Schulte* Rn. 11; dagegen 5. Aufl. Rn. 114 *(Birk)*.

[240] Das entspricht der überwiegenden Ansicht im Schrifttum, vgl. Soergel/*Kegel* Rn. 33; Staudinger/*Weick*/*Althammer* (2013) Rn. 73.

[241] So auch Bamberger/Roth/*Mäsch* Rn. 64; Palandt/*Thorn* Rn. 20; aA *Hepting* StAZ 1998, 141.

[242] Ebenso Palandt/*Thorn* Rn. 22; Bamberger/Roth/*Mäsch* Rn. 72, 48; aA *Kraus* StAZ 2006, 81; NK–BGB/ *Mankowski* Rn. 153; Für den Fall, dass Eltern eines Kindes bei dessen Geburt nach Art. 10 Abs. 3 ein ausländisches Recht gewählt haben, und dann bei ihrer späteren Heirat nach Art. 10 Abs. 2 das deutsche Recht wählen und danach einen Ehenamen bestimmen, soll eine erneute Rechtswahl für den Kindesnamen zugunsten des deutschen Rechts zulässig sein: OLG Frankfurt a. M. FGPrax 2008, 64 = StAZ 2008, 10 (11).

147   Die Erklärung des Inhabers der Sorge hat die **Wahl einer bestimmten Rechtsordnung** zum Statut des Kindesnamens zum Gegenstand. Mit ihr wird **kein Name** gewählt, auch wenn dem Inhaber der Sorge im Allgemeinen ein bestimmter Name vorschwebt. Das **gewählte Recht** bestimmt vielmehr, wie der Familienname des Kindes lautet. Es entscheidet auch, ob der Kindesname kraft Gesetzes festgelegt wird oder ob es eine sachrechtliche Wahl des Familiennamens des Kindes gestattet, wie es zB das deutsche Recht vorsieht.

148   Durch Wahl des entsprechenden ausländischen Namensstatuts kann das **Kind eines deutsch-ausländischen Elternpaares** im Ergebnis einen **Doppelnamen** führen.[243] Wie die Auseinandersetzung um diese Frage in der Vergangenheit etwa in deutsch-spanischen Ehen zeigt,[244] trägt die Einführung dieser Möglichkeit der Rechtswahl einem tatsächlichen Bedürfnis Rechnung. Hingegen hat sich an der Problematik der deutsch-spanischen Doppelnamen nichts geändert, soweit es um die Frage geht, wie solche Namen bei deutschem Namensstatut behandelt werden.[245] Auch die Namenstraditionen anderer Rechtskreise können durch die Wahl des ausländischen Namensstatuts für Kinder eingehalten werden.[246]

149   **dd) Rechtswahl bei mehreren Kindern.** Art. 10 Abs. 3 enthält keine dem § 1617 Abs. 1 S. 3 BGB vergleichbare Bestimmung, nach der die Rechtswahl für den Namen eines Kindes auch für den Namen weiterer Kinder gilt. Es ist daher möglich, für **jedes Kind** eine **abweichende Rechtswahl** zu treffen; ihre Grenzen liegen lediglich in der Beschränkung der nach Art. 10 Abs. 3 überhaupt wählbaren Rechte.[247] Darin liegt keine „Unstimmigkeit im gesetzlichen System".[248] Die Rechtswahl entscheidet nämlich unmittelbar über den zu tragenden Namen: Ob die Eltern hinsichtlich des Kindesnamens überhaupt ein Bestimmungsrecht haben, welches gegebenenfalls seine Voraussetzungen und Grenzen sind und daher auch, ob es eine § 1617 Abs. 1 S. 3 BGB vergleichbare Bestimmung enthält oder andererseits abweichende Namen bei Kindern aus einer Ehe zulässt, sind Fragen, die alleine nach dem gewählten **Sachrecht** zu beantworten sind.[249]

150   Die Möglichkeit, für die Kinder von zwei Ehegatten unterschiedliche Namensstatute zu wählen, führt daher **nicht notwendig zu einem sachlichen Konflikt.** Die Anwendung verschiedener Namensstatute innerhalb einer Familie ist dem internationalen Namensrecht nicht unbekannt. Im Übrigen ist das Gebot der Namenseinheit in der Familie auch im deutschen Sachrecht abgeschwächt (→ Rn. 86). Es besteht daher kein Bedürfnis, die Wahl verschiedener Namensstatute durch eine analoge Anwendung des § 1617 Abs. 1 S. 3 BGB auf die Rechtswahl gemäß Art. 10 Abs. 3 zu versperren.

151   **ee) Form.** Hinsichtlich der Form muss zwischen der Rechtswahlerklärung **vor Beurkundung** der Geburt und derjenigen nach Beurkundung der Geburt differenziert werden. Für erstere schreibt Art. 10 Abs. 3 **keine besondere Form** vor.[250] Es mag zwar auf den ersten Blick seltsam anmuten, dass für eine wirksame Rechtswahl „der Telefonanruf beim Geburtsstandesbeamten"[251] genügen soll. Darin liegt aber angesichts der Formvorschrift in Art. 10 Abs. 3 S. 2 kein „offensichtliches Versehen" des Gesetzgebers.[252] Darüber hinaus gibt es auch andere Fälle der Rechtswahl, die ganz unstreitig formlos möglich sind, zB die Rechtswahl bei der Eheschließung.[253] Die vor der Geburt

---

[243] OLG Köln StAZ 1995, 42; vgl. auch *Henrich* StAZ 1996, 129 (133); *Benicke* StAZ 1996, 97 (104); anders wohl *Kegel/Schurig* IPR § 17 IV 1d; Eigenname des Vaters: AG Tübingen StAZ 2001, 112. Hingegen ist nach deutschem Recht die Führung eines Doppelnamens, der sich aus den elterlichen Geburtsnamen zusammensetzt, nicht gestattet (Ausschluss des Kindesdoppelnamens): *Kegel/Schurig* IPR § 17 IV 1d mwN; vgl. dazu auch BVerfG FamRZ 2002, 306.

[244] Vgl. dazu ausf. *Hepting* StAZ 1992, 233 ff.; *Hepting/Bauer* IPRax 2000, 394 ff.

[245] Zur Wahl spanischen Namensrechts gemäß Art. 10 Abs. 3 LG Paderborn FamRZ 2008, 1779; *Hepting* StAZ 1992, 233; *Benicke* StAZ 1996, 97 (98 ff.) mwN zur älteren Lit. und Rspr.; vgl. auch BGH JZ 1990, 93 mAnm *Grasmann;* OLG Braunschweig IPRspr. 1992 Nr. 6. Ein Doppelname aus dem spanischen Rechtskreis kann nur in seiner ursprünglichen zweigliedrigen Form als Ehename festgelegt werden, BGH FamRZ 1999, 570 = NJW-RR 1999, 873; dazu *Hepting/Bauer* IPRax 2000, 394 ff.

[246] Etwa dem isländischen Namensrecht, vgl. AG München IPRspr. 1992 Nr. 15 noch zu Art. 10 aF.

[247] Ganz hM, vgl. etwa *Henrich* StAZ 1996, 129 (134); Palandt/*Thorn* Rn. 22; Erman/*Hohloch* Rn. 34; NK-BGB/*Mankowski* Rn. 161; Bamberger/Roth/*Mäsch* Rn. 75; Soergel/*Schurig* Rn. 75b; aA Staudinger/*Hepting/Hausmann* (2013) Rn. 391 f.

[248] So *Coester* FuR 1994, 1 (8).

[249] Ebenso *Henrich* StAZ 1996, 129 (134).

[250] Bamberger/Roth/*Mäsch* Rn. 71; Palandt/*Thorn* Rn. 21; vgl. auch *Junker* IPR Rn. 314; BayObLG StAZ 97, 174; aA *Hepting* StAZ 1998, 138.

[251] So das Beispiel von *Hepting* StAZ 1998, 138.

[252] So aber *Hepting* StAZ 1998, 138.

[253] S. nur Erman/*Hohloch* Rn. 23.

erfolgte Rechtswahl ist daher nicht formbedürftig. Eine besondere Form ist auch in der Sache entbehrlich, da die Rechtswahl gegenüber dem Standesamt erfolgen muss (→ Rn. 144). Sie wird deshalb in den Vorgang der Beurkundung der Geburt mit einbezogen und damit in einer öffentlichen Urkunde festgehalten.

Fraglich ist, welche Form zu fordern ist, wenn die Geburt im Ausland erfolgt, dort beurkundet **152** wird und daher auch die **Rechtswahl im Ausland** erfolgt. Lässt man die Rechtswahlerklärung gegenüber der funktionsäquivalenten ausländischen Behörde zu (→ Rn. 144), bedarf diese Rechtswahlerklärung ebenfalls keiner besonderen Form, da sie dann ebenfalls in die Beurkundung der Geburt mit einbezogen und in einer öffentlichen Urkunde festgehalten wird.

II. Spätere Änderungen des Kindesnamens

Veränderungen des bei der Geburt erworbenen Kindesnamens können sich auf Grund verschiede- **153** ner Umstände ergeben: durch nachträgliche Rechtswahl nach Art. 10 Abs. 3 sowie durch die Änderung des familienrechtlichen Status des Kindes und durch eine Änderung des Namens der Eltern, die sich auf den Namen des Kindes erstreckt.[254]

1. Namensänderung durch Rechtswahl nach der Beurkundung der Geburt. Für die nach- **154** trägliche Rechtswahl gemäß Art. 10 Abs. 3 gelten im Grundsatz dieselben Anforderungen wie für die Rechtswahl vor Beurkundung der Geburt (→ Rn. 143 ff.).

Die Rechtswahl ist **nicht befristet.**[255] Sie kann jederzeit erfolgen, solange das Kind noch **155** minderjährig ist, da andernfalls ein Inhaber der Sorge fehlt.[256]

Für die nach der Beurkundung der Geburt abgegebene Rechtswahlerklärung verlangt Art. 10 **156** Abs. 3 Nr. 3 S. 2 die **öffentliche Beglaubigung.**[257]

Erfolgt die nachträgliche **Rechtswahl im Ausland,** ist nach den Grundsätzen der Substitution **157** (→ Einl. IPR Rn. 227 ff.) eine Form zu wählen, die den gleichen Zweck wie die öffentliche Beglaubigung erfüllen kann. Die Person, die die Beglaubigung vornimmt, muss insoweit dieselbe Funktion erfüllen wie ein Notar oder Standesbeamter.[258]

Umstritten ist, ob die nachträgliche Wahl des Namensstatuts **zusätzliche Voraussetzungen** hat. **158** So wird argumentiert, eine Rechtswahl sei nur bei einem hinreichenden Inlandsbezug zulässig[259] und eine nachträgliche Rechtswahl setze des Weiteren voraus, dass sich die sozialen Lebensumstände des Kindes verändern, da nur in einem solchen Fall eine Anpassung des Namensstatuts sachlich gerechtfertigt und von der ratio legis des Art. 10 Abs. 3 (→ Rn. 5) getragen sei.[260] Im Gesetz hat sich dies alles jedoch nicht niedergeschlagen. Die Rechtswahl kann daher nicht durch zusätzliche, vom Gesetz nicht vorgesehene Voraussetzungen eingeschränkt werden.[261]

2. Nachträgliche Anerkennung und Feststellung der Vaterschaft. Es ist zwischen der **vor** **159** **der Geburt** und der **nach der Geburt** erfolgenden Vaterschaftsanerkennung bzw. Feststellung der Vaterschaft zu unterscheiden. Da der Name des Kindes bei Geburt nach Art. 10 Abs. 1 durch die durch Geburt erworbene Staatsangehörigkeit bestimmt wird, kann sich die Vaterschaftsanerkennung **vor der Geburt** über die Staatsangehörigkeit des Mannes auch auf die Staatsangehörigkeit des Kindes und damit auf sein Namensstatut auswirken.

Die Vaterschaftsanerkennung **nach der Geburt** kann hingegen das Geburtsnamensrecht des Kin- **160** des nur dann beeinflussen, wenn der **Staatsangehörigkeitserwerb** auf den Zeitpunkt der Geburt **zurückwirkt.**[262] Wirkt sie nicht zurück, kann sie jedoch zu einer Änderung der Staatsangehörigkeit des Kindes und damit zu einem **Wechsel des Namensstatuts** ex nunc führen. Wegen des Grundsatzes der Namenskontinuität behält das Kind im Falle eines solchen Statutenwechsels seinen bisherigen Namen (zum Statutenwechsel → Rn. 43 ff.).[263]

---

[254] Staudinger/*Hepting/Hausmann* (2013) Rn. 339.
[255] LG Berlin StAZ 2003, 172; Palandt/*Thorn* Rn. 21; NK-BGB/*Mankowski* Rn. 151.
[256] Staudinger/*Hepting/Hausmann* (2013) Rn. 401; Palandt/*Thorn* Rn. 21.
[257] Vgl. dazu BayObLG FamRZ 2000, 55.
[258] Bamberger/Roth/*Mäsch* Rn. 46, 70; NK-BGB/*Mankowski* Rn. 154.
[259] *Hepting* StAZ 1998, 133 (141).
[260] So *Wall* StAZ 2012, 184 (187); *Hepting* StAZ 1998, 140 f.
[261] *Kropholler* IPR § 43 III; Erman/*Hohloch* Rn. 31; Palandt/*Thorn* Rn. 20; Staudinger/*Hepting/Hausmann* (2013) Rn. 402.
[262] Bamberger/Roth/*Mäsch* Rn. 58; Staudinger/*Hepting/Hausmann* (2013) Rn. 408 ff.; nach einigen Rechtsordnungen bewirkt die Anerkennung, dass an Stelle des Namens der Mutter der des Vaters tritt, zB in der Türkei, § 312 ZGB; vgl. dazu *Henrich,* GS Lüderitz, 2000, 273 (283 f.).
[263] Bamberger/Roth/*Mäsch* Rn. 58.

161   Darüber hinaus eröffnet die Anerkennung bzw. Feststellung der Vaterschaft die **Rechtswahlmög-lichkeiten nach Art. 10 Abs. 3,** also auch das Recht des Staates, dem der Vater angehört.[264]

162   Eine erfolgreiche **Anfechtung** der Vaterschaft kann dazu führen, dass das Kind den Namen des Vaters nicht weiterführen darf, weil es für gewöhnlich auf Grund der Anfechtung auch die Staatsangehörigkeit des Vaters verliert.[265]

163   **3. Einbenennung.** Eine Einbenennung liegt dann vor, wenn der Name eines Kindes verändert wird, um ihn an eine neue soziale Situation anzupassen.[266] Sie bewirkt keine Änderung des familien-rechtlichen Status des Kindes. Grundsätzlich richtet sich auch die Einbenennung gemäß Art. 10 Abs. 1 nach dem **Personalstatut des einzubenennenden Kindes.**

164   Art. 10 Abs. 3 Nr. 3 erlaubt es, für die Änderung des Familiennamens des Kindes das **Recht eines Staates** zu wählen, dem ein den **Namen Erteilender angehört.** Die Befugnis zu dieser Rechtswahl steht jedoch allein dem Inhaber der Sorge zu.[267] Bei der Einbenennung existiert demnach neben Art. 10 Abs. 3 Nr. 1 und 2 eine dritte Rechtswahlmöglichkeit. Diese Wahlmöglichkeit soll die Identifizierung des Kindes mit dem Stiefelternteil ermöglichen. Ein Teil der Lit. vertritt daher die Auffassung, dass die getroffene Wahl nur dann zulässig sei, wenn sie tatsächlich im Ergebnis zu einer Angleichung des Kindesnamens an den Namen des Stiefelternteils führt.[268] Zwar erscheint diese Einschränkung auf den ersten Blick sinnvoll. Letztendlich widerspricht sie jedoch dem Grund-gedanken der Rechtswahl. Sie soll den Beteiligten Wahlfreiheit schaffen und gerade nicht ein bestimmtes materielles Ergebnis determinieren. Auch ist die Verknüpfung mit der Einbenennung zu eng. Das gewählte Recht ist nicht nur für die Einbenennung maßgeblich, sondern bestimmt den Familiennamen des Kindes insgesamt.[269]

165   Muss außer dem Einbenennenden noch ein **Dritter der Einbenennung zustimmen,** wie das gemäß § 1618 S. 3 BGB nach deutschem Recht der Fall sein kann, so ist auch Art. 23 zu beachten.[270]

166   **4. Legitimation.** Die Legitimation existiert im deutschen Recht nicht mehr. Sie kann jedoch weiterhin relevant werden, wenn nach deutschem Kollisionsrecht **ausländische Vorschriften** anzu-wenden sind, welche die **Legitimation voraussetzen.**[271] Im namensrechtlichen Zusammenhang ist von Interesse, ob bei einer nach ausländischem Recht stattgefundenen Legitimation eines nicht-ehelichen Kindes eine Namensänderung erfolgt. Die Vorfrage der Legitimation ist auch hier unselb-ständig anzuknüpfen (allgemein → Rn. 37) und nach dem Namensstatut zu beurteilen.[272]

167   **5. Adoption.** Ob eine Adoption – von Kindern wie von Erwachsenen – sich auf den Namen des Angenommenen auswirkt, beurteilt sich nach dem **Personalstatut des Adoptierten** gemäß Art. 10, jedoch nicht nach dem Adoptionsstatut, also dem Recht des Annehmenden (Art. 22 S. 1) bzw. der allgemeinen Wirkungen der Ehe (Art. 22 S. 2 iVm Art. 14 Abs. 1) oder Lebens-partnerschaft (Art. 22 S. 3 iVm Art. 16b Abs. 1 S. 1).[273] Die Adoption kann sich indes auf die Staatsangehörigkeit des Adoptierten auswirken und insofern das Personalstatut indirekt verän-dern.[274] Regelt der **Adoptionsbeschluss** auch die Namen des Angenommenen, kommt es allein auf dessen Wirkungen an,[275] bei ausländischen Adoptionsbeschlüssen also auf deren Anerkennung in Deutschland.[276]

168   Eine eigenartige Vorschrift enthält Art. 10 Abs. 3 des **Europäischen Übereinkommens über die Adoption von Kindern** vom 24.4.1967 (BGBl. 1980 II S. 1093). Danach ist es dem Kind in der

---

[264] Staudinger/*Hepting/Hausmann* (2013) Rn. 415 ff.

[265] Staudinger/*Hepting/Hausmann* (2013) Rn. 419 ff.

[266] Ausf. zur Einbenennung Staudinger/*Hepting/Hausmann* (2013) Rn. 424 ff.

[267] Zur unklaren Fassung der Vorgängervorschrift vgl. Staudinger/*Hepting/Hausmann* (2013) Rn. 427.

[268] So Bamberger/Roth/*Mäsch* Rn. 67; Soergel/*Schurig* Rn. 78; NK-BGB/*Mankowski* Rn. 147.

[269] Palandt/*Thorn* Rn. 23.

[270] Zur Frage, ob der gemäß § 1618 S. 4 BGB möglichen Ersetzung dieser Einwilligung das Istanbuler CIEC-Übereinkommen entgegensteht *Henrich,* GS Lüderitz, 2000, 273 (283).

[271] Vgl. BayObLG IPRax 2000, 135 am Beispiel der Türkei; ausf. Staudinger/*Hepting/Hausmann* (2013) Rn. 429 ff.

[272] BayObLG IPRax 2000, 138; *Henrich,* GS Lüderitz, 2000, 273 (284); *Henrich,* FS Sturm, 1999, 1505 (1510 f.); Staudinger/*Hepting/Hausmann* (2013) Rn. 440.

[273] KG IPRspr. 1992 Nr. 21; AG Rottweil StAZ 2006, 144 f.; Soergel/*Schurig* Rn. 82; Bamberger/Roth/*Mäsch* Rn. 59; Staudinger/*Hepting/Hausmann* (2013) Rn. 442 f.; anders aber AG Detmold IPRax 1990, 254 m. zust. Anm. *Jayme.* Das OLG Karlsruhe IPRax 1998, 110 lässt es dahinstehen, ob das Kindes- oder Adoptionsstatut gilt. Einen rechtsvergleichenden Überblick über die namensrechtlichen Folgen der Adoption gibt *Wedemann* FamRZ 2015, 2106 (2108 f.).

[274] Staudinger/*Hepting/Hausmann* (2013) Rn. 443.

[275] OLG Hamm StAZ 2015, 83 = BeckRS 2014, 09734.

[276] Dazu *Wedemann* FamRZ 2015, 2106 (2111 f.).

Regel zu ermöglichen, „den Familiennamen des Annehmenden zu erwerben oder seinem eigenen Familiennamen hinzuzufügen". Es handelt sich hier um eine Aufforderung an die Gesetzgeber der Vertragsstaaten aber nicht um eine anwendbare Norm, da ihr kein unmittelbarer, konkreter Normbefehl zu entnehmen ist.

6. Namenserstreckung. Die Änderung des Familiennamens eines oder beider Elternteile durch   **169**
Erwerb eines Ehenamens oder Lebenspartnerschaftsnamens kann dazu führen, dass der Familienname des Kindes sich von dem der Eltern unterscheidet. Die Namenserstreckung soll daher im Interesse der familiären Namenseinheit die **Anpassung des Familiennamens des Kindes** an die Änderungen des Familiennamens der Elternteile ermöglichen.[277] Ob eine solche Erstreckung erfolgen kann und in welcher Form, bestimmt sich nach dem **Namensstatut** des Kindes. Davon zu unterscheiden ist die Änderung des Namens der Eltern. Diese stellt eine Vorfrage bezüglich der sachlichen Namenserstreckungsvorschriften dar. Es ist umstritten, ob sie selbständig oder unselbständig anzuknüpfen ist.[278]

Art. 10 Abs. 2 S. 3 schreibt vor, dass für die Auswirkungen der Rechtswahl des Ehenamens auf   **170**
den Namen des Kindes § 1617c BGB sinngemäß anzuwenden ist. Dies gilt nach Art. 17b Abs. 2 S. 1 entsprechend für die Rechtswahl eines Lebenspartnerschaftsnamens. Der **Wortlaut** der Norm lässt aber **nicht erkennen,** ob sie lediglich auf Deutsche oder auch auf ausländische Kinder anwendbar sein soll.[279] An dieser Problematik hat auch das KindRG nichts geändert.[280] Hier dürfte wie folgt zu differenzieren sein:

Gilt für das Kind **deutsches Recht als Namensstatut,** ist § 1617c BGB zu berücksichtigen.   **171**
Wenn dessen Eltern einen Ehe- oder Lebenspartnerschaftsnamen wählen, so erstreckt sich dieser auf den Kindesnamen, wenn das Kind nicht älter als fünf Jahre ist oder sich das Kind der Namensänderung anschließt (§ 1617c Abs. 1 BGB). Dies gilt auch für eine Änderung des Ehe- oder Lebenspartnschaftsnamens (§ 1617c Abs. 2 BGB), also dann, wenn ein Ehe- oder Lebenspartnerschaftsname bereits vorhanden war.[281] Art. 10 Abs. 2 S. 3 stellt klar, dass dies auch bei **gemischt-nationalen Eltern** gilt, die von der Rechtswahl nach Art. 10 Abs. 2 Gebrauch machen.[282]

Gilt für das Kind ein **ausländisches Namensstatut,** so entscheidet dieses Recht über die Erstre-   **172**
ckung der Rechtswahl des Ehe- oder Lebenspartnschaftsnamens auf den Kindesnamen und nicht Art. 10 Abs. 2 S. 3.[283] Ein Grund, weshalb das Zustimmungserfordernis des § 1617c BGB international zwingend sein sollte, ist nicht ersichtlich.[284] In Einzelfällen kann jedoch bei entsprechendem Inlandsbezug der ordre public Grenzen setzen.

G. Bedeutung der Grund- und Menschenrechte

Der Name eines Menschen wird durch Art. 17 des **Internationalen Pakts über Bürgerliche**   **173**
und Politische Rechte[285] und Art. 8 Abs. 1 **UN-Kinderrechtekonvention**[286] als Teil seiner Identität geschützt.[287] Darüber hinaus garantieren Art. 24 Abs. 2 IPBR und Art. 7 Abs. 1 UN-KRK jedem Kind das Recht auf einen Namen.

Die **Europäische Menschenrechtskonvention**[288] schützt den Namen als Teil des Privat- und   **174**
Familienlebens in Art. 8 EMRK. Die Spruchpraxis der Straßburger Organe in namensrechtlichen Fragen war jedoch bis 1994 sehr zurückhaltend.[289] Nach dem derzeitigen Stand der Straßburger

---

[277] Vgl. Staudinger/*Hepting/Hausmann* (2013) Rn. 459.
[278] Dazu näher Staudinger/*Hepting/Hausmann* (2013) Rn. 461.
[279] Vgl. auch *Sturm* StAZ 1993, 278.
[280] Näher dazu Staudinger/*Hepting/Hausmann* (2013) Rn. 462, 311 ff.
[281] Vgl. OLG Frankfurt a. M. StAZ 2007, 146 f.
[282] *Sturm* StAZ 1993, 278.
[283] Ebenso *Henrich* IPRax 1994, 178; Staudinger/*Hepting/Hausmann* (2013) Rn. 312 f.; Soergel/*Schurig* Rn. 75 f.; aA Palandt/*Thorn* Rn. 18.
[284] Staudinger/*Hepting/Hausmann* (2013) Rn. 313.
[285] Internationaler Pakt über Bürgerliche und Politische Rechte vom 19.12.1966, BGBl. 1973 II S. 1553.
[286] Übereinkommen der Vereinten Nationen über die Rechte des Kindes vom 20.11.1989, BGBl. 1992 II 121, S. 990.
[287] Vgl. UN Human Rights Committee vom 30.11.2010, CCPR/C/100/D/1621/2007 – Leonid Raihman.
[288] Konvention zum Schutze der Menschenrechte und Grundfreiheiten vom 4.12.1950, BGBl. 1952 II S. 686.
[289] EGMR Serie A, Nr. 280-B – Burghartz; EGMR Serie A, Nr. 299-B – Stjerna; Überblick bei *Pintens,* FS Henrich, 2000, 452 ff.; vgl. auch *Gaaz,* FS Frank, 2008, 383 f.

Rechtsprechung[290] schützt die EMRK den **geführten Namen** eines Menschen durch **Art. 8 EMRK,** weil er die Person und ihre Verbindung zu einer Familie bezeichnet und daher Bestandteil seines Privat- und Familienlebens ist. Darüber hinaus können sich aus Art. 8 EMRK positive Verpflichtungen im Bereich der **Namensgebung** ergeben. Dabei sind die Individualinteressen an einer bestimmten Namensbildung mit öffentlichen Interessen an der Regelung der Namenswahl abzuwägen. Angesichts der Unterschiede im Namensrecht steht den Mitgliedstaaten jedoch ein weiter Ermessensspielraum zu. Deshalb lässt sich aus Art. 8 EMRK regelmäßig kein Anspruch auf die Bildung eines gewünschten Namens ableiten.[291] Im Übrigen verlangt die EMRK von den Mitgliedstaaten, dass ihr Namensrecht den Grundsatz der **Gleichberechtigung von Mann und Frau** (Art. 14 EMRK) beachtet.[292]

175   Das Recht am eigenen Namen wird auch durch **Art. 7 EU-GRCharta** (EU-Grundrechtecharta) als Bestandteil seines Rechts auf Privat- und Familienleben geschützt. Diese Vorschrift entspricht Art. 8 EMRK und ist in Übereinstimmung mit diesem Vorbild auszulegen (Art. 52 Abs. 3 und Art. 53 EU-GRCharta). Als gemeinsame Verfassungstradition ist die EMRK zudem bei der Auslegung und Anwendung des Unionsrechts zu beachten (Art. 6 Abs. 3 EU). Im Ergebnis führt dies dazu, dass sich ein Unionsbürger auf den menschenrechtlichen Schutz seines Namens in allen vom Unionsrecht erfassten Bereichen berufen kann (→ Rn. 179 ff.).

176   Das **Grundgesetz** schützt den **geführten Namen** eines Menschen als Ausdruck seiner Identität und seiner Zuordnung zu einer Familie als Teil seiner Persönlichkeit durch Art. 2 Abs. 1 iVm Art. 1 Abs. 1 GG.[293] Dabei bringt der Vorname die Individualität zum Ausdruck, während der Nachname darüber hinaus die Zuordnungsfunktion erfüllt. Dementsprechend sind bei den Regeln zur **Bildung** des Nachnamens die öffentlichen Interessen zu berücksichtigen, während die Bildung des Vornamens den Eltern anvertraut ist, die dabei nur an das Kindeswohl gebunden sind.[294] Der Schutz des Namens umfasst auch den **faktisch geführten Namen,** wenn dieser längere Zeit unbeanstandet geführt worden ist und dadurch ein entsprechender Vertrauenstatbestand geschaffen worden ist. Eine Änderung dieses Namens gegen den Willen des Namensträgers darf nur verlangt werden, wenn es verhältnismäßig ist. Andernfalls muss das öffentliche Interesse an der Richtigkeit von Personenstandseintragungen zurückstehen.[295] Andererseits ist der Namensträger nicht verpflichtet, seinen faktischen Namen zu führen. Er hat ein **Wahlrecht** und kann etwa eine Korrektur der unzutreffenden Eintragung verlangen oder eine Namensangleichung nach Art. 47 herbeiführen.[296]

177   Diesen **grund- und menschenrechtlichen Vorgaben** müssen das Namensrecht einschließlich des Kollisions-, Verfahrens- und Personenstandsrechts und seine Anwendung im konkreten Fall genügen. Das gilt nicht nur für die Grundrechte des Grundgesetzes (→ Einl. IPR Rn. 45), sondern auch für die international verbürgten Menschenrechte. Sie sind **im Regelfall Kontrollmaßstab** für den Gesetzgeber und für die Rechtsanwendung im konkreten Fall.

178   Im Einzelfall können sich die grund- und menschenrechtlichen Vorgaben verdichten und die **„Anerkennung" eines Namens** verlangen, der aus Sicht des Rechtsanwenders zwar an sich nicht besteht, aber faktisch geführt wird. Das ist für **innerstaatliche Fälle** vom BVerfG auf der Grundlage des deutschen Verfassungsrechts anerkannt.[297] Für **grenzüberschreitende Fälle** haben sich diese Vorgaben vor allem über das Unionsrecht und die einschlägige Rechtsprechung des EuGH ausgewirkt (→ Rn. 185 ff.). Das setzt allerdings in beiden Fallkonstellationen voraus, dass das **Interesse an der Kontinuität des Namens schutzwürdig** ist, dh dass ein entsprechender **Vertrauenstatbestand** besteht (zum Vertrauenstatbestand in grenzüberschreitenden Fällen → Rn. 220 f.).[298]

---

[290] Vgl. aus neuerer Zeit EGMR 1.7.2008 (44378/05) – Daróczy; EGMR NJOZ 2010, 509 – Güzel Erdagöz; EGMR 9.11.2010 (664/06) – Losonci Rose und Rose (zum Fortgang *Sturm* IPRax 2013, 339 f.); zu Art. 8 EMRK *Kinsch* YbPIL 13 (2011), 37 ff.; *Kinsch* FS Siehr, 2010, 259 ff.; *Pintens,* FS Henrich, 2000, 452 ff.

[291] Zur Ablehnung des Anspruchs auf einen Doppelnamen, den das deutsche Recht nicht vorsieht, vgl. EGMR FamRZ 2008, 1507 = StAZ 2008, 375 – Heidecker-Tiemann; vgl. dazu *Gaaz* StAZ 2008, 365 ff.; *Nordmeier* StAZ 2011, 129 (134).

[292] Vgl. nur EGMR Serie A, Nr. 280-B – Burghartz.

[293] BVerfGE 123, 90 (101 ff.) = NJW 2009, 1657; BVerfGE 109, 256 (266) = NJW 2004, 1155; BVerfGE 104, 373 (385) = NJW 2002, 1256.

[294] BVerfGE 123, 90 (101 ff.) = NJW 2009, 1657 mwN; vgl. *Grünberger* AcP 207 (2007), 314.

[295] BVerfG NJWE-FER 2001, 193 (194) – Singh; vgl. dazu *Hepting* StAZ 2013, 1 (3).

[296] OLG Hamm StAZ 2014, 333 (334).

[297] BVerfG NJWE-FER 2001, 193 (194) – Singh; nicht berücksichtigt von OLG München FamRZ 2014, 1551 = StAZ 2014, 366 = BeckRS 2014, 10871.

[298] *Hepting* StAZ 2013, 1 ff.; *Lipp* StAZ 2009, 1 (7); *Benicke/Zimmermann* IPRax 1995, 141 (149); Staudinger/ *Hepting/Hausmann* (2013) Rn. 147 ff., 187, 492 ff.; für Art. 8 EMRK vgl. *Kinsch,* FS Siehr, 2010, 259 (272 ff.); krit. jedoch Bamberger/Roth/*Mäsch* Rn. 13a.

H. Einfluss des Unionsrechts

I. Allgemeines

Die EU hat keine Gesetzgebungszuständigkeit für das materielle Namensrecht oder das Personen- 179
standswesen, sondern für die Angleichung des Kollisions- und Verfahrensrechts auf diesem Gebiet
(Art. 81 AEUV). Davon hat sie mit der **Verordnung (EU) Nr. 2016/1191 („EU-UrkundenVO")**
Gebrauch gemacht.[299] Durch die Verordnung wird der Nachweis der **Echtheit von öffentlichen
Urkunden** bezüglich Eheschließung, eingetragener Partnerschaft, Geburt, Tod, Abstammung,
Wohnsitz und Vorstrafenfreiheit erleichtert, indem das Erfordernis der Apostille abgeschafft und
mehrsprachige Formulare eingeführt werden. Die Verordnung gilt bis auf wenige Ausnahmen **ab
dem 16.2.2019.**

Die Kommission hatte in ihrem **Grünbuch**[300] noch wesentlich weitergehende Vorstellungen 180
verfolgt und vorgeschlagen, das Prinzip der gegenseitigen Anerkennung von gerichtlichen Urteilen
auf den Bereich von Personenstandsurkunden und die „Anerkennung" der darin beurkundeten
„Rechtslagen" zu übertragen. In diesem Zusammenhang geht es auch um die „Anerkennung" des
im Ausland erworbenen und in einer ausländischen Personenstandsurkunde beurkundeten Namens.
Dem liegt die Vorstellung zugrunde, durch die **„Anerkennung" des beurkundeten Namens**
eines Unionsbürgers ließen sich die Mühen einer Harmonisierung der Kollisionsrechte vermeiden.[301]
Hierüber wird seitdem **de lege ferenda** intensiv diskutiert.[302]

Das Unionsrecht entfaltet jedoch bereits **de lege lata** erhebliche Bedeutung für das internationale 181
Namensrecht. Zwar fallen das Namensrecht und das Personenstandswesen als solche nicht in die
Zuständigkeit der Union, doch kann der konkrete Einzelfall durchaus in den Anwendungsbereich
des Unionsrechts fallen. Dann muss die Anwendung des nationalen Rechts in diesem Fall den
Vorgaben des Unionsrechts, insbesondere denen des **Primärrechts** genügen.[303] Insofern entfalten
insbesondere die Unionsbürgerschaft, die Grundfreiheiten und die Diskriminierungsverbote ihre
Wirkung (→ Einl. IPR Rn. 44; → Art. 3 Rn. 88 ff.). Während früher die **Grundfreiheiten** und
die damit verbundenen Diskriminierungsverbote im Vordergrund standen, ist infolge der Weiterentwicklung des Primärrechts heute die **Unionsbürgerschaft** (Art. 20 AEUV) maßgeblich. Mit der
Unionsbürgerschaft sind zwei Gewährleistungen verbunden: Art. 18 AEUV verbietet die **Diskriminierung** aufgrund der Staatsangehörigkeit, und Art. 21 AEUV schützt die **Freizügigkeit** innerhalb
der EU. Dabei sieht das EuGH das Diskriminierungsverbot heute als Bestandteil der Freizügigkeit
nach Art. 21 AEUV an.[304]

Diese Vorgaben des **Unionsrechts** gelten in den Mitgliedstaaten **unmittelbar** und genießen 182
Vorrang vor dem innerstaatlichen Recht. Sie setzen etwa entgegenstehendes nationales Recht nicht
außer Kraft, sondern führen zu dessen Unanwendbarkeit.[305]

---

[299] Verordnung (EU) Nr. 2016/1191 des Europäischen Parlaments und des Rates vom 6. Juli 2016 zur Förderung der Freizügigkeit von Bürgern durch die Vereinfachung der Anforderungen an die Vorlage bestimmter
öffentlicher Urkunden innerhalb der Europäischen Union und zur Änderung der Verordnung (EU) Nr. 1024/
2012 vom 29.4.2013, ABl. EU 2016 L 200 S. 1.

[300] Grünbuch „Weniger Verwaltungsaufwand für EU-Bürger: Den freien Verkehr öffentlicher Urkunden und
die Anerkennung der Rechtswirkungen von Personenstandsurkunden erleichtern", KOM (2010) 747 endg.

[301] Vgl. *Baratta* IPRax 2007, 4 (5 ff.).

[302] Vgl. dazu nur *Mansel/Coester-Waltjen/Henrich/Kohler* IPRax 2011, 335; *Dutta/Freitag/Helms/Kissner* StAZ
2011, 165; *R. Wagner* FamRZ 2011, 609; *R. Wagner* DNotZ 2011, 116; *Buschbaum* StAZ 2012, 106; *Wall*
StAZ 2012, 301 ff.; *Kohler/Pintens* FamRZ 2013, 1437 (1440 f.); *Lipp*, FS Coester-Waltjen, 2016, 521 ff.; einen
ausgearbeiten Vorschlag legten vor *Dutta/Frank/Freitag/Helms/Krömer/Pintens* StAZ 2014, 33; Begründung und
Diskussion bei *Dutta/Helms/Pintens*, Ein Name in ganz Europa, 2016; allg. zum „Anerkennungsprinzip" *Lagarde*
RabelsZ 68 (2004), 225; *Coester-Waltjen*, FS Jayme, 2004, 121 ff.; *Coester-Waltjen* IPRax 2006, 392; *Frank* StAZ
2005, 161 (163 f.); *Helms* GPR 2005, 36 (38); *Mansel* RabelsZ 70 (2006), 651; *Martiny* DNotZ 2009, 453 (454 ff.);
Funken, Das Anerkennungsprinzip im IPR, 2009, insbes. S. 168 ff.; *Rieks,* Anerkennung im IPR, 2012, insbes.
S. 211 ff.; *Grünberger* in Leible/Unberath, Brauchen wir eine Rom 0-Verordnung?, 2013, 81 ff.

[303] Vgl. nur EuGH Slg. 2003, I-11613 Rn. 24 = FamRZ 2004, 173 – Garcia Avello mwN; zuletzt EuGH
StAZ 2016, 203 = NJW 2016, 2093 – Bogendorff von Wolffersdorff; zur Diskussion zur Bedeutung der Grundfreiheiten für das Namensrecht s. *Ackermann* C. M. L. Rev. 44 (2007), 141 (146 ff.); *Baratta* IPRax 2007, 4 (7);
Lagarde Rev. crit. dr. int. pr. 2004, 192 (193 f.); *Lipp*, FS Frank, 2008, 75 ff.; *Lipp*, FS Coester-Waltjen, 2015,
521 ff.; *Sommer,* Einfluss der Freizügigkeit auf Namen und Status von Unionsbürgern, 2009.

[304] EuGH StAZ 2011, 274 Rn. 60 ff., 65 – Runevič-Vardyn/Wardyn; bestätigend EuGH StAZ 2016, 203
Rn. 38 = NJW 2016, 2093 – Bogendorff von Wolffersdorff; zum Verhältnis von Art. 18 und 21 AEUV vgl. auch
Grabitz/Hilf/Nettesheim/*v. Bogdandy,* Das Recht der Europäischen Union, 59. Aufl., Stand 7/2016, Art. 18
AEUV Rn. 58.

[305] Grabitz/Hilf/Nettesheim/*Nettesheim* AEUV Art. 1 Rn. 71 ff., 79 ff.; vgl. auch NK-BGB/*Mankowski*
Rn. 166.

183   Inzwischen darf als geklärt angesehen werden, dass die **Anknüpfung an die Staatsangehörigkeit** in Art. 10 Abs. 1 mit dem Unionsrecht vereinbar ist und insbesondere keinen Verstoß gegen die entsprechenden Diskriminierungsverbote, etwa in Art. 18 AEUV, darstellt (zur allgemeinen Problematik → Art. 3 Rn. 88; → Art. 5 Rn. 39 ff.).[306] Der EuGH hat die entsprechende, auf das Kollisionsrecht bezogene Vorlagefrage in der Sache Grunkin-Paul nicht beantwortet, sondern das **Ergebnis der Rechtsanwendung** an den unionsrechtlichen Vorgaben geprüft.[307]

184   Seit der Entscheidung des EuGH in der Sache Garcia Avello[308] wird jedoch intensiv um die Bedeutung der unionsrechtlich geforderten „Anerkennung" des im Ausland erworbenen Namens diskutiert. **De lege ferenda** geht es dabei um die Frage, ob das Kollisionsrecht im Bereich des Namens neu zu ordnen oder durch ein „Anerkennungsregime" zu ersetzen ist (→ Rn. 179). **De lege lata** wird darüber diskutiert, ob Art. 20 iVm Art. 18 und 21 AEUV aufgrund des Anwendungsvorrangs des Unionsrechts unmittelbar die „Anerkennung" des ausländischen Namens gebietet und das nationale Recht einschließlich seines Kollisionsrechts verdrängt[309] oder ob es einem Mitgliedstaat überlassen ist, wie er die unionsrechtlich ggf. vorgegebene Anerkennung eines ausländischen Namens innerstaatlich verwirklicht (→ Rn. 210 ff.).[310] Angesichts dieser Meinungsvielfalt ist nachstehend die Rechtsprechung des EuGH nachzuzeichnen und zu analysieren:[311]

II. Rechtsprechung des EuGH

185   **1. Die Entscheidungen Konstantinidis (1993) und Dafeki (1997).** Im erstgenannten Fall[312] wollte ein griechischer Staatsangehöriger seinen Namen so in das deutsche Personenstandsregister eingetragen haben, wie er in seinem griechischen Reisepass stand. Dort war der Name gemäß dem Berner CIEC-Übereinkommen von 1973 auch in lateinischen Schriftzeichen wiedergegeben.[313] Die damalige deutsche Praxis erkannte das jedoch nicht an, weil die lateinische Fassung des Namens im Pass keine Beweisfunktion habe.[314] Da der griechische Staatsangehörige in Deutschland als Selbständiger tätig war, konnte er sich auf die **Niederlassungsfreiheit** und das diesbezügliche Verbot der **Diskriminierung aus Gründen der Staatsangehörigkeit** (Art. 52 EWGV, heute Art. 49, 18 AEUV) berufen. Die deutschen Regeln für die **Umschreibung des Namens** mussten den hieraus resultierenden Anforderungen genügen. Das war nach Auffassung des EuGH nicht der Fall, denn die vorgenommene Umschreibung bewirkte eine phonetische Verfälschung des Namens und setzte damit seinen Träger der Gefahr aus, dass ihn seine Kunden verwechselten.

186   Im zweiten Fall[315] hatte eine griechische Staatsangehörige in Deutschland die vorzeitige Verrentung mit 60 Jahren beantragt. Da sie nach ihrer griechischen Geburtsurkunde jedoch erst 57 Jahre alt war, ließ sie diese in Griechenland berichtigen. Nach der berichtigten Geburtsurkunde war sie drei Jahre älter. Die deutsche Rentenversicherung erkannte diesen Nachweis allerdings nicht an. Zum einen habe die griechische Geburtsurkunde nicht die Beweiskraft einer deutschen öffentlichen

---

[306] *Henrich,* FS Heldrich, 2005, 667 (674 f.); *Coester-Waltjen* IPRax 2006, 392 (397); Bamberger/Roth/*Mäsch* Rn. 13; Palandt/*Thorn* Rn. 1.

[307] EuGH Slg. 2008, I-7639 = NJW 2009, 135 – Grunkin-Paul II mAnm *Funken* FamRZ 2008, 2091; *Kroll-Ludwigs* JZ 2009, 153; *Martiny* DNotZ 2009, 454; *Rieck* NJW 2009, 125 dazu *Lipp* StAZ 2009, 1 (7 f.); *Sperling,* Familiennamensrecht in Deutschland und Frankreich, 2012, 142 f.; Staudinger/*Hepting*/*Hausmann* (2013) Rn. 519; NK-BGB/*Mankowski* Rn. 166.

[308] EuGH Slg. 2003, I-11613 = FamRZ 2004, 173 – Garcia Avello mAnm *Henrich; Frank* StAZ 2005, 161; *Helms* GPR 2005, 36; *Mörsdorf-Schulte* IPRax 2004, 315.

[309] Dafür etwa OLG München NJW-RR 2010, 660 m. zust. Anm. *Sturm* StAZ 2010, 146 (vgl. Erman/*Hohloch* Rn. 7); *Sperling,* Familiennamensrecht in Deutschland und Frankreich, 2012, 147 f.; NK-BGB/*Mankowski* Rn. 166 f., 172 f.; *Wall* StAZ 2009, 261 (264 f.); *Wall* IPRax 2010, 433 (434, 437); *Wall* StAZ 2012, 169 (172 ff.).

[310] So etwa *Leifeld,* Das Anerkennungsprinzip im Kollisionsrecht des internationalen Privatrechts, 2009, 119 ff., 174 ff.; *Kroll-Ludwigs,* Die Rolle der Parteiautonomie im europäischen Kollisionsrecht, 2013, 266 f.; *Kohler,* FS Jayme, 2004, 445 (455); *Pintens* StAZ 2004, 353 (359); *Lipp* StAZ 2009, 1 (8); *Martiny* DNotZ 2009, 453 (454 ff.); *R. Wagner* FamRZ 2011, 609 (615); *Mansel*/*Thorn*/*R. Wagner* IPRax 2011, 1 (6); *Nordmeier* StAZ 2012, 31 (39); *Grünberger* in Leible/Unberath, Brauchen wir eine Rom 0-Verordnung?, 2013, 81, 108 ff.; Bamberger/Roth/*Mäsch* Rn. 13.

[311] In Fortführung der Ausführungen bei *Lipp,* FS Vrellis, 2014, 539 ff.

[312] EuGH Slg. 1993, I-1191 = EuZW 1993, 376 – Konstantinidis mAnm *Ch. Böhmer* IPRax 1994, 80; *Pintens* ZEuP 1995, 89; *Streinz* StAZ 1993, 243.

[313] Übereinkommen von Bern vom 13.9.1973 über die Angabe von Familiennamen und Vornamen in den Personenstandsbüchern, BGBl. 1976 II S. 1473 (Text auch auf der Internetseite des Bundesministeriums des Inneren: www.personenstandsrecht.de, unter: Übereinkommen der Internationalen Kommission für das Zivilstandswesen); vgl. dazu *Henrich,* FS Heldrich, 2005, 667 (668 ff.); *Pintens* StAZ 2004, 353 (356).

[314] Vgl. die Nachweise im Vorlagebeschluss des OLG Köln StAZ 1993, 214.

[315] EuGH Slg. 1997, I-6761 = EuZW 1998, 47 – Dafeki; dazu *Schmitz* StAZ 1999, 138.

Urkunde. Zum anderen gehe bei widersprechenden Urkunden diejenige vor, die der Geburt zeitlich am nächsten liege. Da die Griechin als Arbeitnehmerin in Deutschland gearbeitet hatte, waren die Garantie der **Freizügigkeit** und das damit verbundene Verbot der **Diskriminierung aus Gründen der Staatsangehörigkeit** (Art. 48, 51 EWGV, heute Art. 45, 18 AEUV) einschlägig. Sie verlangen nach Ansicht des EuGH zwar nicht, dass eine **ausländische behördliche Urkunde** denselben Beweiswert wie eine inländische behördliche Urkunde hat. Doch kann ein Arbeitnehmer seinen **Personenstand** idR nur mit Hilfe von Urkunden seines Heimatstaates nachweisen, wenn er seine Rechte als Arbeitnehmer geltend macht. Der Aufnahmestaat muss deshalb die Personenstandsurkunde des Heimatstaates beachten, soweit keine konkreten Anhaltspunkte für ihre Unrichtigkeit vorliegen.[316]

Während die Entscheidung Konstantinidis das **Recht am eigenen Namen** mit der Niederlas‑ **187** sungsfreiheit verbindet, folgert der EuGH in der Entscheidung Dafeki aus der strukturell vergleichbaren Arbeitnehmerfreizügigkeit die **Pflicht zur Beachtung ausländischer Personenstandsurkunden.** Wenngleich die Grundfreiheiten im Vordergrund stehen, klingt hier die **menschenrechtliche Dimension** an (→ Rn. 173 ff.). Auf das Recht am eigenen Namen und seinen Schutz durch Art. 8 EMRK hatte Generalanwalt Jacobs in seinen Schlussanträgen eindringlich hingewiesen.[317]

2. Die Entscheidung Garcia Avello (2003). Der Spanier Garcia Avello[318] und die Belgierin **188** Weber lebten in Belgien. Ihre Kinder erwarben sowohl die spanische als auch die belgische Staatsbürgerschaft. Ihre doppelte Staatsangehörigkeit führte zu einem Konflikt zwischen dem belgischen und dem spanischen Recht über den Nachnamen der Kinder. Während das belgische Recht den ehelichen Kindern den Namen des Vaters (Garcia Avello) gibt, tragen sie nach spanischem Recht den ersten Teil des Vaternamens und den ersten Teil des Mutternamens (Garcia Weber). Im Kollisionsrecht unterstellen beide Rechte den Namen eines Kindes seinem Heimatrecht und geben bei Doppelstaatern der eigenen Staatsangehörigkeit stets den Vorrang. Dadurch kam es hier zur **kollisionsrechtlich begründeten Namensspaltung:** Für den Namen der Kinder galt aus belgischer Sicht belgisches, aus spanischer Sicht spanisches Recht. Dementsprechend wurden die Kinder in Belgien mit ihrem belgischen Namen (Garcia Avello) registriert, im spanischen Register dagegen mit ihrem spanischen Namen (Garcia Weber). Die Eltern wollten, dass ihre Kinder einen einzigen Nachnamen führen. Deshalb beantragten sie einige Jahre nach Geburt der Kinder bei den belgischen Behörden die **Namensänderung zum Zweck der Namensangleichung.** Der belgische Nachname sollte durch den spanischen Nachnamen ersetzt werden. Dieser Antrag wurde von den belgischen Behörden abgelehnt.

Der EuGH sah darin einen Verstoß gegen die Rechte der Kinder als **Unionsbürger** und das **189** Verbot der **Diskriminierung wegen ihrer Staatsangehörigkeit** (Art. 12, 17 EGV, heute: Art. 20, 18 AEUV). Die Kinder genießen den Schutz der Unionsbürgerschaft, weil sie Angehörige eines Mitgliedstaates sind und sich rechtmäßig in einem anderen Mitgliedstaat aufhalten. Auch wenn die Kinder in Belgien geboren und belgische Staatsangehörige sind, reicht ihre zweite Staatsangehörigkeit aus, um den Bezug zum Unionsrecht herzustellen und den Anwendungsbereich des Unionsrechts und seines Diskriminierungsverbots zu eröffnen. Da die Kinder keine Möglichkeit haben, in Belgien ihren spanischen Namen zu führen, seien sie wegen ihrer Staatsangehörigkeit diskriminiert. Das staatliche Interesse an der **Namenskontinuität** zur Identifikation und an der Anwendung des eigenen Namensrechts als dem **Umweltrecht** der Kinder zu ihrer Integration reicht nach Ansicht des EuGH nicht aus, um das Verbot zu rechtfertigen. Belgien muss daher **aufgrund des Unionsrechts** den spanischen **Namen der Kinder „anerkennen".**

3. Die Entscheidung Grunkin-Paul II (2008). Ein deutsches Ehepaar lebte in Dänemark und **190** bekam dort ein Kind, das ebenfalls nur deutscher Staatsangehöriger ist.[319] Nach der Scheidung der Eltern blieb das Kind mit seiner Mutter in Dänemark, hielt sich jedoch auch häufig bei seinem Vater auf, der nach Niebüll in Deutschland gezogen war. Die Eltern gaben dem Kind einen Nachnamen aus den verbundenen Nachnamen beider Elternteile (Grunkin-Paul). Diesen Nachnamen enthielten die **dänische Namensurkunde** und die **dänische Geburtsurkunde** des Kindes. Nach dänischem IPR richtet sich der Nachname des Kindes nach dänischem Recht, weil es seinen **gewöhnlichen Aufenthalt in Dänemark** hat. Da die Eltern keinen Familiennamen gewählt hatten, konnten sie

[316] Zur vergleichbaren Problematik bei der ärztlichen Bescheinigung der Arbeitsunfähigkeit vgl. EuGH Slg. 1987, I–1339 Rn. 13, 14 = NJW 1988, 2171 – Rindone; EuGH Slg. 1992, I–3423 = EuZW 1992, 480 – Paletta.

[317] Schlussanträge des Generalanwalts *Jacobs* Slg. 1993, I–1119 Rn. 135 ff. = EuZW 1993, 376 – Konstantinidis.

[318] EuGH Slg. 2003, I–11613 = FamRZ 2004, 173 – Garcia Avello mAnm *Henrich; Frank* StAZ 2005, 161; *Helms* GPR 2005, 36; *Mörsdorf-Schulte* IPRax 2004, 315.

[319] EuGH Slg. 2008, I–7639 = NJW 2009, 135 – Grunkin-Paul II mAnm *Funken* FamRZ 2008, 2091; *Kroll-Ludwigs* JZ 2009, 153; *Martiny* DNotZ 2009, 454; *Rieck* NJW 2009, 125.

den Nachnamen des Mannes (Grunkin) oder den der Frau (Paul) wählen oder – wie hier – die Nachnamen beider Elternteile verbinden.

191   Die Eltern wollten ihr Kind mit dem **dänischen Namen** in das **deutsche Personenstandsregister** eintragen lassen. Aus deutscher Sicht richtet sich der Nachname des Kindes jedoch nach seinem Heimatrecht (Art. 10 Abs. 1), also nach deutschem Recht. Die Rechtswahlmöglichkeit nach Art. 10 Abs. 3 stand den Eltern nicht offen, da sowohl die Eltern wie das Kind nur die deutsche Staatsangehörigkeit hatten (→ Rn. 134 ff.). Das deutsche Sachrecht sieht in § 1617 Abs. 1 BGB zwar vor, dass die Eltern entweder den Namen des Mannes oder der Frau wählen können, lässt aber eine Verbindung beider Namen nicht zu. Das BVerfG hatte dies im Jahre 2002 für verfassungsgemäß erklärt.[320]

192   Anders als im Fall Garcia Avello war das Kind im Fall Grunkin-Paul kein Doppelstaater, sondern besaß allein die deutsche Staatsangehörigkeit. Da es in Dänemark geboren wurde und dort lebte, und Dänemark den Namen kollisionsrechtlich an den gewöhnlichen Aufenthalt anknüpft, entstand hieraus jedoch ebenfalls eine **kollisionsrechtlich begründete Namensspaltung.**

193   Der EuGH bekräftigte seine Ansicht aus der Entscheidung Garcia Avello, dass das Kind die Rechte als **Unionsbürger** (Art. 17 EGV, heute: Art. 20 AEUV) genießt, weil es als Angehöriger eines Mitgliedstaates und sich rechtmäßig in einem anderen Mitgliedstaat aufhält.[321] Zwar ging es hier nicht um eine Diskriminierung aus Gründen der Staatsangehörigkeit (Art. 12 EGV, heute: Art. 18 AEUV), denn das Kind hatte nur die deutsche Staatsangehörigkeit. Doch wurde es nach Ansicht des EuGH in seiner **Freizügigkeit** (Art. 18 EGV, heute: Art. 21 AEUV) beeinträchtigt, wenn Deutschland den in Dänemark erworbenen dänischen Namen nicht „anerkenne".[322] Denn dadurch werde das Kind gezwungen, in deutschen amtlichen Dokumenten (zB im Reisepass) einen anderen Namen zu führen als in den dänischen (zB in der Geburtsurkunde) und zahlreichen praktischen Schwierigkeiten ausgesetzt. Diese **Nachteile** seien so **schwerwiegend,** dass hierin eine **Beschränkung der Freizügigkeit** liege. Damit knüpfte der EuGH nicht nur an Garcia Avello, sondern der Sache nach auch an die Entscheidung Konstantinidis an, wo der Zwang, einen anders lautenden Namen zu führen, als Beschränkung der mit der Freizügigkeit strukturell vergleichbaren Niederlassungsfreiheit angesehen wurde (→ Rn. 185).

194   Die Beeinträchtigung der Freizügigkeit durch den Zwang, unterschiedliche Namen zu führen, kann jedoch **gerechtfertigt** sein, wenn sie auf objektiven Erwägungen beruht und in einem angemessenen Verhältnis zum legitimerweise verfolgten Zweck steht. Nach Ansicht des EuGH genügt dafür jedoch weder das Interesse an der Kontinuität und Stabilität des Namens oder an der Namenseinheit in der Familie noch das Verbot von zusammengesetzten Namen im deutschen Recht.[323] Im Ergebnis war Deutschland damit **unionsrechtlich verpflichtet,** den in Dänemark erworbenen Nachnamen Grunkin-Paul auch in Deutschland **„anzuerkennen".**

195   **4. Die Entscheidung Sayn-Wittgenstein (2010).** Eine Österreicherin lebte und arbeitete in Deutschland.[324] Sie wurde in Deutschland von dem deutschen Staatsangehörigen Lothar Fürst von Sayn-Wittgenstein adoptiert. Im **deutschen Adoptionsbeschluss** stellte das Gericht fest, dass sie den Nachnamen Fürstin von Sayn-Wittgenstein trage. Dieser Name wurde daraufhin **im österreichischen Register eingetragen** und eine entsprechende Geburtsurkunde ausgestellt. In folgenden Jahren stellten die österreichischen Behörden einen Reisepass sowie zwei Staatsangehörigkeitsnachweise mit diesem Namen aus. Sie **führte diesen Namen in Deutschland;** auch ihre deutsche Fahrerlaubnis lautete auf diesen Namen.

196   Etwa 15 Jahre später **berichtigte die österreichische Behörde den Namen** in Sayn-Wittgenstein. Den Hintergrund bildet das österreichische Adelsaufhebungsgesetz von 1919. Dieses Gesetz steht im Verfassungsrang und verbietet es, dass eine Österreicherin einen Adelstitel führt. Infolge dieser Berichtigung entstand eine **Namensspaltung.** Sie beruhte jedoch nicht auf dem Kollisionsrecht, sondern darauf, dass Österreich den **Beschluss des deutschen Gerichts über den Namen** der Adoptierten **wegen Verstoßes gegen den österreichischen ordre public nicht anerkannte.**[325]

---

[320] BVerfGE 104, 373 = NJW 2002, 1256.

[321] EuGH Slg. 2008, I-7639 Rn. 15–18 = NJW 2009, 135 – Grunkin-Paul II.

[322] EuGH Slg. 2008, I-7639 Rn. 19–20 (Art. 12 EGV) Rn. 21–39 (Art. 18 EGV) = NJW 2009, 135 – Grunkin-Paul II.

[323] EuGH Slg. 2008, I-7639 Rn. 29–38 = NJW 2009, 135 – Grunkin-Paul II.

[324] EuGH Slg. 2010, I-13693 = StAZ 2011, 77 – Sayn-Wittgenstein mAnm *Besselink* C. M. L. Rev. 49 (2012), 671; *Kroll-Ludwigs* GPR 2011, 242.

[325] Vgl. die Erklärung der österreichischen Regierung, EuGH Slg. 2010, I-13693 Rn. 76 – Sayn-Wittgenstein; zutr. *Spellenberg,* FS Pintens, Bd. 2, 2012, 1349 (1360 f.).

Da die Betroffene Angehörige eines Mitgliedstaates ist und sich rechtmäßig in einem anderen **197**
Mitgliedstaat aufhält, waren der Anwendungsbereich der **Unionsbürgerschaft** (Art. 20 AEUV)
und der **Freizügigkeit** (Art. 21 AEUV) eröffnet.[326] Es kam daher darauf an, ob eine **gespaltene
Namensführung** vorliegt und zu **schwerwiegenden Nachteilen** führt und daher die Freizügigkeit beeinträchtigt. Da „Fürstin von" nach deutschem Recht Bestandteil des Namens ist, war die erste
Frage zu bejahen.[327] Allerdings war der Name Fürstin von Sayn-Wittgenstein **nicht im deutschen
Personenstandsregister eingetragen,** sondern beruhte auf einer deutschen Gerichtsentscheidung,
deren Wirkung im Vorabentscheidungsverfahren unklar geblieben war. Deshalb stellten Generalan-
wältin und EuGH darauf ab, dass dieser **Name 15 Jahre lang unbeanstandet geführt** worden war
und auch in öffentlichen Dokumenten seinen Niederschlag gefunden hatte. Wenn die Betroffene in
Österreich einen anderen Namen hätte, entstünden ihr dadurch ebenfalls schwerwiegende Nachteile.
Demzufolge bejahten sie eine Beschränkung der Freizügigkeit durch die Namensspaltung.[328]

Letztlich kam es deshalb darauf an, ob die Beschränkung der Freizügigkeit durch die österreichi- **198**
schen Behörden infolge ihrer Weigerung, den deutschen Namen „anzuerkennen", **gerechtfertigt**
war, dh ob sie auf **objektiven Erwägungen** beruhte und in einem **angemessenen Verhältnis**
zum legitimerweise verfolgten Zweck stand. In diesem Zusammenhang kann sich ein Mitgliedstaat
auf den **nationalen ordre public** berufen. Allerdings muss er dabei wiederum die Freizügigkeit nach
Art. 21 AEUV beachten. Er muss deshalb eine tatsächliche und hinreichend schwere Gefährdung
von Grundinteressen seiner Rechtsordnung nachweisen. Das ist hier nach Ansicht des EuGH[329]
angesichts des Verfassungsrangs des Adelsaufhebungsgesetzes und der unionsrechtlich gebotenen Achtung der Identität der Mitgliedstaaten (Art. 4 Abs. 2 EUV) der Fall. Die Generalanwältin sah dies
grundsätzlich ebenso, befürwortete jedoch eine umfangreichere Prüfung der Verhältnismäßigkeit im
konkreten Einzelfall durch das zuständige nationale Gericht.[330]

5. Die Entscheidung Runevič-Vardyn/Wardyn (2011). Diese Entscheidung des EuGH[331] **199**
betrifft die Namen zweier Personen. Eine **litauische Staatsangehörige** gehört der polnischen
Minderheit an. Ihr Name war im litauischen Register in der litauischen Schreibweise als Malgožata
Runevič eingetragen. Im Jahre 2007 heiratete sie in Litauen den **polnischen Staatsangehörigen**
Łukasz Paweł Wardyn. In der **litauischen Heiratsurkunde** wird sein Name ohne die diakritischen
Zeichen der polnischen Sprache als Lukasz Pawel Wardyn angegeben. Seine Frau fügte ihrem Namen
den Nachnamen ihres Mannes hinzu. Ihr Name wird in der litauischen Heiratsurkunde insgesamt
in litauischer Schreibweise angegeben als Malgožata Runevič-Vardyn, dh mit einem „V" anstelle
des „W". Die Eheleute leben inzwischen mit ihrem Kind in Belgien.

Die Eheleute beantragten beim zuständigen litauischen Standesamt, die **Namen der Frau und** **200**
des Mannes in den **litauischen Urkunden** gemäß der **polnischen Schreibweise zu ändern.** Da
die Antidiskriminierungsrichtlinie[332] auf die Eintragung und Ausstellung von Personenstandsurkunden nicht anwendbar ist,[333] ging es wiederum um die jedem Unionsbürger garantierten Unionsbür-
gerrechte (Art. 20 sowie Art. 18 und 21 AEUV). Dabei stellte der EuGH – im Gegensatz zum
Generalanwalt – allein auf Art. 21 AEUV ab, da diese Vorschrift das Verbot der Diskriminierung
aufgrund der Staatsangehörigkeit mit umfasse.[334] Bei dessen Prüfung differenziert der EuGH wie
folgt:

Im Falle der **litauischen Ehefrau** wird die Freizügigkeit nicht beschränkt, wenn ihr Heimatstaat **201**
den Geburtsnamen in litauischer Schreibweise registriert und diese Schreibweise beibehält.[335] Der
Generalanwalt hatte ergänzend darauf hingewiesen, dass dies auch nicht gegen Art. 18 AEUV verstoße, weil sie nur die litauische Staatsangehörigkeit besitze.[336]

---

[326] EuGH Slg. 2010, I-13693 Rn. 54 = StAZ 2011, 77 – Sayn-Wittgenstein.
[327] EuGH Slg. 2010, I-13693 Rn. 64 f. = StAZ 2011, 77 – Sayn-Wittgenstein.
[328] EuGH Slg. 2010, I-13693 Rn. 56 ff. = StAZ 2011, 77 – Sayn-Wittgenstein; Schlussanträge der Generalanwältin *Sharpston* Slg. 2010, I-13693 Rn. 40 ff., 51 ff. – Sayn-Wittgenstein.
[329] EuGH Slg. 2010, I-13693 Rn. 81 ff. = StAZ 2011, 77 – Sayn-Wittgenstein.
[330] Schlussanträge der Generalanwältin *Sharpston* Slg. 2010, I-13693 Rn. 59 ff., 65 ff. – Sayn-Wittgenstein.
[331] EuGH StAZ 2011, 274 – Runevič-Vardyn/Wardyn mAnm *v. Eijken* C. M. L. Rev. 49 (2012), 809.
[332] Richtlinie 2000/43/EG vom 29.6.2000 zur Anwendung des Gleichbehandlungsgrundsatzes ohne Unterschied der Rasse oder der ethnischen Herkunft, ABl. L 180, S. 22.
[333] EuGH StAZ 2011, 274 Rn. 36 ff. – Runevič-Vardyn/Wardyn.
[334] EuGH StAZ 2011, 274 Rn. 60 ff., 65 – Runevič-Vardyn/Wardyn; anders Schlussanträge des Generalanwalts
Jääskinen BeckRS 2010, 91456 Rn. 68 ff. – Runevič-Vardyn/Wardyn; zum Verhältnis von Art. 18 und 21 AEUV
vgl. Grabitz/Hilf/Nettesheim/*v. Bogdandy* AEUV Art. 18 Rn. 58.
[335] EuGH StAZ 2011, 274 Rn. 69 ff. – Runevič-Vardyn/Wardyn.
[336] Schlussanträge des Generalanwalts *Jääskinen* BeckRS 2010, 91456 Rn. 70 – Runevič-Vardyn/Wardyn.

202   Im Falle des **polnischen Ehemannes** liegt der Fall jedoch anders, denn seine polnischen **Vornamen** wurden in der litauischen Heiratsurkunde verändert. Nach Ansicht des EuGH stellt der **Wegfall der diakritischen Zeichen keine schwerwiegende Beeinträchtigung** dar, die die Freizügigkeit des Ehemannes beeinträchtige.[337] Dies könne zwar die Aussprache verändern; da diakritische Zeichen häufig weggelassen würden und die Schreibweise jedoch sehr ähnlich sei, entstünden hieraus jedoch keine großen Schwierigkeiten. Hierin liegt eine gewisse Neuorientierung gegenüber der Entscheidung Konstantinidis. Ging es dort um die Gefahr einer Verfälschung der Aussprache, steht nunmehr die Schreibweise im Vordergrund – was bei Urkunden durchaus einleuchtet.[338]

203   Auf das **Diskriminierungsverbot** des Art. 18 AEUV ging der EuGH nicht gesondert ein. Das überrascht zunächst, denn der Generalanwalt hatte zwar ebenfalls eine Beeinträchtigung der Freizügigkeit durch den Wegfall der diakritischen Zeichen verneint, jedoch darin eine mittelbare Diskriminierung des polnischen Ehemanns wegen seiner polnischen Staatsangehörigkeit gesehen, weil sein Name anders geschrieben werde und dies zum Schutz der litauischen Landessprache unverhältnismäßig sei.[339] Der Verzicht auf eine eigenständige Prüfung des Art. 18 AEUV erscheint jedoch konsequent, wenn man das Diskriminierungsverbot mit dem EuGH als Bestandteil des Art. 21 AEUV begreift.[340] Da der EuGH im vorliegenden Fall einen Verstoß gegen Art. 21 AEUV verneint, wird man daraus ableiten dürfen, dass auch das Diskriminierungsverbot in diesem Falle nur eingreift, wenn die Namensspaltung zu den für Art. 21 AEUV erforderlichen „schwerwiegenden Nachteilen" führt. Solche Nachteile sind nach Ansicht des EuGH durch den Wegfall der diakritischen Zeichen jedoch nicht zu befürchten.

204   Schließlich ging es um den **Nachnamen des Ehemannes** in der litauischen Heiratsurkunde. Während er beim Ehemann entsprechend der polnischen Schreibweise als Wardyn aufgeführt wird, ist er bei der Ehefrau entsprechend der litauischen Schreibweise in Vardyn geändert. Nach der bisherigen Rspr. des EuGH hätte es nahegelegen, die hieraus entstehende **abstrakte Gefahr** eines Zweifels an der Identität der Person und der Echtheit der Urkunde für eine Beeinträchtigung der Freizügigkeit ausreichen zu lassen. Der EuGH[341] ließ jedoch eine abstrakte Gefahr nicht genügen. Er sieht es als **Aufgabe des nationalen Gerichts** an zu prüfen, ob die Freizügigkeit der Ehefrau im konkreten Fall durch die Namensspaltung beschränkt wird und die dafür erforderlichen schwerwiegenden Nachteile bestünden. Es müsse insbesondere feststellen, ob eine **konkrete Gefahr** bestehe, dass sie infolge der Namensspaltung Zweifel an ihrer Identität und der Echtheit der Urkunde ausräumen müsse. Auch die Frage nach einer **Rechtfertigung** sei vom **nationalen Gericht** zu prüfen. Die Beschränkung muss einen legitimen Zweck verfolgen und dafür erforderlich und angemessen sein. Hierbei seien zum einen der **menschenrechtliche Schutz des Namens** durch Art. 8 EMRK und Art. 7 EU-GRCharta, zum anderen das **legitime öffentliche Interesse** des Staates abzuwägen.

205   **6. Die Entscheidung Bogendorff von Wolffersdorff (2016).** Die bislang letzte Entscheidung des EuGH[342] betrifft einen **deutschen Staatsangehörigen**, der die Vornamen „Nabiel Peter" und den Nachnamen „Bogendorff von Wolffersdorff" trägt. Er **lebte seit 2001 in London**, erwarb dort 2004 zusätzlich die **britische Staatsangehörigkeit** und änderte danach mittels einer in The London Gazette veröffentlichten Erklärung **(„deed poll")** seinen Vornamen in „Peter Mark Emanuel" und seinen Nachnamen in „Graf von Wolffsdorff Freiherr von Bogendorff". 2005 kehrte er mit seiner Ehefrau nach Deutschland zurück. Die 2006 geborene Tochter hat ebenfalls die deutsche und die britische Staatsangehörigkeit. Ihr englischer Nachname lautet „Gräfin von Wolffersdorff Freiin von Bogendorff"; er wurde aufgrund einer Entscheidung des OLG Dresden[343] ins deutsche Personenstandsregister eingetragen. Danach beantragte ihr Vater die **Eintragung seines englischen Namens in das deutsche Personenstandsregister nach Art. 48.** Das Standesamt lehnte dies unter Berufung auf den **ordre public** ab. Das AG Karlsruhe ersuchte den EuGH um Vorabentscheidung.[344]

206   Der EuGH **bekräftigte seine bisherige Rechtsprechung** und die dort entwickelten Maßstäbe: Der Name sei einerseits durch Art. 8 EMRK und Art. 7 EU-GRCharta, andererseits durch die

---

[337] EuGH StAZ 2011, 274 Rn. 79 ff. – Runevič-Vardyn/Wardyn.

[338] *Spellenberg*, FS Pintens, Bd. II, 2012, 1354.

[339] Schlussanträge des Generalanwalts *Jääskinen* BeckRS 2010, 91456 Rn. 71 ff. – Runevič-Vardyn/Wardyn.

[340] EuGH StAZ 2011, 274 Rn. 60 ff., 65 – Runevič-Vardyn/Wardyn; anders Schlussanträge des Generalanwalts *Jääskinen* BeckRS 2010, 91456 Rn. 68 ff. – Runevič-Vardyn/Wardyn; zum Verhältnis von Art. 18 und 21 AEUV vgl. Grabitz/Hilf/Nettesheim/*v. Bogdandy* AEUV Art. 18 Rn. 58.

[341] EuGH StAZ 2011, 274 Rn. 76 ff., 83 ff. – Runevič-Vardyn/Wardyn.

[342] EuGH StAZ 2016, 203 = NJW 2016, 2093 – Bogendorff von Wolffersdorff.

[343] OLG Dresden, 6.7.2011, nicht veröffentlicht, mitgeteilt bei EuGH StAZ 2016, 203 = NJW 2016, 2093 Rn. 18 f. – Bogendorff von Wolffersdorff.

[344] AG Karlsruhe StAZ 2015, 113 = BeckRS 2015, 07061.

Unionsbürgerschaft und das Recht auf Freizügigkeit (Art. 20, 21 AEUV) geschützt.[345] Im Gegensatz zum Generalanwalt, der erneut auch das Diskriminierungsverbot des Art. 18 AEUV heranzog,[346] war für den EuGH **Prüfungsmaßstab allein die Freizügigkeit des Art. 21 AEUV.**[347] Er betonte, dass eine Namensspaltung die Freizügigkeit jedoch nur dann beschränkt, wenn daraus **schwerwiegende Nachteile** administrativer, beruflicher oder privater Art erwachsen können.[348] Das war im Verfahren indes substantiiert vorgetragen worden.

Letztlich ging es daher um die mögliche **Rechtfertigung,** dh ob die Ablehnung einer „Anerkennung" des ausländischen Namens auf **legitimen Erwägungen des ordre public** beruhte und in einem **angemessenen Verhältnis** zum legitimerweise verfolgten Zweck stand.[349] Im Anschluss an seine frühere Entscheidung Grunkin-Paul hielt der EuGH weder die Unveränderlichkeit und **Kontinuität** des (deutschen) Namens noch die Länge und **Kompliziertheit** des (englischen) Namens für ausreichend, um die begehrte „Anerkennung" des englischen Namens zu verwehren.[350]   **207**

Ebenfalls nicht für durchschlagend hielt der EuGH den Umstand, dass der englische Name nicht auf einem familienrechtlichen Ereignis beruhte, sondern mittels „deed poll" frei gewählt worden war. Die **freie Namensänderung** beeinträchtige das Allgemeininteresse für sich genommen nicht. Allerdings dürfe ein Mitgliedstaat **Mißbrauch verhindern,** zB wenn ein Unionsbürger das Recht auf Freizügigkeit allein dazu ausnütze, sein nationales (Namens- und) Personenstandsrecht zu umgehen. Dafür komme es auf die Motive für die Änderung an.[351]   **208**

Letztlich war deshalb entscheidend, ob die verfassungsrechtlich verankerte Aufhebung des Adels (Art. 109 Abs. 3 WRV iVm Art. 123 GG) und der Grundsatz der Gleichheit aller Staatsbürger es rechtfertigten, einen aus mehreren **Adelsbezeichnungen** zusammengesetzten frei gewählten Namen nicht „anzuerkennen".[352] Die **Legitimität dieses Ziels** erkennt der EuGH, wie schon in der Entscheidung Sayn-Wittgenstein, an. Das betraf jedoch im vorliegenden Fall nur den englischen Nachnamen, nicht den englischen Vornamen, der deshalb „anzuerkennen" sei.[353] Die Ablehnung des ausländischen Nachnamens müsse **verhältnismäßig,** dh geeignet und erforderlich sein, um den Grundsatz der Gleichheit aller Staatsbürger vor dem Gesetz zu wahren.[354] Das habe das **nationale Gericht** im Einzelfall unter Abwägung verschiedener rechtlicher und tatsächlicher Aspekte zu prüfen.[355] Dazu gehörten ua einerseits, dass in Deutschland, anders als in Österreich, Adelsbezeichnungen als Namensbestandteile geführt werden können (sofern sie zum Zeitpunkt der Abschaffung des Adels bestanden) und das OLG Dresden im Falle der Tochter keinen Verstoß gegen den ordre public erkannte, andererseits jedoch, dass die Adelsbezeichnungen auf einer freien Namensänderung beruhen.[356]   **209**

III. Die unionsrechtliche Pflicht zur „Anerkennung" eines ausländischen Namens

1. Unionsrechtliche Vorgabe statt primärrechtlicher Kollisionsnorm. Die Analyse der Rspr. des EuGH zeigt, dass dieser aus dem Primärrecht **keine Kollisionsnorm für das internationale Namensrecht** (→ Rn. 188 f., 190 ff.) abgeleitet hat. Der EuGH hat auch keine Regelungen für das internationale Verfahrensrecht (→ Rn. 195 ff.) oder für das Personenstandsrecht (→ Rn. 185 ff., 199 ff.) aufgestellt. Er hat vielmehr **unionsrechtliche Vorgaben** formuliert, denen das Namensrecht der Mitgliedstaaten (einschließlich ihres Kollisions-, Verfahrens- und Personenstandsrechts) bzw. die Rechtsanwendung im konkreten Fall genügen muss (→ Rn. 181 ff.).   **210**

Das Unionsrecht schützt den **Namen eines Unionsbürgers** als Teil seiner Identität und seines Familienlebens (→ Rn. 212 ff.). Daraus ergibt sich unter bestimmten Voraussetzungen (→ Rn. 216 ff.) die Pflicht eines Mitgliedstaates, den **in einem anderen Mitgliedstaat erworbenen Namen „anzuerkennen"** (→ Rn. 225 ff.).   **211**

---

[345] EuGH StAZ 2016, 203 = NJW 2016, 2093 Rn. 28 ff., 35 f. – Bogendorff von Wolffersdorff.
[346] Schlussanträge GA Wathelet 14.1.2016, C-438/14, Rn. 35 ff. – Bogendorff von Wolffersdorff.
[347] EuGH StAZ 2016, 203 = NJW 2016, 2093 Rn. 34 – Bogendorff von Wolffersdorff.
[348] EuGH StAZ 2016, 203 = NJW 2016, 2093 Rn. 38 – Bogendorff von Wolffersdorff.
[349] EuGH StAZ 2016, 203 = NJW 2016, 2093 Rn. 48, 66 – Bogendorff von Wolffersdorff.
[350] EuGH StAZ 2016, 203 = NJW 2016, 2093 Rn. 50 f., 59 f. – Bogendorff von Wolffersdorff.
[351] EuGH StAZ 2016, 203 = NJW 2016, 2093 Rn. 52 ff. – Bogendorff von Wolffersdorff; vgl. dazu BayVGH StAZ 2015, 150.
[352] EuGH StAZ 2016, 203 = NJW 2016, 2093 Rn. 61 ff. – Bogendorff von Wolffersdorff.
[353] EuGH StAZ 2016, 203 = NJW 2016, 2093 Rn. 66 ff., 83 – Bogendorff von Wolffersdorff.
[354] EuGH StAZ 2016, 203 = NJW 2016, 2093 Rn. 72 ff. – Bogendorff von Wolffersdorff.
[355] EuGH StAZ 2016, 203 = NJW 2016, 2093 Rn. 78 f. – Bogendorff von Wolffersdorff.
[356] EuGH StAZ 2016, 203 = NJW 2016, 2093 Rn. 80 ff. – Bogendorff von Wolffersdorff.

212   **2. Grundlagen des unionsrechtlichen Namensschutzes.** Die **unionsrechtliche Pflicht zur „Anerkennung"** eines in einem Mitgliedstaat erworbenen Namens durch einen anderen Mitgliedstaat bedeutet, dass der Unionsbürger das Recht hat, diesen Namen in jedem anderen Mitgliedstaat zu führen, auch wenn er nach dem Recht dieses Mitgliedstaates an sich einen anderen Namen trägt („inländischer Name"). Der Namensträger hat also die **Wahl** zwischen dem in einem Mitgliedstaat erworbenen Namen („ausländischer Name") und seinem inländischen Namen. Dementsprechend sind die Mitgliedstaaten verpflichtet, einem Unionsbürger die Wahl des ausländischen Namens zu ermöglichen (→ Rn. 226 ff.).

213   Die Vorgaben des Unionsrechts für das Namensrecht ergeben sich aus der **Unionsbürgerschaft** (Art. 20 AEUV) und der damit verbundenen **Freizügigkeit** (Art. 21 AEUV) und dem **Diskriminierungsverbot** (Art. 18 AEUV) sowie aus **dem menschenrechtlichen Schutz des Namens** (Art. 8 EMRK und Art. 7 EU-GRCharta).

214   Das **Recht am eigenen Namen** wird durch Art. 8 EMRK und durch internationale Menschenrechtsinstrumente sowie jetzt auch durch Art. 7 EU-GRCharta geschützt (→ Rn. 173 ff., → Rn. 212).[357] Der menschenrechtliche Namensschutz war in der Rechtsprechung des EuGH von Anfang an präsent (→ Rn. 185 ff.).[358] Infolge der Integration der EMRK und der Grundrechtecharta in das Unionsrecht (Art. 6 Abs. 1 und 3 EU) bildet der menschenrechtliche Namensschutz heute jedoch eine **eigenständige Säule des Unionsrechts.**

215   Der **unionsrechtliche Schutz des Namens** beruht daher auf **zwei Säulen:** auf Unionsbürgerschaft und Freizügigkeit (Art. 20, 21 AEUV) einerseits (→ Rn. 181 ff., → Rn. 211) und auf Art. 7 EU-GRCharta und Art. 8 EMRK andererseits (→ Rn. 173 ff., → Rn. 206). Der menschenrechtliche Ansatz erklärt zudem, warum auch der **faktisch geführte Name** in diesen Schutz einbezogen ist (→ Rn. 195 ff.).[359] Letztlich führt dies dazu, dass sich ein Unionsbürger auf den Schutz seines Namens in allen vom Unionsrecht erfassten Bereichen berufen und von den Mitgliedstaaten verlangen kann, dass sie seinen Namen achten und anerkennen. Dementsprechend beruht die unionsrechtliche Pflicht zur „Anerkennung" eines ausländischen Namens auf dem **Zusammenspiel von Unionsbürgerschaft und Freizügigkeit** auf der einen und dem **menschenrechtlichen Namensschutz** auf der anderen Seite.[360]

216   **3. Voraussetzungen.** Die Prüfung, ob im **konkreten Fall** die unionsrechtlichen Vorgaben eingehalten werden, obliegt in vollem Umfang den **nationalen Gerichten** (→ Rn. 204, → Rn. 209).

217   Sie haben zu prüfen, ob im konkreten Fall die **Voraussetzungen für einen unionsrechtlichen Schutz des ausländischen Namens** vorliegen, dh ob a) der Anwendungsbereich des Unionsrechts eröffnet ist, b) eine Namensspaltung vorliegt, sie c) mit so schwerwiegenden Nachteilen verbunden ist, dass sie die Freizügigkeit des Unionsbürgers beeinträchtigt und d) diese Beschränkung gerechtfertigt ist, dh einen legitimen Zweck verfolgt und dafür erforderlich und angemessen ist.

218   **a) Anwendungsbereich.** Zunächst muss der Anwendungsbereich des Unionsrechts eröffnet und die konkret in Frage stehende Gewährleistung einschlägig sein. Die Unionsbürgerschaft setzt lediglich die **Staatsangehörigkeit eines Mitgliedstaates** voraus (Art. 20 AEUV). Anders als für die wirtschaftlichen Grundfreiheiten ist dafür keine wirtschaftliche Betätigung erforderlich. Es genügt ein **grenzüberschreitender Bezug,** denn rein innerstaatliche Sachverhalte werden von den mit der Unionsbürgerschaft verbundenen Gewährleistungen der Art. 18 und 20 AEUV nicht erfasst.[361] Ein derartiger grenzüberschreitender Bezug liegt vor, wenn ein Unionsbürger von seiner Freizügigkeit Gebrauch macht und sich rechtmäßig in einem anderen Mitgliedstaat aufhält.[362] Dazu gehören aber auch Fälle, in denen sich der Unionsbürger zwar nicht in einem anderen Mitgliedstaat aufhält, aber durch Maßnahmen seines Heimatstaates in der Wahrnehmung seiner Rechte aus Art. 20, 18 und 21 AEUV beschränkt wird.[363]

---

[357]   Vgl. aus neuerer Zeit EGMR 1.7.2008 (44378/05) – Daróczy; EGMR NJOZ 2010, 509 – Güzel Erdagöz; zu Art. 17 IPBPR vgl. UN Human Rights Committee vom 30.11.2010, CCPR/C/100/D/1621/2007 – Leonid Raihman; zu Art. 8 EMRK ausf. *Pintens,* FS Henrich, 2000, 451 ff.

[358]   Vgl. *Lipp,* FS Frank, 2008, 75 (86 f.); *Mansel* RabelsZ 70 (2006), 651, 709; *Lenaerts,* FS Pintens, Bd. I, 2012, 831 (845 f.).

[359]   Zum Vertrauensschutz *Hepting* StAZ 2013, 1 ff. (34 ff.), insbes. 38 ff.; *Grünberger* in Leible/Unberath, Brauchen wir eine Rom 0-Verordnung?, 2013, 81, 117 ff., 119.

[360]   Vgl. schon *Lipp,* FS Frank, 2008, 75 (85 ff.); ähnlich jetzt *Grünberger* in Leible/Unberath, Brauchen wir eine Rom 0-Verordnung?, 2013, 81, 118, 156 ff.

[361]   EuGH EuZW 2011, 522 Rn. 45 – McCarthy; Grabitz/Hilf/Nettesheim/*v. Bogdandy* AEUV Art. 18 Rn. 35 mwN.

[362]   Zuletzt EuGH StAZ 2016, 203 = NJW 2016, 2093 Rn. 31 ff. – Bogendorff von Wolffersdorff.

[363]   EuGH StAZ 2011, 274 Rn. 68 f. – Runevič-Vardyn/Wardyn; vgl. auch EuGH EuZW 2011, 522 Rn. 27 ff., 48 ff., 50 – McCarthy; EuGH NJW 2011, 3022 Rn. 40 ff. – Zambrano; *Lenaerts,* FS Pintens, Bd. II, 2012, 831 ff. (832 f.); Grabitz/Hilf/Nettesheim/*Schönberger* AEUV Art. 20 Rn. 49 ff.

b) Namensspaltung. In derartigen grenzüberschreitenden Fällen ist eine Namensspaltung mög- 219
lich, wenn der Name einer Person **in den Mitgliedstaaten unterschiedlich bestimmt** wird,
etwa weil sie ihn unterschiedlichen Kollisionsregeln unterwerfen (→ Rn. 188 ff., 190 ff.),[364] eine
ausländische Entscheidung über den Namen, eine im Ausland vorgenommene Namensänderung
bzw. den im Ausland lange Zeit unbeanstandet geführten Namen nicht anerkennen (→ Rn. 195 ff.,
→ Rn. 205 ff.) oder in den von ihnen ausgestellten Urkunden den ausländischen Namen abändern
(→ Rn. 185 ff., 199 ff.). Unterschiedliche Kollisionsregeln sind daher zwar ein wichtiger Grund,
aber doch nur einer von mehreren Gründen für eine Namensspaltung bzw. für ein hinkendes
Namensverhältnis.[365]

Infolge dieser Namensspaltung kann ein Unionsbürger gezwungen sein, in verschiedenen Mit- 220
gliedstaaten verschiedene Namen zu führen. Das setzt jedoch voraus, dass der Name **im ausländischen Staat wirksam erworben** wurde. Dabei kommt es letzten Endes weder auf die Eintragung
im ausländischen Personenstandsregister[366] noch auf deren Rechtmäßigkeit[367] an. Es genügt, wenn
der **Name lange Zeit unbeanstandet geführt** wurde und daher ein **berechtigtes Vertrauen des
Namensträgers** entstand (→ Rn. 195 ff.).[368]

Die **Eintragung** in einem Personenstandsregister ist zwar ein gewichtiges **Indiz** für den wirksa- 221
men Namenserwerb (→ Rn. 188 f., 190 ff.) und begründet idR einen entsprechenden Vertrauenstatbestand.[369] Anders als eine **gerichtliche Entscheidung**[370] vermag die Registrierung den Namenserwerb jedoch nicht zu ersetzen.

Allerdings dürfte nicht jeder nach ausländischem Recht wirksame Namenserwerb genügen. Der 222
EuGH hat den unionsrechtlichen Schutz des erworbenen Namens nur gewährt, wenn dieser entweder in dem bzw. **in einem Heimatstaat erworben** wurde (→ Rn. 185 ff., 188 f., 199 ff., 205 ff.)
oder **im Staat des gewöhnlichen Aufenthalts** (→ Rn. 189 ff., 195 ff., 205 ff.). Der unionsrechtliche Schutz des ausländischen Namens dürfte daher davon abhängen, dass dieser Name in einem Staat
erworben wurde, zu dem ein ausreichender Bezug bestand bzw. besteht. Dies bildet die unerlässliche
Grundlage für das Vertrauen des Namensträgers darauf, dass er diesen Namen unionsweit führen
kann.[371] Gleiches gilt für den **menschenrechtlichen Namensschutz** (→ Rn. 173 ff.). Neben der
Staatsangehörigkeit hat der EuGH den gewöhnlichen Aufenthalt im Land des Namenserwerbs für
ausreichend angesehen. Nicht genügen dürfte daher ein bloß vorübergehender Aufenthalt.[372] Damit
wird der Namenstourismus in den meisten Fällen ausgeschlossen und ein Rückgriff auf das Verbot
des Rechtsmissbrauchs in diesen Fällen entbehrlich. Ein Rechtsmissbrauch kann freilich in besonders
gelagerten Fällen vorliegen.[373]

c) Konkrete Beeinträchtigung der Freizügigkeit. Liegt eine Namensspaltung vor, kann das die 223
Freizügigkeit eines Unionsbürgers beeinträchtigen und ihn je nach Lage des Falles auch wegen seiner
Staatsangehörigkeit diskriminieren. In den Entscheidungen Runevič-Vardyn/Wardyn und Bogendorff

---

[364] Dazu kann es nicht nur kommen, wenn die Kollisionsnormen unterschiedlich sind, sondern auch, wenn Vorfragen unterschiedlich angeknüpft werden, vgl. *Henrich,* FS Schurig, 2012, 63 (68 f.).

[365] Zu sehr auf das IPR verengt daher die Sichtweise von *Sommer,* Einfluss der Freizügigkeit auf Namen und Status von Unionsbürgern, 2009, 115 ff.; *Grünberger* in Leible/Unberath, Brauchen wir eine Rom 0-Verordnung?, 2013, 81 ff.; NK-BGB/*Mankowski* Rn. 167.

[366] Dafür OLG München NJW-RR 2010, 660 m. zust. Anm. *Sturm* StAZ 2010, 146 (147); *Leifeld,* Das Anerkennungsprinzip im Kollisionsrecht des internationalen Privatrechts, 2009, 48 ff., 181 ff.; NK-BGB/*Mankowski* Rn. 168; *Dutta/Frank/Freitag/Helms/Krömer/Pintens* StAZ 2014, 33 (34); *Hepting/Dutta,* Familie und Personenstand, 2. Aufl. 2015, II-219.

[367] So aber *Mansel* RabelsZ 70 (2006), 651, 704 f.; *Mansel/Thorn/R. Wagner* IPRax 2009, 1 (3); *Sturm* StAZ 2010, 146 (147).

[368] *Wall* StAZ 2010, 225 ff.; *Hepting* StAZ 2013, 1 (5); 34, 36 ff.; *Sperling,* Familiennamensrecht in Deutschland und Frankreich, 2012, 153 ff.; *Grünberger* in Leible/Unberath, Brauchen wir eine Rom 0-Verordnung?, 2013, 81, 119. Nach AG Berlin-Schöneberg StAZ 2013, 21 (23 f.) sind 10 Jahre ausreichend, um Vertrauensschutz zu begründen; nach KG MDR 2016, 529 (530) – nicht rechtskräftig – genügen 4 Jahre dafür nicht.

[369] *Wall* StAZ 2010, 225 (229 f.); *Hepting* StAZ 2013, 1 (5); *Hepting* StAZ 2013, 34 (36 ff.); ähnlich NK-BGB/*Mankowski* Rn. 168; aus der deutschen Rspr. vgl. AG Berlin-Schöneberg StAZ 2013, 21.

[370] Zutr. NK-BGB/*Mankowski* Rn. 171.

[371] *Hepting* StAZ 2013, 34 (36, 38); *Lipp* StAZ 2009, 1 (8); *Sperling,* Familiennamensrecht in Deutschland und Frankreich, 2012, 144 f.; ähnlich NK-BGB/*Mankowski* Rn. 171.

[372] Vgl. OLG München NJW-RR 2010, 660 m. zust. Anm. *Sturm* StAZ 2010, 146: Ein deutsches Ehepaar lebte ab Mitte 2007 in London und bekam 2008 ein Kind. Im englischen Geburtenregister wurde auf Wunsch der Eltern ein nach englischem Namensrecht möglicher, aber nach deutschem Recht unzulässiger Doppelname eingetragen. Das OLG München äußerte sich nicht dazu, ob das Kind seinen gewöhnlichen Aufenthalt in England hatte.

[373] Dazu BayVGH StAZ 2015, 150; NK-BGB/*Mankowski* Rn. 169.

von Wolffersdorff hat der EuGH das Diskriminierungsverbot des Art. 18 AEUV jedoch nicht eigenständig geprüft, sondern als Bestandteil des Art. 21 AEUV begriffen (→ Rn. 203, 206).[374] Daher setzt auch ein Verstoß gegen das Diskriminierungsverbot in gleicher Weise wie eine Beeinträchtigung der Freizügigkeit voraus, dass **aus der Namensspaltung schwerwiegende Nachteile resultieren.** Dabei kommt es nicht darauf an, ob die Namensspaltung aus der doppelten Staatsangehörigkeit folgt, sondern ob sie zu schwerwiegenden Nachteilen führt (→ Rn. 206).[375] In der Lit. wird indes vielfach noch die frühere Rspr. zugrunde gelegt und in jeder Namensspaltung eine Beeinträchtigung der Freizügigkeit gesehen.[376] Diese Ansicht ist jedoch überholt. An die Stelle der früheren abstrakten und generellen Betrachtung hat der EuGH inzwischen eine **Einzelfallprüfung** gesetzt (→ Rn. 210, 214).[377] Das **nationale Gericht** hat deshalb zu prüfen, ob die betroffene Person **im konkreten Fall** Gefahr läuft, aufgrund der unterschiedlichen Namen Zweifel an ihrer Identität, an der Echtheit der Urkunde oder an der Richtigkeit ihres Inhalts ausräumen zu müssen, und sie dadurch in ihrer Freizügigkeit beeinträchtigt wird. **Überholt** ist damit die Auffassung, die einen abstrakten und generellen Maßstab anlegt und in einer Namensspaltung stets eine Beeinträchtigung sieht.

224   **d) Rechtfertigung.** Die Beeinträchtigung der Freizügigkeit durch die Namensspaltung kann jedoch gerechtfertigt sein. Auch hierüber ist nunmehr **im konkreten Einzelfall durch das nationale Gericht** zu entscheiden, freilich nach Maßgabe des Unionsrechts und unter Einschluss des **menschenrechtlichen Namensschutzes** (→ Rn. 204, 212 ff.).[378] Bemerkenswert ist dabei, dass der EuGH die klassischen namensrechtlichen und kollisionsrechtlichen Gründe für den Vorrang des nach dem eigenen Recht eines Mitgliedstaates gebildeten Namens nicht hat ausreichen lassen: Es genügte weder die engere Verbindung der Kinder nach Belgien noch das Ziel ihrer Integration in Belgien (→ Rn. 188 f.). Ebenso wenig ausreichend sind die Kontinuität und Stabilität des Namens, die Namenseinheit in der Familie und das Verbot von zusammengesetzten Namen (→ Rn. 190 ff., 207). Als tragfähig erwies sich letztlich nur der **ordre public** des Staates, in dem der ausländische Name „anerkannt" werden soll (→ Rn. 195 ff., 199 ff., 212 ff.). Erforderlich ist deshalb, dass die „Anerkennung" des ausländischen Namens die Grundinteressen der eigenen Rechtsordnung tatsächlich und schwerwiegend gefährdet.

225   **4. Rechtsfolgen. a) Grundsatz.** Liegen die Voraussetzungen für einen unionsrechtlichen Schutz des im Ausland erworbenen Namens vor, muss dieser Name in allen Mitgliedstaaten der EU „anerkannt" werden. Sie müssen daher die **Führung des ausländischen Namens ermöglichen.** Zwingende Gründe des Allgemeininteresses, die eine Einschränkung begründen könnten, liegen in aller Regel nicht vor. Daher ist beispielsweise auch ein nach englischem Recht privatrechtlich mittels „deed poll" geänderter Name (→ Rn. 73) in der Bundesrepublik Deutschland grundsätzlich nicht als ordre public-widrig anzusehen und daher „anzuerkennen", sofern der Namensträger bei der Namensänderung entweder die englische Staatsangehörigkeit besaß oder dort seinen gewöhnlichen Aufenthalt hatte (→ Rn. 205 ff.).[379] Das Prinzip gilt für sämtliche Mitgliedstaaten der EU. Auch einem deutschen Staatsbürger oder Unionsbürger mit gewöhnlichem Aufenthalt in Deutschland wäre es unter diesen Voraussetzungen möglich, seinen deutschen Namen überall in der EU zu führen.

226   Die Pflicht zur „Anerkennung" des ausländischen Namens entsteht freilich erst dann, wenn der Namensträger seinen ausländischen Namen im Inland führen möchte. Das Unionsrecht verlangt daher, dass dem Namensträger eine **Wahl zugunsten seines ausländischen Namens** eröffnet wird. Es verpflichtet ihn aber nicht dazu, den ausländischen Namen zu führen und auf seinen inländischen Namen zu verzichten. Er kann es stattdessen auch bei der Namensspaltung belassen oder den inländischen Namen vorziehen und dessen „Anerkennung" in allen anderen Mitgliedstaaten verlangen. So hätten die Eltern im Fall Garcia Avello (→ Rn. 188 f.) auch im Interesse der Integration ihrer Kinder in Belgien für den belgischen Namen optieren und dessen „Anerkennung" in Spanien verlangen können, da die Voraussetzungen für einen entsprechenden unionsrechtlichen Schutz des belgischen Namens ebenfalls erfüllt waren.[380]

---

[374] EuGH StAZ 2011, 274 Rn. 60 ff., 65 – Runevič-Vardyn/Wardyn.

[375] Vgl. EuGH EuZW 2011, 522 Rn. 51 f. – McCarthy.

[376] *Frank* StAZ 2005, 161 (162); *Leifeld,* Das Anerkennungsprinzip im Kollisionsrecht des internationalen Privatrechts, 2009, 46 ff.; NK-BGB/*Mankowski* Rn. 164; dagegen jedoch *Kroll-Ludwigs,* Die Rolle der Parteiautonomie im europäischen Kollisionsrecht, 2013, 265 ff., 271 f.

[377] EuGH StAZ 2011, 274 Rn. 76 ff., 83 ff. – Runevič-Vardyn/Wardyn.

[378] Ähnlich *Lenaerts,* FS Pintens, Bd. I, 2012, 845 f.; *Freitag* StAZ 2013, 69 (74); NK-BGB/*Mankowski* Rn. 169.

[379] EuGH StAZ 2016, 203 = NJW 2016, 2093 – Bogendorff von Wolffersdorff; aA noch OLG Nürnberg FGPrax 2015, 234 = FamRZ 2015, 1655 mit zust. Anm. *Wall.*

[380] Vgl. *Frank* StAZ 2005, 161 (163); *Sperling,* Familiennamensrecht in Deutschland und Frankreich, 2012, 160; *Hepting/Dutta,* Familie und Personenstand, 2. Aufl. 2015, II-442, II-470; Staudinger/*Hepting/Hausmann* (2013) Rn. 526, 535; NK-BGB/*Mankowski* Rn. 172a (für das Prioritätsprinzip aber Rn. 172); für den durch Art. 2 Abs. 1 GG geschützten faktischen Namen ebenso OLG Hamm BeckRS 2014, 09734.

Die unionsrechtliche Pflicht zur „Anerkennung" verpflichtet die Mitgliedstaaten, einem Unions- 227
bürger die Wahl des ausländischen Namens zu ermöglichen. Sie begründet jedoch **keinen Vorrang
des ausländischen Namens** vor dem inländischen Namen und **keinen Vorrang des früher
erworbenen oder registrierten Namens** vor dem später erworbenen oder registrierten Namen.[381]
Das Unionsrecht verhält sich neutral zu den Namensrechten der Mitgliedstaaten und den nach ihren
Regeln begründeten Namen eines Unionsbürgers. Es schützt vielmehr alle wirksam erworbenen
Namen und gibt dem Unionsbürger das Recht, einen dieser Namen zu wählen.

b) Umsetzung im deutschen Recht. Das Unionsrecht überlässt es dem nationalen Recht, wie es 228
die unionsrechtliche „Anerkennungspflicht" verwirklicht. Es enthält **keine unionsrechtliche Vorgabe**
für die Umsetzung. Entscheidend ist allein, dass es dem Unionsbürger im Ergebnis die Wahl des „anzuerkennenden" ausländischen Namens ermöglicht. Es ist daher „kollisionsrechtlich blind".[382]

Terminologisch ist daher der Begriff „Recht auf Anerkennung" (aus Sicht des Unionsbürgers) 229
bzw. „Anerkennungspflicht" (aus Sicht des Mitgliedstaates) der Bezeichnung als „Herkunftslandprinzip" vorzuziehen. Zwar ist die „Anerkennung" vieldeutig,[383] doch postuliert das „Herkunftslandprinzip" eine unionsrechtliche Kollisionsnorm zugunsten des ausländischen Namens,[384] die es nicht
gibt[385] und die vor allem das Wahlrecht des Unionsbürgers missachtet.

Als Mittel zur **Umsetzung der „Anerkennungspflicht"** kommen im deutschen Recht **de lege** 230
lata in Betracht:[386]
– die kollisionsrechtliche **Rechtswahl** (vgl. Art. 10 Abs. 2 und 3);
– die sachrechtliche **Namenswahl** (vgl. Art. 48);
– die **Namensänderung** (vgl. § 3 NamÄndG).
Dieser Ansatz wird in der Lit. jedoch **kritisiert.**[387] Die „Anerkennung" sei kraft Unionsrechts 231
unmittelbar verpflichtend. Damit sei es nicht vereinbar, wenn sie erst mittels eines Wahlakts oder
eines behördlichen Verfahrens auf Antrag des Unionsbürgers umgesetzt werde. Dies wirke erst ex
nunc und nicht automatisch in allen Mitgliedstaaten. Die Möglichkeit einer Rechtswahl, Namenswahl oder Namensänderung genüge der „Anerkennungspflicht" deshalb nicht. Dieser Kritik ist
jedoch **nicht zu folgen.** Sie beruht auf der unzutreffenden Annahme, die Pflicht eines Mitgliedstaates zur „Anerkennung" des ausländischen Namens bedeute, dass der Unionsbürger diesen Namen
überall führen müsse. Das ist jedoch unzutreffend. Das Unionsrecht räumt ihm vielmehr ein **Wahlrecht** ein (→ Rn. 226). Es ist deshalb unbedenklich, wenn das nationale Recht das unionsrechtliche
Wahlrecht mit Hilfe von Rechtswahl, Namenswahl oder Namensänderung bzw. wie im geltenden
deutschen Recht (→ Rn. 232) mittels einer Kombination von Rechtswahl und Namenswahl
umsetzt. Entscheidend ist allein, dass das nationale Recht alle Fälle erfasst, in denen das Unionsrecht
die „Anerkennung" des ausländischen Namens gebietet.[388]

Die hier vertretene Konzeption entspricht im Wesentlichen den Vorstellungen des **deutschen** 232
Gesetzgebers.[389] Soweit eine Namensspaltung entstehe, sollen die Rechtswahl nach Art. 10 Abs. 2
und 3 und die neu eingeführte sachrechtliche Namenswahl nach Art. 48 im Zusammenwirken
die unionsrechtlichen Vorgaben erfüllen. Eine Ausweitung der Rechtswahlmöglichkeiten lehnte er
ausdrücklich ab. Die Möglichkeit einer Namensänderung hat er in diesem Zusammenhang nicht
berücksichtigt; die Begründung des Gesetzentwurfs erwähnt sie auch nicht. Letztere war vor der
Einführung des Art. 48 die einzig verbleibende Auffanglösung für die Umsetzung der „Anerkennung" de lege lata, sofern die Rechtswahl nach Art. 10 Abs. 2 und 3 nicht half.[390] Man wird das

---

[381] Für das Prioritätsprinzip *Mankowski* StAZ 2014, 97 (99); *Wall* StAZ 2009, 261 (263); *Sperling,* Familienna-
mensrecht in Deutschland und Frankreich, 2012, 149 ff.; NK-BGB/*Mankowski* Rn. 172 (für Wahlrecht jetzt aber
Rn. 172a); dagegen zutr. *Mansel* RabelsZ 70 (2006), 654 (690 ff., 700 ff.).
[382] *Kohler,* FS Jayme, 2004, 445 (454 ff.); *Funken,* Das Anerkennungsprinzip im IPR, 2009, 172 f.; *Kroll-Ludwigs,*
Die Rolle der Parteiautonomie im europäischen Kollisionsrecht, 2013, 267 f., 297 f.; *Hepting/Dutta,* Familie und
Personenstand, 2. Aufl. 2015, II-428; Staudinger/*Hepting/Hausmann* (2013) Rn. 519.
[383] Ausf. *Funken,* Das Anerkennungsprinzip im IPR, 2009, 23 ff.
[384] Deutlich Staudinger/*Hepting/Hausmann* (2013) Rn. 522 ff.; ebenso 5. Aufl. 2010, Rn. 155, 161 (*Birk*).
[385] NK-BGB/*Mankowski* Rn. 170.
[386] Zu den Möglichkeiten de lege ferenda vgl. etwa *Lipp* StAZ 2009, 1 (8); *Mansel/Thorn/R. Wagner* IPRax
2009, 1 ff.; *Dutta/Frank/Freitag/Helms/Krömer/Pintens* StAZ 2014, 33 (34 ff.).
[387] *Mankowski* StAZ 2014, 97 (108 f.); *Wall* IPRax 2010, 433 (435, 437); *Grünberger* in Leible/Unberath,
Brauchen wir eine Rom 0-Verordnung?, 2013, 81, 108 ff., 114; NK-BGB/*Mankowski* Rn. 173 f.
[388] Ähnlich im Ergebnis 5. Aufl. 2010, Rn. 160 (*Birk*).
[389] BT-Drs. 17/11049, 12.
[390] Vgl. das Rundschreiben des Bundesministeriums des Innern vom 30.1.2009; ebenso *Lipp* StAZ 2009, 1
(8); *Martiny* DNotZ 2009, 453 (457); *Mansel* RabelsZ 70 (2006), 651 (689 f., 705); Staudinger/*Hepting/Hausmann*
(2013) Rn. 550; vgl. schon *Henrich,* FS Heldrich, 2005, 667 (673); *Pintens* FamRZ 2004, 1420 (1422); *Benicke/
Zimmermann* IPRax 1995, 141 (149); krit. *Sperling,* Familiennamensrecht in Deutschland und Frankreich, 2012,
147 ff.; *Wall* IPRax 2010, 433 (437); *Sturm* StAZ 2010, 146 (147); NK-BGB/*Mankowski* Rn. 173.

Schweigen des Gesetzgebers daher wohl so verstehen müssen, dass er sie infolge der Einführung des Art. 48 künftig als entbehrlich ansieht.

233   Die **gesetzliche Lösung** ist indes **unzureichend.** Die Rechtswahl und die Namenswahl erfassen in ihrer derzeitigen Ausgestaltung nicht alle Fälle, in denen das Unionsrecht die „Anerkennung" eines ausländischen Namens gebietet (zur Rechtswahl → Rn. 236 ff.; zu Art. 48 → Art. 48 Rn. 3, 32 ff.). Das deutsche Recht ist daher **unionsrechtskonform** auszulegen bzw. fortzubilden. Das muss jedoch **systemkonform** geschehen, dh unter Beachtung der gesetzlichen Strukturen und Grundentscheidungen des deutschen Rechts.[391]

234   Der Gesetzgeber hat sich bei der Einführung des Art. 48 für eine sachrechtliche Namenswahl entschieden und ihr den Vorzug vor einer Ausweitung der kollisionsrechtlichen Rechtswahl und der Namensänderung gegeben.[392] Daher sind **verbleibende Lücken** nicht durch eine Ausweitung der Rechtswahlmöglichkeiten[393] oder auf dem Weg der Namensänderung,[394] sondern vielmehr mit Hilfe einer **analogen Anwendung des Art. 48** zu schließen. Eine Namenswahl nach oder entsprechend Art. 48 ist daher geboten, wenn das von Art. 10 Abs. 1 berufene bzw. ein nach Art. 10 Abs. 2 bzw. Abs. 3 zu wählendes Recht die Führung des unionsrechtlich „anzuerkennenden" ausländischen Namens nicht ermöglicht.[395]

235   Das Gebot der unionsrechtskonformen Auslegung betrifft allerdings nicht nur die oben genannten Möglichkeiten der Anerkennung sondern ist auch im Rahmen der **Anwendung der Kollisionsnormen** zu beachten. Das betrifft etwa die **private Namensänderung** (→ Rn. 73). Ändert etwa ein irischer Rechtsanwalt mit domicile in Irland seinen Namen privat,[396] wird Sozius einer internationalen Kanzlei in Frankfurt und möchte nun seinen geänderten irischen Namen auch in Deutschland führen, muss dieser Name unionsrechtlich in Deutschland „anerkannt" werden. Dazu ist freilich keine Namenswahl nach Art. 48 nötig. Da er den Namen führen möchte, den sein von Art. 10 Abs. 1 berufenes Heimatrecht bestimmt, geht es lediglich um die Frage, ob diese Namensführung gegen den ordre public des Art. 6 verstößt. Das ist angesichts der unionsrechtlichen Pflicht zur „Anerkennung" dieses Namens zu verneinen.

236   **c) Wahlmöglichkeiten des Art. 10 Abs. 2 und 3.** In zahlreichen, wenngleich nicht in allen Fällen, in denen die objektive Anknüpfung gemäß Art. 10 Abs. 1 zu einer Namensspaltung führt, kann diese durch eine **Rechtswahl** vermieden werden. Wenn eines der Rechte, die nach Art. 10 Abs. 2 bzw. 3 wählbar sind, die Führung des im Ausland erworbenen Namens gestattet, ist der „Anerkennungspflicht" genügt.[397] So hätten die Eltern im Fall Garcia Avello (→ Rn. 188) aus deutscher Sicht nach Art. 10 Abs. 3 Nr. 1 und 3 für den **Namen ihrer Kinder** statt des belgischen auch das spanische Recht und damit den gewünschten spanischen Namen wählen können, da die Kinder beide Staatsangehörigkeiten hatten.[398] Vergleichbares gilt für die **Namenswahl der Ehegatten** nach Art. 10 Abs. 2 Nr. 1.

237   Allerdings erlauben Art. 10 Abs. 2 Nr. 2 bzw. Abs. 3 Nr. 2 die Wahl des **Rechts des gewöhnlichen Aufenthalts** nur bei gewöhnlichem Aufenthalt in Deutschland. Lehnt man mit der hM ihren Ausbau zu allseitigen Kollisionsnormen ab (→ Rn. 99, 141), bieten sie deshalb keine Lösung für die Grunkin-Paul-Fälle (→ Rn. 190 ff.).

238   Die Rechtswahl nach Art. 10 Abs. 2 und 3 löst deshalb das Problem der Namensspaltung vor allem in Fällen der kollisionsrechtlich begründeten Namensspaltung bei **mehrfacher Staatsangehörigkeit. Keine Lösung** bietet die Rechtswahl bei einer Namensspaltung infolge einer vom deutschen Recht **unterschiedlichen kollisionsrechtlichen Anknüpfung,** zB an den gewöhnlichen Aufenthalt. Dasselbe gilt für die Namensspaltung aufgrund einer **isolierten Namensänderung im Ausland,** wenn diese nicht im Heimatstaat vorgenommen wird (→ Rn. 73).[399]

---

[391] *Sperling,* Familiennamensrecht in Deutschland und Frankreich, 2012, 145 f.; allg. zur unionsrechtskonformen Auslegung Calliess/Ruffert/*Ruffert* AEUV Art. 1 Rn. 24.

[392] BT-Drs. 17/11049, 12.

[393] Vor der Einführung des Art. 48 dafür zuletzt noch *Grünberger* in Leible/Unberath, Brauchen wir eine Rom 0-Verordnung?, 2013, 81, 109 ff.

[394] Dafür aber OLG München FGPrax 2014, 186 f. = StAZ 2014, 179.

[395] *Freitag* StAZ 2013, 69 (75 ff.); *Wall* StAZ 2013, 237 (246 f.); *Wall* StAZ 2014, 294 (298); Staudinger/ *Hepting/Hausmann* (2013) Art. 48 Rn. 8; aA (unmittelbare Anerkennung kraft Unionsrechts) *Mankowski* StAZ 2014, 97 (108 f.); *Hepting/Dutta,* Familie und Personenstand, 2. Aufl. 2015, II-462; wiederum anders OLG München FGPrax 2015, 186 f., das im Fall einer familienrechtlich begründeten Namensänderung in Österreich eine Namensänderung nach § 3 NamÄndG für erforderlich hielt.

[396] Bergmann/Ferid/*Henrich* Irland, Stand 11/2008, S. 40.

[397] *Freitag* StAZ 2013, 69 (74); Staudinger/*Hepting/Hausmann* (2013) Rn. 536.

[398] BT-Drs. 17/11049, 12.

[399] Vgl. *Wall* StAZ 2012, 185 (186 f.).

Soweit die Rechtswahl nach Art. 10 Abs. 2 oder 3 der Namensspaltung nicht abzuhelfen vermag, **239** muss die unionsrechtlich gebotene „Anerkennung" daher im Wege der sachrechtlichen Namenswahl nach Art. 48 in direkter oder analoger Anwendung erfolgen. Angesichts der Entscheidung des deutschen Gesetzgebers für die sachrechtliche Namenswahl nach Art. 48 kann heute eine **Ausweitung der Rechtwahlmöglichkeiten** des Art. 10 Abs. 2 und 3 nur noch kollisionsrechtlich, aber nicht mehr mit der Pflicht zur „Anerkennung" ausländischer Namen[400] begründet werden.

I. Internationale Abkommen

Im Rahmen der Internationalen Zivilstandskommission (CIEC) wurden eine Reihe von Abkom- **240** men abgeschlossen. Die CIEC-Abkommen betreffen überwiegend Fragen des Personenstandsrechts und des internationalen Verkehrs von Personenstandsurkunden. Einige davon beschäftigen sich jedoch mit verschiedenen Aspekten des Namensrechts. Sie werden im Folgenden kurz vorgestellt. Die namensrechtlichen CIEC-Abkommen haben allerdings nur beschränkte praktische Bedeutung erlangt, da sie meist nur von einigen Staaten ratifiziert wurden; andere sind bisher noch nicht in Kraft getreten. Andere internationale Organisationen, wie etwa die Haager Konferenz, haben sich bislang mit namensrechtlichen Fragen nicht beschäftigt.

I. In Kraft befindliche Abkommen

Für die Bundesrepublik Deutschland sind drei namensrechtliche CIEC-Abkommen bisher in **241** Kraft getreten.

1. Namensänderung. Das Istanbuler CIEC-Übereinkommen Nr. 4 vom 4.9.1958 über die **242** Änderung von Namen und Vornamen[401] vereinheitlicht im Wesentlichen das internationale Verfahrensrecht (internationale Zuständigkeit, Anerkennung ausländischer Entscheidungen) der **behördlichen Änderung** von Vor- und Familiennamen.[402] Es bezieht sich deshalb nicht auf die infolge familienrechtlicher Vorgänge eintretenden Namensänderungen. Zu diesem Abkommen näher → Rn. 66 ff.

2. Berichtigung von Einträgen in Personenstandsbüchern. Das Pariser CIEC-Übereinkom- **243** men Nr. 9 vom 10.9.1964 betreffend die Entscheidungen über die Berichtigung von Einträgen in Personenstandsbüchern (Zivilstandsregistern)[403] enthält den **Grundsatz,** dass die Berichtigung **durch dieselbe Behörde** erfolgt, die auch die **Eintragung vorgenommen** hat; die Berichtigung wird von den anderen Vertragsstaaten anerkannt.

3. Angabe von Vor- und Familiennamen in den Personenstandsbüchern. Das Berner **244** CIEC-Übereinkommen Nr. 14 vom 13.9.1973 über die Angabe von Familiennamen und Vornamen in den Personenstandsbüchern[404] regelt die **Schreibweise ausländischer Vor- und Familiennamen.**[405] Bei gleichen Schriftzeichen werden ausländische Namen buchstabengetreu übernommen, es entscheidet nicht der Klang des Namens; bei unterschiedlichen Schriftzeichen darf der Name nicht übersetzt werden, er ist vielmehr in das eigene Alphabet unter Verwendung der von der Internationalen Normenorganisation (ISO) empfohlenen Transliterationsregeln zu transkribieren.[406]

---

[400] Dafür früher etwa *Mörsdorf-Schulte* IPRax 2004, 315 (324).

[401] BGBl. 1961 II S. 1055 (1076); 1962 II S. 45; ratifiziert von Belgien, Deutschland, Frankreich, Luxemburg, Niederlande, Schweiz, Türkei, aktueller Stand unter www.personenstandsrecht.de – Übereinkommen der Internationalen Kommission für das Zivilstandswesen.

[402] Zu diesem Abkommen *Maßfeller* StAZ 1962, 205 (210 ff.); *Finger,* Das gesamte Familienrecht, Bd. II, Stand 02/2014, 5.3; Soergel/*Schurig* Rn. 93 ff.

[403] BGBl. 1969 II S. 445, 446, 588, 2054; ratifiziert von Belgien, Deutschland, Griechenland, Italien, Luxemburg, Niederlande, Österreich, Schweiz, Türkei, aktueller Stand unter www.personenstandsrecht.de – Übereinkommen der Internationalen Kommission für das Zivilstandswesen.

[404] BGBl. 1976 II S. 1473; 1977 II S. 254, ratifiziert von Deutschland, Griechenland, Italien, Luxemburg, Niederlande, Österreich, Türkei, aktueller Stand unter www.personenstandsrecht.de – Übereinkommen der Internationalen Kommission für das Zivilstandswesen; dazu Soergel/*Schurig* Rn. 107; Staudinger/*Hepting/Hausmann* (2013) Rn. 55 ff.

[405] Rspr. zur Anwendung des Übereinkommens: BGH FamRZ 1994, 225; LG Bremen StAZ 2001, 176; AG Hagen FamRZ 2003, 1015; wN bei Erman/*Hohloch* Rn. 18.

[406] Näher *Ch. Böhmer* StAZ 1974, 85 (89); *Ch. Böhmer* StAZ 1984, 183; Soergel/*Schurig* Rn. 101 ff.; vgl. auch *Pintens* ZEuP 1995, 92 (93 f.).

Eine Ausnahme besteht in dem Fall, dass der Name in einer anderen öffentlichen Urkunde[407] in lateinischer Schrift existiert.[408] Darin vorkommende diakritische Abweichungen sind zu übernehmen, wenn sie nur die Eigentümlichkeiten der ausländischen Schriftzeichen betreffen.[409] Das deutsche Recht entscheidet als lex fori über die Frage der Transliteration.[410]

245   Bei Eintragung eines Namens in ein Personenstandsregister unter Verwendung einer nach dem Namensstatut unzulässigen oder nicht möglichen Schreibweise kommt grundsätzlich eine **Berichtigung** in Betracht.[411] Sie kann nur greifen, wenn die Schreibweise nicht vorher für den deutschen Rechtskreis durch eine andere anzuerkennende öffentliche Urkunde des Heimatstaates verbindlich festgelegt worden ist.[412] Allerdings ist eine sprachliche Abwandlung der weiblichen Namensform im Heimatstaat zu berücksichtigen und kann nicht außerhalb dieses Rechtskreises vernachlässigt werden, um eine hinkende Namensführung (vor allem in den Personenstandsregistern der einzelnen Staaten) zu vermeiden.[413] Weiter kann eine Berichtigung nach § 47 PStG nur vorgenommen werden, wenn die Eintragung bereits im Zeitpunkt der Beurkundung falsch war.[414]

246   Bei der Transliteration wie bei der Berichtigung ist der **grund- und menschenrechtliche Namensschutz** zu beachten (→ Rn. 173 ff.),[415] bei Unionsbürgern, dh bei Bürgern eines anderen EU-Mitgliedstaates, darüber hinaus die **Vorgaben des Unionsrechts** (→ Rn. 195 ff., 199 ff.).[416]

II. Noch nicht in Kraft befindliche Abkommen

247   Das Münchener CIEC-Übereinkommen Nr. 19 vom 5.9.1980 über das **auf Familiennamen und Vornamen anzuwendende Recht**[417] hat kollisionsrechtlichen Inhalt.[418] Sollte die Bundesrepublik Deutschland dem am 1.1.1990 für einige Staaten in Kraft getretenen Abkommen beitreten, wären damit Eingriffe in das geltende Recht erforderlich. Das Haager CIEC-Übereinkommen Nr. 21 vom 8.9.1982 über die Ausstellung einer **Bescheinigung über die Führung verschiedener Familiennamen**[419] setzt sich mit dem Umstand auseinander, dass Namensverschiedenheiten auf unterschiedlichem Kollisionsrecht beruhen können. Das CIEC-Übereinkommen Nr. 31 von 25.9.2003 über die **Anerkennung von Namen** erfüllte nicht die gemeinschaftsrechtlichen Anforderungen des EuGH und wurde nach seiner Entscheidung in der Sache Garcia Avello überarbeitet.[420] Am 16.9.2005 wurde das Abkommen erneut von der Generalversammlung angenommen. Bisher hat Portugal als einziger Staat das Abkommen gezeichnet. Es tritt erst mit zwei Ratifizierungen in

---

[407] Hierzu zählt auch der Reisepass des Heimatstaates, vgl. BGH StAZ 1994, 42; AG München StAZ 2005, 79; der Staatsangehörigkeitsausweis ist kein Nachweis für die richtige Schreibweise der eingetragenen Namen, *Homeyer* StAZ 2008, 86.

[408] Staudinger/*Hepting/Hausmann* (2013) Rn. 59 f.; AG München StAZ 2000, 79; hinsichtlich der Verbindlichkeit der Schreibweise in den verschiedenen Rubriken des Reisepasses vgl. OLG Stuttgart StAZ 2005, 77; nach *Henrich,* FS Heldrich, 2005, 667 (671) sollte der Namensträger auf eine Transliteration nach den aktuellen Regeln bestehen können, soweit sich die latinisierte Schreibweise als eindeutig falsch oder überholt erweist.

[409] Vgl. KG FamRZ 2004, 272.

[410] Palandt/*Thorn* Rn. 7; es verstößt nicht gegen Art. 8 EMRK, wenn die Behörden des Heimatstaates den gemeinsam mit dem ausländischen Ehegatten gewählten ausländischen Familiennamen in den Pass ihres Staatsangehörigen in ihrer Schreibweise eintragen, vgl. EGMR FamRZ 2005, 961.

[411] AG Gießen StAZ 2005, 108 zu einer im Türkischen nicht möglichen Schreibweise; vgl. auch AG Rottweil FamRZ 2004, 272, keine Unrichtigkeit, wenn in Urkunden des Herkunftsstaates unterschiedliche Schreibweisen verwendet werden; LG Dessau StAZ 2005, 17; zu einer Berichtigung nach Änderung der Rspr. OLG Stuttgart StAZ 2005, 77; OLG Hamm und LG Hagen StAZ 2006, 166 f.

[412] Berichtigung eines Eintrags bei späterer Änderung der Schreibweise im Heimatstaat untersagt AG Hagen StAZ 2005, 363 und AG Hagen StAZ 2005, 364, da die Änderung nur für die Zukunft wirke; vgl. auch LG Hagen und OLG Hamm StAZ 2006, 166 f., für eine Berichtigung, wenn im Zeitpunkt der Eintragung keine andere Urkunde iS des Art. 2 NamÜbk. vorlag und nachträglich zur Berichtigung vorgelegt wird; zur fehlerhaften Transliteration vgl. OLG Köln StAZ 2006, 107 f.

[413] OLG Hamm StAZ 2005, 262.

[414] OLG Hamburg FGPrax 2014, 231; AG Hagen StAZ 2007, 210.

[415] Der EGMR hat sich mehrfach mit der Frage befasst, inwieweit Art. 8 EMRK die Schreibweise des Namens schützt, vgl. etwa EGMR NJOZ 2010, 509 – Güzel Erdagöz; EGMR FamRZ 2005, 961 – Mentzen/Mencena.

[416] Vgl. etwa EuGH Slg. 1993, I-1191 = EuZW 1993, 376 – Konstantinidis mAnm *Ch. Böhmer* IPRax 1994, 80; *Pintens* ZEuP 1995, 89; *Streinz* StAZ 1993, 243; EuGH StAZ 2011, 274 – Runevič-Vardyn/Wardyn mAnm *v. Eijken* C. M. L. Rev. 49 (2012), 809.

[417] Text in StAZ 1980, 113 f.; vgl. dazu ausf. *Struycken* Rev. esp. der. int. 1990, 153 ff.

[418] Näher dazu *Edlbacher* StAZ 1979, 3 ff.; *Ch. Böhmer* StAZ 1981, 6 ff.

[419] Näher *Ch. Böhmer* StAZ 1983, 121 ff.

[420] Ausf. Darstellung bei *Scherer,* Le nom en droit international privé, 2004, 271 ff.; vgl. auch *Frank* StAZ 2005, 161 (165); *Sturm/Sturm,* FS Jayme, Bd. I, 2004, 919 (932); *Bauer* IPRax 2006, 202.

Kraft (vgl. Art. 13 des Abkommens).[421] Die vorstehend genannten Übereinkommen wurden von Deutschland nicht ratifiziert. Dies steht auch nicht zu erwarten, da Deutschland zum 30.6.2015 aus der CIEC ausgetreten ist.[422]

Anh. I Art. 10 EGBGB

CIEC-Übereinkommen Nr. 4 über die Änderung von Namen und Vornamen vom 4.9.1958 (NamÄndÜb)

Amtliche Übersetzung

Art. 1 NamÄndÜb

Dieses Übereinkommen betrifft die Änderungen von Namen oder Vornamen, die von der zuständigen Behörde bewilligt werden, mit Ausnahme derjenigen, die sich aus Änderungen des Personenstandes oder aus der Berichtigung eines Irrtums ergeben.

Art. 2 NamÄndÜb

Jeder Vertragsstaat verpflichtet sich, keine Änderungen von Namen oder Vornamen von Staatsangehörigen eines anderen Vertragsstaats zu bewilligen, es sei denn, daß diese Personen zugleich seine eigene Staatsangehörigkeit besitzen.

Art. 3 NamÄndÜb

Ist in einem Vertragsstaat eine unanfechtbare Entscheidung ergangen, durch die eine Änderung des Namens oder von Vornamen eines eigenen Staatsangehörigen bewilligt wird, so ist die Entscheidung im Hoheitsgebiet jedes der Vertragsstaaten ohne weiteres rechtswirksam, soweit seine öffentliche Ordnung hierdurch nicht beeinträchtigt wird; eigenen Staatsangehörigen stehen solche Staatenlose und Flüchtlinge im Sinne des Genfer Abkommens vom 28. Juli 1951 gleich, die im Hoheitsgebiet des bewilligenden Staates ihren Wohnsitz oder bei Fehlen eines Wohnsitzes ihren Aufenthalt haben.

Diese Entscheidungen werden als Randvermerk in die Personenstandsbücher der von ihnen betroffenen Personen ohne weitere Förmlichkeit eingetragen.

Art. 4 NamÄndÜb

Artikel 3 gilt auch für Entscheidungen, durch welche die Änderung eines Namens oder von Vornamen für nichtig erklärt oder widerrufen wird.

Art. 5 NamÄndÜb

Abweichend von den Artikeln 3 und 4 kann jeder Vertragsstaat die Wirkungen, die in einem anderen Vertragsstaat ergangene Entscheidungen in seinem eigenen Hoheitsgebiet haben, besonderen Bekanntgabebedingungen sowie einem Einspruchsrecht, dessen Einzelheiten er bestimmt, unterwerfen, sofern die Entscheidung Personen betrifft, die bei Eintritt der Unanfechtbarkeit zugleich seine eigene Staatsangehörigkeit besaßen.

Art. 6 NamÄndÜb

Dieses Übereinkommen bedarf der Ratifizierung; die Ratifikationsurkunden werden beim Schweizerischen Bundesrat hinterlegt.

Dieser setzt die Vertragsstaaten von der Hinterlegung jeder Ratifikationsurkunde in Kenntnis.

Art. 7 NamÄndÜb

Dieses Übereinkommen tritt am dreißigsten Tag in Kraft, nachdem die zweite Ratifikationsurkunde gemäß Artikel 6 hinterlegt worden ist.

Für jeden Unterzeichnerstaat, der das Übereinkommen später ratifiziert, tritt es am dreißigsten Tag nach Hinterlegung seiner Ratifikationsurkunde in Kraft.

Art. 8 NamÄndÜb

Dieses Übereinkommen gilt ohne weiteres im gesamten Mutterland jedes Vertragsstaates.

[1]Jeder Vertragsstaat kann bei der Unterzeichnung, bei der Ratifizierung, bei seinem Beitritt oder später durch eine an den Schweizerischen Bundesrat gerichtete Notifizierung erklären, daß dieses Übereinkommen für eines oder mehrere seiner Hoheitsgebiete außerhalb des Mutterlandes oder für Staaten oder Hoheitsgebiete gilt, deren internationale Beziehungen er wahrnimmt. [2]Der Schweizeri-

---

[421] Nicht amtliche deutsche Übersetzung des Übereinkommens auf www.personenstandsrecht.de – Übereinkommen der Internationalen Kommission für das Zivilstandswesen.

[422] Zu den jeweiligen Abkommen www.personenstandsrecht.de – Übereinkommen der Internationalen Kommission für das Zivilstandswesen.

sche Bundesrat setzt alle Vertragsstaaten von dieser Notifizierung in Kenntnis. [3]Dieses Übereinkommen tritt in den in der Notifizierung bezeichneten Hoheitsgebieten am sechzigsten Tag nach Eingang dieser Notifizierung beim Schweizerischen Bundesrat in Kraft.

Jeder Staat, der eine Erklärung nach Absatz 2 abgegeben hat, kann später jederzeit durch eine an den Schweizerischen Bundesrat gerichtete Notifizierung erklären, daß dieses Übereinkommen für bestimmte in der Erklärung bezeichnete Staaten oder Hoheitsgebiete außer Kraft tritt.

Der Schweizerische Bundesrat setzt alle Vertragsstaaten von der neuen Notifizierung in Kenntnis.

Das Übereinkommen tritt für das betreffende Hoheitsgebiet am sechzigsten Tag nach Eingang dieser Notifizierung beim Schweizerischen Bundesrat außer Kraft.

Art. 9 NamÄndÜb

[1]Jeder Mitgliedstaat der Internationalen Kommission für das Zivilstandswesen kann diesem Übereinkommen beitreten. [2]Der Staat, der beizutreten wünscht, notifiziert seine Absicht durch eine Urkunde, die beim Schweizerischen Bundesrat hinterlegt wird. [3]Dieser setzt alle Vertragsstaaten von der Hinterlegung jeder Beitrittsurkunde in Kenntnis. [4]Das Übereinkommen tritt für den beitretenden Staat am dreißigsten Tag nach Hinterlegung der Beitrittsurkunde in Kraft.

Die Beitrittsurkunde kann erst hinterlegt werden, nachdem dieses Übereinkommen in Kraft getreten ist.

Art. 10 NamÄndÜb

Dieses Übereinkommen unterliegt der Revision.

Revisionsvorschläge werden beim Schweizerischen Bundesrat eingereicht; dieser notifiziert sie den Vertragsstaaten und dem Generalsekretär der Internationalen Kommission für das Zivilstandswesen.

Art. 11 NamÄndÜb

Dieses Übereinkommen gilt zehn Jahre lang, gerechnet von dem in Artikel 7 Absatz 1 angegebenen Zeitpunkt an.

Das Übereinkommen wird jeweils für weitere zehn Jahre stillschweigend verlängert, wenn es nicht gekündigt wird.

Die Kündigung ist spätestens sechs Monate vor Fristablauf dem Schweizerischen Bundesrat zu notifizieren; dieser setzt alle anderen Vertragsstaaten davon in Kenntnis.

[1]Die Kündigung wirkt nur für den Staat, der sie notifiziert hat. [2]Für die anderen Vertragsstaaten bleibt das Übereinkommen in Kraft.

Anh. II Art. 10 EGBGB
CIEC-Übereinkommen Nr. 9 betreffend die Entscheidungen über die Berichtigung von Einträgen in Personenstandsbüchern (Zivilstandsregistern) vom 10.9.1964

Amtliche Übersetzung

Art. 1

Im Sinne dieses Übereinkommens bedeutet der Begriff „Entscheidung über die Berichtigung" jede Entscheidung einer zuständigen Behörde, welche die Berichtigung eines Eintrags in einem Personenstandsbuch anordnet; ausgenommen sind Entscheidungen, die den Personenstand oder das Recht zur Führung einer Adelsbezeichnung oder eines Ehrentitels betreffen.

Art. 2

Die Behörde eines Vertragsstaates, die für die Entscheidung über die Berichtigung eines Eintrags in einem im eigenen Hoheitsgebiet geführten Personenstandsbuch zuständig ist, ist auch zuständig, in derselben Entscheidung die Berichtigung des gleichen Fehlers anzuordnen, der in einen späteren Eintrag im Personenstandsbuch eines anderen Vertragsstaates übernommen worden ist und dieselbe Person oder ihre Nachkommen betrifft.

Diese Entscheidung ist in dem anderen Staat ohne weitere Förmlichkeit vollziehbar.

Zu diesem Zwecke hat die zuständige Behörde des Staates, in dem die Entscheidung ergangen ist, eine Ausfertigung der Entscheidung und eine Abschrift des berichtigten Eintrags der zuständigen Behörde des Staates zu übersenden, in dem die Entscheidung ebenfalls zu vollziehen ist.

Art. 3

Ist eine Entscheidung über die Berichtigung eines Eintrags in einem Personenstandsbuch von der zuständigen Behörde eines Vertragsstaates erlassen worden, so werden, falls der Eintrag in das

Personenstandsbuch eines anderen Vertragsstaates übertragen oder darin vermerkt worden ist, auch diese Übertragungen oder diese Vermerke berichtigt; es genügt hierzu die Vorlegung einer Ausfertigung der Entscheidung über die Berichtigung und einer Abschrift des berichtigten Eintrags.

Art. 4

Die im Anhang zu diesem Übereinkommen bezeichneten Gerichte oder höheren Verwaltungsbehörden können in Abweichung von den Artikeln 2 und 3 die Vollziehung der Entscheidung über die Berichtigung ablehnen, wenn diese Entscheidung den Anwendungsbereich dieses Übereinkommens überschreitet oder ihrerseits unrichtig ist; die ablehnende Entscheidung ist zu begründen.

Die Ablehnung ist der Behörde des Staates, in dem die Entscheidung über die Berichtigung ergangen ist, mitzuteilen.

Art. 5

Im Anhang zu diesem Übereinkommen sind die Behörden jedes Vertragsstaates bezeichnet, die zur Übersendung und zum Empfang der Entscheidungen über die Berichtigung und die Ablehnung der Vollziehung zuständig sind.

Diese Behörden können unmittelbar miteinander verkehren.

Art. 6

Die Vertragsstaaten notifizieren dem Schweizerischen Bundesrat den Abschluß des Verfahrens, das nach ihrem Verfassungsrecht für das Inkrafttreten dieses Übereinkommens auf ihrem Hoheitsgebiet erforderlich ist.

Der Schweizerische Bundesrat setzt die Vertragsstaaten und den Generalsekretär der Internationalen Kommission für das Zivilstandswesen von den Notifikationen im Sinne des Absatzes 1 in Kenntnis.

Art. 7

Dieses Übereinkommen tritt am dreißigsten Tage nach der Hinterlegung der zweiten Notifikationsurkunde für die beiden Staaten, welche diese Förmlichkeit erfüllt haben, in Kraft.

Für jeden Unterzeichnerstaat, der später die in Artikel 6 vorgesehene Förmlichkeit erfüllt hat, tritt dieses Übereinkommen am dreißigsten Tage nach Hinterlegung seiner Notifikationsurkunde in Kraft.

Art. 8

Dieses Übereinkommen gilt ohne weiteres für das gesamte Mutterland jedes Vertragsstaates.

[1]Jeder Vertragsstaat kann bei der Unterzeichnung, der in Artikel 6 vorgesehenen Notifikation, dem Beitritt oder später durch eine an den Schweizerischen Bundesrat gerichtete Notifikation erklären, daß dieses Übereinkommen auf eines oder mehrere seiner Hoheitsgebiete außerhalb des Mutterlandes oder auf Staaten oder Hoheitsgebiete anzuwenden ist, deren internationale Beziehungen er wahrnimmt. [2]Der Schweizerische Bundesrat setzt alle Vertragsstaaten und den Generalsekretär der Internationalen Kommission für das Zivilstandswesen von einer solchen Notifikation in Kenntnis. [3]In den in der Notifikation bezeichneten Hoheitsgebieten tritt dieses Übereinkommen am sechzigsten Tage, nachdem die Notifikation dem Schweizerischen Bundesrat zugegangen ist, in Kraft.

Hat ein Staat eine Erklärung nach Absatz 2 abgegeben, so kann er später jederzeit durch eine an den Schweizerischen Bundesrat gerichtete Notifikation erklären, daß dieses Übereinkommen auf bestimmte in der Erklärung bezeichnete Staaten oder Hoheitsgebiete nicht mehr angewendet werden soll.

Der Schweizerische Bundesrat setzt alle Vertragsstaaten und den Generalsekretär der Internationalen Kommission für das Zivilstandswesen von der neuen Notifikation in Kenntnis. Für die in dieser Notifikation bezeichneten Hoheitsgebiete tritt das Übereinkommen am sechzigsten Tage, nachdem die Notifikation dem Schweizerischen Bundesrat zugegangen ist, außer Kraft.

Art. 9

[1]Jeder Mitgliedstaat des Europarats oder der Internationalen Kommission für das Zivilstandswesen kann diesem Übereinkommen beitreten. [2]Der Staat, der beizutreten wünscht, notifiziert seine Absicht durch eine Urkunde, die beim Schweizerischen Bundesrat hinterlegt wird. [3]Dieser setzt alle Vertragsstaaten und den Generalsekretär der Internationalen Kommission für das Zivilstandswesen von der Hinterlegung jeder Beitrittsurkunde in Kenntnis. [4]Das Übereinkommen tritt für den beitretenden Staat am dreißigsten Tage nach Hinterlegung der Beitrittsurkunde in Kraft.

Eine Beitrittsurkunde kann erst hinterlegt werden, nachdem das Übereinkommen in Kraft getreten ist.

Art. 10

[1]Dieses Übereinkommen gilt für unbegrenzte Zeit. Jeder Vertragsstaat kann es jederzeit durch eine an den Schweizerischen Bundesrat gerichtete schriftliche Notifikation kündigen. [2]Dieser setzt die

anderen Vertragsstaaten und den Generalsekretär der Internationalen Kommission für das Zivilstandswesen davon in Kenntnis.

Dieses Kündigungsrecht kann erst nach Ablauf von fünf Jahren, gerechnet vom Tage der im Artikel 6 vorgesehenen Notifikation oder des Beitritts, ausgeübt werden.

Die Kündigung wird sechs Monate nach dem Tage wirksam, an dem der Schweizerische Bundesrat die im Absatz 1 vorgesehene Notifikation erhalten hat.

Anh. III Art. 10 EGBGB

CIEC-Übereinkommen Nr. 14 über die Angabe von Familiennamen und Vornamen in den Personenstandsbüchern vom 13.9.1973

Amtliche Übersetzung

Art. 1

Dieses Übereinkommen gilt für die Angabe von Familiennamen und Vornamen jeder Person ohne Rücksicht auf ihre Staatsangehörigkeit in den Personenstandsbüchern.

Es berührt nicht die Anwendung der in den Vertragsstaaten geltenden Rechtsvorschriften über die Bestimmung von Familiennamen und Vornamen.

Es greift den nach der Eintragung oder der Ausstellung von Urkunden, die für eine neue Eintragung vorgelegt werden, gesetzgemäß eingetretenen Änderungen von Familiennamen und Vornamen in keiner Weise vor.

Es hindert die Behörde, die eine neue Eintragung vornehmen soll, nicht, dabei die in den ihr vorgelegten Urkunden etwa enthaltenen offensichtlichen Schreibfehler bezüglich der Familiennamen und Vornamen richtigzustellen.

Art. 2

Soll von einer Behörde eines Vertragsstaats eine Eintragung in ein Personenstandsbuch vorgenommen werden und wird zu diesem Zweck eine Abschrift eines Personenstandseintrags oder ein Auszug aus diesem oder eine andere Urkunde vorgelegt, die die Familiennamen und Vornamen in den gleichen Schriftzeichen wiedergibt wie in denjenigen der Sprache, in der die Eintragung vorgenommen werden soll, so sind diese Familiennamen und Vornamen buchstabengetreu ohne Änderung oder Übersetzung wiederzugeben.

Die in diesen Familiennamen und Vornamen enthaltenen diakritischen Zeichen sind ebenfalls wiederzugeben, selbst wenn die Sprache, in der die Eintragung vorgenommen werden soll, solche Zeichen nicht kennt.

Art. 3

Soll von einer Behörde eines Vertragsstaats eine Eintragung in ein Personenstandsbuch vorgenommen werden und wird zu diesem Zweck eine Abschrift eines Personenstandseintrags oder ein Auszug aus diesem oder eine andere Urkunde vorgelegt, die die Familiennamen und Vornamen in anderen Schriftzeichen wiedergibt als in denjenigen der Sprache, in der die Eintragung vorgenommen werden soll, so sind diese Familiennamen und Vornamen ohne Übersetzung soweit wie möglich durch Transliteration wiederzugeben.

Sind von der Internationalen Normenorganisation (ISO) empfohlene Normen vorhanden, so sind sie anzuwenden.

Art. 4

Weicht die Schreibweise der Familiennamen oder Vornamen in mehreren vorgelegten Urkunden voneinander ab, so ist der Betroffene gemäß denjenigen Personenstandsurkunden oder anderen ihn ausweisenden Urkunden zu bezeichnen, die in dem Staat ausgestellt worden sind, dessen Staatsangehöriger er zur Zeit der Ausstellung der Personenstandsurkunde oder der anderen Urkunde gewesen ist.

Für die Anwendung dieser Bestimmung umfaßt der Begriff „Staatsangehöriger" die Personen, die die Staatsangehörigkeit dieses Staates haben, sowie die Staatenlosen und Flüchtlinge, deren Personalstatut vom Recht des betreffenden Staates bestimmt wird.

Art. 5

[1]In Ermangelung entgegenstehender innerstaatlicher Rechtsvorschriften auf diesem Gebiet ist eine Person, die keinen Familiennamen hat oder deren Familienname nicht bekannt ist, bei jeder von einer Behörde eines Vertragsstaats vorgenommenen Eintragung in ein Personenstandsbuch nur mit ihren

Vornamen anzugeben. [2]Hat sie keine Vornamen oder sind auch diese unbekannt, so ist sie bei der Eintragung mit der Bezeichnung anzugeben, unter der sie bekannt ist.

Art. 6

Ist in zwei oder mehr von Behörden der Vertragsstaaten errichteten Einträgen in Personenstandsbüchern ein und dieselbe Person mit verschiedenen Familiennamen oder Vornamen bezeichnet, so haben die zuständigen Behörden jedes Vertragsstaats gegebenenfalls Maßnahmen zu ergreifen, um die Abweichungen zu beseitigen.

Zu diesem Zweck können die Behörden der Vertragsstaaten unmittelbar miteinander verkehren.

Art. 7

Die Unterzeichnerstaaten notifizieren dem Schweizerischen Bundesrat den Abschluß des Verfahrens, das für das Inkrafttreten dieses Übereinkommens in ihrem Hoheitsgebiet erforderlich ist.

Art. 8

[1]Dieses Übereinkommen tritt am dreißigsten Tag nach Hinterlegung der zweiten Notifikation in Kraft; es wird von diesem Zeitpunkt an für die beiden Staaten wirksam, die diese Förmlichkeit erfüllt haben. [2]Für jeden Vertragsstaat, der die in Artikel 7 vorgesehene Förmlichkeit später erfüllt, wird dieses Übereinkommen am dreißigsten Tag nach Hinterlegung seiner Notifikation wirksam.

Art. 9

Dieses Übereinkommen gilt ohne weiteres für das gesamte Mutterland jedes Vertragsstaates.

[1]Jeder Staat kann bei der Unterzeichnung, der Notifikation, dem Beitritt oder später durch eine an den Schweizerischen Bundesrat gerichtete Notifikation erklären, daß dieses Übereinkommen auf eines oder mehrere seiner Hoheitsgebiete außerhalb des Mutterlandes oder auf Staaten oder Hoheitsgebiete anzuwenden ist, deren internationale Beziehungen er wahrnimmt. [2]Der Schweizerische Bundesrat setzt alle Vertragsstaaten und den Generalsekretär der Internationalen Kommission für das Zivilstandswesen von einer solchen Notifikation in Kenntnis. [3]In den in der Notifikation bezeichneten Hoheitsgebieten tritt dieses Übereinkommen am sechzigsten Tage, nachdem die Notifikation dem Schweizerischen Bundesrat zugegangen ist, in Kraft.

Hat ein Staat eine Erklärung nach Absatz 2 abgegeben, so kann er später jederzeit durch eine an den Schweizerischen Bundesrat gerichtete Notifikation erklären, daß dieses Übereinkommen auf bestimmte in der Erklärung bezeichnete Staaten oder Hoheitsgebiete nicht mehr angewendet werden soll.

Der Schweizerische Bundesrat setzt alle Vertragsstaaten und den Generalsekretär der Internationalen Kommission für das Zivilstandswesen von der neuen Notifikation in Kenntnis.

Für den betreffenden Staat oder das betreffende Hoheitsgebiet ist das Übereinkommen mit dem sechzigsten Tag nach Eingang der Notifikation beim Schweizerischen Bundesrat nicht mehr anwendbar.

Art. 10

[1]Jeder Mitgliedstaat der Internationalen Kommission für das Zivilstandswesen, des Europarats, der Vereinten Nationen oder einer ihrer Sonderorganisationen kann diesem Übereinkommen beitreten. [2]Die Beitrittsurkunde wird beim Schweizerischen Bundesrat hinterlegt. [3]Dieser setzt alle Vertragsstaaten und den Generalsekretär der Internationalen Kommission für das Zivilstandswesen von der Hinterlegung jeder Beitrittsurkunde in Kenntnis. [4]Das Übereinkommen tritt für den beitretenden Staat am dreißigsten Tag nach Hinterlegung der Beitrittsurkunde in Kraft.

Eine Beitrittsurkunde kann erst hinterlegt werden, nachdem das Übereinkommen in Kraft getreten ist.

Art. 11

[1]Dieses Übereinkommen gilt für unbegrenzte Zeit. [2]Jeder Vertragsstaat kann es aber jederzeit durch eine an den Schweizerischen Bundesrat gerichtete schriftliche Notifikation kündigen; dieser setzt die anderen Vertragsstaaten und den Generalsekretär der Internationalen Kommission für das Zivilstandswesen davon in Kenntnis.

Dieses Kündigungsrecht kann erst nach Ablauf eines Jahres, vom Tag der in Artikel 7 vorgesehenen Notifikation oder des Beitritts an gerechnet, ausgeübt werden.

Die Kündigung wird sechs Monate nach dem Tag wirksam, an dem die in Absatz 1 vorgesehene Notifikation beim Schweizerischen Bundesrat eingegangen ist.

Vorbemerkung zu Art. 11 EGBGB:
Allgemeine Rechtsgeschäftslehre

Schrifttum zu I–II: Vgl. weiter bei Art. 10 Rom I-VO; *Aubart,* Die Behandlung der dépecage im europäischen internationalen Privatrecht, 2013; *Bernitt,* Die Anknüpfung von Vorfragen im europäischen Kollisionsrecht, 2010; *Chaillé de Néré,* Les difficultés d'exécution du contrat en droit international privé, 2003; *Jayme,* Betrachtungen zur „dépeçage" im internationalen Privatrecht, FS Kegel, 1987, 253; *Keller,* Verhältnis zwischen materiellem Privatrecht und internationalem Privatrecht, SchwJZ 1972, 65; *Kreuzer,* Das internationale Privatrecht des Warenkaufs in der deutschen Rechtsprechung, 1964; *Lagarde,* Le „dépeçage" dans le droit international privé des contrats, Riv. dir. int. priv. proc. 1975; *Lagarde,* Le principe de proximité en droit international privé, Rec. 169 (1983), 1; *Linke,* Sonderanknüpfung der Willenserklärung?, ZVglRWiss. 79 (1980), 1; *E. Lorenz,* Zur Struktur des IPR, 1977; *Mankowski,* Dépeçage unter der Rom I-VO, FS Spellenberg, 2010, 261; *Porcheron,* La règle de l'accessoire et les conflits de lois en droit international privé, 2012; *Reese,* Dépeçage: A Common Phenomenon in Choice of Law, Col. L. Rev. 1973, 58; *Riemann,* Zur Lehre vom rechtsordnungslosen Vertrag, 1970; *v. Schwind,* Von der Zersplitterung des Privatrechts durch das internationale Privatrecht und ihrer Bekämpfung, RabelsZ 23 (1958), 449; *Serick,* Die Sonderanknüpfung von Teilfragen im internationalen Privatrecht, RabelsZ 18 (1953), 663; *Wahl,* Das Zustandekommen von Schuldverträgen und ihre Anfechtung wegen Willensmangels, RabelsZ 3 (1929), 77.

Übersicht

I. Allgemeine Rechtsgeschäftslehre im IPR

1   **1. Das Rechtsgeschäft.** Der Begriff des Rechtsgeschäfts, der in der Überschrift des zweiten Abschnitts vor Art. 7 und in Art. 11 erscheint, ist freilich eine Abstraktion.[1] Es begegnet in der Rechtswirklichkeit stets nur in konkreten Ausprägungen wie Kauf, Schenkung, Testament, Eheschließung. Eine allgemeine Rechtsgeschäftslehre stellt das den konkreten Geschäftstypen, so wie sie das materielle Recht kennt und anerkennt, Gemeinsame dar. Die Motive zum BGB[2] finden dieses darin, „dass ein auf Hervorbringung rechtlicher Wirkungen gerichteter Wille sich betätigt, und dass der Spruch der Rechtsordnung in Anerkennung dieses Willens die gewollte rechtliche Gestaltung in der Rechtswelt verwirklicht". Rechtsgeschäfte sind das Mittel privatautonomer Gestaltung der eigenen Rechtsverhältnisse. Die rechtlichen Regelungen sind im Einzelnen naturgemäß je nachdem verschieden, ob es sich zB um familienrechtliche statusbegründende Akte, um Verfügungen von Todes wegen, um schuldrechtliche Verträge oder um sachenrechtliche Verfügungen handelt. Die aber allen Geschäftstypen gemeinsamen Regelungen versucht das BGB in seinem Allgemeinen Teil (§§ 104–185 BGB) zusammenzufassen. Eine solche allgemeine Rechtsgeschäftslehre ist vielen ausländischen Zivilgesetzbüchern, zumindest in vergleichbarem Umfang, fremd.[3] Häufig werden jedoch die darin angesprochenen Fragen beim allgemeinen Schuldvertrag (zB Art. 1101 franz. C. c.) oder beim Kauf behandelt (vgl. Art. 1324 f. it. C. c.), wobei dieser Rechtsgeschäftstyp und seine Regelungen oft paradigmatischen Charakter haben[4] und damit eine allgemeine Rechtsgeschäftslehre vertreten, die dann durchaus als solche in der Lehre behandelt wird.

2   Unter **„Rechtsgeschäft"** sind auch im IPR, von seiner Funktion her definiert, alle Rechtsinstitute zu verstehen, mit denen die nationalen Sachrechte Privaten erlauben, ihre Rechtsverhältnisse

---

[1] Dazu *Flume* BGB AT II § 2 Nr. 1; *Frankenstein* IPR Bd. 1 S. 518 f.

[2] Mot. I S. 126 = Mugdan I S. 421.

[3] Zum Nutzen und zu den Problemen eines Allgemeinen Teils im Gesetz vgl. *Koschaker,* Europa und das römische Recht, 4. Aufl. 1966, 280 f.; *Zitelmann* GrünhutsZ 33, 1 ff. (19 ff.), bes. 26 f.; dagegen *Zweigert/Kötz,* Einführung in die Rechtsvergleichung, 3. Aufl. 1996, 144 ff.; *Wieacker,* Privatrechtsgeschichte der Neuzeit, 2. Aufl. 1967, 486 ff. mwN.

[4] *Flume* BGB AT II § 33, 2; vgl. *Ferid/Sonnenberger* Bd. 1.1, 1 F 1 ff. zum frz. Recht.

privatautonom und **willentlich zu gestalten.** Man kann dabei Abschlussfreiheit und Freiheit der inhaltlichen Gestaltung unterscheiden. Nur erstere ist zur Abgrenzung von gesetzlichen Rechtsverhältnissen vonnöten. Es kann sich um schuldrechtliche, sachenrechtliche, familienrechtliche, erbrechtliche oder gesellschaftsrechtliche Rechtsgeschäfte handeln. Den **Kern** des Rechtsgeschäfts bilden immer eine oder mehrere **Willenserklärungen.** Es können aber für die Wirksamkeit auch noch weitere Tatbestandselemente gefordert sein, zB Übergabe von Sachen (vgl. § 929 BGB), oder Genehmigungen und Zustimmungen Dritter.[5]

2. Allgemeine Rechtsgeschäftslehre im IPR. Die Überschrift vor Art. 7–12 EGBGB lautet   3
„2. Abschnitt. Recht der natürlichen Personen und der Rechtsgeschäfte", letzteres offenbar im Sinne einer allgemeinen Rechtsgeschäftslehre, denn sie lehnt sich wohl an die Überschrift vor §§ 104 ff. BGB an. Inhaltlich liegt das nahe, weil hier die Geschäftsfähigkeit (Art. 7 mit der Ergänzung durch Art. 12) und die Form (Art. 11) sowie neuerdings die gewillkürte Stellvertretung (Art. 8 nF) selbständig und für alle Rechtsgeschäfte grundsätzlich gleich angeknüpft werden. Diese Voraussetzungen der Wirksamkeit eines Rechtsgeschäfts werden entsprechend den §§ 104 ff. BGB „vor die Klammer gezogen". Entsprechend der Aufgabe des IPR geht es „nur" um die Bestimmung der maßgebenden Rechtsordnung, die in allen drei Fällen nicht die des Geschäftsstatuts ist. Das EGBGB will anscheinend **Wirksamkeitsvoraussetzungen,** die bei allen Arten von Rechtsgeschäften auftreten, aus dem jeweiligen Geschäftsstatut herauslösen und eigenständig anknüpfen, mögen auch die Anknüpfungen und die Gründe dafür dann jeweils durchaus verschieden sein. Dass eine allgemeine Rechtsgeschäftslehre im IPR großen Nutzen habe, ist nicht evident,[6] aber man kann darunter entweder die Kollisionsregeln verstehen, die wie Art. 7, 8 und 11 für grundsätzlich alle Rechtsgeschäfte gesonderte Anknüpfungen vorschreiben, wobei es noch weitere Fälle geben kann. Man muss aber, von der andren Seite gesehen, auch die allgemeine Frage nach der Reichweite der jeweiligen leges causae der betreffenden Rechtsgeschäfte stellen.[7] Das verdiente eine zusammenhängende Betrachtung, denn nur auf dem Hintergrund des Wirkungsstatuts kann beurteilt werden, ob eine gleichförmige und damit andere Anknüpfung der Teilfrage sinnvoll ist. Das Wirkungsstatut ist im Konfliktfall ein andres.

Es zeigt sich dabei, dass in der Tat die Einbeziehung der Wirksamkeitsvoraussetzungen in das   4
Wirkungsstatut bzw. Vertragsstatut in der Regel angemessen und vom Gesetz vorgesehen ist. Den Grund hat der BGH einmal zutreffend darin gesehen, dass eine kollisionsrechtliche Trennung zwischen dem Vornahmetatbestand und den Wirkungen des Rechtsgeschäfts nicht sinnvoll sei,[8] denn die Wirkungen werden sachrechtlich nur durch einen bestimmten Vornahmetatbestand gerechtfertigt. Art. 10 und 12 Rom I-VO sagen dies wie zuvor Art. 31 und 32 EGBGB aF. Sie behandeln zwar nur Schuldverträge, aber drücken doch ein darüber hinaus geltendes Prinzip aus, ohne dass das von vornehrein weitere Ausnahmen schlechthin ausschlösse. Es geht hier also um grundsätzliche Aussagen über den **Anwendungsbereich** des Geschäftsstatuts bzw. um die Frage, ob bestimmte Teilfragen für Rechtsgeschäfte einheitlich und **gesondert** anzuknüpfen sind, weil sie eine eigene, engere Beziehung zu einer anderen Rechtsordnung haben.

Es wäre allerdings voreilig, **Art. 7 mit 12, 8 und 11 EGBGB** im Umkehrschluss zu entnehmen,   5
dass grundsätzlich keine anderen Teilfragen zu bilden und eigenständig anzuknüpfen wären, denn das ist jeweils für **einzelne Wirksamkeitsvoraussetzungen** zu **diskutieren**[9] zB für Willensmängel (→ Rom I-VO Art. 10 Rn. 42 ff.), Botenschaft und Stellvertretung bzw. Vertretungsmacht (→ Art. 8), Auslegung (Art. 12 Abs. 1 lit. a Rom I-VO), Gesetz- und Sittenwidrigkeit (→ Rom I-VO Art. 10 Rn. 112 ff., 120 ff.), Zustimmungen (→ Rom I-VO Art. 10 Rn. 151 ff.), Beweislast und Beweis (Art. 18 Rom I-VO). Zu einer allgemeinen Rechtsgeschäftslehre gehören im IPR sowohl der Grundsatz der einheitlichen Geltung des Wirkungsstatuts als auch die Ausnahmen davon, vor allem wenn die betreffenden Teilfragen ihrerseits grundsätzlich immer gleich anzuknüpfen sind. Vollkommene Einheitlichkeit bei letzteren ist aber nicht zu erwarten oder zu verlangen. Art. 11 EGBGB gibt ein Beispiel in Abs. 4 und die EuErbVO in Art. 26. Der Nutzen einer allgemeinen

---

[5] Vgl. dazu *v. Tuhr* BGB AT, Bd. 2, Teil 1, 1910, S. 149 ff.

[6] Verneinend *Ehrenzweig/Jayme,* Private International Law, Bd. 2, 2 f.; *Neuhaus* IPR § 16, S. 133 ff. mit § 12 II S. 110 ff., legt Wert auf Differenzierung zwischen Vertragsrecht und Personen-, Familien- und Erbrecht. *Zweigert/Kötz,* Einführung in die Rechtsvergleichung, 3. Aufl. 1996, 144 ff., halten sie zu Unrecht für nicht ergiebig auch für die Rechtsvergleichung.

[7] ZB *Vischer* SchwJbIntR 1955, 87 (91); *Keller* SchwJZ 1972, 66.

[8] BGHZ 57, 337 f. = NJW 1972, 385; weiter BGHZ 43, 21 (23 f.) = NJW 1965, 487; vgl. auch BGHZ 43, 80 (86); *Kegel/Schurig* IPR § 2 II 3b, S. 141 f.

[9] Für die Rom I-VO *Mankowski*, FS Spellenberg, 2010, 261 (267 ff.); *Aubart*, Die Behandlung der dépeçage im europäischen IPPR, 2013, 58 ff., 112 ff; *Bernitt*, Die Anknüpfung von Vorfragen im europäischen Kollisionsecht, 2010, 12 ff.

Rechtsgeschäftslehre im IPR liegt auch darin, sich über das einheitliche Wirkungsstatut und seine Grenzen zu vergewissern.

6 Nachdem nun das Prinzip des einheitlichen Statuts für die Wirkungen und die Vornahme des Rechtsgeschäfts bei vertraglichen und außervertraglichen Schuldverhältnissen (→ Rom II-VO Art. 15 Rn. 6 ff.) und neuerdings auch für letztwillige Verfügungen (Art. 21, 24, 26 EuErbVO) aus dem EGBB „ausgewandert" ist, kann man fragen, ob für eine allgemeine Rechtsgeschäftslehre im EGBGB als dem nationalen IPR noch viel Platz ist. Es bleiben für das Prinzip des einheitlichen Wirkungsstatuts im EGBGB im Wesentlichen nur (noch) die nicht vereinheitlichten Verfügungen über Sachen[10] und Gesellschaftsanteile (Art. 1 Abs. 2 lit. f Rom I-VO) und die rechtsgeschäftliche Stellvertretung die an sich zur Vornahme eines Rechtsgeschäfts gehört (Art. 8 EGBGB). Jedoch gelten die Bestimmungen der Rom-VOen unmittelbar im Inland und sind dadurch Bestandteile des nationalen IPR, so dass, was in Art. 10 und 12 Rom I-VO niedergelegt ist, sie auch Bestandteil einer allgemeinen Rechtsgeschäftslehre im deutschen IPR sind. Sie stimmen auch weitgehend mit Art. 31 und 32 EGBGB aF überein.

6a In den systematischen Darstellungen des IPR finden sich Abschnitte, die sich einer allgemeinen Rechtsgeschäftslehre idS widmen, freilich eher selten.[11] Verschiedentlich beziehen sich Ausführungen unter der entsprechenden Überschrift nur auf schuldrechtliche Verträge und sind also keine allgemeine international privatrechtliche Rechtsgeschäftslehre im vollen Sinne des Worts.[12] Zwar ist in der Tat hier die Diskussion um die **Reichweite des Wirkungsstatuts,** das nach den jeweiligen speziellen Regeln festgestellt wird, besonders lebhaft, aber in der Sache stellen sich gleiche oder ganz ähnliche Fragen zB bei familien- und erbrechtlichen Rechtsgeschäften. Man sollte daher auch diese in den Blick nehmen[13] und müsste ggf. begründen, warum zB für schuldrechtliche Verträge und sachen- oder erbrechtliche Verfügungen Verschiedenes gelten sollte. Dieser Begründungszwang fördert das Verständnis sowohl der Regel wie ggf. der Ausnahme. Vor allem muss, wo die Teilfrage nicht gesetzlich vorgeschrieben ist, begründet werden, dass und warum die Anwendung des Wirkungsstatuts nicht befriedigen könne.

II. Grundsatz des einheitlichen Statuts

7 **1. Einheitliche Anknüpfung.** Es war und ist in der deutschen Rechtsprechung und Lehre im Grundsatz gesichert, dass bei Rechtsgeschäften **nicht** zwischen einem **Statut** der **Vornahme** und der **Wirkungen** zu **trennen** ist.[14] Die lex causae erfasst die Wirkungen und die Geschäftsvoraussetzungen, beherrscht das Rechtsgeschäft „von der Wiege bis zum Grabe".[15] Das „Wirkungsstatut" definiert sinnvollerweise die – rechtsgeschäftlichen – Voraussetzungen der betreffenden Rechtswirkungen, die die Parteien herbeiführen wollen, und man kann von ihnen in der Regel nicht erwarten, dass sie sich an einem anderen Recht als dem einheitlichen Wirkungsstatut hätten ausrichten sollen. Der Grundsatz ist am häufigsten für obligatorische Verträge ausgesprochen und diskutiert worden,[16] war auch in Europa ganz hM[17] und findet sich heute für Schuldverträge in den Art. 10 und 12 Rom I-VO. Die vertragsakzessorische Anknüpfung der culpa in contrahendo bestätigt die „vis attractiva" des Vertragsstatuts (Art. 12 Rom II-VO). Die Regel gilt ebenso für **dingliche**[18] und **erbrechtliche**[19] Verfügungen wie für **ehegüterrechtliche** Verträge.[20]

---

[10] Staudinger/*Mansel* (2015) Art. 43 EGBGB Rn. 703 mit 1074, 1090.

[11] So aber bei *Dölle* IPR § 20 I 6, § 7 VI; *Zitelmann* IPR Bd. II, 1912, S. 136 ff.; *Wolff* IPR S. 122 ff.; in der Sache *Kegel/Schurig* IPR § 17 V, S. 610 ff.; *Ferid* IPR Rn. 5–82 ff.; im Kern *Kropholler* IPR § 41.

[12] Vgl. *Raape* IPR §§ 43–48; *Makarov* IPR S. 105 ff.

[13] Vgl. für ein solches methodisches Vorgehen *Marsch,* Der favor negotii im deutschen Internationalen Privatrecht, 1976. Die Problematik der Vorfrage ist nicht dieselbe.

[14] BGHZ 57, 337 f. = NJW 1972, 385; NK-BGB/*Leible* Rom I-VO Art. 10 Rn. 1; Staudinger/*Hausmann* (2016) Rom I-VO Art. 10 Rn. 6 ff, 12 auch zur historischen Entwicklung; offengelassen in BGHZ 43, 21 (23) = NJW 1965, 487; aA obiter BGH WM 1970, 1050 (1051).

[15] ZB *Kegel/Schurig* IPR § 17 V, S. 611; Erman/*Hohloch* Vor Art. 27–37 Rn. 1 f.; vgl. auch *Firsching* IPRax 1981, 41 f.

[16] ZB BGH NJW 1958, 750; VersR 1966, 461; IPRspr. 1968/69 Nr. 24; BGHZ 57, 72 (77) = NJW 1972, 391 mAnm *Geimer* und *Schmidt-Salzer* = JR 1972, 153 m. Anm. *Giesen* (wo dies als allgM bezeichnet wird); BGHZ 59, 17 (23) = NJW 1972, 1235; OLG München IPRax 1983, 120; Soergel/*Lüderitz* Anh. Art. 10 Rn. 91; *Kreuzer,* Das Internationale Privatrecht des Warenkaufs in der deutschen Rechtsprechung, 1964, 108 ff.; *Spellenberg,* Geschäftsstatut und Vollmacht im IPR, 1979, 148 ff.; *Mezger,* FS Wengler, Bd. 2, 1973, 565; *W. Lorenz* AcP 159 (1960/61), 208 ff.; *Linke* ZVglRWiss. 79 (1980), 1 ff. mwN; *v. Hoffmann* RabelsZ 36 (1972), 510; *Ferid* IPR Rn. 5–82.

[17] Vgl. schon *Lando* Int. Enc. Comp. L., Bd. 3 (1976), Ch. 24 Nr. 114–123, 129; *Rabel* IPR II S. 485.

[18] RGZ 103, 31; LG München I WM 957, 1378 (implizit); *Kegel/Schurig* IPR § 19 II S. 767 ff.; Soergel/*Lüderitz* EGBGB Anh. II Art. 38 Rn. 16.

[19] BayObLGZ 1974, 223 und 460; Staudinger/*Dörner* (2007) Art. 25 Rn. 234 ff. mwN.

[20] KG HRR 1933 Nr. 205; Palandt/*Thorn* Art. 15 Rn. 30; *Kegel/Schurig* IPR § 20 VI 3.

Die besonderen Probleme, die im Erb-und Sachenrecht durch die Änderung des jeweiligen Statuts **8**
nach der Verfügung entstehen und nachträglich Vornahme- und Wirkungsstatut auseinander treten
können, wenn die Sache nach der Verfügung in ein anderes Land verbracht wird bzw. das Erbstatut
wechselt, sind kein Gegenbeispiel, denn es handelt sich hier darum, dass die Wirkungen der unter
anderem Recht begründeten Rechte nach einem **Statutenwechsel** an die neue Rechtsordnung
angepasst werden sollen, ohne ihre Existenz in Frage zu stellen.[21] Maßgebend
sind die Art. 23 mit 24, 26 EuErbVO und Art. 43 EGBGB (→ Art. 43 Rn. 119 ff.). Dass die Wirkungen aber überhaupt entstanden sind und mit welchem ursprünglichen Inhalt, bleibt einheitlich
vom ursprünglichen Recht bestimmt.

Andererseits trennt das deutsche IPR wie die meisten anderen Kollisionsrechte beim wichtigsten **9**
familienrechtlichen Rechtsgeschäft, der **Eheschließung,** einen Großteil der Wirkungen ab und
bildet dafür in Art. 14 (persönliche Ehewirkungen), Art. 15 (Ehegüterrecht), Art. 1 und 3 HUP
(Unterhalt) eigene Anknüpfungen. Hier hat der Gesetzgeber des IPR in Übereinstimmung mit dem
deutschen und den meisten anderen Sachrechten zwischen die Eheschließung als Rechtsgeschäft
und die einzelnen Ehefolgen der Ehe als einen **durch die Heirat begründeten**
Status gestellt und nur diesen in Art. 13 einbezogen. Der Fall lässt sich daher nicht verallgemeinern,[22]
und dass die Trennung von Status und daran anschließenden Ehefolgen nicht einfach ist, zeigt die
Diskussion um die selbständige oder unselbständige Anknüpfung der Ehe als Vorfrage.

Der Grundsatz der **umfassenden Geltung des Wirkungsstatuts** ist vor allem für den Schuldver- **10**
trag umstritten gewesen. Damit gewinnen er und die dortige Diskussion paradigmatischen Charakter,
und was zu den **Art. 10–12 Rom I-VO** gesagt ist, kann grundsätzlich auch für andere Rechtsgeschäfte gelten. Er bedeutet letztlich nur, dass für Rechtsgeschäfte dasselbe wie für gesetzliche Rechtsverhältnisse gilt, denen, wie zB bei unerlaubten Handlungen,[23] ebenfalls menschliche Handlungen
zu Grunde liegen. Hier ist die einheitliche Anknüpfung von Voraussetzungen und Wirkungen
grundsätzlich unbestritten (→ Rom II-VO Art. 15 Rn. 6 ff.). Eigenständige Anknüpfungen von
Teilfragen werden, soweit sie vertreten werden, als Ausnahmen gesehen, die so die Regel bestätigen.[24]
(Zu Dépeçage und Issue-approach → Rn. 23.)

Selbst Ausnahmeregelungen sind freilich grundsätzlich **analogiefähig.** So könnte man zwar zB **11**
Art. 7 auf die Testierfähigkeit analog oder ausdehnend anwenden oder die Deliktsfähigkeit aus dem
Deliktsstatut heraus nehmen, doch tut das die hM zu Recht nicht. Art. 7 und Art. 11 eignen sich
kaum zur Analogie wegen ihrer sehr speziellen Zwecke (→ Rn. 38 ff.). Art. 15 lit. a Rom II-
VO und Art. 26 Abs. 1 lit. a EuErbVO sprechen sich gegen eine Abspaltung der Testier- bzw.
Deliktsfähigkeit aus.[25]

Art. 10 Abs. 1 und **12 Rom I-VO** nennen neben den Voraussetzungen der wirksamen Vor- **12**
nahme des Rechtsgeschäftes für den Schuldvertrag als Wirkungen insbesondere die **Auslegung,**
die **Erfüllung** der eingegangenen Verbindlichkeiten, die **Rechtsfolgen der Nichterfüllung,** die
verschiedenen Arten des **Erlöschens** der **Forderungen, Verjährung** und **Verwirkung** und die
Folgen der Nichtigkeit des Rechtsgeschäfts. Für alles gilt das Vertragsstatut. Die meisten dieser
Wirkungen sind spezifische von schuldrechtlichen Forderungen, doch kann man für die letztwilligen
und dinglichen Verfügungen den Grundsatz der Auslegung (Art. 26 Abs. 1 lit. d EuErbVO), des
Erlöschens durch Zeitablauf[26] oder der Anfechtung wegen Willensmängeln (Art. 26 Abs. 1 lit. e
EuErbVO) nach ihrem Statut wiederfinden.

2. Gründe. a) Praktische Aspekte. Der Grundsatz rechtfertigt sich zum einen aus dem prakti- **13**
schen Aspekt, dass es häufig unmöglich oder doch mit für die Rechtssicherheit unzuträglichen
Unsicherheiten verbunden ist, den Tatbestand der Vornahme eines Rechtsgeschäfts von seinen Wirkungen abzugrenzen, um die einzelnen Rechtsfragen dem einen oder anderen Statut zuzuweisen.[27]
Diesen Gesichtspunkt hat auch das schweizerische Bundesgericht betont, als es 1952 die 30 Jahre

---

[21] BGH IPRax 1993, 176 mAnm *Kreuzer* IPRax 1993, 157; Staudinger/*Mansel* (2016) Art. 43 Rn. 51 ff.
[22] *Kropholler* IPR § 18 I 1, 2 S. 130 ff.
[23] *G. Brandt,* Die Sonderanknüpfung im IPR, 1993, 6 ff.; *Aubart,* Die Behandlung der dépecage im europäischen internationalen Privatrecht, 2013, 58 ff., 112 ff.; *Hohloch* IPRax 1984, 17 re. Sp.
[24] So zu Art. 11 Abs. 1 S. 1 aF OLG Hamburg RIW/AWD 1979, 482 (484); *Wahl* RabelsZ 3 (1929), 786.
[25] Und Art. 26 Abs. 1 lit. c EuErbVO auch gegen die Abspaltung der Stellvertretung.
[26] Vgl. Staudinger/*Mansel* (2015) Art. 43 EGBGB Rn. 742 zur Verjährung des Anspruchs aus § 985 BGB.
[27] Hierzu besonders *Mankowski,* FS Spellenberg, 2010, 261 ff.; *Wahl* RabelsZ 3 (1929), 775 ff. (782 f.); *Serick*
RabelsZ 18 (1953), 633 ff.; *Kreuzer,* Das Internationale Privatrecht des Warenkaufs in der deutschen Rechtsprechung, 1964, 108 ff.; *Neuhaus* IPR § 16 I S. 133 ff.; *Wengler* Rev. crit. dr. int. pr. 1952, 595 ff.; 1953, 37 ff.;
RGRK-BGB/*Wengler* S. 62 ff.; *Moser,* Vertragsabschluss, Vertragsgültigkeit und Parteiwille im internationalen
Obligationenrecht, 1948, 209 ff. Beispiele für die intrikaten Schwierigkeiten durch solche Spaltung bieten zB RG
JW 1927, 693 m. abl. Anm. *Neumeyer;* dazu auch *Moser* aaO S. 29 f., 49.

lang von ihm praktizierte sog große Vertragsspaltung zwischen Abschlussstatut und Wirkungsstatut aufgab.[28] So kann man zB nur schwer überzeugende Gründe für die Zuordnung eines Anspruches der Art des § 122 BGB zum Abschluss- oder Wirkungsstatut[29] oder der Regeln des Fehlens oder des Wegfalls der Geschäftsgrundlage (§ 313 BGB) finden.

14 **b) Natürliche Anschauung.** Zum zweiten entspricht die Anwendung nur eines Rechts auf das ganze Rechtsverhältnis und damit auf den gesamten zu Grunde liegenden Lebenssachverhalt der natürlichen Anschauung.[30] Die Spaltung zwischen Vornahmetatbestand und Wirkungen eines Rechtsgeschäfts wirkt leicht artifiziell[31] und läuft den Vorstellungen der Parteien in der Regel zuwider.[32] Sowohl bei der Vornahme des Rechtsgeschäfts als auch bei späteren Streitigkeiten mögen die Parteien zwar sehr wohl unterschiedliche Auffassungen über das maßgebende Recht haben, doch liegt ihnen, soweit man feststellen kann, in aller Regel der Gedanke fern, das Rechtsgeschäft bzw. das Rechtsverhältnis könne teils dem einen, teils dem anderen Recht zuzuordnen sein. Ihre Vorstellung und vor allem ihr Interesse gehen vielmehr grundsätzlich dahin, dass das Rechtsverhältnis im Ganzen dem einen oder anderen Recht unterfalle.[33] Für den Bereich obligatorischer Verträge, wo Rechtswahl möglich ist, kommt den Vorstellungen der Parteien besonderes Gewicht zu. Es bestätigt den Befund, dass anscheinend die in Art. 3 Abs. 1 S. 2 Rom I-VO eingeräumte Möglichkeit der Teilrechtswahl in der Rechtsprechung praktisch kaum vorkommt (→ Rom I-VO Art. 3 Rn. 75 ff.). Der BGH bemerkt vielmehr zu Recht, dass die Parteien sie in der Regel nicht wollen.[34]

15 **c) Sachzusammenhang.** Dabei reflektieren die Parteivorstellungen und die „natürliche Anschauung" nichts anderes als den **inneren materiellen Zusammenhang** von **Voraussetzungen** und **Wirkungen** eines Rechtsgeschäfts, den alle Rechtsordnungen verlangen und herstellen, und der durch gespaltene Anknüpfungen zerrissen würde. Die Wirkungen von Rechtsgeschäften und die Anforderungen an ihre gültige Vornahme sind in den einzelnen Rechtsordnungen zwar verschieden geregelt, aber jeweils aufeinander bezogen. Jede Rechtsordnung hat ihre Vorstellungen darüber, welche Voraussetzungen gerechter- und billigerweise verlangt werden müssen, damit bestimmte Rechtsfolgen eintreten. Bei Schuldverträgen denke man zB an die unterschiedlichen Anforderungen an den Geschäftswillen, dh die Irrtumsregelung,[35] die es aber auch für dingliche und letztwillige Verfügungen gibt und nach dem Sach-bzw. Erbstatut zu behandeln sind (Art. 26 Abs. 1 lit. e EuErbVO).

16 Diese Entscheidung des Gesetzes würde missachtet, wenn bei gespaltener Anknüpfung Wirkungen nach einer Rechtsordnung mit dem Vornahmeakt nach einer anderen verbunden werden könnten. Es entstünden dadurch unter Umständen Gesamtregelungen, die in sich unbillig wären und jedenfalls mit keiner der berührten Rechtsordnungen für rein nationale Fälle übereinstimmten. Es sollen nicht die geringen Tatbestandsanforderungen der einen mit den weiter reichenden Folgen der anderen verbunden werden oder umgekehrt. Entnimmt man die Rechtsfolgen einer Rechtsordnung und die Voraussetzungen einer anderen, so sind erstere im Grunde nicht gerechtfertigt, wenn deren Voraussetzungen nicht erfüllt sind (vgl. weiter für Schuldverträge → Rom I-VO Art. 10 Rn. 12 ff.).

17 **3. Nationalisierung des Sachverhalts. a) Grundsatz.** Mit dem Grundsatz der einheitlichen Anknüpfung des Rechtsgeschäfts hängt seine „Nationalisierung" zusammen Das IPR bestimmt die am engsten mit dem Rechtsverhältnis verbundene Rechtsordnung und soll prinzipiell gegenüber dem sachlichen Ergebnis blind sein, denn diese Entscheidung obliegt ihm gerade nicht. Gespaltene Anknüpfungen sind daher systemwidrig und tunlichst zu vermeiden, denn sie führen durch die

---

[28] BGE 78 II 74, 85; *Schnitzer,* FS Lewald, 1953, 383 ff. (386); *Stauffer* ZBJV 1953, 377 ff.

[29] Vgl. etwa *Wahl* RabelsZ 3 (1929), 783.

[30] BGHZ 57, 337 (338) = NJW 1972, 385.

[31] BGE 78, II, 85; *Nussbaum* IPR S. 218 Fn. 3, S. 269 ff.; *Lando* I. E. C. L, Bd. 3.24 (1976) Ch. 24 Nr. 24.

[32] RG IPRspr. 1933 Nr. 1b und 10; RGZ 68, 203; RG JW 1937, 1973; BGH DB 1969, 1053 = IPRspr. 1968/69 Nr. 31; BGHZ 40, 61 (obiter); BGH AWD 1964, 61 (obiter); BGH AWD 1970, 31 = WM 1969, 216; BGHZ 57, 337 (338) = NJW 1972, 385; BGH WM 2005, 144 unter II 2c; OLG München IPRax 1983, 120; LG Hamburg IPRspr. 1973 Nr. 9; *Müller-Gindullis,* Das Internationale Privatrecht in der Rechtsprechung des BGH, 1971, 45; *Wahl* RabelsZ 3 (1929), 796; *Moser,* Vertragsabschluss, Vertragsgültigkeit und Parteiwille im internationalen Obligationenrecht, 1948, 207 ff.

[33] Dabei erstreckt die Rspr. diesen Grundsatz auch auf mehrere zusammengehörende Rechtsgeschäfte (BGHZ 51, 255 = WM 1969, 216 = IPRspr. 1968/69 Nr. 254; BGH AWD 1970, 31 = WM 1969, 216 betr. Hauptvertrag und Schiedsvertrag; BGHZ 40, 320, 323 = WM 1964, 321(Hauptvertrag und Schiedsvertrag); vgl. *Degner* RIW 1983, 825 ff.

[34] RGZ 68, 203 (206 f.); BGH JZ 1961, 261 mAnm *Henrich;* DB 1969, 653; WM 2005, 144 unter II 2c; (seltene) Ausnahmen bei → Rom I-VO Art. 3 Rn. 73 ff.

[35] *Kramer,* Der Irrtum beim Vertragsschluss. Eine weltweit vergleichende Bestandsaufnahme, 1998.

Kombination leicht zu einem Ergebnis, das beiden beteiligten Rechtsordnungen nicht entspricht. Das Ergebnis folgte aber damit letztlich entscheidend aus dem IPR. Das deutsche und die anderen europäischen Kollisionsrechte verfolgen vielmehr den Zweck, den Lebenssachverhalt oder das Rechtsverhältnis[36] der einen **nationalen Rechtsordnung** zu unterstellen, zu der die engste bzw. die nach Maßgabe der Kollisionsnormen signifikante Beziehung besteht. Die mehrere Rechtsordnungen berührenden internationalen Fälle sollen unter den Rechtsordnungen sachgerecht verteilt, dann aber grundsätzlich gleich wie Inlandsfälle entschieden werden.[37] *Wengler*[38] spricht von einem grundlegenden Gebot der Gleichbehandlung der Rechtssubjekte in homogen und heterogen verknüpften Sachverhalten.

Das IPR richtet sich nicht nur und nicht zuvörderst an den Richter. Die Parteien müssen außerhalb des Prozesses wissen, wonach sie sich zu richten haben, und es ist schwer vorstellbar, wie sie sich nach mehreren zusammenzuführenden Rechtsordnungen richten könnten. Für Rechtsgeschäfte entscheiden die Kollisionsnormen wie für gesetzliche Rechtsverhältnisse mit der Benennung der signifikanten Anknüpfungsmomente (zB der Staatsangehörigkeit, dem gewöhnlichen Aufenthalt etc) zugleich, dass die anderen möglichen vielfältigen Auslandsberührungen nicht entscheidend sind, und dass die letzteren also nicht entgegenstehen, den Fall wie einen inländischen nach der durch den signifikanten Umstand bezeichneten Rechtsordnung zu behandeln. Die Suche nach **der** nationalen Rechtsordnung für den zu regelnden Fall ist die Fragestellung des IPR zumindest seit *Savigny* und kommt heute in Art. 3 zum Ausdruck. Geboten und richtig ist diese Art von **„Nationalisierung"** der internationalen Fälle, weil damit hinter der letztendlichen Sachentscheidung die Gerechtigkeitswertungen eines Gesetzgebers mit den Erfahrungen einer langen Rechtsgeschichte stehen, die das Ergebnis tragen und verantworten. Das IPR soll und kann das nicht. Das Prinzip der Nationalisierung schließt den Grundsatz der **inneren Harmonie,** dh einheitlicher Anknüpfung zusammenhängender Fragen ein, der zu Recht als kollisionsrechtliches Ideal genannt wird.[39] Es handelt sich nicht um eine Regel im engeren Sinne, sondern um ein Prinzip für die Auslegung und Anwendung der Normen der IPR (→ Rom I-VO Art. 10 Rn. 14)

Die unbefriedigenden Folgen gespaltener Anknüpfung von Rechtsgeschäften widersprechen **19** zudem den **Vorstellungen** (→ Rn. 14) und den **Interessen**[40] der Parteien, die gewöhnlich auf die Anwendung eines ihnen oder wenigstens dem Vertrag nahen Rechts gerichtet sind. Selbst wenn sie ein drittes **Recht vereinbaren,** so wollen die Parteien gewöhnlich dessen alleinige und umfassende Geltung. Von der Möglichkeit der Teilrechtswahl in Art. 3 Abs. 1 S. 3 Rom I-VO machen sie erfahrungsgemäß äußerst selten Gebrauch. Das IPR sucht das Recht der engsten Beziehung auch nicht im Interesse am sachlichen Ergebnis. Die internationalprivatrechtliche Gerechtigkeit und die sachrechtliche sind zweierlei und hintereinander gelagert.[41] Ihre Aufgaben sollten nicht vermengt werden.[42] Sachliche Gerechtigkeit ist die eines nationalen Rechts.[43] Und wenn aus guten Gründen eine gespaltene Anknüpfung vorgenommen wird, sind die ggf. entstehenden Spannungen durch Anpassung der Sachrechte zu mildern.

b) Denationalisierungstendenzen. Vorschläge und Tendenzen, die in eine andere Richtung **20** weisen und zum Teil von den neueren Ansätzen in den USA beeinflusst sind, haben sich in Europa nicht durchgesetzt und auch in die Rom I-VO keinen Eingang gefunden. Das gilt zum einen für den **Issue-Approach** und die davon zu unterscheidende **Dépeçage.** Diese Lehren wollen internationale Fälle in einzelne Rechtsfragen aufspalten und diese jeweils selbständig

---

[36] Art. 3 Abs. 1 S. 1 spricht von „Sachverhalt" als Anknüpfungsgegenstand, ohne dass darin aber eine Entscheidung dieser Frage nach dem Anknüpfungsgegenstand liegen sollte und könnte. Vgl. die ähnliche Formulierung in § 1 öst. IPRG.

[37] Zu Frankreich eingehend *Chaillé de Néré,* Les difficultés d'exécution du contrat en droit international privé, 2003, No. 14 ff., 57 ff.; *v. Bar/Mankowski* IPR I § 2 Rn. 76.

[38] RGRK-BGB/*Wengler* S. 62 ff. und 73; *Wengler,* FS Maridakis, Bd. 3, 1964, 342 ff. = Law&Cont. Prob. 28 (1963), 822 ff.; mit etwas anderer Fragestellung *E. Lorenz,* Zur Struktur des IPR, 1977, 60, 64 ff.

[39] *Keller/Siehr* IPR S. 286; *Neuhaus* IPR § 16 I S. 133 ff.; RGRK-BGB/*Wengler* S. 62 ff.; *Kegel/Schurig* IPR § 2 II 3b, S. 141 f., § 18 I 1, S. 647, 660 sprechen von einem „inneren Entscheidungseinklang"; OLG Hamburg IPRspr. 1970, Nr. 121 S. 404.

[40] *Kegel/Schurig* IPR § 2 II 3b; *Chaillé de Néré,* Les difficultés d'exécution du contrat en droit international privé no. 98 f.; *Rigaux* Cah. dr. europ. 1988, 317; *Batiffol,* Mélanges Maury, 1960, Bd. 1, 49; *Neumayer* Rev. crit. dr. int. priv. 1957, 579 und 1958, 53; *P. Mayer/Heuze* DIP no. 255 f., 498, 710; BGHZ 43, 80 (86) = NJW 1965, 912; RGZ 126, 196 (207).

[41] Eingehend *Kegel/Schurig* IPR § 2 I–III S. 131 ff.

[42] *Mühl,* Die Lehre vom „besseren" und „günstigeren" Recht im IPR, 1982, 178, verweist zu Recht auf Kumulationseffekte bei der Hinzuziehung günstigerer Rechtssätze, die zu einer Begünstigung von Parteien in internationalen Rechtsverhältnissen gegenüber nationalen führen würde.

[43] *Wengler* Rev. crit. dr. int. pr. 1954, 661 f.

anknüpfen. Damit trage man der Internationalität des Falles[44] angemessen Rechnung, und es wird nicht nur in Kauf genommen, sondern begrüßt, dass das Ergebnis keiner der beteiligten Rechtsordnungen, käme sie allein zur Anwendung, entspricht (abl. → Einl. IPR Rn. 105 ff.).[45] Der **Issue-Aproach** wird auf der Basis des sog Governmental-Interest-Approach vertreten,[46] der hierzulande nur wenig Anklang gefunden hat. Die **Dépeçage** setzt diese Theorie aber nicht voraus und wird auch ohne Rückgriff auf diese Lehre empfohlen.[47] Während die Teilrechtswahl weiterhin in Art. 3 Abs. 1 S. 3 Rom I-VO zugelassen ist, ist die objektive Dépeçage in Art. 28 Abs. 1 S. 1 EGBGB aF, die allerdings kaum benutzt wurde, in der Rom I-VO nicht mehr enthalten. *Mankowski* zeigt aber mit guten Gründen, dass mit Art. 4 Abs. 3 Rom I-VO ganz ausnahmsweise auch einer offensichtlich engeren Verbindung nur eines Teils des Vertrages nachgegeben werden kann, **vorausgesetzt** weiter, dass dieser Teil, **ohne Widersprüche** zu verursachen, aus dem Vertrag herausgelöst werden kann.[48]

21   Die Rechtsgeschäfte sind aber aus den eben genannten Gründen auch bei Berührung zu mehr als einem Recht grundsätzlich **nicht anders** als rein nationale zu regeln. Das gilt im Prinzip gleichermaßen bei schuldrechtlichen und anderen Rechtsgeschäften wie bei gesetzlichen, zB erbrechtlichen Rechtsverhältnissen.[49]

22   Rechtsgeschäfte könnten aber auch in einer anderen Weise „entnationalisiert" werden. Die in Art. 3 Abs. 2 des Entwurfes der Rom I-VO noch bis zuletzt vorgesehene Möglichkeit der kollisionsrechtlichen Wahl eines **nicht staatlichen Rechts** ist in der Gesetz gewordenen Fassung verworfen und gestrichen worden.[50] Die hM lehnte die kollisionsrechtliche Wahl zB der **Unidroit und Lando Principles** wie der **lex mercatoria** generell ab.[51] Das Gleiche gilt für den europäischen Referenzrahmen (näher → Rom I-VO Art. 3 Rn. 34 f.). Unbestritten und unbestreitbar ist aber, dass die Parteien auf sie im Rahmen des anwendbaren Rechts materiellrechtlich verweisen können; sie könnten sie auch konkret ganz oder teilweise in ihren Vertrag inkorporieren. Das aber hat nichts mit der iprechtlichen Entnationalisierung zu tun, sondern hält sich im Rahmen eines dispositiven nationalen Rechts (→ Rom I-VO Art. 3 Rn. 32 ff.). Möglicherweise beschränkt sich die lex mercatoria inhaltlich auch auf wenige, auch in den nationalen Rechtsordnungen anerkannte, allgemeine Prinzipien.[52]

23   Dagegen ziehen **Schiedsgerichte** bisweilen die lex mercatoria heran, ohne auf die Schranken nationaler Sachrechte zu achten, wenn die Parteien das, eventuell auch nur konkludent, so vereinbart haben. Die Schiedssprüche werden zB nach § 1051 Abs. 1 ZPO anerkannt. Nur in engen Grenzen steht dem der anerkennungsrechtliche ordre public entgegen. Das rechtfertigt sich dadurch, dass die Parteien den Schiedsrichter auch zu einer Entscheidung **nach Billigkeit** und ohne Rekurs auf eine Rechtsordnung ermächtigen können.[53] Die spätere Anerkennung und Vollstreckung durch staatliche Gerichte setzt nicht die Anwendung eines staatlichen Rechtes voraus (§ 1051 ZPO). Dass damit das IPR durch Anerkennungsregelungen ersetzt wird, ist typisch für alle Urteilsanerkennungen, auch die ausländischer Schiedsgerichte. Aber man kann daraus nicht folgern, dass auch der staatliche deutsche Richter eine solche Parteiwahl befolgen dürfe. Diese indirekte „Anerkennung" nichtstaatlichen Rechts beruht auf dem anerkennungsrechtlichen Verbot der révision au fond.

24   **4. Rechtsgeschäft als Anknüpfungsgegenstand. a) Rechtsverhältnis.** Kern und unterscheidendes Merkmal des Rechtsgeschäfts iSd Kollisionsrechts sind mindestens eine, meist **zwei oder mehr Willenserklärungen.** Gegenstand der Anknüpfung ist jedoch nicht der Akt als solcher,

---

[44] Zur Präzision dieses unter anderem in Art. 3 erscheinenden Begriffs vgl. *Lüderitz,* FS Kegel, 1987, 343 (345 ff.).

[45] *Reese* 73 Col. L. Rev. (1973), 58 ff.; *Cavers* Rec. 1970 III S. 137 ff.; beide verwenden hauptsächlich Beispiele aus dem Deliktsrecht, begrenzen ihre Auffassung aber nicht darauf; dazu *Juenger,* Zum Wandel des internationalen Privatrechts, 1974, 21 ff.; *Lando* IntEncCompL., Bd. 3.24 (1976), Ch. 24 Sect. 19–21.

[46] Vor allem *Currie,* Selected Essays on the Conflict of Laws, 1963; vgl. weiter *Reese* Rec. 1964, I, 329 ff.; wN zB bei *Kegel/Schurig* IPR § 3 XI 2b.

[47] *Jayme,* FS Kegel, 1987, 253 ff.

[48] zB *Kegel/Schurig* IPR § 2 II 3b, S. 141 ff.; differenzierend dagegen *Mankowski,* FS Spellenberg, 2010, 261 (269 ff.); eingehende Untersuchung der verschiedenen Gründe für eine ausnahmsweise gesonderte Anknüpfung der – abtrennbaren – Teilfragen bei *Porcheron,* La règle de l'accessoire et les conflits de lois en droit international privé No 156 ff.; 97 ff.

[49] Die *Jayme,* FS Kegel, 1987, 256 deshalb ganz zu Recht in seine Betrachtung mit einbezieht.

[50] Vgl. *Leible* in Zentrum für Eur. Wirtschaftsrecht, Rom I und Rom II: Neue Perspektiven im Europäischen Kollisionsrecht, 2009, 27 ff. *W. Lorenz,* FS Neumayer, 1987, 407 (414); *v. Hoffmann,* FS Kegel, 1987, 224 f. mwN ausländischen Schrifttums. Vgl. aber weiter *Mertens,* FS Odersky, 1996, 857 ff.

[51] Rauscher/*v. Hein* EuZPR/EuIPR Rom I-VO Art. 3 Rn. 49 ff.

[52] *Hausmann* in Reithmann/Martiny IntVertragsR Rn. 8.437.

[53] *Hausmann* in Reithmann/Martiny IntVertragsR Rn. 8.439.

sondern die aus den Willenserklärungen **entstandenen Rechtsbeziehungen** einschließlich der, die zwischen den Parteien entstehen, wenn das geplante Rechtsgeschäft nicht wirksam ist (Art. 12 Abs. 1 lit. e Rom I-VO). Es wäre unangemessen, eine Verbindlichkeit aus einer Willenserklärung und eine Haftung aus Vertrauen auf sie zB nach Anfechtung verschieden anzuknüpfen. Der Grundsatz, dass das Rechtsgeschäft einheitlich anzuknüpfen ist, definiert seine Außengrenzen, dh den Anknüpfungsgegenstand noch nicht. Nicht jede einzelne Willenserklärung konstituiert ein eigenes Rechtsverhältnis wie schon der Vertrag zeigt. Vielmehr muss der Umfang des „Rechtsgeschäfts" iS des Kollisionsrechts genauer gemäß den Zwecken des IPR bestimmt werden. Ein **leitender Gesichtspunkt** muss sein, dass das Kollisionsrecht nicht zerreißen soll, was sachrechtlich zusammen gehört. Es ist zwar ein verbreiteter, aber ungenauer Sprachgebrauch, der manchmal zu Fehlern führt, wenn das „Rechtsgeschäft", das den Akt bezeichnet, angeknüpft wird und nicht wie Art. 1 Abs. 1 Rom I-VO richtig sagt, das daraus entstandene „vertragliche Schuldverhältnis". Allerdings ist das vielfach genannte „Rechtsverhältnis" ebenfalls eine recht ungenaue Bezeichnung und es werden auch manche anderen verwendet. Die seit alters umstrittene Frage des Gegenstands der Anknüpfung im Allgemeinen ist hier aber nicht zu behandeln (→ Einl. IPR Rn. 108 ff).

b) Zusammengesetzte und angelehnte Rechtsgeschäfte. Mehrere Rechtsgeschäfte einer   **25**
Partei und ebenso mehrere Verträge zwischen **denselben Parteien** haben zwar grundsätzlich ihr je eigenes und verschiedenes Statut. Die Partei, die in dem einen Käufer ist, kann in dem anderen Verkäufer sein, womit Art. 4 Abs. 1 Rom I-VO zu verschiedener Anknüpfung führt.[54] Auch mehrere Lieferverträge an den Vertragshändler im Rahmen desselben Vertragshändlervertrages sind grundsätzlich jeweils selbständig anzuknüpfen,[55] es sei denn sie seien im Vertragshändlervertrag bereits vorstrukturiert. Die Frage der Zusammenfassung unter einer gemeinsamen Anknüpfung stellt sich aber idR nur bei Schuldverträgen und ist daher bei **Art. 10 Rom I-VO behandelt** (→ Rom I-VO Art. 10 Rn. 34 ff.).

c) Zustimmungen und Genehmigungen. Zu den Wirksamkeitsvoraussetzungen eines Rechts-   **26**
geschäftes zählen vielfach Zustimmungen nicht nur bei Schuldverträgen, sondern auch häufig bei **Verfügungen** nötig und fallen insoweit dann nicht in den Anwendungsbereich der Rom I-VO (→ Rom I-VO Art. 10 Rn. 151 ff.), in der Sache gilt aber bei Schuldverträgen grundsätzlich dasselbe. Sie stellen zwar äußerlich einen eigenen rechtsgeschäftlichen Akt dar, sind aber funktional in der Regel nur als **„Hilfsgeschäfte"** und als Wirksamkeitsvoraussetzung zu sehen (→ BGB § 182 Rn. 1; → BGB Vor § 182 Rn. 3 ff.). Im Einzelnen muss man freilich unterscheiden. Ein Großteil der materiellrechtlich erforderlichen Zustimmungen beruht darauf, dass der zustimmungsberechtigte Dritte durch das nicht von ihm vorgenommene Rechtsgeschäft in seinen Rechten oder zumindest in seinen rechtlich geschützten Interessen betroffen wird. Beispiele für ersteres sind aus der großen Zahl die §§ 177 ff., 185 BGB, für letzteres die §§ 1365, 1369 BGB. Die Zustimmung des gesetzlichen Vertreters zu Rechtsgeschäften Minderjähriger (§§ 107 ff. BGB) kann man als eigene Fallgruppe ansehen, weil dieses Zustimmungserfordernis im Interesse der minderjährigen Partei selbst besteht. Das Zustimmungsrecht privater Verwalter fremden Vermögens (Testamentsvollstrecker, Insolvenzverwalter) beruht auf ihrem eigenen Verwaltungsrecht.

Grundsätzlich liegt es nahe, das **Statut des zustimmungsbedürftigen Geschäftes** nicht nur   **27**
auf die Notwendigkeit, sondern auch auf die Erteilung der Zustimmung anzuwenden, um dessen Wirksamkeit und Wirkung es geht.[56] Das muss jedoch nicht ausnahmslos gelten (→ Rom I-VO Art. 10 Rn. 154 ff.). Zu bedenken ist vielmehr auch, worin der **Grund** und Zweck **der Genehmigungsbedürftigkeit** liegen. Die Regel gilt für die Genehmigung der **Verfügung eines Nichtberechtigten** durch den Eigentümer[57] wie für die Genehmigung der Handlung eines **falsus procurator** (→ Art. 8 Rn. 161). Die Zustimmung erstreckt das betreffende Rechtsgeschäft auf den Geneh-

---

[54] So für zwei Spediteure zB OLG Frankfurt RIW 1987, 217; *Martiny* in Reithmann/Martiny IntVertragsR Rn. 2.220.
[55] BGHZ 57, 72 (76) = WM 1971, 1332; BGHZ 74, 136 (140) = NJW 1979, 1788; BGH NJW-RR 1992, 421; OLG Stuttgart IPRax 1999, 103 = RIW 1999, 782; OLG Koblenz IPRax 1994, 46 f.; OLG Düsseldorf NJW-RR 1997, 822; Staudinger/*Magnus* (2002) Art. 28 EGBGB aF Rn. 288, 292; *Häuslschmid* in Reithmann/ Martiny IntVertragsR Rn. 6.1570; *Kindler*, FS Sonnenberger, 2004, 433 (438 ff.); aA OLG München RIW 1996, 1035 m. abl. Anm. *Klima*; Cass.civ. Rev. crit. dr. int. pr. 2002, 86 n. *Lagarde.*
[56] *Kegel/Schurig* IPR § 17 V 1a S. 611; BGH NJW-RR 2000, 1583 zu § 185 BGB; zur Stellvertretung BGH WM 1965, 868 f.; BGHZ 128, 41 (48) = IPRax 1995, 342; OLG Düsseldorf IPRax 1996, 423 (426) mAnm *Kronke* IPRax 1996, 426; KG IPRax 1998, 280 (283); OLG Celle WM 1984, 494 (500); aA *Leible* IPRax 1998, 259.
[57] So BGH NJW-RR 2000, 1583 sub. II 1; hier hatte sich das Übereignungsstatut zwischen Verfügung und Genehmigung geändert und für diese galt nun das neue Recht, denn die Übereignung war vor dem Statutenwechsel noch nicht vollendet.

migenden gemäß seinem Willen und seiner Erklärung.[58] Daher gilt die lex causae des betreffenden Geschäfts für seine Bindung daran wie für eine Vertragspartei, die von vorneherein eigenhändig einen Vertrag unter fremdem Recht schließt.

28   Bei der **beschränkten Geschäftsfähigkeit** sagt das Wirkungsstatut, ob Geschäftsfähigkeit erforderlich ist,[59] das Personalstatut, ob diese gegeben ist oder nicht. Letzterem wird auch überwiegend entnommen, ob ein gesetzlicher oder sonstiger Vertreter genehmigen kann,[60] während die Mindermeinung auch darüber das Geschäftsstatut entscheiden lässt (→ Art. 7 Rn. 55 f. mwN).[61] Das Zustimmungserfordernis kompensiert hier die fehlende Selbstbestimmungsfähigkeit und ist allein im Interesse des Minderjährigen auszuüben und nicht im Interesse des zustimmungsberechtigten Vertreters. Wenn man mit der hM die Folgen der fehlenden Geschäftsfähigkeit einschließlich der **Genehmigungsfähigkeit** dem Fähigkeitsstatut unterstellt, so ist damit aber dem Schutzinteresse des Minderjährigen Genüge getan. **Wie** die **Zustimmung** dann erfolgen muss, um das Geschäft wirksam zu machen, gehört besser zum **Geschäftsstatut,** zB wem sie zugehen muss, und bis wann, ob die andere Vertragspartei zur Erklärung auffordern darf, ob konkludentes Verhalten genügt etc. Für die Form der Zustimmung gilt Art. 11. Im Übrigen ist auf die Kommentierung zu Art. 10 Rom I-VO zu verweisen.

29   Zustimmungserfordernisse der Art der **§§ 1365, 1369 BGB** haben ihre Wurzeln im Eherecht, so dass man sie je nach dem nach Art. 15 oder 14 EGBGB anknüpfen sollte.[62] Den Dritten, der das Zustimmungserfordernis nicht kennt, können je nach Art des betreffenden Rechtsgeschäfts Art. 12 oder Art. 13 Rom I-VO schützen. Eine besondere Anknüpfung von Zustimmungen sieht Art. 23 im Kindschaftsrecht vor, die zur Anknüpfung des Abstammungs-, Namenserteilungs- und Adoptionsstatut hinzukommt.

30   **5. Ausnahmen; Teil- und eigenständige Anknüpfung. a) Teilrechtswahl.** Die einheitliche Anknüpfung der Rechtsgeschäfte ist da nicht zwingend, wo die Parteien das Recht wählen können. Art. 3 Abs. 1 S. 2 Rom I-VO erlaubt die Teilrechtswahl. Die auffallende Seltenheit ausdrücklicher Teilrechtswahl in der Rechtsprechung und die ebenfalls raren konkludenten Vereinbarungen zeigen nicht nur, dass dergleichen den Vorstellungen der Parteien gewöhnlich fern liegt,[63] sondern wohl auch, dass sie **selten sinnvoll** sind (→ Rn. 22). Außerhalb der Rom I-VO stellt sich die Frage kaum. Nur Art. 24 EuErbVO kann in diesem Sinne verstanden werden (→ EuErbVO Art. 24 Rn. 12, → EuErbVO Art. 22 Rn. 8).

31   **b) Teilanknüpfungen kraft Gesetzes.** Zwei Teilfragen, die gesondert angeknüpft werden, kennt das IPR seit alters, die **Geschäftsfähigkeit** und die **Form** des Rechtsgeschäfts. Beide Regelungen gelten auch außerhalb des Schuldvertragsrechts, für welches aber Art. 11 Rom I-VO den Art. 11 EGBGB verdrängt soweit er reicht (→ Rom I-VO Art. 11 Rn. 8 ff.).

32   Die Sonderanknüpfung der **allgemeinen Geschäftsfähigkeit** durch Art. 7 erklärt sich durch die auf dem Kontinent schon lange herrschende Vorstellung, dass es sich hierbei mehr um den (persönlichen) Status der Person handle (→ Art. 7 Rn. 20 f.).[64] Dass man das Verhältnis zum Geschäftsstatut auch anders sehen könnte, zeigt das englische IPR, wo das Vertragsstatut hierfür zumindest eine starke Rolle spielt.[65] Gemildert werden unter Umständen die Gefahren für den Vertragspartner des nicht voll Geschäftsfähigen durch Art. 13 Rom I-VO. Wenn auch die allgemeine Geschäftsfähigkeit nicht vom Statut des Rechtsgeschäfts umfasst wird, so bestimmt dieses doch darüber, ob sie verlangt wird und wie ggf. zu genehmigen ist.[66] Die Trennung vom Geschäftsstatut wirft naturgemäß Abgrenzungsprobleme auf (→ Rn. 28).[67]

---

[58] Dazu grdl. *Thiele,* Die Zustimmungen in der Lehre vom Rechtsgeschäft, 1966.

[59] HM; mit beachtlichen Gründen einschr. hinsichtlich der Stufen der Geschäftsfähigkeit *v. Bar* IPR II Rn. 39.

[60] Palandt/*Thorn* Art. 7 Rn. 5; wer das ist, bestimmt das von den familienrechtlichen Kollisionsnormen, zB Art. 24, benannte Recht; Staudinger/*Henrich* (2014) Art. 21 Rn. 79, 104.

[61] Vgl. auch *Spellenberg* IPRax 2013, 466 (467 f.).

[62] Staudinger/*Mankowski* (2013) Art. 15 Rn. 260 ff.; Palandt/*Thorn* Art. 15 Rn. 25; KG NJW 1973, 428. AA BGH NJW 1977, 1011 m. abl. Anm. *Jochem* = JZ 1977, 438 m. abl. Anm. *Kühne* zu einem entsprechenden Interzessionsverbot des ndl. Rechts.

[63] BGH DB 1969, 653; BGHZ 57, 337 (338) = NJW 1972, 385; BGH RIW 1981, 194; die Vereinbarung verschiedenen Rechts für Abschluss und Wirkungen eines Grundstückskaufvertrages in OLG Frankfurt IPRax 1992, 314 (mAnm *Bungert* IPRax 1992, 296) erfolgte erst im Prozess wohl aus prozessualen Gründen.

[64] *v. Bar* IPR II Rn. 28; *Kegel/Schurig* IPR § 17 I 2, S. 559; amtl. Begr. zu Art. 7, BT-Drs. 10/504, 45.

[65] Eingehend *Lipp,* FS Kuehne, 2010, 765 ff.; *Kropholler* IPR § 18 2 S. 131 f.; *Morris,* Conflict of Laws, 13. Aufl. 2000, Rn. 32 R–213 ff.; krit. 221 f.; in England recht str.

[66] *v. Bar* IPR II Rn. 34, 42; vgl. weiter *Spellenberg* IPRax 2013, 466 (467 f.).

[67] *v. Bar* IPR II Rn. 34.

Für die **Form des Rechtsgeschäftes** gilt in erster Linie das Geschäftsstatut. Art. 11 Abs. 1 **33** Alt. 1 bestätigt so den Grundsatz der Statuteneinheit,[68] dies umso mehr als nur noch wenige andere Rechtsordnungen für die Form ausschließlich das Recht des Orts der Geschäftsvornahme anwenden.[69] Im deutschen IPR gilt die Ortsform **nur alternativ** neben der Geschäftsform für die meisten Rechtsgeschäfte. Das soll den Parteien die Vornahme eines formgültigen Geschäfts erleichtern (→ Art. 11 Rn. 1 ff.). Freilich wird Art. 11 Rom I-VO für Schuldverträge von Art. 11 Rom I-VO verdrängt (→ Rom I-VO Art. 11 Rn. 8 ff.), und für letztwillige Verfügungen von Art. 27 EuErbVO. Bei Verfügungen über Sachen gilt nach Art. 11 Abs. 4 EGBGB nicht alternativ die Ortsform.

Eine ebenfalls kumulative Sonderanknüpfung enthält Art. 10 Abs. 2 Rom I-VO speziell für **34** **Schuldverträge.** Sie beruht auf besonderen Erwägungen, die außerhalb des Schuldvertragsrechts wohl nicht greifen, und soll eine Partei schützen, die mit ihrer nach dem Vertragsstatut eingetretenen rechtsgeschäftlichen Bindung nicht rechnen konnte. Das Nähere ist dort darzustellen (→ Rom I-VO Art. 10 Rn. 217 ff.).

Eine immer ergiebigere Quelle für Sonderanknüpfungen ist der kollisionsrechtliche **Verbrau-** **35** **cherschutz.** Da Verträge mit Verbrauchern objektiv an deren gewöhnlichen Aufenthalt angeknüpft werden (Art. 6 Abs. 1 Rom I-VO), geht es darum, ihnen dessen verbraucherschützende Regelungen zu erhalten, auch wenn sie den Vertrag durch Rechtswahl einem anderen Recht unterstellt haben (Art. 6 Abs. 2 Rom I-VO). Für die Form gilt stets und **allein** das Recht am gewöhnlichen Aufenthalt des Verbrauchers (Art. 11 Abs. 4 Rom I-VO). Insoweit wird sie also aus dem Vertragsstatut ausgeklammert.

Diesen Fällen einer Teilfrageanknüpfung ist gemeinsam, dass es um **besondere Schutzinteressen** **36** der einen Partei geht, denen mit dem Vertragsstatut nicht ausreichend gedient ist. Beim Verbraucher beruht dies auf einer als typisch unterstellten Verhandlungsschwäche und beim Minderjährigen auf nicht ausreichender Entscheidungsfähigkeit. Art. 11 will dagegen beiden Parteien den Weg zu einem gültigen Vertrag erleichtern (→ Art. 11 Rn. 1, 5).

Die Sonderanknüpfungen des Art. 9 Rom I-VO gehören einem ganz andern Gebiet an und **37** betreffen nicht die Frage, inwieweit die kollisionsrechtliche Gerechtigkeit zwischen den Parteien durch die alleinige Geltung der lex causae erreicht wird (näher → Rom I-VO Art. 9 Rn. 35 ff.).[70]

Art. 11 EGBGB Form von Rechtsgeschäften

(1) Ein Rechtsgeschäft ist formgültig, wenn es die Formerfordernisse des Rechts, das auf das seinen Gegenstand bildende Rechtsverhältnis anzuwenden ist, oder des Rechts des Staates erfüllt, in dem es vorgenommen wird.

(2) Wird ein Vertrag zwischen Personen geschlossen, die sich in verschiedenen Staaten befinden, so ist er formgültig, wenn er die Formerfordernisse des Rechts, das auf das seinen Gegenstand bildende Rechtsverhältnis anzuwenden ist, oder des Rechts eines dieser Staaten erfüllt.

(3) Wird der Vertrag durch einen Vertreter geschlossen, so ist bei Anwendung der Absätze 1 und 2 der Staat maßgebend, in dem sich der Vertreter befindet.

(4) Ein Rechtsgeschäft, durch das ein Recht an einer Sache begründet oder über ein solches Recht verfügt wird, ist nur formgültig, wenn es die Formerfordernisse des Rechts erfüllt, das auf das seinen Gegenstand bildende Rechtsverhältnis anzuwenden ist.

Schrifttum zu I–VII: Vgl. auch bei Art. 11 Rom I-VO

v. Bar/Grothe, Hauptversammlungen deutscher Aktiengesellschaften im Ausland, IPRax 1994, 269; *Bärmann,* Die Freizügigkeit der notariellen Urkunde. IPR der notariellen Urkunde, AcP 160 (1960), 1; *Basedow,* Zwischen Amt und Wettbewerb − Perspektive des Notariats in Europa, RabelsZ 55 (1991), 409; *Bassermann,* Der Begriff der Form des Rechtsgeschäfts im IPR, Diss. Regensburg 1969; *Baum,* Alternativanknüpfungen, Tübingen 1985; *W. Bayer,* Übertragung von GmbH-Geschäftsanteilen im Ausland nach der MoMiG-Reform, GmbHR 2013, 897; *Beitzke,* Alternative Anknüpfungen, FS Ferid, 1978, 39; *Benecke,* Auslandsbeurkundung im GmbH-Recht und Substitution, RIW 2002, 280; *Bokelmann,* GmbH-Gesellschafterversammlungen im Ausland und Beurkundung durch ausländische Notare, NJW 1972, 1729; *Borges,* Verträge im elektronischen Geschäftsverkehr, 2003; *Bredthauer,* Zur Wirksamkeit gesellschaftsrechtlicher Beurkundungen im Kanton Zürich, BB 1986, 1864; *Brück,* Rechtsprobleme der Auslandsbeurkundung im Gesellschaftsrecht, BB 2004, 2409; *Bülow,* Zum Formanfordernis der Bürgschaftserklärung, ZEuP 1994, 493; *Bungert,* Der internationale Anwendungsbereich vom § 15 Abs. 3 und

---

[68] OLG Hamburg RIW 1979, 482 (484); *Wahl* RabelsZ 3 (1929), 786 f.
[69] Zur geschichtlichen Entwicklung hin zur alternativen Ortsform vgl. *Schönwerth,* Die Form der Rechtsgeschäfte im IPR, 1996, 59 ff.; Länderübersicht Staudinger/*Winkler v. Mohrenfels* (2013) Anh. Art. 11 Rn. 3 ff.
[70] *Kropholler* IPR § 18 3 S. 132.

4 GmbHG, DZWiR 1993, 494; *Coester-Waltjen,* Internationales Beweisrecht, 1983; *Depping,* Beurkundungspflicht bei Übertragung von Anteilen ausländischer Kapitalgesellschaften, GmbHR 1994, 386; *Dignas,* Die Auslandsbeurkundung von gesellschaftsrechtlichen Vorgängen einer ausländischen GmbH, 2004; *Dutta,* Form follows function? Formfragen bei Schuldverträgen über ausländische Gesellschaftsanteile, RIW 2005, 98; *Ferid,* Im Ausland erfüllte Tatbestandsmerkmale inländischer Sachnormen, GRUR Int. 1973, 472; *Fetsch,* Zur Beurkundungsbedürftigkeit von Kaufverträgen über eine englische private limited company, GmbHR 2007, 133; *Fongaro,* La loi applicable à la preuve en droit international privé, 2004; *Furgler,* Die Anknüpfung der Vertragsform im IPR, Diss. Freiburg/Schweiz 1985; *Gamillscheg,* Die Handschuhehe im deutschen IPR, FS Maridakis, Bd. 2, 1964, 47; *Genin-Meric,* La maxime locus regit actum. Nature et fondements, 1976; *Goette,* Auslandsbeurkundung im Kapitalgesellschaftsrecht, FS Boujong, 1996, 131; *Großfeld/Berndt,* Die Übertragung von deutschen GmbH-Anteilen im Ausland, RIW 1996, 632; *Groud,* La loi applicable à la force probante des actes authentiques, Gaz. Pal 24./25.2.2006, doctr. 2; *Heckschen,* Auslandsbeurkundung und Richtigkeitsgewähr, DB 1990, 161; *Heinz,* Beurkundung von Erklärungen zur Auflassung deutscher Grundstücke durch bestellte Notare im Ausland, RIW 2001, 928; *Jacob,* Die Beweiskraft von Privaturkunden im italienischen Zivilprozess, ZZPInt 2003, 245; *Kindler,* Geschäftsanteilsabtretungen im Ausland, 2010; *Kralik,* Locus regit actum und die ausländische Beurkundung, FS Schima, 1969, 236; *Kreße,* Einseitig verpflichtende Verträge und Naruralobligationen im englischen, französischen und deutschen Recht, RIW 2014, 96; *Kröll,* Beurkundung gesellschaftsrechtlicher Vorgänge durch einen ausländischen Notar, ZGR 2000, 111; *Kropholler,* Auslandsbeurkundungen im Gesellschaftsrecht, ZHR 140 (1976), 394; *Kuntze,* Zum internationalen Beurkundungsrecht, NJW 1974, 2167; *Lando,* On the Form of Contracts in the Conflict of Laws, FS Schmitthoff, 1973, 253; *Langhein,* Anglo-amerikanische notarielle Beglaubigungen, Bescheinigungen und Belehrungen im deutschen Registerrecht. Zum Kollisionsrecht der Registerurkunden, Diss. Hamburg, 1994; *Loritz,* Rechtsfragen der notariellen Beurkundung bei Verkauf und Abtretung von GmbH-Geschäftsanteilen, DNotZ 2000, 90; *Louis-Lucas,* La distinction du fond et de la forme dans le règlement des conflits de lois, Mélanges Maury, Bd. 1, 1960, 175; *Ludwig,* Die Form der ausländischen Vollmacht für inländische Gegenstände, insbesondere Liegenschaften, NJW 1983, 495; *Mann,* Zur Auslegung des Art. 11 EGBGB, ZHR 138 (1974), 448; *Marsch,* Der Favor Negotii im deutschen internationalen Privatrecht, 1976; *Marschall v. Bieberstein,* Prozessuale Schranken der Formfreiheit im internationalen Schuldrecht, FS Beitzke, 1979, 625; *Meier-Reimer,* Veräußerung von GmbH-Anteilen vor Schweizer Notaren, BB 1974, 1230; *Merkt,* Vertragsform beim Kauf von Anteilen an einer ausländischen Gesellschaft, ZIP 1994, 1417; *Olk,* Beurkundungserfordernisse nach deutschem GmbH-Recht bei Verkauf und Abtretung von Anteilen an ausländischen Gesellschaften, NJW 2010, 1639; *Preuß,* Europarechtliche Probleme der deutschen Notariatsverfassung, ZEuP 2005, 291; *van Randenborgh/Kallmeyer,* Pro und Contra: Beurkundung gesellschaftsrechtlicher Rechtsgeschäfte durch ausländische Notare, GmbHR 1996, 908; *Reithmann,* Beurkundung, Beglaubigung, Bescheinigung durch inländische und durch ausländische Notare, DNotZ 1995, 360; *Reithmann,* Substitution bei Anwendung der Formvorschriften des GmbH-Gesetzes, NJW 2003, 285; *Reithmann,* Urkunden ausländischer Notare in inländischen Verfahren, IPRax 2012, 133; *Riedel,* Erklärung der Auflassung vor einem ausländischen Notar?, DNotZ 1955, 521; *Rothoeft,* Von der Ortsform zur Geschäftsform, FS Esser, 1975, 113; *Saenger/Scheuch,* Auslandsbeurkundung bei der GmbH – Konsequenzen aus MoMiG und Reform des schweizer Obligationenrecht, BB 2008, 65; *Schervier,* Beurkundung GmbH-rechtlicher Vorgänge im Ausland, NJW 1992, 593; *Schönwerth,* Die Form der Rechtsgeschäfte im Internationalen Privatrecht – Art. 11 EGBGB, 1996; *G. Schulze,* Übertragung deutscher GmbH-Anteile in Zürich und Basel, IPRax 2011, 365; *Spellenberg,* Zur Ersetzbarkeit deutscher notarieller Formen im Ausland, FS Schütze, 1999, 887; *Spellenberg,* Handschuhehen im IPR, FS Schwab, 2005, 1279; *Spellenberg,* Der Beweis durch rechtsgeschäftliche Urkunden im deutschen und französischen Recht, Liber amicorum Berg, 2011, 360; *Spellenberg,* Der Beweiswert rechtsgeschäftlicher Urkunden im Kollisionsrecht, FS Kaissis, 2012, 915; *Spellenberg,* Form und Zugang, IPRax 2013, 545; *Spellenberg,* La forme et ses finalités en droit international privé, Mélanges en l'honneur de J.P. Laborde, 2015, 457; *Stauch,* Die Geltung ausländischer notarieller Urkunden in der BRD, 1983; *Stürner,* Die notarielle Urkunde im europäischen Rechtsverkehr, DNotZ 1995, 343; *M.-P. Weller,* Zur Formwirksamen GmbH-Anteilsabtretung in der Schweiz, BB 2005, 1807; *M.-P. Weller,* Die Übertragung von GmbH-Anteilen im Ausland: Auswirkungen von MoMiG und schweizer GmbH-Reform, Der Konzern 2008, 253; *M.-P. Weller,* GmbH-Anteilsabtretungen in Basel, ZGR 2014, 865; *Werner,* Zur Anwendung des § 15 IV GmbHG auf ausländische Gesellschaften, RIW 2005, 75; *Wrede,* Nochmals: Zur Beurkundungspflicht der Übertragung von Anteilen an einer ausländischen Kapitalgesellschaft, GmbHR 1995, 365; *Zellweger,* Die Form der schuldrechtlichen Verträge im internationalen Privatrecht, 1990; *Zweigert,* Zum Abschlußort schuldrechtlicher Distanzverträge, FS Rabel, Bd. I, 1954, 631.

Schrifttum zu VIII: *Arnold,* Das Europäische Übereinkommen vom 7.6.1968 zur Befreiung der von diplomatischen oder konsularischen Vertretern errichteten Urkunden von der Legalisation, NJW 1971, 2109; *Arnold,* Die Beglaubigungsverträge mit Frankreich und Italien, DNotZ 1975, 581; *Bindseil,* Internationaler Urkundenverkehr, DNotZ 1992, 275; *Bülow,* Die Legalisation ausländischer Urkunden, DNotZ 1955, 9; *Ferid,* Die 9. Haager Konferenz, RabelsZ 27 (1962), 411; *Karst,* Entbehrlichkeit von Apostillen im deutsch-französischen Rechtsverkehr, RIW 2005, 289; *Kierdorf,* Die Legalisation von Urkunden, 1975; *Langhein,* Kollisionsrecht der Registerurkunden, Rpfleger 1996, 45; *Herbert Roth,* Legalisation und Apostille im Grundbuchverfahren, IPRax 1994, 86; *Weber,* Das Haager Übereinkommen zur Befreiung ausländischer öffentlicher Urkunden von der Legalisation, DNotZ 1967, 469.

Übersicht

I. Allgemeines

1. Normzweck. Die alternative Zulassung der Geschäftsform und der Ortsform soll den Parteien 1 die formgültige Vornahme ihres Rechtsgeschäftes erleichtern. Dabei geht es für einige um die Förderung der Formgültigkeit von Rechtsgeschäften (**favor negotii**) als solche,[1] während andere die Erwartungen der Partei geschützt sehen, die sich normalerweise am Ort der Erklärungsabgabe am leichtesten oder auch am schnellsten nach der dort geforderten Form erkundigen und sie erfüllen könne (**favor gerentis**).[2] Manche sehen beide Zwecke zwar nicht als identisch, aber als zusammenhängend an.[3] Die Neufassung 1986 hat die Regelung in Abs. 2 noch dadurch verstärkt, dass **zwei** Ortsrechte zur Wahl stehen können (näher → Rn. 66, 132 ff.), und Art. 11 Rom I-VO geht noch weiter, indem auch an die gewöhnlichen Aufenthalte der Parteien anzuknüpfen ist. Damit rückt der

---

[1] So zB *Raape* IPR S. 213; Staudinger/*Winkler v. Mohrenfels* (2013) Rn. 35 ff.; *Stauch,* Geltung ausländischer notarieller Urkunden in der Bundesrepublik Deutschland, 1983, 13; *Lando,* FS Schmitthoff, 1973, 256 f.; *Marsch,* Der Favor negotii im deutschen IPR, 1976, 36 ff. mN; *Neuhaus* IPR § 17 I und § 22 I; früher schon *Savigny* Bd. VIII § 381 S. 349, 358; wohl auch BGHZ 57, 337 (340 f.) = WM 1972, 184.

[2] *Zweigert,* FS Rabel, Bd. 1, 1954, 636 f.; *G. Fischer,* Verkehrsschutz im internationalen Vertragsrecht, 1990, 337 f.; *Kropholler* IPR S. 310; amtl. Begr., BT-Drs. 10/504, 48.

[3] *Neuhaus* IPR S. 175; *Furgler,* Die Anknüpfung der Vertragsform im IPR, 1985, 93, 94; BeckOGK/*Gebauer* Rom I-VO Art. 11 Rn. 21; *Zellweger,* Die Form der schuldrechtlichen Verträge im IPR, 1990, 79 f.; aber unklar S. 82, 84; so auch amtl. Begr., BT-Drs. 10/504, 48; NK-BGB/*Bischoff* Rom I-VO Art. 11 Rn. 5.

favor negotii noch deutlicher in den Vordergrund,[4] da eine Partei nun auch von den Formvorschriften am entfernten Ort der Gegenpartei, die sie nicht besonders leicht erkennen kann, profitieren kann.[5] Diese Erweiterung hat das EGBGB aber nicht übernommen. Es ist weder Voraussetzung, dass am Vornahmeort die vom Geschäftsstatut verlangte Form **tatsächlich** nicht erfüllt werden könnte, zB weil eine erforderliche notarielle Beurkundung nicht möglich ist, noch dass die Parteien über die vom Geschäftsstatut geforderte Form im Unklaren sind und sich am Ort nur über die nach dortigem Recht vorgeschriebenen Formen erkundigen könnten.[6] Sie dürfen vielmehr, allein weil das Rechtsgeschäft außerhalb des Landes, dessen Recht es untersteht, vorgenommen wird, immer nach Ortsrecht, zB mündlich, kontrahieren, auch wenn das Geschäftsstatut Schriftform verlangt (→ Rn. 113 ff.). Es wäre dem Rechtsverkehr in der Tat nicht zuträglich, Streitigkeiten über die Berechtigung zum Gebrauch der Ortsform im Einzelfall zuzulassen.[7]

2   Diese Begünstigung internationaler Rechtsgeschäfte gegenüber rein nationalen drückt eine gewisse **Relativierung** der materiellrechtlichen, an sich zwingenden **Formvorschriften** aus,[8] die angesichts der von ihnen häufig verfolgten Schutzzwecke **rechtspolitisch nicht** immer **unbedenklich** ist,[9] und bei **Verbraucherverträgen** nicht so stattfindet (Art. 11 Abs. 4 Rom I-VO). Die Festsetzung und Verwirklichung von Formzwecken wird außer bei diesen Verträgen bewusst der Entscheidung der Ortsrechte überlassen.

3   Es spricht zwar vieles dafür, dass *Savigny,* der die alternative Anknüpfung nachdrücklich vertrat, bei Formvorschriften hauptsächlich den Beweissicherungszweck sah, weil sie nicht „zur Hemmung und Erschwerung des Verkehrs eingeführt" seien.[10] Doch obwohl inzwischen der Schutz namentlich der unerfahrenen Partei und die Warnung vor unüberlegten Geschäften deutlich als Formzwecke in den nationalen Sachrechten in den Vordergrund getreten sind und damit eine gewisse Erschwerung der Vornahme des Geschäfts gewollt ist, haben viele Gesetzgeber und insbesondere Art. 9 EVÜ, der in Art. 11 Eingang gefunden hat, die volle Alternativität der Formstatute bestätigt oder gar erst eingeführt und damit insoweit die alleinige Regelung dem Geschäftsstatut entzogen. Es gibt auch nur noch wenige nationale Kollisionsrechte, die ausschließlich die Ortsform zulassen.

4   Die Gesetzgeber sagen damit, dass hinsichtlich der Form und ihrer Zwecke das Geschäftsrecht und das Ortsrecht **beide gleichermaßen** berufen sind, zu entscheiden, welche Formzwecke durchgesetzt werden sollen.[11] Das Ortsrecht kommt gerade nicht nur dann zur Anwendung, wenn dies mit den Zwecken der materiellen lex causae irgendwie vereinbar ist, oder gar nur, wenn das Geschäftsstatut die Ortsform zulässt (→ Rn. 66). Vorschläge einer restriktiven Auslegung des Art. 11 bzw. einer Ausdehnung seines Abs. 4, um die Schutzzwecke der Formanforderungen des Geschäftsstatuts zu retten (→ Rn. 116 ff., 173 ff.), widersprechen daher dem Zweck und Wortlaut der Regelung, die nicht etwa auf unwichtige Formen oder bloße Beweissicherungsformen beschränkt ist. Es ist die Funktion jeder Kollisionsnorm, dass nur die Zwecke und Wertungen des anwendbaren Rechts gelten und nicht die eines anderen Rechts, selbst wenn es auch Beziehungen zum Fall hat. Ausnahmsweise will das IPR wie bei Art. 11 die Chancen für ein gültiges Rechtsgeschäft dadurch erhöhen, dass es alternativ noch andere Rechte beruft, ohne in der Sache etwa selbst zu regeln (das wäre eine Sachnorm im IPR). Die alternative Anknüpfung bedeutet auch, dass die Formzwecke der einen Rechtsordnung weichen und durch die der alternativen Regelung ersetzt werden, zB eine notarielle Form durch die einfache Schriftform. Die Ortsformen leben „nicht von der Gnade des Geschäftsstatuts", dh von seiner Zulassung, und erst recht ist Art. 11 nicht so zu verstehen, dass die Formanforderungen der lex causae im Ausland erfüllt werden müssen, indem der Akt im Ausland gleichwertig

---

[4] So argumentierte schon *Lando,* FS Schmitthoff, 1973, 260 f.; wie hier *Eman/Hohloch* Rn. 1; Staudinger/*Winkler v. Mohrenfels* (2013) Rn. 35; Bamberger/Roth/*Mäsch* Rn. 1.

[5] Rechtsvergleichender Überblick zB bei *Lando,* FS Schmitthoff, 1973, 253 ff.; Staudinger/*Winkler v. Mohrenfels* (2013) Rn. 29 ff. und Anh. Art. 11.

[6] Mit beidem mag die Regel historisch begründet worden sein, aber sie beruht heute nicht mehr darauf.

[7] *Kropholler* ZHR 140 (1976), 398 f.

[8] *Stauch,* Geltung ausländischer notarieller Urkunden in der Bundesrepublik Deutschland, 1983, 15; schon *v. Wächter* AcP 25 (1842), 372.

[9] *Schönwerth,* Die Form der Rechtsgeschäfte im IPR, 1996, 129; BeckOGK/*Gebauer* Rom I-VO Art. 11 Rn. 22; Staudinger/*Winkler v. Mohrenfels* (2016) Rom I-VO Art. 11 Rn. 14; NK-BGB/*Bischoff* Rom I-VO Art. 11 Rn. 5; NK-BGB/*Bischoff* Rn. 4; *Spellenberg,* FS Laborde, 2015, 457 (459); mit bedenkenswerten Gründen *Gamillscheg,* FS Maridakis, Bd. 2, 1964, 47 (53 ff.) und FS OLG Celle, 1961, 69; in Frankreich nachdrücklich *Delaporte,* Recherches sur la forme des actes juridiques en droit international privé, Thèse Paris 1974, 124 ff., 271 und passim.

[10] *Savigny* Bd. VIII, § 381, S. 348 ff., 350.

[11] Vgl. amtl. Begr., BT-Drs. 10/503, 49; Bericht *Giuliano/Lagarde,* BT-Drs. 10/503, 29, 61 f.; *Merkt* ZIP 1994, 1418 ff.; Erman/*Hohloch* Rn. 8.

ist, dh als eine Art materiellrechtlicher Verweisung.[12] Die volle Alternativität der Formanknüpfungen ist an sich anerkannt und kann nur rechtspolitisch kritisiert werden,[13] doch wird das häufiger implizit übersehen, wenn die Zulässigkeit einer Vornahme gesellschaftsrechtlicher Akte in der ausländischen Ortsform bestritten wird, weil die Zwecke der deutschen Formregelungen besonders wichtig bzw. dringend zu wahren seien (→ Rn. 176 ff.).

2. Entstehung. a) Geschichte. Historisch ist die Anknüpfung der Form an den Ort der **5** Geschäftsvornahme sehr alt,[14] gewann aber ihre heutige Bedeutung erst als das Rechtsgeschäft im Ganzen nicht mehr daran angeknüpft wurde. Das war lange unklar und schwankend. Seit *Savigny* hat sich aber die Sonderanknüpfung der Form wohl definitiv dergestalt durchgesetzt, dass die Ortsform **alternativ** neben der vom Geschäftsstatut verlangten genügt.[15] Darin liegt eine gewichtige Formerleichterung, indem den Parteien stets die leichtere der beiden Formen zur Verfügung steht.[16] Und noch einmal verstärkt wird dies durch Abs. 2, der nun bei Distanzverträgen jeder Partei erlaubt, sich der Form auch am Aufenthaltsort der anderen zu bedienen (→ Rn. 66 ff.), und dann durch Art. 11 Rom I-VO. So zeigt die Geschichte eine fortgesetzte Anerkennung der internationalen Gleichwertigkeit und **Austauschbarkeit** der Formvorschriften[17] und gleichzeitig eine Einschränkung der Formalternativität bei Verträgen von Verbrauchern (Art. 11 Abs. 4 Rom I-VO; Art. 46b EGBGB). Intensivierung des Verbraucherschutzes geht auch hier Hand in Hand mit einer Liberalisierung des sonstigen Rechtsverkehrs.

b) Neuregelung 1986. Art. 11 geht in seiner heutigen Fassung auf Art. 9 EVÜ zurück. Der **6** deutsche Gesetzgeber hatte das Übereinkommen zwar ratifiziert, aber seinen Inhalt nicht einfach innerstaatlich in Kraft gesetzt, sondern in die Neuregelung des EGBGB 1986 übernommen und wie den alten Art. 11 auf grundsätzlich **alle Rechtsgeschäfte** erstreckt. Das entspricht der bisherigen Systematik und Reichweite des Art. 11, der aber, da das EVÜ nur Schuldverträge regelte, weiterhin eigene Inhalte enthält, so dass eine unklare Überlagerung staatsvertraglicher und nationaler Inhalte entstand.[18] Ein großer Teil der Abweichungen im Text von Art. 9 EVÜ erklärt sich durch die schon damals unterschiedlichen Anwendungsbereiche des EVÜ und des EGBGB.[19]

3. Verhältnis zur Rom I-VO. Eine weitere Neuregelung der Formanknüpfung enthält nun **7** Art. 11 Rom I-VO. Er geht für seinen Anwendungsbereich Art. 11 EGBGB vor, dh für **Schuldverträge** und einseitige, auf einen Schuldvertrag bezogene Rechtsgeschäfte. Art. 11 Rom I-VO folgt inhaltlich weitgehend dem Art. 9 EVÜ wie auch Art. 11 EGBGB, enthält aber in Abs. 2 eine weitere alternative Anknüpfung an den gewöhnlichen Aufenthalt jeder der Parteien zum Zeitpunkt des Vertragsschlusses, während Art. 11 nur den damit nicht notwendig zusammenfallenden Ort der Abgabe der jeweiligen Erklärung nimmt, dh praktisch die schlichte Anwesenheit der Partei (→ Rom I-VO Art. 11 Rn. 36 ff.).

Eine Inkorporierung des Art. 11 Rom I-VO in das deutsche EGBGB kam wegen des weiteren **8** Anwendungsbereichs von Art. 11 EGBGB nicht in Frage, so dass nunmehr doch zwei getrennte Kollisionsnormen für **Schuldverträge** und für **andere Rechtsgeschäfte** vorliegen. Die Änderung des Art. 11 EGBGB im Gesetz vom 25.6.2009 zur Anpassung der Vorschriften des IPR an die VO (EG) Nr. 593/2008 (Rom I) beschränkt sich darauf, Art. 11 Abs. 4 zu streichen, so dass der bisherige Abs. 5 zum neuen Abs. 4 wird. Abs. 4 aF betraf nur Schuldverträge, die nun allein von Art. 11 Rom I-VO erfasst werden.

---

[12] So in der Tat der vereinzelt gebliebene Vorschlag von *Rothoeft,* FS Esser, 1975, 113 (118, 121 ff.).
[13] Besonders *Delaporte,* Recherches sur la forme des actes juridiques en droit international privé, Thèse Paris 1974, 230 f.
[14] Zur historischen Entwicklung eingehend BeckOGK/*Gebauer* Rom I-VO Art. 11 Rn. 8–19; Staudinger/ *Winkler v. Mohrenfels* (2013) Rn. 2 ff.; *Zellweger,* Die Form der schuldrechtlichen Verträge im IPR, 1990, 3 ff.; *Schönwerth,* Die Form der Rechtsgeschäfte im IPR, 1996, 68 ff.; *Genin-Meric,* La maxime locus regit actum. Nature et fondement, 1976, 13 ff.; *Furgler,* Die Anknüpfung der Vertragsform im IPR, 1985, 87 ff.; *Niederer* Rev. crit. dr. int. pr. 1960, 139 f.; JCl Dr. int. Fsc. 551-10 No. 11 ff.; *Spellenberg,* FS Laborde, 2015, 457 (458 f.).
[15] *Savigny* Bd. VIII, § 381, S. 348 ff.; zu *v. Wächter* und anderen Vorläufern vgl. *Schönwerth,* Die Form der Rechtsgeschäfte im IPR, 1996, 76 ff.
[16] Die in verschiedenen Rechtsordnungen lange streitige Frage dürfte heute weitgehend zu Gunsten der Alternativität entschieden sein. Für die EU haben so nun das EVÜ (Art. 9) und die Rom I-VO (Art. 11) entschieden.
[17] Für *Savigny* war dies wohl leichter begründbar, da er Formen wohl hauptsächlich mit Beweissicherungszwecken verband, Bd. VIII, § 381, S. 348 f.
[18] Krit. dazu Staudinger/*Winkler v. Mohrenfels* (2013) Rn. 17; MPI RabelsZ 47 (1983), 617 f.
[19] Im Einzelnen Staudinger/*Winkler v. Mohrenfels* (2013) Rn. 15 ff.

9   In Funktion, Inhalt und Wortlaut stimmen beide Regelungen wegen der gemeinsamen Wurzel in Art. 9 EVÜ weitgehend überein (→ Rom I-VO Art. 11 Rn. 1 f.). Zwar ist Art. 11 Rom I-VO als sekundäres Europarecht autonom europäisch und in Europa einheitlich auszulegen und anzuwenden, während Art. 11 EGBGB weiterhin eine **nationale Kollisionsregel** ist und daher im deutschen Sinne auszulegen wäre, doch sollte man soweit möglich darauf achten, sich an die europäische Lesart anzupassen. Es ist auch bis jetzt nicht erkennbar, dass dabei größere Unterschiede entstanden sind, wenn man einmal von den zusätzlichen Formanknüpfungen in Art. 11 Abs. 2 Rom I-VO absieht.

10   Bei der **Kommentierung** der beiden Bestimmungen würden daher umfangreiche Wiederholungen auftreten. Da die Regelung des Art. 11 EGBGB den sachlich größeren Anwendungsbereich hat, auch noch für ältere Schuldverträge gilt (→ Rn. 11 f.), sollen bei Art. 11 Rom I-VO eher die Fragen erörtert werden, die für neuere Schuldverträge spezifisch sind und von Art. 11 EGBGB abweichen. Doppelungen waren aber im Interesse der Lesbarkeit nicht ganz zu vermeiden. Dementsprechend gilt das hier vor allem unter IV–VI zu Art. 11 EGBGB (→ Rn. 26 ff.) Gesagte auch für die Schuldverträge, obwohl dafür sedes materiae nun Art. 11 Rom I-VO ist, und umgekehrt gilt manches dort zu Art. 11 Rom I-VO Gesagte auch hier, jeweils soweit nichts anderes gesagt ist.

11   **4. Intertemporales Recht. Zeitliche Anwendbarkeit.** Die Rom I-VO ist auf schuldrechtliche Verträge anwendbar, die ab **dem 17.12.2009** geschlossen werden. Für die davor geschlossenen gilt **weiterhin Art. 11 EGBGB** in der bisherigen Fassung, so dass auch heute noch für einen gewissen Zeitraum nicht nur Art. 27–37 EGBGBaF, sondern auch Art. 11 EGBGB auf Schuldverträge noch anzuwenden ist (→ Rn. 6). Die früher in der deutschen Lehre und Praxis zum EVÜ bzw. IPRG 1986 herrschende Unterscheidung von **Dauerschuldverhältnissen** als noch nicht abgeschlossenen Vorgängen iSd Art. 220 Abs. 1 EGBGB, mit der Folge, dass die neue Regelung diese erfasste, auch wenn sie vorher begründet worden waren,[20] ist nicht mehr möglich angesichts des klaren Wortlauts von Art. 28 Rom I-VO (→ Rom I-VO Art. 28 Rn. 2).[21] Hinzu kommt, dass Art. 220 Abs. 1 EGBGB durch Art. 28 Rom I-VO verdrängt wird.

12   Der Vertrag ist abgeschlossen, wenn der Konsens durch Zugang der Annahmeerklärung zustande gekommen ist, und bei einseitigen Rechtsgeschäften wenn die Erklärung beim Empfänger zugegangen ist. Ist die Annahmeerklärung nicht zugangsbedürftig, dann gilt der Zeitpunkt ihrer Absendung oder der der Äußerung im Falle zB des § 151 BGB.[22] Der Konsens muss aber auch wirksam sein. Dies wird von einigen nach dem nationalen IPR angeknüpft, das zuvor galt,[23] während andere den Vertragsschluss für Art. 28 Rom I-VO (zeitliche Anwendbarkeit der Rom I-VO) autonom bestimmen wollen.[24] Richtig wird man sich an Art. 10 Abs. 1 Rom I-VO anlehnen, der die Vertragsgültigkeit **im Vorgriff** bereits nach dem kollisionsrechtlich bestimmten Recht beurteilt, und das materielle Recht anwenden, welches **nach der Rom I-VO** anzuwenden wäre, sofern danach der Vertrag ab dem 17.12.2009 wirksam geschlossen wurde. Es kommt auf den Akt des Vertragsschlusses an.[25] Ist die Vertragswirksamkeit durch eine aufschiebende Bedingung oder Befristung über den 16.12.2009 hinausgeschoben worden oder durch das Erfordernis einer erst danach gegebenen Zustimmung, so bleibt es bei dem Zeitpunkt des Konsenses.[26] Auf den inneren Vertragsschlusstatbestand und die Wirksamkeit des Vertrages (→ Rom I-VO Art. 10 Rn. 42 ff.) kommt es in diesem Zusammenhang nicht an, sondern nur auf den äußeren iSd Art. 10.

II. Allgemeine Regeln

13   **1. Renvoi.** Dass ein Renvoi des einen oder anderen **Formstatuts** zu befolgen sei, wird von der hM unter Berufung auf den Wortlaut und den Zweck des Art. 11 verneint.[27] Bei **Schuldverträgen**

---

[20] So BAG IPRax 2004, 123 m. Aufs. *Mankowski* IPRax 2004, 88; 2. Aufl. 1990, Vor Art. 27 Rn. 31; die Frage war vor allem für Arbeitsverhältnisse streitig. Allgemein mit Vorbehalten für Geltung des alten Kollisionsrechts *Sonnenberger*, FS Ferid, 1988, 447 (457 ff.).

[21] Staudinger/*Magnus* (2016) Rom I-VO Art. 28 Rn. 7.

[22] *Schulze* in Ferrari IntVertragsR Rom I-VO Art. 28 Rn. 2.

[23] *Leible/Lehmann* RIW 2008, 527 (531).

[24] PWW/*Brödermann/Wegen* Rom I-VO Art. 28 Rn. 3.

[25] Staudinger/*Magnus* (2016) Rom I-VO Art. 28 Rn. 8; *Schulze* in Ferrari IntVertragsR Rom I-VO Art. 28 Rn. 2; *Pfeiffer* EuZW 2008, 622; aA PWW/*Brödermann/Wegen* Rom I-VO Rn. 2.

[26] *Schulze* in Ferrari IntVertragsR Rom I-VO Art. 28 Rn. 3; Staudinger/*Magnus* (2016) Rom I-VO Art. 28 Rn 8 aE.

[27] Staudinger/*Winkler v. Mohrenfels* (2013) Rn. 51, 53; Bamberger/Roth/*Mäsch* Rn. 12; Palandt/*Thorn* Rn. 1a; Erman/*Hohloch* Rn. 5; *v. Bar* IPR II Rn. 596; *Kropholler* IPR § 41 III 4, S. 308; so auch BT-Drs. 10/504, 48; zT aA *Kegel/Schurig* IPR § 10 V, S. 404 f.

ist der Renvoi nach dem eindeutigeren Wortlaut von **Art. 20 Rom I-VO** bei allen Regelungen der Verordnung nicht zu befolgen, und zwar auch dann, wenn die VO das Recht eines Staates beruft, der nicht der EU angehört (Art. 2 Rom I-VO). Mittelbar entfällt damit auch der Renvoi für die Form. Damit stellt sich die Frage nur noch außerhalb des Anwendungsbereichs der Rom I-VO.

Verweist das IPR des vom EGBGB als **Geschäftsstatut** berufenen Rechts zurück oder auf ein **14** anderes Recht weiter, und ist dieser **Renvoi** nach Art. 4 beachtlich, so wirkt sich dies mittelbar auf das Formstatut aus.[28] Voraussetzung dieses Renvoi ist jedenfalls, dass die Verweisung des deutschen IPR auf das Geschäftsstatut eine Gesamtverweisung ist (Art. 4 Abs. 1). Wenn das IPR des so berufenen Geschäftsstatuts aber **die Form abspaltet** und nur für sie zurück- oder weiter verweist, war der Renvoi nach der herrschenden Lehre vor 1986 zu befolgen.[29] Die ganz hM lehnt diesen Teilrenvoi des Wirkungsstatuts heute ab.[30] Das wird insbesondere dann praktisch erheblich, wenn nach dem Geschäftsstatut nur die Ortsform gelten soll, wie das häufiger für die Eheschließung vorkommt.[31]

Der **Zweck** des Art. 11 Abs. 1 ist es, durch alternative Anknüpfung der Form die Vertragsgültig- **15** keit zu fördern (→ Rn. 1 f.). Daher ist ein **Teilrenvoi des** verwiesenen **Geschäftsstatuts** zweckwid- rig, wenn er die Chance der Formgültigkeit verringert, und zweckentsprechend, wenn er sie erhöht.[32] Ersteres ist der Fall, wenn das Geschäftsstatut auf den Vornahmeort als ausschließliches Formstatut verweist, weil damit das Geschäftsstatut als Formstatut wegfiele. Hier könnte man aber, wie es vor 1986 verschiedentlich angenommen wurde,[33] zweckentsprechend dadurch verfahren, dass man den Renvoi in favorem befolgt,[34] aber weiterhin auch das Geschäftsstatut anwendet, selbst wenn dieses nicht gelten will. Das Wortlautargument („Formerfordernisse des Rechts…") ist nicht zwingend, denn als Formanforderungen können auch die gelten, die mittelbar über das IPR aufge- stellt werden.[35]

Auch bei der von Art. 11 ausgesprochenen alternativen **Anknüpfung** an den **Vornahmeort 16** wird der vom Ortsrecht ausgesprochene Renvoi überwiegend abgelehnt.[36] Vor 1986 wurde dagegen häufiger angenommen, dass eine Rück- oder Weiterverweisung durch das Ortsrecht nur **zu Gunsten der Formgültigkeit** angenommen werden sollte. Es galt dann das vom deutschen IPR berufene Ortsrecht neben dem durch das IPR dieses Staates für die Form (ausschließlich oder zusätzlich) berufenen Recht. Das Problem stellt sich wegen der Verbreitung der Regel locus regit actum prak- tisch selten. Wegen des Zweckes der Verweisung auf das Ortsrecht, die Formgültigkeit zu fördern, erscheint es nicht sinnvoll, gegen den Renvoi zu entscheiden. Wenn das Ortsrecht, und sei es auch nur durch Verweisung auf ein drittes Recht, das Geschäft für gültig hält, sollte Art. 11 dem nicht entgegenstehen[37] (für Eheschließung ebenso → Art. 13 Rn. 129). Jedoch wirkt auch dieser Renvoi wegen des Zweckes von Art. 11 **nicht verdrängend;** es genügt dennoch zB die Einhaltung der Form des Ortsrechts,[38] selbst wenn dieses Recht die Form des betreffenden Geschäfts nur dem

---

[28] BGHZ 108, 353, 357 Rn. 13 = NJW NJW 1990, 242; Staudinger/*Winkler v. Mohrenfels* (2013) Rn. 46; Staudinger/*Mansel* (2015) Art. 43 Rn. 1146, 1150; *Kropholler* IPR § 41 III 4, S. 308; Soergel/*Kegel* Rn. 8; Palandt/ *Thorn* Rn. 1a; Erman/*Hohloch* Rn. 5; OLG Karlsruhe OLGE 40, 159; OLG Köln IPRspr. 1975 Nr. 39; OLG Hamm StAZ 1991, 315; LG Hamburg IPRspr. 1974 Nr. 152, 398; unklar *Ebenroth/Eyles* IPRax 1989, 1 (10).

[29] *Bauer,* Der Renvoi im internationalen Schuld- und Sachenrecht, 1985, 51 f. mwN; *Kegel* IPR, 5. Aufl. 1985, § 17 V 3b; *Raape* IPR S. 229 ff. für Familien- und Erbrecht.

[30] Staudinger/*Winkler v. Mohrenfels* (2013) Rn. 57; *v. Bar* IPR II Rn. 596; Palandt/*Thorn* Rn. 3; *Ebenroth/Eyles* IPRax 1989, 1 (10); Erman/*Hohloch* Rn. 5; *Kropholler* IPR § 41 III 4; Erman/*Hohloch* Rn. 5; *Sonnentag,* Der Renvoi im Internationalen Privatrecht, 2001, 214 f.

[31] Beispiel OLG Hamm StAZ 1991, 315: Eheschließung zweier Pakistani mit domicile in Pakistan, das nur für die Form auf den Heiratsort verweist, in London; wN Staudinger/*Winkler v. Mohrenfels* (2013) Rn. 51.

[32] Zu alternativen Anknüpfungen allg. so *Kropholler* IPR § 24 II 2c, S. 169; Palandt/*Thorn* Art. 4 Rn. 7; aA implizit OLG Hamm StAZ 1991, 315; OLG Koblenz IPRspr. 1975 Nr. 39. Bei alternativen Anknüpfungen ist ein Renvoi zu befolgen, wenn der Begünstigungszweck derselben nicht gefährdet wird.

[33] Staudinger/*Raape,* 9. Aufl. 1931, Anm. A III 2, B III 2.

[34] PWW/*Mörsdorf-Schulte* Rn. 17; Staudinger/*Hausmann* (2013) Art. 4 Rn. 187; allg. bei alternativen Anknüp- fungen *Kropholler* IPR § 24 II 2c; Palandt/*Thorn* Art. 4 Rn. 6.

[35] AA Staudinger/*Winkler v. Mohrenfels* (2013) Rn. 59; *Sonnentag,* Der Renvoi im Internationalen Privatrecht, 2001, 214 ff; NK-BGB/*Bischoff* Rn. 13; Ermn/*Hohloch* Rn. 5, 8.

[36] Palandt/*Thorn* Rn. 3; Erman/*Hohloch* Rn. 5; Staudinger/*Winkler v. Mohrenfels* (2013) Rn. 53, 59; Bamber- ger/Roth/*Mäsch* Rn. 12; NK-BGB/*Bischoff* Rn. 13; Staudinger/*Mansel* (2015) Art. 43 Rn. 1116 (weil nur Sach- normverweisung).

[37] *Neuhaus* IPR § 35 II; *Melchior* S. 234; *Looschelders* IPR Rn. 5; PWW/*Mörsdorf-Schulte* Rn. 17; *Großfeld/ Berndt* RIW 1996, 63; Staudinger/*Hausmann* (2013) Art. 4 Rn. 187; Soergel/*Kegel,* 11. Aufl. 1983, Rn. 7 Fn. 14; OLG Stuttgart OLGZ 1982, 257 = IPRspr. 1981 Nr. 12; teilw. *Kegel/Schurig* IPR § 10 V S. 404, § 17 V 3b S. 628; in Frankreich hM: Cass.civ. 1re v. 15.6.1982, D. 1985.431 n. *Agostini;* JCl. Dr. Int. Fasc. 551-10 No 103.

[38] *Kegel/Schurig* IPR § 10 V S. 404 f.; *Lüderitz* IPR Rn. 291. Auch dies ist eine Folge des Begünstigungszweckes (→ Rn. 15).

Wirkungsstatut unterstellen will. Bei **Abs. 4** (früher Abs. 5) (Verfügungen) wird die Form nicht alternativ angeknüpft, sondern es gilt nur das Wirkungsstatut. Denkbar ist aber bei Mobilien, dass der Belegenheitsstaat eine Rechtswahl erlaubt.[39] Ein Renvoi der lex rei sitae selbst **nur für die Form** sollte befolgt werden. Damit vermeidet man einen Widerspruch zur lex rei sitae.

16a   Da es sich bei Art. 11 also nicht nur um eine Sachnormverweisung handelt, ist ein Renvoi durch das zugehörige IPR zu befolgen. Dass die alternativen Anknüpfungen für die Form, die die Formgültigkeit befördern sollen, grundsätzlich nur Sachnormverweisungen sein sollten, ist im Text des Gesetzes nicht zu erkennen; Art. 11 Abs. 1 spricht für beide gleichermaßen von den „Formerfordernissen …des Staates“.[40] Wenn nach deutschem IPR die Verweisung für die Form des Wirkungsstatuts idR eine **Gesamtverweisung** ist, sollte sie es schon deshalb auch für die Alternativanknüpfungen sein.

17   **2. Ordre public.** Formvorschriften eines ausländischen **Sachrechts** können grundsätzlich durch Art. 6 bzw. Art. 21 Rom I-VO (ordre public) abgewehrt werden. Das gilt gleichermaßen für die Geschäftsstatutsform wie die Ortsform.[41] Jedoch greift Art. 6 gerade hier nur in sehr seltenen Fällen durch,[42] denn mit der alternativen Zulässigkeit der Ortsform gibt das EGBGB zu erkennen, dass es nicht auf den Formen des deutschen Rechts und seinen Zwecken bestehen will, wenn das deutsche Recht Geschäftsstatut ist, und erst recht, wenn es nur Formstatut ist.[43] § 311b Abs. 1 BGB ist zudem keine international zwingende Regelung. Eine **Entscheidung,** die den deutschen ordre public hätte durchgreifen lassen, ist **nicht bekannt** geworden.[44] Deshalb verstößt eine Regel des Ortsrechts nicht gegen den deutschen **ordre public,** wenn sie anders als das deutsche Recht keine öffentliche Beurkundung zB für Grundstücksgeschäfte oder für gesellschaftsrechtliche Rechtsgeschäfte vorsieht[45] oder eine formlose Eheschließung zulässt (→ Art. 13 Rn. 133, 147).[46] Zwar muss ggf. dem Handelsregister für die Eintragung der Vorgang ausreichend nachgewiesen werden, doch betrifft das nicht die materielle Formgültigkeit des Geschäfts. Das Registerverfahrensrecht darf nicht die Entscheidung des IPR für die alternative und andere Ortsform aushebeln. Keinesfalls kann der ordre public angewandt werden dagegen, dass das Ortsrecht statt des Geschäftsstatuts angewandt wird, denn der ordre public wehrt niemals deutsches IPR ab (→ Rn. 116).

18   Zu prüfen ist freilich, ob die ausländische Formvorschrift mit anderen grundlegenden Wertungen des deutschen Rechts unvereinbar ist. Zu denken wäre etwa an Verstöße gegen Art. 3 Abs. 2 GG, wenn für Rechtsgeschäfte von Frauen andere, schwierigere Formen einzuhalten wären als von Männern, oder bei religiösen und rassischen Formdiskriminierungen. Im Falle des Abs. 4 (früher Abs. 5) ist große Zurückhaltung schon deshalb geboten, weil gegen die lex rei sitae, auf die Abs. 4 allein verweist, eine deutsche Regelung hinsichtlich von Grundstücken faktisch nicht durchgesetzt werden kann. Im Übrigen muss der Fall für ein Eingreifen des ordre public hinreichende Inlandsbeziehungen haben, zB dass eine Partei Deutsche ist. Für Verbraucher sorgen hinsichtlich der Form die Art. 11 Abs. 4 S. 2 Rom I-VO und Art. 46b EGBGB durch besondere Anknüpfungsregeln (→ Rom I-VO Art. 11 Rn. 28 ff.).

III. Anwendungsbereich

19   **1. Sonderregelungen. a) EGBGB. Rom I-VO.** Es gibt einige besondere Bestimmungen, die die Anwendbarkeit des Art. 11 ausschließen. So erlaubt **Art. 13 Abs. 3** für Eheschließungen im Inland nur die deutsche Ortsform mit der Ausnahme bei reinen Ausländerehen, sofern diese vor einer vom Heimatstaat der Nupturienten ordnungsgemäß ermächtigten Person – statt vor dem deutschen Standesbeamten – in der fremden Form geschlossen werden. Doch gilt Art. 11 für Eheschließungen von Deutschen oder Ausländern im Ausland uneingeschränkt. Für Rechtswahlvereinbarungen für Eheverträge enthalten die **Art. 14 Abs. 4** und **Art. 15 Abs. 3** eigene Formanknüpfungen, die aber Art. 11 Abs. 1 entsprechen. Auch gilt zwar weiter § 16 der Anlage zum **deutschtürkischen Konsularvertrag** vom 28.5.1929, der aber nichts anderes enthält. **Art. 11 Abs. 4 Rom I-VO** unterwirft wie bisher **Art. 29 Abs. 3 S. 2** aF die Form von Verbraucherverträgen zwingend

[39] Beispiele bei Staudinger/*Mansel* (2015) Art. 43 Rn. 1151, 1154.

[40] OLG Hamm StAZ 1991, 315; aA Staudinger/*Winkler v. Mohrenfels* Rn. 57; Bamberger/Roth/*Mäsch* Rn. 13.

[41] Soergel/*Kegel* Rn. 42; Staudinger/*Winkler v. Mohrenfels* (2013) Rn. 60 ff.; Erman/*Hohloch* Rn. 6; obiter RGZ 160, 225 (229).

[42] Soergel/*Kegel* Rn. 42; Erman/*Hohloch* Rn. 6; Staudinger/*Winkler v. Mohrenfels* (2013) Rn. 60.

[43] OLG Stuttgart OLGZ 1982, 257.

[44] Im Einzelnen Staudinger/*Winkler v. Mohrenfels* (2013) Rn. 62 ff. Insbesondere gehört § 311b Abs. 1 BGB nicht zu dem deutschen ordre public weder bei deutschen noch ausländischen Grundstücken.

[45] BeckOGK/*Gebauer* Rom I-VO Art. 11 Rn. 102 f.; aA Staudinger/*Winkler v. Mohrenfels* (2013) Rn. 43, 65 f.

[46] Bamberger/Roth/*Mäsch* Rn. 13.

dem Recht am gewöhnlichen Aufenthalt des Verbrauchers, was weder notwendig zur lex causae noch zum Recht am Ort des Geschäftsabschlusses führt. Wie weit Art. 46b noch für bestimmte Verbraucherverträge neben Art. 11 Abs. 4 mit Art. 6 Abs. 2 Rom I-VO zum Zuge kommen kann, ist dort zu erörtern. Vor allem geht Art. 11 Rom I-VO vor, der gegenüber Art. 11 EGBGB zwei weitere Formanknüpfungen enthält, aber nur Schuldverträge erfasst (zur Abgrenzung → Rom I-VO Art. 1 Rn. 8).

Im **Erbrecht** gehen Art. 27 EuErbVO bzw. Art. 26 bzw. das Haager Testamentsformübereinkom- **20** men vor, und Art. 28 EuErbVO für die Form einer Annahme und Ausschlagung einer Erbschaft oder eines Vermächtnisses. Die Erklärung des Erbverzichts richtet sich dagegen nach Art. 11 EGBGB (→ Art. 26 Rn. 144).[47] Bei Testierverträgen, die in ausländischen Rechten zulässig sein können, wird wohl überwiegend Art. 26 Abs. 4 bzw. Art. 27 EuErbVO analog angewandt (→ EGBGB Art. 26 Rn. 139, → EuErbVO Art. 3 Rn. 9.)[48] Beim Erbschaftskauf handelt es sich um ein lebzeitiges, aber schuldrechtliches Geschäft, so dass Art. 11 Rom I-VO gilt (→ EuErbVO Art. 3 Rn. 9).[49] Die Erbteilsabtretung als Verfügung wird zwar dem Erbstatut unterstellt, doch soll sich die Form nach Art. 11 Abs. 1–3 richten (→ Art. 26 EGBGB Rn. 160).[50] Die EuErbVO gilt für Erbfälle ab dem 17.8.2015; für ältere Erbfälle gelten weiterhin Art. 26 EGBGB bzw. das Haager Testamentsform-übk. Letzwillige Verfügungen, die noch vor dem Stichtag errichtet wurden, sind auch in den späteren Erbfällen formgültig, wenn sie es nach dem damaligen IPR des States der Staatsangehörigkeit oder des gewöhnlichen Aufenthalts des Erblassers waren (Art. 83 Abs. 3 EuErbVO).

Für Gerichtsstandsvereinbarungen gelten nur **Art. 25 Brüssel Ia-VO (Art. 23 EuGVO aF)** **20a** bzw. §§ 38 ff. ZPO als Prozessrecht.[51]

b) Staatsverträge. Art. 26 EGBGB aF wird eigentlich durch das Haager Testamentsformübk. **21** vom 5.10.1961 verdrängt.[52] Unberührt bleibt jedoch Art. 26 Abs. 4, weil das **Haager Testaments-formübk.** seinerseits die „anderen Verfügungen von Todes wegen" nicht erfasste. **Art. 27 EuErbVO** enthält heute auch für Erbverträge wie früher Art. 26 und das **Haager Testamentsformüberein-kommen** neben weiteren Anknüpfungen die beiden des Art. 11 Abs. 1, so dass dessen Anwendung daneben weder nötig noch erlaubt ist.[53]

Für Eheschließungen enthält Art. 5 des **Haager Abk.** über den Geltungsbereich der Gesetze auf **22** dem Gebiet der Eheschließung vom 12.6.1902 eine Art. 11 vorgehende Regelung, doch gilt es heute nur noch im Verhältnis zu Italien (BGBl. 1955 II S. 188).[54] Auch das Haager Ehewirkungsabk. vom 17.7.1905 galt zuletzt nur noch im Verhältnis zu Italien und ist am 23.8.1987 ganz außer Kraft getreten samt seiner Formregelung in Art. 6.[55] Für die Form eines **Aufgebots** gilt Art. 4 CIEC-Übk. zur Erleichterung der Eheschließung im Ausland vom 10.9.1964 im Verhältnis zu den Nieder-landen, der Türkei, Griechenland und Spanien (→ Anh. II Art. 13 Rn. 6 ff.). Für Adoptionen findet sich eine eigene Formregelung in Art. 4 lit. d Nr. 4 des **Haager Adoptions-Übk.** vom 29.5.1993 für die Zustimmung des Kindes zu seiner Adoption; eigenartigerweise gilt Art. 11 EGBGB für die Zustimmung anderer Verwandter.

Art. 92 Abs. 1 WG und **Art. 62 Abs. 1 S. 1 ScheckG,** die auf den Genfer Verträgen von **23** 1930/31 beruhen, enthalten eigene Formanknüpfungen an den Vornahmeort für Wechsel- und Scheckerklärungen, **Art. 97 WG** und **Art. 66 ScheckG** für den Protest und andere Handlungen, die zur Ausübung und Erhaltung der Wechsel- und Scheckrechte erforderlich sind. Besondere, Art. 11 **verdrängende** Regelungen für die Form von Rechtsgeschäften enthalten weiter das Genfer Übk. über den Beförderungsvertrag im internationalen Straßengüterverkehr **(CMR)** vom 19.5.1956 (BGBl. 1961 II S. 1119 und 1980 II S. 733), das Berner internationale Übk. über den Eisenbahn-frachtverkehr **(CIM)** idF vom 7.2.1970 (BGBl. 1974 II S. 381) und das Berner Übk. über den Eisenbahn-, Personen- und Gepäckverkehr **(CIV)** idF vom 7.2.1970 – die beiden letzteren sind nun Bestandteil des Übk. über den internationalen Eisenbahnverkehr **(COTIF,** BGBl. 1985 II S. 129) – sowie das internationale Abk. zur Vereinheitlichung von Regeln über Konnossemente vom 25.8.1924

---

[47] Staudinger/*Winkler v. Mohrenfels* (2013) Rn. 84; Erman/*Hohloch* Rn. 11, Art. 26 Rn. 19.

[48] 6. Aufl. 2015, Art. 26 Rn. 144 mit 150; Staudinger/*Dörner* (2007) Art. 25 Rn. 412; für Art. 11 Erman/ *Hohloch* Art. 26 Rn. 19; Staudinger/*Winkler v. Mohrenfels* (2013) Rn. 85.

[49] Staudinger/*Dörner* (2007) Art. 25 Rn. 437 ff., 443; *Kropholler* IPR § 51 V 6c; Bamberger/Roth/*Lorenz* Art. 25 Rn. 41; aA die hM.

[50] Staudinger/*Dörner* (2007) Art. 25 Rn. 444; Bamberger/Roth/*Lorenz* Art. 25 Rn. 41.

[51] (Implizit) BGHZ 116, 77, 80 f. = NJW 1993, 1070 = IPRax 1992, 377 m. Aufsatz *Heß* IPRax 1992, 358; OLG Saarbrücken NJW 1992, 987; Zöller/*Geimer* IZPR Rn. 25.

[52] Zu diesem Verhältnis Staudinger/*Dörner* (2007) Art. 26 Rn. 12 ff.

[53] So zu einem mündlichen Testament in Österreich LG München FamRZ 1999, 1307.

[54] Weiter Staudinger/*Mankowski* (2011) Art. 13 Rn. 13 ff.

[55] Es gilt noch für Altfälle; weiter Staudinger/*Mankowski* (2013) Art. 14 Rn. 6a.

(RGBl. 1939 II S. 1052). Dagegen bleiben **neben** dem europäischen Übk. über die internationale Handelsschiedsgerichtsbarkeit vom 21.4.1961 (BGBl. 1964 II S. 426) und dem **UN-Übk.** über die Anerkennung und Vollstreckbarkeit ausländischer Schiedssprüche vom 10.6.1958 (BGBl. 1961 II S. 122) die nationalen Formvorschriften anwendbar, wenn danach eine geringere Formanforderung für die **Schiedsvereinbarung** besteht. Damit wird auf deutsches oder ggf. ausländisches Prozessrecht verwiesen.[56] Das UN-Übk. über den internationalen Warenkauf **(CISG)** enthält **sachrechtliche Formvorschriften** in Art. 11, 12 und 19, die die Anwendung von Art. 11 EGBGB und Rom I-VO ausschließen.

24   **2. Rechtsgeschäfte.** Abs. 1 spricht von **„Rechtsgeschäften",** Abs. 2 dagegen von **„Verträgen",** wenn die Vertragsparteien in verschiedenen Staaten handeln, also bei Distanzverträgen. Der unterschiedliche Sprachgebrauch ist berechtigt. Abs. 1 erfasst einseitige Rechtsgeschäfte und Verträge, die doppelte Ortsform in Abs. 2 gilt naturgemäß nur für Verträge. Ein gegenseitig verpflichtender Vertrag muss es allerdings nicht sein.[57] Auch wenn die Erklärung, die das einseitige Rechtsgeschäft bildet, jenseits der Grenzen zugehen muss, gilt für die Form der Erklärung nur der Abgabeort nach Abs. 1

25   Art. 11 behandelt die Form grundsätzlich **aller Arten** von Rechtsgeschäften,[58] mit **Ausnahme** der **schuldrechtlichen Verträge,** für die seit dem 17.12.2009 **Art. 11 Rom I-VO** vorgeht (→ Rom I-VO Art. 11 Rn. 5 ff., 12). Art. 11 erfasst aber noch die älteren Rechtsgeschäfte (→ Rn. 12). Die Form sachenrechtlicher Verfügungen regelt Abs. 4 (früher Abs. 5). Im **Familienrecht** gilt Art. 11 neben den im Ausland geschlossenen Ehen für Eheverträge,[59] Trennungsvereinbarungen,[60] Einwilligungen in Adoptionen,[61] Vaterschaftsanerkennungen[62] und die Zustimmungen dazu gemäß Art. 23,[63] nicht aber für deren Erforderlichkeit. Die Geltung von Art. 11 wird für **gesellschaftsrechtliche Akte** in unterschiedlichem Umfang zu Unrecht bestritten (→ Rn. 173 ff.).

25a   Art. 11 gilt auch für **einzelne Akte,** die allein nicht die vollständige Wirkung des Rechtsgeschäfts herbeiführen, wie zB Zustimmungen und Genehmigungen[64] oder die Anzeige einer Forderungsabtretung.[65] Soweit sie sich auf einen schuldrechtlichen Vertrag beziehen, gilt allerdings **Art. 11 Abs. 3 Rom I-VO.** Ihre Erforderlichkeit ist dagegen keine Formfrage, sondern ergibt sich gewöhnlich aus dem Geschäftsstatut (näher → Vor Art. 11 Rn. 33 f.). Über die Form der Bevollmächtigung ist anderweitig zu handeln (→ Art. 8 Rn. 173 ff.). Art. 11 gilt auch für die Einwilligung in eine heterologe Insemination.[66] Ebenso werden **geschäftsähnliche Handlungen,** wie zB die Mahnung, wenn sie eine Form erfordert, erfasst,[67] die den Rechtsgeschäften (von ihrer lex causae) gleichgestellt werden.[68]

IV. Abgrenzungen

26   **1. Form und Geschäftsfähigkeit.** Ob die Partei wegen mangelnder bzw. beschränkter Geschäftsfähigkeit die **Zustimmung** Dritter oder auch eines Gerichts oder einer Behörde für ein Rechtsgeschäft braucht, ist keine Formfrage (→ Rom I-VO Art. 10 Rn. 151 ff.). Ob die Partei beschränkt geschäftsfähig ist, sagt ihr Heimatrecht gemäß Art. 7. Das Ortsrecht gemäß Art. 11 gilt aber für die **Form der Zustimmung** eines Privaten, dh zB dafür, ob sie schriftlich gegeben werden oder öffentlich beglaubigt sein muss.[69] Für behördliche und gerichtliche Genehmigungen gilt die lex fori (administrationis).

27   Zweifelhaft ist die Qualifikation der Regeln, die im Hinblick auf eine beschränkte Geschäftsfähigkeit gewissermaßen kompensatorisch eine **besondere Form** verlangen (**Befähigungsform,** vgl.

---

[56] *Haas* IPRax 1993, 383.

[57] BGHZ 121, 224 = NJW 1993, 1126 betr. Bürgschaftsvertrag.

[58] Vgl. BGH WM 2004, 2441.

[59] Staudinger/*Mankowski* (2013) Art. 15 Rn. 315; BayObLG 1986, 357.

[60] OLG Zweibrücken IPRax 1988, 357 m. Aufsatz *Rauscher* IPRax 1988, 343.

[61] KG IPRax 1994, 217.

[62] BGH NJW 1975, 1069; OLG Stuttgart FamRZ 1990, 559; OLG Hamm FamRZ 2005, 291.

[63] KG IPRax 1994, 217 m. Aufsatz *S. Lorenz* IPRax 1994, 193; AG Hagen IPRax 1989, 312; Staudinger/ *Winkler v. Mohrenfels* (2013) Rn. 82.

[64] *Zweigert,* FS Rabel, Bd. 1, 1954, 636 ff. (640 ff.); KG IPRax 1994, 217 m. Aufsatz *S. Lorenz* IPRax 1994, 193 (195 ff.).

[65] Staudinger/*Winkler v. Mohrenfels* (2013) Rn. 80.

[66] Bamberger/Roth/*Mäsch* Rn. 177 gegen öOGH JBl. 1969, 717.

[67] Erman/*Hohloch* Rn. 11; Bamberger/Roth/*Mäsch* Rn. 17; Staudinger/*Winkler v. Mohrenfels* (2103) Rn. 97.

[68] Staudinger/*Winkler v. Mohrenfels* (2013) Rn. 68.

[69] KG IPRax 1994, 217 betr. Zustimmung zur Adoption; Staudinger/*Winkler v. Mohrenfels* (2013) Rn. 117; NK-BGB/*Bischoff* Rom I-VO Art. 11 Rn. 33 f.

§§ 2229, 2233 Abs. 1 BGB). Im Testamentsrecht ordnen Art. 26 Abs. 3 wie das Haager Testamentsformabkommen und Art. 27 Abs. 3 EuErbVO diese Fragen ausdrücklich der Form zu. Auch die **persönlichen Eigenschaften** ggf. der Zeugen, die die zugelassenen Formen beschränken, gelten als zur Form gehörend. Eine analoge Anwendung außerhalb des Erbrechts scheint zwar nicht möglich, aber **Art. 11** gilt auf anderen Rechtsgebieten für vergleichbare materielle Regelungen (zB bei Eheverträgen).[70] Der Schutz vor gefährlichen Geschäften ist ein typischer Zweck von Formvorschriften. Auch unterschiedliche Formerfordernisse wegen **Kaufmannseigenschaft** (§ 350 HGB) und dergleichen bleiben Formfragen,[71] wobei jedoch nicht etwa das Ortsrecht auch über die Kaufmannseigenschaft entscheidet, sondern das Wirkungsstatut des betr. Rechtsgeschäfts.[72]

Die gelegentlich noch vorkommenden sog. **Interzessionsverbote** oder -beschränkungen, nach **28** welchen Verbürgungen und Schuldübernahmen eines Ehegatten gegenüber Dritten von der Zustimmung des anderen abhängig gemacht werden, sind ebenso wenig eine Formfrage[73] wie Verbote von Rechtsgeschäften unter Ehegatten. Dasselbe gilt für eherechtliche **Zustimmungserfordernisse** nach der Art der §§ 1365, 1369 BGB (→ Vor Art. 11 Rn. 26, → Rom I-VO Art. 10 Rn. 151 ff.). Nur die Form der Zustimmung folgt ggf. Art. 11. Sie haben nichts mit einer heute in Europa praktisch verschwundenen reduzierten Geschäftsfähigkeit der Ehefrau zu tun, die auch gegen den deutschen ordre public verstieße.

2. Form und Verfahren. a) Streitige Gerichtsbarkeit. aa) Verfahrenshandlungen. Ob zB **29** für die Anfechtung eines Vertrages wegen Willensmängeln wie in Frankreich ein Gestaltungsurteil erforderlich ist, oder ob die Rechtswirkungen durch privates Rechtsgeschäft herbeizuführen sind, entscheidet allein das Geschäftsstatut. Die gebotenen Verfahrenshandlungen folgen hinsichtlich ihrer Form der lex fori. Sie gilt auch für die Form von Klagen und Prozessvollmachten.[74]

bb) Gerichtsstandsvereinbarungen. Gerichtsstandsvereinbarungen sieht der BGH als materi **30** ellrechtliche Vereinbarungen an, wendet jedoch darauf zu Recht nicht Art. 11 an, sondern ausschließlich § 38 ZPO bzw. Art. 23 EuGVO/Art. 25 Brüssel Ia-VO als spezielle Formvorschriften der lex fori.[75] Für Schiedsklauseln regelt Art. II New Yorker UNÜ die Formanforderungen.

b) Freiwillige Gerichtsbarkeit. Im Verhältnis zur Freiwilligen Gerichtsbarkeit entscheidet **31** ebenso allein die lex causae, ob – wie zB bei der Adoption – die Rechtsgestaltung durch **gerichtlichen oder behördlichen Akt** oder durch Rechtsgeschäft erfolgt,[76] und ob – wie zB nach § 1596 Abs. 1 S. 3 BGB – das Vaterschaftsanerkenntnis eines Minderjährigen oder – nach § 1821 BGB – das Geschäft eines Vormunds der gerichtlichen Zustimmung bedürfen. Doch die **Form** des privaten Rechtsgeschäfts der **Zustimmung** richtet sich nach Art. 11.[77] Vieles spricht auch dafür, der lex causae und nicht der lex fori zu unterstellen, **ob** diese gerichtliche Entscheidung eines Antrags bedarf oder von Amts wegen erfolgt. § 1752 Abs. 2 S. 2 BGB, wonach der Adoptionsantrag notariell beurkundet sein muss, ist besser als **Formfrage** dem Art. 11 und nicht als Verfahrensvorschrift der lex fori zu unterstellen.[78] So kann ein **Antrag** aus dem Ausland auch in der dort üblichen Form an das deutsche Familiengericht gerichtet werden, was vor allem dann von Interesse ist, wenn dort keine notarielle Beurkundung im deutschen Sinne möglich ist.

Notwendigkeit und Wirkungen der **Erklärung,** eine **Erbschaft anzunehmen oder auszu** **32** **schlagen,** folgen aus dem Erbstatut.[79] Sie fiel dagegen hinsichtlich ihrer Form (zB öffentliche

---

[70] Zust. Bamberger/Roth/*Mäsch* Rn. 23.

[71] AA *Kropholler* IPR § 41 III 3b, S. 308.

[72] Staudinger/*Hausmann* (2013) Art. 7 Rn. 136; NK-BGB/*Leible* Rom I-VO Art. 12 Rn. 14; *Martiny* in Reithmann/Martiny IntVertragsR Rn. 3.136.

[73] Dazu → Art. 14 Rn. 76 f., 116; *Kühne* JZ 1977, 439 ff.; Staudinger/*Mankowski* (2013) Art. 14 Rn. 233 ff.; *Raape* IPR S. 228 f.; Rechtsvergleichung bei *Braat,* Indépendance et interdépendance patrimoniales des époux dans le régime matrimonial légal des droits français, néerlandais et suisse, 2004, 167 ff.; *Graue,* Liber amicorum Schnitzer, 1979, 139 ff.; aA BGH JZ 1977, 438: nur Vertrags- bzw. Bürgschaftsstatut.

[74] Vgl. *D. Otto* IPRax 2003, 333 ff.

[75] Staudinger/*Winkler v. Mohrenfels* (2013) Rn. 90; *E. Lorenz* IPRax 1985, 260; EuGH Slg. 1999, I-1597 – Castelletti/Trumpy; BGHZ 59, 23 = NJW 1972, 1622 mAnm *Geimer* = IPRspr. 1972 Nr. 140; BGH IPRax 1987, 168; 1987, 107 zu Art. 17 EuGVÜ; Cass. civ. 1re 23.1.2008, Bull. civ. I Nr. 17 m. Aufsatz *Spellenberg* IPRax 2010, 464.

[76] Soergel/*Lüderitz* Art. 22 Rn. 17 ff.; Palandt/*Thorn* Art. 22 Rn. 5; *Schwimann* RabelsZ 38 (1974), 571; *Ferid/(Böhmer)* IPR, 3. Aufl. 1986, Rn. 8–371, 3; Staudinger/*Henrich* (2014) Art. 22 Rn. 33; BayObLG StAZ 1990, 69; KG FamRZ 1973, 472 (474); aA – als Formfrage qualifizierend für alternative Ortsform – AG Hamburg StAZ 1965, 157.

[77] Erman/*Hohloch* Rn. 13; Staudinger/*Winkler v. Mohrenfels* (2013) Rn. 112.

[78] So aber *Stauch,* Die Geltung ausländischer notarieller Urkunden in der BRD, 1983, 60 f.; wie hier BayObLG StAZ 2000, 104 (107); Staudinger/*Henrich* (2014) Art. 22 Rn. 89.

[79] Staudinger/*Dörner* (2007) Art. 25 Rn. 117.

Beurkundung oder Beglaubigung, zu Protokoll des Gerichts) früher unter Art. 11, auch wenn sie dem Gericht gegenüber zu erfolgen hat.[80] Heute, dh seit dem 17.8.2015, bestimmt Art. 28 EuErbVO wie zuvor Art. 11 EGBGB, dass die Formanforderungen des Erbstatuts oder des Rechts am gewöhnlichen Aufenthalt des Erklärenden einzuhalten sind. So kann auch die Erklärung aus dem Ausland in dort üblicher Form dem Gericht zugesandt, oder in Deutschland bei ausländischem Erbstatut erklärt werden. Die Amtsempfangsbedürftigkeit des Nachlassgerichts ist keineForm-, sondern eine Inhaltsfrage gemäß dem Erbstatut. Die sachliche und örtliche **Zuständigkeit** des Gerichts folgt aus § 343 FamFG, doch ob auch aus seiner Sicht ausländische Gerichte angegangen werden können, sagt das Wirkungsstatut.[81] Deutsche Gerichte müssen wohl zusätzlich noch nach FamFG international zuständig sein (§ 105 iVm § 343 FamFG).[82] Die Ausschlagung ist keine Verfahrenshandlung und muss daher nicht in Deutsch erfolgen. Ein Erbscheinsantrag ist dagegen eine Verfahrenshandlung, der in der Form der lex fori und in deutscher Sprache (§ 184 GVG) gestellt werden muss (→ Rom I-VO Art. 11 Rn. 10).

33   Die Vergewisserung über die **Echtheit** von Unterschriften auf Urkunden dagegen fällt nicht unter Art. 11, sondern wird ggf. durch Legalisation erreicht oder vom Richter beurteilt (→ Rn. 185 ff.).

34   **3. Form und Beweis.** Formen, vor allem die Schriftformen, dienen auch dem späteren Beweis vor Gericht, haben aber oft ebenso materielle Zwecke wie den Übereilungsschutz. Schon deshalb kann nicht immer und nur die lex fori gelten, es muss vielmehr differenziert werden, und auch zwischen Geschäfts- und Formstatut ist abzugrenzen.

35   **a) Beweislast und Vermutungen.** Beweislast und Vermutungen unterstellt Art. 18 Rom I-VO (wie bisher Art. 32 Abs. 3 S. 2 EGBGB aF), dennoch weder dem Verfahrensrecht noch der Formanknüpfung, sondern dem **Vertragsstatut.** Die Regel kann für andere Rechtsgeschäfte verallgemeinert werden und gilt in der Sache seit alters auch bei anderen Rechtsverhältnissen.[83] Sie findet sich heute auch für deliktische Schuldverhältnisse in Art. 22 Abs. 1 Rom II-VO. Beweislastumkehrungen und Vermutungen sind funktional dasselbe. Vermutungen verfolgen grundsätzlich keine Formzwecke, sondern gestalten die gesetzlichen Tatbestände. Eine analoge Anwendung von Art. 18 Rom I-VO ist an sich ausgeschlossen, weil das den sachlichen Anwendungsbereich der Verordnung erweitern würde, doch gilt dieselbe Regel in Art. 22 Rom II-VO und jetzt im Übrigen als **ungeschriebene** auch im **deutschen Kollisionsrecht.** Aus Art. 28 Rom I-VO kann entnommen werden, dass Art. 32 EGBGB, der dieselbe Regelung enthielt, für ältere Verträge noch anwendbar ist. Art. 11 EGBGB, der ebenfalls dafür noch gilt, enthielt allerdings **nicht die weiteren Anknüpfungen** an den gewöhnliche Aufenthalt der Parteien.

36   **b) Beweismittelverbote.** Die dem EGBGB vorgehenden **Art. 18 Abs. 2 Rom I-VO** und Art. 22 Abs. 2 Rom II-VO enthalten nun[84] für Schuldverträge bzw. für Rechtsgeschäfte bzgl. außervertraglicher Schuldverhältnisse die Regelung, dass für den Beweis der **Vornahme eines Rechtsgeschäfts** neben den **Beweismitteln** der deutschen lex fori auch die in den verschiedenen Formstatuten zugelassenen verwandt werden können, sofern sie der Art nach der lex fori bekannt sind.[85]

37   Nach Art. 11 Abs. 1 Rom I-VO gelten für die Form alternativ das Geschäftsstatut oder die Rechte am Ort der Geschäftsvornahme, und bei grenzüberschreitenden Distanzverträgen die am Abgabeort jeder Erklärung und die am gewöhnlichen Aufenthalt jeder Partei. Entsprechend ist nach Art. 21 Rom II-VO die Form einer einseitigen Rechtshandlung nach der lex causae oder dem Recht am Vornahmeort zu beurteilen. Die in diesen Rechtsordnungen vorgesehenen Beweismittel werden neben der lex fori alternativ zugelassen iS der französischen Lehre (zum Familienrecht) vom maximum des preuves (→ Rom I-VO Art. 18 Rn. 6 f., 28 ff.).

38   Es war und ist sehr streitig, ob solche Beweismittelverbote **prozessual** zu qualifizieren sind,[86] so dass das Verfahrensrecht des Gerichts gilt, und der deutsche Richter das Verbot auch dann nicht zu

---

[80] BayObLG FamRZ 1994, 1354 (1356); OLG Köln FamRZ 2015, 1328 = NJW-RR 2015, 1224; Staudinger/ *Winkler v. Mohrenfels* (2013) Rn. 84; Staudinger/*Dörner* (2007) Art. 25 Rn. 116.

[81] BayObLG ZEV 1998, 472; Staudinger/*Dörner* (2007) Art. 25 Rn. 112, 117; MüKoFamFG/*Mayer* FamFG § 343 Rn. 28.

[82] BayObLG FamRZ 1998, 1198; *S. Lorenz* IPRax 2004, 539 (540).

[83] ZB BGH NJW 1960, 774 f. zu § 1006 BGB.

[84] So früher schon *Marschall v. Bieberstein,* FS Beitzke, 1979, 629 f.; zu ähnlichen Lehren in Frankreich *Coester-Waltjen,* Internationles Beweisrecht, 1983, 470 f.

[85] Vgl. amtl. Begr., BT-Drs. 10/504, 82; krit. zu dieser Regelung *Coester-Waltjen,* Internationles Beweisrecht, 1983, Rn. 504, S. 370.

[86] So BGH JZ 1955, 702; *Nagel/Gottwald* IZPR § 10 Rn. 40; Palandt/*Thorn* Rn. 7; *v. Bar* IPR II Rn. 553; für amerikanische Statutes of Frauds *Donath* IPRax 1994, 339 f., weil diese Regeln dort nur noch Bestandteil der Beweiswürdigung seien.

beachten hat, wenn der Vertrag französischem Recht untersteht, oder ob sie **materiellrechtlicher** Natur, und zwar **Formvorschriften** sind,[87] so dass ein deutscher Richter sie zu beachten hat, wenn er ein entsprechendes ausländisches Recht in der Sache anzuwenden hat. Der herrschenden Qualifikation als **Formvorschrift** ist **zuzustimmen.** Beweis ist ein **typischer Formzweck** der Schriftform, und auf den Beweis kommt es naturgemäß erst im Prozess an. Inexistenz und Unbeweisbarkeit eines Rechtsgeschäfts kommen einander nahe, und es ist die unmittelbare Wirkung dieser Regelungen, dass die Partei, die nichts schriftlich gegeben hat, wenigstens stärker, wenn nicht ganz vor Inanspruchnahme geschützt ist. Solche Regelungen schaffen zudem einen Anreiz zur Beobachtung der Schriftform für die Parteien dadurch, dass sie wissen, dass sie ihren mündlichen Vertrag nicht würden durchsetzen können. Mit dieser Qualifikation entfällt die Anwendung der lex fori (→ Rom I-VO Art. 18 Rn. 39).

Art. 18 Abs. 2 Rom I-VO und Art. 22 Abs. 2 Rom II-VO haben aber die Qualifikationsfrage **39** für vertragliche und deliktische **Schuldverhältnisse** praktisch entbehrlich gemacht – und sich vor der Entscheidung gedrückt – durch die Kumulation der bisher sehr umstrittenen Qualifikationen und damit der Anknüpfungen, und es wird gleichgültig, ob man sich sonst für die prozessuale oder eine materiellrechtliche Qualifikation entscheiden würde (zu Bedenken → Rom I-VO Art. 18 Rn. 28 ff.). Beweismittelverbote oder -beschränkungen können auch bei anderen Rechtsgeschäften als Schuldverträgen vorkommen. Für sie gelten die Rom I-VO und Rom II-VO aber nicht, und man könnte eine analoge Anwendung erwägen,[88] doch steht dem die bewusste Beschränkung der europäischen Regelung auf vertragliche und außervertragliche Schuldverhältnisse entgegen. Man sollte den sachlichen Anwendungsbereich der Verordnungen nicht durch eine Analogie ausdehnen. Außerhalb des sachlichen Anwendungsbereiches der Rom I und Rom II-VO entscheidet also das Kollisionsrecht des Gerichts.

Für die von der Rom I-VO nicht erfassten älteren schuldrechtlichen Rechtsgeschäfte bedeutet **40** die deutsche Qualifikation dieser Beweismittelverbote als **Formregelung,** dass in den Fällen außerhalb der Rom I-VO und Rom II-VO die Beweismittel gemäß Art. 11 EGBGB zuzulassen sind, die entweder die lex causae oder eines der Formstatuten vorsehen. Die **lex fori** kommt dagegen **nicht** zusätzlich in Betracht. (Entschiede man sich für die prozessuale Qualifikation, so bestimmte allein die lex fori über die Zulassung des Zeugenbeweises). Weiter kommen **Verfügungen** über Sachen in Betracht, für die nach Art. 11 Abs. 4 EGBGB die **lex rei sitae allein** zugleich Sachstatut wie Formstatut ist. Es werden so nur die Beweismittel dieses Rechts zugelassen.

Verfügungen über Rechte fallen ebenfalls nicht unter die Rom I-VO, so dass für die Beweismit- **41** tel Art. 11 EGBGB gilt, außer für die Forderungsabtretung nach Art. 14 Rom I-VO, der aber die Form nicht anspricht. Es wird für diese daher angenommen, dass Art. 18 mit 11 Rom I-VO gilt und nicht Art. 11 EGBGB.[89] Für die Übertragung von GmbH-Anteilen gilt dagegen Art. 11 EGBGB.[90]

Die Möglichkeit nach Art. 5 marokkanischer Code du statut personnel, den Nachweis einer **42** Eheschließung durch Zeugen zu führen, wenn die Ehefrau die Heiratsurkunde nicht unterschrieben hat, wird prozessual qualifiziert.[91] Das ist freilich sehr zweifelhaft.

c) Beweiserhebungsverbote. Bekannt ist das bis vor kurzem sehr weitgehende Verbot des fran- **43** zösischen Rechts, die nichteheliche Vaterschaft gerichtlich feststellen zu lassen. Das ist Bestandteil des Abstammungsstatuts, also der lex causae.[92]

Ebenso sollte man die **parol evidence rule,** die im anglo-amerikanischen Recht in leicht ver- **44** schiedenen Formen auftritt und bei einer Vertragsurkunde den Beweis dafür ausschließt, dass münd-

---

[87] OLG Oldenburg RIW 1996, 66 zu USA; LG Mannheim NJW 1971, 2129 m. abl. Anm. *Frey* NJW 1972, 1604; *Gamillscheg* JZ 1955, 703 ff.; *Raape* IPR S. 225 f.; BeckOGK/*Gebauer* Rom I-VO Art. 11 Rn. 58, 62; *Kropholler* IPR § 56 IV 1; Staudinger/*Winkler v. Mohrenfels* (2013) Rn. 147; *Kegel/Schurig* IPR § 17 V 3d, S. 632; Erman/*Hohloch* Rn. 14; *Batiffol/Lagarde* II Rn. 707; *Groud,* La preuve en droit international privé, 2000, No. 304 ff.; *Coester-Waltjen,* Internationles Beweisrecht, 1983, Rn. 443 f., will aber nur das Vertragsstatut anwenden.

[88] In den USA fallen unter Statutes of Frauds auch bestimmte sachenrechtliche und eherechtliche Verträge, vgl. *Donath* IPRax 1994, 333 (334) mN. Art. 1359 franz. C.c. spricht auch nicht von „Schuldverträgen", sondern breiter von Rechtsgeschäft, und man muss bedenken, dass im französischen Recht das Eigentum an Mobilien mit dem Kaufvertrag ipso facto übergeht (Art. 1138 franz. C.c.). Zur kollisionsrechtlichen Behandlung → Art. 42 Rn. 82. Für analoge Anwendung von Art. 18 Rom I-VO Bamberger/Roth/*Mäsch* Rn. 22; *Nagel/Gottwald* IZPR § 10 Rn. 12.

[89] Staudinger/*Hausmann* (2016) Rom I-VO Art. 14 Rn. 77 f.

[90] Eingehend BeckOGK/*Gebauer* Rom I-VO Art. 11 Rn. 77 ff.; aA zB *Kindler,* Geschäftsteilabtretung im Ausland, 2010, 10 ff., der Art. 15 GmbHG nicht als Formregelung ansieht.

[91] OLG Düsseldorf IPRax 1993, 331 (333); Erman/*Hohloch* Rn. 14; *Börner* StAZ 1993, 377 (383) auch eingehend zu dieser Regelung; *Kotzur* IPRax 1993, 306 f.; Staudinger/*Winkler v. Mohrenfels* (2013) Rn. 149.

[92] *Nagel/Gottwald* IZPR § 10 Rn. 15.

lich ergänzende oder abändernde Abreden getroffen wurden,[93] weder der lex fori[94] noch der Form, sondern allein dem **Geschäftsstatut** zuordnen.[95] Es geht hierbei nicht um Beschränkung der Beweismittel,[96] sondern die Regel drückt die Annahme aus, dass die Parteien mit einer als **abschließend gewollten** schriftlichen Fixierung ihres Vertrages ggf. alle früheren Absprachen ersetzen und auch die vorbereitende Korrespondenz von der Auslegung ausschließen wollen. Sie können auch anderes vereinbaren. Es geht also um den Inhalt ihres Vertrages, nicht „nur" um seinen Beweis. Das erinnert nur anscheinend an die deutsche (und französische) widerlegliche **Vermutung der Vollständigkeit** einer Urkunde (zur Unterscheidung → Rom I-VO Art. 18 Rn. 28). Art. 18 Rom I-VO ist nach den Erklärungen ihrer Verfasser auf diese Vermutung nicht anwendbar,[97] so dass es bei nationalem Kollisionsrecht bleibt (→ Rn. 48 ff.).

45   **d) Beweisführung. aa) Beweiswürdigung.** Die Beweiswürdigung wird in der Rom I-VO nicht angesprochen, so dass es auch für Schuldverträge bei **nationalem Recht** bleibt trotz der Nähe zur Zulässigkeit von Beweismitteln. Art. 1 Abs. 3 Rom I-VO nimmt abgesehen von Beweislast, Vermutungen und Beweismitteln „Beweis und Verfahren" insgesamt von ihrem Anwendungsbereich ausdrücklich aus (→ Rom I-VO Art. 18 Rn. 5, 21 f., 25 f.). Es bleibt also beim nationalen Kollisionsrecht. Die Beweiswürdigung wird in Deutschland meist ausschließlich dem Verfahrensrecht zugeordnet.[98] Hier muss jedoch deutlicher **unterschieden** werden:[99]

46   Die **freie Beweiswürdigung** und ihre Durchführung (§ 286 ZPO) ist selbst keine Rechtsanwendung, sondern praktische Vernunft. So ist zu verfahren bis eine Vorschrift eingreift, die dem vorgelegten Beweismittel einen festen Beweiswert gibt.[100] Eine Rechtsfrage und damit auch eine Kollisionsrechtsfrage ist es dann, ob der Richter statt der freien Beweiswürdigung – ausnahmsweise – solchen **Beweiswertregelungen** (dh einem **Legalbeweis**) folgen muss. Die Anwendung der **lex causae** ist geboten,[101] aber streitig.[102] Das gilt schon für das **generelle Beweismaß,**[103] dh ob überwiegende Wahrscheinlichkeit wie in Skandinavien oder England[104] statt der sicheren Überzeugung des Richters jenseits vernünftiger Zweifel wie in Deutschland verlangt wird. Im Zusammenhang mit der Formanknüpfung ist freilich nur der **Beweiswert von Urkunden** zu erörtern.[105]

47   **bb) Urkundenbeweis.** Nur eine **echte Urkunde** kann überhaupt Beweis für die Erklärungen erbringen. Ihr Beweiswert besteht gewöhnlich in einer widerleglichen oder unwiderleglichen Vermutung ihrer Echtheit, und dass die Erklärungen so wie geschrieben abgegeben wurden, und unter Umständen auch, dass weitere Angaben, wie zB das Datum, richtig sind (zB §§ 415 f. ZPO).[106] Ob eine im Ausland durch oder vor einer Behörde oder Urkundsperson errichtete öffentliche Urkunde echt ist, ist zunächst eine Frage der **Legalisation.**[107] Es besteht aber kein Legalisationszwang, und trotz einer Legalisation kann das Gericht noch die Unechtheit und ohne die Legalisation die Echtheit feststellen

---

[93] Näher dazu *Coester-Waltjen,* Internationles Beweisrecht, 1983, Rn. 521 ff.; *Lüderitz,* Die Auslegung von Rechtsgeschäften, 1966, 111 ff.; *Farnsworth,* Contracts, Bd. 2, 1990, § 7.2, 3; in England nun wiederbelebt in Shogun Finance Ltd. v. Hudson [2003] 2 W. L. R. 1371 (H.L.), nachdem sie längere Zeit als weitgehend aufgegeben galt; vgl. *Spellenberg,* Liber amicorum Schurig, 2012, 265 ff.

[94] So *Riezler* IZPR S. 477; *Nussbaum* IPR S. 412; *Nagel/Gottwald* IZPR § 10 Rn. 15; RG JW 1927, 1097 Nr. 14 für Verfahrensrecht.

[95] *Coester-Waltjen,* Internationles Beweisrecht, 1983, Rn. 535 ff., 537 f.; *Geimer* IZPR Rn. 2331; *Jacob* ZZPInt 8 (2003), 259; Staudinger/*Magnus* (2016) Rom I-VO Art. 18 Rn. 30.

[96] *Nagel/Gottwald* IZPR § 10 Rn. 15 argumentiert dagegen, dass das Vertrauen (der Parteien) auf eine Beweismittelbeschränkung nicht schützenswert sei. Das überzeugt nicht (vgl. auch → Rn. 50).

[97] *Spellenberg,* FS Kaissis, 2012, 916.

[98] BGHZ 168, 7982) = FamRZ 2006, 1745 zum Abstammungsrecht; *Schack* IZVR Rn. 693; *Nagel/Gottwald* IZPR § 10 Rn. 56; aA zB *Spellenberg,* FS Kaissis, 2012, 915 (921 ff.); *Coester-Waltjen,* Internationles Beweisrecht, 1983, Rn. 389 ff., 398; *Fongaro,* La loi applicable à la preuve en droit international privé, 2004, Nr. 401 f.; rechtsvergleichend *Gottwald,* FS Henrich, 2000, 165 ff.

[99] Zum Folgenden vgl. *Spellenberg,* FS Kaissis, 2012, 915 ff.

[100] Rechtsvergleich bei *Nagel/Gottwald* IZPR § 10 Rn. 60 ff.

[101] *Buciek,* Beweislast und Anscheinsbeweis im internationalen Recht, 1984, 278 ff. (285); *Paulus,* FS Gerhardt, 2004, 760; *Geimer* IZPR Rn. 2336.

[102] Für lex fori *Nagel/Gottwald* IZPR § 10 Rn. 65; *Schack* IZVR Rn. 697.

[103] Für lex causae *Geimer* IZPR Rn. 2334 ff.; *Coester-Waltjen,* Internationles Beweisrecht, 1983, Rn. 358 ff. für lex fori OLG Koblenz IPRax 1994, 302; *Nagel/Gottwald* IZPR § 10 Rn. 56; *Schack* IZVR Rn. 776; *Linke/ Hau* IZVR Rn. 348.

[104] Vgl. *Gottwald,* FS Henrich, 2000, 165 ff.; zu unterschiedlichen Beweismaßanforderungen je nach Rechtsverhältnis in den USA eingehend Santosky v. Kramer 455 US 749 (Supreme Court 1982).

[105] Rechtsvergleichung bei *Spellenberg,* Liber amicorum Berg, 2011, 360 ff.

[106] Vgl. auch *Spellenberg,* Liber amicorum Berg, 2011, 360 (370 ff.).

[107] BayObLG IPRax 1994, 122 f. m. Aufsatz *H. Roth* IPRax 1994, 87 f.

(→ Rn. 186). Bei Privaturkunden muss der Richter selbst die Echtheit beurteilen. Bei elektronischen Signaturen gilt § 371a ZPO.[108] Eine Vermutung der Echtheit besteht nur bei inländischen öffentlichen Urkunden, deren Erscheinungsbild dem Richter bekannt ist (vgl. aber auch Art. 2722 it. C.c.).

Anders als Art. 19 Abs. 3 EVÜ-Entwurf 1972 **regelt** das EVÜ und ihm folgend Art. 18 Rom I- **48** VO (Art. 32 Abs. 3 S. 2 EGBGB aF) die „**Beweiskraft**" der rechtsgeschäftlichen Urkunden bewusst **nicht,**[109] so dass die Fragen, in welchem Maße eine Urkunde abschließend für die darin enthaltenen Verpflichtungen ist, und vor allem das Problem der zulässigen Beweise gegen die Richtigkeit und Vollständigkeit der Urkunde (vgl. § 438 ZPO) offen und dem nationalen Kollisionsrecht überlassen geblieben sind.[110] Die **deutsche hM** wendet die **lex fori** an,[111] dh auch auf eine ausländische öffentliche Urkunde die §§ 415, 418 und 419 ZPO, weil sie durch die Legalisation einer inländischen gleichgestellt werde.[112] Für Privaturkunden gelte § 416 ZPO. Eine Mindermeinung beurteilt den Beweiswert wegen seiner materiell rechtlichen Funktion nach der lex causae.[113] Beiden Lehren ist **nicht zuzustimmen,** weil beide Auffassungen die **legitimen Erwartungen** der Vertragsschließenden enttäuschen, die bei Rechtsgeschäften **vorrangig** zu beachten sind.

Zuvor muss aber unterschieden werden. **Ob** eine ausländische Urkunde eine **öffentliche** ist, hat **49** das deutsche Gericht anhand der deutschen Maßstäbe zu qualifizieren.[114] Ist sie danach keine öffentliche Urkunde, wird sie auch durch die Legalisation nicht dazu.[115] Allenfalls der Legalisationsvermerk als solcher ist eine deutsche öffentliche Urkunde, aber er spielt hier keine Rolle. Davon zu unterscheiden ist welchen **Beweiswert** die echte Urkunde hat.

Die Praxis und hL in Frankreich knüpfen den **Beweiswert** bei **öffentlichen Urkunden** mit besseren **50** Gründen an den **Errichtungsort** an. Die Parteien errichten ihre Urkunden unter Beachtung bestimmter Formvorschriften, und „es wäre gekünstelt, … diese Vorschriften von der Wirkung zu trennen, die ihnen von dem Recht, welches sie anordnet, verliehen wird, und dies umso mehr, als das Interesse der Parteien es nicht verlangt; es ist zu vermuten, dass sie sich bei der Errichtung der Urkunde über die Beweiskraft informiert haben, und ihr die unterzuschieben, die das Recht des Gerichts vorsieht, würde vermutlich der bösgläubigen Partei dienen, die sich dem entziehen will, was sie vorhersehen konnte und musste".[116] Und selbst die Legalisation kann einer ausländischen öffentlichen Urkunde **keinen Beweiswert verschaffen,** den sie ursprünglich nicht hatte, oder ihn ihr nehmen.[117] Der Beweiswert der Urkunde kann sich auch nicht durch die Vorlage bei einem ausländischen Gericht verändern. Das Gericht, dem die Urkunde dann vorgelegt wird, ist bei Vertragsschluss allenfalls dann vorherzusehen, wenn die Parteien eine Gerichtsstandsvereinbarung vornehmen.

Es ist in der französischen Lehre allerdings streitig, ob **alternativ** auch das **Geschäftsstatut 51** heranzuziehen ist.[118] Die Rechtsprechung scheint dagegen alternativ die **lex fori** zu berufen.[119]

---

[108] Dazu *Schemmann* ZZP 118 (2005), 161 ff.

[109] Zum Entwurf, der die Formstatuten berief, näher *Lagarde* in Lando/v. Hoffmann/Siehr EurPILO S. 307 f.; weiter → Rom I-VO Art. 18 Rn. 25; *Spellenberg,* FS Kaissis, 2012, 915 f. Zu den europäischen Plänen für die Anerkennung von Personenstandsurkunden vgl. Wiss. Beirat des BDS *(Freitag)* StAZ 2011, 165 ff.

[110] Bericht *Giuliano/Lagarde,* BT-Drs. 10/503, 69; *Spellenberg,* FS Kaissis, 2012, 915 f.; zu Italien *Jacob* ZZPInt 8 (2003), 245 ff.

[111] *Nagel/Gottwald* IZPR § 10 Rn. 130 ff.; *Schack* IZPR Rn. 713; *Coester-Waltjen,* Internationles Beweisrecht, 1983, Rn. 534 f.

[112] So Staudinger/*Magnus* (2016) Rom I-VO Art. 18 Rn. 34; *Nagel/Gottwald* IZPR § 10 Rn. 130 ff.; *H. Roth* IPRax 1994, 87; aA zu Recht *Reithmann* IPRax 2013, 133 (134).

[113] Vor allem *Coester-Waltjen,* Internationles Beweisrecht, 1983, Rn. 535 mit 506, 255; *Buciek,* Beweislast und Anscheinsbeweis im IPR, 1984, 97, 278; im Ergebnis BGH NJW-RR 2000, 273.

[114] *H. Roth* IPRax 1994, 87.

[115] BayObLG IPRax 1994, 122 m. Aufsatz *H. Roth* IPRax 1994, 86; so auch zutr. *Fongaro,* La loi applicable à la preuve en droit international privé, 2004, Nr. 233; *Langhein* Rpfleger 1996, 45 ff.

[116] *Batiffol/Lagarde* Bd. II No. 708. Das Ortsrecht ist in Frankreich das primäre Formstatut. Erst 1963 hat die Cour. Cass. alternativ auch die Form des Geschäftsstatuts zugelassen, Cass. civ. 28.5.1963, D. 1963, 677 = Rev. crit. dr. int. pr. 1964, 513 n. *Loussouarn;* weiter ebenso *Spellenberg,* FS Kaissis, 2012, 921 ff. *Bungert* DB 1995, 963 (968); in Frankreich Cass. civ. 28.6.2005, Gaz.Pal. v. 24./25.2.2006, 27; Cass. civ. Rev. crit. dr. int. pr. 1999, 293 n. *Huet;* Cass. Civ. Rev. crit. dr. int. pr. 1959, 368 n. Y.L.= D. 1959, 485 n. *P. Malaurie;* Cass.civ. Rev. crit. dr. int. pr. 1952, 95; *P. Mayer/Heuzé* DIP No. 505; *Batiffol/Lagarde* Bd. II No. 708; *Fongaro,* La loi applicable à la preuve en droit international privé, 2004, Nr. 226 ff., 242 ff. *Groud* Gaz. Pal. v. 24./25.2.2006, 2 ff.; zögernd *Audit,* Droit International privé, 4. Aufl. 2010, No. 438.

[117] Ebenso mit Blick auf Personenstandsurkunden *Freitag* StAZ 2012, 161 (167) unter zutr. Berufung auf EuGH Slg. 1997, I-6761 – *Dafeki.*

[118] Dafür *Groud* Gaz.Pal. v. 24./25.2.2006, 6; dagegen *Fongaro,* La loi applicable à la preuve en droit international privé, 2004, Nr. 225 ff.

[119] So Cass. civ. 28.6.2005, D. 2005.2853 n. *Bouchard* = Rev. crit. dr. int. pr. 2005, 645 = Gaz. Pal. v. 24./25.2.2006, S. 27 m. Aufsatz *Groud* Gaz. Pal. v. 24./25.2.2006 doctr. S. 2 (4 ff.), zu einer in Deutschland errichteten notariellen Urkunde.

Urkunden werden von den Parteien in der Tat oft oder in erster Linie **zum Beweis** des Rechtsgeschäfts errichtet, und der Beweis ist ein wesentlicher Formzweck. Damit wird man zunächst auf die
Formstatuten verwiesen. Art. 11 EGBGB wie Art. 11 Rom I-VO knüpfen die Form aber alternativ
an die Errichtungsorte und an das Geschäftsstatut an. Wenn man richtigerweise die Erwartungen
der Parteien schützen will, dann sollte der Beweiswert **öffentlicher Urkunden nur** nach dem
Recht des **Ortes** beurteilt werden, wo sie **errichtet wurden.**[120] Dieses Recht bestimmt dann, ob
und wie der Beweis geführt werden darf, dass die Urkunde den Inhalt der Vereinbarungen nicht
bzw. nicht richtig wiedergibt. Die Ausrichtung der öffentlichen Urkunde am örtlichen Recht ergibt
sich auch daraus, dass die Urkundsperson sich in der Regel nur daran ausrichtet. Beurkundet sie
nach einem anderen Recht,[121] was in Zukunft vielleicht öfter sein kann, dann gilt dieses Recht.
Die lex fori scheidet aus, weil nicht vorherzusehen ist, vor welchem Gericht die Urkunde dann
später verwendet wird.[122]

51a   Wenn man **nur** an den **Errichtungsort** anknüpft, dann freilich nicht als Formstatut, denn es
scheiden die Alternativanknüpfungen an das Geschäftsstatut und ggf. an einen der anderen Vornah-
meorte (Art. 11 Abs. 2) aus, und bei Verfügungen über Sachen ist der Ort der Errichtung der
Urkunde überhaupt nicht Formstatut, sondern der Ort der Belegenheit.

52   **Privatschriftliche Urkunden** sind freilich nicht in gleicher Weise einem Ort zuzuordnen. Sie
könnten auch nach einem anderen Recht als dem des **Errichtungsorts** errichtet worden sein. Doch
wird man auch ihren Beweiswert dem Recht des Errichtungsortes entnehmen, wenn die Parteien
die dortige Form gewahrt haben.[123] Grundsätzlich kommt die lex causae des betreffenden Rechtsgeschäfts zum Zuge,[124] wenn nicht die beachtete Form konkret auf ein anderes Recht hinweist. Eine
einfache Schriftform ist dafür aber nicht spezifisch genug.

53   Der besondere Beweiswert der Urkunden besteht in den vielen Rechten nicht nur in einer
Vermutung der Richtigkeit und Vollständigkeit ihres Inhalts, sondern auch darin, dass ein Gegenbeweis **nicht mit allen** sonst zugelassenen **Beweismitteln** geführt werden darf. Während nach den
§§ 415–416a, 419 ZPO die private wie die öffentliche Urkunde zwar „vollen Beweis" der Erklärung
erbringt, der Gegenbeweis aber mit allen normalen Beweismitteln zugelassen wird, sagt Art. 1341
Abs. 1 Hs. 2 franz. C.c., dass „auch kein Beweis durch Zeugen zugelassen werde gegen oder über
den Inhalt der Urkunden hinaus, weder dafür was angeblich vor, bei oder nach dem Rechtsgeschäft
gesagt wurde, …".[125] Soweit es sich um die eigenen und beurkundeten Wahrnehmungen des Notars
handelt, kann der Gegenbeweis in Frankreich sogar erst nach einer speziellen „Fälschungsklage"
(inscription de faux) geführt werden (Art. 1319 franz. C.c.).[126]

54   Wegen der Beschränkung der Beweismittel für den an sich möglichen Gegenbeweis[127] läge die
Anwendung von Art. 18 Abs. 2 Rom I-VO vielleicht nahe,[128] jedoch will er die Beweiswürdigung
und den Urkundenbeweis nicht erfassen (→ Rn. 48; → Rom I-VO Art. 18 Rn. 5). Die Frage ist
daher vom **deutschen Kollisionsrecht** zugunsten allein des Rechts zu entscheiden, **nach dem die
Urkunde errichtet** wurde, dh. in der Regel das des Errichtungsortes. Es geht in dieser Hinsicht
um den Beweiswert der Urkunde, nicht um die Zulassung von Beweismitteln.[129] Würde man
alternativ, ohne die Beschränkungen, nach der lex fori weitere Beweismittel zulassen, nähme man
den Urkunden gerade wesentliche Teile ihres Beweiswerts und würde die darauf gerichteten Erwartungen der Parteien enttäuschen. Es kommt also darauf an, in welchem Umfang und womit das

---

[120] Zum französischen Recht ist zu beachten, dass lange Zeit die Form der Rechtsgeschäfte allein an den
Vornahmeort angeknüpft wurde und erst seit etwa 1950 auch das Geschäftsstatut alternativ hinzutrat.

[121] So die Scrivener Notaries in London; eingehend zu ihnen *Langhein,* Anglo-amerikanische notarielle Beglaubigungen, Bescheinigungen und Belehrungen im deutschen Registerrecht, 1994, 32 ff.

[122] Näher *Spellenberg,* FS Kaissis, 2012, 926 ff.

[123] Frz. Cass.civ. Rev. crit.dr. int. pr. 1999, 293 n. *Huet; Groud* Gaz. Pal. v. 24./25.2.2006, doctr. S. 4 f. Als
der Beklagte in Liechtenstein privatschriftlich ein Schuldanerkenntnis abgab, ohne wie damals von Art. 1526
franz. C.c. vorgeschrieben, handschriftlich die Summe in Worten und Zahlen anzugeben, beurteilte die französische Cour cass. den Beweiswert zutreffend nach liechtensteiner Recht, das dies nicht verlangte. Dazu näher
Spellenberg, FS Kaissis, 2012, 924 f.

[124] *Coester-Waltjen,* Internationles Beweisrecht, 1983, Rn. 535 mit 506, 255, will aus anderen Gründen stets
nur die lex causae heranziehen.

[125] Zu Deutschland und Frankreich näher *Spellenberg,* Liber amicorum Berg, 2011, 361 ff.; zu Italien *Jacob*
ZZPInt 2003, 248 f.

[126] Bei Privaturkunden ist eine solche separate Fälschungsklage heute nicht mehr zwingend erforderlich.

[127] *Groud* Gaz. Pal. v. 24./25.2.2006, doctr. S. 3 f. *Jacob* ZZPInt 2003, 258 f.

[128] So *Groud* Gaz. Pal. v. 24./25.2.2006, doctr. S. 4.

[129] Cass. Civ. 26.6.2005, D. 2005.2853 n. *Bouche* = Rev. crit. dr. int. pr. 2005, 645 n. *Ancel/Muir Watt.* Dazu
Spellenberg, FS Kaissis, 2012, 921 ff. (924 ff.).

Recht des Errichtungsortes den Beweis gegen die Urkunde zulässt.[130] Das französische Recht lässt mittlerweile recht großzügig den Zeugenbeweis zu.[131] Aber das muss anderswo nicht ebenso sein, und auch in Frankreich bleiben noch Beschränkungen im Vergleich zB zum deutschen Recht.

Regelungen wie Art. 1341 oder 1526 frz. C.c. unterscheiden sich von der → Rn. 44 behandelten **55** **Parol-Evidence-Rule** des angelsächsischen Rechts dadurch, dass bei Art. 1341 frz. C.c. der Beweis für ergänzende oder abändernde Abreden durchaus geführt werden darf, zwar grundsätzlich nicht durch Zeugen, aber mit Urkunden. Bei der Parol-Evidence-Rule ist das ganz ausgeschlossen, wodurch der Vertrag auf den Urkundeninhalt beschränkt wird.

e) Beweisverfahren. Die verfahrensmäßige Durchführung der Beweisaufnahme folgt der lex fori, **56** also Ladung der Zeugen (unter Beachtung der EuZustVO), Protokollierung, Parteiöffentlichkeit, Einnahme des Augenscheins, Zeugnisverweigerungsrechte,[132] Auswahl und Beauftragung von Gutachtern etc.

4. Fiskalformen. Darüber, ob Genehmigungserfordernisse aus **öffentlichem Interesse,** wie zB **57** Grundstücksverkehrsgenehmigungen[133] oder Devisengenehmigungen, zu beachten sind, entscheiden die speziellen Kollisionsnormen für öffentlich-rechtliche Verbotsnormen.[134] Das so gefundene Recht regelt auch die formalen Anforderungen an die Erteilung.

Dementsprechend gilt nicht Art. 11, sondern es entscheiden die speziellen Kollisionsnormen **58** darüber,[135] ob die Wirksamkeit eines Rechtsgeschäfts von der Anbringung von Stempelmarken, von der Verwendung von Stempelpapier, von einer sonstigen Steuerentrichtung oder Benachrichtigung der Steuerbehörde abhängt. Unter Berufung auf die Genfer Konvention vom 7.6.1930 vertritt *Vischer,* dass aber eine eventuelle Nichtigkeit des Geschäfts nach dem Recht des Steuerstatuts von ausländischen Richtern nicht zu beachten ist.[136]

5. Publizitätsformen; Registerpflicht. Ob ein Rechtsgeschäft oder ein Rechtserwerb **kons- 59 titutiv** inter partes der **Eintragung** in ein Register oder einer sonstigen Art von Publizierung bedarf, entscheidet das Geschäftsstatut. Es handelt sich ebenso wenig wie bei der Besitzübergabe für die Übereignung um eine Formfrage, so dass eine alternative Beachtung des Rechts am Vornahmeort schon deshalb nicht genügt.[137] Das Wirkungsstatut gilt für die Registrierung von Grundstücksübereignungen, Kapitalgesellschaften, eingetragenen Vereinen und Genossenschaften, die mit der Eintragung die juristische Persönlichkeit erlangen (§ 41 Abs. 1 S. 1 AktG, § 11 Abs. 1 S. 1 GmbHG, § 13 GenG, § 21 BGB). Ob und inwieweit diese Gesellschaften schon vorher Rechte und Pflichten haben, sagt ebenfalls ihr Gesellschaftsstatut (→ IntGesR Rn. 527 f.). Bei Bestellung von Rechten an Immobilien entsteht das Problem der alternativen Form ohnedies nicht, da auch für die Form ausschließlich die lex rei sitae gilt. Bei den zunehmend vorkommenden Registern für Eigentumsvorbehalte an beweglichen Sachen oder für besitzlose Pfandrechte kann zwar die Sache nach Begründung des Rechts in ein anderes Land gelangt sein, doch gilt für seine gültige Bestellung auch hier ausschließlich die bisherige lex rei sitae als Wirkungsstatut (Abs. 4 bzw. früher Abs. 5).

Manche Eintragungen zB im **Güterrechtsregister** und **Handelsregister** sind nicht konstitutiv, **60** sondern sollen nur **deklaratorisch** die Öffentlichkeit oder Dritte informieren. Ins Güterrechtsregister und Handelsregister können auch Gesellschaften und ihre Vertreter bzw. Güterrechtsverträge eingetragen werden, die einem fremden Recht unterstehen (§§ 13d ff. HGB, § 1412 BGB; Art. 16 EGBGB).[138] Welches Recht bestimmt, ob und was eingetragen werden kann ist zweifelhaft. Bei §§ 13d–13g HGB ist es das deutsche Recht des deutschen Handelsregisters.[139] Ob zB ein *director* einer englischen lpc *by shares* als vertretungsberechtigt eingetragen werden muss, und ob er das beantragen kann oder muss, sagt das ausländische Gesellschaftsstatut, und hängt davon ab, ob er

---

[130] *Fongaro,* La loi applicable à la preuve en droit international privé, 2004, Nr. 261.

[131] *Fongaro,* La loi applicable à la preuve en droit international privé, 2004, Nr. 302 ff.; *Spellenberg,* Liber amicorum Berg, 2011, 360 (374, 378 ff.).

[132] Erman/*Hohloch* Rn. 14; unstr.

[133] Vgl. auch die nach Art. 88 möglichen, aber derzeit nicht existierenden landesrechtlichen Beschränkungen für den Erwerb von Grundstücken durch Ausländer.

[134] Soergel/*Kegel* Rn. 33; Staudinger/*Winkler v. Mohrenfels* (2013) Rn. 125.

[135] Soergel/*Kegel* Rn. 33; Erman/*Hohloch* Rn. 13; Bamberger/Roth/*Mäsch* Rn. 27; Staudinger/*Winkler v. Mohrenfels* (2013) Rn. 125.

[136] *Vischer/Huber/Oser,* Internationales Vertragsrecht, 2. Aufl. 2000, Rn. 857.

[137] Implizit wohl BGHZ 80, 76 (79, 80) = NJW 1981, 1160 = WM 1981, 376; Erman/*Hohloch* Rn. 13; Staudinger/*Winkler v. Mohrenfels* (2013) Rn. 121 f.

[138] Soergel/*Schurig* Art. 15 Rn. 5.

[139] Vgl. OLG Frankfurt NJW-RR 2015, 873 Rn. 17 ff.

einem Geschäftsführer einer deutschen GmbH entspricht.[140] Das Grundbuch hingegen erfasst nur deutsche Grundstücke, und deutsches Recht ist auch das Verfügungsstatut. Rechte an ausländischen Grundstücken können nicht darin eingetragen werden, selbst wenn im Ausland ein vergleichbares Grundbuch besteht. Entsprechendes gilt wohl für ausländische Register und auch bei Mobilien, soweit Eintragungen für solche vorgeschrieben sind (Eigentumsvorbehalte bei Mobilien, Verpfändung von Kfz). Das Sachstatut entscheidet, ob die Eintragung nötig und konstitutiv oder nur deklaratorisch ist,[141] aber das Recht des Registers entscheidet, ob es das Recht aufnimmt.

61   Von dem konstitutiven Erfordernis der Eintragung inter partes ist die **Publizitätswirkung gegenüber Dritten** zu unterscheiden, welche die konstitutiven Eintragungen daneben und die deklaratorischen alleine haben können. Damit soll das Vertrauen des Rechtsverkehrs auf den Bestand des registrierten Rechts geschützt werden (zB § 892 BGB), oder die Eintragung ist wie zB im französischen Liegenschaftsrecht[142] oder nach § 1412 BGB oder auch § 15 Abs. 1 HGB Voraussetzung dafür, Rechte Dritten entgegenzuhalten (positive bzw. negative Publizität). Wegen dieser Wirkungsrichtung entscheidet das **Recht des Folgegeschäftes,** ob es auf guten Glauben zB dessen, der das fragliche Recht erwerben will, ankommt, und unter welchen Voraussetzungen er insbesondere in seinem Vertrauen auf ein Register geschützt wird oder sich die Eintragung entgegenhalten lassen muss (→ Art. 16 Rn. 18 ff.).[143] Bei einer konstitutiven Eintragung müssen also auch kollisionsrechtlich die konstitutive und die Publizitätswirkung unterschieden werden. Bei Verfügungen über Sachen ist freilich das Statut einer weiteren Übereignung ebenfalls die lex rei sitae, also normalerweise dasselbe.

62   Man kann dem Register jedoch **nicht mehr Vertrauen** geben als dieses nach seinem Recht verbürgen will und kann. Dieses Recht entscheidet also zB limitierend darüber, ob auf den Bestand eines eingetragenen Rechts vertraut werden darf, oder ob nur bezeugt wird, dass eine bestimmte Erklärung abgegeben worden ist, oder ob nur darauf, dass, solange das Register schweigt, entgegenstehende Rechte nicht bestehen. Ein Register kann nicht die eventuell weitergehenden Publizitätswirkungen des entsprechenden Registers eines anderen Rechts entfalten.[144] Dafür würden häufig die Grundlagen im Eintragungsverfahren fehlen, das umso penibler prüfen wird, je stärker die erstrebte Publizitätswirkung ist. Es kommt so zu einer **Kumulation** des Statuts des Registers und des Folgegeschäfts in der Weise, dass letzteres zuvor entscheidet, ob guter Glaube geschützt wird. Und wenn dafür ein Register eingesehen werden kann oder muss,[145] dann wird die Partei davon nicht dispensiert, weil es ein internationales Geschäft ist.[146]

63   Das **Eintragungsverfahren** als solches folgt nur dem Recht am Ort des Registers. Dieses Recht bestimmt allein wie § 29 GBO oder § 12 HGB auch über die Anforderungen an den **Nachweis** des einzutragenden Rechts und sonstige **Eintragungsvoraussetzungen.**[147] Art. 11 gilt hierfür nicht. Über die Echtheit ausländischer öffentlicher Urkunden in deutschen Verfahren entscheidet ggf. die Legalisation (→ Rn. 186 ff.), kann aber vom Gericht auch selbst beurteilt werden (→ Rn. 187). Verlangt das deutsche Register zB Anmeldeerklärungen in öffentlich beglaubigter oder beurkundeter Form oder sonstige Nachweise in solchen Formen, so genügt eine **gleichwertige ausländische** Beurkundung oder Beglaubigung (→ Rn. 83 ff.).[148] Das gilt auch für § 29 GBO, wenn zB ein Eintragungsantrag aus dem Ausland gestellt oder eine Eintragungsbewilligung erteilt wird.[149] Entspre-

---

[140] OLG Frankfurt NJW-RR 2015, 873 Rn. 17 ff.
[141] NK-BGB/*Bischoff* Rn. 57.
[142] Vgl. Zum französischen Recht *Ferid/Sonnenberger* Bd. I/1 Rn. 3 C 34 ff.; JCl Notarial Répertoire Fasc. 37 No. 37 ff. mN; *Mansel,* GS Hübner, 2012, 705 ff.
[143] Bamberger/Roth/*Mäsch* Rn. 25; Staudinger/*Winkler v. Mohrenfels* (2013) Rn. 121 ff.
[144] Zust. Bamberger/Roth/*Mäsch* Rn. 25.
[145] Das deutsche Heiratsbuch hat zB nur Beweis- und keine Publizitätsfunktion; Staudinger/*Winkler v. Mohrenfels* (2013) Rn. 124.
[146] Materiellrechtlich ist zusätzlich zu berücksichtigen, ob die Partei, der ein in einem von ihr aus gesehen ausländischen Register eingetragenes Recht entgegengehalten wird, dieses Register faktisch mit zumutbarem Aufwand hätte einsehen oder einen Auszug hätte erhalten können. So wird man zB, selbst wenn es das deutsche Geschäftsstatut wie das betreffenden ausländischen Registers erlauben, eingetragene Beschränkungen der Befugnisse eines Generalbevollmächtigten dem Dritten entgegenzuhalten, beachten, wenn das Handelsregister nicht eingesehen werden konnte. Zum Problem bei handelsrechtlichen Eintragungen vgl. (teilweise aA) *G. Fischer,* Verkehrsschutz im internationalen Vertragsrecht, 1990, 244 ff.; schon *Savigny* System Bd. VIII, S. 355, entnahm die Beweiswirkung dem Recht am Registerort, nicht dem Prozessrecht.
[147] *Langhein,* Anglo-amerikanische notarielle Beglaubigungen, Bescheinigungen und Belehrungen im deutschen Registerrecht. Zum Kollisionsrecht der Registerurkunden, 1994, 152 ff.; *Langhein* Rpfleger 1996, 48 ff.; NK-BGB/*Bischoff* Rn. 57; Staudinger/*Mansel* (2015) Art. 43 EGBGB Rn. 1129 f.; KG NJW-RR 2004, 331; OLG Köln GmbHR 1989, 125.
[148] OLG Köln GmbHR 1989, 125; OLG Naumburg GmbHR 2001, 569 m. Aufsatz *Wachter.* Es handelt sich um eine Substitution; NK-BGB/*Bischoff* Rn. 29 f.
[149] Bamberger/Roth/*Mäsch* Rn. 35 f.

chend ist öffentlich beglaubigter Nachweis für eine im Ausland erteilte Auflassungsvollmacht nötig[150] unabhängig davon, ob man die Vollmacht bezüglich eines deutschen Grundstücks für formfrei oder nicht hält (→ Art. 8 Rn. 176 ff.). Kann im Ausland eine vom deutschen Registerrecht verlangte öffentliche Urkunde aber nicht erstellt werden, so hilft unter Umständen die Bestellung eines inländischen Pflegers,[151] doch wenn der Nachweis durch ausländische öffentliche Urkunden nicht zu erlangen ist, kann der Registerrichter auch einen sonstigen Nachweis der einzutragenden Tatsache genügen lassen.[152]

Da aber das einzutragende Rechtsgeschäft auch materiell wirksam sein muss, müssen zuvor die **64** **Formanforderungen** des von Art. 11 bezeichneten Statuts erfüllt sein. Damit stellt sich die Frage, ob zB das Grundbuchamt auf den Nachweis des notariellen, schuldrechtlichen, Kaufvertrages nach § 925a BGB verzichten muss, wenn der Grundstückskaufvertrag nach ausländischem Formstatut privatschriftlich formgültig ist (Art. 11 Abs. 1, 2 und 5 Rom I-VO). Das ist zu bejahen, da sonst das Verfahrensrecht die alternative Ortsformanknüpfung ausschalten würde.[153]

6. Wahl des Formstatuts. Wenn das Rechtsgeschäft der **Rechtswahl zugänglich** ist, können **65** die Parteien die Regelung des Art. 11 im Wege der **Teilrechtswahl** abändern. Im Schuldvertragsrecht ergibt sich das aus Art. 3 Abs. 1 S. 3 Rom I-VO. Danach können sie sowohl ein drittes Recht als ausschließliches Formstatut bestimmen als auch die alternative Geltung des Ortsrechts oder des Wirkungsstatuts ausschließen, so dass nur das eine allein gilt.[154] Außerhalb der Schuldverträge gilt ggf. dasselbe (zB im Rahmen der Art. 25 Abs. 2 und Art. 15 Abs. 2).[155] Da die Frage aber praktisch nur bei Schuldverträgen eine Rolle spielt, ist auf → Rom I-VO Art. 11 Rn. 65 ff. zu verweisen.

V. Alternativität

1. Geschäftsrechtsform und Ortsform. Geschäftsrechtsform und Ortsform gelten **alternativ, 66** wobei es nicht darauf ankommt, ob die Parteien die doppelte Anknüpfung kannten oder materiellrechtlich einer bestimmten Form bewusst genügen wollten.[156] Das Rechtsgeschäft ist gültig, wenn die Formanforderungen des einen oder anderen Rechts eingehalten sind, wobei **heute** zu beachten ist, dass bei Distanzverträgen nach Abs. 2 **zwei Ortsrechte** neben dem Wirkungsstatut für die Form des ganzen Vertrages zur Verfügung stehen, und für Schuldverträge nach Art. 11 Abs. 2 **Rom I-VO** noch zusätzlich die am gewöhnlichen Aufenthalt jeder der beiden Parteien. Zwar ist die Ortsformregel historisch die ältere (→ Rn. 5), doch ist die Geltung des Wirkungsstatuts sachlich die Basis, denn die Form gehört zu den Wirksamkeitserfordernissen des Rechtsgeschäfts. Das ändert jedoch nichts an ihrer Gleichwertigkeit.[157] Die alternative Zulassung der Ortsform durch das deutsche IPR dient der Erleichterung des Rechtsverkehrs (→ Rn. 1 ff.). Es ist dafür nicht erforderlich, dass auch das Wirkungsstatut seinerseits die zusätzliche Geltung des Ortsrechts vorsieht oder gestattet.[158]

Ob die **Rechtsgeschäfte,** zB Beschlüsse einer Gesellschafter- oder Aktionärsversammlung, **im 67** **Ausland** (dh außerhalb des Sitzstaates) **vorgenommen werden können,** entscheidet das Wirkungs- und nicht das Formstatut. Verneint jenes dies, so scheidet sowohl die alternative Ortsform wie auch die Erfüllung der Form des Geschäftsstatuts im Ausland aus (→ Rn. 80). Das deutsche Recht kennt aber ein Wirksamkeitshindernis der Vornahme des Rechtsgeschäfts im Ausland grundsätzlich nicht.[159]

---

[150] BayObLG IPRax 1994, 122 m. Aufsatz *H. Roth* IPRax 1994, 87; OLG Zweibrücken Rpfleger 1999, 326 = IPRspr. 1999 Nr. 194; teilw. aA Staudinger/*Mansel* (2015) Art. 43 Rn. 1129.

[151] Vgl. LG Heilbronn Justiz 1974, 130 = IPRspr. 1974 Nr. 204 zu § 29 GBO.

[152] Ähnlich *Langhein*, Anglo-amerikanische notarielle Beglaubigungen, Bescheinigungen und Belehrungen im deutschen Registerrecht. Zum Kollisionsrecht der Registerurkunden, 1994, 156 f.

[153] So auch *Limmer* in Reithmann/Martiny IntVertragsR Rn. 6.855; Staudinger/*Pfeifer* (2011) § 925a Rn. 9.

[154] BGHZ 57, 337 (340) = NJW 1972, 385; OLG Brandenburg RIW 1997, 424 f.; Erman/*Hohloch* Rn. 3; Staudinger/*Winkler v. Mohrenfels* (2013), Rn. 212 ff.; Palandt/*Thorn* Rom I-VO Rn. 4; *v. Bar* IPR II Rn. 597; BeckOGK/*Gebauer* Rom I-VO Art. 11 Rn. 116 f.; aA Bamberger/Roth/*Mäsch* Rn. 10; *Reithmann* in Reithmann/Martiny IntVertragsR Rn. 5.190, 5.212.

[155] BGHZ 57, 337 (340) = NJW 1972, 385; Staudinger/*Winkler v. Mohrenfels* (2013) Rn. 206.

[156] Missverständlich die Formulierungen in BGH NJW 1971, 320; wie hier zB Soergel/*Kegel* Rn. 1.

[157] Staudinger/*Winkler v. Mohrenfels* (2013) Rn. 191; Erman/*Hohloch* Rn. 1; BGHZ 57, 337 = NJW 1972, 385.

[158] So aber früher für personen-, familien- und erbrechtliche Geschäfte *Raape* IPR I S. 213, 230 ff.; *Frankenstein* IPR Bd. 1, S. 546; de lege ferenda *Neuhaus/Kropholler* RabelsZ 44 (1980), 329; wie hier RGZ 133, 161 (163); BGHZ 29, 137 = NJW 1959, 717; BGH NJW 1967, 1177; OLG Frankfurt a. M. NJW 1967, 1426 f.; *Merkt* ZIP 1994, 1418 f.; Soergel/*Kegel* Rn. 7; Staudinger/*Winkler v. Mohrenfels* (2013) Rn. 197; Bamberger/Roth/*Mäsch* Rn. 42.

[159] *Spellenberg,* FS Schütze, 1999, 887 ff.

68   **2. Ausnahmen.** Die Alternativität entfällt aus **faktischen** Gründen, wenn beide Parteien das Rechtsgeschäft in dem Lande vornehmen, dessen Recht auch Geschäftsstatut ist,[160] und aus **rechtlichen,** wenn das Ortsrecht keine Form für das fragliche Geschäft bereithält, weil es das Geschäft überhaupt nicht kennt (**Formleere;** → Rn. 136 f.).[161] Die „sekundäre" Alternativität zweier Ortsrechte gem. Art. 11 Abs. 2 entfällt faktisch, wenn beide Parteien im selben Land handeln, wie dies bei der Eheschließung vor einer Trauungsperson im Ausland vorkommt (zur Situation der formlosen oder reinen Konsensehe → Art. 13 Rn. 131). Ausnahmen von der Alternativität können bedeuten, dass nur das Wirkungs- bzw. Geschäftsstatut gelten soll (Art. 11 Abs. 4) oder **nur das Ortsrecht** (so Art. 13 Abs. 3 S. 1, Art. 92 Abs. 1 WG und Art. 62 Abs. 1 S. 1 ScheckG). In Art. 11 Abs. 4 S. 2 Rom I-VO wird ein ausschließliches Formstatut durch eine Anknüpfung an den gewöhnlichen Aufenthalt des **Verbrauchers** bestimmt, auch dann wenn durch Rechtswahl nicht das Recht des Verbrauchers Vertragsstatut ist, und das Geschäft im Ausland vorgenommen wird. Eine **Erweiterung** der Alternativität enthält dagegen Art. 26 EGBGB bzw. Art. 27 EuErbVO.

69   **3. Folgen von Formmängeln. a) Milderes Recht.** Im Geltungsbereich der Alternativität ist das Rechtsgeschäft nur dann formungültig, wenn es den Formanforderungen **keiner** der beiden bzw. maximal drei (und bei Art. 11 Rom I-VO fünf) Rechtsordnungen entspricht; nach Abs. 1 genügt die Enthaltung einer der Formen. Im Einzelnen kann die **Formungültigkeit** verschieden geregelt sein. Prinzipiell beurteilen sich die Folgen eines Formverstoßes je nach der verletzten Rechtsordnung,[162] jedoch folgt aus dem Zweck des Art. 11, die Formungültigkeit von Geschäften einzuschränken (→ Rn. 1 f.), dass bei Formmängeln nach mehreren Statuten die **milderen Folgen** eines Formmangels nach den betreffenden Rechten eintreten, die im konkreten Fall über die Form entscheiden.[163] Die Gültigkeit des Rechtsgeschäfts soll zB auch durch eine nachträgliche **Heilung** begünstigt werden. Es genügt also, wenn diese nach dem einen Recht im Gegensatz zum anderen, das Nichtigkeit vorsieht, möglich ist.[164] Doch dürfen nicht die Wirkungen bzw. Folgen der verschiedenen Rechtsordnungen kombiniert werden. Formnichtigkeit ist so recht selten geworden. Gewiss wird damit der von Formvorschriften häufig verfolgte Schutz der Partei entsprechend verringert, aber gerade dies ist die gewollte Konsequenz der Zulassung alternativer Formen in Art. 11 (→ Rn. 2 ff.).

70   Wenn (Fall des Abs. 2) die Erklärungen in verschiedenen Staaten abgegeben werden und beiden Ortsformen nicht genügt ist, so gilt auch im Verhältnis unter ihnen und dem Geschäftsstatut das mildere Recht. Die Regel des alten Rechts, wonach die Formgültigkeit der Erklärungen nach dem Recht ihres jeweiligen Abgabeorts separat zu beurteilen war, und die Folgen von Formfehlern hier im Ergebnis aus dem ärgeren Recht folgten,[165] gilt nicht mehr, nachdem Abs. 2 nun die beiden Ortsformen auf den ganzen Vertrag erstreckt. Art. 11 Abs. 2 Rom I-VO fügt für Schuldverträge noch die weiteren Anknüpfungen an die gewöhnlichen Aufenthalte der Parteien hinzu. Auch unter ihnen gilt entsprechend das mildere Recht.

71   Zu unterscheiden ist aber der Fall, dass bereits das **Geschäftsstatut kumulativ** angeknüpft wird wie bei der Eheschließung, die nach Art. 13 Abs. 1 EGBGB nur wirksam ist, wenn sie es nach den Heimatrechten eines jeden der Nupturienten ist. Unter den **beiden Wirkungstatuten** setzt sich das ärgere Recht auch bei Formverstößen durch (→ Art. 13 Rn. 156 f.), wenn die Ehe im Ausland geschlossen wird[166] (denn im Inland gilt nur Art. 13 Abs. 3 EGBGB). Heiratet ein griechisch-orthodoxer Zypriote eine römisch-katholische Österreicherin standesamtlich in Italien, wobei das zyprische Recht die kirchliche Eheschließung für eine Inhaltsfrage hält, dann ist die Ehe nach ihrem Wirkungsstatut **unwirksam,** und nur das italienische **Ortsrecht** hält sie wie das österreichische Recht für formwirksam, doch das zypriotische Heiratsstatut setzt sich durch nach Art. 13 Abs. 1.[167]

---

[160] Das kommt auch in der Form vor, dass die Parteien für den Verkauf eines ausländischen Grundstücks entgegen Art. 4 Abs. 1 lit. c Rom I-VO deutsches Recht wählen und in Deutschland kontrahieren: OLG Nürnberg NJW-RR 1997, 1484; OLG Köln OLGR 2001, 69.

[161] OLG Bamberg FamRZ 2002, 1120 (Vereinbarung über Versorgungsausgleich); OLG München OLGR 1995, 115; KG IPRax 1994, 217 m. Aufsatz *S. Lorenz* IPRax 1994, 193; BeckOGK/*Gebauer* Rom I-VO Art. 11 Rn. 75 f.

[162] RGZ 133, 161 (165 f.); OLG Celle NJW 1963, 2235.

[163] RGZ 133, 161; OLG Celle NJW 1963, 2235; *Zitelmann* IPR Bd. 2, S. 160 f.; *Zweigert,* FS Rabel, Bd. 1, 1954, 650 ff.; *v. Bar* IPR II Rn. 606; *Kropholler* IPR § 41 III 5b; Bamberger/Roth/*Mäsch* Rn. 28; NK-BGB/*Bischoff* Rn. 18; Palandt/*Thorn* Rn. 10; Soergel/*Kegel* Rn. 38; Erman/*Hohloch* Rn. 10; eingehend Staudinger/*Winkler v. Mohrenfels* (2013) Rn. 197, 204 ff.

[164] Entsprechendes gilt zB auch, wenn das eine Recht schlechthin Unwirksamkeit des Rechtsgeschäfts, das andere Recht jedoch nur eine Anfechtung binnen einer gewissen Frist vorsieht.

[165] Vgl. 1. Aufl. 1983, Art. 11 Rn. 23.

[166] Staudinger/*Winkler v. Mohrenfels* (2013) Rn. 207.

[167] Abwandlung von LG Stuttgart FamRZ 1963, 573 mAnm *Neuhaus.* Im Verhältnis zu Griechenland hat sich das Problem inzwischen durch eine Gesetzesänderung dort erledigt. Es beruht auf einer unterschiedlichen Qualifikation der kirchlichen Heirat.

Grundsätzlich können bei Distanzverträgen sogar zwei Ortsrechte zu vergleichen sein. Zunächst ist immer festzustellen, nach welchem Recht ein Formverstoß vorliegt, bevor die Sanktionen verglichen werden können. Nach Auffassung des BGH ist die Eheschließung durch einen Vertreter in der Erklärung eine Formregelung, und es gilt als Ort der Abgabe der Erklärung der, wo das Trauungsorgan amtiert.[168] Bei den formlosen Eheschließungen ohne Trauungsperson durch bloßen Konsens kommen die jeweiligen Abgabeorte der Heiratserklärungen zum Zuge (→ Art. 13 Rn. 148) sofern keiner in Deutschland liegt (wegen Art. 13 Abs. 3 EGBGB).[169]

b) Heilung. Die Anknüpfung der Form liegt bei der Vornahme des Rechtsgeschäfts fest. Ein **72** **nachträglicher** Wechsel des oder der Statuten kommt idR nicht in Betracht. Die **Sachregeln** des Form- bzw. Formverletzungsstatuts bestimmt mit den Folgen der Formverletzung auch darüber, ob das Geschäft durch **nachträgliche eingetretene Umstände** geheilt werden kann.[170] Ist dies nur nach einem der Formstatuten der Fall, so bestimmt dieses die Voraussetzungen dafür und setzt sich durch. Sehen beide Rechte eine Heilung vor, kommt es darauf an, für welche die Voraussetzungen erfüllt sind. Keine Heilung ist natürlich die formgerechte Wiederholung des Rechtsgeschäfts; diese wirkt nicht wie eine Heilung zurück.

Eine **Heilung durch Statutenwechsel** wird bei formungültigen Eheschließungen diskutiert, **72a** wenn die Eheschließenden später ihre Staatsangehörigkeit wechseln und unter dem neuen Statut seit langem leben, nach dem die Ehe formgültig gewesen wäre. Grundsätzlich kennt das EGBGB eine solche Heilung nicht, doch kommen bei der Ehe als andauernder Lebensgemeinschaft besondere Gesichtspunkte ins Spiel, die eine Ausnahme veranlassen können (→ Art. 13 Rn. 18 ff., 165).[171] Sie sind kaum auf andere Rechtsverhältnisse übertragbar. Eine andere Situation wäre die **res in tansitu** iSd Art. 43, wenn eine Form des Altstatuts noch nicht eingehalten war, und nun die des neuen Statuts erfüllt wird. War der Erwerbstatbestand zuvor noch nicht abgeschlossen, liegt kein echter Statutenwechsel vor, es handelt sich vielmehr um die Regelung des neuen Statuts. Praktische Beispiele sind nicht bekannt geworden und könnten nur bei Mobilien vorkommen, deren Übertragung aber gewöhnlich formfrei ist. Eine wiederum **andere Art** der Heilung durch Statutenwechsel ist es, wenn die Parteien eines formgültigen Schuldvertrages nachträglich ein Geschäftsstatut vereinbaren, dessen Formanforderungen erfüllt sind.[172] Art. 3 Abs. 2 S. 2 Rom I-VO erlaubt das (wie früher Art. 27 Abs. 2 EGBGB aF); nur das Umgekehrte geht nicht.

Davon sind die Heilungen **nach** dem **materiellen Recht** des Sachstatuts zu unterscheiden. Es **73** kommen stets nur die Heilungsvorschriften des betreffenden Formmangelstatuts in Betracht, nicht die eines anderen alternativ geltenden. Die Frage ist vor allem bei **Grundstückskaufverträgen** aktuell geworden. Diese fallen ab ihrer Anwendbarkeit zwar unter **Art. 11 Rom I-VO,** wonach aber dasselbe gilt. Untersteht zB ein Grundstückskaufvertrag über ein ausländisches Grundstück kraft Rechtswahl deutschem Recht, die Verfügung aber der ausländischen lex rei sitae, die ihrerseits den zB privatschriftlichen Kaufvertrag für formgültig ansieht und damit zugleich den Eigentumsübergang ohne ein weiteres Rechtsgeschäft eintreten lässt, so wird der (deutsche) Kaufvertrag nach **§ 311b Abs. 1 S. 2 BGB** sofort **geheilt.**[173] Die inländische Sachnorm (der lex causae) erlaubt die Verwirklichung des Heilungstatbestandes für den Kaufvertrag im Ausland und bestimmt die genaueren Voraussetzungen. Dass der heilende Eigentumsübergang einem anderen Recht als der Kaufvertrag selbst untersteht, hindert nicht.[174]

In dem Fall des BGH hatten die Parteien für einen in Deutschland geschlossenen Kaufvertrag **74** über eine spanische Immobilie deutsches Recht konkludent vereinbart. Nach spanischer lex rei sitae bewirkte der privatschriftliche Vertrag zusammen mit der Übergabe einer spanischen Urkunde (escritura da compraventa) den Eigentumsübergang.[175] Für die Heilung des deutschen Kaufvertrages gemäß § 311b Abs. 1 S. 2 BGB sei entscheidend, dass und nicht wie das Eigentum übergeht. Es schade auch nicht, dass der Eigentumsübergang bis zur Eintragung im spanischen „Grundbuch"

---

[168] BGHZ 29, 137,141 f. = NJW 1959, 717.

[169] Staudinger/*Mankowski* (2011) Art. 13 Rn. 484, 486.

[170] Rvgl. Beispiele aus dem Eherecht Staudinger/*Mankowski* (2011) Art. 13 Rn. 512.

[171] Siehr IPRax 2007, 30 ff.; *v. Bar* IPR II Rn. 169; Staudinger/*Mankowski* (2011) Art. 13 Rn. 515 ff.; unentschieden *v. Hoffmann/Thorn* IPR § 8 Rn. 12; abl. *Frank*, FS Pintens, 2012, 607 (619 f.).

[172] LG Heidelberg IPRax 2005, 42 mAnm *Jayme; Fetsch* GmbHR 2007, 133 für den Verkauf einer englischen private limited comp unter Deutschen in Deutschland; JCl Dr. international Fsc. 552-15 No. 105 (*Gaudemet-Tallon*).

[173] BGHZ 73, 391 (396 f.) = NJW 1969, 1773; OLG München OLGZ 1974, 19; Staudinger/*Winkler v. Mohrenfels* (2016) Rom I-VO Art. 11 Rn. 96 f.; *Kropholler* IPR § 41 III, S. 307; Palandt/*Thorn* Rn. 6.

[174] Irrig LG Hamburg IPRspr. 1978 Nr. 14, das sogar bei ausländischem Grundstück Heilung nur bei Eintragungen im deutschen(!) Grundbuch eintreten lassen will, also weil unmöglich nie (→ Rn. 64).

[175] Diese ist allerdings notwendig; OLG Frankfurt a. M. OLGR 1995, 17.

nicht drittwirksam ist.[176] Implizit beurteilt der BGH dabei die vom spanischen Recht für den Eigentumsübergang verlangte Formwirksamkeit des Kaufvertrages als **Voraussetzung der Übereignung** anscheinend nach der spanischen lex rei sitae und nicht nach dem gewählten deutschen Vertragsstatut.[177] Liegt das Grundstück in Frankreich oder Italien, tritt der Eigentumsübergang inter partes ebenfalls durch den wirksamen, zB privatschriftlichen Kaufvertrag allein ein und ohne Besitzeinweisung, und damit ipso jure die Heilung.

75   Der von § 311b BGB verlangte Übergang des Eigentums gerade am verkauften Grundstück kann zweifelhaft sein: Über ihn entscheidet allein das Belegenheitsrecht. Ungenau ist es, dass das OLG Nürnberg ihn verneint hat, weil die Parteien des dem deutschem Recht unterstellten Kaufvertrages über ein italienisches Grundstück den unmittelbaren Eigentumsübergang nach italienischem Recht nicht wollten.[178] Zumindest wäre darzulegen gewesen, dass nach italienischem Recht eine solche den Eigentumsübergang ausschließende Vereinbarung überhaupt möglich war. Überzeugender war der Hinweis, dass das Grundstück noch zu vermessen und abzumarken war, dass also das Verfügungsobjekt noch nicht konkretisiert war. Beim Verkauf spanischen Wohnungseigentums soll nach OLG Düsseldorf der Übergang eines Miteigentumsanteils nicht ausreichen; es müsse erst noch das verkaufte Sondereigentum konstituiert werden.[179]

76   **Heilung durch** Bewirkung der **Erfüllung** sehen auch § 766 **(Bürgschaft),**[180] § 578 Abs. 2 BGB **(Schenkungsversprechen)**[181] und § 15 Abs. 4 GmbHG vor. Die Wirksamkeit dieser Leistungen kann auch hier aus einem anderen Recht als dem des formunwirksamen Vertrages folgen. In der Rechtsprechung ist immer ein Formmangel nach dem Geschäftsstatut geheilt worden. Es könnte aber ebenso ein Formmangel, der nach dem Ortsrecht bestand, nach dessen Regeln geheilt werden, womit das betreffende Rechtsgeschäft wirksam wird. Nicht zulässig ist jedoch die Kumulation beider Rechte dergestalt, dass der Formmangel des einen, zB des Gesellschaftsstatuts nur nach den Regeln des anderen Ortsrechts geheilt wird zB durch Bewirkung der Leistung.[182] Vielmehr ist dann dieses andre Recht als Formstatut heranzuziehen.

VI. Form des Geschäftsstatuts

77   **1. Geschäftsstatut.** Das Geschäftsstatut stellt eines der Formstatuten. Welches Recht Geschäftsstatut ist, ergeben die Anknüpfungsregeln für das betreffende Rechtsgeschäft. Es kann jedoch sein, dass die Formvorschriften des Geschäftsstatuts bei bestimmten Auslandsbezügen nicht gelten. Es handelt sich dabei nicht um einen Renvoi, sondern um eine **sachrechtliche Einschränkung.** So ist, jedoch zu Unrecht,[183] vertreten worden, § 313 BGB (heute § 311b BGB) gelte nur für **deutsche Grundstücke,**[184] und § 15 Abs. 3 GmbHG gelte nicht für Abtretung von **Anteilen an** einer **ausländischen Ltd. Company** im Inland und unter deutschem Geschäftsstatut, auch wenn sie einer GmbH entspricht (→ Rn. 100). Entsprechend sei auch § 15 Abs 4 GmbHG bei ausländischen Gesellschaften nicht anzuwenden,[185] doch bei der heutigen internationalen Verflechtung der Märkte

---

[176] BGHZ 73, 391 (394) = NJW 1969, 1773 gegen Vorinstanz OLG Köln OLGZ 1977, 201; ebenso im Prinzip OLG München IPRax 1990, 320. Die Registrierung der Übereignung dient nur dazu, diese dritten Erwerbern gegenüber einwenden zu können. Ebenso ist es in Frankreich (Décret no. 55-22 v. 4.1.1955 Art. 31; dazu JCl Notarial Rép. Fasc. 37 No. 35 ff.).

[177] Zust. Staudinger/*Mansel* (2015) Art. 43 Rn. 1110; Erman/*Hohloch* Rn. 33; Staudinger/*Winkler v. Mohrenfels* (2016) Rom I-VO Art. 11 Rn. 97.

[178] OLG Nürnberg NJW-RR 1997, 1484; zumindest unklar auch OLG München OLGZ 1974, 19.

[179] OLG Düsseldorf NJW 1981, 529; krit. *Löber* NJW 1980, 496.

[180] Anders dagegen das schweizer Recht.

[181] Anders zB das österreichische Recht.

[182] AA vielleicht Staudinger/*Winkler v. Mohrenfels* (2016) Rom I-VO Art. 11 Rn. 97.

[183] § 311b gilt auch bei Kaufverträgen nach deutschem Recht über nicht in Deutschland belegene Grundstücke, BGHZ 52, 239 (241 f.); BGHZ 53, 189 (194) = NJW 1970, 999; BGHZ 57, 337 = NJW 1972, 385; BGHZ 73, 391 = NJW 1969, 1773; OLG Nürnberg RIW 1995, 1033; OLG München NJW-RR 1989, 683 = IPRax 1990, 320 mAnm *Spellenberg* IPRax 1990, 295; Palandt/*Thorn* Rn. 6. – § 311b BGB erfasst nicht die Übertragungen von Geschäftsanteilen, selbst wenn die Gesellschaft nur Grundstücke besitzt, BGHZ 86, 367 = NJW 1983, 1110; OLG München ZIP 1993, 508.

[184] *Wengler* NJW 1969, 2237.

[185] OLG München NJW 1993, 998; ebenso *Werner* EWiR 2005, 75 f.; *Olk* NJW 2010, 1639 (1641) mwN; Lutter/Hommelhoff/*Bayer* GmbHG (19. Aufl. 2016) § 15 Rn. 51; *Gärtner/Rosenbauer* DB 2002, 1872; *Bungert* DZWiR 1993, 495 f. mit teilweise anderer Begr.; teilweise wie OLG München *Wrede* GmbHR 1995, 3677 ff.; **aA** für Anwendung des § 15 abs. 4 auch bei ausländischer GmbH OLG Celle NJW-RR 1992, 1126 f.; *Fetsch* GmbHR 2007, 133 ff.; Baumbach/Hueck/*Fastrich* GmbHG § 15 Rn. 21; Staudinger/*Winkler v. Mohrenfels* (2013) Rn. 283; *Dutta* RIW 2005, 98; *Merkle* BB 2004, 1809; Michalski/*Leible* GmbHG, Syst. Darst. 2 Rn. 27; *Merkt* ZIP 1994, 1418 ff., der aber den Kaufvertrag dem Gesellschaftsstatut unterstellen will, S. 1425.

auch für Unternehmen scheint eine Beschränkung dieses Schutzes auf deutsche GmbHs nicht mehr sinnvoll. Dieselbe Frage stellt sich, wenn deutsches Recht – nur – als Ortsform anzuwenden ist (→ Rn. 101).[186] § 15 Abs. 3 und Abs. 4 GmbHG kommen freilich nur in Betracht, wenn die ausländische Gesellschaft einer deutschen GmbH entspricht.[187] Soweit ein nationales, zB deutsches Sachrecht besondere **Sachregelungen für Auslandssachverhalte** hat, wären sie als eine sachrechtliche Anwendungsbeschränkung anzuwenden, wenn dieses Recht vom EGBGB berufen wird.

Unterliegt das Rechtsgeschäft **kumulativ** mehreren Rechtsordnungen, so müssen als Form des **78** Geschäftsstatuts die Formanforderungen aller dieser Rechte erfüllt werden (→ Art. 13 Rn. 146). Wird dagegen bei der Anknüpfung das Rechtsgeschäft aufgespalten, und werden seine Teile je ihrem Recht unterstellt, so gelten die jeweiligen Formvorschriften auch nur für diese Teile. Ein Beispiel für ersteres sind die Eheschließung (→ Rn. 71) und das Verlöbnis.[188] Bei alternativer Anknüpfung des Geschäfts im Ganzen, gilt dagegen das **mildere Recht.** Soweit das Rechtsgeschäft der **Rechts-wahl** zugänglich ist, bestimmen die Parteien mit der Wahl des Geschäftsstatuts auch das für die Form insoweit maßgebende Recht. Dass ihr Vertrag danach formungültig ist, schließt die Wahl nicht aus (→ Rom I-VO Art. 11 Rn. 42).[189] Sie könnten auch eine Teilrechtswahl nur für die Form vornehmen (→ Rom I-VO Art. 11 Rn. 65 ff.).

Art. 11 Abs. 1 erfasst (wie Art. 11 Abs. 3 Rom I-VO) mit dem Geschäftsstatut als Formstatut **79** auch **einseitige Erklärungen.** Der deutsche Gesetzgeber hat Art. 9 Abs. 3 EVÜ nicht in Art. 11 inkorporiert, weil sich das schon aus Abs. 1 ergibt („Rechtsgeschäft"), nicht weil er diese Erstreckung ablehnte.

2. Erfüllung der Formanforderungen im Ausland. a) Geschäftsvornahme im Ausland. **80**
Ob die Erfüllung der Formanforderungen der **lex causae** auch **im Ausland** möglich ist, ist eine von diesem Recht zu beantwortende und im deutschen Recht grundsätzlich bejahte **sachrechtliche** Frage. Sie wird erheblich, wenn nur das Wirkungsstatut gilt, also namentlich im Rahmen des Abs. 4 bei Verfügungen (→ Rn. 166 ff.), oder wenn die Form des Ortsrechts ihrerseits nicht eingehalten ist. Praktische Bedeutung hat die Frage namentlich für die Beurkundung gesellschaftsrechtlicher Akte in der Schweiz und neuerdings in den Niederlanden (oft aus gebührenrechtlichen Gründen) bekommen. Sie darf nicht mit der Frage vermengt werden, ob alternativ die ausländische Ortsform gilt (→ Rn. 66 ff.), obwohl sich die Frage der Erfüllung der Formanforderungen im Ausland (Substitution) durch die Anwendung der alternativen Ortsform erübrigen kann.

Das **deutsche Recht** lässt die **Vornahme** des betreffenden Rechtsgeschäfts **im Ausland** grund- **81** sätzlich zu und schließt sie nur gelegentlich aus, so ausdrücklich für die Errichtung von deutschen **vollstreckbaren Urkunden** in § 794 Abs. 1 Nr. 5 ZPO. Dagegen können ausländische vollstreckbare Urkunden im Inland wie inländische im Ausland nach Art. 58 Brüssel IIa-VO (Art. 57 EuGVO) oder nach Art. 25 EuVTVO vollstreckt werden, wenn diese VOen anwendbar sind. Ferner ist nach hM die **Auflassung** deutscher Grundstücke nur vor deutschen Notaren, also in Deutschland (oder vor einem deutschen Berufskonsul im Ausland), möglich,[190] wofür jedoch nur historische, keine sachlich rechtfertigenden Gründe geltend gemacht werden können. Die bisher hM sollte in teleologischer Auslegung aufgegeben werden.[191] Grundsätzlich ist die Vornahme **aller Rechtsgeschäfte im Ausland** möglich.[192] Es stellt sich dann nur die Frage der **Gleichwertigkeit ausländischer Notare** (→ Rn. 85 ff.).

Bei einer Publikumsaktiengesellschaft kommt eine **Hauptversammlung** außerhalb des Ortes **82** ihres Sitzes gewöhnlich aus Kosten- und Organisationsgründen wohl kaum in Frage. Die Hauptversammlung anderswo als an ihrem Sitz setzt zwar gemäß § 121 Abs. 5 AktG eine Erlaubnis in der Satzung voraus, ist dann aber zulässig bei angemessener Wahrung der Teilnahmeinteressen der Aktio-

---

[186] Zutr. *Olk* NJW 2010, 1639 (1641).
[187] Das ist bei der kanadischen und kalifornischen ltd. comp. str. Verneint von OLG München NJW-RR 1993, 998 für Kanada, für Kalifornien offengelassen von OLG Stuttgart NZG 2001, 40.
[188] Vgl. KG JW 1938, 1715.
[189] ZB OLG Frankfurt a. M. OLGR 2000, 112.
[190] BGH WM 1968, 1170; OLG Köln OLGZ 1972, 321; BayObLGZ 1977, 211 = DNotZ 1978, 58; KG DNotZ 1987, 44; LG Ellwangen RIW 2001, 945; *Kropholler* ZHR 140 (1976), 410; *Riedel* DNotZ 1955, 521 zu den historischen Gründen der Regel; **aA** *Mann* NJW 1955, 1178 und ZHR 138 (1974), 456; *Heinz* RIW 2001, 928 ff.; *Stauch,* Geltung ausländischer notarieller Urkunden in der Bundesrepublik Deutschland, 1983, 119; auch Staudinger/*Winkler v. Mohrenfels* (2013) Rn. 296; Soergel/*Kegel* Rn. 35; Erman/*Hohloch* Rn. 34; *Küppers* DNotZ 1973, 645 (677); *Ulrich/Böhle* GmbHR 2007, 566 (571).
[191] BeckOGK/*Gebauer* Rom I-VO Art. 11 Rn. 106; Staudinger/*Winkler v. Mohrenfels* (2013) Rn. 296; schon *Martin Wolff,* Deutsches IPR, 1930, 130.
[192] Eingehend *Spellenberg,* FS Schütze, 1999, 887 ff.

näre.[193] Die ratio der Bestimmung ist, dass die Aktionäre damit wissen können, worauf sie sich einlassen.[194] Wenn man dennoch § 121 Abs. 5 AktG auf die Auswahl unter inländischen Versammlungsorten beschränken will, so ließe sich das allenfalls damit begründen, dass der Staat mittelbar durch den beurkundenden Notar eine Kontrolle im staatlichen oder öffentlichen Interesse ausüben können sollte.[195] Der Staat hat sich jedoch in die internen Angelegenheiten der AG nicht einzumischen, und die Öffentlichkeit, namentlich Gläubiger und zukünftige Vertragspartner, sollen durch die Eintragungen im Handelsregister (§ 15 HGB) geschützt werden. Erst recht sind Gesellschafterversammlungen einer **GmbH** mit ihrem überschaubaren Kreis von Gesellschaftern im Ausland zulässig.[196] Zu Recht enthält das GmbHG dabei keine dem § 121 AktG entsprechende Bestimmung, sondern überlässt die Wahl des Ortes ganz den Geschäftsführern (oder der Satzung). Wenn danach die Vornahme des Rechtsgeschäfts, namentlich die Versammlung der Anteilseigner im Ausland erfolgen kann,[197] so müssen jedoch für die erste Alternative des Art. 11 Abs. 1 die Formanforderungen des (deutschen) Gesellschaftsstatuts erfüllt werden.[198]

83   **b) Deutsche Geschäftsform im Ausland.** Die Schriftform ist ohne Probleme auch im Ausland zu verwirklichen. Problematisch ist das nur, wenn eine notarielle Beglaubigung oder Beurkundung gefordert ist oder eine sonstige Mitwirkung einer Amtsperson. So ist zB streitig, ob ein ausländischer Standesbeamter für § 1310 BGB genügt (→ Art. 13 Rn. 146 f.). Eine **ausländische Beurkundung** erfüllt die deutschen Formanforderungen, wenn sie **gleichwertig** ist. Bei der Beurteilung der Gleichwertigkeit ist auf den Zweck der deutschen Formvorschrift abzustellen. Wenn nur die Echtheit der Unterschrift durch Beglaubigung zu sichern ist, sind für diese **Beweisfunktion** die Anforderungen an das ausländische Verfahren naturgemäß ebenso geringer wie an die Qualifikation der Urkundsperson (→ Rn. 88 f.). Die **Warnfunktion** erfüllt unproblematisch auch die Einschaltung eines ausländischen Notars.[199] Auch das weckt den „geschäftsmäßigen Sinn" iSd RG und die Verantwortung. Problematisch und viel diskutiert ist die Beweisfunktion und, worauf aber nicht abzustellen ist, die **Beratungsfunktion** der notariellen **Beurkundung.**

84   Nach hM steht der Beurkundung durch einen **deutschen Notar im Ausland** § 11 Abs. 2 2. Alt BNotO entgegen, also eine (europarechtlich bedenkliche) Regel des deutschen Sachrechts.[200] Danach kann ihm eine Beurkundung im Ausland nur genehmigt werden, wenn zwingende objektive Gründe der vorsorgenden Rechtspflege es erfordern.[201] Nachdem der EuGH aber die notarielle Beurkundung nicht als hoheitliche Tätigkeit eingestuft hat, die die Bereichsausnahme von der Dienstleistungsfreiheit rechtfertigen würde,[202] argumentiert der BGH nun mit der „Sicherung der Lebensfähigkeit und der gleichbleibenden Leistungsfähigkeit der Notarstellen und der insgesamt bedarfsgerechten und flächendeckenden Organisation des Notariats". Die generelle Zulassung von Auswärtsbeurkundungen würde zu einem unerwünschten Reisenotariat und zu einer Konzentration der Notare in ihnen günstiger erscheinenden Orten führen und die angemessene Versorgung in den

---

[193] BGHZ 203, 68 Rn. 20 = NJW 2015, 336; OLG Stuttgart Justiz 1981, 19 = IPRspr. 1981 Nr. 10a; BGHZ 80, 76 = NJW 1981, 1160 = IPRspr. 1981 Nr. 10b; (implizit); OLG Frankfurt a. M. DNotZ 1982, 186; *Schiessl* DB 1992, 823; *Stauch,* Geltung ausländischer notarieller Urkunden in der Bundesrepublik Deutschland, 1983, 32 ff.; *Kleinmann* NJW 1972, 373; *Bokelmann* NJW 1972, 1729 f.; MüKoAktG/*Kubis* AktG § 121 Rn. 88, 91 f. mwN; *Hüffer/Koch* AktG § 121 Rn. 15; *v. Bar/Grothe* IPRax 1994, 269 f.; **aA** OLG Hamburg IPRax 1994, 29 m. abl. Aufsatz *v. Bar/Grothe* IPRax 1994, 269 f.; (wohl) OLG Hamm OLGZ 1974, 149 = NJW 1974, 1057; *Wilhelmi* BB 1987, 1331; Kölner Komm AktG/*Noack/Zetsche* AktG § 121 Rn. 187.

[194] Zwar wird derjenige, der Aktien nur als Geldanlage erwirbt, sich für diese Satzungsbestimmung nicht interessieren, aber die Frage berührt ihn darum auch tatsächlich kaum. Große Aktionäre wissen sich ohnehin zu schützen. Zudem sind die Aktien heute oft international gestreut, so dass sich die Bevorzugung einer Nationalität bzw. des Sitzstaates nicht mehr gut rechtfertigt.

[195] So AG Köln RIW 1989, 990; OLG Hamburg IPRax 1994, 291.

[196] BGH WM 1985, 567 f.; OLG Stuttgart IPRspr. 1981 Nr. 10a; OLG Köln GmbHR 1989, 125; OLG Düsseldorf NJW 1989, 2200 = RIW 1989, 226; Scholz/*K. Schmidt* GmbHG § 48 Rn. 6 f.; mit Einschr. Staudinger/*Großfeld* (1998) IntGesR Rn. 402.

[197] Zumal wenn die Gesellschafter dort sitzen; zB BGHZ 80, 76 = NJW 1981, 1160 (alle Gesellschafter in der Schweiz); OLG Köln GmbHR 1989, 125; BayObLG DB 1977, 2320.

[198] Lassen sich im Ausland diese Gleichwertigkeitskriterien nicht erfüllen, so ist nicht etwa die Abhaltung der Gesellschafterversammlung als solche unzulässig (so aber OLG Hamburg IPRax 1994, 291; *K. Schmidt* DB 1974, 1216), allenfalls sind ihre Beschlüsse unwirksam.

[199] *Kröll* ZGR 2000, 131.

[200] *Huhn/v. Schuckmann* BeurkG, 6. Aufl. 2013, § 2 Rn. 15; *Eder* BWNotZ 1982, 75; krit. *Basedow* RabelsZ 55 (1991), 429; eingehend *Preuß* ZEuP 2005, 291 ff.; BGHZ 138, 359 = NJW 1998, 2830, dazu *Riering* IPRax 2000, 16; → Rn. 103 ff.

[201] BGHZ 196, 271 Rn. 15 ff = NJW 2013, 112.

[202] EuGH NJW 2011, 2941; aA wenig überzeugend noch BGH NJW 2013, 1605.

ihnen zugewiesenen Amtsbezirken gefährden.[203] Die Frage bzw. § 11 Abs. 2 2. Alt. BNotO hätte entgegen dem BGH dem EuGH im Blick nicht nur auf EuGH NJW 2011, 2941 Rn. 75 f., sondern auch EuGH NJW 1975, 5123 – Reyners vorgelegt werden müssen.

Man wird **nicht zulassen** können, dass eine vom Notar im Ausland wahrgenommene Willenser- 85 klärung später im Inland **beurkundet** wird.[204] Immer möglich ist die Beurkundung durch einen deutschen Berufskonsul, ausnahmsweise auch Honorarkonsul (§§ 10, 19 KonsularG). Jedoch soll der Notar eine vor ihm im Ausland geleistete Unterschrift nicht später im Inland **beglaubigen** können, obwohl Unterschrift und Beglaubigung nicht gleichzeitig erfolgen müssen.[205] In dieser Weise soll ein deutscher Notar aber eine Hauptversammlung im Ausland protokollieren können.[206]

c) Gleichwertigkeit der ausländischen Beurkundung; Kriterien. Ist ein Rechtsgeschäft im 86 Ausland vorzunehmen und zu beurkunden, kommt danach zur Erfüllung der vom (deutschen) Geschäftsstatut geforderten Form nur die Beurkundung durch einen **ausländischen Notar** etc in Frage. Seine Beurkundung oder Beglaubigung muss gleichwertig sein, dh die für die Wirksamkeit des Rechtsgeschäfts vom deutschen Recht aufgestellten Bedingungen erfüllen. Dieser Ausgangspunkt dürfte heute weitgehend gesichert sein[207] und ist streng zu unterscheiden von der alternativen Ortsform (→ Rn. 113 ff., 173 ff.; → IntGesR Rn. 535, 541). Streitig ist, wann die **Gleichwertigkeit vorliegt,** soweit ersichtlich, weitgehend nur bei gesellschaftsrechtlichen Geschäften und kaum bei **Grundstückskaufverträgen** oder **Erbverträgen** und **Testamenten.** Die Literatur dazu ist mittlerweile unübersichtbar, und alle Argumente mehrfach ausgetauscht.

Bei der Prüfung der Gleichwertigkeit ist bei deutschem Geschäftsstatut vom **Zweck** der deutschen 87 Formvorschrift und der betreffenden deutschen Beurkundungsregel auszugehen und zu prüfen, ob die ausländische Beurkundung oder Beglaubigung diesen **Zweck** in gleichwertiger Weise **verwirklicht** wie ein deutsches Verfahren vor deutschen Urkundspersonen (zweckgebundene Gleichwertigkeit).[208] Volle Identität ist dabei nicht zu verlangen, sondern nur **Gleichwertigkeit.**[209] Es handelt sich nicht um eine kollisionsrechtliche Frage, sondern um Auslegung der **sachrechtlichen Bestimmungen** des deutschen Rechts und **Substitution** (→ Einl. IPR Rn. 227, 232 ff.).[210] Die im Hinblick auf die alternative Ortsform notwendige Qualifikation einer Regelung als Formregelung ist hier – vergleichsweise – weniger wichtig. Es genügt zu prüfen, ob die deutsche Vorschrift, sei sie nun wirklich als Form zu sehen oder nicht, gleichwertig auch im Ausland erfüllt wird.

aa) Persönliche Gleichwertigkeit. Dazu muss für eine Beurkundung zum einen die ausländische 88 **Urkundsperson** nach Vorbildung und Stellung im Rechtsleben einem deutschen Notar gleichstehen,[211] oder es muss sich beispielsweise bei Vaterschaftsanerkenntnissen (§ 1597 BGB) um eine dem

---

[203] BGHZ 196, 271 Tz. 23 =NJW2013, 112. Die Frage der Qualifikation der Beurkundung als hoheitliche Aufgabe lässt der BGH hier offen, Tz 20.
[204] *Bärmann* AcP 159 (1959/60), 6; *Blumenwitz* DNotZ 1958, 720; implizit BGHZ 138, 359 = NJW 1998, 2830 aber zu einer vollstreckbaren Urkunde.
[205] BGHZ 138, 359 (361) = NJW 1998, 2830; zust. Staudinger/*Hertel* (2017) BeurkG Rn. 260; aA Staudinger/ *Winkler v. Mohrenfels* (2013) Rn. 252; *Winkler* BeurkG (18. Aufl. 2017) § 2 Rn. 3, § 40 Rn. 62, 16.
[206] Armbrüster/Renner/*Preuss/Renner* BeurkG (6. Aufl. 2013) § 2 Rn. 20; aA Arndt/Lerch/*Sandkühler* BNotO (18. Aufl. 2017) § 11 Rn. 14; Staudinger/*Winkler v. Mohrenfels* (2013) Rn. 252.
[207] Staudinger/*Winkler v. Mohrenfels* (2013) Rn. 253; Erman/*Hohloch* Rn. 19 f.; Bamberger/Roth/*Mäsch* Rn. 35 f.; NK-BGB/*Bischoff* Rn. 20.
[208] BGHZ 203, 68 Rn. 16 ff. = NJW 2015, 336; eingehend *M.-P. Weller* ZGR 2014, 865 (876 ff.); *Benecke* RIW 2002, 280 (283); BeckOGK/*Gebauer* Rom I-VO Art. 11 Rn. 105, 107 ff.; Staudinger/*Winkler v. Mohrenfels* (2013) Rn. 254 ff., 268 ff.; *Kröll* ZGR 2000, 113 ff. (127 ff.); *Reithmann* in Reithmann/Martiny IntVertragsR Rn. 5.328 ff. – aA gegen die Gleichwertigkeit ausländischer Beurkundungen generell und nicht überzeugend *Pilger* BB 2005, 1285 ff.; Übersicht über den Meinungsstand *Brück* BB 2004, 2409 ff.; *Saenger/Scheuch* BB 2008, 65 ff.; Staudinger/*Winkler v. Mohrenfels* (2013) Rn. 268 ff.
[209] BGHZ 80, 76 = NJW 1981, 1160; BGH DB 1984, 2214; ZIP 1989, 1052 = RIW 1989, 649; NZG 2005, 41; OLG München DB 1998, 119; OLG Köln GmbHR 1989, 125; OLG Stuttgart Justiz 1981, 19 = IPRspr. 1981 Nr. 10a; LG Kiel RIW 1997, 957; *Barmeyer,* Die Anerkennung ausländischer, insbesondere englischer Beurkundungen auf dem Gebiet des Gesellschaftsrechts, 1996, 74 ff.; *Blumenwitz* DNotZ 1968, 732 f.; *Bockelmann* NJW 1975, 1625 (1626); *Kropholler* ZHR 140 (1976), 410; *Heldrich,* FS BGH, Bd. 2, 2000, 733 (774); *Reuter* BB 1998, 116; *Bungert* NZG 1998, 540; *Wolfsteiner* DNotZ 1978, 532; Staudinger/*Winkler v. Mohrenfels* (2013) Rn. 301 ff.; Erman/*Hohloch* Rn. 19 ff.; *Scholz/Seibt* GmbHG § 15 Rn. 84 ff.; *Stauch,* Geltung ausländischer notarieller Urkunden in der Bundesrepublik Deutschland, 1983, 73 ff.; Palandt/*Thorn* Rn. 7; *Benecke* RIW 2002, 280 (283); *Kröll* ZGR 2000, 113 ff.; aA LG Mainz RzW 1958, 334 (Anerkennung ohne Gleichwertigkeitsprüfung).
[210] Allgemein dazu *Mansel,* FS W. Lorenz, 1991, 689 (698 ff.).
[211] ZB *Kröll* ZGR 2000, 125. Der ausländische Notar muss dabei nicht gerade wie in Deutschland als Organ der Rechtspflege eingeordnet sein, es genügt, wenn eine vergleichbare Unabhängigkeit und Zuverlässigkeit gesichert ist. Rechtsvergleich zum Notariatswesen insbes. bei *Basedow* RabelsZ 55 (1991), 409 ff.; *Stürner* DNotZ

deutschen Standesamt oder Jugendamt **funktional** entsprechende Stelle handeln (**persönliche Gleichwertigkeit**).[212] Wo es auf die Mitwirkung der Urkundsperson bei der Niederlegung der Erklärung ankommt, indem die zu beurkundende Willenserklärung vom Erklärenden mündlich abgegeben und von der Urkundsperson inhaltlich wahrgenommen wird,[213] entsprechen hinsichtlich ihrer Vorbildung und Stellung im Rechtsleben, also in **persönlicher Hinsicht,** dem deutschen Notar der österreichische,[214] besondere englische Notare[215] und grundsätzlich das lateinische Notariat des romanischen Rechtskreises,[216] wohl auch der holländische[217] und der israelische[218] Notar, nicht aber der englische und amerikanische **notary public,** dessen Tätigkeit im Wesentlichen nur eine beglaubigende bzw. die eines „berufsmäßigen Zeugen", außer bei dem des Staates Louisiana und von Puerto Rico, der wohl dem Notar des lateinischen Notariats nahe kommt.[219] Dass der ausländische Notar ein Jurastudium absolviert haben muss, wie es beim lateinischen Notariat üblich ist, ist angesichts der württembergischen Bezirksnotare zweifelhaft.[220] Eine im Wesentlichen nur beglaubigende Tätigkeit üben auch die zwei Mitglieder des dänischen Notarial Kontoret aus.[221] In der Schweiz ist das Notariatswesen nicht bundeseinheitlich geregelt, so dass Ausbildung, Stellung und Funktion der Notare und ihres Verfahrens für jeden Kanton gesondert zu untersuchen sind.[222] Hierfür kommt es nicht auf die konkrete Person oder den Einzelfall an, sondern insbesondere auf die dortige gesetzliche Regelung. Die Gleichwertigkeit wurde bejaht für Basel-Stadt,[223] Bern,[224] Genf,[225] Zürich,[226] Zug[227] und auch Luzern.[228]

1995, 343 ff.; Staudinger/*Hertel* (2017) BeurkG Rn. 724 ff.; Staudinger/*Winkler v. Mohrenfels* (2013) Rn. 297 ff.; *Bruns* EuZW 2012, 247.

[212] Vgl. hierfür noch speziell das CIEC-Übk. vom 14.9.1961 (BGBl. 1965 II S. 19) über die Erweiterung der Zuständigkeit der Behörden, vor denen nichteheliche Kinder anerkannt werden können, besonders Art. 3 und 4. Ob die deutsche standesamtliche Eheschließung grds. auch vor einem ausländischen Standesbeamten erfolgen kann, ist str. (→ Art. 13 Rn. 146), aber zu bejahen.

[213] Die Beurkundung ist die Errichtung einer Zeugnisurkunde durch den Notar über Tatsachen und Vorgänge, die er selbst wahrgenommen hat, Huhn/*v. Schuckmann* BeurkG, 6. Aufl. 2013, § 1 Rn. 3.

[214] Vgl. *Wagner* DNotZ 1982, 205 ff.; BayObLGZ 1977, 242 (244) = NJW 1978, 500; LG Kiel DB 1997, 1223 (Verschmelzung); entspr. in umgekehrter Richtung für Beurkundung einer Abtretung eines Anteils an öst. GmbH OGH IPRax 1990, 151 mAnm *Kralik* = ZfRV 1989, 223 (229) mAnm *Schwind*.

[215] Nämlich die (Londoner) Scrivener Notare und die General Notaries; mit eingehender Begr. vor allem *Langhein,* Anglo-amerikanische notarielle Beglaubigungen, Bescheinigungen und Belehrungen im deutschen Registerrecht. Zum Kollisionsrecht der Registerurkunden, 1994, 32 ff.; *Stauch,* Geltung ausländischer notarieller Urkunden in der Bundesrepublik Deutschland, 1983, 124 ff.; *Mann* NJW 1955, 1177.

[216] *Blumenwitz* DNotZ 1968, 725 (737); *Bärmann* AcP 159 (1959/60), 18; *Löber* RIW 1989, 94 (Spanien); näher *Stürner* DNotZ 1995, 343 ff.; zweifelnd für Südamerika Huhn/*v. Schuckmann* BeurkG, 2. Aufl. 1987, § 1 Rn. 43.

[217] *Liiyten* DNotZ 1965, 12 ff.; OLG Düsseldorf NJW 1989, 2200; Staudinger/*Winkler v. Mohrenfels* (2013) Rn. 304 f.; zurückhaltend Staudinger/*Großfeld* (1988) IntGesR Rn. 472 ff.

[218] *Scheftelowitz* DNotZ 1978, 145 ff.

[219] Eingehend *Langhein,* Anglo-amerikanische notarielle Beglaubigungen, Bescheinigungen und Belehrungen im deutschen Registerrecht. Zum Kollisionsrecht der Registerurkunden, 1994, 72 ff. und zu letzteren bes. S. 74; *Blumenwitz* DNotZ 1968, 718 f. (737 f.); zu Amerika *Ferid/Böhmer* IPR, 3. Aufl. 1986, Rn. 5–109; Erman/*Hohloch* Rn. 20; AG Mainz DAVorm. 1990, 560 (Vaterschaftsanerkennung).

[220] *Kröll* ZGR 2000, 149. In Basel-Land und in Zürich ist es nicht obligatorisch.

[221] *Raudszus* DNotZ 1977, 527 ff.; *Cornelius* DNotZ 1996, 352 ff. Die dänischen Notare nehmen wohl keine Beurkundungen vor, stehen aber iÜ deutschen Notaren gleich. Außerhalb Kopenhagens nehmen Richter der ersten Instanz die Funktionen wahr.

[222] Zur Schweiz *Carlen,* Das Notariatsrecht der Schweiz, 1976; *Geimer* DNotZ 1981, 406 Fn. 3; *Müller* NJW 2014, 1994 (1997 f.) mN; abl. *Pilger* BB 2005, 1287 f.

[223] BGHZ 199, 270 Rn. 14 = NJW 2014, 2026 m. zust. Anm. *Müller* NJW 2014, 1994, M.-P. *Weller* ZGR 2014, 865; OLG Düsseldorf IPRax 2011, 395; OLG Frankfurt a. M. GmbHR 2005, 764 (Kanton Basel-Stadt); OLG München NJW-RR 1998, 758 = NZG 1998, 157; LG Nürnberg-Fürth IPRspr. 1991 Nr. 29b; Staudinger/*Winkler v. Mohrenfels* (2013) Rn. 299; *Götze/Mörtel* NZG 2011, 727 zu OLG Düssseldorf NJW 2011, 1370 = IPRax 2011, 395; aA *Süß* DNotZ 2011, 414.

[224] OLG Hamburg IPRspr. 1979 Nr. 9 (Ehevertrag); Staudinger/*Winkler v. Mohrenfels* (2013) Rn. 318.

[225] Staudinger/*Winkler v. Mohrenfels* (2013) Rn. 301.

[226] RGZ 88, 227; 160, 225 (231); BGHZ 80, 76 = NJW 1991, 1160 (Änderung der Satzung einer GmbH); BGH NJW-RR 1989, 1259; OLG Frankfurt a. M. WM 1981, 946 = IPRspr. 1981 Nr. 11 (Abtretung eines GmbH-Anteils); OLG Stuttgart IPRax 1983, 79; OLG Frankfurt a. M. GmbHR 2005, 764; LG Köln RIW 1989, 990 = IPRspr. 1989 Nr. 33b; Staudinger/*Winkler v. Mohrenfels* (2013) Rn. 302; **aA** AG Köln NJW-RR 1989, 990; *Geimer* DNotZ 1981, 406 ff.; *Bredthauer* BB 1986, 1864; *Heckschen* DB 1990, 161 ff.; *Heckschen* Rpfleger 1990, 122 f.

[227] LG Stuttgart IPRspr. 1976 Nr. 5 A.

[228] LG Koblenz IPRspr. 1970 Nr. 144, obwohl Luzern an sich nicht das lateinische Notariat hat.

Die gesetzliche Regelung ist das eine, das tatsächliche Funktionieren das andere. Man hört **88a** nicht selten, dass im einen oder andren Land die notarielle Beurkundung häufig nicht oder nicht ordnungsgemäß funktioniere. Man hört nicht nur von korrupter Justiz, sondern auch von Dysfunktionen in der notariellen Praxis. Aber das ist idR kein Grund, die Gleichwertigkeit generell zu verneinen. Man muss vielmehr im konkreten Fall solchen möglichen Falschbeurkundungen nachgehen (→ Rn. 90).

Die Anforderungen an die Funktion und Stellung der Urkundsperson hängen von den jeweiligen **89** **Formanforderungen des deutschen Rechts** für das betreffende Rechtsgeschäft ab. Danach genügten den deutschen Anforderungen bei einer **Beglaubigung** auch ein amerikanischer notary public[229] und wohl ebenso die Urkundspersonen vieler anderer Rechtsstaaten. Entscheidend ist die Verlässlichkeit. Hier kommt es nur auf die Bezeugung der Identität des Erklärenden und der Echtheit seiner Unterschrift an. Insoweit war auch die Gleichwertigkeit des staatlichen sowjetischen Notariats zu bejahen, das Beglaubigungsvermerke in der von der ausländischen Gesetzgebung vorgeschriebenen Form vornehmen konnte,[230] doch für mehr als Unterschriftsbeglaubigungen war die Gleichwertigkeit hier wohl nicht gegeben. Zu Recht ist die Formwirksamkeit iSd § 1597 BGB für ein Vaterschaftsanerkenntnis darum verneint worden.[231] Doch 1993 sei ein freies lateinisches Notariat eingeführt worden.[232] Zumindest scheint aber 2013 eine wesentliche Änderung durch ein neues Gesetz vorgenommen worden zu sein, die eine deutliche Annäherung an das lateinische Notariat brint.[233] Der amerikanische notary publicsoll auch die Beurkundung einer eidesstattlichen Versicherung für § 2356 BGB[234] oder einer unwiderruflichen Vollmacht zum Grundstücksverkauf vornehmen können.[235] Das erscheint nicht richtig.

bb) Gleichwertiges Beurkundungsverfahren. Außer auf die vergleichbare Befähigung, Funk- **90** tion und Stellung im Rechtsleben der Urkundsperson muss auch das von ihr **beobachtete Beurkundungsverfahren** dem betreffenden deutschen **gleichwertig** sein.[236] Dabei ist hier entscheidend, wie die ausländische Urkundsperson **tatsächlich verfahren** ist, nicht wie sie nach Ortsrecht hätte verfahren sollen.[237] Freilich wird man die Einhaltung dieses Verfahrens vermuten, aber die konkreten Umstände geben ggf. den Ausschlag. Es kann sogar sein, dass der ausländische Notar deutsche Regeln anwenden darf, zB die Urkunde vorliest.[238] Bei der Bewertung ist nicht kleinlich zu verfahren.[239] Das Beurkundungsverfahren muss die Funktion nur **gleichwertig** erfüllen. Dafür ist nicht wesentlich, ob das ausländische Verfahren auch gerade für eine der deutschen GmbH entsprechende Gesellschaft vorgeschrieben ist.[240] Und wenn zB die Erklärungen der Beteiligten nicht nach § 13 BeurkG vorgelesen werden, sondern nach Art. 500 f. schweiz. ZGB von ihnen selbst gelesen und dann genehmigt werden, wird die unverfälschte Wiedergabe des Willens, um die es hier geht, auch hinreichend gewährleistet (vgl. auch § 23 BeurkG), wenn eine Verhandlung

[229] *Blumenwitz* DNotZ 1968, 737; Erman/*Hohloch* Rn. 22; Soergel/*Kegel* Rn. 35; wohl auch *Reithmann* DNotZ 1995, 364; BayObLG IPRax 1994, 122; OLG Zweibrücken Rpfleger 1999, 326 = IPRspr. 1999 Nr. 194; OLG Köln RJW 1909, 565.

[230] *Bondarew-Eidinowa* NJ 1973, 611 ff.

[231] AG Karlsruhe IPRspr. 1989 Nr. 35 (aber wirksam nach Ortsform); AG Mainz DAVorm. 1990, 560 zu § 1600e BGB aF.

[232] *Erofeenkova* NotBZ 2000, Sonderheft S. 64.

[233] *Schmitkel* DNotZ 2013, 103 (ber. 107 ff.), *Schramm*, Zur Reform des Notariats in Russland, Ost/Mag, Ostinstitut Wismar, o.J.

[234] LG Mainz NJW 1958, 1496 (Ls.) = RzW 1958, 334; zust. Soergel/*Kegel* Rn. 35.

[235] LG Berlin IPRspr. 1960/61 Nr. 144; KG IPRspr. 1931 Nr. 21; IPRspr. 1933 Nr. 9; LG Berlin IPRspr. 1930 Nr. 24; LG Berlin IPRspr. 1932 Nr. 63.

[236] Ausf. *Barmeyer*, Die Anerkennung ausländischer, insbesondere englischer Beurkundungen auf dem Gebiet des Gesellschaftsrechts, 1996, 78 ff.; *Benecke* RIW 2002, 284. Gut unterschieden von OLG Hamm OLGZ 1974, 149 = NJW 1974, 1057; LG Nürnberg-Fürth IPRspr. 1991 Nr. 29b.

[237] Zutr. *Schervier* NJW 1992, 596; *Müller* RIW 2010, 591, 596; *Stauch,* Geltung ausländischer notarieller Urkunden in der Bundesrepublik Deutschland, 1983, 134, 138; *Kröll* ZGR 2000, 127; zur Beglaubigung OLG Zweibrücken Rpfleger 1999, 326 = IPRspr. 1999 Nr. 194. – Nach englischem Recht sind die Scrivener Notare gehalten, die maßgebenden ausländischen Beurkundungsregeln zu beachten: *Langhein,* Anglo-amerikanische notarielle Beglaubigungen, Bescheinigungen und Belehrungen im deutschen Registerrecht. Zum Kollisionsrecht der Registerurkunden, 1994, 61 f. Denkbar ist auch, dass ein Schweizer Notar wegen des deutschen Rechts vorliest und die Urkunde nicht nur zum Lesen gibt (so Basel-Stadt).

[238] Nachweise zur Schweiz bei *Müller* NJW 2014, 1994 (1997); *M.-P. Weller* ZGR 2014, 865 (878 f.).

[239] *Kropholler* ZHR 140 (1976), 406 ff.; Soergel/*Kegel* Rn. 35 sieht die Gleichwertigkeit – in beiderlei Hinsicht – sogar in aller Regel gegeben. Über das Prinzip bzw. die Fragestellung herrscht wohl Einigkeit: BGHZ 80, 76 (78) = NJW 1981, 1160; Staudinger/*Großfeld* (1998) IntGesR Rn. 471; *Kröll* ZGR 2000, 126.

[240] So aber OLG München NJW-RR 1993, 998 für die umgekehrte Frage der Formerfüllung in Deutschland betr. eine ausländische Gesellschaft.

stattgefunden hat.[241] Diese ist wichtiger als die Verlesung. Deutsche Vorschriften, deren Mißachtung die Beurkundung unwirksam macht, müssen nicht buchstabengenau eingehalten werden, sondern können durch funktionsgleiche ausländische Regeln ersetzt werden. Alles andere wäre Förmelei. Ist ein nicht deutsches Recht Geschäftsstatut und soll dessen Form in einem anderen Staat, zB in Deutschland, erfüllt werden, so entscheidet jenes Recht entsprechend (→ Rn. 110).

90a   Generell ist die Gleichwertigkeit am **Zweck** der deutschen Formvorschrift zu messen. Darum sind auch die Anforderungen bei bloßer **Beglaubigung** der Echtheit von Unterschriften einschließlich der Identität des Unterzeichnenden deutlich niedriger als bei der Beurkundung. Entsprechend hat der BGH festgehalten, dass die Beurkundung der Hauptversammlung einer AG (im Ausland) Klarheit über die gestellten Anträge und ihr Annahme oder Ablehnung gewährleisten soll. Das kann auch durch eine unabhängige ausländische Person, die einem deutschen Notar vergleichbar ist, geschehen. Die Sicherung des geordneten Verfahrensablaufs sei dagegen nicht seine vorrangige Aufgabe, und eine Prüfungs- und Belehrungspflicht bestehe bei der Beurkundung über Wahrnehmungen des Notars im Gegensatz zu der von Erklärungen nicht (§ 37 Abs. 1 Nr. 2 mit § 17 BeurkG).[242] Vor allem gilt dies aber auch für § 15 Abs. 3 GmbHG, denn dessen Zweck, die **Abtretung** von GmbH-Anteilen zu **bremsen** und weniger „Richtigkeit" zu gewährleisten, wird auch von einem Gang zum schweizer Notar erreicht ohne besondere Anforderungen an das von diesem beobachtete Beurkundungsverfahren. Seit die Abtretung in der Schweiz privatschriftllich möglich ist, wird die Gleichwertigkeit einer Beurkundung in der Schweiz auch deswegen bezweifelt, weil schweizer Notare in Zukunft weniger Erfahrung mit deutschen Beurkundungen haben werden. Darauf kommt es nur an, wenn die deutsche Form in der Schweiz gleichwertig erfüllt werden soll. Erfahrung ist aber im deutschen Recht keine Beurkundungsvoraussetzung, wann das Verfahren eingehalten ist.[243]

91   Welche Regeln des deutschen Beurkundungsverfahrens als **unverzichtbar** anzusehen sind, so dass sie im Ausland ein wenigstens gleichwertiges Pendant finden müssen, ist im Einzelnen nicht immer leicht zu entscheiden. Wenn der **BGH**[244] in die Gleichwertigkeitsprüfung nur solche deutschen Vorschriften einbezieht, deren Missachtung die Formgültigkeit beeinträchtigt, scheiden die § 10 Abs. 2 S. 2 BeurkG, § 14 Abs. 1 S. 2 BeurkG (teilweise), § 16 Abs. 2 BeurkG mit § 32 S. 2 BeurkG, § 16 Abs. 3 BeurkG, § 18 Abs. 1 S. 2 BeurkG, § 21 Abs. 1 S. 2 BeurkG, § 22 Abs. 1 S. 1 BeurkG, § 53 BeurkG und namentlich die Belehrungspflicht nach § 17 Abs. 1 BeurkG aus. Dagegen sind die §§ 6, 7, 27 BeurkG zwingend, dh der Ausschluss von Notaren wegen Interessenkonflikten, die auch dann nicht beurkunden dürfen, wenn ihr eigenes Recht dies erlauben würde.[245] Vor allem sind weiter die Vorschriften der §§ 8, 9, 10 Abs. 1 BeurkG unverzichtbar. Diese Beschränkung ist grundsätzlich richtig, denn es geht hier nur um die Formungültigkeit, und man kann von der Auslandsbeurkundung nicht etwas verlangen, was bei einer inländischen für das Rechtsgeschäft folgenlos vernachlässigt werden kann. Welche Vorschriften idS wesentlich sind, ist immer nur im Hinblick auf den von der materiellrechtlichen Formvorschrift verfolgten Zweck zu entscheiden.[246]

92   Mehr und mehr konzentriert sich die Diskussion auf die **Beratungs-** und **Belehrungspflicht** nach § 17 BeurkG, mit der, so wird gesagt, die Richtigkeit oder die Ernsthaftigkeit des Rechtsgeschäfts gesichert werden sollen,[247] obwohl bei tatsächlich fehlender Prüfung oder Belehrung nach deutschem

---

[241] Staudinger/*Winkler v. Mohrenfels* (2013) Rn. 293; BeckOGK/*Gebauer* Rom I-VO Art. 11 Rn. 115; Staudinger/*Winkler v. Mohrenfels* (2013) Rn. 296; *Kröll* ZGR 2000, 111 (148); zurückhaltender *M.-P. Weller* ZGR 2014, 865 (878 f.) zu Basel; für entscheidend halten das Vorlesen AG Charlottenburg DNotI-Rep 206, 38 = GWR 2016, 96 m. Anm. *Berninger*; Staudinger/*Hertel* (2012) Vor §§ 127a, 128 BGB (BeurkG) Rn. 872; *Winkler* BeurkG (17. Aufl.) § 13 Rn. 21; MüKoGmbHG/*Mayer* § 2 Rn. 52; *Haerendel* DStR 2001, 1805; *Süß* BB 2014, 2011, 414; zweifelnd *Reithmann* in Reithmann/Martiny IntVertragsR Rn. 5.336; aA OLG Bamberg FamRZ 2002, 1120. Es scheint zweifelhaft, ob Laien einen vorgelesenen juristischen Text gut folgen können.

[242] BGHZ 203, 68 Rn. 16 ff. = NJW 2015, 336; zust. Hüffer/*Koch* AktG § 121 Rn. 16; zu dieser Differenzierung zutr. bereits *Reithmann* DNotZ 1995, 362 f.

[243] *Link* BB 2014, 579 (584); *Saenger/Scheuch* BB 2008, 65 (67); *Engel* DStR 2008, 1593 (1597); aA *W. Bayer* GmbhR 2013, 897 (913).

[244] BGHZ 80, 76 (79 f.) = NJW 1981, 1160; BGHZ 138, 239 (244) = NJW 1998, 2830; BGH RIW 1989, 649; BGHZ 199, 270.

[245] Zum selben Ergebnis kommt Staudinger/*Firsching*, 11. Aufl. 1978, Rn. 71, der diese Regelungen jedoch zum Inhalt des Rechtsgeschäfts rechnet, so dass die lex causae allein gilt. Zur Form werden diese Regeln dagegen gerechnet von LG Zweibrücken NJW 1955, 1800; RG JW 1913, 333 Nr. 19, doch ging es in diesen Entscheidungen um die alternativ geltende Ortsform. Umgekehrt schadet es nicht, wenn der Notar nach seinem Recht ausgeschlossen ist, nicht aber nach dem deutschen.

[246] Darstellung der Zwecke bei *Benecke* RIW 2002, 284 ff.; *Mankowski* JZ 2010, 661 ff.

[247] BGHZ 105, 324, (338) = NJW 1989, 295, aber eher beiläufig in einem nicht internationalen Fall, die Beurkundung diene dem Beweis, der materiellen Richtigkeit sowie der Prüfung und Belehrung. Es ging aber um die analoge Anwendung der §§ 53 f. GmbHG auf einen Organschaftsvertrag mit Ergebnisabführung und seine Eintragung ins Handelsregister, nicht um die Anforderungen an die Form der Beurkundung.

Recht keine Formnichtigkeit anzunehmen ist.[248] Die Auffassung, vor allem auf Seiten des Notariats, dass eine Beurkundung durch einen ausländischen Notar **niemals gleichwertig** sein könne, weil dieser nicht die zur Belehrung der Parteien erforderlichen Kenntnisse des deutschen Rechts habe,[249] hat der BGH jedoch mit Recht **zurück gewiesen,** weil die Parteien auf diese **Beratung und Belehrung verzichten** können[250] (es ging um die Änderung einer GmbH-Satzung), denn § 17 BeurkG sei nur eine Sollvorschrift, deren Nichtbeachtung die Formgültigkeit des beurkundeten Rechtsgeschäfts nicht beeinträchtige. Zudem ist keineswegs sicher, dass ausländische Notare keine ausreichende Kenntnis des deutschen Rechts haben könnten (→ Rn. 95). Selbst dann, wenn der Notar den Vertrag für unwirksam hält, kann und sollte er nur seine Bedenken aufnehmen (§ 17 Abs. 2 BeurkG). Daran hat auch die Reform des § 17 BeurkG nichts geändert.[251] Anders ist es nur bei offensichtlicher Rechts- oder Sittenwidrigkeit (§ 4 BeurkG). Entsprechendes gilt für § 130 AktG.[252]

Im Übrigen braucht der Notar nicht **Parteien** zu belehren, die in der Sache **kundig** sind.[253] **93** Dass rechtlich und geschäftlich unerfahrene Parteien eine Beurkundung im Ausland vornehmen lassen, ist wohl unwahrscheinlich und entspricht nicht der Erfahrung.[254] Ist der deutsche Notar zudem nach § 17 Abs. 3 BeurkG nicht zur Belehrung über ausländisches Recht verpflichtet, so sollte das deutsche Recht das auch nicht bei einem ausländischen Notar und deutschem Geschäftsstatut zur Voraussetzung machen.[255]

Jedoch wird seit einer eher beiläufigen Bemerkung des BGH in einem nicht internationalen **94** Fall[256] eine wesentliche Funktion der notariellen Beurkundung in der **Richtigkeitsgewähr** des beurkundeten, in casu die Verfassung einer Gesellschaft betreffenden Rechtsgeschäfts gesehen. Sie könne und wolle ein ausländischer Notar nicht bieten, wird gesagt, mangels ausreichender Kenntnis des deutschen Rechts.[257] Später hat der **BGH präzisiert,** dass sich die Belehrungspflicht nur soweit

---

[248] *Haug,* Die Amtshaftung des Notars, 1989, Rn. 447; *Huhn/v. Schuckmann* BeurkG, 6. Aufl. 2013, § 17 Rn. 6 und 260 f. (mit Ausnahmen); sie löst allenfalls Schadensersatzpflichten aus.

[249] So OLG Hamm OLGZ 1974, 149 = NJW 1974, 1057; OLG Karlsruhe RIW/AWD 1979, 567; OLG Hamburg IPRax 1994, 291; abl. *v. Bar/Grothe* IPRax 1994, 269 ff.; LG München I DNotZ 1976, 501; LG Augsburg NJW-RR 1997, 420; zuletzt AG Charlottenburg ZIP 2016, 770 Rn. 23 = GmbHR 2016, 223; Rn. 23; *Staudinger/Hertel* (2012) Vor §§ 17a, 128 BGB BeurkG Rn. 861; *Pilger* BB 2005, 1285 (1287); *Brambring* NJW 1975, 1259 (1260); *Winkler* Rpfleger 1978, 44; *Dignas,* Auslandsbeurkundung von gesellschaftsrechtlichen Vorgängen einer deutschen GmbH, 2004, 188 ff., zum Verzicht auf Belehrung S. 193 f.; Hachenburg/*Behrens* Einl. GmbHG Rn. 101; nachdrücklich Staudinger/*Hertel* (2017) BeurkG Rn. 875; *Geimer* DNotZ 1981, 40 f.; *Goette* DStR 1996, 709 (712); *Goette,* FS Boujong, 1996, 141 f.; *Bredthauer* BB 1986, 1864; *Reithmann* DNotZ 1995, 362 f. für Beurkundungen von Rechtsgeschäften im Gegensatz von Tatsachen wie Versammlungsbeschlüssen; *Hommelhoff* DNotZ 1989, Sonderheft S. 110.

[250] BGHZ 80, 76 = NJW 1981, 1160; BGHZ 199, 270 Rn. 13 ff. = NJW 2014, 2016 (Anteilsabtretung) m. w. Nachw.; BGH RIW 1989, 649 obiter; ebenso RGZ 88, 227 (231); RGZ 160, 225 (231); OLG Köln WM 1988, 1749; OLG Frankfurt a. M. GmbHR 2005, 764; OLG Düsseldorf NJW 2011, 1370 = IPRax 2011, 395 m. zust. Aufsatz G. *Schulze* IPRax 2011, 365; OLG München NJW-RR 1998, 755, LG Stuttgart IPRspr. 1976 Nr. 5a; OLG Hamburg IPRspr. 1979 Nr. 9; LG Kiel RIW 1997, 957; *Scholz/Seibt,* 11. Aufl. 2012, GmbHG § 15 Rn. 84 ff.; *Bokelmann* AG 1995, 29; *Kropholler* ZHR 144 (1976), 406 ff.; *Stephan* NJW 1974, 1598; Erman/*Hohloch* Rn. 19; Palandt/*Thorn* Rn. 8; eingehend mit leichten Einschränkungen Staudinger/*Winkler v. Mohrenfels* (2013) Rn. 292 ff.; *Huhn/v. Schuckmann,* 6. Aufl. 2013, BeurkG § 1 Rn. 41; Scholz/*Emmerich* GmbHG § 2 Rn. 18, 18c; *Sick/Schwarz* NZG 1998, 543 f.; *Kröll* ZGR 2000, 132; *Benecke* RIW 2002, 285; *Reuter* BB 1998, 116 (118 f.); *Rauscher/Pabst* NJW 2011, 3047.

[251] Entgegen der nicht weiter begründeten Behauptung von *Pilger* BB 2005, 1285; wie hier *Kröll* ZGR 2000, 149; *Benecke* RIW 2002, 284; *Böttcher/Blasche* NZG 2006, 768; Staudinger/*Hertel* (2017) BeurkG Rn. 456; MüKoGmbHG/*Harbarth* § 53 Rn. 78. – Die Haftung der Notare, deren Gleichwertigkeit im Ausland Schervier verneint (NJW 1992, 594), ist nicht Bestandteil der Beurkundungsform; Staudinger/*Winkler v. Mohrenfels* (2013) Rn. 289.

[252] *v. Bar/Grothe* IPRax 1994, 270 f.; aA bei Unwirksamkeit Staudinger/*Hertel* (2017) BeurkG Rn. 449 ff.

[253] OLG Koblenz DNotZ 1996, 128 mAnm *Volhardt/Reuter* BB 1998, 118; *Benecke* RIW 2002, 285.

[254] *Kröll* ZGR 2000, 134.

[255] *Stürner* DNotZ 1995, 352; *Benecke* RIW 2002, 285; aA *Firsching* IPRax 1983, 80; *Schervier* NJW 1992, 596.

[256] BGHZ 80, 76 (79) = NJW 1981, 983.

[257] LG Augsburg NJW-RR 1997, 420; OLG Karlsruhe RIW 1979, 567; *Goette,* FS Boujong, 1996, 138; *Schönwerth,* Die Form der Rechtsgeschäfte im IPR, 1996, 106 f.; Staudinger/*Großfeld* (1998) IntGesR Rn. 475 ff.; *Gätsch/Schulte* ZIP 1999, 1954; *Kropholler* ZHR 140 (1976), 394; *Kröll* ZGR 2000, 114 ff.; *A. Reuter* BB 1998, 117 f.; *Stauch,* Geltung ausländischer notarieller Urkunden in der Bundesrepublik Deutschland, 1983, 20 ff.; *Schervier* NJW 1992, 595 f.; *Kallmeyer* GmbHR 1996, 911; *Reithmann* in Reithmann/Martiny IntVertragsR Rn. 5.333, unterscheidet zurecht, dass bei der Beurkundung von Gesellschafterbeschlüssen anders als beim Gesellschafts- und Verschmelzungsvertrag keine Richtigkeitsgewähr verlangt ist; hier würden nur Tatsachen bzw. Wahrnehmungen des Notars protokolliert, eine Verhandlung ist mit dem Notar nicht vorgeschrieben. (So in den Entscheidungen BGHZ 80, 76 = NJW 1981, 983; OLG Hamm NJW 1974, 1058; OLG Karlsruhe AWD 1979, 563 (Satzungsänderungsbeschlüsse); OLG Düsseldorf NJW 1989, 2205 (Kapitalerhöhung).

erstrecke als die Belehrung für das **Zustandekommen einer formgültigen Urkunde** nötig sei, die den wahren **Willen der Beteiligten** vollständig und unzweideutig wiedergebe und könne auch entfallen, wenn die Parteien sich der Tragweite ihrer Erklärungen vollständig bewusst sind und den Vertrag ernsthaft wollen.[258] Nach dieser Rechtsprechung fällt es schwer, den Zweck der Beurkundung allgemein in einer darüber hinaus gehenden Richtigkeitsgewähr im Interesse der Öffentlichkeit zu sehen, was immer genauer mit „Richtigkeitsgewähr" gemeint war. Zudem hängt die Möglichkeit selbst eines deutschen Notars, diese Richtigkeit zu gewährleisten, tatsächlich von der Bereitschaft der Parteien bzw. Gesellschafter ab, Rat anzunehmen, den der Notar nur anbieten kann und muss.[259] Die Beurkundung kann der Notar nur in den engen Grenzen des § 4 BeurkG ablehnen. So trägt auch diese Belehrungsfunktion den Ausschluss ausländischer Notare nicht.[260]

95   Kann auf die Beratung und **Belehrung verzichtet** werden, so liegt in der Beauftragung eines ausländischen Notars ein konkludenter Verzicht auf die Beratung durch einen deutschen Notar und vielleicht auch über deutsches Recht.[261] Der Erfahrung nach scheinen die Parteien, die einen ausländischen Notar bemühen, kundig oder rechtlich beraten. Es kann im Übrigen keineswegs behauptet werden, dass ausländische Notare das deutsche Recht nie kennen oder ermitteln könnten,[262] und zur gleichwertigen Beurkundung gehört allenfalls, dass der ausländische Notar eine **Verhandlung** anbietet,[263] was insbesondere ein „lateinischer" Notar wohl in der Regel tun soll, wenn er nicht nur eine beglaubigende Funktion hat wie bei der Hauptversammlung einer AG (→ Rn. 90a). Man darf bei solchen Notaren, wenn ihr Rat verlangt wird, wohl erwarten, dass sie ggf. auf fehlende Kenntnis des deutschen Rechts hinweisen. Es wird zwar darauf verwiesen, dass der Notar in seiner Verhandlung nicht nur Rechtsfehler vermeiden, sondern auch auf eine interessengerechte Vertragsgestaltung hinwirken soll, aber gerade das kann auch ein ausländischer Notar, und jedenfalls ist die Qualität der Beratung auch in nationalen Fällen keine Voraussetzung der Wirksamkeit der Beurkundung.[264] Der BGH hat unlängst bemerkt, dass es nicht schade, wenn der ausländische, in casu basler, Notar keine genaue Kenntnis des deutschen Gesellschaftsrechts habe.[265] Auf beide Gesichtspunkte lässt sich das Verdikt der generellen Ungleichwertigkeit nicht gründen. Sollte dennoch mit der Möglichkeit der Auslandsbeurkundung Missbrauch zB zum Betrug der Partei oder Dritter vorkommen, ist ihm im Einzelfall zu begegnen. Im Übrigen ist **mangelhafte Beratung** eine Frage des Vertrages und der Haftung zwischen dem Notar und seinem Klienten.

96   Die Gegenmeinung kann die Gleichwertigkeit des ausländischen Beurkundungsverfahrens auch nicht damit verneinen, dass den Parteien nicht das, wenngleich ablehnbare, Angebot der Belehrung und Beratung über deutsches Recht gemacht wird zur Vermeidung von Rechtsfehlern.[266] Den Unterschied zeigen § 8 BeurkG, der eine Verhandlung verlangt, notfalls auch mit den Parteien einzeln, und § 17 BeurkG, der die Beratung vorsieht, die aber abgelehnt werden kann, und die nach wohl allgemeiner Meinung keine Wirksamkeitsvoraussetzung ist. Die Ablehnung liegt ggf. in der Wahl eines ausländischen Notars. Im Übrigen muss im Bereich des Gesellschafterrechts zwischen

---

[258] Die Belehrungspflicht des § 17 BeurkG gehe „nur soweit als eine Belehrung für das Zustandekommen einer formgültigen Urkunde erforderlich ist, die den wahren Willen der Beteiligten vollständig und unzweideutig in der für das beabsichtigte Rechtsgeschäft richtig enthält ... Eine Belehrungspflicht kann sogar gänzlich entfallen, wenn sich die Beteiligten über die Tragweite ihrer Erklärung und das damit verbundene Risiko vollständig im Klaren sind und die konkrete Vertragsgestaltung ernsthaft wollen". So BGHZ 138, 239 (244 f.) = NJW 1998, 2830 (zu einem Ehevertrag; nicht international). – Eingehend *Kröll* ZGR 2000, 135 ff.; ebenso BeckOGK/ *Gebauer* Rom I-VO Art. 11 Rn. 113.

[259] Zutr. *Kröll* ZGR 2000, 144 f.

[260] Bamberger/Roth/*Mäsch* Rn. 16; Palandt/*Thorn* Rn. 8; *Böttcher/Blasche* NZG 2006, 768; Staudinger/*Winkler v. Mohrenfels* (2013) Rn. 316 f.; Erman/*Hohloch* Rn. 19; *Kröll* ZGR 2000, 146 f., der darauf hinweist, dass die Parteien meist gut anwaltlich beraten ins Ausland gehen; *Benecke* RIW 2002, 284 f. – Dass die Belehrung keine absolute Sicherheit bieten könne, hat der BGH in anderem Zusammenhang festgestellt (FamRZ 2004, 601, sittenwidriges Geschäft).

[261] ZB *Benecke* 2002, 285; *Kröll* ZGR 2000, 135; zu Unrecht verneint *v. Brambring* NJW 1975, 1261; *Bredthauer* BB 1986, 1867, weil die Parteien die Tragweite ihres Tuns nicht überschauen könnten; dagegen zutr. *Kröll* ZGR 2000, 132.

[262] Die Londoner Scrivener Notare werden im ausländischen Recht ausgebildet und sollen im Ausland gearbeitet haben, *Langhein*, Anglo-amerikanische notarielle Beglaubigungen, Bescheinigungen und Belehrungen im deutschen Registerrecht. Zum Kollisionsrecht der Registerurkunden, 1994, 57 ff.; bei schweizer Notaren ist solche Kenntnis durchaus möglich, und in Österreich gilt im Wesentlichen das GmbHG. Vgl. auch *Kröll* ZGR 2000, 147; *v. Bar/Mankowski* IPR I § 7 Rn. 244; *G. Schulze* IPRax 2011, 368.

[263] Insoweit zutr. *Reithmann* in Reithmann/Martiny IntVertragsR Rn. 5.334.

[264] Scholz/*Seibt* GmbHG § 15 Rn. 87 ff.; BeckOGK/*Gebauer* Rom I-VO Art. 11 Rn. 113; aA *Reithmann* in Reithmann/Martiny IntVertragsR Rn. 817.

[265] BGHZ 199, 270 Tz. 14 f. = NJW 2014, 2026 (Anteilsübertragung).

[266] Staudinger/*Hertel* (2017) BeurkG Rn. 537 mit 875.

der notariellen Aufzeichnung der eigenen Wahrnehmungen des Notars (zB § 130 AktG; → Rn. 90a) und Rechtsgeschäften unterschieden werden, und bei letzteren noch weiter zwischen satzungsrelevanten Vereinbarungen und Veräußerungen von Anteilen (an einer GmbH), zumindest für die Argumentation.

cc) Satzungsrelevante Akte. § 2 und § 53 GmbHG verlangen für den Gesellschaftsvertrag bzw 97 seine Änderung notarielle Beurkundung. Die, eher beiläufige, Erwähnung der **„Richtigkeitsgewähr"** neben einer notariellen Belehrung und Beratung im nicht internationalen Fall BGHZ 105, 324 Tz 28= NJW 1989, 295 hat inzwischen dazu geführt, dass die Gleichwertigkeit wegen fehlender Belehrung überwiegend nur noch bei **satzungsrelevanten Geschäften** verneint wird,[267] obwohl BGHZ 80, 76, 78 f. = NJW 1981, 983 die Gleichwertigkeit der züricher Beurkundung gerade für eine Satzungsänderung bejaht hatte, denn Beratung und Belehrung seien kein Wirksamkeitserfordernis und verzichtbar. Bei Abtretung von GmbH-Anteilen wird die Auslandsbeurkundung weitgehend akzeptiert (→ Rn. 100). Richtig ist, dass bei der Beurteilung der Gleichwertigkeit nach Art und Bedeutung des Rechtsgeschäfts differenziert werden könnte. Jedoch gibt § 17 BeurkG keinen Anhalt dafür, dass die Parteien nicht auch bei satzungsrelevanten Geschäften auf die Belehrung verzichten könnten, so dass die **Beurkundung** grundsätzlich auch unter diesem Gesichtspunkt **im Ausland möglich** ist.

Die „Richtigkeit" kann und muss **auf andere Weise gewährleistet** werden: Soweit das Rechts- 98 geschäft zu seiner Wirksamkeit oder auch nur zu seiner Publizierung in das deutsche Handelsregister einzutragen ist, wird die Gültigkeit noch vom Registerrichter im Interesse des Rechtsverkehrs und der Parteien überprüft.[268] Hat der Richter Zweifel, was auch bei einer deutschen Urkunde sein kann, so kann er von dem Anmelder Nachweise verlangen. Das liegt bei einer ausländischen Beurkundung wohl näher, hängt aber von der Natur und dem Inhalt des einzutragenden Aktes ab. Und wenn dennoch ein unwirksames Geschäft eingetragen wird, so genießen Dritte den Gutglaubensschutz des betreffenden Registers. Gemäß § 242 AktG, der auf die GmbH analog angewandt wird, heilt die Eintragung sogar eine Satzungsänderung.

Bedenken gegen die Rechtmäßigkeit bzw. Gültigkeit des Geschäfts soll der Notar in der Nieder- 99 schrift vermerken (§ 17 Abs. 2 S. 2 BeurkG). Dann soll der Registerrichter genauer prüfen. Das soll und kann er auch bei einer ausländischen notariellen Urkunde, bei der ein Mangel an sachkundiger Beratung eher zu vermuten sein mag, vielleicht auch gegeben ist. Auf diese letzte Verantwortung des Registerrichters, der gemäß § 26 FamFG von Amts wegen ermittelt und die Wirksamkeit einer Satzungsänderung überprüft, verweist der BGH zu Recht.[269] Zur alternativen Ortsform vgl. → Rn. 177 ff.). Auch der Gesellschaftsvertrag ist ein Rechtsgeschäft.

dd) Anteilsverkauf. Die **Auslandsbeurkundung** genügt nach heute **hM** für den **Verkauf eines** 100 **deutschen GmbH-Anteils** (§ 15 Abs. 4 GmbHG).[270] Hier geht es nicht um Richtigkeitsgewähr, sondern der Zweck des § 15 GmbHG ist primär die Erschwerung des Handels mit GmbH-Anteilen und die Beweissicherung.[271] Der **Schuldvertrag** ist seit ihrem Inkrafttreten nach **Art. 3 und 4**

---

[267] AG Köln RIW 1989, 990; LG Augsburg NJW-RR 1997, 420 = BB 1998, 120; OLG Karlsruhe RIW 1979, 567; *Goette*, FS Boujong, 1996, 1242; *Haerendel* DStR 2001, 1805; *Schönwerth*, Die Form der Rechtsgeschäfte im IPR, 1996, 106 f.; Staudinger/*Großfeld* (1998) IntGesR Rn. 475 ff.; *Schervier* NJW 1992, 593 (595 ff.) zieht daraus den etwas anderen Schluss, die Gleichwertigkeit hänge von einer gleichwertigen Haftung des ausländischen Notars ab. Wieder anders diff. *Reithmann* in Reithmann/Martiny IntVertragsR Rn. 5.333.

[268] BGHZ 80, 76 (79) = NJW 1981, 983; BGHZ 199, 270 Rn. 13 ff. = NJW 2014, 2026 (Anteilsübertragung); OLG Düsseldorf NJW 1989, 2200 sub II 1 aE (Erhöhung des Stammkapitals einer GmbH); *v. Bar*/*Grothe* IPRax 1994, 271.

[269] BGHZ 80, 79 f. = NJW 1981, 983; bestätigt in BGH RIW 1989, 649 = ZIP 1989, 1052 (1054) obiter; vgl. auch BGHZ 199, 270 Rn. 13 ff. = NJW 2014, 2026; zutr. *v. Bar*/*Grothe* IPRax 1994, 271. So irrt das OLG Hamburg (IPRax 1994, 291) das zum Schutz zukünftiger Aktionäre die Beurkundung einer Satzungsänderung einer AG im Ausland ohne sachkundige Beratung nicht für genügend hält. Zukünftige Aktionäre müssen die geänderte Satzung so nehmen, wie sie ist, und sich anschauen. Wenn sie sich nicht interessieren, verzichten sie auf ihren Schutz.

[270] ZB BGH GmbHR 1990, 25 (28); BGHZ 199, 270 = NJW 2014, 2026 m. zust. Aufs. *M.-W. Weller* ZGR 2014, 865, *Müller* NJW 2014, 1994; OLG München NJW-RR 1998, 758 = NZG 1998, 156 f.; OLG Frankfurt a. M. GmbHR 2005, 764; OLG Düsseldorf NJW 1989, 2200 = GmbHR 1990, 169 f.; OLG Stuttgart NZG 2001, 14 (43); ebenso *Goette*, FS Boujong, 1996, 1242; *Haerendel* DStR 2001, 1803; *Gätsch*/*Schulte* ZIP 1999, 1956; *Bredthauer* BB 1986, 1865; UHL/*Löbbe* GmbHG § 15 Rn. 90; Lutter/Hommelhoff/*Bayer* GmbHG § 15 Rn. 43; MüKoGmbHG/*Reichert*/*Weller* § 15 Rn. 164, 143 ff.; Scholz/*Westermann* GmbHG Einl. Rn. 93; *Benecke* RIW 2002, 286; aA aber eingehend *W. Bayer* GmbHR 2013, 897, 902 ff.; *Großfeld*/*Bernd* RIW 1996, 628; *Pilger* BB 2004, 1286; LG Frankfurt a. M. IPRax 2011, 398.

[271] OLG Frankfurt a. M. GmbHR 2005, 764 (766 f.); *König* ZIP 2004, 1838 (1839 ff.); für Österreich *Kralik* IPRax 1990, 255 f.

Rom I-VO anzuknüpfen, und seine Form nach **Art. 11 Rom I-VO.**[272] Ist deutsches Recht, zB weil der Verkäufer in Deutschland seinen Sitz hat, **Geschäftsstatut,** so ist wegen Art. 15 Abs. 4 GmbHG notarielle Beurkundung nötig, die bei Gleichwertigkeit auch durch einen ausländischen Notar erfolgen kann, wenn die Form des Geschäftsstatuts gewahrt werden soll. Der verkaufte Anteil kann aber auch an einer **ausländischen Gesellschaft** sein. Wenn sie einer GmbH vergleichbar ist, ist die Anwendbarkeit des Art. 15 Abs. 4 GmbHG bestritten, weil der Zweck der Formanforderungen, den **Handel mit GmbH-Anteilen zu erschweren,**[273] nur für **deutsche Anteile** gelte,[274] und nicht auch für ausländische Anteile allgemein.[275] Das ist aber keine Frage der Formanknüpfung, sondern eine räumliche Beschränkung der deutschen Formvorschrift (→ Rn. 77).

101   Für die dingliche **Übertragung des Anteils** an einer **deutschen GmbH** gilt dagegen Art. 11 Abs. 1–3 EGBGB, denn es handelt sich nicht um eine Sache iS des Abs. 4. Für die Abtretung ist **Geschäftsstatut** das Gesellschaftsstatut, und die vom deutschen Recht geforderte Beurkundung (§ 15 Abs. 3 GmbHG) kann im Ausland vorgenommen werden, wenn sie gleichwertig ist. Die Beurkundung durch einen ausländischen Notar ist am Zweck der Beurkundung zu messen (→ Rn. 87), der nach allgemeiner Ansicht darauf gerichtet ist, den Handel mit GmbH-Anteilen zu erschweren. Dem dient ein ausländischer Notar genauso (weiter → Rn. 152).

102   Wegen der mit dem MoMiG in § **40 Abs. 2 GmbHG** eingeführten Pflicht des die Abtretung beurkundenden Notars, eine neue Liste der Gesellschafter einzureichen, wird neuerdings auch die Gleichwertigkeit der Beurkundung durch einen ausländischen Notar bestritten, denn das GmbHG könne diesen nicht anweisen.[276] § 40 Abs. 2 GmbHG ist keine Formregelung,[277] sondern eine Inhaltsregelung, die aber auch keine Wirksamkeitsvoraussetzung ist.[278] Jedenfalls folgt daraus nicht die Unwirksamkeit einer Beurkundung unter deutschem Recht im Ausland.[279] Vielmehr muss und kann die Anmeldung unabhängig davon erfolgen. Die Parteien bzw. die Geschäftsführer können und müssen ggf. die Anzeige etc selbst bewirken, womit den Anforderungen der lex causae **für die Registrierung** genügt ist.[280] Zudem ist der ausländische Notar zwar nicht durch § 40 Abs. 2 deutsches GmbHG verpflichtet, aber auch er *darf* eine solche Liste beim deutschen Registergericht einreichen, und die Parteien können ihn damit beauftragen.[281] Ebenso wenig hindert es die Wirksamkeit des Vertrages, wenn die geforderten notariellen Beurkundung – rechtspolitisch bedenklich – **hoheitliche Zwecke** der **Überwachung und Kontrolle** verfolgen sollte, indem der Notar zB verpflichtet wird, die vor ihm geschlossenen Geschäfte den Steuerbehörden anzuzeigen (vgl. § 18 GrEStG, § 7 ErbStDV).

103   **d) Europarecht.** Die Auffassungen, die eine Beurkundung durch ausländische Notare wegen fehlender Rechtskenntnis nie als gleichwertig anerkennen und auch nicht den Weg über eine alternativ ausreichende Ortsform erlauben wollen, **beschränken die Dienstleistungsfreiheit** des Art. 56 AEUV sowohl für die anbietenden ausländischen Notare als auch für die inländischen Nachfrager durch Monopolisierung für deutsche Notare. Art. 56 AEUV gilt allerdings **nicht für hoheitliche Tätigkeiten** (Art. 51 AEUV).

---

[272] Es gilt nicht notwendig das Gesellschaftsstatut BGH NZG 2005, 41; WM 1996, 1467; *Fetsch* GmbHR 2007, 133 ff.; *Brück* BB 2004, 2410; aA Scholz/*Westermann* GmbHG § 15 Rn. 114.

[273] AllgM, BGHZ 13, 49 (51, 52); BGHZ 73, 353 = NJW 1979, 1288 eingehend mN *Kindler,* Geschäftsanteils-abtretungen im Ausland, 2010, 2 ff., 16 f.: § 15 Abs. 3 GmbHG sei keine Formregelung, sondern eine materiell inhaltliche.

[274] So KG JW 1932, 3822; ebenso *Werner* EWiR 2005, 75 f.; *Olk* NJW 2010, 1639 (1641 f.) mwN; *Gärtner/ Rosenbauer* DB 2002, 1872; *Bungert* DZWiR 1993, 495 f.; im Ergebnis auch OLG München NJW 1993, 998, aber aus dem anderen Grund, dass es sich um eine nicht der deutschen GmbH entsprechende ausländische Gesellschaft handle; teilweise wie OLG München *Wrede* GmbHR 1995, 3677 ff.

[275] So aber die hM, OLG Celle NJW-RR 1992, 1126 f.; *Fetsch* GmbHR 2007, 133 ff.; Staudinger/*Winkler v. Mohrenfels* (2013) Rn. 283; *Dutta* RIW 2005, 98; *Merkle* BB 2004, 1809; *Merkt* ZIP 1994, 1418 ff., der aber den Kaufvertrag dem Gesellschaftsstatut unterstellen will, s. 1425; tendenziell auch BGH NZG 2005, 41 = GmbHR 2005, 53 mAnm *Kleinert,* der die Frage aber offenlässt.

[276] Obiter LG Frankfurt a. M. IPRax 2011, 398 m. abl. Aufsatz *G. Schulze* IPRax 2011, 365 = NJW 2010, 683; zust. *Kindler* RIW 2011, 257; *Bauer/Anders* BB 2012, 1576 (1579); *Kindler* RIW 2011, 257, 261; (IntGesR Rn. 541).

[277] *G. Schulze* IPRax 2011, 366 f.; Scholz/*Seibt* GmbHG § 15 Rn. 87d.

[278] Zutr. OLG Düsseldorf IPRax 2011, 395 (396).

[279] *Mankowski* NZG 2010, 201 f.; *G. Schulze* IPRax 2011, 365 (367 f.); Scholz/*Seibt* GmbHG § 15 Rn. 87b–87d.

[280] *Saenger/Scheuch* BB 2008, 65 (69).

[281] BGHZ 199, 270 = NJW 2014, 2026 m. zust. Aufs. *M.-P. Weller* ZGR 2014, 865; *Müller* NJW 2014, 1994; BeckOGK/*Gebauer* Rom I-VO Art. 11 Rn. 110 f.

Dafür genügt es freilich nicht schon, dass hier wie in vielen anderen Rechtsordnungen der Notar **104** als Träger eines **öffentlichen Amtes** gilt[282] bzw. in der vorsorgenden Rechtspflege tätig ist,[283] denn für Art. 51 AEUV muss auch die **konkrete Tätigkeit** Ausübung öffentlicher Gewalt sein. Das wird für die notarielle Beurkundung verschiedentlich bejaht.[284] Der **EuGH** hat dies aber unlängst **verneint** und sogar für § 794 Abs. 1 Nr. 5 ZPO (Errichtung vollstreckbarer Urkunden) trotz ihrer Vollstreckbarkeit.[285] Letzteres ist jedenfalls seit der Schaffung des europäischen Vollstreckungstitels für unbestrittene Forderunge durch die VO (EG) 805/2004 zutreffend.

Der Zusammenhang mit der **Ausübung hoheitlicher Tätigkeit** iS des Art. 51 AEUV ist durch **105** autonome **einheitliche Auslegung** zu bestimmen. Dass § 415 ZPO, also deutsches Recht, den öffentlichen Urkunden einen erhöhten Beweiswert gibt, reicht bei autonomer Auslegung allein noch nicht. In seiner früheren Entscheidung zur Anwaltstätigkeit stellte der EuGH auf eine **Bindung** eines später entscheidenden Trägers hoheitlicher Gewalt ab.[286] Eine solche Wirkung fehlt hier, denn nach § 415 Abs. 2 ZPO ist auch bei öffentlichen Urkunden der Beweis der Unrichtigkeit immer zulässig.[287] Eine Vermutung ist keine Bindung idS, und die Vermutungswirkung sagt nichts über die Errichtung der Urkunde als Ausübung öffentlicher Gewalt. Danach streitet die **europarechtliche Dienstleistungsfreiheit** für die Zulassung ausländischer **Beurkundungen**.[288] Zwar ging es in der Entscheidung des EuGH von 2011 um die Frage der Zulassung von Ausländern zum Notariat,[289] in der er die notarielle Beurkundungstätigkeit nicht zur Ausübung hoheitlicher Gewalt zählt, doch die Ausführungen zur Ausübung öffentlicher Gewalt durch Beurkundungen deutscher und anderer Notare sind ersichtlich allgemeiner gemeint. Dagegen hält der BGH an § 11a BNotO fest, der die Beurkundung deutscher Notare im Ausland wie die ausländischer Notare in Deutschland grundsätzlich ausschließt. Er begründet das mit der Bindung der Notare an bestimmte Bezirke und ihre Residenzpflicht im Interessse eines guten Funktionierens des Notariats, doch ist es keineswegs so klar, dass dies keine Beeinträchtigung der Dienstleistungsfreiheit darstellt, und die Frage hätte dem EuGH vorgelegt werden müssen.[290] Wenn auch der bedenkliche § 11a BNotO einem deutschen Notar die Tätigkeit **im Ausland** verbietet (→ Rn. 84), so könnte doch ihr Recht einer **ausländischen Urkundsperson** die Tätigkeit in Deutschland erlauben. Die verbreiteten Souveränitätsbedenken sollten nicht nur bei notaries in amerikanischen Garnisonen in der BRD **nicht im Wege** stehen, und innerhalb der EU und der **Dienstleistungsfreiheit** sollte dies möglich sein.[291]

Nimmt man also eine **Beschränkung** der Dienstleistungsfreiheit an, dann ist sie **nicht gerecht- 106 fertigt**, denn gewichtige Gründe des öffentlichen Wohls iSd Art. 51 AEUV können nicht geltend gemacht werden, wenn die ausländische Beurkundung der inländischen **voraussetzungsgemäß gleichwertig** ist. Zudem wird der Schutz der Öffentlichkeit noch durch das Handelsregister gewährleistet.

e) Ergebnis. Rechtsgeschäfte **unter deutschem Recht** können in der Regel auch außerhalb **107** Deutschlands vorgenommen werden; das gilt auch entgegen einer verbreiteten Meinung für die

---

[282] Dazu rechtsvergleichend *Langhein,* Anglo-amerikanische notarielle Beglaubigungen, Bescheinigungen und Belehrungen im deutschen Registerrecht. Zum Kollisionsrecht der Registerurkunden, 1994, 37 ff.; *van Randenborgh,* Zum französischen Notariatswesen, Diss. Kiel 1990; *Stürner* DNotZ 1995, 343 ff.; *Basedow* RabelsZ 55 (1991), 409 ff.

[283] So das Argument von *Schippel,* FS Lerche, 1993, 499.

[284] *Dignas,* Die Auslandsbeurkundung von gesellschaftsrechtlichen Vorgängen einer deutschen GmbH, 2004, 156 f.; *Schippel,* FS Lerche, 1993, 507; *v. d. Groeben/Schwarze/Schlag* EU-Vertrag, 3. Aufl. 2015, AEUV Art. 45 Rn. 8; *Geiger,* EG-Vertrag, 3. Aufl. 2000, Art. 45 Rn. 4; Entschließung des EG-Parlaments vom 18.1.1994, ZNotP 1997, 58 f.

[285] EuGH Slg. 2011, I – 4360 Tz 104 ff. = NJW 2011, 2941) – Kommission/Deutschland – zust. *Schmid/ Pinkel* 2928 (Staatsangehörigkeit als Voraussetzung der Zulassung als Notar abl. *Bredthauer* ZEuP 2012, 184 ff.; und weitere Parallelurteile vom selben Tage; früher schon EuGH Slg. 1974, 631 = NJW 1975, 513 – Reyners, zu einem Anwalt; EuZW 1996, 539 (540) zu Art. 48 Abs. 4 EG; zust. *Preuss* ZEuP 2005, 291 (305, 319); offen gelassen in BGHZ 196, 271 Rn. 20 = NJW 2013, 112.

[286] EuGH Slg. 1974, 631 Rn. 51 f. = NJW 1975, 513 – Reyners; Slg. 1993, I-4047 – Thijsen.

[287] EuGH Slg 2011, I-4360 Rn. 100 ff = NJW 2011, 2941. So aber früher *Kröll* ZGR 2000, 119 f.; *Dignas,* Die Auslandsbeurkundung von gesellschaftsrechtlichen Vorgängen einer deutschen GmbH, 2004, 154.

[288] *Basedow* RabelsZ 55 (1991), 427 ff.; zust. auch *Preuss* ZEuP 2005, 291 (307 ff., 319); *Lutz,* Die Ausnahme der öffentlichen Verwaltung und öffentlicher Gewalt. – Mögliche Anwendung der Ausnahme auf das Berufsbild des Notars, 1991, 115 f.; *Michalski/Hoffmann* GmbHG § 53 Rn. 80; zögernd *Bamberger/Roth/Mäsch* Rn. 63.

[289] EuGH Slg. 2011, I-4360 Tz. 83 ff., 90 ff. = NJW 2011, 2941 m. zust. Anm. *Schmid/Pinkel* NJW 2011, 2928; abl. *Bredthauer* ZEuP 2012, 171 (184 ff.); *Fuchs* EuZW 2011, 475 f.; *Henssler/Kilian* NJW 2012, 481 (484 f.).

[290] BGHZ 196, 271 Rn. 15 ff. = NJW 2013, 112 bzw. BGHZ 199, 270 = NJW 2014, 2026. Vgl weiter auch EuGH Slg 1984, 1931 Rn. 20 = NJW 1985, 1275 (Klopp); EuGH Slg. 1974, 631 Rn. 51 f. = NJW 1975, 513 – Reyners; Slg. 1993, I-4047 – Thijsen für Anwälte.

[291] Ebenso Bamberger/Roth/*Mäsch* Rn. 38.

Auflassung deutscher Grundstücke und die Abhaltung von Hauptversammlungen von AG. Damit ist unter der Voraussetzung, dass die deutsche Form auch tatsächlich gleichwertig eingehalten wird, die formgerechte Vornahme auch dort möglich. Im Ergebnis ist die Auslandsbeurkundung bei **Verkauf von deutschen GmbH-Anteilen** und ihrer Übertragung heute weitgehend anerkannt. Und für die Gleichwertigkeit der Beurkundung ist nicht viel zu verlangen, denn der Zweck des § 15 Abs. 3 und 4 GmbHG ist neben dem Beweis vor allem die Erschwerung allzu raschen Umsatzes von GmbH-Anteilen.[292] Das geschieht auch bei der Einschaltung eines ausländischen Notars.[293] § 15 Abs. 4 GmbHG gilt gemäß **Art. 11 Rom I-VO** auch für den Verkauf ausländischer Gesellschaftsanteile, wenn deutsches Recht Geschäftsstatut ist (→ Rn. 77, 100, 111).

108   Bestritten ist die Möglichkeit der Gleichwertigkeit ausländischer Notarakte zwar bei **Satzungsänderungen** von deutschen GmbH und AG im Ausland, aber es genügt für die Wahrung der deutschen Geschäftsform auch hier, wenn das Beurkundungsverfahren gleichwertig ist.

109   **Grundstückskaufverträge, Bürgschaften** und **Schenkungsversprechen** unter deutschem Recht können ebenso im Ausland beurkundet werden, wenn Urkundsperson und Verfahren gleichwertig sind, wobei es hier auf die Warnfunktion und die Beweissicherung ankommt. Ein Notar des lateinischen Notariats wird, notfalls unter Einschaltung eines Dolmetschers, sicherstellen können, dass die Partei das zu Protokoll erklärt, was sie sagen will. Mit steigender Zahl der sich im Ausland längere Zeit aufhaltenden Deutschen werden die Fälle zunehmen. Er muss die Partei zudem belehren und beraten, wenn sie den Rat anhören will. Über die Bedeutung dieser Geschäfte wird er im Grundsatz belehren können, denn diese Rechtsgeschäfte gibt es anderswo auch. Zumal, aber nicht nur wenn er auf beschränkte Kenntnisse des deutschen Rechts hinweist, wird man den Parteien einen Verzicht auf **eingehendere Beratung** über deutsches Recht unterstellen können. Praktisch stellt sich das Problem der Gleichwertigkeit nicht sehr oft, weil in der Regel die Ortsform iSd Art. 11 Abs. 1 Alt. 2, und bei **Testamenten** eine der vielen Alternativen des Art. 26 EGBGB/ Art. 27 EuErbVO eingehalten sein wird.

110   **3. Ausländische Geschäftsform im Inland.** Natürlich kann auch eine ausländische Geschäftsstatutsform im Inland erfüllt werden. Das ist vor allem interessant, wenn die deutsche Ortsform nicht erfüllt ist. Zwar ist das deutsche Recht auf ausländische Formen unter Umständen nicht eingerichtet, wenn Amtspersonen mitwirken müssen, doch kann und muss **angepasst** werden. So hat das OLG Stuttgart zu Recht eine Zuständigkeit des deutschen Standesbeamten in analoger Anwendung von §§ 29a, 29b PStG aF (heute § 44 PStG) für eine Zustimmung der Mutter zum Vaterschaftsanerkenntnis nach italienischem Recht angenommen.[294] Und das OLG München hat das deutsche Nachlassverfahren etwas angepasst, um eine italienische Erbschaftsannahme unter der Wohltat des Inventars durchzuführen,[295] wobei sich freilich hier nicht vorwiegend Formfragen stellten.

111   Die Veräußerung von Anteilen an **ausländischen Gesellschaften im Inland** fällt als **schuldrechtlicher** Vertrag unter Art. 11 Abs. 1 und 2 Rom I-VO. und als Verfügung unter Art. 11 Abs. 1– 3 EGBGB. Das Geschäftsstatut des schuldrechtlichen Vertrages kann gewählt werden (Art. 3 Rom I-VO) und ist sonst das Recht am gewöhnlichen Aufenthalt des Verkäufers (Art. 4 Abs. 2 Rom I-VO). So kann deutsches Recht Vertragsstatut auch bei Verkauf einer ausländischen Gesellschaft sein, muss es aber nicht. Ggf. bestimmt sich die Form nach Art. 11 Abs. 1 und 2 Rom I-VO. Sehr streitig ist nun, ob § 15 Abs. 4 GmbHG auch für Anteile ausländischer Gesellschaften gilt, selbst wenn diese einer deutschen GmbH vergleichbar sind. Das wird vielfach zu Unrecht verneint, weil der Zweck des § 15 Abs. 4 GmbHG, den Handel mit Anteilen zu bremsen, nur für deutsche GmbHs gelte (→ Rn. 77).

111a   Für die **Verfügung** (Abtretung des Anteils) ist in der Regel das Gesellschaftsstatut Geschäftsstatut. Hier und primär ist ausreichend, wenn die deutsche Schriftform, notarielle Beurkundung oder Beglaubigung der vom ausländischen Gesellschaftsrecht als **Geschäftsstatut** geforderten Form **gleichwertig** ist, was nach dem **ausländischen Recht** zu beurteilen ist.[296] Bei Schriftform und Beglaubigung sind keine Probleme ersichtlich. So verlangt das schweizer Recht bei Verkauf und

---

[292] RGZ 160, 225 (229); BGHZ 80, 76 (78) = NJW 1981, 1160; BGH NJW-RR 2000, 273; RIW 2005, 144 = GmbHR 2005, 53; BayObLG NJW 1978, 500; OLG Frankfurt a. M. DNotZ 1982, 186; *Kröll* ZGR 2000, 151; Scholz/*Emmerich* GmbHG § 2 Rn. 12; *Gätsch/Schulte* ZZP 1999, 1954; *Kropholler* ZHR 140 (1976), 394; *Benecke* RIW 2002, 282; *Merkt* ZIP 1994, 1417 ff.
[293] *M. P. Weller* ZGB 2014, 865 (880); LG Frankfurt a. M. IPRax 2011, 398.
[294] FamRZ 1990, 559.
[295] BayObLG NJW 1967, 447 m. Aufsatz *Heldrich* NJW 1967, 417 f.
[296] BGH WM 2004, 2441 = RIW 2005, 144 betr. Treuhandvertrag über polnische GmbH-Anteile; OLG München NJW-RR 1993, 998; dazu *Merkt* ZIP 1994, 1417 ff.; *Rehm* RabelsZ 64 (2000), 123 ff.; *Fetsch* GmbHR 2007, 135 f., der darauf hinweist, dass die Abtretung einer englischen private limited company nur Schriftform verlangt; *Olk* NJW 2010, 1639.

Abtretung von GmbH-Anteilen nur Schriftform. Bei öffentlicher Beurkundung können im Verfahren Unterschiede bestehen, und man kann nicht erwarten, dass der deutsche Notar sich an die ausländischen Verfahrensregeln hält, sondern man geht davon aus, dass er nach seinem Recht verfährt.[297] Wenn nach dem ausländischen Recht der Notar zB Zeugen hinzuziehen muss, dann hat dieses Recht zu entscheiden, ob die „deutsche" Beurkundung ohne Zeugen formwirksam ist. Dasselbe gilt, wenn im Inland unter ausländischem Recht eine im Ausland liegende Sache verkauft oder auch übertragen wird. Praktisch stellt sich aber das **Problem selten,** weil notfalls das deutsche Recht als Ortsrecht genügt. Doch bei Verfügungen über unbewegliche wie bewegliche Sachen hilft das Ortsrecht wegen Abs. 4 nicht, und es ist nicht ausgeschlossen, dass im Inland über im Ausland belegene Grundstücke verfügt werden kann.

Art. 11 Rom I-VO gilt jedoch für die Abtretung von Gesellschaftsanteilen nicht, weil dieser auf **112** schuldrechtliche Verträge beschränkt ist. Man kommt so auch zu Art. 11 Abs. 1 und 2 EGBGB, denn das sind **keine Sachen** iSd Abs. 4 (weiter → Rn. 174 f.), und es genügt die Einhaltung der Form des Ortsrechts gem Art. 11 Abs. 1 letzter Hs. EGBGB und insbesondere die Formalternativen des Abs. 2 mit 3 bei Distanzverträgen über die Grenzen (→ Rn. 132).[298] Wird die Abtretung des Gesellschaftsanteils idS in Deutschland vorgenommen, so gilt § 15 Abs. 3 GmbHG (→ Rn. 77). Für Verfügungen über Sachen gälte dagegen nach Art. 11 Abs 4 nur die lex rei sitae (→ 166).

VII. Locus regit formam actus

1. Anwendungsbereich der Ortsform (Abs. 1 Alt. 2). Das Recht des Vornahmeorts tritt für **113** die Form **gleichberechtigt** neben das Wirkungsstatut (→ Rn. 3 f.).[299] Ob auch das ggf. ausländische Wirkungsstatut die Ortsform genügen lässt, ist unerheblich, denn die alternative Anknüpfung der Form ist eine Entscheidung des deutschen IPR.[300] Die Zwecke, die die Formregelungen der lex causae verfolgen, weichen der Entscheidung des Ortsrechts, was man allenfalls rechtspolitisch kritisieren kann. Ob die Parteien die eine oder andere Form einhalten wollten, ist nicht erheblich. Die Formwirksamkeit tritt in jedem Fall ein.[301] Das gilt auch, wenn die Partei ausnahmsweise nicht weiß, wo sie ihre Erklärung tatsächlich abgibt.[302] Es ist vor allem bei telefonischem Verkehr per Handy und e-mail nicht mehr unwahrscheinlich, dass die eine Partei den Ort der Abgabe der Erklärung der anderen Partei nicht erkennt, der im Fall des Abs. 2 für die Form des ganzen Vertrages gilt (→ Rn. 132 f.).

Die Ortsform gilt grundsätzlich für **alle** Arten von **Rechtsgeschäften,** einseitige, Verträge, gesell- **114** schaftsrechtliche Beschlüsse, Verfügungen, soweit im Gesetz nicht anderes angeordnet ist.[303] Für einige Rechtsgeschäfte gilt nur das Geschäftsstatut, nämlich gemäß Abs. 4 (früher Abs. 5) für Verfügungen über Sachen, und für andere nur das Ortsrecht (vgl. Art. 13 Abs. 3). Die umstrittene Frage, ob die alternative Ortsform auch für gesellschaftsrechtliche Geschäfte gilt, ist in → Rn. 172 ff. behandelt. Sowohl bei der alternativen wie bei der ausschließlichen Berufung des Ortsrechts handelt es sich um eine kollisionsrechtliche Teilverweisung oder Sonderanknüpfung und nicht um die ganz andere, in → Rn. 86 ff. erörterte Frage, ob die Formanforderungen des insbesondere deutschen Geschäftsstatuts auch im Ausland erfüllt werden können.

2. Abwahl der Ortsform. Soweit das Rechtsgeschäft überhaupt der **Rechtswahl** zugänglich **115** ist, können die Parteien sowohl die Ortsform als auch diejenige des Geschäftsstatuts ausschließen, so dass nur eine oder zwei der drei gesetzlich vorgesehenen Anknüpfungen übrig bleibt. Sie können auch alle zusammen zu Gunsten eines dritten Rechts für die Form ausschließen. Da das vor allem Schuldverträge betrifft, ist auf die Kommentierung bei Art. 11 Rom I-VO zu verweisen (→ Rom I-VO Art. 11 Rn. 65 ff.). Soweit der Rechtswahl zugängliche Rechtsgeschäfte unter Art. 11 EGBGB fallen, gilt dasselbe.

3. Formerschleichung. In verschiedenem Umfang wird die Anknüpfung an den Vornahmeort **116** wegen Missbrauchs verweigert, freilich ohne dass Einigkeit über den **dogmatischen Ansatz**

---

[297] Olk NJW 2010, 1639 f.; aus österreichischer Sicht öOGH IPRax 1990, 252 mAnm Kralik IPRax 1990, 255.
[298] Olk NJW 2010, 1639 (1642); Lutter/Hommelhoff/Bayer GmbHG § 15 Rn. 51; Michalski/Leible GmbHG Syst. Darst. 2 Rn 73; Staudinger/Winkler v. Mohrenfels (2013) EGBGB Art. 11 Rn. 281.
[299] ZB Kegel/Schurig IPR § 17 V 3a, S. 627; Merkt ZIP 1994, 1418; Erman/Hohloch Rn. 8; Kropholler IPR § 41 III 5, S. 308.
[300] BGHZ 29, 137 = NJW 1959, 717; BGH NJW 1967, 1177; Kegel/Schurig IPR § 17 V 3b, S. 628.
[301] Kegel/Schurig IPR § 17 V 3a, S. 628.
[302] Staudinger/Winkler v. Mohrenfels (2013) Rn. 185 f.
[303] Insbesondere bedeutet die Herkunft der Fassung 1986 durch Art. 9 EVÜ keine Beschränkung auf Schuldverträge; aA Großfeld/Berndt RIW 1996, 628.

bestünde. Manche greifen auf Art. 6 zurück,[304] andere verwenden ein eigenes Institut des Rechts-missbrauches oder der Gesetzesumgehung[305] oder arbeiten mit teleologischer Reduktion des Art. 11.[306] Der Vorbehalt des **ordre public** greift jedoch nicht,[307] denn damit wird nur mit deut-schem unvereinbares fremdes Recht, nicht deutsches IPR abgewehrt. Fragen der Verwirklichung eines Anknüpfungstatbestandes des deutschen IPR fallen nie unter Art. 6. Wie im deutschen Sach-recht, wo die Frage ebenfalls diskutiert wird,[308] ist es auch hier im IPR weder nützlich noch nötig, einen eigenen Tatbestand der **Gesetzesumgehung** oder der missbräuchlichen Verwirklichung eines Anknüpfungstatbestandes zu bilden. Der methodisch saubere Weg ist vielmehr, die fragliche – angeb-lich umgangene – Norm vor allem nach ihrem **Zweck** erweiternd oder analog bzw. einschränkend auszulegen.[309]

117   Eine **Einschränkung** der alternativen Anknüpfung an den Vornahmeort wird gern vertreten, wenn die Parteien ins Ausland gehen, häufig um deutsche Beurkundungskosten zu sparen, oder um den Vertragsschluss hinsichtlich der Form zu vereinfachen.[310] Anders formuliert, wird ein berechtig-tes Interesse der Parteien am Vertragsschluss gerade im Ausland, gar ein irgendwie bereits etablierter stabiler Aufenthalt der Partei dort verlangt.[311] In der Sache wird dies freilich ganz überwiegend nur für gesellschaftsrechtliche Rechtsgeschäfte vertreten (→ Rn. 173 ff.), während bislang keine Bedenken laut geworden sind, wenn Verlobte zu der für sie und andere ebenfalls gewichtigen Heirat aus eher ehefremden Gründen ins Ausland reisen,[312] oder wenn Deutsche gelegentlich eines kurzen Besuchs in Österreich mündlich ein Testament errichten.[313] Der neue Abs. 2 hat die Möglichkeiten der Formerleichterung sogar noch erheblich vergrößert, indem es nun genügt, wenn **eine Partei** in den formgünstigen Staat reist, wenn zB die eine der beiden deutschen Parteien von Italien aus schriftlich einen Grundstückskauf über ein deutsches Grundstück anbietet.

118   Die Einschränkungen der Anknüpfung an den Vornahmeort unter dem Gesichtspunkt des Rechts-missbrauches bzw. der Formerschleichung haben sich zu Recht **nicht durchgesetzt.** Der Gesetzgeber hat bewusst mit dem alternativen Formstatut einen Anknüpfungspunkt gewählt, der sehr leicht zu ver-wirklichen und damit auch leicht zu wählen ist (→ Rn. 1 f.). Bei diesem Zweck kann man keinen Rechtsmissbrauch darin sehen, wenn die Parteien von den durch Art. 11 **eröffneten Möglichkeiten Gebrauch** machen, selbst um Kosten zu sparen.[314] Weder unter Normzweckgesichtspunkten noch im Gesetzeswortlaut oder in der Systematik (und auch nicht in der amtlichen Begründung) gibt es Anhalts-punkte für eine teleologische Reduktion iS der einen oder anderen der oben genannten Auffassungen. Die Ortsform gilt seit langem gerade auch, wenn die Parteien sich nur zum Zwecke des Vertragsschlusses irgendwo auf einer Messe, auf einem Markt und heute vor allem auf einem günstig gelegenen Flughafen treffen, also auch bei ganz vorübergehender oder zufälliger bzw. verkehrsbedingter Anwesenheit am Ort.[315] Es wäre weder iSd Art. 11 noch praktisch sinnvoll, weil zu Prozessen geradezu auffordernd,

---

[304] *Winkler* NJW 1972, 1730; *Rothoeft,* FS Esser, 1975, 113 ff.; *Blumenwitz* DNotZ 1968, 749 Fn. 124; *Raape* IPR S. 132, 219.

[305] *Geimer* DNotZ 1981, 410; *Heeder,* Fraus Legis, 1998, 52 ff.; *Schurig,* FS Ferid, 1988, 375 ff.; *Schurig,* RabelsZ 65 (2001) 746 ff.

[306] Vgl. *Kropholler* ZHR 144 (1976), 397; anders nun aber IPR § 41 III 5b; *Wolfsteiner* DNotZ 1978, 532; *Geimer* DNotZ 1981, 410.

[307] *Soergel/Kegel* Rn. 43; *Schurig,* FS Ferid, 1988, 386; *Dignas,* Die Auslandsbeurkundung von gesellschafts-rechtlichen Vorgängen einer deutschen GmbH, 2004, 181; Staudinger/*Winkler v. Mohrenfels* (2013) Rn. 55.

[308] BGH WM 1990, 227; *Teichmann,* Die Gesetzesumgehung, 1962, 64, 78b ff.; *Flume* BGB AT/2 § 17, 5; hM; → BGB § 134 Rn. 11 ff.; → BGB § 138 Rn. 53 f.

[309] *Soergel/Kegel* Vor Art. 3 Rn. 148; eingehend *Schurig,* FS Ferid, 1988, 398 f. mwN; *Kropholler* IPR § 23 II 3; *v. Bar/Mankowski* IPR I Rn. § 7 Rn. 128 ff.; *Kegel/Schurig* IPR § 14 IV, S. 482 f.

[310] *Winkler* NJW 1972, 587; 1974, 1033; *Wolfsteiner* DNotZ 1978, 536; *Geimer* DNotZ 1981, 410.

[311] *Neuhaus* IPR S. 195; de lege ferenda *Stürner* DNotZ 1995, 358.

[312] Vgl. OLG Frankfurt a. M. OLGZ 1967, 374 = NJW 1967, 1426; BayObLG IPRspr. 1982 Nr. 99; OLG Düsseldorf FamRZ 1976, 277; OLG Hamm StAZ 1986, 134. – Reisebüros vermarkten Heiraten an exotischen oder romantischen Plätzen. Das ist heute gar Gegenstand einer Fernsehserie.

[313] LG München FamRZ 1999, 1307 = JuS 2000, 191 mAnm *Hohloch:* (obiter) selbst wenn das der Zweck des Besuches wäre.

[314] So schon *v. Wächter* AcP 25 (1842), 361 (413): *Melchior* S. 377; *Lewald* IPR S. 87; *Ferid* IPR Rn. 3–188; BeckOGK/*Gebauer* Rom I-VO Art. 11 Rn. 112 f.; *Borges,* Verträge im elektronischen Geschäftsverkehr, 2003, 775; *Raape/Sturm* IPR S. 332; *Kropholler* IPR § 41 III 5b; *Palandt/Thorn* Rn. 16; *Erman/Hohloch* Rn. 25; Bamber-ger/*Roth/Mäsch* Rn. 14; Staudinger/*Winkler v. Mohrenfels* (2013) Rn. 299; *v. Bar/Grothe* IPRax 1994, 270; RGZ 62, 381; BayObLG IPRspr. 1982 Nr. 99; OLG Frankfurt a. M. OLGZ 1967, 374 = NJW 1967, 1426; OLG Frankfurt a. M. DB 1981, 1456 f.; OLG Stuttgart OLGZ 1982, 257 = IPRspr. 1981 Nr. 12; OLG Hamm StAZ 1986, 134; OLG Düsseldorf NJW 1989, 2200 = IPRspr. 1989 Nr. 34; OLG Karlsruhe StAZ 1994, 286 f.; zu den rechtspolitischen Bedenken *v. Bar* IPR II Rn. 601 f.

[315] Flughäfen stellen heute regelmäßig Konferenzräume bereit.

danach zu differenzieren, welche Motive vorlagen, oder welche Rolle die örtlichen Formvorschriften für die Wahl dieses Ortes gespielt haben.[316] Es bestehen außerdem ebenso wenig Bedenken wie wenn die Parteien ein Vertragsstatut wählen wegen seiner günstigen Formregelungen. Die besonderen Schutzinteressen des **Verbrauchers** im Hinblick auf die Form sichert nun Art. 11 Abs. 4 Rom I-VO.

Ein Einwand der **missbräuchlichen Benutzung** der Formregelungen **des Ortsrechts** verlangt **119** andere Gründe. Man könnte an Fälle denken, in denen eine Partei der anderen vorsätzlich vorspiegelt, sie sei aus Formgründen noch nicht an den Vertrag gebunden, oder ihren derartigen Irrtum, wenn sie sich zB ersichtlich nur auf das Wirkungsstatut verlässt, arglistig ausnützt. Möglichkeiten dazu bieten unter Umständen die Regelung des Art. 11 Abs. 2 Rom I-VO und Art. 11 Abs. 2 EGBGB mit der Erstreckung der Formregelung am Ort einer Partei auf den ganzen Vertrag. Es mag manche Partei überraschen, wenn ein Grundstückskauf keine notarielle Beurkundung verlangt oder gar eine Eheschließung formlos sein kann. Es erweckt jedenfalls keine Bedenken, wenn die eine oder beide Parteien bewusst die leichtere Ortsform verwenden, sondern erst, wenn sie sie zu anderen, ihrerseits missbilligten Zwecken oder Manövern einsetzen.[317] Dann ist allerdings nicht bei Art. 11 anzusetzen, sondern es ist auf der Ebene des Sachrechts das Rechtsgeschäft als **sittenwidrig** einzustufen oder die Berufung auf die Formgültigkeit als **treuwidrig.** Bei fehlendem Erklärungsbewusstsein kann in eher selteneren Fällen auch Art. 10 Abs. 2 Rom I-VO bei Schuldverträgen ab dem 17.12.2009 helfen (→ Rom I-VO Art. 10 Rn. 201 ff., 214).

4. Ortsform. a) Grundsatz. Abs. 1 spricht von dem Staat, in dem das Rechtsgeschäft „vorge- **120** nommen wird", die Abs. 2 und 3 sprechen von dem Staat, in dem sich die Parteien bzw. ihre Vertreter bei Abschluss des Vertrages „befinden". Damit soll und kann nicht anstelle der bisher üblichen Anknüpfung an den Ort, an dem die **Willenserklärung abgegeben** wird, der (gar gewöhnliche) Aufenthalt der Parteien gemeint sein.[318] Der Fall des Abs. 1 liegt demnach vor, wenn die Parteien ihre Erklärungen im selben Land abgeben (→ Rn. 124). Die Formulierung in Abs. 1 ist die klarere, aber das Gesetz spricht auch in Abs. 2 und 3 bewusst nicht von Aufenthalt, sondern wo die Parteien sich „befinden" bei der Abgabe der Erklärungen. Diese Ortsbestimmung gilt bei einseitigen Rechtsgeschäften wie bei Verträgen. Nur für Schuldverträge hat nun **Art. 11 Abs. 2 Rom I-VO** mit Wirkung ab dem 18.12.2009 eine weitere Anknüpfung an den gewöhnlichen Aufenthalt jeder Partei für die ganze Vertragsform hinzugefügt (→ Rom I-VO Art. 11 Rn. 36 ff.).

b) Vornahmeland. Bei Willenserklärungen in diplomatischen Vertretungen ausländischer Staaten **121** in Deutschland ist der Erklärungsort im Inland.[319] Bei Willenserklärungen auf **Schiffen** auf hoher See darf man an das Recht der Flagge anknüpfen. Liegt das Schiff im Hafen, ist dort der Erklärungsort. Aus völkerrechtlichen Gründen läge es nahe, so auch zu entscheiden, solange das Schiff sich noch in der Zwölf-Meilen-Zone (Küstengewässer) befindet, doch wird dann die Feststellung schwierig, wo sich das Schiff zum fraglichen Zeitpunkt genau befand, und man wird auch nicht erwarten, dass die Parteien sich dessen bewusst waren (man denke an Erklärungen per Handy). Es spricht viel dafür, auch dort schon an die Flagge anzuknüpfen.[320]

Bei Rechtsgeschäften in bzw. aus **Flugzeugen** heraus sollte man ebenso verfahren. Auf dem **122** Flughafen gilt dortiges Recht und sonst das des Registrierungslandes. Die Beziehung zum gerade überflogenen Staat ist nicht signifikant und noch schwerer festzustellen.[321]

Bei **Mehrrechtsstaaten,** die gerade unterschiedliche Formregelungen haben können, entschei- **123** det, in welchem **Teilgebiet** die Erklärung abgegeben wurde.[322] Art. 22 Rom I-VO sagt das ausdrücklich. Bei einem Staat mit **intergentiler Rechtsspaltung,** auf dessen Gebiet das Rechtsgeschäft vorgenommen wird, ist die maßgebende Teilrechtsordnung nach dessen intergentilem Kollisionsrecht zu bestimmen.[323] Das kann bei Eheschließung und Testamenten erheblich werden, wenn dafür Gewohnheitsrechte oder religiöse Rechte berufen werden.[324]

---

[316] So auch *Dignas,* Die Auslandsbeurkundung von gesellschaftsrechtlichen Vorgängen in einer deutschen GmbH, 2004, 184; *Schönwerth,* Die Form der Rechtsgeschäfte im IPR, 1996, 126.

[317] Staudinger/*Winkler v. Mohrenfels* (2013) Rn. 44; *Dignas,* Auslandsbeurkundung von gesellschaftsrechtlichen Vorgängen in einer deutschen GmbH, 2004, 182.

[318] Amtl. Begr., BT-Drs. 10/504, 48 f.

[319] OLG Köln NJW 1982, 2740; zur Eheschließung Staudinger/*Mankowski* (2011) Art. 13 Rn. 487 mwN; Erman/*Hohloch* Rn. 26.

[320] Staudinger/*Winkler v. Mohrenfels* (2013) Rn. 176 ff., (2016) Rom I-VO Art. 11 Rn. 77, will dann alternativ das Recht der Flagge und des Küstenstaates anwenden, und der interessierten Partei den Beweis erlauben, dass man sich noch in der Küstenzone befunden habe. Rspr. zu diesen eigentlich nicht seltenen Situationen (zB Kreuzfahrten) ist nicht bekannt geworden.

[321] Staudinger/*Winkler v. Mohrenfels* (2013) Rn. 180 ff. unter Hinweis auf derartige gesetzliche Regelungen in Frankreich, England und Italien.

[322] Erman/*Hohloch* Rn. 26; Staudinger/*Winkler v. Mohrenfels* (2013) Rn. 166.

[323] Erman/*Hohloch* Rn. 26; Staudinger/*Winkler v. Mohrenfels* (2013) Rn. 167.

[324] Vgl. etwa *Spellenberg,* Recht in Afrika, 2007, 113 ff. zu Kamerun.

124   **c) Vornahmeort.** Vornahmeort in diesem Sinne und Anknüpfungspunkt ist der Ort, an dem sich der Erklärende bei der **Abgabe der Willenserklärung** befindet,[325] nicht der des Zugangs, und Zugang ist keine Formfrage (→ Rn. 161).[326] Bei Erklärungen unter Anwesenden ist er also da, wo der Erklärende spricht oder telefoniert oder ggf. selbst ein Schriftstück übergibt. Unter Abwesenden ist der Ort da, wo die Partei den Brief absendet oder faxt, nicht wo sie ihn geschrieben hat. Diese Orte fallen mit dem Ort zusammen, an dem sich die Partei bei Abgabe der Erklärung befindet. Abs. 3 bestätigt das für die Erklärung durch Vertreter.

125   Abs. 3 spricht nur von **Verträgen** durch **Vertreter,** dasselbe muss in analoger Anwendung auch bei **einseitigen Rechtsgeschäften** durch Vertreter gelten (zB Kündigungen). Die Erklärung des Vertreters unterliegt dem Recht am Ort, wo er sie abgibt, nicht wo sie zugeht. Die Vollmachtsform unterliegt dagegen dem ggf. anderen Recht des Ortes, an dem der Vertretene sie erklärt (→ Art. 8 Rn. 179 ff.). Dasselbe gilt für die Form einer Genehmigung (→ Rn. 24; → Rom I-VO Art. 11 Rn. 49, 52).[327]

126   Bei Übermittlung einer Willenserklärung durch **Boten** ist der Vornahmeort (der Erklärung der Partei) dort zu sehen, wo die Erklärung abgegeben und dem Boten, namentlich der Post, **übergeben** wurde,[328] so dass beispielsweise eine privatschriftliche Erklärung entgegen der lex causae und unabhängig vom Ort ihres Zugangs formgültig ist, wenn die Partei die Erklärung an einem Ort absendet, wo eine solche Form genügt (privatschriftlicher Grundstücksvertrag bei Absendungsort in Italien). Aus Kostengründen werden Briefe von großen Versendern manchmal an Mailing-Services gegeben und dann aus dem Ausland versandt. Die Übergabe an den Mailing-Service entscheidet. Wo die Erklärung nur geschrieben wurde, ist nicht entscheidend (zB Absendung eines in Deutschland verfassten Briefes in Frankreich). Zur durch Boten übermittelten Eheschließungserklärungen → Rn. 129.

127   Diesen anerkannten Regeln entspricht es, den Abgabeort **elektronischer Erklärungen** durch E-Mail da zu sehen, wo die Partei die Erklärung in ihren Computer eingibt und absendet, denn dort befindet sich die Partei.[329] Der Empfänger kann diesen Ort allerdings häufig nicht erkennen, denn der Absender kann sich überall ins Internet einloggen und seinen E-Mail-Provider anwählen. Schon beim Telefon ist, falls der Absender dies nicht angibt, nicht unbedingt erkennbar, wo der Telefonierende sich befindet, und selbst beim Brief ist nicht immer erkennbar, wo er aufgegeben wurde. Vor allem Handies und Laptops werden außer Hauses zur Kommunikation verwendet, ohne dass der Empfänger den Absendort erkennt. Deshalb will *Winkler v. Mohrenfels* den Standort des Servers als Abgabeort ansehen. Der ist aber in der überwiegenden Zahl der Fälle ebenfalls nicht erkennbar. Manche Provider machen Landesangaben, manche nicht (zB AOL.com; t-online.com), und es ist keineswegs sicher, dass der Server als technisches Gerät in dem ggf. genannten Land steht.[330]

128   Wegen dieser Unerkennbarkeit will *Borges* bei E-Mail in Abweichung von der sonst geltenden Bestimmung des Ortsrechts an den gewöhnlichen Aufenthalt des Erklärenden oder ggf. an seine Niederlassung anknüpfen und dehnt dies auch auf nicht elektronische Kommunikation aus.[331] Art. 11 lässt jedoch nicht erkennen, dass es auf die **Erkennbarkeit des Abgabeorts** für den Adressaten überhaupt ankommen soll.[332] Angesichts der Häufigkeit der elektronischen Kommunikation mit Smartphone, E-Mail und Handy auf Reisen, die kaum lokalisiert werden können, wäre das durchaus zu erwägen, doch das kann nur durch eine Gesetzesänderung geschehen. Auch sein Zweck verlangt das nicht, denn nach Art. 11 Abs. 2 kann der Erklärende einer Form genügen, die er nicht erkennt und von deren Geltung er unter Umständen nichts weiß (→ Rn. 1). Dass der Erklärende selbst nicht weiß, in welchem Land er sich gerade befindet, ist recht unwahrscheinlich, wäre aber ebenfalls nicht erheblich.[333] Dagegen bringt Art. 11 Abs. 2 **Rom I-VO** zwar eine Anknüpfung an den gewöhnlichen Aufenthalt der Parteien, aber nur als **zusätzliche.**

---

[325] KG IPRspr. 1931 Nr. 21; OLG Stuttgart OLGZ 1981, 164 (beide zur Vollmacht); *Kegel/Schurig* IPR § 17 V 3c; Palandt/*Thorn* Rn. 15; Soergel/*Kegel* Rn. 8; *Zweigert,* FS Rabel, Bd. 1, 1954, 631; Staudinger/*Winkler v. Mohrenfels* (2013) Rn. 163.

[326] BGH NJW 2003, 3270; OLG Stuttgart OLGZ 1981, 164; AG Berlin-Schöneberg StAZ 2002, 81; Erman/*Hohloch* Rn. 26; Bamberger/*Roth*/*Mäsch* Rn. 46; aA *Lando* RabelsZ 38 (1974), 6 (51); BGH IPRax 2013, 579; m. Aufs. *Spellenberg* IPRax 2013, 545 (547 ff.); *Neuhaus* IPR S. 236 (alternativ Absende- und Zugangsort); ebenso für einseitige Rechtsgeschäfte erwogen von *Kropholler* IPR § 41 III 5b.

[327] Unstr.; OLG Stuttgart OLGZ 1981, 164 ff.

[328] Soergel/*Kegel* Rn. 8; Erman/*Hohloch* Rn. 26; KG IPRspr. 1931 Nr. 21; OLG Stuttgart OLGZ 1981, 164.

[329] So *Geis* NJW 1997, 3000; *Ultsch* NJW 1997, 3007; *Taupitz/Kritter* JuS 1999, 839 f.; Bamberger/*Roth*/*Mäsch* Rn. 43; NK-BGB/*Bischoff* Rn. 36.

[330] Bei dem von *Winkler v. Mohrenfels* beispielhaft genannten Universitäts-Mail-Servern ist das allerdings anders, aber eben nicht die Regel, Staudinger/*Winkler v. Mohrenfels* (2016) Rom I-VO Art. 11 Rn. 69 f.

[331] *Borges,* Verträge im elektronischen Geschäftsverkehr, 2003, 782 ff.

[332] Er war auch vor 1986 nicht immer erkennbar.

[333] Staudinger/*Winkler v. Mohrenfels* (2013) Rn. 185 f.

Dagegen werden bei der **Eheschließung durch Boten** (der BGH[334] spricht unklar von „Vertre- 129
tung in der Erklärung"), die nach manchen Rechten zulässig ist,[335] die Zulässigkeit der Botenschaft
wie auch wohl die näheren Anforderungen des Botenauftrages als Formfragen angesehen und gemäß
Art. 11 an den Ort der Trauungszeremonie angeknüpft.[336] Nach der Grundregel wäre das der Ort
der Übergabe an den Boten (im Fall des BGH Deutschland). Die Abweichung von der allgemeinen
Regel für die Anknüpfung der Ortsform bei Einschaltung eines Boten, nämlich an den Ort der
Trauungszeremonie oder Registrierung anstelle des Ortes der Absendung, wird mit der Notwendigkeit der Erklärung vor dem Standesbeamten bzw. Priester und Besonderheiten der Trauungszeremonie erklärt (→ Art. 13 Rn. 148).[337]

Der BGH ging möglicherweise unausgesprochen von der früheren Auffassung aus, der Vornahme- 130
ort sei der eine Ort, wo der Vertrag durch Annahme der Offerte zustande komme. Diese Auffassung
ist heute nach Art. 11 Abs. 2 nicht mehr möglich. Dass der Zugangsort und nicht der Absendeort
die Form bestimme, entspräche nicht der ratio des Art. 11 Abs. 1 Alt. 2[338] und könnte wohl nur als
eine **Besonderheit des internationalen Eherechts** gesehen werden.[339]

Art. 11 Abs. 2 entstammt zwar Art. 9 Abs. 2 EVÜ, aber dessen Inhalt ist in den seit jeher für 131
alle Rechtsgeschäfte geltenden deutschen Art. 11 aufgenommen worden. So stellt sich die
Frage, ob auch eine **Ehe** im Wege des Distanzvertrages geschlossen werden kann (Ferntrauung,
→ Art. 13 Rn. 148).[340] Wenn man mit dem BGH das Erfordernis beiderseitiger persönlicher
Anwesenheit für eine Formfrage hält, so wäre die Eheschließung möglich, wenn nur eines der
Rechte der beiden Orte der Erklärungsabgaben das erlaubt.[341] Dadurch dass der BGH bei der
Heirat den Erklärungsort iSd Art. 11 Abs. 1 an den Ort der Trauungsperson, also eigentlich an
den Ort des Zugangs der Erklärungen, verlegt, ist das ausgeschlossen, solange eine Trauungsperson nötig ist.[342] Es kommt aber die reine, formlose Ehe in Betracht. Diese eherechtlichen Regeln
können, wenn man ihnen überhaupt zustimmen will, nicht ohne weiteres auf **andere Rechtsgeschäfte** übertragen werden.

d) Distanzverträge über die Staatsgrenzen (Abs. 2). Abs. 2 entscheidet den alten Streit über 132
die Ortsform eines Vertrages, wenn die Parteien in verschiedenen Staaten bzw. Rechtsgebieten
handeln,[343] dahingehend, dass die Formregelungen der beiden Staaten jeweils für den **ganzen Vertrag alternativ** gelten. Das stammt aus Art. 9 EVÜ[344] und bedeutet eine erhebliche weitere Formerleichterung, indem zB ein Grundstückskaufvertrag oder auch der Verkauf eines GmbH–Anteils unter
deutschem Recht schon dann privatschriftlich möglich ist, wenn nur eine Partei in einem Lande
mit entsprechender Regelung (zB Italien bzw. Schweiz.) handelt. Das Ortsrecht der einen Partei

---

[334] BGHZ 29, 137 (144 ff.) = NJW 1959, 717.
[335] Näher *Spellenberg,* FS Schwab, 2005, 1279 ff.; Staudinger/*Mankowski* (2011) Art. 13 Rn. 748 ff.; *Jacobs* StAZ
1992, 6; *Dieckmann,* Die Handschuhehe deutscher Staatsangehöriger nach deutschem IPR, 1959, 13; vgl.
→ Art. 13 Rn. 148.
[336] BGHZ 29, 137 = NJW 1959, 717; KG FamRZ 1958, 324 mAnm *Neuhaus;* KG OLGZ 1973, 435 =
StAZ 1973, 217; OLG Bremen FamRZ 1975, 209 = IPRspr. 1974 Nr. 51; OLG Hamm StAZ 1986, 134; 1991,
315; BayObLGZ 2000, 335; KG KGR 2004, 326; LG Stuttgart StAZ 1992, 379; LG Hamburg IPRspr. 1960/
61 Nr. 84; StAZ 1955, 61; LG Kiel StAZ 1950, 58 = RabelsZ 15 (1949/50), 578; *Neuhaus* RabelsZ 20 (1954/
55), 52 ff.; *Dieckmann* StAZ 1976, 33; *Kegel/Schurig* IPR § 20 IV 2a; Staudinger/*Mankowski* (2011) Art. 13
Rn. 219 f., 754 ff.; aA *Raape* IPR S. 51; *Deuchler* MDR 1959, 378; LG Kiel IPRspr. 1945–49 Nr. 19: es müssten
sowohl die Form am Ort der Trauung wie am Ort der Beauftragung des Boten eingehalten werden. *Gamillscheg,*
FS Maridakis, Bd. 2, 1964, 53 ff., will das Problem durch Einschränkung der Ortsformanknüpfung lösen.
[337] In der Entscheidung des BGH und wohl auch in der des OLG Bremen waren die „Vollmachten" in
Deutschland ausgestellt und dem „Vertreter" ausgehändigt oder durch die Post übersandt worden BGHZ 29,
137 = NJW 1959, 717; OLG Bremen StAZ 1976, 50; wohl auch in BayObLGZ 2000, 335 = FamRZ 2001,
1610 (Ls.); KG KGR 2004, 326; näher *Spellenberg,* FS Schwab, 2005, 1279 ff.; *Neuhaus* RabelsZ 15 (1948/49),
580 f.; eingehend *Dieckmann* StAZ 1976, 33 ff. (35).
[338] Immerhin wird eine alternative Anknüpfung an Abgabe- und Zugangsort von *Kropholler* IPR § 41 III 5b
erwogen.
[339] Vgl. auch Staudinger/*Mankowski* (2011) Art. 13 Rn. 755 ff. zur Handschuhehe.
[340] Bejahend Staudinger/*Mankowski* (2011) Art. 13 Rn. 484 ff.; Beispiel aus der Tagespresse: amerikanischer
Marinesoldat im Beisein eines Rabbi im Hafen von Tel Aviv und seine Braut in Virginia geben sich telefonisch
das Ja-Wort.
[341] Wegen der Sonderregel des Art. 13 Abs. 3 darf freilich keiner seine Erklärung in Deutschland abgeben;
Staudinger/*Mankowski* (2011) Art. 13 Rn. 486.
[342] BGHZ 29, 137 (143 ff.) = NJW 1959, 717; eingehend *Dieckmann,* Die Handschuhehe deutscher Staatsangehöriger nach deutschem internationalem Privatrecht, 1959, 69 ff.; *Spellenberg,* FS Schwab, 2005, 1279 (1290 ff.).
[343] Dazu näher Staudinger/*Winkler v. Mohrenfels* (2013) Rn. 217 ff.
[344] Dazu Bericht zum EVÜ *Giuliano/Lagarde* BT-Drs. 10/503, 33, 63; *Borges,* Verträge im elektronischen
Geschäftsverkehr, 2003, 767 f.

genügt dabei ebenso, wenn nach dem Wirkungsstatut oder dem Ortsrecht die Erklärung nur einer **Partei des Vertrages** einer besonderen Form bedarf, wie zB die Bürgschaftserklärung des Bürgen nach § 766 BGB. Da die Bürgschaft dennoch ein Vertrag ist, kommt dem Bürgen auch die Formfreiheit zugute, die am Aufenthalt des Gläubigers gilt.[345] Auf den Ort, an dem dann der Vertragsabschluss zu lokalisieren wäre, kommt es dagegen nicht an,[346] sondern auf den Ort der Erklärung der Parteien bei Vertragsschluss, denn der Streit um die Abschlusslokalisierung will Abs. 2 gerade überflüssig machen. **Abs. 2 ist auf Verträge beschränkt,** doch für Schuldverträge gilt nur Art. 11 Rom I-VO und für Verfügungen über Sachen Abs. 4, so dass für Abs. 2 nicht viel übrig bleibt.

133   **Rechtspolitisch** war die alte hM vorzuziehen, dass bei Distanzverträgen jede Erklärung für sich allein an ihren Abgabeort anzuknüpfen sei (sog Spaltungstheorie). War der ursprüngliche Sinn der Ortsformregel, dass die Parteien sich auf das Recht verlassen dürfen und sich nur darauf einzurichten brauchen, welches dort gilt, wo sie rechtsgeschäftlich handeln, so bedeutet die neue Regelung nun nicht nur, dass sie von einem anderen Recht, nämlich am Ort, wo der Vertragspartner handelt, profitieren, sondern auch, dass sie nach diesem Recht, dessen Regelung sie nicht an ihrem eigenen Handlungsort erfragen können, **gebunden werden.** Sie können sich also nicht mehr unbedingt auf eine Freiheit von Bindung nach ihrem „Umweltrecht" verlassen. Das Gesetz macht offenbar die Geltung der Ortsform nicht davon abhängig, dass die Parteien die verringerten Formanforderungen dieser Rechte kennen.[347] Diese Verringerung an Schutz ist nicht ohne **rechtspolitische** Bedenken.[348]

134   Es ist also denkbar, dass eine Partei auf ihr Recht vertraut und subjektiv davon ausgeht, durch eine nur mündliche oder auch nur einfach schriftliche Erklärung (noch) nicht gebunden zu sein, es aber nach dem ihr fremden Ortsrecht ist. Damit kann ihr das **Erklärungsbewusstsein** gefehlt haben.[349] Hier kommt nun **Art. 10 Abs. 2 Rom I-VO für Schuldverträge** ab dem 18.12.2009 in Betracht, der nicht nur Fälle des Schweigens ergreift (→ Rom I-VO Art. 10 Rn. 217, 227 f.).[350] Zwar hat sich die Partei durch eine grenzüberschreitende Erklärung gewöhnlich selbst in den Bereich des fremden Rechts begeben, aber auf der **subjektiven Seite** kann nach den Umständen des Einzelfalles die Bindung für sie so überraschend sein, dass sie unzumutbar wird. Es ist aber sogar denkbar, dass die Partei nicht einmal weiß, dass die andere Partei im Ausland ist, zB bei telefonischem und namentlich elektronischem Kontakt (→ Rn. 128 f.). In diesem Fall kann ihr die Internationalität des Vertrags unbekannt sein und ihr die Bindung nicht zumutbar sein. Bevor Art. 10 Abs. 2 Rom I-VO angewandt wird, ist jedoch zu prüfen, ob nicht bereits das Geschäftsstatut das Fehlen des Erklärungsbewusstseins oder des Bindungswillens beachtet (→ Rom I-VO Art. 10 Rn. 220). Das wird oft der Fall sein, so dass die Ausweichklausel nicht mehr nötig ist.[351]

135   **e) Vertreter (Abs. 3).** Abs. 3 stellt klar, dass für die Form eines durch Vertreter geschlossenen **Vertrages** der Ort entscheidet, an welchem der **Vertreter** seine Erklärung **abgibt.** Entsprechendes gilt bei einem durch den Vertreter vorgenommenen einseitigen Rechtsgeschäft.[352] Davon zu unterscheiden ist die Anknüpfung der Form der **Bevollmächtigung.** Für sie kommt es auf den Ort an, an dem der Vollmachtgeber sie erklärt (→ Art. 8 Rn. 174 ff.). Die Zulässigkeit der Vertretung beim Rechtsgeschäft selbst untersteht allein der lex causae des Hauptvertrages und ist nicht etwa als Formfrage einzustufen.[353]

---

[345] BGHZ 121, 224 (235) = NJW 1993, 599; auch eine der bedenklichen Konsequenzen der Bilateralisierung der Formanknüpfungen.

[346] So aber *Bülow* ZEuP 1994, 501; wie hier aber amtl. Begr., BT-Drs. 10/504, 48 f.; Bericht *Giuliano/Largarde,* BT-Drs. 10/503, 63. Zumindest missverständlich *Merkt* ZIP 1994, 1423 f.; es wird nicht das Wirkungsstatut im Falle des Abs. 2 alternativ bestimmt, sondern das Ortsformstatut.

[347] Das Gesetz geht, ohne eine eigene Begründung zu geben, BT-Drs. 10/504, 49, auf das EVÜ zurück, das sich bewusst für diese „liberale Lösung" entschied, BT-Drs. 10/503, 61 ff. zu Art. 9 EVÜ.

[348] Ebenso *v. Bar* IPR II Rn. 601 f.; weiter *Stürner* DNotZ 1995, 358; *Borges,* Verträge im elektronischen Geschäftsverkehr, 2003, 768; positiver Staudinger/*Winkler v. Mohrenfels* (2013) Rn. 217; für den gewöhnlichen Aufenthaltsorte der Parteien ein schweizerisches Recht deshalb *Keller/Siehr* IPR S. 347.

[349] Beispielsweise ist die Beurkundungsbedürftigkeit bzw. Notarpflichtigkeit von Grundstückskaufverträgen im deutschen Rechtsverkehr durchaus geläufig. Bei nur privatschriftlichem Handeln ist darum sehr wohl zu prüfen, ob die Partei mit ihrer Unterschrift sich eigentlich überhaupt binden wollte und nicht darin etwa nur eine noch nicht rechtsverbindliche Erklärung sah, demnächst einen formgültigen Kaufvertrag zu schließen, oder eine Einladung zu Vertragsverhandlungen; vgl. den Fall BGHZ 53, 189 = NJW 1970, 999 (deutsches IPR); BGHZ 73, 391 = NJW 1969, 1773.

[350] Ebenso *v. Bar* IPR II Rn. 602; Erman/*Hohloch* Rn. 26; Staudinger/*Winkler v. Mohrenfels* (2013) Rn. 184.

[351] Zu ihrem Verhältnis zu Auslegung und materiellrechtlichen Anfechtungsregeln → Rom I-VO Art. 10 Rn. 218 ff., 230 ff.

[352] Bamberger/Roth/*Mäsch* Rn. 52.

[353] BGH WM 1965, 868; BGH NJW 1971, 323 (325).

f) Fehlende Ortsform; Formleere. Abs. 1 Alt. 2 bzw. Abs. 2 Alt. 2 kommen nicht zum Zuge, **136**
wenn das betreffende **Ortsrecht** das **Geschäft nicht kennt** und deshalb dafür keine Formregelung
bereithält.[354] Die Ortsformanknüpfung geht dann ins Leere, und es bleibt nur das das Geschäftsstatut
oder im Falle des Art. 11 Abs. 2 Rom I-VO eines der anderen Ortsrechte. Man darf nicht etwa
stattdessen Formfreiheit annehmen oder die strengste örtliche Form heranziehen.[355] Eine Spekulation
ohne tragfähige Grundlage wäre es, danach zu fragen, welche Form jenes ausländische Recht vorsähe,
wenn es das Geschäft kennen würde.[356]

Die Identität der Rechtsinstitute ist dabei jedoch nicht zu verlangen, wäre auch selten. Es genügt **137**
eine **Ähnlichkeit** nach Funktion, rechtlichem Erfolg und inhaltlicher Ausgestaltung, wobei hinsichtlich des letzten Kriteriums großzügig verfahren werden sollte.[357] So könnte zB einer deutschen
Erbausschlagung die Möglichkeit im angelsächsischen Recht entsprechen, dass der *beneficiary* rechtsgeschäftlich auf die Auszahlung des Überrestes nach Durchführung der *administration* (einer Art
Nachlassabwicklung) verzichtet.[358] Auch für den deutschen Erbteilskauf findet sich im englischen
Recht ein Pendant, obwohl es dieses Institut anders auffasst.[359] Formleere findet sich eher im Fami-
lien- und Erbrecht als im Vermögensrecht. Zum Beispiel ist ein Erbvertrag in Italien oder Frankreich
nicht in der Ortsform möglich, weil das Rechtsinstitut dort ausgeschlossen ist.[360] Auch der Versorgungsausgleich und damit seine vertragliche Regelung ist vielen Rechten unbekannt.[361] Im Einzelfall
kann die Ähnlichkeitsbewertung natürlich schwierig sein.[362] Eine Sonderregelung bringt Art. 2
CIEC-Übk. vom 14.9.1961 (BGBl. 1965 II S. 19) über die Erweiterung der Zuständigkeit von
Behörden, vor denen nichteheliche Kinder anerkannt werden können.

Halten die beiden Ortsrechte oder das eine kein vergleichbares Rechtsinstitut und damit **keine 138
Formregelung** bereit, so bleibt immer noch die Form des Geschäftsstatuts. Die Rechtsprechung
und Lehre haben Eheschließungen während des Krieges beschäftigt, in denen **faktisch** weder die
eine noch die andere Form erfüllt werden konnte, weil die vorgesehenen Standesämter nicht existier-
ten.[363] Es sind vielleicht nicht verallgemeinerungsfähige Lösungen gefunden worden, weil man zT
von einem Grundrecht auf Eheschließung ausging. Im Normalfall besteht kein Anspruch darauf,
dass das Recht am Ort eine Form bereithält. Solange es zB in der Schweiz keine GmbH gab, konnten
Satzungsänderungen oder Anteilsverkäufe auch dort nur in den Formen des deutschen Rechts vorgenommen werden, die aber einen gleichwertigen Notar verlangten (→ Rn. 86 ff.), der nicht in allen
Kantonen existiert. Und wenn es in einem Staat des anglo-amerikanischen Rechts sowohl keine der
GmbH vergleichbare Gesellschaft als auch keine Notare gibt, so bleibt wohl eben nur die Vornahme
in Deutschland nach dem Geschäftsstatut, nicht etwa ist anzunehmen, dass das Geschäft dort eben
formlos möglich sei.

---

[354] RGZ 160, 225; BeckOGK/*Gebauer* Rom I-VO Art. 11 Rn. 75; *Schervier* NJW 1992, 597 vermisst auch
die Verschmelzung von GmbHs in der Schweiz. *Großfeld/Berndt* RIW 1996, 632, halten die Abtretung eines
luxemburgischen GmbH-Anteils für nicht vergleichbar mit der eines deutschen; OLG Stuttgart NZG 2001, 40
lässt für eine GmbH-Anteilsübertragung offen, ob es ein Pendant in Kalifornien gibt; OLG München NJW-RR
1993, 998 verneint die Vergleichbarkeit einer deutschen GmbH mit einer kanadischen Ltd. Corp. für die Anwendung deutscher Ortsform. Das scheint zumindest zT zu eng.
[355] BGH NZG 2005, 41; OLG Düsseldorf RIW 1988, 226; KG FamRZ 1993, 1363; vgl. auch RGZ 160,
225 (230); Erman/*Hohloch* Rn. 24; Palandt/*Thorn* Rn. 11; Soergel/*Kegel* Rn. 19; *S. Lorenz* IPRax 1994, 196;
Staudinger/*Winkler v. Mohrenfels* (2013) Rn. 195 f.
[356] So aber *Bernstein* ZHR 140 (1976), 421; teilweise *Zweigert,* FS Rabel, Bd. 1, 1954, 631 (637).
[357] Amtl. Begr., BT-Drs. 10/504, 49; Palandt/*Thorn* Rn. 11; BeckOGK/*Gebauer* Rom I-VO Art. 11 Rn. 76;
Kropholler IPR § 41 III 5b; BGH WM 2004, 2441 = GmbHR 2005, 53 Anm. *Kleinert* zu Verkauf von Anteilen
an ausländischer GmbH in Deutschland; zweifelhaft OLG München ZIP 1993, 508 = NJW-RR 1993, 998 zu
einer kanadische Ltd. Comp.; anders OLG Celle NJW-RR 1992, 1126; KG FamRZ 1993, 1363 = IPRax 1994,
217 m. Aufsatz *S. Lorenz* IPRax 1994, 193; Staudinger/*Winkler v. Mohrenfels* (2013) Rn. 185 f.; Erman/*Hohloch*
Rn. 24; Bamberger/Roth/*Mäsch* Rn. 47.
[358] IPG 1965/66 Nr. 68 (München): release of expectancy.
[359] Nämlich als Abtretung des schuldrechtlichen Anspruchs gegen den „personal repräsentative" (Nachlassverwalter), so *Dopffel* DNotZ 1976, 355; KG IPRspr. 1972 Nr. 6; LG Berlin IPRspr. 1960/1961 Nr. 144; aA KG
IPRspr. 1960/61 Nr. 144 (USA, Vermont, Erbschaftskauf).
[360] *Kegel/Schurig* IPR § 17 V 3b, S. 630.
[361] BGH RIW 2005, 144 unter II 2b; (Vereinbarung über Versorgungsausgleich); OLG Bamberg NJW-RR
2002, 1153 (Versorgungsausgleich); OLG München OLGR 1995, 115 (Versorgungsausgleich); KG IPRax 1994,
217 (Adoption, Zustimmung).
[362] So ist zu prüfen, ob dem Erbvertrag im Recht Englands bzw. der USA ein „contract to make a will"
entspricht, falls es zulässig sein sollte; vgl. *Battes,* Gemeinschaftliches Testament und Ehegattenerbvertrag als Gestaltungsmittel für die Vermögensordnung der Familie, 1977, 66, 296; zum englischen Recht *Dopffel* DNotZ 1976,
334.
[363] Zu der sog Bukowina-Rspr. OLG Stuttgart FamRZ 1963, 352; eingehend Staudinger/*Winkler v. Mohrenfels*
(2013) Rn. 210; Staudinger/*Mankowski* (2011) Art. 13 Rn. 523 ff., 525 ff.

139   **5. Erfüllung der Ortsform.** Ist Art. 11 Abs. 1 Alt. 2 anzuwenden, so bestimmt das Ortsrecht über die **Formanforderungen** und über ihre **Erfüllung.** Da voraussetzungsgemäß das betreffende Rechtsgeschäft einem andern Recht angehört, sind die örtlichen Formanforderungen diejenigen für das entsprechende Rechtsgeschäft (→ Rn. 137). Eine Prüfung der **Gleichwertigkeit** mit den Formanforderungen der lex causae ist dagegen hier **nicht zulässig,**[364] denn es soll ggf. gerade auch die andersartige Ortsform ausreichen. Insbesondere **verzichtet** das EGBGB mit dieser Alternativanknüpfung auf **die Durchsetzung der Formzwecke** der lex causae. Das wird in der Diskussion über die Vornahme gesellschaftsrechtlicher Rechtsgeschäfte im Ausland öfter übersehen (→ Rn. 172a ff.). Bei Beurkundung oder Beglaubigung sind die örtlichen Zuständigkeits-[365] und Verfahrensregeln einzuhalten,[366] und natürlich ist zu prüfen, ob die Verletzung dieser Regel nach dem Ortsrecht auf die Wirksamkeit des Geschäftes Einfluss hat[367] oder nicht. Auch bei der Prüfung, ob im Falle des Abs. 2 das Ortsrecht der anderen Vertragspartei eingehalten worden ist, ist die Gleichwertigkeitsfrage nicht zu stellen. Wenn der Erklärende nicht die Anforderungen seines eigenen Ortsrechts erfüllt hat, kommt es darauf an, ob seine Erklärung wenigstens den Anforderungen des anderen Ortsrechts, wo er nicht handelt, genügt.[368]

140   Das Ortsrecht bestimmt weiter über die Folgen von **Formverstößen,** doch kommt es natürlich darauf nur an, wenn das Rechtsgeschäft nicht nach der lex causae oder dem anderen Ortsrecht iSd Abs. 2 formgültig ist (→ Rn. 71 ff.). Ist das Rechtsgeschäft nach allen berufenen Ortsrechten formfehlerhaft, gilt auch unter ihnen wie im Verhältnis zum Geschäftsstatut das mildere Recht (→ Rn. 69 ff.).[369] Dasselbe gilt bei Art. 11 Abs. 1 oder 2 Rom I-VO.

141   **6. Form und Inhalt. a) Qualifikation.** Nur **die Ortsformregel** zwingt zu einer **Unterscheidung** zwischen Form und Inhalt des Rechtsgeschäftes. Bei dieser manchmal schwierigen Qualifikation ist grundsätzlich vom deutschen Recht auszugehen, dabei aber der Zweck der Anknüpfungsregel zu beachten, insbesondere, dass die ausländischen Regelungen in aller Regel und naturgemäß nicht vollständig identisch mit den deutschen sind.[370] Entscheidend ist die **funktionale Ähnlichkeit.** Es geht um die Auslegung des Art. 11 hinsichtlich seines Anknüpfungsgegenstandes, es kann schon wegen der anderen Zweckrichtung des IPR nicht einfach auf einen Formbegriff des § 125 BGB zurückgegriffen werden.[371] Die Qualifikation ist in doppelter Hinsicht von **Bedeutung:** Zum einen ersetzt die örtliche Regelung die des Geschäftsstatuts, soweit letztere als Form anzusehen ist, und zum anderen können nur „Formvorschriften" des Ortsrechts herangezogen werden. Eine gleiche Einordnung kann selbst bei äußerlich gleichartig erscheinenden Regelungen zweifelhaft sein.

142   Nach Auffassung des BGH in seiner Entscheidung zur Form der Eheschließung (→ Rn. 129)[372] ist zunächst zu ermitteln, ob eine deutsche Norm die Form regelt und dann mit ihr die ausländische nach ihrer Stellung im dortigen System und vor allem Funktion im Recht zu **vergleichen,** und bei funktionaler Äquivalenz werde sie von Art. 11 erfasst. Entscheidend war für den BGH, ob die betreffende in casu italienische Regelung Formzwecke im selben Sinne wie das deutsche Recht verfolge.

143   Dieselben Qualifikationsfragen stellen sich bei **Art. 11 Rom I-VO.** Während Art. 11 EGBGB nach deutschen Vorstellungen auszulegen ist, ist bei der Rom I-VO europäisch einheitlich zu entscheiden. Zumindest bis sich eine andere europäische Auslegung namentlich durch den EuGH etabliert hat, darf man aber annehmen, dass dieselbe Methode anzuwenden ist. Notfalls wird man Art. 11 EGBGB an Art. 11 Rom I-VO anpassen können und müssen, wie das Art. 36 EGBGB aF vorsah. Art. 11 stammt in der heutigen Fassung nach wie vor aus dem EVÜ (→ Rom I-VO Art. 11 Rn. 21 f.) und ist darum in einem europäischen Verständnis auszulegen.

144   Eine präzise und trennscharfe **allgemeine Definition der Form** iSd Art. 11 EGBGB ist nicht zu finden.[373] Man muss sich mit Annäherungen zufrieden geben. Schon zum EVÜ hatte *Lagarde* berichtet, dass eine Definition der Form in Abgrenzung zum Inhalt des Rechtsgeschäfts in der

---

[364] *Bokelmann* NJW 1972, 1731; 1975, 1625; Bamberger/Roth/*Mäsch* Rn. 42; Palandt/*Thorn* Rn. 11; NK-BGB/*Bischoff* Rn. 35; aA BayObLG StAZ 1979, 263 (für öffentliche Beurkundung eines Vaterschaftsanerkenntnisses gelte die Ortsform nicht); grundsätzlich anders *Rothoeft,* FS Esser, 1975, 113 ff.

[365] BayObLGZ 2000, 335 = NJW-FER 2001, 250.

[366] Palandt/*Thorn* Rn. 4; OLG Zweibrücken StAZ 1979, 244.

[367] So wohl früher die fehlende örtliche Zuständigkeit des Standesbeamten in Chile.

[368] BGH RIW 2005, 144 unter II b = GmbHR 2005, 53 mAnm *Kleinert.*

[369] BeckOGK/*Gebauer* Rom I-VO Art. 11 Rn. 121; Rauscher/*v. Hein* EuZPR/EuIPR Rn. 18.

[370] ZB RGZ 138, 243 (245); BGHZ 29, 137 (139 f.) = NJW 1959, 717; OLG Frankfurt a. M. FamRZ 1971, 179; Palandt/*Thorn* Rn. 11; *Kegel/Schurig* IPR § 17 V 3d; vgl. auch *Donath* IPRax 1994, 339.

[371] Zu ihm Staudinger/*Hertel* (2017) BGB § 125 Rn. 3 ff.

[372] BGHZ 29, 137 = NJW 1959, 717; *Spellenberg,* FS Schwab, 2005, 1279 ff.

[373] Erman/*Hohloch* Art. 11 Rn. 13.

Kommission nicht gefunden wurde. Alle wüssten, dass das Problem fast unlösbar sei, dass man aber im Allgemeinen schon wisse, was Form sei.[374] Das ist nicht falsch, aber häufiger zu optimistisch, wie die nicht wenigen Fälle der Abgrenzungszweifel zeigen. Art. 11 wie Art. 11 Rom I-VO setzen bei ihrer Regelung dieses Wissen bereits voraus, das aber nicht wirklich gesichert ist. Man braucht also Kriterien, um zur Anwendbarkeit des Art. 11 EGBGB auf die konkrete Rechtsregelung Stellung zu nehmen, und die Unsicherheit zu verringern.[375]

b) Formregelungen. Die grundlegende und auch so gemeinte Entscheidung des BGH zur   **145** Qualifikation des Verbots der Eheschließung durch Vertreter bzw. der Zulassung eines „Vertreters in der Erklärung"[376] kann auch so verstanden werden, dass „Form" sowohl phänomenologisch als Äußerungsform als auch daneben teleologisch verstanden werden kann, wenn im konkreten Fall keine äußere Manifestation des Geschäftswillens im echten Sinne vorliegt, sondern eine andersartige Regelung, die aber (→ Rn. 149 ff.) Formzwecke erfüllt. Im Ergebnis hat man so **zwei verschiedene „Formen".**

aa) Äußerungsformen. Es handle sich bei der Form um die Regelung der **Art und Weise der**   **146** **Äußerung** einer Willenserklärung,[377] um Normen und Regeln, die den äußeren Tatbestand des betreffenden Rechtsgeschäfts vorschreiben,[378] um das **äußere Verhalten,** das dem Erklärenden vorgeschrieben wird, ohne welches seine Willenserklärung nicht voll wirksam wird,[379] durch welches sich der **Geschäftswille manifestiert,**[380] um die gesetzmäßige **Erkennbarmachung** des rechtsgeschäftlichen Willens.[381] Gemeinsam ist diesen Vorschlägen, dass Rechtsnormen oder -regeln qualifiziert werden, die die **äußere Erscheinung** der Willenserklärung vorschreiben und ein entsprechendes Verhalten des Erklärenden verlangen (→ Rom I-VO Art. 11 Rn. 23 ff.). Nicht genau dasselbe ist es, wenn von der Form des Vertrages gesprochen wird, doch geht es auch dafür um die Willenserklärungen.[382] Deshalb fallen zwar unter Art. 11, ob eine **Erklärung ausdrücklich** erfolgen muss oder konkludent sein kann, **nicht** aber **Auslegungsregeln** und -prinzipien wie ein Verbot, den eindeutigen Wortlaut auszulegen **(plain-meaning-rule).**[383] Wenn man mit dem BGH hingegen eine hinreichende Stütze des **Auslegungsergebnisses im Wortlaut** des Testaments verlangt, damit es auch formgerecht erklärt sei,[384] fällt letzteres unter Art. 11 Abs. 1 und braucht bei der Ortsform nicht zu gelten.

Sieht man sich die so benannten Formvorschriften des BGB an, so handelt es sich zu allermeist   **147** um die **Schriftform** in einer ihrer vielen Varianten als Verkörperungen der Willenserklärung einschließlich der neuen Textform und der elektronischen Form (§§ 126a f. BGB) im Gegensatz zur grundsätzlichen Formfreiheit,[385] dh der mündlichen und konkludenten Erklärung. Aber auch Mündlichkeit und die Zulässigkeit der konkludenten Erklärung sind Formregelungen, dh **jedes Rechtsgeschäft** hat bzw. ist notwendig Form, weil es die Äußerung des Geschäftswillens verlangt.[386] *Schippers* hat an sich zutreffend darauf hingewiesen, dass es nicht nur um die Verkörperung des Geschäftswillens geht, sondern auch um die Frage, ob die Erklärung **in dieser Form** in den Verkehr gebracht werden und vor allem auch zugehen muss.[387] Für die Qualifikation der Form macht diese Differenzierung

---

[374] Trav. Com. français DIP 1971–1973, 162.

[375] Es ist bemerkenswert, dass die franz. Cour cass. 15.7.1999 D. 2000.2914 n. Lemouland, und erneut 28.3.2006, Dr. fam. 2006, comm. 118 die persönliche Anwesenheit der Nupturienten bei der Eheschließung gerade anders als der BGH (BGHZ 29, 137 = NJW 1959, 717) als Inhaltsregelung qualifiziert hat.

[376] BGHZ 29, 137 = NJW 1959, 717.

[377] Erman/*Hohloch* Art. 11 Rn. 13; *Spellenberg* IPRax 2013, 545 (547 ff.).

[378] Staudinger/*Winkler v. Mohrenfels* (2013) Rn. 106; *Zellweger,* Die Form der schuldrechtlichen Verträge im IPR, 1990, 88.

[379] Bericht *Giuliano/Lagarde* zum EVÜ, ABl. 1980 C 282, S. 29 zu Art. 9 EVÜ S. 29.

[380] *Cornu,* Vocabulaire juridique, 2011, V° Forme; zu weiteren Definitionen in Frankreich *Spellenberg,* FS Laborde, 2015, 457 (461/2).

[381] *Nussbaum* IPR S. 89.

[382] Das zeigt unter anderem § 766 BGB, wo nur die Erklärung des Bürgen formpflichtig ist.

[383] Zur andersartigen parol-evidence-rule → Rn. 44.

[384] BGHZ 86, 41 (47) = NJW 1983, 672.

[385] Vgl. die Zusammenstellung Staudinger/*Hertel* (2017) BGB § 125 Rn. 8 ff.

[386] ZB *Häsemeyer,* Die gesetzliche Form der Rechtsgeschäfte, 1971, 23; Staudinger/*Mankowski* (2011) Art. 13 Rn. 778; KG OLGZ 1993, 149; Staudinger/*Hertel* (2017) § 125 Rn. 5.

[387] *Schippers* DNotZ 2006, 726 (732), unterscheidet: die Verkörperungsform, in der der Geschäftswille erstmals nach außen in die Erscheinung tritt, die Abgabeform als Handlung, mit der die Erklärung in Richtung auf ihren Empfänger in den Verkehr gebracht wird, und die Zugangsform, mit der eine bestimmte Qualität der zugehenden Erklärung verlangt wird. Konkret ging es um ein notarielles Schuldanerkenntnis, welches der Notar nur in einer einfachen Kopie übermittelte, und um die Rspr., die § 130 Abs. 1 BGB so ergänzt, dass die Erklärung „in der Form" zugehen muss.

aber keinen Unterschied, denn es ist **keine Formfrage, ob** die Willenserklärung abgegeben werden oder zugehen muss (→ Rn. 161). Es begegnet auch, dass nur Teile der Erklärung in einer bestimmten Weise zu schreiben sind zB in Art. 1326 franz. C.c., dass in einem Schuldversprechen die Summe schriftlich in Worten und Ziffern anzugeben ist.[388] Von daher rührt wohl eine Neigung, bei Formpflicht nur an die verschiedenen Schriftformerfordernissen zu denken. Die Unterscheidung zwischen **Äußerungsform** und **Inhalt** der Erklärung oder geäußertem **Willen** ist ein häufig als **Ausgangspunkt** ausreichendes heuristisches Prinzip,[389] seine Trennschärfe ist aber begrenzt.

148   Diese Definitionsansätze, „die Form" phänomenologisch zu erfassen, sind offenbar an der Schriftform ausgerichtet. Zur Form werden aber, und nicht nur im IPR, seit alters auch die Zuziehung von **Zeugen**[390] oder einer Amtsperson wie zB des **Standesbeamten**[391] oder Religionsdieners, der persönlichen Anwesenheit bei der Erklärung[392] und sogar die Notwendigkeit eines Heiratsaufgebots gezählt.[393] Hier handelt es sich nun nicht mehr um die äußere Erscheinungen der Willens**erklärungen** im eigentlichen Sinne, und in seiner Entscheidung zur Handschuhehe hat der BGH argumentiert, das Verbot der Vertretung diene hier einem Formzweck *wie* die Schriftform.[394] Methodisch ist dieses Vorgehen richtig, denn Form muss nicht zwingend nur Schriftlichkeit sein. Sie hat heute die früher viel gebräuchlichere Form der Erklärung vor Zeugen[395] weitgehend verdrängt.[396] Selbst bei der Heirat sind sie neuerdings nur noch schmückendes Beiwerk (§ 1312 S. 2 BGB). Immerhin sind private Zeugen beim mündlichen Dreizeugentestament noch konstitutiv nötig zusammen mit der Niederschrift der Erklärung des Testators (§ 2250 BGB), und ist die normale Form des englischen Testaments. In §§ 925 und 1310 BGB muss eine Erklärung nur mündlich vor einer Amtsperson erklärt werden ohne Niederschrift. Zeugen und Standesbeamten dienen auch heute nur dem **Beweis** der Erklärung, und der Zwang sie beizuziehen dürfte auch ebenso wie die Schriftform vor dem Geschäft **warnen** und zur Überlegung anreizen. Sie verfolgen in der Tat Zwecke *wie* die Schriftform. So kann es auch andere Vorschriften geben, die Formzwecke verfolgen, **ohne die äußere Erscheinung** der Willenserklärung zu regeln. Doch gilt nicht auch das Umgekehrte, dass eine Äußerungsform nicht als Form gelten dürfe, wenn sie keine typischen Formzwecke verfolgt.[397]

149   **bb) Zweckformen. Formwecke.** In seiner Entscheidung zur Handschuhehe[398] begründet der BGH den Formcharakter des Gebots der beiderseitigen **persönlichen Anwesenheit** vor dem Standesbeamten bzw. **eigenhändigen Erklärung** sowie die Ausnahme zugunsten einer „Vertretung in der Erklärung", außer aus der Geschichte mit dem Zweck der Sicherung des **Beweises** einschließlich der Realität und der Klarheit der Willensäußerung, dem **Hinweis auf die Bedeutung** und Unwiderruflichkeit der abzugebenden Erklärung und der Verhinderung übereilter und verbotener Rechtsgeschäfte (Warnzweck), sowie die Verifizierung eventueller Ehehindernisse. Das seien, so der BGH etwas kühn, die **Zwecke aller Formvorschriften.** Die wichtigsten Zwecke sind sicher die Beweissicherung und die Warnung inklusive der Seriosität der Willenserklärung. Sie gehen gewöhnlich Hand in Hand. Die Notwendigkeit, eine Form, besonders die Schriftform, zu wahren, wecke, wie die Motive zur Form sagen, „ein juristisches und geschäftsmäßiges Bewusstsein, und sichern damit die Ernstlichkeit der Entschließung".[399] (Ob das Gebot der eigenhändigen Vornahme der Eheschließung wirklich diese Formzwecke verfolge, mag man konkret freilich bezweifeln,[400] und noch mehr, ob das auch bei anderen Verträgen gilt.[401]) Der Warnzweck und der Beweiszweck dieses Gebots würden ggf. die Gleichstellung mit der Form rechtfertigen. Ein

---

[388] Seit 2000 ist die Handschriftlichkeit nicht mehr unbedingt verlangt. Zur Regelung vgl. *Spellenberg,* FS Kaissis, 2012, 915.

[389] Soergel/*Kegel* Rn. 29; Erman/*Hohloch* Rn. 12 f.; *v. Bar* IPR II Rn. 162; Staudinger/*Winkler v. Mohrenfels* (2013) Rn. 100; *Furgler,* Die Anknüpfung der Vertragsform, 1985, 62 ff.; Bericht zum EVÜ, ABl. 1980 C 282, 29 zu Art. 9: „jedes äußere Verhalten"; *Häsemeyer,* Die gesetzliche Form der Rechtsgeschäfte, 1971, 23.

[390] Vgl. LG München IPRax 1999, 182 Anm. E.J.

[391] ZB BGH FamRZ 1959, 143.

[392] So in der bekannten Entscheidung BGHZ 29, 127 (141) = NJW 1959, 717 zur Handschuhehe. Staudinger/*Winkler v. Mohrenfels* (2013) Art. 11 meint, hier handle es sich um eine Frage der Stellvertretung.

[393] RGZ 88, 191 (193), aber eigentlich kaum vertretbar (*Neuhaus* IPR § 15 II 2).

[394] BGHZ 29, 137 (141) = NJW 1959, 717.

[395] Es sei erinnert, dass mit die ältesten Diskussionen im IPR um die notwendige Zahl der Testamentszeugen kreisten.

[396] *Flume* BGB AT/2 S. 262.

[397] So aber *Kindler,* Geschäftsteilabtretungen im Ausland, 2010, 16 f. zu § 15 Abs. 3 und 4 GmbHG.

[398] BGHZ 29, 137 (141) = NJW 1959, 717.

[399] *Mugdan* I S. 450.

[400] *Gamillscheg,* FS Maridakis, Bd. 2, 1964, 53 (54 f.); *Gamillscheg,* FS Karl Michaelis, 1972, 79 (86 f.).

[401] Dafür Staudinger/*Winkler v. Mohrenfels* (2013) Rn. 109 ff.

anderes Beispiel ist die „consideration" (→ Rn. 156). Das Problem liegt ua in der zweifelhaften Identifizierung von Formzwecken.[402]

Eingehender unterschied *K. Heldrich*[403] nach Abschlussklarheit, Inhaltsklarheit, Beweissicherung **150** und Erkennbarkeit für Dritte, die man als **„Beweisformen"** iwS zusammenfassen mag, sowie dem Übereilungsschutz (Warnzweck), der die **Seriosität** sichern soll,[404] doch manchmal soll die Form auch der Erschwerung der Vornahme von eigentlich weniger erwünschten Geschäften dienen (so hM zu § 15 GmbHG). *Mankowski* identifiziert sogar vierzehn Zwecke, zudem mit Unterteilungen.[405] Die meisten Formvorschriften verfolgten mehrere dieser Zwecke in vielfältig verschiedener Mischung und Gewichtung,[406] möglicherweise auch zusammen mit anderen Zwecken. Schon die Zahl zeigt die Schwierigkeit, einen Zweck als Formzweck zu identifizieren.[407] Registerpflichtigkeit dient zB der Erkennbarkeit für Dritte, fällt aber hinsichtlich dieser Publizitätswirkung nicht unter Art. 11 Abs. 1 (→ Rn. 61, 63).

Die **Zweckanalyse** steht zudem in der **Gefahr des Zirkelschlusses:** Wenn eine Regelung als **151** Formregelung erkannt ist, scheint ihr Zweck notwendig auch ein Formzweck. Und könnte man erst einen Zweck als Formzweck identifizieren, dann wäre die Norm auch ein Formvorschrift. **Formregel und Formzweck** definieren sich wechselweise. Mit Recht wird zudem gerügt, dass die Praxis oft leicht und ohne ausreichendes Fundament einen Formzweck finde.[408] Immerhin vermeidet der BGH diese Falle, indem er die Formzwecke **limitativ definiert** (→ Rn. 149). Einstweilen aber **kann** allenfalls der Vergleich des Zweckes zweifelhafter Regeln mit denen der allgemein als Form anerkannten Schriftlichkeit, wie beim BGH, weiterhelfen. Eine weitere Unsicherheit entsteht, wenn man mit dem BGH die Zwecke einer deutschen Regelung mit der einer ausländischen vergleichen will. So kann man für das **Verbot des Erbvertrags** in romanischen Rechten aus der deutschen **Zulassung des Erbvertrags** keinen Formzweck entnehmen, man müsste denn spekulieren, welchen Zweck ein deutsches Verbot hätte, wenn es dieses gäbe.[409] Deshalb muss man wohl doch, ohne zu vergleichen, allein auf den Zweck des ausländischen Verbots abstellen (→ Rn. 159). Doch selbst wenn beide Rechtsordnungen dieselbe Regelung haben, kann der Zweck verschieden bestimmt sein:[410] So hält der BGH die persönliche Anwesenheit der Verlobten bei der Heirat für eine Regelung, die Formzwecke verfolge, doch die französische Cour cass. für eine Inhaltsregelung, die Scheinehen vermeiden solle.[411] Das zeigt die inhärente **Zweifelhaftigkeit dieses Ansatzes,** aber wenn man nicht nur phänomenologische Formen anerkennen will, bleibt wohl nichts anderes.

Auch wenn es möglich ist, Regelungen die keine phänomenologische (Äußerungs-)Form vor- **152** schreiben, wegen ihrer Zwecke als Form iSd Art. 11 zu qualifizieren, so kann man doch fragen, ob auch umgekehrt phänomenologische Äußerungsformen **wegen ihrer Zwecke keine Form** iSd Art. 11 sein können. Dies vertritt zu Unrecht *Kindler*.[412] Etwas anders argumentieren *W. Bayer* und *Schönwerth*.[413] *Bayer* bezieht sich zwar zunächst auf die unzutreffende Auffassung von *Rothoeft*, dass die Ortsform generell nur herangezogen werden dürfe, wenn dies von der lex causae, die grundsätzlich allein die Form beherrsche, zugelassen wird im Sinne oder ähnlich einer materiellrechtlichen Verweisung (→ Rn. 4 f.), argumentiert dann aber letztlich wie *Schönwerth,* dass die von der betreffenden Formvorschrift, es handelt sich um § 15 Abs. 3 GmbHG, verfolgten Zwecke es ausnahmsweise erfordern, die **alternative Anknüpfung** an den Ort der Geschäftsvornahme auszuschließen; Art. 11 Abs. 4 sei dafür analog anzuwenden.[414] Auf die Qualifikation des § 15 Abs. 3 GmbHG komme es

---

[402] Vgl. *Spellenberg* IPRax 2013, 548 ff.; BeckOGK/*Gebauer* Rom I-VO Art. 11 Rn. 59.

[403] AcP 147 (1941), 91 f.

[404] Zu Seriositätszwecken bei Beurkundungen und dergleichen *Langhein,* Anglo-amerikanische notarielle Beglaubigungen, Bescheinigungen und Belehrungen im deutschen Registerrecht. Zum Kollisionsrecht der Registerurkunden, 1994, 6 ff. und passim.

[405] *Mankowski* JZ 2010, 661 ff.

[406] *Häsemeyer,* Die gesetzliche Form der Rechtsgeschäfte, 1971, 164, 167.

[407] Wenn der Standesbeamte auch die Identität der Parteien und die Ehehindernisse überprüft, worauf der BGH verweist, wird nun aber nicht der Beweis der Erklärung gesichert, sondern zusätzlich die Echtheit oder Authentizität der Erklärung. *Mankowski* JZ 2010, 662 (664), sieht darin, mE zu Unrecht, einen Formzweck.

[408] *Heiss,* Formmängel und ihre Sanktionen, 1999, 59 f.; *Wertheimer* JR 1986, 269 (270).

[409] BGHZ 29, 137 = NJW 1959, 717 hatte es leichter, weil der BGH das deutsche Gebot der persönlichen Eheschließung als Formregelung identifizieren konnte, während das italienische Recht dasselbe Verbot mit ausnahmsweiser Zulassung hatte.

[410] BeckOGK/*Gebauer* Rom I-VO Art. 11 Rn. 56.

[411] BGHZ 29, 137 (139 ff.) = NJW 1959, 717; Cour cass. 15.7.1999 Rev. crit dr. int. pr. 2000. 207 n. L. Gannagé.

[412] *Kindler,* Geschäftsteilsabtretungen im Ausland, 2010, 16 f.

[413] GmbHR 2013, 897 (904 ff.); *Schönwerth,* Die Form der Rechtsgeschäfte im IPR, 1996, 102 ff.

[414] *W. Bayer* GmbHR 2013, 893 (903 f., 906).

letztlich nicht an. *Schönwerth* bestreitet diese Qualifikation nicht, sondern setzt unmittelbar bei einer teleologischen Einschränkung der **alternativen Formanknüpfung** an. Richtig ist, dass die Methode der Qualifikation oft nicht wirklich zielführend ist, und auch dass es Formregelungen der lex causae geben kann, die ausschließliche Geltung beanspruchten. Beispiele dafür sind bereits bereits Art. 11 Abs. 4 EGBGB und auch Art. 11 Abs. 5 Rom I-VO. Unzutreffend ist aber die Analyse, dass § 15 Abs. 3 GmbHG die alternative Anknüpfung der Beurkundung ausschließe (weiter → Rn. 174 f.).

153   **c) Einzelfälle; Kasuistik. aa) Formfragen.** Wenn man infolge dessen mit einiger Vorsicht und ohne Anspruch auf Vollständigkeit im Folgenden einzelne Regeln qualifizieren will, so gehören zur Form sicher die **Äußerungsformen ieS** wie Mündlichkeit, Schriftlichkeit, Handschriftlichkeit, Eigenhändigkeit, die Siegelung,[415] öffentliche Beglaubigung und Beurkundung insbesondere bei bestimmten **Kaufverträgen,** der **Bürgschaft,** dem **Schenkungsversprechen** oder einem **Erbteilsverkauf.** Soweit in einem kausalen System der Kaufvertrag zugleich das Eigentum überträgt (zB Art. 1138 Abs. 2 franz. C.c.), gilt für die Übereignungswirkung nach wie vor Art. 11 Abs. 4 EGBGB, dh allein die lex rei sitae (→ Rn. 74 f.). (Zur Frage des **Verbots des Zeugenbeweises** gemäß französischem Code civile → Rn. 38 f.; → Rom I-VO Art. 18 Rn. 28.) Das **Erfordernis** der **Anzeige einer Forderungsabtretung**[416] an den Schuldner ist dagegen ebenso wie die Ankündigung einer Entlassung an den Arbeitnehmer keine Formfrage,[417] unabhängig davon, ob sie für die Wirksamkeit der Abtretung, ihre Klagbarkeit oder für den Schuldnerschutz erheblich ist. Dagegen ist eine Formfrage, ob die Anzeige mündlich sein kann, oder schriftlich oder gar beurkundet sein muss.

153a   **Urkunden** werden nicht nur für die Wirkamkeit des Rechtsgeschäfts errichtet, sondern in der Vorstellung der Parteien möglicherweise in erster Linie zum Beweis, doch ist die Frage sehr streitig, nach welchem Recht sich ihr **Beweiswert** vor Gericht beurteilt (→ Rn. 47 f.)

154   **Sprachzwänge,** dh dass der Gebrauch einer bestimmten Sprache bei Strafe der Nichtigkeit vorgeschrieben wird, sind eine Formregelung (→ Rom I-VO Art. 10 Rn. 69 ff.), nicht dagegen ein im Verbraucherschutz vorkommendes Erfordernis, sich sprachlich verständlich zu äußern. Das Risiko sprachlich bedingter Missverständnisse **(Sprachrisiko)** ist eine Inhaltsregelung wie ggf. die Konsequenz der Anfechtung bei einem Missverständnis (→ Rom I-VO Art. 10 Rn. 74 ff.).[418] Wenn § 483 BGB den Gebrauch einer bestimmten Sprache vorschreibt, so galt wegen des verbraucherschützenden Charakters bis zum 17.12.2009 freilich nicht Art. 11 EGBGB, sondern Art. 29a, eventuell Art. 29 EGBGB aF und für Verträge nach dem 17.12.2009 Art. 11 Abs. 4 S. 2 Rom I-VO und eventuell Art. 46b EGBGB. Zur Form ist zu rechnen, ob Rechtsgeschäfte in elektronischer Form zugelassen werden,[419] und ob eine elektronische Signatur der Schriftform gleich steht.[420]

155   Das Ortsrecht gilt vorbehaltlich Art. 4 CIEC-Übk. für die Anerkennung nichtehelicher Kinder vom 14.9.1961 auch bei **Vaterschaftsanerkennung** im Ausland unter deutschem Wirkungsstatut zB bzgl. den **Beurkundungsanforderungen** der nötigen Erklärungen.[421] Art. 11 nimmt, wie der unstreitige Fall der Eheschließung im Ausland zeigt, nicht etwa **Statusbegründungen** aus. Zu betonen ist, dass gerade auch die Formlosigkeit, dh die Freiheit in der Wahl des Äußerungsmittels und der Äußerungsform (auch die konkludente Erklärung) zur Form gehört. Jede Willenserklärung bedarf der Äußerung (→ Rn. 147).

156   Das Erfordernis der **consideration** im anglo-amerikanischen Recht gehört als **Seriositätsindiz** zur Form, denn ein Versprechen ohne Gegenversprechen oder Gegenopfer ist in der Gefahr, leichtfertig und unüberlegt gegeben zu werden. Sie hat so eine ähnliche Funktion wie die Form des Schenkungsversprechens im deutschen Recht.[422] Das zeigt sich auch daran, dass sie nicht nötig ist, wenn

---

[415] Im anglo-amerikanischen Recht oft erforderlich, wenn keine consideration versprochen ist. In England genügt heute auch die eigenhändige Unterschrift mit zwei Zeugen.

[416] Rauscher/*Freitag* Rom I-VO Art. 14 Rn. 46; Bamberger/Roth/*Spickhoff* Rom I-VO Art. 14 Rn. 9; wohl OLG Hamm NJW-RR 1996, 197.

[417] *v. Bar* IPR II Rn. 570; Bamberger/Roth/*Mäsch* Rn. 21; zweifelnd *Schlachter* NZA 2000, 63.

[418] Zust. *Freitag* IPRax 1999, 147; Bamberger/Roth/*Mäsch* Rn. 20; Staudinger/*Winkler v. Mohrenfels* (2013) Rn. 152.

[419] Und unter welchen Voraussetzungen; zB ob nur, wenn der Kunde den Text unveränderbar sichern kann.

[420] Bamberger/Roth/*Mäsch* Rn. 20; zur Einordnung im deutschen Sachrecht *Schemmann* ZZP 118 (2005), 161 ff.

[421] BGH NJW 1975, 1069; OLG Hamm FamRZ 2005, 291; Staudinger/*Winkler v. Mohrenfels* (2013) Rn. 122 ff. mwN; *Jayme* IPRax 1989, 248 gegen OLG Stuttgart IPRax 1989, 248; BayObLG StAZ 1979, 239.

[422] So mit historischer und vertiefter Begründung jetzt *Kreße* RIW 2014, 96 (101 ff., 106); *Kessler,* FS Rabel, Bd. 1, 1954, 251 (273); *Raape* IPR S. 224; nur für USA *Kropholler* IPR § 41 III 3a; wohl auch Erman/*Hohloch* Rn. 14; aA – Wirksamkeitserfordernis – Bamberger/Roth/*Mäsch* Rn. 21; *Vischer/Huber/Oser,* Internationales Vertragsrecht, 2000, Rn. 846; für England *v. Bar* IPR II Rn. 536; Soergel/*Kegel* Rn. 29; offengelassen von BGH WM 1968, 1170 f.; Rechtsvergleich bei *Kötz,* Europäisches Vertragsrecht, 1996, 86 ff.

das Versprechen „under seal" (in gesiegelter Urkunde) gegeben wird, und dass sie keinesfalls eine Austauschgerechtigkeit ergeben muss.

Zur Form gehört traditionell das **Aufgebot** (→ Art. 13 Rn. 121)[423] wie das Erfordernis der 157 Vorlage einer Heiratslizenz.[424] Beides ist sachlich kaum zu rechtfertigen, jedenfalls keine Äußerungsform. „Form" sind weiter die Zuziehung von **Zeugen** bei der Heirat[425] oder beim Zeugentestament[426] oder ggf. bei anderen Rechtsgeschäften (und der Ausschluss bestimmter Personen als Zeugen) sowie die **Mitwirkung von Amtspersonen,** vor denen ein Vertrag unter Privaten geschlossen wird, namentlich also des Notars, des Standesbeamten,[427] dem der die Heiratslizenz erteilende Registrar entspricht,[428] bzw. bei der **kirchlichen Eheschließung** die Mitwirkung eines Religionsdieners.[429] Das Formstatut sagt auch, wer zB wegen Verwandtschaft von dieser Mitwirkung ausgeschlossen ist.[430] Das Formstatut muss auch entscheiden, ob eine örtliche Unzuständigkeit der Amtsperson oder des Religionsdieners die Formungültigkeit bewirkt.[431] Den Ausschluss eines **Zeugen vor Gericht** wegen materieller Beteiligung beurteilt das KG[432] dagegen zu Recht nach deutschem Prozessrecht, und für dieses gibt es kein alternativ geltendes Ortsrecht.

Nach Auffassung des BGH ist auch die „Stellvertretung in der Erklärung" eine Formfrage. Diese 158 Art der Vertretung ist dem BGB jedoch fremd. Man sollte vielmehr sagen, dass die Zulässigkeit der Willenserklärung durch **Boten** bzw. das Erfordernis der **persönlichen Anwesenheit** und ihre Ausgestaltung eine Formfrage ist, nicht jedoch die Stellvertretung, denn im ersteren Fall hat die Partei ihre Willenserklärung vollständig selbst gebildet, und es geht nur noch darum, dass sie sie nicht selbst abliefern bzw. bei der Eheschließung nicht persönlich anwesend sein muss (→ Art. 13 Rn. 148).[433] Die Anwendung dieser Regel bei anderen Rechtsgeschäften ist aber sehr zweifelhaft.[434]

Trotz abweichender Qualifikation im niederländischen und belgischen Recht kann auch das 159 frühere Verbot des **gemeinschaftlichen Testaments** für Niederländer im Ausland (Art. 992 BW)[435] zur Form gezählt werden.[436] Sehr **umstritten** war die Qualifikation des Verbots des **Erbvertrages** und **gemeinschaftlichen Testaments** im romanischen Rechtskreis. Es wurde darauf abgestellt, ob diese Gesetze inhaltliche Zwecke verfolgen, nämlich die Testierfreiheit bis zum Tode erhalten, oder nur die richtige Niederlegung und Wiedergabe des freien Erblasserwillens erreichen sollen.[437] Nur

---

[423] HM; *v. Bar* IPR II Rn. 162; Staudinger/*Mankowski* (2011) Art. 13 Rn. 16 ff.; zumindest rechtspolitisch abl. *Neuhaus* IPR § 15 II 2; vgl. Art. 4 CIEC-Übk. zur Erleichterung der Eheschließung im Ausland (BGBl. 1969 II S. 451. Es ist in Deutschland mittlerweile abgeschafft, könnte aber vom Heimatrecht der Nupturienten verlangt werden. Bei Heirat in deutscher Ortsform entfällt es also.

[424] BayObLG FamRZ 1997, 818; KG FamRZ 1999, 1130; Staudinger/*Mankowski* (2011) Art. 13 Rn. 776 f.; Bamberger/*Roth*/*Mäsch* Rn. 20.

[425] OLG Düsseldorf FamRZ 1992, 1078 (islamisches Recht); eingehend *Börner* StAZ 1993, 377 (marokkanisches und andere islamische Rechte). Fehlten in Marokko die beiden Adoulen, kann die Eheschließung uU auch anders bewiesen werden.

[426] Vgl. LG München IPRax 1999, 182.

[427] BGHZ 29, 137 (140) = NJW 1959, 717; BGH FamRZ 1959, 143; Soergel/*Kegel* Rn. 29; Staudinger/*Mankowski* (2011) Art. 13 Rn. 765 ff. Die sachliche und örtliche Zuständigkeit der Amtsperson muss nach Ortsrecht gegeben sein; OLG Zweibrücken StAZ 1979, 2424; Palandt/*Thorn* Rn. 4; Staudinger/*Mankowski* (2011) Art. 13 Rn. 787 ff.

[428] OLG Hamm StAZ 1991, 315.

[429] OLG Frankfurt a. M. FamRZ 1971, 179; Soergel/*Kegel* Rn. 29; KG FamRZ 1999, 1130; Staudinger/*Mankowski* (2011) Art. 13 Rn. 715 ff.; *v. Bar* IPR II Rn. 162; RGZ 88, 191 (193); BGHZ 29, 137 (140) = NJW 1959, 717; zur formlosen Eheschließung durch bloße (erklärte) Willensübereinstimmung RGZ 138, 214; zur faktischen Sowjetehe RGZ 157, 257; BayObLG IPRspr. 1977 Nr. 161.

[430] OLG Zweibrücken NJW 1955, 1800; Staudinger/*Winkler v. Mohrenfels* (2013) Rn. 110; aA *Kegel/Schurig* IPR § 21 III 2a, S. 1013.

[431] RGZ 133, 161 (165); OLG Celle NJW 1963, 2235; früher vielleicht beim Standesbeamten in Chile, aber möglicherweise greift dann Art. 6 ein. Vgl. Soergel/*Kegel* Rn. 29.

[432] IPRspr. 1977 Nr. 19.

[433] BGH WM 1965, 868; NJW 1971, 323 (325); Staudinger/*Winkler v. Mohrenfels* (2013) Rn. 140.

[434] *Spellenberg,* FS Schwab, 2005, 1279 (1285 ff.); krit. zu BGHZ 29, 137 = NJW 1959, 717 *Gamillscheg,* FS Michaelis, 1972, 86 f. und FS Maridakis Bd. 2, 1964, 47 ff.; aA Staudinger/*Winkler v. Mohrenfels* (2013) Rn. 112 f.

[435] Jetzt zugelassen, Art. 4:978 BW.

[436] BGH NJW 1967, 1177; OLG Düsseldorf NJW 1963, 2227 f.; Palandt/*Thorn* Rn. 3; Staudinger/*Winkler v. Mohrenfels* (2013) Rn. 135.

[437] Als Inhaltsregel idS werden die Verbote in **Italien** (OLG Frankfurt a. M. IPRax 1986, 111 mAnm *Grundmann* 94, 96; BayObLGZ 1957, 376; 1961, 4 unter C II) und in **Spanien** (Staudinger/*Winkler v. Mohrenfels* [2013] Rn. 135) wie im ehem. **Jugoslawien** (OLG Frankfurt FamRZ 1992, 608 f.) angesehen. In den Niederlanden (KG FamRZ 2001, 794 f.; OLG Düsseldorf NJW 1963, 2227; Palandt/*Thorn* Art. 25 Rn. 14) gilt das Verbot des gemeinschaftlichen Testaments nach Art. 977 BW aF zwar als Formfrage (Nachweise zum niederl. Recht *Kegel,* FS Jahrreis, 1964, 154 ff.),

im letzteren Fall war die Regelung zur Form zu rechnen; aber was, wenn beide Zwecke verfolgt werden? Ist der Erbvertrag etc zulässig, dann gilt für seine Form Art. 26 bzw. ab 2015 Art. 27 EuErbVO. Dieser gilt für Erbfälle ab dem 17.8.2015 und für davor errichtete letztwillige Verfügungen uU auch (Art. 83 EuErbVO). Aus Art. 24 EuErbVO ergibt sich, dass nunmehr die Regelungen für gemeinschaftliche Testamente und Erbverträge eine Frage der materiellen Wirksamkeit sind (→ EuErbVO Art. 24 Rn. 3, 14).[438] Sieht das Gesetz wie zB § 2252 BGB oder Art. 508 schweiz. ZGB bei bestimmten Testamenten, zB Nottestamenten eine begrenzte **Gültigkeitsdauer** vor, so kann man das als Formfolge ggf. zur Formregelung nehmen.[439]

160   Wegen des damit verfolgten Zweckes werden auch die Regeln, wonach Verträge über einem bestimmten Gegenstandswert vor Gericht **nicht** durch **Zeugen bewiesen** werden dürfen oder gar unklagbar sind, vielfach als Form qualifiziert. Diese berühmte Qualifikationsfrage hat für **Schuldverträge** ab dem 17.12.2009 Art. 18 Abs. 2 Rom I-VO wie schon zuvor Art. 32 Abs. 3 S. 2 EGBGB aF bzw. Art. 9 und 14 EVÜ durch einen Kompromiss geregelt, indem sowohl die Formstatuten als **auch das Verfahrensrecht** des Gerichts gelten. Es handelt sich in der Sache jedoch um eine **Formfrage** (→ Rn. 35 ff., 53 f.). Dasselbe gilt für Art. 1326 franz C.c., wonach bei einseitigen Schuldversprechen die Summe in Worten und Ziffern schriftlich, heute nicht mehr notwendig handschriftlich, anzugeben sind.

161   **bb) Inhaltsfragen. Keine Formfrage** ist es, ob die **Anfechtung** wegen Willensmängeln nur im Wege der Klage möglich ist. Die **Zugangsbedürftigkeit** der Erklärung, und dann auch die Amtsempfangsbedürftigkeit und generell die Frage, wem **zugehen** muss, sind inhaltliche Regelungen[440] und leiten sich daraus ab, ob eine Rechtsgeschäft einseitig oder durch Vertrag geschehen kann.[441] Konsequenterweise sind auch die **Voraussetzungen des Zugangs** (zB Kenntnis oder Möglichkeit der Kenntnis) nicht Form, sondern Inhalt.[442] Entgegen dem BGH[443] ist auch die **„Erteilung" einer Bürgschaft** nicht Form, ob also die Urkunde dem Gläubiger im Original oder in Kopie bzw. Telefax auszuhändigen ist.[444] Ebenfalls nicht Form sondern eine Inhaltsregelung ist § 174 BGB, der den urkundlichen **Nachweis** der Vollmacht verlangt, denn der Nachweis ist keine Wirksamkeitsbedingung.[445] Dasselbe gilt für das Erfordernis einer **Zustimmung** von Dritten oder Behörden zum Rechtsgeschäft. Das KG[446] hat einmal die nach Art. 181 schweiz. ZGB aF für einen Ehegütervertrag nach Eheschließung erforderliche **vormundschaftsgerichtliche Genehmigung** zu Unrecht[447] als Formfrage qualifiziert. Nur für die **Art und Weise der Erteilung** der privaten Zustimmungen gilt Art. 11.

162   Die **Registrierungspflicht** ist als zusätzlicher Bestandteil des Rechtsgeschäfts ebenso wenig Form[448] wie das Erfordernis der Übergabe der Sache in § 929 BGB oder bestimmter Dokumente für die Übertragung (zB in Spanien).[449] Bei Verfügungen über Sachen ist die Abgrenzung von Form und Inhalt ohne praktische Bedeutung, da die Ortsform nicht gilt (Abs. 4, bis 17.12.2009 Abs. 5). Aber beim Genossenschaftsregister, Vereinsregister, Partnerschaftsregister kann die Eintragung konstitutiv sein und ist keine bloße Form. Häufiger dient die Eintragung auch nur der **Publizität,** so dass

---

doch wird der Ausschluss der Bindung (des überlebenden Ehegatten) als Inhaltsfrage gesehen (OLG Hamm NJW 1964, 553; aA *Kegel,* FS Jahrreis, 1964, 154 ff.). Zur Form gehören hingegen die Verbote in **Portugal** (*Jayme* IPRax 1982, 210 unter Hinweis auf ein Urteil des Suprema Tribunal 1983, 308) und **Frankreich** (Palandt/*Thorn* Art. 25 Rn. 14; *Ferid* IPR Rn. 9–63; aA Staudinger/*Winkler v. Mohrenfels* [2013] Rn. 135). Das **schweizer Recht** kennt kein bindendes gemeinsames Testament von Eheleuten, wohl aber einen Erbvertrag, dessen Form möglicherweise durch die eines deutschen Ehegattentestaments erfüllt werden kann.

[438] Ratsdokument No 10767/11 S. 10.

[439] Ebenso Erman/*Hohloch* Rn. 13 aE.

[440] Bamberger/Roth/*Mäsch* Rn. 20; Palandt/*Thorn* Rn. 7; BeckOGK/*Gebauer* Rom I-VO Art. 11 Rn. 65 f.; NK-BGB/*Bischoff* Rn. 36 Fn. 148; AG Berlin-Schöneberg StAZ 2002, 81; insoweit ebenso BGH IPRax 2013, 579 m. Aufsatz *Spellenberg* IPRax 2013, 545 = NJW-RR 2011, 1184.

[441] Erman/*Hohloch* Rn. 13; Staudinger/*Winkler v. Mohrenfels* (2013) Rn. 100; → Rom I-VO Art. 10 Rn. 27 f.; das betrifft zB § 151 BGB.

[442] BGH NJW 2003, 3270; Erman/*Hohloch* Rn. 13; Palandt/*Thorn* Rn. 7 aE und die hM; aA, aber ohne Begr. BGH IPRax 2013, 579 m. abl. Aufsatz *Spellenberg* IPRax 2013, 545 (550) = NJW-RR 2011, 1184.

[443] BGHZ 121, 224 (235) = NJW 1993, 1126.

[444] *Spellenberg* IPRax 2013, 545 (550 f.). – Ob die Bürgschaft per Telefax wirksam ist, ist im deutschen Sachrecht umstritten (→BGB § 766 Rn. 25); zweifelnd zB Staudinger/*Horn* (2012) BGB § 766 Rn. 28, 33.

[445] *Ostendorf* RIW 2014, 93 ff.

[446] KG IPRspr. 1933 Nr. 31; vgl. auch BGH FamRZ 1977, 195 = JZ 1977, 438 m. abl. Anm. *Kühne.*

[447] Soergel/*Schurig* Art. 15 Rn. 57.

[448] *Köbl* DNotZ 1983, 209; *Schönwerth,* Die Form der Rechtsgeschäfte im IPR, 1996, 42; Staudinger/*Winkler v. Mohrenfels* (2013) Rn. 121 ff.; Erman/*Hohloch* Rn. 13; *Ferid/Böhmer* IPR Rn. 5–124.

[449] AA OLG Stuttgart DB 2000, 1218 f. (Gesellschaftsanteile); Bamberger/Roth/*Mäsch* Rn. 20.

zB die nicht eingetragene Tatsache Dritten nicht entgegengehalten werden kann, oder dass diese auf die Richtigkeit der eingetragenen Rechte vertrauen dürfen (Publizitätsformen). Sie fallen nicht unter die Regelungen des Art. 11 (→ Rn. 59 ff.; → Art. 13 Rn. 141).[450] Auch für die sog **Fiskalformen** gilt Besonderes (→ Rn. 57 f.).

Die Möglichkeit der **posthumen Eheschließung** (in Frankreich) ist keine Formfrage,[451] denn   163 es geht um die Begründung einzelner materieller Ehewirkungen durch staatlichen Akt und nicht um gleichzeitige persönliche Anwesenheit. Dieselbe Anknüpfung an das Wirkungsstatut gilt für spezielle Unfähigkeiten, den Ehewillen zu äußern (zB Taub-Blinde).[452]

Die Zulässigkeit der **Stellvertretung** ist keine Formfrage.[453] Hier geht es darum, wer den rechts-   164 geschäftlichen Willen bilden muss.[454] Ein Handeln unter fremdem Namen ist, wenn der Namensträger existiert, wie Stellvertretung zu behandeln, also auch keine Form,[455] sondern nach dem Wirkungsstatut zu beurteilen.[456] Handeln unter einem erfundenen Namen fällt dagegen wohl unter Form.[457] Dagegen wird die Zulässigkeit der **Botenschaft** oder, anders gesehen, das Erfordernis der persönlichen Anwesenheit bei der Erklärung bei der Eheschließung als Formfrage angesehen (zum Problemkreis auch → Art. 13 Rn. 148).[458] Ob das für andere Rechtsgeschäfte gilt, ist zweifelhaft (→ Rn. 158). Soll der „Bote" dagegen Entscheidungsfreiheit haben, ist das jedenfalls Stellvertretung und es gilt die lex causae.[459]

7. Ausschluss der Ortsform. a) Schuldverträge über Grundstücke; international zwin-   165 gende Formvorschriften. Während sonst Art. 11 die Anknüpfung der Form an den Vornahmeort **nicht** von der Übereinstimmung mit dem Kollisionsrecht des Wirkungsstatuts abhängig macht (→ Rn. 4, 66), tritt sie gemäß **Art. 11 Abs. 5 Rom I-VO** bei obligatorischen Grundstücksgeschäften zurück, wenn der Belegenheitsstaat, dessen Recht in der Regel Geschäftsstatut ist, für die Form des schuldrechtlichen Vertrages ausschließlich und international zwingend ein Recht beruft. Gemeint sind dort jedoch nur **obligatorische** Verträge über Grundstücke.[460] Für sie gilt nun Art. 11 Rom I-VO ausschließlich. **Art. 11 EGBGB Abs. 4 idF von 1994** gilt nur noch für Verträge bis zum 16.12.2009, enthält aber einen weitgehend ähnlichen Vorbehalt für international zwingende Regelungen des Belegenheitslandes. Freilich fallen in der Praxis Belegenheitsland und Vornahmeort häufig zusammen. Das Weitere ist daher bei → Rom I-VO Art. 11 Rn. 63 ff. zu erörtern. Sollte es international zwingende Formvorschriften für andere schuldrechtliche Rechtsgeschäfte geben, ist Art. 9 Rom I-VO einschlägig.

b) Dingliche Verfügungen über Sachen (Abs. 4, früher Abs. 5). Die Rom I-VO ist nicht   166 anzuwenden. Nach wie vor ist die alternative Geltung der Ortsform für Verfügungen über Sachen sowohl über Grundstücke als auch über **Mobilien** ausgeschlossen. Bei **Grundstücken** gilt als der gesetzgeberische Grund dafür die Bedeutung dieses Geschäfts für die Allgemeinheit im Belegenheitsland und die Nähe zum häufig mitwirkenden Grundbuch bzw. Register.[461] Das letzte Argument

---

[450]   AA für Eintragungen im Heiratsbuch *v. Bar* IPR II Rn. 163.

[451]   OLG Karlsruhe IPRax 1991, 526 mAnm *Beitzke* IPRax 1991, 227 ff.; Staudinger/*Mankowski* (2011) Art. 13 Rn. 192 f.; Staudinger/*Winkler v. Mohrenfels* (2013) Rn. 127.

[452]   Staudinger/*Mankowski* (2011) Art. 13 Rn. 225.

[453]   BGH WM 1965, 868; NJW 1971, 323 (325); für Eheschließung BGHZ 29, 137 = NJW 1959, 717.

[454]   Staudinger/*Winkler v. Mohrenfels* (2013) Rn. 112; Staudinger/*Dörner* (2007) Art. 25 Rn. 236 zur Verfügung von Todes wegen.

[455]   Staudinger/*Winkler v. Mohrenfels* (2013) Rn. 115: nur wenn der Namensträger Bescheid weiß; rechtsvergleichend *Spellenberg*, Liber amicorum Schurig, 2012, 265 (277 ff.).

[456]   *Spellenberg*, FS Schwab, 2005, 1279 (1289); aA OLG Karlsruhe StAZ 1994, 286 (Eheschließung einer Ghanaerin unter falschem Namen in Griechenland); *Kremer* StAZ 1990, 367; Rvgl. *Spellenberg*, Liber amicorum Schurig, 2012, 265 ff.

[457]   Vielleicht Staudinger/*Mankowski* (2011) Art. 13 Rn. 223 f.

[458]   BGHZ 29, 137 = NJW 1959, 717; OLG Hamm StAZ 1986, 134; *Spellenberg*, FS Schwab, 2005, 1279 ff.; *Dieckmann*, Die Handschuhehe deutscher Staatsangehöriger nach deutschem IPR, 1959, 48 ff. und StAZ 1976, 36 f.; *Jacobs* StAZ 1992, 5 ff.; Staudinger/*Mankowski* (2011) Art. 13 Rn. 219, 744 ff.; aA *Gamillscheg*, FS Michaelis, 1972, 86, wenn es um die Freiheit des Heiratswillens geht; LG Stuttgart StAZ 1992, 379; irrig wegen fehlender Unterscheidung KG OLGZ 1973, 435 = StAZ 1973, 217; OLG Karlsruhe StAZ 1994, 286 und bes. LG Koblenz InfAuslR 1993, 97.

[459]   Zur Handschuhehe in der Praxis *Spellenberg*, FS Schwab, 2005, 1279 ff.; *Dieckmann* Die Handschuhehe deutscher Staatsangehöriger nach deutschem IPR, 1959, 30 ff.; *v. Bar* IPR II Rn. 163.

[460]   BT-Drs. 10/504, 49; Palandt/*Thorn* Rn. 20.

[461]   Näher *Kropholler* ZHR 140 (1976), 400 f.; *Kegel*, FS Lewald, 1953, 274 ff.; *Savigny* Bd. VIII S. 352 f. erklärt den Ausschluss der Ortsform damit, dass nur am Belegenheitsort die Grundbucheintragung bzw. die traditio vorgenommen werden könnten, die konstitutiv sind; *Beitzke*, FS Smend, 1952, sieht den Grund darin, dass der Belegenheitsstaat am besten Entscheidungen durchsetzen und ausländische abwehren könne; Staudinger/*Raape* (9. Aufl. 1931) Art. 11 Anm. C I.

ist aber deshalb für eine allseitige Kollisionsnorm schwach, weil im romanischen Rechtskreis ein „Grundbuch" nicht wirklich konstitutiv ist, und kein „Publizitätszwang" besteht,[462] und in den USA fehlt es in den meisten Bundesstaaten. Entscheidender ist, dass die Belegenheitsstaaten aus verschiedenen Gründen regelmäßig ausschließliche Regelungskompetenz in Anspruch nehmen, und man eine Übereignung nach dem Recht des Vornahmestaates gegen den Belegenheitsstaat kaum durchsetzen könnte. Jedenfalls will man den Konflik mit diesem vermeiden. Letztlich ist die Ratio für die lex rei sitae allgemein die als natürlich geltende und sehr alte Einbettung der Grundstücke in das Land, die auf die Form erstreckt wird.[463] Auch Souveränitätsansprüche spielen eine Rolle. Sachrechtlich ist seit langem, aber zu Unrecht, hM, dass die **Auflassung** eines Grundstückes nur vor einem deutschen Notar erklärt werden kann (→ Rn. 81), womit eine ausländische Ortsform faktisch ausscheidet. Die Auflassung vor einem Notar könnte aber durchaus gleichwertig dort erfüllt werden. Dagegen liegt ein gleiches Interesse bei Verfügungen über **Mobilien** nicht vor, doch hat sich der Gesetzgeber erneut bei der Reform des internationalen Sachenrechts 1999, entgegen einigen Reformvorschlägen,[464] gegen eine Differenzierung entschieden.

167   Die **Verpflichtungen** zur Verfügung selbst über Grundstücke fallen nicht unter Abs. 4 und sind seit dem 17.12.2009 nach Art. 11 Rom I-VO, vorbehaltlich des Abs. 5, alternativ in der Ortsform möglich,[465] und zwar auch dann, wenn nach der lex rei sitae der Kaufvertrag selbst den Eigentumsübergang eintreten lässt.[466] Bei einer lex rei sitae, die dem **kausalen System** folgt, wird der Kaufvertrag also hinsichtlich seiner verpflichtenden und seiner dinglichen Wirkung auch hinsichtlich seiner Formgültigkeit **getrennt beurteilt**.[467] Ab dem 17.12.2009 wird das Vertragsstatut nach den Art. 3 f. Rom I-VO und die Form nach Art. 11 Abs. 1 und 2 Rom I-VO bestimmt (→ Rom I-VO Art. 11 Rn. 5 f.). Bei dieser Aufspaltung wird der Kaufvertrag als obligatorischer wegen der alternativen Formstatuten kaum noch formungültig sein. Zwar wird die Form des Vertrages **als Übereignung** dann nur nach der lex rei sitae beurteilt,[468] doch wird es bei Mobilien praktisch kaum zu Wirksamkeitskonflikten kommen, denn die Übereignungen sind nur selten formbedürftig. Das Erfordernis der **Besitzübergabe** ist keine Formfrage, sondern fällt unter das Wirkungsstatut. Praktisch stellt sich die Frage einer Übereignung außerhalb des Belegenheitslandes nur, wenn die lex rei sitae als Wirkungsstatut keine Übergabe verlangt (wie zB das französische Recht), die nur dort vorgenommen werden könnte.

168   Anders ist dies aber bei **Immobilien**. Doch gegebenenfalls wird ein wegen § 311b BGB nach deutschem Recht formungültiger Grundstückskaufvertrag geheilt, wenn nach dem ausländischen Belegenheitsrecht der Kaufvertrag formgültig war und die Übereignung bereits herbeigeführt hat (→ Rn. 73 ff.).[469] Wenn zB in Deutschland ein französisches Grundstück privatschriftlich verkauft wird unter Vereinbarung deutschen Recht, dann ist der Kaufvertrag nach § 311b Abs. 1 BGB formungültig. Nach der französischen Lex rei sitae, die keine Form verlangt, ist das Eigentum ipso facto übergegangen, und damit der Kaufvertrag nach § 311b Abs. 1 BGB geheilt (→ Rn. 73 f.). Das Ergebnis ist nicht ganz unproblematisch, da der an sich deutsche Vertrag durch ein fremdes Sachstatut geheilt wird, ist aber die Konsequenz der herrschenden selbständigen Anknüpfung der Vorfrage des gültigen Kausalgeschäfts.[470] § 311b BGB ist nicht international zwingend. Dagegen würde man eine **Heilung durch Erfüllung** nicht annehmen, wenn die Formungültigkeit des schuldrechtlichen Geschäfts auf einer international zwingenden Norm beruhen würde.

169   Das deutsche Recht versteht unter Sachen **körperliche Gegenstände**. Jedoch ergibt sich aus dem Zweck des Abs. 4, dass die genauere Qualifikation und Grenzziehung, insbesondere die Frage

---

[462] Vgl. *Ferid/Sonnenberger* Bd. 2 Rn. G 208, 3c 26, 34; *Spellenberg*, FS W. Lorenz, 1991, 779; *Steberl*, Der gutgläubige Eigentumserwerb an Liegenschaften im deutschen und französischen Recht, Diss. Bayreuth 1994.

[463] Staudinger/*Winkler v. Mohrenfels* (2013) Rn. 224; *Kegel/Schurig* IPR § 17 V S. 630.

[464] *Neuhaus/Kropholler* RabelsZ 44 (1980), 326 (329); *Kühne*, Entwurf eines Gesetzes zur Reform des IPR, 1980, 56 ff.

[465] RGZ 79, 78; 121, 154; BGH WM 1968, 1170; BGHZ 52, 239 = NJW 1969, 1760 mAnm *Wengler* NJW 1969, 2237 und *Samtleben* NJW 1970, 378 f.; BGHZ 53, 189 = NJW 1970, 999; BGHZ 57, 337 = NJW 1972, 385; BGHZ 73, 391 = NJW 1969, 1773; OLG München IPRax 1990, 320 mAnm *Spellenberg* 295 = NJW-RR 1989, 663; Palandt/*Thorn* Rn. 20; *Kegel/Schurig* IPR § 17 V 3b, S. 629; *v. Hoffmann/Thorn* IPR § 10 Rn. 6.

[466] BGHZ 52, 239 = NJW 1969, 1760; BGHZ 73, 391 = NJW 1969, 1773; OLG Köln OLGZ 1977, 201; Palandt/*Thorn* Rn. 20.

[467] Erman/*Hohloch* Rn. 33; Staudinger/*Mansel* (2015) Art. 43 EGBGB Rn. 788 f., 1127 f.

[468] Bamberger/Roth/*Mäsch* Rn. 61; Erman/*Hohloch* Rn. 33; wohl Staudinger/*Winkler v. Mohrenfels* (2013) Rn. 242; NK-BGB/*Bischoff* Rn. 61.

[469] BGHZ 73, 391 = NJW 1969, 1773; OLG München OLGZ 1974, 19; Palandt/*Thorn* Art. 11 EGBGB Rn 20; Staudinger/*Winkler v. Mohrenfels* (2016) Rom I-VO Art. 11 Rn. 227.

[470] Staudinger/*Mansel* (2015) Art. 43 Rn. 794; *v. Hoffmann/Thorn* IPR § 12 Rn. 21.

einer eventuellen Gleichstellung anderer Rechte mit Sachen, der **lex rei sitae** zu überlassen ist.[471] Der Wortlaut stellt aber klar, dass andere Rechte, wie namentlich **Forderungen** und **Immaterialgüterrechte, nicht** erfasst werden (zu Gesellschaftsanteilen → Rn. 173).[472]

Abs. 4 bzw. vor dem 17.12.2009 Abs. 5 erfasst nur Rechtsgeschäfte, mit denen ein Recht an einer **170** solchen Sache begründet oder über ein solches Recht an einer Sache verfügt wird. Damit wird auch klargestellt, dass **Rechte an Sachenrechten** erfasst werden wie zB die Pfandrechte an einer Grundschuld.[473] Der Begriff der **„Verfügung"** ist entsprechend den allgemeinen Regeln grundsätzlich nach deutschem Recht zu qualifizieren und erfasst die Übertragung, inhaltliche Änderung, Belastung und Aufhebung eines Rechts an einer Sache in diesem Sinne. Ob eine Sache beweglich oder unbeweglich ist, sagt aber die lex rei sitae.

Verweist die lex rei sitae auf ein anderes Recht **für die Verfügung** weiter oder zurück, so ist der **171** **Renvoi** zu beachten, der dann die Form einschließt.[474] Bei Grundstücken ist das unwahrscheinlich, kann aber bei Mobilien in der Form vorkommen, dass die maßgebende lex rei sitae die Verfügung kollisionsrechtlich in einem Kaufvertrag eingeschlossen sieht und für diesen eine andere Anknüpfung bereithält, bzw. die Rechtswahl erlaubt.

c) Vollmachten. Vollmachten werden – heute – nach Art. 8 Abs. 1–5 angeknüpft. Das so **172** bestimmte Recht ist dann das „das auf das seinen Gegenstand bildende Rechtsverhältnis anzuwenden ist" (Geschäftsstatut) iSd Art. 11 Abs. 1, dem die Formanforderung zu entnehmen ist, denn die Vollmacht ist ein einseitiges Rechtsgeschäft. Nur Vollmachten zu Verfügungen über Grundstücke unterliegen stattdessen gem. Art. 8 Abs. 6 mit Art. 43 Abs. 1 und Art. 46 Abs. 1 **ausschließlich** der lex rei sitae unter Ausschluss auch der Rechtswahl. Diese Bestimmungen sagen aber **nichts zur Form,** sedes materiae ist vielmehr ausschließlich Art. 11. Dessen Abs. 1 enthält die alternative Anknüpfung an den Ort der Geschäftsvornahme, dh der Vollmachtserteilung. Abs. 4 schließt diese alternative Anknüpfung der Form für **Grundstücksverfügungen** aus, worin ihr Hauptzweck liegt. Die Vollmacht ist aber – noch – nicht die Verfügung. Dennoch wird zu Recht vertreten, Abs. 4 analog auf die Vollmacht anzuwenden, wenn die Vollmacht nach der lex rei sitae bereits praktisch die Übereignung darstellt (→ BGB § 167 Rn. 17 ff.),[475] während andere auch dafür Art. 11 Abs. 1 2. Alt., also die Ortsform zulassen.[476] Obwohl Abs. 4 nicht zwischen Mobiliar- und Immobiliarverfügungen entscheidet, sollte man nicht selbst unwiderrufliche Mobiliarverfügungsvollmachten nach der lex rei sitae hinsichtlich der Form behandeln, doch sind besondere Formanforderungen sachrechtlich für letztere wohl selten. Das Erfordernis der Übergabe ist ggf. keine Formregelung.

d) Gesellschaftsrecht. In der seit langem sehr regen Diskussion um die Form gesellschaftsrechtli- **172a** cher Akte, die im Ausland vorgenommen werden, geht es nicht nur darum, ob eine Beurkundung von einem ausländischen Notar die Formanforderungen des deutschen Gesellschaftsrechts **gleichwertig erfüllen** kann (→ Rn. 94 ff.), sondern auch darum, ob bei diesen Geschäften die **alternativen Anknüpfungen der Form** nach Art. 11 gelten. Die beiden Fragen sind deutlich zu unterscheiden, denn wenn die deutsche Form im Ausland erfüllt werden soll, was durchaus zulässig ist, kommt es auf die Gleichwertigkeit der Formerfüllung an, bei der alternativen Ortsform gerade nicht.[477] Sowohl satzungsrelevante Akte als auch Übertragungen von GmbH-Anteilen werden gerne im Ausland vorgenommen, weil dortige Notargebühren häufig niedriger sind,[478] wenngleich das nicht immer das Motiv sein muss.

aa) Anteilsübertragungen. Es sind zwar häufig dieselben Autoren, die die alternativen Ortsfor- **173** men ablehnen, wie die, die die Gleichwertigkeit der Auslandsbeurkundung mit einer inländischen verneinen (→ Rn. 94), doch stellt sich die **Frage** hier, wie erwähnt, **ganz anders:** Die Ortsform

---

[471] Soergel/*Kegel* Rn. 15; allg. *Kegel/Schurig* IPR § 19 II, S. 767.
[472] Bamberger/Roth/*Mäsch* Rn. 60; Soergel/*Kegel* Rn. 15; NK-BGB/*Bischoff* Rn. 50; Staudinger/*Winkler v. Mohrenfels* (2013) Rn. 243; *Ludwig* NJW 1983, 495, aber nicht für die Übertragung eines Erbteils.
[473] Vgl. schon bisher RGZ 149, 93; *v. Bar* IPR II Rn. 771.
[474] Bamberger/Roth/*Mäsch* Rn. 58; *v. Bar* IPR II Rn. 775 (selten); Erman/*Hohloch* Rn. 5.
[475] Staudinger/*Winkler v. Mohrenfels* (2013) Rn. 77 (nur für unwiderrufliche Vollmachten); *Ludwig* NJW 1983, 495 f.; Staudinger/*Mansel* (2015) Art. 43 Rn. 1102.
[476] OLG Stuttgart OLGZ 1981, 164 und (dieselbe Sache) 1982, 257 (in Liechtenstein erteilte Auflassungsvollmacht für deutsches Grundstück); BeckOK BGB/*Mäsch* Rn. 55; Soergel/*Kegel* Rn. 16; Palandt/*Thorn* Rn. 21; *Hausmann* in Reithmann/Martiny IntVertragsR Rn. 7.419 f.; KG IPRspr. 1931 Nr. 21.
[477] Eingehende Erörterung der letzteren bei BeckOGK/*Gebauer* Rom I-VO Art. 11 Rn. 77–100.
[478] Vgl zB *Beckmann/Fabricius* GWR 2016, 375; *Becker/Landbrecht* BB 2013, 1290. Die deutschen Gebühren sind zwar inzwischen gesenkt worden, aber noch immer besteht ein Gebühreninteresse zulasten der deutschen Notare, die naturgemäß sich lebhaft an der Diskussion beteiligen.

muss gerade nicht der Form des Geschäftsstatuts gleichwertig sein (→ Rn. 66 ff.)[479] und kommt vor allem dann zum Zuge, wenn die deutsche Geschäftsform im Ausland nicht eingehalten ist[480] oder auch die ausländische nicht im Inland (→ Rn. 110 f.).[481] Gewichtige Stimmen vermeiden das Problem, indem sie in § 15 Abs. 3 GmbHG keine Form-, sondern eine Inhaltsregelung sehen, weil die gewollte Erschwerung des Handels mit GmbH-Anteilen im öffentlichen Interesse kein Formzweck sei (→ Rn. 152).[482] Zwar ist zuzugeben, dass eine augenscheinliche, phänomenologische Form (notarielle Beurkundung) dennoch weil sie andere Zwecke verfolgt, nicht als Formregelung zu qualifizieren sein kann (→ Rn. 152), doch die Erschwerung des Handelsverkehrs idS ist hier ein Formzweck.[483]

173a   Sicherlich gilt Abs. 4 (Abs. 5 aF) nicht für **schuldrechtliche Verträge auf Abtretung** von Gesellschaftsanteilen. Sie fallen seit dem 17.12.2009 unter **Art. 11 Rom I-VO,** der nicht nach dem Gegenstand der Verpflichtung unterscheidet.[484] Neben dem Vertragsstatut kommen danach die Formregelungen des Ortes oder der Orte zum Zuge,[485] an dem die Parteien ihre Erklärungen abgeben, und wo sie ihren gewöhnlichen Aufenthalt haben (→ Rom I-VO Art. 11 Rn. 33 ff.). Bei deutschem Statut des Kaufvertrages kommt es auf diese alternativen Anknüpfungen besonders dann an, wenn man eine Erfüllung der deutschen Form des **§ 15 Abs. 4 GmbHG** durch ausländische Beurkundung wegen fehlender Gleichwertigkeit ablehnt (→ Rn. 88, 90 ff.). Eine **Einschränkung der Alternativität** wegen besonderer Schutzzwecke nur des deutschen Rechts wäre in dieser **europäischen** Regelung nicht zulässig. Jedenfalls müsste der Ausschluss der Alternativanknüpfungen für die Form des Kaufvertrags dem EuGH vorgelegt werden.[486] Art. 11 EGBGB ist nicht einschlägig.

174   Anders ist dies in Bezug auf § 15 Abs. 3 GmbHG. Verfügungen aller Art fallen unter Art. 11 EGBGB. Ersichtlich umfasst Art. 11 Abs. 4 EGBGB Verfügungen, aber nicht **Verfügungen** über alle Arten von Rechten,[487] sondern nur die über bewegliche und unbewegliche Sachen, und er erfasst auch Verfügungen nicht, wenn sie wie zB Erbteilsübertragungen,[488] Ehegüterverträge, Fusionen, Übertragungen uä von Gesellschaftsanteilen nur **mittelbar Grundstücke** oder bewegliche Sachen betreffen, weil sie solche einschließen.[489] Dies wäre eine wesentlich umfassendere, andere Regelung, für die man im Gesetzeswortlaut eine Andeutung erwarten müsste. Das Gesetz spricht jedoch bewusst nur von Verfügungen über **Sachen.** Verfügungen über andere Rechte einschließlich von Gesellschaftsanteilen fallen hinsichtlich der Form unter Art. 11 Abs. 1–3. Das gilt auch für Gesellschaftsanteile.

175   Es bleibt nur die Möglichkeit einer **Analogie** zu § 15 Abs. 4 GmbHG.[490] Die Geltung der Ortsformen nach Art. 11 Abs. 1 und 2 ist die Regel, Abs. 4 bezeichnet eine Ausnahme. Freilich

---

[479] BGH NJW 1967, 1177; Erman/*Hohloch* Rn. 23; Rauscher/*v. Hein* Rom-VO Art. 11 Rn. 17; *G. Schulze* IPRax 2011, 365 (369).

[480] *G. Schulze* IPRax 2011, 365 (369). Praktische Fälle sind schriftliche Veräußerungen von GmbH-Anteilen in der Schweiz, *Müller-Chen* IPRax 2008, 45 (46 ff.); irrig insbes. *Pilger* BB 2004, 1285 f., der eine Ortsform in der Schweiz vermisst, weil sie nicht genau so ausgestaltet ist wie die deutsche Form.

[481] BGH WM 2004, 144 = RIW 2005, 144; OLG München NJW-RR 1993, 998; *Rehm* RabelsZ 64 (2000), 123 ff.; *Olk* NJW 2010, 1639; *Gärtner/Rosenbauer* DB 2002, 1872.

[482] *Kindler*, Anteilsabtretung im Ausland, 2010, 16 f., 38; aA zB *Schönwerth*, Form der Rechtsgeschäfte im IPR, 1996, 112.

[483] *Karl Heldrich* AcP 147 (1941) 89 (91, 93); BeckOGK/*Gebauer* Rom I-VO Art. 11 Rn. 97; Staudinger/ *Winkler v. Mohrenfels* (2013) Rn. 275, 283; *Mankowski* JZ 2010, 661 f.; letztlich auch *Schönwerth*, Die Form der Rechtsgeschäfte, 1996, 111 f.

[484] Bamberger/Roth/*Mäsch* Rn. 69; *Link* BB 2014, 579 (580 f.); Lutter/Hommehoff/*Bayer* GmbHG § 15 Rn. 43; Baumbach/Hueck/*Fastrich* GmbHG § 15 Rn. 13; *Olk* NJW 2010, 1639 (1641); Staudinger/*Magnus* (2013) Rom I-VO Art. 4 Rn. 22.

[485] Zum früheren Art. 11 EGBGB BGH NZG 2005, 41 = RIW 2005, 144 obiter; BayObLGZ 1977, 242 (244 ff.) = NJW 1978, 500; OLG München BB 1998, 119; OLG Stuttgart RIW 2000, 629; *Dutta* RIW 2005, 98 (100); *Müller-Chen* IPRax 2008, 45; *Kröll* ZGR 2000, 111 (125); *M.-P. Weller* Der Konzern 2008, 252 (255); *Saenger/Scheuch* BB 2008, 65 f.; *Böttcher/Blasche* NZG 2006, 766.

[486] BeckOGK/*Gebauer* Rom I-VO Art. 11 Rn. 89.

[487] So aber *van Randenborgh* BB 1974, 483; wie hier Staudinger/*Winkler v. Mohrenfels* (2013) Rn. 264, 275 ff.

[488] So aber *Ludwig* NJW 1983, 496 (speziell für die Vollmacht dazu).

[489] So aber *van Randenborgh* BB 1974, 483; *Kuntze* DB 1975, 193 (195); *Brambring* DNotZ 1976, 502; wie hier Bamberger/Roth/*Mäsch* Rn. 59 f.; Staudinger/*Winkler v. Mohrenfels* (2013) Rn. 240; Staudinger/*Dörner* (2007) Art. 25 Rn. 444.

[490] Bejaht zB von AG Köln GmbHR 1990, 171; AG Fürth GmbHR 1991, 24; NK-BGB/*Bischoff* Rn. 39; *W. Bayer* GmbHR 2013, 897 (903 ff.); Lutter/Hommelhoff/*Bayer* GmbHG § 15 Rn. 36; abl. mit eingehender Begründung BeckOGK/*Gebauer* Rom I-VO Art. 11 Rn. 78–87; Scholz/*Winter/Seibt* GmbHG § 15 Rn. 82; Baumbach/Hueck/*Fastrich* GmbHG 15 Rn. 22a; Roth/Altmeppen/*Roth* GmbHG § 15 Rn. 91; UHL/*Winter/ Löbbe* GmbHG § 15 Rn. 138; *Olk/Nikoleyczik* DStR 2010, 1576 (1580 ff.).

können uU auch Ausnahmeregelungen analog angewandt werden (→ Rn. 180), doch nur wenn eine planwidrige Lücke im Gesetz vorliegt, und wenn Interessen und Wertungen bei dem nicht geregelten Fall gleich oder doch sehr ähnlich sind. Beides ist zu verneinen. Im Kern geht es darum, ob der Zweck des Art. 11 Abs. 4 EGBGB wie oben in → Rn. 166 beschrieben, auch für die Verfügung über Gesellschaftsanteile trägt. Das ist zu verneinen, denn die GmbH und ihre Anteile sind nicht in gleicher Weise wie Grundstücke natürlich am Ort verwurzelt (→ Rn. 166). Zwar wird die Ortsform auch bei Mobiliarverfügungen ausgeschlossen, aber eine Parallele zu GmbH-Anteilen liegt dennoch fern.

Meist wird die Analogie auf die den Grundtücken ähnliche besondre Bedeutung der Anteilsüber- **175a** tragung für die Parteien bzw. die Öffentlichkeit gestützt;[491] das ist ein anderer Gesichtspunkt als die Erschwerung des Handels mit Anteilen im allgemeinen Interesse. Aber Art. 11 Abs. 1 und 2 zieht idR den favor negotii bei anderen ähnlich gewichtigen Rechtsgeschäften vor wie bei Eheschließungen, die ebenfalls registriert werden, Adoptionen, oder wie die EuErbVO Art. 27 lit. a für Testamente und Erbverträge, und stellt die Formzwecke des Wirkungsstatuts hinter denen des Vornahmeortes zurück.[492] Die Eintragung in ein Register ist dabei von geringerem Gewicht, zumal sie nicht konstitutiv ist, sondern „nur" eine Publizitätsform ist, für die Art. 11 nicht gilt (→ Rn. 61). Die Registrierung kann auch einer ausländischen Übertragung nachfolgen.[493] Art. 11 Abs. 4 ist zusammen mit der lex rei sitae stark historisch und von Souveränitätsgesichtspunkten geprägt und kann daher nicht leicht auf andere Gegenstände übertragen werden. Die Einbeziehung der Mobiliarverfügungen in Art. 11 Abs. 4 ist sehr zweifelhaft und hätte nicht sein sollen.[494] Allgemein muss man vor allem die planwidrige **Lücke verneinen,** denn bis heute hat der deutsche Gesetzgeber sich, zumindest einstweilen, nicht dazu verstanden, wenigstens bei Satzungsänderungen die alternativen, ausländischen Ortsformen auszuschließen und erst recht nicht bei Anteilsübertragungen, obwohl das sehr diskutiert wird (→ Rn. 183).

Die **alternative** Anwendung der **Ortsform** für die **Übertragung von GmbH-Anteilen,** und **176** nicht nur für die Verpflichtung dazu, ist heute weitgehend, aber nicht allgemein anerkannt, vorausgesetzt dass am Ort eine vergleichbare Gesellschaft bekannt ist (→ Rn. 138).[495] Besonders wegen der mit dem MoMiG in **§ 40 Abs. 2 GmbHG** eingeführten Pflicht des die Abtretung beurkundenden Notars, eine neue Liste der Gesellschafter einzureichen, wird neuerdings auch die Zulässigkeit einer ausländischen Ortsform bestritten (→ IntGesR Rn. 536 f.).[496] Dem ist nicht zuzustimmen.[497] § 40 Abs. 2 GmbHG sagt unmittelbar nichts zur Unzulässigkeit einer Abtretung in der ausländischen Ortsform, sondern ist nur eine „Folgepflicht" nach einer wirksamen Übertragung, aber nicht deren Voraussetzung. Und da § 40 Abs. 1 GmbHG den Geschäftsführer mindestens neben dem Notar zur Einreichung der Gesellschafterliste verpflichtet, kann man nicht argumentieren, wegen der Einreichungspflicht könne nur der deutsche Notar auch wirksam beurkunden, denn ausländische Notare könne das deutsche Gesetz nicht verpflichten. Die Geschäftsführer etc. sollen die Liste selbst einreichen, womit den Anforderungen der lex causae **für die Registrierung** genügt ist.[498] Zudem ist der ausländische Notar zwar nicht durch § 40

---

[491] *Kropholler* ZHR 140 (1976), 394 (400 ff.); *Süss* DNotZ 2011, 414 (417); NK-BGB/*Bischoff* Rn. 39.

[492] Gerade das soll durch die analoge Anwendung des Abs. 4 korrigiert werden.

[493] BGHZ 199, 270 = NJW 2014, 2026.

[494] Noch 1999 hat der Gesetzgeber ihre Herausnahme aus Art. 11 Abs. 4 abgelehnt.

[495] RGZ 160, 225 (229); BGHZ 199, 270 Rn. 14 = NJW 2014, 2026; BGH NZG 2005, 41 = GmbHR 2005, 53 f. obiter, weil die Basler Beurkundung schon § 15 GmbHG entsprach; BGH GmbHR 1990, 25; obiter; BGHZ 80, 76 = NJW 1981, 1160; OLG Düsseldorf NJW 2011, 1370 = IPRax 2011, 395 m. zust. Aufsatz *G. Schulze* IPRax 2011, 365 ff.; OLG Stuttgart RIW 2000, 629; OLG Frankfurt a. M. DNotZ 1982, 186; BayObLG NJW 1978, 500; OLG München NJW-RR 1998, 758 = BB 1998, 119 (implizit); *König* ZIP 2004, 1838 (1841); *Kröll* ZGR 2000, 121; Palandt/*Thorn* Rn. 13; UHL/*Löbbe* GmbHG § 15 Rn. 136 f.; *Mankowski* NZG 2010, 201 (204 f.); insoweit auch *Goette,* FS Boujong, 1996, 138; *Bredthauer* BB 1986, 1865; *Gätsch/Schulte* ZIP 1999, 1956 f.; *Schervier* NJW 1992, 597 f.; MüKoGmbHG/*Reichert/Weller* § 15 Rn. 158; *Land* BB 2013, 2697 (2702); *Götze/ Mörtel* NZG 2011, 727; *Benecke* RIW 2002, 280; Staudinger/*Winkler v. Mohrenfels* (2013) Rn. 298 ff.; Soergel/ *Kegel* Rn. 24; aA *Großfeld/Berndt* RIW 1996, 625 (628 f.); Lutter/Hommelhoff/*Bayer* GmbHG § 15 Rn. 28; *van Randenborgh* GmbHR 1996, 909; *Pilger* BB 2004, 1285 f.; manche raten aber zur Vorsicht bei der Abtretung im Ausland, weil die Frage noch BGH geklärt sei (*Beckmann/Fabricius* GWR 2016, 375; *Link* BB 2014, 579 (582), doch lässt BGHZ 199, 270 Rn. 14 obiter wohl eine positive Antwort erwarten).

[496] Bes. *Kindler,* Geschäftsanteilsübertragungen im Ausland, 2010, 10 ff.; *W. Bayer* GmbHR 2013, 897 (904 ff.); OLG München NZG 2013, 340; obiter LG Frankfurt a. M. NJW 2010, 683 = IPRax 2011, 398 m. abl. Aufsatz *G. Schulze* IPRax 2011, 365; *Gerber* GmbHR 2010, 97 f.; *Böttcher* ZNotP 2010, 6 (11).

[497] BGHZ 199, 270 Rn. 14 = NJW 2014, 2026 m. zust. Anm. *Müller* NJW 2014, 1994, *M.-P. Weller* ZGR 2014, 865; OLG Düsseldorf IPRax 2011, 395 = NJW 2011, 1370; *Link* BB 2014, 579 (582); *Mankowski* NZG 2010, 201 f.

[498] § 8 Abs. 3 S. 2 GmbHG sagt ausdrücklich, dass die Belehrung der Geschäftsführer gem. § 53 BundeszentralregisterG auch durch einen ausländischen Notar erfolgen kann (BGHZ 199, 270 Rn. 17 f. = NJW 2014, 2026).

Abs. 2 GmbHG verpflichtet, aber auch er **darf** eine solche Liste beim deutschen Registergericht einreichen,[499] und die Parteien können ihn damit beauftragen.[500]

177   **bb) Gründung und Satzungsänderung.** Sehr bestritten ist die **alternative Ortsform** aber für **verfassungsrelevante** Verträge bei der GmbH und AG, anscheinend nicht bei der OHG und anderen Gesellschaften. Für den Gründungsvertrag der GmbH verlangen § 2 und für die Änderung § 53 die notarielle Beurkundung. Für die Gründung einer GmbH durch Beurkundung eines berner Notars hat das AG Charlottenburg die Gleichwertigkeit eingehend, doch letztlich nicht überzeugend verneint, aber mit keinem Wort die darauf folgende Frage aufgeworfen, ob dann die Schweizer Form als alternative Ortsform genügt hätte.[501] Auch Gesellschaftsverträge sind Rechtsgeschäfte iSd Art. 11. Vielfach und vor allem in der gesellschaftsrechtlichen Literatur wird die **alleinige Geltung des Gesellschaftsstatuts** für die Form satzungsrelevanter gesellschaftsrechtlicher Akte sehr wohl diskutiert, aber mehrheitlich wegen der besonderen **Bedeutung der Form** für gesellschaftsrechtliche **Verfassungsakte** vertreten. Sie sollen in besonderem Maße, und mehr als die Abtretung der Anteile, die Interessen Dritter oder der Öffentlichkeit berührten (→ IntGesR Rn. 534 f.).[502] Es tauchen weitgehend dieselben Argumente wie gegen die Gleichwertigkeit einer Auslandsbeurkundung auf, obwohl die Frage ganz anders liegt (→ Rn. 99 f., Rn. 113 f., 172a). Die obergerichtliche Rspr. ist auch dieser Auffassung, im Gegensatz zu Untergerichten, **zu Recht** nicht gefolgt, und **wendet Art. 11 Abs. 1 bis 3 an.**[503]

178   Im Grunde wird in der vor allem gesellschaftsrechtlichen Literatur auch hier für eine Einschränkung der Alternativanknüpfung mit besonders **gewichtigen Formzwecken** der deutschen lex causae dh § 53 Abs. 2 GmbHG argumentiert, um teils eine Analogie zu Abs. 4 zu begründen (→ Rn. 180),[504] oder direkt eine neue Kollisionsnorm mit Rücksicht auf den Zweck der Beurkundung nach deutschem Recht zu postulieren[505] oder eine teleologische Reduktion von Art. 11 Abs. 1 vorzunehmen.[506]

---

[499] BGHZ 199, 270 Rn. 13 = NJW 2014, 2026; zust. *M.-P. Weller* ZGR 2014, 865 ff.; *Meichelbeck/Krauß* DStR 2014, 752; OLG Düsseldorf IPRax 2011, 395; zust. *G. Schulze* IPRax 2011, 365 (368); Bamberger/Roth/ *Mäsch* Rn. 68; Scholz/*Seibt* GmbHG § 15 Rn. 87d ff.; *Mankowski* NZG 2010, 201 ff.; *Saenger/Scheuch* BB 2008, 69; aA *Wachter* ZNotP 2008, 378 ff.; *Bayer* DNotZ 2009, 887; *Braun* DNotZ 2009, 585 ff.

[500] Ebenso wenig hindert es die Wirksamkeit des Vertrages, wenn die geforderten notariellen Beurkundung – rechtspolitisch bedenklich – **hoheitliche Zwecke** der **Überwachung und Kontrolle** verfolgt, indem der Notar zB verpflichtet wird, die vor ihm geschlossenen Geschäfte den Steuerbehörden anzuzeigen. Vgl. § 18 GrEStG, § 9 ErbStDV.

[501] ZIP 2016, 770 = GWR 2016, 96.

[502] OLG Hamm NJW 1974, 1057 (Satzungsänderung);); OLG Karlsruhe RIW/AWD 1979, 567 (Satzungsänderung, Sitzverlegung); OLG Hamburg IPRax 1994, 291 verneint aber wie OLG Hamm schon die Zulässigkeit der Vornahme im Ausland; LG Augsburg NJW-RR 1997, 420; AG Fürth GmbHR 1991, 24 (aufgehoben LG Fürth DB 1991, 2029) (beide für Verschmelzung); LG Mannheim IPRspr. 1999 Nr. 23 (Kapitalerhöhung); LG Kiel DB 1997, 1223; AG Köln RIW 1989, 990 = IPRspr. 1989 Nr. 37; eingehend verneint die Gleichwertigkeit bei einer Gründung der GmbH AG Charlottenburg DNotZ 2016, 199 = ZIP 2016, 770, abl. Anm. *Berninger* GWR 2016, 96, prüft aber die alternative Ortsform nicht; auch GmbH-Gründungen sind Rechtsgeschäfte; *Goette,* FS Boujong, 1996, 136 f.; *Benecke* RIW 2002, 286; *Haerendel* DStR 2001, 1803; NK-BGB/*Bischoff* Rn. 39; Roth/ Altmeppen GmbHG § 2 Rn. 23; *Kropholler* ZHR 140 (1976), 394 ff.; *Großfeld/Berndt* RIW 1996, 628 ff.; UHL/ Ulmer GmbHG § 2 Rn. 17, § 53 Rn. 53; Scholz/*Priester/Veil* GmbHG § 53 Rn. 72; Lutter/Hommelhoff/*Bayer* GmbHG § 2 Rn. 28 ff.; *W. Bayer* GmbHR 2013, 897 (903 ff.); MüKoGmbHG/*Mayer* § 2 Rn. 44; mit ganz anderem Ansatz *Rothoeft,* FS Esser, 1975, 113 ff.; mit anderer Begr. Bamberger/Roth/*Mäsch* Rn. 68; unentschieden Baumbach/Hueck/*Zöllner/Noack* GmbHG § 53 Rn. 75 zu § 130 AktG Hüffer/*Koch* AktG § 130 Rn. 16.

[503] BGHZ 199, 270 = NJW 2014, 2026; BGH NZG 2005, 41; BGHZ 80, 76 (78) = NJW 1981, 1160 obiter; BayObLG NJW 1978, 500; OLG München RIW 1998, 147; OLG Stuttgart NJW 1981, 1176 (Satzungsänderung); OLG Frankfurt a. M. DB 1981, 1456; OLG Düsseldorf NJW 1989, 2200 (Kapitalerhöhung); OLG Stuttgart DB 2000, 1218 (Kapitalerhöhung und Anteilsübertragung); *Loritz* DNotZ 2000, 105; *Bauer* NZG 2001, 46; *Reuter* BB 1998, 116; *Pirrung,* Int. Privatrecht nach dem Inkrafttreten der Neuregelung des IPR, 1987, 132; *v. Hoffmann/Thorn* IPR § 7 Rn. 42; *Müller* RIW 2010, 591 (598); Staudinger/*Winkler v. Mohrenfels* (2013) Rn. 275 ff.; *v. Bar/Grothe* IPRax 1994, 269 f.; Palandt/*Thorn* Rn. 13; Erman/*Hohloch* Rn. 27; Soergel/*Kegel* Rn. 15, 24; Scholz/*Seibt* GmbHG § 15 Rn. 70 ff.; Baumbach/Hueck/*Zöllner/Noack* GmbHG § 53 Rn. 75. *Link* BB 2014, 579, 582 verweist darauf, dass das MoMiG die deutsche GmbH als Rechtsform international wettbewerbsfähiger machen, nicht ihren Gebrauch erschweren wollte.

[504] *Barmeyer,* Die Anerkennung ausländischer, insbes. englischer Beurkundungen auf dem Gebiet des Gesellschaftsrechts, 1996, 62 ff.; *Kropholler* ZHR 140 (1976), 402 f.; *Schervier* NJW 1992, 595; *Bredthauer* BB 1986, 1864 ff.

[505] *Kindler,* Geschäftsanteilsübertragungen im Ausland, 2010, 3 ff., 16 (nur Geltung des Gesellschaftsstatuts); *Goette,* FS Boujong, 1996, 138; *Schönwerth,* Die Form der Rechtsgeschäfte im IPR, 1996, 102 ff. entnimmt in Einzelanalysen bestimmten deutschen Sachnormen, dass sie Art. 11 Abs. 1 einschränken; ähnlich *Ferid* GRUR-Int. 1973, 472 ff. zögernd Hüffer/*Koch* AktG § 23 Rn. 10 f.

[506] *Schervier* NJW 1992, 594 Fn. 10; MüKoGmbHG/*Mayer* § 2 Rn. 44; *Stauch,* Die Geltung ausländischer notarieller Urkunden in der BRD, 1983, 55 ff. will bei gesellschaftsrechtlichen Geschäften in allerdings sehr

Die Berufung auf den besonderen Zweck des Beurkundungserfordernisses überzeugt nicht, viel- **179**
mehr hat Abs. 1 Alt. 2 grundsätzlich entschieden, dass **auf die Formzwecke der lex causae** bei
Vornahme des Rechtsgeschäfts **im Ausland verzichtet** werde (→ Rn. 4, 66). Deshalb gilt Abs. 1
unbestritten auch bei Eheschließungen, Ehegüterverträgen oder Erbverträgen im Ausland (Art. 27
EuErbVO). Das Gesetz stellt auch bei Abs. 4 nicht auf die Bedeutung dinglicher Verfügungen ab
(aA → IntGesR Rn. 535), sondern nimmt in freier, stark historisch tradierter Entscheidung nur
dingliche Verfügungen über Sachen aus, und belässt viele andere Rechtsgeschäfte vergleichbarer
Interessenlage und Interesses für die Umwelt unter Abs. 1–3. Gestützt wird diese Argumentation
auch durch einen Umkehrschluss zu Art. 11 Abs. 4 Rom I-VO (früher Art. 29 Abs. 3 EGBGB), der
nur wegen des Verbraucherschutzes die alternative Ortsform ausschließt.[507] Dass keine weiteren
Rechtsgeschäfte von der alternativen Formanknüpfung ausgenommen wurden, kann rechtspolitisch
kritisiert werden, ist aber de lege lata nicht zu korrigieren. Ein Gesetzesentwurf des Justizministeri-
ums, der satzungsrelevante Akte in der Tat ausnehmen wollte, ist bisher nicht verabschiedet worden
(→ Rn. 183).

Der Ausnahmecharakter des Abs. 4 steht an sich seiner **analogen Anwendung** nicht zwingend **180**
entgegen, vorausgesetzt, dass die fragliche, nicht ausdrücklich erfasste Situation wertungsmäßig, insbesondere unter Berücksichtigung des Zweckes der Norm den dinglichen Verfügungen über Grundstücke gleich zu achten ist (→ Rn. 175). Abs. 4 bietet aber **keine** tragfähige Grundlage für eine
Analogie: Die Registerpflichtigkeit rechtfertigt als solche die Ausdehnung des Abs. 4 auf gesellschaftsrechtliche Geschäfte auch nicht, denn Abs. 4 gilt gerade auch dann, wenn Verfügungen nach
der lex rei sitae nicht registriert werden müssen.[508]

Auch die Argumentation trägt nicht, bei diesen Rechtsgeschäften sei die **juristische Umwelt** in **181**
vergleichbarer Intensität wie **bei Grundstücksverfügungen** berührt (→ IntGesR Rn. 535), wofür
die Registerpflichtigkeit ein Indiz sei.[509] Die **Analogie scheitert** an der Gesetzeslage, weil unbestreitbar für Heirat, Adoption, Testament,[510] also für vielerlei Rechtsgeschäfte, die auch Dritte (Kinder, Erben, Schuldner etc) in ähnlicher Weise betreffen, die alternative Ortsform gilt. Das Gesetz
enthält in Abs. 4 (bis 17.12.2009: Abs. 5) nicht den Grundsatz, dass die Ortsform nur inter partes
gälte oder gar nur für Formen, die unwichtige oder bloße Beweiszwecke verfolgen.[511] Bestenfalls
rechtfertigt sie sich mit dem besonderen politischen, aber allgemein akzeptierten Interesse der Belegenheitsstaates, über ihre Grundstücke allein zu herrschen. Ein vergleichbares Interesse besteht an
Gesellschaften nicht (→ Rn. 175).[512] Namentlich ist die Anknüpfung an den Sitz, wo die Gesellschaft die Umwelt berührt, international nicht allgemein üblich und von der Rechtsprechung des
EuGH verworfen worden. Damit fehlt eine tragfähige Grundlage für eine Analogie. Abs. 4 ist eine im
Wesentlichen historisch überkommene Ausnahme von der Regel, der kein verallgemeinerungsfähiges
Prinzip zu Grunde liegt.

cc) Unanwendbarkeit von Art. 11. Auf einem Missverständnis beruht die Auffassung, die **182**
Alternativanknüpfungen des Art. 11 gälten für gesellschaftsrechtliche Satzungsänderungen und
Anteilsübertragungen nicht, weil der zu Grunde liegende Art. 9 EVÜ (wie nun **die Rom I-VO**)
das Gesellschaftsrecht nicht umfasse.[513] Denn dass Art. 1 Abs. 2 lit. f es von seiner Regelung ausnimmt, bedeutet „nur", dass er die Materie dem nationalen Recht überlässt. Art. 11 EGBGB ist
auch nicht dem EVÜ entnommen, sondern hat nur in Abs. 2 und 4 aF Regelungen des EVÜ
für Schuldverträge, die dieses allein behandelt, aufgenommen, während im Übrigen sein breiterer
Anwendungsbereich und Inhalt unverändert gelassen wurden.

Bislang ist das internationale Gesellschaftsrecht praktisch nicht gesetzlich geregelt. Es liegt zwar **183**
seit längerem ein Referentenentwurf zum internationalen Gesellschaftsrecht vor, dessen Inkraftset-
zung aber nicht abzusehen ist. Es scheint, dass der deutsche Gesetzgeber einer eventuellen europä-

---

beschränktem Umfang den Ortsformgrundsatz durch Art. 6 (Art. 30aF) einschränken, doch ist dieser Weg gegenüber deutschen Kollisionsnormen methodisch nicht gangbar (Staudinger/*Winkler v. Mohrenfels* (2013) Rn. 301),
denn Art. 11 gehört selbst zum deutschen Recht.
[507] Ebenso wenig kann mit dem Gesichtspunkt argumentiert werden, dass es sich bei Gesellschaften um ihr
Personalstatut handle, nach dem unstreitig zB Eheschließungen und Adoptionen unter Abs. 1 fallen; ebenso *Stauch,*
Geltung ausländischer notarieller Urkunden in der Bundesrepublik Deutschland, 1983, 20 ff. gegen *Winkler* NJW
1972, 981 ff.; *Merkt* ZIP 1994, 1418; OLG Hamm NJW 1974, 1057.
[508] BeckOGK/*Gebauer* Rom I-VO Art. 11 Rn. 85; aA *Geimer* DNotZ 1981, 406 ff.; *Bredthauer* BB 1986,
1864; *Scholz/Emmerich* GmbHG § 2 Rn. 18 f.
[509] *Kropholler* ZHR 1976, 402; *Winkler* NJW 1974, 1034.
[510] ZB LG München FamRZ 1999, 1307.
[511] So aber *Nussbaum* IPR S. 94; zutr. *Mann* ZHR 138 (1974), 452 f.
[512] So aber für verfassungsrelevante Gesellschaftsakte *Kröll* ZGR 2000, 122 f.
[513] So *Benecke* RIW 2002, 283; nur für Verfassungsakte ebenso Bamberger/Roth/*Mäsch* Rn. 68.

ischen Regelung nicht vorgreifen will, so dass sich auch die Rechtsprechung nicht an die Stelle des Gesetzgebers setzen und entsprechend dem Entwurf (in einem Art. 11 Abs. 6) satzungsrelevante Gesellschaftsakte von der alternativen Ortsform annehmen sollte.[514] Der deutsche Gesetzgeber hat sich einstweilen nicht mit der Frage der Formanknüpfung befassen wollen und ist bewusst Vorschlägen im Gesetzgebungsverfahren zB des Deutschen Rates für IPR, die Ortsform für Satzungsänderungen von Gesellschaften oder juristischen Personen auszuschließen,[515] zumindest einstweilen nicht gefolgt. Das betätigt, dass gesellschaftsrechtliche Akte bisher unter Art. 11 EGBGB fallen und dass Art. 11 Abs. 1–3 de lege lata nach wie vor solange als eine **alle Arten von Rechtsgeschäften** erfassende Regel anzusehen ist als keine besondere Regelung dem Gesetz zu entnehmen ist (→ Rn. 183).[516] Es kann also auch nicht argumentiert werden, der deutsche Gesetzgeber habe 1986 solche Akte aus Art. 11 ausnehmen wollen.[517] Zwar war die Regel locus regit actum für gesellschaftsrechtliche Akte auch vor 1986 nie unstreitig,[518] doch hätte man angesichts des Meinungsstreites erwarten müssen, dass der Gesetzgeber ausdrücklich gesprochen hätte, wenn er die Ortsform ausschließen wollte.

184   Dieselben Regeln gelten für die satzungsrelevante Akte **im Inland** bezüglich **ausländischer Gesellschaften** und für die Veräußerung ihrer Anteile. Die Form, die einzuhalten ist, ist entweder die des ausländischen Gesellschaftsstatuts bzw. Vertragsstatuts oder die deutsche Ortsform, also zB § 15 Abs. 3 und 4 GmbHG.[519]

VIII. Legalisation ausländischer öffentlicher Urkunden

185   **1. Erforderlichkeit.** Die Legalisation betrifft die **beweisrechtliche** Frage[520] der Echtheit und nicht die materiellrechtliche Frage der Gleichwertigkeit (→ Rn. 87) einer **ausländischen**[521] **öffentlichen Urkunde.** Sie besteht in der förmlichen **Bestätigung ihrer Echtheit** durch die Auslandsvertretung[522] des Staates, in dem die Urkunde verwendet werden soll.[523] Öffentliche Urkunden in diesem Zusammenhang sind nach deutschem Recht von amtlichen Behörden oder Urkundspersonen (Notare)[524] errichteten Akte (§ 415 ZPO). Auch ausländische Urkunden dieser Art können für das deutsche Recht verwendet werden.[525] Gleichzustellen sind Urkunden internationaler Organisationen.[526] Im Regelfall der Legalisation **im engeren Sinne**[527] werden die, erforderliche, Echtheit der

---

[514] So aber *W. Bayer* GmbHR 2013, 897 (908).

[515] Weiter zB MPI RabelsZ (1983), 621; *Geimer* DNotZ 1981, 406 f.; ob der Referentenentwurf zur Änderung des deutschen intern. Gesellschaftsrechts verwirklicht wird, ist derzeit nicht abzusehen. Insoweit zutr. *Goette,* FS Boujong, 1996, 136 ff. Man kann dem also nicht entnehmen, dass Art. 11 nun nicht mehr im Gesellschaftsrecht gelten soll, wie dies bisher der Fall war; so auch Staudinger/*Winkler v. Mohrenfels* (2013) Rn. 267; Palandt/*Thorn* Rn. 13; irrig *Heckschen* DB 1990, 161; *Lichtenberger* DNotZ 1986, 654; *Schervier* NJW 1992, 594.

[516] Ebenso zB *Mann* ZHR 138 (1974), 448 ff.; *Bokelmann* NJW 1972, 1729; *Adamski,* Form der Rechtsgeschäfte und materielle Interessen im IPR, Diss. 1979, 12; *v. Bar/Grothe* IPRax 1994, 269 (271); *Meier-Reimer* BB 1974, 1230; *Wuppermann* AWD 1974, 455; *Bernstein* DB 1977, 1646; Palandt/*Thorn* Rn. 13; Soergel/*Kegel* Rn. 15, 24; Erman/*Hohloch* Rn. 27; Kölner Komm AktG/*Kraft,* 5. Aufl. 2013, AktG § 15 Rn. 52 ff.; eingehend Staudinger/*Winkler v. Mohrenfels* (2013) Rn. 197, 275 ff.; *Gätsch/Schulte* ZIP 1999, 1957; *v. Bar* IPR II Rn. 644 Fn. 193; *Bauer* NZG 2001, 45 f.; *Ulrich/Böhle* GmbHR 2007, 566 f.; Baumbach/Hueck/*Fastrich* GmbHG, 19. Aufl. 2010, § 15 Rn. 22; eingehend (mit Einschränkung) Staudinger/*Winkler v. Mohrenfels* (2013) Rn. 303, 309.

[517] Wie hier Staudinger/*Winkler v. Mohrenfels* (2013) Rn. 295; Soergel/*Kegel* Rn. 15, 24; Palandt/*Thorn* Rn. 1; Erman/*Hohloch* Rn. 3; *A. Reuter* BB 1998, 118; *Bauer* NZG 2001, 46; *Kropholler* ZHR 1976, 402; *v. Bar/Grothe* IPRax 1994, 269 f.; *Sick/Dorsten* NZG 1998, 540 (541); OLG München BB 1998, 119; LG Kiel BB 1998, 120; OLG Düsseldorf NJW 1989, 2200; LG Köln IPRspr. 19989 Nr. 33b; aA *Dignas,* Auslandsbeurkundungen von gesellschaftsrechtlichen Vorgängen, 2004, 164; *Benecke* RIW 2002, 283 ff.; *Kröll* ZGR 2000, 115 ff.

[518] Vgl. Staudinger/*Winkler v. Mohrenfels* (2013) Rn. 254 ff.

[519] BGH RIW 2005, 144; *Fetsch* GmbHR 2007, 133 ff.; *Merkt* ZIP 1994, 417 ff.; *Dutta* RIW 2005, 98 ff.; im Ergebnis OLG Celle NJW-RR 1992, 1126; krit. zur Begr. *Merkt* ZIP 1994, 417 ff.; im Ansatz auch OLG München ZIP 1993, 508, aber unzutr. Auslegung des § 15 GmbHG.

[520] *Nussbaum* IPR S. 95.

[521] Das ist die von einer ausländischen Amtsperson, aber nicht notwendig im Ausland errichtete öffentliche Urkunde, zB die eines Konsuls in Deutschland.

[522] Das kann auch ein Honorarkonsul der BRD im Ausland sein; näher *Bindseil* DNotZ 1992, 288.

[523] *Féaux de la Croix* DJ 1938, 1346; *Kierdorf,* Die Legalisation von Urkunden, 1975, 3 ff.; *Jansen* FGG, Bd. 3, 2. Aufl. 1971, Einl. BeurkG Rn. 34; *Mecke* BeurkG § 1 Rn. 14. Zu den unterschiedlichen Auffassungen zum Begriff s. *Bärmann* AcP 159 (1960/61), 1 ff. (7 ff.).

[524] BayObLG IPRax 1994, 122.

[525] ZB BayObLG IPRax 1994, 122 m. Aufs. *H. Roth* IPRax 1994, 86.

[526] Stein/Jonas/*Leipold* ZPO § 438 Rn. 3; MüKoZPO/*Schreiber* § 438 Rn. 2.

[527] Sie ist gemeint, wenn von Legalisation ohne Zusatz die Rede ist.

Unterschrift und die amtliche Eigenschaft des Ausstellers sowie ggf. die Echtheit von Siegeln oder Stempeln bestätigt (vgl. § 13 Abs. 2 KonsularG). Die Legalisation **im weiteren Sinne** bestätigt auch, dass die Urkundsperson die für sie geltenden Zuständigkeits- und Formvorschriften eingehalten hat (vgl. § 13 Abs. 4 KonsularG; sie wird selten verlangt und ist kaum jemals nötig. Als Echtheitsbestätigung durch eine **Behörde des Verwendungsstaates**[528] ist sie von Echtheitsbestätigungen des **Errichtungsstaates** zu unterscheiden, insbesondere von der **Zwischenbeglaubigung** und der **Apostille** (→ Rn. 193 f.).[529] Eine solche kann die (deutsche) Konsularbehörde von einer Behörde des Errichtungsstaates anfordern, wenn sie selbst die Echtheit der ihr zur Legalisation vorgelegten Urkunde nicht beurteilen kann oder will. Wenn das nicht möglich ist und die deutsche Auslandsvertretung die Echtheit ihrerseits nicht prüfen kann, kann eine Legalisation nicht erfolgen.[530] Häufig befreien zwischenstaatliche Verträge (→ Rn. 194 ff.) von der Legalisation und lassen die Apostille von einer Behörde des Errichtungsstaates genügen.

Für ausländische öffentliche Urkunden, die in der Bundesrepublik verwendet werden, ist die **186** Legalisation oder die Apostille ein ausreichender, jedoch **nicht generell erforderlicher Beweis** der Echtheit (kein genereller Legalisationszwang). Für den Zivilprozess folgt dies aus § 438 ZPO, wonach die Legalisation genügt, das Gericht aber auch jeden anderen Beweis der Echtheit gelten lassen kann **(Legalisationsfreiheit)**. So hat der BGH[531] auf eine Legalisation eines ausländischen Schiedsspruchs für einen Vollstreckungsantrag nach Art. IV Abs. 1 lit. a UNÜ verzichtet, da Existenz und Authentizität des Schiedsspruches unstreitig waren. Für andere Verfahren, und damit auch für den Bereich der freiwilligen Gerichtsbarkeit, bestimmt § 2 des Gesetzes vom 1.5.1878 (RGBl. 1878, S. 89),[532] dass die Legalisation für die Annahme der Echtheit genügt. Im Hinblick auf die besonderen Ermittlungspflichten des Gerichts in der freiwilligen Gerichtsbarkeit wird angenommen, dass die Legalisation, oder im Rahmen des Haager Übk. vom 5.10.1961[533] die Apostille, nach **pflichtgemäßem Ermessen** verlangt werden kann, aber nicht muss **(bedingter Legalisationszwang)**.[534]

Zuständig zur Legalisation sind die deutschen diplomatischen und konsularischen Auslandsver- **187** tretungen.[535] Sie bestätigen die Echtheit entweder kraft eigener Sachkunde, zB wenn der ausländische Notar eine Probe von Unterschrift und Siegel hinterlegt hat, oder nach **Zwischenbeglaubigung** durch eine oder mehrere[536] Behörden des Errichtungsstaates.[537]

2. Wirkung. Der von der zuständigen deutschen Auslandsvertretung in der vorgeschriebenen **188** Form (vgl. § 13 Abs. 3 KonsularG) angebrachte **Legalisationsvermerk** beweist als **inländische öffentliche Urkunde** die Tatsache der **Echtheit** der ausländischen (§ 418 ZPO). Wie bei jenen, so ist auch bei ausländischen der Gegenbeweis, dass die Urkunde unecht sei, zulässig. Eine Vermutung iS des § 292 ZPO besteht jedoch nicht, sondern nur eine Beweisregel. Der einfache Gegenbeweis genügt, und in der FG hat der Richter bei Zweifeln von Amts wegen weiter zu ermitteln.[538] Als mittelbare Wirkung der Legalisation gilt dann der im internationalen Rechtsverkehr anerkannte Erfahrungssatz, dass echte öffentliche Urkunden unter Wahrung der Zuständigkeits- und Beurkun-

---

[528] Das ist der Staat, in dem die Urkunde vorgelegt wird; *Bindseil* DNotZ 1992, 277.
[529] Die Begriffe sollten deutlich unterschieden werden, *Bindseil* DNotZ 1992, 280 f.
[530] In verschiedenen Staaten der „Dritten Welt" haben deutsche Botschaften erklärt, Legalisationen nicht mehr durchzuführen. Bei übermäßigem Zeit- bzw. Kostenaufwand lehnen deutsche Auslandsvertretungen auch die Einholung der Zwischenbeglaubigung anscheinend ab und überlassen dies der Partei, zB *Willeke* StAZ 1988, 51 zu Kolumbien.
[531] NJW 2001, 1730; ebenso BGH NJW 2000, 3650.
[532] Text auch bei *Jansen* FGG, Bd. 3, Einl. BeurkG Rn. 48, 1971.
[533] Haager Übk. zur Befreiung ausländischer öffentlicher Urkunden von der Legalisation (BGBl. 1965 II S. 876), sofern nicht auch davon befreit ist.
[534] BayObLG IPRax 1994, 122 f.; *Kierdorf,* Die Legalisation von Urkunden, 1975, 48 mwN; *Demharter* GBO § 29 Rn. 50 ff., 14 f.; *Jansen* FGG § 12 Rn. 29; *H. Roth* IPRax 1994, 88; zu Personenstandsurkunden *Freitag* StAZ 2011, 166 ff.
[535] § 438 Abs. 2 ZPO, § 2 Gesetz vom 1.5.1878 (RGBl. 1878, S. 89); für Konsularbeamte § 13 Abs. 1 KonsularG. – Bestehen keine diplomatischen oder konsularischen Beziehungen der Bundesrepublik zu einem Staat, kann die Legalisation ggf. durch die bestellte Schutzmacht erfolgen; näher *Kierdorf,* Legalisation von Urkunden, 1975, 83 ff.
[536] Sog Kettenbeglaubigung; vgl. *Jansen* FGG, Bd. 3, Einl. BeurkG Rn. 34; *Kierdorf,* Legalisation von Urkunden, 1975, 62 f.
[537] Entsprechend entscheidet das ausländische Recht, ob dort vorzulegende deutsche öffentliche Urkunden legalisiert werden müssen und ob dazu eine deutsche Zwischenbeglaubigung verlangt wird. Übersicht über die Anforderungen ausländischer Staaten bei *Geimer/Schütze,* Int. Rechtsverkehr, Bd. 1 A Verträge über Rechtsschutz und Rechtshilfe; weiter *Bindseil* DNotZ 1992, 276 ff. insbes. zum Verfahren.
[538] *Langhein* Rpfleger 1996, 47. Die hM tendiert zu Unrecht stark zur Annahme einer Vermutung; *Zöller/ Geimer* ZPO § 438 Rn. 1; *Kierdorf,* Legalisation von Urkunden, 1975, 17.

dungsvorschriften errichtet wurden.[539] Die **Legalisation im weiteren Sinne,** bei der auch die Einhaltung der letztgenannten Vorschriften bestätigt wird, ist insoweit nur ein Rechtsgutachten, das dem Gericht hilft, ohne es zu binden.[540] Sie ist nie vorgeschrieben, da der Richter selbst ermitteln kann und soll und wird zu Recht praktisch kaum beantragt.

189   Ob es sich überhaupt um eine **öffentliche** oder nur um eine **private** Urkunde iSd deutschen Rechts handelt, hat aber anhand des deutschen Rechts das Gericht zu entscheiden.[541] Das ist nicht immer eindeutig.[542] Die Legalisation macht eine ausländische Urkunde noch nicht selbst zu einer öffentlichen iSd § 415 ZPO. Es wird nur ihre Echtheit bezeugt, und sie kann unter Umständen nur als Privaturkunde iSd § 416 ZPO zu qualifizieren sein. Nur der Legalisationsvermerk als solcher ist eine deutsche öffentliche Urkunde, eine Apostille dagegen eine ausländische.[543]

190   Grundsätzlich sollen nach hM auf die legalisierte und damit als echt anerkannte ausländische öffentliche Urkunde die Beweisregeln der §§ 415, 417–419 ZPO angewandt werden und den vollen Beweis der Abgabe einer Willenserklärung (§ 415 ZPO) oder einer sonstigen Tatsache, die die Behörde selbst wahrgenommen zu haben bezeugt, erbringen. Die Regeln der ZPO gehen aber von deutschen öffentlichen Urkunden aus. Unbeschadet ihrer Echtheit ist bei ausländischen Urkunden unter Umständen genauer zu prüfen, **ob** sie nach ihrem Recht den Inhalt und den **Beweiswert** der §§ 415 ff. ZPO haben oder welchen sie sonst haben könnten (→ Rn. 48 f.).[544] Ein amerikanischer notary public beglaubigt Unterschriften und stellt die Identität des Unterzeichnenden fest, und dass dieser erklärt hat, die Urkunde als seine anzuerkennen (acknowledgement; → Rn. 48 ff.).[545] Das bezeugt nicht wie eine deutsche notarielle Urkunde die Abgabe der Willenserklärung selbst, sondern steht eher einer Unterschriftsbeglaubigung gleich. Bei behördlichen oder notariellen Tatsachenbezeugungen (vgl. § 418 ZPO) könnte es sein, dass die Urkunde nur angibt, dass der Behörde eine Tatsache von Dritten mitgeteilt wurde, nicht, dass ihr eigene Wahrnehmungen der Behörde zu Grunde liegen.

191   Bei Willenserklärungen und behördlichen Anordnungen (§§ 415, 417 ZPO) beweist nicht einmal eine deutsche Urkunde die **rechtliche Wirksamkeit** der Erklärungen. Die Legalisation sagt – wie inländische öffentliche Urkunden – nichts über die materielle oder formelle Wirksamkeit des eventuell beurkundeten Rechtsgeschäfts,[546] sondern beweist allenfalls die Echtheit der Erklärung. Das ist auch bei ausländischen Urkunden in aller Regel nicht anders.[547] Keinesfalls darf gefolgert werden, kraft Legalisation stehe auch die materielle Richtigkeit des Urkundeninhalts fest.[548] Es ist vielmehr zum einen zu prüfen, was die ausländische Urkunde nach ihrem Recht überhaupt beweisen will und kann, und zum anderen, ob sie dies danach mit der im deutschen Verfahren vorausgesetzten oder verlangten Zuverlässigkeit tut. Allerdings sollte man ausländischen Urkunden auch nicht von vorneherein mit großem Misstrauen begegnen. Der Beweis der Unechtheit und inhaltlichen Unrichtigkeit bleibt immer möglich.[549]

192   Ist die ausländische legalisierte Urkunde in einem deutschen Registerverfahren (zB § 29 GBO, § 12 HGB) als Eintragungsvoraussetzung vorzulegen, so hat das Registergericht entsprechend zu

---

[539] *Arnold* NJW 1971, 2109 ff. (2111); *Demharter* GBO § 29 Rn. 51; *Jansen* FGG, Bd. 3, Einl. BeurkG Rn. 49; *H. Roth* IPRax 1994, 87.

[540] *Kierdorf,* Legalisation von Urkunden, 1975, 261 f.; Stein/Jonas/*Leipold* ZPO § 438 Rn. 8.

[541] BayObLG IPRax 1994, 122 m. Aufsatz *Herbert Roth* IPRax 1994, 86 f.; *Langhein* Rpfleger 1996, 48. – Für die Qualifikation einer Bezeugung einer Eheschließung in Marokko durch zwei Adoulen (besonders glaubwürdige Zeugen) zusammen mit der anschließenden gerichtlichen Registrierung der Heirat als öffentlicher Urkunde *Börner* StAZ 1993, 385.

[542] Zu englischen und amerikanischen notariellen Urkunden vgl. eingehend *Langhein,* Anglo-amerikanische notarielle Beglaubigungen, Bescheinigungen und Belehrungen im deutschen Registerrecht. Zum Kollisionsrecht der Registerurkunden, 1994.

[543] BayObLG IPRax 1994, 122.

[544] *Langhein,* Anglo-amerikanische notarielle Beglaubigungen, Bescheinigungen und Belehrungen im deutschen Registerrecht. Zum Kollisionsrecht der Registerurkunden, 1994, 140 ff.; *Langhein* Rpfleger 1996, 48 ff.; *Reithmann* IPRax 2013, 133 (134); aA Zöller/*Geimer* ZPO § 438 Rn. 2.

[545] Vgl. *Langhein,* Anglo-amerikanische notarielle Beglaubigungen, Bescheinigungen und Belehrungen im deutschen Registerrecht. Zum Kollisionsrecht der Registerurkunden, 1994, 79 ff., 92 ff.

[546] *Langhein* Rpfleger 1996, 48. LG Wiesbaden Rpfleger 1988, 17 vermengt diese Fragen in unklarer Weise mit der Legalisation und der Vermutung der Einhaltung des Beurkundungsverfahrens.

[547] Vgl. *Spellenberg,* Liber amicorum Berg, 2011, 361, 364 ff.; ebenso wenig beweist die Ablehnung einer Legalisation einer Heiratsurkunde durch die deutsche Botschaft, dass die Ehe nicht besteht, OLG Zweibrücken FamRZ 2004, 950 f.

[548] Nachdrücklich *Langhein,* Anglo-amerikanische notarielle Beglaubigungen, Bescheinigungen und Belehrungen im deutschen Registerrecht. Zum Kollisionsrecht der Registerurkunden, 1994, 144 und passim; ebenso *Reithmann* DNotZ 1995, 366.

[549] Stein/Jonas/*Leipold* ZPO § 438 Rn. 9.

überprüfen, ob die Urkunde den deutschen **verfahrensrechtlichen Anforderungen** entspricht. Es gelten Amtsermittlung und Freibeweis.[550] Ohne dabei zu kleinlich zu sein, muss doch der Beweiswert der Urkunde in etwa dem einer deutschen entsprechen.[551] Wo nur öffentliche Beglaubigung erforderlich ist (§ 29 GBO, § 12 HGB), bestehen relativ weniger Bedenken.[552]

3. Befreiung von der Legalisation durch zwischenstaatliche Vereinbarungen. Das umständliche Legalisationsverfahren ist im Rechtsverkehr mit Staaten, deren Behördenorganisation eine vergleichbare Gewähr für die Echtheit amtlicher Urkunden bietet, entbehrlich.[553] Deshalb werden in Staatsverträgen öffentliche Urkunden von der Legalisation befreit, wobei aber oft eine **Apostille** einer Behörde des Errichtungsstaates gefordert ist oder werden kann. **193**

Von den **mehrseitigen Übereinkommen** ist das **(Haager) Übereinkommen vom 5.10.1961** **194** (BGBl. 1965 II S. 875) zur Befreiung ausländischer öffentlicher Urkunden von der Legalisation[554] (in Deutschland in Kraft seit dem 13.2.1966, BGBl. 1966 II S. 106) wegen der großen Zahl der Vertragsstaaten[555] und der Anwendung auf fast alle öffentlichen Urkunden besonders wichtig. **Statt der Legalisation** darf von den Behörden des Verwendungsstaates **nur noch die Apostille** (Art. 3–6) verlangt werden. Dies ist eine genormte[556] Echtheitsbestätigung der zuständigen[557] Behörde des Errichtungslandes. Sie ist eine ausländische öffentliche Urkunde, nicht wie die Legalisation eine inländische, doch steht sie gemäß Art. 5 Abs. 2 des Übereinkommens in den Wirkungen dieser gleich. Hinsichtlich der bescheinigten Echtheit hat sie den Beweiswert des § 438 Abs. 2 ZPO. Fehlt die vorgesehene Apostille, so gilt § 438 Abs. 1 ZPO, und der Echtheitsnachweis kann anders erbracht werden.[558]

Ausgenommen sind amtliche Urkunden, die sich unmittelbar auf den Handelsverkehr oder das **195** Zollverfahren beziehen,[559] sowie solche, die von Botschaften und Konsulaten errichtet wurden. Für letztere gilt das **Londoner europäische Übereinkommen vom 7.6.1968** zur Befreiung der von diplomatischen oder konsularischen Vertretern errichteten Urkunden von der Legalisation.[560] Diese Urkunden bedürfen selbst keiner Apostille oder anderen Echtheitsbestätigung, doch findet nach Art. 4 Abs. 2 ein Verfahren des Ausgangsstaates zur Prüfung der Echtheit statt, über das keine näheren Angaben gemacht werden.

Legalisationsbefreiungen enthalten die CIEC-Übk. über die Erteilung gewisser für das Ausland **196** bestimmter Auszüge aus den Personenstandsbüchern,[561] das Wiener CIEC-Übk. vom 8.9.1976 über die Ausstellung mehrsprachiger Auszüge aus Personenstandsbüchern/Zivilstandsregistern[562] und das CIEC-Übk. von Rom vom 14.9.1961 über die Erweiterung der Zuständigkeit der Behörden, vor denen nichteheliche Kinder anerkannt werden können.[563] Weder einer Legalisation noch Apostille oder Echtheitsbescheinigung bedürfen Urteile und Bescheinigungen über Entscheidungen in Zivil- und Handelssachen nach Art. 61 Brüssel Ia-VO und nach Art. 52 Brüssel IIa-VO die Urteile und Bescheinigungen in Ehe- und Kindschaftssachen nach Art. 39 Brüssel IIa-VO.

Zweiseitige Abkommen der Bundesrepublik Deutschland mit Dänemark vom 17.6.1936,[564] **197** Österreich vom 21.6.1923 (Art. 1–4),[565] Italien vom 7.6.1969 (Art. 1),[566] Frankreich vom 13.9.1971

---

[550] *H. Roth* IPRax 1994, 87; *Langhein* Rpfleger 1996, 48 ff.; wohl zu eng *Meikel/Hertel* GBO, 10. Aufl. 2009, § 29 Rn. 415.

[551] *Reithmann* IPRax 2013, 133 (135 f.); sehr diff. *Langhein,* Anglo-amerikanische notarielle Beglaubigungen, Bescheinigungen und Belehrungen im deutschen Registerrecht. Zum Kollisionsrecht der Registerurkunden, 1994, 198 f. und passim.

[552] So auch *Langhein,* Anglo-amerikanische notarielle Beglaubigungen, Bescheinigungen und Belehrungen im deutschen Registerrecht. Zum Kollisionsrecht der Registerurkunden, 1994, 186 ff.

[553] Grundlegende Bedenken gegen das Legalisationserfordernis äußern *Bärmann* AcP 160 (1960), 13; *Kierdorf,* Die Legalisation von Urkunden, 1975, 101.

[554] Text bei *Jayme/Hausmann* Nr. 250; *Weber* DNotZ 1967, 469 ff.; *Blumenwitz* DNotZ 1968, 728 ff.

[555] Die Haager Konferenz gibt die Zahl der Vertragsstaaten mit 104 Jahre 2012 an (www.hcch.net). Weitere Zusammenstellung bei *Jayme/Hausmann.*

[556] Muster in BGBl. 1965 II S. 883 f.

[557] Für Urkunden deutscher Bundesbehörden und -gerichte: VO vom 23.2.1966 (BGBl. 1966 I S. 138); iÜ gelten landesrechtliche Verordnungen.

[558] *H. Roth* IPRax 1994, 88; BayObLG IPRax 1994, 122.

[559] Für diese gilt GATT vom 30.10.1947, Anlageband I zu BGBl. 1951 II S. 15 f.

[560] BGBl. 1971 II S. 85; Text bei *Jayme/Hausmann* Nr. 251; dort werden 23 Vertragsstaaten genannt.

[561] Abrufbar unter www.ciecl.org.ListeConverntions.htm. Deutschland hat die Abk. 1, 2 und 16 ratifiziert. Zu letzterem krit. *Freitag* StAZ 2012, 161 (165).

[562] BGBl. 1997 II S. 774; Text bei *Jayme/Hausmann* Nr. 252; 17 Vertragsstaaten.

[563] BGBl. 1965 II S. 19; Text bei *Jayme/Hausmann* Nr. 50, dort 10 Vertragsstaaten; Art. 20 Anh. I.

[564] RGBl. 1936 II S. 213, Wiederanwendung BGBl. 1953 II S. 186.

[565] RGBl. 1924 II S. 61, Bek. BGBl. 1952 II S. 436; *Bülow* DNotZ 1955, 29 f. (48); Vertrag mit der Bundesrepublik-Österreich vom 18.11.1980 über Verzicht auf Beglaubigung StAZ 1984, 264.

[566] BGBl. 1974 II S. 1069; *Arnold* DNotZ 1975, 581 ff.

(Art. 2)[567] und Belgien vom 13.5.1975 (Art. 1, 2)[568] sehen eine noch weitergehende Befreiung aller öffentlichen Urkunden von der Legalisation vor, ohne eine **Beglaubigung** oder Apostille von Behörden des Errichtungsstaates zu fordern. Sie kann dann von deutschen Behörden auch nicht verlangt werden.[569] Bestehen im konkreten Fall Zweifel an der Echtheit der Unterschrift, Stempel etc., so sind amtliche Stellen des Ausgangsstaates benannt, bei denen eine Nachprüfung beantragt werden kann.[570] Weniger weit reichen die Verträge mit der Schweiz vom 14.2.1907 (RGBl. 1907, S. 411)[571] und Griechenland vom 11.5.1938.[572] Befreiungen von Legalisation und Beglaubigung von **Personenstandsurkunden** enthalten die Verträge mit Luxemburg vom 3.6.1982 (BGBl. 1983 II S. 699), Österreich vom 18.11.1980 (BGBl. 1981 II S. 1051) und der Schweiz vom 6.6.1956 (BGBl. 1960 II S. 454). Darüber hinaus bestimmen einige Konsularverträge,[573] dass ausländische öffentliche Urkunden vom Konsul des Errichtungsstaates mit Wirkung für den Empfangsstaat bestätigt werden können.

198   Im Urkundsverkehr mit der DDR war schon vor 1990 keine Legalisation oder andere Echtheitsbestätigung erforderlich.[574] Die DDR hatte mit einer großen Zahl von Staaten Rechtshilfeabkommen abgeschlossen, die meist auch den Verzicht auf Legalisation und Apostille vorsahen. Diese Verträge sind zwar nach verbreiteter Auffassung nicht automatisch am 3.10.1990 erloschen,[575] aber inzwischen wohl alle durch eine einseitige Erklärung der Bundesregierung nach Rücksprache mit den Vertragspartnern. Für ältere Urkunden aus dem Gebiet jener Vertragsstaaten der ehemaligen DDR können diese Abkommen nicht auf die ganze BRD ausgedehnt werden. Da die Echtheit der Urkunden nicht nur für einen Teil der BRD ohne Legalisation angenommen werden kann, ist für diese Urkunden eine Legalisation möglich.[576] Sie muss aber natürlich auch hier nicht verlangt werden (→ Rn. 187).

199   Dem Haager Übk. vom 5.10.1961 war die DDR nicht beigetreten. Es erstreckt sich nun wie alle anderen Abkommen auch auf das Gebiet der neuen Bundesländer (Art. 11 Einigungsvertrag, vgl. 4. Aufl. Art. 236 Vor § 1 Rn. 6).

Art. 12 EGBGB Schutz des anderen Vertragsteils

[1]**Wird ein Vertrag zwischen Personen geschlossen, die sich in demselben Staat befinden, so kann sich eine natürliche Person, die nach den Sachvorschriften des Rechts dieses Staates rechts-, geschäfts- und handlungsfähig wäre, nur dann auf ihre aus den Sachvorschriften des Rechts eines anderen Staates abgeleitete Rechts-, Geschäfts- und Handlungsunfähigkeit berufen, wenn der andere Vertragsteil bei Vertragsabschluß diese Rechts-, Geschäfts- und Handlungsunfähigkeit kannte oder kennen mußte.** [2]**Dies gilt nicht für familienrechtliche und erbrechtliche Rechtsgeschäfte sowie für Verfügungen über ein in einem anderen Staat belegenes Grundstück.**

Schrifttum: *Bader,* Der Schutz des guten Glaubens in Fällen mit Auslandsberührung, MittRhNotK 1994, 161; *Baum,* Alternativanknüpfungen, Tübingen 1985; *Beitzke,* Alternative Anknüpfungen, FS Ferid, 1978, 39; *G. Fischer,* Rechtsscheinhaftung im Internationalen Privatrecht, IPRax 1989, 215; *G. Fischer,* Verkehrsschutz im internationalen Vertragsrecht, 1990; *W. Goldschmidt,* Für eine ausnahmslose Geltung des Geschäftsfähigkeitsstatuts, FS Kegel, 1987, 163; *Jobard-Bachellier,* L'apparence en droit international privé, 1984; *Matthias Lehmann,* Verkehrsschutz im internationalen Gesellschaftsrecht, FS Gerfried Fischer, 2010, 237; *Liessem,* Guter Glaube beim Grundstückserwerb von einem durch seinen Güterstand verfügungsbeschränkten Ehegatten, NJW 1989, 497; *Ruthig,* Vollmacht und Rechtsschein im IPR, 1996; *Lipp,* Verkehrsschutz und Geschäftsfähigkeit im IPR, RabelsZ 63 (1999), 107; *Schotten,* Der Schutz des Rechtsverkehrs im internationalen Privatrecht, DNotZ 1994, 670; *Spellenberg,* Bespr. von G. Fischer, Verkehrsschutz im Internationalen Vertragsrecht, RabelsZ 60 (1996), 516; *Süss,* Ausländer im Grundbuch und im Registerverfahren, Rpfleger 2003, 53.

Vgl. weiter bei Art. 13 Rom I-VO.

---

[567] BGBl. 1974 II S. 1074; *Arnold* DNotZ 1975, 581 ff.; *Karst* RIW 2005, 289 ff.
[568] BGBl. 1980 II S. 813, 1981 II S. 142.
[569] *Karst* RIW 2005, 289 ff. zu Frankreich.
[570] ZB in Frankreich das Justizministerium (Art. 6). Die Ermittlungsbefugnis hat der EuGH bestätigt, Slg. 1997 I-6761– Dafeki.
[571] *Bülow* DNotZ 1955, 32 ff. (48); notarielle Urkunden dagegen fallen unter das Haager Übk. (→ Rn. 194) und bedürfen daher der Apostille (Verzeichnis der betr. Behörden, BGBl. 1956 II S. 30). Es genügt aber auch eine Überbeglaubigung einer notariellen Urkunde durch eine dieser Behörden.
[572] RGBl. 1939 II S. 848, Bek. BGBl. 1952 II S. 634; *Bülow* DNotZ 1955, 9, 26 und 47 f.; notarielle Urkunden und solche des Friedensrichters bedürfen der Beglaubigung durch den Landgerichtspräsidenten.
[573] Nachweise bei *Kierdorf,* Die Legalisation von Urkunden, 1965, 105 Fn. 14; BLAH/*Hartmann* ZPO § 438 Rn. 5; Stein/Jonas/*Leipold* ZPO § 438 Rn. 38, ZPO § 377 Rn. 27.
[574] *Kierdorf,* Die Legalisation von Urkunden, 1975, 90 f.; *Jansen* FGG, Bd. 3, Einl. BeurkG Rn. 51.
[575] Im Ergebnis ebenso zB *Bindseil* DNotZ 1992, 289.
[576] *Bindseil* DNotZ 1992, 289.

Übersicht

I. Allgemeines

1. Entstehung. Art. 12 ist fast wörtlich Art. 11 EVÜ vom 19.6.1980 entnommen. Die einzige **1** Abweichung im Text besteht darin, dass Art. 11 EVÜ von Fahrlässigkeit spricht, Art. 12 hingegen in offensichtlicher Anlehnung an § 122 Abs. 2 BGB auf Kennenmüssen abstellt, also die deutsche Definition der Fahrlässigkeit aufnimmt. Art. 11 EVÜ war seinerseits deutlich von der französischen Rechtsprechung[1] und Lehre[2] geprägt. Diese Herkunft war auch für den deutschen Richter wichtig, weil Art. 36 EGBGB bei vertraglichen Schuldverhältnissen gebot, die Auslegung der entsprechenden Vorschriften des EVÜ in anderen Vertragsstaaten zu beachten.[3] Heute ist eine Übereinstimmung mit der Auslegung von Art. 13 Rom I-VO zu suchen, auch wenn Art. 12 EGBGB an sich eine deutsche Regelung ist, die nur bei Rechtsgeschäften Anwendung findet, die ratione materiae **nicht unter Art. 13** Rom I-VO fallen, oder die vor dem 17.9.2009 vorgenommen wurden (Art. 28 Rom I-VO).

Denn 1986 hat der deutsche Gesetzgeber die Bestimmung unter die allgemeinen Regeln für **2** Rechtsgeschäfte eingestellt und damit deutlich gemacht, dass sie nicht wie im EVÜ nur für Schuldverträge, sondern für **alle Verträge** bzw. Rechtsgeschäfte einschließlich der Verfügungen mit Ausnahme der in Art. 12 S. 2 genannten gilt, und soweit nicht anderweitige Verkehrsschutzregelungen vorgehen (→ Rn. 16 ff.). Inhaltlich und praktisch auch wörtlich decken sich Art. 12 EGBGB und Art. 13 Rom I-VO in ihrem jeweiligen Anwendungsbereich. Dennoch sind die sachlichen Anwendungsbereiche abzugrenzen, schon weil nur die Auslegung des Art. 13 Rom I-VO dem EuGH vorhalten ist. Doch da Art. 13 Rom I-VO praktisch häufiger zum Zuge kommen wird, ist in weitem Umfang auf dessen Kommentierung zu verweisen, um Wiederholungen zu vermeiden.

2. Zweck. a) Verkehrsschutz. Geschäftsfähigkeit. Die Norm bezweckt den **Schutz** des gut- **3** gläubigen Vertragspartners einer in ihren Fähigkeiten beschränkten Partei,[4] die sich auf die Unwirksamkeit ihres Vertrages wegen ihrer **Geschäftsunfähigkeit** dann nicht berufen darf. Dass die Gültigkeit des Rechtsgeschäfts damit gefördert werden soll, beschreibt freilich mehr die Wirkung als den Grund und die Rechtfertigung der Regelung. Wie bei Art. 11 kann man fragen (→ Rom I-VO Art. 11 Rn. 3), ob ein favor negotii oder ein **favor gerentis** gemeint ist. Da hier die Gutgläubigkeit der anderen Vertragspartei entscheidet, ist letzteres anzunehmen.[5] Aber auch damit ist noch wenig

---

[1] Arrêt Lizardi Cass. req. 16.1.1861, D.P. 1861.1193 = S. 1861.1.305 mAnm *Massé;* dazu eingehend *Jobard-Bachellier,* L'apparence en droit intern. privé, 1984, 114 ff. mwN.

[2] Vgl. *Batiffol/Lagarde* Bd. 2 No. 491 mwN auch der Rspr.

[3] Eingehende Darstellungen verschiedener ausländischer nationaler Regelungen bei *Lipp* RabelsZ 63 (1999), 115 ff.; *G. Fischer,* Verkehrsschutz im internationalen Vertragsrecht, 1990, 12 ff.

[4] Vgl. Bericht zum EVÜ, ABl. 1980 C 282, 34; BT-Drs. 10/503, 30.

[5] NK-BGB/*Bischoff* Rn. 3; teilweise aA *G. Fischer,* Verkehrsschutz im internationalen Vertragsrecht, 1990, 24 ff.

ausgesagt. Zu Recht moniert auch *Lipp*,[6] dass der Grund der Regelung noch weitgehend ungeklärt sei, was Unsicherheiten über ihre Reichweite nach sich ziehen muss.

4   **„Verkehrsschutz"**, der der Vertragspartei leichtes und sicheres Gehen[7] ermöglichen soll, ist ein **wenig aussagekräftiger** Topos. Sicher enthält das EGBGB keinen allgemeinen Grundsatz, dass eine Partei geltend machen könne, sie habe das vom IPR des jeweiligen Gerichts zur Anwendung berufene Recht oder seine Geltung nicht kennen können und deshalb auf ihr eigenes „Umweltrecht" vertraut. Das ergibt ein Umkehrschluss aus Art. 10 Abs. 2 Rom I-VO (Art. 31 Abs. 2 EGBGB aF), der das nur in ganz eng umgrenzten und seltenen Situationen erlaubt (→ Rn. 6; → Rom I-VO Art. 10 Rn. 201 ff.). Es kann sich immer nur um Verkehrs- und Vertrauensschutz auf einzelnen Gebieten handeln und es muss konkretisiert werden, wer wann wogegen und warum geschützt werden soll.[8]

5   **b) Begründungen.** (Vgl. auch → Rom I-VO Art. 13 Rn. 9 ff.). Die Vorarbeiten zu Art. 11 EVÜ geben keinen Aufschluss, denn zur Begründung ist nur gesagt, dass eine ähnliche Regelung in den meisten EG-Staaten bestünde, was aber keine sachliche Rechtfertigung ist.[9] Art. 12 ist offenbar dem Arrêt *Lizardi* der französischen Cour de Cassation nachgebildet,[10] in dem es nur heißt, die französische Partei müsse, unter bestimmten Umständen, nicht die Rechte aller Länder kennen. Warum nicht, wird im Begründungsstil der Cour nicht erläutert, und ist auch in dieser absoluten Form nicht mehr vertretbar. Dementsprechend werden in Frankreich verschiedene Rechtfertigungen vorgeschlagen.[11] Manche meinen daher auch, dass die Vorschrift letztlich nicht gerechtfertigt werden könne.[12] Dabei beruhen die Schwierigkeiten auch darauf, dass die vorgeschlagenen Begründungen nicht mit der einen oder anderen Ausgestaltung des Art. 12 harmonieren.

6   Da Art. 10 Abs. 2 Rom I-VO (Art. 31 Abs. 2 EGBGB aF) belegt, dass keine Partei sich auf ihre **Unkenntnis des Geschäftsstatuts** außer mit ganz engen Ausnahmen berufen kann, scheint Art. 12 damit zusammenzuhängen, dass das Wirksamkeitserfordernis der **Geschäftsfähigkeit** der anderen Partei zwingend einem anderen Recht unterworfen wird.[13] Ähnlich kann man Art. 16 Abs. 1 deuten, wobei es hier um die Verfügungsbeschränkungen aus dem idR zwingend anzuknüpfenden Güterstatut geht. Da die Partei sich immerhin freiwillig auf den Vertrag einlässt, könnte ihr Schutz vielleicht darauf beruhen, dass sie sich auf das andere Fähigkeitsrecht nicht freiwillig einlässt und es deshalb nicht ermitteln müsse. Dem widerspricht freilich, dass Art. 12 auch dingliche Verfügungen erfassen soll, die der Rechtswahl nicht zugänglich sind.

7   Es ist weiter auch schwierig zu verstehen, dass die geschäftsfähige Partei dann auf das Recht gerade des **Abschlussorts** vertrauen darf. Möglicherweise hat man mehr oder weniger ausschließlich an die Situation gedacht, dass die geschäftsfähige Partei im Lande lebt, und hier den Vertrag mit der ausländischen geschäftsunfähigen Partei schließt,[14] vielleicht sogar nach inländischem, dh ihrem eigenen Recht, und hat übersehen, dass mit der allseitigen Ausgestaltung der Regelung nun auch Vertragsschlüsse in Staaten erfasst werden, in denen die geschäftsfähige Partei und die geschäftsunfähige nicht wohnen.[15] Manche sehen dennoch eine besondere Nähe zu diesem Recht.

8   *Lipp*[16] rechtfertigt so die Anwendung des Rechts am Ort des Vertragsschlusses und den ganzen Art. 12 damit, dass beide Parteien am **örtlichen Rechtsverkehr** teilnehmen, und deshalb sei dieses Recht primär berufen, über den **Zugang** zu diesem Rechtsverkehr zu entscheiden. *G. Fischer* meint, für die geschäftsfähige Partei liege dann ein Inlandsgeschäft vor, wenn der Vertrag im Lande ihres gewöhnlichen Aufenthalts geschlossen wird, und ihr Schutz sei dann vorzuziehen. Bei Verträgen in

---

    [6] RabelsZ 63 (1999), 109.

    [7] *Kegel/Schurig* IPR § 2 I, S. 135, 137 sprechen vom Verkehrsschutz, wenn potentiell Betroffene, von Parteischutz, wenn aktuell Betroffenen zu schützen sind.

    [8] Zutr. verweist *Kropholler* IPR § 21 II auf die Mehrdeutigkeit des Begriffs; ähnlich BeckOGK/*Thomale* Rom I-VO Art. 13 Rn. 4, 6.

    [9] Bericht *Giuliano/Lagarde* BT-Drs. 10/503, 67.

    [10] Cass. Req. 16.1.1861, D. 1861 1.193; *v. Bar* IPR II § 1 Rn. 53 aE.

    [11] *Jobard-Bachellier*, L'apparence en droit international privé, 1984, 120 ff., nennt außer der dort genannten Rechtfertigung sieben weitere; weiter *Lipp* RabelsZ 63 (1999), 116.

    [12] *v. Bar* IPR II Rn. 57; ähnlich *Kropholler* IPR § 42 I 3, S. 315; nachdrücklich *W. Goldschmidt*, FS Kegel, 1987, 171 ff.

    [13] So Bericht *Giuliano/Lagarde* zum EVÜ BT-Drs. 10/503, 66, die zutr. darauf verweisen, dass das gleichermaßen gelte, wenn die Geschäftsfähigkeit statt an die Staatsangehörigkeit der Partei an ihren Wohnsitz angeknüpft wird.

    [14] In solchen Umständen hält *G. Fischer*, Verkehrsschutz im internationalen Vertragsrecht, 1990, 26 f., 357, den Schutz primär für gerechtfertigt.

    [15] Vgl. *v. Bar* IPR II Rn. 57.

    [16] RabelsZ 63 (1999), 130 ff, 132; zust. Staudinger/*Hausmann* (2013) Rn. 11.

dritten Staaten liege die Rechtfertigung dagegen darin, dass das örtliche Recht leichter festzustellen sei.[17] Er sieht darum den den Schutz rechtfertigenden Vertrauenstatbestand im Wesentlichen darin, dass beim Vertragsschluss unter Anwesenden der Abschlussort eine zweite gewichtige Beziehung des Vertrages zu diesem Recht begründe, die das Vertrauen des Vertragspartners des nicht (voll) Geschäftsfähigen auf die Gültigkeit des Vertrages, rechtfertige, wenn der Vertrag danach entgegen dem Fähigkeitsstatut wirksam ist.[18] Demgemäß seien in teleologischer Reduktion namentlich Vertragsschlüsse an einem nur verkehrstechnisch bedingten, zufälligen Abschlussort auszunehmen, jedoch nicht solche auf Messen und Börsen.[19] Jedoch ist allgemein beim Vertrag der Rechtsverkehr, an dem die Parteien teilnehmen, nicht örtlich zu bestimmen, sondern, weil er „rechtlicher" Verkehr ist, durch das auf ihn anwendbare Recht, das auch vereinbart sein kann.[20] Man mag auch keinen Rechtsverkehr speziell für die Geschäftsfähigkeit lokalisieren. Insgesamt ist die Regelung kaum zu rechtfertigen, auch wenn sie so oder ähnlich weitverbreitet ist (→ Rom I-VO Art. 13 Rn. 10).

Seit Art. 12 auf **Verfügungen** über Mobilien und im Inland belegene Grundstücke beschränkt **9** ist, weil die Schuldverträge von Art. 13 Rom I-VO übernommen wurden, fällt jene Rechtfertigung des Verkehrsschutzes vielleicht etwas leichter, denn die Grundstücke als Vertragsgegenstand haben mit der lex rei sitae einen deutlicheren örtlichen Bezug, und der Vertrag wird insbesondere bei Grundstücken meist im Belegenheitsland geschlossen. Bei Mobiliarverfügungen gilt das nicht so, die den Schuldverträgen auch sonst wertungsmäßig näher stehen.

Die **systematische Einordnung des Art. 12** im Verhältnis zu den anderen Vertrauensschutzregelungen des EGBGB ist ebenfalls nicht einfach. In seiner Struktur wie Allseitigkeit entspricht **10** Art. 12 S. 1 dem Art. 10 Abs. 2 Rom I-VO (Art. 31 Abs. 2 EGBGB aF), jedoch geht es dort umgekehrt um den Schutz des Vertrauens auf die **Freiheit** von rechtsgeschäftlicher **Bindung.**[21] Bei Art. 16 Abs. 1 ist im Einzelnen streitig, ob der Dritte im Inland seinen gewöhnlichen Aufenthalt haben (→ Art. 16 Rn. 15: grundsätzlich ja) oder ob der Vertrag hier abgeschlossen werden muss.[22] Wichtiger scheint, und darin weicht Art. 16 Abs. 1 deutlich von Art. 12 ab, dass wenigstens ein Ehegatte eine dauerhafte Inlandsbeziehung hat. Erst bei Art. 16 Abs. 2 spielt der Inlandsabschluss des Rechtsgeschäfts selbst die entscheidende Rolle.[23]

Eine vollständige Harmonisierung der Vertrauensschutzregelungen nach der Tatbestandsseite **10a** scheint wohl nicht möglich, weil der Gesetzgeber die systematische Problematik auch nicht gesehen hat.[24] So stellt man fest, dass für die Freiheit von Bindung die Partei sich auf ihr **„Umweltrecht"** berufen kann, für den Schutz vor Unwirksamkeit ihres Vertrages wegen unerkennbarer Fähigkeitsmängel auf das (günstigere) **Recht des Abschlussorts,** und dass für den Schutz vor unerkennbaren güterrechtlichen Wirksamkeitshindernissen es teils auf die Inlandsbeziehung der Ehegatten, teils auf den Abschlussort ankommt, wobei letztere Regelungen zudem nur einseitige Kollisionsnormen für die alternative Geltung des deutschen Rechts sind. Art. 12 ist dagegen allseitig und findet auch auf inländische Verfügungen über ausländische Mobilien Anwendung wie auf ausländische Verfügungen über inländische Mobilien. So ist festzustellen, dass Art. 12 nicht wirklich überzeugend gerechtfertigt werden kann.[25]

Es ist weiter und vor allem **rechtspolitisch** zumindest erstaunlich, dass der Verkehr gerade gegen- **11** über fremden Geschäftsfähigkeitsregeln geschützt wird, womit ggf. dem Geschäftsunfähigen oder dem sonst in seinen Fähigkeiten Beschränkten der Schutz genommen wird, obwohl dieser in vielen Rechtsordnungen materiell besonders wichtig ist. Man hat zu Recht moniert, Art. 12 opfere den Minderjährigenschutz dem Händlerschutz.[26] Rechtfertigen lässt sich dies wohl allenfalls mit der freilich rechtsvergleichend nicht ganz abgesicherten Hoffnung, dass überall sachlich annähernd ausreichender Schutz gewährt sei, und dass es im Wesentlichen nur um die Altersstufen gehe, die im

---

[17] *G. Fischer,* Verkehrsschutz im internationalen Vertragsrecht, 1990, 357.
[18] *G. Fischer,* Verkehrsschutz im internationalen Vertragsrecht, 1990, 58 ff., 357 f.
[19] *G. Fischer,* Verkehrsschutz im internationalen Vertragsrecht, 1990, 64 f.
[20] BeckOGK/*Thomale* Rom I-VO Art. 13 Rn. 4.
[21] Krit. Parallele aus anderen Gründen auch BeckOGK/*Thomale* Rom I-VO Art. 13 Rn. 6.
[22] Erforderlich: Staudinger/*Mankowski* (2011) Art. 16 Rn. 30 f. mwN; aA *G. Fischer,* Verkehrsschutz im internationalen Vertragsrecht, 1990, 155 f.
[23] So *G. Fischer,* Verkehrsschutz im internationalen Vertragsrecht, 1990, 166; Palandt/*Thorn* Art. 16 Rn. 3; *Jayme* IPRax 1993, 81 unter III; Staudinger/*Mankowski* (2010) Art. 16 Rn. 53.
[24] Die amtl. Begr. stellt nur einige Abweichungen zwischen Art. 12 und 16 zusammen insbesondere hinsichtlich der Bösgläubigkeit und der Inlandsbeziehung, ohne sie zurechtfertigen (BT-Drs. 10/504, 50, 59).
[25] Daher lehnt *W. Goldschmidt,* FS Kegel, 1987, 163 ff., eine solche Vertrauensschutzregelung grds. ab; BeckOGK/*Thomale* Art. 13 Rom I-VO Rn. 6; krit. insoweit auch *v. Bar* IPR II § 1 Rn. 57 aE; *Gamillscheg* ZfA 1983, 354; *Kropholler* IPR § 42 I 3; *Lipp* RabelsZ 63 (1999), 109: der Grund der Regelung sei weitgehend ungeklärt.
[26] *v. Bar* IPR II § 1 Rn. 57; Ferrari/*Schulze* Rom I-VO Art. 13 Rn. 3.

Grunde etwas beliebig seien.[27] Der letzte Gesichtspunkt trägt aber nicht bei fehlender oder beschränkter Geschäftsfähigkeit Volljähriger (→ Rom I-VO Art. 13 Rn. 16).[28]

12   **3. Nicht erfasste Fähigkeiten. a) Partei-, Prozess- und Postulationsfähigkeit.** Sie gehören nicht hierher, wo es um die Vornahme von materiellen Rechtsgeschäften geht. Es gelten §§ 50, 55 ZPO. Wenn das Prozessrecht solche Fähigkeiten aus den materiell rechtlichen Fähigkeiten ableitet wie zB § 50 ZPO, dann gilt für diese Grundlagen zwar Art. 7, nicht aber Art. 12, denn es geht weiterhin nicht um die Vornahme von Rechtsgeschäften (→ Rom I-VO Art. 13 Rn. 21). Anders ist es erst dann, wenn die fragliche Handlung oder Vereinbarung im Prozess sich auch als materiell-rechtliches Geschäft darstellt.[29] Man denke an eine **Aufrechnung im Prozess.** Hier muss die aufrechnende Partei sowohl Prozess- wie Geschäftsfähigkeit haben. Das fällt zwar meist zusammen, doch gegen ein Fehlen der ersteren hilft ggf. § 55 ZPO, bei letzterer unter Umständen Art. 13 Rom I-VO, wenn auch kaum eine Situation denkbar ist, in der die andre Partei gutgläubig ist.

13   **b) Deliktsfähigkeit.** Die **Fähigkeit,** wegen Rechtsverletzungen außerhalb von Rechtsgeschäften durch eigene Handlungen haftbar werden zu können, fällt wegen des fehlenden Bezugs zu rechtsgeschäftlich begründeten Rechtsverhältnissen („Vertrag") ebenfalls nicht unter Art. 12.[30] Ob es sich um eine rechtsgeschäftliche Haftung handelt oder nicht, ist nach den allgemeinen **Qualifikationsregeln** zu entscheiden. Seit dem 17.12.2009 ist zwar wegen Art. 12 Rom II-VO von einer nicht vertraglichen Qualifikation der culpa in contrahendo auszugehen, und das gilt dann auch für Art. 12 EGBGB. Doch ist die Haftung wegen Verschuldens beim Vertragsschluss nach Art. 12 Rom II-VO vertragsakzessorisch anzuknüpfen. Wenn nun das so bestimmte Sachrecht bei der Haftung einer Partei Geschäftsfähigkeitsregelungen analog oder direkt anwendet, so gilt auch **Art. 13 Rom I-VO.** Als Schuldvertrag iS des Art. 13 Rom I-VO sind weiter wohl auch **Vereinbarungen** über Umfang und Regelung eines deliktischen Schadensersatzanspruchs zu qualifizieren.

13a   **c) Handlungsfähigkeit.** Die in Art. 12 wie in Art. 13 Rom I-VO genannte Handlungsfähigkeit ist ein Missverständnis bzw. ein Übersetzungsfehler und keine eigene, andere Fähigkeit (→ Rom I-VO Art. 13 Rn. 39).

14   **4. Analoge Anwendung.** Art. 12 schützt wie Art. 13 Rom I-VO vor unerkennbaren Unfähigkeiten der Partei. Wenn sie dafür einen gesetzlichen Vertreter oder Betreuer hat, können Fehlvorstellungen auch über dessen **Befugnisse** bestehen. Art. 12 EGBGB und Art. 13 Rom I-VO nennen sie nicht, doch können sie nach ganz hM analog angewendet werden und dem Vertragspartner helfen, soweit nicht spezielle Vorschriften vorgehen (→ Rn. 16 ff.). Ob dann ersterer oder letzterer heranzuziehen ist, hängt von der Art des Geschäfts ab: bei Schuldverträgen Art. 13 Rom I-VO, bei Verfügungen und älteren Schuldverträgen Art. 12 EGBGB (→ Rn. 30 ff.). Inhaltlich sind sie insoweit gleich, so dass auf Art. 13 Rom I-VO zu verweisen ist (→ Rom I-VO Art. 13 Rn. 48 f.).

15   Der wichtigste Bereich der analogen Anwendung von Art. 12 ist die Rechtsfähigkeit von Gesellschaften und die Vertretungsmacht ihrer Organe. Der analogen Anwendung von Art. 13 Rom I-VO steht die Geltungsbeschränkung der Rom I-VO durch Art. 1 Abs. 2 lit. f im Wege, so dass es bei Art. 12 EGBGB bleibt (näher dazu und zu den Voraussetzungen des Verkehrsschutzes → Rn. 32 ff.; → Rom I-VO Art. 13 Rn. 52 f.). Die Rechtsfähigkeit fehlt natürlichen Personen heute nirgends mehr. Maßgebend wäre ihr Personalstatut, und sollte es die Rechtsfähigkeit wirklich verneinen, griffe der deutsche ordre public ein.

16   **5. Vorgehende Verkehrsschutzregelungen. a) Art. 13 Rom I-VO.** Inzwischen findet sich Art. 11 EVÜ wortgleich als **Art. 13 Rom I-VO** wieder, doch als Teil dieser europäischen VO ist seine Anwendung auf **vertragliche Schuldverhältnissen** beschränkt. Aber da der deutsche Gesetzgeber 1986 den Anwendungsbereich des Art. 12 EGBGB gegenüber Art. 9 EVÜ erheblich ausgeweitet hat, bleibt ihm trotz des Vorrangs von Art. 13 Rom I-VO ab dessen Inkrafttreten am 17.12.2009 **noch ein Anwendungsbereich** bei den Verfügungen über Sachen und sonstige Rechte abgesehen von Forderungsabtretungen. Art. 13 Rom I-VO geht nur soweit vor, wie sein sachlicher Anwendungsbereich reicht (→ Rom I-VO Art. 13 Rn. 26 f.). Es ist zwar richtig, dass durch die Herausnahme der Schuldverträge der Anwendungsbereich von Art. 12 EGBGB stark beschränkt wurde, aber man kann nicht sagen, dass er kaum mehr praktische Bedeutung habe.[31] Zudem erfasst

---

[27] G. Fischer, Verkehrsschutz im internationalen Vertragsrecht, 1990, 33.

[28] Ein Beispiel öOGH IPRax 2013, 447 m. Aufs. Spellenberg IPRax 2013, 466.

[29] Wie doppelfunktionelle Prozesshandlungen, die sowohl materielle als auch prozessuale Wirkungen herbeiführen sollen, einzuordnen sind, ist bislang offen.

[30] Die Nennung der „Handlungsfähigkeit" ändert nichts daran, dass Art. 12 nur „Rechtsgeschäfte" betrifft.

[31] So aber Palandt/Thorn Rn. 1.

Art. 12 zeitlich die Schuldverträge, die vor dem 17.12.2009 geschlossen wurden. Es ist eine andere Sache, dass beide Bestimmungen in Urteilen so gut wie nie auftauchen.[32] Er ist deshalb zu Recht auch nicht aufgehoben worden, und bleibt eine deutsche Norm.

b) Art. 91 WechselG, Art. 60 ScheckG. Begebung und Abtretung von Wechseln und Schecks **17** sind nach Art. 1 Abs. 2 lit. d Rom I-VO nicht Gegenstand der VO. Art. 91 Abs. 2 WechselG und Art. 60 Abs. 2 ScheckG enthalten jedoch eigene Verkehrsschutzregelungen, die eine Anwendung von Art. 12 ausschließen.

c) Vertretung Geschäftsunfähiger oder -beschränkter. Wie in → Rn. 14 ausgeführt, wird **18** Art. 12 analog auf die Befugnisse gesetzlicher oder amtlich bestellter Vertreter Geschäftsunfähiger angewandt. Es gibt aber gesetzlicher Regelungen für den Schutz des Vertrauens in ihre Befugnisse, die vorgehen (Art. 3 Nr. 2 EGBGB): Seit dem 1.1.2011 gilt in Deutschland das KSÜ und ersetzt im Verhältnis seiner Vertragsstaaten das MSA (Art. 51 KSÜ). Im Verhältnis zu Nichtvertragsstaaten gilt weiterhin das MSA. Während gemäß Art. 16 Abs. 1 KSÜ das Recht am gewöhnlichen Aufenthalt des Kindes bestimmt, wer sein **gesetzlicher Vertreter** ist, bestimmt dies nach Art. 3 Abs. 1 MSA das Heimatrecht des Kindes. In diese Anknüpfungen greifen Art. 12 EGBGB oder Art. 13 Rom I-VO nicht ein.[33] **Art. 19 KSÜ** enthält aber eine diesen entsprechende Verkehrsschutzregelung für deren Vertretungsmacht, die jenen **vorgeht.** Ebenso geht **Art. 17 ESÜ** vor. Ob Art. 17 ESÜ oder Art. 19 KSÜ eingreift, hängt einerseits davon ab, ob es sich um ein zu vertretendes Kind oder einen Erwachsenen handelt, und dann davon, ob die fragliche Vertretungsmacht im KSÜ oder im ESÜ wurzelt. Das ESÜ ist nur in wenigen Staaten in Kraft, das KSÜ dagegen in vielen. Von der Natur des vom gesetzlichen Vertreter vorgenommenen Rechtsgeschäfts hängt dann ab, ob das Verhältnis dieser Übereinkommen zum EGBGB oder zur Rom I-VO (→ Rom I-VO Art. 13 Rn. 18, 48 f.) zu beachten ist. Art. 13 Rom I-VO geht vor,[34] Art. 12 EGBGB geht ihnen nach. Dagegen enthält das **MSA** keine Verkehrsschutzregelung, und steht daher der Anwendung von Art. 12 bzw. 13 Rom I-VO nicht entgegen. Es gilt jedoch heute nur noch im Verhältnis zur Türkei und zur chinesischen Sonderverwaltungszone Macao. Anders ist das Verhältnis zu Art. 13 Rom I-VO wegen deren Art. 25.

d) Art. 16. Für den Schutz vor **ehegüterrechtlichen** Beschränkungen, die neben Verfügungen **19** auch Schuldverträge betreffen können und die Zustimmung des anderen Ehegatten verlangen,[35] gilt **Art. 16 Abs. 1** iVm § 1412 BGB.[36] Seine Voraussetzungen sind verschieden von Art. 12, und der Schutz knüpft an den inländischen, deutschen gewöhnlichen Aufenthalt oder Gewerbetrieb eines Ehegatten statt an den Ort des Vertragsschlusses an. Auch ist Art. 16 Abs. 1 einseitig konzipiert und seine analoge allseitige Anwendung bestritten (→ Art. 16 Rn. 45). Beide Bestimmungen können nebeneinander herangezogen werden.[37]

Art. 16 Abs. 2 EGBGB, der strukturell dem Art. 12 entspricht, gilt dagegen bei Vertragsschluss **19a** im Inland und geht dann nach hM dem **Art. 12 vor** (→ Art. 16 Rn. 44).[38] Insbesondere handeln beide vom Vertragsschluss, bei dem beide Parteien im Inland sind, und schützt nur den Gutgläubigen. Art. 16 Abs. 2 ist vorzuziehen als die speziellere und sachnähere Regelung. Die Frage des Verhältnisses zwischen Art. 12 und Art. 16 Abs. 2 ist wichtig, weil letzterer nur den gutgläubigen Vertragspartner schützt, der also **nicht grob fahrlässig** handelt – Art. 16 Abs. 2 verweist implizit auf § 932 BGB –, während bei Art. 12 ihm schon einfache Fahrlässigkeit schadet. Der Vorrang des Art. 13 Rom I-VO beschränkt sich aber auf den Anwendungsbereich der VO dh Schuldverträge ab dem 17.12.2009.

Art. 16 Abs. 2 nennt aber nur § 1357 („Schlüsselgewalt") und § 1362 (Eigentumsvermutungen **20** zugunsten von Gläubigern von Ehegatten) nicht allgemein **ehepersonenrechtliche** Verpflichtungs- oder Verfügungsbeschränkungen wie zB die §§ 1365, 1369 BGB oder ausländische Interzessionsver-

---

[32] Ausnahme zu Art. 13 Rom I-VO: öOGH IPRax 2013, 447 m. Aufs. *Spellenberg* IPRax 2013, 466. – Die Verträge wurden vor dem Stichtag geschlossen.

[33] Unter den EU-Staaten ohne Dänemark wird das KSÜ wie das MSA zwar durch die EheGVO/Brüssel IIa-VO verdrängt (Art. 60 f.), doch betrifft diese VO nicht die Anknüpfungen der gesetzlichen Vertretung.

[34] BeckOGK/*Thomale* Rom I-VO Art. 13 Rn. 8.

[35] Rechtsvergleich bei *G. Fischer,* Verkehrsschutz im internationalen Vertragsrecht, 1990, 133 ff.; *Braat,* Indépendance et interdépendance patrimoniales des époux dans le régime matrimonial légal des droits français, néerlandais et suisse, 2004.

[36] *H. Roth* IPRax 1991, 320 ff.; *Hausmann* in Reithmann/Martiny IntVertragsR Rn. 7.904.

[37] AA Staudinger/*Hausmann* (2013) Rn. 45.

[38] Staudinger/*Mankowski* (2011) Art. 16 Rn. 61; *v. Bar* IPR II § 2 Rn. 189; Staudinger/*Hausmann* (2013) Rn. 45; Bamberger/Roth/*Mäsch* Rom I-VO Art. 13 Rn. 41; *Bader* MittRhNotK 1994, 161 (163); Palandt/*Thorn* Art. 16 Rn. 3, für Art. 13 Rom I-VO aber Palandt/*Thorn* Rom I-VO Art. 13 Rn. 6; Erman/*Hohloch* Rn 11; aA für Anwendung von Art. 12 *v. Hoffmann/Thorn* IPR § 7 Rn. 10 aE, § 8 Rn. 46; LG Aurich IPRax 1991, 341 f.; *Liessem* NJW 1989, 497, 500 wollen die im konkreten Fall günstigere Regelung anwenden.

bote.[39] Das sind güterstandsunabhängige Beschränkungen. Es ist aber allgemein anerkannt, dass generell der Vertragspartner vor ehebedingten Verpflichtungs- und Verfügungsbeschränkungen zu schützen ist,[40] der die Zustimmungsbedürftigkeit schuldlos nicht kennt.[41] Streitig ist nur, ob dies nach Art. 16 Abs. 1 oder 2 EGBGB analog, so die hM,[42] oder nach Art. 12 analog geschehen soll.

21   **6. Verhältnis zu Art. 13 Rom I-VO. a) Anwendungsbereiche.** Als europäische Regelung geht Art. 13 Rom I-VO im Rahmen seines Anwendungsbereiches vor. Die Rom I-VO umfasst nur vertragliche Schuldverhältnisse, und Art. 13 nennt darum auch nur „Verträge" und nicht wie Art. 12 S. 2 allgemeiner „Rechtsgeschäfte". Soweit Art. 13 Rom I-VO anzuwenden ist, gilt Art. 12 EGBGB nicht. Dessen Anwendungsbereich ist sachlich sehr viel weiter und erfasst grundsätzlich alle Rechtsgeschäfte soweit nicht andere Regelungen vorgehen. Im Verhältnis zu Art. 13 Rom I-VO ist also dessen Anwendungsbereich zu identifizieren, und Art. 12 EGBGB ergreift dann das, was übrig bleibt. Der Anwendungsbereich von Art. 13 Rom I-VO ist in **zweierlei Hinsicht** zweifelhaft und zu konkretisieren: zum einen hinsichtlich der **Art der Rechtsgeschäfte** und zum anderen hinsichtlich der **Fähigkeiten,** gegen deren Fehlen Verkehrsschutz gewährt wird.

22   In der ersten Hinsicht erfasst Art. 13 Rom I-VO entgegen dem Wortlaut auch **einseitige Rechtsgeschäfte,** sofern sie sich wie zB Kündigungen auf einen Schuldvertrag beziehen, und **unentgeltliche Verträge** wie Schenkungen oder Aufträge (→ Rom I-VO Art. 13 Rn. 25 ff.). Er ergreift generell **nicht Verfügungen** mit Ausnahme der Forderungsabtretung, die, wie Art. 14 Rom I-VO zeigt, unter die VO fällt.

23   In der zweiten Hinsicht ist Art. 13 Rom I-VO, wie es zu Art. 12 EGBGB ganz hM ist, auf Mängel der **gesetzlichen Vertretungsmacht** der Vertreter oder Betreuer **Geschäftsunfähiger** analog anzuwenden (→ Rn. 14; → Rom I-VO Art. 13 Rn. 48). Die Frage ist zwar, ob die Verkehrsschutzregeln des Art. 19 KSÜ und Art. 17 ESÜ vorgehen (→ Rn. 18). Sie ist für die Rom I-VO zu verneinen (→ Rom I-VO Art. 13 Rn. 18 f., 49.); Art. 13 Rom I-VO bleibt anwendbar. Der Vorrang von KSÜ und ESÜ beschränkt sich also auf **Verfügungen** der gesetzlichen Vertreter, die in den sachlichen **Anwendungsbereich** des **Art. 12 EGBGB** fallen. Rechtsgeschäfte der **Geschäftsbeschränkten selbst** im Ausland sind ohnehin nicht Gegenstand des Verkehrsschutzes in KSÜ oder ESÜ.

24   Zu bedenken ist aber auch das Verhältnis zur Rom I-VO, bei der ehebedingte Verpflichtungsbeschränkungen für Schuldverträge ebenfalls von Art. 13 in analoger Anwendung erfasst werden (→ Rom I-VO Art. 13 Rn. 36). Die Anwendung des deutschen Art. 16 Abs. 2 EGBGB wäre mit dem europäischen Verkehrsschutz deshalb nicht vereinbar, weil Art. 16 Abs. 2 EGBGB **weniger schützt** als Art. 13 Rom I-VO, indem dem Vertragspartner erst grobe Fahrlässigkeit schadet, nicht schon einfache wie bei Art. 13 Rom I-VO.[43] Wenn man schon Art. 13 Rom I-VO analog auf diese Beschränkungen anwendet, dann sollte der Schutz auch europaweit gleich sein, denn das Europarecht enthält keine Verkehrsschutzregelungen speziell für eherechtliche Verpflichtungsbeschränkungen.

25   Jedenfalls gilt Art. 12 für die sachlich von Art. 13 Rom I-VO **nicht** erfassten Beschränkungen bei **Verfügungen über Mobilien** und **inländische Grundstücke** und andere Rechte als Forderungen. Art. 12 S. 2 EGBGB hat keine Entsprechung in Art. 13 Rom I-VO, und er enthält eine negative Abgrenzung seines Anwendungsbereichs. Das wurde nötig, weil Art. 12 S. 1 EGBGB zunächst grundsätzlich alle Rechtsgeschäfte erfasst, wogegen die Rom I-VO insgesamt ohnehin für „familien- und erbrechtlichen Rechtsgeschäfte" und „Verfügungen" nicht gilt (s. Art. 1 Abs. 2 lit. b und c Rom I-VO). Dabei sollten zwischen Art. 12 EGBGB und Art. 13 Rom I-VO keine Schutzlücken ergeben. Die Gefahr ist aber wohl gering.

26   **b) Auslegung.** Die Tatsache, dass es sich bei der Rom I-VO um eine europäische und bei Art. 12 EGBGB um eine nationale Regelung handelt, bedeutet, dass Art. 13 Rom I-VO europäisch einheitlich und Art. 12 EGBGB an sich nach nationalen Grundsätzen auszulegen ist. Freilich galt bisher Art. 36 EGBGB, so dass auch letzterer schon bisher möglichst europäisch **einheitlich auszulegen** war. Das ist nun nach Wegfall des Art. 36 nicht mehr gesagt, aber zweckmäßig.[44]

---

[39] Rvgl. zB bei *Hausmann* in Reithmann/Martiny IntVertragsR Rn. 7.701 ff.

[40] ZB Staudinger/*Hausmann* (2013) Rn. 45 f.; *G. Fischer,* Verkehrsschutz im internationalen Vertragsrecht, 1990, 173; NK-BGB/*Bischoff* Rn. 6; *v. Bar* II § 2 Rn. 189.

[41] Dagegen wäre die irrige Annahme, dass die Zustimmung erteilt sei, ein unbeachtlicher Tatsachenirrtum (→ Rom I-VO Art. 13 Rn. 80).

[42] Staudinger/*Mankowski* (2011) EGBGB Art. 16 Rn. 87 f.

[43] AA Bamberger/Roth/*Mäsch* Rom I-VO Rn. 62; unklar Staudinger/*Hausmann* (2016) Rom I-VO Art. 13 Rn. 33, der auf diesen Aspekt nicht eingeht.

[44] Ebenso Staudinger/*Hausmann* (2013) Rn. 3; NK-BGB/*Bischoff* Rn. 8.

Unterschiede könnten sich wegen des unterschiedlichen Wortlauts für das **Verschulden** der   27
geschützten Partei ergeben; nach Art. 13 Rom I-VO wird ihr der Schutz verweigert bei „Fahrlässigkeit", bei Art. 12 EGBGB dagegen, wenn sie die mangelnde Fähigkeit der anderen Partei „erkennen
musste", und bezieht sich damit deutlich auf § 122 Abs. 2 BGB. Es ist nicht von vorneherein zu
unterstellen, dass ein europäischer Begriff der Fahrlässigkeit mit § 122 Abs. 2 BGB übereinstimmt.

Es wäre jedoch wenig sinnvoll, wenn man Art. 12 EGBGB unter dem an sich zutreffenden   28
Verweis darauf, dass er eine deutsche Norm ist, „renationalisieren" und anders als Art. 13 Rom I-
VO auslegen würde. Falls sich dabei tatsächlich Unterschiede ergeben würden, wären sie kaum
plausibel zu machen. Mit erheblichen Unterschieden ist zudem kaum zu rechnen, denn der EuGH
wird sich nicht an einer europäischen Rechtsordnung allein ausrichten. Hinsichtlich der „europäischen" Fahrlässigkeit wird man ohnehin noch auf Konkretisierungen des EuGH warten müssen.
Einstweilen sollte man den Begriff **wie in Art. 13 Rom I-VO** verstehen.

II. Art. 12. Anwendungsbereich

1. Persönlicher Anwendungsbereich. Art. 12 schützt den Vertragspartner vor unerkannten   29
Mängeln der Rechts-, Geschäfts- und Handlungsfähigkeit der anderen Partei ebenso wie Art. 13
Rom I-VO. Es kann für die genauere Bestimmung der betroffenen Fähigkeiten auf → Rom I-
VO Art. 13 Rn. 29 ff., 48 f. verwiesen werden. Und wenn man Art. 13 Rom I-VO **analog auf
Gesellschaften** und **gesetzliche Vertreter** anwenden würde (entgegen → Rom I-VO Art. 13
Rn. 53, dann ist der persönliche Anwendungsbereich von Art. 12 EGBGB und Art. 13 Rom I-VO
gleich. Unterschiede ergäben sich dann nur beim sachlichen Anwendungsbereich, dh bei den von
Art. 12 EGBGB bzw. Art. 13 Rom I-VO erfassten Rechtsgeschäften. Lehnt man diese Analogie zu
Recht ab, dann fallen die Rechtsfähigkeit der **Gesellschaft** und ihre Grenzen sowie die Vertretungsbefugnis der Organe nur unter Art. 12 EGBGB (→ Rn. 32 ff.).

2. Sachlicher Anwendungsbereich. a) Verfügungen. Liest man Art. 12 in Zusammenhang   30
mit Art. 13 Rom I-VO, ergibt der Umkehrschluss aus S. 2, dass Art. 12 auf **Verfügungen** über
Mobilien im In- und Ausland anwendbar bleibt und auf im Inland belegene Grundstücke. Die
Verfügungen über sonstige nicht dingliche **Rechte** fallen als Verfügungen von vorneherein nicht
unter Art. 13 Rom I-VO. Die Ausnahme ist die Forderungsabtretung (Art. 14 Rom I-VO), für die
konsequenterweise auch Art. 13 Rom I-VO gelten muss.[45] Die zugrunde liegenden **Kaufverträge**
etc unterstehen **zeitlich** aber Art. 13 Rom I-VO, sofern sie **nach** dem 16.12.2009 geschlossen
werden.

Da **handelbare Wertpapiere** zwar von der Rom I-VO ausgeschlossen sind (Art. 1 Abs. 2 lit. d   31
Rom I-VO), würden Verfügungen darüber unter Art. 12 fallen, doch gelten für Wechsel und Scheck
eigene Verkehrsschutzbestimmungen (→ Rn. 15). Die Übertragung anderer Wertpapiere und möglicherweise auch von Gesellschaftsanteilen im Gegensatz zu den Kaufverträgen könnte dagegen unter
Art. 12 EGBGB fallen.

b) Gesellschaftsrecht. Der praktisch wichtigste Bereich analoger Anwendung von Art. 12 war   32
nach fast einhelliger Meinung das Gesellschaftsrecht. Kontrahiert jemand mit dem Organ einer
ausländischen juristischen Person, so besteht ein Interesse daran, vor unerkannten Beschränkungen
der **Rechtsfähigkeit** und der **Vertretungsbefugnis von Organen** geschützt zu werden (→ Int
GesR Rn. 544 f., 562).[46] Dabei kann man den Schutz eines Vertrauens auf die Rechtsfähigkeit von
dem auf die Vertretungsbefugnisse der Organe unterscheiden.[47] Zweifelhaft ist jedoch, ob man
Art. 12 EGBGB oder Art. 13 Rom I-VO heranziehen muss.

Für die europäische Rom I-VO ist die analoge Anwendung abzulehnen, weil Art. 1 Abs. 2 lit. f   33
und g Fragen des Gesellschaftsrechts recht umfassend ausnimmt; die Lehre ist unentschieden.[48] Für
die **Analogie** spricht die ausdrückliche Nennung der Rechtsfähigkeit in Art. 13 Rom I-VO, die
nur im Hinblick auf juristische Personen Sinn hat. Andererseits nimmt Art. 1 Abs. 2 lit. f und g aber

---

[45] Staudinger/*Hausmann* (2016) Rom I-VO Art. 13 Rn. 23; vgl. auch NK-BGB/*Bischoff* Rn. 4.
[46] *Kegel/Schurig* IPR § 17 II 2 S. 577; *G. Fischer*, Verkehrsschutz im internationalen Vertragsrecht, 1990, 223 ff.;
Schlechtriem EWiR 1991, 1167; Staudinger/*Hausmann* (2013) Rn. 17 f.; Palandt/*Thorn* Art. 12 Anh. Rn. 10 f.; *M.
Lehmann*, FS G. Fischer 2010, 237 (248 ff.); BGH NJW 1998, 2452 = IPRax 1999, 104 m. Aufsatz *Schütze* IPRax
1999, 8, aber letztlich offengelassen; verneint von OLG Bremen OLGR 1997, 49 Vorinstanz; zum früheren Recht
OLG Nürnberg WM 1985, 259.
[47] Soergel/*Lüderitz* Anh. Art. 10 Rn. 39; m. Einschr. *G. Fischer*, Verkehrsschutz im internationalen Vertragsrecht, 1990, 229 ff., der verlangt, dass die Auslandtätigkeit für die Gesellschaft vorhersehbar war.
[48] Staudinger/*Hausmann* (2013) Rn. 17 will den Gedanken des Art. 13 auch im deutschen Kollisionsrecht
anwenden; ebenso IntGesR Rn. 566, 584, wo stets auf „Art. 12 EGBGB/Art. 13 Rom I-VO" verwiesen wird;
für analoge Anwendung von Art. 13 Rauscher/*Thorn* Rom I-VO Art. 13 Rn. 11.

die „Rechts- und Handlungsfähigkeit" und die „innere Verfassung von Gesellschaften" und die persönliche Haftung der Gesellschafter und der Organe für Verbindlichkeiten der Gesellschaft von der Anwendung der Rom I-VO aus. Da lit. g ausdrücklich davon spricht, ob „ein Organ … die Gesellschaft gegenüber Dritten verpflichten kann", sollte daraus gefolgert werden, dass Art. 13 Rom I-VO nicht analog angewendet werden kann[49] (→ Rom I-VO Art. 13 Rn. 52 f.).

34   Aus der Sicht der anderen Partei könnte man zwar sagen, dass die Rom I-VO auch die Geschäftsfähigkeit natürlicher Personen nicht regelt, und dennoch die Dritten gegen deren Fehlen schützt, und wenn der Verkehr gegenüber Fähigkeitsmängeln bei den allgemein für an sich schutzwürdig gehaltenen Minderjährigen etc geschützt wird, sei dies ebenso gegen meist schwieriger erkennbare Rechtsfähigkeitsmängel und Vertretungsbeschränkungen bei juristischen Personen geboten.[50] Aus dieser Sicht wäre die analoge Anwendung auch für Art. 13 gerechtfertigt.

35   Man muss aber bedenken, dass ein Verkehrsschutz gegen Beschränkungen der Vertretungsmacht der Organe wie gegen Beschränkungen der Rechtsfähigkeit eine erhebliche Belastung der Gesellschaften ist und ein mittelbarer Eingriff in ihre Organisation.[51] Der europäische Gesetzgeber wollte sich einer Regelung der gesellschaftsrechtlichen Fragen ganz enthalten. Vor allem enthalten Art. 1 Abs. 2 lit. g und f anders als lit. a gerade nicht den Vorbehalt zugunsten des Art. 13 Rom I-VO.[52] Das ist ein letztlich überzeugendes systematisches Argument. Damit bleibt die analoge **Anwendung von Art. 12,** die sachlich zum gleichen Ergebnis führt.[53]

36   Es ist gerade nicht erforderlich, dass die ausländische Personenvereinigung nach ihrem Statut rechtsfähig ist. So kann seit der Entscheidung des BGH[54] zum deutschen Gesellschaftsrecht eine ausländische Gesellschaft bürgerlichen Rechts in Deutschland dennoch als rechtsfähig gelten. Für jede analoge wie direkte Anwendung des Art. 12 ist jedoch erforderlich, dass das Recht des Abschlussortes eine **entsprechende Regelung** bereithält, die dann alternativ angewandt werden kann. Hier heißt das, dass eine vergleichbare Gesellschaftsform oder organschaftliche Vertretung bekannt ist. Das erfordert unter Umständen genauere funktionale Rechtsvergleichung.

37   Wenn die Gesellschaft nach ihrem Statut keine Rechtsfähigkeit hat, so kann ihr diejenige zugeschrieben werden, die die entsprechende Gesellschaft in Deutschland hätte,[55] zB die Rechtsfähigkeit der Außengesellschaft bürgerlichen Rechts nach der Rechtsprechung des BGH.[56] Der Schutz fällt natürlich ins Leere, wenn auch nach deutschem Recht keine Rechtsfähigkeit bestünde.[57] Art. 12 bewirkt nicht nur eine Erweiterung des **Umfangs einer Rechtsfähigkeit,** sondern auch ihre **Entstehung.** Die Gesellschaft muss aber nach ihrem Statut **wenigstens als nicht rechtsfähige** existieren, sonst fehlt die Partei. Der BGH hat einmal die fehlende Außenhandelsberechtigung eines Unternehmens im ehemaligen Jugoslawien als einen möglichen Fall des Art. 12 aF angesehen.[58] Entsprechendes gilt für die ultra-vires-Lehren, die man nicht nur im englischen Gesellschaftsrecht findet.[59]

38   Ob **organschaftliche Vertretungsmacht** fehlt und ob deshalb der Vertrag die Gesellschaft nicht bindet, sagt das Gesellschaftsstatut. Jedoch kann Art. 12 so den Vertragspartner dagegen schützen.

39   Art. 12 sagt **nicht umgekehrt,** dass eine Gesellschaft, die nach ihrem Statut Rechtsfähigkeit hat, in Deutschland als nicht rechtsfähig gelten könne. Er schützt nur das Vertrauen des Vertragspartners auf eine Rechtsfähigkeit, die nach deutschem Recht bestünde, und entsprechend auf eine organschaftliche Vertretungsmacht, nicht aber auf eine nach deutschem Recht im Gegensatz zum Gesellschaftsstatut nicht bestehende Fähigkeit.[60]

40   **c) Grundstücksverfügungen.** Was ein Grundstück iSd Art. 12 ist, ist zunächst unproblematisch. Zum Grundstück rechnen oft auch bewegliche Sachen als **Zubehör** oder **Bestandteil.** Darüber entscheidet die lex rei sitae.[61] Gegebenenfalls gilt S. 2 Alt. 2 auch für Verfügungen darüber (und ihre Belegenheit). Dagegen ist keine Grundstücksverfügung in diesem Sinne die Veräußerung eines

---

[49] Eingehend *Lehmann,* FS G. Fischer, 2010, 239 ff.
[50] BGH NJW 1998, 2452 = IPRax 1999, 104.
[51] *Lehmann,* FS Fischer, 2010, 239 (248 ff.).
[52] *Lehmann,* FS Fischer, 2010, 239 (240).
[53] So auch Bamberger/Roth/*Mäsch* Anh. II Art. 12 Rn. 78; NK-BGB/*Bischoff* Rn. 5.
[54] BGHZ 146, 341 = NJW 2001, 1056.
[55] *Thorn* IPRax 2001, 102 (109).
[56] BGHZ 146, 341 = NJW 2001, 1056; weiter zB BGH BB 2002, 1015.
[57] *Thorn* IPRax 2001, 102 (109); übersehen von LG München ZIP 1999, 1680.
[58] BGH NJW 1998, 2452 = IPRax 1999, 104.
[59] Rauscher/*Thorn* EuZPR/EuIPR Rom I-VO Art. 13 Rn. 11.
[60] Palandt/*Thorn* Art. 12 Rn. 2; verkannt von LG München ZIP 1999, 1680.
[61] Ebenso Erman/*Hohloch* Rn. 16.

Gesellschaftsanteils, selbst wenn die Gesellschaft nur Grundstücke hält. Art. 12 S. 2 unterscheidet für den Verkehrsschutz nach der Belegenheit des Grundstücks.

aa) Inländische Belegenheit. Der Wortlaut ergibt, dass es für die Anwendung von Art. 12   **41** nicht darauf ankommt, ob die Grundstücke in oder außerhalb von **Deutschland** belegen sind; S. 2 unterscheidet vielmehr – allseitig – danach, ob sie in dem **Land** liegen, in dem **die Verfügung vorgenommen** wurde. Belegenheit und Ort der Verfügung fallen zwar meist, aber nicht immer zusammen. Die Frage einer Wirksamkeit einer derartigen Verfügung im Ausland kann sich, wenngleich selten, durchaus einem deutschen Gericht stellen. Dabei setzt der Verkehrsschutz nach S. 2 **sowohl** voraus, dass beide Parteien im selben Staat kontrahieren, **als auch,** dass das Grundstück dort belegen ist. Das gilt nicht nur hinsichtlich einer Belegenheit in Deutschland, sondern auch bei ausländischen Grundstücken. Handelt auch nur eine Partei außerhalb des Belegenheitslandes, so gilt Art. 12 nicht, und es bleibt bei der vollen Maßgeblichkeit des Fähigkeitsstatuts, das von der lex rei sitae verschieden sein kann.[62]

bb) Auslandsbelegenheit. Den **Ausschluss des Verkehrsschutzes** bei Verfügungen über ein   **42** in einem **anderen Staat** als dem des Vertragsschlusses belegenes Grundstück begründet der Gesetzgeber mit der gesteigerten Bedeutung des Geschäfts für den Verfügenden und dem zugleich schwächeren Bedürfnis für Verkehrsschutz hierbei.[63] Es ist freilich schwer einzusehen, dass diese beiden Gesichtspunkte bei Belegenheit des Grundstückes im Lande des Vertragsschlusses wesentlich anders zu werten seien als bei Belegenheit außerhalb,[64] es sei denn man wollte auf dortige Bedürfnisse generell keine Rücksicht nehmen. Dass nur bei Geschäftsvornahme im Belegenheitsland, das als lex rei sitae die Verfügung beherrscht, der Vertrauensschutz gilt und nicht bei Verfügung andernorts, hat man auch damit zu rechtfertigen versucht, dass die Beziehung zu einer Rechtsordnung objektiv stärker sei, wenn die Belegenheit des Grundstückes und die Anwesenheit beider Parteien zusammenfallen.[65] Sehr überzeugend ist auch das nicht. Die Ratio des S. 2 dürfte insoweit weniger in der größeren Bedeutung des Geschäfts oder einem vergleichsweise geringeren Verkehrsschutzbedürfnis liegen[66] als in einer Rücksicht des Rechts des entscheidenden Gerichts auf das Durchsetzungsmonopol des ausländischen Belegenheitsstaates, dem in solchen Fällen die Entscheidung über einen eventuellen Verkehrsschutz vorbehalten bleiben muss.[67] Andere sehen den Grund darin, dass der Staat des Vertragsschlusses nicht, oder jedenfalls viel weniger als der Belegenheitsstaat von der Verfügung betroffen sei.[68] Auch die Begründung, dass die Vertragsparteien weniger auf das Fähigkeitsrecht des Abschlussstaates vertrauen dürften, wenn das Grundstück außerhalb liegt,[69] überzeugt nicht, weil es sich dabei um einen Aspekt der Fahrlässigkeit handeln würde.

Dass Art. 12 S. 2 die im Ausland belegenen Grundstücke vom Verkehrsschutz ausnimmt, schließt   **43** nicht aus, dass die **lex rei sitae,** die die Verfügung regelt, ihrerseits einen **Verkehrsschutz** gegen fehlende Geschäftsfähigkeit der einen Partei gewährt. Art. 12 S. 2 überlässt nur die Entscheidung ihr, und würde eine danach wirksame Verfügung nicht für unwirksam erklären. Praktische Beispiele für diese Konstellation sind nicht bekannt. S. 2 gilt gleichermaßen bei nicht (voll) geschäftsfähigem **Veräußerer wie Erwerber.**[70] Der Eigentumsüberübertragung stehen Verpfändung und Verfügungen über **Rechte an Grundstücken** wie die Abtretung einer Hypothek gleich.[71]

d) Verfügung und Verpflichtung. Art. 13 Rom I-VO erfasst nach seinem Wortlaut an sich alle   **44** Verträge, doch beschränkt er sich auf **Schuldverträge** gemäß Art. 1 Abs. 1 Rom I-VO mit den weiteren Ausnahmen, die sich aus Art. 1 Abs. 2 ergeben. Von vornherein werden nicht erfasst alle

---

[62] Staudinger/*Hausmann* (2013) Rn. 53.

[63] BT-Drs. 10/504, 50.

[64] So eingehend G. *Fischer,* Verkehrsschutz im internationalen Vertragsrecht, 1990, 93 f.

[65] Staudinger/*Hausmann* (2013) Rn. 53.

[66] So zu Art. 7 Abs. 3 S. 2 aF *Kegel* IPR, 5. Aufl. 1986, 330.

[67] G. *Fischer,* Verkehrsschutz im internationalen Vertragsrecht, 1990, 91 ff. rechtfertigt die Ausnahme, wenngleich wohl mit Bedenken, mit dem Interesse an der Durchsetzbarkeit deutscher Entscheidungen im Belegenheitsstaat. Der frühere Art. 7 Abs. 3 S. 2, der nur den deutschen Rechtsverkehr schützte, konnte zwischen in- und ausländischen Grundstücken differenzieren. Für die heutige allseitige Regel läge eine gleiche Behandlung aller Grundstücksverfügungen näher.

[68] Bamberger/Roth/*Mäsch* Rn. 15; *Lipp* RabelsZ 63 (1999), 133 sieht in Grundstücksverfügungen eine Teilnahme am Rechtsverkehr des Belegenheitsstaats, nicht des Abschlussstaats.

[69] *Lipp* RabelsZ 63 (1999), 107 (133); Staudinger/*Hausmann* (2013) Rn. 53.

[70] G. *Fischer,* Verkehrsschutz im internationalen Vertragsrecht, 1990, 97; aA Staudinger/*Beitzke* (11. Aufl. 1984) Art. 7 Rn. 90 zu Art. 7 aF: nur für Veräußerer.

[71] G. *Fischer,* Verkehrsschutz im internationalen Vertragsrecht, 1990, 98 f.; aA Staudinger/*Beitzke* (11. Aufl. 1984) Art. 7 Rn. 90 zu Art. 7 aF.

Arten von Verfügungen mit Ausnahme der Forderungsabtretung nach Art. 14. Wegen des Vorrangs der Rom I-VO ergibt sich daraus, dass der Verkehrsschutz für alle anderen Rechtsgeschäfte durch Art. 12 EGBGB gewährleistet wird mit Ausnahme der in S. 2 genannten. Das sind in erster Linie die Verfügungen auch über bewegliche und unbewegliche Sachen, aber auch sonstige Rechte. Die diesen **Verfügungen** gewöhnlich zugrunde liegenden Schuldverträge dagegen fallen unter Art. 13 Rom I-VO. Das gilt bei Grundstücken wie bei Mobilien.

45   Da aber Art. 13 Rom I-VO und Art. 12 EGBGB weitestgehend gleich lauten dank der gemeinsamen Abstammung von Art. 11 EVÜ, sind der Verpflichtungsvertrag und die Verfügung eines nicht oder beschränkt Geschäftsfähigen in aller Regel gleich zu beurteilen. Denkbar ist allerdings, dass die geschützte Vertragspartei zwischen dem Abschluss des Schuldvertrages und der Verfügung von dem Fähigkeitsmangel erfährt oder hätte erfahren müssen und daher bösgläubig wird. Dabei bleibt voraussetzungsgemäß die Verpflichtung ggf. mithilfe des Art. 13 Rom I-VO wirksam mit der Folge, dass die Verfügung zB vom gesetzlichen Vertreter auszuführen ist. Das gilt, wenn das Recht, nach dem die Verfügung vorzunehmen ist, diese **abstrakt** konzipiert, und für Mobilien wie Immobilien.

46   Das Verhältnis von Art. 12 EGBGB für die Verfügung und Art. 13 Rom I-VO für den obligatorischen Vertrag ist problematischer, wenn das Sachstatut, die lex rei sitae, den Eigentumsübergang bereits mit dem schuldrechtlichen Vertrag eintreten lässt, also bei den **kausalen Systemen.**[72] Wenn man mit der hM die Wirksamkeit des einen Vertrages getrennt als schuldrechtlichen nach Art. 3 ff, 13 Rom I-VO und als Verfügung nach der lex rei sitae beurteilt,[73] so wirkt sich idR die inhaltliche Übereinstimmung der beiden Verkehrsschutzregeln in beiden Hinsichten gleich aus. Das Problem entsteht erst, weil Art. 12 EGBGB keinen Verkehrsschutz gibt, wenn das betr. **Grundstück außerhalb des Staates** liegt, indem die Verfügung vorgenommen wird. Es kann dann dazu kommen, dass für den schuldrechtlichen Aspekt des Verkaufsvertrages zB der Verkäufer seine mangelnde Geschäftsfähigkeit gemäß dem Ortsrecht nach Art. 13 Rom I-VO nicht geltend machen kann, dass jedoch die dingliche Wirkung des Vertrages nach dem Recht des anderen Belegenheitsstaates wegen des fehlenden Verkehrsschutzes nicht eintritt, weil der Verkäufer nicht voll geschäftsfähig war. Das Ergebnis ist **unbefriedigend,** weil nach der kausalen Struktur der Übereignung die beiden Aspekte des Vertrages nicht verschieden beurteilt werden sollen.

47   Man kann den **Widerspruch** bzgl. der Wirksamkeit in den beiden Funktionen des Vertrages entweder damit lösen, dass man auch die Wirksamkeit des Kaufvertrages verneint, dh den **Ausschluss des Verkehrsschutzes** für die Verfügung auch auf den Kaufvertrag erstreckt,[74] oder umgekehrt entgegen dem Wortlaut von S. 2 den **Verkehrsschutz** gemäß Art. 13 Rom I-VO für den Kaufvertrag auch auf die Verfügung erstreckt und sie ggf. ebenfalls als wirksam ansieht.[75] In beiden Fällen wird im Hinblick auf den Verkehrsschutz die getrennte Beurteilung aufgehoben nur mit gegenteiligem Ergebnis.

48   *Hausmann* will dann den Vertrag in beiden Aspekten Art. 13 Rom I-VO unterstellen, wenn die lex causae des Kaufvertrages dem Kausalsystem folgt, weil die nationale deutsche Verkehrsschutzregelung nicht den Geltungsbereich des Art. 13 Rom I-VO einschränken dürfe,[76] der in der Tat Grundstückskaufverträge auch erfasst, die nicht in dem Land geschlossen werden, in dem das Grundstück liegt. Es erscheint aber richtiger, das Belegenheitsrecht nicht nur darüber entscheiden zu lassen, ob die Übereignung kausal oder abstrakt erfolgt, sondern im ersteren Fall auch über die Voraussetzung der Wirksamkeit des schuldrechtlichen Aspekts des Kaufvertrages.[77] Liegt also das betr. Grundstück nicht im Lande, in dem der Vertrag geschlossen wurde, und gilt dort, wo es liegt, das Kausalsystem, dann gilt für die Übertragung **weder Art. 12 EGBGB** wegen der auswärtigen Lage des Grundstücks, **noch Art. 13** Rom I-VO, weil dieser nur schuldrechtliche Verpflichtungen behandelt. Die lex rei sitae kann aber, wie das französische Recht, einen Kaufvertrag, der nur nach fremdem Recht wirksam ist, einem nach eigenem Recht gleich stellen.[78] Darin liegt eine Art Renvoi, der im internationalen Sachenrecht befolgt wird. Das Ergebnis ist das gleiche wie bei *Hausmann* nur abhängig von der Entscheidung des Belegenheitsrechts.

---

[72] Die mit Abweichungen im Einzelnen wohl die Mehrheit in Europa sind.

[73] Staudinger/*Mansel* (2015) Art. 43 Rn. 787 ff., allerdings etwas unklar dazu, welches Statut über die abstrakte oder kausale Struktur der Übereignung entscheidet. Soergel/*Kegel* Rn. 21; wohl auch Bamberger/Roth/*Mäsch* Rom I-VO Art. 13 Rn. 15.

[74] Staudinger/*Beitzke* (11. Aufl. 1984) Art. 7 Rn. 90 zu Art. 7 aF; *Frankenstein* IPR Bd. 1, S. 422 zum insoweit gleichen alten Art. 7 Abs. 3 aF vor 1986.

[75] So Staudinger/*Hausmann* (2013) Rn. 58.

[76] Staudinger/*Hausmann* (2013) Rn. 58.

[77] Staudinger/*Mansel* (2015) Art. 43 Rn. 789, 795.

[78] So *Küppers* DNotZ 1973, 646 ff.; *Ferid/Sonnenberger* Bd. 2 S. 55; Staudinger/*Mansel* (2015) Art. 43 Rn. 789.

Wenn dagegen ein Grundstück in einem Land liegt, wo die Veräußerung wie in Deutschland **49** **abstrakt** konzipiert ist, nötigt die eindeutige Unterscheidung in Art. 12 zu einer getrennten Anknüpfung des Verkehrsschutzes.[79] Wenn ein nicht (voll) geschäftsfähiger Ausländer **im Inland** einen obligatorischen Vertrag über ein im Ausland belegenes Grundstück schließt, dann rettet diesen Vertrag uU Art. 13 Rom I-VO. Freilich dürften schon für den Grundstückskaufvertrag recht erheblich höhere **Ermittlungsobliegenheiten** anzunehmen sein. Sie treffen ggf. vor allem den Notar.[80] Damit dürfte es **nur selten** auf den **Verkehrsschutz** ankommen, weil die geschäftsfähige Partei den Fähigkeitsmangel der anderen erkennen sollte. Nimmt dieser dann aber auch noch pflichtgemäß die Verfügung nach der lex rei sitae vor, so wird der Erwerber gegen die mangelnde Geschäftsfähigkeit dabei nicht von Art. 12, sondern allenfalls nach den Regeln der lex rei sitae (→ Rn. 30) geschützt. Wenn auch dieses den Erwerber nicht schützt, dann ist die Übereignung gescheitert, doch muss ggf. der gesetzliche Vertreter des Geschäftsunfähigenden den schuldrechtlichen Vertrag noch erfüllen. Es kommt also auf das System an, dem das **Belegenheitsrecht** folgt.

3. Ausgenommene Geschäfte. S. 2 ist unverändert Art. 7 Abs. 3 S. 2 in der Fassung vor 1986 **50** entnommen. Art. 11 EVÜ behandelte die **erb- und familienrechtlichen Geschäfte** ebenso wenig wie heute Art. 13 Rom I-VO. Bei ihnen findet dieser Verkehrsschutz nicht statt. Maßgebend für die Ausnahme ist die Art bzw. der Gegenstand des vom nicht (voll) Geschäftsfähigen vorgenommenen Geschäfts, nicht die Art seiner beschränkten Fähigkeit. Art. 16 Abs. 2 bleibt natürlich unberührt (→ Rn. 19). Zu den eherechtlichen Verpflichtungsbeschränkungen → Rn. 20.

Der Sinn der Herausnahme familien- und erbrechtlicher Geschäfte liegt in erster Linie darin, dass **51** hier typischerweise **keine Verkehrsgeschäfte** und damit keine Verkehrsinteressen iSd S. 1 vorliegen.[81] Soweit das ausnahmsweise im Einzelfall doch einmal der Fall ist, sollte dies zur Vermeidung von Abgrenzungsproblemen unbeachtlich sein. Andere verweisen auch auf die **besondere Bedeutung** dieser Geschäfte, die sorgfältigere Überlegung verlange, und darauf, dass das (von Art. 7 Abs. 1 EGBGB berufene) Heimatrecht der Partei oft zugleich das Wirkungsstatut des Rechtsgeschäftes sei, so dass man zur Vermeidung hinkender Rechtsverhältnisse die Fähigkeiten nicht anders anknüpfen sollte.[82] Beide Gründe scheinen freilich nicht zwingend. Dass die Bedeutung des Rechtsgeschäftes (für die Parteien) nicht entscheidet, ergibt die Verweigerung des Verkehrsschutzes bei den oben genannten Verkäufen von Grundstücken, die außerhalb liegen (→ Rn. 41).

4. Qualifikationen. Der Begriff der **Verfügung** ist nach (deutscher) lex fori zu qualifizieren,[83] **52** der des **Grundstücks** und der grundstücksgleichen Rechte dagegen nach der lex rei sitae wie auch sonst im internationalen Sachenrecht.[84]

Die Qualifikation als ausgenommenes **familien- oder erbrechtliches** Rechtsgeschäft sollte über- **53** einstimmen mit den Anknüpfungen der Art. 14–18 und 25 f. bzw. der **EuErbVO**. Rechtsgeschäfte, die unter diese Kollisionsnormen fallen, fallen auch unter Art. 12 S. 2. Es ist also auf die Erläuterungen zur Qualifikation dort zu verweisen. Zu nennen sind zB alle Errichtungen und Aufhebungen letztwilliger Verfügungen, Annahme und Ausschlagung der Erbschaft, Erbauseinandersetzungen,[85] Erbschaftskauf.[86] Lebzeitig vollzogene Mobiliarschenkungen unterfallen als Verfügungen dem Art. 12, Schenkungen von Todes wegen wohl nicht,[87] wenn man die Wertung des § 2302 BGB heranzieht. Familienrechtliche Geschäfte sind nicht nur die, die sich auf den Status (Ehe, Kindschaft, einschließlich Adoption) beziehenden, sondern auch ehegüterrechtliche Vereinbarungen und Vermögensauseinandersetzungen, Verteilung von Haushaltsgegenständen, Unterhaltsvereinbarungen anlässlich der Scheidung und natürlich Sorgerechtsvereinbarungen.

III. Vertrauenstatbestand; Verweis auf die Rom I-VO

Unterschiede zwischen Art. 12 EGBGB und Art. 13 Rom I-VO betreffen die jeweiligen Anwen- **54** dungsbereiche. Inhaltlich stimmen im Übrigen Art. 12 S. 1 EGBGB und Art. 13 Rom I-VO sehr

---

[79] So auch Staudinger/*Hausmann* (2013) Rn. 58.
[80] *G. Fischer,* Verkehrsschutz im internationalen Vertragsrecht, 1990, 90 ff.; Staudinger/*Hausmann* (2013) Rn. 58 aE.
[81] Amtl. Begr., BT-Drs. 10/504, 50; Staudinger/*Hausmann* (2013) Rn. 51; *Lipp* RabelsZ 63 (1999), 132.
[82] Staudinger/*Hausmann* (2013) Rn. 51 aE.
[83] Staudinger/*Hausmann* (2013) Rn. 54.
[84] Palandt/*Thorn* Art. 43 Rn. 3; Bamberger/Roth/*Spickhoff* Art. 43 Rn. 5; zT aA → Art. 43 Rn. 14 ff. (*Wendehorst*).
[85] Nicht aber Übereignungen zur Erfüllung einer Auseinandersetzungsvereinbarung, Staudinger/*Hausmann* (2013) Rn. 56.
[86] Bamberger/Roth/*Mäsch* Rn. 13; Staudinger/*Hausmann* (2013) Rn. 56.
[87] Staudinger/*Hausmann* (2013) Rn. 56.

weitgehend überein. Letzterer hat aber mit den vertraglichen Schuldverhältnissen die größere prakti-sche Bedeutung, soweit es um die betroffenen Rechtsgeschäfte geht, und gilt insoweit ausschließlich. Für Art. 12 S. 1 bleibt der Verkehrsschutz nur bei **Verfügungen** über Mobilien und im Inland belegene Grundstücke, und, wenn man wie in → Rn. 33 die analoge Anwendung des Art. 13 Rom I-VO auf Gesellschaften nicht akzeptiert, der Verkehrsschutz bei Verträgen mit Gesellschaften und deren Organen. Zudem und wohl immer noch von praktischer Bedeutung gilt Art. 12 noch für Altfälle, wenn der Vertrag noch vor dem 17.12.2009 geschlossen wurde.

55   Soweit danach Art. 12 anwendbar bleibt, stimmen doch die **Voraussetzungen** und die **Wirkun-gen des Verkehrsschutzes** einschließlich der **Fähigkeiten** bzw. -mängel, gegen die geschützt wird, überein, so dass auf die **Ausführungen** bei **Art. 13 Rom I-VO verwiesen werden** kann, um Wiederholungen zu vermeiden (→ Rom I-VO Art. 13 Rn. 54 ff.). Auch die Zweifel am Zweck der Normen sind grundsätzlich dieselben (→ Rn. 3 f.; → Rom I-VO Art. 13 Rn. 7 f.). Freilich ist das Verhältnis zu **anderen Verkehrsschutzbestimmungen** spezifisch für das deutsche EGBGB (→ Rn. 18 ff.).

IV. Rechtsfolgen; Verweis auf Art. 13 Rom I-VO

56   Hinsichtlich der Folgen des Verkehrsschutzes oder seiner Verweigerung und die Frage eines Günstigkeitsprinzips kann, auch wenn es sich hier bei Art. 12 nur noch um Verfügungen handelt, ebenfalls auf die gleichen Regelungen in Rom I-VO Art. 13 (→ Rom I-VO Art. 13 Rn. 89 ff.) verwiesen werden.

V. Allgemeine Regeln

57   **1. Renvoi.** Ein im IPR des Orts der Geschäftsvornahme enthaltener Renvoi ist **nicht** anzuneh-men (→ Art. 4 Rn. 2). Der Renvoi würde auch meist zum Fähigkeitsstatut zurückführen. Das Ortsrecht soll zur Förderung der Vertragsgültigkeit angewandt werden. Da Art. 12 S. 1 das Vertrauen der Partei gerade auf das Ortsrecht schützen soll (→ Rn. 7 f.), nennt der Wortlaut des Art. 12 ausdrücklich die **Sachvorschriften** des Ortsrechts.

58   **2. Ordre public. Beide Fähigkeitsstatute** stehen unter dem Vorbehalt des ordre public sowohl, wenn die Fähigkeit über die Maßen eingeschränkt (zB Geschäftsunfähigkeit von Frauen), als auch wenn sie zu großzügig (zB Kindern)[88] gewährt wird. Zu den zu beachtenden Standards → Art. 6 Rn. 132 ff.; speziell bezüglich Geschäftsfähigkeit → Art. 7 Rn. 36. Soweit freilich die Geschäftsunfä-higkeit, wie sie nach dem Heimatrecht der einen Partei anzunehmen ist, mithilfe des Art. 12 nicht geltend gemacht werden kann, kommt es auf den ordre public insoweit nicht mehr an. Es könnte allenfalls die Regelung des Staates des Vertragsschlusses daran zu messen sein. Erst wenn auch dessen Regelung gegen den ordre public verstößt, ist die ordre public-widrige Regelung anzupassen.[89]

---

[88] Vgl. OLG Köln FamRZ 1997, 1240 zu Iran.
[89] NK-BGB/*Bischoff* Rn. 10.

Drittes Kapitel. Angleichung; Wahl einer in einem anderen Mitgliedstaat der Europäischen Union erworbenen Namens

Art. 47 EGBGB Vor- und Familiennamen

(1) [1]Hat eine Person nach einem anwendbaren ausländischen Recht einen Namen erworben und richtet sich ihr Name fortan nach deutschem Recht, so kann sie durch Erklärung gegenüber dem Standesamt
1. aus dem Namen Vor- und Familiennamen bestimmen,
2. bei Fehlen von Vor- oder Familiennamen einen solchen Namen wählen,
3. Bestandteile des Namens ablegen, die das deutsche Recht nicht vorsieht,
4. die ursprüngliche Form eines nach dem Geschlecht oder dem Verwandtschaftsverhältnis abgewandelten Namens annehmen,
5. eine deutschsprachige Form ihres Vor- oder ihres Familiennamens annehmen; gibt es eine solche Form des Vornamens nicht, so kann sie neue Vornamen annehmen.
[2]Ist der Name Ehename oder Lebenspartnerschaftsname, so kann die Erklärung während des Bestehens der Ehe oder Lebenspartnerschaft nur von beiden Ehegatten oder Lebenspartnern abgegeben werden.

(2) Absatz 1 gilt entsprechend für die Bildung eines Namens nach deutschem Recht, wenn dieser von einem Namen abgeleitet werden soll, der nach einem anwendbaren ausländischen Recht erworben worden ist.

(3) § 1617c des Bürgerlichen Gesetzbuchs gilt entsprechend.

(4) Die Erklärungen nach den Absätzen 1 und 2 müssen öffentlich beglaubigt oder beurkundet werden, wenn sie nicht bei der Eheschließung oder bei der Begründung der Lebenspartnerschaft gegenüber einem deutschen Standesamt abgegeben werden.

Schrifttum: *Bornhofen,* Das Gesetz zur Reform des Personenstandsrechts, StAZ 2007, 33; *Bungert,* Tschechoslowakisches Namensrecht – Eintragungsfähigkeit der weiblichen Endung „ová" in deutsche Personenstandsbücher, StAZ 1990, 126; *Ehlers,* Die Behandlung fremdartiger Namen im deutschen Recht, 2016; *Gaaz/Bornhofen,* Personenstandsgesetz, 3. Aufl. 2014; *Henrich,* Die Angleichung im internationalen Namensrecht – Namensführung nach Statutenwechsel, StAZ 2007, 197; *Henrich/Wagenitz/Bornhofen,* Deutsches Namensrecht (Stand: Februar 2007), Teil C: Der Name im internationalen Privatrecht; *Hepting,* Angleichung im internationalen Namensrecht. Was tun bei fehlenden Vor- und Familiennamen?, StAZ 2001, 257; *Hepting,* Die Angleichung in Art. 47 EGBGB, StAZ 2008, 161; *Hepting,* Deutsches und Internationales Familienrecht im Personenstandsrecht: Handbuch für die Praxis, 1. Aufl. 2010, Teil II; *Hepting/Bauer,* Spanische Doppelnamen im deutschen Namensrecht – die letzte Kehrtwende der Rechtsprechung? Anmerkung zu BGH, Beschluss vom 23.12.1998, XII ZB 5/98, IPRax 2000, 394; *Hepting/Dutta,* Familie und Personenstand, 2. Aufl. 2015; *Hochwald,* Gestattet Art. 47 Abs. 1 Nr. 5 EGBGB, mehrere Vornamen anzunehmen, wenn es keine deutsche Form des Vornamens gibt?, StAZ 2010, 335; *Kraus,* Anschlusserklärung an eine elterliche Namensänderung nach Art. 47 EGBGB, StAZ 2013, 293; *Krömer,* Abgabe von Namenserklärungen gemäß § 94 BVFG beim Bundesverwaltungsamt, StAZ 1994, 353; *Krömer,* Namensführung in einer deutsch-pakistanischen Ehe nach Rechtswahl zugunsten deutschen Rechts und Angleichungserklärung gemäß Art. 47 EGBGB, StAZ 2008, 48; *Krömer,* Nochmals: Namenserklärungen gemäß Art. 47 EGBGB nach Rechtswahl gemäß Art. 10 Abs. 2 EGBGB. Konsequenzen aus der späteren Einbürgerung eines ausländischen Ehegatten, StAZ 2014, 93; *Krömer,* Anwendbarkeit des Art. 47 EGBGB für eine deutsch-polnische Doppelstaaterin, StAZ 2014, 185; *Mäsch,* Artikel 47 EGBGB und die neue Freiheit im internationalen Namensrecht – oder Casanovas Heimfahrt, IPRax 2008, 17; *Rauhmeier,* Angleichung irakischer Namen nach Statutenwechsel. Namensführung der Kinder, StAZ 2010, 270; *Rauhmeier,* Angleichung irakischer Namen nach Statutenwechsel, StAZ 2010, 337; *von Sachsen Gessaphe,* Transposition oder Fortführung von Vatersnamen nach einem Eingangsstatutenwechsel, StAZ 2015, 65; *Schirmer,* Abwandlung des Familiennamens in Polen, StAZ 2000, 57; *Vogt,* Weibliche Abwandlung des Familiennamens in Polen, StAZ 1996, 249; *Wall,* Probleme von Angleichungserklärung und Angleichungslage in Art. 47 EGBGB in der Rechtsprechung des BGH, Anmerkung zu BGH 19.2.2014 und 3.12.2014, StAZ 2015, 363.

Übersicht

I. Normzweck

1   Nach Art. 47 können nach ausländischem Recht erworbene Namen nach einem **Statutenwechsel zum deutschen Recht** dem deutschen Recht angepasst oder nach deutschem Recht neu
gebildet werden (Abs. 1). Vergleichbares gilt bei der **Ableitung des Namens eines Kindes mit
deutschem Namensstatut** vom Namen eines ausländischen Elternteils (Abs. 2).

2   Die Norm eröffnet dem Namensträger ein **Wahlrecht** (vgl. Abs. 1: „kann"), das dieser bei der
Eheschließung oder Begründung der Lebenspartnerschaft oder durch eine spätere formgebundene
Erklärung gegenüber dem Standesamt (vgl. Abs. 4) ausüben kann. Übt der Namensträger sein
Wahlrecht nicht aus, erfolgt die Angleichung des ausländischen Namens an die zwingenden Vorgaben
des deutschen Namensrechts von Amts wegen nach objektivem Recht (→ Rn. 25).[1]

3   Mit dem internationalprivatrechtlichen Instrument der **Angleichung** oder **Anpassung** (→ Einl.
IPR Rn. 242 ff., → Art. 10 Rn. 43 ff.) hat Art. 47 zwar den Ausgangspunkt und das Ziel gemeinsam,
den unter einem ausländischen Recht erworbenen Namen nach einem Statutenwechsel zum deutschen
Recht an das deutsche Namensrecht anzugleichen.[2] Diese Angleichung ist jedoch ein Instrument des
objektiven Rechts, das vom Rechtsanwender von Amts wegen anzuwenden ist, während Art. 47 dem
Namensträger verschiedene Angleichungsmöglichkeiten zur Wahl stellt und in diesem Rahmen eine
privatautonome Entscheidung über die künftige Namensführung ermöglicht.[3] Wie zu verfahren ist,
wenn der Namensträger keine Erklärung abgibt, dh die objektive Angleichung, regelt Art. 47 nicht (dazu
→ Rn. 25). Art. 47 stellt daher eine in sich geschlossene **sachrechtliche Spezialregelung** des deutschen Namensrechts **für die privatautonome Angleichung** dar. Infolgedessen spielen die Voraussetzungen und Modalitäten der objektiv-rechtlichen internationalprivatrechtlichen Anpassung für seine
Auslegung und Anwendung grundsätzlich keine Rolle.[4]

II. Rechtsentwicklung

4   **1. Einführung des Art. 47 durch das PStRG (2007).** Art. 47 wurde durch **Art. 2 Abs. 15b
PStRG** vom 19.2.2007 (BGBl. 2007 I S. 122, 141) in das EGBGB eingefügt.[5] Der Regierungsent-

---

[1] *Henrich* StAZ 2007, 197 (199); Staudinger/*Hepting*/*Hausmann* (2013) Rn. 29; NK-BGB/*Mankowski* Rn. 10;
aA Palandt/*Thorn* Rn. 5: nur Art. 6 als Grenze für die Fortführung des ausländischen Namens.

[2] Vgl. Staudinger/*Hepting*/*Hausmann* (2013) Rn. 1 ff., 8 ff.

[3] *Ehlers*, Die Behandlung fremdartiger Namen im deutschen Recht, 2016, 93 ff.; PWW/*Mörsdorf-Schulte* Rn. 4;
ebenso, jedoch mit krit. Tendenz – Abwälzung der Problematik auf den Bürger – Bamberger/*Roth*/*Mäsch* Rn. 1;
ähnlich – Namensträger kann „innerhalb des Rahmens nach seinem Belieben vorgehen" – NK-BGB/*Mankowski*
Rn. 11.

[4] Anders *Hepting,* Deutsches und Internationales Familienrecht im PStR, 2010, II-226; ebenso *Hepting*/*Dutta*,
Familie und Personenstand, 2. Aufl. 2015, II-262 ff.; NK-BGB/*Mankowski* Rn. 4.

[5] Zum neuen PStG *Bornhofen* StAZ 2007, 33 ff.

wurf zur Reform des Personenstandsrechts enthielt allerdings noch keine derartige Angleichungs-norm.[6] In seiner Stellungnahme schlug der Bundesrat vor, **in Anlehnung an § 94 BVFG** eine solche Regelung in Art. 10 als Abs. 1a und 1b einzufügen, damit Eingebürgerte und anerkannte Flüchtlinge deutschsprachige Namen annehmen könnten.[7] Die Bundesregierung stimmte diesem Vorschlag in ihrer Gegenäußerung dem Grunde nach zu und schlug vor, die namensrechtliche Angleichung in Art. 47 **umfassend** zu regeln.[8]

Die Angleichungsregelungen des Art. 47 sind keine Kollisions-, sondern **Sachnormen.** Sie setzen   5 materiell-rechtlich voraus, dass deutsches Namensrecht auf den jeweiligen Fall anwendbar ist. Daher wurden die einzelnen Bestimmungen nicht in Art. 10 eingefügt,[9] sondern das neue dritte Kapitel „Angleichung" in das EGBGB eingestellt.[10]

Art. 47 ist **allgemeiner gefasst als § 94 BVFG,** der nur die Namensangleichung der Vertriebe-   6 nen und Spätaussiedler regelt. Die Vorschrift erweitert somit die Möglichkeit der Namensangleichung auf alle Personen, die ein deutsches Namensstatut erhalten.[11] Die Wahlmöglichkeiten in Nr. 3–5 des Abs. 1 S. 1 entsprechen jedoch den Regelungen des § 94 Abs. 1 S. 1 Nr. 1–3 BVFG, so dass bei Problemen auf die zu letzteren ergangene Rechtsprechung zurückgegriffen werden kann.[12]

Ursprünglich sollte Art. 47 am 1.1.2009 in Kraft treten (Art. 5 PStRG). Nach Art. 4 des 7.   7 Gesetzes zur Änderung des Bundesvertriebenengesetzes vom (BGBl. 2007 I S. 748, 751, 752) wurde das **Inkrafttreten auf den 24.5.2007 vorgezogen.** Infolge dessen wurden in Abs. 4 die Sätze 2–4, die das **Angleichungsverfahren** betreffen, eingefügt. Mit dem Inkrafttreten des PStRG zum 1.1.2009 (Art. 5 PStRG) sind diese wieder außer Kraft getreten.

2. Personenstandsrechts-Änderungsgesetz (2013). Art. 47 Abs. 1 S. 2 und Abs. 4 wurden   8 zum 1.11.2013 geändert.[13] Damit sollte zum einen sichergestellt werden, dass eine **Angleichung des Ehenamens** oder **Lebenspartnerschaftsnamens** nur gemeinsam erfolgt (Art. 47 Abs. 1 S. 2), und zum anderen, dass die Erklärungen zur Namensangleichung **keiner gesonderten öffentlichen Beglaubigung oder Beurkundung** bedürfen, wenn sie bei der Eheschließung oder Begründung der Lebenspartnerschaft abgegeben werden (Art. 47 Abs. 4).[14]

III. Allgemeine Voraussetzungen und Wirkungen

1. Anwendungsbereich. Der **Begriff des Namens** in Art. 47 bestimmt den sachlichen Anwen-   9 dungsbereich. Er ist deshalb kollisionsrechtlich zu verstehen,[15] obwohl seine Regelungen deutsche Sachnormen sind. Der kollisionsrechtliche Namensbegriff erfasst auch ausländische, dem deutschen Recht fremde Namensformen. Alle Bezeichnungen, die unter Art. 10 zu fassen sind, fallen daher unter Art. 47. Zum Begriff des Namens → Art. 10 Rn. 21 ff.

Der **zeitliche Anwendungsbereich** des Art. 47 umfasst auch Sachverhalte, die zeitlich vor dem   10 Inkrafttreten der Vorschrift liegen.[16] Deshalb können Personen, deren Statutenwechsel vor dem 1.1.2009 erfolgte, ebenfalls von den Möglichkeiten der Angleichung Gebrauch machen.

2. Wirksamer Namenserwerb nach ausländischem Recht. Voraussetzung einer Namensan-   11 gleichung an das deutsche Recht ist, dass der Betroffene seinen geführten Namen **rechtswirksam** nach dem für ihn maßgebenden **ausländischen Namensstatut** erworben hat.[17]

3. Eingangsstatutenwechsel. Der Name muss **nach einem Statutenwechsel** nunmehr dem   12 **deutschen Namensrecht** unterliegen. Ändert sich zB nach einer Einbürgerung das Personalstatut des Betroffenen und unterliegt sein Name nunmehr deutschem Recht, geht damit keine automatische Änderung des Vor- und Familiennamens einher. Das deutsche Namensrecht folgt dem **Grundsatz der Namenskontinuität** (→ Art. 10 Rn. 45): Der rechtswirksam erworbene Name mit seinen

---

[6] BT-Drs. 16/1831, 23.

[7] BT-Drs. 16/1831, 71.

[8] BT-Drs. 16/1831, 78 f.; vgl. auch NK-BGB/*Mankowski* Rn. 5, 8.

[9] So der Vorschlag des Bundesrats, BT-Drs. 16/1831, 71.

[10] BT-Drs. 16/1831, 78; zust. Palandt/*Thorn* Rn. 2; für Einfügung in Art. 10 Bamberger/Roth/*Mäsch* Rn. 1; vgl. auch *Mäsch* IPRax 2008, 17 (22).

[11] Zur alten Rechtslage OLG Frankfurt a. M. StAZ 2006, 142 (143).

[12] Bamberger/Roth/*Mäsch* Rn. 5; NK-BGB/*Mankowski* Rn. 1.

[13] Art. 6 des Gesetzes zur Änderung personenstandsrechtlicher Vorschriften (Personenstandsrechts-Änderungsgesetz – PStRÄndG) vom 7.5.2013, BGBl. 2913 I S. 1122.

[14] BT-Drs. 17/10489, 54.

[15] *Hepting* StAZ 2008, 161 (163).

[16] AG München StAZ 2009, 147; vgl. auch OLG München NJW-RR 2008, 1680 (1682), wo es letztlich offen blieb; *Henrich* StAZ 2007, 197 (204); PWW/*Mörsdorf-Schulte* Rn. 2.

[17] OLG Frankfurt a. M. StAZ 2006, 142; Palandt/*Thorn* Rn. 5; NK-BGB/*Mankowski* Rn. 4.

Bestandteilen und Zusätzen wird nach einem Statutenwechsel zum deutschen Recht weitergeführt, soweit er nicht gegen den deutschen ordre public verstößt. Die hierdurch aufgeworfenen Probleme soll das Wahlrecht des Art. 47 lösen.

13   Das Wahlrecht entsteht allerdings nur, **soweit der Statutenwechsel reicht.** Das ist zB für die Wahl des Ehenamens nach Art. 10 Abs. 2 oder des Lebenspartnerschaftsnamens (Art. 17b Abs. 2 S. 1) bedeutsam, da der Vorname weiterhin dem Personalstatut unterliegt (→ Art. 10 Rn. 95). Erfasst der Eingangsstatutenwechsel zum deutschen Recht nur den Ehe- oder Lebenspartnerschaftsnamen, kann die Angleichung nach Art. 47 nur insofern erklärt werden.[18] Probleme wirft hier insbesondere die Zuordnung von **Zwischennamen** auf, die zwar von der hM überwiegend als Bestandteile des Vornamens angesehen werden, aber unter Umständen auch Charakteristika des Familiennamens aufweisen können (→ Art. 10 Rn. 62). Ist Letzteres der Fall, spricht viel dafür, das Wahlrecht nach Art. 47 auch auf sie zu erstrecken.[19] Ist das Wahlrecht nach Art. 10 Abs. 2 oder 3 ausgeübt worden und wird nun die **deutsche Staatsangehörigkeit nachträglich erworben,** liegt ein weiterer, diesmal vollständiger Statutenwechsel zum deutschen Recht vor, der die Möglichkeiten des Art. 47 in vollem Umfang neu eröffnet (zur vergleichbaren Frage einer neuen Rechtswahl nach Art. 10 Abs. 2 oder 3 → Art. 10 Rn. 43).[20]

14   Art. 47 erfasst hingegen nicht die Fälle, in denen der Namensträger einen **Statutenwechsel zu einem ausländischen Recht** vollzieht oder von vornherein ein ausländisches Namensstatut gilt.[21] Hier entscheidet das neue ausländische Namensrecht über die Fortführung, Anpassung und Änderung des Namens.[22] Ebenfalls nicht erfasst wird die Namensspaltung bzw. ein hinkendes Namensverhältnis (dazu → Art. 10 Rn. 219 ff.), sofern dies nicht auf einem Statutenwechsel zum deutschen Recht beruht.[23]

15   **4. Angleichungserklärung.** Art. 47 eröffnet dem Namensträger nach einem Statutenwechsel ein **Wahlrecht.** Er ist nicht zur Abgabe einer Angleichungserklärung verpflichtet (vgl. Abs. 1: „kann"). Es steht ihm vielmehr frei, seinen nach dem ausländischen Namensstatut rechtsgültig erworbenen Namen auch unter Geltung des deutschen Namensstatuts weiterzuführen (zur Angleichung in diesem Fall → Rn. 25).

16   Die **Erklärungen zu Vor- und Familienname** können jeweils **einzeln oder gemeinsam** abgegeben werden. So kann zB eine Frau ihren Vornamen nach Abs. 1 S. 1 Nr. 5 in die deutschsprachige Form ändern, zu einem späteren Zeitpunkt nach Abs. 1 S. 1 Nr. 4 die weibliche Endung ihres Familiennamens ablegen und zu einem noch späteren Zeitpunkt gemeinsam mit ihrem Ehemann nach Abs. 1 S. 1 Nr. 5 S. 2 die deutschsprachige Form ihres Ehenamens bestimmen.

17   Die Angleichungserklärung ähnelt den familienrechtlichen Willenserklärungen zur Namensbestimmung des Kindes und zum Ehenamen bzw. Lebenspartnerschaftsnamen. Das **schließt eine gewillkürte Stellvertretung aus;** eine **gesetzliche Vertretung ist aber möglich** (zu Minderjährigen → Rn. 24). Es ist daher missverständlich, sie als „höchstpersönlich" zu qualifizieren,[24] da dies eine gesetzliche Vertretung ebenfalls ausschließen würde.

18   **a) Erklärungsberechtigter.** Die Erklärung zur Angleichung des Namens kann **jede Person** abgeben, deren Namen **nach einem Statutenwechsel dem deutschen Recht** untersteht. Für die Namensangleichung Vertriebener und Spätaussiedler sowie deren Ehegatten und Abkömmlinge greift zudem § 94 BVFG (zum Verhältnis zu Art. 47 → Rn. 94 ff.).

19   **b) Empfänger.** Die Angleichungserklärung ist **amtsempfangsbedürftig.** Seit dem 1.1.2009 bestimmt sich das zuständige Standesamt nach § 43 Abs. 2 PStG. Empfänger der Angleichungserklärung ist das **Standesamt,** das das **Geburtenregister führt** (§ 43 Abs. 2 S. 1 PStG). Wird die Erklärung im Zusammenhang mit einer Erklärung zur Namensführung von Ehegatten abgegeben, ist das Standesamt zuständig, das das **Eheregister** führt (§ 43 Abs. 2 S. 2 PStG). Subsidiär zuständig sind das Standesamt **des Wohnsitzes** bzw. des **gewöhnlichen Aufenthalts** (§ 43 Abs. 2 S. 3 PStG) und letztlich das Standesamt I in Berlin (§ 43 Abs. 2 S. 4 PStG).

20   **Bis zum 31.12.2008** bestimmte sich die Zuständigkeit nach Art. 47 Abs. 4 S. 4 (aF) iVm § 15e PStG (aF). Erklärungsempfänger war grundsätzlich der Standesbeamte des Wohnsitzes, bei Fehlen

---

[18] BGH NJW-RR 2015, 321 Rn. 18; *Wall* StAZ 2015, 361 (366 f.); *Hepting* StAZ 2008, 161 (165 f.); *Krömer* StAZ 2013, 130 (131 f.).

[19] OLG Frankfurt a. M. FamRZ 2012, 370 (371); OLG Karlsruhe StAZ 2014, 334 = BeckRS 2014, 05667.

[20] Ebenso *Krömer* StAZ 2014, 93.

[21] OLG Zweibrücken StAZ 2013, 193.

[22] *Hepting,* Deutsches und Internationales Familienrecht im PStR, 2010, II-223.

[23] *Hepting/Dutta,* Familie und Personenstand, 2. Aufl. 2015, II-253.

[24] So die 5. Aufl. 2010, Rn. 10 (*Birk*).

eines solchen der Standesbeamte des gewöhnlichen Aufenthalts. Bei Führung eines Familienbuches war der Standesbeamte zuständig, der das Familienbuch führte. Der Standesbeamte des Standesamtes I in Berlin war zuständig, wenn sich nach den genannten Regeln keine Zuständigkeit ergab.

c) Form (Abs. 4). Die Angleichungserklärung muss **öffentlich beglaubigt** oder **öffentlich** 21 **beurkundet** werden, falls sie nicht bei der Eheschließung oder Begründung der Lebenspartnerschaft gegenüber einem deutschen Standesamt abgegeben werden (Abs. 4). Diese Form der Erklärung dient der Rechtssicherheit.[25] Die näheren Einzelheiten der Beglaubigung bzw. Beurkundung sind nicht geregelt, so dass ergänzend auf die Verfahrensrechte der zuständigen Stellen und das BeurkG zurückzugreifen ist.[26]

Die **Zuständigkeit des Standesamts** zur Beglaubigung bzw. Beurkundung folgt aus § 43 Abs. 1 22 PStG (bis zum 31.12.2008 aus Art. 47 Abs. 4 S. 2 aF). Die bundeseinheitliche Regelung der Kostenfreiheit für diese Tätigkeit der Standesämter (§ 43 Abs. 1 S. 2 PStG aF) wurde zum 1.11.2013 aufgehoben.

d) Frist. Art. 47 sieht **keine bestimmte Frist** vor, innerhalb derer die Angleichungserklärung 23 erfolgen muss. Daher kann sie jederzeit auch noch nach dem Statutenwechsel erfolgen. Selbst wenn inzwischen eine lange Zeit verstrichen ist, kann das Angleichungsrecht ausgeübt werden; eine Verwirkung durch bloßen Zeitablauf ist ausgeschlossen.[27]

e) Vertretung Minderjähriger. Minderjährige können keine Angleichungserklärung abgeben. 24 Für sie handelt der **gesetzliche Vertreter**.[28] Im Rahmen der Namenserstreckung des später angeglichenen Ehenamens bzw. Lebenspartnerschaftsnamens auf den Geburtsnamen des Kindes ist § 1617c BGB zu beachten (Abs. 3).

f) Fehlende Erklärung. Gibt der Namensträger keine Erklärung ab und verstößt sein bislang 25 geführter Name gegen **zwingendes deutsches Namensrecht** muss sein Name im Wege **objektiver Angleichung** den zwingenden Vorgaben des deutschen Namensstatuts angepasst werden (→ Art. 10 Rn. 49 f.).[29]

5. Wirkungen der Erklärung. Die Angleichungserklärung wirkt **ex nunc**.[30] Durch die Abgabe 26 der Erklärung legt der Namensträger seinen künftigen Namen **verbindlich** und unwiderruflich fest.[31] Angleichungserklärungen nach Art. 47 können wie die vergleichbaren namensrechtlichen Erklärungen nach § 1355 BGB **grundsätzlich nicht widerrufen**[32] oder **angefochten**[33] werden. Zum Widerruf der Angleichungserklärung zum **Ehenamen** bzw. **Lebenspartnerschaftsnamen** → Rn. 70. Zum **mehrfachen Statutenwechsel** → Rn. 13.

Eine **Ausnahme** gilt für den Fall einer fehlerhaften oder falschen Beratung des Namensträgers 27 bei Abgabe der Erklärung. Da es sich bei der fehlerhaften Beratung durch das Standesamt um einen **behördlichen Fehler** handelt, steht dem Namensträger sein Erklärungsrecht aufgrund des **Folgenbeseitigungsanspruches** weiterhin zu.[34] Dafür sprechen im Übrigen auch praktische Gesichtspunkte, da der zuständige Standesbeamte nach Prüfung des Sachverhalts nur die neuen Erklärungen aufnehmen muss.

Das Recht zur Angleichung kann **nur einmal** ausgeübt werden.[35] Hat der Namensträger seinen 28 Namen nach Art. 47 angeglichen, kann eine Änderung dieses (angeglichenen) Namens nur nach Maßgabe anderer Vorschriften erfolgen. Neben der behördlichen Namensänderung nach dem NamÄndG kommt dafür etwa auch die Ausübung der durch das deutsche Namensstatut eröffneten

---

[25] BT-Drs. 16/1831, 79.

[26] Erman/*Hohloch* Rn. 8.

[27] OLG Hamm StAZ 2014, 333 (334) = BeckRS 2014, 09490; *Ehlers*, Die Behandlung fremdartiger Namen im deutschen Recht, 2016, 102 f.; Bamberger/Roth/*Mäsch* Rn. 25; NK-BGB/*Mankowski* Rn. 52.

[28] Ebenso Bamberger/Roth/*Mäsch* Rn. 28; NK-BGB/*Mankowski* Rn. 53.

[29] *Henrich* StAZ 2007, 197 (199); *Hepting* StAZ 2008, 161 (176); Staudinger/*Hepting/Hausmann* (2013) Rn. 29 f.; Erman/*Hohloch* Rn. 5; NK-BGB/*Mankowski* Rn. 10; aA Palandt/*Thorn* Rn. 5: nur Art. 6 als Grenze.

[30] BGHZ 147, 159 (168) = zu § 94 BVFG; PWW/*Mörsdorf-Schulte* Rn. 22.

[31] So zu § 94 BVFG OLG München StAZ 2007, 239; OLG Stuttgart StAZ 1997, 236; AG Bremen StAZ 1994, 352 (353); ebenso Bamberger/Roth/*Mäsch* Rn. 29.

[32] So zu § 94 BVFG OLG München StAZ 2007, 239.

[33] LG München I StAZ 2006, 168 (170), wo jedoch Art. 47 nicht berücksichtigt wurde; ausf. → BGB § 1355 Rn. 20 mwN; für eine Anfechtung nach §§ 119 ff. BGB jedoch Bamberger/Roth/*Mäsch* Rn. 27; NK-BGB/*Mankowski* Rn. 56.

[34] So zu § 94 BVFG LG Bremen StAZ 1997, 237; LG Kassel StAZ 1997, 212; AG Bremen StAZ 1994, 352; *Krömer* StAZ 1994, 353 (354); ebenso Bamberger/Roth/*Mäsch* Rn. 29; NK-BGB/*Mankowski* Rn. 56; mit gleichem Ergebnis, jedoch auf eine Anfechtung nach § 119 BGB gestützt, LG Stuttgart StAZ 2002, 341 (342).

[35] So zu § 94 BVFG OLG Stuttgart StAZ 1997, 236.

Wahlmöglichkeit für den Ehenamen nach § 1355 BGB in Betracht.[36] Die **Ablehnung einer Angleichung** stellt demgegenüber **keine Ausübung** des Angleichungsrechts dar. Erklärt der Namensträger sich gegen eine Angleichung, macht er lediglich von seinem Recht keinen Gebrauch. Er übt dieses Recht aber weder aus, noch verzichtet er für die Zukunft darauf, selbst wenn er dies in der Form des Abs. 4 erklärt.[37] Gleiches gilt, wenn der Namensträger erklärt, seinen bisherigen nach ausländischem Recht gebildeten Namen beibehalten zu wollen.

29 Soweit **Vertriebene und Spätaussiedler** ihren deutschsprachigen Namen bereits nach § 94 BVFG bestimmt haben, ist eine erneute Namensangleichung nach § 94 BVFG nicht möglich.[38] Damit ist aber auch eine Namensangleichung nach Art. 47 ausgeschlossen, weil diese Vorschrift nur insoweit anwendbar ist, als § 94 BVFG nicht eingreift (näher → Rn. 89 ff.).[39]

30 Besonderheiten gelten bei der **Adoption eines Kindes.** Erwirbt das Kind mit der Adoption die deutsche Staatsangehörigkeit, kann das zu einem Wechsel des Namensstatuts führen, der grundsätzlich das Recht zur Angleichung nach Art. 47 eröffnet. Allerdings geht eine gerichtliche Entscheidung über die Namensführung (zB eines deutschen Gerichts nach § 1757 Abs. 4 Nr. 1 BGB) vor, da diese den Namen des Kindes verbindlich festlegt.[40] Soweit die Adoptionsentscheidung den Namen nicht bestimmt (zB weil keine Namensänderung beantragt wird), behält das Kind seinen bisherigen Namen. Für die Folgen eines Statutenwechsels zum deutschen Recht infolge der Adoption bleibt daher Art. 47 maßgeblich.[41]

IV. Die einzelnen Fälle (Abs. 1–3)

31 **1. Namenswahl nach Statutenwechsel.** Die verschiedenen Möglichkeiten der Angleichung des Vor- und Familiennamens an das deutsche Recht nach einem Eingangsstatutenwechsel sind in den Abs. 1–3 **abschließend geregelt.**[42] Im Einzelnen sind dies: die Bestimmung eines Vor- und Familiennamens nach Abs. 1 S. 1 Nr. 1 (→ Rn. 32 ff.), die Wahl eines Vor- und Familiennamens nach Abs. 1 S. 1 Nr. 2 (→ Rn. 40 ff.), das Ablegen von Namensbestandteilen nach Abs. 1 S. 1 Nr. 3 (→ Rn. 43), die Annahme der ursprünglichen Namensform nach Abs. 1 S. 1 Nr. 4 (→ Rn. 45 ff.), die Annahme einer deutschsprachigen Namensform nach Abs. 1 S. 1 Nr. 5 (→ Rn. 49 ff.), die Namensableitung und -bildung nach Abs. 2 (→ Rn. 73 ff.) und die Namenserstreckung nach Abs. 3 (→ Rn. 79 ff.). Für die Angleichung des Ehenamens oder Lebenspartnerschaftsnamens ist die zusätzliche Regelung in Abs. 1 S. 2 zu beachten (→ Rn. 69 f.).

32 **a) Bestimmung eines Vor- und Familiennamens (Abs. 1 S. 1 Nr. 1).** Die Bestimmung eines Vor- und/oder Familiennamens durch den Namensträger richtet sich nach Nr. 1. Das sind Fälle, in denen das vorherige ausländische Namensstatut **keine Unterscheidung nach Vor- und Familienname** getroffen hatte. Der Namensträger führt diesen Namen nach einem Eingangstatutenwechsel zum deutschen Recht wegen des im deutschen Recht geltenden Grundsatzes der Namenskontinuität weiter. Andererseits muss sein Name an die vom deutschen Namensrecht zwingend vorgegebene Struktur Vornamen/Familiennamen angeglichen werden. Macht der Betroffene von der Namensangleichung nach Nr. 1 Gebrauch, so kann er **aus seinem Namen** Vor- und Familiennamen bestimmen.

33 Dies ist bei den **mehrgliedrigen arabischen Namen,** zB Mohammed abdel Hassan ibn Achmed al Karim,[43] der Fall. Gegen den Willen des Namensträgers darf eine solche Namenskette nach dem Statutenwechsel zum deutschen Recht nicht gekürzt werden.[44] Auch das pakistanische und das indonesische Recht kennen keine Unterscheidung zwischen Vor- und Familiennamen. Die Pakistani und die Indonesier führen **einen oder mehrere Eigennamen.**[45] In Pakistan ist zudem die Bestim-

---

[36] OLG München FamRZ 2011, 1507.

[37] Anders *Freitag* StAZ 2013, 69 (73) für das strukturell vergleichbare Recht nach Art. 48.

[38] OLG Stuttgart StAZ 1997, 236; zust. OLG München StAZ 2007, 239.

[39] Ähnlich PWW/*Mörsdorf-Schulte* Rn. 22, jedoch mit unzutr. Hinweis auf OLG München FamRZ 2011, 1507.

[40] OLG Hamburg StAZ 2011, 334 (335 f.).

[41] Vgl. den Fall AG Nürnberg StAZ 2009, 82, in dem der Vorname vom Adoptionsbeschluss nicht geändert wurde. Eine Angleichung aufgrund des mit der Adoption verbundenen Statutenwechsels nach Art. 47 hat das AG Nürnberg abgelehnt, weil dessen Voraussetzungen nicht erfüllt waren. Aufgrund des missverständlich formulierten Leitsatzes wird die Entscheidung meist dahingehend missverstanden, dass Art. 47 wegen des Vorrangs des Adoptionsbeschlusses verdrängt sei, vgl. etwa *Hepting,* Deutsches und Internationales Familienrecht im PStR, 2010, II-221.

[42] Vgl. BT-Drs. 16/1831, 78.

[43] Beispiel nach BT-Drs. 16/1831, 79.

[44] *Hepting* StAZ 2001, 257 (267).

[45] Zu Indonesien vgl. BGH NJW-RR 2015, 321.

mung der Eigennamen nach Religionszugehörigkeit unterschiedlich; gesetzlich ist das Namensrecht nicht geregelt.[46]

Weiter sind unter Nr. 1 auch die **religiösen Namenszusätze** (zB Singh oder Kaur) zu fassen, **34** wenn sie zu einem Namen bestimmt werden sollen.[47]

Bei **mehreren Eigennamen** kann der Namensträger einen von ihnen zum Familiennamen **35** bestimmen. Welcher dies ist, bleibt ihm überlassen.[48] Die übrigen Namen werden, soweit der Namensträger sie nicht ablegt (→ Rn. 43 f.), zu Vornamen.[49]

Der Betroffene kann nach Nr. 1 aber auch **alle Eigennamen zu Vornamen** bestimmen und **36** dann nach Nr. 2 einen neuen Familiennamen wählen (→ Rn. 40).[50] Dem hält man zT den Wortlaut der Nr. 1 entgegen, nach dem Vor- und Familienname „aus dem Namen" bestimmt werden[51] – und ergänzt damit die Vorschrift um ein „müssen". Das Gesetzt räumt dem Betroffenen jedoch ein diesbezügliches Wahlrecht ein („kann"). Vor allem aber gibt es keinen zwingenden Grund, den Betroffenen zu einer derartigen Aufteilung zu nötigen, da der fehlende Vor- bzw. Familienname nach Nr. 2 ergänzt werden kann.

Der Namensträger kann auch **einen seiner Namen nach Nr. 3 ablegen** (→ Rn. 43 f.) und so **37** die Möglichkeiten des Abs. 1 S. 1 Nr. 1 und Nr. 3 kombinieren.

Mehrere Namen zum Familiennamen zu bestimmen ist nicht möglich, da das deutsche Recht **38** keine Doppelnamen als Familiennamen kennt.[52] Somit erreicht man innerhalb des Anwendungsbereichs des deutschen Rechts eine Gleichbehandlung von Personen, deren Namensbestimmung von Geburt an dem deutschen Recht unterstand und von Personen, die zukünftig dem deutschen Namensrecht unterstehen. Nur wenn ein **echter Doppelname bereits geführt** wird und sich dieser derart verfestigt hat, dass er Vertrauensschutz genießt, darf der Namensträger, zB ein Spanier mit dem Familiennamen Garcia Rodriguez, aufgrund des Grundsatzes der Namenskontinuität seinen Doppelnamen behalten[53] (zum Vertrauensschutz → Art. 10 Rn. 174, 176; zum Einfluss des Unionsrechts → Art. 10 Rn. 179 ff.). Dies widerspricht nicht dem Grundsatz der Gleichbehandlung, da gerade keine Namenswahl vorliegt.

Zum Teil wird verlangt, bei der Bestimmung des Vor- und/oder Familiennamens darauf zu achten, **39** ob einer der Namen nach dem vorherigen ausländischen Namensstatut funktional als Vor- oder Familienname behandelt wurde. Insoweit wird eine **einschränkende Auslegung** dahingehend gefordert, dass diese Funktionalität nach dem ausländischen Namensrecht bei der Namensangleichung im deutschen Recht beibehalten wird.[54] So entspreche zB der **Rufname** funktionell dem Vornamen, so dass er nicht mehr zum Familienname bestimmt werden könne.[55] Die Rechtsprechung ist dem bereits früher nicht gefolgt. Es ist daher nicht ersichtlich, weshalb Art. 47, der die Wahlmöglichkeiten erweitern und auf alle Fälle des Eingangsstatutenwechsels erstrecken wollte, nunmehr entgegen der bisherigen Rechtsprechung und der Vorstellung des Gesetzgebers restriktiv ausgelegt werden sollte. Eine Einschränkung des Wahlrechts ist daher **abzulehnen**.[56] Der Namensträger kann somit frei bestimmen, welcher Namensteil zum Familiennamen und welcher zum Vornamen werden

---

[46] Bergmann/Ferid/Henrich/*Weishaupt* Pakistan, Bd. XIV, Stand 1/2003, S. 84 f.

[47] NK-BGB/*Mankowski* Rn. 18; aA *Henrich* StAZ 2007, 197 (200): Namenszusätze Singh und Kaur sollen nur dann zum Familiennamen gewählt werden können, wenn der Namensträger nur einen Eigennamen führt, ansonsten greife Abs. 1 S. 1 Nr. 2; ebenso *Hepting/Dutta*, Familie und Personenstand, 2. Aufl. 2015, II-302 ff., II-307.

[48] BT-Drs. 16/1831, 79; KG FamRZ 2008, 1181 (1182 f.); OLG Hamm StAZ 2006, 357 f.; *Henrich* StAZ 2007, 197 (198 f.); so schon zum bisherigen Recht BayObLG StAZ 1996, 41 (42 f.); für eine restriktive Anwendung bei Namensketten Staudinger/*Hepting/Hausmann* (2013) Rn. 66 ff.; *Hepting/Dutta*, Familie und Personenstand, 2. Aufl. 2015, II-316 ff.

[49] Staudinger/*Hepting/Hausmann* (2013) Rn. 39; zust. Palandt/*Thorn* Rn. 6.

[50] OLG Köln StAZ 2015, 275 (277 f.); OLG München StAZ 2015, 58 f.; NK-BGB/*Mankowski* Rn. 18; die bis zur 6. Aufl. vertretene Gegenansicht wird hiermit aufgegeben.

[51] *Hepting*, StAZ 2008, 161 (167); *Hepting/Dutta*, Familie und Personenstand, 2. Aufl. 2015, II-281 f.; *Ehlers*, Die Behandlung fremdartiger Namen im deutschen Recht, 2016, 113 f.

[52] BGH NJW-RR 2015, 321 Rn. 27; OLG Hamm StAZ 1995, 238 (240); *Wall* StAZ 2015, 361 (369 f.); NK-BGB/*Mankowski* Rn. 22.

[53] BGH NJW-RR 2015, 321 Rn. 27 (obiter dictum); *Wall* StAZ 2015, 361 (370); *Hepting* StAZ 2008, 161 (166); *Henrich* StAZ 2007, 197 (203).

[54] *Henrich* StAZ 2007, 197 (199); *Hepting* StAZ 2008, 161 (167); *Hepting/Dutta*, Familie und Personenstand, 2. Aufl. 2015, II-266 ff.; PWW/*Mörsdorf-Schulte* Rn. 9; NK-BGB/*Mankowski* Rn. 17, 19 (etwas anders aber Rn. 11).

[55] *Henrich* StAZ 2007, 197 (199); vgl. auch *Henrich/Wagenitz/Bornhofen*, Deutsches Namensrecht, Stand 2/2007, C Rn. 272.

[56] KG FamRZ 2008, 1181 (1182 f.); OLG Hamm StAZ 2006, 357 (359); *Ehlers*, Die Behandlung fremdartiger Namen im deutschen Recht, 2016, 114 ff.; Bamberger/Roth/*Mäsch* Rn. 7.

soll. Auch wenn einer der Namen im Ausland funktional als Rufname behandelt wurde, kann er durch eine Angleichungserklärung zum Familiennamen bestimmt werden.

40   **b) Wahl eines Vor- und Familiennamens (Abs. 1 S. 1 Nr. 2).** Nr. 2 behandelt die Fälle, in denen der Namensträger **keinen Vornamen** bzw. **keinen Familiennamen** führt. Den **fehlenden** Namen kann der Namensträger mit seiner Ergänzungserklärung **frei wählen.** Das Wahlrecht des Namensträgers ist deshalb nicht etwa wie bei § 3 NamÄndG[57] dahingehend eingeschränkt, dass er wegen der Ordnungsfunktion des Familiennamens nur einen Namen wählen darf, der seine sozialen Beziehungen mitberücksichtigt.[58]

41   Die Norm erfasst zunächst den Fall, dass der Betroffene von vorneherein nur **einen Eigennamen** führt. Sie ist aber auch anwendbar, wenn er Namensbestandteile nach Nr. 3 abgelegt hat und nur **ein Name übrig** bleibt. Nach dem Statutenwechsel zum deutschen Recht muss er den bisherigen Namen entweder zum Vornamen oder zum Familiennamen bestimmen (Nr. 1). Den fehlenden Namen kann er dann nach Nr. 2 frei wählen. Für eine restriktive Auslegung dahingehend, dass der **bisherige Name** aufgrund des Kontinuitätsinteresses im Namensrecht **als Familienname** festgelegt werden müsse,[59] finden sich weder im Wortlaut noch in der Gesetzesbegründung ausreichende Anhaltspunkte. Sie ist daher mit der hM **abzulehnen.**[60]

42   Ein Familienname fehlt auch, wenn der Namensträger **mehrere Eigennamen** führt (→ Rn. 33) und diese alle zu Vornamen bestimmt. Dann kann er nach Nr. 2 einen Familiennamen frei wählen.[61]

43   **c) Ablegen von Namensbestandteilen (Abs. 1 S. 1 Nr. 3).** Mit der Angleichungserklärung nach Nr. 3 können Namensbestandteile, die das **deutsche Recht nicht kennt,** abgelegt werden. Dies betrifft zB die dem deutschen Recht unbekannten Zwischennamen (zB den Geburtsnamen der Mutter), insbesondere den Vaternamen (zB Iwanowitsch), oder Namenszusätze (zB Singh).[62] Die weibliche Endung eines Familiennamens ist kein Namensbestandteil. Ihre Ablegung und die Annahme der ursprünglichen Form des Familiennamens richten sich nach Nr. 4 (→ Rn. 45). Zur Frage, ob der Statutenwechsel für den Familiennamen auch den Zwischennamen erfasst, → Rn. 13.

44   Ein **nicht abgelegter Namensbestandteil** bleibt nach dem Statutenwechsel als solcher erhalten;[63] ggf. kommt eine objektive Angleichung in Betracht (→ Rn. 25).

45   **d) Annahme der ursprünglichen Namensform (Abs. 1 S. 1 Nr. 4).** Abs. 1 S. 1 Nr. 4 eröffnet die Möglichkeit, einen nach dem Geschlecht oder dem Verwandtschaftsverhältnis **abgewandelten Familiennamen** wieder in seiner ursprünglichen Form zu führen. Die Vorschrift spricht zwar nur von dem „Namen"; aus der Gegenäußerung der Bundesregierung zum Regierungsentwurf des PStRG ergibt sich aber, dass diese Möglichkeit der Namensangleichung nur auf den Familiennamen abzielt.[64]

46   **aa) Nach dem Geschlecht abgewandelter Familienname.** Diese Regelung betrifft insbesondere Ausländerinnen, die nach ihrem früheren Namensstatut eine **weibliche Form des Familiennamens** zu führen hatten (vor allem in Staaten des slawischen Sprachkreises, zB in Polen und Tschechien[65]). In der Praxis konnte sich eine betroffene Ausländerin nach ihrer Einbürgerung bereits vor Inkrafttreten des Art. 47 für die Geltung deutschen Namensrechts entscheiden und damit auf die weibliche Endung ihres Namens verzichten.[66] Das ergibt sich nunmehr aus Abs. 1 S. 1 Nr. 4.

---

[57] Vgl. etwa BVerwG NJW 1997, 1594 (1595).

[58] So aber Bamberger/Roth/*Mäsch* Rn. 8; *Mäsch* IPRax 2008, 17 (19); ihm folgend PWW/*Mörsdorf-Schulte* Rn. 10; NK-BGB/*Mankowski* Rn. 21.

[59] *Hepting* StAZ 2008, 161 (168 f., 172); *Jauß* StAZ 1997, 214; *Hepting/Dutta*, Familie und Personenstand, 2. Aufl. 2015, II–287 ff.

[60] *Henrich* StAZ 2007, 197 (200); *Ehlers*, Die Behandlung fremdartiger Namen im deutschen Recht, 2016, 122 f.; Staudinger/*Hepting/Hausmann* (2013) Rn. 42; PWW/*Mörsdorf-Schulte* Rn. 10; Palandt/*Thorn* Rn. 6; NK-BGB/*Mankowski* Rn. 20.

[61] OLG Köln StAZ 2015, 275 (277 f.); OLG München StAZ 2015, 58 f.

[62] Ausführlich *Hepting/Dutta*, Familie und Personenstand, 2. Aufl. 2015, II–346 ff.

[63] OLG Nürnberg StAZ 2012, 182; PWW/*Mörsdorf-Schulte* Rn. 12; aA *Henrich* StAZ 2007, 197 (201); *Hepting* StAZ 2008, 161 (173).

[64] BT-Drs. 16/1831, 79; zust. PWW/*Mörsdorf-Schulte* Rn. 13.

[65] Vgl. für Polen *Vogt* StAZ 1996, 249; *Schirmer* StAZ 2000, 57; für Tschechien nach früherem Recht LG Oldenburg StAZ 1990, 126 f.; AG Bonn IPRax 1986, 46; *Bungert* StAZ 1990, 126; für Tschechien nach heutigem Recht Bergmann/Ferid/Henrich/*Bohata* Tschechische Republik, Bd. XVII, Stand 1/2015, S. 45. Des Weiteren besteht in Pakistan die Möglichkeit für eine Frau, nach Eheschließung ihrem Namen den Namen des Ehemanns beizufügen oder diesen in der Weise zu ändern, dass sie als Ehefrau kenntlich gemacht ist, Bergmann/Ferid/Henrich/*Weishaupt* Pakistan, Bd. XIV, Stand 1/2003, S. 84.

[66] AG Bonn IPRax 1986, 46 mAnm *Henrich.*

Allerdings kann die Angleichungserklärung nicht mehr konkludent erfolgen;[67] sie muss ausdrücklich erklärt werden und bedarf der öffentlichen Beglaubigung oder der Beurkundung, falls sie nicht bei der Eheschließung oder Begründung der Lebenspartnerschaft gegenüber einem deutschen Standesamt erfolgt (Abs. 4).

Nicht ohne Weiteres zu beantworten ist die Frage, welches die **ursprüngliche Form des** **47** **Namens** ist. Das Gesetz formuliert geschlechtsneutral; daher kann weder der männlichen noch der weiblichen Form der Vorrang eingeräumt werden.[68] Soweit es keine geschlechtsneutrale Form eines Namens gibt, sollte der Namensträger in gleichberechtigungskonformer Auslegung die männliche oder weibliche Form wählen dürfen.[69]

bb) Nach dem Verwandtschaftsverhältnis abgewandelter Familienname. Eine nach dem **48** Verwandtschaftsverhältnis abgewandelte und zugleich geschlechtsabhängige Form des Familiennamens des Kindes wird in **Island** geführt. An den Vornamen des Vaters werden die Endungen -son für männliche Nachkommen und -dottir für weibliche Nachkommen angehängt.[70] Beispielsweise bedeutet der Name „Erikson" Sohn des Erik oder „Christiansdottir" Tochter des Christian. Der Betroffene kann die isländische Endung ablegen und den Namen des Vaters ohne Endung zum Familiennamen bestimmen. Dieser neu bestimmte Name wird ohne die isländischen Besonderheiten an seine Nachkommen weitergegeben.

e) Annahme einer deutschsprachigen Namensform (Abs. 1 S. 1 Nr. 5). Der Vor- oder **49** Familienname kann zukünftig auch **in der deutschsprachigen Form** geführt werden. Ob es sich bei der Eindeutschungserklärung um eine Angleichung im engeren Sinne handelt,[71] kann offen bleiben, da es darauf nicht ankommt. Es geht in jedem Fall um eine Anpassung an inländische Verhältnisse. Da Nr. 5 sich auf den Vor- und Familiennamen bezieht, können diese, insbesondere Namensbestandteile und Adelsprädikate,[72] eingedeutscht werden.

Unter die Annahme einer deutschsprachigen Namensform fallen die Fälle, in denen der ursprüng- **50** lich deutsche Name zwangsweise in eine ausländische Namensform übertragen wurde und der Namensträger eine **Rückführung seines veränderten Namens in die deutsche Form** erklärt. Es handelt sich um eine Rückeindeutschung des Namens.[73]

Die gewählte deutschsprachige Namensform muss jedoch zwingend nicht der ursprünglichen **51** deutschen Namensform (der ursprünglichen lateinischen Schreibweise)[74] entsprechen. Dem Betroffenen ist durch die Formulierung „**eine** deutschsprachige Form" ein gewisser **Spielraum bei der Namenswahl** eingeräumt.[75] Die ursprüngliche deutsche Namensform muss deshalb weder nachgewiesen noch gewählt werden.[76] Die Wahl eines **völlig neuen Namens** ist allerdings auf diese Weise nicht möglich.[77] Sie sieht das Gesetz nur für den Vornamen vor und auch nur dann, wenn es für diesen keine deutschsprachige Form gibt (Abs. 1 S. 1 Nr. 5 Hs. 2; → Rn. 61 ff.). Für eine derartige Änderung des Familiennamens bleibt dem Betroffenen nur die Möglichkeit der Namensänderung nach dem NamÄndG.

Das Gesetz schweigt zu der Frage, ob ein Name mangels entsprechender deutschsprachiger Form **52** **übersetzt** werden kann. Der Vergleich mit § 94 BVFG, dem Art. 47 nachgebildet ist,[78] zeigt, dass der Gesetzgeber in § 94 Abs. 1 S. 1 Nr. 5 BVFG die Möglichkeit der Übersetzung des Familiennamens aufgenommen hat, in Art. 47 jedoch keine Übersetzung vorsieht. Das wird zum Teil als ausfüllungsbedürftige Regelungslücke angesehen, was eine Übersetzung jedenfalls des Familiennamens analog § 94 Abs. 1 S. 1 Nr. 5 BVFG zulassen würde.[79] Die hM sieht darin jedoch einen bewussten **Ausschluss der Übersetzung.**[80] Bei näherer Betrachtung hat das jedoch ganz **unterschiedliche Bedeutung** für den Vor- und für den Familiennamen. Es ist daher wie folgt zu differenzieren:

---

[67] AG Bonn IPRax 1986, 46.
[68] Vgl. *Henrich* StAZ 2007, 197 (202 f.).
[69] OLG München NJW-RR 2008, 1680 (1682); *Hepting* StAZ 2008, 161 (173); Bamberger/Roth/*Mäsch* Rn. 21.
[70] Bergmann/Ferid/Henrich/*Coester-Waltjen/Jakob* Island, Bd. VII, Stand 1/2014, S. 13.
[71] So *Hepting* StAZ 2008, 161 (174).
[72] Palandt/*Thorn* Rn. 6.
[73] *Hepting* StAZ 2008, 161 (175).
[74] So zu § 94 BVFG OLG München StAZ 2007, 239 (240).
[75] So zu § 94 BVFG OLG München StAZ 2007, 239 (240).
[76] So zu § 94 BVFG OLG München StAZ 2007, 239 (240).
[77] OLG Hamm StAZ 2015, 18 (keine Änderung von „Kapdikaçi" zu „Kap"); OLG Hamm StAZ 2015, 17 (18); OLG München FGPrax 2015, 136 f.; LG München StAZ 2009, 146.
[78] BT-Drs. 16/1831, 71, 78.
[79] *Henrich* StAZ 2007, 197 (203).
[80] OLG München FGPrax 2009, 169 = FamRZ 2009, 1630; *Hepting* StAZ 2008, 161 (175); *Ehlers*, Die Behandlung fremdartiger Namen im deutschen Recht, 2016, 201 ff.; *Hepting*, Deutsches und Internationales

53   Gibt es beim **Vornamen** keine deutschsprachige Form, kann der Namensträger einen neuen Vornamen wählen (Abs. 1 S. 1 Nr. 5 Hs. 2). Schließt man mit der hM die Übersetzung aus, kann der Namensträger sogleich einen neuen Vornamen bilden und ist nicht wegen des Vorrangs der Übersetzung auf einen unter Umständen ungebräuchlichen und fremdartigen, übersetzten Vornamen beschränkt.[81] Der Namensträger kann daher auch die deutsche **Übersetzung** seines Vornamens **als neuen Vornamen** wählen. Insofern ist die Streitfrage um die Übersetzung für den Vornamen irrelevant. Das hilft im Übrigen auch, fruchtlose Abgrenzungsstreitigkeiten zu vermeiden.[82]

54   Beim **Familiennamen** gibt es demgegenüber kein Recht zur Bildung eines neuen Namens wie beim Vornamen. Dort stößt das Angleichungsrecht an seine Grenzen, wenn es keine deutschsprachige Form gibt, die der Namensträger nach Abs. 1 S. 1 Nr. 1 Hs. 1 annehmen kann. Der Namensträger kann dann nur seinen bisherigen Namen in der ausländischen Form weiter führen (→ Rn. 68). Anders als beim Vornamen wird hier also die Angleichungsmöglichkeit des Namensträgers im Ergebnis beschränkt. Das entspricht zwar der bisherigen Rechtsprechung zur (objektiven) Angleichung,[83] nicht aber dem Wahlrecht in § 94 Abs. 1 Nr. 5 BVFG, das Art. 47 als Vorbild diente. Den Materialien lässt sich nicht entnehmen, aus welchen Gründen die Möglichkeit der Übersetzung des Familiennamens in Art. 47 nicht ausdrücklich aufgenommen worden ist. Angesichts des mit Art. 47 verfolgten Zwecks, der die Angleichung des bisherigen Namens an das deutsche Namensrecht erleichtern soll, erscheint die von der hM im Ergebnis erzwungene Fortführung des bisherigen Familiennamens in seiner ausländischen Form wenig überzeugend. Dem Namensträger sollte daher entgegen der hM auch die Wahl eröffnet werden, seinen ausländischen **Familiennamen in der deutschen Übersetzung** zu führen.[84]

55   **aa) Annahme eines deutschsprachigen Vornamens (Abs. 1 S. 1 Nr. 5 Hs. 1).** Nach dem Statutenwechsel besteht für den Namensträger die Möglichkeit, seinen Vornamen der deutschen Namensführung anzupassen. Die Annahme der deutschsprachigen Form ist nur im Singular formuliert; diese Regelung gilt aber auch für **mehrere Vornamen.** Dies zeigt insbesondere die Formulierung in Abs. 1 S. 1 Nr. 5 aE, wonach der Namensträger bei fehlender deutscher Form des Vornamens neue Vornamen, also mehrere Vornamen, annehmen kann.

56   Voraussetzung ist zunächst, dass der Betroffene den Vornamen **unter der Geltung eines fremden Namensstatuts** erhalten hat. Ein dem deutschen Personalstatut unterstehendes Kind, das von seinen Eltern einen ausländischen Vornamen erhalten hat, kann diesen nicht durch Angleichungserklärung in eine deutschsprachige Namensform umwandeln.[85] Der Name wurde unter der Geltung des deutschen Namensrechts bestimmt, so dass eine Namensänderung nur nach dem NamÄndG erfolgen kann. Mit der Geburt in Deutschland bestand für die Eltern die Möglichkeit, ihrem Kind einen deutschsprachigen Vornamen zu geben.

57   Weiter kann der Namensträger für seinen Vornamen keine Angleichungserklärung hinsichtlich der deutschsprachigen Form abgeben, wenn sein Vorname bereits durch eine **behördliche Namensänderung** angepasst worden war.[86] In diesem Fall führt er bereits einen deutschen Namen; seinen früheren ausländischen Namen hat er dadurch verloren. Dessen Angleichung nach Art. 47 ist daher nicht mehr möglich.

58   **(1) Erleichterte Eindeutschung von Vornamen (Abs. 1 S. 1 Nr. 5 Hs. 1).** Der Namensträger kann für seinen Vornamen eine **deutschsprachige Form** wählen. Der Betroffene kann zB seinen Vornamen „Piotr" in die deutsche Form „Peter" ändern, aus „Jacques" wird „Jakob". Der Namensträger kann dabei dem Deutschen **unbekannte Zeichen** streichen und einen langen Namen **vereinfachen** und **verkürzen.** Möglich ist es auch, den Vornamen **phonetisch** anzupassen, dass er auf Deutsch aussprechbar wird. Näher dazu beim Familiennamen (→ Rn. 67).

59   Da Vornamen in Deutschland zum Teil unterschiedlich geschrieben werden, hat der Namensträger ein Wahlrecht bezüglich der **Schreibweise.**

Familienrecht im PStR, 2010, II-345 ff.; *Hepting/Dutta*, Familie und Personenstand, 2. Aufl. 2015, II-382 ff.; Bamberger/Roth/*Mäsch* Rn. 15, 17; Palandt/*Thorn* Rn. 6; PWW/*Mörsdorf-Schulte* Rn. 14; NK-BGB/*Mankowski* Rn. 31, 36.

[81] *Hepting,* Deutsches und Internationales Familienrecht im PStR, 2010, II-346; anders PWW/*Mörsdorf-Schulte* Rn. 15; ebenso 5. Aufl. Rn. 45 (*Birk*).

[82] Zutr. *Hepting,* Deutsches und Internationales Familienrecht im PStR, 2010, II-342 f.; ebenso *Hepting/Dutta,* Familie und Personenstand, 2. Aufl. 2015, II-378 f.

[83] So das Argument von *Hepting,* Deutsches und Internationales Familienrecht im PStR, 2010, II-345.

[84] Im Ergebnis ebenso *Henrich* StAZ 2007, 197 (203); NK-BGB/*Mankowski* Rn. 40.

[85] So zu § 94 BVFG OLG Celle StAZ 1994, 220.

[86] So zu § 94 BVFG AG München StAZ 1995, 45.

Hat der Betroffene **mehrere ausländische Vornamen** steht es ihm frei, ob und welchen seiner   **60**
Vornamen er eindeutschen möchte. Gesetzlich ist ihm keine Vorgabe gemacht, so dass er zB für
einen seiner Vornamen die deutschsprachige Form annehmen kann und seinen zweiten Vornamen
unverändert weiter führt. Es ist nicht zwingend vorgesehen, dass alle Vornamen gemeinsam eingedeutscht werden müssen.

(2) **Annahme neuer Vornamen (Abs. 1 S. 1 Nr. 5 Hs. 2).** Besteht **keine deutschsprachige**   **61**
Form des ausländischen Vornamens, kann der Betroffene neue Vornamen wählen. Es handelt sich
hierbei um einen Auffangtatbestand, der gegenüber der Annahme der deutschsprachigen Form des
in Frage stehenden Vornamens subsidiär ist.

Da die Annahme neuer Vornamen eine bessere Integration in Deutschland ermöglichen soll, ist   **62**
fraglich, ob die Vorschrift **teleologisch auf die Wahl deutscher Vornamen begrenzt** werden
sollte.[87] Eine solche Beschränkung lässt sich jedoch dem Gesetzeswortlaut und der Begründung
zu Nr. 5 nicht entnehmen; sie ist deshalb mit der hM **abzulehnen**.[88] Der Gesetzgeber hat die
Vornamenswahl nicht eingeschränkt, und nach materiellem deutschem Namensrecht kann auch ein
ausländischer Vorname gewählt werden. Somit kann der Betroffene auch einen **ausländischen**
Vornamen wählen. Ebenso möglich ist die Wahl der **deutschen Übersetzung** des ausländischen
Vornamens (→ Rn. 53).

Nach dem Wortlaut ist die **Anzahl der neuen Vornamen** nicht begrenzt, so dass der Namensträ-   **63**
ger für seinen abgelegten Namen auch mehrere neue Vornamen annehmen kann. Die Anzahl der
neuen Vornamen bestimmt sich nach den Grenzen des materiellen deutschen Namensrechts.[89]

Kann der ausländische Vorname nicht eingedeutscht werden, ist fraglich, ob der Namensträger   **64**
seinen ausländischen Vornamen behalten und **zusätzlich einen deutschen Namen** wählen kann.
Das sollte man im Interesse der von Art. 47 bezweckten Namensintegration[90] ebenfalls zulassen, da
es sich in den Grenzen des deutschen Namensrechts hält.[91]

Weiter stellt sich die Frage, ob man dem Namensträger, der die deutschsprachige Form seines   **65**
Vornamens aufgrund der **Ungebräuchlichkeit** in Deutschland nicht annehmen möchte, auch erlau-
ben sollte, einen neuen Vornamen zu wählen. Die deutschsprachige Form eines ausländischen
Namens kann so unbekannt sein, dass sie ebenfalls wie ein ausländischer Name klingt und der
Namensträger auf diesem Weg keine Namensintegration erreichen kann. Daher sollte in diesem Fall
die **Wahl neuer Vornamen** erlaubt werden.[92]

bb) **Annahme eines deutschsprachigen Familiennamens (Abs. 1 S. 1 Nr. 5 Hs. 1).** Der   **66**
ausländische Familienname kann nach einem Statutenwechsel ebenfalls eingedeutscht werden. Aus
„Meierow" kann der deutsche Familienname „Meier" werden, anstatt „Miller" kann der Betroffene
den deutschen Familiennamen „Müller" annehmen. Die Angleichungserklärung hinsichtlich des
Familiennamens muss nicht von der gesamten Familie erklärt werden. **Jedes einzelne Familienmit-**
glied kann selbst entscheiden, ob es den Familiennamen in der deutschsprachigen Form führen
möchte.

Ein Familienname wird in der **deutschen Form** geführt, wenn keine dem deutschen Alphabet   **67**
unbekannten Buchstaben enthalten sind. Auch diakritische Zeichen (wie Häkchen, Akzente oder
Punkte) können gestrichen werden.[93] Möglich ist auch, den Familiennamen phonetisch einzudeut-
schen (zB anstatt „Mieir" die deutsche Form „Meier"), aber den Klang des ausländischen Namens
beizubehalten.[94] Weiter kann die unter Geltung eines ausländischen Namensstatuts veränderte
Schreibweise des deutschen Familiennamens durch entsprechende Erklärung in seine ursprüngliche
Schreibweise zurückgeführt werden.

Wenn **keine deutschsprachige Form** des Familiennamens besteht, muss der Betroffene seinen   **68**
Familiennamen in der Form seines vorherigen ausländischen Namensstatuts weiterführen. Eine Wahl-

---

[87] Dafür AG Marburg StAZ 2010, 210; PWW/*Mörsdorf-Schulte* Rn. 15.
[88] OLG Hamm StAZ 2015, 16 = BeckRS 2014, 09420; OLG Bremen StAZ 2012, 18 f.; AG München StAZ
2009, 147; Bamberger/Roth/*Mäsch* Rn. 16; Palandt/*Thorn* Rn. 6.
[89] Bamberger/Roth/*Mäsch* Rn. 16.
[90] BT-Drs. 16/1831, 78.
[91] Ebenso Bamberger/Roth/*Mäsch* Rn. 16; ähnlich AG Marburg StAZ 2010, 210 (Ersetzung eines nicht
eindeutschungsfähigen Namens durch mehrere Vornamen, von denen nur der erste ein deutscher Name sein
muss); abl. jedoch AG München StAZ 2010, 334; NK-BGB/*Mankowski* Rn. 35.
[92] *Hepting* StAZ 2008, 161 (175); *Hepting,* Deutsches und Internationales Familienrecht im PStR, 2010, II-
342 f.
[93] LG München I StAZ 2009, 146; BayObLG StAZ 1995, 214; Bamberger/Roth/*Mäsch* Rn. 17. Wird der
ausländische Name in seiner ausländischen Form weiter geführt, müssen sie indes im Personenstandsregister
eingetragen werden, OLG Celle StAZ 1998, 176 (177); KG StAZ 2003, 361.
[94] *Hepting* StAZ 2008, 161 (175); NK-BGB/*Mankowski* Rn. 36.

möglichkeit wie hinsichtlich des Vornamens besteht für den Familiennamen nicht. Man sollte jedoch dem Betroffenen ermöglichen, seinen **ausländischen Familiennamen in deutscher Übersetzung** zu führen (→ Rn. 54). Zur Änderung des Familiennamens bleibt dem Betroffenen ansonsten nur die Möglichkeit der Namensänderung nach dem NamÄndG.

69   **2. Ehename und Lebenspartnerschaftsname (Abs. 1 S. 2).** Die Angleichung des **Ehenamens** und des **Lebenspartnerschaftsnamens** erfolgt mit den sich aus Abs. 1 S. 2 ergebenden Einschränkungen. Sie werden nachfolgend für den Ehenamen dargestellt. Für den Lebenspartnerschaftsnamen gelten sie entsprechend.

70   **Ehename** ist der von beiden Ehegatten geführte Familienname. Zur Angleichung des Ehenamens stehen grundsätzlich ebenfalls die in Abs. 1 Nr. 1–5 vorgegebenen Möglichkeiten zur Wahl. Während der Ehe kann die Angleichungserklärung jedoch nur von **beiden Ehegatten** abgegeben werden (Abs. 1 S. 2). Die Ehegatten können die Erklärungen **jeweils einzeln** abgeben; sie müssen nicht zeitgleich und am selben Ort erfolgen.[95] In Anlehnung an die Rechtsprechung zu § 1355 BGB sollte ein **Widerruf** der Angleichungserklärung eines Ehegatten solange möglich sein, wie die Erklärung des anderen Ehegatten nicht dem zuständigen Standesamt zugegangen ist (→ BGB § 1355 Rn. 19). Die Vertretung eines Ehegatten bei der Angleichungserklärung durch den anderen Ehegatten mit entsprechender Vollmacht ist nicht möglich (→ Rn. 17).[96]

71   Ehepartner einer **gemischt-nationalen Ehe** (deutsch-ausländische oder ausländisch-ausländische Ehe) können vor der Bestimmung ihres Ehenamens bei oder nach der Eheschließung wählen, ob sich dieser nach deutschem Namensrecht richten soll (Art. 10 Abs. 2). Das deutsche Namensrecht kann als Heimatrecht (Art. 10 Abs. 2 S. 1 Nr. 1) oder Aufenthaltsrecht mindestens eines Ehegatten (Art. 10 Abs. 2 S. 1 Nr. 2) gewählt werden. Es handelt sich um einen **Statutenwechsel durch Rechtswahl hinsichtlich des Ehenamens;** er untersteht nunmehr dem deutschen Namensrecht. Durch diesen Statutenwechsel können die Ehepartner hinsichtlich ihres Ehenamens von den Angleichungsmöglichkeiten des Art. 47 Gebrauch machen. Im Rahmen der weiteren Bestimmung des Ehenamens ist § 1355 BGB einzuhalten. Für die Vornamensbestimmung des ausländischen Ehegatten greift Art. 47 nicht, da sich Art. 10 nur auf den Ehenamen bezieht.[97] Zur Problematik der Zwischennamen → Rn. 13.

72   Voraussetzung einer Angleichungserklärung nach Art. 47 ist an sich, dass der Erklärende dem deutschen Namensrecht unterliegt. Daher müssten beide Ehepartner dem deutschen Namensrecht unterliegen, um wirksame Angleichungserklärungen abgeben zu können. Denkbar ist aber, dass nur ein Ehegatte dem deutschen Namensrecht unterliegt und der Ehename für die Namensführung in Deutschland angeglichen werden soll. Es fehlt an einer Art. 10 Abs. 2 Nr. 2 vergleichbaren Regelung, nach der es ausreichend ist, wenn **nur ein Ehegatte dem deutschen Recht unterliegt.** Im Vergleich mit den Anforderungen des Art. 10 Abs. 2 sowie der Rechtsprechung zu § 94 BVFG[98] genügt es deshalb, wenn nur für einen Ehegatten das deutsche Personalstatut gilt. Ansonsten würde dem erklärungsberechtigten Ehepartner nur wegen seiner Ehe mit einem ausländischen Staatsangehörigen die Angleichung seines Familiennamens untersagt. Dies würde dem Gleichbehandlungsgebot des Art. 3 GG und bei Ehegatten auch dem Schutz von Ehe und Familie des Art. 6 GG widersprechen.[99] Allerdings muss auch hier die Angleichungserklärung nach Abs. 1 S. 2 **von beiden Ehegatten gemeinsam** abgegeben werden.[100]

73   **3. Namensableitung und -bildung (Abs. 2).** Abs. 2 erfasst den Fall einer erstmaligen **Namensbildung nach deutschem Recht.**[101] Er eröffnet hierfür die Angleichungsmöglichkeiten des Abs. 1 S. 1 Nr. 1–5. Die Namensableitung soll den Betroffenen ermöglichen, dass der **Namensgeber und der Namensableitende denselben Namen** führen.[102] Betroffen sind Kinder (zB Einbenennung, starke Adoption) oder Ehegatten, die ihren Namen von den Eltern bzw. dem Ehe- oder Lebenspartner mit (ehemaligem) ausländischem Namensstatut ableiten. Darüber hinaus hat die Regelung des Abs. 2 auch die Fälle des Art. 10 Abs. 2 Nr. 2, Abs. 3 Nr. 2 vor Augen.[103]

---

[95]   Erman/*Hohloch* Rn. 5.
[96]   Anders 5. Aufl. 2010, Rn. 54 (*Birk*).
[97]   Vgl. OLG Frankfurt a. M. FamRZ 2012, 370 (371).
[98]   OLG Karlsruhe FGPrax 2002, 173 f. = StAZ 2002, 203 (204); OLG Frankfurt a. M. StAZ 2000, 210 f.; OLG Stuttgart StAZ 1999, 79.
[99]   *Ehlers*, Die Behandlung fremdartiger Namen im deutschen Recht, 2016, 216 ff.; Bamberger/Roth/*Mäsch* Rn. 18; NK-BGB/*Mankowski* Rn. 39; Palandt/*Thorn* Rn. 7.
[100]   OLG Karlsruhe FGPrax 2002, 173 f. = StAZ 2002, 203 (204).
[101]   BT-Drs. 16/1831, 79.
[102]   *Hepting* StAZ 2008, 161 (164).
[103]   BT-Drs. 16/1831, 79.

a) Ableitung des Ehe- oder Lebenspartnerschaftsnamens. Für Ehepaare und Partner einer   74
eingetragenen Lebenspartnerschaft stellt sich die Frage der Angleichung, wenn sie/ein Partner **nur
Eigennamen** führen/führt oder einen **Namen in geschlechtsspezifischer Form.** Der Eigenname
des Partners oder der eigene Name kann zum Ehe- bzw. Lebenspartnerschaftsnamen bestimmt
werden. Um eine entsprechende Erklärung zur Namensableitung abgeben zu können, muss zumindest ein Partner das deutsche Personalstatut besitzen oder die Ehegatten bzw. Lebenspartner (über
Art. 17b Abs. 2 S. 1) müssen gemäß Art. 10 Abs. 2 das deutsche Recht als Ehenamensstatut bzw.
Lebenspartnerschaftsnamensstatut gewählt haben.

b) Ableitung des Kindesnamens. Bei dem Familiennamen eines Kindes knüpft das deutsche   75
Recht (§§ 1616 ff. BGB) an den Familiennamen der Eltern an. Es ist allerdings möglich, dass ein
Elternteil keinen Familiennamen trägt, den er an das Kind weitergeben kann. Auch wenn er
selbst seinen bisherigen Namen behält, kann für sein Kind ein Familienname entsprechend Abs. 1
S. 1 Nr. 1 oder Nr. 2 gebildet werden, zB kann der Eigenname des Vaters zum Familiennamen seines
Kindes bestimmt werden.[104]

Bei originärem Namenserwerb eines **Kindes mit deutschem Personalstatut** geht der Verweis   76
auf Abs. 1 S. 1 Nr. 3 ins Leere.[105] Bei der Namensbestimmung nach deutschem Recht können einem
Kind keine Namensbestandteile, wie zB ein Mittelname, erteilt werden.

Ein Elternteil mit einem **nach dem Geschlecht** (zB Smirnova) oder **Verwandtschaftsverhält-**   77
nis abgewandelten Familiennamen (zB Erikson) kann an das Kind die ursprüngliche Namensform
(sowohl die männliche als auch die weiblichen Form ist denkbar[106]) entsprechend Abs. 1 S. 1 Nr. 4
weitergeben.

Leitet sich der Familienname eines Kindes **von einem Elternteil mit einem fremdsprachigen**   78
Familiennamen ab, kann dieser entsprechend Abs. 1 S. 1 Nr. 5 eingedeutscht werden. Vorausset-
zung hierbei ist, dass der Kindesname nach deutschem Recht gebildet wird[107] und der ableitbare
Familienname des Elternteils nach ausländischem Recht erworben wurde.[108]

4. Namenserstreckung (Abs. 3). Wird der **Ehename der Eltern** nach Abs. 1 angeglichen,   79
entfaltet diese Namensänderung nach Abs. 3 iVm § 1617c Abs. 1 und 2 BGB Auswirkungen auf
den **Geburtsnamen des Kindes,** nach Abs. 3 iVm § 1617c Abs. 3 BGB auf den **Ehe- oder Lebenspartnerschaftsnamen des Kindes.** Bei Angleichung des **Lebenspartnerschaftsnamens des
namensgebenden Elternteils** eröffnet Abs. 3 jedoch keine derartige Möglichkeit der Namenserstreckung, da § 1617c BGB diesen Fall nicht erfasst (→ BGB § 1617c Rn. 21).

a) Namenserstreckung bei elterlicher Eheschließung (§ 1617c Abs. 1 BGB). Kraft Geset-   80
zes erstreckt sich der **Ehename** nur auf das gemeinsame minderjährige **Kind unter fünf Jahren**
(Umkehrschluss zu § 1617c Abs. 1 BGB). Hier schlägt die Ehenamensbestimmung der Eltern unmittelbar und zeitgleich auf den Geburtsnamen ihres Kindes durch (→ BGB § 1617c Rn. 8).

Ab dem Alter von fünf Jahren ist eine **Anschließungserklärung des Kindes** notwendig, um   81
eine Erstreckung des Ehenamens auf den Geburtsnamen des Kindes zu erreichen. (Zu den einzelnen
Fallgestaltungen → BGB § 1617c Rn. 5 ff.) Die Anschließungserklärung muss den Willen enthalten,
den Ehenamen der Eltern als Geburtsnamen führen zu wollen. Sie ist **gegenüber dem Standesamt**
zu erklären und muss **öffentlich beglaubigt** werden (§ 1617c Abs. 1 S. 3 BGB).

Für das minderjährige Kind im Alter von **fünf bis sechs Jahren** kann nur sein gesetzlicher   82
Vertreter die Angleichungserklärung abgeben (→ BGB § 1617c Rn. 9 f.). Ein Kind zwischen **sieben
und 13 Jahren** kann die Anschließung auch selbst mit Zustimmung seines gesetzlichen Vertreters
erklären; daneben bleibt der gesetzliche Vertreter zuständig (§§ 106, 107, 1629 Abs. 1 S. 1 BGB;
→ BGB § 1617c Rn. 10). Ein Kind im Alter von **14 bis 17 Jahren** kann nur selbst seine Anschließungserklärung abgeben; sie bedarf jedoch der Einwilligung oder Genehmigung des gesetzlichen
Vertreters (§ 1617c Abs. 1 S. 2 BGB).[109]

Die Möglichkeiten der Anschließung nach § 1617c BGB bestehen auch für das **volljährige Kind,**   83
ohne dass seine Eltern der Anschließung zustimmen müssen (→ BGB § 1617c Rn. 10). Weiter

---

[104] Bamberger/Roth/*Mäsch* Rn. 20.
[105] Bamberger/Roth/*Mäsch* Rn. 19; NK-BGB/*Mankowski* Rn. 42.
[106] Vgl. OLG München StAZ 2009, 11 (13): Weitergabe der weiblichen Form des Familiennamens durch
nicht verheiratete, allein sorgeberechtigte Mutter.
[107] Auch eine nachträgliche Inanspruchnahme des Abs. 1 gehört hierzu, vgl. *Krömer* StAZ 2014, 185 (186 f.).
[108] NK-BGB/*Mankowski* Rn. 48; Bamberger/Roth/*Mäsch* Rn. 22.
[109] Soweit sich die gemeinsam sorgeberechtigten Eltern (§ 1629 Abs. 1 S. 2 BGB) nicht einigen können, kann
zur Entscheidung das Familiengericht angerufen werden (§ 1628 BGB).

stehen ihm ab der Volljährigkeit nach einem Statutenwechsel für seinen Vor- und Familiennamen die verschiedenen Möglichkeiten der Namensangleichung nach Art. 47 zu.

84   Die Anschließung muss **für jedes Kind gesondert** erklärt werden (→ BGB § 1617c Rn. 11). Daher ist denkbar, dass Eltern für ihr minderjähriges siebenjähriges Kind eine Angleichungserklärung nach der Änderung ihres Ehenamens abgeben, ihr vierzehnjähriges Kind sich dieser Änderung des Ehenamens der Eltern aber nicht anschließen möchte, so dass die Namensführung des Familiennamens in einer Familie nicht mehr gleich ist.

85   **b) Namenserstreckung bei Änderung des elterlichen Ehenamens (§ 1617c Abs. 2 BGB).** Nach § 1617c Abs. 2 Nr. 1 BGB ist Abs. 1 mit seinen Erstreckungsmöglichkeiten der elterlichen Namensänderung entsprechend anwendbar, wenn sich der **Ehename der Eltern ändert,** der Geburtsname ihres Kindes geworden ist. Nach § 1617c Abs. 2 Nr. 2 BGB greift die entsprechende Anwendung, wenn sich der Familienname des namensgebenden Elternteils ändert.

86   **c) Namenserstreckung auf den Ehe- oder Lebenspartnerschaftsnamen des Kindes (§ 1617c Abs. 3 BGB).** In § 1617c Abs. 3 BGB ist die Erstreckung der Änderung des Geburtsnamens auf den **Ehe- oder Lebenspartnerschaftsnamen des Kindes** geregelt.

87   **5. Verhältnis der Abs. 1–3 zueinander.** Die Regelungen der Abs. 1–3 sind gesetzlich nicht mit einer Rangfolge belegt; sie stehen **gleichrangig** nebeneinander. Der Namensträger kann wählen, welche Angleichung seines Namens er durchführen möchte, soweit seine Namensführung unter mehrere der Angleichungsmöglichkeiten fällt.[110]

88   Im Rahmen der Angleichung können der Vor- und Familienname aus **Kombinationen der einzelnen Möglichkeiten** gebildet werden. ZB kann der Betroffene, der nur einen Namen führt, nach Abs. 1 S. 1 Nr. 2 diesen zum Familiennamen bestimmen und einen neuen Vornamen wählen. Für seinen Familiennamen kann er nach Abs. 1 S. 1 Nr. 5 die deutsche Form wählen.[111]

V. Verhältnis zu anderen Vorschriften

89   **1. Verhältnis zu § 94 BVFG.** § 94 BVFG regelt die Namensangleichung für Vertriebene und Spätaussiedler.

§ 94 BVFG Familiennamen und Vornamen

(1) [1]Vertriebene und Spätaussiedler, deren Ehegatten und Abkömmlinge, die Deutsche im Sinne des Artikels 116 Abs. 1 des Grundgesetzes sind, können durch Erklärung gegenüber dem Bundesverwaltungsamt im Verteilungsverfahren oder dem Standesamt
1. Bestandteile des Namens ablegen, die das deutsche Recht nicht vorsieht,
2. die ursprüngliche Form eines nach dem Geschlecht oder dem Verwandtschaftsverhältnis abgewandelten Namens annehmen,
3. eine deutschsprachige Form ihres Vor- oder Familiennamens annehmen; gibt es eine solche Form des Vornamens nicht, so können sie neue Vornamen annehmen,
4. im Falle der Führung eines gemeinsamen Familiennamens durch Ehegatten einen Ehenamen nach § 1355 Abs. 1 des Bürgerlichen Gesetzbuchs bestimmen und eine Erklärung nach § 1355 Abs. 4 des Bürgerlichen Gesetzbuchs abgeben,
5. den Familiennamen in einer deutschen Übersetzung annehmen, sofern die Übersetzung einen im deutschen Sprachraum in Betracht kommenden Familiennamen ergibt.

[2]Wird in den Fällen der Nummern 3 bis 5 der Familienname als Ehename geführt, so kann die Erklärung während des Bestehens der Ehe nur von beiden Ehegatten abgegeben werden. [3]Auf den Geburtsnamen eines Abkömmlings, welcher das fünfte Lebensjahr vollendet hat, erstreckt sich die Namensänderung nur dann, wenn er sich der Namensänderung durch Erklärung gegenüber dem Bundesverwaltungsamt im Verteilungsverfahren oder dem Standesamt anschließt. [4]Ein in der Geschäftsfähigkeit beschränktes Kind, welches das 14. Lebensjahr vollendet hat, kann die Erklärung nur selbst abgeben; es bedarf hierzu der Zustimmung seines gesetzlichen Vertreters.

(2) [1]Die Erklärungen nach Absatz 1 müssen öffentlich beglaubigt oder beurkundet werden, wenn sie nicht bei der Eheschließung gegenüber einem deutschen Standesamt abgegeben werden. [2]Im Verteilungsverfahren kann auch das Bundesverwaltungsamt die Erklärungen öffentlich beglaubigen oder beurkunden. [3]Gebühren und Auslagen werden nicht erhoben.

---

[110] *Hepting,* Deutsches und Internationales Familienrecht im PStR, 2010, II-358 f.; *Hochwald* StAZ 2010, 335 (337); NK-BGB/*Mankowski* Rn. 11.
[111] NK-BGB/*Mankowski* Rn. 11; *Gaaz/Bornhofen* (2014) PStG § 43 Rn. 36.

Wegen seiner „bereichsspezifischen Besonderheiten" wurde § 94 BVFG bei der Reform des **90** Personenstandsrechts nicht verändert.[112] Art. 47 und § 94 BVFG stehen daher **nebeneinander.**[113] Für die von § 94 BVFG erfassten Fälle ist daher weiterhin diese Norm als lex specialis einschlägig.[114] Im Übrigen greift Art. 47 ein. Das hat folgende Konsequenzen:

Ist **§ 94 BVFG nicht anwendbar,** weil dessen persönliche oder sachliche Voraussetzungen nicht **91** erfüllt sind, kommt eine Angleichung nach Art. 47 in Betracht.[115]

Ist eine **Angleichung des Namens nach § 94 BVFG** in einer bestimmten Weise erfolgt, kann **92** sie nicht noch einmal nach Art. 47 erfolgen. Wenn zB beide Ehegatten nach § 94 BVFG eine deutschsprachige Form ihres Ehenamens gewählt haben, ist eine nochmalige Wahl nach Art. 47 wegen der verbindlichen und unwiderruflichen Wahl nach § 94 BVFG[116] nicht möglich.

Allerdings entfaltet § 94 BVFG seine Sperrwirkung nur für den Namen, für den die Angleichung **93** erfolgt ist. Die **Reichweite der Sperrwirkung** beschränkt sich daher auf den angeglichenen Namen. So steht es der Anwendung des Art. 47 nicht entgegen, wenn die Ehefrau nach § 94 BVFG die weibliche Endung ihres Namens abgelegt hat und jetzt mit ihrem Mann gemeinsam einen Ehenamen nach Abs. 1 S. 2 bestimmen möchte. Die vorherige Erklärung der Ehefrau ist keine Angleichungserklärung hinsichtlich der deutschsprachigen Form des Ehenamens, da sie nur die weibliche Endung ihres Familiennamens und nicht den Ehenamen als solchen betraf.

2. Verhältnis zur öffentlich-rechtlichen Namensänderung. Die öffentlich-rechtliche Namens- **94** änderung nach dem NamÄndG ist unabhängig von der etwa bestehenden Möglichkeit einer Namensangleichung nach Art. 47 (bzw. § 94 BVFG) **zulässig.** Diese Vorschriften eröffnen zusätzliche Möglichkeiten der Namensanpassung, lassen aber die Möglichkeit einer Namensänderung nach dem NamÄndG unberührt.[117]

Ist der Name im Wege der öffentlich-rechtlichen Namensänderung **geändert worden,** ist eine **95** Namensangleichung nach Art. 47 (bzw. § 94 BVFG) nicht mehr möglich.[118] Das beruht indes nicht auf der Sperrwirkung der öffentlich-rechtlichen Namensänderung, sondern schlicht darauf, dass der Namensträger nicht mehr seinen unter dem ausländischen Namensstatut erworbenen Namen führt, sondern den aufgrund der öffentlich-rechtlichen Namensänderung erworbenen deutschen Namen. Damit fehlt es an der entsprechenden Voraussetzung für eine Namensangleichung nach Art. 47 (bzw. § 94 BVFG).

Art. 48 EGBGB Wahl eines in einem anderen Mitgliedstaat der Europäischen Union erworbenen Namens

[1]Unterliegt der Name einer Person deutschem Recht, so kann sie durch Erklärung gegenüber dem Standesamt den während eines gewöhnlichen Aufenthalts in einem anderen Mitgliedstaat der Europäischen Union erworbenen und dort in ein Personenstandsregister eingetragenen Namen wählen, sofern dies nicht mit wesentlichen Grundsätzen des deutschen Rechts offensichtlich unvereinbar ist. [2]Die Namenswahl wirkt zurück auf den Zeitpunkt der Eintragung in das Personenstandsregister des anderen Mitgliedstaats, es sei denn, die Person erklärt ausdrücklich, dass die Namenswahl nur für die Zukunft wirken soll. [3]Die Erklärung muss öffentlich beglaubigt oder beurkundet werden. [4]Artikel 47 Absatz 1 und 3 gilt entsprechend.

Schrifttum: *Freitag,* Die Namenswahl nach Art. 48 EGBGB, StAZ 2013, 69; *Hepting/Dutta,* Familie und Personenstand, 2. Aufl. 2015; *Lipp,* Anerkennungsprinzip und Namensrecht, FS Coester-Waltjen, 2015, 521; *Mankowski,* Art. 48 EGBGB – viele Fragen und einige Antworten, StAZ 2014, 97; *Sperling,* Familiennamensrecht in Deutschland und Frankreich – Eine Untersuchung der Rechtslage sowie namensrechtlicher Konflikte in grenzüberschreitenden Sachverhalten, Diss. Erlangen-Nürnberg 2012; *Wall,* Anwendungsprobleme des Art. 48 EGBGB – dargestellt anhand von Beispielsfällen aus der Praxis, StAZ 2013, 237; *Wall,* Unzureichende Umsetzung primärrechtlicher Vorgaben durch Art. 48 EGBGB. Anmerkung zur Entscheidung des OLG München vom 1.4.2014, StAZ 2014, 294; *Wall,* Verstößt ein durch englische „deed poll" gewählter Phantasiename gegen den ordre public i. S. von Art. 48 EGBGB?, StAZ 2015, 41; *Wall,* Anmerkung zu OLG Nürnberg vom 2.6.2015, FamRZ 2015, 1658.

---

[112] BT-Drs. 16/1831, 78.
[113] *Erman/Hohloch* Rn. 3; NK-BGB/*Mankowski* Rn. 61; Palandt/*Thorn* Rn. 4.
[114] *Erman/Hohloch* Rn. 4.
[115] Palandt/*Thorn* Rn. 4; NK-BGB/*Mankowski* Rn. 63. Vor dem Inkrafttreten des Art. 47 war eine Angleichung in einem solchen Fall nach OLG Frankfurt a. M. StAZ 2006, 142 (143) nicht möglich.
[116] Vgl. OLG München StAZ 2007, 239.
[117] VG Düsseldorf StAZ 2012, 56 f.; Palandt/*Thorn* Rn. 4.
[118] Vgl. zu § 94 BVFG AG München StAZ 1995, 45.

Übersicht

I. Normzweck

1 Die Einführung des Art. 48 in das EGBGB erfolgte zum 29.1.2013.[1] Diese Norm soll den **unionsrechtlichen Vorgaben** und der **Rechtsprechung des EuGH** Rechnung tragen und es ermöglichen, einen Namen zu führen, der in einem anderen Mitgliedstaat der EU erworben wurde und nach deutschem Recht an sich nicht statthaft ist[2] (ausführlich → Art. 10 Rn. 179 ff.). Eine umfassende Lösung für die Problematik hinkender Namensverhältnisse darf man daher von ihr nicht erwarten.[3]

2 Art. 48 führt dazu die Möglichkeit einer **sachrechtlichen Namenswahl** ein (S. 1). Wenn der Name einer Person deutschem Recht unterliegt, sie aber während ihres gewöhnlichen Aufenthalts in einem anderen Mitgliedstaat nach dessen Recht wirksam einen anderen Namen erworben hat und dieser dort registriert worden ist, kann sie statt des deutschen Namens diesen ausländischen Namen wählen. Die Wahl des ausländischen Namens **wirkt zurück**, sofern der Namensträger die Wirkung seiner Wahl nicht auf die Zukunft beschränkt (S. 2). Die Ausübung dieses Wahlrechts erfolgt durch **formgebundene Erklärung gegenüber dem Standesamt** (S. 4). Übt der Namensträger sein Wahlrecht nicht aus, bleibt es bei dem Namen, den er nach deutschem Namensstatut führt.

3 Nach der Vorstellung des Gesetzgebers sollen die Rechtswahl nach Art. 10 Abs. 2 und 3 und die neue sachrechtliche Namenswahl nach Art. 48 im Zusammenwirken die unionsrechtlichen Vorgaben erfüllen.[4] Die **gesetzliche Lösung** ist indes **unzureichend.** Die Rechtswahl und die Namenswahl erfassen in ihrer derzeitigen Ausgestaltung nicht alle Fälle, in denen das Unionsrecht die „Anerkennung" eines ausländischen Namens gebietet (zur Rechtswahl → Art. 10 Rn. 230; zu Art. 48 → Rn. 31 ff.). Das deutsche Recht ist daher **unionsrechtskonform** auszulegen bzw. fortzubilden. Das muss jedoch **systemkonform** geschehen, dh unter Beachtung der gesetzlichen Strukturen und Grundentscheidungen des deutschen Rechts.[5] Der Gesetzgeber hat sich bei der Einführung des Art. 48 für eine sachrechtliche Namenswahl entschieden und ihr den Vorzug vor einer Ausweitung der kollisionsrechtlichen Rechtswahl und der Namensänderung gegeben.[6] Daher sind **verbleibende Lücken** mit Hilfe einer **analogen Anwendung des Art. 48** zu schließen. Eine Namenswahl nach oder entsprechend Art. 48 ist daher geboten, wenn das von Art. 10 Abs. 1 berufene bzw. ein nach Art. 10 Abs. 2 bzw. Abs. 3 wählbares Recht die Führung des unionsrechtlich „anzuerkennenden" ausländischen Namens nicht ermöglicht.[7] Einer solchen Analogie steht auch der **Wille des Gesetz-**

---

[1] Art. 1 Nr. 7 des Gesetzes zur Anpassung der Vorschriften des Internationalen Privatrechts an die Verordnung (EU) Nr. 1259/2010 und zur Änderung anderer Vorschriften des internationalen Privatrechts vom 23.1.2013, BGBl. 2013 I S. 101. Das Gesetz ist nach Art. 5 am 29.1.2013 in Kraft getreten.

[2] BT-Drs. 17/11049, 12.

[3] BT-Drs. 17/11049, 17 (Gegenäußerung der BReg. gegenüber entspr. Petitum des BR); krit. *Wall* StAZ 2013, 237 (238 ff.); *Mankowski* StAZ 2014, 97 f.

[4] BT-Drs. 17/11049, 12.

[5] *Sperling,* Familiennamensrecht in Deutschland und Frankreich, 2012, 145 f.; allg. zur unionsrechtskonformen Auslegung Calliess/Ruffert/*Ruffert* EUV/AEUV, 5. Aufl. 2016, AEUV Art. 1 Rn. 24.

[6] BT-Drs. 17/11049, 12; Palandt/*Thorn* Rn. 2; Staudinger/*Hepting/Hausmann* (2013) Rn. 2; nicht berücksichtigt von jurisPK-BGB/*Janal* Rn. 2, die alle drei Möglichkeiten nebeneinander stellt.

[7] *Freitag* StAZ 2013, 69 (75 ff.); *Wall* StAZ 2013, 237 (246 f.); *Wall* StAZ 2014, 113 (124); Staudinger/*Hepting/Hausmann* (2013) Rn. 8; aA (unmittelbare Anerkennung kraft Unionsrechts) jurisPK-BGB/*Janal* Rn. 13; *Mankowski* StAZ 2014, 97 (108 f.); NK-BGB/*Mankowski* Rn. 75 ff.; wiederum anders OLG München FGPrax 2015, 186 f., das im Fall einer familienrechtlich begründeten Namensänderung in Österreich eine Namensänderung nach § 3 NamÄndG für erforderlich hielt.

gebers nicht entgegen.[8] Die Bundesregierung hat zwar die vom Bundesrat angeregte umfassende Regelung der Problematik hinkender Namensverhältnisse abgelehnt.[9] Das beruhte jedoch auf dem – zutreffenden – Gesichtspunkt, dass sich eine solche Lösung letztlich nur auf europäischer bzw. internationaler Ebene schaffen lässt.[10] Den Materialien lässt sich daher keinesfalls entnehmen, dass der Gesetzgeber mit Art. 48 bewusst eine Regelung geschaffen hat, die hinter ihrem erklärten Ziel zurückbleibt, die unionsrechtlich gebotene Anerkennung eines im Ausland erworbenen Namens umzusetzen.

II. Voraussetzungen

1. Anwendungsbereich. Der **Begriff des Namens** umschreibt den sachlichen Anwendungsbereich des Art. 48. Er ist deshalb kollisionsrechtlich zu verstehen und umfasst alle Bezeichnungen, die zum Namen iS des Art. 10 gehören, einschließlich des Ehenamens (→ Art. 47 Rn. 8).[11]   **4**

Der **zeitliche Anwendungsbereich** des Art. 48 umfasst auch Sachverhalte, die zeitlich vor dem   **5** Inkrafttreten der Vorschrift liegen. Weder der Normtext noch die Begründung differenzieren danach, wann der ausländische Name erworben bzw. eingetragen worden ist. Dementsprechend steht das Wahlrecht des Art. 48 auch Personen zu, die vor dem 29.1.2013 einen Namen in einem anderen EU-Mitgliedstaat erworben haben bzw. deren Name vor diesem Zeitpunkt eingetragen worden ist. Entscheidend ist allein, dass sie **bei der Ausübung des Wahlrechts** dem deutschen Namensrecht unterliegen und der andere Staat zu diesem Zeitpunkt Mitglied der EU ist.[12]

2. Deutsches Namensstatut. Das Wahlrecht nach Art. 48 steht nur Personen zu, deren Namen   **6** **deutschem Sachrecht** unterliegt (S. 1). Die Anwendbarkeit des deutschen Namensrechts ist dabei nach den Vorschriften des **deutschen IPR** zu bestimmen.[13]

Der Name unterliegt nach **Art. 10 Abs. 1** deutschem Namensrecht, wenn der Namensträger   **7** zumindest auch die deutsche Staatsangehörigkeit besitzt, da bei Mehrstaatern die deutsche Staatsangehörigkeit nach Art. 5 Abs. 1 S. 2 vorgeht, oder wenn bei ausländischer Staatsangehörigkeit das deutsche Recht im Wege der Rück- oder Weiterverweisung berufen wird.[14]

Darüber hinaus kann das deutsche Namensrecht aufgrund einer **Rechtswahl nach Art. 10**   **8** **Abs. 2 oder 3** bzw. **Art. 17b Abs. 2 S. 1** anwendbar sein.[15] Da diese Rechtswahl nur den Ehe- oder Lebenspartnerschaftsnamen bzw. den Familiennamen erfasst (→ Art. 10 Rn. 105 ff.; zur Problematik des Vornamens beim Kind → Art. 10 Rn. 59), ist unter Umständen deutsches Recht nur auf einen Teil des Namens anzuwenden. Würde man das Wahlrecht auf diesen Namensteil beschränken, hätte das eine weitere Namensspaltung zur Folge. Ein solches Ergebnis widerspricht der Intention des Gesetzgebers und dem Zweck des Art. 48. Daher kann der Namensträger seinen **gesamten ausländischen Namen** wählen, wenn zumindest ein Teil seines Namens deutschem Recht unterliegt.[16]

In beiden Fällen beschränkt sich Art. 48 nicht auf eine Regelung zugunsten von Unionsbürgern,   **9** sondern bezieht auch **Angehörige von Drittstaaten** mit ein. Die Regelung geht damit deutlich über das hinaus, was unionsrechtlich derzeit geboten ist.[17] Art. 48 stellt daher eine begrüßenswerte allgemeine Regelung dar, da der menschenrechtliche Namensschutz als einer der beiden Pfeiler der Anerkennungspflicht nicht auf Unionsbürger beschränkt ist (→ Art. 10 Rn. 173 ff., 206 ff.). Allerdings muss der ausländische Name **in einem EU-Mitgliedstaat erworben** worden sein (→ Rn. 10 ff., zur analogen Anwendung auf Drittstaatenfälle → Rn. 35).

3. Namenserwerb und Eintragung in einem anderen EU-Mitgliedstaat. Der Name muss   **10** **während des gewöhnlichen Aufenthalts** in einem anderen **EU-Mitgliedstaat erworben** worden und dort in ein **Personenstandsregister eingetragen** sein (S. 1).

---

[8] So aber jurisPK-BGB/*Janal* Rn. 13.

[9] Darauf stellt jurisPK-BGB/*Janal* Rn. 13 ab.

[10] BT-Drs. 17/11049, 17.

[11] KG StAZ 2016, 342 (dänischer Mittelname); *Freitag* StAZ 2013, 69 (70); *Mankowski* StAZ 2014, 97 (105); NK-BGB/*Mankowski* Rn. 7, 54 ff.

[12] KG StAZ 2015, 301 f.; *Freitag* StAZ 2013, 69 (72); *Wall* StAZ 2013, 237 (243); *Mankowski* StAZ 2014, 97 (105); *Hepting/Dutta*, Familie und Personenstand, 2. Aufl. 2015, II-436, II-438; jurisPK-BGB/*Janal* Rn. 10; Palandt/*Thorn* Rn. 2; NK-BGB/*Mankowski* Rn. 14, 47.

[13] BT-Drs. 17/11049, 12; NK-BGB/*Mankowski* Rn. 9 ff.

[14] Staudinger/*Hepting/Hausmann* (2013) Rn. 6; *Mankowski* StAZ 2014, 97 (99).

[15] BT-Drs. 17/11049, 12; Staudinger/*Hepting/Hausmann* (2013) Rn. 6; *Mankowski* StAZ 2014, 97 (99).

[16] jurisPK-BGB/*Janal* Rn. 7.

[17] *Freitag* StAZ 2013, 69 (71 f.); *Mankowski* StAZ 2014, 97 (104); NK-BGB/*Mankowski* Rn. 44 f.

11   **a) Gewöhnlicher Aufenthalt.** Der gewöhnliche Aufenthalt in einem anderen EU-Mitgliedstaat ist dabei nach den üblichen Kriterien zu bestimmten (→ Art. 5 Rn. 113 ff.). Er muss jedoch keine Voraussetzung des Namenserwerbs sein, etwa dergestalt, dass der Aufenthaltsstaat in seinem IPR den Namen dem Recht des gewöhnlichen Aufenthalts unterstellt. Es genügt, wenn der Namensträger den Namen **während** seines Aufenthalts erwirbt.[18] Dieses Erfordernis ist einerseits durch das Unionsrecht vorgeprägt und genügt andererseits dessen Erfordernissen, denn der unionsrechtliche Namensschutz setzt einen hinreichenden Bezug zum Staat des Namenserwerbs voraus (→ Art. 10 Rn. 218).[19]

12   **b) Namenserwerb.** An den **Namenserwerb** selbst stellt Art. 48 keine bestimmten Anforderungen. Nach dem Wortlaut genügt es, wenn der Name **in** einem anderen EU-Mitgliedstaat erworben wurde. Das ist sicherlich erfüllt, wenn der Name nach dem Recht dieses Staates („rechtmäßig") erworben wurde.[20] Der unionsrechtliche Namensschutz und die hieraus resultierende Anerkennungspflicht umfassen aber auch einen Namen, der zwar an sich gegen das Namensrecht dieses Staates verstößt (also „rechtswidrig" ist), aber lange Zeit unbeanstandet geführt wurde und daher Vertrauensschutz genießt (→ Art. 10 Rn. 194 ff., 214). Es genügt daher, wenn der Name **wirksam erworben** wurde, sei es, weil er von vornherein rechtmäßig erworben wurde, sei es, weil er einen entsprechenden Vertrauensschutz genießt.[21]

13   Die **Art des Namenserwerbs** spielt nach der im Schrifttum einhellig vertretenen Ansicht keine Rolle. Erfasst werden Namenserwerb und Namensgebung beim Kindesnamen ebenso wie die Bestimmung eines Ehe- oder Lebenspartnerschaftsnamens oder die gerichtliche, behördliche und privatautonome Namensänderung.[22] Die zwischenzeitlich in der Rechtsprechung vertretene Meinung, wonach eine privatautonome Namensänderung von Art. 48 nicht erfasst sei, beruht auf der irrigen Annahme, das Unionsrecht schütze einen solcherart erworbenen Namen nicht.[23] Dieser Rechtsauffassung hat der EuGH[24] inzwischen eine ausdrückliche Absage erteilt (→ Art. 10 Rn. 204 ff.). Auch die privatautonome Namensänderung unterfällt Art. 48 und ist in den Grenzen des ordre public anzuerkennen (→ Rn. 32 ff.).

14   **c) Eintragung in ein Personenstandsregister.** Der Name muss **in ein Personenstandsregister des betreffenden EU-Mitgliedstaats** eingetragen sein. Gibt es dort kein Personenstandsregister, ist auf das funktionelle Äquivalent abzustellen. Es genügt dann eine Eintragung in dasjenige Register, das in diesem Mitgliedstaat verbindlich Auskunft über die Namensführung gibt.[25]

15   Auf die **Rechtmäßigkeit** der Eintragung kommt es nicht an. Art. 48 stellt allein auf die Tatsache der Eintragung ab; auch unionsrechtlich ist dies für den Namensschutz letztlich unerheblich (→ Rn. 12; → Art. 10 Rn. 215 f.).[26]

16   Art. 48 erfasst nach seinem Wortlaut nicht solche Fälle, in denen der Name in **anderen Registern** (zB im Handelsregister oder Grundbuch) oder in **amtlichen Dokumenten** (zB Fahrerlaubnis oder Pass) registriert ist.[27] Ist der Name dort eingetragen und lange Zeit unbeanstandet geführt worden, kann dies jedoch zum wirksamen Erwerb dieses Namens im Aufenthaltsstaat führen und die unionsrechtliche Anerkennungspflicht begründen (→ Rn. 12; → Art. 10 Rn. 194 ff., 215). In diesem Fall ist Art. 48 deshalb entsprechend anzuwenden (→ Rn. 3, 35).[28]

---

[18] *Freitag* StAZ 2013, 69 (70); *Wall* StAZ 2013, 237 (244); *Mankowski* StAZ 2014, 97 (100, 102); NK-BGB/*Mankowski* Rn. 19, 28 ff.

[19] Instruktiv OLG München NJW-RR 2010, 660, wo allerdings aus der Entscheidung nicht hervorgeht, ob ein gewöhnlicher Aufenthalt in England bestand.

[20] *Freitag* StAZ 2013, 69 (70).

[21] *Mankowski* StAZ 2014, 97 (103 ff.); *Wall* StAZ 2013, 237 (241 ff., 243); jurisPK-BGB/*Janal* Rn. 4; Staudinger/*Hepting/Hausmann* (2013) Rn. 15 ff.; NK-BGB/*Mankowski* Rn. 35 ff.; einschränkend (nur rechtmäßig erworbener Name) *Hepting/Dutta*, Familie und Personenstand, 2. Aufl. 2015, II-440; Palandt/*Thorn* Rn. 2. Nach AG Berlin-Schöneberg StAZ 2013, 21 (23 f.) sind 10 Jahre ausreichend, um Vertrauensschutz zu begründen, nach KG MDR 2016, 529 (530) – nicht rechtskräftig – genügen 4 Jahre dafür nicht.

[22] *Wall* StAZ 2013, 237 (239 ff.); *Mankowski* StAZ 2014, 97 (103 ff.); *Lipp*, FS Coester-Waltjen, 2015, 521 (525, 530); NK-BGB/*Mankowski* Rn. 49 ff; *Hepting/Dutta*, Familie und Personenstand, 2. Aufl. 2015, II-440; jurisPK-BGB/*Janal* Rn. 4.

[23] OLG Nürnberg FGPrax 2015, 234 (235 ff.) = FamRZ 2015, 1655 m. insoweit abl. Anm. *Wall*; AG Meiningen StAZ 2016, 114 f.

[24] EuGH StAZ 2016, 203 = NJW 2016, 2093 – Bogendorff von Wolffersdorff.

[25] OLG Nürnberg FGPrax 2015, 234 (235) = FamRZ 2015, 1655; *Freitag* StAZ 2013, 69 (70); jurisPK-BGB/*Janal* Rn. 4.

[26] AG Berlin-Schöneberg StAZ 2013, 21 (23 f.); *Sturm* StAZ 2010, 146 (147); im Ergebnis ebenso *Wall* StAZ 2013, 237 (243).

[27] *Freitag* StAZ 2013, 69 (70); jurisPK-BGB/*Janal* Rn. 4. Diese Einschränkung durch den Wortlaut der Norm wird übersehen von Staudinger/*Hepting/Hausmann* (2013) Rn. 14.

[28] Zustimmend NK-BGB/*Mankowski* Rn. 16 f.

III. Ausübung des Wahlrechts

1. Grundsätze. Art. 48 eröffnet dem Namensträger ein **Wahlrecht** zugunsten des in einem EU-   17
Mitgliedstaat erworbenen Namens. Übt er dieses Wahlrecht nicht aus, führt er den Namen, der ihm
nach deutschem Recht zukommt.

Die Erklärung ist **gegenüber dem Standesamt** abzugeben (S. 1). Dessen Zuständigkeit bestimmt   18
sich nach § 43 Abs. 2 PStG (näher → Art. 47 Rn. 19 f.).

Die Erklärung muss **öffentlich beglaubigt** oder **beurkundet** werden (S. 3), was auch durch das   19
Standesamt erfolgen kann, § 43 Abs. 1 PStG. Die in dieser Vorschrift ursprünglich vorgesehene
Kostenfreiheit (§ 43 Abs. 1 S. 2 PStG aF) ist durch das PStRÄndG[29] zum 1.11.2013 entfallen; die
Gebührenpflicht bestimmt sich nun nach dem jeweiligen Landesrecht (§ 72 PStG).

Für die Ausübung des Wahlrechts sieht Art. 48 keine Frist vor. Wie die Rechtswahl nach Art. 10   20
Abs. 2 und 3 oder die Angleichung nach Art. 47 ist sie daher **zeitlich unbefristet** möglich.[30] Zu
Art. 47 → Art. 47 Rn. 23; zu Art. 10 Abs. 2 und 3 → Art. 10 Rn. 111, 155.

Minderjährige können das Wahlrecht nicht selbst ausüben; für sie handelt wie bei der Anglei-   21
chungserklärung nach Art. 47 ihr gesetzlicher Vertreter. Eine rechtsgeschäftliche Stellvertretung ist
ebenfalls ausgeschlossen (→ Art. 47 Rn. 17, 24).

2. Gemeinsame Ausübung bei Ehenamen (S. 4 iVm Art. 47 Abs. 1 S. 2). Betrifft die Wahl   22
den **Ehenamen** oder **Lebenspartnerschaftsnamen,** kann sie während der Ehe bzw. Lebenspartnerschaft nur von beiden Ehegatten/Lebenspartnern **gemeinsam** ausgeübt werden. S. 4 verweist
dazu ausdrücklich auf Art. 47 Abs. 1 S. 2.[31] Zu Einzelheiten → Art. 47 Rn. 69.

IV. Wirkungen der Namenswahl

1. Grundsatz. Mit der Namenswahl entscheidet der Namensträger verbindlich, dass er den im   23
anderen EU-Mitgliedstaat erworbenen Namen auch in Deutschland führt. Er trägt daher den **Namen
in der ausländischen Form,** dh in der Regel so, wie er im ausländischen Personenstandsregister
eingetragen ist.

Die Wahl des ausländischen Namens kann nach allgemeinen Grundsätzen **nicht widerrufen**   24
oder **angefochten** werden (dazu sowie zu den Ausnahmen → Art. 47 Rn. 26 f.).[32]

Hat der Namensträger einen bestimmten im EU-Ausland erworbenen Namen gewählt und sein   25
Wahlrecht ausgeübt, ist es **verbraucht.**[33] Er kann nicht zu seinem deutschen Namen zurückkehren. Dasselbe gilt, wenn er nicht nur einen, sondern mehrere Namen in verschiedenen EU-Mitgliedstaaten erworben hat und einen davon auswählt. Eine erneute Wahl ist dagegen möglich, wenn er
nach der Wahl einen anderen Namen erwirbt, da dies ein erneutes Wahlrecht begründet.[34]

Die **Ablehnung einer Wahl** zugunsten des ausländischen Namens stellt **keine Ausübung** des   26
Wahlrechts dar. Entscheidet der Namensträger sich gegen eine Wahl, macht er lediglich von seinem
Recht keinen Gebrauch. Er übt dieses Recht aber weder aus, noch verzichtet er für die Zukunft
darauf, selbst wenn er dies in der Form des S. 3 erklärt.[35] Gleiches gilt, wenn der Namensträger
erklärt, seinen deutschen Namen beibehalten zu wollen.

Die Wahl **wirkt** auf den Zeitpunkt der Eintragung des Namens in das ausländische Personenstands-   27
register **zurück,** sofern sie nicht auf die Zukunft beschränkt wird (S. 2). Die Rückwirkung auf den
Zeitpunkt der Registrierung verfehlt jedoch den Zweck der Norm, wenn es um den Erwerb eines
Namens aufgrund eines familienrechtlichen Vorgangs (zB die Geburt) geht. Hier muss die Wahl
auf den Zeitpunkt des zugrundeliegenden Vorgangs zurückwirken, da der Betroffene sonst bis zur
Registrierung unter Umständen einen anderen Namen hätte.[36]

Die Namenswahl zugunsten des ausländischen Namens ändert nichts an der Geltung des deutschen   28
Namensstatuts; sie ist keine Rechtswahl. Der Name wird zwar in der im Ausland erworbenen Form
geführt, unterliegt aber im Übrigen dem **deutschen Sachrecht.**[37]

---

[29] Gesetz zur Änderung personenstandsrechtlicher Vorschriften (Personenstandsrechtsänderungsgesetz –
PStRÄndG) vom 7.5.2013, BGBl. 2013 I S. 1122.

[30] *Freitag* StAZ 2013, 69 (73); *Mankowski* StAZ 2014, 97 (106); NK-BGB/*Mankowski* Rn. 59; Palandt/*Thorn*
Rn. 3; jurisPK-BGB/*Janal* Rn. 10; Staudinger/*Hepting/Hausmann* (2013) Rn. 23.

[31] BT-Drs. 17/11049, 12.

[32] jurisPK-BGB/*Janal* Rn. 11; NK-BGB/*Mankowski* Rn. 67.

[33] *Freitag* StAZ 2013, 69 (73); Staudinger/*Hepting/Hausmann* (2013) Rn. 23; Palandt/*Thorn* Rn. 3; weitergehend *Mankowski* StAZ 2014, 97 (107); NK-BGB/*Mankowski* Rn. 60 ff.

[34] jurisPK-BGB/*Janal* Rn. 11; weitergehend *Mankowski* StAZ 2014, 97 (107).

[35] Anders *Freitag* StAZ 2013, 69 (73).

[36] Ebenso Staudinger/*Hepting/Hausmann* (2013) Rn. 25; *Hepting/Dutta*, Familie und Personenstand, 2. Aufl.
2015, II-446.

[37] *Freitag* StAZ 2013, 69 (74); Staudinger/*Hepting/Hausmann* (2013) Rn. 24.

29   **2. Angleichung (S. 4 iVm Art. 47 Abs. 1 S. 1).** Da der ausländische Name dem deutschen Namensrecht unterliegt, entstehen vergleichbare Probleme wie beim Eingangsstatutenwechsel. Art. 48 versucht, diese Probleme durch die Eröffnung der **Angleichungsmöglichkeiten** des Art. 47 Abs. 1 S. 1 zu lösen.[38] Auf die dortige Kommentierung wird verwiesen (→ Art. 47 Rn. 31 ff.).

30   Dem Namensträger steht es frei, ob er eine solche Angleichung vornimmt. Lehnt er sie ab, führt er seinen ausländischen Namen **in der ursprünglichen Form.**

31   **3. Erstreckung (S. 4 iVm Art. 47 Abs. 3).** Die **Wirkungen der Namenswahl auf den Namen des Kindes** werfen ebenfalls vergleichbare Probleme wie beim Eingangsstatutenwechsel auf. Daher verweist S. 4 auf Art. 47 Abs. 3 und damit letztlich auf § 1617c BGB (→ Art. 47 Rn. 79 ff.).[39]

32   **4. Kein Verstoß gegen den deutschen ordre public (S. 1 2. Hs.).** Die Namenswahl, genauer: die **Führung des gewählten Namens** als Ergebnis dieser Wahl, darf nicht mit wesentlichen Grundsätzen des deutschen Rechts offensichtlich unvereinbar sein. Auch wenn Art. 48 keine kollisionsrechtliche Norm darstellt, entspricht dies dem **ordre public-Vorbehalt** des Art. 6. Zur Auslegung kann deshalb auf die dort entwickelten Grundsätze zurückgegriffen werden. Letztlich entsprechen daher die Grenzen des ordre public bei Art. 48 denen bei Art. 10 (→ Art. 10 Rn. 52 ff.). Allerdings muss dabei den **Vorgaben des Unionsrechts** (Art. 18, 21 AEUV) und des **grund- und menschenrechtlichen Namensschutzes** Rechnung getragen und eine **Einzelfallprüfung** durchgeführt werden, ob die Führung des ausländischen Namens im Inland im konkreten Fall mit wesentlichen Grundsätzen des deutschen Rechts offensichtlich unvereinbar ist.[40] Dies hat auch der EuGH nachdrücklich eingefordert (→ Art. 10 Rn. 197, 205 ff.). Beides berücksichtigen die deutsche Rechtsprechung und Literatur bislang nicht in ausreichendem Maße.

33   Ein Verstoß gegen den deutschen ordre public wird bei einer **privaten Namensänderung** zT bejaht, weil die freie Namenswahl etwa mittels einer englischen „deed poll" mit der für das deutsche Recht zentralen Ordnungsfunktion des Namens unvereinbar sei, die Namenskontinuität und Namensstabilität verlange.[41] Das missachtet aber zum einen den grund- und menschenrechtlichen Namensschutz und zum anderen auch die unionsrechtlichen Vorgaben, wenn der Name auf diese Weise in einem Mitgliedstaat der EU erworben wurde. Der EuGH[42] hat daher diese Auffassung zu Recht verworfen (→ Art. 10 Rn. 205 ff.). Ein ordre public-Verstoß kommt daher nur in Betracht, wenn im Einzelfall **kein sachlicher Grund** für die private Namensänderung erkennbar und daher ein rechtsmißbräuchliches Verhalten anzunehmen ist.[43]

34   Enthält der ausländische Name eine **Adelsbezeichnung,** soll seine Anerkennung gegen den deutschen ordre public verstoßen, weil der Adelsstand durch Art. 109 Abs. 3 WRV iVm Art. 123 Abs. 1 GG mit Verfassungsrang abgeschafft ist und daher keine neuen Adelsbezeichnungen verliehen werden können.[44] Allerdings sind Adelsbezeichnungen in Deutschland, anders als in Österreich, nicht völlig abgeschafft worden, sondern leben als Namensbestandteile fort und können im Zusammenhang mit einer familienrechtlichen Statusänderung auch weitergegeben und erworben werden (→ BGB vor § 1616 Rn. 13). Der EuGH[45] hat es daher zu Recht abgelehnt, hierin generell einen Verstoß gegen den deutschen ordre public zu sehen. Dies sei zwar ein legitimes Ziel, erforderlich sei aber eine **Einzelfallprüfung,** ob die Ablehnung der Anerkennung im konkreten Fall verhältnismäßig ist (→ Art. 10 Rn. 205 ff.). Hierbei muss dann auch der grund- und menschenrechtlichen Schutz des Namens berücksichtigt werden.[46] Ein ordre public-Verstoß dürfte daher letztlich nur in Ausnahmefällen zu bejahen sein.

---

[38] BT-Drs. 17/11049, 12.

[39] BT-Drs. 17/11049, 12.

[40] NK-BGB/*Mankowski* Rn. 69 ff.; Bamberger/Roth/*Mäsch* Art. 10 Rn. 12; *Hepting/Dutta*, Familie und Personenstand, 2. Aufl. 2015, II-443.

[41] OLG Jena StAZ 2016, 116 f.; OLG Nürnberg FGPrax 2015, 234 (236 f.) = FamRZ 2015, 1655 m. zust. Anm. *Wall*; skeptisch NK-BGB/*Mankowski* Rn. 72; ablehnend jedoch NK-BGB/*Mankowski* Art. 10 Rn. 42.

[42] EuGH StAZ 2016, 203 = NJW 2016, 2093 – Bogendorff von Wolffersdorff.

[43] Ebenso EuGH StAZ 2016, 203 = NJW 2016, 2093 Rn. 52 ff. – Bogendorff von Wolffersdorff; *Wall* StAZ 2015, 41 (49 ff.); Bamberger/Roth/*Mäsch* Art. 10 Rn. 12; in diese Richtung argumentierend auch OLG Naumburg StAZ 2014, 338 = BeckRS 2014, 02904; ausdrücklich offen gelassen von OLG Nürnberg FGPrax 2015, 234 (237) = FamRZ 2015, 1655 mAnm *Wall*; noch weitergehend (Rechtsmissbrauch keine Frage des ordre public) NK-BGB/*Mankowski* Art. 10 Rn. 42; Staudinger/*Hepting/Hausmann* (2013) Art. 10 Rn. 163.

[44] OLG Jena StAZ 2016, 114 (116); OLG Nürnberg FGPrax 2015, 234 = FamRZ 2015, 1655 mAnm *Wall*. Das Verbot gilt grundsätzlich auch für die Namensänderung nach § 3 NamÄndG, BVerwG NJW 1997, 1594 f.

[45] EuGH StAZ 2016, 203 = NJW 2016, 2093 – Bogendorff von Wolffersdorff.

[46] *Wall* StAZ 2013, 237 (240 f,); NK-BGB/*Mankowski* Rn. 74.

V. Analoge Anwendung

Wie eingangs ausgeführt (→ Rn. 3) ist eine **analoge Anwendung** des Art. 48 **möglich und** 35 **geboten,** soweit weder die Rechtswahl nach Art. 10 Abs. 2 und 3 noch Art. 48 in unmittelbarer Anwendung der **unionsrechtlichen Verpflichtung** genügt, einen im EU-Ausland erworbenen Namen anzuerkennen (→ Art. 10 Rn. 179 ff.).

Das betrifft zunächst die Fälle, in denen der ausländische Name zwar während des gewöhnlichen 36 Aufenthalts in einem EU-Mitgliedstaat wirksam erworben wurde, **aber nicht in dessen Personenstandsregister eingetragen** ist (→ Rn. 16).[47]

Es gilt des Weiteren für **EU-Bürger** mit einem **ausländischen Namensstatut.** Da sie nicht 37 dem deutschen Namensrecht unterliegen, ist Art. 48 nicht unmittelbar anwendbar. Sofern ihr Heimatrecht bzw. das von ihnen berufene Namensstatut es nicht erlaubt, den in einem anderen EU-Mitgliedstaat erworbenen Namen zu führen, und auch die Rechtswahl nach Art. 10 Abs. 2 und 3 keine Abhilfe schafft, ist Deutschland unionsrechtlich verpflichtet, die Führung dieses Namens in Deutschland zu ermöglichen. Daher muss der EU-Bürger diesen Namen analog nach Art. 48 wählen können.[48]

Vergleichbare Probleme können bei **EU-Bürgern mit mehrfacher Staatsangehörigkeit** ent- 38 stehen. Auch sie sind notfalls mit Hilfe eines Wahlrechts analog nach Art. 48 zu lösen, falls die Rechtswahl nach Art. 10 Abs. 2 und 3 keine Abhilfe bietet.[49]

Keine Anwendung findet Art. 48 in **Drittstaatenfällen,** in denen der ausländische Name nach 39 dem Recht eines Staates erworben wurde bzw. geführt wird, der im Zeitpunkt der Rechtswahl nicht Mitglied der EU ist (→ Rn. 5, 9). Der dort erworbene ausländische Name wird allerdings nicht durch die Freizügigkeit des Unionsbürgers nach Art. 18, 21 AEUV geschützt, sondern allein durch den grund- und menschenrechtlichen Namensschutz. Eine analoge Anwendung ist in Drittstaatenfällen daher nicht unionsrechtlich geboten, sondern muss verfassungsrechtlich bzw. aus der EMRK begründet werden.[50]

Art. 49 EGBGB *(gegenstandslos)*

---

[47] Zustimmend NK-BGB/*Mankowski* Rn. 16 f.
[48] *Freitag* StAZ 2013, 69 (75 f.); *Wall* StAZ 2013, 237 (245 f.); aA (kein Wahlrecht nach Art. 48, sondern unmittelbare Anerkennung kraft Unionsrechts) jurisPK-BGB/*Janal* Rn. 14; *Mankowski* StAZ 2014, 97 (108 f.); NK-BGB/*Mankowski* Rn. 15, 32 ff.
[49] *Freitag* StAZ 2013, 69 (76); *Wall* StAZ 2014, 119 (123 f.); *Wall* StAZ 2014, 294 (297 f.); im Ergebnis ebenso Staudinger/*Hepting/Hausmann* (2013) Rn. 12; aA (unmittelbare Anerkennung kraft Unionsrechts) *Mankowski* StAZ 2014, 97 (108 f.).
[50] Vgl. OLG München FamRZ 2014, 1551 = StAZ 2014, 366; *Wall* StAZ 2014, 356 (357 ff.); Palandt/*Thorn* Rn. 2; NK-BGB/*Mankowski* Rn. 48.

Teil 3. Internationales Familienrecht

Abschnitt 1. Internationales Eherecht

Verordnung (EU) 2016/1103 des Rates vom 24. Juni 2016 zur Durchführung einer Verstärkten Zusammenarbeit im Bereich der Zuständigkeit, des anzuwendenden Rechts und der Anerkennung und Vollstreckung von Entscheidungen in Fragen des ehelichen Güterstands

(ABl. EU 2016 Nr. L 183 S. 1)[1]

DER RAT DER EUROPÄISCHEN UNION –
gestützt auf den Vertrag über die Arbeitsweise der Europäischen Union, insbesondere auf Artikel 81 Absatz 3,
gestützt auf den Beschluss (EU) 2016/954 des Rates vom 9. Juni 2016 zur Ermächtigung zu einer Verstärkten Zusammenarbeit im Bereich der Zuständigkeit, des anzuwendenden Rechts und der Anerkennung und Vollstreckung von Entscheidungen in Fragen der Güterstände internationaler Paare (eheliche Güterstände und vermögensrechtliche Wirkungen eingetragener Partnerschaften),[2]
auf Vorschlag der Europäischen Kommission,
nach Zuleitung des Entwurfs des Gesetzgebungsakts an die nationalen Parlamente,
nach Stellungnahme des Europäischen Parlaments,[3]
gemäß einem besonderen Gesetzgebungsverfahren,
in Erwägung nachstehender Gründe:

(1) Die Union hat sich zum Ziel gesetzt, einen Raum der Freiheit, der Sicherheit und des Rechts, in dem der freie Personenverkehr gewährleistet ist, zu erhalten und weiterzuentwickeln. Zum schrittweisen Aufbau eines solchen Raums hat die Union im Bereich der justiziellen Zusammenarbeit in Zivilsachen, die einen grenzüberschreitenden Bezug aufweisen, Maßnahmen zu erlassen, insbesondere wenn dies für das reibungslose Funktionieren des Binnenmarkts erforderlich ist.

(2) Nach Artikel 81 Absatz 2 Buchstabe c des Vertrags über die Arbeitsweise der Europäischen Union (AEUV) können zu solchen Maßnahmen unter anderem Maßnahmen gehören, die die Vereinbarkeit der in den Mitgliedstaaten geltenden Kollisionsnormen und Vorschriften zur Vermeidung von Kompetenzkonflikten sicherstellen sollen.

(3) Auf seiner Tagung vom 15./16. Oktober 1999 in Tampere hatte der Europäische Rat den Grundsatz der gegenseitigen Anerkennung von Urteilen und anderen Entscheidungen von Justizbehörden als Eckstein der justiziellen Zusammenarbeit in Zivilsachen unterstützt und den Rat und die Kommission ersucht, ein Maßnahmenprogramm zur Umsetzung dieses Grundsatzes anzunehmen.

(4) Am 30. November 2000 wurde daraufhin ein für die Kommission und den Rat gleichermaßen geltendes Maßnahmenprogramm zur Umsetzung des Grundsatzes der gegenseitigen Anerkennung gerichtlicher Entscheidungen in Zivil- und Handelssachen[4] angenommen. Dieses Programm weist Maßnahmen zur Harmonisierung der Kollisionsnormen als Maßnahmen aus, die die gegenseitige Anerkennung gerichtlicher Entscheidungen erleichtern können, und stellt die Ausarbeitung eines Rechtsinstruments zu Fragen des ehelichen Güterstands in Aussicht.

(5) Am 4./5. November 2004 nahm der Europäische Rat auf seiner Tagung in Brüssel ein neues Programm mit dem Titel „Haager Programm zur Stärkung von Freiheit, Sicherheit und Recht in der Europäischen Union"[5] an. Darin ersuchte der Rat die Kommission um Vorlage eines Grünbuchs über das Kollisionsrecht im Bereich des ehelichen Güterstands, einschließlich der Frage der Zuständigkeit und der gegenseitigen Anerkennung. Dem Programm zufolge sollte auch ein Rechtsakt in diesem Bereich erlassen werden.

(6) Am 17. Juli 2006 nahm die Kommission daraufhin ein Grünbuch zu den Kollisionsnormen im Güterrecht sowie zur gerichtlichen Zuständigkeit und der gegenseitigen Anerkennung an. Auf

---

[1] Veröffentlicht am 8.7.2016.
[2] **[Amtl. Anm.:]** ABl. L 159 vom 16.6.2016, S. 16.
[3] **[Amtl. Anm.:]** Stellungnahme vom 23. Juni 2016 (noch nicht im Amtsblatt veröffentlicht).
[4] **[Amtl. Anm.:]** ABl. C 12 vom 15.1.2001, S. 1.
[5] **[Amtl. Anm.:]** ABl. C 53 vom 3.3.2005, S. 1.

der Grundlage dieses Grünbuchs fand eine umfassende Konsultation zu den Problemen statt, die sich in Europa bei der güterrechtlichen Auseinandersetzung für Paare stellen, sowie zu den rechtlichen Lösungsmöglichkeiten.

(7) Auf seiner Tagung vom 10./11. Dezember 2009 in Brüssel nahm der Europäische Rat ein neues mehrjähriges Programm mit dem Titel „Das Stockholmer Programm – Ein offenes und sicheres Europa im Dienste und zum Schutz der Bürger"[6] an. Darin hielt der Europäische Rat fest, dass der Grundsatz der gegenseitigen Anerkennung auf Bereiche ausgeweitet werden sollte, die bisher noch nicht erfasst sind, aber den Alltag der Bürger wesentlich prägen, z.B. das Ehegüterrecht, wobei gleichzeitig die Rechtssysteme einschließlich der öffentlichen Ordnung (ordre public) und die nationalen Traditionen der Mitgliedstaaten in diesem Bereich zu berücksichtigen sind.

(8) In ihrem „Bericht über die Unionsbürgerschaft 2010 – Weniger Hindernisse für die Ausübung von Unionsbürgerrechten" vom 27. Oktober 2010 kündigte die Kommission die Vorlage eines Legislativvorschlags an, der Hindernisse für die Freizügigkeit und insbesondere die Schwierigkeiten überwinden soll, mit denen Paare bei der Verwaltung ihres Vermögens oder bei dessen Teilung konfrontiert sind.

(9) Am 16. März 2011 nahm die Kommission einen Vorschlag für eine Verordnung des Rates über die Zuständigkeit, das anzuwendende Recht, die Anerkennung und die Vollstreckung von Entscheidungen im Bereich des Ehegüterrechts und einen Vorschlag für eine Verordnung des Rates über die Zuständigkeit, das anzuwendende Recht, die Anerkennung und die Vollstreckung von Entscheidungen im Bereich des Güterrechts eingetragener Partnerschaften an.

(10) Auf seiner Tagung vom 3. Dezember 2015 stellte der Rat fest, dass für die beiden Verordnungsvorschläge zu den ehelichen Güterständen und den Güterständen eingetragener Partnerschaften keine Einstimmigkeit erzielt werden konnte und innerhalb eines vertretbaren Zeitraums die mit einer Zusammenarbeit in diesem Bereich angestrebten Ziele von der Union in ihrer Gesamtheit nicht verwirklicht werden können.

(11) Zwischen Dezember 2015 und Februar 2016 richteten Belgien, Bulgarien, die Tschechische Republik, Deutschland, Griechenland, Spanien, Frankreich, Kroatien, Italien, Luxemburg, Malta, die Niederlande, Österreich, Portugal, Slowenien, Finnland und Schweden Anträge an die Kommission, in denen sie ihren Wunsch bekundeten, untereinander eine Verstärkte Zusammenarbeit im Bereich der Güterstände internationaler Paare, insbesondere im Bereich der Zuständigkeit, des anzuwendenden Rechts, der Anerkennung und Vollstreckung von Entscheidungen in Fragen der ehelichen Güterstände und der Güterstände eingetragener Partnerschaften, begründen zu wollen, und die Kommission um Vorlage eines entsprechenden Vorschlags an den Rat baten. Zypern hat mit Schreiben an die Kommission im März 2016 seinen Wunsch zum Ausdruck gebracht, an dieser Verstärkten Zusammenarbeit teilzunehmen; Zypern hat diesen Wunsch später während der Arbeiten des Rates bestätigt.

(12) Am 9. Juni 2016 erließ der Rat den Beschluss (EU) 2016/954 über die Ermächtigung zu dieser Verstärkten Zusammenarbeit.

(13) Gemäß Artikel 328 Absatz 1 AEUV steht eine Verstärkte Zusammenarbeit bei ihrer Begründung allen Mitgliedstaaten offen, sofern sie die in dem hierzu ermächtigenden Beschluss gegebenenfalls festgelegten Teilnahmevoraussetzungen erfüllen. Das gilt auch zu jedem anderen Zeitpunkt, sofern sie neben den genannten Voraussetzungen auch die in diesem Rahmen bereits erlassenen Rechtsakte beachten. Die Kommission und die an einer Verstärkten Zusammenarbeit teilnehmenden Mitgliedstaaten sollten dafür sorgen, dass die Teilnahme möglichst vieler Mitgliedstaaten gefördert wird. Diese Verordnung sollte nur in den Mitgliedstaaten in allen ihren Teilen verbindlich sein und unmittelbar gelten, die kraft des Beschlusses (EU) 2016/954 oder kraft eines gemäß Artikel 331 Absatz 1 Unterabsatz 2 oder 3 AEUV erlassenen Beschlusses an der Verstärkten Zusammenarbeit im Bereich der Gerichtszuständigkeit, des anzuwendenden Rechts und der Anerkennung und Vollstreckung von Entscheidungen in Fragen der Güterstände internationaler Paare (eheliche Güterstände und Güterstände eingetragener Partnerschaften) teilnehmen.

(14) Diese Verordnung sollte gemäß Artikel 81 AEUV auf eheliche Güterstände mit grenzüberschreitendem Bezug Anwendung finden.

(15) Damit für verheiratete Paare Rechtssicherheit in Bezug auf ihr Vermögen und ein gewisses Maß an Vorhersehbarkeit in Bezug auf das anzuwendende Recht gegeben ist, sollten alle Regelungen, welche auf die ehelichen Güterstände anzuwenden sind, in einem einzigen Rechtsinstrument erfasst werden.

(16) Um diese Ziele zu erreichen, sollten in dieser Verordnung die Bestimmungen über die Gerichtszuständigkeit, das anzuwendende Recht, die Anerkennung – oder gegebenenfalls die

---

[6] **[Amtl. Anm.:]** ABl. C 115 vom 4.5.2010, S. 1.

Annahme –, die Vollstreckbarkeit und die Vollstreckung von Entscheidungen, öffentlichen Urkunden und gerichtlichen Vergleichen zusammengefasst werden.

(17) Der Begriff „Ehe", der sich nach dem nationalen Recht der Mitgliedstaaten bestimmt, wird in dieser Verordnung nicht definiert.

(18) Der Anwendungsbereich dieser Verordnung sollte sich auf alle zivilrechtlichen Aspekte der ehelichen Güterstände erstrecken und sowohl die Verwaltung des Vermögens der Ehegatten im Alltag betreffen als auch die güterrechtliche Auseinandersetzung, insbesondere infolge der Trennung des Paares oder des Todes eines Ehegatten. Für die Zwecke dieser Verordnung sollte der Begriff „ehelicher Güterstand" autonom ausgelegt werden und er sollte nicht nur Regelungen umfassen, von denen die Ehegatten nicht abweichen dürfen, sondern auch fakultative Regelungen, die sie nach Maßgabe des anzuwendenden Rechts vereinbaren können, sowie die Auffangregelungen des anzuwendenden Rechts. Dieser Begriff schließt nicht nur vermögensrechtliche Regelungen ein, die bestimmte einzelstaatliche Rechtsordnungen speziell und ausschließlich für die Ehe vorsehen, sondern auch sämtliche vermögensrechtliche Verhältnisse, die zwischen den Ehegatten und in ihren Beziehungen gegenüber Dritten direkt infolge der Ehe oder der Auflösung des Eheverhältnisses gelten.

(19) Aus Gründen der Klarheit sollte eine Reihe von Fragen, die als mit dem ehelichen Güterstand zusammenhängend betrachtet werden könnten, ausdrücklich vom Anwendungsbereich dieser Verordnung ausgenommen werden.

(20) Dementsprechend sollte diese Verordnung nicht für Fragen der allgemeinen Rechts-, Geschäfts- und Handlungsfähigkeit der Ehegatten gelten; dieser Ausschluss sollte sich jedoch nicht auf die spezifischen Befugnisse und Rechte eines oder beider Ehegatten – weder im Verhältnis untereinander noch gegenüber Dritten – im Zusammenhang mit dem Vermögen erstrecken, da diese Befugnisse und Rechte in den Anwendungsbereich dieser Verordnung fallen sollten.

(21) Diese Verordnung sollte nicht für andere Vorfragen wie das Bestehen, die Gültigkeit oder die Anerkennung einer Ehe gelten, die weiterhin dem nationalen Recht der Mitgliedstaaten, einschließlich ihrer Vorschriften des Internationalen Privatrechts, unterliegen.

(22) Die Unterhaltspflichten im Verhältnis der Ehegatten untereinander sind Gegenstand der Verordnung (EG) Nr. 4/2009 des Rates[7] und sollten daher vom Anwendungsbereich der vorliegenden Verordnung ausgenommen werden; das gilt auch für Fragen der Rechtsnachfolge nach dem Tod eines Ehegatten, da diese in der Verordnung (EU) Nr. 650/2012 des Europäischen Parlaments und des Rates[8] geregelt sind.

(23) Fragen im Zusammenhang mit der Berechtigung, Ansprüche gleich welcher Art auf Alters- oder Erwerbsunfähigkeitsrente, die während der Ehe erworben wurden und die während der Ehe zu keinem Renteneinkommen geführt haben, zwischen den Ehegatten zu übertragen oder anzupassen, sollten vom Anwendungsbereich dieser Verordnung ausgenommen werden, wobei die in den Mitgliedstaaten bestehenden spezifischen Systeme zu berücksichtigen sind. Allerdings sollte diese Ausnahme eng ausgelegt werden. Somit sollte diese Verordnung insbesondere die Frage der Kategorisierung von Rentenansprüchen, der während der Ehe an einen der Ehegatten bereits ausgezahlten Beträge und des eventuell zu gewährenden Ausgleichs bei mit gemeinsamem Vermögen finanzierten Rentenversicherungen regeln.

(24) Diese Verordnung sollte die sich aus dem ehelichen Güterstand ergebende Begründung oder Übertragung eines Rechts an beweglichen oder unbeweglichen Vermögensgegenständen nach Maßgabe des auf den ehelichen Güterstand anzuwendenden Rechts ermöglichen. Sie sollte jedoch nicht die abschließende Anzahl *(Numerus clausus)* der dinglichen Rechte berühren, die das nationale Recht einiger Mitgliedstaaten kennt. Ein Mitgliedstaat sollte nicht verpflichtet sein, ein dingliches Recht an einer in diesem Mitgliedstaat belegenen Sache anzuerkennen, wenn sein Recht dieses dingliche Recht nicht kennt.

(25) Damit die Ehegatten jedoch die Rechte, die durch den ehelichen Güterstand begründet worden oder auf sie übergegangen sind, in einem anderen Mitgliedstaat ausüben können, sollte diese Verordnung die Anpassung eines unbekannten dinglichen Rechts an das in der Rechtsordnung dieses anderen Mitgliedstaats am ehesten vergleichbare Recht vorsehen. Bei dieser Anpassung sollten die mit dem besagten dinglichen Recht verfolgten Ziele und Interessen und die mit ihm verbundenen Wirkungen berücksichtigt werden. Für die Zwecke der Bestimmung des am ehesten vergleichbaren

---

[7] **[Amtl. Anm.:]** Verordnung (EG) Nr. 4/2009 des Rates vom 18. Dezember 2008 über die Zuständigkeit, das anwendbare Recht, die Anerkennung und Vollstreckung von Entscheidungen und die Zusammenarbeit in Unterhaltssachen (ABl. L 7 vom 10.1.2009, S. 1).

[8] **[Amtl. Anm.:]** Verordnung (EU) Nr. 650/2012 des Europäischen Parlaments und des Rates vom 4. Juli 2012 über die Zuständigkeit, das anzuwendende Recht, die Anerkennung und Vollstreckung von Entscheidungen und die Annahme und Vollstreckung öffentlicher Urkunden in Erbsachen sowie zur Einführung eines Europäischen Nachlasszeugnisses (ABl. L 201 vom 27.7.2012, S. 107).

dinglichen Rechts können die Behörden oder zuständigen Personen des Staates, dessen Recht auf den ehelichen Güterstand Anwendung findet, kontaktiert werden, um weitere Auskünfte zu der Art und den Wirkungen des betreffenden Rechts einzuholen. In diesem Zusammenhang könnten die bestehenden Netze im Bereich der justiziellen Zusammenarbeit in Zivil- und Handelssachen sowie die anderen verfügbaren Mittel, die die Erkenntnis ausländischen Rechts erleichtern, genutzt werden.

(26) Die in dieser Verordnung ausdrücklich vorgesehene Anpassung unbekannter dinglicher Rechte sollte andere Formen der Anpassung im Zusammenhang mit der Anwendung dieser Verordnung nicht ausschließen.

(27) Die Voraussetzungen für die Eintragung von Rechten an beweglichen oder unbeweglichen Vermögensgegenständen in ein Register sollten vom Anwendungsbereich dieser Verordnung ausgenommen werden. Somit sollte das Recht des Mitgliedstaats, in dem das Register geführt wird (für unbewegliches Vermögen das Recht der belegenen Sache *(lex rei sitae)*, bestimmen, unter welchen gesetzlichen Voraussetzungen und wie die Eintragung vorzunehmen ist und welche Behörden wie etwa Grundbuchämter oder Notare dafür zuständig sind zu prüfen, dass alle Eintragungsvoraussetzungen erfüllt sind und die vorgelegten oder erstellten Unterlagen vollständig sind beziehungsweise die erforderlichen Angaben enthalten. Insbesondere können die Behörden prüfen, ob es sich bei dem Recht eines Ehegatten an dem Vermögensgegenstand, der in dem für die Eintragung vorgelegten Schriftstück erwähnt ist, um ein Recht handelt, das als solches in dem Register eingetragen ist oder nach dem Recht des Mitgliedstaats, in dem das Register geführt wird, anderweitig nachgewiesen wird. Um eine doppelte Erstellung von Schriftstücken zu vermeiden, sollten die Eintragungsbehörden diejenigen von den zuständigen Behörden in einem anderen Mitgliedstaat erstellten Schriftstücke annehmen, deren Verkehr nach dieser Verordnung vorgesehen ist. Dies sollte die an der Eintragung beteiligten Behörden nicht daran hindern, von der Person, die die Eintragung beantragt, diejenigen zusätzlichen Angaben oder die Vorlage derjenigen zusätzlichen Schriftstücke zu verlangen, die nach dem Recht des Mitgliedstaats, in dem das Register geführt wird, erforderlich sind, wie beispielsweise Angaben oder Schriftstücke betreffend die Zahlung von Steuern. Die zuständige Behörde kann die Person, die die Eintragung beantragt, darauf hinweisen, wie die fehlenden Angaben oder Schriftstücke beigebracht werden können.

(28) Die Wirkungen der Eintragung eines Rechts in ein Register sollten ebenfalls vom Anwendungsbereich dieser Verordnung ausgenommen werden. Daher sollte das Recht des Mitgliedstaats, in dem das Register geführt wird, dafür maßgebend sein, ob beispielsweise die Eintragung deklaratorische oder konstitutive Wirkung hat. Wenn also zum Beispiel der Erwerb eines Rechts an einer unbeweglichen Sache nach dem Recht des Mitgliedstaats, in dem das Register geführt wird, die Eintragung in ein Register erfordert, damit die Wirkung erga omnes von Registern sichergestellt wird oder Rechtsgeschäfte geschützt werden, sollte der Zeitpunkt des Erwerbs dem Recht dieses Mitgliedstaats unterliegen.

(29) Diese Verordnung sollte den verschiedenen Systemen zur Regelung des ehelichen Güterstands Rechnung tragen, die in den Mitgliedstaaten angewandt werden. Für die Zwecke dieser Verordnung sollte der Begriff „Gericht" daher weit gefasst werden, sodass nicht nur Gerichte im engeren Sinne, die gerichtliche Funktionen ausüben, erfasst werden, sondern beispielsweise in einigen Mitgliedstaaten auch Notare, die in bestimmten Fragen des ehelichen Güterstands gerichtliche Funktionen ausüben, sowie Notare und Angehörige von Rechtsberufen, die in einigen Mitgliedstaaten bei der Regelung eines ehelichen Güterstands aufgrund einer Befugnisübertragung durch ein Gericht gerichtliche Funktionen ausüben. Alle Gerichte im Sinne dieser Verordnung sollten durch die in dieser Verordnung festgelegten Zuständigkeitsregeln gebunden sein. Der Begriff „Gericht" sollte hingegen nicht die nichtgerichtlichen Behörden eines Mitgliedstaats erfassen, die, wie in den meisten Mitgliedstaaten die Notariate, nach nationalem Recht befugt sind, sich mit Fragen des ehelichen Güterstands zu befassen, wenn sie, wie es in der Regel der Fall ist, keine gerichtlichen Funktionen ausüben.

(30) Diese Verordnung sollte es allen Notaren, die für Fragen des ehelichen Güterstands in den Mitgliedstaaten zuständig sind, ermöglichen, diese Zuständigkeit auszuüben. Ob die Notare in einem Mitgliedstaat durch die Zuständigkeitsregeln dieser Verordnung gebunden sind, sollte davon abhängen, ob sie unter den Begriff „Gericht" im Sinne dieser Verordnung fallen.

(31) Die in den Mitgliedstaaten von Notaren in Fragen des ehelichen Güterstands errichteten Urkunden sollten nach Maßgabe dieser Verordnung verkehren. Üben Notare gerichtliche Funktionen aus, so sollten sie durch die Zuständigkeitsregeln dieser Verordnung gebunden sein, und die von ihnen erlassenen Entscheidungen sollten nach den Bestimmungen dieser Verordnung über die Anerkennung, Vollstreckbarkeit und Vollstreckung von Entscheidungen verkehren. Üben Notare keine gerichtlichen Funktionen aus, so sollten sie nicht durch diese Zuständigkeitsregeln gebunden

sein, und die von ihnen errichteten öffentlichen Urkunden sollten nach den Bestimmungen dieser Verordnung über öffentliche Urkunden verkehren.

(32) Um der zunehmenden Mobilität von Paaren während ihres Ehelebens Rechnung zu tragen und eine geordnete Rechtspflege zu erleichtern, sollten die Zuständigkeitsvorschriften in dieser Verordnung den Bürgern die Möglichkeit geben, miteinander zusammenhängende Verfahren vor den Gerichten desselben Mitgliedstaats verhandeln zu lassen. Hierzu sollte mit dieser Verordnung angestrebt werden, die Zuständigkeit für den ehelichen Güterstand in dem Mitgliedstaat zu bündeln, dessen Gerichte berufen sind, über die Rechtsnachfolge von Todes wegen nach einem Ehegatten gemäß Verordnung (EU) Nr. 650/2012 oder die Ehescheidung, die Trennung ohne Auflösung des Ehebands oder die Ungültigerklärung einer Ehe gemäß der Verordnung (EG) Nr. 2201/2003 des Rates[9] zu befinden.

(33) In der vorliegenden Verordnung sollte vorgesehen werden, dass in den Fällen, in denen ein Verfahren über die Rechtsnachfolge von Todes wegen nach einem Ehegatten bei einem gemäß der Verordnung (EU) Nr. 650/2012 angerufenen Gericht eines Mitgliedstaats anhängig ist, die Gerichte dieses Mitgliedstaats auch für Entscheidungen über Fragen des ehelichen Güterstands zuständig sind, die mit dem Nachlass im Zusammenhang stehen.

(34) Ebenso sollten Fragen des ehelichen Güterstands, die sich im Zusammenhang mit einem Verfahren ergeben, das bei einem mit einer Ehescheidung, einer Trennung ohne Auflösung des Ehebands oder der Ungültigerklärung einer Ehe gemäß der Verordnung (EG) Nr. 2201/2003 befassten Gericht eines Mitgliedstaats anhängig ist, in die Zuständigkeit der Gerichte dieses Mitgliedstaats fallen, es sei denn, die Zuständigkeit für Entscheidungen über Ehescheidung, Trennung ohne Auflösung des Ehebands oder Ungültigerklärung der Ehe darf nur auf spezielle Zuständigkeitsregeln gestützt werden. In solchen Fällen sollte eine Bündelung der Zuständigkeit der Zustimmung der Ehegatten bedürfen.

(35) Stehen Fragen des ehelichen Güterstands nicht im Zusammenhang mit einem bei einem Gericht eines Mitgliedstaats anhängigen Verfahren über die Rechtsnachfolge von Todes wegen nach einem Ehegatten oder über Ehescheidung, Trennung ohne Auflösung des Ehebands oder Ungültigerklärung der Ehe, so sollte in dieser Verordnung eine Rangfolge der Anknüpfungspunkte vorgesehen werden, anhand deren die Zuständigkeit bestimmt wird, wobei erster Anknüpfungspunkt der gemeinsame gewöhnliche Aufenthalt der Ehegatten zum Zeitpunkt der Anrufung des Gerichts sein sollte. Diese Anknüpfungspunkte sollen die zunehmende Mobilität der Bürger widerspiegeln und eine wirkliche Verbindung zwischen den Ehegatten und dem Mitgliedstaat, in dem die Zuständigkeit ausgeübt wird, gewährleisten.

(36) Im Interesse einer größeren Rechtssicherheit, einer besseren Vorhersehbarkeit des anzuwendenden Rechts und einer größeren Entscheidungsfreiheit der Parteien sollte es diese Verordnung den Parteien unter bestimmten Voraussetzungen ermöglichen, eine Gerichtsstandsvereinbarung zugunsten der Gerichte des Mitgliedstaats, dessen Recht anzuwenden ist, oder der Gerichte des Mitgliedstaats, in dem die Ehe geschlossen wurde, zu schließen.

(37) Für die Zwecke dieser Verordnung und zur Erfassung aller möglichen Sachverhalte sollte der Mitgliedstaat der Eheschließung der Mitgliedstaat sein, vor dessen Behörden die Ehe geschlossen wurde.

(38) Die Gerichte eines Mitgliedstaats können feststellen, dass nach ihrem Internationalen Privatrecht die betreffende Ehe für die Zwecke eines Verfahrens über den ehelichen Güterstand nicht anerkannt werden kann. In solchen Fällen kann es ausnahmsweise erforderlich sein, die durch diese Verordnung begründete Zuständigkeit abzulehnen. Die Gerichte sollten rasch handeln, und die betroffene Partei sollte die Möglichkeit haben, die Rechtssache in jedem anderen Mitgliedstaat, dessen gerichtliche Zuständigkeit aufgrund eines Anknüpfungspunkts begründet ist, anhängig zu machen, wobei es nicht auf die Rangfolge der Zuständigkeitskriterien ankommt und zugleich die Parteiautonomie zu wahren ist. Jedes nach einer Unzuständigkeitserklärung angerufene Gericht, das nicht ein Gericht des Mitgliedstaats ist, in dem die Ehe geschlossen wurde, darf sich unter denselben Bedingungen ebenfalls ausnahmsweise für unzuständig erklären. Eine Kombination der verschiedenen Zuständigkeitsregeln sollte jedoch gewährleisten, dass die Parteien jede Möglichkeit haben, ein Gericht eines Mitgliedstaats anzurufen, das sich zu dem Zweck, ihrem ehelichen Güterstand Wirkung zu verleihen, für zuständig erklärt.

(39) Diese Verordnung sollte die Parteien nicht daran hindern, den Rechtsstreit außergerichtlich, beispielsweise vor einem Notar, in einem Mitgliedstaat ihrer Wahl einvernehmlich zu regeln, wenn

---

[9] **[Amtl. Anm.:]** Verordnung (EG) Nr. 2201/2003 des Rates vom 27. November 2003 über die Zuständigkeit und die Anerkennung und Vollstreckung von Entscheidungen in Ehesachen und in Verfahren betreffend die elterliche Verantwortung und zur Aufhebung der Verordnung (EG) Nr. 1347/2000 (ABl. L 338 vom 23.12.2003, S. 1).

das nach dem Recht dieses Mitgliedstaats möglich ist. Das sollte auch dann der Fall sein, wenn das auf den ehelichen Güterstand anzuwendende Recht nicht das Recht dieses Mitgliedstaats ist.

(40) Um zu gewährleisten, dass die Gerichte aller Mitgliedstaaten ihre Zuständigkeit in Fragen des ehelichen Güterstands auf derselben Grundlage ausüben können, sollten die Gründe, aus denen diese subsidiäre Zuständigkeit ausgeübt werden kann, in dieser Verordnung abschließend geregelt werden.

(41) Um insbesondere Fällen von Rechtsverweigerung begegnen zu können, sollte in dieser Verordnung auch eine Notzuständigkeit *(forum necessitatis)* vorgesehen werden, wonach ein Gericht eines Mitgliedstaats in besonderen Ausnahmefällen über einen ehelichen Güterstand entscheiden kann, der einen engen Bezug zu einem Drittstaat aufweist. Ein solcher Ausnahmefall könnte gegeben sein, wenn sich ein Verfahren in dem betreffenden Drittstaat als unmöglich erweist, beispielsweise wegen eines Bürgerkriegs, oder wenn von einem Ehegatten vernünftigerweise nicht erwartet werden kann, dass er ein Verfahren in diesem Staat einleitet oder führt. Die Zuständigkeit, die auf *forum necessitatis* gründet, sollte jedoch nur ausgeübt werden, wenn die Sache eine ausreichende Verbindung zu dem Mitgliedstaat des angerufenen Gerichts aufweist.

(42) Im Interesse einer geordneten Rechtspflege sollte vermieden werden, dass in den Mitgliedstaaten Entscheidungen ergehen, die miteinander unvereinbar sind. Hierzu sollte die Verordnung allgemeine Verfahrensvorschriften nach dem Vorbild anderer Rechtsinstrumente der Union im Bereich der justiziellen Zusammenarbeit in Zivilsachen vorsehen. Eine dieser Verfahrensvorschriften ist die Regel zur Rechtshängigkeit, die zum Tragen kommt, wenn dieselbe Güterrechtssache bei Gerichten in verschiedenen Mitgliedstaaten anhängig gemacht wird. Diese Regel bestimmt, welches Gericht sich weiterhin mit der Güterrechtssache zu befassen hat.

(43) Damit die Bürger die Vorteile des Binnenmarkts ohne Einbußen bei der Rechtssicherheit nutzen können, sollte diese Verordnung den Ehegatten im Voraus Klarheit über das in ihrem Fall anzuwendende Ehegüterrecht verschaffen. Es sollten daher harmonisierte Kollisionsnormen eingeführt werden, um einander widersprechende Ergebnisse zu vermeiden. Die allgemeine Kollisionsnorm sollte sicherstellen, dass der eheliche Güterstand einem im Voraus bestimmbaren Recht unterliegt, zu dem eine enge Verbindung besteht. Aus Gründen der Rechtssicherheit und um eine Aufspaltung des ehelichen Güterstands zu vermeiden, sollte das anzuwendende Recht den ehelichen Güterstand insgesamt, d.h. das gesamte zum Güterstand gehörende Vermögen, erfassen, unabhängig von der Art der Vermögenswerte und unabhängig davon, ob diese in einem anderen Mitgliedstaat oder in einem Drittstaat belegen sind.

(44) Das nach dieser Verordnung bestimmte Recht sollte auch dann Anwendung finden, wenn es nicht das Recht eines Mitgliedstaats ist.

(45) Um Ehegatten die Verwaltung ihres Vermögens zu erleichtern, sollte ihnen diese Verordnung erlauben, unter den Rechtsordnungen, zu denen sie aufgrund ihres gewöhnlichen Aufenthalts oder ihrer Staatsangehörigkeit eine enge Verbindung haben, unabhängig von der Art oder Belegenheit des Vermögens das auf ihren ehelichen Güterstand anzuwendende Recht zu wählen. Diese Wahl kann jederzeit vor der Ehe, zum Zeitpunkt der Eheschließung oder während der Ehe erfolgen.

(46) Im Interesse der Sicherheit des Rechtsverkehrs und um zu verhindern, dass sich das auf den ehelichen Güterstand anzuwendende Recht ändert, ohne dass die Ehegatten davon unterrichtet werden, sollte ein Wechsel des auf den ehelichen Güterstand anzuwendenden Rechts nur nach einem entsprechenden ausdrücklichen Antrag der Parteien möglich sein. Dieser von den Ehegatten beschlossene Wechsel sollte nicht rückwirkend gelten, es sei denn, sie haben das ausdrücklich vereinbart. Auf keinen Fall dürfen dadurch die Rechte Dritter verletzt werden.

(47) Es sollten Regeln zur materiellen Wirksamkeit und zur Formgültigkeit einer Vereinbarung über die Rechtswahl festgelegt werden, die es den Ehegatten erleichtern, ihre Rechtswahl in voller Sachkenntnis zu treffen, und die gewährleisten, dass die einvernehmliche Rechtswahl der Ehegatten im Interesse der Rechtssicherheit sowie eines besseren Rechtsschutzes respektiert wird. Was die Formgültigkeit anbelangt, sollten bestimmte Schutzvorkehrungen getroffen werden, um sicherzustellen, dass sich die Ehegatten der Tragweite ihrer Rechtswahl bewusst sind. Die Vereinbarung über die Rechtswahl sollte zumindest der Schriftform bedürfen und von beiden Parteien mit Datum und Unterschrift versehen werden müssen. Sieht das Recht des Mitgliedstaats, in dem beide Ehegatten zum Zeitpunkt der Rechtswahl ihren gewöhnlichen Aufenthalt haben, zusätzliche Formvorschriften vor, so sollten diese eingehalten werden. Haben die Ehegatten zum Zeitpunkt der Rechtswahl ihren gewöhnlichen Aufenthalt in verschiedenen Mitgliedstaaten, in denen unterschiedliche Formvorschriften vorgesehen sind, so sollte es ausreichen, dass die Formvorschriften eines dieser Mitgliedstaaten eingehalten werden. Hat zum Zeitpunkt der Rechtswahl nur einer der Ehegatten seinen gewöhnlichen Aufenthalt in einem Mitgliedstaat, in dem zusätzliche Formvorschriften vorgesehen sind, so sollten diese Formvorschriften eingehalten werden.

(48) Eine Vereinbarung über den ehelichen Güterstand ist eine Art der Verfügung über das Vermögen, die in den Mitgliedstaaten nicht in gleichem Maße zulässig ist und anerkannt wird. Um die Anerkennung von auf der Grundlage einer Vereinbarung über den ehelichen Güterstand erworbenen Güterstandsrechten in den Mitgliedstaaten zu erleichtern, sollten Vorschriften über die Formgültigkeit einer Vereinbarung über den ehelichen Güterstand festgelegt werden. Die Vereinbarung sollte zumindest der Schriftform bedürfen und datiert und von beiden Parteien unterzeichnet werden. Die Vereinbarung sollte jedoch auch zusätzliche Anforderungen an die Formgültigkeit erfüllen, die in dem auf den ehelichen Güterstand anzuwendenden Recht, das nach dieser Verordnung bestimmt wurde, und in dem Recht des Mitgliedstaats, in dem die Ehegatten ihren gewöhnlichen Aufenthalt haben, vorgesehen sind. In dieser Verordnung sollte ferner festgelegt werden, nach welchem Recht sich die materielle Wirksamkeit einer solchen Vereinbarung richtet.

(49) Wird keine Rechtswahl getroffen, so sollte diese Verordnung im Hinblick auf die Vereinbarkeit von Rechtssicherheit und Vorhersehbarkeit des anzuwendenden Rechts mit den tatsächlichen Lebensumständen des Paares die Einführung harmonisierter Kollisionsnormen vorsehen, die sich auf eine Rangfolge der Anknüpfungspunkte stützen, anhand derer sich das auf das gesamte Vermögen der Ehegatten anzuwendende Recht bestimmen lässt. So sollte der erste gemeinsame gewöhnliche Aufenthalt der Ehegatten kurz nach der Eheschließung erster Anknüpfungspunkt noch vor der gemeinsamen Staatsangehörigkeit der Ehegatten zum Zeitpunkt der Eheschließung sein. Ist keiner dieser Anknüpfungspunkte gegeben oder liegen Fälle vor, in denen bei Fehlen eines ersten gemeinsamen gewöhnlichen Aufenthalts die Ehegatten zum Zeitpunkt der Eheschließung jeweils eine doppelte gemeinsame Staatsangehörigkeit haben, sollte drittens an das Recht des Staates angeknüpft werden, zu dem die Ehegatten die engste Verbindung haben. Bei Anwendung des letztgenannten Kriteriums sollten alle Umstände berücksichtigt werden, und es sollte klargestellt werden, dass für diese Verbindung der Zeitpunkt der Eheschließung maßgebend ist.

(50) Wird in dieser Verordnung auf die Staatsangehörigkeit als Anknüpfungspunkt verwiesen, so handelt es sich bei der Frage nach der Behandlung einer Person mit mehrfacher Staatsangehörigkeit um eine Vorfrage, die nicht in den Anwendungsbereich dieser Verordnung fällt; sie sollte sich weiterhin nach nationalem Recht, einschließlich der anwendbaren Übereinkommen, richten, wobei die allgemeinen Grundsätze der Union uneingeschränkt einzuhalten sind. Diese Behandlung sollte keine Auswirkung auf die Gültigkeit einer Rechtswahl haben, die nach dieser Verordnung getroffen wurde.

(51) In Bezug auf die Bestimmung des auf den ehelichen Güterstand anzuwendenden Rechts sollte das Gericht eines Mitgliedstaats bei fehlender Rechtswahl und fehlender Vereinbarung über den ehelichen Güterstand auf Antrag eines Ehegatten in Ausnahmefällen – wenn die Ehegatten sich im Staat ihres gewöhnlichen Aufenthalts für einen langen Zeitraum niedergelassen haben – feststellen können, dass das Recht dieses Staates angewandt werden kann, sofern sich die Ehegatten auf dieses Recht vertraut haben. Auf keinen Fall dürfen dadurch die Rechte Dritter verletzt werden.

(52) Das zur Anwendung auf den ehelichen Güterstand berufene Recht sollte diesen Güterstand angefangen bei der Einteilung des Vermögens eines oder beider Ehegatten in verschiedene Kategorien während der Ehe und nach ihrer Auflösung bis hin zur Vermögensauseinandersetzung regeln. Es sollte auch die Auswirkungen des ehelichen Güterstands auf ein Rechtsverhältnis zwischen einem Ehegatten und Dritten einschließen. Allerdings darf das auf den ehelichen Güterstand zur Regelung solcher Wirkungen anzuwendende Recht einem Dritten von einem Ehegatten nur dann entgegengehalten werden, wenn das Rechtsverhältnis zwischen diesem Ehegatten und dem Dritten zu einem Zeitpunkt entstanden ist, zu dem der Dritte Kenntnis von diesem Recht hatte oder hätte haben müssen.

(53) Aus Gründen des öffentlichen Interesses wie der Wahrung der politischen, sozialen oder wirtschaftlichen Ordnung eines Mitgliedstaats sollte es gerechtfertigt sein, dass die Gerichte und andere zuständige Behörden der Mitgliedstaaten die Möglichkeit erhalten, in Ausnahmefällen auf der Grundlage von Eingriffsnormen Ausnahmeregelungen anzuwenden. Dementsprechend sollte der Begriff „Eingriffsnormen" Normen von zwingender Natur wie zum Beispiel die Normen zum Schutz der Familienwohnung umfassen. Diese Ausnahme von der Anwendung des auf den ehelichen Güterstand anzuwendenden Rechts ist jedoch eng auszulegen, damit sie der allgemeinen Zielsetzung dieser Verordnung nicht zuwiderläuft.

(54) Aus Gründen des öffentlichen Interesses sollte außerdem den Gerichten und anderen mit Fragen des ehelichen Güterstands befassten zuständigen Behörden in den Mitgliedstaaten in Ausnahmefällen die Möglichkeit gegeben werden, Bestimmungen eines ausländischen Rechts nicht zu berücksichtigen, wenn deren Anwendung in einem bestimmten Fall mit der öffentlichen Ordnung *(ordre public)* des betreffenden Mitgliedstaats offensichtlich unvereinbar wäre. Die Gerichte oder andere zuständige Behörden sollten allerdings nicht aus Gründen der öffentlichen Ordnung *(ordre public)* die Anwendung des Rechts eines anderen Mitgliedstaats ausschließen oder die Anerkennung – oder

gegebenenfalls die Annahme – oder die Vollstreckung einer Entscheidung, einer öffentlichen Urkunde oder eines gerichtlichen Vergleichs aus einem anderen Mitgliedstaat versagen dürfen, wenn das gegen die Charta der Grundrechte der Europäischen Union (im Folgenden „Charta"), insbesondere gegen Artikel 21 über den Grundsatz der Nichtdiskriminierung, verstoßen würde.

(55) Da es Staaten gibt, in denen die in dieser Verordnung behandelten Fragen durch zwei oder mehr Rechtssysteme oder Regelwerke geregelt werden, sollte festgelegt werden, inwieweit diese Verordnung in den verschiedenen Gebietseinheiten dieser Staaten Anwendung findet.

(56) Diese Verordnung sollte in Anbetracht ihrer allgemeinen Zielsetzung, nämlich der gegenseitigen Anerkennung der in den Mitgliedstaaten ergangenen Entscheidungen in Fragen des ehelichen Güterstands, Vorschriften für die Anerkennung, Vollstreckbarkeit und Vollstreckung von Entscheidungen nach dem Vorbild anderer Rechtsinstrumente der Union im Bereich der justiziellen Zusammenarbeit in Zivilsachen vorsehen.

(57) Um den verschiedenen Systemen zur Regelung von Fragen des ehelichen Güterstands in den Mitgliedstaaten Rechnung zu tragen, sollte diese Verordnung die Annahme und Vollstreckbarkeit den ehelichen Güterstand betreffender öffentlicher Urkunden in sämtlichen Mitgliedstaaten gewährleisten.

(58) Öffentliche Urkunden sollten in einem anderen Mitgliedstaat die gleiche formelle Beweiskraft wie im Ursprungsmitgliedstaat oder die damit am ehesten vergleichbare Wirkung entfalten. Die formelle Beweiskraft einer öffentlichen Urkunde in einem anderen Mitgliedstaat oder die damit am ehesten vergleichbare Wirkung sollte durch Bezugnahme auf Art und Umfang der formellen Beweiskraft der öffentlichen Urkunde im Ursprungsmitgliedstaat bestimmt werden. Somit richtet sich die formelle Beweiskraft einer öffentlichen Urkunde in einem anderen Mitgliedstaat nach dem Recht des Ursprungsmitgliedstaats.

(59) Die „Authentizität" einer öffentlichen Urkunde sollte ein autonomer Begriff sein, der Aspekte wie die Echtheit der Urkunde, die Formerfordernisse für die Urkunde, die Befugnisse der Behörde, die die Urkunde errichtet, und das Verfahren, nach dem die Urkunde errichtet wird, erfassen sollte. Der Begriff sollte ferner die von der betreffenden Behörde in der öffentlichen Urkunde beurkundeten Vorgänge erfassen, wie z.B. die Tatsache, dass die genannten Parteien an dem genannten Tag vor dieser Behörde erschienen sind und die genannten Erklärungen abgegeben haben. Eine Partei, die Einwände in Bezug auf die Authentizität einer öffentlichen Urkunde erheben möchte, sollte dies bei dem zuständigen Gericht im Ursprungsmitgliedstaat der öffentlichen Urkunde nach dem Recht dieses Mitgliedstaats tun.

(60) Die Formulierung „die in einer öffentlichen Urkunde beurkundeten Rechtsgeschäfte oder Rechtsverhältnisse" sollte als Bezugnahme auf den in der öffentlichen Urkunde niedergelegten materiellen Inhalt verstanden werden. Eine Partei, die Einwände in Bezug auf die in einer öffentlichen Urkunde beurkundeten Rechtsgeschäfte oder Rechtsverhältnisse erheben möchte, sollte dies bei den nach dieser Verordnung zuständigen Gerichten tun, die nach dem auf den ehelichen Güterstand anzuwendenden Recht über die Einwände entscheiden sollten.

(61) Wird eine Frage in Bezug auf die in einer öffentlichen Urkunde beurkundeten Rechtsgeschäfte oder Rechtsverhältnisse als Vorfrage in einem Verfahren bei einem Gericht eines Mitgliedstaats vorgebracht, so sollte dieses Gericht für die Entscheidung über diese Vorfrage zuständig sein.

(62) Eine öffentliche Urkunde, gegen die Einwände erhoben wurden, sollte in einem anderen Mitgliedstaat als dem Ursprungsmitgliedstaat keine formelle Beweiskraft entfalten, solange die Einwände anhängig sind. Betreffen die Einwände nur einen spezifischen Umstand mit Bezug auf die in einer öffentlichen Urkunde beurkundeten Rechtsgeschäfte oder Rechtsverhältnisse, so sollte die öffentliche Urkunde in Bezug auf den angefochtenen Umstand keine Beweiskraft in einem anderen Mitgliedstaat als dem Ursprungsmitgliedstaat entfalten, solange die Einwände anhängig sind. Eine öffentliche Urkunde, die aufgrund eines Einwands für ungültig erklärt wird, sollte keine Beweiskraft mehr entfalten.

(63) Wenn einer Behörde im Rahmen der Anwendung dieser Verordnung zwei nicht miteinander zu vereinbarende öffentliche Urkunden vorgelegt werden, sollte sie die Frage, welcher Urkunde gegebenenfalls Vorrang einzuräumen ist, unter Berücksichtigung der Umstände des jeweiligen Falls beurteilen. Geht aus diesen Umständen nicht eindeutig hervor, welche Urkunde gegebenenfalls Vorrang haben sollte, so sollte diese Frage von den nach dieser Verordnung zuständigen Gerichten oder, wenn die Frage als Vorfrage im Laufe eines Verfahrens vorgebracht wird, von dem mit diesem Verfahren befassten Gericht geklärt werden. Im Falle einer Unvereinbarkeit zwischen einer öffentlichen Urkunde und einer Entscheidung sollten die Gründe für die Nichtanerkennung von Entscheidungen nach dieser Verordnung berücksichtigt werden.

(64) Die Anerkennung und Vollstreckung einer Entscheidung über den ehelichen Güterstand nach Maßgabe dieser Verordnung sollte in keiner Weise die Anerkennung der Ehe implizieren, die dem ehelichen Güterstand, der Anlass zu der Entscheidung gegeben hat, zugrunde liegt.

(65) Das Verhältnis zwischen dieser Verordnung und den bilateralen oder multilateralen Übereinkünften, denen die Mitgliedstaaten angehören, sollte bestimmt werden.

(66) Diese Verordnung sollte die Mitgliedstaaten, die Vertragsparteien des Übereinkommens vom 6. Februar 1931 zwischen Dänemark, Finnland, Island, Norwegen und Schweden mit Bestimmungen des Internationalen Privatrechts über Eheschließung, Adoption und Vormundschaft in der Fassung von 2006, des Übereinkommens vom 19. November 1934 zwischen Dänemark, Finnland, Island, Norwegen und Schweden mit Bestimmungen des Internationalen Privatrechts über Rechtsnachfolge von Todes wegen, Testamente und Nachlassverwaltung in der Fassung vom Juni 2012 und des Übereinkommens vom 11. Oktober 1977 zwischen Dänemark, Finnland, Island, Norwegen und Schweden über die Anerkennung und Vollstreckung von Entscheidungen in Zivilsachen sind, nicht daran hindern, weiterhin spezifische Bestimmungen jener Übereinkommen anzuwenden, soweit diese Übereinkommen vereinfachte und zügigere Verfahren für die Anerkennung und Vollstreckung von Entscheidungen in Fragen des ehelichen Güterstands vorsehen.

(67) Um die Anwendung dieser Verordnung zu erleichtern, sollten die Mitgliedstaaten verpflichtet werden, über das mit der Entscheidung 2001/470/EG des Rates[10] eingerichtete Europäische Justizielle Netz für Zivil- und Handelssachen bestimmte Angaben über ihre den ehelichen Güterstand betreffenden Vorschriften und Verfahren zu machen. Damit sämtliche Informationen, die für die praktische Anwendung dieser Verordnung von Bedeutung sind, rechtzeitig im *Amtsblatt der Europäischen Union* veröffentlicht werden können, sollten die Mitgliedstaaten der Kommission auch diese Informationen vor dem Beginn der Anwendung der Verordnung mitteilen.

(68) Um die Anwendung dieser Verordnung zu erleichtern und um die Nutzung moderner Kommunikationstechnologien zu ermöglichen, sollten auch Standardformulare für die Bescheinigungen, die im Zusammenhang mit einem Antrag auf Vollstreckbarerklärung einer Entscheidung, einer öffentlichen Urkunde oder eines gerichtlichen Vergleichs vorzulegen sind, vorgeschrieben werden.

(69) Die Berechnung der in dieser Verordnung vorgesehenen Fristen und Termine sollte nach Maßgabe der Verordnung (EWG, Euratom) Nr. 1182/71 des Rates[11] erfolgen.

(70) Um einheitliche Bedingungen für die Durchführung dieser Verordnung gewährleisten zu können, sollten der Kommission in Bezug auf die Erstellung und spätere Änderung der Bescheinigungen und Formblätter, welche die Vollstreckbarerklärung von Entscheidungen, gerichtlichen Vergleichen und öffentlichen Urkunden betreffen, Durchführungsbefugnisse übertragen werden. Diese Befugnisse sollten nach Maßgabe der Verordnung (EU) Nr. 182/2011 des Europäischen Parlaments und des Rates[12] ausgeübt werden.

(71) Für den Erlass von Durchführungsrechtsakten zur Erstellung und späteren Änderung der in dieser Verordnung vorgesehenen Bescheinigungen und Formulare sollte das Beratungsverfahren herangezogen werden.

(72) Die Ziele dieser Verordnung, nämlich die Freizügigkeit innerhalb der Union und die Möglichkeit für Ehegatten, ihre vermögensrechtlichen Beziehungen untereinander sowie gegenüber Dritten während ihres Ehelebens und zum Zeitpunkt der Auseinandersetzung ihres Vermögens zu regeln, sowie bessere Vorhersehbarkeit des anzuwendenden Rechts und eine größere Rechtssicherheit, können von den Mitgliedstaaten nicht ausreichend verwirklicht werden, und sind vielmehr wegen des Umfangs und der Wirkungen dieser Verordnung besser auf Unionsebene – gegebenenfalls im Wege einer Verstärkten Zusammenarbeit der Mitgliedstaaten – zu verwirklichen. Im Einklang mit dem in Artikel 5 des Vertrags über die Europäische Union verankerten Subsidiaritätsprinzip kann die Union tätig werden. Entsprechend dem in demselben Artikel genannten Grundsatz der Verhältnismäßigkeit geht diese Verordnung nicht über das für die Verwirklichung dieser Ziele erforderliche Maß hinaus.

(73) Diese Verordnung steht im Einklang mit den Grundrechten und Grundsätzen, die mit der Charta anerkannt wurden, namentlich die Artikel 7, 9, 17, 21 und 47, die das Recht auf Achtung des Privat- und Familienlebens, das nach nationalem Recht geschützte Recht, eine Ehe einzugehen und eine Familie zu gründen, das Eigentumsrecht, den Grundsatz der Nichtdiskriminierung sowie das Recht auf einen wirksamen Rechtsbehelf und ein faires Verfahren betreffen. Bei der Anwendung dieser Verordnung sollten die Gerichte und anderen zuständigen Behörden der Mitgliedstaaten diese Rechte und Grundsätze achten –

---

[10] **[Amtl. Anm.:]** Entscheidung 2001/470/EG des Rates vom 28. Mai 2001 über die Einrichtung eines Europäischen Justiziellen Netzes für Zivil- und Handelssachen (ABl. L 174 vom 27.6.2001, S. 25).

[11] **[Amtl. Anm.:]** Verordnung (EWG, Euratom) Nr. 1182/71 des Rates vom 3. Juni 1971 zur Festlegung der Regeln für die Fristen, Daten und Termine (ABl. L 124 vom 8.6.1971, S. 1).

[12] **[Amtl. Anm.:]** Verordnung (EU) Nr. 182/2011 des Europäischen Parlaments und des Rates vom 16. Februar 2011 zur Festlegung der allgemeinen Regeln und Grundsätze, nach denen die Mitgliedstaaten die Wahrnehmung der Durchführungsbefugnisse durch die Kommission kontrollieren (ABl. L 55 vom 28.2.2011, S. 13).

HAT FOLGENDE VERORDNUNG ERLASSEN:

Kap. I Anwendungsbereich und Begriffsbestimmungen

Art. 1 EuGüVO Anwendungsbereich

(1) Diese Verordnung findet auf die ehelichen Güterstände Anwendung.
Sie gilt nicht für Steuer- und Zollsachen sowie verwaltungsrechtliche Angelegenheiten.

(2) Vom Anwendungsbereich dieser Verordnung ausgenommen sind
a) die Rechts-, Geschäfts- und Handlungsfähigkeit der Ehegatten;
b) das Bestehen, die Gültigkeit oder die Anerkennung einer Ehe;
c) die Unterhaltspflichten;
d) die Rechtsnachfolge nach dem Tod eines Ehegatten;
e) die soziale Sicherheit;
f) die Berechtigung, Ansprüche auf Alters- oder Erwerbsunfähigkeitsrente, die während der Ehe erworben wurden und die während der Ehe zu keinem Renteneinkommen geführt haben, im Falle der Ehescheidung, der Trennung ohne Auflösung des Ehebands oder der Ungültigerklärung der Ehe zwischen den Ehegatten zu übertragen oder anzupassen;
g) die Art der dinglichen Rechte an Vermögen und
h) jede Eintragung von Rechten an beweglichen oder unbeweglichen Vermögensgegenständen in ein Register, einschließlich der gesetzlichen Voraussetzungen für eine solche Eintragung, sowie die Wirkungen der Eintragung oder der fehlenden Eintragung solcher Rechte in ein Register.

Art. 2 EuGüVO Zuständigkeit für Fragen des ehelichen Güterstands innerhalb der Mitgliedstaaten

Diese Verordnung berührt nicht die Zuständigkeit der Behörden der Mitgliedstaaten für Fragen des ehelichen Güterstands.

Art. 3 EuGüVO Begriffsbestimmungen

(1) Im Sinne dieser Verordnung bezeichnet der Ausdruck
a) „ehelicher Güterstand" sämtliche vermögensrechtlichen Regelungen, die zwischen den Ehegatten und in ihren Beziehungen zu Dritten aufgrund der Ehe oder der Auflösung der Ehe gelten;
b) „Vereinbarung über den ehelichen Güterstand" jede Vereinbarung zwischen Ehegatten oder künftigen Ehegatten, mit der sie ihren ehelichen Güterstand regeln;
c) „öffentliche Urkunde" ein den ehelichen Güterstand betreffendes Schriftstück, das als öffentliche Urkunde in einem Mitgliedstaat förmlich errichtet oder eingetragen worden ist und dessen Beweiskraft
i) sich auf die Unterschrift und den Inhalt der öffentlichen Urkunde bezieht und
ii) durch eine Behörde oder eine andere vom Ursprungsmitgliedstaat hierzu ermächtigte Stelle festgestellt worden ist;
d) „Entscheidung" jede von einem Gericht eines Mitgliedstaats über einen ehelichen Güterstand erlassene Entscheidung ohne Rücksicht auf ihre Bezeichnung, einschließlich des Kostenfestsetzungsbeschlusses eines Gerichtsbediensteten;
e) „gerichtlicher Vergleich" einen von einem Gericht gebilligten oder vor einem Gericht im Laufe eines Verfahrens geschlossenen Vergleich über den ehelichen Güterstand;
f) „Ursprungsmitgliedstaat" den Mitgliedstaat, in dem die Entscheidung ergangen, die öffentliche Urkunde errichtet oder der gerichtliche Vergleich gebilligt oder geschlossen worden ist;
g) „Vollstreckungsmitgliedstaat" den Mitgliedstaat, in dem die Anerkennung und/oder Vollstreckung der Entscheidung, der öffentlichen Urkunde oder des gerichtlichen Vergleichs betrieben wird.

(2) Im Sinne dieser Verordnung bezeichnet der Ausdruck „Gericht" jedes Gericht und alle anderen Behörden und Angehörigen von Rechtsberufen mit Zuständigkeiten in Fragen des ehelichen Güterstands, die gerichtliche Funktionen ausüben oder in Ausübung einer Befugnisübertragung durch ein Gericht oder unter der Aufsicht eines Gerichts han-

deln, sofern diese anderen Behörden und Angehörigen von Rechtsberufen ihre Unparteilichkeit und das Recht der Parteien auf rechtliches Gehör gewährleisten und ihre Entscheidungen nach dem Recht des Mitgliedstaats, in dem sie tätig sind,

a) vor einem Gericht angefochten oder von einem Gericht nachgeprüft werden können und

b) vergleichbare Rechtskraft und Rechtswirkung haben wie eine Entscheidung eines Gerichts in der gleichen Sache.

Die Mitgliedstaaten teilen der Kommission nach Artikel 64 die in Unterabsatz 1 genannten sonstigen Behörden und Angehörigen von Rechtsberufen mit.

Kap. II. Gerichtliche Zuständigkeit

Art. 4 EuGüVO Zuständigkeit im Fall des Todes eines Ehegatten

Wird ein Gericht eines Mitgliedstaats im Zusammenhang mit der Rechtsnachfolge von Todes wegen eines Ehegatten nach der Verordnung (EU) Nr. 650/2012 angerufen, so sind die Gerichte dieses Staates auch für Entscheidungen über den ehelichen Güterstand in Verbindung mit diesem Nachlass zuständig.

Art. 5 EuGüVO Zuständigkeit im Fall der Ehescheidung, Trennung ohne Auflösung des Ehebands oder Ungültigerklärung einer Ehe

(1) Wird ein Gericht eines Mitgliedstaats zur Entscheidung über eine Ehescheidung, Trennung ohne Auflösung des Ehebands oder Ungültigerklärung der Ehe nach der Verordnung (EG) Nr. 2201/2003 angerufen, so sind unbeschadet des Absatzes 2 die Gerichte dieses Staates auch für Fragen des ehelichen Güterstands in Verbindung mit diesem Antrag zuständig.

(2) Die Zuständigkeit für Fragen des ehelichen Güterstands nach Absatz 1 unterliegt der Vereinbarung der Ehegatten, wenn das Gericht, das mit dem Antrag auf Ehescheidung, Trennung ohne Auflösung des Ehebands oder Ungültigerklärung der Ehe angerufen wird,

a) das Gericht eines Mitgliedstaats ist, in dem der Antragsteller nach Artikel 3 Absatz 1 Buchstabe a fünfter Gedankenstrich der Verordnung (EG) Nr. 2201/2003 seinen gewöhnlichen Aufenthalt hat und sich dort seit mindestens einem Jahr unmittelbar vor der Antragstellung aufgehalten hat,

b) das Gericht eines Mitgliedstaats ist, dessen Staatsangehörigkeit der Antragsteller nach Artikel 3 Absatz 1 Buchstabe a sechster Gedankenstrich der Verordnung (EG) Nr. 2201/ 2003 besitzt und in dem der Antragsteller seinen gewöhnlichen Aufenthalt hat und sich dort seit mindestens sechs Monaten unmittelbar vor der Antragstellung aufgehalten hat,

c) nach Artikel 5 der Verordnung (EG) Nr. 2201/2003 in Fällen der Umwandlung einer Trennung ohne Auflösung des Ehebands in eine Ehescheidung angerufen wird oder

d) nach Artikel 7 der Verordnung (EG) Nr. 2201/2003 in Fällen angerufen wird, in denen ihm eine Restzuständigkeit zukommt.

(3) Wird eine Vereinbarung nach Absatz 2 des vorliegenden Artikels geschlossen, bevor das Gericht zur Entscheidung über den ehelichen Güterstand angerufen wird, so muss die Vereinbarung den Anforderungen des Artikels 7 Absatz 2 entsprechen.

Art. 6 EuGüVO Zuständigkeit in anderen Fällen

In Fällen, in denen kein Gericht eines Mitgliedstaats gemäß Artikel 4 oder Artikel 5 zuständig ist, oder in anderen als den in diesen Artikeln geregelten Fällen sind für Entscheidungen über Fragen des ehelichen Güterstands die Gerichte des Mitgliedstaats zuständig,

a) in dessen Hoheitsgebiet die Ehegatten zum Zeitpunkt der Anrufung des Gerichts ihren gewöhnlichen Aufenthalt haben oder anderenfalls

b) in dessen Hoheitsgebiet die Ehegatten zuletzt ihren gewöhnlichen Aufenthalt hatten, sofern einer von ihnen zum Zeitpunkt der Anrufung des Gerichts dort noch seinen gewöhnlichen Aufenthalt hat, oder anderenfalls

c) in dessen Hoheitsgebiet der Antragsgegner zum Zeitpunkt der Anrufung des Gerichts seinen gewöhnlichen Aufenthalt hat oder anderenfalls

d) dessen Staatsangehörigkeit beide Ehegatten zum Zeitpunkt der Anrufung des Gerichts besitzen.

Art. 7 EuGüVO Gerichtsstandsvereinbarung

(1) In den Fällen des Artikels 6 können die Parteien vereinbaren, dass die Gerichte des Mitgliedstaats, dessen Recht nach Artikel 22 oder Artikel 26 Absatz 1 Buchstabe a oder b anzuwenden ist, oder die Gerichte des Mitgliedstaats, in dem die Ehe geschlossen wurde, für Entscheidungen über Fragen ihres ehelichen Güterstands ausschließlich zuständig sind.

(2) ¹Die in Absatz 1 genannte Vereinbarung bedarf der Schriftform, ist zu datieren und von den Parteien zu unterzeichnen. ²Elektronische Übermittlungen, die eine dauerhafte Aufzeichnung der Vereinbarung ermöglichen, sind der Schriftform gleichgestellt.

Art. 8 EuGüVO Zuständigkeit aufgrund rügeloser Einlassung

(1) ¹Sofern das Gericht eines Mitgliedstaats, dessen Recht nach Artikel 22 oder Artikel 26 Absatz 1 Buchstabe a oder b anzuwenden ist, nicht bereits nach anderen Vorschriften dieser Verordnung zuständig ist, wird es zuständig, wenn sich der Beklagte vor ihm auf das Verfahren einlässt. ²Dies gilt nicht, wenn der Beklagte sich einlässt, um den Mangel der Zuständigkeit geltend zu machen, oder in den Fällen des Artikels 4 oder des Artikels 5 Absatz 1.

(2) Bevor sich das Gericht nach Absatz 1 für zuständig erklärt, stellt es sicher, dass der Beklagte über sein Recht, die Unzuständigkeit des Gerichts geltend zu machen, und über die Folgen der Einlassung oder Nichteinlassung auf das Verfahren belehrt wird.

Art. 9 EuGüVO Alternative Zuständigkeit

(1) ¹Wenn ein Gericht eines Mitgliedstaats, das nach Artikel 4, 6, 7 oder 8 zuständig ist, feststellt, dass nach seinem Internationalen Privatrecht die streitgegenständliche Ehe für die Zwecke eines Verfahrens über den ehelichen Güterstand nicht anerkannt wird, kann es sich ausnahmsweise für unzuständig erklären. ²Beschließt das Gericht, sich für unzuständig zu erklären, so tut es das unverzüglich.

(2) Erklärt sich ein Gericht, das nach Artikel 4 oder 6 zuständig ist, für unzuständig und vereinbaren die Parteien, die Zuständigkeit den Gerichten eines anderen Mitgliedstaats nach Artikel 7 zu übertragen, so sind die Gerichte dieses anderen Mitgliedstaats für Entscheidungen über den ehelichen Güterstand zuständig.

In anderen Fällen sind für Entscheidungen über den ehelichen Güterstand die Gerichte eines anderen Mitgliedstaats nach Artikel 6 oder 8 oder die Gerichte des Mitgliedstaats zuständig, in dem die Ehe geschlossen wurde.

(3) Dieser Artikel findet keine Anwendung, wenn die Parteien eine Ehescheidung, eine Trennung ohne Auflösung des Ehebands oder eine Ungültigerklärung der Ehe erwirkt haben, die im Mitgliedstaat des angerufenen Gerichts anerkannt werden kann.

Art. 10 EuGüVO Subsidiäre Zuständigkeit

Ist kein Gericht eines Mitgliedstaats nach den Artikeln 4, 5, 6, 7 oder 8 zuständig oder haben sich alle Gerichte nach Artikel 9 für unzuständig erklärt und ist kein Gericht nach Artikel 9 Absatz 2 zuständig, so sind die Gerichte eines Mitgliedstaats zuständig, in dessen Hoheitsgebiet unbewegliches Vermögen eines oder beider Ehegatten belegen ist; in diesem Fall ist das angerufene Gericht nur für Entscheidungen über dieses unbewegliche Vermögen zuständig.

Art. 11 EuGüVO Notzuständigkeit (forum necessitatis)

Ist kein Gericht eines Mitgliedstaats nach den Artikeln 4, 5, 6, 7, 8 oder 10 zuständig oder haben sich alle Gerichte nach Artikel 9 für unzuständig erklärt und ist kein Gericht eines Mitgliedstaats nach Artikel 9 Absatz 2 und Artikel 10 zuständig, so können die Gerichte eines Mitgliedstaats ausnahmsweise über den ehelichen Güterstand entscheiden, wenn es nicht zumutbar ist oder es sich als unmöglich erweist, ein Verfahren in einem Drittstaat, zu dem die Sache einen engen Bezug aufweist, einzuleiten oder zu führen.

Die Sache muss einen ausreichenden Bezug zu dem Mitgliedstaat des angerufenen Gerichts aufweisen.

Art. 12 EuGüVO Widerklagen

Das Gericht, bei dem ein Verfahren aufgrund der Artikel 4, 5, 6, 7, 8, des Artikels 9 Absatz 2, des Artikels 10 oder des Artikels 11 anhängig ist, ist auch für eine Widerklage zuständig, sofern diese in den Anwendungsbereich dieser Verordnung fällt.

Art. 13 EuGüVO Beschränkung des Verfahrens

(1) Umfasst der Nachlass des Erblassers, der unter die Verordnung (EU) Nr. 650/2012 fällt, Vermögenswerte, die in einem Drittstaat belegen sind, so kann das in der Güterrechtssache angerufene Gericht auf Antrag einer der Parteien beschließen, über einen oder mehrere dieser Vermögenswerte nicht zu befinden, wenn zu erwarten ist, dass seine Entscheidung über diese Vermögenswerte in dem betreffenden Drittstaat nicht anerkannt oder gegebenenfalls nicht für vollstreckbar erklärt wird.

(2) Absatz 1 berührt nicht das Recht der Parteien, den Gegenstand des Verfahrens nach dem Recht des Mitgliedstaats des angerufenen Gerichts zu beschränken.

Art. 14 EuGüVO Anrufung eines Gerichts

Für die Zwecke dieses Kapitels gilt ein Gericht als angerufen
a) zu dem Zeitpunkt, zu dem das verfahrenseinleitende Schriftstück oder ein gleichwertiges Schriftstück bei Gericht eingereicht worden ist, vorausgesetzt, der Antragsteller hat es in der Folge nicht versäumt, die ihm obliegenden Maßnahmen zu treffen, um die Zustellung des Schriftstücks an den Antragsgegner zu bewirken,
b) falls die Zustellung vor Einreichung des Schriftstücks bei Gericht zu bewirken ist, zu dem Zeitpunkt, zu dem die für die Zustellung verantwortliche Stelle das Schriftstück erhalten hat, vorausgesetzt, der Antragsteller hat es in der Folge nicht versäumt, die ihm obliegenden Maßnahmen zu treffen, um das Schriftstück bei Gericht einzureichen, oder,
c) falls das Gericht das Verfahren von Amts wegen einleitet, zu dem Zeitpunkt, zu dem der Beschluss über die Einleitung des Verfahrens vom Gericht gefasst oder, wenn ein solcher Beschluss nicht erforderlich ist, zu dem Zeitpunkt, zu dem die Sache beim Gericht eingetragen worden ist.

Art. 15 EuGüVO Prüfung der Zuständigkeit

Das Gericht eines Mitgliedstaats, das in einer Güterrechtssache angerufen wird, für die es nach dieser Verordnung nicht zuständig ist, erklärt sich von Amts wegen für unzuständig.

Art. 16 EuGüVO Prüfung der Zulässigkeit

(1) Lässt sich der Beklagte, der seinen gewöhnlichen Aufenthalt in einem anderen Staat als dem Mitgliedstaat hat, in dem die Klage erhoben wurde, auf das Verfahren nicht ein, so setzt das nach dieser Verordnung zuständige Gericht das Verfahren so lange aus, bis festgestellt ist, dass es dem Beklagten möglich war, das verfahrenseinleitende Schriftstück oder ein gleichwertiges Schriftstück so rechtzeitig zu empfangen, dass er sich verteidigen konnte oder dass alle hierzu erforderlichen Maßnahmen getroffen wurden.

(2) Anstelle des Absatzes 1 des vorliegenden Artikels findet Artikel 19 der Verordnung (EG) Nr. 1393/2007 des Europäischen Parlaments und des Rates[1] Anwendung, wenn das verfahrenseinleitende Schriftstück oder ein gleichwertiges Schriftstück nach der genannten Verordnung von einem Mitgliedstaat in einen anderen zu übermitteln war.

(3) Ist die Verordnung (EG) Nr. 1393/2007 nicht anwendbar, so gilt Artikel 15 des Haager Übereinkommens vom 15. November 1965 über die Zustellung gerichtlicher und außergerichtlicher Schriftstücke im Ausland in Zivil- und Handelssachen, wenn das ver-

---

[1] **[Amtl. Anm.:]** Verordnung (EG) Nr. 1393/2007 des Europäischen Parlaments und des Rates vom 13. November 2007 über die Zustellung gerichtlicher und außergerichtlicher Schriftstücke in Zivil- oder Handelssachen in den Mitgliedstaaten (Zustellung von Schriftstücken) und zur Aufhebung der Verordnung (EG) Nr. 1348/2000 des Rates (ABl. L 324 vom 10.12.2007, S. 79).

fahrenseinleitende Schriftstück oder ein gleichwertiges Schriftstück nach Maßgabe dieses Übereinkommens ins Ausland zu übermitteln war.

Art. 17 EuGüVO Rechtshängigkeit

(1) Werden bei Gerichten verschiedener Mitgliedstaaten Verfahren wegen desselben Anspruchs zwischen denselben Parteien anhängig gemacht, so setzt jedes später angerufene Gericht das Verfahren von Amts wegen aus, bis die Zuständigkeit des zuerst angerufenen Gerichts feststeht.

(2) In den in Absatz 1 genannten Fällen teilt das in der Rechtssache angerufene Gericht auf Antrag eines anderen angerufenen Gerichts diesem unverzüglich mit, wann es angerufen wurde.

(3) Sobald die Zuständigkeit des zuerst angerufenen Gerichts feststeht, erklärt sich das später angerufene Gericht zugunsten dieses Gerichts für unzuständig.

Art. 18 EuGüVO Im Zusammenhang stehende Verfahren

(1) Sind bei Gerichten verschiedener Mitgliedstaaten Verfahren, die im Zusammenhang stehen, anhängig, so kann jedes später angerufene Gericht das Verfahren aussetzen.

(2) Sind die in Absatz 1 genannten Verfahren in erster Instanz anhängig, so kann sich jedes später angerufene Gericht auf Antrag einer Partei auch für unzuständig erklären, wenn das zuerst angerufene Gericht für die betreffenden Verfahren zuständig ist und die Verbindung der Verfahren nach seinem Recht zulässig ist.

(3) Für die Zwecke dieses Artikels gelten Verfahren als im Zusammenhang stehend, wenn zwischen ihnen eine so enge Beziehung gegeben ist, dass eine gemeinsame Verhandlung und Entscheidung geboten erscheint, um zu vermeiden, dass in getrennten Verfahren widersprechende Entscheidungen ergehen.

Art. 19 EuGüVO Einstweilige Maßnahmen einschließlich Sicherungsmaßnahmen

Die im Recht eines Mitgliedstaats vorgesehenen einstweiligen Maßnahmen einschließlich Sicherungsmaßnahmen können bei den Gerichten dieses Staates auch dann beantragt werden, wenn für die Entscheidung in der Hauptsache nach dieser Verordnung die Gerichte eines anderen Mitgliedstaats zuständig sind.

Kap. III. Anzuwendendes Recht

Art. 20 EuGüVO Universelle Anwendung

Das nach dieser Verordnung bezeichnete Recht ist auch dann anzuwenden, wenn es nicht das Recht eines Mitgliedstaats ist.

Art. 21 EuGüVO Einheit des anzuwendenden Rechts

Das gesamte Vermögen der Ehegatten unterliegt ungeachtet seiner Belegenheit dem gemäß Artikel 22 oder 26 auf den ehelichen Güterstand anzuwendenden Recht.

Art. 22 EuGüVO Rechtswahl

(1) Die Ehegatten oder künftigen Ehegatten können das auf ihren ehelichen Güterstand anzuwendende Recht durch Vereinbarung bestimmen oder ändern, sofern es sich dabei um das Recht eines der folgenden Staaten handelt:
a) das Recht des Staates, in dem die Ehegatten oder künftigen Ehegatten oder einer von ihnen zum Zeitpunkt der Rechtswahl ihren/seinen gewöhnlichen Aufenthalt haben/hat, oder
b) das Recht eines Staates, dessen Staatsangehörigkeit einer der Ehegatten oder künftigen Ehegatten zum Zeitpunkt der Rechtswahl besitzt.

(2) Sofern die Ehegatten nichts anderes vereinbaren, gilt eine während der Ehe vorgenommene Änderung des auf den ehelichen Güterstand anzuwendenden Rechts nur für die Zukunft.

(3) Eine rückwirkende Änderung des anzuwendenden Rechts nach Absatz 2 darf die Ansprüche Dritter, die sich aus diesem Recht ableiten, nicht beeinträchtigen.

Art. 23 EuGüVO Formgültigkeit der Rechtswahlvereinbarung

(1) ¹Eine Vereinbarung nach Artikel 22 bedarf der Schriftform, ist zu datieren und von beiden Ehegatten zu unterzeichnen. ²Elektronische Übermittlungen, die eine dauerhafte Aufzeichnung der Vereinbarung ermöglicht, sind der Schriftform gleichgestellt.

(2) Sieht das Recht des Mitgliedstaats, in dem beide Ehegatten zum Zeitpunkt der Rechtswahl ihren gewöhnlichen Aufenthalt haben, zusätzliche Formvorschriften für Vereinbarungen über den ehelichen Güterstand vor, so sind diese Formvorschriften anzuwenden.

(3) Haben die Ehegatten zum Zeitpunkt der Rechtswahl ihren gewöhnlichen Aufenthalt in verschiedenen Mitgliedstaaten und sieht das Recht beider Staaten unterschiedliche Formvorschriften für Vereinbarungen über den ehelichen Güterstand vor, so ist die Vereinbarung formgültig, wenn sie den Vorschriften des Rechts eines dieser Mitgliedstaaten genügt.

(4) Hat zum Zeitpunkt der Rechtswahl nur einer der Ehegatten seinen gewöhnlichen Aufenthalt in einem Mitgliedstaat und sind in diesem Staat zusätzliche Formvorschriften für Vereinbarungen über den ehelichen Güterstand vorgesehen, so sind diese Formvorschriften anzuwenden.

Art. 24 EuGüVO Einigung und materielle Wirksamkeit

(1) Das Zustandekommen und die Wirksamkeit einer Rechtswahlvereinbarung oder einer ihrer Bestimmungen bestimmen sich nach dem Recht, das nach Artikel 22 anzuwenden wäre, wenn die Vereinbarung oder die Bestimmung wirksam wäre.

(2) Ein Ehegatte kann sich jedoch für die Behauptung, er habe der Vereinbarung nicht zugestimmt, auf das Recht des Staates berufen, in dem er zum Zeitpunkt der Anrufung des Gerichts seinen gewöhnlichen Aufenthalt hat, wenn sich aus den Umständen ergibt, dass es nicht angemessen wäre, die Wirkung seines Verhaltens nach dem in Absatz 1 bezeichneten Recht zu bestimmen.

Art. 25 EuGüVO Formgültigkeit einer Vereinbarung über den ehelichen Güterstand

(1) ¹Die Vereinbarung über den ehelichen Güterstand bedarf der Schriftform, ist zu datieren und von beiden Ehegatten zu unterzeichnen. ²Elektronische Übermittlungen, die eine dauerhafte Aufzeichnung der Vereinbarung ermöglichen, sind der Schriftform gleichgestellt.

(2) Sieht das Recht des Mitgliedstaats, in dem beide Ehegatten zum Zeitpunkt der Vereinbarung ihren gewöhnlichen Aufenthalt haben, zusätzliche Formvorschriften für Vereinbarungen über den ehelichen Güterstand vor, so sind diese Formvorschriften anzuwenden.

Haben die Ehegatten zum Zeitpunkt der Vereinbarung ihren gewöhnlichen Aufenthalt in verschiedenen Mitgliedstaaten, und sieht das Recht beider Staaten unterschiedliche Formvorschriften für Vereinbarungen über den ehelichen Güterstand vor, so ist die Vereinbarung formgültig, wenn sie den Vorschriften des Rechts eines dieser Mitgliedstaaten genügt.

Hat zum Zeitpunkt der Vereinbarung nur einer der Ehegatten seinen gewöhnlichen Aufenthalt in einem Mitgliedstaat und sind in diesem Staat zusätzliche Formvorschriften für Vereinbarungen über den ehelichen Güterstand vorgesehen, so sind diese Formvorschriften anzuwenden.

(3) Sieht das auf den ehelichen Güterstand anzuwendende Recht zusätzliche Formvorschriften vor, so sind diese Formvorschriften anzuwenden.

Art. 26 EuGüVO Mangels Rechtswahl der Parteien anzuwendendes Recht

(1) Mangels einer Rechtswahlvereinbarung nach Artikel 22 unterliegt der eheliche Güterstand dem Recht des Staates,

a) in dem die Ehegatten nach der Eheschließung ihren ersten gemeinsamen gewöhnlichen Aufenthalt haben, oder anderenfalls
b) dessen Staatsangehörigkeit beide Ehegatten zum Zeitpunkt der Eheschließung besitzen, oder anderenfalls
c) mit dem die Ehegatten unter Berücksichtigung aller Umstände zum Zeitpunkt der Eheschließung gemeinsam am engsten verbunden sind.

(2) Besitzen die Ehegatten zum Zeitpunkt der Eheschließung mehr als eine gemeinsame Staatsangehörigkeit, findet nur Absatz 1 Buchstaben a und c Anwendung.

(3) Ausnahmsweise kann das Gericht, das für Fragen des ehelichen Güterstands zuständig ist, auf Antrag eines der Ehegatten entscheiden, dass das Recht eines anderen Staates als des Staates, dessen Recht nach Absatz 1 Buchstabe a anzuwenden ist, für den ehelichen Güterstand gilt, sofern der Antragsteller nachweist, dass
a) die Ehegatten ihren letzten gemeinsamen gewöhnlichen Aufenthalt in diesem anderen Staat über einen erheblich längeren Zeitraum als in dem in Absatz 1 Buchstabe a bezeichneten Staat hatten und
b) beide Ehegatten auf das Recht dieses anderen Staates bei der Regelung oder Planung ihrer vermögensrechtlichen Beziehungen vertraut hatten.
[1]Das Recht dieses anderen Staates gilt ab dem Zeitpunkt der Eheschließung, es sei denn, ein Ehegatte ist damit nicht einverstanden. [2]In diesem Fall gilt das Recht dieses anderen Staates ab Begründung des letzten gemeinsamen gewöhnlichen Aufenthalts in diesem anderen Staat.

Die Anwendung des Rechts des anderen Staates darf die Rechte Dritter, die sich auf dasnach Absatz 1 Buchstabe a anzuwendende Recht gründen, nicht beeinträchtigen.

Dieser Absatz gilt nicht, wenn die Ehegatten vor der Begründung ihres letzten gemeinsamen gewöhnlichen Aufenthalts in diesem anderen Staat eine Vereinbarung über den ehelichen Güterstand getroffen haben.

Art. 27 EuGüVO Reichweite des anzuwendenden Rechts

Das nach dieser Verordnung auf den ehelichen Güterstand anzuwendende Recht regelt unter anderem
a) die Einteilung des Vermögens eines oder beider Ehegatten in verschiedene Kategorien während und nach der Ehe;
b) die Übertragung von Vermögen von einer Kategorie in die andere;
c) die Haftung des einen Ehegatten für die Verbindlichkeiten und Schulden des anderen;
d) die Befugnisse, Rechte und Pflichten eines oder beider Ehegatten in Bezug auf das Vermögen;
e) die Auflösung des ehelichen Güterstands und die Teilung, Aufteilung oder Abwicklung des Vermögens;
f) die Wirkungen des ehelichen Güterstands auf ein Rechtsverhältnis zwischen einem Ehegatten und Dritten und
g) die materielle Wirksamkeit einer Vereinbarung über den ehelichen Güterstand.

Art. 28 EuGüVO Wirkungen gegenüber Dritten

(1) Ungeachtet des Artikels 27 Buchstabe f darf ein Ehegatte in einer Streitigkeit zwischen einem Dritten und einem oder beiden Ehegatten das für den ehelichen Güterstand maßgebende Recht dem Dritten nicht entgegenhalten, es sei denn, der Dritte hatte Kenntnis von diesem Recht oder hätte bei gebührender Sorgfalt davon Kenntnis haben müssen.

(2) Es wird davon ausgegangen, dass der Dritte Kenntnis von dem auf den ehelichen Güterstand anzuwendenden Recht hat, wenn
a) dieses Recht das Recht des Staates ist,
   i) dessen Recht auf das Rechtsgeschäft zwischen einem Ehegatten und dem Dritten anzuwenden ist,
   ii) in dem der vertragschließende Ehegatte und der Dritte ihren gewöhnlichen Aufenthalt haben oder
   iii) in dem die Vermögensgegenstände – im Fall von unbeweglichem Vermögen – belegen sind, oder

b) ein Ehegatte die geltenden Anforderungen an die Publizität oder Registrierung des ehelichen Güterstands eingehalten hat, die vorgesehen sind im Recht des Staates,

  i) dessen Recht auf das Rechtsgeschäft zwischen einem Ehegatten und dem Dritten anzuwenden ist,

  ii) in dem der vertragschließende Ehegatte und der Dritte ihren gewöhnlichen Aufenthalt haben oder

  iii) in dem die Vermögensgegenstände – im Fall von unbeweglichem Vermögen – belegen sind.

(3) Kann ein Ehegatte das auf seinen ehelichen Güterstand anzuwendende Recht einem Dritten nach Absatz 1 nicht entgegenhalten, so unterliegen die Wirkungen des ehelichen Güterstands gegenüber dem Dritten dem Recht des Staates,

a) dessen Recht auf das Rechtsgeschäft zwischen einem Ehegatten und dem Dritten anzuwenden ist oder

b) in dem die Vermögensgegenstände – im Fall von unbeweglichem Vermögen – belegen sind oder, im Fall eingetragener Vermögenswerte oder im Fall von Rechten, in dem diese Vermögenswerte oder Rechte eingetragen sind.

Art. 29 EuGüVO Anpassung dinglicher Rechte

Macht eine Person ein dingliches Recht geltend, das ihr nach dem auf den ehelichen Güterstand anzuwendenden Recht zusteht, und kennt das Recht des Mitgliedstaats, in dem das Recht geltend gemacht wird, das betreffende dingliche Recht nicht, so ist dieses Recht soweit erforderlich und möglich an das in der Rechtsordnung dieses Mitgliedstaats am ehesten vergleichbare Recht anzupassen, wobei die mit dem besagten dinglichen Recht verfolgten Ziele und Interessen und die mit ihm verbundenen Wirkungen zu berücksichtigen sind.

Art. 30 EuGüVO Eingriffsnormen

(1) Diese Verordnung berührt nicht die Anwendung der Eingriffsnormen des Rechts des angerufenen Gerichts.

(2) Eine Eingriffsnorm ist eine Vorschrift, deren Einhaltung von einem Mitgliedstaat als so entscheidend für die Wahrung seines öffentlichen Interesses, insbesondere seiner politischen, sozialen oder wirtschaftlichen Ordnung, angesehen wird, dass sie ungeachtet des nach Maßgabe dieser Verordnung auf den ehelichen Güterstand anzuwendenden Rechts auf alle Sachverhalte anzuwenden ist, die in ihren Anwendungsbereich fallen.

Art. 31 EuGüVO Öffentliche Ordnung (ordre public)

Die Anwendung einer Vorschrift des nach dieser Verordnung bestimmten Rechts eines Staates darf nur versagt werden, wenn ihre Anwendung mit der öffentlichen Ordnung (*ordre public*) des Staates des angerufenen Gerichts offensichtlich unvereinbar ist.

Art. 32 EuGüVO Ausschluss der Rück- und Weiterverweisung

Unter dem nach dieser Verordnung anzuwendenden Recht eines Staates sind die in diesem Staat geltenden Rechtsnormen mit Ausnahme seines Internationalen Privatrechts zu verstehen.

Art. 33 EuGüVO Staaten mit mehr als einem Rechtssystem – interlokale Kollisionsvorschriften

(1) Verweist diese Verordnung auf das Recht eines Staates, der mehrere Gebietseinheiten umfasst, von denen jede eigene Rechtsvorschriften für eheliche Güterstände hat, so bestimmen die internen Kollisionsvorschriften dieses Staates die Gebietseinheit, deren Rechtsvorschriften anzuwenden sind.

(2) In Ermangelung solcher internen Kollisionsvorschriften gilt:

a) Jede Bezugnahme auf das Recht des in Absatz 1 genannten Staates ist für die Bestimmung des anzuwendenden Rechts aufgrund von Vorschriften, die sich auf den gewöhn-

lichen Aufenthalt der Ehegatten beziehen, als Bezugnahme auf das Recht der Gebietseinheit zu verstehen, in der die Ehegatten ihren gewöhnlichen Aufenthalt haben.
b) Jede Bezugnahme auf das Recht des in Absatz 1 genannten Staates ist für die Bestimmung des anzuwendenden Rechts aufgrund von Vorschriften, die sich auf die Staatsangehörigkeit der Ehegatten beziehen, als Bezugnahme auf das Recht der Gebietseinheit
zu verstehen, zu der die Ehegatten die engste Verbindung haben.
c) Jede Bezugnahme auf das Recht des in Absatz 1 genannten Staates ist für die Bestimmung des anzuwendenden Rechts aufgrund sonstiger Bestimmungen, die sich auf
andere Anknüpfungspunkte beziehen, als Bezugnahme auf das Recht der Gebietseinheit zu verstehen, in der sich der einschlägige Anknüpfungspunkt befindet.

Art. 34 EuGüVO Staaten mit mehr als einem Rechtssystem – interpersonale Kollisions-
vorschriften

[1]Gelten in einem Staat für die ehelichen Güterstände zwei oder mehr Rechtssysteme
oder Regelwerke für verschiedene Personengruppen, so ist jede Bezugnahme auf das Recht
dieses Staates als Bezugnahme auf das Rechtssystem oder das Regelwerk zu verstehen,
das die in diesem Staat geltenden Vorschriften zur Anwendung berufen. [2]In Ermangelung
solcher Vorschriften ist das Rechtssystem oder das Regelwerk anzuwenden, zu dem die
Ehegatten die engste Verbindung haben.

Art. 35 EuGüVO Nichtanwendung dieser Verordnung auf innerstaatliche Kollisionen

Ein Mitgliedstaat, der mehrere Gebietseinheiten umfasst, von denen jede ihre eigenen
Rechtsvorschriften für eheliche Güterstände hat, ist nicht verpflichtet, diese Verordnung
auf Kollisionen zwischen den Rechtsordnungen dieser Gebietseinheiten anzuwenden.

Kap. IV. Anerkennung, Vollstreckbarkeit und Vollstreckung von
Entscheidungen

Art. 36 EuGüVO Anerkennung

(1) Die in einem Mitgliedstaat ergangenen Entscheidungen werden in den anderen Mitgliedstaaten anerkannt, ohne dass es hierfür eines besonderen Verfahrens bedarf.

(2) Jede Partei, die die Anerkennung einer Entscheidung zu einem zentralen Element
des Streitgegenstands macht, kann in den Verfahren der Artikel 44 bis 57 die Anerkennung
der Entscheidung beantragen.

(3) Hängt der Ausgang eines Verfahrens vor dem Gericht eines Mitgliedstaats von der
Entscheidung über die inzidente Frage der Anerkennung ab, so ist dieses Gericht für die
Entscheidung über die Anerkennung zuständig.

Art. 37 EuGüVO Gründe für die Nichtanerkennung

Eine Entscheidung wird nicht anerkannt, wenn
a) die Anerkennung der öffentlichen Ordnung (ordre public) des Mitgliedstaats, in dem sie
beantragt wird, offensichtlich widersprechen würde;
b) dem Beklagten, der sich auf das Verfahren nicht eingelassen hat, das verfahrenseinleitende Schriftstück oder ein gleichwertiges Schriftstück nicht so rechtzeitig und in einer
Weise zugestellt worden ist, dass er sich verteidigen konnte, es sei denn, der Beklagte
hat die Entscheidung nicht angefochten, obwohl er die Möglichkeit dazu hatte;
c) sie mit einer Entscheidung unvereinbar ist, die in einem Verfahren zwischen denselben
Parteien in dem Mitgliedstaat, in dem die Anerkennung beantragt wird, ergangen ist;
d) sie mit einer früheren Entscheidung unvereinbar ist, die in einem anderen Mitgliedstaat
oder in einem Drittstaat in einem Verfahren zwischen denselben Parteien wegen desselben Anspruchs ergangen ist, sofern die frühere Entscheidung die notwendigen Voraussetzungen für ihre Anerkennung in dem Mitgliedstaat, in dem die Anerkennung geltend
gemacht wird, erfüllt.

Art. 38 EuGüVO Grundrechte

Artikel 37 dieser Verordnung ist von den Gerichten und anderen zuständigen Behörden der Mitgliedstaaten unter Beachtung der in der Charta anerkannten Grundrechte und Grundsätze anzuwenden, insbesondere des Grundsatzes der Nichtdiskriminierung in Artikel 21 der Charta.

Art. 39 EuGüVO Ausschluss der Nachprüfung der Zuständigkeit des Gerichts des Ursprungsmitgliedstaats

(1) Die Zuständigkeit des Gerichts des Ursprungsmitgliedstaats darf nicht nachgeprüft werden.

(2) Das Kriterium der öffentlichen Ordnung *(ordre public)* in Artikel 37 findet keine Anwendung auf die Zuständigkeitsvorschriften in den Artikeln 4 bis 11.

Art. 40 EuGüVO Ausschluss der Nachprüfung in der Sache

Die in einem Mitgliedstaat ergangene Entscheidung darf keinesfalls in der Sache selbst nachgeprüft werden.

Art. 41 EuGüVO Aussetzung des Anerkennungsverfahrens

Das Gericht eines Mitgliedstaats, vor dem die Anerkennung einer in einem anderen Mitgliedstaat ergangenen Entscheidung geltend gemacht wird, kann das Verfahren aussetzen, wenn im Ursprungsmitgliedstaat gegen die Entscheidung ein ordentlicher Rechtsbehelf eingelegt worden ist.

Art. 42 EuGüVO Vollstreckbarkeit

Die in einem Mitgliedstaat ergangenen und in diesem Staat vollstreckbaren Entscheidungen sind in einem anderen Mitgliedstaat vollstreckbar, wenn sie auf Antrag eines Berechtigten dort nach den Verfahren der Artikel 44 bis 57 für vollstreckbar erklärt worden sind.

Art. 43 EuGüVO Bestimmung des Wohnsitzes

Ist zu entscheiden, ob eine Partei für die Zwecke des Verfahrens nach den Artikeln 44 bis 57 im Hoheitsgebiet des Vollstreckungsmitgliedstaats einen Wohnsitz hat, so wendet das befasste Gericht sein innerstaatliches Recht an.

Art. 44 EuGüVO Örtlich zuständiges Gericht

(1) Der Antrag auf Vollstreckbarerklärung ist an das Gericht oder die zuständige Behörde des Vollstreckungsmitgliedstaats zu richten, die der Kommission nach Artikel 64 von diesem Mitgliedstaat mitgeteilt wurden.

(2) Die örtliche Zuständigkeit wird durch den Ort des Wohnsitzes der Partei, gegen die die Vollstreckung erwirkt werden soll, oder durch den Ort, an dem die Vollstreckung durchgeführt werden soll, bestimmt.

Art. 45 EuGüVO Verfahren

(1) Für das Verfahren der Antragstellung ist das Recht des Vollstreckungsmitgliedstaats maßgebend.

(2) Von dem Antragsteller kann nicht verlangt werden, dass er im Vollstreckungsmitgliedstaat über eine Postanschrift oder einen bevollmächtigten Vertreter verfügt.

(3) Dem Antrag sind die folgenden Schriftstücke beizufügen:

a) eine Ausfertigung der Entscheidung, die die für die Feststellung ihrer Beweiskraft erforderlichen Voraussetzungen erfüllt;

b) die Bescheinigung, die von dem Gericht oder der zuständigen Behörde des Ursprungsmitgliedstaats unter Verwendung des – nach dem Beratungsverfahren nach Artikel 67 Absatz 2 erstellten – Formulars ausgestellt wurde, unbeschadet des Artikels 46.

Art. 46 EuGüVO Nichtvorlage der Bescheinigung

(1) Wird die Bescheinigung nach Artikel 45 Absatz 3 Buchstabe b nicht vorgelegt, so kann das Gericht oder die sonst befugte Stelle eine Frist bestimmen, innerhalb deren die Bescheinigung vorzulegen ist, oder eine gleichwertige Urkunde akzeptieren oder von der Vorlage der Bescheinigung absehen, wenn es bzw. sie keinen weiteren Klärungsbedarf sieht.

(2) ¹Auf Verlangen des Gerichts oder der zuständigen Behörde ist eine Übersetzung oder Transkription der Schriftstücke vorzulegen. ²Die Übersetzung ist von einer Person zu erstellen, die zur Anfertigung von Übersetzungen in einem der Mitgliedstaaten befugt ist.

Art. 47 EuGüVO Vollstreckbarerklärung

¹Sobald die in Artikel 45 vorgesehenen Förmlichkeiten erfüllt sind, wird die Entscheidung unverzüglich für vollstreckbar erklärt, ohne dass eine Prüfung nach Artikel 37 erfolgt. ²Die Partei, gegen die die Vollstreckung erwirkt werden soll, erhält in diesem Abschnitt des Verfahrens keine Gelegenheit, eine Erklärung abzugeben.

Art. 48 EuGüVO Mitteilung der Entscheidung über den Antrag auf Vollstreckbarerklärung

(1) Die Entscheidung über den Antrag auf Vollstreckbarerklärung wird dem Antragsteller unverzüglich nach dem Verfahren mitgeteilt, das das Recht des Vollstreckungsmitgliedstaats vorsieht.

(2) Die Vollstreckbarerklärung und, soweit dies noch nicht geschehen ist, die Entscheidung werden der Partei, gegen die die Vollstreckung erwirkt werden soll, zugestellt.

Art. 49 EuGüVO Rechtsbehelf gegen die Entscheidung über den Antrag auf Vollstreckbarerklärung

(1) Gegen die Entscheidung über den Antrag auf Vollstreckbarerklärung kann jede Partei einen Rechtsbehelf einlegen.

(2) Der Rechtsbehelf wird bei dem Gericht eingelegt, das der betreffende Mitgliedstaat der Kommission nach Artikel 64 mitgeteilt hat.

(3) Über den Rechtsbehelf wird nach den Vorschriften entschieden, die für Verfahren mit beiderseitigem rechtlichem Gehör maßgebend sind.

(4) Lässt sich die Partei, gegen die die Vollstreckung erwirkt werden soll, auf das Verfahren vor dem mit dem Rechtsbehelf des Antragstellers befassten Gericht nicht ein, so ist Artikel 16 auch dann anzuwenden, wenn die Partei, gegen die die Vollstreckung erwirkt werden soll, in keinem Mitgliedstaat einen Wohnsitz hat.

(5) ¹Der Rechtsbehelf gegen die Vollstreckbarerklärung ist innerhalb von 30 Tagen nach ihrer Zustellung einzulegen. ²Hat die Partei, gegen die die Vollstreckung erwirkt werden soll, ihren Wohnsitz im Hoheitsgebiet eines anderen Mitgliedstaats als dem, in dem die Vollstreckbarerklärung ergangen ist, so beträgt die Frist für den Rechtsbehelf 60 Tage und beginnt mit dem Tag, an dem die Vollstreckbarerklärung ihr entweder persönlich oder in ihrer Wohnung zugestellt worden ist. ³Eine Verlängerung dieser Frist wegen weiter Entfernung ist ausgeschlossen.

Art. 50 EuGüVO Rechtsbehelf gegen die Entscheidung über den Rechtsbehelf

Gegen die über den Rechtsbehelf ergangene Entscheidung kann ein Rechtsbehelf nur nach dem Verfahren eingelegt werden, das der betreffende Mitgliedstaat der Kommission nach Artikel 64 mitgeteilt hat.

Art. 51 EuGüVO Versagung oder Aufhebung einer Vollstreckbarerklärung

¹Die Vollstreckbarerklärung darf von dem mit einem Rechtsbehelf nach Artikel 49 oder 50 befassten Gericht nur aus einem der in Artikel 37 aufgeführten Gründe versagt oder aufgehoben werden. ²Das Gericht erlässt seine Entscheidung unverzüglich.

Art. 52 EuGüVO Aussetzung des Verfahrens

Das nach Artikel 49 oder 50 mit dem Rechtsbehelf befasste Gericht setzt das Verfahren auf Antrag der Partei, gegen die die Vollstreckung erwirkt werden soll, aus, wenn die Entscheidung im Ursprungsmitgliedstaat wegen der Einlegung eines Rechtsbehelfs vorläufig nicht vollstreckbar ist.

Art. 53 EuGüVO Einstweilige Maßnahmen einschließlich Sicherungsmaßnahmen

(1) Ist eine Entscheidung nach diesem Kapitel anzuerkennen, so ist der Antragsteller nicht daran gehindert, einstweilige Maßnahmen einschließlich Sicherungsmaßnahmen nach dem Recht des Vollstreckungsmitgliedstaats in Anspruch zu nehmen, ohne dass es einer Vollstreckbarerklärung nach Artikel 46 bedarf.

(2) Die Vollstreckbarerklärung umfasst von Rechts wegen die Befugnis, alle Sicherungsmaßnahmen zu veranlassen.

(3) Solange die in Artikel 49 Absatz 5 vorgesehene Frist für den Rechtsbehelf gegen die Vollstreckbarerklärung läuft und solange über den Rechtsbehelf nicht entschieden ist, darf die Zwangsvollstreckung in das Vermögen der Partei, gegen welche die Vollstreckung erfolgen soll, nicht über Sicherungsmaßnahmen hinausgehen.

Art. 54 EuGüVO Teilvollstreckbarkeit

(1) Ist durch die Entscheidung über mehrere Ansprüche erkannt worden, und kann die Vollstreckbarerklärung nicht für alle Ansprüche erteilt werden, so erteilt das Gericht oder die zuständige Behörde sie für einen oder mehrere dieser Ansprüche.

(2) Der Antragsteller kann beantragen, dass die Vollstreckbarerklärung nur für einen Teil des Gegenstands der Entscheidung erteilt wird.

Art. 55 EuGüVO Prozesskostenhilfe

Ist dem Antragsteller im Ursprungsmitgliedstaat ganz oder teilweise Prozesskostenhilfe oder Kosten- oder Gebührenbefreiung gewährt worden, so genießt er im Vollstreckbarerklärungsverfahren hinsichtlich der Prozesskostenhilfe oder der Kosten- oder Gebührenbefreiung die günstigste Behandlung, die das Recht des Vollstreckungsmitgliedstaats vorsieht.

Art. 56 EuGüVO Keine Sicherheitsleistung oder Hinterlegung

Der Partei, die in einem Mitgliedstaat die Anerkennung, Vollstreckbarerklärung oder Vollstreckung einer in einem anderen Mitgliedstaat ergangenen Entscheidung beantragt, darf wegen ihrer Eigenschaft als Ausländer oder wegen Fehlens eines inländischen Wohnsitzes oder Aufenthalts im Vollstreckungsmitgliedstaat keine Sicherheitsleistung oder Hinterlegung, unter welcher Bezeichnung es auch sei, auferlegt werden.

Art. 57 EuGüVO Keine Stempelabgaben oder Gebühren

Im Vollstreckungsmitgliedstaat dürfen in Vollstreckbarerklärungsverfahren keine nach dem Streitwert abgestuften Stempelabgaben oder Gebühren erhoben werden.

Kap. V. Öffentliche Urkunden und gerichtliche Vergleiche

Art. 58 EuGüVO Annahme öffentlicher Urkunden

(1) Eine in einem Mitgliedstaat errichtete öffentliche Urkunde hat in einem anderen Mitgliedstaat die gleiche formelle Beweiskraft wie im Ursprungsmitgliedstaat oder die damit am ehesten vergleichbare Wirkung, sofern das der öffentlichen Ordnung (*ordre public*) des betreffenden Mitgliedstaats nicht offensichtlich widerspricht.
Eine Person, die eine öffentliche Urkunde in einem anderen Mitgliedstaat verwenden möchte, kann die Behörde, die die öffentliche Urkunde im Ursprungsmitgliedstaat errichtet, ersuchen, das nach dem Beratungsverfahren nach Artikel 67 Absatz 2 erstellte Form-

blatt auszufüllen, das die formelle Beweiskraft der öffentlichen Urkunde im Ursprungsmitgliedstaat beschreibt.

(2) [1]Einwände gegen die Authentizität einer öffentlichen Urkunde sind bei den Gerichten des Ursprungsmitgliedstaats zu erheben; über diese Einwände wird nach dem Recht dieses Staates entschieden. [2]Eine öffentliche Urkunde, gegen die solche Einwände erhoben wurden, entfaltet in einem anderen Mitgliedstaat keine Beweiskraft, solange die Sache bei dem zuständigen Gericht anhängig ist.

(3) [1]Einwände gegen die in einer öffentlichen Urkunde beurkundeten Rechtsgeschäfte oder Rechtsverhältnisse sind bei den nach dieser Verordnung zuständigen Gerichten zu erheben; über diese Einwände wird nach dem nach Kapitel III anzuwendenden Recht entschieden. [2]Eine öffentliche Urkunde, gegen die solche Einwände erhoben wurden, entfaltet in einem anderen als dem Ursprungsmitgliedstaat hinsichtlich des bestrittenen Umstands keine Beweiskraft, solange die Sache bei dem zuständigen Gericht anhängig ist.

(4) Hängt der Ausgang eines Verfahrens vor dem Gericht eines Mitgliedstaats von der Klärung einer Vorfrage im Zusammenhang mit den in einer öffentlichen Urkunde beurkundeten Rechtsgeschäften oder Rechtsverhältnissen betreffend den ehelichen Güterstand ab, so ist dieses Gericht für die Entscheidung über diese Vorfrage zuständig.

Art. 59 EuGüVO Vollstreckbarkeit öffentlicher Urkunden

(1) Öffentliche Urkunden, die im Ursprungsmitgliedstaat vollstreckbar sind, werden in einem anderen Mitgliedstaat auf Antrag eines Berechtigten nach den Verfahren der Artikel 44 bis 57 für vollstreckbar erklärt.

(2) Für die Zwecke des Artikels 45 Absatz 3 Buchstabe b stellt die Behörde, die die öffentliche Urkunde errichtet hat, auf Antrag eines Berechtigten eine Bescheinigung unter Verwendung des nach dem Beratungsverfahren nach Artikel 67 Absatz 2 erstellten Formblattes aus.

(3) Die Vollstreckbarerklärung wird von dem mit einem Rechtsbehelf nach Artikel 49 oder 50 befassten Gericht nur versagt oder aufgehoben, wenn die Vollstreckung der öffentlichen Urkunde der öffentlichen Ordnung (ordre public) des Vollstreckungsmitgliedstaats offensichtlich widersprechen würde.

Art. 60 EuGüVO Vollstreckbarkeit gerichtlicher Vergleiche

(1) Gerichtliche Vergleiche, die im Ursprungsmitgliedstaat vollstreckbar sind, werden in einem anderen Mitgliedstaat auf Antrag eines Berechtigten nach den Verfahren der Artikel 44 bis 57 für vollstreckbar erklärt.

(2) Für die Zwecke des Artikels 45 Absatz 3 Buchstabe b stellt das Gericht, das den Vergleich gebilligt hat oder vor dem der Vergleich geschlossen wurde, auf Antrag eines Berechtigten eine Bescheinigung unter Verwendung des nach dem Beratungsverfahren nach Artikel 67 Absatz 2 erstellten Formblattes aus.

(3) Die Vollstreckbarerklärung wird von dem mit einem Rechtsbehelf nach Artikel 49 oder 50 befassten Gericht nur versagt oder aufgehoben, wenn die Vollstreckung des gerichtlichen Vergleichs der öffentlichen Ordnung (ordre public) des Vollstreckungsmitgliedstaats offensichtlich widersprechen würde.

Kap. VI. Allgemeine und Schlussbestimmungen

Art. 61 EuGüVO Legalisation oder ähnliche Förmlichkeiten

Im Rahmen dieser Verordnung bedarf es für Urkunden, die in einem Mitgliedstaat ausgestellt werden, weder der Legalisation noch einer ähnlichen Förmlichkeit.

Art. 62 EuGüVO Verhältnis zu bestehenden internationalen Übereinkünften

(1) Diese Verordnung lässt unbeschadet der Verpflichtungen der Mitgliedstaaten nach Artikel 351 AEUV die Anwendung bilateraler oder multilateraler Übereinkünfte unberührt, denen ein oder mehrere Mitgliedstaaten zum Zeitpunkt des Erlasses dieser Verord-

nung oder eines Beschlusses nach Artikel 331 Absatz 1 Unterabsatz 2 oder 3 AEUV angehören und die Bereiche betreffen, die in dieser Verordnung geregelt sind.

(2) Ungeachtet des Absatzes 1 hat diese Verordnung im Verhältnis zwischen den Mitgliedstaaten Vorrang vor untereinander geschlossenen Übereinkünften, soweit diese Übereinkünfte Bereiche betreffen, die in dieser Verordnung geregelt sind.

(3) Diese Verordnung steht der Anwendung des Übereinkommens vom 6. Februar 1931 zwischen Dänemark, Finnland, Island, Norwegen und Schweden mit Bestimmungen des Internationalen Privatrechts über Eheschließung, Adoption und Vormundschaft in der Fassung von 2006, des Übereinkommens vom 19. November 1934 zwischen Dänemark, Finnland, Island, Norwegen und Schweden mit Bestimmungen des Internationalen Privatrechts über Rechtsnachfolge von Todes wegen, Testamente und Nachlassverwaltung in der Fassung von Juni 2012 und des Übereinkommens vom 11. Oktober 1977 zwischen Dänemark, Finnland, Island, Norwegen und Schweden über die Anerkennung und Vollstreckung von Entscheidungen in Zivilsachen durch die ihnen angehörenden Mitgliedstaaten nicht entgegen, soweit sie vereinfachte und zügigere Verfahren für die Anerkennung und Vollstreckung von Entscheidungen in Fragen des ehelichen Güterstands vorsehen.

Art. 63 EuGüVO Informationen für die Öffentlichkeit

Die Mitgliedstaaten übermitteln der Kommission eine kurze Zusammenfassung ihrer nationalen Vorschriften und Verfahren betreffend die ehelichen Güterstände, einschließlich Informationen zu der Art von Behörde, die für Fragen des ehelichen Güterstands zuständig ist, und zu den Wirkungen gegenüber Dritten gemäß Artikel 28, damit die betreffenden Informationen der Öffentlichkeit im Rahmen des Europäischen Justiziellen Netzes für Zivil- und Handelssachen zur Verfügung gestellt werden können.
Die Mitgliedstaaten halten die Informationen stets auf dem neuesten Stand.

Art. 64 EuGüVO Angaben zu Kontaktdaten und Verfahren

(1) Die Mitgliedstaaten teilen der Kommission bis zum 29. April 2018 Folgendes mit:
a) die für Anträge auf Vollstreckbarerklärung gemäß Artikel 44 Absatz 1 und für Rechtsbehelfe gegen Entscheidungen über derartige Anträge gemäß Artikel 49 Absatz 2 zuständigen Gerichte oder Behörden;
b) die in Artikel 50 genannten Rechtsbehelfe gegen die Entscheidung über den Rechtsbehelf.
Die Mitgliedstaaten unterrichten die Kommission über spätere Änderungen dieser Informationen.

(2) Die Kommission veröffentlicht die nach Absatz 1 übermittelten Angaben im *Amtsblatt der Europäischen Union*, mit Ausnahme der Anschriften und sonstigen Kontaktdaten der in Absatz 1 Buchstabe a genannten Gerichte und Behörden.

(3) Die Kommission stellt der Öffentlichkeit alle nach Absatz 1 übermittelten Angaben auf geeignete Weise, insbesondere über das Europäische Justizielle Netz für Zivil- und Handelssachen, zur Verfügung.

Art. 65 EuGüVO Erstellung und spätere Änderung der Liste der in Artikel 3 Absatz 2 vorgesehenen Informationen

(1) Die Kommission erstellt anhand der Mitteilungen der Mitgliedstaaten die Liste der in Artikel 3 Absatz 2 genannten anderen Behörden und Angehörigen von Rechtsberufen.

(2) ¹Die Mitgliedstaaten teilen der Kommission spätere Änderungen der in dieser Liste enthaltenen Angaben mit. ²Die Kommission ändert die Liste entsprechend.

(3) Die Kommission veröffentlicht die Liste und etwaige spätere Änderungen im *Amtsblatt der Europäischen Union*.

(4) Die Kommission stellt der Öffentlichkeit alle nach den Absätzen 1 und 2 mitgeteilten Angaben auf andere geeignete Weise, insbesondere über das Europäische Justizielle Netz für Zivil- und Handelssachen, zur Verfügung.

Art. 66 EuGüVO Erstellung und spätere Änderung der Bescheinigungen und der Formblätter nach Artikel 45 Absatz 3 Buchstabe b und den Artikeln 58, 59 und 60

[1]Die Kommission erlässt Durchführungsrechtsakte zur Erstellung und späteren Änderung der Bescheinigungen und der Formblätter nach Artikel 45 Absatz 3 Buchstabe b und den Artikeln 58, 59 und 60. [2]Diese Durchführungsrechtsakte werden nach dem in Artikel 67 Absatz 2 genannten Beratungsverfahren erlassen.

Art. 67 EuGüVO Ausschussverfahren

(1) [1]Die Kommission wird von einem Ausschuss unterstützt. [2]Dieser Ausschuss ist ein Ausschuss im Sinne der Verordnung (EU) Nr. 182/2011.

(2) Wird auf diesen Absatz Bezug genommen, so gilt Artikel 4 der Verordnung (EU) Nr. 182/2011.

Art. 68 EuGüVO Überprüfungsklausel

(1) [1]Die Kommission legt dem Europäischen Parlament, dem Rat und dem Europäischen Wirtschafts- und Sozialausschuss bis zum 29. Januar 2027 einen Bericht über die Anwendung dieser Verordnung vor. [2]Dem Bericht werden gegebenenfalls Vorschläge zur Änderung dieser Verordnung beigefügt.

(2) [1]Die Kommission legt dem Europäischen Parlament, dem Rat und dem Europäischen Wirtschafts- und Sozialausschuss bis zum 29. Januar 2024 einen Bericht über die Anwendung der Artikel 9 und 38 dieser Verordnung vor. [2]In diesem Bericht wird insbesondere bewertet, inwieweit die genannten Artikel den Zugang zur Justiz sichergestellt haben.

(3) Für die Zwecke der in den Absätzen 1 und 2 genannten Berichte übermitteln die Mitgliedstaaten der Kommission sachdienliche Angaben zu der Anwendung dieser Verordnung durch ihre Gerichte.

Art. 69 EuGüVO Übergangsbestimmungen

(1) Diese Verordnung ist vorbehaltlich der Absätze 2 und 3 nur auf Verfahren, öffentliche Urkunden und gerichtliche Vergleiche anzuwenden, die am 29. Januar 2019 oder danach eingeleitet, förmlich errichtet oder eingetragen beziehungsweise gebilligt oder geschlossen worden sind.

(2) Ist das Verfahren im Ursprungsmitgliedstaat vor dem 29. Januar 2019 eingeleitet worden, so werden nach diesem Zeitpunkt ergangene Entscheidungen nach Maßgabe des Kapitels IV anerkannt und vollstreckt, soweit die angewandten Zuständigkeitsvorschriften mit denen des Kapitels II übereinstimmen.

(3) Kapitel III gilt nur für Ehegatten, die nach dem 29. Januar 2019 die Ehe eingegangen sind oder eine Rechtswahl des auf ihren Güterstand anzuwendenden Rechts getroffen haben.

Art. 70 EuGüVO Inkrafttreten

(1) Diese Verordnung tritt am zwanzigsten Tag nach ihrer Veröffentlichung im *Amtsblatt der Europäischen Union* in Kraft.

(2) Diese Verordnung gilt in den Mitgliedstaaten, die an der durch Beschluss (EU) 2016/954 begründeten Verstärkten Zusammenarbeit im Bereich der Zuständigkeit, des anzuwendenden Rechts und der Anerkennung und Vollstreckung von Entscheidungen in Fragen der Güterstände internationaler Paare (eheliche Güterstände und Güterstände eingetragener Partnerschaften) teilnehmen.
[1]Sie gilt ab 29. Januar 2019, mit Ausnahme der Artikel 63 und 64, die ab 29. April 2018 gelten, und der Artikel 65, 66 und 67, die ab 29. Juli 2016 gelten. [2]Für diejenigen Mitgliedstaaten, die sich aufgrund eines nach Artikel 331 Absatz 1 Unterabsatz 2 oder Unterabsatz 3 AEUV angenommenen Beschlusses der Verstärkten Zusammenarbeit anschließen, gilt diese Verordnung ab dem in dem betreffenden Beschluss angegebenen Tag.

Schlussformel

Diese Verordnung ist in allen ihren Teilen verbindlich und gilt gemäß den Verträgen unmittelbar in den teilnehmenden Mitgliedstaaten.
Geschehen zu Luxemburg am 24. Juni 2016.

Schrifttum: *Burghaus*, Die Vereinheitlichung des Internationalen Ehegüterrechts in Europa, 2010; *Buschbaum/ Simon*, Die Vorschläge der EU-Kommission zur Harmonisierung des Güterkollisionsrechts für Ehen und Eingetragene Partnerschaften, GPR 2011, 262 und 305; *Dengel*, Die europäische Vereinheitlichung des Internationalen Ehegüterrechts und des Internationalen Güterrechts für eingetragene Partnerschaften, 2014; *Dethloff*, Güterrecht in Europa – Perspektiven für eine Angleichung auf kollisions- und materiellrechtlicher Ebene, FS v. Hoffmann, 2011, 73; *Döbereiner*, Der Kommissionsvorschlag für das internationale Ehegüterrecht, MittBayNot 2011, 463; *Dutta*, Das neue internationale Güterrecht der Europäischen Union, FamRZ 2016, 1973; *Dutta*, Der gewöhnliche Aufenthalt – Bewährung und Perspektiven eines Anknüpfungsmoments im Lichte der Europäisierung des Kollisionsrechts, IPRax 2017, 139; *Eichel*, Interlokale und interpersonale Anknüpfungen, in Leible/Unberath, Brauchen wir eine Rom 0-Verordnung?, 2013, 397; *Hau*, Zur internationalen Entscheidungszuständigkeit im künftigen Europäischen Güterrecht, FS Simotta, 2012, 215; *Hausmann*, Internationales und Europäisches Ehescheidungsrecht, 2013; *Heiderhoff*, Das autonome IPR in familienrechtlichen Fragen, IPRax 2017, 160; *Heiderhoff*, Vorschläge zur Durchführung der EU-Güterrechtsverordnungen, IPRax 2017, 231; *Heinig*, Erhöhung des Ehegattenerbteils nach § 1371 Abs. 1 BGB bei Anwendbarkeit ausländischen Erbrechts?, DNotZ 2014, 251; *Kohler/Pintens*, Entwicklungen im europäischen Personen- und Familienrecht 2010-2011, FamRZ 2011, 1433; *Lehmann*, Europäische Union: Das Güterrecht lässt auf sich warten, ZEV 2015, 154; *S. Lorenz*, Ehegattenerbrecht bei gemischt-nationalen Ehen – Der Einfluss des Ehegüterrechts auf die Erbquote, NJW 2015, 2157; *Mankowski*, Das erbrechtliche Viertel nach § 1371 Abs. 1 BGB im deutschen und europäischen Internationalen Privatrecht, ZEV 2014, 121; *Mansel*, Gesamt- und Einzelstatut: Die Koordination von Erb- und Sachstatut nach der EuErbVO, FS Coester-Waltjen, 2015, 587; *Martiny*, Das Grünbuch zum Internationalen Ehegüterrecht – Erste Regelungsvorschläge, FuR 2008, 206; *Martiny*, Auf dem Weg zu einem einheitlichen Internationalen Ehegüterrecht, FS Kropholler, 2008, S. 373; *Martiny*, Die Kommissionsvorschläge für das internationale Güterrecht, IPRax 2011, 437; *Martiny*, Die Anknüpfung güterrechtlicher Angelegenheiten nach den Europäischen Rüterrechtsverordnungen, ZAPW 2017, 1; *Mäsch*, Zur Vorfrage im europäischen IPR, in Leible/Unberath, Brauchen wir eine Rom 0-Verordnung?, 2013, 201; *C. Mayer*, Nebengüterrecht im IPR – Qualifikation der Ansprüche aus einer Ehegatteninnengesellschaft, IPRax 2016, 353; *Münch*, Familienrecht, 2. Aufl. 2016; *Nordmeier*, Schenkungen unter Ehegatten im Internationalen Privatrecht: Deutsch-portugiesische Fälle nach EGBGB, Rom I-VO und EheGüRVO-E, IPRax 2014, 411; *Nordmeier*, Güterrecht, in Weller, Europäisches Kollisionsrecht, 2016, 221; *Rupp*, Die Verordnung zum europäischen internationalen Ehegüterrecht aus sachenrechtlicher Perspektive, GPR 2016, 295; *Süß*, Das Grünbuch der EG zum ehelichen Güterrecht, ZErb 2006, 326; *R. Wagner*, Konturen eines Gemeinschaftsinstruments zum internationalen Güterrecht unter besonderer Berücksichtigung des Grünbuchs der Europäischen Kommission, FamRZ 2009, 269; *Walther*, Die Qualifikation des § 1371 Abs. 1 BGB im Rahmen der europäischen Erb- und Güterrechtsverordnungen, GPR 2014, 325.

Übersicht

A. Einführung

I. Entstehungsgeschichte der EuGüVO

1 **1. Grundgedanke und erste Vorarbeiten.** Auf europäischer Ebene bestanden seit längerer Zeit Bestrebungen, eine Verordnung zu schaffen, welche die Zuständigkeit, das anzuwendende Recht sowie die Anerkennung und die Vollstreckung von Entscheidungen im Bereich des Ehegüterrechts regelt. Die Überlegungen zur Schaffung einer einheitlichen europäischen Rechtsgrundlage für das Güterrecht gehen letztlich ebenso wie die entsprechenden Überlegungen zum Internationalen Erbrecht (→ EuErbVO Vor Art. 1 Rn. 5) auf den **Wiener Aktionsplan** vom 3.12.1998 zurück.[1] Das Maßnahmenprogramm des Rates zur Umsetzung des Grundsatzes der gegenseitigen Anerkennung

---

[1] Aktionsplan des Rates und der Kommission zur bestmöglichen Umsetzung der Bestimmungen des Amsterdamer Vertrags über den Aufbau eines Raums der Freiheit, der Sicherheit und des Rechts, ABl. EG 1999 Nr. C 19, S. 1.

gerichtlicher Entscheidungen in Zivil-und Handelssachen vom 30.11.2000[2] sah dementsprechend die Ausarbeitung eines Rechtsinstruments über die gerichtliche Zuständigkeit und die Anerkennung und Vollstreckung von Entscheidungen über eheliche Güterstände und die vermögensrechtlichen Folgen der Trennung von nicht verheirateten Paaren vor. Die Einsicht in die Notwendigkeit einer einheitlichen europäischen Regelung wurde durch eine **Studie des Konsortiums ASSER UCL** aus dem Jahre 2003[3] verstärkt, welche die praktischen und rechtlichen Schwierigkeiten von Paaren mit Verbindung zu mehreren Mitgliedstaaten bei der Verwaltung ihres Vermögens und bei der Teilung des Vermögens aufgrund einer Trennung oder des Todes eines Partners analysierte.[4]

Im Anschluss an diese Studie veröffentlichte die Kommission am 17.7.2006[5] ein „**Grünbuch** 2 **zu den Kollisionsnormen im Güterrecht** unter besonderer Berücksichtigung der gerichtlichen Zuständigkeit und der gegenseitigen Anerkennung",[6] das Fragen zu den einschlägigen Problemkreisen enthielt, und beauftragte hiernach eine Sachverständigengruppe mit der Ausarbeitung des Vorschlags.[7]

2. Die Verordnungsvorschläge der Kommission vom 21.3.2011. Nach einer öffentlichen 3 Anhörung im September 2009 und einer Sitzung von Regierungssachverständigen im März 2010 legte die Kommission am 21.3.2011 einen Vorschlag für eine Verordnung des Rates über die Zuständigkeit, das anzuwendende Recht, die Anerkennung und die Vollstreckung von Entscheidungen im Bereich des **Ehegüterrechts** (EuGüVO-E 2011) vor.[8] Parallel dazu wurde ein Vorschlag für eine Verordnung des Rates über die Zuständigkeit, das anzuwendende Recht, die Anerkennung und die Vollstreckung von Entscheidungen im Bereich des Güterrechts **eingetragener Partnerschaften** (EuPartVO-E 2011)[9] angenommen. Die Aufteilung der Materie auf zwei Verordnungen beruhte u. a. darauf, dass im Bereich des Ehegüterrechts weitgehende Einigkeit über die **Rechtswahlfreiheit** der Ehegatten bestand.[10] Ob eingetragenen Partnern für ihre güterrechtlichen Verhältnisse eine entsprechende Rechtswahlfreiheit eingeräumt werden soll, war dagegen umstritten. Die EuPartVO-E 2011 billigte Lebenspartnern keine Rechtswahlmöglichkeit zu.[11]

Mangels Rechtswahl sah Art. 17 EuGüVO-E 2011 eine Leiteranknüpfung mit Vorrang des **ersten** 4 **gemeinsamen gewöhnlichen Aufenthalts** der Ehegatten vor. Art. 15 EuPartVO-E 2011 stellte dagegen auf das Recht des Staates ab, in dem die Partnerschaft **eingetragen** ist. Dahinter stand die Erwägung, dass eingetragene Partnerschaften nicht in allen Mitgliedstaaten anerkannt sind.[12] **Rechtsgrundlage** für beide Vorschläge war Art. 81 Abs. 3 AEUV. Hiernach werden Maßnahmen zum Familienrecht mit grenzüberschreitendem Bezug vom Rat gemäß einem besonderen Gesetzgebungsverfahren festgelegt. Der Rat beschließt **einstimmig** nach Anhörung des Parlaments.

3. Weitere Entwicklung des Gesetzgebungsverfahrens. Das **Europäische Parlament** hat 5 am 20.7.2013 zahlreiche **Änderungen** vorgeschlagen.[13] Die Verordnungsentwürfe wurden dann bis Ende 2014 in der Arbeitsgruppe des Rates „Zivilrecht" (eheliche Güterstände und Güterstände eingetragener Partnerschaften) diskutiert. Im Dezember 2014 wurde den Mitgliedstaaten eine Bedenkzeit von nicht mehr als einem Jahr eingeräumt. Da die in einigen Mitgliedstaaten bestehenden Bedenken gegen das Projekt in dieser Zeit nicht ausgeräumt werden konnten,[14] hat der Rat auf seiner Tagung vom 3.12.2015 festgestellt, dass die nach Art. 81 Abs. 3 AEUV erforderliche Einstimmigkeit für den Erlass der Verordnungen nicht zu erzielen ist (vgl. Erwägungsgrund 10).

---

[2] ABl. EG 2001 Nr. C 12, S. 1.

[3] ASSER-Consortium, Study in comparative law on the rules governing conflicts of jurisdiction and laws on matromonial property regimes and the implementation for property issues of the separation of unmarried couples in the Member States.

[4] Zur Asser-Studie vgl. Rauscher/*Kroll-Ludwigs* Einf. EU-EheGüterVO-E Rn. 7.

[5] KOM(2006) 400 endg.

[6] KOM(2006) 400.

[7] Vgl. die Darstellung des allgemeinen Hintergrunds des Kommissionsvorschlags in COM(2016) 106 final, 4.

[8] KOM(2011) 126.

[9] KOM(2011) 127.

[10] Näher dazu *Dethloff*, FS v. Hoffmann, 2011, 73 (77 ff.), die die Rechtswahlfreiheit grundsätzlich begrüßt, aber den Schutz vor Übereilung und Übervorteilung nicht hinreichend gesichert sieht.

[11] Vgl. *Hausmann* IntEuSchR R Rn. 33; *Nordmeier* in Weller Europäisches Kollisionsrecht D. Rn. 413; *Döbereiner* MittBayNot 2011, 463 (467); krit. *Buschbaum/Simon* GPR 2011, 262 (266); *Kohler/Pintens* FamRZ 2011, 1433 (1437); *Martiny* IPRax 2011, 437 (456); *Dengel,* Die europäische Vereinheitlichung des Internationalen Ehegüterrechts und des Internationalen Güterrechts für eingetragene Partnerschaften, 2014, 295 f.

[12] Vgl. *Nordmeier* in Weller Europäisches Kollisionsrecht D. Rn. 418.

[13] Vorschlag des Europäischen Parlaments P7_TA (2013) 338, abgedruckt bei Rauscher/*Kroll-Ludwigs* unter B.I.4b.

[14] Zu den Gründen für die Verzögerung *Lehmann* ZEV 2015, 154.

6   Da mehrere Mitgliedstaaten an einer **Verstärkten Zusammenarbeit** nach § 328 AEUV interessiert waren, hat die Kommission dem Rat am 2.3.2016 vorgeschlagen, das Projekt auf diesem Weg zu verwirklichen.[15] Nach dem Stand von Ende Februar 2016 handelte es sich um 17 Mitgliedstaaten, nämlich Belgien, Bulgarien, die Tschechische Republik, Deutschland, Griechenland, Spanien, Frankreich, Kroatien, Italien, Luxemburg, Malta, die Niederlande, Österreich, Portugal, Slowenien, Finnland und Schweden (Erwägungsgrund 11). Später hat Zypern als 18. Mitgliedstaat seine Teilnahmeabsicht erklärt.

7   Die Kommission hat am 2.3.2016 außerdem **überarbeitete Verordnungsvorschläge** für das **Ehegüterrecht** (EuGüVO-E 2016)[16] und das **Güterrecht der eingetragenen Lebenspartner** (EuPartVO-E 2016)[17] vorgelegt. Beide Vorschläge entsprachen weitgehend den Entwürfen von 2011, trugen aber den zwischenzeitlichen Verhandlungen im Parlament und im Rat Rechnung. Der neue Vorschlag für das Güterrecht **eingetragener Partnerschaften** wich hiernach in einem wichtigen Punkt von dem Vorschlag von 2011 ab. Während der EuPartVO-E 2011 noch keine subjektive Anknüpfung enthielt (→ Rn. 4), sollten die Partner nach Art. 22 EuPartVO-E 2016 ebenfalls berechtigt sein, das anwendbare Recht zu wählen. Mangels Rechtswahl wurde weiter auf das Recht des Staates abgestellt, in dem die Partnerschaft registriert worden ist (Art. 26 EuPartVO-E 2016).

8   Der Rat hat am 9.6.2016 den Beschluss (EU) 2016/954 über die **Ermächtigung zu der Verstärkten Zusammenarbeit**[18] getroffen. Kurz darauf hat der Rat nach Anhörung des Europäischen Parlaments die Verordnung (EU) 2016/1103 vom 24.6.2016 zur Durchführung einer Verstärkten Zusammenarbeit im Bereich der Zuständigkeit, des anzuwendenden Rechts und der Anerkennung und Vollstreckung von Entscheidungen in Fragen des ehelichen Güterstands[19] **(EuGüVO)** beschlossen. Parallel dazu wurde – ebenfalls nach Anhörung des Parlaments – die Verordnung (EU) 2016/1104 des Rates zur Durchführung einer Verstärkten Zusammenarbeit im Bereich der Zuständigkeit, des anzuwendenden Rechts und der Anerkennung und Vollstreckung von Entscheidungen in Fragen güterrechtlicher Wirkungen eingetragener Partnerschaften[20] **(EuPartVO)** erlassen.

9   Die beiden Endfassungen weichen nur noch geringfügig von den Kommissionsvorschlägen vom 2.3.2016 ab. Die Einzelheiten zur **EuGüVO** werden nachfolgend (→ Rn. 12 ff.) dargestellt.

10   Mit Blick auf die **EuPartVO** ist hervorzuheben, dass die **Rechtswahlfreiheit** in der endgültigen Fassung beibehalten wurde. Mangels Rechtswahl stellt Art. 26 Abs. 1 EuPartVO jetzt auf das Recht des Staates ab, nach dessen Recht die eingetragene Partnerschaft **begründet** wurde.[21] Die neue Formulierung, die sich auch in den anderen Sprachfassungen findet, führt zu einer Akzentverschiebung. Wenn eine Partnerschaft im Ausland nicht nach dem Recht des Staates begründet wurde, in dem sie eingetragen worden ist, sondern nach dem Recht eines anderen Staates (zB dem Heimat- oder Aufenthaltsrecht der Partner), so ist nicht das Recht des Registerstaates, sondern das „Gründungsrecht" maßgeblich. In Deutschland kann sich diese Problematik nach dem geltenden IPR für eingetragene Partnerschaften indes nicht stellen. Da die Begründung der Partnerschaft nach Art. 17b Abs. 1 EGBGB dem Recht des Registerstaats unterliegt, stimmt das „Gründungsrecht" stets mit dem Recht des Registerstaats überein.

11   In **zeitlicher Hinsicht** ist zu beachten, dass die EuGüVO und die EuPartVO erst ab dem 29.1.2019 anwendbar sind (Art. 70 Abs. 2 UAbs. 2 EuGüVO/EuPartVO). Die kollisionsrechtlichen Vorschriften des Kapitels III. (Art. 20–35 EuGüVO/EuPartVO) gelten nach Art. 69 Abs. 3 EuGüVO/EuPartVO nur für Ehegatten, die nach dem 29.1.2019 die Ehe eingegangen sind oder eine Rechtswahl des auf ihren Güterstand anzuwendenden Rechts getroffen haben (näher zur EuGüVO → Rn. 41).

II. Aufbau und Struktur des EuGüVO

12   Der **Aufbau** der EuGüVO entspricht weitgehend demjenigen der EuErbVO. Der Entwurf ist in sechs Kapitel unterteilt. Kapitel I (Art. 1–3) regelt den Anwendungsbereich der Verordnung und definiert einige zentrale Begriffe. Kapitel II (Art. 4–19) behandelt die Zuständigkeit der Gerichte, Kapitel III (Art. 20–35) die Bestimmung des anwendbaren Rechts. Die Anerkennung, Vollstreckbarkeit und Vollstreckung von Entscheidungen ist in Kapitel IV (Art. 36–57) geregelt. In Kapitel V

---

[15] COM(2016) 108 final. Krit. hinsichtlich dieser Alternative *Dengel,* Die europäische Vereinheitlichung des Internationalen Ehegüterrechts und des Internationalen Güterrechts für eingetragene Partnerschaften, 2014, 17 f.
[16] COM(2016) 106 final.
[17] COM(2016) 107 final.
[18] ABl. EU 2016 L 159 S. 16 v. 16.6.2016.
[19] ABl. EU 2016 L 183 S. 1 v. 8.7.2016.
[20] ABl. EU 2016 L 183 S. 30 v. 8.7.2016.
[21] Vgl. auch Erwägungsgrund 48 EuPartVO.

(Art. 58–60) finden sich dann Bestimmungen über öffentliche Urkunden und gerichtliche Vergleiche. Kapitel VI (Art. 61–70) enthält allgemeine Bestimmungen und Schlussbestimmungen.

Die EuGüVO entspricht auch in **struktureller Hinsicht** im Wesentlichen der EuErbVO. Anders **13** als etwa die Rom III-VO beschränkt sich der Vorschlag nicht auf Regelungen über die Bestimmung des anzuwendenden Rechts, sondern behandelt auch die Zuständigkeit der Gerichte sowie die Anerkennung, Vollstreckbarkeit und Vollstreckung von Entscheidungen.

III. Grundentscheidungen

1. Zuständigkeit der Gerichte. Mit Blick auf die Regelung der Zuständigkeit der Gerichte **14** besteht eine wichtige Wertentscheidung der Verfasser des Vorschlags darin, dass miteinander zusammenhängende Verfahren möglichst vor den Gerichten desselben Mitgliedstaats verhandelt werden sollen (Erwägungsgrund 32). Damit soll die **Konzentration** der zusammenhängenden Verfahren vor den Gerichten desselben Mitgliedstaats gewährleistet werden.[22] In der Praxis stellen sich güterrechtliche Fragen vor allem im Zusammenhang mit der Beendigung des Güterstandes durch **Tod eines Ehegatten** oder **Ehescheidung**. Art. 4 und 5 sehen daher vor, dass die für die Erbsache bzw. die Scheidung zuständigen Gerichte auch für die damit zusammenhängenden Fragen des ehelichen Güterstandes zuständig sein sollen (→ Rn. 44). In den übrigen Fällen sind in erster Linie die Gerichte des Staates zuständig, in dessen Hoheitsgebiet die Ehegatten bei Anrufung des Gerichts ihren **gewöhnlichen Aufenthalt** haben (Art. 6 lit. a). Dabei sind in begrenztem Umfang auch **Gerichtsstandsvereinbarungen** zulässig (Art. 7).

2. Bestimmung des anzuwendenden Rechts. a) Einheit des Güterstatuts. Bei der Bestim- **15** mung des anzuwendenden Rechts geht die EuGüVO aus Gründen der Rechtssicherheit vom Grundsatz der **Einheit des Güterstatuts** aus (Art. 21). Das Güterstatut wird also für das gesamte Vermögen der Ehegatten unter Einschluss des unbeweglichen Vermögens einheitlich angeknüpft. Dies entspricht dem Grundsatz der Nachlasseinheit nach der EuErbVO.[23] Anders als nach dem deutschen internationalen Güterrecht (Art. 3a Abs. 2 EGBGB) ist eine kollisionsrechtliche Sonderanknüpfung durch die lex rei sitae also unbeachtlich.[24] Ebensowenig besteht für die Ehegatten die Möglichkeit, ihre Rechtswahl auf einzelne Vermögensgegenstände zu beschränken (→ Rn. 68).

b) Vorrang der Rechtswahl gegenüber der objektiven Anknüpfung. Ein wichtiger Unter- **16** schied zu dem noch geltenden deutschen Internationalen Güterrecht besteht darin, dass Art. 22 die **Rechtswahl** der Ehegatten in den Vordergrund stellt. Der europäische Gesetzgeber will den Ehegatten damit die Verwaltung ihres Vermögens erleichtern (Erwägungsgrund 45). Die Wahlmöglichkeit ist freilich auf Rechtsordnungen beschränkt, zu denen die Ehegatten aufgrund ihres gewöhnlichen Aufenthalts oder ihrer Staatsangehörigkeit **objektiv** eine **enge Verbindung** haben. Hierdurch wird sichergestellt, dass das gewählte Recht eine hinreichende Beziehung zu den **Lebensumständen der Ehegatten** aufweist. Dies dient der Vorhersehbarkeit des anwendbaren Rechts. Außerdem wird der schwächere Ehegatte vor missbräuchlichen Gestaltungen geschützt, die für ihn nicht kalkulierbare Nachteile beinhalten. Schließlich muss auf die Interessen Dritter Rücksicht genommen werden.[25] Der Vorrang der Rechtswahl entspricht Art. 3 **Haager Übereinkommen über das auf Ehegüterstände anzuwendende Recht** vom 14.3.1978 (→ Art. 15 Rn. 9).[26] Für das Ehegüterrecht sehen viele mitgliedstaatlichen Rechtsordnungen schon jetzt Rechtswahlmöglichkeiten vor (vgl. Art. 15 Abs. 2 EGBGB).[27] Insofern tritt also kein grundlegender Systemwechsel ein.

c) Vorrang des Aufenthaltsprinzips. Mangels Rechtswahl verweist Art. 26 Abs. 1 lit. a primär **17** auf das Recht des Staates, in dem die Ehegatten nach der Eheschließung ihren ersten gemeinsamen gewöhnlichen Aufenthalt haben. Das Recht des Staates, dem beide Ehegatten im Zeitpunkt der Eheschließung angehören, ist nach Art. 26 Abs. 1 lit. b nur nachrangig anwendbar. Die EuGüVO sieht also auch für das Ehegüterrecht einen Übergang vom Staatsangehörigkeits- zum **Aufenthalts-**

---

[22] Vgl. Rauscher/*Kroll-Ludwigs* EU-EheGüterVO-E Einf. Rn. 23.

[23] Rauscher/*Kroll-Ludwigs* EU-EheGüterVO-E Einf. Rn. 44.

[24] Vgl. *Döbereiner* MittBayNot 2011, 463 (465).

[25] Näher dazu *Dengel,* Die europäische Vereinheitlichung des Internationalen Ehegüterrechts und des Internationalen Güterrechts für eingetragene Partnerschaften, 2014, 278.

[26] Näher dazu *Kegel/Schurig* IPR § 20 VI 1b (S. 847).

[27] Vgl. Rauscher/*Kroll-Ludwigs* EU-EheGüterVO-E Einf. Rn. 45, *Dengel,* Die europäische Vereinheitlichung des Internationalen Ehegüterrechts und des Internationalen Güterrechts für eingetragene Partnerschaften, 2014, 272 ff., jeweils mwN.

prinzip vor.[28] Der Übergang zum Aufenthaltsprinzip wird allerdings dadurch abgemildert, dass es den Ehegatten nach Art. 22 Abs. 1 lit. b freisteht, das Recht eines Staates zu wählen, dessen **Staatsangehörigkeit** einer von ihnen zum Zeitpunkt der Rechtswahl besitzt. Die Ehegatten können durch eine solche Rechtswahl ihre Verbundenheit mit dem Heimatrecht aufrechterhalten. Es geht also um das Interesse der Ehegatten an der Wahrung ihrer **kulturellen Identität.**[29] Gleichzeitig entfallen mögliche Unsicherheiten bei der Bestimmung des gewöhnlichen Aufenthalts.

18   **d) Unwandelbarkeit der objektiven Anknüpfung.** Da es nach Art. 26 Abs. 1 auf den Zeitpunkt der Eheschließung oder (kurz) nach der Eheschließung ankommt, ist das objektive Güterstatut als solches **unwandelbar.**[30] Die Ehegatten können das Güterstatut aber jederzeit durch Rechtswahl nach Art. 22 ändern. Außerdem kommt nach Art. 26 Abs. 3 eine Durchbrechung der Unwandelbarkeit zugunsten des Rechts am letzten gemeinsamen gewöhnlichen Aufenthalt der Ehegatten in Betracht (→ Rn. 83).

B. Anwendungsbereich und Begriffsbestimmungen

I. Persönlicher und sachlicher Anwendungsbereich

19   Art. 1 regelt den sachlichen Anwendungsbereich der Verordnung in Übereinstimmung mit den meisten anderen EU-Verordnungen zum internationalen Privat- und Verfahrensrecht durch die Kombination einer positiven Umschreibung (Abs. 1 S. 1) mit mehreren Ausnahmeregelungen (Abs. 1 S. 2 und Abs. 2).[31] Dabei lassen sich auch inhaltlich große Übereinstimmungen mit den Ausnahmeregelungen anderer EU-Verordnungen feststellen. Für das Kollisionsrecht enthält Art. 27 zudem eine Bestimmung über die Reichweite des anzuwendenden Rechts, die für die Abgrenzung zum allgemeinen Ehewirkungsstatut wichtig ist (→ Rn. 89 ff.).

20   **1. Eheliche Güterstände.** Aus der positiven Formulierung von Art. 1 Abs. 1 S. 1 folgt, dass die Verordnung auf die „ehelichen Güterstände" Anwendung findet. Der Begriff des ehelichen Güterstandes ist in Art. 3 Abs. 1 lit. a definiert. Erfasst werden „sämtliche vermögensrechtliche[n] Regelungen, die zwischen den Ehegatten und in ihren Beziehungen zu Dritten aufgrund der Ehe oder der Auflösung der Ehe gelten". Die Verfasser haben sich somit für einen **weiten Anwendungsbereich** entschieden.[32] Erwägungsgrund 18 stellt klar, dass der Begriff „ehelicher Güterstand" **autonom** auszulegen ist.

21   Der Begriff des „ehelichen Güterstands" wird auch in den meisten **anderen EU-Verordnungen** als (negatives) Ausnahme- oder Abgrenzungskriterium verwendet, so etwa in Art. 1 Abs. 2 lit. c Brüssel Ia-VO, Art. 1 Abs. 2 lit. b Rom I-VO, Art. 1 Abs. 2 lit. b Rom II-VO und Art. 1 Abs. 2 lit. d EuErbVO. Demgegenüber spricht Art. 1 Abs. 2 lit. e Rom III-VO davon, dass die Rom III-VO nicht auf die vermögensrechtlichen Folgen der Ehe anwendbar ist. Der Begriff „ehelicher Güterstand" wird in Art. 3 Abs. 1 lit. a und Erwägungsgrund 18 EuGüVO im Einklang mit der Rechtsprechung des EuGH[33] weiter konkretisiert. Dabei wird darauf hingewiesen, dass dieser Begriff nicht nur vermögensrechtliche Regelungen einschließt, die speziell und ausschließlich für die Ehe vorgesehen sind, sondern sämtliche vermögensrechtlichen Regelungen umfasst, die zwischen den Ehegatten und in ihren Beziehungen gegenüber Dritten aufgrund der Ehe oder der Auflösung der Ehe gelten. Nach dieser Definition dürfte es **nicht darauf ankommen,** ob die infrage stehende vermögensrechtliche Rechtsfolge der Ehe auf einer vermögensrechtlichen **Sonderordnung** beruht oder für alle Ehen gilt. Der Anwendungsbereich der EuGüVO wäre damit deutlich weiter als derjenige von Art. 15 EGBGB.

22   **2. Abgrenzung von Ehen und eingetragenen Partnerschaften.** Besondere Schwierigkeiten bereitet die Auslegung des Begriffs der **Ehe** nach der EuGüVO in Abgrenzung zum Begriff der

---

[28] Näher dazu Rauscher/*Kroll-Ludwigs* EU-EhegüterVO-E Einf. Rn. 62 ff. Allgemein zur wachsenden Bedeutung des Aufenthaltsprinzips *Dutta* IPRax 2017, 139 ff.

[29] Zur entsprechenden Problematik bei der EuErbVO vgl. NK-BGB/*Looschelders* EuErbVO Vor Art. 1 Rn. 15.

[30] Vgl. *Hausmann* IntEuSchR R Rn. 17; Rauscher/*Kroll-Ludwigs* EU-EhegüterVO-E Einf. Rn. 70; *Dethloff,* FS v. Hoffmann, 2011, 73 (79).

[31] Zur entsprechenden Regelungstechnik bei der EuErbVO NK-BGB/*Looschelders* EuErbVO Art. 1 Rn. 1.

[32] Vgl. NK-BGB/*Gruber* Rom III-VO Art. 1 Rn. 96; Rauscher/*Kroll-Ludwigs* EU-EhegüterVO-E Einf. Rn. 15; *Martiny* IPRax 2011, 437 (443 ff.); *Hausmann* IntEuSchR R Rn. 3; *Heiderhoff* IPRax 2017, 160 (161); einschränkend *Nordmeier* in Weller Europäisches Kollisionsrecht D. Rn. 404 mit Verweis auf den engeren Wortlaut der meisten anderen Sprachfassungen.

[33] EuGH Rs. C-220/95, Slg. 1997 I, 1147 – van den Boogaard.

eingetragenen Partnerschaft in Art. 1 Abs. 1 S. 1 EuPartVO. Fraglich ist insbesondere, ob auch gleich-geschlechtliche Ehen erfassen soll. Bei der Würdigung dieser Problematik ist zu beachten, dass die **Ehe** heute in vielen mitgliedstaatlichen Rechtsordnungen auch gleichgeschlechtlichen Paaren offen steht. Dies gilt für Belgien, Dänemark, England und Wales, Frankreich, Niederlande, Portugal, Schweden und Spanien.[34] Die anderen EU-Staaten halten dagegen daran fest, dass eine Ehe nur zwischen zwei Personen **verschiedenen** Geschlechts geschlossen werden kann. Dies galt bislang auch für Deutschland. Für gleichgeschlechtliche Paare werden dann meist Ersatzinstitute wie die **eingetragene Lebenspartnerschaft** des deutschen Rechts geschaffen. Der deutsche Gesetzgeber hat die **gleichgeschlechtliche Ehe** aber jüngst durch das Gesetz zur Einführung des Rechts auf Eheschließung für Personen gleichen Geschlechts eingeführt. § 1353 Abs. 1 S. 1 BGB nF sieht nun-mehr vor, dass die Ehe „von zwei Personen verschiedenen oder gleichen Geschlechts" auf Lebenszeit geschlossen wird. Die bestehenden Lebenspartnerschaften können nach dem neuen § 20a LPartG in eine Ehe umgewandelt werden. Da es sich um ein rechtspolitisch heikles Thema handelt, **verzichtet der europäische Gesetzgeber** in der EuGüVO **auf eine Definition der Ehe.** Erwägungsgrund 17 stellt klar, dass der Begriff „Ehe" sich nach dem nationalen Recht der Mitgliedstaaten bestimmt und daher in der Verordnung nicht definiert wird. Welches nationale Recht maßgeblich sein soll, bleibt indes offen. Letztlich handelt es sich um ein **Qualifikationsproblem.**[35] Es muss geprüft werden, welchem Recht die Maßstäbe für die Qualifikation zu entnehmen sind. Lehnt man eine autonome Qualifikation des Ehebegriffs ab, so kommt es nach allgemeinen Grundsätzen auf die Sichtweise der jeweiligen *lex fori* an.[36] Es muss also geprüft werden, ob das nach einem ausländischen Recht begründete Institut aus Sicht der *lex fori* als Ehe oder Partnerschaft anzusehen ist.

Aus systematischer Sicht ist zu beachten, dass ein Gleichklang der Auslegung der einschlägigen **23** Begriffe in der EuGüVO mit den unionsrechtlichen Vorschriften über die **Scheidung** der Ehe bestehen sollte. Im Rahmen der Rom III-VO ist weitgehend anerkannt, dass die Verordnung aus Gründen der Gleichbehandlung und der Rechtssicherheit auch für gleichgeschlechtliche Paare gilt.[37] Dies ergibt sich u. a. aus Art. 13 Alt. 2 Rom III-VO, wonach ein Mitgliedstaat nicht verpflichtet ist, eine Ehescheidung in Anwendung der Verordnung auszusprechen, wenn die betreffende Ehe für die Zwecke des Scheidungsverfahrens nicht als gültig angesehen wird. Diese Variante macht nur Sinn, wenn die Rom III-VO auch gleichgeschlechtliche Ehen umfasst. Bei der Brüssel IIa-VO wird eine Ausweitung auf gleichgeschlechtliche Ehen noch überwiegend abgelehnt.[38] In neuerer Zeit nimmt aber die Zahl der Autoren zu, die eine Anwendung der EuEheVO auf diese Fälle befürworten.[39]

In Anbetracht der rechtspolitischen Entwicklung in den Mitgliedstaaten, die auf eine zunehmende **24** Öffnung der Ehe für gleichgeschlechtliche Paare hinausläuft, erscheint eine Ausweitung des Anwen-dungsbereichs der EuEheVO und der Rom III-VO auf **gleichgeschlechtliche Ehen ausländi-schen Rechts** sachgerecht. Dann ist es aber konsequent, die güterrechtlichen Verhältnisse in diesen Ehen nach der EuGüVO zu beurteilen.[40] Diese Lösung entspricht jedenfalls seit der Einführung der gleichgeschlechtlichen Ehe in Deutschland nicht nur einer autonomen Betrachtung, sondern auch der deutschen *lex fori.* Art. 17b Abs. 4 EGBGB nF verweist für die kollisionsrechtliche Anknüpfung der gleichgeschlechtlichen Ehe zwar weiter auf Art. 17b Abs. 1–3 EGBGB (→ EGBGB Art. 17b Rn. 2). Im Rahmen des Güterrechts geht es hierbei jedoch nur um die **Vorfrage** hinsichtlich des Bestehens einer wirksamen (gleichgeschlechtlichen) Ehe (→ Rn. 30). Demgegenüber ist die EuPartVO auf eingetragene Partnerschaften anwendbar, die nicht den gleichen Rang wie eine Ehe haben.[41] Art. 3 Abs. 1 lit. a EuPartVO definiert die **eingetragene Partnerschaft** als eine rechtlich vorgesehene Form der Lebensgemeinschaft zweier Personen, deren Eintragung nach den betreffenden gesetzlichen Vorschriften obligatorisch ist und die die in den betreffenden Vorschriften vorgesehenen

---

[34] Vgl. *Dengel*, Die europäische Vereinheitlichung des Internationalen Ehegüterrechts und des Internationalen Güterrechts für eingetragene Partnerschaften, 2014, 80 ff. mwN.

[35] So auch *Dutta* FamRZ 2017, 1973 (1976); *Martiny* ZfPW 2017, 1 (7).

[36] So im Ergebnis auch *Kohler/Pintens* FamRZ 2016, 1509 (1510); auf das Recht am Ort der Begründung der Ehe oder Partnerschaft abstellend *Dutta* FamRZ 2017, 1973 (1976); wohl auch *Martiny* ZfPW 2017, 1 (7).

[37] So NK-BGB/*Gruber* Rom III-VO Art. 1 Rn. 24; Jauernig/*Budzikiewicz* Rom III-VO Art. 1–4 Rn. 3; PWW/*Martiny* EGBGB Anh. I Art. 17 Rn. 4; *Gruber* IPRax 2012, 31 (38); aA Palandt/*Thorn* Rom III-VO Art. 1 Rn. 4.

[38] Rauscher/*Rauscher* Brüssel Ia-VO Art. 1 Rn. 5 ff.; Rauscher/*Mankowski* Brüssel Ia-VO Art. 1 Rn. 62.

[39] So NK-BGB/*Gruber* Anh. I zum III. Abschnitt EGBGB Rn. 3; Thomas/Putzo/*Hüßtege* EuEheVO Vor Art. 1 Rn. 5.

[40] Für Einbeziehung gleichgeschlechtlicher Ehen auch Rauscher/*Kroll-Ludwigs* Einf. EUGüterVO-E Rn. 16; *Hausmann* IntEuSchR R Rn. 2; *Nordmeier* in Weller Europäisches Kollisionsrecht, D. Rn. 402; *Döbereiner* MittBay-Not 2011, 463 (464).

[41] So auch *Hausmann* IntEuSchR R Rn. 21; *Döbereiner* MittBayNot 2011, 463 (464); *Kohler/Pintens* FamRZ 2011, 1433 (1437).

rechtlichen Formvorschriften für ihre Begründung erfüllt. Diese Definition trifft zwar auch auf die gleichgeschlechtliche Ehe zu. Derselbe Einwand würde aber auch für die Ehe zwischen zwei Personen verschiedenen Geschlechts gelten. Aus systematischer Sicht muss die EuGüVO daher für Ehen als vorrangig angesehen werden.[42] Da Art. 3 Abs. 1 lit. a EuPartVO nicht voraussetzt, dass die Partner das gleiche Geschlecht haben, ist die EuPartVO auch auf eingetragene **heterosexuelle Partnerschaften** anwendbar, die nach dem maßgeblichen ausländischen Recht nicht den gleichen Rang wie eine Ehe haben.[43] Die Abgrenzung zwischen Ehe und eingetragener Partnerschaft richtet sich bei der EuGüVO und der EuPartVO also nicht nach der Gleichheit oder Verschiedenheit des **Geschlechts,** sondern nach dem **Grad der Institutionalisierung** der zwischen den Partnern bestehenden Lebensgemeinschaft.[44]

25 **3. Abgrenzungen und Ausnahmen.** In Abs. 1 S. 2 und Abs. 2 sind einige Bereiche genannt, die oft einen engen Bezug zu güterrechtlichen Fragen haben, aber nicht von der Verordnung geregelt werden sollen. Ob es sich um bloße **Abgrenzungen** oder **echte Ausnahmen** handelt, kann im Einzelfall zweifelhaft sein. Die Regelungen haben oft gerade den Zweck, solche Zweifel aus Gründen der Rechtssicherheit zu vermeiden (Erwägungsgrund 19).

26 **a) Steuer- und Zollsachen sowie verwaltungsrechtliche Angelegenheiten.** Nach Art. 1 Abs. 1 S. 2 gilt die EuGüVO weder für **Steuer- und Zollsachen** noch für verwaltungsrechtliche Angelegenheiten. Vergleichbare Regelungen finden sich in den meisten anderen Verordnungen zum Internationalen Privat- und Verfahrensrecht (zB Art. 1 Abs. 1 S. 2 Brüssel Ia-VO, Art. 1 Abs. 1 S. 2 EuErbVO). Die Notwendigkeit der Klarstellung ergibt sich daraus, dass einige Mitgliedstaaten keine strikte Unterscheidung von Privatrecht und öffentlichem Recht kennen.[45]

27 **b) Rechts-, Geschäfts- und Handlungsfähigkeit der Ehegatten.** Art. 1 Abs. 2 lit. a schließt die Rechts-, Geschäfts-, und Handlungsfähigkeit der Ehegatten vom Anwendungsbereich der Verordnung aus. Entsprechende Ausnahmen finden sich u. a. auch in Art. 1 Abs. 2 lit. a Rom I-VO und Art. 1 Abs. 2 lit. b EuErbVO. Art. 1 Abs. 2 lit. a Brüssel Ia-VO sieht dagegen zwar nur eine Ausnahme für die Rechts- und Handlungsfähigkeit vor. Hierbei handelt es sich jedoch um eine Besonderheit der deutschen Fassung. So umfasst der englische Begriff *„legal capacity"* außer der Rechts- und Handlungsfähigkeit auch die Geschäftsfähigkeit.[46] Aus kollisionsrechtlicher Sicht handelt es sich bei der Rechts-, Geschäfts- und Handlungsfähigkeit um **Teilfragen,** die nach dem IPR des jeweiligen Mitgliedstaats gesondert anzuknüpfen sind. Nach deutschem IPR ist Art. 7 EGBGB einschlägig. Maßgeblich ist also das Heimatrecht des Betroffenen.

28 **c) Bestehen, Gültigkeit oder Anerkennung einer Ehe.** Nach Art. 1 Abs. 2 lit. b gilt die Verordnung auch nicht für das Bestehen, die Gültigkeit oder die Anerkennung einer Ehe. Hierbei handelt es sich um **Vorfragen,** die gesondert anzuknüpfen sind (Erwägungsgrund 21). Unterliegen die güterrechtlichen Verhältnisse ausländischem Recht, so stellt sich das Problem, ob die Vorfrage nach dem Bestehen oder der Gültigkeit der Ehe **selbstständig** nach dem deutschen IPR (*lex fori*) oder **unselbstständig** nach dem IPR des Güterstatuts (*lex causae*) anzuknüpfen ist. Hierbei handelt es sich um ein allgemeines Problem, das in der deutschen Literatur seit langem sehr kontrovers diskutiert wird.[47] Der überwiegende Teil der Literatur befürwortet grundsätzlich eine selbstständige Anknüpfung der Vorfrage. Nach einer verbreiteten Auffassung soll dies aber gerade nicht im Rahmen von staatsvertraglichem oder unionsrechtlichem IPR gelten, da dem Interesse an **internationalem Entscheidungseinklang** hier eine besonders große Bedeutung zukommen soll.[48]

29 Die Sonderbehandlung der Vorfrage bei staatsvertraglichen oder unionsrechtlichen Kollisionsnormen kann nicht überzeugen. Wenn das IPR mehrerer Staaten durch Staatsverträge oder Unionsrecht vereinheitlicht wird, so beschränkt sich die Vereinheitlichung auf den Anwendungsbereich des jeweiligen staatsvertraglichen oder rechtlichen Instruments. Außerhalb dieses Anwendungsbereichs ist ein internationaler Entscheidungseinklang also nicht gewährleistet. Dies gilt umso mehr, als die meisten anderen mitgliedstaatlichen Kollisionsrechte keine selbstständige Anknüpfung der Vorfrage befürworten.[49] Die selbstständige Anknüpfung hat den Vorteil, dass der Status einer Person innerhalb des

---

[42] *Dutta* FamRZ 2017, 1973 (1976).

[43] So auch *Hausmann,* IntEuSchR, R Rn. 21; *Döbereiner* MittBayNot 2011, 463 (464); *Kohler/Pintens* FamRZ 2011, 1433 (1437); *Dutta* FamRZ 2017, 1973 (1976).

[44] Zu diesen beiden Abgrenzungskriterien BeckOGK/*Rentsch* EGBGB Art. 13 Rn. 39 f.

[45] Vgl. Rauscher/*Mankowski* Brüssel Ia-VO Art. 1 Rn. 21.

[46] Vgl. Rauscher/*Mankowski* Brüssel Ia-VO Art. 1 Rn 53.

[47] Vgl. statt vieler *v. Bar/Mankowski* IPR I § 7 Rn. 192 ff.; *Kegel/Schurig* IPR § 9 II (S. 376 ff.).

[48] So etwa *Kropholler* IPR § 32 VI 2 (S. 230).

[49] Vgl. *Mäsch* in Leible/Unberath, Brauchen wir eine Rom 0-Verordnung?, 2013, 201 ff.

jeweiligen Mitgliedstaats einheitlich beurteilt wird, unabhängig davon, welches Recht in der Hauptsache anwendbar ist. Ein solcher **interner Entscheidungseinklang** ist gerade im Verhältnis von dem Ehegüterrecht und dem Erbrecht des überlebenden Ehegatten unverzichtbar. Da Güter- und Erbstatut nicht notwendig derselben Rechtsordnung unterliegen, könnte die unselbstständige Anknüpfung der Vorfrage nämlich dazu führen, dass in Bezug auf die güterrechtlichen Verhältnisse von einer wirksamen Ehe auszugehen ist, nicht aber in Bezug auf das Erbrecht. Ebenso gut ist der umgekehrte Fall denkbar. Gegen die unselbstständige Anknüpfung der Vorfrage spricht weiter, dass das Bestehen der Ehe nach Art. 1 Abs. 2 lit. b gerade nicht der EuGüVO unterliegen soll. Außerdem handelt es sich um eine Sachnormverweisung.[50] Die Verweisung bezieht sich also nicht auf diejenigen Kollisionsnormen des Güterstatuts, welche das auf das Bestehen und die Wirksamkeit einer Ehe anwendbare Recht regeln. Die Vorfrage des Bestehens einer wirksamen Ehe ist somit nach dem **IPR der lex fori** zu beurteilen. In Deutschland sind daher Art. 13 und Art. 11 EGBGB heranzuziehen.

Ob die Wirksamkeit einer im Ausland geschlossenen **gleichgeschlechtlichen Ehe** im Rahmen **30** der Rom III-VO und der EuGüVO nach Art. 13 EGBGB oder Art. 17b Abs. 1 S. 1 EGBGB zu beurteilen ist, war vor der Einführung der gleichgeschlechtlichen Ehe in Deutschland sehr umstritten.[51] Der neue Art. 17 Abs. 4 EGBGB nF stellt nunmehr klar, dass die Begründung einer gleichgeschlechtlichen Ehe sich nach Art. 17 Abs. 1 S. 1 EGBGB richtet. Auch für die Vorfrage sind also die Sachvorschriften des Register führenden Staates maßgeblich. Die Anwendung des Art. 13 EGBGB auf die Vorfrage hätte den Nachteil, dass die Ehe als unwirksam anzusehen wäre, wenn sie auch nur von einem der Heimatrechte der Ehegatten nicht anerkannt wäre. Dies wäre bei gleichgeschlechtlichen Ehen nach dem gegenwärtigen Stand der Rechtsentwicklung oft der Fall.

De lege ferenda wäre eine **Ausweitung des kollisionsrechtlichen Ehebegriffs** in Art. 13 **31** EGBGB wünschenswert (→ EGBGB Art. 17b Rn. 105). Um die Wirksamkeit solcher Ehen möglichst zu gewährleisten, müsste dies allerdings von einer Auffangregel zugunsten des Rechts am Ort der Eheschließung begleitet werden.[52]

Die Anerkennung einer **gleichgeschlechtlichen Ehe** widersprach schon vor der Neuregelung **32** des Ehebegriffs nicht dem deutschen **ordre public.**[53] Größere Schwierigkeiten können insoweit dagegen bei **polygamen Ehen** auftreten, auf welche die EuGüVO ebenfalls anwendbar ist.[54] In Deutschland ist allerdings weitgehend anerkannt, dass die polygame Ehe eine Ehe iSd Art. 13 EGBGB darstellt.[55] Ist eine im Ausland geschlossene polygame Ehe nach den Heimatrechten der Beteiligten wirksam, so verstößt diese Ehe als solche auch nicht gegen den inländischen ordre public.[56] Eine andere Bewertung kann aber für einzelne (auch güterrechtliche) Wirkungen einer polygamen Ehe gelten.

d) Unterhaltspflichten. Unterhaltspflichten beurteilen sich nach der EuUnthVO und dem **33** HUntProt 2007. Dies gilt auch für Unterhaltspflichten zwischen Ehegatten, früheren Ehegatten oder Personen, deren Ehe für ungültig erklärt wurde (vgl. Art. 5 EuUnthVO). Unterhaltspflichten zwischen Ehegatten erfüllen zwar die Definition des „ehelichen Güterstandes" in Art. 3 Abs. 1 lit. a EuGüVO. Die EuUnthVO und das HUntProt 2007 gehen aber aus Gründen der **Spezialität** vor.

e) Rechtsnachfolge nach dem Tod eines Ehegatten. Besondere Abgrenzungsprobleme stel- **34** len sich im Verhältnis zur Rechtsnachfolge nach dem Tod eines Ehegatten, die nach der EuErbVO zu beurteilen ist (Erwägungsgrund 22 EuGüVO). Art. 1 Abs. 2 lit. d beschränkt sich auf den Hinweis, dass diese Materie nicht dem Güterrecht zuzuordnen ist. Auf der anderen Seite stellt Erwägungsgrund 18 aber klar, dass die EuGüVO auch die güterrechtliche Auseinandersetzung infolge des Todes eines Ehegatten regelt. Genauere Kriterien für die Abgrenzung zwischen Güter- und Erbstatut werden

---

[50] Allgemein zu dieser Problematik *v. Bar/Mankowski* IPR I § 7 Rn. 198; *Mäsch* in Leible/Unberath, Brauchen wir eine Rom 0-Verordnung?, 2013, 201 (207 ff.); Zur parallelen Problematik im Rahmen der EuErbVO NK-BGB/*Looschelders* EuErbVO Art. 1 Rn. 23.

[51] Für Anwendung von Art. 17b Abs. 1 S. 1 EGBGB BGH NJW 2016, 2322 Rn. 34 ff.; KG FamRZ 2011, 1525; OLG München FamRZ 2011, 1526; OLG Zweibrücken FamRZ 2011, 1526; NK-BGB/*Andrae* EGBGB Art. 13 Rn. 1; Erman/*Hohloch* EGBGB Art. 17b Rn. 6; Staudinger/*Mankowski* (2011) EGBGB Art. 13 Rn. 177a und EGBGB Art. 17b Rn. 23 f.; *Kropholler* IPR § 44 V (S. 342 f.); *Dengel,* Die europäische Vereinheitlichung des Internationalen Ehegüterrechts und des Internationalen Güterrechts für eingetragene Partnerschaften, 2014, 310; für Anwendung von Art. 13 EGBGB NK-BGB/*Gebauer* EGBGB Art. 17b Rn. 18.

[52] Vgl. NK-BGB/*Gebauer* EGBGB Art. 17b Rn. 19.

[53] Vgl. BGH NJW 2016, 2322 Rn. 49 ff. (zur gemeinsamen Elternstellung gleichgeschlechtlicher Lebenspartner nach südafrikanischem Recht).

[54] Zur Anwendbarkeit der EuGüVO auf polygame Ehen *Dutta* FamRZ 2016, 1973 (1976 Fn. 30); *Martiny* ZfPW 2017, 2 (7 Fn. 39).

[55] NK-BGB/*Gebauer* EGBGB Art. 17b Rn. 18.

[56] Vgl. Palandt/*Thorn* EGBGB Art. 6 Rn. 20.

nicht vorgegeben.[57] Die Abgrenzungsfragen müssen daher im Einzelfall gelöst werden. Auf der Ebene der **Zuständigkeit** gewährleistet Art. 4 aber, dass die Gerichte desselben Mitgliedstaats für die Erbsache und die güterrechtlichen Fragen zuständig sind.

35   Im deutschen Recht ist die Qualifikation des **pauschalen erbrechtlichen Zugewinnausgleichs** nach § 1371 Abs. 1 BGB besonders umstritten. Der BGH hat in einer neueren Entscheidung klargestellt, dass die Vorschrift rein güterrechtlich zu qualifizieren ist und auch dann Anwendung findet, wenn die Rechtsnachfolge von Todes wegen ausländischem Recht unterliegt (→ EGBGB Art. 15 Rn. 61).[58] Die Entscheidung des BGH bezieht sich noch auf das Verhältnis von Art. 15 EGBGB zu Art. 25 EGBGB aF. Es ist jedoch davon auszugehen, dass die Qualifikation des § 1371 Abs. 1 BGB im Verhältnis zwischen der EuErbVO und der künftigen EuGüVO in gleicher Weise zu beurteilen sein wird.[59] Da der europäische Gesetzgeber die Anwendungsbereiche von Güter- und Erbstatut klar voneinander abgrenzen will, kommt eine Doppelqualifikation des § 1371 Abs. 1 BGB weiterhin nicht in Betracht.

36   Bei Anwendbarkeit ausländischen Erbrechts kann die pauschale Erhöhung der Erbquote nach § 1371 Abs. 1 BGB dazu führen, dass der überlebende Ehegatte mehr erhält, als ihm nach den übereinstimmenden Wertungen des deutschen und des ausländischen Rechts zustehen soll (sog. **Normenhäufung**). Theoretisch ist auch der umgekehrte Fall – sog. **Normenmangel** – denkbar. Diese Problematik wird auf der Grundlage des deutschen IPR seit langem intensiv diskutiert. Nach der Rspr. des BGH zu Art. 15 EGBGB und Art. 25 EGBGB steht diese Problematik der Anwendung von § 1371 Abs. 1 BGB neben einem ausländischen Erbstatut aber nicht prinzipiell entgegen, da mögliche Wertungswidersprüche im Wege der **Anpassung** aufgelöst werden können (→ EGBGB Art. 15 Rn. 62). Hieran wird auch nach dem Inkrafttreten der EuGüVO und der EuPartVO festzuhalten sein.

37   **f) Soziale Sicherheit.** Art. 1 Abs. 2 lit. e stellt klar, dass Fragen der sozialen Sicherheit ebenfalls nicht der Verordnung unterliegen. Bei der Konkretisierung dieses Ausschlusses kann man sich an der parallelen Regelung des Art. 1 Abs. 2 lit. c Brüssel Ia-VO orientieren. Es geht hiernach um Angelegenheiten, welche die Beziehung eines **Systems der sozialen Sicherheit** zu den angeschlossenen Arbeitnehmern und Arbeitgebern betreffen.[60] Überschneidungen mit Fragen des ehelichen Güterrechts sind kaum denkbar, zumal auch der Zugewinnausgleich nach zutreffender Ansicht nicht von Abs. 2 lit. e erfasst wird.[61]

38   **g) Ansprüche auf Alters- oder Erwerbsunfähigkeitsrente.** Nach Art. 1 Abs. 2 lit. f gilt die Verordnung auch nicht für die Berechtigung, Ansprüche auf Alters- oder Erwerbsunfähigkeitsrente, die während der Ehe erworben wurden und die während der Ehe zu keinem Renteneinkommen geführt haben, im Falle der Ehescheidung, der Trennung ohne Auflösung des Ehebandes oder der Ungültigerklärung der Ehe zwischen den Ehegatten zu **übertragen oder anzupassen.** Erwägungsgrund 23 weist darauf hin, dass diese Ausnahme eng ausgelegt werden muss. So sollte die EuGüVO auch die Kategorisierung von Rentenkapital der während der Ehe an einen der Ehegatten bereits ausgezahlten Beträge und des eventuell zu gewährenden Ausgleichs bei mit gemeinsamem Vermögen finanzierten Rentenversicherungen regeln. Der deutsche **Versorgungsausgleich** wird bei dieser Betrachtung aber nicht von der EuGüVO umfasst.[62]

39   **h) Art der dinglichen Rechte und Registereintragung.** Art. 1 Abs. 2 lit. g und h sehen vor, dass die Art der dinglichen Rechte an Vermögen[63] sowie jede Eintragung von Rechten an beweglichen oder unbeweglichen Vermögensgegenständen in ein Register, einschließlich der gesetzlichen Voraussetzungen für eine solche Eintragung, sowie die Wirkungen der Eintragung oder der fehlenden Eintragung solcher Rechte in ein Register nicht in den Anwendungsbereich der Verordnung fallen. Die Regelungen stimmen mit Art. 1 Abs. 2 lit. k und l EuErbVO überein. Die Vorbehalte betreffen das Problem, dass es im Güter- und Erbrecht meist um den **Erwerb** oder die **Übertragung von Vermögen** geht. Die dafür maßgeblichen Tatbestände sollen nicht dazu führen, dass ein der lex rei

---

[57] Krit. dazu *Döbereiner* MittBayNot 2011,463 (464).

[58] BGHZ 205, 289 Rn. 24 = NJW 2015, 2185 = JR 2016, 193 mAnm *Looschelders*; vgl. *Heinig* DNotZ 2014, 251 ff.; *S. Lorenz* NJW 2015, 2157 ff.; *Mankowski* ZEV 2014, 121 ff.; *Walther* GPR 2014, 325 ff.

[59] Vgl. NK-BGB/*Looschelders* EuErbVO Art. 1 Rn. 32; *Mankowski* ZEV 2014, 121 (127).

[60] Rauscher/*Mankowski* Brüssel Ia-VO Art. 1 Rn. 95.

[61] Rauscher/*Mankowski* Brüssel Ia-VO Art. 1 Rn. 98.

[62] So tendenziell auch schon *Martiny*, FS Kropholler, 2008, 373 (380); für Einbeziehung des Versorgungsausgleichs *Hausmann* IntEuSchR R Rn. 4; *Kohler/Pintens* FamRZ 2011, 1433 (1435 f.).

[63] Nach Art. 1 Abs. 1 lit. g EuGüVO-E 2016 galt der Vorbehalt nur für die Art der dinglichen Rechte an *unbeweglichem* Vermögen. Die Beschränkung auf unbewegliches Vermögen findet sich in der endgültigen Fassung der EuGüVO nicht mehr, was wegen des Einklangs mit Art. 1 Abs. 2 lit. k EuErbVO zu begrüßen ist.

sitae unbekanntes dingliches Recht entsteht oder dass die Anforderungen der lex rei sitae an die Eintragung von Rechten in ein Register unterlaufen werden.[64] Zur Auflösung möglicher Divergenzen sieht Art. 29 vor, dass ein dingliches Recht, das einer Person nach dem Güterstatut zusteht, an das in der Rechtsordnung dieses Mitgliedstaats am ehesten vergleichbare Recht anzupassen ist, wenn es dem Recht des Mitgliedstaats, in dem es geltend gemacht wird, nicht bekannt ist. Dabei sollten die mit dem besagten ausländischen dinglichen Recht verfolgten Ziele und Interessen und die mit ihm verbundenen Wirkungen berücksichtigt werden.

Die genaue Reichweite der Vorbehalte für die lex rei sitae bzw. das Recht am Ort des Registers **40** ist auf der Grundlage der **EuErbVO** sehr umstritten (→ EuErbVO Art. 1 Rn. 32). Spannungen ergeben sich insbesondere daraus, dass das Erbstatut nach Art. 23 Abs. 2 lit. e EuErbVO auch für den Übergang der zum Nachlass gehörenden Vermögenswerte auf die Erben und ggf. die Vermächtnisnehmer maßgeblich ist. Im internationalen Güterrecht geht die h. M. bislang davon aus, dass das Güterstatut darüber bestimmt, *ob* es aufgrund eines güterrechtlich relevanten Vorgangs (Eheschließung, Abschluss eines Ehevertrages, Scheidung etc.) zu einer Änderung der dinglichen Rechtszuordnung kommt. *Auf welche Weise* die Rechtsänderung zustande kommt, soll dagegen nach dem Recht am Lageort beurteilt werden.[65] Bei dieser Aufgabenteilung soll es auch nach der EuGüVO bleiben.[66]

II. Räumlicher und zeitlicher Anwendungsbereich der EuGüVO

In **räumlicher Hinsicht** wird die EuGüVO in allen Mitgliedstaaten anwendbar sein, die sich an **41** der Verstärkten Zusammenarbeit beteiligt haben oder noch beteiligen werden. Zurzeit handelt es sich um 18 Staaten (→ Rn. 6). **Zeitlich** ist die EuGüVO nach ihrem Art. 69 Abs. 1 grundsätzlich nur auf solche Verfahren, öffentliche Urkunden und gerichtliche Vergleiche anzuwenden, die am 29.1.2019 oder danach eingeleitet, förmlich errichtet oder eingetragen bzw. gebilligt oder geschlossen wurden. Die Vorschriften des Kapitels III. über die Bestimmung des anzuwendenden Rechts gelten nach Art. 69 Abs. 3 EuGüVO überdies nur für solche Ehegatten, die nach dem 29.1.2019 die Ehe eingegangen sind oder eine Rechtswahl des auf ihren Güterstand anzuwenden Rechts getroffen haben. Die bislang maßgeblichen Vorschriften der Art. 15, 16 EGBGB behalten also noch für lange Zeit ihre Bedeutung.

III. Weitere Begriffsbestimmungen

Außer der Definition des „ehelichen Güterstands" enthält Art. 3 einige weitere Begriffsbestim- **42** mungen. So umschreibt Art. 3 Abs. 1 lit. b den Begriff der „Vereinbarung über den ehelichen Güterstand" als jede Vereinbarung zwischen Ehegatten oder künftigen Ehegatten, mit der sie ihren ehelichen Güterstand regeln. Die übrigen Definitionen entsprechen im Wesentlichen denen des Art. 3 EuErbVO. So geht die EuGüVO ebenso wie die EuErbVO von einem weiten Verständnis des Begriffs der **„Entscheidung"** aus. Nach Art. 3 Abs. 1 lit. d handelt es sich um jede von einem Gericht eines Mitgliedstaats in Bezug auf den ehelichen Güterstand erlassene Entscheidung ungeachtet ihrer Bezeichnung. Dazu gehört auch der Kostenfestsetzungsbeschluss eines Gerichtsbediensteten.

Der Begriff des **„Gerichts"** wird in Art. 3 Abs. 2 in einem weiten Sinne verstanden. Er umfasst **43** nicht nur jedes Gericht ieS, sondern auch alle anderen Behörden und Angehörigen von Rechtsberufen mit Zuständigkeiten in Fragen des ehelichen Güterstands, die gerichtliche Funktionen ausüben oder in Ausübung einer Befugnisübertragung durch ein Gericht oder unter der Aufsicht eines Gerichts handeln. Dahinter steht die Feststellung, dass in einigen Mitgliedstaaten **Notare** und Angehörige anderer Rechtsberufe in bestimmten Fragen des ehelichen Güterstandes gerichtliche Funktionen wahrnehmen (Erwägungsgrund 29). Hieran soll sich durch das Inkrafttreten der EuGüVO nichts ändern. Für Erbsachen findet sich eine entsprechende Definition des „Gerichts" in Art. 3 Abs. 2 EuErbVO.

C. Zuständigkeit

I. Akzessorische Anknüpfung

Bei der Zuständigkeit der Gerichte ist danach zu unterscheiden, ob die Fragen des ehelichen **44** Güterstands im Zusammenhang mit einem Verfahren in einer Erb- oder Scheidungssache stehen,

---

[64] Zur Problemstellung vgl. Erwägungsgrund 24 EuGüVO.
[65] Vgl. Palandt/*Thorn* EGBGB Art. 15 Rn. 25; *Döbereiner* MittBayNot 2011, 463 (464).
[66] Rauscher/*Kroll-Ludwigs* EU-GüterVO-E Einf. Rn. 18.

das bei einem Gericht eines Mitgliedstaats anhängig ist, oder unabhängig davon geltend gemacht werden. In der Praxis steht die erste Fallgruppe im Vordergrund. Hier ist eine Bündelung der Zuständigkeit sachgerecht, damit die jeweiligen Gerichte über den gesamten Sachverhalt entscheiden können (Erwägungsgrund 32–34). Die Art. 4 und 5 sehen daher eine **akzessorische Anknüpfung** an die Zuständigkeit der Gerichte für die **Erb-** oder **Scheidungssache** nach der EuErbVO oder der EuEheVO vor.

45   Eine **Ausnahme vom Grundsatz der akzessorischen Anknüpfung** soll in dem Fall gelten, dass die Zuständigkeit für Entscheidungen betreffend die Ehescheidung, die Trennung ohne Auflösung des Ehebandes oder die Ungültigerklärung der Ehe nur auf **spezielle Zuständigkeitsregeln** gestützt werden darf. Hier soll die Bündelung der Zuständigkeit nach Art. 5 Abs. 2 einer **Vereinbarung der Ehegatten** bedürfen (Erwägungsgrund 34). Nachdem das Parlament noch für alle Fälle der akzessorischen Anknüpfung an die Zuständigkeit nach der Brüssel IIa-VO eine ausdrückliche oder auf andere Weise eindeutige Anerkennung der Zuständigkeit durch die Ehegatten gefordert hatte,[67] erscheint diese Lösung als angemessener Kompromiss. Konkret besteht das Erfordernis einer Vereinbarung zunächst in den Fällen, in denen sich die Zuständigkeit für die Scheidung aus der Anknüpfung an den gewöhnlichen Aufenthalt des Antragstellers nach Art. 3 Abs. 1 lit. a fünfter Gedankenstrich oder Art. 3 Abs. 1 lit. a sechster Gedankenstrich Brüssel IIa-VO ergibt. In beiden Fällen besteht die Besonderheit, dass der **Antragsgegner** in einem Staat gerichtspflichtig werden kann, zu dem er keine Beziehungen hat. Die Fristen nach dem fünften und sechsten Gedankenstrich dienen daher dem Schutz des Antragsgegners.[68] Die akzessorische Anknüpfung der Zuständigkeit für das Güterrecht an diese „schwachen" Zuständigkeitsgründe soll dem Antragsgegner offenbar nur bei einer Vereinbarung zugemutet werden. Weitere Fälle, in denen eine Vereinbarung notwendig sein soll, sind die Zuständigkeit für die **Umwandlung einer Trennung ohne Auflösung des Ehebandes** in eine Ehescheidung nach Art. 5 EuErbVO sowie die **Restzuständigkeit** nach Art. 7 EuEheVO.

II. Zuständigkeit in anderen Fällen

46   **1. Systematik der Zuständigkeiten.** Für die anderen Fälle sieht Art. 6 lit. a vor, dass Entscheidungen über Fragen des ehelichen Güterstands primär in die Zuständigkeit der Gerichte des Mitgliedstaats fallen, in dessen Hoheitsgebiet die Ehegatten zum Zeitpunkt der Anrufung des Gerichts ihren **gewöhnlichen Aufenthalt** haben. Haben die Ehegatten ihren gewöhnlichen Aufenthalt zum maßgeblichen Zeitpunkt nicht im Hoheitsgebiet desselben Mitgliedstaats, so sind die Gerichte des Mitgliedstaats zuständig, in dessen Hoheitsgebiet sie ihren **letzten gemeinsamen gewöhnlichen Aufenthalt** hatten. Voraussetzung ist dabei allerdings, dass einer der Ehegatten zum Zeitpunkt der Anrufung des Gerichts dort noch seinen gewöhnlichen Aufenthalt hat (Art. 6 lit. b). Liegt auch diese Voraussetzung nicht vor, so sind die Gerichte des Mitgliedstaats zuständig, in dem der **Antragsgegner** im Zeitpunkt der Anrufung des Gerichts seinen gewöhnlichen Aufenthalt hat (Art. 6 lit. c). Hilfsweise sind die Gerichte des Mitgliedstaats zuständig, dessen **Staatsangehörigkeit** beide Ehegatten zum Zeitpunkt der Anrufung des Gerichts haben (Art. 6 lit. d).

47   Die Zuständigkeitsregel des Art. 6 weist die Besonderheit auf, dass die einzelnen Zuständigkeiten nicht wie bei Art. 3 EuEheVO im Verhältnis der Alternativität stehen. Es handelt sich vielmehr um eine nach dem Grundsatz der Subsidiarität aufgebaute **Anknüpfungsleiter** wie zB bei Art. 14 Abs. 1 EGBGB (→ EGBGB Art. 14 Rn. 77).[69] Die unteren Stufen sind nur dann anwendbar, wenn die Voraussetzungen der oberen Stufe nicht vorliegen. Dies ergibt sich aus der Wendung „anderenfalls" am Ende der ersten drei Stufen. Die Verfasser des Vorschlags wollen damit dem Problem des *forum shopping* entgegenwirken.[70] Wenn den Ehegatten die Zuständigkeitsregeln des Art. 6 zu eng sind, können sie überdies eine **Gerichtsstandsvereinbarung** nach Art. 7 treffen.

48   **2. Anknüpfungskriterien. a) Gemeinsamer gewöhnlicher Aufenthalt in einem Mitgliedstaat.** Sofern die Zuständigkeit nicht durch akzessorische Anknüpfung bestimmt wird, bildet der **gewöhnliche Aufenthalt der Ehegatten** zum Zeitpunkt der Anrufung des Gerichts nach Art. 6 lit. a EuGüVO den primären Anknüpfungspunkt für die Zuständigkeit. Dies entspricht dem *forum matrimonii* nach Art. 3 Abs. 1 lit. a Gedankenstrich 1 Brüssel IIa-VO. Hier wie dort beruht die Anknüpfung auf dem Ziel, eine wirkliche Verbindung zwischen den Ehegatten und dem Mitglied-

---

[67] Dazu Rauscher/*Kroll-Ludwigs* EU-EheGüterVO-E Einf. Rn. 26.
[68] Näher dazu *Looschelders*, FS Kropholler, 2008, 329 (336 f.).
[69] Erwägungsgrund 35 EuGüVO; vgl. dazu auch *Hausmann* IntEuSchR R Rn. 6; Rauscher/*Kroll-Ludwigs* EU-EheGüterVO-E Einf. Rn. 28.
[70] Vgl. Rauscher/*Kroll-Ludwigs* EU-EheGüterVO-E Einf. Rn. 28.

staat, in dem die Zuständigkeit ausgeübt wird, zu gewährleisten.[71] Die einzelnen Merkmale sind daher in beiden Bereichen gleich auszulegen. Dies gilt insbesondere für den Begriff des **gewöhnlichen Aufenthalts,** der auch bei Art. 6 lit. a EuGüVO **autonom** zu bestimmen ist. Dabei kann die Rechtsprechung des EuGH zum Begriff des gewöhnlichen Aufenthalts in anderen EU-Verordnungen herangezogen werden. Erforderlich ist, dass die Ehegatten ihren **tatsächlichen Lebensmittelpunkt** in dem betreffenden Mitgliedstaat haben.[72] Entsprechend dem Gegenstand der Verordnung ist dabei ein besonderes Augenmerk auf den vermögensrechtlichen Schwerpunkt der Ehe zu richten.[73]

Der Aufenthalt in dem betreffenden Staat muss auf eine **gewisse Dauer** ausgerichtet sein. Dass **49** der Aufenthalt in dem jeweiligen Mitgliedstaat tatsächlich schon eine solche Dauer erreicht hat, wird aber nicht vorausgesetzt. Im Fall eines Umzugs wird der neue gewöhnliche Aufenthalt daher regelmäßig unmittelbar mit der Aufenthaltsverlegung begründet.[74] Ebenso wie bei Art. 3 Abs. 1 lit. a Gedankenstrich 1 EuEheVO genügt es, dass die Ehegatten ihren gewöhnlichen Aufenthalt im selben Mitgliedstaat haben. Eine häusliche Gemeinschaft muss nicht vorliegen.[75] Wegen der Subsidiarität des Art. 6 lit. d EuGüVO setzt sich die Zuständigkeit der Gerichte am gemeinsamen gewöhnlichen Aufenthalt bei Anrufung des Gerichts auch dann durch, wenn die Ehegatten zu diesem Zeitpunkt durch eine gemeinsame Staatsangehörigkeit mit einem anderen Mitgliedstaat verbunden sind.

b) Letzter gemeinsamer gewöhnlicher Aufenthalt in einem Mitgliedstaat. Bei Fehlen **50** eines gemeinsamen gewöhnlichen Aufenthalts in einem Mitgliedstaat im Zeitpunkt der Anrufung des Gerichts sind nach Art. 6 lit. b die Gerichte des Mitgliedstaats zuständig, in dessen Hoheitsgebiet die Ehegatten ihren letzten gemeinsamen gewöhnlichen Aufenthalt hatten. Einer der Ehegatten muss dort aber zum Zeitpunkt der Anrufung des Gerichts noch seinen gewöhnlichen Aufenthalt haben, da sonst keine aktuelle Bindung zu dem Mitgliedstaat des früheren gemeinsamen gewöhnlichen Aufenthalts mehr besteht. Die Regelung entspricht Art. 3 Abs. 1 lit. a Gedankenstrich 2 Brüssel IIa-VO. Praktisch geht es vor allem um Trennungsfälle, in denen ein Ehegatte den gemeinsamen gewöhnlichen Aufenthalt aufgibt und in seinen Heimatstaat zurückkehrt. Die Anknüpfung an den letzten gemeinsamen gewöhnlichen Aufenthalt begünstigt in diesen Fällen den Ehegatten, der in dem Mitgliedstaat bleibt, in dem die Ehegatten zuletzt gemeinsam gelebt haben.[76]

c) Gewöhnlicher Aufenthalt des Antragsgegners bei Anrufung des Gerichts. Art. 6 lit. c **51** sieht eine **subsidiäre Zuständigkeit** der Gerichte des Mitgliedstaats vor, in dessen Hoheitsgebiet der Antragsgegner zum Zeitpunkt der Anrufung des Gerichts seinen gewöhnlichen Aufenthalt hat. Die Regelung stimmt mit Art. 3 Abs. 1 lit. a Gedankenstrich 3 Brüssel IIa-VO überein. Die damit verbundene Begünstigung des Antragsgegners entspricht allgemeinen prozessualen Regeln und wird daher von der überwiegenden Meinung für sachgemäß erachtet.[77]

d) Gemeinsame Staatsangehörigkeit. Sofern auch nach Art. 6 lit. c keine Zuständigkeit **52** besteht, sind nach Art. 6 lit. d hilfsweise die Gerichte des Mitgliedstaats zuständig, dessen Staatsangehörigkeit beide Ehegatten zum Zeitpunkt der Anrufung des Gerichts besitzen. Die Anknüpfung an die **gemeinsame Staatsangehörigkeit** der Ehegatten entspricht Art. 3 lit. b Brüssel IIa-VO. Die Zuständigkeit kann also nicht auf die Staatsangehörigkeit **eines** Ehegatten gestützt werden. Der entscheidende Unterschied besteht darin, dass die Zuständigkeit nach Art. 3 lit. b Brüssel IIa-VO alternativ auf die gemeinsame Staatsangehörigkeit gestützt werden kann, während Art. 6 lit. d EuGüVO nur dann Anwendung findet, wenn keine vorrangige Zuständigkeitsregel verwirklicht ist.

Ob Art. 6 lit. d auch dann Anwendung findet, wenn die Ehegatten (oder einer von ihnen) **53** **Doppel- oder Mehrstaater** sind, ist nicht ausdrücklich geregelt. Erwägungsgrund 50 verweist zwar darauf, dass es sich bei der Frage nach der Behandlung einer Person mit mehrfacher Staatsangehörigkeit um eine Vorfrage handelt, die weiter nach nationalem Recht zu beurteilen ist. Insofern wäre daran zu denken, nach Art. 5 Abs. 1 S. 1 EGBGB auf die effektive Staatsangehörigkeit abzustellen. Erwägungsgrund 50 bezieht sich jedoch nur auf das Kollisionsrecht und lässt sich nicht auf die Zuständigkeit nach Art. 6 lit. d übertragen. Vielmehr ist auf die Entscheidung des EuGH in der

---

[71] So ausdrücklich Erwägungsgrund 35; zur Brüssel IIa-VO vgl. Rauscher/*Rauscher* Brüssel IIa-VO Art. 3 Rn. 19 f.; *Looschelders,* FS Kropholler, 2008, 329 (336).

[72] Vgl. Rauscher/*Kroll-Ludwigs* EU-GüterVO-E Einf. Rn. 65.

[73] Vgl. *Dengel,* Die europäische Vereinheitlichung des Internationalen Ehegüterrechts und des Internationalen Güterrechts für eingetragene Partnerschaften, 2014, 184 ff.

[74] Vgl. Rauscher/*Rauscher* Brüssel IIa-VO Art. 3 Rn. 24; NK-BGB/*Gruber* Anh. I zum III. Abschn. EGBGB Art. 3 EheVO 2003 Rn. 11 (jeweils zu Art. 3 Abs. 1 lit. a Gedankenstrich 1 Brüssel IIa-VO).

[75] Zur parallelen Rechtslage bei Art. 3 Abs. 1 lit. a Gedankenstrich 1 Brüssel IIa-VO vgl. Rauscher/*Rauscher* Brüssel IIa-VO Art. 3 Rn. 23.

[76] Vgl. *Looschelders,* FS Kropholler, 2008, 329 (336); krit. Rauscher/*Rauscher* Brüssel IIa-VO Art. 3 Rn. 28 ff.

[77] Krit. dazu aber mit Blick auf die Brüssel IIa-VO Rauscher/*Rauscher* Brüssel II-VO Art. 3 Rn. 31 ff.

Rechtssache *Hadadi*[78] zur parallelen Problematik bei Art. 3 Abs. 1 lit. b Brüssel IIa-VO abzustellen, wonach Ehegatten, welche die Staatsangehörigkeit derselben zwei Mitgliedstaaten besitzen, zwischen den Gerichten der betreffenden Mitgliedstaaten wählen können.[79]

III. Sonstige Zuständigkeiten

54   **1. Gerichtsstandsvereinbarungen. a) Wählbare Rechtsordnungen.** Im Interesse einer größeren Rechtssicherheit, einer besseren Vorhersehbarkeit des anzuwendenden Rechts und einer größeren Entscheidungsfreiheit der Parteien räumt Art. 7 den Ehegatten in den Fällen des Art. 6 ein begrenztes Recht ein, die Zuständigkeit der Gerichte eines Mitgliedstaats durch Vereinbarung festzulegen. Die Prorogationsfreiheit ist allerdings nicht unbegrenzt. Zur Wahl stehen nur die Gerichte des Mitgliedstaats, dessen Recht nach Art. 22 oder Art. 26 Abs. 1 lit. a oder b anzuwenden ist, und die Gerichte des Mitgliedstaats, in dem die Ehe geschlossen wurde. Die **erste Variante** soll den Ehegatten die Herstellung eines **Gleichlaufs** von Gerichtsstand und anwendbarem Recht ermöglichen. Art. 5 Abs. 2 EuGüVO-E 2011 hatte in diesem Sinne bereits vorgesehen, dass die Ehegatten eine Rechtswahl und eine Gerichtsstandsvereinbarung aufeinander abstimmen können.[80] Der auf Vorschlag des Parlaments neu formulierte Art. 6 erweitert dies dahingehend, dass eine Gerichtsstandsvereinbarung auch zur Herstellung eines Gleichlaufs mit der objektiven Anknüpfung des Güterstatuts getroffen werden kann.[81]

55   Die Zulässigkeit einer Zuständigkeitsvereinbarung zugunsten der Gerichte des **Mitgliedstaats der Eheschließung** wurde in Art. 7 ebenfalls neu aufgenommen. Nach Erwägungsgrund 37 ist damit der Mitgliedstaat gemeint, **vor dessen Behörden** die Ehe geschlossen wurde.

56   **b) Ausschließlichkeit des Gerichtsstands.** Bei einer wirksamen Gerichtsstandsvereinbarung der Ehegatten sind die Gerichte des bezeichneten Mitgliedstaats für Entscheidungen über Fragen betreffend den ehelichen Güterstand **ausschließlich** zuständig. Die anderen Gerichtsstände werden also verdrängt. Die Ausschließlichkeit der Zuständigkeit ist nach Art. 7 zwingend. Dies ist ein wesentlicher Unterschied zu Art. 25 Abs. 1 S. 2 Brüssel Ia-VO, wonach die Zuständigkeit der bezeichneten Gerichte einer Gerichtsstandsvereinbarung nur dann ausschließlich ist, sofern nichts anderes vereinbart worden ist.

57   **c) Form der Gerichtsstandsvereinbarung.** Art. 7 Abs. 2 sieht vor, dass die Vereinbarung der Schriftform bedarf und zu datieren sowie von den Parteien zu unterzeichnen ist. Elektronische Übermittlungen, die eine dauerhafte Aufzeichnung der Vereinbarung ermöglichen, sind der Schriftform gleichgestellt. Eine entsprechende Gleichstellung findet sich in Art. 25 Abs. 2 Brüssel Ia-VO.

58   **2. Rügelose Einlassung.** Nach Art. 8 Abs. 1 kann die sonst nicht gegebene Zuständigkeit eines Gerichts eines Mitgliedstaats, dessen Recht nach Art. 22 oder Art. 26 Abs. 1 lit. a oder b anzuwenden ist, auch dadurch begründet werden, dass der Beklagte sich vor ihm auf das Verfahren einlässt. Dies gilt nicht, wenn die Einlassung des Beklagten sich darauf beschränkt, den Mangel der Zuständigkeit geltend zu machen.[82] Die Rechtslage stimmt insoweit mit Art. 26 Abs. 1 S. 2 Brüssel Ia-VO überein. Darüber hinaus begründet die rügelose Einlassung auch in den Fällen des Art. 4 oder Art. 5 nicht die Zuständigkeit des betreffenden Gerichts. Nach Art. 8 Abs. 2 darf das Gericht sich im Übrigen nur dann nach Abs. 1 für zuständig erklären, wenn es vorher sichergestellt hat, dass der Beklagte über sein Recht, die Unzuständigkeit des Gerichts geltend zu machen, und über die Folgen der Einlassung oder Nichteinlassung auf das Verfahren **belehrt** wird. Die Regelung hat den gleichen Zweck wie Art. 26 Abs. 2 Brüssel Ia-VO. Der Beklagte soll durch die Belehrung davor geschützt werden, dass er sich in Unkenntnis der Rechtsfolgen rügelos auf das Verfahren einlässt.[83]

59   **3. Alternative Zuständigkeit.** Besondere Probleme können auftreten, wenn ein nach Art. 4, 6, 7 oder 8 zuständiges Gericht eines Mitgliedstaats feststellt, dass die betreffende Ehe nach seinem Internationalen Privatrecht für die Zwecke eines Verfahrens betreffend den ehelichen Güterstand **nicht anerkannt** wird. Dieses Problem kann sich in Bezug auf gleichgeschlechtliche Ehen stellen, sofern das IPR des betreffenden Mitgliedstaats keine Regeln über die Anknüpfung der güterrechtlichen Wirkungen einer solchen Ehe enthält.[84] Dabei dürfte die Kommission insbesondere an Staaten

---

[78] EuGH v. 16.7.2009 – C-168/08, EuZW 2009, 619.
[79] So auch Rauscher/*Kroll-Ludwigs* EU-EheGüterVO-E Einf. Rn. 32.
[80] Vgl. Münch/*Süß* FamR § 20 Rn. 137.
[81] Zur Entstehungsgeschichte Rauscher/*Kroll-Ludwigs* EU-EheGüterVO-E Einf. Rn. 35.
[82] Zur parallelen Problematik im Anwendungsbereich der EuGVVO vgl. Art. 26 Abs. 1 S. 2 Brüssel Ia-VO.
[83] Vgl. Rauscher/*Kroll-Ludwigs* EU-EheGüterVO-E Einf. Rn. 38.
[84] Zur Problemstellung vgl. *Dengel,* Die europäische Vereinheitlichung des Internationalen Ehegüterrechts und des Internationalen Güterrechts für eingetragene Partnerschaften, 2014, 308 f.

gedacht haben, die eine gleichgeschlechtliche Ehe generell ablehnen. Bleibt es bei der Zuständigkeit der Gerichte des betreffenden Mitgliedstaats, so laufen die Ehegatten Gefahr, ihre güterrechtlichen Ansprüche nicht verwirklichen zu können. Art. 9 sieht daher vor, dass die Gerichte des betreffenden Staates sich ausnahmsweise für unzuständig erklären können.[85] Um der betroffenen Partei die Verwirklichung ihrer güterrechtlichen Ansprüche nicht übermäßig zu erschweren, soll das Gericht seine Unzuständigkeit unverzüglich feststellen. Die betroffene Partei soll dann die Möglichkeit haben, die Sache in einem anderen Mitgliedstaat anhängig zu machen (Erwägungsgrund 38). Hierfür können die Ehegatten nach Art. 7 die Zuständigkeit der Gerichte eines anderen Mitgliedstaats vereinbaren; im Übrigen sind die Gerichte eines anderen Mitgliedstaates nach Art. 6 und Art. 8 oder die Gerichte des Mitgliedstaats, in dem die Ehe geschlossen wurde, zuständig (Art. 9 Abs. 2). Art. 9 Abs. 3 stellt klar, dass diese Vorschriften nicht gelten, wenn die Parteien die Ehescheidung, die Trennung ohne Auflösung des Ehebandes oder die Ungültigerklärung der Ehe erwirkt haben und diese Entscheidung im Mitgliedstaat des angerufenen Gerichts anerkannt werden kann.

Art. 9 soll den Mitgliedstaaten, die **gleichgeschlechtliche Ehen** prinzipiell **ablehnen,** die Teil- **60** nahme an der EuGüVO erleichtern, indem diese Staaten von der Verpflichtung entbunden werden, bei gleichgeschlechtlichen Ehen ein Verfahren betreffend das Güterrecht durchzuführen. Für Deutschland hat die Vorschrift keine unmittelbare Bedeutung. Ob eine gleichgeschlechtliche Ehe wirksam ist, beurteilt sich gemäß Art. 17b Abs. 1, 4 EGBGB nF nach dem Recht am Ort der Eheschließung (→ Rn. 28 ff.). Ist die Ehe hiernach für wirksam zu erachten, so richten sich die güterrechtlichen Ansprüche der Ehegatten in Deutschland nach Art. 22 ff.

4. Subsidiäre Zuständigkeit. Wenn kein Gericht eines Mitgliedstaats nach Art. 4–8 zuständig **61** ist oder alle in Frage stehenden Gerichte sich nach Art. 9 für unzuständig erklärt haben und kein Gericht nach Art. 9 Abs. 2 zuständig ist, besteht nach Art. 10 eine subsidiäre Zuständigkeit der Gerichte eines Mitgliedstaats, in dessen Hoheitsgebiet **unbewegliches Vermögen** eines oder beider Ehegatten **belegen ist.** Das Gericht ist in diesem Fall allerdings nur für Entscheidungen über das betreffende unbewegliche Vermögen zuständig. Es kommt damit zu einer **zuständigkeitsrechtlichen Aufspaltung,** die den Grundsätzen der Einheit des Güterstatuts und der Gleichbehandlung von beweglichem und unbeweglichem Vermögen zuwiderläuft. Eine parallele Regelung über die subsidiäre Zuständigkeit in Bezug auf das in einem Mitgliedstaat belegene Vermögen findet sich für Erbsachen in Art. 10 Abs. 2 EuErbVO,[86] wobei dort allerdings keine Differenzierung zwischen beweglichem und unbeweglichem Vermögen erfolgt. Erwägungsgrund 40 weist darauf hin, dass die Gründe für die subsidiäre Zuständigkeit in der Verordnung **abschließend** aufgeführt sind.

5. Notzuständigkeit (forum necessitatis). Weist der Sachverhalt einen engen Bezug zu einem **62** Drittstaat auf, so ist der Fall denkbar, dass **kein Gericht eines Mitgliedstaates** zuständig ist. Art. 11 sieht für diesen Fall eine Notzuständigkeit vor. Danach können die Gerichte eines Mitgliedstaats ausnahmsweise über den ehelichen Güterstand entscheiden, wenn es nicht zumutbar ist oder es sich als unmöglich erweist, ein Verfahren in einem Drittstaat, zu dem die Sache einen engen Bezug aufweist einzuleiten oder zu führen. Als Beispiele für eine solche Unzumutbarkeit oder Unmöglichkeit nennt Erwägungsgrund 41 den Fall, dass ein Verfahren in dem betreffenden Drittstaat aufgrund eines Bürgerkrieges unmöglich ist. Die Notzuständigkeit soll auch in Betracht kommen, wenn von einem Ehegatten vernünftigerweise nicht erwartet werden kann, dass er ein Verfahren in dem betreffenden Drittstaat einleitet oder führt. Die Regelung hat nach Erwägungsgrund 41 vor allem den Zweck, Fällen von **Rechtsverweigerung** zu begegnen. Hintergrund sind die verfahrensrechtlichen Garantien aus Art. 6 Abs. 1 EMRK.[87]

Parallele Regelungen finden sich in Art. 7 EuUnthVO und Art. 11 EuErbVO. Ebenso wie dort **63** setzt die Notzuständigkeit nach Art. 11 UAbs. 2 EuGüVO voraus, dass die Sache einen **ausreichenden Bezug** zu dem Mitgliedstaat des angerufenen Gerichts aufweist. Der erforderliche Bezug kann sich insbesondere aus solchen Kriterien ergeben, die für sich genommen nicht geeignet sind, eine Zuständigkeit nach Art. 6 begründen. Hierher gehören etwa der gewöhnliche Aufenthalt des Antragstellers und die Staatsangehörigkeit *eines* (also nicht beider) Ehegatten.[88]

6. Zuständigkeit für Gegenanträge. Art. 12 stellt klar, dass das Gericht, bei dem ein Verfahren **64** aufgrund von Art. 4–8, Art. 9 Abs. 2, Art. 10 oder Art. 11 anhängig ist, auch für einen **Gegenantrag**

---

[85] Noch weitergehend der Lösungsvorschlag von *Dengel,* Die europäische Vereinheitlichung des Internationalen Ehegüterrechts und des Internationalen Güterrechts für eingetragene Partnerschaften, 2014, 309, wonach das Gericht generell unzuständig sein soll, wenn sein Recht keine Kollisionsnorm zur Begründung der gleichgeschlechtlichen Ehe kennt.

[86] Vgl. NK-BGB/*Makowsky* EuGVVO Art. 11 Rn. 14.

[87] Vgl. Rauscher/*Kroll-Ludwigs* EU-EheGüterVO-E Einf. Rn. 40.

[88] Vgl. Rauscher/*Kroll-Ludwigs* EU-EheGüterVO-E Einf. Rn. 41.

zuständig ist. Voraussetzung ist freilich, dass der Gegenantrag in den Anwendungsbereich der Verordnung fällt.

IV. Beschränkung des Verfahrens

65   Art. 13 regelt den Fall, dass der unter die EuErbVO fallende Nachlass des Erblassers **Vermögenswerte** umfasst, die **in einem Drittstaat belegen** sind. In diesem Fall kann das in der Güterrechtssache angerufene Gericht auf Antrag einer der Parteien beschließen, über einen oder mehrere dieser Vermögenswerte nicht zu befinden, wenn zu erwarten ist, dass seine Entscheidung in Bezug auf diese Vermögenswerte in dem Drittstaat nicht anerkannt oder ggf. nicht für vollstreckbar erklärt wird. In Bezug auf Erbsachen findet sich eine parallele Regelung in Art. 12 EuErbVO. Dahinter steht der Gedanke, dass die Parteien im Regelfall an einer **durchsetzbaren Entscheidung** interessiert sind. Die Anerkennungsprognose kann im Einzelfall allerdings Schwierigkeiten bereiten.[89]

V. Rechtshängigkeit

66   In der Praxis kann das Problem auftreten, dass bei Gerichten verschiedener Mitgliedstaaten Verfahren wegen desselben Anspruchs zwischen denselben Parteien anhängig gemacht werden. Um in solchen Fällen die Gefahr zu vermeiden, dass in den Mitgliedstaaten Entscheidungen ergehen, die miteinander unvereinbar sind, sieht Art. 17 vor, dass das später angerufene Gericht das Verfahren von Amts wegen **aussetzt,** bis die Zuständigkeit des zuerst angerufenen Gerichts feststeht (Erwägungsgrund 42). Sobald dies der Fall ist, erklärt sich das später angerufene Gericht zugunsten des zuerst angerufenen Gerichts für unzuständig (Art. 17 Abs. 3). Entsprechende Regelungen über die Rechtshängigkeit finden sich auch in anderen prozessualen Verordnungen (zB Art. 29 Brüssel Ia-VO).

D. Anwendbares Recht

I. Universelle Anwendung und Einheit des Güterstatuts

67   Art. 20 stellt zunächst klar, dass das nach der EuGüVO bezeichnete Recht auch dann anzuwenden ist, wenn es nicht das Recht eines Mitgliedstaats ist.[90] Ebenso wie bei den anderen IPR-Verordnungen (zB Art. 2 Rom I-VO, Art. 3 Rom II-VO, Art. 4 Rom III-VO, Art. 20 EuErbVO) gilt also der **Grundsatz der universellen Anwendung.** Dieser Grundsatz hat sich als sinnvoll und praktikabel erwiesen. Ein Nebeneinander von unionsrechtlichen und mitgliedstaatlichen Anknüpfungssystemen je nach dem, welches Recht im Ergebnis anzuwenden ist, würde die Rechtsanwendung erheblich erschweren und die Gefahr von Widersprüchen provozieren.[91]

68   Art. 21 betont den Grundsatz der **Einheit des Güterstatuts.** Hiernach unterliegt das gesamte Vermögen der Ehegatten ohne Rücksicht auf seine Belegenheit dem nach Art. 22 oder 26 anwendbaren Recht. Erwägungsgrund 43 stellt klar, dass es für die Anknüpfung auch nicht auf die Art der betroffenen Vermögenswerte ankommen soll. Dies entspricht dem **Grundsatz der Nachlasseinheit** nach der EuErbVO. In diesem Sinne hebt Art. 23 Abs. 1 EuErbVO hervor, dass die **gesamte** Rechtsnachfolge von Todes wegen dem nach Art. 21 oder Art. 22 EuErbVO bezeichneten Recht unterliegt. Die Einheit des Statuts gilt in beiden Bereichen auch für Fälle der Rechtswahl. Anders als nach dem deutschen IPR (Art. 15 Abs. 2 Nr. 3 EGBGB, Art. 25 Abs. 2 EGBGB aF) ist eine auf bestimmte Vermögensgegenstände beschränkte Rechtswahl nicht möglich.[92]

II. Rechtswahlfreiheit

69   **1. Allgemeines.** Gemäß Art. 22 richtet sich das auf den ehelichen Güterstand anzuwendende Recht in erster Linie nach der Rechtswahl der Ehegatten. Die objektive Anknüpfung nach Art. 26 gilt demgegenüber nur „mangels Rechtswahl" und ist somit **nachrangig.**[93] Der Vorrang der subjek-

---

[89] Zum Erbrecht NK-BGB/*Makowsky* EuErbVO Art. 12 Rn. 2.

[90] Vgl. dazu auch Erwägungsgrund 44; *Dethloff*, FS v. Hoffmann, 2011, 73 (75).

[91] Vgl. zur parallelen Problematik in der EuErbVO BeckOGK/*Schmidt* EuErbVO Art. 20 Rn. 16.

[92] Zur EuGüVO Rauscher/*Kroll-Ludwigs* EU-EheGüterVO-E Einf. Rn. 44; *Nordmeier* in Weller Europäisches Kollisionsrecht D. Rn. 411; Münch/*Süß* FamR § 20 Rn. 140; krit. *Dethloff*, FS v. Hoffmann, 2011, 73 (78); *Döbereiner* MittBayNot 2011, 463 (465); *Martiny* IPRax 2011, 437 (451); zur EuErbVO NK-BGB/*Looschelders* EuErbVO Art. 22 Rn. 9.

[93] Zum Vorrang der Rechtswahl *Nordmeier* in Weller Europäisches Kollisionsrecht D. Rn. 406; Münch/*Süß* FamR § 20 Rn. 140; *Dethloff*, FS v. Hoffmann, 2011, 73 (75).

tiven Anknüpfung beruht auf dem Bestreben, den Ehegatten die Verwaltung ihres Vermögens zu erleichtern (Erwägungsgrund 45), und entspricht im Übrigen auch der Grundkonzeption der anderen Verordnungen im Familien- und Erbrecht. Ebenso wie dort ist die Rechtswahlfreiheit allerdings auch im Güterrecht beschränkt. Die Ehegatten können nur zwischen solchen Rechtsordnungen wählen, zu denen sie durch den gewöhnlichen Aufenthalt oder die Staatsangehörigkeit eine **enge Verbindung** haben.[94] Die Rechtswahlfreiheit geht damit im Ergebnis nicht über Art. 15 Abs. 2 Nr. 1 und 2 EGBGB hinaus.

2. Zeitpunkt der Rechtswahl. Die Rechtswahl kann **jederzeit** erfolgen, also auch schon **vor 70 der Eheschließung.** Art. 22 Abs. 1 spricht daher nicht nur von „Ehegatten", sondern auch von „künftigen Ehegatten". Die Rechtswahl kann auch **während des Bestehens der Ehe** jederzeit erstmals vorgenommen oder geändert werden. Dies führt zu einem **Statutenwechsel.** Art. 22 Abs. 2 stellt klar, dass ein solcher Statutenwechsel grundsätzlich nur **für die Zukunft** wirkt. Die Ehegatten können jedoch eine abweichende Vereinbarung treffen. Dies kann u. U. sinnvoll sein, um eine Abwicklung des Güterstands nach dem bisherigen Güterstatut zu vermeiden.[95] Der **rückwirkende** Wechsel des anwendbaren Rechts darf aber nicht die sich aus diesem Recht ableitenden **Rechte Dritter** beeinträchtigen (Art. 22 Abs. 3). Unter dieser Maßgabe ist eine rückwirkende Wahl des Güterstatuts auch schon nach Art. 15 Abs. 2 EGBGB möglich (→ EGBGB Art. 15 Rn. 103).

3. Wählbare Rechtsordnungen. a) Gewöhnlicher Aufenthalt eines Ehegatten. Art. 22 71 Abs. 1 lit. a erlaubt den Ehegatten oder künftigen Ehegatten, das Recht des Staates zu wählen, in dem sie oder einer von ihnen zum Zeitpunkt der Rechtswahl ihren bzw. seinen **gewöhnlichen Aufenthalt** haben bzw. hat. Die Bezugnahme auf den gewöhnlichen Aufenthalt beider oder nur eines Ehegatten ist zumindest in der deutschen Sprachfassung recht umständlich formuliert. Der Sache nach geht es darum, dass *mindestens* ein Ehegatte oder künftiger Ehegatte seinen gewöhnlichen Aufenthalt zum Zeitpunkt der Rechtswahl in dem betreffenden Staat haben muss.[96] Die Anführung des gemeinsamen gewöhnlichen Aufenthalts wäre damit an sich entbehrlich. Indes der gemeinsame gewöhnliche Aufenthalt der Ehegatten sonst einen so hohen Stellenwert, dass er auch hier ausdrücklich angeführt werden soll. Der gewöhnliche Aufenthalt muss im **Zeitpunkt der Rechtswahl** gegeben sein. Das Recht am künftigen gewöhnlichen Aufenthalt kann also nicht gewählt werden. Inwieweit **künftige Entwicklungen,** die von den Ehegatten bereits fest eingeplant sind, bei der Festlegung des gewöhnlichen Aufenthalts berücksichtigt werden können, ist unsicher (→ EGBGB Art. 15 Rn. 93). Zumindest steht es den Ehegatten jederzeit frei, eine neue Rechtswahl zu treffen.[97]

b) Staatsangehörigkeit eines Ehegatten. Nach Art. 22 Abs. 1 lit. b können die Ehegatten oder 72 künftigen Ehegatten auch das Recht eines Staates wählen, dessen **Staatsangehörigkeit** einer von ihnen zum Zeitpunkt der Rechtswahl besitzt. Welche Wahlmöglichkeiten bei **Doppel- oder Mehrstaatern** bestehen, ist nicht ausdrücklich geregelt. Erwägungsgrund 50 verweist darauf, dass es sich hierbei um eine Vorfrage handelt, die nicht in den Anwendungsbereich der Verordnung fällt, sondern weiterhin nach nationalem Recht bzw. internationalen Übereinkommen zu beurteilen ist. Die allgemeinen Grundsätze der Europäischen Union seien dabei aber uneingeschränkt einzuhalten. Insofern könnte man daran denken, Art. 5 Abs. 1 S. 1 (nicht S. 2) EGBGB entsprechend heranzuziehen. Maßgeblich wäre damit allein die **effektive Staatsangehörigkeit** des betreffenden Ehegatten. Erwägungsgrund 50 stellt jedoch klar, dass die Grundsätze des nationalen Rechts über die Behandlung von Doppel- und Mehrstaatern keine Auswirkung auf die Gültigkeit einer Rechtswahl haben sollten. Die Rechtswahl ist somit auch dann wirksam, wenn es sich nicht um das effektive Heimatrecht handelt.[98] Dies entspricht dem allgemeinen Ziel, die Rechtswahlmöglichkeiten nicht übermäßig zu begrenzen. Ebenso geht die h. M. bei Art. 5 Abs. 1 lit. c Rom III-VO davon aus, dass die Ehegatten bei Beteiligung eines Doppel- oder Mehrstaaters zwischen dessen Staatsangehörigkeiten wählen können (→ Art. 5 Rom III-VO Rn. 7).[99]

---

[94] Vgl. Erwägungsgrund 45; *Nordmeier* in Weller Europäisches Kollisionsrecht D. Rn. 406; krit. zu dieser Beschränkung Rauscher/*Kroll-Ludwigs* EU-EheGüterVO-E Einf. Rn. 50.

[95] Zum Problem der Abwicklung *Döbereiner* MittBayNot 2011, 463 (466).

[96] Vgl. *Dengel,* Die europäische Vereinheitlichung des Internationalen Ehegüterrechts und des Internationalen Güterrechts für eingetragene Partnerschaften, 2014, 280.

[97] Hierauf abstellend *Nordmeier* in Weller Europäisches Kollisionsrecht D. Rn. 407.

[98] So auch *Nordmeier* in Weller, Europäisches Kollisionsrecht D. Rn. 409; *Dengel,* Die europäische Vereinheitlichung des Internationalen Ehegüterrechts und des Internationalen Güterrechts für eingetragene Partnerschaften, 2014, 281; *Martiny* IPRax 2011, 437 (449).

[99] Vgl. auch NK-BGB/*Hilbig-Lugani* Rom III-VO Art. 5 Rn. 45.

73 **4. Einigung und materielle Wirksamkeit.** Nach Art. 24 Abs. 1 unterliegen das **Zustande-kommen** und die **Wirksamkeit** einer Rechtswahlvereinbarung oder einer ihrer Bestimmungen dem Recht, das nach Art. 22 anwendbar wäre, wenn die Vereinbarung oder die Bestimmung wirksam wäre. Das gewählte Recht ist also auch insoweit maßgeblich. Die Regelung entspricht Art. 10 Abs. 1 Rom I-VO und Art. 6 Abs. 1 Rom III-VO. Zum Zustandekommen der Vereinbarung gehört wie dort (→ Rom I-VO Art. 10 Rn. 23 ff.) das Vorliegen des äußeren und inneren Vornahmetatbestands. Der Begriff der Wirksamkeit erfasst nur **materielle** Aspekte. Die Formgültigkeit der Vereinbarung beurteilt sich dagegen nach Art. 23 EuGüVO.

74 Art. 24 Abs. 2 behandelt die Frage, ob das Verhalten eines Ehegatten als Zustimmung zu der Vereinbarung gewürdigt werden kann. Die Vorschrift sieht vor, dass ein Ehegatte sich für die Behaup-tung, er habe der Vereinbarung **nicht zugestimmt,** auf das Recht an seinem gewöhnlichen Aufent-halt zum Zeitpunkt der Anrufung des Gerichts berufen kann, sofern sich aus den Umständen ergibt, dass es nicht gerechtfertigt wäre, die Wirkung seines Verhaltens nach dem gewählten Recht zu beurteilen. Vorbild ist Art. 10 Abs. 2 Rom I-VO. Der Sache nach geht es vor allem um eine mögliche Rechtswahl durch **schlüssiges Verhalten.** Hieran ist insbesondere zu denken, wenn die Ehegatten sich bei der Wahl ihres Güterstands an einer Rechtsordnung orientiert haben, die ohne Rechtswahl nicht anwendbar ist, während das an sich anwendbare Recht keinen entsprechenden Güterstand kennt (→ EGBGB Art. 15 Rn. 96). Das Problem konnte sich auf der Grundlage des EuGüVO-E 2011 nicht stellen, da die Rechtswahl nach dessen Art. 19 Abs. 2 **„zumindest ausdrücklich"** erfolgen musste. Eine konkludente Rechtswahl war somit ausgeschlossen.[100] Art. 24 Abs. 2 EuGüVO kompensiert also die Unsicherheit, die mit der Zulassung der konkludenten Rechtswahl verbunden ist.

75 **5. Formgültigkeit der Rechtswahl.** Die Form der Rechtswahl ist in Art. 23 geregelt. Die Rechtswahlvereinbarung bedarf danach der **Schriftform** und ist zu **datieren** sowie von beiden Ehegatten zu **unterzeichnen** (Abs. 1 S. 1). Elektronische Übermittlungen, die eine dauerhafte Auf-zeichnung der Vereinbarung ermöglichen, stehen der Schriftform gleich (Abs. 1 S. 2). Es gelten insoweit also die gleichen formellen Anforderungen wie bei der Wahl des Scheidungsstatuts nach Art. 7 Abs. 1 Rom III-VO. Die Erfordernisse der Schriftform, der Datierung und der Unterzeich-nung sind autonom auszulegen. Eine Gleichstellung von elektronischen Übermittlungen, die eine dauerhafte Aufzeichnung der Vereinbarung ermöglichen, mit der Schriftform findet sich auch in Art. 25 Abs. 2 Brüssel Ia-VO. Da das Erfordernis der Unterzeichnung in Art. 23 Abs. 1 S. 1 EuGüVO (ebenso wie in Art. 7 Abs. 1 S. 1 Rom III-VO) zum Schriftformerfordernis hinzutritt, also kein Bestandteil desselben ist, bedarf es auch bei **elektronischer Übermittlung** einer Unterzeichnung in Form einer elektronischen Signatur.[101]

76 Die in Art. 23 Abs. 1 geregelten Formerfordernisse sind nicht sehr weitgehend und gewährleisten daher nur einen **Mindestschutz** für den schwächeren Ehegatten. Ebenso wie Art. 7 Abs. 2–4 Rom III-VO erweitert jedoch auch Art. 23 Abs. 2–4 den Schutz durch Verweis auf mögliche **zusätzliche Formerfordernisse** nach dem Recht eines **Mitgliedstaats,** zu dem durch den **gewöhnlichen Aufenthalt** beider oder eines Ehegatten ein enger Bezug besteht. Konkret handelt es sich dabei in erster Linie um das Recht des Mitgliedstaats, in dem **beide Ehegatten** zum Zeitpunkt der Rechts-wahl ihren gewöhnlichen Aufenthalt haben (Abs. 2). Haben die Ehegatten zum Zeitpunkt der Rechtswahl ihren gewöhnlichen Aufenthalt **in verschiedenen Mitgliedstaaten** und sieht das Recht beider Staaten für Vereinbarungen über den ehelichen Güterstand unterschiedliche Formvorschriften vor, so reicht es für die Formgültigkeit der Vereinbarung aus, dass sie den Vorschriften des Rechts eines dieser Mitgliedstaaten genügt (Abs. 3). Denkbar ist schließlich auch, dass nur **einer der Ehegat-ten** zum Zeitpunkt der Rechtswahl seinen gewöhnlichen Aufenthalt in einem Mitgliedstaat hat. Wenn dessen Recht zusätzliche Formvorschriften für Vereinbarungen über den ehelichen Güterstand vorsieht, so sind diese Formvorschriften anzuwenden (Abs. 4).

77 **6. Formgültigkeit einer Vereinbarung über den ehelichen Güterstand.** Art. 25 enthält Vorschriften betreffend die Formgültigkeit einer Vereinbarung über den ehelichen Güterstand. Der Sache nach besteht weitgehende Übereinstimmung mit den Vorschriften über die Formgültigkeit

---

[100] *Döbereiner* MittBayNot 2011, 463 (466) mit Kritik an dem Wort „zumindest"; Münch/*Süß* FamR § 20 Rn. 141; für Zulässigkeit einer konkludenten Rechtswahl schon Rauscher/*Kroll-Ludwigs* EU-EheGüterVO-E Einf. Rn. 58; *Dengel,* Die europäische Vereinheitlichung des Internationalen Ehegüterrechts und des Internationa-len Güterrechts für eingetragene Partnerschaften, 2014, 285.
[101] So auch NK-BGB/*Hilbig-Lugani* Rom III-VO Art. 7 Rn. 9; *Dengel,* Die europäische Vereinheitlichung des Internationalen Ehegüterrechts und des Internationalen Güterrechts für eingetragene Partnerschaften, 2014, 291.

der Rechtswahlvereinbarung in Art. 23.[102] Dies erscheint sachgerecht, da die Rechtswahl in der Praxis meist mit der Wahl eines bestimmten Güterstands einhergeht.[103] Art. 25 Abs. 1 sieht als Mindestvoraussetzungen ebenfalls vor, dass die Vereinbarung über den ehelichen Güterstand der Schriftform bedarf und zu datieren sowie von beiden Ehegatten zu unterzeichnen ist. Elektronische Übermittlungen, die eine dauerhafte Aufzeichnung der Vereinbarung ermöglichen, sind der Schriftform wieder gleichgestellt.

Art. 25 Abs. 2 regelt in Parallele zu Art. 23 Abs. 2–4 die verschiedenen Konstellationen, in denen **78** **zusätzliche Formerfordernisse** nach dem Recht eines Mitgliedstaats, in dem zum Zeitpunkt der Rechtswahl beide Ehegatten ihren **gewöhnlichen Aufenthalt** haben bzw. ein Ehegatte seinen gewöhnlichen Aufenthalt hat, heranzuziehen sind. Sieht das **auf den ehelichen Güterstand anzuwendende Recht** für Vereinbarungen über den ehelichen Güterstand zusätzliche Formvorschriften vor, so sind diese aber nach Art. 25 Abs. 3 anzuwenden. Bei Anwendbarkeit deutschen Güterrechts muss die Vereinbarung also nach § 1410 BGB bei gleichzeitiger Anwesenheit beider Teile zur Niederschrift eines **Notars** geschlossen werden.

III. Objektive Anknüpfung

1. Erster gemeinsamer gewöhnlicher Aufenthalt. Liegt keine Rechtswahlvereinbarung vor, **79** so ist das Güterstatut nach Maßgabe von Art. 26 objektiv zu bestimmen. Die Vorschrift enthält eine **Anknüpfungsleiter** und entspricht insofern Art. 15 Abs. 1 iVm Art. 14 Abs. 1 EGBGB.[104] Vorrangiger Anknüpfungspunkt ist nach Art. 26 Abs. 1 lit. a EuGüVO aber der **erste gemeinsame gewöhnliche Aufenthalt** der Ehegatten nach der Eheschließung. Aus Sicht des deutschen Rechts bedeutet dies, dass das bislang vorrangige Staatsangehörigkeitsprinzip auch im Güterrecht hinter dem Aufenthaltsprinzip zurücktreten muss. Diese Rangfolge entspricht auch den anderen Verordnungen zum Familien- und Erbrecht.[105]

Der Begriff des **gewöhnlichen Aufenthalts** beurteilt sich auch bei Art. 26 Abs. 1 lit. a nach den **80** allgemeinen Grundsätzen. Dabei ergibt sich ein **einheitliches Verständnis** mit der Auslegung des gewöhnlichen Aufenthalts bei der Bestimmung der Zuständigkeit (→ Rn. 48 f.). So stellt auch Art. 8 lit. a Rom III-VO bei der Ehescheidung und der Trennung ohne Auflösung des Ehebandes primär auf den gemeinsamen gewöhnlichen Aufenthalt der Ehegatten ab. Unterschiede bestehen freilich im Hinblick auf den **Zeitpunkt der Anknüpfung.** Während Art. 26 Abs. 1 lit. a EuGüVO auf den ersten gemeinsamen gewöhnlichen Aufenthalt nach der Eheschließung abstellt, kommt es nach Art. 8 lit. a Rom III-VO auf den Zeitpunkt der Anrufung des Gerichts an.[106]

Die Anknüpfung an den ersten gemeinsamen gewöhnlichen Aufenthalt stößt auf Zweifel, wenn **81** der erste gemeinsame gewöhnliche Aufenthalt **nicht unmittelbar** nach der Eheschließung begründet wird.[107] Die Regelung entspricht insoweit Art. 4 Abs. 1 des Haager Güterrechtsübereinkommens von 1978 („first habitual residence after marriage"). Eine Präzisierung der zeitlichen Anknüpfung ist aber auch dort nicht erfolgt. Der Zweck der Regelung dürfte darin bestehen, zu verdeutlichen, dass der gemeinsame gewöhnliche Aufenthalt nicht schon bei der Eheschließung vorliegen muss. Es reicht, dass die Ehegatten ihn nach der Eheschließung begründen. Aus Gründen der Rechtssicherheit erscheint allerdings eine gewisse **zeitliche Nähe** zur Eheschließung erforderlich.[108] Die Annahme, dass nur die unmittelbare Begründung eines gemeinsamen gewöhnlichen Aufenthalts nach der Eheschließung von Abs. 1 lit. a erfasst wird,[109] dürfte indes zu eng sein.

Die Anknüpfung nach Art. 26 Abs. 1 lit. a an den ersten gemeinsamen gewöhnlichen Aufenthalt **82** der Ehegatten nach der Eheschließung ist prinzipiell **unwandelbar** (→ Rn. 18). Ein späterer Wechsel des gewöhnlichen Aufenthalts führt grundsätzlich nicht kraft Gesetzes zu einem Statutenwechsel. Die Ehegatten können das Güterstatut aber jederzeit durch **Rechtswahl** ändern.

---

[102] Vgl. (noch zu einer früheren Fassung) *Döbereiner* MitBayNot 2011, 463 (466).
[103] Vgl. Rauscher/*Kroll-Ludwigs* EU-EheGüterVO-E Einf. Rn. 56; *Dengel,* Die europäische Vereinheitlichung des Internationalen Ehegüterrechts und des Internationalen Güterrechts für eingetragene Partnerschaften, 2014, 293.
[104] Vgl. *Hausmann* InEuSchR R Rn. 16; *Dengel,* Die europäische Vereinheitlichung des Internationalen Ehegüterrechts und des Internationalen Güterrechts für eingetragene Partnerschaften, 2014, 237.
[105] Vgl. *Dethloff,* FS v. Hoffmann, 2011, 73 (78).
[106] Zu dieser Divergenz vgl. Rauscher/*Kroll-Ludwigs* EU-EheGüterVO-E Einf. Rn. 71; *Dengel,* Die europäische Vereinheitlichung des Internationalen Ehegüterrechts und des Internationalen Güterrechts für eingetragene Partnerschaften, 2014, 194.
[107] Zur Problemstellung vgl. *Nordmeier* in Weller Europäisches Kollisionsrecht D. Rn. 415; *Martiny* IPRax 2011, 437 (450).
[108] Vgl. Erwägungsgrund 49: „kurz nach der Eheschließung"; *Heiderhoff* IPRax 2017, 160 (162).
[109] So *Dethloff,* FS v. Hoffmann, 2011, 73 (78).

83   Eine weitere Einschränkung der Unwandelbarkeit enthält Abs. 3. Nach Abs. 3 UAbs. 1 kann das zuständige Gericht auf Antrag eines Ehegatten ausnahmsweise entscheiden, dass das Recht eines **anderen Staates** anzuwenden ist, sofern der Antragsteller nachweist, dass die Ehegatten ihren **letzten gemeinsamen gewöhnlichen Aufenthalt** in dem anderen Staat über einen erheblich längeren Zeitraum als in dem nach Abs. 1 lit. a bezeichneten Staat hatten und beide Ehegatten sich bei der Regelung oder Planung ihrer vermögensrechtlichen Beziehungen auf das Recht des anderen Staates berufen haben. Das Recht des anderen Staates gilt nach Abs. 3 UAbs. 2 grundsätzlich **rückwirkend** ab dem Zeitpunkt der Eheschließung, wobei Rechte Dritter aber nicht beeinträchtigt werden dürfen (Abs. 3 UAbs. 3). Abs. 3 gilt nicht, wenn die Ehegatten vor der Begründung ihres letzten gemeinsamen gewöhnlichen Aufenthalts in dem anderen Staat eine **Vereinbarung** über den ehelichen Güterstand getroffen haben (Abs. 3 UAbs. 4). Die Ausweichklausel zugunsten des letzten gemeinsamen gewöhnlichen Aufenthalts war im EuGüVO-E 2011 noch nicht vorgesehen. Dagegen sieht das **Haager Güterrechtsübereinkommen** von 1978 noch weitergehend vor, dass das Güterstatut u. a. nach einem gewöhnlichen Aufenthalt **von zehn Jahren** nach der Eheschließung in einem anderen Staat **automatisch** dem Recht des neuen Aufenthaltsstaats unterliegt.[110]

84   Aus rechtspolitischer Sicht spricht für die Regelung des Abs. 3, dass die Bedeutung des ersten gemeinsamen gewöhnlichen Aufenthalts der Ehegatten bei langer Dauer des Aufenthalts am letzten gemeinsamen gewöhnlichen Aufenthalt stark zurücktritt. Die Unwandelbarkeit ist insofern problematisch. Wenn Abs. 3 vor diesem Hintergrund die Anknüpfung des Güterstatuts an den letzten gemeinsamen gewöhnlichen Aufenthalt ermöglicht, führt dies außerdem zu einem **Gleichlauf mit dem Scheidungsstatut** nach Art. 8 lit. a Rom III-VO. Problme bestehen allerdings unter dem Aspekt der Rechtssicherheit. Schwierigkeiten kann insbesondere der Nachweis bereiten, dass beide Ehegatten sich auf das Recht des betreffenden Staates bei der Regelung oder Planung ihrer vermögensrechtlichen Beziehungen berufen haben. Keine größeren Schwierigkeiten entstehen in dieser Hinsicht allerdings, wenn die Ehegatten **nach** der Begründung ihres letzten gemeinsamen gewöhnlichen Aufenthalts in dem anderen Staat eine Vereinbarung über den ehelichen Güterstand getroffen haben, die sich am Recht des betreffenden Staates orientiert. In solchen Fällen kommt indes meist auch schon die Annahme einer **konkludenten Rechtswahlvereinbarung** in Betracht. Im Vergleich mit dem Haager Güterrechtsabkommen zeichnet sich die Ausweichklausel des Art. 26 Abs. 3 durch ihre größere Flexibilität aus. So erscheint die relative Anknüpfung an den „erheblich längeren Zeitraum" des neuen gewöhnlichen Aufenthalts gegenüber der absoluten Frist von zehn Jahren vorzugswürdig.

85   **2. Gemeinsame Staatsangehörigkeit bei Eheschließung.** Haben die Ehegatten nach der Eheschließung keinen gemeinsamen gewöhnlichen Aufenthalt begründet, so ist nach Art. 26 Abs. 1 lit. b das Recht des Staates maßgeblich, dem beide Ehegatten zum Zeitpunkt der Eheschließung angehören. Besitzen die Ehegatten zum Zeitpunkt der Eheschließung **mehr als eine gemeinsame Staatsangehörigkeit,** so soll die Vorschrift nach Abs. 2 keine Anwendung finden.[111] Vielmehr sollen nur Abs. 1 lit. a und c anwendbar sein. Bei genauerer Betrachtung geht der Verweis auf Abs. 1 lit. a freilich ins Leere, da Abs. 1 lit. b ohnehin nur anwendbar ist, wenn die Voraussetzungen des Abs. 1 lit. a nicht vorliegen. Letztlich kommt es also nach Abs. 1 lit. c darauf an, mit welcher Rechtsordnung die Ehegatten unter Berücksichtigung aller Umstände zum Zeitpunkt der Eheschließung gemeinsam am engsten verbunden sind.[112] Eine sachliche Rechtfertigung des Ausschlusses der Anknüpfung an die gemeinsame Staatsangehörigkeit bei Doppel- oder Mehrstaatern ist nicht ersichtlich.[113] Dies gilt jedenfalls dann, wenn es sich bei der gemeinsamen Staatsangehörigkeit für beide Ehegatten um die effektive Staatsangehörigkeit handelt. Es handelt sich insoweit um eine unzulässige Diskriminierung, die mit Art. 18 Abs. 1 AEUV unvereinbar ist.[114]

86   Nicht ausdrücklich geregelt ist der Fall, dass nur **einer der Ehegatten** mehrere Staatsangehörigkeiten besitzt. Da die Ehegatten in diesem Fall nur eine gemeinsame Staatsangehörigkeit haben,

---

[110] Vgl. Art. 7 Abs. 2 Haager Güterrechtsübereinkommen, dazu *Dethloff,* FS v. Hoffmann, 2011, 73 (79).

[111] Vgl. *Dethloff,* FS v. Hoffmann, 2011, 73 (79); krit. *Nordmeier* in Weller Europäisches Kollisionsrecht D. Rn. 416.

[112] In diese Richtung gehend auch Erwägungsgrund 49.

[113] Vgl. aber *Dethloff,* FS v. Hoffmann, 2011, 73 (79), wonach die Regelung bei Beteiligung von Mehrstaatern Unklarheiten über das anwendbare Recht vermeidet, die mit dem Erfordernis der Effektivität verbunden sind; zustimmend auch *Dengel,* Die europäische Vereinheitlichung des Internationalen Ehegüterrechts und des Internationalen Güterrechts für eingetragene Partnerschaften, 2014, 213, wonach die Regelung die Rechtsanwendung vereinfacht.

[114] Ähnlich *Nordmeier* in Weller Europäisches Kollisionsrecht D. Rn. 415.

greift der Ausschlusstatbestand des Art. 26 Abs. 2 zumindest nicht unmittelbar ein.[115] Es stellt sich aber die Frage, ob es für die Anwendung von Art. 26 Abs. 1 lit. b darauf ankommt, dass die gemeinsame Staatsangehörigkeit bei dem Doppel- oder Mehrstaater **effektiv** ist.[116] Für diese Auslegung spricht, dass bei Doppel- oder Mehrstaatern nach Erwägungsgrund 50 auf das nationale Kollisionsrecht zurückzugreifen ist. In Deutschland wäre also Art. 5 Abs. 1 S. 1 EGBGB maßgeblich. Das Erfordernis der Effektivität löst auch die nur noch selten auftretenden Fälle, in denen die Ehefrau durch die Eheschließung die Staatsangehörigkeit ihres Mannes erwirbt (→ EGBGB Art. 15 Rn. 73). Eine solche Staatsangehörigkeit ist im Regelfall zumindest im Zeitpunkt der Eheschließung noch nicht effektiv und kann daher auch nicht die Anwendbarkeit von Art. 26 Abs. 1 lit. b begründen.

Keine ausdrückliche Regelung findet sich im Hinblick auf **Staatenlose** und **Flüchtlinge**. Nach **87** den einschlägigen Rechtsquellen (Art. 12 UN-Übereinkommen über die Rechtsstellung der Staatenlosen vom 28.9.1954,[117] Art. 12 Genfer Flüchtlingskonvention vom 28.7.1951,[118] Art. 5 Abs. 2 EGBGB) tritt bei den Betreffenden der Wohnsitz bzw. gewöhnliche Aufenthalt an die Stelle der Staatsangehörigkeit. Hierauf ist auch im Rahmen von Art. 26 Abs. 1 lit. b EuGüVO abzustellen.[119]

3. Engste Verbindung. Bei Fehlen eines gemeinsamen gewöhnlichen Aufenthalts und einer **88** gemeinsamen Staatsangehörigkeit zu den maßgeblichen Zeitpunkten gilt nach Art. 26 Abs. 1 lit. c hilfsweise das Recht des Staates, mit dem die Ehegatten unter Berücksichtigung aller Umstände zum Zeitpunkt der Eheschließung gemeinsam am engsten verbunden sind. Art. 17 Abs. 1 lit. c EuGüVO-E 2011 hatte als Indiz für die engste Verbindung noch den **Ort der Eheschließung** hervorgehoben. Dies war jedoch auf berechtigte Kritik gestoßen, da dieser Ort von den Ehegatten nicht selten eher zufällig ausgewählt wird.[120] Die geltende Fassung gewährleistet demgegenüber, dass **sämtliche Umstände des Einzelfalls** in die Betrachtung einbezogen werden. In zeitlicher Hinsicht stellt Art. 26 Abs. 1 lit. c jetzt ausdrücklich klar, dass es auf den **Zeitpunkt der Eheschließung** ankommt.[121] Gemeinsame Zukunftspläne können jedoch berücksichtigt werden, sofern sie zum Zeitpunkt der Eheschließung bereits hinreichend konkretisiert waren. Der Sache nach besteht weitgehende Übereinstimmung mit der hilfsweisen Anknüpfung des Güterstatuts nach Art. 15 Abs. 1 EGBGB iVm Art. 14 Abs. 1 Nr. 3 EGBGB. Die hierzu entwickelten Grundsätze dürften also im Zweifel weiterhin maßgeblich sein.

IV. Reichweite des anzuwendenden Rechts

Art. 27 umschreibt die Reichweite des Güterstatuts. Ebenso wie in anderen unionsrechtlichen **89** Verordnungen zum IPR (zB Art. 12 Rom I-VO Art. 23 EuErbVO) ist die Aufzählung nicht abschließend. Dies ergibt sich aus der Wendung „unter anderem".

1. Ausdrücklich erwähnte Fragen. Nach Art. 27 lit. a umfasst das Güterstatut zunächst die **90** Einteilung des Vermögens eines oder beider Ehegatten in verschiedene Kategorien während und nach der Ehe. Hierher gehört insbesondere die Frage, welche verschiedenen **Gütermassen** (Gesamtgut, Vorbehaltsgut, Eigengut etc.) existieren (→ EGBGB Art. 15 Rn. 31). Art. 27 lit. b stellt klar, dass auch die **Übertragung** von Vermögen von einer Kategorie auf die andere vom Güterstatut erfasst wird.

Das Güterstatut regelt nach Art. 27 lit. c auch die **Haftung** des einen Ehegatten für die Verbind- **91** lichkeiten und Schulden des anderen. Nach dem geltenden deutschen internationalen Familienrecht entscheidet das Güterstatut nur über die **güterstandsabhängige** Haftung für die Verbindlichkeiten

---

[115] Ob die Wertungen des Art. 26 Abs. 2 EuGüVO eine andere Beurteilung gebieten, ist unklar. Denkbar wäre, die Vorschrift im Wege eines Erst-Recht Schlusses auf den Fall zu übertragen, dass nur *ein* Ehegatte Doppel- oder Mehrstaater ist. Denn die mit der Effektivität verbundenen Unsicherheiten bestehen auch in diesem Fall. Nach hier vertretener Ansicht sollte die verfehlte Vorschrift indes nicht ausgedehnt werden.

[116] Für Anwendung des Effektivitätsgrundsatzes in diesen Fällen auch *Dengel,* Die europäische Vereinheitlichung des Internationalen Ehegüterrechts und des Internationalen Güterrechts für eingetragene Partnerschaften, 2014, 209 ff.

[117] BGBl. 1976 II S. 474; 1977 II S. 235.

[118] BGBl. 1953 II S. 560 mit Zusatzprotokoll vom 31.1.1967 (BGBl. 1969 II S. 1294).

[119] Vgl. *Dengel,* Die europäische Vereinheitlichung des Internationalen Ehegüterrechts und des Internationalen Güterrechts für eingetragene Partnerschaften, 2014, 214 f. Zur parallelen Problematik bei Art. 8 lit. c Rom III-VO → Rom III-VO Art. 8 Rn. 8; zur EuErbVO NK-BGB/*Looschelders* EuErbVO Art. 22 Rn. 12 ff.

[120] Vgl. *Döbereiner* MittBayNot 2011, 463 (465); *Nordmeier* in Weller Europäisches Kollisionsrecht D. Rn. 417 Fn. 1191; *Dethloff,* FS v. Hoffmann, 2011, 73 (78 f.).

[121] Vgl. Erwägungsgrund 49 aE EuGüVO; diese Klarstellung hat in Art. 17 Abs. 1 lit. c EuGüVO-E 2011 noch gefehlt.

des anderen Ehegatten. Haftungsregelungen, die nicht an einen bestimmten Güterstand anknüpfen, werden dagegen dem allgemeinen Ehewirkungsstatut zugeordnet (→ EGBGB Art. 15 Rn. 33).

92   Zum Güterstatut gehören nach Art. 27 lit. d auch die **Befugnisse, Rechte und Pflichten** eines oder beider Ehegatten in Bezug auf das Vermögen. Hierbei geht es u. a. um die Verwaltungsbefugnisse der Ehegatten sowie die für die Verwaltung maßgeblichen Sorgfaltspflichten.

93   Art. 27 lit. e stellt klar, dass auch die **Auflösung des ehelichen Güterstands** und die Teilung, Aufteilung oder Abwicklung des Vermögens zum Güterstatut gehören. Das Güterstatut ist somit auch für die **Vermögensauseinandersetzung** nach Auflösung der Ehe maßgeblich (Erwägungsgrund 52).

94   Die **materielle Wirksamkeit** einer Vereinbarung über den ehelichen Güterstand beurteilt sich gemäß Art. 27 lit. g ebenfalls nach dem Güterstatut. Die Anknüpfung der **Form** einer solchen Vereinbarung ist in Art. 25 geregelt (→ Rn. 75 ff.).

95   **2. Insbesondere: Wirkungen gegenüber Dritten.** Die Wirkungen des ehelichen Güterstands auf ein Rechtsverhältnis zwischen einem Ehegatten und **Dritten** beurteilen sich gemäß Art. 27 lit. f ebenfalls nach dem Güterstatut. Art. 28 sieht hierfür jedoch eine wichtige Einschränkung vor, die funktionell dem **Verkehrsschutz** nach Art 16 EGBGB entspricht.[122] In einer Streitigkeit zwischen einem Dritten und einem oder beiden Ehegatten darf ein Ehegatte dem Dritten das für den ehelichen Güterstand maßgebende Recht danach nur entgegenhalten, wenn der Dritte von diesem Recht **Kenntnis hatte** oder bei gebührender Sorgfalt davon **Kenntnis hätte haben müssen.** Aus der Formulierung der Vorschrift („es sei denn") folgt, dass die Beweislast bei dem oder den Ehegatten liegt. Art. 28 Abs. 2 enthält für die Kenntnis des Dritten jedoch einige **Vermutungen.** Nach lit. a wird von der Kenntnis des Dritten ausgegangen, wenn das für den Güterstand maßgebende Recht das Vertragsstatut oder das Recht am gewöhnlichen Aufenthalt des vertragschließenden Ehegatten und des Dritten ist. Das gleiche gilt, wenn es sich bei dem Güterstatut um das Recht des Staates handelt, in dem die Vermögensgegenstände belegen sind. Dabei werden allerdings nur unbewegliche Gegenstände erfasst.

96   Nach Art. 28 Abs. 2 lit. b wird die Kenntnis des Dritten auch dann vermutet, wenn einer der Ehegatten die Anforderungen in Bezug auf die **Publizität oder Registrierung** des ehelichen Güterstands nach einem bestimmten Recht eingehalten hat. Hierbei kann es sich wiederum um das Vertragsstatut, das Recht am gewöhnlichen Aufenthalt des vertragschließenden Ehegatten und des Dritten oder das Recht am Lageort der betroffenen unbeweglichen Vermögensgegenstände handeln.

97   **3. Nicht ausdrücklich erwähnte Bereiche.** Außer den in Art. 27 ausdrücklich erwähnten Bereichen gibt es eine Vielzahl von Fragen, bei denen die Anwendbarkeit zweifelhaft erscheint. Hierher gehört etwa die **Braut-** oder **Morgengabe** des islamischen Rechts. Auf der Grundlage des deutschen IPR gehört die Morgengabe nach der Rechtsprechung des BGH zu den allgemeinen Ehewirkungen nach Art. 14 EGBGB (→ Rn. 54 ff.). Ein wesentliches Argument ist dabei jedoch die Erwägung, dass es bei der Morgengabe nicht auf einen bestimmten Güterstand ankommt. Geht man hingegen davon aus, dass das Güterstatut nach der künftigen EuGüVO auf alle vermögensrechtlichen Fragen im Verhältnis zwischen den Ehegatten anwendbar ist, so dürfte das Güterstatut auch für die Morgengabe maßgeblich sein.[123]

98   Sehr umstritten ist auch die Einordnung von **Schenkungen zwischen Ehegatten.** Praktische Probleme ergeben sich vor allem im Hinblick auf solche Rechtsordnungen, die Schenkungen unter Ehegatten verbieten oder deren Zulässigkeit zumindest stark beschränken. Art. 1 Abs. 3 lit. c EuGüVO-E 2011 hatte vorgesehen, dass unentgeltliche Zuwendungen zwischen Ehegatten überhaupt nicht in den Anwendungsbereich der Verordnung fallen.[124] Diese Ausnahme ist in der Endfassung jedoch nicht mehr enthalten. Schenkungen zwischen Ehegatten unterliegen somit der EuGüVO.[125] Das Gleiche muss für die im deutschen Recht entwickelte Rechtsfigur der **unbenannten Zuwendungen** unter Ehegatten gelten, da sie bei autonomer Auslegung nicht anders als Schenkungen zu behandeln sind.[126]

---

[122] Zu entsprechenden Regeln im Kollisionsrecht anderer Mitgliedstaaten *Dengel,* Die europäische Vereinheitlichung des Internationalen Ehegüterrechts und des Internationalen Güterrechts für eingetragene Partnerschaften, 2014, 327 ff.

[123] Vgl. *Nordmeier* in Weller Europäisches Kollisionsrecht D. Rn. 404; *Yassari,* Die Brautgabe im Familienvermögensrecht, 2014, 320 f.

[124] Vgl. *Döbereiner* MittBayNot 2011, 463 (464).

[125] So auch Rauscher/*Kroll-Ludwigs* EU-EheGüterVO-E Einf. Rn. 17. Für eine güterrechtliche Qualifikation auch *Nordmeier* in Weller Europäisches Kollisionsrecht D. Rn. 404; *Nordmeier* IPRax 2014, 411 (417 f.).

[126] So iE auch *C. Mayer* IPRax 2016, 353 (355); *Wedemann* IPRax 2016, 252 (257).

Nach dem geltenden deutschen IPR unterliegen **Schenkungsverbote zwischen Ehegatten** **99** grundsätzlich dem Güterstatut (→ EGBGB Art. 15 Rn. 51). Die EuGüVO wird hieran nichts ändern.

Art. 1 Abs. 3 lit. e EuGüVO-E 2011 hatte die Anwendung der Verordnung auf **Ehegattengesell-** **100** **schaften** generell ausgeschlossen. Diese Regelung ist in der endgültigen Fassung des Ausnahmekatalogs (Art. 1 Abs. 2) entfallen. Hieraus wird gefolgert, dass Ehegatten-Innengesellschaften nach der EuGüVO entgegen der bisherigen deutschen Rspr. (→ EGBGB Art. 14 Rn. 48) nicht dem Vertragsstatut, sondern dem Güterstatut unterliegen.[127] Für diese Ansicht spricht, dass Art. 3 Abs. 1 lit. a von einem weiten Begriff des „ehelichen Güterstands" ausgeht (→ Rn. 20 f.). Außerdem haben Ehegatten-Innengesellschaften einen engen Bezug zum Güterrecht. Dies erkennt auch der BGH an, wenn er Ausgleichsansprüche aus einer solchen Gesellschaft in **akzessorischer Anknüpfung** (Art. 28 Abs. 5 EGBGB aF) dem Ehegüterstatut unterstellt.[128] Diese Konstruktion wäre bei einer unmittelbaren güterrechtlichen Qualifikation nach Inkrafttreten der EuGüVO entbehrlich.[129] Tritt die Gesellschaft auch nach außen in Erscheinung, so gilt dagegen das Gesellschaftsstatut.

V. Allgemeinen Lehren des IPR

Die allgemeinen Lehren des IPR (zB Vorfrage, Qualifikation) können auch im Rahmen der **101** EuGüVO relevant werden. Die EuGüVO enthält hierzu allerdings einige eigenständige Regelungen, für die sich in den anderen neueren europäischen Verordnungen zum IPR Vorbilder finden lassen.

1. Ausschluss der Rück- und Weiterverweisung. Art. 32 EuGüVO sieht vor, dass alle Verwei- **102** sungen nach der Verordnung **Sachnormverweisungen** sind. Rück- und Weiterverweisung sind damit ausgeschlossen. Die Regelung stimmt insofern mit der Rom III-VO (Art. 11) und Art. 15 EuUnthVO iVm Art. 12 HUntProt sowie den meisten anderen Verordnungen zum IPR (zB Art. 20 Rom I-VO, Art. 24 Rom II-VO) überein.[130] Keine Übereinstimmung besteht dagegen mit Art. 34 EuErbVO, wonach eine Rück- oder Weiterverweisung durch das IPR eines Drittstaates im Hinblick auf die Rechtsnachfolge von Todes wegen beachtlich sein kann, wenn die Rück- oder Weiterverweisung zur Anwendbarkeit des Rechts eines Mitgliedstaates oder des Rechts eines anderen Drittstaats führt, der sein eigenes Recht anwenden würde.[131] Für den Ausschluss der Rück- und Weiterverweisung spricht das Interesse an einer sicheren und für die Ehegatten vorhersehbaren Anknüpfung.[132] Außerdem ist der Einklang mit dem Scheidungsstatut nach der Rom III-VO vorteilhaft. Die unterschiedliche Behandlung des Renvoi im Güter- und Erbrecht kann indes zu dem misslichen Ergebnis führen, dass diese beiden Statute auseinanderfallen. Man hätte also daran denken können, den Renvoi im Ehegüterrecht für die gleichen Konstellationen wie im Erbrecht zuzulassen.[133] Allerdings ist eine einheitliche Anknüpfung des Güter- und Erbstatuts nach der EuGüVO und der EuErbVO wegen der unterschiedlichen objektiven Anknüpfungspunkte ohnehin nur durch Rechtswahl zu gewährleisten.[134] Bei einer Rechtswahl ist der Renvoi aber ohnehin auch im internationalen Erbrecht ausgeschlossen (vgl. Art. 34 Abs. 2 EuErbVO).

2. Mehrrechtsstaaten und innerstaatliche Kollisionen. a) Normzweck und Systematik. **103** Art. 33–35 regeln den Fall, dass die Kollisionsnormen der Verordnung auf das Recht eines Staates mit mehreren Teilrechtsordnungen verweisen, die jeweils eigene Rechtsvorschriften für eheliche Güterstände enthalten. In einem solchen Fall muss der Rechtsanwender durch Unteranknüpfung bestimmen, welche Teilrechtsordnung anwendbar ist.[135] Die einschlägigen Regelungen der EuGüVO stimmen weitgehend mit Art. 36–38 EuErbVO überein. Ähnliche Regelungen finden sich in Art. 14–16 Rom III-VO. Anders als der deutsche Art. 4 Abs. 3 EGBGB unterscheiden die genannten Verordnungen zwischen **interlokalen** und **interpersonalen Kollisionen** (vgl. Art. 33, 34). Außerdem wird klargestellt, dass ein Mitgliedstaat mit mehreren Gebietseinheiten die Verordnung nicht auf Kollisionen zwischen den Rechtsordnungen dieser Gebietseinheiten anwenden muss (Art. 35).

---

[127] So C. *Mayer* IPRax 2016, 353 (355).
[128] BGH NJW 2015, 2581 Rn. 17.
[129] Zu den Vorteilen einer unmittelbaren Anwendung des Güterstatuts s. auch *Wedemann* IPRax 2016, 252 (256).
[130] Vgl. zu dieser Parallele *Dengel,* Die europäische Vereinheitlichung des Internationalen Ehegüterrechts und des Internationalen Güterrechts für eingetragene Partnerschaften, 2014, 325.
[131] Zur Ratio dieser Regelung vgl. NK-BGB/*Looschelders* EuErbVO Art. 34 Rn. 1.
[132] Positiv dazu *Dengel,* Die europäische Vereinheitlichung des Internationalen Ehegüterrechts und des Internationalen Güterrechts für eingetragene Partnerschaften, 2014, 324 f.
[133] Vgl. *Buschbaum/Simon* GPR 2011, 262 (267).
[134] Vgl. *Walther* GPR 2014, 325 (328).
[135] Allgemein dazu *Eichel* in Leible/Unberath, Brauchen wir eine Rom 0-Verordnung?, 2013, 397 ff.

Looschelders   847

Ein wichtiger Unterschied zu Art. 14 Rom III-VO besteht darin, dass Art. 33 Abs. 1 primär auf die **internen Kollisionsvorschriften** des betreffenden Staates abstellt. Eine entsprechende Regelung findet sich allerdings auch in Art. 36 Abs. 1 EuErbVO.[136]

104   **b) Interlokale Kollisionsvorschriften.** Art. 33 regelt Verweisungen auf das Recht eines Staates, der mehrere Einheiten mit eigenen Rechtsvorschriften für eheliche Güterstände enthält. Eine solche territoriale Rechtsspaltung besteht zum Beispiel im Vereinigten Königreich und in den USA sowie in Australien, Kanada, Spanien und Mexiko.[137] Nach Art. 33 Abs. 1 muss zunächst geprüft werden, ob der betreffende Mehrrechtsstaat **interne Kollisionsvorschriften** hat, um die maßgebliche Teil-rechtsordnung zu bestimmen. In Bezug auf die europäischen Mehrrechtsstaaten trifft dies nur auf **Spanien** zu.

105   In Spanien haben sich auf dem Gebiet des ehelichen Güterrechts für bestimmte Gebietseinheiten (zB Aragonien, Baskenland, Katalonien, Balearen) sog. **Foralrechte** erhalten, die den Regelungen des Código Civil vorgehen.[138] Kollisionen zwischen den Foralrechten werden nach Art. 16 Abs. 3 iVm Art. 9 Código Civil behandelt. Dabei wird auf die bürgerlich-rechtliche **Gebietszugehörigkeit** abgestellt.[139] Eine solche Gebietszugehörigkeit kann nur bei spanischer Staatsangehörigkeit gegeben sein. Soweit auf den gewöhnlichen Aufenthalt abgestellt wird, kann spanisches Recht freilich auch auf Nicht-Spanier mit gewöhnlichem Aufenthalt in Spanien anwendbar sein. Da die Foralrechte in solchen Fällen nicht eingreifen, sind die güterrechtlichen Vorschriften des Código Civil anzuwenden.[140]

106   Enthält das Recht des Mehrrechtsstaates keine eigenen internen Kollisionsnormen, so gelten hilfsweise die Unteranknüpfungen nach Art. 33 Abs. 2. Hiernach kommt es darauf an, auf welches Anknüpfungsmoment die einschlägige Kollisionsnorm abstellt. So sind Anknüpfungen an den **gewöhnlichen Aufenthalt** der Ehegatten nach Abs. 2 lit. a als Bezugnahmen auf das Recht der Gebietseinheit zu verstehen, in der diese ihren gewöhnlichen Aufenthalt haben. Anknüpfungen an die **Staatsangehörigkeit** der Ehegatten enthalten nach Abs. 2 lit. b eine Bezugnahme auf das Recht der Gebietseinheit, zu der die Ehegatten die engste Verbindung haben. Mitunter verwendet die EuGüVO auch **andere Anknüpfungspunkte**, zB den **Lageort** unbeweglicher Vermögensgegen-stände nach Art. 28 Abs. 2 lit. a iii) und Abs. 2 lit. b iii). Solche Anknüpfungen beziehen sich nach Abs. 2 lit. c auf das Recht der Gebietseinheit, in der sich der jeweilige Anknüpfungspunkt befindet.[141]

107   **c) Interpersonale Kollisionsvorschriften.** In einigen Staaten gibt es mehrere Rechtssysteme, die für verschiedene Personengruppen maßgeblich sind.[142] Wichtigstes Beispiel ist die personale Differenzierung nach der **Religionszugehörigkeit** in vielen Staaten des islamischen Rechtskrei-ses.[143] In einigen anderen Rechtsordnungen (insbesondere in Afrika) findet noch eine personale Differenzierung nach der **Stammeszugehörigkeit** statt.[144] Der EuGüVO-E 2011 sah noch keine Regelung für interpersonale Kollisionen vor. Dies ist in der Literatur zu Recht auf Kritik gesto-ßen.[145] Da interpersonale Kollisionen im Güterrecht keineswegs selten sind, ist die Aufnahme einer entsprechenden Regelung in die EuGüVO sehr zu begrüßen.

108   Nach Art. 34 S. 1 ist in diesen Fällen primär das Rechtssystem oder Regelwerk maßgeblich, das die in dem betreffenden Staat geltenden Vorschriften zur Anwendung berufen. In erster Linie sind also die in dem betreffenden Staat geltenden interpersonalen Kollisionsvorschriften heranzuziehen. Gibt es in der betreffenden Rechtsordnung keine solchen Kollisionsvorschriften, so ist das Rechtssys-tem oder Regelwerk anzuwenden, zu dem die Ehegatten die **engste Verbindung** haben. Die Feststellung der engsten Verbindung erfordert eine umfassende Würdigung aller Umstände des Ein-zelfalles. Besondere Bedeutung haben dabei die personalen Kriterien, auf denen die Rechtsspaltung beruht.[146]

109   **3. Anpassung.** Die Anwendung des Güterstatuts nach der EuGüVO kann zu **Spannungen mit der lex rei sitae** führen. Dies gilt insbesondere für den Fall, dass den Ehegatten oder einem Ehegatten

---

[136] Näher dazu NK-BGB/*Looschelders* EuErbVO Art. 36 Rn. 2.
[137] Vgl. Staudinger/*Hausmann* (2013) EGBGB Art. 4 Rn. 378 ff.
[138] Näher dazu NK-BGB/*Reckhorn-Hengemühle* Bd. 4 Familienrecht, Länderberichte, Spanien Rn. 145 ff.
[139] Vgl. NK-BGB/*Reckhorn-Hengemühle* Bd. 4 Familienrecht, Länderberichte, Spanien Rn. 149 f.
[140] Zur parallelen Problematik nach der EuErbVO NK-BGB/*Looschelders* EuErbVO Art. 36 Rn. 7.
[141] Vgl. NK-BGB/*Looschelders* EuErbVO Art. 36 Rn. 11.
[142] Allgemein zur personalen Rechtsspaltung *v. Bar/Mankowski* IPR I § 4 Rn. 163 ff.
[143] Vgl. zum Erbrecht NK-BGB/*Looschelders* EuErbVO Art. 37 Rn. 2.
[144] Vgl. Staudinger/*Sturm/Sturm* (2013) Einl. IPR Rn. 876.
[145] Vgl. *Dengel,* Die europäische Vereinheitlichung des Internationalen Ehegüterrechts und des Internationalen Güterrechts für eingetragene Partnerschaften, 2014, 350 f.
[146] Zur parallelen Problematik nach der Rom III-VO NK-BGB/*Nordmeier* Rom III-VO Art. 16 Rn. 1.

nach dem Güterstatut ein dingliches Recht zusteht, das dem Recht am Lageort der betreffenden Sache nicht bekannt ist (→ Rn. 39). Ein Beispiel hierfür ist der in den anglo-amerikanischen Rechtsordnungen vorgesehene *Trust*.[147] Zur Auflösung solcher Spannungen sieht Art. 29 vor, dass ein nach einem ausländischen Ehegüterstatut bestehendes dingliches Recht soweit erforderlich und möglich an das nach dem Recht am Lageort am ehesten vergleichbare Recht anzupassen ist. Eine parallele Regelung findet sich in Art. 31 EuErbVO.[148] Aus methodischer Sicht handelt es sich um eine besondere Ausprägung des allgemeinen Instituts der Anpassung (sog. **Transposition**).[149] Eine entsprechende Lösung ist daher schon nach dem geltenden deutschen IPR möglich (→ EGBGB Art. 15 Rn. 54).

Erwägungsgrund 26 weist darauf hin, dass die in Art. 29 ausdrücklich vorgesehene Anpassung **110** unbekannter dinglicher Rechte **andere Formen der Anpassung** bei der Anwendung der Verordnung nicht ausschließen soll.[150] Anpassungsprobleme können insbesondere im Verhältnis von **Güter- und Erbstatut** auftreten, etwa bei der Anwendung von § 1371 Abs. 1 BGB (→ Rn. 36). Hier kann eine Herabsetzung der Erbquote zur Vermeidung von Normenhäufung erforderlich sein.

4. Eingriffsnormen. Art. 30 Abs. 1 stellt klar, dass die Anwendung der Eingriffsnormen des **111** **Rechts des angerufenen Gerichts** durch die Verordnung nicht berührt wird. Die Eingriffsnormen der lex fori kommen also neben dem Güterstatut zur Anwendung. Entsprechende Vorbehalte finden sich in Art. 9 Abs. 2 Rom I-VO und (mit gewissen Abweichungen) Art. 16 Rom II-VO. Der Begriff der Eingriffsnorm ist in Art. 30 Abs. 2 geregelt. Eine Eingriffsnorm ist danach eine Vorschrift, deren Einhaltung von einem Mitgliedstaat als so entscheidend für die Wahrung seines öffentlichen Interesses, insbesondere seiner politischen, sozialen oder wirtschaftlichen Ordnung, angesehen wird, dass sie ungeachtet des nach Maßgabe der Verordnung auf den ehelichen Güterstand anzuwendenden Rechts auf alle Sachverhalte anzuwenden ist, die in ihren Anwendungsbereich fallen. Die Definition des Art. 30 Abs. 2 geht auf die Rechtsprechung des EuGH[151] zum Begriff der Eingriffsnormen zurück und stimmt daher auch mit Art. 9 Abs. 1 Rom I-VO überein.[152]

Dass Eingriffsnormen im Ehegüterrecht große praktische Bedeutung haben, ist nicht ersicht- **112** lich.[153] Erwägungsgrund 53 nennt als Beispiel die Vorschriften zum **Schutz der Familienwohnung.** Dahinter stehen die gleichen Erwägungen wie bei Art. 17a EGBGB. Die einschlägigen deutschen Vorschriften (§§ 1361b, 1568a BGB) dürften daher als Eingriffsnormen anzusehen sein. Das französische Recht kennt ebenfalls Schutzvorschriften für die Familienwohnung, auf die Art. 30 anwendbar sein wird.[154] Die anderen Verordnungen zum Familien- und Erbrecht (Rom III-VO, EuErbVO) enthalten keine besonderen Regelungen für Eingriffsnormen. Da die Sonderanknüpfung von Eingriffsnormen die Einheit des Güterstatuts durchbricht, sollte Art. 30 jedenfalls möglichst zurückhaltend angewendet werden (Erwägungsgrund 53).

Anders als in Art. 9 Rom I-VO ist in Art. 30 keine Sonderanknüpfung für **drittstaatliche Ein-** **113** **griffsnormen** vorgesehen. Eine solche Sonderanknüpfung dürfte sich im Hinblick auf den Grundsatz der Einheit des Güterstatuts auch nicht aus allgemeinen Regeln ableiten lassen.[155]

5. Ordre public. Der Vorbehalt des *ordre public* ist in Art. 31 geregelt. Hiernach darf die **114** Anwendung einer Vorschrift des nach der EuGüVO bestimmten Rechts eines Staates nur versagt werden, wenn ihre Anwendung mit der öffentlichen Ordnung (*ordre public*) des Staates des angerufenen Gerichts offensichtlich unvereinbar ist. Entsprechende Vorbehaltsklauseln finden sich auch in den anderen europäischen Verordnungen zum Internationalen Privatrecht (vgl. Art. 21 Rom I-VO, Art. 26 Rom II-VO, Art. 12 Rom III-VO, Art. 35 EuErbVO). Die Bezugnahme auf

---

[147] Vgl. zum Erbrecht *Looschelders,* FS Coester-Waltjen, 2015, 531 (540).

[148] Dazu NK-BGB/*Looschelders* EuErbVO Art. 31 Rn. 1 ff.; *Looschelders,* FS Coester-Waltjen, 2015, 531 (534 ff.).

[149] Grundlegend *Lewald* Rec. des Cours 69 (1939-III), 1 (127 ff.). Ausführlich zur Transposition aus methodischer Sicht *Looschelders,* Die Anpassung im Internationalen Privatrecht, 1995, 64 ff., 183 ff., 405 ff.

[150] Im gleichen Sinne zu Art. 31 EuErbVO Erwägungsgrund 17.

[151] Grundlegend EuGH Rs. C-369/96 und C-376/96 – Arblade, Slg. 1999, I-8453 = ZIP 1999, 2168.

[152] Vgl. *Nordmeier* in Weller Europäisches Kollisionsrecht D. Rn. 420.

[153] So auch *Dengel,* Die europäische Vereinheitlichung des Internationalen Ehegüterrechts und des Internationalen Güterrechts für eingetragene Partnerschaften, 2014, 346; zweifelnd Rauscher/*Kroll-Ludwigs* EU-EheGüterVO-E Einf. Rn. 77.

[154] Vgl. Rauscher/*Kroll-Ludwigs* EU-EheGüterVO-E Einf. Rn. 81; *Dengel,* Die europäische Vereinheitlichung des Internationalen Ehegüterrechts und des Internationalen Güterrechts für eingetragene Partnerschaften, 2014, 347.

[155] Vgl. *Nordmeier* in Weller Europäisches Kollisionsrecht D. Rn. 420; *Dengel,* Die europäische Vereinheitlichung des Internationalen Ehegüterrechts und des Internationalen Güterrechts für eingetragene Partnerschaften, 2014, 347.

die öffentliche Ordnung des Staates des angerufenen Gerichts macht deutlich, dass die Vorschrift sich auf den jeweiligen **nationalen** ordre public bezieht.[156] In Deutschland sind also die zu Art. 6 EGBGB entwickelten Grundsätze maßgeblich. Dabei sind aber auch die Grundprinzipien und Grundwertungen des **Unionsrechts** als Teil der innerstaatlichen Ordnung zu berücksichtigen.[157]

115   Erwägungsgrund 54 stellt klar, dass die Anwendung des Rechts eines anderen Mitgliedstaats oder die Anerkennung oder die Vollstreckung einer Entscheidung, einer öffentlichen Urkunde oder eines gerichtlichen Vergleichs aus einem anderen Mitgliedstaat nicht versagt werden darf, wenn dies gegen die **Charta der Grundrechte** der Europäischen Union, insbesondere gegen den Grundsatz der Nichtdiskriminierung nach Art. 21 der Charta, verstoßen würde.[158] Dahinter steht die Erwägung, dass der Vorbehalt des *ordre public* nicht herangezogen werden darf, um Wertungen des nationalen Rechts zu verwirklichen, die gegen tragende Prinzipien des EU-Rechts verstoßen.[159] Vor diesem Hintergrund stellt sich bei **gleichgeschlechtlichen Ehen** die Frage, ob es mit dem Diskriminierungsverbot der Charta vereinbar wäre, die Anwendung der ehegüterrechtlichen Vorschriften einer mitgliedstaatlichen Rechtsordnung mit dem Argument zu versagen, dass eine gleichgeschlechtliche Ehe mit dem nationalen *ordre public* unvereinbar ist. Im deutschen Recht hat sich dieses Problem schon vor der Neuregelung des Ehebegriffs nicht gestellt, da die gleichgeschlechtliche Ehe schon bislang nicht mit dem inländischen ordre public unvereinbar war.

116   Der Vorbehalt des ordre public ist nach allgemeinen Grundsätzen **zurückhaltend** anzuwenden. Dies ergibt sich aus den einschränkenden Formulierungen „nur" und „offensichtlich".[160] Außerdem spricht Erwägungsgrund 54 ausdrücklich davon, dass den Mitgliedstaaten „in Ausnahmefällen" die Möglichkeit eröffnet werden soll, Bestimmungen eines ausländischen Rechts nicht zu berücksichtigen, wenn deren Anwendung in einem bestimmten Fall mit der öffentlichen Ordnung des betreffenden Mitgliedstaats unvereinbar wäre. Hieraus wird überdies deutlich, dass es nicht um eine abstrakte Normenkontrolle geht. Entscheidend ist allein, ob die **Anwendung** der betreffenden ausländischen Vorschrift im Einzelfall zu einem Ergebnis führt, das mit dem ordre public unvereinbar ist.[161] Auch in dieser Hinsicht besteht also Übereinstimmung mit Art. 6 EGBGB (→ EGBGB Art. 6 Rn. 117 ff.).

117   Nach den allgemeinen Grundsätzen kommt ein Verstoß gegen den *ordre public* nur in Betracht, wenn der Sachverhalt einen hinreichenden **Inlandsbezug** aufweist (→ EGBGB Art. 6 Rn. 184 ff.). Bei den Vorbehaltsklauseln in den anderen europäischen Verordnungen zum Internationalen Privatrecht (Art. 21 Rom I-VO, Art. 26 Rom II-VO, Art. 12 Rom III-VO, Art. 35 EuErbVO) wird die Notwendigkeit eines hinreichenden Inlandsbezuges ebenfalls betont.[162] Dementsprechend setzt auch die Anwendung des Art. 31 EuGüVO einen hinreichenden Inlandsbezug voraus.[163]

118   In der Praxis hat der Vorbehalt des *ordre public* auf dem Gebiet des Ehegüterrechts in Deutschland noch keine große Bedeutung erlangt. Ein Rückgriff auf den *ordre public* kommt vor allem bei güterrechtlichen Regelungen in Betracht, die eine **Diskriminierung der Ehefrau** enthalten. Hieran ist etwa zu denken, wenn das Güterstatut dem Ehemann in Bezug auf das gemeinsame Vermögen oder das Vermögen der Ehefrau alleinige Verwaltungs- oder Verfügungsbefugnisse zubilligt oder für die Ehefrau einseitige Beschränkungen der entsprechenden Befugnisse aufstellt.

E. Anerkennung, Vollstreckbarkeit und Vollstreckung

119   Die EuGüVO sieht in Art. 36–57 Regelungen über die Anerkennung, Vollstreckbarkeit und Vollstreckung der in einem Mitgliedstaat ergangenen Entscheidungen vor, die an der **EuErbVO**

---

[156] Vgl. *Dengel,* Die europäische Vereinheitlichung des Internationalen Ehegüterrechts und des Internationalen Güterrechts für eingetragene Partnerschaften, 2014, 340 ff.

[157] Vgl. Staudinger/*Volz* (2013) EGBGB Art. 6 Rn. 95; zur parallelen Problematik bei Art. 35 EuErbVO NK-BGB/*Looschelders* EuErbVO Art. 35 Rn. 2.

[158] Zur systematischen Stellung dieser Klarstellung in den Erwägungsgründen zustimmend *Dengel,* Die europäische Vereinheitlichung des Internationalen Ehegüterrechts und des Internationalen Güterrechts für eingetragene Partnerschaften, 2014, 342.

[159] Zur Problemstellung vgl. NK-BGB/*Looschelders* EuErbVO Art. 35 Rn. 11.

[160] Vgl. *Dengel,* Die europäische Vereinheitlichung des Internationalen Ehegüterrechts und des Internationalen Güterrechts für eingetragene Partnerschaften, 2014, 342.

[161] Vgl. NK-BGB/*Looschelders* EuErbVO Art. 35 Rn. 7.

[162] Vgl. NK-BGB/*Looschelders* EuErbVO Art. 35 Rn. 15 mwN.

[163] So auch *Dengel,* Die europäische Vereinheitlichung des Internationalen Ehegüterrechts und des Internationalen Güterrechts für eingetragene Partnerschaften, 2014, 341.

orientiert sind.[164] Grundmodell sind die Regelungen über die Anerkennung, Vollstreckbarkeit und Vollstreckung der in einem Mitgliedstaat ergangenen Entscheidungen nach der Brüssel I-VO.[165]

I. Gründe für die Versagung der Anerkennung

1. Unvereinbarkeit mit dem *ordre public*. Nach Art. 36 Abs. 1 werden die in anderen Mitglied- **120** staaten ergangenen Entscheidungen auch im Güterrecht anerkannt, ohne dass es hierfür eines besonderen Verfahrens bedarf. Die möglichen Gründe für eine Nichtanerkennung sind in Art. 37 parallel zu Art. 40 EuErbVO geregelt. Die Aufzählung ist **abschließend.** Besondere Bedeutung hat dabei der Fall, dass die Anerkennung der Entscheidung der **öffentlichen Ordnung** (*ordre public*) des Mitgliedstaats, in dem sie geltend gemacht wird, offensichtlich widersprechen würde (lit. a). Der erst durch den Vorschlag der Kommission vom 2.3.2016 eingefügte Art. 38 stellt klar, dass Art. 37 von den Gerichten und anderen zuständigen Behörden der Mitgliedstaaten unter Beachtung der in der Charta anerkannten Grundrechte und Grundsätze anzuwenden ist, insbesondere des Grundsatzes der **Nichtdiskriminierung** in Art. 21 der Charta. Die Anerkennung darf also nicht aus Gründen versagt werden, die gegen Art. 21 der Charta verstoßen. Dahinter stehen die gleichen Erwägungen wie bei der entsprechenden Einschränkung des materiell-rechtlichen *ordre public* (→ Rn. 115) (Erwägungsgrund 54).

Erwägungsgrund 64 weist darauf hin, dass die Anerkennung und Vollstreckung einer Entscheidung **121** über den Ehegüterstand nach der Verordnung in keiner Weise die **Anerkennung der Ehe** impliziert, die den ehelichen Güterstand, der Anlass zu der Entscheidung gegeben hat, zugrunde liegt. Der europäische Gesetzgeber will vermeiden, dass Entscheidungen aus anderen Mitgliedstaaten über güterrechtliche Fragen nicht anerkannt werden, weil die Ehe nach dem Recht des betreffenden Mitgliedstaates wegen fehlender Geschlechtsverschiedenheit *ordre public*-widrig ist. Art. 39 Abs. 2 schränkt Art. 37 lit. a weiter dahingehend ein, dass das Kriterium der öffentlichen Ordnung (*ordre public*) auf die **Zuständigkeitsvorschriften** in Art. 4–11 unanwendbar ist.

2. Weitere Gründe für die Nichtanerkennung einer Entscheidung. Ein weiterer Grund für **122** die Nichtanerkennung einer Entscheidung besteht nach Art. 37 lit. b in der Verletzung des **rechtlichen Gehörs.** Nach Art. 37 lit. c kann die Nichtanerkennung auch auf die **Unvereinbarkeit** mit einer Entscheidung gestützt werden, die **im Anerkennungsstaat** in einem Verfahren zwischen denselben Parteien ergangen ist. Nicht anerkannt werden schließlich auch solche Entscheidungen, welche in Widerspruch zu einer früheren Entscheidung stehen, die **in einem anderen Mitgliedstaat** oder einem **Drittstaat** in einem Verfahren zwischen denselben Parteien wegen desselben Anspruchs ergangen ist, sofern die Voraussetzungen für eine Anerkennung in dem Anerkennungsstaat erfüllt sind (Art. 37 lit. d). Eine Nachprüfung der Entscheidung in der Sache ist nach Art. 40 strikt ausgeschlossen. Es gilt das Verbot der *révision au fond*.[166]

II. Vollstreckbarkeit

Die in einem Mitgliedstaat ergangenen und dort auch vollstreckbaren Entscheidungen sind nach **123** Art. 42 in einem anderen Mitgliedstaat ebenfalls vollstreckbar, wenn sie dort auf Antrag eines Berechtigten nach den Verfahren der Art. 44 ff. für **vollstreckbar erklärt** worden sind.

Anders als nach der Neufassung der EuGVVO sind die in einem Mitgliedstaat ergangenen und **124** dort vollstreckbaren Entscheidungen in einem anderen Mitgliedstaat nach Art. 42 nur vollstreckbar, wenn sie auf Antrag eines Berechtigten nach den Art. 44–57 für vollstreckbar erklärt worden sind. Der europäische Gesetzgeber hat in der EuGüVO also ebenso wie in der EuErbVO (vgl. Art. 43 EuErbVO) am Erfordernis eines **Exequaturverfahrens** nach dem Vorbild der Art. 38–52 Brüssel I-VO festgehalten.[167] Dahinter stand die Erwägung, dass zunächst die weitere Entwicklung der Justiziellen Zusammenarbeit im Bereich des Ehegüterrechts sowie die Reform der EuEheVO abzuwarten sei.[168] Bei der Vollstreckbarerklärung findet aber ein **beschleunigtes Verfahren** statt. So werden die Entscheidungen der Gerichte eines anderen Mitgliedstaats gemäß Art. 47 unverzüglich für vollstreckbar erklärt, ohne dass eine Prüfung nach Art. 37 erfolgt. Gegen die Entscheidung über den Antrag auf Vollstreckbarerklärung kann jede Partei einen Rechtsbehelf einlegen (Art. 49 Abs. 3).

---

[164] Vgl. Begründung zum Kommissionsvorschlag, COM(2016) 106 final, S. 11; Rauscher/*Kroll-Ludwigs* EU-EheGüterVO-E Einf. Rn. 85.
[165] Vgl. NK-BGB/*Makowsky* EuErbVO Art. 39 Rn. 1.
[166] Vgl. Rauscher/*Kroll-Ludwigs* EU-EheGüterVO-E Einf. Rn. 87.
[167] Zur Rechtslage nach der EuErbVO vgl. NK-BGB/*Makowsky* EuErbVO Art. 43 Rn. 1 ff.
[168] Vgl. Rauscher/*Kroll-Ludwigs* EU-EheGüterVO-E Einf. Rn. 85 mwN.

Art. 51 stellt klar, dass die Vollstreckbarerklärung nur aus einem der in Art. 37 aufgeführten Gründe versagt oder aufgehoben werden darf.

F. Öffentliche Urkunden und gerichtliche Vergleiche

125   Die Bedeutung von öffentlichen Urkunden und gerichtlichen Vergleichen ist in Art. 58–60 geregelt. Die Vorschriften entsprechen Art. 59–61 EuErbVO.

I. Annahme öffentlicher Urkunden

126   Der europäische Gesetzgeber will mit den Bestimmungen des Kapitels V zunächst gewährleisten, dass öffentliche Urkunden in einem anderen Mitgliedstaat die **gleiche formelle Beweiskraft** wie im Ursprungsmitgliedstaat haben oder die damit am ehesten vergleichbare Wirkung entfalten (Erwägungsgrund 58). Diese Vorgabe ist in Art. 58 Abs. 1 UAbs. 1 enthalten. Eine Ausnahme wird nur für den Fall zugelassen, dass die Anerkennung der in einem anderen Mitgliedstaat errichteten öffentlichen Urkunde der öffentlichen Ordnung (*ordre public*) des betreffenden Mitgliedstaats offensichtlich widerspricht. Auch hierbei ist wieder große Zurückhaltung geboten. Einwände gegen die **Authentizität** einer öffentlichen Urkunde sind nach Art. 58 Abs. 2 bei den Gerichten des Ursprungsmitgliedstaats zu erheben; dessen Recht ist auch für die Entscheidung über diese Einwände maßgeblich. Einwände gegen die **beurkundeten Rechtsgeschäfte oder Rechtsverhältnisse** sind dagegen vor den nach der EuGüVO zuständigen Gerichten geltend zu machen. Maßgeblich ist das nach Kapitel III anzuwendende Recht. Eine parallele Regelung findet sich in Art. 59 EuErbVO.

II. Vollstreckbarkeit öffentlicher Urkunden und gerichtlicher Vergleiche

127   Die zweite Funktion von Kapitel V besteht darin, die Vollstreckbarkeit öffentlicher Urkunden und gerichtlicher Vergleiche aus anderen Mitgliedstaaten zu fördern. Vergleichbare Vorschriften finden sich in Art. 60 und 61 EuErbVO sowie in Art. 57 und 58 Brüssel I-VO. Art. 59 und 60 EuGüVO sehen vor, dass **öffentliche Urkunden** und **gerichtliche Vergleiche,** die im Ursprungsmitgliedstaat vollstreckbar sind, in einem anderen Mitgliedstaat auf Antrag eines Berechtigten nach den Verfahren der Art. 44–57 für vollstreckbar erklärt werden. Die Vollstreckbarerklärung darf von dem mit einem Rechtsbehelf nach Art. 49 oder 50 befassten Gericht nur dann versagt oder aufgehoben werden, wenn die Vollstreckung der öffentlichen Urkunde oder des gerichtlichen Vergleichs dem *ordre public* des Vollstreckungsmitgliedstaats offensichtlich widersprechen würde.

Verordnung (EU) Nr. 1259/2010
DES RATES vom 20. Dezember 2010 zur Durchführung einer Verstärkten Zusammenarbeit im Bereich des auf die Ehescheidung und Trennung ohne Auflösung des Ehebandes anzuwendenden Rechts
(Rom III-VO)

(ABl. EU Nr. L 343 S. 10)

DER RAT DER EUROPÄISCHEN UNION –

gestützt auf den Vertrag über die Arbeitsweise der Europäischen Union, insbesondere auf Artikel 81 Absatz 3,

gestützt auf den Beschluss 2010/405/EU des Rates vom 12. Juli 2010 über die Ermächtigung zu einer Verstärkten Zusammenarbeit im Bereich des auf die Ehescheidung und Trennung ohne Auflösung des Ehebandes anzuwendenden Rechts,[1]

auf Vorschlag der Europäischen Kommission,

nach Zuleitung des Entwurfs des Gesetzgebungsakts an die nationalen Parlamente,

nach Stellungnahme des Europäischen Parlaments,

nach Stellungnahme des Europäischen Wirtschafts- und Sozialausschusses,

gemäß einem besonderen Gesetzgebungsverfahren,

in Erwägung nachstehender Gründe:

(1) Die Union hat sich zum Ziel gesetzt, einen Raum der Freiheit, der Sicherheit und des Rechts, in dem der freie Personenverkehr gewährleistet ist, zu erhalten und weiterzuentwickeln. Zum schrittweisen Aufbau eines solchen Raums muss die Union im Bereich der justiziellen Zusammenarbeit in Zivilsachen, die einen grenzüberschreitenden Bezug aufweisen, Maßnahmen erlassen, insbesondere wenn dies für das reibungslose Funktionieren des Binnenmarkts erforderlich ist.

(2) Nach Artikel 81 des Vertrags über die Arbeitsweise der Europäischen Union fallen darunter auch Maßnahmen, die die Vereinbarkeit der in den Mitgliedstaaten geltenden Kollisionsnormen sicherstellen sollen.

(3) Die Kommission nahm am 14. März 2005 ein Grünbuch über das anzuwendende Recht und die gerichtliche Zuständigkeit in Scheidungssachen an. Auf der Grundlage dieses Grünbuchs fand eine umfassende öffentliche Konsultation zu möglichen Lösungen für die Probleme statt, die bei der derzeitigen Sachlage auftreten können.

(4) Am 17. Juli 2006 legte die Kommission einen Vorschlag für eine Verordnung zur Änderung der Verordnung (EG) Nr. 2201/2003 des Rates[2] im Hinblick auf die Zuständigkeit in Ehesachen und zur Einführung von Vorschriften betreffend das anwendbare Recht in diesem Bereich vor.

(5) Auf seiner Tagung vom 5./6. Juni 2008 in Luxemburg stellte der Rat fest, dass es keine Einstimmigkeit für diesen Vorschlag gab und es unüberwindbare Schwierigkeiten gab, die damals und in absehbarer Zukunft eine einstimmige Annahme unmöglich machen. Er stellte fest, dass die Ziele der Verordnung unter Anwendung der einschlägigen Bestimmungen der Verträge nicht in einem vertretbaren Zeitraum verwirklicht werden können.

(6) In der Folge teilten Belgien, Bulgarien, Deutschland, Griechenland, Spanien, Frankreich, Italien, Lettland, Luxemburg, Ungarn, Malta, Österreich, Portugal, Rumänien und Slowenien der Kommission mit, dass sie die Absicht hätten, untereinander im Bereich des anzuwendenden Rechts in Ehesachen eine Verstärkte Zusammenarbeit zu begründen. Am 3. März 2010 zog Griechenland seinen Antrag zurück.

(7) Der Rat hat am 12. Juli 2010 den Beschluss 2010/405/EU über die Ermächtigung zu einer Verstärkten Zusammenarbeit im Bereich des auf die Ehescheidung und Trennung ohne Auflösung des Ehebandes anzuwendenden Rechts erlassen.

(8) Gemäß Artikel 328 Absatz 1 des Vertrags über die Arbeitsweise der Europäischen Union steht eine Verstärkte Zusammenarbeit bei ihrer Begründung allen Mitgliedstaaten offen, sofern sie die in dem hierzu ermächtigenden Beschluss gegebenenfalls festgelegten Teilnahmevoraussetzungen erfüllen. Dies gilt auch zu jedem anderen Zeitpunkt, sofern sie neben den genannten Voraussetzungen auch die in diesem Rahmen bereits erlassenen Rechtsakte beachten. Die Kommission und die an einer Verstärkten Zusammenarbeit teilnehmenden Mitgliedstaaten stellen sicher, dass die Teilnahme

---

[1] ABl. EU 2010 Nr. L 198 vom 22.7.2010, S. 12.
[2] Verordnung (EG) Nr. 2201/2003 des Rates vom 27.11.2003 über die Zuständigkeit und die Anerkennung und Vollstreckung von Entscheidungen in Ehesachen und in Verfahren betreffend die elterliche Verantwortung und zur Aufhebung der Verordnung (EG) Nr. 1347/2000 (ABl. L 338 vom 23.12.2003, S. 1).

möglichst vieler Mitgliedstaaten gefördert wird. Diese Verordnung sollte in allen ihren Teilen verbindlich sein und gemäß den Verträgen unmittelbar nur in den teilnehmenden Mitgliedstaaten gelten.

(9) Diese Verordnung sollte einen klaren, umfassenden Rechtsrahmen im Bereich des auf die Ehescheidung und Trennung ohne Auflösung des Ehebandes anzuwendenden Rechts in den teilnehmenden Mitgliedstaaten vorgeben, den Bürgern in Bezug auf Rechtssicherheit, Berechenbarkeit und Flexibilität sachgerechte Lösungen garantieren und Fälle verhindern, in denen ein Ehegatte alles daran setzt, die Scheidung zuerst einzureichen, um sicherzugehen, dass sich das Verfahren nach einer Rechtsordnung richtet, die seine Interessen seiner Ansicht nach besser schützt.

(10) Der sachliche Anwendungsbereich und die Bestimmungen dieser Verordnung sollten mit der Verordnung (EG) Nr. 2201/2003 im Einklang stehen. Er sollte sich jedoch nicht auf die Ungültigerklärung einer Ehe erstrecken.

Diese Verordnung sollte nur für die Auflösung oder die Lockerung des Ehebandes gelten. Das nach den Kollisionsnormen dieser Verordnung bestimmte Recht sollte für die Gründe der Ehescheidung und Trennung ohne Auflösung des Ehebandes gelten.

Vorfragen wie die Rechts- und Handlungsfähigkeit und die Gültigkeit der Ehe und Fragen wie die güterrechtlichen Folgen der Ehescheidung oder der Trennung ohne Auflösung des Ehebandes, den Namen, die elterliche Verantwortung, die Unterhaltspflicht oder sonstige mögliche Nebenaspekte sollten nach den Kollisionsnormen geregelt werden, die in dem betreffenden teilnehmenden Mitgliedstaat anzuwenden sind.

(11) Um den räumlichen Geltungsbereich dieser Verordnung genau abzugrenzen, sollte angegeben werden, welche Mitgliedstaaten sich an der Verstärkten Zusammenarbeit beteiligen.

(12) Diese Verordnung sollte universell gelten, d. h. kraft ihrer einheitlichen Kollisionsnormen sollte das Recht eines teilnehmenden Mitgliedstaats, eines nicht teilnehmenden Mitgliedstaats oder das Recht eines Drittstaats zur Anwendung kommen können.

(13) Für die Anwendung dieser Verordnung sollte es unerheblich sein, welches Gericht angerufen wird. Soweit zweckmäßig, sollte ein Gericht als gemäß der Verordnung (EG) Nr. 2201/2003 angerufen gelten.

(14) Um den Ehegatten die Möglichkeit zu bieten, das Recht zu wählen, zu dem sie einen engen Bezug haben, oder um, in Ermangelung einer Rechtswahl, dafür zu sorgen, dass dieses Recht auf ihre Ehescheidung oder Trennung ohne Auflösung des Ehebandes angewendet wird, sollte dieses Recht auch dann zum Tragen kommen, wenn es nicht das Recht eines teilnehmenden Mitgliedstaats ist. Ist das Recht eines anderen Mitgliedstaats anzuwenden, könnte das mit der Entscheidung 2001/470/EG des Rates vom 28. Mai 2001 über die Einrichtung eines Europäischen Justiziellen Netzes für Zivil- und Handelssachen[3] eingerichtete Netz den Gerichten dabei helfen, sich mit dem ausländischen Recht vertraut zu machen.

(15) Eine erhöhte Mobilität der Bürger erfordert gleichermaßen mehr Flexibilität und mehr Rechtssicherheit. Um diesem Ziel zu entsprechen, sollte diese Verordnung die Parteiautonomie bei der Ehescheidung und Trennung ohne Auflösung des Ehebandes stärken und den Parteien in gewissen Grenzen die Möglichkeit geben, das in ihrem Fall anzuwendende Recht zu bestimmen.

(16) Die Ehegatten sollten als auf die Ehescheidung oder Trennung ohne Auflösung des Ehebandes anzuwendendes Recht das Recht eines Landes wählen können, zu dem sie einen besonderen Bezug haben, oder das Recht des Staates des angerufenen Gerichts. Das von den Ehegatten gewählte Recht muss mit den Grundrechten vereinbar sein, wie sie durch die Verträge und durch die Charta der Grundrechte der Europäischen Union anerkannt werden.

(17) Für die Ehegatten ist es wichtig, dass sie vor der Rechtswahl auf aktuelle Informationen über die wesentlichen Aspekte sowohl des innerstaatlichen Rechts als auch des Unionsrechts und der Verfahren bei Ehescheidung und Trennung ohne Auflösung des Ehebandes zugreifen können. Um den Zugang zu entsprechenden sachdienlichen, qualitativ hochwertigen Informationen zu gewährleisten, werden die Informationen, die der Öffentlichkeit auf der durch die Entscheidung 2001/470/EG des Rates eingerichteten Website zur Verfügung stehen, regelmäßig von der Kommission aktualisiert.

(18) Diese Verordnung sieht als wesentlichen Grundsatz vor, dass beide Ehegatten ihre Rechtswahl in voller Sachkenntnis treffen. Jeder Ehegatte sollte sich genau über die rechtlichen und sozialen Folgen der Rechtswahl im Klaren sein. Die Rechte und die Chancengleichheit der beiden Ehegatten dürfen durch die Möglichkeit einer einvernehmlichen Rechtswahl nicht beeinträchtigt werden. Die Richter in den teilnehmenden Mitgliedstaaten sollten daher wissen, dass es darauf ankommt, dass die Ehegatten ihre Rechtswahlvereinbarung in voller Kenntnis der Rechtsfolgen schließen.

---

[3] ABl. L 174 vom 27.6.2001, S. 25.

(19) Regeln zur materiellen Wirksamkeit und zur Formgültigkeit sollten festgelegt werden, so dass die von den Ehegatten in voller Sachkenntnis zu treffende Rechtswahl erleichtert und das Einvernehmen der Ehegatten geachtet wird, damit Rechtssicherheit sowie ein besserer Zugang zur Justiz gewährleistet werden. Was die Formgültigkeit anbelangt, sollten bestimmte Schutzvorkehrungen getroffen werden, um sicherzustellen, dass sich die Ehegatten der Tragweite ihrer Rechtswahl bewusst sind. Die Vereinbarung über die Rechtswahl sollte zumindest der Schriftform bedürfen und von beiden Parteien mit Datum und Unterschrift versehen werden müssen. Sieht das Recht des teilnehmenden Mitgliedstaats, in dem beide Ehegatten zum Zeitpunkt der Rechtswahl ihren gewöhnlichen Aufenthalt haben, zusätzliche Formvorschriften vor, so sollten diese eingehalten werden. Beispielsweise können derartige zusätzliche Formvorschriften in einem teilnehmenden Mitgliedstaat bestehen, in dem die Rechtswahlvereinbarung Bestandteil des Ehevertrags ist. Haben die Ehegatten zum Zeitpunkt der Rechtswahl ihren gewöhnlichen Aufenthalt in verschiedenen teilnehmenden Mitgliedstaaten, in denen unterschiedliche Formvorschriften vorgesehen sind, so würde es ausreichen, dass die Formvorschriften eines dieser Mitgliedstaaten eingehalten werden. Hat zum Zeitpunkt der Rechtswahl nur einer der Ehegatten seinen gewöhnlichen Aufenthalt in einem teilnehmenden Mitgliedstaat, in dem zusätzliche Formvorschriften vorgesehen sind, so sollten diese Formvorschriften eingehalten werden.

(20) Eine Vereinbarung zur Bestimmung des anzuwendenden Rechts sollte spätestens bei Anrufung des Gerichts geschlossen und geändert werden können sowie gegebenenfalls sogar im Laufe des Verfahrens, wenn das Recht des Staates des angerufenen Gerichts dies vorsieht. In diesem Fall sollte es genügen, wenn die Rechtswahl vom Gericht im Einklang mit dem Recht des Staates des angerufenen Gerichts zu Protokoll genommen wird.

(21) Für den Fall, dass keine Rechtswahl getroffen wurde, sollte diese Verordnung im Interesse der Rechtssicherheit und Berechenbarkeit und um zu vermeiden, dass ein Ehegatte alles daran setzt, die Scheidung zuerst einzureichen, um sicherzugehen, dass sich das Verfahren nach einer Rechtsordnung richtet, die seine Interessen seiner Ansicht nach besser schützt, harmonisierte Kollisionsnormen einführen, die sich auf Anknüpfungspunkte stützen, die einen engen Bezug der Ehegatten zum anzuwendenden Recht gewährleisten. Die Anknüpfungspunkte sollten so gewählt werden, dass sichergestellt ist, dass die Verfahren, die sich auf die Ehescheidung oder die Trennung ohne Auflösung des Ehebandes beziehen, nach einer Rechtsordnung erfolgen, zu der die Ehegatten einen engen Bezug haben.

(22) Wird in dieser Verordnung hinsichtlich der Anwendung des Rechts eines Staates auf die Staatsangehörigkeit als Anknüpfungspunkt verwiesen, so wird die Frage, wie in Fällen der mehrfachen Staatsangehörigkeit zu verfahren ist, weiterhin nach innerstaatlichem Recht geregelt, wobei die allgemeinen Grundsätze der Europäischen Union uneingeschränkt zu achten sind.

(23) Wird das Gericht angerufen, damit eine Trennung ohne Auflösung des Ehebandes in eine Ehescheidung umgewandelt wird, und haben die Parteien keine Rechtswahl getroffen, so sollte das Recht, das auf die Trennung ohne Auflösung des Ehebandes angewendet wurde, auch auf die Ehescheidung angewendet werden. Eine solche Kontinuität würde den Parteien eine bessere Berechenbarkeit bieten und die Rechtssicherheit stärken. Sieht das Recht, das auf die Trennung ohne Auflösung des Ehebandes angewendet wurde, keine Umwandlung der Trennung ohne Auflösung des Ehebandes in eine Ehescheidung vor, so sollte die Ehescheidung in Ermangelung einer Rechtswahl durch die Parteien nach den Kollisionsnormen erfolgen. Dies sollte die Ehegatten nicht daran hindern, die Scheidung auf der Grundlage anderer Bestimmungen dieser Verordnung zu beantragen.

(24) In bestimmten Situationen, in denen das anzuwendende Recht eine Ehescheidung nicht zulässt oder einem der Ehegatten aufgrund seiner Geschlechtszugehörigkeit keinen gleichberechtigten Zugang zu einem Scheidungs- oder Trennungsverfahren gewährt, sollte jedoch das Recht des angerufenen Gerichts maßgebend sein. Der *Ordre-public*-Vorbehalt sollte hiervon jedoch unberührt bleiben.

(25) Aus Gründen des öffentlichen Interesses sollte den Gerichten der teilnehmenden Mitgliedstaaten in Ausnahmefällen die Möglichkeit gegeben werden, die Anwendung einer Bestimmung des ausländischen Rechts zu versagen, wenn ihre Anwendung in einem konkreten Fall mit der öffentlichen Ordnung (*Ordre public*) des Staates des angerufenen Gerichts offensichtlich unvereinbar wäre. Die Gerichte sollten jedoch den *Ordre-public*-Vorbehalt nicht mit dem Ziel anwenden dürfen, eine Bestimmung des Rechts eines anderen Staates auszuschließen, wenn dies gegen die Charta der Grundrechte der Europäischen Union und insbesondere gegen deren Artikel 21 verstoßen würde, der jede Form der Diskriminierung untersagt.

(26) Wird in der Verordnung darauf Bezug genommen, dass das Recht des teilnehmenden Mitgliedstaats, dessen Gericht angerufen wird, Scheidungen nicht vorsieht, so sollte dies so ausgelegt werden, dass im Recht dieses teilnehmenden Mitgliedstaats das Rechtsinstitut der Ehescheidung

nicht vorhanden ist. In solch einem Fall sollte das Gericht nicht verpflichtet sein, aufgrund dieser Verordnung eine Scheidung auszusprechen.

Wird in der Verordnung darauf Bezug genommen, dass nach dem Recht des teilnehmenden Mitgliedstaats, dessen Gericht angerufen wird, die betreffende Ehe für die Zwecke eines Scheidungsverfahrens nicht als gültig angesehen wird, so sollte dies unter anderem so ausgelegt werden, dass im Recht dieses teilnehmenden Mitgliedstaats eine solche Ehe nicht vorgesehen ist. In einem solchen Fall sollte das Gericht nicht verpflichtet sein, eine Ehescheidung oder eine Trennung ohne Auflösung des Ehebandes nach dieser Verordnung auszusprechen.

(27) Da es Staaten und teilnehmende Mitgliedstaaten gibt, in denen die in dieser Verordnung geregelten Angelegenheiten durch zwei oder mehr Rechtssysteme oder Regelwerke erfasst werden, sollte es eine Vorschrift geben, die festlegt, inwieweit diese Verordnung in den verschiedenen Gebietseinheiten dieser Staaten und teilnehmender Mitgliedstaaten Anwendung findet oder inwieweit diese Verordnung auf verschiedene Kategorien von Personen dieser Staaten und teilnehmender Mitgliedstaaten Anwendung findet.

(28) In Ermangelung von Regeln zur Bestimmung des anzuwendenden Rechts sollten Parteien, die das Recht des Staates wählen, dessen Staatsangehörigkeit eine der Parteien besitzt, zugleich das Recht der Gebietseinheit angeben, das sie vereinbart haben, wenn der Staat, dessen Recht gewählt wurde, mehrere Gebietseinheiten umfasst und jede Gebietseinheit ihr eigenes Rechtssystem oder eigene Rechtsnormen für Ehescheidung hat.

(29) Da die Ziele dieser Verordnung, nämlich die Sicherstellung von mehr Rechtssicherheit, einer besseren Berechenbarkeit und einer größeren Flexibilität in Ehesachen mit internationalem Bezug und damit auch die Erleichterung der Freizügigkeit in der Europäischen Union, auf Ebene der Mitgliedstaaten allein nicht ausreichend verwirklicht werden können und daher wegen ihres Umfangs und ihrer Wirkungen besser auf Unionsebene zu erreichen sind, kann die Union im Einklang mit dem in Artikel 5 des Vertrags über die Europäische Union niedergelegten Subsidiaritätsprinzip gegebenenfalls im Wege einer Verstärkten Zusammenarbeit tätig werden. Entsprechend dem in demselben Artikel genannten Verhältnismäßigkeitsprinzip geht diese Verordnung nicht über das für die Erreichung dieser Ziele erforderliche Maß hinaus.

(30) Diese Verordnung wahrt die Grundrechte und achtet die Grundsätze, die mit der Charta der Grundrechte der Europäischen Union anerkannt wurden, namentlich Artikel 21, wonach jede Diskriminierung insbesondere wegen des Geschlechts, der Rasse, der Hautfarbe, der ethnischen oder sozialen Herkunft, der genetischen Merkmale, der Sprache, der Religion oder der Weltanschauung, der politischen oder sonstigen Anschauung, der Zugehörigkeit zu einer nationalen Minderheit, des Vermögens, der Geburt, einer Behinderung, des Alters oder der sexuellen Ausrichtung verboten ist. Bei der Anwendung dieser Verordnung sollten die Gerichte der teilnehmenden Mitgliedstaaten diese Rechte und Grundsätze achten –

HAT FOLGENDE VERORDNUNG ERLASSEN:

Vorbemerkung zu Art. 1

Schrifttum: 1. Allgemein zum internationalen Scheidungs- und Scheidungsverfahrensrecht (ohne Scheidungsfolgen): *Amos/Dutta*, Europäische Zuständigkeiten in Ehesachen bei drittstaatlicher Rechtshängigkeit – Die Entscheidung des englischen Court of Appeal in *Mittal v. Mittal* –, FamRZ 2014, 444; *Andrae*, Anwendung des islamischen Rechts im Scheidungsverfahren vor deutschen Gerichten, NJW 2007, 1730; *Beitzke*, Scheidung sunnitischer Libanesen, IPRax 1993, 231; *Beyer*, Handlungsfelder der deutschen EU-Ratspräsidentschaft im Familienrecht – Die europäischen Verordnungsvorschläge zum internationalen Scheidungs- und Unterhaltsrecht, FF 2007, 20; *Bock*, Der Islam in der Entscheidungspraxis der Familiengerichte, NJW 2012, 122; *Bolz*, Verstoßung der Ehefrau nach islamischem Recht und deutscher ordre public, NJW 1990, 620; *Borrás*, „Exclusive" und „Residual" Grounds of Jurisdiction on Divorce in the Brussels IIbis Regulation, IPRax 2008, 233; *Bungert*, Ehescheidung in Deutschland wohnender US-Amerikaner aus verschiedenen Einzelstaaten, IPRax 1993, 10; *Coester/Waltjen*, Fernwirkungen der Europäischen Verordnungen auf die international-familienrechtlichen Regelungen des EGBGB, FamRZ 2013, 170; *Dilger*, EuEheVO: Identische Doppelstaater und forum patriae (Art. 3 Abs. 1 lit. b), IPRax 2010, 54; *Dörner*, Zur Frage der Anerkennung einer Privatscheidung nach Art. 17 EGBGB – Anmerkung zum BGH-Urteil vom 28.05.2008 (XII ZR 61/06), JR 2009, 331; *Dopffel*, Die Voraussetzungen der Ehescheidung im neuen Internationalen Privat- und Verfahrensrecht, FamRZ 1987, 1205; *Elwan/Menhofer*, Talaq nach iranischem Recht und die wesensmäßige Zuständigkeit deutscher Gerichte, StAZ 2005, 168; *Elwan/Menhofer*, Scheidungswunsch versus in Syrien geltendes Recht der unierten Ostkirchen, StAZ 2007, 325; *Finger*, Ausländische Rechtshängigkeit und inländisches Scheidungsverfahren (einschließlich Scheidungsfolgen), FuR 1999, 310; *Finger*, Grünbuch der Europäischen Kommission über das anzuwendende Recht und die gerichtliche Zuständigkeit, FF 2007, 35; *Finger*, Verstärkte Zusammenarbeit einzelner Mitgliedstaaten der europ. Gesetzgebung für das Kollisionsrecht der Ehescheidung, FuR 2011, 61 u. 313; *Gärtner*, Die Privatscheidung im deutschen und gemeinschaftlichen Internationalen Privat- und Verfahrensrecht, Tübingen 2008 (zugleich Diss. Heidelberg 2008); *Ganz*, Internationales Scheidungsrecht – Eine praktische Einführung, FuR 2001, 69, 369; *Gruber*, Die neue „europäische Rechtshängigkeit" bei Scheidungsverfahren, FamRZ

2000, 1129; *Hau,* Das System der internationalen Entscheidungszuständigkeit im Europäischen Eheverfahrensrecht, FamRZ 2000, 1333; *Hau,* Das internationale Zivilverfahrensrecht im FamFG, FamRZ 2009, 821; *Hau,* Zum Anwendungsbereich des obligatorischen Anerkennungsverfahrens für ausländische Ehestatusentscheidungen, FS Spellenberg, 2010, 435; *Hausmann,* Kollisionsrechtliche Schranken von Scheidungsurteilen, 1980; *Hay,* Die Anwendung US-amerikanischer jurisdiction-Regeln als Verweisungsnorm bei Scheidung von in Deutschland wohnenden Amerikanern, IPRax 1988, 265; *Helms,* Die Anerkennung ausländischer Entscheidungen im Europäischen Eheverfahrensrecht, FamRZ 2001, 257; *Helms,* Neues europäisches Familienkollisionsrecht, Liber amicorum Walter Pintens, 2012, 681; *Henrich,* Das internationale Eherecht nach der Reform, FamRZ 1986, 841; *Henrich,* Zur Berücksichtigung der ausländischen Rechtshängigkeit von Privatscheidungen, IPRax 1995, 86; *Henrich,* Probleme des internationalen Familienrechts, in Schwab/Hahne, Familienrecht im Brennpunkt, 2004, 259; *Henrich,* Europäisierung des internationalen Familienrechts: Was bleibt vom EGBGB?, FS Spellenberg, 2010, 195; *Henrich,* Zur Parteiautonomie im europäisierten internationalen Familienrecht, Liber amicorum Walter Pintens, 2012, 701; *Herfarth,* Scheidung nach religiösem Recht durch deutsche Gerichte, IPRax 2000, 101; *Herfarth,* Scheidung durch talaq vor einem deutschen Gericht und Recht auf rechtliches Gehör, IPRax 2004, 515; *Hepting,* Intertemporale Fragen des internationalen Ehescheidungsrechts: Wann sind Scheidung und Versorgungsausgleich „abgeschlossen"?, IPRax 1988, 153; *Hubbel/ Möller,* Scheidung auf Portugiesisch, ZFE 2008, 180; *Jaksic,* Die Beachtung ausländischer Rechtshängigkeit in Ehesachen, IPRax 2001, 156; *Jayme,* Fragen der internationalen Verbundszuständigkeit, IPRax 1984, 121; *Jayme,* „Talaq" nach iranischem Recht und deutscher ordre public, IPRax 1989, 223; *Jayme,* Zur Ehescheidung von Doppelstaatern mit verschiedener effektiver Staatsangehörigkeit, IPRax 2002, 209; *Jayme/Kohler,* Europäisches Kollisionsrecht 2006: Eurozentrismus ohne Kodifikationsidee?, IPRax 2006, 537; *Klinck,* Das neue Verfahren zur Anerkennung ausländischer Entscheidungen nach § 108 II S. 1 FamFG, FamRZ 2009, 741; *Kohler,* Internationales Verfahrensrecht für Ehesachen in der Europäischen Union: Die Verordnung „Brüssel II", NJW 2001, 10; *Kroll,* Scheidung auf europäisch? – Die (derzeit) nicht scheidbare Ehe im IPR, StAZ 2007, 330; *Leible,* Probleme der Anerkennung ausländischer Ehescheidungen im vereinten Deutschland, FamRZ 1991, 1245; *Linke,* Zur Berücksichtigung ausländischer Rechtshängigkeit eines Scheidungsverfahrens vor deutschen Gerichten, IPRax 1982, 229; *Lüderitz,* Die Ehescheidung nach dem Gesetz zur Neuregelung des Internationalen Privatrechts, IPRax 1987, 74; *Lüderitz,* „Talâq" vor deutschen Gerichten, FS Baumgärtel, 1990, 333; *Mankowski/Höffmann,* Scheidung ausländischer gleichgeschlechtlicher Ehen in Deutschland?, IPRax 2011, 247; *Mansel/Thorn/Wagner,* Europäisches Kollisionsrecht 2011: Gegenläufige Entwicklungen, IPRax 2012, 1; *Mansel/Thorn/Wagner,* Europäisches Kollisionsrecht 2012: Voranschreiten des Kodifikationsprozesses – Flickenteppich des Einheitsrechts, IPRax 2013, 1; *Martiny,* Außergerichtliche Scheidungsverfahren – Ausländische Modelle, StAZ 2011, 197; *Nishitani,* Privat- und Schlichtungsscheidung deutscher Staatsangehöriger in Japan und die Scheidungsanerkennung in Deutschland, IPRax 2002, 49; *Odendahl,* Zum Scheidungs-IPR der in Deutschland lebenden Migranten aus der Türkei, IPRax 2005, 320; *Pabst,* Kollisionsrechtliche Absicherung der Umwandlung einer Ehetrennung in eine Ehescheidung, FPR 2008, 230; *Pirrung,* Europäische justitielle Zusammenarbeit in Zivilsachen – insbesondere das neue Scheidungsübereinkommen, ZEuP 1999, 834; *Puszkajler,* Das internationale Scheidungs- und Sorgerecht nach Inkrafttreten der Brüssel II-Verordnung, IPRax 2001, 81; *Raupach,* Ehescheidung mit Auslandsbezug in der Europäischen Union, 2014; *Rauscher,* Talaq und deutscher ordre public, IPRax 2000, 391; *Rauscher,* Iranischrechtliche Scheidung auf Antrag der Ehefrau vor deutschen Gerichten, IPRax 2005, 313; *Rühl,* Die Kosten der Rechtswahlfreiheit: Zur Anwendung ausländischen Rechts durch deutsche Gerichte, RabelsZ 71 (2007), 559; *Schack* Das neue Internationale Eheverfahrensrecht in Europa, RabelsZ 65 (2001), 615; *Schack* Das Anerkennungsverfahren nach § 107 FamFG – Vorbild für Europa?, FS Spellenberg, 2010, 497; *Schack,* Was bleibt vom renvoi?, IPRax 2013, 315; *Peter Scholz,* Grundfälle zum IPR: Ordre public-Vorbehalt und islamisch geprägtes Recht – Teil 1 (Allgemeiner Teil), ZJS 2010, 185 – Teil 2 (Besonderer Teil), ZJS 2010, 325; *Schotten/Wittkowski,* Das deutsch-iranische Niederlassungsabkommen im Familien- und Erbrecht, FamRZ 1995, 264; *Schulz, Andrea,* Die Zeichnung des Haager Kinderschutz-Übereinkommens von 1996 und der Kompromiss zur Brüssel IIa-Verordnung, FamRZ 2003, 1351; *Siehr,* Ehescheidung deutscher Juden, IPRax 2009, 332; *Sonnenberger,* Deutsch-französische Ehescheidungsprobleme, IPRax 1992, 154; *Spellenberg,* Die Neuregelung der internationalen Zuständigkeit in Ehesachen, IPRax 1988, 1; *Spickhoff,* Eheschließung, Ehescheidung und ordre public, JZ 1991, 323; *Thorn/Mansel,* Europäisches Kollisionsrecht 2008: Fundamente der Europäischen IPR-Kodifikation, IPRax 2009, 1; *Wagner, Gerhard,* Scheidung von EU-Auslandsdeutschen nach Inlandsrecht – europarechtswidrig?, IPRax 2000, 512; *Wagner, Rolf,* Anerkennung und Wirksamkeit ausländischer familienrechtlicher Rechtsakte nach autonomem deutschem Recht, FamRZ 2006, 744; *Wagner, Rolf,* Vereinheitlichung des Internationalen Privat- und Zivilverfahrensrechts neun Jahre nach Inkrafttreten des Amsterdamer Vertrags, NJW 2008, 2225; *Wagner, Rolf,* Aktuelle Entwicklungen in der justiziellen Zusammenarbeit in Zivilsachen, NJW 2011, 1404 u. 2012, 1333; *Wagner, Rolf,* Ausländische Entscheidungen, Rechtsgeschäfte und Rechtslagen im Familienrecht aus der Sicht des autonomen deutschen Rechts, FamRZ 2013, 1620; *Winkler v. Mohrenfels,* Hinkende Doppelehe, Vorfragenanknüpfung und Gestaltungswirkung inländischer Scheidungsurteile, IPRax 1988, 341; *Winkler v. Mohrenfels,* Die gleichgeschlechtliche Ehe im deutschen IPR und im europäischen Verfahrensrecht, FS Tugrul Ansay, 2006, 527.

2. Zur Rom III-VO: *Althammer,* Das europäische Scheidungskollisionsrecht der Rom III-VO unter Berücksichtigung aktueller deutscher Judikatur, NZFamR 2015, 9; *Althammer,* Brüssel IIa, Rom III (Komm.), 2014 (zit.: *Althammer/Bearbeiter*); *Eva Becker,* Die Vereinheitlichung von Kollisionsnormen im europäischen Familienrecht – Rom III, NJW 2011, 1543; *Calvo Caravaca/Carrascosa González,* La ley aplicable al divorcio en Europa: El futuro reglamento Roma III, CDT 2009, 36, 67; *Dimmer/Bißmaier,* „Rom III" in der Praxis, FamRBint 2012, 66; *Finger,* Neues Kollisionsrecht der Ehescheidung und der Trennung ohne Auflösung des Ehebandes, VO Nr. 1259/2010 (Rom 3) – vorrangig: Rechtswahl der Beteiligten, FuR 2013, 305; *Franzina,* The law applicable to divorce and legal separation under regulation (EU) no. 1259/2010 of 20 december 2010, CDT 2011, 85; *Gruber,* Scheidung auf Europäisch – die Rom III-Verordnung, IPRax 2012, 381; *Gruber,* Die konkludente Rechtswahl im Familienrecht,

IPRax 2014, 53, 56; *Hau*, Zur Durchführung der Rom III-Verordnung in Deutschland, FamRZ 2013, 249; *Hau*, Zur Maßgeblichkeit der lex fori in internationalen Ehesachen, FS Rolf Stürner, 2013, 1238; *Helms*, Reform des internationalen Scheidungsrechts durch die Rom III-VO, FamRZ 2011, 1765; *Helms*, Neues europäisches Familienkollisionsrecht, Liber amicorum Walter Pintens, 2012, 681; *Helms*, Konkludente Wahl des auf die Ehescheidung anwendbaren Rechts, IPRax 2014, 334; *Kemper*, Das neue Internationale Scheidungsrecht – eine Übersicht über die Regelungen der Rom III-VO, FamRBint 2012, 63; *Kohler*, Einheitliche Kollisionsnormen für Ehesachen in der Europäischen Union: Vorschläge und Vorbehalte, FPR 2008, 193; *Kohler*, Zur Gestaltung des europäischen Kollisionsrechts für Ehesachen: Der steinige Weg zu einheitlichen Vorschriften über das anwendbare Recht für Scheidung und Trennung, FamRZ 2008, 1673; *Kohler*, Aktuelle Entwicklungen im Recht der Europäischen Union, NotBZ 2011, 421; *Kohler/Pintens*, Entwicklungen im europäischen Personen- und Familienrecht 2010–2011, FamRZ 2011, 1433; *Kohler*, Entwicklungen im europäischen Personen- und Familienrecht 2011–2012, FamRZ 2012, 1425; *Mansel/Thorn/Wagner*, Europäisches Kollisionsrecht 2011: Gegenläufige Entwicklungen, IPRax 2012, 1; *Martiny*, Ein internationales Scheidungsrecht für Europa - Konturen einer Rom III-Verordnung, in Internationales Familienrecht für das 21. Jahrhundert - Symposium zum 65. Geburtstag von Ulrich Spellenberg, 2006, 119; *Mörsdorf-Schulte*, Europäisches Internationales Scheidungsrecht (Rom III), RabelsZ 77 (2013), 786; *Nascimbene*, Gerichtliche Zuständigkeit und anwendbares Recht in Ehesachen: Verordnung Rom III?, in Forum zur Justiziellen Zusammenarbeit in Zivilsachen: Aussprache mit den nationalen Parlamenten, 2. Dezember 2008, Sitzung IV Familienrecht und Erbrecht (im Internet abrufbar unter http://www.europarl.europa.eu/meetdocs/2004_2009/documents/dv/755/755341/755341de.pdf [letzter Zugriff: 4.9.2013]), 8; *Sturm*, Zur Gleichberechtigung im deutschen internationalen Privatrecht, FS zum fünfzigjährigen Bestehen des Instituts für ausländisches und internationales Privat- und Wirtschaftsrecht der Universität Heidelberg, 1967, 155; *Niethammer-Jürgens*, Ehescheidung und Folgesachen mit Auslandsbezug, FPR 2011, 440; *Paulino Pereira*, „Rome III": La compétence jurisdictionelle et la loi applicable en matière matrimoniale, Rev. Marché com. 2007, 390; *Pietsch*, Rechtswahl für Ehesachen nach „Rom III", NJW 2012, 1768; *Rieck*, Möglichkeiten und Risiken der Rechtswahl nach supranationalem Recht bei der Gestaltung von Ehevereinbarungen, NJW 2014, 257; *Rösler*, Rechtswahlfreiheit im Internationalen Scheidungsrecht der Rom III-Verordnung, RabelsZ 78 (2014), 155; *Schall/Weber*, Die vorsorgende Wahl des Scheidungsstatuts nach der Rom III-VO, IPRax 2014, 381; *Schurig*, Eine hinkende Vereinheitlichung des internationalen Ehescheidungsrechts in Europa, FS v. Hoffmann, 2011, 405; *Johannes Stürner*, Die Rom III-VO – ein neues Scheidungskollisionsrecht, Jura 2012, 708; *Süß*, Europäisierung des Familienrechts - Handlungsempfehlungen für den Notar zum status quo, ZNotP 2011, 282; *Traar*, Rom III – EU-Verordnung zum Kollisionsrecht für Ehescheidungen, ÖJZ 2011, 805; *Wagner, Rolf*, Aktuelle Entwicklungen in der justiziellen Zusammenarbeit in Zivilsachen, NJW 2011, 1404; *Wagner, Rolf*, Die Rechtsinstrumente der justiziellen Zusammenarbeit in Zivilsachen – Eine Bestandsaufnahme, NJW 2013, 3128; *Marc-Philippe Weller/Irene Hauber/Alix Schulz*, Gleichstellung im Internationalen Scheidungsrecht – talaq und get im Lichte des Art. 10 Rom III-VO, IPRax 2016, 123; *Winkler v. Mohrenfels*, Die Rom III-VO und die Parteiautonomie, FS v. Hoffmann, 2011, 527; *Winkler v. Mohrenfels*, Die Rom III-VO. Teilvereinheitlichung des europäischen internationalen Scheidungsrechts, ZEuP 2013, 699; *Winkler v. Mohrenfels*, Art. 10 Rom III-VO: Kollisionsrechtliche Eingriffsnorm oder Spezialfall des ordre public?, FS Martiny, 2014, 595; *Zeitzmann*, Das Verfahren der Verstärkten Zusammenarbeit und dessen erstmalige Anwendung: Ein Ehescheidungs- und Trennungsrecht für Europa, ZEuS 2011, 87.

Übersicht

A. Rechtsquellen des materiellen Scheidungskollisionsrechts

I. EU-Recht und autonomes Recht

Das materielle internationale Scheidungsrecht ist hinsichtlich der Hauptfolge – der **Auflösung** 1
des Ehebandes – in der **Rom III-VO** geregelt. Der verbleibende Anwendungsbereich für das
autonome Recht liegt auf den von der Anwendbarkeit der Rom III-VO ausgeschlossenen Gebieten,
insbesondere den **Scheidungsfolgen.** Diese werden überwiegend gesondert angeknüpft
(→ EGBGB Art. 17 Rn. 26 ff.). Der verbleibende Anwendungsbereich für **Art. 17 EGBGB** liegt
beim **Versorgungsausgleich** (Abs. 3) sowie bei der **Form der Inlandsscheidung** (Abs. 2). Zum
internationalen Scheidungsverfahrensrecht → EGBGB Anh. Art. 17a Rn. 1 ff.

II. Staatsverträge

1. Multilaterale. Es gibt zwar zwei – für die Bundesrepublik allerdings nicht geltende – multilaterale 2
Abkommen über die **Anerkennung** von Ehescheidungen (→ Nach Art. 17a EGBGB Rn. 97), jedoch
kein einziges mehr, welches sich mit der Frage des auf die Scheidung anwendbaren Rechts befasst. Das
Haager Abkommen zur Regelung des Geltungsbereichs der Gesetze und der Gerichtsbarkeit auf dem
Gebiete der Ehescheidung und der Trennung von Tisch und Bett vom 12.6.1902 (RGBl. 1904 S. 231,
249)[1] ist von Deutschland zum 1.6.1934 (RGBl. 1934 II S. 26) gekündigt worden. Hinsichtlich der
Scheidungs**folgen** gibt es eine Reihe internationaler Abkommen (UStA, HUP, MSA, KSÜ), die bei den
jeweiligen Sonderstatuten (Unterhalt, elterliche Sorge) behandelt werden.

2. Bilaterale. Das **deutsch-iranische Niederlassungsabkommen** vom 17.2.1929 (RGBl. 1930 3
II S. 1006) enthält in seinem **Art. 8 Abs. 3**[2] eine kollisionsrechtliche Regelung, die auch die Ehescheidung betrifft.[3] Danach bleiben die Parteien ihrem jeweiligen Heimatrecht unterworfen. Die
Vorschrift gilt nicht bei gemischt-nationalen Ehen,[4] wobei bei Mehrstaatern auf die effektive Staatsangehörigkeit abzustellen ist.[5] Dies gilt auch dann, wenn eine der Staatsangehörigkeiten des Mehrstaaters die deutsche ist: Art. 5 Abs. 1 S. 2 EGBGB findet hier keine Anwendung (→ Art 8 Rn. 8).[6]
Das Argument, ein Ehegatte mit deutsch-iranischer Staatsangehörigkeit bedürfe nicht des Schutzes
des Abkommens,[7] geht fehl: Der andere, nur iranische Ehegatte bedarf durchaus dieses Schutzes.
Die Weitergeltung dieses Abkommens ist durch die Bekanntmachung über deutsch-iranische Vor-
kriegsverträge vom 15.8.1955 (BGBl. 1955 II S. 829) bestätigt worden (→ Art. 19 Rn. 1).

Der **deutsch-sowjetische Konsularvertrag** vom 25.4.1958 (BGBl. 1959 II S. 233) enthält 4
keine einschlägigen kollisionsrechtlichen Regelungen, sondern gibt lediglich in Art. 23 Abs. 3[8] den
Konsuln die Befugnis, von den Gerichten erkannte Ehescheidungen, die einen ihrer Staatsangehörigen betreffen, zu registrieren.

B. Allgemeines zur Rom III-VO

I. Geschichtliche Entwicklung

Die Entwicklung des Familienkollisionsrechts auf europäischer Ebene[9] begann im Jahre 1999 5
mit der Verabschiedung des Wiener Aktionsplans.[10] Im Abschnitt über die justizielle Zusammen-

---

[1] Text und kurze Erläuterung bei Staudinger/*Gamillscheg*, 10./11. Aufl. 1973, EGBGB Art. 17 Rn. 729–732.

[2] Abgedruckt bei → EGBGB Art. 25 Rn. 294 sowie bei *Jayme/Hausmann* Nr. 22.

[3] Zum deutsch-iranischen internationalen Familienrecht vgl. *Finger* FuR 1999, 58, 158 und 215; *Schotten/
Wittkowski* FamRZ 1995, 264. Aus der Rspr. vgl. EGMR FamRZ 2011, 1037; BGHZ 160, 322 = FamRZ
2004, 1952 m. Anm. *Henrich* = IPRax 2005, 346 m. Anm. *Rauscher* IPRax 2005, 313 = BGHReport 2005, 96
m. Anm. *Mankowski*; OLG Stuttgart FamRZ 2004, 25; KG IPRax 2000, 126; OLG Düsseldorf FamRZ 1998,
1113; OLG Saarbrücken FamRZ 1992, 848 = IPRax 1993, 100; OLG Hamm FamRZ 1992, 822; AG Kerpen
FamRZ 2001, 1526.

[4] BGHZ 60, (74 f.) = FamRZ 1973, 138 (140); BGH FamRZ 1986, 345 (346) mwN; OLG Hamm
FamRZ 2012, 1498 (1499); Palandt/*Thorn*, 76. Aufl. 2017 Art. 19 Rn. 1.

[5] BGH FamRZ 1986, 345, 346.

[6] Anders noch zum alten Recht (Art. 17 EGBGB aF) OLG Celle BeckRS 2011, 21085. Unklar insoweit OLG
Hamm BeckRS 2013, 9327: Es reicht nicht aus, dass ein Ehegatte neben der iranischen Staatsangehörigkeit auch
die deutsche Staatsangehörigkeit besitzt, wenn diese nicht die effektive ist.

[7] *Schotten/Wittkowski* FamRZ 1995, 264 (265 f.).

[8] Abgedruckt bei *Jayme/Hausmann* Nr. 35.

[9] Dazu *Winkler v. Mohrenfels*, FS v. Hoffmann, 2011, 527 (530 ff.); *Lignier/Geier* RabelsZ 79 (2015), 546 (571 ff.).

[10] Aktionsplan des Rates und der Kommission zur bestmöglichen Umsetzung der Bestimmungen des Amsterdamer
Vertrags über den Aufbau eines Raums der Freiheit, der Sicherheit und des Rechts vom 3. Dezember 1998, ABl. EG
1998 Nr. C 19 S. 1. Dazu *Wagner, Gerhard* IPRax 2000, 513 (518 f.); s. a. *Tarko* ÖJZ 1999, 401 (407).

arbeit in Zivilsachen wird dort unter Nr. 41 unter den binnen fünf Jahren zu ergreifenden Maßnahmen die Prüfung der Möglichkeit gefordert, einen Rechtsakt betreffend das auf Ehesachen anwendbare Recht zu erstellen (Rom III). Ziel sollte es sein, durch Vereinheitlichung der Kollisionsregeln einem „forum shopping" vorzubeugen.[11] Am 14.3.2005 legte die europäische Kommission ein Grünbuch über das anzuwendende Recht und die gerichtliche Zuständigkeit in Scheidungssachen vor,[12] dessen Ziel es war, eine breite Anhörung interessierter Kreise über das anzuwendende Recht und den Gerichtsstand in Scheidungssachen einzuleiten.[13] Auf dieses Grünbuch erhielt die Kommission neben der Stellungnahme des EWSA[14] rund 65 Reaktionen, die in den von der Kommission am 17.7.2006 vorgelegten Vorschlag für eine Verordnung des Rates[15] zur Änderung der Brüssel IIa-VO einflossen.[16] Der Vorschlag sollte einen klaren, möglichst umfassenden Rechtsrahmen für Ehesachen in der Europäischen Union liefern, der in Bezug auf Rechtssicherheit, Berechenbarkeit, Flexibilität und Zugang zu den Gerichten bedarfsgerechte Lösungen anbietet.[17] Die Widerstände aus den Common-Law-Staaten Vereinigtes Königreich und Irland, die auf die Scheidung bei Bejahung der internationalen Zuständigkeit stets das eigene Recht anwenden, und aus Schweden, das die leichte Scheidbarkeit der Ehe nach schwedischem Recht für unverzichtbar hält,[18] erwiesen sich jedoch als unüberwindbar.[19] Das Projekt der Vereinheitlichung des Scheidungskollisionsrechts im Wege einer Änderung der EuEheVO war damit in einem vertretbaren Zeitraum nicht zu verwirklichen.[20]

6   Auf der Tagung des Rates für Justiz und Inneres vom 5. und 6. Juni 2008 wurde erstmals der Vorschlag unterbreitet, das Rom III-Projekt unter den befürwortenden Staaten im Wege der **Verstärkten Zusammenarbeit**[21] voranzutreiben.[22] In der Folge bildete sich eine „Koalition der vierzehn Willigen" aus **Belgien, Bulgarien, Deutschland, Frankreich, Italien, Lettland, Luxemburg, Malta, Österreich, Portugal, Rumänien, Slowenien, Spanien** und **Ungarn**.[23] Sie teilten der Kommission mit, dass sie die Absicht hätten, untereinander im Bereich des anzuwendenden Rechts in Ehesachen eine Verstärkte Zusammenarbeit zu begründen.[24] Am 24.3.2010 legte die Kommission einen Vorschlag für den erforderlichen Ermächtigungsbeschluss[25] und gleichzeitig einen Vorschlag für die entsprechende Verordnung (Rom III)[26] vor. Nachdem das Parlament die erforderli-

---

[11] *Finger* FuR 2011, 61 (63). Vgl. auch *Henrich* in Schwab/Hahne, Familienrecht im Brennpunkt, 2004, 271. Zur Unterschiedlichkeit der materiellen Scheidungsrechte vgl. *Martiny*, Symposium zum 65. Geburtstag von Ulrich Spellenberg, 2006, 122 f.

[12] KOM (2005) 82 endg. Dazu die Stellungnahme des EWSA v. 29.9.2005, ABl. EU 2006 Nr. C 24 S. 20.

[13] Grünbuch S. 2.

[14] Stellungnahme des Europäischen Wirtschafts- und Sozialausschusses zu dem „Grünbuch über das anzuwendende Recht und die gerichtliche Zuständigkeit in Scheidungssachen" vom 28.9.2005, ABl. EU 2006 Nr. C 24 S. 20.

[15] Vorschlag für eine Verordnung des Rates zur Änderung der Verordnung (EG) Nr. 2201/2003 im Hinblick auf die Zuständigkeit in Ehesachen und zur Einführung von Vorschriften betreffend das anwendbare Recht in diesem Bereich, KOM (2006) 399 endg. v. 17.7.2006.

[16] Vgl. den Hinweis auf S. 5 des Vorschlags.

[17] KOM (2006) 399 endgültig, S. 3.

[18] Vgl. *Kohler* FPR 2008, 193 (196); *Kohler* FamRZ 2008, 1673 (1678). Ähnliches gilt für Finnland, § 120 finn. EheG v. 13.6.1929, deutscher Text bei Bergmann/Ferid/Henrich/Cieslar, Finnland, Stand: 1.1.2016, S. 35. Stets die lex fori wenden ferner an: Dänemark, die Niederlande und Zypern, s. *Raupach* Ehescheidung mit Auslandsbezug 266. Vgl. auch *Beyer* FF 2007, 20 (23 Fn. 24).

[19] Näher dazu *Raupach* Ehescheidung mit Auslandsbezug 256 ff.

[20] Vgl. Erwägungsgrund 5.

[21] Grundlage der Verstärkten Zusammenarbeit ist Art. 20 EUV iVm. Titel III (Art. 326–334) AEUV. Zu einer Verstärkten Zusammenarbeit bedarf es gemäß Art. 20 Abs. 2 EUV eines Ermächtigungsbeschlusses des Rates, welcher nur als letztes Mittel erlassen werden darf, wenn die damit angestrebten Ziele von der Union in ihrer Gesamtheit nicht innerhalb eines vertretbaren Zeitraums verwirklicht werden können und mindestens neun Mitgliedstaaten beteiligt sind. Näher dazu *Raupach* Ehescheidung mit Auslandsbezug 19 ff.; *Lignier/Geier* RabelsZ 79 (2015), 546 (556 ff.).

[22] *Nascimbene*, 2008, S. 14.

[23] Ursprünglich hatte auch Griechenland teilnehmen wollen, hatte seinen Antrag jedoch am 3.3.2010 zurückgezogen (vgl. Erwägungsgrund 6). Dies wurde später revidiert, → Rn. 8.

[24] Vgl. Erwägungsgrund 6. Ausführlich zu diesem Verfahren: *Zeitzmann* ZEuS 2011, 87 ff.

[25] Vorschlag vom 24.3.2010 für einen Beschluss des Rates über die Ermächtigung zu einer Verstärkten Zusammenarbeit im Bereich des auf die Ehescheidung und Trennung ohne Auflösung des Ehebandes anzuwendenden Rechts, KOM (2010) 104 endgültig.

[26] Vorschlag vom 24.3.2010 für eine Verordnung (EU) des Rates zur Begründung einer Verstärkten Zusammenarbeit im Bereich des auf die Ehescheidung und Trennung ohne Auflösung des Ehebandes anzuwendenden Rechts, KOM (2010) 105 endgültig.

che Zustimmung am 16.6.2010 erteilt hatte,[27] erließ der Rat den Ermächtigungsbeschluss am 12.7.2010.[28] Es handelt sich um den ersten Fall einer Setzung partikularen Unionsrechts nach dem Verfahren der Verstärkten Zusammenarbeit, dem damit ein gewisser Testcharakter zukommt.[29]

Zu dem Vorschlag für die Rom III-VO[30] gab es Stellungnahmen des Ausschusses für bürgerliche **7** Freiheiten, Justiz und Inneres vom 29.11.2010[31] und des Ausschusses für die Rechte der Frau und die Gleichstellung der Geschlechter vom 30.11.2010.[32] Diese gingen in den Bericht des Rechtsausschusses vom 7.12.2010[33] ein. Mit der Legislativen Entschließung vom 15.12.2010[34] nahm das Europäische Parlament den Kommissionsvorschlag mit einer Reihe von Änderungen an und forderte zugleich die Kommission auf, die EuEheVO durch eine Klausel über die Notzuständigkeit (forum necessitatis) zu ergänzen.[35] Fünf Tage später, am 20.12.2010, wurde die Rom III-VO vom Rat der Europäischen Union beschlossen.

Inzwischen hat sich die Zahl der Teilnehmer auf 17 erhöht: Seit dem 22.5.2014 gilt die Verordnung **8** für **Litauen**,[36] seit dem 29.7.2015 auch für **Griechenland**,[37] ab dem 11.2.2018 auch für **Estland**.[38]

II. Räumlicher Anwendungsbereich

In den an der Verstärkten Zusammenarbeit teilnehmenden 17 Mitgliedstaaten (→ Rn. 6 ff.) gilt **9** die Rom III-VO als **loi uniforme** (→ Art. 4 Rn. 1). Der räumliche Anwendungsbereich der VO ist mithin auf die teilnehmenden Mitgliedstaaten begrenzt (vgl. Erwägungsgrund 11), der Kreis der möglicherweise anwendbaren Rechte ist dagegen unbegrenzt. Ist in einem Scheidungsfall ein nichtteilnehmender Mitgliedstaat oder ein Drittstaat beteiligt (Bsp: Scheidung eines in Deutschland

[27] Legislative Entschließung des Europäischen Parlaments vom 16. Juni 2010 zu dem Entwurf eines Beschlusses des Rates über die Ermächtigung zu einer Verstärkten Zusammenarbeit im Bereich des auf die Ehescheidung und Trennung ohne Auflösung des Ehebandes anzuwendenden Rechts, mit Referenzangabe P7_TA-PROV(2010)0216 abrufbar auf http://www.europarl.europa.eu/RegistreWeb/search/advanced.htm (erweiterte Suche im Register).

[28] Beschluss des Rates vom 12.7.2010 über die Ermächtigung zu einer Verstärkten Zusammenarbeit im Bereich des auf die Ehescheidung und Trennung ohne Auflösung des Ehebandes anzuwendenden Rechts, ABl. EU 2010 Nr. L 189, 12.

[29] *Mörsdorf-Schulte* RabelsZ 77 (2013), 786 (791 f.).

[30] Beschluss des Rates vom 12.7.2010 über die Ermächtigung zu einer Verstärkten Zusammenarbeit im Bereich des auf die Ehescheidung und Trennung ohne Auflösung des Ehebandes anzuwendenden Rechts, ABl. EU 2010 Nr. L 189, 12.

[31] Stellungnahme des Ausschusses für bürgerliche Freiheiten, Justiz und Inneres v. 29.11.2010 zu dem Vorschlag für eine Verordnung des Rates zur Begründung einer Verstärkten Zusammenarbeit im Bereich des auf die Ehescheidung und Trennung ohne Auflösung des Ehebandes anzuwendenden Rechts (Verfasserin: *Evelyne Gebhardt*), auf http://www.europarl.europa.eu/RegistreWeb/search/advanced.htm abrufbar unter der Referenzangabe LIBE_AD(2010)452553. Unter demselben URL abrufbare Vorarbeiten: Entwurf der Stellungnahme vom 27.10.2010 (Referenz: LIBE_PA(2010)452553) und Prot. der Ausschusssitzung vom 25.11.2010 (Referenz: LIBE_PV(2010)11-25-1).

[32] Stellungnahme des Ausschusses für die Rechte der Frau und die Gleichstellung der Geschlechter v. 30.11.2010 zu dem Vorschlag für eine Verordnung des Rates zur Begründung einer Verstärkten Zusammenarbeit im Bereich des auf die Ehescheidung und Trennung ohne Auflösung des Ehebandes anzuwendenden Rechts (Verfasserin: *Angelika Niebler*), unter der Referenzangabe FEMM_AD(2010)448858 auf http://www.europarl.europa.eu/RegistreWeb/search/advanced.htm abrufbar (erweiterte Suche im Register).

[33] Bericht über den Vorschlag für eine Verordnung des Rates zur Begründung einer Verstärkten Zusammenarbeit im Bereich des auf die Ehescheidung und Trennung ohne Auflösung des Ehebandes anzuwendenden Rechts (Berichterstatter: *Tadeusz Zwiefka*), unter der Referenzangabe P7_A(2010)0360 auf http://www.europarl.europa.eu/RegistreWeb/search/advanced.htm abrufbar (erweiterte Suche im Register).

[34] Legislative Entschließung des Europäischen Parlaments vom 15.12.2010 zu dem Vorschlag für eine Verordnung (EU) des Rates zur Begründung einer Verstärkten Zusammenarbeit im Bereich des auf die Ehescheidung und Trennung ohne Auflösung des Ehebandes anzuwendenden Rechts, unter der Referenzangabe P7_TA-PROV(2010)0477 auf http://www.europarl.europa.eu/RegistreWeb/search/advanced.htm abrufbar (erweiterte Suche im Register).

[35] Vgl. dazu *Tadeusz Zwiefka* im Bericht des Rechtsausschusses (Fn. 33) S. 34; s. a. *Winkler v. Mohrenfels*, FS v. Hoffmann, 2011, 527 (534 f.).

[36] Beschluss der Kommission vom 21.11.2012 zur Bestätigung der Teilnahme Litauens an der Verstärkten Zusammenarbeit im Bereich des auf die Ehescheidung und Trennung ohne Auflösung des Ehebandes anzuwendenden Rechts (2012/714/EU), ABl. EU 2012 Nr. L 323, 18.

[37] Beschluss der Kommission vom 27.1.2014 zur Bestätigung der Teilnahme Griechenlands an der Verstärkten Zusammenarbeit im Bereich des auf die Ehescheidung und Trennung ohne Auflösung des Ehebandes anzuwendenden Rechts (2014/39/EU), ABl. EU 2014 Nr. L 23, 41 vom 28.1.2014.

[38] Beschluss der Kommission vom 10.8.2016 zur Bestätigung der Teilnahme Estlands an der Verstärkten Zusammenarbeit im Bereich des auf die Ehescheidung und Trennung ohne Auflösung des Ehebandes anzuwendenden Rechts (2016/1366/EU), ABl. EU 2016 Nr. L 216, 23 vom 11.8.2016.

lebenden Engländers von seiner deutschen Ehefrau),[39] so ist ein Wettlauf zu den Gerichten (in England und in Deutschland) nicht ausgeschlossen. Ihre uneingeschränkte Vereinheitlichungswirkung kann die VO naturgemäß nur in Fällen entfalten, an denen ausschließlich Staaten beteiligt sind, in denen sie gilt.[40]

III. Zeitlicher Anwendungsbereich

10   Die VO gilt für gerichtliche Verfahren und für Rechtswahlvereinbarungen, die ab dem 21.6.2012 – für Litauen: ab dem 22.5.2014, für Griechenland: ab dem 29.7.2015, für Estland: ab dem 11.2.2018 – eingeleitet bzw. geschlossen wurden (näher → Art. 18 Rn. 1 ff.).

C. Allgemeine Probleme der Anwendung ausländischen Scheidungsrechts

I. Vorfrage

11   Nach der Feststellung des maßgeblichen Scheidungsstatuts stellt sich – auf seinem Boden – die Vorfrage nach dem Bestehen der zu scheidenden Ehe (→ Art. 1 Rn. 24). Das daraus resultierende Problem **hinkender Ehen (Inlandsehen)** ist jedoch bereits auf der **kollisionsrechtlichen Stufe** gelöst worden: Erkennt das Scheidungsstatut die *Ehe* wegen eines Eheschließungsmangels nicht an, so wird sie nach deutschem Recht geschieden (→ Art. 1 Rn. 38); erkennt das deutsche Recht die im Scheidungsstatutsstaat wirksame *Scheidung* nicht an, so wird ein eigenes Scheidungsverfahren nach dem Scheidungsstatut durchgeführt (→ Art. 1 Rn. 43). Ist die Ehe in beiden Rechtsordnungen wirksam, so ist sie nach den Vorschriften des Scheidungsstatuts zu scheiden. Vorfragen, die sich bei der Feststellung der Scheidungsgründe ergeben, sind nach hM grundsätzlich **selbständig anzuknüpfen**, da im Scheidungsrecht – anders als etwa im Namensrecht (→ Einl. IPR Rn. 182) – das Interesse am internationalen Entscheidungseinklang nicht überwiegt. Gegebenenfalls auftretende Normenwidersprüche sind im Wege der Angleichung zu lösen. Kennt das Scheidungsstatut etwa den Scheidungsgrund der Unterhaltspflichtverletzung, erkennt es aber den nach dem Unterhaltsstatut im konkreten Fall vorliegenden Verletzungstatbestand nicht an, so kann danach die Ehe jedenfalls wegen dieses Tatbestands nicht geschieden werden. Denn die unterschiedlichen Auffassungen hinsichtlich der Verletzung des Unterhaltstatbestands führen hier zu einem **beiderseitigen Normenwiderspruch.** Es wäre unangemessen, die Ehe zu scheiden, da sie nach keinem der beiden Statute für sich allein genommen geschieden werden könnte. Umgekehrt kann die Ehe im Wege der Angleichung geschieden werden, wenn der Unterhaltsverletzungstatbestand nach dem Scheidungsstatut gegeben ist, nicht aber nach dem Unterhaltsstatut. Die erforderliche Angleichung kann dabei entweder durch unselbständige Anknüpfung der Vorfrage (kollisionsrechtliche Angleichung)[41] oder durch angleichende Auslegung der materiellrechtlichen Scheidungsnorm (materiellrechtliche Lösung)[42] erfolgen.

II. Intertemporales Recht

12   Bei der Entscheidung über den Scheidungsantrag – und damit ggf. über die subsidiäre Anwendung deutschen Rechts – ist das Scheidungsstatut mit dem Inhalt zugrunde zu legen, den es im Zeitpunkt der **letzten mündlichen Verhandlung** hat (→ Art. 10 Rn. 10): Das Scheidungsstatut des Abs. 1 ist **unwandelbar angeknüpft,** kann sich aber während des Verfahrens **inhaltlich ändern.** In diesem Falle sind die vom ausländischen Gesetzgeber vorgesehenen **Übergangsvorschriften** zu beachten (→ Einl. IPR Rn. 52).

III. Nichtermittelbarkeit des Inhalts des anwendbaren Rechts

13   Die Rom III-VO enthält – ebensowenig wie Art. 17 aF EGBGB – keine Regelung für den Fall, dass sich der Inhalt des anzuwendenden Rechts mit den zur Verfügung stehenden Mitteln nicht feststellen lässt. Zu Art. 17 aF EGBGB wurde für diesen Fall vereinzelt die entsprechende Anwendung von Art. 17 Abs. 1 S. 2 aF EGBGB befürwortet.[43] Bei der Nichtermittelbarkeit des Inhalts eines ausländischen Rechts handelt es sich um ein bekanntes kollisionsrechtliches Problem, das nach den

---

[39] Beispiel von *Zeitzmann* ZEuS 2011, 87 (106).
[40] *Zeitzmann* ZEuS 2011, 87 (106).
[41] In diesem Sinne OLG Stuttgart FamRZ 1997, 882.
[42] *Koch/Magnus/Winkler v. Mohrenfels* IPR § 1 Rn. 31.
[43] Palandt/*Thorn*, 71. Aufl. 2012, Rn. 9.

dafür entwickelten Regeln zu lösen ist (→ Einl. IPR Rn. 303 ff. Mit dem BGH und der hL ist hier ersatzweise die **lex fori** anzuwenden.[44] Der zu Art. 17 aF EGBGB gemachte Vorschlag, stattdessen im Rahmen der Anknüpfungsleiter des Art. 14 Abs. 1 EGBGB zur nächsten Stufe überzugehen,[45] könnte rein technisch auf die Anknüpfungsleiter des Art. 8 Rom III-VO übertragen werden. Der Vorschlag missachtet aber den ursprünglichen kollisionsrechtlichen Anwendungsbefehl und würde auch nur helfen, wenn die Ersatzanknüpfung zur Geltung eines anderen Statuts führen würde, dessen Inhalt feststellbar ist. Auch die Anwendung derjenigen Regel, die am nächsten verwandt oder am wahrscheinlichsten ist,[46] erscheint angesichts der eigenständigen Entwicklung in den ehemals abhängigen Rechtsordnungen nicht praktikabel.[47] Mit Rücksicht darauf, dass durch die internationale Zuständigkeit der deutschen Gerichte jedenfalls ein ausreichender Inlandsbezug besteht, erscheint die Anwendung der lex fori gerechtfertigt; sie wird auch international bei neueren Kodifikationen bevorzugt.[48] Dies gilt umso mehr, als Art. 8 Rom III-VO in letzter Stufe ohnehin die lex fori beruft.

IV. Abweichende Vollzugsformen

1. Problemstellung. Der inländische Scheidungsvollzug ist auf das deutsche Sachrecht (materielle **14** Recht) zugeschnitten. Deshalb können sich bei gerichtlicher Scheidung nach ausländischem Recht schwierige **Anpassungsprobleme** ergeben. Kennzeichnend für das deutsche Scheidungsverfahren sind neben dem Prinzip der **Scheidung durch richterliche Entscheidung** (§ 1564 BGB) vor allem das besondere **Verfahren in Ehesachen** – insbesondere der **Untersuchungsgrundsatz** (§§ 26, 127 FamFG) und der **Verbund von Scheidungs- und Folgesachen** (§ 137 FamFG). Zu nennen ist schließlich noch die Möglichkeit der **Zustimmung zur Scheidung** gemäß § 134 FamFG iVm. §§ 1565, 1566 Abs. 1 BGB.

Diese Grundsätze über den Scheidungsvollzug kehren in ähnlicher Form auch in ausländischen **15** Rechtsordnungen wieder. Insbesondere die Scheidung durch Urteil eines staatlichen Gerichts ist weit verbreitet. Es sind aber auch in erheblichem Umfang andere Vollzugsarten[49] anzutreffen. Zu nennen sind die Scheidung durch einen Verwaltungsakt (etwa in Dänemark und Norwegen), durch einen Akt der Freiwilligen Gerichtsbarkeit und durch Rechtsgeschäft (Privatscheidung). Weitere Unterschiede zum inländischen Scheidungsvollzug ergeben sich, wenn das ausländische Scheidungsstatut zwar auch ein Scheidungsverfahren vor einem staatlichen Gericht vorsieht, aber **zusätzliche Erfordernisse** aufstellt, etwa die Mitwirkung des Staatsanwalts, einen Sühneversuch (zu beiden → Rn. 18 ff.), einen Schuldausspruch (→ Rn. 23 ff.) oder eine Registrierung des Urteils (→ Rn. 29 ff.). Auch der Vollzug einer **einverständlichen Scheidung** kann im Einzelfall Probleme bereiten (→ Rn. 30 ff.).

In diesen Fällen stellt sich die Frage, ob und inwieweit die ausländische Vollzugsform eingehalten **16** werden muss und was zu geschehen hat, wenn dies nicht möglich ist: Ob der Scheidungsantrag dann abzuweisen oder der ausländische Vollzug durch den inländischen zu ersetzen bzw. an diesen anzugleichen ist. Die Antwort hängt mit davon ab, wie die jeweiligen Vollzugsgrundsätze zu **qualifizieren** sind: Sind sie **verfahrensrechtlicher** Natur,[50] dann wären sie unbeachtlich, weil das Verfahren allein durch die **lex fori** bestimmt wird; als **materiellrechtliche** Voraussetzungen wären sie dagegen zu beachten, und der Scheidungsantrag müsste uU als unbegründet abgewiesen werden.[51] Eine Qualifikation als **Formerfordernisse** mit der Folge der analogen Anwendung des auf Rechtsgeschäfte zugeschnittenen Art. 11 EGBGB kommt dagegen für inländische Scheidungen nicht in

[44] BGH NJW 1982, 1216; BGHZ 69, 387 = NJW 1978, 496; KG FamRZ 2002, 166; *v. Bar/Mankowski* IPR I § 5 Rn. 104 ff.; *Kropholler* IPR § 31 III 1; *Siehr* IPR § 52 I 1 d; *Sommerlad/Schrey* NJW 1991, 1377 (1382 f.); *Koch/Magnus/Winkler v. Mohrenfels* IPR § 1 Rn. 46.
[45] Vorgeschlagen von *K. Müller* NJW 1981, 481 ff. und *Kreuzer* NJW 1983, 1943 ff., wiederaufgegriffen von *Kersting* FamRZ 1992, 268 (271).
[46] *Kegel/Schurig* IPR § 15 V 2; → Einl. IPR Rn. 304. Subsidiär auch *Kropholler* IPR § 31 III 2 a.
[47] Ebenso *v. Bar/Mankowski* IPR I § 5 Rn. 106.
[48] Nachweise bei *v. Bar/Mankowski* IPR I § 5 Rn. 106 Fn. 553.
[49] Ausf. Übersicht bei *Staudinger/Gamillscheg*, 10./11. Aufl. 1973, EGBGB Art. 17 Rn. 374–381.
[50] HM, vgl. BGHZ 82, 34 (47) = NJW 1982, 517 (519) = IPRax 1983, 37 m. krit. Anm. *Kegel* IPRax 1983, 22; OLG Stuttgart IPRax 1981, 213 m. Anm. *Beitzke* IPRax 1981, 202; OLG Hamm NJW 1981, 2648 (2649) (Scheidungsverbund); OLG Hamm FamRZ 1995, 174 (176) (Gütetermin nach marokkanischem Recht); OLG Frankfurt FamRZ 2002, 293 (Versöhnungsversuch nach kroatischem Recht); AG Lüdenscheid FamRZ 2002, 1486 (Versöhnungsversuch nach italienischem Recht); *Habscheid* FamRZ 1975, 76 (79) (aber differenzierend); *Henrich* IPRax 1982, 94 (95); *v. Bar* IPR II Rn. 268; *Erman/Hohloch* Rn. 35; *Palandt/Thorn*, 76. Aufl. 2017, Art. 1 Rn. 6; *Staudinger/Mankowski* (2011) EGBGB Art. 17 Rn. 233.
[51] IdS eindeutig *Staudinger/Gamillscheg*, 10./11. Aufl. 1973, EGBGB Art. 17 Rn. 377 mit weit. Lit.

Betracht, da sie gemäß Art. 17 Abs. 2 EGBGB nicht durch Rechtsgeschäft, sondern nur durch **staatlichen Gestaltungsakt** erfolgen können.

17   Eine einheitliche Antwort auf diese Qualifikationsfrage ist nicht möglich, denn die einzelnen Vollzugserfordernisse können durchaus unterschiedlich geprägt sein. Mit einer einheitlichen Qualifikation, die diesen Unterschieden nicht gerecht würde, wäre nichts gewonnen. Die Qualifikationsfrage ist daher bei den nachfolgenden Vollzugsvoraussetzungen stets erneut zu stellen. Entscheidend ist dabei die Funktion der jeweiligen Regelung (→ Einl. IPR Rn. 130).

18   **2. Mitwirkung der Staatsanwaltschaft und Versöhnungsversuch.** In einigen Rechtsordnungen, insbesondere im italienischen Recht,[52] sind im Trennungs- und Scheidungsverfahren die Mitwirkung der Staatsanwaltschaft[53] und ein Versöhnungsversuch[54] vorgesehen. Es fragt sich, ob diesen Voraussetzungen im deutschen Scheidungsverfahren Genüge getan werden kann. Sollte dies nicht möglich sein, so ergäbe sich die weitere Frage, ob dies nicht offensichtlich der Anerkennung des deutschen Scheidungsurteils im Scheidungsstatutsstaat entgegensteht, woran in den in → Nach Art. 17a EGBGB Rn. 46 genannten Fällen uU die internationale Restzuständigkeit des deutschen Gerichts scheitern könnte (§ 98 Abs. 1 Nr. 4 FamFG).

19   Sowohl bei der Mitwirkung der Staatsanwaltschaft als auch beim Sühneversuch handelt es sich um **verfahrensrechtliche** Vorschriften (→ Rn. 16). Dass sie „sachrechtsbezogen" sind,[55] ändert an dieser Qualifikation nichts.[56] Daraus folgt, dass sich für diese Vorschriften im deutschen Verfahren **kein unmittelbarer Rechtsanwendungsbefehl** ergibt.

20   Ein **mittelbarer** Zwang zu ihrer Beachtung kann sich **außerhalb des EU-Bereichs** daraus ergeben, dass ohne ihre Beachtung die Anerkennung des Scheidungsurteils im Scheidungsstatutsstaat und damit wiederum die internationale Zuständigkeit der deutschen Gerichte entfällt. **Im Bereich der EU** ist die Problematik mit dem Inkrafttreten der EuEheVO (→ Nach Art. 17a EGBGB Rn. 1 f.) weitgehend entfallen, da die internationale Zuständigkeit der deutschen Gerichte nach den einschlägigen Vorschriften der EuEheVO nicht mehr von der Anerkennung des Urteils im Scheidungsstatutsstaat abhängig ist; sie spielt nur noch in den in → Nach Art. 17a EGBGB Rn. 46 genannten Fällen uU eine Rolle.

21   Falls weder eine unmittelbare noch eine mittelbare kollisionsrechtliche Pflicht zur Anwendung der genannten Verfahrensvorschriften besteht, ist doch ihre Berücksichtigung im deutschen Verfahren nicht ausgeschlossen[57] (vgl. auch → Nach Art. 17a EGBGB Rn. 33). Für **Versöhnungsversuche** oder **Mediationsverfahren** kann auf § 135 FamFG zurückgegriffen werden. Soweit dies nicht hilft, sollten **außerhalb des EU-Bereichs** zwecks tunlicher Vermeidung hinkender Ehen die ausländischen Verfahrensvorschriften nach Möglichkeit berücksichtigt werden, wenn die Anerkennungsfrage nicht mit hinreichender Sicherheit beantwortet werden kann.[58] Hinsichtlich der **Mitwirkung der Staatsanwaltschaft** ist diese Möglichkeit wohl nicht gegeben.[59] **Innerhalb der EU** kann auf die Beachtung der ausländischen Verfahrensvorschriften verzichtet werden, denn ein *offensichtlicher ordre-public-Verstoß* iS von Art. 22 lit. a Brüssel IIa-VO dürfte in der Nichtbeachtung der Verfahrensvorschriften kaum gesehen werden.[60]

---

[52] Art. 4 Abs. 7 bzw. Art. 5 Abs. 1 Gesetz Nr. 898 vom 1.12.1970, deutscher Text bei Bergmann/Ferid/Henrich/Cieslar, Italien, Stand: 15.5.2017, S. 129. Dazu *Funke*, Trennung und Scheidung im italienischen Recht – vermögensrechtliche Folgen, 1997, 7 ff.; *Fleig*, Die Ehescheidung im italienischen Recht, 1975, 152; *Grunsky*, Italienisches Familienrecht, 2. Aufl. 1978, 83; *Migliazza* ZfRV 20 (1979), 112.

[53] *Funke* Trennung und Scheidung im italienischen Recht – vermögensrechtliche Folgen, 1997, 37.

[54] Frankreich: Art. 252 ff. C.c., deutscher Text bei Bergmann/Ferid/Henrich/Cieslar, Frankreich, Stand: 1.2.2014, S. 83. Portugal: Art. 1779 port. ZGB, deutscher Text bei Bergmann/Ferid/Henrich/Cieslar, Portugal, Stand: 7.3.2016, S. 92.

[55] So OLG Bremen IPRax 1985, 47 (LS) m. Anm. *Jayme*.

[56] AA Soergel/*Schurig* EGBGB Art. 17 Rn. 57 (Sühneversuch könne auch sachliche Voraussetzung der Scheidbarkeit sein).

[57] OLG Düsseldorf FamRZ 1981, 146; OLG Hamm NJW 1981, 2648; OLG Frankfurt IPRax 1983, 193 Nr. 54c (LS) und AG Besigheim ebd. Nr. 54a (LS) = NJW 1983, 527 [LS]) m. zust. Anm. *Jayme*; OLG Köln FamRZ 1983, 922; LG Hamburg FamRZ 1972, 40; AG München FamRZ 1979, 815 m. Anm. *Hausmann*; AG Lüneburg NdsRpfl. 1980, 110; AG Frankfurt IPRax 1982, 79 (LS) m. Anm. *Jayme*. *Jayme* IPRax 1982, 56 (57); Erman/*Hohloch* EGBGB Art. 17 Rn. 44; Johannsen/Henrich/*Henrich* EGBGB Anh. Art. 17 Rn. 72; Staudinger/*Mankowski* (2011) EGBGB Art. 17 Rn. 468; NK-BGB/*Gruber* Art. 1 Rn. 52; aA OLG Frankfurt IPRax 1983, 193 Nr. 54b (LS). Offen gelassen von OLG Karlsruhe FamRZ 1991, 1308 (1309) = IPRspr. 1991 Nr. 88.

[58] AA AG Lüdenscheid FamRZ 2002, 1486 (1487).

[59] OLG Frankfurt IPRax 1983, 193 (LS); AG Besigheim NJW 1981, 2647 (2648) = IPRax 1982, 73 m. Anm. *Jayme* 56; IPRax 1983, 193 (LS); AG Lüdenscheid FamRZ 2002, 1486 (1488). AA *Jayme* IPRax 1982, 56 (58).

[60] AG Lüdenscheid FamRZ 2002, 1486 (1488).

3. Rückkehraufforderung. Art. 164 Abs. 1 türk. ZGB[61] setzt – ebenso wie früher Art. 140 aF **22** schweizerisches ZGB – für den Fall der Scheidung wegen böswilligen Verlassens voraus, dass eine vorherige gerichtliche Rückkehraufforderung ohne Erfolg geblieben ist. Die Entscheidung ergeht gemäß Art. 164 Abs. 2 türk. ZGB nur auf Antrag und ohne Sachprüfung. Sie hat keinen Urteilscharakter, sondern lediglich eine Ordnungs- und Beweisfunktion;[62] ein Rechtsmittel ist gegen sie nicht gegeben.[63] Ihrer Natur nach handelt es sich hierbei um eine Verfahrensvorschrift, die grundsätzlich der lex fori unterliegt. Da das deutsche Scheidungsverfahrensrecht eine vergleichbare Vorschrift nicht kennt, gibt es ein Angleichungsproblem.[64] Etwas Wesensfremdes wird hier von den deutschen Gerichten nicht verlangt. Es gibt auch keinen plausiblen Grund dafür, die Entscheidung abweichend vom türkischen Recht nur nach vorheriger Sachprüfung zuzulassen.[65] Die Rückkehraufforderung ergeht unabhängig davon, ob der Ehegatte einen wichtigen Grund für die Trennung hatte oder nicht; nur im zuletzt genannten Fall ist aber nach Art. 164 Abs. 1 türk. ZGB die Scheidung möglich. Unter diesen Umständen verstößt die Tatsache, dass die Aufforderung ohne Sachprüfung ergeht, nicht gegen den deutschen ordre public.[66]

4. Schuldfeststellung. a) Im Scheidungsurteil. Im deutschen Recht ist seit Einführung des **23** Zerrüttungsprinzips ein Schuldausspruch bei der Scheidung nicht mehr vorgesehen. Anders ist die Situation in einer Reihe ausländischer Rechte, wie etwa im französischen oder türkischen.[67] Hier stellt sich die Frage, ob der nach dem ausländischen Scheidungsstatut mögliche oder sogar erforderliche Schuldausspruch im deutschen Scheidungsbeschluss getroffen werden kann oder muss. Genaugenommen geht es dabei um drei Teilfragen, die in der Diskussion nicht immer klar unterschieden werden:

a) Zunächst fragt sich, ob das nach dem ausländischen Statut erforderliche Verschulden **erforscht 24** werden darf. Diese Frage ist eindeutig und vorbehaltlos zu **bejahen.** Es geht insoweit allein um die Erforschung einer materiellrechtlichen Scheidungsvoraussetzung, die folglich materiellrechtlich zu qualifizieren und dem Scheidungsstatut zu unterstellen ist. Diese Voraussetzung ist auch nicht allein deshalb ordre-public-widrig, weil es nach deutschem Recht auf das Verschulden nicht mehr ankommt. Allerdings ist zu fordern, dass für den mit dem Schuldvorwurf überzogenen Ehegatten angemessene Möglichkeiten zur Verfügung stehen, das **Mitverschulden** des anderen Teils zur Geltung zu bringen und dadurch das eigene Verschulden abzumildern oder ihm den Charakter des einseitigen Fehlverhaltens zu nehmen.[68] Soweit dies nicht der Fall ist, ist die Schuldfeststellung an den deutschen ordre public anzupassen.[69] Innerhalb dieser Grenze sind die ausländischen Vorschriften aber so anzuwenden und auszulegen, wie es in dem Statutsstaat geschieht.[70]

b) Anschließend stellt sich die Frage, ob das Verschulden in den **Entscheidungsgründen** auch als **25** alleiniges, überwiegendes oder als Mitverschulden **festgestellt** werden darf oder muss, wenn das ausländische Scheidungsstatut dies vorsieht. Diese Frage ist verfahrensrechtlicher Natur; auch sie ist uneingeschränkt zu bejahen. Falls die Ehe überhaupt nur aus alleinigem oder überwiegendem Verschulden geschieden werden kann, versteht es sich von selbst, dass eine entsprechende Schuldfeststellung in den Entscheidungsgründen zu erfolgen hat. Aber darauf kommt es nicht an. Denn Ziel des Verfahrensrechts ist die Verwirklichung des materiellen Rechts,[71] und deshalb reicht es aus, wenn die Verschuldensfeststellung nach dem Scheidungsstatut – von Amts wegen oder auf Antrag – bei der Scheidung getroffen werden muss. Hierfür ist es unerheblich, ob der Schuldausspruch für die Nebenfolgen der Scheidung von Bedeutung ist oder nicht.[72] Eine Benachteiligung der deutschen Frau[73] kann hierin nach den neuen Anknüpfungsgrundsätzen nicht mehr liegen.

---

[61] Deutscher Text bei Bergmann/Ferid/Henrich/Cieslar, Türkei (Stand: 24.2.2017) S. 62.

[62] *Heiderhoff* IPRax 2007, 118 (119).

[63] *Hohloch*, Internationales Scheidungs- und Scheidungsfolgenrecht, 1998, Türkei 6 B Rn. 54 mwN; OLG Stuttgart IPRax 1007, 131, 133; *Heiderhoff* IPRax 2007, 118 (119).

[64] Vgl. *Heiderhoff* IPRax 2007, 118.

[65] AA OLG Stuttgart IPRax 2007, 131 (133).

[66] Unrichtig deshalb OLG Stuttgart IPRax 2007, 131 (133); wie hier *Heiderhoff* IPRax 2007, 118 (119).

[67] Vgl. Türk. Kassationshof FamRZ 1993, 1208 m. Anm. *Rumpf.* Eingehend zum türkischen Recht *Odendahl* FamRZ 2000, 462; *Oğuz* FamRZ 2005, 766 ff.

[68] BGH NJW 1982, 1940 (1942) = IPRax 1983, 180 (182).

[69] Vgl. OLG Frankfurt IPRax 1982, 22 (23) (etwas übertrieben: Schuld griech. Rechts nach „Stand der deutschen Rechtskultur" zu deuten).

[70] Vgl. *Henrich* IPRax 1982, 9 (10).

[71] BGH NJW 1988, 636 (638) = IPRax 1988, 173 (175).

[72] Ebenso Staudinger/*Mankowski* (2011) EGBGB Art. 17 Rn. 237.

[73] Vgl. OLG Frankfurt FamRZ 1977, 813 (814).

26 c) Als drittes fragt sich schließlich, ob die Schuldfeststellung als Schuldausspruch in den **Tenor** aufzunehmen ist, wenn das ausländische Scheidungsstatut dies verlangt. Auch diese Frage ist verfahrensrechtlich zu qualifizieren. Der BGH hatte zunächst zwar aus dieser Qualifizierung des **Standorts der Schuldfeststellung** gefolgert, dass der Schuldausspruch nicht in den Entscheidungstenor, sondern nur in die Gründe aufgenommen werden dürfe.[74] Hiervon ist er später mit Recht abgerückt.[75] Auch hier gilt der Satz, dass das Verfahrensrecht der Verwirklichung des materiellen Rechts dient. Dass das deutsche materielle Recht keine Verschuldensfeststellung mehr kennt, hindert uns nicht, unser Verfahrensrecht zur Verwirklichung anders lautender ausländischer Rechtsvorstellungen einzusetzen, wenn unser Kollisionsrecht dies verlangt.

b) Nachholung der Schuldfeststellung.

27 a) Ist im **ausländischen Scheidungsverfahren** eine Schuldfeststellung unterblieben, so kann die Schuldfrage im Zusammenhang mit den **Scheidungsfolgen** später akut werden. Wird das Scheidungsurteil nämlich im Inland anerkannt und streiten die Eheleute hier um eine **im ausländischen Verfahren nicht geregelte Scheidungsfolge,** so kann hierfür nach unserem Kollisionsrecht durchaus ein anderes Recht als das im ausländischen Scheidungsverfahren angewendete maßgeblich sein. Macht das anzuwendende Scheidungsfolgenstatut die Scheidungsfolge von der Verschuldensfrage abhängig, so ist die Schuldfeststellung **nachzuholen.** Hierfür gibt es kein gesondertes Verfahren, sondern die Feststellung erfolgt im Rechtsstreit um die Scheidungsfolge **inzident.**[76]

28 b) Ist im **inländischen Scheidungsverfahren** die nach dem Scheidungsstatut erforderliche Schuldfeststellung unterblieben, so kann sie **nicht** gemäß § 43 FamFG nachgeholt werden. Denn von der Schuldfeststellung kann der Inhalt des Scheidungsurteils in der Hauptsache und in ggf. geltend gemachten Nebenfolgen abhängen; der Schuldausspruch kann daher nicht von den übrigen Teilen des Verfahrens getrennt werden (Grundsatz der Einheitlichkeit der Entscheidung).[77] Auf die Zweiwochenfrist des § 43 Abs. 2 FamFG kommt es deshalb nicht an.[78] Die Nachholung der Schuldfeststellung ist nur möglich, indem das **gesamte Urteil** durch Rechtsmittel angefochten wird. Ist die Rechtsmittelfrist abgelaufen, bleibt auch hier nur die **Inzidentfeststellung** im Verfahren über die Folgesache (→ Rn. 27).[79]

29 **5. Registereintragung.** Nach manchen Rechtsordnungen tritt die eheauflösende Wirkung von Scheidungsurteilen erst mit ihrer **Eintragung** in ein Zivilstandsregister ein. Zu nennen sind etwa das belgische (Art. 1303 Code judiciaire), das niederländische (Art. 1:163 BW) und das italienische Recht (Art. 10 Scheidungsgesetz).[80] Das Eintragungserfordernis gilt selbstverständlich auch für (aus der Sicht des Statutsstaats) ausländische Urteile. Dies bedeutet, dass deutschen Scheidungsurteilen im Statutsstaat eheauflösende Wirkung nur dann zukommt, wenn sie nicht nur anerkannt, sondern außerdem auch **registriert** worden sind. Welche Folgen dies für die Gestaltungswirkung der deutschen Scheidungsurteile hat, ist **umstritten.** Der Streit konzentriert sich auf die Frage, ob § 1564 S. 2 BGB („Die Ehe ist mit der Rechtskraft des Urteils aufgelöst.") **verfahrensrechtlich** zu qualifizieren und damit auch bei ausländischem Scheidungsstatut als Bestandteil der lex fori anzuwenden ist (→ Rn. 16),[81] oder ob er infolge **materiellrechtlicher** Qualifikation in solchen Fällen unan-

---

[74] BGH NJW 1982, 1940 (1942) = IPRax 1983, 180 (182). Vgl. aus der früheren Rspr. ferner AG Hamburg-Altona IPRspr. 1982 Nr. 72 (griech. Recht). Im gleichen Sinne seinerzeit u.a. Staudinger/*Gamillscheg*, 10./11. Aufl. 1973, ZPO § 606b Rn. 590. AA trotz verfahrensrechtlicher Qualifikation Soergel/*Schurig* EGBGB Art. 17 Rn. 73.

[75] BGH NJW 1988, 636 (638) = IPRax 1988, 173 (175) = FamRZ 1987, 793 (795) (betr. Trennungsverfügung nach italienischem Recht). Ihm folgend OLG Celle FamRZ 1989, 623 (poln. Recht); OLG Hamm FamRZ 1989, 625 (poln. Recht); OLG Karlsruhe NJW-RR 1990, 777; FamRZ 1995, 738 (österr. Recht); OLG Zweibrücken FamRZ 1997, 430 (poln. Recht); OLG Hamm IPRax 2000, 309 (poln. Recht). Ebenso vorher aus der Rspr. zuletzt Schleswig-Holsteinisches OLG DAVorm. 1982, 709 (712) = IPRspr. 1981 Nr. 68; OLG Frankfurt IPRax 1982, 22. Aus der Lit.: *Henrich* IPRax 1983, 161 (163); *Lüderitz* IPRax 1987, 74 (77); *H. Roth* IPRax 2000, 292. Zust. ferner Johannsen/Henrich/*Henrich* EGBGB Anh. Art. 17 Rn. 73; Palandt/*Thorn,* 76. Aufl. 2017, Art. 1 Rn. 6; NK-BGB/*Gruber* Art. 1 Rn. 57.

[76] BGH FamRZ 1976, 614 (615). Anders: *Jayme/Siehr* FamRZ 1969, 188 (192).

[77] Vgl. zu § 321 ZPO: OLG Hamm IPRax 2000, 308 m. Anm. *H. Roth* IPRax 2000, 292.

[78] Unklar insoweit (zu § 321 Abs. 2 ZPO) *H. Roth* IPRax 2000, 292 unter III.1, wie hier unter VI.

[79] *H. Roth* IPRax 2000, 292 (293 f.).

[80] Beispiele für Fälle, in denen Registrierung nur für Wirkung gegenüber Dritten erheblich ist, bei *Hausmann*, Kollisionsrechtliche Schranken von Scheidungsurteilen, 1980, 77 Fn. 50. Vgl. ferner LG Darmstadt FamRZ 1974, 192 m. Anm. *Jayme.*

[81] So KG IPRspr. 1931 Nr. 79 und die hM in der Lit., vgl. *Kegel/Schurig* IPR § 20 VII 3 b; Erman/*Hohloch* EGBGB Art. 17 Rn. 45. Im Ergebnis ebenso Soergel/*Schurig* EGBGB Art. 17 Rn. 62.

wendbar ist mit der Folge, dass das inländische Urteil auch im Inland erst nach der Registrierung im Zivilstandsregister des Scheidungsstatutsstaats seine rechtsgestaltende Wirkung entfalten kann.[82] Zutreffend ist die verfahrensrechtliche Qualifikation (→ EGBGB Art. 17 Rn. 23).

6. Einverständliche Scheidung. Wenn die Eheleute die einverständliche Scheidung[83] beantra- **30** gen und das anwendbare ausländische Recht sie auch zulässt, wie etwa das belgische, französische, japanische, koreanische, kroatische, montenegrinische, österreichische, serbische und slowenische Recht,[84] kann die **Abgrenzung** der **materiellrechtlichen** von den **verfahrensmäßigen** Vorausset- zungen Schwierigkeiten bereiten. Zu den materiellrechtlichen Voraussetzungen gehören die in den genannten Rechtsordnungen verlangten Vereinbarungen der Eheleute über bestimmte Scheidungs- folgen auch dann, wenn sie – wie seinerzeit in § 630 aF ZPO[85] – nicht im Sachrecht, sondern im Prozessrecht stehen;[86] denn nicht der Standort, sondern die Funktion einer Vorschrift entscheidet über ihre Qualifikation (→ Einl. IPR Rn. 130). Ob solche Vereinbarungen erforderlich sind und ggf. wirksam getroffen wurden, beurteilt sich deshalb nach dem **Scheidungsstatut.** Das Scheidungsstatut bestimmt also auch, ob ein Einverständnis – wie gemäß § 1566 Abs. 1 BGB – schon dann anzuneh- men ist, wenn beide Ehegatten die Scheidung beantragen. Ohne eine dem § 1566 Abs. 1 BGB entsprechende Regelung wird das **im Zweifel zu verneinen sein.**[87]

Wenn die Antragsschrift den Anforderungen des ausländischen Scheidungsstatuts **nicht genügt,** **31** ist den Parteien Gelegenheit zur Nachbesserung zu geben. Bleibt dies erfolglos, kann jeder Antragstel- ler seinen Antrag auf eine streitige Scheidung umstellen. Andernfalls ist der Antrag auf einverständli- che Scheidung abzuweisen, und zwar – mit Rücksicht auf die materiellrechtliche Natur der genann- ten Anforderungen (→ Rn. 30) – durch **Sachurteil.**[88]

7. Privatscheidung. Die Rom III-VO gilt – anders als die Brüssel IIa-VO – grundsätzlich auch **32** für Privatscheidungen.[89] Eine Privatscheidung kann gemäß Art. 17 Abs. 2 EGBGB im Inland ohne gerichtliche Mitwirkung nicht wirksam vorgenommen werden (näher → EGBGB Art. 17 Rn. 14 ff.). Bei Ehegatten mit **gemeinsamer ausländischer Staatsangehörigkeit** ohne (letzten) gemeinsamen gewöhnlichen Aufenthalt kann es vorkommen, dass das Scheidungsstatut – ihr gemein- sames Heimatrecht, Art. 8 lit. c – nur diese Art der Scheidung kennt. Wollen die Eheleute sich nicht zum Zwecke der Scheidung auf die Heimreise begeben, so bleibt ihnen die Möglichkeit, vor dem deutschen Familiengericht die Scheidung zu beantragen. Zur **internationalen Zuständigkeit** der deutschen Gerichte für diesen Fall → EGBGB Anh. Art. 17a Rn. 53.

a) Scheidung in Anwendung ausländischen Rechts. Bei der gerichtlichen Scheidung auf- **33** grund eines Scheidungsstatuts, welches nur die Privatscheidung kennt, ergeben sich sowohl materiell- rechtliche als auch verfahrensrechtliche Fragen. Die **verfahrensrechtliche** Frage betrifft den **Voll- zug** der Scheidung; sie ist unproblematisch: Die bei uns nicht zulässige rechtsgeschäftliche Form der Scheidung wird durch die **rechtsgestaltende Wirkung** des gerichtlichen Beschlusses ersetzt: das Gericht scheidet die Ehe gemäß **§ 1564 BGB** – der insoweit verfahrensrechtlichen Charakter hat[90] –

---

[82] So aus der Rspr.: OLG Bremen IPRspr. 1954/55 Nr. 94 (lux.); LG Augsburg IPRspr. 1952/53 Nr. 118 (belg.). In der Lit.: *Schlosser*, Gestaltungsklagen und Gestaltungsurteile, 1966, 314 ff.; *Hausmann*, Kollisionsrechtli- che Schranken von Scheidungsurteilen, 1980, 81.

[83] Rechtsvergleichung bei *Dutoit* ZfRV 21 (1980), 252. Vgl. auch *Martiny* StAZ 2011, 197 ff.

[84] Vgl. Bergmann/Ferid/Henrich/Cieslar, Belgien, Stand: 15.3.2011, S. 98 (Art. 230 C.c.) u. 167 (Art. 1287 ff. code judiciare – GGB); Frankreich, Stand: 1.2.2014, S. 81 (Art. 230 bis 234 C.c.); Japan, Stand: 30.6.2011, S. 65 ff. (Art. 763 bis 769 Zivilgesetz); Korea, Republik, Stand: 31.12.1992, S. 43 (Art. 834 ff. ZGB); Kroatien, Stand: 1.3.2014, S. 50 f. (Art. 42 f. Familiengesetz); Montenegro, Stand: 1.11.2016, S. 42 f. (Art. 56 Familiengesetz); Österreich, Stand: 1.5.2017, S. 147 (§ 55a EheG); Serbien, Stand: 30.6.2006, S. 55 (Art. 40 Familiengesetz); Slowenien, Stand: 1.12.2008, S. 80 (Art. 64 Gesetz über die Ehe- und Familienbeziehungen). Zu *Japan* siehe ferner den Konferenzbericht von *Erb-Klünemann/Stößer/Bißmaier* FamRZ 2012, 1539. Weitere Beispiele bei *Martiny* StAZ 2011, 197 (198).

[85] § 630 Abs. 1 ZPO findet in §§ 133, 134 FamFG keine Entsprechung. Damit wird bewirkt, dass eine Regelung über bestimmte Scheidungsfolgen nicht mehr Voraussetzung für das Eingreifen der unwiderlegbaren Vermutung für das Scheitern der Ehe gemäß § 1566 Abs. 1 BGB ist (BT-Drs. 16/6308, 229).

[86] *Jayme* NJW 1977, 1378 (1382); Stein/Jonas/*Schlosser*, 21. Aufl. 1993, ZPO § 630 Rn. 3. Diff. MüKoZPO/ *Finger*, 3. Aufl. 2007, § 630 Rn. 5; BLAH/*Hartmann*, 66. Aufl. 2008, ZPO § 630 Rn. 5.

[87] Vgl. Staudinger/*Gamillscheg*, 10./11. Aufl. 1973, EGBGB Art. 17 Rn. 360. AA KG IPRspr. 1934 Nr. 53.

[88] *Jayme* NJW 1977, 1378 (1382); Stein/Jonas/*Schlosser*, 21. Aufl. 1993, ZPO § 630 Rn. 3. Diff. MüKoZPO/ *Finger*, 3. Aufl. 2007, § 630 Rn. 5; BLAH/*Hartmann*, 66. Aufl. 2008, ZPO § 630 Rn. 5.

[89] *Helms* FamRZ 2011, 1765 (1766); *Traar* ÖJZ 2011, 805 (807); *Hau* FamRZ 2013, 249 (250); *Mörsdorf-Schulte* RabelsZ 77 (2013), 786 (804); *Rösler* RabelsZ 78 (2014), 155 (173); Palandt/*Thorn*, 76. Aufl. 2017, Art. 1 Rn. 3; ausführlich *Raupach* Ehescheidung mit Auslandsbezug 90 ff. mwN in Fn. 423. AA *Gruber* IPRax 2012, 281 (283).

[90] BGHZ 160, 322 = FamRZ 2004, 1952 (1956).

aufgrund der Feststellung, dass die Voraussetzungen für eine Scheidung nach dem ausländischen Statut erfüllt sind.

34   **b) Verwerfungsklausel.** Verstößt das ausländische Scheidungsstatut **generell** gegen das Gebot des gleichberechtigten Zugangs der Ehegatten zum Scheidungsrecht, so ist es nach Art. 10 zugunsten der **lex fori** zu verwerfen (→ Art. 10 Rn. 11). Dies gilt insbesondere für ein einseitiges, willkürliches **talaq**-Recht des Ehemannes. Diese Art der Privatscheidung ist in der EU nicht möglich.

35   **c) Ordre public.** Verstößt das der Privatscheidung zugrunde liegende ausländische Recht **nicht generell,** aber im Ergebnis des konkreten Einzelfalls gegen den Gleichberechtigungsgrundsatz, so ist ihm unter den Voraussetzungen des Art. 12 (→ Art. 12 Rn. 8 f.) die Anwendung zu versagen, ersatzweise gilt wiederum die lex fori.

36   **d) Mitwirkung eines religiösen Gerichts.** Nach **israelischem** Recht (zur Gleichberechtigungsfrage → Art. 10 Rn. 12) erfolgt die Scheidung durch Übergabe des Scheidebriefes (sog. *Get*),[91] also als (religiöse) Privatscheidung, jedoch muss zuvor das **Rabbinatsgericht** durch Urteil feststellen, dass die Voraussetzungen für die Scheidung vorliegen.[92] Hier geht es nicht um eine religiöse Handlung, sondern um Rechtsanwendung, wenn auch nicht um weltliches, sondern um religiöses Recht. Es bestehen deshalb keine Bedenken dagegen, dass das deutsche Familiengericht anstelle des Rabbinatsgerichts die rechtlichen Voraussetzungen der Scheidung überprüft und ihr Vorliegen feststellt; insoweit wird keinesfalls etwas Wesensfremdes von ihm verlangt.[93] Im **islamischen** Recht ist oft die Bestätigung der zuvor vom Ehemann ausgesprochenen Scheidung durch das **Scharia-Gericht** vorgesehen, so etwa nach syrischem Recht.[94] Auch diese Bestätigung ist keine religiöse Handlung, sondern Rechtsanwendung.

V. Eheauflösung anderer Art

37   Tritt die Eheauflösung bei Verwirklichung des Tatbestands **ipso iure** ein, so erkennen wir dies an; einer gerichtlichen Mitwirkung (Art. 17 Abs. 2 EGBGB) bedarf es dann nicht (→ EGBGB Art. 17 Rn. 17). Jedoch sind die Grenzen des **ordre public** (Art. 12) zu beachten. Eine **einseitige** Eheauflösung durch **Wiederverheiratung nach Religionswechsel** (Privilegium Paulinum) ist ebensowenig zu akzeptieren wie der einseitige talaq, ihr Vollzug im Inland wäre ein krasser Verstoß gegen die deutsche öffentliche Ordnung.[95] Die erste Ehe bleibt deshalb im Inland bestehen, bis sie wirksam geschieden oder anderweitig wirksam aufgelöst wird.

VI. Trennung von Tisch und Bett

38   **1. Bestehen einer nicht getrennten Ehe.** Hinsichtlich der Vorfrage des Bestehens einer nicht getrennten Ehe ist zu beachten, dass die Ehe nicht nur **bestehen** muss, sondern darüber hinaus auch **nicht** mit Wirkung für das Inland **getrennt** sein darf. Ein Antrag auf „Zweittrennung" wäre in gleicher Weise als unbegründet abzuweisen wie ein Scheidungsantrag bei nicht bestehender Ehe (→ Art. 1 Rn. 30). Dies gilt auch dann, wenn die Trennung im Statutsstaat nicht anerkannt wird. Ist die Trennung Scheidungsvoraussetzung, so kann die Scheidung im Inland ausgesprochen werden, auch wenn die Trennung im Statutstaat nicht anerkannt wird (hinkende Trennung), denn diese Vorfrage ist, da sie auf der kollisionsrechtlichen Stufe auftaucht, nach den Vorschriften der lex fori anzuknüpfen (→ Art. 1 Rn. 24). Im umgekehrten Fall, wenn das deutsche Recht die im Ausland ausgesprochene Trennung nicht anerkennt, ist die Trennung im Inland nach den Vorschriften des Trennungsstatuts nachzuholen (→ Art. 1 Rn. 43). Trifft der Trennungsantrag mit einem **Gegenantrag auf Scheidung** zusammen, so kann ihm erst stattgegeben werden, wenn sich der Scheidungsantrag als unbegründet erwiesen hat.

39   **2. Verfahrensfragen.** Wie im Falle der Scheidung, so können auch im Rahmen des Trennungsverfahrens **sachrechtsbezogene ausländische Verfahrensvorschriften** im Rahmen des Möglichen berücksichtigt werden, → Rn. 18 ff. (Mitwirkung der Staatsanwaltschaft, Sühneversuch)[96] und

---

[91] Bergmann/Ferid/Henrich/Cieslar, Israel, Stand: 30.11.2012, S. 52. Vgl. etwa OLG Oldenburg FamRZ 2006, 950. Zur Qualifikation sog. *Get-Statutes* (USA, Kanada, Südafrika) und zu ihrer Vereinbarkeit mit dem deutschen ordre public vgl. *Herfarth* IPRax 2002, 17.

[92] Bergmann/Ferid/Henrich/Cieslar, Israel, Stand: 30.11.2012, S. 51 f. Vgl. auch BGH FamRZ 1994, 434.

[93] AA KG FamRZ 1994, 839. Wie hier Staudinger/*Mankowski* (2011) EGBGB Art. 17 Rn. 184; *Henrich* IPRax 1995, 86 (88). Zur Anwendung iranischen religiösen Verfahrensrechts vgl. BGHZ 160, 322 = FamRZ 2004, 1952 (1954).

[94] Vgl. die Vorlageentscheidung des OLG München BeckRS 2015, 12777 = NJW 2015, 3264.

[95] Staudinger/*Mankowski* (2011) EGBGB Art. 17 Rn. 246. Zutr. im Ergebnis auch KG IPRspr. 1932 Nr. 77. AA noch RGZ 152, 23.

[96] Dazu zB OLG Düsseldorf FamRZ 1981, 146 (147); OLG Bremen IPRax 1985, 47 (LS) m. Anm. *Jayme*.

→ Rn. 23 ff. (Schuldausspruch).[97] Der **Entscheidungstenor** hat sich so weit wie möglich an das ausländische Trennungsstatut zu halten.[98] Ist eine Trennung nach dem ausländischen Recht nicht möglich, muss der Antrag abgewiesen werden. Sieht das ausländische Recht in einem solchen Fall auch keine Scheidung vor, so bleibt die Anwendbarkeit des Art. 10 zu prüfen.

Ob die Vorschriften über den **Verfahrensverbund** (→ EGBGB Art. 17 Rn. 33) im obligatorischen **40** Trennungsverfahren vor dem Familiengericht (→ EGBGB Art. 17 Rn. 19) entsprechend anzuwenden sind, ist umstritten.[99] Hierbei handelt es sich um ein **Substitutionsproblem:** Es ist zu fragen, ob die dem inländischen Recht unbekannte Institution der gerichtlichen Trennung den Tatbestand der auf die Scheidung zugeschnittenen inländischen Verfahrensnormen erfüllt. Maßgebliches Kriterium für die Substitution ist die **konkrete Äquivalenz,** dh. es ist zu prüfen, ob das ausländische Rechtsinstitut nach Wirkungen und Funktion im konkreten Fall dem inländischen Rechtsinstitut gleichwertig ist (→ Einl. IPR Rn. 235).[100] Dies kann nur dann bejaht werden, wenn die Trennung die Funktion der Scheidung übernommen hat, dh wenn das Scheidungs- bzw. Trennungsstatut keine Scheidung, sondern nur die Trennung kennt, wie es früher etwa im italienischen Recht der Fall war.[101] Handelt es sich dagegen, wie im heutigen italienischen Recht, bei der Trennung von Tisch und Bett lediglich um ein **Durchgangs- stadium zur Scheidung,**[102] so ist die erforderliche Äquivalenz nicht gegeben.[103] Gemäß Art. 157 ital. C.c. können die Ehegatten die Wirkungen des Trennungsurteils ohne gerichtliche Mitwirkung in bei- derseitigem Einverständnis aufheben; die Trennung kann daher der Scheidung nicht gleichgesetzt wer- den.[104] Die Vorschriften über den Verfahrensverbund finden danach auf die Trennung von Tisch und Bett nach italienischem Recht **keine Anwendung.**[105] Nach italienischem Recht ist im Trennungsver- fahren über die Ausübung der elterlichen Verantwortung (Art. 155 iVm Art. 337-bis ff. ital. C.c.), den Ehegattenunterhalt (Art. 156 ital. C.c.) sowie ggf. über den Gebrauch des Ehenamens (Art. 156-bis ital. C.c.) zu entscheiden. Dies entspricht der Zuständigkeit des Familiengerichts nach deutschem Verfahrens- recht (§§ 152, 267 FamFG). Das anwendbare Statut ist jeweils gesondert zu bestimmen.

Kapitel I Anwendungsbereich, Verhältnis zur Verordnung (EG) Nr. 2201/2003, Begriffsbestimmung und universelle

Art. 1 Rom III-VO Anwendungsbereich

(1) Diese Verordnung gilt für die Ehescheidung und die Trennung ohne Auflösung des Ehebandes in Fällen, die eine Verbindung zum Recht verschiedener Staaten aufweisen.

(2) Diese Verordnung gilt nicht für die folgenden Regelungsgegenstände, auch wenn diese sich nur als Vorfragen im Zusammenhang mit einem Verfahren betreffend die Ehe- scheidung oder Trennung ohne Auflösung des Ehebandes stellen:
a) die Rechts- und Handlungsfähigkeit natürlicher Personen,

---

[97] Dazu BGH NJW 1988, 636 (637 f.) = IPRax 1988, 173 (174 f.); OLG Köln NJW 1975, 497 (498) = FamRZ 1975, 497 (498 f.) m. Anm. *Jayme*; OLG Düsseldorf FamRZ 1978, 418 (419); OLG Frankfurt FamRZ 1979, 813 (814); LG Hamburg IPRspr. 1974 Nr. 69; LG Mainz FamRZ 1975, 500 (501); *Jayme* RabelsZ 32 (1968), 323 (336); *Jayme* FamRZ 1971, 221 (226); *Luther* RabelsZ 33 (1969), 476 (487); Soergel/*Schurig* EGBGB Art. 17 Rn. 72; Staudinger/*Gamillscheg*, 10./11. Aufl. 1973, EGBGB Art. 17 Rn. 708.
[98] Vgl. Staudinger/*Gamillscheg*, 10./11. Aufl. 1973, EGBGB Art. 17 Rn. 707; *Schlosser*, Gestaltungsklagen und Gestaltungsurteile, 1966, 301 ff.
[99] **Dafür** OLG Frankfurt (3. Familiensenat) FamRZ 1984, 59 = IPRax 1983, 193 Nr. 54c (LS) m. zust. Anm. *Jayme*; (1. Familiensenat) NJW-RR 1995, 139 = FamRZ 1994, 715 unter Aufgabe der bisherigen Rspr. des Senats in FamRZ 1985, 619; OLG Karlsruhe FamRZ 1991, 1308 = IPRspr. 1991 Nr. 162; FamRZ 1999, 1680 = IPRspr. 1999 Nr. 137; OLG Saarbrücken OLGR 1997, 27 = FamRZ 1997, 1353 (LS); AG Rüsselsheim IPRax 1986, 115 (LS) m. zust. Anm. *Jayme*; *Jayme* IPRax 1984, 121 (124); BLAH/*Hartmann*, 75. Aufl. 2017, FamFG § 137 Rn. 29; Erman/*Hohloch* EGBGB Art. 17 Rn. 69; Zöller/*Lorenz* FamFG § 137 Rn. 3. **Dagegen** OLG Bremen IPRax 1985, 46 (LS) m. Anm. *Jayme*; OLG Koblenz FamRZ 1980, 713; OLG München FamRZ 1993, 459.
[100] Vgl. *Koch/Magnus/Winkler v. Mohrenfels* IPR § 1 Rn. 50; *Kropholler* IPR § 33 II 2.
[101] Vgl. BGHZ 47, 324 = FamRZ 1967, 452.
[102] Art. 3 Nr. 2b Gesetz Nr. 898 vom 1.12.1970, Bergmann/Ferid/Henrich/Cieslar, Italien, Stand: 15.5.2017, III B 8, S. 129; *Kindler*, Einführung in das italienische Recht, 2. Aufl. 2008, § 12 Rn. 26.
[103] Vgl. BGH FamRZ 1994, 825 (826) = NJW-RR 1994, 962 (zur Äquivalenz zwischen Scheidung und Trennung im Rahmen des § 1587 Abs. 2 BGB).
[104] BGH FamRZ 1994, 825 (826) = NJW-RR 1994, 962.
[105] OLG Bremen IPRax 1985, 46 (LS); OLG Frankfurt (1. Familiensenat) FamRZ 1985, 619 (620); OLG Koblenz FamRZ 1980, 713; OLG München FamRZ 1993, 459. AA OLG Frankfurt (1. Familiensenat) NJW-RR 1995, 140 = FamRZ 1994, 715; OLG Karlsruhe FamRZ 1991, 1308 = IPRspr. 1991 Nr. 162; FamRZ 1999, 1680 = IPRspr. 1999 Nr. 137; OLG Saarbrücken OLGR 1997, 27 = FamRZ 1997, 1353 (LS).

b) das Bestehen, die Gültigkeit oder die Anerkennung einer Ehe,
c) die Ungültigerklärung einer Ehe,
d) die Namen der Ehegatten,
e) die vermögensrechtlichen Folgen der Ehe,
f) die elterliche Verantwortung,
g) Unterhaltspflichten,
h) Trusts und Erbschaften.

Übersicht

I. Normzweck

1   Die Vorschrift regelt den **sachlichen Anwendungsbereich** der Verordnung. Er umfasst die Auflösung der Ehe (Scheidung) sowie die Lockerung des Ehebandes (Trennung) und steht damit – abgesehen von der Ungültigerklärung der Ehe (Abs. 2 lit. c) – mit dem in Art. 1 Abs. 1 lit. a Brüssel IIa-VO genannten Anwendungsbereich der Brüssel IIa-VO im Einklang (Erwägungsgrund 10). Die **Folgen** der Auflösung oder Trennung werden ausgeklammert (Abs. 2 lit. e-lit g), sie bleiben der Regelung durch die nationalen Kollisionsrechte vorbehalten.

2   Abs. 1 verlangt für die Anwendbarkeit der Verordnung die **Verbindung** des Falles zum **Recht verschiedener Staaten.** Dabei zeigt auch der Bezug zu einem Drittstaat aus.[1] Eine ähnliche Formulierung findet sich in Art. 3 EGBGB (→ EGBGB Art. 3 Rn. 9 ff.). Eine besondere Bedeutung kommt beiden Bestimmungen nicht zu, denn der Ausschluss reiner Inlandsfälle erfolgt jeweils bereits über die Anknüpfungspunkte.[2] Maßgeblich hierfür ist bei objektiver Anknüpfung der **Zeitpunkt der Anrufung des Gerichts** (Art. 8).[3] Im Falle der **Rechtswahl** reicht es nach dem Zweck des Art. 1 einerseits aus, wenn der erforderliche Auslandsbezug zum Zeitpunkt der Rechtswahl zwar noch nicht vorliegt, die Ehegatten aber mit seinem Eintreten rechnen, sofern der Eintritt dann auch spätestens bis zur Anrufung des Gerichts tatsächlich erfolgt. Andererseits wird die Rechtswahl nicht unwirksam, wenn der zum Zeitpunkt der Wahl gegebene Auslandsbezug später wegfällt.[4]

---

[1] *Traar* ÖJZ 2011, 805 (807); *Gruber* IPRax 2012, 381 (384); *Huter* ZfRV 2014, 167 (172); *Rösler* RabelsZ 2014, 155 (158).
[2] *Mörsdorf-Schulte* RabelsZ 77 (2013), 786 (794).
[3] Näher *Raupach* Ehescheidung mit Auslandsbezug 99 f.
[4] *Gruber* IPRax 2012, 381 (384) mwN; *Rösler* RabelsZ 2014, 155 (167 f.).

II. Ehescheidung und Trennung

1. Qualifikation. a) Autonome Auslegung. Die VO gilt nur für die „Ehescheidung" und die **3** „Trennung ohne Auflösung des Ehebandes". Ob eine solche vorliegt, ist eine Frage der **Qualifikation,** die nach den allgemeinen Grundsätzen (→ Einl. IPR Rn. 108 ff.) zu lösen ist. Danach ist zunächst der kollisionsrechtliche Begriff „Scheidung" bzw. „Trennung" durch **verordnungsautonome Auslegung** näher zu bestimmen; anschließend ist zu prüfen, ob der zu beurteilende Vorgang unter diesen Begriff subsumiert werden kann. Da die kollisionsrechtlichen Begriffe die materiellrechtlichen Institute in den unterschiedlichen Ausprägungen erfassen sollen, die diese in den einzelnen Rechtsordnungen gefunden haben, sind sie mit den Begriffen des eigenen materiellen Rechts nicht unbedingt identisch. Die im Kollisionsrecht verwendeten Rechtsbegriffe müssen oft weiter ausgelegt werden als die entsprechenden Begriffe des eigenen materiellen Rechts, um ausländischen Regelungen gerecht werden zu können.[5] Maßgeblich ist eine internationalprivatrechtlich-funktionale Auslegung, → Einl. IPR Rn. 118 ff. Dabei muss den Besonderheiten und Eigenarten aller beteiligten Rechtsordnungen Rechnung getragen werden. In Zweifelsfällen entscheidet der EuGH im Vorabentscheidungsverfahren nach Art. 267 AEUV.

Der Begriff „Ehescheidung" ist untrennbar mit dem Begriff der Ehe verbunden. Ob auch der **4** **Ehebegriff** verordnungsautonom zu qualifizieren ist, ist streitig.[6] Aus **Art. 1 Abs. 2 lit. b** ist zu folgern, dass die VO zum Begriff der Ehe keine Aussage treffen will. Die Unterscheidung zwischen dem Ehebegriff als solchem und der Vorfrage des Bestehens, der Gültigkeit oder der Anerkennung einer Ehe,[7] überzeugt nicht. Es erscheine wenig sinnvoll, das Bestehen, die Gültigkeit oder die Anerkennung einer „Ehe", die den Ehebegriff der VO nicht erfüllt, als Vorfragen überhaupt noch zu prüfen. Dies umso mehr, als die VO keinerlei direkte Aussagen zum Ehebegriff enthält.[8] Eine verordnungsautonome Auslegung des Ehebegriffs entfällt nach alledem.

b) Polygame Ehe. Die polygame Ehe ist den Rechtsordnungen der EU-Staaten durchgehend **5** nicht bekannt. Gleichwohl ist sie im Rahmen der internationalprivatrechtlich-funktionalen Auslegung (→ Rn. 3) kollisionsrechtlich als „Ehe" anzuerkennen (näher → EGBGB Art. 13 Rn. 66 ff.). Dies gilt auch im Rahmen der Rom III-VO.[9]

c) Gleichgeschlechtliche Lebenspartnerschaft. Ob eine gleichgeschlechtliche **Lebenspart-** **6** **nerschaft,** wenn das Lebenspartnerschaftsstatut sie in ihren Wirkungen einer Ehe gleichstellt, kollisionsrechtlich als Ehe iS von Art. 1 zu qualifizieren ist, ist umstritten (→ EGBGB Art. 17b Rn. 137 ff.). Folgt man der dort vertretenen Auffassung, dass die gleichgeschlechtliche Ehe kollisionsrechtlich als Lebenspartnerschaft iSv Art. 17b EGBGB zu qualifizieren sei,[10] so ist Art. 1 Rom III-VO nicht einschlägig.[11] Unterliegt die Lebenspartnerschaft deutschem Recht, so können die Partner gemäß § 20a LebenspartnerschaftsG idF des Gesetzes zur Einführung des Rechts auf Eheschließung für Personen gleichen Geschlechts vom 20.7.2017[12] durch gemeinsame Erklärung die Umwandlung der Lebenspartnerschaft in eine Ehe herbeiführen und damit die Anwendbarkeit der Rom III-VO sicherstellen.

d) Gleichgeschlechtliche Ehe. Inzwischen haben die Eherechte einer zunehmenden Anzahl **6a** europäischer Staaten (Belgien,[13] Dänemark,[14] Deutschland,[15] Finnland,[16] Frankreich,[17] Island[18] Nie-

---

[5] BGHZ 47, 324 = NJW 1967, 2109 (2113).

[6] Dafür: *Kemper* FamRBInt 2012, 63 (64); *Mörsdorf-Schulte* RabelsZ 77 (2013), 786 (800); Dagegen: *Hau* FamRZ 2013, 249 (250 f.); *Raupach* Ehescheidung mit Auslandsbezug 32 ff.

[7] *Mörsdorf-Schulte* RabelsZ 77 (2013), 786 (801).

[8] Dies erkennt auch *Mörsdorf-Schulte* RabelsZ 77 (2013), 786 (802 f.).

[9] *Raupach* Ehescheidung mit Auslandsbezug 55 f. mwN.

[10] S. zuletzt BGH v. 20.4.2016, XII ZB 15/15, BeckRS 2016, 10844.

[11] So *Helms* FamRZ 2011, 1765 (1766); *Hau* FamRZ 2013, 249 (251); wohl auch *Finger* FuR 2013, 305 (307).

[12] BGBl. 2017 I S. 2787.

[13] Art. 143 C.c. idF des G v. 13.2.2003, vgl. Bergmann/Ferid/Henrich/Cieslar, Belgien, Stand: 15.3.2011, S. 89; *Winkler v. Mohrenfels*, FS Tugrul Ansay, 2006, 527 (529).

[14] § 1 EheG v. 4.6.1969 idF der Bek v. 23.12.2015, vgl. Bergmann/Ferid/Henrich/Cieslar, Dänemark, Stand: 1.10.2016, S. 56.

[15] Gesetz zur Einführung des Rechts auf Eheschließung für Personen gleichen Geschlechts vom 20.7.2017, BGBl. 2017 I S. 2787.

[16] § 1 EheG v. 13.6.1929 idF des G v. 22.5.2015, gültig ab 1.1.2017, vgl. *Bergmann/Ferid/Henrich/Cieslar,* Finnland, Stand: 1.1.2016, S. 35.

[17] Art. 143 C.c. idF der Loi n° 2013-404 du 17 mai 2013, vgl. Bergmann/Ferid/Henrich/Cieslar, Frankreich, Stand: 1.2.2014, S. 70.

[18] Art. 1 EheG idF des G. Nr. 65/2010, vgl. *Bergmann/Ferid/Henrich/Cieslar,* Island, Stand: 1.2.2014, S. 21.

derlande,[19] Norwegen,[20] Portugal,[21] Schweden[22] und Spanien[23]) das Institut der Ehe für gleichgeschlechtliche Partner geöffnet. Von den genannten Staaten nehmen bisher aber nur **Belgien,
Deutschland, Frankreich, Spanien** und **Portugal** an der Verstärkten Zusammenarbeit teil. Wäh-
rend der Entstehung der Rom III-VO ist zu keinem Zeitpunkt die gleichgeschlechtliche Ehe erwähnt
worden,[24] auch nicht von Belgien, Spanien und Portugal, in denen sie zum Zeitpunkt des Erlasses der
Rom III-VO bereits eingeführt worden war. Die Studie des European Policy Evaluation Consortium
(EPEC) vom April 2006[25] spricht durchweg von „husband and wife". Der Hinweis auf die 2.
Alternative des Art. 13 spricht jedoch in der Tat für die Annahme, dass die Teilnehmer der Verstärkten
Zusammenarbeit die gleichgeschlechtliche Ehe grundsätzlich in die VO einbeziehen wollten
(→ Art. 13 Rn. 2).[26] Auch kann man bei der verordnungsautonomen Qualifikation nicht daran
vorbeigehen, dass die Gleichbehandlung zwischen traditionellen und gleichgeschlechtlichen Ehen
in Europa auf dem Vormarsch ist. Konzipiert ein ausländischer Staat die gleichgeschlechtliche Ehe
nicht als aliud, sondern als wesensgleich mit der Ehe, so sollte dies kollisionsrechtlich auch von
den Staaten respektiert werden, die sich selbst zu einer solchen Gleichstellung (noch) nicht haben
durchringen können (→ Art. 13 Rn. 3).[27]

7   **2. Gerichtliche Auflösung der Ehe.** Die VO findet unmittelbar Anwendung, wenn ein Ehegatte in einem Scheidungsverfahren vor dem **deutschen Familiengericht** die Auflösung der Ehe
beantragt. Auf welches Recht der Antragsteller sich bezieht, ist unerheblich: Entscheidend ist das
Ziel des Antrags, die gerichtliche Auflösung der Ehe. Für Eheauflösungen durch **ausländische
Gerichte** ist die VO dagegen ohne praktische Bedeutung, denn die Wirksamkeit einer ausländischen
gerichtlichen Scheidung ist eine Frage der **Anerkennung des ausländischen Scheidungsurteils,**
und dabei spielt gemäß § 107 FamFG die kollisionsrechtliche Anknüpfung keine Rolle (→ EGBGB
Anh. Art. 17a Rn. 99–110).

8   **3. Privatscheidungen. a) Begriff.** Privatscheidungen sind Scheidungen, die **ohne oder nur
mit deklaratorischer Mitwirkung von Behörden oder Gerichten** vollzogen werden. Hat keine
Behörde und kein Gericht mitgewirkt, so liegt eine **reine Privatscheidung** vor. Als mitwirkende
Behörde sind auch **geistliche Gerichte** anzusehen, wie etwa das Rabbinatsgericht, welches bei der
Übergabe des Scheidungsbriefes eine Überwachungsfunktion ausübt[28] oder das Scharia-Gericht,
welches eine vorher vom Ehemann erklärte Scheidung bestätigt[29] (→ Vor Art. 1 Rn. 36). Beispiele
sind Scheidungen durch **Übergabe des Scheidebriefs** (get) vor den Rabbinern nach **jüdischem**
Recht,[30] durch **Verstoßung** der Frau (talaq) nach **islamischem** Recht, durch **einverständliches
Rechtsgeschäft** mit Registrierung (Thailand)[31] oder Bestätigung durch das Familiengericht und

---

[19] Art. 1:30 Abs. 1 BW, vgl. Bergmann/Ferid/Henrich/Cieslar, Niederlande, Stand: 1.9.2008, S. 94; *Winkler
v. Mohrenfels,* FS Tugrul Ansay, 2006, 527 (530 ff.). Dazu AG Münster FamRZ 2010, 1580; KG Berlin FamRZ
2011, 1525.
[20] § 1 EheG idF des G. v. 27.6.2008, vgl. *Frantzen* FamRZ 2008, 1707 sowie Bergmann/Ferid/Henrich/
Cieslar, Norwegen, Stand: 1.7.2011, S. 77.
[21] G. Nr. 9/2010 v. 31.5.2010. Deutscher Text in StAZ 2010, 251 sowie bei Bergmann/Ferid/Henrich/
Cieslar, Portugal, Stand: 7.3.2016, S. 123.
[22] § 1 EheG v. 14.5.1987 idF des G Nr. 2009:253 v. 2.4.2009, vgl. Bergmann/Ferid/Henrich/Cieslar, Schweden, Stand: 1.5.2017, S. 53.
[23] Art. 44 Abs. 2 Cód. civ. v. 24.7.1989 idF des G. v. 3.7.2005, vgl. Bergmann/Ferid/Henrich/Cieslar, Spanien,
Stand: 12.10.2016, S. 45; Winkler v. Mohrenfels, FS Tugrul Ansay, 2006, 527 (533).
[24] *Mörsdorf-Schulte* RabelsZ 77 (2013), 786 (802).
[25] Study to inform a subsequent Impact Assessment on the Commission proposal on jurisdiction and applicable
law in divorce matters, Brüssel 2006; abrufbar unter http://edz.bib.uni-mannheim.de/daten/edz-k/gdj/05/
study.pdf.
[26] *Franzina* CDT 2011, 85 (102); *Traar* ÖJZ 2011, 805 (807).
[27] Vgl. *Winkler v. Mohrenfels,* FS Ansay, 2006, 527 (537). Für die Gleichstellung auch *Franzina* CDT 2011, 85
(102); mit ausführlicher Begründung: *Raupach* Ehescheidung mit Auslandsbezug 62 ff. (70) mwN. AA *Mörsdorf-
Schulte* RabelsZ 77 (2013), 786 (803).
[28] *Gärtner,* Die Privatscheidung im deutschen und gemeinschaftlichen Internationalen Privat- und Verfahrensrecht, Tübingen 2008, 22, 177 f.
[29] OLG München, EuGH-Vorlage v. 12.5.2016, BeckRS 2015, 12777 = IPRax 2016, 158 m. Rez. *Weller/
Hauber/Schulz* IPRax 2016, 123.
[30] Staudinger/*Spellenberg* (2016) FamFG § 107 Rn. 60; Erman/*Hohloch* EGBGB Art. 17 Rn. 80; BGHZ 176,
365 (375) = FamRZ 2008, 1409 (1412) m. Anm. *Henrich* = IPRax 2009, 347 m. zust. Rez. *Siehr* IPRax 2009,
332; BGH NJW-RR 1994, 642 (643) = FamRZ 1994, 434 (435) = IPRax 1995, 111 (113) m. Anm. *Henrich*
IPRax 1995, 86; OLG Oldenburg FamRZ 2006, 950 (951). Anschaulich dazu *Perles* FamRZ 1980, 978 f. und
ausf. *Goldfine,* Jüdisches und israelisches Eherecht, 1975, 71–83.
[31] Sec. 1514 f. ZGB, vgl. Bergmann/Ferid/Henrich/Cieslar, Thailand, Stand: 1.10.2015, S. 48. S. auch BGHZ
82, 34 = NJW 1982, 517; dazu *Kegel* IPRax 1983, 22.

Anmeldung zum Familienregister (Südkorea)[32] oder durch bloßen **Aufhebungsvertrag** (Japan,[33] Taiwan,[34] islamisches Recht[35]).

Keine Privatscheidungen in diesem Sinne sind Scheidungen, bei denen eine Behörde oder ein **9** Gericht **konstitutiv** mitwirkt. Beispiele sind etwa in **Griechenland** die einvernehmliche Ehescheidung durch Vereinbarung der Ehegatten gemäß Art. 1441 ZGB, falls minderjährige Kinder vorhanden sind:[36] In diesem Fall muss die Vereinbarung zusammen mit einer Sorgerechts- und ggf. einer Kindesunterhaltsvereinbarung dem zuständigen Einzelrichter vorgelegt werden, der sie bestätigt und durch Urteil die Auflösung der Ehe erklärt (Art. 1441 Abs. 2 S. 2 ZGB). Hier handelt es sich ungeachtet der zugrunde liegenden Vereinbarung nicht um eine private, sondern um eine **gerichtliche** Scheidung. Gleiches gilt im Hinblick auf § 107 Abs. 1 S. 2 FamFG für Scheidungen durch **ausländische Behörden**,[37] sofern ihnen judikative Kompetenz iS von Art. 3 Nr. 2 zukommt.

b) Anwendbarkeit der VO. Die VO regelt die Privatscheidung zwar nicht ausdrücklich im Text, **10** nimmt sie andererseits aber auch nicht ausdrücklich von der Anwendung der VO aus. Aus der Tatsache, dass die VO einen *umfassenden* Rahmen für den Bereich des auf Ehescheidung und Trennung anzuwendenden Rechts geben will (Erwägungsgrund 9), ist zu folgern, dass die Privatscheidung mit darunter fällt.[38] Diese Folgerung scheitert nicht an der Feststellung, dass der Anwendungsbereich der VO mit demjenigen der EuEheVO übereinstimmen solle (Erwägungsgrund 10).[39] Bei der Privatscheidung handelt es sich nicht um ein eigenes Institut, sondern um eine **besondere Form der Scheidung.** Insofern ist die in Erwägungsgrund 10 angesprochene Übereinstimmung durchaus gegeben. Dass die **Brüssel IIa-VO** auf Privatscheidungen ohne konstitutive behördliche Mitwirkung nicht anwendbar ist,[40] ändert an dieser grundsätzlichen Übereinstimmung nichts und ist kein überzeugender Grund dafür, die von der Rom III-VO bezweckte Vereinheitlichung des materiellen Kollisionsrechts auf gerichtliche Scheidungen zu beschränken.

c) Kein Vollzug im Inland. Privatscheidungen können gemäß Art. 17 Abs. 2 EGBGB **im** **11** **Inland** nicht wirksam vorgenommen werden (→ EGBGB Art. 17 Rn. 14 bis 17), so dass sich die Frage nach der Anknüpfung des Scheidungsstatuts nicht stellt.

d) Ausländische reine Privatscheidungen. aa) Materiellrechtliche „Anerkennung". Maß- **12** stab für die Anerkennung **ausländischer reiner Privatscheidungen** sind nach allgM nicht die verfahrensrechtlichen Anerkennungsvorschriften, sondern das materielle Kollisionsrecht,[41] denn es geht nicht um gerichtliche Entscheidungen, sondern um Rechtsgeschäfte. „Anerkennung" bedeutet hier nichts weiter als **Entscheidung über die inländische Wirksamkeit** der Scheidung nach den einschlägigen Normen des deutschen Kollisionsrechts. Insoweit ist mithin zunächst das maßgebliche **Scheidungsstatut** zu bestimmen. Zur **Zuständigkeit** für die Entscheidung über die Anerkennung → EGBGB Anh. Art. 17a Rn. 93. Zur Anerkennung von **Privatscheidungen mit behördlicher Mitwirkung** → EGBGB Anh. Art. 17a Rn. 91.

bb) Maßgebliches Kollisionsrecht. Die Rom III-VO will zumindest **primär** die Frage klären, **13** welches Recht die Gerichte der Mitgliedstaaten anzuwenden haben, wenn sie selbst über einen

---

[32] Art. 834 ff. ZGB, vgl. Bergmann/Ferid/Henrich/Cieslar, Korea, Republik, Stand: 31.12.1992, S. 17, 43 f.

[33] Art. 763 ff. ZGB, vgl. Bergmann/Ferid/Henrich/Cieslar, Japan, Stand: 30.6.2011, S. 65 ff. S. auch *Nishitani* IPRax 2002, 49.

[34] §§ 1049 ff. ZGB, vgl. Bergmann/Ferid/Henrich/Cieslar, Republik China (Taiwan), Stand: 1.5.2014, S. 58, 124 ff.

[35] Dazu *Wiedensohler* StAZ 1991, 40.

[36] IdF. v. 12.3.2012; deutscher Text bei Bergmann/Ferid/Henrich/Cieslar, Griechenland, Stand: 1.1.2016, S. 68 f.

[37] Vgl. BGH NJW 1957, 222 = MDR 1957, 158 m. Anm. *Beitzke* (Anerkennung einer im August 1945 durch das mit Ermächtigung der russischen Besatzungsmacht errichtete Rechtsamt in Stolp ausgesprochenen Ehescheidung).

[38] Vgl. BT-Drs. 17/11049, 8. OLG München BeckRS 2015, 12777 Rn. 17 = IPRax 2016, 158 m. Rez. *Weller/Hauber/Schulz* IPRax 2016, 123; im Ergebnis ebenso *Helms* FamRZ 2011, 1765 (1766); *Hau* FamRZ 2013, 249 (250); Palandt/*Thorn*, 76. Aufl. 2017, Rn. 3; *Althammer* NZFam 2015, 9 (11); *Weller/Hauber/Schulz* IPRax 2016, 123 (127). AA *Gruber* IPRax 2012, 381 (383).

[39] AA *Gruber* IPRax 2012, 381 (383).

[40] *Helms* FamRZ 2011, 1765 (1766); *Gruber* IPRax 2012, 381 (383).

[41] BGHZ 110, 267 (272) = NJW 1990, 2194 (2195); BGH NJW-RR 1994, 642 (643) = FamRZ 1994, 434 (435) = IPRax 1995, 111 (113) m. Anm. *Henrich* IPRax 1995, 86; BGHZ 176, 365 (375) = FamRZ 2008, 1409 (1412) m. Anm. *Henrich* = IPRax 2009, 347 m. Rez. *Siehr* IPRax 2009, 332; BayObLG FamRZ 1995, 324; FamRZ 2003, 381 (382); Johannsen/Henrich/*Henrich* FamFG § 107 Rn. 10; Staudinger/*Spellenberg* (2016) FamFG § 107 Rn. 69; Zöller/*Geimer* FamFG § 107 Rn. 25; Erman/*Hohloch* EGBGB Art. 17 Rn. 81.

Scheidungs- oder Trennungsantrag zu entscheiden haben. Daraus folgt nicht zwingend, dass sie ihre Anknüpfungsnormen auch im Rahmen der **Anerkennung** ausländischer privater Scheidungen angewendet wissen will.[42] Der EuGH hat diese Frage nun kürzlich **für Privatscheidungen mit behördlicher Mitwirkung** – verneint[43] und deshalb das zugrunde liegende Vorabentscheidungsersuchen des OLG München[44] mangels Zuständigkeit als unzulässig zurückgewiesen. Zu den tragenden Gründen der Entscheidung gehört die Feststellung, dass die Rom III-VO nicht die Anerkennung einer bereits ergangenen Ehescheidung in einem Mitgliedstaat regele.[45] Die Feststellung der Nichtanwendbarkeit der Rom III-VO auf die Anerkennung ausländischer Scheidungen gehört zu den tragenden Gründen des Beschlusses und nimmt deshalb an dessen Rechtskraft teil. Die **unmittelbare** Anwendbarkeit der Rom III-VO auf die Anerkennung von Scheidungen ist damit ausgeschlossen.

14   Der deutsche Gesetzgeber hatte diese Frage offensichtlich anders beantwortet, indem er nämlich in der Neufassung des Art. 17 Abs. 1 EGBGB nach dem Inkrafttreten der Rom III-VO gar keine Scheidungskollisionsnorm mehr bereitstellte, auf deren Anwendung bei der Anerkennung ausländischer Privatscheidungen zurückgegriffen werden könnte.[46] Darüber hinaus ist mE auch der Ansatzpunkt dieser Überlegungen im Rahmen der Anerkennung ausländischer reiner Privatscheidungen verfehlt. Wenn nämlich im Rahmen der Beurteilung eines Rechtsgeschäfts (hier: der Privatscheidung) von „Anerkennung" gesprochen wird, so wird damit lediglich zum Ausdruck gebracht, dass nach den Regeln des Kollisionsrechts über die **Wirksamkeit** des Rechtsgeschäfts entschieden werden muss.[47] Es findet praktisch eine *révision au fond* statt, die bei der Anerkennung ausländischer gerichtlicher Entscheidungen idR gerade ausgeschlossen ist, § 109 Abs. 5 FamFG (→ EGBGB Anh. Art. 17a Rn. 111). Insofern erscheint es als Selbstverständlichkeit, dass dabei das in Deutschland allgemein geltende materielle Scheidungskollisionsrecht, also die Rom III-VO, angewendet wird.[48] Dies schließt nicht aus, bei der **Auslegung** einzelner Bestimmungen zwischen ihrer Anwendung im gerichtlichen Scheidungsverfahren und ihrer Anwendung bei der Prüfung der Wirksamkeit einer bereits vollzogenen Privatscheidung zu unterscheiden (→ Rn. 17). Diese Auslegung sollte in den Mitgliedstaaten einheitlich erfolgen.[49]

15   Im erneuten Vorlagebeschluss[50] sieht das OLG die vom EuGH verlangten Anhaltspunkte für die **mittelbare Anwendbarkeit der Rom III-VO**[51] zutreffend darin, dass deutsche Gerichte die materiellen Anerkennungsvoraussetzungen für Privatscheidungen, nachdem Art. 17 EGBGB insoweit aufgehoben wurde, anhand der Anknüpfungsnormen der Rom III-VO prüfen. Mit der Frage, ob Art. 10 Teil dieser Prüfung ist (→ Rn. 17), befasst sich das OLG leider nicht.

16   **cc) Anknüpfungszeitpunkt.** Haben die Parteien das Scheidungsstatut nicht durch Rechtswahl bestimmt (Art. 5), so ist dieses objektiv anzuknüpfen nach Art. 8. Dabei ergibt sich das Problem, dass diese Vorschrift für die Anknüpfung auf den Zeitpunkt der **Anrufung des Gerichts** abstellt (→ Art. 8 Rn. 12). Da eine solche Anrufung im Falle der Privatscheidung naturgemäß entfällt, kann sinnvollerweise nur auf den Zeitpunkt des **Zugangs der Scheidungserklärung** abgestellt werden. Der Vorschlag, stattdessen auf die engste Verbindung der Ehegatten zu einer Rechtsordnung im Zeitpunkt der Antragstellung abzustellen,[52] geht mE in zweierlei Hinsicht fehl: zum einen gibt es bei der Privatscheidung keinen Zeitpunkt der Antragstellung; es gibt zwar ggf. einen Antrag auf Anerkennung der Scheidung, dessen Zeitpunkt hat aber mit der Wirksamkeit der in Frage stehenden Scheidung nichts zu tun. Zum anderen sind die Anknüpfungspunkte des Art. 8 durchaus geeignet, die engste Verbindung zu bezeichnen; im Zweifel wird das Scheidungsstatut gemäß lit. a an den gemeinsamen gewöhnlichen Aufenthalt der Ehegatten geknüpft werden.

---

[42] Näher dazu *Gärtner,* Die Privatscheidung im deutschen und gemeinschaftlichen Internationalen Privat- und Verfahrensrecht, Tübingen 2008, 358 ff.

[43] EuGH Rs C-281/15, BeckRS 2016, 81033 = FamRZ 2016, 1137 Rn. 19 m. Anm. *Helms* FamRZ 2016, 1134 und Rez. *Pika/Weller* IPRax 2017, 65 – Sahyouni. S.a. *Mansel/Thom/Wagner* IPRax 2017, 1 (36 f.); *Heiderhoff* IPRax 2017, 160 (163).

[44] OLG München BeckRS 2015, 12777 = IPRax 2016, 158 m. Rez. Weller/Hauber/Schulz IPRax 2016, 123; s.a. Art. 10 Rn. 7.

[45] EuGH Rs C-281/15, BeckRS 2016, 81033 = FamRZ 2016, 1137 Rn. 19 – Sahyouni.

[46] So der Vorschlag von *Gärtner,* Die Privatscheidung im deutschen und gemeinschaftlichen Internationalen Privat- und Verfahrensrecht, 2008, 364.

[47] Vgl. Johannsen/Henrich/*Henrich* FamFG § 107 Rn. 11; *Wagner* FamRZ 2013, 1620 (1623).

[48] OLG München BeckRS 2016, 12020, EuGH-Vorlage v. 29.6.2016, 34 Wx 146/14, Rn. 19.

[49] EuGH Rs C-281/15, BeckRS 2016, 81033 = FamRZ 2016, 1137 Rn. 26 – Sahyouni.

[50] OLG München BeckRS 2016, 12020, EuGH-Vorlage v. 29.6.2016, 34 Wx 146/14.

[51] Vgl. EuGH Rs C-281/15, BeckRS 2016, 81033 = FamRZ 2016, 1137 Rn. 30 bis 32 – Sahyouni.

[52] Palandt/*Thorn,* 76. Aufl. 2017, Art. 8 Rn. 7.

dd) Art. 10 Rom III-VO. Wurde die Ehe nach einem ausländischen Recht geschieden, welches 17
den Ehegatten **keinen gleichberechtigten Zugang** zur Scheidung einräumt, so könnte die Verwerfungsklausel des Art 10 Rom III-VO eingreifen mit der Folge, dass **deutsches Scheidungsstatut**
gelten würde (→ Art. 10 Rn. 5): Die im Ausland vollzogene Privatscheidung wäre danach **unwirksam,** weil **§ 1564 Satz 1 BGB,** der insoweit materiellrechtlichen Charakter hat (→ EGBGB Art. 17
Rn. 23), nur die gerichtliche Scheidung zulässt.[53] Die Konsequenz dieser Überlegung wäre, dass
Privatscheidungen, die im Ausland aufgrund eines gleichberechtigungswidrigen Rechts vollzogen
wurden – insbesondere Scheidungen durch einen nur dem Manne zur Verfügung stehenden talaq –
in Deutschland a priori nicht anerkennungsfähig wären, selbst wenn die Frau mit der Scheidung
einverstanden war.[54] Gegen ein solches Ergebnis spricht indes, dass die Rom III-VO, wie sich
insbesondere aus Art. 1 Abs. 2 lit. b ergibt, primär die Frage klären will, welches Recht die Gerichte
der Mitgliedstaaten anzuwenden haben, wenn sie selbst über einen Scheidungs- oder Trennungsantrag
zu entscheiden haben. Nach der Sahyouni-Entscheidung des EuGH findet die Rom III-VO auf die
Anerkennung ausländischer Scheidungen keine unmittelbare Anwendung (→ Rn. 13). Auch handelt
es sich bei Art. 10 nicht um eine Anknüpfungsnorm, die anstelle der insoweit weggefallenen Anknüpfungsnorm des Art. 17 EGBGB aF mittelbar Anwendung finden könnte (→ Rn. 15). Die Ausnahmeregelung des Art. 10 Rom III-VO gilt daher **nur für die im Inland auszusprechende Scheidung;** im Rahmen der **Anerkennung** ausländischer Privatscheidungen findet sie dagegen keine
Anwendung.

ee) Art. 12 Rom III-VO (ordre public). Eine entsprechende einschränkende Auslegung 18
kommt für Art. 12 Rom III-VO, der Art. 6 EGBGB entspricht, nicht in Betracht. **Art. 12** kann bei
ausländischem Scheidungsstatut der Anerkennung der Scheidung entgegenstehen. Dies kann –
falls die erforderliche **Inlandsbeziehung** vorliegt (Art. 12 Rn. 1) – zB wegen Verstoßes gegen den
Gleichberechtigungsgrundsatz (Art. 3 Abs. 2 GG) insbes. bei einer einseitigen Scheidung durch den
Ehemann **(talaq)** der Fall sein, wenn die Ehefrau sich mit der Scheidung nicht einverstanden erklärt
hat.[55] Der Verstoß gegen den Gleichberechtigungsgrundsatz liegt darin, dass sich die Ehefrau gegen
die einseitige Scheidung durch den Mann nicht wehren kann; da es um die *Anerkennung* einer
ausländischen Scheidung geht, lässt sich dies auch nicht im Nachhinein durch Scheidungsvollmacht,
Abstandszahlung oder ein Versöhnungsverfahren korrigieren.[56] War die Ehefrau dagegen mit der
Scheidung **einverstanden** oder wäre die Scheidung **auch nach deutschem Recht zulässig,** bestehen gegen deren Anerkennung keine Bedenken.[57]

4. Eheauflösungen anderer Art. Soweit nicht Art. 13 EGBGB einschlägig war (Aufhebung, 19
Nichtigerklärung: dazu → Rn. 49), unterlagen auch Eheauflösungen, die nicht durch Scheidung,
sondern auf andere Art erfolgen, in **entsprechender Anwendung** des Art. 17 Abs. 1 EGBGB aF
dem Scheidungsstatut.[58] Erfasst wurden etwa die Auflösung infolge **Verschollenheit, Todeserklärung,**[59] **Wiederheirat nach Todeserklärung**[60] oder **Religionswechsel**[61] (Privilegium Paulinum),
Verurteilung zu lebenslanger Freiheitsstrafe[62] oder auf andere Weise.[63] Das Scheidungsstatut

---

[53] BGHZ 110, 267 (272 ff.) = NJW 1990, 2194 (2196); BayObLG NJW-RR 1994, 771 = FamRZ 1994,
1263 (1264) = IPRax 1995, 324 (325); FamRZ 2003, 381 (383); OLG Celle FamRZ 1998, 757; OLG Braunschweig FamRZ 2001, 561; KG FamRZ 2002, 840 (841); OLG München BeckRS 2015, 09573 = FamRZ
2015, 1611; Zöller/*Geimer* FamFG § 107 Rn. 27; *Weller/Hauber/Schulz* IPRax 2016, 123 (126). Zweifelnd *Henrich*
IPRax 1995, 86 (89).
[54] Dies übersehen *Pika/Weller* IPRax 2017, 65 (72).
[55] Bsp.: OLG Stuttgart FamRZ 2000, 171 = IPRax 2000, 497 m. Anm. *Rauscher* IPRax 2000, 391, das
allerdings – wie *Rauscher* aaO S. 392 zu Recht bemängelt – unzutr. auf die Verletzung des rechtlichen Gehörs
abstellt, was bei einer Privatscheidung nicht in Betracht kommt.
[56] Unzutr. deshalb die Behauptung von *Rauscher* IPRax 2000, 391 (393), die Auslandsscheidung durch den
Mann könne nicht gegen Art. 3 Abs. 2 GG verstoßen.
[57] OLG Frankfurt NJW 1985, 1293 (1294) = IPRax 1985, 48; NJW 1990, 646; OLG Koblenz FamRZ 1993,
563; JM NRW StAZ 1992, 46 (48) = IPRspr. 1991 Nr. 216 S. 460.
[58] HM, vgl. nur RGZ 152, 23 (31 f.= (ohne nähere Problematisierung); *Kegel/Schurig* IPR § 20 VII 1; Soergel/
Schurig EGBGB Art. 17 Rn. 16 und 76; Staudinger/*Mankowski* (2011) EGBGB Art. 17 Rn. 243.
[59] Ein Beispiel bot § 23 Nr. 4 FGB-DDR.
[60] Dazu etwa OLG Kiel IPRspr. 1928 Nr. 112; LG Rottweil IPRspr. 1960/61 Nr. 9. Im deutschen Recht
§ 1314 BGB.
[61] Vgl. RGZ 152, 23.
[62] In Einzelstaaten der USA entweder unmittelbar durch Verurteilung, wie zB im Staat New York [*Bergmann/
Ferid/Henrich/Cieslar*, USA (New York), Stand: 31.5.2003, S. 101], oder durch Wiederheirat des anderen Ehegatten. Vgl. dazu auch Soergel/*Schurig* EGBGB Art. 17 Rn. 16 Fn. 21.
[63] Vgl. zB LG Heilbronn IPRspr. 1952/53 Nr. 165 zur sowj. VO vom 8.7.1944, wonach nicht registrierte
(faktische) Ehen ohne Registrierung unwirksam wurden.

entschied auch darüber, ob die durch Wiederheirat aufgelöste Ehe **wiederauflebte,** wenn der Auflösungsgrund später entfallen war (Rückkehr des für tot Erklärten, Aufhebung der Verurteilung zu lebenslanger Haft).[64] Ob diese entsprechende Anwendung der Scheidungskollisionsnormen auch im Rahmen der VO gilt, ist fraglich.[65] Die Frage wäre zu verneinen, wenn man die genannten Fälle unter einen der nach Art. 1 Abs. 2 lit. b oder c ausgeschlossenen Regelungsgegenstände subsumieren könnte. Dagegen spricht indes, dass es dabei durchweg nicht um die Feststellung des Bestehens (lit. a) bzw. der Nichtigkeit oder Ungültigkeit einer Ehe (lit. b) geht, sondern um ihre **mittelbare Auflösung** durch einen **konstitutiven Akt.** Die Anwendung des Scheidungsstatuts liegt deshalb näher als die Subsumtion unter Art. 13 EGBGB.

20   Auch die Wirkung einer **Geschlechtsumwandlung** auf die Ehe ist nach dem Scheidungsstatut zu beurteilen.[66] Nach deutschem Recht bleibt die Ehe von einer Geschlechtsumwandlung unberührt. Art. 8 Abs. 1 Nr. 2 TSG, welcher den Eintrag der Geschlechtsumwandlung in das Personenstandsbuch nur für unverheiratete Personen zuließ und damit zu einem indirekten Scheidungszwang führte, wurde, nachdem er vom BVerfG für verfassungswidrig erklärt worden war,[67] durch das TSG-ÄndG v. 17.7.2009[68] aufgehoben. Auch in Österreich wurde eine entsprechende Regelung[69] durch den Verfassungsgerichtshof aufgehoben.[70] Regelungen ausländischer Rechte, wonach die Ehe infolge einer Geschlechtsumwandlung als aufgelöst gilt, dürften – bei hinreichender Inlandsbeziehung – im Hinblick auf Art. 6 Abs. 1 GG gegen den deutschen ordre public verstoßen (Art. 12).

21   **5. Trennung ohne Auflösung des Ehebandes.** In einer Reihe von Rechtsordnungen ist auch heute noch die früher auch dem deutschen Recht bekannte „Trennung von Tisch und Bett" vorgesehen, die die Verpflichtung zur ehelichen Lebensgemeinschaft aufhebt, das Eheband aber formal bestehen lässt. Die VO macht zwischen Trennung und Scheidung keinen Unterschied, die Anknüpfungsregeln finden auf beide Institute in gleicher Weise direkte Anwendung. Die Umwandlung einer Trennung in eine Scheidung ist in Art. 9 gesondert geregelt (vgl. dort). Auch nach Art. 17 aF EGBGB war die Trennung dem Scheidungsstatut zu unterstellen,[71] jedoch handelte es sich hierbei um eine *entsprechende* Anwendung der Vorschrift.[72] Umstritten war, ob deutsche Gerichte die Trennung nach ausländischem Recht aussprechen konnten; auch dies war mit der hM zu bejahen[73] (im Einzelnen → Vor Art. 1 Rn. 37 ff.).

22   **6. Sonstige Trennungen.** Auf Trennungen anderer Art kann die VO entsprechend angewendet werden, wenn es sich dabei um **rechtsgestaltende** Akte handelt. Dies trifft **nicht** zu auf die auf Feststellung des Rechts zum Getrenntleben gerichtete **negative Herstellungsklage,** die früher im deutschen Recht bei Missbrauch des Herstellungsverlangens (§ 1353 Abs. 2 BGB aF) möglich war[74] und bei entsprechendem Rechtsschutzinteresse auch heute noch erhoben werden kann.[75] Sie ist nicht dem Scheidungsstatut, sondern dem **Ehewirkungsstatut** zuzuordnen[76] und fällt schon deshalb nicht in den Anwendungsbereich der VO. Einschlägige Verfahrensvorschrift ist § 266 Nr. 2 FamFG, der auch für das Gegenstück, die Herstellungsklage, zuständig ist.[77] Das erforderliche Feststellungsinteresse wird allerdings meist fehlen, da von dem Recht zum Getrenntleben heute idR keinerlei Rechtsfolgen mehr abhängen. Zu sonstigen Aufhebungsfällen → Rn. 47 ff.).

---

[64] *Kegel/Schurig* IPR § 20 VII 1.

[65] Ablehnend *Hau* FamRZ 2013, 249 (250).

[66] *v. Bar* IPR II Rn. 13; Fachausschuss-Nr. 3729 vom 12.11.2004, StAZ 2005, 147 (148).

[67] BVerfG BGBl. I S. 1650 = DVBl. 2008, 1116.

[68] Gesetz zur Änderung des Transsexuellengesetzes vom 17.7.2009, BGBl. 2009 I S. 1978.

[69] Transsexuellenerlass vom 27.11.1996, Punkt 2.4.

[70] Österr. Verfassungsgerichtshof, Urteil vom 8.6.2006, V 4/06-7, RuP 2006, 200.

[71] Unbestritten. Ausführliche Begr. bei BGHZ 47, 324 = NJW 1967, 2109 (2111 ff.) = RabelsZ 32 (1968), 313 m. Anm. *Jayme* = StAZ 1967, 237 m. Anm. *Böhmer* = JZ 1967, 671 m. Anm. *Heldrich*, bestätigt durch BGH NJW 1988, 636 = IPRax 1988, 173. Zur Qualifikation → Einl. IPR Rn. 108 ff.

[72] BGHZ 47, 324 (325) = FamRZ 1967, 452; OLG Karlsruhe FamRZ 1991, 1308 (1309) = IPRspr. 1991 Nr. 88.

[73] BGHZ 47, 324 = NJW 1967, 2109 (2113); BGH NJW 1988, 636; OLG Karlsruhe IPRax 1982, 75; OLG Köln NJW 1975, 497; OLG Koblenz FamRZ 1980, 713; OLG Düsseldorf FamRZ 1981, 146; OLG Stuttgart FamRZ 1982, 296 (297); Schleswig-Holsteinisches OLG DAVorm. 1982, 709; OLG Frankfurt IPRax 1985, 345; *Kegel/Schurig* IPR § 20 VII 1; Soergel/*Schurig* EGBGB Art. 17 Rn. 77; Staudinger/*Mankowski* (2011) EGBGB Art. 17 Rn. 461; NK-BGB/*Gruber* Rn. 7.

[74] Vgl. nur Palandt/*Lauterbach*, 23. Aufl. 1964, BGB Einf. vor § 1353 Anm. 3.

[75] Palandt/*Brudermüller*, 76. Aufl. 2017, BGB Einf. vor § 1353 Rn. 14.

[76] → EGBGB Art. 14 Rn. 40; Palandt/*Thorn*, 76. Aufl. 2017, EGBGB Art. 14 Rn. 18. AA OLG München FamRZ 1986, 807.

[77] *Bumiller/Harders/Schwamb* FamFG § 121 Rn. 4.

III. Der Umfang des Scheidungsstatuts

Dem Scheidungs- bzw. Trennungsstatut unterliegen die **Zulässigkeit** und die **Vollzugsform** 23
(→ Vor Art. 1 Rn. 14 ff.) sowie die **Gründe** und **Voraussetzungen** der Scheidung.[78] Letzteres
wird in Erwägungsgrund 10 Abs. 2 ausdrücklich klargestellt. Zu **Qualifikationsabweichungen**
hinsichtlich der Scheidungsgründe → Rn. 48 ff. Auch das Erfordernis einer **Schuldfeststellung**
unterliegt dem Scheidungsstatut (→ Rn. 23 ff.).[79] Zu den **Folgen der Scheidung** → EGBGB
Art. 17 Rn. 20 ff.).

IV. Die Vorfrage des Bestehens einer Ehe

1. Anknüpfung. Die Frage nach dem **Bestehen,** der **Gültigkeit** oder der **Anerkennung** einer 24
Ehe ist gemäß Abs. 2 lit. b ausdrücklich vom Anwendungsbereich der VO ausgenommen. Nach
dem Willen des Verordnungsgebers sollen solche Vorfragen nach den Kollisionsnormen (gesondert)
angeknüpft werden, die in dem betreffenden teilnehmenden Mitgliedstaat anzuwenden sind (Erwägungsgrund 10 Abs. 3). Eine Aussage zur Frage der selbständigen oder unselbständigen Anknüpfung
der Vorfrage liegt darin nicht.[80] Die in Deutschland hM. bevorzugte nach altem Recht die **selbständige** Vorfragenanknüpfung nach dem IPR der lex fori,[81] unabhängig davon, ob die Frage als Vorfrage
oder – da sie sich im Rahmen einer kollisionsrechtlichen Norm stellt (vorausgesetzt, man hält
hierfür eine besondere Begriffsbildung für zweckmäßig, → Einl. IPR Rn. 161 ff.) – als „Erstfrage"[82]
bezeichnet wird. Eine Mindermeinung wollte dagegen das IPR des potentiellen Scheidungsstatuts
über das Bestehen der Ehe entscheiden lassen (unselbständige Anknüpfung).[83] Im Rahmen der Rom
III-VO wird zur Begründung der unselbständigen Vorfragenanknüpfung der bei der Anwendung
europäischer Vorschriften zu beachtende *effet utile* angeführt.[84] Dem steht aber die Überlegung
entgegen, dass über die Tatbestandsvoraussetzungen einer kollisionsrechtlichen Verweisungsnorm
nicht ein ausländisches Recht entscheiden kann. Eine Ehe, die nach dem vor Art. 13 EGBGB
berufenen Recht nicht wirksam ist, kann im Inland nicht geschieden werden;[85] sie ruft nicht Art. 1
Rom III-VO, sondern Art. 13 EGBGB auf den Plan. **Art. 13 Rom III-VO** bestätigt dieses Ergebnis.[86] Auch im Rahmen der Rom III-VO ist nach alledem an der selbständigen Anknüpfung der
Vorfrage der Ehe festzuhalten.[87] Letztlich wird auch hier der EuGH zu entscheiden haben.[88]

Dass sich somit bei der Scheidung die **inländische Vorstellung** über das Nichtbestehen der Ehe 25
gegenüber dem anders urteilenden Scheidungsstatut **durchsetzt,** ist auch konsequent. Denn die
(inländische) Nichtigkeit der Ehe beruht (1) entweder auf einer inländischen Vorschrift, die aufgrund
der maßgebenden inländischen Kollisionsnorm anwendbar war (Art. 13 Abs. 3 Satz 1 EGBGB,
§ 1310 BGB), oder (2) auf einem inländischen Urteil oder (3) auf der Anerkennung eines ausländischen Scheidungsurteils. In all diesen Fällen ist die Entscheidung jeweils ohne Rücksicht auf und
oft sogar **bewusst gegen die Vorstellungen des Scheidungsstatuts** und aller sonstigen Rechtsordnungen getroffen worden, nach denen die Ehe zustande gekommen und bestehen geblieben ist. Es
wäre widersprüchlich, wollte man nun bei der Scheidung anders werten und auf die Vorstellungen
des Scheidungsstatuts abstellen.

Das Gleiche muss übrigens auch gelten, soweit die **Wirkungen** der Ehe in Frage stehen: Wer 26
im Inland nicht verheiratet ist, kann nicht zu ehelicher Treue, zu ehelichem Unterhalt etc. verpflichtet
sein. Nicht so eindeutig ist die Lage dagegen hinsichtlich der **Wiederverheiratungsmöglichkeit,**
die hauptsächlich Anlass zu Bedenken gegen die hM gegeben hat. Es ist durchaus möglich, bei der
Beurteilung der Eheschließungsvoraussetzungen im Rahmen des Art. 13 EGBGB trotz inländischer

---

[78] Palandt/*Thorn,* 76. Aufl. 2017, Rn. 6; *Hausmann* IntEuSchR A 229.

[79] Palandt/*Thorn,* 76. Aufl. 2017, Rn. 6.

[80] *Mörsdorf-Schulte* RabelsZ 77 (2013), 786 (799 f.); *Raupach* Ehescheidungen mit Auslandsbezug 45.

[81] Speziell zur Vorfrage der wirksamen Ehe im materiellen Scheidungsrecht vgl. BGH FamRZ 2003, 838
(840) = IPRax 2004, 438 m. Anm. *Mäsch* IPRax 2004, 421; *Kegel/Schurig* IPR § 20 VII 1; *Lüderitz* IPRax 1987,
74 (76). Allg. zur Vorfragenanknüpfung → Einl. IPR Rn. 169 ff. Zum neuen Recht s. *Stürner* Jura 2012, 708
(712); Johannsen/Henrich/*Henrich* EGBGB Anh. Art. 17 Rn. 61.

[82] *Jochem* FamRZ 1964, 392 (393 f.); *Neuhaus* IPR, S. 140; *Henrich,* FS Beitzke, 1979, 507 (509); *v. Hoffmann/*
Thorn IPR § 6 Rn. 47 ff.; *Kropholler* IPR §§ 18 II, 32 I.

[83] OLG München IPRax 1988, 354 (356); *Hausmann,* Kollisionsrechtliche Schranken von Scheidungsurteilen,
1980, 73 f.; *Behn* VSSR 9 (1981), 329 (373); Palandt/*Thorn,* 76. Aufl. 2017, Rn. 8.

[84] *Mörsdorf-Schulte* RabelsZ 77 (2013), 786 (822).

[85] *Gruber* IPRax 2012, 381 (389).

[86] So auch *Mörsdorf-Schulte* RabelsZ 77 (2013), 786 (823) für die Vorfrage des Bestands der Ehe.

[87] Ebenso *Raupach* Ehescheidung mit Auslandsbezug 47 mwN. Generell zum europäisches Kollisionsrecht:
Solomon, FS Spellenberg, 2010, 355 (366 ff.); *Kropholler* IPR 230.

[88] *Sonnenberger,* FS Kropholler, 2008, 227 (241); *Raupach* Ehescheidung mit Auslandsbezug 45.

Nichtigkeit einer früheren Ehe mit Rücksicht auf deren ausländische Wirksamkeit dem Betroffenen die Wiederverheiratungsmöglichkeit zu verweigern, etwa mit der Begründung, dass eine neue Ehe erst zugelassen wird, wenn die Rechtslage in dem Statutsstaat an die inländische angepasst worden ist (was freilich voraussetzt, dass die Ehe im Statutsstaat auflösbar ist).[89]

27   **2. Anerkennung einer ausländischen Scheidung.** Hängt das Bestehen einer zu scheidenden Ehe von der **Nichtanerkennung** einer ausländischen, **das Eheband auflösenden Entscheidung** ab, so sind die Parteien außerhalb des EU-Bereichs (zur Anerkennung der Entscheidungen von Gerichten der EU-Staaten – außer Dänemark – → EGBGB Anh. Art. 17a Rn. 82) zunächst auf das **Verfahren nach § 107 FamFG** (→ EGBGB Anh. Art. 17a Rn. 83) zu verweisen. Das Scheidungsverfahren ist nach pflichtgemäßem Ermessen[90] gemäß **§ 21 FamFG** von Amts wegen **auszusetzen,** um den Parteien Gelegenheit zu geben, die Entscheidung der Landesjustizverwaltung herbeizuführen[91] (→ EGBGB Anh. Art. 17a Rn. 85).

28   **3. Rechtshängiges Scheidungsverfahren.** Die Pflicht zur Aussetzung gilt außerhalb des EU-Bereichs (zum EU-Bereich → EGBGB Anh. Art. 17a Rn. 18 ff.) nach hM[92] in gleicher Weise, wenn im Ausland ein Eheauflösungsverfahren hinsichtlich der zu scheidenden Ehe **früher** als das inländische Verfahren **rechtshängig** geworden ist, sofern die Entscheidung voraussichtlich anerkannt werden wird (positive Anerkennungsprognose, → EGBGB Anh. Art. 17a Rn. 17). Die Anhängigkeit eines **anderen** Eheauflösungsverfahrens, zB eines Ehe**aufhebungs**verfahrens, begründet dagegen **kein** Hindernis für das inländische Verfahren, weil die Streitgegenstände unterschiedlich sind.[93] Ist das ausländische Scheidungsverfahren **später** als das inländische rechtshängig geworden, so scheitert die Anerkennung der ausländischen Entscheidung an § 109 Abs. 1 Nr. 3 FamFG (→ EGBGB Anh. Art. 17a Rn. 108), die Rechtshängigkeit ist also unbeachtlich.

29   Mit der Anerkennungsprognose greift der Richter nicht in die Kompetenz der Landesjustizverwaltung ein, denn bei positivem Ergebnis wird nicht der Scheidungsantrag als unzulässig abgewiesen, sondern das Verfahren gemäß § 21 FamFG ausgesetzt. Es handelt sich um nichts anderes als die **Vorverlegung** der Aussetzung zur Durchführung des Anerkennungsverfahrens. Die Aussetzung **entfällt,** wenn die inländische Partei dadurch eine **unzumutbare Beeinträchtigung ihres Rechtsschutzes** erleidet.[94] Eine solche Beeinträchtigung könnte etwa in der missbräuchlichen Ausnutzung des früheren Rechtshängigkeitszeitpunkts (bereits mit Einreichung der Klage- bzw. Antragsschrift) im Ausland gesehen werden.[95]

30   **4. Nichtehe.** Ergibt die Entscheidung der Vorfrage, dass eine Ehe im Inland nicht besteht (Nichtehe), so greift Art. 1 nicht ein. Die Parteien können nicht Scheidung verlangen, sondern allenfalls die **Feststellung,** dass zwischen ihnen eine Ehe **nicht besteht.**[96] Wird der Scheidungsantrag nicht zurückgenommen, ist er als **unbegründet** abzuweisen. Ist eine Nichtehe versehentlich doch geschieden worden,[97] so ist das nach inländischem Recht nicht mehr zu beseitigende Urteil – wie auch sonst ein unrichtiges Urteil – zu beachten. Durch ein solches Urteil wird weder festgestellt, dass die Ehe vorher bestanden hat, noch kommt ihm sonst eine rechtsgestaltende Kraft zu.[98]

31   **Aufhebbare** oder nach dem anwendbaren ausländischem Recht **nichtige (vernichtbare)** Ehen sind dagegen bis zur Aufhebung oder Nichtigerklärung Ehen iS des Abs. 1 und daher scheidbar.

---

[89] Zu diesem Sonderfall → EGBGB Art. 13 Rn. 71–77 und *Hausmann,* Kollisionsrechtliche Schranken von Scheidungsurteilen, § 14 S. 85 ff.
[90] OLG Nürnberg BeckRS 2012, 13156 = FamRZ 2013, 313.
[91] *Schack,* FS Spellenberg, 2010, 497 (504 f.). Dies war auch schon vorher hM, vgl. zu § 148 ZPO: BGH FamRZ 1982, 1203 = IPRax 1983, 292; BayObLGZ 1973, 251 = NJW 1974, 1628; OLG Köln FamRZ 1998, 1303 = IPRax 1999, 48; Schleswig-Holsteinisches OLG SchlHA 1978, 54; OLG Hamburg IPRspr. 1964/65 Nr. 247; LG Stuttgart FamRZ 1974, 459 (460); *Habscheid* FamRZ 1966, 169 (174); *E. Lorenz* FamRZ 1966, 465 (475 f.); *Basedow* StAZ 1977, 6 f.; Soergel/*Schurig* EGBGB Art. 17 Rn. 95; Staudinger/*Mankowski* (2011) EGBGB Art. 17 Rn. 84; Palandt/*Thorn,* 76. Aufl. 2017, Rn. 8. Offen gelassen von OLG Karlsruhe FamRZ 1991, 92 (93).
[92] BGH NJW 1983, 1269; OLG Frankfurt FamRZ 1975, 632 m. abl. Anm. *Wirth; Riezler* IZPR S. 452 ff.; Soergel/*Schurig* EGBGB Art. 17 Rn. 98; Staudinger/*Gamillscheg,* 10./11. Aufl. 1973, ZPO § 606b Rn. 454–467 mzN.
[93] OLG Karlsruhe IPRax 1985, 36 m. zust. Rezension *Schlosser* IPRax 1985, 16.
[94] BGH NJW 1983, 1269 (erstinstanzliches ital. Verfahren dauerte bereits vier Jahre).
[95] Dazu *Linke* IPRax 1982, 229; *Geimer* NJW 1987, 3085.
[96] BGH FamRZ 2003, 838 (840).
[97] Ausf. dazu *Schwind* RabelsZ 38 (1974), 523 ff.
[98] BGH FamRZ 2003, 838 (841).

V. Hinkende Ehe (Inlandsehe)

Besondere Anknüpfungsprobleme ergeben sich in der Vorfrage, wenn die zu scheidende Ehe zwar **32** im Inland besteht, nicht aber in dem Staat, dessen Recht Scheidungsstatut ist (sog. Inlandsehen). Eine Übersicht über Ursachen und Beispiele von Inlandsehen findet sich bei → EGBGB Art. 13 Rn. 73. Die Behandlung dieser Fälle hängt wesentlich davon ab, ob sie Folge einer im Scheidungsstatutsstaat nicht anerkannten Ehe**schließung** (1) oder einer im Inland nicht anerkannten Ehe**scheidung** sind (2).

1. Im Scheidungsstatutsstaat nicht anerkannte Eheschließung. Infolge „hinkender Ehe- **33** schließung" entsteht eine Inlandsehe, wenn die Eheschließung im Inland anerkannt wird, im Scheidungsstatutsstaat aber nicht. Ob die Eheschließung im **Inland** oder in einem **Drittstaat** erfolgt, spielt dabei keine Rolle. Hauptsächlich geht es dabei um den **Formstreit** zwischen standesamtlicher und religiöser Eheschließung: Die im Inland gemäß Art. 13 Abs. 3 S. 1 EGBGB oder im Drittstaat nach den dortigen Vorschriften vor dem Standesbeamten zu schließende und geschlossene Ehe wird im Scheidungsstatutsstaat nicht anerkannt, weil er eine religiöse Eheschließungsform fordert.[99] Die Beurteilung dieser Fälle ist umstritten, die IPR-Reform hatte die Frage bewusst offengelassen.[100]

a) Meinungsstand. aa) Herrschende Meinung. Nach **hM**[101] ist **deutsches Scheidungsrecht 34** anzuwenden, denn man könne nicht einem Recht die Scheidung übertragen, nach dessen Auffassung gar keine Ehe vorliegt.

bb) Raape. *Raape*[102] will nur dann deutsches Recht anwenden, wenn das Scheidungsstatut grund- **35** sätzlich keine Scheidung zulässt, andernfalls sei an seiner Anwendung festzuhalten; denn die Ehe sei trotz ihrer Nichtanerkennung durch den Statutsstaat nicht als deutsche Ehe anzusehen.

cc) Kegel/Schurig. Nach *Kegel/Schurig*[103] soll das **deutsche Recht** nur dann Anwendung fin- **36** den, wenn das Scheidungsstatut **strenger** ist, denn nur dann bestehe ein beiderseitiger Normenwiderspruch. Sei das Scheidungsstatut dagegen ebenso streng wie das deutsche Recht oder gar leichter, dann bleibe es anwendbar.

dd) Neuhaus. Wieder anders urteilt *Neuhaus*.[104] Er will auf die **Unscheidbarkeit** „im konkreten **37** Fall" abstellen und dann anstelle des Scheidungsstatuts ein **„Ersatzrecht"**, etwa das Recht am (letzten) gemeinsamen gewöhnlichen Aufenthalt oder am Eheschließungsort, als ultima ratio die **lex fori** anwenden.

b) Stellungnahme. Ausgangspunkt der Kontroverse ist die Annahme, dass die bei uns wirksame **38** Ehe im Scheidungsstatutsstaat eine Nichtehe ist. Wenn dem aber so ist, dann **fehlt** dem ausländischen Scheidungsrecht die **Anwendungsgrundlage.** Unsere kollisionsrechtliche Verweisung ist **gescheitert.** Die einzige interessengerechte Konsequenz aus diesem Scheitern ist die Anwendung der **lex fori.** Damit tun wir dem „verhinderten" Scheidungsstatut keinen Zwang an, denn da es die Ehe ohnehin nicht anerkennt, kommen wir ihm mit einer Scheidung nur entgegen: Auch wenn es+ die **Nebenfolgen** der Scheidung nicht anerkennen kann, so stimmt doch jedenfalls die **Hauptfolge,** nämlich die Auflösung des Ehebandes, im Ergebnis mit seiner Auffassung überein. Der **hM** ist deshalb **zuzustimmen,** weil die Anwendung der lex fori den Interessen der beteiligten Rechtsordnungen am besten gerecht wird und dem Ziel der internationalprivatrechtlichen Gerechtigkeit am nächsten kommt.

---

[99] Übersicht über solche Staaten bei Staudinger/*Mankowski* (2011) EGBGB Art. 13 Rn. 781 f.

[100] Vgl. BT-Drs. 10/504, 60.

[101] OLG Düsseldorf FamRZ 1966, 451; OLG Koblenz NJW-RR 1994, 647 = FamRZ 1994, 1262; OLG Stuttgart FamRZ 1980, 783 (784) (aber kein Versorgungsausgleich nach deutschem Recht) m. Anm. *Neuhaus*; LG Hamburg IPRspr. 1974 Nr. 66; AG München IPRax 1982, 250 (LS); OLG Hamm FamRZ 1976, 29; Johannsen/Henrich/*Henrich* EGBGB Anh. Art. 17 Rn. 62; Staudinger/*Mankowski* (2011) EGBGB Art. 17 Rn. 92; Erman/*Hohloch* EGBGB Art. 17 Rn. 26; NK-BGB/*Gruber* EGBGB Art. 17 Rn. 45; *Stürner* Jura 2011, 708 (712); *Samtleben* IPRax 1987, 96; *Otto*, Ehe- und Familiensachen mit Ausländerbeteiligung und nach ausländischem Recht, 3. Aufl. 1983, 70.

[102] Staudinger/*Raape*, EGBGB, 9. Aufl. 1931, S. 400 f. und *Raape* IPR S. 297. Ebenso *Maßfeller*, zuletzt DFIFR S. 176; *Dorenberg*, Hinkende Rechtsverhältnisse im internationalen Familienrecht, 1968, 104 ff.; LG Osnabrück IPRspr. 1950/51 Nr. 142 (Scheidung nach poln. Recht, wonach die Ehe aber – entgegen der Ansicht des LG – wirksam war, vgl. Staudinger/*Gamillscheg*, 10./11. Aufl. 1973, EGBGB Art. 17 Rn. 218).

[103] *Kegel/Schurig* IPR § 20 VII 2 a dd. Ebenso schon *Serick* RabelsZ 21 (1956), 207, 221. Ähnlich Soergel/*Schurig* EGBGB Art. 17 Rn. 34.

[104] *Neuhaus* IPR S. 362 f. Ähnlich *Dorenberg,* Hinkende Rechtsverhältnisse im internationalen Familienrecht, 1968, 105 und *Galster* StAZ 1988, 160 (163).

39   **2. Im Inland nicht anerkannte Ehescheidung.** Infolge „hinkender Ehescheidung" entsteht eine Inlandsehe, wenn die Ehescheidung im Scheidungsstatutsstaat anerkannt wird, im Inland aber nicht. Denn für die inländische Gestaltungswirkung eines ausländischen Scheidungsurteils kommt es nicht auf die Anerkennung durch die lex causae – also das Scheidungsstatut – an (relative Gestaltungswirkung), sondern auf die Anerkennung durch die inländische lex fori (absolute Gestaltungswirkung), → EGBGB Art. 17 Rn. 23 sowie → Einl. IPR Rn. 202. Da in diesem Fall die Ehe auch nach Auffassung des Scheidungsstatuts jedenfalls bis zur Scheidung bestanden hat, können sich Unterschiede zu der zuvor behandelten Fallgruppe ergeben. Ob die Scheidung im Scheidungsstatutsstaat oder in einem Drittstaat erfolgte, ist auch hier ohne Belang.

40   **a) Meinungsstand.** Auch bei der Beurteilung dieser wenig behandelten Fälle gehen die Meinungen auseinander: *Gamillscheg*[105] will wiederum die lex fori anwenden. *Beitzke*[106] plädiert für die Anwendung des **Scheidungsstatuts,** welches nach *Kegel*[107] nur dann maßgeblich sein soll, wenn nicht die lex fori scheidungsfreundlicher ist. *v. Bar*[108] schließlich schlägt vor, die Ehe zwar nach deutschem Recht zu scheiden, auf die Scheidungs**folgen** aber das eigentliche Scheidungsstatut anzuwenden.

41   **b) Stellungnahme.** Bei der auf **hinkender Eheschließung** beruhenden Inlandsehe vermag die Anwendung der lex fori eine Übereinstimmung mit dem Scheidungsstatut nur hinsichtlich der **Hauptfolge** der Scheidung, nicht aber hinsichtlich der **Nebenfolgen** herbeizuführen (→ Rn. 38). Eine weiter gehende Übereinstimmung ist bei dieser Fallgruppe nicht möglich, denn vom Standpunkt des Scheidungsstatuts aus gesehen gilt: was nicht existiert, kann auch keine Folgen haben.

42   Anders bei der auf **hinkender Scheidung** beruhenden Inlandsehe: Da ihre Scheidung im Scheidungsstatutsstaat anerkannt wird, gibt es dort jedenfalls auch Scheidungs**folgen** (Nebenfolgen), welchem Recht sie auch immer unterstellt werden mögen. Diese Nebenfolgen der Scheidung dürfen bei der zu findenden Lösung nicht übergangen werden, dh. es ist diejenige Anknüpfung zu bevorzugen, die auch hinsichtlich der Nebenfolgen der Scheidung die weitestgehende Übereinstimmung zwischen den beteiligten Rechtsordnungen herzustellen vermag.

43   Diesem Ziel kann nur die Anwendung des **Scheidungsstatuts** gerecht werden. Sie verhindert zugleich die Möglichkeit der **bewussten Herbeiführung** einer hinkenden Ehe, um sich hinsichtlich der Scheidungsfolgen ggf. die Vorteile der lex fori – wollte man sie anwenden – zu sichern. Deshalb ist diese Lösung dem Vorschlag von *Henrich* (→ Rn. 40) vorzuziehen. Die Wirksamkeit einer **im Ausland vollzogenen** talaq-Scheidung wird von uns – soweit nicht der ordre public entgegensteht – nach dem Scheidungsstatut beurteilt; nichts spricht dagegen, auch die (zumindest teilweise) **im Inland vollzogene** und daher bei uns unwirksame talaq-Scheidung bei der Nachholung im inländischen Scheidungsverfahren (→ Vor Art. 1 Rn. 32 f.) nach demselben Statut zu beurteilen, um eine größtmögliche Übereinstimmung mit diesem herbeizuführen.[109]

VI. Ausgeschlossene Regelungsgegenstände (Abs. 2)

44   Die VO soll nur für die Auflösung und Lockerung des Ehebandes gelten (Erwägungsgrund 10). Abs. 2 stellt klar, dass die Ungültigerklärung der Ehe (lit. c) nicht darunter fällt und dass alle Fragen, die sich im Zusammenhang mit der Scheidung oder Trennung als **Vorfrage** (lit. a, b) oder als **Nebenfolge** (lit. d bis h) stellen, nach den einschlägigen Kollisionsnormen der Mitgliedstaaten anzuknüpfen sind.

45   **1. Die Rechts- und Handlungsfähigkeit natürlicher Personen (lit. a).** Diese Frage kann zB im Zusammenhang mit einer Privatscheidung eine Rolle spielen. Sie ist gemäß **Art. 7 EGBGB** nach dem Heimatrecht der betreffenden Person zu beurteilen.

46   **2. Das Bestehen, die Gültigkeit oder die Anerkennung einer Ehe (lit. b).** Eine Ehe kann nur geschieden werden, wenn sie im Scheidungsstaat als wirksam anerkannt wird (→ Rn. 24). Welches Recht über diese Vorfrage entscheidet, regelt die VO nicht. Einschlägige Kollisionsnorm

---

[105] Staudinger/*Gamillscheg*, 10./11. Aufl. 1973, EGBGB Art. 17 Rn. 225 (vgl. auch Rn. 530).
[106] *Beitzke* IPRax 1981, 202 (203). Ebenso LG Berlin IPRspr. 1945–49 Nr. 68 (bulgar. Recht); LG Mönchengladbach NJW 1971, 1526 (syr. Recht); LG Hamburg IPRspr. 1977 Nr. 66 (jap. Recht). Unklar LG München I FamRZ 1977, 332 (333) m. Anm. *Hepting*, der wohl für die lex fori ist.
[107] Soergel/*Kegel*, 11. Aufl. 1984, EGBGB Art. 17 Rn. 6 und 22; ähnlich Soergel/*Schurig* EGBGB Art. 17 Rn. 35, 34.
[108] *v. Bar* IPR II Rn. 261; Staudinger/*Mankowski* (2011) EGBGB Art. 17 Rn. 98. Ebenso OLG Stuttgart FamRZ 1980, 783 (784).
[109] Zust. *Unberath* IPRax 2004, 515 (517).

ist, soweit es um die Wirksamkeit der **Eheschließung** geht, **Art. 13 EGBGB.** Das Bestehen einer Ehe kann aber auch davon abhängen, ob eine im Ausland ausgesprochene **Scheidung** im Inland anerkannt wird. Mittelbar geht es dann bei der Anerkennung der Scheidung auch um die Gültigkeit der Ehe. Handelt es sich um eine **gerichtliche oder behördliche Scheidung,** so erfolgt deren Anerkennung nach den verfahrensrechtlichen Vorschriften des internationalen Anerkennungsrechts (→ EGBGB Anh. Art. 17a Rn. 82 ff.). Handelt es sich dagegen um eine **Privatscheidung** im → Rn. 8 dargestellten Sinne, so ist über deren Wirksamkeit („Anerkennung") nach den Vorschriften des materiellen Kollisionsrechts zu entscheiden; das dafür maßgebliche Scheidungsstatut bestimmt sich nach der Rom III-VO (→ Rn. 10). Der Ausschluss nach lit. b betrifft also nur die **unmittelbare** Entscheidung über das Bestehen, die Gültigkeit oder die Anerkennung einer Ehe, die dem Statut des Art. 13 unterliegt. Eine **Klage auf Feststellung des Bestehens oder Nichtbestehens einer Ehe** fällt danach nicht in den Anwendungsbereich der VO.[110]

3. Die Ungültigerklärung einer Ehe (lit. c). a) Grundsatz. Aufhebung und Nichtigerklärung **47** der Ehe fallen gemäß Abs. 2 lit. c nicht unter die VO. Sie sind nicht dem Scheidungs-, sondern dem **Eheschließungsstatut** des Art. 13 EGBGB zuzuordnen,[111] denn es handelt sich dabei um die Folgen der Verletzung von Voraussetzungen der **Eheschließung,** nicht dagegen um Störungen der Eheführung (→ EGBGB Art. 13 Rn. 111).

b) Qualifikationsabweichung. Besondere Probleme ergeben sich, wenn das ausländische Recht **48** die jeweiligen Gründe anders qualifiziert als das deutsche und infolgedessen ein Scheidungsantrag nach ausländischem Recht auf einen Grund gestützt wird, der nach deutschem Recht ein Aufhebungsgrund wäre, oder umgekehrt eine Aufhebungs- oder Nichtigkeitsklage nach ausländischem Recht auf einen Scheidungsgrund iS des deutschen Rechts gestützt wird. Da es den Parteien freisteht, welche Rechtsfolge (Aufhebung, Nichtigkeit oder Scheidung) sie erreichen wollen, ist für die Qualifikation des Vorgangs auf das **Ziel ihres Antrags,** nicht auf die dafür gegebene Begründung abzustellen. Im Einzelnen folgt daraus:

aa) Antrag auf Aufhebung oder Nichtigerklärung. Beantragen die Parteien die **Aufhebung 49** oder **Nichtigerklärung,** so ist dieser Vorgang nach Art. 13 EGBGB (Eheschließungsstatut) zu qualifizieren, auch wenn der vorgebrachte Grund nach deutschem Recht ein Scheidungsgrund sein sollte. Lässt das Eheschließungsstatut die Aufhebung oder Nichtigerklärung zu, so ist dem Antrag zu entsprechen. Ordnet es den geltend gemachten Grund dagegen – ggf. in Übereinstimmung mit dem deutschen Recht – als Scheidungsgrund ein, so haben die Parteien nicht nur einen falschen Antrag gestellt, sondern das falsche Verfahren eingeleitet; die Scheidung kann (anstelle der beantragten Aufhebung oder Nichtigerklärung) in diesem Fall erst ausgesprochen werden, nachdem das Scheidungsverfahren gemäß § 124 FamFG (→ EGBGB Anh. Art. 17a Rn. 26) durch Einreichung einer Antragsschrift anhängig gemacht worden ist.

bb) Scheidungsantrag. Beantragen die Parteien die **Scheidung,** so ist die VO einschlägig, auch **50** wenn der vorgebrachte Grund nach deutschem Recht ein Aufhebungsgrund sein sollte. Lässt das Scheidungsstatut die Scheidung zu, so ist diese auszusprechen. Ordnet es dagegen den geltend gemachten Grund als Aufhebungs- oder Nichtigkeitsgrund ein, so haben die Parteien wiederum den falschen Antrag gestellt und das falsche Verfahren gewählt. Die Nichtigkeit oder Aufhebung der Ehe kann in diesem Fall erst ausgesprochen werden, wenn die verfahrensmäßigen Voraussetzungen hierfür geschaffen worden sind.

4. Die Namen der Ehegatten (lit. d). Der Name der Ehegatten unterliegt grundsätzlich dem **51** Personalstatut jedes Ehegatten (Art. 10 EGBGB). Dies gilt auch soweit die Namensführung durch die Ehe oder – in der Folge – durch die Scheidung beeinflusst wird (→ EGBGB Art. 17 Rn. 75). Weil die Qualifikation der Namensfrage im Zusammenhang mit der Scheidung früher teilweise umstritten war, hat der Verordnungsgeber sie hier vorsichtshalber ausdrücklich von der Anwendbarkeit der VO ausgenommen.

5. Vermögensrechtliche Folgen der Ehe (lit. e). Die vermögensrechtlichen Folgen der Ehe **52** sind im Falle der Scheidung insofern von Bedeutung, als sie durch die Scheidung beeinflusst werden. Einzige originäre vermögensrechtliche Scheidungsfolge ist der in Art. 17 Abs. 3 EGBGB geregelte **Versorgungsausgleich** (→ EGBGB Art. 17 Rn. 80 ff.). Genaugenommen meint lit. e nicht die

---

[110] Staudinger/*Spellenberg* (2016) Brüssel IIa-VO Art. 1 Rn. 23 mwN.; Johannsen/Henrich/*Henrich* FamFG § 98 Rn. 3.
[111] Vgl. nur Soergel/*Schurig* EGBGB Art. 17 Rn. 18; Staudinger/*Mankowski* (2011) EGBGB Art. 17 Rn. 242 und EGBGB Art. 13 Rn. 438; Erman/*Hohloch* EGBGB Art. 13 Rn. 36; Palandt/*Thorn*, 76. Aufl. 2017, Rn. 2 u. EGBGB Art. 13 Rn. 11; Johannsen/Henrich/*Henrich* EGBGB Art. 13 Rn. 6; NK-BGB/*Gruber* Rn. 11.

vermögensrechtlichen Folgen der Ehe, sondern die vermögensrechtlichen Folgen der **Scheidung.** Im Erwägungsgrund 10 Abs. 3 wird dies auch klargestellt. Neben dem Versorgungsausgleich kommen **unterhaltsrechtliche** (→ EGBGB Art. 17 Rn. 58 ff.) und **güterrechtliche** (→ EGBGB Art. 17 Rn. 64 ff.) Scheidungsfolgen in Betracht. Sie unterliegen gemäß Art. 17 Abs. 1 EGBGB nicht ohne Weiteres dem Scheidungsstatut, sondern sind jeweils gesondert anzuknüpfen. Zu den **nichtvermögensrechtlichen** Scheidungsfolgen → EGBGB Art. 17 Rn. 70 ff.

53   **6. Elterliche Verantwortung (lit. f).** Nach früherem deutschem Recht wurde die gemeinsame elterliche Sorge über die ehelichen Kinder durch die Ehescheidung beendet, das Vormundschaftsgericht hatte die elterliche Sorge einem der beiden Elternteile zuzuweisen (§ 74 EheG aF). Heute hat die Scheidung keinen unmittelbaren Einfluss mehr auf den Bestand der elterlichen Sorge, wohl aber einen mittelbaren: sie gibt jedem Ehegatten das Recht, die Übertragung der elterlichen Alleinsorge auf sich zu beantragen (§ 1671 BGB). Dennoch wurde die elterliche Sorge nach der Scheidung in Deutschland immer schon nicht dem Scheidungsstatut unterstellt, sondern gesondert angeknüpft. Näheres dazu → EGBGB Art. 17 Rn. 70 ff. Auch diese Qualifikationsfrage hat der Verordnungsgeber – wie schon beim Ehenamen (→ Rn. 51) – rein vorsorglich dahin geklärt, dass die VO keine Anwendung findet.

54   **7. Unterhaltspflichten (lit. g).** Nach der Ehescheidung entstehen uU Unterhaltsansprüche eines Ehegatten gegen den anderen; auch kann die Scheidung die Art und Höhe der von jedem Ehegatten an die gemeinsamen Kinder zu leistenden Unterhaltsbeiträge beeinflussen. Die Vorschrift stellt klar, dass diese vermögensrechtlichen Folgen der Scheidung nicht dem Scheidungsstatut unterliegen, sondern nach den Kollisionsnormen des betreffenden Mitgliedstaats gesondert anzuknüpfen sind (vgl. Erwägungsgrund 10 Abs. 3). S. dazu Art. 17 Abs. 1 EGBGB.

55   **8. Trusts und Erbschaften (lit. h).** Ein etwa bestehendes gesetzliches Ehegattenerbrecht wird idR durch die Scheidung beendet. Nach deutschem Recht gilt dies auch für ein Erbrecht aufgrund eines gemeinschaftlichen Testaments, §§ 2077, 2268 BGB. In anderen Rechtsordnungen kann dies aber durchaus anders geregelt sein. Ob dies der Fall ist oder nicht, entscheidet nicht das Scheidungsstatut, sondern das **Erbstatut.**[112] Dies gilt in gleicher Weise auch für das aus dem amerikanischen Rechtskreis bekannte Institut des **Trusts.** Das Haager Trustübereinkommen[113] verweist – mangels Rechtswahl – in Art. 7 auf die engste Verbindung des Trusts mit einer Rechtsordnung. In jedem Falle handelt es sich hierbei um ein eigenständiges Statut, welches mit dem Scheidungsstatut nichts zu tun hat, selbst wenn die Scheidung im Einzelfall für den Trust von Bedeutung sein sollte. Auch dieser Ausschluss erfolgte rein vorsorglich, der Trust wird in Erwägungsgrund 10 nicht einmal erwähnt.

Art. 2 Rom III–VO Verhältnis zur Verordnung (EG) Nr. 2201/2003

Diese Verordnung lässt die Anwendung der Verordnung (EG) Nr. 2201/2003 unberührt.

1   Die Rom III–VO regelt das materielle Kollisionsrecht der Scheidung und Trennung, die VO (EG) Nr. 2201/2003 **(EuEheVO)** (→ EGBGB Anh. Art. 17a Rn. 2) regelt die Zuständigkeit und die Anerkennung und Vollstreckung von Entscheidungen in Ehe- und Sorgerechtssachen (→EGBGB Anh. Art. 17a Rn. 34 ff.), also Fragen des internationalen Verfahrensrechts. Gleichwohl sollen laut Erwägungsgrund 10 Abs. 1 die sachlichen Anwendungsbereiche und die Bestimmungen beider Verordnungen „im Einklang" stehen. Schaut man näher hin, so fällt zunächst auf, dass Art. 3 Brüssel IIa–VO auch die **Ungültigerklärung einer Ehe** umfasst, die nach Art. 1 Abs. 2 lit. c Rom III–VO gerade ausgeschlossen ist (→ Art. 1 Rn. 47). Des Weiteren umfasst die EuEheVO auch Verfahren der **elterlichen Sorge,** die nach der Rom III–VO ebenfalls ausgeschlossen sind (→ Art. 1 Rn. 53). Ein weiterer Unterschied betrifft die **Privatscheidung ohne konstitutive behördliche Mitwirkung:** sie unterliegt zwar der Rom III–VO, nicht aber der Brüssel IIa–VO (→ Art. 1 Rn. 10). Materielles Kollisionsrecht und internationales Verfahrensrecht sind aber auch dann „im Einklang", wenn sie – wie hier – einander ergänzen.

2   In einem Punkt freilich fehlt diese Harmonie: Während die Rom III–VO in Art. 5 Abs. 1 lit. c den Ehegatten die Möglichkeit gibt, das Recht des Staates zu wählen, denen **einer von ihnen** angehört, sind nach Art. 3 Abs. 1 lit. b Brüssel IIa–VO nur die Gerichte des Staates wahlweise

---

[112] Vgl. nur Palandt/*Thorn*, 76. Aufl. 2017, EuErbVO Art. 23 Rn. 2.
[113] Übereinkommen über das auf Trusts anzuwendende Recht und über ihre Anerkennung vom 1.7.1985, deutscher Text abrufbar auf http://www.hcch.net/upload/text30d_ch.pdf. Das Übereinkommen ist von Deutschland bisher nicht gezeichnet worden, vgl. *Kropholler* IPR S. 569 und *Pirrung*, FS Heldrich, 2005, 925 ff.

zuständig, dem **beide Ehegatten** angehören. Dies führt bei **gemischt-nationalen Ehen** zu Problemen, wenn die Gerichte eines Staates zuständig sind, dessen Recht keine Scheidung kennt. Dies galt bis vor kurzem für den Mitgliedstaat **Malta:** Da das maltesische Recht keine Scheidung, sondern nur die Trennung ohne Lösung des Ehebandes kannte, waren die maltesischen Gerichte gemäß Art. 13 Rom III-VO nicht verpflichtet, nach ausländischem Recht eine Scheidung auszusprechen. Nachdem Malta mit Wirkung ab 1.10.2011 die Scheidung eingeführt hat,[1] hat sich dieses Problem zwar im Verhältnis zu Malta erledigt;[2] es kann aber im Verhältnis zu Drittstaaten weiterhin auftreten. Für solche Fälle sah der vom Parlament seinerzeit vorgeschlagene Art. 7a Brüssel IIa-VO (Änderungsvorschlag)[3] einen **Notgerichtsstand** des Mitgliedstaats vor, dessen Staatsangehörigkeit einer der Ehegatten besitzt oder in dem die Ehe geschlossen wurde. Vorgesehen war ferner die Einführung eines Art. 3a, der den Ehegatten in gewissem Umfang die Möglichkeit einräumte, den **Gerichtsstand** für das Scheidungs- oder Trennungsverfahren zu **wählen;** im Rahmen der verstärkten Zusammenarbeit musste aber der verfahrensrechtliche Bereich insgesamt ausgeklammert werden. Das Zusammenwirken der geplanten verfahrensrechtlichen und der kollisionsrechtlichen Neuerungen hätte die im Grünbuch[4] erörterten Problemfälle[5] weitgehend gelöst. Ohne eine solche korrespondierende Regelung sind in derartigen Fällen, worauf schon *Tadeusz Zwiefka* im Bericht des Rechtsausschusses hingewiesen hatte,[6] unangemessene Ergebnisse vorprogrammiert. Es bleibt zu wünschen, dass die Arbeiten zur Reform der EuEheVO bald wiederaufgenommen und sowohl die **Gerichtsstandswahl** (Art. 3a) als auch die **Restzuständigkeit** (Art. 7) in der Fassung des Reformvorschlags von 2006[7] Realität werden.

Art. 3 Rom III-VO Begriffsbestimmungen

Für die Zwecke dieser Verordnung bezeichnet der Begriff:
1. **„teilnehmender Mitgliedstaat" einen Mitgliedstaat, der auf der Grundlage des Beschlusses 2010/405/EU des Rates vom 12. Juli 2010 oder auf der Grundlage eines gemäß Artikel 331 Absatz 1 Unterabsatz 2 oder 3 des Vertrags über die Arbeitsweise der Europäischen Union angenommenen Beschlusses an der Verstärkten Zusammenarbeit im**

---

[1] Art. 66A bis 66N des maltesischen ZGB v. 22.1.1874 idF des G. XX v. 2015, deutscher Text bei Bergmann/Ferid/Henrich/Cieslar, Malta, Stand: 5.4.2017, S. 64.

[2] Vgl. dazu BGH FamRZ 2013, 687.

[3] Vorschlag für eine Verordnung des Rates zur Änderung der Verordnung (EG) Nr. 2201/2003 im Hinblick auf die Zuständigkeit in Ehesachen und zur Einführung von Vorschriften betreffend das anwendbare Recht in diesem Bereich, KOM (2006) 399 endg. v. 17.7.2006. Vgl. dazu die Stellungnahme des EWSA vom 13./14.12.2006, ABl. C 325 vom 30.12.2006, S. 71; das Arbeitsdokument des Ausschusses für bürgerliche Freiheiten, Justiz und Inneres v. 21.6.2007, unter der Referenzangabe LIBE_DT(2007)391952 auf http://www.europarl.europa.eu/RegistreWeb/search/advanced.htm abrufbar (erweiterte Suche im Register); den Entwurf einer Stellungnahme des Rechtsausschusses für den Ausschuss für bürgerliche Freiheiten, Justiz und Inneres (Verfasser: *Carlo Casini*) v. 4.12.2007, unter der Referenzangabe JURI_PA(2007)398467 auf http://www.europarl.europa.eu/RegistreWeb/search/advanced.htm abrufbar (erweiterte Suche im Register); den Bericht des Ausschusses für bürgerliche Freiheiten, Justiz und Inneres über den Vorschlag (Berichterstatterin: *Evelyne Gebhardt*) vom 19.9.2008 (Gebhardt-Bericht), unter der Referenzangabe P6_A(2008)0361 auf http://www.europarl.europa.eu/RegistreWeb/search/advanced.htm abrufbar (erweiterte Suche im Register). Näher dazu *Winkler v. Mohrenfels*, FS v. Hoffmann, 2011, 527 (531 f.).

[4] *Grünbuch* über das anzuwendende Recht und die gerichtliche Zuständigkeit in Scheidungssachen [KOM (2005) 82 endg.]. Dazu die Stellungnahme des EWSA v. 29.9.2005, ABl. C 24 vom 31.1.2006, S. 20.

[5] Eingehend dazu *Winkler v. Mohrenfels*, FS v. Hoffmann, 2011, 527 (536 ff.).

[6] Bericht über den Vorschlag für eine Verordnung des Rates zur Begründung einer Verstärkten Zusammenarbeit im Bereich des auf die Ehescheidung und Trennung ohne Auflösung des Ehebandes anzuwendenden Rechts (Berichterstatter: *Tadeusz Zwiefka*), unter der Referenzangabe P7_A(2010)0360 auf http://www.europarl.europa.eu/RegistreWeb/search/advanced.htm abrufbar (erweiterte Suche im Register).

[7] Vorschlag für eine Verordnung des Rates zur Änderung der Verordnung (EG) Nr. 2201/2003 im Hinblick auf die Zuständigkeit in Ehesachen und zur Einführung von Vorschriften betreffend das anwendbare Recht in diesem Bereich, KOM (2006) 399 endg. v. 17.7.2006. Vgl. dazu die Stellungnahme des EWSA vom 13./14.12.2006, ABl. C 325 vom 30.12.2006, S. 71; das Arbeitsdokument des Ausschusses für bürgerliche Freiheiten, Justiz und Inneres v. 21.6.2007, unter der Referenzangabe LIBE_DT(2007)391952 auf http://www.europarl.europa.eu/RegistreWeb/search/advanced.htm abrufbar (erweiterte Suche im Register); den Entwurf einer Stellungnahme des Rechtsausschusses für den Ausschuss für bürgerliche Freiheiten, Justiz und Inneres (Verfasser: *Carlo Casini*) v. 4.12.2007, unter der Referenzangabe JURI_PA(2007)398467 auf http://www.europarl.europa.eu/RegistreWeb/search/advanced.htm abrufbar (erweiterte Suche im Register); den Bericht des Ausschusses für bürgerliche Freiheiten, Justiz und Inneres über den Vorschlag (Berichterstatterin: *Evelyne Gebhardt*) vom 19.9.2008 (Gebhardt-Bericht), unter der Referenzangabe P6_A(2008)0361 auf http://www.europarl.europa.eu/RegistreWeb/search/advanced.htm abrufbar (erweiterte Suche im Register).

Bereich des auf die Ehescheidung und Trennung ohne Auflösung des Ehebandes anzuwendenden Rechts teilnimmt;

2. „Gericht" alle Behörden der teilnehmenden Mitgliedstaaten, die für Rechtssachen zuständig sind, die in den Anwendungsbereich dieser Verordnung fallen.

1   **Teilnehmende Mitgliedstaaten** sind bisher die in Erwägungsgrund 10 genannten Mitglieder der „Koalition der vierzehn Willigen" (Vor Art. 1 Rn. 6) sowie Litauen, Griechenland und Estland (Vor Art. 1 Rn. 8). Mit einem Beitritt der Common-Law-Staaten und der skandinavischen Staaten ist vorerst wohl nicht zu rechnen, die Vorliebe für die Anwendung des eigenen Rechts ist dort ungebrochen. Im Übrigen bleibt die Entwicklung abzuwarten.

2   **Gericht** ist jede für Scheidungs- und Trennungssachen zuständige Behörde. Der Begriff spielt vor allem im Zusammenhang mit **Privatscheidungen** eine Rolle (→ Art. 1 Rn. 12 f.). Die Definition entspricht der Regelung in **§ 107 Abs. 1 FamFG** im Zusammenhang mit der Anerkennung ausländischer Entscheidungen (→ EGBGB Anh. Art. 17a Rn. 83, 91 ff.: auch behördliche Entscheidungen sind danach anerkennungsfähig).

Art. 4 Rom III-VO Universelle Anwendung

Das nach dieser Verordnung bezeichnete Recht ist auch dann anzuwenden, wenn es nicht das Recht eines teilnehmenden Mitgliedstaats ist.

1   In Fällen, die eine Verbindung zum Recht verschiedener Staaten aufweisen (Art. 1 Abs. 1), gilt die Rom III-VO in den an der Verstärkten Zusammenarbeit teilnehmenden 14 Mitgliedstaaten (vgl. Erwägungsgrund 6) als **loi uniforme** (→ Vor Art. 1 Rn. 9). Loi uniforme bedeutet, dass das Recht eines ausländischen Staates auch dann Anwendung findet, wenn es sich dabei um einen an der Verstärkten Zusammenarbeit nicht teilnehmenden Mitgliedstaat oder um einen Drittstaat handelt (Erwägungsgrund 12). Dies ist insbesondere der Fall, wenn die Ehegatten sich in einem solchen Staat gewöhnlich aufhalten und keine Rechtswahl getroffen haben, so dass gemäß Art. 8 lit. a das Recht des Aufenthaltsstaats Anwendung findet. Dies setzt allerdings voraus, dass ungeachtet des gemeinsamen auswärtigen gewöhnlichen Aufenthalts der Ehegatten die internationale Scheidungszuständigkeit der deutschen Gerichte gegeben ist. Dies ist zB der Fall, wenn beide Ehegatten die deutsche Staatsangehörigkeit besitzen, Art. 3 Abs. 1 lit. b Brüssel IIa-VO (→ EGBGB Anh. Art. 17a Rn. 36). In Betracht kommen ferner die seltenen Fälle der Restzuständigkeit nach § 98 Abs. 1 Nr. 1 FamFG aufgrund der deutschen Staatsangehörigkeit eines der Ehegatten (→ EGBGB Anh. Art. 17a Rn. 46).

Kapitel II. Einheitliche Vorschriften zur Bestimmung des auf die Ehescheidung und Trennung ohne Auflösung des Ehebandes anzuwendenden Rechts

Art. 5 Rom III-VO Rechtswahl der Parteien

(1) Die Ehegatten können das auf die Ehescheidung oder die Trennung ohne Auflösung des Ehebandes anzuwendende Recht durch Vereinbarung bestimmen, sofern es sich dabei um das Recht eines der folgenden Staaten handelt:

a) **das Recht des Staates, in dem die Ehegatten zum Zeitpunkt der Rechtswahl ihren gewöhnlichen Aufenthalt haben, oder**

b) **das Recht des Staates, in dem die Ehegatten zuletzt ihren gewöhnlichen Aufenthalt hatten, sofern einer von ihnen zum Zeitpunkt der Rechtswahl dort noch seinen gewöhnlichen Aufenthalt hat, oder**

c) **das Recht des Staates, dessen Staatsangehörigkeit einer der Ehegatten zum Zeitpunkt der Rechtswahl besitzt, oder**

d) **das Recht des Staates des angerufenen Gerichts.**

(2) Unbeschadet des Absatzes 3 kann eine Rechtswahlvereinbarung jederzeit, spätestens jedoch zum Zeitpunkt der Anrufung des Gerichts, geschlossen oder geändert werden.

(3) Sieht das Recht des Staates des angerufenen Gerichts dies vor, so können die Ehegatten die Rechtswahl vor Gericht auch im Laufe des Verfahrens vornehmen. In diesem Fall nimmt das Gericht die Rechtswahl im Einklang mit dem Recht des Staates des angerufenen Gerichts zu Protokoll.

I. Normzweck und historischer Hintergrund

Die Vorschrift bildet mit der Einführung einer beschränkten Rechtswahl in das europäische **1** internationale Scheidungsrecht das **Kernstück** der Rom III-VO.[1] Aus **deutscher Sicht** findet damit im europäischen Bereich eine Entwicklung ihren vorläufigen Abschluss, die *Fritz Sturm* vor 46 Jahren mit seiner Schrift zur Gleichberechtigung im deutschen IPR[2] eingeleitet hatte.[3] *Kühne* griff den Rechtsgedanken 1980 in seinem IPR-Gesetz-Entwurf auf als sinnvolles Instrument zur wenigstens teilweisen Behebung der durch den unvermeidlichen Übergang vom Staatsangehörigkeits- zum Aufenthaltsprinzip verbliebenen konkreten Unzulänglichkeiten (sog. Gefälle-Konstellationen, Instabilität infolge Statutenwechsels).[4] Die Rechtswahl bietet darüber hinaus ein **Korrektiv zur Wandelbarkeit** des objektiv angeknüpften Scheidungsstatuts:[5] Während dieses sich bis zur Anrufung des Gerichts noch ändern kann (→ Art. 8 Rn. 12), bleibt das gewählte Statut konstant, sofern die Ehegatten es nicht selbst ändern. 1983 übernahm die Bundesregierung im Entwurf des Gesetzes zur Reform des Internationalen Privatrechts[6] im Wesentlichen den Vorschlag von *Kühne* und ließ in § 14 (Art. 14 EGBGB) für das Ehewirkungsstatut eine beschränkte Rechtswahl zu, auf die in § 17 (Art. 17 EGBGB) für das Scheidungsstatut verwiesen wurde.[7] Mit kleineren Abänderungen wurde Art. 14 EGBGB denn auch am 25.7.1986 vom Bundestag beschlossen und ist seitdem nicht geändert worden.[8]

Deutschland hatte damit in Europa eine Vorreiterrolle übernommen. Von den übrigen europä- **2** ischen Staaten hatten damals lediglich die **Niederlande** im Art. 1 IntScheidG von 1981[9] eine sehr eingeschränkte Rechtswahl eingeführt. Die Vorschrift knüpft in Abs. 1 lit. a an das gemeinsame Heimatrecht der Ehegatten an. Fehlt jedoch einem Ehegatten offensichtlich eine wirkliche gesellschaftliche Verbundenheit mit diesem Land, so soll das gemeinsame Heimatrecht nur dann angewendet werden, wenn die Parteien es gewählt haben, Art. 1 Abs. 2 IntScheidG. Außerdem können die Ehegatten nach Art. 1 Abs. 4 IntScheidG stets das niederländische Recht zum Ehewirkungsstatut wählen. Die niederländische Regelung war bei der Vorbereitung des deutschen IPR-ReformG berücksichtigt worden.[10]

Nach 1986 haben **Belgien** und **Bulgarien** – beides Teilnehmerstaaten an der Verstärkten Zusam- **3** menarbeit – Rechtswahlregelungen im Bereich des internationalen Familienrechts geschaffen. In **Belgien** wurde 2004 die Wahl des Scheidungsstatuts eingeführt durch Art. 55 § 2 IPRG.[11] Die

---

[1] Vgl. *Althammer* NZFam 2015, 9 (12).

[2] *Sturm*, FS Uni Heidelberg, 1967, 168 ff.

[3] Vgl. dazu *Winkler v. Mohrenfels*, FS v. Hoffmann, 2011, 527 ff.

[4] *Kühne*, IPR-Gesetz-Entwurf. Entwurf eines Gesetzes zur Reform des internationalen Privat- und Verfahrensrechts, 1980, 94 (95).

[5] *Mörsdorf-Schulte* RabelsZ 77 (2013), 786 (811).

[6] BT-Drs. 10/504 vom 20.10.1983.

[7] Zur Unzulässigkeit der isolierten Wahl des Scheidungsstatuts (unabhängig vom Ehewirkungsstatut) siehe KG IPRax 2000, 544 m. Rez. *Gerhard Wagner* IPRax 2000, 512.

[8] Gesetz zur Neuregelung des Internationalen Privatrechts vom 25.7.1986, BGBl. 1986 I S. 1109.

[9] Gesetz über das Kollisionsrecht der Eheauflösung und Trennung von Tisch und Bett und deren Anerkennung vom 25.3.1981, Stb. 166; deutscher Text bei Bergmann/Ferid/Henrich/Cieslar, Niederlande, Stand: 1.9.2008, S. 57 sowie in IPRax 1982, 82. Vgl. auch *Basedow*, Liber amicorum Walter Pintens, 2012, 135 (139).

[10] Vgl. BT-Drs. 10/504, 52.

[11] Gesetz vom 16.7.2004 zur Einführung des Gesetzbuches über das internationale Privatrecht, B.S. 10.11.2005. Vgl. dazu *Carlier* Rev. crit. dr. int. pr. 94 (2005), 11 (30). Deutscher Text bei Bergmann/Ferid/Henrich/Cieslar, Belgien, Stand: 15.3.2011, S. 60c. S. a. *Basedow*, Liber amicorum Walter Pintens, 2012, 135 (139 f.).

Ehegatten können danach zum Scheidungsstatut ihr gemeinsames Heimatrecht oder das belgische Recht wählen. In **Bulgarien** wurde das IPR 2005 kodifiziert.[12] Eine Rechtswahl ist seitdem für die Vermögensbeziehungen der Ehegatten möglich, sofern sie nach dem Ehewirkungsstatut zulässig ist (Art. 79 Abs. 4 IPRG). Eine Wahl des Scheidungsstatuts gibt es nicht (Art. 82 IPRG). Allen anderen Teilnehmerstaaten der Verstärkten Zusammenarbeit war eine Wahl des Scheidungsstatuts bisher unbekannt.[13]

4 Bei der Wahl des Scheidungsstatuts sollten die Ehegatten deshalb bedenken, dass die Anerkennung dieser Wahl nur in den Teilnehmerstaaten (→ Vor Art. 1 Rn. 6 ff.) gewährleistet ist. Kommt es zu einem Scheidungsverfahren in einem nach der EuEheVO zuständigen Staat, der nicht der Rom III-VO angehört, so wäre nach dem gegenwärtigen Stand der IPR-Gesetzgebung in den europäischen Staaten mit der Ablehnung der Rechtswahl zu rechnen.[14]

II. Inhalt und Modalitäten der Rechtswahl (Abs. 1)

5 **1. Wählbare Rechte. a) Gemeinsamer gewöhnlicher Aufenthalt (lit. a).** Die Ehegatten können das Recht des Staates wählen, in dem sie sich beide zum Zeitpunkt der Rechtswahl (→ Rn. 12) gewöhnlich aufhalten. Dies kann auch das Recht eines Drittstaates sein (Art. 4).[15] Der Begriff des gewöhnlichen Aufenthalts ist **gemeinschaftsautonom zu qualifizieren.**[16] Er wird in allen neueren kollisionsrechtlichen Verordnungen als Hauptanknüpfungspunkt verwendet und bezeichnet den **faktischen Lebensmittelpunkt** einer Person. Zum gewöhnlichen Aufenthalt eines **Kindes** liegen Entscheidungen des EuGH vom 2.4.2009[17] und vom 22.12.2010[18] vor. Der Begriff des gewöhnlichen Aufenthalts ist jedoch relativ, dh. er hängt im Einzelfall von Sinn und Zweck der jeweiligen Vorschrift ab.[19] Im Rahmen der autonomen und einheitlichen Auslegung sind der Kontext der jeweiligen Vorschrift und das mit der fraglichen Regelung verfolgte Ziel zu beachten.[20] Der gewöhnliche Aufenthalt eines bei seinen Eltern lebenden Kindes im Rahmen des Art. 15 KSÜ kann sich- im Einzelfall durchaus abweichend von demjenigen seiner Eltern im Rahmen des Art. 8 lit. a Rom III-VO bestimmen.[21] Im Einzelnen wird auf die Kommentierung zu → EGBGB Art. 5 Rn. 113 ff. verwiesen. Erforderlich ist, dass beide Ehegatten ihren gewöhnlichen Aufenthalt **in demselben Staat** haben; nicht erforderlich ist, dass sie an einem Ort zusammenleben.[22] Im Falle **territorialer Rechtsspaltung** müssen die beiden gewöhnlichen Aufenthalte in **derselben Gebietseinheit** des betreffenden Staates liegen (Art. 14 lit. b).

6 **b) Letzter gemeinsamer gewöhnlicher Aufenthalt (lit. b).** Leben die Ehegatten nicht beide in einem Staat, so können sie das Recht desjenigen Staates wählen, in dem sie zuletzt beide ihren gewöhnlichen Aufenthalt hatten, sofern einer von ihnen diesen beibehalten hat. Diese Anknüpfung an eine frühere Gemeinsamkeit entspricht der Regelung in Art. 14 Abs. 1 Nr. 2 EGBGB. Im Unterschied zur objektiven Anknüpfung (Art. 8 lit. b) entfällt nach Auffassung des Verordnungsgebers der für die Rechtswahl erforderliche Bezug der Ehegatten zu dem früheren Aufenthaltsstaat ohne zeitliche Begrenzung erst dann, wenn **beide** Ehegatten die räumliche Beziehung zu dem Staat beendet haben. Da es hier um die *gemeinschaftliche* Wahl des Scheidungsstatuts geht, ist dieser Unterschied gerechtfertigt (→ Art. 8 Rn. 5).

7 **c) Staatsangehörigkeit eines Ehegatten (lit. c).** Die Ehegatten haben auch die Möglichkeit, das Recht eines Staates zu wählen, dem einer von ihnen zum Zeitpunkt der Rechtswahl angehört. Im Gegensatz zur objektiven Anknüpfung (Art. 8 lit. c) reicht hier die Staatsangehörigkeit **eines** der

---

[12] Gesetzbuch über das internationale Privatrecht vom 4.5.2005, D.V. vom 17.5.2005 Nr. 42 mit späteren Änderungen. Deutscher Text bei Bergmann/Ferid/Henrich/Cieslar, Bulgarien, Stand: 1.9.2016, S. 40.

[13] Nachweise bei *Winkler v. Mohrenfels*, FS v. Hoffmann, 2011, 527 (530 Fn. 22).

[14] So schon zum alten Recht: *Henrich* FamRZ 1986, 841 (850). Zum neuen Recht vgl. *Stürner* Jura 2012, 708 (709); *Althammer* NZFam 2015, 9 (13); NK-BGB/*Gruber* Vor Art. 1 Rn. 86 f.

[15] *Althammer* NZFam 2015, 9 (12).

[16] Erman/*Hohloch* Rn. 4; *Mörsdorf-Schulte* RabelsZ 77 (2013), 786 (807); *Raupach* Ehescheidung mit Auslandsbezug 126 f.

[17] EuGH Urt. v. 2.4.2009, Rs. C-523/07, Slg. 2009, I-02805.

[18] EuGH FamRZ 2011, 617 = IPRax 2012, 15 m. Rez. *Siehr* IPRax 2012, 316; s.a. *Mansel/Thorn/Wagner* IPRax 2012, 1 (20 f.).

[19] *Helms*, Liber amicorum Walter Pintens, 2012, 681 (689); *Rösler* RabelsZ 78 (2014) 155 (165).

[20] EuGH Urt. v. 2.4.2009, Rs. C-523/07, Slg. 2009, I-02805 Rn. 34.

[21] Vgl. das Beispiel von *Helms*, Liber amicorum Walter Pintens, 2012, 681 (689). S.a. *Raupach* Ehescheidung mit Auslandsbezug 127 ff.

[22] AllgM, vgl. → EGBGB Art. 14 Rn. 96; Erman/*Hohloch* Rn. 4; *Helms* FamRZ 2011, 1765 (1767); *Traar* ÖJZ 2011, 805 (809).

Ehegatten. Auch dieser Unterschied erklärt sich durch die unterschiedliche Interessenlage: Bei der objektiven Anknüpfung verbietet sich schon aus Gründen der Gleichberechtigung das Abstellen auf die Staatsangehörigkeit nur eines der Ehegatten.

Die VO regelt nicht, wie im Falle von **Doppel- und Mehrstaatern** zu verfahren ist. Art. 14 **8** lit. c befasst sich nur mit der Frage, was im Falle einer **territorialen** Rechtsspaltung gilt. **Erwägungsgrund 22** verweist insoweit auf das innerstaatliche Recht des jeweiligen Staates, wobei die allgemeinen Grundsätze der EU uneingeschränkt zu achten seien. Nach Art. 5 Abs. 1 EGBGB wäre für Personen mit mehreren ausländischen Staatsangehörigkeiten diejenige maßgebend, mit der die Person am engsten verbunden ist; ist auch die deutsche Staatsangehörigkeit dabei, so gäbe sie den Ausschlag. Diese Einschränkungen mögen im Rahmen des Art. 8 von Bedeutung sein (→ Art. 8 Rn. 6), nicht aber hier im Rahmen der Parteiautonomie. Der für die Wählbarkeit eines Rechts erforderliche Bezug wird durch jede Staatsangehörigkeit hergestellt, mag sie auch nicht effektiv sein. Art. 5 lit. c ist deshalb dahin auszulegen, dass **jede Staatsangehörigkeit** als Anknüpfungspunkt für die Wählbarkeit des betreffenden Rechts ausreicht, auch wenn sie nicht effektiv ist.[23] Dies folgt auch daraus, dass die gleichwertige Berücksichtigung der Staatsangehörigkeiten zu den in Erwägungsgrund 22 genannten allgemeinen Grundsätzen der EU, insbesondere dem Verbot der Diskriminierung aufgrund der Nationalität, zu rechnen ist.[24] Wenn man die effektive Staatsangehörigkeit für ausschlaggebend hielte, so müsste deshalb jedenfalls der Vorrang der deutschen Staatsangehörigkeit in Art. 5 Abs. 1 S. 2 EGBGB als mit den allgemeinen Grundsätzen der EU nicht vereinbar entfallen.[25]

Für **Staatenlose** ist nach **Art. 12 UN-Übk. über die Rechtsstellung der Staatenlosen** v. **9** 28.9.1954[26] an Stelle der fehlenden Staatsangehörigkeit ersatzweise an den **Wohnsitz**, hilfsweise an den **Aufenthalt** anzuknüpfen. Soweit dieses Übereinkommen nicht eingreift, ist gemäß **Art. 5 Abs. 2 EGBGB** an den gewöhnlichen Aufenthalt, hilfsweise an den Aufenthalt des Staatenlosen anzuknüpfen. Das Personalstatut von **Flüchtlingen** bestimmt sich gemäß Art. 12 Genfer FlüchtlKonv.[27] ebenfalls nach dem **Wohnsitz**, hilfsweise dem **Aufenthalt** des Flüchtlings. Die Folge ist, dass das Recht des Wohnsitzes, hilfsweise des Aufenthalts eines staatenlosen Ehegatten oder eines Ehegatten mit Flüchtlingsstatus an Stelle der fehlenden bzw. aufgegebenen Staatsangehörigkeit gewählt werden kann.[28]

d) Recht des angerufenen Gerichts (lit. d). Die Ehegatten haben schließlich die Möglichkeit, **10** das Recht des angerufenen Gerichts, die lex fori, zu wählen. Diese Wahlmöglichkeit entspricht der letzten Stufe der objektiven Anknüpfung (Art. 8 lit. d). Sie könnte zB für gleich-nationale Ehegatten ohne (letzten) gemeinsamen gewöhnlichen Aufenthalt interessant sein, die der Anknüpfung an die gemeinsame Staatsangehörigkeit nach Art. 8 lit. c entgehen möchten. Obwohl der Wortlaut von lit. d auf das „angerufene" Gericht verweist, ergibt sich aus Abs. 2, dass die Wahl der lex fori auch schon vor der Anrufung des Gerichts möglich ist.[29] Diese Rechtswahl ist aber nur dann wirksam, wenn das bezeichnete Gericht später auch wirklich angerufen wird. Die **unbezeichnete Wahl** der späteren – noch unbekannten – lex fori (sog. „floating choice of law") ist nicht möglich:[30] sie würde dem Grundsatz widersprechen, dass beide Ehegatten ihre Wahl „in voller Kenntnis der Rechtsfolgen" treffen (Erwägungsgrund 18). Dies kann nichts anderes heißen, als dass den Ehegatten die wesentlichen Aspekte des anzuwendenden Scheidungsrechts bekannt sein müssen.[31] Dies ergibt sich auch

[23] HM, vgl. BT-Drs. 117/11049, 8; Erman/*Hohloch* Rn. 7; Palandt/*Thorn,* 76. Aufl. 2017, Rn. 4; *Traar* ÖJZ 2011, 805 (809); *Helms* FamRZ 2011, 1765 (1770); *Helms,* Liber amicorum Walter Pintens, 2012, 681 (694); *Basedow,* Liber amicorum Walter Pintens, 2012, 135 (141); *Hau* FamRZ 2013, 249 (252); *Finger* FuR 2013, 305 (309) – anders noch *Finger* FuR 2011, 61 (65); *Rösler* RabelsZ 78 (2014), 155 (183); *Raupach* Ehescheidung mit Auslandsbezug 148. **AA** *Gruber* IPRax 2012, 381 (385).

[24] *Franzina* CDT 2011, 85 (111).

[25] Palandt/*Thorn,* 76. Aufl. 2017, Rn. 4; *Gruber* IPRax 2012, 381 (386); *Franzina* CDT 2011, 85 (111) für die gleichlautende Regelung in Art. 19 Abs. 2 Satz 2 ital. IPRG v. 1995 (deutscher Text in Bergmann/Ferid/Henrich/Cieslar, Italien, Stand: 15.5.2017, S. 56); *Rösler* RabelsZ 78 (2014), 155 (184); *Raupach* Ehescheidung mit Auslandsbezug 142 ff.

[26] BGBl. 1976 II S. 474; *Jayme*/*Hausmann* Nr. 12.

[27] Genfer UN-Übk. über die Rechtsstellung der Flüchtlinge vom 28.7.1951, BGBl. 1953 II S. 560, *Jayme*/*Hausmann* Nr. 10.

[28] *Franzina* CDT 2011, 85 (112). Vgl. auch Erman/*Hohloch* Rn. 8, der diese Lösung jedenfalls für vertretbar hält.

[29] Erman/*Hohloch* Rn. 9; Palandt/*Thorn,* 76. Aufl. 2017, Rn. 6.; *Gruber* IPRax 2012, 381 (386); *Franzina* CDT 2011, 85 (113 Rn. 54); *Basedow,* Liber amicorum Walter Pintens, 2012, 135 (142).

[30] AA *Raupach* Ehescheidung mit Auslandsbezug 169; unklar *Basedow,* Liber amicorum Walter Pintens, 2012, 135 (142).

[31] Palandt/*Thorn,* 76. Aufl. 2017, Rn. 5; *Gruber* IPRax 2012, 381 (386).

aus Erwägungsgrund 17. Für eine Wahl ins Blaue hinein („Recht auf Risiko") ist im Familienrecht kein Raum.[32] Im Schuldrecht mag dies anders zu beurteilen sein.[33]

11   Im Falle einer **Privatscheidung** kommt es nicht zur Anrufung eines Gerichts. Teilweise wird Art. 5 Abs. 1 lit. d in diesem Fall für unanwendbar gehalten, weil sonst im Ergebnis die Wahl jedes privatscheidungsfreundlichen Rechts möglich wäre, was dem Zweck der auf Scheidungsverfahren in einem nach der EuEheVO zuständigen europäischen Mitgliedstaat zugeschnittenen Vorschrift zuwiderliefe.[34] Für eine derartige Einschränkung der wählbaren Rechte gibt es aber keine überzeugende Begründung. So wie das Recht jedes gewöhnlichen Aufenthalts gewählt werden kann, auch wenn dieser in einem Drittstaat liegt (→ Rn. 5), muss auch das Recht jedes Gerichtsortes wählbar sein, in dem das Scheidungsverfahren eingeleitet wird. Für die Privatscheidung ist dies in dem Sinne zu interpretieren, dass als „lex fori" das Recht des Staates wählbar ist, in dem die Privatscheidung vollzogen wird.[35]

12   **2. Modalitäten der Wahl. a) Aktueller Bezug.** Die Ehegatten können nur das Recht desjenigen Staates wählen, zu dem **zum Zeitpunkt der Rechtswahl** die geforderte Beziehung (Aufenthalt, Staatsangehörigkeit) besteht. Ein späterer **Wegfall** dieser Beziehung berührt die Wirksamkeit der Wahl nicht.[36] Nach dem Wortlaut von **lit. a** ist es nicht möglich, das Recht eines geplanten **künftigen** gewöhnlichen Aufenthalts zu wählen, die Ehegatten müssen vielmehr erst ihren gewöhnlichen Aufenthalt in den neuen Staat verlegen, um so den für die Wahlmöglichkeit erforderlichen Bezug zu diesem Staat herzustellen (Erwägungsgrund 16). Auch im Rahmen von **lit. c** kommt es auf den **Zeitpunkt der Rechtswahl** an. Die Ehegatten können also nicht eine künftig zu erwerbende Staatsangehörigkeit wählen, sondern müssen ggf. abwarten, bis sich der Erwerb vollzogen hat. Die Frage könnte bei laufenden **Einbürgerungsverfahren** eine Rolle spielen, falls die Anknüpfung nach lit. a u. lit. b versagt und die künftige lex fori (lit. d) den Parteien nicht behagt; hier müssen die Ehegatten, um das neue Recht wählen zu können, die Einbürgerung abwarten. Etwas anderes gilt für die Wahl der **lex fori** (→ Rn. 10), weil insoweit ein besonderer Bezug der Eheleute zum angerufenen Gericht nicht erforderlich ist; auch hier bedarf es jedoch des in Art. 1 Abs. 1 geforderten **Auslandsbezuges** (→ Art. 1 Rn. 2).

13   **b) Auflösende Bedingung.** Nichts spricht aber dagegen, dass die Ehegatten eine **auflösende Bedingung** in die Rechtswahlvereinbarung aufnehmen, wonach die Rechtswahl enden solle, wenn sich der maßgebliche Anknüpfungspunkt ändert. Im Zeitpunkt der Vereinbarung ist der erforderliche Bezug zu der fraglichen Rechtsordnung vorhanden; da die Ehegatten die Wahl jederzeit ändern können (Abs. 2), ist auch die Aufnahme einer auflösenden Bedingung anzuerkennen, sofern sie eindeutig und klar ist.[37]

14   **c) Ersatzwahl.** Fraglich ist, ob die Ehegatten eine oder mehrere Ersatzrechtsordnungen wählen können für den Fall, dass die von ihnen primär gewählte Rechtsordnung an Art. 10 scheitert. Nach dem Sinn des Art. 5, die Rechtssicherheit und die Selbstbestimmung der Parteien zu fördern, ist die Frage positiv zu beantworten.[38]

III. Mittelbare Rechtswahl

15   Nach Art. 17 Abs. 1 S. 1 aF EGBGB iVm Art. 14 Abs. 3 EGBGB bestimmten die Ehegatten mit der Wahl des Ehewirkungsstatuts zugleich auch das Scheidungsstatut (mittelbare Wahl).[39] Die unmittelbare Wahl des Scheidungsstatuts war nach deutschem IPR nicht möglich. Unter der Rom III-VO ist es umgekehrt: es gibt nur noch die unmittelbare Wahl des Scheidungsstatuts. Einen Zusammenhang zwischen dem Scheidungsstatut und dem Ehewirkungsstatut gibt es nicht mehr (→ Art. 8 Rn. 14).

IV. Zeitpunkt der Rechtswahl (Abs. 2 u. 3)

16   **Abs. 2** bestätigt den in Abs. 1 lit a–lit. c jeweils genannten Zeitpunkt der **Anrufung des Gerichts** als **spätesten Zeitpunkt.** In Erwägungsgrund 13 S. 2 heißt es, dass „ein Gericht als gemäß der VO

---

[32] Gegen *Raupach* Ehescheidung mit Auslandsbezug 168.
[33] Vgl. *Gruber* IPRax 2012, 381 (386) zur Rechtswahl nach der Rom I-VO.
[34] *Gruber* IPRax 2012, 381 (384).
[35] *Raupach* Ehescheidung mit Auslandsbezug 248.
[36] *Traar* ÖJZ 2011, 805 (809); *Raupach* Ehescheidung mit Auslandsbezug 165.
[37] Vgl. *Franzina* CGT 2011, 85 (110 f.).
[38] *Franzina* CDT 2011, 85 (112 Rn. 51).
[39] Vgl. 5. Aufl. 2010, EGBGB Art. 17 Rn. 41.

(EG) 2201/2003 angerufen gelten" sollte. Dies kann man als **Verweisung auf Art. 16 Brüssel IIa-VO** interpretieren, wonach es auf die **Einreichung des verfahrenseinleitenden Schriftstücks** ankommt[40] (→ EGBGB Anh. Art. 17a Rn. 20). Bis zu diesem Zeitpunkt kann die Rechtswahlvereinbarung jederzeit geschlossen oder abgeändert werden. Zu den dabei zu beachtenden inhaltlichen Vorgaben → Rn. 5 ff. Es ist nicht erforderlich, dass zum Zeitpunkt der Rechtswahl mehrere Wahlmöglichkeiten zur Verfügung stehen.[41] Ändern sich die maßgeblichen Anknüpfungspunkte, so berührt dies nicht die Wirksamkeit der Rechtswahl, die Parteien haben aber die Möglichkeit, die Rechtswahl an die veränderten Umstände anzupassen bzw. – wenn sie eine auflösende Bedingung vereinbart hatten (→ Rn. 13) – eine erneute Rechtswahl vorzunehmen.

Der Antrag auf Gewährung von **Verfahrenskostenhilfe** ist noch keine „Anrufung des Gerichts" **17** iS von Abs. 2.[42] Haben die Parteien im Verfahrenskostenhilfeverfahren noch keine Rechtswahl getroffen, so steht dies der Gewährung von Verfahrenskostenhilfe für einen Scheidungsantrag nach dem zu wählenden Recht nicht entgegen, wenn eine ausreichende Wahrscheinlichkeit dafür besteht, dass die beabsichtigte Rechtswahl wirksam nachgeholt wird. Dies ist etwa der Fall, wenn der Antragsteller im VKH-Verfahren eine schriftliche Rechtswahlvereinbarung der Eheleute vorlegt.[43] Ggf. muss das Gericht gemäß § 113 Abs. 1 S. 2 FamFG iVm § 139 ZPO die Parteien auf die Möglichkeit der Nachholung der Rechtswahl hinweisen.[44]

Über den in Abs. 2 genannten Zeitpunkt hinaus ist nach **Abs. 3** eine Rechtswahl auch noch **18** **während des laufenden Verfahrens** zulässig, wenn die lex fori dies vorsieht. Abweichend von Art. 7 ist die Rechtswahlvereinbarung in diesem Fall „im Einklang mit dem Recht des Staates des angerufenen Gerichts" vom Gericht zu Protokoll zu nehmen. Die VO überlässt es damit den teilnehmenden Staaten, den Zeitrahmen für die Rechtswahlvereinbarung zu erweitern[45] und gibt ihnen damit die Möglichkeit, den liberalen Ansatz, der Art. 5 zugrunde liegt, zu vervollkommnen.[46] Vgl. dazu auch Art. 17 (Mitteilungspflicht gegenüber der Kommission). Der deutsche Gesetzgeber hat von dieser Möglichkeit in **Art. 46d Abs. 2 EGBGB** Gebrauch gemacht (→ Art. 7 Rn. 5). Die Ehegatten können danach die Rechtswahl auch noch im Laufe des gerichtlichen Verfahrens **bis zum Schluss der letzten mündlichen Verhandlung** vornehmen. Die von Abs. 3 geforderte **Protokollierung** findet in entsprechender Anwendung der §§ 159 ff. ZPO iVm. § 113 Abs. 1 S. 2 FamFG statt.[47] Zur **Form** der Vereinbarung im Übrigen → Art. 7 Rn. 5.

Ob die zeitliche Ausdehnung auch für die **Änderung einer bereits getroffenen Rechtswahl** **19** gilt, sagt Art. 5 Abs. 3 nicht. Auch Art. 46d EGBGB spricht lediglich von der **Vornahme,** nicht aber von der **Änderung** der Rechtswahl. Liegt im Zeitpunkt der Anrufung des Gerichts keine Rechtswahl vor, so wird durch eine spätere Rechtswahl das gemäß Art. 8 im Zeitpunkt der Anrufung objektiv anzuknüpfende Scheidungsstatut geändert. Wollte man dies auch auf das durch Rechtswahl bestimmte Scheidungsstatut anwenden, so könnte das Statut bis zum Schluss der mündlichen Verhandlung mehrfach, im Prinzip beliebig oft geändert werden. Dies wäre mit einer sinnvollen Verfahrensführung nicht zu vereinbaren. Die Absätze 2 und 3 des Art. 5 sind deshalb dahin gehend auszulegen, dass eine einmal getroffene Rechtswahl nach dem Zeitpunkt der Anrufung des Gerichts nicht mehr geändert werden kann.

Im Falle einer **Privatscheidung** tritt als maßgeblicher Zeitpunkt an die Stelle der Anrufung des **20** Gerichts der Zeitpunkt der **Abgabe der auf die Eheauflösung gerichteten Willenserklärung.**[48]

Art. 6 Rom III-VO Einigung und materielle Wirksamkeit

(1) Das Zustandekommen und die Wirksamkeit einer Rechtswahlvereinbarung oder einer ihrer Bestimmungen bestimmen sich nach dem Recht, das nach dieser Verordnung anzuwenden wäre, wenn die Vereinbarung oder die Bestimmung wirksam wäre.

(2) Ergibt sich jedoch aus den Umständen, dass es nicht gerechtfertigt wäre, die Wirkung des Verhaltens eines Ehegatten nach dem in Absatz 1 bezeichneten Recht zu bestimmen,

---

[40] *Hausmann* IntEuSchR A 286; *Helms* FamRZ 2011, 1765 (1768); *Mörsdorf-Schulte* RabelsZ 77 (2013), 786 (797); *Raupach* Ehescheidung mit Auslandsbezug 190.

[41] OLG Hamm BeckRS 2013, 9327.

[42] OLG Stuttgart NJW 2013, 398.

[43] OLG Nürnberg BeckRS 2013, 14230 = FamRZ 2013, 1321.

[44] Dies missachten OLG Stuttgart NJW 2013, 398 und OLG Hamm BeckRS 2013, 02487 = FamRZ 2013, 217.

[45] Vgl. BT-Drs. 17/11049, 9.

[46] *Franzina* CDT 2011, 85 (113).

[47] BT-Drs. 17/11049, 8.

[48] *Raupach* Ehescheidung mit Auslandsbezug 249.

so kann sich dieser Ehegatte für die Behauptung, er habe der Vereinbarung nicht zuge-stimmt, auf das Recht des Staates berufen, in dem er zum Zeitpunkt der Anrufung des Gerichts seinen gewöhnlichen Aufenthalt hat.

I. Normzweck

1   Die Vorschrift übernimmt die aus dem internationalen Vertragsrecht bekannte Anknüpfung an das **hypothetische Vertragsstatut** (Abs. 1) sowie den Gedanken des **Schutzes vor fehlendem Erklärungsbewusstsein** bei der Beurteilung des Verhaltens einer Partei im Rahmen des Vertrags-schlusses. Vorbild war ursprünglich Art. 8 EVÜ, der in Art. 31 aF EGBGB übernommen worden war und jetzt in **Art. 10 Rom I-VO** niedergelegt ist. Auf die dortige Kommentierung wird verwiesen.

II. Bedeutung

2   **1. Vertragsabschlussstatut (Abs. 1).** Dass die Frage des wirksamen Abschlusses eines Vertrags am besten dem Vertragsstatut zuzuordnen ist, liegt auf der Hand. Problematisch ist nur, dass es vor dessen wirksamem Abschluss noch gar keinen Vertrag gibt. Die Anknüpfung an das Statut eines noch nicht wirksam abgeschlossenen Vertrags, um die Wirksamkeit eben dieses Abschlusses zu bestimmen, ist an sich ein klarer **Zirkelschluss.** Dieser Zirkelschluss wird dadurch umgangen, dass an dasjenige Statut angeknüpft wird, welches gelten würde, wenn der Vertrag wirksam wäre: das sog. **hypothetische Vertragsstatut.**

3   Die Vorschrift regelt den äußeren Tatbestand des **Zustandekommens** und den inneren Tatbe-stand der **materiellen Wirksamkeit** des Rechtswahlvertrags, **nicht** hingegen die **Zulässigkeit** der Rechtswahl. Letzteres folgt aus Art. 5 Abs. 1 iVm dem Renvoi-Ausschluss in Art. 11: ob das IPR des gewählten Rechts eine Rechtswahl zulässt oder nicht, ist unerheblich.[1] Zum **Zustandekommen** gehören Abgabe und Zugang der erforderlichen Willenserklärungen, also des Angebots und der Annahme. Die **materielle Wirksamkeit** kann bei Geltung deutschen Statuts u.U. an einer **Inhalts-kontrolle** nach §§ 138, 242 BGB scheitern, was freilich nur in Extremfällen in Betracht kommt.[2]

4   Eine wirksame **konkludente Annahme** kann es – anders als beim Abschluss eines schuldrechtli-chen Vertrags nach der Rom I-VO – im Rahmen der Rom III-VO nicht geben,[3] weil Art. 7 Rom III-VO abweichend von Art. 11 Rom I-VO als Mindestanforderung für die Formwirksamkeit der Vereinbarung deren Unterzeichnung vorsieht (→ Rn. 5). Es bleibt allein der – wohl eher theoreti-sche Fall – dass eine Partei bei der **Leistung ihrer Unterschrift** oder der gerichtlichen Protokollie-rung der Vereinbarung nicht im Vollbesitz ihrer geistigen Kräfte war oder ein anderer **Willensmangel** (Irrtum, Täuschung) vorlag:[4] In diesem Fall kann sie nach dem gemäß Art. 6 Abs. 1 anwendbaren Vertragsabschlussstatut die materielle Unwirksamkeit der Vereinbarung geltend machen bzw. die Vereinbarung anfechten.

5   Das Zustandekommen und die Wirksamkeit der Rechtswahlvereinbarung unterliegen dem Recht, welches bei Wirksamkeit der Vereinbarung „nach dieser Verordnung anzuwenden wäre". Da die Vereinbarung inhaltlich die **Wahl des Scheidungsstatuts** nach Art. 5 betrifft, ist sie nicht als schuld-rechtliche, sondern als scheidungsrechtliche Vereinbarung zu qualifizieren. Ungeachtet der missver-ständlichen Formulierung in der englischen Version des Art. 6 Abs. 1 („…the law that would govern *it* under this regulation") ist die Wirksamkeit der Vereinbarung damit akzessorisch an das Scheidungs-statut geknüpft.[5] Eine direkte Wahl des Vertragsstatuts ist somit nicht möglich, das Statut wird vielmehr mittelbar durch die Wahl des Scheidungsstatuts bestimmt.

6   **2. Konkludente Rechtswahl. a) Rechtswahlwille.** Die Rom III-VO enthält keine dem Art. 3 Abs. 1 S. 2 Rom I-VO entsprechende Bestimmung, dass die Rechtswahl ausdrücklich erfolgen oder sich eindeutig aus den Bestimmungen des Vertrages oder aus den Umständen des Falles ergeben müsse. Art 7 verlangt lediglich die Schriftform. Damit ergibt sich die Frage, ob aus einem schriftlichen Ehevertrag, der keine ausdrückliche Rechtswahl enthält, im Wege der **Auslegung** eine solche Wahl gefolgert werden kann. Zum Beispiel dann, wenn die Ehegatten in dem Ehevertrag die Scheidungs-modalitäten regeln und dabei auf die Regelungen eines bestimmten Rechts Bezug nehmen. Aus Art. 6 Abs. 2 (→ Rn. 7) ergibt sich, dass eine konkludente Rechtswahl grundsätzlich für möglich

---

[1] *Basedow,* Liber amicorum Walter Pintens, 2012, 135 (143); *Raupach* Ehescheidung mit Auslandsbezug 174.
[2] *Rösler* RabelsZ 78 (2014), 155 (181).
[3] Dies übersehen *Gruber* IPRax 2012, 381 (387); *Gruber* IPRax 2014, 53 (56); *Finger* FuR 2013, 305 (309) und *Hausmann* IntEuSchR Rn. A 292.
[4] Vgl. *Hausmann* IntEuSchR Rn. A293.
[5] *Franzina* CDT 2011, 85 (113); *Hausmann* IntEuSchR Rn. A 291.

gehalten wird.[6] Die Erwägungsgründe 17 bis 19 sprechen nicht dagegen,[7] denn schlüssiges Handeln schließt Kenntnis der maßgeblichen Umstände nicht aus. Auch aus Art. 7 Rom III-VO bzw. Art. 46d EGBGB folgt nichts Gegenteiliges,[8] denn für die Erfüllung der Formerfordernisse reicht es aus, wenn der Vertrag, aus dessen Bestimmungen im Wege der Auslegung die Rechtswahl gefolgert wird, diese Form erfüllt.

Eine konkludente Rechtswahl setzt allerdings voraus, dass der erforderliche **Rechtswahlwille** 7 vorliegt. An diesem Willen fehlt es, wenn der Ehemann bei der Eheschließung im Iran der Ehefrau in der Heiratsurkunde zum Ausspruch des „talaq" an seiner Stelle bevollmächtigt, denn gemäß § 6 des iranischen ZGB[9] gilt hier zwingend iranisches Recht, zur Vornahme einer Rechtswahl – egal welchen Inhalts – besteht mithin keinerlei Anlass.[10] Bei dieser Sachlage kann den Ehegatten kein Rechtswahlwille unterstellt werden.[11]

b) Parteiverhalten (Abs. 2). Im rechtsgeschäftlichen Bereich (Art. 10 Rom I-VO) geht es bei 8 der vergleichbaren Problematik vor allem um die stillschweigende Einbeziehung von AGB in den Vertrag, etwa durch kaufmännisches Bestätigungsschreiben. Derartige Praktiken sind im Zusammenhang mit der Wahl des Scheidungsstatuts unter Ehegatten schon deshalb nicht denkbar, weil sie nur unter Kaufleuten Anwendung finden. Auch außerhalb dieses Bereichs könnte aber das Verhalten eines Ehegatten im Einzelfall durchaus den Schluss zulassen, er sei mit dem Abschluss eines vorgeschlagenen Rechtswahlvertrags einverstanden. Ohne die nach Art. 7 geforderte Unterzeichnung der Vereinbarung wäre diese aber gleichwohl unwirksam. Damit ergibt sich die Frage, welche Bedeutung dem Verhalten eines Ehegatten im Zusammenhang mit dem wirksamen Zustandekommen einer Rechtswahlvereinbarung in der Praxis überhaupt noch zukommen kann.[12] **Art. 7 Abs. 1** verlangt als Mindestanforderung die **Unterzeichnung** der Vereinbarung durch **beide Ehegatten** – da bleibt kein Raum für eine konkludente Zustimmung: Das Leisten der Unterschrift kann schwerlich als „Verhalten" iS des Art. 6 Abs. 2 qualifiziert werden.[13] Zu denken wäre an das Verhalten eines Ehegatten im **gerichtlichen Verfahren** nach Art. 5 Abs. 3. Auch dort wird aber die **Protokollierung** verlangt (→ Art. 5 Rn. 18), so dass ebenfalls kein Raum für konkludentes Verhalten bleibt. Ob der handelnde Ehegatte bei den Verhandlungen über die Rechtswahlvereinbarung rechtlich beraten war oder nicht,[14] ist für die Erfüllung der vorgeschriebenen Form unerheblich, kann also auch nicht zu einer Anwendung des Abs. 2 führen. Ein praktischer Anwendungsbereich für Abs. 2 ist deshalb nicht ersichtlich.[15]

Art. 7 Rom III-VO Formgültigkeit

(1) Die Rechtswahlvereinbarung nach Artikel 5 Absätze 1 und 2 bedarf der Schriftform, der Datierung sowie der Unterzeichnung durch beide Ehegatten. Elektronische Übermittlungen, die eine dauerhafte Aufzeichnung der Vereinbarung ermöglichen, erfüllen die Schriftform.

(2) Sieht jedoch das Recht des teilnehmenden Mitgliedstaats, in dem beide Ehegatten zum Zeitpunkt der Rechtswahl ihren gewöhnlichen Aufenthalt hatten, zusätzliche Formvorschriften für solche Vereinbarungen vor, so sind diese Formvorschriften anzuwenden.

(3) Haben die Ehegatten zum Zeitpunkt der Rechtswahl ihren gewöhnlichen Aufenthalt in verschiedenen teilnehmenden Mitgliedstaaten und sieht das Recht beider Staaten unterschiedliche Formvorschriften vor, so ist die Vereinbarung formgültig, wenn sie den Vorschriften des Rechts eines dieser Mitgliedstaaten genügt.

(4) Hat zum Zeitpunkt der Rechtswahl nur einer der Ehegatten seinen gewöhnlichen Aufenthalt in einem teilnehmenden Mitgliedstaat und sind in diesem Staat zusätzliche

---

[6] *Gruber* IPRax 2012, 381 (387); *Hausmann* IntEuSchR Rn. A 273; i.E. auch *Martiny* IPRax 2011, 437 (449 Fn. 203). Ablehnend *Helms* FamRZ 2011, 1765 (1768); *Mörsdorf-Schulte* RabelsZ 77 (2013), 786 (817); *Raupach* Ehescheidung mit Auslandsbezug 181 f.

[7] Entgegen *Helms* FamRZ 2011, 1765 (1768).

[8] Entgegen Palandt/*Thorn*, 76. Aufl. 2017, Rn. 2.

[9] In deutscher Übersetzung abgedruckt bei *Bergmann/Ferid/Henrich/Cieslar*, Iran (Stand: 1.10.2002), 113.

[10] Unrichtig daher OLG Hamm BeckRS 2013, 09327 = NJOZ 2013, 1524 = IPRax 2014, 349 m. Rez. *Helms* IPRax 2014, 334.

[11] Im Ergebnis ebenso *Helms* IPRax 2014, 334 (335).

[12] Vgl. Palandt/*Thorn*, 76. Aufl. 2017, Rn. 2.

[13] Vgl. *Rieck* NJW 2014, 257 (261).

[14] Vgl. *Franzina* CDT 2011, 85 (114 Rn. 55).

[15] *Winkler v. Mohrenfels* ZEuP 2013, 699 (711); *Rieck* NJW 2014, 257 (261); *Rösler* RabelsZ 78 (2014), 155 (179); Palandt/*Thorn*, 76. Aufl. 2017, Rn. 2.

Formanforderungen für diese Art der Rechtswahl vorgesehen, so sind diese Formanforderungen anzuwenden.

I. Normzweck

1   Die Vorschrift soll sicherstellen, dass die Ehegatten ihre Rechtswahl in voller Sachkenntnis treffen; jeder Ehegatte sollte sich genau über die rechtlichen und sozialen Folgen der Rechtwahl im Klaren sein (Erwägungsgrund 18). Es ist zu bezweifeln, dass dieses Ziel durch die in Abs. 1 genannten Mindestanforderungen erreicht werden kann.[1] Um „genau im Klaren" zu sein, bedarf es wohl mehr als nur der Schriftform, insbesondere angesichts der Tatsache, dass die Rechtswahlvereinbarung über den Inhalt des gewählten Rechts ja gar nicht aussagt. Wer die genaue Kenntnis der Ehegatten über die Folgen der Rechtswahl sicherstellen will, müsste zumindest die notarielle Beurkundung verlangen. Genau dies ist im deutschen Recht der Fall (vgl. Art. 46d EGBGB). Der Verordnungsgeber überträgt die Sicherstellung des Ziels der umfassenden Information der Ehegatten weitgehend dem Recht des Staates, in dem beide Ehegatten ihren gewöhnlichen Aufenthalt haben (Abs. 2); bei unterschiedlichen gewöhnlichen Aufenthalten der Ehegatten gibt das mildere Recht (Abs. 3) bzw. das Recht des teilnehmenden Mitgliedstaats (Abs. 4) den Ausschlag. Eine überzeugende Lösung sähe anders aus.

2   Die Vorschrift ist **lex specialis** gegenüber Art. 11 EGBGB. Ein Rückgriff auf das Recht des **Abschlussortes** (Ortsform) iS von Art. 11 EGBGB ist deshalb nicht möglich.

II. Mindestanforderungen (Abs. 1)

3   **1. Schriftform (Abs. 1 S. 1).** Abs. 1 schreibt für die **vorprozessuale** Rechtswahlvereinbarung (Art. 5 Abs. 1 und 2) eine **qualifizierte Schriftform** vor. Die Erklärung muss schriftlich abgefasst, datiert und von beiden Ehegatten unterzeichnet sein. Ob bei der Abgabe der Erklärungen eine **Vertretung** möglich ist, sagt die Vorschrift nicht. Dass diese Frage möglicherweise von dem nach Abs. 2–4 ggf. anzuwendenden Recht beantwortet wird,[2] hilft in allein von Abs. 1 beherrschten Fällen nicht weiter. Nun ist die Scheidung zwar im Gegensatz zur Rechtswahlvereinbarung nach europäischer Auffassung kein Rechtsgeschäft, sondern ein richterlicher Gestaltungsakt; gleichwohl hängt die Wahl des Scheidungsstatuts so unmittelbar mit der Scheidung zusammen, dass über die anwaltliche Vertretung im gerichtlichen Verfahren hinaus eine materiellrechtliche Stellvertretung bei der Rechtswahl nicht angemessen erscheint. Wie sollte sichergestellt werden, dass sich jeder Ehegatte der rechtlichen und sozialen Folgen der Rechtswahl im Klaren ist, wenn die Ehegatten sich dabei durch Dritte vertreten lassen können? Die Vorstellung, dass ein Rechtsanwalt im Scheidungsverfahren in Vertretung eines Ehegatten eine Rechtswahlerklärung nach Abs. 2 zu Protokoll geben könnte (→ Art. 6 Rn. 6), ohne dass ein entsprechender Rechtswahlwille des Ehegatten festgestellt ist, ist abschreckend. Die Möglichkeit der Stellvertretung bei der Rechtswahl ist deshalb zu verneinen.

4   **2. Elektronische Übermittlung (Abs. 1 S. 2).** Die elektronische Übermittlung erfüllt die Schriftform, wenn sie eine dauerhafte Aufzeichnung der Vereinbarung ermöglicht, also vor allem per **E-Mail**. Fraglich ist, ob für die E-Mail eine qualifizierte elektronische Signatur nach der **Signaturrichtlinie** erforderlich ist,[3] wie in **§ 126a BGB** vorgesehen. Nach dem Zweck der Vorschrift, den Ehegatten die Bedeutung der Vereinbarung vor Augen zu führen, ist die Frage zu bejahen. Es wäre widersprüchlich, im Normalfall die beiderseitige Unterschrift der Ehegatten zu verlangen, bei elektronischer Übermittlung hierauf aber zu verzichten. Die **Textform** des § 126b BGB reicht dagegen nicht aus, denn sie ermöglicht zwar eine Dokumentation des Inhalts der Erklärung, nicht aber die Sicherstellung der Identität der Erklärenden.

III. Gemeinsamer gewöhnlicher Aufenthalt in einem Mitgliedstaat (Abs. 2)

5   Halten sich die Ehegatten beim Abschluss der Rechtswahlvereinbarung gemeinsam in einem teilnehmenden Mitgliedstaat auf, so sind dessen Formvorschriften ergänzend zu beachten. In Deutschland gilt in diesem Fall die aufgrund von Abs. 2 ergangene Sondervorschrift des **Art. 46d EGBGB**. Vorgeschrieben ist danach die **notarielle Beurkundung.** Erfolgt die Rechtswahl während des laufenden Verfahrens (zum Zeitrahmen → Art. 5 Rn. 18), so wird die notarielle Beurkundung

---

[1] Vgl. die berechtigte Kritik von *Kohler/Pintens* FamRZ 2011, 1433 (1434) („nicht ausreichend"). S.a. *Mörsdorf-Schulte* RabelsZ 77 (2013), 786 (817).

[2] So Erman/*Hohloch* Rn. 2.

[3] Dafür Palandt/*Thorn,* 76. Aufl. 2017, Rn. 2; Erman/*Hohloch* Rn. 2. Vgl. auch die Kritik von *Schurig,* FS v. Hoffmann, 2011, 405 (408) (Einladung, den uninformierten Partner „über den Tisch zu ziehen").

gemäß Art. 46d Abs. 2 EGBGB iVm § 127a BGB durch die **gerichtliche Protokollierung** nach §§ 159 f. ZPO ersetzt. Hinsichtlich der Einzelheiten wird auf die Kommentierung zu Art. 46d EGBGB verwiesen.

IV. Unterschiedliche Formvorschriften in den Aufenthaltsstaaten (Abs. 3, 4)

Haben die Ehegatten ihre gewöhnlichen Aufenthalte in **unterschiedlichen Mitgliedstaaten,** 6 so beruft Abs. 3 die Rechte beider Staaten zur ergänzenden Regelung der Formfrage, wobei das mildere Recht sich durchsetzt (alternative Anknüpfung nach dem Prinzip des **favor negotii**). Ob dieses aus dem Schuldvertragsrecht übernommene Prinzip im Bereich der Ehescheidung wirklich passt, darf bezweifelt werden. Das Interesse an der Gültigkeit der Vereinbarung (favor negotii) hätte hinter dem Interesse an der bewussten und voll informierten Entscheidung der Ehegatten zurücktreten sollen. So aber setzt sich dasjenige Recht durch, das die Informationsinteressen der Ehegatten weniger achtet.

Ist **nur einer** der beiden Aufenthaltsstaaten ein teilnehmender Mitgliedstaat, der andere aber 7 nicht, so bleiben gem. Abs. 4 die Formvorschriften des letzteren unberücksichtigt, nur das Recht des teilnehmenden Mitgliedstaats kommt ergänzend zum Zuge. Welches Prinzip dahinter steckt, ist schwer erkennbar; mit der Rechtsnatur der VO als loi uniforme (→ Art. 4 Rn. 1) lässt sich das jedenfalls schwerlich vereinbaren.

Für den Fall, dass **keiner** der Aufenthaltsstaaten der Ehegatten ein teilnehmender Mitgliedstaat 8 ist, greift keine der Verweisungen aus Abs. 2 bis 4 ein. Daraus könnte man folgern, dass es bei den Mindestanforderungen des Abs. 1 verbleibt.[4] Richtig ist einerseits, dass Art. 7 als einseitige Kollisionsnorm ausgestaltet ist, die nur aussagt, wann das Recht der teilnehmenden Mitgliedstaaten gilt, und die zu einer **allseitigen Kollisionsnorm** ausgebaut werden könnte.[5] Dagegen spricht aber andererseits der Gedanke des **favor negotii:** Warum sollte eine nach dem Standard der VO gültige Rechtswahl am Formstandard eines Drittstaates scheitern können? Letztlich handelt es sich hier um eine Frage der Auslegung des Art. 7, die der EuGH zu entscheiden haben wird.[6]

Art. 8 Rom III-VO In Ermangelung einer Rechtswahl anzuwendendes Recht

Mangels einer Rechtswahl gemäß Artikel 5 unterliegen die Ehescheidung und die Trennung ohne Auflösung des Ehebandes:

a) **dem Recht des Staates, in dem die Ehegatten zum Zeitpunkt der Anrufung des Gerichts ihren gewöhnlichen Aufenthalt haben, oder anderenfalls**

b) **dem Recht des Staates, in dem die Ehegatten zuletzt ihren gewöhnlichen Aufenthalt hatten, sofern dieser nicht vor mehr als einem Jahr vor Anrufung des Gerichts endete und einer der Ehegatten zum Zeitpunkt der Anrufung des Gerichts dort noch seinen gewöhnlichen Aufenthalt hat, oder anderenfalls**

c) **dem Recht des Staates, dessen Staatsangehörigkeit beide Ehegatten zum Zeitpunkt der Anrufung des Gerichts besitzen, oder anderenfalls**

d) **dem Recht des Staates des angerufenen Gerichts.**

Übersicht

I. Normzweck

Die Vorschrift birgt – nach Art. 5 – den zweiten Kernpunkt der Verordnung: den Übergang vom 1 Staatsangehörigkeitsprinzip zum **Aufenthaltsprinzip** (→ Art. 5 Rn. 1). Für das deutsche Kollisionsrecht bedeutet die primäre Anknüpfung an den gewöhnlichen Aufenthalt eine wesentliche Änderung gegenüber dem bisher geltenden Recht, welches in Art. 17 Abs. 1 aF EGBGB iVm Art. 14

---

[4] Erman/*Hohloch* Rn. 6.
[5] *Mörsdorf-Schulte* RabelsZ 77 (2013), 786 (818).
[6] Vgl. *Mörsdorf-Schulte* RabelsZ 77 (2013), 786 (818).

Abs. 1 Nr. 1 EGBGB primär an die (letzte) gemeinsame Staatsangehörigkeit der Ehegatten und nur hilfsweise an den (letzten) gemeinsamen gewöhnlichen Aufenthalt der Ehegatten anknüpfte. Die neue Anknüpfung entspricht der modernen Entwicklung des Kollisionsrechts, welche durch die Zurückdrängung der Staatsangehörigkeits- zugunsten der Aufenthaltsanknüpfung gekennzeichnet ist.

2   Ziel der stufenweisen Anknüpfung an den aktuellen oder letzten gemeinsamen gewöhnlichen Aufenthaltsort und – in letzter Stufe – an die gemeinsame Staatsangehörigkeit der Ehegatten ist es, **harmonisierte Kollisionsnormen** einzuführen, die einen engen Bezug der Ehegatten zum anzuwendenden Recht gewährleisten. Die Harmonisierung soll zugleich verhindern, dass zwischen den Ehegatten ein Wettlauf um dasjenige Forum stattfindet, welches das ihren jeweiligen Interessen günstigere Recht anbietet (Erwägungsgrund 21). Wenn die Gerichte in den beteiligten Staaten alle dasselbe Kollisionsrecht anwenden, dann ist die Frage, welches Gericht angerufen wird, jedenfalls für die Bestimmung des anzuwendenden Rechts ohne Bedeutung.

II. Anknüpfungsmerkmale

3   **1. Gewöhnlicher Aufenthalt in demselben Staat.** Art. 8 knüpft in erster Stufe an den gemeinsamen gewöhnlichen Aufenthalt der Ehegatten zum Zeitpunkt der Anrufung des Gerichts (→ Rn. 12) an. Zum Begriff des gewöhnlichen Aufenthalts → EGBGB Art. 5 Rn. 113 ff., → Art. 5 Rn. 5. Der Aufenthaltsbegriff bezieht sich dabei auf einen Staat bzw. – bei territorialer Rechtsspaltung – eine Gebietseinheit (Art. 14 lit. c), dh die Ehegatten müssen nicht zusammenwohnen, sie müssen nur beide ihren gewöhnlichen Aufenthalt in demselben Staat bzw. derselben Gebietseinheit haben (→ EGBGB Art. 14 Rn. 96).

4   Die Anknüpfung an den gewöhnlichen Aufenthalt gilt im Falle eines **Trennungsantrags** auch dann, wenn das Aufenthaltsrecht das Institut der Trennung nicht kennt. Dies widerspricht – bei Anwendbarkeit deutschen Rechts – weder der deutschen Verfassung, noch kommt eine analoge Anwendung des Art. 10 in Betracht.[1]

5   **2. Letzter gewöhnlicher Aufenthalt in demselben Staat.** In zweiter Stufe gilt das Recht des letzten gemeinsamen gewöhnlichen Aufenthalts, sofern einer der Ehegatten zum Zeitpunkt der Anrufung des Gerichts dort noch seinen gewöhnlichen Aufenthalt hat und der Verlust des gemeinsamen gewöhnlichen Aufenthalts der Ehegatten **nicht mehr als ein Jahr zurückliegt.** Mit dieser zeitlichen Einschränkung unterscheidet sich Art. 8 von der Regelung in Art. 14 Abs. 1 Nr. 2 EGBGB. Dadurch wird verhindert, dass das Scheidungsstatut nach dem Wegzug eines Ehegatten aus dem Staat oder der Gebietseinheit so lange perpetuiert wird, bis auch der andere Ehegatte eines Tages fortzieht. Dem Verordnungsgeber erschien es zu Recht sinnvoller, in nächster Stufe ggf. an die gemeinsame Staatsangehörigkeit bzw. an die lex fori anzuknüpfen, anstatt an der verlorenen Gemeinsamkeit des Aufenthalts der Ehegatten über Gebühr festzuhalten. Nachteil ist, dass die Vorschrift einem Ehegatten die Möglichkeit gibt, durch Verlegung seines gewöhnlichen Aufenthalts für mindestens ein Jahr in einen beliebigen teilnehmenden Mitgliedstaat das Scheidungsstatut einseitig zu bestimmen[2] bzw. zu beeinflussen.[3]

6   **3. Gemeinsame Staatsangehörigkeit.** In vorletzter Stufe wird an die gemeinsame **Staatsangehörigkeit** der Ehegatten zum Zeitpunkt der Anrufung des Gerichts angeknüpft. Die VO trifft keine eigenständige Regelung für den Fall, dass ein Ehegatte **mehrere Staatsangehörigkeiten** besitzt; **Erwägungsgrund 22** überlässt diese Frage den autonomen Rechten der teilnehmenden Mitgliedstaaten unter Beachtung der Grundsätze der Europäischen Union. Diese Frage war bereits im Zusammenhang mit der Rechtswahl erörtert worden (→ Art. 5 Rn. 8); dort war mit Rücksicht auf die Parteiautonomie und auf das europarechtliche Diskriminierungsverbot dafür plädiert worden, bei Mehrstaatern jede Staatsangehörigkeit als Anknüpfungspunkt für die Rechtswahl anzuerkennen. Im Rahmen der objektiven Anknüpfung ist die Interessenlage indes eine andere. Hier geht es nicht um die Parteiautonomie, sondern um die objektive Anknüpfung, von der beide Ehegatten betroffen sind, ohne dass sie darauf einen Einfluss haben. Eine nichteffektive Staatsangehörigkeit ist nicht geeignet, eine ausreichende Verbindung zwischen dem Mehrstaater und dem Recht des betreffenden Staates herzustellen. Erst die Effektivität der Staatsangehörigkeit stellt die für die kollisionsrechtliche Anknüpfung erforderliche innere Beziehung zwischen Person und Rechtsordnung her.[4] Nur effek-

---

[1] So zutreffend OLG München IPRspr 2013 Nr. 103 S. 210 m. Anm. *Dimmer* FamRB 2014, 242.
[2] *Basedou,* Liber amicorum Walter Pintens, 2012, 135 (145).
[3] Vgl. *Raupach* Ehescheidung mit Auslandsbezug 195 f.
[4] Im Ergebnis ebenso: *Helms,* Liber amicorum Walter Pintens, 2012, 681 (696); *Helms* FamRZ 2011, 1765 (1771); *Gruber* IPRax 2012, 381 (386, 388); *Rauscher* IPR, 4. Aufl. 2012, Rn. 815. **AA** *Mörsdorf-Schulte* RabelsZ 77 (2013), 786 (809 f.); *Raupach* Ehescheidung mit Auslandsbezug 146 ff.

tive Staatsangehörigkeiten der Ehegatten können deshalb zu einer gemeinsamen Staatsangehörigkeit führen.[5] Diese Auslegung ist auch aus praktischen Gründen geboten. Sind etwa beide Ehegatten Mehrstaater mit den Staatsangehörigkeiten A und B, so ist Recht A Scheidungsstatut, wenn die Staatsangehörigkeit A, und Recht B, wenn die Staatsangehörigkeit B bei **beiden** Ehegatten effektiv ist. Fehlt es an einer gemeinsamen effektiven Staatsangehörigkeit, so liegt keine gemeinsame Staatsangehörigkeit iSv Art. 8 lit. c vor, es gilt gemäß lit. d die lex fori. Wollte man auch die ineffektiven Staatsangehörigkeiten zur objektiven Anknüpfung als ausreichend erachten, so hätte man in diesem Beispielsfall zwei gemeinsame Staatsangehörigkeiten und damit ein „doppeltes" Scheidungsstatut – das erscheint wenig sinnvoll.

Im Falle des **Erwerbs der Staatsangehörigkeit durch Eheschließung** ist fraglich, ob die **7** erforderliche innere Beziehung gegeben ist. Solche Regelungen kommen weltweit nur noch selten vor, fast ausnahmslos nur zugunsten ausländischer Ehefrauen. Für Männer *und* Frauen gibt es den automatischen Erwerb der Staatsangehörigkeit durch Heirat – soweit ersichtlich – nur in **Burkina Faso**.[6] Nur für die einheiratende Ehefrau ist der Staatsangehörigkeitserwerb vorgesehen in **Burundi,**[7] **Senegal,**[8] **Somalia**[9] und der **Zentralafrikanischen Republik.**[10] In einer Reihe weiterer Staaten – etwa in in **Gambia**[11] – kann die ausländische Ehefrau **auf Antrag** die Staatsangehörigkeit ihres Ehemannes erwerben, bisweilen – so in der **Elfenbeinküste**[12] und in **Kambodscha**[13] – gilt dies auch gleichermaßen für Männer und Frauen. *Basedow* will eine kraft Gesetzes durch Heirat erworbene Staatsangehörigkeit nur dann als Anknüpfungspunkt iS von lit. c anerkennen, wenn die Frau (Anm.: dies müsste im Falle Burkina Faso dann natürlich auch für den Mann gelten) zusätzlich eine wesentliche Beziehung zu dem Recht des Einbürgerungsstaats aufgebaut habe, insbesondere durch Erwerb eines gewöhnlichen Aufenthalts in einer früheren Periode ihres Lebens.[14] Dem ist entgegenzuhalten, dass auch **im Ausland geborene Kinder** die Staatsangehörigkeit ihrer Eltern kraft Gesetzes erwerben, sofern im Staatsangehörigkeitsrecht des elterlichen Heimatstaats nicht ausnahmsweise das Territorialitätsprinzip herrscht. Wenn ein solches Auslandskind einen Partner derselben Staatsangehörigkeit heiratet, wird man für die Anknüpfung nach lit. c kaum den Nachweis einer besonderen Verbindung zum Heimatstaat verlangen. *Basedow* ist zuzugeben, dass die Staatsangehörigkeit in solchen Fällen kein zwingendes Indiz für eine wesentliche Beziehung (substantial relationship) zwischen dem Staatsangehörigen und dem Recht seines Heimatstaats darstellt. Gleichwohl darf aber davon ausgegangen werden, dass durch die Eheschließung bzw. die Eltern-Kind-Beziehung mittelbar eine solche Beziehung zwischen dem neuen Staatsbürger und dem Heimatstaat seines Ehegatten bzw. seiner Eltern hergestellt wird. Eine Anknüpfung an diese gemeinsame, wenn vielleicht auch unterschiedlich intensive Beziehung der Ehegatten zu ihrem Heimatstaat erscheint mir gegenüber der letztstufigen Anknüpfung an die lex fori durchaus vorzugswürdig.

Nach deutschem Recht ist anstelle der effektiven Staatsangehörigkeit (Art. 5 Abs. 1 S. 1 EGBGB) **8** die **deutsche** Staatsangehörigkeit maßgeblich, wenn der **Doppelstaater** sie besitzt **(Art. 5 Abs. 1 S. 2 EGBGB).** Der Vorrang der deutschen Staatsangehörigkeit war schon im Rahmen der Parteiautonomie als mit den allgemeinen Grundsätzen der EU – genauer: dem Diskriminierungsverbot – nicht vereinbar abgelehnt worden (→ Art. 5 Rn. 8). Dies trifft im Rahmen der objektiven Anknüpfung erst recht zu. Für Vorschriften wie Art. 5 Abs. 1 S. 2 EGBGB ist im Rahmen eines europäischen Kollisionsrechts kein Raum mehr. Auch bei deutsch-ausländischen Mehrstaatern setzt deshalb die Anknüpfung an die **gemeinsame Staatsangehörigkeit** der Ehegatten voraus, dass diese bei **beiden** Ehegatten **effektiv** ist.

---

[5] *Helms* FamRZ 2011, 1765 (1771).

[6] Art. 151 des Personen- und Familiengesetzbuchs v. 31.10.1989, Bergmann/Ferid/*Henrich/Cieslar*, Burkina Faso, Stand: 31.3.1999, S. 7; Staudinger/*Bausback* (2013) EGBGB Anh. III Art. 5 Rn. 31.

[7] Art. 4 StAG v. 18.7.2000, in frz. Sprache abrufbar auf http://droit-afrique.com/upload/doc/burundi/Burundi-Code-2000-nationalite.pdf (zuletzt aufgerufen am 3.6.2017); s.a. Staudinger/*Bausback* (2013) EGBGB Anh. III Art. 5 Rn. 32.

[8] Art. 7, 7*bis* des StAngKodex v. 7.3.1961, Bergmann/Ferid/*Henrich/Cieslar*, Senegal, Stand: 1.10.2016, S. 10; Staudinger/*Bausback* (2013) EGBGB Anh. III Art. 5 Rn. 157.

[9] Art. 13 StAG v. 2.12.1962, *Bergmann/Ferid/Henrich/Cieslar*, Somalia, Stand: 31.12.1988, S. 4; Staudinger/*Bausback* (2013) EGBGB Anh. III Art. 5 Rn. 165.

[10] Staudinger/*Bausback* (2013) EGBGB Anh. III Art. 5 Rn. 202.

[11] Sec. 3 Abs. 3 des StAG v. 11.1.1965 idF v. 28.10.1977, Bergmann/Ferid/*Henrich/Cieslar*, Gambia, Stand: 31.3.1999, S. 5.

[12] Art. 12 des StAG v. 14.12.1961 idF der Décision n° 2005-09/PR v. 29.8.2005, in frz. Sprache abrufbar auf http://www.refworld.org/pdfid/4e5cf1f52.pdf. S.a. Staudinger/*Bausback* (2013) EGBGB Anh. III Art. 5 Rn. 42.

[13] Art. 5 des StAG v. 20.8.1996, *Bergmann/Ferid/Henrich/Cieslar*, Kambodscha, Stand: 1.3.2013, S. 14; Staudinger/*Bausback* (2013) EGBGB Anh. III Art. 5 Rn. 78.

[14] *Basedow*, Liber amicorum Walter Pintens, 2012, 135 (146).

9   Dies gilt auch dann, wenn **beide Ehegatten** Doppelstaater sind; wechselt einer von ihnen die effektive Staatsangehörigkeit, so ist ggf. an ihre letzte gemeinsame effektive Staatsangehörigkeit anzu-knüpfen.[15] Deutsche im Sinne des Artikels 116 Abs. 1 des Grundgesetzes (sog. **Volksdeutsche**) stehen gemäß **Art. 9 Abschn. II Nr. 5 FamRÄndG** den deutschen Staatsangehörigen gleich.[16] Für **Staatenlose** ist nach **Art. 12 UN-Übk. über die Rechtsstellung der Staatenlosen** v. 28.9.1954[17] an Stelle der fehlenden Staatsangehörigkeit ersatzweise an den **Wohnsitz**, hilfsweise an den **Aufenthalt** anzuknüpfen. Soweit dieses Übk. nicht eingreift, ist gemäß **Art. 5 Abs. 2 EGBGB** an den gewöhnlichen Aufenthalt, hilfsweise an den Aufenthalt des Staatenlosen anzuknüpfen (→ Art. 5 Rn. 9).[18] Das Personalstatut von **Flüchtlingen** bestimmt sich gemäß Art. 12 Genf-FlüchtlKonv[19] ebenfalls nach dem **Wohnsitz**, hilfsweise dem **Aufenthalt** des Flüchtlings. Diese Personen mit deutschem Personalstatut werden hinsichtlich der kollisionsrechtlichen Anknüpfung wie deutsche Staatsangehörige behandelt[20] (→ Art. 5 Rn. 9; → EGBGB Art. 14 Rn. 89 ff.).

10   **4. Lex fori.** In letzter Stufe ist das Recht des angerufenen Gerichts (lex fori) maßgeblich. Damit greift die VO einen Vorschlag auf, der in der deutschen Reformdiskussion seinerzeit eine große Rolle gespielt hat, letztlich aber zugunsten der Anknüpfung an die engste Verbundenheit der Ehegat-ten (Art. 14 Abs. 1 Nr. 3 EGBGB) verworfen wurde. Dies ist damit zu erklären, dass die VO primär an die Parteiautonomie anknüpft, so dass die Ehegatten, wenn ihnen die lex fori nicht passt, ein ihnen vertrautes oder genehmes Scheidungsstatut wählen können. Dieser Gedanke versagt allerdings, wenn sich die Ehegatten hinsichtlich der Wahl nicht einigen können. Gegenüber der Anknüpfung an die engste Verbundenheit hat die Anknüpfung an die lex fori zwar nicht nur den Vorteil der problemlosen Feststellbarkeit, sondern auch den Vorteil, dass das anwendbare Recht dem Richter inhaltlich bekannt ist. Auf der anderen Seite ist jedoch nicht gewährleistet, dass die Ehegatten eine hinreichend enge Beziehung zu dem anzuwendenden Recht haben. Dieser Nachteil wird durch die vorhandene Kenntnis des Gerichts nicht aufgehoben. Zu Recht wird deshalb vorgeschlagen, de lege ferenda die lex-fori-Anknüpfung aufzugeben und zur Anknüpfung an die engste Verbundenheit der Ehegatten, hilfsweise an den Eheschließungsort, zurückzukehren.[21]

11   Im Falle einer **Privatscheidung** kommt es nicht zur Anrufung eines Gerichts. Ersatzweise ist an den Ort anzuknüpfen, an dem die Privatscheidung vollzogen wird (→ Art. 5 Rn. 11).[22] Stattdessen (im Falle der Wirksamkeitsprüfung durch ein deutsches Gericht) an das deutsche Recht anzuknüpfen und damit wegen § 1564 S. 1 BGB zwingend zur Unwirksamkeit der Privatscheidung zu gelangen,[23] entspricht nicht der Intention des Art. 8 lit. d.

III. Anknüpfungszeitpunkt

12   Maßgeblicher Zeitpunkt für die Anknüpfung des Scheidungsstatuts ist die **Anrufung des Gerichts** (→ Art. 5 Rn. 16). Art. 17 Abs. 1 aF EGBGB hatte insoweit seinerzeit auf den Zeitpunkt der **Rechtshängigkeit** abgestellt. Dies hatte international zu Problemen geführt, weil einige Rechts-ordnungen – darunter die deutsche – hierfür die Zustellung der Antragsschrift verlangen, während andere den Eingang bei Gericht genügen lassen. Bei **Privatscheidungen** ist mangels Antragsschrift an den Zeitpunkt des **Zugangs der Scheidungserklärung**[24] anzuknüpfen, also darauf, wann der Scheidungsgegner von der Scheidung förmlich befasst wird.[25] Ungenau ist das Abstellen auf die **Abgabe** der Scheidungserklärung:[26] sie reicht nur unter Anwesenden aus (§ 130 BGB).

13   Eine nach dem Zeitpunkt der Anrufung des Gerichts eintretende Änderung der Anknüpfungs-merkmale bleibt unbeachtlich. In der deutschen Reformdiskussion vor 1986 hatte die hM demgegen-

---

[15] So zutr. *Jayme* IPRax 2002, 209.
[16] Vgl. AG Lemgo IPRspr. 2000 Nr. 62; → EGBGB Anh. II Art. 5 Rn. 13 f.
[17] BGBl. 1976 II S. 474; *Jayme/Hausmann* Nr. 12.
[18] *Raupach* Ehescheidung mit Auslandsbezug 158.
[19] Genfer UN-Übk. über die Rechtsstellung der Flüchtlinge vom 28.7.1951, BGBl. 1953 II S. 560, *Jayme/Hausmann* Nr. 10.
[20] Vgl. BGHZ 169, 240 = FamRZ 2007, 109 (111); AG Leverkusen FamRZ 2007, 1565. →EGBGB Art. 14 Rn. 89 f.
[21] *Raupach* Ehescheidung mit Auslandsbezug 201 ff.
[22] *Raupach* Ehescheidung mit Auslandsbezug 249 f.
[23] *Helms* FamRZ 2011, 1765 (1766); *Gruber* IPRax 2012, 381 (384 Fn. 33).
[24] BGHZ 110, 267 (273 f.) = NJW 1990, 2194 (2196) = FamRZ 1990, 607 (Zeitpunkt der Vornahme der Scheidung); BayObLG NJW-RR 1994, 771 (772) = FamRZ 1994, 1263 (1264) = IPRax 1995, 324 (325) (Zugang oder Registrierung der Scheidungserklärung).
[25] BT-Drs. 10/504, 60.
[26] Palandt/*Thorn*, 76. Aufl. 2017, Rn. 7; *Helms* FamRZ 2011, 1765 (1766); *Mörsdorf-Schulte* RabelsZ 77 (2013), 786 (797).

über auf den Zeitpunkt der letzten mündlichen Verhandlung abgestellt.[27] Hierfür hatten auch sämtliche Reformentwürfe plädiert.[28] Dabei ging es aber hauptsächlich um die Möglichkeit der Ehegatten, jedenfalls bis zum Schluss der mündlichen Verhandlung durch **Einbürgerung** das Scheidungsstatut an die **neu erlangte Staatsangehörigkeit** anzuknüpfen, statt die Ehegatten an Vergangenem festzuhalten.[29] In Art. 8 Rom III-VO spielt die gemeinsame Staatsangehörigkeit der Ehegatten aber nur eine nachrangige Rolle; durch die vorrangige Anknüpfung an den (letzten) gemeinsamen gewöhnlichen Aufenthalt der Ehegatten hat sich dieses Problem erledigt.

IV. Scheidungsstatut und Ehewirkungsstatut

Art. 17 Abs. 1 S. 1 aF EGBGB hatte das Scheidungsstatut an das Ehewirkungsstatut des Art. 14 **14** EGBGB gebunden. Durch die einheitliche Anknüpfung sollte der Zusammenhang zwischen den Pflichten der Ehegatten während der Ehe und den Folgen ihrer Verletzung gewahrt bleiben.[30] Angesichts der weiten Verbreitung des Zerrüttungsprinzips, wonach die Scheidung eben nicht mehr von der Verletzung ehelicher Pflichten abhängt, wirkte dieses Konzept nicht sehr überzeugend.[31] Auch die **Wandelbarkeit** des Ehewirkungsstatuts konnte den erstrebten Gleichklang zwischen den beiden Statuten verhindern. Die Rom III-VO ist diesem Ansatz nicht gefolgt und hat das Scheidungsstatut unabhängig vom Ehewirkungsstatut bestimmt. Probleme sind deshalb nicht zu erwarten, jedoch sollte der deutsche Gesetzgeber über eine entsprechende Anpassung des Art. 14 EGBGB nachdenken.[32] Die Ehegatten haben es in der Hand, durch eine entsprechende Wahl des Scheidungsstatuts (vgl. Art. 5) den Gleichklang beider Statute herzustellen, wenn sie dies wünschen.

Art. 9 Rom III-VO Umwandlung einer Trennung ohne Auflösung des Ehebandes in eine Ehescheidung

(1) Bei Umwandlung einer Trennung ohne Auflösung des Ehebandes in eine Ehescheidung ist das auf die Ehescheidung anzuwendende Recht das Recht, das auf die Trennung ohne Auflösung des Ehebandes angewendet wurde, sofern die Parteien nicht gemäß Artikel 5 etwas anderes vereinbart haben.

(2) Sieht das Recht, das auf die Trennung ohne Auflösung des Ehebandes angewendet wurde, jedoch keine Umwandlung der Trennung ohne Auflösung des Ehebandes in eine Ehescheidung vor, so findet Artikel 8 Anwendung, sofern die Parteien nicht gemäß Artikel 5 etwas anderes vereinbart haben.

I. Normzweck

Die Vorschrift sichert im Falle eines **Umwandlungsantrags** – vorbehaltlich einer abweichenden **1** Rechtswahl durch die Parteien – die **Kontinuität** zwischen Trennung und nachfolgender Scheidung. Bei regelmäßiger Anknüpfung würde die nachfolgende Scheidung, falls sich der nach Art. 8 maßgebliche Anknüpfungspunkt geändert hat, einem anderen Recht unterliegen als die Trennung. Dies würde die Berechenbarkeit und die Rechtssicherheit beeinträchtigen (Erwägungsgrund 23). Probleme könnten sich insbesondere daraus ergeben, dass nicht alle Rechtsordnungen die der Scheidung vorausgehende gerichtliche Trennung kennen.

II. Anwendbares Recht

1. Umwandlungsstatut (Abs. 1). Abweichend von der regelmäßigen Anknüpfung nach **2** Art. 8 ist für die Umwandlung einer Trennung in eine Scheidung das **auf die Trennung ange-**

---

[27] BGH NJW 1982, 1940 (1942); Soergel/*Schurig* EGBGB Art. 17 Rn. 37; Staudinger/*Mankowski* (2011) EGBGB Art. 17 Rn. 148; *Kegel* IPR, 5. Aufl. 1985, S. 512; Palandt/*Heldrich*, 45. Aufl. 1986, EGBGB Art. 17 Anm. 3; Erman/*Marquordt*, 9. Aufl. 1993, EGBGB Art. 17 Rn. 11 f.; *Winkler v. Mohrenfels* NJW 1985, 1264 (1265). Unrichtig insoweit *Basedow* NJW 1986, 2971 (2973) bei Fn. 31.

[28] Nachw. bei *Lüderitz* IPRax 1987, 74 (75) Fn. 8.

[29] Vgl. Max-Planck-Institut RabelsZ 47 (1983), 595, 636 f. unter Hinweis auf das Beispiel BGH StAZ 1975, 338 = IPRspr. 1975 Nr. 55.

[30] BT-Drs. 10/504, 60; *Lüderitz* IPRax 1987, 74; *Jayme*, FS Müller-Freienfels, 1986, 341 (348 f.).

[31] Vgl. Max-Planck-Institut RabelsZ 47 (1983), 635; *Lüderitz* IPRax 1987, 74 f.

[32] Vgl. *Henrich*, FS Spellenberg, 2010, 195 (197). S. a. *Coester-Waltjen* FamRZ 2013, 170 (172 ff.), die allerdings eine Konkordanz nicht zwischen Ehewirkungs- und Scheidungsstatut, sondern zwischen Ehewirkungs- und *Güter-rechts*statut anstrebt. Das erscheint schon wegen der – aus guten Gründen bestehenden – Unwandelbarkeit des letzteren wenig erfolgversprechend.

wandte Recht maßgeblich. Dies gilt auch dann, wenn es sich dabei um das Recht eines Dritt-staates handelt.[1] Damit ist sichergestellt, dass die Trennung und ihre Umwandlung in eine Schei-dung nach ein und demselben Recht beurteilt werden. Dies gilt für den Umwandlungsantrag auch dann, wenn die Trennung vor dem Stichtag des Art. 18 (21.6.2012) ausgesprochen wurde. Hat aber mit dem Stichtag ein Statutenwechsel stattgefunden und beantragt ein Ehegatte nach dem nunmehr nach der Rom III-VO bestimmten neuen Scheidungsstatut die Scheidung, so greift nicht Art. 9, sondern Art. 8 ein: Art. 9 schneidet den Ehegatten nicht den unmittelbaren Weg zur Scheidung ab.[2]

3   **2. Scheidungsstatut (Abs. 2).** Die Umwandlung einer Trennung in eine Scheidung ist nur möglich, wenn und soweit das nach Abs. 1 angeknüpfte Umwandlungsstatut sie zulässt.[3] Ist dies nicht der Fall, so findet ersatzweise ein normales Scheidungsverfahren nach dem gemäß Art. 5, 8 angeknüpften Scheidungsstatut statt (Abs. 2). Hat sich das seinerzeit für die Anknüpfung des Trennungsstatuts maßgebliche Anknüpfungsmerkmal in der Zwischenzeit geändert, so führt dies zu einem vom Trennungsstatut abweichenden Scheidungsstatut, die Kontinuität ist somit nicht gewahrt. Dies kann uU zu Angleichungsproblemen führen, wenn die nach dem Trennungsstatut eintretenden Rechtsfolgen der Trennung mit den nach dem Scheidungsstatut eintretenden Folgen der Scheidung nicht harmonieren. Da indes die meisten Scheidungs- bzw. Trennungsfolgen selbständig angeknüpft werden, also einem eigenen Statut unterliegen (→ EGBGB Art. 17 Rn. 26), ist diese Gefahr wohl eher zu vernachlässigen.

III. Umwandlung in eine einverständliche Trennung

4   Ist eine Ehe bereits getrennt, so kann sie nicht noch einmal getrennt werden; die „Umwandlung" einer streitigen Trennung in eine einverständliche – und umgekehrt – ist daher im Inland nicht möglich.[4]

Art. 10 Rom III-VO Anwendung des Rechts des Staates des angerufenen Gerichts

Sieht das nach Artikel 5 oder Artikel 8 anzuwendende Recht eine Ehescheidung nicht vor oder gewährt es einem der Ehegatten aufgrund seiner Geschlechtszugehörigkeit keinen gleichberechtigten Zugang zur Ehescheidung oder Trennung ohne Auflösung des Eheban-des, so ist das Recht des Staates des angerufenen Gerichts anzuwenden.

Übersicht

I. Normzweck

1   Ob es sich bei Art. 10 um einen Anwendungsfall des **ordre public**,[1*] um eine **abstrakte Verwer-fungsklausel** (cláusula de rechazo)[2*] oder um eine **unionsrechtliche Eingriffsnorm kollisions-rechtlicher Natur**[3*] handelt, ist streitig. Der Artikel wurde auf Vorschlag der spanischen Delegation aus Art. 107 Abs. 2 des span. Cód. civ. übernommen; er sollte insbes. den nordischen Staaten, die die Anwendung frauenfeindlichen islamischen Rechts abwehren wollten, die Teilnahme an der VO

---

[1] *Gruber* IPRax 2012, 381 (388); *Raupach* Ehescheidung mit Auslandsbezug 207.
[2] *Rauscher* IPR, 4. Aufl. 2012, Rn. 829; *Rauscher/Pabst* NJW 2013, 3692 (3693); *Traar* ÖJZ 2011, 805 (812). Unrichtig daher OLG Stuttgart FamRZ 2013, 1803 und OLG Nürnberg FamRZ 2014, 835: in beiden Fällen war kein Umwandlungsantrag, sondern ein unmittelbarer Scheidungsantrag gestellt worden.
[3] RGZ 156, 106 (110) = JW 1938, 235 (236).
[4] AA *Jayme* RabelsZ 32 (1968), 323 (338 f.).
[1*] *Helms* FamRZ 2011, 1765 (1771); *Henrich*, Liber amicorum Walter Pintens, 2012, 701 (707 f.); *Kohler/Pintens* FamRZ 2011, 1433 (1434); *Schurig*, FS v. Hoffmann, 2011, 405 (410); *Hau* FamRZ 2013, 249 (254); *Mörsdorf-Schulte* RabelsZ 77 (2013), 786 (825).
[2*] *Calvo Caravaca/Carrascosa González* CDT 2009, 36 (67) Rn. 43; *Finger* FuR 2011, 313 (314 Fn. 8); *Raupach* Ehescheidung mit Auslandsbezug 211 ff.
[3*] *Bea Verschraegen*, Internationales Privatrecht, Wien 2012, Rn. 138.

ermöglichen.[4] Ohne Erfolg, wie wir heute wissen: die nordischen Staaten haben sich an der VO am Ende doch nicht beteiligt (→ Vor Art. 1 Rn. 5).

Worum geht es? Wäre Art. 10 ein Anwendungsfall des ordre public, so würde die Verwerfung **2** des Scheidungsstatuts nur dann möglich sein, wenn das **Ergebnis des konkreten Falles** gegen das Gleichberechtigungsgebot verstieße. War die Ehefrau mit der Scheidung **einverstanden**[5] oder wäre die Scheidung auch **nach deutschem Recht zulässig**,[6] so wurde nach bisherigem Recht ein Verstoß gegen den ordre public verneint. In beiden Fällen gab es keinen Grund, das Ergebnis – und darauf allein kommt es im Rahmen des ordre public an (→ EGBGB Art. 6 Rn. 117) – zu missbilligen.

Seinem **Wortlaut** nach geht Art. 10 weit über dieses Ergebnis hinaus, indem er es genügen lässt, **3** dass das Scheidungsstatut „einem der Ehegatten aufgrund seiner Geschlechtszugehörigkeit keinen gleichberechtigten Zugang zur Ehescheidung gewährt". Danach findet eine **abstrakte Kontrolle** des ausländischen Rechts statt. Die Anwendung islamischen und jüdischen Scheidungsrechts wäre danach grundsätzlich ausgeschlossen, ohne dass es hierfür auf das Ergebnis des konkreten Falles ankäme. Bedeutet das eine völlig überzogene Diskriminierung religiöser Rechtsordnungen?[7] Auch der **Umkehrschluss aus Art. 12,** der im Gegensatz zum abstrakt-generellen Ansatz des Art. 10 ausdrücklich von der *Anwendung* einer Vorschrift des Scheidungsstatuts spricht, und die diesen Schluss bestätigende Gegenüberstellung der **Erwägungsgründe 24 und 25** sprechen für die Annahme einer abstrakten Verwerfungsklausel[8] bzw. einer kollisionsrechtlichen Eingriffsnorm.[9]

Gleichwohl plädieren nahezu alle, die sich hierzu bisher geäußert haben, für eine **teleologische 4 Reduktion** der Vorschrift dahin, dass sie nur anwendbar sein solle, wenn die Frau im Ergebnis tatsächlich benachteiligt sei.[10] Außer in Spanien,[11] das die Vorschrift vorgeschlagen hat, wird nur vereinzelt die Gegenmeinung vertreten.[12] Die spanischen Autoren führen zwei Gründe an: 1. sei die Annahme einer abstrakten Verwerfungsklausel der direktere, automatischere und schnellere Weg, um in gravierenden Fällen die Anwendung des ausländischen Rechts zu vermeiden, auch entfalle dabei die Notwendigkeit, im konkreten Fall eine Verletzung des ordre public nachzuweisen; 2. entfalle die politische Last (carga política), im konkreten Fall festzustellen, dass das Recht eines ausländischen Staates den ordre public des Entscheidungsstaates verletze.

Das erste Argument ist kein dogmatisches, sondern ein praktisches, und auch das zweite (carga **5** política) vermag dogmatisch nicht zu überzeugen; es bleibt jedoch die Tatsache, dass der europäische Gesetzgeber mit Art. 10 ausdrücklich ein Instrument schaffen wollte, das sich von der ordre public-Klausel unterscheidet. Art 10 dient der Rechtssicherheit, indem er die sonst im Rahmen des ordre-public anzustellenden schwierigen und in Europa unterschiedlich gehandhabten Wertungen vermeidet,[13] und der europäischen Rechtseinheit, indem er für den Schutz der Grundrechte der Eheschließungsfreiheit und der Gleichberechtigung im internationalen Scheidungsrecht einen einheitlichen Standard schafft. Für eine teleologische Reduktion fehlt es am dafür erforderlichen gesetzgeberischen Willen. Und letztlich auch an der Erforderlichkeit. Macht es wirklich einen entscheidenden Unterschied, ob ein gleichberechtigungswidriges Recht von

---

[4] *Paulino Pereira* Rev. Marché com. 2007, 390 (394); *Helms* FamRZ 2011, 1765 (1772); Palandt/*Thorn,* 76. Aufl. 2017, Rn. 3.

[5] Ebenso BGHZ 160, 332 = FamRZ 2004, 1952 (1955); OLG Hamm IPRax 1995, 174 (175); OLG Koblenz FamRZ 1994, 1262 (1263); Art. 6 Rn. 44; *Jayme* IPRax 1982, 250; *Lüderitz,* FS Baumgärtel, 1990, 333 (338); *Spickhoff* JZ 1991, 323 (329); *Bolz* NJW 1990, 620 (621). Vgl. ferner (im Rahmen der Anerkennung einer ausl. talaq-Scheidung) OLG Frankfurt NJW 1985, 1293 (1294 aE) m. zust. Anm. *Henrich* IPRax 1985, 48; *Henrich,* Liber amicorum Walter Pintens, 2012, 701 (708). AA AG Frankfurt NJW 1989, 1434 = IPRax 1989, 237; Erman/*Hohloch* EGBGB Art. 17 Rn. 46.

[6] OLG München IPRax 1989, 238 (241); OLG Koblenz FamRZ 1993, 563; AG Esslingen IPRax 1993, 250 m. zust. Anm. *Beitzke* IPRax 1993, 231 (234); AG Kulmbach IPRax 2004, 529 m. zust. Anm. *Herfarth* IPRax 2004, 515 (517); JM NRW StAZ 1992, 46 (48); *Jayme* IPRax 1989, 223; *v. Bar* IPR II Rn. 265; Johannsen/ Henrich/*Henrich* EGBGB Anh. Art. 17 Rn. 58. Zweifelnd KG NJW-RR 1994, 199 (200).

[7] So *Schurig,* FS v. Hoffmann, 2011, 405 (410).

[8] Vgl. *Helms* FamRZ 2011, 1765 (1772); *Gruber* IPRax 2012, 381 (391); *Raupach* Ehescheidung mit Auslandsbezug 212.

[9] Eingehend dazu *Winkler v. Mohrenfels,* FS Martiny, 2014, 595 ff.

[10] So *Helms* FamRZ 2011, 1765 (1772); *Schurig,* FS v. Hoffmann, 2011, 405 (410); *Hau* FamRZ 2013, 249 (254); *Finger* FuR 2013, 305 (310); *Mörsdorf-Schulte* RabelsZ 77 (2013), 786 (825); Palandt/*Thorn,* 76. Aufl. 2017, Rn. 4; *Hausmann* IntEuSchR Rn. A 342; *Althammer/Tolani* Rn. 4.

[11] *Calvo Caravaca/Carrascosa González* CDT 2009, 36 (67) Rn. 43.

[12] *Traar* ÖJZ 2011, 805 (812); *Raupach* Ehescheidung mit Auslandsbezug 214 ff.

[13] Vgl. etwa OLG Koblenz NJW 2013, 1377 m. Anm. *Hohloch* zur „Khul"-Scheidung (Ägypten). Zustimmend *Rauscher/Pabst* NJW 2013, 3692 (3693). Kritisch *Winkler v. Mohrenfels* ZEuP 2013, 699 (715); *Winkler v. Mohrenfels,* FS Martiny, 2014, 595 (600 f.).

vornherein verworfen und die Ehe nach den Vorschriften der lex fori geschieden wird (Verwerfungsklausel), oder ob das Recht zunächst im konkreten Fall geprüft, letztlich aber doch nicht angewendet wird, wenn das Ergebnis nicht stimmt (ordre public-Klausel)? Das Problem der möglichen **Nichtanerkennung** der Scheidung im Heimatstaat der Ehefrau mit der Gefahr dort drohender Strafverfolgung wegen Bigamie[14] ist kein spezielles Problem des Art. 10, sondern stellt sich immer dann, wenn islamische Ehegatten in Deutschland ihren gewöhnlichen Aufenthalt haben und die Ehefrau sich hier scheiden lassen will. Die Nichtanerkennung des deutschen Scheidungsbeschlusses durch den islamischen Heimatstaat der Ehegatten kann kein Grund sein, das nach Art. 8 lit. a bestimmte Scheidungsstatut einfach nicht anzuwenden. Im Übrigen dürfte der Vorschlag, den Ehemann zum Ausspruch des talaq zu verurteilen,[15] jedenfalls im deutschen Scheidungsrecht nicht gangbar sein, denn Art. 17 Abs. 2 EGBGB verlangt eine *rechtsgestaltende* Entscheidung des Gerichts. Als Ausweg sehe ich nur die Möglichkeit, dass der Ehemann im Heimatstaat der Ehegatten freiwillig den talaq ausspricht.

6   Probleme bereitet ferner die Konstellation, dass die Ehegatten gemäß Art. 5 **ihr islamisches oder jüdisches Heimatrecht gewählt** und damit zum Ausdruck gebracht haben, dass sie sich nach diesem Recht scheiden lassen wollen, mag es nun die Ehefrau benachteiligen oder nicht. Die Annahme einer abstrakten Verwerfungsklausel bedeutet damit zwar eine **Einschränkung der Parteiautonomie.** Derartige Einschränkungen gibt es aber häufig, sie sind kein entscheidendes Argument gegen die Annahme einer Verwerfungsklausel. Parteiautonomie kann sich stets nur im Rahmen der geltenden Gesetze entfalten, zu denen – über die Einfallstore der §§ 138, 242 BGB – auch der Gleichberechtigungsgrundsatz gehört. Im Ergebnis ist somit dem spanischen Standpunkt zu folgen, wie das auch bei Art. 10 um eine **abstrakte Verwerfungsklausel** handelt. Die Benachteiligung der Ehefrau durch das islamische (talaq-Scheidung) und das jüdische Recht (get-Scheidung)[16] ist so elementar und grundlegend, dass sich eine Anwendung dieser Rechte im Rahmen inländischer Scheidungsverfahren verbietet. Ein aufgrund göttlicher Autorität unabänderbares, auf frühmittelalterlichen Vorstellungen beruhendes religiöses Recht steht zu den Grundsätzen modernen Zivilrechts jedenfalls im Bereich des Familienrechts in einem derart fundamentalen Widerspruch, dass es schlechterdings unanwendbar ist. Der Vorschlag, Art. 10 ersatzlos zu streichen, weil er angeblich über das sinnvolle Maß hinausschieße,[17] missachtet diese grundlegende Unanwendbarkeit des islamischen und des jüdischen Scheidungsrechts. Der Grundsatz von der Gleichwertigkeit der Rechtsordnungen (→ Rn. 3) kann nur für moderne weltliche, nicht aber für archaische religiöse Rechte gelten. Eine einschränkende Auslegung der Vorschrift ist allerdings geboten, soweit es um die **Anerkennung** im Ausland vollzogener Scheidungen geht (→ Art. 1 Rn. 17).

7   Letztlich wird der **EuGH** den Meinungsstreit entscheiden müssen. Der Versuch des OLG München, den Gerichtshof im Rahmen einer Vorabentscheidung zu einer Stellungnahme zu bewegen, ist leider vorerst fehlgeschlagen (→ Art. 1 Rn. 13).

II. Grundsätzliche Nichtscheidbarkeit der Ehe

8   **1. Grundsatz.** Die 1. Alternative entspricht Art. 17 Abs. 1 S. 2 aF EGBGB. Sie setzt voraus, dass Ehen nach dem primär anwendbaren Recht grundsätzlich nicht geschieden werden können. Im Gegensatz zum Wortlaut des Art. 17 Abs. 1 S. 2 aF EGBGB stellt Art. 10 Rom III-VO jedoch nicht auf die Scheidbarkeit der konkreten Ehe ab, sondern verlangt, dass das Primärstatut die Scheidung von Ehen **grundsätzlich** nicht vorsieht.[18] Nach Art. 17 Abs. 1 S. 2 aF EGBGB kam es demgegenüber darauf an, ob **im konkreten Fall** die für eine Scheidung erforderlichen Voraussetzungen nicht oder nicht mehr erfüllt waren.[19] Dies kann indes weiterhin im Rahmen der **ordre public** berücksichtigt werden, vgl. die Kommentierung zu Art. 12. Nicht hierher gehört der Fall, dass die Ehe deshalb nicht geschieden werden kann, weil der Inhalt des anzuwendenden Rechts **nicht ermittelbar** ist (→ Vor Art. 1 Rn. 13).

---

[14] Vgl. *Basedow*, Liber amicorum Walter Pintens, 2012, 135 (149).

[15] *Basedow*, Liber amicorum Walter Pintens, 2012, 135 (149) unter Hinweis auf Hof Amsterdam v. 5.10.1989, Nederlands Internationaal Privaatrecht 1990, 94.

[16] Einzelheiten zum islamischen und jüdischen Scheidungsrecht s. *Bergmann/Ferid/Henrich/Cieslar*, Religiöse Eherechte, Stand: 31.5.1983, Das islamische Eherecht, S. 16 ff., Das jüdische Eherecht, S. 10 ff.; *Weller/Hauber/Schulz* IPRax 2016, 123 (124 f.).

[17] *Raupach* Ehescheidung mit Auslandsbezug 217.

[18] Vgl. *Palandt/Thorn*, 76. Aufl. 2017, Rn. 2.

[19] Vgl. etwa BGHZ 169, 240 = FamRZ 2007, 109 (111 ff.) (kanonisches Recht). Vgl. dazu auch die Vorentscheidung OLG Karlsruhe IPRax 2006, 181 m. Rez. *Rauscher* IPRax 2006, 140.

Absolute Scheidungsverbote gibt es heute nur noch auf den **Philippinen**[20] sowie im **Vatikan**   9
und einigen religiösen Rechten christlicher Minderheiten.[21] In BGHZ 169, 240[22] ist der BGH von
seiner früher vertretenen Auffassung, das kirchliche Ehescheidungsverbot sei mit dem deutschen
ordre public vereinbar,[23] abgerückt. Damit steht fest, dass die absoluten Scheidungsverbote der
genannten Rechte unter die Verwerfungsklausel des Art. 10 fallen. Sofern die Zuständigkeit der
deutschen Gerichte gegeben ist (→ EGBGB Anh. Art. 17a Rn. 21 ff.), ist über den Scheidungsantrag
ersatzweise nach deutschem Recht zu entscheiden.

2. Maßgeblicher Zeitpunkt. Für die Feststellung der Nichtscheidbarkeit der Ehe ist der Zeit-   10
punkt der **letzten mündlichen Verhandlung** maßgeblich.[24] Dies ergibt sich aus dem allgemeinen
Grundsatz, dass **Rechtsfragen** stets nach dem Stand der letzten mündlichen Verhandlung zu beurteilen sind. Zwar kann das hier im Ergebnis zur regelwidrigen Anknüpfung an die lex fori und damit
zu einem **Statutenwechsel** führen, wenn sich das regulär angeknüpfte Scheidungsstatut während
des Verfahrens **inhaltlich ändert.** Ein derartiger Statutenwechsel wäre dann aber nicht durch Wechsel eines **Anknüpfungsmerkmals,** sondern durch Änderung der materiellen Rechtslage bedingt.
Die Anknüpfung des Scheidungsstatuts an den Zeitpunkt der Rechtshängigkeit (Art. 17 Abs. 1 S. 1
aF EGBGB) sollte nach Auffassung des deutschen Gesetzgebers verhindern, dass die Parteien noch
während des Verfahrens auf das anwendbare Recht Einfluss nehmen können; auch sollte eine lange
Ungewissheit über die maßgebliche Rechtsordnung vermieden werden.[25] Der europäische Gesetzgeber hat dies mit der Anknüpfung an den Zeitpunkt der Anrufung des Gerichts (Art. 5 Abs. 2, 8
lit. a-lit. c) übernommen.[26] Ein Statutenwechsel infolge regelwidriger Anknüpfung an die lex fori
beruht nun aber weder auf dem Einfluss der Parteien, noch gab es dabei Ungewissheit über das
primär anzuwendende Recht. Für die Feststellung der Nichtscheidbarkeit der Ehe bleibt es deshalb
bei der Maßgeblichkeit des Zeitpunkts der letzten mündlichen Verhandlung.

III. Kein gleichberechtigter Zugang zur Ehescheidung

1. Talaq. Ein Verstoß gegen das Gebot des gleichberechtigten Zugangs zur Ehescheidung liegt   11
vor, wenn das ausländische Recht dem Mann unter leichteren Voraussetzungen die Ehescheidung
gestattet als der Frau, wie dies insbesondere im **islamischen** Recht überwiegend der Fall ist.[27] Das
einseitige Scheidungsrecht **(talaq),** welches nur dem Ehemann, nicht aber umgekehrt auch der
Ehefrau zusteht und völlig willkürlich gehandhabt werden kann,[28] widerspricht eklatant den europäischen Gerechtigkeitsvorstellungen. Die Ungleichbehandlung wird nicht dadurch beseitigt, dass die
Ehefrau in bestimmten Ausnahmefällen (zB Unvermögen des Mannes zur Unterhaltszahlung,
Art. 1129 iran ZGB) ausnahmsweise die Scheidung verlangen kann. Wenn manche Gerichte diese
Ungleichheit nach altem Recht nicht für ausreichend erachteten, um einen Verstoß gegen den

---

[20] Vgl. Staudinger/*Mankowski* (2011) EGBGB Art. 17 Rn. 23, zu Malta → Art. 2 Rn. 2.
[21] BGHZ 169, 240 = FamRZ 2007, 109 (111 ff.). Die übrigen vom BGH aaO genannten Verbote sind
aufgehoben: in Andorra durch das Qualifizierte Ehegesetz vom 30.6.1995; in der Dominikanischen Republik ist
das in Art. 1 § 1 des Gesetzes über die Ehescheidung vom 21.5.1937 enthaltene Scheidungsverbot für katholische
Ehen für verfassungswidrig erklärt worden (vgl. *Bergmann/Ferid/Henrich/Cieslar,* Dominikanische Republik, Stand:
30.4.2015, S. 54 Fn. 2); zu Malta → Art. 2 Rn. 2.
[22] BGHZ 169, 240 = FamRZ 2007, 109 m. Anm. *Henrich* = JZ 2007, 738 m. Anm. *Rauscher* = StAZ 2007,
337 m. Anm. *Elwan* StAZ 2007, 325 und *Kroll* StAZ 2007, 330. Vgl. auch Johannsen/Henrich/*Henrich* EGBGB
Anh. Art. 17 Rn. 57.
[23] BGHZ 41, 136, 147 = FamRZ 1964, 188.
[24] BGHZ 169, 328 (332) = FamRZ 2007, 113; *Kroll* StAZ 2007, 330 (334); *Weber* NJW 2007, 3040 (3041);
Kropholler IPR § 46 I 2. AA *Jayme* IPRax 1987, 167 (168); *Jayme* JZ 2007, 695 (696); *Kersting* FamRZ 1992, 268
(274).
[25] BT-Drs. 10/504, 60.
[26] Vgl. Erwägungsgrund 20.
[27] Vgl. aus der Rspr.: OLG Rostock FamRZ 2006, 947 (Algerien). Eine Ausnahme bildet das tunesische
Recht: gemäß Art. 31 d. G. über das Personalstatut vom 13.8.1956 (deutscher Text bei *Bergmann/Ferid/Henrich/
Cieslar,* Tunesien, Stand: 1.12.2011, S. 42) wird die Scheidung auf Antrag eines der Ehegatten durch den Richter
ausgesprochen.
[28] Nach iranischem Recht etwa kann sich der Ehemann, wann immer er will, von seiner Frau durch talaq
scheiden (Art. 1133 ff. ZGB), während die Frau nur in Ausnahmefällen beim Richter die Scheidung beantragen
kann (Art. 1129, 1130 ZGB, vgl. *Bergmann/Ferid/Henrich/Cieslar,* Iran, Stand: 1.10.2002, S. 127; *Rauscher* IPRax
2005, 313 [316 ff.]). Ähnlich das algerische Recht (Art. 48 ff. FamGB; vgl. *Bergmann/Ferid/Henrich/Cieslar,* Algerien, Stand: 1.5.2011, S. 55; dazu OLG Köln FamRZ 2002, 166). Allg. zum islamischen Recht vgl. *Rohe* in
Basedow/Yassari, Islamic Family and Succession Laws and their Application in German Courts, 2004, 19 ff.

deutschen ordre public (Art. 6 EGBGB) anzunehmen,[29] so ist die Anwendbarkeit derart gleichberechtigungswidrigen Rechts nunmehr nach Art. 10 Rom III-VO ausgeschlossen. Der fehlende gleichberechtigte Zugang der Ehefrau zur Scheidung wird auch nicht dadurch hergestellt, dass ihr, falls sie ausnahmsweise auf ihren Antrag doch geschieden wird, die Brautgabe (*mahr*)[30] oder ein Schadensersatzanspruch zusteht[31] – Gleichberechtigung lässt sich nicht auf wirtschaftliche Argumente reduzieren, abgesehen davon, dass der *mahr* häufig nur symbolischen Wert hat. Auch ein eventuelles Einverständnis der Frau mit der Scheidung beseitigt die Ungleichbehandlung nicht. Ein Recht, das den Ehegatten keinen gleichberechtigten Zugang zur Scheidung gewährt, kann, soweit vom Gericht die Vornahme der Scheidung verlangt wird, vor den Gerichten der teilnehmenden Mitgliedstaaten keine Anwendung finden. Geht es nicht um den Ausspruch der Scheidung, sondern um die **Anerkennung einer im Ausland vollzogenen Privatscheidung,** so mag man zu einer anderen Wertung gelangen (→ Art. 1 Rn. 17).

12   **2. Sonstige Ungleichbehandlung.** Gibt das ausländische Recht dem Ehemann zwar kein einseitiges willkürliches Scheidungsrecht, behandelt es aber die Ehegatten hinsichtlich der **Scheidungsgründe** ungleich, indem es etwa den Ehebruch der Frau als Scheidungsgrund anerkennt, den des Mannes aber nicht oder nur unter besonderen Erschwerungen,[32] so liegt darin gleichfalls ein Verstoß gegen das Gebot des gleichberechtigten Zugangs zur Ehescheidung.[33] Ein Beispiel hierfür bietet die **get-Scheidung** des **jüdischen Recht**s.[34] Der Scheidebrief kann nur vom Mann ausgestellt werden. Grundsätzlich muss die Frau ihn akzeptieren, um die Scheidungsfolge herbeizuführen. Verweigert sie die Annahme des Scheidungsbriefes, so kann das Rabbinatsgericht aber unter bestimmten Voraussetzungen von dieser Regel eine Ausnahme zulassen.[35] Auf der anderen Seite kann auch die Frau, falls ein Scheidungsgrund vorliegt, beim Rabbinatsgericht ein Scheidungsverfahren einleiten; erkennt das Gericht den Scheidungsgrund an, so ergeht eine Aufforderung an den Mann, den Scheidungsbrief auszustellen.[36] Folgt er dieser Aufforderung aber nicht, so kann das Gericht gegen ihn zwar Zwangsmaßnahmen (u.a. Freiheitsstrafen) verhängen;[37] wenn diese aber erfolglos bleiben, kann die Ehe nicht geschieden werden, die Frau bleibt an ihren Ehemann gekettet.[38] Es bleibt damit eine grundlegende, mit dem Gleichberechtigungsgrundsatz nicht zu vereinbarende Benachteiligung der Ehefrau.

Art. 11 Rom III-VO Ausschluss der Rück- und Weiterverweisung

Unter dem nach dieser Verordnung anzuwendenden Recht eines Staates sind die in diesem Staat geltenden Rechtsnormen unter Ausschluss derjenigen des Internationalen Privatrechts zu verstehen.

1   Abweichend von Art. 4 Abs. 1 EGBGB erklärt die Vorschrift den Renvoi für den Bereich des Scheidungs- und Trennungsstatuts für unbeachtlich. Dieses Prinzip der **Sachverweisung** gilt auch im Rahmen der Rechtswahl.[1] Die VO übernimmt damit ein im europäischen Kollisionsrecht (Art. 20 Rom I-VO, Art. 24 Rom II-VO, Art. 12 HUP) und in internationalen Abkommen (Art. 2 MSA, Art. 21 Abs. 1 KSÜ) bekanntes Prinzip. Im räumlichen Geltungsbereich der Rom III-VO spielt der Ausschluss des Renvoi keine Rolle, da insoweit einheitlich angeknüpft wird. Anders, soweit die VO auf das Recht **nicht teilnehmender Mitgliedstaaten** oder auf das Recht von **Drittstaaten** verweist. Im Gegensatz zum internationalen Schuldrecht und zum Kindschaftsrecht ist im Scheidungsrecht außerhalb des Geltungsbereichs der Rom III-VO kein Grund dafür ersichtlich, den von einem

---

[29] Vgl. etwa OLG Hamm FamRZ 2012, 1498 m. zu Recht abl. Anm. *Henrich*; OLG Hamm FamRZ 2013, 1481 = NJOZ 2013, 961; NJOZ 2013, 1524 (1530); zustimmend *Rauscher/Pabst* NJW 2013, 3692 (3694); kritisch *Winkler v. Mohrenfels,* FS Martiny, 2014, 595 (605 ff.).

[30] Dazu *Henrich*, FS Sonnenberger, 2004, 389 ff.; OLG Hamm FamRZ 2016, 1926.

[31] Gegen *Bolz* NJW 1990, 620 (621) und *Rauscher* IPRax 2000, 391 (393).

[32] Das Scheidungsrecht von Haiti erkennt zwar auch den Ehebruch des Mannes als Scheidungsgrund an, jedoch muss der Mann zusätzlich seine Konkubine in die gemeinsame Wohnung aufgenommen haben (*Bergmann/Ferid/Henrich/Cieslar*, Haiti, Stand: 31.8.1993, S. 12 [Art. 215 f. Gesetz Nr. 7]).

[33] Heute allgM: Staudinger/*Mankowski* (2011) EGBGB Art. 17 Rn. 112; *Henrich* IPRax 1982, 9 (10). Einschränkend Soergel/*Schurig* EGBGB Art. 17 Rn. 168.

[34] Anders noch 6. Aufl. 2015, Rn. 11.

[35] *Herfarth* IPRax 2002, 17 (18); *Weller/Hauber/Schulz* IPRax 2016, 123 (125).

[36] *Bergmann/Ferid/Henrich/Cieslar*, Religiöse Eherechte, Stand: 31.5.1983, Das jüdische Eherecht, S. 10 ff.

[37] *Bergmann/Ferid/Henrich/Cieslar*, Religiöse Eherechte, Stand: 31.5.1983, Das jüdische Eherecht, S. 12.

[38] *Herfarth* IPRax 2002, 17 (18); *Weller/Hauber/Schulz* IPRax 2016, 123 (125).

[1] *Raupach* Ehescheidung mit Auslandsbezug 122 f.

ausländischen Recht ausgesprochenen Renvoi unberücksichtigt zu lassen.[2] Im Gegenteil: das Ziel des internationalen Entscheidungseinklangs spräche dafür, den Renvoi – außer im Falle der Rechtswahl bei ausdrücklicher Wahl des ausländischen Sachrechts – zu befolgen.[3] Das in Erwägungsgrund 21 genannte Ziel, einen engen Bezug der Ehegatten zum anzuwendenden Recht zu gewährleisten, wäre nicht aufgegeben worden, wenn man die Auffassung des zunächst berufenen ausländischen Rechts darüber, welches Anknüpfungsmerkmal diesen Bezug am besten herzustellen in der Lage ist, berücksichtigt hätte. Die Vorschrift begünstigt ohne Not die Zunahme hinkender Ehen.[4] Man kann das nur bedauern.[5]

Art. 12 Rom III-VO Öffentliche Ordnung (Ordre public)

Die Anwendung einer Vorschrift des nach dieser Verordnung bezeichneten Rechts kann nur versagt werden, wenn ihre Anwendung mit der öffentlichen Ordnung (Ordre public) des Staates des angerufenen Gerichts offensichtlich unvereinbar ist.

I. Normzweck

Die Vorschrift schützt in den von der Verwerfungsklausel des Art. 10 nicht erfassten Fällen den **1** ordre public des Forumstaates. Anwendungsfälle sind die Beeinträchtigung der Eheschließungsfreiheit durch Nichtscheidbarkeit oder die unangemessene Erleichterung der Scheidung der **konkreten Ehe** (im Unterschied zu der in Art. 10 geregelten **grundsätzlichen** Scheidungsfeindlichkeit des anwendbaren Rechts). Da es um den ordre public des jeweiligen Forumstaates geht, ist hinsichtlich der **allgemeinen Voraussetzungen** (Erheblichkeit des Verstoßes, Inlandsbeziehung, Gegenwartsbeziehung) auf die Kommentierung zu Art. 6 EGBGB zu verweisen (→ EGBGB Art. 6 Rn. 117 ff.). Der Hinweis in Erwägungsgrund 25 auf die Grundrechtscharta der EU, insbesondere das Diskriminierungsverbot des Art. 21, bringt keine Einschränkungen, da die Grundrechtscharta ohnehin zum ordre public der Mitgliedstaaten gehört.[1]

II. Nichtscheidbarkeit der konkreten Ehe

1. Unscheidbarkeit im konkreten Fall. Sieht das Scheidungsstatut zwar grundsätzlich eine **2** Ehescheidung vor, ist die Ehe im konkreten Fall aber unscheidbar, so verstößt dies gegen den deutschen ordre public. Ein Beispiel bietet die Rechtspraxis zu **Art. 166 türk. ZGB.** Nach Art. 166 Abs. 1 türk. ZGB kann im Falle der grundlegenden Zerrüttung der Ehe jeder Ehegatte auf Scheidung klagen; der minder schuldige Ehegatte hat gemäß Abs. 2 ein Widerspruchsrecht (→ Rn. 4). Die türkische Rechtspraxis folgert nun aus dem Grundsatz des Art. 2 türk. ZGB, wonach die Rechtsordnung den offensichtlichen Missbrauch eines Rechts nicht schützt, dass dem allein schuldigen Ehegatten das Recht, die Scheidung zu verlangen, zu versagen ist. Der klagende Ehegatte muss nachweisen, dass den anderen Ehegatten wenigstens ein geringes Mitverschulden trifft.[2*] Gelingt ihm dieser Nachweis nicht, so ist die Ehe zwar nicht grundsätzlich unscheidbar, denn der andere, schuldlose Ehegatte könnte ja erfolgreich auf Scheidung klagen; jedenfalls dem klagenden Ehegatten ist aber die Scheidung verwehrt, und das reicht für den ordre public-Verstoß aus.[3*]

2. Wartefrist. Nach früher in Deutschland hM reichte es zur Annahme eines Verstoßes gegen **3** den deutschen ordre public aus, dass die Scheidungsvoraussetzungen **zur Zeit nicht** erfüllt waren,[4*] so dass Art. 17 Abs. 1 S. 2 aF EGBGB auch dann angewendet wurde, wenn nach ausländischem Recht zwar ein Scheidungsgrund vorlag (Verschulden, Zerrüttung), die erforderliche **Trennungszeit**

---

[2] Vgl. die berechtigte Kritik von *Schurig*, FS v. Hoffmann, 2011, 405 (412 f.); *Schack* IPRax 2013, 315 (319). Für bedenklich hält die Regelung Erman/*Hohloch* Rn. 2.
[3] Ebenso Palandt/*Thorn*, 76. Aufl. 2017, Rn. 1; *Gruber* IPRax 2012, 381 (388).
[4] Palandt/*Thorn*, 76. Aufl. 2017, Rn. 1.
[5] *Hau* FamRZ 2013, 249 (254) findet das Ergebnis „einigermaßen bizarr": dem ist zuzustimmen.
[1] *Stürner*, FS v. Hoffmann, 2011, 463 (475); *Raupach* Ehescheidung mit Auslandsbezug 219 f.
[2*] Türk. Kassationshof v. 29.1.1990, FamRZ 1993, 1208 m. Anm. *Rumpf* (zu Art. 134 aF türk. ZGB, jetzt Art. 166); *Oğuz* FamRZ 2005, 766 (767); *Öztan* FamRZ 2007, 1517 (1518) mN aus der Rspr. in Fn. 3.
[3*] jurisPK-BGB/*Ludwig*, 6. Aufl. 2012, EGBGB Art. 17 Rn. 43.
[4*] OLG Celle FamRZ 1987, 159 (160); AG Mainz IPRspr. 1990 Nr. 78 = NJW-RR 1990, 779; KG IPRax 2000, 544 (545); *Henrich*, Internationales Scheidungsrecht, 2. Aufl. 2005, Rn. 92; *Jayme* IPRax 1986, 265 (267); *Jayme* IPRax 1987, 167 (168); Staudinger/*Mankowski* (2011) EGBGB Art. 17 Rn. 168. AA OLG Hamm FamRZ 2004, 534 = IPRspr. 2003 Nr. 74 S. 211; OLG Stuttgart FamRZ 2006, 43 = IPRspr. 2005 Nr. 58 S. 126; OLG Köln IPRax 1989, 310; wN bei BGHZ 169, 328 = FamRZ 2007, 113 (115).

aber noch nicht abgelaufen war.[5] Zu Recht weist der BGH demgegenüber darauf hin, dass es auch im deutschen Recht eine Trennungsfrist gebe und dass es nicht die Intention des Gesetzgebers gewesen sei, dem deutschen Ehegatten zu garantieren, die Scheidung ebenso schnell und problemlos erreichen zu können, wie nach deutschem Recht.[6] Dem ist zuzustimmen. Ist die Ehe nach dem anwendbaren ausländischen Recht nach Ablauf der erforderlichen Trennungsfrist scheidbar, so ist dem Antragsteller deshalb idR die regelwidrige Anwendung des deutschen Rechts zu versagen. Eine **unzumutbar lange Trennungsdauer** kann jedoch im Einzelfall gegen den deutschen ordre public verstoßen;[7] die dreijährige Trennungsfrist des italienischen Scheidungsrechts erfüllt diese Voraussetzung nicht.[8]

4   **3. Widerspruch des anderen Ehegatten.** Ein Verstoß gegen den deutschen ordre public ist anzunehmen, wenn die Scheidbarkeit der konkreten Ehe am **Widerspruch** des anderen Ehegatten scheitert, wie im Falle des Art. 166 Abs. 2 türk. ZGB.[9] Ein ähnliches Beispiel bildet die Weigerung des Ehemannes, an einer Scheidung in Israel mitzuwirken und diese durch **Übergabe eines Scheidebriefes (Get)** zu bewirken; das Rabbinatsgericht kann in diesem Fall zwar Zwangsmaßnahmen verhängen (→ Art. 10 Rn. 12), dies ist aber mit dem deutschen ordre public nicht vereinbar.[10] Die Scheidung ist in diesem Fall in Israel dauerhaft unmöglich (in Deutschland ohnehin schon wegen § 1564 S. 1 BGB), sie kann deshalb – internationale Zuständigkeit vorausgesetzt – ersatzweise nach deutschem Recht vorgenommen werden.

III. Beeinträchtigung der Eheschließungsfreiheit

5   Manche Rechtsordnungen sehen die Möglichkeit vor, gegen den Ehegatten, der durch Ehebruch oder allgemein durch Verschulden die Ehe zerstört hat, eine **Wartefrist für die Eingehung einer neuen Ehe** zu verhängen. Das wohl bekannteste Beispiel dieser Art war Art. 150 schweiz. ZGB aF.[11] Eine solche Wartefrist erweist sich der Sache nach als **Scheidungsstrafe.** Nach **hM** kann sie im Inland **nicht verhängt werden,**[12] weil sie wegen ihres (öffentlichrechtlichen) Strafcharakters nicht unter das Scheidungsstatut falle,[13] weil sie dem deutschen Recht wesensfremd sei[14] oder gegen den deutschen ordre public verstoße.[15]

6   Dem ist im Ergebnis zuzustimmen. Die Strafwartefrist ist eine Scheidungsfolge, deren Strafcharakter an ihrer zivilrechtlichen Natur nichts zu ändern vermag. Dass das deutsche Recht sie nicht kennt, würde für sich allein die deutschen Gerichte nicht hindern, in Anwendung des Scheidungsstatuts auch eine Wartefrist zu verhängen. Der Grundsatz der **Eheschließungsfreiheit** (Art. 6 Abs. 1 GG) steht dem jedoch entgegen. Anders als die in → Rn. 3 erörterte Wartefrist iS einer obligatorischen Trennungszeit dient die Strafwartefrist nicht dem Festhalten an der alten Ehe, sondern ausschließlich der Verzögerung einer neuen. Dieses Ziel kann vor Art. 6 Abs. 1 GG keinen Bestand haben. Die

---

[5] So in den vom OLG Celle und AG Mainz entschiedenen Fällen; zust. *Jayme* IPRax 1986, 265 (267); *Jayme* IPRax 1987, 167 (168).

[6] BGHZ 169, 328 = FamRZ 2007, 113 (116) m. zust. Anm. *Henrich.* Zust. Palandt/*Thorn,* 76. Aufl. 2017, Rn. 3; Johannsen/Henrich/*Henrich* EGBGB Anh. Art. 17 Rn. 57. Abl. *Kroll* StAZ 2007, 330 (333).

[7] *Rauscher* JZ 2007, 744.

[8] BGHZ 169, 328 = FamRZ 2007, 113 (115) = NJW 2007, 220 (222) Rn. 22; OLG Hamm FamRZ 2004, 954 = IPRax 2004, 534; AG Sinzig FamRZ 2005, 1678 = IPRspr. 2005 Nr. 51 S. 112.

[9] Schleswig-Holsteinisches OLG IPRspr. 2003 Nr. 73 S. 208 ff.; OLG Zweibrücken IPRspr. 2002 Nr. 77; *Oğuz* FamRZ 2005, 766 (769). Vgl. ferner zu Art. 134 Abs. 2 türk. ZGB aF: OLG Bamberg FamRZ 1993, 330; OLG Düsseldorf FamRZ 1992, 946; OLG Frankfurt FamRZ 1993, 329; 1994, 1112; OLG Hamm FamRZ 1990, 61; 1991, 1306 = NJW 1991, 3099; FamRZ 1993, 1207; FuR 1993, 287; FamRZ 1994, 1113; 1995, 934; 1996, 731; 1996, 1148; OLG Koblenz FamRZ 1991, 206; OLG Köln FamRZ 1996, 1149; OLG München FamRZ 1995, 935; OLG Oldenburg FamRZ 1990, 632; 1991, 442 = NJW 1991, 1430; FamRZ 1994, 1113; Schleswig-Holsteinisches OLG FamRZ 1993, 1206.

[10] BGHZ 176, 365 = IPRax 2009, 347 m. Rez. *Siehr* IPRax 2009, 332 = FamRZ 2008, 1409, 1412 m. Anm. *Henrich* = JR 2009, 327, 328 m. Anm. *Dörner.*

[11] Die Vorschrift wurde durch Gesetz vom 26.6.1998 (AS 1999, 1118) mit Wirkung ab 1.1.2000 aufgehoben.

[12] KG JW 1938, 2750 und DRWiss. 1941, 1842, 1843; OLG Königsberg HRR 1940 Nr. 499; wN bei *Staudinger/Mankowski* (2011) Art. 17 EGBGB Rn. 270. Aus der Lit. vgl. neben den in der vorigen Fn. Genannten *Wolff* S. 209, *Riezler* IZPR, 1949, S. 237 f. und DFIFR 519.

[13] *Kegel/Schurig* § 20 VII 4 und § 7 III 3 b cc aaa (S. 350 f.).

[14] Vgl. etwa *Riezler* IZPR, 1949, S. 237 f. und DFIFR 519.

[15] KG JW 1938, 2750 und DRWiss. 1941, 1842, 1843; Staudinger/*Mankowski* (2011) EGBGB Art. 17 Rn. 270; Erman/*Hohloch* Art. 13 Rn. 30; *Winkler v. Mohrenfels* ZEuP 2013, 699 (718); *Hausmann* IntEuSchR Rn. A 368; *Raupach* Ehescheidung mit Auslandsbezug 222.

Verhängung einer Strafwartefrist würde folglich gegen den deutschen **ordre public** (Art. 6) verstoßen und ist deshalb unzulässig (→ EGBGB Art. 13 Rn. 82).[16]

IV. Erleichterung der Scheidung

So wie einerseits der Unauflöslichkeitsgrundsatz als solcher nicht gegen den deutschen ordre   **7** public verstößt, liegt andererseits ein solcher Verstoß grundsätzlich auch nicht darin, dass das Scheidungsstatut die Auflösung der Ehe unter **leichteren** Bedingungen als das deutsche Recht vorsieht.[17] Der deutsche Reformgesetzgeber von 1986 hatte eine Übernahme des in **Art. 17 Abs. 4 EGBGB idF v. 1976** enthaltenen Gedankens (Scheidung nach ausländischem Recht nur, wenn sie auch nach deutschem Recht zulässig wäre) angesichts des Übergangs vom Schuld- auf das Zerrüttungsprinzip mit Recht nicht für erforderlich gehalten.[18] Der Grundsatz der Unauflöslichkeit der Ehe (Art. 6 Abs. 1 GG) setzt hier aber Grenzen: Eine Scheidung auf einseitigen Antrag eines Ehegatten ohne jegliche weiteren Voraussetzungen wäre hiermit nicht zu vereinbaren.[19] Im Übrigen bleibt unser ordre public unberührt, soweit die Scheidungsgründe nicht gegen Wertentscheidungen des Grundgesetzes verstoßen (zB Scheidung aus rassischen oder politischen Gründen, Art. 3 Abs. 3 GG).[20]

V. Gleichberechtigungswidrige Anknüpfung

Der ordre-public-Vorbehalt erfasst grds. auch ausländische **Kollisionsnormen (kollisionsrecht-**   **8** **licher ordre public).** Allerdings ist zu beachten, dass Art. 12 auf die Untragbarkeit des **Ergebnisses** abstellt. Kollisionsnormen führen aber noch zu keinem materiellrechtlichen Ergebnis, sondern nur zu einer Anknüpfung an eine Rechtsordnung; dies allein kann nicht untragbar sein. Auch dies kann indes im Einzelfall ordre-public-widrig sein, wenn etwa die kollisionsrechtlichen Interessen der Ehefrau dadurch missachtet werden, dass ein Recht berufen wird, zu dem nur der Ehemann eine enge Verbindung hat (→ EGBGB Art. 6 Rn. 126). Im Übrigen kommt es darauf an, ob das aufgrund der gleichberechtigungswidrigen Anknüpfung berufene Recht den kollisionrechtlich benachteiligten Partner – meist die Ehefrau – auch materiellrechtlich benachteiligt: In diesem Falle ist das Ergebnis insgesamt als mit Art. 3 Abs. 2 GG offensichtlich nicht vereinbar anzusehen, falls die erforderliche Inlandsbeziehung vorliegt. *Nicht* erforderlich ist, dass das materiellrechtliche Ergebnis für sich allein genommen untragbar ist. Entscheidend ist vielmehr der Gesamtvorgang: kollisionsrechtliche Benachteiligung, die zu materiellrechtlicher Benachteiligung führt. Dies ist insgesamt nicht hinnehmbar.

Da der Renvoi gemäß Art. 11 ausgeschlossen ist, können ausländische Kollisionsnormen nur   **9** noch im Rahmen der kollisionsrechtlichen **Unteranknüpfung** nach Art. 14 lit. c oder Art. 15 zur Anwendung kommen. Ist die einschlägige Vorschrift des danach anzuwendenden interlokalen Privatrechts gleichberechtigungswidrig und führt dies zu einer materiellrechtlichen Benachteiligung des anderen Ehegatten, so kann die Vorschrift – die erforderliche Inlandsbeziehung vorausgesetzt (→ Rn. 1) – keine Anwendung finden. Gemäß Art. 14 lit. c bzw. Art. 15 ist ersatzweise an die **engste Verbundenheit** der Ehegatten zu einer der Teilrechtsordnungen anzuknüpfen. Lässt sich eine gemeinsame engste Verbundenheit der Ehegatten nicht feststellen – was etwa bei Religionsverschiedenheit durchaus denkbar ist – und können sich die Ehegatten auch nicht über die Wahl eines Scheidungsstatuts einigen, so bleibt nur in letzter Stufe die Anknüpfung an die **lex fori.**

Art. 13 Rom III-VO Unterschiede beim nationalen Recht

Nach dieser Verordnung sind die Gerichte eines teilnehmenden Mitgliedstaats, nach dessen Recht die Ehescheidung nicht vorgesehen ist oder die betreffende Ehe für die Zwecke des Scheidungsverfahrens nicht als gültig angesehen wird, nicht verpflichtet, eine Ehescheidung in Anwendung dieser Verordnung auszusprechen.

I. Wesensfremde Zuständigkeit

Die Vorschrift sollte zum einen den scheidungsfeindlichen Mitgliedstaaten, insbesondere –   **1** damals – Malta die Teilnahme an der Verstärkten Zusammenarbeit (→ Vor Art. 1 Rn. 6) erleichtern,

---

[16] Ebenso Staudinger/*Mankowski* (2011) EGBGB Art. 17 Rn. 270.
[17] ZB Scheidung ohne Einhaltung eines Trennungsjahres nach Art. 134 türk. ZGB aF (= Art. 166 Abs. 2 türk. ZGB vom 22.1.2001), vgl. OLG Hamm FamRZ 1997, 881.
[18] BT-Drs. 10/504, 60.
[19] *Spickhoff* JZ 1991, 323 (327); *Winkler v. Mohrenfels* ZEuP 2013, 699 (718); zweifelnd *Raupach* Ehescheidung mit Auslandsbezug 223.
[20] Vgl. OLG Stuttgart NJW 1971, 994 (997).

indem ihre Gerichte davor bewahrt wurden, aufgrund eines ausländischen Rechts eine Scheidung auszusprechen und damit eine wesensfremde Zuständigkeit ausüben zu müssen.[1] Nachdem auch in Malta im Jahre 2011 die Scheidung eingeführt worden ist (→ Art. 2 Rn. 2), ist die Vorschrift insoweit gegenstandslos.[2]

II. Keine Scheidung einer ungültigen Ehe

2   Die **Vorfrage**, ob die zu scheidende Ehe überhaupt gültig ist, unterliegt nicht der VO, sondern ist nach dem Kollisionsrecht der lex fori anzuknüpfen (→ Art. 1 Rn. 24). Das Gleiche gilt für den Fall, dass in einem teilnehmenden Mitgliedstaat die zu scheidende Ehe „für die Zwecke des Scheidungsverfahrens nicht als gültig angesehen" wird: auch hier besteht keine Verpflichtung zum Ausspruch der Scheidung nach einem ausländischen Recht. Laut **Erwägungsgrund 26 Abs. 2** sollte die Formulierung „unter anderem" so ausgelegt werden, dass „im Recht des teilnehmenden Staates eine solche Ehe nicht vorgesehen ist". Dies deutet zum einen darauf hin, dass die Vorschrift auch oder gerade die **gleichgeschlechtliche Ehe** im Auge hatte[3] (→ Art. 1 Rn. 6a); jedenfalls spricht nichts dagegen, sie auf diese Form der Ehe anzuwenden.[4] Zum anderen umfasst die Formulierung aber auch generell den Fall, dass die in Frage stehende Ehe nach dem Recht des teilnehmenden Staates nicht gültig ist.

3   Kein teilnehmender Mitgliedstaat ist danach verpflichtet, eine Ehe zu scheiden, die nach seinem Kollisionsrecht nicht gültig ist. Wenn dieses Kollisionsrecht auf das Recht des Eheschließungslands verweist (zB aufgrund der Staatsangehörigkeit der Heiratswilligen, Art. 13 EGBGB, Art. 27 ital. IPRG[5]) und damit zum Ergebnis gelangt, dass die Ehe gültig ist, könnte die Anerkennung der gleichgeschlechtlichen Ehe noch am **ordre public** des Scheidungsstaats scheitern; teilweise wird Art. 13 deshalb als Spezialfall des **ordre-public**-Vorbehalts gesehen.[6] Da dasselbe Ergebnis aber schon mit Hilfe des Art. 12 zu erzielen wäre, liegt der Sinn der Vorschrift letztlich in der Klarstellung, dass hier die Anwendung des ausländischen Eheschließungsrechts verweigert werden kann. Ob danach die Durchführung eines Scheidungsverfahrens **ohne Sachentscheidung** abgelehnt werden kann, ist streitig.[7] Richtiger Ansicht nach ist die Frage zu verneinen, wie gerade die Behandlung der **gleichgeschlechtlichen Lebenspartnerschaft** im deutschen Kollisionsrecht zeigt: Nach bisher hM wird sie als eingetragene Lebenspartnerschaft iSv **Art. 17b EGBGB** qualifiziert (→ Art. 1 Rn. 6) und kann deshalb nach dem danach maßgeblichen Statut aufgelöst werden.[8]

4   Steht das Institut der Ehe auch gleichgeschlechtlichen Partnern offen (**gleichgeschlechtliche Ehe**), so ist diese Ehe im Sinne der Harmonisierung des europäischen Scheidungskollisionsrechts als Ehe iSv Art. 1 anzuerkennen und unter Anwendung des nach der Rom III–VO maßgeblichen Statuts zu scheiden,[9] auch wenn das Recht des Forumstaats sich zu dieser Gleichstellung (noch) nicht hat durchringen können (→ Art. 1 Rn. 6a). Aus Art. 6 GG lässt sich ein Verbot der **Auflösung (Scheidung)** im Ausland geschlossener gleichgeschlechtlicher Ehen nach den für die Ehe geltenden Vorschriften nicht herleiten.[10] Dies gilt unabhängig davon, ob das deutsche Gesetz zur Einführung des Rechts auf Eheschließung für Personen gleichen Geschlechts eine mögliche Überprüfung durch das BVerfG übersteht oder nicht.[11]

Art. 14 Rom III–VO Staaten mit zwei oder mehr Rechtssystemen – Kollisionen hinsichtlich der Gebiete

Umfasst ein Staat mehrere Gebietseinheiten, von denen jede ihr eigenes Rechtssystem oder ihr eigenes Regelwerk für die in dieser Verordnung geregelten Angelegenheiten hat, so gilt Folgendes:

---

[1] Palandt/*Thorn,* 76. Aufl. 2017, Rn. 1.
[2] Vgl. Palandt/*Thorn,* 76. Aufl. 2017, Rn. 1; *Franzina* CDT 2011, 85 (126) Rn. 86.
[3] So Palandt/*Thorn,* 76. Aufl. 2017, Rn. 2; *Gruber* IPRax 2012, 381 (390).
[4] Vgl. *Franzina* CDT 2011, 85 (126) Rn. 87.
[5] Deutscher Text bei *Bergmann/Ferid/Henrich/Cieslar,* Italien, Stand: 15.5.2017, S. 55.
[6] So *Franzina* CDT 2011, 85 (125) Rn. 85.
[7] Bejahend *Gruber* IPRax 2012, 381 (390); abl. *Raupach* Ehescheidung mit Auslandsbezug 229.
[8] *Helms* FamRZ 2011, 1765 (1766); *Gruber* IPRax 2012, 381 (390); abl. *Hausmann* IntEuSchR Rn. A 382.
[9] *Hausmann* IntEuSchR Rn. A 382; *Raupach* Ehescheidung mit Auslandsbezug 230; befürwortend auch *Gruber* IPRax 2012, 381 (390).
[10] BVerfG NJW 1993, 3058.
[11] AA *Mankowski/Höffmann* IPRax 2011, 247 (250).

a) Jede Bezugnahme auf das Recht dieses Staates ist für die Bestimmung des nach dieser Verordnung anzuwendenden Rechts als Bezugnahme auf das in der betreffenden Gebietseinheit geltende Recht zu verstehen;
b) jede Bezugnahme auf den gewöhnlichen Aufenthalt in diesem Staat ist als Bezugnahme auf den gewöhnlichen Aufenthalt in einer Gebietseinheit zu verstehen;
c) jede Bezugnahme auf die Staatsangehörigkeit betrifft die durch das Recht dieses Staates bezeichnete Gebietseinheit oder, mangels einschlägiger Vorschriften, die durch die Parteien gewählte Gebietseinheit oder, mangels einer Wahlmöglichkeit, die Gebietseinheit, zu der der Ehegatte oder die Ehegatten die engste Verbindung hat bzw. haben.

I. Normzweck

Die Vorschrift regelt die **kollisionsrechtliche Unteranknüpfung** für den Fall, dass in dem Staat, **1** auf dessen Recht für das Scheidungsstatut verwiesen wird, **territoriale Rechtsspaltung** herrscht. Beispiele für territoriale Rechtsspaltung sind die **USA** (Bundesrecht und Recht der 50 Einzelstaaten), **Kanada,** das **Vereinigte Königreich** (englisches, schottisches und nordirisches Recht), **Spanien** (gemeinspanisches Recht und Foralrechte)[1] und **Mexiko,**[2] um nur die wichtigsten Beispiele zu nennen. Zur Unteranknüpfung bei **personaler Rechtsspaltung** siehe Art. 15.

II. Unteranknüpfung bei territorialer Rechtsspaltung

1. Rechtswahl. a) Grundlage: gewöhnlicher Aufenthalt. Haben die Ehegatten das Recht **2** eines Staates mit territorialer Rechtsspaltung gewählt, ohne eine bestimmte Gebietseinheit zu bezeichnen, so ist die Wahl mit Hilfe der ihr zugrunde liegenden Anknüpfungsmerkmale iS des Art. 5 auf die Gebietseinheit zu beziehen (Direktverweisung).[3] Die freie Wahl einer beliebigen Teilrechtsordnung ist nicht möglich,[4] die Rechtswahl muss stets auf einer der in Art. 5 genannten Grundlagen beruhen. Leben die Ehegatten etwa gemeinsam in Kalifornien, wählen sie aber nicht das kalifornische, sondern generell das US-amerikanische Recht als Scheidungsstatut, so bezieht sich diese Wahl gemäß lit. a iVm. **Art. 5 Abs. 1 lit. a, b** (Wahl auf der Grundlage des **gemeinsamen** bzw. **letzten gemeinsamen gewöhnlichen Aufenthalts**) unmittelbar auf das kalifornische Recht. Ob das kalifornische Recht eine solche Wahl anerkennt oder nicht, ist an dieser Stelle unerheblich,[5] denn wir befinden uns noch auf der ersten kollisionsrechtlichen Ebene, wo nur das eigene IPR entscheidet. Haben die Ehegatten zu keiner Zeit in ein und demselben US-amerikanischen Teilstaat gelebt, so können sie nicht das Recht eines ihrer beiden Aufenthaltsstaaten wählen, da Art. 5 Abs. 1 lit. a und b nur die Wahl des Rechts des gemeinsamen bzw. letzten gemeinsamen gewöhnlichen Aufenthalts zulassen. Hier kann nur ggf. die Wahl auf der Grundlage der Staatsangehörigkeit helfen (→ Rn. 3 f.).

b) Grundlage: Staatsangehörigkeit. aa) Staaten ohne einheitliches ILR. Haben die Ehe- **3** gatten das US-amerikanische Recht auf Grundlage der **Staatsangehörigkeit (Art. 5 Abs. 1 lit. c)** gewählt, so versagt die Unteranknüpfung nach lit. a, da es in den USA kein einheitliches interlokales Privatrecht gibt.[6] Die Ehegatten können deshalb die maßgebliche Teilrechtsordnung „mangels einschlägiger Vorschriften" frei wählen. Dies sollte gemäß Erwägungsgrund 28 der Regelfall sein. Wie vorstehend in Rn. 2 dargelegt, kommt es hierbei nicht darauf an, ob das Recht der betreffenden Gebietseinheit eine solche Wahl anerkennt oder nicht.

bb) Staaten mit einheitlichem ILR. In Staaten mit einheitlichem interlokalem Privatrecht ist es **4** theoretisch immerhin denkbar, dass das ILR für den konkreten Fall keine einschlägige Kollisionsnorm bereitstellt. In diesem Fall könnten die Ehegatten ebenfalls „mangels einschlägiger Vorschriften" die gewünschte Gebietseinheit wählen. Lässt das einheitliche interlokale Privatrecht des betreffenden Staates eine solche Wahl nicht zu, entscheidet in letzter Stufe die engste Verbindung des Ehegatten, auf dessen Staatsangehörigkeit die Wahl beruht, zu einer Gebietseinheit.

2. Objektive Anknüpfung. a) An den gewöhnlichen Aufenthalt. Soweit – mangels Rechts- **5** wahl – Art. 8 lit. a auf den **gemeinsamen gewöhnlichen Aufenthalt** der Ehegatten verweist,

---

[1] Dazu *Jayme* IPRax 1989, 287; *Jayme* RabelsZ 55 (1991), 303–330; *González Beilfuss* IPRax 1992, 396; *R. Becker* ZEuP 1996, 88–106.
[2] Dazu *Prinz v. Sachsen Gessaphe,* Das mexikanische internationale Erbrecht und seine Bedeutung für deutsch-mexikanische Nachlaßfälle, 1987, 30–124; *Prinz v. Sachsen Gessaphe* IPRax 1989, 111.
[3] *Stürner* Jura 2012, 708 (711); *Raupach* Ehescheidung mit Auslandsbezug 235.
[4] Unzutreffend insoweit *Gruber* IPRax 2012, 381 (389).
[5] *Franzina* CDT 2011, 85 (119) Rn. 69.
[6] *Hay* IPRax 1988, 265 (266) mN; *Droop* Jura 1993, 293 (294); *Kegel/Schurig* IPR § 11 III.

gibt es bei territorialer Rechtsspaltung keine Probleme: Gemäß lit. b gilt das Recht derjenigen Gebietseinheit, in der sich der gewöhnliche Aufenthalt befindet. Haben die Ehegatten ihren gewöhnlichen Aufenthalt zwar in demselben Staat, aber in unterschiedlichen Teilrechtsgebieten, so versagt die Anknüpfung aus Art. 8 lit. a und es ist gemäß Art. 8 lit. b, c oder d anzuknüpfen.[7]

6   **b) An die Staatsangehörigkeit.** Wird das Scheidungsstatut – mangels Rechtswahl – gemäß **Art. 8 lit. c** durch Anknüpfung an die **Staatsangehörigkeit** eines der Ehegatten bestimmt, so verweist Art. 14 lit. c für die Unteranknüpfung in erster Linie auf das **interlokale Recht** des betreffenden Staates. Gibt es in dem Staatsangehörigkeitsstaat kein einheitliches interlokales Privatrecht, ist auf die **engste Verbundenheit** der Ehegatten zu einer bestimmten Gebietseinheit abzustellen. Hauptbeispiel hierfür sind die **USA.**[8] Zwar finden in allen US-Staaten die kollisionsrechtlichen Grundsätze des common law Anwendung, wonach in erster Linie an das *domicil* einer Person angeknüpft wird, jedoch werden diese Grundsätze zT unterschiedlich ausgelegt.[9] Bei der Bestimmung desjenigen US-amerikanischen Staates, mit dem ein Ehegatte am engsten verbunden ist, wird dennoch meist an sein *domicil* angeknüpft werden können, sofern dieses in den USA liegt und nach den Regeln des common law eindeutig bestimmbar ist.[10]

Art. 15 Rom III–VO Staaten mit zwei oder mehr Rechtssystemen – Kollisionen hinsichtlich der betroffenen Personengruppen

[1]**In Bezug auf einen Staat, der für die in dieser Verordnung geregelten Angelegenheiten zwei oder mehr Rechtssysteme oder Regelwerke hat, die für verschiedene Personengruppen gelten, ist jede Bezugnahme auf das Recht des betreffenden Staates als Bezugnahme auf das Rechtssystem zu verstehen, das durch die in diesem Staat in Kraft befindlichen Vorschriften bestimmt wird.** [2]**Mangels solcher Regeln ist das Rechtssystem oder das Regelwerk anzuwenden, zu dem der Ehegatte oder die Ehegatten die engste Verbindung hat bzw. haben.**

1   Die Vorschrift regelt die **kollisionsrechtliche Unteranknüpfung** für den Fall, dass in dem Staat, auf dessen Recht für das Scheidungsstatut verwiesen wird, **personale Rechtsspaltung** herrscht. **Personale** Rechtsspaltung gibt es vor allem in **Indien, Pakistan** und **Israel** sowie in den Staaten des **islamischen** Rechtskreises, insbes. in den **arabischen Staaten,** für die unterschiedlichen **Religionen** (hinduistisches, islamisches, parsisches und christliches Familienrecht); in **Malaysia** wird nach **Rassen** unterschieden: Für Personen chinesischer Rasse gilt chinesisches Recht. Bei solcher Rechtsspaltung führt weder die Anknüpfung an den gewöhnlichen Aufenthalt noch die Anknüpfung an die Staatsangehörigkeit sicher zu einem konkret anwendbaren Recht, sondern es muss oft im Wege der kollisionsrechtlichen Unteranknüpfung die maßgebliche Teilrechtsordnung bestimmt werden. Zur Unteranknüpfung bei **territorialer** Rechtsspaltung siehe Art. 14.

2   Wie Art. 14 für den Fall der Anknüpfung an die Staatsangehörigkeit (→ Art. 14 Rn. 6) beruft **Art. 15 S. 1** für die Unteranknüpfung bei personaler Rechtsspaltung generell das interlokale Privatrecht des Staates, auf dessen Recht gemäß Art. 5 oder 8 verwiesen wird – eine Folge der Tatsache, dass der gewöhnliche Aufenthalt hier für die Unteranknüpfung untauglich ist. Kollisionsrechtliche oder materiellrechtliche Normen eines religiösen Rechts sind im Rahmen oder aufgrund der Unteranknüpfung nur dann anzuwenden, wenn der ausländische Staat, auf dessen Recht verwiesen wird, sie **als verbindlich anerkennt.**[1] Mosaisches (jüdisches) oder islamisches Recht sind also – entgegen ihrem Selbstverständnis nicht schon allein deshalb anwendbar, weil der Mann Jude oder Muslim ist (im Übrigen → EGBGB Art. 4 Rn. 242 ff.). Gehören die Ehegatten unterschiedlichen Religionen oder Rassen an, so sind die interreligiösen Normen der betreffenden Religionen zu befragen. Sollten diese die Religion des Mannes bevorzugen, kommt ein ordre public-Verstoß in Betracht[2] (→ Art. 12 Rn. 8).

---

[7] Palandt/*Thorn,* 76. Aufl. 2017, Rn. 1.

[8] *Hay* IPRax 1988, 265 (266) mN; *Droop* Jura 1993, 293 (294); *Kegel/Schurig* IPR § 11 III.

[9] Nach der seit der Entscheidung des U. S. Supreme Court in *Erie Railroad v. Tompkins,* 304 U. S. 64 (1938) geltenden sog. „Erie-Doktrin" wenden auch die amerikanischen Bundesgerichte kein übergeordnetes an, sondern das common law in der Ausprägung der Gerichte desjenigen Bundesstaates, in dem sie sich befinden.

[10] *Koch/Magnus/Winkler v. Mohrenfels* IPR § 1 Rn. 37.

[1] BGH NJW 1980, 1221; OLG Köln FamRZ 2002, 1481 (pakistanisch-islamisches Recht). Vgl. auch *Perles* FamRZ 1980, 978 (jüd. Recht).

[2] Erman/*Hohloch* Rn. 1.

Fehlt es in dem betreffenden Staat an einem als verbindlich anerkannten interlokalen Privatrecht, **3** so ist gemäß **S. 2** an die **engste Verbindung** der Ehegatten zu einer der Rechtsordnungen, hilfsweise an die **lex fori** anzuknüpfen (→ Art. 12 Rn. 9).

Art. 16 Rom III-VO Nichtanwendung dieser Verordnung auf innerstaatliche Kollisionen

Ein teilnehmender Mitgliedstaat, in dem verschiedene Rechtssysteme oder Regelwerke für die in dieser Verordnung geregelten Angelegenheiten gelten, ist nicht verpflichtet, diese Verordnung auf Kollisionen anzuwenden, die allein zwischen diesen verschiedenen Rechtssystemen oder Regelwerken auftreten.

Sein innerstaatliches (interlokales, interregionales) Kollisionsrecht bestimmt jeder teilnehmende **1** Mitgliedstaat selbst, die VO gilt insoweit nicht. Dies betrifft auch die Frage, ob die Ehegatten, wie im Falle des Art. 14 lit. c, die maßgebliche Teilrechtsordnung selbst **wählen** können. In **Spanien** etwa wird für die Unteranknüpfung gemäß Art. 14 Abs. 1 Cód. civ. an die Gebietszugehörigkeit *(vecindad)* angeknüpft. Eigene Vorschriften über die Scheidung finden sich zB im Foralrecht von **Aragonien.**[1] Hat von den Ehegatten einer die vecindad von Aragonien, der andere nicht, haben aber beide ihren gewöhnlichen Aufenthalt in Aragonien, so wäre bei Anwendung der Regelung in Art. 8 lit. a Rom III-VO das Recht von Aragonien als Scheidungsstatut berufen. Stellt man stattdessen auf die vecindad ab, so gibt es ein Anknüpfungsproblem, da es den Ehegatten an einer gemeinsamen vecindad fehlt. Gemäß Art. 14 Abs. 4 Cód civ. könnte der Ehegatte, der die vecindad von Aragonien nicht besitzt, für diese optieren; die Ehegatten hätten dann eine gemeinsame vecindad und hätten damit *mittelbar* das Foralrecht von Aragonien zum Scheidungsstatut gewählt. Ob dieses Foralrecht indes auch *unmittelbar* – also ohne Umweg über die vecindad – gewählt werden kann, bleibt offen. Bisher jedenfalls lässt das spanische interlokale Privatrecht eine Wahl des Scheidungsstatuts nicht zu. Ob dies angesichts der auch in Spanien geltenden internationalprivatrechtlichen Regelung des Art. 5 Rom III-VO so bleiben wird, bleibt abzuwarten.

Kapitel III. Sonstige Bestimmungen

Art. 17 Rom III-VO Informationen der teilnehmenden Mitgliedstaaten

(1) Die teilnehmenden Mitgliedstaaten teilen bis spätestens zum 21. September 2011 der Kommission ihre nationalen Bestimmungen, soweit vorhanden, betreffend Folgendes mit:
a) die Formvorschriften für Rechtswahlvereinbarungen gemäß Artikel 7 Absätze 2 bis 4, und
b) die Möglichkeit, das anzuwendende Recht gemäß Artikel 5 Absatz 3 zu bestimmen. Die teilnehmenden Mitgliedstaaten teilen der Kommission alle späteren Änderungen dieser Bestimmungen mit.

(2) Die Kommission macht die nach Absatz 1 übermittelten Informationen auf geeignetem Wege, insbesondere auf der Website des Europäischen Justiziellen Netzes für Zivil- und Handelssachen, öffentlich zugänglich.

Der in Abs. 1 genannte Termin ist für die von Beginn an teilnehmenden vierzehn Mitgliedstaaten **1** (→ Vor Art. 1 Rn. 6) lange abgelaufen, soweit es um beim Stichtag vorhandene Rechtsvorschriften ging. Für die Neumitglieder **Litauen** und **Griechenland** lief die Frist am 22.8.2013[1*] bzw. am 29.10.2014[2] ab, **Estland** hat Zeit bis zum 11.5.2017.[3] Etwaige spätere Änderungen sind gemäß Abs. 1 lit. b S. 2 mitzuteilen. Deutschland wird den Inhalt des **Art. 46d EGBGB** mitzuteilen haben. Auf der in Abs. 2 genannten Website waren am 3.6.2017 noch keine Informationen erhältlich. Die maßgebliche Seite[4] wurde am 11.7.2007 zuletzt aktualisiert und wird derzeit überarbeitet.

---

[1] Art. 244 bis 249 des Gesetzbuchs des Foralrechts von Aragonien, vgl. *Bergmann/Ferid/Henrich/Cieslar*, Spanien, Stand: 12.10.2016, S. 149, 159.
[1*] Artikel 2 lit. a des Bestätigungsbeschlusses v. 21.11.2012 zur Teilnahme Litauens (→ Vor Art. 1 Rn. 8 Fn. 36).
[2] Artikel 2 lit. a des Bestätigungsbeschlusses v. 27.1.2014 zur Teilnahme Griechenlands (→ Vor Art. 1 Rn. 8 Fn. 37).
[3] Artikel 2 lit. a des Bestätigungsbeschlusses v. 10.8.2016 zur Teilnahme Estlands (→ Vor Art. 1 Rn. 8 Fn. 36).
[4] http://ec.europa.eu/civiljustice/divorce/divorce_ec_de.htm (zuletzt abgerufen am 3.6.2017).

Art. 18 Rom III-VO Übergangsbestimmungen

(1) Diese Verordnung gilt nur für gerichtliche Verfahren und für Vereinbarungen nach Artikel 5, die ab dem 21. Juni 2012 eingeleitet beziehungsweise geschlossen wurden.

Eine Rechtswahlvereinbarung, die vor dem 21. Juni 2012 geschlossen wurde, ist ebenfalls wirksam, sofern sie die Voraussetzungen nach den Artikeln 6 und 7 erfüllt.

(2) Diese Verordnung lässt Rechtswahlvereinbarungen unberührt, die nach dem Recht eines teilnehmenden Mitgliedstaats geschlossen wurden, dessen Gerichtsbarkeit vor dem 21. Juni 2012 angerufen wurde.

1   Die VO gilt für **gerichtliche Verfahren,** die ab dem in Art. 21 Abs. 2 genannten Geltungsbeginn (21. Juni 2012), **eingeleitet** wurden **(Abs. 1 S. 1 Alt. 1).** Für **Litauen** gilt gemäß Art. 21 Abs. 3 iVm Art. 3 des Bestätigungsbeschlusses vom 21.11.2012 (→ Vor Art. 1 Rn. 8 Fn. 36) der 22.5.2014, für **Griechenland** gemäß Art. 21 Abs. 3 iVm Art. 3 Abs. 1 des Bestätigungsbeschlusses vom 27.1.2014 (→ Vor Art. 1 Rn. 8 Fn. 37) der 29.7.2015, für **Estland** gemäß Art. 21 Abs. 3 iVm Art. 3 Abs. 1 des Bestätigungsbeschlusses vom 10.11.2018 (→ Vor Art. 1 Rn. 8 Fn. 38) der 11.2.2018 als Geltungsbeginn. Eingeleitet wird ein Verfahren mit der **Anrufung des Gerichts,** die zugleich den für die objektive kollisionsrechtliche Anknüpfung maßgeblichen Zeitpunkt darstellt (vgl. Art. 8). Ein Antrag auf **Verfahrenskostenhilfe** ist keine Verfahrenseinleitung iS von Art. 18 Abs. 1 S. 1 (→ Art. 5 Rn. 17).[1]

2   **Rechtswahlvereinbarungen** fallen unter die VO, wenn sie nach Geltungsbeginn abgeschlossen wurden **(Abs. 1 Satz 1 Alt. 2).** Wurden sie **vorher** abgeschlossen, so fallen sie gleichwohl unter die VO, wenn sie die Wirksamkeitserfordernisse der Art. 6 und 7 erfüllen **(Abs. 1 S. 2).**[2] Ob dies bedeutet, dass die Ehegatten quasi im Voraus die in Art. 5 genannten Rechtsordnungen wählen konnten bzw. – im Falle Litauen – können,[3] oder ob insoweit keine Rückwirkung eintritt, so dass die Wahlmöglichkeiten sich nach dem vor dem 21. Juni 2012 geltenden nationalen IPR richten,[4] ist streitig. Die besseren Argumente sprechen für die erstgenannte Lösung: Art. 18 schützt das Vertrauen der Parteien auf die künftige Anwendbarkeit der VO; dieses Vertrauen ist aber auch an den inhaltlichen Rahmen des Art. 5 gebunden.[5] Wenn *Hohloch*[6] zur Begründung der Gegenmeinung argumentiert, die Parteien dürften nicht an die erst ab 21.6.2012 geltende Neuregelung gebunden sein, so geht er offensichtlich davon aus, dass der Kreis der wählbaren Rechte durch die VO enger geworden sei. Dies trifft aber jedenfalls hinsichtlich der teilnehmenden Mitgliedstaaten nicht zu; tatsächlich zeichnet sich die VO hier gerade durch eine **Erweiterung der Parteiautonomie** aus (zum früheren Recht der teilnehmenden Mitgliedstaaten → Art. 5 Rn. 2 f.). Denkbar ist allerdings, dass das Recht eines nicht teilnehmenden Mitgliedstaats oder eines **Drittstaats** eine freie oder hinsichtlich des Kreises der wählbaren Rechte weiter gehende Rechtswahl vorsah. Es ist aber nicht begründbar, warum die VO eine solche von den eigenen Prinzipien abweichende freie oder freiere Rechtswahl zulassen sollte: Grundlage des Vertrauens war die künftige Rom III-VO, und zu dieser Grundlage gehört auch deren Art. 5.[7] Auch eine rückwirkende **mittelbare Rechtswahl** über das Ehewirkungsstatut o.ä. (→ Art. 5 Rn. 15) kann es nicht geben,[8] denn auf die Übernahme des inneren Zusammenhangs zwischen den beiden Statuten (→ Art. 8 Rn. 14) in die Rom III-VO konnten die Parteien nicht vertrauen.

3   Wurde das Verfahren in einem teilnehmenden Mitgliedstaat **vor dem 21. Juni 2012 eingeleitet (Abs. 2),** so gilt die VO nicht. Rechtswahlvereinbarungen richten sich folglich nach dem Recht des betreffenden Staats (Scheidungsstaats). Die Vorschrift schließt die nach Abs. 1 bestehende Lücke hinsichtlich solcher Vereinbarungen, die vor dem 21.6.2012 geschlossen wurden, ohne die Voraussetzungen nach den Art. 6 und 7 zu erfüllen (Abs. 1 S. 2). Da die VO zu diesem Zeitpunkt noch nicht in Kraft war, also noch das autonome Kollisionsrecht des Scheidungsstaats galt, eine Selbstverständlichkeit: Die VO beansprucht hinsichtlich der Formvorschriften für Rechtswahlvereinbarungen keine Rückwirkung.

---

[1] OLG Stuttgart NJW 2013, 398; vgl. *Rauscher/Pabst* NJW 2013, 3692 (3693).
[2] *Mörsdorf-Schulte* RabelsZ 77 (2013), 786 (816).
[3] So *Franzina* CDT 2011, 85 (106); *Gruber* IPRax 2012, 381 (384) Fn. 46; Palandt/*Thorn,* 76. Aufl. 2017, Rn. 1.
[4] So Erman/*Hohloch* Rn. 1.
[5] *Franzina* CDT 2011, 85 (106).
[6] Erman/*Hohloch* Rn. 1.
[7] Vgl. *Franzina* CDT 2011, 85 (106) Rn. 38.
[8] AA *Gruber* IPRax 2012, 381 (384) Fn. 47; zweifelnd *Helms* FamRZ 2011, 1765 (1767).

Art. 19 Rom III-VO Verhältnis zu bestehenden internationalen Übereinkommen

(1) Unbeschadet der Verpflichtungen der teilnehmenden Mitgliedstaaten gemäß Artikel 351 des Vertrags über die Arbeitsweise der Europäischen Union lässt diese Verordnung die Anwendung internationaler Übereinkommen unberührt, denen ein oder mehrere teilnehmende Mitgliedstaaten zum Zeitpunkt der Annahme dieser Verordnung oder zum Zeitpunkt der Annahme des Beschlusses gemäß Artikel 331 Absatz 1 Unterabsatz 2 oder 3 des Vertrags über die Arbeitsweise der Europäischen Union angehören und die Kollisionsnormen für Ehescheidung oder Trennung ohne Auflösung des Ehebandes enthalten.

(2) Diese Verordnung hat jedoch im Verhältnis zwischen den teilnehmenden Mitgliedstaaten Vorrang vor ausschließlich zwischen zwei oder mehreren von ihnen geschlossenen Übereinkommen, soweit diese Bereiche betreffen, die in dieser Verordnung geregelt sind.

Völkerrechtliche Verträge, an denen die teilnehmenden Mitgliedstaaten zum Zeitpunkt der 1 Annahme der Verordnung (20.12.2010) beteiligt waren, bleiben gemäß **Abs. 1** von der Verordnung unberührt. Dabei ist nicht erforderlich, dass es sich um rein kollisionsrechtliche Abkommen handelt, vielmehr fallen auch sachrechtliche Abkommen darunter, wenn sie einzelne kollisionrechtliche Vorschriften enthalten (gemischte Übereinkommen).[1] Für **Deutschland** ist allein das **deutsch-iranische Niederlassungsabkommen** (→ Vor Art. 1 Rn. 3) einschlägig,[2] welches im Verhältnis zum Iran der Rom III-VO vorgeht. Im deutsch-iranischen internationalen Scheidungsrecht herrscht damit nach wie vor das Staatsangehörigkeitsprinzip.[3] Der Vorrang betrifft auch **Art. 10 Rom III-VO.** Der Verstoß gegen den Gleichberechtigungsgrundsatz führt daher bei Anwendbarkeit des Niederlassungsabkommens nicht automatisch zur Nichtanwendbarkeit des iranischen Scheidungsrechts, sondern kann nur im Einzelfall einen ordre-public-Verstoß nach Art. 8 Abs 3 S. 2 des Niederlassungsabkommens iVm Art. 12 Rom III-VO begründen.[4]

Art. 19 Abs. 1 regelt nur das Verhältnis zu im Zeitpunkt der Annahme der VO **bestehenden** 2 Abkommen. Die teilnehmenden Mitgliedstaaten sind nicht gehindert, **künftig** mit Drittstaaten (dazu gehören auch EU-Staaten, die an der Rom III-VO nicht teilnehmen), Abkommen auf dem Gebiet des Scheidungsrechts zu schließen; solchen Abkommen würde jedoch **kein Vorrang** vor der VO zukommen.[5] Gebunden würde im Ergebnis lediglich der jeweilige Drittstaat. Vorstellbar könnten in diesem Zusammenhang allenfalls bi- oder multilaterale Abkommen sein, in denen einzelne Regelungen der Rom III-VO von Drittstaaten übernommen werden. Ob das ein realistisches Szenario ist, sei dahingestellt.

Die **inhaltliche Änderung** bestehender Abkommen und der **Beitritt weiterer Drittstaaten** 3 sind im Hinblick auf den gemäß Abs. 1 bestehenden Vorrang vor der Rom III-VO ohne Belang, da die bestehende Situation dadurch für die Rom III-VO nicht verschlechtert wird.[6] Es wäre auch kaum möglich und jedenfalls nicht sinnvoll, solche Abkommen in gegenüber der Rom III-VO vorrangige und nachrangige Teile aufzuspalten.

Abkommen auf dem Gebiet des Scheidungsrechts, die **ausschließlich zwischen teilnehmenden** 4 **Staaten** geschlossen wurden, werden dagegen gemäß **Abs. 2** von der Rom III-VO verdrängt. Derartige Abkommen sind für Deutschland nicht ersichtlich. Der künftige Abschluss solcher Abkommen zwischen teilnehmenden Staaten würde der VO widersprechen und ist als unzulässig zu erachten.

Art. 20 Rom III-VO Revisionsklausel

(1) [1]Die Kommission legt dem Europäischen Parlament, dem Rat und dem Europäischen Wirtschafts- und Sozialausschuss spätestens zum 31. Dezember 2015 und danach alle fünf Jahre einen Bericht über die Anwendung dieser Verordnung vor. [2]Dem Bericht werden gegebenenfalls Vorschläge zur Anpassung dieser Verordnung beigefügt.

(2) Die teilnehmenden Mitgliedstaaten übermitteln der Kommission zu diesem Zweck sachdienliche Angaben betreffend die Anwendung dieser Verordnung durch ihre Gerichte.

---

[1] *Raupach* Ehescheidung mit Auslandsbezug 107. Für die entsprechenden Vorschriften der Rom II-VO → Rom II-VO Art. 28 Rn. 22 ff.
[2] Zu Abk. zwischen anderen Staaten s. *Raupach* Ehescheidung mit Auslandsbezug 108.
[3] Vgl. Erman/*Hohloch* Rn. 1; Palandt/*Thorn*, 76. Aufl. 2017, Rn. 1.
[4] Im konkreten Fall verneint von OLG Hamm FamRZ 2013, 1481; → Art. 10 Rn. 11 Fn. 29.
[5] Näher *Raupach* Ehescheidung mit Auslandsbezug 112 f.
[6] *Raupach* Ehescheidung mit Auslandsbezug 114 f.

Rom III-VO Art. 21 1 — VO (EU) Nr. 1259/2010

Kapitel IV. Schlussbestimmungen

Art. 21 Rom III-VO Inkrafttreten und Geltungsbeginn

Diese Verordnung tritt am Tag nach ihrer Veröffentlichung im Amtsblatt der Europäischen Union in Kraft.

Sie gilt ab dem 21. Juni 2012, mit Ausnahme des Artikels 17, der ab dem 21. Juni 2011 gilt.

Für diejenigen teilnehmenden Mitgliedstaaten, die aufgrund eines nach Artikel 331 Absatz 1 Unterabsatz 2 oder Unterabsatz 3 des Vertrags über die Arbeitsweise der Europäischen Union angenommenen Beschlusses an der Verstärkten Zusammenarbeit teilnehmen, gilt diese Verordnung ab dem in dem betreffenden Beschluss angegebenen Tag.

Diese Verordnung ist in allen ihren Teilen verbindlich und gilt gemäß den Verträgen unmittelbar in den teilnehmenden Mitgliedstaaten.

1 Die VO ist am 22.7.2010 im Amtsblatt der EU (Nr. L 198) veröffentlicht worden und damit am 23.7.2010 in Kraft getreten. Der bereits ab 21.6.2011 geltende Art. 17 betrifft die Informationspflicht der teilnehmenden Mitgliedstaaten hinsichtlich ihrer Vorschriften über die Form (Art. 7) und den Zeitpunkt (Art. 5 Abs. 3) einer Rechtswahlvereinbarung (→ Art. 17 Rn. 1). Im Übrigen gilt die VO ab dem 21.6.2012, für **Litauen** ab dem 22.5.2014, für **Griechenland** ab dem 29.7.2015, für **Estland** ab dem 11.2.2018 (→ Vor Art. 1 Rn. 8).

Abkommen zwischen der Bundesrepublik Deutschland und der Französischen Republik über den Güterstand der Wahl-Zugewinngemeinschaft (WahlZugAbk-F – WZGA)

vom 4. Februar 2010 (BGBl. 2012 II S. 178)

Die Bundesrepublik Deutschland
und
die Französische Republik,
im Folgenden als „Vertragsstaaten" bezeichnet,
von dem Wunsch geleitet, ihre Vorschriften zum Güterrecht anzugleichen,
in der Absicht, mit diesem Abkommen einen neuen gemeinsamen Wahlgüterstand zu schaffen, der neben die anderen Güterstände tritt, die sich im innerstaatlichen Recht der Vertragsstaaten in Kraft befinden,
sind wie folgt übereingekommen:

Vorbemerkung zum WahlZugAbk-F

Schrifttum: *Amann,* Die Verfügungsbeschränkung über die Familienwohnung im Güterstand der Wahl-Zugewinngemeinschaft, DNotZ 2013, 252; *Braun,* Die Wahl-Zugewinngemeinschaft: Ein neuer Güterstand im deutschen (und französischen) Recht, MittBayNot 2012, 89; *Dethloff,* Der deutsch-französische Wahlgüterstand, RabelsZ 2012, 509; *Ferrand,* Eheliche Gemeinschaft, Partnerschaft und Vermögen im französischen Recht, in Henrich/Schwab, Eheliche Gemeinschaft, Partnerschaft und Vermögen im europäischen Vergleich, 1999, 93; *Fötschl,* The COMPR of Germany and France: Epoch-Making in the Unification of Law, ERPL 2010, 881; *Gottwald,* Die versteckte Perle oder „Much ado about nothing?", Liber amicorum Pintens, 2012, 651; *Heinemann,* Die Wahl-Zugewinngemeinschaft als neuer Güterstand, FamRB 2012, 129; *Jäger,* Der neue deutsch-französische Güterstand der Wahl-Zugewinngemeinschaft, DNotZ 2010, 804; *Jünemann,* Der neue Güterstand der Wahl-Zugewinngemeinschaft: Familienrechtliche Grundlagen und erbrechtliche Wirkungen, ZEV 2013, 353; *Klippstein,* Der deutsch-französische Wahlgüterstand der Wahl-Zugewinngemeinschaft, FPR 2010, 510; *Martiny,* Der neue deutsch-französische Wahlgüterstand – ein Beispiel optionaler bilateraler Familienrechtsvereinheitlichung, ZEuP 2011, 576; *Meyer,* Der neue deutsch-französische Wahlgüterstand, FamRZ 2010, 612; *Schaal,* Der neue Güterstand der Wahl-Zugewinngemeinschaft, ZNotP 2010, 162; *Stürner,* Der deutsch-französische Wahlgüterstand als Rechtsvereinheitlichungsmodell, JZ 2011, 545; *Süß,* Der deutsch-französische Güterstand der Wahl-Zugewinngemeinschaft als erbrechtliches Gestaltungsmittel, ZErb 2010, 281.

I. Gegenstand des Abkommens

Deutschland und Frankreich haben mit der Wahl-Zugewinngemeinschaft einen **gemeinsamen** 1 **Güterstand** geschaffen, der in beiden Staaten als **nationales Recht** jeweils neben die bereits bestehenden Wahl-Güterstände tritt. In Deutschland tritt die Wahl-Zugewinngemeinschaft aufgrund des Verweises in § 1519 BGB (→ Art. 20 Rn. 2) als **dritter** optionaler Güterstand neben die Gütertrennung (§ 1414 BGB) und die Gütergemeinschaft (§§ 1415 ff. BGB). In Frankreich tritt sie als **vierter** optionaler Güterstand neben die Gütertrennung (séparation de biens, Art. 1536 ff. C.c.), die Gütergemeinschaft (communauté universelle, Art. 1497 ff. C.c.) und die Zugewinngemeinschaft (participation aux acquêts, Art. 1569 ff. C.c.).

II. Politischer Hintergrund

Zurück geht die Einführung des neuen Güterstandes auf den von Deutschland und Frankreich 2 im Jahre 2003 anlässlich des 40. Jahrestages des Elysée-Abkommens geäußerten Wunsch, das deutsche und französische **Familienrecht** aneinander **anzugleichen.**[1] Das sieben Jahre später am 4. Februar 2010 unterzeichnete Abkommen (vgl. Schlussformel) geht über dieses binationale Anliegen hinaus. Deutschland und Frankreich setzen mit der darin enthaltenen Beitrittsklausel ein politisches Signal in Richtung **europäische Rechtseinheit.**[2] Jeder Mitgliedstaat der EU nämlich kann dem Abkommen beitreten und den hier konzipierten Güterstand als Wahl-Güterstand in das eigene nationale Recht übernehmen (Art. 21 EGBGB).

Impulsgeber des damit europaweit angelegten Güterstandes war mithin der von **Konrad Ade-** 3 **nauer und Charles de Gaulles** am 2.1.1963 unterzeichnete Vertrag über die deutsch-französische

---

[1] Gemeinsame Erklärung zum 40. Jahrestag des Elysée-Vertrages vom 22.1.2003, Punkt 22: Harmonisierung von Recht und Gesetz, abrufbar unter www.france-allemagne.fr/Gemeinsame-Erklarung-zum-40,1129.html; BT-Drs. 17/5126, 18. Zu den Umsetzungsschritten iE *Fötschl* ERPL 2010, 881.

[2] *Meyer* FamRZ 2010, 612 (617); *Stürner* JZ 2011, 545 (554).

Zusammenarbeit.[3] Ziel dieses Vertrages, des sog **Elysée-Abkommens,** war, nach zwei Weltkriegen endlich die Jahrhunderte alte Rivalität und Feindschaft zwischen Deutschland und Frankreich zu beenden.[4] Im Jahre 2010 haben sich nun die einst so verfeindeten Staaten im Namen ihrer Freundschaft auf einen gemeinsamen Güterstand geeinigt und dabei zugleich noch zur europäischen Rechtsvereinheitlichung aufgerufen und angeregt.

III. Ausgangslage

4   Die Wahl-Zugewinngemeinschaft entspricht **weitgehend der deutschen Zugewinngemein- schaft.** Wie der gesetzliche Güterstand des BGB basiert der deutsch-französische Güterstand auf Gütertrennung während des Bestehens der Ehe und sieht einen Zahlungsausgleich bei deren Beendigung vor (Art. 2). Anders ist die Ausgangslage in Frankreich. Der gesetzliche Güterstand des **Code civil** ist die **Errungenschaftsgemeinschaft** (communauté réduite aux acquêts). In dieser wird das während der Ehe – gemeinsam oder allein – erworbene Vermögen Gesamtgut der Eheleute. Eigengut ist und bleibt nur das, was die Ehegatten in die Ehe mitgebracht haben und was sie während der Ehe unentgeltlich erwerben. Die Zugewinngemeinschaft (participation aux acquêts) stellt der Code civil nur als Wahlgüterstand zur Verfügung (Art. 1569 ff. C.c.). Mit der deutsch-französischen Wahl-Zugewinngemeinschaft gibt es in Frankreich nun eine weitere Form der Zugewinngemeinschaft – es gibt also zwei gesetzlich als Wahlgüterstand geregelte Zugewinngemeinschaften.

IV. Perspektiven

5   Die überwiegend negativen Erfolgsprognosen[5] für die deutsch-französische Unternehmung haben sich bisher bestätigt. In **Frankreich** entspricht offensichtlich der gesetzliche Güterstand der Errungenschaftsgemeinschaft den allgemeinen Richtigkeitsvorstellungen von der Teilhabe der Eheleute an dem in der Ehe erzielten ökonomischen Gewinn. Von der im Code civil als Wahlgüterstand zur Verfügung gestellten Zugewinngemeinschaft wird jedenfalls so gut wie kein Gebrauch gemacht.[6] Dass nun ausgerechnet die modifizierte deutsch-französische Form der Zugewinngemeinschaft Erfolg haben würde, stand – und steht – nicht zu erwarten. In **Deutschland** wiederum ist die Wahl-Zugewinngemeinschaft nicht attraktiv, weil diese weitgehend dem gesetzlichen Güterstand entspricht und die Abweichungen von der deutschen Zugewinngemeinschaft durch **ehevertragliche Modifizierungen** erreicht werden können. Zudem stößt hier die größere Einschränkung der Vertragsfreiheit der Ehepartner – anders als die Verfügungsbeschränkungen der §§ 1365, 1369 BGB sind die des Art. 5 nicht abdingbar – nicht auf Akzeptanz. Das Gleiche gilt für die Ausformung der – in Deutschland wegen der gläubigerschützenden Funktion ohnehin kritisierten – Schlüsselgewaltregelung als ausschließliche Gläubigerschutzvorschrift (Art. 6). Einzig das Fehlen des im BGB zwingend geregelten Zugewinnausgleichs bei Auflösung der Ehe durch Tod könnte ein Grund für – dem deutschen Güterrecht unterliegende – Ehegatten sein, den deutsch-französischen Güterstand zu wählen, bietet sich dadurch doch die Möglichkeit, Pflichtteilsberechtigungen auszuhebeln (→ Art. 7 Rn. 6).

6   Für deutsche wie französische Juristen gleichermaßen problematisch ist die **Rechtsunsicherheit,** die mit der Wahl des grenzüberschreitenden Güterstandes verbunden ist. Zunächst fehlt, was allerdings bei der Einführung eines jeden neuen Rechtsinstituts der Fall ist, Rechtsprechung und Literatur zu Auslegung und Anwendung der neuen Vorschriften. Hier kommt jedoch noch hinzu, dass **offen ist,** ob und in welchem Umfang es überhaupt zu einer **einheitlichen Auslegung und Anwendung** der Vorschriften des Abkommens in Deutschland und Frankreich – und ggf. anderen Vertragsstaaten – kommen wird.[7] Das birgt insofern besondere Risiken in sich, als das Abkommen viele güterrechtlich relevante Punkte nicht regelt, ohne aber klarzustellen, **ob und inwieweit** zur Füllung der Regelungslücken auf **nationales Recht** zurückgegriffen werden kann.

7   In den vier Jahren seit der Einführung (→ § 20 Rn. 1) hat die deutsch-französische Güterstandserfindung jedenfalls keine praktische Relevanz erlangt. Es steht auch nicht zu erwarten, dass sich das

---

[3]   Vertrag zwischen der Bundesrepublik Deutschland und der Französischen Republik über die deutsch-französische Zusammenarbeit, BGBl. 1963 II S. 705.

[4]   Gemeinsame Erklärung über die deutsch-französische Zusammenarbeit vom 22.1.1963, BGBl. 1963II S. 706.

[5]   *Amann* DNotZ 2013, 252 (278); *Braun* MittBayNot 2012, 89 (94); *Heinemann* FamRB 2012, 129 (135); *Klippstein* FPR 2010, 510 (515); *Schaal* ZNotP 2010, 162 (172).

[6]   *Ferrand* in Henrich/Schwab, Eheliche Gemeinschaft, Partnerschaft und Vermögen im europäischen Vergleich, 1999, 93, 97.

[7]   Zu den aus der zweisprachigen Fassung des Abkommens resultierenden Auslegungsschwierigkeiten *Jünemann* ZEV 2013, 353 (354).

in Zukunft ändert und der binationale Wahlgüterstand in Deutschland und Frankreich von der notariellen und anwaltlichen Beratungspraxis in nennenswertem Umfang aufgegriffen werden wird.[8]

Kapitel I. Anwendungsbereich und Definition

Art. 1 WahlZugAbk-F Anwendungsbereich

[1]Der Güterstand der Wahl-Zugewinngemeinschaft steht Ehegatten zur Verfügung, deren Güterstand dem Sachrecht eines Vertragsstaates unterliegt. [2]Der Inhalt dieses gemeinsamen Wahlgüterstandes ist in den Artikeln 2 bis 18 geregelt.

I. Räumlicher Anwendungsbereich

Der Güterstand der Wahl-Zugewinngemeinschaft steht allen Ehegatten zur Verfügung, deren **1** Güterstand **deutschem** oder **französischem Recht** unterliegt. Ein **Auslandsbezug** der Ehe ist **nicht erforderlich.** Auch ein in Deutschland lebendes deutsches Ehepaar oder ein in Frankreich lebendes französisches Ehepaar kann diesen Güterstand vereinbaren. Hat die **Ehe Auslandsbezug,** so bestimmt sich die Geltung des deutschen oder französischen Güterrechts – und die damit verbundene Möglichkeit, den deutsch-französischen Güterstand zu wählen – nach den Kollisionsnormen des internationalen Privatrechts. Sie kann sich aus dem deutschen IPR, dem französischen, aber auch aus dem IPR eines Drittstaates ergeben.

Nach **deutschem Internationalen Privatrecht** unterliegen die güterrechtlichen Wirkungen **2** der Ehe gemäß Art. 15 Abs. 1 EGBGB, Art. 14 Abs. 1 **Nr. 1** EGBGB dem Recht des **Staates,** dem beide Ehegatten bei der **Eheschließung angehören.** Hatten also in Deutschland lebende Eheleute bei der Heirat die französische Staatsangehörigkeit, so steht ihnen die Wahl-Zugewinngemeinschaft zur Verfügung. Deutschem bzw. französischem Recht unterliegt der Güterstand gemäß Art. 15 Abs. 1 EGBGB, Art. 14 Abs. 1 **Nr. 2** EGBGB aber auch, wenn **ausländische Ehegatten** unterschiedlicher Staatsangehörigkeit ihren **gemeinsamen gewöhnlichen Aufenthalt** in Deutschland oder Frankreich haben oder zuletzt hatten. Auch ein in Hamburg oder Marseille lebendes polnisch-griechisches Ehepaar kann also die Wahl-Zugewinngemeinschaft vereinbaren. Zudem eröffnet in Deutschland **Art. 15 Abs. 2** EGBGB Ehepaaren die Möglichkeit, durch **Rechtswahl** die güterrechtlichen Wirkungen ihrer Ehe deutschem oder französischem Recht zu unterstellen – und dann für die Wahl-Zugewinngemeinschaft zu optieren. Voraussetzung für die Rechtswahl ist, dass einer von ihnen die deutsche oder französische Staatsangehörigkeit besitzt (Nr. 1) oder seinen gewöhnlichen Aufenthalt in Deutschland oder Frankreich hat (Nr. 2). Zudem können Ehepaare ihre in Frankreich oder Deutschland belegenen oder dort künftig zu erwerbenden Immobilien dem deutschen bzw. französischen Güterrecht unterstellen (Nr. 3) und dann in Bezug auf sie Wahl-Zugewinngemeinschaft vereinbaren.

Frankreich entscheidet die **kollisionsrechtlichen** Fragen in Ehegütersachen seit 1992 nach dem **3** „Haager Übereinkommen über das auf die ehelichen Güterstände anzuwendende Recht" (HGÜ).[1] Dieses stellt primär auf den **ersten gemeinsamen** gewöhnlichen **Aufenthalt** der Ehegatten ab (Art. 4 Abs. 1 HGÜ). Daneben eröffnet das HGÜ die Rechtswahl und lässt als Bezug zum gewählten Recht ebenfalls die Staatsangehörigkeit oder den Aufenthalt nur eines Ehegatten ausreichen (Art. 3 Abs. 1, 2 HGÜ). Wie nach deutschem Kollisionsrecht können Ehegatten ihr unbewegliches Vermögen dem Güterrecht des Lageorts unterstellen (Art. 3 Abs. 4 HGÜ).

Lässt das **Kollisionsrecht** eines **Drittstaates** die freie Rechtswahl des Güterstatuts zu, so steht **4** die Wahl-Zugewinngemeinschaft auch Ehepaaren dieses Staates zur Verfügung, wenn und nachdem sie für das deutsche oder französische Güterrecht optiert haben. Auch ein in Wien lebendes österreichisches Ehepaar also kann – nach entsprechender Güterrechtswahl gemäß § 19 IPRG – die deutsch-französische Wahl-Zugewinngemeinschaft vereinbaren.[2]

II. Sachlicher Anwendungsbereich

Keinen Einfluss hat die güterrechtliche Vereinbarung der Wahl-Zugewinngemeinschaft auf die **5** **sonstigen wirtschaftlichen Beziehungen** der Ehegatten. Nicht erforderlich, aber ratsam ist es, zumindest eine Vereinbarung über das anzuwendende Recht in den Fragen zu treffen, die in unmittelbarem Zusammenhang mit güterrechtlichen Fragen stehen. So empfiehlt es sich bei Geltung deutschen Güterrechts etwa klarzustellen, dass der **Versorgungsausgleich,** der das Altersvorsorge-

---

[8] *Jäger* DNotZ 2010, 804 (825); *Süß* ZErb 2010, 281 (284).
[1] Abrufbar unter www.hcch.net, Stichwort „conventions", dort Nr. 25.
[2] Weitere Beispiele bei *Schaal* DNotZ 2010, 162 f.

vermögen dem güterrechtlichen Ausgleich entzieht, durchzuführen ist. Auch eine Vereinbarung über das bei Trennung und Scheidung heranzuziehende **Unterhaltsrecht** ist wichtig, weil Unterhaltszahlungen die Höhe des Endvermögens bestimmen und so Einfluss auf den güterrechtlichen Ausgleich haben können.

III. Persönlicher Anwendungsbereich

6   Das Abkommen spricht von **Ehepaaren** (les époux) und findet mithin auf nicht verheiratete Paare keine Anwendung. Für die **gleichgeschlechtliche Lebenspartnerschaft** ordnet **in Deutschland** allerdings § 7 S. 2 LPartG die entsprechende Anwendung der ehegüterrechtlichen Vorschriften des BGB an. Da sich dieser Verweis auch auf § 1519 BGB bezieht, der die Vorschriften des Abkommens als materielles deutsches Recht implantiert (→ Art. 20 Rn. 2), steht die Wahl-Zugewinngemeinschaft in Deutschland auch eingetragenen Lebenspartnern zur Verfügung. In **Frankreich** hingegen ist das nicht der Fall. Das gegen- oder gleichgeschlechtliche Zusammenleben (nur) aufgrund des Pacte de solidarité civile reicht zur Geltung der Regeln des Abkommens nicht aus.

Art. 2 WahlZugAbk-F Definition

¹Im Güterstand der Wahl-Zugewinngemeinschaft bleibt das Vermögen der Ehegatten getrennt. ²Zugewinn ist der Betrag, um den das Endvermögen eines Ehegatten sein Anfangsvermögen übersteigt. ³Bei Beendigung des Güterstandes ergibt sich die Zugewinnausgleichsforderung aus dem Vergleich der erzielten Zugewinne der Ehegatten.

1   Die Wahl-Zugewinngemeinschaft entspricht in ihrer grundsätzlichen Ausformung der Zugewinngemeinschaft des BGB.

2   Während des Bestehens des Güterstandes besteht **Gütertrennung,** bei Beendigung wird der von den Ehegatten zwischenzeitlich erzielte **Gewinn berechnet,** gegenübergestellt und der **Überschuss hälftig geteilt.** So definiert auch das BGB die Zugewinngemeinschaft (§ 1363 Abs. 2 BGB), den Zugewinn (§ 1373 BGB) und den Ausgleichsanspruch (§ 1378 Abs. 1 BGB).

Kapitel II. Begründung des Güterstandes

Art. 3 WahlZugAbk-F Begründung des Güterstandes

(1) Die Ehegatten können durch Ehevertrag vereinbaren, dass die Wahl-Zugewinngemeinschaft ihr Güterstand ist.

(2) ¹Der Vertrag kann vor Eingehung oder während des Bestandes der Ehe geschlossen werden. ²Der Güterstand wird mit Abschluss des Vertrages wirksam, wobei die Vorschriften über die Änderung eines bis dahin bestehenden Güterstandes unberührt bleiben. ³Er wird frühestens mit dem Tag der Eheschließung wirksam.

(3) Der Vertrag kann von Kapitel V abweichen.

I. Form

1   Die Vereinbarung der Wahl-Zugewinngemeinschaft erfolgt durch **Ehevertrag.** Da das Abkommen keine Formvorschriften enthält, gilt für die **Form** des Ehevertrages das nach dem für die Ehegatten maßgeblichen **Kollisionsrecht berufene Recht.** Nach Art. 11 Abs. 1 EGBGB bestimmt sich die Form eines Rechtsgeschäfts nach dem auf seinen Gegenstand anwendbaren Recht oder nach dem Recht des Ortes des Vertragsschlusses. Das Gleiche gilt gemäß Art. 12 HGÜ in Frankreich.[1] Nach deutschem wie nach französischem Recht bedarf ein Ehevertrag **der notariellen Beurkundung** bei **gleichzeitiger Anwesenheit** der Ehegatten. In beiden Staaten ist mithin die Wahl-Zugewinngemeinschaft nur so zu vereinbaren (§ 1410 BGB; Art. 1394 C.c.).

II. Wirkungen gegenüber Dritten

2   **§ 1412 BGB,** der in Deutschland die Wirkungen güterrechtlicher Vereinbarungen zum Schutz des Rechts- und Wirtschaftsverkehrs von deren Bekanntgabe nach außen abhängig macht, **gilt** für die Wahl-Zugewinngemeinschaft **nicht** (§ 1519 S. 3 BGB; → Art. 20 Rn. 4). Die eheverträgliche Vereinbarung dieser Zugewinngemeinschaft entfaltet also auch dann Wirkungen gegenüber Dritten, wenn der Ehevertrag **weder** im Güterrechtsregister **eingetragen noch** dem Dritten **bekannt** ist.

---

[1] Dazu *Jäger* DNotZ 2010, 804.

Die Begründung, mit der der deutsche Gesetzgeber die Geltung des § 1412 BGB für entbehrlich 3
hält, vermag nicht zu überzeugen. Eintragungen in das Güterrechtsregister zur „überflüssigen Förmlichkeit, die für den Verkehrsschutz keinen Mehrwert" bringt, zu erklären,[2] verkennt die zentrale Bedeutung, die die negative Publizität des Güterrechtsregisters für den Rechtsverkehr hat. Im Falle der Nichteintragung eines vereinbarten Güterstandes können Dritte auf das Schweigen des Registers vertrauen und annehmen, dass zwischen den Ehegatten die im Gesetz nachlesbaren güterrechtlichen Beziehungen bestehen. Im Fall der Wahl-Zugewinngemeinschaft ist dieses Vertrauen insofern besonders schützenswert, als der Rechtsverkehr mit den speziellen, dem deutschen Recht fremden Handlungsbeschränkungen dieses Güterstandes (Art. 5) nicht rechnet. Der Verzicht auf das Publizitätserfordernis des § 1412 BGB führt dazu, dass für Dritte jede Möglichkeit der Warnung vor der Unwirksamkeit rechtsgeschäftlicher Aktionen entfällt.[3]

III. Wirksamwerden des Vertrags

Die Feststellung, dass die Wahl-Zugewinngemeinschaft mit Abschluss des Vertrages eintritt und 4
die Vorschriften über die Änderung des bis dahin bestehenden Güterstandes unberührt bleiben
(Abs. 2 S. 2), gibt **aus Sicht des deutschen Rechts** keinen Sinn. Nach dem BGB steht es Ehegatten jederzeit frei, durch Ehevertrag den Güterstand zu ändern. In **Frankreich** hingegen ist die güterrechtliche Vertragsfreiheit eingeschränkt. Es gibt zum einen die **zeitliche Vorgabe,** dass ein Güterstand immer erst zwei Jahre nach seinem Eintritt geändert werden kann und zum anderen ist in bestimmten Fällen, wie dem Vorhandensein minderjähriger Kinder, die **gerichtliche Genehmigung** des Vertrages erforderlich (Art. 1397 C.c.). Das Abkommen hält nun fest, dass diese Vertragsvoraussetzungen auch gelten, wenn dem französischen Recht unterliegende Ehegatten in die Wahl-Zugewinngemeinschaft wechseln wollen.[4]

Für **ausländische Staatsbürger,** die die Wahl-Zugewinngemeinschaft vereinbaren wollen und 5
hierfür zunächst ihr Güterstatut ändern müssen, empfiehlt sich von daher, den Zugang über das deutsche Recht zu wählen. Dann nämlich ist der Wechsel des Güterstandes ohne weiteres möglich.

IV. Gestaltungsfreiheit

Nach Abs. 3 können die Ehegatten von den Vorschriften des Kapitel V abweichen. Es besteht 6
also **Vertragsfreiheit** hinsichtlich der in diesem Kapitel geregelten **Faktoren für die Berechnung** des auszugleichenden **Zugewinns.** Ehegatten können die Zusammensetzung wie auch die Wertberechnung ihrer Anfangsvermögen und Endvermögen individuell regeln und auch von den Bestimmungen des Abkommens abweichende Vereinbarungen hinsichtlich der Höhe der Zugewinnausgleichsforderung treffen.[5]

Kapitel III. Vermögensverwaltung, -nutzung und -verfügung

Art. 4 WahlZugAbk-F Allgemeine Bestimmungen zur Vermögensverwaltung, -nutzung und -verfügung

[1]Jeder Ehegatte verwaltet und nutzt sein Vermögen allein; er verfügt allein über sein Vermögen. [2]Das Recht, frei über das Vermögen zu verfügen, ist gleichwohl durch Artikel 5 beschränkt.

I. Gütertrennung

Dass in der Wahl-Zugewinngemeinschaft jeder Ehegatte eigenständig über sein Vermögen verfü- 1
gen und es selbständig verwalten und nutzen kann, folgt zwingend aus der den Güterstand prägenden Gütertrennung (vgl. Art. 2 S. 1). Die diesbezüglichen Feststellungen in Art. 4 S. 1 sind von daher in der Sache überflüssig. Sie haben lediglich **klarstellende** Funktion und betonen die wirtschaftliche Handlungsfreiheit der Ehegatten. Art. 4 S. 1 entspricht insofern von Sinn und Funktion her § 1364 BGB (→ BGB § 1364 Rn. 1 f.).

---

[2] BT-Drs. 17/5126, 8.
[3] So auch *Braun* MittBayNot 2012, 89 (91); *Martiny* ZEuP 2011, 577 (590) mwN.
[4] Die Modifizierung oder Abbedingung der einmal gewählten Wahl-Zugewinngemeinschaft ist dann unabhängig von den einschränkenden Bestimmungen des Code civil möglich; so auch *Schaal* ZNotP 2010, 162.
[5] BT-Drs. 17/5126, 25.

II. Handlungsbeschränkungen

2   Art. 4 S. 2 weist auf die in Art. 5 statuierten Einschränkungen der rechtsgeschäftlichen Handlungs-möglichkeiten der Ehegatten hin und qualifiziert diese als Ausnahmen.

Art. 5 WahlZugAbk-F Verfügungsbeschränkungen

(1) [1]Rechtsgeschäfte eines Ehegatten über Haushaltsgegenstände oder über Rechte, durch die die Familienwohnung sichergestellt wird, sind ohne Zustimmung des anderen Ehegatten unwirksam. [2]Sie können jedoch vom anderen Ehegatten genehmigt werden.

(2) Ein Ehegatte kann gerichtlich ermächtigt werden, ein Rechtsgeschäft allein vorzu-nehmen, zu dem die Zustimmung des anderen notwendig wäre, falls dieser zur Zustim-mung außerstande ist oder sie verweigert, ohne dass Belange der Familie dies rechtfertig-ten.

Übersicht

I. Gegenstände

1   Die Regelung der Verfügungsbeschränkungen der Ehegatten entspricht der des französischen Rechts.[1] Wie nach Art. 231 Abs. 3 C.c. sind die Handlungsmöglichkeiten in der Wahl-Zugewinnge-meinschaft gegenständlich beschränkt – und zwar in Bezug auf die **Haushaltsgegenstände** und die **Familienwohnung.** Hausrat und Wohnung sind unabhängig von ihrem Wert und den Eigentums-verhältnissen gegen einseitige Maßnahmen eines Ehegatten geschützt. Einen Schutz vor Gesamtver-mögensgeschäften wie nach § 1365 BGB gibt es hingegen nicht (→ Rn. 10).

2   Ob ein **Haushaltsgegenstand** den Ehegatten gemeinsam gehört oder einem allein, ob er gemie-tet oder geleast ist, ist irrelevant – eine Disposition über ihn ist nur gemeinsam möglich. Eigenmäch-tig, dh. ohne Zustimmung des anderen Ehepartners vorgenommene Rechtsgeschäfte sind insofern immer unwirksam.

3   Das Gleiche gilt für die **Familienwohnung.** Auch in Bezug auf sie ist es unerheblich, ob sie im Alleineigentum eines Ehegatten steht, gemeinschaftliches Eigentum ist oder auf der Basis eines beschränkten dinglichen Rechts wie etwa einem Nießbrauch genutzt wird. Auch eine – von einem Ehegatten allein oder auch von beiden gemeinsam – angemietete Wohnung ist geschützt ebenso wie eine, die beiden Ehegatten unentgeltlich zur Nutzung überlassen wurde. In keinem Fall kann ein Ehegatte allein ein Rechtsgeschäft tätigen – Art. 5 schützt die räumliche Basis des ehelichen Zusam-menlebens unabhängig von der rechtlichen Beziehung der Ehegatten zu dieser.

4   Im Interesse eines umfassenden Schutzes der räumlichen Grundlagen von Ehe und Familie ist der Begriff ‚Familienwohnung' **extensiv auszulegen.** Er umfasst sämtliche **Nebenräume** der Woh-nung wie Keller, Speicher oder auch Garagen.[2] Nicht zur Familienwohnung zählen Zweitwohnun-gen und Wochenend- oder Ferienwohnungen.[3] Auch wenn diese regelmäßig genutzt werden, gehö-ren sie nicht zur räumlichen Grundversorgung der Familie und machen Handlungsbeschränkungen entbehrlich.

II. Rechtsgeschäfte

5   Entgegen der engen Überschrift des Artikels („Verfügungsbeschränkungen") ordnet Abs. 1 die Unwirksamkeit sämtlicher ohne Zustimmung des anderen vorgenommener Rechtsgeschäfte an. Unwirksam sind also sachenrechtliche **Verfügungsgeschäfte** ebenso wie schuldrechtliche **Ver-pflichtungsgeschäfte** und **einseitige Handlungen** wie Kündigungen.

6   Kein Ehegatte kann mithin allein einen Haushaltsgegenstand **veräußern, vermieten** oder **verlei-hen.** Beurteilt sich das Rechtsgeschäft nach deutschem Recht, sind bei einer Veräußerung sowohl das schuldrechtliche wie das sachenrechtliche Geschäft unwirksam – beim Verkauf also der nach

---

[1] Vgl. *Martiny* ZEuP 2011, 577 (589); *Amann* DNotZ 2013, 252 (255).
[2] BT-Drs. 17/5126, 26.
[3] *Amann* DNotZ 2013, 252 (257).

§ 433 BGB geschlossene Kaufvertrag wie auch die nach § 929 BGB vorgenommene Eigentumsübertragung, bei einer Vermietung ist der nach § 535 BGB geschlossene Mietvertrag unwirksam.

Das Gleiche gilt für Rechtsgeschäfte, die die Familienwohnung betreffen. Kein Ehegatte kann **7** ohne Zustimmung des anderen die gemietete Wohnung **kündigen** oder sie, wenn sie in seinem Eigentum steht, **veräußern.** Kündigung wie Verkauf stellen rechtsgeschäftliche Dispositionen über Rechte dar – aus dem Mietvertrag –, die das Eigentum –, die die Familienwohnung sicherstellen. Auch die **Belastung** des Grundstücks- oder Wohnungseigentums ist einseitig nicht möglich, solange die Familie in diesem Eigentum wohnt. Das Gleiche gilt für die Einräumung eines dinglichen **Nutzungsrechts** an dem von der Familie bewohnten Hausgrundstück. Diese tangiert die räumlichen Grundlagen der Familie ebenso wie die Bestellung eines **Grundpfandrechts,** das die Gefahr des Zugriffs des Gläubigers auf das von der Familie bewohnte Grundstück in sich birgt.

Das mit dem Rechtsgeschäft verfolgte **Ziel** ist für die Zustimmungsbedürftigkeit **irrelevant. 8** Auch Rechtsgeschäfte, die auf eine Verbesserung oder Wertsteigerung des Haushaltsgegenstandes oder der Familienwohnung zielen, sind zustimmungsbedürftig. Art. 5 Abs. 1 **schützt** nach seinem eindeutigen Wortlaut die gegenständlichen Grundlagen des Familienlebens **abstrakt** und ohne Einschränkung.

Dass der Geschäftszweck für die Zustimmungsbedürftigkeit irrelevant ist, ergibt sich auch aus der **9** Regelung des **Abs. 2.** Nach dieser kann sich ein Ehegatte **gerichtlich ermächtigen** lassen, ein geplantes Rechtsgeschäft **allein vorzunehmen,** wenn der andere zur Zustimmung außerstande ist. Das gleiche gilt, wenn dieser die Zustimmung verweigert, ohne dass familiäre Belange dies rechtfertigen. Da es in der Regel an den familiären Belangen vorbeigeht, wirtschaftlich sinnvollen geschäftlichen Maßnahmen nicht zuzustimmen, sind solche Geschäfte der typische Ermächtigungsfall – und zeigen zugleich deren Zustimmungsbedürftigkeit.

III. Gesamtvermögensgeschäfte

Weitere Einschränkungen der Handlungsfreiheit gibt es in der Wahl-Zugewinngemeinschaft nicht. **10** Ehegatten können also auch über ihr **gesamtes Vermögen verfügen.** Eine § 1365 BGB entsprechende Regelung enthält das Abkommen nicht. Den Schutz vor Gesamtvermögensgeschäften hat die deutsche Seite mit dem Hinweis für entbehrlich erklärt, dass solche Geschäfte in vielen Fällen ohnehin nur das Haus- und Wohnungseigentum betreffen.[4] Dass das nicht zutrifft, zeigen die vielen Verfahren, in denen § 1365 BGB unabhängig von Familienwohnung und -haus eine Rolle spielt (→ BGB § 1365 Rn. 53–83). Der Verzicht auf den Schutz vor einseitigen Beeinträchtigungen der gesamten Lebensgrundlage der Familie ist offensichtlich darauf zurückzuführen, dass die französische Seite zur Übernahme einer dem § 1365 BGB entsprechenden, in Frankreich nicht bekannten, Regelung nicht bereit war.

IV. Rechtsfolge

Die sich aus der **Unwirksamkeit** des einseitig vorgenommenen Geschäfts ergebenden Rechtsfol- **11** gen regelt das Abkommen nicht. Es gilt folglich **nationales Recht.**

In **Deutschland** tritt die Unwirksamkeit **ipso iure** ein (§ 1366 BGB). Die güterrechtlichen **12** Verfügungsbeschränkungen des Art. 5 wirken also absolut und machen das Rechtsgeschäft gegenüber jedermann unwirksam – und zwar **kenntnisunabhängig.** Der Dritte musste nicht wissen oder wissen müssen, dass es sich bei dem Geschäft um die Familienwohnung oder einen Gegenstand des Haushalts seines Gegenübers handelte. Art. 5 Abs. 1 – in Parallele zu § 1365 BGB – zum Schutz des Rechtsverkehrs um die subjektive Tatbestandsvoraussetzung der Kenntnis des Dritten zu ergänzen,[5] kommt nicht in Betracht. Da die Regelung der Handlungsbeschränkungen in der Wahl-Zugewinngemeinschaft der des französischen Rechts entspricht, kann sie nicht in Anlehnung an § 1365 BGB ausgelegt werden.[6] Dem Wissen und der Kenntnis Dritter hier eine Bedeutung zuzumessen, konterkarierte zudem den ausdrücklichen Verzicht auf die Geltung der Verkehrsschutzvorschrift des § 1412 BGB für den Ehevertrag über die Wahl-Zugewinngemeinschaft (→ Rn. 10). Unterstehen die Ehegatten deutschem Sachrecht, so stehen die sich aus der Unwirksamkeit des Rechtsgeschäfts ergeben-

---

[4] BT-Drs. 17/5126, 26.
[5] Nach der von der allgM zu § 1365 BGB vertretenen subjektiven Theorie ist der Tatbestand des § 1365 BGB um die – ungeschriebene – subjektive Tatbestandsvoraussetzung der Kenntnis des Dritten vom Vorliegen eines Gesamtvermögensgeschäfts zu erweitern. § 1365 BGB ist also nur anwendbar und damit das Rechtsgeschäft nur dann zustimmungspflichtig, wenn der Vertragspartner des Ehegatten weiß oder zumindest die Umstände kennt, aus denen sich ergibt, dass der Vertragsgegenstand das gesamte Vermögen seines Gegenübers ausmacht (→ BGB § 1365 Rn. 26 ff.).
[6] *Amann* DNotZ 2013, 252 (268); *Jünemann* ZEV 2013, 353 (357).

den Rechte auch dem **übergangenen Ehegatten** zu. § 1519 S. 2 BGB ordnet die **Geltung des § 1368 BGB** ausdrücklich an (→ Art. 20 Rn. 3).

13   Die Verfügungsbeschränkungen der Wahl-Zugewinngemeinschaft gelten **unabhängig** davon, ob der **Rechtsverkehr** Kenntnis oder zumindest die Möglichkeit der Kenntnisnahme von der vertraglichen Vereinbarung dieses Güterstandes hatte. § 1519 S. 3 BGB **schließt** die Anwendung des **§ 1412 BGB,** und damit das Publizitäts- bzw. Kenntniserfordernis ausdrücklich **aus** (→ Art. 3 Rn. 2). Die Unwirksamkeit des Geschäfts kann also unabhängig davon geltend gemacht werden, ob die Wahl-Zugewinngemeinschaft im Güterrechtsregister eingetragen oder dem Geschäftspartner bekannt war.

14   In **Frankreich** ist die aus dem Verstoß gegen die Verfügungsbeschränkung resultierende Unwirksamkeit des Rechtsgeschäfts innerhalb eines Jahres vom übergangenen Ehegatten **gerichtlich geltend zu machen** (Art. 215 Abs. 3 C.c.). Die Unwirksamkeit des einseitig vorgenommenen Geschäfts tritt dann mit dem der Nichtigkeitsklage stattgebenden Urteil ein. Ob man in Frankreich im Interesse der Rechtsvereinheitlichung darauf verzichten wird, die Rechtsfolgen aus Art. 215 Abs. 3 C.c. herzuleiten und unter Rückgriff auf den Grundsatz der nullité absolue zur unmittelbaren Unwirksamkeit des Rechtsgeschäfts kommen wird, bleibt abzuwarten.[7] In Deutschland geht man bislang davon aus, dass die diffizile französische Unwirksamkeitsregelung des Art. 215 Abs. 3 C.c. auch auf die Wahl-Zugewinngemeinschaft angewandt werden wird.[8]

V. Keine Abdingbarkeit

15   In der deutschen Zugewinngemeinschaft können die Ehegatten auf die Einschränkung der Handlungsfreiheit verzichten – die §§ 1365, 1369 BGB sind disponibel. In der Wahl-Zugewinngemeinschaft hingegen sind die Einschränkungen der Handlungsfreiheit über Familienwohnung und Haushaltsgegenstände unabdingbar. Art. 3 Abs. 3 sieht Disponibilität nur für die in Kapitel V geregelten Gegenstände – Anfangsvermögen, Endvermögen, Ausgleichsforderung – vor. Die zwingende Anordnung der Verfügungsbeschränkungen entspricht dem französischen Recht. Gemäß Art. 1388 C.c. können sich Ehegatten des Schutzes ihrer Familienwohnung und Haushaltsgegenstände nicht begeben.

Art. 6 WahlZugAbk-F Geschäfte zur Führung des Haushalts

(1) [1]Jeder Ehegatte kann Verträge zur Führung des Haushalts und für den Bedarf der Kinder allein schließen. [2]Diese Verträge verpflichten den anderen Ehegatten gesamtschuldnerisch.

(2) Wenn ein Ehegatte Zahlungsverpflichtungen eingeht, die insbesondere nach der Lebensführung der Ehegatten offensichtlich unangemessen sind, und dem Vertragspartner dies bekannt war oder er es erkennen musste, wird der andere Ehegatte abweichend von Absatz 1 nicht verpflichtet.

I. Systematische Einordnung

1   Die Möglichkeit, Rechtsgeschäfte mit bindender Wirkung auch für den Ehegatten zu tätigen, ist im System des deutschen Eherechts als **allgemeine Ehewirkung** geregelt. Die im Titel 5 des Abschnitts über die „Bürgerliche Ehe" angesiedelte Schlüsselgewaltregelung des § 1357 BGB gilt unabhängig vom Güterstand für alle Ehen. Das Abkommen nun regelt die Schlüsselgewalt als Bestandteil der Wahl-Zugewinngemeinschaft und ordnet sie damit wie der Code civil dem Güterrecht zu.

II. Auswirkungen der Rechtsmacht

2   Anders als die Rechtsmacht des § 1357 BGB wirkt die Rechtsmacht der Ehegatten in der Wahl-Zugewinngemeinschaft allein zu Lasten des jeweils anderen. Nach Art. 6 Abs. 1 S. 2 werden aus Verträgen, die ein Ehegatte zur **Haushaltsführung** oder zur Deckung des **Lebensbedarfs der Kinder** tätigt, beide Ehegatten als Gesamtschuldner **verpflichtet,** nicht aber auch gemeinsam als Gläubiger berechtigt. Der nicht handelnde Ehegatte wird rechtsgeschäftlich **nur als Schuldner** einbezogen – Rechte aus dem Vertrag stehen ihm nicht zu. Der Vertragspartner eines in Wahl-Zugewinngemeinschaft lebenden Ehegatten bekommt, wenn dieser ein familiäres Bedarfsdeckungsgeschäft tätigt, also immer zwei Schuldner, steht aber nur einem Gläubiger, nämlich dem vertrags-

[7] *Amann* DNotZ 2013, 252 (267).
[8] BT-Drs. 17/5126, 27; *Jäger* DNotZ 2010, 804 (809); *Stürner* JZ 2011, 545 (549).

schließenden Ehegatten, gegenüber. **Gläubigerfreundlich** ist die Haftungsregelung der Wahl-Zugewinngemeinschaft auch in zeitlicher Hinsicht. Anders als nach BGB besteht die Rechtsmacht **auch bei Getrenntleben** der Ehegatten weiter.

Dass die auf die Gläubigerschutzfunktion reduzierte Schlüsselgewaltregelung für den deutschen **3** Gesetzgeber ein Problem war, ist angesichts der massiven Kritik, die § 1357 BGB wegen dieser Funktion in Deutschland erfährt (→ BGB § 1357 Rn. 6 mwN), verständlich. Im Hinblick darauf, dass die Bevorzugung der Gläubigerinteressen in Zeiten von Doppelverdienerehen inhaltlich nicht mehr zu rechtfertigen ist, verweist der Erläuternde Bericht deutsche Ehegatten denn auch nur lakonisch darauf, dass sie ja schließlich selbst diesen Güterstand mit der von § 1357 BGB für sie ungünstig abweichenden Regelung gewählt haben.[1]

III. Umfang der Rechtsmacht

Sachlich erfasst sind – wie in § 1357 BGB – alle Geschäfte, die dem **Konsum** und der **Versorgung 4 der Familie** dienen. Nicht zu den Haushaltsführungsgeschäften zählen mithin Maßnahmen, die der Vermögensanlage dienen oder den beruflichen Bedürfnissen nur eines der Ehegatten.

Nach Abs. 2 tritt die Mithaftung **nicht** ein, wenn **offensichtlich unangemessene,** also über **5** den Lebensverhältnissen der Ehegatten liegende Ausgaben getätigt werden – vorausgesetzt, dem Dritten war das offensichtliche Übermaß bekannt oder er hätte dieses erkennen müssen. Diese Bestimmung zur gesamtschuldnerischen Mithaftung der Eheleute in der Wahl-Zugewinngemeinschaft entspricht insofern der der deutschen Zugewinngemeinschaft, als die allgM die von § 1357 BGB geforderte Angemessenheit des Geschäfts nach dem objektiven, nach außen erkennbaren Lebensstil der Familie beurteilt und damit ebenfalls auf die Erkennbarkeit durch Dritte abstellt (→ BGB § 1357 Rn. 21).

IV. Keine Abdingbarkeit

Art. 6 steht in Kapitel III des Abkommens und stellt damit zwingendes Recht dar (vgl. Art. 3 **6** Abs. 3). Die Mithaftung kann also – anders als im deutschen Recht – nicht abbedungen werden. Auch die fehlende Disponibilität macht die Schlüsselgewaltregelung der Wahl-Zugewinngemeinschaft mithin gläubigerfreundlicher als die entsprechende Regelung des § 1357 BGB.

V. Ausschlussmöglichkeit

Zur Möglichkeit, die **Berechtigung** des Ehegatten zur Mitverpflichtung bei Missbrauch oder **7** sonstigem triftigen Grunde auszuschließen, sagt Art. 6 nichts. Sie ist folglich **nach nationalem Recht** – nach § 1357 Abs. 2 BGB bzw. Art. 220 C.c. – zu beurteilen. Dass der deutsch-französische Gesetzgeber den Rechtsschutz bei missbräuchlicher Ausübung völlig versagen wollte, ist nicht anzunehmen.[2]

Kapitel IV. Beendigung des Güterstandes

Art. 7 WahlZugAbk-F Gründe für die Beendigung des Güterstandes

Der Güterstand endet
1. durch Tod oder Todeserklärung eines Ehegatten
2. durch Wechsel des Güterstandes oder
3. mit Rechtskraft der Ehescheidung oder jeder anderen gerichtlichen Entscheidung, die den Güterstand beendet.

Übersicht

---

[1] BT-Drs. 17/5126, 28; krit. auch *Dethloff* RabelsZ 2012, 509 (522).
[2] So auch *Dethloff* RabelsZ 2012, 509 (522).

I. Zeitpunkt der Beendigung

1   Der Zeitpunkt der Beendigung des Güterstandes ist **maßgeblich** für die Berechnung der Zugewinnausgleichsforderung (Art. 10, 12), für deren Verjährung (Art. 15) und für die Auskunftspflicht (Art. 16). Art. 7 legt die drei Fälle des Endes der Wahl-Zugewinngemeinschaft fest. Diese ist beendet, wenn ein Ehegatte **stirbt,** wenn die Ehegatten in einen anderen **Güterstand wechseln,** wenn die Ehe **geschieden** wird oder wenn der Güterstand bei weiterbestehender Ehe durch **gerichtliche Entscheidung beendet** wird. In all diesen Fällen kommt es zum Ausgleich des Zugewinns nach den in Kapitel V des Abkommens aufgeführten Regeln.

II. Kein erbrechtlicher Zugewinnausgleich bei Tod

2   Einen erbrechtlichen Ausgleich des Zugewinns bei Auflösung des Güterstandes durch Tod eines Ehegatten gibt es in der Wahl-Zugewinngemeinschaft nicht. Der überlebende Ehegatte muss sich hinsichtlich des Zugewinns **mit den Erben** des verstorbenen Partners **auseinandersetzen.** Hat er den geringeren Zugewinn erzielt und ist ausgleichsberechtigt, muss er seine Ausgleichsforderung also gegen diese geltend machen. Hat er den höheren Zugewinn erzielt und ist ausgleichspflichtig, ist er deren Inanspruchnahme ausgesetzt. In diesem Fall nämlich ist die Ausgleichsforderung mit dem Tod seines Ehepartners, durch den der Güterstand endete, entstanden und gemäß Art. 12 Abs. 3 auf dessen Erben übergegangen (zur Vererblichkeit der Forderung → Art. 12 Rn. 4).

III. Ausgleich nach Erbrecht

3   Da das Abkommen zum Ehegattenerbrecht keine Regelung enthält, richtet sich dieses nach dem jeweils zur Anwendung kommenden **nationalen Erbrecht.** Ist deutsches Recht heranzuziehen, bestimmt sich die Erbquote des überlebenden Ehegatten mithin nach § 1931 Abs. 1 und 2 BGB.

IV. Vorteile des güterrechtlichen Ausgleichs bei Tod

4   Das **Fehlen des erbrechtlichen Zugewinnausgleichs** ist ein Umstand – wohl der einzige (→ Vor Art. 1 Rn. 5) –, der die Wahl-Zugewinngemeinschaft für ein Ehepaar mit deutschem Güter- und Erbrechtsstatut **attraktiv machen kann.** Die Wahl-Zugewinngemeinschaft bietet ihm nämlich die Möglichkeit, den Zugewinnausgleich für den Fall der Auflösung ihrer Ehe durch Tod an den zwingenden Voraussetzungen des § 1371 Abs. 2 BGB vorbei güterrechtlich durchzuführen.

5   Nicht abdingbar nämlich ordnet § 1371 Abs. 2 BGB an, dass der überlebende Ehegatte den güterrechtlichen Ausgleich des Zugewinns nur verlangen kann, wenn er nicht Erbe wird, wenn er also enterbt ist oder die Erbschaft ausschlägt oder auf sie verzichtet. In der deutschen Zugewinngemeinschaft schließen sich damit die Teilhabe am Nachlass des verstorbenen Ehegatten als Erbe und die Teilhabe als Gläubiger der Zugewinnausgleichsforderung aus und sind nicht miteinander kombinierbar. Der überlebende Ehegatte ist am Nachlass entweder nur über die nach § 1371 Abs. 1 BGB verstärkte erbrechtliche Position beteiligt oder nur über seine Ausgleichsforderung gegen den Nachlass ohne erhöhte Pflichtteilsberechtigung (→ BGB § 1371 Rn. 34).

6   Im deutsch-französischen Wahlgüterstand aber ist die Kombination erbrechtlicher plus güterrechtlicher Beteiligung möglich. Ohne seine Erbenstellung aufzugeben, kann der überlebende Ehegatte aus dem Nachlass des verstorbenen Partners den güterrechtlichen Ausgleich verlangen. Als Nachlassverbindlichkeit (§ 1967 BGB) verringert die Zugewinnausgleichsforderung das hinterlassene Vermögen und die von dessen Höhe abhängigen Berechtigungen Dritter. Die Wahl-Zugewinngemeinschaft kann so zur **Reduzierung des Nachlasses** des verstorbenen Ehegatten genutzt werden, um Pflichtteilsansprüche, Ersatzansprüche, nachlassabhängige Vermächtnisse zu minimieren oder auch die Erbschaftssteuer zu senken.

7   Dies sei am **Beispiel der Pflichtteilsberechtigung** eines nichtehelichen Kindes des Ehemannes illustriert, das die Eheleute von der Partizipation an ihrem in der Ehe erwirtschafteten Vermögen ausschließen wollen. Dieses Ziel kann in der Wahl-Zugewinngemeinschaft in größerem Umfang als in der Zugewinngemeinschaft des BGB erreicht werden, weil der vorherige Abzug der Zugewinnausgleichsforderung den Nachlass und in Folge davon die Pflichtteilsberechtigung des Kindes verringert.

8 **Beispiel:**

    Hinterlässt der Ehemann bei seinem Tode ein (als Zugewinn ausgleichspflichtiges) Vermögen in Höhe von 2.000.000, so beläuft sich die Ausgleichsforderung der überlebenden Ehefrau auf 1.000.000. Um diesen Betrag mindert sich der Wert des Nachlasses, so dass der Pflichtteil des nichtehelichen Kindes aus 1.000.000 zu berechnen ist (§ 2311 BGB). Da das Kind als Abkömmling neben der Ehefrau zu drei Vierteln zur Erbschaft berufen ist (§§ 1924 Abs. 1, 1931 Abs. 1 BGB), stehen ihm als Pflichtteil drei Achtel des Nachlasses zu (§ 2303 Abs. 1 BGB).

Es hat mithin gegen die Ehefrau einen Zahlungsanspruch in Höhe von 375.500 – der Ehefrau verbleiben mithin insgesamt 1.625.000.

In der deutschen Zugewinngemeinschaft hingegen ist ein Abzug der Ausgleichsforderung vom **9** Nachlass nicht möglich, solange die Ehefrau ihre erbrechtliche Position nicht aufgibt. Der Pflichtteil des nichtehelichen Kindes des Ehemannes berechnet sich mithin in unserem Beispiel aus dem Nachlass in Höhe von 2.000.000 und beträgt gemäß § 2303 Abs. 1 BGB ein Viertel hiervon. Gesetzlich nämlich erbt das Kind neben der Ehefrau, deren Erbteil sich nach der Erhöhung um ein Viertel (§ 1931 Abs. 1 BGB iVm § 1371 Abs. 1 BGB) auf die Hälfte des Nachlasses beläuft, die andere Hälfte von diesem (§§ 1924 Abs. 1, 1931 Abs. 1 S. 1 BGB). Der Pflichtteilsanspruch des nichtehelichen Kindes beläuft sich also auf eine Summe von 500.000, während der Ehefrau 1.500.000 verbleiben – also 125.000 weniger als in der Wahl-Zugewinngemeinschaft. Die Möglichkeit, Pflichtteilsansprüche familienfremder Berechtigter zu mindern, kann also für deutsche Ehegatten durchaus ein Anreiz sein, auf den deutsch-französischen Güterstand zurückzugreifen.

V. Todeserklärung und Wechsel

Nach der einschränkungslosen Formulierung in Nr. 1 wird der Güterstand bei Todeserklärung **10** auch beendet, wenn die Todeserklärung unrichtig ist und der für tot erklärte Ehegatte noch lebt.[1] Der in Nr. 2 angesprochene Wechsel von der Wahl-Zugewinngemeinschaft **in einen anderen Güterstand** setzt voraus, dass der andere Güterstand nach den Vorgaben des maßgeblichen nationalen Ehevertragsrechts **wirksam** vereinbart wurde.

VI. Scheidung und gerichtliche Beendigung des Güterstandes

Die in Nr. 3 angesprochenen gerichtlichen Entscheidungen betreffen in Deutschland die Aufhe- **11** bung der Ehe, in Frankreich die Trennung ohne Auflösung des Ehebandes sowie die Ungültigkeitserklärung der Ehe. Soweit der Erläuternde Bericht zum Abkommen hier auch gerichtliche Entscheidungen über den vorzeitigen Zugewinnausgleich anführt, ist das nicht nachvollziehbar. Das Abkommen regelt in Art. 18 den vorzeitigen Zugewinnausgleich schließlich selbst und geht davon aus, dass mit Rechtskraft der Entscheidung Gütertrennung eintritt. Für die Anwendung nationalen Rechts (§§ 1384, 1385 BGB bzw. Art. 1580 C.c.) ist in dieser Frage mithin kein Raum.[2]

Kapitel V. Festsetzung der Zugewinnausgleichsforderung bei der Beendigung des Güterstandes

Abschnitt 1. Anfangsvermögen

Art. 8 WahlZugAbk-F Zusammensetzung des Anfangsvermögens

(1) [1]Anfangsvermögen ist das Vermögen jedes Ehegatten am Tag des Eintritts des Güterstandes. [2]Verbindlichkeiten werden im Anfangsvermögen berücksichtigt, auch wenn sie das Aktivvermögen übersteigen.

(2) [1]Vermögen, das ein Ehegatte später durch Erbschaft, Schenkung oder als Schmerzensgeld erwirbt, wird dem Anfangsvermögen hinzugerechnet. [2]Die Verbindlichkeiten, die dieses Vermögen betreffen, werden beim Anfangsvermögen selbst dann berücksichtigt, wenn sie das Aktivvermögen überschreiten.

(3) Dem Anfangsvermögen werden nicht zugerechnet:
1. dessen Früchte
   und
2. die Gegenstände des Anfangsvermögens, die ein Ehegatte während des Güterstands Verwandten in gerader Linie geschenkt hat.

(4) [1]Die Ehegatten erstellen bei Abschluss des Ehevertrages ein Verzeichnis über ihr Anfangsvermögen. [2]Es wird vermutet, dass dieses Verzeichnis richtig ist, wenn es von beiden Ehegatten unterzeichnet wurde.

(5) Ist kein Verzeichnis erstellt worden, so wird vermutet, dass kein Anfangsvermögen vorhanden ist.

---

[1] BT-Drs. 17/5126, 28.
[2] In diesem Sinne krit. auch *Jäger* DNotZ 2010, 804 (810).

I. Definition

1   Wie in der Zugewinngemeinschaft des BGB ist Anfangsvermögen das Vermögen, das einem Ehegatten **bei Eintritt in den Güterstand** gehört; bei Überschuldung ist das Anfangsvermögen **negativ** anzusetzen (Abs. 1).

II. Privilegierter Erwerb

2   Dem Anfangsvermögen hinzuzurechnen – und damit nicht ausgleichspflichtig – ist Vermögen, das ein Ehegatte während der Ehe durch Erbschaft, Schenkung oder als Schmerzensgeld erwirbt (Abs. 2 S. 1). Dass auch der privilegierte Erwerb **defizitär** sein kann (S. 2), entspricht der Regelung des § 1374 Abs. 3 BGB. Auch in der Wahl-Zugewinngemeinschaft ist es nicht möglich, etwa durch Annahme einer überschuldeten Erbschaft, das Endvermögen zu mindern, weil die den Nachlass übersteigenden Verbindlichkeiten zwar dieses herabsetzen, das Anfangsvermögen aber nicht entsprechend gemindert haben.

3   Zum Erwerb durch **Erbschaft** sind auch Erwerbe zu zählen, die auf Vermächtnissen, Pflichtteilsberechtigungen, vorweggenommenen Erbfolgen oÄ beruhen. Der auf Erbschaften beschränkte Wortlaut der Bestimmung ist im Hinblick auf ihren Sinn und Zweck extensiv auszulegen.[1] Wie im deutschen Recht gehören grundsätzlich auch **Schenkungen,** die ein Ehegatte während der Ehe erwirbt, zu seinem Anfangsvermögen. **Ausstattungen** des Kindes aus dem Elternvermögen fallen hingegen – anders als nach deutschem Recht – in den Zugewinn. Dass auch während der Ehe erworbenes **Schmerzensgeld** zum Anfangsvermögen zählt, entspricht geltendem französischen Recht (Art. 1570, 1404 C.c.) und einer im deutschen Schrifttum seit langem erhobenen Forderung. Sinnvoll ist die Zurechnung insofern, als Schmerzensgeld auf **Höchstpersönlichkeit** ausgerichtet ist und es keinen Sinn macht, es jemandem zukommen zu lassen, in dessen Person seine Funktionen – Kompensation für die erlittene Einbuße der Lebensqualität, Verschaffung von Genugtuung – nicht greifen können.

III. Früchte

4   **Nicht zuzurechnen** sind dem Anfangsvermögen dessen Früchte. Abs. 3 Nr. 1 stellt in Bezug auf diese ausdrücklich klar, dass sie Zugewinn darstellen. Diese Zuordnung entspricht der des deutschen wie auch der des französischen Rechts und ist insofern folgerichtig, als Früchte, wie etwa die Mieteinnahmen aus einem zum Anfangsvermögen zählenden Hausgrundstück, schließlich erst während des Güterstandes erwirtschaftet werden und bei dessen Beginn noch nicht vorhanden sind.

IV. Schenkungen an Verwandte

5   In der Wahl-Zugewinngemeinschaft werden zum Anfangsvermögen gehörende Gegenstände diesem dann **nicht (mehr) zugerechnet,** wenn der Ehegatte sie während des Güterstandes an Verwandte in gerader Linie verschenkt hat (Abs. 3 Nr. 2). Diese – deutschen Juristen auf den ersten Blick befremdliche – Bestimmung erklärt sich aus einem Spezifikum der Definition des Endvermögens in der Wahl-Zugewinngemeinschaft. In dieser nämlich sind dem Endvermögen die **Wertsteigerungen** hinzuzurechnen, die der an den Verwandten verschenkte Gegenstand durch Verbesserungen erfahren hat, die der schenkende Ehegatte nicht (auch) aus seinem Anfangsvermögen, sondern aus seinen laufenden Einkünften finanziert hat (Art. 10 Abs. 2 Nr. 1 lit. b).

6   Schenkt also der Ehemann ein zu seinem Anfangsvermögen gehörendes Hausgrundstück seiner Tochter aus erster Ehe, so wird dieses Grundstück seinem Anfangsvermögen nicht (mehr) zugerechnet. Zu seinem Endvermögen zählt es ebenfalls nicht, denn das Grundstück gehört ja jetzt der Tochter. Dem Endvermögen des Vaters hinzugerechnet wird nun allerdings der Wertzuwachs, den das der Tochter gehörende Hausgrundstück durch eine von ihm finanzierte Renovierung erfahren hat, es sei denn, er hat hierfür sein Anfangsvermögen eingesetzt und nicht während der Ehe erzielte Einkünfte.

7   Mit dieser Berechnungsregel soll vermieden werden, dass ein Ehegatte Gegenstände bei Verwandten „parkt", diese dann mit in der Ehe erwirtschafteten Mitteln verbessert und die daraus resultierende Wertsteigerung seinem Ehepartner vorenthält. Die auf gemeinsamer Lebensleistung beruhende Wertsteigerung soll nicht beiseite geschafft und dem Zugewinnausgleich entzogen werden können. Die dieser Regelung zugrunde liegende Gerechtigkeitsidee ist plausibel. Skepsis ist allerdings hinsichtlich der Umsetzung geboten. Die Beobachtung von Wertveränderungen in der Ehezeit ist grundsätzlich

---

[1] *Schaal* ZNotP 2010, 162 (169).

schwierig, noch schwieriger wird sie hier, weil sie sich auf Gegenstände bezieht, die im Eigentum Dritter stehen.

Nach deutschem Recht sind solche Wertsteigerungen nicht ausgleichspflichtig. Ein aus dem **8** Anfangsvermögen weggeschenkter Gegenstand findet im Endvermögen grundsätzlich keinerlei Berücksichtigung mehr – es sei denn, die Schenkung stellt sich als illoyale Vermögensminderung dar (§ 1375 Abs. 2 Nr. 1 BGB).

V. Verzeichnis

Die Feststellung, dass die Ehegatten anlässlich der Vereinbarung der Wahl-Zugewinngemeinschaft **9** ein Vermögensverzeichnis erstellen (Abs. 4 S. 1), dokumentiert eine Erwartung des Gesetzgebers – wohl eine lebensfremde.[2] Wie dem aber auch sei: Ist ein Verzeichnis erstellt, so wird wie im deutschen Recht **vermutet**, dass dieses **richtig** ist, wenn es von beiden gebilligt wurde (Abs. 4 S. 2). Auch die Vermutung, dass bei **Fehlen** eines solchen Verzeichnisses davon auszugehen ist, dass Anfangsvermögen **nicht vorhanden** ist (Abs. 5), entspricht in der Sache deutschem Recht (§ 1377 Abs. 3 BGB).

VI. Abdingbarkeit

Die Festlegung des Anfangsvermögens ist **nicht zwingend** (Art. 3 Abs. 3). Es steht den Ehegatten **10** also frei, dieses abweichend zu bestimmen und damit weiteres Vermögen dem Ausgleich zu entziehen oder auch zu unterwerfen.

Art. 9 WahlZugAbk-F Bewertung des Anfangsvermögens

(1) Das Anfangsvermögen wird wie folgt bewertet:
1. Am Tag des Eintritts des Güterstandes vorhandene Gegenstände werden mit dem Wert angesetzt, den sie zu diesem Zeitpunkt hatten.
2. Nach dem Tag des Eintritts des Güterstandes erworbene Gegenstände, die nach Artikel 8 Absatz 2 dem Anfangsvermögen zuzurechnen sind, werden mit dem Wert angesetzt, den sie am Tag des Erwerbs hatten.

(2) [1]Alle Grundstücke und grundstücksgleichen Rechte des Anfangsvermögens mit Ausnahme des Nießbrauchs und des Wohnrechts werden jedoch mit dem Wert angesetzt, den sie am Tag der Beendigung des Güterstandes haben. [2]Wurden diese Gegenstände während der Ehe veräußert oder ersetzt, so ist der Wert am Tag der Veräußerung oder Ersetzung zugrunde zu legen. [3]Änderungen ihres Zustandes, die während der Ehe vorgenommen worden sind, werden bei der Bewertung des Anfangsvermögens nicht berücksichtigt.

(3) Werden die Gegenstände zu einem Zeitpunkt vor der Beendigung des Güterstandes bewertet, so ist ihr nach den Absätzen 1 und 2 bestimmter Wert von diesem Zeitpunkt an um den Betrag anzupassen, der sich aus den gemittelten Preisänderungsraten für allgemeine Verbraucherpreise der Vertragsstaaten ergibt.

(4) Die Absätze 1 und 3 gelten auch für die Bewertung von Verbindlichkeiten.

Übersicht

I. Grundsatz

Dass zum Anfangsvermögen zählende Gegenstände mit dem **Wert** anzusetzen sind, den sie **bei** **1** **Eintritt des Güterstandes** (Abs. 1 Nr. 1) bzw. **am Tage ihres Erwerbs** (Abs. 1 Nr. 2) hatten, entspricht den Bewertungsregeln des deutschen Rechts (§ 1376 Abs. 1 BGB). Folge der Bewertung zu diesem Stichtag ist, dass die Ehegatten am Wertzuwachs, den ein zum Anfangsvermögen des anderen gehörender Gegenstand erfährt, partizipieren – und zwar unabhängig davon, ob sie zu

---

[2] *Gottwald*, FS Pintens, 2012, 651 (658).

diesem etwas beigetragen haben oder nicht. Auch eine rein marktbedingt und ohne jedes Zutun der Ehegatten eingetretene Wertsteigerung fällt in den Zugewinn.

II. Grundstücke

2   Eine Ausnahme ist in der Wahl-Zugewinngemeinschaft für **Grundstücke** und **grundstücksgleiche Rechte** vorgesehen. Diese werden im Anfangsvermögen nicht mit dem Wert berücksichtigt, den sie bei Eintritt des Güterstandes hatten, sondern mit ihrem **Wert bei Beendigung des Güterstandes** (Abs. 2). Funktion dieser Regelung ist, Wertsteigerungen von Immobilien aus dem Zugewinn zu nehmen, die während der Ehe ohne Zutun der Ehegatten eingetreten sind. In diesem Fall nämlich verfehlt die Teilung des Wertzuwachses die Gerechtigkeitsidee der Zugewinngemeinschaft, den auf gemeinsamer Anstrengung und beidseitiger Lebensleistung beruhenden Gewinn zu teilen.

3   Von seinem Sinn und Zweck her kann der **spezielle Wertberechnungszeitpunkt** für zum Anfangsvermögen gehörende Grundstücke dann **keine Geltung** beanspruchen, wenn die während des Güterstandes eingetretene Wertsteigerung auf einer gemeinsamen Investition der Ehegatten beruht, etwa einer Renovierung, Sanierung oder einer Baumaßnahme.[1] Um den hier gemeinschaftlich erwirtschafteten Wertzuwachs im Endvermögen berücksichtigen und als Zugewinn ausgleichen zu können, ist das Grundstück in diesem Fall mit seinem ursprünglichen Wert in das Anfangsvermögen einzustellen (Abs. 2 S. 3).

III. Kompromissregelung

4   Die Bestimmung zur **Bewertung von Immobilien** im Anfangsvermögen entspricht der Regelung der optionalen Zugewinngemeinschaft des **Code civil**. In dieser sind allerdings sämtliche Gegenstände im Anfangsvermögen mit ihrem Wert bei Beendigung des Güterstandes einzustellen (Art. 1571 C.c.) – ohne Zutun der Ehegatten eintretende Wertsteigerungen fallen nach französischem Recht generell nicht in den Zugewinn.

5   In der deutschen Zugewinngemeinschaft wird das Anfangsvermögen hingegen grundsätzlich nach seinem Wert bei Eintritt des Güterstandes bestimmt (§ 1376 Abs. 1 BGB). Hier partizipiert der Ehegatte also auch bei Immobilien an marktbedingt eingetretenen Wertsteigerungen.

6   Offensichtlich im Kompromisswege haben der französische und der deutsche Gesetzgeber für die Wahl-Zugewinngemeinschaft nun einen wichtigen Bereich zufälliger Wertänderungen von Gegenständen im Sinne des französischen Rechts geregelt. Der Kompromiss zwingt allerdings dazu, Wertveränderungen von Grundstücken während des Güterstandes zu verfolgen und die **Gründe und Anlässe einer Wertsteigerung** festzustellen. Dass dies Anlass zum Streit bietet, liegt auf der Hand. Die Stichtagsregelung des deutschen Rechts schließt solche Konflikte von vornherein aus – und setzt zudem das Prinzip der Gütertrennung insofern konsequenter um, als die grundsätzliche Irrelevanz von Verwaltungsmaßnahmen während der Ehe nicht in Frage gestellt wird.

7   Anders als Grundstücke und grundstücksgleiche Rechte sind **Nießbrauch** und **Wohnrechte** im Anfangsvermögen mit ihrem Wert bei Eintritt des Güterstandes zu berücksichtigen (Abs. 2 S. 1). Nach den Erläuterungen des deutsch-französischen Gesetzgebers ist die deutsche Stichtagsregel hier akzeptabel, weil diese **Rechte auf Lebenszeit** angelegt sind und durch Nutzung während des Güterstandes ohnehin an Wert verlieren.[2]

8   Im Übrigen sind nach dem Erläuternden Bericht die Begriffe „Nießbrauch" und „Wohnrecht" als Synonyme für auf Lebenszeit angelegte Rechte zu verstehen – auch eine lebenslänglich eingeräumte persönliche Dienstbarkeit ist also im Anfangsvermögen mit ihrem Wert bei Eintritt des Güterstandes zu berücksichtigen.[3]

IV. Indexierung

9   Dass das Anfangsvermögen zu indexieren ist, um die nominellen, rein **inflationsbedingten Wertsteigerungen** aus dem Zugewinn nehmen zu können, ist in Deutschland hM und wird weder von der Wissenschaft noch von der Rechtsprechung in Frage gestellt (→ BGB § 1373 Rn. 5 ff.).

10   Die diesbezügliche ausdrückliche Regelung im Abkommen (Abs. 3) ist nach deutschem Recht also entbehrlich, nach französischem Recht aber erforderlich. In Frankreich nämlich sind Indexierungen, die auf den allgemeinen Kaufkraftschwund des Geldes abstellen und keinen konkreten Bezug zu dem in Rede stehenden Gegenstand haben, unzulässig (Art. L. 112-2 Code monétaire

---

[1] BT-Drs. 17/5126, 32.
[2] BT-Drs. 17/5126, 33.
[3] Hierzu *Jäger* DNotZ 2010, 804 (812).

et financier). Da nach Art. 55 der französischen Verfassung Regelungen in zwischenstaatlichen Abkommen Vorrang vor dem nationalen Recht haben,[4] ist die hier für die Wahl-Zugewinngemeinschaft angeordnete Indexierung auch dann zulässig, wenn auf den Sachverhalt französisches Sachrecht anzuwenden ist.

V. Verbindlichkeiten

Verbindlichkeiten sind mit dem Wert zu berücksichtigen, den sie am **Tag ihrer Zurechnung** zum 11 Anfangsvermögen haben. Wie die zum Anfangsvermögen gehörenden Aktiva sind sie zu **indexieren** (Abs. 4).

VI. Abdingbarkeit

Die Regelung zur Bewertung des Anfangsvermögens ist disponibel (Art. 3 Abs. 3). Die Ehegatten 12 können also von den Vorgaben des Art. 9 abweichende Bewertungsmethoden vereinbaren.

Abschnitt 2. Endvermögen

Art. 10 WahlZugAbk-F Zusammensetzung des Endvermögens

(1) ¹Das Endvermögen ist das Vermögen jedes Ehegatten am Tag der Beendigung des Güterstandes. ²Verbindlichkeiten werden im Endvermögen berücksichtigt, auch wenn sie das Aktivvermögen übersteigen.

(2) ¹Dem Endvermögen wird der Wert der Gegenstände hinzugerechnet, die ein Ehegatte:
1. verschenkt hat, es sei denn,
   a) die Schenkung ist nach der Lebensführung der Ehegatten angemessen oder
   b) es wurde einem Verwandten in gerader Linie ein Gegenstand aus dem Anfangsvermögen geschenkt. Der Wertzuwachs durch Verbesserungen an einem solchen Gegenstand, der während der Dauer des Güterstands durch vom Anfangsvermögen unabhängige Mittel erzielt wurde, ist dem Endvermögen gleichwohl zuzurechnen.
2. in der Absicht, den anderen zu benachteiligen, veräußert hat, oder
3. verschwendet hat.
²Dies gilt nicht, wenn die Schenkung, Veräußerung in Benachteiligungsabsicht oder Verschwendung mehr als zehn Jahr vor der Beendigung des Güterstandes erfolgt ist oder der andere Ehegatte damit einverstanden gewesen ist.

I. Definition

Wie in der deutschen Zugewinngemeinschaft (vgl. § 1375 BGB) ist Endvermögen auch in der 1 Wahl-Zugewinngemeinschaft das Vermögen, das einem Ehegatten am **Tag der Beendigung** des Güterstandes gehört. Bei Überschuldung ist es **negativ** anzusetzen (Abs. 1).

Zur gegenständlichen Zusammensetzung des Endvermögens trifft das Abkommen keine Rege- 2 lung. Enthält mithin das **nationale Recht** für bestimmte Gegenstände **spezielle Ausgleichsregeln,** so sind diese bei der Festlegung des Endvermögens **zu beachten.**[1] Nach deutschem Recht zählen etwa **Haushaltsgegenstände,** die ein Ehegatte nach § 1568b BGB für sich beanspruchen kann, nicht zum Endvermögen. Güterrechtlich nicht auszugleichen und folglich im Endvermögen nicht zu berücksichtigen ist nach deutschem Recht zudem sämtliches Vermögen, das dem **Versorgungsausgleich** unterliegt (§ 2 Abs. 2, 4 VersAusglG). Hinzu kommen die **arbeitsrechtlichen Abfindungen,** die nach deutschem Recht vielfach unterhaltsrechtlich geteilt werden und wegen des Verbots der Doppelverwertung dann dem Zugewinnausgleich entzogen sind.

Da das Abkommen die Berücksichtigung dieser Vermögensmassen im Endvermögen nicht zwin- 3 gend anordnet, sind sie im Falle der Geltung deutschen Güterrechts auch in der Wahl-Zugewinngemeinschaft dem Zugewinnausgleich entzogen. Um Unsicherheiten in dieser Frage von vornherein auszuschalten, ist Ehegatten allerdings **zu empfehlen,** anlässlich der Vereinbarung der Wahl-Zugewinngemeinschaft über die Zuordnung solcher Vermögensmassen eine **klarstellende Vereinbarung** zu treffen.

---

[4] Les traités ou accords régulièrement ratifiés ou approuvés ont, dès leur publication, une autorité supérieure à celle des lois … (Art. 55 La constitution de la Vᵉ République Francaise de 1958).
[1] Zur Problematik *Dethloff* RabelsZ 2012, 509 (527).

II. Hinzurechnungen

4   Um manipulativen Vermögensminderungen entgegen zu wirken, wird dem Endvermögen auch im deutsch-französischen Güterstand der Wert bestimmter, nicht mehr vorhandener Vermögensgegenstände hinzugerechnet (Abs. 2). Als im Endvermögen fiktiv vorhanden werden Gegenstände behandelt, die ein Ehegatte **verschenkt** hat – es sei denn, die Schenkung hat den finanziellen Lebensverhältnissen der Eheleute entsprochen und den ihnen zum täglichen Leben zur Verfügung stehenden **geldlichen Rahmen** nicht erheblich überschritten.[2]

5   Die Voraussetzungen für die Hinzurechnung von Schenkungen sind in der Wahl-Zugewinngemeinschaft also andere als die in der deutschen Zugewinngemeinschaft. § 1375 Abs. 2 Nr. 1 BGB stellt nicht auf den **Wert der Schenkung** ab, sondern darauf, ob diese einer sittlichen Pflicht oder dem Anstand entsprochen hatte. Da allerdings Schenkungen, deren Umfang die finanziellen Verhältnisse der Eheleute übersteigen, von Sitte und Anstand nicht geboten sein können, kommt man für den Fall überdimensionierter Schenkungen zum gleichen Ergebnis. Unterschiede ergeben sich jedoch dann, wenn die Schenkung umfangmäßig den ehelichen Verhältnissen entsprochen hatte, sittlich aber nicht geboten war.

6   Für den speziellen Fall, dass ein Ehegatte einem **Verwandten** gerader Linie einen **Gegenstand aus seinem Anfangsvermögen** schenkt, ist die **Wertsteigerung** hinzuzurechnen, die dieser durch Verbesserungen während des Güterstandes erfährt – es sei denn, der Ehegatte hat die zur Wertsteigerung führende Maßnahme aus seinem Anfangsvermögen finanziert (Abs. 2 Nr. 1 lit. b). Nicht das Geschenk als solches, aber die vom schenkenden Ehegatten finanzierte Wertverbesserung ist seinem Endvermögen hinzuzurechnen und folglich – weil fiktiv vorhanden – als Zugewinn auszugleichen.

7   Mit dieser Regelung wird vermieden, dass ein Ehegatte Gegenstände zu Verwandten schafft, sie dort mit in der Ehe erwirtschafteten Mitteln verbessert und damit seinem Ehegatten auf gemeinsamer Leistung beruhende Einkünfte entzieht. Problematisch ist diese Regelung insofern, als sie das Rechtssicherheit und -klarheit gewährleistende **Stichtagsprinzip** des Zugewinnausgleichs **aufgibt.** Um nämlich die Wertsteigerungen des beim Dritten befindlichen Gegenstandes für das Endvermögen berechnen zu können, sind diese für die Zeit des Bestehens des Güterstandes zu verfolgen – was erheblichen Anlass zu Streit bieten kann (→ Art. 8 Rn. 7).

8   Fiktiv dem Endvermögen zuzurechnen ist auch der Wert der Gegenstände, die der Ehegatte **in Benachteiligungsabsicht** veräußert (Abs. 2 Nr. 2) oder **verschwendet** hat (Abs. 2 Nr. 3). Nach den Vorstellungen des deutsch-französischen Gesetzgebers soll es genügen, dass die Benachteiligungsabsicht das **leitende Motiv** war, sie muss also nicht allein ausschlaggebend gewesen sein. Zum Streit über diese Frage im deutschen Recht → BGB § 1375 Rn. 36 f.

9   Wie im deutschen Recht (§ 1375 Abs. 3 BGB) sind all diese Hinzurechnungen **ausgeschlossen,** wenn die zur Vermögensminderung führende Maßnahme mehr als **zehn Jahre** zurückliegt sowie dann, wenn der andere Ehegatte mit ihr **einverstanden** war (Abs. 2 S. 2).

III. Abdingbarkeit

10   Vereinbarungen über das Endvermögen sind in Bezug auf Zeit, Umfang wie auch Bewertung **uneingeschränkt zulässig** (Art. 3 Abs. 3). Die Ehegatten können mithin die zum Endvermögen zu rechnenden Gegenstände festlegen, insbes. von diesem auch bestimmte Vermögensgegenstände ausnehmen.[3]

Art. 11 WahlZugAbk-F Bewertung des Endvermögens

(1) Dem Endvermögen wird sowohl hinsichtlich Aktivvermögen als auch Verbindlichkeiten der Wert zugrunde gelegt, den das Vermögen bei Beendigung des Güterstandes hatte.

(2) [1]Die Gegenstände nach Artikel 10 Absatz 2 werden nach ihrem Wert zum Zeitpunkt der Schenkung, Veräußerung in Benachteiligungsabsicht oder Verschwendung bewertet. [2]Die Wertverbesserung nach Artikel 10 Absatz 2 Nummer 1 Buchstabe b wird zum Zeitpunkt der Schenkung des Gegenstandes bewertet.

(3) Die Werte nach Absatz 2 sind um den Betrag anzupassen, der sich aus den gemittelten Preisänderungsraten für allgemeine Verbraucherpreise der Vertragsstaaten ergibt.

---

[2] BT-Drs. 17/5126, 34.
[3] *Schaal* ZNotP 2010, 162 (172).

I. Zeitpunkt

Wie im deutschen Recht (§ 1376 Abs. 2 BGB) ist maßgeblicher Zeitpunkt für die Bewertung 1
des Endvermögens die Beendigung des Güterstandes (Abs. 1). Zum abweichenden Stichtag bei
Scheidung der Ehe oder Beendigung des Güterstandes durch gerichtliche Entscheidung s. Art. 13.

II. Bewertungsmethoden

Methoden für die Ermittlung des **Wertes komplexer Vermögensmassen** wie Unternehmen, 2
freiberufliche Praxen, Gesellschaften uÄ gibt das Abkommen nicht vor. Die Rechtspraxis wird
sich wohl zunächst an den jeweils landesüblichen Berechnungsweisen orientieren. Im Interesse der
Rechtssicherheit ist es jedoch dringend geboten, sich sobald als möglich auf gemeinsame Bewertungsmethoden zu einigen. Es geht nicht an, in der Wahl-Zugewinngemeinschaft das Vermögen der
Eheleute national unterschiedlich zu berechnen.

III. Zeitpunkt bei Hinzurechnung

Ebenfalls wie im deutschen Recht (§ 1376 Abs. 2 BGB) ist bei Hinzurechnungen der Zeitpunkt 3
der **Vornahme der vermögensmindernden Maßnahme** relevant (Abs. 2).

IV. Nominelle Wertsteigerungen

Um nominelle, inflationsbedingte Wertsteigerungen aus dem Zugewinn nehmen zu können, ist 4
das Endvermögen zu indexieren (Abs. 3). Diese Anordnung entspricht der deutschen Rechtslage.
Zur Notwendigkeit der ausdrücklichen Regelung im deutsch-französischen Güterstand → Art. 9
Rn. 10.

V. Abdingbarkeit

Vereinbarungen über das Endvermögen sind **zulässig** (Art. 3 Abs. 3). Auch hinsichtlich der 5
Bewertung der zum Endvermögen gehörenden Gegenstände haben die Eheleute Gestaltungsfreiheit.[1]
Sie können mithin den Wert eines Gegenstandes direkt festlegen, aber auch die Methoden zu dessen
Berechnung bestimmen.

Abschnitt 3. Zugewinnausgleichsforderung

Art. 12 WahlZugAbk-F Anspruch auf Zugewinnausgleich

(1) **Übersteigt bei Beendigung des Güterstandes der Zugewinn des einen Ehegatten
den Zugewinn des anderen, so kann der andere Ehegatte die Hälfte des Überschusses als
Zugewinnausgleichsforderung verlangen.**

(2) **[1]Die Zugewinnausgleichsforderung ist ein Geldanspruch. [2]Das Gericht kann jedoch
auf Antrag eines der Ehegatten anordnen, dass Gegenstände des Schuldners dem Gläubiger
zum Zweck des Ausgleichs übertragen werden, wenn das der Billigkeit entspricht.**

(3) **Die Zugewinnausgleichsforderung ist nach Beendigung des Güterstandes vererblich
und übertragbar.**

I. Teilung

Wie im gesetzlichen Güterstand des BGB gilt in der Wahl-Zugewinngemeinschaft das Prinzip 1
der Halbteilung. Der Ehegatte mit dem geringeren Zugewinn kann von dem anderen die **Hälfte
der Differenz** der Zugewinne als Zugewinnausgleichsforderung verlangen (Abs. 1; § 1378 Abs. 1
BGB).

Eine Minimierung der Forderung durch Anrechnung von **Vorausempfängen** ist **nicht** vorgese- 2
hen. Anders als in der deutschen Zugewinngemeinschaft (§ 1380 BGB) ist also der Fall nicht geregelt,
dass ein Ehegatte durch unentgeltliche Zuwendungen in der Ehe bereits das erhalten hat, was ihm
über den Zugewinnausgleich zustehen würde. Warum der deutsch-französische Gesetzgeber für die
Wahl-Zugewinngemeinschaft eine solche Regelung nicht getroffen hat, ist nicht festzustellen – eine
Begründung findet sich nicht. Auch wenn ein Ehegatte dem anderen also erhebliche Vermögenswerte

---

[1] *Schaal* ZNotP 2010, 162 (172).

wie Grundstücke, Wertpapiere, Unternehmensbeteiligungen oder Lebensversicherungen[1] unentgeltlich zugewandt hat, hat das in der Wahl-Zugewinngemeinschaft auf die Ausgleichsforderung des Empfängers keinen Einfluss.

II. Zahlungsanspruch

3   Der Zugewinnausgleichsanspruch ist **auf Geld** gerichtet (Abs. 2 S. 1). Allerdings kann das Gericht **aus Billigkeitsgründen** die Abgeltung der Zahlungsforderung durch Übertragung von Gegenständen anordnen (Abs. 2 S. 2). Anders als nach der deutschen Regelung in § 1383 BGB setzt die **Abgeltung in Natur** keine grobe Unbilligkeit voraus und kann zudem von jedem Ehegatten – und nicht nur vom Gläubiger – beantragt werden. Auch der Zugewinnausgleichsschuldner also kann durch Hingabe von Gegenständen die Zahlung abwenden, wenn diese für ihn eine unbillige Härte bedeutet.

III. Entstehung

4   Die Zugewinnausgleichsforderung wird mit dem Zeitpunkt der Beendigung des Güterstandes **vererblich** und **übertragbar** (Abs. 3). Dass sie zu diesem Zeitpunkt auch **entsteht** und **fällig** wird, vermerkt Abs. 3 nicht ausdrücklich.

IV. Keine Billigkeitsklausel

5   Anders als in der deutschen und der optionalen französischen Zugewinngemeinschaft hat der ausgleichpflichtige Ehegatte keinerlei Möglichkeit, sich gegen den rechnerisch ermittelten Ausgleichsanspruch zu wehren. Negative Billigkeitsklauseln, wie sie § 1381 BGB und Art. 1579 C.c. enthalten, gibt es in der Wahl-Zugewinngemeinschaft nicht. Eine Begründung für das Fehlen einer Regelung zur Abwehr des Anspruchs in Härtefällen gibt der deutsch-französische Gesetzgeber nicht.[2]

6   Der Schuldner kann im Härtefall die Erfüllung nur nach den **allgemeinen Vorschriften** und Grundsätzen des jeweils anwendbaren nationalen Sachrechts verweigern. Kommt deutsches Recht zur Anwendung, wird er sich mit § 242 BGB gegen die Inanspruchnahme wehren müssen.

V. Abdingbarkeit

7   Vereinbarungen über die Zugewinnausgleichsforderung sind möglich – und zwar auch während des Scheidungsverfahrens (Art. 3 Abs. 3). **Einschränkungen der Vertragsfreiheit,** wie sie § 1378 Abs. 3 BGB für die gerichtliche Auseinandersetzungsphase der Eheleute enthält, gibt es in der Wahl-Zugewinngemeinschaft **nicht.**

Art. 13 WahlZugAbk-F Berechnungszeitpunkt in Sonderfällen

Wird die Ehe geschieden oder der Güterstand durch eine andere gerichtliche Entscheidung aufgelöst, bestimmt sich die Zugewinnausgleichsforderung nach Zusammensetzung und Wert des Vermögens der Ehegatten zum Zeitpunkt der Einreichung des Antrags bei Gericht.

I. Funktion

1   Im Falle der Scheidung und der vorzeitigen Beendigung der Zugewinngemeinschaft wird der für die Berechnung des Endvermögens ausschlaggebende **Stichtag vorverlagert.** Zeitlich ausschlaggebend für Bestand und Wert des Endvermögens ist nicht der Eintritt der Rechtskraft der den Güterstand beendenden Entscheidung (Art. 10 Abs. 1, 11 Abs. 1), sondern der Zeitpunkt der **Einreichung des Antrags** bei Gericht. Mit der Vorverlegung des Stichtags soll verhindert werden, dass Ehegatten während eines auf Scheidung oder Beendigung des Güterstandes gerichteten Verfahrens ihr Vermögen zum Nachteil des anderen mindern. Da in dieser Auseinandersetzungsphase Manipulationsversuche naheliegen, sollen Vermögensänderungen nach Beginn des gerichtlichen Verfahrens die Höhe des für die Berechnung des Zugewinns maßgeblichen Vermögens nicht mehr berühren können.

---

[1] Das sind die Hauptanwendungsfälle der Anrechnung eines Vorausempfangs nach § 1380 BGB (→ BGB § 1380 Rn. 14).

[2] S. hierzu auch *Martiny* ZEuP 2011, 577 (595).

II. Zeitpunkt

§ 1384 BGB verlagert für die deutsche Zugewinngemeinschaft den Stichtag in diesen Konstellati- 2
onen auf den Zeitpunkt der **Rechtshängigkeit** des Verfahrens vor. Ausschlaggebend ist mithin die
Zustellung des Antrags (§ 124 FamFG, § 253 ZPO), nicht aber schon dessen **Einreichung.** In
der Wahl-Zugewinngemeinschaft kann nun auch die zwischen Einreichung und Zustellung des
gerichtlichen Antrags liegende Zeit, in Deutschland sind das in der Regel zwei Wochen, nicht mehr
zur Reduzierung des Endvermögens genutzt werden.

Art. 14 WahlZugAbk-F Begrenzung der Zugewinnausgleichsforderung

**¹Die Zugewinnausgleichsforderung wird auf den halben Wert des Vermögens des Aus-
gleichspflichtigen begrenzt, das nach Abzug der Verbindlichkeiten zu dem Zeitpunkt, der
für die Feststellung der Höhe der Zugewinnausgleichsforderung maßgebend ist, vorhanden ist. ²Die Begrenzung der Zugewinnausgleichsforderung erhöht sich in den Fällen des
Artikel 10 Absatz 2 mit Ausnahme von Nummer 1 Buchstabe b um die Hälfte des dem
Endvermögen hinzuzurechnenden Betrages.**

I. Begrenzung der Forderung

Die rechnerisch ermittelte Zugewinnausgleichsforderung entfällt in der Höhe, in der der aus- 1
gleichspflichtige Ehegatte zu ihrer Erfüllung auf mehr als die **Hälfte seines Vermögens** zurückgreifen müsste. Mit dieser Regelung soll sichergestellt werden, dass ein Ehegatte die Hälfte seines zum
Stichtag tatsächlich vorhandenen Vermögens behält; nur maximal 50 % von diesem muss er zur
Begleichung seiner güterrechtlichen Schuld einsetzen. Praktisch relevant wird die Kappungsgrenze
bei negativem Anfangsvermögen. Besteht der Zugewinn eines Ehegatten in der Tilgung von Verbindlichkeiten, soll er jedenfalls die Hälfte der darüber hinaus erwirtschafteten Aktiva behalten dürfen,
um bei Beendigung des Güterstandes nicht vermögenslos dazustehen und bei „null" anfangen zu
müssen.

Dass der deutsche Gesetzgeber in der Wahl-Zugewinngemeinschaft diese Rücksicht auf den 2
ausgleichspflichtigen Ehegatten genommen hat, ist erstaunlich.[1] Im Jahre 2009 hatte er nämlich in
der Zugewinnausgleichsrechtsreform diese Rücksicht in letzter Minute – und ohne Begründung –
fallenlassen und die Kappungsgrenze auf das **vorhandene Vermögen** gesenkt. Nach § 1378 Abs. 2
BGB muss der ausgleichspflichtige Ehegatte zur Begleichung der güterrechtlichen Forderung des
anderen sein gesamtes Vermögen einsetzen und ggf. mittellos in die Zukunft starten. Dass dies dem
Ausgleichspflichtigen in der deutsch-französischen Zugewinngemeinschaft nicht zugemutet wird und
er die Hälfte seines Vermögens behalten darf, ist offensichtlich ein Zugeständnis der deutschen an
die französische Seite gewesen.[2]

Unabhängig von der Höhe der Kappungsgrenze gilt in der deutschen wie in der deutsch-französi- 3
schen Zugewinngemeinschaft jedenfalls, dass es eine **Forderung auf Zugewinnausgleich nur**
geben kann, wenn beim Ausgleichspflichtigen **positives Vermögen** vorhanden ist.

II. Ausnahme

Nicht zu begrenzen ist die Ausgleichsforderung, wenn der Ehegatte **illoyale Vermögensausga-** 4
ben getätigt hat und deren Wert seinem Endvermögen hinzugerechnet wird (S. 2). In diesem Fall
erhöht sich die Begrenzung der gegen den illoyalen Ehegatten gerichteten Ausgleichsforderung –
unabhängig vom tatsächlich vorhandenen Vermögen – um die Hälfte des fiktiv anzusetzenden Betrages. Da der unredlich handelnde Ehegatte keinen Schutz verdient, ist er ohne Rücksicht auf die
Höhe des vorhandenen Vermögens ausgleichspflichtig. Er muss sich ggf. auch verschulden, um die
Ausgleichsforderung zu erfüllen.

Dies gilt allerdings nicht für **Schenkungen an Verwandte** in gerader Linie. Diese werden zwar 5
auch dem Endvermögen hinzugerechnet, setzen aber nicht die Begrenzung der Ausgleichsforderung
außer Kraft. Nach Einschätzung des deutsch-französischen Gesetzgebers kann man im Fall einer
Schenkung an Verwandte nicht ohne weiteres unterstellen, dass der Ehegatte sein Vermögen unredlich zu Lasten des anderen mindern wollte.[3]

---

[1] So auch *Jäger* DNotZ 2010, 804 (816).
[2] So *Meyer* FamRZ 2010, 612 (614).
[3] BT-Drs. 17/5126, 37.

III. Abdingbarkeit

6 Die Ehegatten können die Begrenzung der Ausgleichsforderung abweichend von der Bestimmung des Abkommens regeln (vgl. Art. 3 Abs. 3). Sie können also die Kappungsgrenze heraufsetzen, aber auch herabsetzen oder auch gegenständlich bestimmte Vermögensmassen in diesem Zusammenhang für irrelevant erklären.

Kapitel VI. Sonstiges

Art. 15 WahlZugAbk-F Verjährung

Der Anspruch auf Zugewinnausgleich verjährt in drei Jahren; die Frist beginnt mit dem Zeitpunkt, in dem der Ehegatte von der Beendigung des Güterstandes erfährt, spätestens jedoch zehn Jahre nach der Beendigung des Güterstandes.

1 Wie nach deutschem Recht (§ 195 BGB) verjährt die Zugewinnausgleichsforderung in der Wahl-Zugewinngemeinschaft nach **drei Jahren.** Die Frist beginnt **kenntnisabhängig** zu laufen. Mit der Kenntnisabhängigkeit des Fristbeginns hat der deutsch-französische Gesetzgeber den deutschen Fristbeginn übernommen.[1] Erfahren von der Beendigung der Wahl-Zugewinngemeinschaft hat der ausgleichsberechtigte Ehegatte also dann, wenn er von deren Ende Kenntnis erlangt hat oder ohne grobe Fahrlässigkeit hätte erlangen müssen (§ 199 Abs. 1 Nr. 2 BGB).

2 Nach § 199 BGB ist für den Fristbeginn der **Schluss des Jahres** relevant, in dem der Anspruch entstanden ist (Abs. 1 Nr. 1) und Kenntniserlangung möglich war (Abs. 1 Nr. 2). Art. 15 stellt hingegen nur auf die Kenntniserlangung ab. Im Hinblick darauf, dass der deutsche Fristbeginn übernommen werden sollte, ist aber anzunehmen, dass die Verjährung der Zugewinnausgleichsforderung auch in der Wahl-Zugewinngemeinschaft nicht taggenau mit Kenntniserlangung zu laufen beginnt, sondern erst mit dem Schluss des Jahres, in dem die Voraussetzungen für den Fristbeginn eingetreten sind.

3 Unabhängig von der Kenntnis des ausgleichsberechtigten Ehegatten verjährt die Zugewinnausgleichsforderung in **zehn Jahren.** Diese **absolute Obergrenze** der Verjährung gilt auch in der deutschen Zugewinngemeinschaft (§ 199 Abs. 4 BGB). Sie trägt dem Bedürfnis des ausgleichspflichtigen Ehegatten Rechnung, ab einer bestimmten Zeit Rechtssicherheit über seine Inanspruchnahme zu erlangen.

Art. 16 WahlZugAbk-F Auskunftspflicht, Verzeichnis

(1) [1]**Nach Beendigung des Güterstandes ist jeder Ehegatte verpflichtet, dem anderen Ehegatten über den Bestand seines Anfangs- und Endvermögens Auskunft zu erteilen.** [2]**Auf Verlangen sind Belege vorzulegen.** [3]**Jeder Ehegatte kann die Vorlage eines vollständigen und richtigen Verzeichnisses verlangen.** [4]**Bei dessen Erstellung ist er auf sein Verlangen hinzuzuziehen.** [5]**Er kann außerdem verlangen, dass das Verzeichnis auf seine Kosten durch einen Notar aufgenommen wird.**

(2) Absatz 1 gilt auch, sobald ein Ehegatte die Auflösung der Ehe oder den vorzeitigen Ausgleich des Zugewinns beantragt hat.

Übersicht

I. Gegenstand der Auskunft

1 Jeder Ehegatte muss in der Lage sein, die für das Bestehen und die Höhe einer Ausgleichsforderung wesentlichen Daten – Anfangs- und Endvermögen beider Ehegatten – eigenständig beurteilen zu können. Sein eigenes Vermögen kann er sich allein erschließen, Kenntnis über das **Anfangs- und Endvermögen** seines Partners kann er sich mit dem Auskunftsanspruch verschaffen.

---

[1] BT-Drs. 17/5126, 38.

II. Belege

Der auskunftsberechtigte Ehegatte hat einen Anspruch auf Vorlage von Belegen. Dieser Anspruch **2** eröffnet ihm die Möglichkeit, die Vermögensangaben des anderen zu überprüfen und sie ggf. als richtig zu akzeptieren.

III. Verzeichnis

Im Rahmen des Anspruchs auf Auskunft kann der Ehegatte auch die Vorlage eines Bestandsver- **3** zeichnisses verlangen. Dieses ist **vom Auskunftspflichtigen** vollständig und richtig **zu erstellen** (Abs. 1 S. 3).

Um unvollständige und unrichtige Angaben von vornherein auszuschließen, kann der auskunftsbe- **4** rechtigte Ehegatte verlangen, **bei der Erstellung** des Verzeichnisses **hinzugezogen** zu werden (Abs. 1 S. 4). Er hat also das Recht, bei der Zusammenstellung anwesend zu sein. Da dieses kein höchstpersönliches Recht ist, kann er es auch einem sachverständigen Dritten zur Ausübung übertragen.

Im Übrigen kann der auskunftsberechtigte Ehegatte auch verlangen, dass das **Verzeichnis** nicht **5** von dem Auskunftspflichtigen, sondern **von einem Notar** erstellt wird. Die Kosten für dessen Tätigkeit hat er allerdings selbst zu tragen (Abs. 1 S. 5).

IV. Einschränkungen gegenüber § 1379 BGB

Der Auskunftsanspruch der Wahl-Zugewinngemeinschaft bleibt in drei wesentlichen Punkten **6** hinter dem der deutschen Zugewinngemeinschaft zurück.

Zum einen kann in gegenständlicher Hinsicht Auskunft nur über das Anfangs- und Endvermögen **7** verlangt werden, **nicht** aber Auskunft über das **Trennungsvermögen** (§ 1379 Abs. 1 S. 1 Nr. 1 BGB).

Zum anderen kann in zeitlicher Hinsicht Auskunft nur bei **Beendigung des Güterstandes 8** (Abs. 1) und bei Einleitung eines auf Eheauflösung oder vorzeitigen Güterrechtsausgleich gerichteten **gerichtlichen Verfahrens** verlangt werden (Abs. 2). In der deutschen Zugewinngemeinschaft hingegen können Ehegatten Auskunft über das Trennungsvermögen unabhängig von prozessualen Anträgen verlangen, sobald sie getrennt leben (§ 1379 Abs. 2 BGB). Warum der deutsch-französische Gesetzgeber den Auskunftsanspruch über das Trennungsvermögen nicht geregelt hat, ist dem Erläuternden Bericht nicht zu entnehmen. Gegen die in der Trennungsphase gesteigerte Gefahr illoyaler Vermögensminderungen sind in der Wahl-Zugewinngemeinschaft – aus welchem Grunde auch immer – keine Vorkehrungen getroffen.

Im Übrigen bleibt der Auskunftsanspruch im deutsch-französischen Wahl-Güterstand gegenständ- **9** lich hinter dem des BGB insofern zurück, als er **nicht** auch die **Ermittlung des Wertes** der angegebenen Gegenstände umfasst (§ 1379 Abs. 1 S. 3 BGB). Dass der auskunftsberechtigte Ehegatte keinen Anspruch auf Wertangaben hat, ist besonders misslich, wenn er sich den Wert der von dem anderen angegebenen Gegenstände nicht aus eigenem Wissen erschließen kann – was bei Unternehmen, freiberuflichen Praxen, Gesellschaftsbeteiligungen und ähnlichen Vermögensmassen fast ausnahmslos der Fall ist. In der deutschen Zugewinngemeinschaft umfasst hier der Wertermittlungsanspruch aus § 1379 BGB sogar die Hinzuziehung eines Sachverständigen. Dessen Einschaltung nämlich hat nach allgM der auskunftspflichtige Ehegatte zu dulden, wenn eine annähernd zuverlässige Wertfeststellung ohne sachverständige Hilfe Dritter nicht möglich ist; die Kosten hierfür hat der Auskunftsberechtigte allerdings selbst zu tragen. Zu dieser extensiven Auslegung des § 1379 Abs. 1 S. 3 BGB → BGB § 1379 Rn. 27.

Das Fehlen eines Anspruchs auf Wertermittlung in der Wahl-Zugewinngemeinschaft wird in **10** Fällen komplex zusammengesetzter, von Laien wertmäßig nicht zu beurteilender Vermögensmassen in aller Regel wohl zu gerichtlichen Auseinandersetzungen führen.

V. Keine Abdingbarkeit

Die Auskunftsregelung des Art. 16 ist **zwingendes Recht.** Das folgt aus ihrer systematischen **11** Stellung in Kapitel VI des Abkommens – nach Art. 3 Abs. 3 sind nur die in Kapitel V enthaltenen Vorschriften disponibel. Die Pflicht zur Auskunftserteilung kann also ehevertraglich nicht abbedungen werden.

Art. 17 WahlZugAbk-F Stundung

(1) Das Gericht kann auf Antrag dem Schuldner die Zugewinnausgleichsforderung stunden, wenn die sofortige Zahlung für den Schuldner eine unbillige Härte wäre, insbesondere

wenn sie ihn zur Aufgabe eines Gegenstandes zwingen würde, der seine wirtschaftliche Lebensgrundlage bildet.

(2) Eine gestundete Forderung ist zu verzinsen.

(3) Das Gericht kann auf Antrag des Gläubigers anordnen, dass der Schuldner für eine gestundete Forderung Sicherheit leistet; über Art und Umfang der Sicherheitsleistung entscheidet das Gericht nach billigem Ermessen.

I. Regelungsinhalt

1   Mit der Möglichkeit, die Erfüllung der Zugewinnausgleichsforderung zu stunden, soll **Erfüllungsschwierigkeiten** des Ausgleichsschuldners begegnet werden. Bedeutet die sofortige Zahlung für ihn eine unbillige Härte, kann die Forderung auf seinen Antrag hin **durch gerichtliche Entscheidung** gestundet werden.

II. Unbillige Härte

2   Eine unbillige Härte liegt vor, wenn der Zugewinnausgleichsschuldner außer den Gegenständen, auf die er **existentiell angewiesen** ist, keine Vermögenswerte hat, die er zur Begleichung der gegen ihn gerichteten Forderung einsetzen könnte. Eine unbillige Härte, die den Zahlungsaufschub angezeigt sein lässt, liegt etwa vor, so das Beispiel des Gesetzgebers, wenn ein zur Zahlung von 50.000 Euro verurteilter Ehegatte außer dem Haus, in dem er lebt und in dem er auch das Erwerbsgeschäft betreibt, aus dessen Einkünften er seinen Lebensunterhalt bestreitet, kein Vermögen hat.[1]

3   In der deutschen Zugewinngemeinschaft knüpft die Stundung an die **Unzeit** sofortiger Zahlung an und präzisiert diesen Begriff unter Bezugnahme auf die Lebensverhältnisse der gemeinschaftlichen Kinder der Ehegatten (§ 1382 Abs. 1 BGB). Der begriffliche Unterschied – hier unbillige Härte, dort Unzeit – führt sachlich nicht zu unterschiedlichen Bewertungen und Ergebnissen. Wenn ein Lebenssachverhalt die Unzeit der Zahlung für den Ausgleichsschuldner iS des § 1382 BGB begründet, so wird die Zahlung zu diesem Zeitpunkt für ihn auch immer eine unbillige Härte iS des Art. 17 bedeuten.

III. Verzinsung; Sicherheitsleistung

4   Wie im deutschen Recht ist die gestundete Forderung zu verzinsen – und zwar **von Gesetzes wegen** (Abs. 2; § 1382 Abs. 2 BGB). Eines **Antrags** des Gläubigers bedarf hingegen die gerichtliche Anordnung der Sicherheitsleistung für die gestundete Forderung (Abs. 3; § 1382 Abs. 3 BGB).

5   Während das deutsche Recht sowohl Höhe und Fälligkeit der Zinsen wie auch Art und Umfang der Sicherheitsleistung in das billige Ermessen des Gerichts stellt (§ 1382 Abs. 4 BGB), sieht das Abkommen eine solche **Ermessensentscheidung** nur für die **Sicherheitsleistung** vor (Abs. 3). Wie sich Höhe und Fälligkeit der **Zinsen** bestimmen, **regelt** das Abkommen **nicht** (vgl. Abs. 2). Verzugszinsen jedenfalls sind nicht geschuldet, denn die Stundung schiebt die Fälligkeit ja hinaus. Die deutschen Gerichte werden wohl auf den gesetzlichen Zinssatz des § 246 BGB zurückgreifen.[2]

Art. 18 WahlZugAbk-F Vorzeitiger Zugewinnausgleich

(1) ¹Wenn ein Ehegatte sein Vermögen so verwaltet, dass er dadurch die Rechte des anderen bei der Berechnung der Zugewinnausgleichsforderung beeinträchtigt, kann der andere Ehegatte vorzeitigen Ausgleich des Zugewinns verlangen. ²Dies gilt insbesondere in den Fällen, die zu der fiktiven Hinzurechnung nach Artikel 10 Absatz 2 führen.

(2) Mit Rechtskraft der Entscheidung, durch die dem Antrag stattgegeben wird, gilt für die Ehegatten Gütertrennung.

I. Beeinträchtigung

1   Verwaltet ein Ehegatte sein Vermögen so, dass er die Zugewinnausgleichsberechnung zu Lasten des anderen verschiebt, kann dieser den vorzeitigen Ausgleich des Zugewinns verlangen. Dass der Ehegatte die Berechnung des Zugewinnausgleichs beeinträchtigt, ist vor allem anzunehmen, wenn er Maßnahmen trifft, die zur fiktiven Hinzurechnung von Vermögen führen.

---

[1] BT-Drs. 17/5126, 38.
[2] *Jäger* DNotZ 2010, 804 (818).

(Noch) nicht reagieren kann ein Ehegatte, wenn vermögensbeeinträchtigende Handlungen des 2 anderen **zu befürchten** sind. Anders als in der deutschen Zugewinngemeinschaft (§ 1385 Nr. 2 BGB) muss er den Eintritt der vermögensmindernden Maßnahme abwarten.

Auch die Möglichkeit, nach **dreijährigem Getrenntleben** – ohne jede weitere Voraussetzung – 3 den vorzeitigen güterrechtlichen Ausgleich herbeizuführen (§ 1385 Nr. 1 BGB), gibt es in der Wahl-Zugewinngemeinschaft **nicht**.

Der Schutz der Ehegatten vor zugewinnmindernden Handlungen des anderen bleibt in der Wahl- 4 Zugewinngemeinschaft also hinter dem Schutz zurück, den die deutsche Zugewinngemeinschaft seit der Reform im Jahre 2009 in diesem Fall bietet.

II. Anspruch beider Ehegatten

Das Recht, während bestehender Ehe vorzeitig den güterrechtlichen Ausgleich herbeizuführen, 5 steht beiden Ehegatten zu. Auch der ausgleichspflichtige Ehegatte kann den vorzeitigen Ausgleich verlangen, wenn der Ausgleichsberechtigte mit unredlichen vermögensmindernden Maßnahmen seinen Zugewinn verringert, um seine Ausgleichsforderung zu erhöhen.

Die deutsche Differenzierung bei der vorzeitigen Aufhebung des Güterstandes – seitens des Aus- 6 gleichsberechtigten vorzeitige Aufhebung mit Ausgleich (§ 1385 BGB), seitens beider Ehegatten vorzeitige Aufhebung ohne Ausgleich (§ 1386 BGB) – kennt die Wahl-Zugewinngemeinschaft nicht. In ihr gibt es nur den **Ausgleich des Zugewinns,** der von **beiden Ehegatten** gleichermaßen verlangt werden kann. Der deutsch-französische Gesetzgeber hat eine Formulierung gewählt, die das **Begehren auf Zahlung nicht einschließt** und deshalb auch vom Ausgleichspflichtigen sinnvoll verlangt werden kann. Dieser nämlich kann – trotz der dann eintretenden Zahlungspflicht – Interesse am vorzeitigen Ausgleich haben, um nicht infolge der den Zugewinn unredlich schmälernden Vermögensmaßnahmen des anderen zu einem späteren Zeitpunkt noch mehr zahlen zu müssen.

III. Rechtsfolge

Mit **Rechtskraft** der dem Antrag stattgebenden Entscheidung tritt **Gütertrennung** ein (Abs. 2). 7

IV. Einstweiliger Rechtsschutz

Nichts mit der vorzeitigen Beendigung des Güterstandes zu tun haben die Möglichkeiten des 8 Ausgleichsgläubigers, bei Gefährdung der Ausgleichsforderung einstweiligen Rechtsschutz in Anspruch zu nehmen. Der einstweilige Rechtsschutz ist in der Wahl-Zugewinngemeinschaft nicht geregelt und richtet sich folglich nach dem jeweils anwendbaren nationalen Recht.[1] In Deutschland kann der Ausgleichsgläubiger also auch in der Wahl-Zugewinngemeinschaft nach Rechtshängigkeit des Scheidungsantrags seine Forderung im Wege des Arrestes sichern (§ 119 Abs. 2 FamFG, §§ 916 ff. ZPO).

Kapitel VII. Schlussbestimmungen

Art. 19 WahlZugAbk-F Zeitliche Anwendung

Dieses Abkommen findet auf die Eheverträge Anwendung, die die Ehegatten nach seinem Inkrafttreten geschlossen haben.

Dass die Regelungen des Abkommens auf ehevertragliche Vereinbarungen, die vor seinem Inkraft- 1 treten geschlossen wurden, keine Anwendung finden können, erklärt sich daraus, dass die Wahl-Zugewinngemeinschaft als gesetzlicher Güterstand konzipiert ist – und als solcher konnte sie nicht gelten, solange sie noch nicht im deutschen und französischen nationalen Recht gesetzlich verankert war.

Art. 20 WahlZugAbk-F Ratifikation und Inkrafttreten

(1) Dieses Abkommen bedarf der Ratifikation.

(2) Dieses Abkommen tritt am ersten Tag des Monats in Kraft, der dem Austausch der Ratifikationsurkunden folgt.

(3) [1]Dieses Abkommen gilt zunächst für zehn Jahre. [2]Nach Ablauf dieser zehn Jahre wird es stillschweigend auf unbestimmte Zeit verlängert.

---

[1] BT-Drs. 17/5126, 39.

(4) ¹**Dieses Abkommen kann frühestens zehn Jahre nach seinem Inkrafttreten durch einen Vertragsstaat gekündigt werden.** ²**Das Abkommen tritt am ersten Tag des dreizehnten Monats außer Kraft, der dem Tag des Eingangs der Notifikation beim anderen Vertragsstaat folgt.**

1   Deutschland und Frankreich haben die das Abkommen betreffenden Ratifikationsurkunden am 18.4.2013 ausgetauscht. Das Abkommen ist mithin **am 1.5.2013 in Kraft** getreten.

2   Ebenfalls am 1.5.2013 in Kraft getreten ist das deutsche Umsetzungsgesetz vom 15.3.2012.¹ Dieses Gesetz verankert den neuen optionalen Güterstand im Eherecht des BGB mittels eines **Verweises** auf das Abkommen. Angesiedelt hat der deutsche Gesetzgeber diesen Verweis innerhalb der Regelung des vertraglichen Güterrechts (Titel 6, Untertitel 2). Im Anschluss an die Kapitel über die Gütertrennung (Kapitel 2) und die Gütergemeinschaft (Kapitel 3) findet sich nun das **Kapitel 4** über die Wahl-Zugewinngemeinschaft. Dieses Kapitel besteht aus einem einzigen Paragraphen, dem wiederbelebten **§ 1519 BGB.** Dieser bestimmt in **S. 1,** dass im Fall der ehevertraglichen Vereinbarung der Wahl-Zugewinngemeinschaft die Vorschriften des Abkommens gelten. Materiell-rechtlich ist der neue Güterstand also **nicht im BGB,** sondern in dem bilateralen Abkommen mit Frankreich geregelt.

3   **§ 1519 S. 2** BGB ordnet die Geltung des § 1368 BGB an. Auch in der Wahl-Zugewinngemeinschaft steht dem übergangenen Ehegatten das hier geregelte eigenständige Revokationsrecht zu (→ Art. 5 Rn. 12).

4   **§ 1519 S. 3 BGB** schließt die Geltung der Verkehrsschutzvorschrift des § 1412 BGB für den Ehevertrag über die Wahl-Zugewinngemeinschaft aus (→ Art. 3 Rn. 2 f.).

Art. 21 WahlZugAbk-F Beitritt

(1) ¹**Nach Inkrafttreten dieses Abkommens kann jeder Mitgliedstaat der Europäischen Union diesem Abkommen beitreten.** ²**Im Fall des Beitritts eines oder mehrerer Staaten handelt die Regierung der Bundesrepublik Deutschland als Verwahrer des Übereinkommens.** ³**Die Beitrittsurkunden sind beim Verwahrer zu hinterlegen.**

(2) ¹**Das Übereinkommen tritt für den beitretenden Staat am ersten Tag des Monats in Kraft, der auf die Hinterlegung der Beitrittsurkunde folgt.** ²**Der Verwahrer notifiziert den Vertragsstaaten jeden neuen Beitritt sowie den Zeitpunkt des Inkrafttretens des Übereinkommens für die beitretenden Staaten.**

(3) ¹**Ab dem Zeitpunkt des Beitritts eines oder mehrerer Staaten ist eine Kündigung dem Verwahrer zu notifizieren.** ²**Jeder Vertragsstaat kann dieses Übereinkommen frühestens zehn Jahre, nachdem es für ihn in Kraft getreten ist, kündigen.** ³**Die Kündigung wird am ersten Tag des dreizehnten Monats wirksam, der dem Tag des Eingangs der Notifikation beim Verwahrer folgt.** ⁴**Der Verwahrer notifiziert den Vertragsstaaten jede Kündigung und das Datum, an dem diese Kündigung wirksam wird.**

1   Entsprechend der Intention des Abkommens, im Namen der deutsch-französischen Freundschaft einen ersten Schritt zu einer **Europäisierung des Eherechts** zu tun, soll der neue Wahl-Güterstand innerhalb Europas Verbreitung finden. Deshalb steht **allen Mitgliedstaaten** der EU der **Beitritt zum Abkommen** offen. Deutschland ist **Depositar** und übernimmt in dieser Rolle die im Falle eines Beitritts anfallenden Arbeiten.

2   Dass die Wahl-Zugewinngemeinschaft in anderen europäischen Ländern tatsächlich Verbreitung finden und an die Stelle der nationalen Güterstände treten wird, ist allerdings nicht zu erwarten. Die Übernahme der Wahl-Zugewinngemeinschaft in das nationale Güterrecht wird sich aller Voraussicht nach wie in Deutschland und Frankreich in der Dokumentation des Willens zur Europäisierung des Rechts erschöpfen.

3   Die immer wieder geäußerte Befürchtung, dass andere Länder das Abkommen als Aufmunterung sehen, ihrerseits bilaterale Güterstandsregelungen zu treffen und damit ein europäisches Rechtschaos verursachen, hat sich bislang als gegenstandslos erwiesen.¹*

---

¹ Gesetz zu dem Abkommen vom 4.2.2010 zwischen der Bundesrepublik Deutschland und der Französischen Republik über den Güterstand der Wahl-Zugewinngemeinschaft vom 15.3.2012, BGBl. II S. 178; 2013 II S. 431.
¹* *Fötschl* ERPL 2010, 881 (888).

Art. 22 WahlZugAbk-F Sprachen des Übereinkommens

Beim Beitritt eines Staates entscheiden die Vertragsstaaten über die Festlegung einer weiteren verbindlichen Sprachfassung.

Der deutsch-französische Gesetzgeber erklärt **weitere Amtssprachen** ausdrücklich für zulässig. **1** Die Vorschriften des Abkommens werden also auch in anderen Sprachen verbindlich werden.

Dass das Abkommen in der Überschrift des Art. 22 als „Übereinkommen" bezeichnet wird, ist **2** wohl – wie schon in Art. 21 Abs. 2 – ein redaktionelles (Sprach-)Versehen. Die französische Version jedenfalls bleibt durchgängig bei dem Begriff „accord".

Art. 23 WahlZugAbk-F Registrierung

Die Registrierung dieses Abkommens beim Sekretariat der Vereinten Nationen nach Artikel 102 der Charta der Vereinten Nationen wird unverzüglich nach seinem Inkrafttreten durch die Regierung der Bundesrepublik Deutschland veranlasst.

[Schlussformel]

Geschehen zu Paris am 4. Februar 2010 in zwei Urschriften, jede in deutscher und in französischer Sprache, wobei jeder Wortlaut gleichermaßen verbindlich ist.

Einführungsgesetz zum Bürgerlichen Gesetzbuche

In der Fassung der Bekanntmachung vom 21. September 1994
(BGBl. 1994 I S. 2494, ber. BGBl. 1997 I S. 1061)

Zuletzt geändert durch Art. 2 Abs. 4 Gesetz zur Einführung des Rechts auf Eheschließung für Personen
gleichen Geschlechts vom 20. Juli 2017 (BGBl. 2017 I S. 2787)

Erster Teil. Allgemeine Vorschriften

Zweites Kapitel. Internationales Privatrecht

Dritter Abschnitt. Familienrecht

Vorbemerkung zu Art. 13 EGBGB: Verlöbnis

Schrifttum: *Fudickar,* Ansprüche des Brautvaters bei Auflösung des Verlöbnisses türkischer Verlobter, IPRax
1984, 253; *Gamillscheg,* Das Verlöbnis im deutschen IPR, RabelsZ 32 (1968), 473; *Köksal,* Das Verlöbnis und
seine Auflösung im deutschen und türkischen Recht, 1995; *Krüger,* Grundzüge des türkischen Verlöbnisrechts,
StAZ 1990, 313; *Krüger,* Änderungen im türkischen Familienrecht, StAZ 1991, 181; *Langenberg,* Das Verlöbnis
im IPR, Diss. Köln 1958; *Lorenz/Unberath,* Nichteheliche Lebensgemeinschaft und Verlöbnis im Internationalen
Privat- und Verfahrensrecht, IPRax 2005, 516; *Looschelders,* Der Anspruch auf Rückzahlung des Brautgeldes nach
yezidischem Brauchtum, IPRax 2012, 238; *Luther,* Ersatz immaterieller Schäden bei Verlöbnisbruch im IPR
und in Auslandsrechten, FamRZ 1959, 475; *Mankowski,* Verlöbnisbruch, konkurrierende Deliktansprüche und
Rückforderung von Geschenken im Internationalen Privat- und Zivilprozessrecht, IPRax 1997, 173; *Özlan,* Das
türkische Verlöbnisrecht unter besonderer Berücksichtigung der Familienrechtsnovelle, ZRvgl. 1991, 20; *Yassari,*
Die Brautgabe im Familienverfahrensrechts, 2014.

I. Tatbestand

1 Der Tatbestand der Verlobung beschränkt sich auf das wechselseitige **Eheversprechen,** gleichgültig, ob es als familienrechtlicher Vertrag oder als Tatsache aufgefasst wird;[1] Geschlechtsbeziehungen, „Verhältnisse", nichteheliche Verbindungen und Lebensgemeinschaften als solche (vgl.
→ Art. 13 Rn. 9) erfüllen den Tatbestand nicht (sofern sich aus den Umständen nicht ein schlüssiges Eheversprechen ergibt). Verlöbnis bezeichnet das durch die Verlobung begründete Rechtsverhältnis. Es spielt in der nationalen wie internationalen Praxis eine stetig geringer werdende
Rolle.[2] Im deutschen IPR ist es gesetzlich nicht ausdrücklich geregelt (zum Recht der ehemaligen DDR vgl. 4. Aufl. Art. 234 § 2). Gleichgeschlechtliche Partner können in Deutschland zwar
ab dem 1.10.2017 eine Ehe eingehen (die eingetragene Lebenspartnerschaft steht ab diesem
Zeitpunkt nicht mehr zur Verfügung (§ 1353 Abs. 1 S. 1 BGB; BT-Drs. 18/6665, 9: „mangels
Bedarfs"). Kollisionsrechtlich werden die Wirkungen einer gleichgeschlechtlichen Ehe jedoch
Art. 17b unterstellt (Art. 17b Abs. 4), da das Institut der gleichgeschlechtlichen Ehe (wie das der
eingetragenen Lebenspartnerschaft) nicht in allen Staaten anerkannt ist.[3] In Art. 17b ist das Verlöbnis allerdings nicht ausdrücklich erwähnt und passt auch mangels einer staatlichen Registrierung vom Ansatz her nicht. Für die Verlobung bleibt es deshalb im Ergebnis bei der bisherigen
Rechtslage: Die folgenden Ausführungen zum Eheverlöbnis gelten (nunmehr direkt) für gleichgeschlechtliche Verlobte.

II. Anknüpfung

2 **1. Eingehung des Verlöbnisses.** Die Eingehung des Verlöbnisses wird nach hM hinsichtlich der
sachlichen Voraussetzungen (Zulässigkeit, Zustimmungserfordernisse, Willensmängel, Bedingungs-
feindlichkeit, Sittenwidrigkeit usw) analog Art. 13 Abs. 1 nach dem Heimatrecht jedes Verlobten

---

[1] Dazu ausf. Staudinger/*Löhnig* (2012) BGB Vor § 1297 Rn. 19 ff.
[2] Rechtsvergleichender Überblick bei Staudinger/*Mankowski* (2011) Nach Art. 13 Rn. 1 ff.
[3] BT-Drs. 18/6665, 9.

beurteilt,[4] was bei verschiedenem Heimatrecht der Verlobten zur Anwendungshäufung führt (das Verlöbnis muss nach beiden Heimatrechten zustande gekommen sein); dass eines der Heimatrechte eine Verlobung nicht kennt, hindert deren Zustandekommen nicht – anders nur, wenn es sie ablehnt.[5] Die Folgen der Verletzung von Sachvoraussetzungen (Unwirksamkeit, Nichtigkeit, Anfechtbarkeit, Rücktrittsrecht) richten sich nach dem verletzten Heimatrecht; das gilt auch für die Verlobung noch verheirateter Personen. Die **Geschäftsfähigkeit** einschließlich der allfälligen Willensergänzung bei beschränkt Geschäftsfähigen (Zustimmung gesetzlicher Vertreter, gerichtliche Genehmigung) ist nach Art. 7 anzuknüpfen. Für die **Form** gilt nach hM allein Art. 11 Abs. 1, nicht auch Art. 13 Abs. 3;[6] die alternative Anknüpfung an die Ortsform ist auch dann gerechtfertigt, wenn das Ortsrecht entgegen dem Formschutz des Heimatrechtes Formlosigkeit gestattet.[7] Rück- und Weiterverweisung sind in allen Fragen zu befolgen (Art. 4 Abs. 1).[8]

3   **2. Verlöbniswirkungen. a) Qualifikationsfragen.** Zu den Verlöbniswirkungen gehören ein etwaiger Anspruch auf Eheschließung (→ Rn. 8), die Rechte und Pflichten der Verlobten (und ggf. der Verwandten) sowie Ersatz- und Rückforderungsansprüche bei Verlöbnisbruch bzw. Rücktritt vom Verlöbnis. Umfang und Grenzen des Verlöbnisstatuts insoweit bestimmen sich danach, wie eng erbrachte Leistungen bzw. Ansprüche der Verlobten oder Dritter mit dem familienrechtlichen Rechtsakt der „Verlobung" verknüpft sind oder eher schon der Durchführung der späteren Ehe dienen oder nur anlässlich oder in äußerem Zusammenhang mit der Verlobung auf Vertrag oder unerlaubter Handlung beruhen. Nur im ersten Fall unterstehen die Ansprüche dem Verlöbnisstatut, im zweiten Fall hingegen unmittelbar dem Ehewirkungsstatut (Art. 14) und im dritten Fall dem Vertrags- oder Deliktsstatut.

4   **Beispiele:** Während die *mahr* (Morgengabe, Brautgabe) islamischen Rechts von ihrer Funktion her eher als Ehewirkung oder als Scheidungsfolge zu qualifizieren ist,[9] stellen sich das Brautgeld nach Sitte der Roma[10] oder nach yezidischem Brauchtum[11] oder nach afrikanischen Bräuchen bzw. Rechten[12] zutreffenderweise als Verlobungsgeschäfte dar: Sie sind – auch wenn nicht nur die Verlobten selbst, sondern auch Dritte (Eltern, sonstige Verwandte) als Zahlende oder Zahlungsempfänger beteiligt sind – so eng mit dem familienrechtlichen Akt der Verlobung verknüpft, dass dieser auch solche „Begleitgeschäfte" mit prägt.[13] Damit harmoniert auch die Ausklammerung familienrechtlicher Ansprüche aus der Rom I-VO (Art. 1 Abs. 2 lit. b und c Rom I-VO).

5   **b) Anwendbares Recht.** Das Verlöbnisstatut wird nach hM durch das Heimatrecht der Verlobten bestimmt. Haben die Verlobten verschiedene Staatsangehörigkeit, so soll es auf das Heimatrecht des in Anspruch genommenen Verlobten unter Beachtung von Rück- und Weiterverweisung ankommen.[14]

[4]   BGHZ 28, 375 = NJW 1959, 529; LG Berlin FamRZ 1993, 198; ferner die ganz überwiegende Lehre, statt vieler Staudinger/*Mankowski* (2011) Nach Art. 13 Rn. 10; Palandt/*Thorn* Art. 13 Rn. 30, jeweils mwN.

[5]   OLG Zweibrücken FamRZ 1986, 354 (355); NK-BGB/*Andrae* Rn. 73; Erman/*Hohloch* Vor Art. 13 Rn. 11; aA BeckOK BGB/*Mörsdorf-Schulte* Rn. 24.

[6]   BGHZ 28, 375 (377) = NJW 1959, 529; aus der nahezu einhelligen Lehre statt aller Staudinger/*Mankowski* (2011) Nach Art. 13 Rn. 16; Palandt/*Thorn* Art. 13 Rn. 30.

[7]   Staudinger/*Mankowski* (2011) Nach Art. 13 Rn. 17.

[8]   HM, insbes. BGHZ 28, 375 (377) = NJW 1959, 529; OLG Köln FamRZ 2016, 720, 721; LG Düsseldorf NJW 1967, 2121 = IPRspr. 1967 Nr. 56 (Italien); Staudinger/*Mankowski* (2011) Nach Art. 13 Rn. 15; Palandt/*Thorn* Art. 13 Rn. 30.

[9]   Vgl. BGH FamRZ 2010, 537 Rn. 14 ff. mAnm *Henrich;* AG Lüdenscheid FamRZ 2016,1361; s. auch *Wurmnest* JZ 2010, 736 ff.; *Wurmnest* RabelsZ 71 (2007) 527 ff.; *Looschelders* JA 2010, 462; *Looschelders* IPRax 2012, 238 (239). Zur Funktion der mahr im Einzelnen *Henrich*, FS Sonnenberger, 2004, 389 ff.; *Ülker* FamFR 2010, 7 ff.; *Yassari* IPRax 2011, 63 ff.; *Yassari* FamRZ 2015, 1610 (zur Qualifikation der mahr bei Heirat deutscher Muslims); → Art. 13 Rn. 84.

[10]   s o OLG Köln NJW-RR 1994, 1026.

[11]   OLG Hamm IPRax 2012, 257 Rn. 34 ff., 40 ff.; *Looschelders* IPRax 2012, 238 (239 f.); **aA** implizit OLG Celle NJW 2008, 1005 f. (Bereicherungsrecht).

[12]   Dazu Staudinger/*Mankowski* (2011) Rn. 385 (allerdings mit vertragsrechtlicher Qualifikation).

[13]   So auch *Looschelders* IPRax 2012, 238 (239 f.); Staudinger/*Magnus* (2011) Rom I-VO Art. 1 Rn. 54; Staudinger/*Mankowski* (2011) Anh. Art. 13 Rn. 27 ff. (anders aber *Mankowski* Art. 13 Rn. 385: Vertragsstatut); für eine vertragsrechtliche Qualifikation hingegen OLG Düsseldorf IPRax 1984, 270; OLG Köln NJW-RR 1994, 1026 (beide zu Roma); *Fudickar* NJW-RR 1994, 253 ff.; NK-BGB/*Andrae* Anh. 1 Art. 13 Rn. 12.

[14]   BGHZ 28, 375 (378 ff.) = NJW 1959, 529; BGH JZ 1997, 88 (91) m. krit. Anm. *Gottwald;* dazu auch *Mankowski* IPRax 1997, 173 ff., insbes. 181; BGH IPRax 2005, 545 (546) m. krit. Anm. *Lorenz/Unberath* IPRax 2005, 516 ff.; OLG Hamm IPRax 2012, 257; LG Düsseldorf NJW 1967, 2121 = IPRspr. 1967 Nr. 56 (Italien); LG Frankfurt a. M. IPRspr. 1978 Nr. 43; KG FamRZ 1990, 45 und OLG Düsseldorf IPRspr. 1983 Nr. 49 (beide irrigerweise an das Heimatrecht des Brautvaters anknüpfend; krit. *Fudickar* IPRax 1984, 253); OLG Zweibrücken FamRZ 1986, 354 = IPRspr. 1985 Nr. 59; LG Bochum FamRZ 1990, 882. Ebenso die überwiegende Lehre, IPG 1976 Nr. 23 (München); *Henrich*, FS Beitzke, 1979, 519; Palandt/*Thorn* Art. 13 Rn. 30.

Eine Mindermeinung, wonach die Ansprüche nach dem Recht des in Anspruch genommenen Verlobten zugleich durch das Heimatrecht des Anspruchsstellers limitiert seien (*Kegel:* Grundsatz des „schwächeren" oder „ärgeren" Rechts), dass also kein Verlobter mehr verlangen dürfe, als ihm sein eigenes Heimatrecht zubillige,[15] wird vom BGH[16] und der hL ausdrücklich abgelehnt.[17] Darüber hinaus wird eine Vielzahl sonstiger Lösungsvorschläge unterbreitet.[18]

Die herrschende Anknüpfung an das Heimatrecht des potentiell verpflichteten Verlobten wird **6** vielfach als unbefriedigend kritisiert,[19] teils wegen der mangelnden Beziehungsnähe der Staatsangehörigkeitsanknüpfung, teils wegen der Anknüpfungsspaltung bei wechselseitigen Ansprüchen von Verlobten mit verschiedenem Heimatrecht, teils wegen der unzutreffenden Schwerpunktanalyse. Ähnliche Einwände richten sich gegen eine Anknüpfung an das Recht des Anspruchstellers.[20] Da es um Ansprüche aus einer gemeinsamen Beziehung geht, erscheint es angemessener, für beide Seiten nach einer einheitlichen, das Verlöbnis charakterisierenden Anknüpfung zu suchen. Hierfür bietet sich in **analoger Anwendung** die Anknüpfungsleiter **des Art. 14 Abs. 1** an – dies entspricht dem Verlöbnis als Vorstufe zur Ehe.[21] Im Gegensatz zur Anknüpfung an ein „Umweltrecht" der ehemals Verlobten[22] bietet die Anlehnung an Art. 14 Abs. 1 bewährte und alle Fallgestaltungen abdeckende Anknüpfungspunkte. Diese Regeln gelten auch für verlöbnisrechtliche Ansprüche von Verwandten der Brautleute gegen sie.[23]

Für die Anknüpfung der Folgen von Verlöbnisbruch oder Rücktritt ist es gleichgültig, ob maßgeb- **7** liches fremdes Recht sie familien-, vertrags- oder deliktsrechtlich einordnet.[24] Ansprüche hingegen, die nach deutscher Auffassung nicht mehr als Verlöbnisfolgen, sondern vertragsrechtlich (zB Widerruf von Schenkungen) oder deliktsrechtlich zu qualifizieren sind (zB ein Verlobter verletzt oder bestiehlt den anderen oder verführt ihn zum Geschlechtsverkehr unter Ausnutzung eines später nicht eingelösten Eheversprechens), unterstehen dem Vertrags- bzw. dem Deliktsstatut.[25] Eine gelegentlich vorgeschlagene „akzessorische Anknüpfung" des Deliktsanspruchs an das Statut des Verlöbnisbruchs[26] (→ Rn. 6) wird vom BGH mit Recht abgelehnt.[27] An dieser Bewertung hat sich auch nach Einführung von Art. 41 Abs. 2 nichts geändert.[28]

3. Ordre public. Art. 6 schützt beim Verlöbnis die Erhaltung der Willensfreiheit für die Ehe- **8** schließung auch bei Anwendbarkeit fremden Sachrechts.[29] Dagegen verstößt – bei hinreichendem Inlandsbezug – jeder unmittelbare Zwang zur Eheschließung (Leistungsansprüche auf Eheabschluss und entsprechende Urteile)[30] sowie jeder ernsthafte mittelbare Zwang[31] in Form von Sanktionen für die Verlöbnislösung, die pönalen oder erpresserischen Charakter tragen und nicht dem Ausgleich von Vermögensnachteilen dienen. Schadenersatzfolgen (selbst immaterielle) sind demnach nicht anstößig,[32] wohl aber Vertragsstrafen ohne Ersatzfunktion, deren Höhe einen ernsthaften Druck auf den Ehewillen auszuüben geeignet ist.[33] Ansonsten berühren Unterschiede des maßgeblichen

---

[15] LG Hamburg NJW 1955, 548 = IPRspr. 1954 Nr. 76 (Niederlande/Deutschland); IPG 1976 Nr. 23 (München); wN bei Staudinger/*Mankowski* (2011) Nach Art. 13 Rn. 24.

[16] BGHZ 28, 375 (380) = NJW 1959, 529.

[17] Statt aller Staudinger/*Mankowski* (2011) Nach Art. 13 Rn. 27.

[18] Überblick bei Staudinger/*Mankowski* (2011) Nach Art. 13 Rn. 24; den Streit offenlassend OLG Hamm IPRax 2012, 257, 259.

[19] Nachweise bei Staudinger/*Mankowski* (2011) Nach Art. 13 Rn. 13 f.

[20] *Schwimann* ZfRV 1978, 204; dagegen LG Frankfurt a. M. IPRspr. 1978 Nr. 43.

[21] Staudinger/*Mankowski* (2011) Nach Art. 13 Rn. 25; jurisPK-BGB/*Mäsch* Rn. 89; *Mankowski* IPRax 1997, 173 (179); *Lorenz/Unberath* IPRax 2005, 516 (520); ähnlich *Siehr* IPR § 2 II; *v. Hoffmann/Thorn* IPR § 8 Rn. 17.

[22] So Erman/*Hohloch* Vor Art. 13 Rn. 13; *Kegel/Schurig* IPR § 20 II; ähnlich *Gottwald* JZ 1997, 93 f.

[23] Für den Schwerpunkt des Verlöbnisses demgegenüber OLG Düsseldorf IPRspr. 1983 Nr. 49 und dazu krit. *Fudickar* IPRax 1984, 253; OLG Düsseldorf IPRspr. 1992 Nr. 78 zieht auch insoweit das Heimatrecht der Anspruchsteller in Betracht.

[24] HM, Staudinger/*Mankowski* (2011) Nach Art. 13 Rn. 39; *Siehr* IPR § 2 II; diff. Soergel/*Schurig* Nach Art. 21 Rn. 17.

[25] Zum Vertragsstatut Palandt/*Thorn* Art. 13 Rn. 30.

[26] *Henrich,* FS Beitzke, 1979, 507 (519); *Kropholler* IPR § 44 IV 3; *Mankowski* IPRax 1997, 173 (180 f.).

[27] BGH JZ 1997, 88 (91); insoweit zust. *Gottwald* JZ 1997, 93; NK-BGB/*Andrae* Rn. 182.

[28] *Rauscher* IPR S. 180 Rn. 733; *v. Hoffmann/Thorn* IPR § 11 Rn. 40.

[29] Bei deutschem Sachrecht § 138 Abs. 1 BGB, bei Rechten von EU-Staaten gem Art. 26 Rom II-VO; OLG Hamm IPRax 2012, 257 Rn. 49 ff.; zust. *Looschelders* IPRax 2012, 238 (242).

[30] EinhM, statt aller Staudinger/*Mankowski* (2011) Nach Art. 13 Rn. 34; Palandt/*Thorn* Art. 13 Rn. 30.

[31] BGHZ 28, 375 (379) = NJW 1959, 529 und hL, vgl. Palandt/*Thorn* Art. 13 Rn. 30; BeckOK-BGB/*Mörsdorf-Schulte* Art. 13 Rn. 24.

[32] Zum türkischen Recht insoweit ausf. *Krüger* StAZ 1990, 313 (318–321).

[33] *Schwimann* ZfRV 1974, 205.

ausländischen Rechts zum deutschen den ordre public nicht, und zwar weder weitergehende noch geringere Ansprüche noch ihr Fehlen überhaupt.[34] Auch abweichende Verjährungsfristen des fremden Rechts sind nicht *per se* ordre public-widrig.[35]

Art. 13 EGBGB Eheschließung

(1) Die Voraussetzungen der Eheschließung unterliegen für jeden Verlobten dem Recht des Staates, dem er angehört.

(2) Fehlt danach eine Voraussetzung, so ist insoweit deutsches Recht anzuwenden, wenn
1. ein Verlobter seinen gewöhnlichen Aufenthalt im Inland hat oder Deutscher ist,
2. die Verlobten die zumutbaren Schritte zur Erfüllung der Voraussetzung unternommen haben und
3. es mit der Eheschließungsfreiheit unvereinbar ist, die Eheschließung zu versagen; insbesondere steht die frühere Ehe eines Verlobten nicht entgegen, wenn ihr Bestand durch eine hier erlassene oder anerkannte Entscheidung beseitigt oder der Ehegatte des Verlobten für tot erklärt ist.

(3) Unterliegt die Ehemündigkeit eines Verlobten nach Absatz 1 ausländischem Recht, ist die Ehe nach deutschem Recht
1. unwirksam, wenn der Verlobte im Zeitpunkt der Eheschließung das 16. Lebensjahr nicht vollendet hatte, und
2. aufhebbar, wenn der Verlobte im Zeitpunkt der Eheschließung das 16., aber nicht das 18. Lebensjahr vollendet hatte.

(4) ¹Eine Ehe kann im Inland nur in der hier vorgeschriebenen Form geschlossen werden. ²Eine Ehe zwischen Verlobten, von denen keiner Deutscher ist, kann jedoch vor einer von der Regierung des Staates, dem einer der Verlobten angehört, ordnungsgemäß ermächtigten Person in der nach dem Recht dieses Staates vorgeschriebenen Form geschlossen werden; eine beglaubigte Abschrift der Eintragung der so geschlossenen Ehe in das Standesregister, das von der dazu ordnungsgemäß ermächtigten Person geführt wird, erbringt vollen Beweis der Eheschließung.

Art. 229 § 44 EGBGB

(...)

(4) Artikel 13 Absatz 3 Nummer 1 gilt nicht, wenn
1. der minderjährige Ehegatte vor dem 22. Juli 1999 geboren worden ist, oder
2. die nach ausländischem Recht wirksame Ehe bis zur Volljährigkeit des minderjährigen Ehegatten geführt worden ist und kein Ehegatte seit der Eheschließung bis zur Volljährigkeit des minderjährigen Ehegatten seinen gewöhnlichen Aufenthalt in Deutschland hatte.

(...)

Schrifttum: *Andrae,* Internationales Familienrecht, 3. Aufl. 2014; *Andrae,* Flüchtlinge und Kinderehen, NZFam 2016, 923; *Andrae/Heidrich,* Aktuelle Fragen zum Anwendungsbereich des Verfahrens nach Art. 7 § 1 FamRÄndG, FamRZ 2004, 1622; *Antomo,* Eheschließung Minderjähriger und deutsches Recht, NZFam 2016, 1155; *Antomo,* Kinderehen, ordre public und Gesetzesreform, NJW 2016, 3558; *Bock,* Der Islam in der Entscheidungspraxis der Familiengerichte, NJW 2012, 122; *Böhmer,* Heilung formfehlerhafter Ehen durch Statutenwechsel?, FS Firsching, 1985, 41; *Büchler,* Das islamische Familienrecht: Eine Annäherung, 2003; *Bungert,* Nigerianische Stammesehe vor deutschen Gerichten, StAZ 1993, 140; *Coester,* Probleme des Eheschließungsrechts in rechtsvergleichender Sicht, StAZ 1988, 122; *Coester,* Nichtehe, doch Ehe? Neue Fragestellungen zu einem alten Problem, FS Heldrich, 2005, 537; *Coester,* Die rechtliche Behandlung von im Ausland geschlossenen Kinderehen – zugleich eine Besprechung von OLG Bamberg 12.5.2016, StAZ 2016, 257; *Coester/Coester-Waltjen,* Polygame Verbindungen und deutsches Recht, FamRZ 2016, 1618; *Coester/Waltjen,* Kinderehen – Neue Sonderanknüpfung im EGBGB, IPRax 2017, Heft 5; *Coester-Waltjen,* Reform des Art. 13 EGBGB, StAZ 2013, 10; *Coester-Waltjen,* Das Anerkennungsprinzip im Dornröschenschlaf, FS Jayme, 2004, 121; *Coester-Waltjen,* Anerkennung im Internationalen Personen-, Familien- und Erbrecht und das Europäische Kollisionsrecht, IPRax 2006, 392; *Coester-Waltjen,* Reform des Art. 13 EGBGB?, StAZ 2013, 10; *Coester-Waltjen/Coester,* Formation of marriage, Int. Encyclopedia Comp. Law Vol. IV: Persons and Family, ch. 3 (1997/2007); *Conring,* Rechtliche Behandlung von „Scheinehen" nach der Reform des deutschen Eheschließungsrechts, 2002; *Dieckmann,* Die Handschuhehe deutscher Staatsangehöriger nach deutschem IPR, 1959; *Dieckmann,* Zur internationalprivatrechtlichen Problematik der Handschuhehe eines deutschen Staatsangehörigen, StAZ 1976, 33; *Dieckmann,* Familienrechtliche Probleme sogenannter Schein-

---

[34] HM, statt vieler Staudinger/*Mankowski* (2011) Nach Art. 13 Rn. 33; Palandt/*Thorn* Art. 13 Rn. 30, jeweils mwN.
[35] BGHZ 28, 375 (387) = NJW 1959, 529.

ehen im deutschen Recht unter Einbeziehung des österreichischen und schweizerischen Zivilrechts, 1991; *Elwan,* Zur Eheschließung zwischen muslimischen Iranern und deutschen nichtmuslimischen Frauen, IPRax 1986, 124 *Elwan,* Die Form von zwischen Ägyptern und Deutschen in Ägypten geschlossenen Ehen aus dem Blickwinkel des deutschen Kollisionsrechts, FS Jayme Bd. I, 2004, 153; *Finger,* Eheschließung Geschäftsunfähiger?, StAZ 1996, 225; *Frank,* Die Anerkennung von Minderjährigenehen, StAZ 2012, S. 129; *Frank,* Formnichtige Ehen nach deutschem Recht, FS Pintens, 2012, 607; *Frank,* Eheschließung unter Missachtung der Inlandsform nach falscher behördlicher Auskunft über die Staatsangehörigkeit, StAZ 2011, 236; *Heiderhoff,* Das autonome IPR in familien- rechtlichen Fragen, IPRax 2017, 160; *Heldrich,* Das juristische Kuckucksei aus dem Morgenland, IPRax 1983, 64; *Helms,* Im Ausland begründete – im Inland unbekannte Statusverhältnisse, StAZ 2012, 2; *Henrich,* Internationales Familienrecht, 2. Aufl. 2000; *Henrich,* Das Bestehen einer Ehe als Vorfrage im IPR, StAZ 1966, 219; *Henrich,* Nichtigerklärung einer gemischt-internationalen bigamischen Ehe, IPRax 1993, 236; *Henrich,* Europäisierung des internationalen Familienrechts: Was bleibt vom EGBGB?, FS Spellenberg, 2010, 195; *Henrich,* Die Morgengabe und das Internationale Privatrecht, FS Sonnenberger, 2004, 389; *Hepting,* Deutsches und Internationales Familien- recht im Personenstandsrecht, 2010; *Hepting,* Die „ordnungsgemäße Ermächtigung" in Art. 13 Abs. 3 Satz 2 EGBGB nF, StAZ 1987, 154; *Hepting,* Neuerungen im Eheschließungsrecht, StAZ 1996, 257; *Hepting,* Der Ehefähigkeitsnachweis bei staatenlosen Verlobten, IPRax 1997, 249; *Jakob,* Die eingetragene Lebenspartnerschaft im Internationalen Privatrecht, 2002; *Jayme,* Grundrecht der Eheschließungsfreiheit und Wiederheirat geschiede- ner Ausländer, RabelsZ 36 (1972), 19; *Jayme,* Nevada-Ehen deutscher Touristen, StAZ 1982, 208; *Jayme,* Internati- onales Familienrecht heute, FS Müller-Freienfels, 1986, 341; *Jayme,* Zum Verhältnis von Rückverweisung und Vorfrage bei der Eheschließung einer in Deutschland geschiedenen Brasilianerin, IPRax 2003, 339; *Kaiser,* Zwangs- heirat, FamRZ 2013, 77; *Kartzke,* Scheinehen zur Erlangung aufenthaltsrechtlicher Vorteile, 1990; *Knott,* Die fehlerhafte Ehe im internationalen Privatrecht, 1997; Kinderrechtekommission des DFGT, Kinderehen in Deutschland, FamRZ 2017, 77; *Kotzur,* Kollisionsrechtliche Probleme christlich-islamischer Ehen, 1988; *Kotzur,* Marokkanisches Eheschließungsrecht vor deutschen Gerichten, IPRax 1993, 305; *Krüger,* Ehe und Brautgabe, FamRZ 1977, 114; *Krüger,* Zur Eheschließung deutscher Frauen mit Iranern, StAZ 1984, 336; *Mankowski,* In Deutschland (bisher) nicht anerkannte Scheidung aus einem Nichtmitgliedstaat der Brüssel IIa-VO und erfolgte Wiederheirat in einem dritten Staat, StAZ 2016, 193; *Mankowski,* Anm., FamRZ 2016, 1274; *Mansel,* Anerken- nung als Grundprinzip des Europäischen Rechtsraums, RabelsZ 70 (2006), 651; *Majer,* NZFam 2017, 537; *Mörs- dorf-Schulte,* Dänische Eheschließung vor dem OVG, NJW 2007, 1331; *Neuhaus,* Bundesverfassungsgericht und IPR, RabelsZ 36 (1972), 127; *Neuhaus,* Heilung von Nichtehen, FS Schwind, 1978, 223; *Otte,* Wenn der Schein trügt – zivil-, verfahrens- und kollisionsrechtlicher Umgang mit der sog. „Aufenthaltsehe", JuS 2000, 148; *Rauscher,* Die „eingefärbte" zivilrechtliche Vorfrage im Sozialrechtsstreit, NJW 1983, 2474; *Rauscher,* Pakistanisch-islamische Eheschließungen, StAZ 1985, 101; *Röthel,* Gleichgeschlechtliche Ehe und ordre public, IPRax 2002, 496; *Röthel,* Inländerprivilegien und Grundrechtsschutz der Transsexualität: Gleichwertigkeit von Staatsangehörigkeits- und Aufenthaltsanknüpfung?, IPRax 2007, 204; *Rohe,* Rechtsfragen bei Eheschließungen mit muslimischen Beteilig- ten, StAZ 2000, 161; *Scholz,* Islam-rechtliche Eheschließung und deutscher ordre public, StAZ 2002, 321; *Schulze,* Die Zeitehe des iranischen Rechts – Rechtsfragen aus deutscher Sicht, StAZ 2009, 197; *Schwimann,* Der rätselhafte Art. 13 Abs. 2 nF EGBGB, StAZ 1988, 35; *Siehr,* Grundrecht der Eheschließungsfreiheit und IPR, RabelsZ 36 (1972), 93; *Siehr,* Heilung durch Statutenwechsel, Gedächtnisschrift für Ehrenzweig, 1976, 131; *Siehr,* Spezielle Kollisionsnormen für die Heilung einer unwirksamen Eheschließung durch „Statutenwechsel", IPRax 1987, 19; *Siehr,* Heilung einer ungültigen Ehe gemäß einem späteren Aufenthalts- oder Heimatrecht der Eheleute – Heilung durch Statutenersatz, IPRax 2007, 30; *Sonnenberger,* Die Eingehung der Ehe und anderer personaler Lebens- und Risikogemeinschaften als Anknüpfungsgegenstände des Internationalen Privatrechts, FS Köhler, 2014, 673; *Spellenberg,* Scheinehen, StAZ 1987, 33; *Spellenberg,* Deutsch-indische Scheinehen, IPRax 1992, 233; *Spellenberg,* Handschuhehen im IPR, FS D. Schwab, 2005, 1279; *Spellenberg,* Pacs und die Ehe für alle in Frankreich, StAZ 2017, 193; *Spernat,* Die gleichgeschlechtliche Ehe im internationalen Privatrecht, 2010; *Spickhoff,* Der ordre public im internationalen Privatrecht, 1989; *Spickhoff,* Eheschließung, Ehescheidung und ordre public, JZ 1991, 323; *Sturm,* Scheidung und Wiederheirat von Spaniern in der Bundesrepublik, RabelsZ 37 (1973), 61; *Sturm,* Scheidung und Wiederheirat von Ausländern in Deutschland, FS W. Lorenz, 1991, 597; *Sturm,* Eheschließungsformen im Ausland, ihre Gültigkeit und Nachweisbarkeit im Inland, StAZ 1995, 343; *Sturm,* Eheschließungen im Ausland – Nachweis, Wirksamkeit und Folgen von Rechtsverletzungen, StAZ 2005, 1; *Thomas,* Formlose Ehen, 1973; *Voit,* „Heilung durch Statutenwechsel" im internationalen Eheschließungsrecht, 1997 (dazu *Hepting* FamRZ 1999, 1643); *Winkler v. Mohrenfels,* Hinkende Doppelehe, Vorfragenanknüpfung und Gestaltungswirkung inländischer Scheidungsurteile, IPRax 1988, 341; *Yassari,* Die Brautgabe im Familienvermögensrecht, 2014; *Zevkliler,* Nicht- eheliche Lebensgemeinschaft nach deutschem und türkischem Recht, 1989.

Übersicht

A. Rechtsquellenüberblick

I. Autonomes Kollisionsrecht

Art. 13 bestimmt das auf heterosexuelle Eheschließungen anwendbare Recht (zu gleichgeschlecht- **1** lichen Ehen → Rn. 5). Die Vorschrift behandelt in den Abs. 1–2 die Anknüpfung der sachlichen Ehevoraussetzungen (unten C., → Rn. 10 ff.), in Abs. 3 die im Ausland geschlossene Minderjähri- genehe sowie in Abs. 4 die Eheschließungsform der Inlandstrauung; Art. 11 ist für die Form der Auslandseheschließung heranzuziehen (zu Formfragen → Rn. 120 ff. unter D.). Das jeweils berufene Recht gilt sowohl für die erforderlichen Voraussetzungen als auch für die Folgen ihres Fehlens (→ Rn. 152 ff. unter D. IV.). Es gilt im Rahmen der Prüfung, ob eine beantragte Eheschließung vorzunehmen ist, wie auch bei der Überprüfung der Gültigkeit einer (inländischen oder auslän- dischen) Eheschließung (→ Rn. 10, 172). Ferner gelten die Sondervorschriften des § 1309 BGB (Ehefähigkeitszeugnis; vormals § 10 EheG). Der ehemals geltende § 15a EheG ist nahezu unverändert in Art. 13 Abs. 4 eingegangen. Schließlich gehören hierher die autonomen Vorschriften des internati- onalen Zivilverfahrensrechts (→ Rn. 171 ff.). Über eine **Neukonzeption des Art. 13** im Lichte unions- und staatsvertraglicher Entwicklungen im Kollisionsrecht sind erste Überlegungen vorgelegt worden.[1]

II. EU-Recht und Staatsverträge

Die Rom III-VO vom 20.12.2010, in Kraft ab 21.6.2012, gilt nur für die Scheidung, nicht aber **2** für die Schließung und Gültigkeit einer Ehe (Art. 1 Abs. 2 lit. b Rom III-VO). Auch sonstiges EU- Verordnungsrecht erfasst das Recht der Eheschließung nicht. Im bilateralen Verhältnis zu einigen Staaten ist das autonome Kollisionsrecht durch **staatsvertragliche Sondervorschriften** nach der Vorrangregel des Art. 3 Abs. 2 verdrängt, namentlich durch das **Haager Eheschließungsabkom- men von 1902** (→ Anh. Art. 13 Rn. 1 ff.), das CIEC-Eheschließungsabkommen von 1964 (→ Anh. Art. 13 Rn. 6 f.) sowie Konsularverträge (→ Rn. 143, 151). Im Verhältnis zum **Iran** gilt das **Niederlassungsabkommen von 1931.**[2] Dem Haager Übereinkommen über die Schließung und Anerkennung der Gültigkeit von Ehe vom 14.3.1978 ist Deutschland nicht beigetreten.[3] Mittel- bare Bedeutung auch für das Kollisionsrecht hat das **UN-Übereinkommen über die Erklärung des Ehewillens, des Heiratsmindestalters und die Registrierung von Eheschließungen** vom 7.11.1962.[4]

B. Regelungsbereich: die Schließung der „Ehe"

Art. 13 und die anderen einschlägigen Kollisionsnormen (→ Rn. 1 f.) beschäftigen sich mit dem **3** Zustandekommen der Ehe als Statustatbestand; dessen Folgen behandeln andere Kollisionsnormen (insbesondere Art. 14 ff. und einschlägige Staatsverträge). Was unter Ehe iS von Art. 13 zu verstehen ist, ist eine Frage der **Qualifikation** (→ Einl. IPR Rn. 108 ff.). Der sachrechtliche Ehebegriff in den einzelnen Rechtsordnungen kann freilich stark differieren. Für die meisten Rechtsordnungen zB ist die formgerechte Eingehung essentiell, wobei staatlicher oder kirchlicher Trauungs- bzw. Registrierungszwang bestehen kann; andere Staaten wiederum lassen auch formlose Eheschließungen gelten, anerkennen also sog „faktische Ehen" (zB „common law marriages" in einigen Bundesstaaten der USA, faktische Ehen in Neuseeland oder Australien oder in afrikanischen Staaten, früher auch in der Sowjetunion).[5] In den meisten Rechtskulturen herrscht das Prinzip der Monogamie, insbeson- dere islamische Rechtsordnungen lassen hingegen Mehrehen zu (→ Rn. 66).[6] In einer wachsenden Zahl von Staaten ist die Institution der Ehe sogar für gleichgeschlechtliche Paare geöffnet worden (näher → Rn. 50 f.; → Art. 17b Rn. 136).

---

[1] Am weitesten gehend *Sonnenberger*, FS Martiny, 2014, 181 ff.; *Sonnenberger*, FS Coester-Waltjen, 2014, 782 (787 f., 798) (Anknüpfung an den Eheschließungsort); differenzierender Lösungsvorschlag bei *Coester-Waltjen* StAZ 2013, 10 ff. (18).

[2] Vgl. BGH FamRZ 1986, 345 (347); Einzelheiten bei *Schotten/Wittkowski* FamRZ 1995, 264 ff.; BeckOK BGB/*Mörsdorf-Schulte* Rn. 14.

[3] Näher Staudinger/*Mankowski* (2011) Rn. 36.

[4] BGBl. 1969 II S. 161.

[5] Dazu Staudinger/*Mankowski* (2011) Rn. 682 ff.; *Striewe*, Ausländisches und Internationales Privatrecht der nichtehelichen Lebensgemeinschaft, 1986, 47 bis 92, jeweils mwN; *Thomas*, Formlose Ehen, 1973.

[6] Einzelheiten bei Staudinger/*Mankowski* (2011) Rn. 235 ff. mwN.

4   Soll der **kollisionsrechtliche Tatbestand der Ehe** abweichende Ehestrukturen nicht von vornherein von der Subsumtion ausschließen, muss er – über den Ehebegriff des deutschen Sachrechts hinausgehend – möglichst weit gefasst werden. Ausgangspunkt sollte dabei die Erkenntnis sein, dass wohl jede Gesellschaft das – gewissermaßen bio-sozial vorgegebene – „Grundmodell" der Gemeinschaftsbildung, die Lebensgemeinschaft von Mann und Frau, als Kernelement weiterer Familienbildung in der einen oder anderen Form anerkennt, privilegiert und regelnd ausgestaltet. Da – gerade heute – auch innerhalb einzelner Gesellschaften konkurrierende Regelungsmodelle existieren, liegt die Hauptschwierigkeit weniger darin, abweichende Eheformen ausländischen Rechts dem Ehebegriff des Art. 13 zu integrieren, als vielmehr diese „Ehe" von anderen Lebensformen abzugrenzen, die zwar funktional ähnlich, aber *keine* Ehe sind. Entscheidend für den kollisionsrechtlichen Ehebegriff sollte sein, dass es sich um eine **rechtlich geregelte Lebensform** handelt, die einen **familienrechtlichen Status** vermittelt, an den sich Rechtsfolgen knüpfen (nicht notwendig dem deutschen Recht entsprechende) **und** die innerhalb der betreffenden Rechtsordnung als die **Grund- und Komplettform** einer ganzheitlichen Lebensgemeinschaft verstanden wird: Dies impliziert in der Regel eine gewisse Höherbewertung gegenüber anderen Lebensformen,[7] mindestens aber eine Gleichrangigkeit – eine rechtliche Schlechterstellung gegenüber anderen Lebensformen wäre mit dem auch Art. 13 zu Grunde liegenden Ehebegriff nicht vereinbar.[8]

5   Vermittelt das fremde Recht einen in diesem Sinne „voll ausgestatteten" Status, so kommt es für die Qualifikation iS des Art. 13 jedenfalls **nicht** auf die **Form der Begründung** an – staatliche, kirchliche, vertragliche, auch die völlig formlose Konsensehe fällt unter Art. 13 (→ Rn. 131, 148).[9] Allerdings bedarf es hier der besonders sorgfältigen Abgrenzung zu den **faktischen (nichtehelichen) Lebensgemeinschaften,** die sich gerade nicht als „Ehe" im Rechtssinne verstehen (→ Rn. 9). Auch die in den islamischen Rechten weitgehend erlaubte **Mehrehe** unterfällt grundsätzlich dem Ehebegriff des Art. 13;[10] sie kann anzuerkennen sein, wenn sie nach dem Heimatrecht beider Verlobten zulässig ist (→ Rn. 69) und nicht gegen den deutschen ordre public verstößt (→ Rn. 34, 60). Soweit eine Rechtsordnung das sachrechtliche Institut der **Ehe** auch **für gleichgeschlechtliche Partner** geöffnet hat (→ Rn. 3), so könnte auch diese vom Ehebegriff des Art. 13 erfasst sein. Allerdings ist zu beachten, dass der deutsche Gesetzgeber auch im Kollisionsrecht eine Sondernorm für rechtsförmige gleichgeschlechtliche Beziehungen geschaffen hat (Art. 17b), die alle entsprechenden Rechtsinstitute erfasst ungeachtet ihrer Bezeichnung. Dass dies auch für **gleichgeschlechtliche Ehen** gilt, hat der deutsche Gesetzgeber mit Öffnung der Ehe auch für gleichgeschlechtliche Personen, aber deren kollisionsrechtlicher Zuordnung zu Art. 17b bekräftigt.[11] Damit soll der Gesetzeszweck (Abbau von Diskriminierungen) besser erreicht werden (ausführlich → Art. 17b Rn. 139 ff.).[12]

---

[7] *Schwimann,* FS Gschnitzer, 1969, 375; vgl. auch *Henrich,* FS Beitzke, 1979, 507 (510 ff.); krit. *Sonnenberger,* FS Köhler, 2014, 673 (675 f.). Unproblematisch deshalb die Erfassung auch „besonders strenger" Ehevarianten, wie etwa der „covenant marriage" in einigen US-Staaten (dazu → Rn. 120).

[8] Vgl. zum internen deutschen Recht BVerfG NJW 2002, 2543 = FamRZ 2002, 1169 (1172 f.): Hier besteht im Hinblick auf Art. 6 Abs. 1 GG sogar ein Konkurrenzverbot, vgl. *Coester,* FS Sonnenberger, 2004, 321 (322 f.); *Coester,* FS Winter, 2003, 171 ff.

[9] Zu den früheren „faktischen Sowjetehen" vgl. RGZ 157, 257; RG DR 1943, 85 = StAZ 1943, 81; AG München IPRspr. 1952/53 Nr. 106; LG Heilbronn IPRspr. 1952/53 Nr. 165; LG Hanau IPRspr. 1962/63 Nr. 61; BayObLG IPRspr. 1977 Nr. 161. Im gleichen Sinne die hL, statt vieler Soergel/*Schurig* Rn. 5, 78; Kegel/*Schurig* IPR § 7 III 3b cc; Palandt/*Thorn* Rn. 19; zur „common-law-Ehe" in einigen US-amerikanischen Staaten RGZ 138, 214; AG Mainz IPRspr. 1954/55 Nr. 83; Staudinger/*Mankowski* (2011) Rn. 684 f.; Soergel/*Schurig* Rn. 5, 78; Palandt/*Thorn* Rn. 19; zur islamischen Vertragsehe Staudinger/*Mankowski* (2011) Rn. 686 f.; *Coester-Waltjen/Coester,* Formation of Marriage Rn. 3–127; *Krömer* StAZ 2001, 115 f. (Iran).

[10] LG Hamburg IPRspr. 1974 Nr. 50 (Iran); VerwG Gelsenkirchen FamRZ 1975, 338 (Jordanien); LG Frankfurt a. M. IPRspr. 1976 Nr. 53 (Indonesien/Jordanien); Staudinger/*Mankowski* (2011) Rn. 246 ff.; *Cullmann* FamRZ 1976, 313 ff.; *Henrich,* FS Beitzke, 1979, 507 (511).

[11] BT-Drs. 18/6665, Art. 2 (4); näher → Art. 17b Rn. 137 ff.; Zweifel an der Verfassungsmäßigkeit bei *Schmidt* NJW 2017, 2225 ff. zur „Ehe für alle" in Frankreich s. *Spellenberg* StAZ 2017, 193 (197 f.). Zur Heranbildung eines eigenständigen *unionsrechtlichen* Ehebegriffs *Martiny* IPRax 2011, 440 (442 f.); zum „Anerkennungsprinzip" in diesem Zusammenhang *Röthel* IPRax 2006, 250 ff.; *Fachausschuss Standesbeamte* StAZ 2010, 119 (120); *Mankowski/Höffmann* IPRax 2011, 247 (253 f.).

[12] BGH NZFam 2016, 652 Rn. 36 ff.; BGH 20.7.2016 – XII Z 609/4; Staudinger/*Spellenberg* Brüssel IIa-VO (2015) Art. 1 Rn. 3 ff.; *anders* – zugünsten Art. 13 – Palandt/*Thorn* Rn. 1; BeckOGK/*Rentsch* Rn 41 ff. („streng funktionale Qualifikation"); *Winkler von Mohrenfels,* FS Ansay, 2006, S. 527 (537); *Coester-Waltjen,* FS Henrich, 2000, S. 91 (96 f.); *Gebauer/Staudinger* IPRax 2002, 275 (277); *Kemper* FPR 2003, 1 (2); *Röthel* IPRax 2002, 496 (498); Hk-LPartG/*Kiel* Art. 17a Rn. 69; *Thorn* in: *Boele-Woelki/Fuchs* (Hrsg.), Legal Recognition of Same-Sex Couples in Europe, 2003, S. 159, 161. Dagegen wie hier – für Art. 17b – AG Münster IPRax 2011, 269 f.; jurisPK-BGB/*Mäsch* Rn. 19; *Henrich* FamRZ 2002, 137 (138); *Wasmuth,* FS Kegel, 2002, 237 (242 f.); Staudinger/*Mankowski* (2011) Rn. 179, 180; *Martiny* in Hausmann/Hoholoch, Nichteheliche Lebensgemeinschaft

Umgekehrt ergibt sich aus der vorgenannten Definition des kollisionsrechtlichen Ehebegriffs **6** (→ Rn. 4 f.), dass rechtlich geregelte Lebensformen für verschiedengeschlechtliche Partner unterhalb oder neben der Ehe, die sich als **„aliud zur Ehe"** verstehen, **nicht von Art. 13 erfasst** werden. Das gilt insbesondere für die **eingetragene heterosexuelle Lebenspartnerschaft** (→ Art. 17b Rn. 120–124) oder die familienhaften **„Einstandsgemeinschaften"** (→ Art. 17b Rn. 151–152), aber auch für **Personen ohne rechtliche Geschlechtszuordnung** (→ Art. 17b Rn. 11).

Problematisch könnte schließlich die Behandlung von **Zeitehen** nach schiitischem, zB iranischem **7** Recht sein. Diese stehen neben der Dauerehe, sie können auf Jahre, Monate, aber auch Tage oder sogar Stunden befristet sein.[13] Bei sehr kurzen „Ehezeiten" steht weniger ein Ehestatus iS von Art. 13 im Vordergrund als vielmehr eine Umgehung des strikten Verbots außerehelicher Geschlechtsbeziehungen im islamischen Recht.[14] Angesichts der gleitenden Übergänge erscheint es jedoch vorzugswürdig, die nach ausländischem Recht zulässige Zeitehe grundsätzlich mit dem Ehebegriff des Art. 13 zu erfassen[15] und notwendige Aussonderungen im Einzelfall dem deutschen ordre public zu überlassen (→ Rn. 24 ff., 46).[16]

Schon auf der Ebene der Qualifikation scheidet hingegen die erst nach dem Tode eines Verlobten[17] **8** geschlossene „Ehe" **(postmortale Ehe)** aus dem Einzugsbereich des Art. 13 aus. Solche Eheschließungen werden gelegentlich zugelassen, wenn die Heirat von beiden Verlobten konkret beabsichtigt gewesen und nur durch den Tod eines Teils verhindert worden ist. Die postmortale Eheschließung fungiert dann als Mittel, um den überlebenden Teil an einigen Ehewirkungen teilhaben zu lassen, vor allem aber als Legitimationsbasis für gemeinsame Kinder der Verlobten. Diesen Weg hatte in Deutschland der „Führererlass" vom 6.11.1941 beschritten;[18] die daraufhin bis zum 31.3.1946 geschlossenen „Stahlhelmehen" wurden durch Bundesgesetz vom 29.3.1951 (BGBl. 1951 I S. 215) nicht als Status, wohl aber hinsichtlich einzelner Ehewirkungen (Namen, Versorgung, Kindeslegitimation) anerkannt.[19] Auch in anderen Rechtsordnungen ist die postmortale Eheschließung bekannt, vor allem in Frankreich, Art. 171 fr. C. c. (nach Autorisation durch den Staatspräsidenten).[20] Dort vermittelt sie zwar sogar den Ehestatus; dessen Wirkungen für den überlebenden Teil werden allerdings weitgehend ausgeschlossen, die wesentliche Bedeutung liegt in der Legitimation der Kinder. Das geltende deutsche Sachrecht kennt die postmortale Eheschließung nicht, die funktional verwandte Institution der Legitimation von Verlobtenkindern (§§ 1740a–1740g BGB aF) ist mit dem KindRG 1998 entfallen. **Kollisionsrechtlich** ist der Befund wesentlich, dass die rechtspolitische Stoßrichtung einschlägiger Regelungen, ungeachtet des rechtstechnischen Weges, auf die Herstellung gewisser Ehewirkungen gerichtet ist und weniger auf den Ehestatus. „Eheschließung" bedeutet rechtliche Verbindung zur „Lebensgemeinschaft", setzt also begrifflich lebende Partner voraus. An diese Vorgabe ist auch der kollisionsrechtliche Ehebegriff gebunden. Eine funktionale Qualifikation rechtlicher Vorgänge, die im ausländischen Recht als „postmortale Eheschließung" bezeichnet werden, führt auch gar nicht zur Ehe, sondern, etwa soweit die Kinder betroffen sind, zur Legitimation – insoweit mag der ausländische „Eheschluss" durchaus als besondere Form der Begründung einer Vaterschaft angesehen werden, deren kollisionsrechtliche Beachtlichkeit nach Art. 19 zu beurteilen

Kap. 12 Rn. 62; Erman/*Hohloch* Rn. 13; NK-BGB/*Andrae* Rn. 1, 50; BeckOK BGB/*Mörsdorf-Schulte* Rn. 17; *Wiggerich* FamRZ 2012, 1116 (1117); *Bruns* StAZ 2010, 187; *Mankowski/Höffmann* IPRax 2011, 247 (250 f.).

[13] Vgl. Art. 1075–1077 iranisches ZGB; *Rauscher*, Sharia – islamisches Familienrecht der sunna und shia, 1987, 62; *Ebrahimi*, Marriage Law of Iran, in The International Survey of Family Law, 2005, 315, 341 ff.; *Schulze* StAZ 2009, 197 (198 ff.) mwN.

[14] Historischer Hintergrund: Lange reisebedingte Trennung von der Ehefrau bei Händlern oder Soldaten (*Greenberg*, Wrestling with God and Men, 2004, 92 f. (one-night-stand-marriages); im heutigen Iran „Ehen" zwischen Studenten, *Ebrahimi* Marriage Law of Iran, in The International Survey of Family Law, 2005, 315, 341 ff.; *Coester-Waltjen/Coester* FamRZ 2016, 1618, 1619, 1621.

[15] Ebenso Staudinger/*Mankowski* (2011) Rn. 793; NK-BGB/*Andrae* Rn. 1, 30; *Schulze* StAZ 2009, 201 (202); Erman/*Hohloch* Rn. 13.

[16] jurisPK-BGB/*Mäsch* Rn. 21.

[17] Es werden sogar Fälle berichtet, in denen zwei Verstorbene nachträglich miteinander verheiratet worden sind: So etwa laut Presseberichten in großer Anzahl in Korea nach dem Flugzeugabsturz einer koreanischen Maschine 1985 über Sibirien; auch in den USA hat ein Geistlicher 1986 zwei Verlobte getraut, die bei einem Verkehrsunfall ums Leben gekommen waren (Hamburger Abendblatt 13.11.1986 S. 30).

[18] Text und Einzelheiten bei *Böhmer* in Gesamtes Familienrecht I Nr. 2.6.; vgl. OLG Köln FamRZ 1997, 1276; Staudinger/*Mankowski* (2011) Rn. 189.

[19] Text und Kommentierung bei *Böhmer* in Gesamtes Familienrecht I Nr. 2.6.; vgl. zuletzt AG Tübingen StAZ 1990, 74; LG und OLG Bremen StAZ 1999, 297 f.

[20] Vgl. *Kegel*, FS Ficker, 1967, 264; *Ferid/Sonnenberger* Rn. 4 B 21; *Macherey*, Die postmortale Eheschließung in Frankreich, 1969; *Beitzke* IPRax 1991, 227. Für Belgien vgl. Nachweise bei *v. Bar* IPR II Rn. 138 Fn. 208; zu Indien s. *Günther*, Formen und Urgeschichte der Ehe, 1951, 27.

wäre.[21] Für Witwenversorgung oder Namensfragen ist ebenfalls themenbezogen anzuknüpfen. Ein Eheschluss kann über Art. 13 hingegen nicht begründet werden (→ Rn. 42).[22]

9   Besondere Abgrenzungs- und Anknüpfungsprobleme bereiten die **faktischen Lebensgemeinschaften.** Nach Ausgliederung aller rechtlich institutionalisierten Lebensformen unterhalb oder neben der Ehe (→ Rn. 6) geht es dabei nur noch um Lebensgemeinschaften ohne Rücksicht auf Geschlecht und sexuelle Orientierung, die nicht formell begründet und auch nicht als formlose Ehen einzustufen sind (→ Rn. 5), die aber als soziale Realität gelebt werden (oder gelebt worden sind).[23] Solche Lebensgemeinschaften werden nicht „geschlossen" oder begründet iS des Art. 13, sie wachsen faktisch langsam in den Bereich des Rechtserheblichen hinein. Art. 13 passt für sie deshalb von vornherein nicht (ausführliche Darstellung und kollisionsrechtliche Qualifikation bei → Art. 17b Rn. 142–150).

C. Sachliche Voraussetzungen der Eheschließung

I. Anknüpfungsgrundsätze in Art. 13 Abs. 1–3

10   **1. Anwendungsbereich.** Dem Wortlaut nach erfassen Art. 13 Abs. 1–3 zwar den gesamten Bereich der „Voraussetzungen der Eheschließung"; aus der gesonderten Regelung der Eheschließungsform durch Abs. 4 (für Inlandseheschließung; → Rn. 134 ff.) und Art. 11 (für Auslandseheschließung; → Rn. 146 ff.) ergibt sich jedoch die Beschränkung auf die **sachlichen Voraussetzungen der Eheschließung.**[24] Sachliche Voraussetzung ist alles, was nicht zur Eheschließungsform (→ Rn. 120 ff.) gehört,[25] insbesondere[26] Ehefähigkeit (Ehemündigkeit, Geschäftsfähigkeit, Einwilligung Dritter), mangelfreier Ehewille und das Fehlen von Ehehindernissen (näher → Rn. 36 ff.); das schließt sämtliche Ehehindernisse und Eheverbote ein,[27] auch solche aufschiebender Natur sowie schlichte Trauungsverbote, welche die Gültigkeit der verbotswidrig geschlossenen Ehe nicht beeinträchtigen.[28] Art. 13 Abs. 1 und 2 regeln sowohl die Voraussetzungen der zu schließenden Ehe als auch die nachträgliche Überprüfung der Voraussetzungen bereits geschlossener Ehen einschließlich der **Folgen verletzter Eheschließungsvoraussetzungen** (→ Rn. 109 ff.). Kommt es auf die Gültigkeit einer Ehe als **Vorfrage** einer eherechtlichen Hauptfrage (zB Unterhalt, Scheidung, Versorgungsansprüche) an, so entscheidet es sich letztlich nach diesem Hauptstatut, ob die Vorfrage wirksamer Eheschließung selbständig (nach Art. 13) oder unselbständig (nach dem Hauptstatut) zu beurteilen ist.[29] Bei Auslandsheirat hat der deutsche Standesbeamte vor Eintragung in das Eheregister die materiellrechtliche Wirksamkeit der Eheschließung nach Art. 13 zu überprüfen (→ Rn. 172).[30] Art. 13 Abs. 1 und 2 beziehen sich andererseits lediglich auf Voraussetzungen der **Eheschließung,** nicht jedoch auf solche der Eheführung; Ehefunktionsstörungen (Ehestörungen, Ehezerrüttung, Auflösung der häuslichen Gemeinschaft, Wegfall des Ehefortsetzungswillens) sind demgegenüber nach der Rom III-VO, gegebenenfalls über Art. 17, nach 17a und den einschlägigen Staatsverträgen anzuknüpfen.[31]

11   **2. Anknüpfung.** Die sachlichen Ehevoraussetzungen sind bei der verschiedengeschlechtlichen Ehe **für jeden Verlobten an sein Personalstatut (Heimatrecht)** anzuknüpfen, gleichgültig, wo

---

[21]   Vor der Kindschaftsrechtsreform 1998 qualifizierte man die postmortale Eheschließung funktional als Kindeslegitimation iS des § 1740a BGB aF, vgl. *Beitzke* IPRax 1991, 227 (229); *Kegel,* FS Ficker, 1967, 262 (269 ff.).

[22]   Ebenso *Beitzke* IPRax 1991, 227 (229); Soergel/*Schurig* Rn. 45, 47; BeckOGK/*Rentsch* Rn. 85; NK-BGB/ *Andrae* Rn. 2; jurisPK-BGB/*Mäsch* Rn. 20. Anders die wohl hM, die die Möglichkeit postmortaler Ehen als materielle Ehevoraussetzung iS des Art. 13 qualifiziert, vgl. OLG Karlsruhe StAZ 1990, 335; *Baetge* JuS 1996, 806; Erman/*Hohloch* Rn. 24; Staudinger/*Mankowski* (2011) Rn. 192 ff.; BeckOK BGB/*Mörsdorf-Schulte* Rn. 26.

[23]   Der übliche Ausdruck „nichteheliche Lebensgemeinschaft" passt nicht (mehr), der entscheidende Gegensatz ist nicht Ehe/Nichtehe, sondern rechtlich/faktisch, vgl. *Coester,* FS Sonnenberger, 2004, 321 (336); Staudinger/ *Löhnig* (2012) Anh. § 1297 Rn. 10. Anders noch *Martiny* in Hausmann/Hohloch Nichteheliche Lebensgemeinschaft Kap. 12 Rn. 2.

[24]   Gleiches Ergebnis in der Amtl. Begr. zum IPRG, BT-Drs. 10/504, 52.

[25]   Die sachlichen Voraussetzungen lassen sich nur negativ durch Ausschluss der Formerfordernisse definieren; s. statt vieler Soergel/*Schurig* Rn. 8.

[26]   Zum folgenden Amtl. Begr. zum IPRG, BT-Drs. 10/504, 52.

[27]   OLG Hamm OLGZ 1974, 103 = IPRspr. 1973 Nr. 38.

[28]   BGHZ 56, 180 = NJW 1971, 1519.

[29]   Zur Vorfragenproblematik allgemein → Einl. IPR Rn. 148 ff.; wenn das Hauptstatut durch EU-VO bestimmt wird, *Martiny* IPRax 2011, 437 (442) mwN.

[30]   BGH NJW 1991, 3088; BayObLG FamRZ 1997, 818 (819); OLG Karlsruhe StAZ 1994, 286.

[31]   Zur Rom III-VO s. *Gruber* IPRax 2012, 381 ff. sowie Kommentierung in diesem Band.

die Ehe geschlossen wird.[32] Der Begriff „Verlobter" ist untechnisch gemeint, er bezeichnet die Parteien des Eheschließungsaktes unmittelbar vor dessen Vornahme (→ Rn. 15); auf das Vorliegen eines Verlöbnisses im Rechtssinne kommt es nicht an. Jeder Verlobte ist gesondert (nur) nach seinem eigenen Personalstatut zu beurteilen, das Personalstatut des einen gilt grundsätzlich nicht auch für den anderen Verlobten (zu zweiseitigen Ehehindernissen jedoch → Rn. 48). Für die Gültigkeit der Ehe insgesamt muss zwar **jeder** Verlobte den spezifischen Voraussetzungen seines Personalstatuts genügen, die Häufung („Koppelung") der beiden Personalstatute ist wegen der Verschiedenheit der Bezugspersonen jedoch nur eine scheinbare.[33]

Dieser Anknüpfungsgrundsatz verletzt keine Verfassungsnorm (weder das Gleichberechtigungs- **12** prinzip des Art. 3 Abs. 2 GG noch das aus Art. 6 Abs. 1 GG abgeleitete Grundrecht der Eheschließungsfreiheit)[34] und konnte daher auch in der Neufassung des Art. 13 beibehalten werden.[35] Das auf Grund der Anknüpfung maßgebliche ausländische Sachrecht bleibt freilich auf seine **Vereinbarkeit mit den Grundrechten** im Einzelfall zu überprüfen;[36] der Schutz der Eheschließungsfreiheit wurde durch die neueingefügte spezialisierte ordre public-Klausel des Art. 13 Abs. 2 konkretisiert (näher → Rn. 25 ff.), ohne dadurch die Wirkung der übrigen Grundrechte im Rahmen des allgemeinen ordre public (Art. 6) zu beeinträchtigen.[37] Lässt sich die Geltung einer bestimmten Ehevoraussetzung im berufenen fremden Recht in angemessener Frist nicht eindeutig feststellen, so ist von ihrer Nichtgeltung auszugehen.[38]

Das maßgebliche **Personalstatut** ist grundsätzlich das **Heimatrecht** jedes Verlobten, dh das **13** Recht des Staates, dessen Staatsangehörigkeit der Verlobte besitzt (Art. 13 Abs. 1: „angehört"); auf die Effektivität kommt es nicht an.[39] Für **Mehrstaater** gilt Art. 5 Abs. 1,[40] für **Staatenlose** und **Personen ungeklärter Staatsangehörigkeit** Art. 5 Abs. 2;[41] Näheres dazu sowie zur Ersatzanknüpfung bei **Flüchtlingen, Asylberechtigten, Verschleppten** und **Vertriebenen** s. Kommentierung zu Art. 5 sowie Anh. I Art. 5 und Anh. II Art. 5. Steht die **Identität** eines Verlobten nicht fest, so kann schon mangels bestimmbaren Personalstatuts die Ehe nicht geschlossen werden.[42] Bei räumlicher oder personeller Rechtsspaltung im verwiesenen Staat ist Art. 4 Abs. 3 maßgeblich.[43]

3. Rück- und Weiterverweisung. Eine Rück- oder Weiterverweisung ist entsprechend Art. 4 **14** Abs. 1 stets zu befolgen, „sofern dies nicht dem Sinn der Verweisung widerspricht".[44] Da dieser Nachsatz aber nur für Fälle gedacht ist, die bei Art. 13 nicht eintreten können,[45] hat hier die Prüfung eines Renvoi in jedem Fall zu erfolgen und selbst bei negativem Ausgang in der Urteilsbegründung ihren Niederschlag zu finden.[46] Näheres bei Art. 4.

4. Maßgeblicher Anknüpfungszeitpunkt und nachträglicher Statutenwechsel. a) Grund- 15 satz. Im Grundsatz kommt es auf das Personalstatut jedes Verlobten **im Augenblick** (unmittelbar vor) **der Eheschließung** an, dh nicht auf ein durch die Eheschließung erworbenes, sondern auf jenes Personalstatut, mit dem die Verlobten zur Eheschließung antreten („Antrittsrecht").[47] Für die

---

[32] Grds. krit. dazu mit Vergleich zu Art. 17b *Henrich* in Schwab/Hahne, Familienrecht im Brennpunkt, 2004, 259, 262 f.; *Henrich,* FS Spellenberg, 2010, 195 (201 f.); *Helms;* FS Pintens, 2012, 681 (700); Vorschläge für eine Neugestaltung des Art. 13 bei *Coester-Waltjen* StAZ 2013, 10 ff.; rechtsvergleichender Überblick über die ehekollisionsrechtlichen Ansätze ebenda S. 11 f.

[33] Vgl. Staudinger/*Mankowski* (2011) Rn. 49: „distributive Anknüpfung".

[34] BVerfGE 31, 58 = NJW 1971, 1509.

[35] Amtl. Begr. zum IPRG, BT-Drs. 10/504, 52. Zur internationalen Verbreitung dieser Anknüpfung s. Staudinger/*Mankowski* (2011) Rn. 50.

[36] BVerfGE 31, 58 = NJW 1960, 143 Ls.

[37] Amtl. Begr. zum IPRG, BT-Drs. 10/504, 53.

[38] OLG Zweibrücken IPRspr. 1976 Nr. 31.

[39] OLG Köln NJW-FER 1999, 140 (auch bei in Deutschland geborenen und ständig hier lebenden Personen mit ausländischer Staatsangehörigkeit). Zur Problematik der Heimatrechtsanknüpfung in Zeiten der Globalisierung *Kohler* in Freitag ua, Internationales Familienrecht für das 21. Jahrhundert, 2006, 9 ff.

[40] OLG Nürnberg FamRZ 1998, 1109; AG Tübingen StAZ 1999, 301.

[41] Vgl. OLG Zweibrücken StAZ 1996, 268 (269) (Staatenlose).

[42] LG Frankfurt a. M. StAZ 2004, 327 f.

[43] Dies ist insbes. auch für Staaten mit religiöser Rechtsspaltung bedeutsam, vgl. Staudinger/*Mankowski* (2011) Vor Art. 13 Rn. 28–30; speziell zu Indien *Elwan/Otto,* FS Sturm, 1999, 1435 ff.; vgl. OLG Hamburg IPRax 2002, 304 f.

[44] Vgl. BGHZ 27, 375 = NJW 1958, 1627.

[45] BT-Drs. 10/5632, 39.

[46] BGH NJW 1991, 3088; OLG Karlsruhe StAZ 1994, 286; OLG Nürnberg FamRZ 1998, 1109; AG Groß-Gerau IPRax 2003, 355 (356) mAnm *Jayme* IPRax 2003, 339; wN (mit Länderauflistung) bei Staudinger/*Mankowski* (2011) Rn. 57 ff.

[47] EinhM, Amtl. Begr. zum IPRG, BT-Drs. 10/504, 52; OLG Hamm StAZ 1986, 352; Palandt/*Thorn* Rn. 4; Staudinger/*Mankowski* (2011) Rn. 79, 80; *Siehr,* GS Ehrenzweig, 1976, 133, 164.

zu schließende Ehe ergibt sich dieser Zeitpunkt von selbst, für die nachträgliche Beurteilung der geschlossenen Ehe muss er sinnvollerweise grundsätzlich beibehalten werden, was im Prinzip **Unwandelbarkeit des Eheschließungsstatutes** bedeutet.[48] Eine **rückwirkende** Änderung des Kollisions- oder Sachrechts durch den Staat des Personalstatuts ist vorbehaltlich des ordre public freilich auch für uns beachtlich.[49]

16   Der Augenblick der Eheschließung bleibt ausnahmslos maßgebend bei der **fehlerlos** geschlossenen Ehe; ein nachträglicher Wechsel des Personalstatuts (sei es durch Wechsel des Anknüpfungspunkts, zB Staatsangehörigkeit, oder Änderung der Verweisungsnorm, zB Wechsel vom Staatsangehörigkeits- zum Aufenthaltsprinzip) lässt sie in jedem Fall unberührt, selbst wenn sie für das neue Personalstatut fehlerhaft sein sollte: **Semel validum, semper validum.**[50] Für das intertemporale deutsche Recht hat dieser Grundsatz seinen Niederschlag in Art. 220 Abs. 1 gefunden. Das Gleiche gilt für eine rückwirkende, invalidierende Änderung des maßgeblichen Rechts – ihre Anerkennung scheitert an Art. 6 (→ Rn. 15). Folglich ist die im Ausland gemäß Heimatrecht erlaubterweise geschlossene Mehrehe auch nach Einbürgerung zu akzeptieren (näher → Rn. 69).[51] Diese Grundsätze stehen auch der Anerkennung ausländischer Urteile entgegen, die die Ehe unter Berufung auf ein nachträglich erworbenes fremdes Personalstatut vernichten.

17   **b) Heilung ungültiger Ehen durch Statutenwechsel.** Bei der umgekehrten Konstellation ist die Frage heftig umstritten, ob eine **ursprünglich mangelhafte** Ehe bei nachträglichem Erwerb eines Personalstatutes **geheilt** werden kann, das sie als fehlerfrei betrachtet (zu betonen ist dabei, dass es hier nur um die Frage der Heilung fehlender **Sach**voraussetzungen geht; zur Heilung von Formmängeln → Rn. 161). Einem derartigen, für die Beurteilung der Ehe möglicherweise relevanten Wechsel des Personalstatuts[52] können sehr unterschiedliche **Sachverhalte** zu Grunde liegen: Der Wechsel konnte bei Eheschließung schon vorhersehbar, möglicherweise sogar von den Parteien schon antizipiert sein (→ Rn. 20), er kann sich aber auch erst nach längerer Zeit vollziehen. Er kann sich bei beiden Verlobten vollziehen oder nur bei einem, dessen Heimatrecht der Gültigkeit entgegenstand. Die Bindung des oder der Verlobten an das alte Personalstatut kann eng oder locker gewesen sein (Heimatrecht oder gewöhnlicher Aufenthalt von Staatenlosen), entsprechend der Bezug zum neuen Statut (zB Juden im Flüchtlingslager vor der Auswanderung nach Israel, → Rn. 20). Bei Doppelstaatern genügt ein Wechsel der effektiven Staatsangehörigkeit (Art. 5 Abs. 1 S. 1) oder – bei deutsch-ausländischen Doppelstaatern – der Verlust der generell maßgeblichen deutschen Staatsangehörigkeit (etwa ex lege mit der Vollendung des 23. Lebensjahrs gemäß §§ 4 Abs. 3, 29 StAG).[53] Schließlich kann der Wechsel im Beurteilungszeitpunkt noch andauern oder in der Zwischenzeit wieder revidiert sein (→ Rn. 19). In rechtlicher Hinsicht ist das **Meinungsbild** zur ausnahmsweisen „Eheheilung durch Statutenwechsel" sehr uneinheitlich. Die Rechtsprechung hat diese Möglichkeit wiederholt angedeutet,[54] aber nur selten im konkreten Fall angenommen.[55] Selbst dann kann die Heilung nicht stets als „Hilfe" für die Parteien angesehen werden.[56] Im Schrifttum halten sich – unbeschadet differenzierender Positionen – Befürworter und Gegner etwa die Waage.[57]

---

[48] Amtl. Begr. zum IPRG, BT-Drs. 10/504, 52; Palandt/*Thorn* Rn. 4; anders mit unzutr. Argumenten *Bayer/Knörzer/Wandt* FamRZ 1983, 773; *Hirschfeld,* Der Einfluss des Statutenwechsels auf die vorher erfolgte Eheschließung, Diss. Bonn 1973, 59 ff.

[49] Soergel/*Schurig* Rn. 32; *Kegel/Schurig* IPR § 1 IV 2b, § 20 IV 1c; ausf. zu allen Varianten Staudinger/*Mankowski* (2011) Rn. 99 ff. Die grundsätzliche Beachtlichkeit rückwirkender Sachrechtsänderung wird auch von der Rspr. bejaht; zuletzt LG München IPRspr. 1950/51 Nr. 68 (Polen); OLG München IPRspr. 1950/51 Nr. 132 (Österreich).

[50] Unstr., s. etwa HRR 1930 Nr. 1736; BGHZ 27, 375 (380); BGH FamRZ 1997, 542 (544); OLG München IPRspr. 1950/51 Nr. 132; KG IPRspr. 1970 Nr. 57; OLG Hamm StAZ 1986, 352; Staudinger/*Mankowski* (2011) Rn. 82 ff.; Soergel/*Schurig* Rn. 33; Palandt/*Thorn* Rn. 4.

[51] Staudinger/*Mankowski* (2011) Rn. 85, 86; OLG Hamm StAZ 1986, 352.

[52] Nach *Siehr* (IPRax 2007, 30 (33)) sollte – wegen der Unwandelbarkeit des Eheschließungsstatuts – besser von „Heilung durch Statutenersatz" gesprochen werden.

[53] Dazu *Benicke* IPRax 2000, 171 (175 f.).

[54] ZB BGHZ 27, 375 (380, 382); KG JW 1938, 855; IPRspr. 1970 Nr. 57.

[55] Vor allem KG IPRax 1987, 33 mAnm *Siehr* IPRax 1987, 19 ff.; OLG Koblenz IPRspr. 1988, Nr. 62; OLG Koblenz IPRspr. 1975 Nr. 39; OLG München StAZ 1993, 151 (152) (hilfsweise).

[56] In KG IPRax 1987, 33 diente die Heilung einer nunmehr niederländischen Ehe vor allem der Verhinderung einer deutschen Witwenrente (krit. deshalb auch *Siehr* IPRax 1987, 19 ff.); umgekehrt allerdings in SG Hamburg IPRax 2007, 47.

[57] Dafür (ggf. unter Einschränkungen) *Siehr,* GS Ehrenzweig, 1976, 129 (132 ff.); *Siehr,* IPRax 1987, 19 (21) (mit dem ausformulierten Vorschlag einer speziellen Kollisionsnorm als Ausnahme zu Art. 13); Palandt/*Thorn* Rn. 4; Staudinger/*Mankowski* (2011) Rn. 190 ff.; BeckOGK/*Rentsch* Rn. 222 ff.; *Nussbaum* IPR S. 135; *Raape* IPR S. 243; *Sturm,* FS Jahr, 1993, 497 ff., insbes. 505; *Bayer/Knörzer/Wandt* FamRZ 1983, 770 (773); *Wengler*

Angesichts der eindeutigen Entscheidung des Gesetzgebers für die Unwandelbarkeit des Ehe- **18** schließungsstatutes gehen Auffassungen zu weit, die einen bloßen Statutenwechsel der Partner einer (zunächst unwirksamen) Ehe genügen lassen wollen, um den Ehebestand nunmehr nach neuem Recht beurteilen (und damit praktisch heilen) zu können − damit wird der gesetzliche Grundsatz in sein Gegenteil verkehrt.[58] Auch die undifferenzierte Berufung auf einen angeblichen „favor matrimonii"[59] ändert daran nichts, weil die Begünstigung nicht blind und isoliert abstrakte Institutionen schützen, sondern wertend und wägend bestimmte Interessen der Beteiligten privilegieren soll. Gerechtfertigt erscheint es jedoch, **Ausnahmen** vom Grundsatz der Unwandelbarkeit für Fallgestaltungen zuzulassen, in denen der mit der unwandelbaren Anknüpfung verfolgte Gesetzeszweck gegenstandslos geworden ist. Dies setzt neben dem bloßen Statutenwechsel **zusätzliche Umstände** voraus, die das alte, invalidierende Statut als obsolet geworden und das neue, die Ehe für gültig erachtende Statut als die gelebte Ehe prägend erscheinen lassen.[60] Unter solchen Umständen könnte es durchaus als Gebot von Art. 6 Abs. 1 GG angesehen werden, die Ehe auch hinsichtlich ihrer Entstehung dem sie nunmehr beherrschenden Recht zu unterstellen und damit zu heilen.[61] Insoweit kommen − in Anlehnung an die in der Praxis bedeutsam gewordenen Fälle − vor allem in Betracht:

Die Parteien müssen einen völligen, auch durch ihre eheliche Lebensführung dokumentierten und **19** grundsätzlich endgültigen Wechsel vom alten, invalidierenden Statut zum neuen Statut vollzogen haben. Die **völlige Lösung vom alten Statut** wird in den „Auswandererfällen", in denen Emigranten schon auf der Reise ins Einwandererland[62] oder dort noch vor dem Staatsangehörigkeitswechsel geheiratet haben, mit dem anschaulichen Bild beschrieben, die Nupturienten müssten „alle Brücken hinter sich abgebrochen haben". Für einen vollständigen Bruch mit dem ursprünglichen Eheschließungsstatut reicht bei Anknüpfung an den (gewöhnlichen) Aufenthalt oder Wohnsitz (wie zB bei Staatenlosen oder Flüchtlingen, s. bei Art. 5) ein Wechsel desselben, bei Anknüpfung an die Staatsangehörigkeit muss zu deren Verlust (bei Mehrstaatern der gemäß Art. 5 Abs. 1 ausschlaggebenden Staatsangehörigkeit)[63] noch die Aufgabe eines gewöhnlichen Aufenthaltes im betreffenden Staat hinzutreten.[64] Ist das Personalstatut nur **eines** Verlobten bei der Eheschließung verletzt gewesen, so genügt der einseitige Wechsel (Bruch mit dem bisherigen, Erwerb eines neuen Personalstatutes) auf Seiten dieses Ehegatten.[65] Zu diesem negativen Kriterium muss aber noch ein positives hinzutreten: Das neue (heilende) Statut muss nicht nur rechtlich erworben, sondern auch tatsächlich der **Lebensmittelpunkt der Ehegemeinschaft** geworden sein − es muss sich also um ein „gelebtes Statut" handeln.[66] Dies setzt in aller Regel voraus, dass beide Partner im Bereich des neuen Personalstatutes ihren gewöhnlichen Aufenthalt nehmen; das gilt auch dann, wenn das Personalstatut nur eines Verlobten bei der Eheschließung verletzt war.[67] Nicht unbedingt erforderlich ist allerdings, dass die Gemeinschaft auch noch im Beurteilungszeitpunkt als „Ehe" gelebt, dh vom beiderseitigen Ehewillen getragen wird − haben die Beteiligten jahrelang und ausschließlich im Bereich des validierenden Statuts ihre Lebensgemeinschaft etwa bis zum Tod eines Teils verwirklicht, so sollte nichts entgegenstehen, im Rahmen von Erbansprüchen die Vorfrage des Ehebestands positiv zu beantworten,[68]

IPRax 1984, 68 (72). Dagegen Soergel/*Schurig* Rn. 33; *Kegel/Schurig* IPR § 20 IV 1c; *Henrich,* Internationales Familienrecht, 2. Aufl. 2000, 18; *Henrich,* FamRZ 1987, 950; Johannsen/Henrich/*Henrich* Rn. 15; *Böhmer,* FS Firsching, 1985, 41; einschr. auch *Voit,* Heilung durch Statutenwechsel" im internationalen Eheschließungsrecht, 1997, 94 ff., 181 ff.

[58] Mit gleichem Ergebnis *Siehr,* GS Ehrenzweig, 1976, 143–164; Staudinger/*Mankowski* (2011) Rn. 94, 95; dem folgend KG IPRax 1987, 33. Zu pauschal hingegen SG Hamburg IPRax 2007, 47 (48) (zu 2.).

[59] So Staudinger/*Gamillscheg* (10./11. Aufl. 1973) Rn. 109.

[60] Ausformuliert in einer „ungeschriebenen Sachnorm des IPR" von *Siehr* IPRax 2007, 30 (34); vgl. auch BeckOK BGB/*Mörsdorf-Schulte* Rn. 53.

[61] *Sturm,* FS Jahr, 1993, 497 (505); zust. Staudinger/*Mankowski* (2011) Rn. 91. Mit aller gebotenen Vorsicht kann eine Wertungsparallele zur Witwenrentscheidung des BVerfG (BVerfGE 62, 323; → Rn. 169) gezogen werden; so ausdrücklich SG Hamburg IPRax 2007, 47 (48) re. Sp.; vgl. auch *Coester-Waltjen,* FS Henrich, 2000, 91 (98). Zur Problematik der „Heilung durch Statutenwechsel" auch → Einl. IPR Rn. 82.

[62] Dazu Soergel/*Schurig* Rn. 35 und *Siehr,* GS Ehrenzweig, 1976, 41.

[63] Bei deutsch-ausländischen Doppelstaatern kann deshalb, wegen Art. 5 Abs. 1 S. 2, so lange keine Heilung eintreten, bis die deutsche Staatsangehörigkeit (etwa gemäß § 4 Abs. 3 S. 9 StAG mit dem 23. Geburtstag) erloschen ist. Dies gilt selbst dann, wenn der Doppelstaater dauerhaft im Ausland lebt, nach dortigem Recht gültig eine polygame Ehe geschlossen hat und möglicherweise gar nicht weiß, dass er (auch) Deutscher ist; dazu *Benicke* IPRax 2000, 171 (176).

[64] *Siehr,* GS Ehrenzweig, 1976, 144 f.; Staudinger/*Mankowski* (2011) Rn. 95; KG IPRax 1987, 33; *v. Bar/Mankowski* IPR I § 4 Rn. 185.

[65] *Siehr,* GS Ehrenzweig, 1976, 147 f.; OLG Koblenz IPRspr. 1975 Nr. 39.

[66] RGZ 132, 416 (419); *Siehr,* GS Ehrenzweig, 1976, 150 ff.; IPRax 1987, 21; Staudinger/*Mankowski* (2011) Rn. 95.

[67] In diesem Sinne wohl auch Staudinger/*Mankowski* (2011) Rn. 95; KG IPRax 1987, 33.

[68] Anders offenbar *Siehr,* GS Ehrenzweig, 1976, 133 (150 ff.); *Siehr* IPRax 1987, 21.

sofern das Problem nicht schon durch unselbständige Anknüpfung der Vorfrage gelöst werden kann.[69] Eine Heilung dürfte allerdings ausscheiden, wenn der Wechsel zum validierenden Statut im Beurteilungszeitpunkt wieder revidiert worden ist.[70]

20   Kein eigenständiges Kriterium im Rahmen dieses Ausnahmetatbestandes für „Heilungen durch Statutenwechsel" ist der Umstand, dass oder ob die Verlobten sich bei der Eheschließung bereits bewusst an ihrem künftigen Personalstatut ausgerichtet hatten (subjektiv oder durch Gebrauch von nur diesem Recht bekannten Heiratsformen) – „**antizipierende Anknüpfung"**.[71] Ist ein solches Verhalten feststellbar (wie insbesondere in den Auswanderfällen),[72] so belegt es allerdings besonders deutlich und eindrücklich die vorgenannten Heilungsvoraussetzungen. Notwendig ist diese Antizipation jedoch nicht;[73] der zu Art. 13 Abs. 1 zu entwickelnde Ausnahmetatbestand für eine wandelbare Anknüpfung der Eheschließung kann auch im Nachhinein vollständig erfüllt werden. Ist dies im Ergebnis der Fall, so verdrängen die Interessen der Parteien an einer rechtlichen Eingliederung in ihr neues Statut die vom Gesetz als Regelfall in den Vordergrund gestellten, hier aber obsolet gewordenen Interessen an Statussicherheit und -beständigkeit; die Ehe kann nach neuem Statut als geheilt angesehen werden. Die **Heilungswirkung** tritt **ex tunc** ein, Anknüpfungspunkt ist und bleibt die Eheschließung.[74] Eine Ausnahme von dieser Interessenbewertung wird zu machen sein, wenn aus der Unwirksamkeit der Ehe nach altem Statut schützenswerte Rechtspositionen Dritter erwachsen sind,[75] etwa aus einer konkurrierenden früheren Ehebeziehung.[76] Ob nach dem Sachrecht des neuen Personalstatutes auch eine Wiederholungsheirat für Zweifelsfälle eröffnet ist (vgl. § 192 DA f. Standesbeamte), ist unmaßgeblich. Schließlich ist die Bildung einer Ausnahmekollisionsnorm zu Art. 13 Abs. 1 auch nicht dadurch vermeidbar, dass die entsprechenden Wertungen von einer starren Ehestatusbeurteilung weg in die flexiblere, unter Umständen unselbständige Vorfragenanknüpfung für die Ehewirkungen verlagert werden.[77] Selbst wenn es nur um die Ehewirkungen geht, ist dies doch letztlich keine überzeugende Lösung; die Betroffenen haben unter Umständen ein schützenswertes Interesse daran, generell zu wissen, ob sie bei den Wirkungen vom Ehebestand ausgehen können oder nicht. Diesem Interesse wird bei stabil geänderten Verhältnissen die Heilung besser gerecht; in weniger stabilen Konstellationen mag – mangels Heilung – eine unselbständige Vorfragenanknüpfung bei den Ehewirkungen helfen.[78]

21   Bei Maßgeblichkeit eines ausländischen Heilungsstatutes ist das Heilungsergebnis schließlich auf seine Vereinbarkeit mit dem inländischen **ordre public** (Art. 6) zu überprüfen. Bei ausreichender Inlandsbeziehung wird man deswegen zB eine Heilung von Ehen unter Blutsverwandten iS des § 1307 BGB oder von Kinderehen (vgl. § 1303 BGB) ausschließen müssen.

22   **5. Gesetzesumgehung.** Eine Gesetzesumgehung bleibt bei Art. 13 Abs. 1 im Ergebnis regelmäßig ohne Sanktion. Versuche **echter** Umgehung durch absichtliche Änderung des maßgeblichen Personalstatutes (der Staatsangehörigkeit, des gewöhnlichen Aufenthaltes) der Verlobten haben im Allgemeinen Erfolg, sofern das Ergebnis (nicht etwa die Umgehung) nicht Art. 6 verletzt.[79]

23   **Unechte** Umgehung durch Verlegung der Trauung ins Ausland will meist dem Ehefähigkeitszeugnis- oder Befreiungserfordernis des § 1309 BGB (→ Rn. 97) entfliehen und ermöglicht eine formwirksame Trauung unter Missachtung aller Verbote des Heimatrechts, auf deren Einhaltung der Trauungsstaat verzichtet (zB Gretna-Green-Trauungen, → Rn. 40; Tondern-Ehen, → Rn. 108). Die Umgehung des § 1309 BGB berührt die Ehegültigkeit nicht; trennende Ehehindernisse der gemäß Art. 13 Abs. 1 maßgebenden Rechte können durch Trauung im Ausland zwar nicht ausgeschaltet werden, allerdings erreichen die Beteiligten in der Regel immerhin eine zunächst wirksame (wenngleich aufhebbare oder vernichtbare) Ehe.[80]

---

[69] Vgl. LG Stuttgart IPRspr. 1962–1969 Nr. 73.

[70] Ähnlich wohl Staudinger/*Mankowski* (2011) Rn. 98.

[71] *Siehr,* GS Ehrenzweig, 1976, 141; Staudinger/*Mankowski* (2011) Rn. 93; Soergel/*Schurig* Rn. 35. Mit gleichem Ergebnis LG Stuttgart IPRspr. 1966/67 Nr. 75 obiter; OLG Koblenz IPRspr. 1988 Nr. 62.

[72] → Rn. 17. Denkbar sind auch Fälle gemischt – nationaler Ehen, in denen ein Partner durch Heirat die Staatsangehörigkeit des anderen erwirbt und beide sich schon bei der Eheschließung nach dem künftigen gemeinsamen Heimatrecht richten, vgl. Staudinger/*Mankowski* (2011) Rn. 93, 96.

[73] So aber wohl Soergel/*Schurig* Rn. 35; *Siehr,* GS Ehrenzweig, 1976, 141.

[74] Ebenso Staudinger/*Mankowski* (2011) Rn. 98.

[75] Vgl. *v. Bar/Mankowski* IPR I Rn. 4/185.

[76] Vgl. auch *Siehr* IPRax 1987, 21. Dies wurde missachtet von KG IPRax 1987, 33.

[77] *Böhmer,* FS Firsching, 1985, 41 ff.

[78] *Böhmer,* FS Firsching, 1985, 47 weist zu Recht auf die Problematik instabiler Sachverhalte hin.

[79] Staudinger/*Mankowski* (2011) Rn. 65 f.; Soergel/*Schurig* Rn. 129 m. weit. Hinw.

[80] Aus der neueren Rspr. LG Hamburg IPRspr. 1974 Nr. 50; ferner statt vieler Staudinger/*Mankowski* (2011) Rn. 67; Soergel/*Schurig* Rn. 129; *Kegel/Schurig* IPR § 14 VII 2, jeweils m. älteren Nachweisen aus Lehre und Rspr.

6. Ordre public. Der ordre public ist für den Eheschließungsbereich gleich zweifach kodifiziert. **24** Neben der **allgemeinen** ordre public-Klausel in **Art. 6** enthält **Art. 13 Abs. 2** einen Vorbehalt zu Gunsten des „deutschen Rechts", der unbehebbare, gegen das Grundrecht der Eheschließungsfreiheit verstoßende fremde Ehehindernisse bei bestimmter Inlandsbeziehung ausschließt; da Art. 13 Abs. 2 die typischen ordre public-Kriterien (Verletzung eines „wesentlichen Grundsatzes", sogar eines Grundrechtes, und erforderliche Inlandsbeziehung) enthält, wird er trotz seiner teilweise zweifelhaften Formulierung zurecht als **spezielle ordre public-Klausel** gewertet[81] (zur verbleibenden Bedeutung des Art. 6 → Rn. 27 und 34).

a) Art. 13 Abs. 2. Art. 13 Abs. 2 geht davon aus, dass nach dem gemäß Abs. 1 maßgeblichen **25** fremden Personalstatut von Verlobten eine sachliche Ehevoraussetzung „fehlt" und – wie als selbstverständlich zu ergänzen ist – deshalb eine (fehlerlose) Ehe nicht geschlossen werden könnte: Abs. 2 greift nicht ein, wenn ein ausländisches Ehehindernis schon durch selbständige Vorfragenanknüpfung umgangen werden kann.[82] Liegen nun die von den Nr. 1–3 genannten Voraussetzungen vor, so tritt an die Stelle des betreffenden ausländischen Ehehindernisses die einschlägige deutsche Rechtslage („so ist insoweit deutsches Recht anzuwenden"). Das bedeutet zweierlei: *Erstens* wird das Eheschließungsstatut nach Art. 13 Abs. 1 nicht insgesamt verdrängt, sondern nur punktuell bezüglich des Ehehindernisses. Dabei kommt dem deutschen Recht **Abwehrfunktion** zu, dh das fremde Ehehindernis ist insoweit ausgeschaltet, als es der konkreten deutschen Rechtslage (nicht bloß – isoliert betrachtet – dem objektiven Sachrecht!) widerspricht (zB sind Partner einer nach Nr. 3 Hs. 2 für den deutschen Bereich wirksam aufgelösten Ehe nach deutschem Sachrecht wiederverheiratungsfähig). Besteht hingegen auch nach deutschem Recht ein Ehehindernis, kann Art. 13 Abs. 2 nicht angewendet werden.[83] Zum *zweiten* hat das deutsche Recht **Ersatzfunktion,** indem es eine durch den Entfall des fremden Ehehindernisses etwa verbliebene Lücke schließt (zB ist eine nach fremdem Recht nicht ersetzbare elterliche Eheeinwilligung bei Minderjährigen ab 16 Jahren nach deutschem Recht ersatzfähig). Der Anfang von Art. 13 Abs. 2 ist demnach etwa so zu lesen: „Ein nach ausländischem Recht bestehendes Ehehindernis weicht der einschlägigen deutschen Rechtslage, wenn …".

aa) Bedeutung und systematisches Verständnis. Über Bedeutung und systematisches Ver- **26** ständnis des Art. 13 Abs. 2 bestehen nach wie vor erhebliche Meinungsverschiedenheiten.[84] Fest steht, dass der Gesetzgeber den Spanier-Entscheid des BVerfG von 1971[85] sowie die von der Rechtsprechung in den Folgejahren entwickelten Konsequenzen und Grundsätze[86] ins positive Recht übernehmen und über das Ausgangsproblem der nur hinkend aufgelösten Vorehe hinaus verallgemeinern wollte: In Konkretisierung des Art. 6 S. 2 sollte das Grundrecht auf Eheschließungsfreiheit (Art. 6 Abs. 1 GG) für den deutschen Rechtsraum geschützt, aber auch das Interesse am internationalen Statuseinklang weitest möglich gewahrt werden.[87] Zwischen der Scylla einer Grundrechtsverletzung durch Trauungsverweigerung und der Charybdis hinkender Ehen will Art. 13 Abs. 2 offensichtlich einen Mittelkurs steuern: **Ausgangspunkt** der Regelung ist ein Ehehindernis des nach Abs. 1 maßgeblichen Rechts, das im Lichte der Eheschließungsfreiheit gemäß Art. 6 Abs. 1 GG im Einzelfall anstößig wirkt (Abs. 2 Nr. 3 Hs. 1), sowie hinreichender Inlandsbezug, der Anlass und Rechtfertigung gibt, die deutschen Wertungen abweichend vom eigentlich anwendbaren Recht ins Spiel zu bringen (Abs. 2 Nr. 1; verstärkt durch inländische Rechtsakte im Zusammenhang mit der Auflösung von Vorehen, Nr. 3 Hs. 2). Vorgeschaltet wird jedoch die Obliegenheit der Verlobten, zumutbare Schritte zur Beseitigung des Hindernisses aus dem fremden Personalstatut zu unternehmen (Abs. 2 Nr. 2).[88] Angesichts der grundlegenden Bedeutung des Ehestatus wird der internationale Entscheidungseinklang und das wohlverstandene Interesse der Parteien hieran also (zunächst) höher gestellt

---

[81] Amtl. Begr. zum IPRG, BT-Drs. 10/504, 53. Ebenso die einhellige Lehre, s. *Henrich* FamRZ 1986, 842; Palandt/*Thorn* Rn. 15; Staudinger/*Mankowski* (2011) Rn. 108.

[82] Dies kann bei sinnentsprechender Anwendung der Vorschrift wohl nicht zweifelhaft sein.

[83] Palandt/*Thorn* Rn. 18.

[84] Die allgemeinen Bewertungen erstrecken sich von der Bezeichnung als „Monstrum" (*Kegel/Schurig* IPR § 20 IV 1b bg; sehr krit. auch jurisPK–BGB/*Mäsch* Rn. 26; *Kühne* StAZ 1984, 3 (6 f.); *Sturm,* FS Lorenz, 1991, 597) über „rätselhaft" (*Schwimann* StAZ 1988, 35) und „überflüssig" (*Kropholler* IPR S. 324 Fn. 6; ähnlich *Jayme,* Methoden der Konkretisierung des ordre public im IPR, 1989, 26) bis zur grundsätzlichen Zufriedenheit mit dieser Norm; *v. Bar* IPR II Rn. 150 Fn. 260.

[85] BVerfGE 31, 58 = NJW 1971, 1509; dazu Staudinger/*Sturm/Sturm* (2012) Einl. IPR Rn. 916 ff.

[86] Vor allem BGH NJW 1972, 1619; 1977, 1014; OLG Hamm FamRZ 1982, 166; OLG Hamburg IPRspr. 1977 Nr. 54.

[87] Amtl. Begr. zum IPRG, BT-Drs. 10/504, 53; s. auch *Coester-Waltjen,* FS Henrich, 2000, 91 (96 f.); *Coester-Waltjen* StAZ 2013, 10 (12 f, 15, 18) (de lege ferenda); OLG Stuttgart FamRZ 2000, 812 (822).

[88] Auch dieses aus dem Verhältnismäßigkeitsprinzip fließende Erfordernis ergibt sich bereits auf der Basis des Art. 6, vgl. *Spickhoff,* Der ordre public im internationalen Privatrecht, 1989, 227 mwN.

als ihr Interesse an sofortiger Heirat und als die inländischen Wertmaßstäbe. Erst bei Unauflöslichkeit des Konflikts setzen sich Letztere durch.

27   Umstritten ist das **Verhältnis von Art. 13 Abs. 2 zum allgemeinen ordre public, Art. 6** (zu dessen Anwendungsbereich im Einzelnen → Rn. 34, 35). Vorab zu verwerfen ist der Vorschlag, Art. 13 Abs. 2 nur auf beabsichtigte Eheschließungen anzuwenden, Art. 6 hingegen generell auf die Beurteilung schon geschlossener Ehen[89] – das Gesetz bietet hierfür keinen Anhaltspunkt, der Vorschlag ist auch systemwidrig.[90] Des Weiteren gestatten weder der Normzweck noch der (insoweit klare) Wortlaut, den Anwendungsbereich des Art. 13 Abs. 2 auf den in Nr. 3 Hs. 2 genannten Sonderfall der im Heimatstaat nicht anerkannten Voreheauflösung zu beschränken und im Übrigen auf Art. 6 zurückzugreifen.[91] Es ist zwar richtig, dass ausländische Ehehindernisse (etwa Rassen- oder Religionsverschiedenheit) aus deutscher Sicht derart anstößig wirken können, dass sie per se, ohne weitere Beachtung am ordre public scheitern. Allerdings fehlt dann regelmäßig auch die Erfüllbarkeit oder jedenfalls Zumutbarkeit iS von Nr. 2;[92] Art. 13 Abs. 2 erlaubt also grundsätzlich auch hier eine angemessene Reaktion. Es bleibt im Wesentlichen nur die Frage, ob in diesen Fällen auch einmal der in Nr. 1 festgelegte Inlandsbezug unterschritten und flexibel nach den Grundsätzen des Art. 6 bestimmt werden kann (etwa nur schlichter Aufenthalt in Deutschland; bloße Inlandstrauung). Soweit demnach Art. 6 in concreto wirklich eingriffe, kann nicht der Wille des Gesetzgebers unterstellt werden, mit Art. 13 Abs. 2 das Wirkungsfeld des deutschen ordre public zu beschneiden – immerhin ist die Eheschließungsfreiheit tragender und letztlich ausschlaggebender Richtpunkt der Neuregelung. Bejaht man demnach in diesen Fällen die Rückgriffsmöglichkeit auf Art. 6 (→ Rn. 34), so reduziert sich der Streit auf die eher technische Frage, ob der Tatbestand des Art. 13 Abs. 2 vor diesen besonders anstößigen Ehehindernissen endet (und damit freies Feld für Art. 6 eröffnet)[93] oder ob bei grundsätzlicher Anwendbarkeit der Norm subsidiär auf Art. 6 zurückgegriffen werden kann.[94] Von praktischer Bedeutung ist diese Unterscheidung nicht, die **entscheidenden** und unvermeidbaren **Wertungsfragen** lauten vielmehr: Wann ist ein ausländisches Ehehindernis so unerträglich, dass (1) schon (eigentlich mögliche) Beseitigungsversuche nicht anzusinnen sind oder gar (2) ein geringerer als der in Abs. 2 Nr. 1 bezeichnete Inlandsbezug für das Eingreifen des deutschen ordre public ausreicht? Wie bei allen Wertungen müssen hier unauflösbare Meinungsverschiedenheiten in Kauf genommen werden (im Einzelnen → Rn. 31, 32).

28   Auf ähnlicher Linie wie die Auffassung *Schwimanns* liegt die von *v. Bar* vertretene These, bei grundsätzlicher Anwendbarkeit des Art. 13 Abs. 2 auf alle Ehehindernisse beschränke sich dort die Beseitigungsobliegenheit der Nr. 2 auf im Heimatstaat (noch) nicht anerkannte Eheauflösungen (Nr. 3 Hs. 2).[95] Dem steht der eindeutige Wortlaut entgegen – mit „insbesondere" führt Nr. 3 Hs. 2 eine gesetzliche Konkretisierung der nach Hs. 1 im Allgemeinen gebotenen Abwägungsentscheidung ein, berührt aber im Übrigen nicht die alle Ehehindernisse erfassende Struktur der Nr. 1–3. Die Einholung möglicher Dispense von nach Heimatrecht bestehenden Ehehindernissen (etwa dem der Schwägerschaft) ist auch im Lichte des Normzwecks sinnvoll:[96] Der Gesetzgeber hat die (zumutbare) Herstellung von internationalem Entscheidungseinklang dem Eingreifen des deutschen ordre public vorgeordnet.

29   **bb) Voraussetzungen im Einzelnen.** Die drei kumulativen Voraussetzungen des Art. 13 Abs. 2 sind den Grundsätzen der vom Beschluss BVerfGE 31, 58 ausgelösten Rechtsprechung zu den Spanier-Fällen (→ Rn. 26) nachgebildet,[97] die somit als Auslegungshilfe herangezogen werden kann.

30   **Nr. 1** fordert als entsprechende Inlandsbeziehung, dass wenigstens ein Verlobter deutscher Staatsangehöriger (bzw. Deutscher iS von Art. 116 Abs. 1 GG) ist oder im Inland gewöhnlichen Aufenthalt

---

[89] So *Andrae* IntFamR Rn. (1) 69; offenbar auch Soergel/*Schurig* Rn. 75.

[90] Staudinger/*Mankowski* (2011) Rn. 110a.

[91] So zumindest tendenziell *Schwimann* StAZ 1988, 35 (37 f.).

[92] Vgl. *v. Bar* IPR II Rn. 155; Staudinger/*Mankowski* (2011) Rn. 110; *Spickhoff*, Der ordre public im internationalen Privatrecht, 1989, 227 mwN.

[93] So *Schwimann* in der 2. Aufl. dieses Kommentars, gegen die ganz hM; ähnlich auch *Ferid* IPR Rn. 8–78, 3; Staudinger/*Mankowski* (2011) Rn. 110 lehnt sich an *Schwimann* an, vertritt aber in der Sache dieselbe Position wie der obige Text.

[94] Dafür hM, vgl. Palandt/*Thorn* Rn. 16; *Kropholler* IPR § 44 I 3; *Spickhoff* JZ 1991, 323 (326); *Spickhoff*, Der ordre public im internationalen Privatrecht, 1989, 231 f.; Erman/*Hohloch* Rn. 19, 21; abl. hingegen BVerwG NJW 2012, 346 Rn. 21.

[95] *v. Bar* IPR II Rn. 154, 155; dagegen Soergel/*Schurig* Rn. 54 Fn. 9; und weitgehend auch wieder Staudinger/*Mankowski* (2011) Rn. 143–145.

[96] Im Gegensatz zu *v. Bar* IPR II Rn. 155; wie hier die ganz hM, vgl. *Kropholler* IPR S. 324 f.; Staudinger/*Mankowski* (2011) Rn. 144 f.

[97] Amtl. Begr. zum IPRG, BT-Drs. 10/504, 53.

hat; den Deutschen sind auch Staatenlose oder Flüchtlinge mit deutschem Personalstatut (näher Anh. I Art. 5 und Anh. II Art. 5) gleichzustellen, soweit der Inlandsbezug nicht ohnehin schon über den gewöhnlichen Aufenthalt hergestellt ist.[98] Die deutsche Staatsangehörigkeit von Mehrstaatern ist auch dann maßgebend, wenn sie nicht die effektive ist (Art. 5 Abs. 1 S. 2; näher → Art. 5 Rn. 61 ff.).

Zudem setzt **Nr. 2** voraus, dass die Verlobten „die zumutbaren Schritte" zur Beseitigung des **31** ausländischen Ehehindernisses unternommen hatten; dies soll „Hinken" (dh eine räumlich beschränkte Wirksamkeit) von Ehen verhindern, wo es vermeidbar ist.[99] **„Zumutbar"** ist grundsätzlich jede erlaubte und zielgerichtete tatsächliche oder rechtliche Vorkehrung zur Beseitigung des Ehehindernisses, die nicht von vornherein aussichtslos erscheint;[100] dazu können etwa das Abwarten des für die Ehefähigkeit notwendigen Mindestalters (oder die Beantragung eines möglichen Altersdispenses) sowie die bis zur rechtskräftigen Erledigung reichende Betreibung des erforderlichen Verfahrens zur **Befreiung** vom Ehehindernis[101] oder zur **Anerkennung der Scheidung einer Vorehe** (ggf. der **Scheidungswiederholung**)[102] im Heimatstaat des ausländischen Verlobten gehören (→ Rn. 76). Im Falle der Anerkennungsverweigerung wird die Scheidungswiederholung im Heimatstaat oder die Erreichung einer für den Heimatstaat anerkennungsfähigen Drittstaatsscheidung jedenfalls von dem ausländischen Verlobten verlangt werden dürfen, nicht jedoch von dem in Deutschland geschiedenen deutschen Verlobten.[103] Beschwerlichkeit des Bemühens oder lange Verfahrensdauer begründen in der Regel keine **Unzumutbarkeit;**[104] unter Umständen wird von den Verlobten auch erwartet werden können, dass sie eine bevorstehende Rechtsänderung im (derzeit noch anerkennungsunwilligen) Heimatstaat abwarten[105] oder ihre im Ausland begründete registrierte Lebenspartnerschaft auf dem dort vorgesehenen Wege in eine Ehe umwandeln lassen, anstatt in Deutschland eine „neue" Ehe einzugehen (→ Rn. 62).[106] Unzumutbar wäre es demgegenüber, erst die Auflösung im Ausland registrierter Lebenspartnerschaft zu verlangen, bevor in Deutschland geheiratet werden kann, wenn die Verlobten dann ein Zwischenstadium ohne rechtliche Partnerbeziehung in Kauf nehmen müssten.[107] Allerdings sollte nicht übersehen werden, dass auch überlange Verzögerungen mit der Eheschließungsfreiheit in Konflikt geraten können – nicht nur bei der verbreitet anerkannten Ausnahme akuter Todesgefahr für einen Verlobten bei qualifizierter Inlandsbeziehung (etwa wenn beide Verlobten durch Staatsangehörigkeit oder gewöhnlichen Aufenthalt mit dem Inland verbunden sind).[108] Zumutbarkeit gemäß Nr. 2 ist deshalb stets auch im Licht des zentralen Wertungsgesichtspunktes gemäß Nr. 3 Hs. 1 zu beurteilen. Jahrelange Wartezeiten (zB auf Urteilsanerkennung, Dispense oder Erreichung der Ehemündigkeit) können de facto die Eheschließungsfreiheit beseitigen. Schwangerschaft der Braut sollte heutzutage nicht zwingenden Zeitdruck auslösen, aber im Rahmen der Zumutbarkeitsabwägung berücksichtigt werden dürfen.[109] Auch die Furcht vor politischen oder gesellschaftlichen Repressalien kann die Unzumutbarkeit begründen, so häufig bei Asylbewerbern.[110] Der Schutz des Art. 13 Abs. 2 greift insgesamt somit erst dann ein, wenn die Beseitigung des betreffenden ausländischen Ehehindernisses entweder von vornherein aussichtslos (zB fehlende Dispensmöglichkeit; Scheidungsanerkennung im Staat mit Unscheidbarkeitsprinzip)[111] oder unzumutbar ist oder die „zumutbaren" Beseitigungsbemühungen endgültig gescheitert sind.

---

[98] Palandt/*Thorn* Rn. 16; Erman/*Hohloch* Rn. 18; BeckOK BGB/*Mörsdorf-Schulte* Rn. 59.

[99] Amtl. Begr. zum IPRG, BT-Drs. 10/504, 53.

[100] Amtl. Begr. zum IPRG, BT-Drs. 10/504, 53; *Henrich* FamRZ 1986, 842; Palandt/*Thorn* Rn. 16.

[101] Amtl. Begr. zum IPRG, BT-Drs. 10/504, 53; *Ferid* IPR Rn. 8–78, 2; Palandt/*Thorn* Rn. 16; *Schulz* StAZ 1991, 35; anders *Westenburger* StAZ 1995, 249 (bei Kriegswirren im Heimatstaat und Schwangerschaft der nach Heimatrecht (befreibar) eheunmündigen Braut).

[102] BGH FamRZ 1997, 542 (544); OLG München IPRax 1988, 354 (356 f.); OLG Hamm FamRZ 1973, 143 (144); StAZ 2003, 169 f.; *Jayme* FamRZ 1973, 144 (145); *Jayme* IPRax 2003, 339 (340).

[103] OLG Hamburg IPRspr. 1977 Nr. 54; Staudinger/*Mankowski* (2011) Rn. 141; Erman/*Hohloch* Rn. 19.

[104] So die allgM, vgl. OLG Köln StAZ 1989, 261; *Schulz* StAZ 1991, 34; krit. iS des folgenden Textes hingegen Soergel/*Schurig* Rn. 54.

[105] BGH FamRZ 1997, 542 (544).

[106] BGH FamRZ 2012, 1365 Rn. 16, 17 mAnm *Wiggerich* FamRZ 2012, 1636 f.; KG FamRZ 2014, 1105 f. mAnm *Vlassopolou* FamFR 2013, 576.

[107] *Wiggerich* FamRZ 2012, 1636; anders im Fall KG StAZ 2014, 15 (die Auflösung der niederländischen registrierten Partnerschaft wäre zeitgleich mit Heirat in Deutschland erfolgt).

[108] Vgl. *Hausmann*, Kollisionsrechtliche Schranken von Scheidungsurteilen, 1980, S. 94 Fn. 28.

[109] Grds. abl. *Schulz* StAZ 1991, 34; für die Berücksichtigungsfähigkeit *Westenburger* StAZ 1995, 249; Staudinger/*Mankowski* (2011) Rn. 137, 143.

[110] Im Einzelfall anders OLG Köln StAZ 1989, 260 (Polen); zust. *Riedel* StAZ 1989, 241 (248 f.); krit. dazu hingegen *Sturm*, FS Lorenz, 1991, 602; Soergel/*Schurig* Rn. 54 Fn. 13.

[111] Vgl. Amtl. Begr. zum IPRG, BT-Drs. 10/504, 85; BGH NJW 1972, 1619; 1977, 1014; FamRZ 1997, 542 (544); KG FamRZ 1994, 1413 (1414 f.); OLG München StAZ 2011, 308 (Philippinen).

32 Zur sachlichen Abgrenzung der als anstößig zu wertenden ausländischen Ehehindernisse verlangt **Nr. 3** deren „**Unvereinbarkeit" mit dem** aus Art. 6 Abs. 1 GG abgeleiteten **Grundrecht der „Eheschließungsfreiheit",** eine Unvereinbarkeit, die selbstverständlich nur unter den Voraussetzungen der Nr. 1 und 2 zu verstehen ist. Auch verbindliche völkerrechtliche Vorgaben sind im Rahmen dieser Abwägung zu beachten (Art. 12 EMRK; Art. 1 UN-Eheschließungskonvention 1962).[112] Eine Unvereinbarkeit ist grundsätzlich nicht anzunehmen, wenn die Parteien nur eine Scheinehe begründen wollen, denn diese hat nicht teil am Grundrechtsschutz des Art. 6 Abs. 1 GG.[113] Unzweifelhaft ist die Verletzung der Eheschließungsfreiheit in den beispielsweise („insbesondere") angeführten **Sonderfällen des zweiten Halbsatzes,** die den zentralen Wertungsfonds und den hauptsächlichen Anwendungsbereich des Art. 13 Abs. 2 bilden. Der erste Fall (der unmittelbar durch die Spanier-Rechtsprechung im Gefolge von BVerfGE 31, 58 geprägt ist) betrifft die „**hinkende" Inlandsbeseitigung einer Vorehe.** Danach hindert eine für das fremde Personalstatut eines Verlobten bestehende Vorehe (deren Beseitigung durch auswärtige Entscheidung dort nicht anerkannt wird) die Wiederverheiratung nicht, wenn diese Vorehe durch eine für Deutschland wirksame (also hier gefällte oder hier anerkannte) Behördenentscheidung für den deutschen Bereich rechtlich beseitigt ist. Für die Ehebeseitigung kommen insbesondere Ehenichtigkeits-, Aufhebungs- oder Scheidungsentscheidungen sowie Feststellungsentscheidungen über das Nichtbestehen der Ehe in Betracht, nicht jedoch inländische Privatscheidungen (diese sind unwirksam, Art. 17 Abs. 2). Entsprechendes gilt für den zweiten Fall, den der „**hinkenden" Todeserklärung eines früheren Ehegatten.** Ist sie für das Personalstatut des ausländischen Verlobten nicht wirksam, wohl aber für den deutschen Bereich (weil sie für die Deutschland ergangen oder anerkannt[114] ist) und sind die (zumutbaren) Bemühungen des Verlobten zur Beseitigung der Vorehe in seinem Heimatstaat gescheitert, so steht diese ebenfalls einer Wiederverheiratung nicht entgegen; der Todeserklärung ist die Todesfeststellung bzw. Feststellung des Todeszeitpunktes gleichzusetzen.[115]

33 Für alle **anderen Ehehindernisse,** die nichts mit einer im Heimatstaat der Verlobten noch als bestehend angesehenen Vorehe zu tun haben, gebietet Abs. 2 Nr. 3 Hs. 1 eine offene Abwägung gegenüber der Eheschließungsfreiheit; die allgemeine Fragestellung des ordre public in Art. 6 S. 2 wird – zusammen mit den Erfordernissen der Nr. 1 und 2 – für das Grundrecht aus Art. 6 Abs. 1 GG konkretisiert. Entsprechend der Grundfunktion des ordre public ist die „Unvereinbarkeit" nicht norm-, sondern wertungsbezogen zu verstehen: Sie wird nicht schon durch jede Abweichung vom deutschen Recht begründet, sondern erst durch eine unauflösbare Grundwertekollision.[116] Das Gesetz überträgt durch die Generalklausel der Nr. 3 Hs. 1 dem Rechtsanwender die einzelfallbezogene verantwortliche Entscheidung zwischen eigentlich anwendbarem Recht und deutschen (oder völkerrechtlich verbindlichen) Grundwerten.[117] Auf die hermeneutische Wechselwirkung zwischen Nr. 3 Hs. 1 und Nr. 2 wurde bereits hingewiesen (→ Rn. 26): Je undeutlicher ein Vorrang des ordre public, umso stärker wird eine Konfliktlösung über Nr. 2 zu suchen sein, und umgekehrt (bei besonders grober Anstößigkeit kann schon die Zumutbarkeit von Erfüllungsversuchen entfallen, → Rn. 27). Im Lichte dieser Grundsätze wurde das (türkische) unbefreibare Ehehindernis der Schwägerschaft in direkter Linie noch akzeptiert, obwohl beide Parteien ihren gewöhnlichen Aufenthaltsort in Deutschland hatten, die die Schwägerschaft begründende Ehe schon aufgelöst war und gemeinsame Kinder vorhanden waren.[118] Dem dürften allerdings menschenrechtliche Wertungen (EMRK) entgegenstehen (→ Rn. 54).

34 **b) Allgemeiner ordre public.** Die allgemeine Vorbehaltsklausel des Art. 6 behält im Eheschließungsrecht trotz der Spezialregelung in Art. 13 Abs. 2 noch einige Bedeutung (→ Rn. 24). So zunächst uneingeschränkt in **Themenbereichen, die von Art. 13 Abs. 2 von vornherein nicht erfasst werden.** Dies ist zB der Fall, (1) wenn das nach Abs. 1 berufene Sachrecht eine Ehe nicht

---

[112] Vgl. *v. Bar* in Aktuelle Probleme des Menschenrechtsschutzes, Berichte der Deutschen Gesellschaft für Völkerrecht, Bd. 33 (1994), 191 ff., 208 mwN.

[113] BVerfG FamRZ 2003, 1000 f.; Staudinger/*Mankowski* (2011) Rn. 125.

[114] Über die Gleichwertigkeit der im Inland anerkannten fremden Todeserklärung kann schon nach dem Gesetzestext kein Zweifel bestehen („wenn … der Ehegatte des Verlobten für tot erklärt ist"), der mit keiner Silbe andeutet, dass nur in der Bundesrepublik ausgesprochene Todeserklärungen beachtlich sein sollen. Mit gleichem Ergebnis Amtl. Begr. BT-Drs. 10/504, 53.

[115] Amtl. Begr. zum IPRG, BT-Drs. 10/504, 53; Palandt/*Thorn* Rn. 17; *Kropholler* IPR § 44 I. 3.; vgl. noch → Rn. 79.

[116] Vgl. → Art. 6 Rn. 182 f.; BeckOK BGB/*Mörsdorf-Schulte* Rn. 61.

[117] Dazu iE → Art. 6 Rn. 132 ff.; *Spickhoff*, Der ordre public im internationalen Privatrecht, 1989, 139 ff.

[118] OLG Stuttgart FamRZ 2000, 821 (bezüglich der Rechtsstellung der Kinder konnte das Gericht auf die Unmaßgeblichkeit des Ehestatus der Eltern seit dem KindRG 1998 verweisen); ähnlich auch BVerwG NJW 2012, 3461 Rn. 20 f. m. krit. Anm. *Looschelders* JA 2013, 470 ff.

verbiet, sondern − umgekehrt − ihre Wirksamkeit bejaht, obwohl dies gegen die inländischen Ordnungsvorstellungen verstößt (zu Kinderehen → Rn. 38; Ehen Gleichgeschlechtlicher, → Rn. 50 f.; Scheinehen → Rn. 59); oder wenn (2) die Anstößigkeit der fremden Regelung nicht auf einer Beschränkung der Eheschließungsfreiheit, sondern auf anderen Gründen beruht (zB rechtsstaatswidrige Rückwirkung von Gesetzen, → Rn. 132). Daneben ist Art. 6 aber auch **im Themenbereich des Art. 13 Abs. 2** nicht vollständig verdrängt, sondern entfaltet, wie dargestellt (→ Rn. 27), eine **Auffangfunktion** vor allem in zwei Fallgestaltungen: (1) Zum einen bei Verletzungen der Eheschließungsfreiheit, die so grob sind, dass sie im Inland als schlechthin unerträglich angesehen werden müssen, die aber mit Art. 13 Abs. 2 nicht erfasst werden können: Im Rahmen des Art. 13 Abs. 2 Nr. 2 kann man dem noch Rechnung tragen durch Verneinung der Zumutbarkeit eines Erfüllungsversuches; reicht hingegen der Inlandsbezug nicht für Art. 13 Abs. 2 Nr. 1, wohl aber nach den zu Art. 6 entwickelten Grundsätzen (zB schlichter Aufenthalt, Eheschließungsort),[119] oder ist er gar verzichtbar bei der Verletzung (auch) völkerrechtlich und international verbürgter Menschenrechte,[120] so muss und darf auf diese Norm zurückgegriffen werden (→ Rn. 27). Entsprechendes gilt bei der Beurteilung schon geschlossener Ehen: Kann der ordre-public-Vorbehalt gegen ein eigentlich bestehendes Ehehindernis nicht über Art. 13 Abs. 2 eingebracht werden, weil dessen Nr. 1 oder 2 unbeachtet blieben, bleibt der Rückgriff auf Art. 6 unbenommen.[121] (2) Zum zweiten in Fällen, in denen die Einschränkung der Eheschließungsfreiheit als solche im Lichte von Art. 13 Abs. 2 Nr. 3 noch hinnehmbar erscheint, in denen neben Art. 6 Abs. 1 GG jedoch auch andere Grundrechte betroffen sind (zB Art. 4 beim Eheverbot der Religionsverschiedenheit, → Rn. 88, oder Art. 1, 2, 3 GG bei rassebezogenen Ehehindernissen, → Rn. 89), die nur über den allgemeinen ordre public geschützt werden können (→ Rn. 34).[122] Es ist allerdings zuzugeben, dass diese Gesichtspunkte auch schon im Rahmen der Abwägung nach Art. 13 Abs. 2 Nr. 3 berücksichtigt werden könnten: Es spielt dort eben auch eine Rolle, *warum* das ausländische Recht die Eheschließung versagt − bei grundsätzlich akzeptierten Eheverboten wie Bigamie oder Verwandtschaft muss mehr an Abweichung „ertragen" werden als bei (aus unserer Sicht) sachfremden Verboten wie Rassenverschiedenheit.

Auf **Fragen des ordre public (Art. 13 Abs. 2 oder Art. 6)** wird im Zusammenhang mit **35** den jeweiligen **Einzelfragen** eingegangen, etwa bei der Heilung sachlicher Eheschließungsmängel → Rn. 17, der Ehemündigkeit → Rn. 38, der Ehefähigkeit → Rn. 39, dem Ehewillen → Rn. 41, der Stellvertretung durch Generalvollmacht → Rn. 44, den Willensmängeln → Rn. 45, der zeitlich befristeten Ehe → Rn. 46, der Geschlechtsverschiedenheit der Ehepartner und einer Geschlechtsumwandlung → Rn. 50 ff., Vorschriften über Altersdifferenz der Partner → Rn. 53, ferner im Zusammenhang mit den Ehehindernissen der Verwandtschaft, Schwägerschaft und Geschlechtsgemeinschaft → Rn. 54, des Adoptivverhältnisses → Rn. 55, des Auseinandersetzungszeugnisses → Rn. 56, der Scheinehe → Rn. 57, der Mehrehe → Rn. 60 f., des Ehebruchs → Rn. 80, der Wartefristen und sonstigen Eheverbote als Scheidungssanktion → Rn. 82, körperlicher und geistiger Mängel → Rn. 85, der Religionsverschiedenheit → Rn. 86, der höheren Weihen → Rn. 87, schließlich im Zusammenhang mit sonstigen religiösen Eheverboten → Rn. 88, mit der Rassen- und Staatsangehörigkeitsverschiedenheit → Rn. 89, sowie im Zusammenhang mit dem Erfordernis der staatlichen Genehmigung für Ehen von Staatsbediensteten und mit einem Heiratsverbot vor Wehrpflichterfüllung → Rn. 90.

II. Die sachlichen Eheschließungsvoraussetzungen im Einzelnen

Die Erörterung der einzelnen für die Anknüpfung nach Art. 13 Abs. 1 in Betracht kommenden **36** sachlichen Eheschließungsvoraussetzungen hat einen zweifachen Zweck: Einerseits kommen dabei Sonderprobleme einzelner Voraussetzungen besser zur Geltung, andererseits lässt sich auf diese Weise der **Anwendungsbereich des Art. 13 Abs. 1** plastischer exemplifizieren. Gleichzeitig ist allerdings zu bedenken, dass die gewählte Unterteilung in Ehefähigkeit, Ehewille und Ehehindernisse im vorwiegend öffentlichen Interesse zu Überschneidungen führen kann, zumal sich Ehehindernisse von Ehevoraussetzungen nur durch ihre negative Fassung unterscheiden und öffentliche Interessen auch bei den beiden ersten Gruppen eine gewichtige Rolle spielen. Von grundlegender

---

[119] → Art. 6 Rn. 184 ff.; *Spickhoff* JZ 1991, 325; *Spickhoff,* Der ordre public im internationalen Privatrecht, 1989, 232.
[120] Vgl. *Scholz* IPRax 2008, 213 (216); → Art. 6 Rn. 197 ff.
[121] Soergel/*Schurig* Rn. 75; *v. Bar* IPR II Rn. 150; aA (auch retrospektive Anwendbarkeit von Abs. 2) Staudinger/*Mankowski* Rn. 110a; BeckOGK/*Rentsch* Rn. 243.
[122] Nicht zutr. Staudinger/*Mankowski* (2011) Rn. 111, der meint, das Ehehindernis der Religionsverschiedenheit verletze nicht die Glaubensfreiheit des Einzelnen.

Bedeutung ist hingegen die Unterscheidung von **einseitigen und zweiseitigen Ehehindernissen** (→ Rn. 48). Die gleichfalls dem gemäß Art. 13 Abs. 1 maßgeblichen (verletzten) Recht unterliegenden **Verletzungsfolgen** von Sachvoraussetzungen werden in einem gesonderten Abschnitt zusammengefasst (→ Rn. 108 ff.).

37   Gemäß Art. 13 Abs. 1 sind also für jeden Verlobten nach seinem **Personalstatut** (→ Rn. 11) insbesondere folgende Voraussetzungen (unter Beachtung möglicher Rück- oder Weiterverweisung) anzuknüpfen:

38   **1. Ehefähigkeit. a) Ehemündigkeit.** Zur Ehefähigkeit gehört in erster Linie die Ehemündigkeit als Mindestalter für die Eheschließung;[123] über die Folgen ihres Fehlens entscheidet zunächst das verletzte Heimatrecht (→ Rn. 108 ff.). Ehemündigkeit im Kindesalter kann allerdings gegen Art. 6 verstoßen. Das „Gesetz zur Bekämpfung von Kinderehen" vom 21.7.2017 hat insoweit den bisher liberalen, auch im deutschen Sachrecht verfolgten Ansatz dramatisch verschärft und – parallel zur strikten 18-Jahre-Grenze des neuen deutschen Sachrechts (§§ 1303, 1314 ff. BGB) – im Wege der Sonderanknüpfung auch nach ausländischem Recht geschlossene Minderjährigenehen für den deutschen Rechtsbereich dem deutschen Sachrecht unterworfen: Ist ein Verlobter bei der Heirat jünger als 16 Jahre alt, ist die Eheschließung schlechthin unwirksam; ist ein Verlobter mindestens 16, aber noch nicht 18 Jahre alt, ist die im Ausland geschlossene Ehe (auch zweier Ausländer in ihrem Heimatland) in Deutschland aufhebbar (Art. 13 Abs. 3 Nr. 1 und 2). In Art. 229 § 44 wird diese strikte Durchsetzung deutschen Rechts allerdings für einige Altfälle zurückgenommen: Die Eheschließung mit einem Minderjährigen unter 16 Jahren bleibt auch in Deutschland wirksam, wenn dieser zum Zeitpunkt des Inkrafttretens des Reformgesetzes am 1.10.2017 bereits (nach deutschem Recht) volljährig geworden war (Art. 229 § 44 Abs. 4 Nr. 1; BGBl. 2017 I S. 2429), oder wenn die mit einem Minderjährigen geschlossene Ehe im Ausland geführt wurde, kein Ehegatte bis zu dieser Zeit seinen Aufenthalt in Deutschland hatte und der bei Heirat minderjährige Ehegatte inzwischen volljährig geworden ist (Art. 299 § 44 Abs. 4 Nr. 2). Diese Neuregelung hat – auch schon während des Gesetzgebungsverfahrens – grundlegende Kritik erfahren: Sie misst ausländisches Eheschließungsrecht – unter Ausblendung kollisionsrechtlicher Grundsätze – unmittelbar am neuen deutschen Sachrecht und verweigert Ehen die rechtliche Anerkennung, die bis zum 1.10.2017 auch nach deutschem Sachrecht wirksam gewesen wären.[124] Setzt ausländisches Recht die Ehemündigkeit auf ein höheres Alter fest als das deutsche (zB China: 22 bzw. 20 Jahre, Art. 6 EheG 1980 idF 2001), so verstößt dies nicht schon deshalb gegen den deutschen ordre public. Anderes gilt auch nicht pauschal dann, wenn die Ehemündigkeit später eintritt als die allgemeine Geschäftsfähigkeit[125] – hier muss dem ausländischen Gesetzgeber Ermessensspielraum zugestanden werden.[126] Der ordre public setzt erst ein bei nennenswerten Beschränkungen der Eheschließungsfreiheit. Angesichts eines durchschnittlichen Heiratsalters in Deutschland von 27 bis 30 Jahren kann dies bei einer Ehemündigkeit von 22 Jahren (China) noch nicht gesagt werden (trotz Geschäftsfähigkeit ab 18, unter Umständen sogar ab 16 Jahren). Die **Befreiung** vom Erfordernis der Ehemündigkeit unterliegt ebenfalls gemäß Art. 13 Abs. 1 dem Personalstatut des betreffenden Verlobten.

39   **b) Fehlen von Geschäftsunfähigkeit.** Verlangt das Personalstatut des Verlobten neben der Ehemündigkeit das Fehlen von Geschäftsunfähigkeit (zB § 1304 BGB), so ist die Beurteilung der Geschäftsfähigkeit selbständig nach Art. 7 anzuknüpfen.[127] Es handelt sich um ein einseitiges Ehehindernis (str., → Rn. 48). Der Einfluss einer ausländischen **Entmündigung** auf die Ehefähigkeit beurteilt sich nach dem Eheschließungsstatut des Art. 13 Abs. 1; die Vorfrage der Rechtswirksamkeit der Entmündigung bedarf gesonderter Prüfung, ihre Beachtung hängt von ihrer Anerkennung im Inland ab (→ Rn. 21). Die ausländische Entmündigung eines Deutschen kann allenfalls mit den

---

[123] Unbestr.; aus der Rspr. etwa OLG Celle IPRspr. 1945/49 Nr. 17 (Polen); OLG Köln NJW-FER 1999, 140; LG Berlin IPRspr. 1962/63 Nr. 73 (Deutschland), 1972 Nr. 42 (Deutschland); LG Mannheim IPRspr. 1964/65 Nr. 87 (Irak); AG Hannover FamRZ 2002, 1116 (1117) (Vietnam). Rechtsvergleichender Überblick bei *Coester-Waltjen/Coester*, Formation of Marriage, sec. 25 ff.; *Staudinger/Mankowski* (2011) Rn. 196 ff.; *Dethloff* StAZ 2010, 162 ff. (mit Ausblick auf gemeineuropäische Prinzipien); *Lack* StAZ 2013, 275 (280 ff.); *Heiderhoff* StAZ 2014, 193 (198 f.); zum kanadischen „Zero Tolerance Act" 2015 (mit Altersgrenze 16 Jahre) *Bailey*, Setting Boundaries, in The International Survey of Family Law (2015) 21 ff.

[124] Zur Kritik schon während des Gesetzgebungsverfahrens *Kinderrechtekommission des DFGT* FamRZ 2017, 77 ff.; *Andrae* NZFam 2016, 932 ff.; NK-BGB/*Andrae* Rn. 24; *Antomo* NZFam 2016, 1155 (1159); *Antomo* NJW 2016, 3558 ff.; *Coester-Waltjen* IPRax 2017, Heft 5; *Heiderhoff* IPRax 2017, 160 (161); *Seiler* in Götz/Schnitzler, 40 Jahre Familienrechtsreform, 2017, 356, 368 ff.; zu einer konzeptionellen Neufassung des Art. 13 zuvor schon *Coester-Waltjen* und *Sonnenberger* (→ Rn. 1).

[125] So Staudinger/*Mankowski* (2011) Rn. 143, 204; *Scholz* StAZ 2002, 321 (328).

[126] Insoweit zutr. *Scholz* StAZ 2002, 321 (328).

[127] HM, zB KG JW 1937, 2039 (Polen); Staudinger/*Mankowski* (2011) Rn. 74; Palandt/*Thorn* Rn. 6.

Wirkungen einer Betreuung (§§ 1896 ff. BGB) anerkannt werden,[128] sie kann also, sofern Geschäftsfähigkeit nach deutschem Recht vorliegt, auch bei Anordnung eines Einwilligungsvorbehalts die Fähigkeit zur Eheschließung nicht beeinträchtigen (vgl. § 1903 Abs. 2 BGB). Gegen die Bejahung der Ehefähigkeit bei Geschäftsunfähigen durch das Personalstatut (zB Schweden) wird Art. 6 wohl nur dann eingreifen, wenn der Verlobte im Eheschließungszeitpunkt infolge geistiger Beeinträchtigung urteilsunfähig ist.[129]

c) Zustimmung Dritter. Ist gemäß Art. 13 Abs. 1 nach dem Personalstatut des Verlobten die **40** Zustimmung Dritter in ihrer Eigenschaft als gesetzliche Vertreter, Sorgeberechtigte oder Verwandte erforderlich, so bestimmt dieses Statut sowohl darüber, wer in welcher Art zuzustimmen hat,[130] als auch über eine mögliche Ersetzung der Zustimmung und die Folgen ihren Fehlens.[131] Zustimmungserfordernisse bei volljährigen Verlobten können gemäß Art. 13 Abs. 2 ausgeschaltet werden.[132] Vorfragen wie Minderjährigkeit, Bestehen gesetzlicher Vertretung (elterliche Sorge oder Vormundschaft) und Person des gesetzlichen Vertreters oder Verwandtschaft sind nach hL selbständig nach deutschem IPR anzuknüpfen;[133] die Wirksamkeit fremder Volljährigerklärungen oder Entmündigungen ist hingegen eine Frage der Anerkennung im Inland (→ Rn. 23). Dass das Kollisionsrecht des ausländischen Trauungsortes anders anknüpft als Art. 13 Abs. 1, ändert an dessen Maßgeblichkeit nichts, ermöglicht aber unter Umständen die Vornahme der Trauung: So waren die Trauungen deutscher Minderjähriger ohne elterliche Zustimmung im schottischen **Gretna Green** zustande gekommen, weil das schottische IPR früher die Einwilligung der Eltern allein nach dem Sachrecht des Trauungsortes beurteilt hat und nach schottischem Sachrecht die elterliche Zustimmung ab 16 Jahren entbehrlich ist (Fall einer „unechten Umgehung");[134] da jedoch nach Art. 13 Abs. 1 das Personalstatut der Verlobten maßgeblich bleibt, sind solche Ehen deutscher Minderjähriger mangels gerichtlicher Befreiung gemäß § 1303 Abs. 2, 3 BGB nach § 1314 Abs. 1 BGB aufhebbar.[135] Seit 1978 ist durch eine Änderung des schottischen Kollisionsrechts solchen „Ausreißertrauungen" ein Riegel vorgeschoben.[136]

2. Ehewille. a) Rechtserheblicher Ehewille. Das Grunderfordernis eines rechtserheblichen **41** Ehewillens auf Seiten beider Verlobten ist durch den ordre public geschützt (gestützt auf Art. 6 Abs. 1 GG sowie mehrere Konventionen und Deklarationen der UN[137] sowie im deutschen Sachrecht auf das Gesetz zur Bekämpfung der Zwangsheirat vom 23.6.2011).[138] Fremde Regelungen, nach denen ein eigener Ehewille der Verlobten überhaupt (zB Ersetzung des Ehewillens durch Behörden oder Verheiratung nach dem Willen der Eltern) oder die Rechtserheblichkeit des Ehewillens entbehrlich ist (zB Zulassung der Ehewillenserklärung auch von Urteilsunfähigen, → Rn. 39), scheitern an Art. 6.[139] Ist die Missachtung des freien Willens (regelmäßig der Frau) zwar nicht normativ festgelegt, bei einer konkreten ausländischen Eheschließung aber wahrscheinlich, so muss dies für eine Verweigerung der Anerkennung (→ Rn. 172) genügen.[140]

b) Eheschließung nach dem Tode. Bei der postmortalen Eheschließung fehlt es naturgemäß **42** am Ehewillen des verstorbenen Teils zum Zeitpunkt des Eheschlusses. Richtigerweise sind derartige Rechtshandlungen nach ausländischem Recht gar nicht als „Eheschließung" iS von Art. 13 Abs. 1

---

[128] Staudinger/*Mankowski* (2011) Rn. 211.
[129] Hierbei ist auch die Möglichkeit „partieller (Ehe-)Mündigkeit" im Rahmen von § 1304 BGB zu beachten, BVerfG StAZ 2003, 234 f.; vgl. auch *Finger* StAZ 1996, 225 (229); BayObLG StAZ 1996, 229 (230 f.).
[130] Unbestr., aus der Rspr. zB BGH IPRspr. 1964/65 Nr. 88; OLG Frankfurt a. M. IPRspr. 1950/51 Nr. 126 = MDR 1951, 299; KG FamRZ 1968, 466.
[131] OLG Hamm OLGZ 1968, 351 (Deutschland); LG Kassel StAZ 1990, 170 f. mAnm *Kremer* StAZ 1990, 171 f.; AG Bad Wildungen StAZ 1990, 169 f.; Staudinger/*Mankowski* (2011) Rn. 213; Soergel/*Schurig* Rn. 13.
[132] LG Kassel StAZ 1990, 170 f.; *Schulz* StAZ 1991, 35; *v. Bar* IPR II Rn. 153 Fn. 267; aA *Kremer* StAZ 1990, 172.
[133] Staudinger/*Mankowski* (2011) Rn. 214 (*ob* eingewilligt werden muss, sagt Art. 13; *wer* einwilligen muss, die allgemeinen Statute (Art. 21, Art. 15 KSÜ etc); Soergel/*Schurig* Rn. 13.
[134] *Knickenberg* StAZ 1960, 45; *Erdsiek* NJW 1960, 2232; *Schnitzerling* StAZ 1969, 17; vgl. → Rn. 23.
[135] Unbestr., aus der Rspr. zB LG Hamburg FamRZ 1964, 565; OLG Hamm OLGZ 1968, 349; LG Berlin IPRspr. 1972 Nr. 42. Ebenso Staudinger/*Mankowski* (2011) Rn. 215; Soergel/*Schurig* Rn. 13.
[136] *Böhmer* StAZ 1978, 315 f.; Staudinger/*Mankowski* (2011) Rn. 216.
[137] Nachweise bei *Coester-Waltjen/Coester,* Formation of Marriage sec. 3–17; auch → Rn. 2.
[138] BGBl. 2011 I S. 1266; dazu *Kaiser* FamRZ 2013, 77 ff.; *Edlinger* StAZ 2012, 194 ff.; *Haas* JZ 2013, 72 ff.
[139] Staudinger/*Mankowski* (2011) Rn. 188, 209; anders *Sturm* StAZ 1995, 350 unter Betonung der Schutzfunktion des Eherechts auch für gezwungene Frauen – der soziale Schutz muss aber anderweitig sichergestellt werden. Vgl. noch → Rn. 44. Zum neuen schwedischen Schutzansatz gegen Zwangsehen *Bogdan* IPRax 2004, 546 ff.
[140] Zu entsprechenden Vorkehrungen im schwedischen Recht *Bogdan* IPRax 2004, 546 ff.; *Kohler* in Freitag ua, Internationales Familienrecht für das 21. Jahrhundert, 2006, 9, 20.

zu qualifizieren (→ Rn. 8). Wer abweichend von dieser Sicht doch Art. 13 für einschlägig hält, sollte zumindest verlangen, dass das Heimatrecht **beider Verlobter** dieses Institut kennt oder auf ein entsprechendes Recht weiter verweist.[141] Bei Beteiligung eines Deutschen kommt also auch über Art. 13 Abs. 1 keine Ehe zustande (Nichtehe).[142]

43   **c) Eheschließung unter falschem Namen.** Auch die Identität jedes Verlobten ist eine sachliche Eheschließungsvoraussetzung, sie ist zu unterscheiden von der Höchstpersönlichkeit bei Abgabe der Konsenserklärung (vgl. § 1311 BGB; → Rn. 120 ff.).[143] Daher untersteht die Beurteilung einer Eheschließung unter falschem Namen, dh die Frage, wer Ehepartner ist, grundsätzlich gleichfalls dem Art. 13 Abs. 1.[144] Das Gleiche gilt, wenn die Identität der Verlobten feststeht, ihre Namen aber inkorrekt in der Heiratsurkunde angegeben werden.[145] Nur wenn ein Dritter (verdeckt) vertreten werden sollte, tritt die Frage hinzu, ob Vertretung zulässig ist (→ Rn. 44, 123) – wenn ja, bestimmt das Vertretungsstatut, ob wirksam vertreten worden ist.

44   **d) Stellvertretung im Willen.** Generalvertretungsmacht mit Partnerwahlfreiheit des Vertreters, wie sie einige islamische Rechte bei der Eheschließung kennen (Heiratsvormund, wali),[146] ist als Element des Ehewillens (→ Rn. 41) und damit als Sachvoraussetzung gemäß Art. 13 Abs. 1 anzuknüpfen.[147] Im Allgemeinen genügt die Beachtung des Personalstatuts des Vertretenen; schränkt jedoch das Personalstatut des anderen (nicht vertretenen) Verlobten die Eheschließung mit einem vertretenen Verlobten als „zweiseitige" Voraussetzung ein, wie es zu recht für das deutsche Recht vertreten wird,[148] so muss auch das Recht des anderen Verlobten befolgt werden (deshalb ist zB nicht nur die Vertretung eines Deutschen, sondern auch die Trauung eines Deutschen mit einem derart Vertretenen unzulässig; eine entsprechende Auslandstrauung führt zur Nichtehe).[149] Auch wenn beide Verlobten Ausländer sind und ihr Heimatrecht dies zulässt, widerspricht eine Generalvertretungsmacht für die Eheschließung (mit Auswahlfreiheit) regelmäßig (bei ausreichendem Inlandsbezug) dem **ordre public** – nicht nur im Hinblick auf Art. 6 Abs. 1 GG (→ Rn. 41), sondern auch Art. 3 GG (Frauendiskriminierung) und § 237 StGB.[150] Eine Heilungsmöglichkeit durch Bestätigung entsprechend § 1315 Abs. 1 BGB sollte in diesem Rahmen offen bleiben, schon zum Schutz der (zunächst) fremdbestimmten Frau. Eine **Spezialvollmacht,** bei der nur das „Ob" der Eheschließung, nicht aber die Person des Partners vom Vertreter zu entscheiden sind, kann in besonders gelagerten Einzelfällen eher noch hinnehmbar sein.[151] Stellvertretung in der **Erklärung** oder Erklärung durch **Boten** ist demgegenüber Formfrage (→ Rn. 123, 148). Eine solche ist auch anzunehmen, wenn das maßgebliche Recht zwar eine Vertretung im Willen zulässt, im konkreten Fall der Vertreter aber nach den Weisungen des oder der Verlobten gehandelt hat.[152]

---

[141] Staudinger/*Mankowski* (2011) Rn. 194 will genügen lassen, dass das Heimatrecht des Verstorbenen die postmortale Heirat zulässt – er begreift die Voraussetzung des „Erlebens" im deutschen Sachrecht also als einseitige Ehevoraussetzung; *Beitzke* StAZ 1966, 93 f.

[142] OLG Karlsruhe IPRax 1991, 250; im Ergebnis zust. *Beitzke* IPRax 1991, 227 ff.

[143] Unzutr. oder zumindest unklar insoweit OLG Karlsruhe StAZ 1994, 286; AG Rüsselsheim StAZ 1990, 366, die nur eine Formfrage annehmen.

[144] Zutr. IPG 1972 Nr. 12 (Köln); Staudinger/*Mankowski* (2011) Rn. 223; BeckOGK/*Rentsch* Rn. 91. Anders offenbar OLG Karlsruhe StAZ 1994, 286 f.

[145] OLG Düsseldorf FamRZ 2012, 1497 [Ls.]: Für den deutschen Verlobten deutsches, für die nigerianische Verlobte nigerianisches Recht; nach deutschem Sachrecht macht inkorrekte Namensangabe allein die Ehe nicht fehlerhaft; ebenso OLG München FamRZ 2009,1845 (1846); Staudinger/*Mankowski* (2011) Rn. 224.

[146] *Deuchler,* FS Raape, 1948, 83; *Rauscher* StAZ 1985, 101; Überblick bei *Coester-Waltjen/Coester,* Formation of Marriage, sec. 129 ff.

[147] BGHZ 29, 137 (140) (obiter); BayObLG StAZ 2001, 66 (67); KG OLGZ 1973, 435 (439) (obiter; Iran); → Einl. IPR Rn. 524; *Dölle* FamR I S. 229; Staudinger/*Mankowski* (2011) Rn. 219; Soergel/*Schurig* Rn. 80; *Firsching* IPR S. 203; Palandt/*Thorn* Rn. 10; *Spellenberg,* FS Schwab, 2005, 1279 (1285).

[148] Staudinger/*Mankowski* (2011) Rn. 219; *Kropholler* IPR § 44 II 3.

[149] *Rauscher* StAZ 1985, 102; Soergel/*Schurig* Rn. 80; mit gleichem Ergebnis BeckOK BGB/*Mörsdorf-Schulte* Rn. 26; *Kropholler* IPR § 44 II. 3; *Spellenberg,* FS Schwab, 2005, 1279 (1284); Fachausschuss Standesbeamte StAZ 2012, 120 ff.; Fachausschuss Standesbeamte StAZ 2015, 119; aA *Kaiser* FamRZ 2013, 77 (83).

[150] OLG Zweibrücken IPRax 2013, 442 (443) mAnm *Sturm* IPRax 2013, 412 ff., 416; KG FamRZ 1973, 313 (315); AG Gießen StAZ 2001, 39; AG Offenbach FamRZ 2010, 1561 (1562); zust. Staudinger/*Mankowski* (2011) Rn. 219; BeckOGK/*Rentsch* Rn. 88; Erman/*Hohloch* Rn. 9, 24, 59; *Spickhoff,* Der ordre public im internationalen Privatrecht, 1989, 238 f.; *Sonnenberger* in Freitag ua, Internationales Familienrecht für das 21. Jahrhundert, 2006, 9 ff., 29, 38; *Rohe* StAZ 2000, 161 (166 f.); *Bock* NJW 2012, 122 (123 f.); s. auch *Deuchler,* FS Raape, 1948, 88; *Stöcker* RabelsZ 1974, 105; aA OLG Celle FamRZ 1958, 30; Erman/*Hohloch* Rn. 24; Soergel/*Schurig* Rn. 80; *anders* jedoch *Sturm* StAZ 2010, 1 ff. (5).

[151] Ähnlich auch Staudinger/*Mankowski* (2011) Rn. 221.

[152] BayObLG StAZ 2001, 66 (67); KG OLGZ 1973, 435 (439); Staudinger/*Mankowski* (2011) Rn. 221; NK-BGB/*Andrae* Rn. 149; im Ergebnis ebenso *Spellenberg,* FS Schwab, 2005, 1293 f.

e) Willensmängel. Für die Beurteilung von Willensmängeln bei der Eheschließung ist das Perso-   **45** nalstatut jenes Verlobten zuständig, dessen Wille bei der Eheschließung (wegen geheimen Vorbehalts, fehlender Ernstlichkeit, Irrtums, Täuschung, Drohung oder Zwanges) fehlerhaft war; dieses Recht bestimmt auch Folgen und Geltendmachung (Anfechtung, Aufhebung) des Mangels.[153] Auf die Haltung des Personalstatuts des anderen Verlobten kommt es nicht an.[154] Eine vom deutschen Sachrecht abweichende **Irrtumsregelung** im fremden Sachstatut scheitert nicht an Art. 6,[155] während es bei Nichtbeachtung einer **Täuschung** von der Schwere des Einzelfalles abhängen wird, ob der ordre public eingreift. Die Migrationsbewegungen der letzten Jahrzehnte haben darüber hinaus zwei Problemkreise in den Vordergrund treten lassen: Die **Scheinehe** (→ Rn. 57 ff.) sowie die **Zwangsheirat.** Im ersten Fall simulieren beide Verlobte einen ernsthaften Ehewillen, im zweiten Fall wird der freie Ehewille (in aller Regel der Braut) durch Druck, Drohung oder gar Gewalt (häufig aus dem Familienverband heraus) verdrängt.[156] Da sich der Schutz des freien Ehewillens durch Verfassungs- und Völkerrecht (→ Rn. 41) als unzureichend erwiesen hat, hat der deutsche Gesetzgeber das Gesetz zur Bekämpfung der Zwangsheirat vom 23.6.2011 erlassen.[157] Dieses Gesetz hat zwar keine unmittelbare kollisionsrechtliche Bedeutung, bekräftigt aber die allgemeine Auffassung, dass Zwangsehen – sofern sie nicht schon von dem nach Art. 13 Abs. 1 berufenen Sachrecht verworfen werden –[158] **gegen den deutschen ordre public** verstoßen.[159] Zum notwendigen Inlandsbezug genügt die Eheschließung in Deutschland oder auch nur die Absicht, hier die Ehe zu führen. Indiz für unzulässige Willensbeeinflussung mag auch die Minderjährigkeit der Braut sein (→ Rn. 38).[160] Bei hinreichendem Verdacht der Willensbeugung muss der Standesbeamte seine Mitwirkung an der Eheschließung verweigern (→ BGB § 1310 Rn. 18 ff.);[161] das Gleiche gilt für die Befreiung vom Erfordernis eines Ehefähigkeitszeugnisses durch den OLG-Präsidenten (str.; → Rn. 59).

f) Bedingungen, Befristungen. Ob Ehewillenserklärungen unter Bedingungen oder Befristun-   **46** gen abgegeben werden dürfen, ist gleichfalls als Frage sachlicher Ehevoraussetzungen zu qualifizieren und dementsprechend dem Personalstatut der Verlobten zu unterstellen[162] (→ Rn. 124). Eine **Zeitehe** etwa nach iranischem Recht dürfte allerdings bei starkem Inlandsbezug ordre public-widrig sein; auch wird es auf die Dauer der Ehezeit und die sonstigen Umstände ankommen.[163] Bei Trauung vor deutschen Standesbeamten wird jedoch eine Beifügung von Bedingungen oder Befristungen an Art. 13 Abs. 3 S. 1 iVm § 1311 S. 2 BGB scheitern, denn dadurch wird auch die Form der abzugebenden Eheschließungserklärungen berührt (Doppelnatur des § 1311 S. 2 BGB).[164]

3. Ehehindernisse im überwiegend öffentlichen Interesse. Die Frage nach der privatrechtli-   **47** chen Qualifikation von Ehehindernissen oder -verboten im überwiegend öffentlichen Interesse ist wenig sinnvoll, weil die Grenze zum öffentlichen Recht zu sehr fließt. Handelt es sich um Eingriffsnormen iS von → Einl. IPR Rn. 272, dh um Normen, die nicht rein eherechtlich auf die Begründung der partnerschaftlichen Lebensform (→ Rn. 4) gerichtet sind, sondern besondere familien-

---

[153] Unstr., aus der Rspr. zB RG IPRspr. 1930 Nr. 64, 65; RG IPRspr. 1931 Nr. 58; RGZ 151, 226; RG JW 1938, 108; OLG München IPRspr. 1950/51 Nr. 132; OLG Frankfurt a. M. IPRspr. 1962/63 Nr. 96; LG Hamburg IPRspr. 1973 Nr. 35, 37; FamRZ 1974, 96 (mAnm *Oberloskamp* FamRZ 1974, 97 f.; dazu auch *Schade* und *Oberloskamp* FamRZ 1974, 445); OLG Frankfurt a. M. FamRZ 1987, 155. Ebenso das einhellige Schrifttum, statt vieler Staudinger/*Mankowski* (2011) Rn. 432; Soergel/*Schurig* Rn. 31; *Firsching* IPR S. 205; Palandt/*Thorn* Rn. 6, jeweils mwN.

[154] Staudinger/*Mankowski* (2011) Rn. 432; Soergel/*Schurig* Rn. 31.

[155] RG IPRspr. 1928 Nr. 22; OLG München IPRspr. 1931 Nr. 60; BayObLGZ 1932, 176; Staudinger/ *Mankowski* (2011) Rn. 434.

[156] Zu den Praktiken im Einzelnen: *Kaiser* FamRZ 2013, 77 (79); *Edlinger* StAZ 2012, 194 (195 f.); vgl. auch BeckOGK/*Rentsch* Rn. 83.

[157] BGBl. 2011 I S. 1266; in Kraft ab 1.7.2011.

[158] Vgl. AG Greifswald IPRspr. 2010, Nr. 85, S. 178 f.

[159] Staudinger/*Mankowski* (2011) Rn. 188; BeckOGK/*Rentsch* Rn. 84; *Kaiser* FamRZ 2013, 77 (81, 84) mit skeptischer Gesamtbilanz zur Effektivität der gesetzlichen Hilfsansätze.

[160] Vgl. *Scholz* StAZ 2003, 321 (328); *Kaiser* FamRZ 2013, 77 (81) mwN.

[161] *Kaiser* FamRZ 2013, 77 (81); Staudinger/*Löhnig* (2012) BGB § 1310 Rn. 43; vgl. *Henrich,* FS Rolland, 1999, 167 (171 f.) zur Scheinehe.

[162] Staudinger/*Mankowski* (2011) Rn. 793; *Kartzke,* Scheinehen zur Erlangung aufenthaltsrechtlicher Vorteile, 1990, 100 f.

[163] *Rohe* StAZ 2000, 161 (167); *Finger* FuR 1999, 158 (161); Fachausschuss Standesbeamte StAZ 2008, 147 (148); *Schulze* StAZ 2009, 197 (203 f.); *Bock* NJW 2012, 122 (124); aA Staudinger/*Mankowski* (2011) Rn. 793. Bei Beteiligung eines deutschen Ehepartners → Rn. 115. Zur grundsätzlichen Qualifikation als „Ehe" → Rn. 7.

[164] Staudinger/*Mankowski* (2011) Rn. 794;*Kartzke,* Scheinehen zur Erlangung aufenthaltsrechtlicher Vorteile, 1990, 100 f.; *Rohe* StAZ 2000, 161 (167); *Schulze* StAZ 2009, 197 (204).

oder gesellschaftspolitische Ziele im Gemeininteresse des betreffenden Staates verfolgen, so sind sie, sofern man der dort vertretenen Auffassung folgt, von Art. 13 nicht erfasst und mangels eines besonderen Berufungsgrundes von vornherein nicht anwendbar. Im Übrigen unterliegen grundsätzlich alle Ehehindernisse dem Art. 13 Abs. 1. Im Einzelfall sind Hindernisse mit besonderer öffentlich-rechtlicher Aufladung mit Art. 13 Abs. 2, hilfsweise mit Art. 6 (→ Rn. 34) abzuwehren.

48   Haben die Verlobten verschiedene Personalstatute und ist ein Ehehindernis vom Personalstatut nur eines Verlobten aufgestellt, so ist bei seiner Beurteilung nach dem maßgebenden **Sachrecht** als Besonderheit zu beachten, ob der Ehehindernis**grund** nur in der Person des betroffenen Verlobten selbst vorliegen muss (sog **einseitiges Ehehindernis**) oder ob er im Verhältnis beider Verlobten zueinander begründet ist bzw. nur in der Person des anderen Verlobten zu liegen braucht (sog **zweiseitiges Ehehindernis**), gleichgültig, ob dessen Personalstatut ein vergleichbares Hindernis aufstellt oder nicht.[165] Einseitige Hindernisse sagen aus, **wer** nicht heiraten darf, zweiseitige, **wen** man nicht heiraten darf.[166] Ehehindernisgründe im Verhältnis beider Verlobter zueinander (zB Geschlechtsgleichheit, Verwandtschaft, Schwägerschaft, Ehebruch, Wahlkindschaft, Religionsverschiedenheit) sind ihrer Natur nach („notwendig") und somit in allen Sachrechtsordnungen zweiseitig.[167] In allen anderen Fällen ist die Unterscheidung **Auslegungsfrage des Sachrechtes,** das das Ehehindernis aufstellt; die Ermittlung ist meist schwierig, weil die Frage in rein internen Fällen nicht relevant ist, sondern erst durch das IPR und nur bei Verschiedenheit des Personalstatuts der Verlobten akut wird.[168] Auszulegen ist nach dem Zweck des Hindernisses;[169] Hinweis kann der Umstand geben, ob das Klagerecht nur einem oder beiden Ehegatten zusteht. Im **deutschen** Sachrecht gehören beispielsweise Geschäftsunfähigkeit,[170] Eheunmündigkeit, Willensmängel zu den einseitigen, Doppelehe oder Konsensmangel zu den zweiseitigen Hindernissen;[171] im **englischen** Sachrecht beispielsweise ist die fehlende Eheunmündigkeit hingegen ein zweiseitiges Hindernis, besteht also auch für den Partner des Eheunmündigen.[172] Im Ergebnis kann also zB ein deutscher Verlobter von einem zweiseitigen Ehehindernis aus dem Heimatrecht seines Partners betroffen sein, das das deutsche Sachrecht nicht kennt. Dies verstößt nicht per se gegen den ordre public, sondern nur, wenn das Ehehindernis als solches im Lichte von Art. 13 Abs. 2 (oder Art. 6) anstößig erscheint.[173]

49   Zur Anknüpfung der einzelnen Ehevoraussetzungen bzw. -hindernisse gemäß Art. 13 Abs. 1 ist zu bemerken:

50   **a) Geschlechtsverschiedenheit.** Die Ehevoraussetzung der Geschlechtsverschiedenheit[174] hat ihre nahezu universelle Geltung verloren seit der Öffnung der Ehe auch für gleichgeschlechtliche Paare in den Niederlanden (2000) sowie seitdem in mehreren anderen Staaten (→ Art. 17b Rn. 136 mwN) und nunmehr auch in Deutschland (BGBl. 2017 I S. 2787). Damit ist die internationalprivatrechtliche Behandlung gleichgeschlechtlicher Ehen ein Problem von erheblicher praktischer Bedeutung geworden.[175]

51   Bei **Transsexuellen** sind zwei Fragen zu unterscheiden: Die **Geschlechtszugehörigkeit** ist eine Frage des personenstandsrechtlichen Status, der im gesamten Rechtsbereich Bedeutung haben kann und der deshalb als Vorfrage selbständig gemäß Art. 7 Abs. 1 anzuknüpfen ist.[176]

52   Die Hauptfrage der **Ehefähigkeit** ist für heterosexuelle Paare hingegen nach Art. 13 zu beurteilen,[177] für gleichgeschlechtliche Paare nach Art. 17b (→ Art. 17b Rn. 27 f.).

---

[165] EinhM, statt vieler *Scholl* StAZ 1974, 169; Staudinger/*Mankowski* (2011) Rn. 154 ff.; Soergel/*Schurig* Rn. 26 ff.; *Ferid* IPR Rn. 8–69; Palandt/*Thorn* Rn. 5 („Ausstrahlungen des Personalstatuts des einen Verlobten auf die Person des anderen").

[166] Treffend bezeichnet *v. Bar* zweiseitige Ehehindernisse als Beispielsfall des (häufig ungeschriebenen) Sachrechts für Auslandssachverhalte, IPR II Rn. 147; *v. Bar/Mankowski* IPR I Rn. 4–27 (anders demgegenüber Staudinger/*Mankowski* (2011) Rn. 157: keine Unterscheidung des Sachrechts, sondern des Kollisionsrechts).

[167] Zur Scheinehe → Rn. 58; zum Bigamieverbot → Rn. 61.

[168] Staudinger/*Mankowski* (2011) Rn. 159; Soergel/*Schurig* Rn. 26.

[169] Staudinger/*Mankowski* (2011) Rn. 159.

[170] Staudinger/*Mankowski* (2011) Rn. 210; *Kegel/Schurig* IPR § 20 IV 1b bb S. 692; aA KG JW 1937, 2039.

[171] RGZ 151, 313; Palandt/*Thorn* Rn. 5; zum Konsensmangel → Rn. 34.

[172] *Kegel/Schurig* IPR § 20 IV 1b bb S. 692.

[173] Vgl. BT-Drs. 10/504, 52; Palandt/*Thorn* Rn. 5.

[174] Zur Vorfrage der Geschlechtszugehörigkeit jedes Verlobten → Rn. 52; zur kollisionsrechtlichen Einstufung der *Intersexualität* → Art. 17b Rn. 1, 29.

[175] BVerfG StAZ 2006, 102 (105) mit Hinweisen für die notwendige Gesetzesreform (107); dazu auch *Grünberger* StAZ 2007, 357 ff.

[176] KG StAZ 2002, 307 (308); OLG Karlsruhe StAZ 2003, 139; sowie die hM, vgl. Staudinger/*Mankowski* (2011) Rn. 185; Erman/*Hohloch* Rn. 28; BeckOK BGB/*Mörsdorf-Schulte* Rn. 18, 29; anders jedoch Soergel/*Schurig* Rn. 15 (Beurteilung nach dem Eheschließungsstatut, Art. 13).

[177] AG Hamburg StAZ 1984, 42; Staudinger/*Mankowski* (2011) Rn. 185; Erman/*Hohloch* Rn. 27; Soergel/*Schurig* Rn. 15.

b) Altersdifferenz. Es könnte vorkommen, dass Auslandsrechte das Überschreiten einer 53 bestimmten Altersdifferenz zwischen den Verlobten als Ehehindernis festsetzen. In solchen Fällen erscheint ein Eingreifen von Art. 13 Abs. 2 Nr. 3 geboten, es sei denn, es liegt eine Scheinehe vor.

c) Verwandtschaft, Schwägerschaft. Das Ehehindernis der **Verwandtschaft** ist in dem Aus- 54 maß zu berücksichtigen, den das Personalstatut beider Verlobten festlegt, es handelt sich notwendigerweise um ein zweiseitiges Hindernis. Fremdes Recht ist zu beachten, auch wenn die Hindernisse etwas strenger sind als im deutschen Sachrecht.[178] „Überzogene", also wesentlich strengere, aus weit entfernter Verwandtschaft abgeleitete Ehehindernisse wären hingegen unter den Voraussetzungen von Art. 13 Abs. 2 wegen Verletzung der Eheschließungsfreiheit unbeachtlich (→ Rn. 25).[179] Das ist sicherlich der Fall bei Verwandtschaft bis zum achten Grad[180] oder dem Eheverbot zwischen Blutsverwandten mit gleichem Namen und Stammsitz,[181] noch nicht aber zwischen Verwandten zweiten Grades in der Seitenlinie.[182] Umgekehrt wird die Zulässigkeit von Ehen unter Blutsverwandten in den Grenzen des § 1307 BGB am allgemeinen ordre public, Art. 6, scheitern.[183] Das Eheverbot der **Schwägerschaft** ist im deutschen Sachrecht seit 1998 aufgehoben. Nachdem zu den verfassungsrechtlichen Bedenken gegen ein solches Verbot (ungeachtet von Befreiungsmöglichkeiten)[184] nunmehr auch die vom EGMR festgestellte Konventionswidrigkeit (Art. 12 EMRK) getreten ist,[185] wird man das Ehehindernis der Schwägerschaft im fremden Heimatrecht eines Verlobten als Verstoß gegen den deutschen ordre public ansehen müssen, sofern eine Befreiung nach dem Heimatrecht nicht möglich oder gemäß Art. 13 Abs. 2 Nr. 2 nicht in zumutbarer Weise zu erlangen ist.[186] Das Personalstatut der Verlobten entscheidet auch über das Ehehindernis der **Milchverwandtschaft** (besteht zwischen der Frau und ihrer Familie einerseits und dem von ihr gestillten fremden Kleinkind anderseits) sowie der **Geschlechtsgemeinschaft** (entsteht durch Geschlechtsverkehr des einen mit einem Blutsverwandten gerader Linie des anderen Verlobten),[187] wie sie bisweilen in islamischen Rechten noch vorkommen;[188] in beiden Fällen dürfte die Eheschließung unter den Voraussetzungen des Art. 13 Abs. 2 zulässig sein (näher → Rn. 25 ff.). Zur **geistigen Verwandtschaft** → Rn. 88.

d) Adoptivverhältnis. Ob und in welchem Ausmaß ein Ehehindernis des Adoptivverhältnisses 55 besteht, entscheidet das Personalstatut der Verlobten.[189] Dies gilt auch für die Folgen eines Verstoßes (→ Rn. 109). Treten diese allerdings im Adoptionsrecht ein (vgl. § 1766 BGB), ist insoweit das Adoptionsstatut (Art. 22, 23) zuständig.[190] Normenwidersprüche mit dem Eheschließungsstatut sind möglich (doppelte oder fehlende Sanktion), aber durch Anpassung aufzulösen.[191] Abweichungen vom deutschen Sachrecht, dh das Fehlen einer dem § 1308 BGB entsprechenden Regelung oder – umgekehrt – eine strengere Fassung des Ehehindernisses, berühren den ordre public regelmäßig nicht.[192] Bei der **Vorfrage** nach dem **Bestand der Adoption** ist der frühere Streit um die selbständige oder unselbständige Anknüpfung[193] durch Art. 22 Abs. 2 entschieden: Maßgeblich ist das Adop-

---

[178] Zum Ehehindernis der Schwägerschaft vor dem EheSchlRG 1998 vgl. OLG Düsseldorf FamRZ 1969, 654 (Niederlande) und hL, Palandt/*Thorn* Rn. 8; vgl. auch *Westenburger* StAZ 1995, 248 f. (Eheverbot Cousin-Cousine); krit. jedoch *Spickhoff*, Der ordre public im internationalen Privatrecht, 1989, 230.

[179] Amtl. Begr. zum IPRG, BT-Drs. 10/504, 53; BeckOGK/*Rentsch* Rn. 97; rechtsvergleichender Überblick bei *Coester-Waltjen/Coester*, Formation of Marriage, sec. 3–82 ff. Insofern wären dann die Hindernisgrenzen des deutschen Sachrechts maßgebend.

[180] ZB § 809 Abs. 2 ZGB Rep. Korea; vgl. Staudinger/*Mankowski* (2011) Rn. 230.

[181] § 809 Abs. 1 ZGB Rep. Korea; dazu *Chang* in Bergmann/Ferid/Henrich, Internationales Ehe- und Kindschaftsrecht, Korea, S. 39.

[182] OLG Stuttgart OLGR 2000, 157; Staudinger/*Mankowski* (2011) Rn. 232; *Finger* FuR 2002, 342 (346).

[183] Zweifelhaft jedoch bei Ehe zwischen Halbgeschwistern nach schwedischem Recht (Kap. 2 § 3 Abs. 2 EheG von 1987: zulässig nach staatlicher Genehmigung); ein ausdrückliches Verbot insoweit jedoch im finnischen Recht, § 7 Abs. 2 EheG 1929/2005/58.

[184] 3. Aufl. 1994 EheG § 4 Rn. 11 *(Müller-Gindullis)*.

[185] EGMR FamRZ 2005, 1971 (Ls.) mAnm *Henrich*.

[186] *Looschelders* IPR Art. 13 Rn. 42; *Looschelders* JA 2013, 470 (472); anders BVerwG NJW 2012, 3461 Rn. 19 ff.; OLG Stuttgart FamRZ 2000, 821; BeckOK BGB/*Mörsdorf-Schulte* Rn. 30.

[187] So früher auch § 4 Abs. 2 EheG; zu dessen Verfassungswidrigkeit BVerfG NJW 1974, 545.

[188] Zu Algerien *Coester-Waltjen/Coester*, Formation of Marriage, sec. 3–83; *Forstner* StAZ 1987, 197 (211); übergreifend auch *Scholz* StAZ 2002, 331 (334); *Rohe* StAZ 2000, 161 (165); Staudinger/*Mankowski* (2011) Rn. 232, 400 f.

[189] Unstr., zB Soergel/*Schurig* Rn. 29; Palandt/*Thorn* Rn. 8.

[190] Staudinger/*Mankowski* (2011) Rn. 351.

[191] Staudinger/*Mankowski* (2011) Rn. 352; BeckOGK/*Rentsch* Rn. 101.

[192] Staudinger/*Mankowski* (2011) Rn. 347; BeckOK BGB/*Hahn* BGB § 1308 Rn. 11.

[193] Vgl. *Dorenberg*, Hinkende Rechtsverhältnisse im internationalen Familienrecht, 1968, 170; Staudinger/*Mankowski* (2011) Rn. 348.

tionsstatut (Art. 22, 23).[194] Allerdings ist diese Frage durch eine andere überlagert und weitgehend verdrängt: die **Anerkennung ausländischer Entscheidungen,** soweit es sich (wie fast überall) um eine **Dekretadoption** handelt. Für die Anerkennung gilt allein der Maßstab des § 108 FamFG, das Kollisionsrecht tritt hinter das internationale Verfahrensrecht zurück.[195] Aber selbst § 108 FamFG wird seinerseits überlagert, wenn die Anerkennung im Verfahren nach § 2 AdWirkG festgestellt worden ist: Zwar gibt § 108 FamFG den Maßstab für diese Feststellung (zwischen Vertragsstaaten des Haager Adoptionsübereinkommens von 1993 gelten Art. 23 Abs. 1, 24 HAdoptÜ), fortan haben aber alle deutschen Instanzen von der Wirksamkeit der anerkannten Adoption auszugehen – die Vorfrage ist mit Wirkung erga omnes vom Familiengericht beantwortet.[196] Letzteres gilt auch für die **Vertragsadoption:** Die Wirksamkeitsfeststellung des Familiengerichts nach § 2 AdWirkG (am Maßstab der Art. 22, 23) gilt ebenfalls erga omnes.[197]

56   **e) Fehlendes Auseinandersetzungszeugnis.** Das Personalstatut jedes Verlobten entscheidet auch darüber, ob bei Gefahr einer vermögensrechtlichen Interessenkollision (zB bei Vermögensverwaltung kraft gesetzlicher Vertretung oder bei Vermögensgemeinschaft) mit eigenen Kindern oder mit dem anderen Verlobten ein Auseinandersetzungszeugnis erforderlich ist und welche Folgen die Unterlassung seiner Beibringung hat.[198] Das Sorgerechtsstatut (Art. 21; KSÜ) ist nicht betroffen: Elterliche Vermögenssorgepflichten bleiben durch eine solche Zeugnispflicht unberührt, es handelt sich nur um zusätzlichen Schutz mit Mitteln des Eheschließungsrechts. Trotz Abschaffung des § 9 EheG aF verstößt ein ausländisches Zeugnispflicht nicht gegen den deutschen ordre public. Bei ausländischen Verlobten wird die **Zeugniserteilung** primär von den zuständigen Heimatbehörden erwartet. Die Geltung ausländischer Auseinandersetzungszeugnisse im Inland hängt nicht von ihrer Anerkennung gemäß § 108 FamFG ab,[199] sie hat der Standesbeamte selbständig zu prüfen. Mangels anzuerkennender ausländischer Zeugnisse können die deutschen Familiengerichte zur Zeugniserteilung gemäß § 99 Abs. 1 FamFG international zuständig sein.

57   **f) Scheinehe.** Scheinehen sind aus deutscher Sicht formgerechte Eheschließungen, bei denen sich beide Ehegatten „darüber einig waren, dass sie keine Verpflichtung gemäß § 1353 Abs. 1 begründen wollen" (§ 1314 Abs. 2 Nr. 5 BGB). Der konsentierte Ausschluss einer Lebensgemeinschaft entscheidet, der mit der Eheschließung verfolgte Zweck ist irrelevant (Aufenthalts-, Staatsangehörigkeits-, Namensehe oder andere Zwecke).[200] Bei Offenkundigkeit einer entsprechenden Absicht muss der deutsche Standesbeamte seine Mitwirkung verweigern (§ 1310 Abs. 1 S. 2 BGB; zur Nachforschungspflicht § 13 Abs. 2 PStG); ist die Scheinehe geschlossen, ist sie wirksam, aber aufhebbar (§§ 1314 Abs. 2 Nr. 5, 1313 BGB). Ausländisches Sachrecht kennt zum Teil ähnliche Bestimmungen, dabei sind allerdings Abweichungen im Tatbestand (zB nur Aufenthaltsehe) oder in den Rechtsfolgen (zB Nichtigkeit) zu beobachten.[201] Obwohl das deutsche Sachrecht die Scheinehe unter den „Eheverboten" (§§ 1306–1308 BGB) nicht aufführt, ergibt sich aus dem Zusammenhang von §§ 1314 Abs. 2 Nr. 5 und 1310 Abs. 1 S. 2 BGB doch hinreichend deutlich, dass ein entsprechendes Eheverbot aufgestellt werden sollte.[202]

58   Für das **Kollisionsrecht** ist vorab festzuhalten, dass es sich beim Ehehindernis der Scheinehe nicht um eine Formfrage handelt (insoweit werden ja alle Regeln beachtet), sondern um einen Defekt im materiellen Ehewillen, um ein (negativ formuliertes) **materielles Ehehindernis,** das

---

[194] Vgl. *Thorn* IPRax 2002, 349 (356 f.).
[195] Staudinger/*Mankowski* (2011) Rn. 349.
[196] Dazu ausf. *S. Lorenz,* FS Sonnenberger, 2004, 497 ff., insbes. 507 ff.; *Maurer* FamRZ 2003, 1337 ff. (1340, 1344).
[197] Vgl. *Bornhofen* StAZ 2002, 1 (6); *S. Lorenz,* FS Sonnenberger, 2004, 497 (508).
[198] Zum deutschen Recht bis 1998 vgl. § 9 EheG aF; dazu KG FamRZ 1961, 477; AG Moers IPRspr. 1991 Nr. 75.
[199] Vgl. Staudinger/*Mankowski* (2011) Rn. 378.
[200] Vgl. *Coester-Waltjen/Coester,* Formation of Marriage, sec. 3–145 ff.; *Kartzke,* Scheinehen zur Erlangung aufenthaltsrechtlicher Vorteile, 1990; *Diekmann,* Familienrechtliche Probleme sogenannter Scheinehen im deutschen Recht unter Einbeziehung des österreichischen und schweizerischen Rechts, 1991; *Kretschmer,* Scheinehen – Missbrauch des Instituts der Ehe (und der Adoption) zu aufenthaltsrechtlichen Zwecken in der Bundesrepublik Deutschland und den USA, 1993; *Wysk,* Rechtsmissbrauch und Eherecht, 1994; *Deister,* Scheinehen in Frankreich und Deutschland, Diss. Mainz 2001; *Conring,* Rechtliche Behandlung von „Scheinehen" nach der Reform des deutschen Eheschließungsrechts, 2002; *Eisfeld,* Die Scheinehe in Deutschland im 19. und 20. Jahrhundert, 2005.
[201] Überblick bei Staudinger/*Mankowski* (2011) Rn. 326 ff.; *Otte* JuS 2000, 148 (153 f.); *Heiderhoff* StAZ 2014, 193 (201); s. auch die in der vorstehenden Fn. angegebenen Monographien. Unwirksamkeit sieht auch das deutsche LPartG vor, § 1 Abs. 3 Nr. 4.
[202] Ebenso KG StAZ 2004, 9 (10); FamRZ 2013, 953 (954); *Henrich,* FS Rolland, 1999, 167 ff.; *Wagenitz,* FS Rolland, 1999, 379 (391); *Hepting* FamRZ 1998, 713 (714); *Otte* JuS 2000, 148 (149); *Wolf* FamRZ 1998, 1477 ff.

grundsätzlich nach **Art. 13 Abs. 1** oder – für gleichgeschlechtliche Paare – nach Art. 17b Abs. 4 iVm Abs. 1–3 anzuknüpfen ist.[203] Soweit demnach (auch) deutsches Recht berufen ist, stellt sich die Frage, ob das deutsche Scheinehenverbot als ein ein- oder zweiseitiges Ehehindernis einzustufen ist. Schutzgüter sind zum einen die verfassungsrechtlich gewährleistete Institution der (materiell verstandenen) Ehe, zum zweiten in der Regel ausländerrechtliche Belange der Bundesrepublik Deutschland. In beiderlei Hinsicht geht es um den Schutz übergreifender Rechtsgüter, nicht nur eines Verlobten. Des Weiteren zwingt auch das Konsenserfordernis in § 1314 Abs. 2 Nr. 5 BGB dazu, das Verbot als **zweiseitiges** aufzufassen. Auch wenn der deutsche Partner keine eigenen Vorteile anstrebt, ist ihm doch verboten, daran mitzuwirken, dass eine Scheinehe (mit Vorteilen nur für den anderen Partner) zustande kommt.[204] Das doppelte Schutzgut des Eheverbots lässt es auch nicht zu, es nur eingreifen zu lassen, wenn deutsche Interessen auf dem Spiel stehen: Die Institution Ehe iS des Art. 6 Abs. 1 GG ist auch verletzt, wenn sich ein Deutscher an einer Scheinehe beteiligt, deren Zweck beispielsweise (unter Ausnutzung der unionsrechtlichen Freizügigkeits- und Aufenthaltsprivilegien) die Verschaffung einer Aufenthaltsberechtigung in Frankreich ist.[205] Aus der Zweiseitigkeit folgt, dass das Eheverbot der §§ 1310 Abs. 1 S. 2, 1314 Abs. 2 Nr. 5 BGB **immer dann zu beachten ist, wenn auch nur ein Verlobter Deutscher ist** oder ein deutsches Personalstatut hat oder sein Heimatrecht auf deutsches Recht zurückverweist.[206] Auf den Ort der Eheschließung kommt es nicht an. Bei Inlandsheirat wirkt § 1310 Abs. 1 S. 2 BGB (mit § 13 Abs. 2 PStG) als erster Filter (zur verfahrensrechtlichen Qualifikation → Rn. 59), bei erfolgter Eheschließung im In- oder Ausland bleibt § 1314 Abs. 2 Nr. 5 BGB. Als weitere Konsequenz erweist sich, dass einem Deutschen, der ein Ehefähigkeitszeugnis für eine Auslandsheirat beantragt, dieses Zeugnis zu verweigern ist, wenn die tatbestandlichen Voraussetzungen des § 1310 Abs. 1 S. 2 BGB vorliegen (§ 39 Abs. 2 S. 1 PStG).[207] Entsprechend darf der OLG-Präsident im Verfahren nach § 1309 Abs. 2 BGB dem ausländischen Verlobten die Befreiung versagen, auch wenn dessen Heimatrecht ein Ehehindernis der Scheinehe nicht kennt, denn die Befreiung darf nur erteilt werden, wenn nach dem auch anwendbaren deutschen Recht ebenfalls kein Ehehindernis besteht.[208]

Ist gemäß Art. 13 Abs. 1 **für beide Verlobten ausländisches Recht** anzuwenden, so ist dieses **59** grundsätzlich allein maßgeblich sowohl für den Bestand und den Umfang eines Eheverbots der Scheinehe (einschließlich seiner Ein- oder Zweiseitigkeit) wie auch für die Folgen eines Verstoßes (→ Rn. 109). Strengere Varianten des Eheverbots als im deutschen Recht verstoßen nicht grundsätzlich gegen den deutschen ordre public.[209] Kennen das oder die maßgeblichen Heimatrechte kein derartiges Eheverbot, ist aber der Tatbestand einer Scheinehe offenkundig iS des § 1310 Abs. 1 S. 2 BGB, so ist zu unterscheiden: Bei **bevorstehender Inlandsheirat** sollte der deutsche Standesbeamte gleichwohl das Recht (bzw. sogar die Pflicht) haben, die Mitwirkung an der Eheschließung zu verweigern.[210] Man kann dieses Ergebnis mit einer verfahrensrechtlichen Qualifikation des § 1310 Abs. 1 S. 2 BGB begründen[211] oder – vorzugsweise – unter Rückgriff auf den deutschen ordre public:[212] Der Inlandsbezug und die konstitutive Mitwirkung einer staatlichen Behörde an einem

---

[203] KG StAZ 2001, 298 (299); LG Kiel IPRax 1992, 225; AG Heilbronn StAZ 2000, 176 (177); *Kartzke*, Scheinehen zur Erlangung aufenthaltsrechtlicher Vorteile, 1990, 98; *Rauscher* IPR S. 156; Staudinger/*Mankowski* (2011) Rn. 238; *Otte* JuS 2000, 148 (154). Qualifikation als Formfrage bei OLG Düsseldorf StAZ 1996, 138 (139).

[204] *Kartzke,* Scheinehen zur Erlangung aufenthaltsrechtlicher Vorteile, 1990, 103 f.; Staudinger/*Mankowski* (2011) Rn. 339; *Gaaz* StAZ 1998, 241 (242 f.); *Hepting* FamRZ 1998, 713 (721 f.); *Otte* JuS 2000, 148 (155); jedenfalls im Ergebnis ähnlich AG Heilbronn StAZ 2000, 176 (177).

[205] Ebenso Erman/*Hohloch* Rn. 63; anders – für ein „unechtes" zweiseitiges Ehehindernis – Staudinger/*Mankowski* (2011) Rn. 339 mwN; *Kartzke,* Scheinehen zur Erlangung aufenthaltsrechtlicher Vorteile, 1990, 105 f.; BeckOGK/*Rentsch* Rn. 109.

[206] Staudinger/*Mankowski* (2011) Rn. 350; *Henrich,* FS Rolland, 1999, 167 (170).

[207] Ebenso Staudinger/*Mankowski* (2011) Rn. 342; *Gaaz* in Hepting/Gaaz PStG § 69 Rn. 19; aA AG Heilbronn StAZ 1999, 279.

[208] Zutr. und sehr ausf. KG StAZ 2001, 298 (299 f.) (dabei ist der OLG-Präsident an die Kriterien des § 1310 Abs. 1 S. 2 BGB sowie § 13 Abs. 2 PStG gebunden); KG StAZ 2004, 9 (10); OLG Naumburg FamRZ 2002, 1115; 2003, 112.

[209] *Kartzke,* Scheinehen zur Erlangung aufenthaltsrechtlicher Vorteile, 1990, 99; vgl. OLG Celle StAZ 1988, 261 (262).

[210] KG StAZ 2001, 298; BeckOGK/*Rentsch* Rn. 113.

[211] So *Henrich,* FS Rolland, 1999, 167 (171); *Wagenitz/Bornhofen* 5. Abschn. Rn. 67; *Hepting/Gaaz* Rn. III-334, 402; *Conring,* Rechtliche Behandlung von Scheinehen, 2002, 261 f. (diff.: Die Ablehnungs*befugnis* des Standesbeamten sei eine verfahrensrechtliche, der Ablehnungs*grund* (Eheverbot) eine materiellrechtliche Frage).

[212] So *Rauscher* IPR S. 156; *Johannsen/Henrich* Rn. 13; BeckOGK/*Rentsch* Rn. 113; gegen beide Ansätze Staudinger/*Mankowski* (2011) Rn. 341; *Kartzke,* Scheinehen zur Erlangung aufenthaltsrechtlicher Vorteile, 1990, 107; *Gaaz* StAZ 1998, 241 (243); NK-BGB/*Andrae* Rn. 32.

intern verbotenen Akt lassen dies, wie bei der polygamen Ehe (→ Rn. 66 ff.), gerechtfertigt erscheinen. Diese Argumentation trägt sogar auch ein Verweigerungsrecht des OLG-Präsidenten, wenn einer der Verlobten die Befreiung vom Ehefähigkeitszeugnis seiner Heimatbehörden beantragt hat:[213] Das bloße Hinnehmen fremden Rechts und die aktive Mitwirkung am Zustandekommen von Scheinehen sind im Rahmen des ordre public unterschiedliche Kategorien. Ist hingegen **die Ehe schon geschlossen** worden (im Ausland oder Inland), so ist ihre Gültigkeit nach dem Eheschließungsstatut grundsätzlich hinzunehmen, der deutsche ordre public steht nicht entgegen.[214] Aufenthaltsrechtliche Vorteile fließen für die Ehegatten daraus nicht: Sowohl nach internem wie EU-Unionsrecht kommt es aufenthaltsrechtlich nicht auf das rechtliche Eheband, sondern auf die gelebte Ehegemeinschaft an.[215] Das Gleiche gilt für andere öffentlich-rechtliche Ehefolgen, etwa Krankenversicherungsschutz oder Witwenrente. Diese Rechtspraxis ist verfassungskonform, denn der Ehebegriff des Art. 6 Abs. 1 GG umfasst und schützt die Scheinehe nicht.[216]

60   **g) Mehrehe.** Die Mehrehe gehört zu den zentralen Themen des internationalen Eheschließungsrechts. Hilfreich ist eine Aufgliederung in verschiedene Problemkreise: Das Ehehindernis eines mit Dritten bestehenden Ehebandes in Rechtsordnungen monogamer Ehekultur (Bigamieverbot, → Rn. 61–65); der Umgang mit ausländischen Rechten, die Mehrehen erlauben (Polygamie, → Rn. 66–69); schließlich internationalprivatrechtliche Komplikationen bei Beantwortung der Vorfrage, ob eine frühere Ehe besteht (→ Rn. 70–79).

61   **aa) Bigamieverbot.** Das Bigamieverbot schützt und verteidigt das Monogamieprinzip in den meisten Rechtsordnungen der Welt (vgl. § 1306 BGB). Dennoch begegnet es international in verschiedenen Ausformungen, sowohl im Tatbestand wie vor allem auch bei den Rechtsfolgen einer Verletzung. Die demnach zentrale kollisionsrechtliche Beurteilung ist im Ansatz einfach: Als materielle (negative) Ehevoraussetzung unterliegen Bigamieverbote dem **Eheschließungsstatut (Art. 13 Abs. 1).** Nach den demnach berufenen Heimatrechten der Verlobten beurteilt sich zunächst die Frage, ob es sich um ein ein- oder zweiseitiges Ehehindernis handelt.[217] Allerdings treffen, soweit ersichtlich, auch die anderen Rechtsordnungen die gleiche Entscheidung wie das deutsche Recht: Das Eheverbot ist **zweiseitig,** dh es richtet sich nicht nur an einen verheirateten Verlobten, sondern verbietet auch einem ledigen Verlobten die Heirat eines schon anderweitig verheirateten Partners.[218] Damit wird jede Zweitehe mit deutscher Beteiligung, unabhängig vom Ort der Eheschließung, vom Eheverbot der §§ 1306, 1314 Abs. 1 BGB erfasst.

62   Dem Eheschließungsstatut unterliegt auch die weitere Ausgestaltung des Eheverbots: Etwa die Frage, ob es auf den de-jure-Bestand des Rechtsbandes der Vorehe oder auf eine Auflösungsentscheidung ankommt, ob eine „nichtige" Ehe dennoch (bis zur formellen Feststellung der Nichtigkeit) eine Wiederverheiratung hindert[219] oder ob sogar eine frühere Vorehe noch als Ehehindernis angesehen wird.[220] Des Weiteren der **Umfang des Bigamiebegriffs:** Sind auch gleichgeschlechtliche Ehen mit umfasst, oder registrierte Partnerschaften oder gar faktische Lebensgemeinschaften? Das Aufkommen alternativer Rechtsformen familiären Zusammenlebens (→ Rn. 4) lässt diese Abgrenzungsfragen in den Vordergrund treten; sie sind bisher nur teilweise gelöst. Die **registrierte Lebenspartnerschaft** wird in den meisten Rechtsordnungen, die dieses Institut kennen, im Rahmen des Bigamieverbots einer Ehe gleichgestellt, dh eine bestehende registrierte Partnerschaft ist ein Ehehindernis (vgl. § 1306 BGB).[221] Auch die Frage, ob das Bigamieverbot auch die Heirat derselben Person erfasst, mit der man schon rechtlich (als Gatte oder Lebenspartner, → Rn. 54) verbunden ist, ist von den Personalstatuten der Beteiligten zu beantworten. Soweit neben der gleichgeschlechtlichen registrierten Lebenspartnerschaft auch heterosexuelle Lebenspartnerschaften möglich sind (wie in

---

[213] OLG Jena StAZ 1998, 177 (178); ebenso *Henrich,* FS Rolland, 1999, 167 (172); aA Erman/*Roth* BGB § 1309 Rn. 10.

[214] Ebenso NK-BGB/*Andrae* Rn. 32; anders → BGB § 1314 Rn. 38 *(Wellenhofer);* BeckOGK/*Rentsch* Rn. 114; *Otte* JuS 2000, 155; *Henrich,* FS Rolland, 1999, 167 (173); *Conring,* Rechtliche Behandlung von Scheinehen, 2002, 324 f.; *Kaiser* FamRZ 2013, 77 (81).

[215] BVerwGE 65, 174 (180) = NJW 1982, 1956; BVerwG NJW 1982, 1956; vgl. BVerfG NVwZ 1989, 301; *Hailbronner* AusländerR AuslG § 17 Rn. 24; *Looschelders* JA 2013, 470 (472). Zur Entschließung des Rats der EU über Maßnahmen zur Bekämpfung von Scheinehen vom 4.12.1994 vgl. *Jayme/Kohler* IPRax 1998, 417 (419). Ausf. zum EU- und allgemeinen Ausländerrecht *Conring* Rechtliche Behandlung von Scheinehen, 2002, 49 ff.

[216] BVerfG ZfJ 2004, 35 f.; *Conring,* Rechtliche Behandlung von Scheinehen, 2002, 12 ff.

[217] Staudinger/*Mankowski* (2011) Rn. 257.

[218] BGH NJW 1976, 1590; LG Hamburg IPRspr. 1974 Nr. 50; 1976 Nr. 32; AG Paderborn StAZ 1986, 45.

[219] Vgl. OLG Frankfurt a. M. FamRZ 2002, 705 (706 f.) zum philippinischen Recht.

[220] Etwa die Ehe mit Blutsverwandten des jetzigen Verlobten, wie in einigen islamischen Rechten, oder Wartezeiten nach Beendigung einer Vorehe.

[221] So zB auch die Schweiz und Österreich.

den Niederlanden), sind diese ohne weiteres von Bigamieverboten mit erfasst. Wollen im Ausland registrierte heterosexuelle Lebenspartner in Deutschland heiraten, so müssen sie gemäß Art. 13 Abs. 2 Nr. 2 grundsätzlich die zumutbaren Schritte unternommen haben, um das Ehehindernis der Lebenspartnerschaft zu beseitigen (→ Rn. 31).[222] Es dürfte in aller Regel zulässig sein, auch dem Bigamieverbot anderer Länder, das nur die gleichgeschlechtliche registrierte Lebenspartnerschaft umfasst (etwa der skandinavischen Länder), die heterosexuelle registrierte Lebenspartnerschaft fremder Herkunft zu substituieren.

Im Gefolge einer materiellrechtlichen Tendenz, auch **faktische Lebensgemeinschaften** weitgehend einer Ehe gleich zu behandeln (→ Rn. 9; → Art. 17b Rn. 142 ff.), muss damit gerechnet werden, dass zunehmend auch diese von einem Bigamieverbot mit erfasst werden. In aller Regel wird es hierzu jedoch einer gewissen öffentlichen Anerkennung oder Formalisierung bedürfen: So steht zB in Honduras zwar auch eine faktische Lebensgemeinschaft mit einer Person der Eheschließung mit einer anderen entgegen (Art. 19 Nr. 2 FGB 1984/1989);[223] die „faktische" Lebensgemeinschaft muss jedoch anerkannt und behördlich registriert sein (Art. 45, 49 FGB), so dass konsequent von einer „registrierten tatsächlichen Lebensgemeinschaft" gesprochen wird. Damit verbleiben nur noch geringe Unterschiede zur registrierten Lebenspartnerschaft (→ Rn. 62). **63**

In keinem Bigamieverbot ist, soweit ersichtlich, bisher die **gleichgeschlechtliche Ehe** besonders erwähnt. Ob sie mit umfasst ist, hängt von der Anerkennung solcher Ehen im Verbotsstaat (= Heimatrecht einer der Verlobten) ab – diese Frage ist *unselbständig* anzuknüpfen, weil nur so die Heiratsfähigkeit des Verlobten nach seinem Heimatrecht festgestellt werden kann. Hat ein Verlobter deutsches Personalstatut, begründet eine im Ausland geschlossene gleichgeschlechtliche Ehe ein Ehehindernis iS von § 1306 BGB (Substitution); das gleiche gilt, wenn der andere Verlobte im Ausland durch eine gleichgeschlechtliche Ehe gebunden ist.[224] Dasselbe Ergebnis würde erreicht, wenn die ausländische gleichgeschlechtliche Ehe als „registrierte Partnerschaft" qualifiziert würde (→ Rn. 5). **64**

Auch die **Verletzungssanktion** folgt, allgemeinen Grundsätzen entsprechend (→ Rn. 109), aus dem nach Art. 13 Abs. 1 berufenen Recht: Aufhebbarkeit der Ehe wie im deutschen Recht (§ 1314 Abs. 1 BGB),[225] etwaige Heilungsmöglichkeiten (vgl. § 1315 Abs. 2 Nr. 1 BGB),[226] oder strengere Sanktionen wie Vernichtbarkeit[227] oder sogar Nichtehe.[228] Strengere Sanktionen verstoßen nicht gegen den deutschen ordre public.[229] Ist als Reaktionsmöglichkeit nur die Scheidung vorgesehen (zB Schweden, Finnland), ergeben sich Abgrenzungsschwierigkeiten zum Scheidungsstatut (näher → Rn. 74). Tritt die Sanktion nicht im Eherecht ein, sondern in einem anderen Bereich (zum Ehehindernis der Adoption vgl. § 1766 BGB), so ist die hierfür zuständige Kollisionsnorm heranzuziehen, Art. 13 Abs. 1 kann diese Folgen nicht mehr erfassen. Das muss auch gelten, wenn die Sanktion nicht die zweite, bigamische Ehe trifft, sondern die frühere Verbindung: So wurde in den Niederlanden und in Deutschland diskutiert, bei Heirat trotz bestehender registrierter Lebenspartnerschaft letztere als kraft Gesetzes aufgelöst zu betrachten.[230] Über eine solche Folge könnte kollisionsrechtlich nur das Partnerschaftsstatut (Art. 17b) bestimmen. Bei Normenmangel müsste allerdings auch hier angepasst werden. **65**

bb) Polygame Ehen. Von polygamen Ehen wird gesprochen, wenn zumindest eines der Verlobtenrechte die Mehrehe zulässt. Solche Rechte finden sich vor allem im islamischen Rechtskreis.[231] Erlaubt ist in aller Regel nur die Polygynie (Vielweiberei), obwohl die Menschheitsgeschichte auch Polyandrie kennt.[232] Vom Sachverhalt her soll im Folgenden nach Inlands- und Auslandsheirat unterschieden werden. **66**

---

[222] BGH FamRZ 2012, 1635 Rn. 12 ff. (Niederlande) mAnm *Wiggerich* FamRZ 2012, 1636 f.; KG FamRZ 2014, 1105 f.

[223] Dazu Staudinger/*Mankowski* (2011) Rn. 234a.

[224] NK-BGB/*Kleist* BGB § 1306 Rn. 2.

[225] BGH FamRZ 2002, 604 (605) (einschließlich der Einrede der unzulässigen Rechtsausübung gegen die Aufhebungsklage).

[226] Vgl. OLG Oldenburg IPRax 2001, 143 f. (aufgehoben durch BGH FamRZ 2002, 604).

[227] BGH FamRZ 2001, 991 (992).

[228] OLG Frankfurt a. M. FamRZ 2002, 705 (706 f.).

[229] BGH FamRZ 1991, 300 (303); OLG Frankfurt a. M. FamRZ 2002, 705 (706 f.).

[230] Vgl. BVerfG FamRZ 2002, 1169 (1171); *Schwab* FamRZ 2001, 385 (389); abl. *Stüber* NJW 2003, 2721 mwN.

[231] Rechtsvergleichender Überblick bei Staudinger/*Mankowski* (2011) Rn. 235 ff.; vgl. auch *Cullmann* FamRZ 1976, 313 ff.; *Büchler,* Das islamische Familienrecht: Eine Annäherung, 2003, 5, 35 ff.; *Dethloff,* FS Schwenzer, 2012, 409 ff. mwN; *Coester-Waltjen/Coester,* FS Hahne, 2012, 23 ff.; *Coester/Coester-Waltjen* FamRZ 2016, 1618 ff.; *Helms* StAZ 2012, 2 ff. zur Behandlung in Deutschland.

[232] *Coester/Coester-Waltjen* FamRZ 2016, 1618 Fn. 1.

67   **(1) Inlandsheirat.** Hier ist zu unterscheiden, ob es sich um eine nur potentiell polygame Ehe handelt (beide Verlobte sind noch unverheiratet) oder ob ein schon verheirateter Mann (nach seinem Heimatrecht zulässigerweise) eine zusätzliche Ehe eingehen will (aktuell polygame Ehe). Bei der **potentiell polygamen** Ehe spielt es keine Rolle, dass das gemäß Art. 13 Abs. 1 maßgebliche Heimatrecht eines oder beider Verlobten die Mehrehe zulässt. Die Erstehe darf schon im Hinblick auf die Eheschließungsfreiheit (Art. 6 Abs. 1 GG) nicht verweigert werden.[233] Das bedeutet, dass auch eine deutsche Frau den Angehörigen eines Staates heiraten kann, dessen Recht generell Polygamie zulässt.[234] Handelt es sich um eine Frau aus einem anderen Staat mit Monogamieprinzip, so bestimmt grundsätzlich ihr Heimatrecht, ob sie eine potentiell polygame Ehe eingehen kann. Verneinendenfalls kann aber der deutsche ordre public (Eheschließungsfreiheit) eingreifen.[235]

68   Eine **aktuell polygame Ehe** darf hingegen in Deutschland nicht geschlossen werden. Ist die Frau Deutsche, greift das Eheverbot des § 1306 BGB ein, die gleichwohl geschlossene Ehe ist aufhebbar (§ 1314 Abs. 1 BGB). Aber auch wenn die Heimatrechte beider Partner die Mehrehe erlauben, wird eine Schließung vor dem deutschen Standesbeamten doch einhellig abgelehnt.[236] Der starke Inlandsbezug und die notwendige Mitwirkung deutscher Behörden führen zum Durchschlagen deutscher Grundwerte iS des Art. 6 (→ Rn. 34). Die Eheschließungsfreiheit der Nupturienten (soweit sie für die polygame Ehe zu bejahen ist) ist nicht beseitigt, sie können im Ausland heiraten. Gelingt es den Parteien dennoch, im Inland zu heiraten, etwa nach Art. 13 Abs. 3 S. 2, ist ihre Ehe allerdings nicht fehlerhaft, denn auch im Ausland geschlossene Mehrehen werden im Inland toleriert (→ Rn. 69): Der deutsche ordre public wirkt als Trauungsverbot durch den Standesbeamten, nicht aber als materielles Eheverbot.[237] Keine Ehe im Rechtssinne entsteht jedoch, wenn in Deutschland (oder anderen polygamiefeindlichen Staaten) Mehrehen vor einem *nicht gemäß* Art. 13 Abs. 3 S. 2 ermächtigten Religionsvertreter (zB Imam) geschlossen und gelebt werden.[238]

69   **(2) Auslandsheirat.** Die nur potentiell polygame Ehe ist auch hier unproblematisch. Die **von den Heimatrechten beider Verlobten gestattete aktuell polygame Ehe** ist wirksam und wird nach einhelliger Meinung auch im Inland grundsätzlich anerkannt, einschließlich vermögensrechtlicher und kindschaftsrechtlicher Wirkungen.[239] Die Auslegung des Begriffs „Ehe" im systematischen Zusammenhang einzelner Rechtsfolgen, insbesondere auch der Einfluss öffentlicher Interessen, mag bereichsspezifisch zu abweichenden oder einschränkenden Bewertungen führen.[240] Auch das Zusammenleben eines Mannes mit mehreren Ehefrauen in Deutschland wird nicht als anstößig eingestuft,[241] eine Herstellungsklage iS des § 1353 Abs. 1 S. 2 BGB wird jedoch überwiegend für nicht durchsetzbar gehalten.[242] Auch der Nachzug einer Zweitfrau nach Deutschland wird aufenthaltsrechtlich (§ 27 Abs. 1 AufenthG) in der Regel nicht gestattet.[243] Da die aus dem Ausland „importierte" polygame Ehe im Inland anerkannt wird, hindert sie naturgemäß auch die Zweitfrau, vor Auflösung der

---

[233] OLG Hamm FamRZ 1976, 29; OLG Celle FamRZ 1974, 314; KG IPRspr. 1973 Nr. 55; LG München I FamRZ 1977, 332; *Spickhoff* JZ 1991, 327; Staudinger/*Mankowski* (2011) Rn. 247, 248; *Scholz* StAZ 2002, 321 (332).

[234] Gegen eine Zweitheirat des Mannes in seinem Heimatstaat ist sie allerdings nicht gefeit; zur entsprechenden Belehrungspflicht des Standesbeamten s. § 178 DA. Im Einzelfall kann die Zweitheirat allerdings auch erwünscht sein, vgl. AG Bersenbrück, LG und OLG Oldenburg IPRax 1998, 491 mAnm *Jayme* ebenda (Zweitfrau als „Ersatzmutter").

[235] Staudinger/*Mankowski* (2011) Rn. 247–249.

[236] BFH NJW 1986, 2209; LG Frankfurt a. M. FamRZ 1976, 217; VerwG Gelsenkirchen FamRZ 1975, 338 (340); *Dethloff*, FS Schwenzer, 2012, 409 (413 ff.); BeckOGK/*Rentsch* Rn. 159; Staudinger/*Mankowski* (2011) Rn. 252; *Böhmer* StAZ 1986, 273; *Hohloch* JuS 1977, 679; *Jayme* FamRZ 1975, 341; *Spickhoff*, Der ordre public im internationalen Privatrecht, 1989, 235; *Spickhoff* JZ 1991, 327; → Art. 6 Rn. 257; *Coester/Coester-Waltjen* FamRZ 2016, 1618 (1625).

[237] Anders die hM, vgl. Soergel/*Schurig* Rn. 127 mwN.

[238] Dazu näher *Coester-Waltjen/Coester*, FS Hahne, 2012, 21 (22, 31) f. mwN.

[239] BSozG IPRax 2003, 267 mAnm *Jayme* (Witwenrente); BFH NJW 1986, 2209; OLG Hamm StAZ 1986, 352; VerwG Gelsenkirchen FamRZ 1975, 338 mAnm *Jayme* FamRZ 1975, 341 f.; LG Frankfurt a. M. FamRZ 1976, 217; Staudinger/*Mankowski* (2011) Rn. 251; *Helms* StAZ 2012, 2 (3 f.); *Cullmann* FamRZ 1976, 313 ff.; *Henrich* FamRZ 1986, 841. Vgl. auch § 34 Abs. 2 SGB I.

[240] Aufenthalts-/Nachzugsrecht: OVG RhPf InfAuslR 2004, 294; Sozialrecht: § 34 Abs. 2 SGB I; *Rohe* StAZ 2006, 93 (98).

[241] BFH NJW 1986, 2209; VerwG Gelsenkirchen FamRZ 1975, 338 (340); *Cullmann* FamRZ 1976, 314; *Jayme* IPRax 1998, 491 (492). Striktes Einreise- oder Aufenthaltsverbot demgegenüber im canadischen „Zero Tolerance Act" 2015, *Bailey* Setting Boundaries, in The International Survey of Family Law (2015) 29 f.

[242] BVerwGE 71, 228 (230) = NJW 1985, 2097; Erman/*Hohloch* Art. 6 Rn. 34; Staudinger/*Mankowski* (2011) Rn. 252; *Sonnenberger* in Freitag ua, Internationales Familienrecht für das 21. Jahrhundert, 2006, 29, 36 f. mit Hinweis auf § 883 Abs. 3 ZPO; aA *Stöcker* RabelsZ 34 (1974), 79 (106).

[243] Näher *Helms* StAZ 2012, 2 (4).

polygamen Ehe in Deutschland eine neue Ehe einzugehen.[244] Problematisch ist eine im Ausland eingegangene Zweitehe allerdings dann, wenn der Mann bereits in **monogamer Erstehe** (zB mit einer Deutschen) verheiratet ist. Das monogame Statut der Erstfrau beherrscht die Zweiteheschließung zwischen zwei Muslimen nicht, wohl aber steht der deutsche ordre public einer vollen Anerkennung der Zweitehe entgegen – sie ist wie eine bigamische Ehe nach deutschem Recht zu behandeln (dh auch auf Antrag der deutschen Erstfrau aufhebbar, §§ 1306, 1314 Abs. 1, 1316 Abs. 1 Nr. 1 S. 1 BGB). Dies gilt auch dann, wenn die muslimische Zweitehe im Herkunftsland selbst (aufgrund entsprechender Entscheidung eines Scharia-Gerichts) als uneingeschränkt gültig angesehen wird.[245]

cc) Bestand der Vorehe. Der Tatbestand des Bigamieverbots setzt den rechtlichen Bestand einer **70** früheren Ehe im Moment der geplanten Wiederverheiratung voraus; es handelt sich damit um eine **Vorfrage,** die sich im Rahmen des nach Art. 13 Abs. 1 oder Art. 17b anwendbaren Eheschließungsrechts stellt (im folgenden wird von der Maßgeblichkeit des Art. 13 Abs. 1 ausgegangen). Diese Vorfrage besteht aus zwei aufeinander aufbauenden Unterfragen: Ist die frühere Ehe wirksam geschlossen worden? Wenn ja, war sie im Moment der erneuten Heirat schon wirksam aufgelöst? Darüber, ob die Vorfrage einer bestehenden Vorehe selbständig (nach den gemäß Art. 13 Abs. 1 für die Vorehe maßgeblichen Rechten) oder unselbständig (nach dem Personalstatut des neu Verlobten, das das Bigamieverbot enthält) anzuknüpfen ist, herrscht Streit. Dieser kann jedoch offen bleiben, soweit der Vorehenbestand aus deutscher Sicht wie aus der der Heimatstaaten der Verlobten (positiv oder negativ) gleich beurteilt wird. Heikle Fragen entstehen indessen immer dann, wenn die Beurteilung für beide Bereiche divergiert, die Vorehe also „hinkt". Zu einer solchen Divergenz kann es aus verschiedenen Gründen kommen: Schon die **Begründung der Vorehe** wird in einem Staat als wirksam, in einem anderen als unwirksam angesehen – etwa wenn in beiden Staaten miteinander unvereinbare zwingende Formvorschriften gelten (standesamtliche/religiöse Trauung) und nur eine dieser Formen eingehalten worden ist (Erstes Beispiel: Zypriotischer Grieche heiratet in Deutschland nur religiös vor nicht gemäß Art. 13 Abs. 3 S. 2 ermächtigter Person – die Ehe ist in Deutschland nicht, in Zypern hingegen gültig geschlossen.[246] Zweites Beispiel: Marokkaner heiraten in Deutschland nur standesamtlich – in Deutschland gültig [Art. 13 Abs. 3 S. 1], in Marokko hingegen nicht).[247] Steht die wirksame Begründung der Vorehe außer Frage, so kann deren **Auflösung** vor Schließung der Zweitehe unterschiedlicher Beurteilung unterliegen: Die Ehescheidung in einem Staat wird in einem anderen nicht anerkannt, etwa weil dessen Recht Scheidungen generell nicht akzeptiert[248] oder für die Scheidung eigener Staatsangehöriger eine Alleinzuständigkeit beansprucht[249] oder die Anerkennung von einem (noch nicht durchlaufenen) Anerkennungs- oder Delibationsverfahren abhängig macht (vgl. für Deutschland § 107 FamFG, → Rn. 176) oder schließlich mangels eines entsprechenden Scheidungsgrundes im Anerkennungsstaat.[250] Für die kollisionsrechtliche Behandlung der „hinkenden Vorehe" sind je nachdem, ob es sich um deren Begründung oder Auflösung handelt, ganz unterschiedliche Gesichtspunkte maßgeblich, so dass im Folgenden entsprechend zu unterscheiden ist.

(1) Begründung der Vorehe. Die Vorfrage, ob eine das Bigamieverbot auslösende Vorehe überhaupt wirksam entstanden ist, wird von einem Teil der Literatur selbständig angeknüpft, dh eigenständig nach Art. 13 Abs. 1 geprüft.[251] Dieser Haltung wird im Allgemeinen auch die überwiegende Rechtsprechung zugeordnet, obwohl diese unklar ist: Jedenfalls der BGH beurteilt die Vorfrage einer gültigen Vorehe nach dem Sachrecht der lex causae der Hauptfrage, dh nach den gemäß Art. 13 Abs. 1 für die Zweitehe maßgeblichen Rechten.[252] Damit wird (unausgesprochen) die Vorfrage in

---

[244] Staudinger/*Mankowski* (2011) Rn. 255: Auflösung kann nur durch Scheidung, mangels Fehlerhaftigkeit der Ehe nicht durch Aufhebung erfolgen; ebenso BeckOGK/*Rentsch* Rn. 161.1.
[245] OLG München StAZ 2016, 19 (20) versagt – weitergehend – sogar die Anerkennung dem Grunde nach. Im Ergebnis konsequent HessLSG IPRax 2005, 43. Vgl. auch Staudinger/*Mankowski* (2011) Rn. 254 (für sofortiges Scheidungsrecht der Erstfrau) und – unter früherem Eheschließungsrecht – *Henrich* IPRax 1985, 351 f.; *Gaaz* StAZ 1997, 141 (142 f.).
[246] BGH FamRZ 1965, 311 (313); OLG Hamm FamRZ 1967, 570; OLG Karlsruhe StAZ 1968, 103; OLG Oldenburg StAZ 1970, 74.
[247] OLG Hamm FamRZ 1979, 713.
[248] Solche Rechtsordnungen sind heute kaum noch anzutreffen, vgl. die Darstellung bei Staudinger/*Mankowski* (2011) Rn. 278 ff.; eingeschränkt gilt dies nur noch für Chile und die Philippinen.
[249] So jedenfalls bisher der Irak, vgl. OLG Hamm IPRspr. 1973 Nr. 36; *Bergmann/Ferid/Henrich* Irak (1991) S. 7; Staudinger/*Mankowski* (2011) Rn. 283.
[250] Einzelheiten bei Staudinger/*Mankowski* (2011) Rn. 286.
[251] Staudinger/*Mankowski* (2011) Rn. 263; Palandt/*Thorn* Rn. 6; Soergel/*Schurig* Rn. 17; Erman/*Hohloch* Rn. 31; *Henrich* IPRax 1993, 236.
[252] BGH FamRZ 1976, 336 (338); 1997, 542 (543).

kollisionsrechtlicher Hinsicht akzessorisch zur Hauptfrage angeknüpft, was auch eine Form der selbständigen Anknüpfung ist.[253] Dem stehen diejenigen Autoren gegenüber, die generell für eine unselbständige Anknüpfung plädieren.[254] Danach wäre das gültige Zustandekommen der Vorehe so zu beurteilen wie im Heimatstaat eines Verlobten, dessen Bigamieverbot in Frage steht – also unter Einschluss auch der dortigen kollisionsrechtlichen Weichenstellungen.

72   Für die Entscheidung ist in Erinnerung zu rufen, dass im Rahmen eines Bigamieverbots nicht der Bestand der Vorehe an sich Thema ist (was für internen Entscheidungseinklang spräche), sondern die Wiederverheiratungsfähigkeit eines Verlobten im Hinblick auf eine frühere Ehe. Diese Frage ist durch Art. 13 Abs. 1 grundsätzlich dem Heimatrecht des Verlobten zur Entscheidung zugewiesen. Soweit die wirksame **Auflösung** einer Vorehe in Frage steht, wird der Regelung des Art. 13 Abs. 2 zu Recht die gesetzgeberische Festlegung auf die unselbständige Anknüpfung der Vorehenfrage entnommen (→ Rn. 75) – maßgeblich ist, ob aus Sicht des Heimatstaates die Neuheirat erlaubt ist oder nicht (nur für den zweiten Fall ist Abs. 2 Nr. 3 konzipiert). Warum für die vorgelagerte Frage der wirksamen **Begründung** der Vorehe anderes gelten sollte, ist nicht erkennbar: Art. 13 Abs. 3 regelt übergreifend die „hinkende Eheschließungsfreiheit", der Hindernisgrund einer hinkenden Eheauflösung wird in Nr. 3 nur „insbesondere" hervorgehoben. Im Ergebnis ist damit auch die **Vorfrage der Begründung der Vorehe unselbständig anzuknüpfen.**

73   Diese Anknüpfung steht allerdings, wie stets und durch Art. 13 Abs. 2, 4 betont, unter dem Vorbehalt des deutschen **ordre public.**[255] Insofern ist an folgende Fallgestaltungen zu denken: Bei **Formfehlern** von **Inlandseheschließungen** kann Art. 13 Abs. 4 S. 1 als Sonderausprägung des deutschen ordre public eine vom Heimatrecht der Verlobten abweichende Beurteilung rechtfertigen. Ist eine deutsch-ausländische Ehe in Deutschland nur in religiöser Form geschlossen worden, liegt für den deutschen Bereich eine Nichtehe vor. Will der deutsche Teil später in Deutschland einen anderen Angehörigen des Staates (standesamtlich) heiraten, der die Vorehe als wirksam erachtet, so greift weder das deutsche Bigamieverbot noch das des anderen Heimatstaates ein: Man kann nicht die standesamtliche Eheschließung in Deutschland (mit Sanktion der Nichtehe) zwingend vorschreiben und aus anderen Heiratsformen in Deutschland doch Ehewirkungen ableiten – dies würde Art. 13 Abs. 4 S. 1 unterlaufen und die Eheschließungsfreiheit der neuen Partner beeinträchtigen.[256] Ob dies auch für den ausländischen Partner der Vorehe gilt, wenn er nach (in Deutschland formgültigem) Abschluss der Vorehe einen Angehörigen des eigenen Staates oder eines anderen ausländischen Staates heiraten will,[257] erscheint hingegen zweifelhaft. Sein gemäß Art. 13 Abs. 1 maßgebliches Heimatrecht erachtet die religiöse Vorehenschließung als wirksam, und es verstößt nicht gegen den deutschen ordre public, wenn ihm angesonnen wird, seine Wiederverheiratungsfähigkeit durch Scheidung in seinem Heimatstaat erst herbeizuführen (vgl. Art. 13 Abs. 2 Nr. 2, 3).[258] Art. 13 Abs. 4 S. 1 kommt aber wiederum im umgekehrten Fall ins Spiel, wenn eine nur-standesamtliche Trauung in Deutschland vom Heimatrecht eines der Nupturienten nicht anerkannt wird, weil dort zwingend die religiöse Form vorgeschrieben ist (→ Rn. 72). Will dieser Ausländer nun in Deutschland erneut heiraten, griffe das Bigamieverbot seines (über Art. 13 Abs. 1 und die Kollisionsnormen seines Heimatstaates berufenen) Heimatrechts nicht ein, weil er dort als nicht verheiratet gilt. Dem steht für den deutschen Rechtsraum jedoch die standesamtlich geschlossene Vorehe entgegen, deren Beachtung im Interesse der öffentlichen Ordnung geboten ist: Man kann sich in Deutschland nicht standesamtlich trauen lassen und danach ohne weiteres (dh ohne Scheidung) erneut heiraten. Der deutsche ordre public (Art. 6) erzwingt die Durchsetzung der deutschen Rechtsauffassung.[259]

74   Das Fehlen **materieller Ehevoraussetzungen** hat in aller Regel nicht automatische Nichtigkeit der Ehe zur Folge, nur gröbste Fehler (wie Geschlechtsgleichheit der Partner) können zur Nichtehe führen. Soweit hingegen materielle Fehler der Eheschließung, wie in aller Regel, nur zur Vernichtbarkeit oder zur Aufhebbarkeit der Ehe führen, sind sie nur bei entsprechender Gerichtsentscheidung beachtlich – dann geht es im Rahmen des Bigamieverbots aber nicht mehr um Begründungsmängel, sondern um die wirksame Auflösung einer Vorehe (dazu anschließend).

---

[253] *v. Bar/Mankowski* IPR I, 2. Aufl. 2003, § 7 Rn. 192 Fn. 795.

[254] BeckOK BGB/*Schulte-Mörsdorf* Rn. 31.

[255] Die folgenden Erwägungen gelten nicht nur, aber gerade auch bei unselbständiger Anknüpfung der Vorfrage „Vorehe".

[256] Staudinger/*Mankowski* (2011) Rn. 270 f.; BeckOGK/*Rentsch* Rn. 172. Offen bleibt, ob im Einzelfall anders zu urteilen ist, wenn die „Vorehe" im Ausland, insbes. im Heimatstaat des anderen Partners, jahrelang gelebt worden ist (vgl. Johannsen/Henrich/*Henrich* Rn. 11a) – restriktiv insoweit Staudinger/*Mankowski* (2011) Rn. 276. Die Einzelfall- und Ergebnisbezogenheit des ordre public-Einwands erlaubt jedenfalls derartige Erwägungen.

[257] Palandt/*Thorn* Rn. 6; Staudinger/*Mankowski* (2011) Rn. 274.

[258] So im Ergebnis auch OLG Hamm NJW 1970, 1509; *Dorenberg,* Hinkende Rechtsverhältnisse im internationalen Familienrecht, 1968, 69.

[259] Ebenso *Hepting/Gaaz* Rn. III-381; Staudinger/*Mankowski* (2011) Rn. 173.

(2) Auflösung der Vorehe unter Lebenden. Ob eine frühere Ehe eines Verlobten dergestalt 75 wirksam aufgelöst ist, dass er frei zur Wiederheirat ist, ist grundsätzlich aus der Sicht seines Heimatstaates (einschließlich dessen Kollisionsrechts)[260] zu beurteilen, also in **unselbständiger Anknüpfung der Vorfrage „Auflösung der Vorehe".** Dies ergibt sich unzweideutig aus Art. 13 Abs. 2, der die grundsätzliche Maßgeblichkeit dieser Sicht voraussetzt, um sie dann unter bestimmten Voraussetzungen zu korrigieren (→ Rn. 25 ff.). Damit sollten die Bedeutung des internationalen Entscheidungseinklangs gerade für zentrale Statusfragen betont und hinkende Ehen nach Möglichkeit vermieden werden.[261] Damit hat der Gesetzgeber die überwiegende Linie der früheren Rechtsprechung festgeschrieben.[262] Allerdings lassen auch neuere Entscheidungen nicht immer eine dogmatisch durchdachte Position zur Vorfragenproblematik erkennen.[263]

Allerdings wird bei Auflösung einer Vorehe die kollisionsrechtliche Frage nach dem hierfür 76 maßgeblichen Recht weitgehend **überlagert** vom **internationalen Prozessrecht.** Man ist sich weitgehend darüber einig, dass es für die Beurteilung der gestaltenden Wirkung einer ausländischen richterlichen oder behördlichen Entscheidung allein darauf ankommt, ob diese Entscheidung im Inland anzuerkennen ist. Anerkennungsbedürftig sind jedoch auch ausländische Privatscheidungen (→ Rn. 176). Die Vorehe kann daher nur dann in Deutschland als aufgelöst betrachtet werden, wenn eine vorhandene gerichtliche Auflösungsentscheidung oder ein anderer Auflösungsvorgang anerkennungsfähig und anerkannt ist. Dabei kommt es für den Zeitpunkt der Anerkennungsfähigkeit zwar grundsätzlich auf das Vorliegen der Anerkennungsvoraussetzungen bei Erlass der anzuerkennenden Entscheidung an, spätere Anerkennungserleichterungen sind aber zu beachten.[264] Mit der Feststellung der Anerkennungsfähigkeit der ausländischen Eheauflösung steht diese für den deutschen Rechtsbereich einer innerstaatlichen Entscheidung gleich. Diese entfaltet zwar grundsätzlich „internationale Gestaltungswirkung", dh sie ist aus deutscher Sicht weltweit zugrunde zu legen.[265] Art. 13 Abs. 2 schränkt diesen Grundsatz aber explizit ein (→ Rn. 75). Die Gestaltungswirkung deutscher oder anerkannter ausländischer Eheauflösungsurteile beschränkt sich zunächst nur auf die Auflösung der Vorehe und erfasst nicht automatisch die Wiederverheiratungsfähigkeit des neu Verlobten. Letztere richtet sich grundsätzlich – dh soweit nicht die Ausnahmeregelungen des Art. 13 Abs. 2 Nr. 2, 3 eingreifen – nach seinem Heimatrecht zur Zeit der weiteren Eheschließung (zwischenzeitliche Statutenwechsel sind ohne weiteres zu beachten). Verlangt dieses – wie zum Teil noch das deutsche oder das frühere italienische Recht – die vorherige Durchführung eines Anerkennungsverfahrens für ausländische Urteile und betrachtet es bis dahin den Verlobten als nicht wiederverheiratungsfähig, so kann dieser auch aus deutscher kollisionsrechtlicher Sicht keine neue Ehe schließen. Deutsche Scheidungsurteile entfalten nicht dergestalt eine „internationale Gestaltungswirkung", dass sie die Kompetenz des nach Art. 13 Abs. 1 berufenen Heimatrechts eines Verlobten, über dessen Heiratsfähigkeit zu entscheiden, einschränkt (→ Rn. 28). Zwei in Deutschland geschiedene Italiener konnten also auch 1995 in Deutschland grundsätzlich erst dann neue (italienische) Partner heiraten, wenn das Delibationsverfahren in Italien durchlaufen war (arg. e Art. 13 Abs. 2 Nr. 2, 3).[266] Stärkere Wirkungen als ein deutsches kann aber auch ein anerkanntes Scheidungsurteil aus einem Drittstaat nicht haben[267] Diese zweistufige Betrachtung vermeidet hinkende Rechtsverhältnisse und ist vom Gesetzgeber in den Ausnahmeregelungen des Art. 13 Abs. 2 Nr. 2, 3 als Grundsatzanknüpfung für die Wiederverheiratungsfähigkeit vorausgesetzt. Sie kann allerdings dazu führen, dass für die Wiederheirat eines Ausländers in Deutschland die **Aner-**

---

[260] Vgl. AG Groß-Gerau IPRax 2003, 355 (356) mAnm *Jayme* IPRax 2003, 339 (340): Rückverweisung auf deutsches Recht.

[261] *Hepting/Gaaz* Rn. III-440, 441; Staudinger/*Mankowski* (2011) Rn. 121, 122; BeckOGK/*Rentsch* Rn. 164; *Henrich* IPRax 1993, 236.

[262] Vgl. nur RGZ 78, 234 (236); BGHZ 41, 136 (145 ff.); 46, 87 (93 f.); BGH NJW 1977, 1014; OLG München IPRax 1988, 354 (356); OLG Oldenburg IPRax 2001, 143; vgl. auch *Hausmann* FamRZ 1981, 833 ff.

[263] So will BGH FamRZ 1997, 542 (543) (im Anschluss an FamRZ 1976, 336 (338)) offenbar unmittelbar das von Art. 13 Abs. 1 für die Zweitheirat berufene Sachrecht auch über die Vorehe entscheiden lassen (→ Rn. 71); BGH FamRZ 2002, 604 (605) erklärt sogar (ohne erkennbares Problembewusstsein und in falscher Auslegung der Vorinstanz OLG Oldenburg IPRax 2001, 143) das Scheidungsstatut, Art. 17 für maßgeblich.

[264] KG NJW 1988, 649; Stein/Jonas/*Roth* ZPO § 328 Rn. 35.

[265] *Mäsch* IPRax 2004, 102 ff.; *Henrich* IPRax 2008, 121 (122); vgl. BGH IPRax 2008, 137 (138 f.) mwN („mittlerweile hM in Rspr. und Lit.").

[266] BGH NJW 1972, 1619; 1977, 1014; FamRZ 1997, 542 (543); OLG Karlsruhe IPRspr. 1972 Nr. 43; OLG Hamm IPRspr. 1972, Nr. 44; StAZ 2003, 169 f.; OLG München IPRax 1988, 354 (356); vgl. AG Groß-Gerau IPRax 2003, 355 f. mAnm *Jayme* IPRax 2003, 339 (340) (Brasilien).

[267] So auch OLG Koblenz IPRax 1996, 278 (279); OLG München NJW 1964, 979; LG Hamburg IPRspr. 1976, Nr. 32.

kennung in zwei Staaten erforderlich ist – sowohl in Deutschland als dem neuen Trauungsstaat wie auch im Heimatstaat, der über die Wiederverheiratungsfähigkeit entscheidet.[268]

77   Aus vorstehenden Grundsätzen folgt im Einzelnen: Ist eine Vorehe weder in Deutschland aufgelöst noch eine ausländische Auflösungsentscheidung hier anerkannt, gilt die Vorehe für den deutschen Rechtsbereich als fortbestehend und schließt eine gültige Neuheirat in Deutschland aus. Auch bei erfolgter Auslandsscheidung ist den Verlobten, die in Deutschland heiraten wollen, die Herbeiführung der Anerkennung gemäß § 107 FamFG (→ Rn. 176) oder eine inländische Zweitscheidung zuzumuten. Haben die Beteiligten die Wiederheirat im Ausland schon vollzogen, so ist zu unterscheiden: Ist **ein Partner Deutscher,** so greift das Bigamieverbot des § 1306 BGB ein, da aus – gemäß Art. 13 Abs. 1 maßgeblicher – deutscher Sicht die Vorehe noch nicht aufgelöst ist: Die Ehe ist aufhebbar, § 1314 Abs. 1 BGB. Wird allerdings die Anerkennung der Erstehenscheidung in Deutschland später noch herbeigeführt, so wirkt diese zurück – damit entfällt auch rückwirkend der Mangel der Zweitehe.[269] Sind **beide Partner Ausländer,** fehlt es hingegen an einer hinreichenden Inlandsbeziehung, um den Anerkennungszwang hinsichtlich ausländischer Vorehen-Scheidungen durchsetzen zu können – nach ihrem Heimatrecht sind sie ledig und können gemäß Art. 13 Abs. 1 eine gültige neue Ehe eingehen. Damit können aus deutscher Sicht zwei gültige Ehen nebeneinander bestehen: Die – für den deutschen Rechtsbereich mangels Anerkennung fortbestehende – Ehe mit dem ersten Partner und die nach dem anwendbaren ausländischen Recht gültige Ehe mit dem neuen Partner.[270] Ist hingegen die Vorehe durch ein deutsches Gericht rechtskräftig aufgelöst oder eine ausländische Auflösung hier anerkannt worden, so beurteilt sich die Wiederverheiratungsfähigkeit eines ausländischen Verlobten aus der Sicht seines Heimatrechts.[271] Ist die Wiederverheiratungsfähigkeit danach zu verneinen, bestimmt sich das weitere Vorgehen nach Art. 13 Abs. 2 (→ Rn. 31, 76): Die bei Neuheirat aus der Sicht des Heimatstaates entgegenstehenden Hindernisse müssen von den Verlobten grundsätzlich ausgeräumt werden, nur bei Unzumutbarkeit oder Aussichtslosigkeit wird das ausländische Ehehindernis vom deutschen Recht verdrängt. Ist die Wiederverheiratung trotz Nichtanerkennung der deutschen Scheidung im Heimatstaat gemäß Art. 13 Abs. 2 zuzulassen, so verhindert ihre Zulässigkeit folglich auch eine Berufung auf die Verletzung des Heimatrechts; dies schließt im Inland nicht nur Nichtigerklärung oder Feststellung einer Nichtehe, sondern auch die Anerkennung entsprechender ausländischer Entscheidungen aus.[272] Für eine Inlandstrauung ist selbstverständlich gemäß § 1309 Abs. 2 BGB von der Beibringung eines Ehefähigkeitszeugnisses zu befreien.

78   **(3) Wiederverheiratungsfähigkeit nach Todeserklärung.** Auch die Wiederverheiratungsfähigkeit nach Todeserklärung des Partners einer Vorehe ist grundsätzlich gemäß Art. 13 Abs. 1 an das Personalstatut der Verlobten der neuen Ehe anzuknüpfen. Sie erfordert zunächst die Wirksamkeit der Todeserklärung für den deutschen Rechtsbereich, bei ausländischen Todeserklärungen also deren Anerkennungsfähigkeit in Deutschland. Ein Anerkennungsmonopol entsprechend § 107 FamFG gibt es insoweit nicht, so dass die Anerkennung inzident durch jedes deutsche Gericht erfolgen kann.[273] Hinzutreten muss die Erfüllung allfälliger weiterer Voraussetzungen des Heimatrechts für die Wiederverheiratungsfähigkeit (→ Rn. 32). Ist das Hindernis der Doppelehe nach dem Personalstatut des anderen Verlobten zweiseitig, so müssen auch dessen Voraussetzungen für die Wiederverheiratungsfähigkeit vorliegen.[274] Entsprechendes gilt für die Wiederverheiratungsfähigkeit nach gerichtlicher **Todesfeststellung** (Feststellung der Todeszeit) des Ehepartners aus früherer Ehe. Ob die Wiederverheiratungsfähigkeit von der Auflösung der Vorehe abhängt oder nicht, entscheidet jeweils das maßgebliche Heimatrecht; in manchen Rechtsordnungen löst bekanntlich erst die Schließung der neuen Ehe jene mit dem Toterklärten auf (zB § 1319 Abs. 2 BGB; § 43 Abs. 2 öst. EheG). Die Auswirkungen einer Todeserklärung bzw. -feststellung oder einer Neuheirat auf den Bestand der alten Ehe selbst ergeben sich hingegen aus dem gemäß Art. 5 ff. Rom III-VO berufenen Recht,[275] die der Rückkehr des für tot Erklärten auf die neue Ehe aus dem Heimatrecht der neuen Ehepartner

---

[268] AG Hamburg StAZ 1970, 129; Staudinger/*Mankowski* (2011) Rn. 308; *Zimmermann* StAZ 1982, 4; aA *Jayme/Siehr* StAZ 1970, 345.

[269] *Johannsen/Henrich* Rn. 11c.

[270] Zutreffend BSG FamRZ 1977, 636 (637 f.) mAnm *Bosch* FamRZ 1977, 638 (Witwenrente für beide Ehefrauen entsprechend der jeweiligen Ehedauer); dazu Staudinger/*Mankowski* Rn. 314; *Mankowski* StAZ 2016, 193 (195 f.); *Coester/Coester-Waltjen* FamRZ 2016, 1618 (1622); vgl. auch die ähnlich gelagerte Problematik in HessSozG IPRax 2005, 43 mAnm *Jayme.*

[271] Vgl. Fachausschuss Standesbeamte StAZ 2007, 125 f.

[272] Vgl. *Hausmann,* Die kollisionsrechtlichen Schranken der Gestaltungskraft von Scheidungsurteilen, 1980, 101.

[273] Vgl. BSG IPRspr. 1989 Nr. 5; AG Lüneburg IPRspr. 1970 Nr. 1a; Staudinger/*Mankowski* (2011) Rn. 321.

[274] Soergel/*Schurig* Rn. 39.

[275] Unrichtige Wiedergabe der hier vertretenen Position bei Staudinger/*Mankowski* (2011) Rn. 322.

(Art. 13), während Folgewirkungen auf die (aufgelöste) Altehe (Wiederaufleben?) sich aus dem Recht ergeben, das deren Auflösung verfügt hatte.

Von der Maßgeblichkeit des Heimatrechtes macht **Art. 13 Abs. 2** bei Wiederverehelichung von **79** Verlobten mit ausländischem Personalstatut eine **Ausnahme für „hinkende Todeserklärungen"**: Wird eine für Deutschland wirksame (hier ergangene oder anerkannte) Todeserklärung eines früheren Ehegatten vom fremden Personalstatut der Verlobten der neuen Ehe nicht anerkannt, so hindert dies die Wiederverehelichung des Überlebenden unter den Voraussetzungen des Art. 13 Abs. 2 Nr. 1 (wenn ein Verlobter gewöhnlichen Aufenthalt im Inland hat oder Deutscher ist) und Nr. 2 nicht, an die Stelle des ausländischen tritt dann insoweit deutsches Recht (→ Rn. 32); entsprechendes gilt für die gerichtliche **Todesfeststellung** (Feststellung der Todeszeit).[276] Da aber wegen der von Nr. 2 geforderten Voraussetzung „zumutbarer Schritte" zur Vorehelösung die Vorschrift in der Regel nur dann greift, wenn das maßgebliche fremde Personalstatut sowohl Anerkennung als auch Wiederholung der Todeserklärung (bzw. Todesfeststellung) als auch eine sonstige zumutbare Vorehenbeseitigung verweigert, ist hier der Neufassung des Art. 13 Abs. 2 nahezu jeder Anwendungsbereich genommen.[277]

h) Ehebruchsverhältnis; Gattenmord. Ob ein Ehebruchsverhältnis zwischen den Verlobten zu **80** der Zeit, als noch eine Vorehe bestand, ihre spätere Verehelichung hindert, unter welchen Voraussetzungen und mit welcher Wirkung dies geschieht, ob von diesem Hindernis befreit werden kann und ob es ein- oder zweiseitig ist (ob es also nur die Heirat des seinerzeit verheirateten oder auch die des ledigen Ehebruchspartners verbietet), bestimmt sich gleichfalls nach dem Personalstatut der Verlobten.[278] Allerdings passt das Ehehindernis so wenig zu heute geltendem inländischen Recht und Wertanschauungen, dass es nach Maßgabe des Art. 13 Abs. 2 vom ordre public abgewehrt werden kann. Beschränkt das Heimatrecht dieses Ehehindernis auf ein Geschlecht (zB auf Frauen), so scheitert seine Beachtung zusätzlich an Art. 3 GG iVm Art. 6.[279]

Nicht ganz selten sind Vorschriften, die die Ehe verbieten zwischen Personen, die es versucht **81** oder erreicht haben, den Weg zur Ehe durch **Ermordung des Gatten** eines von ihnen freizumachen.[280] In der Regel wird Verurteilung vorausgesetzt, bei schwebenden Verfahren besteht ein aufschiebendes Ehehindernis. Ein solches Ehehindernis ist nach Art. 13 Abs. 1 zu beurteilen. Bei rechtskräftiger Verurteilung besteht auch kein Anlass, den deutschen ordre public eingreifen zu lassen.[281]

i) Wartefristen oder Eheverbote als Scheidungsfolge. Das gemäß Art. 13 Abs. 1 maßgebliche **82** Personalstatut der Verlobten sieht bisweilen Wartefristen oder Eheverbote als Scheidungsfolge bzw. Scheidungsstrafe vor; sie können kraft Gesetzes bestehen oder vom Scheidungsrichter auszusprechen sein.[282] Heute sind solche Regelungen aber nahezu ausgestorben. Die Beachtung richterlich verfügter Wartefristen nach Scheidung setzt ihren Ausspruch im Heimatstaat des geschiedenen Verlobten oder ihre Anerkennung durch diesen Staat voraus.[283] Die **ordre-public-Widrigkeit** entsprechender Wartefristen oder Eheverbote mit Sanktionscharakter ist heute wohl unbestritten; zweifelhaft bleibt lediglich, ob sie mit Art. 6 zu begründen ist und somit bloß von einer ausreichenden (nicht genauer abgrenzbaren) Inlandsbeziehung abhängt oder auf Art. 13 Abs. 2 beruht und deshalb neben der Erfüllung der Nr. 1 noch zusätzlich das Scheitern zumutbarer Beseitigungsbemühungen (Nr. 2) voraussetzt. Die erste Variante erscheint als die sachgerechtere, weil schon die behebbare Warte- oder Verbotssanktion eine verfassungsrechtlich unzulässige Einschränkung der Eheschließungsfreiheit darstellt.[284]

---

[276] Amtl. Begr. zum IPRG, BT-Drs. 10/504, 53.

[277] *Schwimann* StAZ 1988, 37; Staudinger/*Mankowski* (2011) Rn. 324.

[278] HM, OLG Frankfurt a. M. NJW 1956, 672; aus dem Schrifttum statt vieler Palandt/*Thorn* Rn. 8. Zu einschlägigen ausländischen Rechten s. Staudinger/*Mankowski* (2011) Rn. 424; *Coester-Waltjen/Coester,* Formation of Marriage, sec. 3–52.

[279] Ebenso Staudinger/*Mankowski* (2011) Rn. 428.

[280] Rechtsvergleichend *Coester-Waltjen/Coester,* Formation of Marriage, sec. 3–51; Staudinger/*Mankowski* (2011) Rn. 398.

[281] Staudinger/*Mankowski* (2011) Rn. 399 (anders, wenn schon die bloße Anklage das Eheverbot auslöst – die zitierten Vorschriften aus Angola und Peru begründen aber wohl nur ein aufschiebendes Ehehindernis für die Verfahrensdauer, das grds. nicht zu beanstanden ist).

[282] Staudinger/*Mankowski* (2011) Rn. 360 ff.; *Coester-Waltjen/Coester,* Formation of Marriage, sec. 3–47 ff.; Art. 150 schweiz. ZGB, das bekannteste Beispiel, ist am 1.1.2000 außer Kraft getreten, vgl. EGMR v. 18.12.1987 (F./Schweiz) Nr. 11329/85; *Heussler* StAZ 2000, 4 (6).

[283] Zu Qualifikationsfragen s. Staudinger/*Mankowski* (2011) Rn. 364 ff.

[284] Palandt/*Thorn* Rn. 2; nicht ganz klar Staudinger/*Mankowski* (2011) Rn. 366.

83   **j) Wartezeit der Frau.** Die von manchen Rechtsordnungen[285] vorgeschriebene Wartezeit der Frau vor Wiederverehelichung (vgl. § 8 EheG aF) hat den Zweck, Unklarheiten über die Abstammung der Kinder zu vermeiden. Sie beurteilt sich in jeder Hinsicht (Dauer, Ein- oder Zweiseitigkeit,[286] Befreiungsmöglichkeit, Verletzungsfolgen) nach dem Personalstatut der Frau,[287] bei Zweiseitigkeit im Personalstatut des Mannes auch nach diesem.[288] Als nur vorübergehendes Trauungshindernis berühren derartige fremde Regelungen den ordre public in der Regel nicht.[289]

84   **k) Fehlende Braut- oder Morgengabe.** In islamischen Rechten ist eine Braut- oder Morgengabe („mahr") üblich, ein regelmäßig vor Eheschließung vereinbartes Heiratsgeld, das der Frau vom Mann (oder aus seinem Nachlass) teils bei der Heirat, teils bei Eheauflösung zu zahlen ist und wegen seiner verschiedenen Funktionen unterschiedlich (eheschließungs-, unterhalts-, güter- oder erbrechtlich) eingeordnet wird.[290] Daneben gibt es zahlreiche, teils kulturell, teils religiös begründete „Brautgeld"-Praktiken, die zum Teil auch schon dem Verlöbnisrecht zuzurechnen sind.[291] In der Regel ist die **mahr** *güterrechtlich* zu qualifizieren.[292] Soweit die Morgengabevereinbarung ausnahmsweise als sachliche Eheschließungsvoraussetzung die Zulässigkeit oder Gültigkeit der Ehe (wie allenfalls nach malekitischem Ritus) berührt, ist dieses Erfordernis allerdings nach dem von Art. 13 Abs. 1 berufenen Personalstatut jedes Verlobten zu beurteilen.[293] Entsprechendes gilt für den (vom Bräutigam an die Familie der Braut gezahlten) **Brautpreis,** der insbesondere nach afrikanischen Rechten zu den Eheschließungsvoraussetzungen gehören kann. Die derart im Ausland geschlossene und gültige Ehe verstößt nicht gegen Art. 6, bei Inlandsheirat steht der ordre public einer Beachtung entgegen.[294]

85   **l) Körperliche und geistige Mängel.** Das von Art. 13 Abs. 1 berufene Recht entscheidet auch über die Verbotswirkung von körperlichen und geistigen Mängeln (zB Impotenz, geistige Gebrechen, Erbkrankheiten, ansteckende Krankheiten) auf die Eheschließung.[295] Einseitige Hindernisse dieser Art unterstehen dem Heimatrecht des geschützten Teiles; so mag beispielsweise das Eheverbot der Geisteskrankheit (vgl. § 1304 BGB) den Kranken selbst, das der Impotenz des Mannes hingegen die Frau schützen wollen.[296] Ist das Eheverbot jedoch, wie im Regelfall, als zweiseitiges aufzufassen, so genügt für seine Geltung, dass es im Heimatrecht eines der Verlobten enthalten ist. Art. 13 Abs. 2 kann bei einschlägigen ausländischen Verboten eingreifen, wenn hinter ihnen nicht adäquater Schutz von Parteiinteressen steht, sondern eine Einschränkung der Eheschließungsfreiheit aus politischen und ideologischen Gründen. Erlaubniserfordernisse oder Befreiungsmöglichkeiten richten sich nach

---

[285] Rechtsvergleichend Staudinger/*Mankowski* (2011) Rn. 353–355; *Coester-Waltjen/Coester,* Formation of Marriage, sec. 3–54 ff.; *Heiderhoff* StAZ 2014, 193 (200 f.) für Italien *Heussler* StAZ 2011, 6 (7).

[286] Für generelle Zweiseitigkeit aus Angleichungsgründen *Scholl* StAZ 1974, 169.

[287] LG Präsident Regensburg IPRspr. 1945–49 Nr. 14. Vgl. auch Soergel/*Schurig* Rn. 22; *Kegel/Schurig* IPR S. 599; Palandt/*Thorn* Rn. 8; zur Wartezeit islamischen Rechts (iddat) s. *Kotzur,* Kollisionsrechtliche Probleme christlich-islamischer Ehen, 1988, 112 f.

[288] *Scholl* StAZ 1974, 173 f. Abw. *Coester-Waltjen* StAZ 1985, 177.

[289] HM, Staudinger/*Mankowski* (2011) Rn. 359; *Kotzur,* Kollisionsrechtliche Probleme christlich-islamischer Ehen, 1988, 113; *Rohe* StAZ 2000, 161 (165 f.); *Scholz* StAZ 2002, 321 (327) Fn. 58; vgl. auch *Finger* FuR 2002, 342 (346).

[290] Grundlegend *Yassari,* Die Brautgabe im Familienvermögensrecht, 2014, insb. S. 43, 298 ff., 326 ff.; *Yassari* StAZ 2003, 198 ff.; s. auch Staudinger/*Mankowski* (2011) Rn. 380. *Henrich,* FS Sonnenberger, 2004, 389 ff.; zum türkischen Recht *Krüger* IPRax 2014, 204 f. Zur Einpassung ins deutsche Familienrecht *Wurmnest* FamRZ 2005, 1878 ff.; für flexible Handhabung *Weller* IPRax 2014, 225 ff.

[291] → Vor Art. 13 Rn. 3 ff.; vgl. *Looschelders* IPRax 2012, 238 ff.

[292] BGH FamRZ 2010, 537 Rn. 12 ff.; ausführlich zu allen vertretenen Qualifikationsvorschlägen *Yassari,* Die Brautgabe im Familienvermögensrecht, 2014, 298 ff.

[293] OLG Köln IPRspr. 1982, Nr. 43; OLG Düsseldorf FamRZ 1993, 187 (188) und 1083 (1084 ff.); *Fachausschuss Standesbeamte* StAZ 2013, 327 ff.; *Heßler* IPRax 1988, 95; *Kotzur* IPRax 1993, 306; *Heldrich* IPRax 1983, 64; *Krüger* StAZ 1999, 65 (66); *Rohe* StAZ 2000, 161 (167); *Rohe* StAZ 2006, 93 (99); BeckOK BGB/*Schulte-Mörsdorf* Rn. 36; Palandt/*Thorn* Rn. 9; Staudinger/*Mankowski* (2011) Rn. 381 ff. (diff. nach den islamischen Rechtsschulen). Zum Erfüllungsanspruch vor Eheschließung → Vor Art. 13 Rn. 6 (aber niemals eine Wirksamkeitsvoraussetzung der Ehe, *Dutta/Yassari* StAZ 2014, 289 ff., 293). Zur Einordnung als Formfrage → Rn. 122. Zu anderen Funktionen und Qualifikationen der Morgengabe → Art. 15 Rn. 87.

[294] Staudinger/*Mankowski* (2011) Rn. 386; BeckOK BGB/*Schulte-Mörsdorf* Rn. 36; inzident auch OLG München StAZ 1993, 151; VG Stuttgart IPRspr. 1991 Nr. 73.

[295] HM, statt vieler Staudinger/*Mankowski* (2011) Rn. 418. Vgl. auch *Dilger* StAZ 1981, 230 f. (Impotenz); rechtsvergleichend *Coester-Waltjen/Coester,* Formation of Marriage, sec. 3–55 ff.; Staudinger/*Mankowski* (2011) Rn. 414 ff.

[296] Staudinger/*Mankowski* (2011) Rn. 414 hält auch einen „archaisch verstandenen Ehezweck" für ein mögliches Schutzgut.

dem maßgeblichen Recht, die Verletzungsfolgen bestimmt das verletzte Recht. Vom maßgeblichen Heimatrecht vorgeschriebene Untersuchungs- und gegenseitige Unterrichtungspflichten (etwa über ansteckende Krankheiten) sind zu beachten (zB § 5 norw. EheG), vorgeschriebene **Gesundheitszeugnisse** sind beizubringen (s. auch PStG-VwV Kap. 3 Abschnitt 1 Nr. 12.7); obwohl es sich hierbei um eine Förmlichkeit handelt, die den deutschen Standesbeamten nicht unmittelbar bindet, ist doch der Zusammenhang mit dem materiellen Eheverbot praktisch unauflöslich – wie sollte dessen Nichteingreifen anders festgestellt werden?[297] Soll- oder Ordnungsvorschriften des Heimatrechts, die nicht durch ein Eheverbot sanktioniert sind, brauchen bei einer Trauung in Deutschland allerdings nicht beachtet zu werden. Besteht ein Ehehindernis und liegt ein Ehefähigkeitszeugnis des Heimatstaats vor, deckt es diese Ehevoraussetzung allerdings ohne weiteres mit ab.[298] Bei unvertretbaren Beweisschwierigkeiten und deshalb fehlendem Gesundheitszeugnis kann es geboten sein, die Grenzen der Eheschließungsfreiheit im Zusammenhang mit Art. 13 Abs. 2 einer genaueren Prüfung zu unterziehen.

m) Religiöse Ehehindernisse. Bei der Beurteilung religiöser Ehehindernisse nach Art. 13 **86** Abs. 1 spielt in der Praxis die größte Rolle das Eheverbot der **Religionsverschiedenheit,** wie es zwischen Christen und Nichtchristen (in katholisch oder griechisch-orthodox orientierten Rechten), zwischen Juden und Nichtjuden (im jüdisch-talmudischen Recht) oder zwischen mohammedanischen Frauen und Nichtmuslimen (in islamischen Rechten) bestehen kann.[299] Nach einer jahrzehntelang unentschiedenen Diskussion[300] hat sich die hM nunmehr dahingehend verfestigt, dass ausländische Eheverbote der Religionsverschiedenheit jedenfalls bei ausreichender Inlandsbeziehung wegen Grundrechtsverstoßes (Art. 6 Abs. 1 GG, Art. 33 Abs. 3 GG, Art. 140 GG) an **Art. 6** scheitern.[301] Der Grundrechtsverstoß gegen Art. 6 Abs. 1 GG, aber auch Art. 4 GG wiegt hier so schwer, dass eine geringfügige Inlandsbeziehung für das Eingreifen von Art. 6 ausreicht (→ Rn. 27, 34). Bei Inlandstrauung genügt die deutsche Staatsangehörigkeit eines Verlobten;[302] sind beide Verlobten Ausländer, so muss in der Regel wenigstens einer von ihnen durch langjährigen Aufenthalt,[303] familiäre, soziale, berufliche, kulturelle oder sonstige Bindungen in Deutschland integriert sein.[304] Deuten die Umstände auf den Bleibewillen, so mag sogar die Inlandstrauung als solche hinreichen.[305] Aber auch in jenen Fällen, in denen mangels hinreichender Inlandsbeziehung das Ehehindernis der Religionsverschiedenheit im Heimatrecht eines Verlobten zu beachten ist, legen die deutschen Gerichte gegenüber einer **Nichtigerklärung** verbotswidrig geschlossener Ehen große Zurückhaltung an den Tag.[306]

Eine gewisse praktische Bedeutung mag noch das ausländische Eheverbot der **höheren Weihen** **87** haben, dessen Verhältnis zu **Art. 6 bzw. Art. 13 Abs. 2** im Schrifttum heftig umstritten ist.[307] Das OLG Hamm ließ 1973 das (damals noch geltende, seit 1981 aufgehobene) entsprechende spanische Eheverbot bei einer Inlandstrauung eines spanischen, in Deutschland lebenden Priesters und einer

---

[297] Zur streitigen Diskussion vgl. Staudinger/*Mankowski* (2011) Rn. 421 ff.; *v. Bar* IPR II Rn. 139.

[298] *v. Bar* IPR II Rn. 139.

[299] Übersicht bei Staudinger/*Mankowski* (2011) Rn. 388 ff.; *Coester-Waltjen/Coester,* Formation of Marriage, sec. 3–88 ff.; zum islamischen Recht *Rohe* StAZ 2000, 161 (167 ff.); zum Iran *Kropp* StAZ 1984, 216; *Krüger* StAZ 1984, 336; *Elwan* IPRax 1986, 124; zu Tunesien *Krüger* StAZ 1999, 231; zu Indien OLG Hamburg FamRZ 2001, 916.

[300] Vgl. OLG Hamm StAZ 1971, 86 (Vorlagebeschluss); BGHZ 56, 180 (187 ff.) = NJW 1971, 1519.

[301] BGHZ 56, 180 = NJW 1971, 1519; OLG Hamm OLGZ 1977, 133 = IPRspr. 1976 Nr. 33; OLG Koblenz FamRZ 1994, 1262 (1263) (Ägypten); OLG Oldenburg IPRspr. 1967 Nr. 68; *Strümpel* StAZ 1972, 228; *Zimmermann* StAZ 1980, 139; Staudinger/*Mankowski* (2011) Rn. 393 ff.; Soergel/*Schurig* Rn. 127; *Krüger* StAZ 1984, 337; *Elwan* IPRax 1986, 126; Palandt/*Thorn* Rn. 2, 8; *Rohe* StAZ 2006, 93 (100). Sind die Voraussetzungen des Art. 13 Abs. 2 gegeben, greift vorrangig diese Vorschrift ein, vgl. *Siehr* IPR S. 4, 5.

[302] BGHZ 56, 180 = NJW 1971, 1519; Staudinger/*Mankowski* (2011) Rn. 397. Krit. *Olshausen* DVBl 1974, 652, dem die deutsche Staatsangehörigkeit allein als Inlandsbeziehung nicht genügt.

[303] OLG Hamm OLGZ 1977, 133 = IPRspr. 1976 Nr. 33; *Olshausen* DVBl 1974, 656; Staudinger/*Mankowski* (2011) Rn. 397.

[304] *Zimmermann* StAZ 1980, 139; Staudinger/*Mankowski* (2011) Rn. 397.

[305] *Spickhoff,* Der ordre public im internationalen Privatrecht, 1989, 229; zurückhaltender *Müller-Freienfels,* FS Kegel, 1987, 55 (98). Umgekehrt weitergehend Staudinger/*Mankowski* (2011) Rn. 397, der sogar ohne Inlandsbezug die gezielt zur Umgehung des Ehehindernisses gewählte Inlandstrauung zulassen will; gegenteilige Tendenz bei *Sturm* StAZ 2005, 1 (14), der eine Wiederholung der Eheschließung in Deutschland bevorzugt.

[306] Nachweise bei Staudinger/*Gamillscheg,* 11. Aufl. 1973, Rn. 442; s. auch OLG München StAZ 1971, 84 (sittenwidrige Berufung auf Ehehindernis bei Missbrauch als Scheidungsersatz).

[307] Nachweise bei Staudinger/*Mankowski* (2011) Rn. 391; BeckOGK/*Rentsch* Rn. 127 ff.; OLG Hamm OLGZ 1974, 103 = IPRspr. 1973 Nr. 38 (S. 104 f.). Rechtsvergleichend *Coester-Waltjen/Coester,* Formation of Marriage, sec. 3–71.

Deutschen am ordre public mit der Begründung scheitern, das spanische Eheverbot beschränke im Widerspruch zu Art. 33 Abs. 3 und 140 GG aus religiösen und daher unzulässigen Gründen die „bürgerliche" Eheschließungsfreiheit der **deutschen** Verlobten.[308] Über diese Bewertung besteht heute (unter Einbezug der Eheschließungsfreiheit auch des ausländischen Verlobten) grundsätzlich Einigkeit. Streitig ist nur die Frage, ob vom ausländischen Verlobten nach Art. 13 Abs. 2 die Einholung eines Dispenses zu verlangen ist, wenn dieser im Heimatstaat möglich und in angemessener Zeit zu erwarten ist. Während dies zum Teil bejaht wird,[309] wollen das OLG Hamm sowie die Gegenmeinung das Eheverbot wegen der Schwere des ordre-public-Verstoßes von vornherein verwerfen (wobei entweder die Dispenseinholung für unzumutbar iS des Art. 13 Abs. 2 Nr. 2 erachtet oder unvermittelt auf Art. 6 zurückgegriffen wird, → Rn. 27; dabei lässt man sogar geringeren Inlandsbezug als in Art. 13 Abs. 2 Nr. 1 umschrieben genügen).[310] Angesichts der historisch gewachsenen und noch heute in unterschiedlichem Ausmaße vorhandenen Verflechtung von staatlichem und kirchlichem Eherecht besteht zu dieser Rigorosität kein Anlass; es handelt sich (mit der erstgenannten Auffassung) geradezu um einen klassischen Anwendungsfall des von Art. 13 Abs. 2 Nr. 2 und 3 statuierten Kompromisses zwischen ausländischem Recht und inländischen Wertvorstellungen (→ Rn. 26 f.).

88   Gemessen am Fehlen einschlägiger Rechtsprechungsveröffentlichungen scheinen die übrigen religiösen Eheverbote wie jene des **Keuschheitsgelübdes,** der „**geistigen Verwandtschaft**" (zwischen Paten und Täufling), der **Pilgerfahrt nach Mekka** uÄ[311] die Praxis kaum zu beschäftigen. Ihnen ist gemeinsam, dass sie bei entsprechender Inlandsbeziehung gegen **Art. 6** verstoßen.[312]

89   **n) Rassen- und Staatsangehörigkeitsverschiedenheit.** Ehehindernisse der Rassenverschiedenheit[313] sowie das Verbot oder die staatliche Genehmigungsbedürftigkeit von Ehen mit Ausländern[314] oder mit Angehörigen anderer sozialer Schichten[315] sind, soweit sie nicht als ausländische Eingriffsnormen von vornherein außer Betracht zu bleiben haben (→ Rn. 47),[316] nach hL (im Hinblick auf ihren besonders anstößigen politischen Diskriminierungseffekt zurecht) jedenfalls bei Inlandstrauung ohne weitere Prüfung der Inlandsbeziehung oder Dispensmöglichkeit wegen Verstoßes gegen Art. 6 unbeachtlich.[317] Zum Ehehindernis der Rassenverschiedenheit ist, soweit ersichtlich, keine Rechtsprechung veröffentlicht. Zu erschwerenden Voraussetzungen für Ehen mit Ausländern ist die Haltung der Rechtsprechung unklar; teils bleibt die Frage des ordre public dahingestellt,[318] teils gehen die Gerichte implizit von der Beachtlichkeit derartiger Sondervorschriften aus.[319] Seit dem Spanier-Entscheid des BVerfG von 1971 ist diese Position nicht mehr haltbar.

90   **o) Fehlen staatlicher Genehmigung.** Sieht das von Art. 13 Abs. 1 berufene Personalstatut der Verlobten eine staatliche Genehmigung des Heimatstaates für Eheschließungen seiner **Staatsbediensteten** vor (Offiziere, Soldaten, Polizisten, Beamte uÄ), so war dies nach älterer Meinung zu beachten.[320] Diese Ansicht konnte freilich nur unter dem Gesichtspunkt der Furcht vor Retorsion überzeugen. Der eingriffsrechtliche Charakter derartiger Beschränkungen der Eheschließung liegt besonders nahe, so dass sie ebenfalls von vornherein außer Betracht zu bleiben haben. Hält man

---

[308] OLG Hamm OLGZ 1974, 103 = IPRspr. 1973 Nr. 38.

[309] *Olshausen* DVBl 1974, 652 (656 f.); *Brodack/Jayme* FamRZ 1974, 600 f.; *Wuppermann,* Die deutsche Rechtsprechung zum Vorbehalt des ordre public im Internationalen Privatrecht, 1977, 85.

[310] Soergel/*Schurig* Rn. 127; Palandt/*Thorn* Rn. 2; im Ergebnis auch Staudinger/*Mankowski* (2011) Rn. 391, 397; *v. Bar* IPR II Rn. 153; *Spickhoff,* Der ordre public im internationalen Privatrecht, 1989, 229.

[311] Übersicht bei Staudinger/*Mankowski* (2011) Rn. 391; vgl. auch *Scholz* StAZ 2002, 321 (327) m. Fn. 63.

[312] HM, statt vieler Staudinger/*Mankowski* (2011) Rn. 393.

[313] Zum früheren Verbot von Ehen zwischen Weißen und Farbigen in Südafrika s. Staudinger/*Mankowski* (2011) Rn. 393; zum deutschen ordre public *Spickhoff,* Der ordre public im internationalen Privatrecht, 1989, 232.

[314] Solche Verbote bzw. Genehmigungserfordernisse bestehen bzw. bestanden namentlich in mehreren Ostblockstaaten; vgl. Darstellung bei *Wähler* StAZ 1989, 182 ff.; Staudinger/*Mankowski* (2011) Rn. 405 f. (unter Hinweis auf zahlreiche arabische Staaten).

[315] Vgl. *Coester-Waltjen/Coester,* Formation of Marriage, sec. 85, 88; *Büchler,* Das islamische Familienrecht: Eine Annäherung, 2003, 34 f.

[316] Vgl. auch Art. 5a norw. EheG, der die norwegische Aufenthaltsberechtigung eines Ausländers zur Trauungsvoraussetzung in Norwegen erhebt.

[317] Staudinger/*Mankowski* (2011) Rn. 403; BeckOGK/*Rentsch* Rn. 130; Palandt/*Thorn* Rn. 8; *Wähler* StAZ 1989, 182 (186). Ebenso KG FamRZ 1968, 466; AG Bad Wildungen StAZ 1990, 170; LG Kassel IPRspr. 1990 Nr. 66.

[318] KG NJW 1961, 2209 = IPRspr. 1960/61 Nr. 91; vgl. auch OLG Frankfurt a. M. IPRspr. 1966/67 Nr. 264.

[319] LG Augsburg IPRspr. 1952/53 Nr. 151; LG Stuttgart IPRspr. 1964/65 Nr. 80; OLG Oldenburg IPRspr. 1966/67 Nr. 68. Gegenteilig KG FamRZ 1968, 466; OLG München StAZ 1993, 151.

[320] KG NJW 1961, 2209 = IPRspr. 1960/61 Nr. 91; *Wähler* StAZ 1989, 182 (186).

dagegen Art. 13 Abs. 1 für anwendbar, so dass das Personalstatut berufen wird, so ist zwar aus Gründen des „Entscheidungseinklanges" primär die Genehmigungserteilung anzustreben; ist dies aussichtslos oder unzumutbar bzw. wird sie verweigert oder unzumutbar lang verzögert, so ist das Hindernis wegen Art. 13 Abs. 2 nicht zu beachten.[321] Auch das **Heiratsverbot vor Erfüllung der Wehrpflicht** kann gemäß Art. 13 Abs. 2 verdrängt werden.[322] Das Gleiche gilt schließlich, wenn das maßgebliche Heimatrecht **Strafgefangenen** die Eheschließung verwehrt.[323]

4. Befreiung von Ehehindernissen. a) Maßgebliches Recht. Über alle **materiellrechtli-** 91 **chen** Fragen (Zulässigkeit, Voraussetzungen, Wirkungen) einer Befreiung von Ehehindernissen entscheidet nach einhelliger Meinung jene von Art. 13 Abs. 1 berufene Rechtsordnung, der das maßgebliche Ehehindernis (oder Eheverbot) entstammt.[324] Befreiungsbedürftig ist stets nur der Verlobte, dessen Personalstatut das Ehehindernis aufstellt; die erteilte Befreiung wirkt bei zweiseitigen Hindernissen auch für den anderen Verlobten.[325] Besteht dasselbe Hindernis nach beiden Heimatrechten, muss für beide Befreiung erwirkt werden.[326] Zur Herstellung des Entscheidungseinklanges empfiehlt es sich, eine Befreiung auch dann anzustreben, wenn das Hindernis wegen Verstoßes gegen Art. 6 unbeachtlich wäre; zwingend vorausgesetzt ist die Befreiungsbemühung aber nur in den Fällen des Art. 13 Abs. 2 (→ Rn. 25, 31).

b) Internationale Zuständigkeit. aa) Grundsatz. Für die Beurteilung der **internationalen** 92 **Zuständigkeit** zur Befreiungserteilung bestehen keine klaren Grundsätze (die Bestimmungen des CIEC-Übereinkommens zur Erleichterung der Eheschließung im Ausland (BGBl. 1969 II S. 451) über die Befreiung von Ehehindernissen (Titel I) gelten in Deutschland nicht). In Übereinstimmung mit der herkömmlichen Auffassung besteht aber Einigkeit, dass jedenfalls der **Staat des maßgeblichen Sachstatutes** international zuständig ist, Befreiungen von nach seinem Recht dispensablen Ehehindernissen zu erteilen[327] (bei nicht-dispensablen Ehehindernissen kann nur der ordre public helfen). Hieran hat sich auch unter der Geltung des FamFG nichts geändert. Zuständig ist demnach in der Regel der Heimatstaat des Verlobten, der das Ehehindernis aufstellt,[328] bei Rückverweisung das Inland[329] oder bei Weiterverweisung ein dritter Staat. Auch lediglich zuständigkeitsrechtliche Rück- oder Weiterverweisungen durch den Sachstatutsstaat sind möglich und zu beachten.[330]

bb) Besondere deutsche Zuständigkeit. Es bleibt zu fragen, ob **bei ausländischem Sachsta-** 93 **tut** die Befreiung von einem dispensablen Ehehindernis ausnahmsweise auch von einem **deutschen Gericht** erteilt werden kann. Unter der Geltung des früheren FGG wurde dies für zwei Situationen bejaht oder zumindest diskutiert: Als „besondere Fürsorgezuständigkeit" gemäß § 43 Abs. 1 FGG aF, § 35b Abs. 2 FGG aF bei unüberwindbaren Hindernissen der Befreiungserlangung im Sachstatutsstaat, und als „allgemeine Fürsorgezuständigkeit" schon bei Aufenthalt des betreffenden Verlobten in Deutschland gemäß § 43 Abs. 1 FGG aF, § 35b Abs. 1 Nr. 2 FGG aF (ausführlich 4. Aufl. 2006, Rn. 95, 96 mwN). Die Fürsorgezuständigkeit des § 35b FGG aF ist im **FamFG** nur noch für Kindschaftssachen vorgesehen (§ 99 FamFG). Für Ehesachen fehlt eine Entsprechung; zudem umfasst der Begriff der Ehesachen gemäß § 121 FamFG die Befreiung von Ehehindernissen nicht, und auch unter die „sonstigen Familiensachen" des § 266 FamFG lässt sie sich nicht subsumieren. Das neue deutsche Familienverfahrensrecht begründet also keine Zuständigkeit deutscher Gerichte zur Befreiung von Ehehindernissen nach ausländischem Recht.

Dennoch kann und muss eine solche Zuständigkeit auf der Basis von **Art. 13 Abs. 2** bejaht werden, 94 wenn gemäß deren **Nr. 1** hinreichender Inlandsbezug besteht, gemäß **Nr. 2** zumutbare Schritte der Ver-

---

[321] Mit gleichem Ergebnis OLG Köln FamRZ 1969, 335; *Wolff* IPR S. 190; Die deutsche Rechtsprechung zum Vorbehalt des ordre public im Internationalen Privatrecht, 1977, 87 f. Für die Nichtbeachtung der Genehmigungsbedürftigkeit von Ehen ausländischer Staatsbediensteter wegen Verstoßes gegen Art. 6 auch Staudinger/ *Mankowski* (2011) Rn. 411, 412; *Jayme* IPRax 1990, 311; Palandt/*Thorn* Rn. 8.
[322] OLG Düsseldorf StAZ 1980, 308 = IPRspr. 1980 Nr. 54 (obiter); Palandt/*Thorn* Rn. 2.
[323] Zum Verstoß entsprechender Regelungen gegen Art. 8 und 12 EMRK vgl. die Entscheidungen der EKMR vom 13.12.1979 (Fall Hamer: zeitige Freiheitsstrafe) und vom 10.7.1980 (Fall Draper: lebenslange Freiheitsstrafe), EuGRZ 1982, 531.
[324] RG JW 1935, 1403; implizit auch OLG Düsseldorf IPRspr. 1968/69 Nr. 72; Staudinger/*Mankowski* (2011) Rn. 160; Palandt/*Thorn* Rn. 12.
[325] Staudinger/*Mankowski* (2011) Rn. 160.
[326] Staudinger/*Mankowski* (2011) Rn. 160.
[327] Staudinger/*Mankowski* (2011) Rn. 161; *Kremer* StAZ 1990, 171; *v. Bar* IPR II Rn. 146.
[328] OLG Hamm OLGZ 1969, 238 = IPRspr. 1968/69 Nr. 271; OLG Hamm NJW 1974, 1626 = IPRspr. 1974 Nr. 49; Staudinger/*Mankowski* (2011) Rn. 161; Soergel/*Schurig* Rn. 114; Palandt/*Thorn* Rn. 12.
[329] AG Hamburg IPRspr. 1966/67 Nr. 66; ähnlich OLG Karlsruhe IPRspr. 1968/69 Nr. 69; Staudinger/ *Mankowski* (2011) Rn. 168.
[330] Staudinger/*Mankowski* (2011) Rn. 164; *v. Bar* IPR II Rn. 146.

lobten zur Befreiung gescheitert oder nicht möglich sind und **(Nr. 3)** die Versagung der Eheschließung mit der Eheschließungsfreiheit des Art. 6 Abs. 1 GG unvereinbar wäre. In Betracht kommen Fälle, in denen früher eine „besondere Fürsorgezuständigkeit" der deutschen Gerichte bejaht wurde, insbesondere wenn die Befreiung vom Sachstatutsstaat wegen tatsächlicher Hindernisse (zB ungeprüfte oder ausnahmslose Ablehnung, etwa als Folge grundsätzlicher Verweigerung von Ehefähigkeitszeugnissen; Störung des Rechtshilfeverkehrs; Krieg; Revolution) oder politischer Schikane nicht zu erlangen ist.[331] Ähnliches wird auch bei Vorliegen eines „dringenden" (vom Sachstatutsstaat nicht zu befriedigenden) Fürsorgebedürfnisses (zB lebensgefährliche Krankheit eines Verlobten, unmittelbar bevorstehende Kindesgeburt uÄ) gelten müssen.[332] Die deutsche Zuständigkeit scheitert in all diesen Fällen nicht daran, dass das Sachstatut bei der Befreiung die Entscheidung politischer (staats-, gesellschafts-, gesundheits- oder wirtschaftspolitischer) Fragen verlangt.[333] Oft verstoßen solche Erwägungen gegen den deutschen ordre public; wenn nicht, können sie auch von deutschen Instanzen angestellt werden. Schließlich kann es in dieser Fallgruppe situationsbedingt nicht darauf ankommen, ob eine deutsche Befreiung im Sachstatutsstaat anerkannt würde – dies würde Grund und Zweck des Art. 13 Abs. 2 zuwiderlaufen. Vom Ansatz über Art. 13 Abs. 2 **nicht erfasst** wären hingegen Fälle, in denen die Befreiung durch die deutschen Gerichte lediglich bequemer und schneller zu erlangen wäre (frühere „allgemeine Fürsorgezuständigkeit" oder „Aufenthaltszuständigkeit"). Zwar gestattet Art. 13 Abs. 2 nur die punktuelle Ersetzung des grundsätzlich maßgeblichen ausländischen Rechts durch entsprechendes deutsches Recht; im Hinblick auf den ordre public-Charakter der Vorschrift gilt jedoch der Grundsatz des schonendsten Eingriffs in das fremde Recht. Dessen Anwendung, das heißt Ausübung der dort vorgesehenen Befreiungsmöglichkeit ist insoweit der Verdrängung und Ersetzung durch deutsches Recht vorzuziehen. Aus der dienenden Funktion des Verfahrensrechts gegenüber dem materiellen Recht[334] folgt, dass dem auch eine (internationale wie sachliche) Zuständigkeit deutscher Familiengerichte entsprechen muss, mit der die offensichtlich unbeabsichtigte Lücke im FamFG zu schließen ist.

95   **Sachlich** ist für die inländische Befreiung von Ehehindernissen bei Personen mit ausländischem Personalstatut im Zweifel das **Familiengericht** zuständig; der deutsche **Standesbeamte** ist nur berufen, wenn das fremde Sachstatut die Befreiung dem Standesbeamten überlässt.[335] Die Befreiung vom **Ehefähigkeitszeugnis** durch den Oberlandesgerichtspräsidenten gemäß § 1309 BGB (→ Rn. 103, 105) ist nicht der Ort für Befreiungen von Ehehindernissen, sondern setzt die (materiellrechtliche) Befreiung (bzw. das Fehlen oder die Unbeachtlichkeit) von Ehehindernissen voraus.[336]

96   **cc) Anerkennung ausländischer Befreiungen.** Für die Anerkennung von Hindernisbefreiungen ausländischer Gerichte ist § 108 FamFG anzuwenden. Sieht man von schweren Verfahrensverstößen und ordre public-Widrigkeit (§ 109 Abs. 1 Nr. 2–4 FamFG) ab, ist die Anerkennung dann zu versagen, wenn das fremde Gericht bei spiegelbildlicher Anwendung der einschlägigen deutschen Regeln international nicht zuständig war (§ 109 Abs. 1 Nr. 1 FamFG). Bei Heranziehung der in → Rn. 94 dargestellten Rechtslage sind dementsprechend Befreiungen durch Gerichte des fremden Sachstatutsstaates grundsätzlich anzuerkennen; Befreiungsentscheidungen aus Drittstaaten, die vom Sachstatutsstaat anerkannt werden, können über Art. 13 Abs. 1 selbst dann berücksichtigt werden, wenn sie im Inland nicht unmittelbar anerkennungsfähig sind. Bei Maßgeblichkeit inländischen Sachstatuts kann prinzipiell nur von inländischen Behörden befreit werden;[337] die Wirksamkeit ausländischer Befreiungen bei Auslandstrauungen von Inländern bleibt bestritten.[338] Sie sollte bejaht werden, wenn spiegelbildlich eine internationale Zuständigkeit deutscher Behörden zu bejahen gewesen wäre.[339]

III. Ehefähigkeitszeugnis

97   **1. Inlandstrauungen von Nichtdeutschen.**[340] **a) Zeugnispflicht. aa) Grundsatz.** Um dem deutschen Standesbeamten die Prüfung ausländischen Rechts, dh der sachlichen Eheschließungsvo-

---

[331] *Beitzke* FamRZ 1967, 596; Staudinger/*Mankowski* (2011) Rn. 57. Gegen deutsche Zuständigkeit selbst in diesen Fällen LG Kassel IPRspr. 1990, Nr. 67.

[332] AG Halle FamRZ 2016, 307 f; OLG Hamm FamRZ 1974, 457.

[333] Anders KG NJW 1961, 2209 (politische Entscheidung bei Befreiung eines iranischen Militärarztes).

[334] Vgl. in anderem Zusammenhang BVerfG FamRZ 2008, 492 (493); 2008, 2185 Nr. 19.

[335] Vgl. *Beitzke* StAZ 1967, 290.

[336] OLG Hamm FamRZ 1969, 336 (337); NJW 1974, 1626; OLG Düsseldorf IPRspr. 1968/69 Nr. 72; Staudinger/*Mankowski* (2011) Rn. 162; Palandt/*Thorn* Rn. 12.

[337] Staudinger/*Mankowski* (2011) Rn. 168; *Ferid* IPR Rn. 8–74.

[338] Vgl. *Ferid* IPR Rn. 8–74.

[339] Ähnlich Staudinger/*Mankowski* (2011) Rn. 173 (beschränkt auf ein dringendes Fürsorgebedürfnis im Ausland).

[340] → BGB § 1309 Rn. 1 ff.; des Weiteren *Gaaz* StAZ 1996, 289; *Hepting* StAZ 1996, 359; *Hepting* IPRax 1997, 249; *Barth/Wagenitz* FamRZ 1996, 833.

raussetzungen nach dem Personalstatut wie auch – vorgelagert – ausländischen Kollisionsrechts zu erleichtern und fehlerhafte Ehen möglichst zu vermeiden, macht § 1309 BGB die Inlandstrauung davon abhängig, dass solche Verlobte, für die sich die materiellen Ehevoraussetzungen gemäß Art. 13 Abs. 1 nach ausländischem Recht bestimmen, eine Bestätigung einer inneren Behörde ihres „Heimatlandes" über das Fehlen von Ehehindernissen nach dem Recht dieses Staates vorlegen; hilfsweise ist das Fehlen von Hindernissen vom OLG-Präsidenten im Befreiungsverfahren nach § 1309 Abs. 2 BGB festzustellen. Die Vorschrift des § 1309 BGB ist Teil des deutschen Eheschließungsverfahrens; das Zeugnis ist ein **Beweismittel** für den Inhalt des von Art. 13 Abs. 1 berufenen ausländischen Rechts sowie die maßgeblichen Fakten.[341] § 1309 BGB ist als aufschiebendes Trauungshindernis konzipiert, die Nichtbeachtung der Vorschrift berührt die Gültigkeit der dennoch geschlossenen Ehe jedoch nicht. Das Zeugnis bzw. die Befreiungsentscheidung verlautbaren das maßgebliche Recht in seiner Anwendung auf einen konkreten Fall, sie gestalten oder verändern es jedoch inhaltlich nicht (zu den Konsequenzen → Rn. 108). Entgegen dem missverständlichen Wortgebrauch des Gesetzes gibt es von diesem Trauungshindernis grundsätzlich keine Befreiung – die „Befreiung" nach § 1309 Abs. 2 S. 1 BGB ist funktionaler Ersatz für das Zeugnis, sie befreit nicht von der Notwendigkeit, anwendbares ausländisches Recht vorgelagert zur standesamtlichen Prüfung aufzuklären und zu verlautbaren.[342]

bb) Umfang der Zeugnispflicht. Persönlich erfasst von der Zeugnispflicht sind alle Verlobten, **98** die hinsichtlich der materiellen Ehevoraussetzungen ausländischem Recht unterliegen (§ 1309 Abs. 1 S. 1 BGB), also zunächst alle **Ausländer** (nicht: Mehrstaater mit auch-deutscher Staatsangehörigkeit, hier gilt wegen Art. 5 Abs. 1 S. 2 deutsches Recht). Bei **mehreren ausländischen Staatsangehörigkeiten** ist die effektive maßgeblich, Art. 5 Abs. 1 S. 1 (ist von diesem Staat kein Zeugnis zu erlangen, ist nicht auf andere Staatsangehörigkeiten zurückzugreifen, sondern zu befreien nach § 1309 Abs. 2 BGB). Weiterhin erfasst sind **alle anderen Personen mit ausländischem Personalstatut**, insbesondere Staatenlose mit gewöhnlichem Aufenthalt im Ausland (Art. 5 Abs. 2), während alle Verlobten mit deutschem Personalstatut, unabhängig von ihrer Staatsangehörigkeit, der Zeugnispflicht nicht unterliegen (das sind Deutsche iS von Art. 116 Abs. 1 GG ohne deutsche Staatsangehörigkeit (Art. 9 Abs. 2 Nr. 5 FamRÄndG), verschleppte Personen und Flüchtlinge iS des Art. 10a AHKG Nr. 23 mit Wohnsitz im Bundesgebiet, heimatlose Ausländer iS des HeimatlAuslG (BGBl. 1951 I S. 269), Asylberechtigte mit Wohnsitz im Inland (§ 15 Abs. 1, 2 AsylVfG) sowie unter gleichen Voraussetzungen Flüchtlinge iS der Genfer Flüchtlingskonvention).[343]

Die Zeugnispflicht besteht auch dann, wenn das von Art. 13 Abs. 1 berufene Recht kollisions- **99** rechtlich eine **Rück- oder Weiterverweisung** ausspricht.[344] Die von § 1309 BGB bezweckte Entlastung des Standesbeamten von der Ermittlung fremden Rechts bezieht sich auch auf das Kollisionsrecht.[345] Bei einer Rückverweisung genügt es, wenn das Zeugnis diese belegt – das fremde materielle Eheschließungsrecht ist dann unmaßgeblich, und das deutsche muss der Standesbeamte kennen und eigenverantwortlich anwenden.[346] Bei einer Weiterverweisung gilt im Prinzip das Gleiche; äußert sich das Zeugnis (überobligationsmäßig) auch über den Inhalt des verwiesenen Rechts, so kann dies akzeptiert werden, wenn dem erkennbar eine Sachprüfung zu Grunde liegt.[347] Ansonsten muss der Verlobte ein weiteres Zeugnis über das verwiesene Recht beibringen (bzw. insoweit Befreiung nach § 1309 Abs. 2 BGB beantragen).[348]

Sachlich besteht die Zeugnis- (bzw. Befreiungs-) pflicht auch dann noch, wenn der Standesbeamte **100** bezüglich eines Zweifelpunktes (zB Bestand einer Vorehe beim ausländischen Verlobten) eine rechtskräftige, bindende Gerichtsentscheidung gemäß § 49 Abs. 2 PStG herbeigeführt hat – damit ist über die übrigen Ehevoraussetzungen noch nicht befunden.[349] Die Zeugnispflicht wird auch nicht dadurch berührt, dass ein heimatstaatliches Ehehindernis (voraussichtlich) am deutschen ordre public

---

[341] BT-Drs. 13/4898, 15; BGHZ 41, 136 (139); 46, 87 (92); OLG Hamm NJW 1974, 1626; OLG Braunschweig StAZ 1996, 85 (86); OLG Dresden StAZ 2001, 35; OLG Hamburg FG Prax 1996, 61; Staudinger/*Mankowski* (2011) Rn. 561.

[342] BeckOK BGB/*Hahn* BGB § 1309 Rn. 18; *Schulz* StAZ 1991, 32 (34); einschr. OLG Hamm StAZ 1974, 210; BeckOK BGB/*Hahn* BGB § 1309 Rn. 18.

[343] OLG Köln NJW 1990, 644 (645); *Riedl* StAZ 1989, 243.

[344] BeckOK BGB/*Hahn* BGB § 1309 Rn. 3, 13; Staudinger/*Mankowski* (2011) Rn. 567 ff.; *Barth/Wagenitz* FamRZ 1996, 833 (837); *Hepting* FamRZ 1998, 713 (718); aA Palandt/*Thorn* Rn. 22.

[345] BT-Drs. 13/4898, 15.

[346] Ähnlich Staudinger/*Mankowski* (2011) Rn. 570.

[347] Staudinger/*Mankowski* (2011) Rn. 571a.

[348] Staudinger/*Löhnig* (2015) BGB § 1309 Rn. 15; Staudinger/*Mankowski* (2011) Rn. 571.

[349] Anders OLG Braunschweig StAZ 1996, 85 sowie Staudinger/*Mankowski* (2011) Rn. 596.

scheitert (Art. 13 Abs. 2, Art. 6) – die verlässliche Dokumentation des berufenen Rechts ist dieser Prüfung vorgeschaltet, gewissermaßen ihre Voraussetzung.

101   **cc) Erteilung und Inhalt des Zeugnisses.** Das Zeugnis ist von der „inneren Behörde" des Heimatstaates zu erteilen. Was darunter zu verstehen ist, ist nach deutschem Recht zu beurteilen (nicht ausreichend: Botschaft oder Konsulat), die sachliche und örtliche Zuständigkeit im Übrigen richtet sich nach den Vorschriften des Heimatstaates. Im Sinne von § 1309 Abs. 1 S. 2 erleichtern einige bilaterale Abkommen das Verfahren;[350] seit 1997 gilt für Deutschland auch die CIEC-Konvention Nr. 20 über die Ausstellung von Ehefähigkeitszeugnissen.[351]

102   Das Zeugnis muss sich auf die konkret geplante Eheschließung *beider* Verlobter beziehen; im Hinblick auf zweiseitige Ehehindernisse des Heimatstaates muss auch der andere Verlobte, selbst wenn er eine andere Staatsangehörigkeit hat, mitberücksichtigt werden (zweiseitige Ehehindernisse aus anderem Recht, die nur auf den Angehörigen des Zeugnisstaates „durchschlagen", liegen hingegen außerhalb des Zeugnisbereichs).[352] Das Zeugnis muss alle materiellen Ehevoraussetzungen umfassen, etwaige Aussagen zu formellen Fragen sind (wegen Art. 13 Abs. 4 S. 1) hingegen irrelevant. Auch dispensable oder nur aufschiebende oder sanktionslose Ehehindernisse sind aufzuführen (und vom Standesbeamten zu beachten); ob ein Dispens vorliegt oder erteilt werden kann, ist eine von der bloßen Rechtsverlautbarung im Zeugnis zu unterscheidende, materiellrechtliche Frage (→ Rn. 105).

103   **b) Befreiung von der Zeugnisbeibringung (§ 1309 Abs. 2 BGB).** Ist kein Zeugnis erlangbar, hat der OLG-Präsident von der Beibringungspflicht zu befreien, indem er selbst prüft und feststellt, dass der geplanten Eheschließung keine Hindernisse entgegenstehen (→ Rn. 97). Diese Entscheidung ist vom ausländischen Verlobten beim Standesamt zu beantragen. Die „Befreiung" hat **pflichtgemäß** zu erfolgen, sie ist kein Ermessens- oder gar Gnadenakt.[353] Als **Justizverwaltungsakt** kann die Ablehnung gemäß Art. 23 ff. EGGVG angefochten werden (dann Entscheidung durch OLG-Senat unter Ausschluss des Präsidenten).[354]

104   Ein Zeugnis ist nicht erlangbar iS von § 1309 Abs. 2 BGB, wenn der Heimatstaat des Verlobten solche Zeugnisse generell nicht ausstellt (was der Regelfall ist)[355] oder – zumeist – bei Staatenlosen mit gewöhnlichem Aufenthalt im Ausland (§ 1309 Abs. 2 S. 2 BGB) oder schließlich, wenn trotz grundsätzlicher Zeugnisbereitschaft des Heimatstaates das Zeugnis aus besonderen Gründen nicht beschafft werden kann (§ 1309 Abs. 2 S. 3 BGB). Das ist zum Beispiel der Fall bei Verweigerung des Zeugnisses aus politischen Gründen oder als Strafe für Nichtleistung des Wehrdienstes,[356] bei Zeugnisverweigerung wegen eines nicht bestehenden (in Deutschland unbeachtlichen Hindernisses[357] sowie bei Nichtbeibringung aus Furcht vor politischer Verfolgung[358] oder in Folge faktischer Verhinderung der Behördentätigkeit durch Krieg, Revolution und ähnlichem.[359] Bloße Zeitverzögerungen durch die Zeugnisbeschaffung begründen allerdings noch keine Unzumutbarkeit (→ BGB § 1309 Rn. 17).[360] Bei mehr als dreimonatiger Untätigkeit der Heimatbehörden wird allerdings von einer unzumutbaren Verzögerung ausgegangen.[361]

105   **Prüfungsgegenstand** des OLG-Präsidenten sind (1) das von Art. 13 Abs. 1 berufene Recht (Kollisionsrecht sowie ggf. das anwendbare ausländische Eheschließungsrecht) sowie (2) auch das

---

[350] Ein besonderes Verfahren zur Beschaffung von Ehefähigkeitszeugnissen unter Mitwirkung des deutschen Standesbeamten sehen vor Abkommen mit Luxemburg (BGBl. 1983 II S. 698 und Bekanntmachung BGBl. 1984 II S. 498), Österreich (BGBl. 1981 II S. 1050 (1982) II S. 207; dazu Bekanntmachung BGBl. 1982 II S. 459 (1984) II S. 915) und der Schweiz (BGBl. 1988 II S. 126; dazu Bekanntmachung BGBl. II S. 467); iE dazu §§ 169, 169a und 169b DA.

[351] Text StAZ 1997, 256 ff.

[352] → BGB § 1309 Rn. 9; Staudinger/*Mankowski* (2011) Rn. 588; Staudinger/*Löhnig* (2012) BGB § 1309 Rn. 13.

[353] BGHZ 56, 180 (184); BGH FamRZ 2012, 1635 Rn. 9; Staudinger/*Mankowski* (2011) Rn. 5 mwN. Ausf. Darstellung der Praxis des OLG Köln bei *Schmitz-Justen* StAZ 2007, 107 ff.

[354] OLG Karlsruhe StAZ 2003, 139.

[355] Neuere Aufstellungen jener Staaten, die zur Zeugnisausstellung bereit sind, bei *Brandhuber/Zeyringer,* Standesamt und Ausländer (jeweils unter Nr. 1 jedes Länderteils). Die Mitgliedstaaten der CIEC-Konvention Nr. 20 (Anh.) haben sich zur Ausstellung von Zeugnissen verpflichtet.

[356] OLG Hamburg IPRspr. 1962/63 Nr. 67.

[357] OLG Celle StAZ 1988, 261. Anders bei auch in Deutschland beachtlichem Hindernis, vgl. KG StAZ 2014, 15 (bestehende registrierte Lebenspartnerschaft).

[358] OLG Oldenburg StAZ 1989, 75.

[359] Dazu ausf. *Zimmermann* StAZ 1980, 140 ff.; Staudinger/*Mankowski* (2011) Rn. 615.

[360] KG NJW 1969, 987; OLG Köln NJW 1990, 644 (645).

[361] Staudinger/*Löhnig* (2012) BGB § 1309 Rn. 39; BeckOK BGB/*Hahn* BGB § 1309 Rn. 19.

deutsche Recht: So kann der OLG-Präsident feststellen, dass ein ausländisches Ehehindernis von den Verlobten in zumutbarer Weise beseitigt werden kann (→ Rn. 31),[362] dass das ausländische Ehehindernis wegen Eingreifens des deutschen ordre public der Heirat nicht entgegensteht, dass ein zweiseitiges Ehehindernis aus dem Recht des anderen Verlobten die Heirat mit *diesem* Partner verbietet (Beispiel: Deutsche Frau will Muslim heiraten, der schon verheiratet ist und dessen Heimatrecht Mehrehe gestattet), oder dass eine Trauung in Deutschland wegen offenkundiger Scheinehe zu verweigern ist (→ Rn. 57).[363] Zweckmäßigkeitserwägungen (negative Eheprognose, Schutz eines inländischen Verlobten) dürfen jedoch nicht angestellt werden.[364] Eine nach dem maßgeblichen Eheschließungsrecht zulässige **Befreiung von Ehehindernissen** steht nicht in der Macht des OLG-Präsidenten,[365] auch nicht bei deutscher internationaler Zuständigkeit (→ Rn. 104).[366] Die Befreiung ist den Familiengerichten oder dem Standesbeamten vorbehalten (→ Rn. 95).

c) Wirkung von Zeugnis bzw. Befreiung. Aus der Entlastungsfunktion des Zeugnisses bzw. **106** der Befreiung folgt, dass der Standesbeamte im Regelfall diese Verlautbarungen seinen Entscheidungen zu Grunde legen kann (Geltungsdauer: sechs Monate, § 1309 Abs. 1 S. 3, Abs. 2 S. 4 BGB). Andererseits ist er weder an das vorgelegte Ehefähigkeitszeugnis noch an die Befreiung gebunden, sondern hat bei Richtigkeitszweifeln die Sach- und Rechtslage pflichtgemäß selbständig zu beurteilen und bei Fehlen erforderlicher Sachvoraussetzungen die Trauung abzulehnen.[367] Anderes gilt nur, wenn statt des OLG-Präsidenten der OLG-Senat entschieden hatte (→ Rn. 103; → BGB § 1309 Rn. 22).[368] In Zweifelsfällen kann der Standesbeamte auch das gerichtliche Verfahren nach § 49 Abs. 2 PStG einleiten (→ BGB § 1309 Rn. 22),[369] wie auch die Verlobten gegen seine Ablehnung das Gericht gemäß § 49 Abs. 1 PStG anrufen können. Wird die Ehe geschlossen, beurteilt sich ihre Gültigkeit allein nach dem materiellen Recht, dh den gemäß Art. 13 Abs. 1 maßgeblichen Eheschließungsrechten; unrichtiges Zeugnis oder Befreiungsentscheidung ändern an einer Fehlerhaftigkeit der Ehe nichts.

2. Auslandseheschließungen von Deutschen. Die Ausstellung von Ehefähigkeitszeugnissen **107** für Auslandseheschließungen von Deutschen regelt § 39 PStG. Zuständig zur Erteilung ist der Standesbeamte, der zuvor zu prüfen hat, ob der geplanten Heirat aus deutscher Sicht Ehehindernisse entgegenstehen (§ 39 Abs. 2 S. 1 PStG). Bei begründetem Scheineheverdacht hat gemäß § 1310 Abs. 1 S. 2 BGB der Standesbeamte die Zeugnisausstellung zu verweigern.[370]

IV. Fehlen sachlicher Eheschließungsvoraussetzungen

1. Beabsichtigte Inlandstrauung. Die beabsichtigte Inlandstrauung ist bei Fehlen sachlicher **108** Eheschließungsvoraussetzungen (sofern die Lücke nicht vom deutschen ordre public überbrückt wird) unzulässig und deshalb von den zuständigen Organen abzulehnen (vgl. Art. 13 Abs. 1 S. 1, Abs. 4 S. 1);[371] dementsprechend ist auch die Befreiung von der Beibringung des Ehefähigkeitszeugnisses zu verweigern (→ Rn. 105). Die Möglichkeit einer **Auslandseheschließung** hingegen hängt von der Rechtslage am ausländischen Trauungsort ab und kann daher nicht ausgeschlossen werden. Häufig wird die ausländische Zulassung einer im Inland verweigerten Trauung zu (unechter) Umgehung missbraucht (zB Trauungen in Gretna Green; Tondern-Ehen, → Rn. 23, 40, 60), womit die

---

[362] BGH FamRZ 2012, 1635 Rn. 16, 17 mAnm *Wiggerich* FamRZ 2012, 1636 f.

[363] OLG Celle FamRZ 1996, 366; 1998, 1108; OLG Düsseldorf FamRZ 1996, 138; OLG Dresden FamRZ 2000, 1363; OLG Naumburg FamRZ 2008, 276; vgl. KG FamRZ 2013, 953 (954) [im Ergebnis Scheinehe verneint]; → BGB § 1309 Rn. 20 mwN; Staudinger/*Mankowski* (2011) Rn. 607 ff.; krit. jedoch *Looschelders* JA 2013, 470 (472).

[364] Staudinger/*Löhnig* (2012) BGB § 1309 Rn. 36.

[365] BGH IPRspr. 1972 Nr. 41; OLG Düsseldorf StAZ 1980, 239; KG StAZ 2002, 307 (308); Staudinger/*Löhnig* (2012) BGB § 1309 Rn. 45; *Zimmermann* StAZ 1980, 138; *Dillger* StAZ 1981, 230.

[366] AA Staudinger/*Mankowski* (2011) Rn. 604.

[367] Unbestr., vgl. BGHZ 46, 87 = NJW 1966, 1811; BayObLG FamRZ 1999, 439 (440); OLG Hamm NJW 1974, 1626; OLG Hamburg StAZ 1988, 132; Staudinger/*Mankowski* (2011) Rn. 591 ff.; *Böhmer* StAZ 1986, 274. Zu den aufenthaltsrechtlichen Konsequenzen einer beabsichtigten deutsch-ausländischen Eheschließung s. Thüringisches OVG StAZ 1997, 41 f.

[368] Staudinger/*Mankowski* (2011) Rn. 593; *Rohe* StAZ 2000, 161 (163 f.).

[369] OLG Braunschweig StAZ 1996, 85 (86); dies sollte auch dann gelten, wenn der OLG-Präsident aus ordre public-Erwägungen ein ausländisches Ehehindernis nicht angewendet hat; anders *Riedl* StAZ 1989, 241 (248); Staudinger/*Mankowski* (2011) Rn. 593.

[370] AG Bonn IPRax 1984, 42; AG Lübeck StAZ 2001, 364; *Gaaz/Bornhofen* 2008, PStG, § 39 Rn. 14.

[371] Vgl. *Gaaz/Bornhofen* 2008, PStG, § 13 Rn. 34 ff. Zu Beweisfragen BayObLG StAZ 1997, 190 f. (möglicherweise bigamische Eheschließung).

Verlobten zwar eine Eheschließung erreichen, nicht aber die Fehlerhaftigkeit der geschlossenen Ehe verhindern können (→ Rn. 110 und 133).[372]

109   **2. Nach Eheschließung (Heilung, Wegfall).** Wird die Ehe trotz Fehlens vom berufenen Recht geforderter Eheschließungsvoraussetzungen (im In- oder Ausland) geschlossen, so entscheidet das Recht, dessen Voraussetzungen nicht erfüllt sind (sog „verletztes Recht") über die Heilung (oder allenfalls nachträgliche Befreiung: → Rn. 91) oder den Wegfall des Mangels, mögen sie durch schlichten Zeitablauf, durch Bestätigung, nachträgliche Zustimmung oder Wegfall des Hindernisses uäm. eintreten.[373] Waren beide Personalstatute verletzt, muss nach beiden Heilung oder Wegfall des Mangels eingetreten sein.

110   **3. Folgen des Mangels für das Eheband.** Ist der Mangel sachlicher Eheschließungsvoraussetzungen bei der heterosexuellen Ehe nicht beseitigt, so beurteilen sich nach allgemeiner Ansicht die Art und die Folgen des Mangels für das Eheband gleichfalls allein nach jenem von Art. 13 Abs. 1 berufenen („verletzten") Personalstatut, das den Mangel ausspricht; das Recht am Eheschließungsort hat für materielle Ehevoraussetzungen keine Bedeutung.[374] Anderes gilt nur, wenn der Mangel nach ausländischem Recht vom deutschen ordre public überwunden wird (Art. 13 Abs. 2; → Rn. 38). Bei der gleichgeschlechtlichen Ehe ist Art. 17b Abs. 1 iVm Abs. 4 maßgeblich.

111   **a) Art der Verletzungsfolge; Abgrenzung zur Scheidung.** Das verletzte Recht bestimmt darüber, ob und welche Verletzungsfolgen eintreten (sanktionslose Eheschließungsvorschrift, Aufhebbarkeit, Anfechtbarkeit, Nichtigkeit, Nichtehe)[375] und ob der Mangel heilbar ist (→ Rn. 109, 161 ff.). Die vom fremden Recht dafür gewählte Bezeichnung ist unmaßgeblich, sie mag auch „Scheidung" lauten.[376] Die materiellrechtliche Tendenz in vielen Rechtsordnungen geht in Richtung auf Angleichung der Folgen von Abschlussmängeln an das Scheidungsrecht oder lässt sie sogar darin aufgehen.[377] Die unterschiedlichen Anknüpfungen in Art. 13 und der Rom II-VO zwingen jedoch weiterhin zu einer deutlichen Abgrenzung. Für die Abgrenzung zum Scheidungsstatut ist demnach wesentlich, dass es sich um die Sanktion für einen Eheschließungsmangel handelt und nicht um die Auflösung einer nach wirksamem Abschluss gescheiterten Ehe („Eheführungsmangel").[378] Ordnet ein Recht Abschlussmängeln als Sanktion die „Scheidung" zu, so wird zu unterscheiden sein: Kennt dieses Recht noch einzelne, sachliche Scheidungsgründe, zu denen dann auch Abschlussmängel (Geisteskrankheit, Verwandtenehe, Bigamie etc) treten, so gehört die Sanktion „Scheidung" zu den Verletzungsfolgen des Eheschließungsrechts, über ihren Eintritt bestimmt also das Eheschließungsstatut des Art. 13 Abs. 1.[379] Kennt ein Recht – modernen Tendenzen entsprechend – nur den Scheidungsgrund der Zerrüttung oder, noch weiter gehend, den des beiderseitigen Scheidungsantrags und hält überhaupt keine spezifischen Sanktionen für sachliche Abschlussmängel mehr vor,[380] dann kann die Scheidung nicht als Sanktion für solche Mängel begriffen werden; sie untersteht allein dem Scheidungsstatut, dh der Rom III-VO.[381]

112   **b) Wirkung, Geltendmachung.** Das verletzte Recht beherrscht auch alle Einzelheiten der Mangelfolgen für das Eheband. So etwa die grundsätzliche Frage, ob die Eheunwirksamkeit **ipso iure** besteht (Nichtehe)[382] oder **gerichtlichen Ausspruch** verlangt; ob und welche **Fristen** für

---

[372] LG Berlin IPRspr. 1972 Nr. 42; LG Hamburg IPRspr. 1974 Nr. 50, 1975 Nr. 38 und 1976 Nr. 32; VGH Baden-Württemberg StAZ 2007, 279 f.; ferner Staudinger/*Mankowski* (2011) Rn. 215 f., 70 ff.; Soergel/*Schurig* Rn. 129.

[373] Unbestr.; KG JW 1937, 2039; BayObLG StAZ 2000, 45; OLG Oldenburg IPRax 2001, 143 f.; LG Frankfurt a. M. IPRspr. 1958/59 Nr. 116; LG Mannheim IPRspr. 1964/65 Nr. 87; LG Hamburg IPRspr. 1976 Nr. 32; AG Hannover FamRZ 2002, 1116 (1117).

[374] BGH FamRZ 1991, 300 (301); 2001, 991 (992); BayObLG NJW-RR 1993, 1351; FamRZ 1997, 818; OLG Oldenburg IPRax 2001, 143 (144); OLG Frankfurt a. M. FPR 2002, 87 (88); OLG Düsseldorf IPRax 1993, 251; AG Darmstadt StAZ 2001, 273; AG Hannover FamRZ 2002, 1116 (1117).

[375] EinhM, BT-Drs. 10/504, 52; Palandt/*Thorn* Rn. 11; Staudinger/*Mankowski* (2011) Rn. 438, 440 f. Rechtsvergleichender Überblick über die Folgen fehlerhafter Ehen bei *Coester-Waltjen/Coester,* Formation of Marriage sec. 3–145 ff.

[376] Beispiele bei Soergel/*Schurig* Rn. 3.

[377] Vgl. *Coester-Waltjen/Coester,* Formation of Marriage, sec. 3–151 ff.; 157, 172 ff.

[378] NK-BGB/*Andrae* Rn. 80; Palandt/*Thorn* Rn. 11 sowie Rom III-VO Art. 1 Rn. 2; *Rauscher* Brüssel IIa-VO Art. 1 Rn. 2.

[379] Zu dieser Möglichkeit auch Soergel/*Schurig* Rn. 3.

[380] So weitestgehend das schwedische Recht, etwa auch für Verwandten- oder bigamische Ehen (5. Kap. § 5 EheG 1987; Antragsrecht auch des Staatsanwaltes).

[381] Im Ergebnis ähnlich Staudinger/*Mankowski* (2011) Rn. 469.

[382] Beispiele: BGH FamRZ 1991, 300 (303) (Ghana; bigamische Ehe); LG Hamburg IPRspr. 1973 Nr. 34 (England; bigamische Ehe).

die Geltendmachung von Mängeln bestehen (vgl. § 1317 BGB);[383] ferner die weitere Frage, ob die gerichtliche Ehebeseitigung **zurückwirkt** (Nichtigerklärung)[384] oder nur **für die Zukunft** eintritt (Aufhebung).[385] Im letztgenannten Fall ist sie im inländischen Aufhebungsverfahren geltend zu machen (§§ 121 ff. FamFG). Probleme kann die Behandlung der Nichtehe ergeben, die nach dem verletzten Recht kraft Gesetzes unwirksam ist: Dass sie in Deutschland einer Feststellungsklage zugänglich ist, folgt aus § 121 Nr. 3 FamFG; umstritten hingegen war, ob die Unwirksamkeit in Deutschland auch ohne gerichtlichen Ausspruch besteht[386] oder ob der ordre public und die Rechtssicherheit einen solchen Ausspruch jedenfalls erfordern,[387] wenn die Ehe im verletzten Recht aus anderen Gründen als wegen Fehlens des berufenen Trauungsorgans[388] oder wegen Geschlechtsgleichheit der Verlobten unwirksam ist. Seit der Abschaffung des § 23 EheG sollte außer Zweifel stehen: Auch im deutschen Recht ist die Ehe ipso iure unwirksam, die Abgrenzung zwischen nichtiger und Nichtehe im deutschen Sachrecht ist nicht Teil des ordre public.[389] Das verletzte Recht regelt überdies die **Klagebefugnis** für Nichtigerklärung und Anfechtung bzw. Aufhebung, und zwar nicht nur die Befugnis der Ehegatten, sondern auch die anderer Personen (Eltern, Vormund, früherer Ehegatte, Erben usw),[390] einschließlich der jeweils einzuhaltenden Fristen sowie etwaiger Einschränkungen der Klagebefugnis unter dem Gesichtspunkt des Rechtsmissbrauchs (→ Rn. 113). Die Zuweisung des Klagerechtes obliegt ganz allein dem verletzten Recht. Es kann beispielsweise die Geltendmachung dem Angehörigen des verletzten Personalstatutes vorbehalten; räumt es jedoch dem anderen Ehegatten eine Klagebefugnis ein, so ist diese davon unabhängig, ob das Personalstatut des klagebefugten Gatten gleichfalls verletzt ist bzw. ihm ein Klagerecht gewährt. Deshalb ist es in der vorgetragenen Allgemeinheit unrichtig, wenn behauptet wird,[391] die Nichtigkeit könne stets jeder Ehegatte geltend machen, auch wenn die Gründe im Heimatrecht des anderen liegen,[392] während ein Aufhebungs- oder Anfechtungsrecht nur der hätte, dessen Heimatrecht ihm ein solches gibt;[393] das kann, muss aber nicht so sein.

Diese Grundsätze gelten auch für die **Klagebefugnis des ersten Gatten bei bigamischer** **113 Zweitehe seines Partners** – sie muss von dem gemäß Art. 13 Abs. 1 für die Zweitehe maßgeblichen Recht eingeräumt sein. Ist eine Seite der Zweitehe Deutscher, so folgt die Klagebefugnis des „dritten" Beteiligten (Gatte der Erstehe) aus § 1316 Abs. 1 Nr. 1 S. 1 BGB unabhängig davon, was sein Personalstatut insoweit bestimmt. Die Klagebefugnis nach deutschem Recht kann dann allerdings, wie bei internen Sachverhalten, durch den Einwand des Rechtsmissbrauchs eingeschränkt sein.[394] Umgekehrt besteht keine Klagebefugnis, wenn sie die nach Art. 13 Abs. 1 berufenen Rechte nicht einräumen, selbst wenn der Heimatstaat des Erstgatten ein Anfechtungsrecht vorsieht – das Recht dieses Staates ist nicht anwendbar.[395]

Auch für die **Klagebefugnis des Staatsanwalts oder anderer staatlicher Behörden** (vgl. **114** § 1316 Abs. 1 Nr. 1 BGB) folgt aus deren öffentlichen Status nichts anderes: Zwar können in Deutschland nur deutsche Behörden handeln, dies aber nicht notwendig nur auf der Grundlage deutschen Rechts. Auch haben vom deutschen Eheschließungsrecht eingeräumte Befugnisse keinen

[383] AG Lüdenscheid FamRZ 1999, 441 (sechsmonatige Frist nach türkischem Recht); Staudinger/*Mankowski* (2011) Rn. 458.

[384] Beispiele: BGH FamRZ 2001, 991 f. (Türkei; bigamische Ehe); OLG Frankfurt a. M. FPR 2002, 87 (88) (Philippinen; bigamische Ehe).

[385] OLG München StAZ 1971, 84; OLG Köln IPRspr. 1971 Nr. 63; LG Berlin IPRspr. 1972 Nr. 42; LG Hamburg IPRspr. 1973 Nr. 34, 35, 37; 1974 Nr. 50; 1975 Nr. 38; 1976 Nr. 32; OLG Hamburg StAZ 1988, 132; Fachausschuss Standesbeamte StAZ 2008, 147 (148); Staudinger/*Mankowski* (2011) Rn. 438; Soergel/*Schurig* Rn. 100 f., 104; Johannsen/Henrich/*Henrich* Rn. 6, 9 ff.; Palandt/*Thorn* Rn. 11.

[386] Dafür BGH FamRZ 1991, 300 (303); OLG Hamburg StAZ 1988, 132 (134); OLG Köln IPRspr. 1971 Nr. 63; *Henrich* StAZ 1960, 100; Staudinger/*Mankowski* (2011) Rn. 451 f f.; Soergel/*Schurig* Rn. 105; Johannsen/*Henrich* Rn. 6; Palandt/*Thorn* Rn. 11.

[387] Dafür *Ficker* StAZ 1952, 117. Vgl. auch *Raape* FamRZ 1959, 480 f.; *Raape* IPR S. 238 Anm. 3a.

[388] Sogar in diesem Fall für die Notwendigkeit der Nichtigerklärung in Deutschland *Henrich* RabelsZ 1973, 230.

[389] Johannsen/Henrich/*Henrich* Rn. 6; vgl. auch *Hohloch* JuS 1992, 261 (262); BayObLG FamRZ 1997, 818 (819).

[390] RGZ 136, 142; LG Hamburg IPRspr. 1973 Nr. 35 und 37; *Dölle*, FS Boehmer, 1954, S. 136; Soergel/*Schurig* Rn. 104; Amtl. Begr. zum IPRG, BT-Drs. 10/504, 52; Johannsen/Henrich/*Henrich* Rn. 21.

[391] So etwa Palandt/*Thorn* Rn. 11.

[392] Das übliche Zitat RGZ 136, 142 ist unzutr.

[393] So in der Tat die regelmäßig zitierte Entscheidung RG WarnR 1928 Nr. 13.

[394] BGH FamRZ 2002, 604 (605 f.).

[395] Vgl. Staudinger/*Mankowski* (2011) Rn. 460, 461 (dem Dritten bleibt dann nur, sich seinerseits von der Erstehe (durch Scheidung) zu lösen).

internationalen Eingriffscharakter.[396] Die Klagebefugnis untersteht also dem nach Art. 13 Abs. 1 maßgeblichen Recht.[397]

115   **c) Personalstatutsverschiedenheit der Verlobten.** Besondere Konstellationen können sich bei **verschiedenem Personalstatut der Verlobten** ergeben. Wenn die Mangelhaftigkeit auf Grund **eines** der Personalstatute vorliegt, ist die Ehe auch dann mangelhaft, wenn das Personalstatut des anderen Verlobten nicht verletzt ist.[398] Bei Verletzung **beider** Personalstatute ist – entgegen einer verbreiteten, undifferenzierten Praxis – zunächst zu prüfen, welche Sanktionen wirksam werden, wobei die Unwirksamkeit entweder unmittelbar kraft Gesetzes (als „Nichtehe") oder durch gerichtliche Geltendmachung von dazu berechtigten Personen ausgelöst wird und insoweit von der Parteidisposition abhängen kann. Kommt auf diese Weise die Sanktion nur eines der Personalstatute zur Geltung und bleibt der Mangel nach dem anderen Personalstatut mangels Geltendmachung ohne Sanktion, so tritt eine Konkurrenz der beiden Mangelfolgen gar nicht ein (wird zB nur der Aufhebungsgrund des einen Rechtes geltend gemacht, bleibt der nicht geltend gemachte Nichtigkeitsgrund des anderen Rechtes unbeachtlich).[399] Im Ergebnis das Gleiche gilt, wenn eines der Heimatrechte statt einer eheschließungsrechtlichen Sanktion nur allgemein die Scheidung als Rechtsbehelf vorsieht (→ Rn. 111). Anerkennt dieser Staat die Auflösung nach ausländischem Recht nicht, muss hier unter Umständen zusätzlich noch die Scheidung durchgeführt werden, um die Ehe auch für diesen Staat aufzulösen.[400] Erst wenn **abweichende** Sanktionen beider Personalstatute **konkurrierend in Wirksamkeit treten,** gibt nach dem **Grundsatz des „ärgeren Rechts"** jene Rechtsordnung den Ausschlag, welche die schwereren Rechtsfolgen verhängt;[401] dabei kommt es allein auf die Mangelfolgen für die Eheband selbst an, nicht etwa auf Unterschiede in den weiteren Konsequenzen einer Eheauflösung (→ Rn. 118) – die hierfür notwendige Gesamtwürdigung wäre aufwändig und würde oft nicht zu eindeutigen Ergebnissen führen.[402] Dieser Grundsatz gilt für Konkurrenzfälle durch gleichzeitiges wie durch aufeinander folgendes Wirksamwerden der abweichenden Sanktionen. Beispiele für die erste Konkurrenzvariante: Liegt nach dem einen Recht Nichtehe vor und wird die Nichtigkeit des anderen Rechtes geltend gemacht, gilt die Nichtehe[403] (die Nichtigkeitsklage wäre abzuweisen); werden sowohl Nichtigkeit (nach dem einen Recht) als auch Aufhebung (nach dem anderen Recht) geltend gemacht, setzt sich die Nichtigkeit durch und das Aufhebungsbegehren ist abzuweisen (diese Regel gilt auch für den Fall, dass sich ein Kläger auf ein zweiseitiges Hindernis beruft, das er nach beiden verletzten Rechten – mit jeweils abweichenden Sanktionen – geltend machen kann).[404] Ist ein Hindernis nach einem der beteiligten Rechte heilbar, nach dem anderen nicht, setzt sich das zweitere durch.[405] Nicht in den Vergleich einzubeziehen ist allerdings die in einer Rechtsordnung anerkannte Möglichkeit, eine Ehenichtigkeits- oder –aufhebungsklage im

---

[396] Unrichtig im Ergebnis LG Hamburg IPRspr. 1973, 34.
[397] *Dölle*, FS Boehmer, 1954, 135 (136); *Beitzke* RabelsZ 23 (1958), 723 ff.; Soergel/*Schurig* Rn. 104; Johannsen/Henrich/*Henrich* Rn. 21; Palandt/*Thorn* Rn. 11. Die Rspr. folgt dem jedenfalls bei Maßgeblichkeit deutschen Rechts, vgl. RG JW 135, 1403; LG München IPRspr. 1952/53, 109; LG Ulm IPRspr. 1956/57 Nr. 103; AG Heidelberg IPRax 1986, 165 mAnm *Hessler* IPRax 1986, 146. Dem gegenüber nehmen eine (Qualifikations-)Rückverweisung auf das deutsche Prozessrecht an *Elwan/Otto*, FS Sturm, 1999, 1425 (1443) (zu Recht abgelehnt von Staudinger/*Mankowski* (2011) Rn. 463); Staudinger/*Mankowski* (2011) Rn. 465, 466 will grds. das deutsche Sachrecht zu Grunde legen und es nur im Einzelfall, bei mangelndem deutschen Interesse, unangewendet lassen.
[398] Unbestr., so zB RGZ 136, 142; OLG München StAZ 1971, 84; OLG Köln IPRspr. 1971 Nr. 63; LG Hamburg IPRspr. 1973 Nr. 35; 1974 Nr. 50, 1976 Nr. 32; Staudinger/*Mankowski* (2011) Rn. 443; Johannsen/Henrich/*Henrich* Rn. 6; Fachausschuss Standesbeamte StAZ 2008, 147 (148) (Zeitehe einer Deutschen mit einem Iraner).
[399] Ebenso Staudinger/*Mankowski* (2011) Rn. 444.
[400] Vgl. Staudinger/*Mankowski* (2011) Rn. 467–469.
[401] BGH FamRZ 1991, 300 (302); BayObLGZ 1993, 224; OLG Düsseldorf FamRZ 1992, 815 (816); OLG Hamburg StAZ 1987, 311; 1988, 134; 1989, 195; OLG Oldenburg IPRax 2001, 143 (144); OLG Frankfurt a. M. FamRZ 2002, 705 (706); LG Hamburg IPRspr. 1990 Nr. 65; Staudinger/*Mankowski* (2011) Rn. 443; Soergel/*Schurig* Rn. 110; Johannsen/Henrich/*Henrich* Rn. 6; *Henrich* FamRZ 1987, 950; Palandt/*Thorn* Rn. 14; *Kraus* StAZ 1999, 118 (119); *Jayme* IPRax 2003, 339 (340). De lege ferenda für das „mildere Recht" *Coester-Waltjen* StAZ 2013, 10 (14).
[402] Zutr. *Henrich* IPRax 1993, 236 (237); Johannsen/Henrich/*Henrich* Rn. 16; vgl. OLG Düsseldorf FamRZ 1992, 816; *Knott,* Die fehlerhafte Ehe im internationalen Privatrecht, 1997, 61 f.
[403] BGH FamRZ 1991, 300 (302) (kein Verstoß gegen deutschen ordre public); OLG Frankfurt a. M. FamRZ 2002, 705 (706) (ebenso); AG Hamburg IPRspr. 1966/67 Nr. 144; LG Hamburg IPRspr. 1973 Nr. 34; *Henrich* IPRax 1993, 236.
[404] *Jayme* IPRax 1998, 41.
[405] OLG Oldenburg IPRax 2001, 143 (144) (Doppelehe nach sowjetischem und deutschem Recht).

Einzelfall wegen Rechtsmissbrauchs abzuweisen – es kommt auf die generelle Rechtslage an.[406] Beispiele für Sanktionskonkurrenz durch aufeinander folgendes Wirksamwerden: Die nach einem Recht bereits nichtig erklärte Ehe kann nicht nach dem anderen Recht aufgehoben oder angefochten werden, wohl aber umgekehrt.

Ist die eintretende **Verletzungswirkung für das Eheband** in beiden Personalstatuten **gleich,**   **116** ist auch hier nicht der Punkt, an dem die weiteren Folgen der Eheauflösung (→ Rn. 118) in den Vergleich einbezogen werden könnten[407] – die vorerwähnten Bedenken (→ Rn. 115) schlagen auch hier durch. Der weltweite rechtspolitische Trend, die Folgen fehlerhafter Ehen den Scheidungsfolgen anzugleichen, würde dadurch konterkariert.[408] Des Weiteren besteht kein Grund, dem Personalstatut des verletzten Ehegatten[409] den Vorrang einzuräumen – wer dies ist, mag oft zweifelhaft sein.[410] Auch die Kumulierung beider Statute[411] befriedigt nicht; sie bleibt zwar bedeutungslos für die (gleichen) Folgen für das Eheband, kann aber bei den weiteren Fragen einer Ehebeseitigung zu Problemen und unerwünschten Ergebnissen führen.[412] Für die demnach anzustrebende einheitliche, neutrale Anknüpfung bietet sich das Personalstatut an, zu dessen Gebiet beide Ehegatten bei Eheschließung (oder später) die engste Beziehung, etwa durch gemeinsamen gewöhnlichen Aufenthalt hatten.[413]

d) Verfahrensfragen. Werden im Inland Abschlussmängel einer Ehe geltend gemacht, handelt   **117** es sich auch dann um eine „Ehesache" iS der §§ 121 ff. FamFG, wenn nach dem maßgeblichen Recht eine rückwirkende Beseitigung der Ehe (Nichtigerklärung, Anfechtbarkeit) in Frage kommt. Bei Formulierung des Urteilsspruches ist auf die Besonderheiten des angewendeten fremden Rechtes (möglichst unter Hinweis auf die zu Grunde gelegte Rechtsordnung) Bedacht zu nehmen, da sich die Wirkung des Urteils auf das Eheband allein nach dem berufenen (fremden) Sachstatut richtet.[414] Dieses Recht entscheidet schließlich auch über die Erforderlichkeit eines Schuldausspruches für die Regelung der Ehevernichtungsfolgen.[415] Das deutsche Verfahren und die Tenorierung haben sich den Strukturen des anwendbaren Sachrechts anzupassen.

4. Folgewirkungen einer Ehebeseitigung. Grundsätzlich unterstehen auch die Folgewirkun-   **118** gen der Ehebeseitigung wegen sachlicher Eheschließungsmängel dem für die Ehebeseitigung verantwortlichen (verletzten) Recht, dh jener Rechtsordnung, auf der im konkreten Fall die Unwirksamkeit, Nichtigerklärung oder Aufhebung bzw. Anfechtung der Ehe beruht.[416] Ein einheitliches „Nichtigkeitsstatut" hat den Vorteil der Klarheit und Stimmigkeit für sich.[417] Kumulierung oder Konkurrenz der Folgewirkungen entsteht nicht,[418] weil die Konkurrenzfrage schon bei der Ehegültigkeit gelöst wird; war das ebenfalls verletzte Personalstatut des anderen Verlobten bei der Ehebeseitigung nicht zum Zug gekommen, bleibt es auch für die Folgewirkungen außer Betracht.

Das Ehebeseitigungsstatut ist nach hM jedenfalls für die **persönlichen Beziehungen der Gatten**   **119** **untereinander** (Versorgungsausgleich,[419] Güterrecht[420] und sonstige vermögensrechtliche Folgen

---

[406] OLG Düsseldorf IPRax 1993, 251; *Henrich* IPRax 1993, 236 f.; Staudinger/*Mankowski* (2011) Rn. 444.

[407] So aber Staudinger/*Mankowski* (2011) Rn. 445; *Kegel/Schurig* IPR § 20 IV 3.

[408] Zutr. *Henrich* IPRax 1993, 236 (237).

[409] Dieses berufen LG Hamburg IPRspr. 1975 Nr. 38; OLG Düsseldorf IPRax 1993, 251 f.

[410] *Henrich* IPRax 1993, 236; Johannsen/Henrich/*Henrich* Rn. 16; Staudinger/*Mankowski* (2011) Rn. 449; *Sturm* StAZ 2005, 1 (13) Fn. 157; ausf. *Knott,* Die fehlerhafte Ehe im internationalen Privatrecht, 1997, 57 ff.

[411] Soergel/*Schurig* Rn. 110; Palandt/*Thorn* Rn. 14; Erman/*Hohloch* Rn. 37.

[412] Zutr. *Henrich* IPRax 1993, 237; Johannsen/Henrich/*Bearbeiter* Rn. 16; *Sturm* StAZ 2005, 1 (13) Fn. 157.

[413] Staudinger/*Mankowski* (2011) Rn. 450; BeckOGK/*Rentsch* Rn. 200 ff.; *Knott,* Die fehlerhafte Ehe im internationalen Privatrecht, 1997, 66 ff.; *Henrich* IPRax 1993, 237; Johannsen/Henrich/*Henrich* Rn. 16; hilfsweise auch OLG Düsseldorf FamRZ 1992, 816; abl. insgesamt *Sturm* StAZ 2005, 1 (13) Fn. 157.

[414] RGZ 151, 226; BGH FamRZ 2001, 991 (992); LG Hamburg IPRspr. 1973 Nr. 37; 1975 Nr. 38; Soergel/*Schurig* Rn. 98; Johannsen/Henrich/*Bearbeiter* Rn. 21; Palandt/*Thorn* Rn. 11.

[415] LG Hamburg IPRspr. 1973 Nr. 37; Soergel/*Schurig* Rn. 98; Johannsen/Henrich/*Henrich* Rn. 21.

[416] HM, BayObLG 1967, 263 (267); OLG Köln IPRspr. 1971 Nr. 63; AG Düsseldorf IPRspr. 1995 Nr. 64; Staudinger/*Mankowski* (2011) Rn. 473 f.; Soergel/*Schurig* Rn. 473; Erman/*Hohloch* Rn. 10; Johannsen/Henrich/ *Henrich* Rn. 16; Palandt/*Thorn* Rn. 13.

[417] Bei fortschreitender materiellrechtlicher Angleichung der Folgen von Eheschließungsmängeln an die der Scheidung wird aber verstärkt über eine auch kollisionsrechtliche Gleichschaltung nachgedacht werden müssen; so *Knott,* Die fehlerhafte Ehe im internationalen Privatrecht, 1997, 71 ff., auch für die Nichtehe (S. 80).

[418] Anders offenbar Staudinger/*Mankowski* (2011) Rn. 473 (zutr. hingegen *ders.* bei Art. 15 Rn. 410, 413).

[419] Johannsen/Henrich/*Henrich* Rn. 19.

[420] AG Düsseldorf IPRax 1998, 41 mAnm *Jayme;* Staudinger/*Mankowski* (2011) Rn. 473 sowie Art. 15 Rn. 411 ff.; aA *Barth* S. 151 ff. (Scheidungsfolgenstatut; m. ausf. Darstellung des Streitstandes). Ab 29.1.2019 tritt an die Stelle der deutschen Kollisionsnorm die EU-VO 2016 (EuGüVO, ABl. EU L 183, 1).

der Ehebeseitigung) maßgeblich;[421] bei den vermögensrechtlichen Beziehungen ist zusätzlich Art. 16 zu berücksichtigen.[422] Für den **nacheheliche Unterhalt** der Ehegatten gelten jetzt Art. 3, 5 UnthProt iVm Art. 15 EuUnthVO. Für die **Rechtsstellung der Kinder** kommt es nach deutschem IPR hingegen nicht mehr auf den Status der Eltern an; die kindbezogenen Anknüpfungen der Art. 19–21 bzw. des KSÜ gelten auch bei Veränderungen auf Elternebene, sei es Scheidung, sei es sonstige Eheauflösung.[423] Stellt sich bei Anwendung fremden Rechts (zB Unterhalts- oder Erbrecht) die Frage nach dem ehelichen Status des Kindes, so ist dies eine unselbständige Vorfrage, die nach dem anwendbaren Recht zu beurteilen ist, aber stets unter dem Vorbehalt des deutschen ordre publics.[424] Die **Namensfolgen** der Ehebeseitigung sind nach Art. 10 Abs. 1 anzuknüpfen.[425]

D. Form der Eheschließung

I. Anknüpfungsgrundsätze

120   **1. Anwendungsbereich (Qualifikation).** Der eherechtliche Formtatbestand des deutschen IPR (Art. 11, 13 Abs. 3) umfasst bei heterosexuellen Ehen alle privatrechtlichen Fragen der äußeren Gestaltung des Eheschließungsaktes;[426] bei gleichgeschlechtlichen Ehen ist gemäß Art. 17b Abs. 1 Abs. 4 das Recht des Registerstaates maßgeblich (→ Art. 17b Rn. 25 f.). Ob die Eheschließung überhaupt einen bestimmten Trauungsakt erfordert, ob alternativ zur staatlichen Trauung auch Stammesriten genügen[427] oder ob die Heirat auch **formlos** erfolgen kann (→ Rn. 5), ist bereits Formfrage.[428] Auch die Bezeichnung als „Bestätigungsverfahren" hindert die Qualifikation als Trauungsakt nicht, wenn dabei der in Wahrheit beabsichtigte Ehekonsens formgerecht abgegeben[429] oder eine zweifelhafte frühere Heirat jedenfalls ex nunc konstitutiv bestätigt, dh der Sache nach neu vorgenommen wird.[430] Stellt ein Staat neben dem regulären Eheinstitut einen besonderen Ehetyp zur Wahl, etwa eine „strengere Ehe" wie die **covenant marriage** in einigen Bundesstaaten der USA, und knüpft die Wahl dieses Ehetyps an zusätzliche Eheschließungsvoraussetzungen,[431] so sind auch diese zur **Form** zu rechnen.[432] Die **Folgen** solcher Sonderehe äußern sich erst bei Trennung oder Scheidung der Ehegatten,[433] über ihr Eintreten bestimmt deshalb das Scheidungsstatut (Art. 5 ff. Rom III-VO).[434]

121   Vom Zweck der kollisionsrechtlichen Formvorschriften her (→ Rn. 10) sind nicht nur die Formalien des Eheschließungsakts selbst umfasst, sondern auch die **vorbereitenden Verfahrensschritte** zur Feststellung der rechtlichen Voraussetzungen, Anhörung oder Einspruchsrecht Dritter sowie die Freigabe der Trauung für die Trauperson.[435] Hierzu gehört ein amtliches **Anmeldungs- und Prüfverfahren** wie in §§ 12 ff. PStG, seine funktionale Ersetzung durch ein **Ehefähigkeitszeugnis** bzw. **Befreiungsentscheidung des OLG-Präsidenten** (§ 1309 BGB),[436] sowie allgemein erforder-

---

[421] Palandt/*Thorn* Rn. 13; Soergel/*Schurig* Rn. 110. Zu Ausgleichsansprüchen gegen den bösgläubigen Partner s. LG Hamburg IPRspr. 1975, Nr. 38; OLG Düsseldorf FamRZ 1992, 815; *Knott,* Die fehlerhafte Ehe im internationalen Privatrecht, 1997, 101 f.

[422] Soergel/*Schurig* Rn. 110.

[423] Zutr. NK-BGB/*Andrae* Rn. 77; Staudinger/*Henrich* Art. 21 Rn. 13; aA (Eheauflösungsstatut) Palandt/*Thorn* Rn. 13; Erman/*Hohloch* Rn. 38.

[424] NK-BGB/*Andrae* Rn. 77.

[425] *Kegel/Schurig* IPR § 20 IV 3, S. 813; Staudinger/*Mankowski* (2011) Rn. 475.

[426] BGHZ 29, 137 (140); Soergel/*Schurig* Rn. 8–10, jeweils mwN.

[427] BayObLG FamRZ 1999, 439 (440) (Zaire).

[428] RGZ 138, 214; 157, 257; *Dölle* FamR I S. 229; Staudinger/*Mankowski* (2011) Rn. 778; Soergel/*Schurig* Rn. 78; *v. Bar* IPR II Rn. 157. Rechtsvergleichender Überblick zu den Formen der Eheschließung bei *Coester-Waltjen/Coester,* Formation of Marriage, sec. 3–107 ff.; Staudinger/*Mankowski* (2011) Rn. 657 ff.; zu Ägypten ausf. *Elwan,* FS Jayme, Bd. I, 2004, 153 ff. sowie Fachausschuss Standesbeamte StAZ 2005, 299 f. („Orfi-Ehe").

[429] AG Bremen IPRspr. 1990 Nr. 69 (Jordanien).

[430] Vgl. OLG Hamm FamRZ 2000, 823 f. (Marokko); Staudinger/*Mankowski* (2011) Rn. 805; *Börner* StAZ 1993, 377 (383 ff.).

[431] Zur covenant marriage *Coester,* FS Henrich, 2000, 73 ff. (78) (in Louisiana: (1) Notariell beurkundete Erklärung über die Wahl; (2) eidesstattliche Versicherung über vollzogene Eheberatung; (3) beurkundete Bestätigung des Eheberaters); *Dethloff,* FS Pintens, 2012, 473 (489).

[432] Insoweit zutr. Staudinger/*Mankowski* (2011) Rn. 802a.

[433] *Coester,* FS Henrich, 2000, 73 ff. (78 ff.).

[434] Insoweit unklar Staudinger/*Mankowski* (2011) Rn. 802a.

[435] BGHZ 29, 137 (140) = NJW 1959, 717; Staudinger/*Mankowski* (2011) Rn. 765; Soergel/*Schurig* Rn. 8, 77–79.

[436] AG Crailsheim IPRax 1993, 256; Palandt/*Thorn* Rn. 19; Staudinger/*Mankowski* (2011) Rn. 777; aA Soergel/*Schurig* Rn. 9 (deutsches Fremden-Sachrecht); vgl. OLG Hamm StAZ 1974, 210.

liche Heiratslizenzen[437] oder **Aufgebotsvorschriften,**[438] die in manchen ausländischen Rechten noch zu finden sind, einschließlich eines auch bei Auslandsheirat geforderten „Heimataufgebots".[439] Bei Inlandsheirat ist letzteres demnach nicht erforderlich (Art. 13 Abs. 3 S. 1), wenngleich zur Vermeidung hinkender Ehen den Verlobten anzuraten (PStG-VwV Kap. 3 Abschnitt 1 Nr. 12.7).[440] Auch die **Befreibarkeit** von derartigen Vorverfahren gehört zum Formstatut.[441]

Zur Form gehört des Weiteren die **Mitwirkung des berufenen Trauungsorgans** (Standes-   **122** beamten, konsularischen oder diplomatischen Beamten, Friedensrichters, Schiffskapitäns, Priesters) einschließlich seiner Hilfspersonen, die Lokalisierung der Trauungsstätte, die Anwesenheit von Zeugen,[442] ggf. die Angabe einer Morgengabe (zB der islamischen „mahr")[443] sowie der gesamte rituelle **Ablauf des Trauungsaktes** sind nach ganz hM gleichfalls Formfragen und als solche der Anknüpfung an den Trauungsort (Art. 11 Abs. 1, 13 Abs. 4) zugänglich, mag auch das Heimatrecht sogar für Auslandstrauungen auf der konfessionellen Vornahme durch einen Priester bestehen[444] (was mittlerweile auf wenige Staaten beschränkt ist).[445] Der Formanknüpfung unterliegen auch alle Arten von **Nottrauungen;**[446] zur Behandlung von Heilungsgesetzen → Rn. 132, 167 ff.

Zur Form zählen nach einhelliger Ansicht schließlich noch die sachliche wie örtliche **Zuständig-   123 keit** des Trauungsorgans und die Möglichkeit einer Delegation,[447] die Pflicht zur **persönlichen Anwesenheit** der Nupturienten und die Zulässigkeit einer Ferntrauung oder einer Mittelsperson bei der Erklärung (näher → Rn. 148) sowie die **Registrierung** der Eheschließung einschließlich der Unterfertigung der Eintragung und der Frage ihrer konstitutiven Wirkung.[448]

Zu den **materiellen Ehevoraussetzungen** gehört jedoch grundsätzlich die Behandlung von   **124 Bedingungen oder Befristungen** bei der Eheschließung (→ Rn. 46);[449] allerdings wird dadurch gleichzeitig die Konsenserklärung vor dem Standesbeamten beeinträchtigt (§§ 1311, 1312 BGB), so dass insoweit **auch** eine Formfrage vorliegt (**Doppelqualifikation,** → Rn. 46 mwN). Bei Inlandsheirat ist die bedingt oder befristet geschlossene Ehe deshalb stets fehlerhaft (§§ 1311 S. 2, 1314 Abs. 1, 1315 Abs. 2 Nr. 2 BGB), selbst wenn sie nach dem Heimatrecht beider Verlobten erlaubt ist.

2. Anknüpfungsübersicht. Die Formanknüpfung des deutschen autonomen IPR unterscheidet   **125** nach dem Eheschließungsort (zu dessen Bestimmung → Rn. 131): **Inlandstrauungen** unterliegen

---

[437] ZB marriage licence im anglo-amerikanischen Rechtsbereich, vgl. BayObLG StAZ 1996, 300; KG FamRZ 1999, 1130; LG Stuttgart FamRZ 1968, 197 (Zypern); Soergel/*Schurig* Rn. 9; Staudinger/*Mankowski* (2011) Rn. 776, 777; vgl. auch *Sturm* StAZ 1995, 343 ff. (rechtsvergleichend zu ausländischen Heiratslizenzen).
[438] RGZ 88, 191 (193); BGHZ 29, 137 (140); BayObLG FamRZ 1997, 818 f.; StAZ 2000, 145 (146); OLG Bremen StAZ 1976, 50; Staudinger/*Mankowski* (2011) Rn. 771 ff.; Soergel/*Schurig* Rn. 8; vgl. auch Art. 4 CIEC-Übereinkommen von 1964 (Anh. II).
[439] *v. Bar* IPR II Rn. 162; Staudinger/*Mankowski* (2011) Rn. 774; vgl. § 175 Abs. 3 DA.
[440] Lediglich im Verhältnis zu Italien ist das dort vorgeschriebene Heimataufgebot auch in Deutschland zu beachten, Art. 5 Abs. 3 Haager Eheschließungsabkommen (Anh. I).
[441] Staudinger/*Mankowski* (2011) Rn. 775.
[442] Vgl. OLG Hamm FamRZ 2000, 823 f. (zwei reguläre Zeugen und zwölf Laien-Zeugen nach marokk. Recht).
[443] → Rn. 84; → Vor Art. 13 Rn. 4; zur Einordnung als Formfrage *Henrich,* FS Sonnenberger, 2004, 391 f.
[444] Nahezu einhellige Rspr.; so etwa BGHZ 19, 266; 29, 137; 43, 213 = NJW 1995, 1129; BGH IPRspr. 1971 Nr. 37; FamRZ 1979, 467 (implizit); BSG NJW 1978, 2472; OLG Frankfurt a. M. FamRZ 1971, 179; OLG Köln IPRspr. 1971 Nr. 63; OLG Zweibrücken OLGZ 1974, 171 (175); KG OLGZ 1975, 149 = IPRspr. 1975 Nr. 36; AG Karlsruhe IPRspr. 1975 Nr. 39 A. Ebenso das herrschende Schrifttum, statt vieler *Wolff* IPR S. 128; *Dölle* FamR I S. 225; Soergel/*Schurig* Rn. 9; Staudinger/*Mankowski* (2011) Rn. 779; IPG 1974 Nr. 30 (München); Palandt/*Thorn* Rn. 19.
[445] Spanien, früher ein Hauptbeispiel für diese Haltung, lässt seit 1978 die Ziviltrauung auch für katholische Spanier zu (s. *Kneip* StAZ 1980, 176; *Rau* IPRax 1981, 189 f.) und hat dies durch Art. 49 Cód.civ. nF selbst für Trauungen außerhalb Spaniens ausdrücklich bestätigt (s. auch *Rau* IPRax 1981, 191); das Gleiche gilt nunmehr auch für Griechenland, das sogar die bisherige Unwirksamkeit von ausländischen, aber der Ortsform entsprechenden Ziviltrauungen griechisch-orthodoxer Griechen rückwirkend saniert hat; näher *Chiotellis* IPRax 1982, 169 ff.; *Koutsouradis* FamRZ 1983, 851; *Koumantos* StAZ 1984, 271 (272 f.); *Siehr,* FS Müller-Freienfels, 1986, 559 (573 ff.). So bleiben gegenwärtig nur noch wenige Staaten, die bei Auslandstrauungen ihrer Angehörigen auf der konfessionellen Form beharren; zT veralteter Überblick bei Staudinger/*Mankowski* (2011) Rn. 781, 782.
[446] Staudinger/*Mankowski* (2011) Rn. 790 f.; Soergel/*Schurig* Rn. 82.
[447] RGZ 133, 161; BGHZ 29, 137 (140) = NJW 1959, 717; BayObLG StAZ 2000, 145 (146); 2000, 296 (298); Staudinger/*Mankowski* (2011) Rn. 786 f.; Soergel/*Schurig* Rn. 10; Palandt/*Thorn* Rn. 19, jeweils mwN.
[448] So etwa KG NJW 1961, 2209; BayObLG FamRZ 1999, 439 (440); AG Hannover FamRZ 2002, 1116 (1118); OLG Düsseldorf OLGZ 1967, 379 = IPRspr. 1966/67 Nr. 86; LG Frankenthal FamRZ 1975, 698; LG Stuttgart StAZ 1992, 380; Staudinger/*Mankowski* (2011) Rn. 795 ff.; Soergel/*Schurig* Rn. 10.
[449] Staudinger/*Mankowski* (2011) Rn. 792 f.

hinsichtlich der Form gemäß Art. 13 Abs. 3 S. 1 ausschließlich deutschem Sachrecht (im Einzelnen → Rn. 134 ff.). Eine Ausnahme gilt nur im Falle des Art. 13 Abs. 3 S. 2, der die Trauung zweier ausländischer Verlobter in Deutschland durch eine vom Heimatstaat ordnungsgemäß ermächtigte Person (zB Priester, Konsularbeamter) zulässt (→ Rn. 136 ff.). Darüber hinaus kommen noch inländische Trauungen durch ausländische Organe auf Grund von Konsularverträgen in Betracht (→ Rn. 143). Für die Form von **Auslandseheschließungen** lässt bei heterosexuellen Ehen Art. 11 Abs. 1 iVm Art. 13 Abs. 1 die Wahl zwischen der Form des Eheschließungsortes und jener des Personalstatuts beider Verlobter (→ Rn. 146 ff.).

126   Die in mehrseitigen Abkommen enthaltenen **staatsvertraglichen** Regeln über Eheformanknüpfung sind in Anh. Art. 13 wiedergegeben.

127   **3. Rück- und Weiterverweisung.** Bei **Inlandstrauungen** verweist **Art. 13 Abs. 4 S. 1** unmittelbar auf die Formvorschriften des deutschen Sachrechts (insbesondere §§ 1309–1312 BGB), die Frage nach einer Rück- oder Weiterverweisung stellt sich nicht.[450] Heiraten Nichtdeutsche gemäß **Art. 13 Abs. 4 S. 2** im Inland vor einer ermächtigten Person eines ihrer Heimatstaaten (→ Rn. 136 ff.), so wird hinsichtlich der Form auf das „Recht dieses Staates" verwiesen (Art. 13 Abs. 4 S. 2 Hs. 2 fügt dem nur Formvorschriften des deutschen Rechts (Sachnormen) hinzu). Nichts nötigt dazu, auch diese Verweisung (soweit sie über die zuständige Trauperson hinausgeht) als Sachnormverweisung zu verstehen – genügt nach dem Kollisionsrecht des verwiesenen Staates die Form eines anderen Rechts, so ist dem auch aus deutscher Sicht zu folgen. Für dieses Ergebnis sprechen sowohl das Prinzip der Gesamtverweisung in Art. 4 Abs. 1 S. 1 (→ Art. 4 Rn. 17 ff.) als auch der bei Formfragen generell gültige favor negotii (→ Art. 11 Rn. 1 ff.).

128   Bei **Auslandstrauungen** ist das Formstatut in **Art. 11 Abs. 1** (zum Teil iVm Art. 13 Abs. 1) geregelt. Das hinter der Alternativanknüpfung dieser Vorschrift stehende Begünstigungsprinzip (favor negotii) erlangt Bedeutung bei der Auslegung der Ausnahmeklausel in Art. 4 Abs. 1: Die Beachtung eines renvoi, der den Begünstigungseffekt der Alternativanknüpfung zunichte machen würde, widerspräche „dem Sinn der Verweisung" in Art. 11 Abs. 1.[451] Eine weitergehende Aussage enthalten Art. 4 Abs. 1 S. 1 iVm Art. 11 Abs. 1 jedoch nicht; insbesondere ergibt sich aus diesen Vorschriften kein genereller Ausschluss von Rück- oder Weiterverweisung in Formfragen. Vielmehr ist zu differenzieren:

129   Bei Verweisung auf das **Ortsrecht** (Art. 11 Abs. 1 Alt. 2) findet ein renvoi in aller Regel schon deshalb nicht statt, weil die meisten Rechtsordnungen für die Form ebenfalls das Ortsrecht berufen. Soweit ausnahmsweise das Kollisionsrecht des Vornahmeortes auf das Geschäftsstatut (hier: Personalstatute der Verlobten) zurückverweist, ist dies vom Zweck der Alternativanknüpfung in Art. 11 Abs. 1 her nicht zu beachten – letztere würde im Ergebnis praktisch beseitigt.[452] In diesem Fall wären also die Formvorschriften des Sachrechts am Vornahmeort anzuwenden. Ein renvoi des Ortsrechts sollte aber jedenfalls dann beachtet werden, wenn nach dessen Sachnormen die Eheschließung ungültig wäre, die Kollisionsnormen hingegen auf ein Recht verweisen, das zur Formgültigkeit führen würde: Der grundsätzlich zu beachtende renvoi verstieße hier nicht gegen den Sinn der Verweisung in Art. 11 Abs. 1, sondern verwirklicht ihn sogar in besonderem Maße.[453]

130   Folgt das Formstatut dem **Geschäftsstatut** (Art. 11 Abs. 1 Alt. 1 mit Art. 13 Abs. 1), so gilt im Prinzip das Gleiche: Rück- oder Weiterverweisung sind nach allgemeinen Grundsätzen zu beachten, sofern dies nicht dem Begünstigungszweck des Art. 11 Abs. 1 zuwiderlaufen würde (Art. 4 Abs. 1 S. 1; → Rn. 128). Letzteres wäre der Fall, wenn das Heimatrecht lediglich die lex loci celebrationis als Formstatut akzeptiert.[454] Dies liefe auf die Ausschaltung einer Anknüpfungsalternative in Art. 11 Abs. 1 hinaus; folglich sind die formbezogenen Sachnormen des Heimatrechts anzuwenden.[455] Umgekehrt kann aber auch hier (→ Rn. 129) die Beachtung eines renvoi vom favor negotii besonders gefordert sein – etwa wenn die Sachnormen eines der berufenen Heimatrechte zur Formunwirksamkeit führen würden, das Kollisionsrecht dieses Staates für die Form aber auf ein anderes Recht verweist, dessen Sachvorschriften eingehalten sind. Allerdings reicht es nicht, wenn das Kollisionsrecht

---

[450] Vgl. Staudinger/*Mankowski* (2011) Rn. 551.

[451] BT-Drs. 10/5632, 39; → Art. 4 Rn. 27; Staudinger/*Mankowski* (2011) Rn. 492; Palandt/*Thorn* Art. 4 Rn. 7; *v. Bar/Mankowski* IPR I § 7 Rn. 228; *Konrad Schmidt,* Die Sinnklausel der Rück- und Weiterverweisung im internationalen Privatrecht nach Art. 4 Abs. 1 S. 1 EGBGB, 1998, 71 f.

[452] RGZ 133, 161; Palandt/*Thorn* Art. 11 Rn. 1; Staudinger/*Mankowski* (2011) Rn. 493; Soergel/*Schurig* Rn. 124.

[453] Soergel/*Schurig* Rn. 124; *v. Bar/Mankowski* IPR I § 7 Rn. 228.

[454] ZB die Türkei (Art. 12 Abs. 1 S. 2 IPR-Gesetz, vgl. *Rumpf/Odendahl* in Bergmann/Ferid/Henrich/Cieslar, Internationales Ehe- und Kindschaftsrecht, Türkei S. 21, 51.

[455] Staudinger/*Mankowski* (2011) Rn. 495.

eines der Heimatstaaten die Formwirksamkeit nach nur einem der Verlobtenrechte genügen lässt[456] – über die von Art. 11 Abs. 1, 13 geforderte kumulative Anwendung der Heimatrechte (→ Rn. 156) kann nicht eins von ihnen disponieren.[457]

4. Eheschließungsort. Im Hinblick auf die alternative Maßgeblichkeit des Ortsrechts (Art. 11 **131** Abs. 1 Alt. 2) ist die Lokalisierung des Eheschließungsorts von zentraler Bedeutung. Bei Erforderlichkeit **förmlicher Trauungszeremonien** ist der Eheschließungsort dort, wo in Anwesenheit der Trauungsperson die Zeremonie stattfindet, gleichviel, ob die Trauungsperson kraft eigener Zuständigkeit oder kraft Delegation agiert, und gleichgültig, ob die Nupturienten persönlich anwesend sind, ob eine Ferntrauung vorliegt[458] oder ob sie ihre Erklärung durch Mittler abgeben lassen.[459] Botschaften oder Konsulate sind nicht exterritorial, Eheschließungsort für dort vorgenommene Trauungen ist das Gastland.[460] Für Rechtsordnungen, für die der Ehekonsens erst mit seiner Registrierung konstitutiv ist,[461] liegt der Eheschließungsort am Amtssitz des registrierenden Beamten (→ Rn. 136 f.);[462] dies gilt auch für die heilende Registrierung ursprünglich formunwirksamer Ehen[463] oder sonstige, ehekonstitutive Bestätigungsakte.[464] Bei der staatlichen Registrierung kirchlicher Trauungen sollte jedoch der Ort der Trauungszeremonie maßgeblich sein.[465] Für die bloße **Konsensehe** (→ Rn. 5) ist der Eheschließungsort in jenem Staat gelegen, in dem sich die Verlobten bei Herstellung des Konsenses befinden: Wird der Konsens unter Abwesenden (zB durch Schriftwechsel, Telegrammaustausch, Ferngespräch) in verschiedenen Staaten erklärt, stellt ein Teil der Lehre auf das Recht beider Aufenthaltsstaaten ab,[466] nach der Neufassung von Art. 11 Abs. 2 wird aber auch Formwirksamkeit nach dem Aufenthaltsrecht eines der Verlobten angenommen.[467] Die Anwendung von Art. 11 Abs. 2 auf Eheschließungen ist jedoch – trotz des Vertragscharakters der Ehe – zweifelhaft.[468] Sie scheidet jedenfalls aus, wenn einer der Aufenthaltsstaaten Deutschland ist: Hier setzt sich Art. 13 Abs. 4 S. 1 als Ausprägung des deutschen ordre public und damit als lex specialis gegen Art. 11 Abs. 2 durch, aus Deutschland heraus kann keine formlose Konsensehe geschlossen werden.[469] Die gleiche Haltung werden aber auch andere Staaten einnehmen, die formlose Ehen auf ihrem Boden ablehnen; dies sollte im Rahmen der Ortsrechtsanknüpfung gemäß Art. 11 Abs. 1 beachtet werden, schon um hinkende Ehen zu vermeiden.[470] Eine ursprünglich formunwirksame Konsensehe wird nach mancher Auffassung von dem Augenblick an wirksam, in

---

[456] ZB Griechenland, Art. 13 Abs. 1 S. 2 ZGB.

[457] Anders Staudinger/*Mankowski* (2011) Rn. 495.

[458] Vgl. OLG Köln IPRspr. 1971 Nr. 63; BGH FamRZ 1983, 450; rechtsvergleichend *Coester-Waltjen/Coester,* Formation of Marriage, sec. 3–133.

[459] HM, vgl. → Rn. 148; statt vieler BGHZ 29, 137 (146); BayObLG StAZ 2001, 66 (67); KG FamRZ 1958, 324; OLGZ 1973, 435; OLG Bremen IPRspr. 1974 Nr. 51; OLG Karlsruhe StAZ 1994, 286; *Neuhaus* RabelsZ 15 (1949/50), 580 ff.; *Spellenberg,* FS Schwab, 2005, 1279 (1291 ff.); *Dieckmann,* Die Handschuhehe deutscher Staatsangehöriger nach deutschem IPR, 1959, 87; *Dieckmann* StAZ 1976, 33; Staudinger/*Mankowski* (2011) Rn. 479; *Marcks* StAZ 1983, 212; *Palandt/Thorn* Rn. 10. Anders die ältere Ansicht, so noch LG Kiel IPRspr. 1945/49 Nr. 19; KG StAZ 1955, 61; *Deuchler,* FS Raape, 1948, 83; *Raape* IPR S. 251.

[460] BGHZ 82, 34 (43 f.); Staudinger/*Mankowski* (2011) Rn. 487 mwN; *Krömer* StAZ 2000, 178; Fachausschuss Standesbeamte StAZ 2005, 112.

[461] So für das thailändische Recht IPG 1969 Nr. 12 (Köln); LG Hamburg IPRspr. Nr. 51. Nach japanischem und südkoreanischem Recht ist für das Zustandekommen der Ehe die konsensgetragene „Anmeldung" der Eheschließung durch beide Nupturienten und die „Annahme" der Anmeldung durch den Registerbeamten erforderlich: LG Frankenthal FamRZ 1975, 698 (Südkorea); AG Tübingen IPRax 1989, 397; *Suzuki* RabelsZ 19 (1954), 110; *Schubert* StAZ 1959, 108; *Bong Kun Kal* StAZ 1962, 138; *Beitzke* StAZ 1964, 25; *Schurig* StAZ 1971, 94; *Sakurada* StAZ 1975, 85; Staudinger/*Mankowski* (2011) Rn. 480 ff.

[462] LG Frankenthal FamRZ 1975, 698; LG Hamburg IPRspr. 1977 Nr. 51; AG Hannover FamRZ 2002, 1116 (1118); Staudinger/*Mankowski* (2011) Rn. 49 ff.

[463] Für die Registrierung einer „Imam-Ehe" (Nichtehe) auf Grund der türkischen Amnestiegesetze, die diese Ehen legalisiert, vgl. *Zevkliler,* Nichteheliche Lebensgemeinschaft nach deutschem und türkischem Recht, 1989, 89 (ausf. zu den Amnestiegesetzen S. 82); zur japanischen „Naien-Ehe" *Müller-Freienfels,* Ehe und Recht, 1962, 643 ff.; *Coester-Waltjen/Coester,* Formation of Marriage, sec. 3–128.

[464] OLG Hamm FamRZ 2000, 823 (824 ff.); Staudinger/*Mankowski* (2011) Rn. 482.

[465] So für die Konkordatsehe nach italienischem Recht *Jayme* Jb. für It. Recht Bd. 2 (1989), 3, 13.

[466] Soergel/*Schurig* Rn. 79.

[467] AG Tübingen IPRax 1989, 397; OLG Köln IPRspr. 1971 Nr. 63; Staudinger/*Mankowski* (2011) Rn. 484; Erman/*Hohloch* Rn. 58; *Kropholler* IPR § 44 II 2. Danach wäre LG Hamburg IPRspr. 1934 Nr. 18 zutr., das den Abschluss einer formlosen common law marriage trotz Aufenthaltes eines Partners in Deutschland annahm.

[468] S. auch *v. Bar* IPR II Rn. 157.

[469] S. auch Staudinger/*Mankowski* (2011) Rn. 486.

[470] Zur Beachtlichkeit fremden ordre publics vgl. *Kropholler* IPR § 36 VII; anderes mag gelten, wenn die Form an die Heimatrechte der Verlobten anknüpft (Art. 11 Abs. 1, 13 Abs. 1).

dem sich beide Partner zugleich in Staaten aufhalten, die eine solche Eheschließung gestatten.[471] Dabei wird jedoch nicht hinreichend zwischen dem rechtsgeschäftlichen Konsens über die Begründung einer Ehe und der konsensgetragenen Meinung, es bestehe eine Ehe, unterschieden.[472] Die Validierung einer Nichtehe (zB formlose „Konsensehe" in Deutschland) kann nicht von dem Zufall abhängen, ob die Partner irgendwann einmal, auch nur für einen Tag, sich in einem US-Bundesstaat aufgehalten haben, der das Institut der common law-Ehe kennt[473] (ganz abgesehen von der in den USA bekannten Problematik, dass aus faktischen Paarbeziehungen so unversehens eine Ehe wird).[474] Der bewusste Neuabschluss im betreffenden Staat bleibt hingegen ohne weiteres möglich.

132   **5. Anknüpfungszeitpunkt.** Maßgeblicher Anknüpfungszeitpunkt für die Formbeurteilung ist grundsätzlich der Augenblick der Eheschließung.[475] Nachträgliche **Sachverhaltsänderungen** berühren eine **formwirksam** geschlossene Ehe nicht, denn der Trauungsort ist einem Wechsel nicht zugänglich und ein nachträglicher Wechsel des die Formwirksamkeit begründenden Personalstatutes der Verlobten schadet nicht.[476] Über die zeitliche Ausdehnung einer **Änderung des maßgeblichen fremden Rechts** (Kollisions- wie Sachrechts) entscheiden die intertemporalen Normen der betreffenden Rechtsordnung selbst. Eine danach **rückwirkende** Rechtsänderung ist auch in Deutschland grundsätzlich beachtlich.[477] Würde sie die Eheschließung jedoch nachträglich formunwirksam machen, so greift bei ausreichender Inlandsbeziehung Art. 6 ein.[478] Bei **formunwirksamen Eheschließungen** stellt sich die Frage, ob spätere Sachverhalts- oder Rechtsänderungen zu einer **Heilung** des Mangels führen können (→ Rn. 161 ff.).

133   **6. Gesetzesumgehung und ordre public.** Gesetzesumgehung und ordre public[479] kommen im Bereich der Formanknüpfung selten zum Einsatz. Da Art. 11 Abs. 1 die Anknüpfung an den Trauungsort ohne jede weitere Voraussetzung (namentlich ohne Aufenthaltserfordernis) wahlweise zur Verfügung stellt, bedeutet das Ausweichen auf einen ausländischen Eheschließungsort zur Vermeidung bestimmter Formzwänge nach einhelliger Meinung weder eine rechtswidrige Gesetzesumgehung noch einen Verstoß gegen Art. 6.[480] Aus Art. 13 Abs. 4 S. 1 folgt nicht, dass Deutsche nur im Inland heiraten dürften. Daher verletzen (dem Ortsrecht entsprechend geschlossene) formlose „Konsensehen" (zB common law marriages) ebenso wenig den ordre public[481] wie Handschuhehen Deutscher im Ausland nach Vollmachterteilung in Deutschland[482] (→ Rn. 148). Das Gleiche gilt für eine Trauungsverlagerung ins Ausland, um den strengen Prüfungspflichten deutscher Standesbeamten in Bezug auf Ehehindernisse zu entgehen – die im Ausland formwirksam geschlossene Ehe mag nach deutschem materiellen Eheschließungsstatut aufhebbar sein (wie bei Scheinehen, Minderjährigenehen, → Rn. 108, 110), ist aber zunächst gültig zustande gekommen.[483]

---

[471] *Bergmann* StAZ 1934, 442; *Raape* IPR S. 254 f.; Soergel/*Schurig* Rn. 79; Staudinger/*Mankowski* (2011) Rn. 485.

[472] Vgl. – in anderem Zusammenhang – *Hepting* IPRax 1994, 355 (356), gegen BGH FamRZ 1983, 450.

[473] Vgl. die Problematik in KG StAZ 1992, 342 (deutsche Frau lebt in Berlin mit US-Amerikaner aus South Carolina zusammen; unklar, ob und wann das Paar jemals in South Carolina gewesen ist).

[474] Was nach Zerbrechen der Beziehung dann von einer Seite „entdeckt" wird.

[475] OLG Stuttgart FamRZ 1963, 39; OLG München StAZ 1969, 72; OLG Koblenz IPRspr. 1973 Nr. 33, 1974 Nr. 47; 1975 Nr. 37; *Siehr,* GS Ehrenzweig, 1976, 164; Staudinger/*Mankowski* (2011) Rn. 514; *Böhmer,* FS Firsching, 1985, 43; Soergel/*Schurig* Rn. 94 und viele andere.

[476] Unbestr.; statt aller Staudinger/*Mankowski* (2011) Rn. 514 f.; *Böhmer,* FS Firsching, 1985, 42 f.

[477] Staudinger/*Mankowski* (2011) Rn. 511; Soergel/*Schurig* Rn. 95.

[478] Vgl. auch Staudinger/*Mankowski* (2011) Rn. 511.

[479] Zum ordre public bei der Eheformanknüpfung die Übersicht bei *Wuppermann,* Die deutsche Rechtsprechung zum Vorbehalt des ordre public im Internationalen Privatrecht, 1977, 111 ff.

[480] Aus dem Schrifttum *Stöcker* RabelsZ 1974, 104 f.; Staudinger/*Mankowski* (2011) Rn. 491; Soergel/*Schurig* Rn. 126 f. mN der Rspr.; Palandt/*Thorn* Rn. 19, 24.

[481] Unbestr.; aus der Rspr. namentlich RGZ 138, 214 (common-law-Ehe); RGZ 157, 257 (266) (faktische Sowjetehe). Von den neueren Autoren *Stöcker* RabelsZ 38 (1974), 104; Soergel/*Schurig* Rn. 127; Palandt/*Thorn* Rn. 19.

[482] Keine ordre public-Widrigkeit sah BGHZ 29, 137 in der Handschuhehe eines vertretenen Deutschen mit einer Italienerin in Italien; ebenso wenig OLG Celle FamRZ 1958, 30 in der Handschuhehe einer vertretenen Deutschen in Ägypten; ebenso wenig KG OLGZ 1973, 435 bei einer beiderseitigen Handschuhehe einer Deutschen mit einem Iraner im Iran; ähnlich BayObLG StAZ 2001, 66; anders noch LG Hamburg IPRspr. 1954/55 Nr. 78, das eine Handschuhehe zweier Deutscher in Mexiko, bei der beide Verlobten vertreten waren, an Art. 30 aF scheitern ließ. Vgl. noch → Rn. 148.

[483] Zu Eheschließungen in Dänemark s. VGH Baden-Württemberg StAZ 2007, 279 (280); *Schulte-Mörsdorf* NJW 2007, 1331 (1333); *Klein* StAZ 2008, 33 ff.; unrichtig VGH Münster NJW 2007, 314 f. Zur Gretna-Green-Ehe → Rn. 40.

II. Eheschließung im Inland

1. Grundsatz. Gemäß **Art. 13 Abs. 4 S. 1** unterliegt die Form der inländischen Eheschließung **134** allein („nur") dem **inländischen Sachrecht,** unabhängig von Staatsangehörigkeit, Eheschließungs- statut und gewöhnlichem Aufenthalt der Verlobten; die Regel gilt deshalb auch für Eheschließungen zwischen Ausländern („Gleichlauf von Inlandstrauung und Inlandsform";[484] Ausnahmen → Rn. 136 ff.; zum Ehefähigkeitszeugnis für Ausländer → Rn. 97 ff.). Da zu den von Art. 13 Abs. 4 S. 1 berufenen „Formvorschriften" auch der § 1310 Abs. 1 S. 1 BGB gehört (→ Rn. 122), kommt im Inland eine Ehe ohne Mitwirkung des **Standesbeamten** (bzw. Scheinstandesbeamten) nicht zustande;[485] das Heimatrecht ausländischer Verlobter bleibt außer Betracht. Das unterbindet im Grundsatz die Wirksamkeit aller nichtstandesamtlichen (konfessionellen, militärischen, diplomati- schen und formlosen) Eheschließungen in Deutschland, sofern nicht gesetzliche oder staatsvertragli- che Ausnahmen bestehen. Um der dennoch verbreiteten Praxis nur privater/religiöser Heiraten in Deutschland entgegenzuwirken,[486] verbietet nunmehr § 11 PStG ausdrücklich die Durchführung oder Mitwirkung an solchen Trauungen;[487] § 70 Abs. 1, 3 PStG sanktioniert Verstöße als Ordnungs- widrigkeit mit Geldbußen bis zu 5000 EUR. Den deutschen Formzwang unterstehen auch Angehö- rige ausländischer Streitkräfte,[488] nicht hingegen exterritoriales (diplomatisches) Personal (bei Beteili- gung eines nicht-exterritorialen Verlobten ist Art. 13 Abs. 4 allerdings zu beachten).[489] Im Übrigen finden jedoch auch Eheschließungen auf dem Gelände ausländischer diplomatischer und konsulari- scher Vertretungen im Inland statt (→ Rn. 131, 136).

Der bewusste **Verzicht des Art. 13 Abs. 4 S. 1 auf den Einklang mit dem Heimatstaat der 135 Verlobten**[490] ist nicht unproblematisch.[491] Schwierigkeiten entstehen vor allem mit jenen Staaten, die auch für Auslandseheschließungen ihrer Angehörigen auf Einhaltung bestimmter Formvorschrif- ten,[492] insbesondere auf der religiösen Heimatform bestehen und die deutsche Form nicht anerken- nen.[493] Eine für alle Staaten wirksame Ehe setzt in diesen Fällen die Einhaltung beider Formen voraus; deshalb soll auch der deutsche Standesbeamte den Verlobten aus solchen Staaten gemäß § 173 DA die Beibringung einer schriftlichen Traubereitschaftserklärung des zuständigen Geistlichen „nahe legen" und sie über die Nichtanerkennung einer reinen Standesamtsehe im Heimatstaat sowie die weiteren Folgen belehren (mehr kann zur Einhaltung der Heimatform nicht geschehen). Heiraten Verlobte aus solchen Staaten in Deutschland nur standesamtlich, so liegt hier eine voll wirksame Ehe, für den Heimatstaat eine Nichtehe vor (sog „hinkende" Ehe);[494] spricht man dem Art. 13 Abs. 4 S. 1 ordre-public-Charakter zu,[495] so verhindert die deutsche standesamtliche Trauung sogar die Anerkennung eines auf Verletzung der Heimatform gestützten ausländischen Ehenichtigkeits- oder negativen Feststellungsurteils.[496] Umgekehrt führt Art. 13 Abs. 4 S. 1 auch dann zu hinkenden Ehen, wenn Ausländer **in Deutschland nicht standesamtlich** (und daher für uns unwirksam), aber

---

[484] BGH StAZ 2003, 235 (236 f.); zu den ausländerrechtlichen Bestimmungen für eine Einreise zum Zweck der Eheschließung *Tiede/Schirmer/Yang* FamRZ 2014, 527 ff.

[485] BGHZ 43, 213 (224) = NJW 1995, 1129; OVG Berlin-Brandenburg BeckRS 2014, 51957.

[486] Dazu *Coester* FamRZ 2017, 78; *Menne* FamRZ 2016, 1224 ff.

[487] BGBl. 2017 I S. 2429.

[488] BSG FamRZ 1959, 278; LG Essen IPRspr. 1952/53 Nr. 98; LG Köln IPRspr. 1952/53 Nr. 193; OLG Düsseldorf IPRspr. 1956/57 Nr. 110; LG Kleve IPRspr. 1964/65 Nr. 77; AG Pinneberg FamRZ 1978, 893; *Breidenbach* StAZ 1985, 22; Palandt/*Thorn* Rn. 26.

[489] Soergel/*Schurig* Rn. 157; Staudinger/*Mankowski* (2011) Rn. 488.

[490] So etwa OLG Hamm NJW 1973, 1554 f. = IPRspr. 1973 Nr. 56; *Jochem* FamRZ 1964, 394.

[491] Krit. vor allem *Kegel/Schurig* IPR § 20 IV 2b; rechtfertigend zuletzt BGH StAZ 2003, 235 (237); *Hepting/ Gaaz* Rn. III-477 ff.; *Hepting* IPRax 1994, 355 (358 ff.).

[492] Vgl. KG FamRZ 1976, 352 (354) (Wohnsitz am Eheschließungsort); denkbar auch konstitutive Registrie- rung im Heimatstaat, wie zB in Japan, vgl. → Rn. 123. Vgl. OLG Hamburg FamRZ 2001, 916 zum indisch- schiitischen Recht.

[493] Für die Abschaffung der Vorschrift deshalb *Dopffel/Drobnig/Siehr,* Reform des deutschen IPR, 1980, 174; Stellungnahme des MPI RabelsZ 47 (1983), 622.

[494] BGH FamRZ 1979, 467 (Spanien); KG OLGZ 1976, 149 = IPRspr. 1975 Nr. 36 (Jugoslawien); AG Düsseldorf IPRspr. 1981 Nr. 76 (Marokko). Aus der jüngeren Lehre Staudinger/*Mankowski* (2011) Rn. 547; Soergel/*Schurig* Rn. 84; Palandt/*Thorn* Rn. 24.

[495] HM, zB OLG Köln FamRZ 1964, 210; OLG Celle IPRspr. 1964/65 Nr. 82 = NJW 1965, 224; *Raape,* FS Kiesselbach, 1947, 143; *Raape* IPR S. 92; *Henrich* FamRZ 1958, 123; *Sonnenberger* StAZ 1964, 292; *Sakurada* StAZ 1975, 85 m. älteren Nachweisen; *Bayer/Knörzer/Wandt* FamRZ 1983, 771; *Erman/Hohloch* Rn. 46; *Ferid* IPR Rn. 3–29, 2. Dagegen *Görgens* StAZ 1977, 80 f.; *Oetker* ZSR 1985, 84 f.; krit. auch *Hepting/Gaaz* Rn. III- 482 ff.

[496] Richtig KG OLGZ 1976, 149 = IPRspr. 1975 Nr. 36; *Bayer/Knörzer/Wandt* FamRZ 1983, 776. Dagegen krit. *Görgens* StAZ 1977, 79; ihm folgend Palandt/*Thorn* Rn. 21.

in einer vom Heimatrecht anerkannten Form (zB konfessionell, durch militärische oder diplomatische Funktionäre) getraut werden; eine solche Verbindung ist für uns grundsätzlich (Ausnahmen → Rn. 136 ff.) eine **Nichtehe,** für den Heimatstaat eine voll wirksame Ehe (die praktisch häufigsten Beispiele sind konfessionelle Israeli-, Moslem-, Griechen- und Spaniertrauungen sowie Militärtrauungen mit Angehörigen von Besatzungsmächten).[497] Dabei kann ein Geistlicher oder sonstiger Funktionsträger in Deutschland nicht als „Scheinstandesbeamter" iS des § 1310 Abs. 2 BGB wirken, weil er nicht standesamtliche Funktionen öffentlich ausübt und auch gar nicht als „Standesbeamter" angesehen wird von den Verlobten;[498] deshalb tritt auch durch Eintragung der konfessionellen Trauung im staatlichen Eheregister keine Heilung ein.[499] Feststellungsentscheidungen der Heimatstaatgerichte über das Bestehen der Ehe sind wiederum nicht anerkennungsfähig.[500] Die Härte dieses Ergebnisses hat mannigfache außergesetzliche Milderungsversuche ausgelöst (→ Rn. 163 ff.).

136   **2. Ausnahmen vom Standesamtszwang durch Sondervorschriften für Inlandstrauungen. a) Heirat von Ausländern vor ermächtigten Personen (Abs. 4 S. 2).** Gemäß Art. 13 Abs. 4 S. 2 können in Deutschland **nichtdeutsche Verlobte** vor einer von der Heimatregierung eines von ihnen „ordnungsgemäß ermächtigten" Person (→ Rn. 140) nach den Formvorschriften des ermächtigenden Staates die Ehe schließen (→ Rn. 142); erst eine beglaubigte Abschrift der vom „ordnungsgemäß ermächtigten" Registerführer in das ausländische „Standesregister" vorgenommenen Eintragung erbringt „vollen Beweis" der Eheschließung (die vorher zwar wirksam ist, aber nicht zur Kenntnis genommen wird) und kann zur Beurkundung im deutschen Eheregister gemäß § 34 Abs. 2 PStG führen. Diese umstrittene Vorschrift,[501] 1947 als § 15a EheG erlassen und 1986 durch das IPRG mit unwesentlichen Abweichungen als S. 2 in Art. 13 Abs. 3 aF, jetzt Abs. 4 übernommen, sollte ursprünglich nur der Ermöglichung von Besatzungsehen dienen,[502] hat aber später durch Konsularehen und konfessionelle Trauungen im Gefolge der Gastarbeitermobilität erneut praktische Bedeutung erlangt.

137   Art. 13 Abs. 4 S. 2 hat zunächst **personelle Voraussetzungen.** Er gilt nur für Verlobte, „von denen keiner Deutscher ist"; dies schließt deutsche Staatsbürger (nach dem klaren Wortlaut auch deutsche Mehrstaater, selbst wenn die deutsche Staatsangehörigkeit nicht effektiv ist, Art. 5 Abs. 1 S. 2)[503] und Deutsche iS von Art. 116 Abs. 1 GG aus, nicht jedoch Staatenlose, selbst wenn sie gewöhnlichen Aufenthalt in Deutschland haben.[504] **Beide Verlobte müssen Nicht-Deutsche sein** (bei Beteiligung eines Deutschen steht Art. 13 Abs. 4 S. 2 nicht zur Verfügung), wenngleich sie verschiedenen Staaten angehören können oder einer von ihnen staatenlos sein kann.[505] Darüber hinaus muss wenigstens ein Verlobter Angehöriger jenes Staates sein, der (dessen „Regierung") das Trauungsorgan und den Registerführer „ordnungsgemäß ermächtigt" hat. Fehlt eine personelle Voraussetzung, ist also ein Verlobter Deutscher oder sind beide Verlobten Staatenlose oder gehört keiner von ihnen dem Ermächtigungsstaat an, so ist die Trauung vom deutschen Standpunkt aus unwirksam, die Verbindung somit eine Nichtehe.[506]

138   Art. 13 Abs. 4 S. 2 verlangt außerdem eine **Trauungsperson,** die von der „Regierung" des Heimatstaates eines Verlobten „ordnungsgemäß ermächtigt" ist; auf die Staatsangehörigkeit des Trauungsorgans

---

[497] BVerfGE 63, 323 (331); BGH StAZ 2003, 235 (Trauung durch nicht-ermächtigten griechisch-orthodoxen Geistlichen); BSGE 45, 180 = NJW 1978, 2472 (kirchliche Trauung in Deutschland in Polen registriert); BSG NJW 1981, 2655 = IPRspr. 1981 Nr. 46; LSG Hmb FamRZ 1986, 994 (kirchliche Trauung von Polen in Deutschland); NdsOVG NJW 2005, 1739 f. (muslimische Trauung in Deutschland); aus der Zivilspr. AG Karlsruhe IPRspr. 1975 Nr. 39 A (kirchliche Trauung in Deutschland in Polen als wirksam angesehen); AG Pinneberg FamRZ 1978, 893 (Trauung durch britischen Militärpfarrer in Deutschland); AG Bonn StAZ 1982, 249 (moslemische Trauung in Deutschland); OLG Karlsruhe FamRZ 1983, 757 (konfessionelle Griechentrauung in Deutschland); ebenso BayObLG FamRZ 2000, 699. Aus dem reichen Schrifttum Staudinger/*Mankowski* (2011) Rn. 549; Soergel/*Schurig* Rn. 84 mwN. aus der Rspr.; Palandt/*Thorn* Rn. 25. Zur Heilungsproblematik → Rn. 160, 161 f.
[498] BGH StAZ 2003, 235 (236).
[499] Richtig BSGE 45, 180 = NJW 1978, 2472; BGH StAZ 2003, 235 (236); unzutr. hingegen LSG BW StAZ 1978, 335 = FamRZ 1977, 259 und *Schrembs* StAZ 1978, 328.
[500] Erman/*Hohloch* Rn. 46; aA *Bayer/Knörzer/Wandt* FamRZ 1983, 770 (774 ff.); → Rn. 153.
[501] Vgl. die herbe Kritik von *Ferid* IPR Rn. 8–43 bis 45; völlig verfehlt jedenfalls der Anwendung auf eine Auslandsheirat, so VG Stuttgart IPRspr. 1991, Nr. 73; krit. auch *Frank,* FS Pintens, 2012, 607 (612); *Frank* StAZ 2011, 236 ff.
[502] Dazu ausf. BayObLG StAZ 1988, 259; *Sonnenberger* StAZ 1964, 289; *Jayme* JbItalR 2 (1989), 3 (12).
[503] BSG IPRspr. 1989, Nr. 82; BFH IPRspr. 1998 Nr. 63; OLG Schleswig IPRspr. 1974 Nr. 46; Staudinger/*Mankowski* (2011) Rn. 623; *Bornhofen* StAZ 1981, 270; Soergel/*Schurig* Rn. 87; Palandt/*Thorn* Rn. 27; *Kissner* StAZ 2011, 247 f.
[504] *Hepting/Gaaz* Rn. III-515; Staudinger/*Mankowski* (2011) Rn. 621; aA *Rahm/Künkel/Breuer* Rn. VIII-191.
[505] Ist ein Verlobter (auch) Deutscher, → Rn. 153.
[506] AG Mainz FamRZ 2003, 600 (Mann hatte vor der Trauung die deutsche Staatsangehörigkeit angenommen; das Gericht bejahte allerdings die Heilung der Nichtehe, → Rn. 164); Palandt/*Thorn* Rn. 27, 28; vgl. LG Göttingen StAZ 1995, 216.

kommt es dabei aus deutscher Sicht nicht an.[507] Unter der erforderlichen **Trauungsermächtigung** ist jede **nach dem Recht des ermächtigenden Staates** wirksame **Verleihung der staatlichen Trauungsbefugnis speziell für das Ausland** zu verstehen,[508] gleichgültig, durch welchen staatlichen Akt (Verwaltungsakt oder allgemeine Norm) sie erfolgt.[509] Das Gesetz möchte damit sicherstellen, dass der ermächtigende fremde Staat auch in Deutschland für eine wirksame Eheschließung durch Ausübung staatlicher Trauungsfunktion bürgt.[510] Nach einhelliger Ansicht genügt die staatliche Bestellung des Organwalters für jene Position, mit der nach dem Recht des betreffenden Staates die Trauungsbefugnis im Ausland kraft Gesetzes (oder kraft Staatsvertrages)[511] verbunden ist. Unter dieser Voraussetzung sind jedenfalls **diplomatische Vertreter, Konsuln** und **Funktionäre fremder Streitkräfte** (auch **Militärgeistliche**) ermächtigt, aber auch sonstige **Geistliche,** sofern die Bestellung zum Trauungsorgan durch staatlichen Hoheitsakt oder staatliches Gesetz erfolgt;[512] eine individuelle Bekanntgabe der ermächtigten Trauungsorgane an deutsche Stellen ist nicht erforderlich.[513] Die **Grenzen einer erteilten Trauungsermächtigung** (zB keine Trauung von Nichtangehörigen des Ermächtigungsstaats) sind auch aus deutscher Sicht zu beachten – bei Überschreitung ist die Trauperson nicht „ermächtigt" iS von Art. 13 Abs. 4 S. 2.[514]

Anderes gilt, wenn eine Beleihung mit staatlichen Funktionen nicht vorliegt. Dies ist der Fall **139** bei **rein konfessionell** bestellten Geistlichen, die konfessionell mit staatlicher Wirksamkeit trauen (zB griechisch-orthodoxe oder katholische Priester,[515] moslemische Geistliche).[516] Hier behilft man sich mit einer individuellen Namhaftmachung durch den Heimatstaat, mit der dieser sich für das rechtswirksame Handeln der benannten Person gezielt verbürgt.[517] Die Namhaftmachung erfolgt zB durch „Benennung" gegenüber Deutschland in Form einer Note an das Auswärtige Amt[518] (das Bundesverwaltungsamt in Köln führt eine Sammelliste der benannten Geistlichen), was das Auswärtige Amt zusammen mit der Mitteilung des Eingangsdatums der Botschaft bestätigt.[519] Die fremde Botschaft teilt sodann die individuelle Ermächtigung der Geistlichen (samt Eingangsdatum der Verbalnote beim Auswärtigen Amt) den Konsuln ihres Staates in Deutschland mit. Die Konsuln übersenden dem deutschen Standesbeamten beglaubigte Abschriften ihrer Eintragung konfessioneller Trauungen nur dann, wenn der Geistliche in der geschilderten Weise dem Auswärtigen Amt ordnungsgemäß benannt worden war. Da solche Benennungen durch Griechenland und Spanien erst seit 1964 erfolgt sind[520] und nach herrschender Rechtspre-

---

[507] *Bornhofen* StAZ 1981, 269 (271); Staudinger/*Mankowski* (2011) Rn. 628; *Hepting/Gaaz* Rn. III-515; Palandt/*Thorn* Rn. 28.

[508] BGHZ 43, 213 (222) = NJW 1995, 1129; *Henrich* IntFamR, 2. Aufl. 2000, 30 ff.

[509] Gesetzliche Ermächtigung, vgl. *Buchheit* StAZ 1994, 263 für Sri Lanka.

[510] BGHZ 43, 213 (223 ff.) = NJW 1995, 1129; Staudinger/*Mankowski* (2011) Rn. 636; *Hepting* StAZ 1987, 154; vgl. auch Palandt/*Thorn* Rn. 28.

[511] Das Wiener Konsularabkommen 1963 (BGBl. 1969 II S. 1587) reicht aber als Grundlage für eine Trauungsermächtigung nicht aus; überzeugend *Hepting* StAZ 1987, 159 f. Zu den bilateralen Staatsverträgen insoweit s. Staudinger/*Mankowski* (2011) Rn. 29 ff.

[512] KG FamRZ 1976, 375 = NJW 1976, 1034 (Eheschließung von Jugoslawen vor jugoslawischer Militärmission in Berlin); OLG Hamm OLGZ 1986, 135 = IPRspr. 1985 Nr. 60 (Trauung von belgischen Zivilisten durch belgischen Nato-Truppenoffizier in Deutschland), zust. *Henrich* FamRZ 1986, 842; *v. Bar* JZ 1987, 816, krit. *Beitzke,* FS Kegel, 1987, 54 und IPRax 1987, 17. Aus dem Schrifttum *Bornhofen* StAZ 1981, 270 f.; *Zinke* StAZ 1982, 181 (Eheschließung von Ägypter und Syrerin im ägyptischen Generalkonsulat in Hamburg); *Wipperfürth* StAZ 1982, 283 (Trauungen von Jugoslawen durch jugoslawische Konsuln in Deutschland); Staudinger/*Mankowski* (2011) Rn. 635; Palandt/*Thorn* Rn. 28.

[513] OLG Hamm OLGZ 1986, 135 = IPRspr. 1985 Nr. 60; *Henrich* FamRZ 1986, 842; *Hepting* StAZ 1987, 157.

[514] Vgl. Staudinger/*Mankowski* (2011) Rn. 632; Fachausschuss Standesbeamte StAZ 2015, 90 f.

[515] Diese sind auch durch das Konkordat zwischen Italien und dem Vatikan in der Regel von 1984 nicht generell zu Trauungen in Deutschland ermächtigt, *Jayme* Jb. für Ital Recht Bd. 2 (1989), 13.

[516] OLG Köln StAZ 1981, 326; NJW-FER 1999, 140; AG Bonn StAZ 1982, 249.

[517] BGHZ 43, 213 (225) = NJW 1965, 1129.

[518] HM in der Rspr. seit BGHZ 43, 213 (223 ff.) = NJW 1995, 1129; vgl. OLG Oldenburg IPRspr. 1968/69 Nr. 98; OLG Hamm NJW 1970, 1509; LG Düsseldorf FamRZ 1972, 298; BSGE 33, 219; BSG IPRspr. 1972 Nr. 40 und 1975 Nr. 33b; OLG Frankfurt a. M. OLGZ 1978, 2 = IPRspr. 1977 Nr. 52; OLG Köln IPRspr. 1981 Nr. 48; AG Bonn IPRspr. 1981 Nr. 51; LG Bonn IPRspr. 1985 Nr. 54. Ebenso die hL, wie Staudinger/*Mankowski* (2011) Rn. 636 ff.; *Mankowski* JZ 1987, 816; *Henrich* FamRZ 1986, 842; *Hepting* StAZ 1987, 156 f.; Palandt/*Thorn* Rn. 28.

[519] Einzelheiten bei Staudinger/*Mankowski* (2011) Rn. 637 ff.

[520] Für römisch-katholische Geistliche durch Spanien ab 8.5., 2.6. und 7.7.1964 (StAZ 1964, 184 (213)), für griechisch-orthodoxe Popen durch Griechenland ab 15.6.1964 (StAZ 1965, 15); die letztgenannte Ermächtigung gilt nur für Trauungen, bei denen *beide* (griechisch-orthodoxen) Verlobten griechische Staatsangehörige sind (LG Bremen IPRspr. 1975 Nr. 35).

chung nicht zurückwirken,[521] wurde von vereinzelten Entscheidungen immer wieder versucht, vorher erfolgte konfessionelle Spanier- oder Griechentrauungen entweder mit der staatlichen Registrierung durch den Heimatstaat[522] oder mit der Eintragung in das deutsche Heiratsbuch[523] oder Familienbuch als geheilt zu erklären. Die übrige Rspr. hat solche Versuche kategorisch zurückgewiesen,[524] der BGH hat sich dem jetzt jedenfalls hinsichtlich der Heimatregistrierung angeschlossen.[525] Es bleibt somit dabei, dass das **Fehlen** ordnungsgemäßer Ermächtigung des Trauungsorgans für den deutschen Bereich ausnahmslos Nichtehe zur Folge hat.[526] Dies gilt auch für Imam-Ehen, die in einem „islamischen Zentrum" in Deutschland geschlossen werden.[527] Es bleibt nur die Frage einer möglichen Heilung nach allgemeinen Grundsätzen – da nicht ausländisches Formstatut, sondern deutsches Recht (Art. 13 Abs. 4 S. 2) verletzt ist, ist auch die Heilung nach deutschem Recht zu beurteilen.[528] Dazu im Einzelnen → Rn. 161 ff.

140　　Für den **Trauungsvorgang** verlangt Art. 13 Abs. 4 S. 2 die Beachtung zweier Formelemente zugleich; er muss einerseits „in der nach dem Recht" des Ermächtigungsstaates „vorgeschriebenen Form" ablaufen, andererseits – als eigenständiges Formelement deutschen Rechts – „vor" der ermächtigten Person stattfinden. Der Verweis auf das Formrecht des Ermächtigungsstaates ist als Gesamtverweisung zu verstehen (Art. 4 Abs. 1; → Rn. 129); das maßgebliche Recht beherrscht auch die Folgen einer Verletzung dieser Form (→ Rn. 153). Wann eine Ehe **„vor"** dem ermächtigten Trauungsorgan geschlossen wird, ist teilweise umstritten. Nach der ratio legis (Sicherung der Trauungswirksamkeit durch den fremden Staat) muss die konstitutive Mitwirkung des Trauungsorgans entscheidend sein, auch wenn dieses nur Kontroll- und Registerfunktionen ausübt.[529] Das erfordert nicht unbedingt gleichzeitige und persönliche Anwesenheit der Verlobten;[530] auch die Eheschließung nach japanischem oder südkoreanischem Recht, die durch (vom Ehekonsens getragene) mündliche oder schriftliche Anmeldung der Eheschließung durch die Verlobten und die (mit Überprüfung der Ehevoraussetzungen verbundene) Annahme dieser Anmeldung seitens der Registerbehörde (hier: des Konsuls)[531] zustande kommt, erfüllt in jedem Fall diesen Tatbestand (→ Rn. 131 m. Fn. 480–482).[532] Schwierigkeiten könnte die Subsumtion reiner (grundsätzlich ohne jegliche behördliche Mitwirkung erfolgender) Konsensehschließungen (wie etwa nach ägyptischem Recht) bereiten; gleichwohl mögen auch solche Eheschließungen dem Art. 13 Abs. 4 S. 2 genügen, wenn der Heimatstaat Personen als Trauorgan für Eheschließungen im Ausland ermächtigt hat, die Eheschließungen in Anwesenheit der „ermächtigten" Person stattfinden und von dieser beurkundet werden.[533] Hat die Eheschließung nicht in diesem Sinne „vor" dem ermächtigten Trauungsorgan stattgefunden, so ist sie für Deutschland unwirksam (Nichtehe).[534]

---

[521] BGHZ 43, 213 (226) = NJW 1995, 1129; aus der jüngeren Rspr. ferner BayObLG StAZ 1994, 377; KG StAZ 1996, 204 (205); ebenso *Hepting* StAZ 1987, 157.

[522] OLG Düsseldorf FamRZ 1965, 144, und IPRspr. 1971 Nr. 38; *Henrich* FamRZ 1986, 842 Anm. 8.

[523] LSG BW StAZ 1978, 335 = FamRZ 1977, 259.

[524] Gegen eine Heilung durch heimatstaatliche Registrierung OLG Frankfurt a. M. StAZ 1977, 312; OLG Köln IPRspr. 1981 Nr. 48; AG Bonn IPRspr. 1981 Nr. 50; desgleichen die Rspr. des BSG (BSGE 33, 219; BSG IPRspr. 1972 Nr. 40; 1975 Nr. 33; 1977 Nr. 55) und Palandt/*Thorn* Rn. 29. Gegen eine privatrechtliche Heilung durch Eintragung ins deutsche Familienbuch BSGE 46, 104; vgl. auch BSG JZ 1981, 669.

[525] BGH StAZ 2003, 235 (236); selbst ein Eintrag ins deutsche Familienbuch hätte das Gericht wohl kaum zu einer anderen Entscheidung bewegt.

[526] HM, so zB BGHZ 43, 213 (222 ff.) = NJW 1995, 1129; aus der jüngeren Rspr. BayObLG StAZ 1994, 377; FamRZ 2000, 699 (700); OLG Frankfurt a. M. StAZ 1977, 312; BayObLG IPRax 1982, 250; OLG Köln IPRspr. 1981, Nr. 48; AG Bonn IPRspr. 1981 Nr. 51; LG Bonn IPRspr. 1985 Nr. 54 und viele andere; ebenso die Rspr. des BSG (BSGE 33, 219; BSG IPRspr. 1972 Nr. 40; 1975 Nr. 33 und 336; 1977 Nr. 55). Aus dem Schrifttum statt vieler *Beitzke* IPRax 1987, 19; Palandt/*Thorn* Rn. 28; Fachausschuss Standesbeamte StAZ 2015, 90 f.

[527] *Rohe* StAZ 2006, 93 (101); Fachausschuss Standesbeamte StAZ 2005, 111 f.

[528] So wie selbstverständlich BGH StAZ 2003, 235 (236 f.); BayObLG FamRZ 2000, 699 (700); anders offenbar Staudinger/*Mankowski* (2011) Rn. 649.

[529] Überzeugend *Hepting/Gaaz* Rn. III-521.

[530] Anders die reine Wortinterpretation durch die ältere Lehre wie *Beitzke* StAZ 1964, 25; *Schurig* StAZ 1971, 94 (96); Staudinger/*Mankowski* (2011) Rn. 627; *v. Bar* IPR II Rn. 176 Fn. 359.

[531] Wird die Anmeldung an die Registerbehörde in Japan oder Korea geschickt, liegt der Eheschließungsort dort, es handelt sich nicht um eine Inlandstrauung (→ Rn. 131).

[532] Zutr. *Sakurada* StAZ 1975, 85; *Hepting/Gaaz* Rn. III-517 ff.; *Krömer* StAZ 2000, 178 f. Nicht überzeugend *Schurig* StAZ 1971, 94, Soergel/*Schurig* Rn. 91 und Staudinger/*Mankowski* (2011) Rn. 654 f., die nur eine persönliche und gleichzeitige mündliche Anmeldung oder eine gleichzeitige persönliche Übergabe der schriftlichen Anmeldung der Eheschließung gegenüber dem Konsul (nicht aber eine Übersendung der schriftlichen Anmeldung) als wirksame Eheschließung anerkennen wollen; ein Wertungsunterschied ist nicht ersichtlich.

[533] Mit gleichem Ergebnis *Schurig* StAZ 1971, 94; *Otto* StAZ 1973, 131; Staudinger/*Mankowski* (2011) Rn. 655; *Hepting/Gaaz* Rn. III-517 ff.

[534] Unbestr.; statt vieler *Beitzke* StAZ 1964, 25; *Jauß* StAZ 2005, 111 f.; sowie → Rn. 156.

Zum **„vollen Beweis"** der Eheschließung verlangt Art. 13 Abs. 4 S. 2 Hs. 2 eine beglaubigte **141** Abschrift der **Eintragung** in ein von einer „dazu ordnungsgemäß ermächtigten Person" geführtes, **staatliches Standesregister des Ermächtigungsstaates** (nicht zu verwechseln mit dem Eintrag in deutsche Personenstandsbücher, → Rn. 142). Da die beglaubigte Abschrift reproduzierbar ist, liegt das eigentliche Beweiselement in der Standesregistereintragung. Ihre Erforderlichkeit ergibt sich aus dem deutschen Recht (Art. 13 Abs. 4 S. 2 Hs. 2), die Registerführung im Übrigen unterliegt dem Recht des Ermächtigungsstaates: Da der Registerführer vom Heimatstaat „ordnungsgemäß ermächtigt" sein muss (Trauungsperson und Registerführer brauchen freilich nicht identisch zu sein), muss es sich um ein **staatliches** Standesregister handeln.[535] Die Eintragung in ein Kirchenbuch genügt daher nicht.[536] Die vom Gesetz angeordnete „volle Beweiswirkung" wird zum Teil als Ausschluss aller anderen Beweismittel verstanden, so dass die Eintragung der Eheschließung in das staatlich zuständige Standesregister des Ermächtigungsstaates konsequenterweise als **zusätzliche** Formwirksamkeitsvoraussetzung zu werten wäre.[537] Andererseits wird der Eintragung grundsätzlich die konstitutive Wirkung abgesprochen; die Unwirksamkeit der nicht eingetretenen Eheschließung soll sich erst praktisch mangels Beweisbarkeit ergeben.[538] Diese Auffassung ist verfehlt, sie verwechselt „vollen Beweis" mit „ausschließlichem Beweis".[539] Von Zweck und Entstehungsgeschichte her besagt Art. 13 Abs. 4 Hs. 2 lediglich, dass der Standesbeamte bei Vorlage der beglaubigten Registerabschrift keine weiteren Ermittlungen anstellen darf; ohne die Abschrift kann die Eheschließung aber mit anderen Mitteln bewiesen werden.[540] Art und Einzelheiten von Eintragung und Abschrift sowie deren Verletzungsfolgen unterliegen dem maßgeblichen fremden Recht. Andererseits ist die Registereintragung für sich allein natürlich nicht imstande, sonstige Trauungsfehler (wie namentlich eine fehlende Ermächtigung des Trauungsorgans) zu heilen.[541]

Während der Eintragung im Standesregister des Ermächtigungsstaats die Anerkennung der Ehe **142** schließung in diesem Staat verbürgen soll, können die Ehegatten gemäß § 34 Abs. 2 PStG eine **Beurkundung im deutschen Eheregister** beantragen und sich damit dessen Beweiskraft für den innerdeutschen Rechtsverkehr (§§ 54 ff. PStG) zunutze machen (andernfalls benötigen sie beglaubigte Abschriften aus dem ausländischen Personenstandsregister gemäß Art. 13 Abs. 4 S. 2). Vor der Beurkundung prüft der Standesbeamte das formell und materiell wirksame Zustandekommen der Ehe (PStG-VwV Kap. 3 Abschnitt 1 Nr. 12.7, 12.8), erleichtert durch die Beweiskraft der Registerabschrift gemäß Art. 13 Abs. 4 S. 2 Hs. 2. Die Beurkundung im Eheregister ist deklaratorisch, bestehende Mängel der Eheschließung werden durch sie nicht geheilt.[542] Dennoch kann die Eintragung Grundlage einer Heilung durch Zeitablauf gemäß § 1310 Abs. 3 BGB sein (→ Rn. 162 f.).

b) Konsularverträge. Ausnahmen vom Standesamtszwang des Art. 13 Abs. 4 S. 1 durch Konsu- **143** larverträge sind weit seltener, als allgemein angenommen wird.[543] Art. 23 des Konsularvertrages mit der früheren **UdSSR** (BGBl. 1959 II S. 232, 469), jetzt weitergeltend im Verhältnis zu „mehreren Nachfolgerstaaten,[544] verleiht dem Konsul die Befugnis zur Vornahme von Trauungen „nach den Vorschriften des Entsendestaates" nur, wenn beide Verlobten dessen Staatsangehörige sind; das deutsche Standesamt ist innerhalb von drei Monaten von der Trauung zu verständigen. Entsprechendes gilt für die türkischen Konsuln auf Grund der Meistbegünstigungsklausel in Art. 27 des Konsularvertrages mit der **Türkei** (RGBl. 1930 II S. 747, wiederanwendbar laut Bekanntmachung BGBl. 1952 II S. 608).[545] Das Niederlassungsabkommen mit dem **Iran** (RGBl. 1930 II S. 1002) befreit iranische Verlobte nicht von der Inlandsform – Art. 13 Abs. 4 S. 1 setzt sich gegenüber der ordre-publicKlausel des Art. 8 Abs. 3 S. 2 des Abkommens (→ Art. 6 Rn. 38) durch.[546] **Meistbegünstigungs-**

[535] BGHZ 43, 213 (226) = NJW 1995, 1129; *Hepting/Gaaz* Rn. III-522 f.

[536] BGHZ 43, 213 (226) = NJW 1995, 1129; ebenso die einhellige Lehre, Staudinger/*Mankowski* (2011) Rn. 647; *v. Bar* IPR II Rn. 178; *Hepting/Gaaz* Rn. III-523.

[537] So Erman/*Hohloch* Rn. 54; *v. Bar* IPR II Rn. 178; Staudinger/*Mankowski* (2011) Rn. 648 f.; wohl auch BGHZ 43, 213 (236) = NJW 1995, 1129.

[538] Staudinger/*Mankowski* (2011) Rn. 648 f.; *Weyers* FamRZ 1964, 169 (172).

[539] *Neuhaus* FamRZ 1965, 541 (542).

[540] BayObLG StAZ 1988, 259 m. ausf. Begr.; VG Stuttgart IPRspr. 1991 Nr. 73; Palandt/*Thorn* Rn. 29; Soergel/*Schurig* Rn. 92; *Hepting/Gaaz* Rn. III-524.

[541] Herrschende Rspr., vgl BSGE 33, 219; OLG Köln IPRspr. 1981 Nr. 48; AG Bonn IPRspr. 1981 Nr. 50. Desgleichen die hL, Staudinger/*Mankowski* (2011) Rn. 649; Palandt/*Thorn* Rn. 29; Soergel/*Schurig* Rn. 92; anders OLG Düsseldorf FamRZ 1965, 144 und IPRspr. 1971 Nr. 38; zust. *Schrembs* StAZ 1978, 328.

[542] So zur früheren Eintragung ins Familienbuch BSGE 46, 104; vgl. auch BSG JZ 1981, 669.

[543] Umfassender Überblick bei Staudinger/*Mankowski* (2011) Rn. 29 ff.

[544] Aktueller Stand bei *Jayme/Hausmann* Nr. 35 Fn. 1.

[545] BayObLG StAZ 1988, 259; AG Mainz FamRZ 2003, 600; *Böhmer* StAZ 1969, 229.

[546] *Schotten/Wittkowski* FamRZ 1995, 264 (267).

klauseln in Handelsverträgen mit anderen Ländern (zB Art. 5 des Handelsvertrages mit Jemen, BGBl. 1954 II S. 573, ratifiziert BGBl. 1955 II S. 4) mögen bei Gegenseitigkeit auch den Konsuln dieser Länder eine entsprechende Trauungsbefugnis einräumen; jedoch machen die begünstigten Staaten in der Praxis davon regelmäßig keinen Gebrauch. Die Wirksamkeit staatsvertraglich zugelassener konsularischer Trauungen ist nicht von der Erfüllung des Art. 13 Abs. 4 S. 2 abhängig; der deutsche Standesbeamte ist daher bei ausreichendem urkundlichen Nachweis zur Eintragung in das deutsche Eheregister verpflichtet.[547] Soll andererseits der Konsularvertrag die „ordnungsgemäße Ermächtigung" des Art. 13 Abs. 4 S. 2 erfüllen, so ist zu beachten, dass die konsularische Ermächtigung nach den meisten Konsularverträgen nur für Trauungen gilt, bei denen beide Verlobten Angehörige des Entsendestaates sind.

144   Für sich genommen bedeutungslos sind hingegen jene konsularvertraglichen Trauungsbefugnisse, die ausdrücklich von der Ermächtigung durch das Recht des Entsendestaates abhängen (zB Art. 18 des Konsularvertrages mit der Türkei[548] oder Art. 1 des Abkommens mit Japan);[549] solange eine entsprechende Ermächtigung nicht einwandfrei feststeht, lässt sich aus derartigen vorbeugenden konsularvertraglichen Klauseln nicht einmal die Vermutung einer konsularischen Trauungsbefugnis oder einer Trauungsermächtigung iS des Art. 13 Abs. 4 S. 2 ableiten.[550]

145   **c) Rückwirkende eherechtliche Sanierungsgesetze.** Weitere Ausnahmen von Art. 13 Abs. 3 aF (jetzt Abs. 4) S. 1 hatten rückwirkende eherechtliche Sanierungsgesetze für formunwirksame Eheschließungen in der Kriegs- und Nachkriegszeit normiert.[551]

III. Eheschließung im Ausland

146   **1. Grundsatz.** Art. 11 Abs. 1 beruft für die Auslandseheschließung alternativ die Formvorschriften des **Eheschließungsortes** (kurz gefasst als „Ortsform" bezeichnet) oder (iVm Art. 13 Abs. 1) die Formvorschriften jener Sachrechtsordnung, die kraft Verweisung auf das **Heimatrecht jedes Verlobten** unter Beachtung von Rück- oder Weiterverweisungen (→ Rn. 127 ff.) für die sachlichen Eheschließungsvoraussetzungen zuständig ist (Art. 13 Abs. 2 ist zur Formfragen hingegen nicht anwendbar); bei Heimatrechtsverschiedenheit muss kumulativ **beiden** Heimatrechten entsprochen werden.[552] Die Einhaltung einer der Alternativen des Art. 11 Abs. 1 genügt, ohne dass es auf das Ergebnis der anderen ankäme; Gesetzesumgehung bei der Wahl von Trauungsort und Trauungsart kommt nicht in Betracht.[553] Ist die **Ortsform** (für die die Staatsangehörigkeit der Verlobten keine Rolle spielt) erfüllt, so ist die Haltung des Heimatrechtes gleichgültig;[554] dies gilt auch für die Trauung Deutscher im Ausland.[555] Auch die abweichende Qualifikation eines Erfordernisses durch den Heimatstaat (nicht Form, sondern materielle Voraussetzung) ändert an der deutschen Einstufung als „Formfrage" nichts.[556] Umgekehrt ist die Ortsform unerheblich, wenn den Formvorschriften des Heimatrechtes **jedes** Verlobten entsprochen ist,[557] selbst wenn die Einhaltung der Ortsform am Heiratsort dem ordre public zugerechnet wird.[558] Ein Irrtum über Maßgeblichkeit und Wirkungs-

---

[547] Vgl. *Nied* StAZ 1981, 32.

[548] Unzutr. *Nied* StAZ 1981, 32, und *Bornhofen* StAZ 1981, 269 f., die allein daraus eine Trauungsbefugnis der türkischen Konsuln ableiten.

[549] StAZ 1957, 314; die trauungsrechtliche Bedeutungslosigkeit des Abkommens mit Japan bestätigt *Sakurada* StAZ 1975, 90 f.

[550] Anders unzutr. *Böhmer* StAZ 1969, 232; ihm folgend *Sakurada* StAZ 1975, 89; *Nied* StAZ 1981, 32; *Bornhofen* StAZ 1981, 269 f.

[551] Dazu näher 3. Aufl. 1998, Rn. 98.

[552] OLG Frankfurt a. M. IPRax 2015, 267 Rn. 21 ff. mit Anm *Gössl* IPRax 2015, 233 ff.; KG StAZ 1992, 342; AG Kassel StAZ 1998, 181; Staudinger/*Mankowski* (2011) Rn. 692 f.

[553] → Rn. 22, 23 und 133; verfehlt OLG Karlsruhe StAZ 1994, 287, das einen „Missbrauch der Ortsform" und ordre-public-Verstoß nur deshalb ablehnte, weil Formstatut und deutsches Recht im Wesentlichen übereinstimmten.

[554] RGZ 88, 191; wN der Rspr. bei Soergel/*Schurig* Rn. 77; aus jüngerer Zeit außerdem OLG Frankfurt a. M. FamRZ 1971, 179; StAZ 2014, 48; OLG Köln IPRspr. 1971 Nr. 63; OLG Bremen IPRspr. 1974 Nr. 51; KG FamRZ 2006, 1863 (1864); OLG München FamRZ 2010, 1281 (1282); LG Bonn StAZ 1980, 154 = IPRspr. 1979 Nr. 38. Ebenso Palandt/*Thorn* Rn. 19; *Elwan*, FS Jayme, Bd. I, 2004, 153 (154).

[555] Vgl. Fachausschuss Standesbeamte StAZ 2005, 299 f. (formlose Heirat einer Deutschen und eines Ägypters in Ägypten); OLG Frankfurt a. M. StAZ 2014, 48 (49) (Art. 5 Abs. 1 S. 2 nicht anwendbar).

[556] KG FamRZ 2006, 1863 (1864) (Iran: Registrierung als materielles Erfordernis).

[557] Ebenfalls unbestr.; Staudinger/*Mankowski* (2011) Rn. 693; Soergel/*Schurig* Rn. 77. Ebenso Palandt/*Thorn* Rn. 19.

[558] Beispiel: Nur-religiöse Eheschließung in Staaten mit obligatorischer Zivilehe; vgl. Staudinger/*Mankowski* (2011) Rn. 705–707; s. auch AG Kassel StAZ 1998, 181.

weise der einschlägigen Formbestimmungen ändert nichts an der Formwirksamkeit.[559] In der Praxis steht die Beobachtung der Ortsform weitaus im Vordergrund, was auch damit zusammenhängt, dass die Heimatform außerhalb des Heimatstaates nur bei formfreien Ehen oder unter funktionsgleichen organisatorischen Voraussetzungen praktiziert werden kann, wie dies etwa bei konfessionellen Trauungen der Fall ist. Staatsorgane als Trauungsfunktionäre wenden hingegen ausschließlich ihre eigenen Formvorschriften an und kommen daher für eine internationale Behördenvertretbarkeit grundsätzlich nicht in Betracht; daher ist die hM im Prinzip richtig, dass für die Auslandseheschließung von Deutschen nur die Ortsform zur Verfügung steht.[560]

Auch in den übrigen Fällen bleibt die **Formregelung** allein dem berufenen Recht überlassen, **147** ohne dass dies ordre-public-Bedenken begegnen würde (→ Rn. 133).[561] Zulässig ist staatlicher, konfessioneller oder kultischer Formzwang ebenso wie das alternative Angebot verschiedener Formen (zB religiös oder staatlich) wie schließlich die Formfreiheit reiner Konsensehen (zB common-law-Ehen im Recht einiger USA-Staaten).[562] Das allgemeine Formstatut entscheidet auch über die Wirksamkeit konsularischer oder diplomatischer Trauungen, sofern keine staatsvertraglichen Regelungen bestehen (→ Rn. 150 f.).

2. Eheschließungen unter Abwesenden. Formfrage ist auch die Zulässigkeit von Trauungen **148** unter Abwesenden, sei es in Gestalt der **Ferntrauung** (die im Ausland abgegebene Konsenserklärung des abwesenden Verlobten wird dem Trauungsorgan brieflich übermittelt; → Rn. 131), sei es in Gestalt der **Handschuhehe durch Vertretung in der Erklärung**[563] (ein oder beide Partner lassen die Konsenserklärung vor dem Trauungsorgan durch eine bevollmächtigte Mittelsperson abgeben, die ohne eigene Entscheidungsfreiheit den abwesenden Verlobten in der Trauungszeremonie vertritt). Ungeachtet des umstrittenen rechtlichen Charakters der Mittelsperson[564] bleibt für die Formqualifikation dieser Art der Handschuhehe ausschlaggebend, dass der Mittler nur die vorgegebene Erklärung abzugeben und nicht über die Partnerwahl zu entscheiden hat.[565] Diese Voraussetzungen können auch dann gegeben sein, wenn die Brautleute sich persönlich noch nicht kennen, aber ihre Identität feststeht.[566] (Vertretung „im Willen" wäre hingegen als sachliche Ehevoraussetzung nach Art. 13 Abs. 1 anzuknüpfen: → Rn. 44; die Abgrenzung zur bloßen Vertretung „in der Erklärung" kann

---

[559] *Jayme* StAZ 1982, 208 (Nevada-Ehen deutscher Touristen; eine Aufhebung der Ehe kommt bei fehlendem Ehewillen (§ 1314 Abs. 2 Nr. 2, 5 BGB) in Betracht, nicht jedoch beim Irrtum über den zeitlichen oder räumlichen Geltungsbereich der Ehe).

[560] So etwa *Raape* IPR 253; *Dölle* FamR I S. 198; Soergel/*Schurig* Rn. 83. Abw. Staudinger/*Mankowski* (2011) Rn. 722 bei Funktionsgleichheit des ausländischen Standesbeamten mit dem deutschen; dagegen zu Recht OLG Karlsruhe StAZ 1994, 286.

[561] Rechtsvergleichender Überblick über ausländische Eheschließungsformen bei Staudinger/*Mankowski* (2011) Rn. 657 ff.; *Coester-Waltjen/Coester,* Formation of Marriage, sec. 3–72 ff.; vgl. auch BayOblG FamRZ 1999, 439 (440) (Stammesrecht in Zaire).

[562] RGZ 138, 214; KG StAZ 1992, 342 (auch zum Nachweisproblem); AG Stuttgart IPRspr. 1996 Nr. 64; Palandt/*Thorn* Rn. 19. Ähnlich die einfache islamische Ehe, vgl. *Elwan,* FS Jayme, Bd. I, 2004, 153 ff.

[563] Der Handschuh war historisch das Zeichen der Vollmacht. Derartige Handschuhehen sehen bzw sahen namentlich das Recht Italiens (BGHZ 29, 137), Mexikos (BGH NJW 1962, 1152), der Niederlande (KG IPRspr. 1956/57 Nr. 99), Libyens (LG Hamburg IPRspr. 1958/59 Nr. 117), des Iran (KG OLGZ 1973, 435), Kolumbiens (OLG Bremen IPRspr. 1974 Nr. 51) und Montenegro (§ 33 FGB 2007; *Hohloch* StAZ 2008, 371 ff.) vor; weitere Staaten bei Staudinger/*Mankowski* (2011) Rn. 346 f.; *Rauscher* StAZ 1985, 101; *Sturm* StAZ 1995, 347; *Jacobs* StAZ 1992, 5 ff.; zum US-amerikanischen Recht *Bliesener* ZfRvgl. 30 (1989), 241; rechtsvergleichender Gesamtüberblick bei *Coester-Waltjen/Coester,* Formation of Marriage, sec. 3-123–126; Staudinger/*Mankowski* (2011) Rn. 748 ff.; *Sturm* IPRax 2013, 412 ff. Zur kollisionsrechtlichen Behandlung umfassend *Dieckmann,* Die Handschuhehe deutscher Staatsangehöriger nach deutschem IPR, 1959; *Spellenberg,* FS Schwab, 2005, 1279 ff.

[564] Als „Bote" werten sie *Deuchler,* FS Raape, 1948, 83; *Dölle* FamR I S. 230; Soergel/*Schurig* Rn. 80; *Kegel/Schurig* IPR § 20 IV 2a S. 696; ähnlich Staudinger/*Mankowski* (2011) Rn. 745. Als „Vertreter in der Erklärung" fassen sie BGHZ 29, 137 (144 ff.) = NJW 1959, 717 und OLG Hamm StAZ 1986, 134 (136 f.) auf; ebenso *Rauscher* StAZ 1985, 102; *Firsching* IPR S. 203. *Neuhaus* RabelsZ 24 (1960), 185, sieht in der einen Vertreter in der Form; *Spellenberg,* FS Schwab, 2005, 1279 (1285 ff.), 1291 eine Form der Nupturientenerklärung. Ausführlicher dazu *Dieckmann* StAZ 1976, 35.

[565] Unter dieser Voraussetzung wird die Formqualifikation der Handschuhehe nahezu einhellig bejaht: Aus der Rspr. BGHZ 29, 137; BGH NJW 1962, 1152; BayOblG StAZ 2001, 66 (67); OLG Zweibrücken StAZ 2011, 371 f. sowie StAZ 2013, 442 f. mAnm *Sturm* StAZ 2013, 412 ff.; OLG Karlsruhe StAZ 1994, 286; KG OLGZ 1973, 435; IPRspr 2004, Nr. 206; OLG Bremen IPRspr. 1974 Nr. 51; OLG Hamm StAZ 1986, 134; LG Stuttgart StAZ 1992, 379; AG Tübingen StAZ 1999, 301 (302). Aus dem Schrifttum *Dieckmann* StAZ 1976, 33; Staudinger/*Mankowski* (2011) Rn. 754; Soergel/*Schurig* Rn. 80; *Rauscher* StAZ 1985, 102; Palandt/*Thorn* Rn. 10; *Sturm* IPRax 2013, 412 ff.; Fachausschuss Standesbeamte StAZ 2015, 117 (119).

[566] OLG Zweibrücken StAZ 2011, 371 ff.; AG Lüdenscheid FamRZ 2016, 1361, 1363; Fachausschuss Standesbeamte StAZ 2015, 117 (119); zweifelnd *Bock* NJW 2012, 122 (124).

allerdings im Einzelfall schwer zu treffen sein[567]). Hierher gehört schließlich auch die mittelbare Stellvertretung (**„Handeln unter fremden Namen"**).[568] Anknüpfungsrelevanter Eheschließungs-ort ist in beiden Fällen der Ort der konstitutiven Trauungszeremonie, also jener Ort, an dem das Trauungsorgan die (entweder brieflich eingehenden oder durch Vertreter abgegebenen) Ehewillens-erklärungen unter Einhaltung der vorgeschriebenen Förmlichkeiten mit eheschließender Wirkung zur Kenntnis nimmt (→ Rn. 131). Dies wird für die Handschuhehe durch Art. 11 Abs. 3 bestätigt und für die Ferntrauung durch Art. 11 Abs. 2 nicht in Frage gestellt, weil Abs. 2 wohl kaum für „Verträge" mit Abschlusszeremonien gilt. Der Ort der Vollmachterteilung ist bei der Handschuhehe unbeachtlich;[569] daher kann ohne Verletzung des ordre public auch ein Deutscher durch Vollmachter-teilung in Deutschland mittels Vertreters in der Erklärung im Ausland eine Handschuhehe schlie-ßen,[570] (im Inland steht der Trauung Art. 13 Abs. 4 S. 1 entgegen; zur Handschuhehe bei Eheschlie-ßung vor einer „ermächtigten Person" gemäß Art. 13 Abs. 4 S. 2 → Rn. 140). Selbst beiderseitige Vertretung in der Erklärung und Beteiligung deutscher Verlobter schadet nicht, wenn das Ortsrecht die Vertretung zulässt.[571] Dem Ortsrecht untersteht nach hM das gesamte Vertretungsverhältnis, jedoch wird man Fehler in der Willensbildung bei der Vollmachterteilung zusätzlich nach dem von Art. 13 Abs. 1 berufenen Recht beurteilen müssen.[572] Bei **formloser Konsensehbeschließung unter Abwesenden** (zB durch Brief, Telegramm oder Telefon) wird der Eheschließungsort durch die Erklärungsabgabe markiert; bei Anknüpfung an das Ortsrecht muss eine solche Eheschließung an beiden Erklärungsabgabeorten zulässig sein (zum Streit um die Anwendbarkeit von Art. 11 Abs. 2 → Rn. 131). Wird eine Konsenserklärung in Deutschland abgegeben, scheitert eine wirksame Ehe-schließung deshalb – unabhängig vom Personalstatut – an Art. 13 Abs. 4 S. 1.

149   **3. Trauungen auf Schiffen und in Flugzeugen.** Die **Schiffstrauung** kann gemäß Art. 11 Abs. 1 Fall 1 theoretisch auch nach dem Heimatrecht beider Verlobter formwirksam sein, doch ist es unwahrscheinlich, dass es sich mit einer Trauungsbefugnis (des Kapitäns) zufrieden gibt, die das **Recht des Flaggenstaates** nicht anerkennt.[573] In der Praxis kommt es deshalb regelmäßig auf die Ortsform an; Trauungsort ist das Schiff, das wiederum vom Recht des Flaggenstaates beherrscht wird. Nach hM hängt daher der Formwirksamkeit von Trauungen durch den Schiffskapitän auf hoher See vom Recht der Flagge ab.[574] Auf deutschen Schiffen ist Kapitänstrauung nicht vorgesehen, ebenso wenig auf ehemals sowjetischen,[575] während sie in anderen Ländern vereinzelt zugelassen ist;[576] Voraussetzungen und Einschränkungen der Trauungsbefugnis nach dem Flaggenrecht (etwa nur Nottrauungen) sind zu beachten.[577] Für Eheschließungen in **Flugzeugen** gilt entsprechend die Maßgeblichkeit des **Rechtes des Registrierungsstaates**.[578] Abgesehen von Flugzeugen am Boden kommt es nicht auf das Recht des Landes an, das gerade überflogen wird.[579] Traubefugnisse des

---

[567] Vgl. AG Offenbach FamRZ 2010, 1561 (1562) (schriftliche Willenserklärung der 16-jährigen Frau im Familienheim im Beisein männlicher Verwandter); dazu *Henssler* StAZ 2011, 6 (9).
[568] *Raape* StAZ 1952, 2 ff.; *Beitzke,* FS Dölle, 1963, 229 ff.; OLG Karlsruhe StAZ 1994, 286; vgl. → Rn. 43. Davon zu unterscheiden sind Fälle, in denen es gar nicht um Stellvertretung ging, sondern um Identitätstäuschung im Zwei-Personen-Verhältnis: Insoweit ist das materielle Eheschließungsrecht betroffen; vgl. auch Staudinger/ *Mankowski* (2011) Rn. 223 f.
[569] OLG Hamm StAZ 1986, 134; BayObLG StAZ 2001, 66 (67).
[570] BGHZ 29, 137; BayObLG StAZ 2001, 66; OLG Bremen IPRspr. 1974 Nr. 51; LG Stuttgart StAZ 1992, 380; vgl. VG Koblenz IPRspr. 1993 Nr. 55; Staudinger/ *Mankowski* (2011) Rn. 756, 758; Soergel/ *Schurig* Rn. 80 (m. älteren Hinw.); *Rauscher* StAZ 1985, 102; Palandt/ *Thorn* Rn. 10; aA mit beachtlichen Argumenten *Rohe* StAZ 2006, 93 (97).
[571] BGH NJW 1962, 1152; KG OLGZ 1973, 435; LG Stuttgart StAZ 1992, 379. Anders noch LG Hamburg IPRspr. 1954/55 Nr. 78 bei einer beidseitigen Handschuhehe zweier Deutscher in Mexiko; einschr. auch Staudin-ger/ *Mankowski* (2011) Rn. 757.
[572] Vgl. *Dieckmann* StAZ 1976, 38; anders OLG Bremen IPRspr. 1974 Nr. 51, das auch auf diese Frage allein das Ortsrecht angewendet hat. Zur Form der Vollmacht *Spellenberg,* FS Schwab, 2005, 1279 (1294 f.).
[573] Vgl. Staudinger/ *Mankowski* (2011) Rn. 740.
[574] Ganz hM; statt vieler Staudinger/ *Mankowski* (2011) Rn. 739; Soergel/ *Schurig* Rn. 81; ausführlich *Dutta* StAZ 2014, 44 ff.
[575] *Marcks* StAZ 1983, 170; zur Ukraine *Habermehl* StAZ 1994, 263 f.
[576] Einzelheiten bei *Figert* RabelsZ 28 (1964), 78; *Sturm* StAZ 1995, 346 f.; zum schwedischen Recht *Kahlstorff* StAZ 1993, 197 f.; zum italienischen Recht *Sölch* StAZ 1997, 44; zum DDR-Schiff „Arkona" *Fritsche* StAZ 1990, 268.
[577] Beispiele bei Staudinger/ *Mankowski* (2011) Rn. 741; ausf. *Dutta* StAZ 2014, 44 (46 f.); zu Schiffen unter maltesischer Flagge auch *Fachausschluss Standesbeamte* StAZ 2013, 228 f.
[578] Beispiel: Italien (für Nottrauungen), Art. 834 C. della navigazione (Voraussetzungen: Lebensgefahr, Verfah-ren entspr. Art. 101 cc, Eintragung ins Bordbuch, Registrierung im Ankunftsland); vgl. *Marcks* StAZ 1983, 169; weitere Länder bei Staudinger/ *Mankowski* (2011) Rn. 742.
[579] *Sturm* StAZ 1995, 343 (346); anders Staudinger/ *Mankowski* (2011) Rn. 743 mwN.

Flugkapitäns sind selten und in aller Regel auf Notfälle begrenzt; das deutsche Recht sieht sie ebenso wenig vor wie die von Schiffskapitänen.[580]

4. Konsularische Eheschließungen Deutscher. Gemäß § 8 Abs. 1 KonsularG vom 11.9.1974 **150** (BGBl. 1974 I S. 2317)[581] waren deutsche Konsularbeamte im Ausland in bestimmten, vom Auswärtigen Amt bezeichneten Konsularbezirken[582] unter bestimmten Voraussetzungen zur Trauung befugt. Diese Kompetenzen deutscher Konsularbeamter sind mit Wirkung vom 1.1.2009 **aufgehoben** (Art. 2 Abs. 7 Nr. 1, 4 PStRG vom 19.2.2007, BGBl. 2007 I S. 122).[583]

Im Prinzip unberührt bleiben hiervon konsularische oder diplomatische Eheschließungen, die in **151** zweiseitigen oder übergreifenden völkerrechtlichen Abkommen anerkannt werden, so etwa Art. 23 des deutsch-sowjetischen Konsularvertrags (BGBl. 1959 II S. 232) oder Art. 6 Haager Eheschließungsabkommen (→ Anh. Art. 13 Rn. 1 ff.) sowie Art. 5 des CIEC-Eheschließungsabkommens (→ Anh. Art. 13 Rn. 6 f.). Nach Wegfall der internrechtlichen Trauungskompetenz deutscher Konsularbeamter laufen diese Ermächtigungen jedoch leer. Möglich bleibt aber die Heirat eines Deutschen im Konsulat des Heimatstaats seines Verlobten.[584]

IV. Wirkung von Formverstößen

Nach unbestrittener Ansicht richtet sich die Wirkung von Formverstößen nach dem „verletzten" **152** Recht, dh nach dem maßgeblichen Formstatut.[585] Dementsprechend ist je nach der Formanknüpfung zu unterscheiden.

1. Bei Inlandstrauungen. Unterliegt die Form der Inlandstrauung gemäß Art. 13 Abs. 4 S. 1 **153** allein dem deutschen Recht, so entscheidet dieses auch über die Folgen von Formfehlern.[586] Bei zulässigen Inlandstrauungen gemäß Art. 13 Abs. 4 S. 2 oder einem Konsularvertrag (→ Rn. 143 f.) unterliegt die Trauungsform den Vorschriften des Entsendestaates, das maßgebliche Recht regelt zugleich die Verletzungsfolgen. Soweit Art. 13 Abs. 4 S. 2 zusätzlich deutsche Formerfordernisse aufstellt, richten sich auch die Verletzungsfolgen nach deutschem Recht: Bei Fehlen der Zulässigkeitsvoraussetzungen des Art. 13 Abs. 4 S. 2 liegt Nichtehe vor (→ Rn. 135). Ob dies auch gilt, wenn die Zulassung zur Trauung gemäß Art. 13 Abs. 4 S. 2 auf einem Behördenfehler beruht (zB deutsche Zweitstaatenangehörigkeit eines Verlobten wird nicht erkannt, → Rn. 137), ist streitig und zweifelhaft.[587] Jedenfalls ist aber von einer Nichtehe auszugehen, wenn die Trauung nicht „vor" der ermächtigten Person stattgefunden hat (→ Rn. 140). In diesen Fällen sind auch ausländische Feststellungsurteile über das Bestehen der Ehe nicht anerkennungsfähig (§ 328 Abs. 1 Nr. 4 ZPO).[588]

2. Bei Auslandseheschließungen. Bei Auslandseheschließungen müssen wiederum mehrere **154** Fälle unterschieden werden:

a) Auslandseheschließungen mit Deutschen. Auslandseheschließungen unter Beteiligung **155** auch nur eines **Deutschen** können grundsätzlich nur in der Form des **Ortsrechts** erfolgen (→ Rn. 146), das daher auch über die Wirkungen von Formfehlern bestimmt.[589] An die Stelle des Ortsrechts tritt bei Trauungen durch den Schiffskapitän auf hoher See das Recht der Flagge (→ Rn. 149), bei konsularischen Trauungen Deutscher nach § 8 aF KonsularG oder Art. 23 deutschsowjetischer Konsularvertrag (→ Rn. 150 f.) das deutsche Recht. Für sonstige zulässige konsularische oder diplomatische Trauungen gilt das dem Trauungsakt zu Grunde gelegte Recht; über die Wirkung unzulässiger konsularischer oder diplomatischer Trauungen entscheidet aber wieder das Ortsrecht.

---

[580] Zum Weigerungsrecht des Standesbeamten, in einem fliegenden Flugzeug zu trauen, s. AG Berlin-Schöneberg StAZ 1994, 118.

[581] Ausführungsvorschriften in letzter Fassung StAZ 1999, 213.

[582] Verzeichnis im Rundschreiben des Auswärtigen Amtes StAZ 1990, 151.

[583] Zu den Hintergründen *Bornhofen* StAZ 2007, 33 (43).

[584] Vgl. Fachausschuss Standesbeamte StAZ 2005, 112 (deutsch/indische Heirat im indischen Konsulat in Shanghai).

[585] BayObLG StAZ 2000, 146; OLG Karlsruhe StAZ 1994, 286 (287); OLG Bremen FamRZ 1975, 209; OLG Braunschweig DAVorm 1998, 329; AG Hannover FamRZ 2002, 1116. Zum entsprechenden Grundsatz bei Fehlen materieller Voraussetzungen → Rn. 109 ff.

[586] Unbestr.; vgl. AG Karlsruhe IPRspr. 1975 Nr. 39 A; AG Pinneberg FamRZ 1978, 893; BSGE 45, 180 = NJW 1978, 2472. Soergel/*Schurig* Rn. 112; Palandt/*Thorn* Rn. 21.

[587] Gegen die hM (Nichtehe, vgl. *Kissner* StAZ 2011, 83 f.) *Johannsen/Henrich* Rn. 15; LG Stuttgart FamRZ 1969, 542 (543 f.); mit anderem Ansatz (Art. 20 Abs. 3 GG; Art. 8 EMRK) *Frank* StAZ 2011, 236 (240 f.).

[588] KG FamRZ 1976, 353; Erman/*Hohloch* Rn. 46. Anders Palandt/*Thorn* Rn. 21; eingeschränkt auch *Bayer/Knörzer/Wandt* FamRZ 1983, 770 (774 ff.); vgl. → Rn. 174.

[589] HM; OLG München IPRspr. 1972 Nr. 45; OLG Bremen IPRspr. 1974 Nr. 51; zust. *Dieckmann* StAZ 1976, 41; LG Hamburg IPRspr. 1977 Nr. 51.

156   **b) Auslandseheschließungen zweier Ausländer.** Für Auslandseheschließungen von **zwei Ausländern** gilt die alternative Formanknüpfung an die Heimatrechte der Verlobten oder an das Ortsrecht (→ Rn. 146). Ist die Eheschließung nach einer Variante wirksam, so bleibt die Verletzung der jeweils anderen unbeachtlich (favor negotii).[590] Kommt es jedoch auf die Heimatrechte an (weil die Ortsform verletzt ist) und liegt nach nur einem von ihnen ein Formverstoß vor, so setzt sich dieses Recht durch (Art. 11 Abs. 1 Alt. 1 iVm Art. 13 Abs. 1): Dies folgt aus der kumulativen Berufung der Heimatrechte in Art. 13 Abs. 1.[591]

157   Umstritten ist die Behandlung von Ausländerheiraten in einem Drittstaat, wenn die Formvorschriften beider Rechte, aber mit **verschiedener Wirkung** verletzt sind. Eine Bevorzugung des Ortsrechts, wenn sich die Verlobten ersichtlich bemüht hatten, diesem zu genügen,[592] ist im Lichte der Alternativanknüpfung in Art. 11 Abs. 1 nicht mehr zu rechtfertigen.[593] Stattdessen ist jene Alternative zu berufen, welche die **mildere Verletzungsfolge** ausspricht.[594] Der Grundsatz des milderen Rechts führt die Begünstigungstendenz des Art. 11 Abs. 1 konsequent durch und ist deshalb richtig. **Innerhalb** der Heimatrechtsalternative (wenn sowohl Ortsrecht wie beide unterschiedlichen Heimatrechte verletzt sind) gibt allerdings die schärfere Rechtsfolge den Ausschlag (Grundsatz des „ärgeren Rechts").[595]

158   Bei zulässigen konsularischen oder diplomatischen Eheschließungen in Drittstaaten entscheidet über Formverletzungsfolgen das dem Trauungsakt zu Grunde gelegte Recht; für die Wirkung nach Ortsrecht unzulässiger konsularischer oder diplomatischer Trauungen gilt das Ortsrecht,[596] im Konkurrenzfall (bei Zulässigkeit nach Heimatrecht) das mildere Recht bei der Alternative zwischen Ortsrecht und Heimatrecht.

159   Bei Trauungen durch Schiffskapitäne auf hoher See richtet sich die Wirkung von Formfehlern nach dem Recht der Flagge (→ Rn. 149).

160   **3. Anwendungsbereich des berufenen Rechtes. a) Grundsatz.** Das für die **Wirkungen** von Formverstößen maßgebende Recht entscheidet über alle Folgen, die sich **für das Eheband** ergeben,[597] namentlich darüber, ob die Ehe ipso iure unwirksam (Nichtehe), anfechtbar („nichtig" iS von vernichtbar; aufheb- oder scheidbar)[598] oder vom Formmangel unberührt ist, ferner wie, innerhalb welcher Fristen[599] und von wem der Mangel geltend zu machen ist,[600] einschließlich der Klagebefugnis des Staatsanwaltes.[601] Das für die Verletzungsfolgen berufene Recht beherrscht auch die Voraussetzungen einer Befreiung sowie die Heilung von Formmängeln.[602]

161   **b) Heilung von Formmängeln nach deutschem Recht.** Deutsches Formstatut (und damit auch Sanktionsstatut) herrscht wegen Art. 13 Abs. 4 S. 1 stets bei **Inlandstrauungen;**[603] es kann aber auch maßgeblich sein bei Auslandsheirat zweier Deutscher, wenn sowohl das Ortsrecht wie das gemeinsame **deutsche Heimatrecht** verletzt ist, letzteres jedoch (möglicherweise wegen vorhandener Heilungsmöglichkeiten) die mildere Sanktion vorsieht (→ Rn. 157); kumulativ zu ausländischem Recht ist deutsches Formstatut auch berufen bei Eheschließung gemäß **Art. 13 Abs. 4 S. 2** (Nichtehe bei mangelnder Ermächtigung der Trauungsperson);[604] schließlich bleibt denkbar, dass fremdes Orts- oder Heimatrecht (Art. 11 Abs. 1) **auf das deutsche Formrecht zurück- oder weiterverweist**[605] (zu einem weiteren Fall → Rn. 164).

---

[590] OLG Hamm FamRZ 1992, 551; allgM.

[591] Erman/*Hohloch* Rn. 56; Staudinger/*Mankowski* (2011) Rn. 762.

[592] So noch RGZ 133, 161; BGH NJW 1972, 385 (386) m. abl. Anm. *Jayme* 1618.

[593] Zutr. Staudinger/*Mankowski* (2011) Rn. 764; *Kegel/Schurig* IPR § 17 V 3a.

[594] Staudinger/*Mankowski* (2011) Rn. 763; Soergel/*Schurig* Rn. 112; Palandt/*Thorn* Rn. 19; *Elwan*, FS Jayme, Bd. I, 2004, 153 (162) (Verhältnis deutsches/ägyptisches Recht).

[595] Soergel/*Schurig* Rn. 112; *Kegel/Schurig* IPR § 17 V 3a; § 20 IV 2a; vgl. AG Kassel StAZ 1998, 181 (nach Ortsrecht und Heimatrecht 1 Nichtehe, nach Heimatrecht 2 wirksam = Nichtehe setzt sich durch).

[596] OLG Köln IPRspr. 1971 Nr. 63.

[597] Staudinger/*Mankowski* (2011) Rn. 438; Soergel/*Schurig* Rn. 98–104, jeweils mit allen Einzelheiten.

[598] BayObLG StAZ 2000, 145 (146) (polnisches Recht: bei Vorliegen einer Heiratsurkunde Nichtigkeitsfeststellung nur durch ein (polnisches) Gericht); OLG Braunschweig IPRspr. 1998 Nr. 58.

[599] KG IPRspr. 1933 Nr. 6; JW 1937, 2522.

[600] BayObLG StAZ 2000, 145 (146).

[601] KG JW 1938, 1242; Soergel/*Schurig* Rn. 104.

[602] Unbestr.; Staudinger/*Mankowski* (2011) Rn. 442; Soergel/*Schurig* Rn. 102; vgl. OLG München StAZ 1993, 151 betr. eine Heilungs-Generalklausel nach nigerianischem Recht; dazu *Bungert* StAZ 1993, 140 ff.; rechtsvergleichender Überblick bei *v. Bar* IPR II Rn. 166.

[603] Auf das Personalstatut der Verlobten kommt es in diesem Fall nicht an, vgl. *Coester*, FS Heldrich, 2005, S. 537 (538 f.); unrichtig Erman/*Hohloch* Rn. 45; Palandt/*Thorn* Rn. 21.

[604] Vgl. → Rn. 138; einschlägige Fälle BayObLG FamRZ 2000, 699; AG Mainz FamRZ 2003, 600.

[605] *Sturm*, FS Rolland, 1999, 373 (377); *Sturm* StAZ 1999, 289 (293) (ungenau S. 294).

aa) Gesetzliche Regelungen. Bei Verstößen gegen die formellen Anforderungen des § 1311 **162**
BGB kann die daraufhin aufhebbare Ehe nach § 1315 Abs. 2 Nr. 2 BGB geheilt werden. Liegt
hingegen wegen Verstoßes gegen § 1310 Abs. 1, 2 BGB (fehlender Standesbeamte) eine Nichtehe
vor, so sieht das positive Recht nunmehr eine Heilungsmöglichkeit in § 1310 Abs. 3 BGB vor. In
beiden Fällen wirkt die Heilung auf den Zeitpunkt der Eheschließung zurück, dh diese gilt als von
Anfang an wirksam.[606] Beide Heilungsvorschriften sind Bestandteil des deutschen Sachrechts zur
Eheschließungsform[607] und setzen dessen Anwendbarkeit voraus (→ Rn. 161), sie haben keinen
kollisionsrechtlichen Gehalt[608] (aber → Rn. 168). Allerdings scheint es vertretbar, bei grundsätzlich
ausländischem Formstatut die Vorschrift des § 1310 Abs. 3 BGB auch dann anzuwenden, wenn ein
deutscher Standesbeamter einen der dort aufgezählten Vertrauenstatbestände gesetzt hat.[609] Dies setzt
voraus, dass man § 1310 Abs. 3 BGB weniger als Heilung einer früheren, fehlerhaften Eheschließung
begreift,[610] sondern eher als Fiktion einer Ehe auf Grund eines auf einem Staatsakt aufbauenden
Vertrauens auf den Bestand einer Ehe, dh als konstitutiven (wenngleich rückwirkenden) Begrün-
dungstatbestand einer Ehe mit einer eigenständigen kollisionsrechtlichen Formanknüpfung an das
Ortsrecht. Der Gesetzeswortlaut lässt diese Deutung zu;[611] die rechtspolitische Schutzwürdigkeit der
Beteiligten (jedenfalls für den deutschen Rechtsraum) unterscheidet sich nicht von den regulären
Anwendungsfällen der Norm (Beispiel: nur-religiöse Eheschließung in der Schweiz, deutscher Standesbeamter trägt Geburt eines gemeinsamen Kindes in das Geburtenbuch ein mit Hinweis auf die
(vermeintliche) Elternehe gemäß § 21 Abs. 3 Nr. 2 PStG[612] – all dies bei (a) deutschen Eltern
(gemäß Art. 11 Abs. 1 Alt. 1, Art. 13 Abs. 1 deutsches Formstatut),[613] (b) schweizerischen Eltern
(grundsätzlich schweizerisches Formstatut); beide Paare leben sodann weiterhin zehn Jahre „als Ehegatten" miteinander).

Im Rahmen der Tatbestände von § 1310 Abs. 3, § 1315 Abs. 2 Nr. 2 BGB ist es im Übrigen **163**
gleichgültig, ob die (vermeintlichen) Ehegatten deutsche oder ausländische Staatsangehörigkeit
haben[614] und in welchem Land oder Ländern die „Wartezeiten" von zehn bzw. fünf Jahren gelebt
worden sind.[615] Auch muss der in beiden Vorschriften unverzichtbare Ehekonsens nicht in Deutschland erklärt worden sein: § 1310 Abs. 3 BGB ist insoweit völlig offen (Beispiel: zwei Deutsche
heiraten in der Türkei in religiöser Form).[616] § 1315 Abs. 2 Nr. 2 BGB setzt zwar die Anwendbarkeit
von § 1311 BGB voraus, der bei deutschem Formstatut aber auch im Ausland Geltung beansprucht
(Beispiel: verdeckte Handschuhehe zweier Deutscher in Frankreich; Ortsrecht (Art. 75 fr. c. c.) wie
Heimatrecht (§ 1311 S. 1 BGB) sind verletzt). Schließlich sollte man bei grundsätzlich deutschem
Formstatut im Rahmen des § 1310 Abs. 3 BGB auch genügen lassen, wenn der neben Ehekonsens
und Wartezeit erforderliche staatliche Vertrauenstatbestand (§ 1310 Abs. 3 Nr. 1–3 BGB) nicht vom
deutschen Standesbeamten, sondern von einer funktional vergleichbaren ausländischen Stelle gesetzt
ist (Substitution; zB Zivilstandsbeamter in der Schweiz, civil registrar in Großbritannien).[617] Hierzu
können auch Geistliche gehören, wenn sie vom Staat mit der Personenstandsführung beliehen sind.[618]

bb) Sonstige Heilungsansätze. Die rigiden Sanktionen der nationalen Sachrechte für Formfeh- **164**
ler bei der Eheschließung, insbesondere die Nichtehe beim Fehlen eines Standesbeamten, werden oft
als unproportional empfunden (auch im Vergleich zu Sanktionen bei materiellen Fehlern). Deshalb
ist seit jeher, auch schon vor Erlass der jetzt geltenden Heilungsvorschriften von § 1310 Abs. 3,

---

[606] Vgl. BayObLG FamRZ 2000, 699 (701) (Pflicht der Standesbeamten zu entspr. Vermerken in den Personenstandsbüchern); zur geringen praktischen Bedeutung des § 1310 Abs. 3 BGB *Sturm* StAZ 1999, 289 (296); *Frank,*
FS Pintens, 2012, 607 (616).

[607] S. die Erl. zu § 1310 und § 1315 BGB; *Kropholler* IPR § 44 II 1c.

[608] *Sturm,* FS Rolland, 1999, 373 (377); *Sturm* StAZ 1999, 289 (293); *v. Bar/Mankowski* IPR I § 4 Rn. 183.

[609] So *Wagenitz/Bornhofen,* HdB des Eheschließungsrechts, 1998, Rn. 4–41; *Coester,* FS Heldrich, 2005, 537
(546).

[610] So bei Heilung durch Statutenwechsel, → Rn. 20, 165.

[611] Vgl. BGH FamRZ 2003, 838 (840) (in anderem Zusammenhang).

[612] Zu § 33 PStV aF AG Mainz FamRZ 2003, 600; zum neuen Recht *Gaaz/Bornhofen* PStG, 2008 § 21
Rn. 55 f.

[613] Nach schweizerischem (Orts-)Recht liegt eine unheilbare Nichtehe vor, *Hegnauer/Breitschmid,* Grundriss
des Eherechts, 4. Aufl. 2000, Rn. 7.03, 7.04; das deutsche (Heimat-)Recht erweist sich im Hinblick auf § 1310
Abs. 3 BGB als das „mildere" (→ Rn. 157, 161).

[614] NK-BGB/*Andrae* Rn. 107; Fachausschuss Standesbeamte StAZ 2006, 266 f. (religiöse Eheschließung von
zwei Pakistani in Deutschland).

[615] BayObLG FamRZ 2000, 699 (701); *Sturm* StAZ 1999, 289 (293).

[616] Vgl. *Sturm* StAZ 1999, 289 (293 f.).

[617] So *Sturm* StAZ 1999, 289 (294); *Coester,* FS Heldrich, 2005, 537 (539 f.); dagegen *Barth/Wagenitz* FamRZ
1996, 833 (843 f.).

[618] *Sturm* StAZ 1999, 289 (294) mit Beispiel Dänemark.

§ 1315 Abs. 2 Nr. 2 BGB über außergesetzliche Wege nachgedacht worden, die zur Heilung von Nichtehen führen könnten – sowohl auf kollisionsrechtlicher wie auf sachrechtlicher Ebene. Für diese Überlegung ist auch nach dem Eheschließungsreformgesetz 1998 legitimer Raum: Die Reform hat sich mit § 1310 Abs. 3 BGB zwar erstmalig der Heilung von Nichtehen angenommen, aber – entgegen der Auffassung des BGH – keine abschließende, andere rechtliche Ansätze verdrängende Regelung geschaffen.[619] Zum einen ist der Heilungsansatz in § 1310 Abs. 3 BGB nur lückenhaft (die meisten der bisher in der deutschen Rechtsprechung entschiedenen Fälle (→ Rn. 167) wären von ihm nicht erfasst worden),[620] zum zweiten könnte der Gesetzgeber weitergehende Heilungsansätze jedenfalls insoweit gar nicht ausschließen, als sie aus der Verfassung (Art. 6 Abs. 1 GG) geboten sind.[621]

165   Auf **kollisionsrechtlicher Ebene** kommt eine **Heilung durch Statutenwechsel** unter denselben Voraussetzungen in Betracht wie bei materiellen Eheschließungsmängeln (→ Rn. 17–21).[622] Daneben wurde – ausgehend von grundsätzlich selbständiger Vorfragenanknüpfung – vorgeschlagen, die Vorfrage „Ehe" im Tatbestand von Ehewirkungsnormen **„unselbständig" anzuknüpfen** und damit im Ergebnis die Beurteilung der Ehewirksamkeit einem anderen Sachrecht zu überantworten.[623] Ob dies tatsächlich zur Heilung führt, ist aber keineswegs gesichert, sondern allenfalls ein Zufallsergebnis; außerdem erfolgt eine solche „Heilung" immer nur im Hinblick auf einzelne Ehewirkungen, eine Heilung im **Status** (mit Ausstrahlung auf alle Folgewirkungen) kann so nicht erreicht werden.[624] Nicht beizupflichten ist schließlich dem Versuch, **international-verfahrensrechtlich** dadurch zu einer Heilung zu kommen, dass trotz unwirksamer Inlandstrauung eine **ausländische Feststellungsentscheidung** über das Bestehen der Ehe **anerkannt wird**.[625]

166   Auch auf **sachrechtlicher Ebene** sind verschiedene Heilungsmöglichkeiten in Betracht gezogen worden. Dies setzt deutsches Form- und Heilungsstatut voraus (s. die folgenden beiden → Rn. 167, 168), kann über den Gesichtspunkt des ordre public aber ausnahmsweise auch gegenüber ausländischem Formstatut durchschlagen (→ Rn. 168). Durch die Eheschließungsreform 1998 erledigt hat sich allerdings der zum alten Recht gemachte Vorschlag, die Nichtehe einer nichtigen Ehe analog gleichzustellen und ihr damit die Heilungsmöglichkeit des § 17 Abs. 2 EheG aF zugängig zu machen.[626] Die Rechtsfigur der „nichtigen Ehe" gibt es im deutschen Sachrecht nicht mehr, funktionales Äquivalent für § 17 Abs. 2 EheG aF ist jetzt § 1315 Abs. 2 Nr. 2 BGB, bezogen auf die aufhebbare Ehe. Allenfalls zu dieser Norm könnte nunmehr eine Analogie erwogen werden.[627] Dies ist aber ausgeschlossen, da der Gesetzgeber mit § 1310 Abs. 3 BGB eine Sonderregelung für die Nichtehe getroffen hat; die kumulative (analoge) Anwendung des § 1315 Abs. 2 Nr. 2 BGB würde die strengeren Tatbestandsvoraussetzungen des § 1310 BGB gegenstandslos machen und damit dem Wertungsplan des Gesetzgebers zuwiderlaufen. Eine Heilung aus anderen, außergesetzlichen Erwägungen heraus ist damit aber nicht verschlossen.[628]

167   Ausgangspunkt für solche Erwägungen muss der Eheschutz des Art. 6 Abs. 1 GG sein. Das **BVerfG** hat im **„Witwenrentenfall"** festgestellt, dass die standesamtliche Form zwar wesentliches Element des deutschen Rechts sei, mit dem die Öffentlichkeit des Ehestatus und die Rechtssicherheit gewährleistet würden. Die Form sei jedoch nicht unverzichtbare Voraussetzung des verfassungsrecht-

---

[619] So aber BGH FamRZ 2003, 838 (840), im Anschluss an *Wagenitz/Bornhofen,* HdB des Eheschließungsrechts, 1998, Rn. 4–45; *Mäsch* IPRax 2004, 421 (424); *Hohloch* JuS 2003, 921 (923); wie hier dagegen *Barth/Wagenitz* FamRZ 1996, 833 (844); *Hepting/Gaaz* Rn. III-295; *Hepting* FamRZ 1998, 713 (726); *Sturm* StAZ 1999, 289 (295); *Pfeiffer* LMK 2003, 128 f.; wohl auch *Finger* FuR 1996, 124 (126). Unentschieden BeckOK BGB/*Hahn* BGB § 1310 Rn. 16.

[620] Vgl. *Sturm* StAZ 1999, 289 (295): „behutsamer, ja fast ängstlicher Schritt"; *Hepting* FamRZ 1998, 713 (726): lückenhaft, halbherzige Regelung; *Frank,* FS Pintens, 2012, 607 (616 f.).

[621] *Coester,* FS Heldrich, 2005, 537 (540 f.); Bedenken auch bei *Borgmann* FamRZ 2003, 844 (846).

[622] Speziell zu formnichtigen Ehen s. *Coester,* FS Heldrich, 2005, 537 (541 f.); *Frank,* FS Pintens, 2012, 607 (619 f.).

[623] So vor allem *Bosch* FamRZ 1981, 767; *Wengler* NJW 1981, 2617; *Wengler* IPRax 1987, 164; BayObLGZ 1986, 155; OLG Karlsruhe FamRZ 1983, 757.

[624] Zutr. die Kritik bei *Hepting* IPRax 1994, 355 (358); Staudinger/*Mankowski* (2011) Rn. 538 ff.; vgl. auch *Frank,* FS Pintens, 2012, 607 (618 f.).

[625] So Palandt/*Thorn* Rn. 21; *Bayer/Knörzer/Wandt* FamRZ 1983, 770 (774 ff.); NK-BGB/*Andrae* Rn. 113; vgl. → Rn. 153; zur Brüssel IIa-VO → Rn. 174; s. auch *Coester,* FS Heldrich, 2005, 537 (542).

[626] Dazu *Henrich* RabelsZ 37 (1973), 230 (242); *Coester* StAZ 1988, 122 (128 f.); *Hepting* IPRax 1994, 355 (357, 360); befürwortend LG Kleve FamRZ 1964, 365; abl. BGH FamRZ 2003, 838 (839); OLG Köln IPRax 1994, 371 (372).

[627] Übersehen von Staudinger/*Mankowski* (2011) Rn. 529 f.

[628] Anders demgegenüber BGH FamRZ 2003, 838 (839) (die Analogie (zu § 17 Abs. 2 EheG aF) würde das Prinzip der standesamtlichen Ehe auflösen): Das könnte gegen *jede* Heilung durch Zeitablauf eingewandt werden.

lichen Eheschutzes; dieser Schutz komme auch Verbindungen zu, bei denen Ehekonsens und Öffentlichkeit des Status in anderer Weise gesichert seien – etwa durch förmliche (wenngleich nicht standesamtliche) Heirat, jahrelanges Eheleben und Anerkennung als Ehe jedenfalls in einer anderen Rechtsordnung („hinkende Ehe").[629] Das BVerfG hat im Hinblick auf Art. 6 Abs. 1 GG die Anerkennung der Ehe auch in Deutschland „jedenfalls" im Rahmen der Witwenversorgung für geboten erachtet. Hieraus wird zum Teil gefolgert, die Verfassung erlaube bzw. gebiete (nur) die Herausbildung eigenständiger Ehebegriffe für einzelne Ehefolgenbereiche, wie zB das Sozialrecht.[630] Diese Sicht greift zu kurz bzw. ist jedenfalls nicht abschließend. Die Argumentation des BVerfG ist tendenziell weiterreichend.[631] Die Gerichte haben, gestützt auf die Witwenrentenentscheidung des BVerfG, auch Heilung von Nichtehen in weitergehendem Umfang angenommen.[632] Das Vorliegen einer „hinkenden", also im Ausland für wirksam erachteten Ehe ist dabei ein wichtiger, aber nicht unverzichtbarer Gesichtspunkt.[633] Daneben wird die Heilung von Nichtehen (wegen Fehlens des Standesbeamten) vor allem für zwei Fallgruppen vorgeschlagen: (1) Wenn es den Verlobten in Zeiten staatlicher Desorganisation (Kriegswirren, Umsturz etc) praktisch unmöglich oder unzumutbar war, die vorgeschriebene Form einzuhalten,[634] oder (2) wenn sie hinsichtlich der Wirksamkeit ihrer Eheschließung gutgläubig jahrelang[635] und öffentlich anerkannt als Ehepartner zusammengelebt haben und damit die Formzwecke faktisch weitgehend erreicht sind.[636] Die in vielen Rechtsordnungen anerkannte Rechtsfigur der „Putativehe"[637] wird damit über den verfassungsrechtlichen Eheschutz des Art. 6 Abs. 1 GG zum Bestandteil auch des deutschen Rechts.[638] Wer demgegenüber eine Heilung im Status ablehnt, wird zumindest wesentliche Versorgungsansprüche aus der Ehe – über die Witwenrente hinaus zB Unterhalt oder Versorgungsausgleich – aus dem „verfassungsrechtlichen Ehebegriff" des BVerfG ableiten müssen.[639]

---

[629] BVerfGE 62, 323; vgl. auch LSG Hamburg FamRZ 1986, 994; dazu *Müller-Freienfels,* Ehe und Recht, 1962, 643 ff.; *v. Bar* NJW 1983, 1929; *Behn* ZBlJR 1982, 177; *Wengler* IPRax 1984, 68; *Schurig,* FS Kegel, 1987, 549 ff. (572); Staudinger/*Mankowski* (2011) Rn. 531 ff. Vgl. aber auch BSG IPRspr. 1989 Nr. 82 (keine Heilung, wenn dadurch Wegfall von Witwenrente); BSG NJW 1995, 3270 (keine „Heilung" bei gewollt nicht-ehelicher Gemeinschaft; zust. *Ruland* NJW 1995, 3234).

[630] BGH FamRZ 2003, 838 (840); OLG Frankfurt a. M. FamRZ 2014, 1106 (1109); Staudinger/*Mankowski* (2011) Rn. 532 ff. mwN.

[631] Zutr. *Borgmann* FamRZ 2003, 844 (846); *Mäsch* IPRax 2004, 421 (424); NK-BGB/*Andrae* Rn. 109; s. auch *Coester* StAZ 1988, 122 (128 f.); *Hepting* IPRax 1994, 355 (360). *Frank,* FS Pintens, 2012, 607 (622) verweist zusätzlich auf den Familienschutz nach Art. 8 EMRK, der durch Ignorierung jahrelang gutgläubig gelebter Familienbeziehungen verletzt sein könnte.

[632] SozG Hamburg FamRZ 2007, 47 (48); OLG Köln IPRax 1994, 371 will gemäß § 37 Abs. 1 Nr. 2 PStG aF den Eintrag des überlebenden Partners als Ehegatten zulassen; wesentlich zurückhaltender BayObLG StAZ 1994, 377 (379) (zwar Eintragung des überlebenden Partners im Sterbebuch, aber mit dem Zusatz, dass die Eheschließung nach deutschem Recht nicht wirksam ist); im Ergebnis ebenso KG StAZ 1996, 204; AG Hannover FamRZ 2002, 1116 (1118); abl. LG Bonn IPRspr. 1993 Nr. 81 (Vorentscheidung zu vorstehend OLG Köln).

[633] BGH FamRZ 2003, 838 (840) spielt ihn tendenziell herunter. Für unverzichtbar hält ihn offenbar *Mäsch* IPRax 2004, 421 (424). Die Unwirksamkeit einer muslimischen Trauung in einer deutschen Moschee auch im Heimatstaat Syrien führte in NdsOVG NJW 2005, 1739 f. zur Versagung des Aufenthaltsschutzes.

[634] BGH IPRspr. 1971 Nr. 123; OLG München IPRspr. 1968/69 Nr. 68; IPRspr. 1972 Nr. 45; OLG Stuttgart FamRZ 1963, 39; BVerwG IPRspr. 1985 Nr. 57; *Neuhaus* IPR S. 235, 394; *Thomas,* Formlose Ehen, 1973, 132; *v. Bar* IPR II Rn. 170; Staudinger/*Mankowski* (2011) Rn. 522 ff. (vor allem am Beispiel der Bukowina-Ehen); Soergel/*Schurig* Rn. 80.

[635] Eine starre Mindestdauer sollte nicht gefordert werden; jedenfalls wären 20 Jahre (so jurisPK-BGB/*Mäsch* Rn. 59) zu lang.

[636] *Thomas,* Formlose Ehen, 1973, 138 ff.; *Henrich* RabelsZ 37 (1973), 230; *v. Schwind* RabelsZ 37 (1973), 217 (223); *v. Schwind* RabelsZ 38 (1974), 523 f.; *v. Schwind* RabelsZ 38 (1974), 667 (670); *Neuhaus,* FS Schwind, 1978, 223; *Neuhaus,* Ehe und Kindschaft in rechtsvergleichender Sicht, 1979, 115; *Steding,* Der rechtliche Schutz nichtstandesamtlich geschlossener Ehen, 1985; *Coester* StAZ 1988, 122 (127 ff.); *Hepting* IPRax 1994, 355 (360); Staudinger/*Mankowski* (2011) Rn. 544. Dem haben sich vereinzelt auch Gerichte angeschlossen: OLG Hamburg StAZ 1982, 10; OLG Köln FamRZ 1994, 891; AG Kassel StAZ 1980, 155; LSG BW FamRZ 1977, 259; BVerwG IPRspr. 1985 Nr. 57; VG Berlin FamRZ 1955, 70. Zur faktischen Erreichung der Formzwecke vor allem vorstehend OLG Köln, *Thomas* und *Hepting.*

[637] Vgl. *Coester* StAZ 1988, 122 (129); *Henrich* RabelsZ 37 (1973), 230 ff. mwN.

[638] Wie hier vor allem auch *Hepting* IPRax 1994, 355 ff.; Staudinger/*Mankowski* (2011) Rn. 542–544; *Coester,* FS Heldrich, 2005, 537 (543 ff.). Die gegenteilige Auffassung des BGH (FamRZ 2003, 838 ff.) dürfte vor dem BVerfG keinen Bestand haben: Der BGH meint in geradezu anstößiger Weise, der Gatte einer (hinkenden) Nichtehe hätte sich nach 26 Jahren privaten wie öffentlichen Lebens „als Ehegatten" auf seine formal-eherechtliche Verantwortungslosigkeit berufen können, ebenda S. 840. Dem BGH zust. *Hohloch* JuS 2003, 921; Erman/*Hohloch* Rn. 45.

[639] So *Mäsch* IPRax 2004, 421 (424); OLG Frankfurt a. M. FamRZ 2014, 1106 (1109), in Anlehnung an BayObLG FamRZ 1995, 602.

168 **c) Folgen nach ausländischem Recht.** Beherrscht ausländisches Recht die Folgen von Formverletzungen und damit auch die Heilungsmöglichkeiten, so sind die Ergebnisse solange hinzunehmen, wie sie nicht dem deutschen ordre public (Art. 6) widersprechen.[640] Dies wird bei über die deutschen Regelungen hinausgehenden Heilungsvorschriften nur dann der Fall sein, wenn damit Ehen zur Wirksamkeit verholfen wird, die materiell gegen die deutsche Grundordnung verstoßen (zB Kinderehen; erzwungene Ehen). Bleibt das maßgebliche Recht hinter dem deutschen zurück, so können deutsche Vorstellungen ebenfalls nur über den ordre public eingebracht werden. Dabei können zwei – sich teilweise überschneidende – Ansätze unterschieden werden: So wird zum einen erwogen, **exzessiv harte** („überschießende") **Sanktionen** auf vergleichsweise geringfügige Formverletzungen mit Hilfe des Art. 6 zu mildern, sei es dadurch, dass man die Nichtehe als vorgeschriebene Wirkung eines unterlassenen Aufgebots durch Ehevernichtbarkeit ersetzen[641] oder unheilbare Formfehler der Heilungsvorschrift des § 1315 Abs. 2 Nr. 2 BGB unterwerfen[642] oder gar ganz allgemein die Folge der Nichtehe auf Verbindungen ohne jeglichen mit Ehescheiin ausgestatteten Trauungsakt beschränken möchte.[643] Dieser Ansatz ist insgesamt durch die Unsicherheit der Feststellung belastet, wann eine Sanktion das angemessene Verhältnis zur Schwere des Formfehlers dermaßen überschreitet, dass die Anrufung des Art. 6 gerechtfertigt erscheint. Bei dem zweiten Ansatz geht es um die **Heilung schutzwürdiger Ehegemeinschaften.** Hier ist vorab zu klären, inwieweit die in → Rn. 167 dargestellten Heilungsregeln des deutschen Eheschließungsrechts zum ordre public gehören, dh hier von Verfassung wegen geboten sind.[644] Da die Aussagen des BVerfG im Witwenrenteurteil richtigerweise so zu verstehen sind, dass sie auch über den Fall einer hinkenden Ehe hinaus Bedeutung erheischen (→ Rn. 167), wird man – hinreichenden Inlandsbezug unterstellt – zum deutschen ordre public die Heilungsmöglichkeit jedenfalls solcher formfehlerhaften „Ehen" rechnen müssen, bei denen der gute Glaube der Partner eine vernünftige Basis hatte[645] und sie daraufhin jahrelang und öffentlich als „Eheleute" zusammengelebt hatten (insbesondere mit gemeinsamen Kindern).[646] Hat ein deutscher Standesbeamter einen der in § 1310 Abs. 3 genannten Vertrauenstatbestände gesetzt, bedarf es der Berufung auf den ordre public nicht mehr, hier tritt Heilung kraft deutschen Sachrechts ein (→ Rn. 162).

169 **d) Folgewirkungen einer Ehebeseitigung.** Für die Folgewirkungen einer Ehebeseitigung auf das Verhältnis der Gatten zueinander, auf die Stellung der Kinder und auf den Namen gilt das Gleiche wie bei Fehlen sachlicher Ehevoraussetzungen (→ Rn. 119).

E. Recht der ehemaligen DDR

170 Da sowohl das Sachrecht wie das im RAG geregelte Kollisionsrecht der DDR[647] mit dem 3.10.1990 außer Kraft getreten und weitgehend durch westdeutsches Recht ersetzt worden sind (Art. 230, 234, 236 § 1), ergeben sich für spätere Eheschließungen mit Bezug zu den östlichen Bundesländern keine Besonderheiten mehr. Das gilt grundsätzlich auch für die Wirkungen früher geschlossener Ehen ab diesem Stichtag (Art. 236 §§ 2, 3). Für die Wirksamkeit von Eheschließungen vor dem 3.10.1990 (Altfälle) ist nach dem Einigungsvertrag hingegen noch das „bisherige Recht" berufen, also je nach interlokalrechtlicher Weichenstellung das Recht der BRD oder der DDR (Einigungsvertrag Anlage I, Kap. III Sachgebiet B Abschn. III Nr. 11 Buchst. a–d).[648] Für diese „Altfälle" ist die aus der Teilung Deutschlands folgende interlokale Problematik nach wie vor relevant (vgl. hierzu sowie zu intertemporalen Fragen 4. Aufl. 2001, Art. 236 Vor § 1 Rn. 2–4; § 1 Rn. 15 ff.; *Hohage,* Deutsch-deutsches Eherecht und Ehekollisionsrecht, 1996).

[640] Vgl. OLG Oldenburg IPRax 2001, 143 (144).
[641] Vgl. *Ferid* JZ 1953, 255.
[642] Vgl. LG Hamburg IPRspr. 1977 Nr. 51; Staudinger/*Gamillscheg* Rn. 889; *Henrich* RabelsZ 37 (1973), 230 ff.; *Sturm* StAZ 1995, 349 (alle noch mit Bezug auf § 17 Abs. 2 EheG aF).
[643] *Henrich* RabelsZ 37 (1973), 230 ff.; dagegen *Bayer/Knörzer/Wandt* FamRZ 1983, 771.
[644] *v. Bar* IPR II Rn. 171; bejahend *Neuhaus,* FS Schwind, 1978, 223 (236); wohl auch Staudinger/*Mankowski* (2011) Rn. 543, 544.
[645] Folgerichtig keine „Heilung" bei gewollt nichtehelicher Gemeinschaft, BSG NJW 1995, 3270; zust. *Ruland* NJW 1995, 3234.
[646] *Coester,* FS Heldrich, 2005, 537 (544 f.).
[647] Dazu 2. Aufl. 1990, Einl. Rn. 150, 203b.
[648] BGBl. 1990 II S. 954; vgl. *Orth* in Schwab/Reichel, Familienrecht und deutsche Einigung, 1991, 163 ff.; Erman/*Hohloch* Rn. 11.

F. Verfahrensfragen

I. Internationale Zuständigkeit

Im Eheschließungsrecht stellt sich die Frage der internationalen Zuständigkeit von Gerichten **171** bei Aufhebungsklagen, Anfechtungs- oder Nichtigkeitsklagen nach ausländischem Recht oder bei Feststellungsklagen bezüglich des Bestehens oder Nichtbestehens einer Ehe. In erster Linie und vorrangig bestimmt sich die internationale Zuständigkeit nach der **Brüssel IIa-VO** (= EuEheVO).[649] Für den hier interessierenden Themenbereich spricht Art. 1 Abs. 1 lit. a Brüssel IIa-VO zwar nur von „Ungültigerklärung einer Ehe", was in engem Sinne nur die Nichtigkeitsklage umfassen würde. Nach einhelliger Ansicht ist jedoch jedenfalls auch die Aufhebungsklage von der Brüssel IIa-VO mitumfasst, entweder als Sonderform der „Ungültigerklärung" oder der „Scheidung".[650] Gleiches sollte aber auch für Klagen auf Feststellung des Nichtbestehens einer Ehe gelten.[651] Positive Feststellungsklagen fallen hingegen nicht unter die Brüssel IIa-VO;[652] andernfalls würden ausländische Urteile, die das Bestehen einer Ehe feststellen, die in Deutschland eine Nichtehe ist (zB religiöse Eheschließung in Deutschland), in Deutschland Wirkungen entfalten und damit Wertungswidersprüche verursachen.[653] Die Zuständigkeitsregeln der Brüssel IIa-VO verstehen sich weitgehend als **ausschließliche,** dh sie verdrängen das autonome nationale Recht (§ 97 FamFG). Nur in eher seltenen Fällen (Eheverfahren in einem Mitgliedstaat der EU (außer Dänemark), Antragsgegner hat weder Staatsangehörigkeit noch gewöhnlichen Aufenthalt in einem Mitgliedstaat) kann – subsidiär zu den Zuständigkeitsvorschriften Brüssel IIa-VO – auf das nationale IZPR in Deutschland, also auf § 98 FamFG zurückgegriffen werden (Art. 6, 7 Brüssel IIa-VO).[654] Die internationale Zuständigkeit nach der Brüssel IIa-VO basiert schwerpunktmäßig nicht auf der Staatsangehörigkeit, sondern auf dem Aufenthaltsprinzip (Art. 2 Brüssel IIa-VO). Die Verordnung regelt auch den maßgeblichen Zeitpunkt, in dem die Zuständigkeitsvoraussetzungen vorliegen müssen, wie auch die Wirkung früherer ausländischer Rechtshängigkeit (Art. 19 Brüssel IIa-VO).

II. Verfahren und Bedeutung ausländischer Eheschließungen

Verfahrensart und Verfahrensablauf sowie Beweisfragen werden grundsätzlich vom deutschen Verfahrensrecht als lex fori beherrscht.[655] **Ausländische Eheschließungen** können mit jedem geeigneten Mittel (auch Zeugenaussage, eidesstattliche Versicherungen) nachgewiesen werden,[656] insbesondere genügt ein amtlicher Trauschein. Damit ist der Ehestatus für das Inland jedoch noch nicht etabliert: Für die Eheschließung als behördlicher oder privater Akt scheidet eine **verfahrensrechtliche Anerkennung** aus (zu dieser bei Gerichtsentscheidungen → Rn. 173 ff.). Das in Art. 9 Haager Eheschließungsübereinkommen vorgesehene „Anerkennungsprinzip" zwischen den Vertragspartnern gilt in Deutschland nicht (→ Rn. 2), eine entsprechende Regelung im internen deutschen Recht (wie zB Art. 45 Abs. 1 schweiz. IPG)[657] fehlt. Deshalb kommt nur eine **„materiellrechtliche Anerkennung"** in Frage, dh es wird (inzident oder im Rahmen eines isolierten Feststellungsverfah-

---

[649] Diese Verordnung hat die EuEheVO aF (= Brüssel II-VO) Nr. 1347/2000 abgelöst; die Literaturzitate im Folgenden beziehen sich zT noch auf diese ältere Verordnung; beide Verordnungen stimmen jedoch in Ehesachen sachlich (abgesehen von der Artikelzählung) weitgehend überein. Zur Brüssel IIa-VO s. generell *Rauscher/Rauscher* EuZPR/EuIPR (2015) S. 3 ff.; *Staudinger/Spellenberg*, Internationales Verfahrensrecht in Ehesachen 1, Europäisches Recht:Brüssel IIa-VO (2015); zur ausländischen Rechtshängigkeit in Ehesachen *Wagner* FPR 2004, 286 ff.; zum IntFamRVG vom 26.1.2005 vgl. *Schlauß* FPR 2004, 279 ff.

[650] Johannsen/Henrich/*Henrich* ZPO § 606a Rn. 3; *Kropholler* EuZPR, 8. Aufl. 2005, Einl. Rn. 86; *Hau* FamRZ 1999, 484 (485).

[651] Str., wie hier BLAH/*Hartmann* EuEheVO Art. 1 Rn. 4; *Hau* FamRZ 2000, 1337; *Pirrung* ZEuP 1999, 843. Anders *Helms* FamRZ 2001, 257 (260); MüKoFamFG/*Gottwald* Brüssel IIa-VO Art. 1 Rn. 8.

[652] Anders *Rauscher* EuZPR/EuIPR Brüssel IIa-VO Art. 1 Rn. 13 ff.; s. aber folgende Fn.; *Gruber* FamRZ 2000, 1130; *Schlosser* EU-Zivilprozessrecht EuEheVO Art. 1 Rn. 2.

[653] *Simotta*, FS Geimer, 2002, 1145 ff.; *Rauscher* EuZPR/EuIPR Brüssel IIa-VO Art. 1 Rn. 15 will dem Problem durch Ausschluss der Anerkennungspflicht gemäß Art. 21 ff. EuEheVO Rechnung tragen.

[654] Näher MüKoZPO/*Gottwald* Brüssel IIa-VO Art. 8 Rn. 3.

[655] Diff. *Geimer* InZivilProzR Rn. 319 ff.; *Kegel* IPR S. 609; Zöller/*Geimer* ZPO § 606a Rn. 10 f.; MüKoZPO/*Walter* ZPO § 606a Rn. 9. Zu Qualifikationsfragen → Einl. IPR Rn. 114 ff.; OLG Düsseldorf FamRZ 1993, 187, 188 und 1083, 1085; *Kotzur* IPRax 1993, 308. Zum Prinzip der Amtsermittlung (§ 26 FamFG bzw. § 12 FGG aF) und Beweisfragen BayObLG StAZ 1997, 100 (101).

[656] BayObLG IPRspr. 1988 Nr. 59; VGH Baden-Württemberg StAZ 2007, 279 (280); LG Stralsund StAZ 2006, 328 (329); *Schulte-Mörsdorf* NJW 2007, 1331 (1333); *Klein* StAZ 2008, 33 (34); abw. OVG NRW NJW 2007, 314.

[657] Dazu *Siehr* IPRax 2007, 33.

rens) geprüft, ob nach den Grundsätzen des deutschen Kollisionsrechts (Art. 13, 11) eine wirksame Ehe oder gemäß Art. 17b zumindest eine eingetragene Lebenspartnerschaft zustande gekommen ist. Die Ablösung dieses kollisionsrechtlichen Ansatzes durch ein übergreifendes **Anerkennungsprinzip** wird diskutiert[658] und ist für einen Einzelaspekt (Freizügigkeit und Aufenthaltsfreiheit für Ehegatten) sogar unionsrechtlich vorgegeben (Art. 2 Abs. 2a RL 2004/38/EG).[659] Das Gleiche gilt für die Anerkennung gerichtlicher Entscheidungen innerhalb der EU (→ Rn. 174). Die unionsrechtliche Bewertung im Übrigen ist jedoch umstritten,[660] und die internationalprivatrechtliche Grundsatzdiskussion – auch mit Blick auf das Verhältnis zu Drittstaaten – steckt noch in den Anfängen. Es bleibt deshalb einstweilen nur die „materiellrechtliche Anerkennung" ausländischer Eheschließungen.

III. Anerkennung ausländischer Eheentscheidungen

173   **1. Entscheidungen aus Mitgliedstaaten der Brüssel IIa-VO.** Die Brüssel IIa-VO (→ Rn. 171) regelt neben der internationalen Zuständigkeit auch die Anerkennung und Vollstreckung von Entscheidungen aus Mitgliedstaaten der VO (alle EU-Staaten außer Dänemark, Art. 2 Nr. 3).[661] In ihrem Anwendungsbereich sind die Anerkennungsvorschriften der Brüssel IIa-VO **vorrangig**, sie verdrängen sowohl das autonome nationale Recht (→ Rn. 176 f.) wie auch Staatsverträge zwischen den Mitgliedstaaten zur selben Thematik (→ Rn. 175). Nicht anwendbar ist insbesondere das Anerkennungsverfahren gemäß § 107 FamFG – die Anerkennung nach der Brüssel IIa-VO folgt automatisch, eines besonderen Verfahrens bedarf es nicht (Art. 21 Abs. 1 Brüssel IIa-VO). Demgemäß kann jedes Gericht in jedem Verfahren, in dem sich die Frage der Anerkennung einer ausländischen Entscheidung stellt (im Eheschließungsrecht geht es insbesondere um die wirksame Auflösung einer Vorehe im Lichte des Bigamieverbots, → Rn. 61–65), über diese Frage unmittelbar selbst befinden (Art. 21 Abs. 4 Brüssel IIa-VO). Das gilt auch für die Standesbeamten bei Eintragungen in die Personenstandsregister (Art. 21 Abs. 2 Brüssel IIa-VO), selbst wenn die Gestaltungswirkung der ausländischen Entscheidung von der Eintragung in das Personenstandsregister abhängt und der deutsche Standesbeamte sowie das deutsche Personenstandsregister den im ausländischen Recht vorgesehenen Institutionen substituierbar sind.[662] Das Prinzip der Inzidentanerkennung herrscht sinngemäß aber auch bei den sonstigen Funktionen der Standesbeamten, insbesondere dem Prüfungsverfahren gemäß § 13 PStG bei beantragter neuer Eheschließung.[663] Bei Unsicherheiten kann der Standesbeamte die Anerkennungsfrage gemäß § 49 Abs. 2 PStG dem Gericht vorlegen; auch die Parteien oder die Aufsichtsbehörde können eine gerichtliche Überprüfung erzwingen (§ 49 Abs. 1 PStG). Außerdem kann jede Partei ein isoliertes Feststellungsverfahren über die bestehende oder nicht bestehende Anerkennungsfähigkeit einer ausländischen Entscheidung beantragen, Art. 21 Abs. 3 Brüssel IIa-VO (zur örtlichen Zuständigkeit §§ 10, 12 IntFamRVG). Die Feststellungsentscheidung wirkt nicht erga omnes, entfaltet aber materielle Rechtskraft zwischen den Beteiligten.[664] Das Verfahren richtet sich autonom nach der EuEheVO (Art. 28 ff.) iVm den Ausführungsbestimmungen in §§ 16 ff. IntFamRVG iVm §§ 32, 48 Abs. 1 IntFamRVG.[665]

174   Der **sachliche Anwendungsbereich** der Anerkennungsvorschriften (Art. 21 ff. Brüssel IIa-VO) deckt sich im Wesentlichen mit denen der internationalen Zuständigkeit (→ Rn. 171). Mangels einer gerichtlichen Entscheidung (Art. 21 Abs. 1 iVm Art. 2 Brüssel IIa-VO) fallen **Privatscheidungen** nicht unter die Brüssel IIa-VO.[666] **Umfang und Grenzen** der Wirkungserstreckung ausländischer Entscheidungen ergeben sich aus Art. 21–27 Brüssel IIa-VO. Es darf weder die internationale Zuständigkeit des ausländischen Gerichts überprüft werden (Art. 24 Brüssel IIa-VO) noch die Entscheidung in der Sache (keine révision au fond; Art. 26 Brüssel IIa-VO). Der Umstand, dass die Entscheidung in Deutschland anders ausgefallen wäre, ist kein Anerkennungshindernis (Art. 25 Brüs-

---

[658] → Einl. IPR Rn. 41; *Coester-Waltjen* IPRax 2006, 392 ff.; *Mansel* RabelsZ 70 (2006), 651 ff.; *Jayme/Kohler* IPRax 2001, 501 (502, 514); *Lagarde* RabelsZ 68 (2004), 225 (229), alle mwN. Die Entscheidung Grunkin-Paul II (EuGH StAZ 2009, 9) gibt der Diskussion neue Nahrung; umfassende Bestandsaufnahme bei *Mansel/Thorn/Wagner* IPRax 2011, 1 (2 ff.).

[659] Dazu *Coester-Waltjen* IPRax 2006, 392 (395 f.); *Röthel* IPRax 2006, 250.

[660] Vgl. *Röthel* IPRax 2006, 250; Schlussanträge Generalanwalt *Jacobs* IPRax 2005, 440 m. abl. Anm. *Henrich* 422; *Coester-Waltjen* IPRax 2006, 392 (395 ff.); *Mansel* RabelsZ 70 (2006), 651 ff.; *Lipp* StAZ 2009, 1 (6 ff.).

[661] Vollstreckbarkeit kommt bei Entscheidungen in Ehesachen nur im Kostenpunkt in Betracht, *Wagner* IPRax 2001, 73 (79).

[662] *Borràs*, Bericht zur VO 1347/2000, ABl. 1998 C 222, S. 27 ff., Nr. 60; *Schlosser* EU-Zivilprozessrecht EuEheVO Art. 14 Rn. 2; *Rauscher* EuZPR/EuIPR Brüssel IIa-VO Art. 1 Rn. 12.

[663] *Rauscher* EuZPR/EuIPR Brüssel IIa-VO Art. 1 Rn. 13.

[664] *Rauscher* EuZPR–EuIPR Brüssel IIa-VO Art. 21 Rn. 15 ff.

[665] Zum Entwurf dieses Gesetzes vgl. *Schlauß* FPR 2004, 279 (280 ff.).

[666] *Rauscher* EuZPR/EuIPR Brüssel IIa-VO Art. 1 Rn. 6.

sel IIa-VO), auch wenn nach deutschem IPR ein anderes Sachrecht hätte zu Grunde gelegt werden müssen.[667] Lediglich die in Art. 22 aufgeführten Gründe erlauben eine Nichtanwendung: offensichtlicher Verstoß gegen den deutschen ordre public (lit. a), fehlendes rechtliches Gehör für den Antragsgegner (lit. b), widersprechende inländische Entscheidung zwischen denselben Parteien (ohne Rücksicht auf die zeitliche Reihenfolge) (lit. c) oder ausländische anerkennungsfähige Entscheidungen, wenn sie früher ergangen sind als die jetzt in Frage stehende Entscheidung (lit. d).

2. Staatsverträge. Die bilateralen Staatsverträge zwischen den Mitgliedstaaten der Brüssel IIa- **175** VO (→ Rn. 173) sind mit deren Inkrafttreten verdrängt (Art. 36 Abs. 1 Brüssel II-VO; Art. 59 Abs. 1 Brüssel IIa-VO). Von Bedeutung bleiben demnach: Vertrag mit der Schweiz vom 2.11.1929 (RGBl. 1930 II S. 1066) und mit Tunesien vom 19.7.1966 (BGBl. 1969 II S. 890).[668] Nichtanerkennung nach einem dieser Abkommen lässt die Möglichkeit der Anerkennung nach autonomem deutschen Recht (§§ 107 ff. FamFG) in der Regel unberührt.[669]

3. Autonomes deutsches Recht. Das autonome deutsche Recht bleibt anwendbar im Verhältnis **176** zu Nicht-Mitgliedstaaten der Brüssel IIa-VO (also auch im Verhältnis zu Dänemark), mit denen kein bilateraler Staatsvertrag besteht, der die Anerkennung vorschreibt. Das autonome deutsche Recht macht die Anerkennung stattgebender ausländischer Eheentscheidungen gleich welcher Behörde[670] (Nichtigerklärung, Aufhebung, Scheidung mit oder ohne Trennung des Ehebandes sowie Feststellung von Bestehen oder Nichtbestehen der Ehe) durch **§ 107 FamFG** grundsätzlich von der (allgemeinbindenden) Anerkennungsentscheidung der zuständigen **Landesjustizverwaltung** abhängig, die nur auf Antrag ergeht. Ausgenommen von der förmlichen Feststellung der Anerkennungsfähigkeit sind lediglich Entscheidungen des gemeinsamen Heimatstaates (keiner der Ehegatten darf aber zugleich Deutscher sein; § 107 Abs. 1 S. 2 FamFG), deren ex-lege-Anerkennung jeweils als Vorfrage inzidenter zu prüfen ist; auf Antrag kann jedoch auch in diesen Fällen eine (bindende) Entscheidung der Justizverwaltung ergehen.[671] Im Übrigen können gerichtliche Verfahren, in denen es auf eine ausländische Eheentscheidung ankommt, ausgesetzt werden, damit eine Entscheidung der LJV eingeholt werden kann (§ 21 FamFG).[672] Der Antrag auf die Feststellungsentscheidung der Landesjustizverwaltung kann von jedem rechtlich Interessierten und ohne Fristbindung gestellt werden; das Antragsrecht kann jedoch unter besonderen Umständen verwirkt sein.[673] Die vorstehenden Grundsätze gelten auch für die im Ausland vollzogenen **Privatscheidungen,** wenn an ihnen eine ausländische Behörde (etwa durch Registrierung) verantwortlich mitgewirkt hat.[674] Eine reine Privatscheidung ohne behördliche Mitwirkung ist hingegen hinsichtlich ihrer Wirksamkeit ohne förmliches Anerkennungsverfahren inzidenter zu überprüfen.[675] Maßstab der Prüfung ist in beiden Fällen nicht § 107 FamFG (mangels ausländischen Urteils), sondern die Wirksamkeit der Privatscheidung nach dem kollisionsrechtlich berufenen Recht;[676] maßgeblich ist dabei das Scheidungsstatut (Art. 17; für Privatscheidungen im Inland vgl. jedoch Art. 17 Abs. 2).[677] Grenzen der Anerkennung ausländischer Privatschei-

---

[667] *Wagner* IPRax 2001, 73 (77).

[668] Zum Inhalt *Waehler* in Handbuch des Internationalen Zivilverfahrensrechts, Bd. III/2, 1984, 235 ff.; Stein/Jonas/*Münzberg* ZPO Anh. § 723 Rn. 53 ff. und 362 ff. (Schweiz), Rn. 140 ff. und 422 ff. (Tunesien); MüKoZPO/*Gottwald* ZPO § 328 Rn. 35, 38.

[669] MüKoFamFG/*Rauscher* FamFG § 107 Rn. 11; grundlegend *Wagner* FamRZ 2013, 1620 (1622).

[670] Zum bisherigen Recht unbestr., zB Zöller/*Geimer* ZPO § 328 Rn. 235; BLAH/*Hartmann* ZPO § 328 Rn. 52; *Krzywon* StAZ 1989, 93; *Richter* JR 1987, 99.

[671] BGH StAZ 1991, 11 mwN des bisherigen Streitstands. Zur Fortgeltung nach der ZPO-Reform 1998 s. *Andrae/Heidrich* FamRZ 2004, 1622 (1627); zur Rechtslage nach dem FamFG *Klinck* FamRZ 2009, 741 (743).

[672] Zu Letzterem BGH IPRspr. 1982 Nr. 170; OLG Karlsruhe IPRspr. 1990 Nr. 223; vgl. iÜ Zöller/*Geimer* ZPO § 328 Rn. 225–228; Stein/Jonas/*Roth* ZPO § 328 Rn. 209; *Andrae/Heidrich* FPR 2004, 292 (294).

[673] OLG Düsseldorf IPRspr. 1977 Nr. 162; FamRZ 1988, 198; vgl. auch JM Baden-Württemberg FamRZ 1979, 811; *Krzywon* StAZ 1989, 96 f.

[674] BGHZ 82, 34 (41) = NJW 1982, 517; BGH NJW 1990, 2195 (formale Registrierung ohne Überprüfung genügt nicht); FamRZ 1994, 434 (435); BayObLG NJW-RR 1994, 771 f.; StAZ 1999, 108; 2003, 108; MüKoFamFG/*Rauscher* FamFG § 107 Rn. 26; → Anh. Art. 17a Rn. 93.

[675] BGHZ 82, 34 (37) = NJW 1982, 517; BGHZ 110, 267 (270 f.) = NJW 1990, 2194; OLG Hamm IPRax 1989, 107; Soergel/*Schurig* Art. 17 Rn. 114; vgl. → Anh. Art. 17a Rn. 94; aA – auch hier Anerkennungsverfahren – *Andrae/Heidrich* FamRZ 2004, 1622 (1626); *Andrae/Heidrich* FPR 2004, 292 (293); MüKoFamFG/*Rauscher* FamFG § 107 Rn. 28; OLG Frankfurt a. M. StAZ 2003, 137. Zum Rechtshängigkeitseinwand bei ausländischen Privatscheidungsverfahren BGH FamRZ 1994, 434 (435).

[676] BayObLG StAZ 2003, 108 im Rahmen von Art. 7 § 1 FamRÄndG aF.

[677] BGH NJW 1990, 2194; FamRZ 1994, 435; Palandt/*Thorn* Art. 17 Rn. 35, 36 mwN; bei Maßgeblichkeit deutschen Rechts deshalb Unwirksamkeit BGHZ 110, 267 (270); BayObLG NJW-RR 1994, 771 f.; StAZ 2003, 108 (109); OLG Braunschweig FamRZ 2001, 561; OLG Celle StAZ 1999, 146 (147).

dungen, die nach dem Scheidungsstatut zulässig sind, können sich demgemäß nur aus Art. 6 ergeben.[678]

177   Die **sachlichen Anerkennungsvoraussetzungen und -hindernisse** sind in § 109 FamFG aufgeführt. Nach dessen Abs. 1 Nr. 1 muss der Entscheidungsstaat unter „spiegelbildlicher" (hypothetischer) Anwendung der einschlägigen deutschen Vorschriften international zuständig gewesen sein, was im Zusammenhang mit § 98 FamFG dann der Fall ist, wenn wenigstens ein Ehegatte bei Eheschließung oder Eheentscheidung Angehöriger des Entscheidungsstaates war. Es genügt auch gewöhnlicher Aufenthalt beider Ehegatten im Entscheidungsstaat (§ 98 Abs. 1 Nr. 2 FamFG); der gewöhnliche Aufenthalt nur eines Gatten genügt ebenfalls (§ 98 Abs. 1 Nr. 3, 4 FamFG iVm § 109 Abs. 2 S. 1 FamFG). Selbst wenn diese Voraussetzungen nicht gegeben sind, kann anerkannt werden, wenn die Entscheidung von beiden Heimatstaaten der Ehegatten anerkannt wird (§ 109 Abs. 2 S. 2 FamFG). Bei Fehlen der geschilderten internationalen Anerkennungszuständigkeit ist die Anerkennung zu versagen. Außerdem normiert § 109 Abs. 1 FamFG als weitere Gründe für den Anerkennungsausschluss bestimmte, vom Beklagten (der sich nicht eingelassen hatte) gerügte, die Verfahrenseinleitung betreffende Zustellungsmängel (Nr. 2), ferner die Unvereinbarkeit des ausländischen Verfahrens mit einem früher rechtshängigen inländischen oder die Unvereinbarkeit der ausländischen Entscheidung mit einer inländischen oder einer anzuerkennenden früheren ausländischen Entscheidung (Nr. 3) sowie schließlich die Verletzung des deutschen ordre public (Nr. 4).[679] Für die inzidente (vorfragemäßige) ex-lege-Anerkennung von Eheentscheidungen des **gemeinsamen Heimatstaates** der Ehegatten (→ Rn. 176) genügen die Voraussetzungen des § 109 Abs. 1 Nr. 2–4 FamFG (ordnungsgemäße und rechtzeitige Ladung, Fehlen einer Unvereinbarkeit von Verfahren und Entscheidung, keine Verletzung des ordre public).

178   Der **maßgebliche Zeitpunkt** für die Erfüllung der Anerkennungsvoraussetzungen ist mit Ausnahme des § 109 Abs. 1 Nr. 3 und 4 FamFG (und einer allfälligen Entscheidungsstaatszugehörigkeit im Eheschließungszeitpunkt) grundsätzlich jener des ausländischen Verfahrens und seines Abschlusses im Entscheidungsstaat; dementsprechend wirkt die Anerkennung auf den Zeitpunkt der Rechtskraft der ausländischen Entscheidung zurück.[680]

179   **Rechtsmittel:** Gegen die Entscheidung der Landesjustizverwaltung kann (fristgebunden, § 63 FamFG) die **Entscheidung des OLG** beantragt werden (§ 107 Abs. 5, 6 FamFG). Eine Divergenzvorlage an den **BGH** gibt es nicht mehr, wohl aber die Möglichkeit der **Rechtsbeschwerde** (§§ 70 ff. FamFG). Vor seiner Entscheidung kann das Gericht nach §§ 49 ff. FamFG (iVm § 107 Abs. 7 S. 3 FamFG) eine **einstweilige Anordnung** erlassen.

Anh. Art. 13 EGBGB: Mehrseitige Staatsverträge

I. Haager Eheschließungsabkommen vom 12.6.1902 (EheschlGberReg)

1   **1. Anwendungsbereich.** Das Haager „Abkommen zur Regelung des Geltungsbereichs der Gesetze auf dem Gebiete der Eheschließung" vom 12.6.1902 (RGBl. 1904 S. 221, 249) hat seinen ehedem ausgedehnten Teilnehmerkreis[1] eingebüßt und gilt nur noch im Verhältnis der Bundesrepublik zu **Italien** (Bekanntmachung BGBl. 1955 II S. 188). Ob an seine Stelle das neue Haager Eheschließungsübereinkommen vom 14.3.1978 treten wird, erscheint eher fraglich.[2] Vielmehr wird erwogen, das Abkommen von 1902 zu kündigen (Rundschreiben BMJV vom 2.6.2016).

2   Gemäß Art. 8 Abs. 1i EheschlGberReg ist das Abkommen nur auf Eheschließungen in einem Vertragsstaat[3] anzuwenden, bei denen wenigstens ein Verlobter Angehöriger eines Vertragsstaates ist; ob es, wie der Wortlaut zulässt, genügt, dass ein Angehöriger eines Vertragsstaats in seinem Heimatstaat einen Angehörigen eines Nichtvertragsstaates heiratet (zB Deutscher heiratet in Deutschland Französin), ist bestritten.[4] Für Staatenlose und Mehrstaater sieht das Abkommen keine Regelung

---

[678] BGH NJW 1990, 2194; etwa bei Beteiligung eines Deutschen, *Henrich* IPRax 1985, 48 mwN. Selbst bei Beteiligung eines Deutschen nehmen keinen Verstoß gegen den deutschen ordre public an OLG Frankfurt a. M. StAZ 2003, 137 (138); Staudinger/*Mankowski* (2011) Art. 17 Rn. 120, 121 mwN.

[679] Näher *Wagner* FamRZ 2013, 1620 (1626).

[680] *Andrae/Heidrich* FamRZ 2004, 1622 (1624); MüKoFamFG/*Rauscher* FamFG § 107 Rn. 51; Palandt/*Thorn* Art. 17 Rn. 29.

[1] Staudinger/*Gamillscheg* (11. Aufl. 1973) Rn. 932 ff.; *v. Bar* RabelsZ 57 (1993), 63 (66 f. und 122 f.).

[2] Deutschland hat das Abkommen nicht einmal gezeichnet; Einzelheiten und Kritik bei *v. Bar* RabelsZ 57 (1993), 66 (81 ff., 106 f.) mwN.

[3] ZB fallen Trauungen in Dänemark nicht unter das Abkommen, vgl. BGH FamRZ 1997, 542 (543).

[4] Dafür KG JW 1937, 2039; AG Memmingen IPRspr. 1983 Nr. 48, zust. *Jayme* IPRax 1983, 300; Palandt/ *Thorn* Nach Art. 13 Rn. 3. Dagegen die hM wie RGZ 78, 235; BayObLG JW 1918, 375; *Müller-Freienfels*, FS Ficker, 1967, 303; Staudinger/*Mankowski* (2011) Rn. 12 f.; Soergel/*Schurig* Rn. 142.

vor. Gemäß Art. 8 Abs. 2 EheschlGberReg ist kein Vertragsstaat zur Anwendung des Rechtes eines Nichtvertragsstaates verpflichtet.

2. Inhalt. Gemäß Art. 1 EheschlGberReg bestimmt sich (wie nach Art. 13 Abs. 1 EheschlGber- **3** Reg) das Recht zur **Eingehung der Ehe** (sachliche Ehevoraussetzungen einschließlich Willensmängel) für jeden Verlobten nach seinem Heimatrecht; Rück- und Weiterverweisungen sind nur dort zu befolgen, wo sie ausdrücklich ausgesprochen sind. Das berufene Heimatrecht der Verlobten entscheidet auch über die Folgen fehlender Ehevoraussetzungen.[5] Der ordre public greift nur nach Maßgabe der detaillierten Vorbehalte der Art. 2 und 3 EheschlGberReg ein. Gemäß Art. 3 Abs. 1 EheschlGberReg brauchen bei der Trauung Eheverbote des Heimatrechtes, die „ausschließlich auf Gründen religiöser Natur beruhen", nicht beachtet zu werden; ein solches rein religiöses Eheverbot liegt nicht vor, wenn das italienische Recht die Wiederverheiratung im Ausland geschiedener Italiener von der Anerkennung der Auslandsscheidung in Italien oder der Scheidungswiederholung in Italien abhängig macht.[6]

Die **Form** der Eheschließung richtet sich gemäß Art. 5 Abs. 1 EheschlGberReg grundsätzlich **4** nach der Ortsform. Nach Art. 5 Abs. 2 EheschlGberReg brauchen jedoch Heimatstaaten, die ihren Angehörigen zwingend[7] die religiöse Trauung vorschreiben, eine auswärtige zivile Trauung nicht als wirksam anzuerkennen. Gemäß Art. 7 EheschlGberReg steht es den Vertragsstaaten frei, eine nach dem Recht des Eheschließungsortes formunwirksame Eheschließung als wirksam anzusehen, wenn sie den Formvorschriften des Heimatrechtes jedes Verlobten entspricht. Art. 6 EheschlGber-Reg sieht schließlich die Möglichkeit diplomatischer oder konsularischer Eheschließung vor.

3. Auszug aus der deutschen Übersetzung. Im Folgenden ist ein Auszug aus der deutschen **5** Übersetzung des Abkommenstextes[8] wiedergegeben (die Originalfassung ist französisch):

Art. 1 EheschlGberReg

Das Recht zur Eingehung der Ehe bestimmt sich in Ansehung eines jeden der Verlobten nach dem Gesetze des Staates, dem er angehört (Gesetz des Heimatstaats), soweit nicht eine Vorschrift dieses Gesetzes ausdrücklich auf ein anderes Gesetz verweist.

Art. 2 EheschlGberReg

(1) Das Gesetz des Ortes der Eheschließung kann die Ehe von Ausländern untersagen, wenn sie verstoßen würde gegen seine Vorschriften über
1. die Grade der Verwandtschaft und Schwägerschaft, für die ein absolutes Eheverbot besteht;
2. das absolute Verbot der Eheschließung zwischen den des Ehebruchs Schuldigen, wenn auf Grund dieses Ehebruchs die Ehe eines von ihnen aufgelöst worden ist;
3. das absolute Verbot der Eheschließung zwischen Personen, die wegen gemeinsamer Nachstellung nach dem Leben des Ehegatten eines von ihnen verurteilt worden sind.

(2) Ist die Ehe ungeachtet eines der vorstehend aufgeführten Verbote geschlossen, so kann sie nicht als nichtig behandelt werden, falls sie nach dem im Artikel 1 bezeichneten Gesetze gültig ist.

(3) [1]Unbeschadet der Bestimmungen des Artikel 6 Abs. 1 dieses Abkommens ist kein Vertragsstaat verpflichtet, eine Ehe schließen zu lassen, die mit Rücksicht auf eine vormalige Ehe oder auf ein Hindernis religiöser Natur gegen seine Gesetze verstoßen würde. [2]Die Verletzung eines derartigen Ehehindernisses kann jedoch die Nichtigkeit der Ehe in einem anderen Lande als in dem, wo die Ehe geschlossen wurde, nicht zur Folge haben.

Art. 3 EheschlGberReg

(1) Das Gesetz des Ortes der Eheschließung kann ungeachtet der Verbote des im Artikel 1 bezeichneten Gesetzes die Ehe von Ausländern gestatten, wenn diese Verbote ausschließlich auf Gründen religiöser Natur beruhen.

(2) Die anderen Staaten sind berechtigt, einer unter solchen Umständen geschlossenen Ehe die Anerkennung als einer gültigen Ehe zu versagen.

Art. 4 EheschlGberReg

(1) Die Ausländer müssen zum Zwecke ihrer Eheschließung nachweisen, daß sie den Bedingungen genügen, die nach dem im Artikel 1 bezeichneten Gesetz erforderlich sind.

---

[5] KG JW 1936, 1949.
[6] Zutr. OLG Hamm OLGZ 1972, 341 = NJW 1972, 1006; OLG Hamm FamRZ 1973, 143 mAnm *Jayme* FamRZ 1973, 144 f.
[7] *Staudinger/Mankowski* (2011) Rn. 10. Demgegenüber will OLG Stuttgart FamRZ 1976, 359, Art. 5 Abs. 2 zu Unrecht auch bei einer vom Heimatstaat nur fakultativ vorgesehenen kirchlichen Trauung anwenden.
[8] Kommentierung bei NK-BGB/*Andrae* Anh. III Art. 13.

(2) Dieser Nachweis kann durch ein Zeugnis der diplomatischen oder konsularischen Vertreter des Staates, dem die Verlobten angehören, oder durch irgendein anderes Beweismittel geführt werden, je nachdem die Staatsverträge oder die Behörden des Landes, in welchem die Ehe geschlossen wird, den Nachweis als genügend anerkennen.

Art. 5 EheschlGberReg

(1) In Ansehung der Form ist die Ehe überall als gültig anzuerkennen, wenn die Eheschließung dem Gesetze des Landes, in welchem sie erfolgt ist, entspricht.

(2) Doch brauchen die Länder, deren Gesetzgebung eine religiöse Trauung vorschreibt, die von ihren Angehörigen unter Nichtbeachtung dieser Vorschrift im Ausland eingegangenen Ehen nicht als gültig anzuerkennen.

(3) Die Vorschriften des Gesetzes des Heimatstaats über das Aufgebot müssen beachtet werden; doch kann das Unterlassen dieses Aufgebots die Nichtigkeit der Ehe nur in dem Lande zur Folge haben, dessen Gesetz übertreten worden ist.

(4) Eine beglaubigte Abschrift der Eheschließungsurkunde ist den Behörden des Heimatlandes eines jeden der Ehegatten zu übersenden.

Art. 6 EheschlGberReg

(1) [1]In Ansehung der Form ist die Ehe überall als gültig anzuerkennen, wenn sie vor einem diplomatischen oder konsularischen Vertreter gemäß seiner Gesetzgebung geschlossen wird, vorausgesetzt daß keiner der Verlobten dem Staate, wo die Ehe geschlossen wird, angehört und dieser Staat der Eheschließung nicht widerspricht. [2]Ein solcher Widerspruch kann nicht erhoben werden, wenn es sich um eine Ehe handelt, die mit Rücksicht auf eine vormalige Ehe oder ein Hindernis religiöser Natur gegen seine Gesetze verstoßen würde.

(2) Der Vorbehalt des Artikel 5 Abs. 2 findet auf die diplomatischen oder konsularischen Eheschließungen Anwendung.

Art. 7 EheschlGberReg

Eine Ehe, die in dem Lande, in welchem sie geschlossen wurde, in Ansehung der Form nichtig ist, kann gleichwohl in den anderen Ländern als gültig anerkannt werden, wenn die durch das Gesetz des Heimatstaats eines jeden der Verlobten vorgeschriebene Form beobachtet worden ist.

Art. 8 EheschlGberReg

(1) Dieses Abkommen findet nur auf solche Ehen Anwendung, welche im Gebiete der Vertragsstaaten zwischen Personen geschlossen sind, von denen mindestens ein Angehöriger eines dieser Staaten ist.

(2) Kein Staat verpflichtet sich durch dieses Abkommen zur Anwendung eines Gesetzes, welches nicht dasjenige eines Vertragsstaats ist.

Art. 9 bis 12 EheschlGberReg (nicht abgedruckt)

II. CIEC–Übereinkommen zur Erleichterung der Eheschließung im Ausland (ParCIECÜE)

6   **1. Allgemeines.** Dieses Abkommen vom 10.9.1964 (BGBl. 1969 II S. 451; Zustimmungsgesetz BGBl. 1969 II S. 445, 588; in Kraft laut Bekanntmachung BGBl. 1969 II S. 2054 seit 25.7.1969) gilt im Verhältnis der Bundesrepublik zu **Griechenland,** den **Niederlanden, Spanien** und der **Türkei.** Wegen seiner praktischen Bedeutungslosigkeit erfolgt lediglich ein unkommentierter Abdruck des Textes.[9]

7   **2. Auszug aus der deutschen Übersetzung.** (Die Originalfassung ist französisch):

Titel I

(ist für Deutschland nicht anwendbar)

Titel II

Art. 4 ParCIECÜE

Das Aufgebot für eine Eheschließung, die im Hoheitsgebiet eines Vertragsstaates in der Form des Ortsrechts vorgenommen wird, beurteilt sich ausschließlich nach dem innerstaatlichen Recht dieses Staates.

---

[9] Kommentierung bei *Böhmer/Siehr* (Stand 1995) Nr. 6.5; s. auch Staudinger/*Mankowski* (2011) Rn. 16 ff.

Titel III

Art. 5 ParCIECÜE

(1) Schreibt das Recht eines Vertragsstaates die religiöse Eheschließung vor, so können in diesem Staat die diplomatischen oder konsularischen Vertreter der anderen Vertragsstaaten Eheschließungen vornehmen, wenn sie nach ihrem Heimatrecht hierzu ermächtigt sind, wenn wenigstens einer der Verlobten dem Staat angehört, der den diplomatischen oder konsularischen Vertreter entsandt hat, und wenn keiner der Verlobten die Staatsangehörigkeit des Eheschließungsstaates besitzt.

(2) Das Aufgebot beurteilt sich in diesen Fällen ausschließlich nach dem innerstaatlichen Recht des Staates, der den diplomatischen oder konsularischen Vertreter entsandt hat.

Titel IV

Art. 6 ParCIECÜE

Im Sinne dieses Übereinkommens umfaßt der Begriff „Angehöriger eines Staates" die Personen, welche die Staatsangehörigkeit dieses Staates besitzen, sowie diejenigen, deren Personalstatut durch das Recht dieses Staates bestimmt wird.

Art. 7 bis 12 ParCIECÜE (nicht abgedruckt)

Art. 14 EGBGB Allgemeine Ehewirkungen

(1) Die allgemeinen Wirkungen der Ehe unterliegen
1. dem Recht des Staates, dem beide Ehegatten angehören oder während der Ehe zuletzt angehörten, wenn einer von ihnen diesem Staat noch angehört, sonst
2. dem Recht des Staates, in dem beide Ehegatten ihren gewöhnlichen Aufenthalt haben oder während der Ehe zuletzt hatten, wenn einer von ihnen dort noch seinen gewöhnlichen Aufenthalt hat, hilfsweise
3. dem Recht des Staates, mit dem die Ehegatten auf andere Weise gemeinsam am engsten verbunden sind.

(2) Gehört ein Ehegatte mehreren Staaten an, so können die Ehegatten ungeachtet des Artikels 5 Abs. 1 das Recht eines dieser Staaten wählen, falls ihm auch der andere Ehegatte angehört.

(3) [1]Ehegatten können das Recht des Staates wählen, dem ein Ehegatte angehört, wenn die Voraussetzungen des Absatzes 1 Nr. 1 nicht vorliegen und
1. kein Ehegatte dem Staat angehört, in dem beide Ehegatten ihren gewöhnlichen Aufenthalt haben, oder
2. die Ehegatten ihren gewöhnlichen Aufenthalt nicht in demselben Staat haben.
[2]Die Wirkungen der Rechtswahl enden, wenn die Ehegatten eine gemeinsame Staatsangehörigkeit erlangen.

(4) [1]Die Rechtswahl muß notariell beurkundet werden. [2]Wird sie nicht im Inland vorgenommen, so genügt es, wenn sie den Formerfordernissen für einen Ehevertrag nach dem gewählten Recht oder am Ort der Rechtswahl entspricht.

Schrifttum: *v. Bar,* Die eherechtlichen Konventionen der Haager Konferenz(en), RabelsZ 57 (1993), 63; *Beitzke* (Hrsg.), Vorschläge und Gutachten zur Reform des deutschen internationalen Personen-, Familien- und Erbrechts, 1981; *Bock,* Der Islam in der Entscheidungspraxis der Familiengerichte, NJW 2012, 122; *Börner,* Die Anforderungen an eine konkludente Wahl des auf die Ehewirkungen anwendbaren Rechts nach Art. 14 EGBGB, IPRax 1995, 309; *Burghaus,* Die Vereinheitlichung des Internationalen Ehegüterrecht in Europa, 2010; *Coester-Waltjen,* Fernwirkungen der Europäischen Verordnungen auf die international-familienrechtlichen Regelungen des EGBGB, FamRZ 2013, 170; *Dölle,* Die persönlichen Rechtsverhältnisse zwischen Ehegatten im deutschen IPR, RabelsZ 16 (1951), 360; *Dutta,* Der gewöhnliche Aufenthalt – Bewährung und Perspektiven eines Anknüpfungsmoments im Lichte der Europäisierung des Kollisionsrechts, IPRax 2017, 139; *Finger,* Familienrechtliche Rechtsanwendung im Verhältnis zum Iran, FuR 1999, 58, 158, 215; *Finger,* Islamische Morgengabe – insbesondere im Verhältnis zum Iran. Neuere deutsche Gerichtsentscheidungen, FuR 2017, 182; *Geisler,* Die engste Verbindung im Internationalen Privatrecht, 2001; *Göppinger/Börger,* Vereinbarungen anlässlich der Ehescheidung, 10. Aufl. 2013; *Gruber,* Die konkludente Rechtswahl im Familienrecht, IPRax 2014, 53; *Hausmann/Odersky,* Internationales Privatrecht in der Notar- und Gestaltungspraxis, 3. Aufl. 2017; *Heiderhoff,* Das autonome IPR in familienrechtlichen Fragen, IPRax 2017, 160; *Henrich,* Das internationale Eherecht nach der Reform, FamRZ 1986, 841; *Henrich,* Die Morgengabe und das Internationale Privatrecht, FS Sonnenberger, 2004, 389; *Henrich,* Ehegattenmitarbeit und IPR, FS Richardi, 2007, 1039; *Henrich,* Ansprüche bei Auflösung einer nichtehelichen Lebensgemeinschaft in Fällen mit Auslandsberührung, FS Kropholler, 2008, 305; *Henrich,* Der Deutsche Rat für IPR und die Entstehungsgeschichte des IPR-Neuregelungsgesetzes, IPRax 2017, 120; *Heßler,* Islamisch-rechtliche Morgengabe: Vereinbarter Vermögensausgleich im deutschen Scheidungsfolgenrecht, IPRax 1988, 95; *Jayme,* Neue Bestimmungen zum Personalstatut der Asylberechtigten, IPRax 1984, 114; *Jayme,* Schlüsselgewalt des Ehegatten und IPR, IPRax 1993, 80; *Kegel,* Zur Reform des deutschen internationalen Rechts der persönlichen Ehewirkungen, in: Lauterbach, Vorschläge und Gutachten zur Reform des deutschen internationalen Eherechts, 1962, 75; *Kegel,* Zur Reform des internationalen Rechts der persönlichen Ehewirkungen und des internationalen Scheidungsrechts in der Bundesrepublik Deutschland, FS Schwind, 1978, 145; *Kühne,* Die außerschuldvertragliche Parteiautonomie im neuen internationalen Privatrecht, IPRax 1987, 69; *Looschelders,* Die Anpassung im Internationalen Privatrecht, 1995; *Looschelders,* Der Anspruch auf Rückzahlung des Brautgelds nach yezidischem Brauchtum, IPRax 2012, 238; *C. Mayer,* Nebengüterrecht im IPR – Qualifikation der Ansprüche aus einer Ehegatteninnengesellschaft, IPRax 2016, 384; *Mayr,* Die Anknüpfung des allgemeinen Ehewirkungsstatuts bei Staatenlosen und Flüchtlingen, FamRBint 2013, 51; *Mörsdorf-Schulte,* Anknüpfungszeitpunkt und Anpassung bei der Morgengabe, ZfRV 2010, 166; *Anja Juliane Müller,* Die Heilung von formellen Eheschließungsmängeln bei Ehen mit Auslandsberührung nach deutschem Recht, 2008; *Schneider,* Internationales Familienrecht – Vergleich des neuen IPR-Gesetzes mit den bisherigen gesetzlichen Regelungen im EGBGB, MittRhNotK 1989, 33; *Schotten/Wittkowski,* Das deutsch-iranische Niederlassungsabkommen im Familien- und Erbrecht, FamRZ 1995, 264; *Siehr,* Die gemischtnationale Ehe im IPR, FS Ferid, 1988, 433; *Siehr,* Engste Verbindung und Renvoi, FS Sonnenberger, 2004, 667; *Siehr,* Heilung einer ungültigen Ehe gemäß einem späteren Aufenthalts- oder Heimatrecht der Eheleute, IPRax 2007, 30; *Spickhoff,* Die engste Verbindung im interlokalen und internationalen Familienrecht, JZ 1993, 336; *H. Stoll,* Kollisionsrechtliche Fragen bei räumlicher Spaltung des anwendbaren Rechts, FS Keller, 1989, 511; *Veit Stoll,* Die Rechtswahl im Namens-, Ehe- und Erbrecht, 1991; *Stöcker,* Der internationale ordre public im Familien- und Familienerbrecht, RabelsZ 38 (1974), 79; *Striewe,* Ausländisches und IPR der nichtehelichen Lebensgemeinschaft, 1986; *H. Weber,* Der Streit um die vorläufige Zuweisung der Ehewohnung während bestehender Ehe, IPRax 1990, 95; *Wedemann,* Die Qualifikation von (Ehegatten-)Innengesellschaften, ehebezogenen Zuwendungen und familienrechtlichen Kooperationsverträgen, IPRax 2016, 252; *Wegmann,* Rechtswahlmöglichkeiten im internationalen Familienrecht, NJW 1987, 1740; *Wurmnest,* Die Mär von der *mahr* – Zur Qualifikation von Ansprüchen aus Brautgabevereinbarungen, RabelsZ 71 (2007), 527; *Yassari,* Die islamische Brautgabe im deutschen Kollisions- und Sachrecht, IPRax 2011, 63; *Yassari,* Die Brautgabe im Familienvermögensrecht, 2014.

Übersicht

A. Rechtsquellen

I. Autonomes Kollisionsrecht

1. Allgemeines. Art. 14 regelt die Anknüpfung der **allgemeinen** Ehewirkungen. Für die objek- **1** tive Anknüpfung sieht Abs. 1 eine dreistufige **„Anknüpfungsleiter"** vor, die auf einen entsprechenden Vorschlag von *Kegel*[1] zurückgeht, diesen aber einem Vorschlag des Deutschen Rates für IPR[2] entsprechend modifiziert (sog. „modifizierte Kegel'sche Leiter").[3] Auf der ersten Sprosse der Leiter steht die gemeinsame bzw. die letzte gemeinsame Staatsangehörigkeit der Ehegatten (sofern sie von einem Ehegatten beibehalten wurde). Auf der zweiten Stufe wird an den gemeinsamen gewöhnlichen Aufenthalt bzw. den letzten gemeinsamen gewöhnlichen Aufenthalt der Ehegatten (sofern er von einem Ehegatten beibehalten wurde) angeknüpft. Auf der dritten Stufe wird auf das Recht abgestellt, mit dem die Ehegatten auf andere Weise am engsten verbunden sind. Die mehrstufige Anknüpfung beruht auf dem Bemühen, einerseits soweit möglich am traditionellen **Staatsangehörigkeitsprinzip** festzuhalten, andererseits bei gemischt-nationalen Ehen aber eine dem Grundsatz der **Gleichberechtigung** (Art. 3 Abs. 2 und 3 S. 1 GG) entsprechende Lösung zu entwickeln (→ Rn. 6). Die Anknüpfung an den **gemeinsamen gewöhnlichen Aufenthalt** stellt vor diesem Hintergrund eine bloße Ersatzlösung dar.[4] Die Anknüpfungsleiter wird in Abs. 2–4 durch eng begrenzte **Rechtswahl-**

---

[1] *Kegel* in Lauterbach Eherecht 75 ff.; *Kegel*, FS Schwind, 1978, 145 ff.
[2] *Beitzke* Vorschläge und Gutachten 5 f.
[3] Vgl. Staudinger/*Mankowski* (2011) Rn. 8, 28; Soergel/*Schurig* Rn. 2; *Henrich* IPRax 2017, 120 (121).
[4] Vgl. *Dutta* IPRax 2017, 139 (140).

möglichkeiten ergänzt. Rechtswahlfreiheit besteht hiernach nur, wenn die objektive Anknüpfung schwach ist (→ Rn. 107 ff.).

2   **2. Entstehungsgeschichte und Übergangsrecht.** Die geltende Fassung des Art. 14 ist am 1.9.1986 in Kraft getreten.[5] Die Vorgängervorschrift des Art. 14 aF sah in Abs. 1 lediglich vor, dass „die persönlichen Rechtsbeziehungen deutscher Ehegatten untereinander … nach den deutschen Gesetzen beurteilt [werden], auch wenn die Ehegatten ihren Wohnsitz im Ausland haben." Die Rechtsprechung hat diese Regelung zu einer allseitigen Kollisionsnorm ausgeweitet und auf ausländische Ehegatten deren **gemeinsames Heimatrecht** angewandt. Für **gemischt-nationale Ehen** enthielt Abs. 2 nur die Regelung, dass die deutschen Gesetze auch dann Anwendung finden, wenn der Mann die Reichsangehörigkeit verloren hat. Im Übrigen war die Anknüpfung umstritten.[6] In anderen Kollisionsnormen des alten EGBGB wurde in solchen Fällen der **Staatsangehörigkeit des Mannes** der Vorrang eingeräumt. Dies war jedoch nicht mit dem Grundsatz der Gleichberechtigung vereinbar,[7] sodass bei verfassungskonformer Auslegung des Art. 14 aF auf den **gemeinsamen gewöhnlichen Aufenthalt** abgestellt werden musste.[8]

3   Das **Übergangsrecht** zum IPRG vom 25.7.1986 ist in Art. 220 geregelt. Art. 220 Abs. 2 sieht vor, dass die **Wirkungen familienrechtlicher Rechtsverhältnisse** ab dem 1.9.1986 dem neuen Recht unterliegen. Dies gilt insbesondere auch für die allgemeinen Ehewirkungen[9] und hat dort wegen der generellen Wandelbarkeit des allgemeinen Ehewirkungsstatus zu keinen praktischen Problemen geführt. Bei der objektiven Anknüpfung des allgemeinen Ehewirkungsstatuts haben sich ohnehin kaum Änderungen gegenüber dem verfassungskonform interpretierten Art. 14 aF ergeben. Eine Rechtswahl ist bei Altehen allerdings erst seit dem 1.9.1986 möglich. Für vor dem Stichtag **abgeschlossene Vorgänge** bleibt nach Art. 220 Abs. 1 das verfassungskonform interpretierte alte Recht maßgebend,[10] was im Anwendungsbereich des Art. 14 aber keine praktische Bedeutung mehr hat.[11] Zum **innerdeutschen Überleitungsrecht** s. 4. Aufl. 2006, Art. 236 § 1 und § 2 Rn. 11 ff.

II. Unionsrecht und Staatsverträge

4   **1. Unionsrecht.** Auf der Ebene des Unionsrechts gibt es keine kollisionsrechtlichen Vorschriften zum Recht der allgemeinen Ehewirkungen und es bestehen auch keine Vorschläge der Kommission für einen europäischen Rechtsakt.[12] Das Unionsrecht hat aber für die **Abgrenzung** zu anderen Statuten Bedeutung. So beurteilt sich die Anknüpfung des im früheren IPR den allgemeinen Ehewirkungen zugeordneten gegenseitigen **Unterhaltsanspruchs** der Ehegatten bei bestehender Ehe (→ Rn. 32) seit dem 18.6.2011 nach Art. 15 Verordnung (EG) Nr. 4/2009 des Rates vom 18.1.2008 über die Zuständigkeit, das anwendbare Recht, die Anerkennung und Vollstreckung von Entscheidungen und die Zusammenarbeit in Unterhaltssachen (EuUnthVO) iVm dem Haager Protokoll vom 23.11.2007 über das auf Unterhaltspflichten anzuwendende Recht (HUnthProt). Das **Scheidungsstatut** ergibt sich seit dem 21.6.2012 aus der Verordnung (EU) Nr. 1259/2010 des Rates vom 20.12.2010 zur Durchführung einer Verstärkten Zusammenarbeit im Bereich des auf die Ehescheidung und Trennung ohne Auflösung des Ehebandes anzuwendenden Rechts (Rom III-VO). Zum **Ehegüterrecht** besteht seit kurzem die Verordnung (EU) 2016/1103 des Rates vom 24.6.2016 zur Durchführung einer Verstärkten Zusammenarbeit im Bereich der Zuständigkeit, des anzuwendenden Rechts und der Anerkennung und Vollstreckung von Entscheidungen in Fragen des ehelichen Güterstands[13] (EuGüVO). Parallel dazu wurde die Verordnung (EU) 2016/1104 zur Durchführung einer Verstärkten Zusammenarbeit im Bereich der Zuständigkeit, des anzuwendenden Rechts und der Anerkennung und Vollstreckung von Entscheidungen in Fragen güterrechtlicher Wirkungen eingetragener Partnerschaften[14] (EuPartVO) erlassen. Beide Verordnungen gelten nach Art. 70 Abs. 2 UAbs. 2 EuGüVO/EuPartVO ab dem 29.1.2019. Die Vorschriften des III. Kapitels über die Bestimmung des anwendbaren Rechts gelten gemäß Art. 69 Abs. 3 EuGüVO/EuPartVO nur für Ehegatten, die nach dem 29.1.2019 die Ehe eingegangen sind oder eine Rechtswahl des auf ihren Güterstand

---

[5] Zur Entstehungsgeschichte vgl. *Henrich* IPRax 2017, 120 ff.
[6] Vgl. Staudinger/*Mankowski* (2011) Rn. 7.
[7] Vgl. BVerfGE 63, 181 = NJW 1983, 1968 (zu Art. 15 aF); BGHZ 68, 57 = NJW 1983, 1259 (zu Art. 17 aF).
[8] Vgl. BGHZ 78, 288 (290 ff.) = NJW 1981, 526; näher dazu Soergel/*Schurig* Rn. 1 mwN.
[9] Vgl. BGH FamRZ 1987, 463 (464).
[10] Vgl. Erman/*Hohloch* Rn. 3.
[11] So schon Soergel/*Schurig* Art. 14 Rn. 4.
[12] Vgl. Erman/*Hohloch* Rn. 4.
[13] ABl. EU 2016 L 183, 1 vom 8.7.2016.
[14] ABl. EU 2016 L 183, 30 vom 8.7.2016.

anzuwendenden Rechts getroffen haben. Da die EuGüVO sich nicht auf die allgemeinen Ehewirkungen bezieht, bleibt Art. 14 als solcher auch nach diesem Stichtag unberührt. Wegen des Vorrangs des Unionsrechts wird das Inkrafttreten der EuGüVO aber die **Abgrenzung** zwischen dem allgemeinen Ehewirkungsstatut und dem Ehegüterstatut erheblich beeinflussen (→ Rn. 28).

Im Hinblick auf die **Kohärenz** des internationalen Eherechts besteht das Problem, dass die Rom **5** III-VO und die EuGüVO auf völlig anderen Wertungen beruhen als Art. 14. So sehen die Rom III-VO und die EuGüVO bei der **objektiven Anknüpfung** zwar ebenfalls Anknüpfungsleitern vor. Die Reihenfolge der ersten Stufen ist jedoch umgekehrt. Vorrangig wird an den gemeinsamen gewöhnlichen Aufenthalt angeknüpft; die gemeinsame Staatsangehörigkeit der Ehegatten wird nur hilfsweise in Bezug genommen (vgl. Art. 8 lit. a und b Rom III-VO, Art. 26 Abs. 1 lit. a und b EuGüVO). Auf der letzten Stufe stellt Art. 26 Abs. 1 lit. c EuGüVO wie Art. 14 Abs. 1 Nr. 3 auf die engste Verbindung ab; Art. 8 lit. d Rom III-VO verweist auf die lex fori. Im Übrigen wird der **Rechtswahlfreiheit** in der Rom III-VO und der EuGüVO wesentlich größerer Raum eingeräumt als in Art. 14 (vgl. Art. 5 Rom III-VO; Art. 22 EuGüVO). De lege feranda stellt sich daher die Frage, ob Art. 14 bei Inkrafttreten der EuGüVO an die Wertungen des Unionsrechts angepasst werden sollte.[15]

2. Multilaterale Staatsverträge. Auf dem Gebiet der allgemeinen Ehewirkungen haben multi- **6** nationale Staatsverträge keine große Bedeutung. Eine Ausnahme bildet das **Haager Ehewirkungsabkommen** vom 17.7.1905, das von der BRepD aber mit Wirkung zum 23.8.1987 gekündigt wurde[16] und zuletzt nur noch im Verhältnis zu Italien galt. Art. 1 Abs. 1 und 9 Abs. 1 des Abk. unterstellten die **allgemeinen Ehewirkungen** dem jeweiligen **gemeinsamen Heimatrecht** der Ehegatten; hilfsweise war nach Art. 9 Abs. 2 das letzte gemeinsame Heimatrecht anwendbar. Der Fall, dass die Ehegatten zu keinem Zeitpunkt eine gemeinsame Staatsangehörigkeit hatten, wurde in Bezug auf die allgemeinen Ehewirkungen nicht geregelt.[17] Die Anknüpfungen hinsichtlich der allgemeinen Ehewirkungen waren damit – anders als die Anknüpfung des **Ehegüterrechts** an das Heimatrecht des Mannes bei Eheschließung nach Art. 2 Abs. 1[18] – nicht wegen Verstoßes gegen den Grundsatz der Gleichberechtigung (Art. 3 Abs. 2 und 3 S. 1 GG) verfassungswidrig.[19] Sachverhalte, die noch vor dem Außerkrafttreten des Haager Ehewirkungsabkommens entstanden sind, unterliegen weiter diesem Abk. (s. 1. Aufl. 1983, Anh. I Art. 16). Probleme des Übergangsrechts sind analog Art. 220 Abs. 1 und 2 zu beurteilen.[20] Wegen der Wandelbarkeit des allgemeinen Ehewirkungsstats hat dies aber keine praktische Bedeutung mehr.[21]

3. Bilaterale Staatsverträge. Es gibt auch lediglich ein bilaterales Abkommen, das Fragen der **7** allgemeinen Ehewirkungen umfasst, nämlich das Niederlassungabkommen vom 17.2.1929 zwischen dem Deutschen Reich und dem Kaiserreich Persien (Dt.-Iran. NlassAbk).[22] Das Abk. enthält in Art. 8 Abs. 3 Dt.-Iran. NlassAbk eine Kollisionsnorm, die für das gesamte Familien- und Erbrecht Bedeutung hat. Welche Fragen genau erfasst sind, ergibt sich aus dem Schlussprotokoll zu Art. 8 Abs. 3 Dt.-Iran. NlassAbk.[23] Das Abk. gilt danach u. a. für „Ehe, eheliches Güterrecht, Scheidung, Aufhebung der ehelichen Gemeinschaft, Mitgift …, ferner alle anderen Angelegenheiten des Familienrechts unter Einschluss aller den Personenstand betreffenden Fragen". Inhaltlich entspricht Art. 8 Abs. 3 Dt.-Iran. NlassAbk der Vorschrift des Art. 14 Abs. 1 Nr. 1 Alt. 1. Maßgeblich ist also das **gemeinsame Heimatrecht** der Ehegatten. Das Dt.-Iran. NlassAbk gilt nur für rein iranische Ehen in Deutschland und rein deutsche Ehen im Iran.[24] Es ist daher nicht auf **gemischt-nationale Ehen** von Deutschen und Iranern anwendbar.[25] Die Anwendbarkeit des Abkommens ist auch dann

---

[15] Zu dieser Problematik Erman/*Hohloch* Rn. 4; *Coester-Waltjen* FamRZ 2013, 170 ff.; *Heiderhoff* IPRax 2017, 160 (162).

[16] BGBl. 1986 II S. 505.

[17] Vgl. *Kegel*/*Schurig* IPR § 20 V 6 (S. 843); *Looschelders* IPR Rn. 41.

[18] BGH NJW 1987, 583; *v. Bar* RabelsZ 57 (1993), 63 (77–79); *Rauscher* NJW 1987, 531.

[19] Staudinger/*Mankowski* (2011) Rn. 6a.

[20] Vgl. BeckOK BGB/*Mörsdorf-Schulte* Rn. 3.

[21] So schon Soergel/*Schurig* Anh. Art. 16 Rn. 1; *Looschelders* IPR Rn. 40.

[22] RGBl. 1930 II S. 1006; 1931 II S. 9; BGBl. 1955 II S. 829; abgedruckt bei *Jayme*/*Hausmann* Nr. 22; hierzu *Finger* FuR 1999, 58 ff.; *Schotten*/*Wittkowski* FamRZ 1995, 264 ff.

[23] RGBl. 1930 II S. 1012; abgedruckt bei *Jayme*/*Hausmann* Nr. 22 Fn. 2.

[24] Vgl. BGHZ 60, 68 (74) = NJW 1973, 417 (418); BGH FamRZ 1986, 345 (346 f.); NJW 1990, 636 (637); NJW-RR 2005, 1449; OLG Köln NJW 2015, 1763 f.; OLG Oldenburg IPRax 1981, 136 mAnm *Beitzke* IPRax 1981, 122; OLG Zweibrücken IPRspr. 1983 Nr. 53; OLG Hamm NJOZ 2013, 1006; Staudinger/*Mankowski* (2011) Rn. 7.

[25] BGH NJW-RR 1986, 1005; OLG Bremen IPRspr. 1984 Nr. 92; OLG Köln NJW-RR 2007, 154; LG Krefeld IPRspr. 1977 Nr. 63; IPRG 1967–68 Nr. 24 (Köln).

ausgeschlossen, wenn ein Ehegatte **deutsch-iranischer Doppelstaater** ist.[26] Zur Begründung wird darauf verwiesen, das Abkommen solle den Angehörigen des jeweils anderen Staates die gleichen Rechte wie den eigenen Staatsangehörigen gewähren. Dieser Schutz sei für Doppelstaater nicht erforderlich, da ihnen ohnehin die mit der jeweiligen Staatsangehörigkeit verbundenen Rechte zuständen. Besitzt der iranische Staatsangehörige auch die Staatsangehörigkeit eines **Drittstaates,** so ist das Abkommen dagegen jedenfalls dann anwendbar, wenn die iranische Staatsangehörigkeit effektiv ist.[27] Soweit iranische Staatsbürger als **Asylberechtigte** in Deutschland anerkannt worden sind, genießen sie die Rechtsstellung von Flüchtlingen (§ 2 Abs. 1 AsylG). Nach Art. 12 Abs. 1 FlüchtlAbk, § 2 Abs. 1 AsylG wird auf die Betroffenen daher ihr Wohnsitzrecht angewandt.[28] Das Abkommen tritt demgegenüber nach Art. 8 Abs. 3 S. 2 Dt.-Iran. NlassAbk zurück.

B. Normzweck

I. Die Doppelfunktion des Art. 14

8   **1. Anknüpfungsregeln für das allgemeine Ehewirkungsstatut.** Art. 14 hat nach der Konzeption der Verfasser des IPRG von 1986 eine doppelte Funktion. Zunächst regelt die Vorschrift die Anknüpfung der **allgemeinen Ehewirkungen.** Sie ist daher abzugrenzen von Art. 15, der die **güterrechtlichen Wirkungen** der Ehe betrifft. Weitere Ehewirkungen sind in anderen Kollisionsnormen geregelt. Hierzu gehören insbesondere die **unterhalts- und namensrechtlichen** Wirkungen der Ehe, für die Art. 15 EuUnthVO iVm dem HUnthProt 2007 und Art. 10 maßgeblich sind. Die Voraussetzungen und Folgen der **Scheidung** ergeben sich aus dem Scheidungsstatut, das nach der Rom III-VO zu bestimmen ist (vgl. auch Art. 17 Abs. 1).

9   Im Vergleich mit den anderen Ehewirkungen ist die Bedeutung der allgemeinen Ehewirkungen in der gerichtlichen Praxis gering, weil die meisten einschlägigen Pflichten das persönliche Verhältnis zwischen den Ehegatten betreffen und daher nach § 120 Abs. 3 FamFG **nicht vollstreckbar** sind (→ Rn. 38). Ausnahmen gelten für allgemeine Ehewirkungen mit wirtschaftlichem Inhalt wie die Mitwirkung an einer günstigen Steuerveranlagung und die Schlüsselgewalt (§ 1357 BGB). Die Wirkungen **gleichgeschlechtlicher Lebenspartnerschaften** beurteilen sich nicht nach Art. 14 oder Art. 15, sondern nach Art. 17b Abs. 1 S. 1. Maßgeblich ist danach das Sachrecht des Register führenden Staates. Dies gilt auch für die **gleichgeschlechtliche Ehe.** Der durch das Gesetz zur Einführung des Rechts auf Eheschließung für Personen gleichen Geschlechts neu gefasste Art. 17b Abs. 4 nF sieht nämlich vor, dass die Bestimmungen des Art. 17b Abs. 1–3 für die gleichgeschlechtliche Ehe entsprechend gelten (→ Art. 17b Rn. 2). Ob Art. 14 auf **nichteheliche Lebensgemeinschaften** heterosexueller Paare anwendbar ist, wird in der Literatur unterschiedlich beurteilt (→ Rn. 16).

10   **2. Schaffung eines einheitlichen Familienstatuts.** Nach der Konzeption des Reformgesetzgebers von 1986 hat Art. 14 eine zweite wichtige Funktion als „Hauptvorschrift" des internationalen Familienrechts.[29] Ziel war die Schaffung eines **einheitlichen Familienstatuts.**[30] Dies äußert sich darin, dass Art. 14 von mehreren anderen familienrechtlichen Kollisionsnormen in Bezug genommen wird. Zu nennen sind für das Eherecht Art. 15 Abs. 1, für das Kindschaftsrecht Art. 19 Abs. 1 S. 3 und Art. 22 Abs. 1 S. 2. Seit der Reform von 1986 hat die Bedeutung des Art. 14 in dieser Funktion aber kontinuierlich abgenommen. So hat die Neufassung der Art. 19–21 durch das Kindschaftsreformgesetz vom 16.12.1997[31] dazu geführt, dass die Anknüpfung an den gewöhnlichen Aufenthalt des Kindes im **Kindschaftsrecht** heute klar im Vordergrund steht, was durch die einschlägigen Staatsverträge (insbes. MSA, KSÜ) weiter verstärkt wird.[32] Dies gilt namentlich für die Wirkungen des Eltern-Kind-Verhältnisses (vgl. Art. 21), aber auch für das Abstammungsstatut nach Art. 19, bei

---

[26] BVerfG FamRZ 2007, 615 = NJW-RR 2007, 577 im Anschluss an *Schotten/Wittkowski* FamRZ 1995, 264 (265 f.); OLG München ZEV 2010, 255; OLG Köln NJW 2015, 1763 (1764); BeckOK BGB/*Mörsdorf-Schulte* Rn. 4; Staudinger/*Mankowski* (2011) Rn. 5; *Looschelders* IPR Rn. 39; dies übersieht OLG Hamburg FamRZ 2015, 1232 = MittBayNot 2016, 261 mAnm *Sieghörtner.*

[27] NK-BGB/*Sieghörtner* Art. 15 Rn. 2 Fn. 4; *v. Bar* IPR II Rn. 210; *Schotten/Wittkowski* FamRZ 1995, 264 (265 Fn. 27).

[28] Vgl. BGH NJW-RR 1986, 1005; BayObLG StAZ 2001, 66 (67); KG NJW-RR 1994, 199; IPRax 2000, 126 (127); Erman/*Hohloch* Rn. 5; *Schotten/Wittkowski* FamRZ 1995, 264 (266); *Dörner* IPRax 1994, 33.

[29] Vgl. Begr. RegE, BT-Drs. 10/5632, 41.

[30] Begr. RegE, BT-Drs. 10/5632, 41; BeckOK BGB/*Mörsdorf-Schulte* Rn. 1; Palandt/*Thorn* Rn. 1; Soergel/*Schurig* Vor Art. 13 Rn. 8; *Looschelders* IPR Rn. 1; *Kropholler* IPR § 45 II 2 (S. 346).

[31] BGBl. 1997 I S. 2942. Die Neuregelung ist am 1.7.1998 in Kraft getreten.

[32] Vgl. zu dieser Entwicklung NK-BGB/*Andrae* Rn. 4.

dem die Bedeutung des allgemeinen Ehewirkungsstatuts deutlich zurückgetreten ist. Die verbleibenden Fälle in Art. 19 Abs. 1 S. 3 und Art. 22 Abs. 1 S. 2 stellen nur auf das objektive allgemeine Ehewirkungsstatut nach Art. 14 Abs. 1 ab. Eine Rechtswahl nach Abs. 2–4 ist insoweit also irrelevant, was den Gleichlauf der Statute durchbrechen kann.[33]

Im internationalen Eherecht ergab sich die größte praktische Bedeutung von Art. 14 lange Zeit **11** daraus, dass die **Scheidung** nach Art. 17 Abs. 1 EGBGB aF dem allgemeinen Ehewirkungsstatut im Zeitpunkt des Eintritts der Rechtshängigkeit des Scheidungsantrags unterlag.[34] Der Gesetzgeber wollte damit dem engen Zusammenhang zwischen den Pflichten der Ehegatten während der Ehe und den Voraussetzungen und Folgen der Scheidung Rechnung tragen.[35] Seit dem 21.6.2012 bestimmt sich Scheidungsstatut nach der Rom III-VO. Diese folgt abweichenden Anknüpfungsregeln (→ Rn. 4), sodass **kein Gleichlauf** mit dem allgemeinen Ehewirkungsstatut nach Art. 14 gewährleistet ist.

Nach geltendem Recht behält Art. 14 über die Bezugnahme auf das allgemeine Ehewirkungsstatut **12** bei der Anknüpfung des **Ehegüterstatuts** in Art. 15 Abs. 1 seine größte praktische Bedeutung. Während das Statut der allgemeinen Ehewirkungen wandelbar ist (→ Rn. 13), werden die güterrechtlichen Wirkungen der Ehe allerdings **unwandelbar** an das für die allgemeinen Wirkungen der Ehe im Zeitpunkt der Eheschließung angeknüpft (→ Art. 15 Rn. 15 ff., 105).[36] Darüber hinaus billigen Art. 15 Abs. 2 und 3 den Ehegatten wesentlich weitgehendere Rechtswahlmöglichkeiten zu als Art. 14 Abs. 2–4. Ein Gleichlauf ist also auch bei diesen beiden Statuten schon heute keineswegs gewährleistet. Die Divergenzen zwischen allgemeinem Ehewirkungs- und Ehegüterstatut würden bei einer Verwirklichung des Vorschlags für eine europäische Verordnung zum ehelichen Güterrecht (→ Rn. 4) zunehmen. Die als „Hauptvorschrift" des deutschen internationalen Familienrechts konzipierte Vorschrift des Art. 14 würde damit endgültig eine **singuläre Stellung** einnehmen. Zur Vermeidung von Wertungswidersprüchen wäre dann eine **Neufassung** der Vorschrift unter Berücksichtigung der Anknüpfungsregeln nach der Rom III- und der EuGüVO notwendig.

II. Wandelbarkeit der Anknüpfung

Die allgemeinen Ehewirkungen werden wandelbar angeknüpft (→ Rn. 127). Ein **Statuten-** **13** **wechsel** ist also möglich. Dahinter steht die Erwägung, dass die persönlichen Beziehungen zwischen den Ehegatten sich nach dem Recht richten sollten, mit dem sie im **jeweiligen Zeitpunkt** am engsten verbunden sind. Die Vorzüge der Wandelbarkeit werden besonders deutlich, wenn die Ehegatten gemeinsam eine andere Staatsangehörigkeit annehmen und/oder ihren bisherigen Lebens- und Kulturraum verlassen. Hier kommt es nach Art. 14 Abs. 1 häufig zu einer automatischen Anpassung des allgemeinen Ehewirkungsstatuts an die gewandelten Lebensumstände und das neue soziale und rechtliche Umfeld.[37] Eine gewisse **Kontinuität** wird freilich dadurch gewährleistet, dass ein Statutenwechsel im Anwendungsbereich von Abs. 1 Nr. 1 und Nr. 2 nur eintreten kann, wenn die Änderung der Anknüpfungstatsachen **beide Ehegatten** betrifft.[38] Der einzelne Ehegatte kann das anwendbare Recht damit nicht durch einseitige Änderung der Anknüpfungstatsachen beeinflussen (→ Rn. 128). Nach der Abkoppelung des Scheidungsstatuts vom allgemeinen Ehewirkungsstatut hat dieser Aspekt freilich an Bedeutung verloren. Die Wandelbarkeit wird durchbrochen, wenn die Eheleute das Ehewirkungsstatut nach Art. 14 Abs. 2–4 **gewählt** haben (→ Rn. 129).

III. Verkehrsschutz

Art. 14 wird durch Art. 16 Abs. 2 ergänzt. Die Vorschrift beruht auf der Erwägung, dass bestimmte **14** allgemeine Ehewirkungen auch für **außenstehende Dritte** relevant sind. Dies betrifft zum einen die Schlüsselgewalt nach § 1357 BGB, zum anderen die Eigentumsvermutung nach § 1362 BGB. Zum Schutz des inländischen Rechtsverkehrs sieht Art. 16 Abs. 2 daher vor, dass diese Vorschriften zum Schutz Gutgläubiger entsprechend anwendbar sind, wenn hinreichende Inlandsbeziehungen vorliegen und das inländische Recht für die betroffenen Dritten günstiger ist als das zwischen den Ehegatten geltende ausländische Ehewirkungsstatut (→ Rn. 73 sowie Art. 16).

---

[33] Zu diesem Aspekt Staudinger/*Mankowski* (2011) Rn. 2.
[34] Vgl. Staudinger/*Mankowski* (2011) Rn. 4.
[35] Vgl. Begr. RegE. BT-Drs. 10/504, 60; *Looschelders* IPR Art. 17 Rn. 2.
[36] Vgl. Staudinger/*Mankowski* (2011) Rn. 3; NK-BGB/*Andrae* Rn. 5; Soergel/*Schurig* Vor Art. 13 Rn. 8.
[37] Vgl. BGHZ 183, 287 Rn. 21 = NJW 2010, 1528.
[38] Erman/*Hohloch* Rn. 10; *Looschelders* IPR Rn. 13.

C. Anwendungsbereich

I. Vorliegen einer wirksamen Ehe

15   **1. Begriff der Ehe.** Die Anwendung von Art. 14 setzt zunächst das Vorliegen einer wirksamen Ehe voraus. Der **Begriff der Ehe** beurteilt sich nach den gleichen Kriterien wie bei Art. 13 (→ Art. 13 Rn. 3 ff.).[39] Er umfasst also nicht nur die Ehe des deutschen Rechts, sondern auch vergleichbare ausländische Rechtsinstitute einschließlich der im islamischen Rechtskreis und einigen anderen ausländischen Rechtsordnungen vorgesehenen **Mehrehe.** Einzelne allgemeine Ehewirkungen der Mehrehe können allerdings gegen den ordre public (Art. 6) verstoßen (→ Art. 13 Rn. 5). Der Begriff der Ehe umfasst auch **formlos** geschlossene Ehen wie die common-law-Ehe nach dem Recht einiger amerikanischer Bundesstaaten (→ Art. 13 Rn. 147).[40] **Gleichgeschlechtliche Partnerschaften** werden dagegen nach der Konzeption des deutschen IPR nicht von Art. 14 erfasst. Dies gilt auch dann, wenn sie nach dem anwendbaren Recht als **Ehe** ausgestaltet sind.[41] Hieran hat die Einführung der gleichgeschlechtlichen Ehe im materiellen deutschen Recht nichts geändert.[42] Denn der neu gefasste Art. 17b Abs. 4 sieht vor, dass die Bestimmungen des Art. 17b Abs. 1–3 auf die gleichgeschlechtliche Ehe entsprechend anwendbar sind (→ Rn. 9). Im Hinblick auf die neueren EU-Verordnungen (Rom III-VO, EuGüVO, EuPartVO) ist diese Konzeption de lege ferenda aber zu überdenken (→ EuGüVO Rn. 22 ff.).

16   In einigen Staaten gibt es **registrierte heterosexuelle Lebensgemeinschaften** mit geringeren Wirkungen als der Ehe. So können in Frankreich und in den Niederlanden nicht nur gleichgeschlechtliche, sondern auch heterosexuelle Partner eine eingetragene Lebenspartnerschaft eingehen. Die Anknüpfung dieser Rechtsinstitute ist weder in den Art. 13 ff. noch in Art. 17b unmittelbar geregelt. Es stellt sich daher die Frage, ob die Art. 13 ff. oder Art. 17b entsprechend anwendbar sind. Dies ist in der Literatur sehr umstritten (→ Art. 17b Rn. 91 ff.). Mit Blick auf den Regelungsbereich des Art. 14 ist zu beachten, dass es sich bei den registrierten Lebensgemeinschaften heterosexueller Partner in den betreffenden Staaten um sehr unterschiedlich ausgestaltete Rechtsinstitute handelt. Eine Anknüpfung der **allgemeinen Wirkungen** eines solchen Rechtsinstituts an die jeweilige gemeinsame Staatsangehörigkeit oder den jeweiligen gemeinsamen gewöhnlichen Aufenthalt der Partner erscheint daher nicht sachgerecht.[43] Dies gilt umso mehr, als es in den meisten Staaten keine Sachnormen betreffend die Wirkungen einer solchen Lebensgemeinschaft gibt. Die engste Verbindung besteht damit zu dem Staat, in dem die **Registrierung** erfolgt ist. Dogmatisch kann diese Lösung mit einer entsprechenden Anwendung des Art. 17b Abs. 1 S. 1 begründet werden.[44] Nach bisherigem Recht bestand zwar das Problem, dass die rechtspolitisch zweifelhafte **Kappungs-grenze** des Art. 17b Abs. 4 aF auf gleichgeschlechtliche eingetragene Lebenspartnerschaften zugeschnitten war.[45] Die diesbezüglichen Bedenken sind durch die Abschaffung der Kappungsgrenze aber hinfällig geworden. Da es in Deutschland kein vergleichbares Institut gibt, hat die Verkehrsschutzregelung in Art. 17b Abs. 2 S. 2 bei heterosexuellen eingetragenen Partnerschaften nach ausländischem Recht allerdings keinen Anwendungsbereich. Ab dem 29.1.2019 richten sich die güterrechtlichen Verhältnisse eingetragener heterosexueller Partner nach der **EuPartVO.** Denn nach Art. 3 Abs. 1 lit. a EuPartVO kommt es für den Begriff der eingetragenen Partnerschaft nicht auf das Geschlecht (bzw. die Gleichheit oder Verschiedenheit des Geschlechts) an.[46] Art. 26 Abs. 1 EuPartVO sieht vor, dass die güterrechtlichen Verhältnisse eingetragener Partner dem Recht unterliegen, nach dem die eingetragene Parnerschaft **begründet** worden ist. Hierbei handelt es sich im Fall einer Eintragung im Ausland nicht notwendig um das Recht des Registerstaates (→ EuGüVO Rn. 10).

17   Auf **nichteheliche** (und nicht registrierte) **Lebensgemeinschaften** zwischen zwei Personen **verschiedenen Geschlechts** ist Art. 14 mangels bestehender Ehe **nicht unmittelbar** anwendbar. Teilweise wird für eine analoge Anwendung der Vorschrift auf die Wirkungen nichtehelicher Lebensgemeinschaften plädiert.[47] Andere Autoren lehnen das Staatsangehörigkeitsprinzip (Art. 14 Abs. 1

[39] BeckOK BGB/*Mörsdorf-Schulte* Rn. 6.
[40] Vgl. auch *Kegel/Schurig* IPR § 7 III 3b cc aaa (S. 350).
[41] Vgl. zum bisherigen Recht BGH NJW 2016, 2322 Rn. 34 ff.; krit. BeckOGK/*Rentsch* EGBGB Art. 13 Rn. 34 ff.; vgl. auch *Heiderhoff* IPRax 2017, 160 (164).
[42] Näher dazu BeckOGK/*Coester-Waltjen* BGB § 1564 Rn. 91 ff.
[43] So überzeugend *Henrich*, FS Kropholler, 2008, S. 305 (308 ff.); aA noch *Looschelders* IPR Art. 17b Rn. 5.
[44] Für Annahme einer konkludenten Rechtswahl *Henrich*, FS Kropholler, 2008, S. 305 (308 f.).
[45] Vgl. NK-BGB/*Gebauer* Art. 17b Rn. 16; *Looschelders* IPR Rn. 33; *Wagner* IPRax 2001, 281 (292).
[46] Rauscher/Kroll-Ludwigs Einf. EU-LP-GüterVO-E Rn. 2; *Kohler/Pintens* FamRZ 2011, 1433 (1437).
[47] So etwa Staudinger/*Mankowski* (2011) Rn. 23 mit Anh. Art. 13 Rn. 61 ff.

Nr. 1) bei nicht formalisierten nichtehelicher Lebensgemeinschaften ab und stellen stattdessen primär auf den **gemeinsamen gewöhnlichen Aufenthalt** (entsprechend Art. 14 Abs. 1 Nr. 2) ab.[48] Schließlich finden sich auch Autoren, die mit Blick auf die Wirkungen nicht formalisierter nichtehelicher Lebensgemeinschaften allein auf das **Vertrags-, Delikts- und Gesellschaftsstatut** verweisen.[49] Die Entscheidung hängt also letztlich davon ab, welche Grundposition hinsichtlich der Anknüpfung von nichtehelichen Lebensgemeinschaften vertreten wird (→ Art. 17b Rn. 106 ff.).

2. Wirksamkeit der Eheschließung. Die Wirksamkeit der Eheschließung stellt im Rahmen 18 des Art. 14 eine **Vorfrage** dar. Da die Vorfrage im Tatbestand einer inländischen Kollisionsnorm zu prüfen ist, kann auch von einer **Erstfrage** gesprochen werden (→ Einl. IPR Rn. 148 ff.). In Rechtsprechung und Literatur ist anerkannt, dass die Vorfrage der wirksamen Eheschließung im Rahmen des Art. 14 nach den diesbezüglichen Kollisionsnormen der lex fori **selbstständig anzuknüpfen** ist,[50] was im Übrigen auch der ganz überwiegenden Ansicht zur Anknüpfung von Erstfragen im Allgemeinen entspricht.

Gegen eine **unselbstständige Anknüpfung** nach dem IPR der lex causae spricht, dass das 19 maßgebliche Recht bei der tatbestandlichen Prüfung des Art. 14 gerade noch nicht feststeht. Die unselbstständige Anknüpfung der Vorfrage liefe insofern auf einen Zirkelschluss hinaus. Außerdem ist die unselbstständige Anknüpfung **systemwidrig,** weil sie den Anwendungsbereich der kollisionsrechtlichen Verweisung nach Art. 14 auf die Voraussetzungen der Eheschließung ausdehnt, obwohl das deutsche IPR dafür in Art. 13 und Art. 11 eigenständige Kollisionsnormen vorsieht.[51] Die **materiellen Voraussetzungen** der Eheschließung beurteilen sich somit nach Art. 13 Abs. 1.

In Bezug auf die **Form** ist danach zu unterscheiden, ob die Eheschließung im Inland oder im 20 Ausland erfolgt ist. Im **Inland** kann eine Ehe nach Art. 13 Abs. 3 S. 1 grundsätzlich nur in der Form des deutschen Rechts geschlossen werden, also vor dem Standesbeamten (§ 1310 BGB) bei gleichzeitiger persönlicher Anwesenheit beider Verlobten (§ 1311). Sind beide Verlobte Ausländer, so kann die Ehe im Inland allerdings auch vor einer Stelle geschlossen werden, die von der Regierung des Staates, dem einer der Verlobten angehört, ordnungsgemäß ermächtigt wurde (Art. 13 Abs. 3 S. 2). Bei einer **Eheschließung im Ausland** richtet sich die Form gemäß Art. 11 Abs. 1 alternativ nach dem Recht am Ort der Eheschließung oder nach dem Recht, das nach Art. 13 Abs. 1 für die materiellen Voraussetzungen der Eheschließung maßgeblich ist. Gehören die Ehegatten verschiedenen Staaten an, so sind nach der zweiten Alternative die Formerfordernisse beider Heimatrechte einzuhalten.

Die selbstständige Anknüpfung des Eheschließungsstatuts kann dazu führen, dass die Ehe nur 21 nach einer beteiligten Rechtsordnung wirksam ist (sog. **hinkende Ehe**). Dabei ist wie folgt zu unterscheiden: Denkbar ist zunächst, dass die Ehe nur nach dem Eheschließungsstatut wirksam ist, nicht aber nach dem (ausländischen) Recht, das für die allgemeinen Ehewirkungen maßgeblich ist. Diese Konstellation kann zB auftreten, wenn ausländische Ehegatten in Deutschland wirksam vor dem Standesbeamten geheiratet haben und das nach Art. 14 Abs. 1 Nr. 1 maßgebliche Heimatrecht der Betroffenen nur Trauungen in religiöser Form für wirksam erachtet. In der älteren Rechtsprechung und Literatur wurde teilweise die Auffassung vertreten, dass die allgemeinen Ehewirkungen in solchen Fällen nach **deutschem Recht** zu beurteilen sind.[52] Hiergegen spricht jedoch, dass die Wirksamkeit der Ehe allein nach dem Eheschließungsstatut zu beurteilen ist. Ist die Ehe danach wirksam zustande gekommen, so kann dies nicht durch das Ehewirkungsstatut wieder in Frage gestellt werden. Die Unwirksamkeit der Ehe aus Sicht des ausländischen Heimatrechts der Ehegatten steht dessen Anwendung auf die allgemeinen Ehewirkungen daher nicht entgegen.[53]

Da das Ehewirkungsstatut für die Wirksamkeit der Ehe nicht maßgeblich ist, kommt es in diesen 21a Fällen auch nicht zu einem **Normenwiderspruch,** der eine Anpassung erforderlich machen würde. Die Anwendung des deutschen Rechts auf die allgemeinen Ehewirkungen kann daher auch nicht

---

[48] So etwa *Henrich*, FS Kropholler, 2008, 305 (311 ff.); vgl. auch *Siehr* IPR S. 80.

[49] So *Erman/Hohloch* Vor Art. 13–24 Rn. 20 mit dem Argument, das deutsche Recht halte insoweit keine eigenständige rechtliche Ordnung bereit; *Palandt/Thorn* Rn. 17; vgl. auch BGH IPRax 2005, 545 (546).

[50] Vgl. RGZ 157, 257; BGHZ 78, 288 (289); OLG Hamm FamRZ 1982, 166 mAnm *Rau*; BeckOK BGB/*Mörsdorf-Schulte* Rn. 68; *Palandt/Thorn* Rn. 17; *Staudinger/Mankowski* (2011) Rn. 14; *Soergel/Schurig* Rn. 68; *Looschelders* IPR Rn. 8; *Henrich*, FS Beitzke, 1979, 507 (509).

[51] *Staudinger/Mankowski* (2011) Rn. 14. Es gibt freilich Ausnahmen. So ist allgemein anerkannt, dass familienrechtliche Vorfragen im Staatsangehörigkeitsrecht mit Rücksicht auf die Souveränität des jeweiligen Staates unselbständig anzuknüpfen sind (vgl. BGH NJW 2016, 2322 mAnm *Rauscher* = FamRZ 2016, 1251).

[52] So etwa BayObLG IPRspr. 1954/55 Nr. 8; LG Düsseldorf MDR 1952, 623; von BGHZ 78, 288 (292) = NJW 1981, 526 (527) offen gelassen.

[53] So auch KG NJW 1963, 51 (53); *Staudinger/Mankowski* (2011) Rn. 19 ff.; *Soergel/Schurig* Rn. 69; *Palandt/Thorn* Rn. 17; *Erman/Hohloch* Rn. 9; *Looschelders* IPR Rn. 8.

unter dem Aspekt der **kollisionsrechtlichen Anpassung** gerechtfertigt werden.[54] Besondere Probleme können allerdings auftreten, wenn das ausländische Recht Vorschriften enthält, die für bestimmte allgemeine Ehewirkungen eine religiöse Eheschließung voraussetzen. Hier mag im Einzelfall eine **materiell-rechtliche Anpassung** des ausländischen Rechts der allgemeinen Ehewirkungen notwendig sein, etwa in Form einer teleologischen Reduktion der betreffenden Vorschriften.[55] Hilfsweise muss geprüft werden, ob die Verknüpfung der allgemeinen Ehewirkungen mit religiösen Inhalten mit dem inländischen **ordre public** (Art. 6 EGBGB) vereinbar ist. Die damit ggf. notwendige Lückenfüllung kann dann doch zur Anwendbarkeit deutschen Rechts auf die allgemeinen Ehewirkungen führen.

22   Umgekehrt kann eine Ehe, die nach dem Eheschließungsstatut unwirksam ist, auf der Grundlage eines ausländischen allgemeinen Ehewirkungsstatuts grundsätzlich keine Wirkungen entfalten. Diese Problematik kann insbesondere dann auftreten, wenn ausländische Ehegatten im Inland entgegen Art. 13 Abs. 3 die Ehe vor einem nicht oder nicht ordnungsgemäß ermächtigten Geistlichen geschlossen haben und diese Eheschließung nach ihrem Heimatrecht wirksam ist.[56] Nach dem für die Eheschließung im Inland maßgeblichen deutschen Recht liegt in einem solchen Fall regelmäßig eine **Nichtehe** vor. Im Einzelfall ist allerdings eine **Heilung** des Formmangels denkbar (→ Art. 13 Rn. 161 ff.)[57] Im deutschen Sachrecht beschränkt § 1310 Abs. 3 BGB die Heilung von Nichtehen zwar auf seltene Ausnahmefälle. Bei Sachverhalten mit Auslandsberührung wird eine Heilung des Formmangels aber auch dann in Betracht gezogen, wenn die Ehegatten jede Beziehung zum Inland verloren haben und aktuell in einem Staat leben, in dem die Ehe als formgültig angesehen wird.[58]

23   Sofern keine Heilung eintritt und es bei einer Nichtehe bleibt, ist Art. 14 ist nicht anwendbar. Anders als etwa im Erbrecht, im Unterhaltsrecht oder im Sozialversicherungsrecht erfordert es der Gedanke des **Vertrauensschutzes** in solchen Fällen regelmäßig auch nicht, die Betroffenen so zu behandeln, wie wenn sie wirksam geheiratet hätten.[59] Der „Defekt" kann nämlich durch eine neue, wirksame Eheschließung behoben werden. Im Übrigen richten sich die Beziehungen zwischen den Beteiligten nach den kollisions- und materiell-rechtlichen Regeln für **nichteheliche Lebensgemeinschaften**.[60]

24   **3. Nichtvorliegen einer wirksamen Scheidung.** Die Ehe darf grundsätzlich auch nicht durch eine wirksame Scheidung aufgelöst worden sein.[61] Die Wirksamkeit einer gerichtlichen oder behördlichen **Auslandsscheidung** beurteilt sich nach den Anerkennungsvorschriften der EheVO (Art. 21 ff.) bzw. des FamFG (§§ 107, 109 FamFG). Wird geltend gemacht, wegen der Auflösung der Ehe entfalte diese im Inland keine Ehewirkungen mehr, so ist der Prozess über diese Wirkungen auszusetzen, wenn ein Anerkennungsverfahren nach § 107 FamFG erforderlich ist. Bedarf es eines solchen Verfahrens nicht, weil die Eheleute in ihrem Heimatstaat geschieden wurden (§ 107 Abs. 1 S. 2 FamFG) oder weil Art. 21 Abs. 1 EheVO zu beachten ist, so wird über die Gültigkeit der ausländischen Scheidung inzident im Verfahren über die geltend gemachte Ehewirkung entschieden. Die Wirksamkeit einer reinen **Privatscheidung** im Ausland ohne Mitwirkung eines Gerichts oder einer Behörde ist inzident nach dem Scheidungsstatut zu prüfen,[62] das seit dem 21.6.2012 nach der Rom III-VO bestimmen ist. Auch insoweit ist also eine **selbstständige Anknüpfung** der Vorfrage geboten.[63] Das allgemeine Ehewirkungsstatut entscheidet seinerseits freilich auch über die Frage, ob eine bestimmte allgemeine Ehewirkung **nach der Scheidung** noch geltend gemacht werden kann.[64] Die Anwendbarkeit des Art. 14 wird insoweit also nicht durch das Vorliegen einer wirksamen Scheidung ausgeschlossen. Im Einzelfall kann aber eine genaue Abgrenzung zum Scheidungsstatut erforderlich sein. Entscheidend ist dabei, ob es sich noch um eine **„Nachwirkung"** der Ehe oder um eine (Neben-) Folge der Scheidung handelt (→ Rn. 51).

---

[54]   Zur Übereinstimmung der älteren Rechtsprechung mit der Methode der kollisionsrechtlichen Anpassung BeckOK BGB/*Mörsdorf-Schulte* Rn. 69; vgl. auch Soergel/*Schurig* Rn. 69.

[55]   Vgl. BeckOK BGB/*Mörsdorf-Schulte* Rn. 69: „vorsichtige Modifikationen des ausländischen Ehewirkungsstatuts".

[56]   Vgl. Staudinger/*Mankowski* (2011) Rn. 23.

[57]   Zu Fragen der Heilung vgl. auch *Siehr* IPRax 2007, 30 ff.

[58]   Vgl. *Anja J. Müller,* Die Heilung von formellen Eheschließungsmängeln bei Ehen mit Auslandsberührung nach deutschem Recht, 2008, 108 ff.; *Siehr* IPRax 2007, 30 ff.

[59]   Zum Problem des Vertrauensschutzes bei „hinkenden" Ehen → § 1310 Rn. 34; vgl. auch Soergel/*Schurig* Art. 13 Rn. 100; *Looschelders* IPR Art. 13 Rn. 82.

[60]   So auch Staudinger/*Mankowski* (2011) Rn. 23; Erman/*Hohloch* Rn. 9.

[61]   Vgl. BeckOK BGB/*Mörsdorf-Schulte* Rn. 71; NK-BGB/*Andrae* Rn. 56.

[62]   Vgl. BGH FamRZ 2008, 1409 (1412); BeckOK FamFG/*Sieghörtner* FamFG § 107 Rn. 10.

[63]   BeckOK BGB/*Mörsdorf-Schulte* Rn. 71.

[64]   Vgl. BGH NJW 1984, 2040 (2041) = FamRZ 1984, 465; BeckOK BGB/*Mörsdorf-Schulte* Rn. 10.

II. Allgemeine Ehewirkungen

1. Generelle Begriffsbestimmung. Der Begriff der allgemeinen Ehewirkungen ist im EGBGB **25** nicht näher definiert. Allgemein lässt sich sagen, dass es in erster Linie um die **persönlichen Rechtsbeziehungen** zwischen den Ehegatten sowie das **Verhältnis der Ehegatten zu Dritten** geht.[65] Dies heißt freilich nicht, dass wirtschaftliche Wirkungen der Ehe generell ausgeschlossen wären. Dies ist auch bei den Vorschriften über die allgemeinen Ehewirkungen im deutschen Sachrecht (§§ 1353–1362 BGB) nicht durchweg der Fall. Die einschlägigen Sachnormen können indes nur beschränkt als Vorbild verstanden werden, da einige wichtige Aspekte aus diesem Bereich (zB Ehename, Unterhalt, Verteilung der Haushaltsgegenstände und der Ehewohnung bei Getrenntleben) von anderen Kollisionsnormen umfasst werden.[66] In der Literatur wird teilweise davon gesprochen, dass „alles Wichtige" einem Sonderstatut unterliegt.[67]

Gerade daraus, dass viele Wirkungen der Ehe in **anderen Kollisionsnormen** gesondert geregelt **26** sind, ergibt sich freilich auch eine wichtige Konkretisierung. Aus systematischer Sicht umfasst der Begriff der allgemeinen Ehewirkungen hiernach nämlich alle Wirkungen der Ehe, für die keine speziellere Verweisungsnorm besteht. Die Vorschrift stellt insofern eine Art **„Auffangtatbestand"** dar.[68]

2. Funktional-teleologische Qualifikation. Die Zuordnung der einzelnen Rechtsinstitute zu **27** den jeweiligen Kollisionsnormen richtet sich nach den allgemeinen Regeln der **Qualifikation,** so wie sie zum deutschen autonomen IPR herausgearbeitet worden sind (→ Einl. IPR Rn. 114 ff.). Ausgangspunkt der Betrachtung ist die lex fori. Dabei darf man aber nicht einseitig auf die systematischen Kategorien des deutschen materiellen Rechts abstellen, sondern muss die in Frage stehenden ausländischen Rechtsinstitute nach deren **Sinn und Zweck** würdigen und mit den Einrichtungen des deutschen Rechts vergleichen.[69] Insbesondere ist darauf zu achten, welche **Funktion** das ausländische Rechtsinstitut in seiner Rechtsordnung wahrnimmt.[70] Diese sog. **funktional-teleologische Qualifikation** ermöglicht es, auch solche ausländischen Rechtsinstitute unter die Systembegriffe des deutschen IPR zu subsumieren, die dem deutschen Recht fremd sind, wie etwa die Morgengabe des islamischen Rechts (→ Rn. 54 ff.).

3. Abgrenzungen. a) Güterstatut. Die wichtigste Abgrenzung innerhalb der Ehewirkungen **28** besteht zwischen den allgemeinen Wirkungen der Ehe nach Art. 14 und den **güterrechtlichen Wirkungen der Ehe** nach Art. 15. Das eheliche Güterrecht umfasst dabei alle materiellen Vorschriften, die sich auf die Schaffung oder (bei Gütertrennung) das Absehen von einer **Sonderordnung** für das Vermögen der Ehegatten während und aufgrund der Ehe beziehen oder die Abwicklung einer solchen Sonderordnung nach Auflösung der Ehe regeln (→ Art. 15 Rn. 29).[71] Hieraus folgt, dass die **persönlichen Wirkungen** der Ehe nicht nach Art. 15, sondern nach Art. 14 zu beurteilen sind. Bei den **vermögensrechtlichen Wirkungen** der Ehe ist danach zu unterscheiden, ob sie für jede Ehe gelten oder vom Bestehen bzw. Fehlen einer Sonderordnung für das Vermögen der Ehe abhängig sind. Dieser Ansatz hilft freilich nicht weiter, wenn die betreffende Rechtsordnung nicht zwischen mehreren Güterständen differenziert. Nach den Grundsätzen der funktional-teleologischen Qualifikation ist hier darauf abzustellen, ob die in Frage stehenden Vorschriften die eheliche Lebensgemeinschaft als solche absichern oder die Zuordnung der in die Ehe eingebrachten sowie der während der Ehe erworbenen Vermögensgegenstände regeln.[72]

Die dargelegten Abgrenzungskriterien können im Einzelfall zu schwierigen Einordnungsfragen **29** führen. So zielen bestimmte **Verfügungsbeschränkungen** in einigen ausländischen Rechtsordnungen unabhängig von einem Güterstand darauf ab, die materiellen Grundlagen der Ehegemeinschaft zu erhalten. Ein Beispiel ist Art. 1:88 Abs. 1 lit. a des niederländischen BW, wonach ein Ehegatte für Verträge zur Veräußerung, Belastung oder Gebrauchsüberlassung und Rechtsgeschäfte zur Beendigung der Benutzung einer von den Ehegatten gemeinsam oder von dem anderen Ehegatten allein bewohnten Wohnung oder von Sachen, die zu einer solchen Wohnung oder deren Einrichtung

---

[65] BGHZ 183, 287 Rn. 19 = NJW 2010, 1528; *Kropholler* IPR § 45 II 1 (S. 345 f.); *Looschelders* IPR Rn. 2.

[66] Ähnlich Staudinger/*Mankowski* (2011) Rn. 215: „grobe Faustformel".

[67] So ausdrücklich *Lüderitz* IPR Rn. 343; vgl. auch Staudinger/*Mankowski* (2011) Rn. 213.

[68] So ausdrücklich BGHZ 183, 287 Rn. 19 = NJW 2010, 1528.

[69] BGHZ 47, 324 (332) = NJW 1967, 2109 (2110).

[70] Vgl. *Kegel/Schurig* IPR § 7 III 3b (S. 346 ff.); *Kropholler* IPR § 17 (S. 126 ff.); *Looschelders* IPR Vorbem. zu Art. 3–6 Rn. 16 ff. Zur Notwendigkeit eines funktionalen Ansatzes im Anwendungsbereich des Art. 14 vgl. auch Staudinger/*Mankowski* (2011) Rn. 216.

[71] Vgl. BT-Drs. 10/504, 57; BGHZ 119, 392 (394) = NJW 1993, 385 (388); *Kegel/Schurig* IPR § 20 VI 2 (S. 852).

[72] So auch BeckOK BGB/*Mörsdorf-Schulte* Rn. 17; Soergel/*Schurig* Rn. 37.

gehören, der Zustimmung des anderen Ehegatten bedarf.[73] In anderen Rechtsordnungen stellen solche Verfügungsbeschränkungen sich als Folge eines bestimmten Güterstands dar. Dies gilt etwa für die deutschen Bestimmungen in §§ 1365 und 1369 BGB. Beide Vorschriften haben auch den Zweck, einen möglichen Anspruch des anderen Ehegatten auf Zugewinnausgleich zu schützen (→ § 1365 Rn. 2 und → § 1369 Rn. 1). Die unterschiedlichen Funktionen von Verfügungsbeschränkungen zwingen aber zu **keiner Doppelqualifikation.**[74] Zu beachten ist nämlich, dass die Qualifikation auf die Verweisungsbegriffe der einzelnen Kollisionsnormen zu beziehen ist. Aus der Aufspaltung von allgemeinen und güterrechtlichen Ehewirkungen folgt, dass es sich bei allgemeinen und güterstandsbezogenen Verfügungsbeschränkungen um verschiedene Verweisungsgegenstände handelt. Art. 14 und 15 sind damit nebeneinander anwendbar. Welcher Kollisionsnorm eine konkrete Verfügungsbeschränkung zuzuordnen ist, hängt dann von der Qualifikation der betreffenden Verfügungsbeschränkung ab. So sind etwa die §§ 1365, 1369 BGB güterrechtlich zu qualifizieren (→ Art. 15 Rn. 33).

30   Das Nebeneinander beider Statute kann freilich zu **Anpassungsproblemen** führen. Dies lässt sich an den Beschränkungen für **Verfügungen über Gegenstände des ehelichen Haushalts** verdeutlichen. Nach deutschem Recht handelt es sich um eine güterrechtliche Frage (§ 1369 BGB). Die niederländische Regelung des Art. 1:88 Abs. 1 lit. a BW gehört dagegen zu den allgemeinen Ehewirkungen. Unterliegen die allgemeinen Ehewirkungen dem deutschen und die güterrechtlichen Wirkungen der Ehe dem niederländischen Recht, so besteht daher keine Verfügungsbeschränkung, obwohl beide Rechtsordnungen eine solche vorsehen. Es besteht also ein **Normenmangel,** der eine Anpassung erforderlich macht.[75] Im Ergebnis bedarf das Geschäft damit der Zustimmung des anderen Ehegatten.

31   Nach Art. 3 Abs. 1 lit. a EuGüVO umfasst der Begriff des „ehelichen Güterstands" sämtliche vermögensrechtlichen Regelungen, die im Verhältnis der Ehegatten untereinander sowie gegenüber Dritten gelten (→ EuGüVO Rn. 20 f.). Art. 27 EuGüVO enthält hierzu einen nicht abschließenden Katalog. Die EuGüVO geht damit von einem **weiteren Verständnis des Güterrechts** als das geltende deutsche IPR (Art. 14, 15) aus. Dies betrifft insbesondere die Zuordnung von vermögensrechtlichen Wirkungen der Ehe, die nicht von einem bestimmten Güterstand abhängig sind.[76] Bei Inkrafttreten der EuGüVO wird die Grenzziehung zum Güterstatut daher neu zu bestimmen sein.

32   **b) Unterhaltsansprüche zwischen den Ehegatten.** Unterhaltsansprüche zwischen den Ehegatten bei bestehender Ehe unterlagen bis zur Reform des deutschen IPR von 1986 dem allgemeinen Ehewirkungsstatut.[77] Dies entspricht auch der systematischen Stellung der §§ 1360 ff. BGB. Danach waren Art. 18 bzw. das Haager Unterhaltsübereinkommen von 1973 maßgeblich. Seit dem 18.6.2011 richtet sich das Unterhaltsstatut nach Art. 15 EuUnthVO iVm dem UnthProt. Art. 1 Abs. 1 EuUntVO und Art. 1 Abs. 1 UnthProt stellen klar, dass damit **Unterhaltspflichten aus einem eherechtlichen Verhältnis** erfasst werden. Bei Abgrenzungs- und Qualifikationsfragen ist wegen des Vorrangs des Unionsrechts und des staatsvertraglichen Rechts von Art. 15 EuUntVO iVm dem UnthProt auszugehen. Hierher gehört etwa das Problem, ob der Anspruch auf Prozesskostenvorschuss (im deutschen Recht § 1360a BGB) dem Unterhaltstatut oder dem allgemeinen Ehewirkungsstatut zuzuordnen ist (→ Rn. 52).

33   **c) Weitere speziellere Kollisionsnormen.** Weitere Sonderanknüpfungen bestehen für die Erweiterung der Geschäftsfähigkeit durch **Eheschließung** (Art. 7 Abs. 1 S. 2), den **Namen** der Eheleute (Art. 10) sowie die Nutzungsbefugnis für die im Inland belegene **Ehewohnung** und den im Inland befindlichen **Hausrat** sowie damit zusammenhängende Betretungs-, Näherungs- und Kontaktverbote (Art. 17a). Die **Scheidung** unterliegt der Rom III-VO. Das Gleiche gilt für die vermögensrechtlichen Scheidungsfolgen, die nicht von anderen Kollisionsnormen (zB Art. 15) erfasst sind (Art. 17 Abs. 1), sowie dem Grundsatz nach auch für den **Versorgungsausgleich** (vgl. Art. 17 Abs. 3).

34   Nicht zu den allgemeinen Ehewirkungen gehört auch die Frage, welche Auswirkungen die Eheschließung auf die **Staatsangehörigkeit** hat. In der Praxis geht es insbesondere darum, ob die

---

[73] Vgl. Staudinger/*Mankowski* (2011) Rn. 217; *Burghaus*, Die Vereinheitlichung des Internationalen Ehegüterrechts in Europa, 2010, 71; zur entsprechenden Regelage im französischen Recht vgl. BeckOK BGB/*Mörsdorf-Schulte* Rn. 17.

[74] So aber noch in der Voraufl. *Siehr* Rn. 77, 117.

[75] Zur Notwendigkeit einer Anpassung *v. Bar/Mankowski* IPR I § 7 Rn. 256; *Kegel/Schurig* IPR § 8 II 2 (S. 359 f.); *Kropholler* IPR § 34 III 1 (S. 236 f.); *Looschelders* IPR Vorbem. zu Art. 3–6 Rn. 58.

[76] Vgl. *Dethloff*, FS v. Hoffmann, 2011, 73 (76 f.) zu Art. 2 lit. a EuGüVO-E 2011; *Heiderhoff* IPRax 2017, 160 (161).

[77] Zur traditionellen Zuordnung des Unterhaltsanspruchs bei bestehender Ehe zum allgemeinen Ehewirkungsstatut BGHZ 78, 278 (279); Soergel/*Schurig* Rn. 46; *v. Bar* IPR II Rn. 280; *Kegel/Schurig* IPR § 20 IX 1 (S. 893).

Ehefrau durch die Heirat ihre bisherige Staatsangehörigkeit verliert und/oder die Staatsangehörigkeit des Mannes erwirbt. Solche Rechtsfolgen waren früher weit verbreitet. Das von Deutschland und vielen anderen Staaten ratifizierte UN-Übereinkommen über die Staatsangehörigkeit verheirateter Frauen vom 20.2.1957[78] sieht in Art. 1 allerdings vor, dass weder die Schließung noch die Auflösung einer Ehe zwischen einem Angehörigen eines Vertragsstaats und einem Ausländer noch der Wechsel der Staatsangehörigkeit des Ehemannes während des Fortbestandes der Ehe die Staatsangehörigkeit der Ehefrau ohne Weiteres berühren darf. Gleichwohl gibt es auch heute noch einige ausländische Staaten (zB Iran[79]), nach deren Recht die Eheschließung dazu führt, dass die Ehefrau die Staatsangehörigkeit des Mannes erwirbt. Die Auswirkungen der Eheschließung auf die Staatsangehörigkeit sind indes ein Problem des Staatsangehörigkeitsrechts. Maßgeblich ist daher das Recht des Staates, dessen Staatsangehörigkeit in Frage steht (→ Art. 5 Rn. 14 ff.). Dies entspricht dem allgemeinen völkerrechtlichen Grundsatz, dass jeder Staat seine Staatsangehörigkeit selbst regelt.[80]

Nicht zum allgemeinen Ehewirkungsstatut gehören auch Fragen der **elterlichen Sorge.** Dies **35** gilt auch für Regelungen, die einem Ehegatten (traditionell dem Vater[81]) bei Meinungsverschiedenheiten über Fragen der elterlichen Sorge den „Stichentscheid" zubilligen.[82] Die diesbezüglichen Streitigkeiten betreffen vielmehr das Eltern-Kind-Verhältnis und unterliegen daher nach den einschlägigen Staatsverträgen (KSÜ, MSA) bzw. Art. 21 grundsätzlich dem Recht am gewöhnlichen Aufenthalt des Kindes.[83] Die internationale Zuständigkeit richtet sich primär nach Art. 8 Brüssel IIa-VO.

III. Einzelne allgemeine Ehewirkungen

Die allgemeinen Ehewirkungen lassen sich in **drei Bereiche** unterteilen: das persönliche Verhält- **36** nis zwischen den Ehegatten, die vermögensrechtlichen (nicht güter- oder unterhaltsrechtlichen) Beziehungen zwischen den Ehegatten sowie die Beziehungen der Ehegatten zu Dritten.

1. Persönliches Verhältnis zwischen den Ehegatten. a) Eheliche Lebensgemeinschaft. Im **37** Vordergrund der allgemeinen Ehewirkungen stehen die persönlichen Beziehungen zwischen den Ehegatten. Dabei kommt der Pflicht zur ehelichen Lebensgemeinschaft eine zentrale Bedeutung zu.[84] Dabei geht es zum einen um die Frage, welche Pflichten aus der ehelichen Lebensgemeinschaft folgen; zum anderen muss geklärt werden, ob und inwieweit solche Pflichten rechtlich durchsetzbar sind. Allgemein lässt sich feststellen, die praktische Bedeutung der aus der ehelichen Lebensgemeinschaft folgenden Pflichten in Deutschland und in den anderen europäischen Rechtsordnungen in den letzten Jahrzehnten erheblich abgenommen hat. Dies beruht nicht zuletzt auf der Abkopplung der Voraussetzungen und Folgen der Scheidung von den Regelungen über die Pflichten aus der ehelichen Lebensgemeinschaft durch den Übergang vom Verschuldens- zum Zerrüttungsprinzip, der sich auch in den meisten anderen europäischen Rechtsordnungen vollzogen hat.[85] Sonstige Sanktionen für die Verletzung der persönlichen Pflichten aus der Ehe sind im deutschen Recht kaum ersichtlich. Andere Rechtsordnungen mögen die eheliche Lebensgemeinschaft mit stärkeren Pflichten ausstatten. Die Anordnung **staatlichen Zwangs** zur Durchsetzung persönlicher Ehepflichten ist aber regelmäßig nicht mit dem inländischen **ordre public** (Art. 6) vereinbar.

Das allgemeine Ehewirkungsstatut entscheidet insbesondere darüber, ob ein Anspruch auf **Her-** **38** **stellung der ehelichen Lebensgemeinschaft,** namentlich der häuslichen Gemeinschaft besteht und ob dieser Anspruch gerichtlich geltend gemacht werden kann.[86] Das Gleiche gilt für die Frage,

---

[78] BGBl. 1973 IIS. 1249.

[79] Zum Iran Staudinger/*Bausback* (2013) Anh. III Art. 5 Rn. 67.

[80] Vgl. Staudinger/*Bausback* (2013) Anh. I Art. 5 Rn. 39 f.

[81] Zur Unvereinbarkeit solcher Regelungen mit dem deutschen ordre public vgl. AG Eschwege FamRZ 1995, 565 (566); Erman/*Hohloch* Art. 6 Rn. 40.

[82] Vgl. BGH NJW-RR 1992, 579; OLG Köln FamRZ 1991, 362 mAnm *Henrich*; AG Eschwege FamRZ 1995, 565 (566) (jeweils zum früheren türkischen Recht); Staudinger/*Mankowski* (2011) Rn. 226.

[83] Vgl. Staudinger/*Mankowski* (2011) Rn. 226. Das MSA war seit dem Inkrafttreten des KSÜ (am 1.1.2011) nur noch im Verhältnis zur Türkei und zu der chinesischen Sonderverwaltungsregion Macao anwendbar. Die Türkei hat aber am 25.4.2016 das KSÜ ratifiziert. Inhaltlich ist zu beachten, dass Art. 3 MSA einen Vorbehalt für nach dem Heimatrecht bestehende gesetzliche Gewaltverhältnisse vorsieht.

[84] Vgl. BGH NJW 1976, 1028 = IPRspr. 1976 Nr. 34; Palandt/*Thorn* Rn. 18; BeckOK BGB/*Mörsdorf-Schulte* Rn. 9; Staudinger/*Mankowski* (2011) Rn. 239; Erman/*Hohloch* Rn. 29; Soergel/*Schurig* Rn. 40; Staudinger/*Mankowski* (2011) Rn. 239; *Looschelders* IPR Rn. 2; *Henrich* FamRZ 1986, 841 (843).

[85] Vgl. *Dethloff* FamR § 4 Rn. 9.

[86] Vgl. dazu aus der älteren Rspr. RG WarnR 6 (1913), 521; RGZ 147, 385 (387 f.); KG JW 1936, 2470 mAnm*Maßfeller*; KG JW 1936, 2473 mAnm *Süß*; OLG Karlsruhe FamRZ 1960, 371 mAnm *Schwoerer*; LG Berlin IPRspr. 1960–61 Nr. 182; aus der Literatur BeckOK BGB/*Mörsdorf-Schulte* Rn. 9; Staudinger/*Mankowski* Rn. 243 ff.; Erman/*Hohloch* Rn. 29.

ob und unter welchen Voraussetzungen der andere Ehegatte die Herstellung der ehelichen Lebensgemeinschaft **verweigern** kann (vgl. § 1353 Abs. 2 BGB).[87] In Deutschland werden die hiermit verbundenen Probleme weitgehend dadurch entschärft, dass die Verpflichtung zur Herstellung der ehelichen Lebensgemeinschaft nach § 120 Abs. 3 FamFG **nicht vollstreckbar** ist.[88] Im Unterschied zur Klagbarkeit ist die Vollstreckbarkeit eine **prozessuale Frage**, die nach der lex fori zu beurteilen ist.[89] In Deutschland gilt § 120 Abs. 3 FamFG daher auch bei Anwendbarkeit ausländischen Rechts.[90] Soweit ausländische Rechtsordnungen eine weitergehende Pflicht zur Herstellung der ehelichen Lebensgemeinschaft vorschreiben oder selbst bei krassem Missbrauch keine zumutbaren Weigerungsmöglichkeiten vorsehen, kann im Einzelfall aber trotzdem ein Rückgriff auf den **ordre public** geboten sein.[91] Darüber hinaus soll die Klage auf Herstellung der ehelichen Lebensgemeinschaft bei **Mehrehen** mit dem deutschen ordre public unvereinbar sein.[92]

39   In früherer Zeit wurde ein Verstoß gegen den ordre public auch dann in Betracht gezogen, wenn das anwendbare ausländische Recht **keine Pflicht zur Herstellung der ehelichen Lebensgemeinschaft** kennt.[93] In Anbetracht der geringen praktischen Bedeutung, die der Pflicht zur Herstellung der ehelichen Lebensgemeinschaft im deutschen Recht heute noch zukommt, kann diese Pflicht aber nicht mehr zu den wesentlichen Grundsätzen des deutschen Rechts iSd Art. 6 gezählt werden.[94]

40   Das Gegenstück zu dem Antrag auf Herstellung der ehelichen Lebensgemeinschaft ist im deutschen Recht der Antrag auf Feststellung des **Rechts zum Getrenntleben** (→ § 1353 Rn. 54), der in Fällen mit Auslandsberührung ebenfalls dem allgemeinen Ehewirkungsstatut nach Art. 14 unterliegt.[95] Die **Trennung von Tisch und Bett** gehört dagegen zum Scheidungsstatut. Dies war schon auf der Grundlage von Art. 17 aF anerkannt[96] und ergibt sich jetzt klar aus Art. 1 Abs. 1 Rom III-VO.[97]

41   Aus der Pflicht zur ehelichen Lebensgemeinschaft wird in Deutschland traditionell eine Vielzahl von persönliche Einzelpflichten abgeleitet. Dazu gehört zB die Pflicht zur Einhaltung der **ehelichen Treue** (→ § 1353 Rn. 40).[98] In früherer Zeit hat die Rechtsprechung auch eine Pflicht zur **Geschlechtsgemeinschaft**[99] und zur **Zeugung von Kindern**[100] anerkannt. In neuerer Zeit wird eine Pflicht der Ehegatten zur Geschlechtsgemeinschaft und zur Zeugung von Kindern in Deutschland dagegen allgemein abgelehnt (→ § 1353 Rn. 41 f.). Im Übrigen hat der Streit über die Existenz und die Reichweite von Rechtspflichten im persönlichen Bereich nach der Einführung des Zerrüttungsprinzips seine praktische Bedeutung verloren. Ausländische Rechtsordnungen mögen weitergehende Pflichten im persönlichen Bereich vorsehen.[101] Im Allgemeinen wäre die Klagbarkeit solcher Rechtspflichten aber mit dem deutschen **ordre public** unvereinbar.[102] Die Vollstreckbarkeit würde im Inland ohnehin an § 120 Abs. 3 FamFG scheitern.

42   **b) Schadensersatz- und Unterlassungsansprüche wegen Ehestörung.** Schadensersatz- und Unterlassungsansprüche der **Ehegatten untereinander** wegen **Ehestörung** werden ebenfalls dem allgemeinen Ehewirkungsstatut zugeordnet.[103] Art. 1 Abs. 2 lit. a Rom II-VO stellt ausdrücklich

---

[87] RGZ 150, 283; BeckOK BGB/*Mörsdorf-Schulte* Rn. 9; Soergel/*Schurig* Rn. 40.

[88] Vgl. Staudinger/*Mankowski* (2011) Rn. 247.

[89] BeckOK BGB/*Mörsdorf-Schulte* Rn. 9.

[90] Staudinger/*Mankowski* (2011) Rn. 246; Erman/*Hohloch* Rn. 29; Soergel/*Schurig* Rn. 40.

[91] Vgl. etwa RGZ 150, 283. Das Urteil beruht freilich auf der heute nicht mehr vertretenen Annahme, dass die deutschen Gerichte keine Trennung von Tisch und Bett aussprechen können. Zumindest hätte das Problem im Wege der Anpassung gelöst werden können (vgl. *Looschelders,* Die Anpassung im Internationalen Privatrecht, 1995, 189).

[92] Vgl. Staudinger/*Mankowski* (2011) Rn. 248; Soergel/*Schurig* Rn. 74; BeckOK BGB/*Mörsdorf-Schulte* Rn. 72; *Lüderitz* IPR Rn. 208; *Jayme* FamRZ 1975, 341.

[93] So etwa RG IPRspr. 1927 Nr. 68; KG JW 1936, 2470 mAnm *Maßfeller.*

[94] So auch Palandt/*Thorn* Rn. 18; Staudinger/*Mankowski* (2011) Rn. 249; Soergel/*Schurig* Rn. 41; *Looschelders* IPR Rn. 12; *Dölle* RabelsZ 16 (1951), 360 (370); *Stöcker* RabelsZ 38 (1974), 79 (107).

[95] BGH NJW 1976, 1028; KG JW 1936, 2473 mAnm *Süß*; Erman/*Hohloch* Rn. 29; Staudinger/*Mankowski* (2011) Rn. 242; NK-BGB/*Andrae* Rn. 64; *Looschelders* IPR Rn. 2.

[96] Vgl. BGHZ 47, 324 = NJW 1967, 2109; Soergel/*Schurig* Rn. 40; *Looschelders* IPR Art. 17 Rn. 5.

[97] Vgl. Erman/*Hohloch* Rn. 29a.

[98] Vgl. OLG Stuttgart FamRZ 1999, 1136 (1137).

[99] Sehr weitgehend noch BGH NJW 1967, 1078.

[100] RG HRR 1942, 780.

[101] Vgl. Staudinger/*Mankowski* (2011) Rn. 250 mit Hinweis auf die Pflicht zur ehelichen Beiwohnung nach dem Recht von Somalia.

[102] Staudinger/*Mankowski* (2011) Rn. 250.

[103] BGH NJW 1990, 706 (707); OLG Hamm NJW-RR 1998, 1542; BeckOK BGB/*Mörsdorf-Schulte* Rn. 9; Erman/*Hohloch* Rn. 29; Staudinger/*Mankowski* (2011) Rn. 262; NK-BGB/*Andrae* Rn. 67; *Jayme*, Die Familie im Recht der unerlaubten Handlung, 1971, 323; aA *v. Bar* IPR II Rn. 191 Fn. 428: Deliktsstatut.

klar, dass außervertragliche Schuldverhältnisse aus einem Familienverhältnis nicht der Rom II-VO unterliegen. Das allgemeine Ehewirkungsstatut gilt auch für Vereinbarungen über die Zahlung einer **Vertragsstrafe** bei Verletzung ehelicher Pflichten.[104] Aus Sicht des deutschen Rechts ist zu beachten, dass der **höchstpersönliche Bereich** der Ehegatten der privatautonomen Gestaltung entzogen ist. Dies gilt zB für Vereinbarungen über Empfängnisverhütung[105] oder über das Führen der Ehe nach den Regeln einer bestimmten Religionsgemeinschaft (→ § 1353 Rn. 30).[106] Nach deutschem Recht sind diesbezügliche Vertragsstrafevereinbarungen gemäß § 138 Abs. 1 BGB unwirksam.[107] Sollte ein ausländisches Recht ihnen Wirksamkeit beilegen, dürfte dies in aller Regel mit dem allgemeinen Persönlichkeitsrecht des Verpflichteten (Art. 2 Abs. 1 iVm Art. 1 GG) bzw. seinem Grundrecht auf Religionsfreiheit (Art. 4 Abs. 1 GG) unvereinbar sein und damit gegen den **ordre public** verstoßen.

Nicht zum allgemeinen Ehewirkungsstatut gehören Schadensersatz- und Unterlassungsansprüche **43** gegen einen **außenstehenden Ehestörer.** Hier ist vielmehr das Deliktsstatut maßgeblich.[108] Dieses bestimmt sich hier in erster Linie nach Art. 4 Rom II-VO. Soweit der Anspruchsteller sich auf die Verletzung seiner Persönlichkeitsrechte stützt, ist die Rom II-VO nach ihrem Art. 1 Abs. 2 lit. g allerdings nicht anwendbar, sodass auf Art. 40 ff. zurückzugreifen ist. Besondere Probleme bereitet in diesen Fällen die Konkretisierung des Anknüpfungsmoments. Im deutschen IPR wird bei Ehestörungen durch Dritte überwiegend auf den **Ort des Ehebruchs** abgestellt; hier soll sowohl der Handlungs- als auch der Erfolgsort liegen.[109] Die Anknüpfung an den Ort des Schadenseintritts nach Art. 4 Abs. 1 Rom II-VO führt ebenfalls zum Recht des Staates, in dem der Ehebruch erfolgt ist.

Die unterschiedliche Anknüpfung von Ansprüchen gegen den anderen Ehegatten und gegen den **44** außenstörenden Ehestörer kann im Einzelfall zu schweren **Wertungswidersprüchen** führen. So lehnt die hM in Deutschland grundsätzlich Unterlassungs- und Schadensersatzansprüche auch gegenüber dem außenstehenden Ehestörer ab, um keinen unzulässigen Druck auf den anderen Ehegatten auszuüben. Unterliegen die allgemeinen Ehewirkungen dem deutschen Recht, so wäre es hiermit nicht vereinbar, dem außenstehenden Ehestörer nach einem ausländischen Deliktsrecht Unterlassungs- oder Schadensersatzpflichten aufzuerlegen.[110] Gegen eine akzessorische Anknüpfung von Ansprüchen gegen den Ehestörer an das allgemeine Ehewirkungsstatut nach Art. 4 Abs. 3 Rom II-VO bzw. Art. 41 spricht, dass der Dritte kein Adressat der ehelichen Pflichten ist. Die akzessorische Anknüpfung an das allgemeine Ehewirkungsstatut lässt sich daher gegenüber dem Dritten nicht rechtfertigen. Es bleibt also nur, etwaigen Wertungswidersprüchen mit den Mitteln der **Anpassung** zu begegnen.

c) Haftungsprivilegierungen zwischen den Ehegatten. Bei Delikten zwischen Ehegatten **45** sehen zahlreiche Rechtsordnungen **Haftungsmilderungen** vor (vgl. § 1359 BGB). Auch solche Haftungsmilderungen unterliegen dem allgemeinen Ehewirkungsstatut.[111] Soweit es nicht um die Verletzung spezifisch ehelicher Pflichten geht, beurteilt die hM die Schadensersatzansprüche des geschädigten Ehegatten allerdings nicht nach dem allgemeinen Ehewirkungsstatut, sondern nach dem Deliktsstatut. Dies gilt namentlich für Fälle, in denen ein Ehegatte bei der Teilnahme am allgemeinen Straßenverkehr (zB als Mitfahrer) von dem anderen Ehegatten verletzt wird. Auch eine akzessorische Anknüpfung des Deliktsstatuts an das allgemeine Ehewirkungsstatut über Art. 4 Abs. 3 Rom II-VO wird in diesen Fällen abgelehnt.[112] Bei deutschem Ehewirkungsstatut und ausländischem Deliktstatut führt dies im Allgemeinen aber zu keinen Wertungswidersprüchen, da § 1357 BGB auf Schadensfälle bei Teilnahme am allgemeinen Straßenverkehr ohnehin nicht anwendbar ist.[113] Im Übrigen gelangt man bei Ehegatten über die vorrangige Anknüpfung des Deliktsstatuts an den

---

[104] OLG Hamm NJW-RR 1998, 1542.

[105] Vgl. BGHZ 97, 372 (379); *Looschelders* JURA 2000, 169 (172).

[106] Hierzu *Siehr,* FS Peter Schlosser, 2005, 877 ff.

[107] Vgl. *Looschelders,* Schuldrecht AT, 15. Aufl. 2017, Rn. 770.

[108] *Erman/Hohloch* Rn. 29b; *Staudinger/Mankowski* (2011) Rn. 262; NK-BGB/*Andrae* Rn. 67.

[109] So etwa *Staudinger/Mankowski* (2011) Rn. 264 f.; *v. Bar* IPR II Rn. 664; ebenso im schweizerischen IPR BGE 43 II (1917), 309 (316 f.).

[110] Zur Problemstellung vgl. *Staudinger/Mankowski* (2011) Rn. 267 f.

[111] So auch BeckOK BGB/*Mörsdorf-Schulte* Rn. 9; *Staudinger/Mankowski* (2011) Rn. 268; Soergel/*Schurig* Rn. 45; *Kegel/Schurig* IPR § 20 V 3 (S. 838).

[112] Vgl. BeckOK BGB/*Spickhoff* Rom II-VO Art. 4 Rn. 16; PWW/*Schaub* Rom II-VO Art. 4 Rn. 11; zum alten IPR BGHZ 119, 137 (145) = NJW 1992, 3091; *Looschelders,* Die Anpassung im Internationalen Privatrecht, 1995, 330 Fn. 162.

[113] Vgl. BGHZ 53, 352 (355 f.) = NJW 1970, 1271 (1272); BGHZ 61, 101 (104 f.) = NJW 1973, 1654; BGHZ 63, 51 (57 f.) = NJW 1974, 2124 (2126); zur parallelen Rechtslage bei gemeinsamer Ausübung von Freizeitsport (konkret: Wasserskifahren auf dem Gardasee) BGH NJW 2009, 1875.

gemeinsamen gewöhnlichen Aufenthalt nach Art. 4 Abs. 2 Rom II-VO oft doch zu einem Gleichlauf mit dem allgemeinen Ehewirkungsstatut.[114]

46   **d) Aufgabenverteilung in der Ehe.** Zum allgemeinen Ehewirkungsstatut gehören auch Regeln über die **Aufgabenverteilung** zwischen den Ehegatten, namentlich bei **Haushaltsführung** und **Erwerbstätigkeit.**[115] Das deutsche Recht enthält hierzu keine konkreten Vorgaben mehr, sondern überlässt es den Ehegatten, die Aufgabenverteilung im gegenseitigen Einvernehmen zu regeln (vgl. § 1356 Abs. 1 S. 1 BGB); dabei wird ausdrücklich betont, dass beide Ehegatten berechtigt sind, berufstätig zu sein (§ 1356 Abs. 2 S. 1 BGB). Dies entspricht auch der Entwicklung in den anderen europäischen Ländern.[116] Rechtsordnungen, die der Ehefrau die alleinige Zuständigkeit für die Haushaltsführung zuweisen und die Aufnahme einer Berufstätigkeit von der Zustimmung des Mannes abhängig machen[117] bzw. dem Ehemann ein Recht zur Kündigung des Arbeitsvertrages ihrer Ehefrau zubilligen, finden sich auch außerhalb Europas nur noch vereinzelt.[118] Soweit die einschlägigen Regelungen nicht an einen bestimmten Güterstand anknüpfen, sind sie dem allgemeinen Ehewirkungsstatut zuzuordnen.[119] Da solche Regelungen mit der **Gleichberechtigung** von Mann und Frau (Art. 3 Abs. 2 GG) unvereinbar sind, verstößt ihre Anwendung im Regelfall jedoch gegen den inländischen **ordre public.**[120]

47   In den Zusammenhang mit der Aufgabenverteilung zwischen den Ehegatten gehören auch Fragen der **gegenseitigen Hilfspflicht,** insbesondere der Pflicht zur Mitarbeit im Beruf oder Gewerbe des anderen Ehegatten. Auch solche Pflichten beurteilen sich nach dem allgemeinen Ehewirkungsstatut.[121] Das Gleiche gilt für mögliche **familienrechtliche Ausgleichsansprüche** gegen den anderen Ehegatten wegen der Mitarbeit, soweit diese nicht von einem bestimmten Güterstand abhängig sind.[122]

48   Daneben sind zahlreiche **Ansätze außerhalb des Familienrechts** denkbar, die dem Ehegatten für die Mitarbeit einen Entgeltanspruch verschaffen können. Hierfür sind die jeweils einschlägigen Kollisionsnormen heranzuziehen. So beurteilen sich Ansprüche aufgrund eines (auch stillschweigend) geschlossenen **Arbeitsvertrages** nach dem Arbeitsvertragsstatut (Art. 8 Rom I-VO).[123] Im Einzelfall kann dabei auch eine engere Verbindung zu dem für die allgemeinen Ehewirkungen maßgeblichen Recht anzunehmen sein (Art. 8 Abs. 4 Rom I-VO). Ausgleichsansprüche aus **ungerechtfertigter Bereicherung** unterliegen nach Art. 10 Abs. 1 Rom II-VO bei Vorliegen eines entsprechenden Zusammenhangs dem zwischen den Parteien bestehenden Rechtsverhältnis. Insofern ist auch hier eine akzessorische Anknüpfung an das allgemeine Ehewirkungsstatut angezeigt.[124] Ausgleichsansprüche im Rahmen einer etwaigen **Ehegatten-Innengesellschaft** beurteilen sich nach dem Vertragsstatut (Art. 3 ff. Rom I-VO).[125] Für Fragen betreffend das Gesellschaftsrecht enthält Art. 1 Abs. 1 lit. f Rom I-VO zwar eine Bereichsausnahme. Diese gilt aber nicht für bloße Innengesellschaften, die keine nach außen in Erscheinung tretende gesellschaftsrechtliche Organisation aufweisen.[126] Um dem engen Bezug mit der Ehe Rechnung zu tragen, erfolgt mangels Rechtswahl eine **akzessorische Anknüpfung** der Ausgleichsan-

---

[114] Vgl. Palandt/*Thorn* Art. 4 Rom II-VO Rn. 12; Erman/*Hohloch* Rn. 31. Repräsentativ hierzu BGH NJW 2009, 1875: Da der Unfall in Italien eingetreten ist, wäre nach der Tatortregel italienisches Recht maßgeblich. Wegen des gemeinsamen gewöhnlichen Aufenthalts in Deutschland war aber deutsches Recht anwendbar.

[115] Vgl. BGH NJW 1976, 1588 (1589); BeckOK BGB/*Mörsdorf-Schulte* Rn. 9; Staudinger/*Mankowski* (2011) Rn. 258; Soergel/*Schurig* Rn. 44; *Looschelders* IPR Rn. 2; *Kegel/Schurig* IPR § 20 V 3 (S. 838).

[116] Näher dazu *Dethloff* FamR § 4 Rn. 131.

[117] So etwa das frühere türkische Recht. Die einschlägigen Bestimmungen wurden aber schon 1990 vom türkischen Verfassungsgericht für verfassungswidrig erklärt. Die seit 1.1.2002 geltende Neuregelung hat den rechtlichen Vorrang des Mannes weitgehend beseitigt. So stellt Art. 192 ZGB klar, dass die Aufnahme einer Berufstätigkeit nicht von der Zustimmung des anderen Ehegatten abhängig ist. Zu den Einzelheiten vgl. *Rumpf,* Einführung in das türkische Recht, 2004, § 12 Rn. 1 und § 15 Rn. 2 ff.

[118] Zu Beispielen Staudinger/*Mankowski* (2011) Rn. 255 f.

[119] So auch Staudinger/*Mankowski* (2011) Rn. 257; Ferid/*Böhmer* IPR Rn. 8-90; *v. Bar* IPR II Rn. 191.

[120] So auch Staudinger/*Mankowski* (2011) Rn. 257 ff.; *v. Bar* IPR II Rn. 191.

[121] BGH NJW 1976, 1588 (1589); Staudinger/*Mankowski* (2011) Rn. 251 ff.; Ferid/*Böhmer* IPR Rn. 8-90.

[122] Staudinger/*Mankowski* (2011) Rn. 254; NK-BGB/*Andrae* Rn. 76; *Henrich,* FS Richardi, 2007, 1039 (1043); *Burghaus,* Die Vereinheitlichung des Internationalen Ehegüterrechts in Europa, 2010, 84; für Anwendbarkeit von Art. 15 BeckOK BGB/*Mörsdorf-Schulte* Rn. 17.

[123] Vgl. *Henrich,* FS Richardi, 2007, 1039 (1043).

[124] Vgl. Staudinger/*Mankowski* (2011) Rn. 254; *Henrich,* FS Richardi, 2007, 1039 (1046).

[125] BGH NJW 2015, 2581 Rn. 12 = FamRZ 2015, 1379 mAnm *Christandl* = IPRax 2016, 287 mAnm *Wedemann* = IPRax 2016, 384 mAnm *C. Mayer* IPRax 2016, 353 ff.; *Christandl* FamRZ 2012, 1692 (1693).

[126] BGH NJW 2015, 2581 Rn. 12 = FamRZ 2015, 1379; Staudinger/*Magnus* (2016) Rom I-VO Art. 1 Rn. 87; Soergel/*v. Hoffmann* Art. 37 Rn. 48; zur parallelen Rechtslage bei stillen Gesellschaften BGH NJW 2004, 3706 (3708).

sprüche nach Art. 28 Abs. 5 EGBGB aF bzw. Art. 4 Abs. 4 Rom I-VO.[127] Die hM stellt dabei nicht auf das allgemeine Ehewirkungsstatut, sondern auf das **Güterstatut** ab.[128] Dies beruht darauf, dass die Rechtsfigur der Ehegatten-Innengesellschaft im deutschen Recht vor allem den Zweck hat, Lücken bei der güterrechtlichen Beteiligung im Fall der Auflösung der Ehe zu schließen.

e) Entscheidungs- oder Bestimmungsrechte, insbesondere über Wohnsitz. Dem allgemei- **49** nen Ehewirkungsstatut ist auch zu entnehmen, inwieweit einem Ehegatten – traditionell dem Ehe- mann – einseitige **Entscheidungs- oder Bestimmungsrechte** zukommen.[129] Hierher gehört insbe- sondere das früher in vielen Rechtsordnungen geregelte Recht des Mannes, den **Wohnsitz der Frau** zu bestimmen.[130] Andere Rechtsordnungen sahen zumindest in früherer Zeit vor, dass die Ehefrau den Wohnsitz des Mannes **kraft Gesetzes** teilt.[131] Aufgrund der zunehmenden Verbreitung des **Gleichbe- rechtigungsgedankens** nicht nur in Europa,[132] sondern weltweit, hat die praktische Relevanz dieser Problematik in Fällen mit Auslandsberührung beträchtlich abgenommen.[133] Im Übrigen verstoßen ein- seitige Entscheidungs- oder Bestimmungsrechte des Mannes in persönlichen oder ehelichen Angelegen- heiten generell gegen den inländischen **ordre public**.[134] Dies gilt auch im Hinblick auf das Recht des Mannes zur einseitigen Bestimmung des ehelichen Wohnsitzes.[135]

2. Vermögensrechtliche Wirkungen. Bei den vermögensrechtlichen Wirkungen kommt der **50** Abgrenzung zu den anderen Statuten, namentlich dem Unterhalts- und dem Güterstatut, entschei- dende Bedeutung zu (→ Rn. 28 ff.). Da diese Statute vorrangig sind, hat Art. 14 insoweit nur einen besonders engen Anwendungsbereich.

a) Pflichten aus der ehelichen Lebensgemeinschaft. Aus der ehelichen Lebensgemeinschaft **51** können sich auch vermögensrechtlich relevante Pflichten ergeben (→ § 1353 Rn. 37 ff.). Im deut- schen Recht gehört hierher insbesondere die Pflicht zur Mitwirkung an einer steuerlich günstigen Gestaltung. So ist jeder Ehegatte gegenüber dem anderen Ehegatten verpflichtet, einer **gemeinsa- men steuerlichen Veranlagung** (§ 26b EstG) zuzustimmen, wenn ihm selbst dadurch keine steuer- lichen Nachteile, dem anderen Ehegatten aber steuerliche Vorteile entstehen (→ § 1353 Rn. 39).[136] Auch solche Pflichten unterliegen nach Art. 14 dem allgemeinen Ehewirkungsstatut. Das gleiche gilt für die Pflicht zur Erteilung von Auskünften, die der andere Ehegatte für die Geltendmachung von Ansprüchen gegen Dritte benötigt.[137] Dies gilt auch dann, wenn der Auskunftsanspruch erst nach der Auflösung der Ehe geltend gemacht wird. Ein solcher Auskunftsanspruch ist nämlich keine Scheidungsfolge, sondern stellt eine „**Nachwirkung**" der ehelichen Lebensgemeinschaft dar.[138]

b) Ansprüche auf Unterhalt und Prozesskostenvorschuss. Die wichtigste allgemeine Ehe- **52** wirkung ist im deutschen Sachrecht die gegenseitige **Unterhaltspflicht** während der Ehe (§§ 1360 ff. BGB). Im Kollisionsrecht hat Art. 14 hierfür keine Bedeutung mehr, da Unterhaltsansprüche nach Art. 15 EuUntVO iVm dem HUntProt gesondert anzuknüpfen sind (→ Rn. 32). Abgrenzungsprob- leme bestehen im Hinblick auf den Anspruch auf **Prozesskostenvorschuss**. In Bezug auf die deutsche Regelung des § 1360a Abs. 4 BGB ist wegen des engen Zusammenhangs mit dem Unter- haltsrecht anerkannt, dass der Anspruch unterhaltsrechtlich zu qualifizieren ist.[139] Bei ausländischen

---

[127] Der BGH hat noch auf Art. 28 Abs. 5 EGBGB aF abgestellt. Nach geltendem Recht ist Art. 4 Abs. 4 Rom I-VO einschlägig, da das anwendbare Recht nicht nach Art. 4 Abs. 1 oder Abs. 2 Rom I-VO bestimmt werden kann (vgl. *Mankowski* NZFam 2015, 783; *C. Mayer* IPRax 2016, 353 [354]).

[128] BGH NJW 2015, 2581 Rn. 17; für unmittelbare Anwendung des Güterstatuts *Heiderhoff* LMK 2015; 372422; *Mankowski* NZFam 2015, 783; *Wedemann* IPRax 2016, 252 ff.; für Anwendung des allgemeinen Ehewir- kungsstatuts *Henrich,* FS Richardi, 2007, 1039 (1043).

[129] Soergel/*Schurig* Rn. 43; Palandt/*Thorn* Rn. 18; Erman/*Hohloch* Rn. 31.

[130] Vgl. BGHZ 42, 7 (12) = NJW 1964, 2013; OLG Hamm FamRZ 1980, 447; KG JW 1936, 2470 mAnm *Maßfeller.*

[131] Zur Anwendbarkeit des Art. 14 auf diese Problematik Staudinger/*Mankowski* (2011) Rn. 224; Palandt/ *Thorn* Rn. 18; *Kegel/Schurig* IPR § 20 V 3 (S. 838); *v. Bar* IPR II Rn. 191; aus der Rspr. KG JW 1936, 2470 mAnm *Maßfeller;* FamRZ 1958, 464; VGH Kassel NVwZ-RR 1990, 650 (651).

[132] Vgl. Art. 5 des 7. Zusatzprotokolls zur EMRK, dazu *Dethloff* FamR § 4 Rn. 131.

[133] Vgl. Staudinger/*Mankowski* (2011) Rn. 218 ff.

[134] Vgl. NK-BGB/*Andrae* Rn. 59; Soergel/*Schurig* Rn. 43; *Looschelders* IPR Rn. 11.

[135] So auch Soergel/*Schurig* Rn. 43; Erman/*Hohloch* Rn. 30 f.; anders noch BGHZ 42, 7 (12) = NJW 1964, 2013 (2014 f.).

[136] Vgl. BGH NJW 1977, 378; NJW 2007, 2554; NJW 2010, 1879 (1880).

[137] Vgl. NK-BGB/*Andrae* Rn. 66.

[138] Vgl. BGH NJW 1984, 2040 (2041); Erman/*Hohloch* Rn. 31; Palandt/*Thorn* Rn. 18.

[139] KG FamRZ 1988, 167 (169); BeckOK BGB/*Mörsdorf-Schulte* Rn. 18; Erman/*Hohloch* Rn. 34; Staudinger/ *Mankowski* (2011) Rn. 270; Soergel/*Schurig* Rn. 52; Rauscher/*Andrae* EG-UntVO Art. 1 Rn. 23; *Kegel/Schurig* IPR § 20 V 3 (S. 837); zur abweichenden Rechtslage nach altem IPR OLG München NJW 1953, 906; FamRZ 1980, 448; OLG Hamm NJW 1970, 390.

Regelungen wird danach unterschieden, ob der Anspruch auf Prozesskostenvorschuss seinen Entstehungsgrund in der **Ehe** als solcher hat oder auf einem **besonderen Güterstand** beruht; im letzteren Fall soll Art. 15 maßgeblich sein.[140] Zu beachten ist freilich, dass die Abgrenzung des Unterhaltsstatuts vom Güterstatut wegen des Vorrangs der EuUntVO und des HUntProt nicht nach den Qualifikationskriterien des deutschen IPR, sondern nach autonomen unionsrechtlichen Kriterien zu erfolgen hat. Maßgeblich ist danach eine funktionale Betrachtung. Erfasst werden alle Ansprüche, die den **Lebensbedarf des Berechtigten** sicherstellen sollen und sich an dessen **Bedürftigkeit** und der **Leistungsfähigkeit** des Verpflichteten orientieren.[141] Bei einer solchen Betrachtung erscheint eine unterhaltsrechtliche Qualifikation im Regelfall auch dann möglich, wenn der Anspruch auf Prozesskostenvorschuss nur für bestimmte Güterstände gilt. Sollte der Anspruch auf Prozesskostenvorschuss in einer ausländischen Rechtsordnung güterrechtlich zu qualifizieren sein, kann das Nebeneinander von Unterhalts- und Güterstatut zu Normenwidersprüchen (Normenmangel oder Normenhäufung) führen, die mit dem Instrumentarium der **Anpassung** aufzulösen sind.

53   **c) Verteilung der Haushaltsgegenstände und Zuweisung der Ehewohnung.** Die Verteilung der Haushaltsgegenstände und die Zuweisung der Ehewohnung bei Getrenntleben der Ehegatten (vgl. im deutschen Recht §§ 1361a, 1361b BGB) werden traditionell dem allgemeinen Ehewirkungsstatut zugeordnet.[142] In Bezug auf die Nutzungsbefugnis für die im Inland belegene Ehewohnung und den **im Inland** befindlichen Haushaltsgegenständen sieht der durch das Gewaltschutzgesetz (GewSchG) vom 11.12.2001 eingefügte Art. 17a die Anwendbarkeit des deutschen Sachrechts vor. Das Gleiche gilt für die damit verbundenen Betretungs-, Näherungs- und Kontaktverbote. Art. 14 wird insoweit also nach dem **lex specialis-Grundsatz** verdrängt. Ist die Ehewohnung bzw. der Hausrat **im Ausland** belegen, so ist Art. 17a weder direkt noch analog anwendbar. Im Fall des Getrenntlebens ist vielmehr weiter Art. 14 anwendbar; im Fall der Scheidung gilt das Scheidungsstatut nach der Rom III-VO (→ Art. 17a Rn. 12). Die praktische Bedeutung dieser Konstellation ist freilich gering. Ist die Ehewohnung bzw. der Hausrat im Ausland belegen, so wird es meist schon an der internationalen Zuständigkeit der deutschen Gerichte fehlen. Überdies ist eine Klage im Ausland für den Betroffenen zumindest aus Gründen der Effektivität vorzugswürdig.[143]

54   **d) Anspruch auf Zahlung einer Morgen- oder Brautgabe.** In Rechtsprechung und Literatur sehr umstritten ist seit langem die Qualifikation des Anspruchs auf Zahlung der Morgengabe nach islamischem Recht („mahr").[144] In der instanzgerichtlichen Rechtsprechung und der Literatur wird teilweise eine **güterrechtliche Qualifikation** befürwortet;[145] andere Gerichte und Autoren ziehen das **Unterhaltsstatut** heran.[146] Die hM beurteilt den Anspruch auf Zahlung einer Morgengabe dagegen als **allgemeine Ehewirkung** nach Art. 14.[147] Dieser Ansicht hat sich auch der BGH angeschlossen.[148] Der Senat weist zu Recht darauf hin, dass die Morgengabe weder eine Bedürftigkeit

[140] Vgl. BeckOK BGB/*Mörsdorf-Schulte* Rn. 18; Soergel/*Schurig* Rn. 52.

[141] Vgl. Rauscher/*Andrae* Art. 1 EG-UntVO Rn. 23.

[142] OLG Celle FamRZ 1999, 443; OLG Frankfurt a.M. FamRZ 1994, 633 (634); Erman/*Hohloch* Rn. 33; Staudinger/*Mankowski* (2011) Rn. 272; Soergel/*Schurig* Rn. 50; *Looschelders* IPR Rn. 5; *v. Bar* IPR II Rn. 190; für Anwendung des Unterhaltsstatuts OLG Hamm FamRZ 1989, 621; OLG Düsseldorf NJW 1990, 3091 (3092); OLG Karlsruhe IPRax 1993, 1993, 417; *Kegel/Schurig* IPR § 20 V 3 (S. 838); Ferid/*Böhmer* IPR Rn. 8-93; *Kropholler* IPR § 45 II 1 (S. 346).

[143] Vgl. Staudinger/*Mankowski* (2011) Art. 17a Rn. 33.

[144] Vgl. BGH NJW 1987, 2161 = IPRax 1988, 109 mAnm *Heßler* 95 (Islam, Deutschland); BGH NJW 1999, 574 (Syrien, Deutschland); BGHZ 183, 287 = NJW 2010, 1528 = IPRax 2011, 85 mAnm *Yassari* IPRax 2011, 63 = JZ 2010, 733 mAnm *Wurmnest* (Iran); KG FamRZ 1980, 470; 1988, 296 (Iran); OLG Bremen FamRZ 1980, 606; OLG Hamburg IPRax 1983, 76 (Iran); OLG Hamm FamRZ 1991, 1319 (Iran), FamRZ 1988, 516 (Tunesien) und FamRZ 1981, 875 (Ägypten); OLG Köln NJW-RR 1994, 200 (Türkei); IPRax 1983, 73 (Iran) und NJW-RR 2007, 154 = IPRspr. 2006 Nr. 47 (Iran); OLG München IPRspr. 1985 Nr. 67 (Islam) und IPRspr. 2005 Nr. 46 (Ägypten); OLG Zweibrücken IPRspr. 1986 Nr. 150 (Iran); LG Bochum FamRZ 1990, 882 (Türkei); AG Hamburg IPRspr. 1992 Nr. 122 (Iran) und IPRax 1983, 74 (Iran); AG Memmingen IPRax 1984, 219 und 1985, 230 (jeweils Islam); IPG 1965–66 Nr. 15 (München); IPG 1970 Nr. 38 (Köln).

[145] So etwa OLG Bremen FamRZ 1980, 606 (607); Soergel/*Schurig* Rn. 48 und Art. 15 Rn. 35; BeckOK BGB/*Mörsdorf-Schulte* Rn. 20 und Art. 15 Rn. 44; *Mörsdorf-Schulte* ZfRV 2010, 166 (167 f.); *Wurmnest* RabelsZ 71 (2007), 527 (553 ff.); *Wurmnest* JZ 2010, 735 ff.; *Yassari* IPRax 2011, 64 ff.

[146] So KG FamRZ 1980, 470 (471); AG Memmingen IPRax 1984, 219; IPRax 1985, 230 mAnm *Henrich*.

[147] Vgl. OLG Köln NJW-RR 2007, 154 = FamRZ 2007, 1380; NJW 2015, 1763 (1764) = FamRZ 2015, 1605; NJW 2016, 649 (650); OLG Zweibrücken NJW-RR 2007, 1132 (1133) = FamRZ 2007, 1555; OLG Stuttgart NJW-RR 2008, 842 = FamRZ 2008, 1756; NJW-RR 2009, 585 = FamRZ 2009, 1580; KG FamRZ 2013, 1481; FamRZ 2015, 1607; AG Brühl BeckRS 2015, 08120; Palandt/*Thorn* Rn. 18; Staudinger/*Mankowski* (2011) Rn. 273; *Looschelders* IPR Rn. 3; *v. Bar* IPR II Rn. 192; *Henrich*, FS Sonnenberger, 2004, 389 ff.

[148] BGHZ 183, 287 = NJW 2010, 1528 = IPRax 2011, 85 mAnm *Yassari* = JZ 2010, 733 mAnm *Wurmnest*.

der Ehefrau voraussetzt noch auf eine bestimmte Bedürfnislage abgestimmt ist; eine **unterhaltsrecht-liche Qualifikation** scheide daher aus.[149] Zu dem für die Entscheidung des BGH maßgeblichen Zeitpunkt waren die EuUnthVO und das HUntProt zwar noch nicht anwendbar. Hiernach ist aber ebenfalls darauf abzustellen, ob der in Frage stehende Anspruch an der Bedürftigkeit des Berechtigten und der Leistungsfähigkeit des Verpflichteten orientiert ist (→ Rn. 52).

Für die **güterrechtliche Qualifikation** wird geltend gemacht, dass die Morgengabe in einem   55 Ehevertrag vereinbart wird und wie der Zugewinnausgleich darauf abzielt, die Ehefrau für die Zeit nach der Auflösung der Ehe finanziell abzusichern.[150] Auf der anderen Seite ist zu beachten, dass die Morgengabe gerade nicht an einen bestimmten Güterstand anknüpft. Davon abgesehen kommt es für die Berechnung der Morgengabe auf die wirtschaftlichen Verhältnisse **vor der Eheschließung** an. Anders als beim Zugewinnausgleich geht es also nicht darum, der Ehefrau einen angemessenen Anteil an der vom Ehemann **in der Ehe** erzielten Vermögensmehrung zu verschaffen.[151] Als weiterer Vorteil einer güterrechtlichen Qualifikation wird die **Unwandelbarkeit** des Güterstatuts nach Art. 15 Abs. 1 angesehen; dies entspreche dem Grundsatz der Rechtssicherheit und dem Schutzinte-resse der Ehefrau gegenüber einem möglichen Verlust des Anspruchs auf die Morgengabe durch Statutenwechsel.[152] Der BGH stellt dagegen umgekehrt darauf ab, dass die **Wandelbarkeit** des allgemeinen Ehewirkungsstatuts im Hinblick auf den Anspruch auf Zahlung der Morgengabe vorteil-haft sei, wenn die Ehegatten aufgrund eines gemeinsamen Entschlusses ihren bisherigen Lebens- und Kulturkreis verlassen hätten und in einem grundlegend anderen sozialen und rechtlichen Umfeld lebten.[153] Konkret ging es um einen Fall, in dem iranische Ehegatten nach der Eheschließung die deutsche Staatsangehörigkeit erwarben und ihren gewöhnlichen Aufenthalt in Deutschland begrün-deten. Der BGH hat aufgrund des Statutenwechsels nach Art. 14 Abs. 1 Nr. 1 deutsches Recht angewendet und die von den Ehegatten getroffene Vereinbarung über die Morgengabe als Ehevertrag behandelt.[154]

Das Beispiel zeigt, dass die Wandelbarkeit des allgemeinen Ehewirkungsstatuts im Hinblick auf   56 den Anspruch der Ehefrau auf Zahlung der Morgengabe keineswegs notwendig zu unangemessenen Ergebnissen führt. So wird der Bestand des Anspruchs auf die Morgengabe nicht dadurch in Frage gestellt, dass das aufgrund des Statutenwechsels anwendbare Recht das Institut der Morgengabe nicht kennt. Zudem lässt sich den Besonderheiten des islamischen Morgengabe auf der Grundlage des deutschen Sachrechts durch **Auslegung** nach §§ 133, 157 BGB oder Anpassung der Vereinbarung nach den Grundsätzen über den **Wegfall der Geschäftsgrundlage** (§ 313 BGB) Rechnung tra-gen.[155] Die Wandelbarkeit der Anknüpfung des Anspruchs auf Zahlung der Morgengabe vermindert im Übrigen Spannungen mit dem Unterhalts- und dem Scheidungsstatut, die ebenfalls wandelbar sind.[156]

In Rechtsprechung und Literatur wird zT dafür plädiert, den Anspruch die Morgengabe nach   57 dem **Scheidungsstatut** zu beurteilen, wenn er im Zusammenhang mit der Scheidung geltend gemacht wird.[157] Hiergegen spricht jedoch, dass die Qualifikation des Anspruchs auf die Morgengabe nicht davon abhängen sollte, wann der Anspruch von der Ehefrau geltend gemacht wird.[158]

In der deutschen Rechtsprechung und Literatur ist heute weitgehend anerkannt, dass der Anspruch   58 auf Zahlung der Morgengabe grundsätzlich nicht gegen den inländischen **ordre public** verstößt.[159]

---

[149] BGHZ 183, 287 Rn. 15 = NJW 2010, 1528; ebenso BeckOK BGB/*Mörsdorf-Schulte* Rn. 20; Staudinger/*Mankowski* (2011) Rn. 275.

[150] So Voraufl. *Siehr* Art. 15 Rn. 87; zum Vergleich mit dem Zugewinnausgleich vgl. auch *Krüger* FamRZ 1977, 114 (116); *Wurmnest* JZ 2010, 736 (737 f.).

[151] BGHZ 183, 287 Rn. 16; OLG Köln NJW-RR 2007, 154 (156); Staudinger/*Mankowski* (2011) Rn. 274; krit. BeckOK BGB/*Mörsdorf-Schulte* Rn. 20.

[152] Voraufl. *Siehr* Art. 15 Rn. 87; ähnlich Soergel/*Schurig* Art. 15 Rn. 35; *Wurmnest* RabelsZ 71 (2007), 527 (554); vgl. auch BeckOK BGB/*Mörsdorf-Schulte* Rn. 20; *Mörsdorf-Schulte* ZfRV 2010, 166 (167).

[153] BGHZ 183, 287 Rn. 21 = NJW 2010, 1528.

[154] BGHZ 183, 287 Rn. 23 ff. = NJW 2010, 1528; näher dazu *Bock* NJW 2012, 122 (124).

[155] BGHZ 183, 287 Rn. 23 = NJW 2010, 1528; vgl. zu dieser Problematik auch BGH NJW 1987, 2161 (2162); *Heßler* IPRax 1988, 95 (97 ff.); *Bock* NJW 2012, 122 (124); *Finger* FuR 2017, 182 (188); *Looschelders,* Die Anpassung im Internationalen Privatrecht, 1995, 281; zur Auslegung eines Verzichts auf die Morgengabe in einer bei einem iranischen Gericht eingereichten Scheidungsantragsschrift als Angebot auf Abschluss eines Erlassvertrags nach § 397 Abs. 1 BGB OLG Köln NJW 2015, 1763 (1764).

[156] BGHZ 183, 287 Rn. 21 f. = NJW 2010, 1528; vgl. zu diesem Aspekt auch *Looschelders* JA 2010, 462 (464).

[157] So etwa OLG Köln NJW-RR 2007, 154; OLG Stuttgart NJW-RR 2008, 742; NJW-RR 2009, 585; Erman/*Hohloch* Rn. 34.

[158] So überzeugend BGHZ 183, 287 Rn. 18 = NJW 2010, 1528.

[159] OLG Stuttgart NJW-RR 2009, 585; Göppinger/Börger/*Finger* 10. Teil Rn. 58; *Looschelders* IPRax 2012, 238 (239); *Ülker* FamFR 2010, 7; *Wurmnest* JZ 2010, 736 (737); *Bock* NJW 2012, 122 (124); *Finger* FuR 2017, 182 (185).

Welchen Zweck die Morgengabe nach islamischem Recht hat, wird zwar unterschiedlich beurteilt. Teilweise wird die Auffassung vertreten, die Morgengabe sei gleichsam die Gegenleitung dafür, dass der Ehemann ein quasi dingliches Recht auf den ehelichen Verkehr mit der Ehefrau erwirbt.[160] Nach anderem Verständnis handelt es sich dagegen um einen Ausdruck persönlicher Wertschätzung.[161] In neuerer Zeit wird überwiegend darauf abgestellt, dass die Morgengabe in erster Linie darauf abzielt, die Ehefrau für den Fall der Auflösung der Ehe durch Tod des Ehemannes oder Scheidung wirtschaftlich abzusichern.[162] Unabhängig davon liegt ein Verstoß gegen den ordre public nach Art. 6 EGBGB nur vor, wenn das Ergebnis der Rechtsanwendung mit wesentlichen Grundsätzen des deutschen Rechts, namentlich den Grundrechten unvereinbar ist.[163] Dass der Ehefrau ein Anspruch auf Zahlung der vereinbarten Morgengabe zusteht, ist für sich genommen aber selbst dann unbedenklich, wenn man die erstgenannte Zwecksetzung der islamischen Morgengabe weiterhin für relevant hält. Unterliegt der Anspruch auf die Morgengabe nach Art. 14 dem deutschen Recht, so scheidet ein Rückgriff auf den ordre public aus. Vielmehr ist § 138 Abs. 1 BGB heranzuziehen.[164] Die Vereinbarung einer Morgengabe ist **nicht** per se **sittenwidrig.**[165] Sie kann im Einzelfall aber wegen übermäßiger Höhe der Morgengabe nach § 138 Abs. 1 BGB nichtig sein.[166] Im Übrigen kommt eine Herabsetzung der Morgengabe nach § 313 BGB wegen Wegfalls der Geschäftsgrundlage in Betracht.[167] Der bloße Umzug der Ehegatten nach Deutschland und der damit verbundene Statutenwechsel reichen hierfür aber nicht aus.[168]

59   Von der Morgengabe nach islamischem Recht zu unterscheiden ist das **Brautgeld nach yezidischem Brauchtum,** das an die Familie der Braut gezahlt wird, um den Ausfall der Arbeitskraft der Braut zu kompensieren. Bei der Qualifikation dieses Rechtsinstituts ist zunächst zu beachten, dass das yezidische Brauchtum keine Rechtsordnung darstellt. Die exakte Frage ist daher, wie eine an diesem Brauchtum orientierte Vereinbarung kollisionsrechtlich einzuordnen ist. Da das Brautgeld schon vor der Eheschließung zu zahlen ist, liegt eine verlöbnisrechtliche Qualifikation nahe (→ Vor Art. 13 Rn. 3).[169] Andere Autoren sprechen sich für eine vertragsrechtliche Qualifikation aus.[170] Dem ist jedoch entgegenzuhalten, dass Brautgeldvereinbarungen durch die familienrechtlichen Beziehungen zwischen den Beteiligten geprägt sind. Art. 1 Abs. 2 lit. b Rom I-VO sieht aber vor, dass die Rom I-VO nicht für Schuldverhältnisse aus einem Familienverhältnis oder ähnlichen Verhältnissen gilt.[171] Bei Anwendbarkeit ausländischen Rechts stoßen Brautgeldvereinbarungen nach yezidischem Brauchtum unter dem Aspekt des **ordre public** auf erhebliche Bedenken;[172] auf der Grundlage des deutschen Rechts kommt die Annahme von **Sittenwidrigkeit** (§ 138 Abs. 1 BGB) in Betracht.[173]

60   Besondere Probleme stellen sich mit Blick auf das **türkische Recht.** Das türkische Familienrecht sieht aufgrund seiner westlichen Prägung kein der Morgengabe vergleichbares Rechtsinstitut vor. Die Ehegatten können bei der Eheschließung nach islamisch-religiösem Ritus aber eine entsprechende Verpflichtung („mehir") durch Vertrag begründen. Nach türkischem Recht sind solche Vereinbarungen nicht per se unwirksam.[174] Formell ist keine notarielle Beurkundung, sondern nur Schriftform erforderlich. Nach hM handelt es sich um ein durch die Ehescheidung **aufschiebend bedingtes Schenkungsversprechen,** das nach dem **Vertragsstatut** zu beurteilen ist.[175] Da die Vereinbarung

---

[160] So ausdrücklich OLG Hamburg FamRZ 2004, 459 (460); AG Darmstadt FamRZ 2015, 408; dagegen *Wurmnest* FamRZ 2005, 1878 (1879); *Yassari*, Die Brautgabe im Familienvermögensrecht, 2014, 330.

[161] Vgl. BeckOK BGB/*Mörsdorf-Schulte* Art. 15 Rn. 44; Göppinger/Börger/*Finger* 10. Teil Rn. 58; *Wurmnest* RabelsZ 71 (2007), 527 (537 ff.).

[162] Vgl. OLG Stuttgart NJW-RR 2009, 585.

[163] Hierauf abstellend auch OLG Stuttgart NJW-RR 2009, 585.

[164] OLG Köln BeckRS 2015, 18683; AG Brühl BeckRS 2015, 08120.

[165] KG FamRZ 2015, 1607; OLG Köln NJW 2016, 649 (650); *Finger* FuR 2017, 182 (186); aA AG Darmstadt FamRZ 2015, 408 mAnm *Henrich.*

[166] Vgl. OLG Köln NJW 2016, 649 (650): bei mehr als 94.000 Euro Sittenwidrigkeit verneint.

[167] Vgl. Göppinger/Börger/*Finger* 10. Teil Rn. 58; *Bock* NJW 2012, 122 (124).

[168] BGH NJW 2016, 649 (651).

[169] Vgl. OLG Hamm IPRax 2012, 257; PWW/*Martiny* Rn. 7; *Looschelders* IPRax 2012, 238 (239).

[170] So NK-BGB/*Andrae* Anh. I Art. 13 Rn. 12; vgl. auch OLG Köln NJW-RR 1994, 1026.

[171] Vgl. Staudinger/*Magnus* (2016) Art. 1 Rom I-VO Rn. 54; *Looschelders* IPRax 2012, 238 (239); zweifelnd unter diesem Aspekt auch Staudinger/*Mankowski* (2011) Art. 13 Rn. 385.

[172] Allgemein zu Brautpreisen Göppinger/Börger/*Finger* 10. Teil Rn. 58; *Bock* NJW 2012, 122 (124).

[173] Vgl. OLG Hamm IPRax 2012, 257; *Looschelders* IPRax 2012, 238 ff.

[174] Vgl. AG Karlsruhe FamRZ 2015, 663 = BeckRS 2015, 07262; *Rumpf*, Einführung in das türkische Recht, 2004, § 13 Rn. 9.

[175] Vgl. OLG Nürnberg FamRZ 2001, 1613 = NJWE-FER 2001, 116; OLG Stuttgart FamRZ 2008, 1756; OLG Düsseldorf NJW-RR 2009, 1380 = FamRZ 2009, 1626; AG Karlsruhe FamRZ 2015, 663; PWW/*Martiny* Rn. 7; *Rauscher/Pabst* NJW 2010, 3487 (3488 f.).

aufgrund der Bedingung stark durch die ehelichen Verhältnisse geprägt ist, dürfte die Anwendbarkeit der Rom I-VO jedoch an deren Art. 1 Abs. 2 lit. b scheitern. Maßgeblich ist daher das allgemeine Ehewirkungsstatut.[176] Bei einer vertragsrechtlichen Qualifikation sollte jedenfalls geprüft werden, ob eine konkludente Wahl des Ehewirkungsstatuts vorliegt (Art. 3 Abs. 1 S. 2 Rom I-VO) oder ob eine so enge Verbindung zu dem für die allgemeinen Ehewirkungen maßgeblichen Recht besteht, dass dieses über die Ausweichklausel des Art. 4 Abs. 3 Rom I-VO anzuwenden ist.[177]

e) Unbenannte Zuwendungen unter Ehegatten. Besondere Probleme bereitet schließlich die **61** Qualifikation von sog. unbenannten Zuwendungen unter Ehegatten. Aus Sicht des deutschen Rechts handelt es sich dabei um Zuwendungen unter Eheleuten, welche der Verwirklichung, Ausgestaltung, Erhaltung oder Sicherung der **ehelichen Lebensgemeinschaft** dienen und daher nicht als Schenkung iSd §§ 516 ff. BGB anzusehen sind.[178] Der BGH hat solche Zuwendungen in einem Urteil vom 21.10.1992 dem **Vertragsstatut** unterstellt.[179] Das Urteil des BGH bezieht sich indes noch auf Art. 27 ff. EGBGB aF. Schon damals ist zu Recht darauf hingewiesen worden, dass der BGH das Gebot der einheitlichen Auslegung nach Art. 36 EGBGB außer Acht gelassen hat.[180] Nach geltendem Recht ist der Ausschlusstatbestand des Art. 1 Abs. 2 lit. b Rom I-VO zu beachten. Unbenannte Zuwendungen weisen einen so engen Bezug zur ehelichen Lebensgemeinschaft auf, dass dieser Ausschlussgrund eingreift.[181] In der neueren Literatur wird häufig eine **güterrechtliche Qualifikation** befürwortet.[182] Nach geltendem Recht spricht hiergegen jedoch, dass unbenannten Zuwendungen an die eheliche Lebensgemeinschaft als solche anknüpfen und nicht von einem bestimmten Güterstand abhängig sind. Vorzugswürdig erscheint daher eine Zuordnung zum **allgemeinen Ehewirkungsstatut.** Dies wird auch den Grundgedanken der Rechtsprechung des BGH zur Qualifikation von Vereinbarungen über die Morgengabe (→ Rn. 54) am besten gerecht. Die EuGüVO geht dagegen von einem weiteren Begriff des Ehegüterrechts aus (→ EuGüVO Rn. 20 f.). Nach Art. 3 Abs. 1 lit. a EuGüVO umfasst der Begriff „ehelicher Güterstand" sämtliche vermögensrechtlichen Regelungen, die zwischen den Ehegatten und in ihren Beziehungen zu Dritten aufgrund der Ehe oder der Auflösung der Ehe gelten. Ob die in Frage stehende Regelung von einem bestimmten Güterstand abhängt, ist unerheblich. Nach Inkrafttreten der EuGüVO werden unbenannte Zuwendungen daher dem Güterstatut zuzuordnen sein.[183]

Das allgemeine Ehewirkungsstatut ist auch für Ansprüche auf Rückzahlung wegen **Wegfalls der** **62** **Geschäftsgrundlage** (§ 313 Abs. 3 BGB iVm § 346 BGB) maßgeblich. Nach der Rechtsprechung des BGH kommt in diesen Fällen auch ein **bereicherungsrechtlicher** Rückforderungsanspruch aus § 812 Abs. 1 S. 2 Alt. 2 BGB (sog. Zweckverfehlungskondiktion) in Betracht.[184] Nach Art. 10 Abs. 1 Rom II-VO ist jedoch auch insoweit an das allgemeine Ehewirkungsstatut anzuknüpfen.[185]

f) Sicherungsrechte am Grundvermögen des anderen Ehegatten. Dem Statut der allgemei- **63** nen Ehewirkungen unterliegen auch güterstandsunabhängige gesetzliche Sicherungsrechte am Grundvermögen des anderen Ehegatten, die der Absicherung gegenseitiger Ansprüche dienen. Wichtigstes Beispiel war lange Zeit die **Legalhypothek** nach französischem Recht.[186] Die einschlägige Vorschrift des Art. 2135 Code Civil aF ist jedoch durch das Gesetz Nr. 85-1372 vom 23.12.1985 mit Wirkung vom 1.1.1986 aufgehoben worden.[187] Heute bestehen solche gesetzlichen Sicherungsrechte weltweit nur noch ganz vereinzelt. So sieht Art. 511 FamGB der Demokratischen Republik Kongo eine Legalhypothek zugunsten der Ehefrau vor, die am Tag der Einreichung des Scheidungs-

---

[176] Für familienrechtliche Qualifikation auch OLG Stuttgart NJW-RR 2008, 742 = FamRZ 2008, 1756 = FamRBIntr 2008, 49 mAnm *Mörsdorf-Schulte*; BeckOK BGB/*Mörsdorf-Schulte* Rn. 20.

[177] Vgl. zu diesen Aspekten *Rauscher/Pabst* NJW 2010, 3487 (3489).

[178] Vgl. BGHZ 116, 167 (169 ff.); *Looschelders*, Schuldrecht Besonderer Teil, 12. Aufl. 2017, Rn. 327.

[179] BGHZ 119, 392 (395 ff.) = IPRax 1995, 399 (400) mAnm *Winkler v. Mohrenfels* IPRax 1995, 379 ff.; dem folgend Staudinger/*Mankowski* (2011) Rn. 294 und Art. 15 Rn. 414 ff.; Göppinger/Börger/*Finger* 10. Teil Rn. 71; ebenso noch *Looschelders* IPR Art. 15 Rn. 6.

[180] Vgl. *Jayme* Rec. des Cours 251 (1995-II), 9 (116 f.); *Jayme/Kohler* IPRax 1993, 357 (369 f.).

[181] Vgl. NK-BGB/*Andrae* Rn. 74; Staudinger/*Magnus* (2016) Rom I-VO Art. 1 Rn. 55.

[182] So etwa BeckOK BGB/*Mörsdorf-Schulte* Rn. 17 und Art. 15 Rn. 37; NK-BGB/*Andrae* Rn. 75; *Winkler v. Mohrenfels* IPRax 1995, 379 (381).

[183] So auch *C. Mayer* IPRax 2016, 353 (355); zur Problemstellung vgl. auch Rauscher//*Kroll-Ludwigs* EU-EheGüterVO-E Einf. Rn. 17.

[184] Vgl. BGHZ 184, 190; näher dazu *Schwab*, Familienrecht, 24. Aufl. 2016, Rn. 311.

[185] Zur Anwendbarkeit von Art. 10 Abs. 1 Rom II-VO vgl. BeckOK BGB/*Mörsdorf-Schulte* Art. 15 Rn. 37, die aber konsequenterweise auf das Ehegüterstatut abstellt.

[186] Vgl. Soergel/*Schurig* Rn. 57; *v. Bar* IPR II Rn. 191; Ferid/*Böhmer* IPR Rn. 8-94.

[187] Vgl. Staudinger/*Mankowski* (2011) Rn. 287.

antrags oder des Todes des Ehemanns entsteht.[188] Da die Vorschrift nur im Güterstand der Gütertrennung gilt, ist hier allerdings nicht Art. 14, sondern Art. 15 anwendbar.

64   Unabhängig von der Einordnung bei Art. 14 oder Art. 15 ist zu beachten, dass eine ausländische Legalhypothek an inländischen Grundstücken als solche nicht zu verwirklichen ist, weil sie **tragenden Grundsätzen** des deutschen Sachenrechts widerspricht.[189] Das deutsche Sachenrecht kennt **keine gesetzliche Entstehung** von Hypotheken, sondern setzt für deren Entstehung in jedem Fall die Eintragung ins Grundbuch voraus. Dem begünstigten Ehegatten ist daher im Wege der Anpassung ein **Anspruch auf Eintragung** der Hypothek zuzubilligen.[190] Etwas anderes mag gelten, wenn die Auslegung des ausländischen Rechts ergibt, dass die Legalhypotheken auf Grundstücke beschränkt bleiben sollen, die im eigenen Geltungsbereich belegen sind.[191] Der intendierten Absicherung des anderen Ehegatten dürfte die Einräumung eines Anspruchs auf Eintragung der Hypothek jedoch regelmäßig eher entsprechen als eine Beschränkung des räumlichen Geltungsbereichs.

65   **g) Verjährung.** Das deutsche Recht (§ 207 Abs. 1 S. 1 BGB) sowie einige ausländische Rechtsordnungen sehen vor, dass die Verjährung von Ansprüchen zwischen Ehegatten gehemmt ist, solange die Ehe besteht. Dahinter steht die Erwägung, dass der Familienfrieden empfindlich gestört werden könnte, wenn ein Ehegatte während der bestehenden Ehe gezwungen wäre, zur Vermeidung der Verjährung Ansprüche gegen den anderen Ehegatten einzuklagen (→ BGB § 207 Rn. 1). Die Verjährung unterliegt jedoch auch hier nicht Art. 14, sondern dem Recht, das für den in Frage stehenden Anspruch maßgeblich ist.[192] Dies ergibt sich für vertragliche Ansprüche aus Art. 12 Abs. 1 lit. e Rom I-VO, für Ansprüche aus außervertraglichen Schuldverhältnissen (insbes. Delikt) aus Art. 15 lit. h Rom II-VO. Bei Unterhaltsansprüchen sind die EuUntVO und das HUntProt auch für die Verjährung maßgeblich.

66   **h) Vollstreckungsverbote.** Das Vollstreckungsrecht gehört zum Internationalen Verfahrensrecht und unterliegt deshalb grundsätzlich der lex fori. Vollstreckungsverbote zwischen Ehepartnern sind jedoch dann als allgemeine Ehewirkungen zu qualifizieren, wenn sie den **Ehefrieden** während des ehelichen Zusammenlebens durch Verhinderung vollstreckungsrechtlicher Zugriffe aufrechterhalten sollen.[193] Wichtige Beispiele waren in früherer Zeit Art. 173 schweiz. ZGB aF und Art. 165 Abs. 1 türk. ZGB aF. Beide Vorschriften sind indessen bereits seit längerem nicht mehr in Kraft.[194] Auch diese Konstellation hat heute also in der Praxis keine große Bedeutung mehr.

67   **3. Auswirkungen der Ehe auf die Teilnahme am Rechtsverkehr. a) Beschränkung der Geschäftsfähigkeit.** Die Ehe kann auch in verschiedener Hinsicht Auswirkungen auf die Teilnahme am Rechtsverkehr haben. So gab es in früherer Zeit einige Rechtsordnungen, namentlich im romanischen Rechtskreis, nach denen die Eheschließung bei der Ehefrau zu einer Beschränkung der Geschäftsfähigkeit geführt hat.[195] Entsprechende Fragen stellen sich bei der Beschränkung der Prozessfähigkeit der Ehefrau.[196] Solche Regelungen beruhten auf einem Eheverständnis, das durch die **Unterordnung der Frau** gegenüber dem Mann geprägt war, und wurden daher nicht nach Art. 7 Abs. 2 EGBGB beurteilt, sondern dem allgemeinen Ehewirkungsstatut zugeordnet.[197] Soweit es heute überhaupt noch Rechtsordnungen gibt, welche die Geschäftsfähigkeit der Ehefrau generell beschränken, beinhalten die betreffenden Regelungen einen so schwerwiegenden Verstoß gegen die Persönlichkeitsrechte der Ehefrau (Art. 1, 2 Abs. 1 GG) und den Grundsatz der Gleichberechtigung (Art. 3 Abs. 2 GG), dass sie schon bei geringer Inlandsbeziehung mit dem deutschen **ordre public**

---

[188] Zu den Einzelheiten *Nelle* in Bergmann/Ferid/Henrich/Cieslar, Internationales Ehe- und Kindschaftsrecht, Kongo, Demokratische Republik, Stand 1.10.2005, S. 49.

[189] Palandt/*Thorn* Rn. 18; Erman/*Hohloch* Rn. 32; Staudinger/*Mankowski* (2011) Rn. 288; *v. Bar* IPR II Rn. 191; Ferid/*Böhmer* IPR Rn. 8–94; a.A. Soergel/*Schurig* Rn. 57.

[190] Palandt/*Thorn* Rn. 18; Erman/*Hohloch* Rn. 32; Staudinger/*Mankowski* (2011) Rn. 289; *v. Bar* IPR II Rn. 191; hilfsweise auch Soergel/*Schurig* Rn. 57.

[191] So Staudinger/*Mankowski* (2011) Rn. 289.

[192] NK-BGB/*Andrae* Rn. 80; Staudinger/*Mankowski* (2011) Rn. 283.

[193] Erman/Hohloch Rn. 32; Staudinger/*Mankowski* (2011) Rn. 281.

[194] Vgl. Staudinger/*Mankowski* (2011) Rn. 282.

[195] Vgl. Staudinger/*Mankowski* (2011) Rn. 231.

[196] Vgl. dazu LG Berlin FamRZ 1993, 198 (199).

[197] So etwa BGH IPRspr. 1952/53 Nr. 298; Soergel/*Schurig* Rn. 59; Staudinger/*Mankowski* (2011) Rn. 232; Erman/*Hohloch* Rn. 30; *Hausmann* in Reithmann/Martiny IntVertragsR Rn. 7.699; *Kegel/Schurig* IPR § 20 V 3 (S. 838); Ferid/*Böhmer* IPR Rn. 9–95; vgl. auch RGZ 91, 403 (407): Konflikt zwischen elterlicher Gewalt des Vaters und „puissance maritale" des Ehemannes einer minderjährigen Frau nach früherem russischen Recht; dazu *Looschelders,* Die Anpassung im Internationalen Privatrecht, 1995, 42.

(Art. 6 EGBGB) unvereinbar sind.[198] Im Übrigen kann der inländische **Rechtsverkehr** durch entsprechende Anwendung von Art. 12 EGBGB (Art. 13 Rom I-VO) oder Art. 16 Abs. 2 EGBGB geschützt werden.[199]

b) Sonstige Beschränkungen der Teilnahme am Rechtsverkehr. Zahlreiche Rechtsordnun- **68** gen enthalten auch heute noch Regelungen, welche die Wirksamkeit **bestimmter Rechtsgeschäfte** der Ehefrau oder eines Ehegatten (zB Schenkung, Bürgschaft, Schuldübernahme) von der **Zustimmung des Ehemanns bzw. des anderen Partners** abhängig machen. Die Qualifikation hängt davon ab, ob die einschlägigen Regelungen an einen bestimmten Güterstand anknüpfen (zB §§ 1365, 1369 BGB) oder darauf abzielen, die Entscheidungsbefugnisse in der Ehe allgemein zu regeln oder die materiellen Grundlagen der ehelichen Lebensgemeinschaft zu schützen. Im ersteren Fall ist Art. 15 maßgeblich, im letzteren Art. 14 (→ Rn. 29).

Besondere Bedeutung haben im Rahmen von Art. 14 die auf das römische Recht zurückgehenden **69** **Interzessionsverbote,** die den Ehegatten – historisch betrachtet allein der Ehefrau[200] – den Abschluss von Rechtsgeschäften untersagen, welche auf die **Übernahme von Verbindlichkeiten im Interesse eines Dritten** gerichtet sind.[201] Dazu gehören neben der Bürgschaft vor allem die Schuldübernahme, der Schuldbeitritt und die Darlehensaufnahme in fremdem Interesse.[202] Ein aktuelles Beispiel ist Art. 494 des schweizerischen OR, wonach eine verheiratete Person für die Übernahme einer **Bürgschaft** der Zustimmung ihres Ehegatten bedarf.[203] Im niederländischen Recht sieht Art. 1:88 Abs. 1 lit. c BW vor, dass Verträge, die ein Ehegatte nicht im Rahmen der Berufsausübung schließt, der Zustimmung des anderen Ehegatten bedürfen, wenn ersterer dabei **Sicherheit** leistet.[204]

Der BGH hat demgegenüber in einer Entscheidung zum alten IPR die Auffassung vertreten, dass **70** das **Bürgschaftsstatut** auch für die Frage gilt, ob der betreffende Ehegatte für die Übernahme der Bürgschaft der Zustimmung seines Ehegatten bedarf.[205] Diese Auffassung kann jedoch nicht überzeugen, da der vertragsschließende Ehegatte es sonst in der Hand hätte, das Verbot durch die Wahl eines Bürgschaftsstatuts zu unterlaufen, das kein Interzessionsverbot kennt.[206] Die Notwendigkeit einer Zustimmung des anderen Ehegatten ist damit eine **Teilfrage,** die **selbstständig** nach Art. 14 anzuknüpfen ist. Bei **gleichheitssatzkonformer** Ausgestaltung bestehen gegen die Vereinbarkeit ausländischer Interzessionsverbote mit dem inländischen **ordre public** keine prinzipiellen Bedenken. In extremen Fällen kann aber eine übermäßige Beschränkung der Privatautonomie vorliegen. Der inländische **Verkehr** kann auch hier durch die entsprechende Anwendung von Art. 13 Rom I-VO bzw. Art. 12 EGBGB oder Art. 16 Abs. 2 EGBGB geschützt werden (→ Art. 16 Rn. 33 ff.).[207] Mit Blick auf das niederländische Recht ist zudem zu beachten, dass das Fehlen der Zustimmung nicht ohne Weiteres zur Unwirksamkeit, sondern nur zur Anfechtbarkeit des Geschäfts führt.[208] Der Vertragspartner kann sich zudem darauf berufen, dass er gutgläubig war.[209]

[198] Vgl. LG Berlin FamRZ 1993, 198 (betr. früheres türkisches Recht). In der Literatur wird meist allgemein von einer „hinreichenden Inlandsbeziehung" gesprochen, so etwa Palandt/*Thorn* Rn. 18; Staudinger/*Mankowski* (2011) Rn. 232; Soergel/*Schurig* Rn. 59; *Hausmann* in Reithmann/Martiny IntVertragsR Rn. 7.699; vgl. auch Ferid/*Böhmer* IPR Rn. 9-95.

[199] Auf Art. 12 EGBGB (Art. 13 Rom I-VO) abstellend Palandt/*Thorn* Rn. 18; Soergel/*Schurig* Rn. 60; für Anwendung von Art. 16 EGBGB Staudinger/*Mankowski* (2011) Rn. 232; Erman/*Hohloch* Rn. 30.

[200] Ausführlich dazu aus historischer Sicht *Mönnich*, Frauenschutz vor riskanten Geschäften. Interzessionsverbote nach dem Velleianischen Senatsbeschluss, 1999.

[201] Zur Anwendbarkeit von Art. 14 auf Interzessionsverbote vgl. Staudinger/*Mankowski* (2011) Rn. 235; Soergel/*Schurig* Rn. 64; Palandt/*Thorn* Rn. 18; NK-BGB/*Andrae* Rn. 77; *Hausmann* in Reithmann/Martiny IntVertragsR Rn. 7.701; *Kegel/Schurig* IPR § 20 V 3 (S. 839); *Dölle* RabelsZ 16 (1951), 360 (383 f.).

[202] Vgl. *Hausmann* in Reithmann/Martiny IntVertragsR Rn. 7.704; *Amend* in Westphal, In eigener Sache. Frauen vor den höchsten Gerichten des alten Reiches, 2005, 119 (126). Der BGB-Gesetzgeber hat die Statuierung von Interzessionsverboten abgelehnt, vgl. Mot. IV 115 ff.; näher dazu *Duncker*, Gleichheit und Ungleichheit in der Ehe, 2003, 996.

[203] Vgl. IPG 1977 Nr. 5 (Heidelberg); Staudinger/*Mankowski* (2011) Rn. 234; *Huguenin*, Obligationenrecht, 2012, Rn. 3583. Das schweizerische BG sieht Art. 494 OR als Schranke der allgemeinen Handlungsfreiheit an und stellt daher auf das Personalstatut des Bürgen ab (vgl. BGE 110 II 1984 = IPRax 1987, 34 mAnm *Hanisch* IPRax 1987, 47). Die abweichende Qualifikation der Bestimmung kann für ein deutsches Gericht relevant werden, wenn es einen etwaigen Renvoi durch das schweizerische IPR prüft (vgl. NK-BGB/*Andrae* Rn. 77).

[204] Vgl. *Mincke*, Einführung in das niederländische Recht, 2002, § 9 Rn. 324.

[205] BGH NJW 1977, 1011 (Niederlande); ebenso zum Schuldbeitritt OLG Köln RIW 1998, 148 = VersR 1998, 735 (Niederlande).

[206] Krit. unter diesem Aspekt Staudinger/*Mankowski* (2011) Rn. 237; *Jochem* NJW 1977, 1012 (1013).

[207] Vgl. Staudinger/*Mankowski* (2011) Rn. 238; Erman/*Hohloch* Rn. 30; NK-BGB/*Andrae* Rn. 77; Ferid/*Böhmer* IPR Rn. 8-95.

[208] Vgl. *Jochem* NJW 1977, 1012 (1013).

[209] Vgl. Art. 1:89 BW; dazu *Hausmann* in Reithmann/Martiny IntVertragsR Rn. 7.705.

71   Nach einigen Rechtsordnungen bedürfen auch sonstige Rechtsgeschäfte der Zustimmung des anderen Ehegatten. Im niederländischen Recht gehören dazu nicht gebräuchliche **Schenkungen, Bürgschaften** sowie **Ratenzahlungsgeschäfte** außerhalb des Berufslebens (Art. 1:88 lit. b- d niederländisches BW).[210] Das schweizerische OR enthielt für **Abzahlungsverträge** früher ebenfalls ein solches Erfordernis (vgl. Art. 226a ff. OR aF).[211] Nach deutschem Kollisionsrecht unterliegen auch solche Zustimmungserfordernisse regelmäßig dem allgemeinen Ehewirkungsstatut.[212] Das Verbot von **Gesellschaftsverträgen zwischen Ehegatten** wird dagegen überwiegend dem Ehegüterstatut zugeordnet.[213] Dieser Auffassung ist jedenfalls dann zuzustimmen, wenn die einschlägigen Bestimmungen wie im früheren französischen Recht darauf abzielen, eine Umgehung von güterrechtlichen Bestimmungen zu verhindern.[214] Im Übrigen hängt die Qualifikation vom Zweck des jeweiligen Verbots ab. Nachdem das Verbot von Gesellschaftsverträgen zwischen Ehegatten im französischen Recht schon 1966 aufgehoben wurde und auch im belgischen Recht nicht mehr besteht,[215] hat das Problem heute allerdings nur noch geringe praktische Bedeutung.[216]

72   **c) Schlüsselgewalt.** Das Statut der allgemeinen Ehewirkungen entscheidet regelmäßig auch über die Frage, ob und inwieweit ein Ehegatte **kraft Gesetzes** berechtigt ist, den anderen Ehegatten bei Rechtsgeschäften mit Dritten zu **vertreten.** Hierher gehört insbesondere auch die gesetzliche Verpflichtungsermächtigung der Ehegatten über das Institut der **Schlüsselgewalt** (§ 1357 BGB).[217] Sollte ein ausländisches Recht die gesetzliche Vertretungsmacht oder Verpflichtungsermächtigung von einem bestimmten Güterstand abhängig machen, ist ausnahmsweise das Güterstatut (Art. 15) maßgeblich. Bei der praktischen Rechtsanwendung ist die Frage der gesetzlichen Vertretungsmacht oder Verpflichtungsermächtigung streng vom Vertragsstatut zu trennen. Das anwendbare Recht kann insoweit also nicht durch eine Rechtswahlvereinbarung mit dem Vertragspartner bestimmt werden. Hierfür ist vielmehr eine Rechtswahl durch die Ehegatten nach Maßgabe von Art. 14 Abs. 2–4 erforderlich.[218]

73   Das allgemeine Ehewirkungsstatut ist sowohl für das **Innenverhältnis** zwischen den Ehegatten (zB Voraussetzungen für die Beschränkung bzw. den Ausschluss der gesetzlichen Vertretungsmacht oder Verpflichtungsermächtigung durch den anderen Ehegatten oder die gerichtliche Aufhebung der Beschränkung bzw. des Ausschlusses, § 1357 Abs. 2 S. 1 BGB[219]) als auch für die **Wirkungen gegenüber Dritten** maßgeblich. Unterliegen die allgemeinen Wirkungen der Ehe einem ausländischen Recht, so wird der gutgläubige inländische Rechtsverkehr aber durch Art. 16 Abs. 2 geschützt (→ Art. 16 Rn. 33 ff.).[220] Die durch **Rechtsgeschäft** erteilte Vertretungsmacht (Vollmacht) eines Ehegatten für den anderen wird nicht von Art. 14 erfasst. Hier gelten vielmehr die allgemeinen Regeln des internationalen Vollmachtsrechts (→ Vor Art. 11 Rn. 45 ff.).[221]

74   **d) Eigentums- und Besitzvermutungen. Vermutungen** über die **Zuordnung des Eigentums** zwischen den Ehegatten unterliegen nicht dem Sachstatut, sondern Art. 14 oder Art. 15. Dies

---

[210] Vgl. *Hausmann* in Reithmann/Martiny IntVertragsR Rn. 7.700 ff.

[211] *Hausmann* in Reithmann/Martiny IntVertragsR Rn. 7.706. Das neue schweizerische Bundesgesetz über den Konsumkreditvertrag (KKG) vom 23.3.2001 enthält keine vergleichbare Bestimmung mehr, sondern schützt den Verbraucher ua durch ein Widerrufsrecht und eine Begrenzung des zulässigen effektiven Jahreszinses. Ausführlicher dazu *Huguenin*, Obligationenrecht, 2012, Rn. 3095 ff.

[212] Vgl. Soergel/*Schurig* Rn. 64 f.; Staudinger/*Mankowski* (2011) Rn. 235 ff.; *Hausmann* in Reithmann/Martiny IntVertragsR Rn. 7.702 f.; für einheitliche güterrechtliche Qualifikation von Schenkungsverboten *Nordmeier* IPRax 2014, 411 (417 f.).

[213] RGZ 163, 367; OLG Stuttgart NJW 1958, 1972; Palandt/*Thorn* Art. 15 Rn. 25; Erman/*Hohloch* Rn. 32; Ferid/*Böhmer* IPR Rn. 8-97.

[214] RGZ 163, 367, 373; *Hausmann* in Reithmann/Martiny IntVertragsR Rn. 7.717.

[215] Staudinger/*Mankowski* (2011) Art. 15 Rn. 269; *Burghaus*, Die Vereinheitlichung des Internationalen Ehegüterrechts in Europa, 2010, 84; vgl. Art. 1832-1 Abs. 1 Code Civil.

[216] Als aktuelles Beispiel wird meist nur noch das portugiesische Recht (Art. 1714 Abs. 2 portug. CC) genannt, vgl. Ferid/*Böhmer* IPR Rn. 8-80; *Burghaus*, Die Vereinheitlichung des Internationalen Ehegüterrechts in Europa, 2010, 84.

[217] Vgl. BGH NJW 1992, 909; OLG Celle IPRax 1993, 96; Palandt/*Thorn* Rn. 18; Erman/*Hohloch* Rn. 31; PWW/*Martiny* Rn. 4; Soergel/*Schurig* Rn. 44; Staudinger/*Mankowski* (2011) Rn. 297; NK-BGB/*Andrae* Rn. 73; BeckOK BGB/*Mörsdorf-Schulte* Rn. 14; *Dölle* RabelsZ 16 (1951), 360 (377); *Jayme* IPRax 1993, 80 (81).

[218] Unzutreffend insoweit BGH NJW 1992, 909; dagegen zu Recht *Jayme* IPRax 1993, 80 (81).

[219] Vgl. OLG Stuttgart IPRspr. 1933 Nr. 30 = JW 1933, 2072; Soergel/*Schurig* Rn. 44.

[220] BGH NJW 1992, 909; OLG Celle IPRax 1993, 96; NK-BGB/*Andrae* Rn. 73. Im konkreten Fall war der Rückgriff auf Art. 16 Abs. 2 freilich unzutreffend, da § 1357 BGB für den Dritten jedenfalls nicht günstiger als das spanische Recht war (so überzeugend *Jayme* IPRax 1993, 80 [81]).

[221] Vgl. Staudinger/*Mankowski* (2011) Rn. 301.

gilt auch im Verhältnis zu den Gläubigern.[222] Die Abgrenzung hängt davon ab, ob die Eigentumsvermutung unabhängig vom Güterstand besteht oder einen bestimmten Güterstand voraussetzt. Bei Unabhängigkeit vom Güterstand (wie zB § 1362 BGB) ist das allgemeine Ehewirkungsstatut maßgeblich.[223] Eigentumsvermutungen, die an einen bestimmten Güterstand anknüpfen, unterliegen dem Güterrechtsstatut. Hierher gehören auch Vermutungen über das Verhältnis von Gesamtgut und Sonder- bzw. Vorbehaltsgut bei der Gütergemeinschaft (zB die Vermutungswirkung des § 1416 BGB zugunsten von Gesamtgut).[224] Unabhängig von der Einordnung bei Art. 14 oder Art. 15 gilt, dass der inländische Rechtsverkehr durch Art. 16 Abs. 2 geschützt wird (→ Art. 16 Rn. 33 ff.).[225]

Das allgemeine Ehewirkungsstatut gilt auch für materiell-rechtliche **Besitzvermutungen,** die **75** nicht an einen bestimmten Güterstand anknüpfen.[226] Nicht unter das allgemeine Ehewirkungsstatut fällt aber die Gewahrsams- und Besitzvermutung nach § 739 ZPO. Die Vorschrift knüpft zwar an § 1362 BGB an. Es handelt es sich aber um eine **prozessuale Vorschrift,** die nach dem lex fori-Grundsatz auf jede Zwangsvollstreckung im Inland anwendbar ist, die einen Ehegatten betrifft.[227] Der Ehegatte, der nicht Vollstreckungsschuldner ist, kann sich also nicht auf seinen (Mit-) Gewahrsam berufen; er muss vielmehr nach § 771 ZPO Drittwiderspruchsklage erheben.[228] In diesem Rahmen findet § 1362 BGB dann nur Anwendung, wenn die allgemeinen Ehewirkungen nach Art. 14 dem deutschen Recht unterliegen oder wenn zugunsten des Gläubigers der Verkehrsschutz nach Art. 16 Abs. 2 eingreift.[229]

D. Anknüpfungsgrundsätze

I. Überblick

Art. 14 unterscheidet zwischen der **objektiven** Anknüpfung kraft Gesetzes (Abs. 1) und der **76** **subjektiven** Anknüpfung kraft Rechtswahl (Abs. 2–4; → Rn. 107–126). Die objektive Anknüpfung gemäß Abs. 1 besteht aus einer dreistufigen **Anknüpfungsleiter.**[230] Dahinter steht das Bemühen des Gesetzgebers, den **Grundsatz der Gleichberechtigung** zu verwirklichen, und gleichzeitig die Anknüpfung an die **Staatsangehörigkeit** weitmöglichst aufrechtzuerhalten.[231] Nach Abs. 1 Nr. 1 ist primär das aktuelle gemeinsame Heimatrecht der Ehegatten anwendbar oder das letzte gemeinsame Heimatrecht, sofern einer der Ehegatten noch dem betreffenden Staat angehört. Bei Fehlen eines (gegenwärtigen oder ehemaligen) gemeinsamen Heimatrechts ist das Recht am gemeinsamen gewöhnlichen Aufenthalt der Ehegatten maßgeblich; sonst wird auf den letzten gemeinsamen gewöhnlichen Aufenthalt abgestellt, sofern einer der Ehegatten in dem betreffenden Staat noch seinen gewöhnlichen Aufenthalt hat (Abs. 1 Nr. 2). Hilfsweise wird auf das Recht des Staates verwiesen, mit dem die Ehegatten auf andere Weise gemeinsam am engsten verbunden sind (Abs. 1 Nr. 3). Der Gesetzgeber hat hier bewusst auf eine Konkretisierung verzichtet.[232] Entscheidend ist, dass die Ehegatten mit dem in Frage stehenden Staat **gemeinsam** am engsten verbunden sind.[233] Auf welche Weise diese Verbundenheit zustande gekommen ist, bleibt für die Anknüpfung irrelevant.

Aus den Worten „sonst" und „hilfsweise" folgt, dass die verschiedenen Anknüpfungsmerkmale nicht **77** alternativ gelten. Es handelt sich vielmehr um eine **gestaffelte subsidiäre Anknüpfung,** wobei auf die jeweils untere Stufe der Anknüpfungsleiter nur zurückgegriffen werden darf, wenn die Voraussetzungen der oberen Stufe nicht erfüllt sind.[234] Hierin spiegelt sich die Einschätzung des deutschen Gesetzgebers im Hinblick auf das Gewicht der jeweiligen Anknüpfungsmerkmale wieder. Für das **objektive Schei-**

---

222 Soergel/*Schurig* Rn. 65; Palandt/*Thorn* Rn. 18.

223 Begr. RegE BT-Drs. 10/504, 54; Palandt/*Thorn* Rn. 18; Soergel/*Schurig* Rn. 65; Staudinger/*Mankowski* (2011) Rn. 322; *v. Bar* IPR II Rn. 188; Ferid/*Böhmer* IPR Rn. 8-92; *Kegel/Schurig* IPR § 20 V 3 (S. 839).

224 Staudinger/*Mankowski* (2011) Rn. 304; Soergel/*Schurig* Rn. 65; Palandt/*Thorn* Rn. 18; Ferid/*Böhmer* IPR Rn. 8-92; *Dölle* RabelsZ 16 (1951), 360 (379 f.).

225 Vgl. BGH NJW 2015, 1238 Rn. 9.

226 Vgl. BeckOK BGB/*Mörsdorf-Schulte* Rn. 14; Erman/*Hohloch* Rn. 32.

227 Vgl. BeckOK ZPO/*Ulrici* ZPO § 739 Rn. 2.1 und Rn. 5.1.

228 Vgl. Saenger/*Kindl* ZPO § 739 Rn. 1.

229 BeckOK ZPO/*Ulrici* ZPO § 739 Rn. 2.1.

230 Allgemein zur Struktur von Anknüpfungsleitern *v. Bar/Mankowski* IPR I § 7 Rn. 95 ff.

231 Vgl. Begr. RegE, BT-Drs. 10/504, 54; BeckOK BGB/*Mörsdorf-Schulte* Rn. 24.

232 Vgl. BT-Drs. 10/5632, 41; Staudinger/*Mankowski* (2011) Rn. 65; *Looschelders* IPR Rn. 23.

233 Zur Notwendigkeit einer *gemeinsamen* Verbundenheit mit der infrage stehenden Rechtsordnung Staudinger/*Mankowski* (2011) Rn. 30; PWW/*Martiny* Rn. 20.

234 Vgl. BGH FamRZ 1994, 434 (435); OLG Düsseldorf FamRZ 1993, 575 (576); NK-BGB/*Andrae* Rn. 7; *Looschelders* IPR Rn. 16.

dungsstatut sieht Art. 8 Rom III-VO ebenfalls eine **Anknüpfungsleiter** vor („anderenfalls"). Indem primär auf den primär auf den gemeinsamen gewöhnlichen Aufenthalt (lit. a) und den letzten gemeinsamen gewöhnlichen Aufenthalt abgestellt wird, unterscheidet sich die **Reihenfolge der Sprossen** allerdings deutlich von derjenigen in Art. 14 Abs. 1. Anders als bei Art. 14 Abs. 1 spielt das gemeinsame Heimatrecht in Art. 8 lit. c Rom III-VO nur eine untergeordnete Rolle. Außerdem wird auf der letzten Stufe (Art. 8 lit. d Rom III-VO) nicht auf die gemeinsame engste Verbundenheit der Ehegatten mit einer bestimmten Rechtsordnung, sondern auf die **lex fori** abgestellt.

II. Gemeinsame Staatsangehörigkeit (Abs. 1 Nr. 1)

78   Bei der Anknüpfung an die gemeinsame Staatsangehörigkeit auf der ersten Stufe der Anknüpfungsleiter ist danach zu unterscheiden, ob die Ehegatten in dem für die Beurteilung maßgeblichen Zeitpunkt (noch) eine gemeinsame Staatsangehörigkeit haben (Alt. 1) oder während der Ehe zwar eine gemeinsame Staatsangehörigkeit hatten, die inzwischen aber von einem Ehegatten aufgegeben wurde, während der andere Ehegatte sie beibehalten hat (Alt. 2). Im zweiten Fall ist auf die letzte gemeinsame Staatsangehörigkeit abzustellen. Welche Staatsangehörigkeit eine Person hat, beurteilt sich nach dem **Staatsangehörigkeitsrecht** des Staates, dessen Staatsangehörigkeit infrage steht (→ Art. 5 Rn. 13 ff.). Dies entspricht dem völkerrechtlichen Grundsatz, dass jeder souveräne Staat das Recht hat, seine Staatsangehörigkeit selbst zu regeln (→ Art. 5 Rn. 14).[235]

79   **1. Gegenwärtige gemeinsame Staatsangehörigkeit (Alt. 1). a) Maßgeblichkeit des gemeinsamen Heimatrechts.** Besitzen die Ehegatten eine gemeinsame Staatsangehörigkeit, so unterliegen die allgemeinen Ehewirkungen – vorbehaltlich eines Renvoi (→ Rn. 133 f.) – zwingend ihrem gemeinsamen Heimatrecht.[236] Eine Rechtswahl ist in dieser Konstellation ausgeschlossen. Erwerben die Ehegatten erst **während der Ehe** eine gemeinsame Staatsangehörigkeit, so unterstehen ihre allgemeinen Ehewirkungen (erst) ab diesem Zeitpunkt ihrem neuen gemeinsamen Heimatrecht. Das bisher nach Abs. 1 Nr. 2 oder Nr. 3 bestimmte Ehewirkungsstatut wandelt sich kraft Gesetzes. Ebenso verliert eine nach Abs. 3 getroffene Rechtswahl ex nunc ihre rechtlichen Wirkungen (vgl. Abs. 3 S. 2).

80   **b) Grundsätze der Anknüpfung bei Mehrrechtsstaaten.** Besitzt der gemeinsame Heimatstaat **keine einheitliche Privatrechtsordnung,** so sind die Regeln des Art. 4 Abs. 3 heranzuziehen (→ Rn. 136 ff.). Nach Art. 4 Abs. 3 S. 1 bestimmt sich die maßgebende Teilrechtsordnung in erster Linie nach dem Recht des Staates, das nach dem deutschen IPR anwendbar ist. Diese Lösung ist jedoch nur dann durchführbar, wenn der betreffende Staat ein einheitliches interlokales bzw. interreligiöses Privatrecht hat. Beispiele hierfür sind Spanien[237] und Jordanien.[238] In den meisten anderen Mehrrechtsstaaten (zB Großbritannien, USA, Australien) gibt es dagegen kein einheitliches interlokales Privatrecht. Nach Art. 4 Abs. 3 S. 2 ist dann die Teilrechtsordnung anwendbar, mit dem der Sachverhalt am engsten verbunden ist. Konkret muss also geprüft werden, mit welcher Teilrechtsordnung **beide Ehegatten** am engsten verbunden sind.

81   Problematisch ist dabei der Fall, dass die Ehegatten **keine gemeinsame effektive Beziehung** zu derselben Teilrechtsordnung haben (→ Art. 4 Rn. 173 ff.). So hatte das AG Rosenheim über die Anknüpfung nach Art. 14 Abs. 1 (iVm Art. 17 Abs. 1 aF) in einem Fall zu entscheiden, in dem beide Ehegatten US-amerikanische Staatsangehörige mit gewöhnlichem Aufenthalt in Deutschland waren. Der Ehemann hatte seinen früheren Wohnsitz im Bundesstaat New Yersey, die Ehefrau in Kalifornien. In einem solchen Fall ist die maßgebliche Teilrechtsordnung für jeden Ehegatten gesondert zu bestimmen. Das Problem kann sich dabei auflösen, wenn das IPR beider Teilrechtsordnungen auf das Recht am gemeinsamen gewöhnlichen Aufenthalt verweist.[239] Für die verbleibenden Fälle wird vorgeschlagen, das Recht der Teilrechtsordnung anzuwenden, in der die **Hauptstadt** des Mehrrechtsstaats liegt.[240] Dies führt freilich zur Anwendbarkeit einer Rechtsordnung, mit der beide

---

[235] Vgl. auch Staudinger/*Bausback* (2013) Anh. I Art. 5 Rn. 39.

[236] Vgl. BGHZ 183, 287 Rn. 23 = NJW 2010, 1528; BGHZ 176, 365 = NJW-RR 2008, 1169 Rn. 39; BSGE 83, 200 = NZS 1999, 615 (616); OLG Karlsruhe NJW 1997, 202 = FamRZ 1997, 33 mAnm *Gottwald*; NJW-RR 2003, 725; OLG Köln FamRZ 2002, 1481 = IPRax 2003, 358; OLG Hamm NJW 1991, 3099 = FamRZ 1991, 1306; OLG Düsseldorf FamRZ 2002, 1483; OLG München FamRZ 1995, 935; KG FamRZ 2002, 166; Palandt/*Thorn* Rn. 7; Staudinger/*Mankowski* (2011) Rn. 32; NK-BGB/*Andrae* Rn. 10; Soergel/*Schurig* Rn. 5; PWW/*Martiny* Rn. 10.

[237] Vgl. etwa OLG Karlsruhe IPRax 1989, 301.

[238] *Elwan/Ost* IPRax 1996, 389 ff.

[239] Vgl. *Siehr* IPR § 3 I 1 (S. 14).

[240] So etwa AG Überlingen IPRspr. 1988 Nr. 163; Staudinger/*Hausmann* (2013) Art. 4 Rn. 401; *Ferid* IPR Rn. 2-38,3; *Bungert* IPRax 1993, 10 (16); *Geisler,* Die engste Verbindung im Internationalen Privatrecht, 2001, 180.

Ehegatten keine effektive Verbundenheit aufweisen. Im Fall einer personalen (insbes. interreligösen) Rechtsspaltung[241] wäre eine solche Lösung von vornherein nicht akzeptabel, weil sie dem Grundgedanken der personalen Aufspaltung widerspräche. Überlegungen, hilfsweise den **Grundsatz des schwächeren Rechts** anzuwenden und nur solche Ehewirkungen anzuerkennen, die von beiden Teilrechtsordnungen vorgesehen sind, können nicht überzeugen, weil es an jeder materiellen Rechtfertigung für eine solche „Verkürzung" der allgemeinen Ehewirkungen führt.[242]

Vorzugswürdig ist daher nach allem, die Anknüpfung an das gemeinsame Heimatrecht für gescheitert zu erachten und ersatzweise über Art. 14 Abs. 1 Nr. 2 auf den **gemeinsamen gewöhnlichen Aufenthalt** der Ehegatten abzustellen (→ Art. 4 Rn. 176).[243] Diese Lösung ist zwar dem Einwand ausgesetzt, dass der Vorrang des Staatsangehörigkeitsprinzips nicht vorschnell aufgegeben werden darf.[244] Zu beachten ist aber, dass die objektiven Anknüpfungen nach Abs. 1 die **gemeinsame Verbundenheit** mit einer bestimmten Rechtsordnung betonen. Bei Mehrstaatern setzt sich die gemeinsame Staatsangehörigkeit nach Abs. 1 Nr. 1 ebenfalls nur dann durch, wenn es sich dabei um die effektive Staatsangehörigkeit handelt (→ Rn. 83 ff.). Diesem Gedanken entspricht der Rückgriff auf den gemeinsamen gewöhnlichen Aufenthalt der Ehegatten besser als die Anwendung einer Teilrechtsordnung, zu der beide Ehegatten zu keinem Zeitpunkt eine effektive Verbindung hatten.

c) Besonderheiten bei Doppel- und Mehrstaatern. Bei Doppel- und Mehrstaatern gelten **83** die Sonderregeln des Art. 5 Abs. 1. Hat eine Ehegatte **mehrere ausländische Staatsangehörigkeiten**, so ist Abs. 1 Nr. 1 ist damit nur anwendbar, wenn es sich bei der gemeinsamen Staatsangehörigkeit um die **effektive** Staatsangehörigkeit des Mehrstaaters handelt (Art. 5 Abs. 1 S. 1).[245] Die Effektivitätsprüfung richtet sich nach allgemeinen Grundsätzen. Dabei sind insbesondere der Lebensverlauf, die Sprache und die kulturelle Prägung des Betroffenen zu berücksichtigen.[246] Sind beide Ehegatten Mehrstaater, so ist die effektive Staatsangehörigkeit für jeden von ihnen gesondert zu bestimmen. Dies kann dazu führen, dass Abs. 1 Nr. 1 trotz gemeinsamer Staatsangehörigkeit unanwendbar ist, sodass auf Abs. 1 Nr. 2 oder 3 zurückzugreifen ist.[247] Die Ehegatten können das nach Art. 5 Abs. 1 S. 1 verdrängte gemeinsame Heimatrecht in diesen Fällen aber nach Abs. 2 durch **Rechtswahl** als allgemeines Ehewirkungsstatut bestimmen (→ Rn. 110).

Bei **deutsch-ausländischen Mehrstaatern** ist zu beachten, dass die **deutsche Staatsange-** **84** **rigkeit** nach Art. 5 Abs. 1 S. 2 stets vorgeht, ohne dass es auf die Effektivität der Verbundenheit mit Deutschland ankommt.[248] Die ausländische Staatsangehörigkeit tritt immer zurück. Abs. 1 Nr. 1 ist daher nur anwendbar, wenn auch der andere Ehegatte die deutsche Staatsangehörigkeit (allein oder zusammen mit einer ausländischen Staatsangehörigkeit) besitzt.[249] Maßgeblich ist dann das deutsche Recht. Eine gemeinsame ausländische Staatsangehörigkeit bleibt dagegen bei deutsch-ausländischen Mehrstaatern außer Betracht.[250] Vielmehr ist dann Abs. 1 Nr. 2 oder 3 anwendbar.[251] Die Ehegatten können aber auch hier nach Abs. 2 das gemeinsame – ausländische – Heimatrecht wählen.[252]

Der Vorrang der deutschen Staatsangehörigkeit nach Art. 5 Abs. 1 S. 2 kann dazu führen, dass **85** die allgemeinen Ehewirkungen dem deutschen Recht unterliegen, obwohl die deutsche Staatsangehörigkeit für den deutsch-ausländischen Mehrstaater **zu keiner Zeit effektiv** war.[253] Heiratet zB ein

---

[241] Zu einem praktischen Beispiel OLG Köln FamRZ 2002, 1481 = IPRax 2003, 35 (Pakistan). Im konkreten Fall waren freilich beide Ehegatten als Muslime anzusehen, sodass es keine weiteren Probleme gab.

[242] Hiergegen auch Staudinger/*Hausmann* (2013) Art. 4 Rn. 401; *H. Stoll*, FS Keller, 1989, 511 (523).

[243] So auch AG Rosenheim IPRspr. 1992 Nr. 104; NK-BGB/*Andrae* Rn. 61; *Kegel/Schurig* IPR § 11 III (S. 422); *Kropholler* IPR § 29 II 1c (S. 203); *H. Stoll*, FS Keller, 1989, 511 (523 f.).

[244] Staudinger/*Mankowski* (2011) Rn. 32; Staudinger/*Hausmann* (2013) Art. 4 Rn. 400; Erman/*Hohloch* Rn. 13; *Kegel/Schurig* IPR § 11 III (S. 422); *Bungert* IPRax 1993, 10 (17); *Spickhoff* JZ 1993, 336 (339).

[245] Vgl. OLG Frankfurt NJW-RR 1995, 139 = FamRZ 1994, 715; OLG München FamRZ 1994, 634.

[246] OLG München FamRZ 1994, 634; OLG Frankfurt NJW-RR 1995, 139 = FamRZ 1994, 715; Staudinger/*Mankowski* (2011) Rn. 36.

[247] Vgl. OLG München FamRZ 1994, 634; AG Freiburg FamRZ 2002, 888 (889) = IPRax 2003, 223 m. Aufsatz *Jayme* 209; Staudinger/*Mankowski* (2011) Rn. 38.

[248] Vgl. BeckOK BGB/*Mörsdorf-Schulte* Rn. 28.

[249] Vgl. BGH NJW-RR 2004, 1 = FamRZ 2003, 1737; OLG Stuttgart FamRZ 1998, 1321; BayObLG FamRZ 1998, 1594 (1596); OLG Köln NJW 2015, 1763 (1764); Staudinger/*Mankowski* (2011) Rn. 35; NK-BGB/*Andrae* Rn. 11; *Looschelders* IPR Rn. 17.

[250] BGH NJW-RR 1994, 642 (643) = FamRZ 1994, 434; OLG Celle NJOZ 2011, 1993 (1994) = FamRZ 2012, 383 (LS); OLG Hamm NJOZ 2011, 763 = FamRZ 2011, 220; OLG Düsseldorf NJW-RR 2012, 521 = Erman/*Hohloch* Rn. 13.

[251] Vgl. OLG Köln NJW 2015, 1763 (1764).

[252] Vgl. Ferid/*Böhmer* IPR Rn. 8-85.

[253] Vgl. NK-BGB/*Andrae* Rn. 12; Staudinger/*Mankowski* (2011) Rn. 37; *Looschelders* IPR Rn. 17; *Kropholler* IPR § 45 II 3a.

deutscher Staatsangehöriger in Polen eine deutsch-polnische Doppelstaaterin, welche die deutsche Staatsangehörigkeit über die Staatsangehörigkeit eines Elternteils erworben hat und zu keinem Zeitpunkt sonstige Beziehungen zu Deutschland hatte, so unterliegen die allgemeinen Ehewirkungen nach Abs. 1 Nr. 1 iVm Art. 5 Abs. 1 S. 2 selbst dann deutschem Recht, wenn die Ehegatten in Polen leben und während der Ehe keine Verbindungen zu Deutschland bestehen.[254]

86   Nach überwiegender Auffassung ist die Anwendbarkeit deutschen Rechts in solchen Fällen rechtspolitisch unangemessen, in Anbetracht der klaren gesetzgeberischen Wertentscheidung und aus Gründen der Rechtssicherheit aber hinzunehmen.[255] Die Gegenauffassung befürwortet eine **teleologische Reduktion**. Bei Beteiligung eines deutschen Mehrstaaters soll hiernach im Rahmen des Art. 14 Abs. 1 Nr. 1 die gemeinsame deutsche Staatsangehörigkeit als Anknüpfungsmerkmal solange nicht maßgebend sein, als sie während der Ehe für den deutschen Mehrstaater niemals die effektive Staatsangehörigkeit gewesen ist.[256] Die Rechtfertigung dieser Lösung wird darin gesehen, dass der Rekurs auf die gemeinsame Staatsangehörigkeit in dieser Konstellation zu einer **gleichheitssatzwidrigen Ungleichbehandlung** der beiden Ehegatten führt. Während bei dem Deutschen dessen Staatsangehörigkeit zähle, werde bei dem deutsch–ausländischen Doppelstaater nicht auf die effektive ausländische Staatsangehörigkeit, sondern allein auf die nicht effektive deutsche Staatsangehörigkeit abgestellt.[257] Da es bei beiden Ehegatten nicht auf die Effektivität der deutschen Staatangehörigkeit ankommt, ist eine verfassungswidrige Ungleichbehandlung der Ehegatten aber nicht ersichtlich. Die Anknüpfung an eine nicht effektive deutsche Staatsangehörigkeit ist zwar kein besonders geeignetes Mittel, um den **Gedanken der (gemeinsamen) engsten Verbindung** zu verwirklichen. Dem Gesetzgeber steht es aber grundsätzlich frei, die engste Verbindung im Interesse der Rechtssicherheit und der Praktikabilität mit Hilfe einer **pauschalen Betrachtung** zu konkretisieren. Problematisch bleibt freilich weiter, dass die Ehegatten die Anwendbarkeit polnischen Rechts im Beispielsfall auch nicht im Wege der **Rechtswahl** nach Abs. 2 und 3 verwirklichen können. De lege lata eröffnet sich eine Rechtswahlmöglichkeit nur, wenn der Deutsche die polnische Staatsangehörigkeit hinzuerwirbt (vgl. Abs. 2). De lege ferenda würden sich solche Probleme durch die Ausweitung der Rechtswahlmöglichkeiten und die vorrangige Anknüpfung an den gemeinsamen gewöhnlichen Aufenthalt der Ehegatten vermeiden lassen.

87   Die vorstehenden Überlegungen gelten auch für den Fall, dass ein Ehegatte (meist die Ehefrau) **durch die Eheschließung** eine ausländische **Staatsangehörigkeit** hinzuerwirbt.[258] Die Berücksichtigung einer durch die Eheschließung hinzuerworbenen Staatsangehörigkeit erscheint zwar unter dem Aspekt der Gleichberechtigung problematisch, weil darin meist ein **Vorrang des Mannes** zum Ausdruck kommt. Dementsprechend ergeben sich Spannungen zum UN-Übereinkommen über die Staatsangehörigkeit verheirateter Frauen (→ Rn. 34). Dies bedeutet aber nicht, dass eine durch Heirat hinzuerworbene Staatsangehörigkeit bei der Anknüpfung generell außer Acht zu lassen wäre.[259] Denn es ist keineswegs ausgeschlossen, dass der (Hinzu-) Erwerb der Staatsangehörigkeit des Ehemannes dem Willen der Ehefrau entspricht.[260] Der sachgerechte Weg hierfür ist nach Art. 3 des UN-Übereinkommens über die Staatsangehörigkeit verheirateter Frauen zwar die Einbürgerung. Dieser Weg steht nach den betreffenden Rechtsordnungen aber idR gerade nicht zur Verfügung. Die kollisionsrechtlichen Wirkungen eines automatischen Hinzuerwerbs der Staatsangehörigkeit des Mannes werden Übrigen dadurch relativiert, dass es nach Art. 5 Abs. 1 S. 1 stets darauf ankommt, ob die Ehefrau eine **effektive Verbindung** zu dem betreffenden Staat aufweist.[261] Im Regelfall wird die durch Heirat erworbene Staatsangehörigkeit dabei nicht von Anfang an als die effektive anzusehen sein.[262] Dies kann sich aber im Verlauf der Ehe ändern. Aufgrund der **Wandelbarkeit**

---

[254] So zu einem ähnlichen Fall vgl. OLG Düsseldorf NJW-RR 1994, 1221.

[255] So etwa OLG Hamm NJW-RR 1993, 1352 (1354); OLG Düsseldorf NJW-RR 1994, 1221; OLG Zweibrücken NJW 2016, 1185 (1186); NK-BGB/*Andrae* Rn. 12; Staudinger/*Mankowski* (2011) Rn. 34; *Kropholler* IPR § 45 II 3a (S. 347).

[256] So Voraufl. *Siehr* Rn. 22; vgl. auch *Siehr*, FS Ferid, 1988, 433 (443); *v. Bar/Mankowski* IPR I § 7 Rn. 119; *Benicke* IPRax 2000, 171 (176 ff.).

[257] Voraufl. *Siehr* Rn. 22; hiergegen Erman/*Hohloch* Rn. 13.

[258] BeckOK BGB/*Mörsdorf-Schulte* Rn. 27; Erman/*Hohloch* Rn. 13. Zu den einschlägigen Rechtsordnungen → Rom III-VO Art. 8 Rn. 6.

[259] Vgl. BGH NJW 1993, 2047 (2048); OLG München FamRZ 1994, 634; *Looschelders* IPR Rn. 18.

[260] Vgl. Soergel/*Schurig* Rn. 5.

[261] Zutreffend Soergel/*Schurig* Rn. 5.

[262] BeckOK BGB/*Mörsdorf-Schulte* Rn. 27; Erman/*Hohloch* Rn. 13; Palandt/*Thorn* Rn. 7; *Looschelders* IPR Rn. 18; *Kropholler* IPR § 45 II 3a (S. 347). Zu einem praktischen Beispiel OLG München FamRZ 1994, 634: Österreicherin hatte durch Eheschließung die italienische Staatsangehörigkeit hinzuerworben. Da die Ehefrau keine enge Verbindung zu Italien hatte, hat das OLG München die italienische Staatsangehörigkeit nicht als effektiv angesehen und das Recht am gemeinsamen gewöhnlichen Aufenthalt angewendet.

des Statuts ergeben sich insoweit bei Art. 14 viel weniger Probleme als bei Art. 15 Abs. 1, der auf die Verhältnisse „bei der Eheschließung" abstellt (→ Art. 15 Rn. 15 ff., 105). Bei Deutschen tritt eine durch Eheschließung hinzuerworbene ausländische Staatsangehörigkeit nach Art. 5 Abs. 1 S. 2 generell zurück.[263]

d) Deutsche Volkszugehörige. Bei der Anwendung des Abs. 1 Nr. 1 ist zu beachten, dass **88** Flüchtlinge und Vertriebene deutscher Volkszugehörigkeit sowie deren Ehegatten und Abkömmlinge nach Art. 116 Abs. 1 GG den deutschen Staatsangehörigen gleichstehen, wenn sie in dieser Eigenschaft im Gebiet des Deutschen Reiches nach dem Stand vom 31.12.1937 Aufnahme gefunden haben, ohne die deutsche Staatsangehörigkeit zu besitzen (sog. **Statusdeutsche**). Art. 9 Abschn. II Nr. 5 FamRÄndG erstreckt die Gleichstellung auf das Bürgerliche Recht und damit auch auf das Internationale Privatrecht. Die Betreffenden sind also auch bei Abs. 1 Nr. 1 als Deutsche anzusehen.[264] Sofern eine ausländische Staatsangehörigkeit besteht, geht die Rechtsstellung als Deutscher auch hier nach Art. 5 Abs. 1 S. 1 vor.[265] Die praktische Bedeutung dieser Fälle ist nur noch gering, da die meisten Betroffenen nach § 7 oder § 40a StAG die deutsche Staatsangehörigkeit erworben haben (→ Art. 5 Rn. 23).

e) Staatenlose, Flüchtlinge und ähnliche Personengruppen. Bei **Staatenlosen** geht die **89** Anknüpfung an die Staatsangehörigkeit ins Leere. Hier greifen aber die Ersatzanknüpfungen nach dem UN-Übereinkommen über die Rechtsstellung der Staatenlosen vom 28.9.1954 (BGBl. 1976 II 474) bzw. Art. 5 Abs. 2. Maßgeblich ist danach das Recht des Staates, in dem die betroffene Person ihren gewöhnlichen, hilfsweise ihren schlichten Aufenthalt hat (→ Art. 5 Rn. 94 ff.). Bei gewöhnlichem bzw. schlichtem Aufenthalt in Deutschland ist also deutsches Recht maßgeblich. Das Recht am gewöhnlichen bzw. schlichten Aufenthalt gilt nach Art. 12 der Genfer Flüchtlingskonvention vom 28.7.1951 (BGBl. 1953 II, 600; 1969 II, 1294) auch für **Flüchtlinge** iSd Konvention[266] sowie **Asylberechtigte** (vgl. § 2 AsylG). Eine entsprechende Regelung bestand nach dem Gesetz über Maßnahmen für im Rahmen humanitärer Hilfsaktionen aufgenommene Flüchtlinge (sog. **Kontingentflüchtlinge**) vom 22.7.1980 (BGBl. 1980 I S. 1057), das auf jüdische Emigranten aus der Sowjetunion entsprechend angewendet wurde.[267] Das HumHAG galt bis zum 31.12.2004 (→ Anh. II Art. 5 Rn. 82). Da das Außerkrafttreten des Gesetzes bei den Betroffenen nicht zum Verlust des deutschen Personalstatuts führte, hat diese Fallgruppe auch heute noch eine gewisse Bedeutung.[268]

Bei Flüchtlingen iSd Genfer Flüchtlingskonvention, Asylberechtigten und Kontingentflüchtlingen **90** besteht oft noch eine ausländische Staatsangehörigkeit. Da das nach den Sonderregeln für Flüchtlinge und ähnliche Personengruppen bestimmte Personalstatut an die Stelle der Staatsangehörigkeit tritt, ist der **Rückgriff auf das Heimatrecht** jedoch **ausgeschlossen**.[269] Dahinter steht die Erwägung, dass eine Anknüpfung an die Staatsangehörigkeit idR den Interessen der Betroffenen widerspräche.[270]

Welche Auswirkungen die Sonderregeln für die Bestimmung des Personalstatuts bei Staatenlosen **91** Flüchtlingen iSd Genfer Flüchtlingskonvention und gleichgestellten Personen auf die objektive Anknüpfung des allgemeinen Ehewirkungsstatuts nach Abs. 1 haben, ist umstritten. Teilweise wird angenommen, die spezielle Leiteranknüpfung nach Abs. 1 gehe den allgemeinen Vorschriften über das Personalstatut von Staatenlosen und Flüchtlingen vor. **Abs. 1 Nr. 1** sei daher allenfalls in Gestalt der Alt. 2 anwendbar, wenn der Betroffene vor Eintritt der Staatenlosigkeit bzw. vor dem Erlangen des Flüchtlingsstatus die gleiche effektive Staatsangehörigkeit wie sein Ehegatte hatte.[271] Ansonsten sei nach **Abs. 1 Nr. 2** auf den gemeinsamen gewöhnlichen Aufenthalt abzustellen. Gegen diese Ansicht spricht die Funktion des Art. 5 Abs. 2 und der anderen Sonderregelungen über das Personalstatut von Staatenlosen, Flüchtlingen und Asylberechtigten, die Anknüpfung an die Staatsangehörig-

---

[263] Soergel/*Schurig* Rn. 5; *Looschelders* IPR Rn. 18.

[264] Vgl. BeckOK BGB/*Mörsdorf-Schulte* Rn. 29; NK-BGB/*Andrae* Rn. 13.

[265] Vgl. OLG Hamm NJW-RR 1993, 1352 (1353) (zu Art. 18 aF); OLG Köln NJW 1993, 336 (zu Art. 10); NK-BGB/*Andrae* Rn. 13; *Looschelders* IPR Anh. Art. 5 Rn. 7.

[266] Vgl. BGHZ 169, 240 Rn. 14 = NJW-RR 2007, 145. Art. 12 der Genfer Flüchtlingskonvention stellt an sich primär auf den Wohnsitz ab. Der Begriff des Wohnsitzes wird hier aber allgemein als gewöhnlicher Aufenthalt verstanden (vgl. BT-Drs. 10/504, 41; Palandt/*Thorn* Anh. Art. 5 Rn. 27; *Looschelders* IPR Anh. Art. 5 Rn. 20).

[267] Vgl. BeckOK BGB/*Lorenz* Art. 5 Rn. 43.

[268] Vgl. OLG Celle StAZ 2012, 81 = BeckRS 2011, 19676.

[269] BGHZ 169, 240 Rn. 14 = NJW-RR 2007, 145; OLG Köln FamRZ 1999, 1517; AG Leverkusen NJOZ 2006, 1835 (1836) = FamRZ 2005, 1684; FamRZ 2007, 1565; Staudinger/*Mankowski* (2011) Rn. 33; aA zum Status von Asylberechtigten *Jayme* IPRax 1984, 114 (115).

[270] Vgl. *Looschelders* IPR Anh. zu Art. 5 Rn. 19.

[271] So Voraufl. MüKoBGB/*Siehr*[6] Rn. 24 ff.; Erman/*Hohloch* Rn. 14; *Mayr* FamRBint 2013, 51; ebenso in der Rspr. OLG Nürnberg FamRZ 2002, 324 (325) = NVwZ-Beil. 2001, 119; AG Leverkusen NJOZ 2006, 1835 = FamRZ 2005, 1684; FamRZ 2007, 1565.

keit durch die Anknüpfung an den gewöhnlichen bzw. schlichten Aufenthalt zu ersetzen. Davon abgesehen haben die staatsvertraglichen Vorschriften über das Personalstatut von Staatenlosen und Flüchtlingen nach Art. 3 Vorrang gegenüber dem nationalen IPR. Abs. 1 Nr. 1 gilt in diesen Fällen also mit der Maßgabe, dass das Personalstatut an die Stelle der Staatsangehörigkeit tritt.[272] Ist ein Ehegatte Deutscher und der andere Ehegatte Flüchtling iSd Genfer Flüchtlingskonvention oder des HumHAG, so unterliegen die allgemeinen Ehewirkungen somit nach Abs. 1 Nr. 1 dem deutschen Recht. Das Gleiche gilt, wenn beide Ehegatten Konventions- oder Kontingentflüchtlinge sind.[273] Bei der praktischen Rechtsanwendung führt die unterschiedliche dogmatische Einordnung regelmäßig zu keinen unterschiedlichen Ergebnissen. Eine Ausnahme ist aber denkbar, wenn es für das Personalstatut auf den schlichten Aufenthalt ankommt, da Abs. 1 keine solche Ersatzanknüpfung vorsieht.[274]

92   **2. Letzte gemeinsame Staatsangehörigkeit (Alt. 2).** Abs. 1 Nr. 1 Alt. 2 regelt den Fall, dass die Ehegatten während der Ehe eine gemeinsame Staatsangehörigkeit hatten, die aber bei einem der Ehegatten nicht mehr besteht. Hier bleibt das letzte gemeinsame Heimatrecht der Ehegatten (nur) maßgeblich, sofern der andere Ehegatte die betreffende Staatsangehörigkeit ununterbrochen beibehalten hat.[275] Die Anknüpfung an die letzte gemeinsame Staatsangehörigkeit während der Ehe dient der **Kontinuität** des allgemeinen Ehewirkungsstatuts;[276] außerdem wird verhindert, dass ein Ehegatte das Statut **einseitig** ändern kann.[277] Gibt auch der andere Ehegatten die letzte gemeinsame Staatsangehörigkeit auf, so geht damit jeder aktuelle Bezug zu dem betreffenden Staat verloren, sodass auch die Anknüpfung hieran entfällt. Die Einschränkung des Kontinuitätsprinzips wird dadurch gerechtfertigt, dass die Anwendung einer Rechtsordnung, zu der beide Ehegatten keinen aktuellen Bezug haben, interessenwidrig ist.[278] Die Voraussetzungen des Abs. 1 Nr. 1 Alt. 2 können auch dadurch eintreten, dass ein Ehegatte während der Ehe die deutsche oder eine effektive ausländische Staatsangehörigkeit **hinzuerwirbt,** ohne die gemeinsame ausländische Staatsangehörigkeit zu verlieren. Mit dem Erwerb der deutschen oder der neuen effektiven ausländischen Staatsangehörigkeit entfallen nach Art. 5 Abs. 1 die Voraussetzungen des Abs. 1 Nr. 1 Alt. 1. Die Anknüpfung an das bisherige gemeinsame Heimatrecht kann aber event. über Abs. 1 Nr. 1 Alt. 2 aufrechterhalten werden.[279] Das Gleiche gilt, wenn sich bei Ehegatten mit mehreren ausländischen Heimatrechten die Effektivität der Staatsangehörigkeit in verschiedene Richtungen „verschiebt".[280] Erwerben beide Ehegatten während der Ehe **dieselbe (effektive) Staatsangehörigkeit,** so ist das neue gemeinsame Heimatrecht nach Abs. 1 Nr. 1 maßgeblich.

93   Die Ausgestaltung der zweiten Alternative des Abs. 1 Nr. 1 ist seit jeher rechtspolitisch umstritten. Teilweise wird die Ansicht vertreten, das letzte gemeinsame Heimatrecht müsse auch dann maßgeblich bleiben, wenn keiner der Ehegatten die betreffende Staatsangehörigkeit beibehalten habe.[281] Die Gegenauffassung plädiert bei einem Verlust der gemeinsamen Staatsangehörigkeit für einen sofortigen Rückgriff auf den gemeinsamen gewöhnlichen Aufenthalt der Ehegatten.[282] Die gegenläufigen Alternativansätze zeigen, dass der Gesetzgeber bei der Reform von 1986 einen ausgewogenen Kompromiss gefunden hat.[283] Vor dem Hintergrund der neueren europäischen Entwicklungen ist die starke Stellung der Staatsangehörigkeit aber nicht mehr zeitgemäß (→ Rn. 86). Stellt man primär auf den gemeinsamen gewöhnlichen Aufenthalt der Ehegatten ab, so ist eine hilfsweise Anknüpfung an die letzte gemeinsame Staatsangehörigkeit der Ehegatten während der Ehe entbehrlich. Dies

---

[272] OLG Hamm StAZ 1993, 77 (78); OLG Köln FamRZ 1999, 1517; OLG Celle StAZ 2012, 81 = BeckRS 2011, 19676; NK-BGB/*Andrae* Rn. 14; Staudinger/*Mankowski* (2011) Rn. 33; *Looschelders* IPR Rn. 20; Palandt/*Thorn* Rn. 7; *Hausmann* in Reithmann/Martiny IntVertragsR Rn. 7.721.

[273] Zu dieser Konstellation vgl. BGHZ 169, 240 Rn. 31 = NJW-RR 2007, 145 (ohne Festlegung auf Abs. 1 Nr. 1 oder 2); OLG Celle StAZ 2012, 81 = BeckRS 2011, 19676.

[274] NK-BGB/*Andrae* Rn. 14.

[275] Zu einem praktischen Beispiel OLG Frankfurt NJW-RR 2008, 386 = FamRZ 2008, 997: Beide Ehegatten hatten zunächst die italienische Staatsangehörigkeit. Während der Ehe erwarb ein Ehegatte die deutsche Staatsangehörigkeit. Da der andere Ehegatte die italienische Staatsangehörigkeit beibehalten hatte, blieb italienisches Recht maßgeblich. Im konkreten Fall kam aber eine Rückverweisung in Betracht.

[276] BT-Drs. 10/504, 55.

[277] Vgl. Soergel/*Schurig* Rn. 8; NK-BGB/*Andrae* Rn. 15; *Looschelders* IPR Rn. 19.

[278] Vgl. Staudinger/*Mankowski* (2011) Rn. 39.

[279] Vgl. OLG Celle NJOZ 2011, 1993; OLG Hamm NJOZ 2011, 763; OLG Düsseldorf NJW-RR 2012, 521; AG Freiburg FamRZ 2002, 888 (889) = IPRax 2002, 223 mAnm *Jayme*; Palandt/*Thorn* Rn. 7; Staudinger/*Mankowski* (2011) Rn. 46.

[280] Vgl. Staudinger/*Mankowski* (2011) Rn. 46; *Jayme* IPRax 2002, 209.

[281] So *Kegel/Schurig* IPR § 20 V 1 a (S. 833); *v. Bar* IPR II § 2 Rn. 195 Fn. 447.

[282] So *Kropholler* IPR § 45 II 3b.

[283] Grundsätzlich zustimmend auch Staudinger/*Mankowski* (2011) Rn. 47.

entspricht im Übrigen auch den Wertungen des Art. 8 lit. c Rom III-VO und des Art. 3 lit. b Brüssel IIa-VO.

Die Anknüpfung an die letzte gemeinsame Staatsangehörigkeit ist problematisch, wenn der betrof- **94** fene Ehegatte seine ausländische Staatsangehörigkeit unfreiwillig (insbes. durch **Ausbürgerung**) verloren hat und dadurch event. sogar **staatenlos** wurde oder wenn er das deutsche Personalstatut als **Flüchtling** nach den Vorschriften der Genfer Flüchtlingskonvention (bzw. dem AsylG oder dem HumHAG aF) erlangt hat. In diesen Fällen widerspräche es dem **Schutzzweck** der Genfer Flüchtlingskonvention und der anderen Sonderregeln für Staatenlose und Flüchtlinge, den betroffe- nen Ehegatten in Bezug auf die allgemeinen Ehewirkungen über Abs. 1 Nr. 1 Alt. 2 an seinem bisherigen Heimatrecht festzuhalten (→ Anh. II Art. 5 Rn. 61). Daher ist nach Abs. 1 Nr. 2 auf den (letzten) gemeinsamen gewöhnlichen Aufenthalt abzustellen.[284] Führt auch diese Anknüpfung zum Recht des Staates, der den Betroffenen ausgebürgert hat oder aus dem dieser geflohen ist, hilft allenfalls noch die dritte Sprosse der Anknüpfungsleiter (Abs. 1 Nr. 3) weiter; ansonsten ist lex fori anzuwenden.[285]

III. Gemeinsamer gewöhnlicher Aufenthalt (Abs. 1 Nr. 2)

Haben die Ehegatten keine gegenwärtige oder frühere gemeinsame effektive Staatsangehörig- **95** keit oder – bei Mehrrechtsstaaten – keine gemeinsame Bindung an dieselbe Teilrechtsordnung, so ist Abs. 1 Nr. 1 nicht anwendbar. Sofern **keine Rechtswahl** getroffen wurde, ist damit nach Abs. 1 Nr. 2 an den gegenwärtigen oder letzten **gemeinsamen gewöhnlichen Aufenthalt** der Ehegatten anzuknüpfen; parallel zu Abs. 1 Nr. 1 gilt die zweite Alternative wiederum nur, sofern der andere Ehegatte die maßgebliche Beziehung zu dem betreffenden Staat ununterbrochen bei- behalten hat.

1. Gegenwärtiger gemeinsamer gewöhnlicher Aufenthalt (Alt. 1). In erster Linie ist nach **96** Abs. 1 Nr. 2 Alt. 1 auf den **gegenwärtigen** gemeinsamen gewöhnlichen Aufenthalt der Ehegatten abzustellen. Der gewöhnliche Aufenthalt ist für jeden Ehegatten **gesondert** zu bestimmen.[286] Das deutsche IPR kennt nämlich keinen abhängigen gewöhnlichen Aufenthalt eines Ehegatten in dem Sinne, dass ein Ehegatte den gewöhnlichen Aufenthalt des anderen kraft Gesetzes teilt. Abweichende ausländische Regelungen, nach denen der gewöhnliche Aufenthalt der Ehefrau von demjenigen des Ehemanns abhängt, verstoßen gegen den Grundsatz der Gleichberechtigung und müssen daher – sofern sie zB bei einem möglichen Renvoi relevant werden – nach Art. 6 außer Betracht bleiben.[287] Dass die Ehegatten **am selben Ort** (zusammen-) leben, ist nicht erforderlich. Entscheidend ist, dass der gewöhnliche Aufenthalt **im selben Staat** liegt.[288] Bei **Mehrrechtsstaaten** mit territorialer Rechtsspaltung kommt es nach Art. 4 Abs. 3 S. 1 Hs. 1 darauf an, ob der gewöhnliche Aufenthalt beider Ehegatten im räumlichen Geltungsbereich derselben Teilrechtsordnung liegt.

Der Begriff des **gewöhnlichen Aufenthalts** beurteilt sich nach den allgemeinen Kriterien **97** (→ Art. 5 Rn. 130 ff.). Inwiefern es bei einzelnen Kollisionsnormen (insbes. des europäischen IPR) grundsätzlich möglich ist, die einzelnen Kriterien nach der ratio der Norm in einem spezifischen Sinne zu verstehen, kann dabei dahinstehen, da Sinn und Zweck von Art. 14 hierfür keinen Anlass geben. Maßgeblich ist der **tatsächliche Daseins- oder Lebensmittelpunkt** des Betroffenen, wobei seine familiären und beruflichen Beziehungen besonders zu würdigen sind.[289] Der gewöhnliche Aufenthalt setzt eine gewisse (nicht nur geringe) **Dauer** voraus oder muss zumindest hierauf angelegt sein.[290] Zeitweilige Abwesenheit mit Rückkehrwillen lässt den gewöhnlichen Aufenthalt unbe- rührt.[291]

Inwiefern eine Person ihren gewöhnlichen Aufenthalt **in mehreren Staaten** gleichzeitig haben **98** kann, ist umstritten (→ Art. 5 Rn. 160). Im Regelfall hilft die Annahme mehrerer gewöhnlicher Aufenthalte schon deshalb nicht weiter, weil man sich letztlich doch für die Anwendung einer

---

[284] Anders Staudinger/*Mankowski* (2011) Rn. 49, dass gerade bei unfreiwilligen Exilanten eine starke Verbin- dung zum Heimatrecht fortbestehe.

[285] So auch schon *Looschelders* IPR Art. 5 Anh. Rn. 22.

[286] BeckOK BGB/*Mörsdorf-Schulte* Rn. 35; Erman/*Hohloch* Rn. 16; NK-BGB/*Andrae* Rn. 17.

[287] Staudinger/*Mankowski* (2011) Rn. 55.

[288] Vgl. Palandt/*Thorn* Rn. 8; Erman/*Hohloch* Rn. 16; NK-BGB/*Andrae* Rn. 17; Staudinger/*Mankowski* (2011) Rn. 57; Soergel/*Schurig* Rn. 11; *Looschelders* IPR Rn. 21; Ferid/*Böhmer* IPR Rn. 8-86.

[289] BGHZ 19, 240 (245) = NJW 1956, 262; BGHZ 78, 293 (295) = NJW 1981, 520; BeckOK BGB/ *Mörsdorf-Schulte* Rn. 35; NK-BGB/*Andrae* Rn. 19; Erman/*Hohloch* Rn. 16; Staudinger/*Mankowski* (2011) Rn. 52; *Looschelders* IPR Art. 5 Rn. 8.

[290] Vgl. BGHZ 78, 293 (295) = NJW 1981, 520; NK-BGB/*Andrae* Rn. 19; *Looschelders* IPR Art. 5 Rn. 9.

[291] Vgl. BGH NJW 1975, 1068; NJW 1993, 2047 (2048) = LM EGBGB 1986 Art. 14 Nr. 2 mAnm *Otte*.

Rechtsordnung entscheiden muss.[292] Bei Abs. 1 Nr. 2 Alt. 1 soll dieses Problem freilich entfallen, da es für die Annahme eines gemeinsamen gewöhnlichen Aufenthalts ausreiche, wenn einer der gewöhnlichen Aufenthalte mit dem gewöhnlichen Aufenthalt des anderen Ehegatten übereinstimme.[293] Auch dieser Ansatz versagt jedoch, wenn bei dem anderen Ehegatten ebenfalls mehrere gewöhnliche Aufenthalte in Betracht kommen, zB weil beide Ehegatten zu mehreren Staaten enge Beziehungen haben. Auch bei Abs. 1 Nr. 2 Alt. 1 ist daher daran festzuhalten, dass es nur einen gewöhnlichen Aufenthalt gibt.[294]

99   **2. Letzter gemeinsamer gewöhnlicher Aufenthalt (Alt. 2).** Haben die Ehegatten keinen gewöhnlichen Aufenthalt im selben Staat mehr, so ist zu unterscheiden, ob ein Ehegatte seinen gewöhnlichen Aufenthalt im letzten gemeinsamen Aufenthaltsstaat beibehalten hat. In diesem Fall unterliegen die allgemeinen Ehewirkungen weiterhin dem Recht des letzten gemeinsamen Aufenthaltsstaats.[295] Aus der Wendung „noch" folgt, dass die Voraussetzungen des Abs. 1 Nr. 2 Alt. 2 nur vorliegen, wenn der andere Ehegatte den gewöhnlichen Aufenthalt **ununterbrochen** beibehalten hat.[296] Es genügt also nicht, wenn der andere Ehegatte seinen gewöhnlichen Aufenthalt erneut in diesem Staat begründet, nachdem er ihn zwischenzeitlich aufgegeben hatte.[297] Eine zwischenzeitliche Aufgabe des gewöhnlichen Aufenthalts liegt auch dann vor, wenn ein Ehegatte mit dem anderen vorübergehend in dessen Heimatstaat umgezogen ist, ohne sich sicher zu sein, ob er dort bleiben oder in den bisherigen Aufenthaltsstaat zurückkehren wird. In einem solchen Fall hat der betreffende Ehegatte mangels Bleibewillens zwar noch keinen neuen gewöhnlichen Aufenthalt im Heimatstaat seines Ehepartners begründet; mangels Rückkehrwillens beim Verlassen des bisherigen Aufenthaltsstaates wurde der gewöhnliche Aufenthalt in diesem Staat aber auch nicht beibehalten.[298] In solchen Fällen ist also auf Abs. 1 Nr. 3 zurückzugreifen. Dass der letzte gemeinsame gewöhnliche Aufenthalt dabei doch wieder oft ein großes Gewicht hat,[299] ist kein durchgreifendes rechtspolitisches Argument gegen das Erfordernis der einseitigen Beibehaltung des gewöhnlichen Aufenthalts.[300] Der Vorteil des Abs. 1 Nr. 3 besteht in diesen Fällen nämlich in der größeren Flexibilität der Kriterien.

100   Der Gesetzgeber hat sich bei Abs. 1 Nr. 2 Alt. 2 wie bei Abs. 1 Nr. 1 Alt. 2 bemüht, einen Kompromiss zwischen der **Kontinuität** der Anknüpfung und der **Aktualität** der Beziehung zum anwendbaren Recht zu verwirklichen.[301] Außerdem wird vermieden, dass die Änderung des gewöhnlichen Aufenthalts durch einen Ehegatten zu einem Statutenwechsel führt. Anders als bei der objektiven Anknüpfung des Scheidungsstatuts nach Art. 8 lit. b Rom III-VO ist **keine zeitliche Obergrenze** vorgesehen; eine solche ist für das allgemeine Ehewirkungsstatut auch de lege ferenda verzichtbar. Für die Anknüpfung des **Güterstatuts** hat Abs. 1 Nr. 2 Alt. 1 (ebenso wie Abs. 1 Nr. 1 Alt. 2) ohnehin keine Bedeutung, da es nach Art. 15 Abs. 1 allein auf den Zeitpunkt der Eheschließung ankommt.

IV. Engste Verbindung (Abs. 1 Nr. 3)

101   Haben die Eheleute weder eine gemeinsame Staatsangehörigkeit noch ihren gewöhnlichen Aufenthalt in demselben Staat oder haben beide eine solche früher einmal vorhandene Gemeinsamkeit aufgegeben, so ist das Statut der allgemeinen Ehewirkungen mangels einer Rechtswahl (Abs. 3) nach der Hilfsanknüpfung gemäß Abs. 1 Nr. 3 zu bestimmen. Maßgeblich ist danach das Recht des Staates, mit dem die Ehegatten „auf andere Weise [als durch eine gemeinsame Staatsangehörigkeit oder den gewöhnlichen Aufenthalt in demselben Staat] gemeinsam am engsten verbunden sind". Die dritte Stufe der Anknüpfungsleiter hatte früher bei **Scheidungen** nach Art. 17 Abs. 1 aF iVm Art. 14 Abs. 1 eine gewisse Bedeutung. So ist es bei gemischt-nationalen Ehen keineswegs selten, dass beide Ehegatten ihren bisherigen gemeinsamen Aufenthaltsstaat nach der Trennung verlassen und in

[292] Vgl. *Looschelders* IPR Art. 5 Rn. 8.

[293] So etwa BeckOK BGB/*Mörsdorf-Schulte* Rn. 35; Erman/*Hohloch* Rn. 16; Staudinger/*Mankowski* (2012) Rn. 58.

[294] So auch NK-BGB/*Andrae* Rn. 22.

[295] Zu praktischen Beispielen vgl. OLG Celle FamRZ 2007, 1566; OLG Stuttgart NJW-RR 2007, 952 (953) = FamRZ 2007, 502; AG Freiburg FamRZ 2002, 223 = IPRax 2002, 223 mAnm *Jayme* IPRax 2002, 209; AG Mainz FamRZ 2007, 2083 = BeckRS 2008, 01962. Die genannten Entscheidungen betreffen allerdings sämtlich das Scheidungsstatut nach Art. 17 Abs. 1 aF iVm Art. 14 Abs. 1 Nr. 2 Alt. 2.

[296] BGH NJW 1993, 2047 (2048); OLG Celle FamRZ 1998, 686; Palandt/*Thorn* Rn. 8; NK-BGB/*Andrae* Rn. 23; Staudinger/*Mankowski* (2011) Rn. 63; *Looschelders* IPR Rn. 22.

[297] Soergel/*Schurig* Rn. 13; Erman/*Hohloch* Rn. 17; NK-BGB/*Andrae* Rn. 18.

[298] BGH NJW 1993, 2047 (2048).

[299] Vgl. BGH NJW 1993, 2047 (2049); AG Leverkusen FamRZ 2002, 1484 (1485); Soergel/*Schurig* Rn. 14.

[300] Krit. insoweit aber Staudinger/*Mankowski* (2011) Rn. 63.

[301] Vgl. Erman/*Hohloch* Rn. 17.

verschiedenen Staaten einen neuen gewöhnlichen Aufenthalt begründen. Diese Fallgruppe ist jedoch mit dem Inkrafttreten der Rom III-VO weggefallen. Im originären Anwendungsbereich des Art. 14 gibt es nur selten Rechtsstreitigkeiten zwischen Ehegatten, die keinen gemeinsamen gewöhnlichen Aufenthalt (mehr) haben. Praktisch bleibt damit für Abs. 1 Nr. 3 vor allem die Bestimmung des **Güterstatuts** in Fällen, in denen die Ehegatten im Zeitpunkt der Eheschließung weder eine (effektive) gemeinsame Staatsangehörigkeit noch einen gemeinsamen gewöhnlichen Aufenthalt hatten.[302]

Der Gesetzgeber hat die Anknüpfung an die engste sonstige gemeinsame Verbindung der Ehegat- **102** ten zu einer Rechtsordnung in Abs. 1 Nr. 3 bewusst offen formuliert.[303] Dagegen hatte der Regierungsentwurf noch beispielhaft den **Verlauf der ehelichen Lebensgemeinschaft** und den **Ort der Eheschließung** als Anhaltspunkte für die engste Verbindung hervorgehoben.[304] Eine solche gesetzliche Konkretisierung hätte die Gefahr begründet, dass die genannten Kriterien bei der Rechtsanwendung ein allzu starkes Gewicht gewinnen, obwohl ihre Aussagekraft oft eher gering ist.[305] So hilft der Verlauf der ehelichen Lebensgemeinschaft bei der Anknüpfung des Güterstatuts nicht weiter, da es danach allein auf die Verhältnisse im Zeitpunkt der Eheschließung ankommt. Für die Anknüpfung des Abstammungsstatuts (Art. 19 Abs. 1 S. 3) und des Adoptionsstatuts (Art. 22 Abs. 1 S. 2) dürfte dem Verlauf der ehelichen Lebensgemeinschaft ebenfalls keine signifikante Bedeutung zukommen. Außerdem ist der „Verlauf der ehelichen Lebensgemeinschaft" selbst ein sehr offenes Kriterium, sodass nur ein unbestimmter Rechtsbegriff durch den anderen ersetzt würde.[306] Der Ort der Eheschließung kann für sich genommen recht zufällig sein.[307] Paradebeispiel ist die Heirat in Las Vegas.[308] Der Ort der Eheschließung kann aber im Zusammenspiel mit anderen Indizien Bedeutung gewinnen. So mögen die Ehegatten diesen Ort gewählt haben, weil sie dort ihren gemeinsamen gewöhnlichen Aufenthalt haben oder nach der Eheschließung begründen wollen. Im Einzelfall kann es auch ausreichen, dass einer der Ehegatten Angehöriger des betreffenden Staates ist oder früher war.[309]

Neben dem Verlauf der ehelichen Lebensgemeinschaft und dem Ort der Eheschließung können **103** zahlreiche weitere Gesichtspunkte im Rahmen von Abs. 1 Nr. 3 relevant werden. Dazu gehört etwa die **gemeinsame soziale Bindung** der Ehegatten an einen Staat durch Herkunft, Kultur, Sprache oder berufliche Tätigkeit.[310] Darüber hinaus kann auch eine frühere gemeinsame Staatsangehörigkeit, ein früherer gemeinsamer gewöhnlicher Aufenthalt bei der Anknüpfung nach Abs. 1 Nr. 3 zu berücksichtigen sein.[311] Das Gleiche gilt für einen gemeinsamen schlichten Aufenthalt, sofern dieser nicht nur von ganz vorübergehender Natur ist.[312] Trotz unterschiedlicher Staatsangehörigkeit und gewöhnlichen Aufenthalts kann auch die Zugehörigkeit zu derselben **Religionsgemeinschaft** (insbes. Islam) mit einem im Wesentlichen übereinstimmenden Rechtssystem eine Anknüpfung nach Abs. 1 Nr. 3 ermöglichen.[313] Dies setzt aber voraus, dass beide Ehegatten einem Staat angehören, dessen Recht auf die Zugehörigkeit zu einer bestimmten Religionsgemeinschaft abstellt.[314] Ist einer der Ehegatten Deutscher, so scheidet der Rückgriff auf islamisches Recht daher generell aus. Auch der beabsichtigte Erwerb einer gemeinsamen Staatsangehörigkeit oder die beabsichtigte Begründung eines gemeinsamen gewöhnlichen Aufenthalts kann eine enge Beziehung indizieren.[315] Der Rück-

---

[302] Vgl. KG FamRZ 2007, 1561; OLG Köln FamRZ 2015, 1617; Erman/*Hohloch* Rn. 18a; Palandt/*Thorn* Rn. 18a; zu einem adoptionsrechtlichen Fall (Art. 22 Abs. 1 S. 2) KG FamRZ 2013, 642.

[303] Vgl. BT-Drs. 10/5632, 41.

[304] Begr. RegE, BT-Drs. 10/504, 9.

[305] So auch Staudinger/*Mankowski* (2011) Rn. 65; krit. hingegen Ferid/*Böhmer* IPR Rn. 8-86.

[306] Krit. unter diesem Aspekt auch Palandt/*Thorn* Rn. 18a.

[307] So auch Soergel/*Schurig* Rn. 14; Staudinger/*Mankowski* (2011) Rn. 66.

[308] Zu einem praktischen Fall AG Königstein IPRspr. 2000 Nr. 59: Deutsche und Schweizer lernen sich in Zürich kennen, heiraten in Las Vegas, kehren nach Zürich zurück und wohnen getrennt in Deutschland bzw. der Schweiz, wo sie nur am Wochenende zusammentreffen: engste Verbindung mit der Schweiz.

[309] Vgl. OLG Düsseldorf FPR 2003, 468 (469) = FamRZ 2003, 381 (LS) zu einer Eheschließung im Libanon. Die Ehefrau war Syrerin ohne feststellbare Verbindungen zum Libanon. Der Ehemann hatte bis zu seiner Einbürgerung in Deutschland die libanesische Staatsangehörigkeit.

[310] Vgl. Bericht des Rechtsausschusses, BT-Drs. 10/5632, 41; BGH NJW 1993, 2047 (2049); OLG Celle FamRZ 1998, 686 (687); OLG Düsseldorf FPR 2003, 468 (469) = FamRZ 2003, 381 (LS); BeckOK BGB/*Mörsdorf-Schulte* Rn. 39; Palandt/*Thorn* Rn. 10; Staudinger/*Mankowski* (2011) Rn. 67; *Looschelders* IPR Rn. 23.

[311] Soergel/*Schurig* Rn. 14; NK-BGB/*Andrae* Rn. 27.

[312] Vgl. OLG Celle FamRZ 1998, 686; *Looschelders* IPR Rn. 24.

[313] KG FamRZ 2002, 840 (841) = FPR 2002, 304; BeckOK BGB/*Mörsdorf-Schulte* Rn. 39; Erman/*Hohloch* Rn 18a.

[314] Einschränkend insoweit auch KG FamRZ 2002, 840 (841); NK-BGB/*Andrae* Rn. 28.

[315] So auch Bericht des Rechtsausschusses, BT-Drs. 10/5832, 41. Zu Beispielen für die Berücksichtigung der gemeinsamen Lebensplanung in der Rspr. vgl. AG Hannover NJWE-FER 2001, 172 = FamRZ 2000, 1576; AG Hannover NJWE-FER 2001, 279; OLG Köln NJWE-FER 1998, 242 = FamRZ 1998, 1590 = IPRspr. 1998 Nr. 77; KG FamRZ 2007, 1561 mAnm *Henrich* = BeckRS 2008, 01367; KG FamRZ 2013, 642; OLG Köln FamRZ 2015, 1617.

griff auf solche **Zukunftspläne** der Ehegatten kann insbesondere bei der Anknüpfung des Güterstatuts relevant werden, da Art. 15 Abs. 1 auf das allgemeine Ehewirkungsstatut im Zeitpunkt der
Eheschließung abstellt.[316] Die gemeinsamen Zukunftspläne der Ehegatten müssen objektiv feststellbar
und hinreichend konkret sein. Ob sie letztlich verwirklicht werden, ist dann nicht entscheidend.[317]

104 Teilweise wird auch die Auffassung vertreten, eine **übereinstimmende Erklärung** der Ehegatten, sie seien mit einer bestimmten Rechtsordnung gemeinsam am engsten verbunden, könne als
deutliches Indiz für die engste gemeinsame Verbindung nach Abs. 1 Nr. 3 gewertet werden.[318] Da
es nicht um eine Rechtswahl, sondern um die objektive Bestimmung der engsten Verbindung geht,
kann die Indizwirkung einer solchen Erklärung jedoch nicht hoch eingeschätzt werden. In der
Rspr. finden sich auch Entscheidungen, in denen bei Abs. 1 Nr. 3 mit dem Geburtsort oder dem
gewöhnlichen Aufenthalt der **gemeinsamen Kinder** argumentiert worden ist.[319] Hierbei ging es
aber um Fragen der Scheidung und der elterlichen Sorge, auf die Art. 14 nicht mehr anwendbar ist.
Leben die Ehegatten (zB aus beruflichen Gründen) nicht im selben Staat, so kann der gewöhnliche
Aufenthalt der Kinder allerdings auch für die Anknüpfung der allgemeinen Ehewirkungen nach
Abs. 1 Nr. 3 indiziell sein.

105 Die engste gemeinsame Verbindung zu einem bestimmten Staat ist im Einzelfall aufgrund
einer umfassenden **Abwägung aller relevanten Faktoren** festzustellen. Dabei ist keinem
Aspekt von vornherein eine feststehende Relevanz beizumessen.[320] Bei Beteiligung von **Flüchtlingen** nach der Genfer Flüchtlingskonvention und Angehörigen ähnlicher Personengruppen ist
zu beachten, dass das Recht des Fluchtstaates nach den Wertungen der einschlägigen Sonderanknüpfungen für das Personalstatut auch nicht über Abs. 1 Nr. 3 zur Anwendung berufen werden
darf (→ Rn. 90 f.).

106 In der Literatur wird darüber diskutiert, welche Rechtsordnung anwendbar ist, wenn eine gemeinsame engste Beziehung der Ehegatten zu einem bestimmten Staat im Einzelfall nicht ermittelt
werden kann. Ein Teil der Literatur will in solchen Fällen die Heimatrechte der Ehegatten nach
dem Grundsatz des schwächeren Rechts **kumulativ** anwenden.[321] Nach der Gegenauffassung ist
ersatzweise deutsches Recht als **lex fori** maßgeblich.[322] Dieser Auffassung haben sich auch einige
Instanzgerichte angeschlossen.[323] Bei der Würdigung der Problematik ist zu beachten, dass der
Grundsatz der engsten Verbindung nach der Konzeption des Gesetzgebers die letzte Stufe der
Anknüpfungsleiter darstellt. Eine weitere Ersatzanknüpfung ist nicht vorgesehen und wird wegen
der offenen Formulierung des Abs. 1 Nr. 3 auch nicht benötigt. Denn Abs. 1 Nr. 3 setzt nicht voraus,
dass die Ehegatten zu einer Rechtsordnung eine sehr enge Verbindung haben. Der Rechtsanwender
muss nur prüfen, zu welcher Rechtsordnung die **relativ engste gemeinsame Verbindung**
besteht.[324] Da die kumulative Anwendung beider Heimatrechte die Rechtsstellung der Ehegatten
übermäßig einschränkt, mag man sich im Einzelfall mit einer sehr schwachen gemeinsamen Verbindung begnügen müssen. Das Problem ist beim allgemeinen Ehewirkungsstatut aber nicht so gravierend wie beim Ehegüterstatut, weil man dort ausschließlich auf den Zeitpunkt der Eheschließung
abstellen kann. Der im Fall der Scheidung denkbare – und jetzt in Art. 8 lit. b Rom III-VO vorgesehene – Rückgriff auf die **lex fori**[325] scheidet beim Ehegüterstatut schon wegen des Grundsatzes der
Unwandelbarkeit aus und erscheint auch beim allgemeinen Ehewirkungsstatut wenig sachgerecht.
Hilfsweise sollte daher das Recht am **Ort der Eheschließung** angewendet werden, selbst wenn

---

[316] Vgl. Beschlussempfehlung des Rechtsausschusses, BT-Drs. 10/5632, 41; KG FamRZ 2007, 1561; OLG
Köln FamRZ 2015, 1617 = BeckRS 2015, 16000; *Rauscher* IPR Rn. 753; *Geisler,* Die engste Verbindung im
Internationalen Privatrecht, 2001, 146 f.

[317] Vgl. OLG Köln NJWE-FER 1998, 242; AG Hannover NJWE-FER 2001, 172; NJWE-FER 2001, 279;
BeckOK BGB/*Mörsdorf-Schulte* Rn. 39.

[318] So Voraufl. *Siehr* Rn. 37; NK-BGB/*Andrae* Rn. 27.

[319] So etwa AG Hannover NJWE-FER 2001, 172; AG Würzburg FamRZ 1998, 1591; vgl. auch *Geisler,* Die
engste Verbindung im Internationalen Privatrecht, 2001, 148 f.

[320] Vgl. Staudinger/*Mankowski* (2011) Rn. 67; BeckOK BGB/*Mörsdorf-Schulte* Rn. 39.

[321] So Soergel/*Schurig* Rn. 15; *Kegel/Schurig* IPR § 20 V 1a (S. 833).

[322] So NK-BGB/*Andrae* Rn. 33; Erman/*Hohloch* Rn. 18a; *Looschelders* IPR Rn. 26.

[323] So KG FPR 2002, 304 = FamRZ 2002, 840, 842; OLG Schleswig FamRZ 2007, 470; vgl. auch AG
Leverkusen FamRZ FamRZ 2006, 1384 = IPRspr. 2005 Nr. 64: Deutsche heiratet auf Kuba einen Kubaner und
kehrt kurz darauf wieder nach Deutschland zurück, ohne auf Kuba einen gewöhnlichen Aufenthalt erworben zu
haben. Das Gericht lässt die Frage des anwendbaren Rechts nach Art. 17 Abs. 1 aF iVm Art. 14 Abs. 1 Nr. 3
offen und wendet kubanisches *und* deutsches Recht an, da beide die Scheidung erlauben.

[324] So überzeugend Staudinger/*Mankowski* (2011) Rn. 70a.

[325] Für hilfsweise Anknüpfung des Scheidungsstatuts nach Art. 17 Abs. 1 aF iVm Art. 14 Abs. 1 Nr. 3 an die
lex fori bei Fehlen einer gemeinsamen engsten Verbindung KG FPR 2002, 304 (305 f.).

dieser einmal nicht durch andere Momente (zB Staatsangehörigkeit oder gewöhnlicher Aufenthalt eines Ehegatten) verstärkt werden sollte.[326]

V. Rechtswahl (Abs. 2–4)

1. Allgemeines. Art. 14 Abs. 2–4 räumt den Ehegatten in Bezug auf das allgemeine Ehewir- 107 kungsstatut nur sehr begrenzte Rechtswahlmöglichkeiten ein. Die Restriktionen beruhen auf dem Gedanken, dass es sich bei den betroffenen Materien ganz überwiegend um zwingendes Recht handelt, sodass Missbrauch verhindert werden muss.[327] Vor der IPR-Reform von 1986 bestand insoweit daher überhaupt keine Parteiautonomie.[328] Der Gesetzgeber wollte mit der Einführung der Rechtswahlmöglichkeiten in erster Linie dem Umstand Rechnung tragen, dass die objektive Anknüpfung bei **Mehrstaatern** mit gemeinsamer nicht effektiver Staatsangehörigkeit (Abs. 2) und Ehegatten **ohne gemeinsame Staatsangehörigkeit** (Abs. 3) nicht immer zu interessengerechten Ergebnissen führt. Haben die Ehegatten eine gemeinsame effektive Staatsangehörigkeit, so kommt eine Rechtswahl also nicht in Betracht.[329] Entsprechend dem Vorrang des Staatsangehörigkeitsprinzips können die Ehegatten nur das Heimatrecht eines Ehegatten wählen. Das Recht am gemeinsamen gewöhnlichen Aufenthalt kann dagegen nicht gewählt werden.[330] Nach der Konzeption des Gesetzgebers besteht für eine solche Wahlmöglichkeit kein Bedarf, da die allgemeinen Ehewirkungen von **gemischt-nationalen Ehepaaren** nach Abs. 1 Nr. 2 ohnehin dem Recht am gemeinsamen gewöhnlichen Aufenthalt unterliegen.[331] In Anbetracht der gestiegenen Bedeutung des Aufenthaltsprinzips ist es heute jedoch ein erhebliches Manko, dass Ehepaare mit **gemeinsamer effektiver Staatsangehörigkeit** keine Möglichkeit haben, das Recht am gemeinsamen gewöhnlichen Aufenthalt zu wählen. Die Wahlmöglichkeiten nach Abs. 2 und Abs. 3 stehen unabhängig nebeneinander und können im Einzelfall auch gleichzeitig gegeben sein,[332] womit dann die Wahlmöglichkeiten erweitert sind.

Da gerichtliche Streitigkeiten über allgemeine Ehewirkungen selten sind, hatte die Rechtswahl 108 gem. Abs. 2–4 nach der ursprünglichen Konzeption des Gesetzgebers für die Bestimmung des **Scheidungsstatuts** nach Art. 17 Abs. 1 aF die größte praktische Bedeutung,[333] zumal eine auf das Scheidungsstatut beschränkte ("isolierte") Rechtswahl nach überwiegender Ansicht unzulässig war.[334] Nach geltendem Recht können die Ehegatten das Scheidungsstatut gem. Art. 5 Rom III-VO durch Rechtswahl bestimmen. Die Ehegatten können dabei das Recht ihres gemeinsamen Aufenthaltsstaates oder ihres letzten gemeinsamen Aufenthaltsstaates wählen, sofern einer von ihnen zum Zeitpunkt der Rechtswahl dort noch seinen gewöhnlichen Aufenthalt hat. Darüber hinaus sind das Heimatrecht eines Ehegatten im Zeitpunkt der Rechtswahl oder das Recht des Staates des angerufenen Gerichts wählbar. Art. 14 Abs. 2–4 hat insoweit also keine Bedeutung mehr. Haben die Ehegatten die Rechtswahl bereits vor oder doch bei der Eheschließung getroffen, so schlägt sie nach Art. 15 Abs. 1 auf das **Güterstatut** durch.[335] Für die güterrechtlichen Wirkungen der Ehe stehen den Ehegatten nach Art. 15 Abs. 2 und Abs. 3 jedoch viel weitergehende Rechtswahlmöglichkeiten zur Verfügung, sodass sie insoweit nicht auf die Rechtswahl nach Art. 14 Abs. 2–4 angewiesen sind. Die Auswirkungen der Rechtswahl nach Art. 14 Abs. 2–4 entfallen, wenn die Eheleute ihren Güterstand gleichzeitig oder später durch Rechtswahl nach Art. 15 Abs. 2 und 3 einem anderen Recht unterstellen. Für die Anknüpfung des **Abstammungsstatuts** (Art. 19 Abs. 1 S. 3) und des **Adoptionsstatuts** (Art. 22 Abs. 1 S. 2) ist die Rechtswahl nach Art. 14 Abs. 2–4 ohne Belang, da dort nur auf Art. 14 Abs. 1 verwiesen wird.[336]

---

[326] So zu Art. 15 Abs. 1 iVm Art. 14 Abs. 1 Nr. 3 auch NK-BGB/*Sieghörtner* Rn. 16. In der gerichtlichen Praxis finden sich hierfür freilich keine Beispiele. So weist Staudinger/*Mankowski* (2011) Rn. 70a zu Recht darauf hin, dass der Eheschließungsort in KG FPR 2002, 304 mit der Staatsangehörigkeit eines Ehegatten übereingestimmt hat und damit keineswegs zufällig war.

[327] Vgl. *Kegel/Schurig* IPR § 20 V 1b (S. 835): "rechtspolitisch bedenklich".

[328] Näher dazu Staudinger/*Mankowski* (2011) Rn. 113.

[329] Vgl. PWW/*Martiny* Rn. 10; *Kropholler* IPR § 45 III vor 1. (S. 349).

[330] Staudinger/*Mankowski* (2011) Rn. 115; *v. Bar* IPR II Rn. 200.

[331] Vgl. Staudinger/Mankowski (2011) Rn. 163.

[332] Staudinger/*Mankowski* (2011) Rn. 159; PWW/*Martiny* Rn. 12; *v. Bar* IPR II Rn. 200; *Looschelders* IPR Rn. 28; *Lichtenberger*, FS Ferid, 1988, 269 (273).

[333] Staudinger/*Mankowski* (2011) Rn. 161 f.; *Rauscher* IPR Rn. 757.

[334] Vgl. BayObLG NJW-RR 1994, 771; KG IPRax 2000, 544; Soergel/*Schurig* Art. 17 Rn. 21; *Looschelders* IPR Rn. 23.

[335] Vgl. Soergel/*Schurig* Rn. 17; BeckOK BGB/*Mörsdorf-Schulte* Rn. 44.

[336] BeckOK BGB/*Mörsdorf-Schulte* Rn. 44; Palandt/*Thorn* Rn. 11; *Looschelders* IPR Rn. 28.

109   Die Rechtswahl betrifft stets die allgemeinen Ehewirkungen **im Ganzen.** Die Ehegatten können also nicht nur einzelne Ehewirkungen durch Rechtswahl einer anderen Rechtsordnung unterstellen.[337] Nach Art. 4 Abs. 2 bezieht die Rechtswahl sich auf das jeweilige **Sachrecht** unter Ausschluss eines ausländischen Internationalen Privatrechts. **Rück- und Weiterverweisung** sind damit unbeachtlich.[338]

110   **2. Rechtswahl bei Mehrstaatern. a) Wahlmöglichkeiten.** Hat **ein Ehegatte** mehrere Staatsangehörigkeiten, so kann der Fall eintreten, dass eine gemeinsame Staatsangehörigkeit bei der objektiven Anknüpfung nach Abs. 1 Nr. 1 gem. Art. 5 Abs. 1 zurücktritt, weil sie für den betroffenen Ehegatten nicht effektiv ist oder aufgrund des generellen Vorrangs der deutschen Staatsangehörigkeit verdrängt wird (→ Rn. 84 ff.). In dieser Konstellation erlaubt Abs. 2 den Ehegatten die Wahl des gemeinsamen Heimatrechts, wobei die Vorrangregeln des Art. 5 Abs. 1 außer Acht zu lassen sind („ungeachtet").[339] Der Gesetzgeber hat insbesondere an den Fall gedacht, dass ein Ehegatte (idR die Ehefrau) durch die Eheschließung die Staatsangehörigkeit des anderen Ehegatten hinzuerwirbt. Da die damit begründete gemeinsame Staatsangehörigkeit für den betreffenden Ehegatten oft nicht effektiv sein wird, soll hierauf nicht schon kraft Gesetzes abgestellt werden. Die Ehegatten sollen aber die Möglichkeit haben, das gemeinsame Heimatrecht durch Rechtswahl für maßgeblich zu erklären.[340] Die Rechtswahl nach Abs. 2 ist auch dann zulässig, wenn **beide Ehegatten** Mehrstaater mit einer gemeinsamen Staatsangehörigkeit sind, die für keinen von ihnen effektiv ist. Die Ehegatten können hier also das **für beide nicht effektive** gemeinsame Heimatrecht wählen.[341]

111   Ob die Ehegatten ihr gemeinsames Heimatrecht auch dann nach Abs. 2 wählen können, wenn es sich dabei für beide Ehegatten um das **effektive Heimatrecht** bzw. das nach Art. 5 Abs. 1 S. 2 vorrangige **deutsche Recht** handelt, ist umstritten.[342] Da das gemeinsame effektive Heimatrecht bzw. das deutsche Recht schon über die objektive Anknüpfung nach Abs. 1 Nr. 1 anwendbar ist, erscheint eine solche Rechtswahl auf den ersten Blick funktionslos. Indessen kann es den Ehegatten auch darum gehen, Unsicherheiten bei der Feststellung der Effektivität zu vermeiden oder den Renvoi auszuschließen. Für die Zulässigkeit der Rechtswahl in diesen Fällen wird darauf verwiesen, dass Abs. 2 – anders als Abs. 3 – nach dem klaren **Gesetzeswortlaut** nicht nur dann anwendbar ist, „wenn die Voraussetzungen des Abs. 1 Nr. 1 nicht vorliegen". Außerdem sei die Rechtswahl nach Abs. 2 „ungeachtet des Art. 5 Abs. 1" zulässig. Dies deute darauf hin, dass es auf die Effektivität gerade nicht ankommen solle.[343] Bei genauerer Betrachtung sind diese Argumente aber keineswegs zwingend. Richtig ist zwar, dass die Rechtswahl nach Abs. 2 auch dann zulässig ist, wenn die Voraussetzungen des Abs. 1 Nr. 1 vorliegen. Aus der Formulierung „ungeachtet des Art. 5 Abs. 1" folgt indes nur, dass die dortigen Vorrangregeln der Rechtswahl nicht entgegenstehen. Die Ehegatten können daher auch eine gemeinsame **effektive** Staatsangehörigkeit, die nach Abs. 1 Nr. 1 maßgeblich wäre, zugunsten einer gemeinsamen **nicht effektiven** Staatsangehörigkeit „abwählen". Ob auch das gemeinsame effektive Heimatrecht gewählt werden kann, bleibt dagegen offen. Das entscheidende Gegenargument ergibt sich aus der **Funktion** des Abs. 2, Mehrstaatern die Wahl eines nicht effektiven gemeinsamen Heimatrechts zu ermöglichen.[344] Die Begründung des Regierungsentwurfs stellt hierzu klar, dass der Entwurf „eine Rechtswahl bei Mehrstaatern zugunsten der gemeinsamen, aber für einen Ehegatten nicht effektiven Staatsangehörigkeit zulassen" will.[345] In

---

[337] Vgl. NK-BGB/*Andrae* Rn. 51.

[338] Staudinger/*Mankowski* (2011) Rn. 158; NK-BGB/*Andrae* Rn. 52; *Kegel/Schurig* IPR § 20 V 1b (S. 834); Ferid/*Böhmer* IPR Rn. 87,1; aA in Bezug auf die Rechtswahl nach Abs. 2 BeckOK BGB/*Mörsdorf-Schulte* Rn. 50, 66 mit dem Argument, dass es sich um keine echte Rechtswahl, sondern um einen besonderen Auswahlmechnismus für die Bestimmung des anwendbaren Rechts bei Mehrstaatern handelt. Gegen diese Sichtweise spricht jedoch die vom Gesetzgeber intendierte Funktion des Abs. 2, Mehrstaatern eine eng begrenzte Rechtswahlmöglichkeit zu verschaffen (vgl. Begr. RegE, BT-Drs. 10/504, 56).

[339] Vgl. BayOLG NJW-RR 1998, 1538: Wahl syrischen Rechts durch syrische Eheleute, bei denen der Mann auch noch die dt. Staatsangehörigkeit hatte.

[340] Begr. RegE, BT-Drs. 10/504, 56.

[341] Vgl. Staudinger/*Mankowski* (2011) Rn. 170; Soergel/*Schurig* Rn. 18; BeckOK BGB/*Mörsdorf-Schulte* Rn. 45; *Kegel/Schurig* IPR § 20 V 1b (S. 834); *Veit Stoll,* Die Rechtswahl im Namens-, Ehe- und Erbrecht, 1991, 175.

[342] Für Zulässigkeit einer solchen Rechtswahl Staudinger/*Mankowski* (2011) Rn. 171; NK-BGB/*Andrae* Rn. 36; *Kühne* IPRax 1987, 69 (70 f.); *Veit Stoll,* Die Rechtswahl im Namens-, Ehe- und Erbrecht, 1991, 151 f.; dagegen Palandt/*Thorn* Rn. 12; Erman/*Hohloch* Rn. 20; Soergel/*Schurig* Rn. 19; BeckOK BGB/*Mörsdorf-Schulte* Rn. 45 (vgl. aber auch Rn. 50); *v. Bar* IPR II Rn. 199 Fn. 459; *Looschelders* IPR Rn. 30; *Lichtenberger* FS Ferid, 1988, 269 (273); *Henrich* FamRZ 1986, 841 (846); *Schneider* MittRhNotK 1989, 33 (38).

[343] Vgl. Staudinger/*Mankowski* (2011) Rn. 172.

[344] Vgl. *Looschelders* IPR Rn. 30.

[345] Begr. RegE, BT-Drs. 10/504, 56.

diesem Zusammenhang wird auch die „subsidiäre Aufgabe der Rechtswahl" betont. Eine Ausweitung der Rechtswahlmöglichkeiten auf das gemeinsame effektive Heimatrecht widerspräche somit dem **Zweck** des Abs. 2 und dem **systematischen** Verhältnis zwischen objektiver Anknüpfung und Rechtswahlmöglichkeiten. Außerdem ergäbe sich eine **Ungleichbehandlung** mit den anderen Fällen der objektiven Anknüpfung, in denen der Renvoi von den Ehegatten nicht durch Rechtswahl ausgeschaltet werden kann.[346] Dass die Bestimmung der effektiven Staatsangehörigkeit im Einzelfall Schwierigkeiten bereiten kann, rechtfertigt keine andere Betrachtung. Denn die Rechtswahl nach Abs. 2 hat nicht den Zweck, diesen Schwierigkeiten zu begegnen. Da der Wortlaut des Abs. 2 nicht eindeutig ist, lässt sich das restriktive Verständnis im Wege der **Auslegung** umsetzen. Eine teleologische Reduktion ist also entbehrlich.[347]

b) Ende der Wirkungen der Rechtswahl. Im Unterschied zu Abs. 3 enthält Abs. 2 keine **112** gesetzliche Regelung für das Erlöschen der Rechtswahl. Insbesondere enden die Wirkungen der Rechtswahl nicht **kraft Gesetzes,** wenn die Ehegatten eine **gemeinsame effektive Staatsangehörigkeit** erwerben. Abs. 3 S. 2 ist hierauf auch nicht analog anwendbar.[348] Denn die Rechtswahl nach Abs. 2 setzt nicht voraus, dass die Ehegatten keine gemeinsame effektive Staatsangehörigkeit haben. Vielmehr hat Abs. 2 gerade den Zweck, den Ehegatten die Wahl eines nicht effektiven gemeinsamen Heimatrechts zu ermöglichen. Die Rechtswahl behält auch dann ihre Wirkungen, wenn die Voraussetzungen des Abs. 2 entfallen, weil die Ehegatten keine Mehrstaater mehr sind oder nicht mehr gemeinsam dem Staat angehören, dessen Recht sie gewählt haben. Denn auch insoweit fehlt es an einem gesetzlichen Erlöschenstatbestand.[349]

Den Ehegatten steht es jederzeit frei, die Rechtswahl einvernehmlich wieder **aufzuheben.**[350] **113** Dies gilt auch dann, wenn die Voraussetzungen des Abs. 2 nicht mehr vorliegen.[351] Der Gesetzgeber hat die im Regierungsentwurf vorgesehenen Vorschriften über die Aufhebung der Rechtswahl zwar nicht übernommen. Hieraus folgt aber **nicht,** dass die Rechtswahl **endgültig** sein soll.[352] Vielmehr gelten damit für die Aufhebung der Rechtswahl keine besonderen materiellen Voraussetzungen.[353] Auf die Form der Aufhebung ist Abs. 4 dagegen entsprechend anwendbar.[354] Die Aufhebung der Rechtswahl hat zur Folge, dass das Ehewirkungsstatut ab diesem Zeitpunkt objektiv angeknüpft wird.[355] Sofern die Voraussetzungen des Abs. 2 oder 3 (noch) vorliegen, können die Ehegatten auch eine **neue Rechtswahl** vornehmen, die dann zur Anwendbarkeit des neu gewählten Rechts führt.[356]

3. Gemischt-nationale Ehen. Nach Abs. 3 S. 1 können die Ehegatten unter engen Vorausset- **114** zungen auch das Recht des Staates wählen, dem lediglich **einer** von ihnen angehört. Eine solche Rechtswahl ist generell nur zulässig, wenn die Voraussetzungen des Abs. 1 Nr. 1 nicht zutreffen, die objektive Anknüpfung also nicht zur Anwendbarkeit des gemeinsamen (effektiven) Heimatrechts der Ehegatten führt. In diesen Fällen führt die Ersatzanknüpfung zum Recht am (letzten) **gemeinsamen gewöhnlichen Aufenthalt** der Ehegatten (Abs. 1 Nr. 2) oder zum Recht der **engsten Verbindung** (Abs. 1 Nr. 3). Die Rechtswahlmöglichkeit soll die Schwächen ausgleichen, die mit diesen beiden Ersatzanknüpfungen verbunden sein können.

a) Ehegatten mit aktuellem gemeinsamem gewöhnlichem Aufenthalt. Die Anknüpfung **115** an den gegenwärtigen gemeinsamen gewöhnlichen Aufenthalt (Abs. 1 Nr. 2 Alt. 1) kann problematisch sein, wenn kein Ehegatte dem Staat angehört, in dem beide Ehegatten ihren gewöhnlichen Aufenthalt haben. Dies gilt insbesondere dann, wenn die verschiedenen Heimatrechte einander sehr ähnlich sind, vom Recht des Aufenthaltsstaates aber erheblich abweichen (sog. **Gefällekonstellatio-**

---

[346] Soergel/*Schurig* Rn. 19; BeckOK BGB/*Mörsdorf-Schulte* Rn. 50; *Looschelders* IPR Rn. 30.

[347] Anders Staudinger/*Mankowski* (2011) Rn. 175 mit dem weiteren Argument, dass es an den methodischen Voraussetzungen für eine teleologische Reduktion fehlt.

[348] NK-BGB/*Andrae* Rn. 37; Staudinger/*Mankowski* (2011) Rn. 177; *Wegmann* NJW 1987, 1740 (1741); Palandt/*Thorn* Rn. 15; Soergel/*Schurig* Rn. 20; *Looschelders* IPR Rn. 31; *Veit Stoll,* Die Rechtswahl im Namens-, Ehe- und Erbrecht, 1991, 155; aA *Kühne* IPRax 1987, 69 (72); *Hausmann/Odersky* IPR § 8 Rn. 42.

[349] Erman/*Hohloch* Rn. 26; NK-BGB/*Andrae* Rn. 37; Staudinger/*Mankowski* (2011) Rn. 176; aA Soergel/*Schurig* Rn. 20.

[350] Vgl. *v. Bar* IPR II Rn. 203; *Kropholler* IPR § 45 III 4 (S. 351); *Lichtenberger,* FS Ferid, 1988, 269 (274).

[351] Staudinger/*Mankowski* (2011) Rn. 147.

[352] Soergel/*Schurig* Rn. 31; unzutreffend daher Ferid/*Böhmer* IPR Rn. 8–87,10.

[353] Vgl. Staudinger/*Mankowski* (2011) Rn. 148; *Kropholler* IPR § 45 III 4 (S. 351); *Wegmann* NJW 1987, 1740 (1741 f.).

[354] NK-BGB/*Andrae* Rn. 37; *v. Bar* IPR II Rn. 203.

[355] Soergel/*Schurig* Rn. 21; Palandt/*Thorn* Rn. 16; NK-BGB/*Andrae* Rn. 37.

[356] Vgl. NK-BGB/*Andrae* Rn. 37; Soergel/*Schurig* Rn. 21; *Looschelders* IPR Rn. 31.

nen).[357] Die Gesetzesbegründung nennt als Beispiel den Fall, dass ein Franzose und eine Belgierin in New York oder in Riad leben.[358] Ein weiteres Beispiel wäre die Ehe zwischen einem deutschen Entwicklungshelfer und einer österreichischen Ärztin, die ihren gemeinsamen gewöhnlichen Aufenthalt in einem afrikanischen oder arabischen Staat haben. Die Ehegatten sollen in solchen Fällen die Möglichkeit haben, durch Rechtswahl nach Abs. 3 S. 1 Nr. 1 eine interessengerechtere Lösung herbeizuführen. Der Gesetzgeber hat aus Gründen der Rechtssicherheit darauf verzichtet, das Vorliegen eines „Gefälles" oder andere einschränkende Voraussetzungen in Abs. 3 S. 1 Nr. 1 festzuschreiben. Die Betroffenen sollen insoweit selbst darüber entscheiden können, wann ihre gemeinsame Verbindung zum Heimatrecht eines Ehegatten wesentlich enger als ihre Verbindung zum gemeinsamen Aufenthaltsrecht ist.[359] Eine Rechtswahl ist daher auch dann möglich, wenn es im konkreten Fall an einem „Gefälle" zwischen den beteiligten Rechtsordnungen fehlt (zB deutsch-österreichisches Ehepaar hat gewöhnlichen Aufenthalt in der Schweiz).[360] Ob die Ehegatten bei Beteiligung eines **Mehrstaaters** auch dessen nicht effektives Heimatrecht bzw. in den Fällen des Art. 5 Abs. 1 S. 2 das nicht-deutsche Recht wählen können, ist umstritten. Gegen die Zulässigkeit einer solchen Rechtswahl spricht, dass Abs. 3 die Anwendbarkeit des Art. 5 Abs. 1 nicht ausschließt. Dies ist ein wesentlicher Unterschied zu Abs. 2 („ungeachtet des Art. 5 Abs. 1"). Abs. 2 lässt sich insofern der Gegenschluss entnehmen, dass das nicht effektive Heimatrecht bzw. das nicht-deutsche Recht nur gewählt werden kann, wenn es mit dem Heimatrecht des anderen Ehegatten übereinstimmt.[361]

116   Bei Beteiligung eines Mehrstaaters kann sich auch die Frage stellen, ob eine Rechtswahl nach Abs. 3 S. 1 Nr. 1 möglich ist, wenn der **gemeinsame gewöhnliche Aufenthalt** der Ehegatten mit der **nicht effektiven Staatsangehörigkeit** eines Ehegatten zusammenfällt. Da eine nicht effektive Staatsangehörigkeit nach Art. 5 Abs. 1 nicht anknüpfungsrelevant ist, erscheint es konsequent, eine solche Staatsangehörigkeit auch bei der Prüfung der Zulässigkeit einer Rechtswahl nach Abs. 3 S. 1 Nr. 1 außer Acht zu lassen, zumal der Gleichlauf des gemeinsamen gewöhnlichen Aufenthalts der Ehegatten mit der nicht effektiven Staatsangehörigkeit eines Ehegatten oft eher zufällig sein wird.[362]

117   **b) Fehlen eines aktuellen gemeinsamen gewöhnlichen Aufenthalts.** Haben die Ehegatten keinen aktuellen gemeinsamen gewöhnlichen Aufenthalt, so ist nach den objektiven Anknüpfungsleiter entweder das Recht am letzten gemeinsamen gewöhnlichen Aufenthalt der Ehegatten (Abs. 1 Nr. 2 Alt. 2) oder das Recht der engsten Verbindung (Abs. 1 Nr. 3) anwendbar. Beide Anknüpfungspunkte können im Einzelfall sehr **schwach** sein und stellen oft bloße Verlegenheitslösungen dar. Hinzu kommt, dass die Bestimmung der engsten Verbindung nach Abs. 1 Nr. 3 nicht selten mit großen **Unsicherheiten** verbunden ist. Die Ehegatten sollen in diesen Fällen daher die Möglichkeit haben, die engste Verbindung durch Rechtswahl nach Abs. 3 S. 1 Nr. 2 selbst festzulegen.[363] Weitere Einschränkungen der Rechtswahl sind in Abs. 3 S. 1 Nr. 2 nicht vorgesehen. Eine Rechtswahl ist also auch dann möglich, wenn nach dem nach Abs. 1 Nr. 2 Alt. 2 an sich maßgebliche letzte gemeinsame Aufenthalt durch die Staatsangehörigkeit eines Ehegatten verstärkt wird.[364] Bei Beteiligung von Mehrstaatern kann auch hier nur das **effektive** Heimatrecht eines Ehegatten gewählt werden. Dass die objektive Anknüpfung in den Fällen des Abs. 3 S. 1 Nr. 2 noch schwächer ist als in den Fällen des Abs. 3 S. 1 Nr. 1, rechtfertigt kein weiteres Verständnis der Rechtswahlfreiheit.[365]

118   **c) Ende der Wirkungen der Rechtswahl.** Die Wirkungen einer nach Abs. 3 S. 1 vorgenommenen Rechtswahl enden nach S. 2 **kraft Gesetzes**, wenn die Parteien eine **gemeinsame Staatsangehörigkeit** erlangen. Nach Abs. 1 Nr. 1 ist dann mit ex nunc-Wirkung das gemeinsame Heimatrecht maßgeblich.[366] Bei Mehrstaatern muss es sich für den oder die Betroffenen um die **effektive** Staatsan-

---

[357] Begr. RegE, BT-Drs. 10/504, 56; Erman/*Hohloch* Rn. 21; *Kegel,* FS Schwind, 1978, 145 (153).

[358] Begr. RegE, BT-Drs. 10/504, 56.

[359] Begr. RegE, BT-Drs. 10/504, 57.

[360] Vgl. Staudinger/*Mankowski* (2011) Rn. 190.

[361] So auch Palandt/*Thorn* Rn. 13; Erman/*Hohloch* Rn. 22; Staudinger/*Mankowski* (2011) Rn. 181; NK-BGB/*Andrae* Rn. 41; *Looschelders* IPR Rn. 34; *Hausmann/Odersky* IPR § 8 Rn. 33; *v. Bar* IPR II Rn. 200; *Wegmann* NJW 1987, 1740 (1741); aA BeckOK BGB/*Mörsdorf-Schulte* Rn. 49; Soergel/*Schurig* Rn. 22; *Kegel/Schurig* IPR § 20 V 1b (S. 834 f.); *Lichtenberger,* FS Ferid, 1988, 269 (273).

[362] So auch NK-BGB/*Andrae* Rn. 39; Staudinger/*Mankowski* (2011) Rn. 192; *Looschelders* IPR Rn. 32; aA Voraufl. *Siehr* Rn. 49; Soergel/*Schurig* Rn. 24; *Veit Stoll,* Die Rechtswahl im Namens-, Ehe- und Erbrecht, 1991, 176.

[363] Vgl. *Kropholler* IPR § 45 III 3b (S. 351).

[364] Staudinger/*Mankowski* (2011) Rn. 195; NK-BGB/*Andrae* Rn. 40; *Looschelders* IPR Rn. 33.

[365] Anders noch Voraufl. *Siehr* Rn. 50.

[366] Vgl. *Kropholler* IPR § 45 III 3b (S. 351).

gehörigkeit handeln (Art. 5 Abs. 1),[367] weil das gemeinsame Heimatrecht sonst nicht nach Abs. 1 Nr. 1 allgemeines Ehewirkungsstatut wird. Die Gegenauffassung weist zwar zu Recht darauf hin, dass auch der Erwerb einer gemeinsamen nicht effektiven Staatsangehörigkeit die Interessenlage erheblich verändern kann.[368] Diese Erwägung rechtfertigt es jedoch nicht, die Wirkungen der Rechtswahl ex lege entfallen zu lassen. Die Ehegatten können der neuen Rechtslage durch Aufhebung oder Änderung der Rechtswahl Rechnung tragen.[369]

Die Ehegatten können die Wirkungen der Rechtswahl jederzeit dadurch beenden, dass sie die **119** Vereinbarung in der Form des Abs. 4 **aufheben.** Dies hat zur Folge, dass das objektive allgemeine Ehewirkungsstatut nach Abs. 1 maßgeblich wird.[370] Sofern die Voraussetzungen gemäß Abs. 2 oder 3 (noch) vorliegen, können die Eheleute auch mit ex nunc-Wirkung eine **neue Rechtswahl** treffen.

4. Zeitpunkt und zeitliche Wirkungen der Rechtswahl. Für den **Zeitpunkt der Rechts-** **120** **wahl** enthält Art. 14 Abs. 2–4 keine besonderen Vorgaben. Wenn die Voraussetzungen des Abs. 2 oder 3 vorliegen, können die Ehegatten die Rechtswahl also **jederzeit** während der Ehe vornehmen. Die Rechtswahl kann auch schon **vor der Eheschließung** getroffen werden. In diesem Fall treten ihre Wirkungen aber erst mit der Eheschließung ein, sofern dann auch die Voraussetzungen des Abs. 2 oder 3 erfüllt sind.[371] Die Ehegatten können auch eine vorsorgliche Rechtswahl vornehmen. Diese gilt dann erst ab dem Zeitpunkt, zu dem die Voraussetzungen für die Zulässigkeit der Rechtswahl des Abs. 2 oder 3 eintreten.[372] Eine Aufhebung oder Änderung der Rechtswahl ist prinzipiell ebenfalls jederzeit möglich. Dies harmoniert mit der Wandelbarkeit des Ehewirkungsstatuts (→ Rn. 127).[373] Da die **Änderung** eine neue Rechtswahl beinhaltet, müssen dafür allerdings (noch) die Voraussetzungen des Abs. 2 oder Abs. 3 gegeben sein. Für die **Aufhebung** der Rechtswahl gelten dagegen keine entsprechenden materiellen Anforderungen (→ Rn. 113).

In zeitlicher Hinsicht wirkt die Rechtswahl **ex nunc.**[374] Für abgeschlossene Tatbestände (zB **121** Abschluss eines Vertrages) bleibt das bisherige Ehewirkungsstatut maßgeblich.[375] Eine **rückwirkende** **Wahl** des allgemeinen Ehewirkungsstatuts ist aus Gründen der Rechtssicherheit **nicht zulässig.**[376]

5. Zustandekommen und Form der Rechtswahl. a) Materielle Fragen (Zustandekom- **122** **men, Wirksamkeit, Auslegung, etc.).** Die Einigung der Eheleute über das gewählte Recht ist nach den allgemeinen kollisionsrechtlichen Regeln über das Zustandekommen einer kollisionsrechtlichen Rechtswahl zu beurteilen. Danach richten sich das **Zustandekommen** und die **materielle** **Wirksamkeit** der Einigung der Parteien nach dem Recht, das im Fall eines wirksamen Zustandekommens der Rechtswahlvereinbarung anwendbar wäre.[377] Entsprechende Regelungen finden sich in Art. 3 Abs. 5, 10 Abs. 1 Rom I-VO, Art. 6 Abs. 1 Rom III-VO und Art. 22 Abs. 3 EuErbVO. Diese Vorschriften beruhen auf einem allgemeinen Rechtsgedanken, der auch für die Rechtswahl im deutschen internationalen Familienrecht gilt.[378] Das gewählte Recht gilt auch für die **Auslegung** der Rechtswahlvereinbarung.[379] Ob überhaupt eine Rechtswahl vorliegt, beurteilt sich dagegen nach der lex fori.[380] Die Vereinbarung muss hiernach bestimmten inhaltlichen **Mindestanforderungen** genügen. Dazu gehört, dass die Rechtswahl entweder **ausdrücklich** erfolgen oder sich hinreichend **klar und deutlich** aus den Bestimmungen der Vereinbarung oder den sonstigen Umständen ergeben muss, und zwar sowohl hinsichtlich des Gegenstandes (Statut der allgemeinen Ehewirkungen) als auch bzgl. des gewählten Rechts.[381]

---

[367] So auch Erman/*Hohloch* Rn. 26; Soergel/*Schurig* Rn. 26; Staudinger/*Mankowski* (2011) Rn. 201 ff.; NK-BGB/*Andrae* Rn. 42; *Looschelders* IPR Rn. 35; *v. Bar* IPR II Rn 203; *Kühne* IPRax 1987, 69 (72); *Wegmann* NJW 1987, 1740 (1741); aA Palandt/*Thorn* Rn. 15; *v. Hoffmann*/*Thorn* IPR § 8 Rn. 28; *Kegel*/*Schurig* IPR § 20 V 1b (S. 835).

[368] So Palandt/*Thorn* Rn. 15.

[369] So auch Soergel/*Schurig* Rn. 26.

[370] Vgl. Erman/*Hohloch* Rn. 25.

[371] Vgl. Staudinger/*Mankowski* (2011) Rn. 145; *v. Bar* IPR II Rn. 202.

[372] BeckOK BGB/*Mörsdorf-Schulte* Rn. 42; vgl. auch *Hausmann*/*Odersky* IPR § 8 Rn. 46.

[373] Vgl. Soergel/*Schurig* Rn. 33; Staudinger/*Mankowski* (2011) Rn. 145.

[374] Vgl. Erman/*Hohloch* Rn. 25.

[375] Soergel/*Schurig* Rn. 33.

[376] Erman/*Hohloch* Rn. 25; aA Staudinger/*Mankowski* (2011) Rn. 153.

[377] Vgl. Palandt/*Thorn* Rn. 14; NK-BGB/*Andrae* Rn. 50; Staudinger/*Mankowski* (2011) Rn. 138; *Looschelders* IPR Rn. 37; *Gruber* IPRax 2014, 53 (55); aA *Börner* IPRax 1995, 309 (313 f.).

[378] NK-BGB/*Hilbig-Lugani* Rom III-VO Art. 6 Rn. 2; NK-BGB/*Andrae* Rn. 50; *Looschelders* IPR Rn. 37.

[379] Staudinger/*Mankowski* Rn. 142; NK-BGB/*Hilbig-Lugani* Rom III-VO Art. 6 Rn. 2; aA Palandt/*Thorn* Rn. 14: lex fori.

[380] Zu dieser Differenzierung *Gruber* IPRax 2014, 53 (55); ebenso der Sache nach auch KG IPRax 2014, 71.

[381] Näher hierzu *Börner* IPRax 1995, 312 f.

123   Unter den vorstehenden Maßgaben kommt – vorbehaltlich der Anforderungen an die Form (→ Rn. 125 f.) – auch eine **konkludente** Wahl des Ehewirkungsstatuts in Betracht.[382] Die Ehegatten müssen hierfür **objektiv** Rechtshandlungen vorgenommen haben, die den Schluss auf eine stillschweigende Rechtswahl zulassen. **Subjektiv** müssen sie die Umstände erkannt haben oder zumindest erkannt haben können, die darauf hindeuten, dass ihre Äußerungen nach Treu und Glauben und der Verkehrssitte (§ 157 BGB) als Rechtswahl verstanden werden können.[383] Besondere Probleme bereitet in diesem Zusammenhang häufig die Frage, ob der Abschluss eines wirksamen **Ehevertrags** eine konkludente Wahl des allgemeinen Ehewirkungsstatuts beinhaltet. Die hM bejaht diese Frage, wenn der Ehevertrag eindeutig auf der Grundlage eines bestimmten Rechts erfolgt ist und auch die allgemeinen Ehewirkungen und nicht nur das Güterrecht betrifft.[384] Der vor einem ägyptischen Standesamt beurkundete Ehevertrag zwischen einem Deutschen und einer Ägypterin reicht hierfür auch dann nicht aus, wenn die Eheleute sich auf eine **Morgengabe** geeinigt haben, beide dem Islam angehören und der Ehemann früher die ägyptische Staatsangehörigkeit hatte. Die Morgengabe gehört nach der Rechtsprechung des BGH zwar zu den allgemeinen Ehewirkungen; sie lässt sich jedoch auch auf der Grundlage des deutschen Rechts als ehevertragliche Zusage verwirklichen.[385]

124   Haben die Ehegatten ein bestimmtes **Ehegüterstatut** gewählt, so kann hieraus nicht ohne Weiteres gefolgert werden, dass sie ihre allgemeinen Ehewirkungen derselben Rechtsordnung unterstellen wollten.[386] Dies gilt jedenfalls dann, wenn die Vereinbarung sich ausdrücklich nur auf die güterrechtlichen Wirkungen der Ehe bezieht.[387] Im Übrigen handelt es sich wieder um ein Auslegungsproblem. Gegen eine allzu großzügige Erstreckung der Wahl des Güterstatuts spricht dabei, dass die Interessenlage in beiden Bereichen nicht einheitlich ist. Dies zeigt sich auch daran, dass die Wahlmöglichkeiten nach Art. 15 Abs. 2 viel weiter gehen als bei Art. 14 Abs. 2 und 3. In dem überschießenden Bereich wäre eine Wahl des Ehewirkungsstatuts ohnehin unzulässig, sodass sich das Problem der konkludenten Erstreckung auf die allgemeinen Ehewirkungen praktisch nicht stellt.[388] In früherer Zeit waren bei der Auslegung auch die Auswirkungen einer Wahl des Ehewirkungsstatuts auf die Scheidung zu beachten. Dieser Aspekt ist mit dem Inkrafttreten der Rom III-VO entfallen.

125   **b) Form.** Die Form der Rechtswahl ist in Abs. 4 geregelt. Die Vorschrift unterscheidet danach, ob die Rechtswahl im Inland oder im Ausland erfolgt. Für die Rechtswahl im Inland enthält Abs. 4 S. 1 eine spezielle **Sachnorm,** die der allgemeinen Anknüpfung des Formstatuts nach Art. 11 vorgeht.[389] Eine alternative Anknüpfung an das Geschäftsstatut scheidet daher aus. Abs. 4 S. 1 sieht vor, dass die Rechtswahl **notariell beurkundet** werden muss. Der Regierungsentwurf begründet dies mit der Bedeutung der infrage stehenden Rechtsverhältnisse; hieraus ergebe sich ein besonderes Bedürfnis nach Rechtsklarheit und einer Beratung der Ehegatten.[390] Ob bei der notariellen Beurkundung entsprechend § 1410 BGB wie bei Eheverträgen die **gleichzeitige Anwesenheit beider Ehegatten** vor dem Notar erforderlich ist, ist umstritten. Für eine analoge Anwendung des § 1410 BGB spricht, dass der Gesetzgeber für die Form der Rechtswahl ausweislich der Begründung des Regierungsentwurfs die gleiche Form wie für Eheverträge vorschreiben wollte.[391] Bei einer Rechtswahl im Ausland stellt Abs. 4 S. 2 ebenfalls auf die „Formerfordernisse für einen Ehevertrag" nach dem gewählten Recht oder am Ort der Rechtswahl ab. Es wäre daher widersprüchlich, wenn Formerfordernisse für einen Ehevertrag bei einer Rechtswahl im Inland nicht eingehalten werden müssten. Bei Nichteinhaltung der Form ist die Rechtswahl nichtig; dies hat zur Folge, dass das objektive Ehewirkungsstatut maßgeblich ist.[392]

---

[382] Staudinger/*Mankowski*, 2011, Rn. 143; *Gruber* IPRax 2014, 53 (54); aA *Veit Stoll,* Die Rechtswahl im Namens-, Ehe- und Erbrecht, 1991, 203.

[383] KG IPRax 2014, 71; BayObLG NJW-RR 1994, 771 (772); NJW-RR 1998, 1538 (1539); Staudinger/*Mankowski* Rn. 143.

[384] KG IPRax 2014, 71; BayObLG NJW-RR 1998, 1538 (1539); Staudinger/*Mankowski* Rn. 143.

[385] So KG IPRax 2014, 71; vgl. auch NK-BGB/*Andrae* Rn. 47.

[386] Vgl. Staudinger/*Mankowski* Rn. 144; NK-BGB/*Andrae* Rn. 48.

[387] AG Sinzig FamRZ 2005, 1678.

[388] Vgl. Staudinger/*Mankowski* Rn. 144a.

[389] Zur Einordnung von Abs. 4 S. 1 als spezielle Sachnorm für Fälle mit Auslandsberührung vgl. Staudinger/*Mankowski* (2011) Rn. 119; Soergel/*Schurig* Rn. 32; Erman/*Hohloch* Rn. 24.

[390] Begr. RegE, BT-Drs. 10/504, 57.

[391] Für Notwendigkeit der gleichzeitigen Anwesenheit beider Ehegatten vor dem Notar daher Staudinger/*Mankowski* Rn. 120 ff.; BeckOK BGB/*Mörsdorf-Schulte* Rn. 54; *Looschelders* IPR Rn. 36; *Lichtenberger* FS Ferid, 1988, 269 (271 f.); aA Soergel/*Schurig* Rn. 32; Ferid/*Böhmer* IPR Rn. 8-87,8.

[392] Vgl. OLG Düsseldorf FamRZ 1995, 932; Palandt/*Thorn* Rn. 14; NK-BGB/*Andrae* Rn. 43; *v. Bar* IPR II Rn. 201.

Für die Formgültigkeit einer **im Ausland** vorgenommenen Rechtswahl sieht Abs. 4 S. 2 eine 126
Alternativanknüpfung vor. Es genügt hiernach, wenn die Wahl den Formerfordernissen eines
Ehevertrages nach dem **gewählten Recht** oder nach dem **Recht am Ort der Rechtswahl** entspricht. Darüber hinaus ergibt sich aus der Wendung „genügt es", dass die Einhaltung der Formerfordernisse des deutschen Rechts nach Abs. 4 S. 1 in jedem Fall ausreicht.[393] Nach den allgemeinen
Grundsätzen der Substitution ist die Beurkundung durch einen ausländischen Notar allerdings nur
dann wirksam, wenn dieser dem inländischen Notar funktionell **gleichwertig** ist.[394] Darüber hinaus
ist die Beurkundung durch einen deutschen Konsularbeamten einer deutschen Auslandsvertretung
stets möglich (vgl. §§ 2, 10 Abs. 2 KonsularG). Aus der Bezugnahme auf die **„Formerfordernisse"**
der betreffenden Rechtsordnungen folgt, dass es sich bei den Verweisungen des Abs. 4 S. 2 grundsätzlich um **Sachnormverweisungen** handelt.[395] Da die Alternativanknüpfung die Wirksamkeit der
Vereinbarung fördern soll, erscheint es jedoch interessengerecht, eine Weiterverweisung zu beachten,
sofern das danach maßgebliche Recht zu einer sonst nicht gegebenen Formwirksamkeit führt.[396]
Der Verweis auf die Formerfordernisse **„für einen Ehevertrag"** erklärt sich daraus, dass die Wahl
des allgemeinen Ehewirkungsstatuts in den meisten ausländischen Rechtsordnungen unzulässig ist.
Dementsprechend bestehen dort für eine solche Rechtswahl auch keine Formerfordernisse, auf die
Abs. 4 S. 2 Bezug nehmen könnte. Hieran soll aber die Rechtswahl nicht scheitern.[397]

E. Anknüpfungszeitpunkt

I. Wandelbarkeit der Anknüpfung

Art. 14 Abs. 1 stellt für die Anknüpfung auf keinen bestimmten Zeitpunkt ab. Das Statut der 127
allgemeinen Ehewirkungen ist damit **wandelbar**.[398] Dahinter steht die Erwägung, dass die allgemeinen Ehewirkungen stets dem Recht unterliegen sollen, mit dem die Eheleute im jeweiligen Zeitpunkt am engsten verbunden sind (→ Rn. 86). Soweit für die Anknüpfung eines **anderen Statuts**
auf das allgemeine Ehewirkungsstatut Art. 14 Bezug genommen wird, ist die Anknüpfung dagegen
jeweils auf einen bestimmten Zeitpunkt bezogen. So stellt Art. 15 Abs. 1 auf den Zeitpunkt der
Eheschließung ab, Art. 19 Abs. 3 S. 1 auf den Zeitpunkt der Geburt des Kindes und Art. 22 Abs. 1
S. 2 auf den Zeitpunkt der Annahme des Kindes. Die Anknüpfung ist in diesen Fällen also unwandelbar.[399]

Bei der **objektiven Anknüpfung** des Ehewirkungsstatuts nach Abs. 1 ergibt sich ein Statuten- 128
wechsel, wenn sich die für die Anknüpfung maßgebenden Tatsachen **während der Ehe** so ändern,
dass eine andere Rechtsordnung als davor anwendbar ist. Die Wandelbarkeit des allgemeinen Ehewirkungsstatuts wird im Interesse der **Kontinuität** dadurch eingeschränkt, dass ein Statutenwechsel im
Anwendungsbereich des Abs. 1 Nr. 1 und Nr. 2 grundsätzlich nur dann eintritt, wenn die Änderung
der Anknüpfungstatsachen **beide Ehegatten** betrifft. Hierher gehört insbesondere der Fall, dass beide
Ehegatten gleichzeitig oder nacheinander die Staatsangehörigkeit wechseln oder ihren gewöhnlichen
Aufenthalt in einen anderen Staat verlegen.[400] Bei **einseitigem** Wechsel der Staatsangehörigkeit
oder des gewöhnlichen Aufenthalts bleibt dagegen das letzte gemeinsame Heimatrecht (Abs. 1 Nr. 1
Alt. 2)[401] bzw. das Recht am letzten gemeinsamen gewöhnlichen Aufenthalt (Abs. 1 Nr. 2 Alt. 2)[402]

---

[393] Soergel/*Schurig* Rn. 32; Staudinger/*Mankowski* Rn. 126; BeckOK-BGB/*Mörsdorf-Schulte* Rn. 56; *v. Bar*
IPR II Rn. 201; *Lichtenberger* DNotZ 1986, 644 (663).
[394] Vgl. Soergel/*Schurig* Rn. 32; Staudinger/*Mankowski* Rn. 127 ff.; BeckOK BGB/*Mörsdorf-Schulte* Rn. 56;
Looschelders IPR Rn. 36; *v. Bar* IPR II Rn. 201 Fn. 465; *Lichtenberger*, FS Ferid, 1988, 269 (270 f.).
[395] Erman/*Hohloch* Rn. 24; Palandt/*Thorn* Rn. 3; NK-BGB/*Andrae* Rn. 44; *Looschelders* IPR Rn. 36; *v. Bar*
IPR II Rn. 201; *Siehr* Rn. 61.
[396] So auch Staudinger/*Mankowski* Rn. 125; BeckOK BGB/*Mörsdorf-Schulte* Rn. 55; Soergel/*Schurig* Rn. 32.
[397] Vgl. BayObLG NJW-RR 1998, 1537 (1538); NK-BGB/*Andrae* Rn. 44; Soergel/*Schurig* Rn. 32.
[398] Vgl. BGHZ 183, 287 Rn. 21 f. = NJW 2010, 1528; Palandt/*Thorn* Rn. 6; Soergel/*Schurig* Rn. 33; Staudin-
ger/*Mankowski* (2011) Rn. 99; BeckOK BGB/*Mörsdorf-Schulte* Rn. 61; Erman/*Hohloch* Rn. 10; *Looschelders* IPR
Rn. 13.
[399] Vgl. Palandt/*Thorn* Rn. 6; Erman/*Hohloch* Rn. 10; BeckOK BGB/*Mörsdorf-Schulte* Rn. 60, 62.
[400] Zu praktischen Beispielen vgl. BGHZ 183, 287: iranische Staatsangehörige heiraten 1992 in Teheran,
verlegen später ihren gemeinsamen gewöhnlichen Aufenthalt nach Deutschland und erwerben die deutsche Staatsangehörigkeit; OLG Zweibrücken NJW-RR 2007, 1232 (1233): iranische Ehegatten erwerben nacheinander die
deutsche Staatsangehörigkeit; OLG Köln StAZ 1977, 13 mAnm *Held*: Ehegatten mit unterschiedlicher Staatsangehörigkeit wechseln seins gemeinsamen gewöhnlichen Aufenthalt.
[401] AG Weinheim IPRspr. 1998 Nr. 78: ehemals gemeinsame italienische Staatsangehörigkeit.
[402] AG Hamburg FamRZ 1998, 1590: ehemals gemeinsamer gewöhnlicher Aufenthalt in Italien.

maßgeblich, sofern der andere Ehegatte seine Staatsangehörigkeit bzw. seinen gewöhnlichen Aufenthalt beibehalten hat.[403] Erst wenn der andere Ehegatte später ebenfalls die Staatsangehörigkeit oder den gewöhnlichen Aufenthalt ändert, kommt ein Statutenwechsel in Betracht. In den Fällen des Abs. 1 Nr. 3 gibt es keine entsprechende Kontinuitätsklausel. Die **gemeinsame engste Verbindung** ist vielmehr nach den zum jeweiligen Zeitpunkt gegebenen Umständen zu beurteilen. Da es nach Abs. 1 Nr. 3 auf die **gemeinsame** engste Verbindung der Ehegatten zu einer Rechtsordnung ankommt, führt eine einseitige Veränderung aber auch hier im Regelfall nicht zum Statutenwechsel.[404] Das Kontinuitätsinteresse hindert allerdings nicht daran, dass eine einseitige Veränderung der Anknüpfungstatsachen zur Anwendbarkeit einer **höheren Anknüpfungsstufe** führt. Haben die Ehegatten etwa zunächst keine gemeinsame Staatsangehörigkeit, so kommt es zu einem Statutenwechsel hin zu dem aktuellen gemeinsamen Heimatrecht (Abs. 1 Nr. 1 Alt. 1), wenn ein Ehegatte während der Ehe dieselbe Staatsangehörigkeit wie der andere Ehegatte erwirbt.[405] Im Fall des Hinzuerwerbs einer weiteren Staatsangehörigkeit muss es sich allerdings wegen Art. 5 Abs. 1 um die effektive (bzw. die deutsche) Staatsangehörigkeit handeln. Bei ausländischen Mehrstaatern kann es für einen Statutenwechsel hin zum gemeinsamen Heimatrecht ausreichen, wenn die bei einem Ehegatten zunächst nicht effektive gemeinsame Staatsangehörigkeit aufgrund einer während der Ehe erfolgten Änderung der anknüpfungsrelevanten Tatsachen als effektiv anzusehen ist.[406]

129   Ein Statutenwechsel kann schließlich auch dadurch eintreten, dass die Ehegatten nach Abs. 2–4 eine andere Rechtsordnung als Ehewirkungsstatut **wählen** oder eine getroffene Rechtswahl **aufheben** oder **abändern**.[407] Bei einer Rechtswahl nach Abs. 3 kommt es zu einem automatischen Statutenwechsel, wenn die Ehegatten später eine gemeinsame Staatsangehörigkeit erlangen (Abs. 3 S. 2; → Rn. 118).

II. Wirkungen des Statutenwechsels

130   Der Statutenwechsel hat zur Folge, dass die allgemeinen Ehewirkungen mit **ex nunc-Wirkung** nach dem neuen Statut zu beurteilen sind.[408] Für **abgeschlossene Tatbestände** bleibt es dagegen nach den allgemeinen Regeln über den Statutenwechsel bei der Anwendbarkeit derjenigen Rechtsordnung, die bei der Verwirklichung des betreffenden Tatbestands maßgeblich war.[409] Beispiele sind der Abschluss eines **Ehevertrags,** die Vornahme einer **Schenkung** oder einer „**unbenannten Zuwendung**" oder der Abschluss eines Vertrages zwischen einem Ehegatten und einem Dritten, bei dem eine mögliche Mitverpflichtung des anderen Ehegatten über das Institut der **Schlüsselgewalt** in Frage steht. Der Statutenwechsel führt also auch dann nicht zur Unwirksamkeit des betreffenden Rechtsgeschäfts, wenn dieses nach den Vorschriften des neuen Ehewirkungsstatuts unzulässig wäre.[410] Ist ein bestimmtes Rechtsinstitut nach dem früheren Ehewirkungsstatut wirksam begründet worden, so bleibt dieses Institut auf der Grundlage des neuen Ehewirkungsstatuts bestehen; seine **Wirkungen** richten sich aber ex nunc nach den Vorschriften des neuen Statuts.[411] Dies kann im Einzelfall eine **Anpassung** oder **Umdeutung** des betreffenden Rechtsinstituts erforderlich machen.[412] So bleibt eine auf der Grundlage eines islamischen Ehewirkungsstatuts wirksam getroffene Vereinbarung über die Zahlung einer **Morgengabe** nach einem Statutenwechsel zum deutschen Recht weiterhin wirksam; die Vereinbarung ist jedoch wie eine **ehevertragliche Zusage** des Mannes nach deutschem Recht zu behandeln.[413]

131   Der Statutenwechsel kann auch die **Rechtsstellung Dritter** berühren. Hieran ist insbesondere in den Fällen des § 1357 BGB und des § 1362 BGB zu denken. In einem solchen Fall ist sorgfältig zu prüfen, welche Rechtsordnung bei Abschluss des Rechtsgeschäfts oder Vornahme der Vollstreckung als Ehewirkungsstatut maßgeblich war. Ist hiernach ein ausländisches Ehewirkungsstatut anwendbar, so richtet sich der **Schutz eines gutgläubigen Dritten** nach Art. 16 Abs. 2 (→ Art. 16 Rn. 33 ff.). Der Eintritt des Statutenwechsels kann dabei ggf. bei der Prüfung der Gutgläubigkeit gewürdigt werden.

[403] Vgl. Erman/*Hohloch* Rn. 10; Staudinger/*Mankowski* (2011) Rn. 100; *Looschelders* IPR Rn. 13.
[404] Erman/*Hohloch* Rn. 10.
[405] Staudinger/*Mankowski* (2011) Rn. 105.
[406] Staudinger/*Mankowski* (2011) Rn. 105.
[407] BeckOK BGB/*Mörsdorf-Schulte* Rn. 62; Erman/*Hohloch* Rn. 10.
[408] Vgl. Staudinger/*Mankowski* (2011) Rn. 109.
[409] BGHZ 67, 107 (111); OLG Zweibrücken NJW-RR 2007, 1232 (1233); BeckOK BGB/*Mörsdorf-Schulte* Rn. 63; Soergel/*Schurig* Rn. 33; Staudinger/*Mankowski* (2011) Rn. 109.
[410] Vgl. NK-BGB/*Andrae* Rn. 5 mit Blick auf Schenkungen unter Ehegatten.
[411] Soergel/*Schurig* Rn. 33.
[412] Vgl. BeckOK BGB/*Mörsdorf-Schulte* Rn. 63; Soergel/*Schurig* Rn. 33. Allgemein zu Problemen der Anpassung nach einem Statutenwechsel *Looschelders,* Die Anpassung im Internationalen Privatrecht, 1995, 263 ff.
[413] Näher dazu BGHZ 183, 287, 296 ff.; *Mörsdorf-Schulte* ZfRV 2010, 166 ff.

F. Probleme des Allgemeinen Teils

I. Vorfragen

Die Vorfrage nach dem **Bestehen einer wirksamen Ehe** kann sich nicht nur im Tatbestand von 132 Art. 14, sondern auch im Tatbestand einer **Sachnorm** des anwendbaren (ausländischen) Rechts stellen, das eine bestimmte allgemeine Ehewirkung vorsieht. Zur Vermeidung von Wertungswidersprüchen muss die Vorfrage nach dem Bestehen einer wirksamen Ehe auch hier **selbstständig** nach den inländischen Kollisionsnormen (Art. 13, 11) angeknüpft werden. Bei **anderen Vorfragen,** die das anwendbare Recht aufwirft, ist jeweils zu prüfen, ob eine selbstständige Anknüpfung nach dem deutschen IPR oder eine unselbstständige Anknüpfung nach dem IPR der lex causae geboten ist (→ Einl. IPR Rn. 169 ff.).

II. Renvoi

1. Objektive Anknüpfung. Bei der **objektiven** Anknüpfung nach Abs. 1 ist eine Rück- oder 133 Weiterverweisung nach dem allgemeinen Grundsatz des Art. 4 Abs. 1 S. 1 prinzipiell zu beachten. Dies ist im Hinblick auf die Anknüpfungen an die (letzte) gemeinsame Staatsangehörigkeit (Abs. 1 Nr. 1) oder den (letzten) gemeinsamen gewöhnlichen Aufenthalt (Abs. 1 Nr. 2) allgemein anerkannt.[414] Praktische Bedeutung hat dabei insbesondere der Fall, dass Abs. 1 Nr. 1 bei ausländischen Eheleuten mit gemeinsamem gewöhnlichen Aufenthalt bzw. Wohnsitz im Inland auf das (letzte) gemeinsame Heimatrecht der Ehegatten verweist, welches seinerseits auf das Recht am (letzten) gemeinsamen gewöhnlichen Aufenthalt oder am (letzten) gemeinsamen Wohnsitz (domicile, residence) zurückverweist.[415]

Nach einer in der Literatur verbreiteten Ansicht ist eine Rück- oder Weiterverweisung allerdings 134 unbeachtlich, wenn das allgemeine Ehewirkungsstatut gemäß Abs. 1 Nr. 3 nach der **gemeinsamen engsten Verbindung** der Ehegatten zu einer bestimmten Rechtsordnung (→ Rn. 101–106) bestimmt wird. Zur Begründung wird darauf verwiesen, dass es in diesem Fall dem **Sinn der inländischen Verweisung** durch das deutsche IPR widerspräche, das ausländische IPR zu berücksichtigen.[416] Dahinter steht die Erwägung, dass das ausländische IPR in solchen Fällen oft eher formale Hilfsanknüpfungen enthält, welche die differenzierte Ermittlung der gemeinsamen engsten Verbindung der Ehegatten zu einer bestimmten Rechtsordnung nach Abs. 1 Nr. 3 nicht verdrängen dürfen.[417] Gegen diese Auffassung spricht jedoch, dass es auch bei Abs. 1 Nr. 3 lediglich darum geht, diejenige Rechtsordnung zu bestimmen, mit welcher der Sachverhalt **räumlich am engsten verbunden** ist. Abs. 1 Nr. 3 dient somit den gleichen Anknüpfungszielen wie Abs. 1 Nr. 1 und 2. Nach der Systematik des Abs. 1 hat der Grundsatz der engsten Verbindung in Nr. 3 keineswegs eine höhere Legitimität als die Anknüpfungen nach Nr. 1 und 2. Vielmehr verhält es sich gerade umgekehrt: Abs. 1 Nr. 3 enthält eine bloße Hilfsanknüpfung, die nur dann heranzuziehen ist, wenn die vorrangigen Anknüpfungen nach Abs. 1 Nr. 1 und 2 nicht verwirklicht sind. Es wäre daher widersinnig, die nachrangige Anknüpfung des Abs. 1 Nr. 3 gegenüber dem Renvoi durch ein ausländisches IPR stärker abzusichern als die vorrangigen Anknüpfungen nach Abs. 1 Nr. 1 und 2. Die Sinnklausel des Art. 4 Abs. 1 S. 1 gebietet somit nicht, den Renvoi in den Fällen des Abs. 1 Nr. 3 außer Acht zu lassen.[418]

---

[414] OLG Frankfurt NJW-RR 2008, 386; KG NJW 2005, 2562 = IPRspr. 2005 Nr. 48; OLG Schleswig NJW-RR 2002, 361; Palandt/*Thorn* Rn. 3; Erman/*Hohloch* Rn. 6; Soergel/*Schurig* Rn. 70; NK-BGB/*Andrae* Rn. 53; Staudinger/*Mankowski* (2011) Rn. 82 ff.; HK-BGB/*Kemper* Rn. 1; BeckOK BGB/*Mörsdorf-Schulte* Rn. 64; *Looschelders* IPR Rn. 9; Ferid/*Böhmer* IPR Rn. 8–100.

[415] Vgl. AG Heidelberg IPRspr. 1989 Nr. 93: kalifornisches Recht verweist auf deutsches Recht zurück; zu weiteren Beispielen OLG Schleswig NJW-RR 2002, 361: argentinisches Heimatrecht verweist auf dänisches Recht und dieses auf deutsches Recht; KG NJW 2005, 2562 = IPRspr. 2005 Nr. 48: das ehemalige gemeinsame türkische Heimatrecht der Ehegatten, die beide in Deutschland wohnen, verweist auf das gemeinsame Wohnsitzrecht, nachdem ein Ehegatte Deutscher geworden ist; OLG Frankfurt NJW-RR 2008, 386: Abs. 1 Nr. 2 Alt. 2 verweist auf italienisches Recht; dieses verweist auf deutsches Recht zurück, da das eheliche Zusammenleben überwiegend in Deutschland stattgefunden hat.

[416] So Voraufl. *Siehr* Rn. 122; Erman/*Hohloch* Rn. 6; NK-BGB/*Andrae* Rn. 53; HK-BGB/*Kemper* Rn. 1; *Siehr,* FS Ferid, 1988, 433 (441); *Siehr,* FS Sonnenberger, 2004, 667 ff.; *Sonnentag,* Der Renvoi im Internationalen Privatrecht, 2001, 175; *Konrad Schmidt,* Die Sinnklausel der Rück- und Weiterverweisung im Internationalen Privatrecht nach Artikel 4 Absatz 1, Satz 1 EGBGB, 1998, 26 f.

[417] So nachdrücklich Voraufl. *Siehr* Rn. 122.

[418] So auch KG FamRZ 2007, 1561 (1562) mAnm *Henrich*; AG Leverkusen FamRZ 2002, 1484 (1485 f.); FamRZ 2006, 950; AG Hannover FamRZ 2000, 1576; Staudinger/*Mankowski* (2011) Rn. 97; Staudinger/*Hausmann* (2013) Art. 4 Rn. 99; Soergel/*Schurig* Rn. 70; *v. Bar/Mankowski* IPR I § 7 Rn. 229; *v. Bar* IPR II Rn. 2; *Looschelders* IPR Rn. 9; *Kropholler* IPR § 24 II 2a; *Kartzke* IPRax 1988, 8 (9).

135   **2. Rechtswahl.** Im Fall einer Rechtswahl nach Abs. 2 oder 3 kann nach Art. 4 Abs. 2 nur auf die **Sachvorschriften** des gewählten Rechts verwiesen werden. Rück- und Weiterverweisung sind daher unbeachtlich. Die Verweisung auf Formerfordernisse für die Rechtswahl im Ausland nach Abs. 4 S. 2 bezieht sich ebenfalls auf die einschlägigen Sachnormen. Im Interesse der Formgültigkeit der Vereinbarung sollte eine **Weiterverweisung** jedoch beachtet werden, sofern eine sonst formungültige Rechtswahl nach dem Recht des in Bezug genommenen Staates für formgültig zu erachten ist (→ Rn. 126).

III. Rechtsspaltung

136   **1. Objektive Anknüpfung.** Rechtsordnungen können räumlich (zB USA), personell (zB Israel, Jordanien, Marokko) oder sowohl räumlich als auch personell gespalten sein (zB Malaysia). In diesen Fällen ist die maßgebende Teilrechtsordnung mit Hilfe von Art. 4 Abs. 3 zu bestimmen. Hierbei kommt es zunächst darauf an, ob die maßgebende Teilrechtsordnung schon durch Art. 14 Abs. 1 bezeichnet wird oder nicht. Bei räumlicher Rechtsspaltung führt die Anknüpfung an den (letzten) **gemeinsamen gewöhnlichen Aufenthalt** nach Abs. 1 Nr. 2 unmittelbar zu der maßgebenden Teilrechtsordnung (→ Rn. 96). Hier muss dann nur noch geprüft werden, ob das IPR der betreffenden Teilrechtsordnung eine Rück-oder Weiterverweisung ausspricht. Das Gleiche gilt für den Fall, dass beide Ehegatten mit der gleichen Teilrechtsordnung auf andere Weise **gemeinsam am engsten verbunden** sind (Abs. 1 Nr. 3). Sofern sich keine gemeinsame Verbindung zu einer Teilrechtsordnung feststellen lässt, muss ausnahmsweise auf die lex fori zurückgegriffen werden (→ Rn. 106). Bei der Anknüpfung an das (letzte) **gemeinsame Heimatrecht** der Ehegatten (Abs. 1 Nr. 1) ist die maßgebende Teilrechtsordnung offen. Hier kommt es darauf an, ob die betreffende Rechtsordnung selbst Regeln enthält, um die maßgebende Teilrechtsordnung zu bestimmen. Bei Fehlen eines einheitlichen interlokalen Privatrechts muss weiter geprüft werden, mit welcher Teilrechtsordnung beide Ehegatten **gemeinsam am engsten** verbunden. Sofern sich keine gemeinsame Verbindung zu derselben Teilrechtsordnung feststellen lässt, beurteilen sich die allgemeinen Ehewirkungen gemäß Abs. 1 Nr. 2 nach dem Recht am **gemeinsamen gewöhnlichen Aufenthalt** (→ Rn. 95–100). Bei **personeller Rechtsspaltung** kommt eine unmittelbare Bestimmung der anwendbaren Teilrechtsordnung durch das deutsche IPR nicht in Betracht. Hier muss vielmehr stets auf das jeweilige interreligiöse Privatrecht abgestellt werden (→ Art. 4 Rn. 242 ff.).

137   **2. Subjektive Anknüpfung.** Die beschränkten Rechtswahlmöglichkeiten nach Abs. 2 und 3 bestehen auch dann, wenn die Eheleute (beide oder einer von ihnen) einem räumlich oder personell gespalteten Staat angehören. Da in beiden Fällen nur das jeweilige **Heimatrecht** eines oder beider Ehegatten gewählt werden kann (→ Rn. 110 f.), ist zwischen räumlich und personell gespalteten Heimatstaaten zu unterscheiden.

138   **a) Räumliche Rechtsspaltung.** Wird das Recht eines Heimatstaates mit räumlicher Rechtsspaltung gewählt, so können die Ehegatten die maßgebende Teilrechtsordnung bei der Rechtswahl **selbst** bezeichnen. Nach der Wertung des Art. 4 Abs. 1 S. 1 ist die betreffende Rechtsordnung dann unmittelbar anwendbar, ohne dass es auf das interlokale Privatrecht des betreffenden Staates ankommt (→ Art. 4 Rn. 206). Allerdings kann nur eine solche Teilrechtsordnung gewählt werden, zu welcher der Angehörige dieses Mehrrechtsstaates eine **gewisse Beziehung** hat (zB durch gewöhnlichen Aufenthalt, Herkunft oder andere enge Kontakte).[419] Dass es sich dabei um diejenige Teilrechtsordnung handelt, zu welcher objektiv die gemeinsame engste Verbindung besteht, ist nicht erforderlich (→ Art. 4 Rn. 214). Haben die Parteien eine Bezeichnung der maßgebenden Teilrechtsordnung unterlassen, so ist diese mit Hilfe von Art. 4 Abs. 3 und der dort genannten Konkretisierungsmaßstäbe zu ermitteln. Dies entspricht dem Willen der Parteien im Zweifel eher, als die Rechtswahl wegen Unklarheit außer Betracht zu lassen.[420]

139   **b) Personelle Rechtsspaltung.** Haben die Parteien das Recht eines personell gespalteten Heimatstaates gewählt, so ist zunächst immer das **interpersonale Privatrecht** des betreffenden Staates heranzuziehen (→ Art. 4 Rn. 248). In der Praxis wird ein interpersonales Privatrecht in den betreffenden Staaten – wenn auch vielleicht ungeschrieben – regelmäßig vorhanden sein, da eine personale Rechtsspaltung nicht festgelegt werden kann, ohne die einschlägigen Kriterien (zB Religion-oder Stammeszugehörigkeit) zu benennen.[421] Ob die Eheleute zu der betreffenden Personengruppe (Religionsgemeinschaft, Stamm, etc.) gehören, kann ebenfalls nur nach den Kriterien des ausländischen

---

[419] Näher dazu Staudinger/*Hausmann* (2013) Art. 4 Rn. 410.
[420] So auch Staudinger/*Hausmann* (2013) Art. 4 Rn. 411; Voraufl. *Siehr* Rn. 128.
[421] Allgemein zu dieser Problematik *v. Bar/Mankowski* IPR I § 4 Rn. 166.

interpersonalen Privatrechts beurteilt werden,[422] wobei diese sich in der Praxis regelmäßig an den Regeln der jeweiligen Personengruppe orientieren.

Bei der Anwendung des gewählten personellen Rechts ist zu beachten, dass die meisten religiösen **140** Rechtsordnungen und Regelwerke ihren Anwendungsbereich auch auf erlaubte Misch-Beziehungen ihrer Glaubensangehörigen erstrecken.[423] Es ist also möglich, dass islamisches Recht auf eine islamisch-christliche Ehe angewandt wird. Daneben mag auch staatliches Recht zur Anwendung kommen.[424] Teilweise wird den Betroffenen auch ein Wahlrecht eingeräumt. Diskriminiert das in Frage stehende interpersonale Recht aus religiösen Gründen einzelne **Glaubensgemeinschaften** bei der Anknüpfung, so wird darin im Regelfall ein Verstoß gegen den inländischen **ordre public** (Art. 6) liegen. Das Gleiche gilt bei einer Diskriminierung wegen des **Geschlechts,** zB wenn das interpersonale Privatrecht allein auf die Religionszugehörigkeit des Mannes abstellt (→ Rn. 142).[425]

IV. Vorrang des Einzelstatuts

Der Vorrang des Einzelstatuts gegenüber dem Gesamtstatut gilt nach Art. 3a Abs. 2 für alle Verwei- **141** sungen im 3. Abschnitt, die das Vermögen einer Person im Ganzen dem Recht eines bestimmten Staates unterstellen. Art. 3a Abs. 2 gilt daher nicht nur im Verhältnis zu Art. 15, sondern auch im Verhältnis zu Art. 14.[426] Eine **vermögensrechtliche Wirkung** der Ehe kann nämlich dem allgemeinen Ehewirkungsstatut zuzuordnen sein, weil sie ohne Rücksicht auf den jeweiligen Güterstand der Ehegatten eintritt (→ Art. 3a Rn. 20). Praktische Beispiele sind Verfügungsbeschränkungen und Mitverpflichtungsbefugnisse (insbes. Schlüsselgewalt), soweit sie unabhängig von einem bestimmten Güterstand gelten.[427] In diesen Fällen ergeben sich häufig Abgrenzungsprobleme zum Güterstatut, bei dem die Anwendbarkeit von Art. 3a Abs. 2 allgemein anerkannt ist. Da es für Art. 3a Abs. 2 nicht darauf ankommt, ob Art. 14 oder Art. 15 anwendbar ist, kann die Abgrenzung zwischen beiden Statuten unter diesem Aspekt bei der praktischen Rechtsanwendung dahinstehen. In der Rechtsprechung ist die Anwendbarkeit des Art. 3a Abs. 2 im Verhältnis zum allgemeinen Ehewirkungsstatut bislang allerdings noch nicht relevant geworden.

V. Ordre public

Der Vorbehalt des ordre public (Art. 6) kann sowohl auf der kollisionsrechtlichen als auch auf der **142** materiellrechtlichen Ebene relevant werden. Auf der **kollisionsrechtlichen Ebene** tritt das Problem auf, wenn Art. 14 Abs. 1 eine Gesamtverweisung auf eine ausländische Rechtsordnung ausspricht, deren IPR eine **gleichheitswidrige** Anknüpfung des allgemeinen Ehewirkungsstatuts vorsieht, zB allein auf die Staatsangehörigkeit oder die Religionszugehörigkeit des Ehemannes abstellt.[428] Ein Verstoß gegen den ordre public ist allerdings nur anzunehmen, wenn die Anwendung der betreffenden ausländischen Kollisionsnorm im Einzelfall zu einer Rück- oder Weiterverweisung auf ein Recht führt, zu dem nur der Ehemann, nicht aber die Ehefrau eine enge Beziehung aufweist (→ Art. 6 Rn. 126).

Auf der **materiellrechtlichen Ebene** kommt ein Verstoß gegen den ordre public insbesondere **143** dann in Betracht, wenn die infrage stehende ausländische Rechtsordnung Vorschriften enthält, die mit dem **Grundsatz der Gleichberechtigung** (Art. 3 Abs. 2 GG) unvereinbar sind. Hierbei geht es insbesondere um Fälle, in denen die **Geschäftsfähigkeit der Ehefrau** aufgrund der Heirat eingeschränkt wird oder dem Ehemann **einseitige Entscheidungsrechte** in Fragen des ehelichen Zusammenlebens eingeräumt werden.[429] In früherer Zeit wurde ein Verstoß gegen den ordre public auch in Erwägung gezogen, wenn das anwendbare ausländische Recht keine Vorschriften über die Zuweisung der Ehewohnung enthält.[430] Dieses Problem ist jedoch durch Art. 17a entfallen.

---

[422] Vgl. *v. Bar/Mankowski* IPR I § 4 Rn. 170; *Looschelders* IPR EGBGB Art. 4 Rn. 37.

[423] *Wähler,* Interreligiöses Kollisionsrecht im Bereich privatrechtlicher Rechtsbeziehungen, 1978, 153 ff.

[424] *Wähler,* Interreligiöses Kollisionsrecht im Bereich privatrechtlicher Rechtsbeziehungen, 1978, 243 ff.

[425] Zum parallelen Problem im internationalen Scheidungsrecht Erman/*Hohloch* Rom III-VO Art. 15 Rn. 1.

[426] So auch Staudinger/*Mankowski* (2011) Rn. 26; Erman/*Hohloch* Art. 3a Rn. 7; Palandt/*Thorn* Art. 3a Rn. 4; BeckOK BGB/*Mörsdorf-Schulte* Rn. 67; *Lüderitz* IPR Rn. 168; aA Soergel/*Schurig* Rn. 72; *Kegel/Schurig* IPR § 12 II 2a (S. 426).

[427] Staudinger/*Mankowski* (2011) Rn. 26.

[428] Vgl. BGH NJW 1998, 638 (640) = FamRZ 1987, 679 (zu Art. 2 Abs. 1 Haager Ehewirkungsübereinkommen mit unzutreffendem Rückgriff auf die Sinnklausel des Art. 4 Abs. 1 S. 1); Soegel/*Schurig* Rn. 74.

[429] Vgl. RGZ 150, 283; KG JW 1936, 2470 mAnm *Maßfeller;* LG Berlin FamRZ 1993, 198; Erman/*Hohloch* Rn. 8; NK-BGB/*Andrae* Rn. 59; NK-BGB/*Mörsdorf-Schulte* Rn. 72.

[430] Vgl. OLG Celle FamRZ 1999, 443; OLG Frankfurt FamRZ 1994, 633 (634).

G. Verfahrensrecht

I. Internationale Zuständigkeit

144   Die **internationale Zuständigkeit** der deutschen Gerichte richtet sich bei Rechtsstreitigkeiten über allgemeine Ehewirkungen nicht nach der Brüssel IIa-VO. Die Brüssel IIa-VO gilt in Ehesachen nur für die Ehescheidung, die Trennung ohne Auflösung des Ehebandes und die Ungültigerklärung einer Ehe (Art. 1 Abs. 1 lit. a Brüssel IIa-VO). Hierbei handelt es sich um Fragen, die kollisionsrechtlich dem Scheidungsstatut (Rom III-VO) zuzuordnen sind. Ein Antrag auf Herstellung der ehelichen Lebensgemeinschaft oder Feststellung des Rechts auf Getrenntleben (§ 1353 Abs. 2 BGB) unterliegt dagegen nicht den Zuständigkeitsregeln der Brüssel IIa-VO.[431] Die **Brüssel Ia-VO** ist auf Rechtsstreitigkeiten über die allgemeinen Wirkungen der Ehe ebenfalls nicht anwendbar. Dies gilt auch im Hinblick auf vermögensrechtliche Streitigkeiten zwischen den Ehegatten. Die Ausnahmeregelung des Art. 1 Abs. 2 lit. a Brüssel Ia-VO bezieht sich dem Wortlaut nach zwar nur auf „die ehelichen Güterstände oder Güterstände aufgrund von Verhältnissen, die nach dem auf diese Verhältnisse anzuwendenden Recht der Ehe vergleichbare Wirkungen entfalten". Hiermit sollen jedoch alle vermögensrechtlichen Beziehungen erfasst werden, die sich unmittelbar aus der Ehe oder ihrer Auflösung ergeben.[432]

145   Im unmittelbaren Anwendungsbereich des Art. 14 beurteilt sich die internationale Zuständigkeit also nach dem autonomen **deutschen Zivilverfahrensrecht.** Streitigkeiten auf dem Gebiet der allgemeinen Ehewirkungen betreffen „aus der Ehe herrührende Ansprüche" und stellen daher sonstige Familiensachen iSd § 266 Abs. 1 Nr. 2 FamFG dar. Hierzu gehören etwa der Antrag auf Herstellung der ehelichen Lebensgemeinschaft, den Antrag auf Feststellung des Rechts zum Getrenntleben, steuerliche Mitwirkungspflichten nach § 1353 BGB sowie Ehestörungsanträge gegen den anderen Ehegatten oder Dritte auf Unterlassung ehewidriger Handlungen.[433] Die internationale Zuständigkeit richtet sich in diesen Fällen nach § 105 FamFG.[434] Hiernach sind die deutschen Gerichte international zuständig, wenn ein deutsches Gericht örtlich zuständig ist. § 267 Abs. 2 FamFG verweist insoweit auf die allgemeinen Vorschriften der ZPO über die örtliche Zuständigkeit (§§ 12 ff. ZPO) mit der Maßgabe, dass in den Vorschriften über den allgemeinen Gerichtsstand an die Stelle des Wohnsitzes der gewöhnliche Aufenthalt tritt. Das **Gerichtsverfahren** als solches unterliegt nach allgemeinen Grundsätzen ebenfalls dem deutschen Recht als lex fori.[435]

II. Anerkennung und Vollstreckung

146   Die Anerkennung und Vollstreckung ausländischer Entscheidungen außer in Ehesachen richtet sich im Bereich der freiwilligen Gerichtsbarkeit nach §§ 108 ff. FamFG. Bei einem Urteil auf **Herstellung der ehelichen Lebensgemeinschaft** ist die Vollstreckung nach § 120 Abs. 3 FamFG ausgeschlossen. Bei streitigen Verfahren ist § 328 ZPO für die Anerkennung maßgeblich. Die Abgrenzung erfolgt danach, in welchem Verfahren eine entsprechende Entscheidung in Deutschland ergangen wäre.[436]

Art. 15 EGBGB Güterstand

(1) Die güterrechtlichen Wirkungen der Ehe unterliegen dem bei der Eheschließung für die allgemeinen Wirkungen der Ehe maßgebenden Recht.

(2) Die Ehegatten können für die güterrechtlichen Wirkungen ihrer Ehe wählen
1. das Recht des Staates, dem einer von ihnen angehört,
2. das Recht des Staates, in dem einer von ihnen seinen gewöhnlichen Aufenthalt hat, oder
3. für unbewegliches Vermögen das Recht des Lageorts.

(3) Artikel 14 Abs. 4 gilt entsprechend.

---

[431] NK-BGB/*Gruber* Anh. I zum III. Abschn. EGBGB EheVO 2003 Rn. 13; Thomas/Putzo/*Hüßtege* EuEheVO Art. 1 Rn. 3.

[432] Vgl. EuGH NJW 1979, 1100; OLG Stuttgart FamRZ 2001, 1371; OLG München IPRspr. 1999 Nr. 158; BeckOK BGB/*Mörsdorf-Schulte* Rn. 74; *Kropholler/v. Hein* EuZivProzR EuGVVO Art. 1 Rn. 26 f.

[433] Vgl. Thomas/Putzo/*Hüßtege* FamFG § 121 Rn. 7 ff.

[434] Thomas/Putzo/*Hüßtege* FamFG § 267 Rn. 1.

[435] Vgl. *Kegel/Schurig* IPR § 22 III (S. 1054 ff.).

[436] BGH NJW 1977, 150; Thomas/Putzo/*Hüßtege* ZPO § 328 Rn. 4.

(4) Die Vorschriften des Gesetzes über den ehelichen Güterstand von Vertriebenen und Flüchtlingen bleiben unberührt.

Schrifttum: *Abbas,* Die Vermögensbeziehungen der Ehegatten und nichtehelichen Lebenspartner im serbischen Recht, 2011; *v. Bar,* Die eherechtlichen Konventionen der Haager Konferenz(en), RabelsZ 57 (1993), 63; *Basedow,* Die Neuregelung des Internationalen Privat- und Prozeßrecht, NJW 1986, 2971; *Beitzke,* Zur Reform des Kollisionsrechts des Ehegüterrechts, in Beitzke), Vorschläge und Gutachten zur Reform des deutschen internationalen Personen-, Familien- und Erbrechts, 1981, 146; *Beitzke,* Zur Reform des Ehegüterrechts im deutschen IPR, in Lauterbach, Vorschläge und Gutachten zur Reform des deutschen internationalen Eherechts, 1962, 89; *Böhringer,* Die Rechtswahl nach Art. 220 III 1 Nr. 2 und 15 II Nr. 3 EGBGB und die Auswirkungen auf den Grundstückserwerb, BWNotZ 1987, 104; *Böhringer,* Grundstückserwerb mit Auslandsberührung aus der Sicht des Notars und Grundbuchamts, BWNotZ 1988, 49; *Burghaus,* Die Vereinheitlichung des Internationalen Ehegüterrechts in Europa, 2010; *Christandl,* Die Ehegatteninnengesellschaft im internationalen Privatrecht unter besonderer Berücksichtigung deutsch-spanischer Sachverhalte, FamRZ 2012, 1692; *Clausnitzer,* Die güter- und erbrechtliche Stellung des überlebenden Ehegatten nach den Kollisionsrechten des Bundesrepublik Deutschland und der USA, 1986; *Clausnitzer,* Nochmals „Zur Konkurrenz zwischen Erbstatut und Güterstatut", IPRax 1987, 102; *Clausnitzer/ Schotten,* Zur Anwendbarkeit des § 1371 Abs. 1 BGB bei ausländischem Erb- und deutschem Güterrechtsstatut, MittRhNotK 1987, 15; *Derstadt,* Der Zugewinnausgleich nach § 1371 BGB bei Geltung des französischen Erbrechts, IPRax 2001, 84; *Dethloff,* Güterrecht in Europa – Perspektiven für eine Angleichung auf kollisions- und materiellrechtlicher Ebene, FS v. Hoffmann, 2011, 73; *Dethloff,* Der deutsch-französische Wahlgüterstand – Wegbereiter für eine Angleichung des Familienrechts?, RabelsZ 76 (2012), 509; *Dörner,* Zur Qualifikation des § 1371 Abs. 1 BGB, IPPax 2014, 323; *Dörner,* Besser zu spät als nie – Zur Güterrechtlichen Qualifikation des § 1371 Abs. 1 BGB im deutschen und europäischen IPR, IPRax 2017, 81; *Eßer,* Die Beendigung ehelicher Güterstände mit Auslandsbezug in Deutschland und Frankreich, 2016; *Eule,* Fortgeltung des nach Art. 220 Abs. 3 S. 1 Nr. 3 EGBGB angeknüpften Ehegüterrechtsstatuts über den 8.3.1983 hinaus teilweise verfassungswidrig – was nun?, MittBayNot 2003, 335; *Finger,* Familienrechtliche Rechtsanwendung im Verhältnis zum Iran, FuR 1999, 58, 158, 215; *Gamillscheg,* Die Unwandelbarkeit im internationalen Ehegüterrecht, FS Bötticher, 1969, 143; *Grosserichter/Bauer,* Unwandelbarkeit und Staatenzerfall: Zur Präzisierung von Verweisungen auf die Rechtsordnung zerfallener Staaten, RabelsZ 65 (2001), 201; *Grundmann,* Zur Qualifikation von Verboten einer Güterstandsänderung während der Ehe, FamRZ 1984, 445; *Heinig,* Erhöhung des Ehegattenerbteils nach § 1371 Abs. 1 BGB bei Anwendbarkeit ausländischen Erbrechts?, DNotZ 2014, 251; *Henrich,* Kollisionsrechtliche Probleme bei der Auflösung eheähnlicher Gemeinschaften, FS Beitzke, 1979, S. 507; *Henrich,* Das internationale Eherecht nach der Reform, FamRZ 1984, 841; *Henrich,* Zur Auslegung des Art. 220 Abs. 3 EGBGB, IPRax 1987, 93; *Henrich,* Anordnungen für den Todesfall in Eheverträgen und das IPR, FS Schippel, 1996, S. 905; *Jayme,* Zur Auslegung des § 1931 IV BGB bei ausländischem Ehegüterrechtsstatut, FS Ferid, 1978, 221; *Jayme,* Auflassungsvormerkung und ausländischer Güterstand, IPRax 1986, 290; *Jayme,* Zum Güterstand in einer deutsch-italienischen Ehe, IPRax 1986, 361; *Jayme,* Intertemporales und internationales Ehegüterrecht – Einige vorläufige Betrachtungen, IPRax 1987, 95; *Jäger,* Der neue deutsch-französische Güterstand der Wahl-Zugewinngemeinschaft – Inhalt und seine ersten Folgen für die Gesetzgebung und Beratungspraxis, DNotZ 2010, 804; *Jeremias/Schäper,* Zugewinnausgleich nach § 1371 BGB bei Geltung ausländischern Erbrechts, IPRax 2005, 521; *Jünemann,* Der neue Güterstand der Wahl-Zugewinngemeinschaft: Familienrechtliche Grundlagen und erbrechtliche Wirkungen, ZEV 2013, 353; *Keller/Schrenck,* Der vierte Güterstand, JA 2014, 87; *Kerameus,* Auskunftsanspruch bei der Geltendmachung des Zugewinnausgleichs nach griechischem Recht, IPRax 1990, 228; *Kleinheisterkamp,* Rechtswahl und Ehevertrag: Zum Formerfordernis nach Art. 15 Abs. 3 EGBGB, IPRax 2004, 399; *Klinke,* Deutsch-niederländisches Ehegüterrecht im Wandel der Zeiten, MittRhNotK 1984, 45; *Kohler/ Pintens,* Entwicklungen im europäischen Personen-und Familienrecht 2010-2011, FamRZ 2011, 1433; *Kowalczyk,* Spannungsverhältnis zwischen Güterrechtsstatut und Erbstatut nach den Kommissionsvorschlägen für das Internationale Ehegüter- und Erbrecht, GPR 2012, 212 und 258; *Kowalczyk,* Die Rückverweisung des türkischen IPRG auf das deutsche Güterrecht in Bezug auf das unbewegliche Vermögen, ZfRV 2016, 25; *Kühne,* IPR–Gesetz-Entwurf, 1980; *Kühne,* Die außerschuldvertragliche Parteiautonomie im neuen Internationalen Privatrecht, IPRax 1987, 69; *Langenfeld,* Hinweise zur Rechtswahl nach Art. 15 II EGBGB, BWNotZ 1986, 153; *Lehmann/Hahn,* Die Beweglichkeit von In- und Auslandsvermögen, ZEV 2012, 191; *Lichtenberger,* Zum Gesetz zur Neuregelung des IPR, DNotZ 1986, 644; *Lichtenberger,* Zu einigen Problemen des Internationalen Familien- und Erbrechts, FS Ferid, 1988, 269; *Looschelders,* Die Anpassung im Internationalen Privatrecht, 1995; *Looschelders,* Anwendbarkeit des § 1371 Abs. 1 BGB nach Korrektur einer ausländischen Erbquote wegen Unvereinbarkeit mit dem ordre public, IPRax 2009, 505; *Looschelders,* Anpassung und ordre public im Internationalen Erbrecht, FS v. Hoffmann, 2011, 265; *Looschelders,* Die allgemeinen Lehren des Internationalen Privatrechts im Rahmen der Europäischen Erbrechtsverordnung, FS Coester-Waltjen, 2015, 531; *Looschelders,* Qualifikations- und Anpassungsprobleme bei deutsch-italienischen Erbfällen, IPRax 2016, 349; *S. Lorenz,* Das intertemporale internationale Ehegüterrecht nach Art. 220 III EGBGB und die Folgen des Statutenwechsels, 1991; *S. Lorenz,* Gebrauchsvermögen, Ersparnisse und gesetzlicher Güterstand im deutsch-österreichischen Verhältnis: Normenmangel oder renvoi kraft abweichender Qualifikation, IPRax 1995, 47; *S. Lorenz,* Ehegattenerbrecht bei gemischt-nationalen Ehen – Der Einfluss des Ehegüterrechts auf die Erbquote, NJW 2015, 2157; *Ludwig,* Zur Anwendbarkeit des Art. 3 Abs. 3 EGBGB im Internationalen Ehegüterrecht bei der Berechnung des Zugewinnausgleichs nach deutschem Recht, DNotZ 2000, 663; *Ludwig,* Anwendung des § 1371 Abs. 1 BGB bei ausländischem Erbstatut?, DNotZ 2005, 586; *Luxburg,* Das IPR des ehelichen Güterrechts nach dem BGB für das Deutsche Reich, NiemeyersZ 23 (1913), 20; *Mankowski,* Das erbrechtliche Viertel nach § 1371 Abs. 1 BGB im deutschen und europäischen Internationalen Privatrecht, ZEV 2014, 121; *Mankowski/Osthaus,* Gestaltungsmöglichkeiten durch Rechtswahl beim Erbrecht des überlebenden Ehegatten in internationalen Fällen, DNotZ 1997, 10; *Mansel,* Personalstatut, Staatsangehörigkeit und Effektivität, 1988; *Martiny,* Auf dem Weg zu einem einheitlichen Internationalen Ehegüterrecht, FS Kropholler, 2008, 373; *Martiny,* Der deutsch-französische Wahlgüterstand – Ein Beispiel optionaler bilateraler Familienrechtsvereinheitlichung, ZEuP 2011, 577; *Th. Meyer,* Der neue deutsch-französische Wahlgüterstand, FamRZ 2010, 612; *Mörsdorf-Schulte,* Anknüpfungszeitpunkt und Anpassung bei der Morgengabe, ZfRV 2010, 166; *Naumann,* Grundzüge des neuen türkischen Ehegüter- und Erbrechts, RNotZ 2003, 344; *Neubecker,* Der Ehe- und Erbvertrag im internationalen Rechtsverkehr, 1914; *Neuhaus,* Postmortaler Wechsel des Güterstatuts?, RabelsZ 32 (1968), 542; *Niewöhner,* Zur Problematik des gespaltenen Eheguterrechts im IPR, MittRhNotK 1981, 219; *Nordmeier,* Die Reform des brasilianischen Eheguterrechts und ihre Bedeutung für deutsch-brasilianische Sachverhalte, insbesondere in Scheidungsfällen, StAZ 2009, 71; *Nordmeier,* Schenkungen unter Ehegatten im Internationalen Privatrecht: Deutschportugiesische Fälle nach EGBGB, Rom I-VO und EheGüRVO-E, IPRax 2014, 411; *Odendahl,* Das neue türkische Eheguterrecht, FamRZ 2003, 648; *Pakuscher,* Die Unwandelbarkeit des Eheguterrechtsstatuts im Lichte der Reform des Internationalen Privatrechts, 1987; *A. Pfeiffer,* Änderungen des Eheguterstatuts durch die geplante EUGüterVO, FamRBint 2012, 45; *Pfeil,* In England belegene Immobilie im Zugewinnausgleich, NZFam 2014, 85; *Pintens,* Eheguterstände in Europa, ZEuP 2009, 268; *Puttfarken,* Ehe in Hamburg, Firma in Liechtenstein, Ranch in Kanada, Art. 220 Abs. 3 EGBGB: Verfassungswidriges Neben-IPR zum Eheguterrecht, RIW 1987, 834; *Rauscher,* Art. 220 III EGBGB verfassungswidrig?, NJW 1987, 531; *Rühl,* Rechtswahlfreiheit im europäischen Kollisionsrecht, FS Kropholler, 2008, 187; *Schaal,* Verfügungsbeschränkungen bei Verfügungen über in Deutschland belegenen Grundbesitz durch verheiratete türkische oder ehemals türkische Staatsangehörige, BWNotZ 2009, 172; *Schurig,* Das Verhältnis von Staatsangehörigkeitsprinzip und Wandelbarkeit im gegenwärtigen und künftigen deutschen internationalen Eheguterrecht, JZ 1985, 559; *Schurig,* Internationales Eheguterrecht im Übergang: Ist Art. 220 Abs. III EGBGB verfassungswidrig zu halten?, IPRax 1988, 88; *Schurig,* Erbstatut, Güterrechtsstatut, gespaltenes Vermögen und ein Pyrrhussieg, IPRax 1990, 389; *Siehr,* Vermögensstatut und Geldausgleich im IPR – Gilt Art. 3 Abs. 2 EGBGB auch für den Pflichtteil, den Zugewinnausgleich und den Versorgungsausgleich?, Liber Amicorum Peter Hay, 2005, 389; *Sonnenberger,* IPR-Reform und Verfassungswidrigkeit von Art. 15 Abs. 1 EGBGB, IPRax 1984, 5; *Steenhoff,* A Matrimonial Property System for the EU?, (2005) Int. Family Law 74; *H. Stoll,* Kollisionsrechtliche Fragen bei räumlicher Spaltung des anwendbaren Rechts, FS Keller, 1989, 511; *Veit Stoll,* Die Rechtswahl im Namens-, Ehe- und Erbrecht, 1991; *Striewe,* Ausländisches und IPR der nichtehelichen Lebensgemeinschaft, 1986; *Stürner,* Der deutsch-französische Wahlgüterstand als Modell für die europäische Rechtsvereinheitlichung, JZ 2011, 545; *Taupitz,* Verfassungskonforme Ersatzanknüpfungen im internationalen Eheguterrecht und maßgeblicher Zeitpunkt, NJW 1986, 616; *Vékás,* Zur Konkurrenz zwischen Erbstatut und Güterrechtsstatut, IPRax 1985, 24; *R. Wagner,* Aktuelle Entwicklungen in der justiziellen Zusammenarbeit in Zivilsachen, NJW 2013, 1653; *Walther,* Die Qualifikation des § 1371 Abs. 1 BGB im Rahmen der europäischen Erb- und Güterrechtsverordnungen, GPR 2014, 325; *Wegmann,* Rechtswahlmöglichkeiten im internationalen Familienrecht, NJW 1987, 1740; *Wochner,* Zum Güterrechtsstatut bei deutsch-amerikanischen Ehen, IPRax 1985, 90; *Wurmnest,* Die Mahr von der mahr - Zur Qualifikation von Ansprüchen aus Brautgabevereinbarungen, RabelsZ 71 (2007), 527; *Yassari,* Zwei Bemerkungen zur islamischen Brautgabe vor deutschen Gerichten, StAZ 2009, 366; *Yassari,* Die Brautgabe im Familienvermögensrecht, 2014. Vgl. auch die Nachw. zu Art. 14.

Übersicht

A. Rechtsquellen

I. Autonomes Kollisionsrecht

1   **1. EGBGB.** Art. 15 regelt die Anknüpfung des Ehegüterstatuts. Abs. 1 verweist hierfür auf das bei der Eheschließung für die allgemeinen Wirkungen der Ehe maßgebende Recht. Der Gesetzgeber hat hierdurch den Grundsatz der **Gleichberechtigung** gewährleistet und gleichzeitig den Gedanken des **Gleichlaufs** von allgemeinem Ehewirkungsstatut und Ehegüterstatut verwirklicht (→ Art. 14 Rn. 10–12). Die Verweisung ist anders als bei Art. 19 Abs. 1 S. 3 und Art. 22 Abs. 1 S. 2 nicht auf das objektive Ehewirkungsstatut beschränkt. Sie gilt also auch für den Fall, dass das allgemeine Ehewirkungsstatut nach Art. 14 Abs. 2–4 durch Rechtswahl bestimmt wird. Der Gleichlauf wird freilich insofern durchbrochen, als Art. 15 Abs. 1 **unwandelbar** auf den Zeitpunkt der Eheschließung abstellt. Außerdem sieht Art. 15 Abs. 2 für das Güterstatut weitergehende Rechtswahlmöglichkeiten vor. Der Schutz des **gutgläubigen inländischen Rechtsverkehrs** wird durch Art. 16 gewährleistet.

2   Die vorliegende Fassung des Art. 15 ist seit dem **1.9.1986** in Kraft. Die alte Fassung des Art. 15 hatte noch ausschließlich auf die Staatsangehörigkeit des Ehemannes zur Zeit der Eheschließung abgestellt und wurde daher vom BVerfG am 22.2.1983[1] in wesentlichen Teilen für nichtig erklärt.[2] Die damit verbundenen **Übergangsprobleme** sind in Art. 220 Abs. 3 geregelt (→ Rn. 138–165).

3   **2. VFGüterstandsG.** Durch das Gesetz über den ehelichen Güterstand von Vertriebenen und Flüchtlingen vom 4.8.1969 hat der Gesetzgeber den gesetzlichen Güterstand von Ehegatten, die als Vertriebene oder Flüchtlinge ihren gewöhnlichen Aufenthalt im Inland haben, in das westdeutsche Ehegüterrecht überführt, sofern nicht ein Ehegatte dem widerspricht. Dieses Gesetz wurde durch die Neuregelung des internationalen Ehegüterrechts nicht berührt (vgl. Art. 15 Abs. 4). Zum VFGüterstandsG s. Anh. Art. 16

II. Unionsrecht und Staatsverträge

4   **1. Unionsrecht.** Auf der europäischen Ebene ist das internationale Ehegüterrecht seit kurzem in der Verordnung (EU) 2016/1103 des Rates vom 24.6.2016 zur Durchführung einer Verstärkten Zusammenarbeit im Bereich der Zuständigkeit, des anzuwendenden Rechts und der Anerkennung und Vollstreckung von Entscheidungen in Fragen des ehelichen Güterrechts **(EuGüVO)** geregelt (→ Vor Art. 15 Rn. 1 ff.). Die EuGüVO ist allerdings nach Art. 69 Abs. 1 erst ab dem 29.1.2019 anzuwenden. Bis dahin bleibt Art. 15 maßgeblich. Nach Art. 69 Abs. 3 EuGüVO gelten die kollisionsrechtlichen Bestimmungen der EuGüVO (Kapitel III.) zudem nur für Ehegatten, die nach dem 29.1.2019 die Ehe eingegangen sind oder eine Rechtswahl des auf ihren Güterstand anzuwendenden Rechts vorgenommen haben. Dies hat zur Folge, dass Art. 15 noch für einen langen Zeitraum seine praktische Bedeutung behalten wird.

5   Art. 1 Abs. 2 lit. d EuErbVO stellt klar, dass die **EuErbVO** auf Fragen des ehelichen Güterrechts nicht anwendbar ist. Dies kann bei der Abwicklung des Güterstandes von Todes wegen zu schwierigen **Abgrenzungsproblemen** führen (→ Rn. 58 ff.). Hieran wird das Inkrafttreten der EuGüVO nichts ändern. Denn auch im Verhältnis zwischen der EuErbVO und der EuGüVO wird es wegen der unterschiedlichen persönlichen und zeitlichen Anknüpfungsmomente weiter zahlreiche Fälle geben, in denen Güter- und Erbstatut nach verschiedenen Rechtsordnungen zu beurteilen sind. Allerdings sieht Art. 4 EuGüVO eine akzessorische Anknüpfung der **Zuständigkeit** an die Zuständigkeit für die Rechtsnachfolge von Todes wegen nach der EuErbVO vor.

6   Die **Rom III-VO** ist auf die vermögensrechtlichen Folgen der Ehe ebenfalls nicht anwendbar (Art. 1 Abs. 2 lit. e Rom III-VO). Im Fall der Ehescheidung, der Trennung ohne Auflösung des Ehebandes oder der Ungültigerklärung einer Ehe werden die für das betreffende Verfahren zuständigen Gerichte aber gemäß Art. 5 auch für die hiermit in Verbindung stehenden Fragen des ehelichen Güterstands zuständig sein (→ EuGüVO Rn. ff.).

6a   Auch auf der **materiellrechtlichen Ebene** wird über eine Rechtsvereinheitlichung in Gestalt eines **europäischen Güterstandes** diskutiert.[3] Ein erstes Ergebnis dieser Überlegungen ist der deutsch-französische Güterstand der **Wahl-Zugewinngemeinschaft,** der allerdings nicht durch einen unionsrechtlichen Rechtsakt, sondern durch einen **Staatsvertrag** zwischen Deutschland und Frankreich verwirklicht wurde (→ Rn. 11). In der neueren deutschen Literatur hat *Seevogel*[4] einen Vorschlag für einen europäischen **Wahlgüterstand der Gütertrennung** entwickelt.

---

[1]   BVerfGE 63, 181 = NJW 1983, 1968.
[2]   Zur Gesetzgebungsgeschichte Staudinger/*Mankowski* (2011) Rn. 5 ff.; Erman/*Hohloch* Rn. 2.
[3]   Vgl. *Steenhoff* (2005) Int. Family Law 74; *Dethloff*, FS v. Hoffmann, 2011, 73 (80 ff.).
[4]   *Seevogel,* Der Wahlgüterstand der Gütertrennung für die Europäische Ehe, 2011.

In **prozessualer Hinsicht** ist zu beachten, dass die **Brüssel Ia-VO** und das **LugÜ** nach ihren 7 Art. 1 Abs. 2 lit. a nicht auf die ehelichen Güterstände anwendbar sind. Die **Brüssel IIa-VO** enthält ebenfalls keine unmittelbaren Regelungen über die Zuständigkeit für die Auflösung des ehelichen Güterstandes nach der Ehescheidung.[5] Sie kann für güterrechtliche Fragen aber über die Verbundzuständigkeit nach § 98 Abs. 2 FamFG Bedeutung gewinnen (→ Rn. 134).

Die neue **EuGüVO** enthält dagegen auch Regelungen über die internationale Zuständigkeit 8 sowie die Anerkennung und Vollstreckung von Entscheidungen auf dem Gebiet des Ehegüterrechts. Diese Regelungen sind ab dem 29.1.2019 anwendbar und werden dann dem FamFG vorgehen.

2. Multilaterale Staatsverträge. Das zuletzt nur noch im Verhältnis zu Italien geltende **Haager** 9 **Ehewirkungsabkommen vom 17.7.1905** ist mit Wirkung vom 23.8.1987 außer Kraft getreten.[6] Vorher ist die ausschließliche Anknüpfung an das Heimatrecht des Ehemannes im Zeitpunkt der Eheschließung nach Art. 2 Abs. 1 Haager Ehewirkungsabkommen bereits wegen Verstoßes gegen den Grundsatz der Gleichberechtigung für verfassungswidrig erklärt worden.[7] Die damit verbundenen Übergangsprobleme sind nach dem verfassungskonform interpretierten Art. 220 Abs. 3 (→ Rn. 138 ff.) zu beurteilen.[8] Das **Haager Übereinkommen vom 14.3.1978** über das auf Ehegüterstände anwendbare Recht[9] ist von Deutschland nicht einmal gezeichnet worden. Es gilt aber für Frankreich, Luxemburg und die Niederlande[10] und kann insofern nach Art. 4 Abs. 1 bei einer Rück- oder Weiterverweisung relevant werden.[11] Im Verhältnis zu Frankreich ist das Übereinkommen auch im Hinblick auf den Deutsch-Französischen Wahlgerichtsstand (→ Rn. 11 ff.) von Bedeutung.[12] Inhaltlich ist hervorzuheben, dass das Übereinkommen den Ehegatten die Möglichkeit einräumt, das Heimatrecht oder das Recht am gewöhnlichen Aufenthalt eines Ehegatten zu wählen. Mangels Rechtswahl gilt das Recht am ersten gemeinsamen gewöhnlichen Aufenthalt während der Ehe. Die Mitgliedstaaten können sich aber vorbehalten, auf ihre Staatsangehörigen stattdessen das gemeinsame Heimatrecht anzuwenden.[13] Das gemeinsame Heimatrecht gilt auch dann, wenn die Ehegatten ihren ersten gewöhnlichen Aufenthalt während der Ehe nicht im selben Staat haben.[14]

3. Bilaterale Staatsverträge. Als einziger bilateraler Staatsvertrag gilt das **deutsch-iranische** 10 **Niederlassungsabkommen** (Dt.-Iran. NlassAbk) vom 17.2.1929[15] auch für das Ehegüterrecht. Dies ergibt sich aus dem Schlussprotokoll zu Art. 8 Abs. 3 Dt.-Iran. NlassAbk („eheliches Güterrecht").[16] Wie bereits zu Art. 14 dargelegt (→ Art. 14 Rn. 7), gilt das Dt.-Iran. NlassAbk nur für rein iranische Ehen in Deutschland und rein deutsche Ehen im Iran. Es ist also nicht auf deutsch-iranische **Doppelstaater** anwendbar. Für die Ehegatten hat die Anwendbarkeit des Abkommens insbesondere den Nachteil, dass ihnen nicht die Rechtswahlmöglichkeiten nach Abs. 2 Nr. 2 und 3 zur Verfügung stehen.[17]

Am 1.5.2013 ist das **deutsch-französische Abkommen** (WahlZugAbk-F) vom 4.2.2010 über 11 den Güterstand der Wahl-Zugewinngemeinschaft in Kraft getreten.[18] Das Abkommen enthält keine Kollisionsnormen, sondern regelt das **Sachrecht** eines neuen **Wahlgüterstandes,** auf den § 1519

[5] Erman/*Hohloch* Rn. 5c.
[6] BGBl. 1986 II S. 505. Zur Kommentierung s. 1. Aufl. 1983 Nach Art. 16 Rn. 1–88.
[7] BGH NJW 1987, 583 m. abl. Aufsatz *Rauscher* NJW 1987, 531 = IPRax 1987, 114 m. zust. Bespr. *Henrich* IPRax 1987, 93 = DNotZ 1987, 292 mAnm *Lichtenberger*; KG IPRax 1987, 117 m. Bespr. *Jayme* IPRax 1987, 95.
[8] So BGH FamRZ 1986, 1200 (1201) = NJW 1987, 583 (584 f.); FamRZ 1987, 679; 1988, 40; Staudinger/*Mankowski* (2011) Rn. 4; Palandt/*Thorn* Rn. 2a; *Looschelders* IPR Rn. 47.
[9] Text in: Actes de la Treizième session II, 1978, S. 319; RabelsZ 41 (1977), 554 m. Aufs. *Beitzke* RabelsZ 41 (1977), 457 ff.
[10] Vgl. den Stand der Ratifikationen s. http.//www.hcch.net, unter „conventions"; in Kraft seit 1.9.1992 in Frankreich, Luxemburg und den Niederlanden; Österreich und Portugal haben nur gezeichnet.
[11] OLG Düsseldorf NJW-RR 2000, 542 (543); Erman/*Hohloch* Rn. 5; NK-BGB/*Sieghörtner* Rn. 3.
[12] Vgl. *Eßer*, Die Beendigung ehelicher Güterstände mit Auslandsbezug in Deutschland und Frankreich, 2016, 12 ff.
[13] Näher zu dem Abkommen Staudinger/*Mankowski* (2011) Rn. 3; *Kegel/Schurig* IPR § 20 VI 6b (S. 857); *v. Bar* RabelsZ 57 (1993), 63 (107 ff.).
[14] Krit. zu Recht *Kegel/Schurig* IPR § 20 VI 6 b (S. 859): „viel zu verwickelt".
[15] RGBl. 1930 II S. 1006; 1931 II S. 9; BGBl. 1955 II S. 829; auszugsweise abgedruckt bei *Jayme/Hausmann* Nr. 22.
[16] RGBl. 1930 II S. 1012; bei *Jayme/Hausmann* Nr. 22 Fn. 2; vgl. *Finger* FuR 1999, 58 ff.
[17] Staudinger/*Mankowski* (2011) Rn. 4.
[18] BGBl. 2012 II S. 180; 2013 II S. 431; dazu Staudinger/*Mankowski* (2011) Rn. 4a; NK-BGB/*Sieghörtner* Rn. 4; *Braun* MittBayNot 2012, 89 ff.; *Jäger* DNotZ 2010, 804 ff.; *Keller/v. Schrenck* JA 2014, 87 ff.; *Finger* FUR 2010, 481 ff.; *Jünemann* ZEV 2013, 353; *Dethloff* RabelsZ 76 (2012), 509 ff.; *Kowalczyk* GPR 2012, 212; *Martiny* ZEuP 2011, 577 ff.; *Th. Meyer* FamRZ 2010, 612 ff.; *Stürner* JZ 2011, 545 ff.; *Delerue* FamRBint 2010, 70.

BGB hinweist. Die Wahl des deutsch-französischen Güterstands der Wahl-Zugewinngemeinschaft stellt keine kollisionsrechtliche Rechtswahl, sondern eine **materiellrechtliche Vereinbarung** dar.[19] Voraussetzung für die Zulässigkeit einer solchen Wahl ist, dass das Ehegüterstatut dem deutschen oder dem französischen Sachrecht unterliegt.[20] Dies beurteilt sich aus deutscher Sicht nach Art. 15; aus französischer Sicht ist das Haager Übereinkommen vom 14.3.1978 (→ Rn. 9) maßgeblich. Die Anwendbarkeit des Abkommens hängt nach den allgemeinen Anknüpfungsregeln nicht davon ab, dass die Ehegatten die deutsche und/oder die französische Staatsangehörigkeit haben oder dass ihr gewöhnlicher Aufenthalt in Deutschland bzw. in Frankreich liegt.[21] So schließt auch die Beteiligung eines Drittstaaters die Anwendbarkeit des Abkommens nicht aus. Der deutsch-französische Güter- stand der Wahl-Zugewinngemeinschaft kann daher zB auch dann gewählt werden, wenn ein Ehegatte die deutsche und der andere Ehegatte die schweizerische Staatsangehörigkeit hat und die Ehegatten nach Art. 15 Abs. 2 Nr. 1 EGBGB oder Art. 52 Abs. 2 schweiz. IPRG[22] ihren Güterstand dem deutschen Recht unterstellt haben. Die Wahl erfolgt gemäß Art. 3 WahlZugAbk-F (§ 1519 Abs. 1 S. 1 BGB) durch **Ehevertrag.**[23] Inhaltlich entspricht der deutsch-französische Wahlgüterstand im Wesentlichen der Zugewinngemeinschaft des deutschen Rechts.[24] Allerdings ist **kein pauschalierter Zugewinnausgleich** im Todesfall wie nach § 1371 Abs. 1 BGB vorgesehen.[25]

B. Normzweck

12   Art. 15 hat den Zweck, das für die güterrechtlichen Wirkungen einer Ehe anwendbare Recht zu bestimmen. Die Vorschrift beruht auf **sechs grundlegenden Wertentscheidungen.** Diese stehen teilweise in einem Spannungsverhältnis zueinander und schränken sich gegenseitig ein.[26]

I. Gleichberechtigung und Staatsangehörigkeitsprinzip

13   Dem Gesetzgeber ist es bei der Neufassung des Art. 15 darum gegangen, eine der Gleichberechti- gung von Mann und Frau (Art. 3 Abs. 2 GG) entsprechende Anknüpfung des Ehegüterstatuts zu verwirklichen.[27] Dies erfolgt bei der objektiven Anknüpfung (Abs. 1) durch die Verweisung auf das allgemeine Ehewirkungsstatut im Zeitpunkt der Eheschließung.[28] Damit wird insbesondere auf die gleichberechtigungskonforme objektive Anknüpfung des allgemeinen Ehewirkungsstatuts in Form einer **Anknüpfungsleiter** in Art. 14 Abs. 1 Bezug genommen (→ Art. 14 Rn. 76). Die Zulassung einer Rechtswahl (Art. 15 Abs. 2) entspricht ebenfalls dem Gleichberechtigungsgrundsatz. Konzepti- onell wird an dem traditionellen **Vorrang des Staatsangehörigkeitsprinzips** festgehalten. Die Einschränkungen dieses Prinzips sind in erster Linie dem Gleichberechtigungsgedanken geschuldet.

II. Gleichlauf mit dem allgemeinen Ehewirkungsstatut

14   Die Verweisung auf das für die allgemeinen Ehewirkungen im Zeitpunkt der Eheschließung maßgebende Recht führt zu einem prinzipiellen Gleichlauf mit dem allgemeinen Ehewirkungssta- tut,[29] der dem Ziel eines **einheitlichen Familienstatuts** (→ Art. 14 Rn. 10) entspricht.[30] Anders als im internationalen Kindschaftsrecht (Art. 19 Abs. 1 S. 3, Art. 22 Abs. 1 S. 2) wird der Gleichlauf auch dann aufrechterhalten, wenn die Ehegatten das allgemeine Ehewirkungsstatut gemäß Art. 14 Abs. 2–4 durch Rechtswahl bestimmt haben.[31] Durchbrechungen des Gleichlaufprinzips ergeben

---

[19] Palandt/*Thorn* Rn. 2a.
[20] PWW/*Martiny* Rn. 1; NK-BGB/*Sieghörtner* Rn. 4; *Dethloff,* FS v. Hoffmann, 2011, 73 (81).
[21] *Jäger* DNotZ 2010, 804 (805); *Braun* MittBayNot 2012, 89 (90); *Keller/v. Schrenck* JA 2014, 87 (89).
[22] Dazu, dass sich die Anwendbarkeit deutschen oder französischen Rechts auch aus dem IPR eines Drittstaats ergeben kann, vgl. *Eßer,* Die Beendigung ehelicher Güterstände mit Auslandsbezug in Deutschland und Frankreich, 2016, 183; *Keller/v. Schrenck* JA 2014, 87 (89).
[23] Vgl. *Eßer,* Die Beendigung ehelicher Güterstände mit Auslandsbezug in Deutschland und Frankreich, 2016, 187 ff.
[24] Vgl. *Dethloff* FamR § 5 Rn. 6; ausführlich dazu *Eßer,* Die Beendigung ehelicher Güterstände mit Auslandsbe- zug in Deutschland und Frankreich, 2016, 173 ff.
[25] Vgl. *Dethloff* FamR § 5 Rn. 201; *Dethloff* RabelsZ 76 (2012), 509 (528 f.); *Eßer,* Die Beendigung ehelicher Güterstände mit Auslandsbezug in Deutschland und Frankreich, 2016, 203.
[26] Näher dazu *v. Bar* IPR II Rn. 211.
[27] Vgl. *Kegel/Schurig* IPR § 20 VI 1a (S. 846).
[28] Vgl. NK-BGB/*Sieghörtner* Rn. 9.
[29] Palandt/*Thorn* Rn. 1; Staudinger/*Mankowski* (2011) Rn. 2; NK-BGB/*Sieghörtner* Rn. 1, 9.
[30] *Kegel/Schurig* IPR § 20 VI 1a (S. 846).
[31] Vgl. Palandt/*Thorn* Rn. 1; *Looschelders* IPR Rn. 1.

sich aber durch die Unwandelbarkeit des Statuts und die Zulassung weitergehender Rechtswahlmöglichkeiten.

III. Unwandelbarkeit

Eine wesentliche Entscheidung des Gesetzgebers von 1986 ist die Beibehaltung des Grundsatzes **15** der **Unwandelbarkeit** durch die zeitliche Fixierung der Anknüpfung des Ehegüterstatuts auf die Eheschließung in Art. 15 Abs. 1 (→ Rn. 105).[32] Der Gesetzgeber will damit die Rechtssicherheit fördern und die Stabilität der vermögensrechtlichen Verhältnisse gewährleisten. Dabei geht es ihm insbesondere darum, die mit einem automatischen Wechsel des Güterstands verbundenen Übergangsprobleme zu vermeiden.[33] Anders als bei Art. 14 Abs. 1 hat der Gesetzgeber dieses Interesse höher bewertet als das Interesse an der Anpassung des Statuts an die jeweiligen Lebensverhältnisse. Dies kann zu einer Durchbrechung des **Gleichlaufs** mit dem Ehewirkungsstatut führen.

Die Unwandelbarkeit wird dadurch aufgelockert, dass die Parteien das Güterstatut nach Abs. 2 **16** **jederzeit** durch **Rechtswahl** verändern können. Unwandelbarkeit bedeutet also nur, dass eine nachträgliche Änderung des Ehewirkungsstatuts das Güterstatut nicht kraft Gesetzes berührt. Dafür ist eine bewusste Entscheidung der Ehegatten in Form einer Rechtswahl erforderlich.[34] Eine kraft Gesetzes eintretende Änderung des Güterstatuts hat sich allerdings durch das **VFGüterstandsG** von 1969 ergeben, das den besonderen Anknüpfungsinteressen deutscher Vertriebener und Flüchtlinge nach dem Zweiten Weltkrieg Rechnung trägt (→ Rn. 107 und Anh. Art. 16).

Der Grundsatz der Unwandelbarkeit hat nicht zur Folge, dass **Änderungen** des anwendbaren **17** **materiellen Güterrechts** außer Betracht bleiben müssen. Die Relevanz solcher Änderungen für „Altehen" richtet sich vielmehr nach dem Übergangsrecht der jeweiligen Rechtsordnung.[35] Eine „Versteinerung" des anwendbaren Rechts kommt grundsätzlich nicht in Betracht (→ Rn. 109 ff.).

Aus **rechtspolitischer Sicht** war und ist der Grundsatz der Unwandelbarkeit nicht unumstrit- **18** ten.[36] Die neue EuGüVO stellt bei der **objektiven Anknüpfung** des Güterstatuts grundsätzlich weiter auf den Zeitpunkt der Eheschließung ab und hält damit am Grundsatz der Unwandelbarkeit fest (Art. 26 Abs. 1 EuGüVO). Primär soll dabei an den ersten gemeinsamen gewöhnlichen Aufenthalt der Ehegatten nach der Eheschließung angeknüpft werden. Dem zuständigen Gericht soll es jedoch ausnahmsweise erlaubt sein, auf Antrag eines Ehegatten zu entscheiden, dass eine andere Rechtsordnung anwendbar ist (Art. 26 Abs. 3 EuGüVO). Der Antragsteller muss in diesem Fall nachweisen, dass die Ehegatten ihren letzten gemeinsamen gewöhnlichen Aufenthalt in dem betreffenden anderen Staat über einen erheblich längeren Zeitraum hatten und auf das Recht des anderen Staates bei der Regelung oder Planung ihrer vermögensrechtlichen Beziehungen vertraut haben. Diese Regelung stellt einen Kompromiss zwischen der strikten Unwandelbarkeit und der generellen Anwendung des Rechts am letzten gemeinsamen gewöhnlichen Aufenthalt dar, der allerdings mit erheblichen Gefahren für die Rechtssicherheit verbunden sein dürfte (→ EuGüVO Rn. 83 f.).

IV. Zulassung weitergehender Rechtswahlmöglichkeiten

Art. 15 Abs. 2 sieht wesentlich weitergehende Rechtswahlmöglichkeiten als Art. 14 Abs. 2 und **19** 3 vor. Der Gesetzgeber will damit insbesondere den **Unwandelbarkeitsgrundsatz** (→ Rn. 105) abmildern und den Ehegatten eine Anpassung an veränderte Lebens- und Vermögensverhältnissen ermöglichen.[37] Dies führt allerdings zu einer gewissen **Relativierung des Gleichlaufgrundsatzes** mit dem allgemeinen Ehewirkungsstatut.[38] Außerdem ermöglicht Abs. 2 Nr. 3 eine Durchbrechung des Grundsatzes der Einheit des Güterstatuts (→ Rn. 90). Nach Art. 22 EuGüVO wird die subjektive Bestimmung des Güterstatuts durch die Ehegatten ab dem 29.1.2019 die primäre Anknüpfung im

---

[32] Vgl. OLG Zweibrücken NJW 2016, 1185 (1186); Staudinger/*Mankowski* (2011) Rn. 1; Erman/*Hohloch* Rn. 1; NK-BGB/*Sieghörtner* Rn. 9; PWW/*Martiny* Rn. 3; *v. Bar* IPR II Rn. 211; *Lüderitz* IPR Rn. 345; krit. Soergel/*Schurig* Rn. 2. Ausführlich zum Grundsatz der Unwandelbarkeit *Gamillscheg*, FS Bötticher, 1969, 143 ff.
[33] Vgl. BT-Drs. 10/504, 58; Staudinger/*Mankowski* (2011) Rn. 45; *Looschelders* IPR Rn. 1.
[34] *Kegel/Schurig* IPR § 20 VI 1a (S. 846).
[35] Vgl. OLG Celle NJW-RR 2014, 1283 (1284); OLG München NJW-RR 2013, 919 (920); OLG Hamm FamRZ 2006, 1383 (1384); NJW-RR 2010, 1091 (1092); KG FamRZ 2005, 1676 = BeckRS 2008, 26227; FamRZ 2007, 1564 (1565) = NJOZ 2007, 1998; OLG Karlsruhe IPRax 1990, 122 (124); OLG Frankfurt a.M. IPRax 1986, 239 (240); Palandt/*Thorn* Rn. 3; NK-BGB/*Sieghörtner* Rn. 24; Soergel/*Schurig* Rn. 29; *Looschelders* IPR Rn. 19; Ferid/*Böhmer* IPR Rn. 8-105; *Henrich* IPRax 2001, 113 (114).
[36] Zur Diskussion bei der IPR-Reform von 1986 Staudinger/*Mankowski* (2011) Rn. 6 ff.
[37] BT-Drs. 10/504, 58.
[38] Krit. Soergel/*Schurig* Rn. 2.

Ehegüterrecht darstellen. Wählbar bleiben aber nur solche Rechtsordnungen, zu denen die Ehegatten über den gewöhnlichen Aufenthalt oder die Staatsangehörigkeit eine enge Verbindung haben.

V. Einheit des Güterstatuts

20   Art. 15 beruht auf dem Gedanken der Einheit des Güterstatuts.[39] Insbesondere gibt es keine Differenzierung zwischen beweglichen und unbeweglichen Sachen. Eine Durchbrechung der Einheit des Güterstatuts ergibt sich aus dem **Vorrang des Einzelstatuts** nach Art. 3a Abs. 2 (→ Rn. 123). Außerdem kann eine Rechtswahl nach Art. 15 Abs. 2 Nr. 3 (→ Rn. 90) oder eine **partielle Rück- oder Weiterverweisung** durch ein ausländisches IPR nach Art. 4 Abs. 1 S. 1 (→ Rn. 115) zur Aufspaltung des Güterstatuts führen. Die Sinnklausel steht auch hier nicht der Beachtlichkeit des *Renvoi* entgegen. Die EuGüVO hält ebenfalls an der Einheit des Güterstatuts fest (vgl. Art. 21 EuGüVO). Hiernach wird auch keine partielle Rechtswahl mehr möglich sein.

VI. Verkehrsschutz

21   Der Gesetzgeber hat schließlich dem Gedanken des Verkehrsschutzes in Art. 16 in erheblichem Maße Rechnung getragen. Besondere Bedeutung hat dabei Art. 16 Abs. 1, wonach ausländische Güterstände Dritten entsprechend § 1412 BGB nur entgegengehalten werden können, wenn sie in das deutsche **Güterregister** eingetragen wurden oder **dem Dritten bekannt** sind. Der inländische Rechtsverkehr soll sich grundsätzlich darauf verlassen können, dass keine über die §§ 1365 ff. BGB hinausgehenden Beschränkungen bestehen.[40] Nach Art. 16 Abs. 2 sind die §§ 1431 und 1456 BGB auf ein in Deutschland betriebenes **Erwerbsgeschäft** sinngemäß anwendbar, soweit diese Vorschriften für gutgläubige Dritte günstiger als das fremde Recht sind. Zu den Einzelheiten → Art. 16 Rn. 33–48.

C. Anwendungsbereich

I. Vorliegen einer wirksamen Ehe

22   **1. Begriff der Ehe.** Ebenso wie Art. 14 setzt auch Art. 15 tatbestandlich das Vorliegen einer wirksamen Ehe voraus. Der Begriff der Ehe beurteilt sich nach den gleichen Kriterien wie bei Art. 13 (→ Art. 13 Rn. 4 ff.) und Art. 14 (→ Art. 14 Rn. 15 ff.). Er umfasst also auch hier nicht nur die Ehe im Sinne des deutschen Rechts, sondern auch entsprechende ausländische Institute wie die formlose common law-Ehe[41] oder die Mehrehe nach islamischem Recht. Eine **eingetragene Lebenspartnerschaft** stellt dagegen keine Ehe dar. Die güterrechtlichen Wirkungen beurteilen sich daher nicht nach Art. 15, sondern nach Art. 17b Abs. 1 S. 1 (→ Art. 17b Rn. 42 ff.).[42] Nach § 1353 Abs. 1 S. 1 BGB nF kann die **Ehe** nunmehr allerdings auch von **zwei Personen gleichen Geschlechts** geschlossen werden. Der neue Art. 17b Abs. 4 nF sieht indes vor, dass die Bestimmungen des Art. 17b Abs. 1–3 für die gleichgeschlechtliche Ehe entsprechend gelten. Die güterrechtlichen Wirkungen einer gleichgeschlechtlichen Ehe richten sich somit gemäß Art. 17b Abs. 1 S. 1 weiter nach den Sachvorschriften des Register führenden Staates.[43]

23   Auf die vermögensrechtlichen Verhältnisse zwischen den Partnern einer **nichtehelichen Lebensgemeinschaft** ist Art. 15 zumindest nicht unmittelbar anwendbar. Eine entsprechende Anwendung von Art. 15 scheitert schon daran, dass die unwandelbare Anknüpfung an den Zeitpunkt der Eheschließung nicht passt. Aus Sicht des deutschen Rechts erfolgt die vermögensrechtliche Auseinandersetzung bei nichtehelichen Lebensgemeinschaften nach Gesellschaftsrecht (Ehegatten-Innengesellschaft) oder Bereicherungsrecht. Darüber hinaus können auch die Grundsätze des Wegfalls der Geschäftsgrundlage relevant werden. Übertragen auf das Internationale Privatrecht bedeutet dies, dass die vermögensrechtliche Auseinandersetzung einer nichtehelichen Lebensgemeinschaft nach dem internationalen Vertrags- oder Bereicherungsrecht (Rom I- oder Rom II-VO) zu erfolgen hat (→ Art. 17b Rn. 110).[44]

---

[39] Staudinger/*Mankowski* (2011) Rn. 2; NK-BGB/*Sieghörtner* Rn. 1, 9, 106.

[40] Vgl. *Looschelders* IPR Rn. 2; *Liessem* NJW 1989, 497 (500).

[41] RGZ 138, 214; RG JW 1931, 1334; BeckOK BGB/*Mörsdorf-Schulte* Rn. 88; *H. F. C. Thomas*, Formlose Ehen, 1973, 105 ff., 141 ff.

[42] So auch BeckOK BGB/*Mörsdorf-Schulte* Rn. 14; Erman/*Hohloch* Rn. 10; Palandt/*Thorn* Rn. 24.

[43] Vgl. zur Rechtslage nach bisherigem Recht Erman/*Hohloch* Rn. 10.

[44] So auch Palandt/*Thorn* Rn. 24.

Der Begriff der Ehe wird auch in der EuGüVO **nicht definiert** (→ EuGüVO Rn. 22). Erwä- **24** gungsgrund 17 EuGüVO verweist hierfür auf das **nationale Recht** der Mitgliedstaaten.

2. Wirksamkeit der Eheschließung. Ebenso wie bei Art. 14 ist das Zustandekommen einer **25** wirksamen Ehe auch bei Art. 15 eine Vorfrage, die sich im Rahmen einer inländischen Kollisions-norm stellt (sog. Erstfrage). Es entspricht allgemeiner Ansicht, dass die Vorfrage auch hier **selbstständig** nach Art. 13 und Art. 11 anzuknüpfen ist.[45] Unterliegen die güterrechtlichen Wirkungen der Ehe nach Art. 15 ausländischem Recht, so ist dieses auch dann anwendbar, wenn die Ehe nur aus Sicht des deutschen Rechts wirksam geschlossen worden ist, nicht aber aus Sicht der ausländischen lex causae (sog. **hinkende Ehe**).[46]

Handelt es sich aus Sicht des deutschen Rechts um eine **Nichtehe**, so ist Art. 15 dagegen auch **26** dann nicht anwendbar, wenn die Ehe aus Sicht des an sich maßgeblichen ausländischen Ehegüterstatuts wirksam ist. Diese Konstellation kann insbesondere dann eintreten, wenn die Ehegatten Ausländer sind und die Ehe im Inland in der nach ihrem Heimatrecht wirksamen religiösen Form geschlossen haben. Ebenso wie bei Art. 14 (→ Art. 14 Rn. 22 f.) gelten in solchen Fällen grundsätzlich die Regeln für nichteheliche Lebensgemeinschaften. Aus Gründen des **Vertrauensschutzes** kann aber im Einzelfall eine abweichende Beurteilung geboten sein, zB wenn es um die Abwicklung eines von den Ehegatten in Unkenntnis der Unwirksamkeit „gelebten" Güterstands beim Tod eines Ehegatten geht.

Bei einer **nichtigen** oder **aufhebbaren Ehe** richten sich die güterrechtlichen Wirkungen bis **27** zur Nichtigerklärung oder Aufhebung nach dem Güterstatut.[47] Nach Nichtigerklärung oder Aufhebung der Ehe unterliegen die güterrechtlichen Folgen nach hM dem Recht, aus dem sich die Nichtigkeit oder Aufhebbarkeit der Ehe ergibt (→ Art. 13 Rn. 119); war die Ehe nach den Heimatrechten beider Ehegatten nichtig oder aufhebbar, so soll der Grundsatz des strengeren Rechts gelten.[48] In vielen Rechtsordnungen richten sich die güterrechtlichen Folgen einer Nichtigerklärung oder Aufhebung der Ehe indes nach den gleichen Vorschriften wie die Abwicklung des Güterstandes nach Scheidung. So verweist § 1318 Abs. 3 BGB grundsätzlich auf §§ 1363–1390 und 1587 BGB. Wegen des engen sachlichen Zusammenhangs erscheint es demnach sachgerecht, die Abwicklung des Güterstands auch im Fall der Nichtigerklärung oder Aufhebung einer Ehe nach dem Ehegüterstatut zu beurteilen.[49]

3. Nichtvorliegen einer wirksamen Scheidung. Das von Art. 15 vorausgesetzte Vorliegen **28** einer Ehe kann durch die **Scheidung oder Aufhebung der Ehe** entfallen. Auch hier gelten die gleichen Grundsätze wie bei Art. 14 (→ Art. 14 Rn. 24).[50] Wurde die Ehe aus Sicht des deutschen Rechts nicht wirksam geschieden, so richten sich die güterrechtlichen Wirkungen weiter nach dem Güterstatut. Dies gilt auch dann, wenn die Scheidung aus Sicht des Güterstatuts wirksam ist.[51] Eine spätere Scheidung stellt im Übrigen nicht in Frage, dass die Ehegatten bis dahin in einem bestimmten Güterstand gelebt haben.[52] Die **güterrechtliche Auseinandersetzung** nach der Scheidung stellt vielmehr einen wichtigen Aufgabenbereich des Güterstatuts dar (→ Rn. 35). Bei einigen güterrechtlichen Fragen (zB Verpflichtungs- oder Verfügungsbeschränkungen) kommt es aber darauf an, ob die Ehe zum maßgeblichen Zeitpunkt (zB bei Vertragsschluss) noch bestanden hat.

II. Güterrechtliche Ehewirkungen

1. Allgemeine Grundsätze der Qualifikation. Ob eine bestimmte Rechtsfrage oder eine **29** Rechtsnorm die güterrechtlichen Wirkungen der Ehe betrifft, kann nur aufgrund einer **funktionalen Betrachtung** beurteilt werden. Insofern gelten im Ausgangspunkt die gleichen Überlegungen wie bei Art. 14 (→ Art. 14 Rn. 27). Allgemein geht es um alle Rechtsfragen bzw. Rechtsnormen, die sich auf die Schaffung oder (im Fall der Gütertrennung) das Absehen von einer **Sonderordnung**

---

[45] BayObLGZ 1960, 370 (374); OLG Stuttgart FamRZ 1978, 507; BeckOK BGB/*Mörsdorf-Schulte* Rn. 87; Soergel/*Schurig* Rn. 62; Erman/*Hohloch* Rn. 10; Staudinger/*Mankowski* (2011) Rn. 14; *Looschelders* IPR Rn. 20; *v. Bar* IPR II Rn. 237.

[46] OLG Düsseldorf StAZ 1965, 18; OLG Stuttgart FamRZ 1978, 507; Erman/*Hohloch* Rn. 10; BeckOK BGB/*Mörsdorf-Schulte* Rn. 87; Staudinger/*Mankowski* (2011) Rn. 16; aA noch LG Düsseldorf MDR 1952, 623; LG Wuppertal StAZ 1964, 52.

[47] Staudinger/*Mankowski* (2011) Rn. 15.

[48] AG Düsseldorf IPRspr. 1995 Nr. 64; Staudinger/*Mankowski* (2011) Rn. 408 ff.; Palandt/*Thorn* Art. 13 Rn. 13 f.; *Kegel/Schurig* IPR § 20 IV 3 (S. 812 f.).

[49] So auch schon Voraufl. Rn. 91 (*Siehr*).

[50] Vgl. Soergel/*Schurig* Rn. 62; Staudinger/*Mankowski* (2011) Rn. 15; Erman/*Hohloch* Rn. 10.

[51] Vgl. BeckOK BGB/*Mörsdorf-Schulte* Rn. 87.

[52] BeckOK BGB/*Mörsdorf-Schulte* Rn. 41.

für das Vermögen der Ehegatten während und aufgrund der Ehe beziehen oder die Abwicklung einer solchen Sonderordnung nach Auflösung der Ehe betreffen.[53] Dabei wird sowohl das **gesetzliche** als auch das **vertragsmäßige Güterrecht** erfasst (→ Rn. 31 ff.).

30   Bei der **Qualifikation** kann man sich grob an der systematischen Einordnung der betreffenden Materie im **deutschen materiellen Recht** orientieren. Eine ausländische Rechtsnorm ist hiernach als güterrechtlich zu qualifizieren, wenn sie in ihrer Rechtsordnung die gleiche Funktion wie eine güterrechtliche Vorschrift im deutschen Recht wahrnimmt.[54] Nach den allgemeinen Grundsätzen der Qualifikation ist die systematische Einordnung im eigenen Sachrecht allerdings nur ein **Indiz** für die internationalprivatrechtliche Qualifikation einer Vorschrift.[55] Im Einzelfall ist daher eine genaue Würdigung der Funktion der betreffenden Vorschriften erforderlich. Mit dem Inkrafttreten der EuGüVO (→ Rn. 5 f.) wird dagegen eine **autonome Qualifikation** des Begriffs der güterrechtlichen Ehewirkungen erforderlich. Dies wird zu einem weiteren Verständnis des Ehegüterrechts führen.

31   **2. Gesetzliches Güterrecht. a) Güterstände, Verwaltungsbefugnisse und Verfügungsbeschränkungen.** Zum gesetzlichen Güterrecht gehört zunächst die Frage, welche **Güterstände** in der jeweiligen Rechtsordnung bestehen und welcher Güterstand kraft Gesetzes gilt, wenn Ehegatten nicht durch Ehevertrag etwas anderes vereinbaren.[56] Das Güterstatut regelt auch die **Wirkungen** eines Güterstandes.[57] Hierher gehört insbesondere die Frage, ob und ggf. welche verschiedenen **Gütermassen** (Gesamtgut, Vorbehaltsgut, Eigengut etc.) existieren und welche Vermögensgegenstände aufgrund welcher Erwerbsvorgänge zu welcher Gütermasse gehören.[58] Darüber hinaus regelt das Güterstatut auch die **Eigentumsverhältnisse** an den einzelnen Sachen (zB Alleineigentum, Miteigentum zu Bruchteilen, Gesamthandseigentum).[59] Hierbei sind aber etwaige Schranken der lex rei sitae zu beachten (→ Rn. 52 ff.). Im Übrigen ergibt sich aus dem Güterstatut auch, welchem Ehegatten die Befugnis zur **Verwaltung** der jeweiligen Vermögensmassen zusteht.[60]

32   Das Ehegüterstatut entscheidet des Weiteren darüber, welche spezifischen (güterstandsabhängigen) **Sorgfaltspflichten** bei der Verwaltung der Gütermassen zu beachten sind.[61] Bei Fehlen spezifischer Sorgfaltspflichten ist auf die allgemeinen (güterstandsunabhängigen) Sorgfaltspflichten zwischen den Ehegatten zurückzugreifen, die nach dem Ehewirkungsstatut zu beurteilen sind (→ Art. 14 Rn. 45). Das Ehegüterstatut ist überdies dafür maßgeblich, wem die **Nutzungen** aus dem Vermögen zustehen.[62]

33   Das Güterstatut ist auch dafür maßgeblich, wer über die jeweiligen Vermögensmassen **verfügen** darf.[63] Dabei sind auch die vom Güterstatut vorgesehenen Beschränkungen des Verwaltungsrechts durch **Verfügungsverbote,** Zustimmungserfordernisse oder die Notwendigkeit gerichtlicher Genehmigungen zu beachten, soweit sie auf dem betreffenden Güterstand beruhen und nicht unabhängig davon für alle Ehegatten gleichermaßen gelten.[64] Das Güterstatut regelt auch die Frage, inwieweit **bei einem bestimmten Güterstand** Verbote betreffend die Verfügung über eigene Sachen bestehen. Im deutschen Recht finden sich solche Verfügungsbeschränkungen in den §§ 1365, 1369 BGB. Die Verfügungsbeschränkungen beziehen sich nur auf den Güterstand der Zugewinngemeinschaft. Die Vorschriften sind daher güterrechtlich zu qualifizieren.[65] Das Gleiche gilt für die Berechtigung zur **gerichtlichen Geltendmachung** von Rechten des anderen Ehegatten (zB § 1368 BGB).[66] Das Güterstatut entscheidet

---

[53] Vgl. BT-Drs. 10/504, 57; BGHZ 119, 392 = NJW 1993, 385 (386); OLG Hamm NJW-RR 1992, 1220 = FamRZ 1992, 963 (1221); BeckOK BGB/*Mörsdorf-Schulte* Rn. 15; Staudinger/*Mankowski* (2011) Rn. 1, 231 ff.; PWW/*Martiny* Rn. 2; *Looschelders* IPR Rn. 5; *Kegel/Schurig* IPR § 20 VI 2 (S. 852).

[54] Vgl. BGHZ 47, 324 (332) = NJW 1967, 2109 (2113).

[55] Staudinger/*Mankowski* (2011) Rn. 232.

[56] Vgl. BeckOK BGB/*Mörsdorf-Schulte* Rn. 17; Erman/*Hohloch* Rn. 33; Palandt/*Thorn* Rn. 25.

[57] BayObLG DNotZ 1987, 98; OLG Düsseldorf IPRspr. 1978 Nr. 55; LG Köln IPRspr. 1978 Nr. 56; Palandt/ *Thorn* Rn. 25; Staudinger/*Mankowski* (2011) Rn. 234; Erman/*Hohloch* Rn. 34.

[58] Vgl. OLG Frankfurt a.M. BeckRS 2013, 10192; OLG Hamm FamRZ 1999, 299, 300; OLG Schleswig FGPRax 2010, 19; BeckOK BGB/*Mörsdorf-Schulte* Rn. 17; Staudinger/*Mankowski* (2011) Rn. 253; Palandt/*Thorn* Rn. 25.

[59] OLG Schleswig FGPRax 2010, 19, 20.

[60] OLG Köln NJW-RR 1998, 865; *Hausmann* in Reithmann/Martiny IntVertragsR Rn. 7.762.

[61] Soergel/*Schurig* Rn. 33; BeckOK BGB/*Mörsdorf-Schulte* Rn. 20; Staudinger/*Mankowski* (2011) Rn. 264; *Luxburg* NiemeyersZ 23 (1913), 20, 84.

[62] NK-BGB/*Sieghörtner* Rn. 69.

[63] Erman/*Hohloch* Rn. 33 f.; *v. Bar* IPR II Rn. 237 ff.; *Looschelders* IPR Rn. 6.

[64] So auch Erman/*Hohloch* Rn. 34; NK-BGB/*Sieghörtner* Rn. 69; Staudinger/*Mankowski* (2011) Rn. 260.

[65] BeckOK BGB/*Mörsdorf-Schulte* Rn. 18; Soergel/*Schurig* Rn. 33; *Looschelders* IPR Rn. 6; für Zuordnung von § 1369 BGB zum Ehewirkungsstatut Staudinger/*Mankowski* (2011) Rn. 261.

[66] RGZ 96, 96 (97); RG JW 1906, 328; LG Mönchengladbach IPRspr. 1935-44 Nr. 224; LG Berlin FamRZ 1993, 198; Erman/*Hohloch* Rn. 34; Soergel/*Schurig* Rn. 33; Staudinger/*Mankowski* (2011) Rn. 270; NK-BGB/ *Sieghörtner* Rn. 71.

auch über die güterstandsabhängige **Haftung** eines Ehegatten gegenüber Dritten für Schulden des anderen.[67] Eine güterstandsunabhängige Haftung für die Verbindlichkeiten des anderen Ehegatten (zB § 1357 BGB) ist dagegen nach Art. 14 anzuknüpfen. Das Gleiche gilt für die **Verfügungsbeschränkungen bezüglich der Ehewohnung** nach türkischem Recht (Art. 194 türk. ZGBO).[68] Entscheidend ist auch hier, dass die Verfügungsbeschränkung nicht von einem bestimmten Güterstand abhängig ist.[69] Für **Ehegatten-Innengesellschaften** gilt nach der Rspr. das Vertragsstatut; der BGH hat aber nach Art. 28 Abs. 5 EGBGB aF eine **akzessorische Anknüpfung** an das Ehegüterstatut befürwortet (→ Art. 14 Rn. 48).

b) **Beendigung des Güterstands.** Das Güterstatut gilt auch für die **Beendigung des Güter-** 34 **stands** zu Lebzeiten beider Ehegatten (zB bei Scheidung oder Trennung von Tisch und Bett) und beim Tod eines Ehegatten.[70] Im ersten Fall können Abgrenzungsprobleme zum **Scheidungsstatut** auftreten (→ Rn. 49 f.).[71] Im zweiten Fall kann die Abgrenzung zum **Erbstatut** erhebliche Schwierigkeiten bereiten. Letzteres gilt insbesondere im Hinblick auf die Qualifikation des güterrechtlichen Viertels nach § 1371 Abs. 1 BGB (→ Rn. 61 ff.). Nach dem Güterstatut beurteilen sich sowohl die **Gründe** für die Beendigung des Güterstands als auch die damit verbundenen **Rechtsfolgen.** Hierzu gehört etwa der **Anspruch auf Zugewinnausgleich,**[72] einschließlich der dafür maßgeblichen **Verjährungsfrist.**[73] Die nach einem ausländischen Ehegüterstatut bestehende Verjährungsfrist für einen güterrechtlichen Ausgleichsanspruch kann dabei regelmäßig auch durch eine vor einem deutschen Gericht erhobene Stufenklage gehemmt werden.[74]

c) **Auskunftsansprüche. Auskunftsansprüche** gegen den anderen Ehegatten über den Bestand 35 seines Vermögens (zB § 1379 BGB), die dem Anspruchsteller die Berechnung eines etwaigen güterrechtlichen Ausgleichsanspruchs ermöglichen sollen, sind ebenfalls güterrechtlich zu qualifizieren.[75] Dies gilt auch dann, wenn sie im Scheidungsverfahren geltend gemacht werden. Kennt ein ausländisches Güterstatut keinen materiellen Auskunftsanspruch, weil sein Verfahrensrecht bei güterrechtlichen Streitigkeiten dem Untersuchungsgrundsatz folgt, so entsteht vor einem deutschen Gericht **Normenmangel.** Die Lücke ist dadurch zu füllen, dass dem Anspruchsteller im Wege der **Anpassung** ein materieller Auskunftsanspruch zugebilligt wird.[76] Die dogmatische Einordnung dieser Lösung ist umstritten. Teilweise wird auf § 242 BGB[77] abgestellt oder eine analoge Anwendung des § 1379 BGB[78] befürwortet.[79] Hiergegen spricht jedoch, dass das deutsche Sachrecht gerade nicht anwendbar ist.[80] Das Problem ist vielmehr auf der Grundlage des **ausländischen** materiellen Rechts

[67] BGH FamRZ 1998, 905 (906); OLG Düsseldorf FamRZ 1995, 1587 (1588); Soergel/*Schurig* Rn. 34; Erman/*Hohloch* Rn. 34; *Looschelders* IPR Rn. 6.

[68] OLG Karlsruhe FamRZ 2015, 1610 = BeckRS 2015, 15998; Staudinger/*Mankowski* (2011) Rn. 302 f.; ausführlich zu dieser Problematik *Schaal* BWNotZ 2009, 172 ff.

[69] Vgl. *Rauscher* NJW 2015, 3551 (3552).

[70] OLG Frankfurt a.M. NJW-RR 2006, 1444; BeckOK BGB/*Mörsdorf-Schulte* Rn. 21; Erman/*Hohloch* Rn. 35; NK-BGB/*Sieghörtner* Rn. 72; PWW/*Martiny* Rn. 62; Ferid/*Böhmer* IPR Rn. 8-127.

[71] Zu solchen Problemen speziell im Verhältnis zum brasilianischen Recht *Nordmeier* StAZ 2009, 71 ff.

[72] BGH NJW 1980, 2643; OLG Koblenz NJW-RR 1994, 358; OLG Düsseldorf FamRZ 1995, 1203; Staudinger/*Mankowski* (2011) Rn. 277 ff.; Palandt/*Thorn* Rn. 26; *Lüderitz* IPR Rn. 347.

[73] BGH NJW-RR 2002, 937; OLG Frankfurt a.M. FamRZ 1987, 1147 = IPRax 1988, 88 mAnm *Schurig*; OLG München FuR 2006, 93; Staudinger/*Mankowski* (2011) Rn. 280.

[74] Vgl. OLG München FuR 2006, 93 (zum griechischen Recht).

[75] BGH FamRZ 1986, 1200; KG FamRZ 2007, 1564; OLG Stuttgart NJW 1990, 641; FamRZ 2005, 1676; OLG Hamburg FamRZ 2001, 916 = NJWE-FER 2001, 194; OLG Hamm NJW-RR 1987, 1476; FamRZ 2006, 1383 = NJOZ 2007, 409; OLG Frankfurt a.M. NJW-RR 2006, 1444 = FamRZ 2007, 400; OLG Köln FamRZ 2015, 1617 = BeckRS 2015, 16000; Palandt/*Thorn* Rn. 25; Staudinger/*Mankowski* (2011) Rn. 283; Soergel/*Schurig* Rn. 34; NK-BGB/*Sieghörtner* Rn. 71; *Looschelders* IPR Rn. 8.

[76] OLG Hamm FamRZ 2006, 1383 (Türkei); IPRax 1988, 108 m. Aufsatz *Jayme/Bissias* IPRax 1988, 94 (Griechenland); OLG Frankfurt a.M. NJW-RR 1991, 583 (Kroatien); NJW-RR 2006, 1444 (Italien); OLG Stuttgart NJW 1990, 641, 642; NJW-RR 2006, 1444 m. Aufsatz *Kerameus* IPRax 1990, 228 (jeweils Griechenland); FamRZ 2003, 1749 (Italien); AG Wolfratshausen IPRax 1982, 23 (24) m. Aufsatz *Jayme* IPRax 1982, 11 (Rumänien); AG Tempelhof-Kreuzberg IPRspr. 2008 Nr. 53 (Frankreich); AG Nürtingen FamRZ 2014, 1295 (Türkei); Soergel/*Schurig* Rn. 67; Staudinger/*Mankowski* (2011) Rn. 283 ff.; Palandt/*Thorn* Rn. 25; NK-BGB/*Sieghörtner* Rn. 71 Fn. 181; *Kegel/Schurig* IPR § 20 VI 2 (S. 852 f.); *Looschelders* S. 372 ff.

[77] So AG Wolfratshausen IPRax 1982, 23 (24).

[78] So OLG Bamberg IPRspr. 1983 Nr. 59 = FamRZ 1983, 1233 (LS) (Tschechoslowakei); OLG Stuttgart FamRZ 2003, 1749; AG Böblingen FamRZ 1989, 183 = IPRax 1989, 52 mAnm *Jayme* (Griechenland); vgl. auch *Kegel/Schurig* IPR § 20 VI 2 (S. 852).

[79] Für hilfsweise Anwendung des deutschen Rechts OLG Hamm FamRZ 2006, 1383; *Odendahl* FamRZ 2003, 648 (jeweils zum türkischen Recht).

[80] OLG Stuttgart IPRax 1990, 250 (251).

zu lösen.[81] Zu denken ist etwa an die entsprechende Anwendung von Auskunftsnormen, die das ausländische Recht in anderen Regelungsbereichen vorsieht,[82] oder die Schaffung eines Auskunftsanspruchs mit Hilfe des Grundsatzes von Treu und Glauben im ausländischen Recht.[83] Dies kann im Einzelfall dazu führen, dass ein nach deutschem Recht gegebener Auskunftsanspruch abzulehnen ist.[84] Abweichungen gegenüber dem deutschen Recht können sich auch im Hinblick auf den **Zeitpunkt** ergeben, auf den die Auskunft über den Bestand des (End-) Vermögens zu beziehen ist.[85] Die generelle Verneinung von Auskunftsansprüchen durch ein ausländisches Recht kann allerdings gegen den inländischen **ordre public** verstoßen, wenn die Beweisnot des Anspruchstellers völlig unberücksichtigt bleibt.[86] Ob über die Auskunft hinausgehende Ansprüche (zB Vorlage von Belegen, eidesstattliche Versicherung) anzuerkennen sind, ist unsicher. Das AG Nürtingen hat auf der Grundlage des türkischen Rechts eine **Belegvorlagepflicht** entsprechend § 1379 Abs. 1 S. 2 BGB mit der Begründung bejaht, dass die Auskunft sonst unzureichend und nicht kontrollierbar wäre.[87] Dieses Ergebnis dürfte im Allgemeinen auch durch ergänzende Auslegung des ausländischen Güterstatuts zu erzielen sein.

36   **3. Vertragsmäßiges Güterrecht. a) Anknüpfung.** Das Güterstatut gilt auch für Eheverträge über güterrechtliche Verhältnisse.[88] Dabei kommt es nicht darauf an, ob Güterstatut nach Art. 15 Abs. 1 **akzessorisch** zum allgemeinen Ehewirkungsstatut (Art. 14) im Zeitpunkt der Eheschließung oder durch **eigenständige Rechtswahl** nach Art. 15 Abs. 2 bestimmt wird. In vielen Fällen wird ein Ehevertrag freilich mit einer Wahl des Güterstatuts verbunden sein.[89] Bei Fehlen einer solchen Rechtswahl ist grundsätzlich auf den **Zeitpunkt der Eheschließung** abzustellen. Dies gilt auch dann, wenn die Ehegatten den Ehevertrag schon **vor der Heirat** geschlossen haben.[90] Wurde der Ehevertrag erst **nach der Heirat** geschlossen, so kommt es darauf an, welches Recht zu diesem Zeitpunkt für die güterrechtlichen Wirkungen der Ehe maßgeblich war.[91] Im Regelfall wird es sich dabei wegen des Grundsatzes der Unwandelbarkeit um das für die allgemeinen Ehewirkungen **im Zeitpunkt der Heirat** maßgebende Recht handeln.[92] Eine Ausnahme kommt allerdings in Betracht, wenn die Ehegatten zwischenzeitlich eine abweichende Rechtswahl nach Art. 15 Abs. 2 getroffen haben.[93]

37   **b) Abschluss des Ehevertrages. aa) Materiellrechtliche Fragen.** Das **Güterstatut** ist zunächst für die Zulässigkeit und die materielle Wirksamkeit des Ehevertrages maßgeblich.[94] Im Hinblick auf die **Zulässigkeit** ist zu beachten, dass der Abschluss von Eheverträgen nach dem anwendbaren Recht **zeitlichen Grenzen** unterliegen kann. So sehen einige Rechtsordnungen vor, dass ein Ehevertrag nur vor oder bei der Eheschließung vereinbart werden kann.[95] Ein nachträglicher Abschluss ist also unzulässig. Nach anderen ausländischen Rechtsordnungen mag der Abschluss eines Ehevertrages sogar **generell unzulässig** sein. Wichtigstes Beispiel waren früher die Teilrechtsordnungen von Jugoslawien.[96] Inzwischen haben die meisten Nachfolgestaaten Jugoslawiens das Verbot des Ehevertrages aber aufgehoben.[97] Die Beschränkung der Vertragsfreiheit auf dem Gebiet des

---

[81] So auch Staudinger/*Mankowski* (2011) Rn. 287; *Looschelders,* Die Anpassung im Internationalen Privatrecht, 1995, 372 ff.

[82] Vgl. OLG Hamm IPRax 1988, 108.

[83] So OLG Stuttgart NJW 1990, 641 (642); IPRax 1990, 250 (251); *Kerameus* IPRax 1990, 228 ff.

[84] Sehr streng insoweit OLG Stuttgart NJW 1990, 641 (642) gegen AG Böblingen IPRax 1989, 52.

[85] Vgl. OLG Frankfurt a.M. NJW-RR 2006, 1444 (Italien); OLG Stuttgart NJW 1990, 641 (642) (Griechenland).

[86] Vgl. *Looschelders,* Die Anpassung im Internationalen Privatrecht, 1995, 375.

[87] AG Nürtingen FamRZ 2014, 1295.

[88] BGH NJW-RR 2011, 1225 (1226) = FamRZ 2011, 1495; BayObLG FamRZ 1979, 583; LG München I FamRZ 1978, 364 mAnm *Jayme*; Staudinger/*Mankowski* (2011) Rn. 298; BeckOK BGB/*Mörsdorf-Schulte* Rn. 22; Soergel/*Schurig* Rn. 48 ff.; Erman/*Hohloch* Rn. 33; Palandt/*Thorn* Rn. 30; *v. Bar* IPR II Rn. 239; *Kegel/Schurig* IPR § 20 VI 3 (S. 854); *Looschelders* IPR Rn. 8.

[89] Soergel/*Schurig* Rn. 48.

[90] NK-BGB/*Sieghörtner* Rn. 77.

[91] Staudinger/*Mankowski* (2011) Rn. 298.

[92] So auch Staudinger/*Mankowski* (2011) Rn. 297; NK-BGB/*Sieghörtner* Rn. 76. Für Anwendung des allgemeinen Ehewirkungsstatuts in diesen Fällen *Grundmann* FamRZ 1984, 445 (447). Hiergen spricht jedoch, dass eine Durchbrechung der Unwandelbarkeit wegen der bei der Reform von 1986 eingeführten Rechtswahlmöglichkeiten auch im Hinblick auf Eheverträge nicht mehr erforderlich ist.

[93] Vgl. BGH NJW-RR 2011, 1225; *Mörsdorf-Schulte* LMK 2011, 322656.

[94] BGH NJW-RR 2011, 1225 (1226); Palandt/*Thorn* Rn. 30; Erman/*Hohloch* Rn. 33; *Looschelders* IPR Rn. 8.

[95] Vgl. Soergel/*Schurig* Rn. 51; BeckOK BGB/*Mörsdorf-Schulte* Rn. 23; Ferid/*Böhmer* IPR Rn. 8-138.

[96] Vgl. Ferid/*Böhmer* IPR Rn. 8-139 (Kroatien).

[97] Näher dazu *Abbas*, Die Vermögensbeziehungen der Ehegatten und nichtehelichen Lebenspartner im serbischen Recht, 2011, 148 f. (mit Verweis auf Kroation, Bosnien, Montenegro und Bosnien-Herzogowina).

Ehegüterrechts durch ein ausländisches Ehegüterstatut verstößt im Allgemeinen nicht gegen den inländischen **ordre public**.[98] In der Praxis können die Ehegatten das Problem regelmäßig dadurch vermeiden, dass sie nach Art. 15 Abs. 2 eine Rechtsordnung als Ehegüterstatut wählen, die ihnen größere Vertragsfreiheit gewährt.[99] Eine solche Rechtswahl stößt unter dem Aspekt der **Gesetzesumgehung** (→ Einl. IPR Rn. 282 ff.) auf keine Bedenken. Art. 15 Abs. 2 hat nämlich gerade den Zweck, den Ehegatten in solchen Fällen eine Rechtswahl zu ermöglichen.

Im Hinblick auf die **materielle Wirksamkeit** des Ehevertrages geht es zunächst um die Frage, **38** ob für den Abschluss desselben **besondere Regelungen zur Geschäftsfähigkeit** bestehen.[100] So gibt es einige ausländische Rechtsordnungen, die Altersgrenzen für den Abschluss von Eheverträgen vorsehen.[101] Im deutschen Recht enthält § 1411 BGB Sonderregeln für den Abschluss von Eheverträgen durch beschränkt geschäftsfähige und geschäftsunfähige Ehegatten. Das Güterstatut regelt in solchen Fällen auch, inwieweit eine Mitwirkung (insbesondere Zustimmung) des gesetzlichen Vertreters oder eine Genehmigung des Familiengerichts erforderlich ist. Soweit das Ehegüterstatut auf die **allgemeine Geschäftsfähigkeit** abstellt, ist diese nach Art. 7 zu bestimmen. Maßgeblich ist also das Heimatrecht der Ehegatten bei Vertragsschluss. Die Schutzvorschrift des Art. 12 S. 1 gilt nach S. 2 nicht für familienrechtliche Rechtsgeschäfte und ist daher auch auf Eheverträge nicht anwendbar.[102]

Zur materiellen Wirksamkeit gehört auch die Frage nach dem Vorliegen und den Rechtsfolgen **39** von **Willensmängeln.** Auch hierfür ist nach allgemeinen Regeln das Ehegüterstatut maßgeblich.[103] Auch die Notwendigkeit behördlicher oder gerichtlicher **Genehmigungen** unterliegt dem Güterstatut.[104]

bb) Form des Ehevertrags. Nicht dem Ehegüterstatut zuzuordnen ist die **Form** des Ehevertra- **40** ges. Hierfür ist vielmehr Art. 11 Abs. 1–3 maßgeblich.[105] Der Ehevertrag ist demnach formwirksam, wenn die Form entweder den Formvorschriften des Güterstatuts (als Geschäftsstatut) oder den Formvorschriften des Rechts am Abschlussort genügt. Es gilt damit der Grundsatz der **Alternativität.** Die Anknüpfung an das Ortsrecht kann zu Problemen führen, wenn dieses keine oder nur sehr geringe formelle Anforderungen stellt, während das Güterstatut in dieser Hinsicht wesentlich strenger ist. So hatte der BGH in neuerer Zeit über einen Fall zu entscheiden, in dem die güterrechtlichen Wirkungen der Ehe dem deutschen Recht unterlagen und die Ehegatten bei der Eheschließung auf Mauritius gegenüber dem Standesbeamten eine Erklärung zur Wahl des Güterstatuts abgegeben hatten.[106] Nach deutschem Recht (§ 1410 BGB) muss der Ehevertrag bei gleichzeitiger Anwesenheit beider Teile zur Niederschrift eines Notars geschlossen werden. Eine Erklärung gegenüber dem Standesbeamten würde also nicht ausreichen. In der Literatur wird teilweise die Auffassung vertreten, dass in solchen Fällen ein Rückgriff auf den deutschen **ordre public** (Art. 6) in Betracht komme.[107] Nach den Wertungen des Art. 11 Abs. 1 ist es jedoch grundsätzlich nicht zu missbilligen, wenn die Parteien bei dem Vertragsschluss von der Ortsform Gebrauch machen. Dies entspricht vielmehr gerade dem Zweck der Alternativanknüpfung und stellt daher für sich genommen weder einen Verstoß gegen den ordre public noch eine **Gesetzesumgehung** dar.[108] Außerdem hat der deutsche Gesetzgeber bei der Reform von 1986 bewusst darauf verzichtet, für den Abschluss von Eheverträgen eine Mindestform vorzuschreiben. Insofern kann also auch ein formlos geschlossener Ehevertrag wirksam sein.[109] Allerdings erscheint in solchen Fällen eine besonders sorgfältige Inhaltskontrolle – ggf. auch über den inländischen ordre public – erforderlich. Im Mauritius-Fall des BGH bestanden insoweit keine Bedenken. Der BGH hat den Ehevertrag daher zu Recht für wirksam erachtet.

---

[98] Staudinger/*Mankowski* (2011) Rn. 305; BeckOK BGB/*Mörsdorf-Schulte* Rn. 25.
[99] Vgl. BeckOK BGB/*Mörsdorf-Schulte* Rn. 23.
[100] Staudinger/*Mankowski* (2011) Rn. 310; Palandt/*Thorn* Rn. 30; Soergel/*Schurig* Rn. 55; NK-BGB/*Sieghörtner* Rn. 76; *Looschelders* IPR Rn. 8; *Kegel/Schurig* IPR § 20 VI 3 (S. 854).
[101] Vgl. Staudinger/*Mankowski* (2011) Rn. 309.
[102] Staudinger/*Mankowski* (2011) Rn. 312; BeckOK BGB/*Mörsdorf-Schulte* Rn. 26; *Looschelders* IPR Art. 12 Rn. 26.
[103] Staudinger/*Mankowski* (2011) Rn. 313; BeckOK BGB/*Mörsdorf-Schulte* Rn. 25; Soergel/*Schurig* Rn. 57.
[104] BayObLG 1979, 89; OLG Köln IPRspr. 1962/63 Nr. 87; AG Wedel IPRspr. 1972 Nr. 54; Staudinger/*Mankowski* (2011) Rn. 307 f.; Soergel/*Schurig* Rn. 57; Palandt/*Thorn* Rn. 30; BeckOK BGB/*Mörsdorf-Schulte* Rn. 25; NK-BGB/*Sieghörtner* Rn. 76; *v. Bar* IPR II Rn. 239.
[105] BGH NJW-RR 2011, 1225, 1226 = FamRZ 2011, 1495 mAnm *Wachter* (krit.) und *Henrich* (zust.); OLG Hamburg IPRspr. 1979 Nr. 9; OLG Saarbrücken FamRZ 1988, 623 (624); KG JW 1936, 2466 mAnm *Maßfeller*; Staudinger/*Mankowski* (2011) Rn. 313; BeckOK BGB/*Mörsdorf-Schulte* Rn. 32; NK-BGB/*Sieghörtner* Rn. 105; Palandt/*Thorn* Rn. 30; *Looschelders* IPR Rn. 8.
[106] BGH NJW-RR 2011, 1225.
[107] Vgl. BeckOK BGB/*Mörsdorf-Schulte* Rn. 32; *Mörsdorf-Schulte* LMK 2011, 322656.
[108] Vgl. *Looschelders* IPR Art. 11 EGBGB Rn. 21.
[109] So auch Staudinger/*Mankowski* (2011) Rn. 318 ff.; NK-BGB/*Sieghörtner* Rn. 105.

41   Besondere Probleme können sich in Bezug auf das Formstatut des Weiteren ergeben, wenn das **Ortsrecht** für Eheverträge **keine Formvorschriften** vorsieht, weil es Eheverträge nicht kennt oder sogar für unzulässig erachtet. In solchen Fällen geht die Verweisung auf das Ortsrecht ins Leere, so dass der Ehevertrag nur nach den Formvorschriften des Güterstatuts geschlossen werden kann.[110] Sind Eheverträge nach dem **Güterstatut** unbekannt oder unzulässig, so hilft die alternative Anknüpfung des Formstatuts an das Ortsrecht in der Praxis nicht weiter, da der Ehevertrag in einem solchen Fall aus materiellrechtlichen Gründen nach dem Güterstatut als unwirksam anzusehen sein wird.

42   Ist ein Ehevertrag **nicht formwirksam,** so beurteilen sich die damit verbundenen Rechtsfolgen nach dem Güterstatut. Im Regelfall wird hiernach der gesetzliche Güterstand maßgeblich sein.[111]

43   **c) Inhalt des Ehevertrags.** Das Ehegüterstatut entscheidet auch über den zulässigen Inhalt von Eheverträgen.[112] Hierzu gehört insbesondere die Frage, welche Güterstände gewählt werden können[113] und inwieweit diese einer vertraglichen Modifikation zugänglich sind. Im deutschen Güterrecht sieht **§ 1409 BGB** aus Gründen der Rechtsklarheit vor, dass die Ehegatten den Güterstand nicht durch Verweisung auf nicht mehr geltendes oder ausländisches Recht bestimmen können. Unterliegen die güterrechtlichen Wirkungen der Ehe dem deutschen Recht, so können die Ehegatten einen ausländischen Güterstand also nur vereinbaren, wenn sie das Güterstatut durch kollisionsrechtliche **Rechtswahl** nach Art. 15 Abs. 2 einer ausländischen Rechtsordnung unterstellen. Sind beide Ehegatten Deutsche, so können sie hierfür das Recht am gewöhnlichen Aufenthalt eines oder beider Ehegatten (Art. 15 Abs. 2 Nr. 2) oder am Lageort unbeweglichen Vermögens (Art. 15 Abs. 2 Nr. 3) als Güterstatut wählen. Bei deutschem oder französischem Güterstatut kann auch der Güterstand der **Wahl-Zugewinngemeinschaft** vereinbart werden (vgl. § 1519). Das Verbot des § 1409 BGB erfasst im Übrigen nur pauschale Verweisungen (sog. Stichwortvertrag).[114] Den Ehegatten ist es daher unbenommen, die für einen ausländischen Güterstand maßgeblichen Bestimmungen einzeln in ihren Ehevertrag zu übernehmen. In diesem Fall bleiben die zwingenden Vorschriften des deutschen Güterrechts aber unberührt.

44   In der Praxis kann der Fall auftreten, dass die Ehegatten sich bei der materiellrechtlichen Wahl des Güterstands an einer Rechtsordnung orientieren, die nach Art. 15 nicht für die güterrechtlichen Wirkungen ihrer Ehe maßgeblich ist (sog. **Handeln unter falschem Recht**). In einem solchen Fall ist zunächst zu prüfen, ob die Wahl des betreffenden Güterstands zugleich eine **konkludente Rechtswahl** nach Art. 15 Abs. 2 darstellt. Sofern dies (zB wegen Nichtbeachtung der Formerfordernisse nach Art. 15 Abs. 3) ausscheidet, muss dem Willen der Ehegatten auf der Grundlage des „richtigen" Güterstatuts möglichst weitgehend Rechnung getragen werden.[115] Dabei ist insbesondere an eine **Umdeutung** des gewählten Güterstands in einen entsprechenden Güterstand des Güterstatuts zu denken. So hat der BGH in der Mauritius-Entscheidung die von den Ehegatten vereinbarte Gütertrennung nach mauritischem Güterrecht als Gütertrennung iSd deutschen Rechts behandelt.[116]

45   Nach dem Ehegüterstatut beurteilt sich auch die Frage, welche Rechtsfolgen eintreten, wenn die güterrechtlichen Vereinbarungen im Ehevertrag einen Ehegatten **einseitig benachteiligen.**[117] Auf der Grundlage des deutschen Rechts findet in solchen Fällen eine gerichtliche Inhaltskontrolle über § 138 Abs. 1 BGB und § 242 BGB statt. Die diesbezügliche Rechtsprechung betrifft zwar in erster Linie den Verzicht auf Unterhaltsansprüche und den Ausschluss des Versorgungsausgleichs.[118] Indes kann auch die Vereinbarung von Gütertrennung oder der einseitige Verzicht auf Zugewinnausgleich die Sittenwidrigkeit der Vereinbarung begründen oder dazu führen, dass die Berufung auf die Vereinbarung nach den Umständen des Einzelfalls treuwidrig erscheint.[119] Nimmt ein ausländisches Recht die einseitige Benachteiligung eines Ehegatten hin, so kann der Verstoß gegen den Grundsatz der Gleichberechtigung den Rückgriff auf den inländischen **ordre public** (Art. 6) rechtfertigen.

---

[110] Staudinger/*Mankowski* (2011) Rn. 322; NK-BGB/*Sieghörtner* Rn. 105; allgemein zu dieser Problematik BGH NZG 2005, 41 (42); Palandt/*Thorn* Art. 11 Rn. 12; speziell zum Versorgungsausgleich OLG Bamberg NJW-RR 2002, 1153 (1154).

[111] Staudinger/*Mankowski* (2011) Rn. 323.

[112] BeckOK BGB/*Mörsdorf-Schulte* Rn. 29; Erman/*Hohloch* Rn. 29; Palandt/*Thorn* Rn. 30; Soergel/*Schurig* Rn. 53; Staudinger/*Mankowski* (2011) Rn. 304; *Looschelders* IPR Rn. 8.

[113] Soergel/*Schurig* Rn. 53; *v. Bar* IPR II Rn. 240.

[114] BeckOK BGB/*Mörsdorf-Schulte* Rn. 30; Erman/*Heinemann* § 1409 Rn. 2.

[115] BeckOK BGB/*Mörsdorf-Schulte* Rn. 31; NK-BGB/*Sieghörtner* Rn. 80.

[116] BGH NJW-RR 2011, 1225 (1226).

[117] Palandt/*Thorn* Rn. 30.

[118] Vgl. zB BGHZ 158, 81 (97); BGH NJW 2007, 2851 (2853); NJW 2009, 2124; näher dazu NK-BGB/ *Looschelders* § 138 Rn. 188 ff.; Staudinger/*Looschelders/Olzen* (2015) Rn. 966.

[119] Vgl. Palandt/*Brudermüller* Rn. 10.

d) Abänderung und Aufhebung von Eheverträgen. Das Güterstatut ist auch für die Frage **46**
maßgeblich, ob und unter welchen Voraussetzungen die Ehegatten einen einmal geschlossenen
Ehevertrag **abändern** oder **aufheben** können.[120] Die **Form** der Änderungs- oder Aufhebungsver-
einbarung richtet sich auch in diesen Fällen nach Art. 11 Abs. 1–3. Soweit es auf die **allgemeine
Geschäftsfähigkeit** ankommt, ist wieder Art. 7 heranzuziehen.

III. Abgrenzungen

Das Güterstatut weist enge Berührungen zu einigen anderen Statuten auf. Dies kann im Einzelfall **47**
zu schwierigen **Abgrenzungsfragen** führen. Folgende Aspekte sind dabei besonders relevant.

1. Allgemeine Ehewirkungen. Besondere Probleme bereitet in vielen Fällen die Abgrenzung **48**
zwischen dem Güterstatut und dem allgemeinen Ehewirkungsstatut. Die Schwierigkeiten beruhen
insbesondere darauf, dass viele Rechtsinstitute (zB **Verfügungsbeschränkungen, Haftung für
Schulden** des anderen Ehegatten) keiner pauschalen Einordnung zugänglich sind, weil sie in einigen
Rechtsordnungen für alle Ehen gelten, in anderen Rechtsordnungen aber nur im Rahmen eines
bestimmten Güterstands anwendbar sind. Die Qualifikation erfordert daher eine genaue Analyse der
Funktion des Instituts in der jeweiligen Rechtsordnung (→ Art. 14 Rn. 27). Im Grenzbereich von
allgemeinem Ehewirkungsstatut und Ehegüterstatut liegt auch die **Morgengabe**.[121] Für die Praxis
wurde dieses Problem dadurch gelöst, dass der BGH die Morgengabe dem allgemeinen Ehewirkungsstatut unterstellt hat (→ Art. 14 Rn. 54–58).

2. Scheidung und Ehetrennung, sonstige Scheidungsfolgen. Die **güterrechtlichen Fol- 49
gen** einer Scheidung oder einer Trennung ohne Auflösung des Ehebandes beurteilen sich nicht nach
dem Scheidungsstatut, sondern nach dem Güterstatut.[122] Dies war schon vor Inkrafttreten der Rom
III-VO anerkannt.[123] Auf der Grundlage des geltenden Rechts kommt hinzu, dass die Rom III-VO
nicht auf die vermögensrechtlichen Folgen der Ehe anwendbar ist (Art. 1 Abs. 2 lit. e Rom III-VO).
Nach Art. 17 Abs. 1 unterliegen die vermögensrechtlichen Scheidungsfolgen (insbes. **Zugewinnausgleich**) nur dann dem Scheidungsstatut, wenn sie von keiner anderen familienrechtlichen Kollisionsnorm erfasst werden. Art. 15 geht hier also vor. Verträge der Ehegatten über die **Auseinandersetzung des Güterstands** richten sich ebenfalls nach dem Güterstatut.[124]
Fragen des **Versorgungsausgleichs** werden in Deutschland häufig im Ehevertrag mitgeregelt **50**
(vgl. § 1408 Abs. 2 BGB). Die Anknüpfung des Versorgungsausgleichs erfolgt aber gesondert nach
Art. 17 Abs. 3.[125] Unterhaltsvereinbarungen zwischen den Ehegatten richten sich nach dem Unterhaltsstatut.

3. Vertragsstatut. Schuldverträge zwischen den Ehegatten unterliegen grundsätzlich dem Ver- **51**
tragsstatut nach der Rom I-VO. Das Güterstatut gilt allerdings für Regelungen, welche den Abschluss
von Rechtsgeschäften zwischen Ehegatten mit Rücksicht auf die güterrechtlichen Verhältnisse
beschränken oder besonderen Regeln unterwerfen. Das trifft zB auf güterrechtliche **Schenkungsverbote** zu.[126] Das für Ehegatten nach einigen ausländischen Rechtsordnungen geltende Verbot,
Gesellschaftsverträge miteinander abzuschließen, unterliegt grundsätzlich ebenfalls dem Güterstatut (→ Art. 14 Rn. 17).[127] **Unbenannte** (ehebedingte) **Zuwendungen** zwischen den Ehegatten
werden von der Rechtsprechung bislang dem Vertragsstatut unterstellt.[128] Seit dem Inkrafttreten der
Rom I-VO erscheint die Anwendung des allgemeinen Ehewirkungsstatuts in diesen Fällen aber
vorzugswürdig (→ Art. 14 Rn. 61 f.).

---

[120] Staudinger/*Mankowski* (2011) Rn. 306; Soergel/*Schurig* Rn. 49; NK-BGB/*Sieghörtner* Rn. 82.
[121] Für güterrechtliche Qualifikation noch Voraufl. Rn. 87 (*Siehr*).
[122] Vgl. OLG Hamm FamRZ 2014, 947 = NJOZ 2014, 887 (888); BeckOK BGB/*Mörsdorf-Schulte* Rn. 41.
[123] Zur Scheidung OLG Düsseldorf NJW-RR 1994, 453; OLG Zweibrücken FamRZ 2007, 1147; Palandt/
Thorn Rn. 26; Staudinger/*Mankowski* (2011) Rn. 277 ff.; Soergel/*Schurig* Rn. 43; zur Trennung von Tisch und
Bett OLG Frankfurt NJW-RR 2006, 1444 = FamRZ 2007, 400; OLG Köln FamRZ 2008, 1091 (jeweils zum
italienischen Recht); Staudinger/*Mankowski* (2011) Rn. 289.
[124] KG JW 1936, 2466 mAnm *Maßfeller*; OLG Stuttgart NJW 1958, 1972; Soergel/*Schurig* Rn. 45; Staudinger/
Mankowski (2011) Rn. 291; BeckOK BGB/*Mörsdorf-Schulte* Rn. 41.
[125] BGH NJW 1993, 2047, 2049; BeckOK BGB/*Mörsdorf-Schulte* Rn. 41.
[126] Vgl. BGH NJW 1969, 369; FamRZ 1993, 289; OLG Frankfurt a.M. IPRax 2014, 443 (447); Staudinger/
Mankowski (2011) Rn. 267; *Nordmeier* IPRax 2014, 411 (417 f.).
[127] RGZ 173, 367; OLG Stuttgart NJW 1958, 1972; Staudinger/*Mankowski* (2011) Rn. 269; Ferid/*Böhmer*
IPR Rn. 8-128.
[128] BGHZ 119, 392 (395 ff.) = IPRax 1995, 399 (400) mAnm *Winkler v. Mohrenfels* IPRax 1995, 379 ff.; ausf.
dazu *Vollmöller*, Die Qualifikation ehebedingter Zuwendungen im IPR, Diss. Augsburg 2000.

52   **4. Belegenheitsrecht und Forderungsstatut.** Soweit das Güterstatut das Eigentum oder andere dingliche Rechte an Sachen berührt oder sich auf sachenrechtliche Erwerbsvorgänge auswirkt, können sich Spannungen zu der nach Art. 43 Abs. 1 für sachenrechtliche Vorgänge maßgeblichen *lex rei sitae* ergeben. Bei der Abgrenzung ist davon auszugehen, dass **dingliche Erwerbsvorgänge** als solche dem Belegenheitsrecht unterliegen.[129] Das gilt auch für die Vorschriften über den **gutgläubigen Erwerb** (vgl. §§ 932 ff., 892 ff. BGB). **Dingliche Herausgabeansprüche** zwischen den Ehegatten (zB aus § 985 BGB) sind ebenfalls nach dem Belegenheitsrecht zu beurteilen.[130] Das Gleiche gilt für **besitzrechtliche Ansprüche.**[131]

53   Das Güterstatut entscheidet hingegen darüber, welche vermögensrechtlichen Auswirkungen die Eheschließung oder ein Ehevertrag auf die Besitz- und Eigentumsverhältnisse hat, welche Gütermassen in der Ehe bestehen und welcher Gütermasse ein bestimmter Vermögensgegenstand ggf. zuzuordnen ist.[132] Dabei können aber nur solche sachenrechtlichen Wirkungen des Güterstatuts eintreten, die den zwingenden Vorschriften des *Belegenheitsrechts* nicht widersprechen.[133] Zudem müssen die **Publizitätsanforderungen** der lex rei sitae gewahrt werden,[134] was insbesondere für die Eintragung von dinglichen Rechten an Grundstücken im Grundbuch Bedeutung hat. So kann eine **Legalhypothek** oder ein **gesetzliches Nießbrauchsrecht** an Grundstücken des anderen Ehegatten in Deutschland auch dann nicht kraft Gesetzes erworben werden, wenn ein solcher Erwerb nach dem Güterstatut (bzw. dem allgemeine Ehewirkungsstatut) eintritt.[135] Sieht das Güterstatut die Entstehung von **Gesamthandseigentum** an den zum Gesamtgut gehörenden Sachen vor (zB § 1416 BGB), so kann diese Rechtsfolge nicht bei Sachen eintreten, die in einem Staat belegen sind, dessen Recht das Institut des Gesamthandseigentums nicht kennt.[136] Aus Sicht des deutschen Rechts bestehen insoweit keine Probleme. Dabei kommt es nicht darauf an, ob der Güterstand, der zur Entstehung des Gesamthandseigentums wird, dem deutschen Recht als solcher bekannt ist. Der Vorbehalt der lex rei sitae greift daher in Deutschland nicht ein, wenn eine Errungenschaftsgemeinschaft nach ausländischem Recht zur Entstehung von Gesamthandseigentum der Ehegatten führt.[137] Ein **dinglich wirkendes Veräußerungsverbot,** das die Ehegatten nach ausländischem Güterrecht durch Ehevertrag wirksam begründet haben, bleibt im inländischen Rechtsverkehr nach § 137 BGB unbeachtlich (→ § 137 Rn. 7).[138]

54   Im Einzelfall kann ein fremdes Güterrechtsinstitut an das am ehesten vergleichbare Institut der lex rei sitae **anzupassen** sein. Art. 29 EuGüVO sieht hierfür eine entsprechende Bestimmung nach dem Vorbild des Art. 31 EuErbVO vor (→ Vor Art. 15 Rn. 109 ff). Der Sache nach handelt es sich jeweils um Modifikationen des allgemeinen Instituts der **Transposition,** das in der Methodik des Internationalen Privatrechts seit langem anerkannt ist.[139] Die Anpassung fremder Güterrechtsinstitute kann daher schon nach dem geltenden Recht vorgenommen werden. Den Maßstab bildet dabei die **Äquivalenz** der Inhalte und Wirkungen der Rechtsinstitute.[140]

55   Bei der Eintragung ins deutsche **Grundbuch** kann ein Hinweis auf das ausländische Güterstatut erforderlich sein.[141] So können Ehegatten, die im Güterstand der allgemeinen Gütergemeinschaft nach **niederländischem Recht** leben, nicht als Miteigentümer eines Grundstücks in das deutsche Grundbuch eingetragen werden. Nach § 47 GBO ist vielmehr das Beteiligungsverhältnis „in Gütergemeinschaft des niederländischen Rechts" in das Grundbuch einzutragen.[142] Im Übrigen unterliegen die **verfahrensrechtlichen Voraussetzungen** der Eintragung ins Grundbuch einschließlich der

---

[129] Erman/*Hohloch* Rn. 36a; BeckOK BGB/*Mörsdorf-Schulte* Rn. 38.
[130] OLG Köln NJW-RR 1994, 200; NK-BGB/*Sieghörtner* Rn. 103.
[131] Vgl. Staudinger/*Mankowski* (2011) Rn. 391; Soergel/*Schurig* Rn. 36; NK-BGB/*Sieghörtner* Rn. 102.
[132] Vgl. LG Berlin FamRFZ 1993, 198 (betr. Eigentum an Hochzeitsgeschenken); Staudinger/*Mankowski* (2011) Rn. 388; Soergel/*Schurig* Rn. 36.
[133] BeckOK BGB/*Mörsdorf-Schulte* Rn. 39.
[134] NK-BGB/*Sieghörtner* Rn. 99.
[135] Vgl. OLG Frankfurt a.M. IPRax 1986, 239 (241); Soergel/*Schurig* Rn. 36; Staudinger/*Mankowski* (2011) Art. 14 Rn. 288; Erman/*Hohloch* Rn. 36a.
[136] Vgl. Soergel/*Schurig* Rn. 36; NK-BGB/*Sieghörtner* Rn. 99.
[137] Vgl. Staudinger/*Mankowski* (2011) Rn. 395; NK-BGB/*Sieghörtner* Rn. 99 (zur Errungenschaftsgemeinschaft nach italienischem Recht).
[138] KG NJW 1973, 428 (429); Staudinger/*Mankowski* (2011) Rn. 396; NK-BGB/*Looschelders* § 137 Rn. 8.
[139] Grundlegend Lewald Rec. des Cours 69 (1939-III), 1 (127 ff.); dazu *Looschelders,* Die Anpassung im Internationalen Privatrecht, 1995, 64 ff., 183 ff., 269 ff.
[140] Vgl. zum Erbrecht NK-BGB/*Looschelders* EuErbVO Art. 31 Rn. 2.
[141] Näher dazu Staudinger/*Mankowski* (2011) Rn. 398.
[142] OLG Schleswig FGPRax 2010, 19, 20; OLG Düsseldorf FGPRax 2000, 5; OLG München OLGR 2009, 270; Staudinger/*Mankowski* (2011) Rn. 398.

notwendigen Nachweise auch bei ausländischem Güterstatut der lex fori.[143] Die Eintragung kann nicht allein deshalb verweigert werden, weil das Grundbuch aufgrund **möglicher** Fehler bei der Ermittlung oder Anwendung ausländischen Rechts unrichtig werden könnte. Es gilt vielmehr der allgemeine Grundsatz, dass die Eintragung nur versagt werden darf, wenn konkrete Tatsachen, die zur Unrichtigkeit des Grundbuchs führen würden, zur **Überzeugung des Grundbuchamts** feststehen.[144] Bloße Zweifel rechtfertigen insofern auch keine Zwischenverfügung.[145] Das Grundbuchamt treffen bei Beteiligung ausländischer Ehegatten auch **keine erweiterten Prüfungspflichten.** Hat das Grundbuchamt keine objektivierten Anhaltspunkte dafür, dass das Grundbuch durch die beantragte Eintragung unrichtig werden könnte, so ist es daher nicht berechtigt, von den Ehegatten den Nachweis für das Bestehen eines bestimmten Güterstands nach ausländischem Güterrecht zu verlangen.[146] Soweit es auf den **Inhalt ausländischen Rechts** ankommt, muss das Grundbuchamt sich die notwendige Kenntnis im Regelfall selbst verschaffen. Das Grundbuchamt kann die Eintragung daher nicht davon abhängig machen, dass die Beteiligten ein Rechtsgutachten zum Inhalt des anwendbaren ausländischen Rechts vorlegen. Hält das Grundbuchamt ein solches Rechtsgutachten für notwendig, so muss es dieses von Amts wegen einholen.[147]

Die beschriebenen Konflikte zwischen der lex rei sitae und dem Ehegüterstatut werden auch bei **56** Inkrafttreten der **EuGüVO** (→ Rn. 5 f.) bestehen bleiben. So sieht Art. 1 Abs. 2 lit. g und h EuGüVO vor, dass die Art der dinglichen Rechte an Vermögen sowie jede Eintragung von Rechten an beweglichen oder unbeweglichen Vermögensgegenständen in einem Register, einschließlich der gesetzlichen Voraussetzungen für eine solche Eintragung, sowie die Wirkungen der Eintragung oder der fehlenden Eintragung solcher Rechte in einem Register vom Anwendungsbereich der Verordnung ausgenommen sind (→ EuGüVO Rn. 109 ff.). Die Regelungen entsprechen den Ausnahmen vom Anwendungsbereich der EuErbVO nach deren Art. 1 Abs. 2 lit. k und l[148] und werden voraussichtlich die gleichen Auslegungsschwierigkeiten bereiten.

Das Güterstatut kann bei **Forderungen** auch in Konflikt mit dem für die Forderung maßgeblichen **57** Recht treten.[149] Für die Abgrenzung beider Statute und die Auflösung möglicher Konflikte gelten die gleichen Grundsätze wie im Verhältnis von Sachstatut und Güterstatut. Der Erwerb und die Übertragung der Forderung richten sich also nach dem Forderungsstatut. Das Güterstatut entscheidet u.a. darüber, zu welcher Gütermasse die Forderung gehört und welche Art der (Mit-) Berechtigung (zB Gesamtgläubigerschaft) zwischen den Ehegatten in Bezug auf die Forderung ggf. besteht.

5. Erbrecht. a) Problemstellung. Bei der **Beendigung des Güterstandes** aufgrund des Todes **58** eines Ehegatten können sich erhebliche Abgrenzungsprobleme zum Erbstatut ergeben. Die Probleme beruhen insbesondere darauf, dass das Güterrecht und das Erbrecht mit Blick auf die Beteiligung des überlebenden Ehegatten am Vermögen des Erblassers in den einzelnen Rechtsordnungen auf vielfältige Art und Weise miteinander verknüpft sind. So lässt sich der **Umfang des Nachlasses** oft erst nach der Auseinandersetzung des Güterstandes feststellen.[150] Hinzu kommt, dass die güterrechtliche und die erbrechtliche Beteiligung des überlebenden Ehegatten am Vermögen des anderen in gewissem Maße austauschbar erscheinen. So sehen Rechtsordnungen, die von einer großzügigen güterrechtlichen Beteiligung des Ehegatten im gesetzlichen Güterstand ausgehen, sehr häufig nur eine geringe gesetzliche Erbquote des Ehegatten vor. Umgekehrt geht eine höhere gesetzliche Erbquote des Ehegatten nicht selten mit einer geringen Vermögensbeteiligung im gesetzlichen Güterstand einher.[151] Dies kann bei unterschiedlichem Güter- und Erbstatut zu den viel diskutierten Erscheinungen des **Normenmangels** und der **Normenhäufung** führen, die eine **Anpassung** erforderlich machen.[152] Im deutschen Recht werden die Probleme dadurch verschärft, dass **§ 1371 Abs. 1 BGB** den Zugewinnausgleich beim Tod eines Ehegatten durch Erhöhung des gesetzlichen Erbrechts verwirklicht. Hier stellt sich bereits die Frage, ob die Vorschrift güter- oder erbrechtlich

---

[143] BayObLGZ 1986, 81 (83) = FamRZ 1986, 809.

[144] BayObLGZ 1986, 81 (83) = FamRZ 1986, 809; OLG Schleswig FGPRax 2010, 19; OLG Düsseldorf FGPRax 2000, 5 (6) = NJW-RR 2000, 542; OLG München NJW-RR 2013, 919; LG Duisburg RNotZ 2003, 396.

[145] BayObLGZ 1986, 81 (83) = FamRZ 1986, 809.

[146] OLG Düsseldorf FGPRax 2000, 5 (6) = NJW-RR 2000, 542; Staudinger/*Mankowski* (2011) Rn. 401.

[147] OLG München NJW 2016, 1186 (1187).

[148] Vgl. dazu NK-BGB/*Looschelders* Art. 1 EuErbVO Rn. 57 ff.

[149] BeckOK BGB/*Mörsdorf-Schulte* Rn. 38; Soegel/*Schurig* Rn. 36.

[150] Vgl. BayObLGZ 1981, 178, 180; Staudinger/*Mankowski* (2011) Rn. 329; BeckOK BGB/*Mörsdorf-Schulte* Rn. 45; *v. Bar* IPR II Rn. 244; Ferid/*Böhmer* IPR Rn. 8-128.

[151] Zu diesen Zusammenhängen Staudinger/*Mankowski* (2011) Rn. 324; *Jayme*, FS Ferid, 1978, S. 221 (223).

[152] Vgl. *Neubecker*, Ehe- und Erbvertrag, S. 281 f.; *Kegel/Schurig* IPR § 8 II 2 (S. 359 f.); ausführlich dazu *Looschelders*, Die Anpassung im Internationalen Privatrecht, 1995, 8 ff., 296 ff.

zu qualifizieren ist. Bei güterrechtlicher Qualifikation muss weiter geprüft werden, ob § 1371 Abs. 1 BGB auch bei ausländischem Erbstatut anwendbar ist (→ Rn. 61 ff.).

59 Der enge Zusammenhang zwischen Güter- und Erbrecht lässt eine **einheitliche Anknüpfung** beider Statute wünschenswert erscheinen. Eine solche Einheitlichkeit ist jedoch keineswegs gewährleistet. Seit dem Inkrafttreten der EuErbVO unterliegt die Rechtsnachfolge von Todes wegen bei Fehlen einer Rechtswahl des Erblassers gemäß Art. 21 Abs. 1 EuErbVO grundsätzlich dem Recht des Staates, in dem der Erblasser im Zeitpunkt seines Todes seinen **gewöhnlichen Aufenthalt** hatte. Demgegenüber stellt Art. 15 Abs. 1 iVm Art. 14 Abs. 1 Nr. 1 für das Güterrecht primär auf die **gemeinsame Staatsangehörigkeit** beider Ehegatten im Zeitpunkt der Eheschließung ab. Die Anknüpfungen unterscheiden sich also sowohl im Hinblick auf die maßgeblichen Anknüpfungsmomente als auch im Hinblick auf den Zeitpunkt der Anknüpfung erheblich. Die Anwendung eines einheitlichen Rechts auf die güter-und erbrechtlichen Aspekte der Beteiligung des überlebenden Ehegatten am Vermögen des Erblassers kann daher nur durch Rechtswahl herbeigeführt werden.[153] Für Erbfälle, die vor dem 17.8.2015 eingetreten sind, bestimmt sich das Erbstatut weiter nach Art. 25 EGBGB aF. Die Rechtsnachfolge von Todes wegen unterliegt danach grundsätzlich dem Recht des Staates, dem der **Erblasser** im **Zeitpunkt seines Todes** angehört hat. Ein Gleichlauf mit dem Güterstatut ist also auch hier nicht gewährleistet.[154] Dies gilt insbesondere im Hinblick darauf, dass der Güterstand sich bei gemischt-nationalen Ehen gemäß Art. 15 Abs 1 iVm Art. 14 Abs. 1 Nr. 2 gerade nicht nach dem Heimatrecht, sondern nach dem Recht am gemeinsamen gewöhnlichen Aufenthalt im Zeitpunkt der Eheschließung richtet.

60 **b) Allgemeine Grundsätze der Abgrenzung (Qualfikation).** Bei der Abgrenzung von Güter- und Erbstatut ist wegen des Vorrangs des Unionsrechts von der EuErbVO auszugehen. Ansatzpunkt ist Art. 1 Abs. 2 lit. d EuErbVO, wonach die Verordnung nicht auf Fragen des ehelichen Güterrechts sowie des Güterrechts aufgrund von Verhältnissen, die nach dem auf diese Verhältnisse anzuwendenden Recht mit der Ehe vergleichbare Wirkungen entfalten (insbesondere gleichgeschlechtliche eingetragene Lebenspartnerschaften),[155] anwendbar ist. Parallel dazu wird die EuGüVO nicht auf die Rechtsnachfolge von Todes wegen nach dem Tod eines Ehegatten anwendbar sein (Art. 1 Abs. 2 lit. d EuGüVO). Im Hinblick auf Art. 1 Abs. 2 lit. d EuErbVO hat die Abgrenzung bei Erbfällen seit dem 17.8.2015 schon jetzt autonom nach den Kriterien des europäischen Internationalen Privatrechts zu erfolgen. Hiernach ist – ebenso wie nach den allgemeinen Grundsätzen der Qualifikation im deutschen Kollisionsrecht (→ Einl. IPR Rn. 118 ff.) – eine **funktionale Betrachtung** geboten (→ Art. 1 EuErbVO Rn. 16).[156] Zum **Güterstatut** gehören danach alle Vorschriften, die auf die Abwicklung einer aufgrund der Ehe bestehenden Sonderordnung des Vermögens der Ehegatten beim Tod eines Ehegatten abzielen. Dem **Erbstatut** ist dagegen zu entnehmen, welche Rechte in Bezug auf den Nachlass dem überlebenden Ehegatten unabhängig von einer solchen Sonderordnung aufgrund seines Näheverhältnisses zum Erblasser zustehen sollen.[157]

61 **c) Zugewinnausgleich im Todesfall nach § 1371 Abs. 1 BGB.** Besonders umstritten war lange Zeit die Frage, ob die pauschalierte Verwirklichung des Zugewinnausgleichs im Todesfall durch Erhöhung des gesetzlichen Erbteils um 1/4 (§ 1371 Abs. 1 BGB) güter- oder erbrechtlich zu qualifizieren ist. Der überwiegende Teil der neueren Rechtsprechung und Literatur hat eine **rein güterrechtliche Qualifikation** des § 1371 Abs. 1 BGB befürwortet.[158] Dem hat sich auch der BGH angeschlossen.[159] In Rechtsprechung und Literatur wurde allerdings teilweise die Auf-

---

[153] Vgl. NK-BGB/*Looschelders* Art. 1 EuErbVO Rn. 30; *Heinig* DNotZ 2014, 251 (255 ff.); *Mankowski* ZEV 2014, 121 (128 ff.); *Walther* GPR 2014, 325 (328).

[154] Staudinger/*Mankowski* (2011) Rn. 324; *S. Lorenz* NJW 2015, 2157 (2158).

[155] Vgl. NK-BGB/*Looschelders* Art. 1 EuErbVO Rn. 14.

[156] Vgl. NK-BGB/*Looschelders* Art. 1 EuErbVO Rn. 27; *Dörner* ZEV 2012, 505 (512); *Dutta* FamRZ 2013, 4 (9); zur Methode der funktionalen Qualifikation im europäischen Kollisionsrecht *Heinze*, FS Kropholler, 2008, 105 (107 ff.); *Sonnenberger*, FS Kropholler, 2008, 227 (240).

[157] Vgl. NK-BGB/*Looschelders* Art. 1 EuErbVO Rn. 27; Soergel/*Schurig* Rn. 38; Staudinger/*Dörner* (2007) Art. 25 EGBGB Rn. 32; *Mankowski* ZEV 2014, 121 (127).

[158] Vgl. OLG Schleswig NJW 2014, 88; OLG München ZEV 2012, 591; OLG Frankfurt a.M. ZEV 2015, 158 (160); OLG Düsseldorf FamRZ 2015, 1237 = IPRax 2016, 382 mAnm *Looschelders* 349 ff.; LG Mosbach ZEV 1998, 489; Palandt/*Thorn* Rn. 26; Erman/*Hohloch* Rn. 37; Staudinger/*Mankowski* (2011) Rn. 341; NK-BGB/*Looschelders* Art. 1 EuErbVO Rn. 29 ff.; *Looschelders* IPRax 2009, 505, 509; *Dörner* IPRax 2014, 323 (325); *Mankowski* ZEV 2014, 121 ff.; *Heinig* DNotZ 2014, 251 ff.; *Walther* GPR 2014, 325 ff.; für erbrechtliche Qualifikation *Raape* IPR⁵ S. 336 ff.; für Doppelqualifikation OLG Düsseldorf IPRspr. 1987 Nr. 105 = MittRhNotK 1988, 68, 69; Ferid/*Böhmer* IPR Rn. 8-130; *Schotten/Schmellenkamp* IPR² Rn. 285 ff.

[159] BGHZ 205, 289 = NJW 2015, 2185 Rn. 24 = JR 2016, 193 mAnm *Looschelders*; noch offen gelassen in BGH ZEV 2012, 590 (591).

fassung vertreten, dass § 1371 Abs. 1 BGB aus materiellrechtlichen Gründen – nämlich wegen der engen Verknüpfung mit § 1931 Abs. 1 BGB – nur anwendbar sei, wenn die Rechtsnachfolge von Todes wegen ebenfalls dem deutschen Recht unterliege oder das ausländische Erbstatut zumindest die gleiche gesetzliche Erbquote wie § 1931 Abs. 1 BGB vorsehe.[160] Dieser Auffassung ist der BGH jedoch entgegengetreten. Für die Anwendbarkeit des § 1371 Abs. 1 BGB kommt es hiernach nicht darauf an, ob die Rechtsnachfolge von Todes wegen ebenfalls deutschem Recht unterliegt. Die Vorschrift ist vielmehr auch bei **ausländischem Erbstatut** anwendbar. Die Anwendbarkeit des § 1371 Abs. 1 BGB hängt auch nicht davon ab, ob das ausländische Erbstatut eine „reine" Erbquote vorsieht, die keinen güterrechtlichen Ausgleich mit verwirklicht.[161] Es genügt, dass das ausländische Recht dem überlebenden Ehegatten ein gesetzliches Erbrecht zubilligt. Nicht überzeugen kann auch die Auffassung des OLG Hamburg, dass eine Erhöhung des gesetzlichen Erbteils des überlebenden Ehegatten nach § 1371 Abs. 1 BGB jedenfalls im Anwendungsbereich des **Dt.-Iran. NlassAbK** (→ Rn. 10; → Art. 14 Rn. 7) ausgeschlossen sei, weil dieses vorbehaltlich des ordre public jede Änderung der nach dem iranischen Erbstatut bestimmten Erbquoten ausschließe.[162] Auch hier gilt nämlich die Feststellung des BGH, dass die Nichtanwendung des § 1371 Abs. 1 BGB neben einem ausländischen Erbrecht das deutsche Güterstatut unzulässig verkürzen würde.[163]

Übersteigt die im ausländischen Erbrecht vorgesehene gesetzliche Erbquote des Ehegatten die **62** Erbquote nach § 1931 Abs. 1 BGB (zB 1/3 nach österr. Recht), so erhält der Ehegatte im Ergebnis eine höhere Nachlassbeteiligung, als ihm nach den gemeinsamen Wertungen beider anwendbarer Rechtsordnungen zustehen soll (sog. **Normenhäufung**). Der BGH geht zu Recht davon aus, dass ein solcher Normenwiderspruch die Anwendbarkeit des § 1371 Abs. 1 BGB nicht ausschließt.[164] Das Problem ist im Wege der **Anpassung** zu lösen. Die Quote ist dabei auf das Maß herabzusetzen, das dem überlebenden Ehegatten nach der günstigeren Rechtsordnung im Ganzen zustünde.[165] Sieht das ausländische Erbstatut eine geringere Erbquote als § 1931 Abs. 1 BGB vor, so entsteht dagegen im Allgemeinen kein Anpassungsbedarf; die Anwendung des § 1371 Abs. 1 BGB wirkt dem drohenden **Normenmangel** hier sogar entgegen. Ist die dem Ehegatten nach ausländischem Erbrecht zustehende Erbquote wegen Verstoßes gegen den inländischen **ordre public** (Art. 6) auf 1/4 heraufzusetzen, so wirft die Anwendung des § 1371 Abs. 1 BGB ebenfalls keine Anpassungsprobleme auf, da der Ehegatte nicht mehr erhält, als ihm bei Anwendung des deutschen Rechts im Ganzen zustünde.[166]

Das Urteil des BGH zur Anwendbarkeit des § 1371 Abs. 1 BGB bei ausländischem Güterstatut **63** bezieht sich auf die Rechtslage vor dem Inkrafttreten der EuErbVO. Nach geltendem Recht ist aber die gleiche Beurteilung geboten.[167] Da die EuErbVO hierfür weder spezielle Vorschriften noch klarstellende Hinweise in den Erwägungsgründen enthält, muss von den allgemeinen Abgrenzungskriterien ausgegangen werden. Entscheidend ist dabei die **Funktion** des § 1371 Abs. 1 BGB, den Anspruch des überlebenden Ehegatten auf Ausgleich des Zugewinns in pauschalierter Weise zu verwirklichen. Dass der deutsche Gesetzgeber sich hierfür eines erbrechtlichen Mittels bedient, steht der güterrechtlichen Qualifikation des § 1371 Abs. 1 BGB bei einer funktionalen Betrachtung nicht entgegen.[168] Gegen eine **Doppelqualifikation** der Vorschrift spricht außerdem, dass der europäische Gesetzgeber die Anwendungsbereiche der EuErbVO und der EuGüVO bzw. der EuPartVO klar voneinander abgrenzen will (vgl. jeweils Art. 1 Abs. 2 lit. d). Eine Doppelqualifikation wäre hiermit

---

[160] So OLG Stuttgart ZEV 2005, 443 (444); OLG Düsseldorf ZEV 2009, 190 (192 f.) = IPRax 2009, 520 (523) m. krit. Aufsatz *Looschelders* 505 ff; MüKoBGB/*Birk*[5] Art. 25 EGBGB Rn. 158.

[161] BGHZ 205, 289 = NJW 2015, 2185 Rn. 31; Palandt/*Thorn* Rn. 26.

[162] OLG Hamburg FamRZ 2015, 1232 = MittBayNot 2016, 261 mAnm *Sieghörtner* = NZFam 2015, 736 mAnm *Rauscher*.

[163] BGHZ 205, 289 Rn. 27.

[164] BGHZ 205, 289 Rn. 34.

[165] OLG Düsseldorf FamRZ 2015, 1237 = IPRax 2016, 382 (384) mAnm *Looschelders* 349 ff.; OLG Schleswig NJW 2014, 88 (90); LG Mosbach ZEV 1998, 489 (490); Palandt/*Thorn* Rn. 26; Staudinger/*Mankowski* (2011) Rn. 376 ff.; *S. Lorenz* NJW 2015, 2157 (2159); *Looschelders*, FS v. Hoffmann, 2011, S. 266 (273 f.).

[166] So auch OLG München ZEV 2012, 591 (593); NK-BGB/*Looschelders* Art. 1 EuErbVO Rn. 34; *Looschelders*, FS v. Hoffmann, 2011, 266 (274); aA OLG Düsseldorf ZEV 2009, 190 (192 f.) = IPRax 2009, 520 (523) mAnm *Looschelders* 505 ff.; vgl. auch OLG Hamm FamRZ 1993, 111 = IPRax 1994, 49 m. krit. Aufsatz *Dörner* 33 (Verstoß gegen den ordre public trotz Benachteiligung der Ehefrau wegen des Geschlechts unzutreffend abgelehnt).

[167] So auch OLG Schleswig NJW 2014, 88 (89) (obiter); NK-BGB/*Sieghörtner* Rn. 94; NK-BGB/*Looschelders* Art. 1 EuErbVO Rn. 31; *Dörner* IPRax 2014, 323 (326); *Mankowski* ZEV 2014, 121 (126 ff.); *Dutta* FamRZ 2013, 4 (9); *Heinig* DNotZ 2014, 251 (255); *S. Lorenz* NJW 2015, 2157 (2160); *Looschelders* IPRax 2016, 349 (352).

[168] So auch OLG Schleswig NJW 2014, 88; *Looschelders*, FS Coester-Waltjen, 2015, 531 (533).

unvereinbar.[169] Die Anwendung des § 1371 Abs. 1 BGB bei ausländischem Erbstatut entspricht im Übrigen dem Ziel einer gleichheitssatzgemäßen Beurteilung von Fällen mit Auslandsberührung, da der Ehegatte sonst ohne sachliche Rechtfertigung gegenüber reinen Inlandsfällen benachteiligt würde.[170]

64   **d) Erbteilserhöhung nach § 1931 Abs. 4 BGB bei Gütertrennung.** Abgrenzungsprobleme zwischen Güter- und Erbstatut bestehen auch im Hinblick auf § 1931 Abs. 4 BGB, der bei Gütertrennung eine Erhöhung des gesetzlichen Erbteils des überlebenden Ehegatten vorsieht. In neuerer Zeit wird ganz überwiegend eine **erbrechtliche Qualifikation** befürwortet.[171] Für diese Auffassung spricht, dass § 1931 Abs. 4 BGB erbrechtliche Ziele verfolgt. Die Vorschrift soll die erbrechtliche Stellung des überlebenden Ehegatten verbessern[172] und sicherstellen, dass er keinen geringeren gesetzlichen Erbteil als die Kinder des Erblassers erhält (→ § 1931 BGB Rn. 35).

65   Bei deutschem Erbstatut wird die Anwendbarkeit des § 1931 Abs. 4 BGB nicht dadurch ausgeschlossen, dass die güterrechtlichen Wirkungen der Ehe einer ausländischen Rechtsordnung unterliegen. Nach den allgemeinen Grundsätzen der **Substitution** ist es vielmehr möglich, die Vorschrift auch bei einem ausländischen Güterstand anzuwenden. Der ausländische Güterstand muss allerdings der Gütertrennung des deutschen Rechts funktional **gleichwertig** sein.[173] Dies setzt voraus, dass dem Ehegatten keine güterrechtlichen oder sonstigen „ehebedingten" Ansprüche zustehen, um seine Mitarbeit auszugleichen.[174] Bei einer Errungenschaftsgemeinschaft nach rumänischem Recht erfolgt ein Ausgleich über die Teilhabe am Gesamtgut; § 1931 Abs. 4 BGB ist daher nicht anwendbar.[175]

66   **e) Koppelung von Ehe- und Erbvertrag.** In der Praxis werden Ehe- und Erbverträge häufig miteinander verbunden, nicht selten sogar in einer Urkunde.[176] Nach deutschem Recht besteht insoweit eine spezielle Formerleichterung (§ 2276 Abs. 2 BGB). Kollisionsrechtlich sind beide Verträge gleichwohl **getrennt** nach den für das Güter- und Erbstatut jeweils maßgeblichen Kollisionsnormen anzuknüpfen.[177] Die in der älteren Literatur teilweise vertretene Ansicht, dass solche Verträge rein güterrechtlich zu qualifizieren seien,[178] lässt sich spätestens seit Inkrafttreten der EuErbVO nicht mehr aufrechterhalten.

67   **6. Verschollenheit oder Todeserklärung.** Nach dem Güterstatut beurteilen sich auch die Auswirkungen der Verschollenheit oder Todeserklärung auf den Güterstand.[179] Die meisten Rechtsordnungen sehen insofern vor, dass die gerichtliche Feststellung der Verschollenheit oder des Todes zur Beendigung einer ehelichen Gütergemeinschaft führt (vgl. § 1494 Abs. 2 BGB).[180] Die Todeserklärung als solche ist **selbstständig** nach Art. 9 anzuknüpfen. Maßgeblich ist danach das Heimatrecht des Verschollenen im letzten Zeitpunkt, in dem er nach den vorhandenen Nachrichten noch gelebt hat. Ein Ausländer kann auch nach deutschem Recht für tot erklärt werden, wenn hierfür ein berechtigtes Interesse besteht. Eine ausländische Todeserklärung bedarf der Anerkennung in Deutschland.

D. Anknüpfungsgrundsätze

68   Nach der Grundanknüpfung in Art. 15 Abs. 1 unterliegen die güterrechtlichen Ehewirkungen dem **allgemeinen Ehewirkungsstatut** im Zeitpunkt der Eheschließung. Nach Art. 15 Abs. 2 steht

---

[169] *Mankowski* ZEV 2014, 121 (127); *Looschelders*, FS Coester-Waltjen, 2015, 531 (533 f.).

[170] Zu diesem Aspekt *Looschelders*, FS Coester-Waltjen, 2015, 531 (534).

[171] OLG Düsseldorf ZEV 2009, 515 = FamRZ 2010, 72; Palandt/*Thorn* Rn. 28; Erman/*Hohloch* Rn. 38; Staudinger/*Mankowski* (2011) Rn. 370; NK-BGB/*Sieghörtner* Rn. 95; NK-BGB/*Mörsdorf-Schulte* Rn. 48; *v. Bar* IPR II Rn. 244; Ferid/*Böhmer* IPR Rn. 8-134; *Looschelders*, Die Anpassung im Internationalen Privatrecht, 1995, 315 f.; *Jayme*, FS Ferid, 1988, 221 (227 ff.); aA Soergel/*Schurig* Rn. 38.

[172] Vgl. *Olzen*, Erbrecht, 4. Aufl. 2013, Rn. 194.

[173] OLG Düsseldorf ZEV 2009, 515 (516); Staudinger/*Mankowski* (2011) Rn. 372 ff.; Palandt/*Thorn* Rn. 28; *Looschelders*, Die Anpassung im Internationalen Privatrecht, 1995, 323; für Anwendung „mit jeder Gütertrennung" Ferid/*Böhmer* IPR Rn. 8-134.

[174] Vgl. *Jayme*, FS Ferid, 1978, 221 (227 ff.).

[175] OLG Düsseldorf ZEV 2009, 515 (516).

[176] Vgl. NK-BGB/*Sieghörtner* Rn. 91; BeckOGK *Reetz* BGB § 1408 Rn. 86 ff.

[177] BayObLGZ 1981, 178 (182); Erman/*Hohloch* Rn. 39; Palandt/*Thorn* Rn. 29; Staudinger/*Mankowski* (2011) Rn. 337 ff.; Staudinger/*Dörner* (2007) Art. 25 Rn. 337 ff.; NK-BGB/*Sieghörtner* Rn. 91; *Henrich*, FS Schippel, 1996, S. 905 ff.

[178] *Raape* IPR[5] S. 335.

[179] Vgl. Staudinger/*Mankowski* (2011) Rn. 383.

[180] Zur parallelen Rechtslage in Mexiko vgl. Rieck/*Rosales de Conrad*, AuslFamR, Mexiko Rn. 15.

es den Ehegatten jederzeit frei, eine **abweichende Rechtswahl** zu treffen. Die wählbaren Rechtsordnungen sind freilich begrenzt. Für die **Form** der Rechtswahl gilt Art. 14 Abs. 4 entsprechend
(Art. 15 Abs. 3).

I. Grundanknüpfung (Abs. 1)

Bei der akzessorischen Anknüpfung des Ehegüterstatuts nach Abs. 1 ist danach zu unterscheiden, **69**
ob an das Ehewirkungsstatut **objektiv** angeknüpft wird oder ob die Ehegatten in Bezug auf das
Ehewirkungsstatut eine wirksame **Rechtswahl** getroffen haben. Im ersten Fall ist die Anknüpfungsleiter nach Art. 14 Abs. 1 maßgeblich. Die Fixierung der Anknüpfung des Ehegüterstatuts auf den
Zeitpunkt der Eheschließung führt jedoch zu Modifikationen.[181] So kann die Bezugnahme auf
das letzte gemeinsame Heimatrecht (Art. 14 Abs. 1 Nr. 1 Alt. 2) und den letzten gemeinsamen
gewöhnlichen Aufenthalt (Art. 14 Abs. 1 Nr. 1 Alt. 2) nicht relevant werden.[182] Bei subjektiver
Anknüpfung des Ehewirkungsstatuts nach Art. 14 Abs. 2–4 ist zu beachten, dass eine erst nach der
Eheschließung erfolgte Rechtswahl sich nicht mehr auf das Güterstatut auswirkt.[183]

1. Objektives Ehewirkungsstatut (Abs. 1). a) Gemeinsame Staatsangehörigkeit. Besitzen **70**
die Eheleute im Zeitpunkt der Eheschließung **dieselbe Staatsangehörigkeit,** ohne dass einer von
ihnen Mehrstaater ist, so ist mangels einer Rechtswahl ihr gemeinsames Heimatrecht in diesem
Zeitpunkt ihr Ehegüterstatut (Art. 15 Abs. 1 iVm Art. 14 Abs. 1 Nr. 1 Alt. 1).[184] Für **Staatenlose,**
Flüchtlinge iSd Genfer Flüchtlingskonvention und gleichgestellte Personen tritt nach Art. 5 Abs. 2
bzw. den entsprechenden Konventionen das Recht am gewöhnlichen oder schlichten Aufenthalt an
die Stelle des Heimatrechts.[185] Die Gegenauffassung, wonach die Anknüpfung an die gemeinsame
Staatsangehörigkeit in diesen Fällen nicht zu verwirklichen ist,[186] widerspricht dem Zweck der
Ersatzanknüpfungen sowie dem Vorrang der einschlägigen Staatsverträge (→ Art. 14 Rn. 89).

Bei **Mehrstaatern** gelten die allgemeinen Regeln des Art. 5 Abs. 1. Bei Beteiligung eines auslän- **71**
dischen Mehrstaaters ist eine Anknüpfung an das gemeinsame Heimatrecht hiernach nur möglich,
wenn es sich schon **im Zeitpunkt der Eheschließung** für beide Ehegatten um die **effektive**
Staatsangehörigkeit gehandelt hat. Spätere Entwicklungen können bei der Prüfung der Effektivität
berücksichtigt werden, sofern sie im Zeitpunkt der Eheschließung schon angelegt waren.[187] Dies
ändert jedoch nichts daran, dass es für die Anknüpfung auf den Zeitpunkt der Eheschließung
ankommt. War der Mehrstaater zu diesem Zeitpunkt noch mit einem anderen Heimatrecht am
engsten verbunden, so ist Art. 15 Abs. 1 iVm Art. 14 Abs. 1 Nr. 1 Alt. 1 nicht anwendbar. Die
Offenheit für die Berücksichtigung späterer Entwicklungen ergibt sich also nicht aus dem Güterrecht,
sondern aus den allgemeinen Kriterien für die Feststellung der effektiven Staatsangehörigkeit
(→ Art. 5 Rn. 56 f.).[188]

Bei **deutsch-ausländischen Mehrstaatern** kommt eine Anknüpfung an das gemeinsame Hei- **72**
matrecht wegen des Vorrangs der deutschen Staatsangehörigkeit nach Art. 5 Abs. 1 S. 2 nur in
Betracht, wenn auch der andere Ehegatte **im Zeitpunkt der Eheschließung** die deutsche Staatsangehörigkeit hat.[189] In der Literatur wird teilweise dafür plädiert, eine nicht effektive deutsche Staatsangehörigkeit im Wege der teleologischen Reduktion außer Betracht zu lassen, wenn sie mit einer
ausschließlich deutschen Staatsangehörigkeit zusammentrifft.[190] Hierdurch soll verhindert werden,
dass die Anknüpfung ausschließlich den Interessen des nur-deutschen Ehegatten entspricht. Eine
solche Lösung ist jedoch mit der gesetzgeberischen Wertentscheidung in Art. 5 Abs. 1 S. 2 unvereinbar (→ Art. 14 Rn. 84 ff.).

---

[181] Vgl. *Looschelders* IPR Rn. 26.
[182] Vgl. Beschlussempfehlung Rechtsausschuss BT-Drs. 10/5632 S. 41; Palandt/*Thorn* Rn. 16; BeckOK BGB/
Mörsdorf-Schulte Rn. 51; Staudinger/*Mankowski* (2011) Rn. 28; Soergel/*Schurig* Rn. 7, 11; *Looschelders* IPR Rn. 27,
30.
[183] Vgl. Ferid/*Böhmer* IPR Rn. 8–106.
[184] Vgl. OLG München NJW 2016, 1186 (1187).
[185] BGH NJW 2003, 3339; Palandt/*Thorn* Rn. 17; NK-BGB/*Sieghörtner* Rn. 10; Staudinger/*Mankowski* (2011)
Rn. 25; *Looschelders* IPR Rn. 27.
[186] So Voraufl. Rn. 19 (*Siehr*).
[187] Soergel/*Schurig* Rn. 5; Staudinger/*Mankowski* (2011) Rn. 36; NK-BGB/*Sieghörtner* Rn. 10; *Looschelders*
IPR Rn. 27; *Mansel,* Personalstatut, Staatsangehörigkeit und Effektivität, 1988, 263 (331); *Pakuscher,* Die Unwandelbarkeit des Ehegüterrechtsstatuts im Lichte der Reform des Internationalen Privatrechts, 1987, 44.
[188] Zur Relevanz von Zukunftsplanungen vgl. auch Begr. RegE, BT-Drs. 10/504, 41; *Looschelders* IPR Art. 5
Rn. 21.
[189] AG Berlin-Pankow/Weißensee FamRZ 2004, 1501 (1502); Staudinger/*Mankowski* (2011) Rn. 26, 36; vgl.
auch OLG Zweibrücken NJW 2016, 1185 (1186).
[190] So Voraufl. Rn. 18 (*Siehr*); *Mansel,* Personalstatut, Staatsangehörigkeit und Effektivität, 1988, 242.

73   Ob bei der Anknüpfung des Güterstatuts nach Art. 15 Abs. 1 iVm Art. 14 Abs. 1 Nr. 1 Alt. 1 auch eine **Staatsangehörigkeit** berücksichtigt werden kann, die erst **durch die Eheschließung erworben** wurde, ist umstritten. Der überwiegende Teil der Rspr. und Literatur lehnt die Berücksichtigung einer solchen Staatsangehörigkeit grundsätzlich ab.[191] Dabei wird insbesondere damit argumentiert, eine erst **durch** die Eheschließung erworbene Staatsangehörigkeit könne nicht schon **bei der Eheschließung** vorgelegen haben.[192] Eine Ausnahme wird allerdings teilweise für den heute nur noch selten eintretenden Fall gemacht, dass der betroffene Ehegatte durch die Eheschließung zugleich seine bisherige Staatsangehörigkeit verliert.[193] Die Gegenauffassung lässt es für die Anwendung von Art. 15 Abs. 1 iVm Art. 14 Abs. 1 Nr. 1 Alt. 1 ausreichen, dass die Eheleute durch die Heirat eine gemeinsame **effektive Staatsangehörigkeit** erworben haben.[194] Das Wortlautargument („bei der Eheschließung") wird als zu formal zurückgewiesen.[195] Bei der Würdigung des Meinungsstreits ist zu beachten, dass die Frage des maßgeblichen Zeitpunkts für die Anknüpfung nicht mit dem Problem der Effektivität vermengt werden darf. Dass man bei der Frage, welche der bei der Eheschließung vorhandenen Staatsangehörigkeiten effektiv ist, zukünftige Entwicklungen berücksichtigen darf, heißt nicht, dass eine erst durch die Eheschließung erworbene Staatsangehörigkeit bei der Anknüpfung des Güterstatuts zu berücksichtigen ist. Während die erste Frage nach den allgemeinen Kriterien für die Bestimmung der Effektivität zu beurteilen ist, geht es bei der Berücksichtigung einer durch die Eheschließung erworbenen Staatsangehörigkeit um die Festlegung des Anknüpfungszeitpunkts. Die Mindermeinung führt dazu, dass letztlich das erste gemeinsame Heimatrecht **nach der Eheschließung** maßgeblich ist. Dies ist mit dem Zweck der unwandelbaren Anknüpfung an den Zeitpunkt der Eheschließung nicht zu vereinbaren. Besondere Bedeutung hat in diesem Zusammenhang der Umstand, dass der Gesetzgeber den Vorschlag von *Kühne*, auf den „Beginn der Ehe" abzustellen,[196] im Interesse der Rechtssicherheit ausdrücklich abgelehnt hat.[197] Die Berücksichtigung einer hinzuerworbenen Staatsangehörigkeit erscheint auch aus teleologischer Sicht bedenklich. Da der Hinzuerwerb einer Staatsangehörigkeit durch Eheschließung in aller Regel nur auf Seiten der Ehefrau eintritt, begünstigt die Berücksichtigung des Hinzuerwerbs die alleinige Anwendung des Mannesrechts. Dies widerspricht aber dem Grundsatz der **Gleichberechtigung** (Art. 3 Abs. 2 GG).[198] Die Ungleichbehandlung der Ehegatten wird besonders evident, wenn die Ehefrau durch die Heirat auch noch ihre eigene Staatsangehörigkeit verliert. Da keine doppelte Staatsangehörigkeit eintritt, kann der Grundsatz der Effektivität in diesem Fall auch nicht als Korrektiv dienen, um die Anwendbarkeit einer Rechtsordnung zu verhindern, zu der die Ehefrau überhaupt keine Beziehung hat. Ist die hinzuerworbene Staatsangehörigkeit für den betroffenen Ehegatten effektiv, so wird die Effektivität meist auf dem gemeinsamen gewöhnlichen Aufenthalt oder sonstigen gemeinsamen Beziehungen zu dieser Rechtsordnung beruhen. Das Problem kann daher durch eine Anknüpfung über Art. 15 Abs. 1 iVm Art. 14 Abs. 1 Nr. 2 und 3 gelöst werden.[199] Die bloße Absicht, die Staatsangehörigkeit des anderen Ehegatten zu erwerben, muss auch dann außer Betracht bleiben, wenn sie schon bei der Eheschließung gegeben war.[200]

74   **b) Gemeinsamer gewöhnlicher Aufenthalt.** Bei Fehlen einer gemeinsamen effektiven Staatsangehörigkeit unterliegt das Ehegüterstatut mangels Rechtswahl nach Art. 15 Abs. 1 iVm Art. 14 Abs. 1 Nr. 2 Alt. 1 dem Recht des Staates, in dem beide Ehegatten im Zeitpunkt der Eheschließung ihren gewöhnlichen Aufenthalt hatten.[201] Dabei kommt es ebensowenig wie im unmittelbaren

[191] So BayObLG IPRax 1986, 379 (381); KG IPRax 1987, 117 (119 f.); Palandt/*Thorn* Rn. 17; Erman/*Hohloch* Rn. 18; PWW/*Martiny* Rn. 12; NK-BGB/*Sieghörtner* Rn. 12; Staudinger/*Mankowski* (2011) Rn. 31 ff.; *v. Bar* IPR II Rn. 215.
[192] Staudinger/*Mankowski* (2011) Rn. 34; NK-BGB/*Sieghörtner* Rn. 12.
[193] Erman/*Hohloch* Rn. 18.
[194] So Voraufl. Rn. 13 (*Siehr*); Soergel/*Schurig* Rn. 5; BeckOK BGB/*Mörsdorf-Schulte* Rn. 52; *Mansel,* Personalstatut, Staatsangehörigkeit und Effektivität, 1988, 245; *Jayme* IPRax 1987, 95 f.; ebenso noch *Looschelders* IPR Rn. 27; zu Art. 15 Abs. 2 aF OLG Karlsruhe NJW 1984, 570 = IPRax 1984, 155 m. Bespr. *Heldrich* 143; *Schurig* JZ 1985, 559 (561).
[195] So BeckOK BGB/*Mörsdorf-Schulte* Rn. 52; *Mansel,* Personalstatut, Staatsangehörigkeit und Effektivität, 1988, 245.
[196] *Kühne*, IPR-Gesetz-Entwurf, 1980, § 15 Abs. 1.
[197] Begr. RegE, BT-Drs. 10/504, 58; vgl. dazu auch Staudinger/*Mankowski* (2011) Rn. 30.
[198] Krit. unter diesem Aspekt auch Staudinger/*Mankowski* (2011) Rn. 32.
[199] Vgl. BeckOK BGB/*Mörsdorf-Schulte* Rn. 52.
[200] BGH FamRZ 1987, 679 (681); Staudinger/*Mankowski* (2011) Rn. 35; *Jayme* IPRax 1987, 95.
[201] Vgl. BGH NJW-RR 2011, 1125 mAnm *Mörsdorf-Schulte* LMK 2011, 322656 (dt.-mauritische Ehe in Deutschland); OLG Hamm FamRZ 2014, 947 = NJOZ 2014, 887 (dt.-österr. Ehe in Deutschland); FamRZ 2002, 459 (dt.-brasil. Ehe in Brasilien); OLG Düsseldorf NJW-RR 2000, 542 (dt.-niederl. Ehe in den Niederlanden); NK-BGB/*Sieghörtner* Rn. 13; Soergel/*Schurig* Rn. 8.

Anwendungsbereich des Art. 14 Abs. 1 Nr. 2 darauf an, ob ein Ehegatte dem betreffenden Staat angehört.[202] Die Ehegatten müssen ihren gewöhnlichen Aufenthalt auch nicht am selben Ort haben; es genügt, dass er im selben Staat liegt.[203] Gerade bei den hier zu beurteilenden gemischt-nationalen Ehen ist es nicht selten, dass die zunächst noch in verschiedenen Staaten lebenden Ehegatten die bei der Eheschließung bestehenden Pläne hinsichtlich ihres gemeinsamen Lebensmittelpunkts erst zu einem späteren Zeitpunkt realisieren. Zu denken ist zB an den Fall, dass die Ehegatten im Heimatstaat der Braut oder in einem Drittstaat heiraten, als ersten gemeinsamen gewöhnlichen Aufenthalt nach Eheschließung aber den Heimatstaat des Mannes ins Auge fassen. Um solche Fälle angemessen zu lösen, bedarf es keiner Verschiebung des Anknüpfungszeitpunkts. Hatten die Ehegatten im Zeitpunkt der Eheschließung noch keinen gemeinsamen gewöhnlichen Aufenthalt, so kann die gemeinsame Lebensplanung nämlich bei der Konkretisierung der **engsten Verbindung** im Zeitpunkt der Eheschließung (Art. 15 Abs. 1 iVm Art. 14 Abs. 1 Nr. 3) berücksichtigt werden.[204] Problematisch bleibt damit nur der Fall, dass Ehegatten, deren gewöhnlicher Aufenthalt im Zeitpunkt der Eheschließung im selben Staat liegt, schon bei der Heirat die Absicht haben, ihren gewöhnlichen Aufenthalt in einen anderen Staat zu verlegen. In einem solchen Fall ist zunächst zu prüfen, ob die Verbindung zu dem gemeinsamen Aufenthaltsstaat aufgrund der Wegzugsabsicht so geschwächt war, dass schon im Zeitpunkt der Heirat nicht mehr von einem gewöhnlichen Aufenthalt in diesem Staat auszugehen ist.[205] Wenn dies nach den Umständen des Einzelfalls zu bejahen ist, kann wieder auf Art. 14 Abs. 1 Nr. 3 zurückgegriffen werden. Ansonsten bleibt das Recht am gemeinsamen gewöhnlichen Aufenthalt bei Eheschließung als objektives Ehegüterstatut maßgeblich.[206] Die Ehegatten können das Recht an ihrem neuen gewöhnlichen Aufenthalt aber nach Art. 15 Abs. 2 Nr. 2 als neues Ehegüterstatut wählen.

c) Gemeinsame engste Verbindung. Hatten die Ehegatten zur Zeit der Eheschließung weder **75** eine gemeinsame Staatsangehörigkeit noch einen gemeinsamen gewöhnlichen Aufenthalt, so muss das Güterrechtsstatut mangels Rechtswahl über die **engste Verbindung** im Zeitpunkt der Eheschließung bestimmt werden (Art. 15 Abs. 1 iVm Art. 14 Abs. 1 Nr. 3). Für die Bestimmung der engsten Verbindung gelten die gleichen Kriterien wie im unmittelbaren Anwendungsbereich von Art. 14 Abs. 1 Nr. 3 (→ Art. 14 Rn. 101 ff.). Zu beachten ist insbesondere, dass gemeinsame **Zukunftspläne** der Ehegatten (zB Erwerb einer gemeinsamen Staatsangehörigkeit oder Begründung eines gemeinsamen gewöhnlichen Aufenthalts) nach hM jedenfalls dann berücksichtigt werden können, wenn sie im Zeitpunkt der Eheschließung bereits konkretisiert waren und von den Ehegatten später realisiert wurden (→ Rn. 74).[207] In der Praxis wird die Anknüpfung an die engste Verbindung daher häufig zur Anwendbarkeit des Rechts am ersten gemeinsamen gewöhnlichen Aufenthalt nach der Eheschließung führen. Im Einzelfall können allerdings auch nicht realisierte Zukunftspläne Bedeutung gewinnen, zumindest dann, wenn sie durch andere, objektive Momente (zB Sprache, Herkunft, berufliche Tätigkeit) verstärkt werden.[208]

In der Literatur wird darüber diskutiert, welche Rechtsordnung maßgeblich sein soll, wenn auf **76** der Grundlage von Art. 14 Abs. 1 Nr. 3 festgestellt wird, dass die Ehegatten im Zeitpunkt der Eheschließung **überhaupt keine gemeinsame Verbindung** zu einem Staat hatten. Einige Autoren wollen das Problem nach dem **Grundsatz des schwächeren Rechts** lösen.[209] Hiernach würden nur solche güterrechtlichen Ehewirkungen eintreten, die von beiden beteiligten Rechtsordnungen vorgesehen sind. Der Grundsatz des schwächeren Rechts benachteiligt jedoch die Betroffenen gegenüber reinen Inlandsfällen und ist daher nicht geeignet, eine angemessene Beurteilung von Fällen mit Auslandsberührung zu ermöglichen. Anders als im internationalen Scheidungsrecht scheidet auch eine Anknüpfung an die lex fori aus, da die Anwendung der jeweiligen lex fori nicht mit der Unwandelbarkeit des Güterstatuts vereinbar wäre. Es bleibt damit nur die Anknüpfung an den **Ort**

---

[202] Palandt/*Thorn* Rn. 18; unrichtig deshalb OLG Stuttgart IPRax 1985, 107 m. Bespr. *Wochner* IPRax 1985, 90.

[203] Palandt/*Thorn* Rn. 18; Erman/*Hohloch* Rn. 19; NK-BGB/*Sieghörtner* Rn. 13.

[204] BT-Drs. 10/504, 58; Palandt/*Thorn* Rn. 19; Erman/*Hohloch* Rn. 19.

[205] Hierauf abstellend (allerdings zu weitgehend) Soergel/*Schurig* Rn. 9; *Schurig* JZ 1985, 559 (561 f.); dem folgend BeckOK BGB/*Mörsdorf-Schulte* Rn. 54; krit. NK-BGB/*Sieghörtner* Rn. 13 m. Fn. 42.

[206] Vgl. BayObLGZ 1979, 60 (62 f.); *Looschelders* IPR Rn. 29.

[207] Vgl. BT-Drs. 10/5632 S. 41; BGH FamRZ 1987, 679 (681) = NJW 1988, 638; KG FamRZ 2007, 1561 (1562); Palandt/*Thorn* Rn. 19; Erman/*Hohloch* Rn. 20; NK-BGB/*Sieghörtner* Rn. 15; Soergel/*Schurig* Rn. 12; Staudinger/*Mankowski* (2011) Rn. 37; BeckOK BGB/*Mörsdorf-Schulte* Rn. 55; *v. Bar* IPR II Rn. 208; *Looschelders* IPR Rn. 31; *Henrich* FamRZ 1986, 841 (846).

[208] Palandt/*Thorn* Rn. 19; NK-BGB/*Sieghörtner* Rn. 15.

[209] So Soergel/*Schurig* Rn. 13; BeckOK BGB/*Mörsdorf-Schulte* Rn. 56.

der Eheschließung, selbst wenn dieser im Einzelfall eher zufällig erscheinen sollte (→ Art. 14 Rn. 106).[210]

77   **2. Gewähltes Statut der allgemeinen Ehewirkungen (Art. 14 Abs. 2–4).** Die akzessorische Anknüpfung des Güterstatuts nach Art. 15 Abs. 1 gilt auch, wenn die Ehegatten das allgemeine Ehewirkungsstatut nach Art. 14 Abs. 2–4 durch Rechtswahl bestimmt haben. Das gewählte Ehwirkungsstatut geht den objektiven Anknüpfungen nach Art. 14 Abs. 1 in einem solchen Fall auch in Ansehung des Güterstatuts vor.[211] Etwas anderes gilt nur, wenn die Ehegatten für das Güterrecht gleichzeitig oder später ein **anderes Recht unmittelbar** nach Art. 15 Abs. 2 wählen.[212]

78   Wegen der Unwandelbarkeit des Güterstatuts muss die Wahl des allgemeinen Ehewirkungsstatuts schon im **Zeitpunkt der Eheschließung** erfolgt sein. In der Praxis müssen die Ehegatten das Ehewirkungsstatut daher schon vor der Heirat wählen, wenn die Wahl auch für die Anknüpfung des Ehegüterstatuts maßgeblich sein soll.[213] Weitergehend wird teilweise dafür plädiert, bei der akzessorischen Anknüpfung des Güterstatuts nach Art. 15 Abs. 1 auch eine **nachträgliche Wahl** des allgemeinen Ehewirkungsstatuts zu berücksichtigen, sofern sie „im unmittelbaren Zusammenhang mit der Eheschließung" vorgenommen wird.[214] Da die notwendige „Unmittelbarkeit" im Einzelfall schwer zu konkretisieren sein kann, stößt dieser Ansatz jedoch unter dem Aspekt der Rechtssicherheit auf Bedenken. Eine nachträgliche Wahl des allgemeinen Ehewirkungsstatuts wird im Regelfall freilich auch mit Blick auf die güterrechtlichen Wirkungen der Ehe vorgenommen, so dass von einer unmittelbaren Wahl des Güterstatuts nach Art. 15 Abs. 2 auszugehen ist.[215] Das durch akzessorische Anknüpfung an ein gewähltes Ehewirkungsstatut bestimmte Güterstatut bleibt wegen der Unwandelbarkeit des Güterstatuts für dieses auch dann maßgeblich, wenn die Rechtswahl später in Bezug auf die allgemeinen Ehewirkungen nach Art. 14 Abs. 3 S. 1 ihre Wirkungen verliert.[216]

79   Nach der Konzeption des Gesetzgebers stellt die akzessorische Anknüpfung des Ehegüterstatuts an das durch Rechtswahl bestimmte Ehewirkungsstatut einen Fall **objektiver Anknüpfung** dar.[217] Dies hat zur Folge, dass die Beachtlichkeit des **Renvoi** hier nicht schon wie bei Art. 15 Abs. 2 wegen der Rechtswahl nach Art. 4 Abs. 2 ausgeschlossen ist. Da die Ehegatten das Ehewirkungsstatut bei der Eheschließung meist auch im Hinblick auf das Güterstatut wählen, würde es aber ihren berechtigten Erwartungen widersprechen, wenn das Güterstatut aufgrund einer Rück- oder Weiterverweisung einem anderen als dem gewählten Recht unterliegt. Nach der **Sinnklausel** des Art. 4 Abs. 1 S. 1 muss der Renvoi in diesen Fällen daher auch in Bezug auf das Güterstatut außer Betracht bleiben.[218]

II. Unmittelbare Rechtswahl (Abs. 2 und 3)

80   **1. Allgemeines.** Art. 15 Abs. 2 gestattet den Ehegatten, in beschränktem Rahmen, das Ehegüterstatut durch Rechtswahl selbst zu bestimmen. Die Wahlmöglichkeiten gehen trotz der vorgesehenen Beschränkungen wesentlich weiter als bei Art. 14 Abs. 2–4. Die besondere Bedeutung dieser Wahlmöglichkeiten liegt darin, dass die Ehegatten die güterrechtlichen Wirkungen ihrer Ehe *nach der* Eheschließung einer anderen Rechtsordnung unterstellen können, auch wenn diese im Zeitpunkt der Eheschließung vielleicht noch gar nicht wählbar gewesen wäre. Die Wahlmöglichkeiten stellen insofern ein wichtiges **Korrektiv** gegenüber dem **Grundsatz der Unwandelbarkeit** dar. (→ Rn. 15 ff., 105).

81   Da die Rechtswahlfreiheit durch das **deutsche IPR** gewährt wird, hängt die Zulässigkeit der Rechtswahl weder von der Zustimmung der abgewählten noch von der Zustimmung der gewählten Rechtsordnung ab. Soweit sich insoweit Divergenzen mit anderen Rechtsordnungen ergeben, kann es zu **„hinkenden" Güterrechtsverhältnissen** dergestalt kommen, dass eine aus Sicht des deutschen IPR wirksame güterrechtliche Gestaltung im Ausland nicht anerkannt wird.[219] Praktische

---

[210] So auch NK-BGB/*Sieghörtner* Rn. 16.

[211] Palandt/*Thorn* Rn. 20; Erman/*Hohloch* Rn. 21; Staudinger/*Mankowski* (2011) Rn. 79; BeckOK BGB/*Mörsdorf-Schulte* Rn. 57; *Looschelders* IPR Rn. 32.

[212] Vgl. Staudinger/*Mankowski* (2011) Rn. 79; NK-BGB/*Sieghörtner* Rn. 17.

[213] Vgl. BT-Drs. 10/504, 57; Palandt/*Thorn* Rn. 20; Staudinger/*Mankowski* (2011) Rn. 79; *Looschelders* IPR Rn. 32; Ferid/*Böhmer* Rn. 8-106; *Jayme* IPRax 1986, 265 (266).

[214] So Soergel/*Schurig* Rn. 14.

[215] So auch NK-BGB/*Sieghörtner* Rn. 19.

[216] Soergel/*Schurig* Rn. 15; NK-BGB/*Sieghörtner* Rn. 18; *Looschelders* IPR Rn. 32; *Lüderitz* IPR Rn. 346.

[217] Staudinger/*Mankowski* (2011) Rn. 80 ff.; *Looschelders* IPR Rn. 33; *Kühne* IPRax 1987, 69 (72).

[218] So auch Palandt/*Thorn* Rn. 2; Erman/*Hohloch* Rn. 21; Staudinger/*Mankowski* (2011) Rn. 84 ff.; *Looschelders* IPR Rn. 33; *Lüderitz* IPR Rn. 346; aA NK-BGB/*Sieghörtner* Rn. 32; *Hausmann/Odersky* IPR § 9 Rn. 90; *Kühne* IPRax 1987, 69 (73); *Rauscher* NJW 1988, 2151 (2154).

[219] Zur Problemstellung vgl. Staudinger/*Mankowski* (2011) Rn. 127; NK-BGB/*Sieghörtner* Rn. 35; Erman/*Hohloch* Rn. 22.

Relevanz hat dies vor allem, wenn einzelne Vermögensgegenstände im Ausland belegen sind, sodass die in Frage stehende güterrechtliche Gestaltung nicht ohne Billigung der ausländischen Rechtsordnung zu verwirklichen ist. Im Übrigen kann ausländisches IPR für eine mögliche Rechtswahl nur dann relevant werden, wenn es kraft objektiver Verweisung anwendbar ist (Art. 15 Abs. 1 iVm Art. 14 Abs. 1) und den Ehegatten eine größere Parteiautonomie als Art. 15 Abs. 2 zubilligt (→ Rn. 121 f.).

2. Wählbare Rechtsordnungen. a) Heimatrecht eines Ehegatten. Nach Art. 15 Abs. 2 Nr. 1 **82** können die Ehegatten die güterrechtlichen Wirkungen der Ehe dem Recht unterstellen, dem einer von ihnen angehört. Anders als bei Art. 14 Abs. 2 setzt diese Wahl nicht voraus, dass **beide** Ehegatten dem Staat angehören, dessen Recht gewählt worden ist.[220]

Bei Mehrstaatern stellt sich allerdings die Frage, ob auch das nicht effektive (bzw. nicht-deutsche) **83** Heimatrecht eines Ehegatten nach Art. 15 Abs. 2 Nr. 1 gewählt werden kann. Gegen Zulässigkeit einer solchen Rechtswahl spricht der **Umkehrschluss** aus Art. 14 Abs. 2. Wenn Art. 5 Abs. 1 dort ausdrücklich für unanwendbar erklärt wird („ungeachtet"), so folgt aus dem Fehlen einer entsprechenden Klarstellung in Art. 15 Abs. 2 Nr. 1, dass Art. 5 Abs. 1 hier anwendbar ist.[221] Diese Auslegung wird durch den **Gesetzeswortlaut** gestützt. Art. 15 Abs. 2 Nr. 1 spricht nämlich vom Recht „des Staates" (und nicht „eines Staates"), dem ein Ehegatte angehört.[222] Die Einwendungen des Max-Planck-Instituts[223] gegen den Regierungsentwurf und der Vorschlag des Instituts, das Recht *jedes* Heimatstaates eines Ehegatten wählen zu dürfen, sind ebenso unberücksichtigt geblieben wie die weitergehende Formulierung des Haager Ehegüterrechtsübereinkommens vom 14.3.1978 („the law of *any* state of which either spouse is a national").[224] Die amtliche Begründung verweist zwar auf die rechtswahlfreundliche Tendenz des Abkommens, ohne aber dessen Formulierungen aufzugreifen.[225]

Ein großer Teil der Literatur spricht sich indes für eine **korrigierende Auslegung** des Art. 15 **84** Abs. 2 Nr. 1 iVm Art. 5 Abs. 1 aus.[226] Dies wird teilweise damit begründet, dass sonst eine Ungleichbehandlung der Ehegatten eintrete, da diese zB bei einer Ehe zwischen einem deutschen Mehrstaater und einer ausländischen Mehrstaaterin (Deutsch-Amerikaner ist mit einer Französin/Kanadierin verheiratet) nur das deutsche Heimatrecht des Ehemannes (unabhängig von dessen Effektivität) und das effektive (ausländische) Heimatrecht der Ehefrau wählen könnten.[227] Die Benachteiligung des auch-deutschen Ehegatten, der ggf. auf die Wahl seines nicht effektiven deutschen Heimatrechts verwiesen ist, beruhte jedoch auf einer bewussten Entscheidung des Gesetzgebers zur Anknüpfung des Personalstatuts bei der Mehrstaatern in Art. 5 Abs. 1, die nicht nur bei Art. 15 Abs. 2 Nr. 1 problematisch ist, hier aber wie auch sonst hingenommen werden muss.[228] Richtig ist zwar, dass eine Ausweitung der Rechtswahlfreiheit bei Mehrstaatern möglich und sinnvoll wäre; es bleibt aber Sache des Gesetzgebers, die Reichweite der Rechtswahlfreiheit festzulegen.

Nach dem Wortlaut des Art. 15 Abs. 2 Nr. 1 können die Ehegatten auch ihr **gemeinsames** **85** (effektives) Heimatrecht als Ehegüterstatut wählen. Eine solche Rechtswahl kann sinnvoll sein, um eine bei objektiver Anknüpfung eintretende **Rück- oder Weiterverweisung** über Art. 4 Abs. 2 zu vermeiden. Anders als bei der Wahl des allgemeinen Ehewirkungsstatuts stößt eine solche Rechtswahl auf keine durchgreifenden Bedenken,[229] da die für die Begrenzung der Rechtswahlmöglichkeiten nach Art. 14 Abs. 2 und 3 maßgeblichen Erwägungen (→ Art. 14 Rn. 107) bei Art. 15 Abs. 2 Nr. 1 nicht zutreffen.

Die Ehegatten können das Heimatrecht nach Abs. 2 Nr. 1 nur für ihre **gesamten** güterrechtlichen **86** Verhältnisse wählen.[230] Eine gegenständlich beschränkte Rechtswahl ist nur bei Abs. 2 Nr. 3 zulässig

---

[220]   Vgl. *Looschelders* IPR Rn. 35.

[221]   So auch Staudinger/*Mankowski* (2011) Rn. 133 ff.; Palandt/*Thorn* Rn. 22; PWW/*Martiny* Rn. 7; *v. Bar* IPR II Rn. 222; *Looschelders* IPR Rn. 35; *Dethloff* JZ 1995, 64 (68); *Wegmann* NJW 1987, 1740 (1742).

[222]   Vgl. Staudinger/*Mankowski* (2011) Rn. 135.

[223]   Kodifikation des deutschen IPR, RabelsZ 47 (1983), 595 (633, 700).

[224]   Art. 3 Abs. 2 Nr. 1 des Haager Ehegüterrechtsübereinkommens. Text in: Actes de la Treizième session II, 1978, S. 319, abgedruckt in RabelsZ 41 (1977), 554. Die gleichrangige französische Version lautet: „la loi d'un Etat dont l'un des époux a la nationalité".

[225]   BT-Drs. 10/504, 58.

[226]   So Voraufl. Rn. 28b (*Siehr*); Erman/*Hohloch* Rn. 26; BeckOK BGB/*Mörsdorf-Schulte* Rn. 65; NK-BGB/ *Sieghörtner* Rn. 36; Soergel/*Schurig* Rn. 18; Staudinger/*Bausback* (2013) Art. 5 Rn. 23; *Kropholler* IPR § 45 IV 4a (S. 355); *Siehr* IPR § 4 II (S. 17); *Lichtenberger*, FS Ferid, 1988, 269 (273).

[227]   So Voraufl. Rn. 28b (*Siehr*).

[228]   So auch Staudinger/*Mankowski* (2011) Rn. 138.

[229]   So auch Staudinger/*Mankowski* (2011) Rn. 140; Soergel/*Schurig* Rn. 17; NK-BGB/*Sieghörtner* Rn. 36; *Looschelders* IPR Rn. 36; *Lüderitz* IPR Rn. 346; aA *Wegmann* NJW 1987, 1740 (1742).

[230]   Palandt/*Thorn* Rn. 22; Erman/*Hohloch* Rn. 26a; BeckOK BGB/*Mörsdorf-Schulte* Rn. 65.

(→ Rn. 89 ff.). Soweit ausländisches IPR größere Gestaltungsfreiheit gibt, können die Ehegatten hiervon nur Gebrach machen, wenn ihr Güterstatut dem betreffenden Recht aufgrund objektiver Anknüpfung unterliegt. So können österreichische Ehegatten mit gewöhnlichem Aufenthalt in Deutschland eine Rechtswahl nach österr. § 19 IPRG treffen.[231] Deutsche Ehegatten mit gewöhnlichem Aufenthalt in Österreich können zwar nach Art. 15 Abs. 2 Nr. 2 österreichisches Güterrecht wählen. Da es sich nach Art. 4 Abs. 2 um eine Sachnormverweisung handelt, ist § 19 österr. IPRG aber nicht anwendbar.

87   **b) Recht am gewöhnlichen Aufenthalt eines Ehegatten.** Nach Art. 15 Abs. 2 Nr. 2 können die Ehegatten auch das Recht des Staates wählen, in dem einer von ihnen seinen gewöhnlichen Aufenthalt hat. Auch in diesem Fall kann die Rechtswahl nur für die **gesamten** güterrechtlichen Verhältnisse der Ehegatten erfolgen. Eine Teilrechtswahl ist also unzulässig.[232] Die Wahl des Aufenthaltsrechts setzt nicht voraus, dass die Ehegatten ihren gewöhnlichen Aufenthalt in verschiedenen Staaten haben.[233] Nach dem Sinn der Vorschrift, der auch in der Gesetzesbegründung klar zum Ausdruck kommt,[234] können die Ehegatten auch das Recht am gemeinsamen gewöhnlichen Aufenthalt wählen. Man müsste daher in Abs. 2 Nr. 2 genauer vom Recht des Staates sprechen, „in dem *mindestens* einer von ihnen seinen gewöhnlichen Aufenthalt hat".[235]

88   Die Wahl des Rechts am gewöhnlichen Aufenthalt ist auch dann möglich, wenn die Ehegatten eine gemeinsame effektive Staatsangehörigkeit haben und das Güterstatut objektiv hieran angeknüpft würde (Art. 15 Abs. 1 iVm Art. 14 Abs. 1 Nr. 1). Dies ergibt sich daraus, dass eine Beschränkung der Rechtswahl auf Fälle, in denen die Ehegatten keine gemeinsame Staatsangehörigkeit haben, in Art. 15 Abs. 2 Nr. 2 (anders als in Art. 14 Abs. 3) fehlt.[236] Bei der Rechtswahl nach Art. 15 Abs. 2 stellt der gewöhnliche Aufenthalt somit eine **gleichberechtigte Alternative** zur Staatsangehörigkeit dar.[237] Der Gesetzgeber will es damit ausländischen Ehegatten ermöglichen, die güterrechtlichen Wirkungen der Ehe ihrem gemeinsamen Aufenthaltsrecht zu unterstellen und sich so ihrer Umwelt anzupassen.[238]

89   **c) Recht am Lageort von unbeweglichem Vermögen.** Für unbewegliches Vermögen erlaubt der erst vom Rechtsausschuss eingefügte Art. 15 Abs. 2 Nr. 3 die Wahl des Rechts am Lageort. Der Gesetzgeber will damit in erster Linie die praktische Rechtsanwendung beim **Erwerb deutscher Grundstücke** durch Ehegatten mit ausländischem Güterstatut erleichtern, den Grundbuchamt und den Notaren also die Prüfung ausländischer Güterstände nach Möglichkeit ersparen.[239] Die Vorschrift entspricht insofern Art. 25 Abs. 2 aF, der für im Inland belegenes unbewegliches Vermögen die Wahl deutschen **Erbrechts** vorsah.[240] Art. 15 Abs. 2 Nr. 3 geht aber über Art. 25 Abs. 2 aF hinaus, indem er Ehegatten mit deutschem Güterstatut die Möglichkeit gibt, die güterrechtlichen Verhältnisse an ihren **ausländischen Grundstücken** dem Recht an dem ausländischen Lageort zu unterstellen.[241] Ein weiterer Zweck des Art. 15 Abs. 2 Nr. 3 besteht darin, Spannungen zwischen dem Güterstatut und der lex rei sitae zu vermeiden.[242] Hier geht es vor allem um Fälle, in denen das Lagerecht nicht schon nach Art. 3a Abs. 2 anwendbar ist. In Grenzfällen kann sich eine Rechtswahl nach Art. 15 Abs. 2 Nr. 3 auch aus Gründen der Rechtssicherheit anbieten, um Zweifel über die Anwendbarkeit des Art. 3a Abs. 2 auszuschließen.[243]

90   Die Rechtswahl nach Art. 15 Abs. 2 Nr. 3 gilt nur für das in dem betreffenden Staat belegene unbewegliche Vermögen. Im Übrigen bleibt das objektive Ehegüterstatut nach Art. 15 Abs. 1 iVm Art. 14 maßgeblich; die Ehegatten können für das übrige Vermögen aber auch eine Wahl nach Art. 15 Abs. 2 Nr. 1 oder 2 treffen oder die güterrechtlichen Verhältnisse in Bezug auf das in einem anderen Staat belegene unbewegliche Vermögen dem Recht am dortigen Lageort unterstellen.[244] Die Rechtswahl gemäß Art. 15 Abs. 2 Nr. 3 darf mangels einer entsprechenden Einschränkung

---

[231] Beispiel nach. Voraufl. Rn. 42 (*Siehr*).
[232] BeckOK BGB/*Mörsdorf-Schulte* Rn. 66.
[233] BeckOK BGB/*Mörsdorf-Schulte* Rn. 66; NK-BGB/*Sieghörtner* Rn. 37.
[234] BT-Drs. 10/504, 58.
[235] So auch Voraufl. Rn. 28c (*Siehr*); Staudinger/*Mankowski* (2011) Rn. 149.
[236] Staudinger/*Mankowski* (2011) Rn. 144.
[237] Sehr klar hierzu Staudinger/*Mankowski* (2011) Rn. 143.
[238] Vgl. Erman/*Hohloch* Rn. 27; BeckOK BGB/*Mörsdorf-Schulte* Rn. 66; *Looschelders* IPR Rn. 37.
[239] BT-Drs. 10/5632, 42; OLG Schleswig FamRZ 2010, 377 = FGPRax 2010, 19 (20); Palandt/*Thorn* Rn. 22; Staudinger/*Mankowski* (2011) Rn. 152; Soergel/*Schurig* Rn. 20; *Kegel/Schurig* IPR § 20 VI Ib (S. 847).
[240] Zur Parallelität beider Vorschriften *Kegel/Schurig* IPR § 20 VI 1b (S. 847).
[241] NK-BGB/*Sieghörtner* Rn. 38.
[242] Staudinger/*Mankowski* (2011) Rn. 151.
[243] BeckOK BGB/*Mörsdorf-Schulte* Rn. 71; *Kropholler* IPR § 45 IV 4c (S. 356).
[244] Zur Zulässigkeit solcher Kombinationen vgl. NK-BGB/*Sieghörtner* Rn. 39.

auch auf **einzelne Gegenstände** des in einem Staat belegenen unbeweglichen Vermögens begrenzt werden.[245] Nach den Wertungen des deutschen materiellen Güterrechts ist es dagegen nicht zulässig, die dem deutschen Güterrecht unterliegenden Gegenstände verschiedenen Güterständen zu unterstellen.[246] Als Folge einer Rechtswahl nach Art. 15 Abs. 2 Nr. 3 kommt es in aller Regel zu einer **Statutenspaltung,** die die Einheit des Güterstatuts durchbricht (→ Art. 14 Rn. 10).[247] Die Einheit des Güterstatuts bleibt nur erhalten, wenn das gewählte Lageortsrecht mit dem allgemeinen Güterstatut zusammenfällt.[248]

Nach welchen Grundsätzen der **Begriff des unbeweglichen Vermögens** in Art. 15 Abs. 2 **91** Nr. 3 auszulegen ist, wird in der Literatur uneinheitlich beurteilt. Teilweise wird davon ausgegangen, dass die Qualifikation nach dem Recht am jeweiligen Lageort zu erfolgen hat.[249] Der überwiegende Teil der Literatur stellt dagegen auf das deutsche Recht als lex fori ab.[250] Die letztere Auffassung entspricht den allgemeinen Grundsätzen der **funktionalen Qualifikation.** Bei Art. 15 Abs. 2 Nr. 3 besteht kein Anlass für eine abweichende Konzeption. Wenn das deutsche IPR eine Rechtswahlmöglichkeit vorsieht, so muss es ihm auch überlassen bleiben, deren Reichweite festzulegen.[251] Dies ist ein wesentlicher Unterschied zu Art. 3a Abs. 2, wo es nach Sinn und Zweck der Sonderregelung auf die Sichtweise des Einzelstatuts ankommt.[252] Nach den allgemeinen Grundsätzen der Qualifikation sind allerdings nicht nur solche Vermögensgegenstände als unbeweglich anzusehen, die im deutschen Recht den unbeweglichen Sachen zugeordnet werden.[253] Vielmehr müssen auch ausländische Rechtsinstitute erfasst werden, die in ihrer Rechtsordnung eine entsprechende Funktion haben.[254] Bei diesem Verständnis verliert der Theorienstreit freilich weitgehend seine praktische Bedeutung.

Zum unbeweglichen Vermögen gehören zunächst unstreitig alle **Grundstücke** und **Grund-** **92** **stücksbestandteile.**[255] Das Gleiche gilt wegen des engen wirtschaftlichen Zusammenhangs für das **Zubehör** von Grundstücken.[256] Da Art. 15 Abs. 2 Nr. 3 nicht von unbeweglichen **Sachen,** sondern von unbeweglichem **Vermögen** spricht, werden auch dingliche Rechte an Grundstücken (Nießbrauch, Grundpfandrechte etc.)[257] sowie grundstücksgleiche Rechte wie das Erbbaurecht, das Wohnungs- und Stockwerkseigentum, das Bergwerkseigentum und landesrechtliche Fischereirechte erfasst.[258] Der **Anteil an einer Gesellschaft,** deren wesentliches Vermögen aus Grundstücken besteht, und der **Miterbenanteil an einem Nachlass,** der nur oder ganz überwiegend aus Grundstücken besteht, stellen dagegen kein unbewegliches Vermögen dar, weil es aus rechtlicher Sicht allein auf die Anteile an der Gesellschaft oder der Erbengemeinschaft ankommt und nicht darauf,

---

[245] Vgl. LG Mainz NJW-RR 1994, 73; Palandt/*Thorn* Rn. 22; PWW/*Martiny* Rn. 9; BeckOK BGB/*Mörsdorf-Schulte* Rn. 68; Soergel/*Schurig* Rn. 22; Erman/*Hohloch* Rn. 29; Staudinger/*Mankowski* (2011) Rn. 218 ff.; PWW/ *Martiny* Rn. 9; *Looschelders* IPR Rn. 38; *Siehr* IPR § 4 II (S. 18); *Lichtenberger,* FS Ferid, 1988, 269 (275 ff.); aA *Kühne* IPRax 1987, 69 (73); *Wegmann* NJW 1987, 1740 (1743).

[246] LG Mainz NJW-RR 1994, 73 (74); Staudinger/*Mankowski* (2011) Rn. 228; NK-BGB/*Sieghörtner* Rn. 42; BeckOK BGB/*Mörsdorf-Schulte* Rn. 69; *Kropholler* IPR § 45 IV 4c (S. 357); aA *Lichtenberger,* FS Ferid, 1988, 269 (280).

[247] Vgl. Palandt/*Thorn* Rn. 22; NK-BGB/*Sieghörtner* Rn. 39; Staudinger/*Mankowski* (2011) Rn. 154 ff.; *Looschelders* IPR Rn. 38; *v. Bar* IPR II Rn. 225; *Kegel/Schurig* IPR § 20 VI 1b (S. 847); *Lichtenberger,* FS Ferid, 1988, 269 (275 ff.).

[248] Staudinger/*Mankowski* (2011) Rn. 154.

[249] So Staudinger/*Mankowski* (2011) Rn. 161 ff.; Soergel/*Schurig* Rn. 22; *Hausmann/Odersky* IPR § 9 Rn. 115; *Kühne* IPRax 1987, 69 (73); *Lehmann/Hahn* ZEV 2012, 191 (192).

[250] Palandt/*Thorn* Rn. 22; Erman/*Hohloch* Rn. 28; NK-BGB/*Sieghörtner* Rn. 43; *v. Bar* IPR II Rn. 226; *Kropholler* IPR § 45 IV 4c (S. 356); *Looschelders* IPR Rn. 40; *Böhringer* BWNotZ 1987, 109; ebenso für Art. 25 Abs. 2 *Krzywon* BWNotZ 1986, 154 (159), wo wegen des Zusammenfallens von lex fori und lex causae (lex rei sitae) aber kein echter Qualifikationskonflikt besteht.

[251] So überzeugend Voraufl. Rn. 28e (*Siehr*).

[252] Auf die Parallele zu Art. 3a Abs. 2 abstellend aber Staudinger/*Mankowski* (2011) Rn. 164.

[253] So aber Soergel/*Schurig* Rn. 22; *Kegel/Schurig* IPR § 20 VI 1b (S. 847 f.).

[254] So auch Erman/*Hohloch* Rn. 28; BeckOK BGB/*Mörsdorf-Schulte* Rn. 69.

[255] Palandt/*Thorn* Rn. 22; NK-BGB/*Sieghörtner* Rn. 43; *Kühne* IPRax 1987, 69 (73); *Lichtenberger* DNotZ 1986, 659; für Beschränkung hierauf Soergel/*Schurig* Rn. 22; *Kegel/Schurig* IPR § 20 VI 1b (S. 847 f.).

[256] Palandt/*Thorn* Rn. 22; Staudinger/*Mankowski* (2011) Rn. 176; NK-BGB/*Sieghörtner* Rn. 43; aA *v. Bar* IPR II Rn. 369; *Hausmann/Odersky* IPR § 9 Rn. 115.

[257] Palandt/*Thorn* Rn. 22; Staudinger/*Mankowski* (2011) Rn. 172; NK-BGB/*Sieghörtner* Rn. 43; Erman/*Hohloch* Rn. 28a; *v. Bar* IPR II Rn. 226; *Kropholler* IPR § 45 IV 4c (S. 356 f.); *Krzywon* BWNotZ 1986, 154 (159) (zu Art. 25 Abs. 2); *Kühne* IPRax 1987, 69 (73); *Lichtenberger* DNotZ 1986, 644 (659); *Lehmann/Hahn* ZEV 2012, 191 (193); aA Soergel/*Schurig* Rn. 22; *Ferid* IPR Rn. 3-97,4.

[258] Palandt/*Thorn* Rn. 22; Erman/*Hohloch* Rn. 28a; NK-BGB/*Sieghörtner* Rn. 43; Staudinger/*Mankowski* (2011) Rn. 170; *Looschelders* IPR Rn. 40; *Kühne* IPRax 1987, 69 (73); *Jayme* IPRax 1986, 265 (270).

woraus das Vermögen der Gesellschaft bzw. der Nachlass besteht.[259] Die Zulassung einer diesbezüglichen Wahl des Güterstatuts hätte für den Rechtsverkehr also keine Vorteile. **Schiffe und Schiffsbauwerke** gehören ebenfalls nicht zum unbeweglichen Vermögen iSd Art. 15 Abs. 2 Nr. 3. Dies gilt auch dann, wenn sie in einem Register eingetragen sind.[260] Dass registrierte Schiffe und Schiffsbauwerke in § 864 Abs. 1 ZPO zum unbeweglichen Vermögen gezählt werden, ist kollisionsrechtlich irrelevant; die Gleichstellung in der ZPO beruht auf Gemeinsamkeiten bei der Vollstreckung in eingetragene Vermögenswerte. Schuldrechtliche Ansprüche auf Übereignung eines Grundstücks werden auch dann nicht erfasst, wenn sie durch **Vormerkung** gesichert sind.[261] Schließlich stellen auch **Miet- und Pachtforderungen** im Hinblick auf Grundstücke kein unbewegliches Vermögen iSd Art. 15 Abs. 2 Nr. 3 dar.[262]

93   **3. Zeitpunkt der Rechtswahl.** Im Hinblick auf den Zeitpunkt der Rechtswahl macht Art. 15 Abs. 2 den Ehegatten keine Vorgaben. Aus dem Zweck der Vorschrift, den Grundsatz der Unwandelbarkeit zu beschränken und den Ehegatten die Möglichkeit zu geben, das Güterstatut etwaigen Veränderungen der Umstände oder der Umgebung anzupassen, folgt, dass die Rechtswahl **jederzeit** bis zur rechtskräftigen Auflösung der Ehe zulässig ist.[263] Die Rechtswahl wird meist während des **Bestehens der Ehe** vorgenommen. Sie kann aber auch schon **vor der Eheschließung** erfolgen. Die Wirkungen der Rechtswahl treten im letzteren Fall allerdings erst nach der Eheschließung ein.[264] Dass die Umstände oder die Umgebung sich zwischen dem Zeitpunkt der Eheschließung und dem der Rechtswahl tatsächlich geändert haben, wird nicht vorausgesetzt.[265] Die Ehegatten können vielmehr frei darüber entscheiden, ob und zu welchem Zeitpunkt ihnen eine Rechtswahl in Bezug auf das Güterstatut sinnvoll erscheint. Die in Art. 15 Abs. 2 genannten Anknüpfungsmomente müssen allerdings im Zeitpunkt der Rechtswahl (noch) vorliegen. Die Ehegatten können also keine Rechtsordnung wählen, wenn die entsprechenden Anknüpfungsmomente im Zeitpunkt der Rechtswahl **nicht mehr gegeben** sind.[266] Spätere Änderungen dieser Anknüpfungsmomente (zB Änderung der Staatsangehörigkeit oder des gewöhnlichen Aufenthalts) stellen die Wirksamkeit der Rechtswahl aber nicht mehr in Frage. Ob die Ehegatten eine bestimmte Rechtsordnung mit Blick auf **künftige Veränderungen** (zB Erwerb einer anderen Staatsangehörigkeit oder Wechsel des gewöhnlichen Aufenthalts) wählen können, obwohl die Anknüpfungsmomente des Art. 15 Abs. 2 noch nicht vorliegen, ist unklar. Im Zweifel liegt hier eine **bedingte Rechtswahl** vor, die bei Eintritt der in Aussicht genommenen Veränderung wirksam wird.[267]

94   Aus dem Zweck des Art. 15 Abs. 2 folgt, dass die Ehegatten die Rechtswahl während der Ehe **jederzeit aufheben oder ändern** können. Dies gilt auch dann, wenn das bis dahin maßgebliche Recht der Rechtswahl stärkere Bindungswirkung beimisst. Die Aufhebung oder Änderung der Rechtswahl führt zu einem **Statutenwechsel.** Haben die Ehegatten sich auf die Aufhebung der Rechtswahl beschränkt, so ist das Güterstatut nach Art. 15 Abs. 1 objektiv zu bestimmen. Ob es hierbei auf den Zeitpunkt der Eheschließung oder der Aufhebung der Rechtswahl ankommt, ist umstritten. Für den Zeitpunkt der Aufhebung spricht, dass es um eine neue Anknüpfung des Güterstatuts geht. Es sollte daher darauf ankommen, mit welcher Rechtsordnung die Ehegatten zu diesem Zeitpunkt am engsten verbunden sind.[268] Für die **Form** der Aufhebung oder Änderung gilt Art. 15 Abs. 3.[269]

---

[259] So auch BeckOK BGB/*Mörsdorf-Schulte* Rn. 70; Staudinger/*Mankowski* (2011) 193 ff.; NK-BGB/*Sieghörtner* Rn. 44; *v. Bar* IPR II Rn. 369; *Looschelders* IPR Rn. 40; *Kropholler* IPR § 45 IV 4c (S. 357); aA Voraufl. Rn. 28g (*Siehr*); Erman/*Hohloch* Rn. 28a; *Krzywon* BWNotZ 1986, 154 (159 f.) (zu Art. 25 Abs. 2 aF).

[260] Staudinger/*Mankowski* (2011) Rn. 213 ff.; NK-BGB/*Sieghörtner* Rn. 44; Erman/*Hohloch* Rn. 28a; BeckOK BGB/*Mörsdorf-Schulte* Rn. 70; *v. Bar* IPR II Rn. 369 Fn. 77; *Neuhaus* RabelsZ 19 (1954), 556 (567).

[261] Staudinger/*Mankowski* (2011) Rn. 185 ff.; NK-BGB/*Sieghörtner* Rn. 44; aA *Wegmann* NJW 1987, 1740 (1743).

[262] Staudinger/*Mankowski* (2011) Rn. 189; Palandt/*Thorn* Rn. 22; *v. Bar* IPR II Rn. 369; aA Staudinger/*Dörner* (2007) Art. 25 Rn. 486; *Wegmann* NJW 1987, 1740 (1743).

[263] Vgl. BT-Drs. 10/504, 58; OLG München BeckRS 2013, 01177; Palandt/*Thorn* Rn. 21; Staudinger/*Mankowski* (2011) Rn. 107; BeckOK BGB/*Mörsdorf-Schulte* Rn. 60; *v. Bar* IPR II Rn. 227; *Kegel/Schurig* IPR § 20 VI 1b (S. 847).

[264] Palandt/*Thorn* Rn. 21; BeckOK BGB/*Mörsdorf-Schulte* Rn. 61; Soergel/*Schurig* Rn. 23; Ferid/*Böhmer* IPR Rn. 8-112.

[265] Staudinger/*Mankowski* (2011) Rn. 108; Erman/*Hohloch* Rn. 24.

[266] NK-BGB/*Sieghörtner* Rn. 56.

[267] Staudinger/*Mankowski* (2011) Rn. 110; Soergel/*Schurig* Rn. 23; NK-BGB/*Sieghörtner* Rn. 55.

[268] So auch Staudinger/*Mankowski* (2011) Rn. 113; Palandt/*Thorn* Rn. 21; *Wegmann* NJW 1987, 1740 (1744); aA Soergel/*Schurig* Rn. 25; *Lichtenberger* DNotZ 1986, 644 (660).

[269] Soergel/*Schurig* Rn. 25.

4. Zustandekommen der Rechtswahl. Die Einigung der Parteien wird ebenso wie bei Art. 14 **95** (→ Art. 14 Rn. 122 ff.) nach dem Recht des Staates beurteilt, dessen Recht die Ehegatten gewählt haben. Die Rechtsgedanken der Art. 3 Abs. 5, 10 Abs. 1 Rom I-VO können entsprechend herangezogen werden. Letztlich handelt es sich um einen allgemeinen Grundsatz des IPR, der auch im internationalen Familienrecht Geltung beansprucht (vgl. zur Scheidung Art. 6 Abs. 1 Rom III-VO). Die EuGüVO sieht eine entsprechende Regelung in Art. 24 Abs. 1 vor.

Das gewählte Recht ist nur für das **Zustandekommen der Einigung** und deren **Wirksamkeit** **96** maßgeblich. Die **Zulässigkeit** der Rechtswahl beurteilt sich dagegen allein nach dem inländischen IPR (→ Rn. 81). Ebenso wie bei Art. 14 Abs. 2–4 (→ Art. 14 Rn. 107–126) entscheidet die lex fori auch darüber, ob überhaupt eine Rechtswahl vorliegt. Hierfür gelten bestimmte **Mindestanforderungen.** Dazu gehört, dass die Rechtswahl **ausdrücklich** erfolgen oder sich hinreichend **deutlich** aus der Vereinbarung oder den sonstigen Umständen ergeben muss, und zwar sowohl hinsichtlich des Gegenstandes (hier: Ehegüterstatut) als auch bzgl. des gewählten Rechts.[270] Eine **konkludente Wahl** des Güterstatuts ist zwar nicht prinzipiell ausgeschlossen, kann aber nur unter engen Voraussetzungen bejaht werden.[271] So kann aus der Vereinbarung einer Morgengabe oder der Zahlung eines Brautgelds für sich genommen keine Rechtswahlvereinbarung abgeleitet werden.[272] Dies gilt sowohl für das Ehewirkungsstatut als auch für das Ehegüterstatut. Hat ein Ehegatte für den Kaufvertrag über ein Grundstück eine bestimmte Rechtsordnung gewählt, so liegt hierin keine konkludente Wahl des Ehegüterstatuts in Bezug auf das Grundstück.[273] Dies folgt schon daraus, dass die Wahl des Güterstatuts eine Vereinbarung zwischen den Ehegatten (und nicht mit einem Dritten) voraussetzt. Haben beide Ehegatten in einem notariell beurkundeten Kaufvertrag mit einem Dritten eine Wahl des Güterstatuts vorgenommen, so bestehen gegen die Wirksamkeit der Wahl aber keine Bedenken.[274]

Ist das Vorliegen einer Rechtswahl zu bejahen, so richtet sich die **Auslegung** der Vereinbarung **97** nach dem gewählten Recht.[275] Das gleiche gilt für die **Wirksamkeit** der Rechtswahl. Haben die Ehegatten für das Güterrecht deutsches Recht gewählt, so ist die Rechtswahl im Zweifel auch dann wirksam, wenn andere in dem Ehevertrag getroffene Vereinbarungen für unwirksam zu erachten sind.[276]

5. Form der Rechtswahl. Für die Form verweist Art. 15 Abs. 3 auf Art. 14 Abs. 4 (→ Art. 14 **98** Rn. 125 f.). Im Zusammenhang mit der Wahl des Güterstatuts ist auf drei Besonderheiten hinzuweisen.

a) Rechtswahlvereinbarung und Ehevertrag. Bei Art. 15 Abs. 3 geht es allein um die Form **99** der **Rechtswahlvereinbarung** und nicht (auch) um die Form eines **Ehevertrages,** durch den ein bestimmter Güterstand der gewählten Rechtsordnung vereinbart wird. Diese Unterscheidung hat Bedeutung, weil für beide Rechtsgeschäfte unterschiedliche Formvorschriften bestehen können.[277] Wird die **Rechtswahl** im Inland vorgenommen, so bedarf sie nach Art. 15 Abs. 3 iVm Art. 14 Abs. 4 S. 1 der **notariellen Beurkundung.**[278] Für die Form eines Ehevertrages gilt dagegen Art. 11 (→ Rn. 101). Nach dem Geschäftsstatut (Güterstatut) können daher geringere Anforderungen bestehen. Haben die Ehegatten sich hieran orientiert, ist die Rechtswahl bei Vornahme im Inland formunwirksam. Damit sind auch die ehevertraglichen Vereinbarungen über den Güterstand der gewählten Rechtsordnung hinfällig. Wenn die Ehegatten einen Notar einschalten, wird dieser aber regelmäßig die strengere Form des Art. 14 Abs. 4 S. 1 für beide Geschäfte einhalten.

b) Rechtswahl im Ausland. Bei einer Rechtswahl im Ausland genügt es nach Art. 14 Abs. 4 **100** S. 2, wenn sie den Formerfordernissen für einen **Ehevertrag** nach dem gewählten Recht oder am Ort der Rechtswahl entspricht. Die Bezugnahme auf die Formerfordernisse für einen Ehevertrag beruht auf der Erwägung, dass es in den meisten Rechtsordnungen keine Formvorschriften für die Wahl des *allgemeinen Ehewirkungsstatuts* gibt, weil eine solche Rechtswahl ohnehin unzulässig ist (→ Art. 14 Rn. 125 f.). In Bezug auf die *güterrechtlichen* Wirkungen der Ehe lassen jedoch nicht

---

[270] Näher hierzu *Börner* IPRax 1995, 312 f. Zur Zulässigkeit einer konkludenten Wahl des Güterstatuts vgl. NK-BGB/*Sieghörtner* Rn. 47; BeckOK BGB/*Mörsdorf-Schulte* Rn. 72; aA Palandt/*Thorn* Rn. 23.

[271] So auch BeckOK BGB/*Mörsdorf-Schulte* Rn. 72.

[272] Vgl. BGH FamRZ 1987, 463 = NJW 1987, 2161; OLG München IPRspr. 2005 Nr. 46; OLG Frankfurt a.M. FamRZ 1996, 1478; Staudinger/*Mankowski* (2011) Rn. 106.

[273] Vgl. OLG Hamm FamRZ 1999, 299 (300); LG Ausgburg MittBayNot 1995, 233; Palandt/*Thorn* Rn. 23; Erman/*Hohloch* Rn. 31; Staudinger/*Mankowski* (2011) Rn. 106; NK-BGB/*Sieghörtner* Rn. 48.

[274] BGHZ 205, 289 = NJW 2015, 2185 Rn. 18.

[275] Vgl. Staudinger/*Mankowski* (2011) Rn. 106.

[276] Zu einer solchen Teilnichtigkeit vgl. OLG Frankfurt a.M. NJW-RR 1990, 582.

[277] Zur Notwendigkeit einer getrennten Betrachtung NK-BGB/*Sieghörtner* Rn. 52.

[278] Staudinger/*Mankowski* (2011) Rn. 100; *Looschelders* IPR Rn. 41.

wenige ausländische Rechtsordnungen eine kollisionsrechtliche Rechtswahl ebenfalls zu.[279] Dabei werden teilweise geringere Anforderungen an die Form als bei einem Ehevertrag gestellt. So ist für die Wahl des Güterstatuts nach schweizerischem IPR **Schriftform** ausreichend (Art. 53 Abs. 1 S. 1 IPRG); der Ehevertrag bedarf dagegen nach Art. 184 ZGB der öffentlichen Beurkundung. In solchen Fällen ist es sachgemäß, die Rechtswahl entsprechend den berechtigten Erwartungen der Ehegatten auch dann für formwirksam zu erachten, wenn sie den Formvorschriften für eine **Wahl des Güterstatuts** nach dem gewählten Recht oder dem Ortsrecht genügt.[280] Methodisch lässt sich diese Lösung damit begründen, dass Art. 15 Abs. 3 lediglich eine **entsprechende** Anwendung des Art. 14 Abs. 4 vorschreibt. Abweichungen sind also zulässig, soweit sie durch die Besonderheiten des Güterstatuts gerechtfertigt sind.[281] Da die Rechtslage sehr unsicher ist, sollte in der Praxis aber die strengere Form für Eheverträge beachtet werden.

101   **c) Wahl eines Güterstands durch Ehevertrag als Rechtswahl.** In der Praxis kann der Fall auftreten, dass Ehegatten mit gewöhnlichem Aufenthalt im Ausland nach dem an ihrem Aufenthaltsort geltenden Sachrecht einen **Ehevertrag** schließen, ohne dabei zu wissen, dass die güterrechtlichen Wirkungen ihrer Ehe einem anderen Recht unterliegen. So mögen etwa deutsche Eheleute mit gewöhnlichem Aufenthalt in der Schweiz unter Einhaltung der Form des Art. 184 ZGB Gütergemeinschaft gemäß Art. 221 ff. ZGB vereinbaren.[282] Objektiv ist in einem solchen Fall nach Art. 15 Abs. 1 iVm Art. 14 Abs. 1 Nr. 1 deutsches Recht maßgeblich. Wegen des engen Zusammenhangs zwischen Rechtswahl und Ehevertrag liegt die Annahme nahe, dass die Wahl des schweizerischen Güterstands die nach Art. 15 Abs. 2 Nr. 2 zulässige Wahl des Schweizer Güterrechts mit umfasst. Eine solche Rechtswahl wäre auch nach Art. 15 Abs. 3 iVm Art. 14 Abs. 4 S. 2 formwirksam. Gehen die Ehegatten irrtümlich von der Anwendbarkeit schweizerischen Rechts aus, so dürfte die Wirksamkeit der Rechtswahl aber am fehlenden **Erklärungsbewusstsein** scheitern.[283]

102   **6. Wirkungen einer Rechtswahl. a) Statutenwechsel – Abgrenzung von altem und neuem Statut.** Kommt es aufgrund einer Rechtswahl bzw. der Aufhebung oder Änderung einer Rechtswahl zu einem Statutenwechsel, so tritt dieser grundsätzlich mit *ex nunc*-Wirkung ein.[284] Dies macht eine **Abwicklung** des bisherigen Güterstandes notwendig. Die Abwicklung erfolgt nach dem bis zum Statutenwechsel maßgeblichen Güterrecht.[285] Das neue Güterstatut kann hierfür noch nicht herangezogen werden, da es im Allgemeinen keine Regelungen für die Abwicklung des fremden Güterstands kennen wird. Die **Einordnung** der betroffenen Vermögensgegenstände nach Abwicklung des alten Güterstands in den neuen Güterstand richtet sich dagegen nach dem neuen Güterstatut.[286]

103   **b) Vereinbarung eines rückwirkenden Statutenwechsels.** Ob die Ehegatten das bisher bestehende Vermögen dem gewählten Statut durch kollisionsrechtliche Vereinbarung **ex tunc** unterstellen können, ist umstritten.[287] Die Gesetzesbegründung geht von der grundsätzlichen Zulässigkeit einer solchen Vereinbarung aus.[287] Für diese Auffassung spricht, dass eine rückwirkende Rechtswahl auch im Vertragsrecht (Art. 3 Abs. 2 Rom I-VO) möglich ist, sofern **Rechte Dritter** nicht beeinträchtigt werden.[288] Im

---

[279] Zum österreichischen und spanischen IPR vgl. *Schnitzer/Chatelain* ZfRV 25 (1984), 276 ff. (287); zum französischen und belgischen IPR *Batiffol/Lagarde,* Droit international privé II, 7. Aufl. Paris 1983, 368 ff.; *Rigaux/Fallon,* Droit international privé, 3. Aufl. Bruxelles 2005, 544 ff.; zum italienischen Recht (Art. 30 Abs. 1 S. 2 IPRG) *Ballarino/Bonomi,* Diritto internazionale privato, 3. Aufl. Padua 1999, 429 ff.; zum schweizerischen Recht (Art. 53 Abs. 1 S. 1 IPRG) *Kren Kostkiewicz,* Grundriss des schweizerischen Internationalen Privatrechts, Bern 2012, Rn. 1156; zum türkischen Recht (Art. 15 Abs. 1 S. 1 IPRG von 2007) *Turan-Schnieders/Finger* FamRBint 2008, 40 (42).

[280] *Erman/Hohloch* Rn. 31; BeckOK BGB/*Mörsdorf-Schulte* Rn. 72; *Staudinger/Mankowski* (2011) Rn. 102; NK-BGB/*Sieghörtner* Rn. 52; aA *Kleinheisterkamp* IPRax 2004, 399 (401 f.).

[281] Hierauf abstellend auch Staudinger/*Mankowski* (2011) Rn. 102.

[282] Beispiel nach Voraufl. Rn. 33 (*Siehr).*

[283] So Soergel/*Schurig* Rn. 16; NK-BGB/*Sieghörtner* Rn. 48; zurückhaltend insoweit auch Staudinger/*Mankowski* (2011) Rn. 106.

[284] NK-BGB/*Sieghörtner* Rn. 57.

[285] So OLG München FamRZ 2013, 1486; Soergel/*Schurig* Rn. 24; BeckOK BGB/*Mörsdorf-Schulte* Rn. 62; NK-BGB/*Sieghörtner* Rn. 58; *Kropholler* IPR § 45 IV 4d (S. 357); *Böhringer* BWNotZ 1987, 110; *Schotten* DNotZ 1999, 326 (332 f.); für Anwendung des neuen Güterstatuts Palandt/*Thorn* Rn. 25; *v. Bar* IPR II Rn. 227; Staudinger/*Mankowski* (2011) Rn. 120 ff.; *Mankowski/Osthaus* DNotZ 1997, 10 (23); unklar Begr. RegE, BT-Drs. 10/504, 58.

[286] Vgl. Ferid/*Böhmer* IPR Rn. 8-110; *Kropholler* IPR § 45 IV 4d (S. 357).

[287] BT-Drs. 10/504, 58; für Zulässigkeit einer solchen Vereinbarung auch BeckOK BGB/*Mörsdorf-Schulte* Rn. 83; Erman/*Hohloch* Rn. 25; Staudinger/*Mankowski* (2011) Rn. 116; *Mankowski/Osthaus* DNotZ 1997, 10 (22 f.); aA Palandt/*Thorn* Rn. 21; Soergel/*Schurig* Rn. 24; *Schotten* DNotZ 1999, 326 (327 f.).

[288] Vgl. Palandt/*Thorn* Art. 3 Rom I-VO Rn. 11.

internationalen Güterrecht werden die Rechte Dritter bereits durch Art. 16 geschützt. Bei Bedarf kann ein weitergehender Schutz Dritter über den Rechtsgedanken des Art. 3 Abs. 2 S. 1 Rom I-VO verwirklicht werden.[289] Die **EuGüVO** lässt eine rückwirkende Rechtswahl ebenfalls unter der Maßgabe zu, dass Rechte Dritter nicht beeinträchtigt werden (vgl. Art. 22 Abs. 2 und 3 EuGüVO; näher dazu → EuGüVO Rn. 70).[290] Für die Ehegatten hat die rückwirkende Wahl eines neuen Güterstatuts den Vorteil, dass **keine Abwicklung** des bisherigen Güterstands nach dem alten Güterstatut **erforderlich** ist. Auf der anderen Seite kann die rückwirkende Zuordnung von Erwerbs- und Veräußerungstatbeständen zu einem neuen Güterstand in der Praxis große Schwierigkeiten bereiten.[291] Aus Gründen der Rechtssicherheit muss die Rückwirkung **ausdrücklich** vorgesehen werden oder sich **eindeutig** aus der Vereinbarung ergeben; ansonsten ist davon auszugehen, dass der Statutenwechsel *ex nunc* eintritt.

c) **„Versteinerung" des gewählten Rechts.** Von einer möglichen ex tunc-Wirkung der kollisionsrechtlichen Rechtswahl zu unterscheiden ist die Frage, ob die Ehegatten vereinbaren können, dass das zu einem bestimmten Zeitpunkt (zB Eheschließung) geltende materielle Güterrecht eines bestimmten Staates maßgeblich sein soll (→ Rom I-VO Art. 3 Rn. 23).[292] Bei der Würdigung dieser Problematik ist davon auszugehen, dass eine kollisionsrechtliche Rechtswahl sich nach allgemeinen Grundsätzen auf die gewählte Rechtsordnung in ihrer jeweils geltenden Fassung bezieht. Vereinbaren die Ehegatten eine „Versteinerung" des gewählten Rechts, so hat dessen **intertemporales Privatrecht** darüber zu entscheiden, welche Auswirkungen eine Änderung des materiellen Güterrechts auf bestehende Ehen hat.[293] Auf dieser Grundlage muss auch geklärt werden, welche Bedeutung der ehevertraglichen Vereinbarung über die „Versteinerung" des Güterrechts beizumessen ist. Im internationalen Vertragsrecht werden in bestimmten Fällen – insbesondere bei Verträgen mit Staaten oder staatlichen Organisationen – zwar teilweise auch sog. **Stabilisierungsklauseln** für zulässig erachtet, welche die andere Partei vor einer einseitigen Vertragsänderung schützen sollen. Ob solchen Vereinbarungen vor staatlichen Gerichten wirklich **kollisionsrechtliche Wirkung** zukommt, ist jedoch **zweifelhaft** (→ Rom I-VO Art. 3 Rn. 25). Außerdem gibt es im internationalen Ehegüterrecht keine vergleichbaren Schutzbedürfnisse. Im Übrigen kann einer unangemessenen Rückwirkung über den ordre public Rechnung getragen werden (Art. 6). **104**

E. Anknüpfungszeitpunkt

I. Unwandelbarkeit der objektiven Anknüpfung und Rechtswahl

Das **objektive Ehegüterstatut** wird nach Art. 15 Abs. 1 unwandelbar im **Zeitpunkt der Eheschließung** angeknüpft. Spätere Änderungen der Anknüpfungsmomente sind irrelevant.[294] Hierin liegt ein entscheidender Unterschied zum allgemeinen Ehewirkungsstatut nach Art. 14 Abs. 1, das wandelbar ist. Die Unwandelbarkeit des objektiven Ehegüterstatuts wird auch durch eine spätere Wahl des allgemeinen Ehewirkungsstatuts nach Art. 14 Abs. 2–4 nicht berührt (→ Art. 14 Rn. 127). Nach Art. 15 Abs. 2 können die Ehegatten aber **jederzeit** durch **unmittelbare Rechtswahl** eine andere Rechtsordnung als Ehegüterstatut bestimmen. Eine solche Rechtswahl führt zu einem Statutenwechsel. Das gewählte Recht wird grundsätzlich *ex nunc* anwendbar und bleibt bis zu einer Aufhebung der Rechtswahl oder einer neuen Rechtswahl maßgeblich.[295] Anders als bei Art. 14 Abs. 3 S. 2 (→ Art. 14 Rn. 13) enden die Wirkungen einer Wahl des Ehegüterstatuts nicht dadurch, dass sich die Anknüpfungsmerkmale, die nach Art. 15 Abs. 2 die wählbaren Rechte bezeichnen, später ändern. **105**

II. Ausnahmen

Auch abgesehen von der Möglichkeit einer unmittelbaren Rechtswahl nach Art. 15 Abs. 2 gilt der Grundsatz der Unwandelbarkeit des Güterstatuts nicht uneingeschränkt.[296] **106**

---

[289] Staudinger/*Mankowski* (2011) Rn. 108, 116.

[290] Vgl. hierzu *Rühl*, FS Kropholler, 2008, 187 (202).

[291] Hierzu *Mankowski/Osthaus* DNotZ 1997, 10 (22 f.).

[292] Allgemein dazu *Rühl*, FS Kropholler, 2008, 187 (194).

[293] Beck OK BGB/*Mörsdorf-Schulte* Rn. 84; *Hausmann* in Reithmann/Martiny IntVertragsR Rn. 7.783.

[294] Vgl. OLG Düsseldorf FGRax 2000, 5 (7); OLG Hamm FamRZ 2006, 1383 (1384); OLG Zweibrücken NJW 2016, 1185 (1186); Palandt/*Thorn* Rn. 3; Staudinger/*Mankowski* (2011) Rn. 43; Soergel/*Schurig* Rn. 27; BeckOK BGB/*Mörsdorf-Schulte* Rn. 79; *Kegel/Schurig* IPR § 20 VI 1a (S. 846); *Hausmann* in Reithmann/Martiny IntVertragsR Rn. 7.779 ff.; krit. *Kropholler* IPR § 45 IV 3 (S. 354 f.).

[295] Vgl. OLG München FamRZ 2013, 1486; Palandt/*Thorn* Rn. 21; *Kropholler* IPR § 45 IV 4 vor a (S. 355).

[296] Vgl. Staudinger/*Mankowski* (2011) Rn. 2.

107   **1. Güterstand von Vertriebenen und Flüchtlingen.** Eine erste Ausnahme ergibt sich aus dem Gesetz vom 4.8.1969 über den ehelichen Güterstand von Vertriebenen und Flüchtlingen (VFGüterstandsG). Das Gesetz regelt die güterrechtlichen Verhältnisse von **deutschen Vertriebenen und Flüchtlingen,** die nach dem Zweiten Weltkrieg ihren gemeinsamen gewöhnlichen Aufenthalt im Gebiet der Bundesrepublik Deutschland begründet haben. Diese Personen standen vor dem Problem, dass das in ihrer früheren Heimat im Zeitpunkt der Eheschließung maßgebliche ausländische Recht auf die güterrechtlichen Wirkungen ihrer Ehe anwendbar blieb. Die Fortgeltung des ausländischen Rechts widersprach dem **Integrationsinteresse** der Betroffenen. Ein Statutenwechsel scheiterte an der Unwandelbarkeit. Problematisch war außerdem, dass die hM von einer **„Versteinerung"** des Statuts ausging, also keine Änderungen des ausländischen Sachrechts nach der Vertreibung oder Flucht berücksichtigte (→ Rn. 109). Zur Lösung dieser Problematik wurde das VFGüterstandsG geschaffen. § 1 VFGüterstandsG sieht für die Betroffenen unter bestimmten Voraussetzungen eine einmalige **Überleitung** der fremden gesetzlichen Güterstände in den deutschen Güterstand der Zugewinngemeinschaft vor. Die Überleitung bedurfte dabei keiner besonderen Erklärung der Ehegatten. Nach § 2 VFGüterstandsG konnte aber jeder Ehegatte bis zum 31.12.1970 gegenüber dem Amtsgericht erklären, dass der bisherige gesetzliche Güterstand fortgelten solle (→ Anh. Art. 16). Seit der Reform des IPR von 1986 steht es den Betroffenen außerdem frei, nach allgemeinen Regeln einen Statutenwechsel durch Rechtswahl nach Art. 15 Abs. 2 herbeizuführen.

108   In der Literatur wird teilweise die Auffassung vertreten, dass die Unwandelbarkeit des Güterstatuts generell – dh nicht nur bei deutschen Vertriebenen und Flüchtlingen – nach dem Vorbild des VFGüterstandsG zu durchbrechen sei, wenn die betroffenen Ehegatten die Verbindung zu ihrem früheren Heimatstaat durch Flucht oder Vertreibung verloren haben.[297] Nach dieser Ansicht unterliegen auch die güterrechtlichen Verhältnisse von **„internationalen" Flüchtlingen** dem deutschen gesetzlichen Güterstand der Zugewinngemeinschaft, sofern die Ehegatten ihren gewöhnlichen Aufenthalt nach der Flucht in Deutschland haben. Gegen diese Ansicht spricht jedoch, dass das VFGüterstandsG eine historisch bedingte, eng begrenzte Ausnahme für deutsche Vertriebene und Flüchtlinge vorsieht. Eine analoge Anwendung auf internationale Flüchtlinge ist nicht möglich. Haben internationale Flüchtlinge (wenigstens einer der Ehegatten) ihren gewöhnlichen Aufenthalt in Deutschland, so können sie aber nach Art. 15 Abs. 2 Nr. 2 deutsches Recht als Güterstatut wählen.[298]

109   **2. Änderung des anwendbaren Rechts und „Versteinerung".** Die Unwandelbarkeit des Güterstatuts betrifft nur die kollisionsrechtliche Ebene. Inwieweit sich **Änderungen des materiellen Rechts** in der maßgeblichen Rechtsordnung auf bestehende Ehen auswirken, ist nach dem **intertemporalen Privatrecht** des betreffenden Staates zu beurteilen (→ Rn. 104). Die frühere Rechtsprechung hat allerdings in Fällen, in denen die Verbindung der Ehegatten zu der maßgeblichen Rechtsordnung durch **Vertreibung oder Flucht** aufgehoben worden ist, eine „Versteinerung" des Güterstatuts angenommen. Maßgeblich blieb danach das ausländische Sachrecht nach dem Stand desjenigen Zeitpunktes, zu dem die Ehegatten die Verbindung zu dem betreffenden Staat verloren hatten. In der Praxis ging es dabei vor allem um die Rechtsstellung von **deutschen Vertriebenen oder Flüchtlingen,** die nach der Flucht oder Vertreibung ihren gewöhnlichen Aufenthalt in der Bundesrepublik Deutschland begründet hatten.[299] Die „Versteinerung" wurde vor allem damit gerechtfertigt, dass die Ehegatten aufgrund der Vertreibung oder Flucht keine Verbindung mehr zu dem betreffenden Staat haben und daher nicht mehr bei Wahlen über Gesetzesänderungen mitentscheiden können. Außerdem liegt die Annahme nahe, dass die deutschen Gerichte die mit dem Eintritt der früheren Heimatstaaten der Ehegatten in den „sozialistischen Rechtskreis" verbundenen Rechtsänderungen als besonders einschneidend empfunden haben.[300] Die zeitgeschichtlichen Sonderaspekte haben durch das VFGüterstandsG und die Einführung der Rechtswahlmöglichkeiten nach Art. 15 Abs. 2 jedoch ihre Bedeutung verloren. Nach allgemeinen kollisionsrechtlichen Grundsätzen ist eine Versteinerung des anwendbaren Rechts abzulehnen, weil sie die Betroffenen an einem veralteten Recht festhält und ihren Güterstand nicht an allfälligen Reformen teilhaben lässt (→ Einl. IPR Rn. 77). Die Versteinerungstheorie wird daher heute zu Recht kaum noch befürwortet.[301]

---

[297] So Soergel/*Schurig* Rn. 70; *Kegel/Schurig* IPR § 20 VI 1d (S. 850 ff.).

[298] So auch Erman/*Hohloch* Rn. 4; BeckOK BGB/*Mörsdorf-Schulte* Rn. 74; Staudinger/*Mankowski* (2011) Rn. 63 ff.; Voraufl. Rn. 56 (*Siehr*); *Jayme* IPRax 1981, 73 (75).

[299] Vgl. BGHZ 40, 32 (35); OLG Stuttgart NJW 1958, 1972; BayObLG FamRZ 1959, 357; FamRZ 1961, 319; OLG Hamm NJW 1977, 1591 (1592); LG Wuppertal IPRspr. 1987 Nr. 54.

[300] Staudinger/*Mankowski* (2011) Rn. 61; *Silberberg* RabelsZ 36 (1972), 526 (540); allgemeiner OLG Celle NJW-RR 2014, 1283 (1284): „Schutz vor politisch motivierten Rechtsänderungen".

[301] Vgl. aus der neueren Rspr. OLG Celle NJW-RR 2014, 1283 (1284); FamRZ 2015, 160; OLG Hamm NJW-RR 2010, 1091 (1092); OLG Düsseldorf NJW-RR 2011, 1017 (1018); KG FamRZ 2007, 1564 (1565).

Sieht das ausländische Übergangsrecht eine unangemessene Rückwirkung auf bestehende Ehen vor, so kommt ein Rückgriff auf den **ordre public** (Art. 6) in Betracht.[302]

3. Renvoi aufgrund abweichenden Anknüpfungszeitpunkts. Eine Durchbrechung der 110
Unwandelbarkeit kann auch dadurch erfolgen, dass das deutsche IPR auf ein ausländisches Recht
verweist, das eine wandelbare Anknüpfung des Güterstatuts vorsieht. Kommt es aufgrund der Wandelbarkeit der Anknüpfung zu einer **Rück- oder Weiterverweisung,** so ist diese nach der allgemeinen Regel des Art. 4 Abs. 1 zu beachten.[303] Da das deutsche IPR den Grundsatz der Unwandelbarkeit selbst nicht uneingeschränkt durchhält, steht die Sinnklausel des Art. 4 Abs. 1 S. 1 der
Beachtlichkeit des Renvoi in diesen Fällen nicht entgegen.[304] Die dargelegten Grundsätze gelten auch
dann, wenn der ausländische Staat die Wandelbarkeit der Anknüpfung erst nach der Eheschließung
eingeführt hat. Denn der Grundsatz, dass Änderungen der nach Art. 15 für das Güterrecht maßgeblichen Rechtsordnung zu berücksichtigen sind, gilt auch in Bezug auf deren IPR.[305]

4. Unwandelbarkeit und Zerfall von Staaten. Die Unwandelbarkeit des Güterstatuts kann 111
Probleme bereiten, wenn der Staat, dessen Recht auf die güterrechtlichen Wirkungen der Ehe
anwendbar ist, in mehrere selbstständige Staaten **zerfällt.** Beispiele sind die Sowjetunion, die Tschechoslowakei und Jugoslawien.[306] Die weitere Anwendung des Rechts des „zerfallenen“ Staates würde
zur **„Versteinerung“** des Güterstatuts führen. Die güterrechtlichen Verhältnisse zwischen den Ehegatten unterlägen damit einem „toten“ Recht, das auf einem veralteten Stand der Rechtsentwicklung
beruht und keine Anwendung mehr beanspruchen kann. Diese Überlegung spricht auch gegen die
Bestimmung des maßgeblichen Nachfolgestaates mit Hilfe des ehemaligen interlokalen Privatrechts
des zerfallenen Staates entsprechend Art. 4 Abs. 2 S. 1.[307] Stattdessen ist nach den Kriterien des Art. 4
Abs. 3 S. 2 (→ Art. 4 Rn. 162 ff.) die Rechtsordnung desjenigen Nachfolgestaats zu bestimmen, zu
welcher die Ehegatten im Zeitpunkt der Eheschließung die **engste Verbindung** hatten.[308] Die
Kriterien des ehemaligen interlokalen Privatrechts des betreffenden Staates haben hierbei nur indizielle Bedeutung.[309]

Steht der maßgebliche Nachfolgestaat fest, muss weiter geprüft werden, ob dessen Kollisionsrecht 112
eine **Rück- oder Weiterverweisung** ausspricht. Ein Renvoi kann sich dabei auch daraus ergeben,
dass das IPR des Nachfolgestaates eine **wandelbare** Anknüpfung des Güterstatuts vorsieht.[310] Nimmt
das IPR des Nachfolgestaates die Verweisung an, so richten sich die Auswirkungen etwaiger Änderungen des materiellen Güterrechts seit der Eheschließung nach dessen intertemporalem Privatrecht.[311]

F. Probleme des Allgemeinen Teils

I. Renvoi

1. Objektive Anknüpfung nach Abs. 1 iVm Art. 14. a) Allgemeine Grundsätze. Bei der 113
objektiven Anknüpfung nach Abs. 1 iVm Art. 14 Abs. 1 ist eine Rück- oder Weiterverweisung nach

---

[302] Vgl. OLG Hamm NJW-RR 2010, 1091 (1092); NK-BGB/*Sieghörtner* Rn. 25.

[303] OLG Celle NJW-RR 2014, 1283 (1284); FamRZ 2015, 160; OLG Hamm NJW-RR 2010, 1091 (1092);
OLG Düsseldorf NJW-RR 2011, 1017 (1018); OLG München NJW-RR 2011, 299; Palandt/*Thorn* Rn. 3;
BeckOK BGB/*Mörsdorf-Schulte* Rn. 82; NK-BGB/*Sieghörtner* Rn. 21; Soergel/*Schurig* Rn. 64; Staudinger/*Man-
kowski* (2011) Rn. 51; aA OLG Nürnberg FamRZ 2011, 1509 (1510); HK-BGB/*Kemper* Rn. 1.

[304] Soergel/*Schurig* Rn. 64; Staudinger/*Mankowski* (2011) Rn. 39; MüKoBGB/*Siehr*[6] Rn. 115; *Looschelders*
IPR Rn. 22; aA AG Dortmund FamRZ 1999, 1507: Verletzung des dt. Grundsatzes der Unwandelbarkeit.

[305] Vgl. OLG Hamm NJW-RR 2010, 1091 (1092); OLG Düsseldorf NJW-RR 2011, 1017 (1018); Palandt/
Thorn Rn. 3; Staudinger/*Mankowski* (2011) Rn. 56; a.A. OLG Nürnberg FamRZ 2011, 1509 (1510).

[306] Zu Jugoslawien und dessen Nachfolgestaaten OLG Frankfurt a. M. IPRax 2001, 140 m. Bespr. *Henrich*
IPRax 2001, 113: Kroatien; OLG Nürnberg FamRZ 2011, 1509 mAnm *Henrich*: Kroatien und Slowenien; OLG
Düsseldorf FamRZ 1995, 1203: serbische Teilrechtsordnung der Wojwodina; OLG Stuttgart NJW-RR 2015,
838: Serbien und Montenegro; ausf. dazu *Abbas*, Die Vermögensbeziehungen der Ehegatten und nichtehelichen
Lebenspartner im serbischen Recht, 2011, 245 ff.

[307] OLG Stuttgart NJW-RR 2015, 838; *Grosserichter/Bauer* RabelsZ 65 (2001), 201 (214); aA offenbar OLG
Düsseldorf FamRZ 1995, 1203, das Art. 4 Abs. 3 S. 2 nur hilfsweise anwendet.

[308] Vgl. OLG Stuttgart NJW-RR 2015, 838; OLG Frankfurt a.M. IPRax 2001, 140; Staudinger/*Mankowski*
(2011) Rn. 46; Palandt/*Thorn* Art. 4 Rn. 12; *Grosserichter/Bauer* RabelsZ 65 (2001), 201 (213 ff.).

[309] Vgl. *Grosserichter/Bauer* RabelsZ 65 (2001), 201 (217).

[310] OLG Stuttgart NJW-RR 2015, 838; aA OLG Nürnberg FamRZ 2011, 1509.

[311] Staudinger/*Mankowski* (2011) Rn. 46.

den allgemeinen Regeln des Art. 4 Abs. 1 zu beachten.[312] Dies gilt auch für den Fall, dass das allgemeine Ehewirkungsstatut nach dem Grundsatz der **engsten Verbindung** gemäß Art. 14 Abs. 1 Nr. 3 bestimmt wird. Wenn der Renvoi im unmittelbaren Anwendungsbereich des Art. 14 Abs. 1 Nr. 3 beachtlich ist (→ Art. 14 Rn. 134), dann muss dies auch bei der akzessorischen Anknüpfung des Güterstatuts nach Art. 15 Abs. 1 iVm Art. 14 Abs. 1 Nr. 3 gelten. Eine von Art. 15 Abs. 1 abweichende Anknüpfung durch das ausländische IPR kann sich insbesondere aus der Verwendung **anderer Anknüpfungsmomente** (zB primäre Anknüpfung an gemeinsamen gewöhnlichen Aufenthalt oder gemeinsames Domizil der Ehegatten, Anknüpfung an lex rei sitae bei unbeweglichen Sachen) oder eines **anderen Anknüpfungzeitpunkts** ergeben.[313] Hierher gehört auch der Fall, dass das ausländische IPR für das Güterstatut eine **wandelbare Anknüpfung** vorsieht (→ Rn. 110).

114   Räumt das ausländische IPR den Ehegatten weitergehende **Rechtswahlmöglichkeiten** als Art. 15 Abs. 2 ein, so kann es zu einer Rück- oder Weiterverweisung kommen, wenn die Ehegatten davon Gebrauch machen (→ Rn. 110). Auch dies ist unter dem Aspekt der Sinnklausel des Art. 4 Abs. 1 S. 1 unbedenklich. Die akzessorische Anknüpfung des Güterstatuts nach Art. 15 Abs. 1 stellt auch dann eine objektive Anknüpfung dar, wenn die Ehegatten das allgemeine Ehewirkungsstatut schon im Zeitpunkt der Eheschließung nach Art. 14 Abs. 2–4 durch **Rechtswahl** bestimmt hatten. Der Renvoi ist in diesen Fällen also nicht schon nach Art. 4 Abs. 2 unbeachtlich. Die Beachtung einer Rück- oder Weiterverweisung durch das ausländische IPR widerspräche hier aber den berechtigten Erwartungen der Ehegatten und ist daher nach der **Sinnklausel** des Art. 4 Abs. 1 S. 1 ausgeschlossen (→ Rn. 110).

115   **b) Partielle Rückverweisung.** Bei der Anknüpfung des Güterstatuts unterscheiden einige ausländische Rechtsordnungen zwischen beweglichen und unbeweglichen Sachen. Während die güterrechtlichen Wirkungen der Ehe in Bezug auf bewegliche Sachen dem Recht am Domizil der Ehegatten unterliegen, sind die güterrechtlichen Verhältnisse in Bezug auf unbewegliche Sachen nach der lex rei sitae zu beurteilen.[314] Verweist das deutsche IPR auf eine solche Rechtsordnung, so kann eine Rück- oder Weiterverweisung zu einer **Aufspaltung des Güterstatuts** führen.[315] Der Grundsatz der Einheit des Güterstatuts wird damit durchbrochen. Die Beachtung des Renvoi verstößt aber auch in diesen Fällen nicht gegen den Sinn der Verweisung iS von Art. 4 Abs. 1 S. 1. Das deutsche IPR enthält nämlich in Art. 3a Abs. 2 und 15 Abs. 2 Nr. 3 ebenfalls Kollisionsnormen, welche die Einheit des Güterstatuts in Frage stellen.[316]

116   Eine partielle Rückverweisung auf das deutsche Güterrecht kann sich auch aus dem **türkischen IPR** ergeben. Gemäß Art. 15 Abs. 1 Hs. 2 türk IPRG unterliegen die güterrechtlichen Wirkungen der Ehe dem gemeinsamen Heimatrecht der Ehegatten im Zeitpunkt der Eheschließung (Art. 15 Abs. 1 Hs. 2 türk. IPRG vom 27.11.2007).[317] In Bezug auf unbewegliches Vermögen sieht Art. 15 Abs. 2 türk. IPRG aber vor, dass „bei der güterrechtlichen Auseinandersetzung" das Recht am Lageort Anwendung findet. Für die in Deutschland belegenen Grundstücke der Ehegatten ist somit deutsches Güterrecht einschließlich von § 1371 BGB maßgeblich. Die gegenteilige Auffassung des OLG Köln, wonach Art. 15 Abs. 2 türk. IPRG nur für die „güterrechtliche Auseinandersetzung", nicht aber für das Güterstatut als solches gilt,[318] kann nicht überzeugen, da die güterrechtliche Auseinandersetzung bei unbeweglichen Sachen sonst nach einer anderen Rechtsordnung vorgenommen werden müsste als derjenigen, die für die güterrechtlichen Wirkungen der Ehe maßgeblich ist.[319]

117   **c) Gleichberechtigungswidrige Anknüpfung durch ausländisches IPR.** In Rspr. und Literatur wird teilweise die Auffassung vertreten, eine Rück- oder Weiterverweisung sei nach der Sinnklausel des Art. 4 Abs. 1 S. 1 unbeachtlich, wenn das ausländische IPR allgemein für alle Ehewirkungen oder nur für das Ehegüterrecht **nicht geschlechtsneutral** anknüpft.[320] Diese Auffassung kann

---

[312] OLG Düsseldorf NJW-RR 2011, 1017 (1018); OLG Stuttgart NJW-RR 2015, 838; OLG Celle NJW-RR 2014, 1283 (1284); Palandt/*Thorn* Rn. 2; Erman/*Hohloch* Rn. 7.
[313] Vgl. Staudinger/*Mankowski* (2011) Rn. 39 f.; Soergel/*Schurig* Rn. 63 f.; NK-BGB/*Sieghörtner* Rn. 26 ff.
[314] Vgl. Staudinger/*Mankowski* (2011) Rn. 40; BeckOK BGB/*Mörsdorf-Schulte* Rn. 91.
[315] Vgl. BGHZ 24, 352 = NJW 1957, 1316; OLG München FamRZ 2013, 1488 = MittBayNot 2013, 404 mAnm *Süß* (jeweils Kalifornien); OLG Köln NJW 2014, 2290 (Türkei); KG FamRZ 2007, 1564 (Massachusetts); OLG Hamburg NJWE-FER 2001, 194, 196 (Indien/England); OLG Hamm IPRspr. 1974 Nr. 62 (Israel); AG Wolfratshausen IPRax 1982, 23 (24) (Rumänien).
[316] Soergel/*Schurig* Rn. 63; BeckOK BGB/*Mörsdorf-Schulte* Rn. 91; *Looschelders* IPR Rn. 22.
[317] Vgl. dazu OLG Köln FamRZ 2014, 1585.
[318] OLG Köln NJW 2014, 2290 = FamRZ 2015, 172.
[319] Ausführlich zur Kritik *Kowalczyk* ZfRV 2016, 25 ff.
[320] BGH FamRZ 1987, 679 (681) (bei 4c aa) bzgl. Verweisung auf italienisches Recht und das dort damals noch anwendbare Haager Ehewirkungsabkommen von 1902; Voraufl. Rn. 116 (*Siehr*).

jedoch aus systematischen Gründen nicht überzeugen (→ Art. 4 Rn. 94 f.). Ob eine vom deutschen Kollisionsrecht berufene ausländische Vorschrift wegen Unvereinbarkeit mit den deutschen Grundrechten (hier: Art. 3 Abs. 2 GG) unanwendbar ist, ist ein Problem des **ordre public** (Art. 6).[321] Hiernach kommt es allein darauf an, ob die Anwendung der ausländischen Vorschrift zu einem **Ergebnis** führt, das den Grundrechten oder anderen wesentlichen Grundsätzen des deutschen Rechts widerspricht. Es wäre nicht einsichtig, die Vereinbarkeit mit den Grundrechten bei ausländischen Kollisionsnormen nach strengeren Maßstäben zu beurteilen als bei ausländischem Sachrecht. Die abweichende Entscheidung des BGH betrifft einen Sonderfall aus dem staatsvertraglichen IPR und kann daher nicht verallgemeinert werden. Im Ergebnis besteht jedenfalls Einigkeit darüber, dass eine ausländische Kollisionsnorm nicht anzuwenden ist, wenn sie zur Anwendbarkeit einer Rechtsordnung führt, zu der nur ein Ehegatte (in der Praxis der Ehemann) eine enge Verbindung aufweist.

d) Abbruch der Verweisungskette bei Weiterverweisung. Bei einer Weiterverweisung stellt **118** sich das zusätzliche Problem, dass Art. 4 Abs. 1 S. 2 zumindest nicht unmittelbar gilt. Spricht das ausländische IPR eine Gesamtverweisung auf eine dritte Rechtsordnung aus, so muss daher geklärt werden, wann die Verweisung abzubrechen ist. Der Gesetzgeber hat diese Frage bewusst offengelassen.[322] In Rspr. und Literatur ist weitgehend anerkannt, dass eine Weiterverweisung jedenfalls dann abzubrechen ist, wenn das IPR des Zweitstaates eine **Sachnormverweisung** auf die dritte Rechtsordnung ausspricht oder das IPR des Drittstaates die **Verweisung annimmt.** Verweist das IPR des Drittstaates auf das deutsche Recht zurück, so handelt es sich um eine sog. **„mittelbare"** **Rückverweisung,** auf die Art. 4 Abs. 1 S. 2 analog anzuwenden ist. Wird auf das IPR des Zweitstaates zurückverwiesen, so ist die Verweisungskette jedenfalls dann abzubrechen, wenn es sich dabei um eine Sachnormverweisung handelt oder wenn das IPR des Zweitstaates die Rückverweisung annimmt. Nach vorzugswürdiger Ansicht ist das Sachrecht des Zweitstaates bei einer solchen Rückverweisung aber stets anwendbar (→ Art. 4 Rn. 96 ff.).[323]

Die Problematik lässt sich an folgendem **Beispiel** verdeutlichen: Die Ehegatten sind britische **119** Staatsangehörige und hatten im Zeitpunkt der Eheschließung ihren gemeinsamen Wohnsitz in London. Zu ihrem Vermögen gehören Grundstücke in New York und in Griechenland. Nach Art. 15 Abs. 1 iVm Art. 14 Abs. 1 Nr. 1, Art. 4 Abs. 3 S. 2 ist englisches Recht maßgeblich. Das englische IPR nimmt die Verweisung in Bezug auf das bewegliche Vermögen an. Für das unbewegliche Vermögen wird auf die jeweilige lex rei sitae weiterverwiesen.[324] Das IPR des Staates New York nimmt die Verweisung in Bezug auf die Grundstücke in New York an.[325] Dagegen lehnt das griechische Recht die Verweisung für die in Griechenland belegenen Grundstücke ab und verweist insoweit auf das englische Recht zurück.[326] Da es sich um eine Sachnormverweisung handelt, bleibt es hierbei.[327] Im Übrigen würden die englischen Gerichte nach der **„foreign court-theory"**[328] ohnehin englisches Recht anwenden.[329]

e) Ausschluss des Renvoi in der EuGüVO. Die EuGüVO sieht in Art. 32 einen **generellen** **120** **Ausschluss** des Renvoi vor (→ EuGüVO Rn. 102). Dies harmoniert mit dem **Scheidungsstatut** (Art. 11 Rom III-VO) und dem **Unterhaltsstatut** (EuUntVO iVm Art. 12 HUntProt 2007), kann aber bei der Abwicklung des Güterstandes wegen des Todes eines Ehegatten zu Spannungen mit dem **Erbstatut** führen, bei dem der Renvoi gemäß Art. 34 EuErbVO unter bestimmten Voraussetzungen beachtlich ist (→ Art. 4 Rn. 136 ff.). Allerdings ist eine einheitliche Anknüpfung von Güter- und Erbstatut nach Inkrafttreten der EuGüVO wegen der unterschiedlichen persönlichen und zeitlichen Anknüpfungsmomente auch sonst nicht gewährleistet.

---

[321] So auch NK-BGB/*Sieghörtner* Rn. 30; Palandt/*Thorn* Art. 4 Rn. 9; *Kegel/Schurig* IPR § 10 V (S. 406); *Looschelders* IPR Art. 4 Rn. 28; *Kartzke* IPRax 1988, 8 (12); *Kühne,* FS Ferid, 1988, 251 (259).
[322] Vgl. Begr. RegE, BT-Drs. 10/504, 39.
[323] Vgl. dazu auch *Looschelders* IPR Art. 4 Rn. 11 ff.
[324] Vgl. OLG Hamburg FamRZ 2001, 916 = NJWE-FER 2001, 194 (196). Ob das englische IPR die güterrechtlichen Ehewirkungen in Bezug auf unbewegliche Sachen wirklich der lex rei sitae unterstellt, ist der englischen und schottischen Rspr. aber nicht eindeutig zu entnehmen; näher dazu OLG Hamm FamRZ 2014, 947 = NJOZ 2014, 887 (888) (ablehnend); *Collins* in Dicey/Morris, The Conflicts of Law, 15. Aufl. London 2012, Rn. 28-021 ff.; Staudinger/*Mankowski* (2011) Rn. 40 mwN.
[325] Zur Statutenspaltung im Güterrecht nach US-amerikanischem IPR vgl. OLG München FamRZ 2013, 1488 = MittBayNot 2013, 404 mAnm *Süß*; KG FamRZ 2007, 1564.
[326] Art. 14, 15 griech. ZGB idF vom 18.2.1983, IPRax 1983, 301; dazu OLG Stuttgart FamRZ 2001, 1371.
[327] Das griech. IPR lehnt den Renvoi ab (Art. 32 griech. ZGB); vgl. Staudinger/*Hausmann* (2013) Anh. Art. 4 Rn. 278.
[328] Dazu Staudinger/*Hausmann* (2013) Anh. Art. 4 Rn. 14 ff.
[329] Hierauf abstellend Voraufl. Rn. 117 (*Siehr*).

121   **2. Rechtswahl nach Abs. 2.** Haben die Eheleute ihr Güterstatut nach Art. 15 Abs. 2 gewählt, so liegt hierin eine Sachnormverweisung (Art. 4 Abs. 2). Rück- und Weiterverweisung sind daher **unbeachtlich.**[330] Dahinter steht die Erwägung, dass die Anwendung des ausländischen IPR bei einer Rechtswahl regelmäßig den berechtigten Erwartungen der Ehegatten widerspräche. Außerdem sollen die Ehegatten es nicht in der Hand haben, ihre Wahlmöglichkeiten über die in Art. 15 Abs. 2 festgelegten wählbaren Rechtsordnungen hinaus mit Hilfe des Renvoi auszuweiten (→ Art. 4 Rn. 22).[331]

122   In der Literatur finden sich Ansätze, den Ehegatten gleichwohl eine **flexiblere Vertragsgestaltung** zu ermöglichen. In Betracht kommt insbesondere die Vereinbarung einer automatischen Anpassung des Güterstatuts für den Fall, dass eine Änderung der Anknüpfungstatsachen eintritt, die nach dem gewählten Recht zu einem Statutenwechsel führen würde. So soll es einem deutsch-amerikanischen Ehepaar, das seinen gewöhnlichen Aufenthalt in Deutschland hat, aber eine Übersiedlung in die Vereinigten Staaten plant, möglich sein, das New Yorker Heimatrecht des Ehemannes mit der Maßgabe zu vereinbaren, dass ihr Güterstand sich nach einer tatsächlichen Übersiedlung in die Vereinigten Staaten ab diesem Zeitpunkt nach dem Recht an ihrem jeweiligen amerikanischen Wohnsitz richtet.[332] Aus dogmatischer Sicht handelt es sich hierbei um eine **bedingte Aufhebung** der ursprünglichen Rechtswahl (hier: Recht des Staates New York) in Kombination mit einer **bedingten neuen Rechtswahl** (hier: Recht am jeweiligen Wohnsitz in den USA).[333] Bei einer solchen Vereinbarung sollte darauf geachtet werden, dass sie nicht nur dem IPR des gewählten ausländischen Rechts entspricht, sondern auch nach deutschem IPR wirksam ist. Hierfür muss die bedingte zweite Rechtswahl mit Art. 15 Abs. 2 vereinbar sein.[334] So ist die Wahl des Rechts am jeweiligen gewöhnlichen Aufenthalt im Beispielsfall nach Art. 15 Abs. 2 Nr. 2 wirksam.

II. Vorrang des Einzelstatuts

123   **1. Allgemeines.** Erfasst das Güterstatut Gegenstände, die in einem anderen Staat belegen sind, so ist der Vorrang des Einzelstatuts nach Art. 3a Abs. 2 zu beachten.[335] Das Güterrecht stellt seit dem Inkrafttreten der EuErbVO am 17.8.2015 den letzten praktisch relevanten Anwendungsfall von Art. 3a Abs. 2 dar. Bis dahin bildete das **internationale Erbrecht** den wichtigsten Anwendungsbereich der Vorschrift. Die EuErbVO sieht indes nur die engen Sonderregeln für bestimmte Vermögenswerte in Art. 30 vor. Kollisionsrechtliche Sonderanknüpfungen für die Rechtsnachfolge in unbewegliches Vermögen werden dabei im Interesse der Nachlasseinheit nicht erfasst.[336] Der Anwendungsbereich des Art. 3a Abs. 2 wurde daher wegen des Vorrangs der EuErbVO auf Verweisungen im Dritten Abschnitt (Internationales Familienrecht) beschränkt. Neben dem Güterrecht können hier aber allenfalls noch Bestimmungen aus dem Recht der allgemeinen Ehewirkungen relevant werden (→ Art. 14 Rn. 58 f.). Art. 21 EuGüVO sieht vor, dass das gesamte Vermögen der Ehegatten unabhängig von seiner Belegenheit dem aufgrund einer Rechtswahl oder einer objektiven Anknüpfung anwendbaren Güterstatut unterliegt. Eine Sonderanknüpfung für Grundstücke an die lex rei sitae wird in der Begründung des Kommissionsvorschlags wegen der damit verbundenen Komplikationen abgelehnt.[337]

124   Schon nach der aktuellen Rechtslage kann die Aufrechterhaltung des Art. 3a Abs. 2 für den Bereich des Familienrechts zu **Wertungswidersprüchen** mit der entsprechenden Problematik im Erbrecht führen. Es fragt sich nämlich, warum dem Gedanken der Durchsetzbarkeit gerade (und nur) im Familienrecht eine so große Bedeutung zukommen soll. Die Vorschrift sollte daher gestrichen werden.

125   **2. Anwendungsbereich. a) Materiell-rechtliche Sonderregelungen.** Nach Art. 3a Abs. 2 gilt das güterrechtliche Gesamtstatut nicht für solche Gegenstände, die sich nicht in dem Staat befinden, dessen Recht Güterrechtsstatut ist, sondern das Recht desjenigen Staates, in dem sie sich befinden und nach dem sie besonderen Vorschriften unterliegen. Die Vorschrift nimmt damit

---

[330] Staudinger/*Mankowski* (2011) Rn. 125; Soergel/*Schurig* Rn. 65; NK-BGB/*Sieghörtner* Rn. 62.

[331] Vgl. BT-Drs. 10/504, 39; *Looschelders* IPR Rn. 17; *Stoll* IPRax 1984, 1 (3).

[332] So Voraufl. Rn. 121 (*Siehr*).

[333] Vgl. Staudinger/*Mankowski* (2011) Rn. 125; NK-BGB/*Sieghörtner* Rn. 62.

[334] Staudinger/*Mankowski* (2011) Rn. 125.

[335] Vgl. OLG Hamm FamRZ 2014, 947 = NJOZ 2014, 887 (888) (England; iE verneint); BayObLG FamRZ 1971, 258 (259); OLG Hamm IPRspr. 1974 Nr. 62; BeckOK BGB/*Mörsdorf-Schulte* Rn. 93; Palandt/*Thorn* Rn. 2; Erman/*Hohloch* Rn. 13; NK-BGB/*Sieghörtner* Rn. 5 ff.; PWW/*Martiny* Rn. 19; *Looschelders* IPR Art. 15 Rn. 23; *Ferid* IPR Rn. 3-148.

[336] Vgl. Erwägungsgrund 54 S. 4; NK-BGB/*Looschelders* EuErbVO Art. 39 Rn. 7.

[337] COM(2016) 106 final S. 9 f. Vgl. hierzu auch Erwägungsgrund 43 EuGüVO.

zunächst alle Gegenstände von der Geltung des allgemeinen Güterrechtsstatuts aus, die nach ihrer lex rei sitae ein **Sondervermögen** mit besonderen Vorschriften bilden. Hierunter fallen zB Erbhöfe, Stiftungsgüter, Familienfideikommisse, Lehen und andere Gegenstände, die nach ihrer lex rei sitae ehegüterrechtlichen Sonderregeln unterstehen, welche darauf abzielen, bestimmte Personen zu begünstigen.[338] Zu solchen Sonderregeln für spezielle Gegenstände gehören jedoch keine güterrechtlichen Vorschriften, die bei gewissen Güterständen für verschiedene Vermögensmassen (zB Sondergut, Vorbehaltsgut, Gesamtgut) bestimmte Regeln aufstellen.[339] In Frage kommen nur solche Vorschriften, die für ein *Sondervermögen* eine spezielle güterrechtliche Regelung vorschreiben.

In **Deutschland** gibt es keine Vermögensgegenstände, die güterrechtlich anders behandelt werden **126** als das übrige Vermögen der Eheleute. Art. 3a Abs. 2 kann daher insofern nur für Sonderregeln einer ausländischen lex rei sitae relevant werden.[340] In neuerer Zeit finden sich aber auch in den meisten ausländischen Sachrechten keine güterrechtlichen Sonderregeln für einzelne Gegenstände mehr.[341]

b) Kollisionsrechtliche Vermögensspaltung. Vor der IPR-Reform von 1986 war umstritten, **127** ob auch eine kollisionsrechtliche Sonderbehandlung gewisser Gegenstände (insbes. unbeweglicher Sachen) unter den Vorgänger von Art. 3a Abs. 2, nämlich Art. 28 aF, zu subsumieren ist (s. 1. Aufl. 1983, Art. 28 Rn. 6–8). Bei der Neuregelung des IPR von 1986 ist diese Streitfrage zwar nicht ausdrücklich im Gesetz beantwortet worden. Die Materialien zum damaligen Art. 3 Abs. 3 heben aber hervor, dass diese Norm auch Sondervorschriften über die **kollisionsrechtliche Vermögensspaltung** umfasst.[342] Die hM vertritt daher zu Recht die Auffassung, dass Art. 3a Abs. 2 spätestens seit der Reform von 1986 auch auf Fälle der kollisionsrechtlichen Vermögensspaltung anwendbar ist (→ Art. 3a Rn. 56 ff.). Dies gilt auch für das Ehegüterrecht.[343] Eine abweichende Lösung wird auch nicht dadurch gerechtfertigt, dass die kollisionsrechtliche Vermögensspaltung im internationalen **Erbrecht** nicht über Art. 30 EuErbVO berücksichtigt wird. Der Gesetzgeber hat sich entschieden, den Vorrang des Einzelstatuts für das Familienrecht in der bestehenden Form aufrechtzuerhalten. Dies kann nicht durch restriktive Auslegung korrigiert werden.[344] Mit dem Inkrafttreten der EuGüVO wird das Problem aber entfallen.

3. Anwendbarkeit bei Rechtswahl. Der Vorrang des Einzelstatuts gilt nach hM nicht nur bei **128** **objektiver Anknüpfung** des Ehegüterstatuts nach Art. 15 Abs. 1, sondern auch bei einer **Rechtswahl** nach Art. 15 Abs. 2.[345] In der Vorauflage hat *Siehr* demgegenüber für eine differenzierte Lösung plädiert, wonach der Vorrang des Einzelstatuts im Fall einer Rechtswahl nur für besondere materiellrechtliche Vorschriften der lex rei sitae gelten soll, nicht aber im Hinblick auf eine kollisionsrechtliche Nachlassspaltung.[346] Für diese Auffassung lässt sich anführen, dass der Vorrang einer kollisionsrechtlichen Vermögensspaltung nach Art. 3a Abs. 2 auf die damalige Gerichtspraxis zu Art. 28 aF zurückgeht. Damals jedoch gab es noch keine Rechtswahl, und das Problem ihres Verhältnisses zu Art. 28 aF bestand nicht. Nach geltendem Recht haben die Ehegatten dagegen die Möglichkeit, für unbewegliches Vermögen nach Art. 15 Abs. 2 Nr. 3 das Recht am Lageort zu wählen. Die Ehegatten haben es damit selbst in der Hand, Spannungen zwischen dem Güterstatut und der lex rei sitae zu vermeiden. Auf der anderen Seite ist jedoch zu beachten, dass der Grundgedanke des Art. 3a Abs. 2 auch dann zutrifft, wenn die Ehegatten das Ehegüterstatut durch Rechtswahl nach Art. 15 Abs. 2 Nr. 1 und 2 bestimmt haben. Eine Sonderbehandlung der kollisionsrechtlichen Rechtswahl ist insoweit also nicht gerechtfertigt.[347]

4. Ausländisches Einzelstatut und Zugewinnausgleich. Besondere Komplikationen können **129** auftreten, wenn die Ehegatten im deutschen Güterstand der Zugewinngemeinschaft leben und zum Vermögen der Ehegatten ein Grundstück in den USA (zB Florida) gehört, das ein Ehegatte während der Ehe erworben hat. Nach Art. 3a Abs. 2 unterliegen die güterrechtlichen Verhältnisse der Ehegatten in Bezug auf das in den USA belegene Grundstück dem Recht des betreffenden Bundesstaates.

---

[338] BT-Drs. 10/504, 36; BeckOK BGB/*Mörsdorf-Schulte* Rn. 93; Soergel/*Schurig* Rn. 66; *Ludwig* DNotZ 2000, 663 (670).

[339] Staudinger/*Mankowski* (2011) Rn. 19.

[340] NK-BGB/*Sieghörtner* Rn. 6.

[341] Vgl. *Ludwig* DNotZ 2000, 663 (669).

[342] BT-Drs. 10/504, 36 f.

[343] Vgl. BayObLGZ 1971, 34; OLG Hamm FamRZ 2014, 947; Staudinger/*Mankowski* (2011) Rn. 21; BeckOK BGB/*Mörsdorf-Schulte* Rn. 93; *Ludwig* DNotZ 2000, 663 (670 f.); zur Gegenansicht Soergel/*Schurig* Rn. 66.

[344] Anders → Art. 3a Rn. 62 *(v. Hein)*.

[345] Staudinger/*Mankowski* (2011) Rn. 18.

[346] Voraufl. Rn. 127 f. *(Siehr)*.

[347] So auch BeckOK BGB/*Mörsdorf-Schulte* Rn. 94.

Deutsches Güterrecht ist insoweit also nicht anwendbar. Fraglich ist jedoch, ob das Grundstück gleichwohl bei der Berechnung des Zugewinns zu berücksichtigen ist. Die hM lehnt die Berücksichtigung des ausländischen Sondervermögens bei der Berechnung des Zugewinns ab.[348] Dahinter steht die Erwägung, dass die Abwicklung der Güterstände bei Auflösung der Ehe im Fall einer Aufspaltung des Güterstatuts für die betroffenen Vermögensmassen getrennt nach den jeweils maßgeblichen Rechtsordnungen zu erfolgen hat.[349] Die Gegenauffassung[350] verweist darauf, dass es hier nicht um die gegenständliche Aufteilung von Immobilien, sondern nur um die Einbeziehung ihres Wertes in die Berechnung des Zugewinnausgleichs gehe.[351] Diese Differenzierung kann jedoch nicht überzeugen. Die Anwendung des Art. 3a Abs. 2 hat zur Folge, dass die güterrechtlichen Verhältnisse in Bezug auf die betroffenen Grundstücke nach dem Recht am Lageort zu beurteilen sind; dieses entscheidet insoweit auch über die Abwicklung des Güterstands. Ansonsten besteht die Gefahr, dass bestimmte Vermögenswerte doppelt in Ansatz gebracht werden. Im Einzelfall ist es allerdings denkbar, dass die getrennte Abwicklung der Güterstände zu unangemessenen Ergebnissen führt.[352] Hier ist aber ein Rückgriff auf die Methode der **Anpassung** vorzugswürdig.[353]

III. Ordre public

130   Der Vorbehalt des ordre public richtet sich im Anwendungsbereich von Art. 15 nach den allgemeinen Regeln des Art. 6. Bedenklich sind unter diesem Aspekt vor allem ausländische Vorschriften, die mit dem Grundsatz der **Gleichberechtigung** (Art. 3 Abs. 2 GG) unvereinbar sind.[354] Im Hinblick auf ausländisches **Kollisionsrecht** kann das Problem in Fällen des Renvoi auftreten. Knüpft das ausländische IPR einseitig an das Heimatrecht des Ehemannes an, so ist eine hieraus resultierende Rück- oder Weiterverweisung unbeachtlich.[355] Die Sinnklausel des Art. 4 Abs. 1 S. 1 ist hier nicht einschlägig (→ Rn. 110, 114). Art. 6 setzt allerdings voraus, dass das **Ergebnis** der Rechtsanwendung mit den Grundrechten oder anderen tragenden Grundsätzen des deutschen Rechts unvereinbar ist. Er greift daher nicht ein, wenn die gleichen Anknüpfungsmomente auch bei der Ehefrau vorliegen.

131   Der Verstoß gegen den Grundsatz der Gleichberechtigung ist auch auf der **sachrechtlichen Ebene** der wichtigste denkbare Anwendungsfall von Art. 6 im internationalen Ehegüterrecht. Die bloße Möglichkeit, nach dem maßgebenden Ehegüterstatut einen gleichberechtigungskonformen Güterstand zu wählen oder durch Rechtswahl nach Art. 15 Abs. 2 ein anderes Ehegüterstatut zu bestimmen, schließt einen Verstoß gegen den ordre public nicht aus; denn solange nicht **beide** Ehegatten zur Wahl bereit sind, gilt der gesetzliche Güterstand des objektiv bestimmten Ehegüterstatuts.[356] Die praktische Bedeutung der Problematik ist allerdings gering. So findet sich in der deutschen Rspr. keine Entscheidung, in der eine ausländische güterrechtliche Vorschrift wegen Verstoßes gegen den Grundsatz der Gleichberechtigung für unanwendbar erklärt worden ist. Zum Anwendungsbereich von Art. 14 gibt es allerdings eine einschlägige Entscheidung des LG Berlin (→ Art. 14 Rn. 67).[357] Dass das ausländische IPR vom gesetzlichen Güterstand der Gütertrennung ausgeht, begründet keinen Verstoß gegen den ordre public, da ein solcher Güterstand auch dem deutschen Recht bekannt ist.[358] Soweit es auf das intertemporale Recht der anwendbaren ausländischen Rechtsordnung ankommt, kann eine zu weitreichende Rückwirkung mit dem ordre public unvereinar sein (→ Rn. 104).[359]

132   Die Anwendung des Art. 6 setzt voraus, dass der Sachverhalt eine hinreichende **Inlandsbeziehung** aufweist. Diese liegt jedenfalls vor, wenn mindestens ein Ehegatte Deutscher ist oder seinen gewöhnlichen Aufenthalt im Inland hat. Ob die Inlandsbeziehung allein durch das Vorhandensein

---

[348] So Palandt/ *Thorn* Rn. 2; PWW/ *Martiny* Rn. 20; BeckOK BGB/ *Mörsdorf-Schulte* Rn. 93.

[349] PWW/ *Martiny* Rn. 20.

[350] Voraufl. Rn. 126 (*Siehr*); Siehr, FS Hay, 2005, 389 (395 ff.); *Ludwig* DNotZ 2000, 663 ff.

[351] Vgl. OLG Hamm FamRZ 2014, 947. Das OLG Hamm konnte die Frage offenlassen, weil aus seiner Sicht nicht feststand, dass das englische IPR für das Güterstatut eine Vermögensspaltung vorsieht.

[352] Zur Problemstellung vgl. *Ludwig* FamRZ 2000, 663 ff.

[353] So auch *Hausmann/Odersky* IPR § 1 Rn. 51.

[354] Vgl. BeckOK BGB/ *Mörsdorf-Schulte* Rn. 95; *Looschelders* IPR Rn. 24.

[355] Soergel/ *Schurig* Rn. 68; Erman/ *Hohloch* Rn. 9; *Looschelders* IPR 24; iE auch BGH FamRZ 1987, 679 (681).

[356] Staudinger/ *Mankowski* (2011) Rn. 72; NK-BGB/ *Sieghörtner* Rn. 111.

[357] LG Berlin FamRZ 1993, 198 (199).

[358] OLG Düsseldorf FamRZ 1981, 50 (51); OLG Karlsruhe IPRax 1990, 122 (124) m. Aufsatz *Jayme* IPRax 1990, 102; Staudinger/ *Mankowski* (2011) Rn. 72; Soergel/ *Schurig* Rn. 68; NK-BGB/ *Sieghörtner* Rn. 111.

[359] Vgl. OLG Düsseldorf NJW-RR 2011, 1017 (1019).

von **Vermögen im Inland** hergestellt werden kann, ist unklar.[360] Letztlich kommt es auf die Umstände des Einzelfalls an. Soweit ein Grundrechtsverstoß in Frage steht, kann der Rückgriff auf den ordre public im Allgemeinen nicht mit dem Hinweis auf das geringe Maß der Inlandsberührung verneint werden.[361] So kann der Ehemann in Bezug auf inländisches Vermögen auch bei Anwendbarkeit ausländischen Güterrechts keine Rechte am gemeinsamen Vermögen der Ehegatten oder am Vermögen der Ehefrau geltend machen, die mit dem Grundsatz der Gleichberechtigung unvereinbar sind.[362]

Ist eine Vorschrift des ausländischen Güterrechts wegen Verstoßes gegen den Grundsatz der **133** Gleichberechtigung oder aus anderen Gründen nach Art. 6 unanwendbar, so kann es in vielen Fällen damit bewenden. So bleibt ein einseitiges Verbot für Ehefrauen, bestimmte Arten von Verträgen abzuschließen oder bestimmte Verfügungen vorzunehmen, schlicht außer Betracht. Soweit eine Lückenfüllung erforderlich ist, hat diese möglichst durch **Anpassung** des anwendbaren ausländischen Rechts zu erfolgen. Der Rückgriff auf die **lex fori** ist nur zulässig, wenn sich auf der Grundlage des ausländischen Rechts keine angemessene Lösung herbeiführen lässt (→ Art. 6 Rn. 214 ff.).

G. Verfahrensrecht

I. Internationale Zuständigkeit

1. Streitige Gerichtsbarkeit. Für die **streitige Gerichtsbarkeit** gilt grundsätzlich das Gleiche **134** wie bei den allgemeinen Ehewirkungen (→ Art. 14 Rn. 144). Art. 1 Abs. 2 lit. a Brüssel Ia-VO und Art. 1 Abs. 2 Nr. 1 LugÜ stellen klar, dass die Brüssel Ia-VO und das LugÜ auf die **ehelichen Güterstände** nicht anwendbar sind. Der Begriff der ehelichen Güterstände ist autonom auszulegen und umfasst alle vermögensrechtlichen Beziehungen, die sich unmittelbar aus der Ehe oder ihrer Auflösung ergeben.[363] Der Ausschluss gilt indes nicht für vermögensrechtliche Streitigkeiten, bei denen das Güterrecht nur präjudizielle Bedeutung hat.[364] Die Brüssel IIa-VO regelt die Zuständigkeit für **Scheidungssachen** (Art. 3 ff. Brüssel IIa-VO) und legt damit über § 98 Abs. 2 FamFG, § 112 Nr. 3 FamFG, § 137 Abs. 2 Nr. 4 FamFG und §§ 266 ff. FamFG auch die autonome Zuständigkeit für **Folgesachen** einschließlich Güterrechtssachen (zB Auflösung des Güterstandes) fest.[365] § 98 Abs. 2 FamFG gilt unmittelbar zwar nur für den Fall, dass die Zuständigkeit der deutschen Gerichte für die Scheidung sich aus dem autonomen deutschen Recht (§ 98 Abs. 1 FamFG) ergibt. Nach Sinn und Zweck ist § 98 Abs. 2 FamFG aber **analog** anzuwenden, wenn die internationale Zuständigkeit der deutschen Gerichte für die Scheidungssache aus Art. 3 ff. Brüssel IIa-VO folgt.[366] Für **isolierte Güterrechtssachen** richtet sich die internationale Zuständigkeit der deutschen Gerichte nach §§ 105, 262 Abs. 2 FamFG iVm §§ 13 ff. ZPO.[367]

2. Freiwillige Gerichtsbarkeit. Soweit der inländische Richter im Rahmen der freiwilligen **135** Gerichtsbarkeit angerufen wird, richtet sich seine Zuständigkeit nach den hierfür geltenden Regeln über die internationale Zuständigkeit. Dies gilt insbesondere für Eintragungen in das inländische Güterrechtsregister.[368] Eine nach dem ausländischen Güterrecht etwa notwendige **gerichtliche Genehmigung von Eheverträgen** kann grundsätzlich auch durch deutsche Gerichte vorgenommen werden. Diese dürfen ihre Mitwirkung in solchen Fällen nicht mit dem Argument ablehnen, es handle sich für sie um eine „**wesensfremde**" **Aufgabe.**[369] Das deutsche Verfahrensrecht enthält zwar keine Vorschriften über die gerichtliche Genehmigung von Eheverträgen. Dies beruht jedoch darauf, dass das deutsche materielle Güterrecht keine entsprechende Genehmigung vorschreibt. Wenn nach dem anwendbaren ausländischen Recht aber eine gerichtliche Genehmigung erforderlich ist, dürfen die deutschen Gerichte den Rechtsschutz nicht verweigern.

---

[360] Vgl. dazu (unentschieden) *Eule* MittBayNot 2003, 335 (340); ablehnend NK-BGB/*Sieghörtner* Rn. 112 Fn. 317.

[361] Vgl. *Raape/Sturm* IPR I S. 217; *Looschelders* RabelsZ 65 (2001), 463 (479 ff.).

[362] So tendenziell auch *Raape/Sturm* IPR I S. 217.

[363] Vgl. EuGH Rs. 143/78 – De Cavel = NJW 1979, 1100 (LS); OLG Frankfurt a.M. IPRax 2014, 443 (445); *Kropholler/v. Hein* EuGVVO Art. 1 Rn. 27.

[364] OLG Stuttgart IPRspr. 2000 Nr. 55 (Streit um gemeinsames Bankkonto).

[365] Vgl. Erman/*Hohloch* Rn. 5c.

[366] BeckOK FamFG/*Sieghörtner* FamFG § 98 Rn. 24.

[367] Vgl. BeckOK BGB/*Mörsdorf-Schulte* Rn. 96; MHdB FamR/*Finger* § 37 Rn. 63.

[368] BeckOK BGB/*Mörsdorf-Schulte* Rn. 96.

[369] So auch Staudinger/*Mankowski* (2011) Rn. 308; Soergel/*Schurig* Rn. 61; BeckOK BGB/*Sieghörtner* Rn. 96; anders noch LG Köln IPRspr. 1962–63 Nr. 87.

II. Verfahren

136   Das Verfahren in Gütersachen richtet sich nach der jeweiligen **lex fori** als der für gerichtliche Verfahren generell maßgebenden Rechtsordnung.[370] Ob eine Klage gegen beide Ehegatten, gegen einen allein oder gegen einen auf Leistung und den anderen auf Duldung zu richten ist, ist eine Frage des Sachrechts und beurteilt sich daher nach dem maßgebenden Ehegüterstatut.

III. Anerkennung und Vollstreckung

137   Für die Anerkennung und Vollstreckung ausländischer Entscheidungen zum Güterrecht gelten die gleichen Grundsätze wie bei allgemeinen Ehewirkungen (→ Art. 14 Rn. 147). Maßgeblich sind also auch hier die §§ 108 ff. FamFG oder § 328 ZPO, je nachdem, in welchem Verfahren in Deutschland entschieden worden wäre.[371] Zur Regelung in der EuGüVO → EuGüVO Rn. 119 ff.

H. Übergangsrecht (Art. 220 Abs. 3)

I. Problemstellung und Überblick

138   Die am 1.9.1986 in Kraft getretene Neuregelung des Internationalen Ehegüterrechts kann zu schwierigen Übergangsfragen führen, die wegen der **Unwandelbarkeit** des Güterstatuts auch heute noch praktische Relevanz haben. Die Probleme beruhen darauf, dass das BVerfG die Anknüpfung an das Heimatrecht des Ehemannes in Art. 15 aF durch Beschluss vom 22.2.1983 wegen Unvereinbarkeit mit dem Grundsatz der Gleichberechtigung (Art. 3 Abs. 2 GG) für **nichtig** erklärt hat.[372]

139   Die einschlägigen Übergangsbestimmungen finden sich in Art. 220 Abs. 3. Die Vorschrift enthält eine abschließende Sonderregelung für das internationale Güterrecht. Sie gilt daher auch für güterrechtliche Vorgänge, die schon vor dem 1.9.1986 **abgeschlossen** waren (zB Auflösung der Ehe durch Scheidung oder Tod). Art. 220 Abs. 1 wird insoweit verdrängt.[373] Ein solcher abgeschlossener Vorgang konnte auch noch nach dem 1.9.1986 relevant werden, zB wenn der Güterstand noch nicht abgewickelt war (zB bei fortgesetzter Gütergemeinschaft).[374] Solche Fälle haben heute aber keine Bedeutung mehr.

140   Die Ausgestaltung des Art. 220 Abs. 3 ist sehr differenziert. Dahinter steht das Bemühen des Gesetzgebers, das im Güterrecht besonders wichtige Ziel des **Vertrauensschutzes** zu gewährleisten, soweit dies mit den verfassungsrechtlichen Anforderungen des Art. 3 Abs. 2 GG vereinbar ist.[375] Hiernach sind zwei Stichtage von Bedeutung. Zu beachten ist zunächst, dass Art. 117 Abs. 1 GG im Hinblick auf die Verwirklichung der Gleichberechtigung nach Art. 3 Abs. 2 GG eine Übergangsfrist bis zum 31.3.1953 vorsieht. Die Anknüpfung an das Heimatrecht des Mannes in Art. 15 aF war bis dahin also verfassungsrechtlich nicht zu beanstanden. Auf der anderen Seite steht der 8.4.1983 als derjenige Tag, an dem der Beschluss des BVerfG vom 22.2.1983 durch Veröffentlichung im Bundesgesetzblatt bekannt gemacht worden ist.[376] Ab diesem Zeitpunkt bestand kein schutzwürdiges Vertrauen in die Fortgeltung des Art. 15 aF mehr. Vor diesem Hintergrund unterscheidet Art. 220 Abs. 3 nach dem Zeitpunkt der Eheschließung zwischen drei Fallgruppen.

II. Eheschließung vor dem 1.4.1953 (Abs. 3 S. 6)

141   Bei Eheschließung vor dem 1.4.1953 sieht Art. 220 Abs. 3 S. 6 Hs. 1 vor, dass die güterrechtlichen Wirkungen der Ehe „unberührt" bleiben. Das nach Art. 15 aF maßgebliche Heimatrecht des Ehemannes im Zeitpunkt der Eheschließung bleibt also über den 1.4.1953 und den 8.4.1983 hinaus anwendbar, auch wenn die Ehefrau bei der Heirat nicht die gleiche Staatsangehörigkeit wie der Mann hatte.[377] Seit dem 1.9.1986 haben die Ehegatten jedoch die Möglichkeit, das Güterstatut nach

---

[370] *Kegel/Schurig* IPR § 22 III (S. 1054 ff.).

[371] BGH NJW 1977, 150; Thomas/Putzo/*Hüßtege* FamFG § 108 Rn. 1.

[372] BVerfGE 63, 181 = NJW 1983, 1968.

[373] So auch Staudinger/*Dörner* (2016) Art. 220 Rn. 95; Soergel/*Schurig* Art. 220 Rn. 57; BeckOK BGB/*Mörsdorf-Schulte* Rn. 99; inzident auch BGH NJW 1987, 584 = FamRZ 1986, 1200 (1201); BGH NJW 1988, 638 = FamRZ 1987, 679; aA Vorauf. Rn. 138 (*Siehr*), der aber eine entsprechende Anwendung von Art. 220 Abs. 3 in Erwägung zieht.

[374] Vgl. NK-BGB/*Sieghörtner* Anh. III Art. 15 Rn. 4.

[375] Vgl. Staudinger/*Dörner* (2016) Art. 220 Rn. 76; Soergel/*Schurig* Art. 220 Rn. 34.

[376] Zu diesen Stichtagen Erman/*Hohloch* Rn. 40; Staudinger/*Dörner* (2016) Art. 220 Rn. 74; *Kegel/Schurig* IPR § 20 VI 1c (S. 848).

[377] Vgl. BayObLG FamRZ 1998, 1242; Erman/*Hohloch* Rn. 41; Palandt/*Thorn* Rn. 6.

Art. 15 Abs. 2 und 3 durch **Rechtswahl** neu zu bestimmen (Art. 220 Abs. 3 S. 6 Hs. 2).[378] Im
Übrigen muss stets geprüft werden, ob das VFGüterstandsG zu einer Änderung des Güterstands
geführt hat.[379]

Die Aufrechterhaltung der gleichheitswidrigen Anknüpfung über den 1.4.1953 hinaus ist aus **142**
verfassungsrechtlicher Sicht nicht zu beanstanden.[380] Im Zeitpunkt der Eheschließung war die
Anknüpfung an das Heimatrecht des Ehemannes nach Art. 117 Abs. 1 GG mit der Verfassung
vereinbar. Die Fortgeltung des nach Art. 15 aF maßgeblichen Güterstatuts beruht somit nicht auf
einer verfassungswidrigen Anknüpfung an das Mannesrecht, sondern auf dem Grundsatz der Unwandelbarkeit, der aus verfassungsrechtlicher Sicht keinen Bedenken unterliegt.[381] Art. 220 Abs. 3 S. 6
führt zwar zu einer Ungleichbehandlung mit Ehen, die nach dem 31.3.1953 geschlossen worden
sind. Diese Ungleichbehandlung wird jedoch durch Art. 117 Abs. 1 GG gerechtfertigt und verstößt
daher nicht gegen den allgemeinen Gleichheitsgrundsatz des Art. 3 Abs. 1 GG.[382]

War der Ehemann im Zeitpunkt der Eheschließung deutsch-ausländischer **Mehrstaater,** so **143**
kommt der deutschen Staatsangehörigkeit bei der Anknüpfung nach Art. 15 aF kein genereller
Vorrang gegenüber der ausländischen Staatsangehörigkeit zu. Der Vorrang der deutschen Staatsange-
hörigkeit nach Art. 5 Abs. 1 S. 2 ist nämlich erst bei der Reform von 1986 eingeführt worden.
Nach altem Recht kam es auch bei deutsch-ausländischen Mehrstaatern auf die Effektivität der
Staatsangehörigkeit an.[383] Eine **Rück-oder Weiterverweisung** durch ausländisches IPR ist nach
Art. 27 aF beachtlich.[384]

III. Eheschließung nach dem 31.3.1953 und vor dem 9.4.1983 (Abs. 3 S. 1–4)

Für die güterrechtlichen Wirkungen von Ehen, die nach dem 31.3.1953 und vor dem 9.4.1983 **144**
geschlossen worden sind, ist zwischen dem Zeitraum bis zum 9.4.1983 und dem darauffolgenden
Zeitraum zu unterscheiden. Für die Zeit **bis zum 8.4.1983** enthält Art. 220 Abs. 3 S. 1 eine **spezi-**
elle Anknüpfungsleiter, die einen Ausgleich zwischen dem Grundsatz der Gleichberechtigung
und dem Prinzip des Vertrauensschutzes schaffen soll (→ Rn. 140). Nach diesem Stichtag ist kein
besonderer Vertrauensschutz mehr nötig. Art. 220 Abs. 3 S. 2 sieht daher vor, dass Art. 15 nF ab
dem 9.4.1983 uneingeschränkt Anwendung findet (→ Rn. 157).[385] Der Übergang zu Art. 15 Abs. 2
nF kann im Einzelfall zu einem **Statutenwechsel** führen, insbesondere bei vorheriger Anknüpfung
an das Heimatrecht des Ehemannes im Zeitpunkt der Eheschließung nach Art. 220 Abs. 3 S. 1 Nr. 3.
Abs. 3 S. 3 und 4 regeln spezielle Probleme, die durch den Wechsel der Anknüpfungstatsachen
entstehen: zum einen den maßgebenden Anknüpfungszeitpunkt für die Neubestimmung des Ehegüterstatuts in den problematischen Fällen des Abs. 3 S. 1 Nr. 3 und zum anderen die für die Verjährung
relevante Frage der Stundung von Ansprüchen wegen der Beendigung des früheren Güterstandes.

1. Wirkungen bis zum 8.4.1983 (Abs. 3 S. 1). Das für die güterrechtlichen Wirkungen der **145**
Ehe bis zum 8.4.1983 maßgebliche Recht bestimmt sich **rückwirkend ab der Eheschließung**
nach der besonderen Anknüpfungsleiter des Art. 220 Abs. 3 S. 1.

a) Gemeinsames Heimatrecht der Ehegatten. Nach Art. 220 Abs. 3 S. 1 Nr. 1 ist in erster **146**
Linie das gemeinsame Heimatrecht der Ehegatten im Zeitpunkt der Eheschließung maßgebend. Ob
im Zeitpunkt der Eheschließung bereits eine gemeinsame Staatsangehörigkeit vorlag, beurteilt sich
nach den gleichen Grundsätzen wie bei Art. 15 Abs. 1 iVm Art. 14 Abs. 1 Nr. 1. Nach der hier
vertretenen Ansicht bleibt eine erst durch die Eheschließung erworbene Staatsangehörigkeit außer

---

[378] Vgl. Staudinger/*Dörner* (2016) Art. 220 Rn. 97; *Looschelders* IPR Art. 220 Rn. 7.

[379] Vgl. BayObLG FamRZ 1998, 1242 (iE verneint).

[380] So auch Palandt/*Thorn* Rn. 6; Erman/*Hohloch* Rn. 41; Staudinger/*Dörner* (2016) Art. 220 Rn. 94; NK-
BGB/*Sieghörtner* Anh. III Art. 15 Rn. 5; *Looschelders* IPR Art. 220 Rn. 8; aus der Rspr. vgl. BVerfG NJW 1989,
1081 = FamRZ 1988, 920; BGH NJW 1988, 638; aA *S. Lorenz,* Das intertemporale internationale Ehegüterrecht
nach Art. 220 III EGBGB und die Folgen des Statutenwechsels, 1991, 53 ff.; krit. auch Soergel/*Schurig* Art. 220
Rn. 37; *Schurig* IPRax 1988, 88 (89).

[381] BVerfG NJW 1989, 1081; BGH FamRZ 1987, 679 = NJW 1988, 638; Staudinger/*Dörner* (2016) Art. 220
Rn. 94.

[382] So auch BVerfG NJW 1989, 1081; NK-BGB/*Sieghörtner* Anh. III zu Art. 15 Rn. 5; Staudinger/*Dörner*
(2016) Art. 220 Rn. 91; aA *Rauscher* NJW 1987, 531 (535); *Pakuscher,* Die Unwandelbarkeit des Ehegüterrechtsstatuts im Lichte der Reform des Internationalen Privatrechts, 1987, 71.

[383] Vgl. BGHZ 60, 68 = NJW 1973, 417; BGHZ 75, 32 = NJW 1979, 1776; BGH NJW 1980, 2016 mAnm
Samtleben; Staudinger/*Dörner* (2016) Art. 220 Rn. 96.

[384] NK-BGB/*Sieghörtner* Anh. III Art. 15 Rn. 6.

[385] Zu dieser zeitlichen Unterteilung vgl. BGH FamRZ 1988, 40 (41) = MittRhNotK 1988, 45 (46); FamRZ
1987, 679 = MittBayNot 1987, 254 mAnm *Lichtenberger*.

Betracht. Die Absicht eines Ehegatten, später die Staatsangehörigkeit des Partners zu erwerben, kann erst recht nicht ausreichen (→ Rn. 73).

147   Ist mindestens einer der Ehegatten **deutsch-ausländischer Mehrstaater,** so stellt sich die Frage, ob der Vorrang der deutschen Staatsangehörigkeit nach Art. 5 Abs. 1 S. 2 auch im Rahmen von Art. 220 Abs. 3 S. 1 Nr. 1 eingreift. Die hM bejaht die Anwendbarkeit des Art. 5 Abs. 1 S. 2.[386] Hierfür lässt sich anführen, dass Art. 5 Abs. 1 S. 2 im allgemeinen Teil des IPR verortet ist und daher für das gesamte deutsche Kollisionsrecht Geltung beansprucht. Auf der anderen Seite ist jedoch zu beachten, dass der Vorrang der deutschen Staatsangehörigkeit erst bei der Reform von 1986 eingeführt worden ist; bis dahin galt auch für deutsch-ausländische Mehrstaater der Grundsatz der Effektivität. Die Anwendung des Art. 5 Abs. 1 S. 2 würde in diesen Fällen daher zu einer echten Rückwirkung führen, die auch nicht mit verfassungsrechtlichen Vorgaben wie der Verwirklichung des Grundsatzes der Gleichberechtigung (Art. 3 Abs. 2 GG) gerechtfertigt werden kann. Die Übergangsbestimmung des Art. 220 Abs. 3 S. 1 Nr. 1 hat auch nicht den Zweck, den Vorrang der deutschen Staatsangehörigkeit nach Art. 5 Abs. 1 S. 2 rückwirkend zu verwirklichen. Vorzugswürdig ist daher die Auffassung, dass es in diesen Fällen auch bei deutsch-ausländischen Mehrstaatern weiter auf die Effektivität ankommt.[387]

148   Art. 220 Abs. 3 S. 1 Nr. 1 enthält eine objektive Anknüpfung. Eine **Rück- oder Weiterverweisung** durch das in Bezug genommene ausländische IPR ist daher nach Art. 4 Abs. 1 beachtlich.[388]

149   **b) „Sich-Unterstellen" oder Ausgehen von einem bestimmten Recht.** Liegen die Voraussetzungen des Abs. 3 S. 1 Nr. 1 nicht vor, so richten sich die güterrechtlichen Verhältnisse der Ehegatten gemäß Abs. 3 S. 1 Nr. 2 hilfsweise nach dem Recht, dem die Ehegatten sich unterstellt haben oder von dessen Anwendung sie ausgegangen sind, insbesondere nach dem sie einen Ehevertrag geschlossen haben. Die genaue Reichweite dieser Alternative ist unklar. Dem Gesetzgeber ging es darum, die **gemeinsamen Vorstellungen** der Ehegatten hinsichtlich des anwendbaren Rechts aus Gründen des Vertrauensschutzes als Grundlage für die Bestimmung des anwendbaren Rechts heranzuziehen, auch wenn es sich dabei um keine echte Rechtswahl handelt.

150   Nach hM geht es in der Alternative des „Sich-Unterstellens" um Fälle der **ausdrücklichen oder konkludenten Rechtswahl.**[389] Eine solche Rechtswahl setzt voraus, dass ein konkreter, objektiv geäußerter Wille beider Ehegatten zur Wahl eines bestimmten Güterstatuts feststellbar ist.[390] Da Art. 15 Abs. 3 iVm Art. 14 Abs. 4 nicht anwendbar ist, würde eine solche Rechtswahl in der Übergangszeit nicht an formellen Anforderungen scheitern.[391] Die Beschränkungen der wählbaren Rechtsordnungen nach Art. 15 Abs. 2 sind ebenfalls nicht anwendbar.[392] Problematisch ist aber, dass eine Rechtswahl in Bezug auf das Güterstatut nach Art. 15 aF nicht zulässig war. Dementsprechend gibt es in der Praxis kaum Fälle, in denen die Ehegatten tatsächlich eine solche Vereinbarung getroffen haben.[393]

151   Die Alternative des „**Ausgehens**" von der Anwendbarkeit eines bestimmten Rechts soll Fälle erfassen, in denen die Ehegatten – auch unbewusst wie selbstverständlich – auf der Grundlage einer bestimmten Rechtsordnung gelebt und ihre güterrechtlichen Beziehungen darauf ausgerichtet haben.[394] Der BGH leitet aus der Gleichstellung dieses Vorgangs mit dem „Sich-Unterstellen" ab, dass damit aus Gründen des Vertrauensschutzes eine schlüssige Rechtswahl „fingiert" wird.[395] Ob die Ehegatten von der Anwendbarkeit einer bestimmten Rechtsordnung „ausgegangen" sind, ist aufgrund einer Gesamtbetrachtung aller Umstände des Einzelfalles zu überprüfen.[396] Das Gesetz

---

[386] So BGH FamRZ 1986, 1200 (1203); FamRZ 1987, 679 (681); OLG Karlsruhe IPRax 1990, 122 (123); Palandt/*Thorn* Rn. 8; Erman/*Hohloch* Rn. 43; NK-BGB/*Sieghörtner* Anh. III Art. 15 Rn. 11.

[387] So auch Staudinger/*Dörner* (2016) Art. 220 Rn. 102; Soergel/*Schurig* Art. 220 Rn. 41; Voraufl. Rn. 148 (*Siehr); Looschelders* IPR Art. 220 Rn. 10; *Jayme* IPRax 1987, 95 (96).

[388] Palandt/*Thorn* Rn. 8; NK-BGB/*Sieghörtner* Anh. III Art. 15 Rn. 12; Staudinger/*Dörner* (2016) Art. 220 Rn. 39.

[389] BGH FamRZ 1988, 40 (41); OLG Hamburg FamRZ 2001, 916 (918); KG FamRZ 2007, 1564; Staudinger/*Dörner* (2016) Art. 220 Rn. 104; *Lichtenberger* DNotZ 1987, 297 (298).

[390] OLG München NJW-RR 2011, 663; OLG Karlsruhe IPRax 1990, 122 (123).

[391] Staudinger/*Dörner* (2016) Art. 220 Rn. 116; PWW/*Martiny* Rn. 32; *Looschelders* IPR Art. 220 Rn. 13.

[392] Staudinger/*Dörner* (2016) Art. 220 Rn. 116; NK-BGB/*Sieghörtner* Anh. III Art. 15 Rn. 14; *Henrich* IPRax 1987, 93; *Rauscher* NJW 1987, 531 (534).

[393] Vgl. Soergel/*Schurig* Art. 220 Rn. 43; Staudinger/*Dörner* (2016) Art. 220 Rn. 104.

[394] Bericht und Beschlussempfehlung des Rechtsausschusses, BT-Drs. 10/5632, 46; Palandt/*Thorn* Rn. 9; Erman/*Hohloch* Rn. 44; Staudinger/*Dörner* (2016) Art. 220 Rn. 105; *Looschelders* IPR Art. 220 Rn. 14.

[395] BGH FamRZ 1988, 40 (41).

[396] BGH FamRZ 1987, 679 (681); FamRZ 1993, 289 (292); OLG Karlsruhe IPRax 1990, 122 (123); Erman/*Hohloch* Rn. 44; Palandt/*Thorn* Rn. 9.

nennt als wichtiges Indiz den Fall, dass die Ehegatten einen **Ehevertrag** nach einer bestimmten Rechtsordnung geschlossen haben.[397] Weitere Anhaltspunkte können zB aus dem Ort der Eheschließung und dem gemeinsamen Aufenthalt der Ehegatten abgeleitet werden.[398] Im Einzelfall kann auch der Inhalt von Erbverträgen oder gemeinschaftlichen Testamenten Aufschluss über die Vorstellungen der Ehegatten über das Güterstatut geben.[399] Schließlich können auch Erkärungen gegenüber Grundbuchämtern, Notaren oder Vertragspartnern (zB beim Abschluss eines Kreditvertrages) darauf hindeuten, dass die Ehegatten von der Anwendbarkeit einer bestimmten Rechtsordnung ausgegangen sind.[400] Das bloße **Unterbleiben der Eintragung** eines ausländischen gesetzlichen Güterstandes im deutschen Güterrechtsregister reicht aber nicht für die Anwendung deutschen Rechts aus.[401] Von der Alternative des „Sich-Unterstellens" unterscheidet sich das „Ausgehen" von der Anwendbarkeit einer bestimmten Rechtsordnung dadurch, dass es den Ehegatten an dem für eine Rechtswahl erforderlichen **Erklärungsbewusstsein** fehlt.[402] Bei der praktischen Rechtsanwendung können beide Alternativen aber ineinander übergehen und müssen daher auch nicht genau voneinander abgegrenzt werden.[403]

Die Voraussetzungen des Art. 220 Abs. 3 S. 1 Nr. 2 liegen nur vor, wenn **beide** Ehegatten sich **152** in Bezug auf das Güterrecht einem Recht unterstellt haben oder von dessen Anwendung ausgegangen sind.[404] Einseitige Vorstellungen, Erklärungen oder Handlungen eines Ehegatten sind also irrelevant. Die Eintragung einer Auflassungsvormerkung zugunsten eines Ehegatten[405] sowie die Auflassung nur durch einen Ehepartner[406] oder durch Dritte[407] reichen daher nicht aus, es sei denn, es gibt konkrete Anhaltspunkte dafür, dass der Vorgang auf einer Absprache mit dem anderen Ehegatten beruht.[408]

In zeitlicher Hinsicht ist zu beachten, dass die „Rechtswahl" nach Art. 220 Abs. 3 S. 1 Nr. 2 **153** **jederzeit geändert** werden kann. Haben beide Ehegatten sich später einer anderen Rechtsordnung unterstellt oder lässt sich feststellen, dass sie später von einer anderen Rechtsordnung ausgegangen sind, so kommt es zu einem Statutenwechsel.[409] Da Art. 220 Abs. 3 S. 1 Nr. 2 auf die Vorstellungen der Ehegatten abstellt, wäre die Beachtung einer **Rück–oder Weiterverweisung** nicht interessengerecht. Der Renvoi ist daher in diesen Fällen nach der Sinnklausel des Art. 4 Abs. 1 S. 1 aE unbeachtlich.[410]

Aus **verfassungsrechtlicher Sicht** begründet die Anknüpfung an die Vorstellung der Ehegatten **154** von der Anwendbarkeit einer bestimmten Rechtsordnung das Problem, dass die Ehegatten oft mehr oder weniger unreflektiert von den Grundsätzen des alten Kollisionsrechts ausgegangen sein werden. Die Alternative des „Ausgehens" wird daher nicht selten die verfassungswidrige Anknüpfung an das Heimatrecht des Ehemannes widerspiegeln. Ein schutzwürdiges Vertrauen der Ehegatten auf die Fortgeltung der verfassungswidrigen Rechtslage über den 1.4.1953 hinaus kann nach der Rspr. des BVerfG nicht anerkannt werden.[411] Sofern **konkrete Indizien** für eine gemeinsame Vorstellung der

---

[397] Vgl. etwa BayObLG IPRax 1986, 379 m. Bespr. *Jayme* IPRax 1986, 361; OLG Stuttgart FamRZ 1991, 708 (dt.-amerik. Ehepaar schloss deutsche Zugewinngemeinschaft aus und vereinbarte Gütertrennung); LG Kempten IPRax 1985, 167 (Vereinbarung deutschen Rechts zwischen deutsch-italienischen Eheleuten im Jahr 1982); Staudinger/*Dörner* (2016) Art. 220 Rn. 108; *Böhringer* BWNotZ 1987, 106.

[398] Vgl. OLG Düsseldorf FamRZ 1995, 1587 (1588); Erman/*Hohloch* Rn. 44: aA Staudinger/*Dörner* (2016) Art. 220 Rn. 109.

[399] NK–BGB/*Sieghörtner* Anh. III Art. 15 Rn. 20; Staudinger/*Dörner* (2016) Art. 220 Rn. 109; *Hausmann*/*Odersky* IPR § 9 Rn. 152.

[400] Vgl. OLG Düsseldorf MittRhNotK 1984, 62 (Vormerkung für Eigentumserwerb nach it. Errungenschaftsgemeinschaft); AG Nettetal IPRax 1984, 103 (Ablehnung einer Eintragung als gemeinschaftliche Eigentümer nach niederländischem Güterrecht, also dem Heimatrecht des Ehemannes); NK–BGB/*Sieghörtner* Anh. III Art. 15 Rn. 20; Staudinger/*Dörner* (2016) Art. 220 Rn. 109; *Böhringer* BWNotZ 1987, 107; *Henrich* IPRax 1987, 93 (94).

[401] So auch Staudinger/*Dörner* (2016) Art. 220 Rn. 110; NK–BGB/*Sieghörtner* Anh. III Art. 15 Rn. 20.

[402] Staudinger/*Dörner* (2016) Art. 220 Rn. 105; NK–BGB/*Sieghörtner* Anh. III Art. 15 Rn. 17.

[403] BGH NJW 1988, 638 (640); Soergel/*Schurig* Art. 220 Rn. 44; Erman/*Hohloch* Rn. 44.

[404] BGH FamRZ 1988, 40 (41); KG IPRax 1988, 106; OLG Karlsruhe IPRax 1990, 122 (123) m. Aufsatz *Jayme* 102.

[405] Vgl. BayObLG NJW-RR 1986, 1025 = IPRax 1986, 301 mAnm *Jayme* IPRax 1986, 90; AG Wuppertal IPRax 1984, 156 mAnm *Heldrich* IPRax 1984, 143.

[406] *Böhringer* BWNotZ 1987, 107.

[407] Vgl. OLG Oldenburg Rpfleger 1985, 188 (Übertragung von Eltern des Ehemannes auf Eheleute).

[408] Staudinger/*Dörner* (2016) Art. 220 Rn. 111; NK–BGB/*Sieghörtner* Anh. III Art. 15 Rn. 20.

[409] BGHZ 119, 400 = NJW 1993, 385 (38)7; BGH FamRZ 1988, 40 (41 f.); OLG Karlsruhe IPRax 1990, 122 (123); Erman/*Hohloch* Rn. 16; Staudinger/*Dörner* (2016) Art. 220 Rn. 113.

[410] BGH NJW 1988, 638 (640) = FamRZ 1987, 679 (681) bei 4c; Palandt/*Thorn* Rn. 9; *Looschelders* IPR Art. 220 Rn. 12; einschränkend Staudinger/*Dörner* (2016) Art. 220 Rn. 141.

[411] BVerfG NJW 2003, 1656 (1657) = FamRZ 2003, 361 (362).

Ehegatten über die Anwendbarkeit einer bestimmten Rechtsordnung feststellbar sind, dürfte die Anknüpfung an das „Ausgehen" als Übergangsvorschrift für den Zeitraum bis zum 8.4.1983 aber zu legitimieren sein.[412] Über den 8.4.1983 hinaus kann dieser Anknüpfung für die güterrechtlichen Verhältnisse der Ehegatten aber keine Bedeutung beigemessen werden (→ Rn. 161).[413]

155   **c) Heimatrecht des Ehemannes.** Wenn das für die Übergangszeit maßgebliche Güterstatut über die beiden vorangegangenen Stufen nicht bestimmt werden kann, unterliegen die güterrechtlichen Wirkungen der Ehe für die Übergangszeit gemäß Art. 220 Abs. 3 S. 1 Nr. 3 dem Recht des Staates, dem der Ehemann bei der Eheschließung angehörte. Diese Hilfsanknüpfung ist aus verfassungsrechtlicher Sicht überaus problematisch, da sie den Anknüpfungsregeln entspricht, die aus dem verfassungswidrigen Art. 15 Abs. 1 aF abgeleitet wurden. Nach der Rspr. des BGH ist die hilfsweise Anknüpfung an das Heimatrecht des Mannes haltbar, wenn ihr Anwendungsbereich durch eine weite Auslegung von Abs. 3 S. 1 Nr. 2 möglichst gering gehalten wird.[414] Eine solche weite Auslegung stößt indes ihrerseits auf verfassungsrechtliche Bedenken, wenn sie sich an dem verfassungswidrigen Art. 15 aF orientiert und daher nur dazu führt, dass das Heimatrecht des Mannes weiter anwendbar bleibt (→ Rn. 142). Davon abgesehen hat das BVerfG[415] ausdrücklich festgestellt, dass die Anknüpfung des Güterstatuts an das Heimatrecht des Ehemannes seit dem 1.4.1953 verfassungswidrig ist. Die Verfassungswidrigkeit dieser Anknüpfung wird nicht dadurch aufgehoben, dass man ihren Anwendungsbereich beschränkt.[416] Es ist daher davon auszugehen, dass Art. 220 Abs. 1 S. 1 Nr. 3 **verfassungswidrig** ist.[417] Die Lücke ist dadurch zu füllen, dass das Güterstatut schon ab dem 1.4.1953 nach den neuen Anknüpfungsregeln des Art. 15 Abs. 1 iVm Art. 14 Abs. 1 Nr. 2 und 3 bestimmt wird.[418] Dies kann im Einzelfall zwar zu einer **echten Rückwirkung** führen. Auch hier gilt aber der Grundsatz, dass ein schutzwürdiges Vertrauen auf die Fortgeltung der verfassungswidrigen Anknüpfung an das Heimatrecht des Ehemannes über den 31.3.1953 hinaus nicht anerkannt werden kann.

156   Die Bedeutung des Meinungsstreits wird dadurch relativiert, dass Art. 220 Abs. 3 S. 1 Nr. 3 nach der Rspr. nur für güterrechtsrelevante Vorgänge (Scheidung, Tod eines Ehegatten, vertragliche Änderung des Güterstands) gilt, die **vor dem 9.4.1983** eingetreten sind. Güterrechtsrelevante Vorgänge, die danach eintreten, werden gemäß Abs. 3 S. 2 einheitlich nach Art. 15 nF behandelt.[419] Dabei tritt der 9.4.1983 nach Abs. 3 S. 3 an die Stelle des Zeitpunkts der Eheschließung (→ Rn. 144). Der Streit über die Verfassungswidrigkeit des Abs. 3 S. 1 Nr. 3 hat damit keine praktische Relevanz mehr.[420]

157   **2. Wirkungen seit dem 9.4.1983 (Abs. 3 S. 2).** Für die Zeit nach dem 8.4.1983 sieht Art. 220 Abs. 3 S. 2 vor, dass der neue Art. 15 anzuwenden ist. Dies kann zu einem Statutenwechsel führen.

---

[412] Für Verfassungskonformität BGH NJW 1987, 584 = FamRZ 1986, 1200 (1202); NJW 1988, 639; Palandt/ *Thorn* Rn. 11; Staudinger/*Dörner* (2016) Art. 220 Rn. 80; einschränkend Voraufl. Rn. 150 (*Siehr*) (nur bei manifest gewordenem konkretem Vertrauen beider Ehegatten); strenger NK-BGB/*Sieghörtner* Anh. III Art. 15 Rn. 26. BVerfG NJW 2003, 1656 (1657) hat die Verfassungskonformität von Art. 220 Abs. 3 S. 1 Nr. 2 für die Übergangszeit bis zum 8.4.1983 offengelassen. Wegen des Zeitablaufs dürften Sachverhalte aus der Übergangszeit heute freilich auch kaum noch praktische Bedeutung haben.

[413] So BVerfG NJW 2003, 1656 (1657); OLG München NJW-RR 2011, 663 (664); Palandt/*Thorn* Rn. 11; *Looschelders* IPR Art. 220 Rn. 17; aA noch BGHZ 119, 400 = NJW 1993, 385 (387); BGH FamRZ 1986, 1200 (1202) = NJW 1987, 583 m. abl. Aufsatz *Rauscher* NJW 1987, 531 = IPRax 1987, 114 m. zust. Bespr. *Henrich* IPRax 1987, 93 (95) = DNotZ 1987, 292 m. zust. Anm. *Lichtenberger*; NJW 1988, 638 (640).

[414] BGH FamRZ 1986, 1200 (1202) = NJW 1987, 583; BGHZ 119, 382 = NJW 1993, 385 = LM Art. 14 Nr. 1 mAnm *Kronke* und Aufsatz *Winkler v. Mohrenfels* IPRax 1995, 379; für Verfassungskonformität auch Palandt/ *Thorn* Rn. 10; Erman/*Hohloch* Rn. 45; PWW/*Martiny* Rn. 27; *Henrich* FamRZ 1986, 841 (848); *Lorenz*, Das intertemporale internationale Ehegüterrecht nach Art. 220 III EGBGB und die Folgen des Statutenwechsels, 1991, 37; *Reinhart* BWNotZ 1985, 97 (101); diff. *Sonnenberger*, FS Ferid, 1988, 447 (460) (Aufrechterhaltung, so weit verfassungskonforme Auslegung möglich).

[415] BVerfGE 63, 181 = NJW 1983, 1968.

[416] Staudinger/*Dörner* (2016) Art. 220 Rn. 87; *Schurig* IPRax 1988, 88 (93).

[417] So auch Soergel/*Schurig* Art. 220 Rn. 52; Staudinger/*Dörner* (2016) Art. 220 Rn. 87; NK-BGB/*Sieghörtner* Anh. III Art. 15 Rn. 27; *Kegel/Schurig* IPR § 20 VI 1c (S. 849); *Looschelders* IPR Art. 220 Rn. 18; *v. Bar* JZ 1984, 173 (176 Fn. 171); *Basedow* NJW 1986, 2971 (2974); *Klinke* MittRhNotK 1984, 53; *Puttfarken* RIW 1987, 834 (838); *Rauscher* NJW 1987, 531 (536). BVerfG FamRZ 1988, 920 musste über Art. 220 Abs. 3 S. 1 Nr. 3 nicht entscheiden, da die Beschwerdeführer sich nicht gegen die vom BGH (BGH FamRZ 1987, 679 = NJW 1988, 638) angenommene Rückwirkung des neuen Rechts über Art. 220 Abs. 3 S. 2 und 3 iVm Art. 15 Abs. 1 und Art. 14 Abs. 1 Nr. 1 gewandt hatten.

[418] So auch Staudinger/*Dörner* (2016) Art. 220 Rn. 118.

[419] Vgl. BGH FamRZ 1986, 1200 (1202).

[420] So auch schon Soergel/*Schurig* Art. 220 Rn. 53.

Art. 220 Abs. 3 S. 2 setzt insofern **rückwirkend** den Grundsatz der Unwandelbarkeit des Güterstatuts außer Kraft. Da die Durchbrechung der Unwandelbarkeit notwendig ist, um den Grundsatz der Gleichberechtigung zu verwirklichen, unterliegt die Rückwirkung jedoch keinen verfassungsrechtlichen Bedenken.[421] Ein Statutenwechsel ist freilich nur eingetreten, wenn nach den Übergangsbestimmungen des Art. 220 Abs. 3 S. 1 ein anderes Recht bis zum 8.4.1983 als nach dem neuen Art. 15 maßgeblich war. Insofern ist daher zwischen den verschiedenen Anknüpfungsregeln des Art. 220 Abs. 3 S. 1 zu unterscheiden.

a) Gemeinsames Heimatrecht der Ehegatten. Besaßen die Eheleute bei der Eheschließung 158 dieselbe Staatsangehörigkeit, so ist ab dem 9.4.1983 mangels Rechtswahl ihr gemeinsames Heimatrecht als Ehegüterstatut maßgebend (Art. 15 Abs. 1 iVm Art. 14 Abs. 1 Nr. 1). Haben beide Ehegatten nur eine Staatsangehörigkeit, so ergibt sich durch die Geltung des neuen Rechts kein Statutenwechsel; denn gemäß Art. 220 Abs. 3 S. 1 Nr. 1 galt das gemeinsame Heimatrecht der Ehegatten schon vor dem 9.4.1983 als Ehegüterstatut (→ Rn. 146).[422] Keine Divergenzen ergeben sich auch bei Beteiligung **ausländischer Mehrstaater,** da es bei diesen nach altem wie nach neuem IPR auf die Effektivität der Staatsangehörigkeit ankommt.

Ist ein **deutsch–ausländischer Mehrstaater** beteiligt, so kann es aufgrund der unterschiedlichen 159 Behandlung dieser Konstellation nach altem und neuem IPR zu Problemen kommen. Die hM wendet Art. 5 Abs. 1 S. 2 auch im Rahmen von Art. 220 Abs. 3 S. 1 Nr. 1 an (→ Rn. 147). Dies hat zur Folge, dass die Anwendung des neuen Rechts zu keinem Statutenwechsel führen kann.[423] Nach der hier vertretenen Auffassung kommt es im Rahmen von Art. 220 Abs. 3 S. 1 Nr. 1 auch bei deutsch–ausländischen Mehrstaatern auf die effektive Staatsangehörigkeit an. Ab dem 9.4.1983 führt die Anwendung des Art. 5 Abs. 1 S. 2 auf die Anknüpfung nach Art. 15 Abs. 1 iVm Art. 14 Abs. 1 Nr. 1 nur dann zu keinem Statutenwechsel, wenn es sich bei der deutschen Staatsangehörigkeit um die effektive Staatsangehörigkeit handelt.[424] Im Übrigen hat der Vorrang der deutschen Staatsangehörigkeit zur Folge, dass die Anknüpfung an die gemeinsame ausländische Staatsangehörigkeit nicht aufrechterhalten werden kann (→ Art. 14 Rn. 84). Problematisch ist, dass die Durchbrechung der Unwandelbarkeit in diesen Fällen nicht durch das Ziel gerechtfertigt wird, den Grundsatz der Gleichberechtigung (Art. 3 Abs. 2 GG) zu verwirklichen. Dies spricht für eine **teleologische Reduktion** des Art. 5 Abs. 1 S. 2 mit der Folge, dass die Vorschrift auch bei der Anknüpfung des Güterstatuts nach Art. 15 Abs. 1 nF seit dem 9.4.1983 unanwendbar ist.[425]

b) „Sich–Unterstellen" oder Ausgehen von einem bestimmten Recht. In den Fällen des 160 Art. 220 Abs. 3 S. 1 Nr. 2 geht die hM im Anschluss an die Gesetzesmaterialien[426] davon aus, dass das von den Ehegatten „gewählte" Recht nach Art. 15 Abs. 2 nF über den 8.4.1983 hinaus fortgilt;[427] es soll also kein Statutenwechsel eintreten, auch wenn die formellen Anforderungen des Art. 15 Abs. 3 iVm Art. 14 Abs. 4 nicht eingehalten wurden.[428] In den Fällen des bloßen „Ausgehens" besteht allerdings das Problem, dass die Weitergeltung der „fingierten" Rechtswahl zu einer Perpetuierung der verfassungswidrigen Anknüpfung an das Heimatrecht des Ehemannes führen kann, die nicht vom gemeinsamen Willen der Ehegatten gedeckt ist. Das BVerfG hat daher entschieden, dass die Verdrängung des in Art. 220 Abs. 3 S. 2 vorgesehenen Statutenwechsels mit dem **Grundsatz der Gleichberechtigung** in Art. 3 Abs. 2 GG unvereinbar ist, wenn sie zur Weitergeltung des Mannesrechts führt.[429] Das Güterstatut ist daher in diesen Fällen für die Zeit ab dem 8.4.1983 nach Art. 15 Abs. 1 iVm Art. 14 Abs. 1 Nr. 2 und 3 zu bestimmen.[430] Dabei tritt der 9.4.1983 analog Art. 220 Abs. 3 S. 3 an die Stelle des Zeitpunkts der Eheschließung.[431] Da die Anknüpfung gemäß Art. 15 Abs. 1 iVm Art. 14 Abs. 1 Nr. 2 und 3 nach objektiven Kriterien erfolgt, ist der **Renvoi** gemäß Art. 4 Abs. 1 nach allgemeinen Grundsätzen zu berücksichtigen.[432]

---

[421] BVerfG FamRZ 1988, 920.

[422] Vgl. OLG München NJW-RR 2013, 919 (920); OLG Frankfurt a.M. IPRax 2001, 140; Palandt/*Thorn* Rn. 11; Staudinger/*Dörner* (2016) Art. 220 Rn. 121; NK-BGB/*Sieghörtner* Anh. III Art. 15 Rn. 35.

[423] Vgl. Palandt/*Thorn* Rn. 11.

[424] So zB in BGH NJW 1987, 583 m. Aufs. *Rauscher* NJW 1987, 531.

[425] So auch Staudinger/*Dörner* (2016) Art. 220 Rn. 122; Voraufl. Rn. 169 (*Siehr*).

[426] BT-Drs. 10/5632, 46 (linke Sp.).

[427] BGH NJW 1987, 583 (584) m. Aufs. *Rauscher* NJW 1987, 531 ff. = FamRZ 1986, 1200 (1202 f.); NJW 1988, 638 = FamRZ 1987, 679 (681); FamRZ 1993, 289; Palandt/*Thorn* Rn. 11; Staudinger/*Dörner* (2016) Rn. 123 ff.

[428] BGH NJW 1987, 583 (584); Staudinger/*Dörner* (2016) Art. 220 Rn. 124; NK-BGB/*Sieghörtner* Anh. III Art. 15 Rn. 36.

[429] BVerfG NJW 2003, 1656 (1657).

[430] So auch OLG München NJW-RR 2011, 663 (664); Palandt/*Thorn* Rn. 11; PWW/*Martiny* Rn. 35.

[431] Staudinger/*Dörner* (2016) Art. 220 Rn. 127.

[432] OLG München NJW-RR 2011, 663 (664) (bei Anknüpfung an gemeinsamen gewöhnlichen Aufenthalt).

161   **c) Heimatrecht des Ehemannes.** Bei Ehen, die in der Übergangszeit gemäß Abs. 3 S. 1 Nr. 3 nach dem Heimatrecht des Ehemannes bei der Eheschließung zu beurteilen waren, ist der neue Art. 15 für die Zeit nach dem 8.4.1983 anzuwenden (vgl. Abs. 3 S. 2).[433] Dabei tritt nach Abs. 3 S. 3 an die Stelle des Zeitpunkts der Eheschließung der 9.4.1983. Dahinter steht die Erwägung, dass die Anwendbarkeit des Art. 15 nF in den Fällen des Abs. 3 S. 1 Nr. 3 regelmäßig zu einem **Statutenwechsel** führt. Wenn ein Statutenwechsel aber ohnehin unvermeidbar ist, so erscheint eine Aktualisierung der Anknüpfung des Güterstatuts sachgerecht.[434] Nach der Rspr. umfasst der Statutenwechsel das gesamte Vermögen der Ehegatten. Es kommt also zu keiner güterrechtlichen Aufspaltung in zwei Vermögensmassen. Nach Ansicht des BGH war mit dem Eintritt des Statutenwechsels auch keine Abwicklung des Güterstands nach dem alten Güterstatut erforderlich; eine vermögensmäßige Auseinandersetzung soll vielmehr erst bei der Beendigung der Ehe für alle Vermögensgegenstände nach dem neuen Güterstand erfolgen.[435] Die verfassungsrechtlich problematische Anknüpfung nach Abs. 3 S. 1 Nr. 3 wird hierdurch noch weiter zurückgedrängt.[436]

162   Geht man mit der hier vertretenen Ansicht davon aus, dass Abs. 3 S. 1 Nr. 3 trotz der Beschränkung auf die Übergangszeit **verfassungswidrig** ist, so ist Art. 15 nF schon seit der Eheschließung anwendbar. Eine Durchbrechung der Unwandelbarkeit zum Ablauf des 8.4.1983 ist also entbehrlich. Abs. 3 S. 3 ist in diesen Fällen also nicht anwendbar.[437] Das Gleiche gilt für die hieran anknüpfende Regelung des Abs. 3 S. 4, die den Beginn der **Verjährung** im Hinblick auf etwaige Ausgleichsansprüche aufgrund der Abwicklung des alten Güterstandes bis zum 1.9.1986 hinausschieben soll.[438] Solche verjährungsrechtlichen Fragen haben wegen des Zeitablaufs aber ohnehin keine Bedeutung mehr.

163   **d) Rechtswahl.** Unabhängig davon, nach welcher Alternative des Art. 220 Abs. 3 S. 1 das Güterstatut für die Übergangszeit anzuknüpfen war, hatten die Ehegatten ab dem 9.4.1983 die Möglichkeit, das Güterstatut nach Art. 15 Abs. 2 durch **Rechtswahl** zu bestimmen. Dabei sind aber die inhaltlichen Grenzen des Art. 15 Abs. 2 sowie die formalen Anforderungen des Art. 15 Abs. 3 einzuhalten.[439]

IV. Eheschließung nach dem 8.4.1983 (Abs. 3 S. 5)

164   Für Ehen, die nach dem 8.4.1983 geschlossen worden sind, sieht Art. 220 Abs. 3 S. 5 die uneingeschränkte Anwendbarkeit des neuen Art. 15 vor. Für Ehen, die vor dem 1.9.1986 geschlossen worden sind, führt diese Vorschrift zu einer **Rückwirkung.** Maßgeblich dafür ist die Erwägung, dass die Verfassungswidrigkeit des Art. 15 aF seit dem 8.4.1983 bekannt war. Im Hinblick auf die bisherige Anknüpfung des Art. 15 aF besteht daher **kein schutzwürdiges Vertrauen.**[440] Die Grundsätze des neuen Rechts waren dagegen aufgrund der intensiven Diskussion in der Literatur schon weitgehend vorhersehbar. Insofern bestehen gegen die Rückwirkung keine Bedenken. Diese Erwägung trifft allerdings nicht auf den Vorrang der deutschen Staatsangehörigkeit bei **deutsch-ausländischen Mehrstaatern** nach Art. 5 Abs. 1 S. 2 zu. Die Rückwirkung lässt sich hier auch nicht durch das Bestreben rechtfertigen, die dem Gleichberechtigungsgrundsatz entsprechende Anknüpfung möglichst schnell zu verwirklichen. Insofern sollte es für Ehen, die vor dem 1.9.1986 geschlossen worden sind, auch im Hinblick auf deutsch-ausländische Mehrstaater bei dem Grundsatz der **Effektivität** bleiben.[441]

165   Bei **Eheschließung ab dem 1.9.1986** hat die Übergangsvorschrift des Abs. 3 S. 5 keine eigenständige Bedeutung mehr. Der neue Art. 15 ist vielmehr nach allgemeinen Grundsätzen unmittelbar anwendbar.

Art. 16 EGBGB Schutz Dritter

(1) Unterliegen die güterrechtlichen Wirkungen einer Ehe dem Recht eines anderen Staates und hat einer der Ehegatten seinen gewöhnlichen Aufenthalt im Inland oder

---

[433] Vgl. OLG Frankfurt a.M. FamRZ 2015, 144.

[434] Vgl. Staudinger/*Dörner* (2016) Art. 220 Rn. 128.

[435] BGH FamRZ 1986, 1200 (1202); FamRZ 1987, 679; Palandt/*Thorn* Rn. 12; krit. Staudinger/*Dörner* Art. 220 Rn. 135; NK-BGB/*Sieghörtner* Anh. III Art. 15 Rn. 32 ff.

[436] Vgl. NK-BGB/*Sieghörtner* Anh. III Art. 15 Rn. 33.

[437] So auch Voraufl. Rn. 175 (*Siehr*); Staudinger/*Dörner* (2016) Art. 220 Rn. 129; NK-BGB/*Sieghörtner* Anh. III Art. 15 Rn. 36; *Puttfarken* RIW 1987, 834 (838).

[438] Zum Zweck des Art. 220 Abs. 3 S. 4 vgl. Staudinger/*Dörner* (2016) Art. 220 Rn. 133.

[439] BGH NJW 1987, 583 (584); NK-BGB/*Sieghörtner* Anh. III Art. 15 Rn. 39.

[440] Vgl. *Looschelders* IPR Art. 220 Rn. 20.

[441] Soergel/*Schurig* Art. 220 Rn. 61; Staudinger/*Dörner* (2016) Art. 220 Rn. 138; *Looschelders* IPR Rn. 21; *Schurig* IPRax 1988, 88 (89); aA Palandt/*Thorn* Rn. 15; Erman/*Hohloch* Rn. 50.

betreibt er hier ein Gewerbe, so ist § 1412 des Bürgerlichen Gesetzbuchs entsprechend anzuwenden; der fremde gesetzliche Güterstand steht einem vertragsmäßigen gleich.

(2) Auf im Inland vorgenommene Rechtsgeschäfte ist § 1357, auf hier befindliche bewegliche Sachen § 1362, auf ein hier betriebenes Erwerbsgeschäft sind die §§ 1431 und 1456 des Bürgerlichen Gesetzbuchs sinngemäß anzuwenden, soweit diese Vorschriften für gutgläubige Dritte günstiger sind als das fremde Recht.

Schrifttum: *Amann,* Eigentumserwerb unabhängig von ausländischem Güterrecht? MittBayNot 1986, 222; *Amann,* Die Verfügungsbeschränkung über die Familienwohnung im Güterstand der Wahl-Zugewinngemeinschaft, DNotZ 2013, 252; *Bader,* Der Schutz des guten Glaubens in Fällen mit Auslandsberührung, MittRhNotK 1994, 161; *Bänziger,* Der Schutz des Dritten im internationalen Personen-, Familien- und Erbrecht der Schweiz, 1977; *Böhringer,* Immobiliarerwerb mit Auslandsbezug aus der Sicht des Notars und des Grundbuchamtes, BWNotZ 1988, 222; *Jayme,* Schlüsselgewalt der Ehegatten und IPR, IPRax 1993, 80; *Liessen,* Guter Glaube beim Grundstückserwerb von einem durch Güterstand verfügungsbeschränkten Ehegatten, NJW 1989, 498; *H. Roth,* Grundbuchverfahren und ausländisches Güterrecht, IPRax 1991, 320; *Schotten,* Der Schutz des Rechtsverkehrs im IPR, DNotZ 1994, 670. Vgl. auch die Nachw. zu Art. 14 und Art. 15.

Übersicht

A. Allgemeines

I. Normzweck

Die Anwendung von Art. 14 und Art. 15 kann dazu führen, dass ausländisches Recht für die **1** allgemeinen Ehewirkungen oder die güterrechtlichen Wirkungen der Ehe maßgeblich ist. Dies gilt insbesondere bei Anknüpfung an ein gemeinsames ausländisches Heimatrecht der Ehegatten, kann aber auch bei allen anderen objektiven Anknüpfungen oder einer Rechtswahl relevant werden.[1] Die

---

[1] Der Gesetzgeber ist davon ausgegangen, dass die Bedeutung der Vorschrift wegen der erweiterten Rechtswahlmöglichkeiten nach der Reform zunehmen könnte (BT-Drs. 10/504, 59). Ob diese Annahme zutreffend war, lässt sich wegen der geringen Zahl der veröffentlichten Entscheidungen schwer beurteilen.

Anwendbarkeit ausländischen Rechts auf die allgemeinen Ehewirkungen oder die güterrechtlichen Wirkungen der Ehe kann für den **inländischen Rechtsverkehr** zu erheblichen Belastungen und Unsicherheiten führen. So gibt es auch heute noch zahlreiche ausländische Rechtsordnungen, welche die Vertragsfreiheit oder die Verfügungsmacht verheirateter Personen im gesetzlichen Güterstand wesentlich stärker einschränken als das deutsche Recht (§§ 1365, 1369 BGB), vor allem dadurch, dass die Wirksamkeit bestimmter Rechtsgeschäfte (zB bei Bürgschaften oder Grundstücksgeschäften) von der Zustimmung des anderen Ehegatten abhängig gemacht wird (→ Art. 15 Rn. 13).[2] Umgekehrt ist den meisten ausländischen Rechtsordnungen keine so weitreichende gesetzliche Verpflichtungsermächtigung der Ehegatten wie im deutschen Recht (§ 1357 BGB) bekannt.[3]

2   Um den inländischen Rechtsverkehr in dieser Hinsicht zu schützen, sieht Art. 16 zwei unterschiedliche Mechanismen vor. Zum einen stellt Abs. 1 durch den Verweis auf § 1412 BGB sicher, dass sich die Ehegatten gegenüber Dritten bei Vorliegen bestimmter Verknüpfungen mit dem Inland nur dann auf einen fremden Güterstand berufen können, wenn dieser im **Güterrechtsregister** eingetragen ist. Zum anderen erklärt Abs. 2 bestimmte inländische Vorschriften (§§ 1357, 1362, 1431 und 1456 BGB) trotz Maßgeblichkeit fremden Rechts für anwendbar. Anders als nach altem Recht gilt dies allerdings nur, soweit die betreffenden Vorschriften **für gutgläubige Dritte günstiger** als das ausländische Recht sind. Nach altem Recht kam es dagegen nicht auf die Gutgläubigkeit des Dritten an.[4] Die Geltung des **Günstigkeitsprinzips** hat zur Folge, dass das ausländische Recht nicht generell verdrängt wird. Vielmehr muss jeweils geprüft werden, ob das deutsche Recht für den gutgläubigen Dritten günstiger ist. Beide Schutzmechanismen wirken nur im **Verhältnis zu Dritten.** Im Verhältnis zwischen den Ehegatten bleibt es bei dem nach Art. 14 oder 15 bestimmten Ehewirkungs- oder Güterstatut.[5]

II. Einseitige oder allseitige Anwendung

3   Art. 16 enthält **einseitige Regelungen** zum Schutz des inländischen Rechtsverkehrs.[6] Die amtliche Begründung des Regierungsentwurfs weist jedoch darauf hin, dass der Rechtsgedanke des Abs. 2 auf Vorgänge im Ausland übertragen werden kann, wenn das ausländische Recht seinen Rechtsverkehr in vergleichbarer Weise schützt.[7] Abs. 2 kann insofern also **allseitig** angewendet werden.[8] Ob Abs. 1 ebenfalls als allseitige Norm verstanden werden kann, ist dagegen fraglich. Gegen die entsprechende Anwendbarkeit der Vorschrift zum Schutz eines ausländischen Geschäftsverkehrs wird angeführt, dass die amtliche Gesetzesbegründung sich insoweit ausschließlich auf Abs. 2 bezieht. Außerdem gebe es in den meisten ausländischen Rechtsordnungen kein Gegenstück zum deutschen Güterrechtsregister.[9] Beide Argumente sind jedoch nicht zwingend. So lässt sich dem Hinweis in den Gesetzesmaterialien auf eine mögliche allseitige Anwendung des Abs. 2 nicht entnehmen, dass eine entsprechende Anwendung von Abs. 1 generell ausgeschlossen bleiben sollte.[10] Hinzu kommt, dass auch andere europäische Rechtsordnungen vergleichbare kollisionsrechtliche Wirkungen von Eintragungen in ihr Güterrechtsregister kennen.[11] Dass Abs. 1 zu einer Durchbrechung des Staatsangehörigkeitsprinzips und der Unwandelbarkeit führt, steht einer entsprechenden Anwendung auf ausländische Vorgänge ebenfalls nicht entgegen,[12] da der Verkehrsschutz gleichermaßen ein wichtiges Prinzip des internationalen Ehewirkungs- und Güterrechts darstellt (→ Art. 15 Rn. 21). Außerdem erfolgt die Durchbrechung des Staatsangehörigkeitsprinzips und der Unwandelbarkeit ohnehin nicht im Hinblick auf das Verhältnis zwischen den Ehegatten. Wenn das ausländische Recht einen entsprechenden Schutz seines Rechtsverkehrs vorsieht, so kann daher auch Abs. 1 allseitig angewendet werden.[13]

---

[2] Vgl. Staudinger/*Mankowski* (2011) Rn. 2; BeckOK BGB/*Mörsdorf-Schulte* Rn. 1.

[3] Staudinger/*Mankowski* (2011) Rn. 2; NK-BGB/*Sieghörtner* Rn. 1.

[4] Begr. RegE BT-Drs. 10/504, 59; Erman/*Hohloch* Rn. 1; Soergel/*Schurig* Rn. 20.

[5] BeckOK BGB/*Mörsdorf-Schulte* Rn. 2; Staudinger/*Mankowski* (2011) Rn. 3; Palandt/*Thorn* Rn. 3.

[6] Soergel/Schurig Rn. 22; BeckOK BGB/*Mörsdorf-Schulte* Rn. 19; *Looschelders* IPR Rn. 18; aA *Ferid* IPR Rn. 1–12,1.

[7] Begr. RegE BT-Drs. 10/504, 59.

[8] BeckOK BGB/*Mörsdorf-Schulte* Rn. 19; Soergel/*Schurig* Rn. 22; NK-BGB/*Sieghörtner* Rn. 21; *Looschelders* IPR Rn. 18; aA Staudinger/*Mankowski* (2011) Rn. 89; krit. auch *v. Bar* IPR II Rn. 189.

[9] So Staudinger/*Mankowski* (2011) Rn. 48 ff.; *v. Bar* IPR II Rn. 234 („Exklusivnorm für § 1412 BGB").

[10] So auch BeckOK BGB/*Mörsdorf-Schulte* Rn. 19.

[11] BeckOK BGB/*Mörsdorf-Schulte* Rn. 19.

[12] So aber Staudinger/*Mankowski* (2011) Rn. 50.

[13] So auch BeckOK BGB/*Mörsdorf-Schulte* Rn. 19; Soergel/*Schurig* Rn. 22; NK-BGB/*Sieghörtner* Rn. 21; *Looschelders* IPR Rn. 18.

III. Kollisionsrechtlicher Verkehrsschutz nach anderen Normen

Bei **Verträgen,** die nach dem 17.12.2009 geschlossen worden sind, wird der gutgläubige Rechts- 4
verkehr auch durch Art. 13 Rom I-VO geschützt. Die Vorschrift geht Art. 12 EGBGB vor, der bis
zum 17.12.2009 den Verkehrsschutz im internationalen Vertragsrecht gewährleistet hat. Für den
Verkehrsschutz bei anderen Rechtsgeschäften bleibt Art. 12 EGBGB dagegen maßgeblich. Dies
betrifft insbesondere Verfügungen über **Mobilien** und **inländische Grundstücke** (→ Art. 12
Rn. 25). Auf familienrechtliche und erbrechtliche Rechtsgeschäfte sowie Verfügungen über ein in
einem anderen Staat belegenes Grundstück ist Art. 12 EGBGB dagegen nach seinem S. 2 nicht
anwendbar. Inhaltlich stimmen Art. 13 Rom I-VO und Art. 12 EGBGB weitgehend überein. Bei
beiden Vorschriften stellen sich daher die gleichen **Abgrenzungsfragen** zu Art. 16 Abs. 2. Konkurrenzprobleme ergeben sich insbesondere im Hinblick auf sog. **Interzessionsverbote** (→ Art. 14
Rn. 69 f.) sowie **Verpflichtungs-und Verfügungsbeschränkungen** für Ehegatten (zB §§ 1365,
1369 BGB). Der überwiegende Teil der Literatur wendet Art. 12 EGBGB bzw. Art. 12 EGBGB
in diesen Fällen direkt oder zumindest analog an (→ Rom I-VO Art. 13 Rn. 36 ff.).[14] Dabei wird
überwiegend darauf abgestellt, dass es hier um Beschränkungen der **Handlungsfähigkeit** gehe.
Wendet man Art. 16 Abs. 2 auf diese Beschränkungen analog an (→ Rn. 70), so kommt es zu einer
Überschneidung. Nach der Systematik des deutschen IPR müsste Art. 16 Abs. 2 in diesen Fällen
den Vorrang haben.[15] Indessen kann es nicht angehen, den Anwendungsbereich des Art. 13 Rom
I-VO mit Rücksicht auf die Systematik des deutschen Rechts zurückzudrängen. Das Gleiche muss
dann auch für Art. 12 EGBGB gelten, der möglichst parallel zu Art. 13 Rom I-VO auszulegen ist.
Vorzugswürdig ist daher, Art. 13 Rom I-VO bzw. Art. 12 EGBGB und Art. 16 Abs. 2 **nebeneinan-
der** anzuwenden. Da Fahrlässigkeit bei Art. 16 Abs. 2 nicht schadet, wird der Verkehrsschutz hierdurch gegenüber Art. 13 Rom I-VO erweitert, was jedoch nicht gegen den Vorrang der Rom I-
VO verstößt.[16] Eine verbindliche Entscheidung über den Anwendungsbereich des Art. 13 Rom I-
VO kann aber nur der EuGH treffen.

Bei **eingetragenen Lebenspartnerschaften** gewährleistet Art. 17b Abs. 2 S. 2 und 3 einen 5
entsprechenden Verkehrsschutz wie Art. 16. Daher stellen sich hier auch die gleichen Abgrenzungsprobleme zu Art. 13 Rom I-VO und Art. 12 EGBGB wie bei Art. 16.

IV. Unionsrecht und Staatsverträge

1. Unionsrecht. Auf der europäischer Ebene gibt es noch keine Regelung betreffend den Ver- 6
kehrsschutz im IPR der **allgemeinen Ehewirkungen.** Bei Verträgen kann in bestimmten Fällen
aber über **Art. 13 Rom I-VO** Verkehrsschutz gewährleistet werden (→ Art. 14 Rn. 64).

Auf dem Gebiet des **internationalen Ehegüterrechts** enthält die ab 29.1.2019 anwendbare 7
EuGüVO in Art. 28 eine allseitige Sonderregelung für die Wirkungen des Ehegüterstatuts gegenüber
Dritten, die im Vergleich mit dem im Entwurf von 2011 vorgesehenen Verkehrsschutz (Art. 35
EuGüVO-E 2011) wesentlich differenzierter ausgestaltet ist. Nach Art. 28 Abs. 1 EuGüVO muss
sich ein Dritter das anwendbare ausländische Ehegüterrecht nur entgegenhalten lassen, wenn er
von diesem Recht **Kenntnis** hatte oder hätte haben müssen. Art. 28 Abs. 2 EuGüVO führt die
Konstellationen auf, in denen eine solche Kenntnis anzunehmen ist (→ EuGüVO Rn. 95 f.).

2. Staatsverträge. Für Deutschland bestehen auch **keine** nach Art. 3 Nr. 2 **vorrangigen Staats-** 8
verträge, welche die Anwendung des Art. 16 ausschließen. Im sachlichen Anwendungsbereich von
Art. 16 ist das **Haager Ehewirkungsabkommen** vom 1905 nämlich der einzige für Deutschland
relevante multilaterale Staatsvertrag (→ Art. 15 Rn. 9). Das Abkommen ist für Deutschland indessen
bereits am 23.8.1987 außer Kraft getreten[17] und gilt daher nur noch für Ehen, die vor diesem
Stichtag geschlossen worden sind. Auch in diesen Fällen lässt Art. 8 des Abkommens den Rückgriff
auf Art. 16 zu.[18] Im Übrigen dürften sich die einschlägigen Vorgänge inzwischen durch Zeitablauf
erledigt haben. Das **Haager Übereinkommen vom 14.3.1978** über das auf Ehegüterstände
anwendbare Recht enthält in Art. 9 Abs. 2–4 Vorschriften über den Schutz Dritter. Das Übereinkom-

---

[14] Vgl. LG Aurich FamRZ 1990, 776 (777); Palandt/ *Thorn* Rom I-VO Art. 13 Rn. 6; *Lüderitz* IPR Rn. 348;
Liessem NJW 1989, 497 (500); *Hanisch* IPRax 1987, 47 (50); aA Staudinger/*Mankowski* (2011) Rn. 87.
[15] BeckOK BGB/*Mörsdorf-Schulte* Rn. 6; Erman/*Hohloch* Art. 12 Rn. 11; Staudinger/*Hausmann* (2016) Art. 13
Rom I-VO Rn. 32; ebenso vor Inkrafttreten der Rom I-VO noch *Looschelders* IPR Art. 12 Rn. 16.
[16] Staudinger/*Hausmann* (2016) Rom I-VO Art. 13 Rn. 33.
[17] BGBl. 1986 II S. 505.
[18] KG NJW 1973, 428 (430); OLG Köln OLGZ 1972, 171 (173); Staudinger/*Mankowski* (2011) Art. 16
Rn. 6.

men ist von Deutschland aber noch nicht einmal gezeichnet worden (→ Art. 15 Rn. 9) und kann daher auch hier außer Betracht bleiben.

9   Auf dem Gebiet der Ehewirkungen gibt es in Deutschland nur noch einen **bilateralen Staatsvertrag,** nämlich das **Dt.-Iran. NlassAbK** (→ Art. 14 Rn. 7; → Art. 15 Rn. 10). Art. 8 Abs. 3 S. 2 des Abkommens sieht vor, dass der andere vertragsschließende Staat die Anwendung des maßgeblichen (ausländischen) Rechts nur ausnahmsweise und nur insoweit ausschließen darf, als ein solcher Ausschluss „allgemein gegenüber jedem anderen fremden Staat erfolgt". Art. 16 stellt eine solche Ausnahmevorschrift dar und ist daher auch im Rahmen des Dt.-Iran. NlassAbk anwendbar.[19]

10   Das **deutsch-französische Abkommen** von 2010 über den Güterstand der Wahl-Zugewinngemeinschaft (→ Art. 15 Rn. 11) schafft nur einen zusätzlichen materiellrechtlichen Güterstand (vgl. § 1519 BGB); dieser steht einem *deutschen* Güterstand gleich. Da die güterrechtlichen Wirkungen der Ehe damit nicht dem Recht eines *anderen* Staates unterliegen, ist Art. 16 nicht anwendbar.[20] § 1519 S. 3 BGB schließt auch die Anwendung von § 1412 BGB aus.[21] Gutgläubige Dritte werden damit in keiner Weise geschützt. Praktische Bedeutung hat dies vor allem für die Verfügungsbeschränkung hinsichtlich der **Familienwohnung** nach § 1519 S. 1 iVm Art. 5 WahlZugAbk-F,[22] die demnach auch gutgläubigen Dritten entgegengehalten werden kann.[23] Nach einer in der Literatur verbreiteten Auffassung kommt Art. 16 Abs. 1 allerdings dann zur Anwendung, wenn die Ehegatten die Wahl-Zugewinngemeinschaft auf der Grundlage des anwendbaren **französischen Rechts** vereinbart haben.[24] Hiergegen spricht jedoch, dass der Güterstand der Wahl-Zugewinngemeinschaft auch in diesen Fällen wie ein inländischer Güterstand zu behandeln ist.[25] Außerdem widerspräche eine Differenzierung zwischen deutschem und französischem Güterstatut im Hinblick auf den Verkehrsschutz dem Zweck des deutsch-französischen Abkommens und würde zu einer sachlich nicht gerechtfertigten Ungleichbehandlung beider Konstellationen führen.[26]

V. Praktische Bedeutung

11   Die **praktische Bedeutung** des Art. 16 wird in der Literatur unterschiedlich eingeschätzt. Nach einer verbreiteten Auffassung wird die Vorschrift in der Praxis nur selten relevant.[27] Hierfür scheint auch die geringe Zahl der veröffentlichten Entscheidungen zu sprechen.[28] Auf der anderen Seite kann dies aber auch darauf beruhen, dass Art. 16 der Entstehung von Streitigkeiten effektiv vorbeugt.[29] Da ausländische Ehegatten ihre Rechtsbeziehungen im deutschen Güterrechtsregister selten offenlegen, werden im rechtsgeschäftlichen Verkehr mit ihnen meist mehr oder weniger unbesehen die entsprechenden Vorschriften über den gesetzlichen Güterstand des deutschen Rechts, nämlich den Güterstand der Zugewinnagemeinschaft, herangezogen.[30] Das Gleiche gilt etwa für § 1357 BGB.[31]

B. Güterrechtliche Wirkungen (Abs. 1)

12   Art. 16 Abs. 1 schützt den inländischen Rechtsverkehr beim Abschluss von Rechtsgeschäften für den Fall, dass die güterrechtlichen Wirkungen der Ehe dem **Recht eines anderen Staates** unterliegen und wenigstens einer der Ehegatten über seinen gewöhnlichen Aufenthalt oder den Betrieb eines Gewerbes hinreichende **Beziehungen zum Inland** hat. Da das Vertrauen der Geschäftspartner

---

[19] Vgl. Staudinger/*Mankowski* (2011) Rn. 6; BeckOK BGB/*Mörsdorf-Schulte* Rn. 9; *Looschelders* IPR Rn. 19; *Böhmer/Finger* FamR II, 2007, Nr. 5.4; aA *Bänziger* S. 60 zu dem insofern gleichlautenden schweizerisch-iranischen Niederlassungsabkommen von 1927.

[20] *Amann* DNotZ 2013, 252 (273).

[21] Sehr krit. dazu Erman/*Heinemann* Anh. § 1519 Rn. 10.

[22] Ausführlich dazu *Amann* DNotZ 2013, 252 ff.

[23] Vgl. BeckOK BGB/*Siede* BGB § 1519 Rn. 6.

[24] So Erman/*Heinemann* Anh. § 1519 Rn. 10; *Jäger* DNotZ 2010, 804 (821); *Martiny* ZEuP 2011, 577 (590).

[25] Gegen Anwendbarkeit von Art. 16 Abs. 1 in diesen Fällen auch Palandt/*Brudermüller* § 1519 Art. 5 Rn. 6; *Amann* DNotZ 2013, 252 (273).

[26] So auch Erman/*Heinemann* Anh. zu § 1519 Rn. 10.

[27] So etwa *Kegel/Schurig* IPR § 20 VI 4 (S. 855).

[28] Vgl. BGH NJW 1992, 909 = FamRZ 1992, 291 (insoweit in BGHZ 116, 184 nicht abgedruckt); OLG Celle IPRax 1993, 96; LG Aurich NJW 1991, 642 = FamRZ 1990, 776; zu Art. 16 aF BayObLGZ 1959, 89; KG DNotZ 1933, 112; OLG Breslau JW 1930, 1880; AG Wedel IPRspr. 1972 Nr. 54.

[29] So Soergel/*Schurig* Rn. 2 Fn. 7; BeckOK BGB/*Mörsdorf-Schulte* Rn. 8; vgl. auch *H. Roth* IPRax 1991, 320 (322).

[30] Vgl. Voraufl. Rn. 1 (*Siehr*).

[31] Vgl. BGH NJW 1992, 909.

in diesen Fällen schutzwürdig erscheint, stellt Art. 16 Abs. 1 durch Verweis auf § 1412 BGB sicher, dass gegen das Rechtsgeschäft keine auf einem ausländischen Güterrecht beruhenden Einwendungen geltend gemacht werden können, es sei denn, bei Vornahme des Rechtsgeschäfts war die Geltung des ausländischen Güterstandes im inländischen Güterrechtsregister **eingetragen** oder **dem Dritten bekannt** (→ Rn. 21 ff.). Insgesamt bestehen für den Verkehrsschutz also drei Voraussetzungen:

I. Anwendbarkeit ausländischen Güterrechts

Die Anwendung von Art. 16 Abs. 1 setzt zunächst voraus, dass die güterrechtlichen Wirkungen **13** der Ehe einem ausländischen Recht unterliegen. Hierher gehört auch das Recht der früheren DDR.[32] Gilt das ausländische Güterrecht (zB nach Art. 3a Abs. 2 oder wegen eines partiellen Renvoi) nur für Teile des Vermögens der Ehegatten, so ist Art. 16 Abs. 1 auch nur insoweit anwendbar.[33] Ob die Anwendbarkeit des ausländischen Güterrechts auf einer **objektiven Anknüpfung** nach Art. 15 Abs. 1 iVm Art. 14 oder auf einer **Wahl des Güterstatuts** durch die Ehegatten nach Art. 15 Abs. 2 beruht, ist dabei unerheblich.[34] Für die Anwendung von Art. 16 Abs. 1 kommt es auch nicht darauf an, ob die Ehegatten im gesetzlichen oder in einem vertraglichen Güterstand des ausländischen Rechts leben.[35] Art. 16 Abs. 1 Hs. 2 stellt zwar den gesetzlichen Güterstand des ausländischen Rechts einem **vertragsmäßigen** deutschen Güterstand gleich. Diese Gleichstellung hat jedoch keine inhaltliche Bedeutung, sondern ist nur für die Anwendung des § 1412 BGB erforderlich, da hiernach nur vertragsmäßige Änderungen des Güterstands in das Güterrechtsregister eingetragen werden können.[36]

Treffen die Ehegatten im Inland eine Rechtswahl zu Gunsten der Anwendbarkeit ausländischen **14** Güterrechts, so muss der **Notar** sie darüber **belehren,** dass die Rechtswahl ohne Eintragung im Güterrechtsregister gegenüber gutgläubigen Dritten unbeachtlich ist. Diese Belehrungspflicht wird nicht durch § 17 Abs. 3 S. 2 BeurkG ausgeschlossen. Die Vorschrift befreit den Notar nur von der Verpflichtung, über den Inhalt einer ausländischen Rechtsordnung zu belehren. Der Verkehrsschutz nach Art. 16 ergibt sich aber aus dem deutschen IPR, das dem Notar bekannt sein muss.[37] Gegenüber Dritten können die Ehegatten sich aber nicht auf die Pflichtverletzung des Notars berufen.[38]

II. Hinreichende Inlandsbeziehung

1. Inlandsbeziehung der Ehegatten. Die Inlandsbeziehung der Ehegatten kann durch den **15** inländischen **gewöhnlichen Aufenthalt** oder den inländischen **Gewerbebetrieb** wenigstens eines Ehegatten hergestellt werden. Fehlt eine solche Inlandsbeziehung, besteht für Dritte kein ausreichender Vertrauenstatbestand. Außerdem gibt es dann auch kein zuständiges Registergericht (→ Rn. 23).[39] Abs. 1 ist daher nicht anwendbar.

a) Gewöhnlicher Aufenthalt eines Ehegatten im Inland. Nach Art. 16 Abs. 1 ist eine hinrei- **16** chende Inlandsbeziehung zunächst gegeben, wenn wenigstens **einer** der Ehegatten seinen gewöhnlichen Aufenthalt im Inland hat. Der Reformgesetzgeber hat den Verkehrsschutz damit erheblich ausgeweitet. Denn nach altem Recht mussten noch beide Ehegatten ihren Wohnsitz im Inland haben.[40] Der Begriff des **gewöhnlichen Aufenthalts** beurteilt sich nach allgemeinen Grundsätzen. Der betreffende Ehegatte muss also seinen tatsächlichen Lebensmittelpunkt im Inland sowie einen auf längere Zeit gerichteten Bleibewillen haben (→ Art. 5 Rn. 113 ff.).

Ob es nach Art. 16 Abs. 1 darauf ankommt, dass gerade der Ehegatte, der das Rechtsgeschäft mit **17** dem Dritten geschlossen hat, seinen gewöhnlichen Aufenthalt im Inland hat, ist unklar. Dem Wortlaut der Vorschrift ist eine solche Einschränkung nicht zu entnehmen. Die Notwendigkeit einer Einschränkung ergibt sich aber auch nicht aus dem Schutzzweck des Art. 16 Abs. 1. Denn der notwendige Vertrauenstatbestand kann auch durch das Wissen des Dritten begründet werden, dass der Ehegatte seines Geschäftspartners seinen gewöhnlichen Aufenthalt im Inland hat.[41]

[32] Palandt/*Thorn* Rn. 2; NK-BGB/*Sieghörtner* Rn. 5.
[33] BeckOK BGB/*Mörsdorf-Schulte* Rn. 25; Soergel/*Schurig* Rn. 3; NK-BGB/*Sieghörtner* Rn. 5.
[34] Soergel/*Schurig* Rn. 3; Staudinger/*Mankowski* (2011) Rn. 14; *Looschelders* IPR Rn. 3.
[35] Staudinger/*Mankowski* (2011) Rn. 13; BeckOK BGB/*Mörsdorf-Schulte* Rn. 25; *Looschelders* IPR Rn. 3.
[36] Staudinger/*Mankowski* (2011) Rn. 13; Erman/*Hohloch* Rn. 12b; *v. Bar* IPR II Rn. 234 Fn. 606.
[37] Zur Reichweite der diesbezüglichen Belehrungspflichten *Hausmann/Odersky* IPR § 9 Rn. 137 ff.
[38] BeckOK BGB/*Mörsdorf-Schulte* Rn. 25.
[39] Vgl. KG NJW 1973, 428 (430); OLG Köln OLGZ 1972, 171 (173) = DNotZ 1972, 182; OLG Hamm OLGZ 1965, 342 = DNotZ 1966, 236; Erman/*Hohloch* Rn. 10.
[40] Vgl. Erman/*Hohloch* Rn. 8; positiv zu dieser Ausweitung Staudinger/*Mankowski* (2011) Rn. 19.
[41] So auch Staudinger/*Mankowski* (2011) Rn. 22; Erman/*Hohloch* Rn. 8; BeckOK BGB/*Mörsdorf-Schulte* Rn. 26; NK-BGB/*Sieghörtner* Rn. 6; *Looschelders* IPR Rn. 4.

18   **b) Inländischer Gewerbebetrieb eines Ehegatten.** Alternativ zum gewöhnlichen Aufenthalt eines Ehegatten im Inland genügt, dass einer der Ehegatten im Inland ein **Gewerbe** betreibt. Aus der Alternativität folgt, dass es in diesem Fall nicht auf den gewöhnlichen Aufenthalt der Ehegatten ankommt. Zur Konkretisierung des Gewerbes wird überwiegend an den Begriff des Gewerbes nach der GewO angeknüpft.[42] Der Begriff erfasst damit jede selbstständige, erlaubte (dh nicht generell verbotene), auf Gewinnerzielung gerichtete und auf eine gewisse Dauer angelegte Tätigkeit im wirtschaftlichen Bereich mit Ausnahme der Urproduktion, der freien Berufe, der öffentlichen Unternehmen und der bloßen Verwaltung und Nutzung eigenen Vermögens.[43] Die Gegenauffassung zieht den Begriff des **Erwerbsgeschäfts** iS von §§ 1431, 1456 BGB heran.[44] Der Begriff des Erwerbsgeschäfts geht weiter als derjenige des Gewerbes, da er zB auch freiberufliche Tätigkeiten sowie sittenwidrige und verbotene Tätigkeiten erfasst (→ § 1431 BGB Rn. 3). Für die hM spricht der Gesetzeswortlaut („Gewerbe") sowie die historisch-genetische Auslegung, wonach der Gesetzgeber sich bei der Alternative des Gewerbes am weggefallenen § 11a Abs. 2, 3 GewO aF orientiert hat.[45] Die systematische Auslegung macht deutlich, dass der Gesetzgeber in Art. 16 klar zwischen dem Gewerbe (Abs. 1) und dem Erwerbsgeschäft (Abs. 2) unterschieden hat. Aus teleologischer Sicht ist allerdings zu bedenken, dass die Ausübung einer freiberuflichen Tätigkeit im Inland einen vergleichbaren Vertrauenstatbestand wie der Betrieb eines Gewerbes schaffen kann. Dieses Problem kann jedoch ggf. durch eine analoge Anwendung des Art. 16 Abs. 1 gelöst werden.

19   Der Ehegatte muss den Gewerbebetrieb **im Inland betreiben.** Dies setzt voraus, dass der Ehegatte **von einem Ort im Inland** aus regelmäßig gewerblich handelt. Der Abschluss einzelner Rechtsgeschäfte im Inland (zB auf Messen oder mit deutschen Kunden) genügt nicht.[46] Ob der Dritte das Rechtsgeschäft mit dem im Inland gewerblich tätigen oder dem anderen Ehegatten abschließt, ist irrelevant.[47]

20   **2. Weitere Inlandsbeziehungen.** Ob für die Anwendung von Art. 16 Abs. 1 weitere Inlandsbeziehungen erforderlich sind, lässt sich dem Wortlaut der Vorschrift nicht entnehmen. Da Art. 16 Abs. 1 den gewöhnlichen Aufenthalt und den Ort des Gewerbebetriebs des Geschäftspartners nicht erwähnt, kann man im Gegenschluss davon ausgehen, dass in Bezug auf den Geschäftspartner keine inländischen Anknüpfungspunkte vorliegen müssen.[48] Desgleichen kommt es grundsätzlich nicht auf die Staatsangehörigkeit des Geschäftspartners an.[49] Aus Sinn und Zweck von Art. 16 Abs. 1 lässt sich jedoch ableiten, dass das **Rechtsgeschäft** einen engen **Bezug zum inländischen Rechtsverkehr** aufweisen muss.[50] Diese Voraussetzung liegt jedenfalls dann vor, wenn das Rechtsgeschäft **im Inland abgeschlossen** worden ist.[51] Bei einem Vertragsschluss im Ausland wird der Geschäftspartner dagegen im Regelfall nicht auf die Anwendbarkeit deutschen Güterrechts vertrauen. Der Bezug zum inländischen Rechtsverkehr kann sich bei ausländischem Abschlussort aber auch aus anderen Faktoren wie der Staatsangehörigkeit oder dem gewöhnlichen Aufenthalt des Dritten und/oder dem Ort der Vertragsanbahnung ergeben, wenn diese Faktoren den ausländischen Ort des Vertragsschlusses eher zufällig erscheinen lassen.[52]

III. Fehlende Eintragung im Güterrechtsregister

21   Ein ausländischer Güterstand entfaltet unter den Voraussetzungen des Art. 16 Abs. 1 gegenüber gutgläubigen Dritten im Inland keine Wirkungen. Die Ehegatten trifft zwar **keine Rechtspflicht,**

---

[42] So Staudinger/*Mankowski* (2011) Rn. 23; BeckOK BGB/*Mörsdorf-Schulte* Rn. 30; NK-BGB/*Sieghörtner* Rn. 7.
[43] Vgl. *Kahl* in Landmann/Rohmer GewO (70. EL Juni 2015) § 1 GewO Rn. 3; Staudinger/*Mankowski* (2011) Rn. 23.
[44] Soergel/*Schurig* Rn. 4; Voraufl. Rn. 14 (*Siehr*).
[45] Begr. RegE BT-Drs. 10/504, 59.
[46] Soergel/*Schurig* Rn. 4; Staudinger/*Mankowski* (2011) Rn. 24: Erman/*Hohloch* Rn. 9 f.; BeckOK BGB/*Mörsdorf-Schulte* Rn. 30.
[47] Erman/*Hohloch* Rn. 9.
[48] Staudinger/*Mankowski* (2011) Rn. 29; aA Erman/*Hohloch* Rn. 11, wonach auch der Dritte seinen gewöhnlichen Aufenthalt im Inland haben muss.
[49] Soergel/*Schurig* Rn. 4.
[50] Erman/*Hohloch* Rn. 11; NK-BGB/*Sieghörtner* Rn. 8.
[51] BeckOK BGB/*Mörsdorf-Schulte* Rn. 27; Staudinger/*Mankowski* (2011) Rn. 30 ff.; aA Erman/Hohloch Rn. 11, der stattdessen aber einen gewöhnlichen Inlandsaufenthalt des Dritten fordert.
[52] *Looschelders* IPR Rn. 4; krit. BeckOK BGB/*Mörsdorf-Schulte* Rn. 27.

ihren ausländischen Güterstand im deutschen Güterrechtsregister eintragen zu lassen.[53] Sie müssen dies aber veranlassen, um sich gegenüber Dritten auf daraus resultierende Einwendungen gegen das Rechtsgeschäft berufen zu können. In der Praxis finden solche Eintragungen allerdings selten statt.[54]

1. Eintragungsfähigkeit ausländischer Güterstände. Eingetragen werden nach inländischem **22** Sachrecht nur **vertragsmäßige** Güterstände und deren Aufhebung oder Änderung (§ 1412 BGB). Weil ausländische Güterstände ihre Wirkung im Inland gegenüber Dritten nur bei Eintragung im deutschen Güterrechtsregister entfalten (entsprechende Anwendung des § 1412 BGB über Art. 16 Abs. 1), sind nicht nur ausländische vertragsmäßige Güterstände, sondern auch **ausländische gesetzliche Güterstände** einer Eintragung im deutschen Güterrechtsregister zugänglich.[55] Die hierfür erforderliche Gleichstellung eines fremden gesetzlichen Güterstandes mit einem vertragsmäßigen inländischen Güterstand ergibt sich aus Art. 16 Abs. 1 aE. Ein ausländisches **allgemeines Ehewirkungsstatut** kann dagegen nicht eingetragen werden, auch wenn sich daraus Verfügungsbeschränkungen für Ehegatten ergeben, die für den deutschen Rechtsverkehr relevant sind. Verkehrsschutz kann hier nur analog Art. 16 Abs. 2 gewährt werden.[56]

2. Zuständiges Registergericht. Die örtliche Zuständigkeit für die Eintragung ist in § 1558 **23** Abs. 1 BGB und § 377 Abs. 3 FamFG geregelt.[57] Zuständig ist hiernach jedes Amtsgericht, „in dessen Bezirk auch nur einer der Ehegatten seinen gewöhnlichen Aufenthalt hat". Betreibt ein Ehegatte nur ein Gewerbe im Inland, so kann der ausländische Güterstand am Ort dieses Gewerbebetriebs in das Güterrechtsregister eingetragen werden (Art. 4 Abs. 1 EGHGB; → § 1558 BGB Rn. 4).[58]

Im Übrigen ist eine **zusätzliche Eintragung** in das Güterrechtsregister am Ort des Gewerbebe- **24** triebs erforderlich, wenn der Gewerbebetrieb nicht im gleichen Gerichtsbezirk wie der gewöhnliche Aufenthalt des Ehegatten liegt und die Eintragung auch für den Gewerbebetrieb Wirkungen entfalten soll. Verlegt ein Ehegatte seinen gewöhnlichen Aufenthalt in einen anderen Gerichtsbezirk, so muss die Eintragung dort wiederholt werden (§ 1559 Abs. 1 S. 1 BGB). Entsprechendes muss bei Verlegung des Gewerbebetriebs in einen anderen Gerichtsbezirk gelten.

3. Wirkung der Eintragung. Die Wirkung einer Eintragung im deutschen Güterrechtsregister **25** ergibt sich aus der von Art. 16 Abs. 1 angeordneten **entsprechenden Anwendung** des § 1412 BGB. Hiernach ist zwischen dem Verkehrsschutz bei **Rechtsgeschäften mit Dritten** und **rechtskräftigen Urteilen** zu unterscheiden.

a) Rechtsgeschäfte. Bei einem Rechtsgeschäft, das ein Dritter mit einem von den Ehegatten **26** abgeschlossen hat, gilt der eingetragene Güterstand auch gegenüber Dritten. Konnte der Ehegatte nur mit Zustimmung des anderen Ehegatten tätig werden, so können die Ehegatten dieses Hindernis also dem Dritten entgegenhalten. Wichtig ist dabei, dass die Eintragung im Güterrechtsregister schon im **Zeitpunkt des Geschäftsabschlusses** vorgelegen haben muss.[59] Art. 16 Abs. 1 ist nur auf **Verkehrsgeschäfte** anwendbar. Schuldner oder Gläubiger **gesetzlicher** Ansprüche werden somit nicht geschützt.[60]

b) Rechtskräftige Urteile. Die Verweisung des Art. 16 Abs. 1 auf § 1412 BGB umfasst auch **27** den Verkehrsschutz bei rechtskräftigen Urteilen nach § 1412 Abs. 1 Hs. 2 BGB. Hiernach sind Einwendungen aus dem ausländischen Güterstand gegen ein rechtskräftiges Urteil, das zwischen einem der Ehegatten und dem Dritten ergangen ist, nur zulässig, wenn der ausländische Güterstand im Güterrechtsregister eingetragen oder dem Dritten bekannt war.[61] In zeitlicher Hinsicht ist dabei

---

[53] Erman/*Hohloch* Rn. 12. Voraufl. Rn. 16 (*Siehr*) spricht von einer Obliegenheit der Eheleute. Für diese Einordnung spricht, dass es von Rechts wegen im Belieben der Ehegatten steht, ob sie die Eintragung vornehmen lassen wollen oder nicht; die Nichteintragung führt nur zu einem Rechtsnachteil. Zu beachten ist aber, dass es hier – anders als etwa bei § 254 BGB – nicht auf ein Verschulden der Ehegatten ankommt.

[54] Vgl. Erman/*Hohloch* Rn. 12c: „nahezu ausnahmslos" keine Eintragung.

[55] Erman/*Hohloch* Rn. 12b.

[56] Vgl. *Schaal* BWNotZ 2009, 172 (178) zu Art. 194 türk. ZGB; aA *Naumann* RNotZ 2003, 344 (353).

[57] Vgl. Keidel/*Heinemann* FamFG § 377 Rn. 37 ff.

[58] Erman/*Hohloch* Rn. 12a; *Gernhuber/Coester-Waltjen* FamR § 33 Rn. 11; *Ferid/Böhmer* IPR Rn. 8-116.

[59] Staudinger/*Mankowski* (2011) Rn. 46; *Gernhuber/Coester-Waltjen* FamR § 33 Rn. 21; *Luxburg* NiemeyersZ 23 (1913), 20 (130 f.).

[60] OLG Breslau JW 1930, 1880 = IPRspr. 1930 Nr. 69 (betr. Ansprüche der Justizverwaltung wegen Prozesskosten); Staudinger/*Mankowski* (2011) Rn. 44; Erman/*Hohloch* Rn. 14; Soergel/*Schurig* Rn. 6; NK-BGB/*Sieghörtner* Rn. 12.

[61] Vgl. Staudinger/*Mankowski* (2011) Rn. 34.

der Eintritt der **Rechtshängigkeit** des Rechtsstreits maßgeblich.[62] § 1412 Abs. 1 Hs. 2 BGB spricht zwar von „anhängig"; hierbei handelt es sich jedoch um ein Redaktionsversehen.[63]

28   Die hM geht traditionell davon aus, dass Art. 16 Abs. 1 iVm § 1421 Abs. 1 Hs. 2 BGB grundsätzlich nur auf **inländische Erkenntnisverfahren** anwendbar ist.[64] Bei ausländischen Entscheidungen wird auf die Erhebung der **Vollstreckungsklage** im Inland abgestellt.[65] Nach Sinn und Zweck der Vorschriften erscheint jedoch auch die Anwendung auf ausländische Erkenntnisverfahren geboten, sofern diese einen so engen Bezug zum Inland aufweisen, dass das Vertrauen des Dritten in die Anwendbarkeit deutschen Güterrechts schutzwürdig erscheint.[66] In zeitlicher Hinsicht kommt es dann auf die Rechtshängigkeit des Verfahrens nach dem jeweiligen ausländischen Verfahrensrecht an.[67]

29   Dem historischen Gesetzgeber ist es bei Art. 16 Abs. 1 iVm § 1412 Abs. 1 Hs. 2 BGB in erster Linie darum gegangen, die **Erstreckung der Rechtskraft** der Entscheidung auf den am Prozess nicht beteiligten Ehegatten sicherzustellen.[68] Eine solche Rechtskrafterstreckung ist aber auch im aktuellen deutschen gesetzlichen Güterstand der Zugewinngemeinschaft nicht vorgesehen.[69] Dies gilt auch für die Prozessstandschaft nach § 1368 BGB.[70] Bei Einzelprozessführung durch einen Ehegatten findet auch in den Fällen des § 1357 BGB keine Rechtskrafterstreckung auf den anderen Ehegatten statt.[71] Davon abgesehen wäre § 1357 BGB ohnehin nicht über Art. 16 Abs. 1 anwendbar. Die praktische Bedeutung von Art. 16 Abs. 1 iVm § 1421 Abs. 1 Hs. 2 BGB ist daher nach geltendem Recht gering.[72]

IV. Unkenntnis des Dritten

30   War der ausländische Güterstand – wie in den meisten praktischen Fällen (→ Rn. 11) – nicht im deutschen Güterrechtsregister eingetragen, so muss sich ein Dritter Einwendungen aus dem ausländischen Güterstand nur entgegen halten lassen, wenn er im maßgeblichen Zeitpunkt (Abschluss des Rechtsgeschäfts oder Eintritt der Rechtshängigkeit des Verfahrens) **positive Kenntnis** davon hatte, dass die Ehegatten in einem **ausländischen Güterstand** leben.[73] Bloße Fahrlässigkeit (iS von Kennenmüssen) schadet dem Dritten nicht.[74] Nach hM muss sich die Kenntnis auch auf den *konkreten* ausländischen Güterstand beziehen.[75] Abs. 1 schützt indes das Vertrauen darauf, dass der gesetzliche Güterstand des deutschen Rechts gilt. Dieses Vertrauen ist schon dann nicht schutzwürdig, wenn der Dritte weiß, dass die Ehegatten in *einem* ausländischen Güterstand leben.[76] Gegen die Erforderlichkeit einer Kenntnis des konkreten ausländischen Güterstands spricht auch, dass die Ehegatten sich darauf beschränken können, die Rechtswahl nach Art. 15 Abs. 2 im deutschen Güterrechtsregister eintragen zu lassen.[77] Es wäre aber nicht sinnvoll, auf die positive Kenntnis von einem Umstand abzustellen, der nicht einmal dem deutschen Güterrechtsregister zu entnehmen ist. Dass der Dritte den genauen Inhalt des ausländischen Güterrechts einschließlich der dortigen Verfügungsbeschrän-

---

[62] Erman/*Hohloch* Rn. 15; Voraufl. Rn. 21 (*Siehr*); aA (Anhängigkeit) NK-BGB/*Sieghörtner* Rn. 9.

[63] BeckOGK/*Reetz* BGB § 1412 Rn. 29; NK-BGB/*Völker* BGB § 1412 Rn. 15; Staudinger/*Thiele* (2007) BGB § 1412 Rn. 42.

[64] So AG Wedel IPRspr. 1972 Nr. 54; Erman/*Hohloch* Rn. 14a; Voraufl. Rn. 21 (*Siehr*); Staudinger/*Raape* (1931) S. 353.

[65] AG Wedel IPRspr. 1972 Nr. 54.

[66] So auch Soergel/*Schurig* Rn. 6; Staudinger/*Mankowski* (2011) Rn 36; BeckOK BGB/*Mörsdorf-Schulte* Rn. 17; NK-BGB/*Sieghörtner* Rn. 9.

[67] Staudinger/*Mankowski* (2011) Rn 36; BeckOK BGB/*Mörsdorf-Schulte* Rn. 17; *Luxburg* NiemeyersZ 23 (1913), 20 (124, 129).

[68] Vgl. BeckOGK/*Reetz* BGB § 1412 Rn. 46; NK-BGB/*Völker* § 1412 Rn. 22; Palandt/*Brudermüller* Rn. 7; Staudinger/*Mankowski* (2011) Rn. 35; BeckOK BGB/*Mörsdorf-Schulte* Rn. 16.

[69] BeckOK BGB/*Mörsdorf-Schulte* Rn. 16 mit Hinweisen zum älteren Recht.

[70] BeckOK ZPO/*Gruber* § 325 ZPO Rn. 40; BeckOK BGB/*Siede* § 1368 BGB Rn. 7.

[71] BeckOK BGB/*Mörsdorf-Schulte* Rn. 16; NK-BGB/*Wellenhofer* BGB § 1357 Rn. 30; Jauernig/*Budzikiewicz* BGB § 1357 Rn. 9; MüKoBGB/*Roth* BGB § 1357 Rn. 53.

[72] BeckOGK BGB/*Mörsdorf-Schulte* Rn. 16 spricht sogar von „praktisch gegenstandslos".

[73] AG Wedel IPRspr. 1972 Nr. 54; Palandt/*Thorn* Rn. 2; Erman/*Hohloch* Rn. 13; Staudinger/*Mankowski* (2011) Rn. 41; NK-BGB/*Sieghörtner* Rn. 11.

[74] AG Wedel IPRspr. 1972 Nr. 54; Erman/*Hohloch* Rn. 13; NK-BGB/*Sieghörtner* Rn. 11.

[75] So Palandt/*Thorn* Rn. 2; Soergel/*Schurig* Rn. 8; Staudinger/*Mankowski* (2011) Rn. 42; *v. Bar* IPR II Rn. 234; *Amann* MittBayNotK 1986, 222 (226).

[76] NK-BGB/*Sieghörtner* Rn. 11; *Looschelders* IPR Rn. 6; *Hausmann* in Reithmann/Martiny IntVertragsR Rn. 7.888; *Hausmann*/*Odersky* IPR § 9 Rn. 225; *Liessem* NJW 1989, 497 (500).

[77] *Hausmann* in Reithmann/Martiny IntVertragsR Rn. 7.888.

kungen kannte, ist jedenfalls auch nach hM nicht erforderlich.[78] Wusste der Dritte, dass einer der Ehegatten oder beide Ehegatten Ausländer sind, so kann hieraus nicht auf die positive Kenntnis des ausländischen Güterstands geschlossen werden. Denn ausländische Ehegatten oder gemischt-nationale Ehepaare leben nicht immer in einem ausländischen Ehegüterstand. So kann deutsches Recht selbst bei gemeinsamem effektivem ausländischem Heimatrecht der Ehegatten über eine Rückverweisung (Art. 4 Abs. 1) oder eine Rechtswahl (Art. 15 Abs. 2) maßgeblich sein.[79] Die **Beweislast** für die Kenntnis des Dritten trifft den Ehegatten, der sich auf das ausländische Güterrecht beruft.[80]

V. Rechtsfolgen

Durfte der Dritte nach Art. 16 Abs. 1 iVm § 1412 BGB davon ausgehen, dass die Ehegatten im **31** deutschen gesetzlichen Güterstand leben, so muss er sich keine Einwendungen aus dem **ausländischen Güterrecht** entgegenhalten lassen. Die Ehegatten können sich stattdessen aber auf die Verpflichtungs- und Verfügungsbeschränkungen des **deutschen Rechts** (inbes. §§ 1365 ff. BGB) berufen. Denn der Dritte darf unter dem Aspekt des Vertrauensschutzes nicht besser stehen, als wenn seine Vorstellung, die Ehegatten würden im Güterstand der Zugewinngemeinschaft leben, zuträfe.[81] Ist das Rechtsgeschäft nach dem ausländischen Güterrecht **wirksam,** so kann der Dritte nach dem Schutzzweck des § 1412 BGB nicht geltend machen, dass es nach §§ 1365 ff. BGB unwirksam wäre.[82]

Anders als Art. 16 Abs. 2 beschränkt Abs. 1 die Anwendbarkeit des inländischen Güterrechts nicht **32** auf den Fall, dass dieses für den Dritten **günstiger** ist als das anwendbare ausländische Güterrecht. Nach Sinn und Zweck von Abs. 1 ist der Dritte aber nicht gehindert, auf den Verkehrschutz zu **verzichten,** wenn ihm das anwendbare ausländische Recht günstiger erscheint.[83] Sonst könnte nämlich der Fall eintreten, dass ein Dritter bei fehlender Kenntnis des ausländischen Güterstands schlechter steht als bei positiver Kenntnis, was mit dem Schutzzweck des Abs. 1 iVm § 1412 BGB nicht vereinbar wäre.

C. Günstigeres inländisches Recht (Abs. 2)

Art. 16 Abs. 2 erweitert den Verkehrsschutz, indem er im Verhältnis zu Dritten die Anwendbarkeit **33** von bestimmten Vorschriften des deutschen allgemeinen Ehewirkungsrechts und des Ehegüterrechts vorsieht, sofern der konkrete Sachverhalt eine hinreichende Inlandsbeziehung aufweist und die betreffenden Vorschriften „für gutgläubige Dritte günstiger sind als das fremde Recht".

I. Allgemeine Voraussetzungen

1. Anwendbarkeit ausländischen Ehewirkungs- oder Güterrechts. Ebenso wie Abs. 1 set- **34** zen auch alle Alternativen des Abs. 2 voraus, dass auf die fraglichen Aspekte an sich **ausländisches Recht** anwendbar ist.[84] Ob deutsches oder ausländisches Recht gilt, ergibt sich abgesehen von Staatsverträgen für §§ 1357, 1362 BGB aus Art. 14, für §§ 1431, 1456 BGB aus Art. 15. Verweist das IPR eines ausländischen Staates auf das deutsche Recht zurück, so kommt dieses unmittelbar und *allein* zur Anwendung. Art. 16 Abs. 2 ist daher nicht anwendbar. Damit ist auch für den Günstigkeitsvergleich kein Raum. Ob das Rechtsgeschäft mit dem Dritten deutschem oder ausländischem Recht unterliegt, ist für den Verkehrsschutz nach Abs. 2 unerheblich.[85] Entgegen der Ansicht des BGH[86] kann der Rückgriff auf Abs. 2 auch nicht mit einer konkludenten Rechtswahlvereinbarung zwischen einem der Ehegatten und dem **Dritten** begründet werden. In Bezug auf die allgemeinen Ehewirkungen und das Ehegüterrecht ist eine Rechtswahl nur durch Vereinbarung der **Ehegatten** (nach Maßgabe von Art. 14 Abs. 2–4 und Art. 15 Abs. 2 und 3) möglich.[87]

---

[78] Anders noch *Luxburg* NiemeyersZ 23 (1913), 20 (130).
[79] Staudinger/*Mankowski* (2011) Rn. 42; BeckOK BGB/*Mörsdorf-Schulte* Rn. 35; *Looschelders* IPR Rn. 5.
[80] Erman/*Hohloch* Rn. 13.
[81] Vgl. LG Aurich FamRZ 1990, 776 (777); Erman/*Hohloch* Rn. 16; Staudinger/*Mankowski* (2011) Rn. 47; NK-BGB/*Sieghörtner* Rn. 12; *Looschelders* IPR Rn. 7; *Schotten* DNotZ 1994, 670 (678).
[82] *Looschelders* IPR Rn. 7; *Schotten* DNotZ 1994, 670 (678 Fn. 55); zur parallelen Problematik in reinen Inlandsfällen vgl. Palandt/*Brudermüller* § 1412 BGB Rn. 10.
[83] Staudinger/*Mankowski* (2011) Rn. 15; Erman/*Hohloch* Rn. 16; Palandt/*Brudermüller* § 1412 BGB Rn. 11; aA *Gernhuber/Coester-Waltjen* FamR § 33 Rn. 22.
[84] BeckOK BGB/*Mörsdorf-Schulte* Rn. 40; Erman/*Hohloch* Rn. 18; *Looschelders* IPR Rn. 9.
[85] Erman/*Hohloch* Rn. 18.
[86] BGH NJW 1992, 909; ebenso Erman/*Hohloch* Rn. 5.
[87] BeckOK BGB/*Mörsdorf-Schulte* Rn. 44; Staudinger/*Mankowski* (2011) Rn. 52; *Looschelders* IPR Rn. 8; *Jayme* IPRax 1993, 80 f.

35   **2. Inlandsbeziehung.** Die für den Schutz Dritter erforderlichen Inlandsbeziehungen werden in Art. 16 Abs. 2 anders bestimmt als in Abs. 1 (→ Rn. 15–20). Dabei wird die Inlandsbeziehung in Bezug auf die jeweiligen Tatbestände des deutschen Rechts unterschiedlich umschrieben. Da Abs. 2 hierfür eigenständige Regelungen trifft, müssen die Anforderungen an die Inlandsbeziehung nach Abs. 1 (gewöhnlicher Aufenthalt eines Ehegatten oder Betrieb eines Gewerbes im Inland) nicht vorliegen.[88] Der Schutz nach Abs. 2 kann also auch unter diesem Aspekt über Abs. 1 hinausgehen. Wird der Dritte durch Abs. 1 bereits ausreichend geschützt, so ist die Anwendung von Abs. 2 entbehrlich.[89]

36   **3. Guter Glaube des Dritten.** Nach Abs. 2 kommen die genannten Vorschriften nur einem **gutgläubigen** Dritten zugute. Bei der Konkretisierung der Gutgläubigkeit kann man sich am Rechtsgedanken des § 932 Abs. 2 BGB orientieren. Anders als bei Abs. 1 schadet also nicht nur positive Kenntnis, sondern auch grob fahrlässige Unkenntnis.[90] Bezugspunkt der Kenntnis bzw. Unkenntnis ist die Anwendbarkeit ausländischen Rechts auf die allgemeinen Ehewirkungen bzw. das Ehegüterrecht.[91] Da den Dritten in dieser Hinsicht keine Kenntnisverschaffungspflichten treffen, kann grobe Fahrlässigkeit nur bei **eindeutigen Anhaltspunkten** für die Anwendbarkeit ausländischen Rechts bejaht werden.

37   Soweit es bei der Anwendung des deutschen Sachrechts erneut auf die Gutgläubigkeit des Dritten ankommt, gelten dafür die Maßstäbe der jeweiligen deutschen Vorschrift. So ist eine Beschränkung oder Ausschließung der Schlüsselgewalt nach § 1357 Abs. 2 S. 2 BGB Dritten gegenüber nur nach Maßgabe des § 1412 BGB wirksam. Hiernach ist wieder nur **positive Kenntnis** schädlich.[92]

38   **4. Günstigkeitsprinzip.** Die fraglichen Vorschriften des deutschen Rechts sind nur anwendbar, soweit ihre Anwendung für den gutgläubigen Dritten im **konkreten Einzelfall** günstiger ist. Im Anwendungsbereich von Abs. 2 ist das deutsche Recht immer dann günstiger, wenn es zur Gültigkeit eines Rechtsgeschäfts oder zur Zulässigkeit einer Vollstreckungshandlung führt.[93] Die hM geht davon aus, dass der Dritte sich in diesem Fall nicht auf das zur Unwirksamkeit führende ausländische Recht berufen kann, zB weil ihn das Geschäft reut.[94] Ebenso wie bei Abs. 1 sollte es dem Dritten jedoch auch bei Abs. 2 erlaubt werden, auf den Schutz durch Abs. 2 zu verzichten und sich auf das an sich anwendbare ausländische Recht zu stützen.[95] Denn Abs. 2 hat nicht den Zweck, die Stellung der Ehegatten zu verbessern.

39   Führt die deutsche Vorschrift zu der begehrten Rechtsfolge, so kann das Gericht offenlassen, ob diese Rechtsfolge sich auch aus dem regulär anwendbaren ausländischen Recht ergäbe. Tritt die Rechtsfolge nach deutschem Recht nicht ein, so muss stets noch das anwendbare ausländische Recht geprüft werden (→ Art. 14 Rn. 73). Führt nur das deutsche Recht zur Unwirksamkeit des Vertrages, so kann der Dritte sich hierauf nach dem **Zweck des Art. 16 Abs. 2** auch dann nicht berufen, wenn es ihm vorteilhafter erscheint, das Geschäft scheitern zu lassen. Ist zweifelhaft, was im Einzelfall günstiger ist, so sollte dem Dritten erlaubt werden, über die für ihn günstigere Rechtsfolge selbst zu entscheiden.[96]

II. Die einzelnen Tatbestände

40   **1. Schlüsselgewalt. a) Inlandsbeziehung.** Die Schlüsselgewalt ist eine allgemeine Ehewirkung iSd Art. 14 (→ Art. 14 Rn. 72 f.). Unterliegen die allgemeinen Ehewirkungen ausländischem Recht, so ist § 1357 BGB nach Abs. 2 gleichwohl anzuwenden, wenn eine hinreichende Inlandsbeziehung vorliegt und die Vorschrift für den Dritten günstiger als das ausländische Recht ist. Die Inlandsbeziehung folgt dabei aus der **Vornahme** des Rechtsgeschäfts im Inland. Dies setzt wie bei Art. 12 S. 1

---

[88] BeckOK BGB/*Mörsdorf-Schulte* Rn. 43; Staudinger/*Mankowski* (2011) Rn. 53; NK-BGB/*Sieghörtner* Rn. 15; *Looschelders* IPR Rn. 9; aA Bamberger/*Roth*/*Otte,* 1. Aufl. 2003, Rn. 33; Soergel/*Schurig* Rn. 9.

[89] Palandt/*Thorn* Rn. 4; NK-BGB/*Sieghörtner* Rn. 18; BeckOK BGB/*Mörsdorf-Schulte* Rn. 38.

[90] Vgl. BT-Drs. 10/504, 59; Staudinger/*Mankowski* (2011) Rn. 54; Palandt/*Thorn* Rn. 3; Soergel/*Schurig* Rn. 20; BeckOK BGB/*Mörsdorf-Schulte* Rn. 45; *Looschelders* IPR Rn. 10.

[91] BeckOK BGB/*Mörsdorf-Schulte* Rn. 45.

[92] Soergel/*Schurig* Rn. 22; Staudinger/*Mankowski* (2011) Rn. 54; BeckOK BGB/*Mörsdorf-Schulte* Rn. 46; *Looschelders* IPR Rn. 10.

[93] Staudinger/*Mankowski* (2011) Rn. 56; NK-BGB/*Sieghörtner* Rn. 17; Erman/*Hohloch* Rn. 23; *Looschelders* IPR Rn. 11; aA in Bezug auf die Gültigkeit des Rechtsgeschäfts Palandt/*Thorn* Rn. 3; BeckOK BGB/*Mörsdorf-Schulte* Rn. 41.

[94] NK-BGB/*Sieghörtner* Rn. 17; Staudinger/*Mankowski* (2011) Rn. 55 f.; Soergel/*Schurig* Rn. 10; Voraufl. Rn. 28 *(Siehr).*

[95] BeckOK BGB/*Mörsdorf-Schulte* Rn. 42.

[96] Palandt/*Thorn* Rn. 3; Staudinger/*Mankowski* (2011) Rn. 57 f.; NK-BGB/*Sieghörtner* Rn. 17.

voraus, dass **beide Vertragspartner** sich bei Vertragsschluss im Inland aufgehalten haben.[97] Nach der Gegenauffassung genügt es, wenn **einer** der Vertragspartner sich im Inland aufgehalten hat.[98] Zur Begründung wird auf den Rechtsgedanken des Art. 11 Abs. 2 und 3 Rom I-VO verwiesen. Dort geht es jedoch darum, die Formwirksamkeit von Distanzgeschäften zu fördern. Dieser Gedanke lässt sich auf Art. 16 Abs. 2 nicht übertragen. Der damit intendierte Schutz des inländischen Verkehrs erfordert nämlich ein engeres Verständnis. Die Vorschrift erfasst also nur Geschäfte unter Anwesenden sowie rein nationale Distanzgeschäfte. Im Fall einer **Stellvertretung** kommt es auf den Aufenthalt des Stellvertreters bei Vertragsschluss an.[99]

b) Günstigkeitsvergleich. Ob § 1357 Abs. 1 BGB für den Dritten günstiger ist als die im auslän- **41** dischen Statut der allgemeinen Ehewirkungen vorgesehene Regelung, ist auf Grund der oben angegebenen Kriterien im Einzelfall festzustellen (→ Rn. 38). Bei der Durchführung des Günstigkeitsvergleichs sind die inhaltlichen Beschränkungen des § 1357 BGB zu berücksichtigen.[100] So ist die Vorschrift im Fall des **Getrenntlebens** der Ehegatten nicht anwendbar (§ 1357 Abs. 3 BGB).[101] Eine Beschränkung oder Ausschließung der Vertretungsmacht ist nach deutschem Recht gegenüber einem gutgläubigen Dritten nur gültig, wenn sie im Güterrechtsregister eingetragen ist (§ 1357 Abs. 2 S. 2 iVm § 1412 BGB).[102] Die Eintragung darf daher nicht wegen der Geltung ausländischen Rechts abgelehnt werden.[103] Bei Fehlen eines ausreichenden Grundes kann die Beschränkung oder der Ausschluss der Schlüsselgewalt vom Familiengericht nach § 1357 Abs. 2 S. 2 Hs. 2 auf Antrag aufgehoben werden. Kennt das ausländische Recht in diesen Fällen weitergehende Beschränkungen der Schlüsselgewalt als das deutsche Recht, so kann sich ein gutgläubiger Dritter bis zur Eintragung der Beschränkung oder Ausschließung im Güterrechtsregister auf das für ihn günstigere deutsche Recht berufen.

2. Eigentumsvermutungen. a) Anwendungsbereich. Die Eigentumsvermutungen nach **42** § 1362 Abs. 1 S. 1 BGB zugunsten der Gläubiger eines Ehegatten gehören ebenfalls zu den allgemeinen Ehewirkungen nach Art. 14 (→ Rn. 74). Befinden sich die in Frage stehenden **beweglichen Sachen** im Inland, so kann sich jeder Gläubiger von Ehegatten gemäß Abs. 2 auf diese Vermutungen berufen, sofern das anwendbare ausländische Ehewirkungsstatut nicht noch günstiger ist. Die Inlandsbeziehung ergibt sich hier aus dem **Lageort** der beweglichen Sachen. Wenn im Ausland in Mobilien vollstreckt wird, hat das dortige Recht über die Gewährung von Verkehrsschutz zu entscheiden. Auf **unbewegliche Sachen** ist Art. 16 Abs. 2 nicht anwendbar. Dies entspricht der sachrechtlichen Beschränkung des Anwendungsbereichs von § 1362 BGB.[104] Bei unbeweglichen Sachen kann auch kein Verkehrsschutz über § 892 BGB verwirklicht werden. Dies ergibt sich schon daraus, dass die in Frage stehenden speziellen Vermögenszuordnungen eines ausländischen Ehewirkungs- oder Güterstatuts **nicht** in das Grundbuch **eintragungsfähig** sind.[105] Verkehrsschutz kann insoweit daher lediglich über Art. 16 Abs. 1 verwirklicht werden.[106]

b) Getrennt lebende Ehegatten. Die Vermutung des § 1362 Abs. 1 S. 1 BGB gilt nach S. 2 **43** nicht, wenn die Eheleute getrennt leben und die Sachen, in die vollstreckt werden soll, sich nicht im Besitz des schuldenden Ehegatten befinden. In diesem Fall kommt dem Gläubiger die Vermutung des § 1362 Abs. 1 S. 1 BGB auch nicht über die Günstigkeitsregel des Abs. 2 zugute.[107] Enthält das anwendbare ausländische Ehewirkungs- oder Ehegüterstatut weitergehende Eigentumsvermutungen, so kann der Gläubiger sich nach dem Günstigkeitsprinzip auch auf die Vermutungen des ausländischen Rechts stützen.[108]

c) Sachen des persönlichen Gebrauchs. Für Sachen, die ausschließlich zum **persönlichen** **44** **Gebrauch** eines Ehegatten bestimmt sind, enthält § 1362 Abs. 2 BGB die Vermutung, dass sie dem Ehegatten gehören, für dessen Gebrauch sie bestimmt sind. Die Vermutung gilt im regulären

[97] Staudinger/*Mankowski* (2011) Rn. 61; BeckOK BGB/*Mörsdorf-Schulte* Rn. 50; Soergel/*Schurig* Rn. 10; Erman/*Hohloch* Rn. 19; NK-BGB/*Sieghörtner* Rn. 15; *Looschelders* IPR Rn. 12.
[98] Palandt/Thorn Rn. 3.
[99] BeckOK BGB/*Mörsdorf-Schulte* Rn. 50.
[100] Staudinger/*Mankowski* (2011) Rn. 66.
[101] Vgl. BeckOK BGB/*Mörsdorf-Schulte* Rn. 49.
[102] Das war in BGH NJW 1992, 909 nicht der Fall. In der Praxis sind solche Eintragungen sehr selten.
[103] NK-BGB/*Sieghörtner* Rn. 19; *Ritter* NiemeyersZ 15 (1905), 499 (501).
[104] Staudinger/*Mankowski* (2011) Rn. 70; vgl. zB Palandt/*Brudermüller* BGB § 1362 Rn. 2.
[105] Staudinger/*Mankowski* (2011) Rn. 71.
[106] BeckOK BGB/*Mörsdorf-Schulte* Rn. 52; *Looschelders* IPR Rn. 14.
[107] Staudinger/*Mankowski* (2011) Rn. 73; Erman/*Hohloch* Rn. 20; *Looschelders* IPR Rn. 14.
[108] Staudinger/*Mankowski* (2011) Rn. 75.

Anwendungsbereich von § 1362 Abs. 2 BGB sowohl im Verhältnis der Ehegatten zueinander als auch im Verhältnis zu den Gläubigern. Ist § 1362 Abs. 2 BGB über Art. 16 Abs. 2 anwendbar, so kommt die Vermutung nach dem Schutzzweck des Abs. 2 nur den **Gläubigern** eines Ehegatten zugute, **nicht** aber **dem anderen Ehegatten.**[109] Sieht das an sich anwendbare ausländische Recht keine dem § 1362 Abs. 2 BGB entsprechende Einschränkung der Eigentumsvermutung vor, so kann dies für den Gläubiger im Einzelfall **günstiger** sein.[110]

45   **3. Im Inland betriebenes selbstständiges Erwerbsgeschäft. a) Verkehrsschutz.** Im deutschen Recht regeln die §§ 1431, 1456 BGB den Fall, dass die Ehegatten im Güterstand der **Gütergemeinschaft** leben und der das Gesamtgut nicht allein verwaltende Ehegatte ein selbstständiges Erwerbsgeschäft betreibt. Hat der andere Ehegatte in die Aufnahme des Erwerbsgeschäfts **eingewilligt** oder hiergegen **keinen Einspruch** erhoben, so bedarf der geschäftlich tätige Ehegatte für Rechtsgeschäfte und Rechtsstreitigkeiten, die der Geschäftsbetrieb mit sich bringt, keiner Zustimmung seines Ehepartners. Ein Einspruch oder Widerruf der Einwilligung ist Dritten gegenüber nur nach Maßgabe des § 1412 BGB wirksam (§§ 1431 Abs. 3, 1456 Abs. 3 BGB). Diese Regelungen schaffen dem nicht allein verwaltenden Ehegatten den für den Betrieb eines selbstständigen Erwerbsgeschäfts notwendigen Freiraum und schützen zugleich den Rechtsverkehr. Dabei kommt es nicht darauf an, ob der andere Ehegatte das Gesamtgut alleine verwaltet (dann gilt § 1431 BGB) oder ob das Gesamtgut von den Ehegatten gemeinschaftlich verwaltet wird (dann ist § 1456 BGB anwendbar).

46   Entsprechende Fragen können auch dann auftreten, wenn die Ehegatten in einer **Gütergemeinschaft nach ausländischem Recht** leben und einer von ihnen ein selbstständiges Erwerbsgeschäft betreibt. Art. 16 Abs. 2 sieht daher vor, dass die §§ 1431, 1456 BGB bei Vorliegen einer hinreichenden Inlandsbeziehung sinngemäß anwendbar sind, sofern dies für den Geschäftspartner des Ehegatten günstiger ist. Der Geschäftspartner kann sich demnach auf die §§ 1431, 1456 BGB berufen, wenn das maßgebende Güterstatut in solchen Fällen die Einwilligung des anderen Ehegatten für alle oder bestimmte Rechtsgeschäfte oder Rechtsstreitigkeiten des geschäftlich tätigen Ehegatten vorschreibt. Ist der ausländische Güterstand im deutschen Güterrechtsregister eingetragen, so ergibt sich ein entsprechender Verkehrsschutz schon aus Art. 16 Abs. 1 iVm § 1412 BGB. Abs. 2 iVm §§ 1431, 1456 BGB ist damit iE nur anwendbar, wenn der ausländische Güterstand in das deutsche Güterrechtsregister **eingetragen** wurde oder der Dritte **positive Kenntnis** davon hatte, dass die Ehegatten in einer Gütergemeinschaft nach ausländischem Recht leben.[111] Hier sollen die Geschäftspartner sich darauf verlassen können, dass die Einwilligung des anderen Ehegatten oder das Fehlen eines Einspruchs nach dem ausländischen Güterrecht die gleichen Wirkungen wie nach deutschem Recht hat.[112]

47   Die Gutgläubigkeit des Dritten ist ausgeschlossen, wenn er **wusste** oder infolge **grober Fahrlässigkeit** nicht wusste, dass eine Einwilligung bzw. das Fehlen eines Einspruchs nach dem ausländischen Güterrecht keine so weitreichenden Wirkungen wie im deutschen Recht hat.[113] Macht der andere Ehegatte geltend, er habe gegen den Betrieb des Erwerbsgeschäfts Einspruch eingelegt oder seine Einwilligung widerrufen, so muss der Geschäftspartner sich dies nach §§ 1431 Abs. 3, 1456 Abs. 3 BGB iVm § 1412 BGB nur entgegenhalten lassen, wenn der Einspruch oder der Widerruf der Einwilligung im Güterrechtsregister eingetragen war oder der Geschäftspartner hiervon positive Kenntnis hatte. Grobe Fahrlässigkeit schadet in dieser Hinsicht nicht, da es bei Fehlen einer Eintragung nach § 1412 BGB allein auf die positive Kenntnis des Dritten ankommt.[114] Sieht das **ausländische Güterrecht** im Hinblick auf den Betrieb eines selbstständigen Erwerbsgeschäfts bei Vorliegen einer Gütergemeinschaft noch geringere Anforderungen an die Einwilligung des anderen Ehegatten als das deutsche Recht vor, so sind diese nach dem **Günstigkeitsprinzip** maßgeblich.[115]

48   **b) Inländisches Erwerbsgeschäft.** Das günstigere inländische Recht kommt einem Dritten nur zugute, wenn ein Ehegatte **im Inland** ein Erwerbsgeschäft betreibt. Ein Erwerbsgeschäft ist jede auf Dauer angelegte und auf Erwerb gerichtete wirtschaftliche Betätigung, die gewisse dem Geschäftszweck dienende sachliche Mittel voraussetzt (→ § 1431 BGB Rn. 3). Ein Gewerbebetrieb im Sinne der GewO braucht nicht vorzuliegen; vielmehr wird auch eine freiberufliche Tätigkeit (zB als Anwalt oder Arzt) erfasst. Für die notwendige Inlandsverknüpfung gelten die gleichen Erwägungen wie in

---

[109] Voraufl. Rn. 39 *(Siehr)*; Palandt/*Thorn* Rn. 4; *Looschelders* IPR Rn. 13.
[110] Staudinger/*Mankowski* (2011) Rn. 75.
[111] Erman/*Hohloch* Rn. 21; Palandt/*Thorn* Rn. 4; BeckOK BGB/*Mörsdorf-Schulte* Rn. 54.
[112] Soergel/*Schurig* Rn. 16; BeckOK BGB/*Mörsdorf-Schulte* Rn. 54.
[113] BeckOK BGB/*Mörsdorf* Rn. 54; Staudinger/*Mankowski* (2011) Rn. 83.
[114] So auch Soergel/*Schurig* Rn. 16; BeckOK BGB/*Mörsdorf-Schulte* Rn. 54; NK-BGB/*Sieghörtner* Rn. 20; aA Voraufl. Rn. 42 *(Siehr)*; *Kegel/Schurig* IPR § 20 VI 4 (S. 855).
[115] NK-BGB/*Sieghörtner* Rn. 20; Staudinger/*Mankowski* (2011) Rn. 81.

Bezug auf den Betrieb eines Gewerbes im Inland nach Abs. 1 (→ Rn. 19). Dass der **Abschlussort** für das Rechtsgeschäft oder der gewöhnliche Aufenthalt des Ehegatten im Inland liegt, ist nach Abs. 2 nicht erforderlich.[116]

D. Verfahrensrecht

Soll ein Ehegüterstand, die Entziehung der Schlüsselgewalt oder der Einspruch gegen die gewerb-   **49** liche Tätigkeit des Ehepartners im deutschen Güterrechtsregister eingetragen werden, so richtet sich das Verfahren nach deutschem Recht. Die **internationale Zuständigkeit** des Registergerichts ergibt sich nach dem Grundsatz der Doppelfunktionalität (§ 105 FamFG) aus den Vorschriften über die örtliche Zuständigkeit.[117] Entsprechend §§ 1558 BGB, 137 Abs. 3 FamFG sind die deutschen Gerichte somit international zuständig, wenn mindestens ein Ehegatte seinen gewöhnlichen Aufenthalt im Inland hat oder hier ein Gewerbe betreibt (Art. 4 EGHGB; → Rn. 15–20).[118] Die Anwendbarkeit deutschen Güterrechts wird dabei nicht vorausgesetzt. Rechtsstreitigkeiten über die **Entziehung der Schlüsselgewalt** (→ Rn. 40 f.) gehören nach § 266 Abs. 2 FamFG zu den sonstigen Familiensachen. Die örtliche Zuständigkeit richtet sich gem. § 267 Abs. 2 FamFG außerhalb von Ehesachen nach den Vorschriften der ZPO mit der Maßgabe, dass der **gewöhnliche Aufenthalt** an die Stelle des Wohnsitzes tritt. Die internationale Zuständigkeit ergibt sich auch hier nach dem Grundsatz der Doppelfunktionalität (§ 105 FamFG) aus den Vorschriften über die örtliche Zuständigkeit.[119]

E. Übergangsrecht

Der Verkehrsschutz nach Art. 16 entfaltet seine Wirkungen in der geltenden Fassung seit dem   **50** 1.9.1986. Die Vorgängervorschrift des Art. 16 EGBGB aF ist nur noch heranzuziehen, wenn für einen Sachverhalt, der vor dem 1.9.1986 liegt, geprüft werden muss, ob der Dritte durch die alte Fassung des Art. 16 geschützt wurde. In der Praxis hat dies heute aber keine Bedeutung mehr. Ist vor dem 1.9.1986 eine Eintragung im Güterrechtsregister vorgenommen worden, so verhindert diese weiterhin, dass sich ein gutgläubiger Dritter auf das günstigere deutsche Recht berufen kann.

Ob die güterrechtlichen Wirkungen der Ehe – wie in Art. 16 Abs. 1 vorausgesetzt – dem Recht   **51** eines anderen Staates unterliegen, beurteilt sich nach Art. 15. Ist die Ehe vor dem 1.9.1986 geschlossen worden, so sind die Übergangsvorschriften des Art. 220 Abs. 3 zu beachten (→ Art. 15 Rn. 138–165).

---

[116] Soergel/*Schurig* Rn. 18; NK-BGB/*Sieghörtner* Rn. 20.
[117] BeckOK BGB/*Mörsdorf-Schulte* Rn. 60.
[118] Vgl. Keidel/*Heinemann* FamFG § 377 Rn. 42.
[119] Keidel/*Engelhardt* FamFG § 105 Rn. 2.

Gesetz über den ehelichen Güterstand von Vertriebenen und Flüchtlingen (VFGüterstandsG)

vom 4. August 1969 (BGBl. 1969 I S. 1067),
zuletzt geändert durch Gesetz vom 23. Juli 2013 (BGBl. 2013 I S. 2586)

Vorbemerkung zum VFGüterstandsG

Schrifttum: *Amann,* Eigentumserwerb unabhängig von ausländischem Güterrecht?, MittBayNot 1986, 222; *Bürgel,* Die Neuregelung des ehelichen Güterstandes von Vertriebenen und Flüchtlingen, NJW 1969, 1838; *Firsching,* Zum Entwurf eines Gesetzes über das auf den ehelichen Güterstand anzuwendende Recht, FamRZ 1968, 631; *Firsching,* Zum Güterstandsgesetz vom 4.8.1969, FamRZ 1970, 452; *Haegele,* Gesetz über den Güterstand von Vertriebenen und Flüchtlingen, Rpfleger 1969, 325; *Henrich,* Zum Güterstand deutsch-österreichischer Sowjetzonenflüchtlinge, IPRax 1981, 162; *Henrich,* Nochmals: Staatsangehörigkeit und Güterstand deutsch-österreichischer Sowjetzonenflüchtlinge, IPRax 1983, 25, *Herz,* Das Gesetz über den ehelichen Güterstand von Vertriebenen und Flüchtlingen, DNotZ 1970, 134, *Scheugenpflug,* Güterrechtliche und erbrechtliche Fragen bei Vertriebenen, Aussiedlern und Spätaussiedlern, MittRhNotK 1999, 372; *Silagi,* Zu Güterstand und Staatsangehörigkeit deutsch-österreichischer Sowjetzonenflüchtlinge, IPRax 1982, 100; *P. Wassermann,* Die güterrechtlichen Beziehungen von Übersiedlern aus der DDR, FamRZ 1990, 333.

Materialien: BR-Drs. 319/68; BT-Drs. 5/4368 und 5/3242.

Übersicht

I. Überblick über Zweck und Inhalt des Gesetzes

1   **1. Zustand vor Inkrafttreten des Gesetzes.** Das **Staatsangehörigkeitsprinzip** im Ehegüterrecht (Art. 15 Abs. 1 EGBGB iVm Art. 14 Abs. 1 Nr. 1 EGBGB) und der **Grundsatz der Unwandelbarkeit** (→ EGBGB Art. 15 Rn. 15 ff.) führen dazu, dass der im Zeitpunkt der Eheschließung festgelegte gesetzliche Güterstand auch bei nachträglichem Wechsel der Staatsangehörigkeit, des Wohnsitzes oder des gewöhnlichen Aufenthalts bestehen bleibt. Diese Grundsätze wurden vor Inkrafttreten des Gesetzes auch auf vertriebene und geflüchtete Eheleute **deutscher Staatsangehörigkeit** oder **deutscher Volkszugehörigkeit** angewandt, die im Zeitpunkt ihrer Eheschließung einen ausländischen gesetzlichen Güterstand erworben hatten. Die Betroffenen lebten auch dann weiter in diesem gesetzlichen Güterstand, wenn sie in der Folge des Zweiten Weltkriegs ihren früheren Heimatstaat verlassen und ihren gemeinsamen gewöhnlichen Aufenthalt im Gebiet der Bundesrepublik Deutschland begründet hatten. Zwar hätten die Ehegatten unter den Voraussetzungen des Art. 15 Abs. 2 Hs. 2 aF EGBGB einen **Ehevertrag nach deutschem Recht** schließen können, jedoch unterblieben solche Anpassungen an das inländische Recht meist, weil die Notwendigkeit einer ehevertraglichen Vereinbarung den Ehegatten nicht bewusst war, und erst im Erbfall wurde dem überlebenden Ehegatten das Versäumnis klar. Nach der Einführung der Zugewinngemeinschaft durch das GleichberG waren die Auswirkungen eines solchen Versäumnisses besonders nachteilig. Hätten die Eheleute im gesetzlichen Güterstand der Zugewinngemeinschaft gelebt, so hätte sich der **Erbteil** des überlebenden Ehegatten nämlich nach § 1371 Abs. 1 BGB **um ein Viertel** erhöht.[1] Hinzukommt, dass auf die Vertriebenen und Flüchtlinge nicht nur die allgemeinen Regeln des IPR angewandt wurden. Zusätzlich wurde häufig noch angenommen, dass das gesetzliche Güter-

---

[1] Vgl. Palandt/*Thorn* EGBGB Anh. Art. 15 Rn. 1; Erman/*Hohloch* EGBGB Art. 15 Rn. 51. In der Praxis wird das Gesetz heute vor allem relevant, wenn es in Erbfällen um die Anwendbarkeit von § 1371 Abs. 1 BGB geht.

statut der Vertriebenen und Flüchtlinge **versteinert** wird, also nicht die sachrechtlichen Änderungen innerhalb der berufenen fremden Rechtsordnung mitmacht (→ EGBGB Art. 15 Rn. 109).

2. Ziele des Gesetzes. Das VFGüterstandsG sieht für Vertriebene, Flüchtlinge und gewisse **2** andere Personen mit deutscher Staatsangehörigkeit oder deutscher Volkszugehörigkeit eine **einmalige Ausnahme** vom Grundsatz der **Unwandelbarkeit** vor. Mit der Verlegung des gewöhnlichen Aufenthalts in die Bundesrepublik Deutschland ist der gesetzliche Güterstand des BGB für diese Personen an die Stelle des gesetzlichen Güterstandes nach dem ausländischen Recht getreten.[2] Diese Überleitung (→ Rn. 20) erfolgte zwar **automatisch,** jedoch hatte jeder Ehegatte ein befristetes Recht, durch Erklärung gegenüber dem Amtsgericht die Weitergeltung des bisherigen Güterstandes zu verlangen (§§ 2, 3 S. 3 VFGüterstandsG). Für die Entgegennahme der Erklärung ist jedes Amtsgericht zuständig; die Erklärung bedarf der notariellen Beurkundung (§ 4 GFGüterstandsG)

Das VFGüterstandG regelt keine Ausnahme von der Geltung des **Staatsangehörigkeitsprinzips,** **3** da alle von dem Gesetz erfassten Personen (→ Rn. 8 ff.) **deutsche Staatsangehörige** oder **deutsche Volkszugehörige** sein müssen. Waren die Betroffenen bereits im Zeitpunkt der Eheschließung Deutsche, so gilt für das Güterrecht schon nach Art. 15 Abs. 1 EGBGB iVm Art. 14 Abs. 1 Nr. 1 EGBGB bzw. Art. 220 Abs. 3 S. 1 Nr. 3 EGBGB deutsches Recht. Eine Überleitung des Güterstands ist daher nicht erforderlich.

3. Weitergeltung des Gesetzes nach der Reform des EGBGB. Die Reform des EGBGB **4** von 1986 hat das Gesetz nicht überflüssig gemacht; denn Art. 15 EGBGB knüpft das Ehegüterstatut weiterhin **unwandelbar** an (→ EGBGB Art. 15 Rn. 15, 105), und die Wahlmöglichkeiten nach Art. 15 Abs. 2 EGBGB ersetzen keine **automatisch wirkende Änderung** des Ehegüterstatuts. Art. 15 Abs. 4 EGBGB stellt deshalb ausdrücklich klar, dass die Vorschriften des VFGüterstandG durch die Reform des EGBGB nicht berührt werden (→ EGBGB Art. 15 Rn. 3).

II. Anwendungsbereich des Gesetzes

1. Zeitlicher Anwendungsbereich. Das Gesetz ist am 1.10.1969 in Kraft getreten (§ 7 VFGüter- **5** standsG). Schon einen Tag nach der Verkündung des Gesetzes am 4.8.1969, also am 5.8.1969 sind die §§ 2, 4 und 5 VFGüterstandsG in Kraft getreten, so dass Erklärungen über die Fortgeltung des bisherigen Güterstandes bereits von diesem Zeitpunkt an abgegeben werden konnten. Das VFGüterstandsG entfaltet grundsätzlich **keine Rückwirkung.**[3] Es kommt daher nicht zur Anwendung, wenn die Ehe vor Inkrafttreten des Gesetzes durch Tod eines Ehegatten[4] oder durch Ehescheidung[5] aufgelöst wurde.

Eine gewisse Rückwirkung ergibt sich allerdings daraus, dass das am 1.7.1958 (Inkrafttreten des **6** GleichberG) bestehende Vermögen der Ehegatten für die Berechnung des Zugewinns als **Anfangs- vermögen** zugrunde gelegt wird, wenn die Eheleute ihren gewöhnlichen Aufenthalt bereits zu diesem Zeitpunkt in der Bundesrepublik hatten (§ 1 Abs. 3 S. 1 VFGüterstandsG).[6] Die Ehegatten werden damit so gestellt, als wenn sie von Anfang an im Güterstand der Zugewinngemeinschaft gelebt hätten.[7] Haben die Eheleute ihren gewöhnlichen Aufenthalt in der Bundesrepublik nach dem 1.7.1958, aber vor Inkrafttreten des Gesetzes erworben, so ist der **Zeitpunkt ihres Aufenthalts- erwerbs** für die Ermittlung des Anfangsvermögens der Ehegatten maßgebend (§ 1 Abs. 3 S. 2 VFGüter- standsG).[8]

2. Räumlicher Anwendungsbereich. Das Gesetz gilt heute in der ganzen Bundesrepublik, also **7** auch in den neuen Bundesländern (Art. 8 Einigungsvertrag).[9] Vor der Wiedervereinigung war das Gesetz nur anwendbar, wenn die Eheleute in der früheren Bundesrepublik oder in West-Berlin ihren gewöhnlichen Aufenthalt genommen hatten.[10] Das Gesetz erfasst daher auch **Übersiedler aus der DDR** und **Ost-Berlin** vor dem 3.10.1990.[11] Das gilt auch für den Fall, dass die Ehegatten ihren

---

[2] Vgl. OLG Hamm FamRZ 1995, 1606 unter II. 1. a) (insoweit in NJW-RR 1996, 70 nicht abgedruckt); NK-BGB/*Sieghörtner* EGBGB Anh. II Art. 15 Rn. 1; Staudinger/*Mankowski* (2011) EGBGB Art. 15 Rn. 422.

[3] Erman/*Hohloch* EGBGB Art. 15 Rn. 51a.

[4] OLG Hamm NJW 1977, 1591 mAnm *Reinartz*; Palandt/*Thorn* EGBGB Anh. Art. 15 Rn. 2.

[5] IPG 1971 Nr. 18 (Hamburg).

[6] Vgl. Staudinger/*Mankowski* (2011) EGBGB Art. 15 Rn. 424; Soergel/*Schurig* EGBGB Art. 15 Rn. 79; *Sonnenberger,* FS Ferid, 1988, 447 (458).

[7] Ferid/*Böhmer* IPR Rn. 8–118.

[8] Soergel/*Schurig* EGBGB Art. 15 Rn. 79; Staudinger/*Mankowski* (2011) EGBGB Art. 15 Rn. 424.

[9] Erman/*Hohloch* EGBGB Art. 15 Rn. 51.

[10] Vgl. *Kegel/Schurig* IPR § 20 VI 1d (S. 851).

[11] OLG Brandenburg DtZ 1997, 204; BeckOK BGB/*Mörsdorf-Schulte* EGBGB Art. 15 Rn. 76; Soergel/*Schurig* EGBGB Art. 15 Rn. 75; *Wassermann* FamRZ 1990, 333 ff.; *Scheugenpflug* MittRhNotK 1999, 372 ff.

gewöhnlichen Aufenthalt erst nach der Öffnung der innerdeutschen Grenze am 9.11.1989 in die Bundesrepublik oder nach West-Berlin verlegt haben.[12]

8   **3. Persönlicher Anwendungsbereich. a) Personengruppen.** Das Gesetz gilt nach § 1 Abs. 1 VFGüterstandsG für **vier Personengruppen:**
   – **Vertriebene** iS des § 1 BVFG idF vom 3.9.1971.[13]
   – **Sowjetzonenflüchtlinge** nach § 3 BVFG.[14]
   – **Sowjetzonenflüchtlingen gleichgestellte Personen** iS von § 4 BVFG aF.
   – **Übersiedler** aus der sowjetischen Besatzungszone oder Ost-Berlin werden nach § 1 Abs. 1 S. 2 VFGüterstandsG ebenfalls erfasst, wenn sie im Zeitpunkt des Zuzugs deutsche Staatsangehörige oder zumindest Deutsche iS des Art. 116 Abs. 1 GG waren (→ Rn. 7).

9   Ob das Gesetz auf andere Gruppen, die in § 1 VFGüterstandsG nicht erwähnt werden, entsprechend angewendet werden kann, ist umstritten.[15] Der Streit betrifft namentlich **volksdeutsche Spätaussiedler,**[16] die ihre Heimat erst nach dem 31.12.1992 verlassen haben.[17] Diese Personengruppe ist in § 1 Abs. 1 VFGüterstandsG nicht erwähnt. § 1 Abs. 1 VFGüterstandsG verweist zwar auf die §§ 1, 3 und 4 BVFG. In der bei Inkrafttreten des VFGüterstandsG geltenden Fassung regelte § 4 BVFG jedoch die Gleichstellung bestimmter Personen mit Sowjetzonenflüchtlingen. Die Regelung des § 4 BVFG nF über Spätaussiedler wurde erst bei der Reform des BVFG von 1992[18] geschaffen. Da der Wortlaut des § 1 Abs. 1 VFGüterstandsG nicht angepasst wurde, bezieht die Vorschrift sich unmittelbar weiter auf § 4 BVFG aF. Ein Teil der Literatur geht daher davon aus, dass das VFGüterstandsG auf Spätaussiedler iSd § 4 BVFG nF nicht anwendbar ist.[19] Die Nichtanpassung von § 1 Abs. 1 VFGüterstandsG dürfte jedoch auf einem **Redaktionsversehen** beruhen. Wegen der **Vergleichbarkeit der Interessenlage** ist es jedenfalls sachgerecht, das VFGüterstandsG auf Spätaussiedler iSd § 4 BVFG nF entsprechend anzuwenden.[20] Dies setzt allerdings voraus, dass **beide Ehegatten** den Status von Spätaussiedlern haben oder dass der andere Ehegatte nach § 27 Abs. 1 S. 2 BVFG in den Aufnahmebescheid einbezogen wurde ist (vgl. § 4 Abs. 3 S. 2 BVFG nF).[21]

10   In Bezug auf **ausländische** Flüchtlinge und Vertriebene ist eine Analogie dagegen nicht zulässig. Das VFGüterstandsG gilt daher auch **nicht** für sog. **„Kontingentflüchtlinge"** iS von § 23 AufenthG.[22]

11   Die **deutsche Einigung** hat den persönlichen Anwendungsbereich des VFGüterstandsG nicht erweitert. Für die eben (→ Rn. 8) genannten Personengruppen ist es es bei dem VFGüterstandsG geblieben; für die neuen Bundesbürger richtet sich die **Überleitung ihres bisherigen Güterstands** nach dem Einigungsvertrag. Gemäß Art. 234 § 4 Abs. 1 EGBGB wurde der gesetzliche Güterstand der Eigentums- und Vermögensgemeinschaft nach dem FamGB zum 3.10.1990 in den Güterstand der Zugewinngemeinschaft übergeleitet. Jeder Ehegatte hatte aber nach Art. 234 § 4 Abs. 2 EGBGB die Möglichkeit, bis zum Ablauf von zwei Jahren nach Wirksamwerden des Beitritts dem Kreisgericht gegenüber zu erklären, dass für die Ehe der bisherige gesetzliche Güterstand fortgelten soll.[23]

---

[12] Palandt/*Thorn* EGBGB Anh. Art. 15 Rn. 1; Erman/*Hohloch* EGBGB Art. 15 Rn. 51b; *Wassermann* FamRZ 1990, 333 (341).

[13] BGBl. 1971 I S. 1565; vgl. AG Wolfratshausen IPRax 1982, 23 mit Aufsatz *Jayme* IPRax 1982, 10.

[14] Vgl. BGH FamRZ 1982, 358 = IPRax 1983, 40 mit Aufsatz *Henrich* IPRax 1983, 25, in Aufhebung von OLG München IPRax 1981, 178 mit Aufsatz *Henrich* IPRax 1981, 162; *Silagi* IPRax 1982, 100.

[15] Zum Streitstand vgl. Staudinger/*Mankowski* (2011) EGBGB Art. 15 Rn. 426 ff.

[16] Zur Abhängigkeit des Status von der deutschen Volkszugehörigkeit vgl. *Wache* in Erbs/Kohlhaas, Strafrechtliche Nebengesetze (Stand: 206. EL Jan. 2016), BVFG § 4 Rn. 2.

[17] Zur Anwendbarkeit des Gesetzes auf Aussiedler, die vor dem 31.12.1992 aus Kasachstan nach Deutschland gekommen sind: OLG Düsseldorf NJW-RR 2011, 1017.

[18] Art. 1 KriegsfolgenbereinigungsG v. 21.12.1992 (BGBl. 1992 I 2094), in Kraft seit dem 1.1.1993. Vgl. dazu Staudinger/*Mankowski* (2011) EGBGB Art. 15 Rn. 437.

[19] So Palandt/*Thorn* Art. 15 Anh. Rn. 2; Voraufl. Rn. 10 *(Siehr);* von OLG Hamm MittBayNot 2010, 223 (224) mAnm *Süß* offengelassen.

[20] So auch Erman/*Hohloch* EGBGB Art. 15 Rn. 51; Staudinger/*Mankowski* (2011) EGBGB Art. 15 Rn. 440; *Looschelders* IPR EGBGB Art. 15 Rn. 43; NK-BGB/*Sieghörtner* EGBGB Anh. II Art. 15 Rn. 10; BeckOK BGB/*Mörsdorf-Schulte* EGBGB Art. 15 Rn. 76; PWW/*Martiny* EGBGB Art. 15 Rn. 15; *Scheugenpflug* MittRhNotK 1999, 372 (376); *Hohloch* FamRZ 2010, 1216 (1219); für unmittelbare Anwendbarkeit des VFGüterstandsG Soergel/*Schurig* Rn. 74.

[21] NK-BGB/*Sieghörtner* EGBGB Anh. II Art. 15 Rn. 10. Zur Enbeziehung vgl. *Wache* in Erbs/Kohlhaas, Strafrechtliche Nebengesetze (Stand: 206. EL Jan. 2016) BVFG § 4 Rn. 7.

[22] Zur Unanwendbarkeit des Gesetzes auf „Kontingentflüchtlinge" vgl. *Jayme* IPRax 1981, 73 (75); weitergehend *Kegel/Schurig* IPR § 20 VI 1d (S. 852).

[23] Vgl. BeckOK BGB/*Mörsdorf-Schulte* EGBGB Art. 15 Rn. 101; *Looschelders* IPR EGBGB Art. 15 Rn. 45.

b) Inländischer gewöhnlicher Aufenthalt der Eheleute. § 1 Abs. 1 VFGüterstandsG setzt **12** voraus, dass **beide** Ehegatten[24] gleichzeitig oder nacheinander[25] ihren gewöhnlichen Aufenthalt in der früheren Bundesrepublik oder in West-Berlin besessen oder später dort erworben haben.[26] Hatte nur ein Ehegatte seinen gewöhnlichen Aufenthalt in der früheren Bundesrepublik oder in West-Berlin, so blieb es bei der Unwandelbarkeit des Ehegüterstatuts.[27]

§ 1 VFGüterstandsG betrifft diejenigen Eheleute, die schon **bei Inkrafttreten** des Gesetzes ihren **13** gewöhnlichen Aufenthalt im Inland hatten. Für sie gelten die Fristen des § 2 VFGüterstandsG direkt.

Für die vom Gesetz erfassten Ehegatten, die erst **nach Inkrafttreten** des Gesetzes ihren gewöhnli- **14** chen Aufenthalt in der früheren Bundesrepublik oder in West-Berlin erworben haben, gilt § 3 VFGüterstandsG. Diese Norm erklärt einige Vorschriften der §§ 1 und 2 VFGüterstandsG mit gewissen Modifikationen für entsprechend anwendbar. So erfolgt die Überleitung des Güterstandes zum Anfang des vierten Monats, nach dem die Ehegatten ihren gewöhnlichen Aufenthalt im Geltungsbereich des Gesetzes begründet haben.[28] Die Vorschriften des § 2 VFGüterstandsG gelten mit der Maßgabe, dass die Erklärung über die Fortgeltung des alten Statuts von den Ehegatten binnen Jahresfrist nach dem Zeitpunkt der Überleitung abgegeben werden kann.

4. Sachlicher Anwendungsbereich. a) Gesetzlicher Güterstand. Das VFGüterstandsG gilt **15** nur, wenn die Eheleute bisher in einem **gesetzlichen Güterstand** gelebt haben, also keinen Ehevertrag geschlossen hatten.[29] Diese Einschränkung ist sinnvoll; denn Eheverträge bleiben bis zu ihrer Änderung oder Aufhebung wirksam. Außerdem können Eheleute gemäß Art. 15 Abs. 2 Nr. 1 und 2 EGBGB ihren Ehevertrag nach deutschem IPR abändern.

b) Fremdes Güterstatut. § 1 Abs. 1 S. 1 VFGüterstandsG setzt weiter voraus, dass die Ehegatten **16** in dem gesetzlichen Güterstand eines **fremden Rechts** leben.[30] Fremd iSd Vorschrift ist dabei jedes Recht, das bis zur deutschen Einigung nicht im Geltungsbereich des VFGüterstandsG (also in der Bundesrepublik oder in West-Berlin) gegolten hat. Fremd war also auch das gesetzliche Güterrecht, das in der DDR gegolten hat.[31]

Ob das VFGüterstandsG für den gesetzlichen Güterstand von **Sudetendeutschen** gilt, ist umstrit- **17** ten. Das Problem ergibt sich daraus, dass der gesetzliche Güterstand von Sudetendeutschen der als **deutsches** Partikularrecht angesehene gesetzliche Güterstand des österreichischen ABGB war. Da der Güterstand mit dem Grundsatz der Gleichberechtigung (Art. 3 Abs. 2 GG) unvereinbar war, wurde er nach Art. 117 Abs. 1 GG mit Wirkung vom 1.4.1953 in den Güterstand der **Gütertrennung** überführt.[32] Ob das GleichberG von 1957 oder das VFGüterstandsG von 1969 eine weitere Überleitung in den Güterstand der **Zugewinngemeinschaft** herbeigeführt hat, ist unklar. Der Regierungsentwurf zum VFGüterstandsG sah eine solche Überleitung vor.[33] Der Vorschlag ist jedoch nicht umgesetzt geworden, weil er entbehrlich erschien.[34] Geht man nicht davon aus, dass der Güterstand der Betroffenen bereits analog Art. 8 Abschnitt I Nr. 3 GleichberG in die Zugewinngemeinschaft übergeleitet worden ist,[35] erscheint jedenfalls eine analoge Anwendung[36] des VFGüterstandsG gerechtfertigt.[37] Hat ein Ehegatte der Überleitung nach Art. 8 Abschnitt I Nr. 3 Abs. 2 GleichberG widersprochen, so bleibt es aber beim Güterstand der Gütertrennung.[38] Dieser Widerspruch steht nämlich einer Erklärung nach § 2 VFGüterstandsG gleich (→ Rn. 22).

---

[24] IPG 1976 Nr. 28 (Göttingen) S. 337: Ehefrau war in Rumänien geblieben.
[25] Vgl. AG Wolfratshausen IPRax 1982, 23 und hierzu *Jayme* IPRax 1982, 10.
[26] Palandt/*Thorn* EGBGB Anh. Art. 15 Rn. 2; Erman/*Hohloch* EGBGB Art. 15 Rn. 52a; BeckOK BGB/*Mörsdorf-Schulte* EGBGB Art. 15 Rn. 77.
[27] Vgl. BayObLG FamRZ 1998, 1242.
[28] Vgl. OLG Brandenburg DtZ 1997, 204.
[29] Erman/*Hohloch* EGBGB Art. 15 Rn. 52c.
[30] NK-BGB/*Sieghörtner* EGBGB Anh. II Art. 15 Rn. 13; Erman/*Hohloch* EGBGB Art. 15 Rn. 52c.
[31] Palandt/*Thorn* EGBGB Anh. Art. 15 Rn. 2; NK-BGB/*Sieghörtner* EGBGB Anh. II Art. 15 Rn. 13.
[32] Vgl. BGH FamRZ 1976, 612 = WarnR 1976 Nr. 171; Staudinger/*Mankowski* (2011) EGBGB Art. 15 Rn. 429 f.
[33] BT-Drs. 5/3242; hierzu *Firsching* FamRZ 1968, 631 f.
[34] BT-Drs. 5/4368, 1.
[35] Dafür NK-BGB/*Sieghörtner* EGBGB Anh. II Art. 15 Rn. 14.
[36] Gegen eine unmittelbare Anwendung des VFGüterstandsG spricht, dass es sich genau genommen nicht um einen *fremden* Güterstand handelt. Die Nichteinbeziehung der Sudetendeutschen würde indes zu einer unangemessenen Benachteiligung der betroffenen Ehegatten führen.
[37] Ebenso Staudinger/*Mankowski* (2011) EGBGB Art. 15 Rn. 432 ff.; tendenziell auch BGH FamRZ 1976, 612 (614); aA Palandt/*Thorn* EGBGB Anh. Art. 15 Rn. 2.
[38] BGH FamRZ 1976, 612 (614).

18   Ob deutsches oder ausländisches Güterrecht anwendbar ist, ergibt sich aus Art. 15 oder vorrangigen Staatsverträgen (→ EGBGB Art. 15 Rn. 1-11). **Verweist** das maßgebende ausländische Recht auf das deutsche Recht **zurück,** so ist dieses unmittelbar anwendbar. Es fehlt damit an der Anwendbarkeit eines fremden Güterstatuts, die eine Überleitung nach dem VFGüterstandsG erforderlich machen könnte.[39]

19   **c) Fehlende Eintragung im Güterrechtsregister.** War der fremde gesetzliche Güterstand bei Inkrafttreten des Gesetzes im Güterrechtsregister **eingetragen,** so wurde er nicht in den Güterstand der Zugewinngemeinschaft übergeleitet (§§ 1 Abs. 2 VFGüterstandsG).[40] Durch die Eintragung haben die Eheleute zu erkennen gegeben, dass sie am alten Güterstand festhalten wollen; die Überleitung widerspräche daher ihrem Willen.

III. Überleitung

20   Wie der vor dem Statutenwechsel bestehende Güterstand nach ausländischem Recht in den deutschen Güterstand der Zugewinngemeinschaft übergeleitet wird, ist im VFGüterstandsG nicht näher geregelt. Unklar ist damit, ob **zwei Vermögensmassen** bestehen bleiben (die vor dem Statutenwechsel eventuell begründete Gütergemeinschaft und die danach eingetretene Zugewinngemeinschaft deutschen Rechts)[41] oder ob der **alte Güterstand** (bestimmt gemäß Art. 15 EGBGB) **aufgelöst** wird und das Ergebnis dieser Auseinandersetzung das Anfangsvermögen jedes Ehegatten bildet. Für den zweiten Ansatz spricht das Interesse, ein Nebeneinander von zwei Güterständen möglichst zu vermeiden.[42]

IV. Verhältnis zu Art. 15 und 16 EGBGB

21   Das VFGüterstandsG verdrängt innerhalb seines Anwendungsbereichs Art. 15 Abs. 1 EGBGB. Sobald eine Überleitung des Güterstands nach dem Gesetz erfolgt ist, bedarf es keines kollisionsrechtlichen Drittschutzes (Art. 16 EGBGB) mehr, da das inländische Recht das gesetzliche Güterrecht der Eheleute bildet.

V. Auswirkungen auf das Sachrecht

22   Auf das deutsche Sachenrecht hat das Gesetz nur insofern Auswirkungen, als es bei einer Überleitung in den Güterstand der Zugewinngemeinschaft bestimmte Daten für die **Berechnung des Anfangsvermögens** der Eheleute festlegen muss (§§ 1 Abs. 3, 3 S. 2 VFGüterstandsG).

§ 1 VFGüterstandsG [Geltung des BGB-Güterrechts]

(1) ¹Für Ehegatten, die Vertriebene oder Sowjetzonenflüchtlinge sind (§§ 1, 3 und 4 des Bundesvertriebenengesetzes), beide ihren gewöhnlichen Aufenthalt im Geltungsbereich dieses Gesetzes haben und im gesetzlichen Güterstand eines außerhalb des Geltungsbereichs dieses Gesetzes maßgebenden Rechts leben, gilt vom Inkrafttreten dieses Gesetzes an das eheliche Güterrecht des Bürgerlichen Gesetzbuchs. ²Das gleiche gilt für Ehegatten, die aus der sowjetischen Besatzungszone Deutschlands oder dem sowjetisch besetzten Sektor von Berlin zugezogen sind, sofern sie im Zeitpunkt des Zuzugs deutsche Staatsangehörige waren oder, ohne die deutsche Staatsangehörigkeit zu besitzen, als Deutsche im Sinne des Artikels 116 Abs. 1 des Grundgesetzes Aufnahme gefunden haben.

(2) Die Vorschriften des Absatzes 1 gelten nicht, wenn im Zeitpunkt des Inkrafttretens der bisherige Güterstand im Güterrechtsregister eines Amtsgerichts im Geltungsbereich dieses Gesetzes eingetragen ist.

(3) ¹Für die Berechnung des Zugewinns gilt, wenn die in Absatz 1 genannten Voraussetzungen für die Überleitung des gesetzlichen Güterstandes in das Güterrecht des Bürgerlichen Gesetzbuchs bereits damals vorlagen, als Anfangsvermögen das Vermögen, das einem Ehegatten am 1. Juli 1958 gehörte. ²Liegen die Voraussetzungen erst seit einem späteren Zeitpunkt vor, so gilt als Anfangsvermögen das Vermögen, das einem Ehegatten in diesem Zeitpunkt gehörte. ³Soweit es in den §§ 1374, 1376 des Bürgerlichen Gesetzbuchs auf den

---

[39] OLG Hamm MittBayNot 2010, 223 (224) mAnm *Süß*; Staudinger/*Mankowski* (2011) EGBGB Art. 15 Rn. 423; Erman/*Hohloch* EGBGB Art. 15 Rn. 52d; BeckOK BGB/*Mörsdorf-Schulte* EGBGB Art. 15 Rn. 78.
[40] Palandt/*Thorn* EGBGB Anh. Art. 15 Rn. 2; Erman/*Hohloch* EGBGB Art. 15 Rn. 52b.
[41] So offenbar OLG Brandenburg DtZ 1997, 204; AG Wolfratshausen IPRax 1982, 23.
[42] So auch Staudinger/*Mankowski* (2011) EGBGB Art. 15 Rn. 425.

Zeitpunkt des Eintritts des Güterstandes ankommt, sind diese Vorschriften sinngemäß anzuwenden.

Der einem fremden Recht unterliegende gesetzliche Güterstand (→ Rn. 15–19) der erfassten **1** Personengruppen (→ Rn. 7, 8) wurde mit Wirkung vom 1.10.1969 in die Zugewinngemeinschaft des deutschen Rechts **übergeleitet,** sofern **beide Eheleute** zu diesem Zeitpunkt bereits ihren gewöhnlichen Aufenthalt in der damaligen Bundesrepublik oder in West-Berlin hatten.

Diese Überleitung trat **nicht** ein, wenn entweder ein Ehegatte widersprach (§ 2) oder wenn der **2** fremde gesetzliche Ehegüterstand am 1.10.1969 im Güterrechtsregister eines westdeutschen oder Westberliner Amtsgerichts eingetragen war (§ 1 Abs. 2).

Der Eintritt der Zugewinngemeinschaft wird auf den 1.7.1958 **zurückverlegt** (→ Rn. 6) oder, **3** falls die Eheleute erst danach ihren gewöhnlichen Aufenthalt in der damaligen Bundesrepublik oder in West-Berlin begründeten, auf den späteren Zeitpunkt der Aufenthaltsbegründung. Der für die Erfassung des Anfangsvermögens und dessen Wertermittlung maßgebliche Zeitpunkt ist in Abs. 3 festgelegt.

§ 2 VFGüterstandsG [Erklärung über den Güterstand]

(1) [1]Jeder Ehegatte kann, sofern nicht vorher ein Ehevertrag geschlossen worden oder die Ehe aufgelöst ist, bis zum 31. Dezember 1970 dem Amtsgericht gegenüber erklären, daß für die Ehe der bisherige gesetzliche Güterstand fortgelten solle. [2]§ 1411 des Bürgerlichen Gesetzbuchs gilt entsprechend.

(2) Wird die Erklärung vor dem für die Überleitung in das Güterrecht des Bürgerlichen Gesetzbuchs vorgesehenen Zeitpunkt abgegeben, so findet die Überleitung nicht statt.

(3) [1]Wird die Erklärung nach dem Zeitpunkt der Überleitung des Güterstandes abgegeben, so gilt die Überleitung als nicht erfolgt. [2]Aus der Wiederherstellung des ursprünglichen Güterstandes können die Ehegatten untereinander und gegenüber einem Dritten Einwendungen gegen ein Rechtsgeschäft, das nach der Überleitung zwischen den Ehegatten oder zwischen einem von ihnen und dem Dritten vorgenommen worden ist, nicht herleiten.

Jeder Ehegatte konnte in der Zeit vom 5.8.1969 bis zum 31.12.1970 gegenüber jedem Amtsgericht **1** in notarieller Urkunde (§ 4 Abs. 1) erklären, dass der bisherige gesetzliche Güterstand **fortgelten** solle (§ 2 Abs. 1 S. 1).

Wurde die Erklärung **vor Inkrafttreten** des Gesetzes am 1.10.1969 abgegeben, so fand keine **2** Überleitung statt (§ 2 Abs. 2). Gab ein Ehegatte die Erklärung **danach,** aber vor dem 1.1.1971 ab, so gilt die Überleitung nach § 2 Abs. 3 S. 1 als nicht erfolgt. Da eine schon erfolgte Überleitung *nachträglich* rückgängig gemacht wird, werden die Ehegatten untereinander sowie Dritte bei Rechtsgeschäften durch § 2 Abs. 3 S. 2 geschützt.

§ 3 VFGüterstandsG [Nach dem 30.9.1969 zugezogene Personen]

[1]Tritt von den in § 1 Abs. 1 genannten Voraussetzungen für die Überleitung des Güterstandes die Voraussetzung, daß beide Ehegatten ihren gewöhnlichen Aufenthalt im Geltungsbereich dieses Gesetzes haben, erst nach dem Inkrafttreten des Gesetzes ein, so gilt für die auf das Güterrecht des Bürgerlichen Gesetzbuchs vom Anfang des nach Eintritt dieser Voraussetzung folgenden vierten Monats an. [2]§ 1 Abs. 2, 3 Satz 2, 3 ist entsprechend anzuwenden. [3]Die Vorschriften des § 2 gelten mit der Maßgabe, daß die Erklärung binnen Jahresfrist nach dem Zeitpunkt der Überleitung abgegeben werden kann.

§ 3 ordnet dasselbe wie §§ 1 und 2 für Eheleute an, die zu dem erfassten Personenkreis gehören **1** (→ Rn. 8 f.), ihren gewöhnlichen Aufenthalt aber erst **nach Inkrafttreten** des Gesetzes am 1.10.1969 in der damaligen Bundesrepublik oder in West-Berlin begründet haben.

Die **Überleitung** erfolgt am Anfang des vierten Monats, der auf die Aufenthaltsbegründung **2** folgt. Begründen die Ehegatten nicht gleichzeitig ihren gewöhnlichen Aufenthalt im Inland, sondern nacheinander, beginnt die Übergangsfrist mit Eintreffen des zuletzt kommenden Ehegatten.[1]

Eine Überleitung **erfolgt** auch in diesen Fällen **nicht,** wenn entweder der fremde Güterstand **3** vorher im inländischen Güterrechtsregister eingetragen war (§ 3 S. 2 iVm § 1 Abs. 2) oder ein Ehe-

---

[1] AG Wolfratshausen IPRax 1982, 23.

gatte der Überleitung binnen Jahresfrist nach der Überleitung (§ 3 S. 3 iVm § 2 V) formgerecht (§ 4) widersprochen hat.

4   Für die Erfassung des **Anfangsvermögens** und dessen **Wertermittlung** gilt § 1 Abs. 3 S. 2 und 3 entsprechend (§ 3 S. 2; → Rn. 6).

§ 4 VFGüterstandsG [Verfahren bei Erklärung über den Güterstand]

(1) ¹Für die Entgegennahme der in den §§ 2, 3 vorgesehenen Erklärung ist jedes Amtsgericht zuständig. ²Die Erklärung muß notariell beurkundet werden.

(2) ¹Haben die Ehegatten die Erklärung nicht gemeinsam abgegeben, so hat das Amtsgericht sie dem anderen Ehegatten nach den für Zustellungen von Amts wegen geltenden Vorschriften der Zivilprozessordnung bekanntzumachen. ²Für die Zustellung werden Auslagen nach Nummer 31002 des Kostenverzeichnisses zum Gerichts- und Notarkostengesetz nicht erhoben.

(3) Wird mit der Erklärung ein Antrag auf Eintragung in das Güterrechtsregister verbunden, so hat das Amtsgericht den Antrag mit der Erklärung an das Registergericht weiterzuleiten.

(4) ¹Der auf Grund der Erklärung fortgeltende gesetzliche Güterstand ist, wenn einer der Ehegatten dies beantragt, in das Güterrechtsregister einzutragen. ²Wird der Antrag nur von einem der Ehegatten gestellt, so soll das Registergericht vor der Eintragung den anderen Ehegatten hören. ³Besteht nach Lage des Falles begründeter Anlass zu Zweifeln an der Richtigkeit der Angaben über den bestehenden Güterstand, so hat das Registergericht die erforderlichen Ermittlungen vorzunehmen.

§ 5 VFGüterstandsG [Geschäftswert]

Für die Beurkundung der Erklärung nach § 2 Abs. 1, für die Aufnahme der Anmeldung zum Güterrechtsregister und für die Eintragung in das Güterrechtsregister beträgt der Geschäftswert 3000 Deutsche Mark.

§ 6 VFGüterstandsG [Geltung im Land Berlin]

Dieses Gesetz gilt nach Maßgabe des § 13 des Dritten Überleitungsgesetzes vom 4. Januar 1952 (Bundesgesetzbl. I S. 1) auch im Land Berlin.

1   Das VFGüterstandsG wurde in Berlin übernommen durch Gesetz vom 20.8.1969 (GVBl. 1969, S. 1397, 1398).

§ 7 VFGüterstandsG [Inkrafttreten]

Dieses Gesetz tritt am 1. Oktober 1969 in Kraft; die §§ 2, 4 und 5 treten jedoch am Tage nach der Verkündung in Kraft.

1   Das VFGüterstandsG wurde am 5.8.1969 verkündet (BGBl. 1969 I S. 1067).

Einführungsgesetz zum Bürgerlichen Gesetzbuche

In der Fassung der Bekanntmachung vom 21. September 1994
(BGBl. 1994 I S. 2494, ber. BGBl. 1997 I S. 1061)

Zuletzt geändert durch Art. 2 Abs. 4 Gesetz zur Einführung des Rechts auf Eheschließung für Personen
gleichen Geschlechts vom 20.7.2017 (BGBl. 2017 I S. 2787)

Erster Teil. Allgemeine Vorschriften

Zweites Kapitel. Internationales Privatrecht

Dritter Abschnitt. Familienrecht

Art. 17 EGBGB Besondere Scheidungsfolgen; Entscheidung durch Gericht

(1) Vermögensrechtliche Scheidungsfolgen, die nicht von anderen Vorschriften dieses Abschnitts erfasst sind, unterliegen dem nach der Verordnung (EU) Nr. 1259/2010 auf die Scheidung anzuwendenden Recht.

(2) Eine Ehe kann im Inland nur durch ein Gericht geschieden werden.

(3) [1]Der Versorgungsausgleich unterliegt dem nach der Verordnung (EU) Nr. 1259/2010 auf die Scheidung anzuwendenden Recht; er ist nur durchzuführen, wenn danach deutsches Recht anzuwenden ist und ihn das Recht eines der Staaten kennt, denen die Ehegatten im Zeitpunkt des Eintritts der Rechtshängigkeit des Scheidungsantrags angehören. [2]Im Übrigen ist der Versorgungsausgleich auf Antrag eines Ehegatten nach deutschem Recht durchzuführen, wenn einer der Ehegatten in der Ehezeit ein Anrecht bei einem inländischen Versorgungsträger erworben hat, soweit die Durchführung des Versorgungsausgleichs insbesondere im Hinblick auf die beiderseitigen wirtschaftlichen Verhältnisse während der gesamten Ehezeit der Billigkeit nicht widerspricht.

Schrifttum: 1. Allgemein zum internationalen Scheidungsfolgenrecht: *Andrae*, Die Anerkennung und Vollstreckung gerichtlicher Entscheidungen, die vor der Vereinigung Deutschlands erlassen wurden, IPRax 1994, 223; *v. Bar*, Innerdeutsches Scheidungs(folgen)recht im Wandel, IPRax 1985, 18; *Baumann*, Leistungs- und Abänderungsklage bei früherem Auslandsurteil, IPRax 1994, 435; *Baumann*, Aktuelles zum internationalen Unterhaltsverfahrensrecht, IPRax 1990, 28; *Coester-Waltjen*, Die Abänderung von Unterhaltstiteln – Intertemporale Fallen und Anknüpfungsumfang, IPRax 2012, 528; *Dörner*, Verteilung des Sorgerechts nach dem Scheidungsstatut?, IPRax 1991, 173; *Dörner*, Vorschlag für eine Unterhaltspflichtenverordnung – Vorsicht bei Gebrauch der deutschen Fassung!, IPRax 2006, 550; *Eßer*, Der Erlass weitergehender Formvorschriften im Rahmen des Haager Unterhaltsprotokolls durch die Mitgliedstaaten der EU, IPRax 2013, 399; *Gärtner*, Die Privatscheidung im deutschen und gemeinschaftlichen Internationalen Privat- und Verfahrensrecht, Tübingen 2008 (zugleich Diss. Heidelberg 2008); *Hausmann*, Kollisionsrechtliche Schranken von Scheidungsurteilen, 1980; *Hausmann*, Zur Anerkennung von Annex-Unterhaltsentscheidungen nach dem EG-Gerichtsstands- und Vollstreckungsübereinkommen, IPRax 1981, 5; *Hausmann/Jayme*, Zur Abänderung österreichischer Unterhaltstitel in Deutschland, ZBlJugR 1979, 290; *Henrich*, Die Abänderungsklage gegen ausländische Unterhaltsurteile, IPRax 1982, 140; *Henrich*, Zur Anerkennung und Abänderung ausländischer Unterhaltsurteile, die unter Nichtbeachtung früherer deutscher Unterhaltsurteile ergangen sind, IPRax 1988, 21; *Henrich*, Die gerichtliche Zuweisung der Ehewohnung an einen Ehegatten in Fällen mit Auslandsberührung, FS Ferid, 1988, 147; *Henrich*, Probleme der deutschen Rechtseinheit im Familienrecht, FamRZ 1991, 873; *Henrich*, Kollisionsrechtliche Fragen zum Geschiedenen-Unterhalt, IPRax 1992, 84; *Henrich*, Scheidung wegen Unterhaltsverweigerung nach islamischem Recht, IPRax 1995, 166; *Hilbig-Lugani*, Forderungsübergang als materielle Einwendung im Exequatur- und Vollstreckungsgegenantragsverfahren, IPRax 2012, 333; *Jayme*, Allgemeine Ehewirkungen und Ehescheidung nach dem Einigungsvertrag – Innerdeutsches Kollisionsrecht und Internationales Privatrecht, IPRax 1991, 11; *Jayme/Stankewitsch*, Nochmals: Scheidungsfolgen und innerdeutsches Kollisionsrecht, IPRax 1993, 162; *Kartzke*, Abänderung von Unterhaltsentscheidungen und neues Internationales Unterhaltsrecht, NJW 1988, 104; *Lipp*, Parteiautonomie im internationalen Unterhaltsrecht, Liber amicorum Walter Pintens, 2012, 847; *Lorenz, Stephan*, Unbenannte Zuwendung und internationales Ehegüterrecht, FamRZ 1993, 393; *Mansel/Thorn/Wagner*, Europäisches Kollisionsrecht 2013: Atempause im status quo, IPRax 2014, 1; *Rauscher*, Qualifikations- und Übergangsfragen im Kollisionsrecht der Scheidungsfolgen, IPRax 1988, 343; *Rauscher*, Anpassung des IPR an die Rom III-VO, FPR 2013, 257; *Reinhart*, Scheidung französischdeutscher Ehen und Scheidungsfolgen nach dem deutschen IPR-Reformgesetz 1986, ZVglRWiss. 87 (1988), 92; *Solomon*, „Brüssel IIa" – Die neuen europäischen Regeln zum internationalen Verfahrensrecht in Fragen der elterlichen Verantwortung, FamRZ 2004, 1409; *Stankewitsch*, Kollisionsrechtliche Probleme bei der Abänderung von DDR-Urteilen auf Geschiedenenunterhalt, IPRax 1994, 103; *Stern*, Das Staatsangehörigkeitsprinzip in Europa, 2008; *Vlassopoulou*, Ehen mit Auslandsberührung, FamFR 2010, 244; *Wagner*, Aktuelle Entwicklungen in der justiziellen Zusammenarbeit in Zivilsachen, NJW 2013, 1653; *Wagner*, Die Rechtsinstrumente der justiziellen Zusammenarbeit in Zivilsachen – Eine Bestandsaufnahme, NJW 2013, 3128; *ders.*, Ausländische Entscheidungen, Rechtsgeschäfte und Rechtslagen im Familienrecht aus der Sicht des autonomen deutschen Rechts, FamRZ 2013, 1620; *Winkler v. Mohrenfels*, Ehebezogene Zuwendungen im internationalen Privatrecht, IPRax 1995, 379; *Ziereis/Zwirlein*, Das Verhältnis von Art. 17 Abs. 2 EGBGB zur Rom III-Verordnung, IPRax 2016,103. Weitere Hinweise bei den Art. 13 bis 19 und vor § 1587 BGB.

2. Zum internationalen Versorgungsausgleich: *Baumann*, Nachträglicher Versorgungsausgleich und Ehewirkungsstatut in einer deutsch-niederländischen Ehe, IPRax 1994, 100; *Bergner*, Der nach Brüssel entsandte Beamte im Versorgungsausgleich oder: Wie man die Bewertung ausländischer Versorgungsanrechte vermeidet, IPRax 1988, 281; *Bergner*, Aktuelle Fragen zum Versorgungsausgleich mit Auslandsberührung, FamFR 2011, 3; *Eichenhofer*, Art. 17 Abs. 3 Satz 2 EGBGB: Billigkeit als Anknüpfung?, IPRax 2001, 110; *Eichenhofer*, Einwohnerrenten im öffentlich-rechtlichen Versorgungsausgleich, IPRax 2009, 60; *Finger*, Versorgungsausgleich mit Auslandsbezug – Art. 17 Abs. 3 EGBGB, FamRBint 2010, 18 *Gruber*, Die neue Anknüpfung des Versorgungsausgleichs: Eine Bestandsaufnahme, IPRax 2016, 539; *Hohloch/Klöckner*, Versorgungsausgleich mit Auslandsberührung – vom alten zum neuen Recht – Korrektur eines Irrwegs, IPRax 2010, 522; *Klattenhoff*, Das Internationale Privatrecht und der Versorgungsausgleich, FuR 2000, 49, 108; *Lorenz, Egon*, Zur Zweistufentheorie des IPR und zu ihrer Bedeutung für das neue internationale Versorgungsausgleichsrecht, FamRZ 1987, 645; *Pirrung*, EuGH und Versorgungsausgleich – keine Diskriminierung durch Anknüpfung an die Staatsangehörigkeit, FS Lüderitz, 2000, S. 543; *Rauscher*, Regelwidriger Versorgungsausgleich (Art. 27 III 2 EGBGB) und Abgeschlossenheit (Art. 220 I EGBGB), IPRax 1989, 224; *Rauscher*, Versorgungsausgleich bei unklarem ausländischen Rentenrecht, IPRax 2005, 431; *Rauscher*, Unbilligkeit bei Versorgungsausgleich mit Auslandsbezug, IPRax 2015, 139; *Rigaux*, „Versorgungsausgleich" and Art. 12 EC: Discriminations based on the nationality and German private international law, IPRax 2000, 287; *Sonnenberger*, Zur Qualifikation des Versorgungsausgleichs und zur Berücksichtigung ausländischer Rechtslagen im deutschen Versorgungsausgleich, IPRax 1981, 50; *Zacher* (Hrsg.), Der Versorgungsausgleich im internationalen Vergleich und in der zwischenstaatlichen Praxis, Colloquium des Max-Planck-Instituts für ausländisches und internationales Sozialrecht, Tutzing 1984, 1985.

Übersicht

A. Normzweck

Das Scheidungskollisionsrecht ist heute weitgehend in der Rom III-VO geregelt. Aufgabe des Art. 17 **1**
ist es, das Zusammenwirken der neuen VO mit den nationalen Regelungen des IPR zu klären.[1] Dies
betrifft alle Angelegenheiten, die von der Anwendbarkeit der VO ausgeschlossen sind, vor allem sämtliche Nebenfolgen der Scheidung (Abs. 1), insbesondere den Versorgungsausgleich (Abs. 3). Das traditionelle Scheidungsmonopol der deutschen Gerichte (Abs. 2) wird aufrecht erhalten.

Die **Voraussetzungen** der Ehescheidung unterliegen dem in der Rom III-VO geregelten Schei- **2**
dungsstatut; Art. 17 Abs. 1 EGBGB regelt demgegenüber die **Folgen** der Scheidung,[2] soweit sie
nicht in eigenen Kollisionsnormen geregelt sind (→ Rn. 26 ff.). Eine Sonderregelung für den **Versorgungsausgleich** findet sich in **Art. 17 Abs. 3.**

Art. 17 gilt – als nationales Recht – nur im **Inland.** Ausländische Richter werden ihn freilich **3**
bei der Prüfung eines **Renvoi** zu prüfen haben, falls ihr nationales Kollisionsrecht dies erfordert. Im
Rahmen der **Anerkennung ausländischer Scheidungen** spielt Art. 17 **keine** Rolle mehr: Das
Anerkennungshindernis der kollisionsrechtlichen Abweichung nach § 328 Abs. 1 Nr. 3 aF ZPO ist
in § 109 FamFG nicht mehr enthalten, und zum **ordre public** iS des Abs. 1 Nr. 4 FamFG kann die
Anknüpfung des Scheidungsstatuts nicht gerechnet werden. Wohl aber zählt der hinter **Abs. 2**
stehende Grundsatz der **Scheidung durch richterlichen Gestaltungsakt** zu den wesentlichen
Grundsätzen des deutschen Rechts. **Privatscheidungen,** wie vor allem die **talaq**-Scheidung des
islamischen Rechts, können danach im Inland schlechterdings nicht wirksam ausgesprochen werden.
Die Anerkennung einer voll umfangs **im Ausland** vorgenommenen Privatscheidung ist dadurch
freilich nicht ausgeschlossen (→ Anh. Art. 17a Rn. 92 f.).

Der **Versorgungsausgleich** hat in **Abs. 3** eine eigene kollisionsrechtliche Regelung gefunden. Der **4**
über die Qualifikation des Versorgungsausgleichs seinerzeit entbrannte heftige Meinungsstreit[3] wurde
damit zugunsten des Scheidungsstatuts entschieden. Dies war aber nicht das einzige kollisionsrechtliche
Problem des relativ neuen Instituts. Insbesondere die Tatsache, dass die Regelung des Versorgungsausgleichs in der vom deutschen Recht vorgesehenen Form in ausländischen Rechten kaum Entsprechungen fand (woran sich bis heute nicht viel geändert hat), erforderte in zweierlei Hinsicht kollisionsrechtliche Konsequenzen: Zum einen musste vermieden werden, dass ausländischen Ehegatten bei Geltung
deutschen Scheidungsstatuts etwas aufgedrängt wird, was sie nach ihren Heimatrechten nicht erwarten konnten; **S 1 Hs. 2** trägt dem Rechnung.[4] Zum anderen musste es ein wichtiges Anliegen des
Gesetzgebers sein, den in der Institution des Versorgungsausgleichs liegenden Gerechtigkeitsgedanken so
weit wie möglich auch bei Geltung **ausländischen Scheidungsstatuts** durchzusetzen. An die Stelle

---

[1] BT-Drs. 17/11049, 1.
[2] Vgl. BT-Drs. 10/504, 60.
[3] Vgl. 1. Aufl. 1983, Rn. 320 ff.
[4] Vgl. BT-Drs. 10/504, 62.

der im Regierungsentwurf ursprünglich vorgesehenen Privilegierung deutscher Ehegatten[5] ist die Voraussetzung der inländischen Versorgungsanwartschaft **(S. 2)** getreten. Die weitere Voraussetzung des Abs. 3 S. 2 Nr. 2 aF ist entfallen, weil hierfür kein praktisches Bedürfnis besteht.[6] Nach wie vor steht die regelwidrige Anwendung deutschen Rechts unter der allgemeinen **Billigkeitsklausel,** durch die eine ungleiche – und damit zu einem ungerechten Ergebnis führende – Einbeziehung der von den Ehegatten erworbenen in- und ausländischen Anwartschaften vermieden werden soll.[7]

B. Entstehungsgeschichte

5   Die Geschichte der Neufassung des Art. 17 beginnt – wie die der Neufassung der meisten familienrechtlichen Vorschriften des EGBGB – mit dem Inkrafttreten des **Gleichberechtigungsgrundsatzes** (Art. 3 Abs. 2 GG) am 23.5.1949. Die einseitige Anknüpfung an die Staatsangehörigkeit des Ehemannes in Abs. 1 aF verstieß gegen diesen Grundsatz; Abs. 1 aF trat deshalb gemäß Art. 117 Abs. 1 GG mit Ablauf des 31.3.1953 außer Kraft, was allerdings seinerzeit nur von wenigen bemerkt wurde.[8] Erst nachdem das BVerfG in seinem berühmten **Spanierbeschluss**[9] beiläufig festgestellt hatte, dass auch die Normen des IPR an den Vorschriften des Grundgesetzes zu messen seien, trat insofern eine Wende ein, als nun der Verstoß des Art. 17 idF v. 1976[10] gegen Art. 3 Abs. 2 GG nicht mehr grundsätzlich geleugnet werden konnte. Allerdings wurde vielfach die Meinung vertreten, zur Vermeidung eines **Anknüpfungschaos** und des damit verbundenen Verstoßes gegen den im **Rechtsstaatsprinzip** (Art. 20 Abs. 3 GG) verankerten Vertrauensgrundsatz müsse die Vorschrift trotz ihrer Verfassungswidrigkeit weiter angewendet werden.[11]

6   Da seit dem in Art. 117 Abs. 1 GG genannten Zeitpunkt inzwischen viel Zeit vergangen war, stritt man sich nunmehr auch um die **Vorkonstitutionalität** des Art. 17 idF v. 1976. Aus der Tatsache, dass der Gesetzgeber durch das Gleichberechtigungsgesetz vom 18.6.1957 und das 1. Ehereformgesetz vom 14.6.1976 den Inhalt des **§ 606b ZPO aF** in seinen Willen aufgenommen und die Vorschrift dadurch zu nachkonstitutionellem Recht gemacht hatte,[12] wurde wegen des engen Zusammenhangs zwischen dieser Vorschrift und Art. 17 idF v. 1976 geschlossen, dass auch Art. 17 idF von 1976 zu nachkonstitutionellem Recht geworden sei.[13] Diese Argumentation übersah, dass der Gesetzgeber sowohl im Gleichberechtigungsgesetz[14] als auch im 1. Ehereformgesetz[15] die Neuregelung des internationalen Familienrechts ausdrücklich ausgeklammert hatte. Auch aus dem langen Schweigen des Gesetzgebers konnte man, anders als im Falle des Art. 15,[16] nicht den Schluss

---

[5] Der Versorgungsausgleich sollte danach nach deutschem Recht durchgeführt werden, wenn ein Ehegatte im Zeitpunkt der Rechtshängigkeit des Scheidungsantrags oder bei Eheschließung Deutscher war, vgl. BT-Drs. 10/504, 10.

[6] BT-Drs. 17/11049, 11.

[7] Vgl. Begr. des Rechtsausschusses, BT-Drs. 10/5632, 42.

[8] ZB von *Müller-Freienfels* JZ 1957, 141 (143).

[9] BVerfGE 31, 58 = NJW 1971, 1509 m. Anm. *Guradze* NJW 1971, 2121 = FamRZ 1971, 414 m. Anm. *Wochner* = RabelsZ 36 (1972), 145; → Einl. IPR Rn. 45.

[10] Art. 17 EGBGB idF des 1. EheRG v. 14.6.1976 (BGBl. 1976 I 1421):
(1) Für die Scheidung sind die Gesetze des Staates maßgebend, dem der Ehemann zur Zeit der Erhebung der Klage angehört.
(2) Eine Tatsache, die sich ereignet hat, während der Mann einem anderen Staate angehörte, kann als Scheidungsgrund nur geltend gemacht werden, wenn die Tatsache auch nach den Gesetzen dieses Staates ein Scheidungsgrund oder ein Trennungsgrund ist.
(3) Für das Scheidungsbegehren der Frau sind die deutschen Gesetze auch dann maßgebend, wenn in dem Zeitpunkt, in dem die Entscheidung ergeht, nur die Frau die deutsche Staatsangehörigkeit besitzt.
(4) Auf Scheidung kann auf Grund eines ausländischen Gesetzes im Inlande nicht erkannt werden, wenn sowohl nach dem ausländischen Gesetze als auch nach den deutschen Gesetzen die Scheidung zulässig sein würde.

[11] Vgl. OLG Hamm NJW 1975, 2145; FamRZ 1976, 29 (31) (bei ausländischem Scheidungsstatut wegen Abs. 4 aF); OLG Frankfurt FamRZ 1979, 587; OLG Stuttgart FamRZ 1982, 296 (297) (wegen Abs. 4 aF); AG Rosenheim IPRax 1981, 182 (Vorlagebeschluss). S. auch OLG Köln NJW 1975, 497 und OLG Celle FamRZ 1979, 234, die kommentarlos von der Weitergeltung des Art. 17 aF ausgehen. Aus der Lit. vgl. *Henrich* RabelsZ 38 (1974), 490; Soergel/*Kegel*, 10. Aufl. Supplementband, 1975, S. 142 f.; Erman/*Marquordt*, 7. Aufl. 1981, Rn. 6; Palandt/*Heldrich*, 44. Aufl. 1985, Anm. 2a; 1. Aufl. 1983, Einl. IPR Rn. 172 f.

[12] OLG Köln NJW 1980, 2026 (2027); LG Stuttgart FamRZ 1973, 36 (37); *Berkemann* FamRZ 1977, 295 (296); *Goerke* FamRZ 1974, 57 (61); *Winkler v. Mohrenfels* ZZP 94 (1981), 71 (78); *Baumbach/Lauterbach/Albers,* 44. Aufl. 1986, ZPO § 606b Anm. 2 B a bb.

[13] Palandt/*Heldrich*, 45. Aufl. 1986, Anm. 2a.

[14] Vgl. BT-Drs. 2/224, 27.

[15] Vgl. BT-Drs. 7/4361, 53.

[16] BVerfGE 63, 181 = NJW 1983, 1968.

ziehen, der Gesetzgeber habe die inzwischen außer Kraft getretene (!) Vorschrift neu erlassen. Die Konsequenzen einer solchen „stillschweigenden Gesetzgebung" sind auch keinesfalls abschließend durchdacht worden. Mit Recht hatte sich der BGH deshalb mit der hM[17] für die Vorkonstitutionalität entschieden[18] und hieran auch nach der Entscheidung des BVerfG zu Art. 15 festgehalten.[19]

Nach Auffassung des BGH[20] war die Regelung des Abs. 1 aF grundsätzlich verfassungswidrig. Bei **7** **rein ausländischen Ehen** zog der BGH die Kegel'sche Leiter zur Ersatzanknüpfung heran.[21] Bei **deutsch-ausländischen Ehen** war die Lage indes komplizierter. Für den Fall, dass die Ehefrau Deutsche und der Ehemann Ausländer war, sah der BGH die sich aus Abs. 1 idF von 1976 im Zusammenklang mit Abs. 3 idF von 1976[22] ergebende Lösung als **partiell verfassungskonform** an; da im Ergebnis jeder Ehegatte mit seinem Scheidungsbegehren seinem Heimatrecht unterstellt werde, sei niemand benachteiligt.[23] Zugunsten der **ausländischen Ehefrau** konnte Abs. 3 idF von 1976 freilich nicht eingreifen; der BGH hielt insoweit – abweichend von der Ersatzanknüpfung bei rein ausländischen Ehen – die Anknüpfung an das **Heimatrecht des Antragstellers** für die angemessene verfassungskonforme Lösung.[24] Für die **Scheidungsfolgen** musste indes eine andere Lösung gefunden werden, da ihre Anknüpfung zum einen **einheitlich,** zum anderen unabhängig davon erfolgen sollte, wer den Scheidungsantrag stellt. Der BGH unterstellte sie deshalb in jedem Falle dem **deutschen Recht.**[25]

Am 8.1.1985 erklärte das BVerfG aufgrund einer Verfassungsbeschwerde Art. 17 Abs. 1 aF für nich- **8** tig,[26] und zwar **uneingeschränkt.** Die Rechtsprechung des BGH zum Scheidungsstatut bei deutsch-ausländischen Ehen konnte nun nicht mehr auf die partielle Verfassungskonformität des aus Abs. 1 aF und Abs. 3 folgenden Ergebnisses gestützt werden; durch eine verfassungskonforme Auslegung des Abs. 3 – der nun, da er seines Zusammenhangs mit Abs. 1 aF beraubt war, die deutsche Frau in verfassungswidriger Weise bevorzugte – dahin, dass er den **deutschen Ehegatten** begünstigte, hätte sie aber **im Ergebnis** gehalten werden können;[27] die Reform ist über diese Frage hinweggegangen.

Inzwischen hatte die Bundesregierung den Entwurf des Gesetzes zur Neuregelung des IPR vorge- **9** legt.[28] Bis auf die in Rn. 4 erwähnte Abweichung hinsichtlich der subsidiären Anwendung deutschen Rechts auf den Versorgungsausgleich hatte Art. 17 bereits die später zum Gesetz gewordene Fassung. Abs. 3 wurde durch Art. 20 **VAStrRefG** mit Wirkung ab 1.9.2009 geändert (→ Rn. 84).

Seine jetzige Fassung hat Art 17 durch das Gesetz zur Anpassung der Vorschriften des Internationalen **10** Privatrechts an die Verordnung (EU) Nr. 1259/2010 (Rom III-VO) vom 23.1.2013[29] erhalten. Zur Geschichte der VO → Vor Art. 1 Rom III-VO Rn. 5 ff. Die Ehescheidung als solche wurde voll aus dem Text des Art. 17 herausgenommen, geblieben ist insoweit nur Abs. 2, welcher das Scheidungsmonopol der deutschen Gerichte beibehält. Im Übrigen befasst sich Art. 17 nur noch mit den vermögensrechtlichen Scheidungsfolgen (Abs. 1), insbesondere dem Versorgungsausgleich (Abs. 3).

C. Vollzug der Eheauflösung im Inland (Abs. 2)

I. Grundsatz

Abs. 2 stellt klar, was schon vorher spätestens seit BGHZ 82, 34 hM war:[30] Ohne Mitwirkung **11** des Familiengerichts ist in Deutschland eine Scheidung nicht möglich. Die **absolute Geltung** dieses

[17] BSG FamRZ 1979, 501, 502; KG FamRZ 1975, 627; OLG München FRES 3, 388 (389); OLG Stuttgart FamRZ 1979, 932 (934); AG Hamburg FamRZ 1978, 416; AG Darmstadt FRES 10, 295 (297); *Gamillscheg* RabelsZ 38 (1974), 507 (509); *Ferid* IPR, 2. Aufl. 1982, Rn. 8-150; *Habscheid* FamRZ 1975, 76 (78) Fn. 36; *Henrich*, FS Bosch, 1976, 411; *Lockemann* NJW 1976, 1004 (1007); *Berkemann* FamRZ 1977, 295 (301); *Jayme* NJW 1977, 1378 (1379); *M. K. Wolff* RabelsZ 43 (1979), 721 (735); *Winkler v. Mohrenfels* ZZP 94 (1981), 71 (78).
[18] BGHZ 86, 57 (63) = NJW 1983, 1259 m. Anm. *Otto.*
[19] BGHZ 89, 325 (332) = NJW 1984, 1302. AA AG Lahnstein FamRZ 1984, 277; *Henrich* IPRax 1983, 208 (210); *Jayme* IPRax 1983, 221 (223).
[20] Vgl. aus neuerer Zeit BGH FamRZ 1993, 176.
[21] BGHZ 86, 57 = NJW 1983, 1259 m. Anm. *Otto*; BGHZ 89, 325 = NJW 1980, 47.
[22] Wortlaut s.o. Fn. 10.
[23] BGH NJW 1982, 1940; BGHZ 87, 359 (362 ff.) = NJW 1983, 1970 (1971).
[24] BGHZ 87, 359 = NJW 1983, 1970 (1971 f.).
[25] BGHZ 87, 359 = NJW 1983, 1970 (1971) im Anschluss an BGHZ 75, 241 = NJW 1980, 47.
[26] BVerfGE 68, 384 = NJW 1985, 1282. Dazu *Beitzke* IPRax 1985, 268; *Winkler v. Mohrenfels* NJW 1985, 1264; *Rauscher* JZ 1985, 518.
[27] *Winkler v. Mohrenfels* NJW 1985, 1264 (1265).
[28] BT-Drs. 10/504.
[29] BGBl. 2013 I S. 101.
[30] Nachweise bei *Staudinger/Mankowski* (2011) Rn. 182.

Rechtssatzes schützt nicht nur das Interesse an Rechtsklarheit und die Belange der Kinder – so die Begründung des Gesetzgebers[31] –, sondern wohl auch das **öffentliche Interesse** an einem geordneten Scheidungsverfahren, wie es in § 1564 BGB und in § 137 FamFG (Verfahrensverbund) zum Ausdruck kommt. Die **Rom III-VO** steht nicht entgegen, da sie die Form der Ehescheidung nicht regelt.[32] Das **Formstatut** ist grundsätzlich in Art. 11 EGBGB eigenständig geregelt. Art. 17 Abs. 2 macht hiervon jedoch eine Ausnahme, indem es das Formstatut für die **Scheidung im Inland** ausschließlich der **lex loci actus** unterstellt.[33]

II. Scheidung durch ausländische Amtspersonen

12   **1. Konsuln.** Der Grundsatz des Abs. 2 kann, wie alles nationale Recht, durch staatsvertragliche Regelungen eingeschränkt werden. Solche Regelungen sind jedoch **nicht vorhanden.** Zum **deutsch-sowjetischen Konsularvertrag** vom 25.4.1958 → Rom III-VO Vor Art. 1 Rn. 4. Die Scheidung ist in der Liste der konsularischen Aufgaben nach Art. 5 lit. f des **Wiener Übereinkommens** über konsularische Beziehungen vom 24.4.1963[34] nicht enthalten; andere Aufgaben können nach der Auffangklausel in Art. 5 lit. m nur wahrgenommen werden, wenn sie nicht durch Gesetze und sonstige Rechtsvorschriften des Empfangsstaats verboten sind oder wenn sie in internationalen Übereinkommen erwähnt sind. Mangels Vorliegens solcher Übereinkommen scheitert die Vornahme von Scheidungen durch ausländische Konsuln an Art. 17 Abs. 2.[35]

13   **2. Scheidung in der Botschaft.** Die Missionsgebäude gehören nach modernem Völkerrecht zum Staatsgebiet des Empfangsstaats.[36] Eine in der ausländischen Mission von einem konsularischen oder diplomatischen Vertreter vorgenommene Scheidung ist folglich im **Inland** vorgenommen; gleichwohl wird sie hinsichtlich ihrer **Anerkennung** wie eine ausländische Scheidung behandelt (→ Anh. Art. 17a Rn. 92).

III. Privatscheidung

14   **1. Grundsätzliche Unwirksamkeit.** Scheidungen, die **im Inland** ohne gerichtliches Verfahren vollzogen worden sind (→ Rom III-VO Art. 1 Rn. 8), sind gemäß Abs. 2 unwirksam, auch wenn das Scheidungsstatut sie zulässt und beide Ehegatten dem Scheidungsstatutsstaat angehören. Von diesem Verbot der inländischen Privatscheidung gibt es keine Ausnahmen.

15   **2. Teilvollzug im Ausland.** Ob eine Privatscheidung im Inland vollzogen worden ist, kann zweifelhaft sein, wenn **Teilakte** im Ausland erfolgen. Man kann hier streng urteilen und die Inlandsnatur der Scheidung schon dann bejahen, wenn nur **irgendein** Teilakt im Inland vollzogen wird, etwa die Absendung des Scheidebriefs.[37] Man kann aber auch großzügiger sein und nur dann eine Inlandsscheidung annehmen, wenn der **wesentliche (konstitutive) Teil** der Scheidung im Inland vollzogen wird; eine Scheidung wäre danach als Auslandsscheidung anerkennungsfähig, wenn der **Scheidebrief** zwar im Inland ausgestellt, jedoch im Ausland **übergeben** wird,[38] sie wäre umgekehrt als Inlandsscheidung anzusehen, wenn der Scheidebrief im Ausland ausgestellt und im Inland übergeben wird.[39] Entsprechend würde es nach dieser Ansicht für die Unwirksamkeit der **talaq**-Scheidung nicht ausreichen, dass die im Ausland ausgesprochene Verstoßungserklärung der Ehefrau im Inland zugeht,[40] denn es handelt sich um eine einseitige nicht empfangsbedürftige Willenserklärung,[41] deren konstitutive Wirkung mit der Abgabe

---

[31] BT-Drs. BT-Drs. 10/504, 61.

[32] *Gruber* IPRax 2012, 381 (384 Fn. 33); *Ziereis/Zwirlein* IPRax 2016, 193 (106).

[33] Zutreffend *Gärtner,* Die Privatscheidung im deutschen und gemeinschaftlichen Internationalen Privat- und Verfahrensrecht, 2008, 48. Zur Qualifiktion des Art. 17 Abs. 2 EGBGB als Formkollisionsnorm s. eingehend *Ziereis/Zwirlein* IPRax 2016, 103 (104 ff.).

[34] BGBl. 1969 II S. 1587, für Deutschland in Kraft getreten am 7.10.1971 (Bek. BGBl. II S. 1285).

[35] Vgl. *Staudinger/Mankowski* (2011) Rn. 205.

[36] *Knut Ipsen* Völkerrecht, 5. Aufl. 2004, 581 Rn. 60; *Stein/von Buttlar* VölkerR, 13. Aufl 2012, Rn. 736. Kollisionsrechtlich handelt es sich um eine völkerrechtliche Vorfrage.

[37] LG Berlin JW 1938, 2402 (in die UdSSR; Wohnsitz des Absenders im Inland); KG FamRZ 1969, 31 (nach Israel); Erman/*Hohloch* Rn. 30.

[38] OLG Düsseldorf FamRZ 1974, 528; *Gärtner,* Die Privatscheidung im deutschen und gemeinschaftlichen Internationalen Privat- und Verfahrensrecht, 2008, 63.

[39] BayObLG IPRax 1986, 180 (LS) m. zust. Anm. *Henrich.*

[40] BayObLG IPRax 1982, 104.

[41] *Pauli,* Islamisches Familien- und Erbrecht und ordre public, 1994, 20 mwN; *Gärtner,* Die Privatscheidung im deutschen und gemeinschaftlichen Internationalen Privat- und Verfahrensrecht, 2008, 63.

eintritt.[42] Umgekehrt kann ihr, wenn sie im Inland **ausgesprochen** worden ist, die notwendige Registrierung im Ausland den Inlandscharakter nicht mehr nehmen.[43] Dies gilt entsprechend für andere Formen der Privatscheidung, die im Inland vollzogen werden, aber im Ausland registriert werden müssen.[44]

Die Entscheidung muss sich an der Tatsache orientieren, dass **ausländische** Privatscheidungen, **16** falls sie **ausländischem Scheidungsstatut** unterliegen und nicht gegen den deutschen ordre public verstoßen, durchaus anerkennungsfähig sind (→ Anh. Art. 17a Rn. 92). Abs. 2 macht hiervon eine **Ausnahme** und sollte als solche **eng interpretiert** werden. Zu folgen ist deshalb der großzügigeren Wertung: Nur dann, wenn ein **wesentlicher** (konstitutiver) Teil der Scheidung im Inland vollzogen wird **(konstitutiver Teilakt),** ist die in Abs. 2 enthaltene spezielle Ausprägung unseres ordre public berührt.[45] Auf den **gewöhnlichen Aufenthalt** der Parteien kommt es hierfür nur insoweit an, als er ggf. gemäß Art. 8 lit. a Rom III-VO das Scheidungsstatut bestimmt. So können sich **ausländische Ehegatten** auch dann, wenn sie ihren gemeinsamen gewöhnlichen Aufenthalt in Deutschland haben, im Ausland nach dem Heimatrecht eines Ehegatten durch talaq scheiden lassen, wenn sie dieses Heimatrecht gemäß Art. 5 Abs. 1 lit. c Rom III-VO als Scheidungsstatut **gewählt** haben und das Ergebnis nicht gegen den deutschen ordre public verstößt.

Wann ein Teilakt **wesentlich** bzw. **konstitutiv** ist, kann im Einzelfall schwer zu beurteilen sein. **17** Grundsätzlich kommt es bei Scheidung durch Scheidebrief auf dessen Übergabe, bei Scheidung durch Verstoßung auf deren Erklärung an (→ Rn. 15). Dass der im Inland ausgesprochene talaq ggf. im Ausland noch durch eine zuständige Stelle **bestätigt** werden muss und bis dahin widerruflich ist, vermag ihm seinen konstitutiven Charakter nicht zu nehmen:[46] Auch eine widerrufliche Erklärung hat Gestaltungswirkung, wenn sie nicht widerrufen wird. Bei Verstoßung durch **Stellvertreter** wird man nach dem Repräsentationsprinzip darauf abstellen müssen, wo **der Vertreter** handelt. Wird aber eine talaq-Erklärung im Inland unterzeichnet und anschließend einem Beauftragten im Ausland übersandt, der sie der dort wohnenden Ehefrau lediglich übermittelt, so handelt es sich nicht um eine Vertretung, sondern lediglich um Botenschaft; es liegt also eine unwirksame Inlandsscheidung vor.[47]

IV. Eheauflösung anderer Art

Abs. 2 schützt den Grundsatz der Scheidung durch richterlichen Gestaltungsakt (→ Rn. 3); schon **18** § 1319 Abs. 2 BGB zeigt, dass dieser Grundsatz bei den hier in Frage stehenden Eheauflösungsarten, abgesehen vom Fall des § 1320 Abs. 1 BGB, nicht betroffen ist. Die Mitwirkung eines Gerichts ist deshalb nicht erforderlich, sofern nicht das Auflösungsstatut selbst sie vorschreibt.[48] Ist dies nicht der Fall, so ist die Ehe in dem Zeitpunkt aufgelöst, in dem der Auflösungsgrund (zB Todeserklärung) im Inland wirksam wird.[49]

V. Trennung von Tisch und Bett

Die Rom III-VO macht zwischen Scheidung und Trennung hinsichtlich der kollisionsrechtlichen **19** Anknüpfung keinen Unterschied. Nach früherem deutschem Recht wurden auf die Trennung die für die Scheidung geltenden Grundsätze entsprechend angewendet (→ Rom III-VO Art. 1 Rn. 21). Daraus folgt, dass auch eine Trennung im Inland nur durch gerichtliche Entscheidung ausgesprochen werden kann.[50]

---

[42] In Ägypten wird sie erst mit Benachrichtigung der Ehefrau wirksam, vgl. *Pauli,* Islamisches Familien- und Erbrecht und ordre public, 1994, 21.

[43] BayObLG FamRZ 1985, 75 (76) = IPRspr. 1984 Nr. 187; OLG Düsseldorf IPRspr. 1986 Nr. 186b S. 443 = IPRax 1986, 305 (LS) m. Anm. *Henrich;* LJV Baden-Württemberg IPRspr. 1987 Nr. 162a S. 414 = IPRax 1988, 170; OLG Stuttgart IPRax 1988, 172 = IPRspr. 1987 Nr. 162b; dazu *Beule* IPRax 1988, 150; wN aus der Rspr. bei *Pauli,* Islamisches Familien- und Erbrecht und ordre public, 1994, 34.

[44] OLG Frankfurt Präsidentin StAZ 2001, 137 (138) = IPRspr. 2000 Nr. 167a (Japan).

[45] Ebenso LG Berlin JW 1938, 2402; KG FamRZ 1969, 31; OLG Düsseldorf FamRZ 1974, 528; BayObLG IPRax 1982, 104; BayObLG IPRax 1986, 180 (LS) m. zust. Anm. *Henrich* sowie aus der Lit.: *Beule* IPRax 1988, 150 (151); *Pauli,* Islamisches Familien- und Erbrecht und ordre public, 1994, 50; Johannsen/Henrich/*Henrich* EGBGB Anh. Art. 17 Rn. 64; Staudinger/*Mankowski* (2011) Rn. 188 f.; Palandt/*Thorn,* 76. Aufl. 2017, Rn. 6.

[46] AA *Beule* IPRax 1988, 150 (152).

[47] AA OLG Stuttgart NJW 1971, 994.

[48] Soergel/*Schurig* Rn. 76; *Kegel/Schurig* IPR § 20 VII 3 b; *Lewald* IPR, 1931, S. 125 f. AA KG IPRspr. 1932 Nr. 77 (Eheauflösung jüd. Polen wegen Privilegium Paulinum: Scheidungsurteil erforderlich).

[49] BGHZ 42, 99 (103) = NJW 1964, 2103 (zum innerdeutschen Kollisionsrecht).

[50] Johannsen/Henrich/*Henrich* EGBGB Art. 17a Rn. 83.

D. Folgen der Scheidung

I. Hauptfolge der Scheidung

20   **1. Auflösung der Ehe. Hauptfolge** der Scheidung ist die **Auflösung der Ehe.** Über diese Hauptfolge entscheidet materiellrechtlich das Scheidungsstatut. Dies gilt im Ergebnis jedoch nur für die Scheidung durch **außergerichtliche Akte,** insbesondere Privatakte (→ Rn. 14 ff., → Anh. Art. 17a Rn. 93). Bei Scheidungen durch **gerichtliche Entscheidungen** kommt es dagegen nicht auf die materiellrechtlichen Vorschriften des Scheidungsstatuts, sondern auf die Bestandskraft nach den **verfahrensrechtlichen** Vorschriften der lex fori an. **Inländische Scheidungsbeschlüsse** werden danach mit der **formellen Rechtskraft** wirksam. Vom Eintritt der formellen Rechtskraft an sind etwaige Mängel der Entscheidung nicht mehr beachtlich.[51] Im internationalen Bereich gehört dazu vor allem die internationale Zuständigkeit: Wurde sie zu Unrecht bejaht, so ist die Entscheidung dennoch rechtswirksam. Eine Ausnahme gilt für die **Gerichtsbarkeit:** Fehlte sie, so ist die Entscheidung **wirkungslos,**[52] die Ehe ist also nicht aufgelöst. **Ausländische Entscheidungen** bedürfen neben der formellen Rechtskraft zusätzlich der **Anerkennung** nach den Vorschriften des internationalen Verfahrensrechts (→ Anh. Art. 17a Rn. 82 ff.).

21   Ob die Ehe für den Scheidungsstatutsstaat schon zu einem früheren Zeitpunkt aufgelöst war (Inlandsehe, → Rom III-VO Art. 1 Rn. 39 ff.), ist unerheblich.[53] Unerheblich ist auch, ob das inländische Urteil nach dem Scheidungsstatut noch einer Registrierung bedarf, denn die **Gestaltungswirkung der Entscheidung** tritt im Inland hiervon unabhängig ein (→ Rn. 23). Der Umfang der Gestaltungswirkung ist in der Entscheidung auszusprechen.[54]

22   **2. Gestaltungswirkung des Scheidungsbeschlusses.** Gemäß § 1564 S. 2 BGB ist die Ehe mit der Rechtskraft des Scheidungsbeschlusses aufgelöst. Die Frage ist, ob diese Bestimmung **verfahrensrechtlich** zu qualifizieren und damit auch bei ausländischem Scheidungsstatut als Bestandteil der lex fori anzuwenden ist,[55] oder ob sie **materiellrechtlich** zu qualifizieren ist. Letzteres hätte zur Folge, dass der Scheidungsbeschluss auch im Inland erst dann seine rechtsgestaltende Wirkung entfalten könnte, wenn die materiellrechtlichen Voraussetzungen des ausländischen Scheidungsstatuts dafür erfüllt wären. Dies würde bedeuten, dass der Scheidungsbeschluss des deutschen Gerichts erst im ausländischen Scheidungsstatutsstaat **anerkannt** und ggf. **registriert** (→ Rom III-VO Vor Art. 1 Rn. 29) werden müsste, um seine rechtsgestaltende Wirkung zu entfalten.[56]

23   Die Frage kann nicht losgelöst von der grundsätzlichen Problematik der Gestaltungswirkung von Scheidungsurteilen beantwortet werden. Der *Hausmann*'schen[57] These, dass inländische Scheidungsurteile auch im Inland Gestaltungswirkung nur entsprechend den Vorschriften der lex causae (hier also: des Scheidungsstatuts) entfalten, kann nicht gefolgt werden.[58] Aus der internationalen Zuständigkeit deutscher Gerichte folgt deren **Rechtsmacht** zur rechtsgestaltenden Einwirkung auf das in Frage stehende Rechtsverhältnis. Dies ergibt sich auch aus Art. 17 Abs. 2, der ja gerade diejenigen Fälle im Auge hat, in denen einem Urteil nach dem Scheidungsstatut **keine** rechtsgestaltende Wirkung zukommt, sondern die Eheauflösung durch **Rechtsgeschäft** erfolgt. Und doch hat noch niemand bestritten, dass deutsche Gerichte auch in diesen Fällen die Eheleute wirksam scheiden können (→ Rom III-VO Vor Art. 1 Rn. 32 ff.). Auf dem gleichen Grundsatz beruht § 1564 S. 2

---

[51] Vgl. nur BLAH/*Hartmann,* 75. Aufl. 2017, ZPO Vor §§ 322 bis 327 Rn. 1.

[52] BLAH/*Hartmann,* 75. Aufl. 2017, Übers § 300 ZPO Rn. 14.

[53] In diesem Sinne klarstellend KG IPRspr. 1931 Nr. 77 (frühere jüdische Inlandsscheidung). Ebenso hM in der Lit.: vgl. nur *Soergel/Schurig* Rn. 120; *Staudinger/Gamillscheg,* 10./11. Aufl. 1973, Rn. 533.

[54] Vgl. OLG Frankfurt FamRZ 1978, 510 (511) und allg. *Schlosser,* Gestaltungsklagen und Gestaltungsurteile, 1966, S. 301 ff. (wirkungsgetreue Tenorierung).

[55] So KG IPRspr. 1931 Nr. 79 und die hM in der Lit., vgl. *Kegel/Schurig* IPR § 20 VII 3 b; *Erman/Hohloch* Rn. 45. Im Ergebnis ebenso *Soergel/Schurig* Rn. 62.

[56] So aus der Rspr.: OLG Bremen IPRspr. 1954/55 Nr. 94 (lux. Recht); LG Augsburg IPRspr. 1952/53 Nr. 118 (belg. Recht). In der Lit.: *Schlosser,* Gestaltungsklagen und Gestaltungsurteile, 1966, S. 314 ff.; *Hausmann,* 1980, S. 81.

[57] *Hausmann,* 1980, § 13 und passim, im Anschluss an *Süß,* FS Rosenberg, 1949, S. 256 ff. und *Riezler* IZPR, 1949, S. 249.

[58] Näher hierzu *Winkler v. Mohrenfels* IPRax 1988, 341 (342). Vgl. auch die instruktiven Fälle BSG NZS 1999, 615 (keine Witwenrente nach vom ausländischen Heimatrecht nicht anerkannter Scheidung durch deutsches Gericht) sowie kürzlich BGH NJW 2012, 3524 = FamRZ 2012, 1873 (kein Nebenklagerecht der vom deutschen Gericht geschiedenen türkischen Ehefrau eines Getöteten, obwohl keine Anerkennung des Scheidungsurteils durch die Türkei vorlag).

BGB. Die Vorschrift mag deshalb zwar **primär materiellrechtlicher Natur** sein,[59] ist aber jedenfalls zugleich **auch** Ausdruck des **verfahrensrechtlichen** Prinzips der Gestaltungswirkung inländischer Scheidungsurteile.[60] Diese Gestaltungswirkung tritt **im Inland** mit der **Rechtskraft** des Urteils ein.[61] Eine andere Frage ist, ob ein derart Geschiedener eine neue Ehe eingehen kann; dies wird durch Art. 13 Abs. 2 geregelt.

Die Gestaltungswirkung der Entscheidung tritt auch hinsichtlich der **Nebenfolgen** der Scheidung **24** ein. Diese sind zwar selbständig anzuknüpfen, jedoch ist bei der Anwendung des danach geltenden Statuts über die Wirksamkeit der Ehescheidung nicht erneut zu entscheiden (keine unselbständige Vorfragenanknüpfung). Das Kind einer türkischen Mutter und eines deutschen Vaters, welches geboren wurde, nachdem die Ehe seiner Eltern in Deutschland rechtskräftig geschieden wurde, trägt deshalb als nichtehelich geborenes Kind nach deutschem Recht[62] den **Namen** seiner Mutter, auch wenn die Türkei die Ehescheidung nicht anerkennen sollte.[63]

Selbstverständlich kann kein Staat – insbesondere nicht der Scheidungsstatutstaat – gezwungen **25** werden, die rechtsgestaltende Wirkung deutscher Scheidungsurteile anzuerkennen. Aber um die Anerkennung deutscher Urteile kümmert sich das deutsche Recht – abgesehen von dem Fall des § 98 Abs. 1 S. 1 Nr. 4 FamFG (→ Art. 17a Anh. Rn. 53 bis 57) – sonst auch nicht. Anders als etwa bei der Mitwirkung der Staatsanwaltschaft (→ Rom III-VO Vor Art. 1 Rn. 18 ff.) besteht im Inland auch gar keine Möglichkeit, dem Erfordernis der ausländischen **Registereintragung** Genüge zu tun, denn die Führung des ausländischen Registers ist allein dem ausländischen Staat vorbehalten. So bleibt dem deutschen Familiengericht nur die Möglichkeit, im Rahmen seiner Aufklärungspflicht darauf **hinzuweisen,** dass die Scheidung im Inland mit Rechtskraft des Urteils, im Scheidungsstatutstaat aber erst mit ihrer Registrierung wirksam wird.[64] Es ist auch nichts dagegen einzuwenden, wenn eine entsprechende Aufforderung an den ausländischen Standesbeamten in den Tenor aufgenommen[65] oder ihm die Scheidung mitgeteilt wird.[66] Eine entsprechende **Verpflichtung** besteht aber **nicht.**

II. Nebenfolgen der Scheidung: Allgemeines

1. Scheidungsstatut und Scheidungsfolgenstatut. Die hM war vor der 1986er Reform von **26** dem „Grundsatz" ausgegangen, dass das Scheidungsstatut zugleich auch Scheidungsfolgenstatut sei.[67] Hiergegen hatte sich mit Recht Kritik erhoben.[68] In der Praxis stimmte dieser „Grundsatz" nur noch für wenige Scheidungsfolgen, während sich das Scheidungsfolgenstatut im Übrigen weitgehend vom Scheidungsstatut abgekoppelt hatte.[69] Kennzeichnend für diese Entwicklung war die Rechtsprechung des BGH zum Scheidungsfolgenstatut bei deutsch-ausländischen Ehen[70] (→ Rn. 7). Wichtige Scheidungsfolgen wie die Verteilung der elterlichen Sorge, der Kindesunterhalt und der Güterrechtsausgleich waren und sind ohnehin teilweise durch **staatsvertragliche Regelung** (MSA, Unterhaltsabkommen) bzw. durch **eigene Statute** (Art. 21, 15) einer vom Scheidungsstatut losgelösten Anknüpfung unterworfen (→ Rn. 27). Von einem einheitlichen Statut für Scheidung und Schei-

---

[59] Vgl. zum verfahrensrechtlichen Gehalt des § 1564 Satz 2 BGB BGHZ 82, 34 (47 f.) = NJW 1982, 517 (519 f.) = IPRax 1983, 37; zum materiellrechtlichen Gehalt BGHZ 110, 267 (276 f.) = NJW 1990, 2194 (2196).

[60] Vgl. BGHZ 160, 322 = FamRZ 2004, 1952 (1956).

[61] Ebenso *Soergel/Schurig* Rn. 62; *Lüderitz* IPRax 1987, 74 (77).

[62] Deutsches Namensrecht galt kraft Rückverweisung des türkischen Rechts auf das deutsche Scheidungsstatut.

[63] Vgl. BGH NJW 2007, 3347 = IPRax 2008, 137 Rn. 20, wo der BGH die Streitfrage allerdings offen lässt: da die Ehefrau den Namen ihres geschiedenen Ehemannes weiterführte, kam es für den Namen des Kindes auf die Anerkennung der Scheidung in der Türkei nicht an. Doppelstaater können nach der Rechtsprechung des EuGH für das Namensrecht des anderen Mitgliedstaates optieren, s. EuGH, Urteil v. 2.10.2003, Rs. C-148/02 (Garcia Avallo), IPRax 2004, 339. Vgl. dazu Palandt/*Thorn*, 76. Aufl. 2017, Art. 10 Rn. 2.

[64] Ebenso Johannsen/Henrich/*Henrich* EGBGB Anh. Art. 17 Rn. 74; Erman/*Hohloch* Rn. 45.

[65] So LG Darmstadt FamRZ 1974, 192 m. zust. Anm. *Jayme.*

[66] LG Rottweil FamRZ 1972, 301 m. zust. Anm. *Jayme.*

[67] HM, vgl. aus der Rspr. vor der Reform nur BGHZ 75, 241 (251) = NJW 1980, 47 (49) (allgemein) und BGHZ 87, 359 (362 f.) = NJW 1983, 1970 (1971) (zu deutsch-ausländischen Ehen). Aus der Lit.: Soergel/*Kegel*, 11. Aufl. 1984, Rn. 115; Staudinger/*Gamillscheg*, 10./11. Aufl. 1973, Rn. 534; Erman/*Marquordt*, 7. Aufl. 1981, Rn. 23; Palandt/*Heldrich*, 45. Aufl. 1986, Anm. 5a.

[68] Vgl. etwa *Sonnenberger* in Zacher, Der Versorgungsausgleich im internationalen Vergleich und in der zwischenstaatlichen Praxis, Colloquium des Max-Planck-Instituts für ausländisches und internationales Sozialrecht, Tutzing 1984, 1985, 330; *Strümpell* FamRZ 1974, 133 (135); *Boemke*, Differenzierende Anknüpfung der Scheidungsfolgen, Diss. Hamburg 1977, 34 ff.

[69] Vgl. Staudinger/*v. Bar*, 12. Aufl. 1992, Rn. 123.

[70] BGHZ 87, 359 (362 f.) = NJW 1983, 1970 (1971). Vgl. dazu BGH FamRZ 1993, 176 (178).

dungsfolgen kann nach alledem nicht die Rede sein, nicht einmal von einem einheitlichen Scheidungs**folgen**statut.

27   Ob ein Rechtsverhältnis nach der Scheidung dem Scheidungsstatut oder einem anderen Statut unterliegt, ist eine Frage der **Qualifikation,** die idR nicht schwer zu beantworten ist, nachdem der Hauptstreitpunkt – die Anknüpfung des Versorgungsausgleichs – durch die Anbindung an das Scheidungsstatut geklärt worden ist. Überall dort, wo für Rechtsverhältnisse **spezielle Statute** vorhanden sind, greifen diese auch dann ein, wenn es um den Inhalt dieser Rechtsverhältnisse nach der Scheidung geht. Die Rechtsverhältnisse der Eltern zu den Kindern richten sich deshalb auch insoweit nach dem **Kindschaftsstatut** (Art. 21, Art. 3 MSA, Art. 15 KSÜ), als die Verteilung der elterlichen Sorge nach der Scheidung in Frage steht (→ Art. 21 Rn. 19 f.). Aus demselben Grunde unterliegt auch der durch die Scheidung ggf. ausgelöste Güterrechtsausgleich nicht dem Scheidungsstatut, sondern dem **Güterrechtsstatut** des Art. 15 (→ Art. 15 Rn. 49).

28   Der Grundsatz „Scheidungsstatut ist auch Scheidungsfolgenstatut" gilt demgegenüber nur für solche Rechtsverhältnisse, die sich ausschließlich als Folge der Scheidung darstellen und für die deshalb kein eigenes Statut existiert. Dies trifft zu auf die nach einigen Rechtsordnungen zu verhängende **Wartefrist** (s. aber → Rn. 78) sowie auf **Schenkungen und Zuwendungen unter Ehegatten** (→ Rn. 67) und **Genugtuungs-, Entschädigungs- und Schadensersatzansprüche**[71] (→ Rn. 69). Mittelbar durch Verweisung an dasselbe **angebunden** ist nur noch der Versorgungsausgleich (→ Rn. 80), nachdem im Unterhaltsrecht Art. 8 UStA durch Art. 3 HUP ersetzt worden ist (→ Rn. 60).

29   Die Bezeichnung einer Wirkung der Scheidung als **Scheidungsfolge** enthält nach alledem noch **keine kollisionsrechtliche Entscheidung;** denn es gibt **unselbständige** Scheidungsfolgen, für die das anwendbare Recht nach **Art. 17 Abs. 1 iVm der Rom III-VO** bestimmt wird (Bsp.: Versorgungsausgleich), und **selbständige** Scheidungsfolgen, die gesondert angeknüpft werden; so unterliegen **kindschaftsrechtliche** Scheidungsfolgen dem Kindschaftsstatut (→ Rn. 70), **erbrechtliche** Scheidungsfolgen dem Erbstatut usw. Werden im Scheidungsverfahren unselbständige Scheidungsfolgen geltend gemacht, kann die Frage des anwendbaren Scheidungsstatuts auch dann nicht dahingestellt bleiben. wenn die Ehe nach allen in Betracht kommenden Rechten scheidbar ist.[72]

30   Ein **Angleichungsproblem** (allgemein → Einl. IPR Rn. 242 ff.) ergibt sich, wenn das mit dem Scheidungsstatut nicht identische **Scheidungsfolgenstatut keine Scheidung kennt** und infolgedessen keine Vorschriften über den Einfluss der Scheidung auf das in Frage stehende Rechtsverhältnis enthält. Kennt das Scheidungsfolgenstatut wenigstens die **Trennung von Tisch und Bett,** so sind im Wege der materiellrechtlichen Angleichung die hierfür geltenden Folgeregelungen heranzuziehen, soweit sie passen.[73] Gibt es auch keine Trennung von Tisch und Bett, so kann für einzelne Scheidungsfolgen die analoge Anwendung der Vorschriften über die Eheauflösung bei Tod eines Ehegatten in Betracht kommen.[74] Ist auch dies nicht möglich, so ist eine kollisionsrechtliche Ersatzanknüpfung erforderlich. Hierfür bietet sich die Anwendung des **Scheidungsstatuts** an: Da sich nach seinen Vorschriften die Scheidung vollzieht, erscheint es angemessen, ihm in diesem Fall auch die betreffende Scheidungsfolge zu unterstellen.

31   Besteht die Ehe im Statutsstaat nicht **(Inlandsehe),** so gelten die für die Scheidung solcher Ehen entwickelten Grundsätze entsprechend: Wird die *Eheschließung* nicht anerkannt, so richten sich die unselbständigen Scheidungsfolgen nach der lex fori (→ Rom III-VO Art. 1 Rn. 38), erkennen wir dagegen die im Statutsstaat wirksame *Scheidung* nicht an, so kommt das Scheidungsstatut zum Zuge (→ Rom III-VO Art. 1 Rn. 43).

32   **2. Rück- und Weiterverweisung (Renvoi).** Der Ausschluss des Renvoi nach Art. 11 Rom III-VO gilt nur für das Scheidungsstatut und die daran gekoppelten unselbständigen Scheidungsfolgen, nicht aber für die gesondert anzuknüpfenden selbständigen Scheidungsfolgen. Auch bei den **unselbständigen** Scheidungsfolgen kann es aber infolge einer **Qualifikationsabweichung** zu einem **Renvoi** kommen, denn abweichende Qualifikationen des ausländischen Kollisionsrechts sind bei der Prüfung des Renvoi zu berücksichtigen.[75] Qualifiziert das ausländische Scheidungsstatut zB den scheidungsbedingten **Schenkungswiderruf** (→ Rn. 67) nicht als unselbständige, sondern als selb-

---

[71] BT-Drs. BT-Drs. 17/11049, 10; *Hau* FamRZ 2013, 249 (251); zweifelnd *Schurig*, FS v. Hoffmann, 2011, 405 (407).

[72] Vgl. dazu OLG Hamm v. 4.7.2013 – II-4 UF 4/13.

[73] Vgl. OLG Saarbrücken FamRZ 1966, 42 (43); OLG Hamm NJW 1968, 1052 (1053) (ital. Recht).

[74] Vgl. RGRK-BGB/*Wengler* § 28e (S. 710).

[75] Vgl. → Art. 4 Rn. 70 ff.; Staudinger/*Mankowski* (2011) Rn. 255 mN aus der Rspr. Vgl. ferner *Hanisch* NJW 1966, 2085 (2087 f.) (insbes. Unterhalt im Verhältnis zu England und den USA).

ständige (vertragsrechtliche) Scheidungsfolge und verweist für das Widerrufsstatut auf deutsches Recht zurück, so liegt eine Rückverweisung kraft abweichender Qualifikation vor, die wir beachten.

3. Verfahrensfragen. a) Verhandlungs- und Entscheidungsverbund. Die inländischen Vor-   **33** schriften über den Verhandlungs- und Entscheidungsverbund (§§ 137 ff. FamFG) sind auch bei Geltung ausländischen Scheidungsstatuts anzuwenden, da sie **verfahrensrechtlicher Natur** sind.[76] Über den **Versorgungsausgleich in den Fällen des § 1587b BGB** ist deshalb gemäß **§ 137 Abs. 2 S. 2 FamFG** ggf. auch dann **von Amts wegen** zu entscheiden, wenn das Scheidungsstatut einen Verbund von Scheidung und Scheidungsfolgen nicht vorsieht. Die übrigen Folgesachen, darunter der schuldrechtliche und der subsidiäre Versorgungsausgleich[77] (Abs. 3 S. 2, → Rn. 91 ff.) fallen nur dann in den Verbund, wenn spätestens zwei Wochen vor der mündlichen Verhandlung[78] im ersten Rechtszug in der Scheidungssache ein entsprechender **Antrag** gestellt wird (§ 137 Abs. 2 S. 1 FamFG). Nach altem Recht war umstritten, ob die Parteien **unabhängig von § 628 aF ZPO** übereinstimmend eine Abtrennung der Folgesache beantragen können. Dies wurde teilweise bejaht mit dem Argument, der Antragsteller wäre sonst gezwungen, seinen Folgesachenantrag zurückzunehmen und eine selbständige Folgesache anhängig zu machen.[79] Mit dem Inkrafttreten des FamFG hat sich dieser Streit mE erledigt. § 140 Abs. 2 S. 2 FamFG sagt ausdrücklich, dass die Abtrennung „nur zulässig [ist], wenn" eine der genannten Voraussetzungen erfüllt ist. Zudem lässt **§ 140 Abs. 2 Nr. 4 FamFG** in **Versorgungsausgleichssachen** den übereinstimmenden Abtrennungsantrag der Parteien ohne weitere Voraussetzungen (lediglich die erforderlichen Mitwirkungshandlungen müssen die Parteien vorgenommen haben) schon nach drei Monaten seit Rechtshängigkeit[80] zu. Eine hiervon unabhängige Abtrennungsmöglichkeit lässt sich nicht mehr begründen. Im Übrigen sollte von der Abtrennungsmöglichkeiten auch hinsichtlich des Versorgungsausgleichs bei ausländischen Versorgungsanwartschaften (→ Rn. 117 ff.) **zurückhaltend** Gebrauch gemacht werden, weil sonst die Schutzfunktion des Verbunds (keine Scheidung ohne Folgenregelung) unterlaufen würde. Andererseits kann über die Nebenfolgen der Scheidung nicht entschieden werden, wenn nicht gleichzeitig oder zuvor dem Scheidungsantrag stattgegeben wird.[81]

b) FamFG-Verfahren. Das Verfahren in den familienrechtlichen Scheidungsfolgesachen ist im   **34** FamFG geregelt. Dies gilt insbes. für die Regelung der **elterlichen Sorge** (§§ 151 ff. FamFG), den **Versorgungsausgleich** (§§ 217 ff. FamFG) und die Verteilung von **Ehewohnung und Hausrat** (§§ 200 ff. FamFG).

c) Nachholung von Nebenentscheidungen. aa) Nach Scheidung im Inland. Entscheidun-   **35** gen über Scheidungsfolgen, die bei der Scheidung im Inland nicht im Verbund erfolgen mussten oder konnten, können nachgeholt werden.[82] Für den regulär nach Abs. 3 S. 1 angeknüpften **Versorgungsausgleich**[83] kommt dies, da das deutsche Scheidungsgericht hierüber gemäß § 137 Abs. 2 S. 2 FamFG von Amts wegen zu entscheiden hat, nur im Ausnahmefall in Betracht, falls die Folgesache gemäß § 140 Abs. 2 FamFG abgetrennt worden war. In den übrigen Fällen ergibt sich die Frage, ob für die Anknüpfung der in Frage stehenden Scheidungsfolge auf den Zeitpunkt der Scheidung oder auf den gegenwärtigen Zeitpunkt (der letzten mündlichen Verhandlung) abzustellen ist, ob das Scheidungsfolgenstatut mithin **unwandelbar** ist oder nicht. Die Frage lässt sich nicht allgemein beantworten,[84] sondern hängt zum einen davon ab, ob es sich um eine unselbständige oder eine selbständige Folge handelt, letzterenfalls außerdem davon, ob eine **Abänderung** der Entscheidung möglich wäre.

---

[76] HM, vgl. BGHZ 75, 241 (244) = NJW 1980, 47 (48); OLG Hamm NJW 1981, 2648 (2649); OLG Schleswig FamRZ 1991, 96; AG Rüsselsheim IPRax 1986, 115 (LS); *Otto,* Ehe- und Familiensachen mit Ausländerbeteiligung und nach ausländischem Recht, 3. Aufl. 1983, 40; *Henrich,* FS Bosch, 1976, 411 (418); *Jayme* FamRZ 1979, 21 (23); *Jayme* ZfRV 21 (1980), 175 (181); *Jayme* IPRax 1981, 9 (10); *Jayme* IPRax 1985, 46; *Graf,* Die internationale Verbundszuständigkeit, 1984, 19 ff.; *Mitzkus,* Internationale Zuständigkeit im Vormundschafts-, Pflegschafts- und Sorgerecht, 1982, 188.

[77] Vgl. BGH NJW 2007, 2477 = FamRZ 2007, 996; OLG München FamRZ 1990, 186.

[78] Den Ehegatten muss zur Vorbereitung eines Antrags jedoch mindestens zusätzlich eine Woche zur Verfügung stehen, vgl. BGH NJW 2012, 1734 = FamRZ 2012, 863.

[79] OLG Hamm FamRZ 1980, 1049; OLG Köln FamRZ 1980, 388; OLG Schleswig FamRZ 1991, 96 m. abl. Anm. *Schulze.* AA OLG Düsseldorf FamRZ 1988, 965; BLAH/*Hartmann,* 66. Aufl. 2008, ZPO § 628 Rn. 7.

[80] § 140 FamFG idF der BT-Drs. 16/9733, 69. Der Kommissionsentwurf hatte eine Frist von sechs Monaten vorgesehen, vgl. BT-Drs. 16/6308, 37.

[81] BGH IPRax 1982, 79 Nr. 24b (LS der Redaktion).

[82] HM, vgl. die Nachweise in den folgenden Fn.

[83] Zum Fall des Abs. 3 S. 2 → Rn. 104.

[84] AA BSGE 48, 3 (6) = FamRZ 1979, 501 (502).

36   Für **unselbständige** Nebenfolgen ist aufgrund ihrer Anbindung an das Scheidungsstatut der **Zeitpunkt der Scheidung** maßgeblich. Da sich das Scheidungsstatut nach erfolgter Scheidung nicht mehr ändern kann, gilt dies auch für das daran gekoppelte Scheidungsfolgestatut: Beide sind grundsätzlich **unwandelbar.**[85] Abs. 1 verweist auf das nach der Rom III-VO auf die Scheidung „anzuwendende" Recht; ist irrtümlich nach einem **unrichtig** bestimmten Scheidungsstatut geschieden worden, so ist auf die unselbständigen Nebenfolgen dasjenige Recht anzuwenden, welches richtigerweise auf die Scheidung anzuwenden gewesen wäre.[86] Denn sonst würde man den Fehler aus dem Scheidungsurteil mit einem zweiten Fehler fortsetzen. Der Gesichtspunkt des inneren Zusammenhangs zwischen Scheidung und Scheidungsfolge tritt demgegenüber zurück.[87] Abs. 3 S. 1 bestätigt dieses Ergebnis, indem er für den Versorgungsausgleich ebenfalls auf das nach Abs. 1 „anzuwendende" Recht verweist.

37   Demgegenüber entscheidet bei **selbständigen** Nebenfolgen das jeweilige Statut über die Unwandelbarkeit. So richtet sich etwa die Verteilung der **elterlichen Sorge** (kindschaftsrechtliche Scheidungsfolge) stets nach dem **gegenwärtigen** Kindschaftsstatut, also nach dem Recht, welches im Zeitpunkt der letzten mündlichen Verhandlung im Sorgerechtsverfahren nach Art. 21 bzw. nach den Vorschriften des MSA oder des KSÜ (Rn. 71) anwendbar ist. Das Gleiche gilt für den **Kindesunterhalt:** Er ist stets nach dem jeweiligen Aufenthaltsrecht des Kindes zu beurteilen (Art. 18 Abs. 1 S. 1 aF EGBGB bzw. Art. 4 des Haager Unterhaltsübk. von 1973). Das für den **Güterrechtsausgleich** maßgebliche Statut ist dagegen unwandelbar an den Zeitpunkt der Eheschließung geknüpft (Art. 15 Abs. 1). Für den **Ehegattenunterhalt nach Scheidung** verwiesen der aufgehobene Art. 18 Abs. 4 aF EGBGB und Art. 8 Haager Unterhaltsübereinkommens von 1973 auf das tatsächlich angewandte Scheidungsstatut; gemäß **Art. 3 HUP** ist stattdessen nunmehr das Recht des jeweiligen gewöhnlichen Aufenthalts des Unterhaltsberechtigten maßgeblich (→ Rn. 58).

38   Zwischenzeitlich eingetretene **inhaltliche Änderungen** des maßgeblichen Scheidungsfolgenstatuts sind nach Maßgabe der einschlägigen materiellrechtlichen **Übergangsvorschriften** zu beachten (→ Rom III-VO Vor Art. 1 Rn. 11).

39   **Nachholverbote** eines ausländischen Scheidungsfolgenstatuts kommen als verfahrensrechtliche Vorschriften im Inland nicht zum Zuge.[88]

40   **bb) Nach Scheidung im Ausland.** Ist die Ehe im Ausland geschieden worden, so kann die Nebenentscheidung grundsätzlich ebenfalls im Inland nachgeholt werden, falls eine der Parteien dies beantragt.[89] Auch zur Nachholung des Versorgungsausgleichs ist ein Antrag erforderlich;[90] § 137 Abs. 2 S. 2 FamFG ändert hieran nichts, denn er gilt nur, falls das Scheidungsverfahren vor einem deutschen Gericht stattfindet. Auch wenn ein Verfahren vor einem deutschen Gericht zwar zunächst anhängig war, der Scheidungsantrag dann aber mit Rücksicht auf das anhängige ausländische Verfahren zurückgenommen wurde, kann nicht von Amts wegen, sondern nur auf Antrag nachträglich über den Versorgungsausgleich entschieden werden, denn mit der Rücknahme des Scheidungsantrags ist die Wirkung des § 137 Abs. 2 S. 2 FamFG entfallen.[91] Voraussetzung für die Nachholung der Nebenentscheidung ist, dass die ausländische **Ehescheidung** zuvor **anerkannt** worden ist[92] und dass über die **Nebenfolge** noch keine[93] oder jedenfalls keine anerkennungsfähige Entscheidung vorliegt. Zur Anerkennung einer ggf. bereits vorliegenden ausländischen Nebenentscheidung → Anh. Art. 17a Rn. 113 ff. Hat die Anerkennung der Ehescheidung im Verfahren nach § 107

---

[85] BSGE 48, 3 (6) = FamRZ 1979, 501 (502); LG Bielefeld NJW 1967, 784 (interlokal).

[86] HM, vgl. BSGE 48, 3 (6) = FamRZ 1979, 501 (502); OLG Hamm NJW 1968, 1052 (1053); OLG Stuttgart FamRZ 1979, 932 (933) sowie 1022 (1023); OLG Düsseldorf FamRZ 1984, 714 (715); *Serick* RabelsZ 21 (1956), 207 (238 f.); *Raape* IPR S. 316; *Henrich* FamRZ 1986, 841 (851); Soergel/*Schurig* Rn. 121; Staudinger/*Mankowski* (2011) Rn. 256. AA OLG Frankfurt FamRZ 1982, 77 (78).

[87] OLG Hamm NJW 1968, 1052 (1053).

[88] *Drobnig* FamRZ 1962, 384 (385); Staudinger/*Mankowski* (2003) Anh. I Art. 18 Rn. 272.

[89] Vgl. KG NJW 1979, 1107; OLG Düsseldorf FamRZ 1980, 698 (699); OLG Karlsruhe FamRZ 2006, 955 (Versorgungsausgleich); *Jayme* NJW 1977, 1378 (1383); *Jayme* FamRZ 1979, 557 (559); *Bergner* SGb 1978, 133 (139); *Basedow,* Die Anerkennung von Auslandsscheidungen, 1980, 234; *Henrich* FamRZ 1986, 841 (851); Johannsen/Henrich/*Henrich* Rn. 10 (Versorgungsausgleich).

[90] AA *Jayme* FamRZ 1979, 557 (559) und Johannsen/Henrich/*Henrich* Rn. 10 (bloße „Anregung" sei ausreichend).

[91] Unzutr. daher AG Charlottenburg FamRZ 1989, 514 (zu § 623 Abs. 3 S. 1 ZPO aF).

[92] Vgl. KG NJW 1979, 1107; OLG Düsseldorf FamRZ 1980, 698; OLG Stuttgart FamRZ 1991, 1068 = IPRspr. 1991 Nr. 82.

[93] Vgl. BGH NJW 1993, 2047 = FamRZ 1993, 798 = IPRax 1994, 131 m. Anm. *v. Bar* IPRax 1994, 100 (Gerichtliche Aufforderung im Scheidungsurteil zur Trennung und Teilung der Gemeinschaft nach niederländischem Recht ist keine Versorgungsausgleichsentscheidung).

FamFG zu erfolgen, so ist das Verfahren über die nachzuholende Nebenentscheidung in gleicher Weise **auszusetzen** wie ein inländisches Scheidungsverfahren (→ Rom III-VO Art. 1 Rn. 27).

    Sind die Voraussetzungen für die Nachholung der Nebenentscheidung gegeben, so gelten für das   **41** **anwendbare Recht** die in → Rn. 35 ff. dargestellten Grundsätze. Für **unselbständige** Nebenfolgen gilt also grundsätzlich dasjenige Recht, welches nach deutschem IPR im Zeitpunkt der Scheidung anzuwenden gewesen wäre, wenn die Scheidung im Inland betrieben worden wäre.[94] Nach welchem Recht das ausländische Gericht die Ehe tatsächlich geschieden hat, ist trotz der Tatsache, dass das Scheidungsurteil vor der Entscheidung über die Nebenfolge anerkannt werden muss (→ Rn. 40), unerheblich; denn das Scheidungsstatut ist durch das anzuerkennende Urteil nur im Hinblick auf die Hauptfrage festgelegt worden, nicht aber für die Nebenfolge, über die **nicht** – oder jedenfalls nicht mit Wirkung für das Inland – **entschieden** wurde und die deshalb nachzuholen ist.[95] Es liegt also anders als in den Fällen, in denen es um die nachträgliche **Abänderung** einer Nebenentscheidung geht (→ Rn. 52). **Selbständige** Nebenfolgen sind nach Maßgabe des jeweiligen Statuts anzuknüpfen (→ Rn. 37).

    d) Abänderung von Nebenentscheidungen. Scheidungsfolgen, die im Zeitpunkt der Schei-   **42** dung nicht abgeschlossen sind, sondern fortdauern, bedürfen ggf. der Anpassung an geänderte Umstände. Dies gilt insbes. für Unterhalts-[96] und für Sorgerechtsentscheidungen.[97] Die Anpassung erfordert eine Abänderung der sie betreffenden Entscheidung. Daraus ergibt sich die Frage nach der **Zulässigkeit** einer solchen Abänderung. Sie hat völkerrechtliche, verfahrensrechtliche und materiell-internationalprivatrechtliche Aspekte und ist u.a. davon abhängig, ob es sich bei der abzuändernden Entscheidung um eine deutsche oder um eine ausländische handelt und in welchem Verfahren (streitige oder freiwillige Gerichtsbarkeit) sie ergangen ist. Ist die Abänderung zulässig (→ Rn. 43 ff.), so stellt sich anschließend die Frage, nach welchem Recht sie **inhaltlich** vorzunehmen ist (→ Rn. 52 ff.).

    aa) Die Zulässigkeit der Abänderung. (1) Völkerrecht. Völkerrechtliche Bedenken gegen   **43** die Abänderung ausländischer Entscheidungen bestehen nicht,[98] da einerseits ein ausländisches Urteil im Inland Bindungswirkung nur kraft Anerkennung entfaltet,[99] andererseits es dem Ursprungsstaat überlassen bleibt, ob er die Abänderung der Entscheidung anerkennt oder nicht.[100]

    (2) Abänderungsantrag und Vollstreckbarerklärung. Eine Abänderung ausländischer Ent-   **44** scheidungen ist nur im dafür vorgesehenen **Abänderungsverfahren** nach vorheriger Anerkennung (→ Rn. 47) möglich. Im Rahmen der **Vollstreckbarerklärung** können dagegen Abänderungsgründe nicht berücksichtigt werden, da dies gegen das Verbot der révision au fond verstoßen würde (vgl. Art. 42 EuUnthVO, Art. 12 HUnthVÜ, Art. 28 HUnthGÜ).[101]

    (3) Rechtskraft und Gestaltungswirkung. Das Vorliegen einer rechtskräftigen Entscheidung   **45** hat zur Folge, dass ein neues Verfahren in derselben Sache unzulässig ist. Dies gilt für Endentscheidungen in Ehesachen (§ 116 Abs. 2 FamFG) und in Familienstreitsachen (§ 116 Abs. 3 FamFG). Entscheidungen im Bereich der **freiwilligen Gerichtsbarkeit** sind nur eingeschränkt der materiellen Rechtskraft fähig.[102] Insbes. in Sorgerechtssachen hat die Fürsorge gegenüber dem Minderjährigen stets Vorrang vor der Endgültigkeit einer einmal getroffenen Entscheidung.[103] Ähnliches gilt für

---

[94] Im Ergebnis ebenso BSG FamRZ 1979, 501 (502); OLG Düsseldorf FamRZ 1980, 698 (699) (ohne die Problematik aufzudecken); AG Charlottenburg FamRZ 1989, 514 (515) (ebenfalls ohne Hinweis auf die Problematik). In der Lit. wie hier *Schäfer*, Sozialversicherung, 1977, 318 f.; *Jayme* FamRZ 1979, 557 (559). Dagegen OLG Frankfurt FamRZ 1982, 77 (78).

[95] AA OLG Frankfurt FamRZ 1982, 77 (78).

[96] Vgl. aus der jüngeren Rspr.: BGHZ 203, 372 = NJW 2015, 694 (Irland); OLG Koblenz NJW-RR 2015, 1482 (Luxemburg); OLG Stuttgart NJW 2014, 1458 (Türkei); AG München FamRZ 2009, 1596 (Uganda).

[97] Vgl. dazu OLG Bamberg FamRZ 1993, 1135 (1136); OLG Hamm FamRZ 1975, 426; *Schurig* FamRZ 1975, 459.

[98] AllgM, vgl. BGHZ 203, 372 = NJW 2015, 694; BGH NJW 1983, 1976 = FamRZ 1983, 806 (807) = IPRax 1984, 320 m. Rez. *Spellenberg*; OLG Düsseldorf FamRZ 1993, 346 (347); IPRax 1982, 152; OLG Hamburg DAVorm. 1985, 509 (512). *Kropholler* ZBlJugR 1977, 105 (107); *Hausmann/Jayme* ZBlJugR 1979, 290 (295); *Schlosser* IPRax 1981, 120; *Henrich* IPRax 1988, 21; *Siehr*, FS Bosch, 1976, 937 f.; *Spellenberg* IPRax 1984, 304; *Nagel/Gottwald* IZPR § 15 Rn. 288; *Neuhaus* IPR S. 401 f.; *Soergel/Kronke* Anh. IV Art. 38 Rn. 188; *Staudinger/Mankowski* (2003) Anh. I Art. 18 Rn. 39; *Schack* IZVR Rn. 1108.

[99] BGH NJW 1983, 1976 (1977); *Spellenberg* IPRax 1984, 304.

[100] Ähnlich OLG Düsseldorf IPRax 1982, 152 (153).

[101] BGH FamRZ 2011, 802 m. Anm. *Heiderhoff* = IPRax 2012, 360 m. Rez. *Hilbig-Lugani* IPRax 2012, 333.

[102] Vgl. nur *Bumiller/Harders/Schwamb* § 45 Rn. 7 ff.; *Keidel/Engelhardt* FamFG § 45 Rn. 24 ff.

[103] BGHZ 64, 19 (29) = FamRZ 1975, 273; BGH IPRax 1987, 317; KG FamRZ 1977, 65; *Roth* IPRax 1988, 75 (80); *Keidel/Engelhardt* FamFG § 45 Rn. 28.

Unterhaltsentscheidungen. Die Rechtskraft von **Sorgerechts- und Unterhaltsentscheidungen** ist deshalb insofern begrenzt, als unter den in § 166 FamFG **(Sorgerechtsentscheidungen)** bzw. § 238 FamFG **(Unterhaltsentscheidungen)** genannten Voraussetzungen eine Abänderung möglich ist. Da es sich hierbei um verfahrensrechtliche Vorschriften handelt, gelten sie auch für entsprechende **ausländische Entscheidungen;** diese sind indes nur dann abänderbar, wenn sie **anerkennungsfähig** sind (→ Anh. Art. 17a Rn. 11). Handelt es sich dabei um **Nebenfolgen der Scheidung** – insbes. **Ehegattenunterhalt** nach Scheidung oder gerichtlicher Trennung, § 231 Nr. 2 FamFG –, so setzt die Anerkennung voraus, dass zuvor die zu Grunde liegende **Ehescheidung oder gerichtliche Trennung** anerkannt wird (→ Anh. Art. 17a Rn. 114). In EU-Staaten ergangene Scheidungs- oder Trennungsentscheidungen werden automatisch anerkannt (→ Anh. Art. 17a Rn. 82), alle anderen müssen das einschlägige Anerkennungsverfahren durchlaufen (→ Anh. Art. 17a Rn. 83).

46 Hat **außerhalb des Geltungsbereichs der Brüssel IIa-VO** die Anerkennung der Ehescheidung im Verfahren nach § 108 f. FamFG zu erfolgen, so ist auch hier wiederum (→ Rn. 40) das Verfahren über die abzuändernde Nebenentscheidung **auszusetzen;** dass Ehescheidung und Nebenentscheidung in einer Entscheidung erfolgten, lässt die Entscheidungskompetenz der Landesjustizverwaltung hinsichtlich der Scheidung unberührt – eine „automatische Anerkennung" der Scheidung kann es nur im Ausnahmefall des § 107 Abs. 1 S. 2 FamFG (→ Anh. Art. 17a Rn. 86) geben.[104]

47 Eine Sachentscheidung über den **Abänderungsantrag** ist nur möglich, wenn das Gericht zuvor inzident die **Anerkennung der abzuändernden ausländischen Entscheidung** bejaht hat.[105] Wird trotz Vorliegens einer ausländischen Entscheidung kein Abänderungsantrag, sondern ein Antrag auf **Neuentscheidung** (Leistungsantrag) gestellt, so ist im Rahmen des von Amts wegen zu prüfenden[106] **Rechtskrafteinwands** ebenfalls zunächst festzustellen, ob die ausländische Entscheidung anerkennungsfähig ist. Bejahendenfalls steht einer neuen Entscheidung in der gleichen Sache die Rechtskraft der ausländischen Entscheidung entgegen;[107] das Gericht kann in diesem Fall allenfalls auf Antrag eine **inhaltlich übereinstimmende Sachentscheidung** treffen.[108] Wird ein **Leistungsantrag mit verändertem Inhalt** (zB höherem Unterhaltsbetrag) gestellt, so kann dieser ggf. in einen **Abänderungsantrag** umgedeutet werden.[109] Umgekehrt kann ein Abänderungsantrag in einen Leistungsantrag umgedeutet werden, wenn das ausländische Urteil nicht anerkennungsfähig ist.[110]

48 Fraglich ist, ob für die Abänderung ausländischer Entscheidungen neben den Voraussetzungen der §§ 166, 238 FamFG zusätzlich erforderlich ist, dass die Entscheidung nach dem ausländischen **Entscheidungsstatut** abänderbar ist.[111] Mit dem Hinweis auf die verfahrensrechtliche Natur der Vorschriften allein ist nichts gewonnen, da die Durchbrechung der Rechtskraft zusätzlich die internationalverfahrensrechtliche Frage nach der **Wirkung der Anerkennung** ausländischer Entscheidungen aufwirft. Die hM sieht in der Anerkennung eine Erstreckung der Wirkungen, die die ausländische Entscheidung nach dortigem Recht hat, auf das Inland.[112] Daraus folgt aber nicht, dass das ausländische Recht auch über die Möglichkeit einer Durchbrechung der Rechtskraft der Entscheidung entscheiden müsste, denn dies widerspräche dem Grundsatz, dass im Verfahrensrecht nur die lex fori gilt.[113] Die Wirkungserstreckung kann sich als **verfahrensrechtlicher** Vorgang nur in den Grenzen des deutschen Verfahrensrechts voll-

---

[104] Vgl. OLG Hamm FamRZ 1988, 968.
[105] Vgl. BGH NJW 1983, 1976 (1977) (Fn. 104); OLG Hamm FamRZ 1988, 968; OLG Nürnberg FamRZ 1980, 925 (926); OLG Schleswig SchlHA 1979, 39 (40); LG München II FamRZ 1976, 100; *Kropholler* ZBlJugR 1977, 105 (107); *Hausmann/Jayme* ZBlJugR 1979, 290 (292); *Henrich* IPRax 1982, 140; *Siehr*, FS Bosch, 1976, 940; *Soergel/Kronke* Anh. IV Art. 38 Rn. 670 (Abänderung schränke Anerkennung ein); *Schack* IZVR Rn. 1111.
[106] BLAH/*Hartmann*, 75. Aufl. 2017, ZPO Vor §§ 322–327 Rn. 25.
[107] OLG Karlsruhe FamRZ 1991, 600 (601); *Baumann* IPRax 1994, 435 (437); *Leipold*, FS Nagel, 1987, 189 (190) Fn. 4; BLAH/*Hartmann*, 75. Aufl. 2017, ZPO § 722 Rn. 5.
[108] BGH NJW 1964, 26; FamRZ 1986, 665 (666); 1987, 370; KG FamRZ 1993, 976 = IPRax 1994, 455; OLG Düsseldorf FamRZ 1989, 97 (98); OLG Hamm FamRZ 1991, 718; OLG Karlsruhe FamRZ 1991, 600 (601); OLG Stuttgart IPRax 1990, 49; *Baumann* IPRax 1994, 435 (437); BLAH/*Hartmann*, 75. Aufl. 2017, ZPO § 722 Rn. 5.
[109] BGH FamRZ 1992, 298; KG FamRZ 1993, 976 (978) = IPRax 1994, 455 (457); OLG Celle FamRZ 1993, 838; OLG Karlsruhe FamRZ 1991, 600 (601); AG Hamburg-Altona FamRZ 1992, 82 (84); Zöller/ *Vollkommer* ZPO § 323 Rn. 20. AA noch OLG Koblenz FamRZ 1990, 426.
[110] OLG Celle NJW 1991, 1428 (1429). Vgl. auch BGH NJW 1983, 2200 = FamRZ 1983, 892; NJW-RR 1986, 1260 = FamRZ 1986, 661 (662).
[111] *Dafür* (zu § 323 ZPO): KG FamRZ 1993, 976 (978) = IPRax 1994, 455 (458); OLG Hamm FamRZ 1991, 718; 1995, 882 (883) = NJW-RR 1995, 456 (457); OLG Koblenz NJW 1987, 2167; *Kartzke* NJW 1988, 104 (106); *Spellenberg* IPRax 1984, 304 (307). *Dagegen: Henrich* IPRax 1982, 140 f. Offen gelassen von BGH NJW 1983, 1976 (Fn. 104); OLG Nürnberg FamRZ 1996, 353; OLG Koblenz FamRZ 1990, 426 (428).
[112] Nachweise bei *Spellenberg* IPRax 1984, 304 (306) Fn. 20. Ferner *Henrich* IPRax 1988, 21; MüKoZPO/ *Gottwald* ZPO § 328 Rn. 4; Stein/Jonas/*Roth* ZPO § 328 Rn. 7 f.
[113] OLG Koblenz NJW 1987, 2167.

ziehen. Eine Bestandskraft, die wir den Entscheidungen unserer Gerichte verweigern, können wir auch ausländischen Entscheidungen nicht gewähren.[114] Das Argument, dass die Parteien sich hierauf nicht haben einstellen können,[115] überzeugt demgegenüber nicht, denn die Parteien müssen damit rechnen, dass überall dort, wo sich ein internationaler Gerichtsstand für die Abänderung der Entscheidung befindet, auch das dortige Verfahrensrecht angewendet wird. Auch anerkannte ausländische Entscheidungen genießen nach alledem Rechtskraft nur in den Grenzen der §§ 166, 238 FamFG.

Eine besondere Frage ist, ob auch das Verbot der **rückwirkenden Abänderung** nach § 238 Abs. 3   **49** S. 1 FamFG auf anerkannte ausländische **Unterhaltsentscheidungen** Anwendung findet. Hierzu wurden zu § 323 ZPO mindestens drei Meinungen vertreten: generell keine Rückwirkung;[116] Rückwirkung, wenn ausländisches Recht maßgebend ist und dieses sie zulässt;[117] Rückwirkung, wenn sowohl das maßgebende Recht als auch das Recht des Staates sie gestattet, dessen Gerichte die abzuändernde Entscheidung erlassen haben.[118] Zu folgen ist keiner von ihnen. Maßgebend ist die Überlegung, dass eine Rechtskraftwirkung, die die ausländische Entscheidung nicht hat, auch nicht auf das Inland erstreckt werden kann. Ist die Entscheidung **im Entscheidungsstaat** rückwirkend abänderbar, so kann deshalb § 238 Abs. 3 S. 1 FamFG die insoweit von vornherein eingeschränkte Rechtskraft der Entscheidung nicht herstellen; ist sie nicht rückwirkend abänderbar, so stimmt dies mit § 238 Abs. 3 S. 1 FamFG überein. Nach welchem Recht die Rückwirkungsfrage im Entscheidungsstaat beurteilt wird, bleibt diesem überlassen. Uns interessiert nur das Ergebnis, ob die Entscheidung rückwirkend abänderbar ist oder nicht. Letztlich bedeutet dies eine **kumulative Anwendung** der Rechtskraftvorschriften nach dem Grundsatz des schwächeren Rechts: Wir erkennen nur solche Rechtskraftwirkungen an, die sowohl nach dem Recht des Erstentscheidungsstaats als auch nach unserem Recht eintreten.

Ist eine ausländische **Sorgerechtsentscheidung anzuerkennen,** so kann das Gericht keine neue   **50** (erstmalige) Sorgerechtsregelung erlassen, sondern nur unter den nach dem Sachstatut erforderlichen Modalitäten die vorhandene Regelung **abändern**[119] oder – **außerhalb des EU-Bereichs** – eine **inhaltlich übereinstimmende Sachentscheidung** treffen;[120] das Rechtsschutzbedürfnis für eine solche gleichlautende Entscheidung folgt daraus, dass es kein Feststellungsverfahren für die Anerkennung ausländischer Sorgerechtsentscheidungen gibt (→ Anh. Art. 17a Rn. 113).[121] **Innerhalb der EU** ist der Erlass einer inhaltlich übereinstimmenden Entscheidung nicht zulässig, weil die Brüssel IIa-VO jeder Partei die Möglichkeit eröffnet, die Anerkennung oder Nichtanerkennung der Entscheidung feststellen zu lassen (Art. 21 Nr. 3 Brüssel IIa-VO).

Außerhalb eines etwaigen Feststellungsverfahrens nach der Brüssel IIa-VO ist im Rahmen des   **51** Abänderungsverfahrens über die Anerkennung der abzuändernden ausländischen Entscheidung von Amts wegen (inzident) zu entscheiden. Im Ergebnis bedeutet dies freilich nur, dass bei der Tenorierung von dem Zustand auszugehen ist, wie er durch die anerkannte Sorgerechtsregelung geschaffen wurde; bei seiner Neugestaltung ist das abändernde Gericht aber inhaltlich ebenso frei oder gebunden (Art. 3 MSA) wie bei einer Erstregelung.

bb) Anwendbares Recht. (1) Grundsatz: wandelbare Anknüpfung. Ist die Abänderung der   **52** Entscheidung nach §§ 166, 238 FamFG zulässig, so kommt für ihre **inhaltliche Ausgestaltung** nur die **lex causae** in Betracht, also das für die jeweilige Scheidungsfolge geltende Statut.[122] Dabei ist das abändernde Gericht an die kollisionsrechtliche Beurteilung durch das Erstgericht nicht gebunden, denn andernfalls würden die Beteiligten bei Änderung ihres gewöhnlichen Aufenthalts ungeachtet

---

[114] Vgl. *Henrich* IPRax 1988, 21; *Klaus Müller* ZZP 79 (1966), 199 (209); *Kropholler* IPR § 60 IV 2; MüKoZPO/*Gottwald* ZPO § 328 Rn. 5 mwN.
[115] *Spellenberg* IPRax 1984, 304 (308).
[116] So OLG Düsseldorf FamRZ 1993, 346 (347); 1994, 1344 (1345); OLG Köln IPRax 1988, 30 (31); LG Hamburg IPRspr. 1968/69 Nr. 223 S. 568; *Henrich* IPRax 1989, 53 (Anm. zu OLG Köln). *Schlosser* IPRax 1981, 120 (122) Fn. 12 hält dies für „an sich folgerichtig". Ferner *Leipold*, FS Nagel, 1987, 189 (206); Staudinger/*Mankowski* (2003) Anh. I Art. 18 Rn. 52 f.
[117] So *Hausmann/Jayme* ZBlJugR 1979, 290 (298).
[118] So *Siehr*, FS Bosch, 1976, 951 f. und 961.
[119] Vgl. BGH IPRax 1987, 317 (318) unter 4 b bb.
[120] BGH NJW 1964, 1626; IPRax 1987, 247 (248) (Vaterschaftsfeststellung); IPRax 1987, 317.
[121] Vgl. BGH NJW 1964, 1626.
[122] KG FamRZ 1993, 976 (978) = IPRax 1994, 455 (458); OLG Hamm FamRZ 1988, 968 (969); OLG Karlsruhe FamRZ 1989, 1210; OLG Nürnberg FamRZ 1980, 925 (927) (Kindesunterhalt); OLG Frankfurt IPRax 1981, 136; OLG Düsseldorf IPRax 1982, 152 (153); OLG München NJW-RR 1990, 649. Vgl. auch OLG Köln IPRax 1989, 53 (LS) m. Anm. *Henrich*. Offen gelassen von BGH FamRZ 1992, 1060 (1062); OLG Celle FamRZ 1993, 103 (104); OLG Koblenz NJW 1987, 2167; FamRZ 1990, 426. Aus der Lit.: *Siehr*, FS Bosch, 1976, 927 (947 f.); *Kropholler* ZBlJugR 1977, 105 (111 f.); *Hausmann/Jayme* ZBlJugR 1979, 290 (298); *Schlosser* IPRax 1981, 120 (121); *Hausmann* IntEuSchR Rn. C198.

der Wandelbarkeit der Statute (Art. 3 Abs. 2 HUP, Art. 8 Brüssel IIa-VO) unbegrenzt an der Maßgeblichkeit des Rechts ihres bisherigen Aufenthalts festgehalten.

53   **(2) Unterhaltssachen.** Im Gegensatz zu Art. 8 UStA (→ Rn. 60), welcher für den **nachehelichen Unterhalt** unwandelbar auf das angewandte Scheidungsstatut verwies, ist das Unterhaltsstatut gemäß **Art. 3 Abs. 2 HUP** (→ Rn. 58) ausdrücklich wandelbar: Nach Wechsel des gewöhnlichen Aufenthalts des Unterhaltsberechtigten gilt das Recht des neuen Aufenthaltsortes. Der BGH hatte die Frage bisher stets offenlassen können, weil es im konkreten Fall (nach altem Recht) zu keinem Statutenwechsel gekommen war.[123] In BGHZ 203, 372 hat er nunmehr klargestellt, dass ein Aufenthaltswechsel gemäß Art. 3 Abs. 2 HUP zu einer Änderung des Unterhaltsstatuts führt (näher → Art. 3 HUP Rn. 18). Ob dies allein ausreicht, einen Abänderungsantrag nach § 238 FamFG zu begründen, hat der BGH offengelassen.[124] Das **Sachstatut** (Unterhaltsstatut, Sorgerechtsstatut) ist jedenfalls nach den gegenwärtigen, gegenüber dem Ersturteil veränderten Verhältnissen erneut zu bestimmen.[125]

54   **(3) Sorgerechtssachen.** Ist in **Sorgerechtssachen** über die Abänderung **im Rahmen eines Eheverfahrens** zu entscheiden, verweist **Art. 15 KSÜ iVm Art. 10 KSÜ** auf die **lex fori;** ob dies auch gilt, wenn sich die Zuständigkeit des Gerichts nicht aus dem KSÜ, sondern aus der Brüssel IIa-VO oder – als Restzuständigkeit gemäß Art. 7 Brüssel IIa-VO – aus § 99 FamFG ergibt, ist str.[126] ME greift in diesem Fall **Art. 21 EGBGB** ein, der auf das **Recht des Kindesaufenthalts** verweist. Auch eine **Zuständigkeitsvereinbarung** nach Art. 12 Brüssel IIa-VO kann zur Maßgeblichkeit eines ausländischen Rechts führen. Für **isolierte Abänderungsverfahren** besteht – vorbehaltlich der Regelung nach Art. 9 Brüssel IIa-VO – gemäß **Art. 8 Brüssel IIa-VO** eine Zuständigkeit nur, falls das Kind zum Zeitpunkt des Abänderungsantrags seinen gewöhnlichen Aufenthalt im Inland hat.[127] In diesem Fall führt Art. 21 EGBGB zur Maßgeblichkeit des deutschen Rechts; dies stimmt im Ergebnis mit Art. 2 MSA, 15 KSÜ überein, die durch die Brüssel IIa-VO verdrängt werden (Art. 60 lit. a Brüssel IIa-VO, Art. 61 lit. a Brüssel IIa-VO).

55   **e) Einstweilige Anordnungen.** Bei der Beurteilung einstweiliger Anordnungen in den Fällen des § 49 FamFG ergibt sich zunächst die Frage nach der **verfahrensrechtlichen Zulässigkeit**, wenn ein ausländisches Recht Sachstatut ist. Da es sich bei §§ 49 ff. FamFG um verfahrensrechtliche Vorschriften handelt, ist ihre Anwendbarkeit unabhängig davon, welches Recht die zu regelnde Frage materiell beherrscht. Die Zulässigkeit einstweiliger Anordnungen auch bei Geltung ausländischen Sachstatuts ist deshalb unbestritten.[128]

56   Umstritten ist dagegen die Frage nach dem **anwendbaren Recht.** In Betracht kommt in erster Linie die Anwendung des vom IPR berufenen Sachstatuts, dem das zu regelnde Rechtsverhältnis unterliegt. Zur gesteigerten Mitwirkungspflicht der Parteien bei der Feststellung des anwendbaren ausländischen Rechts → Einl. IPR Rn. 301. Vereinzelt wird auch – wegen der Eilbedürftigkeit – die uneingeschränkte Anwendung deutschen Rechts vertreten.[129]

57   Auszugehen ist davon, dass das Verfahrensrecht vor allem der Durchsetzung des materiellen Rechts dient. Dieses wiederum ist nach den Regeln des materiellen Kollisionsrechts zu bestimmen, dh. es unterliegt dem jeweiligen **Sachstatut.** Die einstweilige Anordnung unterscheidet sich in dieser Frage nicht prinzipiell von der Entscheidung im normalen Verfahren. Die einstweilige Regelung eines Rechtsverhältnisses kann deshalb nicht anders qualifiziert werden als seine endgültige Regelung.[130] Es gibt nur einen graduellen Unterschied, welcher in der **Eilbedürftigkeit** liegt. Dieser Unterschied berechtigt dazu, deutsches Recht anzuwenden, wenn das Ziel des einstweiligen Rechtsschutzverfahrens sonst nicht erreicht werden kann, weil der Inhalt des an sich maßgeblichen ausländischen Rechts nicht oder nicht in der gebotenen Eile ermittelt werden kann.[131] Allgemein zu den Voraussetzungen des Rückgriffs auf deutsches Recht → Einl. IPR Rn. 303 f.

---

[123] BGH NJW 1983, 1976 (Fn. 98) Rn. 16; BGHZ 192, 45 = NJW 2012, 384 = FamRZ 2012, 281, Rn. 15.
[124] BGHZ 203, 372 = NJW 2015, 694 Rn. 27 ff.
[125] Vgl. für das Unterhaltsstatut OLG Koblenz NJW-RR 2015, 1482; OLG Stuttgart NJW 2014, 1458. Ebenso *Siehr*, FS Bosch, 1976, 944; *Hausmann*/*Jayme* ZBlJugR 1979, 290 (298); *Spellenberg* IPRax 1984, 304 (308); *Henrich* IPRax 1988, 21 (22); *Staudinger*/*Mankowski* (2003) Anh. I Art. 18 Rn. 46–49; *Zöller*/*Vollkommer* ZPO § 323 Rn. 12; *Coester-Waltjen* IPRax 2012, 528 (530); *Hausmann* IntEuSchR Rn. C 199a. Offen gelassen von BGH NJW 1983, 1976 (1978) (Fn. 98) und BGH FamRZ 1992, 1060 (1062).
[126] Vgl. dazu Palandt/*Thorn*, 76. Aufl. 2017, Art. 21 Rn. 6.
[127] S. dazu EuGH Urt. v. 15.2.2017, Rs C-499/15, NJW 2017, 2013 = FamRZ 2017, 734.
[128] Nachweise → Einl. IPR Rn. 300 f.
[129] Nachweise s. Staudinger/*Sturm*/*Sturm* (2012) Einl. zum IPR Rn. 221.
[130] Unklar insoweit OLG Hamm FamRZ 1989, 621 f.
[131] HM, vgl. Staudinger/*Sturm*/*Sturm* (2012) Einl. zum IPR Rn. 222 mwN; *Kropholler* IPR § 78 III 3 b; Soergel/*Schurig* Art. 14 Rn. 53.

III. Vermögensrechtliche Folgen (ohne Versorgungsausgleich) (Abs. 1)

1. Ehegattenunterhalt. a) EU-Recht. Das materielle internationale Unterhaltsrecht ist – ebenso **58** wie das internationale Unterhaltsverfahrensrecht (→ Anh. Art. 17a Rn. 4) – durch die **EuUnth-VO**[132] geregelt, die am 18.6.2011 in allen EU-Mitgliedstaaten (inklusive Irland,[133] Vereinigtes Königreich[134] und Dänemark[135]) in Kraft getreten ist. Sie verweist in ihrem **Art. 15** auf das **Haager Protokoll vom 23.11.2007 (HUP)**.[136] Dieses wurde am 8.4.2010 von der EU und am 18.4.2012 von Serbien unterzeichnet. Die EU ratifizierte es am 8.4.2010,[137] Serbien am 10.4.2013.[138] Damit trat das UnthProt nach seinem Artikel 25 am 1.8.2013 völkerrechtlich in Kraft.[139] Am 21.3.2016 hat als zweiter Nicht-EU-Staat die Ukraine unterzeichnet.[140] Das UnthProt hatte jedoch auch schon vor seinem Inkrafttreten auf Grund der uneingeschränkten Bezugnahme in Art. 15 EuUnthVO[141] die Qualität sekundären Unionsrechts erlangt.[142] Nach seinem **Art. 22** gilt es für jeden Unterhalt, der für die Zeit ab 18.6.2011 verlangt wird;[143] gemäß Art. 5 des **Ratsbeschlusses vom 30.11.2009**[144] findet es jedoch darüber hinaus auch auf Unterhaltsansprüche für die Zeit davor Anwendung, sofern der Unterhaltstitel oder die Verfahrenseinleitung ab dem 18.6.2011 datiert.[145]

Art. 3 HUP verweist grundsätzlich auf das Recht des jeweiligen **gewöhnlichen Aufenthalts** **59** **des Unterhaltsberechtigten.** Für den nachehelichen Unterhalt gilt die Sondervorschrift des Art. 5, wonach abweichend von Art. 3 auf Intervention einer Partei auf ein Recht abzustellen ist, das zu der betreffenden Ehe eine **engere Verbindung** aufweist, insbesondere das Recht des Staates des letzten **gemeinsamen gewöhnlichen Aufenthalts der Ehegatten.** Im Übrigen können die Parteien gemäß Art. 8 HUnthProt jederzeit das anwendbare Recht aus dem Kreis der dort genannten Rechte **wählen.**[146] Wählbar sind u.a. das von den Parteien gewählte Scheidungsstatut oder das tatsächlich auf die Ehescheidung oder Trennung angewendete Recht (im Einzelnen → HUP Art. 8 Rn. 2 ff.).

b) Haager Unterhaltsübereinkommen (UStA). Am 1.4.1987 ist für die Bundesrepublik das **60** UStA v. 1973[147] in Kraft getreten. Die Bestimmungen des Abkommens waren in dem inzwischen aufgehobenen Art. 18 EGBGB im Wesentlichen unverändert übernommen worden. Im Verhältnis zwischen den Vertragstaaten des HUP wurde das UStA durch das **HUP** (→ Rn. 58) ersetzt (Art. 18 HUP). Da das HUP nach seinem Art. 2 universell anzuwenden ist (loi uniforme), ist es von den Gerichten der teilnehmenden EU-Staaten auch dann anzuwenden, wenn das danach geltende Unter-

---

[132] Abgedruckt bei *Jayme/Hausmann* Nr. 161. Vgl. dazu *Dörner* IPRax 2006, 550; *Martiny* FamRZ 2008, 1681 (1689); *Mansel/Thorn/Wagner* IPRax 2012, 1 (2 f.); *Lipp*, Liber amicorum Walter Pintens, 2012, 847 (849). Zum Übergangsrecht s. *Finger* JR 2012, 51 (55 ff.).

[133] Erwägungsgrund 46.

[134] Erwägungsgrund 47 iVm. der Entscheidung der Kommission 2009/451/EG v. 8.6.2009, ABl. EU Nr. L 149 S. 73.

[135] Erwägungsgrund 48 iVm. der Mitt. der Kommission v. 12.6.2009, ABl. EU Nr. L 149 S. 80. Die Bestimmungen des Artikels 2 [Begriffsbestimmungen] und in Kapitel IX der Verordnung (EG) Nr. 4/2009 [Allgemeine Bestimmungen und Schlussbestimmungen] sind danach in Dänemark nur insoweit anwendbar, als sie die gerichtliche Zuständigkeit, die Anerkennung, Vollstreckbarkeit und Vollstreckung von Entscheidungen und den Zugang zum Recht betreffen.

[136] Haager Protokoll über das auf Unterhaltspflichten anzuwendende Recht, verabschiedet auf der 21. Session der Haager Konferenz am 23.11.2007, *Jayme/Hausmann* Nr. 42. Vgl. dazu *Andrae* FPR 2008, 196; *Arnold* IPRax 2012, 311 (312 ff.); *Finger* JR 2012, 51 (53 ff.); *Martin Weber* ZfRV 2012, 170.

[137] Der Beitritt der EU erstreckt sich auf Irland, nicht aber auf das Vereinigte Königreich und Dänemark (Art. 3 des Ratsbeschlusses vom 30.11.2009 über den Abschluss des Haager Protokolls vom 23.11.2007 über das auf Unterhaltspflichten anzuwendende Recht durch die Europäische Gemeinschaft, ABl. EU Nr. L 331 S. 17 [Dok. 2009/941/EG]; *Lipp,* Liber amicorum Walter Pintens, 2012, 847 [850] [der Beschluss wird dort in Fn. 19 u. 22 fälschlich mit der Nr. 2009/942 bezeichnet]).

[138] Statustabelle https://www.hcch.net/de/instruments/conventions/status-table/?cid=133.

[139] Vgl. Statustabelle sowie *Mansel/Thorn/Wagner* IPRax 2014, 1 (9).

[140] S. Statustabelle https://www.hcch.net/de/instruments/conventions/status-table/?cid=133.

[141] S. a. Erwägungsgrund 20.

[142] *Lipp,* Liber amicorum Walter Pintens, 2012, 847 (850); *Jayme/Hausmann* Nr. 42 Fn. 1; s.a. Palandt/*Thorn,* 76. Aufl. 2017, HUnthProt Rn. 2; *Eßer* IPRax 2013, 399.

[143] OLG Celle JAmt 2012, 487 Rn. 15 f.

[144] Ratsbeschluss vom 30.11.2009 über den Abschluss des Haager Protokolls vom 23.11.2007 über das auf Unterhaltspflichten anzuwendende Recht durch die Europäische Gemeinschaft, ABl. EU Nr. L 331 S. 17 [Dok. 2009/941/EG].

[145] Vgl. *Coester-Waltjen* IPRax 2012, 528 (529); *Kroll-Ludwigs* IPRax 2016, 34 (35); Palandt/*Thorn,* 76. Aufl. 2017, HUnthProt. Rn. 60.

[146] Dazu *Henrich,* Liber amicorum Walter Pintens, 2012, 701 (704 f.); *Eßer* IPRax 2013, 399.

[147] Abgedruckt bei *Jayme/Hausmann* Nr. 41. Text und Kommentierung s. 5. Aufl.

haltsstatut das Recht eines Staates ist, der das HUP nicht ratifiziert hat. In Anbetracht der Tatsache, dass das HUP keinen Renvoi kennt (Art. 12 HUP), wird das UStA vor den deutschen Gerichten – wie vor den Gerichten aller EuUnthVO-Anwenderstaaten – im Rahmen der primären kollisionsrechtlichen Anknüpfung vollständig verdrängt;[148] es kann nur noch sekundär im Rahmen der Anerkennung und Vollstreckung von Unterhaltsentscheidungen eine Rolle spielen.[149] Gegenüber den nicht am HUP teilnehmenden Vertragstaaten des UStA (Albanien, Japan, Schweiz, Türkei) liegt darin ggf. ein **Vertragsbruch,** der für die Zukunft durch Anpassung oder Kündigung des UStA beseitigt werden sollte.[150]

61   **c) Qualifikation. aa) Unterhaltsverträge.** Sie unterliegen, auch soweit sie den Ehegattenunterhalt nach der Scheidung regeln, nach Zulässigkeit und Inhalt dem nach Art. 3, 5 HUP bestimmten Unterhaltsstatut.[151] Dies gilt auch dann, wenn der Unterhaltsvertrag im Zusammenhang mit einem **güterrechtlichen Auseinandersetzungsvertrag** geschlossen worden ist.[152] Die Wirksamkeit des Unterhaltsvertrags kann aber Geschäftsgrundlage des Auseinandersetzungsvertrages sein.[153] Auch soweit in dem Unterhaltsvertrag **Unterhaltsansprüche der Kinder** geregelt werden, ist er nach dem hierfür geltenden eigenen Statut zu beurteilen.

62   **bb) Brautgabe.** Als Unterhaltsvertrag ist bisweilen auch die islamisch-rechtliche Brautgabe[154] **(mahr)** eingeordnet worden.[155] Die Qualifikation dieses dem deutschen Recht unbekannten Rechtsinstituts ist umstritten. Vertreten werden die **unterhaltsrechtliche**[156] und die **güterrechtliche**[157] Qualifikation sowie die Qualifikation als **Ehewirkung.**[158] Vorgeschlagen wird auch, für die Qualifikation jeweils darauf abzustellen, in welchem Zusammenhang und zu welchem Zweck die Brautgabe geltend gemacht wird.[159] Wie *Henrich* überzeugend dargelegt hat, steht bei der Vereinbarung der Brautgabe weder die Gestaltung der güterrechtlichen Beziehungen im Vordergrund,[160] noch handelt es sich um eine Unterhaltsvereinbarung.[161] Die Brautgabe ist zum einen als Gegenleistung für die geschlechtliche Hingabe der Frau gedacht (Sure 4 Vers 24);[162] sie dient zum anderen aber vor allen Dingen der wirtschaftlichen Absicherung der Frau nach Auflösung der Ehe: Nach Scheidung der vollzogenen Ehe ist sie vollen Umfangs fällig (Sure 2 Vers 229),[163] war die Ehe noch

---

[148]   Ebenso *Jayme/Hausmann* Nr. 41 Fn. 3.
[149]   Vgl. Erwägungsgrund 20 zur EuUnthVO.
[150]   Eingehend dazu *Kroll-Ludwigs* IPRax 2016, 34; s.a. Staudinger/*Mankowski* (2016) HUP Art. 18 Rn. 11.
[151]   Staudinger/*Mankowski* (2011) Art. 15 Rn. 291.
[152]   KG IPRspr. 1932 Nr. 70 und 1933 Nr. 32; Soergel/*Schurig* Art. 15 Rn. 46.
[153]   Staudinger/*Mankowski* (2003) Anh. I Art. 18 Rn. 271.
[154]   Zur Unrichtigkeit der im deutschsprachigen Raum stattdessen oft gebrauchten Bezeichnung „Morgengabe" vgl. *Wurmnest* FamRZ 2005, 1878 f.
[155]   Vgl. dazu BGH NJW 1987, 2161 f. = IPRax 1988, 109 (110) m. Rezension *Heßler* IPRax 1988, 95. Ausführlich *Wurmnest* FamRZ 2005, 1878.
[156]   KG FamRZ 1980, 470 (471); AG Hamburg IPRax 1983, 74 (75); AG Kerpen FamRZ 1999, 1429; 2001, 1526 (1527); AG Aachen IPRspr. 2000 Nr. 67 S. 140 f.; AG Fürth FPR 2002, 450 f.; *Henrich* IPRax 1985, 230 (231). Abl. Staudinger/*Mankowski* (2003) Anh. I Art. 18 Rn. 282.
[157]   OLG Bremen FamRZ 1980, 606 (607); OLG Frankfurt FamRZ 1996, 1479; *Krüger* FamRZ 1977, 114 (116); → Art. 15 Rn. 87. Dagegen überzeugend *Henrich*, FS Sonnenberger, 2004, 389 (393 ff.).
[158]   BGH NJW 2010, 1528; OLG Köln NJW 2016, 649; NJW-RR 2007, 154 = FamRZ 2006, 1380; OLG Zweibrücken FamRZ 2007, 1555 = NJW-RR 2007, 1232, Rn. 30; *Henrich*, FS Sonnenberger, 2004, 389 (395) und FamRZ 2004, 1958 (1959); Staudinger/*Mankowski* Art. 14 Rn. 273 mwN.
[159]   Deutlich in diesem Sinne AG Memmingen IPRax 1985, 230 (LS). Ferner Palandt/*Thorn*, 76. Aufl. 2017, Art. 13 Rn. 9. AA *Henrich*, FS Sonnenberger, 2004, 398 f. Offen gelassen hatten die Frage KG FamRZ 1988, 296 („zumindest auch" unterhaltsrechtliche Funktion), OLG Hamm FamRZ 1988, 516 (517) und 1991, 1319 sowie OLG Köln NJW-RR 1994, 200.
[160]   *Henrich*, FS Sonnenberger, 2004, 389 (395).
[161]   *Henrich*, FS Sonnenberger, 2004, 397.
[162]   Sure 4 (Die Frauen), Vers 24 (Ausschnitt) in der Übersetzung des Verbandes Moslemischer StudentInnen der Oregon State University (http://www.kuranikerim.com/german/4.html): „...Und für die Freuden, die ihr von ihnen empfanget, gebt ihnen ihre Brautgabe, wie festgesetzt, und es soll keine Sünde für euch liegen in irgend etwas, worüber ihr euch gegenseitig einigt nach der Festsetzung (der Brautgabe). ..." Diese Bedeutung des *mahr* betont OLG Hamburg FamRZ 2004, 459.
[163]   Sure 2 (Die Kuh), Vers 229 (Ausschnitt) in der Übersetzung des Verbandes Moslemischer StudentInnen der Oregon State University (http://www.kuranikerim.com/german/2.html), s. auch *Tilmann Nagel*, Der Koran, 2. Aufl. 1991, 307): „Solche Trennung darf zweimal (ausgesprochen) werden; dann aber gilt, sie (die Frauen) entweder auf geziemende Art zu behalten oder in Güte zu entlassen. Und es ist euch nicht erlaubt, irgend etwas von dem, was ihr ihnen gegeben habt, zurückzunehmen, es sei denn beide fürchten, sie könnten die Schranken Allahs nicht einhalten. ..."

nicht vollzogen, so schuldet der Mann die Hälfte.[164] War eine Brautgabe nicht ausgesetzt, so wird sie – anders als nach jüdischem Recht[165] – nicht kraft Gesetzes festgesetzt, sondern der Mann schuldet die gebührende Versorgung der Frau nach seinem Vermögen.[166] Es handelt sich mithin um einen **familienrechtlichen Vertrag sui generis,** der dem **Ehewirkungsstatut** im Zeitpunkt des Wirksamwerdens des Vertragsschlusses, also **im Zeitpunkt der Eheschließung,** zu unterstellen ist.[167]

cc) Ketubah. Auch die **Ketubah-Vereinbarung** nach jüdischem Recht[168] ist nach dem in **63** → Rn. 62 Gesagten nicht als Unterhaltsvertrag,[169] sondern als familienrechtlicher Vertrag sui generis zu qualifizieren und dem Ehewirkungsstatut im Zeitpunkt der Eheschließung zu unterstellen.

2. Güterrechtliche Auseinandersetzung. a) EU-Recht. Für das Güterrecht (Rom IV) hat **64** die Kommission am 17.7.2006 ein Grünbuch vorgelegt,[170] am 16.3.2011 folgte der entsprechende Verordnungsvoschlag.[171] Die geplante Güterrechtsverordnung soll neben dem anwendbaren Recht die internationale Zuständigkeit sowie die gegenseitige Anerkennung von Entscheidungen regeln. Gegenstand sind der eheliche Güterstand und die vermögensrechtlichen Wirkungen anderer Lebensgemeinschaften.

b) Autonomes Recht. Die güterrechtlichen Beziehungen der Ehegatten unterliegen dem Güter- **65** rechtsstatut des **Art. 15.** Dies gilt nach einhelliger Ansicht[172] auch und insbesondere für die Zeit nach der Scheidung. Die Scheidung beendet zwar den ehelichen Güterstand und lässt das Abwicklungsverhältnis beginnen. Dies macht das Abwicklungsverhältnis und dabei etwa entstehende Ausgleichsansprüche aber nicht zu unselbständigen Scheidungsfolgen. Es handelt sich vielmehr um selbständige güterrechtliche Scheidungsfolgen, die dem eigenen Statut des Art. 15 unterliegen.

3. Ehewohnung und Hausrat. Die Zuweisung der Ehewohnung und die Verteilung des Haus- **66** rats sind in **Art. 17a** gesondert geregelt (→ Art. 17a Rn. 1 ff.).

4. Schenkungen und ehebezogene Zuwendungen. Der nach einigen ausländischen Rechten **67** mögliche **Widerruf von Schenkungen** als Nebenfolge der Scheidung ist nicht nach dem Schenkungsstatut (Vertragsstatut) zu beurteilen; denn es geht nicht um den Widerruf aus schuldrechtlichen Gründen – insoweit gilt daneben das Schenkungsstatut[173] –, sondern um den Widerruf **wegen der Scheidung.** Es handelt sich also um eine unselbständige Nebenfolge, die nach dem Scheidungsstatut zu beurteilen ist.[174]

Bei unentgeltlichen Zuwendungen, die nach dem übereinstimmenden Willen der Ehegatten dem **68** Zweck dienen, einen Beitrag zur Verwirklichung oder Ausgestaltung, Erhaltung oder Sicherung der ehelichen Lebensgemeinschaft zu erbringen (sog. **unbenannte** oder – besser – **ehebezogene Zuwendungen**), handelt es sich um ein **vermögensbezogenes Rechtsgeschäft familienrechtlicher Natur,** dessen kollisionsrechtliche Einordnung umstritten ist.[175] Mit dem BGH[176] und der

---

[164] Sure 2 (Die Kuh), Vers 237 in der Übersetzung des Verbandes Moslemischer StudentInnen der Oregon State University (http://www.kuranikerim.com/german/2.html): „Und wenn ihr euch von ihnen scheidet, bevor ihr sie berührt habt, doch nachdem ihr ihnen eine Brautgabe aussetztet: dann die Hälfte des von euch Ausgesetzten, es sei denn, sie erlassen es oder der, in dessen Hand das Eheband ist, erlässt es. ...“

[165] Vgl. *Henrich,* FS Sonnenberger, 2004, 389 (390).

[166] Sure 2 (Die Kuh), Vers 236 in der Übersetzung des Verbandes Moslemischer StudentInnen der Oregon State University (http://www.kuranikerim.com/german/2.html): „Es soll euch nicht als Sünde angerechnet werden, wenn ihr euch von Frauen scheidet, dieweil ihr sie nicht berührt noch eine Brautgabe für sie ausgesetzt habt. Doch versorget sie – der Reiche nach seinem Vermögen und der Arme nach seinem Vermögen –, eine Versorgung, wie es sich gebührt, eine Pflicht den Rechtschaffenen."

[167] Ebenso i.E. *Henrich,* FS Sonnenberger, 2004, 389 (399).

[168] Dazu *Henrich,* FS Sonnenberger, 2004, 389 f.

[169] AA OLG Düsseldorf FamRZ 2002, 1118.

[170] Vgl. dazu *Martiny* FPR 2008, 206; *Jayme/Kohler* IPRax 2006, 537.

[171] Europäische Kommission, Vorschlag für eine Verordnung des Rates über die Zuständigkeit, das anzuwendende Recht, die Anerkennung und die Vollstreckung von Entscheidungen im Bereich des Ehegüterrechts vom 16.3.2011 (KOM [2011] 126 endg.).

[172] Vgl. nur Soergel/*Schurig* Art. 15 Rn. 43; Staudinger/*Mankowski* (2011) Rn. 259 und Art. 15 Rn. 277; Erman/*Hohloch* Rn. 40; Johannsen/Henrich/*Henrich* Rn. 29; *Lüderitz* IPRax 1987, 74 (77).

[173] Vgl. Staudinger/*Mankowski* (2011) Rn. 275; Palandt/*Thorn,* 76. Aufl. 2017, Rn. 4.

[174] HM, vgl. nur *Kegel/Schurig* IPR § 20 VII 4; Soergel/*Schurig* Rn. 126; Staudinger/*Mankowski* (2011) Rn. 275; Palandt/*Thorn,* 76. Aufl. 2017, Rn. 4. AA *Kühne* FamRZ 1969, 371 (378 ff.): von Schenkungs-, Ehewirkungs-, Güterrechts- und Scheidungsstatut grundsätzlich das dem Schenker günstigste (380).

[175] Ausf. dazu *Winkler v. Mohrenfels* IPRax 1995, 379 (381).

[176] BGHZ 119, 392 = NJW 1993, 385.

hL[177] ist es schuldrechtlich einzuordnen, also dem **Vertragsstatut** zu unterstellen; die feste Zuordnung zum Güterrechtsstatut entspräche wegen der damit verbundenen Beschränkung der Parteiautonomie nicht dem vertraglichen Charakter der Zuwendung. Die Parteien können das Statut für die Zuwendung frei wählen. Liegt aber keine Rechtswahl vor, so ist bei der dann erforderlichen **objektiven Anknüpfung** des Vertragsstatuts der besonderen familienrechtlichen Natur der ehebezogenen Zuwendung durch **akzessorische Anknüpfung** (Art. 4 Abs. 3 Rom I-VO)[178] **an das Ehegüterrechtsstatut** Rechnung zu tragen.[179]

69   **5. Genugtuungs-, Entschädigungs- und Schadensersatzansprüche.** Genugtuungs-, Entschädigungs- und Schadensersatzansprüche haben ihren unmittelbaren Ursprung in der Scheidung und werden deshalb in unselbständiger Anknüpfung dem Scheidungsstatut zugeordnet.[180] Ein Beispiel hierfür ist die in einigen Rechten vorgesehene **Entschädigungspflicht des Ehemannes** nach einseitiger Scheidung.[181]

IV. Nichtvermögensrechtliche Folgen

70   **1. Elterliche Sorge.** Das auf Sorgerechtsfragen anwendbare Recht wird nach **ganz hM**[182] nicht vom Scheidungsstatut, sondern vom **Kindschaftsstatut** bestimmt. Die Bundesregierung hat dies bei ihrer entgegenstehenden Äußerung,[183] die im Übrigen keinesfalls eindeutig ist,[184] ganz offensichtlich übersehen. Die Scheidung ist nur der **Anlass** für die Verteilung der elterlichen Sorge;[185] der **Rechtsgrund** hierfür liegt dagegen im Eltern-Kind-Verhältnis, welches von seinem eigenen Statut beherrscht wird. Maßgeblich ist somit je nach Sachlage die **lex fori** (Art. 3 MSA, 15 KSÜ) oder das Recht des Staates, in dem das Kind seinen **gewöhnlichen Aufenthalt** hat (Art. 21 EGBGB).

71   **a) MSA/KSÜ.** Bei der Verteilung der elterlichen Sorge nach Scheidung oder Trennung der Eltern handelt es sich um eine **Schutzmaßnahme** iS von **Art. 1 MSA**[186] bzw. **Art. 1, 3 KSÜ**.[187] Das MSA wird im Verhältnis der Vertragsstaaten des KSÜ durch dieses ersetzt; es gilt heute daher nur noch im Verhältnis zur **Türkei** und zu **Macau**.[188] Die Zuständigkeit für Schutzmaßnahmen liegt gemäß Art. 1 MSA, 5 Abs. 1 KSÜ bei den Behörden des Vertragsstaates, in dem das **Kind** seinen **gewöhnlichen Aufenthalt** hat. Diese wenden gemäß **Art. 2 MSA, 15 KSÜ** ihr eigenes Recht an. Hat das Kind seinen gewöhnlichen Aufenthalt in der Bundesrepublik, so stimmt dies mit Art. 21 EGBGB überein. Anders, wenn der gewöhnliche Aufenthalt des Kindes in einem ausländischen Vertragsstaat liegt und die deutschen Gerichte nach der Brüssel IIa-VO dennoch zuständig sind (→ Anh. Art. 17a Rn. 63). Maßgeblich für die Bestimmung des gewöhnlichen Aufenthalts ist der Zeitpunkt der Entscheidung des Gerichts.[189]

72   **b) MSA und Brüssel IIa-VO.** Nach dem Wortlaut des **Art. 60 Brüssel IIa-VO** wird das **MSA** durch die Brüssel IIa-VO insoweit **verdrängt**, als es Bereiche enthält, die in der VO geregelt sind.

---

[177] *Stephan Lorenz* FamRZ 1993, 393; *Hohloch* JuS 1993, 513; *v. Hoffmann* IPR § 8 Rn. 33; diff. *Kropholler* IPR § 46 II 2 b (grundsätzlich Anknüpfung an das Güterrechtsstatut, aber ggf. schuldrechtlicher Ausgleich nach dem von den Parteien gewählten Recht).

[178] Vgl. generell dazu Palandt/*Thorn*, 76. Aufl. 2017, Art. 4 Rom I-VO Rn. 29.

[179] Vorgeschlagen von *Stephan Lorenz* FamRZ 1993, 393 (395 f.). Den Einwand, diese Anknüpfung könne den erwünschten Gleichlauf zwischen Zuwendungsstatut und Güterrechtsstatut nicht sicherstellen (IPRax 1995, 379 (381)), ziehe ich zurück: Angleichungsprobleme zwischen den beiden Statuten sind bei der ehebezogenen Zuwendung ebensowenig zu erwarten wie bei der Schenkung oder anderen vermögensrechtlichen Verträgen zwischen den Ehegatten.

[180] BT-Drs. BT-Drs. 17/11049, 10; *Hau* FamRZ 2013, 249 (251); zweifelnd *Schurig*, FS v. Hoffmann, 2011, 405 (407).

[181] Vgl. zB OLG München IPRax 1981, 22 (tunes. Recht).

[182] Vgl. aus der Rspr. nur BGH NJW 1970, 2160; BayObLG NJW 1970, 2164 (2165); OLG Stuttgart NJW 1980, 1229; FamRZ 1997, 958; AG Einbeck IPRspr. 1990 Nr. 28. Aus der Lit.: *Dörner* IPRax 1993, 173 f.; *Henrich* FamRZ 1986, 841 (852); *Kegel/Schurig* IPR § 20 VII 4; *Lüderitz* IPRax 1987, 74 (76); Palandt/*Thorn*, 76. Aufl. 2017, Art. 21 Rn. 5; NK-BGB/*Gruber* Rn. 82; *Kropholler* IPR § 46 II 2 d und § 48 IV 4. AA OLG Frankfurt NJW 1990, 2203 = IPRax 1991, 190 = FamRZ 1990, 783 m. abl. Anm. *Henrich*; OLG Karlsruhe IPRax 1993, 97 (98) = FamRZ 1992, 1465 (1466). Offen gelassen von OLG Hamm FamRZ 1990, 781.

[183] BT-Drs. BT-Drs. 10/504, 60 und 66.

[184] So aber fälschlich OLG Karlsruhe IPRax 1993, 97 (98) = FamRZ 1992, 1465 (1466). Zutr. AG Einbeck IPRspr. 1990 Nr. 128. Vgl. dazu auch *Dörner* IPRax 1991, 173 (175).

[185] So auch *Dörner* IPRax 1991, 173 (174).

[186] Abgedruckt bei *Jayme/Hausmann* Nr. 52.

[187] Abgedruckt bei *Jayme/Hausmann* Nr. 53. Dazu *Benicke* IPRax 2013, 44.

[188] *Jayme/Hausmann* Nr. 52 Fn. 4; *Benicke* IPRax 2013, 44 (51).

[189] OLG Bremen NJW 2016, 655.

In der VO ist nur die Zuständigkeit, nicht aber das anwendbare Recht geregelt.[190] Hieraus lässt sich aber nicht schließen, dass Art. 2 MSA anwendbar bleibt und mit der Brüssel IIa-VO kombiniert werden muss.[191] Denn die Vorschrift ist untrennbar mit der Zuständigkeitsvorschrift des Art. 1 MSA verknüpft: Wird Art. 1 MSA verdrängt, so entfällt damit auch Art. 2 MSA. Hat ein deutsches Gericht im Zusammenhang mit der Scheidung französischer Eheleute über die elterliche Verantwortung für ein in Frankreich lebendes Kind der Eheleute zu entscheiden, so muss es insoweit gemäß Art. 21 EGBGB französisches Recht anwenden.[192]

c) KSÜ und Brüssel IIa-VO. Ob dies entsprechend auch für **Art. 15 KSÜ** gilt, ist strittig. Nach　**73** dem Wortlaut des **Art. 61 Brüssel IIa-VO** wird das **KSÜ verdrängt,** wenn das Kind seinen gewöhnlichen Aufenthalt im Hoheitsgebiet eines Vertragsstaates hat. Auch Art. 15 KSÜ ist mE untrennbar mit der Zuständigkeitsregelung in Kapitel II des KSÜ verbunden („bei der Ausübung ihrer Zuständigkeit nach Kapitel II") und entfällt deshalb, wenn sich die Zuständigkeit nicht aus dem KSÜ, sondern aus der Brüssel IIa-VO oder – als Restzuständigkeit gemäß Art. 7 Brüssel IIa-VO – aus § 99 FamFG ergibt.[193] In diesem Fall kommt deshalb Art. 21 EGBGB zum Zuge.

Hat das Kind seinen gewöhnlichen Aufenthalt in **Dänemark** oder einem anderen KSÜ-Staat,　**74** **in dem die Brüssel IIa-VO nicht gilt,** so fragt sich, ob die Brüssel IIa-VO als „Vereinbarung" iS von **Art. 52 KSÜ** angesehen werden kann.[194] Nach dem Zweck der Vorschrift kann es keinen Unterschied machen, ob die EU-Staaten ihre Kompetenz in einer Übereinkunft (EuEheVÜ, → Anh. Art. 17a Rn. 3) oder in einer Verordnung (Brüssel IIa-VO) regeln. Das bedeutet, dass sich die deutschen Behörden im Falle eines Kindes mit gewöhnlichem Aufenthalt in Dänemark oder einem anderen KSÜ-Staat, in dem die Brüssel IIa-VO nicht gilt, nicht auf die Brüssel IIa-VO berufen können,[195] sondern an die Zuständigkeitsregelung in Art. 8 ff. KSÜ – insbesondere Art. 10 (Verbundzuständigkeit) – gebunden sind. Nach der vorstehend in → Rn. 73 vertretenen Auffassung kommt dann nicht Art. 21 EGBGB zum Zuge, sondern Art. 15 KSÜ, was die Konsequenz hat, dass die deutschen Behörden ihr eigenes Recht anwenden können, während sie nach Art. 21 EGBGB das Recht des Staates anwenden müssten, in dem das Kind seinen gewöhnlichen Aufenthalt hat.

2. Name. Die Frage, welchen Einfluss die Scheidung auf den Namen desjenigen Ehegatten hat,　**75** dessen Name nicht zum Ehenamen gewählt wurde, war vor der IPR-Reform sehr umstritten. Die früher hM wollte die Namensfrage dem Scheidungsstatut unterstellen,[196] zum Teil unter zusätzlicher Berücksichtigung des Personalstatuts.[197] Unter dem Einfluss der Rspr. des BGH zur Namensführung während der Ehe hatte sich zuletzt aber die zutreffende Auffassung durchgesetzt, dass die Namensfrage in erster Linie dem **Personalstatut** unterliege.[198] Dies war auch der Standpunkt des Reformgesetzgebers. Indem er ein eigenes Namensstatut schuf (Art. 10), hat er die Namensfrage aus dem Scheidungsstatut herausgenommen und den Qualifikationsstreit zugunsten des Namensstatuts entschieden.[199] Die Namensführung nach der Scheidung beurteilt sich also grundsätzlich für jeden Ehegatten nach seinem Personalstatut (Art. 10 Abs. 1).[200] Hierbei handelt es sich um eine Gesamtverweisung iS von Art. 4 Abs. 1 S. 1, dh eine etwaige Rück- oder Weiterverweisung des Heimatrechts ist zu beachten.[201]

Fraglich ist nur, ob ein Ehename, den die Ehegatten nach einem der gemäß Art. 10 Abs. 2–4 zur　**76** Verfügung stehenden Rechte **gewählt** haben, von demjenigen Ehegatten, dessen Name nicht gewählt wurde, nach der Scheidung aufgegeben werden muss, wenn sein Personalstatut die Namenswahl **nicht anerkennt.** Ist hier das **Kontinuitätsinteresse** höher einzuschätzen als das Interesse an

---

[190] Vgl. hierzu die Kritik von *Jayme/Kohler* IPRax 2000, 454 (458).

[191] So aber *Jayme/Kohler* IPRax 2000, 454 (458).

[192] Im Ergebnis ebenso *Jayme/Kohler* IPRax 2000, 454 (458).

[193] Anders die hM, vgl. Palandt/*Thorn,* 76. Aufl. 2017, Anh. Art. 24 Rn. 21; *Staudinger/Pirrung* (2009) Vor Art. 19 Rn. C 216 mwN; *Benicke* IPRax 2013, 44 (49).

[194] So offenbar *Benicke* IPRax 2013, 44 (52). Der Hinweis auf die Bemerkung von *Lagarde* im Erläuternden Bericht zu dem KSÜ, BR-Drs. 14/09 Nr. 173 f. geht indes fehl, *Lagarde* sagt dort zu der hier anstehenden Frage nichts.

[195] Vgl. *Benicke* IPRax 2013, 44 (52).

[196] BayObLG NJW 1965, 2060 (obiter); KG NJW 1963, 51 (52) (obiter); AG Lüneburg StAZ 1968, 22; Soergel/*Schurig* Rn. 125 mwN; Palandt/*Heldrich,* 45. Aufl. 1986, Anm. 5 a.

[197] *Kegel* IPR, 5. Aufl. 1985, § 20 VII 4.

[198] *Jayme* StAZ 1984, 59 (64).

[199] BT-Drs. BT-Drs. 10/504, 60. Vgl. *Lüderitz* IPRax 1987, 74 (77); Palandt/*Thorn,* 76. Aufl. 2017, Art. 10 Rn. 9.

[200] BGH FamRZ 2007, 1540 = NJW 2007, 3347 Rn. 9 = IPRax 2008, 137 m. Rez. *Henrich* IPRax 2008, 121.

[201] BGH NJW 2007, 3347 Rn. 9 mwN.

der internationalen Einheitlichkeit des Namens? Art. 10 gestattet den Ehegatten in jedem Fall die Namenswahl nach deutschem Recht, wenn auch nur einer von ihnen seinen gewöhnlichen Aufenthalt im Inland hat, und nimmt damit die Nichtanerkennung des gewählten Ehenamens nach den Heimatrechten der Ehegatten in Kauf. Dies zeigt, dass der Gesetzgeber das Interesse an der internationalen Einheitlichkeit des Namens nicht sehr hoch einschätzt. Dem aus § 1355 Abs. 4 S. 1 BGB ersichtlichen Kontinuitätsinteresse, welches über die Scheidung hinaus fortwirkt, kommt demgegenüber das größere Gewicht zu. Dem geschiedenen Ehegatten ist deshalb die Fortführung des gewählten Ehenamens nach den Vorschriften des von den Ehegatten gewählten Namensstatuts (Art. 10 Abs. 2 Nr. 1) bzw. (in den Fällen des Art. 10 Abs. 2 Nr. 2 und Abs. 4) nach deutschem Recht zu gestatten, auch wenn sein Personalstatut die Wahl nicht anerkennt.[202] Im Übrigen bleibt es ihm unbenommen, nach der Scheidung jeden Namen zu führen, der von seinem Personalstatut anerkannt wird.

77   **3. Geschäftsfähigkeit.** Die Frage, ob die Geschäftsfähigkeit eines Ehegatten durch die Scheidung betroffen wird, wurde vor der IPR-Reform vielfach nach dem Scheidungsstatut beurteilt.[203] Nach aA sollte das Scheidungsstatut maßgeblich sein, wenn es die durch Eheschließung erlangte Geschäftsfähigkeit bestehen ließ, sonst das Personalstatut, wenn es zur Geschäftsfähigkeit führte.[204] Der Reformgesetzgeber hat den Streit in Art. 7 Abs. 1 S. 2 zugunsten der ausschließlichen Maßgeblichkeit des **Personalstatuts** geklärt. Danach entscheidet das Heimatrecht des Ehegatten und nicht das Ehewirkungsstatut darüber, ob entsprechend der Regel „Heirat macht mündig" die Eheschließung die Geschäftsfähigkeit eines Ehegatten erweitert.[205] Diese Qualifikation zugunsten des Personalstatuts gilt auch für die Auswirkungen der Scheidung auf die Geschäftsfähigkeit.[206]

78   **4. Strafwartefrist.** Bei **Wartefristen nach der Scheidung** für die Eingehung einer neuen Ehe handelt es sich um eine dem **Scheidungsstatut** unterliegende unselbständige Scheidungsfolge. Nach deutscher Auffassung verstoßen sie wegen Beeinträchtigung der Eheschließungsfreiheit gegen den deutschen ordre public (näher → Rom III-VO Art. 12 Rn. 5). Hiervon zu unterscheiden ist die auch dem früheren deutschen Recht bekannte (§ 8 EheG aF) **Wartezeit der Frau** vor Eingehung einer neuen Ehe.[207] Hierbei handelte es sich nicht um eine Scheidungsfolge, sondern um ein persönliches Ehehindernis, das gemäß Art. 13 dem Personalstatut der Frau unterliegt (→ Art. 13 Rn. 83).

79   **5. Sozialversicherungsrechtliche Folgen.** Neben den privatrechtlichen hat die Scheidung nach Maßgabe des Sozialversicherungsstatuts auch sozialversicherungsrechtliche Folgen. Mit der Rechtskraft der Scheidung verlieren die früheren Ehegatten vor allem die ihnen nach dem Tode des anderen zustehenden Witwen- und Witwerrenten. Zum Wegfall der Geschiedenen-Witwenrente → Rn. 94. Die Anwendbarkeit sozialversicherungsrechtlicher Folgen richtet sich nach internationalem Sozialrecht.

V. Versorgungsausgleich (Abs. 3)

80   **1. Regelanknüpfung (Abs. 3 S. 1 Halbs. 1). a) Anbindung an das Scheidungsstatut.** S. 1 Halbs. 1 unterstellt den Versorgungsausgleich grundsätzlich dem nach der Rom III-VO auf die Scheidung anzuwendenden Recht, also dem Scheidungsstatut;[208] er ist jedoch von Amts wegen nur dann **durchzuführen,** wenn **deutsches Recht** Scheidungsstatut ist (→ Rn. 84). Die Anbindung gilt auch für das durch **Rechtswahl** bestimmte Scheidungsstatut; die Ehegatten können also mittelbar deutsches Versorgungsausgleichsstatut wählen, indem sie das deutsche Recht als Scheidungsstatut wählen. Eine isolierte Wahl des Versorgungsausgleichsstatuts ist dagegen nicht möglich.[209] Gilt ein **ausländisches Scheidungsstatut,** welches einen Versorgungsausgleich kennt, kann dieser nur durch die ausländischen Gerichte durchgeführt werden (→ Rn. 106). Anders als der inzwischen aufgehobene Art. 18 Abs. 4 aF EGBGB[210] und Art. 8 Abs. 1 UStA v. 1973 (→ Rn. 60) verweist Abs. 3 S. 1

---

[202] Staudinger/*Mankowski* (2011) Rn. 261. Ebenso im Ergebnis *Lüderitz* IPRax 1987, 74 (77) und Johannsen/*Henrich/Henrich* Rn. 30. Teilweise abw. → Art. 10 Rn. 117 f.

[203] *Wolff* S. 211; *Soergel/Kegel*, 11. Aufl. 1984, Rn. 124; 1. Aufl. 1983, Rn. 308 (*E. Lorenz*).

[204] Staudinger/*Gamillscheg*, 10./11. Aufl. 1973, Rn. 608; ähnlich (einmal erlangte Geschäftsfähigkeit bleibt bestehen) Erman/*Marquordt*, 7. Aufl. 1981, Rn. 26.

[205] Vgl. BT-Drs. BT-Drs. 10/504, 45.

[206] AA Staudinger/*Mankowski* (2011) Rn. 273 (alternative Anknüpfung nach dem Günstigkeitsprinzip).

[207] Zur *idda* im islamischen Recht vgl. *Kotzur*, Kollisionsrechtliche Probleme christlich-islamischer Ehen, 1988, 112 f.

[208] Vgl. BT-Drs. BT-Drs. 17/11049, 10.

[209] Vgl. *Hau* FamRZ 2013, 249 (253); *Gruber* IPRax 2016, 539 (543).

[210] Art. 18 wurde mit Wirkung v. 18.6.2011 aufgehoben durch das AUG v. 23.5.2011 (BGBl. 2011 I S. 898).

nicht auf das auf die Ehescheidung angewandte, sondern auf das nach Abs. 3 S. 1 **anzuwendende** Recht.[211] Dies wirkt sich bei der **Nachholung** der Entscheidung über den Versorgungsausgleich aus, wenn bei der Scheidung irrtümlich ein falsches Scheidungsstatut angewendet wurde (→ Rn. 41).[212] Die Anbindung gilt auch für den Fall, dass gemäß **Art. 10 Rom III-VO** anstelle eines scheidungsfeindlichen oder gleichberechtigungswidrigen ausländischen Rechts ersatzweise deutsches Recht anzuwenden ist.[213]

b) Kein Renvoi. Während nach der alten Fassung des Art. 17 davon ausgegangen werden konnte, **81** dass es sich bei dem Versorgungsausgleichsstatut um ein eigenständiges Statut handelt,[214] lässt die aktuelle Formulierung in Abs. 3 S. 1 keinen Zweifel daran, dass die Bestimmung des Statuts – eigenständig oder nicht – sich nach den Regeln der Rom III-VO vollzieht, und zu diesen Regeln gehört auch der Renvoi-Ausschluss in Art. 11 Rom III-VO. Auch im Rahmen der Anknüpfung des Versorgungsausgleichs ist deshalb ein Renvoi ausgeschlossen.[215] Die Problematik insbesondere der versteckten Rückverweisung aus dem US-amerikanischen Recht[216] hat sich damit erledigt: Ist das Recht eines US-amerikanischen Staates Scheidungsstatut, so entfällt ein Regel-Versorgungsausgleich nach deutschem Recht. In solchen Fällen kann es allenfalls einen (Teil-)Ausgleich nach dem US-amerikanischen Scheidungsstatut oder ggf. einen subsidiären Ausgleich nach deutschem Recht gemäß Abs. 3 S. 2 geben.

2. Schrankenfunktion der Heimatrechte (S. 1 Halbs. 2). a) Normzweck. Der Versor- **82** gungsausgleich ist nicht durchzuführen, wenn ihn nicht mindestens das Heimatrecht eines der Ehegatten „kennt". Mit dieser Einschränkung trägt das Gesetz der Tatsache Rechnung, dass Art. 8 Rom III-VO zur Bestimmung des für den Versorgungsausgleich maßgeblichen Scheidungsstatuts vorrangig an den **gewöhnlichen Aufenthalt der Ehegatten** anknüpft. Den Ehegatten soll nicht eine Regelung aufgezwungen werden, mit der sie nach ihren Heimatrechten bei Eheschließung nicht hatten rechnen können.[217] Nach dem Sinn der Vorschrift ist auf die **materiellen** Vorschriften der Heimatrechte abzustellen; Halbs. 2 ist also, wenn man darin überhaupt eine Verweisung sehen will, eine **Sachnormverweisung.**[218]

Angesichts der nach wie vor sehr geringen internationalen Verbreitung des Versorgungsausgleichs **83** erscheint die Rücksichtnahme auf die Heimatrechte der Ehegatten durchaus plausibel.[219] Ob die Regelung allerdings zugleich die Aufgaben der Praxis in Fällen des Versorgungsausgleichs erleichtert hat, wie die Bundesregierung seinerzeit erwartete,[220] sei dahingestellt. Müssen doch nicht nur uU zwei ausländische Rechte darauf untersucht werden, ob sie das Institut des Versorgungsausgleichs kennen. Vielmehr ist zusätzlich die schwierige Frage zu beantworten, was wohl unter „kennt" iS der Vorschrift zu verstehen ist. Von Erleichterung kann hierbei kaum die Rede sein.[221]

b) Heimatrecht „kennt" den Versorgungsausgleich. Der Versorgungsausgleich ist in der ab **84** 1.9.2009 geltenden Fassung des Art. 17 Abs. 3 durch Art. 20 **VAStrRefG**[222] von Amts wegen nur durchzuführen, wenn **deutsches Versorgungsausgleichsstatut** gilt (→ Rn. 80) und ihn das Heimatrecht wenigstens eines der Ehegatten „kennt". Bei Geltung **ausländischen** Statuts ist damit der Weg zur subsidiären Anwendung des deutschen Rechts nach S. 2 in jedem Fall eröffnet. Damit entfällt das vorher bei Geltung ausländischen Sachrechts aufgetretene Problem der Abwägung zwischen einem möglicherweise weit hinter dem deutschen Recht zurückbleibenden Ausgleich nach ausländischem Recht und der (nicht in allen Fällen gegebenen) Möglichkeit des Subsidiärausgleichs

---

[211] BGH IPRax 1994, 131; OLG Köln BeckRS 2009, 26041 = FamRZ 2009, 1589 (1590); OLG Celle BeckRS 2007, 08737 = FamRZ 2007, 1566 (1567) m. Anm. *Bergschneider*; OLG Zweibrücken FuR 2000, 425 (429); NJW 2000, 2432; *Klattenhoff* FuR 2000, 49 (50); Johannsen/Henrich/*Henrich* Rn. 7; Staudinger/*Mankowski* (2011) Rn. 291 f.

[212] Beispiel: OLG Zweibrücken FuR 2000, 425.

[213] Kritisch *Gruber* IPRax 2016, 539 (542).

[214] Vgl. 5. Aufl. 2010, Rn. 218.

[215] So ausdrücklich BT-Drs. BT-Drs. 17/11049, 10.

[216] Vgl. 5. Aufl. 2010, Rn. 223.

[217] BT-Drs. BT-Drs. 10/504, 62.

[218] AG Detmold IPRax 1990, 415; AG Heidelberg IPRax 1990, 126; AG Minden IPRax 1992, 108, sämtlich m. zust. Anm. *Jayme*; *Samtleben* IPRax 1987, 96 (98); *Kartzke* IPRax 1988, 8 (12); Erman/*Hohloch* Rn. 50; Palandt/*Thorn*, 76. Aufl. 2017, Rn. 9; NK-BGB/*Gruber* Rn. 124; *v. Bar* IPR II Rn. 275; *Kropholler* IPR § 46 III 1 a. AA *Lüderitz* IPRax 1987, 74 (80). Offen gelassen von OLG Koblenz FamRZ 1991, 1323 (1324).

[219] Vgl. BT-Drs. BT-Drs. 17/11049, 10.

[220] BT-Drs. BT-Drs. 10/504, 62.

[221] Vgl. *E. Lorenz* FamRZ 1987, 645 (649).

[222] Gesetz zur Strukturreform des Versorgungsausgleichs (VAStrRefG) vom 3.4.2009, BGBl. 2009 I S. 700. Dazu BT-Drs. 16/10144, 113.

nach deutschem Recht: es gibt nur noch die letztgenannte Alternative. Bei dieser neuen Rechtslage spricht nichts mehr dagegen, den Begriff „kennt" im Interesse des ausgleichsberechtigten Ehegatten weit auszulegen. Hierzu reicht es aus, dass der Versorgungsausgleich abstrakt als Institut bekannt ist, auch wenn im konkreten Fall die tatbestandlichen Voraussetzungen für den Ausgleich nicht erfüllt sein sollten.[223] Ist das Institut keinem der Heimatrechte bekannt,[224] kommt auf Antrag die Billigkeitsregel nach S. 2 zum Zuge. Gilt ausländisches Versorgungsausgleichsstatut, so bleibt der Ausgleich etwaiger ausländischer Versorgungsanwartschaften den ausländischen Behörden vorbehalten; etwaige inländische Versorgungsanwartschaften können ggf. im Rahmen der Billigkeitsregel nach S. 2 ausgeglichen werden.

85   Der Kerngehalt des Versorgungsausgleichs liegt in dem **umfassenden Ausgleich von Versorgungsanwartschaften.** Auf welche Weise dieser Ausgleich erfolgt, ob öffentlichrechtlich, schuldrechtlich, güterrechtlich oder auf sonstige Weise, ist unerheblich. Ein Recht „kennt" deshalb den Versorgungsausgleich, wenn auf irgendeine Weise ein **umfassender Ausgleich** der Versorgungsanwartschaften der Ehegatten stattfindet. Ein bloß **teilweiser** Ausgleich bestimmter Anwartschaften reicht ebensowenig aus wie die bloße **Berücksichtigung** im Rahmen der güterrechtlichen Auseinandersetzung oder des nachehelichen Unterhaltsanspruchs.[225] Denn in beiden Fällen käme der umfassende Ausgleich nach deutschem Recht für die Ehegatten überraschend. In diesen Fällen ist deshalb vollen Umfangs – nicht nur teilweise[226] – auf die Billigkeitsregel des S. 2 zurückzugreifen.

86   Es ist nicht mehr erforderlich, dass der Versorgungsausgleich des ausländischen Rechts in allen relevanten Bereichen mit wesentlichen Strukturmerkmalen des deutschen Versorgungsausgleichs vergleichbar ist. Da er nur bei deutschem Versorgungsausgleichsstatut durchgeführt wird, geht es nicht mehr darum, dem begünstigten Ehegatten einen möglichst umfassenden Ausgleich zu sichern, sondern nur noch darum, **Überraschungen** zu vermeiden. Durch das Erfordernis deutschen Versorgungsausgleichsstatuts haben sich die Interessen umgekehrt: Während vorher im Interesse des ausgleichs*berechtigten* Ehegatten einem regelwidrigen Ausgleich nach deutschem Recht der Vorzug zu geben war vor einem schwachen Ausgleich nach ausländischem Recht, geht es jetzt darum, den ausgleichspflichtigen Ehegatten davor zu bewahren, einen Ausgleich zu zahlen, mit dem er nicht rechnen musste.

87   Kennt eine ausländische Rechtsordnung nur einen **ansatzweisen,** nicht umfassenden Versorgungsausgleich, so ist die Voraussetzung des S. 1 Halbs. 2 nicht erfüllt. Beispiel hierfür ist das **italienische** Recht, welches nach der Scheidungsrechtsreform zwar einen ehezeitbezogenen Ausgleichsanspruch des unterhaltsberechtigten Ehegatten kennt, der aber keinesfalls alle Anwartschaften berücksichtigt und überwiegend unterhaltsrechtlichen Charakter hat.[227] Bei Scheidung einer **im Inland geführten rein italienischen** oder **italienisch–ausländischen Ehe** (deutsches Versorgungsausgleichsstatut gemäß Art. 17 Abs. 3 S. 1 EGBGB iVm Art. 8 lit. a Rom III-VO) findet deshalb ein Versorgungsausgleich, falls nicht das Heimatrecht des nichtitalienischen Ehegatten ihn kennt, nur auf Antrag als regelwidriger Ausgleich nach S. 2 statt (→ Rn. 91 ff.). Der Ausgleich entfällt, wenn seine Durchführung der Billigkeit widerspricht (→ Rn. 96–101). In diesem Ausnahmefall käme stattdessen die Ausgleichsregelung des italienischen Rechts, wenn man sie **unterhaltsrechtlich** qualifiziert, gemäß Art. 5 HUP zum Zuge, falls ein Ehegatte die Geltung deutschen Unterhaltsrechts (Art. 3 HUP) angreift und die Ehe eine engere Verbindung zu Italien aufweist.

88   Hat der Ausgleichanspruch des ausländischen Rechts zwar teilweise Versorgungscharakter, gleicht aber nicht Versorgungsanwartschaften aus, sondern gewährt eine **pauschale Entschädigung,** wie etwa Art. 270 des **französischen** code civil, so ist die Voraussetzung der „Kenntnis" des Versorgungsausgleichs ebenfalls nicht erfüllt. Sinn des Entschädigungsanspruchs ist es, die durch die Scheidung entstehende Ungleichheit der Lebensverhältnisse der Ehegatten auszugleichen (Art. 270 Abs. 2 S. 1 C.c.). Die Bestimmung der Höhe des Anspruchs liegt im Ermessen des Richters. Dieser hat dabei zwar u.a. die beiderseitige versorgungsrechtliche Situation der Ehegatten zu berücksichtigen (Art. 271

---

[223] BGH FamRZ 2009, 677 (678) = IPRax 2010, 537 (539) mit Rez. *Hohloch* IPRax 2010, 522; Staudinger/ *Mankowski* (2011) Rn. 362.

[224] BGH FamRZ 2009, 677 = IPRax 2010, 537 und FamRZ 2009, 681 (Niederlande); Schleswig-Holsteinisches OLG NJW-RR 2012, 75 = FamRZ 2012, 132 (Österreich); OLG Saarbrücken OLG-Rp. 2004, 606 (Italien); AG Leverkusen FamRZ 2005, 630 (Griechenland). Weitere Nachweise bei *Klattenhoff* FuR 2000, 49 (56).

[225] Vgl. OLG Düsseldorf FamRZ 1993, 433 und OLG Koblenz FamRZ 1991, 1323 (1324) = IPRspr. 1991 Nr. 89 (Italien); *Henrich* FamRZ 1986, 841 (851); *Lüderitz* IPRax 1987, 74 (79).

[226] AA *Lüderitz* IPRax 1987, 74 (79).

[227] BGH NJW-RR 1994, 962 = FamRZ 1994, 825 (826); OLG Düsseldorf FamRZ 1993, 433 (434); OLG Koblenz FamRZ 1991, 1323 (1324) = IPRspr. 1991 Nr. 89; *Jayme* FamRZ 1988, 790 (795); *Hohloch/Klöckner* IPRax 2010, 522 (526).

Abs. 2 C.c.),[228] dies ändert aber nichts am überwiegend **unterhaltsrechtlichen** Charakter des Anspruchs (→ HUP Art. 1 Rn. 13 mwN in Fn. 9), welcher unter anderem zu dessen Unpfändbarkeit führt.[229]

Demgegenüber bleibt die Regelung des **niederländischen** Rechts zwar insoweit hinter dem **89** deutschen Recht zurück, als sie für *ausländische* Anwartschaften nur einen erbrechtlich nicht abgesicherten Ausgleichsanspruch gegen den ausgleichspflichtigen Ehegatten gewährt.[230] Dies war seinerzeit Grund genug, den Ausgleich nach niederländischem Recht zugunsten des regelwidrigen Ausgleichs nach deutschem Recht abzulehnen,[231] ist aber nach der geänderten Gesetzeslage (→ Rn. 84) kein überzeugender Grund dafür, den Regelausgleich nach deutschem Recht abzulehnen und den ausgleichsberechtigten Ehegatten auf den regelwidrigen Ausgleich nach S. 2 zu verweisen. Die entgegenstehende Entscheidung des BGH ist durch die Gesetzesänderung überholt.[232]

c) Bestimmung des maßgeblichen Heimatrechts. Grundlage der Schrankenfunktion war **90** ursprünglich die vorrangige Staatsangehörigkeitsanknüpfung in Art. 17 Abs. 1 aF iVm Art. 14 Abs. 1 Nr. 1. Bei Mehrstaatern kommt es deshalb nach dem Rechtsgedanken des **Art. 5** auf die **effektive Staatsangehörigkeit** an.[233] Besitzt ein Mehrstaater auch die **deutsche** Staatsangehörigkeit, so ist diese gemäß Art. 5 Abs. 1 **S. 2** maßgeblich; die Schrankenfunktion von Abs. 3 S. 1 Halbs. 2 greift also, da das deutsche Recht den Versorgungsausgleich kennt, nicht ein, und zwar unabhängig davon, ob das Heimatrecht des anderen Ehegatten den Versorgungsausgleich kennt oder nicht (alternative Berücksichtigung). Gleiches gilt, wenn ein Ehegatte **staatenlos** oder **Flüchtling** ist und seinen gewöhnlichen Aufenthalt in Deutschland hat. Gemäß Art. 5 Abs. 2 bzw. nach den einschlägigen Sonderbestimmungen (→ Anh. II Art. 5 Rn. 18 ff.; → Rom III-VO Art. 5 Rn. 9) ist nämlich zur Bestimmung seines Heimatrechts an seinen **gewöhnlichen Aufenthalt** anzuknüpfen;[234] liegt er in Deutschland, so gilt für den betreffenden Ehegatten deutsches Heimatrecht, die Schrankenfunktion nach Abs. 3 S. 1 Halbs. 2 greift folglich nicht ein.

3. Regelwidriger Versorgungsausgleich nach deutschem Recht (Abs. 3 S. 2). Der deut- **91** sche **ordre public** ist nach allg. Ansicht auch im Rahmen des **deutsch-iranischen Niederlassungsabkommens** (→ Rom III-VO Vor Art. 1 Rn. 3) zu prüfen.[235] Strittig ist indes, ob es sich bei der subsidiären Anwendung nach Abs. 3 S. 2 um eine besondere Erscheinungsform des deutschen ordre public handelt.[236] Der Grundgedanke der Vorschrift schließt an Erwägungen an, wie sie Abs. 1 S. 2 aF zugrunde lagen;[237] dort hatte der Gesetzgeber auf Art. 6 Abs. 1 GG und auf den ordre-public-Gedanken verwiesen.[238] Bei Abs. 3 S. 2 geht es nicht um Art. 6 Abs. 1, sondern um Art. 3 Abs. 2 GG. Für den Gesetzgeber war es ein Gebot der Gerechtigkeit, die als Ergebnis gemeinsamer Lebensleistung erworbenen Versorgungsanwartschaften im Scheidungsfalle gleichmäßig zwischen den Eheleuten aufzuteilen.[239] Es geht also nicht nur um die Verflechtung mit dem Sozialversicherungsrecht,[240] sondern um ein Grundrecht, nämlich die Gleichberechtigung der Ehegatten, an dem sich mittelbar über Art. 6 S. 2 auch ausländisches Recht messen lassen muss. Durch die Regelung soll vermieden werden, dass einem Ehegatten ein Anspruch vorenthalten wird, der ihm bei einem reinen Inlandsfall unter vergleichbaren Umständen selbstverständlich zustände.[241] Der Versorgungsausgleich dient nicht nur dem Schutz berechtigter Erwartungen,[242] sondern entspricht einem grundlegenden Postulat der Gerechtigkeit, das nicht relativiert werden darf. Dass der Gesetzgeber die subsidiäre

---

[228] IdF von Art. 6 und 18 Abs. 2 des Gesetzes Nr. 2004-439 vom 26.5.2004.

[229] Cour de Cass. 2. Zivilkammer, 27.6.1985, D. 1986, 230 m. Anm. *Philippe*; 10.3.2005, D 2005, 1604.

[230] Gesetz über die Ausgleichung von Versorgungsansprüchen bei Scheidung v. 28.4.1994, deutscher Text bei Bergmann/Ferid/Henrich/Cieslar, Internationales Ehe- und Kindschaftsrecht, Niederlande, Stand: 1.9.2008, S. 173.

[231] BGH NJW-RR 2009, 795 = IPRax 2010, 537 m. Anm. *Hohloch* IPRax 2010, 522.

[232] *Hohloch/Klöckner* IPRax 2010, 522; *Bergner* FamFR 2011, 3 (4).

[233] Staudinger/*Mankowski* (2011) Rn. 300; Palandt/*Thorn*, 76. Aufl. 2017, Rn. 9.

[234] Palandt/*Thorn*, 76. Aufl. 2017, Rn. 9.

[235] BGHZ 160, 332 = IPRax 2005, 346 (350); OLG Oldenburg FamRZ 1995, 1590; *Schotten/Wittkowski* FamRZ 1995, 264 (267) mwN; Staudinger/*Voltz* (2013) Art. 6 Rn. 60.

[236] Bejahend OLG Oldenburg FamRZ 1995, 1590; → Art. 6 Rn. 56; Staudinger/*Voltz* (2013) Art. 6 Rn. 50. Verneinend BGH FamRZ 2005, 1666 (1667); Palandt/*Thorn*, 76. Aufl. 2017, Rn. 10.

[237] BT-Drs. BT-Drs. 10/504, 62.

[238] BT-Drs. BT-Drs. 10/504, 61.

[239] BT-Drs. 7/650, 155; BT-Drs. 7/4361, 18 f.; → BGB § 1587 Rn. 1.

[240] So aber Staudinger/*Mankowski* (2011) Rn. 355. S.a. *Rauscher* IPRax 2015, 139 (143).

[241] OLG Bremen BeckRS 2015, 12984 = FamRZ 2016, 141, Rn. 6.

[242] Gegen Palandt/*Thorn*, 76. Aufl. 2017, Rn. 10.

Anwendung des deutschen Rechts unter den Vorbehalt stellt, dass sie der Billigkeit nicht wider-spricht,[243] ändert hieran nichts.

92   Der regelwidrige Versorgungsausgleich nach deutschem Recht ist – neben dem Antragserforder-nis – an **drei Voraussetzungen** gekoppelt, die **kumulativ** vorliegen müssen: a) Die Voraussetzungen für einen Versorgungsausgleich nach S. 1 sind nicht gegeben, b) einer der Ehegatten hat im Inland eine Versorgungsanwartschaft erworben und c) die Durchführung des Versorgungsausgleichs wider-spricht nicht der Billigkeit.

93   **a) Kein Regel-Versorgungsausgleich nach S. 1.** Die Voraussetzungen für einen Versorgungs-ausgleich nach S. 1 sind in folgenden Fällen **nicht** gegeben: (1) Es gilt **deutsches** Versorgungsaus-gleichsstatut, aber keines der Heimatrechte der Ehegatten kennt den Versorgungsausgleich; (2) es gilt ein **ausländisches** Versorgungsausgleichsstatut. Unter „Versorgungsausgleich" ist dabei nur der umfassende Ausgleich der Versorgungsanwartschaften zu verstehen; die Voraussetzung des Satzes 2 ist also bereits erfüllt, wenn das nach S. 1 maßgebliche ausländische Recht nur einen Teil-Ausgleich kennt (→ Rn. 85 f.).[244]

94   **b) Erwerb inländischer Versorgungsanwartschaft.** Diese Bestimmung sollte ursprünglich Ungerechtigkeiten verhindern, die sich bei gleich-nationalen Ehen aus dem Wegfall der **Geschiede-nen-Witwenrente** ergeben konnten. Diese Renten wurden nur noch gewährt, wenn die Ehe vor dem 1.7.1977 geschieden wurde (§§ 1265 RVO, 42 AVG aF);[245] ihre Funktion hat der Versorgungs-ausgleich übernommen. Da das Versorgungsausgleichsstatut heute primär nicht mehr an die Staatsan-gehörigkeit, sondern an den gemeinsamen gewöhnlichen Aufenthalt der Ehegatten angeknüpft wird (Art. 17 Abs. 3 S. 1 iVm Art. 8 lit. a Rom III-VO), hat sich dieser Grund weitgehend erledigt. In ihrer heute geltenden Fassung sichert die Vorschrift die **gegenseitige Teilhabe der Ehegatten** an von ihnen erworbenen inländischen Versorgungsanwartschaften auch dann – sofern dies nicht im Einzelfall der Billigkeit widerspricht –, wenn ein Regel-Versorgungsausgleich nach Abs. 3 S. 1 nicht durchgeführt werden kann. Zu beachten ist dabei, dass inländische Versorgungsanwartschaften auch im Ausland erworben werden können, soweit in einem Sozialversicherungsabkommen mit dem betreffenden Staat eine Anrechnung der ausländischen Beschäftigungszeiten vorgesehen ist.[246]

95   Den Fall, dass ein Ehegatte **in einem ausländischen Staat** Versorgungsanwartschaften begründet hat, dessen Recht den Versorgungsausgleich kennt und infolgedessen eine **Geschiedenen-Witwen-rente** ebenfalls **nicht gewährt,** hatte der Gesetzgeber nicht bedacht. Dieser Fall wurde problematisch für ausländische Ehegatten, die keine inländische Versorgungsanwartschaft erworben hatten und deren ausländisches Scheidungsstatut den Versorgungsausgleich nicht kannte. *Egon Lorenz* hat vorge-schlagen, **den subsidiären Versorgungsausgleich** auf diesen Fall zu erstrecken, ihn also **allseitig** anzuwenden.[247] Vor dem Hintergrund des Wegfalls der Geschiedenenrente erschien das plausibel (→ 5. Aufl. 2010, Rn. 236). Das heutige Ziel des Subsidiärausgleichs, die Sicherstellung der gegen-seitigen Teilhabe der Ehegatten an erworbenen Versorgungsanwartschaften, ist aber vom jeweiligen Träger der Versorgungsanwartschaften zu gewährleisten. Hat einer der Ehegatten inländische Anwart-schaften erworben, so kann ein subsidiärer Versorgungsausgleich nach Abs. 3 S. 2 beantragt werden; in diesen sind etwaige ausländische Anwartschaften einzubeziehen (→ Rn. 117 ff.). Übrig bleibt der Fall, dass **ausschließlich ausländische Anwartschaften** im Spiel sind: deren Ausgleich ist aber Aufgabe der Organe und Gerichte des ausländischen Staates.[248]

96   **c) Billigkeitsklausel.** Der regelwidrige Versorgungsausgleich ist nur durchzuführen, soweit dies **im Hinblick auf die beiderseitigen wirtschaftlichen Verhältnisse der Billigkeit nicht wider-spricht** (Abs. 3 S. 2, letzter Halbs.). Dabei sind ggf. auch im Ausland verbrachte Zeiten zu berück-sichtigen. Diese Klausel war – in leicht abweichender Formulierung – seinerzeit erst durch den Rechtsausschuss in den Gesetzeswortlaut eingefügt worden. Sie sollte unbillige Ergebnisse vermeiden, die sich sonst etwa dadurch ergeben könnten, dass der Ehegatte mit der inländischen und daher leicht greifbaren Altersicherung Ansprüche ausgleichen müsste, während der andere Ehegatte nicht herangezogen werden kann, weil er solche seiner Alterssicherung dienende Vermögenswerte im Ausland besitzt, die entweder für einen Versorgungsausgleich nicht in Betracht kommen oder nicht

---

[243] Vgl. BGH FamRZ 2005, 1666 (1667).
[244] AA *Lüderitz* IPRax 1987, 74 (79). Wie hier *Henrich* FamRZ 1986, 841 (851) und Johannsen/Henrich/ *Henrich* Rn. 11.
[245] Vgl. etwa BSG BeckRS 2004, 42746 = rv 2006, 12.
[246] Vgl. für Polen OLG Karlsruhe FamRZ 1989, 399; OLG Düsseldorf FamRZ 1999, 1210; OLG Frankfurt FamRZ 2000, 163 (164).
[247] *Egon Lorenz* FamRZ 1987, 645 (653).
[248] Staudinger/*Mankowski* (2011) Rn. 384.

zu ermitteln sind.[249] Der Ausschuss hatte dabei ausdrücklich betont, dass die Angabe der zu berücksichtigenden Umstände **nicht zu eng** verstanden werden, sondern nur die **Richtung** von Billigkeitserwägungen angeben solle; insbesondere sollte durch den Hinweis auf die „wirtschaftlichen" Verhältnisse der Möglichkeit entgegengewirkt werden, in diesem Rahmen etwa darauf abzustellen, wer die Zerrüttung der Ehe verursacht hat.

Als **Ausnahmeklausel** kann S. 2 letzter Halbs. nur dann bejaht werden, wenn die Unbilligkeit **97** **ersichtlich** ist.[250] Das Familiengericht hat dabei eine Gesamtabwägung unter Berücksichtigung aller Vermögenswerte vorzunehmen, soweit diese nicht zwischen den Ehegatten ausgeglichen werden.[251] Im Bericht des Rechtsausschusses wird als Beispiel die mit einem italienischen Arzt verheiratete deutsche Sekretärin genannt, die während des Studiums ihres Mannes Anwartschaften in Deutschland erworben hat, während der Mann später seine Alterssicherung in Italien durch Einrichtung von Konten in Drittstaaten betreibt.[252] In der Tat wäre es in diesem Fall unbillig, die von der Frau erworbenen inländischen Anwartschaften auszugleichen, während die Alterssicherung des Mannes sich dem Zugriff entzieht.[253] Ebenso im umgekehrten Fall, wenn die Ehefrau eigene Anrechte auf eine **Altersrente in den USA** erworben hat und dort zudem noch ein Hausgrundstück besitzt, das ihr im Alter lastenfrei zur Verfügung stehen wird.[254] Da die Billigkeitsprüfung die Kenntnis des Gerichts von der Höhe der beiderseitigen Versorgungsanwartschaften voraussetzt, kann sich ein Ehegatte seiner **Mitwirkungspflicht** nach § 220 Abs. 1 FamFG nicht mit der Begründung entziehen, ein Versorgungsausgleich sei nicht durchzuführen.[255] Allgemein zur Behandlung **nicht ausgleichsreifer ausländischer Anrechte** → Rn. 121. Das **persönliche Fehlverhalten** eines Ehegatten in der Zeit nach der Aufhebung der ehelichen Lebensgemeinschaft rechtfertigt nur in besonders krassen Fällen den Ausschluss des Versorgungsausgleichs.[256]

Ein außergewöhnlicher **beruflicher Aufstieg** – jemand hat es vom Handwerker über den Dr. **98** phil. zum Professor gebracht – begründet die Unbilligkeit nicht.[257] Auch die **Wiederverheiratung** eines Ehegatten begründet für sich allein die Unbilligkeit des Ausgleichs nicht, denn sie sagt nichts über eine damit verbundene Altersversorgung aus.[258] Die **lange Trennungszeit** der Ehegatten ist, da sie nicht primär die wirtschaftlichen Verhältnisse der Ehegatten betrifft, grundsätzlich erst auf der materiellrechtlichen Ebene, also im Rahmen des § 27 VersAusglG zu berücksichtigen (→ Rn. 111).[259] Als kollisionsrechtlich relevante Billigkeitskriterien sind in der Rechtsprechung ferner die **Kaufkraft- und Währungsparität** (Unterschiedlichkeit des Lebensniveaus in den betroffenen Ländern)[260] sowie der **Nichterwerb von Rentenanwartschaften** durch einen Ehegatten, ohne dass dafür Gründe vorliegen,[261] herangezogen worden. Hat auf der anderen Seite ein Ehegatte im Rahmen der Scheidung ein **erhebliches Vermögen** erhalten, das, würde man es mit diesem Wert als Versorgungsanrecht anrechnen, zu einer Versorgung führen würde, die der durch den anderen Ehegatte während der Ehe erworben vergleichbar ist, so steht sie der Durchführung des Versorgungsausgleichs entgegen.[262] Der Erwerb einer **eigenen Rente,** auch wenn sie mit Mitteln des anderen Ehegatten finanziert wurde, reicht hierfür nicht aus[263] (→ Rn. 121)

Eine von den Eheleuten getroffene **abschließende Regelung sämtlicher Vermögensangele-** **99** **genheiten** ist bei der Billigkeitsprüfung zu berücksichtigen; wollten die Ehegatten damit auch

---

[249] So wörtlich BT-Drs. 10/5632, 42. Vgl. BGH NJW 2014, 61; 2007, 2477 (2478).

[250] OLG Hamm FamRZ 1994, 573 (578) (Polen). Vgl. auch OLG Frankfurt FamRZ 1990, 417 = IPRspr. 1989 Nr. 101 (Griechenland); OLG Karlsruhe FamRZ 1989, 399 (400) (Polen).

[251] *Borth* FamRZ 2007, 1001. Vgl. etwa zu Art. 17 Abs. 3 S. 1 aF OLG Koblenz FamRZ 2017, 879.

[252] BT-Drs. 10/5632, 43.

[253] Vgl. BGH NJW 2014, 61 m. Rez. *Rauscher* IPRax 2015, 139; NJW 2007, 2477 (2478) = FamRZ 2007, 996 (997); BGH FamRZ 2007, 366; OLG Köln OLG-Rp. 2007, 314 Tz. 7; OLG Karlsruhe FamRZ 2002, 1633 (1634); FamRZ 1989, 399 (400); OLG Celle FamRZ 1991, 204 (205); Johannsen/Henrich/*Henrich* Rn. 17.

[254] OLG Bremen BeckRS 2015, 12984 = FamRZ 2016, 141 Rn. 10.

[255] OLG Hamm BeckRS 2015, 01020 Rn. 19 = IPRax 2015, 167 m. Rez. *Rauscher* IPRax 2015, 139.

[256] BGH NJW 2014, 61.

[257] OLG Frankfurt FamRZ 1990, 417 (Fn. 239).

[258] BGH FamRZ 2007, 996 = NJW 2007, 2477 Rn. 11.

[259] BGH FamRZ 1994, 825 (827); OLG Düsseldorf FamRZ 1993, 433 (434); OLG Stuttgart FamRZ 2008, 1759 (1760). AA insoweit offenbar Staudinger/*Mankowski* (2011) Rn. 394.

[260] BGH FamRZ 2000, 418 (419) = IPRax 2001, 138 m. Rez. *Eichenhofer* IPRax 2001, 110 = IPRspr. 1999 Nr. 63 (zu II 1 der Gründe); BGH FamRZ 2007, 366 Rn. 11; OLG Frankfurt FamRZ 2000, 163 (164).

[261] OLG Frankfurt FamRZ 2000, 163 (164). Gegenbeispiele: OLG Koblenz FamRZ 1998, 1599 (Gefangenschaft in vietnamesischem Umerziehungslager als Grund für den Nichterwerb von Versorgungsanwartschaften anerkannt); OLG Karlsruhe FamRZ 2004, 463 (465) (unterlassene Begründung von Anwartschaften durch Selbständigen aufgrund gemeinsamer Entscheidung der Ehegatten).

[262] OLG Celle FamRZ 2014, 42 (44).

[263] OLG Köln NZFam 2014, 662 = FamRZ 2014, 844.

Winkler von Mohrenfels

den Versorgungsausgleich regeln, so steht dies der Durchführung des Versorgungsausgleichs nicht grundsätzlich entgegen,[264] es sei denn, der Versorgungsausgleich wurde wirksam ausgeschlossen (→ Rn. 107 f.).[265] Dass die Ehegatten den weitaus überwiegenden Teil ihrer Ehe **außerhalb der Bundesrepublik Deutschland** verbracht haben, ist jedenfalls nach der geltenden Gesetzesfassung – entgegen einem obiter dictum des BGH zum alten Recht[266] – für sich allein ebenfalls kein tragfähiges Billigkeitskriterium:[267] Art. 17 Abs. 3 S. 1 stellt allein darauf ab, ob die Ehegatten mit der Durchführung eines Versorgungsausgleichs rechnen mussten (→ Rn. 82). Dies dürfte idR zu verneinen sein, wenn die Ehegatten **zu keinem Zeitpunkt** während ihrer Ehe gemeinsam **in Deutschland** gewohnt haben, so dass keiner von ihnen mit dem Erwerb einer deutschen Anwartschaft durch den anderen hat rechnen können.[268]

100 Der Versorgungsausgleich ist nur durchzuführen, **soweit** seine Durchführung der Billigkeit nicht widerspricht. Diese Formulierung lässt auch einen **Teilausgleich** bestimmter Versorgungsanwartschaften zu.[269] Anders als für die **Voraussetzungen** der Anwendbarkeit von S. 2 („Nichtkenntnis" des Versorgungsausgleichs, Rn. 85) gilt also für die **Rechtsfolgen** der Vorschrift kein Alles-oder-nichts-Prinzip.[270] Dem Familiengericht ist hier ein weiter Ermessensspielraum eingeräumt.

101 Auch wenn die Ehegatten das Ehewirkungsstatut durch **Rechtswahl** bestimmt haben, kann die Durchführung des Ausgleichs nach S. 2 unbillig sein, wenn sich die Ehegatten wirtschaftlich darauf eingestellt haben, dass ein Versorgungsausgleich nicht durchgeführt wird. Die Anwendung des S. 2 für diesen Fall im Wege der teleologischen Reduktion generell auszuschließen,[271] würde den Intentionen des Gesetzgebers nicht gerecht. Mit der Anwendung der Billigkeitsklausel kann diesem Gesichtspunkt im Einzelfall ausreichend Rechnung getragen werden.[272]

102 Die Anwendung der Billigkeitsklausel ist in erster Linie dem Tatrichter vorbehalten; sie ist im Verfahren der **weiteren Beschwerde** nur dahin nachprüfbar, ob der Tatrichter die maßgeblichen Umstände ausreichend und umfassend in seine Abwägung einbezogen hat.[273]

103 **d) Nachträglicher Versorgungsausgleich.** Der gemäß Abs. 3 S. 2 erforderliche Antrag kann im Verbundverfahren oder später im isolierten Versorgungsausgleichsverfahren gestellt werden.[274] Haben die Parteien im Zusammenhang mit der Scheidung eine **vertragliche Vereinbarung** getroffen, darin aber den Versorgungsausgleich nicht geregelt, so ist der nachträgliche Antrag auf dessen Durchführung nicht rechtsmissbräuchlich.[275] Generell führt die späte Antragstellung für sich allein nicht zur groben **Unbilligkeit** des Ausgleichs nach § 1587c Nr. 1 BGB; eine **Verwirkung** nach § 242 BGB kommt daneben nicht in Betracht.[276] Ist die Ehe freilich ohne Durchführung des Versorgungsausgleichs **rechtskräftig geschieden** worden, so ist im Hinblick auf eine spätere Nachholung des Versorgungsausgleichs im isolierten Verfahren zu unterscheiden:

104 **aa) Deutsches Scheidungsverfahren.** Hat ein deutsches Gericht die Durchführung des Versorgungsausgleichs ausdrücklich **abgelehnt,** weil keines der Heimatrechte der Ehegatten ihn kannte (Abs. 3 S. 1), so schließt die Rechtskraft dieser Entscheidung[277] eine nachträgliche Durchführung des Versorgungsausgleichs aus.[278] Anders, wenn der Antrag **nicht gestellt** oder als **unzulässig** abgewiesen wurde: In diesem Fall kann er jederzeit nachgeholt bzw. – nach Schaffung der Zulässigkeitsvoraussetzungen – neu gestellt werden.[279]

---

[264] OLG Hamm FamRZ 2014, 843.

[265] Insoweit unklar OLG Hamm FamRZ 2014, 843.

[266] BGH FamRZ 1994, 825 (827) zu Art. 17 Abs. 3 S. 2 aF, der noch nicht die Geltung deutschen Rechts verlangte.

[267] AA OLG Celle FamRZ 2014, 42 (44). Auch der dort zitierte Bericht des Rechtsausschusses (BT-Drs. 10/5632, 43) stützt die Auffassung des Gerichts nicht.

[268] OLG Bremen BeckRS 2015, 12984 = FamRZ 2016, 141 Rn. 11.

[269] Vgl. BGH FamRZ 2000, 418 (419) = IPRax 2001, 138 m. Rez. *Eichenhofer* IPRax 2001, 110.

[270] Vgl. die Formulierung des Rechtsausschusses, BT-Drs. 10/5632, 42: „Die Billigkeitsklausel schränkt die Fälle des Versorgungsausgleichs … ein, führt gegebenenfalls sogar zur Versagung von Versorgungsausgleich überhaupt."

[271] So Johannsen/Henrich/*Henrich* Rn. 18; *Klattenhoff* FuR 2000, 108 (109).

[272] Wie hier Staudinger/*Mankowski* (2011) Rn. 396.

[273] BGH NJW 2007, 2477 Rn. 10; FamRZ 2007, 366 Rn. 11; FamRZ 2000, 418 (419).

[274] BGH NJW 2007, 2477 Rn. 29 mwN.

[275] OLG Köln BeckRS 2005, 04343.

[276] BGH NJW 2014, 61; 2007, 2477 Rn. 26.

[277] BGH NJW 1982, 1646; 1983, 512 (513).

[278] *Hepting* IPRax 1988, 153 (157).

[279] OLG München NJW 2014, 1893; OLG Karlsruhe FamRZ 2006, 955 = IPRspr. 2005 Nr. 60 S. 128 (Rn. 16); OLG Braunschweig FamRZ 2005, 1683 = IPRspr. 2005 Nr. 49 S. 110.

bb) Ausländisches Scheidungsverfahren. Ein ausländisches Gericht könnte über die Durch- **105** führung des regelwidrigen Versorgungsausgleichs nur entscheiden, wenn nach seinem IPR deutsches Scheidungsstatut gilt. Eine Entscheidung von Amts wegen wird die ausländische lex fori im Zweifel nicht vorsehen. Aber auch wenn ein Ehegatte einen entsprechenden Antrag stellt, kann das Gericht den regelwidrigen Ausgleich nach Abs. 3 S. 2 nicht durchführen, weil es in die in Deutschland erworbenen Anwartschaften nicht eingreifen kann. Es kommt allenfalls ein schuldrechtlicher Ausgleich in Betracht. Ansonsten können die Parteien den Antrag nach Abs. 3 S. 2 vor einem international zuständigen deutschen Gericht jederzeit nachholen.[280] Zur internationalen Zuständigkeit der deutschen Gerichte in diesem Fall → Anh. Art. 17a Rn. 70.

4. Praktische Durchführung des Versorgungsausgleichs. a) Ausländisches Versorgungs- 106 ausgleichsstatut. Sieht das ausländische Versorgungsausgleichsstatut einen Versorgungsausgleich vor, so kann dieser nach Abs. 3 S. 1 vom deutschen Scheidungsgericht **nicht durchgeführt** werden. Die Ehegatten sind in diesem Fall auf die Durchführung eines **gesonderten Versorgungsausgleichsverfahrens vor den ausländischen Gerichten** zu verweisen. Ist die Durchführung eines solchen Verfahrens nicht möglich oder führt es zu keinem angemessenen Ergebnis, so kommt ein Versorgungsausgleich aufgrund der Subsidiäranknüpfung nach Abs. 3 S. 2 in Betracht (→ Rn. 115 f.). Die Durchführung des Subsidiärausgleichs ohne den vorherigen Versuch, im Ausland ein Versorgungsausgleichsverfahren nach dortigem Sachrecht durchzuführen, dürfte idR der Billigkeit widersprechen. Zum Ausgleich ausländischer Versorgungsanwartschaften → Rn. 117 ff.

b) Deutsches Versorgungsausgleichsstatut. aa) Vereinbarungen über den Versorgungs- 107 ausgleich. Dem Versorgungsausgleichsstatut unterliegen auch Vereinbarungen über den Versorgungsausgleich. Nach deutschem Recht sind solche Vereinbarungen gemäß **§ 6 VersAusglG** zulässig, sie können auch schon im Ehevertrag erfolgen **(§ 1408 Abs. 2 BGB).** Der Versorgungsausgleich kann in die Regelung der ehelichen Vermögensverhältnisse einbezogen (§ 6 Abs. 1 Nr. 1 VersAusglG), ausgeschlossen (§ 6 Abs. 1 Nr. 2 VersAusglG) oder Ausgleichsansprüchen nach der Scheidung nach Maßgabe der §§ 20–24 VersAusglG vorbehalten werden (§ 6 Abs. 1 Nr. 3 VersAusglG). Für die **Form** solcher Vereinbarungen sind die nach **Art. 11** berufenen Rechte maßgeblich. Einzuhalten ist also entweder die Form des Rechts am Abschlussort (Ortsform) oder die von der lex causae, also vom deutschen Versorgungsausgleichsstatut vorgeschriebene Form.

Im Falle des **Ehevertrags** (§ 1408 Abs. 2 BGB, § 7 Abs. 3 VersAusglG) ist bei ausländischem **108** Abschlussort entweder die Form des **§ 1410 BGB** oder die Form des Ortsrechts einzuhalten. Seinem **Inhalt** nach enthält der Ehevertrag einen **Ausschluss des Versorgungsausgleichs**, wenn dieser ausdrücklich benannt ist oder wenn alle Scheidungsfolgen, alle vermögensrechtlichen Folgen oder alle versorgungsrechtlichen Folgen ausgeschlossen worden sind. Für den Ausschluss des Versorgungsausgleichs durch Ehevertrag ist nicht erforderlich, dass das Ortsrecht einen Versorgungsausgleich kennt. Entspricht ein Ausschlussvertrag weder der Ortsform noch der Form des deutschen Rechts, so entfällt seine Formunwirksamkeit nicht dadurch, dass er nach dem **Güterrechtsstatut** formwirksam wäre. Dass das deutsche Recht für die Regelung der güterrechtlichen Verhältnisse und für Vereinbarungen über den Versorgungsausgleich einen einheitlichen Ehevertrag vorsieht, kann sich nur dann auswirken, wenn für beide Bereiche auch deutsches Sachstatut gilt.

Für eigenständige Vereinbarungen über den Versorgungsausgleich schreibt **§ 7 Abs. 1 Vers- 109 AusglG** die notarielle Beurkundung vor. Anders als der Ehevertrag kann eine solche Vereinbarung nur dann in einer von § 7 Abs. 1 VersAusglG abweichenden Ortsform (Art. 11) erfolgen, wenn das Ortsrecht den Versorgungsausgleich kennt, andernfalls geht die Verweisung auf die Ortsform ins Leere.[281]

bb) Ehezeit bei Scheidung nach Trennung von Tisch und Bett. Ist für die Eheleute schon **110** früher im In- oder Ausland die Trennung von Tisch und Bett nach ausländischem Recht (→ Rom III-VO Vor Art. 1 Rn. 37; → Rom III-VO Art. 1 Rn. 21) ausgesprochen worden und sind in dem später betriebenen Scheidungsverfahren die Scheidung und die unselbständigen Nebenfolgen (→ Rn. 29) nach deutschem Recht zu beurteilen, so entsteht die Frage, ob die **Ehezeit** – wie im Normalfall – erst am letzten Tag des Monats vor Zustellung des Scheidungsantrags endet (§ 3 Abs. 1 VersAusglG), oder ob das Ende wegen der Trennung von Tisch und Bett schon **früher** eintritt.

Die für die Gleichstellung der Trennung von Tisch und Bett mit der Scheidung erforderliche **111** Äquivalenz ist zu bejahen, wenn die Trennung die Funktion der Scheidung übernommen hat, dh.

---

[280] Vgl. etwa OLG Bremen FamRZ 2014, 960 sowie zu Art. 17 Abs. 3 S. 2 EGBGB aF BGH NJW 2014, 61; OLG Hamm FamRZ 2014, 843; OLG Bremen FamRZ 2013, 222.
[281] OLG Bamberg FamRZ 2002, 1120 (1121); OLG Celle FamRZ 2007, 1566 Rn. 31; Staudinger/*Mankowski* (2011) Rn. 350; Staudinger/*Winkler v. Mohrenfels* (2013) Art. 11 Rn. 195 f.

wenn das Scheidungs- bzw. Trennungsstatut keine Scheidung, sondern nur die Trennung kennt (→ Rom III-VO Vor Art. 1 Rn. 40). In diesen Fällen ist die Ehezeit mit dem Zeitpunkt der Rechtskraft des Trennungsurteils als beendet anzusehen. In allen anderen Fällen – insbesondere bei Trennung nach heutigem italienischem Recht – muss es bei der wortlautgemäßen Anwendung des § 3 Abs. 1 VersAusglG verbleiben.[282] Beide Formen der Trennung können aber im Rahmen der **Billigkeitsklausel** des **§ 27 VersAusglG** berücksichtigt werden, wenn sie außerhalb der üblichen Trennungs- und Verfahrenszeit liegen.[283]

112   **cc) Ehezeit bei Statutenwechsel während der Ehe.** Das Scheidungsstatut kann sich während der Ehe dadurch ändern, dass ein Wechsel des gewöhnlichen Aufenthalts oder der Staatsangehörigkeit eines oder beider Ehegatten stattfindet. Ist das deutsche Recht erst durch einen solchen Statutenwechsel Scheidungsstatut geworden, so ist die für den Versorgungsausgleich maßgebende Ehezeit dennoch nach § 3 VersAusglG zu bestimmen, dh es ist die **gesamte Ehezeit** maßgeblich.[284] Dass der Ausgleichspflichtige bis zu dem Statutenwechsel nach dem bis dahin maßgeblichen Statut möglicherweise mit einem Versorgungsausgleich im Scheidungsfalle nicht hat rechnen müssen, kann ggf. im Rahmen des § 27 VersAusglG berücksichtigt werden.[285]

113   **dd) Gewöhnlicher Aufenthalt eines Ehegatten im Ausland.** Der Versorgungsausgleich wird nicht allein dadurch gehindert, dass einer der Ehegatten oder beide ihren gewöhnlichen Aufenthalt im Ausland haben.[286] Haben **beide** Ehegatten ihren gewöhnlichen Aufenthalt im Ausland, so kann ein Versorgungsausgleich allerdings nur stattfinden – internationale Zuständigkeit des Gerichts vorausgesetzt –, wenn kraft Rechtswahl deutsches Scheidungs- und Versorgungsausgleichsstatut gilt (Art. 17 Abs. 3 S. 1 EGBGB iVm Art. 5 Rom III-VO). Hält sich der **Verpflichtete** gewöhnlich im Ausland auf, so sind seine inländischen Anwartschaften dennoch öffentlichrechtlich auszugleichen.[287] Zur Einbeziehung der ausländischen Anwartschaften → Rn. 121.

114   Die Tatsache, dass sich der **Berechtigte** gewöhnlich im Ausland aufhält, ist für sich allein kein Grund, den Versorgungsausgleich auszuschließen.[288] Würde sich die Übertragung oder Begründung von Anwartschaften im Einzelfall nicht zugunsten des Berechtigten auswirken, findet insoweit mangels Ausgleichsreife ein Wertausgleich bei der Scheidung nicht statt, § 19 Abs. 1 Nr. 2 VersAusglG.

115   **ee) Berücksichtigung eines Teilausgleichs nach ausländischem Recht.** Ist ein Teil der dem Versorgungsausgleich unterliegenden Anwartschaften in einem ausländischen Verfahren bereits ausgeglichen worden, so ist dies bei der Durchführung des nach deutschem Recht vorzunehmenden Ausgleichs zu berücksichtigen. Ob der Teilausgleich als Güterrechtsausgleich, als (unvollständiger) Versorgungsausgleich oder auf sonstige Weise (zB unterhaltsrechtlich)[289] erfolgte, ist unerheblich. Entscheidend ist allein, dass Anwartschaften, die dem Versorgungsausgleich unterliegen, bereits ausgeglichen wurden. Zu einem solchen „ergänzenden" Versorgungsausgleich kann es zB dann kommen, wenn im ausländischen Scheidungsverfahren einzelne Anwartschaften **güterrechtlich** ausgeglichen wurden und einer der Ehegatten später in Deutschland die Durchführung eines Versorgungsausgleichs nach Abs. 3 S. 2 beantragt (zur Nachholung von Nebenentscheidungen → Rn. 40 f.). Die Berücksichtigung des Teilausgleichs erfolgt in der Weise, dass die ausgeglichenen Anwartschaften, so wie sie vor dem Ausgleich bestanden, gemäß § 2 VersAusglG in die Berechnung nach § 1 VersAusglG einbezogen werden; der nach ausländischem Recht erfolgte Teilausgleich ist alsdann auf den nach deutschem Recht vorzunehmenden Ausgleich **anzurechnen.**

116   Ist der vom ausländischen Recht vorgesehene Teilausgleich **noch nicht erfolgt,** so ist der Versorgungsausgleich nach deutschem Recht unabhängig von den Vorschriften des ausländischen Rechts vorzunehmen, dh es wird keine Rücksicht darauf genommen, dass die auszugleichenden Anwartschaften zum Teil auch dem Zugriff des ausländischen Rechts unterliegen. Diese Konstellation kann sich sowohl dann ergeben, wenn das deutsche Versorgungsausgleichsrecht aufgrund der Subsidiäranknüpfung zum Zuge kommt, als auch dann, wenn das deutsche Recht als Regel-Versorgungsausgleichsstatut mit ausländischem **Güterrechtsstatut** zusammentrifft und beide Rechte teilweise auf

[282] BGH FamRZ 1994, 825 (826) = NJW-RR 1994, 962; OLG Koblenz FamRZ 1991, 1323 = IPRspr. 1991 Nr. 89. → VersAusglG § 3 Rn. 7.
[283] Vgl. BGH NJW 1993, 588; 1983, 165; OLG Düsseldorf FamRZ 1993, 433 (435); AG Altena IPRax 1981, 61 (62) m. Anm. *Sonnenberger* IPRax 1981, 50 (52 f.); → VersAusglG § 3 Rn. 7.
[284] Staudinger/*Mankowski* (2011) Rn. 434.
[285] BGH NJW 1982, 1940 (1942) (zu § 1587c Nr. 1 aF BGB).
[286] BGH NJW 1983, 512 (513).
[287] Vgl. BGH NJW 1986, 1932.
[288] BGH NJW 1986, 1932 (1933), 1983, 512 (513 Fn. 265); OLG Karlsruhe FamRZ 1998, 1029 f.; Palandt/ *Thorn*, 76. Aufl. 2017, Rn. 14; Erman/*Hohloch* Rn. 59.
[289] Vgl. *Sonnenberger*, FS Beitzke, 1979, 739 (757).

dieselben Anwartschaften zugreifen. In beiden Fällen setzt sich das deutsche Versorgungsausgleichsrecht gegenüber den ausländischen Teilausgleichsregelungen durch. Haben die Ehegatten den **Versorgungsausgleich ausgeschlossen,** so ist ein Ausgleich von Anwartschaften aufgrund des ausländischen Güterrechtsstatuts nur möglich, wenn die Auslegung des Ausschlussvertrages ergibt, dass die Eheleute den güterrechtlichen Ausgleich unberührt lassen wollten.

   c) **Ausgleich ausländischen Versorgungsvermögens. aa) Einbeziehung.** In den Versor- **117** gungsausgleich ist gemäß § 2 Abs. 1, Abs. 2 Nr. 1 VersAusglG auch **ausländisches Versorgungsvermögen einzubeziehen,** wenn es während der Ehe durch Arbeit oder Vermögen geschaffen oder aufrechterhalten worden ist. Dieser überkommene Grundsatz[290] wird durch den **Vorrang des Einzelstatuts (Art. 3a Abs. 2)** nicht beeinträchtigt, denn durch Rentenbestimmungen wird kein Sondervermögen iS dieser Vorschrift geschaffen.[291] Auch amerikanische Armee-Pensionen sind deshalb in den Versorgungsausgleich einzubeziehen, mag dies nun den personellen Bedürfnissen der US-Armee schaden oder nicht.[292]

   Umstritten ist, wie solche ausländischen Versorgungsanwartschaften zu behandeln sind, bei denen **118** der **Ehezeitanteil nicht berechenbar** ist, weil das ausländische Versorgungssystem keine zeitanteilig berechenbaren Rentenanwartschaften kennt. *Sonnenberger*[293] hielt nach altem Recht die Einbeziehung solcher Renten in den Versorgungsausgleich für unmöglich, weil weder § 1587a Abs. 2 Nr. 4 aF noch § 1587a Abs. 5 aF BGB über das Fehlen der zur Berechnung des Ehezeitanteils notwendigen Daten hinweghelfen könnten. Das Problem könne daher je nach Sachlage nur durch Vereinbarung der Ehegatten (auch in Gestalt eines Verzichts), durch Teilausgleich oder durch Abtrennung der fraglichen Anwartschaften gelöst werden. Diese Bedenken überzeugen nur für den Fall, dass es wirklich um **Daten** geht, also um fehlende **tatsächliche** Unterlagen zur Berechnung des in Frage stehenden Rentenanteils. Fehlgeschlagene Tatsachenermittlung kann in der Tat kein Grund sein, bei der Berechnung ausländischer Rentenanteile von den Vorschriften des ausländischen Sozialversicherungsrechts abzuweichen. Zur Behandlung dieser Fälle → Rn. 123.

   Ergibt sich indes die Nichtberechenbarkeit des Ehezeitanteils aus dem Fehlen entsprechender auslän **119** discher **Rechtsvorschriften,** so handelt es sich nicht um eine Tatsachen-, sondern um eine Rechtsfrage. Die mangelnde Konkordanz zwischen deutschem Versorgungsausgleichsrecht und ausländischem Rentenrecht kann nicht dazu führen, die fraglichen ausländischen Anwartschaften aus dem Versorgungsausgleich herauszunehmen. Ist die aufzuteilende Anwartschaft ihrer Höhe nach feststellbar, so ist der Wert der Anwartschaft gemäß § 42 VersAusglG nach billigem Ermessen zu bestimmen.

   bb) **Feststellung und Bewertung.** Die bestehenden Renten und Anwartschaften sind zunächst **120** nach **Grund und Höhe festzustellen.** Zu diesem Zweck hat der renten- oder anwartschaftsberechtigte Ehegatte nach § 4 VersAusglG Auskunft zu erteilen; sodann hat das Gericht zu prüfen, ob die Rente oder Anwartschaft den Voraussetzungen des § 2 VersAusglG entspricht. Das Erfordernis des § 2 Abs. 2 Nr. 1 VersAusglG,[294] dass die Rente „durch Arbeit oder Vermögen geschaffen" worden

---

   [290] Vgl. aus der Rspr.: BGH FamRZ 2001, 284 (285); IPRax 1988, 295; NJW 1982, 1939 = IPRax 1982, 244 (245); BGHZ 75, 241 (246) = NJW 1980, 47 (48) (obiter); OLG Köln FamRZ 2014, 844; OLG Bamberg FamRZ 1986, 691; 1980, 62 (63); AG München FamRZ 1979, 605 m. zust. Anm. *Jayme*; AG Coburg IPRax 1981, 61; AG Kaufbeuren FamRZ 1982, 76 (77) = IPRax 1982, 248 (alle Öst.); OLG Karlsruhe IPRax 1982, 245 (Schweiz); OLG Köln FamRZ 1986, 689 (690) (Ital.); OLG Zweibrücken FamRZ 2001, 497 (USA); AG Naumburg FamRZ 2001, 497 (LS) (Ungarn); AG Kelheim IPRax 1985, 109; grundsätzlich zust. auch AG Hamburg FamRZ 1979, 54 (Norw.); FamRZ 1981, 292 (Rum.); AG Charlottenburg NJW 1984, 2042 (USA); vgl. auch BT-Drs. 7/4361, 40. Aus der Lit.: *Monot,* Der Versorgungsausgleich bei Scheidungen mit Auslandsberührung, dargestellt am deutsch-schweizerischen Recht, Diss. Göttingen 1981, 67 f.; *Adam,* Internationaler Versorgungsausgleich, 1985, § 20; *Plagemann/Plagemann* NJW 1977, 1989 (1990); *Hannemann/Kinzel* DAngVers. 1978, 369 (371 ff.); *Jayme* ZfRV 21 (1980), 175 (185 ff.); *Bürgle* IPRax 1981, 126 (128); *Bergner* IPRax 1981, 128 f.; 1988, 281 (282); *Lüderitz* IPRax 1987, 74 (78); *Rolf Wagner* IPRax 1999, 94 (96); Johannsen/Henrich/*Henrich* Rn. 21; *Sonnenberger* in Zacher, Der Versorgungsausgleich im internationalen Vergleich und in der zwischenstaatlichen Praxis, Colloquium des Max-Planck-Instituts für ausländisches und internationales Sozialrecht, Tutzing 1984, 1985, 334 und IPRax 1981, 207.
   [291] Palandt/*Thorn,* 76. Aufl. 2017, Art. 3a Rn. 5; Erman/*Hohloch* Art. 3 Rn. 16. AA *Piltz* FamRZ 1979, 991 (992).
   [292] AA AG Charlottenburg NJW 1984, 2042. Zur Armeepension vgl. auch AG Landstuhl FamRZ 1994, 837 (838). Allgemein zur Ermittlung und Behandlung US-amerikanischer Anrechte im Versorgungsausgleich s. *Gümpel* FamRZ 1990, 226 und FamRZ 1991, 138 sowie *Reinhard* FamRZ 1990, 1194; s. auch OLG Zweibrücken FamRZ 2001, 497.
   [293] *Sonnenberger* IPRax 1981, 50 (51 f.) und 207 (208) sowie in Zacher, Der Versorgungsausgleich im internationalen Vergleich und in der zwischenstaatlichen Praxis, Colloquium des Max-Planck-Instituts für ausländisches und internationales Sozialrecht, Tutzing 1984, 1985, 336 ff.
   [294] Früher § 1587 Abs. 1 S. 2 aF BGB.

ist, erfüllen nach einer neueren Entscheidung des BGH entgegen der früher hM[295] auch Renten, die im Rahmen einer **Volksversicherung** als **Grundversorgung** gezahlt werden, wie die **niederländische** AOW Pension.[296] Dem hat sich die Rechtsprechung für die **dänische** Volksrente und ATP-Zusatzrente angeschlossen.[297]

121   **cc) Durchführung des Versorgungsausgleichs.** Die nach Grund und Höhe **feststellbaren** ausländischen Renten und Anwartschaften sind grundsätzlich **öffentlichrechtlich** auszugleichen. Dies ist allerdings ohne Probleme nur möglich, wenn sie aufgrund der VO (EG) Nr. 883/2004[298] in der deutschen Rentenversicherung Anrechnung finden[299] oder dem **ausgleichsberechtigten Ehegatten** zustehen; letzterenfalls mindern sie dessen Ausgleichsanspruch.[300] Schwieriger ist die Einbeziehung solcher Anwartschaften, die dem **ausgleichspflichtigen** Ehegatten zustehen. Sie können weder im Zuge der internen Teilung (§§ 10–14 VersAusglG) noch im Wege der externen Teilung (§§ 14–17 VersAusglG) übertragen werden, da in ausländische öffentlichrechtliche Rechtsverhältnisse nicht eingegriffen werden kann.[301] Der Ausgleich könnte deshalb nur **schuldrechtlich** im Wege der Ausgleichszahlung (§§ 20–22 VersAusglG) oder der Abfindung (§§ 23, 24 VersAusglG)[302] erfolgen. Dies wäre aber für den Ehegatten mit den inländischen Anrechten idR[303] **unbillig,** da seine schuldrechtlichen Ausgleichsansprüche hinsichtlich der ausländischen Anrechte unsicher und wesentlich schwächer sind als die Ausgleichsansprüche des anderen Ehegatten hinsichtlich der inländischen Anwartschaften. Gemäß **§ 19 Abs. 3 VersAusglG** ist in solchen Fällen der Versorgungsausgleich deshalb zu versagen; beide Parteien sind auf den späteren schuldrechtlichen Ausgleich nach der Scheidung zu verweisen.[304]

122   Will ein Ehegatte unter diesen Umständen den Anspruch auf Versorgungsausgleich zur Vermeidung einer Verzögerung des Scheidungsausspruchs nicht im Verbundverfahren, sondern **isoliert** verfolgen, so kann ihm hierfür die **Verfahrenskostenhilfe** nicht wegen Mutwilligkeit versagt werden.[305]

123   Ist der Wert ausländischer Anwartschaften **nicht aufklärbar,** weil Auskünfte von dem Ehegatten nicht oder nicht in ausreichendem Maße zu erlangen sind und die ausländischen Versicherungsträger keine Auskünfte erteilen,[306] so kommen die **Abtrennung** des gesamten Verfahrens[307] (§ 140 Abs. 2 Nr. 1 FamFG) oder die **Nichtberücksichtigung** der unaufklärbaren Anwartschaften wegen fehlender Ausgleichsreife (§ 19 VersAusglG) in Betracht. Letzterenfalls findet insoweit ein schuldrechtlicher Ausgleich nach §§ 20 ff. VersAusglG statt.[308]

E. Folgen der Eheauflösung anderer Art

124   Soweit die Eheauflösung anderer Art kollisionsrechtlich dem Scheidungsstatut unterliegt (→ Rom III-VO Art. 1 Rn. 19), sind auch die Folgen der Auflösung nach den für die Scheidungsfolgen geltenden Grundsätzen (→ Rn. 26 ff.) anzuknüpfen.[309]

---

[295] Nachweise bei Johannsen/Henrich/*Henrich* Rn. 21.
[296] BGH BeckRS 2008, 04077 = FamRZ 2008, 770 = IPRax 2009, 81 m. zust. Rez. *Eichenhofer* IPRax 2009, 60.
[297] AG Flensburg FamRZ 2009, 1585, bestätigt durch OLG Schleswig SchlHA 2012, 105.
[298] Verordnung (EG) Nr. 883/2004 des Europäischen Parlaments und des Rates zur Koordinierung der Systeme der sozialen Sicherheit vom 29.4.2004, ABl. 2004 L 166 S. 1 v. 30.4.2004.
[299] Vgl. OLG Celle FamRZ 1994, 1463 zur Anrechnung von Anwartschaften (Niederlande).
[300] Vgl. AG Kaufbeuren FamRZ 1982, 76.
[301] BGH FamRZ 1980, 29 (30); OLG Bamberg FamRZ 1986, 691; OLG Hamm FamRZ 1989, 759 (760); FamRZ 1994, 573 (579) (Polen); OLG Stuttgart FamRZ 1989, 760 (761); *Sonnenberger* in Zacher, Der Versorgungsausgleich im internationalen Vergleich und in der zwischenstaatlichen Praxis, Colloquium des Max-Planck-Instituts für ausländisches und internationales Sozialrecht, Tutzing 1984, 1985, 335; Johannsen/Henrich/*Henrich* Rn. 23; Palandt/*Thorn,* 76. Aufl. 2017, Rn. 14; *Erman/Hohloch* Rn. 59; *Bergner* FamFR 2011, 3 (5).
[302] Vgl. etwa OLG Stuttgart FamRZ 1989, 760; KG FamRZ 1990, 1257; OLG Schleswig OLGR 2004, 305 = SchlHA 2005, 21; OLG Köln FamRZ 2006, 1847 = FamRZ 2007, 563 (LS) m. krit. Anm. *Rehme.*
[303] Gegenbeispiel (Hausfrau mit geringen türkischen Versorgungsanwartschaften): OLG Köln NZFam 2014, 662 = FamRZ 2014, 844.
[304] OLG Zweibrücken NJW-RR 2015, 1157 (1159) Rn. 48 ff.
[305] OLG Zweibrücken BeckRS 2014, 19908 = FamRZ 2015, 349. Allgemein zur Mutwilligkeit bei isolierter Geltendmachung von Scheidungsfolgen s. BGH NJW 2005, 1497.
[306] So die österreichischen, die italienischen und die polnischen Sozialversicherungsträger, vgl. AG Coburg IPRax 1981, 61 und *Sonnenberger* IPRax 1981, 50 (51) mN (Öst.), OLG Köln FamRZ 1986, 689 (Italien) und OLG Karlsruhe FamRZ 1989, 399 (400). Vgl. aber auch AG München FamRZ 1979, 605 (Österreich), Aktenübersendung bei bereits laufender Rente) und OLG Bamberg FamRZ 1980, 62 (Schweden).
[307] So wohl *Kropp* DRiZ 1979, 301 (302).
[308] Palandt/*Brudermüller,* 76. Aufl. 2017, VersAusglG § 19 Rn. 1.
[309] So auch Soergel/*Schurig* Rn. 121.

F. Folgen der Trennung von Tisch und Bett

Wird die Trennung von Tisch und Bett im Inland ausgesprochen (→ Rom III-VO Vor Art. 1   **125** Rn. 37), so sind die Grundsätze für die Haupt- und Nebenfolgen der **Scheidung entsprechend** anzuwenden. Zur Anwendbarkeit der Vorschriften über den **Verhandlungs- und Entscheidungsverbund** → Rn. 33. Ebenfalls entsprechend anzuwenden sind die Vorschriften über die Nachholung und die Abänderung von Nebenentscheidungen[310] (→ Rn. 35 ff., 42 ff.).

G. Innerdeutsches Scheidungsrecht

Anlässlich der Herstellung der deutschen Einheit hatten sich internationalprivatrechtliche, interlo-   **126** kale (interdeutsche) sowie internationalverfahrensrechtliche Fragen bezüglich der Scheidung und der Scheidungsfolgen ergeben, die im Wesentlichen erledigt sind. Das betrifft auch die Behandlung von DDR-Urteilen. Es wird deshalb von einer Darstellung abgesehen und auf die 4. Aufl. 2006, Rn. 278 ff. verwiesen.

Anh. Art. 17 EGBGB: Verwandtschaft und Schwägerschaft

I. Allgemeines

1. Gesonderte Anknüpfung. Das EGBGB kennt – mit Ausnahme des Eltern-Kind-Verhältnis-   **1** ses, Art. 19–23 – **keine besonderen Kollisionsnormen** für Verwandtschaft und Schwägerschaft. Die Frage nach ihrem Bestehen oder Nichtbestehen wird sich isoliert hauptsächlich im gesellschaftlichen Bereich stellen, während sie rechtlich erheblich nur als eine für andere Rechtsverhältnisse **vorgreifliche Frage** auftritt: etwa bei Eheverboten, Unterhaltsansprüchen oder erbrechtlichen Ansprüchen. In diesen Fällen ergibt sich zunächst die Frage, ob über das Bestehen der Verwandtschaft oder Schwägerschaft das für die jeweilige Hauptfrage maßgebliche Recht (die lex causae) entscheidet, oder ob erneut kollisionsrechtlich anzuknüpfen ist. Sie ist grundsätzlich im letzteren Sinne zu beantworten, denn die Tatsache, dass es für familienrechtliche Rechtsverhältnisse besondere Kollisionsnormen gibt, kann nach allerdings strittiger Auffassung nur bedeuten, dass diese Rechtsverhältnisse auch stets gesondert anzuknüpfen sind. Eine Ausnahme gilt indes im **Kindesunterhaltsrecht:** Nach der Rechtsprechung des BGH ist **bei deutschem Unterhaltsstatut** die Abstammungsfeststellung ebenfalls nach deutschem Recht vorzunehmen, weil sonst die Sperrwirkung des § 1594 BGB (= § 1600a BGB aF) der Geltendmachung von Unterhaltsansprüchen gegen einen ausländischen Vater in allen den Fällen entgegenstünde, in denen dieser die Vaterschaft nicht oder nicht wirksam anerkennt und sein Heimatrecht eine gerichtliche Feststellung der Vaterschaft nicht vorsieht.[1] Bei **ausländischem Unterhaltsstatut** ist das Abstammungsstatut dagegen gesondert anzuknüpfen.[2] Für Verwandtschaft und Schwägerschaft kann nichts anderes gelten, auch wenn ihre Anknüpfung gesetzlich nicht geregelt ist. Aus den vorhandenen Kollisionsnormen ist folglich eine eigene Anknüpfungsregel für Verwandtschaft und Schwägerschaft zu entwickeln.

2. Das Vorfragenproblem. Damit ergibt sich das bekannte Problem, ob die Anknüpfung nach   **2** dem IPR der lex causae (unselbständige Anknüpfung) oder nach dem IPR der lex fori (selbständige Anknüpfung) zu erfolgen hat (allgemein → Einl. IPR Rn. 169 ff.). Der Streit ist nur dann von Bedeutung, wenn lex fori und lex causae unterschiedlich anknüpfen und infolgedessen ein **hinkendes Verwandtschafts- oder Schwägerschaftsverhältnis** entsteht. Die Lösung dieses Problems ist auf **materiellrechtlicher** Ebene zu suchen (→ Rn. 8).

II. Entstehung des Verwandtschafts- oder Schwägerschaftsverhältnisses

Verwandtschaft und Schwägerschaft sind keine eigenen statusverändernden Vorgänge, sondern   **3** stellen sich dar als **Folge** solcher Vorgänge. Dementsprechend handelt es sich bei ihnen nicht um eigene kollisionsrechtliche Tatbestände, sondern sie sind kollisionsrechtlich jeweils demjenigen Rechtsverhältnis zuzuordnen, dem sie ihre Entstehung verdanken.[3] Im Einzelnen heißt das:

---

[310] Vgl. OLG Frankfurt FRES 12, 1 (Unterhalt).

[1] BGH NJW 1976, 1028; BGHZ 64, 129 = NJW 1975, 1069; BGHZ 60, 248 = NJW 1973, 948; *Kropholler* NJW 1976, 1011 ff.

[2] BGHZ 63, 219 = NJW 1975, 114.

[3] *Zweigert* DFIFR 452 f.; *Kegel/Schurig* IPR IPR § 20 XIV 1; *Soergel/Kegel* Anh. Art. 23 Rn. 1–3.

4   Das Bestehen der Verwandtschaft zwischen **Eltern** und **Kindern** ist nach demjenigen Recht zu beurteilen, welches das Kindschaftsverhältnis beherrscht, also nach dem gemäß Art. 21 maßgeblichen Recht. Die verwandtschaftsbegründenden Wirkungen der **Adoption** richten sich grundsätzlich nach dem Statut des durch sie begründeten Kindschaftsverhältnisses (Art. 21), jedoch sind etwaige **Sonderregelungen** des Adoptionsstatuts zu beachten (→ Art. 22 Rn. 31 ff.).

5   Das für die Verwandtschaft zwischen Eltern und Kind maßgebliche Recht entscheidet auch darüber, ob zwischen dem Kind und den **sonstigen Verwandten** der Eltern ein Verwandtschaftsverhältnis besteht. Ein Verwandtschaftsverhältnis des Kindes kann dabei nur zu solchen Angehörigen der Eltern begründet werden, die nach dem hierfür maßgeblichen eigenen Statut mit den Eltern verwandt sind (**Mehrgliedrigkeit** der Verwandtschaftsverhältnisse).[4] Zwischen dem Adoptivkind und dem nichtehelichen Vater der Adoptivmutter entsteht also beispielsweise nur dann ein Verwandtschaftsverhältnis, wenn dies a) von dem für das Verhältnis zwischen Adoptivmutter und Adoptivkind maßgeblichen Recht (Art. 22 Abs. 2) vorgesehen ist **und** b) die Adoptivmutter mit ihrem nichtehelichen Vater nach dem Recht, welches dieses Kindschaftsverhältnis beherrscht (Art. 21), verwandt ist.

6   Die **Schwägerschaft** ist eine Wirkung der Ehe. Über ihr Bestehen entscheidet also das nach Art. 14 anwendbare Recht, auch hier aber wiederum nur, soweit die Schwägerschaft durch die Ehe vermittelt wird; für bereits bestehende Verwandtschaftsverhältnisse (als Grundlage der Schwägerschaft) bleibt daneben deren eigenes Statut maßgeblich (→ Rn. 5). Wird die Ehe **geschieden** oder auf andere Weise **aufgelöst**, so entscheidet über das **Fortbestehen** der Schwägerschaft das für die unselbständigen Scheidungsfolgen maßgebende, also das nach Art. 5, 8 Rom III-VO zu bestimmende Recht (Scheidungsstatut).[5]

III. Wirkungen

7   **1. Qualifikation.** Die Tatsache, dass es sich bei Verwandtschaft und Schwägerschaft nicht um eigene statusverändernde Vorgänge, sondern lediglich um vorgreifliche Fragestellungen handelt, wirkt sich auch auf die kollisionsrechtliche Behandlung ihrer Wirkungen aus: Hierüber entscheidet das materielle Recht der **lex causae,** also dasjenige materielle Recht, welches die Hauptfrage beherrscht, innerhalb derer sich die Vorfrage nach der Verwandtschaft stellt.[6] Bei **Ehehindernissen** entscheidet zB das Eheschließungsstatut (Art. 13), bei **Unterhaltsansprüchen** das Unterhaltsstatut (Art. 3 HUP), bei **Erbansprüchen** das Erbstatut (Art. 25) usw.

8   **2. Auslegung der Ausgangsnorm.** Führt die Anknüpfung der Verwandtschaft oder Schwägerschaft nach den kollisionsrechtlichen Regeln der lex causae und nach denjenigen der lex fori zu unterschiedlichen materiellrechtlichen Ergebnissen (→ Rn. 2), also zu einem hinkenden Rechtsverhältnis, so ist durch **Auslegung** der in der Hauptfrage zugrundeliegenden **materiellrechtlichen Norm der lex causae** zu ermitteln, ob dieses hinkende Rechtsverhältnis ausreicht, um die fragliche Rechtsfolge zu begründen.[7] Bei dieser Auslegung ist zwar grundsätzlich davon auszugehen, dass die fragliche Norm das vorgreifliche Rechtsverhältnis (die Verwandtschaft oder Schwägerschaft) nach den kollisionsrechtlichen Vorstellungen des eigenen Rechts – der lex causae – versteht.[8] Dennoch ist es im Einzelfall aus besonderen Gründen durchaus denkbar, eine Norm in dem Sinne auszulegen, dass ihre Rechtsfolge auch dann eintritt, wenn das erforderliche vorgreifliche Rechtsverhältnis zwar nicht nach der lex causae, aber nach einer anderen („verdrängten")[9] Rechtsordnung besteht. Solche besonderen Gründe sind insbesondere im Sozialrecht denkbar, der bekannte Witwenrentenfall[10] liefert hierfür ein eindrucksvolles Beispiel. Die Möglichkeit der Anerkennung nach deutschem IPR unwirksamer Rechtsverhältnisse ist aber nicht auf das Sozialrecht beschränkt;[11] in anderen Rechtsgebieten wird man es freilich schwerer haben, die erforderliche Begründung zu finden.[12]

---

[4]   *Kegel/Schurig* IPR § 20 XIV 1.

[5]   Ebenso *Kegel/Schurig* IPR und Soergel/*Kegel* Anh. Art. 23 Rn. 1–3.

[6]   Vgl. *Kegel/Schurig* IPR § 20 XIII 2; Soergel/*Kegel* Art. 23 Anh. Rn. 4.

[7]   Eingehend dazu *Winkler v. Mohrenfels* RabelsZ 51 (1987), 20 (23 ff.).

[8]   Vgl. *Schurig*, FS Kegel, 1987, 549 (569); *Winkler v. Mohrenfels* IPRax 1988, 341 (342).

[9]   Vgl. zu diesem Begriff *Heßler*, Sachrechtliche Generalklausel und internationales Familienrecht, Zu einer zweistufigen Theorie des IPR, Diss. München 1985, § 4; *Winkler v. Mohrenfels* RabelsZ 51 (1987), 20 (31).

[10]   BVerfGE 62, 323 = NJW 1983, 511 = IPRax 1984, 88. Dazu → Einl. IPR Rn. 208 ff. (privatrechtliche Vorfrage in öffentlichrechtlicher Norm). S. auch *Müller-Freienfels*, Sozialversicherungs-, Familien- und Internationalprivatrecht und das Bundesverfassungsgericht, Die „hinkende" englische Witwe und ihre deutsche Hinterbliebenenrente, 1984; *Müller-Freienfels* JZ 1983, 230; *Wengler* IPRax 1984, 68.

[11]   So aber wohl BGH FamRZ 2003, 838; Staudinger/*Mankowski* (2011) Art. 13 Rn. 534.

[12]   Beispiele s. *Winkler v. Mohrenfels* RabelsZ 51 (1987), 20 (26–29). Vgl. ferner BayObLG FamRZ 1990, 797 (Legitimation bei hinkender Ehe); OLG Köln IPRax 1994, 371 (Eintragung ins Sterbebuch bei hinkender Ehe);

Auf diese Weise ist auch die umstrittene Frage nach dem Erbrecht des Adoptivkindes 9 (→ Art. 22 Rn. 37 ff.) zu behandeln, wenn Adoptionsstatut und Erbstatut sie unterschiedlich beantworten. Grundsätzlich entscheidet zwar das Erbstatut über die erbrechtlichen Folgen, das Kindschaftsstatut über das Bestehen der Adoption.[13] Ob das nach dem Adoptionsstatut entstandene Verwandtschaftsverhältnis dem vom Erbstatut vorausgesetzten **äquivalent** ist,[14] ist eine Frage der **Substitution**[15] (→ Einl. IPR Rn. 227 ff.). Die Äquivalenz ist zu bejahen, wenn auch das tatsächlich auf die Adoption angewandte Recht (→ Art. 22 Rn. 38) das Adoptivkind am Nachlass des Erblassers beteiligen würde.[16] Wenn das Erbstatut dagegen nur die Volladoption mit erbrechtlichen Folgen kennt, das Adoptionsstatut jedoch auch eine schwache Adoption ohne erbrechtliche Folgen, so ergibt im Zweifel die Auslegung der erbrechtlichen Ausgangsnorm, dass eine derartige schwache Adoption nicht ausreicht, um den Tatbestand der Norm zu erfüllen, das Erbrecht also zu begründen.[17]

Art. 17a EGBGB Ehewohnung und Haushaltsgegenstände

Die Nutzungsbefugnis für die im Inland belegene Ehewohnung und die im Inland befindlichen Haushaltsgegenstände sowie damit zusammenhängende Betretungs-, Näherungs- und Kontaktverbote unterliegen den deutschen Sachvorschriften.

Schrifttum: *Breidenstein*, Das anwendbare Recht bei Schutzanordnungen nach dem Gewaltschutzgesetz, FamFR 2012, 172; *Finger*, Zum Entwurf eines Gesetzes zur Verbesserung des zivilgerichtlichen Schutzes bei Gewalttaten und Nachstellungen sowie zur Erleichterung der Überlassung der Ehewohnung bei der Trennung, WuM 2001, 313; *Finger*, Rechtsverhältnisse an Ehewohnung und Hausrat bei Auslandsbezug, Art. 17a EGBGB, FuR 2002, 197; *Finger*, Dt. internat. Familienrecht (IPR), ausl./internat. und Europarecht (mit dt. Ausführungsbestimmungen) – ein Überblick für 2000 bis 2002, FuR 2002, 342; *Klein*, Opferschutz – Alternative zur Flucht ins Frauenhaus, FuR 2002, 1; *Koritz*, Internationale Zuständigkeit und Anknüpfungsregeln nach Internationalem Privatrecht für Haushalts- und Ehewohnungssachen, FPR 2010, 572; *Müller, Lothar*, Das neue Gewaltschutzgesetz, FF 2002, 43; *Schumacher*, Mehr Schutz bei Gewalt in der Familie, FamRZ 2002, 645; *Thorn*, Entwicklungen des Internationalen Privatrechts 2000-2001, IPRax 2002, 34.

Übersicht

1. Normzweck. Art. 17a stellt sicher, dass auf im **Inland** belegene **Ehewohnungen** und im 1 Inland belegenen **Hausrat** sowie auf damit zusammenhängende Betretungs-, Näherungs- und Kontaktverbote ausschließlich die deutschen Rechtsvorschriften Anwendung finden. Im Rahmen von Scheidungsverfahren wäre sonst **materiellrechtlich** für die Zeit nach der Scheidung nach hM das Scheidungsstatut,[1] für die Zeit während des Verfahrens ebenso wie bei Streitigkeiten zwischen Ehegatten außerhalb von Scheidungsverfahren das Ehewirkungsstatut[2] zum Zuge gekommen. Das **Verfahren** ist für **Wohnungszuweisungs- und Hausratssachen** in Abschnitt 6 (§§ 200–209 FamFG),

---

OLG Nürnberg FamRZ 1998, 1109 (Unzulässigkeit der Nichtigkeitsklage bei hinkender Doppelehe). Im Ergebnis zu Recht lehnt BGH FamRZ 2003, 838 im Haftungsprozess gegen den Rechtsanwalt, der für seinen Mandanten die Scheidung einer hinkenden Ausländerehe beantragt hatte, die Anerkennung dieser Ehe ab. Für die Ehescheidung kann kein Vertrauensschutz beansprucht werden, der Anwalt hätte eine negative Feststellungsklage anraten müssen.

[13] S. zB KG NJW 1988, 1471 (1472) = FamRZ 1988, 434 m. Anm. *Gottwald* FamRZ 1988, 436 und *Lüderitz* FamRZ 1988, 881; vgl. auch schon KG IPRax 1985, 354 (LS) mit Hinweisen von *Firsching* zum Streitstand.

[14] Vgl. BGH FamRZ 1989, 378 (379) = IPRax 1990, 55 m. Rez. *Beitzke* IPRax 1990, 36.

[15] *Beitzke* IPRax 1990, 36 (40 f.).

[16] BGH FamRZ 1989, 378 (379) = IPRax 1990, 55.

[17] So im Ergebnis auch KG NJW 1988, 1471 (1472).

[1] Vgl. 3. Aufl. 1998, Art. 17 Rn. 175; Staudinger/*Mankowski* (2011) Art. 14 Rn. 272, Art. 17 Rn. 267; Soergel/*Schurig* Art. 17 Rn. 123; Palandt/*Heldrich*, 67. Aufl. 2008, Art. 17 Rn. 17.

[2] Staudinger/*Mankowski* (2011) Art. 14 Rn. 272; Soergel/*Schurig* Art. 14 Rn. 49 f.; Palandt/*Thorn*, 76. Aufl. 2017, Art. 14 Rn. 18.

für **Gewaltschutzsachen** in Abschnitt 7 (§§ 210–216 FamFG) des FamFG geregelt.[3] Zur internationalen Zuständigkeit sowie zur Anerkennung und Vollstreckung ausländischer Entscheidungen in Gewaltschutzsachen → Anh. Art. 17a Rn. 76 f. und 129.

2   Die Vorschrift enthält als **einseitige Kollisionsnorm** keine Regelung darüber, welches Recht Anwendung finden soll, wenn die Ehewohnung und der Hausrat sich im **Ausland** befinden (→ Rn. 10 f.).

3   Die Vorschrift findet gemäß Art. 17b Abs. 2 S. 1 auf **eingetragene Lebenspartnerschaften** entsprechende Anwendung (→ Art. 17b Rn. 63).

4   **2. Verhältnis zur Rom II-VO (Gewaltschutz). a) § 1361b Abs. 2 BGB.** Soweit Betretungs-, Näherungs- und Kontaktverbote aus **§ 1361b BGB** folgen, bilden sie Bestandteil der Nutzungsregelung für die Ehewohnung, die in Art. 17a geregelt ist. Derartige Ansprüche haben ihren Ursprung in der **Beendigung der ehelichen Beziehung der Parteien** und sind gemäß Art. 1 Abs. 2 lit. a Rom II-VO ausdrücklich von deren Anwendung ausgenommen. § 1361b BGB setzt voraus, dass die Ehegatten voneinander getrennt leben oder einer von ihnen getrennt leben will (Abs. 1 S. 1).

5   **b) §§ 1, 2 GewSchG.** Leben die Ehegatten **nicht** voneinander getrennt und will keiner von ihnen die Trennung, so greift § 1361b BGB nicht ein; stattdessen kann ein Antrag nach **§§ 1 oder 2 GewSchG** gestellt werden. Hierbei geht es weder um die Verteilung der Wohnung im Rahmen der Beendigung der ehelichen Beziehung der Parteien noch um sonstige aus der Ehe herrührende Ansprüche, sondern um den **Schutz vor unerlaubten Handlungen.** Diese Ansprüche sind nicht familienrechtlich nach Art. 17a EGBGB, sondern deliktsrechtlich nach **Art. 4 Rom II-VO** zu qualifizieren.[4]

6   **3. Entstehungsgeschichte.** Art. 17a wurde durch Art. 10 des Gesetzes vom 11.12.2001[5] im Zusammenhang mit dem Erlass des Gewaltschutzgesetzes (GewSchG)[6] mit Wirkung ab 1.1.2002 eingeführt. Der bisherige Art. 17a wurde – ergänzt um die entsprechende Anwendung des Art. 17a – zu Art. 17b.

7   **4. Inländische Belegenheit von Wohnung und Hausrat.** Streitigkeiten zwischen Ehegatten über die Nutzung ihrer im Inland belegenen Ehewohnung und des Hausrats sowie die damit zusammenhängenden Verbote unterliegen ausnahmslos dem deutschen Recht. Ob der Streit innerhalb oder außerhalb eines Scheidungsverfahrens betrieben wird und die Zeit während oder nach der Ehe betrifft, ist unerheblich. Der Streit um die Qualifikation der Nutzungsbefugnis (→ Rn. 1) ist damit im Sinne der äußerst praktikablen Anwendung deutschen Rechts entschieden.

8   **Leben die Ehegatten getrennt,** so finden **§ 1361a** (Hausrat) und **§ 1361b BGB** (Wohnung) sowie **§§ 200–209 FamFG** Anwendung. § 1361b BGB ist darüber hinaus auch schon dann anwendbar, wenn die Ehegatten noch **zusammenleben,** einer von ihnen sich aber **trennen will.** In allen Fällen gelten daneben grundsätzlich **§§ 1 und 2 GewSchG,** wobei das Verfahren insoweit gesondert in §§ 210–216a FamFG geregelt ist. **§ 2 GewSchG** ist dabei neben § 1361b BGB nur in den Fällen von Bedeutung, in denen der verletzte Ehegatte (vorübergehenden) Gewaltschutz begehrt, ohne sich schon zu einer Trennung iS von § 1567 Abs. 1 BGB entschlossen zu haben; im Übrigen wird die Vorschrift durch § 1361b BGB verdrängt.[7] Ob ein Scheidungsverfahren anhängig ist, spielt für die Anwendbarkeit des § 1361b BGB keine Rolle.

9   Für die Zeit **nach der Scheidung** regeln **§§ 1568a, 1568b BGB** die Behandlung der Ehewohnung und der Haushaltsgegenstände. Daneben findet **§ 1 GewSchG** Anwendung, während § 2 GewSchG durch die Vorschriften des BGB verdrängt wird.

10   **5. Ausländische Belegenheit von Wohnung und Hausrat.** Befinden sich die gemeinsame Wohnung und der dazugehörige Hausrat im **Ausland,** so greift Art. 17a nicht ein. Hier bieten sich zwei Anknüpfungsmöglichkeiten an: Man kann entweder die einseitige Verweisungsnorm des Art. 17a zu einer allseitigen „ausbauen", so wie es vor der 1986er IPR-Reform mit den damals noch üblichen einseitigen Verweisungsvorschriften geschehen war, oder auf die Qualifikationen

---

[3] Die vorher einschlägige HausratsVO [Verordnung über die Behandlung der Ehewohnung und des Hausrats vom 21.10.1944 (RGBl. 1944 I S. 256)] ist mit Wirkung vom 1.9.2009 aufgehoben worden durch das Gesetz zur Änderung des Zugewinnausgleichs- und Vormundschaftsrechts vom 6.7.2009 (BGBl. 2009 I S. 1996).

[4] *Breidenstein* FamRZ 2012, 172 (174). Unklar Staudinger/*Mankowski* (2011) Rn. 26.

[5] Gesetz zur Verbesserung des zivilgerichtlichen Schutzes bei Gewalttaten und Nachstellungen sowie zur Erleichterung der Überlassung der Ehewohnung bei Trennung vom 11.12.2002 (BGBl. 2002 I S. 3513).

[6] Gesetz zum zivilrechtlichen Schutz vor Gewalttaten und Nachstellungen (Art. 1 des Gesetzes vom 11.12.2002).

[7] Str., wie hier: → BGB § 1361b Rn. 2; Palandt/*Brudermüller,* 76. Aufl. 2017, GewSchG § 2 Rn. 2. AA OLG Bamberg FamRZ 2011, 1419 juris-Rn. 11 m. abl. Anm. *Gottwald.* Vgl. auch BT-Drs. 14/4529, 21.

zurückgreifen, die vor der Einführung des Art. 17a herrschend gewesen sind. Im ersten Fall käme das ausländische Belegenheitsrecht, im zweiten Fall bei Ehegatten das **Ehewirkungsstatut** bzw. das **Scheidungsstatut,** bei Lebenspartnern das Lebenspartnerschaftsstatut, bei sonstigen Lebensgemeinschaften das Lebensgemeinschaftsstatut zum Zuge (→ Rn. 1).

Zu folgen ist der zweiten Variante.[8] Die einseitige Anknüpfung an die inländische Belegenheit **11** ist vor allem aus pragmatischen Erwägungen begründet (→ Rn. 1). Sie lässt sich nicht auf die Fälle ausländischer Belegenheit übertragen. Käme aufgrund der Belegenheit ausländisches Recht zum Zuge, so müssten gleichwohl die verfahrensrechtlichen Vorschriften der §§ 200–209 FamFG Anwendung finden. Anders als im Falle inländischer Belegenheit lassen sich die dadurch entstehenden Probleme (→ Rn. 1) nicht dadurch vermeiden, dass man an die Belegenheit der Wohnung und des Hausrats anknüpft. Es gibt hier deshalb keinen überzeugenden Ansatzpunkt dafür, die nach den allgemeinen Anknüpfungsregeln gefundenen Statute zu Gunsten des Belegenheitsrechts auszuschalten.

Fragt man sich, wann denn ein deutsches Gericht über die Nutzung einer im Ausland belegenen **12** Wohnung mit Haushaltsgegenständen zu entscheiden haben könnte, so ist an den Fall zu denken, dass Ehegatten mehrere Ehewohnungen benutzen, von denen eine im Ausland liegt. Haben etwa in Deutschland lebende französische Ehegatten eine Ferienwohnung in Frankreich, so ist im **Trennungsfall** über das Schicksal der **in Deutschland belegenen** Wohnung und Haushaltsgegenstände gemäß Art. 17a nach deutschem Recht zu entscheiden, während hinsichtlich der **ausländischen** Ferienwohnung und Haushaltsgegenstände gemäß **Art. 14 Abs. 1 Nr. 1** das französische Recht als Ehewirkungsstatut zum Zuge kommt. Für die Zeit **nach der Scheidung** gilt mangels Rechtswahl deutsches Scheidungsstatut **(Art. 8 lit. a Rom III-VO),** so dass hinsichtlich beider Wohnungen deutsches Recht zur Anwendung kommt. Sollten die Ehegatten französisches Recht als Scheidungsstatut gewählt haben (Art. 5 Abs. 1 lit. c Rom III-VO), gälte für die ausländische Ferienwohnung französisches Recht. Das hier möglicherweise nicht unproblematische Nebeneinander von deutschem Verfahrensrecht (§§ 200 ff. FamFG) und französischem materiellen Recht lässt sich mit dem ordre public nicht beseitigen, denn die Anwendung des ausländischen Ehewirkungs- bzw. Scheidungsstatuts mag hinsichtlich einer inländischen Wohnung unangemessen sein (→ Rn. 1), nicht aber hinsichtlich einer im Ausland belegenen.

6. Renvoi. Art. 17a verweist ausdrücklich auf die deutschen Sachvorschriften. Eine Rück- oder **13** Weiterverweisung ist damit im Anwendungsbereich des Art. 17a gemäß Art. 3 Abs. 1 S. 2 ausgeschlossen. Soweit Art. 17a nicht eingreift (→ Rn. 9), ist über die Zulässigkeit eines Renvoi nach den für das jeweilige Statut geltenden Grundsätzen zu entscheiden.

7. Internationales Verfahrensrecht. Zum Internationalen Verfahrensrecht → Anh. Art. 17a **14** Rn. 72 ff. und 76 f. (int. Zuständigkeit) sowie Rn. 127 ff. und 129 (Anerkennung und Vollstreckung).

Anh. Art. 17a EGBGB: Internationales Scheidungsverfahrensrecht

Übersicht

---

[8] Ebenso Erman/*Hohloch* Rn. 8 mwN.

I. Rechtsquellen

1 **1. EU-Recht.** Das autonome **internationale Verfahrensrecht** wird in weiten Teilen von Vorschriften des europäischen Gemeinschaftsrechts verdrängt. Dies gilt zunehmend auch für das internationale Familienverfahrensrecht.

2 **a) Brüssel IIa-VO.** Für **Scheidungs- und Sorgerechtsverfahren** gilt in allen EU-Mitgliedstaaten mit Ausnahme Dänemarks[1] die VO (EG) Nr. 2201/2003 (**EuEheVO,** „Brüssel IIa").[2] Sie erstreckte den Anwendungsbereich der vorangegangenen VO (EG) Nr. 1347/2000 (EuEheVO aF, „Brüssel II")[3] im Interesse der Gleichbehandlung aller Kinder auf alle Entscheidungen über die elterliche Verantwortung, einschließlich der Maßnahmen zum Schutz des Kindes, ohne Rücksicht darauf, ob eine Verbindung zu einem Verfahren in Ehesachen besteht.[4] **Ausführungsbestimmungen** dazu enthält das Ausführungsgesetz vom 26.1.2005 (**IntFamRVG**).[5]

3 Zuvor hatte der Rat der EU am 28.5.1998 ein Übereinkommen über die Zuständigkeit und die Anerkennung und Vollstreckung von Entscheidungen in Ehesachen (**EuEheVÜ**)[6] erstellt und den Mitgliedstaaten zur Annahme empfohlen. Der von Prof. *Alegría Borrás* zu diesem Übereinkommen verfasste **Erläuternde Bericht**[7] kann auch für die Auslegung der VO (EG) Nr. 1347/2000 und der jetzigen Brüssel IIa-VO herangezogen werden. Da die Annahme des Übereinkommens durch die Mitgliedstaaten indes nur sehr zögerlich vorankam, entschloss sich der Rat, den Inhalt des Übereinkommens – das niemals in Kraft getreten ist – gemäß Art. 61c EG und Art. 67 EG als Verordnung zu erlassen. Dieses Verfahren war zuvor bei der Ersetzung des GVÜ durch die EuGVO („Brüssel I") erfolgreich praktiziert worden, nunmehr folgte am 29.5.2000 die familienrechtliche Ergänzung durch die **Verordnung (EG) Nr. 1347/2000** (EuEheVO aF, „Brüssel II"),[8] die am 1.3.2001 in den alten Mitgliedstaaten der EU mit Ausnahme Dänemarks in Kraft trat. Sie wurde durch Art. 71 Abs. 1 Brüssel IIa-VO mit Wirkung ab 1.3.2005 **aufgehoben.** Übergangsregelungen gibt es nicht, jede Bezugnahme auf die aufgehobene VO gilt als Bezugnahme auf die entsprechenden Bestimmungen der Brüssel IIa-VO (Art. 71 Abs. 2 Brüssel IIa-VO).

4 **b) EuUnthVO.** Das internationale **Unterhaltsverfahrensrecht** ist im Bereich der EU durch die EuUnthVO[9] geregelt, die am 18.6.2011 in allen EU-Mitgliedstaaten in Kraft getreten ist (→ Art. 17 Rn. 58). Die **Ausführung** der EuUnthVO ist für Deutschland im **AUG** geregelt.[10] Die EuUnthVO hat **in Unterhaltssachen** die **VO (EG) Nr. 44/2001 (EuGVO, „Brüssel I")**[11] ersetzt, die in allen EU-Staaten (inkl. Dänemark)[12] galt und übergangsweise für alle am 18.6.2011 bereits laufenden Anerkennungs- und Vollstreckungsverfahren noch Anwendung findet (Art. 75 Abs. 2 UAbs. 2 EuUnthVO; → Rn. 58).

5 **c) Brüssel Ia-VO.** Die in der vorigen → Rn. 4 erwähnte Brüssel I-VO ist am **10.1.2015** durch die **VO (EU) Nr. 1215/2012 (Brüssel Ia-VO)**[13] ersetzt worden, die ebenfalls auch für Dänemark

---

[1] Erwägungsgrund 31.

[2] Abgedruckt bei *Jayme/Hausmann* Nr. 162. Zum Zeitpunkt des Inkrafttretens vgl. Art. 72 EuEheVO.

[3] ABl. EG 2000 Nr. L 160 S. 19.

[4] Brüssel IIa-VO, Erwägungsgrund 5.

[5] Abgedruckt bei *Jayme/Hausmann* Nr. 162a.

[6] ABl. EG 1998 Nr. C 221. Vgl. EuEheVO aF Erwägungsgrund 6.

[7] *Alegría Borrás*, Erläuternder Bericht zu dem Übereinkommen aufgrund von Artikel K.3 des Vertrags über die Europäische Union über die Zuständigkeit und die Anerkennung und Vollstreckung von Entscheidungen in Ehesachen vom 28.5.1998, ABl. EU Nr. C 221 S. 27 ff. (Borrás-Bericht).

[8] Verordnung (EG) Nr. 1347/2000 des Rates über die Zuständigkeit und die Anerkennung und Vollstreckung von Entscheidungen in Ehe- und Kindschaftssachen und in Verfahren betreffend die Verantwortung für die gemeinsamen Kinder der Ehegatten vom 29.5.2000, ABl. EG Nr. L 160 S. 19.

[9] Abgedruckt bei *Jayme/Hausmann* Nr. 161.

[10] Abgedruckt bei *Jayme/Hausmann* Nr. 161a.

[11] Abgedruckt bei *Jayme/Hausmann,* 17. Aufl. 2014, Nr. 160.

[12] Die EuGVO wird nach Maßgabe des Abk. zwischen der EG und Dänemark über die gerichtliche Zuständigkeit und die Anerkennung und Vollstreckung von Entscheidungen in Zivil- und Handelssachen vom 19.10.2005 (ABl. EU Nr. L 299 S. 62) auf Dänemark erstreckt.

[13] Abgedruckt bei *Jayme/Hausmann* Nr. 160.

gilt.[14] Gemäß Art. 3 des Anerkennungs- und Vollstreckungsabkommens zwischen der EG und Dänemark vom 16.11.2005 kann Dänemark die Umsetzung der gegenüber der EuGVO erfolgten Änderungen beschließen. Die Brüssel Ia-VO findet in **Gewaltschutzverfahren** (→ Rn. 77) Anwendung. Unterhaltssachen sind dagegen nach Art. 1 Abs. 2 lit. e Brüssel Ia-VO von der Anwendung der VO ausgeschlossen.

d) EuZVO. Für die **Zustellung** gilt seit dem 13.11.2008 innerhalb der EU-Staaten mit Ausnahme Dänemarks[15] die **Verordnung (EG) Nr. 1393/2007 (EuZVO).**[16] Gegenüber **Dänemark** galt nach Maßgabe des Abkommens vom 19.10.2005[17] seit dem 1.7.2007[18] zunächst die alte Verordnung (EG) Nr. 1348/2000 des Rates vom 29. 5.2000 über die Zustellung gerichtlicher und außergerichtlicher Schriftstücke in Zivil- oder Handelssachen in den Mitgliedstaaten.[19] Gemäß Art. 3 Abs. 2 des Abkommens hat Dänemark mit Schreiben vom 20.11.2007 der Kommission mitgeteilt, dass es den Inhalt der Verordnung (EG) Nr. 1393/2007 umsetzen wird.[20]

2. Staatsverträge. Das Luganer Übereinkommen **(LugÜ)** ergänzt die EuGVO über den Bereich der EU hinaus (zu Einzelheiten → Rn. 59). In Sorgerechtssachen sind das **MSA** und das **KSÜ** (→ Art. 17 Rn. 71) sowie das **EuSorgeRÜbk** und das **KindEntfÜbk** (→ Rn. 123) zu beachten, für die Anerkennung und Vollstreckung von Unterhaltsentscheidungen gilt in Deutschland das **UnthAnerkÜb**[21] (→ Rn. 117). Das am 1.1.2013 in Kraft getretene neue **HUntÜbk 2007**[22] gilt seit dem 1.8.2014 für die EU (mit Ausnahme Dänemarks) und außerdem für Albanien (seit 1.1.2013), Bosnien-Herzegowina (seit 1.2.2013), Norwegen (seit 1.1.2013), Türkei (seit 1.2.2017), Ukraine (seit 1.11.2013)[23] und die USA (seit 1.1.2017). Burkina Faso, Kanada und Weißrussland haben das Übereinkommen unterzeichnet[24] aber noch nicht ratifiziert. Nach seinem Art. 48 ersetzt das HUnthGÜ im Verhältnis zwischen den Vertragsstaaten das HUnthVÜ. Für das deutsche **Durchführungsgesetz** hat die Bundesregierung kürzlich den Entwurf vorgelegt.[25] Daneben gibt es eine Reihe **bilateraler** Anerkennungs- und Vollstreckungsübereinkommen (→ Rn. 98).

3. Autonomes Recht. Das autonome deutsche internationale Verfahrensrecht in Scheidungs- und Scheidungsfolgesachen ist in **§§ 98 ff. FamFG** (internationale Zuständigkeit, → Rn. 43 ff.) und **107 ff. FamFG** (Anerkennung und Vollstreckung ausländischer Entscheidungen, → Rn. 83 ff.) geregelt.

II. Verfahren vor inländischen Gerichten

1. Lex-fori-Grundsatz. Im internationalen Verfahrensrecht gilt grundsätzlich die lex fori, dh. die deutschen Gerichte wenden auch bei Geltung eines ausländischen Sachstatuts grundsätzlich das inländische Verfahrensrecht an.[26] Die Anwendung ausländischen Verfahrensrechts kommt in **Durchbrechung** dieses Grundsatzes dann in Betracht, wenn das ausländische materielle Recht mit

---

[14] Dänemark hat im Einklang mit Art. 3 Abs. 2 des Abk. v. 19.10.2005 (Fn. 12) mit Schreiben v. 20.12.2012 mitgeteilt, dass es die VO (EU) Nr. 1215/2012 umsetzen wird (ABl. EU 2013 Nr. L 79, S. 4).

[15] Erwägungsgrund 29.

[16] Verordnung (EG) Nr. 1393/2007 des Europäischen Parlaments und des Rates vom 13.11.2007 über die Zustellung gerichtlicher und außergerichtlicher Schriftstücke in Zivil- oder Handelssachen in den Mitgliedstaaten („Zustellung von Schriftstücken") und zur Aufhebung der Verordnung (EG) Nr. 1348/2000 des Rates. ABl. EG Nr. L 324 S. 79. Text bei *Jayme/Hausmann* Nr. 224. Dazu *Mansel/Thorn/Wagner* IPRax 2012, 1 (23 f.).

[17] Abkommen zwischen der EG und dem Königreich Dänemark über die Zustellung gerichtlicher und außergerichtlicher Schriftstücke in Zivil- oder Handelssachen vom 19.10.2005, ABl. EG Nr. L 300 S. 55.

[18] ABl. EG 2007 Nr. L 94 S. 70.

[19] ABl. EG 2000 Nr. L 160 S. 37. Text bei *Jayme/Hausmann*, 13. Aufl. 2006, Nr. 224. Zu Dänemark vgl. Erwägungsgrund 18.

[20] Vgl. dazu die Mitteilung der Kommission ABl. EG 2008 Nr. L 331 S. 21.

[21] Haager Übereinkommen über die Anerkennung und Vollstreckung von Unterhaltsentscheidungen vom 2.10.1973, BGBl. 1986 II S. 826. Text bei *Jayme/Hausmann* Nr. 181. Nicht zu verwechseln mit dem UStA (→ Art. 17 Rn. 60).

[22] Dazu *Mansel/Thorn/Wagner* IPRax 2013, 1 (12).

[23] Statustabelle der HCCH [https://www.hcch.net/de/instruments/conventions/status-table/?cid=131], letzter Abruf: 6.6.2017.

[24] Burkina Faso am 7.1.2009, Kanada am 23.5.2017, Weißrussland am 15.3.2017.

[25] Entwurf eines Gesetzes zur Durchführung des Haager Übereinkommens vom 23. November 2007 über die internationale Geltendmachung der Unterhaltsansprüche von Kindern und anderen Familienangehörigen sowie zur Änderung von Vorschriften auf dem Gebiet des internationalen Unterhaltsverfahrensrechts v. 15.8.2012, BT-Drs. 17/10492. Dazu Beschlussempfehlung und Bericht des Rechtsausschusses v. 12.12.2012, BT-Drs. 17/11885.

[26] BGHZ 160, 322 = FamRZ 2004, 1952 (1956); BGHZ 82, 34 (47) = FamRZ 1982, 44; OLG Stuttgart FamRZ 2004, 25 f.; *Schack* IZVR Rn. 44 ff.; *Zöller/Geimer* IZPR Rn. 1.

dem ausländischen Verfahrensrecht so stark verbunden ist, dass die Mitanwendung des letzteren geboten ist[27] (→ Rn. 33) oder wenn ein ausländisches Rechtsinstitut im deutschen Recht keine Entsprechung findet und das deutsche Recht infolgedessen keine unmittelbar passenden Verfahrensvorschriften bereitstellt. Im letzteren Fall ist aber vorrangig auf die **analoge Anwendung** der Verfahrensvorschriften für vergleichbare Institute zurückzugreifen.[28]

10   **2. Gerichtsbarkeit.** Die Gerichtsbarkeit bildet eine **völkerrechtliche** Sachurteils- und Prozesshandlungsvoraussetzung.[29] Exterritoriale Personen genießen vor den deutschen Gerichten nach Maßgabe der beiden Wiener Übereinkommen über diplomatische und konsularische Beziehungen[30] **Immunität** (persönliche Exterritorialität), unterliegen also insoweit nicht der deutschen Gerichtsbarkeit. Auf die beiden Übereinkommen wird in **§§ 18 und 19 GVG** Bezug genommen. Immunität auch für die **Zivilgerichtsbarkeit** genießen jedoch nur **Diplomaten** und ihre **Familienmitglieder** (Art. 31 Abs. 1 Diplomatenkonvention, Art. 37 Abs. 1 Diplomatenkonvention). Konsularbeamte sind dagegen nur im Bereich ihrer dienstlichen Tätigkeit von der Zivilgerichtsbarkeit befreit, gegen sie kann also ohne weiteres vor dem zuständigen deutschen Gericht ein Scheidungs- oder Scheidungsfolgeverfahren beantragt werden. Diplomaten sind der deutschen Gerichtsbarkeit in Scheidungs- und Scheidungsfolgesachen nur dann unterworfen, wenn ihr Entsendestaat gemäß Art. 32 Diplomatenkonvention durch ausdrückliche Erklärung auf die dem Diplomaten zustehende Immunität **verzichtet.** Stellt ein Exterritorialer vor dem international zuständigen deutschen Familiengericht Scheidungsantrag und ist sein Ehegatte mit der Durchführung des Verfahrens einverstanden, so kann der Entsendestaat den Verzicht dadurch erklären, dass er der Unterwerfung des Diplomaten unter die deutsche Gerichtsbarkeit zustimmt.[31] Die Ehe kann dann (falls die übrigen Voraussetzungen vorliegen) von dem deutschen Gericht geschieden werden. Für die Folgesachen gilt dies entsprechend. Die Nichtbeachtung der fehlenden Gerichtsbarkeit macht jede gerichtliche Handlung wirkungslos.[32]

11   **3. Verfahrenshindernisse. a) Rechtskraft.** Rechtskräftige ausländische Entscheidungen entfalten ihre Rechtskraftwirkung im Inland nur, wenn sie hier **anerkannt** worden sind. Da der Rechtskrafteinwand als Verfahrenshindernis von Amts wegen zu beachten ist,[33] kann eine erneute Entscheidung in derselben Sache ohne vorherige Entscheidung über die Anerkennung nicht ergehen. Das **Scheidungsverfahren** ist zu diesem Zwecke ggf. **auszusetzen,** um den Parteien Gelegenheit zu geben, die Entscheidung der Landesjustizverwaltung nach § 107 FamFG herbeizuführen (→ Rom III-VO Art. 1 Rn. 27 ff.). Liegt eine rechtskräftige ausländische Entscheidung in einer **Folgesache** vor, so kann das Gericht in dieser Sache eine **Neuentscheidung** erst treffen, nachdem es zuvor die Anerkennung der ausländischen Entscheidung abgelehnt hat; umgekehrt ist eine **Abänderungsentscheidung** oder – alternativ – eine **inhaltlich übereinstimmende Sachentscheidung** nur nach vorheriger Anerkennung der ausländischen Entscheidung möglich. → Art. 17 Rn. 47.

12   Voraussetzung für den Rechtskrafteinwand ist stets die **Identität des Streitgegenstands.** Streitgegenstand des **Scheidungsverfahrens** ist die Auflösung der Ehe, gleich auf wessen Antrag und aus welchem Grunde.[34] Das von einem Ehegatten in seinem Heimatstaat (Erststaat) erwirkte, auf das Verschuldensprinzip gestützte Scheidungsurteil steht daher der Zulässigkeit eines auf das Zerrüttungsprinzip gestützten Antrags des anderen Ehegatten in seinem Heimatstaat (Zweitstaat) entgegen, falls hier die im Erststaat ergangene Entscheidung anzuerkennen ist. Umgekehrt gilt dasselbe; ein fehlender Schuldausspruch kann bei Bedarf später nachgeholt werden (→ Rom III-VO Vor Art. 1 Rn. 27).

13   Keine Identität besteht zwischen den Streitgegenständen der Scheidung und der **Trennung von Tisch und Bett,**[35] denn auch wenn diese in ihren Folgen der Scheidung weitgehend angeglichen sein sollte, so löst sie doch jedenfalls die Ehe nicht dem Grunde nach auf. Beachte aber zum

---

[27] Stein/Jonas/*Roth* ZPO Vor § 12 Rn. 44.

[28] Zöller/*Geimer* FamFG § 98 Rn. 20.

[29] Vgl. BLAH/*Hartmann,* 75. Aufl. 2017, GVG Einf. §§ 18–20 Rn. 2.

[30] Wiener Übereinkommen über diplomatische Beziehungen vom 18.4.1961, BGBl. 1964 II S. 958, für die Bundesrepublik in Kraft getreten am 11.12.1964 (Bek. BGBl. 1965 II S. 147); Textauszug bei *Jayme/Hausmann* Nr. 140. Wiener Übereinkommen über konsularische Beziehungen vom 24. 4.1963, BGBl. 1969 II S. 1587, für die Bundesrepublik in Kraft getreten am 7.10.1971 (Bek. BGBl. II S. 1285); Textauszug bei *Jayme/Hausmann* Nr. 141.

[31] Vgl. BLAH/*Hartmann,* 75. Aufl. 2017, GVG Einf. §§ 18 bis 20 Rn. 4.

[32] BLAH/*Hartmann,* 75. Aufl. 2017, GVG Einf. §§ 18 bis 20 Rn. 3.

[33] Vgl. nur BLAH/*Hartmann,* 75. Aufl. 2017, ZPO Vor §§ 322–327 Rn. 25 und Stein/Jonas/*Roth* ZPO § 328 Rn. 14.

[34] BGHZ 7, 268 (271); BGH FamRZ 1983, 366 (367); NJW 1987, 3083 = FamRZ 1987, 580 (581); NJW-RR 1992, 642 (643) = FamRZ 1992, 1058 (1060).

[35] Vgl. AG Seligenstadt IPRax 2008, 443 m. zust. Anm. *Jayme*; OLG München NJW 2014, 1893 = FamRZ 2014, 862 m. Anm. *Heiderhoff.*

Verfahrenshindernis der Rechtshängigkeit Art. 19 Abs. 2 Brüssel IIa-VO (→ Rn. 19). Auch zwischen der Scheidung und den **sonstigen Formen der Eheauflösung** besteht wegen der unterschiedlichen Folgen keine Identität des Streitgegenstandes.[36] Keine Identität besteht ferner zwischen dem ehelichen und dem nachehelichen Unterhalt;[37] die Rechtskraft eines ausländischen Urteils auf ehelichen Unterhalt steht deshalb einer inländischen Klage auf nachehelichen Unterhalt nicht entgegen.

b) Rechtshängigkeit. aa) Grundsätze. Die Rechtshängigkeit eines Verfahrens über denselben   **14** Streitgegenstand ist wie die Rechtskraft als **Verfahrenshindernis** von Amts wegen zu beachten.[38] Dies gilt grundsätzlich auch im internationalen Bereich. Das zuerst rechtshängig gewordene Verfahren setzt sich also grundsätzlich durch; bei konkurrierenden internationalen Zuständigkeiten kann dies zu einem Zuständigkeitswettlauf zwischen den Ehegatten führen, insbesondere dann, wenn das Scheidungsstatut in den beiden Staaten unterschiedlich angeknüpft wird. In Ausnahmefällen kann hier uU mit dem **Arglisteinwand** geholfen werden, zB dann, wenn ein Ehegatte den Scheidungsantrag in seinem Heimatstaat nur deshalb gestellt hat, um ein Verfahren im Heimatstaat des anderen Ehegatten zu verhindern.

Der Rechtshängigkeitseinwand setzt ebenso wie der Rechtskrafteinwand **Identität der Parteien**   **15** **und des Streitgegenstandes** voraus (→ Rn. 12 f.).[39]

Nur das **früher rechtshängig gewordene** ausländische Verfahren begründet den Einwand der   **16** Rechtshängigkeit. Ob und wann im Ausland Rechtshängigkeit eingetreten ist, ist mit der **hM** nach der **ausländischen lex fori** zu beurteilen.[40] Die Gegenmeinung will im Interesse der Chancengleichheit auch im inländischen Verfahren auf die Antragstellung abstellen, wenn diese nach der ausländischen lex fori ausreicht, um die Rechtshängigkeit des ausländischen Verfahrens zu begründen.[41] Zwischen dem Grundsatz der Chancengleichheit und dem Zweck des Rechtshängigkeitseinwands, nämlich der Vermeidung von Parallelverfahren, ist abzuwägen. Angesichts der Möglichkeit, im Einzelfall die ausländische Rechtshängigkeit nach dem Grundsatz von Treu und Glauben nicht zu beachten, falls sich für die deutsche Partei ein unzumutbarer Nachteil ergeben sollte,[42] ist dem Ziel der Vermeidung von Doppelverfahren grundsätzlich der Vorrang zu geben. Hierfür sprechen auch völkerrechtliche Erwägungen.[43]

Ein früher rechtshängig gewordenes ausländisches Verfahren wirkt aber nur dann als Verfahrens-   **17** hindernis für ein späteres inländisches Verfahren, wenn die in ihm zu erwartende Entscheidung im Inland anerkennungsfähig ist. Erforderlich ist also eine **positive Anerkennungsprognose**.[44] Für die Anerkennungsprognose besteht, solange das ausländische Verfahren läuft, keine Aussetzungspflicht; die Kompetenz der Landesjustizverwaltung beginnt erst mit Erlass der ausländischen Entscheidung.[45]

---

[36] Vgl. OLG Karlsruhe FamRZ 1994, 47 (Eheaufhebungsklage).

[37] BGHZ 78, 130 (132) = NJW 1980, 2811; BGH FamRZ 1981, 242 (243).

[38] BLAH/*Hartmann*, 75. Aufl. 2017, ZPO § 261 Rn. 26.

[39] BGH NJW-RR 1992, 642 = FamRZ 1992, 1058 (1059); NJW 1987, 3083 = FamRZ 1987, 580; OLG München FamRZ 1992, 73 (74) = IPRax 1992, 174 m. Anm. *Linke* 159; *Schack* IZVR Rn. 838.

[40] BGH NJW-RR 1992, 642 (643) = FamRZ 1992, 1058 (1059) = IPRax 1994, 40 m. abl. Anm. *Linke* IPRax 1994, 17; NJW 1987, 3083 m. insoweit krit. Anm. *Geimer* = FamRZ 1987, 580 m. zust. Anm. *Gottwald* = IPRax 1989, 104 (106) m. zust. Anm. *Siehr* IPRax 1989, 93 (94); NJW 1986, 662 (663); OLG Celle FamRZ 1993, 439 = IPRax 1994, 209 m. Anm. *Rauscher* IPRax 1994, 188; OLG Hamburg IPRspr. 1990 Nr. 378 = IPRax 1992, 38 (39) m. Anm. *Rauscher* 14; OLG Karlsruhe IPRax 1992, 171 (172) m. Anm. *Sonnenberger* IPRax 1992, 154; OLG München FamRZ 1992, 73 (74) = IPRax 1992, 174 (175) m. Anm. *Linke* IPRax 1992, 159; AG Charlottenburg FamRZ 1989, 518 (515); *Rauscher* IPRax 1994, 188.

[41] OLG Hamm NJW 1988, 3102 (3103) m. zust. Anm. *Geimer*; *Linke* IPRax 1982, 229 (230); 1994, 17 (18). Vgl. auch *Geimer* NJW 1987, 3085.

[42] BGH NJW-RR 1992, 642 (643) = FamRZ 1992, 1058 (1060); NJW 1983, 1269 = FamRZ 1983, 366 (368) = IPRax 1984, 152 (Italien). Zust. *Geimer* NJW 1984, 527 (529); krit. *Luther* IPRax 1984, 141 (143). Vgl. auch OLG Köln FamRZ 1992, 75 (76) (einstweilige Unterhaltsverfügung).

[43] Vgl. *Rauscher* IPRax 1994, 188 (189).

[44] BGH NJW 1987, 3083; 1986, 2195; OLG Hamm NJW-RR 1992, 642 = FamRZ 1992, 1058 (1059) = IPRax 1994, 40 m. Anm. *Linke* IPRax 1994, 17; NJW-RR 1994, 642 = FamRZ 1994, 434 = IPRax 1995, 111 m. Anm. *Henrich* IPRax 1995, 86; NJW 1988, 3102 (3103); OLG Celle FamRZ 1993, 439 = IPRax 1994, 209 m. Anm. *Rauscher* IPRax 1994, 188; OLG Karlsruhe IPRax 1992, 171 (172) m. Anm. *Sonnenberger* IPRax 1992, 154; OLG München FamRZ 1992, 73 (74) = IPRax 1992, 174 (175) m. Anm. *Linke* IPRax 1992, 159; FamRZ 1993, 349 = IPRax 1994, 42 m. Anm. *H. Roth* IPRax 1994, 19; OLG Oldenburg FamRZ 2006, 950; *Luther* IPRax 1984, 141 (142); *Linke* IPRax 1982, 229 (231); *Geimer* NJW 1984, 527; *Siehr* IPRax 1989, 93 (94); *Schütze* ZZP 104 (1991), 136 (137); *Schack* IZVR Rn. 840; *Zöller/Geimer* IZPR Rn. 97.

[45] *Zöller/Geimer* FamFG § 107 Rn. 35.

18 **bb) Europäisches Verfahrensrecht. (1) Derselbe Anspruch.** Im Anwendungsbereich der europäischen Verfahrensordnungen sind die Sonderregelungen in Art. 29–34 Brüssel Ia-VO, Art. 21–23 LugÜ, Art. 16–20 Brüssel IIa-VO zu beachten; einer positiven Anerkennungsprognose bedarf es hier nicht.[46] Art. 29 Abs. 1 Brüssel Ia-VO, Art. 21 Abs. 1 LugÜ sprechen nicht von demselben Streitgegenstand, sondern von „demselben Anspruch". Dies ist **autonom weit auszulegen**, um Doppelverfahren und divergierende Entscheidungen zu vermeiden und um den potentiellen Anwendungsbereich des Anerkennungshindernisses nach Art. 45 Abs. 1 lit. d Brüssel Ia-VO, Art. 27 Nr. 3 LugÜ (Vorliegen einer anerkennungsfähigen früheren Entscheidung im Anerkennungsstaat) möglichst klein zu halten.[47] Wird im Zweitverfahren die Zuständigkeit des zuerst angerufenen Gerichts gerügt, so darf das Zweitgericht diese nicht selbständig nachprüfen, sondern muss das Verfahren **aussetzen** und die Zuständigkeitsentscheidung des Erstgerichts abwarten.[48]

19 **Art. 19 Abs. 1 Brüssel IIa-VO** vermeidet hinsichtlich der Eheverfahren den Begriff des Anspruchs[49] und spricht stattdessen von „Anträgen auf Ehescheidung, Trennung ohne Auflösung des Ehebandes oder Ungültigerklärung einer Ehe zwischen denselben Parteien". Es genügt also – anders als beim Verfahrenshindernis der Rechtskraft (→ Rn. 13) – **Identität der Parteien**, um das spätere Verfahren zu blockieren.[50] **Art. 19 Abs. 2 Brüssel IIa-VO** kommt dagegen nicht ohne den Anspruchsbegriff aus und spricht von Verfahren bezüglich der elterlichen Verantwortung „für ein Kind wegen desselben Anspruchs". Elterliche Sorge und Umgangsrecht dürften dabei wohl als derselbe Anspruch anzusehen sein. Anders der Herausgabeanspruch nach Art. 11 Brüssel IIa-VO im Falle der **Kindesentführung:** Er steht der Durchführung eines parallelen Sorgerechtsverfahrens in dem Staat, aus dem das Kind entführt worden ist (Art. 10 Brüssel IIa-VO), nicht entgegen. Im Verhältnis zu **Drittstaaten** bleibt es bei der Maßgeblichkeit des Streitgegenstandsbegriffs (→ Rn. 12).

20 **(2) Eintritt der Rechtshängigkeit.** Der Zeitpunkt des Eintritts der Rechtshängigkeit, welcher im Bereich des GVÜ/LugÜ dem Verfahrensrecht der Vertragsstaaten überlassen ist,[51] ist nunmehr in **Art. 32 Brüssel Ia-VO (1215/2012)** ebenso wie in **Art. 16 Brüssel IIa-VO** einheitlich geregelt. Die Rechtshängigkeit tritt danach mit der **Einreichung des verfahrenseinleitenden Schriftstücks bei Gericht** ein, sofern der Kläger anschließend die für dessen Zustellung an den Beklagten erforderlichen Maßnahmen trifft; ist die Zustellung an den Beklagten vor der Einreichung bei Gericht zu bewirken, so tritt die Rechtshängigkeit mit der Zustellung ein, sofern der Kläger anschließend die für die Zustellung des Schriftstücks an den Beklagten erforderlichen Maßnahmen trifft.

21 **4. Internationale Entscheidungszuständigkeit. a) Allgemeines. aa) Begriff und Abgrenzung.** Die internationale Entscheidungszuständigkeit, auch **direkte** oder **unmittelbare** internationale Zuständigkeit genannt, regelt die Frage, ob die inländischen Gerichte über den Rechtsstreit entscheiden können, obwohl er Auslandsberührung aufweist, oder ob sie sich zugunsten ausländischer Gerichte einer Entscheidung zu enthalten haben. Sie ist zu unterscheiden von der internationalen **Anerkennungszuständigkeit,** auch **indirekte** oder **mittelbare** internationale Zuständigkeit genannt, die sich im Rahmen der Anerkennung ausländischer Entscheidungen mit der Frage befasst, ob das ausländische Gericht vom Standpunkt des deutschen Rechts aus international zuständig war (§ 109 Abs. 1 Nr. 1 FamFG; → Rn. 100 f.), sowie von den „nationalen" Formen der Zuständigkeit, der örtlichen, der sachlichen und der funktionalen.

22 **bb) Prüfungsreihenfolge.** Ob die internationale Zuständigkeit vor der örtlichen zu prüfen ist oder umgekehrt, ist umstritten. Mit logischen Argumenten lässt sich die Streitfrage nicht lösen.[52] Der Satz, dass nur das örtlich zuständige Gericht über die internationale Zuständigkeit entscheiden dürfe,[53] lässt sich letztlich nicht überzeugend begründen. Es ist deshalb von der **Gleichrangigkeit** der

---

[46] HM, vgl. zur EuGVO *Kropholler/v. Hein* EuZPR, 9. Aufl. 2011, EuGVO Art. 27 Rn. 18; *Geimer* NJW 1984, 527 (528). AA *Schütze* RIW 1975, 78 (79); zur EheVO I AG Leverkusen FamRZ 2002, 1635.

[47] EuGH NJW 1989, 665 (666) = IPRax 1989, 157 (158) – Gubisch/Palumbo m. zust. Anm. *Schack* IPRax 1989, 139 (negative Feststellungsklage im Zweitstaat trotz im Erststaat rechtshängiger Leistungsklage); NJW 1992, 3221 – Overseas Union Insurance. Vgl. *Kropholler/v. Hein* EuZPR, 9. Aufl. 2011, EuGVO Art. 27 Rn. 7.

[48] EuGH NJW 1992, 3221 – Overseas Union Insurance.

[49] Anders noch Art. 11 Abs. 1 EuEheVÜ (→ Rn. 3); vgl. dazu *Alegría Borrás*, Erläuternder Bericht zu dem Übereinkommen aufgrund von Artikel K.3 des Vertrags über die Europäische Union über die Zuständigkeit und die Anerkennung und Vollstreckung von Entscheidungen in Ehesachen vom 28.5.1998, ABl. EG 1998 Nr. C 221 S. 46 Rn. 53 f.

[50] *Geimer/Schütze* EuZVR, 3. Aufl. 2010, EuEheVO Art. 19 Rn. 4 (S. 982).

[51] *Kropholler/v. Hein* EuZPR, 9. Aufl. 2011, EuGVO Art. 27 Rn. 15.

[52] So richtig *Cohn* NJW 1969, 992, 993. Ebenso *Roth* IPRax 1989, 279 (281).

[53] OLG Hamm NJW 1969, 385; *Pohle* ZZP 81 (1968), 161 (171); Soergel/*Kegel*, 11. Aufl. 1984, Vor Art. 7 Rn. 625. AA BGH VersR 1983, 282; BayObLG NJW 1966, 356; *Cohn* NJW 1969, 992 (993).

beiden Zuständigkeitsformen auszugehen. Wie immer, wenn mehrere gleichrangige Voraussetzungen kumulativ vorliegen müssen, um eine Rechtsfolge (hier: die Zulässigkeit der Klage bzw. des Antrags) zu begründen, sollte über die Prüfungsreihenfolge nach Gesichtspunkten der **Praktikabilität** und der **Verfahrensökonomie** entschieden werden.[54] Wenn die internationale Zuständigkeit eindeutig fehlt, kann deshalb die Zulässigkeit der Klage oder des Antrags verneint werden, ohne dass zuvor über die örtliche Zuständigkeit entschieden werden müsste.

Die internationale Zuständigkeit ist für die Hauptsache (Scheidung), die Nebenentscheidungen (Folgen) und mögliche einstweilige Anordnungen getrennt zu prüfen.   23

cc) Normative Grundlagen. (1) Europäisches Gemeinschaftsrecht. Die internationale   24 Zuständigkeit in Ehesachen und in damit verbundenen Sorgerechtssachen sowie die Anerkennung von Entscheidungen auf diesen Gebieten ist innerhalb der EU seit dem 1.3.2001 in der „Brüssel II"-VO geregelt, die ab 1.3.2005 durch die geltende **EuEheVO** („Brüssel IIa") ersetzt wurde (→ Rn. 2). Für Entscheidungen über die **unterhaltsrechtlichen** Folgen der Scheidung sind die **EuUnthVO** sowie übergangsweise die **VO (EG) Nr. 44/2001** einschlägig (→ Rn. 4). Durch diese europäische Zuständigkeits- und Anerkennungsordnung wird das nationale Zuständigkeits- und Anerkennungsrecht weitgehend ersetzt.

(2) Internationale Abkommen. Internationale Abkommen über die internationale Zuständig-   25 keit in Ehesachen gibt es nicht. Hinsichtlich der **Nebenfolgen der Scheidung** sind in Kindschaftssachen das **MSA** und das **KSÜ** (→ Rn. 65) zu beachten.

(3) Autonomes Recht. Im autonomen Recht finden sich **ausdrückliche gesetzliche Rege-**   26 **lungen** über die internationale Zuständigkeit nur vereinzelt. Für die Scheidung war bis zum 31.8.2009 § 606a aF ZPO einschlägig. Seit dem Inkrafttreten des **FGG-Reformgesetzes**[55] am 1.9.2009 gilt das durch Art. 1 FGG-RG eingeführte **FamFG,** welches das FGG aF ersetzt hat (Art. 112 FGG-RG.) Im Unterabschnitt 2 (§§ 98–106 FamFG) des Abschnitts 9 (Verfahren mit Auslandsbezug, §§ 97–110 FamFG) wird die internationale Zuständigkeit in Familiensachen detailliert geregelt. **§ 98 FamFG** (→ Rn. 43) übernimmt – abgesehen von einigen sprachlichen Verbesserungen – unverändert die Regelung des § 606a Abs. 1 aF ZPO. Die Regelung des § 606a Abs. 2 aF ZPO findet sich im § 106 FamFG. Das 6. Buch der ZPO wurde aufgehoben (Art. 29 Nr. 15 FGG-RG.)

dd) Allgemeine Grundsätze des autonomen Rechts. (1) Doppelfunktionalität der örtli-   27 **chen Zuständigkeit.** Soweit staatsvertragliche oder gesetzliche Regeln nicht eingreifen, gilt der **Grundsatz,** dass die örtliche Zuständigkeit die internationale indiziert (Doppelfunktionalität der örtlichen Zuständigkeit).[56] Dies wird in **§ 105 FamFG** ausdrücklich bestätigt. Auf die **Anerkennung** der Entscheidung durch den Scheidungsstatutsstaat kommt es nur dann an, wenn das inländische Recht – wie in § 98 Abs. 1 Nr. 4 FamFG – dies ausdrücklich anordnet.

(2) Not- oder Ersatzzuständigkeit. Ist ein Gerichtsstand nach den gesetzlichen Vorschriften   28 nicht gegeben, so kann die internationale Zuständigkeit im Ausnahmefall als **Not- oder Ersatzzu-** **ständigkeit** begründet sein, wenn die Parteien aufgrund eines **negativen Kompetenzkonflikts** sonst keine Entscheidung erhalten könnten.[57]

(3) Perpetuatio fori. Der Gedanke der **perpetuatio fori** gilt in entsprechender Anwendung   29 des § 261 Abs. 3 Nr. 2 ZPO iVm. § 113 Abs. 1 S. 2 FamFG auch im internationalen Bereich.[58] Die einmal begründete internationale Zuständigkeit entfällt also nicht dadurch, dass sich die maßgeblichen Anknüpfungspunkte (Staatsangehörigkeit, Aufenthalt) im Laufe des Verfahrens ändern. Dies gilt auch im Rahmen der europäischen Zuständigkeitsordnung.[59]

(4) Abänderungsklagen. Ein besonderer Gerichtsstand für **Abänderungsklagen** (→ Art. 17   30 Rn. 42 ff.) besteht nicht. Teilweise wird angenommen, die deutschen Gerichte seien für Abände-

---

[54] *Roth* IPRax 1989, 279 (281); *Schack* IZVR Rn. 449; *Koch/Magnus/Winkler v. Mohrenfels* IPR § 2 Rn. 3; Soergel/*Kronke* Anh. IV Art. 38 Rn. 48.

[55] Gesetz zur Reform des Verfahrens in Familiensachen und in den Angelegenheiten der freiwilligen Gerichtsbarkeit (FGG-Reformgesetz – FGG-RG) vom 17.12.2008, BGBl. 2008 I S. 2586, BT-Drs. 16/6308 v. 7.9.2007.

[56] *Schumann*, FS Nagel, 1987, S. 402 (406); *Zöller/Geimer*, 31. Aufl. 2016, IZPR Rn. 37 f.; *Linke* IZPR, 4. Aufl. 2006, Rn. 115; vgl. auch *Kegel/Schurig* IPR § 22 II.

[57] Näher *Zöller/Geimer*, 31. Aufl. 2016, IZPR Rn. 42.

[58] BGH NJW 1984, 1305; OLG München IPRax 1988, 354 (355 f.). Eingehend *Gampp*, Perpetuatio fori internationalis im Zivilprozeß und im Verfahren der freiwilligen Gerichtsbarkeit, 2010, 91 ff.

[59] Eingehend *Gampp*, Perpetuatio fori internationalis im Zivilprozeß und im Verfahren der freiwilligen Gerichtsbarkeit, 2010, 113 ff. (EuGVO) und 137 ff. (EuEheVO).

rungsklagen gegen **inländische Urteile** analog § 767 Abs. 1 ZPO international auch dann zuständig, wenn der Beklagte seinen inländischen Gerichtsstand inzwischen aufgegeben habe.[60] Im Scheidungsfolgerecht könnte dies für die in § 95 FamFG genannten Ansprüche von Bedeutung sein. Bei der Vollstreckungsgegenklage rechtfertigt sich die Zuständigkeit des Gerichts des ersten Rechtszuges aus der Erwägung, dass sie den Titel rückwirkend unvollstreckbar macht; die Abänderungsklage wirkt dagegen nur für die Zukunft. Die Analogie zu § 767 Abs. 1 ZPO ist deshalb nicht begründet. Die Zuständigkeit für die Abänderungsklage richtet sich deshalb nach den allgemeinen Vorschriften; in Extremfällen kann mit einer Notzuständigkeit geholfen werden.[61]

31   **(5) Zuständigkeitsvereinbarungen.** Zuständigkeitsvereinbarungen sind im internationalen Scheidungsrecht hinsichtlich der **Hauptsache** (Scheidung) bislang **unzulässig,** der Grundsatz der Parteiautonomie gilt hier (noch) nicht; hinsichtlich der **Nebenentscheidungen** (Folgesachen) sind dagegen Zuständigkeitsvereinbarungen zulässig, soweit die Folgesache vom Hauptverfahren **abgetrennt** ist (sonst greift der Verfahrensverbund ein, → Rn. 79) und einschlägige internationale Abkommen nicht entgegenstehen.

32   **(6) Zuständigkeitserschleichung.** Die Bundesrepublik nimmt für Ehesachen **keine ausschließliche** internationale Zuständigkeit in Anspruch (§ 106 FamFG). Konkurrierende ausländische Zuständigkeiten sind also möglich, die Parteien haben dann die Wahl. Der Gesichtspunkt des „forum shopping" ist dem deutschen Recht unbekannt;[62] allerdings kann im Einzelfall eine unzulässige **Zuständigkeitserschleichung** vorliegen,[63] der ggf. mit dem Arglisteinwand zu begegnen wäre.

33   **(7) Forum non conveniens.** Die internationale Zuständigkeit der deutschen Gerichte kann nicht deshalb verneint werden, weil das an sich zuständige Gericht nicht als das „geeignete" erscheint (forum non conveniens).[64] Dies gilt auch dann, wenn das ausländische Recht dem deutschen Recht unbekannte Institute enthält, wie etwa die Trennung von Tisch und Bett oder die Mitwirkung der Staatsanwaltschaft beim Ehetrennungsverfahren.[65] Dabei auftauchende Probleme können idR dadurch gelöst werden, dass neben dem ausländischen materiellen Recht auch das damit untrennbar verbundene **sachrechtsbezogene ausländische Verfahrensrecht** angewendet wird[66] (→ Rom III-VO Vor Art. 1 Rn. 18 ff.). Überlegungen, in solchen Fällen die **wesenseigene Zuständigkeit** der deutschen Gerichte zu verneinen,[67] vermögen demgegenüber nicht zu überzeugen, da sie die Rechtsanwendungsfrage unzulässigerweise mit der Zuständigkeitsfrage vermengen.[68]

34   **b) Internationale Zuständigkeit in der Hauptsache. aa) Brüssel IIa-VO. (1) Zuständigkeitskriterien. (a) Gewöhnlicher Aufenthalt.** Die in **Art. 3 Brüssel IIa-VO** geregelte allgemeine Zuständigkeit für Ehesachen knüpft primär an den gemeinsamen, hilfsweise den letzten gemeinsamen **gewöhnlichen Aufenthalt der Ehegatten** in einem Mitgliedstaat an (Abs. 1 lit. a, 1. und 2. Spiegelstrich). Zur Entstehungsgeschichte der Brüssel IIa-VO → Rn. 3. Hilfsweise wird in unterschiedlichem Maße an den **gewöhnlichen Aufenthalt einer Partei** im Gerichtsstaat angeknüpft, in letzter Stufe verstärkt durch Staatsangehörigkeit oder domicile (6. Spiegelstrich). Diese in letzter Stufe eintretende Bevorzugung der eigenen Staatsangehörigen verstößt gegen das **Diskriminierungsverbot** (Art. 18 AEUV, ex-Art. 12 EG),[69] eine entsprechende Entscheidung des EuGH ist überfällig.[70] Dies gilt auch für die „versteckte" Diskriminierung durch Anknüpfung an das domicile.[71] In der Entscheidung „*Hayes/*

---

[60] Stein/Jonas/*Leipold* ZPO § 323 Rn. 117; Zöller/*Geimel* IZPR Rn. 43.

[61] *Schack* IZVR Rn. 1121.

[62] Vgl. dazu *Juenger* Tulane Law Review 1989, 553; *Jasper,* Forum shopping in England und Deutschland, Diss. Münster 1990.

[63] Stein/Jonas/*Roth* ZPO § 1 Rn. 12; vgl. aber *Schack* IZVR Rn. 554 ff.

[64] Vgl. dazu *Jayme* IPRax 1984, 121 (124) und 303; *Otto,* Ehe- und Familiensachen mit Ausländerbeteiligung und nach ausländischem Recht, 3. Aufl. 1983, 31 f.; *Reus* RIW 1991, 542; *Enwand,* Forum non conveniens und EuGVÜ, Diss. Regensburg 1995; Zöller/*Geimer* IZPR Rn. 55 ff.; *Schack* IZVR Rn. 559 ff.

[65] Stein/Jonas/*Roth* ZPO Vor § 12 Rn. 43 f.

[66] Stein/Jonas/*Roth* ZPO Vor § 12 Rn. 44.

[67] Vgl. dazu BGHZ 47, 324 (333 f.) (Ehetrennung nach italienischem Recht); *Jayme* IPRax 1984, 121 (124).

[68] Stein/Jonas/*Roth* ZPO Vor § 12 Rn. 44.

[69] So die weit herrschende Lehre, vgl. Staudinger/*Spellenberg* (2015) Brüssel IIa-VO Art. 3 Rn. 43; *Dilger* IPRax 2006, 617 (618) m. umfangr.Nachw. in Fn. 30; *Geimer/Schütze* EuZVR, 3. Aufl. 2010, EuEheVO Art. 3 Rn. 14 (S. 940). AA *Gärtner,* Die Privatscheidung im deutschen und gemeinschaftlichen Internationalen Privat- und Verfahrensrecht, 2008, 231 f.

[70] Vgl. dazu *Dilger* IPRax 2006, 617 in der Anm. zur Entscheidung der Cour de Cass. vom 22.2.2005, IPRax 2006, 611.

[71] *Dilger* IPRax 2006, 617 (619); *Spellenberg,* FS Geimer, 2002, 1257 (1270); Staudinger/*Spellenberg* (2015) Brüssel IIa-VO Art. 3 Rn. 45.

Kronenberger[72] des EuGH heißt es unter Rn. 18, der Vertrag verbiete „jede Diskriminierung aus Gründen der Staatsangehörigkeit" und verlange in den Mitgliedstaaten „die vollständige Gleichbehandlung von Personen, die sich in einer gemeinschaftsrechtlich geregelten Situation befinden, mit den Staatsangehörigen des betreffenden Mitgliedstaats". Gegenüber diesem Postulat wird es schwer fallen, einen sachlichen Grund zu finden, welcher es rechtfertigen könnte, dem einen Ehegatten aufgrund seiner Staatsangehörigkeit den Zugang zu den Scheidungsgerichten zu eröffnen, dem anderen Ehegatten aber nicht. Die Vorschrift dürfte auch gegen das Grundrecht der **Freizügigkeit** (Art. 21 AEUV, ex-Art. 18 EG) verstoßen, denn die Tatsache, dass es für ausländische Ehegatten im Inland erst nach Ablauf eines Jahres einen Scheidungsgerichtsstand gibt (Art. 3 Abs. 1 lit. a, 5. Spiegelstrich Brüssel IIa-VO), behindert das Recht des ausländischen Ehegatten, sich im Hoheitsgebiet der Mitgliedstaaten frei zu bewegen.[73] Auch im **materiellen Kollisionsrecht** wird die Staatsangehörigkeit nur dann als Anknüpfungspunkt für das Scheidungsstatut akzeptiert, wenn sie **beiden** Ehegatten gemeinsam ist (Art. 8 lit. c Rom III-VO). Alles andere wäre eine Diskriminierung desjenigen Ehegatten, dessen Staatsangehörigkeit bei der Bestimmung des Scheidungsstatuts ausfällt.[74]

Der Begriff des gewöhnlichen Aufenthalts ist **gemeinschaftsautonom** auszulegen[75] (→ Rom   **35** III-VO Art. 5 Rn. 5). Wesentliche Abweichungen von der Bestimmung des Begriffs im Rahmen des nationalen IPR (→ EGBGB Art. 5 Rn. 113 ff.) und IZPR sind nicht zu erwarten.

(b) Staatsangehörigkeit und domicile.[76] Die **Staatsangehörigkeit allein** begründet – abwei-   **36** chend von § 98 FamFG – die internationale Zuständigkeit nur, wenn sie **beiden Ehegatten gemeinsam** ist (Art. 3 Abs. 1 lit. b Brüssel IIa-VO). Durch die Wörter „im Falle des Vereinigten Königreichs und Irlands" wird klargestellt, dass das in lit. b gleichfalls genannte Kriterium des gemeinsamen **domicile** der Ehegatten nur für diejenigen Mitgliedstaaten gilt, deren innerstaatliche Rechtsordnung an dieses Kriterium anknüpft; es kann also in den anderen Mitgliedstaaten nicht alternativ zur Staatsangehörigkeit verwendet werden.[77]

Die Auswirkungen einer **doppelten Staatsangehörigkeit** sind in der Verordnung nicht geregelt.   **37** Insoweit sollte nach dem *Borrás*-Bericht auf die Grundsätze des autonomen Rechts zurückgegriffen werden.[78] Danach würde es ausreichen, wenn eine der beteiligten Staatsangehörigkeiten die deutsche ist, auf die Effektivität kommt es nicht an (→ Rn. 47). Der EuGH gelangt in der Entscheidung *Hadadi/Mesko*[79] aufgrund autonomer Auslegung des Art. 3 Abs. 1 lit. b Brüssel IIa-VO für den Fall, dass die Ehegatten eine **gemeinsame doppelte Staatsangehörigkeit** besitzen, zu dem gleichen Ergebnis.[80] Dass hierdurch das *forum-shopping* begünstigt werde,[81] stehe dem nicht entgegen, da das Nebeneinander mehrerer gleichrangiger Gerichtsstände in Art. 3 Abs. 1 Brüssel IIa-VO ausdrücklich vorgesehen sei.[82] Ist nur **ein** Ehegatte Doppel- oder Mehrstaater oder besitzen beide Ehegatten eine gemeinsame und daneben noch weitere nicht gemeinsame Staatsangehörigkeiten, so entscheidet folgerichtig die beiden Ehegatten gemeinsame Staatsangehörigkeit, sei sie nun effektiv oder nicht.[83]

Auch hinsichtlich der Gleichstellung von **Personen mit deutschem Personalstatut** sind die   **38** Grundsätze des autonomen Rechts maßgeblich (→ Rn. 48).

Das Nebeneinander von Staatsangehörigkeit und domicile kann sowohl zum Zuständigkeitsmangel   **39** als auch zur Zuständigkeitskonkurrenz führen: Für das Scheidungsverfahren britischer Eheleute mit

---

[72] EuGH Slg. 1997, I-1711 = NJW 1988, 2127 = ZEuP 1999, 964 m. Anm. *Kubis.*

[73] Vgl. EuGH Urt. v. 14.10.2008 – Rs. C-253/067 Rn. 22 – Grunkin/Paul (zur Staatsangehörigkeitsanknüpfung in Art. 10 EGBGB).

[74] Diesen Gesichtspunkt übersieht *Gärtner,* Die Privatscheidung im deutschen und gemeinschaftlichen Internationalen Privat- und Verfahrensrecht, 2008, 231.

[75] *Solomon* FamRZ 2004, 1409 (1411).

[76] Zur Vereinbarkeit dieser Anknüpfungsregeln mit dem Diskriminierungsverbot in Art. 18 AEUV (ex-Art. 12 EG) vgl. *Dilger,* Die Regelungen zur internationalen Zuständigkeit in Ehesachen in der Verordnung (EG) Nr. 2201/2003, 2004.

[77] So ausdrücklich *Alegría Borrás,* Erläuternder Bericht zu dem Übereinkommen aufgrund von Artikel K.3 des Vertrags über die Europäische Union über die Zuständigkeit und die Anerkennung und Vollstreckung von Entscheidungen in Ehesachen vom 28.5.1998, ABl. EG 1998 Nr. C 221 S. 39 Rn. 33.

[78] *Alegría Borrás,* Erläuternder Bericht zu dem Übereinkommen aufgrund von Artikel K.3 des Vertrags über die Europäische Union über die Zuständigkeit und die Anerkennung und Vollstreckung von Entscheidungen in Ehesachen vom 28.5.1998, ABl. EG 1998 Nr. C 221 S. 39 Rn. 33.

[79] EuGH Slg 2009, I-6871 – Hadadi = FamRZ 2009, 1571 = EuZW 2009, 619 m. abl. Anm. *Kohler* = IPRax 2010, 66 m. Anm. *Hau* IPRax 2010, 50 und *Dilger* IPRax 2010, 54.

[80] Vgl. Staudinger/*Spellenberg* (2015) Brüssel IIa-VO Art. 3 Rn. 129.

[81] So *Kohler* in der Anm. zu dem Urteil, FamRZ 2009, 1574 f.

[82] EuGH Slg 2009, I-6871 Rn. 49 – Hadadi = FamRZ 2009, 1571 = EuZW 2009, 619 m. abl. Anm. *Kohler* = IPRax 2010, 66 m. Anm. *Hau* IPRax 2010, 50 und *Dilger* IPRax 2010, 54.

[83] Ebenso *Hau,* FS Spellenberg, 2010, 435 (445 f.); Johannsen/Henrich/*Henrich* FamFG § 98 Rn. 9.

deutschem domicile und brasilianischem gewöhnlichen Aufenthalt sind zB weder die britischen noch die deutschen Gerichte nach der Verordnung zuständig (**Zuständigkeitsmangel**).[84] In diesen Fällen greift gemäß **Art. 7 Abs. 1 Brüssel IIa-VO** die **Restzuständigkeit** nach den Vorschriften des autonomen Rechts ein;[85] im Beispielsfall käme eine Staatsangehörigkeitszuständigkeit nach § 98 Abs. 1 Nr. 1 FamFG in Betracht, falls einer der Ehegatten bei der Eheschließung Deutscher war (→ Rn. 47 f.).

40   Handelt es sich – umgekehrt – um deutsche Eheleute mit *domicile* im Vereinigten Königreich oder Irland und gewöhnlichem Aufenthalt in Brasilien, so sind sowohl die deutschen als auch die britischen Gerichte nach der VO für das Scheidungsverfahren zuständig (**Zuständigkeitskonkurrenz**).

41   **(2) Umfang der Zuständigkeit.** Die Zuständigkeit in den genannten Eheverfahren umfasst auch etwaige im den Anwendungsbereich der Verordnung fallende **Gegenanträge (Art. 4 Brüssel IIa-VO). Art. 5 Brüssel IIa-VO** begründet ferner eine Zuständigkeit des Gerichts, welches eine Trennungsentscheidung erlassen hat, für die **Umwandlung dieser Trennungsentscheidung in eine Ehescheidung**, sofern das Recht des Mitgliedstaats dies vorsieht (Italien, Frankreich, Luxemburg, Niederlande, Portugal, Spanien).[86] Diese besondere **Umwandlungszuständigkeit** besteht **konkurrierend** neben der allgemeinen Zuständigkeit aus Art. 3 Brüssel IIa-VO.[87] Unter „Ehe" wird in den meisten Mitgliedstaaten eine Lebensgemeinschaft zweier Personen verschiedenen Geschlechts verstanden,[88] in Belgien,[89] Deutschland,[90] den Niederlanden[91] und Spanien[92] ist aber die Geschlechtsverschiedenheit nicht mehr Voraussetzung für die Ehe. Bei der im internationalen Verfahrensrecht gebotenen weiten Auslegung sind auch gleichgeschlechtliche Ehen als Ehen iS der Brüssel IIa-VO anzuerkennen,[93] unabhängig davon, ob sie kollisionsrechtlich nach Art. 1 Rom III-VO zu behandeln sind oder nicht (→ Rom III-VO Art. 1 Rn. 6a).

42   **(3) Vorrang der VO-Zuständigkeiten. Art. 6 Brüssel IIa-VO** stellt klar, dass die Zuständigkeiten nach der Verordnung „ausschließlich"[94] sind in dem Sinne, dass daneben eine auf nationales Recht gestützte konkurrierende Zuständigkeit ausgeschlossen ist. Nur wenn keine Zuständigkeit nach der Verordnung gegeben ist, kommt eine **Restzuständigkeit** gemäß **Art. 7 Brüssel IIa-VO** in Betracht (→ Rn. 46). Hat etwa ein kubanisch-schwedisches Ehepaar zuletzt gemeinsam in Frankreich gelebt, so kann die schwedische Ehefrau, wenn der kubanische Ehemann wieder nach Kuba zurückgegangen ist, sie aber weiterhin in Frankreich lebt, nicht unter Berufung auf Kap. 3 § 2 Nr. 2 des schwedischen Ehe- und Vormundschaftsgesetzes in Schweden ein Scheidungsverfahren eröffnen, denn gemäß Art. 3 Abs. 1 lit. a, 2. Spiegelstrich Brüssel IIa-VO ist in diesem Fall nach wie vor die vorrangige Zuständigkeit der französischen Gerichte gegeben.[95] Anders beim Scheidungsantrag gegen einen britischen Ehegatten mit domicile in Deutschland und gewöhnlichem Aufenthalt in den USA,[96] wenn auch der Antragsteller kei-

---

[84] Vgl. *Alegría Borrás*, Erläuternder Bericht zu dem Übereinkommen aufgrund von Artikel K.3 des Vertrags über die Europäische Union über die Zuständigkeit und die Anerkennung und Vollstreckung von Entscheidungen in Ehesachen vom 28.5.1998, ABl. EG 1998 Nr. C 221 S. 43 Rn. 45 (zu Art. 7 Übk. vom 28.5.1998).

[85] Zur Benachteiligung nichteuropäischer Ehegatten im Rahmen des Art. 7 Abs. 2 Brüssel II-aVO vgl. *Jayme/Kohler* IPRax 2006, 537 (538).

[86] Zum anwendbaren Recht in diesem Fall vgl. *Pabst* FPR 2008, 230.

[87] Vgl. *Alegría Borrás*, Erläuternder Bericht zu dem Übereinkommen aufgrund von Artikel K.3 des Vertrags über die Europäische Union über die Zuständigkeit und die Anerkennung und Vollstreckung von Entscheidungen in Ehesachen vom 28.5.1998, ABl. EG 1998 Nr. C 221 S. 42 Rn. 43 (zu Art. 6 Übk. vom 28.5.1998). Näher dazu *Rieck* FPR 2007, 427.

[88] EuGH vom 31.5.2001, Rs. C-122/99P und C-125/99P, FamRZ 2001, 103, 1055 Rn. 34.

[89] Art. 143 Abs. 1 Code civil idF von Art. 3 der Loi du 13 février 2003 (Moniteur Belge S. 9880).

[90] § 1353 Abs. 1 Satz 1 BGB idF von Art. 1 Nr. 2 des Gesetzes zur Einführung des Rechts auf Eheschließung für Personen gleichen Geschlechts vom 20.7.2017, BGBl. I S. 2787.

[91] Art. 1:30 Abs. 1 BW idF des Gesetzes vom 21.12.2000 (Bergmann/Ferid/Henrich/Cieslar, Niederlande, Stand: 1.9.2008, S. 94).

[92] Art. 44 Abs. 2 Código Civil idF der Ley 13/2005 (BOE S. 23632).

[93] Eingehend dazu *Winkler v. Mohrenfels*, FS Ansay, 2006, 527 (abrufbar unter http://www.jura.uni-rostock.de/Winkler/FS_Ansay_Chapter_33.pdf).

[94] Mit Recht kritisch zur Wahl dieses Terminus: *Alegría Borrás* IPRax 2008, 233 (234) unter 4 (anders noch im Erläuternden Bericht zu dem Übereinkommen aufgrund von Artikel K.3 des Vertrags über die Europäische Union über die Zuständigkeit und die Anerkennung und Vollstreckung von Entscheidungen in Ehesachen vom 28.5.1998, ABl. EG 1998 Nr. C 221 S. 27).

[95] EuGH Slg. 2007, I-10403 – Sundelind Lopez/Lopez Lizazo = FamRZ 2008, 128 = IPRax 2008, 257 m. Rez. *Alegría Borrás* IPRax 2008, 233.

[96] Vgl. das Beispiel bei *Alegría Borrás*, Erläuternder Bericht zu dem Übereinkommen aufgrund von Artikel K.3 des Vertrags über die Europäische Union über die Zuständigkeit und die Anerkennung und Vollstreckung von Entscheidungen in Ehesachen vom 28.5.1998, ABl. EG 1998 Nr. C 221 S. 43 Rn. 45 (zu Art. 7 Übk. vom 28.5.1998).

nen gewöhnlichen Aufenthalt in einem EU-Staat hat: Hier ist keine Zuständigkeit nach der Verordnung begründet. Besitzt der Antragsteller die deutsche Staatsangehörigkeit, so ist die Zuständigkeit der deutschen Gerichte gemäß Art. 7 Abs. 1 Brüssel IIa-VO iVm § 98 Abs. 1 Nr. 1 FamFG begründet. Hat der britische Antragsgegner dagegen seinen gewöhnlichen Aufenthalt in einem EU-Staat, so sind dessen Gerichte zuständig und es greift Art. 6 Brüssel IIa-VO ein; die deutsche Staatsangehörigkeit kann dem Antragsteller in diesem Fall nur noch im Zusammenhang mit einem mindestens sechsmonatigen inländischen gewöhnlichen Aufenthalt (Art. 3 Abs. 1 lit. a, letzter Spiegelstrich Brüssel IIa-VO) zu einem deutschen Gerichtsstand verhelfen. Immerhin benötigte er ohne diese Staatsangehörigkeit einen inländischen Aufenthalt von mindestens einem Jahr (Art. 3 Abs. 1 lit. a, 5. Spiegelstrich Brüssel IIa-VO); die Staatsangehörigkeit ist also, wenn man so will, sechs Monate Aufenthalt wert. Zur EG-Vertragswidrigkeit dieser Regelung → Rn. 34.

bb) Autonomes Recht.

§ 98 FamFG Ehesachen; Verbund von Scheidungs- und Folgesachen   43

(1) Die deutschen Gerichte sind für Ehesachen zuständig, wenn
1. ein Ehegatte Deutscher ist oder bei der Eheschließung war;
2. beide Ehegatten ihren gewöhnlichen Aufenthalt im Inland haben;
3. ein Ehegatte Staatenloser mit gewöhnlichem Aufenthalt im Inland ist;
4. ein Ehegatte seinen gewöhnlichen Aufenthalt im Inland hat, es sei denn, dass die zu fällende Entscheidung offensichtlich nach dem Recht keines der Staaten anerkannt würde, denen einer der Ehegatten angehört.

(2) Die Zuständigkeit der deutschen Gerichte nach Absatz 1 erstreckt sich im Fall des Verbunds von Scheidungs- und Folgesachen auf die Folgesachen.

§ 106 FamFG Keine ausschließliche Zuständigkeit

Die Zuständigkeiten in diesem Unterabschnitt sind nicht ausschließlich.

(1) Normzweck und Entstehungsgeschichte. § 98 Abs. 1 FamFG hat mit Wirkung vom   44
1.9.2009 den § 606a Abs. 1 aF ZPO ohne inhaltliche Änderung ersetzt (→ Rn. 26). § 606a Abs. 1 S. 1 Nr. 4 ZPO hatte im Gegensatz zur vorherigen gleichberechtigungswidrigen Fassung der Norm auf das Erfordernis einer positiven Anerkennungsprognose verzichtet, jedoch hatte sich der Reformgesetzgeber nicht zu einem völligen Verzicht auf das Anerkennungserfordernis entschließen können, wie es in der vorangegangenen Reformdiskussion teilweise gefordert worden war.[97] Der Regierungsentwurf hatte noch die alternative Berücksichtigung der Heimatrechte der Ehegatten im Sinne einer positiven Anerkennungsprognose vorgesehen; erst der Rechtsausschuss erfand die negative alternative Anerkennungsprognose. Das ursprüngliche Ziel der Vorschrift, nämlich die Verhinderung hinkender Ehen,[98] wird dabei nur noch in besonders krassen Fällen gewahrt. Im Übrigen ist es bei den bisherigen Anknüpfungskriterien (Staatsangehörigkeit und gewöhnlicher Aufenthalt) geblieben. **§ 106 FamFG** ersetzt § 606a Abs. 1 S. 2 aF ZPO. Neu ist die Regelung der **internationalen Verbundzuständigkeit** in **§ 98 Abs. 2 FamFG,** wonach sich die internationale Zuständigkeit für die Ehesache nach Abs. 1 im Falle des Verbunds von Scheidungs- und Folgesachen auch dann auf die Folgesachen erstreckt, wenn für letztere eine isolierte internationale Zuständigkeit nicht gegeben ist. Für Folgesachen, die getrennt von der Scheidungssache anhängig gemacht werden, greift diese Regelung nicht.[99]

Es wäre zu begrüßen gewesen, wenn der Gesetzgeber auch im Rahmen der internationalen   45
Entscheidungszuständigkeit hinsichtlich des **Begriffs der Ehesache** den Unterschied zwischen Ehesachen im Sinne des internationalen und solchen im Sinne des nationalen Rechts deutlich gemacht hätte, wie dies für die Anerkennung ausländischer Entscheidungen in § 107 Abs. 1 FamFG geschehen ist. Ehesachen im Sinne des nationalen Rechts sind gemäß **§ 121 FamFG** Verfahren auf Scheidung und Aufhebung sowie auf Feststellung des Bestehens oder Nichtbestehens der Ehe. Die internationale Zuständigkeit für „Ehesachen" ist in § 98 Abs. 1 FamFG geregelt. Hier hätte klargestellt werden können, dass zu Ehesachen iS des § 98 FamFG auch Verfahren auf **Trennung von Tisch und Bett** gehören (→ Rom III-VO Art. 1 Rn. 21).

(2) Verhältnis zur Brüssel IIa-VO. § 98 FamFG wird durch die Zuständigkeitsvorschriften der   46
Brüssel IIa-VO weitgehend verdrängt. Nur wo eine Zuständigkeit aufgrund europäischen Rechts nicht gegeben ist, kommt die autonome Zuständigkeit als Restzuständigkeit (→ Rn. 39) zum Zuge. Die **praktische Bedeutung** dieser Restzuständigkeit ist äußerst gering. Sie greift nur in den wohl

---

[97] U.a. vom Hamburger *Max-Planck-Institut* RabelsZ 47 (1983), 595 (680). Weitere Nachweise bei *Winkler v. Mohrenfels* ZZP 94 (1981), 71 (85) Fn. 76. Siehe auch *Basedow* StAZ 1983, 233 (236 f.).
[98] Näher dazu *Winkler v. Mohrenfels* ZZP 94 (1981), 71 (73 ff.).
[99] Vgl. BT-Drs. 16/6308, 220.

eher seltenen Fällen, dass in einer **deutsch-ausländischen Ehe** der **Antragsgegner** seinen gewöhnlichen Aufenthalt **außerhalb der EU** oder in Dänemark hat und auch für den **Antragsteller** keine Aufenthaltszuständigkeit nach der Brüssel IIa-VO gegeben ist, weil er sich entweder ebenfalls außerhalb der EU oder in Dänemark gewöhnlich aufhält oder aber die Dauer seines inländischen Aufenthalts – falls er Ausländer ist – die erforderliche **Jahresfrist** nach Art. 3 Abs. 1 lit. a, 5. Spiegelstrich Brüssel IIa-VO bzw. – falls er Deutscher ist – die erforderliche **Sechsmonatsfrist** nach Art. 3 Abs. 1 lit. a, 6. Spiegelstrich Brüssel IIa-VO noch nicht erfüllt (Beispiel → Rn. 42).

47   **(3) Staatsangehörigkeitszuständigkeit (Abs. 1 S. 1 Nr. 1).** Für Ehesachen **deutscher Staatsangehöriger** und der ihnen nach Art. 9 Abschnitt II Nr. 5 FamRÄndG iVm. Art. 116 Abs. 1 GG gleichgestellten Flüchtlinge oder Vertriebenen **deutscher Volkszugehörigkeit** (→ Anh. II Art. 5 Rn. 13 f.) ist nach § 98 Abs. 1 Nr. 1 FamFG die internationale Zuständigkeit der deutschen Gerichte stets eröffnet. Auf die Staatsangehörigkeit des Ehepartners kommt es ebensowenig an wie auf den gewöhnlichen Aufenthalt der Ehegatten. Ein Wechsel der Staatsangehörigkeit während der Ehe schadet nicht, entscheidend ist, dass **bei Eheschließung** die deutsche Staatsangehörigkeit gegeben war oder später erworben wurde. Diese Voraussetzung ist auch dann erfüllt, wenn der deutsche Ehegatte mit der Eheschließung seine deutsche Staatsangehörigkeit verloren haben sollte,[100] was durch freiwilligen Erwerb der ausländischen Staatsangehörigkeit des Ehegatten zumindest denkbar ist (§ 25 StAG, zB bei Eheschließung mit einem Staatsangehörigen der Elfenbeinküste (→ Rom III-VO Art. 8 Rn. 7). Ob der Ehegatte neben der deutschen noch andere Staatsangehörigkeiten besitzt **(Mehrstaater),** ist unerheblich, auf die Effektivität der deutschen Staatsangehörigkeit kommt es unabhängig von Art. 5 Abs. 1 S. 2 nicht an.[101] Eine teleologische Reduktion des § 98 Abs. 1 Nr. 1 FamFG dahin gehend, dass nur die *effektive* deutsche Staatsangehörigkeit ausreiche,[102] ist angesichts der verfahrensrechtlichen Schutzfunktion der Staatsangehörigkeit nicht möglich, → Art. 5 Rn. 64. Welcher Ehegatte das Verfahren durch seinen Antrag eröffnet, ist unerheblich.

48   Ob die Staatsangehörigkeitszuständigkeit nach § 98 Abs. 1 Nr. 1 FamFG auch für ausländische Staatsangehörige gilt, die auf Grund der Flüchtlingsgesetzgebung deutschen Staatsangehörigen **gleichgestellt** sind, ist streitig. Der betroffene Personenkreis umfasst **verschleppte Personen** und Flüchtlinge iS von Art. 10 AHKGes. 23, **heimatlose Ausländer** iS von § 1 des Gesetzes über die Rechtsstellung heimatloser Ausländer im Bundesgebiet (§ 11 des Gesetzes), **Flüchtlinge** iS von Art. 1 **FlüchtlAbk** (Genfer Flüchtlingskonvention), sog. **Kontingentflüchtlinge** (§ 24 AufenthG) und **politisch Verfolgte** iS von Art. 16a Abs. 1 GG (§§ 1, 3 AsylG), zu allem → Anh. II Art. 5 Rn. 17 ff. Das **deutsche Personalstatut** dieser Personen spricht dafür, sie im Rahmen des § 98 Abs. 1 Nr. 1 FamFG wie deutsche Staatsangehörige zu behandeln.[103] Da die Staatsangehörigkeitszuständigkeit aber an die Staatsangehörigkeit **zum Zeitpunkt der Eheschließung** anknüpft, hätte dies die vom Gesetzeszweck sicherlich nicht gedeckte Konsequenz, dass die internationale Zuständigkeit der deutschen Gerichte auch dann noch gegeben wäre, wenn beide Ehegatten Deutschland längst verlassen und sich anderswo niedergelassen haben. Art. 16 Abs. 2 FlüchtlKonv.,[104] welcher die Gleichstellung mit deutschen Staatsangehörigen an den **gegenwärtigen** gewöhnlichen Aufenthalt im Inland knüpft, hilft nicht weiter, weil er zum einen nur für Flüchtlinge nach der FlüchtlKonv. und die ihnen gleichgestellten Personen, nämlich Kontingentflüchtlinge und politisch Verfolgte (Asylberechtigte), nicht aber für heimatlose Ausländer und den vom AHKGes. 23 erfassten Personenkreis gilt und zum anderen keinesfalls unumstritten ist, ob er überhaupt die internationale Zuständigkeit oder nicht vielmehr andere Beschränkungen der Prozessführung betrifft.[105] Teilweise wird deshalb gefordert, in diesen Fällen nicht § 98 Abs. 1 Nr. 1 FamFG, sondern **Nr. 3** anzuwenden, was letztlich zu einer Gleichstellung nur hinsichtlich der internationalen Aufenthaltszuständigkeit führt.[106] Dem ist zwar im Ergebnis, nicht aber im dogmatischen Ansatz zuzustimmen, denn dieser verträgt sich nicht mit der Tatsache, dass es sich um Personen mit deutschem Personalstatut handelt. Der dogmatisch vorzugswürdige Weg ist es deshalb, bei der Gleichstellung im Rahmen von § 98

---

[100] Zöller/*Geimer* FamFG § 98 Rn. 84. Offen gelassen von OLG Celle FamRZ 1987, 159, 160 (Hinzuerwerb der italienischen Staatsangehörigkeit).

[101] Vgl. OLG Celle FamRZ 1987, 159 (160); OLG Stuttgart FamRZ 1989, 760; → Art. 5 Rn. 61; Johannsen/Henrich/*Henrich* FamFG § 98 Rn. 9, 24; Zöller/*Geimer* FamFG § 98 Rn. 76; MüKoZPO/*Rauscher* FamFG § 98 Rn. 43; Keidel/*Engelhardt* FamFG § 98 Rn. 7. Kritisch Staudinger/*Spellenberg* (2016) FamFG § 98 Rn. 104 ff.

[102] So *Spellenberg* IPRax 1988, 1 (4). Wie hier: BLAH/*Hartmann,* 75. Aufl. 2017, FamFG § 98 Rn. 4 mN.

[103] Vgl. Staudinger/*Spellenberg* (2016) FamFG § 98 Rn. 127; MüKoZPO/*Rauscher* FamFG § 98 Rn. 45; Keidel/*Engelhardt* FamFG § 98 Rn. 8 ff.

[104] Vgl. BGH NJW 1982, 2732 = FamRZ 1982, 996 = IPRax 1984, 33; NJW 1985, 1283 = FamRZ 1985, 280 = IPRax 1985, 292.

[105] Vgl. *Hirschberg* IPRax 1984, 19 (20).

[106] OLG München IPRax 1989, 238 (239); *Hirschberg* IPRax 1984, 19 (20); *Kilian* IPRax 1995, 9 (10).

Abs. 1 **Nr. 1** FamFG zu bleiben, sie jedoch im Rahmen des Normzwecks dahin einzuschränken, dass sie den *gegenwärtigen* gewöhnlichen Aufenthalt im Inland voraussetzt.[107] Zur praktischen Bedeutung dieser kombinierten Staatsangehörigkeits-/Aufenthaltszuständigkeit → Rn. 46.

(4) Aufenthaltszuständigkeit (Abs. 1 S. 1 Nr. 2–4). (a) Gemeinsamer gewöhnlicher Auf-   49 enthalt der Ehegatten (Nr. 2). Die internationale Zuständigkeit der deutschen Gerichte nach § 98 Abs. 1 **Nr. 2** FamFG wird durch die entsprechende Zuständigkeit nach **Art. 3 Abs. 1 lit. a, 1. Spiegelstrich Brüssel IIa-VO** (→ Rn. 34) verdrängt. Zum Begriff des gewöhnlichen Aufenthalts → **Art. 5 Rn. 113 ff.**[108] Gemeinsamer gewöhnlicher Aufenthalt bedeutet nicht, dass die Parteien zusammenleben müssen; erforderlich ist lediglich, dass jeder Ehegatte seinen gewöhnlichen Aufenthalt im Inland hat, sei es auch an verschiedenen Orten.

Die **Bestimmung des gewöhnlichen Aufenthalts** erfolgt nach deutschem Recht als der **lex   50 fori.**[109] Danach ist im Rahmen des § 98 Abs. 1 FamFG insbesondere die Frage umstritten, inwieweit **Asylbewerber** in Deutschland einen gewöhnlichen Aufenthalt erwerben können. Bei der Beantwortung dieser Frage ist zu beachten, dass es **keine Einheitsdefinition** des gewöhnlichen Aufenthalts für alle Rechtsgebiete gibt, sondern dass der Begriff je nach dem Zusammenhang, in dem er verwendet wird, unterschiedliche Bedeutungen haben kann. Für die Konkretisierung des gewöhnlichen Aufenthalts **iS von § 98 Abs. 1 FamFG** sind daher die gesetzliche Definition in § 30 Abs. 3 S. 2 SGB I und die dazu ergangene restriktive Rechtsprechung der Sozialgerichte, wonach ein Asylbewerber **vor seiner Anerkennung** als Asylberechtigter nur dann seinen gewöhnlichen Aufenthalt im Inland hat, wenn unabhängig vom Ausgang des Asylverfahrens mit einer **weiteren Duldung** seines Aufenthalts zu rechnen ist,[110] nicht einschlägig.[111]

Maßgeblich für die Ausfüllung des Begriffs „gewöhnlicher Aufenthalt" ist die **Funktion,** die ihm   51 im Rahmen des § 98 Abs. 1 FamFG zukommt: Einerseits soll nicht schon durch bloß vorübergehendes Verweilen in der Bundesrepublik Deutschland die Zuständigkeit der deutschen Gerichte erschlichen werden können; andererseits darf für länger im Inland lebende Personen keine Rechtsverweigerung eintreten. Danach ist zu unterscheiden: Ist über den Asylantrag **noch nicht entschieden** worden, so steht dies dem Erwerb eines gewöhnlichen Aufenthalts dann nicht entgegen, wenn sich die betreffende Person bereits seit mehreren Jahren in der Bundesrepublik aufhält.[112] Darauf, ob dieser Aufenthalt ausdrücklich behördlich geduldet wird, kommt es – anders als möglicherweise im Sozialrecht – nach dem Schutzzweck des § 98 Abs. 1 FamFG nicht an.[113] Ist der Asylantrag **abgelehnt** worden, so ist nunmehr (also nicht, falls zuvor schon die Voraussetzungen hierfür vorlagen) der Erwerb eines gewöhnlichen Aufenthalts idR abzulehnen, weil der abgelehnte Asylbewerber mit der **Abschiebung** rechnen muss.[114] Auch hier ist es aber möglich, dass die Behörden trotz der Ablehnung des Asylantrags den Aufenthalt des Bewerbers weiterhin **dulden;** ist die Beendigung dieses geduldeten Aufenthalts **nicht abzusehen,** so kann bei entsprechender sozialer Integration[115] trotz der Ablehnung ein gewöhnlicher Aufenthalt erworben werden (ebenso → Art. 5 Rn. 159).

(b) Gewöhnlicher Aufenthalt eines staatenlosen Ehegatten (Nr. 3). Ist ein Ehegatte **staa-   52 tenlos,** so reicht es nach § 98 Abs. 1 **Nr. 3** FamFG aus, wenn **er** seinen gewöhnlichen Aufenthalt im Inland hat.

(c) Gewöhnlicher Aufenthalt eines Ehegatten (Nr. 4). Ist **kein Ehegatte Deutscher** oder   53 staatenlos und hat **nur ein Ehegatte seinen gewöhnlichen Aufenthalt im Inland,** so ist die internationale Zuständigkeit der deutschen Gerichte gemäß § 98 Abs. 1 **Nr. 4** FamFG gegeben, falls nicht offensichtlich das Heimatrecht keines der Ehegatten die Entscheidung des deutschen Gerichts

---

[107] Im Ergebnis ebenso *Spellenberg* IPRax 1988, 1 (3). Offen gelassen von BGH NJW 1990, 636 = FamRZ 1990, 32 (33) = IPRax 1991, 54.

[108] S. auch *Spellenberg* IPRax 1988, 1 (4 f.) sowie Johannsen/Henrich/*Henrich* FamFG § 98 Rn. 15 ff.

[109] BGHZ 27, 47 = NJW 1958, 830; BayObLGZ 1979, 193 (196); BayObLG FamRZ 1990, 650; KG FamRZ 1987, 603 = NJW 1988, 649 (650); OLG Frankfurt FamRZ 1973, 33 = IPRspr. 1971 Nr. 136; OLG Zweibrücken FamRZ 1985, 81 = IPRspr. 1984 Nr. 162; *Spellenberg* IPRax 1988, 1 (4); Zöller/*Geimer* FamFG § 98 Rn. 15.

[110] BSG MDR 1988, 700; ihm folgend LSG Niedersachsen NdsRpfl. 1988, 126.

[111] Vgl. OLG Hamm IPRax 1990, 247 (248); *Kilian* IPRax 1995, 9 (11).

[112] OLG Koblenz BeckRS 2016, 11195 = FamRZ 2016, 995 Rn. 7 f.; OLG Hamm NJW 1990, 651 = IPRax 1990, 247 m. Rez. *Spickhoff* IPRax 1990, 225; OLG Karlsruhe FamRZ 1990, 1351 (1352); OLG Koblenz FamRZ 1990, 536 = IPRax 1990, 249; OLG Nürnberg FamRZ 1989, 1304 = IPRax 1990, 249; Johannsen/Henrich/ *Henrich* FamFG § 98 Rn. 17. Zum Parallelproblem bei Bestimmung des gewöhnlichen Aufenthalts als Anknüpfungsnorm → Art. 5 Rn. 159.

[113] So ausdrücklich OLG Nürnberg FamRZ 1989, 1304 = IPRax 1990, 249.

[114] OLG Bremen FamRZ 1992, 962 = IPRspr. 1991 Nr. 185.

[115] Vgl. dazu OLG Bremen FamRZ 1992, 962 = IPRspr. 1991 Nr. 185 sowie *Spellenberg* IPRax 1988, 1 (5).

anerkennen würde (**offensichtliche negative Anerkennungsprognose**). Auch diese Bestimmung ist als **Restzuständigkeit** nur noch für die in → Rn. 46 genannten Fälle von Bedeutung. Angesichts der Unsicherheit der Anerkennungsprognose erscheint es wenig empfehlenswert, auf diese Restzuständigkeit zu bauen, anstatt die Jahresfrist nach der Brüssel IIa-VO abzuwarten.

54   Ob im Rahmen des § 98 Abs. 1 Nr. 4 FamFG bei **Mehrstaatern** auf das **Heimatrecht** iS von Art. 5 Abs. 1 S. 1, also auf die **effektive Staatsangehörigkeit** abzustellen ist,[116] ist streitig. Das ursprüngliche Ziel des § 606a aF ZPO, hinkende Ehen zu vermeiden (→ Rn. 44), wird im geltenden § 98 FamFG nur noch unvollkommen verfolgt. In der jetzigen Form soll die Vorschrift lediglich die einseitige Anknüpfung an den gewöhnlichen Aufenthalt eines Ehegatten ein wenig korrigieren. Auf Art. 5 Abs. 1 kann in diesem Zusammenhang nicht zurückgegriffen werden, er ist für den Bereich des materiellen Kollisionsrechts konzipiert, nicht für das Verfahrensrecht. Bei der internationalen Zuständigkeit geht es zwar nicht um das Prinzip der engsten Verbindung, sondern um Justizgewährung.[117] Andererseits ist es Sinn der geforderten Anerkennung durch den Heimatstaat, die Übereinstimmung mit dem Staat herzustellen, dem die Statusfragen der Person kraft der Staatsangehörigkeit zugeordnet sind.[118] Dies ist bei Mehrstaatern derjenige Staat, dessen Staatsangehörigkeit effektiv ist. Mit der hM ist deshalb bei der Anerkennungsprognose auf die **effektive** Staatsangehörigkeit abzustellen.[119] Zu Mehrstaatern mit **deutscher** Staatsangehörigkeit → Rn. 47.

55   Bei **Inlandsehen** (→ Rom III-VO Art. 1 Rn. 32–43) kommt es auf die Anerkennungsprognose nicht an, wenn der ausländische **Scheidungsstatutsstaat,** in dem die Ehe nicht besteht, **zugleich Heimatstaat eines Ehegatten** ist; denn die Scheidung kann in diesem Falle keine hinkende Ehe schaffen, sondern dient – im Gegenteil – ihrer Beendigung, liegt also im Sinne der Zuständigkeitsvorschrift.[120]

56   Aus dem Sinn der Regelung folgt weiter, dass das Wort „offensichtlich" **restriktiv auszulegen** ist.[121] Die Neuregelung will dem Richter einerseits intensive Nachforschungen ersparen, ihn andererseits aber nicht zwingen, sehenden Auges ein hinkendes Rechtsverhältnis zu schaffen. Obwohl sie nach der Intention des Reformgesetzgebers deutlich **pragmatische Züge** trägt, dürfen bei ihrer Auslegung doch rechtsstaatliche Grundsätze nicht außer Acht gelassen werden.[122] **Offensichtlich** ist die Nichtanerkennung dann, wenn sie „ohne intensive Nachforschungen"[123] festgestellt werden kann. Diese Einschränkung hat einen zweifachen Aspekt: **Materiellrechtlich** ist die Nichtanerkennung offensichtlich, wenn sie aus den ausländischen Gesetzestexten klar hervorgeht und in Rechtsprechung und Literatur nicht umstritten ist; **verfahrensrechtlich** bedeutet das Erfordernis der Offensichtlichkeit, dass der Richter nicht alle denkbaren und möglichen Anstrengungen unternehmen muss, um das ausländische Anerkennungsrecht festzustellen,[124] sondern nur die Quellen zu konsultieren hat, die ihm zugänglich sind und die er sinnvollerweise verarbeiten kann. Selbstverständlich bleibt es den Parteien unbenommen, einschlägige Gesetzgebung, Literatur und Rechtsprechung vorzulegen. Die Einholung eines Gutachtens ist jedoch in keinem Fall erforderlich,[125] denn was erst durch ein Gutachten festgestellt werden muss, ist nicht „offensichtlich". Von den Parteien freiwillig vorgelegte Gutachten muss das Gericht gleichwohl zur Kenntnis nehmen und würdigen.[126]

57   Entscheidend ist die **tatsächliche Anerkennungspraxis** des ausländischen Staates. **Nicht** erforderlich ist, dass die Anerkennung **grundsätzlich** verweigert wird, etwa weil der ausländische Staat keine Scheidung zulässt oder ausschließliche Zuständigkeit in Anspruch nimmt;[127] § 98 Abs. 1 Nr. 4

---

[116] HM, vgl. AG Kaiserslautern IPRax 1994, 223 m. zust. Anm. *Henrich*; *Henrich* FamRZ 1986, 841 (849); *Spellenberg* IPRax 1988, 1 (5); *Kilian* IPRax 1995, 9 (11); Staudinger/*Spellenberg* (2016) FamFG § 98 Rn. 189 ff.; Erman/*Hohloch* Art. 17 Rn. 66; MüKoZPO/*Rauscher* FamFG § 98 Rn. 79. AA Zöller/*Geimer* FamFG § 98 Rn. 99.

[117] *Dilger* IPRax 2010, 54 (57).

[118] Staudinger/*Spellenberg* (2016) FamFG § 98 Rn. 191.

[119] Anders noch 6. Aufl. 2015, Rn. 54.

[120] Vgl. zu § 606b aF ZPO aus der Rspr.: BGHZ 82, 34 (50) = NJW 1982, 517 (520) = IPRax 1983, 37; JM BW FamRZ 1980, 147 (148); OLG Köln NJW 1980, 2026 (2027); OLG Stuttgart FamRZ 1980, 783 (784) m. zust. Anm. *Neuhaus*. Aus der Lit.: *Otto* StAZ 1975, 183 (185); *Lorbacher* FamRZ 1979, 771; *Neuhaus* FamRZ 1980, 580; Staudinger/*Gamillscheg*, 10./11. Aufl. 1973, ZPO § 606b Rn. 387. AA OLG Düsseldorf StAZ 1975, 189 (190) sowie *Bürgle* StAZ 1975, 331 (333).

[121] Zöller/*Geimer* FamFG § 98 Rn. 104.

[122] *Spellenberg* IPRax 1988, 1 (7).

[123] BT-Drs. 10/5632, 47.

[124] OLG Hamm IPRax 1987, 250; *Henrich* FamRZ 1986, 841 (846); Zöller/*Geimer* FamFG § 98 Rn. 104; BLAH/*Hartmann,* 75. Aufl. 2017, FamFG § 98 Rn. 9.

[125] *Kilian* IPRax 1995, 9 (12). AA Staudinger/*Spellenberg* (2016) FamFG § 98 Rn. 235.

[126] Insoweit zutreffend Staudinger/*Spellenberg* (2016) FamFG § 98 Rn. 236.

[127] AA *Lüderitz* IPRax 1987, 74 (81); *Dopffel* FamRZ 1987, 1205 (1210).

FamFG fordert lediglich, dass die Prognose im Einzelfall offensichtlich negativ ist, auf den Grund kommt es nicht an. Bleiben Zweifel, so ist die internationale Zuständigkeit zu bejahen.[128]

c) Internationale Zuständigkeit für die Nebenentscheidungen. aa) Nachehelicher 58 Unterhalt. (1) EuUnthVO. Die **EuUnthVO** (→ Rn. 4) hat in Unterhaltssachen mit Wirkung ab 18.6.2011 die VO (EG) Nr. 44/2001 ersetzt;[129] letztere findet **übergangsweise** noch für alle am 18.6.2011 bereits laufenden Anerkennungs- und Vollstreckungsverfahren Anwendung (Art. 75 Abs. 2 UAbs. 2 EuUnthVO). Zu den „Unterhaltsachen" iSv Art. 3 EuUnthVO gehören auch die Hilfsansprüche auf Auskunft und Versicherung der Richtigkeit, so dass die internationale Zuständigkeit auch für eine Stufenklage gegeben ist.[130] Gemäß Art. 3 EuUnthVO liegt die allgemeine Zuständigkeit in den Mitgliedstaaten bei dem Gericht des Ortes, an dem der Beklagte (lit. a) oder die unterhaltsberechtigte Person (lit. b) seinen bzw. ihren gewöhnlichen Aufenthalt hat. Daneben ist eine Verbundkompetenz mit einer anhängigen Personenstandsklage (lit. c) vorgesehen. Ferner sind Gerichtsstandsvereinbarungen nach den Voraussetzungen des Art. 4 EuUnthVO möglich.

(2) LugÜ. Um auch Nicht-EG-Staaten den Anschluss an das GVÜ zu ermöglichen, wurde am 59 16.9.1988 in Lugano ein Parallelübereinkommen[131] mit weitgehend gleichem Inhalt (→ Rn. 58) zwischen den zwölf GVÜ- und den damaligen sechs EFTA-Staaten abgeschlossen. Am 30.10.2007 wurde es durch das Nachfolgeübereinkommen vom 30.10.2007[132] ersetzt, das am 1.1.2010 für die EU (inkl. Vereinigtes Königreich und Dänemark) und Norwegen in Kraft getreten ist und später auf die Schweiz (seit 1.10.2011) und Island (seit 1.5.2011) erstreckt wurde; es ersetzt im Verhältnis der Vertragsstaaten zueinander das Übereinkommen von 1988 (Art. 69 Abs. 6 LugÜ 2007). Das Verhältnis zur EuGVO regelt Art. 64 LugÜ 2007. In Unterhaltssachen findet das Übereinkommen danach Anwendung, wenn der Beklagte seinen Wohnsitz in dem Hoheitsgebiet Norwegens, Islands oder der Schweiz hat.

(3) Verbundzuständigkeit. Ist ein Scheidungs- oder Trennungsverfahren anhängig, so folgt die 60 internationale Zuständigkeit der deutschen Gerichte für die Entscheidung über den nachehelichen Unterhalt als internationale Verbundzuständigkeit aus **Art. 3 lit. c EuUnthVO** (→ Rn. 58).

bb) Elterliche Sorge und Umgangsrecht. (1) Brüssel IIa-VO. Zu Art. 8, 12 Brüssel IIa-VO 61 → Brüssel IIa-VO Art. 8 Rn. 1 ff.; → Brüssel IIa-VO Art. 12 Rn. 1 ff.

Zu Entstehungsgeschichte und Normzweck der Brüssel IIa-VO → Rn. 2 f. 62

Während die EuEheVO aF („Brüssel II") in Art. 3 Abs. 1 EuEheVO aF die internationale Zustän- 63 digkeit für Entscheidungen, die die elterliche Verantwortung betreffen, noch an die internationale Zuständigkeit in der Ehesache knüpfte, hat sich die geltende **EuEheVO** („Brüssel IIa") von dieser Verbundzuständigkeit gelöst und knüpft in ihrem **Art. 8 Abs. 1 Brüssel IIa-VO** generell an den **gewöhnlichen Aufenthalt des Kindes** an. Auch dieser Begriff ist verordnungsautonom auszulegen (→ Rn. 35; → Brüssel IIa-VO Art. 8 Rn. 7). Hat das Kind seinen gewöhnlichen Aufenthalt **in einem anderen Mitgliedstaat,** so ist das Scheidungsgericht unter den drei besonderen Voraussetzungen des **Art. 12 Abs. 1 Brüssel IIa-VO** zuständig (Zuständigkeit kraft Vereinbarung): (1) Es muss mindestens einem der Ehegatten die **elterliche Verantwortung** (elterliche Sorge) für das Kind zustehen, (2) die Eltern bzw. die Träger der elterlichen Verantwortung (Inhaber der elterlichen Sorge) müssen die Zuständigkeit des Gerichts **ausdrücklich oder stillschweigend anerkannt** haben und (3) die Zuständigkeit muss im Einklang mit dem **Wohl des Kindes** stehen. Diese Bestimmung entspricht der Regelung in Art. 10 des am 1.1.2011 für Deutschland in Kraft getretenen[133] Haager Kinderschutzübereinkommens vom 19.10.1996 **(KSÜ).**[134] Damit soll der Gleichklang zwischen

---

[128] BLAH/*Hartmann,* 75. Aufl. 2017, FamFG § 98 Rn. 9.

[129] Vgl. dazu *Dörner* IPRax 2006, 550; *Beyer* FF 2007, 20 (24); *Martiny* FamRZ 2008, 1681 (1689); *Finger* JR 2012, 51; *Mansel/Thorn/Wagner* IPRax 2012, 1 (21 f.).

[130] BGH NJW 2013, 2597 = FamRZ 2013, 1113 m. Anm. *Hau,* Rn. 17 f. mwN. (zum alten Recht, Art. 5 Nr. 2 VO (EG) 44/2001).

[131] Luganer Übereinkommen über die gerichtliche Zuständigkeit und die Vollstreckung gerichtlicher Entscheidungen in Zivil- und Handelssachen vom 16.9.1988 (BGBl. 1994 II S. 2658, 3772), für Deutschland in Kraft getreten am 1.3.1995 (BGBl. 1995 II S. 221). Text bei *Jayme/Hausmann,* 14. Aufl. 2009, Nr. 152.

[132] Luganer Übereinkommen über die gerichtliche Zuständigkeit und die Vollstreckung gerichtlicher Entscheidungen in Zivil- und Handelssachen vom 30.10.2007 (ABl. EU 2009 Nr. L 147 S. 5). Text bei *Jayme/Hausmann* Nr. 152.

[133] Bek. v. 7.12.2010, BGBl. 2010 II S. 1527.

[134] Haager Übereinkommen über die Zuständigkeit, das anzuwendende Recht, die Anerkennung, Vollstreckung und Zusammenarbeit auf dem Gebiet der elterlichen Verantwortung und der Maßnahmen zum Schutz von Kindern vom 19.10.1996, BGBl. 2009 II S. 603. Text bei *Jayme/Hausmann* Nr. 53. Die Ratifikation innerhalb

dem KSÜ und der Verordnung gewährleistet werden.[135] Wenn sich die Eltern einig sind, kann das Scheidungsgericht damit die elterliche Sorge für alle gemeinsamen Kinder regeln, wo immer sie ihren gewöhnlichen Aufenthalt haben: ein deutlicher Fortschritt gegenüber der Regelung des MSA (im Einzelnen → Brüssel IIa-VO Art. 12 Rn. 1 ff.).

64   Nach **Art. 15 Brüssel IIa-VO** kann das Scheidungsgericht in Ausnahmefällen, wenn dies dem Wohl des Kindes entspricht, die Sorgerechtssache mit Zustimmung mindestens einer Partei **an die Gerichte eines anderen Mitgliedstaats,** zu dem das Kind eine **besondere Bindung** hat, **verweisen.**[136] Vom Vorliegen einer besonderen Bindung wird ausgegangen, wenn das Kind oder der Träger der elterlichen Verantwortung in dem anderen Mitgliedstaat seinen **gewöhnlichen Aufenthalt** hatte oder nach Anrufung des Gerichts erworben hat, wenn das Kind die **Staatsangehörigkeit** dieses Mitgliedstaats besitzt oder wenn bei Schutzmaßnahmen im Zusammenhang mit der Verwaltung oder Erhaltung des Kindesvermögens dieses Vermögen sich im Hoheitsgebiet dieses Mitgliedstaats befindet (Art. 15 Abs. 3 Brüssel IIa-VO). Auch diese Bestimmung findet ihre Entsprechung im KSÜ (Art. 8 KSÜ).[137] Zu den Einzelheiten → Brüssel IIa-VO Art. 15 Rn. 1 ff.

65   **(2) MSA/KSÜ.** Außerhalb des Geltungsbereichs der Brüssel IIa-VO sind für die Verteilung der elterlichen Sorge nach Scheidung oder Trennung der Eltern gemäß **Art. 1, 13 MSA, Art. 5 KSÜ** (→ Art. 17 Rn. 71) regelmäßig die Gerichte desjenigen Vertragsstaats international zuständig, in dem der Minderjährige seinen **gewöhnlichen Aufenthalt** hat. Die Bedeutung des MSA und des KSÜ ist durch die Brüssel IIa-VO sehr stark eingeschränkt. Im Zusammenhang mit einem Scheidungs- oder Trennungsverfahren spielen MSA und KSÜ nur noch dann eine Rolle, wenn sich die internationale Zuständigkeit in der Hauptsache nicht aus der Brüssel IIa-VO sondern als Restzuständigkeit (Art. 14 Brüssel IIa-VO) aus nationalem Recht ergibt (→ Rn. 39, 46).

(3) FamFG.

66   **§ 99 FamFG Kindschaftssachen**

(1) Die deutschen Gerichte sind außer in Verfahren nach § 151 Nr. 7[138] zuständig, wenn das Kind
1. Deutscher ist,
2. seinen gewöhnlichen Aufenthalt im Inland hat.
[2]Die deutschen Gerichte sind ferner zuständig, soweit das kind der Fürsorge durch ein deutsches Gericht bedarf.

(2) Sind für die Anordnung einer Vormundschaft sowohl die deutschen Gerichte als auch die Gerichte eines anderen Staates zuständig und ist die Vormundschaft in dem anderen Staat anhängig, kann die Anordnung der Vormundschaft im Inland unterbleiben, wenn dies im Interesse des Mündels liegt.

(3) [1]Sind für die Anordnung einer Vormundschaft sowohl die deutschen Gerichte als auch die Gerichte eines anderen Staates zuständig und besteht die Vormundschaft im Inland, kann das Gericht, bei dem die Vormundschaft anhängig ist, sie an den Staat, dessen Gerichte für die Anordnung der Vormundschaft zuständig sind, abgeben, wenn dies im Interesse des Mündels liegt, der Vormund seine Zustimmung erteilt und dieser Staat sich zur Übernahme bereit erklärt. [2]Verweigert der Vormund oder, wenn mehrere Vormünder die Vormundschaft gemeinschaftlich führen, einer von ihnen seine Zustimmung, so entscheidet an Stelle des Gerichts, bei dem die Vormundschaft anhängig ist, das im Rechtszug übergeordnete Gericht. [3]Der Beschluss ist nicht anfechtbar.

(4) Die Absätze 2 und 3 gelten entsprechend für Verfahren nach § 151 Nr. 5[139] und 6.[140]

---

der EG-Staaten war lange Zeit an einem Streit zwischen Spanien und dem Vereinigten Königreich über die Behandlung von Gibraltar gescheitert (*Andrea Schulz* FamRZ 2006, 1309 (1310)). Nachdem das Problem gelöst war, wurden die EG-Mitgliedstaaten durch Entscheidung des Rates der Europäischen Union vom 5.6.2008 ermächtigt, das Übereinkommen zu ratifizieren (ABl. EG Nr. L 151 S. 36). Dem sind inzwischen alle EU-Staaten nachgekommen. Das KSÜ gilt außerdem in Albanien, Belgien, Armenien, Australien, der Dominikanischen Republik, Ecuador, Georgien, Kroatien, Lesotho, Monaco, Montenegro, Marokko, Russland, der Schweiz, der Ukraine und Uruguay, s. BGBl. 2016 II Fundstellennachweis B, S. 914.

[135] *Alegría Borrás,* Erläuternder Bericht zu dem Übereinkommen aufgrund von Artikel K.3 des Vertrags über die Europäische Union über die Zuständigkeit und die Anerkennung und Vollstreckung von Entscheidungen in Ehesachen vom 28.5.1998, ABl. EG 1998 Nr. C 221 S. 40 Rn. 38.

[136] Dazu *Solomon* FamRZ 2004, 1409 (1413 f.). Aus der neueren Rechtsprechung s. OLG Karlsruhe Beschl. v. 11.8.2014 – 18 UF 26/14.

[137] S. auch Begründung zum Kommissionsvorschlag, KOM (2002) 222 endg./2, S. 11.

[138] Anordnung der freiheitsentziehenden Unterbringung eines Minderjährigen nach den Landesgesetzen über die Unterbringung psychisch Kranker.

[139] Pflegschaft oder die gerichtliche Bestellung eines sonstigen Vertreters für einen Minderjährigen oder für eine Leibesfrucht.

[140] Genehmigung der freiheitsentziehenden Unterbringung eines Minderjährigen (§§ 1631b, 1800 und 1915 BGB).

§ 99 Abs. 1 FamFG gibt – unter Berücksichtigung der Definition der Kindschaftssachen in § 151 **67** FamFG – den einschlägigen Regelungsgehalt des § 35b Abs. 1 und 2 FGG aF (iVm § 43 Abs. 1 FGG aF, § 64 Abs. 3 S. 2 FGG aF, § 70 Abs. 4 FGG aF) wieder. Die Abs. 2–4 entsprechen § 47 FGG aF (iVm. § 70 Abs. 4 FGG aF).[141] § 99 Abs. 1 FamG regelt auch die Zuständigkeit für die **Vollstreckung** von Entscheidungen über das Umgangsrecht.[142]

cc) Versorgungsausgleich. (1) Brüssel Ia-VO/LugÜ. Im EU-Bereich (zu Dänemark → Rn. 4) **68** und im EFTA-Bereich werden die nationalen Vorschriften über die internationale Zuständigkeit durch die **Brüssel Ia-VO** (→ Rn. 5) und – für Island, Norwegen und die Schweiz – durch das LugÜ verdrängt, wenn der beklagte Ehegatte seinen **Wohnsitz im Hoheitsgebiet eines Mitgliedstaats** hat (Art. 3 Brüssel I-VO [44/2001], Art. 4 Brüssel Ia-VO [1215/2012], Art. 3 LugÜ). **Ausgenommen** hiervon sind aber gemäß Art. 1 Abs. 2 lit. a Brüssel Ia-VO/LugÜ u.a. die **ehelichen Güterstände.** Nun ist zwar der Versorgungsausgleich nach deutscher Auffassung nicht güterrechtlich zu qualifizieren, sondern unterliegt gemäß Art. 17 Abs. 3 einem eigenen Statut. Dies berührt aber nicht die autonome Auslegung der europäischen Zuständigkeitsvorschriften. Nach der Rechtsprechung des EuGH umfasst der Begriff der „ehelichen Güterstände" iS von Art. 1 Abs. 2 lit. a Brüssel Ia-VO nicht nur die ehelichen Güterstände im engeren Sinne, sondern alle vermögensrechtlichen Beziehungen, die sich unmittelbar aus der Ehe oder ihrer Auflösung ergeben.[143] Bei Versorgungsausgleichssachen iS von § 217 FamFG – darunter fällt auch der schuldrechtliche Versorgungsausgleich[144] – handelt es sich um die Regelung vermögensrechtlicher Beziehungen, die sich unmittelbar aus der Eheauflösung ergeben. Die europäischen Zuständigkeitsvorschriften finden folglich **keine Anwendung.**[145]

(2) FamFG.

§ 102 FamFG Versorgungsausgleichssachen   **69**

Die deutschen Gerichte sind zuständig, wenn
1. der Antragsteller oder der Antragsgegner seinen gewöhnlichen Aufenthalt im Inland hat,
2. über inländische Anrechte zu entscheiden ist oder
3. ein deutsches Gericht die Ehe zwischen Antragsteller und Antragsgegner geschieden hat.

Die Vorschrift führt eine ausdrückliche Regelung der internationalen Zuständigkeit für **isolierte** **70** **Versorgungsausgleichssachen** neu ein (zum alten Recht s. 6. Aufl. 2015, Rn. 70). Die Regelung weicht im Hinblick auf den unterhaltsähnlichen Charakter des Versorgungsausgleichs von der für Ehesachen generell geltenden Anknüpfung an die Staatsangehörigkeit (§ 98 Abs. 1 Nr. 1 FamFG) ab.[146] Stattdessen knüpft sie die internationale Zuständigkeit alternativ an den inländischen gewöhnlichen Aufenthalt des Antragsgegners oder des Antragstellers, an die Entscheidung über inländische Anrechte oder an die Voraussetzung, dass ein deutsches Gericht die betreffende Ehe geschieden hat. Damit soll auch im Ausland ansässigen Ehegatten der Weg zu den deutschen Gerichten eröffnet werden.[147]

(3) Verbundkompetenz. Im Verbundverfahren folgt die internationale Zuständigkeit für die **71** Entscheidung über den Versorgungsausgleich als **internationale Verbundzuständigkeit** aus § 98 Abs. 2 FamFG.[148]

dd) Ehewohnung und Haushalt. (1) Brüssel Ia-VO/LugÜ. Hinsichtlich der Nichtanwend- **72** barkeit der Brüssel Ia-VO und des LugÜ gilt das in → Rn. 68 zum Versorgungsausgleich Gesagte entsprechend. Auch die Verteilung des Hausrats und die Nutzung der Wohnung sind nach deutscher Auffassung nicht güterrechtlich zu qualifizieren, sondern unterliegen gemäß Art. 17a einem eigenen Statut. In autonomer Auslegung der europäischen Zuständigkeitsvorschriften umfasst indes der Begriff der „**ehelichen Güterstände**" iS von Art. 1 Abs. 2 lit. a Brüssel Ia-VO alle vermögensrecht-

[141] Vgl. BT-Drs. 16/6308, 220.
[142] BGH BeckRS 2015, 17506 = FamRZ 2015, 2147 m. Anm. *Giers.*
[143] EuGH Slg. 1979, 1055 = NJW 1979, 1100 (LS 1). Vgl. *Kropholler/v. Hein* EurZPR, 9. Aufl. 2011, EuGVO Art. 1 Rn. 27; *Koritz* FPR 2010, 572 (573).
[144] *Bumiller/Harders/Schwamb* FamFG § 217 Rn. 2.
[145] *Schlosser*, Bericht zum EuGVÜ vom 9.10.1978, BT-Drs. 10/61, 31 ff., Rn. 43, 50; MüKoZPO/*Gottwald* EuGVO Art. 1 Rn. 13; *Geimer* IPRax 1992, 5 (6).
[146] BT-Drs. 16/6308, 221.
[147] BT-Drs. 16/6308, 221.
[148] *Rauscher* IPRax 2015, 139 (141). Vgl. zum früheren Recht: BGHZ 75, 241 (244) = NJW 1980, 47; BGH NJW 1982, 1940; BGHZ 91, 186 (187) = NJW 1984, 2361; OLG München FamRZ 1979, 153.

lichen Beziehungen, die sich unmittelbar aus der Ehe oder ihrer Auflösung ergeben.[149] Bei Ehewohnungs- und Haushaltssachen iS von § 200 FamFG handelt es sich um die Regelung vermögensrechtlicher Beziehungen, die sich unmittelbar aus der Eheauflösung ergeben. Die europäischen Zuständigkeitsvorschriften finden folglich **keine Anwendung.**[150]

73   **(2) Autonomes Recht.** Nach autonomem deutschen Recht folgt die internationale Zuständigkeit der deutschen Gerichte für die Nutzung von Wohnung und Hausrat entweder als internationale **Verbundzuständigkeit** aus **§§ 98 Abs. 2, 137 Abs. 1 Nr. 3 FamFG** oder aus den allgemeinen Vorschriften über die örtliche Zuständigkeit (→ Rn. 79), also aus **§ 105 iVm § 201 FamFG.**

74   **(a) Ehesache ist anhängig.** Ist eine Ehesache anhängig, so ist das Gericht der Ehesache für Verfahren nach **§§ 1361a, 1361b BGB** im **Verbundverfahren** (§ 137 Abs. 2 Nr. 3 FamFG) gemäß **§ 98 Abs. 2 FamFG**[151] international zuständig **(internationale Verbundkompetenz);** außerhalb des Verbunds folgt die Zuständigkeit als **internationale Annexkompetenz** gemäß **§ 105 iVm §§ 111 Nr. 5, 200, 201 Nr. 1 FamFG** aus der örtlichen Zuständigkeit.

75   **(b) Ehesache ist nicht anhängig.** Ist eine Ehesache nicht anhängig, so ergibt sich die internationale Zuständigkeit für Verfahren nach §§ 1361a, 1361b BGB als internationale Annexkompetenz gemäß **§ 105 FamFG iVm § 111 Nr. 5 FamFG, §§ 200, 201 Nr. 2–4 FamFG,** wobei nacheinander an die Belegenheit der gemeinsamen Wohnung, den gewöhnlichen Aufenthalt des Antragsgegners und – in letzter Stufe – den gewöhnlichen Aufenthalt des Antragstellers angeknüpft wird. Dies gilt auch dann, wenn die gemeinsame **Wohnung im Ausland** liegt, mit der Maßgabe, dass die Anknüpfung an die Belegenheit der Wohnung naturgemäß entfällt.

76   **ee) Gewaltschutzverfahren. (1) § 1361b Abs. 2 BGB.** Gewaltschutzanträge im Rahmen des § 1361b Abs. 2 BGB bilden Bestandteil des Verteilungsverfahrens hinsichtlich der Ehewohnung und folgen daher den in → Rn. 72 ff. genannten Grundsätzen.

77   **(2) GewSchG. (a)** Auf Gewaltschutzverfahren nach **§§ 1, 2 GewSchG** treffen die in → Rn. 72 angestellten Erwägungen nicht zu, sie sind vom Anwendungsbereich der europäischen Regelungen **nicht** ausgeschlossen. Für sie ist neben dem allgemeinen internationalen Gerichtsstand des Wohnsitzes des beklagten Ehegatten (→ Rn. 72) der **besondere internationale Gerichtsstand der unerlaubten Handlung** nach **Art. 5 Nr. 3 Brüssel I-VO (44/2001), Art. 7 Nr. 2 Brüssel Ia-VO (1215/2012), Art. 5 Abs. 3 LugÜ** gegeben. Angeknüpft wird dabei an den Ort, an dem das schädigende Ereignis eingetreten ist oder einzutreten droht. Dies ist überall dort der Fall, wo der klagende Ehegatte verletzt worden ist oder wo die Beteiligten eine gemeinsame Wohnung haben, in der weitere Verletzungen drohen.

78   **(b)** Hat der Beklagte **keinen Wohnsitz in einem Mitgliedstaat** der EU oder des LugÜ, so richtet sich die internationale Zuständigkeit für Gewaltschutzverfahren nach autonomem Recht, vgl. Art. 4 Abs. 1 Brüssel I-VO (44/2001), Art. 6 Brüssel Ia-VO (1215/2012), Art. 4 LugÜ. Mangels spezieller Vorschriften gilt die allgemeine Regel, dass die internationale Zuständigkeit der örtlichen Zuständigkeit folgt (internationale Annexkompetenz); → Rn. 27. Gemäß **§ 105 FamFG iVm § 111 Nr. 6 FamFG, §§ 210, 211 FamFG** wird dafür wahlweise an den Tatort, die Belegenheit der gemeinsamen Wohnung oder den gewöhnlichen Aufenthalt des Antragsgegners angeknüpft.

79   **ff) Sonstige Scheidungsfolgen.** Für sonstige Scheidungsfolgen, die außerhalb des Geltungsbereichs sowohl der Brüssel IIa-VO als auch der Brüssel Ia-VO und des LugÜ liegen, insbes. den **Güterrechtsausgleich,** folgt die internationale Zuständigkeit der deutschen Gerichte, falls eine Ehesache anhängig ist oder war, als **internationale Verbundzuständigkeit** aus § 98 Abs. 2 FamFG.[152] Ist oder war eine Ehesache nicht anhängig (isolierte Folgesache), folgt die internationale Zuständigkeit den allgemeinen Vorschriften über die örtliche Zuständigkeit (vgl. § 105 FamFG; → Rn. 27).

80   **d) Einstweilige Anordnungen.** Die Zuständigkeit in der Hauptsache umfasst die Zuständigkeit für etwaige einstweilige Maßnahmen, die im Zusammenhang mit der Auflösung der Ehe erforderlich

---

[149] EuGH Slg. 1979, 1055 = NJW 1979, 1100 (LS 1). Vgl. *Kropholler/v. Hein* EuZPR, 9. Aufl. 2011, EuGVO Art. 1 Rn. 27; *Koritz* FPR 2010, 572 (573).

[150] *Schlosser,* Bericht zum EuGVÜ vom 9.10.1978, BT-Drs. 10/61 S. 31 ff., Rn. 43, 50; MüKoZPO/*Gottwald* EuGVO Art. 1 Rn. 13; *Geimer* IPRax 1992, 5 (6). Zur möglichen Einbeziehung der Ehewohnung- und Haushaltssachen in eine künftige europäische Ehegüterrechtsverordnung siehe *Coester-Waltjen* FamRZ 2013, 170 (176 f.).

[151] Diese Vorschrift übersieht *Koritz* FPR 2010, 572.

[152] Vgl. zu § 621 Abs. 2 Satz 1 aF ZPO: BGHZ 75, 241 (244) = NJW 1980, 47; BGH NJW 1982, 1940; BGHZ 91, 186 (187) = NJW 1984, 2361; OLG München FamRZ 1979, 153.

werden. Dies gilt auch im Bereich der europäischen Verfahrensordnung.[153] Diese beansprucht auf diesem Gebiet aber keine ausschließliche Kompetenz. Nach der **Öffnungsklausel** des **Art. 20 Brüssel IIa-VO** können die Gerichte der Mitgliedstaaten in dringenden Fällen ungeachtet der Bestimmungen der VO die in ihrem Recht vorgesehenen einstweiligen Maßnahmen einschließlich **Schutzmaßnahmen** in Bezug auf Personen oder Vermögensgegenstände, die sich in diesem Staat befinden, auch dann anordnen, wenn für die Entscheidung in der Hauptsache nach der VO ein Gericht eines anderen Mitgliedstaates zuständig ist[154] (vgl. **§ 15 IntFamRVG**). Die Regelung entspricht Art. 12 des Abkommens vom 28.5.1998,[155] der seinerseits Art. 24 GVÜ[156] nachgebildet ist. Die entsprechende Regelung findet sich in **Art. 31 Brüssel Ia-VO.** Im Ergebnis gibt es somit uU eine **konkurrierende internationale Zuständigkeit** der nach der europäischen Verfahrensordnung zuständigen Gerichte und der Gerichte des Aufenthalts- bzw. Belegenheitsstaates. Neu ist die Regelung in **Art. 20 Abs. 2 Brüssel IIa-VO,** wonach die nach Abs. 1 ergriffenen Maßnahmen außer Kraft treten, wenn das in der Hauptsache zuständige Gericht die Maßnahmen getroffen hat, die es für angemessen hält. Dies galt auch schon für Art. 12 EuEheVO aF („Brüssel II"),[157] war dort aber nicht ausdrücklich erwähnt. Die konkurrierende Zuständigkeit nach Art. 20 Abs. 1 Brüssel IIa-VO hat also **subsidiären Charakter.**

Nach **autonomem Recht** sind einstweilige Anordnungen gemäß **§ 50 Abs. 1 FamFG** von dem **81** **für die Hauptsache zuständigen Gericht** zu erlassen. Ist die Zuständigkeit in der Hauptsache (als Restzuständigkeit) gemäß § 98 Abs. 1 Nr. 4 FamFG gegeben, so bedarf es für die Anordnung keiner gesonderten negativen Anerkennungsprognose.[158]

III. Anerkennung ausländischer Entscheidungen

1. Anerkennung der Eheauflösung. a) Brüssel IIa-VO. Die in einem Mitgliedstaat der EU **82** (mit Ausnahme Dänemarks) aufgrund der Brüssel IIa-VO ergangenen Entscheidungen über die Ehescheidung, die Trennung oder die Ungültigkeit einer Ehe – hierunter fallen auch Entscheidungen mitgliedstaatlicher Gerichte über die Anerkennung drittstaatlicher Entscheidungen –, werden in den anderen Mitgliedstaaten ohne besonderes Verfahren anerkannt, wenn keiner der in **Art. 22 Brüssel IIa-VO** genannten Versagungsgründe vorliegt **(Art. 21 Abs. 1 Brüssel IIa-VO).**[159] Drittstaatliche Entscheidungen sind auch **Privatscheidungen,** bei denen eine Behörde mitgewirkt hat (→ Rn. 92), nicht dagegen reine Privatscheidungen (→ Rn. 93).[160] Ein **Feststellungsverfahren** nach **§ 107 FamFG** (→ Rn. 83) findet **nicht** statt, ein dennoch gestellter Antrag wäre von der Behörde als unzulässig zurückzuweisen.[161] Ist die Anerkennung der Ehescheidung **Vorfrage** in einem anderen Verfahren, so kann das Gericht – anders als im autonomen Anerkennungsverfahren (→ Rn. 85) – hierüber selbst entscheiden, **Art. 21 Abs. 4 Brüssel IIa-VO.** Die Feststellung der Anerkennung erfolgt **inzident** durch die Behörden, die den Eintrag in die Personenstandsbücher vorzunehmen haben.[162] Wie schon Art. 33 Abs. 3 Brüssel I-VO (44/2001), Art. 36 Brüssel Ia-VO (1215/2012), dem die Bestimmung nachgebildet wurde, sieht auch **Art. 21 Abs. 3 Brüssel IIa-VO** – ebenso wie vorher Art. 14 Abs. 3 Brüssel IIa-VO aF – die Möglichkeit eines **fakultativen Anerkennungsverfahrens** vor.[163] Zur örtlichen Zuständigkeit und ihrer Konzentration auf die

---

[153] Vgl. EuGH v. 17.11.1998, Rs. C-391/95 Rn. 19 – Van Uden/Deco-Line, IPRax 1999, 240 m. Anm. *Heß* IPRax 1999, 220; v. 27.4.1999, Rs. C-99/96 Rn. 40 – Mietz/Intershop, IPRax 2000, 411 m. Anm. *Heß* IPRax 2000, 370. Näher *Kropholler/v. Hein,* EurZPR, 9. Aufl. 2011, EuGVO Art. 31 Rn. 10 ff.

[154] Vgl. aus der neueren Rspr. OLG München FamRZ 2015, 777.

[155] Vgl. → Rn. 3. S. dazu den Bericht *Borrás,* Erläuternder Bericht zu dem Übereinkommen aufgrund von Artikel K.3 des Vertrags über die Europäische Union über die Zuständigkeit und die Anerkennung und Vollstreckung von Entscheidungen in Ehesachen vom 28.5.1998, ABl. EG 1998 Nr. C 221 S. 47 Rn. 58 f.

[156] Dazu *Heiss,* Einstweiliger Rechtsschutz im Europäischen Zivilrechtsverkehr (Art. 24 EuGVÜ), 1987, 52 ff.

[157] So jedenfalls *Alegría Borrás,* Erläuternder Bericht zu dem Übereinkommen aufgrund von Artikel K.3 des Vertrags über die Europäische Union über die Zuständigkeit und die Anerkennung und Vollstreckung von Entscheidungen in Ehesachen vom 28.5.1998, ABl. EG 1998 Nr. C 221 S. 48 Rn. 59.

[158] Vgl. zu § 606b Nr. 1 aF ZPO OLG Hamm NJW 1977, 1597 (1598).

[159] Vgl. Bericht *Borrás,* Erläuternder Bericht zu dem Übereinkommen aufgrund von Artikel K.3 des Vertrags über die Europäische Union über die Zuständigkeit und die Anerkennung und Vollstreckung von Entscheidungen in Ehesachen vom 28.5.1998, ABl. EG 1998 Nr. C 221 S. 49 Rn. 62. Zum Begriff der Anerkennung vgl. *Wagner* FamRZ 2013, 1620 (1628) mwN.

[160] Vgl. *Pika/Weller* IPRax 2017, 65 (71).

[161] OLG Celle OLG-Rp. 2006, 13 Rn. 8.

[162] Vgl. Bericht *Borrás,* Erläuternder Bericht zu dem Übereinkommen aufgrund von Artikel K.3 des Vertrags über die Europäische Union über die Zuständigkeit und die Anerkennung und Vollstreckung von Entscheidungen in Ehesachen vom 28.5.1998, ABl. EG 1998 Nr. C 221 S. 49 Rn. 63.

[163] Zur Erga-omnes-Bindung der Entscheidung vgl. *Hau,* FS Spellenberg, 2010, 435 (448 f.).

Familiengerichte, in deren Bezirk ein Oberlandesgericht seinen Sitz hat, s. §§ 10, 12 IntFamRVG (→ Rn. 2).

b) Autonomes Recht.

83 **§ 107 FamFG [Anerkennung ausländischer Entscheidungen in Ehesachen]**

(1) ¹Entscheidungen, durch die im Ausland eine Ehe für nichtig erklärt, aufgehoben, dem Ehebande nach oder unter Aufrechterhaltung des Ehebandes geschieden oder durch die das Bestehen oder Nichtbestehen einer Ehe zwischen den Beteiligten festgestellt worden ist, werden nur anerkannt, wenn die Landesjustizverwaltung festgestellt hat, dass die Voraussetzungen für die Anerkennung vorliegen. ²Hat ein Gericht oder eine Behörde des Staates entschieden, dem beide Ehegatten zur Zeit der Entscheidung angehört haben, hängt die Anerkennung nicht von einer Feststellung der Landesjustizverwaltung ab.

(2) ¹Zuständig ist die Justizverwaltung des Landes, in dem ein Ehegatte seinen gewöhnlichen Aufenthalt hat. ²Hat keiner der Ehegatten seinen gewöhnlichen Aufenthalt im Inland, ist die Justizverwaltung des Landes zuständig, in dem eine neue Ehe geschlossen oder eine Lebenspartnerschaft begründet werden soll; die Landesjustizverwaltung kann den Nachweis verlangen, dass die Eheschließung oder die Begründung der Lebenspartnerschaft angemeldet ist. ³Wenn eine andere Zuständigkeit nicht gegeben ist, ist die Justizverwaltung des Landes Berlin zuständig.

(3) ¹Die Landesregierungen können die den Landesjustizverwaltungen nach dieser Vorschrift zustehenden Befugnisse durch Rechtsverordnung auf einen oder mehrere Präsidenten der Oberlandesgerichte übertragen. ²Die Landesregierungen können die Ermächtigung nach Satz 1 durch Rechtsverordnung auf die Landesjustizverwaltungen übertragen.

(4) ¹Die Entscheidung ergeht auf Antrag. ²Den Antrag kann stellen, wer ein rechtliches Interesse an der Anerkennung glaubhaft macht.

(5) Lehnt die Landesjustizverwaltung den Antrag ab, kann der Antragsteller beim Oberlandesgericht die Entscheidung beantragen.

(6) ¹Stellt die Landesjustizverwaltung fest, dass die Voraussetzungen für die Anerkennung vorliegen, kann ein Ehegatte, der den Antrag nicht gestellt hat, beim Oberlandesgericht die Entscheidung beantragen. ²Die Entscheidung der Landesjustizverwaltung wird mit der Bekanntgabe an den Antragsteller wirksam. ³Die Landesjustizverwaltung kann jedoch in ihrer Entscheidung bestimmen, dass die Entscheidung erst nach Ablauf einer von ihr bestimmten Frist wirksam wird.

(7) ¹Zuständig ist ein Zivilsenat des Oberlandesgerichts, in dessen Bezirk die Landesjustizverwaltung ihren Sitz hat. ²Der Antrag auf gerichtliche Entscheidung hat keine aufschiebende Wirkung. ³Für das Verfahren gelten die Abschnitte 4 und 5 sowie § 14 Abs. 1 und 2 und § 48 Abs. 2 entsprechend.

(8) Die vorstehenden Vorschriften sind entsprechend anzuwenden, wenn die Feststellung begehrt wird, dass die Voraussetzungen für die Anerkennung einer Entscheidung nicht vorliegen.

(9) Die Feststellung, dass die Voraussetzungen für die Anerkennung vorliegen oder nicht vorliegen, ist für Gerichte und Verwaltungsbehörden bindend.

(10) War am 1. November 1941 in einem deutschen Familienbuch (Heiratsregister) auf Grund einer ausländischen Entscheidung die Nichtigerklärung, Aufhebung, Scheidung oder Trennung oder das Bestehen oder Nichtbestehen einer Ehe vermerkt, steht der Vermerk einer Anerkennung nach dieser Vorschrift gleich.

84   **aa) Obligatorisches behördliches Feststellungsverfahren.** Mit Ausnahme von Entscheidungen aus dem gemeinsamen Heimatstaat der Ehegatten können Entscheidungen in Ehesachen, die **außerhalb der EU** oder **in Dänemark** ergangen sind, gemäß **§ 107 FamFG** erst anerkannt werden, wenn die **Landesjustizverwaltung** (LJV) festgestellt hat, dass die Voraussetzungen für die Anerkennung vorliegen.¹⁶⁴ Dies gilt auch für Entscheidungen aus denjenigen Staaten, mit denen bilaterale Anerkennungs- und Vollstreckungsabkommen bestehen (→ Rn. 98), da die Abkommen insoweit keine abweichenden Regelungen vorsehen. Die gegen die **Verfassungsmäßigkeit** dieser Regelung erhobenen Bedenken (Art. 92 GG)¹⁶⁵ sind unbegründet.¹⁶⁶ Die Entscheidung der LJV wirkt auf den Zeitpunkt der Rechtskraft bzw. – bei Privatscheidungen (→ Rn. 91 f.) – auf den Zeitpunkt ihres endgültigen Wirksamwerdens zurück (→ Rn. 135). Sie ist für Gerichte und Verwaltungsbehörden **bindend, § 107 Abs. 9 FamFG.** Zur Anrufung des Oberlandesgerichts → Rn. 95.

---

¹⁶⁴ Vgl. dazu *Andrae/Heidrich* FPR 2006, 222.
¹⁶⁵ Zöller/*Geimer* FamFG § 107 Rn. 3.
¹⁶⁶ HM. Vgl. nur BGHZ 82, 34 (39 ff.) = NJW 1982, 517 (518) = IPRax 1983, 37 mN; BLAH/*Hartmann*, 75. Aufl. 2017, FamFG § 107 Rn. 5.

Ist die Anerkennung der Ehescheidung **Vorfrage** in einem anderen Verfahren, so ist dieses zur **85** Einholung der Entscheidung der LJV **idR von Amts wegen** (§ 21 FamFG) **auszusetzen,**[167] es sei denn, die Voraussetzungen für die Anerkennung liegen **offensichtlich** nicht vor[168] (→. Rom III-VO Art. 1 Rn. 27).

Entscheidungen der Gerichte oder Behörden[169] des Staates, dem **beide Ehegatten im Zeit-** **86** **punkt der Entscheidung angehört haben (§ 107 Abs. 1 S. 2 FamFG),** sind von dem Feststellungsverfahren **befreit.** Gehörte ein Ehegatte zum maßgeblichen Zeitpunkt mehreren Staaten an, so greift Art. 5 Abs. 1 hier nicht ein, denn es geht nicht um das Personalstatut des Ehegatten, sondern um Justizgewährung (→ Rn. 54). Der Zweck des Feststellungsverfahrens spricht dafür, die Ausnahmeregelung **restriktiv** auszulegen. Nur dann, wenn außer dem Urteilsstaat kein anderer Staat beteiligt ist, kann auf die einheitliche Feststellung der Anerkennung verzichtet werden. Bei **Mehrstaatern** ist deshalb gemäß § 107 Abs. 1 FamFG ein Feststellungsverfahren stets durchzuführen, unabhängig davon, welche Staatsangehörigkeit effektiv ist und ob auch die deutsche Staatsangehörigkeit beteiligt ist.[170]

bb) Fakultatives Feststellungsverfahren. Nach früherem Recht wurde im Falle einer Heimat- **87** staatentscheidung die Durchführung eines **fakultativen Feststellungsverfahrens** für zulässig gehalten.[171] Der Wortlaut des § 107 Abs. 1 S. 2 FamFG steht der Annahme einer Bindungswirkung für fakultative Entscheidungen der LJV nicht entgegen. Das Argument, die LJVen dürften ihre Kompetenz nicht nach Belieben zu Lasten der Gerichte ausdehnen,[172] geht fehl, da die Behörde nur auf **Antrag** und nur bei Vorliegen eines rechtlichen Interesses an der Anerkennung tätig werden könnte. § 108 Abs. 2 S. 1 FamFG lässt in anderen als Ehesachen fakultative Anträge zu, falls die Beteiligten ein rechtliches Interesse haben. Den Ehegatten kann bei einer Heimatstaatentscheidung ein rechtliches Interesse an einer einheitlichen Feststellung ihres Status nicht abgesprochen werden.[173]

Wird ein fakultatives Feststellungsverfahren **nicht** durchgeführt, so bedeutet dies nicht, dass die **88** ausländische Entscheidung für die inländischen Gerichte und Verwaltungsbehörden ohne weiteres bindend wäre.[174] § 107 Abs. 1 S. 2 FamFG befreit lediglich von der Pflicht zur Durchführung des Feststellungsverfahrens. Über die Anerkennung haben in diesen Fällen deshalb die Gerichte und Verwaltungsbehörden jeweils selbst **inzident** zu entscheiden.[175]

cc) Verfahrensvoraussetzungen. (1) Rechtskraft der Entscheidung. Anerkennungsfähig **89** sind nur **rechtskräftige** Entscheidungen. Die Rechtskraft ist nach der ausländischen lex fori zu beurteilen.[176] **Abweisende** Entscheidungen unterliegen nach dem Wortlaut des § 107 Abs. 1 S. 1 FamFG nicht dem Feststellungsverfahren.

(2) Antrag. Das Verfahren findet nur **auf Antrag** statt. Antragsberechtigt ist jeder, der ein rechtli- **90** ches Interesse an der Anerkennung glaubhaft macht, § 107 Abs. 4 S. 2 FamFG. Ein solches Interesse steht dem Verlobten einer im Ausland geschiedenen Person an der Anerkennung von deren Scheidung nicht zu.[177] Eine Frist für den Antrag besteht nicht. Eine **Verwirkung** des Antragsrechts

---

[167] Palandt/*Thorn, 76. Aufl. 2017,* Rom III-VO Art. 2 Rn. 6. Vgl. ferner zu § 148 ZPO: BGH NJW 1983, 514 = FamRZ 1982, 1203 = IPRax 1983, 292; BayObLGZ 1973, 251 = NJW 1974, 1628; OLG Köln FamRZ 1998, 1303 = IPRax 1999, 48; OLG Schleswig SchlHA 1978, 54; OLG Hamburg IPRspr. 1964/65 Nr. 247; LG Stuttgart FamRZ 1974, 459 (460); *Habscheid* FamRZ 1966, 169 (174); *E. Lorenz* FamRZ 1966, 465, 475 f.; *Basedow* StAZ 1977, 6 f.; Johannsen/Henrich/*Henrich* FamFG § 107 Rn. 9; BLAH/*Hartmann,* 75. Aufl. 2017, FamFG § 107 Rn. 13; Soergel/*Schurig* Art. 17 Rn. 95; Zöller/*Geimer* FamFG § 107 Rn. 7; Staudinger/*Mankowski* (2011) Art. 17 Rn. 84. AA Keidel/*Zimmermann* FamFG § 107 Rn. 18. Offen gelassen von OLG Karlsruhe FamRZ 1991, 92 (93).
[168] BGH NJW 1983, 514 = FamRZ 1982, 1203 = IPRax 1983, 292; OLG Köln FamRZ 1998, 1303. Krit. *Bürgle* IPRax 1983, 281; Keidel/*Zimmermann* FamFG § 107 Rn. 18.
[169] Dies wurde durch die Neufassung von Abs. 1 S. 3 der Vorschrift durch Art. 3 § 5 BtÄndG vom 25.6.1998 (BGBl. 1998 I S. 1580) klargestellt.
[170] Für Vorrang der deutschen Staatsangehörigkeit BLAH/*Hartmann,* 75. Aufl. 2017, FamFG § 107 Rn. 6; Zöller/*Geimer* FamFG § 107 Rn. 42; LJV NRW IPRax 1986, 167 (169). BGH NJW 1983, 514 (515) = FamRZ 1982, 1203 = IPRax 1983, 292 lässt dies offen, da die deutsche Staatsangehörigkeit in casu jedenfalls effektiv war.
[171] BGHZ 112, 127 = FamRZ 1990, 1228 (1229) = NJW 1990, 3081 (3082) = IPRspr. 1990 Nr. 479 mzN; *Klinck* FamRZ 2009, 741 (743). AA Zöller/*Geimer* FamFG § 107 Rn. 38; *Schack* IZVR Rn. 986.
[172] *Schack* IZVR Rn. 986.
[173] Vgl. *Hau,* FS Spellenberg, 2010, 435 (447).
[174] So aber OLG Frankfurt NJW 1971, 1528 (1529).
[175] OLG Hamm FamRZ 1995, 886; *Beitzke* FamRZ 1971, 374; *Geimer* NJW 1971, 2138; Zöller/*Geimer* FamFG § 107 Rn. 37.
[176] Vgl. zB BayObLG FamRZ 1990, 897 (898) = IPRspr. 1990 Nr. 218 S. 465.
[177] KG FamRZ 2017, 638.

müsste dazu führen, dass der Antrag als unzulässig abzuweisen wäre und die Anerkennungsfrage in der Schwebe bliebe; dies entspricht nicht dem Zweck der Vorschrift und kann mit Treu und Glauben nicht begründet werden.[178] Wohl aber kann die Berufung auf **einzelne Versagungsgründe** verwirkt werden; dies ist im Rahmen der Begründetheit des Anerkennungsantrags zu prüfen.[179]

91   **(3) Entscheidung. (a) Grundsatz. Entscheidungen** iS von § 107 FamFG sind Urteile oder Beschlüsse staatlicher oder staatlich autorisierter Stellen, also staatlicher Gerichte, Regierungen, Behörden, oder geistlicher Gerichte mit staatlicher Kompetenzzuweisung.[180] Hierunter fallen nach allg. Ansicht auch ausländische **Privatscheidungen,** sofern bei ihnen eine **Behörde mitgewirkt** hat, sei es auch nur in Form einer Registrierung oder Beurkundung.[181] Die weite Auslegung des Begriffs „Entscheidung" rechtfertigt sich durch das Interesse der Ehegatten an einer möglichst schnellen Klärung ihres Personenstands.[182] Zu Privatscheidungen, die ohne behördliche Mitwirkung erfolgten **(reine Privatscheidungen),** → Rn. 93, zur Anwendbarkeit des § 109 FamFG auf Privatscheidungen mit behördlicher Mitwirkung → Rn. 112).

92   **(b) Privatscheidung mit behördlicher Mitwirkung. Ausländischen Charakter** hat eine solche Privatscheidung jedenfalls dann, wenn alle wesentlichen Teile **im Ausland** vollzogen wurden (dazu → Art. 17 Rn. 15–17). Der BGH will das Anerkennungsverfahren in entsprechender Anwendung des § 107 Abs. 1 FamFG auf Privatscheidungen, die zwar **im Inland,** aber unter **Mitwirkung einer ausländischen Behörde** vorgenommen wurden, erstrecken.[183] Es könne zweifelhaft sein, ob es sich bei der behördlichen Mitwirkung möglicherweise nur um eine deklaratorische gehandelt habe und der konstitutive Scheidungsakt im Ausland vorgenommen worden sei; auch könnten mehrere Einzelakte sowohl im Inland als auch im Ausland vorgenommen worden sein. Richtig ist, dass der inländische oder ausländische Charakter einer Privatscheidung insbesondere dann zweifelhaft ist, wenn dabei eine ausländische Behörde mitgewirkt hat. Dies ist, da die Entscheidungskompetenz der LJV davon abhängt, an sich eine von der LJV zu klärende **Zulässigkeitsfrage.** Um die Zulässigkeit des Verfahrens zu begründen, müsste der Antragsteller darlegen, dass es sich trotz der gegebenen inländischen Bezüge um eine Auslandsscheidung handelt. Erwiese sich dies im Anerkennungsverfahren als zutreffend, so hätte die LJV über die Anerkennung zu entscheiden; stellte sich dagegen heraus, dass es sich in Wahrheit um eine Inlandsscheidung handelt, so wäre der Antrag als unzulässig zurückzuweisen. Die Folge wäre, dass die Gerichte und Verwaltungsbehörden dann jeweils **inzident** über die Anerkennung der Scheidung zu befinden hätten, wenn sich diese Frage als Vorfrage stellte (→ Rn. 88). Den Parteien bliebe die Möglichkeit einer Klage auf **Feststellung des Bestehens bzw. Nichtbestehens der Ehe** nach § 121 Nr. 3 FamFG. Die Rechtskraft einer solchen Feststel-

---

[178] Staudinger/*Spellenberg* (2016) FamFG § 107 Rn. 176 mwN; Zöller/*Geimer* FamFG § 107 Rn. 55. AA BayObLG NJW 1968, 363 m. abl. Anm. *Geimer* NJW 1968, 800; FamRZ 1985, 1258; OLG Düsseldorf FamRZ 1988, 198; Soergel/*Schurig* Art. 17 Rn. 93.

[179] JM BW FamRZ 1995, 1411 (1412); Staudinger/*Spellenberg* (2016) FamFG § 107 Rn. 177; Zöller/*Geimer* FamFG § 107 Rn. 55.

[180] HM, vgl. nur Soergel/*Kegel* Art. 17 Rn. 96; Staudinger/*Spellenberg* (2016) FamFG § 107 Rn. 58; Zöller/*Geimer* FamFG § 107 Rn. 22.

[181] BGHZ 110, 267 (270 f.) = NJW 1990, 2194; BGHZ 82, 34 (43) = NJW 1982, 517 (518) = IPRax 1983, 37 m. krit. Anm. *Kegel* IPRax 1983, 22; BayObLG NJW-RR 1994, 771 = FamRZ 1994, 1263 (1264) = IPRax 1995, 324 (325); FamRZ 1985, 75 (76) = IPRax 1985, 108 (LS); OLG München, EuGH-Vorlage v. 29.6.2016, 34 Wx 146/16, Rn. 18; OLG München MittBayNot 2012, 306 = IPRax 2012, 450 (LS); OLG Stuttgart IPRax 2000, 427 m. Anm. *Rauscher* IPRax 2000, 391; OLG Celle IPRspr. 1990 Nr. 456; OLG Hamm IPRax 1989, 107 (LS) m. zust. Anm. *Henrich*; OLG Frankfurt NJW 1985, 1293 = IPRax 1985, 48 (LS) m. zust. Anm. *Henrich*; JM NRW IPRspr. 1991 Nr. 456 = StAZ 1992, 46; LJV BW IPRax 1988, 170 (171); Johannsen/Henrich/*Henrich* FamFG § 107 Rn. 11; Zöller/*Geimer* FamFG § 107 Rn. 24; Palandt/*Thorn,* 76. Aufl. 2017, Rom III-VO Art. 2 Rn. 8; *Hausmann* IntEuSchR H Rn. 194; *Gärtner,* Die Privatscheidung im deutschen und gemeinschaftlichen Internationalen Privat- und Verfahrensrecht, 2008, 163. Krit. *Kegel* IPRax 1983, 22 (24 f.). **AA** ohne Begründung *Wagner* FamRZ 2013, 1620 (1625). Unrichtig deshalb KG Berlin FamRZ 2013, 1484 = StAZ 2013, 287: Da bei der Scheidung eine ausländische Behörde (der thailändische Standesbeamte) mitgewirkt hatte, wäre über die Anerkennung der Scheidung nach §§ 107, 109 FamFG zu entscheiden gewesen; die Frage des anwendbaren Rechts spielt dabei keine Rolle. Dies übersehen auch *Rauscher/Pabst* NJW 2013, 3692 (3694): Die Mitwirkung des Standesbeamten reicht zur Annahme einer „Gestaltungsentscheidung" iS des § 107 FamFG aus. Unzutreffend *Althammer/Mayer* Rom III-VO Art. 5 Rn. 35: Dass bei nur deklaratorischer Mitwirkung einer Behörde die Wirksamkeit der Scheidung nicht nach § 109 FamFG, sondern nach dem kollisionsrechtlich berufenen Sachrecht geprüft wird (→ Rn. 112), ändert nichts daran, dass gleichwohl das Verfahren nach § 107 FamFG stattfindet (→ Rn. 91).

[182] S. die Regierungsbegründung im Entwurf zum FamRÄndG vom 7.8.1958, BT-Drs. 530, 32 f.

[183] BGHZ 82, 34 (43) = NJW 1982, 517 (518) = IPRax 1983, 37 m. krit. Anm. *Kegel* IPRax 1983, 22 (zu Art. 7 § 1 Abs. 1 aF FamRÄndG). Im Ergebnis ebenso *Hau,* FS Spellenberg, 2010, 435 (442).

lungsentscheidung würde aber nur zwischen den Parteien wirken.[184] Das Bedürfnis nach einer allseits bindenden Feststellung kann hier nicht geleugnet werden. Es ist zumindest vertretbar, der LJV hier in entsprechender Anwendung des § 107 FamFG die Entscheidung über die Anerkennung der Scheidung zuzuweisen, ohne sie vom Ausgang der Zulässigkeitsfrage abhängig zu machen. Im Ergebnis bedeutet dies, dass der Begriff „ausländische Entscheidung" in § 107 FamFG nicht territorial bestimmt, sondern von der Mitwirkung einer ausländischen Behörde abhängig gemacht wird.[185]

(c) Reine Privatscheidung. Privatscheidungen, die im Ausland **ohne Mitwirkung einer** 93 **Behörde** vorgenommen wurden, können zwar im Einzelfall anerkennungsfähig sein (→ Rom III-VO Art. 1 Rn. 12), unterliegen aber, da es sich nicht um „Entscheidungen" iS von § 107 Abs. 1 S. 1 FamFG handelt, nicht dem Feststellungsverfahren, sondern der **Inzidentprüfung** durch die Gerichte und Verwaltungsbehörden.[186] Die behördliche Mitwirkung bei Privatscheidungen kann, auch wenn sie nur marginal ist, noch unter den Begriff „Entscheidung" subsumiert werden; fehlt eine solche Mitwirkung, ist diese Subsumtion nicht mehr möglich. Wenn man darin einen Wertungswiderspruch sehen wollte,[187] so könnte dieser allenfalls dazu führen, nur eine *konstitutive* behördliche Mitwirkung als „Entscheidung" zu akzeptieren, nicht aber umgekehrt dazu, auf das Kriterium des Vorliegens behördlicher Mitwirkung völlig zu verzichten. Der angestrebte **interne Entscheidungseinklang**[188] ist kein über allem stehendes Ziel. Der Gesetzgeber hat den LJVen nur die Kompetenz zur Entscheidung über die Anerkennung ausländischer **Entscheidungen** zugewiesen.[189] Dieser Begriff wird zu Recht schon deshalb weit ausgelegt,[190] weil die Unterscheidung zwischen deklaratorischer und konstitutiver Mitwirkung einer Behörde im Einzelfall durchaus problematisch sein kann, sodass die Zuständigkeit davon nicht abhängen sollte. Bei einer **reinen Privatscheidung** geht es aber eindeutig nicht um eine Entscheidung, sondern um ein Rechtsgeschäft, bei dem das Ziel des internen Entscheidungseinklangs in den Hintergrund rückt.

Ausländische Entscheidungen, die eine **Trennung von Tisch und Bett** aussprechen, unterliegen 94 nach dem Wortlaut des § 107 Abs. 1 S. 1 FamFG (Scheidung unter Aufrechterhaltung des Ehebandes) uneingeschränkt dem Feststellungsverfahren. Ist ein Ehegatte **Deutscher,** so ist allerdings für eine Anerkennung nur dann Raum, wenn **ausländisches Ehewirkungsstatut** gilt; bei deutschem Ehewirkungsstatut entfällt die Anerkennung, da das deutsche Recht das Institut der Trennung nicht kennt.

dd) Antrag auf gerichtliche Entscheidung. Gegen die **ablehnende** Entscheidung der LJV 95 kann der **Antragsteller** die **Entscheidung des Oberlandesgerichts** beantragen, § 107 Abs. 5 FamFG. Gegen die **stattgebende** Entscheidung steht gemäß § 107 Abs. 6 FamFG das gleiche Recht einem Ehegatten zu, der **den Antrag nicht gestellt hat.** In Abweichung von der früheren Rechtslage sieht § 107 Abs. 7 S. 3 iVm § 63 Abs. 1 FamFG für den Antrag eine **Frist von einem Monat** nach der schriftlichen Bekanntgabe des Beschlusses (§ 63 Abs. 3 FamFG) vor. Dadurch kann die Entscheidung der Landesjustizverwaltung rechtskräftig werden, was in Statusfragen aus Gründen der Rechtssicherheit sachgerecht ist.[191] Trifft das Gericht in Abänderung der behördlichen Entscheidung eine eigene Feststellung,[192] so greift auch insoweit die *erga-omnes*-Wirkung nach § 107 Abs. 9 ein (→ Rn. 84).[193] Durch den Verweis auf § 48 Abs. 2 FamFG wird erforderlichenfalls die **Wiederaufnahme** des Verfahrens ermöglicht. Die in § 28 Abs. 2 FGG vorgesehene Divergenzvorlage zum Bundesgerichtshof entfällt, stattdessen ist gemäß § 70 FamFG die Rechtsbeschwerde zum Bundesgerichtshof vorgesehen,[194] wodurch die Wahrung der Rechtseinheit sichergestellt wird. Das Gericht kann gemäß § 349 FamFG vor der Entscheidung eine **einstweilige Anordnung** erlassen.[195]

c) Anerkennungsvoraussetzungen. aa) Rechtsgrundlagen. (1) EU-Recht. Die Anerken- 96 nung der Entscheidungen von Gerichten der EU-Staaten (ohne Dänemark) in Ehesachen kann nur

---

[184] *Schack*, FS Spellenberg, 2010, 497 (499).

[185] *Hau*, FS Spellenberg, 2010, 435 (442).

[186] OLG Hamm IPRax 1989, 107; Staudinger/*Spellenberg* (2016) FamFG § 107 Rn. 58; Soergel/*Schurig* Art. 17 Rn. 114; *Hausmann* IntEuSchR H Rn. 195.

[187] *Lüderitz*, FS Baumgärtel, 1990, 333 (343); zust. *Rauscher* IPRax 2000, 391.

[188] Vgl. *Hau*, FS Spellenberg, 2010, 435.

[189] Vgl. zur rechtspolitischen Diskussion *Gärtner,* Die Privatscheidung im deutschen und gemeinschaftlichen Internationalen Privat- und Verfahrensrecht, 2008, 164 ff.

[190] Vgl. *Hau*, FS Spellenberg, 2010, 435 (441).

[191] BT-Drs. 16/6308, 222.

[192] Vgl. etwa KG BeckRS 2010, 18017 = FamRZ 2010, 1589.

[193] Insoweit unzutreffend *Hausmann* IntEuSchR Rn. H 224.

[194] Vgl. etwa BGHZ 189, 87 = NJW-RR 2011, 721.

[195] Vgl. BT-Drs. 16/6308, 222.

aus den in **Art. 22 Brüssel IIa-VO** genannten Gründen verweigert werden. Sie entsprechen im Wesentlichen den in § 109 Abs. 1 Nr. 1 bis 4 FamFG genannten (zu Einzelheiten → Rn. 100 ff.).

97   **(2) Staatsverträge. Multilaterale Abkommen** über die Anerkennung von Ehescheidungen gelten für die Bundesrepublik bisher nicht. Das Luxemburger CIEC-Übereinkommen über die Anerkennung von Entscheidungen in Ehesachen vom 8.9.1967[196] ist von der Bundesrepublik gezeichnet, aber bisher nicht ratifiziert worden. Das Haager Übereinkommen über die Anerkennung von Ehescheidungen und Ehetrennungen vom 1.6.1970[197] ist bislang von der Bundesrepublik nicht gezeichnet worden.

98   Die **Bundesrepublik** hat jedoch mit einer Reihe von Staaten **bilaterale Anerkennungs- und Vollstreckungsabkommen** getroffen, die auch für die Anerkennung von Ehescheidungen gelten. So die Abkommen mit Belgien,[198] Griechenland,[199] Italien,[200] Spanien,[201] Tunesien[202] und dem Vereinigten Königreich.[203] Im Verhältnis der EU-Staaten Belgien, Griechenland, Italien, Spanien und Vereinigtes Königreich gehen die europäischen Verordnungen vor (Art. 69 Brüssel Ia-VO, Art. 55 GVÜ, Art. 59 Brüssel IIa-VO), von Bedeutung bleibt das Übereinkommen mit Tunesien. Im Übrigen finden neben Abkommen die §§ 107 ff. FamFG auffangweise Anwendung, soweit sie **anerkennungsfreundlicher** sind und weder das Abkommen noch das autonome Anerkennungsrecht dem entgegenstehen.[204] Zum Verfahren → Rn. 83. Nach Art. 11 EVertr. gelten diese Verträge im gesamten Bundesgebiet.

99   **(3) Autonomes Recht.** Greift keine der vorstehend genannten europäischen oder internationalen Regelungen ein, so ergeben sich die Voraussetzungen für die Anerkennung ausländischer Scheidungsurteile aus **§§ 107, 109 FamFG.**

§ 109 FamFG. Anerkennungshindernisse

(1) Die Anerkennung einer ausländischen Entscheidung ist ausgeschlossen,
1. wenn die Gerichte des anderen Staates nach deutschem Recht nicht zuständig sind;
2. wenn einem Beteiligten, der sich zur Hauptsache nicht geäußert hat und sich hierauf beruft, das verfahrenseinleitende Dokument nicht ordnungsgemäß oder nicht so rechtzeitig mitgeteilt worden ist, dass er seine Rechte wahrnehmen konnte;
3. wenn die Entscheidung mit einer hier erlassenen oder anzuerkennenden früheren ausländischen Entscheidung oder wenn das ihr zugrunde liegende Verfahren mit einem früher hier rechtshängig gewordenen Verfahren unvereinbar ist;
4. wenn die Anerkennung der Entscheidung zu einem Ergebnis führt, das mit wesentlichen Grundsätzen des deutschen Rechts offensichtlich unvereinbar ist, insbesondere wenn die Anerkennung mit den Grundrechten unvereinbar ist.

(2) ¹Der Anerkennung einer ausländischen Entscheidung in einer Ehesache steht § 98 Abs. 1 Nr. 4 nicht entgegen, wenn ein Ehegatte seinen gewöhnlichen Aufenthalt in dem Staat hatte, dessen Gerichte entschieden haben. ²Wird eine ausländische Entscheidung in einer Ehesache von den Staaten anerkannt, denen die Ehegatten angehören, steht § 98 der Anerkennung der Entscheidung nicht entgegen.

(3) § 103 steht der Anerkennung einer ausländischen Entscheidung in einer Lebenspartnerschaftssache nicht entgegen, wenn der Register führende Staat die Entscheidung anerkennt.

(4) Die Anerkennung einer ausländischen Entscheidung, die
1. Familienstreitsachen,
2. die Verpflichtung zur Fürsorge und Unterstützung in der partnerschaftlichen Lebensgemeinschaft,
3. die Regelung der Rechtsverhältnisse an der gemeinsamen Wohnung und an den Haushaltsgegenständen der Lebenspartner,

---

[196] Amtliche österr. Übersetzung bei *Jayme/Hausmann*, 11. Aufl. 2002, Nr. 182.

[197] Amtliche schweiz. Übersetzung bei *Jayme/Hausmann*, 11. Aufl. 2002, Nr. 183.

[198] Abk. vom 30.6.1958 (BGBl. 1959 II S. 766), teilweise ersetzt durch Übk. vom 27.9.1968 (BGBl 1972 II S. 773). Dazu OLG Celle FamRZ 1993, 439 = IPRax 1994, 209 m. Anm. *Rauscher* IPRax 1994, 188.

[199] Vertrag vom 4.11.1961 (BGBl. 1963 II S. 109).

[200] Abk. vom 9.3.1936 (RGBl. 1937 II S. 145), wieder in Kraft getreten am 1.10.1952 (BGBl. II S. 986), teilweise ersetzt durch Übk. vom 27.9.1968 (BGBl. 1972 II S. 773). Hierzu BayObLG FamRZ 1990, 897; 1993, 452; OLG Celle FamRZ 1993, 1216; OLG Karlsruhe FamRZ 1991, 839 = IPRspr. 1991 Nr. 187.

[201] Vertrag vom 14.11.1983 (BGBl. 1987 II S. 35).

[202] Vertrag vom 19.7.1966 (BGBl. 1969 II S. 889).

[203] Abk. vom 14.7.1960 (BGBl. 1961 II S. 301).

[204] BGH NJW 1987, 3083 (3084) = FamRZ 1987, 580 (582); IPRax 1989, 104 (106); BayObLG FamRZ 1990, 897 (898); 1993, 452 (453); zu § 328 ZPO: Stein/Jonas/*Roth* ZPO § 328 Rn. 2 f.

4. Entscheidungen nach § 6 Satz 2 des Lebenspartnerschaftsgesetzes in Verbindung mit den §§ 1382 und 1383 des Bürgerlichen Gesetzbuchs oder

5. Entscheidungen nach § 7 Satz 2 des Lebenspartnerschaftsgesetzes in Verbindung mit den §§ 1426, 1430 und 1452 des Bürgerlichen Gesetzbuchs

betrifft, ist auch dann ausgeschlossen, wenn die Gegenseitigkeit nicht verbürgt ist.

(5) Eine Überprüfung der Gesetzmäßigkeit der ausländischen Entscheidung findet nicht statt.

bb) Die Anerkennungsvoraussetzungen im Einzelnen. (1) Internationale Anerken 100
nungszuständigkeit. Innerhalb des EU-Bereichs (ohne Dänemark) **entfällt** die Prüfung der
Zuständigkeit des ausländischen Gerichts nach den deutschen Gesetzen – sog. Anerkennungszuständigkeit (→ Rn. 21) –, weil die Entscheidungszuständigkeit in allen EU-Staaten einheitlich nach den
Vorschriften der Brüssel IIa-VO bestimmt wird, so dass Anerkennungszuständigkeit und Entscheidungszuständigkeit stets übereinstimmen. Die Entscheidung des ausländischen Gerichts über seine
Zuständigkeit ist gemäß Art. 24 Brüssel IIa-VO nicht überprüfbar. Folgerichtig ist eine § 109 Abs. 1
Nr. 1 FamFG entsprechende Bestimmung in der Brüssel IIa-VO nicht vorhanden.

Außerhalb des EU-Bereichs sowie für in Dänemark ergangene Entscheidungen ist die in **§ 109** 101
Abs. 1 Nr. 1 FamFG geforderte Anerkennungszuständigkeit eine der wichtigsten Anerkennungsvoraussetzungen. Sie bestimmt sich grundsätzlich durch **spiegelbildliche Anwendung** der für die
internationale Entscheidungszuständigkeit geltenden Vorschriften, also des § 98 Abs. 1 FamFG,[205]
wird aber wesentlich **erweitert** durch **§ 109 Abs. 2 FamFG.** Danach wird für die Anerkennungszuständigkeit auf die in **§ 98 Abs. 1 Nr. 4 FamFG** enthaltene einschränkende Voraussetzung der
negativen Anerkennungsprognose verzichtet, wenn ein Ehegatte seinen gewöhnlichen Aufenthalt im Entscheidungsstaat hatte.

Auf die Anerkennungszuständigkeit kommt es gemäß **§ 109 Abs. 2 S. 2 FamFG nicht** an, 102
wenn die Entscheidung „von den Staaten anerkannt wird, denen die Ehegatten angehören“. Bei
Mehrstaatern kommt es dabei in Anlehnung an die Rechtsprechung des EuGH zu Art. 3 Abs. 1
lit. b Brüssel IIa-VO[206] (→ Rn. 37) – nicht auf die Effektivität der Staatsangehörigkeit an,[207] es
reicht aus, wenn bei beiden Ehegatten einer der beteiligten Staaten die Entscheidung anerkennen
wird. Das für die internationale Entscheidungszuständigkeit Gesagte (→ Rn. 54) gilt für die internationale Anerkennungszuständigkeit in gleicher Weise.

In den verbleibenden Fällen ist die internationale Anerkennungszuständigkeit danach gegeben, 103
wenn im maßgeblichen Zeitpunkt (→ Rn. 135 f.) entweder
– **ein Ehegatte** die **Staatsangehörigkeit** des Entscheidungsstaats besaß oder bei der Eheschließung
  besessen hatte (§ 98 Abs. 1 Nr. 1 FamFG), oder
– **ein Ehegatte** (staatenlos oder nicht) seinen **gewöhnlichen Aufenthalt** im Entscheidungsstaat
  hatte (§ 98 Abs. 1 Nr. 4 iVm. § 109 Abs. 2 S. 1 FamFG).

(2) Anforderungen an die Zustellung. Die **fehlende Rechtzeitigkeit** der Zustellung[208] wirkt 104
sich nur dann anerkennungshindernd aus, wenn sich der Beklagte **zur Hauptsache nicht geäußert
hat** und sich hierauf beruft **(§ 109 Abs. 1 Nr. 2 FamFG)** bzw. **auf das Verfahren nicht eingelassen hat** und nicht festgestellt wird, dass er mit der Entscheidung eindeutig einverstanden ist **(Art. 22
lit. b Brüssel IIa-VO).** Dies soll zur Wahrung des **rechtlichen Gehörs** den Beklagten vor einer
Überraschung durch das ausländische Verfahren schützen; dabei soll es dem Beklagten überlassen
bleiben, ob er sich auf die Nichteinlassung (und damit mittelbar die Verletzung seiner Verteidigungsrechte) beruft[209] bzw. erkennbar sein Einverständnis mit der Entscheidung zum Ausdruck bringt.

Im **EU-Bereich** ist die **Rechtzeitigkeit** der Zustellung bereits im Entscheidungsverfahren zu 105
prüfen, **Art. 19 Abs. 1 EuZVO** (→ Rn. 6): Hat sich der Beklagte auf das Verfahren nicht eingelassen, muss das Gericht das Verfahren **aussetzen,** bis festgestellt ist, dass das verfahrenseinleitende
Schriftstück dem Beklagten so rechtzeitig **ausgehändigt** bzw. in seiner Wohnung **abgegeben** worden ist, dass er sich hätte verteidigen können. Gemäß **Art. 19 Abs. 2 EuZVO** kann allerdings jeder
Mitgliedstaat nach Art. 23 Abs. 1 EuZVO mitteilen, dass seine Gerichte unter den in Art. 19 Abs. 2
EuZVO genannten Voraussetzungen den Rechtsstreit auch ohne eine derartige Zustellung entscheiden können. Hat der Staat, aus dem die anzuerkennende Entscheidung stammt, eine solche Erklärung

---

[205] Vgl. dazu OLG Düsseldorf Präsidentin IPRax 2014, 286 (Türkei).
[206] EuGH, Urteil v. 16.7.2009, Rs. C-168/08 (Hadadi ./. Mesko), FamRZ 2009, 1571 m. abl. Anm. *Kohler* =
IPRax 2010, 66 m. Anm. *Hau* IPRax 2010, 50 und *Dilger* IPRax 2010, 54.
[207] *Basedow* StAZ 1983, 233 (238); BLAH/*Hartmann,* 75. Aufl. 2017, FamFG § 109 Rn. 5; Zöller/*Geimer*
FamFG § 109 Rn. 12; Staudinger/*Spellenberg* (2016) FamFG § 109 Rn. 93; *Hau,* FS Spellenberg, 2010, 435 (445 f.).
[208] Vgl. etwa BayObLG FamRZ 2005, 638 (Zustellung an ausländische Wohnanschrift, obwohl die Antragsgegnerin sich bekanntermaßen im Inland aufhält).
[209] BT-Drs. BT-Drs. 10/504, 88.

abgegeben, so ermöglicht dies auch die **öffentliche Zustellung.** Eine solche Erklärung haben zum gleichlautenden Art. 18 Abs. 2 der alten VO Nr. 1348/2000 (→ Rn. 6) abgegeben: Belgien,[210] Frankreich,[211] Griechenland,[212] Irland,[213] Luxemburg,[214] die Niederlande,[215] Österreich,[216] Schweden,[217] Spanien[218] und das Vereinigte Königreich.[219] Ausdrücklich **abgelehnt** haben die Erklärung: Italien,[220] Finnland[221] und Portugal.[222] **Deutschland** hat die Erklärung mit der Maßgabe abgegeben, dass deutsche Gerichte den Rechtsstreit bei Vorliegen der Voraussetzungen von Artikel 19 Abs. 2 entscheiden können, wenn das verfahrenseinleitende oder gleichwertige Schriftstück in der Bundesrepublik Deutschland öffentlich zugestellt worden ist.[223] Diese Erklärung ist freilich in Ehesachen ohne Bedeutung, denn ein Versäumnisurteil gegen den Antragsgegner und die Entscheidung nach Aktenlage sind in Ehesachen gemäß § 130 Abs. 2 FamFG unzulässig.

106   **Außerhalb des EU-Bereichs** ist gemäß **§ 109 Abs. 1 Nr. 2 Alt. 1 FamFG** zusätzlich die **Ordnungsmäßigkeit** der Zustellung bzw. Mitteilung zu prüfen; in Art. 22 lit. b Brüssel IIa-VO ist diese Voraussetzung entfallen. Sie unterliegt der **ausländischen lex fori** unter Beachtung der einschlägigen Rechtshilfeabkommen, insbes. des Haager Zivilprozeßübereinkommens von 1954[224] und des Haager Zustellungsübereinkommens von 1965.[225] Auch eine **öffentliche Zustellung** oder sonstige Ersatzzustellung kann danach ausreichen. Für diesen Fall wird die **Alt. 2** des § 109 Abs. 1 Nr. 2 FamFG (**Rechtzeitigkeit** der Zustellung/Mitteilung) von Bedeutung. Der hierdurch bezweckte Schutz des rechtlichen Gehörs ist nur gewährleistet, wenn der Antragsgegner vom Verfahren **Kenntnis** hat. Diese Kenntnis vermag ihm die öffentliche Zustellung nicht zu vermitteln. Hieraus ist teilweise geschlossen worden, dass eine auf öffentlicher Zustellung beruhende Entscheidung nicht anzuerkennen sei, wenn der Antragsgegner von dem Verfahren keine Kenntnis hatte und sich hierauf beruft.[226] Hieran kann mE angesichts der abweichenden Rechtslage nach der EuZVO nicht festgehalten werden. Es ist nicht einzusehen, warum die Ordnungsmäßigkeit der Zustellung im Rahmen der Entscheidungsanerkennung außerhalb des EU-Bereichs anders beurteilt werden sollte als innerhalb desselben. Sofern der Standard des Art. 19 Abs. 2 EuZVO bei der öffentlichen Zustellung im Entscheidungsstaat gewahrt ist, sind deshalb mE auch außerhalb der EU ergangene, auf öffentlicher Zustellung beruhende Entscheidungen anzuerkennen. Art. 19 Abs. 2 EuZVO wirkt dabei als Auslegungsmaßstab in § 109 Abs. 2 Nr. 2 FamFG hinein.

107   Da das Erfordernis der ordnungsgemäßen Zustellung dem Schutze des Antragsgegners dient (Gewährleistung des rechtlichen Gehörs), kann der Antragsgegner hierauf **verzichten.** Ein solcher Verzicht ist anzunehmen, wenn der Antragsgegner rechtserheblich zum Ausdruck gebracht hat, er wolle das ausländische Scheidungsurteil gegen sich gelten lassen.[227] An die Voraussetzungen eines solchen Verzichts sind keine zu hohen Anforderungen zu stellen. Es reicht aus, wenn der Antragsgegner nachfolgend eine neue Ehe eingeht,[228] das Anerkennungsverfahren nach § 107 FamFG betreibt[229] oder gemäß Art. 17 Abs. 3 S. 2 den isolierten Versorgungsausgleich beantragt.[230]

108   **(3) Beachtung vorrangiger Rechtskraft oder Rechtshängigkeit.** Ausländische Entscheidungen in Ehesachen werden nach **Art. 22 lit. c, d Brüssel IIa-VO, § 109 Abs. 1 Nr. 3 FamFG** nicht

---

[210] ABl. EG 2001 Nr. C 151 S. 5.
[211] ABl. EG 2001 Nr. C 151 S. 8.
[212] ABl. EG 2001 Nr. C 151 S. 6.
[213] ABl. EG 2001 Nr. C 151 S. 8.
[214] ABl. EG 2001 Nr. C 151 S. 10.
[215] ABl. EG 2001 Nr. C 151 S. 11.
[216] ABl. EG 2001 Nr. C 151 S. 12.
[217] ABl. EG 2001 Nr. C 151 S. 14.
[218] ABl. EG 2001 Nr. C 151 S. 7.
[219] ABl. EG 2001 Nr. C 151 S. 15.
[220] ABl. EG 2001 Nr. C 151 S. 9.
[221] ABl. EG 2001 Nr. C 151 S. 13.
[222] ABl. EG 2001 Nr. C 151 S. 13.
[223] ABl. EG 2002 Nr. C 13 S. 5. Vgl. dazu § 185 ZPO in der durch Art. 1 Zustellungsreformgesetz vom 25.6.2001 (BGBl. I S. 1206) geänderten Fassung.
[224] Haager Übereinkommen über den Zivilprozess vom 1.3.1954 (BGBl. 1958 II S. 577); Text bei *Jayme/Hausmann* Nr. 210.
[225] Haager Übereinkommen über die Zustellung gerichtlicher und außergerichtlicher Schriftstücke im Ausland in Zivil- oder Handelssachen vom 15.11.1965 (BGBl. 1977 II S. 1453), Text bei *Jayme/Hausmann* Nr. 211.
[226] KG FamRZ 1982, 382; OLG Hamm FamRZ 1996, 178 (179).
[227] BGH FamRZ 1990, 1100 (1101) (zu § 328 Abs. 1 Nr. 2 ZPO aF); OLG Bremen FamRZ 2004, 1975.
[228] BGH FamRZ 1990, 1100 (1101).
[229] BGH FamRZ 1990, 1100 (1101); OLG Bremen FamRZ 2004, 1975.
[230] OLG Bremen FamRZ 2004, 1975.

anerkannt, wenn sie mit einer **deutschen Entscheidung** oder einer anzuerkennenden **früheren ausländischen Entscheidung** unvereinbar sind. Der **Zeitpunkt des Erlasses** spielt nur bei ausländischen Entscheidungen eine Rolle: die früher ergangene setzt sich durch. Deutsche Entscheidungen stehen dagegen der Anerkennung einer ausländischen Entscheidung auch dann entgegen, wenn sie später als diese erlassen wurden, auch wenn dabei die frühere Rechtshängigkeit des ausländischen Verfahrens missachtet wurde.[231] Wurde dagegen im ausländischen Verfahren die **frühere Rechtshängigkeit eines deutschen Verfahrens** missachtet, so steht dies gemäß § 109 Abs. 1 Nr. 3 FamFG der Anerkennung der ausländischen Entscheidung entgegen.[232] Bei **Parallelverfahren in verschiedenen ausländischen Staaten** ergibt der Umkehrschluss, dass sich – bei Vorliegen der übrigen Voraussetzungen – die frühere Entscheidung durchsetzt, auch wenn das ihr zugrundeliegende Verfahren später rechtshängig geworden war.[233] In **Art. 22 Brüssel IIa-VO** fehlt eine entsprechende Bestimmung; dies folgt daraus, dass die vorrangige Rechtshängigkeit hier bereits im Rahmen der Zuständigkeit zu berücksichtigen ist (→ Rn. 18 ff.) und die Zuständigkeitsentscheidung des Gerichts nicht überprüft werden darf (Art. 24 Brüssel IIa-VO).

(4) Ordre public. Nach **Art. 22 lit. a Brüssel IIa-VO, § 109 Abs. 1 Nr. 4 FamFG** ist die **109** Anerkennung einer ausländischen Entscheidung ausgeschlossen, wenn sie zu einem Ergebnis führt, das offensichtlich gegen den deutschen ordre public, insbesondere gegen die Grundrechte verstößt.[234] Dieser Gesichtspunkt spielt insbesondere bei Privatscheidungen eine Rolle, ist dort aber nicht im Rahmen der verfahrensrechtlichen Anerkennungsvorschriften, sondern **materiellrechtlich** im Rahmen des **Art. 12 Rom III-VO** zu berücksichtigen (→ Rom III-VO Art. 1 Rn. 18). Zur Nichtanwendung der Verwerfungsklausel des **Art. 10 Rom III-VO** im Rahmen der Anerkennung ausländischer Privatscheidungen → Rom III-VO Art. 1 Rn. 17. Ein Verstoß gegen die Zuständigkeitsregeln der Brüssel IIa-VO begründet für sich allein keinen ordre public-Verstoß.[235]

(5) Gegenseitigkeit. Auf das Erfordernis der **Verbürgung der Gegenseitigkeit** kommt es **110** gemäß **§ 109 Abs. 4 FamFG** nur in den dort unter Nr. 1–5 genannten Verfahren an, zu denen Ehesachen nicht gehören. Im EU-Bereich entfällt dieser Gesichtspunkt ohnehin von vornherein, da für alle Mitgliedstaaten gleiches Anerkennungsrecht gilt.

(6) Keine révision au fond. Eine Überprüfung der Entscheidung auf **materielle Richtigkeit** **111** ist nach **§ 109 Abs. 5 FamFG** ausgeschlossen. Lediglich im Rahmen der ordre-public-Prüfung nach Abs. 1 Nr. 4 (→ Rn. 109) können materiellrechtliche Erwägungen eine Rolle spielen.

cc) Privatscheidungen. Maßstab für die Anerkennung **ausländischer Privatscheidungen** sind **112** auch dann, wenn daran eine Behörde mitgewirkt hat (→ Rn. 91), nach allgM nicht die verfahrensrechtlichen Anerkennungsvorschriften, sondern die materiellrechtlichen Normen des nach den Regeln des Kollisionsrechts bestimmten Scheidungsstatuts,[236] denn es geht nicht um gerichtliche Entscheidungen, sondern um **Rechtsgeschäfte.** Der Begriff der „Entscheidung" wird im Rahmen des § 109 mithin enger ausgelegt als in § 107. Der Grund hierfür liegt darin, dass die Mitwirkung einer Behörde an einer rechtsgeschäftlichen Scheidung nicht dieselbe Richtigkeitsgewähr bietet wie eine gerichtliche Scheidung. Dies gilt auch dann, wenn die behördliche Tätigkeit **konstitutiv** war.[237] Deshalb kann – anders als in § 109 Abs. 5 vorgesehen – auf die materiellrechtliche Überprüfung der Scheidung nicht verzichtet werden. „Anerkennung" bedeutet hier die **Entscheidung über die inländische Wirksamkeit** der Scheidung nach den einschlägigen Normen des deutschen Kollisionsrechts. Insoweit ist mithin zunächst das maßgebliche **Scheidungsstatut** zu bestimmen. In Betracht

---

[231] Vgl. zu § 328 Abs 1 Nr. 3 Alt 1: OLG Zweibrücken FamRZ 1999, 33; Stein/Jonas/*Roth* ZPO § 328 Rn. 95. S. auch → Rn. 96.

[232] Vgl. zu § 328 Abs. 1 Nr. 3 Alt. 3: Stein/Jonas/*Roth* ZPO § 328 Rn. 98. Falsch deshalb OLG Bamberg NJW-RR 1997, 4 = FamRZ 1997, 95: Ein unter Missachtung der vorrangigen deutschen Rechtshängigkeit ergangenes Urteil ist nicht anerkennungsfähig; zu Unrecht beruft sich das OLG für seine gegenteilige Meinung auf BGH NJW 1983, 514 (515) – der BGH hat diese Frage dort offen gelassen. Zutreffend OLG München FamRZ 2017, 131 m. Anm. *Gruber* FamRZ 2017, 133.

[233] Vgl. zu § 328 Abs. 1 Nr. 3 Alt. 2: Stein/Jonas/*Roth* ZPO § 328 Rn. 97.

[234] Vgl. Zöller/*Geimer* FamFG § 109 Rn. 69 ff.; *Wagner* FamRZ 2013, 1620 (1626). Dazu, ob im Rahmen des § 328 Abs. 1 Nr. 4 der ordre public voll oder abgeschwächt zu prüfen ist, → Art. 6 Rn. 101 ff.

[235] EuGH NJW 2016, 307 = IPRax 2017, 282 m. Rez. *Rentsch/Weller* IPRax 2017, 262.

[236] BGHZ 176, 365 (375) = FamRZ 2008, 1409 (1412) m. Anm. *Henrich* = IPRax 2009, 347 m. Rez. *Siehr* IPRax 2009, 332; BGH NJW-RR 1994, 642 (643) = FamRZ 1994, 434 (435) = IPRax 1995, 111 (113) m. Anm. *Henrich* IPRax 1995, 86; BGHZ 110, 267 (272) = NJW 1990, 2194 (2195); BayObLG FamRZ 2003, 381 (382); IPRax 1995, 324; Staudinger/*Spellenberg* (2016) FamFG § 109 Rn. 341; Zöller/*Geimer* FamFG § 107 Rn. 25; Erman/*Hohloch* Art. 17 Rn. 81; Palandt/*Thorn*, 76. Aufl. 2017, Rom III-VO Art. 2 Rn. Rn. 8.

[237] AA Staudinger/*Spellenberg* (2016) FamFG § 109 Rn. 333.

kommen Scheidungen durch **ausländische Behörden**[238] oder **geistliche Gerichte**,[239] durch **Übergabe des Scheidebriefs** vor den Rabbinern nach **jüdischem** Recht,[240] durch **Verstoßung** der Frau (talaq) nach **islamischem** Recht,[241] durch **einverständliches Rechtsgeschäft** mit Registrierung (Thailand)[242] oder Bestätigung durch das Familiengericht und Anmeldung zum Familienregister (Südkorea)[243] oder durch bloßen **Aufhebungsvertrag** (Japan,[244] Taiwan,[245] islamisches Recht[246]). Muss der Aufhebungsvertrag gerichtlich bestätigt werden (Griechenland, → Rom III-VO Art. 1 Rn. 9), so handelt es sich nicht um eine private, sondern um eine gerichtliche Entscheidung.

113 **2. Anerkennung der Nebenentscheidungen. a) Verfahren.** Die Entscheidung über die Anerkennung einer ausländischen Nebenentscheidung erfolgt nicht im Verfahren nach § 107 FamFG, sondern **inzident** durch das mit der nachzuholenden oder abzuändernden Folgesache befasste Gericht selbst[247] gemäß **§ 108 FamFG** bzw. nach ggf. vorgehendem Gemeinschafts- oder staatsvertraglichem Recht.[248]

114 **b) Vorrangige Anerkennung der Scheidung.** Sofern Nebenentscheidungen auf dem Scheidungsausspruch beruhen, können sie erst anerkannt werden, wenn zuvor die **Scheidung anerkannt** worden ist.[249] Diese Voraussetzung ist allerdings für staatsvertragliche Anerkennungsregelungen umstritten.[250] Nicht auf dem Scheidungsausspruch beruht der **Kindesunterhalt**.[251] Ob die **elterliche Sorge** auf der Scheidung beruht, hängt vom anwendbaren Recht ab. Für in Deutschland lebende Kinder kommt gemäß Art. 2 MSA, Art. 15 KSÜ, Art. 21 EGBGB stets deutsches Recht zur Anwendung (→ Art. 17 Rn. 70 f.). Nach deutschem Recht hat die Scheidung keinen unmittelbaren Einfluss auf die gemeinsame elterliche Sorge; ein Antrag auf Übertragung der Alleinsorge kann bereits nach der Trennung der Eltern gestellt werden. Eine ausländische Sorgerechtsentscheidung kann daher in Deutschland anerkannt werden, ohne dass zuvor die Scheidung anerkannt wird.[252] Auf den Standpunkt des in der Entscheidung angewandten Rechts kommt es nicht an.

115 **c) Unterhalt. aa) EuUnthVO.** Für die Anerkennung und Vollstreckung von Unterhaltsentscheidungen aus den EU-Staaten ist die **EuUnthVO** zuständig (→ Rn. 58). Sie unterscheidet hinsichtlich der Anerkennung zwischen Entscheidungen aus Mitgliedstaaten, die durch das HUP (→ Art. 17 Rn. 58) gebunden sind und solchen, bei denen dies nicht der Fall ist. Im erstgenannten Fall wird die Entscheidung in den anderen Mitgliedstaaten anerkannt, ohne dass es hierfür eines besonderen Verfahrens bedarf und ohne dass die Anerkennung angefochten werden kann (Art. 17 Abs. 1 EuUnthVO). Die Entscheidung ist überdies vollstreckbar, ohne dass es einer Vollstreckbarerklärung bedarf (Art. 17 Abs. 2 EuUnthVO). Hatte sich der Antragsgegner im

---

[238] Vgl. BGH NJW 1957, 222 = MDR 1957, 158 m. Anm. *Beitzke* (Anerkennung einer im August 1945 durch das mit Ermächtigung der russischen Besatzungsmacht errichtete Rechtsamt in Stolp ausgesprochenen Ehescheidung).

[239] Vgl. OLG München StAZ 1950, 130 (Bulg., orthodoxe deutsche Eparchie).

[240] HM, vgl. Staudinger/*Spellenberg* (2016) FamFG § 109 Rn. 334; Erman/*Hohloch* Art. 17 Rn. 80; BGHZ 176, 365 (375) = FamRZ 2008, 1409 (1412) m. Anm. *Henrich* = IPRax 2009, 347 m. zust. Rez. *Siehr* IPRax 2009, 332; BGH NJW-RR 1994, 642 (643) = FamRZ 1994, 434 (435) = IPRax 1995, 111 (113) m. Anm. *Henrich* IPRax 1995, 86; OLG Oldenburg FamRZ 2006, 950 (951). Anschaulich dazu *Perles* FamRZ 1980, 978 f. und ausf. *Goldfine,* Jüdisches und israelisches Eherecht, 1975, 71–83.

[241] Staudinger/*Spellenberg* (2016) FamFG § 109 Rn. 328, 333.

[242] § 1514 ZGB, vgl. Bergmann/Ferid/Henrich/Cieslar, Thailand, Stand: 1.10.2015, S. 48. S. auch BGHZ 82, 34 = NJW 1982, 517; dazu *Kegel* IPRax 1983, 22.

[243] Art. 834 ff. ZGB, vgl. Bergmann/Ferid/Henrich/Cieslar, Korea, Republik, Stand: 31.12.1992, S. 17, 43 f.

[244] Art. 763 ff. ZGB, vgl. Bergmann/Ferid/Henrich/Cieslar, Japan, Stand: 30.6.2011, S. 65 ff. S. auch *Nishitani* IPRax 2002, 49.

[245] §§ 1049 ff. ZGB, vgl. Bergmann/Ferid/Henrich/Cieslar, Republik China (Taiwan), Stand: 1.5.2014, S. 58, 124 ff.

[246] Dazu *Wiedensohler* StAZ 1991, 40.

[247] BGHZ 64, 19 (22) = NJW 1975, 1072 m. Anm. *Geimer* NJW 1975, 2141 (belg. Sorgerechtsentscheidung); Soergel/*Kegel* Art. 17 Rn. 125 und 96.

[248] Staudinger/*Spellenberg* (2016) FamFG § 108 Rn. 155.

[249] BGHZ 110, 267 = NJW 1990, 2194; OLG Celle IPRax 1991, 62 (LS) m. Anm. *Henrich;* OLG Hamm FamRZ 1976, 528 (529); FamRZ 1989, 785; OLG Frankfurt OLGZ 1977, 141 (142). Aus der Lit.: Staudinger/ *Spellenberg* (2016) FamFG § 108 Rn. 158; Zöller/*Geimer* FamFG § 107 Rn. 15.

[250] Dafür BGHZ 110, 267 = NJW 1990, 2194; OLG Frankfurt OLGZ 1977, 141 (142); Staudinger/*Spellenberg* (2016) FamFG § 108 Rn. 158; Zöller/*Geimer* FamFG § 107 Rn. 16. Dagegen *Hausmann* IPRax 1981, 5 (6).

[251] BGH FamRZ 2007, 717 = NJW-RR 2007, 722 Rn. 18. Unrichtig daher hinsichtlich des Kindesunterhalts OLG Celle IPRax 1991, 62 (LS) m. krit. Anm. *Henrich* und OLG Hamm FamRZ 1989, 785.

[252] Vgl. KG FamRZ 1974, 146.

Urteilsstaat nicht auf das Verfahren eingelassen, so kann er unter den Voraussetzungen des **Art. 19 EuUnthVO,** insbesondere wenn ihm das verfahrenseinleitende Schriftstück nicht rechtzeitig zugestellt wurde, die **Nachprüfung** der Entscheidung verlangen. Die **Vollstreckung** kann unter den Voraussetzungen des **Art. 21 EuUnthVO** nach den Vorschriften der lex fori verweigert oder ausgesetzt werden.

Gehört der Urteilsstaat dagegen **nicht** dem HUnthProt an, so kann die **Anerkennung** der **116** Entscheidung aus den in **Art. 24 EuUnthVO** genannten Gründen, die inhaltlich im Wesentlichen den Art. 34 Brüssel I-VO (44/2001)/LugÜ sowie Art. 45 Abs. 1 lit. a bis d Brüssel Ia-VO (1215/2012) entsprechen, **verweigert** werden. Zur **Vollstreckung** bedarf es hier der Vollstreckbarerklärung (Exequatur). Sie wird auf Antrag erteilt, wenn die Entscheidung im Urteilsstaat selbst vollstreckbar ist (Art. 26 EuUnthVO). Die Vollstreckung darf nur aus einem der in Art. 24 genannten Gründe verweigert werden (Art. 34 EuUnthVO). Zu den Einzelheiten vgl. Art. 23–38 EuUnthVO.

bb) Staatsverträge. Außerhalb des EU- und EFTA-Bereichs ist derzeit noch das **Haager Über- 117 einkommen von 1973 (HUnthAnerkÜb)** (→ Rn. 7) maßgeblich. Gemäß **Art. 4 f. HUnthAnerkÜb** werden Unterhaltsentscheidungen unter Voraussetzungen, die denen der EuUnthVO für Staaten entsprechen, die nicht dem HUnthProt angehören (→ Rn. 116), in den Vertragsstaaten[253] anerkannt. Da das HUnthAnerkÜb im Verhältnis der EU-Staaten untereinander durch die in allen EU-Staaten geltende EuUnthVO (→ Rn. 58) verdrängt wird, ist es nur für Entscheidungen aus Australien, der Schweiz, der Türkei und der Ukraine von Bedeutung. Nach seinem Art. 23 beansprucht das HUnthVÜ keine ausschließliche Geltung; bei Urteilen aus der **Schweiz,** die als einziger von den vier genannten Staaten sowohl dem HUnthAnerkÜb als auch dem LugÜ angehört, hat der Berechtigte deshalb die Wahl zwischen der Anerkennung und Vollstreckung nach dem LugÜ einerseits und dem HUnthAnerkÜb andererseits.[254]

Zu beachten sind schließlich die in → Rn. 98 genannten **bilateralen Abkommen;** sie finden **118** in Unterhaltssachen ggf. wahlweise neben dem HUnthVÜ Anwendung (Art. 23 HUnthVÜ). Zum Verhältnis zu den europäischen Vorschriften vgl. Art. 69 Brüssel Ia-VO, Art. 64 LugÜ.

cc) Autonomes Recht. Zu den Anerkennungsvoraussetzungen nach § 109 FamFG → Rn. 99 ff. **119** In **Familienstreitsachen** sowie in den in § 109 Abs. 4 Nr. 2 bis 5 genannten Sachen – insbes. **Wohnungs- und Haushaltssachen** (Nr. 3) – ist zusätzlich die **Verbürgung der Gegenseitigkeit** erforderlich. Familienstreitsachen sind u.a. **Unterhaltssachen** nach **§ 231 Abs. 1 FamFG,** das sind solche, die die durch Verwandtschaft begründete gesetzliche Unterhaltpflicht betreffen. Die durch die Ehe begründete gesetzliche Unterhaltpflicht fällt nicht darunter, dabei handelt es sich aber um eine Familienstreitsache nach **§ 112 Nr. 3 iVm. § 266 Abs. 1 Nr. 2 FamFG.** Auch die Anerkennung von Entscheidungen über den **Ehegattenunterhalt** hängt somit nach wie vor von der Verbürgung der Gegenseitigkeit ab.

d) Elterliche Sorge. aa) Brüssel IIa-VO. Wie die Entscheidungen in der Hauptsache der Ehe- **120** auflösung, werden auch Entscheidungen von Gerichten aus EU-Staaten mit Ausnahme Dänemarks, die die elterliche Verantwortung betreffen, ohne besonderes Verfahren anerkannt (→ Rn. 82).[255] Die Grenzen der Anerkennung ergeben sich aus **Art. 23 Brüssel IIa-VO.** Sie weichen in einzelnen Punkten von den Nichtanerkennungsgründen für Entscheidungen in Ehesachen (→ Rn. 96) ab. So wird in **Art. 23 lit. b Brüssel IIa-VO** das **rechtliche Gehör** des Kindes[256] und in **lit. d** das rechtliche Gehör einer Person, in deren elterliche Verantwortung die Entscheidung eingreift, geschützt. Bemerkenswert ist auch, dass in lit. e und f auf die Unvereinbarkeit mit einer **späteren** (in- oder ausländischen) **Entscheidung** über die elterliche Verantwortung abgestellt wird, während die Anerkennung der Entscheidung in der *Ehesache* durch jede entgegenstehende inländische und jede entgegenstehende **frühere** ausländische Entscheidung gehindert wird (Art. 22 lit. c und d Brüssel IIa-VO). Der Grund für diese Unterscheidung liegt darin, dass Sorgerechtsentscheidungen nicht in

---

[253] Vertragsstaaten des UnthAnerkÜb sind Albanien, Andorra, Australien, Dänemark, Deutschland, Estland, Finnland, Frankreich, Griechenland, Italien, Litauen, Luxemburg, Niederlande, Norwegen, Polen, Portugal, Schweden, Schweiz, Slowakei, Spanien, Tschechische Republik, Tschechoslowakei, ehemalige, Türkei, Ukraine und Vereinigtes Königreich (BGBl 2016 II Fundstellennachweis B, S. 732.).
[254] EuGH IPRax 1999, 35 (36) Rn. 17 – Van den Boogard/Laumen; *Sonnenberger* IPRax 1985, 238 (240); *Kropholler/v. Hein* EurZPR, 9. Aufl. 2011, EuGVO Art. 71 Rn. 5 mwN in Fn. 24.
[255] Vgl. aus der neueren Rspr. OLG Stuttgart FamRZ 2014, 1567, bestätigt von BGHZ 205, 10.
[256] Dazu OLG München FamRZ 2015, 602; s.a. OLG Schleswig IPRspr 2008 Nr. 184 S. 583 = FamRZ 2008, 1762.

Rechtskraft erwachsen, sondern bei Änderung der Verhältnisse jederzeit abänderbar sind[257] (→ Art. 23 Brüssel IIa-VO Rn. 21).

121 Entscheidungen über die elterliche Verantwortung werden gemäß **Art. 28 Brüssel IIa-VO voll-streckt,** wenn sie im Vollstreckungsstaat auf Antrag einer berechtigten Partei für vollstreckbar erklärt worden sind. Eine Ausnahme besteht für Entscheidungen über das **Umgangsrecht** und über die **Rückgabe des Kindes** nach Art. 11 Abs. 8 Brüssel IIa-VO: sie bedürfen gemäß Art. 41 bzw. Art. 42 Brüssel IIa-VO keiner Vollstreckbarerklärung[258] (näher Art. 41, 42 Brüssel IIa-VO).

122 **bb) Staatsverträge.** Staatsvertragliche Anerkennungs- und Vollstreckungsregelungen finden sich im **EuSorgeRÜbk** und im **KindHEntfÜbk** sowie in **Art. 7 MSA, Art. 23 KSÜ.**

123 **(1) EuSorgeRÜbk.** Das **EuSorgeRÜbk**[259] regelt die Anerkennung und Vollstreckung von Sor-gerechtsentscheidungen sowie die Wiederherstellung des Sorgerechtsverhältnisses im Falle des unzu-lässigen Verbringens eines Kindes ins Ausland (Kindesentführung). In letzterer Hinsicht wird es durch das **KindEntfÜbk**[260] ergänzt. Im Verhältnis der EU-Staaten untereinander geht die Brüssel IIa-VO dem EuSorgeRÜbk vor (Art. 60 lit. d und e Brüssel IIa-VO).

124 Gemäß **Art. 7 EuSorgeRÜbk** werden Sorgerechtsentscheidungen, die in einem Vertragsstaat ergangen sind, in jedem anderen Vertragsstaat anerkannt und, wenn sie im Ursprungsstaat vollstreck-bar sind, vollstreckt. Das Verfahren richtet sich nach Art. 4 ff. EuSorgeRÜbk; der Anerkennungsan-trag ist an die zentrale Behörde (Art. 2 EuSorgeRÜbk) des Staates zu richten, in dem die Entschei-dung vollstreckt werden soll. Die praktische Bedeutung des Verfahrens ist gering, weil es meist effektiver ist, einen Sorgerechtsantrag nach dem MSA[261] oder einen Rückführungsantrag nach dem KindEntfÜbk zu stellen.

125 **(2) MSA; KSÜ.** Nach **Art. 7 MSA/Art. 23 KSÜ** (→ Art. 17 Rn. 71) sind Sorgerechtsentschei-dungen aus Vertragsstaaten anzuerkennen, wenn die Behörde des Entscheidungsstaats zuständig war (Art. 7 S. 1 MSA/Art. 23 Abs. 2 S. 1 KSÜ) und der ordre public des Anerkennungsstaats nicht entgegensteht (Art. 16 MSA). Im EU-Bereich wird das MSA seit dem 1.3.2005 durch die **Brüssel IIa-VO** verdrängt, Art. 60a Brüssel IIa-VO. Die **Vollstreckung** der Schutzmaßnahmen richtet sich nach dem innerstaatlichen Recht des Vollstreckungsstaates (Art. 7 S. 2 Alt. 1 MSA, Art. 28 S. 2 KSÜ) oder nach zwischenstaatlichen Übereinkünften (Art. 7 S. 2 Alt. 2 MSA).

126 **cc) Autonomes Recht.** Die Regelung der elterlichen Sorge erfolgt im **FamFG-Verfahren** für Kindschaftssachen (§§ 151 ff. FamFG). Ausländische Sorgerechtsentscheidungen werden dementspre-chend nicht nach § 328 ZPO, sondern nach **§§ 108 f. FamFG** anerkannt: Die Qualifikation nach der deutschen lex fori entscheidet über die maßgebliche Anerkennungsnorm.[262] Auf die **Verbür-gung der Gegenseitigkeit** kommt es gemäß § 109 Abs. 4 FamFG nicht an.

127 **e) Wohnung und Hausrat. aa) Bilaterale Abkommen.** Die Verfahren über die Überlassung der Wohnung und die Verteilung des Hausrats betreffen vermögensrechtliche Ansprüche. Die in → Rn. 98 aufgezählten bilateralen Anerkennungs- und Vollstreckungsabkommen sind daher grund-sätzlich einschlägig, es sei denn, sie haben die genannten Gebiete ebenso aus ihrem Anwendungsbe-reich ausgenommen wie die Brüssel Ia-VO und das LugÜ (→ Rn. 72). Dies ist nach den in → Rn. 72 dargelegten Grundsätzen immer dann anzunehmen, wenn das eheliche Güterrecht vom Anwendungsbereich ausgenommen ist, was der Fall ist für das Abkommen mit **Israel.**[263] Es bleiben die Abkommen mit **Belgien,**[264] **Griechenland,**[265] **Italien,**[266] den **Niederlanden,**[267] **Norwe-**

---

[257] Vgl. *Alegría Borrás*, Erläuternder Bericht zu dem Übereinkommen aufgrund von Artikel K.3 des Vertrags über die Europäische Union über die Zuständigkeit und die Anerkennung und Vollstreckung von Entscheidungen in Ehesachen vom 28.5.1998, ABl. EG 1998 Nr. C 221 S. 52 Rn. 73.

[258] Näher dazu *Solomon* FamRZ 2004, 1409 (1418 f.).

[259] Für die Bundesrepublik in Kraft getreten am 1.2.1991 (Bek. BGBl. II S. 392), abgedruckt bei *Jayme/Hausmann* Nr. 183.

[260] Für die Bundesrepublik in Kraft getreten am 1.12.1990 (BGBl. 1991 II S. 329), abgedruckt bei *Jayme/Hausmann* Nr. 223.

[261] Dies setzt allerdings voraus, dass das Kind bereits einen gewöhnlichen Aufenthalt im Vollstreckungsstaat erworben hat.

[262] Vgl. *Roth* IPRax 1988, 75 (77) mN; *Geimer*, FS Ferid, 1988, 89 (95 f.).

[263] Vertrag vom 20.7.1977, BGBl. 1980 II S. 926; *Jayme/Hausmann* Nr. 191.

[264] Abk. vom 30.6.1958 (BGBl. 1959 II S. 766), teilweise ersetzt durch Übk. vom 27.9.1968 (BGBl. 1972 II S. 773). Dazu OLG Celle FamRZ 1993, 439 = IPRax 1994, 209 m. Anm. *Rauscher* IPRax 1994, 188.

[265] Vertrag vom 4.11.1961 (BGBl. 1963 II S. 109).

[266] Abk. vom 9.3.1936 (RGBl. 1937 II S. 145), wieder in Kraft getreten am 1.10.1952 (BGBl. II S. 986), teilweise ersetzt durch Übk. vom 27.9.1968 (BGBl. 1972 II S. 773). Hierzu BayObLG FamRZ 1990, 897; 1993, 452; OLG Celle FamRZ 1993, 1216; OLG Karlsruhe FamRZ 1991, 839 = IPRspr. 1991 Nr. 187.

[267] Abk. vom 30.8.1962, BGBl. 1965 II S. 27.

gen,[268] Österreich,[269] der **Schweiz**,[270] **Spanien**,[271] **Tunesien**[272] und dem **Vereinigten König-reich**.[273]

bb) Autonomes Recht. Entscheidungen über die Nutzung von Wohnung und Hausrat unterlie- **128** gen nach der hierfür maßgeblichen deutschen Auffassung (Qualifikation nach der lex fori)[274] gemäß § 111 Nr. 5 FamFG, § 200 FamFG dem Verfahren in Wohnungs- und Haushaltssachen (§§ 201 ff. FamFG). Die Anerkennung ausländischer Entscheidungen in diesen Angelegenheiten richtet sich deshalb nach **§ 108 f. FamFG** (→ Rn. 126).

f) Gewaltschutzverfahren. In Gewaltschutzverfahren greifen die europäischen Vorschriften **129** (Brüssel Ia-VO, LugÜ) ein (→ Rn. 77). Für die **Anerkennung von Schutzmaßnahmen** gilt ab dem 11.1.2015 die **VO (EU) Nr. 606/2013**.[275] Gemäß Art. 4 VO (EU) Nr. 606/2013 werden in einem Mitgliedstaat angeordnete Schutzmaßnahmen in den anderen Mitgliedstaaten ohne besonderes Verfahren anerkannt. „Schutzmaßnahme" ist gemäß Art. 3 VO (EU) Nr. 606/2013 jede von der Ausstellungsbehörde des Ursprungsmitgliedstaats gemäß ihrem innerstaatlichen Recht angeordnete Entscheidung, insbesondere Betretungs-, Kontakt- und Näherungsverbote. Für die Anerkennung vor dem 11.1.2015 angeordneter Schutzmaßnahmen gelten weiterhin die Vorschriften der Brüssel I-VO (44/2001) und des LugÜ. Danach werden die in einem Mitgliedstaat der EU oder des Luganer Übereinkommens ergangenen Entscheidungen in den anderen Mitgliedstaaten anerkannt, ohne dass es hierfür eines besonderen Verfahrens bedarf (Art. 33 Abs. 1 Brüssel I-VO [44/2001], Art. 33 Abs. 1 LugÜ). Die Anerkennung kann aus den in Art. 34 f. Brüssel I-VO (44/2001), Art. 34 f. LugÜ genannten Gründen verweigert werden. Zur Vollstreckung bedarf es gegenwärtig noch einer **Voll-streckbarerklärung**, vgl. Art. 38 Brüssel I-VO (44/2001)/LugÜ. Mit dem Eintritt der Geltung der VO (EU) Nr. 606/2013 am 11.1.2015 entfällt gemäß Art. 4 Abs. 1 VO (EU) Nr. 606/2013 die Vollstreckbarerklärung. Ab dem genannten Datum sind Entscheidungen über Schutzmaßnahmen ohne Exequatur vollstreckbar. Die Vollstreckung kann gemäß Art. 13 VO (EU) Nr. 606/2013 wegen offensichtlichen ordre public-Verstoßes oder Unvereinbarkeit mit einer im Anerkennungsstaat ergan-genen oder anerkannten Entscheidung versagt werden.

g) Sonstige Nebenentscheidungen. Die Anerkennung von Entscheidungen über den **Versor-** **130** **gungsausgleich** richtet sich nach § 108 f. FamFG (→ Rn. 126); auf die Verbürgung der Gegensei-tigkeit kommt es nicht an, da Versorgungsausgleichssachen in § 109 Abs. 4 FamFG nicht erwähnt sind. Anders die Anerkennung **güterrechtlicher** Entscheidungen: Sie ist nach § 109 Abs. 4 Nr. 1 iVm § 112 Nr. 2 FamFG ausgeschlossen, wenn die Gegenseitigkeit nicht verbürgt ist (sog. Familien-streitsache, → Rn. 119). Die in → Rn. 98 genannten **bilateralen Abkommen** sind daneben über-wiegend anwendbar.[276] Zur Nichtanwendbarkeit der europäischen Regeln (Brüssel Ia-VO und LugÜ) → Rn. 72.

3. Einstweilige Anordnungen. a) EU-Recht. Einstweilige Anordnungen fallen zwar grund- **131** sätzlich unter die europäische Verfahrensordnung (→ Rn. 80). Sie sind nach der Rechtsprechung des EuGH aber nur dann als „Entscheidungen" iS von Art. 32 Brüssel I-VO (44/2001) und Art. 25 LugÜ anzusehen, wenn sie auf Grund eines zweiseitigen Verfahrens ergangen sind, der Beklagte also ordnungsgemäß geladen und damit der Grundsatz des **rechtlichen Gehörs** gewahrt wurde.[277] Dies wird durch **Art. 2 lit. a Brüssel Ia-VO (1215/2012)** bestätigt. Ein wegen der Eilbedürftigkeit nicht

---

[268] Abk. vom 17.6.1977, BGBl. 1981 II S. 342, in Kraft getreten am 3.10.1981, Bek. BGBl. 1981 II S. 901.

[269] Abk. vom 6.6.1959, BGBl. 1960 II S. 1246.

[270] Abkommen vom 2.11.1929, RGBl. 1930 II S. 1066; *Jayme/Hausmann* Nr. 190. Ob Beschlüsse in Ehewoh-nungs- und Haushaltssachen (§§ 200 ff. FamFG) als Entscheidungen „im Prozessverfahren über vermögensrechtli-che Ansprüche" iS von Art. 1 des Abk. anzusehen sind, bleibt dahingestellt.

[271] Vertrag vom 14.11.1983 (BGBl. 1987 II S. 35).

[272] Vertrag vom 19.7.1966 (BGBl. 1969 II S. 889).

[273] Abk. vom 14.7.1960 (BGBl. 1961 II S. 301). Anerkannt werden nur Ansprüche oberer Gerichte, dazu gehören nicht die Amtsgerichte [Art. 1 (2) (a) d].

[274] BGHZ 88, 113 = NJW 1983, 2775 = IPRax 1984, 323 m. Rez. *Siehr* IPRax 1984, 309; *Roth* IPRax 1988, 75 (77) mN; *Geimer*, FS Ferid, 1988, 89 (95 f.); *Zöller/Geimer* ZPO § 328 Rn. 91.

[275] Verordnung (EU) Nr. 606/2013 des Europäischen Parlaments und des Rates vom 12.6.2013 über die gegenseitige Anerkennung von Schutzmaßnahmen in Zivilsachen, ABl. EU 2013 Nr. L 181 S. 4, in Kraft getreten am 19.7.2913 (Art. 22 der VO).

[276] Eine Ausnahme gilt wiederum für das dt.-norweg. Abk., das nach seinem Art. 3 Nr. 1 u.a. auf Ehe- und andere Familiensachen keine Anwendung findet.

[277] EuGH GRUR Int 1980 = IPRax 1981, 95 m. Anm. *Hausmann* IPRax 1981, 79 – Denilauler/Couchet Frères; BGH IPRax 1999, 371 (373) (zu Art. 25 GVÜ).

gewährtes rechtliches Gehör muss nachgeholt werden.[278] Einstweilige Anordnungen auf dem Gebiet der **elterlichen Verantwortung** sind dagegen nur dann nach Art. 21 ff. Brüssel IIa-VO anerkennungs- und vollstreckungsfähig, wenn sie von dem gemäß Art. 8 ff. Brüssel IIa-VO **in der Hauptsache zuständigen Gericht** erlassen wurden,[279] nicht dagegen, wenn die Zuständigkeit des Gerichts auf **Art. 20 Brüssel IIa-VO** beruhte.[280]

132   **b) Staatsverträge.** Zu **Art. 7 EuSorgeRÜbk** s. Rn. 123. Das Übereinkommen enthält keine besonderen Vorschriften über einstweilige Maßnahmen; diese sind daher in gleicher Weise unter den Begriff „Entscheidung" iS von Art. 7 EuSorgeRÜbk zu subsumieren wie im Rahmen der entsprechenden europäischen Vorschriften (→ Rn. 131). Das Gleiche gilt für die Vollstreckung von einstweiligen **Unterhaltsentscheidungen** im Rahmen des **UStA** (→ Rn. 117); zum Schutz des rechtlichen Gehörs vgl. auch Art. 6 UStA.

133   In den **bilateralen Abkommen** ist die Anerkennung und Vollstreckung von Arresten und einstweiligen Verfügungen überwiegend ausgenommen.[281] Bestimmte Ausnahmen gelten für das deutsch-belgische,[282] das deutsch-griechische,[283] das deutsch-tunesische,[284] das deutsch-israelische[285] und das deutsch-österreichische Abkommen.[286]

134   **c) Autonomes Recht.** Im autonomen Recht wurde die Anerkennungsfähigkeit ausländischer einstweiliger Anordnungen nach § 328 ZPO teilweise generell verneint, weil es sich dabei nicht um Urteile iS der Vorschrift[287] oder nur um vorläufige Maßnahmen handele, die den Rechtsstreit nicht endgültig erledigen.[288] Beide Argumente lassen sich auf das FamFG nicht übertragen. Dort ist nicht von Urteilen, sondern von Entscheidungen die Rede, worunter die einstweilige Anordnung zweifelsfrei zu subsumieren ist.[289]

135   **4. Maßgeblicher Zeitpunkt.** Nach dem Grundsatz der Wirkungserstreckung werden die Rechtswirkungen der Entscheidung im gleichen Zeitpunkt, in dem sie im Entscheidungsstaat eintreten, auf das Inland erstreckt; die Anerkennung wirkt folglich auf diesen Zeitpunkt zurück[290] (→ Rn. 84). Damit sind auch die **Voraussetzungen** der Anerkennung zu eben diesem Zeitpunkt zu beurteilen. Maßgeblich ist deshalb der **Eintritt der Rechtskraft** der Entscheidung. Die hM stellt – etwas ungenau – meist auf den Zeitpunkt des Erlasses der Entscheidung bzw. der letzten mündlichen Verhandlung ab.[291] Entgegen der Praxis der LJVen[292] kommt es somit jedenfalls grundsätzlich nicht auf den Zeitpunkt der Anerkennung an (s. aber → Rn. 136). Eine zum Zeitpunkt des Eintritts der Rechtskraft anerkennungsfähige Entscheidung kann diese Eigenschaft grundsätzlich nicht durch eine spätere **Änderung der Anerkennungsvoraussetzungen** verlieren.[293] Eine Aus-

---

[278] Vgl. OLG Köln FamRZ 2010, 1590 (zu § 109 FamFG).
[279] BGH IPRax 2011, 386 m. Rez. *Pirrung* IPRax 2011, 351 = FamRZ 2011, 542 m. Anm. *Helms*; *Mansel/Thorn/Wagner* IPRax 2012, 1 (21).
[280] EuGH NJW 2010, 2861 = IPRax 2011, 378 m. zust. Anm. *Pirrung* IPRax 2011 351 – Purrucker; *Mansel/Thorn/Wagner* IPRax 2012, 1 (21).
[281] Art. 1 dt.-schweiz. Abk., Art. 12 dt.-ital. Abk., Art. 3 Nr. 5 dt.-span. Abk., Art. 1 Abs. 3 Satz 1 Halbs. 2 dt.-brit. Abk.; Art. 3 Nr. 4 dt.-norweg. Abk.
[282] Nach Art. 1 Abs. 1 Satz 2 d. Abk. werden einstweilige Anordnungen, die auf eine Geldleistung lauten, anerkannt.
[283] Nach Art. 17 Abs. 2 Satz 2 dt.-griech. Abk. gilt das Abk. für solche einstweiligen Verfügungen oder einstweiligen Anordnungen, die auf Leistung des Unterhalts oder auf eine andere Geldleistung lauten.
[284] Nach Art. 27 Abs. 4 dt.-tun. Abk. werden einstw. Anordnungen, die auf eine Geldleistung lauten, anerkannt.
[285] Art. 4 Abs. 1 Nr. 7 dt.-israel. Abk. nimmt einstweilige Maßnahmen von der Anwendung des Abk. aus, dies gilt jedoch nach Abs. 2 der Vorschrift nicht für Entscheidungen, die Unterhaltspflichten zum Gegenstand haben.
[286] Nach Art. 14 Abs. 2 Satz 1 dt.-österr. Abk. ist der Vertrag anwendbar auf einstweilige Verfügungen oder einstweilige Anordnungen, die auf Unterhalt oder auf eine andere Geldleistung lauten.
[287] *Hausmann* IPRax 1981, 79 (80).
[288] *Geimer*, Die Anerkennung ausländischer Entscheidungen in Deutschland, 1995, 98; BLAH/*Hartmann*, 66. Aufl. 2008, ZPO § 328 Rn. 9.
[289] Vgl. etwa OLG Köln FamRZ 2010, 1590 (Anerkennung einer einstweiligen Sorgerechtsregelung).
[290] BGH NJW 1983, 514 (515) = IPRax 1983, 292 (293) m. Anm. *Basedow* IPRax 1983, 278 und *Bürgle* IPRax 1983, 281; OLG Hamm NJW-RR 1992, 710 = FamRZ 1992, 673 (674); Zöller/*Geimer* ZPO § 328 Rn. 47; *Linke* IZPR, 4. Aufl. 2006, Rn. 368.
[291] Vgl. zu § 328 ZPO: BayObLGZ 1987 Nr. 70 = NJW 1988, 2178 (2179); FamRZ 1990, 1265 (1266) = IPRspr. 1991 Nr. 222; KG FamRZ 1987, 603; *Martiny* HdB. IZVR III/1 Rn. 232 und 774; Staudinger/*Gamillscheg*, 10./11. Aufl. 1973, ZPO § 328 Rn. 99 und 101 ff.; Stein/Jonas/*Roth* ZPO § 328 Rn. 32.
[292] Vgl. JM BW FamRZ 1995, 1411 (1412), das die Frage allerdings offenlässt.
[293] Vgl. zu § 328 ZPO Stein/Jonas/*Roth* ZPO § 328 Rn. 33; OLG Hamm FamRZ 1988, 968 (Erwerb der deutschen Staatsangehörigkeit).

nahme bildet der **ordre public,** der stets nach den zur Zeit der Anerkennung geltenden Maßstäben zu bestimmen ist;[294] auch dabei sind jedoch die Gesichtspunkte des Vertrauensschutzes zu berücksichtigen.

Fraglich ist, ob die vorstehenden Ausführungen auch für den umgekehrten Fall gelten, dass die **136** Anerkennungsvoraussetzungen **erleichtert** werden, eine bei Eintritt der Rechtskraft nicht anerkennungsfähige ausländische Entscheidung also durch eine Änderung des Anerkennungsrechts **nachträglich anerkennungsfähig** wird. Es geht dabei um eine **rückwirkende Anknüpfung von Tatbestandsmerkmalen** – nämlich: der Voraussetzungen des § 109 FamFG –, die sich an den ggf. bereits „ins Werk gesetzten" Grundrechten messen lassen muss.[295] Dabei sind die allgemeinen rechtsstaatlichen Grundsätze des Vertrauensschutzes und der Rechtssicherheit zu beachten.[296] Vorliegend steht vor allem der Gesichtspunkt des Vertrauensschutzes in Frage; ob er durchgreift, wird in der Rspr. unterschiedlich beurteilt. Während das KG[297] im Rahmen des § 328 ZPO das Vertrauen des Beklagten auf das Fehlen der Anerkennungsfähigkeit auch hier für schutzwürdig hielt und die Rechtslage deshalb nach altem Recht beurteilte, will das BayObLG[298] im Interesse des Klägers das neue, anerkennungsfreundlichere Recht anwenden und die schutzwürdigen Interessen des Beklagten nur im Rahmen des ordre public berücksichtigen. Das Argument des BayObLG, die Rechtsverteidigung des Beklagten eines ausländischen Ehescheidungsverfahrens sei häufig auf bloße Abwehr des Klageantrags und weniger danach ausgerichtet, ob das Urteil in seinem Heimatland oder einem anderen Land anerkennungsfähig sei, überzeugt indes nicht. Selbst wenn sich dies in der Praxis häufig so verhalten sollte, so ist es doch nicht ausgeschlossen, dass die beklagte inländische Partei im Einzelfall im Vertrauen auf die mangelnde Anerkennungsfähigkeit des zu erwartenden Urteils an dem ausländischen Verfahren nicht teilnimmt. Dieses Vertrauen ist nicht nur im Rahmen des ordre public, sondern absolut schutzwürdig. Das geltende Anerkennungsrecht kann deshalb auf Entscheidungen, die vor seinem Inkrafttreten erlassen worden sind und nach dem zu diesem Zeitpunkt geltenden Recht nicht anerkennungsfähig waren, nur dann Anwendung finden, wenn der **Antragsgegner** die Anerkennung beantragt.[299]

Siebter Abschnitt Besondere Vorschriften zur Durchführung von Regelungen der Europäischen Union nach Artikel 3 Nr. 1

Dritter Unterabschnitt Durchführung der Verordnung (EU) Nr. 1259/2010

Art. 46e EGBGB Rechtswahl

(1) Eine Rechtswahlvereinbarung nach Artikel 5 der Verordnung (EU) Nr. 1259/2010 ist notariell zu beurkunden.

(2) [1]Die Ehegatten können die Rechtswahl nach Absatz 1 auch noch bis zum Schluss der mündlichen Verhandlung im ersten Rechtszug vornehmen. [2]§ 127a des Bürgerlichen Gesetzbuchs gilt entsprechend.

I. Allgemeines

Nach Art. 2 Nr. 7 des Dritten Gesetzes zur Änderung reiserechtlicher Vorschriften vom 17.7.2017 **1** (BGBl. I 2394) wird Art. 46d mit Wirkung ab 1.7.2018 zu **Art. 46e.**

Art. 46d gilt in der Fassung des Gesetzes zur Anpassung der Vorschriften des Internationalen **1a** Privatrechts an die Verordnung (EU) Nr. 1259/2010 und zur Änderung anderer Vorschriften des Internationalen Privatrechts vom 23.1.2013 (BGBl. 2013 I S. 101), in Kraft getreten am 29.1.2013.[1] Er kommt zwingend nur zur Anwendung, wenn **beide Ehegatten** zum Zeitpunkt der Rechtswahl ihren **gewöhnlichen Aufenthalt in Deutschland** haben (Art. 7 Abs. 2 Rom III-VO). Haben die Ehegatten im genannten Zeitpunkt ihren gewöhnlichen Aufenthalt **in verschiedenen teilnehmenden Mitgliedstaaten,** so ist die Vereinbarung formgültig, wenn sie den Vorschriften eines der beiden Rechte entspricht (Art. 7 Abs. 3 Rom III-VO)[2] (**favor negotii,** → Rom III-VO Art. 7 Rn. 6 f.).

---

[294] Vgl. zu § 328 Abs. 1 Nr. 4 ZPO Stein/Jonas/*Roth* ZPO § 328 Rn. 34.

[295] BVerfGE 72, 200 (242 f.) = NJW 1987, 1749 (1750).

[296] BVerfGE 72, 200 (242 f.) = NJW 1987, 1749 (1750); vgl. auch BVerfG FamRZ 1988, 920.

[297] KG FamRZ 1987, 603 (604) (zu § 328 ZPO).

[298] BayObLGZ 1987 Nr. 70 = NJW 1988, 2178 (2179) = FamRZ 1988, 860.

[299] KG FamRZ 1987, 603 (604); Staudinger/*Gamillscheg,* 10./11. Aufl. 1973, ZPO § 328 Rn. 99, 101 ff.

[1] Vgl. Begr. RegE, BT-Drs. 17/11049, 11 f.

[2] Vgl. das Beispiel von *Rauscher* FPR 2013, 257 (261): formlose Wahl ägyptischen Rechts per E-Mail.

II. Form der Wahl des Scheidungsstatuts

2   Die Form von Rechtswahlvereinbarungen ist hinsichtlich des Scheidungsstatuts in **Art. 7 Abs. 1 Rom III-VO** nur im Sinne einer Mindestanforderung geregelt (→ Rom III-VO Art. 7 Rn. 3). Gemäß **Art. 7 Abs. 2 Rom III-VO** können jedoch die teilnehmenden Mitgliedstaaten zusätzliche Formvorschriften aufstellen für den Fall, dass die Ehegatten zum Zeitpunkt der Wahl ihren gewöhnlichen Aufenthalt in dem jeweiligen Mitgliedstaat haben. Die Schriftform allein stellt nicht sicher, dass den Ehegatten die Tragweite ihrer Wahl bewusst wird. Nur die **notarielle Beurkundung** kann die erforderliche rechtliche Beratung der Ehegatten gewährleisten und damit den „schwächeren" Ehegatten vor einer Übervorteilung durch die Wahl einer für ihn ungünstigen Rechtsordnung schützen.[3] Zugleich schafft der Gesetzgeber damit Gleichklang mit den Formvorschriften der Art. 14 Abs. 4, Art. 15 Abs. 3 EGBGB sowie den materiellrechtlichen Formvorschriften in §§ 1408, 1410 BGB, § 7 VersAusglG. Die Formanforderungen für den **Verzicht** auf den Versorgungsausgleich (§ 7 Abs. 1 VersAusglG) können nicht stärker sein als diejenigen für seine kollisionsrechtliche Abwahl.[4] Auf denselben Überlegungen beruht die entsprechende Anwendung des § 127a BGB.

III. Zeitpunkt der Rechtswahl

3   Gemäß **Art. 5 Abs. 2 Rom III-VO** kann die Rechtswahl bis spätestens zum Zeitpunkt der Anrufung des Gerichts geschlossen oder geändert werden. **Art. 5 Abs. 3 Rom III-VO** stellt es jedoch den teilnehmenden Mitgliedstaaten frei, auch noch während des Verfahrens eine Rechtswahl zuzulassen. Der deutsche Gesetzgeber hat von dieser Möglichkeit Gebrauch gemacht, indem er den möglichen Zeitpunkt der Wahl bis zum **Schluss der mündlichen Verhandlung** hinausschiebt (→ Rom III-VO Art. 5 Rn. 18). Zur Begründung heißt es, dass den Ehegatten in vielen Fällen erst nach Anrufung des Gerichts bewusst werde, welches Recht mangels Rechtswahl anwendbar wäre. Auch könne sich – insbesondere aus dem Zusammenhang mit Scheidungsfolgen – erst im Laufe des Verfahrens ein praktisches Bedürfnis für die Wahl einer Rechtsordnung ergeben.[5] Erfolgt die Rechtswahl während des laufenden Verfahrens (zum Zeitrahmen → Art. 5 Rn. 18), so wird die notarielle Beurkundung gemäß Abs. 2 S. 2 iVm § 127a BGB durch die **gerichtliche Protokollierung** nach §§ 159 ff. ZPO ersetzt. Die Verweisung auf § 127a BGB ist keinesfalls überflüssig,[6] denn Art. 5 Abs. 3 Rom III-VO verweist ausdrücklich auf das Recht des angerufenen Staates.[7]

---

[3] Vgl. BT-Drs. 17/11049, 11.
[4] BT-Drs. 17/11049, 11.
[5] BT-Drs. 17/11049, 11 f.
[6] So aber *Raupach* Ehescheidungen mit Auslandsbezug 180.
[7] Vgl. BT-Drs. 17/11049, 11.

Abschnitt 2. Internationales Lebenspartnerschaftsrecht

Verordnung (EU) 2016/1104 des Rates vom 24.6.2016 zur Durchführung der Verstärkten Zusammenarbeit im Bereich der Zuständigkeit, des anzuwendenden Rechts und der Anerkennung und Vollstreckung von Entscheidungen in Fragen güterrechtlicher Wirkungen eingetragener Partnerschaften

(ABl. Nr. L 183 S. 30)
Celex-Nr. 3 2016 R 1104

DER RAT DER EUROPÄISCHEN UNION –
gestützt auf den Vertrag über die Arbeitsweise der Europäischen Union, insbesondere auf Artikel 81 Absatz 3,
gestützt auf den Beschluss (EU) 2016/954 des Rates vom 9. Juni 2016 zur Ermächtigung zu einer Verstärkten Zusammenarbeit im Bereich der Zuständigkeit, des anzuwendenden Rechts und der Anerkennung und Vollstreckung von Entscheidungen in Fragen der Güterstände internationaler Paare (eheliche Güterstände und güterrechtliche Wirkungen eingetragener Partnerschaften),[1]
auf Vorschlag der Europäischen Kommission,
nach Zuleitung des Entwurfs des Gesetzgebungsakts an die nationalen Parlamente,
nach Stellungnahme des Europäischen Parlaments,[2]
gemäß einem besonderen Gesetzgebungsverfahren,
in Erwägung nachstehender Gründe:

(1) Die Union hat sich zum Ziel gesetzt, einen Raum der Freiheit, der Sicherheit und des Rechts, in dem der freie Personenverkehr gewährleistet ist, zu erhalten und weiterzuentwickeln. Zum schrittweisen Aufbau eines solchen Raums hat die Union im Bereich der justiziellen Zusammenarbeit in Zivilsachen, die einen grenzüberschreitenden Bezug aufweisen, Maßnahmen zu erlassen, insbesondere wenn dies für das reibungslose Funktionieren des Binnenmarkts erforderlich ist.

(2) Nach Artikel 81 Absatz 2 Buchstabe c des Vertrags über die Arbeitsweise der Europäischen Union (AEUV) können zu solchen Maßnahmen unter anderem Maßnahmen gehören, die die Vereinbarkeit der in den Mitgliedstaaten geltenden Kollisionsnormen und Vorschriften zur Vermeidung von Kompetenzkonflikten sicherstellen sollen.

(3) Auf seiner Tagung vom 15./16. Oktober 1999 in Tampere hatte der Europäische Rat den Grundsatz der gegenseitigen Anerkennung von Urteilen und anderen Entscheidungen von Justizbehörden als Eckstein der justiziellen Zusammenarbeit in Zivilsachen unterstützt und den Rat und die Kommission ersucht, ein Maßnahmenprogramm zur Umsetzung dieses Grundsatzes anzunehmen.

(4) Am 30. November 2000 wurde daraufhin ein für die Kommission und den Rat gleichermaßen geltendes Maßnahmenprogramm zur Umsetzung des Grundsatzes der gegenseitigen Anerkennung gerichtlicher Entscheidungen in Zivil- und Handelssachen[3] angenommen. Dieses Programm weist Maßnahmen zur Harmonisierung der Kollisionsnormen als Maßnahmen aus, die die gegenseitige Anerkennung gerichtlicher Entscheidungen erleichtern können, und stellt die Ausarbeitung eines Rechtsinstruments zu den ehelichen Güterständen und den güterrechtlichen Wirkungen der Trennung von nicht verheirateten Paaren in Aussicht.

(5) Am 4. und 5. November 2004 nahm der Europäische Rat auf seiner Tagung in Brüssel ein neues Programm mit dem Titel „Haager Programm zur Stärkung von Freiheit, Sicherheit und Recht in der Europäischen Union"[4] an. Darin ersuchte der Rat die Kommission um Vorlage eines Grünbuchs über das Kollisionsrecht im Bereich des ehelichen Güterstands, einschließlich der Frage der Zuständigkeit und der gegenseitigen Anerkennung. Dem Programm zufolge sollte auch ein Rechtsakt in diesem Bereich erlassen werden.

(6) Am 17. Juli 2006 nahm die Kommission daraufhin ein Grünbuch zu den Kollisionsnormen im Güterrecht sowie zur gerichtlichen Zuständigkeit und der gegenseitigen Anerkennung an. Auf der Grundlage dieses Grünbuchs fand eine umfassende Konsultation zu den Problemen statt, die sich in Europa bei der güterrechtlichen Auseinandersetzung für Paare stellen, sowie zu den rechtlichen

---

[1] **Amtl. Anm.:** ABl. L 159 vom 16.6.2016, S. 16.
[2] **Amtl. Anm.:** Stellungnahme vom 23. Juni 2016 (noch nicht im Amtsblatt veröffentlicht).
[3] **Amtl. Anm.:** ABl. C 12 vom 15.1.2001, S. 1.
[4] **Amtl. Anm.:** ABl. C 53 vom 3.3.2005, S. 1.

Lösungsmöglichkeiten. Im Grünbuch wurden auch sämtliche Fragen des Internationalen Privatrechts behandelt, die sich Paaren stellen, die in einer anderen Form der Lebensgemeinschaft als der Ehe, unter anderem in einer eingetragenen Partnerschaft, zusammenleben, und die speziell für diese Paare von Belang sind.

(7) Auf seiner Tagung vom 10. und 11. Dezember 2009 in Brüssel nahm der Europäische Rat ein neues mehrjähriges Programm mit dem Titel "Das Stockholmer Programm – Ein offenes und sicheres Europa im Dienste und zum Schutz der Bürger"[5] an. Darin hielt der Europäische Rat fest, dass der Grundsatz der gegenseitigen Anerkennung auf Bereiche ausgeweitet werden sollte, die bisher noch nicht erfasst sind, aber den Alltag der Bürger wesentlich prägen, z.B. güterrechtliche Wirkungen einer Trennung, wobei gleichzeitig die Rechtssysteme einschließlich der öffentlichen Ordnung *(ordre public)* und die nationalen Traditionen der Mitgliedstaaten in diesem Bereich zu berücksichtigen sind.

(8) In ihrem „Bericht über die Unionsbürgerschaft 2010 – Weniger Hindernisse für die Ausübung von Unionsbürgerrechten" vom 27. Oktober 2010 kündigte die Kommission die Vorlage eines Legislativvorschlags an, der Hindernisse für die Freizügigkeit und insbesondere die Schwierigkeiten überwinden soll, mit denen Paare bei der Verwaltung ihres Vermögens oder bei dessen Teilung konfrontiert sind.

(9) Am 16 März 2011 nahm die Kommission einen Vorschlag für eine Verordnung des Rates über die Zuständigkeit, das anzuwendende Recht, die Anerkennung und die Vollstreckung von Entscheidungen im Bereich des Ehegüterrechts und einen Vorschlag für eine Verordnung des Rates über die Zuständigkeit, das anzuwendende Recht, die Anerkennung und die Vollstreckung von Entscheidungen im Bereich des Güterrechts eingetragener Partnerschaften an.

(10) Auf seiner Tagung vom 3. Dezember 2015 stellte der Rat fest, dass für die beiden Verordnungsvorschläge zu den ehelichen Güterständen und den Güterständen eingetragener Partnerschaften keine Einstimmigkeit erzielt werden konnte und innerhalb eines vertretbaren Zeitraums die mit einer Zusammenarbeit in diesem Bereich angestrebten Ziele von der Union in ihrer Gesamtheit nicht verwirklicht werden können.

(11) Zwischen Dezember 2015 und Februar 2016 richteten Belgien, Bulgarien, die Tschechische Republik, Deutschland, Griechenland, Spanien, Frankreich, Kroatien, Italien, Luxemburg, Malta, die Niederlande, Österreich, Portugal, Slowenien, Finnland und Schweden Anträge an die Kommission, in denen sie ihren Wunsch bekundeten, untereinander eine Verstärkte Zusammenarbeit im Bereich der güterrechtlichen Beziehungen internationaler Paare, insbesondere im Bereich der Zuständigkeit, des anzuwendenden Rechts, der Anerkennung und Vollstreckung von Entscheidungen in Fragen der ehelichen Güterstände und der Güterstände eingetragener Partnerschaften, begründen zu wollen, und die Kommission um Vorlage eines entsprechenden Vorschlags an den Rat baten. Zypern hat mit Schreiben an die Kommission im März 2016 seinen Wunsch zum Ausdruck gebracht, an dieser Verstärkten Zusammenarbeit teilzunehmen; Zypern hat diesen Wunsch später während der Arbeiten des Rates bestätigt.

(12) Am 9. Juni 2016 erließ der Rat den Beschluss (EU) 2016/954 über die Ermächtigung zu dieser Verstärkten Zusammenarbeit.

(13) Gemäß Artikel 328 Absatz 1 AEUV steht eine Verstärkte Zusammenarbeit bei ihrer Begründung allen Mitgliedstaaten offen, sofern sie die in dem hierzu ermächtigenden Beschluss gegebenenfalls festgelegten Teilnahmevoraussetzungen erfüllen. Das gilt auch zu jedem anderen Zeitpunkt, sofern sie neben den genannten Voraussetzungen auch die in diesem Rahmen bereits erlassenen Rechtsakte beachten. Die Kommission und die an einer Verstärkten Zusammenarbeit teilnehmenden Mitgliedstaaten sollten dafür sorgen, dass die Teilnahme möglichst vieler Mitgliedstaaten gefördert wird. Diese Verordnung sollte nur in den Mitgliedstaaten in allen ihren Teilen verbindlich sein und unmittelbar gelten, die kraft des Beschlusses (EU) 2016/954 oder kraft eines gemäß Artikel 331 Absatz 1 Unterabsatz 2 oder 3 AEUV erlassenen Beschlusses an der Verstärkten Zusammenarbeit im Bereich der Gerichtszuständigkeit, des anzuwendenden Rechts und der Anerkennung und Vollstreckung von Entscheidungen in Fragen der Güterstände internationaler Paare (eheliche Güterstände und Güterstände eingetragener Partnerschaften) teilnehmen.

(14) Diese Verordnung sollte gemäß Artikel 81 AEUV auf die güterrechtlichen Wirkungen eingetragener Partnerschaften mit grenzüberschreitendem Bezug Anwendung finden.

(15) Damit für nicht verheiratete Paare Rechtssicherheit in Bezug auf ihr Vermögen und ein gewisses Maß an Vorhersehbarkeit in Bezug auf das anzuwendende Recht gegeben ist, sollten alle Regelungen, welche auf die güterrechtlichen Wirkungen eingetragener Partnerschaften anzuwenden sind, in einem einzigen Rechtsinstrument erfasst werden.

---

[5] **Amtl. Anm.:** ABl. C 115 vom 4.5.2010, S. 1.

(16) Nichteheliche Lebensgemeinschaften sind im Recht der Mitgliedstaaten unterschiedlich ausgestaltet, wobei zwischen Paaren, deren Lebensgemeinschaft bei einer Behörde als Partnerschaft eingetragen ist, und einer nicht eingetragenen Lebensgemeinschaft unterschieden werden sollte. Auch wenn nicht eingetragene Lebensgemeinschaften in manchen Mitgliedstaaten gesetzlich geregelt sind, sollten sie von eingetragenen Partnerschaften unterschieden werden, die einen offiziellen Charakter aufweisen, der es ermöglicht, sie in einem Rechtsakt der Union zu regeln, der ihren Besonderheiten Rechnung trägt. Es gilt, im Interesse eines reibungslosen Funktionierens des Binnenmarkts die Hindernisse für die Freizügigkeit von Personen, die in einer eingetragenen Partnerschaft leben, zu beseitigen; hierzu zählen insbesondere die Schwierigkeiten, mit denen diese Paare bei der Verwaltung ihres Vermögens oder bei dessen Teilung konfrontiert sind. Um diese Ziele zu erreichen, sollten in dieser Verordnung Bestimmungen über die Gerichtszuständigkeit, das anzuwendende Recht, die Anerkennung – oder gegebenenfalls die Annahme –, die Vollstreckbarkeit und die Vollstreckung von Entscheidungen, öffentlichen Urkunden und gerichtlichen Vergleichen zusammengefasst werden.

(17) Diese Verordnung sollte Fragen regeln, die sich im Zusammenhang mit den güterrechtlichen Wirkungen eingetragener Partnerschaften ergeben. Der Begriff „eingetragene Partnerschaft" sollte nur für die Zwecke dieser Verordnung definiert werden. Der tatsächliche Inhalt dieses Begriffskonzepts sollte sich weiter nach dem nationalen Recht der Mitgliedstaaten bestimmen. Diese Verordnung sollte einen Mitgliedstaat, dessen Recht das Institut der eingetragenen Partnerschaft nicht regelt, nicht dazu verpflichten, dieses Rechtsinstitut in sein nationales Recht einzuführen.

(18) Der Anwendungsbereich dieser Verordnung sollte sich auf alle zivilrechtlichen Aspekte der Güterstände eingetragener Partnerschaften erstrecken und sowohl die Verwaltung des Vermögens der Partner im Alltag betreffen als auch die güterrechtliche Auseinandersetzung infolge der Trennung des Paares oder des Todes eines Partners.

(19) Diese Verordnung sollte nicht für Bereiche des Zivilrechts gelten, die nicht die güterrechtlichen Wirkungen eingetragener Partnerschaften betreffen. Aus Gründen der Klarheit sollte eine Reihe von Fragen, die als mit den güterrechtlichen Wirkungen eingetragener Partnerschaften zusammenhängend betrachtet werden können, ausdrücklich vom Anwendungsbereich dieser Verordnung ausgenommen werden.

(20) Dementsprechend sollte diese Verordnung nicht für Fragen der allgemeinen Rechts-, Geschäfts- und Handlungsfähigkeit der Partner gelten; dieser Ausschluss sollte sich jedoch nicht auf die spezifischen Befugnisse und Rechte eines oder beider Partner – weder im Verhältnis untereinander noch gegenüber Dritten – im Zusammenhang mit dem Vermögen erstrecken, da diese Befugnisse und Rechte in den Anwendungsbereich dieser Verordnung fallen sollten.

(21) Diese Verordnung sollte nicht für andere Vorfragen wie das Bestehen, die Gültigkeit oder die Anerkennung einer eingetragenen Partnerschaft gelten, die dem nationalen Recht der Mitgliedstaaten, einschließlich ihrer Vorschriften des Internationalen Privatrechts, unterliegen.

(22) Die Unterhaltspflichten im Verhältnis der Partner untereinander sind Gegenstand der Verordnung (EG) Nr. 4/2009 des Rates[6] und sollten daher vom Anwendungsbereich dieser Verordnung ausgenommen werden; das gilt auch für Fragen der Rechtsnachfolge nach dem Tod eines Partners, da diese in der Verordnung (EU) Nr. 650/2012 des Europäischen Parlaments und des Rates vom 4. Juli 2012[7] geregelt sind.

(23) Fragen im Zusammenhang mit der Berechtigung, Ansprüche gleich welcher Art auf Alters- oder Erwerbsunfähigkeitsrente, die während der eingetragenen Partnerschaft erworben wurden und die während der eingetragenen Partnerschaft zu keinem Renteneinkommen geführt haben, zwischen den Partnern zu übertragen oder anzupassen, sollten vom Anwendungsbereich dieser Verordnung ausgenommen werden, wobei die in den Mitgliedstaaten bestehenden spezifischen Systeme zu berücksichtigen sind. Allerdings sollte diese Ausnahme eng ausgelegt werden. Somit sollte diese Verordnung insbesondere die Frage der Kategorisierung von Rentenansprüchen, der während der eingetragenen Partnerschaft an einen der Partner bereits ausgezahlten Beträge und des eventuell zu gewährenden Ausgleichs bei mit gemeinsamem Vermögen finanzierten Rentenversicherungen regeln.

(24) Diese Verordnung sollte die sich aus den güterrechtlichen Wirkungen einer eingetragenen Partnerschaft ergebende Begründung oder Übertragung eines Rechts an beweglichen oder unbeweg-

---

[6] **Amtl. Anm.:** Verordnung (EG) Nr. 4/2009 des Rates vom 18. Dezember 2008 über die Zuständigkeit, das anwendbare Recht, die Anerkennung und Vollstreckung von Entscheidungen und die Zusammenarbeit in Unterhaltssachen (ABl. L 7 vom 10.1.2009, S. 1).

[7] **Amtl. Anm.:** Verordnung (EU) Nr. 650/2012 des Europäischen Parlaments und des Rates vom 4. Juli 2012 über die Zuständigkeit, das anzuwendende Recht, die Anerkennung und Vollstreckung von Entscheidungen und die Annahme und Vollstreckung öffentlicher Urkunden in Erbsachen sowie zur Einführung eines Europäischen Nachlasszeugnisses (ABl. L 201 vom 27.7.2012, S. 107).

lichen Vermögensgegenständen nach Maßgabe des auf diese güterrechtlichen Wirkungen anzuwendenden Rechts ermöglichen. Sie sollte jedoch nicht die abschließende Anzahl *(Numerus clausus)* der dinglichen Rechte berühren, die das nationale Recht einiger Mitgliedstaaten kennt. Ein Mitgliedstaat sollte nicht verpflichtet sein, ein dingliches Recht an einer in diesem Mitgliedstaat belegenen Sache anzuerkennen, wenn sein Recht dieses dingliche Recht nicht kennt.

(25) Damit die Partner jedoch die Rechte, die durch die güterrechtlichen Wirkungen der eingetragenen Partnerschaft begründet worden oder auf sie übergegangen sind, in einem anderen Mitgliedstaat ausüben können, sollte diese Verordnung die Anpassung eines unbekannten dinglichen Rechts an das in der Rechtsordnung dieses anderen Mitgliedstaats am ehesten vergleichbare Recht vorsehen. Bei dieser Anpassung sollten die mit dem besagten dinglichen Recht verfolgten Ziele und Interessen und die mit ihm verbundenen Wirkungen berücksichtigt werden. Für die Zwecke der Bestimmung des am ehesten vergleichbaren innerstaatlichen Rechts können die Behörden oder zuständigen Personen des Staates, dessen Recht auf die güterrechtlichen Wirkungen der eingetragenen Partnerschaft Anwendung findet, kontaktiert werden, um weitere Auskünfte zu der Art und den Wirkungen des betreffenden Rechts einzuholen. In diesem Zusammenhang könnten die bestehenden Netze im Bereich der justiziellen Zusammenarbeit in Zivil- und Handelssachen sowie die anderen verfügbaren Mittel, die die Erkenntnis ausländischen Rechts erleichtern, genutzt werden.

(26) Die in dieser Verordnung ausdrücklich vorgesehene Anpassung unbekannter dinglicher Rechte sollte andere Formen der Anpassung im Zusammenhang mit der Anwendung dieser Verordnung nicht ausschließen.

(27) Die Voraussetzungen für die Eintragung von Rechten an beweglichen oder unbeweglichen Vermögensgegenständen in ein Register sollten vom Anwendungsbereich dieser Verordnung ausgenommen werden. Somit sollte das Recht des Mitgliedstaats, in dem das Register geführt wird (für unbewegliches Vermögen das Recht der belegenen Sache *(lex rei sitae)*), bestimmen, unter welchen gesetzlichen Voraussetzungen und wie die Eintragung vorzunehmen ist und welche Behörden, wie etwa Grundbuchämter oder Notare, dafür zuständig sind, zu prüfen, dass alle Eintragungsvoraussetzungen erfüllt sind und die vorgelegten oder erstellten Unterlagen vollständig sind beziehungsweise die erforderlichen Angaben enthalten. Insbesondere können die Behörden prüfen, ob es sich bei dem Recht eines Partners an dem Vermögensgegenstand, der in dem für die Eintragung vorgelegten Schriftstück erwähnt ist, um ein Recht handelt, das als solches in dem Register eingetragen ist oder nach dem Recht des Mitgliedstaats, in dem das Register geführt wird, anderweitig nachgewiesen wird. Um eine doppelte Erstellung von Schriftstücken zu vermeiden, sollten die Eintragungsbehörden diejenigen von den zuständigen Behörden in einem anderen Mitgliedstaat erstellten Schriftstücke annehmen, deren Verkehr nach dieser Verordnung vorgesehen ist. Dies sollte die an der Eintragung beteiligten Behörden nicht daran hindern, von der Person, die die Eintragung beantragt, diejenigen zusätzlichen Angaben oder die Vorlage derjenigen zusätzlichen Schriftstücke zu verlangen, die nach dem Recht des Mitgliedstaats, in dem das Register geführt wird, erforderlich sind, wie beispielsweise Angaben oder Schriftstücke betreffend die Zahlung von Steuern. Die zuständige Behörde kann die Person, die die Eintragung beantragt, darauf hinweisen, wie die fehlenden Angaben oder Schriftstücke beigebracht werden können.

(28) Die Wirkungen der Eintragung eines Rechts in ein Register sollten ebenfalls vom Anwendungsbereich dieser Verordnung ausgenommen werden. Daher sollte das Recht des Mitgliedstaats, in dem das Register geführt wird, dafür maßgebend sein, ob beispielsweise die Eintragung deklaratorische oder konstitutive Wirkung hat. Wenn also zum Beispiel der Erwerb eines Rechts an einer unbeweglichen Sache nach dem Recht des Mitgliedstaats, in dem das Register geführt wird, die Eintragung in ein Register erfordert, damit die Wirkung erga omnes von Registern sichergestellt wird oder Rechtsgeschäfte geschützt werden, sollte der Zeitpunkt des Erwerbs dem Recht dieses Mitgliedstaats unterliegen.

(29) Diese Verordnung sollte den verschiedenen Systemen zur Regelung der Güterstände eingetragener Partnerschaften Rechnung tragen, die in den Mitgliedstaaten angewandt werden. Für die Zwecke dieser Verordnung sollte der Begriff „Gericht" daher weit gefasst werden, so dass nicht nur Gerichte im engeren Sinne, die gerichtliche Funktionen ausüben, erfasst werden, sondern beispielsweise in einigen Mitgliedstaaten auch Notare, die in bestimmten Fragen der güterrechtlichen Wirkungen eingetragener Partnerschaften gerichtliche Funktionen ausüben, sowie Notare und Angehörige von Rechtsberufen, die in einigen Mitgliedstaaten bei der Regelung dieser Wirkungen einer eingetragenen Partnerschaft aufgrund einer Befugnisübertragung durch ein Gericht gerichtliche Funktionen ausüben. Alle Gerichte im Sinne dieser Verordnung sollten durch die in dieser Verordnung festgelegten Zuständigkeitsregeln gebunden sein. Der Begriff „Gericht" sollte hingegen nicht die nichtgerichtlichen Behörden eines Mitgliedstaats erfassen, die, wie in den meisten Mitgliedstaaten die Notariate, nach nationalem Recht befugt sind, sich mit Fragen güterrechtlicher Wirkungen

eingetragener Partnerschaften zu befassen, wenn sie, wie es in der Regel der Fall ist, keine gerichtlichen Funktionen ausüben.

(30) Diese Verordnung sollte es allen Notaren, die für Fragen der vermögensrechtlichen Wirkungen eingetragener Partnerschaften in den Mitgliedstaaten zuständig sind, ermöglichen, diese Zuständigkeit auszuüben. Ob die Notare in einem Mitgliedstaat durch die Zuständigkeitsregeln dieser Verordnung gebunden sind, sollte davon abhängen, ob sie unter den Begriff „Gericht" im Sinne dieser Verordnung fallen.

(31) Die in den Mitgliedstaaten von Notaren in Fragen der vermögensrechtlichen Wirkungen eingetragener Partnerschaften errichteten Urkunden sollten nach Maßgabe dieser Verordnung verkehren. Üben Notare gerichtliche Funktionen aus, so sollten sie durch die Zuständigkeitsregeln dieser Verordnung gebunden sein, und die von ihnen erlassenen Entscheidungen sollten die Bestimmungen dieser Verordnung über die Anerkennung, Vollstreckbarkeit und Vollstreckung von Entscheidungen verkehren. Üben Notare keine gerichtlichen Funktionen aus, so sollten sie nicht durch diese Zuständigkeitsregeln gebunden sein, und die von ihnen errichteten öffentlichen Urkunden sollten nach den Bestimmungen dieser Verordnung über öffentliche Urkunden verkehren.

(32) Um der zunehmenden Mobilität von Paaren Rechnung zu tragen und eine geordnete Rechtspflge zu erleichtern, sollten die Zuständigkeitsvorschriften in dieser Verordnung den Bürgern die Möglichkeit geben, miteinander zusammenhängende Verfahren vor den Gerichten desselben Mitgliedstaats verhandeln zu lassen. Hierzu sollte mit dieser Verordnung angestrebt werden, die Zuständigkeit für die güterrechtlichen Wirkungen eingetragener Partnerschaften in dem Mitgliedstaat zu bündeln, dessen Gerichte berufen sind, über die Rechtsnachfolge von Todes wegen nach einem Partner gemäß der Verordnung (EU) Nr. 650/2012 oder die Auflösung oder Ungültigerklärung einer eingetragenen Partnerschaft zu befinden.

(33) In der vorliegenden Verordnung sollte vorgesehen werden, dass in Fällen, in denen ein Verfahren über die Rechtsnachfolge von Todes wegen nach einem Partner bei einem gemäß der Verordnung (EU) Nr. 650/2012 angerufenen Gericht eines Mitgliedstaats anhängig ist, die Gerichte dieses Mitgliedstaats auch für Entscheidungen über Fragen der vermögensrechtlichen Wirkungen eingetragener Partnerschaften zuständig sind, die mit dem Nachlass im Zusammenhang stehen.

(34) Ebenso sollten Fragen der vermögensrechtlichen Wirkungen eingetragener Partnerschaften, die sich im Zusammenhang mit einem Verfahren ergeben, das bei einem mit einem Antrag auf Auflösung oder Ungültigerklärung einer eingetragenen Partnerschaft befassten Gericht eines Mitgliedstaats anhängig ist, in die Zuständigkeit der Gerichte dieses Mitgliedstaats fallen, sofern die Partner dies vereinbaren.

(35) Stehen Fragen der vermögensrechtlichen Wirkungen eingetragener Partnerschaften nicht im Zusammenhang mit einem bei einem Gericht eines Mitgliedstaats anhängigen Verfahren über die Rechtsnachfolge von Todes wegen nach einem Partner oder über die Auflösung oder Ungültigerklärung einer eingetragenen Partnerschaft, so sollte in dieser Verordnung eine Rangfolge der Anknüpfungspunkte vorgesehen werden, anhand deren die Zuständigkeit bestimmt wird, wobei erster Anknüpfungspunkt der gemeinsame gewöhnliche Aufenthalt der Partner zum Zeitpunkt der Anrufung des Gerichts sein sollte. Die letzte Stufe in der Rangfolge der Anknüpfungspunkte für die Zuständigkeit sollte auf den Mitgliedstaat verweisen, nach dessen Recht die obligatorische Eintragung zur Begründung der Partnerschaft vorgenommen wurde. Diese Anknüpfungspunkte sollen die zunehmende Mobilität der Bürger widerspiegeln und eine wirkliche Verbindung zwischen den Partnern und dem Mitgliedstaat, in dem die Zuständigkeit ausgeübt wird, gewährleisten.

(36) Da nicht alle Mitgliedstaaten das Institut der eingetragenen Partnerschaft kennen, sollten sich die Gerichte eines Mitgliedstaats, dessen Recht dieses Institut nicht kennt, sich möglicherweise im Rahmen dieser Verordnung ausnahmsweise für unzuständig erklären können. In diesen Fällen sollten die Gerichte rasch handeln. Die betroffene Partei sollte die Möglichkeit haben, die Rechtssache in einem anderen Mitgliedstaat, dessen gerichtliche Zuständigkeit aufgrund eines Anknüpfungspunkts begründet ist, anhängig zu machen, wobei es nicht auf die Rangfolge der Zuständigkeitskriterien ankommt und zugleich die Parteiautonomie zu wahren ist. Jedes nach einer Unzuständigkeitserklärung angerufene Gericht, das nicht ein Gericht des Mitgliedstaats ist, in dem die eingetragene Partnerschaft begründet wurde, und das aufgrund einer Gerichtsstandsvereinbarung oder aufgrund rügeloser Einlassung zuständig ist, darf sich unter denselben Bedingungen ebenfalls ausnahmsweise für unzuständig erklären. Für den Fall, dass kein Gericht aufgrund der übrigen Bestimmungen dieser Verordnung zuständig ist, sollte eine subsidiäre Zuständigkeitsregelung in diese Verordnung aufgenommen werden, um der Gefahr einer Rechtsverweigerung vorzubeugen.

(37) Im Interesse einer größeren Rechtssicherheit, einer besseren Vorhersehbarkeit des anzuwendenden Rechts und einer größeren Entscheidungsfreiheit der Parteien sollte es diese Verordnung den Parteien unter bestimmten Voraussetzungen ermöglichen, eine Gerichtsstandsvereinbarung

zugunsten der Gerichte des Mitgliedstaats, dessen Recht anzuwenden ist, oder der Gerichte des Mitgliedstaats, in dem die eingetragene Partnerschaft eingegangen wurde, zu schließen.

(38) Diese Verordnung sollte die Parteien nicht daran hindern, den Rechtsstreit außergerichtlich, beispielsweise vor einem Notar, in einem Mitgliedstaat ihrer Wahl einvernehmlich zu regeln, wenn das nach dem Recht dieses Mitgliedstaats möglich ist. Das sollte auch dann der Fall sein, wenn das auf die güterrechtlichen Wirkungen der eingetragenen Partnerschaft anzuwendende Recht nicht das Recht dieses Mitgliedstaats ist.

(39) Um zu gewährleisten, dass die Gerichte aller Mitgliedstaaten ihre Zuständigkeit in Fragen güterrechtlicher Wirkungen eingetragener Partnerschaften auf derselben Grundlage ausüben können, sollten die Gründe, aus denen diese subsidiäre Zuständigkeit ausgeübt werden kann, in dieser Verordnung abschließend geregelt werden.

(40) Um insbesondere Fällen von Rechtsverweigerung begegnen zu können, sollte in dieser Verordnung auch eine Notzuständigkeit *(forum necessitatis)* vorgesehen werden, wonach ein Gericht eines Mitgliedstaats in besonderen Ausnahmefällen über die güterrechtlichen Wirkungen einer eingetragenen Partnerschaft entscheiden kann, die einen engen Bezug zu einem Drittstaat aufweist. Ein solcher Ausnahmefall könnte gegeben sein, wenn sich ein Verfahren in dem betreffenden Drittstaat als unmöglich erweist, beispielsweise wegen eines Bürgerkriegs, oder wenn von einem Partner vernünftigerweise nicht erwartet werden kann, dass er ein Verfahren in diesem Staat einleitet oder führt. Die Zuständigkeit, die auf *forum necessitatis* gründet, sollte jedoch nur ausgeübt werden, wenn die Sache eine ausreichende Verbindung zu dem Mitgliedstaat des angerufenen Gerichts aufweist.

(41) Im Interesse einer geordneten Rechtspflege sollte vermieden werden, dass in den Mitgliedstaaten Entscheidungen ergehen, die miteinander unvereinbar sind. Hierzu sollte diese Verordnung allgemeine Verfahrensvorschriften nach dem Vorbild anderer Rechtsinstrumente der Union im Bereich der justiziellen Zusammenarbeit in Zivilsachen vorsehen. Eine dieser Verfahrensvorschriften ist die Regel zur Rechtshängigkeit, die zum Tragen kommt, wenn dieselbe Güterrechtssache bei Gerichten in verschiedenen Mitgliedstaaten anhängig gemacht wird. Diese Regel bestimmt, welches Gericht sich weiterhin mit der Rechtssache zu befassen hat.

(42) Damit die Bürger die Vorteile des Binnenmarkts ohne Einbußen bei der Rechtssicherheit nutzen können, sollte diese Verordnung den Partnern im Voraus Klarheit über das in ihrem Fall auf die güterrechtlichen Wirkungen ihrer eingetragenen Partnerschaft anzuwendende Recht verschaffen. Es sollten daher harmonisierte Kollisionsnormen eingeführt werden, um einander widersprechende Ergebnisse zu vermeiden. Die allgemeine Kollisionsnorm sollte sicherstellen, dass die güterrechtlichen Wirkungen einer eingetragenen Partnerschaft einem im Voraus bestimmbaren Recht unterliegen, zu dem eine enge Verbindung besteht. Aus Gründen der Rechtssicherheit und um eine Aufspaltung der güterrechtlichen Wirkungen zu vermeiden, sollte das anzuwendende Recht die güterrechtlichen Wirkungen der eingetragenen Partnerschaft insgesamt, d.h. das gesamte den güterrechtlichen Wirkungen der eingetragenen Partnerschaft unterliegende Vermögen, erfassen, unabhängig von der Art der Vermögenswerte und unabhängig davon, ob diese in einem anderen Mitgliedstaat oder in einem Drittstaat belegen sind.

(43) Das nach dieser Verordnung bestimmte Recht sollte auch dann Anwendung finden, wenn es nicht das Recht eines Mitgliedstaats ist.

(44) Um eingetragenen Partnern die Verwaltung ihres Vermögens zu erleichtern, sollte ihnen diese Verordnung erlauben, unter den Rechtsordnungen, zu denen sie beispielsweise aufgrund ihres gewöhnlichen Aufenthalts oder ihrer Staatsangehörigkeit eine enge Verbindung haben, unabhängig von der Art oder Belegenheit des Vermögens das auf die güterrechtlichen Wirkungen ihrer eingetragenen Partnerschaft anzuwendende Recht zu wählen. Damit die Wahl der Rechtsordnung jedoch nicht wirkungslos ist und für die Partner dadurch ein rechtsfreier Raum entstünde, sollte die Rechtswahl auf ein Recht begrenzt werden, das an eingetragene Partnerschaften güterrechtliche Wirkungen knüpft. Diese Wahl kann jederzeit vor der Eintragung der Partnerschaft, zum Zeitpunkt der Eintragung der Partnerschaft oder auch während des Bestehens der eingetragenen Partnerschaft erfolgen.

(45) Im Interesse der Sicherheit des Rechtsverkehrs und um zu verhindern, dass sich das auf die güterrechtlichen Wirkungen einer eingetragenen Partnerschaft anzuwendende Recht ändert, ohne dass die Partner darüber unterrichtet werden, sollte ein Wechsel des auf die güterrechtlichen Wirkungen der eingetragenen Partnerschaft anzuwendenden Rechts nur nach einem entsprechenden ausdrücklichen Antrag der Parteien möglich sein. Dieser von den Partnern beschlossene Wechsel sollte nicht rückwirkend gelten können, es sei denn, sie haben das ausdrücklich vereinbart. Auf keinen Fall dürfen dadurch die Rechte Dritter verletzt werden.

(46) Es sollten Regeln zur materiellen Wirksamkeit und zur Formgültigkeit einer Vereinbarung über die Rechtswahl festgelegt werden, die es den Partnern erleichtern, ihre Rechtswahl in voller Sachkenntnis zu treffen, und die gewährleisten, dass die einvernehmliche Rechtswahl der Partner

im Interesse der Rechtssicherheit sowie eines besseren Rechtsschutzes respektiert wird. Was die Formgültigkeit anbelangt, sollten bestimmte Schutzvorkehrungen getroffen werden, um sicherzustellen, dass sich die Partner der Tragweite ihrer Rechtswahl bewusst sind. Die Vereinbarung über die Rechtswahl sollte zumindest der Schriftform bedürfen und von beiden Parteien mit Datum und Unterschrift versehen werden müssen. Sieht das Recht des Mitgliedstaats, in dem beide Partner zum Zeitpunkt der Rechtswahl ihren gewöhnlichen Aufenthalt haben, zusätzliche Formvorschriften vor, so sollten diese eingehalten werden. Solche zusätzlichen Formvorschriften könnten beispielsweise in einem Mitgliedstaat bestehen, in dem die Rechtswahl Bestandteil der Vereinbarung über die güterrechtlichen Wirkungen einer eingetragenen Partnerschaft ist. Haben die Partner zum Zeitpunkt der Rechtswahl ihren gewöhnlichen Aufenthalt in verschiedenen Mitgliedstaaten, in denen unterschiedliche Formvorschriften vorgesehen sind, so sollte es ausreichen, dass die Formvorschriften eines dieser Mitgliedstaaten eingehalten werden. Hat zum Zeitpunkt der Rechtswahl nur einer der Partner seinen gewöhnlichen Aufenthalt in einem Mitgliedstaat, in dem zusätzliche Formvorschriften vorgesehen sind, so sollten diese Formvorschriften eingehalten werden.

(47) Eine Vereinbarung über die güterrechtlichen Wirkungen einer eingetragenen Partnerschaft ist eine Art der Verfügung über das Vermögen der Partner, die in den Mitgliedstaaten nicht in gleichem Maße zulässig und anerkannt wird. Um die Anerkennung von auf der Grundlage einer Vereinbarung über die güterrechtlichen Wirkungen einer eingetragenen Partnerschaft erworbenen Güterstandsrechten in den Mitgliedstaaten zu erleichtern, sollten Vorschriften über die Formgültigkeit einer Vereinbarung über die güterrechtlichen Wirkungen einer Partnerschaft festgelegt werden. Die Vereinbarung sollte zumindest der Schriftform bedürfen und datiert und von beiden Parteien unterzeichnet werden. Die Vereinbarung sollte jedoch auch zusätzliche Anforderungen an die Formgültigkeit erfüllen, die in dem auf die güterrechtlichen Wirkungen der eingetragenen Partnerschaft anzuwendenden Recht, das nach dieser Verordnung bestimmt wurde, und in dem Recht des Mitgliedstaats, in dem die Partner ihren gewöhnlichen Aufenthalt haben, vorgesehen sind. In dieser Verordnung sollte ferner festgelegt werden, nach welchem Recht sich die materielle Wirksamkeit einer solchen Vereinbarung richtet.

(48) Wird keine Rechtswahl getroffen, so sollte diese Verordnung im Hinblick auf die Vereinbarkeit von Rechtssicherheit und Vorhersehbarkeit des anzuwendenden Rechts mit den tatsächlichen Lebensumständen des Paares vorsehen, dass auf die güterrechtlichen Wirkungen einer eingetragenen Partnerschaft das Recht des Staates anzuwenden ist, nach dessen Recht die verbindliche Eintragung zur Begründung der Partnerschaft vorgenommen wurde.

(49) Wird in dieser Verordnung auf die Staatsangehörigkeit als Anknüpfungspunkt verwiesen, so handelt es sich bei der Frage nach der Behandlung einer Person mit mehrfacher Staatsangehörigkeit um eine Vorfrage, die nicht in den Anwendungsbereich dieser Verordnung fällt; sie sollte sich weiterhin nach nationalem Recht, einschließlich der anwendbaren Übereinkommen, richten, wobei die allgemeinen Grundsätze der Union uneingeschränkt einzuhalten sind. Diese Behandlung sollte keine Auswirkung auf die Gültigkeit einer Rechtswahl haben, die nach dieser Verordnung getroffen wurde.

(50) In Bezug auf die Bestimmung des auf die güterrechtlichen Wirkungen einer eingetragenen Partnerschaft anzuwendenden Rechts sollte das Gericht eines Mitgliedstaats bei fehlender Rechtswahl und fehlender Vereinbarung über die güterrechtlichen Wirkungen der eingetragenen Partnerschaft in Ausnahmefällen und auf Antrag eines Partners, wenn die Partner sich im Staat ihres gewöhnlichen Aufenthalts für einen langen Zeitraum niedergelassen haben, feststellen können, dass das Recht dieses Staates angewandt werden kann, sofern die Partner auf dieses Recht vertraut haben. Auf keinen Fall dürfen dadurch die Rechte Dritter verletzt werden.

(51) Das zur Anwendung auf die güterrechtlichen Wirkungen einer eingetragenen Partnerschaft berufene Recht sollte diese Wirkungen, angefangen bei der Einteilung des Vermögens eines oder beider Partner in verschiedene Kategorien während der eingetragenen Partnerschaft und nach ihrer Auflösung bis hin zur Vermögensauseinandersetzung, regeln. Es sollte auch die Auswirkungen der güterrechtlichen Wirkungen der eingetragenen Partnerschaft auf ein Rechtsverhältnis zwischen einem Partner und Dritten einschließen. Allerdings darf das auf die güterrechtlichen Wirkungen eingetragener Partnerschaften zur Regelung solcher Wirkungen anzuwendende Recht einem Dritten von einem Partner nur dann entgegengehalten werden, wenn das Rechtsverhältnis zwischen diesem Partner und dem Dritten zu einem Zeitpunkt entstanden ist, zu dem der Dritte Kenntnis von diesem Recht hatte oder hätte haben müssen.

(52) Aus Gründen des öffentlichen Interesses wie der Wahrung der politischen, sozialen oder wirtschaftlichen Ordnung eines Mitgliedstaats sollte es gerechtfertigt sein, dass die Gerichte und andere zuständige Behörden der Mitgliedstaaten die Möglichkeit erhalten, in Ausnahmefällen auf der Grundlage von Eingriffsnormen Ausnahmeregelungen anzuwenden. Dementsprechend sollte der Begriff „Eingriffsnormen" Normen von zwingender Natur wie zum Beispiel die Normen

zum Schutz der Familienwohnung umfassen. Diese Ausnahme von der Anwendung des auf die güterrechtlichen Wirkungen einer eingetragenen Partnerschaft anzuwendenden Rechts ist jedoch eng auszulegen, damit sie der allgemeinen Zielsetzung dieser Verordnung nicht zuwiderläuft.

(53) Aus Gründen des öffentlichen Interesses sollte außerdem den Gerichten und anderen mit Fragen der güterrechtlichen Wirkungen eingetragener Partnerschaften befassten zuständigen Behörden in den Mitgliedstaaten in Ausnahmefällen die Möglichkeit gegeben werden, Bestimmungen eines ausländischen Rechts nicht zu berücksichtigen, wenn deren Anwendung in einem bestimmten Fall mit der öffentlichen Ordnung *(ordre public)* des betreffenden Mitgliedstaats offensichtlich unvereinbar wäre. Die Gerichte oder andere zuständige Behörden sollten allerdings nicht aus Gründen der öffentlichen Ordnung (ordre public) die Anwendung des Rechts eines anderen Mitgliedstaats ausschließen oder die Anerkennung – oder gegebenenfalls die Annahme – oder die Vollstreckung einer Entscheidung, einer öffentlichen Urkunde oder eines gerichtlichen Vergleichs aus einem anderen Mitgliedstaat versagen dürfen, wenn das gegen die Charta der Grundrechte der Europäischen Union (im Folgenden "Charta"), insbesondere gegen Artikel 21 über den Grundsatz der Nichtdiskriminierung, verstoßen würde.

(54) Da es Staaten gibt, in denen die in dieser Verordnung behandelten Fragen durch zwei oder mehr Rechtssysteme oder Regelwerke geregelt werden, sollte festgelegt werden, inwieweit diese Verordnung in den verschiedenen Gebietseinheiten dieser Staaten Anwendung findet.

(55) Diese Verordnung sollte in Anbetracht ihrer allgemeinen Zielsetzung, nämlich der gegenseitigen Anerkennung der in den Mitgliedstaaten ergangenen Entscheidungen in Fragen der güterrechtlichen Wirkungen eingetragener Partnerschaften, Vorschriften für die Anerkennung, Vollstreckbarkeit und Vollstreckung von Entscheidungen nach dem Vorbild anderer Rechtsinstrumente der Union im Bereich der justiziellen Zusammenarbeit in Zivilsachen vorsehen.

(56) Um den verschiedenen Systemen zur Regelung von Fragen der güterrechtlichen Wirkungen eingetragener Partnerschaften in den Mitgliedstaaten Rechnung zu tragen, sollte diese Verordnung die Annahme und Vollstreckbarkeit diese Wirkungen eingetragener Partnerschaften betreffende öffentliche Urkunden in sämtlichen Mitgliedstaaten gewährleisten.

(57) Öffentliche Urkunden sollten in einem anderen Mitgliedstaat die gleiche formelle Beweiskraft wie im Ursprungsmitgliedstaat oder die damit am ehesten vergleichbare Wirkung entfalten. Die formelle Beweiskraft einer öffentlichen Urkunde in einem anderen Mitgliedstaat oder die damit am ehesten vergleichbare Wirkung sollte durch Bezugnahme auf Art und Umfang der formellen Beweiskraft der öffentlichen Urkunde im Ursprungsmitgliedstaat bestimmt werden. Somit richtet sich die formelle Beweiskraft einer öffentlichen Urkunde in einem anderen Mitgliedstaat nach dem Recht des Ursprungsmitgliedstaats.

(58) Die „Authentizität" einer öffentlichen Urkunde sollte ein autonomer Begriff sein, der Aspekte wie die Echtheit der Urkunde, die Formerfordernisse für die Urkunde, die Befugnisse der Behörde, die die Urkunde errichtet, und das Verfahren, nach dem die Urkunde errichtet wird, erfassen sollte. Der Begriff sollte ferner die von der betreffenden Behörde in der öffentlichen Urkunde beurkundeten Vorgänge erfassen, wie z.B. die Tatsache, dass die genannten Parteien an dem genannten Tag vor dieser Behörde erschienen sind und die genannten Erklärungen abgegeben haben. Eine Partei, die Einwände in Bezug auf die Authentizität einer öffentlichen Urkunde erheben möchte, sollte dies bei dem zuständigen Gericht im Ursprungsmitgliedstaat der öffentlichen Urkunde nach dem Recht dieses Mitgliedstaats tun.

(59) Die Formulierung „die in einer öffentlichen Urkunde beurkundeten Rechtsgeschäfte oder Rechtsverhältnisse" sollte als Bezugnahme auf den in der öffentlichen Urkunde niedergelegten materiellen Inhalt verstanden werden. Eine Partei, die Einwände in Bezug auf die in einer öffentlichen Urkunde beurkundeten Rechtsgeschäfte oder Rechtsverhältnisse erheben möchte, sollte dies bei den nach dieser Verordnung zuständigen Gerichten tun, die nach dem auf die güterrechtlichen Wirkungen der eingetragenen Partnerschaft anzuwendenden Recht über die Einwände entscheiden sollten.

(60) Wird eine Frage in Bezug auf die in einer öffentlichen Urkunde beurkundeten Rechtsgeschäfte oder Rechtsverhältnisse als Vorfrage in einem Verfahren bei einem Gericht eines Mitgliedstaats vorgebracht, so sollte dieses Gericht für die Entscheidung über diese Vorfrage zuständig sein.

(61) Eine öffentliche Urkunde, gegen die Einwände erhoben wurden, sollte in einem anderen Mitgliedstaat als dem Ursprungsmitgliedstaat keine formelle Beweiskraft entfalten, solange die Einwände anhängig sind. Betreffen die Einwände nur einen spezifischen Umstand mit Bezug auf die in einer öffentlichen Urkunde beurkundeten Rechtsgeschäfte oder Rechtsverhältnisse, so sollte die öffentliche Urkunde in Bezug auf den angefochtenen Umstand keine Beweiskraft in einem anderen Mitgliedstaat als dem Ursprungsmitgliedstaat entfalten, solange die Einwände anhängig sind. Eine öffentliche Urkunde, die aufgrund eines Einwands für ungültig erklärt wird, sollte keine Beweiskraft mehr entfalten.

(62) Wenn einer Behörde im Rahmen der Anwendung dieser Verordnung zwei nicht miteinander zu vereinbarende öffentliche Urkunden vorgelegt werden, sollte sie die Frage, welcher Urkunde gegebenenfalls Vorrang einzuräumen ist, unter Berücksichtigung der Umstände des jeweiligen Falls beurteilen. Geht aus diesen Umständen nicht eindeutig hervor, welche Urkunde gegebenenfalls Vorrang haben sollte, so sollte diese Frage von den nach dieser Verordnung zuständigen Gerichten oder, wenn die Frage als Vorfrage im Laufe eines Verfahrens vorgebracht wird, von dem mit diesem Verfahren befassten Gericht geklärt werden. Im Falle einer Unvereinbarkeit zwischen einer öffentlichen Urkunde und einer Entscheidung sollten die Gründe für die Nichtanerkennung von Entscheidungen nach dieser Verordnung berücksichtigt werden.

(63) Die Anerkennung und Vollstreckung einer Entscheidung über die güterrechtlichen Wirkungen einer eingetragenen Partnerschaft nach Maßgabe dieser Verordnung sollte in keiner Weise die Anerkennung der eingetragenen Partnerschaft implizieren, die Anlass zu der Entscheidung gegeben hat.

(64) Das Verhältnis zwischen dieser Verordnung und den bilateralen oder multilateralen Übereinkünften über die vermögensrechtlichen Wirkungen eingetragener Partnerschaften, denen die Mitgliedstaaten angehören, sollte bestimmt werden.

(65) Um die Anwendung dieser Verordnung zu erleichtern, sollten die Mitgliedstaaten verpflichtet werden, über das mit der Entscheidung 2001/470/EG des Rates[8] eingerichtete Europäische Justizielle Netz für Zivil- und Handelssachen bestimmte Angaben über ihre, die güterrechtlichen Wirkungen eingetragener Partnerschaften betreffenden Vorschriften und Verfahren zu machen. Damit sämtliche Informationen, die für die praktische Anwendung dieser Verordnung von Bedeutung sind, rechtzeitig im *Amtsblatt der Europäischen Union* veröffentlicht werden können, sollten die Mitgliedstaaten der Kommission auch diese Informationen vor dem Beginn der Anwendung der Verordnung mitteilen.

(66) Um die Anwendung dieser Verordnung zu erleichtern und um die Nutzung moderner Kommunikationstechnologien zu ermöglichen, sollten auch Standardformulare für die Bescheinigungen, die im Zusammenhang mit einem Antrag auf Vollstreckbarerklärung einer Entscheidung, einer öffentlichen Urkunde oder eines gerichtlichen Vergleichs vorzulegen sind, vorgeschrieben werden.

(67) Die Berechnung der in dieser Verordnung vorgesehenen Fristen und Termine sollte nach Maßgabe der Verordnung (EWG, Euratom) Nr. 1182/71 des Rates[9] erfolgen.

(68) Um einheitliche Bedingungen für die Durchführung dieser Verordnung gewährleisten zu können, sollten der Kommission in Bezug auf die Erstellung und spätere Änderung der Bescheinigungen und Formblätter, welche die Vollstreckbarerklärung von Entscheidungen, gerichtlichen Vergleichen und öffentlichen Urkunden betreffen, Durchführungsbefugnisse übertragen werden. Diese Befugnisse sollten nach Maßgabe der Verordnung (EU) Nr. 182/2011 des Europäischen Parlaments und des Rates[10] ausgeübt werden.

(69) Für den Erlass von Durchführungsrechtsakten zur Erstellung und späteren Änderung der in dieser Verordnung vorgesehenen Bescheinigungen und Formulare sollte das Beratungsverfahren herangezogen werden.

(70) Die Ziele dieser Verordnung, nämlich die Freizügigkeit innerhalb der Union und die Möglichkeit für Partner, ihre vermögensrechtlichen Beziehungen untereinander sowie gegenüber Dritten während ihres Zusammenlebens sowie zum Zeitpunkt der Auseinandersetzung ihres Vermögens zu regeln, sowie bessere Vorhersehbarkeit des anzuwendenden Rechts und eine größere Rechtssicherheit können von den Mitgliedstaaten nicht ausreichend verwirklicht werden, und sind vielmehr wegen des Umfangs und der Wirkungen dieser Verordnung besser auf Unionsebene – gegebenenfalls im Wege einer Verstärkten Zusammenarbeit der Mitgliedstaaten – zu verwirklichen. Im Einklang mit dem in Artikel 5 des Vertrags über die Europäische Union verankerten Subsidiaritätsprinzip kann die Union tätig werden. Entsprechend dem in demselben Artikel genannten Grundsatz der Verhältnismäßigkeit geht diese Verordnung nicht über das für die Verwirklichung dieser Ziele erforderliche Maß hinaus.

(71) Diese Verordnung steht im Einklang mit den Grundrechten und Grundsätzen, die mit der Charta anerkannt wurden, namentlich die Artikel 7, 9, 17, 21 und 47, die das Recht auf Achtung des Privat- und Familienlebens, das nach nationalem Recht geschützte Recht, eine Familie zu

---

[8] **Amtl. Anm.:** Entscheidung 2001/470/EG des Rates vom 28. Mai 2001 über die Einrichtung eines Europäischen Justiziellen Netzes für Zivil- und Handelssachen (ABl. L 174 vom 27.6.2001, S. 25).

[9] **Amtl. Anm.:** Verordnung (EWG, Euratom) Nr. 1182/71 des Rates vom 3. Juni 1971 zur Festlegung der Regeln für die Fristen, Daten und Termine (ABl. L 124 vom 8.6.1971, S. 1).

[10] **Amtl. Anm.:** Verordnung (EU) Nr. 182/2011 des Europäischen Parlaments und des Rates vom 16. Februar 2011 zur Festlegung der allgemeinen Regeln und Grundsätze, nach denen die Mitgliedstaaten die Wahrnehmung der Durchführungsbefugnisse durch die Kommission kontrollieren (ABl. L 55 vom 28.2.2011, S. 13).

gründen, das Eigentumsrecht, den Grundsatz der Nichtdiskriminierung sowie das Recht auf einen wirksamen Rechtsbehelf und ein faires Verfahren betreffen. Bei der Anwendung dieser Verordnung sollten die Gerichte und anderen zuständigen Behörden der Mitgliedstaaten diese Rechte und Grundsätze achten –

HAT FOLGENDE VERORDNUNG ERLASSEN:

Kapitel I Anwendungsbereich und Begriffsbestimmungen

Art. 1 EuPartVO Anwendungsbereich

(1) Diese Verordnung findet auf die Güterstände eingetragener Partnerschaften Anwendung.
Sie gilt nicht für Steuer- und Zollsachen sowie verwaltungsrechtliche Angelegenheiten.

(2) Vom Anwendungsbereich dieser Verordnung ausgenommen sind:
a) die Rechts-, Geschäfts- und Handlungsfähigkeit der Partner,
b) das Bestehen, die Gültigkeit oder die Anerkennung einer eingetragenen Partnerschaft,
c) die Unterhaltspflichten,
d) die Rechtsnachfolge nach dem Tod eines Partners,
e) die soziale Sicherheit,
f) die Berechtigung, Ansprüche auf Alters- oder Erwerbsunfähigkeitsrente, die während der eingetragenen Partnerschaft erworben wurden und die während der eingetragenen Partnerschaft zu keinem Renteneinkommen geführt haben, im Falle der Auflösung oder der Ungültigerklärung der eingetragenen Partnerschaft zwischen den Partnern zu übertragen oder anzupassen,
g) die Art der dinglichen Rechte an Vermögen und
h) jede Eintragung von Rechten an beweglichen oder unbeweglichen Vermögensgegenständen in ein Register, einschließlich der gesetzlichen Voraussetzungen für eine solche Eintragung, sowie die Wirkungen der Eintragung oder der fehlenden Eintragung solcher Rechte in ein Register.

Art. 2 EuPartVO Zuständigkeit für Fragen der güterrechtlichen Wirkungen eingetragener Partnerschaften innerhalb der Mitgliedstaaten

Diese Verordnung berührt nicht die Zuständigkeit der Behörden der Mitgliedstaaten für Fragen der güterrechtlichen Wirkungen eingetragener Partnerschaften.

Art. 3 EuPartVO Begriffsbestimmungen

(1) Im Sinne dieser Verordnung bezeichnet der Ausdruck
a) „eingetragene Partnerschaft" eine rechtlich vorgesehene Form der Lebensgemeinschaft zweier Personen, deren Eintragung nach den betreffenden rechtlichen Vorschriften verbindlich ist und welche die in den betreffenden Vorschriften vorgesehenen rechtlichen Formvorschriften für ihre Begründung erfüllt;
b) „güterrechtliche Wirkungen einer eingetragenen Partnerschaft" die vermögensrechtlichen Regelungen, die im Verhältnis der Partner untereinander und in ihren Beziehungen zu Dritten aufgrund des mit der Eintragung der Partnerschaft oder ihrer Auflösung begründeten Rechtsverhältnisses gelten;
c) „Vereinbarung über die güterrechtlichen Wirkungen einer eingetragenen Partnerschaft" jede Vereinbarung zwischen Partnern oder künftigen Partnern, mit der sie die güterrechtlichen Wirkungen ihrer eingetragenen Partnerschaft regeln;
d) „öffentliche Urkunde" ein die güterrechtlichen Wirkungen einer eingetragenen Partnerschaft betreffendes Schriftstück, das als öffentliche Urkunde in einem Mitgliedstaat förmlich errichtet oder eingetragen worden ist und dessen Beweiskraft
i) sich auf die Unterschrift und den Inhalt der öffentlichen Urkunde bezieht und
ii) durch eine Behörde oder eine andere vom Ursprungsmitgliedstaat hierzu ermächtigte Stelle festgestellt worden ist;
e) „Entscheidung" jede von einem Gericht eines Mitgliedstaats über die güterrechtlichen Wirkungen einer eingetragenen Partnerschaft erlassene Entscheidung ohne Rücksicht auf ihre Bezeichnung, einschließlich des Kostenfestsetzungsbeschlusses eines Gerichtsbediensteten;

f) „gerichtlicher Vergleich" einen von einem Gericht gebilligten oder vor einem Gericht im Laufe eines Verfahrens geschlossenen Vergleich über die güterrechtlichen Wirkungen einer eingetragenen Partnerschaft;

g) „Ursprungsmitgliedstaat" den Mitgliedstaat, in dem die Entscheidung ergangen, die öffentliche Urkunde errichtet oder der gerichtliche Vergleich gebilligt oder geschlossen worden ist;

h) „Vollstreckungsmitgliedstaat" den Mitgliedstaat, in dem die Anerkennung und/oder Vollstreckung der Entscheidung, der öffentlichen Urkunde oder des gerichtlichen Vergleichs betrieben wird.

(2) Im Sinne dieser Verordnung bezeichnet der Ausdruck „Gericht" jedes Gericht und alle anderen Behörden und Angehörigen von Rechtsberufen mit Zuständigkeiten in Fragen der güterrechtlichen Wirkungen, die gerichtliche Funktionen ausüben oder in Ausübung einer Befugnisübertragung durch ein Gericht oder unter der Aufsicht eines Gerichts handeln, sofern diese anderen Behörden und Angehörigen von Rechtsberufen ihre Unparteilichkeit und das Recht der Parteien auf rechtliches Gehör gewährleisten und ihre Entscheidungen nach dem Recht des Mitgliedstaats, in dem sie tätig sind,

a) vor einem Gericht angefochten oder von einem Gericht nachgeprüft werden können und

b) vergleichbare Rechtskraft und Rechtswirkung haben wie eine Entscheidung eines Gerichts in der gleichen Sache.

Die Mitgliedstaaten teilen der Kommission nach Artikel 64 die in Unterabsatz 1 genannten sonstigen Behörden und Angehörigen von Rechtsberufen mit.

Kapitel II Gerichtliche Zuständigkeit

Art. 4 EuPartVO Zuständigkeit im Fall des Todes eines Partners

Wird ein Gericht eines Mitgliedstaats im Zusammenhang mit der Rechtsnachfolge von Todes wegen nach der Verordnung (EU) Nr. 650/2012 angerufen, so sind die Gerichte dieses Staates auch für Entscheidungen über die güterrechtlichen Wirkungen der eingetragenen Partnerschaft in Verbindung mit diesem Nachlass zuständig.

Art. 5 EuPartVO Zuständigkeit im Fall der Auflösung oder Ungültigerklärung der eingetragenen Partnerschaft

(1) Wird ein Gericht eines Mitgliedstaats zur Entscheidung über die Auflösung oder Ungültigerklärung einer eingetragenen Partnerschaft angerufen, so sind die Gerichte dieses Staates auch für Entscheidungen über Fragen der güterrechtlichen Wirkungen der eingetragenen Partnerschaft in Verbindung mit dieser Auflösung oder Ungültigerklärung zuständig, wenn die Partner das vereinbaren.

(2) Wird eine Vereinbarung nach Absatz 1 des vorliegenden Artikels geschlossen, bevor das Gericht zur Entscheidung über die güterrechtlichen Wirkungen der eingetragenen Partnerschaft angerufen wird, so muss die Vereinbarung den Anforderungen des Artikels 7 entsprechen.

Art. 6 EuPartVO Zuständigkeit in anderen Fällen

In Fällen, in denen kein Gericht eines Mitgliedstaats gemäß Artikel 4 oder Artikel 5 zuständig ist, oder in anderen als den in diesen Artikeln geregelten Fällen sind für Entscheidungen über Fragen der güterrechtlichen Wirkungen einer eingetragenen Partnerschaft die Gerichte des Mitgliedstaats zuständig,

a) in dessen Hoheitsgebiet die Partner zum Zeitpunkt der Anrufung des Gerichts ihren gewöhnlichen Aufenthalt haben oder anderenfalls

b) in dessen Hoheitsgebiet die Partner zuletzt ihren gewöhnlichen Aufenthalt hatten, sofern einer von ihnen zum Zeitpunkt der Anrufung des Gerichts dort noch seinen gewöhnlichen Aufenthalt hat, oder anderenfalls

c) in dessen Hoheitsgebiet der Antragsgegner zum Zeitpunkt der Anrufung des Gerichts seinen gewöhnlichen Aufenthalt hat oder anderenfalls

d) dessen Staatsangehörigkeit beide Partner zum Zeitpunkt der Anrufung des Gerichts angehören besitzen oder anderenfalls

e) nach dessen Recht die eingetragene Partnerschaft begründet wurde.

Art. 7 EuPartVO Gerichtsstandsvereinbarung

(1) In den Fällen des Artikels 6 können die Parteien vereinbaren, dass die Gerichte des Mitgliedstaats, dessen Recht nach Artikel 22 oder Artikel 26 Absatz 1 anzuwenden ist, oder die Gerichte des Mitgliedstaats, in dem die eingetragene Partnerschaft begründet wurde, für Entscheidungen über Fragen der güterrechtlichen Wirkungen ihrer eingetragenen Partnerschaft ausschließlich zuständig sein sollen.

(2) Die in Absatz 1 genannte Vereinbarung bedarf der Schriftform, ist zu datieren und von den Parteien zu unterzeichnen. Elektronische Übermittlungen, die eine dauerhafte Aufzeichnung der Vereinbarung ermöglichen, sind der Schriftform gleichgestellt.

Art. 8 EuPartVO Zuständigkeit aufgrund rügeloser Einlassung

(1) Sofern das Gericht eines Mitgliedstaats, dessen Recht nach Artikel 22 oder Artikel 26 Absatz 1 anzuwenden ist, nicht bereits nach anderen Vorschriften dieser Verordnung zuständig ist, wird es zuständig, wenn sich der Beklagte vor ihm auf das Verfahren einlässt. Dies gilt nicht, wenn der Beklagte sich einlässt, um den Mangel der Zuständigkeit geltend zu machen, oder in den Fällen des Artikels 4.

(2) Bevor sich das Gericht nach Absatz 1 für zuständig erklärt, stellt es sicher, dass der Beklagte über sein Recht, die Unzuständigkeit des Gerichts geltend zu machen, und über die Folgen der Einlassung oder Nichteinlassung auf das Verfahren belehrt wird.

Art. 9 EuPartVO Alternative Zuständigkeit

(1) Wenn ein Gericht eines Mitgliedstaats, das nach Artikel 4, Artikel 5 oder Artikel 6 Buchstaben a, b, c oder d zuständig ist, feststellt, dass seine Rechtsordnung das Rechtsinstitut der eingetragenen Partnerschaft nicht vorsieht, kann es sich für unzuständig erklären. Beschließt das Gericht, sich für unzuständig zu erklären, so tut es das unverzüglich.

(2) Erklärt sich ein in Absatz 1 des vorliegenden Artikels genanntes Gericht für unzuständig und vereinbaren die Parteien, die Zuständigkeit den Gerichten eines anderen Mitgliedstaats nach Artikel 7 zu übertragen, so sind die Gerichte dieses anderen Mitgliedstaats für Entscheidungen über die güterrechtlichen Wirkungen der eingetragenen Partnerschaft zuständig.

In anderen Fällen sind für Entscheidungen über die güterrechtlichen Wirkungen einer eingetragenen Partnerschaft die Gerichte eines anderen Mitgliedstaats nach Artikel 6 oder 8 zuständig.

(3) Dieser Artikel findet keine Anwendung, wenn die Parteien eine Auflösung oder Ungültigerklärung der eingetragenen Partnerschaft erwirkt haben, die im Mitgliedstaat des angerufenen Gerichts anerkannt werden kann.

Art. 10 EuPartVO Subsidiäre Zuständigkeit

Ist kein Gericht eines Mitgliedstaats nach den Artikeln 4, 5, 6, 7 oder 8 zuständig oder haben sich alle Gerichte gemäß Artikel 9 für unzuständig erklärt und ist kein Gericht eines Mitgliedstaats nach Artikel 6 Buchstabe e, Artikel 7 oder Artikel 8 zuständig, so sind die Gerichte eines Mitgliedstaats zuständig, in dessen Hoheitsgebiet unbewegliches Vermögen eines oder beider Partner belegen ist; in diesem Fall ist das angerufene Gericht nur für Entscheidungen über dieses unbewegliche Vermögen zuständig.

Art. 11 EuPartVO Notzuständigkeit (forum necessitatis)

Ist kein Gericht eines Mitgliedstaats nach den Artikeln 4, 5, 6, 7, 8 oder 10 zuständig oder haben sich alle Gerichte gemäß Artikel 9 für unzuständig erklärt und ist kein Gericht eines Mitgliedstaats nach Artikel 6 Buchstabe e, Artikel 7, 8 oder 10 zuständig, so können die Gerichte eines Mitgliedstaats ausnahmsweise über die güterrechtlichen Wirkungen der eingetragenen Partnerschaft entscheiden, wenn es nicht zumutbar ist oder es sich als unmöglich erweist, ein Verfahren in einem Drittstaat, zu dem die Sache einen engen Bezug aufweist, einzuleiten oder zu führen.

Die Sache muss einen ausreichenden Bezug zu dem Mitgliedstaat des angerufenen Gerichts aufweisen.

Art. 12 EuPartVO Widerklagen

Das Gericht, bei dem ein Verfahren aufgrund der Artikel 4 bis 8, 10 oder 11 anhängig ist, ist auch für eine Widerklage zuständig, sofern diese in den Anwendungsbereich dieser Verordnung fällt.

Art. 13 EuPartVO Beschränkung des Verfahrens

(1) Umfasst der Nachlass des Erblassers, der unter die Verordnung (EU) Nr. 650/2012 fällt, Vermögenswerte, die in einem Drittstaat belegen sind, so kann das zu den güterrechtlichen Wirkungen der eingetragenen Partnerschaft angerufene Gericht auf Antrag einer der Parteien beschließen, über einen oder mehrere dieser Vermögenswerte nicht zu befinden, wenn zu erwarten ist, dass seine Entscheidung über diese Vermögenswerte in dem betreffenden Drittstaat nicht anerkannt oder gegebenenfalls nicht für vollstreckbar erklärt wird.

(2) Absatz 1 berührt nicht das Recht der Parteien, den Gegenstand des Verfahrens nach dem Recht des Mitgliedstaats des angerufenen Gerichts zu beschränken.

Art. 14 EuPartVO Anrufung eines Gerichts

Für die Zwecke dieses Kapitels gilt ein Gericht als angerufen:
a) zu dem Zeitpunkt, zu dem das verfahrenseinleitende Schriftstück oder ein gleichwertiges Schriftstück bei Gericht eingereicht worden ist, vorausgesetzt, der Antragsteller hat es in der Folge nicht versäumt, die ihm obliegenden Maßnahmen zu treffen, um die Zustellung des Schriftstücks an den Antragsgegner zu bewirken, oder
b) falls die Zustellung vor Einreichung des Schriftstücks bei Gericht zu bewirken ist, zu dem Zeitpunkt, zu dem die für die Zustellung verantwortliche Stelle das Schriftstück erhalten hat, vorausgesetzt, der Antragsteller hat es in der Folge nicht versäumt, die ihm obliegenden Maßnahmen zu treffen, um das Schriftstück bei Gericht einzureichen, oder
c) falls das Gericht das Verfahren von Amts wegen einleitet, zu dem Zeitpunkt, zu dem der Beschluss über die Einleitung des Verfahrens vom Gericht gefasst oder, wenn ein solcher Beschluss nicht erforderlich ist, zu dem Zeitpunkt, zu dem die Sache beim Gericht eingetragen worden ist.

Art. 15 EuPartVO Prüfung der Zuständigkeit

Das Gericht eines Mitgliedstaats, das in einem Rechtsstreit über die güterrechtlichen Wirkungen einer eingetragenen Partnerschaft angerufen wird, für die es nach dieser Verordnung nicht zuständig ist, erklärt sich von Amts wegen für unzuständig.

Art. 16 EuPartVO Prüfung der Zulässigkeit

(1) Lässt sich der Beklagte, der seinen gewöhnlichen Aufenthalt in einem anderen Staat als dem Mitgliedstaat hat, in dem die Klage erhoben wurde, auf das Verfahren nicht ein, so setzt das nach dieser Verordnung zuständige Gericht das Verfahren so lange aus, bis festgestellt ist, dass es dem Beklagten möglich war, das verfahrenseinleitende Schriftstück oder ein gleichwertiges Schriftstück so rechtzeitig zu empfangen, dass er sich verteidigen konnte oder dass alle hierzu erforderlichen Maßnahmen getroffen wurden.

(2) Anstelle des Absatzes 1 des vorliegenden Artikels findet Artikel 19 der Verordnung (EG) Nr. 1393/2007 des Europäischen Parlaments und des Rates[1] Anwendung, wenn das verfahrenseinleitende Schriftstück oder ein gleichwertiges Schriftstück nach der genannten Verordnung von einem Mitgliedstaat in einen anderen zu übermitteln war.

(3) Ist die Verordnung (EG) Nr. 1393/2007 nicht anwendbar, so gilt Artikel 15 des Haager Übereinkommens vom 15. November 1965 über die Zustellung gerichtlicher und

---

[1] **Amtl. Anm.:** Verordnung (EG) Nr. 1393/2007 des Europäischen Parlaments und des Rates vom 13. November 2007 über die Zustellung gerichtlicher und außergerichtlicher Schriftstücke in Zivil- oder Handelssachen in den Mitgliedstaaten („Zustellung von Schriftstücken") und zur Aufhebung der Verordnung (EG) Nr. 1348/2000 des Rates (ABl. L 324 vom 10.12.2007, S. 79).

außergerichtlicher Schriftstücke im Ausland in Zivil- und Handelssachen, wenn das verfahrenseinleitende Schriftstück oder ein gleichwertiges Schriftstück nach Maßgabe dieses Übereinkommens ins Ausland zu übermitteln war.

Art. 17 EuPartVO Rechtshängigkeit

(1) Werden bei Gerichten verschiedener Mitgliedstaaten Verfahren wegen desselben Anspruchs zwischen denselben Parteien anhängig gemacht, so setzt jedes später angerufene Gericht das Verfahren von Amts wegen aus, bis die Zuständigkeit des zuerst angerufenen Gerichts feststeht.

(2) In den in Absatz 1 genannten Fällen teilt das in der Rechtssache angerufene Gericht auf Antrag eines anderen angerufenen Gerichts diesem unverzüglich mit, wann es angerufen wurde.

(3) Sobald die Zuständigkeit des zuerst angerufenen Gerichts feststeht, erklärt sich das später angerufene Gericht zugunsten dieses Gerichts für unzuständig.

Art. 18 EuPartVO Im Zusammenhang stehende Verfahren

(1) Sind bei Gerichten verschiedener Mitgliedstaaten Verfahren, die im Zusammenhang stehen, anhängig, so kann jedes später angerufene Gericht das Verfahren aussetzen.

(2) Sind die in Absatz 1 genannten Verfahren in erster Instanz anhängig, so kann sich jedes später angerufene Gericht auf Antrag einer Partei auch für unzuständig erklären, wenn das zuerst angerufene Gericht für die betreffenden Verfahren zuständig ist und die Verbindung der Verfahren nach seinem Recht zulässig ist.

(3) Für die Zwecke dieses Artikels gelten Verfahren als im Zusammenhang stehend, wenn zwischen ihnen eine so enge Beziehung gegeben ist, dass eine gemeinsame Verhandlung und Entscheidung geboten erscheint, um zu vermeiden, dass in getrennten Verfahren widersprechende Entscheidungen ergehen.

Art. 19 EuPartVO Einstweilige Maßnahmen einschließlich Sicherungsmaßnahmen

Die im Recht eines Mitgliedstaats vorgesehenen einstweiligen Maßnahmen einschließlich Sicherungsmaßnahmen können bei den Gerichten dieses Staates auch dann beantragt werden, wenn für die Entscheidung in der Hauptsache nach dieser Verordnung die Gerichte eines anderen Mitgliedstaats zuständig sind.

Kapitel III Anzuwendendes Recht

Art. 20 EuPartVO Universelle Anwendung

Das nach dieser Verordnung bezeichnete Recht ist auch dann anzuwenden, wenn es nicht das Recht eines Mitgliedstaats ist.

Art. 21 EuPartVO Einheit des anzuwendenden Rechts

Das auf die güterrechtlichen Wirkungen einer eingetragenen Partnerschaft anzuwendende Recht gilt für sämtliche unter diese Wirkungen fallenden Vermögensgegenstände ohne Rücksicht auf deren Belegenheit.

Art. 22 EuPartVO Rechtswahl

(1) Die Partner oder künftigen Partner können das auf die güterrechtlichen Wirkungen ihrer eingetragenen Partnerschaft anzuwendende Recht durch Vereinbarung bestimmen oder ändern, sofern dieses Recht güterrechtliche Wirkungen an das Institut der eingetragenen Partnerschaft knüpft und es sich dabei um das Recht eines der folgenden Staaten handelt:

a) das Recht des Staates, in dem die Partner oder künftigen Partner oder einer von ihnen zum Zeitpunkt der Rechtswahl ihren/seinen gewöhnlichen Aufenthalt haben/hat, oder

b) das Recht eines Staates, dessen Staatsangehörigkeit einer der Partner oder künftigen Partner zum Zeitpunkt der Rechtswahl besitzt, oder

c) das Recht des Staates, nach dessen Recht die eingetragene Partnerschaft begründet wurde.

(2) Sofern die Partner nichts anderes vereinbaren, gilt eine während der Partnerschaft vorgenommene Änderung des auf die güterrechtlichen Wirkungen der eingetragenen Partnerschaft anzuwendenden Rechts nur für die Zukunft.

(3) Eine rückwirkende Änderung des anzuwendenden Rechts nach Absatz 2 darf die Ansprüche Dritter, die sich aus diesem Recht ableiten, nicht beeinträchtigen.

Art. 23 EuPartVO Formgültigkeit der Rechtswahlvereinbarung

(1) Eine Vereinbarung nach Artikel 22 bedarf der Schriftform, ist zu datieren und von beiden Partnern zu unterzeichnen. Elektronische Übermittlungen, die eine dauerhafte Aufzeichnung der Vereinbarung ermöglichen, sind der Schriftform gleichgestellt.

(2) Sieht das Recht des Mitgliedstaats, in dem beide Partner zum Zeitpunkt der Rechtswahl ihren gewöhnlichen Aufenthalt haben, zusätzliche Formvorschriften für Vereinbarungen über die güterrechtlichen Wirkungen einer eingetragenen Partnerschaft vor, so sind diese Formvorschriften anzuwenden.

(3) Haben die Partner zum Zeitpunkt der Rechtswahl ihren gewöhnlichen Aufenthalt in verschiedenen Mitgliedstaaten und sieht das Recht beider Staaten unterschiedliche Formvorschriften für Vereinbarungen über die güterrechtlichen Wirkungen einer eingetragenen Partnerschaft vor, so ist die Vereinbarung formgültig, wenn sie den Vorschriften des Rechts eines dieser Mitgliedstaaten genügt.

(4) Hat zum Zeitpunkt der Rechtswahl nur einer der Partner seinen gewöhnlichen Aufenthalt in einem Mitgliedstaat und sind in diesem Staat zusätzliche Formvorschriften für Vereinbarungen über die güterrechtlichen Wirkungen einer eingetragenen Partnerschaft vorgesehen, so sind diese Formvorschriften anzuwenden.

Art. 24 EuPartVO Einigung und materielle Wirksamkeit

(1) Das Zustandekommen und die Wirksamkeit einer Rechtswahlvereinbarung oder einer ihrer Bestimmungen bestimmen sich nach dem Recht, das nach Artikel 22 anzuwenden wäre, wenn die Vereinbarung oder die Bestimmung wirksam wäre.

(2) Ein Partner kann sich jedoch für die Behauptung, er habe der Vereinbarung nicht zugestimmt, auf das Recht des Staates berufen, in dem er zum Zeitpunkt der Anrufung des Gerichts seinen gewöhnlichen Aufenthalt hat, wenn sich aus den Umständen ergibt, dass es nicht angemessen wäre, die Wirkung seines Verhaltens nach dem in Absatz 1 bezeichneten Recht zu bestimmen.

Art. 25 EuPartVO Formgültigkeit einer Vereinbarung über die güterrechtlichen Wirkungen einer eingetragenen Partnerschaft

(1) Die Vereinbarung über die güterrechtlichen Wirkungen einer eingetragenen Partnerschaft bedarf der Schriftform, ist zu datieren und von beiden Partnern zu unterzeichnen. Elektronische Übermittlungen, die eine dauerhafte Aufzeichnung der Vereinbarung ermöglichen, sind der Schriftform gleichgestellt.

(2) Sieht das Recht des Mitgliedstaats, in dem beide Partner zum Zeitpunkt der Vereinbarung ihren gewöhnlichen Aufenthalt haben, zusätzliche Formvorschriften für Vereinbarungen über die güterrechtlichen Wirkungen einer eingetragenen Partnerschaft vor, so sind diese Formvorschriften anzuwenden.

Haben die Partner zum Zeitpunkt der Vereinbarung ihren gewöhnlichen Aufenthalt in verschiedenen Mitgliedstaaten und sieht das Recht beider Staaten unterschiedliche Formvorschriften für Vereinbarungen über die güterrechtlichen Wirkungen einer eingetragenen Partnerschaft vor, so ist die Vereinbarung formgültig, wenn sie den Vorschriften des Rechts eines dieser Mitgliedstaaten genügt.

Hat zum Zeitpunkt der Vereinbarung nur einer der Partner seinen gewöhnlichen Aufenthalt in einem Mitgliedstaat und sind in diesem Staat zusätzliche Formvorschriften für Vereinbarungen über die güterrechtlichen Wirkungen einer eingetragenen Partnerschaft vorgesehen, so sind diese Formvorschriften anzuwenden.

(3) Sieht das auf die güterrechtlichen Wirkungen einer eingetragenen Partnerschaft anzuwendende Recht zusätzliche Formvorschriften vor, so sind diese Formvorschriften anzuwenden.

Art. 26 EuPartVO Mangels Rechtswahl der Parteien anzuwendendes Recht

(1) Mangels einer Rechtswahlvereinbarung nach Artikel 22 unterliegen die güterrechtlichen Wirkungen einer eingetragenen Partnerschaft dem Recht des Staates, nach dessen Recht die eingetragene Partnerschaft begründet wurde.

(2) Ausnahmsweise kann das Gericht, das für Fragen der güterrechtlichen Wirkungen der eingetragenen Partnerschaft zuständig ist, auf Antrag eines der Partner entscheiden, dass das Recht eines anderen Staates als des Staates, dessen Recht nach Absatz 1 anzuwenden ist, für die güterrechtlichen Wirkungen der eingetragenen Partnerschaft gilt, sofern das Recht dieses anderen Staates güterrechtliche Wirkungen an das Institut der eingetragenen Partnerschaft knüpft und sofern der Antragsteller nachweist, dass
a) die Partner ihren letzten gemeinsamen gewöhnlichen Aufenthalt über einen erheblich langen Zeitraum in diesem Staat hatten und
b) beide Partner auf das Recht dieses anderen Staates bei der Regelung oder Planung ihrer güterrechtlichen Beziehungen vertraut hatten.
Das Recht dieses anderen Staates gilt ab dem Zeitpunkt der Begründung der eingetragenen Partnerschaft, es sei denn, ein Partner ist damit nicht einverstanden. In diesem Fall gilt das Recht dieses anderen Staates ab Begründung des letzten gemeinsamen gewöhnlichen Aufenthalts in diesem anderen Staat.
Die Anwendung des Rechts des anderen Staates darf die Rechte Dritter, die sich auf das nach Absatz 1 anzuwendende Recht gründen, nicht beeinträchtigen.
Dieser Absatz gilt nicht, wenn die Partner vor der Begründung ihres letzten gemeinsamen gewöhnlichen Aufenthalts in diesem anderen Staat eine Vereinbarung über die güterrechtlichen Wirkungen der eingetragenen Partnerschaft getroffen haben.

Art. 27 EuPartVO Reichweite des anzuwendenden Rechts

Das nach dieser Verordnung auf die güterrechtlichen Wirkungen eingetragener Partnerschaften anzuwendende Recht regelt unter anderem
a) die Einteilung des Vermögens eines oder beider Partner in verschiedene Kategorien während und nach der eingetragenen Partnerschaft,
b) die Übertragung von Vermögen von einer Kategorie in die andere,
c) die Haftung des einen Partners für die Verbindlichkeiten und Schulden des anderen,
d) die Befugnisse, Rechte und Pflichten eines oder beider Partner in Bezug auf das Vermögen,
e) die Teilung, Aufteilung oder Abwicklung des Vermögens bei Auflösung der eingetragenen Partnerschaft,
f) die Wirkungen der güterrechtlichen Wirkungen eingetragener Partnerschaften auf ein Rechtsverhältnis zwischen einem Partner und Dritten und
g) die materielle Wirksamkeit einer Vereinbarung über die güterrechtlichen Wirkungen einer eingetragenen Partnerschaft.

Art. 28 EuPartVO Wirkungen gegenüber Dritten

(1) Ungeachtet des Artikels 27 Buchstabe f darf ein Partner in einer Streitigkeit zwischen einem Dritten und einem oder beiden Partnern das für die güterrechtlichen Wirkungen seiner eingetragenen Partnerschaft maßgebende Recht dem Dritten nicht entgegenhalten, es sei denn, der Dritte hatte Kenntnis von diesem Recht oder hätte bei gebührender Sorgfalt davon Kenntnis haben müssen.

(2) Es wird davon ausgegangen, dass der Dritte Kenntnis von den güterrechtlichen Wirkungen des anzuwendenden Rechts hat, wenn
a) dieses Recht das Recht des Staates ist,
  i) dessen Recht auf das Rechtsgeschäft zwischen einem Partner und dem Dritten anzuwenden ist,
  ii) in dem der vertragschließende Partner und der Dritte ihren gewöhnlichen Aufenthalt haben, oder

    iii) in dem die Vermögensgegenstände – im Fall von unbeweglichem Vermögen – belegen sind,

oder

b) ein Partner die geltenden Anforderungen an die Publizität oder Registrierung der güterrechtlichen Wirkungen der eingetragenen Partnerschaft eingehalten hat, die vorgesehen sind im Recht des Staates,

    i) dessen Recht auf das Rechtsgeschäft zwischen einem Partner und dem Dritten anzuwenden ist,

    ii) in dem der vertragschließende Partner und der Dritte ihren gewöhnlichen Aufenthalt haben, oder

    iii) in dem die Vermögensgegenstände – im Fall von unbeweglichem Vermögen – belegen sind.

(3) Kann ein Partner das auf seine güterrechtlichen Wirkungen anzuwendende Recht einem Dritten nach Absatz 1 nicht entgegenhalten, so unterliegen die güterrechtlichen Wirkungen gegenüber dem Dritten dem Recht des Staates,

a) dessen Recht auf das Rechtsgeschäft zwischen einem Partner und dem Dritten anzuwenden ist oder

b) in dem die Vermögensgegenstände – im Fall von unbeweglichem Vermögen – belegen sind oder, im Fall eingetragener Vermögenswerte oder im Fall von Rechten, in dem diese Vermögenswerte oder Rechte eingetragen sind.

Art. 29 EuPartVO Anpassung dinglicher Rechte

Macht eine Person ein dingliches Recht geltend, das ihr nach dem auf die güterrechtlichen Wirkungen einer eingetragenen Partnerschaft anzuwendenden Recht zusteht, und kennt das Recht des Mitgliedstaats, in dem das Recht geltend gemacht wird, das betreffende dingliche Recht nicht, so ist dieses Recht, soweit erforderlich und möglich, an das in der Rechtsordnung dieses Mitgliedstaats am ehesten vergleichbare Recht anzupassen, wobei die mit dem besagten dinglichen Recht verfolgten Ziele und Interessen und die mit ihm verbundenen Wirkungen zu berücksichtigen sind.

Art. 30 EuPartVO Eingriffsnormen

(1) Diese Verordnung berührt nicht die Anwendung der Eingriffsnormen des Rechts des angerufenen Gerichts.

(2) Eine Eingriffsnorm ist eine Vorschrift, deren Einhaltung von einem Mitgliedstaat als so entscheidend für die Wahrung seines öffentlichen Interesses, insbesondere seiner politischen, sozialen oder wirtschaftlichen Ordnung, angesehen wird, dass sie ungeachtet des nach Maßgabe dieser Verordnung auf die güterrechtlichen Wirkungen einer eingetragenen Partnerschaft anzuwendenden Rechts auf alle Sachverhalte anzuwenden ist, die in ihren Anwendungsbereich fallen.

Art. 31 EuPartVO Öffentliche Ordnung (ordre public)

Die Anwendung einer Vorschrift des nach dieser Verordnung bestimmten Rechts eines Staates darf nur versagt werden, wenn ihre Anwendung mit der öffentlichen Ordnung (ordre public) des Staates des angerufenen Gerichts offensichtlich unvereinbar ist.

Art. 32 EuPartVO Ausschluss der Rück- und Weiterverweisung

Unter dem nach dieser Verordnung anzuwendenden Recht eines Staates sind die in diesem Staat geltenden Rechtsnormen mit Ausnahme seines Internationalen Privatrechts zu verstehen.

Art. 33 EuPartVO Staaten mit mehr als einem Rechtssystem – interlokale Kollisionsvorschriften

(1) Verweist diese Verordnung auf das Recht eines Staates, der mehrere Gebietseinheiten umfasst, von denen jede eigene Rechtsvorschriften für die güterrechtlichen Wirkungen

eingetragener Partnerschaften hat, so bestimmen die internen Kollisionsvorschriften dieses Staates die Gebietseinheit, deren Rechtsvorschriften anzuwenden sind.

(2) In Ermangelung solcher interner Kollisionsvorschriften gilt:

a) Jede Bezugnahme auf das Recht des in Absatz 1 genannten Staates ist für die Bestimmung des anzuwendenden Rechts aufgrund von Vorschriften, die sich auf den gewöhnlichen Aufenthalt der Partner beziehen, als Bezugnahme auf das Recht der Gebietseinheit zu verstehen, in der die Partner ihren gewöhnlichen Aufenthalt haben.

b) Jede Bezugnahme auf das Recht des in Absatz 1 genannten Staates ist für die Bestimmung des anzuwendenden Rechts aufgrund von Vorschriften, die sich auf die Staatsangehörigkeit der Partner beziehen, als Bezugnahme auf das Recht der Gebietseinheit zu verstehen, zu der die Partner die engste Verbindung haben.

c) Jede Bezugnahme auf das Recht des in Absatz 1 genannten Staates ist für die Bestimmung des anzuwendenden Rechts aufgrund sonstiger Bestimmungen, die sich auf andere Anknüpfungspunkte beziehen, als Bezugnahme auf das Recht der Gebietseinheit zu verstehen, in der sich der einschlägige Anknüpfungspunkt befindet.

Art. 34 EuPartVO Staaten mit mehr als einem Rechtssystem – interpersonale Kollisionsvorschriften

Gelten in einem Staat für die güterrechtlichen Wirkungen eingetragener Partnerschaften zwei oder mehr Rechtssysteme oder Regelwerke für verschiedene Personengruppen, so ist jede Bezugnahme auf das Recht dieses Staates als Bezugnahme auf das Rechtssystem oder das Regelwerk zu verstehen, das die in diesem Staat geltenden Vorschriften zur Anwendung berufen. In Ermangelung solcher Vorschriften ist das Rechtssystem oder das Regelwerk anzuwenden, zu dem die Partner die engste Verbindung haben.

Art. 35 EuPartVO Nichtanwendung dieser Verordnung auf innerstaatliche Kollisionen

Ein Mitgliedstaat, der mehrere Gebietseinheiten umfasst, von denen jede ihre eigenen Rechtsvorschriften für güterrechtliche Wirkungen eingetragener Partnerschaften hat, ist nicht verpflichtet, diese Verordnung auf Kollisionen zwischen den Rechtsordnungen dieser Gebietseinheiten anzuwenden.

Kapitel IV Anerkennung, Vollstreckbarkeit und Vollstreckung von Entscheidungen

Art. 36 EuPartVO Anerkennung

(1) Die in einem Mitgliedstaat ergangenen Entscheidungen werden in den anderen Mitgliedstaaten anerkannt, ohne dass es hierfür eines besonderen Verfahrens bedarf.

(2) Jede Partei, die die Anerkennung einer Entscheidung zu einem zentralen Element des Streitgegenstands macht, kann in den Verfahren der Artikel 44 bis 57 die Anerkennung der Entscheidung beantragen.

(3) Hängt der Ausgang eines Verfahrens vor dem Gericht eines Mitgliedstaats von der Entscheidung über die inzidente Frage der Anerkennung ab, so ist dieses Gericht für die Entscheidung über die Anerkennung zuständig.

Art. 37 EuPartVO Gründe für die Nichtanerkennung

Eine Entscheidung wird nicht anerkannt, wenn

a) die Anerkennung der öffentlichen Ordnung (ordre public) des Mitgliedstaats, in dem sie beantragt wird, offensichtlich widersprechen würde;

b) dem Beklagten, der sich auf das Verfahren nicht eingelassen hat, das verfahrenseinleitende Schriftstück oder ein gleichwertiges Schriftstück nicht so rechtzeitig und in einer Weise zugestellt worden ist, dass er sich verteidigen konnte, es sei denn, der Beklagte hat die Entscheidung nicht angefochten, obwohl er die Möglichkeit dazu hatte;

c) sie mit einer Entscheidung unvereinbar ist, die in einem Verfahren zwischen denselben Parteien in dem Mitgliedstaat, in dem die Anerkennung beantragt wird, ergangen ist;

d) sie mit einer früheren Entscheidung unvereinbar ist, die in einem anderen Mitgliedstaat oder in einem Drittstaat in einem Verfahren zwischen denselben Parteien wegen desselben Anspruchs ergangen ist, sofern die frühere Entscheidung die notwendigen Voraussetzungen für ihre Anerkennung in dem Mitgliedstaat, in dem die Anerkennung geltend gemacht wird, erfüllt.

Art. 38 EuPartVO Grundrechte

Artikel 37 dieser Verordnung ist von den Gerichten und anderen zuständigen Behörden der Mitgliedstaaten unter Beachtung der in der Charta anerkannten Grundrechte und Grundsätze anzuwenden, insbesondere des Grundsatzes der Nichtdiskriminierung in Artikel 21 der Charta.

Art. 39 EuPartVO Ausschluss der Nachprüfung der Zuständigkeit des Gerichts des Ursprungsmitgliedstaats

(1) Die Zuständigkeit des Gerichts des Ursprungsmitgliedstaats darf nicht nachgeprüft werden.

(2) Das Kriterium der öffentlichen Ordnung *(ordre public)* in Artikel 37 findet keine Anwendung auf die Zuständigkeitsvorschriften in den Artikeln 4 bis 12.

Art. 40 EuPartVO Ausschluss der Nachprüfung in der Sache

Die in einem Mitgliedstaat ergangene Entscheidung darf keinesfalls in der Sache selbst nachgeprüft werden.

Art. 41 EuPartVO Aussetzung des Anerkennungsverfahrens

Das Gericht eines Mitgliedstaats, vor dem die Anerkennung einer in einem anderen Mitgliedstaat ergangenen Entscheidung geltend gemacht wird, kann das Verfahren aussetzen, wenn im Ursprungsmitgliedstaat gegen die Entscheidung ein ordentlicher Rechtsbehelf eingelegt worden ist.

Art. 42 EuPartVO Vollstreckbarkeit

Die in einem Mitgliedstaat ergangenen und in diesem Staat vollstreckbaren Entscheidungen sind in einem anderen Mitgliedstaat vollstreckbar, wenn sie auf Antrag eines Berechtigten dort nach den Verfahren der Artikel 44 bis 57 für vollstreckbar erklärt worden sind.

Art. 43 EuPartVO Bestimmung des Wohnsitzes

Ist zu entscheiden, ob eine Partei für die Zwecke des Verfahrens nach den Artikeln 44 bis 57 im Hoheitsgebiet des Vollstreckungsmitgliedstaats einen Wohnsitz hat, so wendet das befasste Gericht sein innerstaatliches Recht an.

Art. 44 EuPartVO Örtlich zuständiges Gericht

(1) Der Antrag auf Vollstreckbarerklärung ist an das Gericht oder die zuständige Behörde des Vollstreckungsmitgliedstaats zu richten, die der Kommission nach Artikel 64 von diesem Mitgliedstaat mitgeteilt wurden.

(2) Die örtliche Zuständigkeit wird durch den Ort des Wohnsitzes der Partei, gegen die die Vollstreckung erwirkt werden soll, oder durch den Ort, an dem die Vollstreckung durchgeführt werden soll, bestimmt.

Art. 45 EuPartVO Verfahren

(1) Für das Verfahren der Antragstellung ist das Recht des Vollstreckungsmitgliedstaats maßgebend.

(2) Von dem Antragsteller kann nicht verlangt werden, dass er im Vollstreckungsmitgliedstaat über eine Postanschrift oder einen bevollmächtigten Vertreter verfügt.

(3) Dem Antrag sind die folgenden Schriftstücke beizufügen:

a) eine Ausfertigung der Entscheidung, die die für die Feststellung ihrer Beweiskraft erforderlichen Voraussetzungen erfüllt;

b) die Bescheinigung, die von dem Gericht oder der zuständigen Behörde des Ursprungsmitgliedstaats unter Verwendung des – nach dem Beratungsverfahren nach Artikel 67 Absatz 2 erstellten – Formulars ausgestellt wurde, unbeschadet des Artikels 46.

Art. 46 EuPartVO Nichtvorlage der Bescheinigung

(1) Wird die Bescheinigung nach Artikel 45 Absatz 3 Buchstabe b nicht vorgelegt, so kann das Gericht oder die sonst befugte Stelle eine Frist bestimmen, innerhalb deren die Bescheinigung vorzulegen ist, oder eine gleichwertige Urkunde akzeptieren oder von der Vorlage der Bescheinigung absehen, wenn es bzw. sie keinen weiteren Klärungsbedarf sieht.

(2) Auf Verlangen des Gerichts oder der zuständigen Behörde ist eine Übersetzung oder Transkription der Schriftstücke vorzulegen. Die Übersetzung ist von einer Person zu erstellen, die zur Anfertigung von Übersetzungen in einem der Mitgliedstaaten befugt ist.

Art. 47 EuPartVO Vollstreckbarerklärung

Sobald die in Artikel 45 vorgesehenen Förmlichkeiten erfüllt sind, wird die Entscheidung unverzüglich für vollstreckbar erklärt, ohne dass eine Prüfung nach Artikel 37 erfolgt. Die Partei, gegen die die Vollstreckung erwirkt werden soll, erhält in diesem Abschnitt des Verfahrens keine Gelegenheit, eine Erklärung abzugeben.

Art. 48 EuPartVO Mitteilung der Entscheidung über den Antrag auf Vollstreckbarerklärung

(1) Die Entscheidung über den Antrag auf Vollstreckbarerklärung wird dem Antragsteller unverzüglich nach dem Verfahren mitgeteilt, das das Recht des Vollstreckungsmitgliedstaats vorsieht.

(2) Die Vollstreckbarerklärung und, soweit dies noch nicht geschehen ist, die Entscheidung werden der Partei, gegen die die Vollstreckung erwirkt werden soll, zugestellt.

Art. 49 EuPartVO Rechtsbehelf gegen die Entscheidung über den Antrag auf Vollstreckbarerklärung

(1) Gegen die Entscheidung über den Antrag auf Vollstreckbarerklärung kann jede Partei einen Rechtsbehelf einlegen.

(2) Der Rechtsbehelf wird bei dem Gericht eingelegt, das der betreffende Mitgliedstaat der Kommission nach Artikel 64 mitgeteilt hat.

(3) Über den Rechtsbehelf wird nach den Vorschriften entschieden, die für Verfahren mit beiderseitigem rechtlichen Gehör maßgebend sind.

(4) Lässt sich die Partei, gegen die die Vollstreckung erwirkt werden soll, auf das Verfahren vor dem mit dem Rechtsbehelf des Antragstellers befassten Gericht nicht ein, so ist Artikel 16 auch dann anzuwenden, wenn die Partei, gegen die die Vollstreckung erwirkt werden soll, in keinem Mitgliedstaat einen Wohnsitz hat.

(5) Der Rechtsbehelf gegen die Vollstreckbarerklärung ist innerhalb von 30 Tagen nach ihrer Zustellung einzulegen. Hat die Partei, gegen die die Vollstreckung erwirkt werden soll, ihren Wohnsitz im Hoheitsgebiet eines anderen Mitgliedstaats als dem, in dem die Vollstreckbarerklärung ergangen ist, so beträgt die Frist für den Rechtsbehelf 60 Tage und beginnt mit dem Tag, an dem die Vollstreckbarerklärung ihr entweder in Person oder in ihrer Wohnung zugestellt worden ist. Eine Verlängerung dieser Frist wegen weiter Entfernung ist ausgeschlossen.

Art. 50 EuPartVO Rechtsbehelf gegen die Entscheidung über den Rechtsbehelf

Gegen die über den Rechtsbehelf ergangene Entscheidung kann ein Rechtsbehelf nur nach dem Verfahren eingelegt werden, das der betreffende Mitgliedstaat der Kommission nach Artikel 64 mitgeteilt hat.

Art. 51 EuPartVO Versagung oder Aufhebung einer Vollstreckbarerklärung

Die Vollstreckbarerklärung darf von den mit einem Rechtsbehelf nach Artikel 49 oder 50 befassten Gericht nur aus einem der in Artikel 37 aufgeführten Gründe versagt oder aufgehoben werden. Das Gericht erlässt seine Entscheidung unverzüglich.

Art. 52 EuPartVO Aussetzung des Verfahrens

Das nach Artikel 49 oder 50 mit dem Rechtsbehelf befasste Gericht setzt das Verfahren auf Antrag der Partei, gegen die die Vollstreckung erwirkt werden soll, aus, wenn die Entscheidung im Ursprungsmitgliedstaat wegen der Einlegung eines Rechtsbehelfs vorläufig nicht vollstreckbar ist.

Art. 53 EuPartVO Einstweilige Maßnahmen einschließlich Sicherungsmaßnahmen

(1) Ist eine Entscheidung nach diesem Kapitel anzuerkennen, so ist der Antragsteller nicht daran gehindert, einstweilige Maßnahmen einschließlich Sicherungsmaßnahmen nach dem Recht des Vollstreckungsmitgliedstaats in Anspruch zu nehmen, ohne dass es einer Vollstreckbarerklärung nach Artikel 47 bedarf.

(2) Die Vollstreckbarerklärung umfasst von Rechts wegen die Befugnis, alle Sicherungsmaßnahmen zu veranlassen.

(3) Solange die in Artikel 49 Absatz 5 vorgesehene Frist für den Rechtsbehelf gegen die Vollstreckbarerklärung läuft und solange über den Rechtsbehelf nicht entschieden ist, darf die Zwangsvollstreckung in das Vermögen der Partei, gegen welche die Vollstreckung erfolgen soll, nicht über Sicherungsmaßnahmen hinausgehen.

Art. 54 EuPartVO Teilvollstreckbarkeit

(1) Ist durch die Entscheidung über mehrere Ansprüche erkannt worden und kann die Vollstreckbarerklärung nicht für alle Ansprüche erteilt werden, so erteilt das Gericht oder die zuständige Behörde sie für einen oder mehrere dieser Ansprüche.

(2) Der Antragsteller kann beantragen, dass die Vollstreckbarerklärung nur für einen Teil des Gegenstands der Entscheidung erteilt wird.

Art. 55 EuPartVO Prozesskostenhilfe

Ist dem Antragsteller im Ursprungsmitgliedstaat ganz oder teilweise Prozesskostenhilfe oder Kosten- oder Gebührenbefreiung gewährt worden, so genießt er im Vollstreckbarerklärungsverfahren hinsichtlich der Prozesskostenhilfe oder der Kosten- oder Gebührenbefreiung die günstigste Behandlung, die das Recht des Vollstreckungsmitgliedstaats vorsieht.

Art. 56 EuPartVO Keine Sicherheitsleistung oder Hinterlegung

Der Partei, die in einem Mitgliedstaat die Anerkennung, Vollstreckbarerklärung oder Vollstreckung einer in einem anderen Mitgliedstaat ergangenen Entscheidung beantragt, darf wegen ihrer Eigenschaft als Ausländer oder wegen Fehlens eines inländischen Wohnsitzes oder Aufenthalts im Vollstreckungsmitgliedstaat keine Sicherheitsleistung oder Hinterlegung, unter welcher Bezeichnung es auch sei, auferlegt werden.

Art. 57 EuPartVO Keine Stempelabgaben oder Gebühren

Im Vollstreckungsmitgliedstaat dürfen in Vollstreckbarerklärungsverfahren keine nach dem Streitwert abgestuften Stempelabgaben oder Gebühren erhoben werden.

Kapitel V Öffentliche Urkunden und gerichtliche Vergleiche

Art. 58 EuPartVO Annahme öffentlicher Urkunden

(1) Eine in einem Mitgliedstaat errichtete öffentliche Urkunde hat in einem anderen Mitgliedstaat die gleiche formelle Beweiskraft wie im Ursprungsmitgliedstaat oder die

damit am ehesten vergleichbare Wirkung, sofern das der öffentlichen Ordnung (ordre public) des betreffenden Mitgliedstaats nicht offensichtlich widerspricht.

Eine Person, die eine öffentliche Urkunde in einem anderen Mitgliedstaat verwenden möchte, kann die Behörde, die die öffentliche Urkunde im Ursprungsmitgliedstaat errichtet, ersuchen, das nach dem Beratungsverfahren nach Artikel 67 Absatz 2 erstellte Formblatt auszufüllen, das die formelle Beweiskraft der öffentlichen Urkunde in ihrem Ursprungsmitgliedstaat beschreibt.

(2) Einwände gegen die Authentizität einer öffentlichen Urkunde sind bei den Gerichten des Ursprungsmitgliedstaats zu erheben; über diese Einwände wird nach dem Recht dieses Staates entschieden. Eine öffentliche Urkunde, gegen die solche Einwände erhoben wurden, entfaltet in einem anderen Mitgliedstaat keine Beweiskraft, solange die Sache bei dem zuständigen Gericht anhängig ist.

(3) Einwände gegen die in einer öffentlichen Urkunde beurkundeten Rechtsgeschäfte oder Rechtsverhältnisse sind bei den nach dieser Verordnung zuständigen Gerichten zu erheben; über diese Einwände wird nach dem nach Kapitel III anzuwendenden Recht entschieden. Eine öffentliche Urkunde, gegen die solche Einwände erhoben wurden, entfaltet in einem anderen als dem Ursprungsmitgliedstaat hinsichtlich des bestrittenen Umstands keine Beweiskraft, solange die Sache bei dem zuständigen Gericht anhängig ist.

(4) Hängt der Ausgang eines Verfahrens vor dem Gericht eines Mitgliedstaats von der Klärung einer Vorfrage im Zusammenhang mit den Rechtsgeschäften oder Rechtsverhältnissen ab, die in einer öffentlichen Urkunde über die güterrechtlichen Wirkungen einer eingetragenen Partnerschaft beurkundet sind, so ist dieses Gericht für die Entscheidung über diese Vorfrage zuständig.

Art. 59 EuPartVO Vollstreckbarkeit öffentlicher Urkunden

(1) Öffentliche Urkunden, die im Ursprungsmitgliedstaat vollstreckbar sind, werden in einem anderen Mitgliedstaat auf Antrag eines Berechtigten nach den Verfahren der Artikel 44 bis 57 für vollstreckbar erklärt.

(2) Für die Zwecke des Artikels 45 Absatz 3 Buchstabe b stellt die Behörde, die die öffentliche Urkunde errichtet hat, auf Antrag eines Berechtigten eine Bescheinigung unter Verwendung des nach dem Beratungsverfahren nach Artikel 67 Absatz 2 erstellten Formblatts aus.

(3) Die Vollstreckbarerklärung wird von dem mit einem Rechtsbehelf nach Artikel 49 oder 50 befassten Gericht nur versagt oder aufgehoben, wenn die Vollstreckung der öffentlichen Urkunde der öffentlichen Ordnung (ordre public) des Vollstreckungsmitgliedstaats offensichtlich widersprechen würde.

Art. 60 EuPartVO Vollstreckbarkeit gerichtlicher Vergleiche

(1) Gerichtliche Vergleiche, die im Ursprungsmitgliedstaat vollstreckbar sind, werden in einem anderen Mitgliedstaat auf Antrag eines Berechtigten nach den Verfahren der Artikel 44 bis 57 für vollstreckbar erklärt.

(2) Für die Zwecke des Artikels 45 Absatz 3 Buchstabe b stellt das Gericht, das den Vergleich gebilligt hat oder vor dem der Vergleich geschlossen wurde, auf Antrag eines Berechtigten eine Bescheinigung unter Verwendung des nach dem Beratungsverfahren nach Artikel 67 Absatz 2 erstellten Formblatts aus.

(3) Die Vollstreckbarerklärung wird von dem mit einem Rechtsbehelf nach Artikel 49 oder 50 befassten Gericht nur versagt oder aufgehoben, wenn die Vollstreckung des gerichtlichen Vergleichs der öffentlichen Ordnung (ordre public) des Vollstreckungsmitgliedstaats offensichtlich widersprechen würde.

Kapitel VI Allgemeine und Schlussbestimmungen

Art. 61 EuPartVO Legalisation oder ähnliche Förmlichkeiten

Im Rahmen dieser Verordnung bedarf es für Urkunden, die in einem Mitgliedstaat ausgestellt werden, weder der Legalisation noch einer ähnlichen Förmlichkeit.

Art. 62 EuPartVO Verhältnis zu bestehenden internationalen Übereinkünften

(1) Diese Verordnung lässt unbeschadet der Verpflichtungen der Mitgliedstaaten nach Artikel 351 AEUV die Anwendung bilateraler oder multilateraler Übereinkünfte unberührt, denen ein oder mehrere Mitgliedstaaten zum Zeitpunkt des Erlasses dieser Verordnung oder eines Beschlusses nach Artikel 331 Absatz 1 Unterabsatz 2 oder 3 AEUV angehören und die Bereiche betreffen, die in dieser Verordnung geregelt sind.

(2) Ungeachtet des Absatzes 1 hat diese Verordnung im Verhältnis zwischen den Mitgliedstaaten Vorrang vor untereinander geschlossenen Übereinkünften, soweit diese Übereinkünfte Bereiche betreffen, die in dieser Verordnung geregelt sind.

Art. 63 EuPartVO Informationen für die Öffentlichkeit

Die Mitgliedstaaten übermitteln der Kommission eine kurze Zusammenfassung ihrer nationalen Vorschriften und Verfahren über die güterrechtlichen Wirkungen eingetragener Partnerschaften, einschließlich Informationen zu der Art von Behörde, die für Fragen der güterrechtlichen Wirkungen eingetragener Partnerschaften zuständig ist, und zu den Wirkungen gegenüber Dritten gemäß Artikel 28, damit die betreffenden Informationen der Öffentlichkeit im Rahmen des Europäischen Justiziellen Netzes für Zivil- und Handelssachen zur Verfügung gestellt werden können.

Die Mitgliedstaaten halten die Informationen stets auf dem neuesten Stand.

Art. 64 EuPartVO Angaben zu Kontaktdaten und Verfahren

(1) Die Mitgliedstaaten teilen der Kommission bis zum 29. April 2018 Folgendes mit:
a) die für Anträge auf Vollstreckbarerklärung gemäß Artikel 44 Absatz 1 und für Rechtsbehelfe gegen Entscheidungen über derartige Anträge gemäß Artikel 49 Absatz 2 zuständigen Gerichte oder Behörden;
b) die in Artikel 50 genannten Rechtsbehelfe gegen die Entscheidung über den Rechtsbehelf.
Die Mitgliedstaaten unterrichten die Kommission über spätere Änderungen dieser Informationen.

(2) Die Kommission veröffentlicht die nach Absatz 1 übermittelten Angaben im *Amtsblatt der Europäischen Union*, mit Ausnahme der Anschriften und sonstigen Kontaktdaten der in Absatz 1 Buchstabe a genannten Gerichte und Behörden.

(3) Die Kommission stellt der Öffentlichkeit alle nach Absatz 1 übermittelten Angaben auf geeignete Weise, insbesondere über das Europäische Justizielle Netz für Zivil- und Handelssachen, zur Verfügung.

Art. 65 EuPartVO Erstellung und spätere Änderung der Liste der in Artikel 3 Absatz 2 vorgesehenen Informationen

(1) Die Kommission erstellt anhand der Mitteilungen der Mitgliedstaaten die Liste der in Artikel 3 Absatz 2 genannten anderen Behörden und Angehörigen von Rechtsberufen.

(2) Die Mitgliedstaaten teilen der Kommission spätere Änderungen der in dieser Liste enthaltenen Angaben mit. Die Kommission ändert die Liste entsprechend.

(3) Die Kommission veröffentlicht die Liste und etwaige spätere Änderungen im *Amtsblatt der Europäischen Union*.

(4) Die Kommission stellt der Öffentlichkeit alle nach den Absätzen 1 und 2 mitgeteilten Angaben auf andere geeignete Weise, insbesondere über das Europäische Justizielle Netz für Zivil- und Handelssachen, zur Verfügung.

Art. 66 EuPartVO Erstellung und spätere Änderung der Bescheinigungen und der Formblätter nach Artikel 45 Absatz 3 Buchstabe b und den Artikeln 58, 59 und 60

Die Kommission erlässt Durchführungsrechtsakte zur Erstellung und späteren Änderung der Bescheinigungen und der Formblätter nach Artikel 45 Absatz 3 Buchstabe b und den Artikeln 58, 59 und 60. Diese Durchführungsrechtsakte werden nach dem in Artikel 67 Absatz 2 genannten Beratungsverfahren erlassen.

Art. 67 EuPartVO Ausschussverfahren

(1) Die Kommission wird von einem Ausschuss unterstützt. Dieser Ausschuss ist ein Ausschuss im Sinne der Verordnung (EU) Nr. 182/2011.

(2) Wird auf diesen Absatz Bezug genommen, so gilt Artikel 4 der Verordnung (EU) Nr. 182/2011.

Art. 68 EuPartVO Überprüfungsklausel

(1) Die Kommission legt dem Europäischen Parlament, dem Rat und dem Europäischen Wirtschafts- und Sozialausschuss spätestens bis zum 29. Januar 2027 und danach alle fünf Jahre einen Bericht über die Anwendung dieser Verordnung vor. Dem Bericht werden gegebenenfalls Vorschläge zur Änderung dieser Verordnung beigefügt.

(2) Die Kommission legt dem Europäischen Parlament, dem Rat und dem Europäischen Wirtschafts- und Sozialausschuss spätestens bis zum 29. Januar 2024 einen Bericht über die Anwendung der Artikel 9 und 38 dieser Verordnung vor. In diesem Bericht wird insbesondere bewertet, inwieweit die genannten Artikel den Zugang zur Justiz sichergestellt haben.

(3) Für die Zwecke der in den Absätzen 1 und 2 genannten Berichte übermitteln die Mitgliedstaaten der Kommission sachdienliche Angaben zu der Anwendung dieser Verordnung durch ihre Gerichte.

Art. 69 EuPartVO Übergangsbestimmungen

(1) Diese Verordnung ist vorbehaltlich der Absätze 2 und 3 nur auf Verfahren, öffentliche Urkunden oder gerichtliche Vergleiche anzuwenden, die am 29. Januar 2019 oder danach eingeleitet, förmlich errichtet oder eingetragen beziehungsweise gebilligt oder geschlossen worden sind.

(2) Ist das Verfahren im Ursprungsmitgliedstaat vor dem 29. Januar 2019 eingeleitet worden, so werden nach diesem Zeitpunkt ergangene Entscheidungen nach Maßgabe des Kapitels IV anerkannt und vollstreckt, soweit die angewandten Zuständigkeitsvorschriften mit denen des Kapitels II übereinstimmen.

(3) Kapitel III gilt nur für Partner, die nach dem 29. Januar 2019 ihre Partnerschaft haben eintragen lassen oder eine Rechtswahl des auf die güterrechtlichen Wirkungen ihrer eingetragenen Partnerschaft anzuwendenden Rechts getroffen haben.

Art. 70 EuPartVO Inkrafttreten

(1) Diese Verordnung tritt am zwanzigsten Tag nach ihrer Veröffentlichung im *Amtsblatt der Europäischen Union* in Kraft.

(2) Diese Verordnung gilt in den Mitgliedstaaten, die an der durch Beschluss (EU) 2016/954 begründeten Verstärkten Zusammenarbeit im Bereich der Zuständigkeit, des anzuwendenden Rechts und der Anerkennung und Vollstreckung von Entscheidungen in Fragen der Güterstände internationaler Paare (eheliche Güterstände und Güterstände eingetragener Lebenspartnerschaften) teilnehmen.

Sie gilt ab 29. Januar 2019, mit Ausnahme der Artikel 63 und 64, die ab 29. April 2018 gelten, und der Artikel 65, 66 und 67, die ab 29. Juli 2016 gelten. Für diejenigen Mitgliedstaaten, die sich aufgrund eines nach Artikel 331 Absatz 1 Unterabsatz 2 oder Unterabsatz 3 AEUV angenommenen Beschlusses der Verstärkten Zusammenarbeit anschließen, gilt diese Verordnung ab dem in dem betreffenden Beschluss angegebenen Tag.

Diese Verordnung ist in allen ihren Teilen verbindlich und gilt gemäß den Verträgen unmittelbar in den teilnehmenden Mitgliedstaaten.

Geschehen zu Luxemburg am 24. Juni 2016.

Einführung

Schrifttum: *Buschbaum/Simon*, Die Vorschläge der EU-Kommission zur Harmonisierung des Güterkollisionsrechts für Ehen und Eingetragene Partnerschaften, GPR 2011, 262 und 305; *Dengel*, Die europäische Vereinheitlichung des Internationalen Ehegüterrechts und des Internationalen Güterrechts für eingetragene Partnerschaften, 2014; *Deutsches Notarinstitut* (DNotI), EuGüVO; EuPartVO Verabschiedung der Europäischen Güterrechtsverordnungen, DNotI-Report 2016, 109; *Döbereiner*, Der Kommissionsvorschlag für das internationale Ehegüterrecht, MittBayNot 2011, 463; *Gonzáles Beilfuss*, The Proposal for a Council Regulation on the Property Consequences of Registered Partnerships, Yb PIL 13 (2011), 183; *Kohler/Pintens*, Entwicklungen im europäischen Personenund Familienrecht 2010-2011, FamRZ 2011, 1433; *Martiny*, Die Kommissionsvorschläge für das internationale Ehegüterrecht sowie für das internationale Güterrecht eingetragener Partnerschaften, IPRax 2011, 437; *Martiny*, The impact of the EU private international law instruments on European family law, in: Scherpe (Hrsg.), European Family Law, Vol. I: The Impact of Institutions and Organisations on European Family Law, 2016, 261; *Rieck*, Eheund Partnerschaftsverträge in Anwendung der EU-Verordnungen, NJW 2016, 3755; *Simotta*, Die internationale Zuständigkeit nach den neuen Europäischen Güterrechtsverordnungen, ZVglRWiss 116 (2017), 44; *Weller* (Hrsg.), Europäisches Kollisionsrecht, 2016. Vgl. auch die Nachw. zur EuGüVO.

Übersicht

A. Einführung

Zeitgleich mit der Europäischen Ehegüterrechtsverordnung (EuGüVO)[1] ist am 28.7.2016 die **1** Verordnung über die güterrechtlichen Wirkungen eingetragener Partnerschaften (EuPartVO) in Kraft getreten (vgl. Art. 70 Abs. 1 EuPartVO). Beide Verordnungen wurden nach langer und wechselvoller Entstehungsgeschichte (→ EuGüVO Rn. 1 ff.) am 24.6.2016 vom Rat der Europäischen Union im Verfahren der **Verstärkten Zusammenarbeit** (Art. 328 AEUV) verabschiedet und gelten in den beteiligten Mitgliedstaaten (→ Rn. 2) ab dem 29.1.2019 (vgl. Art. 70 Abs. 2 UAbs. 2 EuGüVO/EuPartVO). Die kollisionsrechtlichen Vorschriften des Kapitels III der Verordnungen gelten auch dann allerdings nach Art. 69 Abs. 3 EuGüVO/EuPartVO nur für Ehegatten bzw. Partner, die nach dem 29.1.2019 die Ehe eingegangen sind bzw. ihre Partnerschaft haben eintragen lassen oder eine Rechtswahl bezüglich des auf die güterrechtlichen Wirkungen ihrer Ehe bzw. eingetragenen Partnerschaft anzuwendenden Rechts getroffen haben. Für die Anknüpfung der güterrechtlichen Wirkungen einer eingetragenen Partnerschaft bleibt somit in den meisten Fällen vorerst weiter Art. 17b Abs. 1 S. 1 EGBGB maßgeblich. Gleichwohl empfiehlt es sich in der Beratungspraxis, die künftige Rechtslage bei der Gestaltung von Partnerschaftsverträgen bereits jetzt zu berücksichtigen.[2]

Ebenso wie die EuGüVO gilt auch die EuPartVO nur in den Mitgliedstaaten, die an der Verstärk **2** ten Zusammenarbeit teilnehmen (Art. 70 Abs. 2 EuPartVO).[3] In den anderen Mitgliedstaaten richten sich die güterrechtlichen Wirkungen einer eingetragenen Partnerschaft weiter nach deren jeweiligen nationalen Kollisionsrecht. Nach dem Grundsatz der **universellen Anwendung** (Art. 20 EuPartVO) ist das nach der EuPartVO maßgebliche Recht aber auch dann anzuwenden, wenn es nicht das Recht eines (teilnehmenden) Mitgliedstaates ist. Der Kreis der an der EuPartVO **teilnehmenden Mitgliedstaaten** stimmt mit dem Kreis der an der EuGüVO teilnehmenden Mitgliedstaaten überein. Neben der Bundesrepublik Deutschland sind dies zurzeit Belgien, Bulgarien, Finnland, Frankreich, Griechenland, Italien, Kroatien, Luxemburg, Malta, die Niederlande, Österreich, Portugal, Schwe-

---

[1] Verordnung (EU) 2016/1103 des Rates zur Durchführung einer Verstärkten Zusammenarbeit im Bereich der Zuständigkeit, des anzuwendenden Rechts und der Anerkennung und Vollstreckung von Entscheidungen in Fragen des ehelichen Güterstands vom 24.6.2016 (ABl. 2016 L 183, 1 vom 8.7.2016).
[2] Vgl. *Rieck* NJW 2016, 3755 (3757).
[3] Vgl. Erwägungsgrund 11 EuPartVO.

den, Slowenien, Spanien, die Tschechische Republik und Zypern.[4] Nach Art. 20 Abs. 1 UAbs. 2 S. 2 EUV steht die Teilnahme aber allen Mitgliedstaaten „jederzeit" offen, so dass auch eine nachträgliche Teilnahme möglich bleibt.[5]

3   Inhaltlich stimmen die EuGüVO und die EuPartVO nahezu vollständig überein. Im Hinblick auf die Struktur der EuPartVO und den Begriff der güterrechtlichen Wirkungen, die Grundentscheidungen des Verordnungsgebers sowie die konkrete Ausgestaltung der Zuständigkeits- und Anknüpfungsregeln kann daher im Wesentlichen auf die **Ausführungen zu den parallelen Regelungen der EuGüVO** (→ EuGüVO Rn. 12 ff.) verwiesen werden. Das Gleiche gilt für die Bestimmungen der EuPartVO über die Anerkennung, Vollstreckbarkeit und Vollstreckung der in einem anderen Mitgliedstaat ergangenen Entscheidungen (→ EuGüVO Rn. 119 ff.).

B. Begriff der eingetragenen Partnerschaft

4   Der Begriff der **eingetragenen Partnerschaft** wird in Art. 3 Abs. 1 lit. a EuPartVO definiert. Bei der eingetragenen Partnerschaft handelt es sich hiernach um eine rechtlich vorgesehen Form der Lebensgemeinschaft zweier Personen, deren Eintragung nach den betreffenden Vorschriften verbindlich ist und welche die in den betreffenden Vorschriften vorgesehenen rechtlichen Formvorschriften für ihre Begründung erfüllt. Aus der fehlenden Bezugnahme auf die Gleichgeschlechtlichkeit der Partnerschaft folgt, dass die EuPartVO auch auf eingetragene **heterosexuelle** Partnerschaften anwendbar ist, die nicht den gleichen Rang wie eine Ehe haben.[6] Wegen der Notwendigkeit einer formgültigen Eintragung der Partnerschaft werden **informelle Formen des Zusammenlebens** wie eine nichteheliche Lebensgemeinschaft dagegen nicht erfasst.[7]

5   Ob die güterrechtlichen Wirkungen einer **gleichgeschlechtlichen Ehe** nach der EuGüVO oder der EuPartVO zu beurteilen sind, ist unklar.[8] Da die rechtspolitische Entwicklung in den Mitgliedstaaten auf eine zunehmende Öffnung der Ehe für gleichgeschlechtliche Paare hinausläuft, erscheint es sachgerecht, den Anwendungsbereich der EuGüVO auf gleichgeschlechtliche Ehen zu erstrecken (→ EuGüVO Rn. 24).[9] Die EuPartVO ist also auf alle institutionalisierten Formen des Zusammenlebens von Paaren anwendbar, die nach der jeweiligen Rechtsordnung keine Ehe darstellen. Dazu gehört auch die **eingetragene Lebenspartnerschaft** des deutschen Rechts. Nach dem Inkrafttreten des Gesetzes zur Einführung des Rechts auf Eheschließung für Personen gleichen Geschlechts kann allerdings keine eingetragene Lebenspartnerschaft mehr begründet werden. Für die güterrechtlichen Verhältnisse von Partnern, die vor dem 29.1.2019 ihre Partnerschaft haben eintragen lassen, bleibt grundsätzlich ohnehin Art. 17b Abs. 1 S. 1 EGBGB maßgeblich. Die EuPartVO kann in diesen Fällen also nur zur Anwendung kommen, wenn die Lebenspartnerschaft **nicht** nach § 20a LPartG nF **in eine Ehe umgewandelt** wird und die Partner nach dem 29.1.2019 eine **Rechtswahl** des auf die güterrechtlichen Wirkungen ihrer eingetragenen Partnerschaft anzuwendenden Rechts treffen.

6   Erwägungsgrund 17 stellt klar, dass die „eingetragene Partnerschaft" in Art. 3 Abs. 1 lit. a EuPartVO nur für die Zwecke der EuPartVO definiert wird. Der tatsächliche Inhalt dieses Konzepts soll sich weiter nach dem **nationalen Recht der Mitgliedstaaten** bestimmen. Die EuPartVO würde einen Mitgliedstaat, dessen Recht das Institut der eingetragenen Partnerschaft nicht kenne, auch nicht zur Einführung dieses Instituts in sein nationales Recht verpflichten. Der europäische Verordnungsgeber will damit den Bedenken Rechnung tragen, die es in einigen Mitgliedstaaten gegen das Institut gibt.[10]

7   Das Bestehen, die Gültigkeit oder die Anerkennung einer eingetragenen Partnerschaft richtet sich im Übrigen nicht nach dem Recht, das nach der EuPartVO für die güterrechtlichen Wirkungen der eingetragenen Partnerschaft maßgeblich ist (vgl. Art. 1 Abs. 2 lit. b EuPartVO). Es handelt sich

---

[4] Näher dazu Erwägungsgrund 11 EuPartVO.
[5] Vgl. dazu Erwägungsgrund 13 EuPartVO.
[6] So auch *Döbereiner* MittBayNot 2011, 463 (464); *Kohler/Pintens* FamRZ 2011, 1433 (1437); aA zum Vorschlag der Kommission für eine Verordnung des Rates über die Zuständigkeit, das anzuwendende Recht, die Anerkennung und Vollstreckung von Entscheidungen im Bereich des Güterrechts eingetragener Partnerschaften vom 21.3.2011 (KOM[2011], 127) *Martiny* in Scherpe, European Familiy Law I, 2016, 261 (273).
[7] Vgl. Erwägungsgrund 16 EuPartVO; Rauscher/*Kroll-Ludwigs* Einf. EU-LP-GüterVO-E Rn. 2; *DNotI* DNotI-Report 2016, 109 (111); *Gonzáles Beilfuss* Yb PIL 13 (2011), 183 (188 f.).
[8] Vgl. *DNotI* DNotI-Report 2016, 109 (111).
[9] So auch Rauscher/*Kroll-Ludwigs* Einf. EU-EheGüterVO-E Rn. 16; *Nordmeier* in Weller, Europäisches Kollisionsrecht, 2016, D. Rn. 402; *Döbereiner* MittBayNot 2011, 463 (464); *Martiny* IPRax 2011, 437 (441).
[10] Vgl. Rauscher/*Kroll-Ludwigs* Einf. EU-LP-GüterVO-E Rn. 1.

vielmehr um eine **Vorfrage,** die nach dem jeweiligen nationalen IPR gesondert anzuknüpfen ist.[11] In Deutschland wird insoweit also weiter Art. 17b Abs. 1 S. 1 EGBGB maßgeblich bleiben.

C. Inhaltliche Besonderheiten

I. Zuständigkeit der Gerichte

1. Akzessorische Zuständigkeiten. Im Hinblick auf die **internationale Zuständigkeit** ist zu **8** beachten, dass Art. 4 EuPartVO ebenso wie Art. 4 EuGüVO (→ EuGüVO Rn. 44) eine **akzessorische Anknüpfung** an die Zuständigkeit der mitgliedstaatlichen Gerichte für die **Erbsache** nach der EuErbVO vorsieht. Der Verordnungsgeber trägt damit dem engen Zusammenhang zwischen Güter- und Erbrecht Rechnung. Im Regelfall sind die Gerichte im letzten Aufenthaltsstaat des Erblassers zuständig (Art. 4 EuErbVO). Im Fall der **Auflösung oder Ungültigerklärung** einer eingetragenen Partnerschaft sind die zu der diesbezüglichen Entscheidung angerufenen mitgliedstaatlichen Gerichte auch für Entscheidungen über Fragen der güterrechtlichen Wirkungen der eingetragenen Partnerschaft in Verbindung mit dieser Auflösung oder Ungültigerklärung zuständig. Anders als bei Art. 4 EuPartVO/EuGüVO ist hierfür aber eine entsprechende **Vereinbarung der Partner** erforderlich (Art. 5 EuPartVO). Da die EuEheVO auf die Auflösung oder Ungültigerklärung einer eingetragenen Partnerschaft nicht anwendbar ist,[12] richtet sich die Zuständigkeit hierfür nach den jeweiligen nationalen Vorschriften.

2. Zuständigkeit in anderen Fällen. Ist kein Gericht eines Mitgliedstaates nach Art. 4 und 5 **9** EuPartVO zuständig oder handelt es sich um einen Fall, der in diesen Vorschriften nicht geregelt ist, richtet sich die Zuständigkeit der mitgliedstaatlichen Gerichte nach den allgemeinen Regeln des Art. 6 EuPartVO. Die Vorschrift enthält eine nach dem Grundsatz der **Subsidiarität** aufgebaute Anknüpfungsleiter,[13] deren einzelne Sprossen im Wesentlichen denen des Art. 6 EuGüVO (→ EuGüVO Rn. 46) entsprechen. In erster Linie sind danach die Gerichte des Staates zuständig, in dessen Hoheitsgebiet die Partner zum Zeitpunkt der Anrufung des Gerichts ihren **gewöhnlichen Aufenthalt** haben (lit. a). Auf der letzten Stufe (Art. 6 lit. e EuPartVO) wird auf die Gerichte des Mitgliedstaates verwiesen, **nach dessen Recht** die eingetragene Partnerschaft **begründet** wurde.[14] Dies entspricht der primären objektiven Anknüpfung der güterrechtlichen Wirkungen einer eingetragenen Partnerschaft nach Art. 26 Abs. 1 EuPartVO (→ Rn. 21).[15] Demgegenüber hatten Art. 5 lit. d und Art. 15 EuPart-VO-E 2011 noch auf den (Mitglied-) Staat abgestellt, in dem die Partnerschaft eingetragen wurde (→ EuGüVO Rn. 10). Da Art. 17b Abs. 1 S. 1 EGBGB für die Begründung der eingetragenen Lebenspartnerschaft auf die Sachvorschriften des Register führenden Staates verweist, ergeben hieraus aus deutscher Sicht keine Unterschiede. Die EuGüVO enthält insoweit naturgemäß keine parallelen Regelungen.

Die zusätzliche Zuständigkeit der Gerichte des Mitgliedstaates, nach dessen Recht die eingetra- **10** gene Partnerschaft **begründet** wurde (Art. 6 lit. e EuPartVO), dürfte darauf beruhen, dass nicht alle Mitgliedstaaten die eingetragene Partnerschaft kennen. Erwägungsgrund 36 weist darauf hin, dass die Gerichte eines solchen Mitgliedstaats sich **für unzuständig erklären** können (vgl. Art. 9 Abs. 1 EuPartVO). Die subsidiäre Zuständigkeit nach Art. 6 lit. e EuPartVO gewährleistet dann, dass die Zuständigkeit jedenfalls auf der letzten Stufe nicht mehr mit dieser Begründung verneint werden kann. Die Möglichkeit einer **Unzuständigerklärung** nach Art. 9 Abs. 1 EuPartVO besteht dementsprechend für alle Fälle der Art. 4, 5 oder 6 EuPartVO mit Ausnahme von Art. 6 lit. e EuPartVO. Die EuGüVO sieht eine parallele Möglichkeit zur Unzuständigerklärung für den Fall vor, dass die Ehe nach dem IPR der *lex fori* für Zwecke eines Verfahrens über güterrechtliche Ansprüche nicht anerkannt wird. Hieran ist etwa bei gleichgeschlechtlichen Ehen zu denken (→ EuGüVO Rn. 59).

3. Gerichtsstandsvereinbarung und rügelose Einlassung. Nach Art. 7 EuPartVO können **11** die Parteien **in den Fällen des Art. 6 EuPartVO** eine **Gerichtstandsvereinbarung** treffen. Dabei können sie vereinbaren, dass die Gerichte des Mitgliedstaates, dessen Recht nach Art. 22 oder Art. 26 EuPartVO anzuwenden ist, oder die Gerichte des Mitgliedstaates, in dem die eingetragene Partnerschaft begründet wurde, für die Entscheidung über Fragen der güterrechtlichen Wirkungen

---

[11] Vgl. Erwägungsgrund 21 EuPartVO.
[12] Thomas/Putzo/*Hüßtege* ZPO EuEheVO Vor Art. 1 Rn. 5.
[13] Vgl. Erwägungsgrund 35 EuPartVO.
[14] Erwägungsgrund 35 spricht insoweit etwas missverständlich von dem Mitgliedstaat, nach dessen Recht die obligatorische Eintragung zur Begründung der Partnerschaft vorgenommen wurde.
[15] Vgl. *DNotI* DNotI-Report 2016, 109 (111).

ihrer Partnerschaft zuständig sind. Es handelt sich dabei um einen **ausschließlichen** Gerichtsstand.[16] Die Möglichkeit einer Gerichtsstandsvereinbarung wurde für eingetragene Partner erst auf Initiative des Europäischen Parlaments in die EuPartVO eingefügt. Nach dem EuPart-VO-E 2011 waren demgegenüber noch keine Gerichtsstandsvereinbarungen zulässig.[17]

12   Gemäß Art. 8 EuPartVO kommt auch eine Zuständigkeit aufgrund **rügeloser Einlassung** in Betracht. Hierdurch kann jedoch nur die Zuständigkeit des Gerichts eines Mitgliedstaats begründet werden, dessen Recht nach Art. 22 oder 26 EuPartVO anwendbar ist. In den Fällen des Art. 4 EuPartVO ist eine Zuständigkeit aufgrund rügeloser Einlassung nicht möglich (Art. 8 Abs. 1 S. 2 EuPartVO).

13   **4. Subsidiäre Zuständigkeit und Notzuständigkeit.** Ist kein Gericht eines Mitgliedstaates nach Art. 4–8 EuPartVO zuständig oder haben sich alle Gerichte nach Art. 9 EuPartVO für unzuständig erklärt, so sind nach Art. 10 EuPartVO die Gerichte eines Mitgliedstaates zuständig, in dessen Hoheitsgebiet **unbewegliches Vermögen** eines oder beider Partner belegen ist. Die Zuständigkeit des angerufenen Gerichts beschränkt sich in diesem Fall auf Entscheidungen über das in dem betreffenden Mitgliedstaat belegene unbewegliche Vermögen. Es kommt damit zu einer zuständigkeitsrechtlichen **Aufspaltung** (→ EuGüVO Rn. 61).

14   Hilft auch die **subsidiäre Zuständigkeit** nach Art. 10 EuPartVO nicht weiter, so können die Gerichte eines Mitgliedstaates gemäß Art. 11 EuPartVO ausnahmsweise über die güterrechtlichen Wirkungen der eingetragenen Partnerschaft entscheiden, wenn die Einleitung oder Durchführung eines Verfahrens in einem Drittstaat nicht zumutbar ist oder sich als unmöglich erweist (sog. **Notzuständigkeit**). Der europäische Gesetzgeber will damit einer Rechtsverweigerung entgegenwirken (Erwägungsgrund 40 EuPartVO). Erforderlich ist allerdings ein **ausreichender Bezug** zu dem betreffenden Mitgliedstaat.

II. Bestimmung des anwendbaren Rechts

15   In kollisionsrechtlicher Hinsicht gilt nach Art. 21 der Grundsatz der **Einheit des anzuwendenden Rechts.** Das auf die güterrechtlichen Wirkungen einer eingetragenen Partnerschaft anzuwendende Recht gilt hiernach für sämtliche unter diese Wirkungen fallenden Vermögensgegenstände **ohne Rücksicht auf deren Belegenheit** (→ EuGüVO Rn. 68). Eine Sonderanknüpfung für bestimmte Vermögensgegenstände wie unbewegliche Sachen findet also nicht statt. Dementsprechend ist auch eine **partielle Rechtswahl** für bestimmte Vermögensgegenstände ausgeschlossen.

16   **1. Rechtswahl.** Der EuPartVO-E 2011 hatte den eingetragenen Partnern noch keine Rechtswahlmöglichkeit eingeräumt (→ EuGüVO Rn. 3). Dies ist jedoch auf berechtigte Kritik gestoßen.[18] Rechtswahlfreiheit ist insbesondere erforderlich, um den eingetragenen Partnern bei internationalen Sachverhalten eine angemessene Planung ihrer Vermögensverhältnisse und eine flexible Anpassung an veränderte räumliche Lebenssituationen zu ermöglichen. Die mit dem Ausschluss der Rechtswahlfreiheit verbundene Diskriminierung wäre zudem nur schwer mit Art. 20, 21 GR-Charta zu vereinbaren gewesen.[19] Art. 22 EuPartVO räumt den (künftigen) Partnern nun eine begrenzte Rechtswahlmöglichkeit ein, die der objektiven Anknüpfung nach Art. 26 EuPartVO vorgeht.

17   Die (künftigen) Partner können das Recht eines Staates wählen, mit dem sie zum Zeitpunkt der Rechtswahl durch den **gewöhnlichen Aufenthalt** oder die **Staatsangehörigkeit** mindestens eines von ihnen verbunden sind (Abs. 1 lit. a und b). Dies entspricht den Wahlmöglichkeiten von Ehegatten nach Art. 22 Abs. 1 lit. a und b EuGüVO (→ EuGüVO Rn. 71 f.). Darüber hinaus können die (künftigen) Partner auch das Recht wählen, nach dem die **eingetragene Partnerschaft begründet** wurde (Abs. 1 lit. c). Da diese Alternative mit der objektiven Anknüpfung nach Art. 26 Abs. 1 EuPartVO übereinstimmt, kann es nur darum gehen, im Interesse der Rechtssicherheit auszuschließen, dass das zuständige Gericht nach Art. 26 Abs. 2 EuPartVO auf Antrag eines Partners das Recht eines anderen Staates (→ Rn. 23) für anwendbar erklärt (vgl. Art. 26 Abs. 2 UAbs. 4 EuPartVO).

18   Die Rechtswahl stößt auf Probleme, wenn das gewählte Recht das Institut der eingetragenen Partnerschaft nicht kennt oder sonst daran **keine güterrechtlichen Wirkungen** knüpft.[20] Damit die Rechtswahl nicht wirkungslos ist, sieht Art. 22 Abs. 1 EuPartVO vor, dass die Partner unter

---

[16] Vgl. *Rieck* NJW 2016, 3755 (3757).
[17] Zur Entwicklung Rauscher/*Kroll-Ludwigs* Einf. EU-LP-GüterVO-E Rn. 6.
[18] Vgl. *Buschbaum/Simon* GPR 2011, 262 (266); *Kohler/Pintens* FamRZ 2011, 1433 (1437); *Martiny* IPRax 2011, 437 (456); *Dengel,* Die europäische Vereinheitlichung des Internationalen Ehegüterrechts und des Internationalen Güterrechts für eingetragene Partnerschaften, 2014, 295 f.
[19] Näher dazu Rauscher/*Kroll-Ludwigs* Einf. EU-LP-GüterVO-E Rn. 9.
[20] Vgl. *Martiny* IPRax 2011, 437 (456).

den in Frage stehenden Rechtsordnungen nur eine solche wählen können, die an das Institut der eingetragenen Partnerschaft güterrechtliche Wirkungen knüpft.[21] Sollten die Partner doch eine Rechtsordnung wählen, die diesen Anforderungen nicht genügt, so geht die Rechtswahl „ins Leere" und es bleibt im Ergebnis bei der objektiven Anknüpfung nach Art. 26 EuPartVO.[22]

Aus der Bezugnahme auf die „Partner oder künftigen Partner" folgt, dass die Rechtswahl schon **19** **vor der Begründung** der eingetragenen Partnerschaft erfolgen kann. Eine **während der Partnerschaft** vorgenommene Änderung des auf die güterrechtlichen Wirkungen der Partnerschaft anzuwendenden Rechts wirkt nach Art. 22 Abs. 2 EuPartVO grundsätzlich nur **für die Zukunft.** Die Partner können jedoch eine abweichende Vereinbarung treffen. In diesem Fall darf die **rückwirkende Änderung** des anzuwendenden Rechts aber keine **Ansprüche Dritter** beeinträchtigen (Art. 22 Abs. 3 EuPartVO).

Das **Zustandekommen** und die **materielle Wirksamkeit** sowie die **Formgültigkeit** einer **20** Rechtswahlvereinbarung sind in Art. 24 und 25 EuPartVO parallel zu Art. 24 und 25 EuGüVO geregelt (→ EuGüVO Rn. 73 ff.). Unstimmigkeiten, die sich aus der wörtlichen Übernahme der Parallelvorschriften der EuGüVO in dem ergänzten Vorschlag des Europäischen Parlaments von 2013[23] (→ EuGüVO Rn. 5) ergaben,[24] wurden in der Endfassung der EuPartVO beseitigt. Die Regelungen über Formgültigkeit einer **Vereinbarung über den Güterstand** einer eingetragenen Partnerschaft in Art. 25 EuPartVO entsprechen Art. 25 EuGüVO (→ EuGüVO Rn. 77 f.).

2. Objektive Anknüpfung. Entgegen dem Vorschlag des Europäischen Parlaments, die objektive **21** Anknüpfung des auf die güterrechtlichen Wirkungen einer eingetragenen Partnerschaft anzuwendenden Rechts nach dem **Modell des Art. 26 EuGüVO** (→ EuGüVO Rn. 79 ff.) auszugestalten,[25] hat der Verordnungsgeber sich in Art. 26 Abs. 1 EuPartVO entschieden, mangels Rechtswahl primär auf das Recht abzustellen, nach dem die Partnerschaft **begründet** wurde. Die generelle Anknüpfung an den gemeinsamen gewöhnlichen Aufenthalt bzw. die gemeinsame Staatsangehörigkeit im Zeitpunkt der Begründung der eingetragenen Partnerschaft wäre demgegenüber nicht selten ins Leere gegangen, da das Rechtsinstitut der eingetragenen Partnerschaft in vielen Mitgliedstaaten nach wie vor nicht anerkannt wird.[26]

Nach Art. 26 Abs. 2 UAbs. 1 EuPartVO kann das zuständige Gericht auf Antrag eines der Partner **22** ausnahmsweise entscheiden, dass für die güterrechtlichen Wirkungen der eingetragenen Partnerschaft nicht das nach Art. 26 Abs. 1 EuPartVO regulär maßgebliche Recht, sondern das **Recht eines anderen Staates** gilt. Voraussetzung ist, dass das Recht dieses anderen Staates an das Institut der eingetragenen Partnerschaft **güterrechtliche Wirkungen** knüpft. Außerdem muss der Antragsteller nachweisen, dass die Partner ihren letzten gemeinsamen gewöhnlichen Aufenthalt über einen „erheblich langen Zeitraum" in dem betreffenden Staat hatten und beide Partner auf das Recht dieses Staates bei der Regelung oder Planung ihrer güterrechtlichen Beziehungen vertraut hatten. Nach Abs. 2 UAbs. 2 gilt das Recht des anderen Staates grundsätzlich **rückwirkend** ab der Begründung der eingetragenen Partnerschaft. Ist einer der Partner damit nicht einverstanden, so gilt das Recht des anderen Staates erst ab Begründung des letzten gemeinsamen gewöhnlichen Aufenthalts in dem betreffenden Staat. Die Anwendung des anderen Rechts darf die **Rechte Dritter** nicht beeinträchtigen (Abs. 2 UAbs. 3). Der Rückgriff auf Abs. 2 UAbs. 1 ist gemäß Abs. 2 UAbs. 4 ausgeschlossen, wenn die Partner vor der Begründung ihres letzten gewöhnlichen Aufenthalts in dem anderen Staat eine **Vereinbarung** über die güterrechtlichen Wirkungen ihrer eingetragenen Partnerschaft getroffen haben.

Art. 26 Abs. 2 EuPartVO enthält eine **Ausweichklausel,** die Art. 26 Abs. 3 EuGüVO entspricht **23** (→ EuGüVO Rn. 83 f.). Während es bei Art. 26 Abs. 3 EuGüVO vor allem darum geht, die Unwandelbarkeit des Ehegüterstatuts zu kompensieren, ermöglicht Art. 26 Abs. 2 EuPartVO zudem eine **Abkehr vom „Gründungsrecht"** der eingetragenen Partnerschaft hin zum Recht am letzten gemeinsamen gewöhnlichen Aufenthalt, mit dem die Partner sehr oft enger verbunden sind. Den Bedenken gegen die generelle Anknüpfung an den gemeinsamen gewöhnlichen Aufenthalt wird dadurch Rechnung getragen, dass die Ausweichklausel nur dann Anwendung findet, wenn das Recht am letzten gemeinsamen gewöhnlichen Aufenthalt der eingetragenen Partnerschaft **güterrechtliche**

---

[21] Vgl. Erwägungsgrund 44 EuPartVO; *DNotI* DNotI-Report 2016, 109 (111).
[22] Vgl. Rauscher/*Kroll-Ludwigs* Einf. EU-LP-GüterVO-E Rn. 10.
[23] Vorschlag des Europäischen Parlaments P7_TA (2013) 337.
[24] Dazu Rauscher/*Kroll-Ludwigs* Einf. EU-LP-GüterVO-E Rn. 13.
[25] Vorschlag des Europäischen Parlaments P7-TA (2013) 337; vgl. dazu Rauscher/*Kroll-Ludwigs* Einf. EU-LP-GüterVO-E Rn. 15 f.
[26] Vgl. Rauscher/*Kroll-Ludwigs* Einf. EU-LP-GüterVO-E Rn. 13; *Gonzáles Beilfuss* Yb PIL 13 (2011), 183 (184).

Wirkungen beimisst. Die Regelung enthält damit einen sachgerechten Kompromiss zwischen dem Vorschlag des Europäischen Parlaments (→ Rn. 17) und dem „Gründungsrechtsprinzip".

24   Mit Blick auf die deutsche Fassung bleibt anzumerken, dass das Erfordernis des **„erheblich langen Zeitraums"** in Art. 26 Abs. 2 UAbs. 1 lit. a EuPartVO sprachlich etwas missglückt ist. Die Formulierung lehnt sich zu stark an Art. 26 Abs. 3 UAbs. 1 lit. a EuGüVO an, wonach die Ehegatten ihren gemeinsamen gewöhnlichen Aufenthalt in dem anderen Staat über einen „erheblich längeren Zeitraum" als in ihrem ersten gemeinsamen Aufenthaltsstaat nach der Eheschließung gehabt haben müssen. Ein Vergleich der Dauer der Zeiträume ist im Verhältnis zwischen dem letzten gemeinsamen gewöhnlichen Aufenthalt der Partner und der Anknüpfung an das „Gründungsrecht" der Partnerschaft nicht möglich. Dies führt zu der inhaltlichen Frage, welcher Maßstab bei Art. 26 Abs. 2 UAbs. 1 lit. a EuPartVO gilt. Die englische und französische Fassung des Art. 26 Abs. 2 UAbs. 1 lit. a EuPartVO („for a significantly long period", „pendand une période d'une durée significative") machen deutlich, dass sich der letzte gemeinsame gewöhnliche Aufenthalt in dem anderen Staat über einen **Zeitraum von erheblicher Dauer** erstreckt haben muss. Die Verbindung der Partner zu ihrem letzten gemeinsamen Aufenthaltsstaat muss aufgrund der Dauer dieses Aufenthalts so **gewichtig** sein, dass die Verbindung zu dem Staat, nach dessen Recht die Partnerschaft begründet wurde, zurücktritt.

25   **3. Allgemeine Lehren des IPR.** Im Hinblick auf die allgemeinen Lehren des IPR gelten bei der EuPartVO die gleichen Regeln wie bei der EuGüVO (→ EuGüVO Rn. 102 ff.). Dies gilt insbesondere für die Vorschriften betreffend **Mehrrechtsstaaten** und **innerstaatliche Kollisionen** in Art. 33–35 EuPartVO. Art. 32 EuPartVO stellt in Einklang mit Art. 32 EuGüVO klar, dass eine **Rück- oder Weiterverweisung** im Anwendungsbereich der Verordnung ausgeschlossen ist. Bei Spannungen mit der lex rei sitae ist eine **Anpassung** der nach dem Güterstatut für die eingetragene Partnerschaft bestehenden dinglichen Rechte an das am ehesten vergleichbare Recht der lex rei sitae (Art. 29 EuPartVO) möglich.

26   Der **Vorbehalt des ordre public** ist in Art. 31 EuPartVO parallel zu Art. 31 EuGüVO geregelt. Im Anwendungsbereich der EuPartVO ist insbesondere an Verstöße gegen **Diskriminierungsverbote** (Art. 21 GR-Charta, Art. 3 Abs. 1 und 3 GG) zu denken. Erwägungsgrund 53 EuPartVO stellt hierzu ausdrücklich klar, dass die Anwendung des Rechts eines anderen Staates oder die Anerkennung und Vollstreckung einer Entscheidung, einer öffentlichen Urkunde oder eines gerichtlichen Vergleichs nicht aus Gründen des *ordre public* versagt werden darf, wenn dies gegen die GR-Charta, insbesondere gegen den Grundsatz der Nichtdiskriminierung verstoßen würde. Dies entspricht dem allgemeinen Grundsatz, dass der Vorbehalt des *ordre public* nicht herangezogen werden darf, um Wertungen des nationalen Rechts zu verwirklichen, die gegen wesentliche Prinzipien des EU-Rechts verstoßen.[27] Im Anwendungsbereich der EuPartVO hat dieser Gedanke vor allem für solche Mitgliedstaaten Bedeutung, die gleichgeschlechtliche Partnerschaften generell ablehnen.

27   Art. 30 Abs. 1 EuPartVO betont, dass die Verordnung die Anwendung der **Eingriffsnormen** des Rechts des angerufenen Gerichts nicht berührt. Die praktische Bedeutung von Eingriffsnormen dürfte im Anwendungsbereich der EuPartVO allerdings ebenso gering wie im Anwendungsbereich der EuGüVO (→ EuGüVO Rn. 112) sein.[28] Erwägungsgrund 52 EuPartVO nennt als Beispiel die Normen über den **Schutz der Familienwohnung.** Gleichzeitig wird betont, dass Art. 30 EuPartVO als Ausnahme von der Anwendung des regulären Güterstatuts auf eingetragene Partner eng auszulegen ist, um die allgemeine Zielsetzung der EuPartVO nicht in Frage zu stellen.

---

[27] Vgl. NK-BGB/*Looschelders* EuErbVO Art. 35 Rn. 11.
[28] Vgl. Rauscher/*Kroll-Ludwigs* Einf. EU-LP-GüterVO-E Rn. 17.

Einführungsgesetz zum Bürgerlichen Gesetzbuche

In der Fassung der Bekanntmachung vom 21. September 1994
(BGBl. 1994 I S. 2494, ber. BGBl. 1997 I S. 1061)

Zuletzt geändert durch Art. 2 Abs. 4 Gesetz zur Einführung des Rechts auf Eheschließung für Personen
gleichen Geschlechts vom 20. Juli 2017 (BGBl. 2017 I S. 2787)

Erster Teil. Allgemeine Vorschriften

Zweites Kapitel. Internationales Privatrecht

Dritter Abschnitt. Familienrecht

Art. 17b EGBGB Eingetragene Lebenspartnerschaft und gleichgeschlechtliche Ehe

(1) ¹Die Begründung, die allgemeinen und die güterrechtlichen Wirkungen sowie die Auflösung einer eingetragenen Lebenspartnerschaft unterliegen den Sachvorschriften des Register führenden Staates. ²Der Versorgungsausgleich unterliegt dem nach Satz 1 anzuwendenden Recht; er ist nur durchzuführen, wenn danach deutsches Recht anzuwenden ist und das Recht eines der Staaten, denen die Lebenspartner im Zeitpunkt der Rechtshängigkeit des Antrags auf Aufhebung der Lebenspartnerschaft angehören, einen Versorgungsausgleich zwischen Lebenspartnern kennt. ³Im Übrigen ist der Versorgungsausgleich auf Antrag eines Lebenspartners nach deutschem Recht durchzuführen, wenn einer der Lebenspartner während der Zeit der Lebenspartnerschaft ein Anrecht bei einem inländischen Versorgungsträger erworben hat, soweit die Durchführung des Versorgungsausgleichs insbesondere im Hinblick auf die beiderseitigen wirtschaftlichen Verhältnisse während der gesamten Zeit der Lebenspartnerschaft der Billigkeit nicht widerspricht.

(2) ¹Artikel 10 Abs. 2 und Artikel 17a gelten entsprechend. ²Unterliegen die allgemeinen Wirkungen der Lebenspartnerschaft dem Recht eines anderen Staates, so ist auf im Inland befindliche bewegliche Sachen § 8 Abs. 1 des Lebenspartnerschaftsgesetzes und auf im Inland vorgenommene Rechtsgeschäfte § 8 Abs. 2 des Lebenspartnerschaftsgesetzes in Verbindung mit § 1357 des Bürgerlichen Gesetzbuchs anzuwenden, soweit diese Vorschriften für gutgläubige Dritte günstiger sind als das fremde Recht. ³Unterliegen die güterrechtlichen Wirkungen einer eingetragenen Lebenspartnerschaft dem Recht eines anderen Staates und hat einer der Lebenspartner seinen gewöhnlichen Aufenthalt im Inland oder betreibt er hier ein Gewerbe, so ist § 7 Satz 2 des Lebenspartnerschaftsgesetzes in Verbindung mit § 1412 des Bürgerlichen Gesetzbuchs entsprechend anzuwenden; der fremde Güterstand steht einem vertragsmäßigen gleich.

(3) Bestehen zwischen denselben Personen eingetragene Lebenspartnerschaften in verschiedenen Staaten, so ist die zuletzt begründete Lebenspartnerschaft vom Zeitpunkt ihrer Begründung an für die in Absatz 1 umschriebenen Wirkungen und Folgen maßgebend.

(4) Die Bestimmungen der Absätze 1 bis 3 gelten für die gleichgeschlechtliche Ehe entsprechend.

Schrifttum: *Andrae/Abbas*, Personenstandsrechtliche Behandlung einer gleichgeschlechtlichen Eheschließung, StAZ 2011, 97; *Basedow/Hopt/Kötz/Dopffel*, Die Rechtsstellung gleichgeschlechtlicher Lebensgemeinschaften, 2000; *Becker*, Die Qualifikation der cohabition légale des belgischen Rechts im deutschen Internationalen Privatrecht, 2011; *Benicke*, Die Anknüpfung der Adoption durch Lebenspartner in Art. 22 Abs. 1 S. 3 EGBGB, IPRax 2015, 393; *Boele-Woelki/Fuchs*, Legal Recognition of Same Sex Couples in Europe, 2003; *Brandt*, Die Adoption durch eingetragene Lebenspartner im internationalen Privat- und Verfahrensrecht, 2004; *Buschbaum*, Kollisionsrecht der Partnerschaften außerhalb der traditionellen Ehe, RNotZ 2010, 73; *Coester*, Same-Sex Relationships: A comparative assessment of legal developments across Europe, FamPra 2002, 748 = European J. Law Reform 2002, 585; *Coester*, Die kollisionsrechtliche Bedeutung des Bundesverfassungsgerichtsurteils zur Lebenspartnerschaft, FS Sonnenberger, 2004, 321; *Coester*, Art. 17b EGBGB unter dem Einfluss des Europäischen Kollisionsrechts, IPRax 2013, 114; *Coester-Waltjen*, Der Eheschutz des Art. 6 Abs. 1 GG und Auslandsehen, FS Henrich,

2000, 91; *Coester-Waltjen/Coester*, Ehe und eingetragene Lebenspartnerschaft – sachliche Visionen und kollisionsrechtliche Konsequenzen, FS Brudermüller, 2014, 73; *v. Dickhut-Harrach*, Erbrecht und Erbrechtsgestaltung eingetragener Lebenspartner, FamRZ 2001, 1660; *Dörner*, Grundfragen der Anknüpfung gleichgeschlechtlicher Partnerschaften, FS Jayme, Bd. I, 2004, 143; *Fiorini*, New Belgium Law on Same Sex Marriages and its PIL Implications, ICLQ 52 (2003), 1039; *Forkert*, Eingetragene Lebenspartnerschaften im IPR: Art. 17b EGBGB, Diss. Tübingen 2003; *Frucht*, Der Pacte civil de solidarité im französischen und deutschen internationalen Privatrecht, 2005; *Gebauer/Staudinger*, Registrierte Lebenspartnerschaft und die Kappungsregel des Art. 17b Abs. 4 EGBGB, IPRax 2002, 275; *Hausmann*, Überlegungen zum Kollisionsrecht registrierter Partnerschaften, FS Henrich, 2000, 241; *Hausmann/Hohloch*, Das Recht der nichtehelichen Lebensgemeinschaft, 2. Aufl. 2004; *Heiderhoff*, Der gewöhnliche Aufenthalt von Säuglingen, IPRax 2012, 523; *Heiderhoff*, Das autonome IPR in familienrechtlichen Fragen, IPRax 2017, 160; *Henrich*, Kollisionsrechtliche Fragen der eingetragenen Lebenspartnerschaft, FamRZ 2002, 137; *Henrich*, Zur Parteiautonomie im Europäischen Internationalen Familienrecht, FS Pintens, 2012, 701; *Henrich*, Ansprüche bei Auflösung einer nichtehelichen Lebensgemeinschaft in Fällen mit Auslandsberührung, FS Kropholler, 2008, 305; *Jakob*, Die eingetragene Lebenspartnerschaft im internationalen Privatrecht, 2002; *Leipold*, Die neue Lebenspartnerschaft aus erbrechtlicher Sicht, insbesondere bei zusätzlicher Eheschließung, ZEV 2001, 218; *Mankowski/Höffmann*, Scheidung ausländischer gleichgeschlechtlicher Ehen in Deutschland?, IPRax 2011, 247; *Martiny*, Die Kommissionsvorschläge für das internationale Ehegüterrecht sowie für das internationale Güterrecht eingetragener Lebenspartnerschaften, IPRax 2011, 437; *Martiny*, Europäische Vielfalt – Paare, Kulturen und das Recht, FF 2011, 345; *Meyer*, Gleichgeschlechtliche Ehe unabhängig vom Ehebegriff des Art. 6 Abs. 1 GG verfassungsmäßig, FamRZ 2017, 1281; *Muscheler*, Das Recht der eingetragenen Lebenspartnerschaft, 2. Aufl. 2004; *Pintens/Scherpe*, Gleichgeschlechtliche Ehen in Belgien, StAZ 2003, 321; *Röthel*, Registrierte Partnerschaften im internationalen Privatrecht, IPRax 2000, 74; *Röthel*, Gleichgeschlechtliche Ehe und ordre public, IPRax 2002, 496; *v. Sachsen Gessaphe*, Le partenariat enregistré en droit international privé allemand, in Institut suisse de droit comparé, Aspects de droit international privé des partenariats enregistrés en Europe, 2004, 9; *Scherpe*, From „Odius Crime" to Family Life – Same -Sex Couples and the ECHR, FS Pintens, 2012, 1225; *Schümann*, Nichteheliche Lebensgemeinschaften und ihre Einordnung im internationalen Privatrecht, 2001; *D. Schwab*, Eheschließung für Personen gleichen Geschlechts, FamRZ 2017, 1284; *Schwander*, Registrierte Partnerschaften im internationalen Privat- und Zivilprozessrecht, AJP 2001, 350; *Schmidt*, „Ehe für alle" – Ende der Diskriminierung oder Verfassungsbruch? NJW 2017, 2225; *Sonnenberger*, Die Eingehung einer Ehe und anderer personaler Lebens-und Risikogemeinschaften als Anknüpfungsgegenstände des internationalen Privatrechts – ein Zwischenruf –, FS Martiny, 2014, 181; *Sonnenberger*, Transskription einer von 2 Italienern in den USA – NY – geschlossenen gleichgeschlechtlichen Ehe in das italienische Personenstandsregister, IPRax 2014, 547; *Sonnenberger*, Zur Reform der kollisionsrechtlichen Behandlung der Eingehung einer Ehe und anderer personaler Lebens- und Risikogemeinschaften – ein zweiter Zwischenruf, FS Coester-Waltjen, 2015, 787; *Spellenberg*, Pacs und die Ehe für alle in Frankreich, StAZ 2017, 193; *Spernat*, Die gleichgeschlechtliche Ehe im Internationalen Privatrecht, 2010; *Süß*, Notarieller Gestaltungsbedarf bei Eingetragenen Lebenspartnerschaften mit Ausländern, DNotZ 2001, 168; *Thorn*, Entwicklung des internationalen Privatrechts 2000/2001, IPRax 2002, 349; *Thorn*, Besondere Kollisionsnormen und allgemeine Lehren des IPR, FS Jayme, 2004, 955; *Verschraegen*, Gleichgeschlechtliche „Ehen", 1994; *Wagner*, Das neue internationale Privat- und Verfahrensrecht zur eingetragenen Lebenspartnerschaft, IPRax 2001, 281; *Wasmuth*, Eheschließung unter Gleichgeschlechtlichen in den Niederlanden und deutscher ordre public, FS Kegel, 2002, 237; *Wellenhofer-Klein*, Die eingetragene Lebenspartnerschaft, 2003; *Widmer*, Die eingetragene Lebenspartnerschaft im schweizerischen IPR-Gesetz, IPRax 2007, 157; *Wiggerich*, Bis dass der Tod sie scheidet? – Probleme der Scheidung ausländischer gleichgeschlechtlicher Ehen am Beispiel Kanadas, FamRZ 2012, 1116; *Winkler von Mohrenfels*, Der Pacte civil de solidarité: ein Modell für das deutsche Familienrecht?, FS Sonnenberger, 2004, 155.

Übersicht

A. Allgemeines

I. Normzweck und Überblick

Das LPartG[1] ist am 1.8.2001 in Kraft getreten und vom BVerfG für grundsätzlich verfassungsmäßig **1** erklärt worden.[2] Die mit dem Gesetz eingefügte Kollisionsnorm führte das neue Institut der eingetragenen Lebenspartnerschaft für gleichgeschlechtliche Paare auch in das deutsche IPR ein und machte damit dem vorherigen Streit um die richtige Qualifikation ein Ende:[3] Wie die eingetragene Lebenspartnerschaft im deutschen Sachrecht als Parallelinstitut, aber damit auch als „aliud zur Ehe" anzusehen ist,[4] so stellt sie auch im Kollisionsrecht eine eigenständige, von der Ehe unterschiedene Kategorie dar.

Mit Wirkung ab 1.10.2017 ist allerdings das „Gesetz zur Einführung des Rechts auf Eheschließung **2** für Personen gleichen Geschlechts" (im Folgenden: **GgEheG**) in Kraft getreten (BGBl. 2017 I S. 2429). Gemäß Art. 2 Abs. 4 GgEheG wird die gleichgeschlechtliche Ehe jedoch kollisionsrechtlich der eingetragenen Lebenspartnerschaft gleichgestellt, also gemäß Art. 17b EGBGB angeknüpft (Überschrift zu Art. 17b sowie Abs. 4 nF). Dahinter stehen offenbar dieselben rechtspolitischen Erwägungen, die die Anknüpfung an das Registerstatut bei der eingetragenen Lebenspartnerschaft getragen haben (→ Rn. 21 f.). Langfristig ist sogar zu erwarten, dass die gleichgeschlechtliche Ehe bei Registrierungen in Deutschland die eingetragene Lebenspartnerschaft verdrängen wird: Angesichts der Möglichkeit, bestehende Lebenspartnerschaften rückwirkend in gleichgeschlechtliche Ehen umzuwandeln (§ 17a LPartG nF) sowie der Unmöglichkeit, nach Inkrafttreten des GgEheG in

---

[1] Gesetz zur Beendigung der Diskriminierung gleichgeschlechtlicher Gemeinschaften: Lebenspartnerschaften vom 16.2.2001, BGBl. 2001 I S. 266.

[2] BVerfG NJW 2002, 2543 = FamRZ 2002, 1169 = StAZ 2002, 293.

[3] Zur kollisionsrechtlichen Diskussion vor Erlass des Gesetzes vgl. die Monographien von *Jakob* Lebenspartnerschaft und *Schümann*, Nichteheliche Lebensgemeinschaften und ihre Einordnung im internationalen Privatrecht, 2001, sowie *Andrae* IntFamR Rn. 824 ff.; *Röthel* IPRax 2000, 74 ff.

[4] BVerfG NJW 2002, 2543 (2549); bekräftigt in FamRZ 2007, 1869 (1871 f.); 2008, 1321 Nr. 13.

Deutschland noch neue Lebenspartnerschaften gemäß § 1 LPartG zu begründen (Art. III Abs. 3 GgEheG), wird das Institut der eingetragenen Lebenspartnerschaft im deutschen Recht allerdings zu einem „Auslaufmodell" mit erheblich reduzierter tatsächlicher Bedeutung werden. Offen bleibt einstweilen die Frage einer statusmäßig unterschiedlichen Einstufung beider Eheformen – die heterosexuelle Ehe als verfassungsrechtlich geschützte Institution (Art. 6 Abs. 1 GG), die homosexuelle Ehe als Institution (nur) des einfachen Rechts.[5] Kollisionsrechtlich unbeachtlich und jedenfalls „stehengebliebene" Unterschiede zwischen hetero- und homosexuellen Verbindungen im deutschen Sachrecht.[6] Auf der Ebene des deutschen Sachrechts werden auch die Probleme zu bewältigen sein, die sich aus der rückwirkenden Umwandlung von registrierten Partnerschaften in gleichgeschlechtliche Ehen ergeben.[7] Angesichts der kollisionsrechtlichen Gleichstellung von eingetragener Lebenspartnerschaft und gleichgeschlechtlicher Ehe in Art. 17b gelten jedenfalls – entsprechend der gesetzlichen Regelungstechnik – die nachfolgenden Ausführungen zur eingetragenen Lebenspartnerschaft grundsätzlich auch für die gleichgeschlechtliche Ehe, sofern nichts anderes vermerkt ist.

3   Die Vorschrift bestimmt das auf Lebenspartnerschaften anwendbare Recht allseitig (→ Rn. 13), enthält aber auch einige Sonderregelungen für die Anwendung ausländischen Rechts im Inland (Abs. 1 S. 3; Abs. 2 S. 2; Abs. 4). Soweit einzelne Themenbereiche in Art. 17b nicht angesprochen sind (zB Partnerschaftsverträge, Unterhaltsrecht, Kindschaftsrecht), bleibt es auch für Lebenspartnerschaften bei den allgemeinen kollisionsrechtlichen Anknüpfungen (→ Rn. 67 ff.). Die Reichweite der Vorschrift wird durch das Tatbestandsmerkmal „eingetragene Lebenspartnerschaft" definiert (Abs. 1 S. 1). Bei funktional ähnlichen ausländischen Rechtsinstituten, die von der deutschen Lebenspartnerschaft iS des Lebenspartnerschaftsgesetzes abweichen, bedarf es der Auslegung, ob sie unter Art. 17b subsumiert werden können (Qualifikation, → Rn. 10 ff.). Gelingt dies nicht, so ist nach anderen Anknüpfungsmöglichkeiten zu suchen (→ Rn. 92 ff., 117).

II. Gesetzesgeschichte

4   Die Vorschrift ist durch Art. 3 § 25 LPartG (→ Rn. 1) als Art. 17a erlassen worden. Durch das GewSchG vom 11.12.2001 wurde sie zu Art. 17b; gleichzeitig wurde in Abs. 2 S. 1 ein Verweis auf die neu geschaffene Vorschrift des Art. 17a aufgenommen.[8] Mit dem Gesetz zur Überarbeitung des Lebenspartnerschaftsrechts vom 15.12.2004 (BGBl. 2004 I S. 3396) wurde Abs. 1 um die Sätze 3 und 4 (jetzt 2 und 3) ergänzt. Die Regelung des Abs. 1 S. 4 (jetzt S. 3) ist durch das Gesetz zur Strukturreform des Versorgungsausgleichs vom 3.4.2009 (VAStrRefG; BGBl. 2009 I S. 700, 722, Art. 20, in Kraft ab 1.9.2009) sowie durch das Ausführungsgesetz zur Rom III-VO vom 19.12.2012 (BGBl. 2013 I S. 101) geändert worden (→ Rn. 35).

5   Die unterhalts- und erbrechtlichen Vorschriften in Abs. 1 S. 2 aF sind durch EU-Recht ersetzt und gestrichen worden: Die bisherige unterhaltsrechtliche Regelung ist durch die EuUntVO iVm dem UntProt aufgehoben worden (BGBl. 2011 I S. 898, 917); in gleicher Weise ist die erbrechtliche Vorschrift mit dem Inkrafttreten der EuErbVO durch Gesetz vom 29.6.2015 ersatzlos gestrichen worden (BGBl. 2015 I S. 1042). Die Vorschriften zum Versorgungsausgleich in Abs. 1 S. 3 und 4 aF (jetzt S. 2 und 3) wurden durch Gesetz vom 23.1.2013 (BGBl. 2013 I S. 101) der eherechtlichen Regelung (Art. 17 Abs. 3 S. 2) angepasst. Die güterrechtlichen Vorschriften des Abs. 2 sind mit Gesetz v 20.11.2015 (BGBl. 2015 I S. 2010) durch einen neuen S. 3 ergänzt worden, um den Drittschutz bei Lebenspartnern dem bei Ehegatten (Art. 16 Abs. 1) gleich zu gestalten. An die Stelle dieser Regelung wird ab 29.1.2019 die VO (EU) 2016/1104 vom 24.6.2016 treten (→ Rn. 42). Durch Gesetz zur Einführung der gleichgeschlechtlichen Ehe (→ Rn. 1) ist die Überschrift des Art. 17b um diese Thematik erweitert worden. Zugleich wurde die „Kappungsgrenze" in Abs. 4 gestrichen und stattdessen die entsprechende Anwendung der Vorschrift auf gleichgeschlechtliche Ehen angeordnet (→ Rn. 1).

III. Supranationales Recht

6   Staatsverträge unmittelbar zu Lebenspartnerschaften sind nicht vorhanden; insbesondere ist die CIEC-Konvention über die Anerkennung registrierter Lebenspartnerschaften noch nicht in Kraft

---

[5] Dazu *Wapler* FamRZ 2017, 602 f.; *Meyer* FamRZ 2017, 1281 ff.; vgl. auch *D. Schwab* FamRZ 2017, 1284 (1286); anders *Schmidt* NJW 2017, 2225 (2227 f.) (einheitliche Qualifikation iS Art. 6 Abs. 1 GG, aber verfassungswidrig).

[6] Dazu *D. Schwab* FamRZ 2017, 1284, 1285 ff.

[7] § 20a S. 1 LPartG; dazu *D. Schwab* FamRZ 2017, 1284 (1288).

[8] Zur Gesetzesgeschichte des ursprünglichen LPartG BVerfG NJW 2002, 2543; *Wagner* IPRax 2001, 281 (286 f., 293).

getreten.[9] Auch schon geltendes **EU-Kollisionsrecht** im Bereich des Familienrechts[10] erfasste bisher die Lebenspartnerschaften nicht unmittelbar – dies gilt insbesondere für das Scheidungsrecht (Rom III-VO, in Kraft seit 30.12.2010) und das Eheverfahrensrecht (Brüssel IIa-VO). Die erste unionsrechtliche Verordnung speziell für Lebenspartner ist nun die GüterrechtsVO vom 24.6.2016.[11] Von dieser Regelung abgesehen bleibt im Übrigen nur die Frage, inwieweit die bestehenden Rechtsinstrumente, die sich mit Familienrecht oder natürlichen Personen befassen, auf Lebenspartnerschaften erstreckt werden können. Das hängt vom jeweiligen Anknüpfungspunkt der Regelungswerke ab.[12] Der „Ehe" (etwa iS des Eheschließungsabkommens (→ Art. 13 Rn. 2), der Rom III-VO oder der Brüssel IIa-VO) wird die Lebenspartnerschaft nicht substituiert werden können,[13] während sie ohne Schwierigkeiten unter den Begriff der „Familie" etwa iS des Haager Unterhaltsprotokolls (Art. 1 UnthProt) subsumiert werden kann.[14] Das Gleiche gilt für Abkommen, die auf „Kinder" abstellen oder auf die Rechtsverhältnisse einer natürlichen „Person", wie etwa im Namens- oder Erbrecht (zu letzterem → Rn. 54 ff.).

Die Auslegung und Substitution bei unionsrechtlichen Normen der EU unterliegt autonomen, **7** dh unionsrechtlichen Grundsätzen, über sie entscheidet letztlich der EuGH (einstweilen zurückhaltend).[15] Es ist allerdings beim EuGH die Tendenz zu erkennen, über die Diskriminierungsverbote (Art. 21 EU-Grundrechtecharta) Ungleichbehandlungen wegen der sexuellen Orientierung zu verwerfen.[16] Entsprechendes gilt für die Rechtsprechung des EGMR, gestützt auf Art. 8 und 14 EMRK: Die gleichgeschlechtliche Lebenspartnerschaft genießt wie die Ehe die Garantie des Familienlebens (Art. 8 EMRK),[17] und zumindest im Einzelfall ist aus dieser Vorschrift sogar die *Pflicht* eines Staates hergeleitet worden, die Rechtsform der registrierten Partnerschaft für gleichgeschlechtliche Paare einzurichten.[18] Eine Beschränkung dieser Rechtsform auf verschiedengeschlechtliche Paare (zu diesen → Rn. 91 ff.) verstößt gegen das Diskriminierungsverbot des Art. 14 EMRK.[19]

IV. Rechtsvergleichung

Die **materiellen Gestaltungen** in den einzelnen Ländern sind mittlerweile so zahlreich und **8** vielgestaltig, dass sie hier nicht gesondert dargestellt werden können.[20] In einigen Staaten steht die

---

[9] Zur Zeichnung aufgelegt am 5.9.2007; zum Inhalt *Lagarde,* FS Frank, 2008, 125 ff.

[10] Zur Nichtanwendbarkeit der Rom I-VO auf vertraglich konzipierte Partnerschaften (wie PACS oder cohabitation légale) s. *Magnus* IPRax 2010, 27 ff. (30).

[11] Dazu → Rn. 49; zur Vorgeschichte KOM (2011) 127 parallel zum entspr. Entwurf zum Ehegüterrecht; dazu *Martiny* IPRax 2011, 437 ff.; zu den unionsrechtlichen Tendenzen s. *Mansel/Thorn* IPRax 2012, 1 ff.; *Helms,* FS Pintens, 2012, 681 ff.; *Weller* IPRax 2011, 429 ff.; *Basedow,* FS Pintens, 2012, 135 ff.

[12] So zutr. *Jakob* Lebenspartnerschaft 263 f.; detaillierter Überblick bei *Wagner* IPRax 2001, 281 ff.; s. auch *Coester* IPRax 2013, 114 (115).

[13] Näher *Gruber* IPRax 2012, 381 (383) mwN; zur gleichgeschlechtlichen Ehe aber → Rn. 105 ff.

[14] Zum Unterhaltsrecht → Rn. 49 ff.; zum Streitstand Palandt/*Thorn* UnthProt Art. 1 Rn. 7; *Coester* IPRax 2013, 114 (119), jeweils mwN.

[15] Vgl. EuGH NVwZ 2001, 1259 = DVBl 2001, 1199 sowie schon EuGH NJW 1998, 969 betreffend Haushaltszulage bzw. Fahrtvergünstigungen, die für Verheiratete oder heterosexuelle Paare vorgesehen waren: keine Erstreckung auf gleichgeschlechtliche Lebenspartner; ausf. *Jakob* FamRZ 2002, 501 (504 f.); vgl. *Jayme* IPRax 2000, 156; *Kaddous* FamPra 2004, 598 ff.

[16] EuGH NJW 2008, 1649 Rn. 65 ff. = FamRZ 2008, 957 – Maruko/Versorgungsanstalt; zweifelhafte Umsetzung und Abgrenzung in BVerfG FamRZ 2008, 1321 Rn. 12 ff., sowie BAG NZA 2009, 489; krit. dazu *Bruns* NZA 2009, 596 ff.; zur Position des EGMR s. FamRZ 2008, 845 (Ls.) sowie *Martiny* FF 2011, 345 (353 f.); *Scherpe,* FS Pintens, 2012, 1225 ff. (grundlegend).

[17] EGMR 24.11.2010 (Schalk und Kopf/Österreich) Nr. 30141/04 § 92 ff., dazu Anm. *Henrich* FamRZ 2010, 1525.

[18] EGMR 21.7.2015 (Olari/Italien) Nr. 18766/11 sowie Nr. 36030, §§ 172 ff.

[19] EGMR (Große Kammer) 7.11.2013 (Vallianatos/Griechenland) Nr. 29381 und 32684/09, FamRZ 2014, 189 ff.

[20] Aufgrund der schnellen Entwicklung auf diesem Gebiet repräsentieren rechtsvergleichende Überblicke regelmäßig nicht mehr den aktuellen Stand; vgl. *Martiny* FF 2011, 345 (347) (mit tabellarischer Auflistung europäischer Staaten); *Boele-Woelki/Fuchs,* Legal Recognition of Same-Sex Couples in Europe, 2003; *Coester* FamPra 2002, 748 ff.; *Hausmann,* FS Henrich, 2000, 241 (242–248); *Henrich/Schwab,* Eheliche Gemeinschaft, Partnerschaft und Vermögen im europäischen Vergleich, 1999; *Heun,* Gleichgeschlechtliche Ehen in rechtsvergleichender Sicht, 1999; *Jakob* Lebenspartnerschaft S. 109–113; *Martiny* in Hausmann/Hohloch Nichteheliche Lebensgemeinschaft Rn. 12–4 ff.; *Scherpe* FamRZ 2007, 1498; *N. Smid* in A. Büchler, FamKomm Eingetragene Lebenspartnerschaft, Bern 2007, Allg. Einl. V, N 2, 11 ff., 22 ff., 28 ff., 33 ff., 39 ff., 42 ff., 49 ff., 60 ff.; Staudinger/*Mankowski* (2011) Rn. 10–17; *Wintemute/Andenæs,* Legal Recognition of Same-Sex Relationships, 2001. Speziell zu den USA *Silberman/Wolfe,* The Importance of Private International Law for Family Issues, 32 Hofstra L. R. 2003, 233, 256–272; zu Großbritannien s. Civil Partnerships Act 2004; *Röthel* FamRZ 2006, 598 ff.; zu Skandinavien *Jänterä-*

registrierte Partnerschaft (neben der Ehe) auch für verschiedengeschlechtliche Paare zur Wahl (zB Frankreich und Belgien) (→ Rn. 91 ff.). In jüngerer Zeit ist außerdem in mehreren Staaten, die zunächst registrierte Partnerschaften eingeführt hatten, dieses Rechtsinstitut mit Öffnung der Ehe auch für gleichgeschlechtliche Paare wieder abgeschafft worden – zum Teil, wie in Deutschland, mit Wirkung nur für Neuabschlüsse nach Inkrafttreten des GgEheG 2017.[21] Soweit gleichgeschlechtliche Ehe und registrierte Lebenspartnerschaft als Institute nebeneinander fortbestehen, wird dies langfristig Auswirkungen auf das Profil der Lebenspartnerschaft haben (→ Rn. 91 ff. unter F.). So fasst beispielsweise das südafrikanische Recht die Ehe und die *civil partnership* unter dem Oberbegriff *civil union* zusammen und unterwirft beide Institutionen einer einheitlichen Regelung.[22] Auf vom deutschen Recht abweichende Gestaltungen und ihre kollisionsrechtlichen Auswirkungen wird im Folgenden im jeweiligen Sachzusammenhang Bezug genommen: Insbesondere zu heterosexuellen Lebenspartnerschaften → Rn. 91 ff.; zu faktischen Lebensgemeinschaften → Rn. 107 ff.; zu Einstandsgemeinschaften → Rn. 116 f. Offen ist derzeit noch die materiell- wie kollisionsrechtliche Behandlung von **Intersexuellen** (§ 22 Abs. 3 PStG) im Ehe- oder Partnerschaftsrecht.

9   Das **ausländische Kollisionsrecht** ist konzeptionell uneinheitlich.[23] Das Registerprinzip spielt verbreitet eine Rolle, aber nirgends so umfassend wie im deutschen Recht. Die Niederlande haben ein Mischsystem zwischen register- und eherechtlicher Anknüpfung eingeführt,[24] während Belgien ein duales Anknüpfungssystem praktiziert: Heimatrechtsprinzip für alle Ehen und „ehegleichen" Partnerschaften (wozu auch die deutsche Lebenspartnerschaft alten Rechts gerechnet wird!) und Registerprinzip für alle „eheungleichen" Partnerschaften (wie die belg. Cohabitation légale oder den französischen PACS).[25] Andere Staaten versuchen auch kollisionsrechtlich eine weitestmögliche Gleichschaltung von Ehe und Lebenspartnerschaft (skandinavische Rechte, Schweiz), kommen aber um einzelne Einschränkungen oder Modifikationen nicht herum.[26] Insbesondere wird, wenn eines der beteiligten Heimat- oder Wohnsitzrechte registrierte Partnerschaften oder gleichgeschlechtliche Ehen nicht kennt, dieses Recht entweder durch Inlandsrecht ersetzt (zB Art. 56c Abs. 1 IPRG Schweiz) oder ersatzlos ignoriert (zB Art. 46 Abs. 2 IPRG Belgien). Oft sind die kollisionsrechtlichen Konsequenzen aber auch nicht speziell geregelt und unklar.[27]

B. Grundsatzanknüpfung (Abs. 1 S. 1, Abs. 4)

I. Regelungsgegenstand

10   **1. Eingetragene Lebenspartnerschaft.** Art. 17b regelt das auf „eingetragene Lebenspartnerschaften" anzuwendende Recht. Was unter diesen Begriff fällt, ist eine Frage der **Qualifikation.** Dabei ist – allgemeinen Grundsätzen entsprechend – von einer grundsätzlich autonomen Begriffsbildung des IPR gegenüber den sachrechtlichen Begriffen auszugehen. Der Anknüpfungsgegenstand „eingetragene Lebenspartnerschaft" ist **weit auszulegen,** weil nur so die bunte Vielfalt von Regelungsmodellen kollisionsrechtlich eingefangen werden kann. Ausschlaggebend ist der **funktionale** Vergleich eines ausländischen Instituts mit dem Typus der „eingetragenen Lebenspartnerschaft", der als solcher durchaus dem deutschen Sachrecht entlehnt werden kann.[28] Auf solch funktionaler Sichtweise, dh funktionaler Austauschbarkeit basiert auch die Regelung des Abs. 3.

Jareborg/Sörgjerd FamPra 2004, 577 und *Scherpe* FamRZ 2012, 1434 ff. [Dänemark]; zur Schweiz *Hausheer* FamRZ 2006, 246 ff.; *Heussler* StAZ 2007, 261 ff.; zu Frankreich *Fulchiron* Rev. int. dr. comp. 2006, 410 ff.; *Gergen* FPR 2010, 219; zu Tschechien *Hrusáková* FamRZ 2006, 1337 ff.

[21] S. Tabelle bei *Martiny* FF 2011, 345 (347) (jetzt auch in Dänemark, dazu *Scherpe* FamRZ 2012, 1434 (1435)); zum deutschen Recht → Rn. 1.

[22] Civil Union Act 2006, dazu BGH NJW 2016, 2322 Rn. 33 ff.

[23] Vgl. Darstellung bei *Becker,* Die Qualifikation der cohabition légale des belgischen Rechts im deutschen Internationalen Privatrecht, 2011, 93 ff.

[24] Gesetz vom 1.1.2005; Text StAZ 2005, 152; Bericht bei *Kramer* IPRax 2007, 54 (56 f.).

[25] IPRG 2004, Art. 46 ff. und 58 ff.; dazu *Pintens* FamRZ 2007, 1491 (1494); *Sieberichs* IPRax 2008, 277 f.; ähnlich auch § 18a des norwegischen EheG von 2008, dazu *Ring/Olsen-Ring* StAZ 2008, 304 (306).

[26] Für die Schweiz *Widmer* IPRax 2007, 155 ff. zu Art. 56a–56d IPRG 2007.

[27] Vgl. – allerdings zT schon überholt – die Länderberichte in Institut suisse de droit comparé (Hrsg.), Aspects de droit international privé des partenariats enregistrés en Europe, 2004; iÜ für Schweden vgl. *Bogdan* IPRax 1995, 56; zu allen skandinavischen Ländern *Jänterä-Jareborg* in Boele-Woelki/Fuchs, Legal Recognition of Same-Sex Couples in Europe, 2003, 137 ff.; Frankreich: *Terré/Fenouillet,* Droit civil, La famille, 8. Aufl. 2011, Rn. 347; *Buschbaum* RNotZ 2010, 73 (78); rechtsvergleichend *Jakob* Lebenspartnerschaft 27 ff. (Skandinavien), 42 ff. (Niederlande), 61 ff. (Frankreich), 77 ff. (Belgien), 88 ff. (Spanien), 105 ff. (USA); s. auch *Martiny* in Hausmann/Hohloch Nichteheliche Lebensgemeinschaft Rn. 12–6, 57.

[28] BGH NJW 2016, 2322 Rn. 39.

Bei der **Qualifikation im Rahmen des Art. 17b** wird man sich von den herkömmlichen **11** Begriffen und Differenzierungen lösen müssen, die noch zum Thema „nichteheliche Lebensgemeinschaft" entwickelt worden sind. Im Laufe relativ kurzer Zeit (seit dem dänischen Partnerschaftsgesetz von 1989) hat sich die eingetragene Lebenspartnerschaft als eigenständiges Rechtsinstitut auch im internationalen Familienrecht etabliert. Konstitutive Elemente dieses Rechtsinstituts sind **förmliche Begründung** und ein daraus folgender **Status** mit Rechtswirkungen – unterhalb oder neben der Ehe. Neben diesen Kernelementen, anhand derer von vornherein die faktische Lebensgemeinschaft aus dem Begriff der „Lebenspartnerschaft" ausgesondert werden kann (näher → Rn. 144), gibt es eine Zweifelszone mit weiteren Eigenschaften, wie zB die Beschränkung auf eine Paarbeziehung[29] oder die Gleichgeschlechtlichkeit der Partner.[30] Insoweit stellt sich die Frage, ob die Gleichgeschlechtlichkeit der Partner – wie im deutschen Sachrecht – ein *notwendiges* Element auch des kollisionsrechtlichen Begriffs der „Eingetragenen Lebenspartnerschaft" ist. Dies wird zu verneinen sein.[31] Aber auch innerhalb der Kernelemente können sich Zweifelsfragen ergeben, etwa hinsichtlich der nötigen **Regelungsdichte des Instituts.** So waren beispielsweise der französische PACS[32] und die belgische „cohabitation légale"[33] (beide fortbestehend auch nach Einführung der gleichgeschlechtlichen Ehe) ursprünglich deutlich schwächer ausgestattet als die deutsche Lebenspartnerschaft und auch vom Gesetzgeber nicht als familienrechtliche Institute konzipiert.[34] Ihre Subsumierbarkeit unter Art. 17b wurde deshalb in Frage gestellt.[35] Es sollte jedoch der Normzweck dieser Vorschrift beachtet werden: In der Registrierung für ein bestimmtes Institut steckt auch immer ein Element der freiwilligen Unterwerfung und Akzeptanz durch die Beteiligten, international also der mittelbaren Rechtswahl, die als wesentliche Rechtfertigung für die Registeranknüpfung des Art. 17b angeführt wird (→ Rn. 22). Die „Einladung" zum Statutenwechsel durch Neuregistrierung in Abs. 3 (→ Rn. 16 ff.) eröffnet den Parteien die Möglichkeit, ihre Partnerschaft rechtlich auf- oder abzuwerten (jedenfalls für den deutschen Rechtsraum). Dabei dachten die Gesetzesverfasser vor allem an schwächere ausländische Gestaltungen, die durch Neuregistrierung in Deutschland auf das Niveau des Lebenspartnerschaftsgesetzes gehoben werden könnten.[36] Die Aussonderung solcher Gestaltungen auf der Ebene der Qualifikation würde dieses Konzept vereiteln. Als „Lebenspartnerschaft" iS der Vorschrift ist jede institutionalisierte Gemeinschaft im Sinne der vorgenannten Kernelemente (→ Rn. 11) zu qualifizieren. Insofern erfasst Art. 17b auch die Regelungsformen anderer Länder mit geringerer Regelungsdichte.[37] Diese kollisionsrechtliche Auslegung präjudiziert nicht die nach deutschem Sachrecht zu beurteilende Frage, ob schwächer ausgestattete Partnerschaften ausländischen Rechts dem Begriff „Lebenspartnerschaft" in (kollisionsrechtlich berufenen) deutschen Sachnormen

---

[29] Zu „Einstandsgemeinschaften" → Rn. 116 f.

[30] Gleichgeschlechtlichkeit bedeutet hier und grds. nur „Zugehörigkeit zum selben Geschlecht", nicht aber notwendig „homosexuelle Orientierung" – diese ist nicht Tatbestandserfordernis im deutschen LPartG (BVerfG StAZ 2006, 102 (107); FamRZ 2007, 1869 (1871) Nr. 21; *Hepting/Gaaz* PStG Rn. III-918) und erst recht nicht im (grds. flexibleren) Kollisionsrecht.

[31] Zur heterosexuellen registrierten Partnerschaft → Rn. 91 ff.; zur Geschlechtszugehörigkeit als Vorfrage → Rn. 29.

[32] Dazu *Ferrand* in Basedow/Hopt/Kötz/Dopffel, Die Rechtsstellung gleichgeschlechtlicher Lebensgemeinschaften, 2000, 113 ff.; *Borillo* in Wintemute/Andenæs, Legal Recognition of Same-Sex Relationships, 2001, 475 ff.; *Jakob* Lebenspartnerschaft 51–69; *Winkler von Mohrenfels,* FS Sonnenberger, 2004, 155 (160 ff.); *Frucht,* Der Pacte civil de solidarité im französischen und deutschen internationalen Privatrecht, 2005, 10 ff.; *Gergen* FPR 2010, 219 f.

[33] Dazu vor allem *Becker,* Die Qualifikation der cohabitation légale des belgischen Rechts im deutschen Internationalen Privatrecht, 2011, insbes. S. 43 ff.; des Weiteren *Jakob* Lebenspartnerschaft 70–80; *Pintens* FamRZ 2000, 69 ff.; *de Schutter* in Wintemute/Andenæs, Legal Recognition of Same-Sex Relationships, 2001, 465 ff.; *Winkler v. Mohrenfels,* FS Sonnenberger, 2004, 155 (157 f.).

[34] Der PACS findet sich im Personenrecht des Code Civil (Art. 515-1–515-7); die cohabitation légale ist vermögensrechtlich im Dritten Buch des belgischen Code Civil bei „Eigentum" untergebracht (Art. 1475–1479). Zu den Unterschieden beider Institute *Becker,* Die Qualifikation der cohabition légale des belgischen Rechts im deutschen Internationalen Privatrecht, 2011, 71 ff.

[35] Inzwischen sind beide Institute allerdings weitgehend der Ehe angenähert.

[36] BT-Drs. 14/3751, 61.

[37] So auch das Konzept neuerer IPR-Gesetze im Ausland (Niederlande, Belgien, Schweiz, England; wN bei *Widmer* IPRax 2007, 155 (156)). Es sollte auch nicht irritieren, dass manche Regelungen von de facto-Gemeinschaften wesentlich weitreichender sind als die belgische cohabitation légale (→ Rn. 143). Wie im Text auch *Becker,* Die Qualifikation der cohabitation légale des belgischen Rechts im deutschen Internationalen Privatrecht, 2011, 274 ff., 284; Staudinger/*Mankowski* (2011) Rn. 19–21; Bamberger/Roth/*Heiderhoff* Rn. 13, 14; *Thorn* in Boele-Woelki/Fuchs, Legal Recognition of Same-Sex Couples in Europe, 2003, S. 159, 161; *Dörner,* FS Jayme, 2004, 143 (150); *v. Sachsen Gessaphe* Le partenariat 18; *Frucht,* Der Pacte civil de solidarité im französischen und deutschen internationalen Privatrecht, 2005, 106 ff., 130 ff., 172 ff.

zu substituieren sind – etwa in §§ 563 oder 1306 BGB. Mangels anderweitiger Hinweise kann aber die kollisionsrechtliche Erfassung als „Faustregel" auch für die sachrechtliche Auslegung dienen.[38]

12   **2. Gleichgeschlechtliche Ehe.** Mit Wirkung ab 1.10.2017 tritt neben die bislang in Art. 17b geregelte eingetragene Lebenspartnerschaft die gleichgeschlechtliche Ehe (→ Rn. 2). Die Anknüpfung dieser Ehe gemäß Art. 17b und nicht gemäß Art. 13 war in der vorangegangenen Diskussion zwar nicht unumstritten, entspricht aber der im Schrifttum überwiegenden Meinung[39] und vor allem auch der Position des BGH bei der Beurteilung von im Ausland geschlossenen gleichgeschlechtlichen Ehen.[40] Diese Anknüpfung bedeutet auch keine Diskriminierung gleichgeschlechtlicher Eheleute, sondern will ihnen den Weg in die Ehe ebnen (→ Rn. 21 f. zur eingetragenen Lebenspartnerschaft). Die Vorschriften des Art. 17b Abs. 1–3 gelten gem. Abs. 4 für die gleichgeschlechtliche Ehe „entsprechend", lassen also Raum für sachbedingte Unterschiede zwischen beiden Rechtsformen.

II. Allgemeine Anknüpfungsgrundsätze

13   **1. Allseitige Kollisionsnorm.** Die Registeranknüpfung ist **allseitig** ausgestaltet, beruft also je nach Registrierung deutsches oder ausländisches Recht.[41] Die Vorlage eines „Partnerschaftsfähigkeitszeugnisses" bei Registrierung in Deutschland entsprechend § 1309 BGB ist nicht vorgesehen. Das gleiche gilt gem. § 1309 Abs. 3 BGB nunmehr auch für gleichgeschlechtliche Ehen. Zum einen richtet sich, anders als bei der heterosexuellen Ehe, eine solche Partnerschaft auch bei Ausländern nach deutschem Recht; soweit es für Vorfragen auf ausländisches Recht ankommt, ist überdies (noch) bei den meisten Staaten nicht mit der Ausstellung eines solchen Zeugnisses zu rechnen.[42]

14   **2. Sachnormverweisung.** Abs. 1 S. 1 verweist auf die „Sachvorschriften" des Register führenden Staates, beruft also nicht dessen Kollisionsrecht. Damit sind **Rück- oder Weiterverweisungen ausgeschlossen.**[43] Dies wird damit gerechtfertigt, dass manche manche Rechtsordnungen, selbst wenn sie sachrechtlich vergleichbare Institute kennen, keine oder jedenfalls nur schwer ermittelbare Kollisionsnormen zur Lebenspartnerschaft oder zur gleichgeschlechtlichen haben (→ Rn. 9).[44] Auch auf die „Sachrichtigkeit" und Rechtssicherheit der Sachnormverweisung wird hingewiesen.[45] Andererseits sind bei der jetzigen Regelung doch auch sachlich unbefriedigende Ergebnisse möglich, wenn der Registerstaat selbst auf Grund seines Kollisionsrechts ein anderes Sachrecht anwenden würde als sein eigenes.[46]

15   **3. Anknüpfungszeitpunkt; Statutenwechsel (Abs. 3).** Abs. 1 S. 1 enthält eine im Grundsatz **unwandelbare Anknüpfung** an das Recht des Registerstaates zum **Zeitpunkt der Eintragung der Lebenspartnerschaft.** Staatsangehörigkeits- oder Wohnsitzwechsel bleiben bedeutungslos.

16   Der Grundsatz der Unwandelbarkeit wird aber weitgehend zurückgenommen durch die Regelung in **Abs. 3:** Bei Registrierung in mehreren Ländern gibt den zeitlich jüngste Registrierung den Ausschlag für die Partnerschaftswirkungen – allerdings nur ex nunc.[47] Der damit angeordnete **Statutenwechsel** gilt naturgemäß nur bei Neuregistrierung zwischen denselben Partnern[48] und nur für solche Themenbereiche, die dem Registerstatut unterliegen (Abs. 1 S. 1).[49] Dazu gehört nunmehr auch die gleichgeschlechtliche Ehe (Abs. 4 nF).

---

[38] Zu allen wesentlichen Substitutionsfragen in Bezug auf den ursprünglichen PACS im französischen Recht s. *Frucht,* Der Pacte civil de solidarité im französischen und deutschen internationalen Privatrecht, 2005, 130 ff. und 172 ff.

[39] 6. Aufl. 2015, Art. 17b Rn. 137 ff. (*Coester*) mzN; Staudinger/*Mankowski* (2011) Art. 17b Rn. 24; aA noch *Spellenberg* StAZ 2017, 193 (201 f.).

[40] BGH NJW 2016, 2322 Rn. 34 ff. mwN; 2016, 2953 Rn. 13.

[41] BT-Drs. 14/3751, 60; zu Alternativen de lege ferenda *Coester* IPRax 2013, 114 (116 ff.).

[42] *Wagner* IPRax 2001, 281 (284 f.). Das gleiche gilt auch für die gleichgeschlechtliche Ehe nach der Neufassung des Art. 17b vom 28.7.2017 (s.o. Gesetzestext).

[43] BT-Drs. 14/3751, 60; krit. v. *Hoffmann* IPR § 8 Rn. 73 f.

[44] *Wagner* IPRax 2001, 281 (290).

[45] *Schümann,* Nichteheliche Lebensgemeinschaften und ihre Einordnung im internationalen Privatrecht, 2001, 155.

[46] Etwa wegen Anerkennung einer Rechtswahl der Parteien oder Anknüpfung an ihre Staatsangehörigkeit (so zB Ungarn § 41A Gesetz Nr. 13/1999 (in der Fassung vom 18.7.2014) iVm § 37 Abs. 1 IPR-VO).

[47] *Andrae* IntFamR § 10 Rn. 21; Palandt/*Thorn* Rn. 3.

[48] Staudinger/*Mankowski* (2011) Rn. 82 (sonst Bigamieproblem).

[49] Weitergehend *Martiny* in Hausmann/Hohloch Nichteheliche Lebensgemeinschaft Rn. 12–78: auch namensrechtliche Fragen; ebenso *Frank* MittBayNot 2001, Sonderheft S. 38.

Die Vorschrift verfolgt einen doppelten **Zweck:** Zum einen soll die kumulative Anwendung von **17** Rechtsordnungen vermieden werden,[50] zum zweiten soll im Ausland registrierten Lebenspartnern, die Beziehungen zum deutschen Rechtsraum haben oder begründen wollen, zB hier ihren Aufenthalt nehmen, die Möglichkeit eröffnet werden, durch Neuregistrierung ihrer Partnerschaft in Deutschland die Regelungsausstattung des Lebenspartnerschaftsgesetzes zu erlangen.[51] Da das GgEheG 2017 nur den früheren Abs. 4 des Art. 17b (Kappungsgrenze) aufgehoben hat, nicht aber Abs. 3 dieser Vorschrift, ist davon auszugehen, dass auch nach ausländischem Recht begründete Lebenspartnerschaften nunmehr entsprechend der neuen Regelungen in § 20a LPartG und § 17a PStG in eine gleichgeschlechtliche Ehe umgewandelt werden können. Haben die Parteien schon im Ausland eine gleichgeschlechtliche Ehe abgeschlossen, wird ein Neuabschluss in Deutschland gemäß Abs. 3 allerdings in der Regel ausscheiden (teleologische Reduktion). Anderes mag gelten, wenn die rechtliche Ausstattung der im Ausland geschlossenen gleichgeschlechtlichen Ehe hinter der des deutschen Rechts zurückbleibt.

Eine dem Abs. 3 entsprechende Regelung ist international eher ungewöhnlich, anderweitig **18** betrachtet man eine vorangehende Registrierung im Ausland eher als Hindernis für eine erneute Registrierung.[52] Jeder Staat entscheidet für sich, ob er eine in Abs. 3 ausgesprochene Neuregistrierung zulässt. Bei ausländischer Neuregistrierung ist dies aus deutscher Sicht eine Vorfrage bei der Anwendung des Abs. 3.[53] Offen ist auch, ob und inwieweit ein von Abs. 3 angeordneter Statutenwechsel von anderen Ländern, insbesondere dem Staat der vorangehenden Registrierung, anerkannt wird – nach Abs. 3 ist dies für den deutschen Richter und deutsche Behörden irrelevant, für die Beteiligten aber nicht.

Ungeklärt erscheint auch das Verhältnis zwischen den „verschiedenen Lebenspartnerschaften". **19** Der Gesetzestext suggeriert die kumulative Begründung von mehreren Lebenspartnerschaften.[54] Richtigerweise gibt es zwischen denselben Partnern aber **nur eine Lebenspartnerschaft** bzw. Ehe, für die lediglich rechtliches Regime und damit Regelungsdichte wechseln kann.[55] Gegenstandslos ist damit die Frage, ob nach der Neuregistrierung die „alte Lebenspartnerschaft" aufgelöst ist oder werden muss.[56] Falsch gestellt ist auch die Frage, ob nach wirksamer Auflösung der „neuen Lebenspartnerschaft" nach dem letzten Registrierungsstatut die „alte Lebenspartnerschaft" wieder auflebt.[57] Aus deutscher Sicht unterliegt die Lebenspartnerschaft bzw. gleichgeschlechtliche Ehe zwischen den Beteiligten ab der Neuregistrierung ausschließlich dem Recht des (neuen) Registrierungsstaates; soweit der Statutenwechsel im Ausland anerkannt wird, gilt dort das Gleiche; soweit er nicht anerkannt wird, wird dort die Lebenspartnerschaft oder Ehe ohnehin nach anderem Recht beurteilt, kann also möglicherweise auch nach Auflösung für den deutschen Rechtsraum fortbestehen.

III. Anknüpfungspunkt: Recht des Register führenden Staates

Die Lebenspartnerschaft wird beherrscht vom Sachrecht **„des Register führenden Staates".** Dies **20** wird verbreitet, aber zu Unrecht gleichgesetzt mit dem Registrierungsort.[58] Das wird zumeist das Richtige treffen, muss aber nicht: Jedenfalls Frankreich hat die Möglichkeit vorgesehen, einen PACS auch im Ausland, vor den Konsulaten abzuschließen (Art. 515-3 Abs. 8 und 515-7 Abs. 7 frz. C.c.). Davon wird auch Gebrauch gemacht.[59] Welches Recht anwendbar ist, ergibt der Wortlaut des Art. 17b Abs. 1 S. 1 eindeutig: Der „Register führende Staat" ist Frankreich, der Registrierungsort ist bedeutungslos. Zutref-

---

[50] BT-Drs. 14/3751, 60 f.; *Wagner* IPRax 2001, 281 (291).

[51] BT-Drs. 14/3751, 61; *Jakob* Lebenspartnerschaft S. 213 spricht von einer „Aufforderung zum Statutenwechsel"; vgl. auch → Rn. 12.

[52] *Jakob* Lebenspartnerschaft S. 213 mN in Fn. 259; *v. Sachsen Gessaphe* Le partenariat 22.

[53] *Martiny* in Hausmann/Hohloch Nichteheliche Lebensgemeinschaft Rn. 12–78; Staudinger/*Mankowski* (2011) Rn. 79. Das Faktum der Registrierung wird allerdings die Zulässigkeit indizieren.

[54] Ebenso HK-LPartG/*Kiel* Art. 17a Rn. 62 (s. aber folgende Fn.).

[55] So zutr. HK-LPartG/*Kiel* Rn. 61.

[56] Es müssen allenfalls einzelne Partnerschaftsfolgen abgewickelt oder dem neuen Statut angepasst werden, vgl. *Henrich* FamRZ 2002, 137 (139 f.) (zum Güterrecht; → Rn. 42). Das gilt unbeschadet der Möglichkeit, dass das Recht des neuen Registerstaates *vor* der Registrierung die Auflösung der bisherigen Partnerschaft verlangt, vgl. HK-LPartG/*Kiel* Rn. 15, 62.

[57] So zweifelnd *Jakob* Lebenspartnerschaft S. 314, auch zu der vorerwähnten Frage.

[58] Besonders deutlich *Süß* DNotZ 2001, 168 (169) („lex loci celebrationis", „territoriale Anknüpfung"); ähnlich HK-LPartG/*Kiel* Rn. 3, 8; *Jakob* Lebenspartnerschaft S. 296; *v. Hoffmann* IPR § 8 Rn. 73c; *Dörner*, FS Jayme, 2004, 143 (146); auch *Henrich* FamRZ 2002, 137 f., der kategorisch zwischen Registrierung „im Inland" und „im Ausland" trennt.

[59] Laut Auskunft des französischen Generalkonsulats in München für 2006: 35 Fälle; 2007: 31 Fälle. Vgl. auch *Jakob* Lebenspartnerschaft S. 275; → Rn. 26.

fend kann daher das **Registerstatut als „lex libri"** bezeichnet werden.[60] Mit dieser einheitlichen Anknüpfung hat der Gesetzgeber Vorschlägen aus der Literatur eine Absage erteilt, die entweder den gemeinsamen gewöhnlichen Aufenthalt der Beteiligten vorgezogen hätten[61] oder eine nach Begründung, Wirkungen und Auflösung getrennte Anknüpfung befürworteten.[62] Staatsangehörigkeit, Wohnsitz oder gewöhnlicher Aufenthalt der Beteiligten sind unerheblich.[63]

21   Zur **Rechtfertigung** der Registeranknüpfung werden im Wesentlichen zwei Argumente vorgetragen: Angesichts der anfangs nur geringen Verbreitung des Rechtsinstituts der registrierten Lebenspartnerschaft oder der gleichgeschlechtlichen Ehe in der Welt hätte eine Anknüpfung an das gemeinsame Heimatrecht (entsprechend Art. 13 Abs. 1) den Abschluss solcher Partnerschaften vielfach verhindert, selbst wenn die Partner langjährig im Inland wohnen. Abgeschwächt gälte dies Argument auch für den gemeinsamen gewöhnlichen Aufenthalt. Die Registeranknüpfung werde deshalb dem **Gesetzeszweck, der Bekämpfung der Diskriminierung gleichgeschlechtlicher Lebensgemeinschaften,** wesentlich besser gerecht; außerdem habe sie die Vorzüge der Klarheit und Rechtssicherheit für sich.[64] Missbräuchen (Scheinpartnerschaften) wirkt § 1 Abs. 3 Nr. 4 LPartG entgegen.

22   Der zweite Vorteil wird in der **mittelbaren Rechtswahlmöglichkeit** für die Lebenspartner gesehen, da sie sich den Registerstaat aussuchen könnten.[65] Diese Wahlmöglichkeit wird durch Abs. 3 vom Gesetzgeber gezielt betont und ausgebaut (→ Rn. 17).[66] Ihr praktisches Gewicht hängt allerdings stark von den **fremdenrechtlichen Einschränkungen** ab, die ein Staat für Registrierungen vorsieht und für die er auch allein zuständig ist. Soweit ersichtlich, haben *alle* Staaten, die das Institut der registrierten Partnerschaft eingeführt haben, solche an Staatsangehörigkeit oder Aufenthalt anknüpfende Einschränkungen; nur der deutsche Gesetzgeber glaubte, darauf verzichten zu können.[67] Damit verengt sich die „freie Rechtswahlmöglichkeit", die im Registrierungsprinzip impliziert ist, jedenfalls tendenziell zur einseitigen Einladung, das deutsche Recht zu wählen. Diese Gesetzespolitik wird zu Recht scharf kritisiert, sie fördert allenfalls den Inlandstourismus, zu dessen Programmpunkten für gleichgeschlechtliche Paare fortan die Registrierung als Lebenspartner gehören könnte.[68] Ein solcher Tourismus ist allerdings bisher nicht zu verzeichnen. Die deutsche Registeranknüpfung gewährleistet jedoch nicht die Anerkennung der Lebenspartnerschaft oder gleichgeschlechtlichen Ehe in Ländern, die diese Institute nicht anerkennen. Außerdem enthält ein kollisionsrechtlicher Sonderschutz stets auch ein (unbeabsichtigtes) Diskriminierungselement. De lege ferenda wird (auch angesichts unionsrechtlicher Tendenzen) einer Regelung der Vorzug zu

---

[60] So zutr. *Kegel/Schurig* IPR (2004) S. 887; s. auch *Martiny* in Hausmann/Hohloch Nichteheliche Lebensgemeinschaft Rn. 12–74; Erman/*Hohloch* Rn. 1. Zum Formproblem (Art. 13 Abs. 3 S. 1 analog) → Rn. 26.

[61] Erman/*Hohloch* Vor Art. 13 Rn. 12; *Jakob* Lebenspartnerschaft S. 127; auch nach der Reform als Kritik am Registerstatut: *Thorn* IPRax 2002, 349 (355); zurückhaltend *Wagner* IPRax 2001, 281 (289) (wäre auch in Betracht gekommen); *Martiny* in Hausmann/Hohloch Nichteheliche Lebensgemeinschaft Rn. 12–58.

[62] *Hausmann,* FS Henrich, 2000, 241 (253 ff.).

[63] *Wagner* IPRax 2001, 281 (287).

[64] BT-Drs. 14/3751, 60; *Henrich,* Internationales Familienrecht, 1989, 52 f.; *Henrich* FamRZ 2002, 137 (nicht treffend allerdings der Hinweis auf fremde Rechtsinstitute und ordre public – damit werden wir auch nach dem Registerstatut konfrontiert); *Wagner* IPRax 2001, 281 (288 f.); *Hausmann,* FS Henrich, 2000, 241 (252 f., 254). Inkonsequent deshalb *Schümann,* Nichteheliche Lebensgemeinschaften und ihre Einordnung im internationalen Privatrecht, 2001, 153, die als Reformvorschlag neben dem Registerrecht kumulativ die Heimatrechte berücksichtigen wollte.

[65] *Schümann,* Nichteheliche Lebensgemeinschaften und ihre Einordnung im internationalen Privatrecht, 2001, 149, 155; HK-LPartG/*Kiel* Rn. 9, 12, 13; *Rauscher* IPR S. 222 Rn. 881; *Henrich,* FS Kropholler, 2008, 305 (309 f.); *Wagner* IPRax 2001, 281 (289) (der die Manipulationsgefahr gering einschätzt); s. auch den Vergleich mit der Gründungstheorie im internationalen Gesellschaftsrecht bei *Jakob* Lebenspartnerschaft S. 183 ff. *Scholz/Uhle* NJW 2001, 393 (398) sehen hierin allerdings eine verfassungswidrige Diskriminierung der Ehe, bei der eine solche Rechtswahl nicht offen stehe. Dabei werden zum einen übersehen, dass Eheleute Rechtswahlmöglichkeiten haben, die Lebenspartnern nicht zur Verfügung stehen (Art. 15 Abs. 2), zum anderen die Unterschiedlichkeit der internationalen Rechtsentwicklung (zutr. die Kritik auch bei HK-LPartG/*Kiel* Rn. 13).

[66] BT-Drs. 14/3751, 61.

[67] BT-Drs. 14/3751, 36; zum skandinavischen Recht *Bogdan* IPRax 1995, 56 f.; 2001, 353 f.

[68] Vgl. *Thorn* IPRax 2002, 349 (355) (Deutschland als „Registrierungsparadies"); *Dörner,* FS Jayme, 2004, S. 143 (147 f.) (deshalb eine unwandelbare Anknüpfung an den gewöhnlichen Aufenthaltsort bevorzugend); *Henrich* in: *Schwab/Hahne* (Hrsg.), Familienrecht im Brennpunkt, 2004, 259, 262 f.; *Kropholler* IPR S. 334; *Rauscher* IPR S. 189 f. (der Gesetzgeber „bietet das Modell über die Registeranknüpfung der ganzen Welt an, verhält sich aber andererseits völlig unflexibel gegenüber anderen Rechtsordnungen, die im Einzelfall weiter gehen" (zum Spannungsverhältnis mit Abs. 4)). Beachtenswert auch der Hinweis von *Schwander* AJP 2001, 350 (354): Mit der voraussetzungslosen Zulassung zur Registrierung gefährdet Deutschland die Anerkennung der Lebenspartnerschaft im Ausland, insbes. im Heimatstaat der Beteiligten, der Umgehungsmanöver seiner Bürger ohne realen Bezug zum Registrierungsstaat abzuwehren geneigt sein wird. Diese Kritik abschwächend hingegen Staudinger/*Mankowski* (2011) Rn. 3.

geben sein, die den Partnern eine unmittelbare Rechtswahlmöglichkeit eröffnet und die Registeran-knüpfung nur noch hilfsweise vorsieht.[69]

Die **„Eintragung"** in ein **„Register"** sind international-privatrechtliche Tatbestandsmerkmale,   **23** die – allgemeinen Grundsätzen entsprechend – weit und funktional auszulegen sind (→ Rn. 10). Schon für Deutschland ergeben sich Qualifikationsprobleme, weil die Registrierung fakultativ immer noch Ländersache ist (§ 17 PStG, § 23 LPartG). Nicht nur die zuständigen Behörden, sondern auch die Verfahren unterscheiden sich.[70] Immerhin muss das Landesrecht jetzt eine „fortlaufende Dokumentation" sowie die Erfüllung der Mitteilungspflichten nach dem PStG (insbesondere § 68) sicherstellen (§ 23 Abs. 1 S. 3 LPartG).[71] Derartige Varianten können auch im Ausland begegnen, sie werfen die Frage auf, ob das jeweilige Verfahren noch unter Abs. 1 S. 1 zu subsumieren ist. Entsprechend den oben genannten, autonomen Auslegungsgrundsätzen sollte als „Eintragung in ein Register" **jede von einer staatlichen oder staatlich beliehenen Stelle vorgenommene Beurkundung der Partnerschaftserklärungen in amtlichen Akten** genügen, auf ein „Register" im Wortsinn kommt es nicht an.[72]

IV. Reichweite des Registerstatuts

1. Überblick. Das Registerstatut beherrscht grundsätzlich Begründung (→ Rn. 25 ff.) und Auf-   **24** lösung der Lebenspartnerschaft bzw. Ehe (→ Rn. 34 ff.), soweit nicht deutsches Recht von internatio-nalem, insbesondere EU-Recht verdrängt ist (insbesondere → Rn. 42 ff., → Rn. 46 ff.). Die **Ver-lobung** gleichgeschlechtlicher Partner (vgl. § 1 Abs. 4 S. 1 LPartG) kann hingegen noch nicht gemäß Art. 17b Abs. 1 S. 1 angeknüpft werden, da sie nicht registriert wird; wo die Partnerschaft selbst später registriert wird, ist aber noch offen. Kollisionsrechtlich gelten deshalb die Grundsätze zum Eheverlöbnis (→ Vor Art. 13 Rn. 1 ff.). Für die Anknüpfung der **Wirkungen** ergibt sich ein diffe-renziertes Bild: Die „allgemeinen" sowie die güterrechtlichen Wirkungen unterstehen ohne weiteres ebenfalls dem Registerstatut (Art. 17b Abs. 1 S. 1, mit vereinzelten Abweichungen gemäß Abs. 2 S. 2, 3, vgl. → Rn. 32 und → Rn. 42 ff.). Das gleiche gilt, wenn auch mit wesentlichen Modifikatio-nen, für den Versorgungsausgleich (Abs. 1 S. 2, 3). In Abs. 2 S. 1 werden die allgemeinen kollisions-rechtlichen Vorschriften bezüglich Namen (Art. 10 Abs. 2) und Wohnung/Haushalt (Art. 17a) für entsprechend anwendbar erklärt (→ Rn. 62 ff. und → Rn. 66). Die früheren Sonderregelungen betreffend das Unterhalts- und das Erbrecht in Abs. 1 S. 2 aF sind durch EU-Recht verdrängt worden (EuUnthVO mit Haager Unterhaltsprotokoll; EuErbVO, dazu → Rn. 49 ff., 54 ff.); Gleiches wird mit der güterrechtlichen Regelung geschehen.

2. Begründung der Lebenspartnerschaft. a) Form. Anders als Art. 13 Abs. 1 erfasst das   **25** Registerstatut **auch die Formfragen** bei Begründung der Lebenspartnerschaft oder gleichge-schlechtlichen Ehe, Art. 11 ist also nicht heranzuziehen.[73] Hierzu gehören die für die Registrierung zuständige staatliche Stelle sowie das Beurkundungs- und Registrierungsverfahren und etwaige frem-denrechtliche Einschränkungen.[74] Der Gleichlauf von Registerstatut und Formstatut ergibt sich praktisch aus der Natur der Sache.

Problematisch mag erscheinen, ob in Deutschland auch Amtsträger anderer Staaten eine Lebens-   **26** partnerschaft registrieren können, wie etwa die französischen Konsulate (→ Rn. 20).[75] Eine dem **Art. 13 Abs. 4 S. 1** entsprechende Vorschrift fehlt für Lebenspartnerschaften. Für entsprechende Problematik bei der Auflösung (Art. 17 Abs. 2) → Rn. 37 ff. Dies kann aber nicht als Lücke angese-hen werden, die durch Analogie ausgefüllt werden dürfte. Anders als im Eherecht fehlt es bei Lebenspartnerschaften an dem Dualismus staatlicher und kirchlicher Trauung mit seinem geschichtli-chen Hintergrund (Kulturkampf),[76] so dass die staatliche Registrierung gegen keine nichtstaatliche

---

[69] Dazu näher mwN *Coester* IPRax 2013, 114 (118).

[70] Während ganz überwiegend, entsprechend § 1 Abs. 1 LPartG, die Standesämter zuständig sind, erfolgt die Registrierung in Baden-Württemberg vor den Landratsämtern bzw. Gemeinden (*Stüber* FPR 2010, 188) und in Bayern alternativ zum Standesamt vor dem Notar (Art. 1 Abs. 2, Art. 3 BayAGLPartG); vgl. *Grziwotz* FamRZ 2012, 261 (263).

[71] Einzelheiten bei *Gaaz/Bornhofen* PStG, 2008, § 17 Rn. 4 ff.

[72] Ähnlich wohl Staudinger/*Mankowski* (2011) Rn. 27, 28.

[73] BT-Drs. 14/3751, 60; Palandt/*Thorn* Rn. 3.

[74] Staudinger/*Mankowski* (2011) Rn. 31; vgl. *Wagner* IPRax 2001, 281 (286).

[75] Selbstverständlich können deutsche Behörden nicht eine Partnerschaft nach fremdem Recht registrieren, denn sie führen nicht das Register anderer Staaten (vgl. Abs. 1 S. 1).

[76] Unbeschadet des neuerlichen Nachziehens einiger Kirchen, vor allem in Schweden, die auch homosexuelle Paare einsegnen; näher *Jänterä-Jareborg* FamRZ 2010, 1505 (1507); zu Dänemark *Scherpe* FamRZ 2012, 1434 (1435) bzgl. gleichgeschlechtlicher Ehen.

Form zu verteidigen ist. Deshalb bedürfen ausländische Institutionen in Deutschland auch keiner Ermächtigung iS von Art. 13 Abs. 4 S. 2, um hier Amtshandlungen für den Bereich ihrer Rechtsordnung auszuführen. Außerdem ergibt sich schon aus der Anknüpfung an den „Register führenden Staat" statt an den „Registerort" (→ Rn. 20), dass die **Registrierungshoheit** und nicht die territoriale Hoheit **ausschlaggebend** ist. Also gilt die **deutsche Form nicht exklusiv auf deutschem Boden;** die Registrierung einer Lebenspartnerschaft in einem ausländischen Konsulat geschieht in der Form des jeweiligen Landes (und führt auch materiell zur Herrschaft dessen Rechts, → Rn. 20).[77]

27   **b) Materielle Voraussetzungen.** Für die materiellen Voraussetzungen können als Anhaltspunkt § 1 LPartG bzw. §§ 1303 ff. BGB genommen werden. Demnach gehören hierher die Gleichgeschlechtlichkeit der Partner, soweit vom Registerstatut gefordert,[78] das Konsenserfordernis (vgl. § 1 Abs. 1 und 2 LPartG) sowie auch – negativ – die Partnerschaftshindernisse (vgl. § 1 Abs. 3 LPartG). Auch die **Folgen eines Abschlussmangels** werden noch vom Registerstatut erfasst.[79]

28   Sind die materiellen Voraussetzungen und Hindernisse im Sachrecht des Registerstaats anders definiert, so ist dies über Abs. 1 S. 1 bis zur Grenze des deutschen ordre public hinzunehmen (→ Rn. 108 ff.).

29   **c) Vorfragen.** Vorfragen sind grundsätzlich **selbständig anzuknüpfen.**[80] Dies gilt beispielsweise für die Frage, ob ein Beteiligter noch minderjährig ist (Art. 7) oder ob er/sie anderweitig (noch) durch Ehe oder Lebenspartnerschaft gebunden ist (Art. 13, 17 bzw. 17b Abs. 1, bezogen auf die frühere Lebenspartnerschaft). Vorfrage ist auch der personenstandsrechtliche Status der Beteiligten, also insbesondere die **Geschlechtszugehörigkeit.** Diese ist (direkt oder analog) nach dem Personalstatut jedes Beteiligten zu ermitteln (→ Art. 7 Rn. 27 ff.). Bei demnach unbestimmter Geschlechtszugehörigkeit zumindest eines Partners (vgl. § 22 Abs 3 PStG) sollte Art. 17b als (flexiblere) Auffangnorm gegenüber Art. 13 angesehen werden.[81]

30   Davon zu unterscheiden ist allerdings die Frage, *was* im Rahmen eines „Bigamie"-Verbots (vgl. § 1 Abs. 2 Nr. 1 LPartG bzw. § 1306 BGB) als anderweitige „Ehe" oder „Lebenspartnerschaft" anzusehen ist – dies ist eine Auslegungsfrage im maßgeblichen Sachrecht. Aus diesem heraus ist beispielsweise zu entscheiden, ob und wann faktische Lebensgemeinschaften, die einem eheähnlichen Regelungssystem unterworfen werden (→ Rn. 109 ff.), der Begründung einer Lebenspartnerschaft mit einem Dritten entgegenstehen.[82] Der *Bestand* einer solchen Lebensgemeinschaft ist ggf. allerdings wiederum eine selbständig anzuknüpfende Vorfrage.

31   **3. Wirkungen im allgemeinen. a) Überblick.** Anders als im internationalen Eherecht ergibt sich für die Anknüpfung der Wirkungen ein differenziertes Bild: Die „allgemeinen" sowie die güterrechtlichen Wirkungen unterstehen ohne weiteres ebenfalls dem Registerstatut (Abs. 1 S. 1, mit vereinzelten Abweichungen in Abs. 2 S. 2, 3, → Rn. 32 und 42 f.); gleiches gilt im Prinzip, aber mit wesentlichen Modifikationen auch für den Versorgungsausgleich (Abs. 1 S. 2, 3). In Abs. 2 S. 1 werden die allgemeinen kollisionsrechtlichen Vorschriften bezüglich Namen (Art. 10 Abs. 2) und Wohnung/Haushalt (Art. 17a) für entsprechend anwendbar erklärt (→ Rn. 59 ff. und 63). Die Sonderregelungen betreffend die Unterhalts- und das Erbrecht in Abs. 1 S. 2 a. F. sind durch EU-Recht verdrängt worden (EuUntVO mit HUP; EuErbVO; dazu → Rn. 54); Gleiches wird mit der güterrechtlichen Regelung geschehen (→ Rn. 43). Im Hinblick darauf, dass die Wirkungen der Lebenspartnerschaft demnach nur noch teilweise in Art. 17b geregelt sind, werden zunächst nur die dem Registerstatut unterliegenden „allgemeinen Partnerschaftswirkungen" dargestellt (→ Rn. 32 ff.); für in Art. 17b angesprochene, aber modifiziert geregelte Wirkungen → Rn. 42–63, für gänzlich außerhalb des Normbereichs liegende Wirkungen → Rn. 64 ff.

---

[77] Zust. *Martiny* in: Hausmann/Hohloch Nichteheliche Lebensgemeinschaft Rn. 12–76.

[78] Zu heterosexuellen Partnerschaften → Rn. 120 ff.; zum Begriff der Gleichgeschlechtlichkeit → Rn. 11.

[79] *Henrich* FamRZ 2002, 137 (138); Staudinger/*Mankowski* (2011) Rn. 33.

[80] BT-Drs. 14/3751, 60; *Wagner* IPRax 2001, 281 (288); *Hausmann,* FS Henrich, 2000, 241 (256); *Henrich* FamRZ 2002, 137; *Martiny* in Hausmann/Hohloch Nichteheliche Lebensgemeinschaft Rn. 12–66, 75; Palandt/*Thorn* Rn. 3; Erman/*Hohloch* Rn. 4; Staudinger/*Mankowski* (2011) Rn. 34; NK-BGB/*Gebauer* Rn. 22 ff.; für Ausnahmen im Bereich der Partnerschaftswirkungen → Rn. 53, 57.

[81] Zutr (auch zur sachrechtlichen Lösung nach deutschem Recht) *Gössl* StAZ 2013, 301 (303 f.); *Sieberichs* FamRZ 2013, 1180 (1182 ff.); vgl auch *Helms,* FS Brudermüller, 2014, 301 ff.; anders *Theilen* StAZ 2014, 1 (5 ff.): Wahlrecht zwischen Ehe oder Lebenspartnerschaft.

[82] „Normale" faktische Lebensgemeinschaften fallen nach deutschem Recht (§ 1 Abs. 2 Nr. 1 LPartG) nicht darunter, *Henrich* FamRZ 2002, 137.

b) Uneingeschränkte Maßgeblichkeit des Registerstatuts. Für den Themenbereich der „all- **32** gemeinen Partnerschaftswirkungen" können §§ 2, 4 und 11 LPartG zum Anhaltspunkt genommen werden. Erfasst sind damit die wechselseitigen persönlichen Rechte und Pflichten, der Haftungsmaßstab, Eigentumsvermutungen, die Beziehungen zu den Verwandten des Partners und die Einbeziehung in den Kreis der „Familienangehörigen", soweit diese im Rahmen des anwendbaren Rechts eine Sonderbehandlung erfahren. Ausländisches Sachrecht mag noch andere, dem Lebenspartnerschaftsgesetz unbekannte „allgemeine Wirkungen" vorsehen.

Sorgerechtliche Befugnisse des einen Partners für die Kinder des anderen, etwa in Form des **33** „kleinen Sorgerechts" nach § 9 Abs. 1, 2 LPartG, des gemeinsamen Sorgerechts für gemeinschaftliche Kinder nach (Stiefkind- oder Zweit-)Adoption gemäß § 9 Abs. 7 LPartG gehören entgegen vereinzelt vertretener Auffassung **nicht** zum Registerstatut (näher → Rn. 73).[83]

4. Auflösung der Lebenspartnerschaft. Die Anknüpfung auch der Auflösung der Lebenspart- **34** nerschaft (oder gleichgeschlechtlichen Ehe) an das Registerrecht stellt sicher, dass für jede eingetragene Lebenspartnerschaft auch eine Auflösungsmöglichkeit zur Verfügung steht, denn jedes Recht, das dieses Institut regelt, hat auch Regelungen für die Auflösung vorgesehen.[84] Damit untersteht die Vorfrage des Bestehens der Lebenspartnerschaft automatisch derselben Rechtsordnung wie die Auflösung, so dass eine „selbständige Anknüpfung" (→ Rn. 29) gegenstandslos ist.

Das Registerstatut beherrscht grundsätzlich sowohl die **Voraussetzungen** wie die **Folgen der** **35** **Auflösung,** letztere allerdings nur, soweit für diese nicht eine Sonderregelung besteht (speziell zum Versorgungsausgleich → Rn. 46 ff.; weitere Sonderregelungen zu Wohnung und Haushaltsgegenstände Abs. 2 S. 1 mit Art. 17a; Name Art. 10; Sorge- und Umgangsrecht Art. 21 KSÜ).[85] Zu den **Voraussetzungen** gehört nicht nur die Auflösung durch gerichtlichen, behördlichen oder privatautonomen Rechtsakt, sondern auch die Auflösung ex lege, unter Lebenden etwa durch Eheschließung mit einem Dritten.[86] Das **Verfahren** einer vom Registerstatut angeordneten förmlichen Auflösung unterliegt allerdings der jeweiligen lex fori.[87]

Angesichts der Möglichkeit eines Statutenwechsels durch Neuregistrierung (Abs. 3, **36** → Rn. 16 ff.) muss nach dem **maßgeblichen Zeitpunkt** für die Anknüpfung gefragt werden. Bei Auflösung durch gemeinsamen privaten Gestaltungsakt (auch bei behördlicher Mitwirkung, etwa in Form einer Registrierung; → Rn. 37) kann dies nur der Zeitpunkt der Auflösung selbst sein. Bei Auflösung durch ein scheidungsähnliches Gerichtsverfahren wie in § 15 Abs. 2 LPartG liegt es näher, zur Vermeidung von Manipulationen analog Art. 8 lit. a Rom III-VO auf die **Stellung des Auflösungsantrags** abzustellen.[88] Zwar ist ein **Statutenwechsel durch Neuregistrierung** nur einvernehmlich möglich, aber die Lebenspartner mögen – bei bisheriger Geltung deutschen Rechts – den Zusammenhang mit § 1384 BGB (der über § 6 S. 2 LPartG anwendbar ist) nicht immer erkennen.

Streitig ist die Anknüpfung der **Art und Weise der Auflösung.** Insoweit differieren die Regelun- **37** gen in den einzelnen Ländern erheblich. Jedenfalls bei einverständlicher Auflösung lassen viele Länder statt einer Gerichtsentscheidung eine gemeinsame Erklärung genügen, die amtlich zu registrieren oder jedenfalls zu hinterlegen ist;[89] in einigen Ländern gilt dies sogar bei einseitigem Antrag.[90] Zum Teil wird vorgeschlagen, im Interesse der Statusklarheit und im Hinblick auf die Bedeutung der Auflösung **Art. 17 Abs. 2 analog** anzuwenden, dh trotz Möglichkeit der Privatauflösung nach dem Registerstatut in Deutschland nur eine gerichtliche Auflösung zuzulassen.[91] Nach anderer Ansicht soll auch insoweit das **Registerstatut** maßgeblich sein, auf den Ort der Auflösung komme es nicht an.[92]

---

[83] Wie hier offenbar *Martiny* in Hausmann/Hohloch Nichteheliche Lebensgemeinschaft Rn. 12–115; anders HK-LPartG/*Kiel* Rn. 21, 29.

[84] Vgl. *Hausmann,* FS Henrich, 2000, 241 (262); *Wagner* IPRax 2001, 281 (289).

[85] Zu den Folgen der Auflösung für die „alte Lebenspartnerschaft", wenn nach Abs. 3 ein Statutenwechsel stattgefunden hatte, → Rn. 19.

[86] So das frz. Recht, Art. 515-7 Abs. 7 Nr. 3 cc (ebenso Belgien und Katalonien); als mögliche Lösung auch für das deutsche Recht angesprochen in BVerfG NJW 2002, 2543 (2547). Wie im Text auch Staudinger/*Mankowski* (2011) Rn. 45.

[87] Staudinger/*Mankowski* (2011) Rn. 45.

[88] Ähnlich zu früherem Recht *Jakob* Lebenspartnerschaft S. 314.

[89] So zB die Niederlande, Buch 1 Art. 80c lit. c BW.

[90] Frankreich Art. 515-7 Abs. 7 Nr. 2 C.c.

[91] *Jakob* Lebenspartnerschaft S. 304 ff.

[92] Palandt/*Thorn* Rn. 6; *Henrich* FamRZ 2002, 137 (141); HK-LPartG/*Kiel* Rn. 26; *Hausmann,* FS Henrich, 2000, 241 (262 f.); *Martiny* in Hausmann/Hohloch Nichteheliche Lebensgemeinschaft Rn. 12–105; Staudinger/

38   **Stellungnahme:** Ausgangspunkt für die Entscheidung ist die Feststellung, dass Art. 17b Abs. 1 S. 1 eine dem Art. 17 Abs. 2 entsprechende Regelung nicht übernommen hat. Allerdings rechtfertigt die Entwurfsbegründung zum Lebenspartnerschaftsgesetz das Gerichtsmonopol im materiellen deutschen Recht (§ 15 Abs. 1 LPartG) mit der „besonderen Bedeutung der Lebenspartnerschaft".[93] Dies bezieht sich unmittelbar aber nur auf die Lebenspartnerschaften deutschen Rechts und muss nicht generell, auch für möglicherweise anders konzipierte ausländische Institute gelten. Im internationalen Scheidungsrecht werden für Art. 17 Abs. 2 im Wesentlichen drei Rechtfertigungen angeführt (→ Art. 17 Rn. 11 mwN):[94] die Rechtsklarheit, das öffentliche Interesse an einem geordneten Verfahren und der Kindesschutz. Der letzte Punkt hat bei gleichgeschlechtlichen Lebenspartnerschaften nur eine eingeschränkte Bedeutung,[95] außerdem ist er aus dem deutschen Sachrecht (§ 1671 BGB, Antragsprinzip) nicht mehr fundiert. Die verbleibenden Argumente sind nicht gewichtig genug, in Deutschland mehr Klarheit und Ordnung zu gewährleisten als sie der Staat vorsieht, dessen Lebenspartnerschafts-Institut im Einzelfall aufgelöst werden soll. Art und Weise der Auflösung sowie das Verfahren unterstehen deshalb ebenfalls dem **Registerstatut.**

39   Als **verfahrensrechtliche Konsequenz** ergibt sich: Nach **deutschem Recht registrierte,** also vom deutschen Sachrecht beherrschte Lebenspartnerschaften können gemäß § 15 Abs. 1 LPartG nur von einem Gericht aufgehoben werden. Dies kann auch ein **ausländisches Gericht** sein, wobei es ohne Belang ist, wie das dortige Verfahren bezeichnet ist (Aufhebung, Auflösung, Scheidung) und welches Sachrecht das Gericht angewendet hat.[96] Notwendig ist lediglich die Anerkennung der ausländischen Entscheidung in Deutschland nach den Grundsätzen der §§ 108, 109 FamFG (näher → Rn. 87 ff.).[97] Eine **Privatauflösung,** selbst bei behördlicher Beteiligung, genügt dem Maßstab des Art. 15 Abs. 1 LPartG hingegen nicht, selbst wenn eine derartige Auflösung der Ortsform entspricht und dort als wirksam angesehen würde. Die Lebenspartner können dem Gerichtsmonopol des deutschen Rechts allerdings entgehen, wenn sie ihre Lebenspartnerschaft im betreffenden Ausland zunächst neu registrieren lassen (Art. 17b Abs. 3).[98]

40   Bei **ausländischem Registerstatut** ist, sofern dieses eine **Privatauflösung** kennt, diese Art der Auflösung auch in Deutschland möglich und wirksam.[99] Dies gilt auch für deutsche Lebenspartner, die ihre Gemeinschaft im Ausland haben registrieren lassen. Soweit eine behördliche Mitwirkung vorgesehen ist (Registrierung oder Hinterlegung), ist dem auch in Deutschland Rechnung zu tragen.[100] Für den deutschen Rechtsraum mögen insoweit (im Wege der Substitution) die entsprechenden deutschen Instanzen genügen, also die für die Registrierung zuständigen Stellen oder das Familiengericht.[101] Zur Sicherstellung der Anerkennung auch im Registerstaat sind die Lebenspartner jedoch gut beraten, wenn sie (auch) die dort vorgesehene Behörde (oder Konsulate) einschalten.

41   Sieht das ausländische Registerstatut eine **Gerichtsauflösung** vor, so kann diese auch von einem deutschen Gericht vorgenommen werden. Fordert das ausländische Recht für die Wirksamkeit der Auflösung über die Gerichtsentscheidung hinaus noch zusätzlich eine Registrierung des Urteils,[102] so gilt dies auch für den deutschen Rechtsraum.[103] Wenn es sich, wie in den Niederlanden, um die Eintragung in das Personenstandsregister der Beteiligten handelt, kommt auch nur das dortige Register in Betracht (eine Substitution durch deutsche Stellen scheidet aus). Es ist dann Sache der Beteiligten, die Wirksamkeit der Auflösung durch dortige Eintragung herbeizuführen.

Mankowski (2011) Rn. 42 f.; *Wellenhofer-Klein,* Die eingetragene Lebenspartnerschaft, 2003, Rn. 353; *v. Sachsen Gessaphe* Le partenariat 21; *Frucht,* Der Pacte civil de solidarité im französischen und deutschen internationalen Privatrecht, 2005, 162 ff.

[93] BT-Drs. 14/3751, 41. Die Gleichschaltung der Aufhebung mit der Ehescheidung in § 15 LPartG ab 1.1.2005 bekräftigt diese Tendenz.

[94] Vgl. BT-Drs. 10/504, 61.

[95] Im deutschen Sachrecht praktisch erst seit Zulassung der Stiefkind- und Zweitadoption, § 9 Abs. 7 LPartG; im Ausland etwa bei gemeinsamem Sorgerecht der Partner (Niederlande) oder bei heterosexuellen Partnerschaften (→ Rn. 134, 135).

[96] *Henrich* FamRZ 2002, 137 (141); *Wellenhofer-Klein,* Die eingetragene Lebenspartnerschaft, 2003, Rn. 353.

[97] *Henrich* FamRZ 2002, 137 (141).

[98] *Henrich* FamRZ 2002, 137 (141).

[99] *Henrich* FamRZ 2002, 137 (141); *Wellenhofer-Klein,* Die eingetragene Lebenspartnerschaft, 2003, Rn. 353; *Martiny* in Hausmann/Hohloch Nichteheliche Lebensgemeinschaft Rn. 12–105.

[100] *Henrich* FamRZ 2002, 137 (141); vgl. *Martiny* in Hausmann/Hohloch Nichteheliche Lebensgemeinschaft; NK-BGB/*Gebauer* Rn. 48.

[101] *Henrich* FamRZ 2002, 137 (141); NK-BGB/*Gebauer* Rn. 48; einschr. *Andrae* IntFamR § 10 Rn. 46 (nur bei Substitution im Ausland).

[102] Zum Beispiel in den Niederlanden Buch 1 Art. 80e Abs. 2 BW bei einseitigen Auflösungsanträgen.

[103] AA *Winkler v. Mohrenfels* Art. 17 Rn. 133–135 *Jakob* Lebenspartnerschaft S. 306 f.

C. Sonderbereiche

I. Güterrecht (Abs. 1 S. 1, Abs. 2 S. 3)

Auch güterrechtliche Wirkungen einer Lebenspartnerschaft[104] werden durch Abs. 1 S. 1 aus-   **42** drücklich dem Registerstatut untergeordnet.[105] Eine Rechtswahl, wie sie Art. 15 Abs. 2 für Eheleute eröffnet, hat der Gesetzgeber nicht vorgesehen. Bei deutscher Registrierung kann jedoch gemäß §§ 6 und 7 LPartG ein Güterrechtsvertrag geschlossen werden, der ein ausländisches Modell sachlich übernimmt;[106] eine bloße vertragliche Verweisung reicht aber wegen § 7 S. 2 LPartG iVm § 1409 BGB nicht. Kommt es gemäß **Art. 17b Abs. 3** zu einem Statuten- und Güterrechtswechsel, ist es eine Gestaltungsaufgabe der Beteiligten, ihren bisherigen Vermögensstand in den neuen zu überführen (→ Rn. 19).[107]

Sachlich umfasst sind alle Sonderordnungen des Partnervermögens, die auf der Lebenspartnerschaft   **43** beruhen, einschließlich der Liquidationsregeln für den Fall einer Auflösung der Lebenspartnerschaft. Gleich steht, ob ein gesetzlicher Güterstand eintritt (§ 6 S. 1 LPartG) oder ob und wie ein Güter- rechtsvertrag abgeschlossen werden kann oder muss; auch die Wahlmöglichkeiten werden nach dem Registerstatut bestimmt.

Allerdings sorgt **Abs. 2 S. 2** als einseitige Kollisionsnorm für **inländischen Verkehrsschutz**   **44** gegen ausländisches Güterrecht:[108] Die dem § 1362 BGB nachgebildete **Eigentumsvermutung** des § 8 Abs. 1 LPartG gilt zu Gunsten gutgläubiger Dritter (dh Gläubiger), wenn das maßgebliche Güterrecht eine entsprechende Regelung nicht vorsieht.[109] Gleichermaßen wird über § 8 Abs. 2 LPartG die **Schlüsselgewalt** des § 1357 BGB auch international durchgesetzt.[110] Allerdings besteht eine Beschränkungsmöglichkeit gemäß § 1357 Abs. 2 BGB iVm § 7 S. 2 LPartG, § 1412 BGB.[111] Zum jeweils maßgeblichen **Inlandsbezug** gemäß Abs. 2 S. 2 s. die Ausführungen zu Art. 16 Abs. 2, dem die Vorschrift nachgebildet ist (→ Art. 16 Rn. 10–15).[112]

Eine dem **Art. 16 Abs. 1** entsprechende **Verkehrsschutzregelung** hatte in Art. 17b zunächst   **45** gefehlt; der Gesetzgeber hielt sie für verzichtbar, weil den Standard des deutschen Lebenspartner- schaftsgesetzes übersteigende Güterrechtsregelungen des Registerstatuts ohnehin von der Kappungs- regel des Abs. 4 aF abgeblockt würden.[113] Mit Gesetz vom 20.11.2015[114] ist jedoch in Abs. 2 S. 3 eine dem ehelichen Güterrecht entsprechende Regelung eingeführt worden, die den Drittschutz in gleicher Weise sicherstellt wie bei Eheleuten. Im einzelnen kann deshalb auf die Kommentierung zu Art. 16 verwiesen werden (→ Art. 16 Rn. 30).

II. Versorgungsausgleich (Abs. 1 S. 2, 3)

Das Gesetz unterstellt dem Grundsatz nach auch den Versorgungsausgleich nach Aufhebung der   **46** Lebenspartnerschaft (vgl. § 20 LPartG) dem Registerstatut des Abs. 1 S. 1, trifft aber in S. 2 Hs. 2

---

[104] Diese Thematik wird künftig von der EU-VO 2016/1104 des Rates vom 24.6.2016 geregelt, die im Wege der verstärkten Zusammenarbeit erlassen worden ist. Sie wird im Wesentlichen am 29.1.2019 in Kraft treten und dann die güterrechtliche Regelung in Abs. 1 S. 1 und Abs. 2 S. 2 verdrängen. Es ist zu erwarten, dass der deutsche Gesetzgeber diese Vorschriften zuvor aufheben wird, vgl. dazu *Coester* IPRax 2013, 114 (118); s. auch *Mansel/Thorn/Wagner* IPRax 2016, 1 (6) sowie DNotI-Report 02/2016 S. 3; DNotI-Report 2017, 103; *Heiderhoff* IPRax 2017, 231 (236).

[105] Nach *Wagner* IPRax 2001, 281 (290) rechtfertigt sich dies aus der Wahlmöglichkeit und dem Vertrauen, das die Beteiligten dem Registerstaat entgegenbringen.

[106] *Henrich* FamRZ 2002, 137 (139); zum Vereinbarungsverfahren *V. Lipp* StAZ 2002, 354 (359 f.).

[107] Vgl. *Henrich* FamRZ 2002, 137 (139); *Frucht,* Der Pacte civil de solidarité im französischen und deutschen internationalen Privatrecht, 2005, 142 f.; zur entsprechenden Problematik (Fortbestand von Altgüterstand und Neugüterstand nebeneinander, oder Abwicklung des Altgüterstandes und Überführung in den neuen) unter Art. 220 Abs. 3 S. 2, 3 s. *S. Lorenz,* Das intertemporale internationale Ehegüterrecht nach Art. 220 Abs. 3 EGBGB und die Folgen eines Statutenwechsels, 1991, 123 f.

[108] Die „allgemeinen Wirkungen" in Abs. 2 S. 2 können hier sinnvoll nur als Bezug auf den gesamten Abs. 1 S. 1 verstanden werden, da es zentral um güterrechtliche Fragen geht; offenbar ebenso Staudinger/*Mankowski* (2011) Rn. 74; anders *Frucht,* Der Pacte civil de solidarité im französischen und deutschen internationalen Privat- recht, 2005, 158 f., die aber Abs. 2 S. 2 analog auf das Güterrecht erstrecken will.

[109] Bei Vollstreckung im Inland wird die Eigentumsvermutung des § 8 Abs. 1 LPartG ergänzt durch die Gewahrsamsfiktion des § 739 Abs. 2 ZPO.

[110] Die in § 8 Abs. 2 früher ebenfalls genannten §§ 1365–1370 BGB gelten jetzt ohnehin für den gesetzlichen Güterstand der Zugewinngemeinschaft (§ 6 LPartG).

[111] Seit 1.1.2005 steht das Güterrechtsregister auch den Lebenspartnern offen.

[112] Krit. *Gebauer/Staudinger* IPRax 2002, 275 (281) (allerdings mit Stoßrichtung eher gegen Art. 17b Abs. 4).

[113] BT-Drs. 14/3751, 60.

[114] BGBl. 2015 I S. 2010.

und S. 3 einige den Besonderheiten der Lebenspartnerschaft Rechnung tragende Regelungen. Die grundsätzliche Maßgeblichkeit des Registerstatuts wird dabei praktisch auf deutsche Registrierungen beschränkt. Die Ersatzanknüpfung an das deutsche Recht (S. 3) ist durch das Ausführungsgesetz zur Rom III-VO vom 14.12.2012 in nahezu wörtlicher Übereinstimmung mit Art. 17 Abs. 3 S. 2 neu gefasst worden.[115] Die nunmehr maßgebliche Regelung entspricht weitgehend wörtlich der Vorschrift des Art. 17 Abs. 3, so dass grundsätzlich auf die dortigen Erläuterungen verwiesen werden kann (Art. 17 Rn. 80 ff.).

47   Im Ausgangspunkt erklärt Abs. 1 S. 2 Hs. 1 das Registerstatut (→ Rn. 20 ff.) auch für den Versorgungsausgleich als maßgeblich. Wie im Eherecht wird die Durchführung des Versorgungsausgleichs aber von zwei Voraussetzungen abhängig gemacht: Gemäß S. 2 Hs. 2 muss im Ergebnis deutsches Recht anwendbar sein – die Durchführung eines Versorgungsausgleichs nach ausländischem Recht durch deutsche Gerichte scheitert nach Vorstellung des Gesetzgebers an der sachrechtlichen Verflechtung mit öffentlichem Recht und Sozialrecht. Außerdem muss zumindest eins der Heimatrechte der Partner einen Versorgungsausgleich zwischen Lebenspartnern „kennen". Dies setzt zunächst voraus, dass im ausländischen Recht eine der registrierten Lebenspartnerschaft deutschen Rechts vergleichbare (nicht notwendig identische), rechtsförmige Paarbeziehung geregelt ist. Hinzu kommen muss aber auch, dass eins der Heimatrechte eine dem Versorgungsausgleich vergleichbare Aufteilung von Versorgungsanwartschaften kennt.[116]

48   Sind diese Voraussetzungen nicht erfüllt, sieht Abs. 1 S. 3 eine Ersatzanknüpfung unmittelbar an das deutsche Recht vor. Diese Regelung ist durch das Ausführungsgesetz zur Rom III-VO vom 14.12.2012[117] in nahezu wörtlicher Übereinstimmung mit Art. 17 Abs. 3 S. 2 neu gefasst worden.[118] Sie kommt zum Zuge, wenn trotz ausländischer Registrierung deutsche Versorgungsanwartschaften erworben worden sind, der Berechtigte den Versorgungsausgleich beantragt und dieser unter Abwägung der ein Abs. 1 S. 3 genannten Kriterien „der Billigkeit nicht widerspricht". Unmaßgeblich ist nach der Neuregelung, ob die inländischen Versorgungsanrechte *während der Partnerschaftszeit* erworben worden sind. Zu berücksichtigen sind auch Anrechte, die nicht auf Erwerbsarbeit, sondern auf Ausbildungs- oder Kindererziehungszeiten beruhen. Für die Billigkeitsprüfung sind die wirtschaftlichen Verhältnisse „insbesondere", aber nicht ausschließlich maßgeblich. Wegen der Einzelheiten und der praktischen Durchführung des Versorgungsausgleichs kann auf die auch für die Lebenspartnerschaft gültigen Ausführungen im Eherecht verwiesen werden (Art. 17 Rn. 80 ff.).

III. Unterhalt

49   **1. Rechtsgrundlagen.** Ursprünglich enthielt Abs. 1 S. 2 aF Sonderregeln für das Erbrecht (→ Rn. 54 ff.) und für den partnerschaftlichen Unterhalt. Mit Wirkung vom 18.6.2011 sind aber die unterhaltsrechtlichen Regelungen der Art. 18 sowie das Haager UStA verdrängt worden durch die **EuUnthVO,** die für das Unterhaltskollisionsrecht konstitutiv das **HUP** 2007 in Bezug nimmt.[119] Beide Regelungswerke sind in diesem Band kommentiert.[120]

50   Sie erstrecken sich vom Wortlaut her nicht ausdrücklich auf **eingetragene Lebenspartnerschaften;** das das Kollisionsrecht enthaltende HUP regelt gemäß Art. 1 Unterhaltspflichten „aus Beziehungen der Familie, Verwandtschaft, Ehe oder Schwägerschaft". Es besteht zwar keine Einigkeit, wem die Interpretationskompetenz für den Begriff „Familienunterhalt" zusteht – das UnthProt hat diese Frage ausdrücklich offen gelassen.[121] Zum Teil wird vertreten, diese Entscheidung sei den einzelnen Vertragsstaaten überlassen worden.[122] Zu den „Vertragsstaaten" des HUP gehört allerdings auch die

---

[115] Zum Ausführungsgesetz *Rauscher* FPR 2013, 257 ff. Die grundsätzliche Berufung der Rom III-VO für den Versorgungsausgleich bei Ehescheidung, Art. 17 Abs. 3 S. 1, ist für die Lebenspartnerschaft nicht übernommen worden, da die VO für Lebenspartner generell nicht gilt, *Gruber* IPRax 2012, 381 (383).

[116] *Jayme* IPRax 2015, 453.

[117] BGBl. 2013 I S. 101.

[118] Zum Ausführungsgesetz *Rauscher* FPR 2013, 257 ff.; die grundsätzliche Berufung der Rom III-VO für den Versorgungsausgleich bei Ehescheidung (Art. 17 Abs. 3 S. 1) ist für die Lebenspartnerschaft nicht übernommen worden, da die Verordnung für Lebenspartner generell nicht gilt, *Gruber* IPRax 2012, 381 (383).

[119] ABl. EU 2011 L 192, 39; zum deutschen Durchführungsgesetz vom 20.2.2013, BGBl. 2013 I S. 273; *Hilbig-Lugani* FamRBint 2013, 74; *Mansel/Thorn/Wagner* IPRax 2014, 1 (9 f.).

[120] S. auch *Rauscher/Andrae* EuZPR/EuIPR zu B. I. 2. (EuUntVO) und B. IV. 1 (HUntProt); Geimer/Schütze, Internationaler Rechtsverkehr, 42. ErgLfg. 2011, B Vor I *(Hilbig/Picht/Reuß);* NK-BGB/*Gruber* EGBGB Art. 18 Rn. 94 ff. und Anh. Art. 18 (HUntProt).

[121] *Bonomi* Rapport explicatif Rn. 31; *Bonomi* YPIL 2008, 333 (339); zur entsprechenden Diskussion zum bisher anwendbaren UStA s. 5. Aufl. 2010, Rn. 47.

[122] *Rauscher/Andrae* EuZPR/EuIPR HUntProt Art. 1 Rn. 7; *Gruber* IPRax 2010, 128 (130); Palandt/*Thorn* HUntProt Art. 1 Rn. 7; NK-BGB/*Gruber* Anh. Art. 18 Rn. 2.

EU (vgl. Art. 24 Abs. 5 HUP), und es wird unterschiedlich beurteilt, ob die EU die Entscheidung über die Erstreckung des HUP auf Lebenspartnerschaften implizit schon getroffen hat[123] oder ob der EuGH noch entsprechend (eventuell klarstellend) zu entscheiden hätte.[124] Im Ergebnis besteht aber **Einigkeit** darüber, **dass der Begriff „Familie" in Art. 1 HUP** weit auszulegen ist und – jedenfalls für Deutschland – insbesondere **auch registrierte Lebenspartner mitumfasst.**[125] Damit ist für den Bereich des Partnerschaftsunterhalts die nationale Regelungskompetenz durch vorrangiges EU-Recht verdrängt. Folgerichtig hat der deutsche Gesetzgeber mit Ausführungsgesetz vom 23.5.2011 (BGBl. 2011 I S. 898, Art. 12) die unterhaltsrechtliche Regelung in **Art. 17b Abs. 1 S. 2 ersatzlos aufgehoben.**[126] **Maßgebliche Rechtsgrundlage** ist fortan **allein das HUP.**

2. Maßgebliches Unterhaltsrecht. Art. 8 Abs. 1 HUP eröffnet den Lebenspartnern weitge- **51** hende Möglichkeiten der **Rechtswahl;** ist eine solche nicht getroffen, knüpft Art. 3 HUP an den **gewöhnlichen Aufenthalt des Berechtigten** an. Kennt das Aufenthaltsrecht keine Unterhaltsberechtigung, so sieht **Art. 5 HUP** eine **Ausweichklausel** für „Ehegatten und frühere Ehegatten" vor, wenn eine Partei sich gegen das Aufenthaltsrecht wendet und der Sachverhalt zum Recht eines anderen Staates eine engere Verbindung aufweist. Bezüglich der Einzelheiten ist auf die Kommentierung zum HUP in diesem Band zu verweisen.

Für Lebenspartner wirft die neue Rechtslage aber ein Problem auf, wenn das nach Art. 3 HUP **52** berufene Aufenthaltsrecht des Anspruchstellers keinen Unterhaltsanspruch zwischen eingetragenen Lebenspartnern vorsieht. Für diesen Fall hatte Art. 17b Abs. 1 S. 2 aF eine Hilfsanknüpfung an das Registerstatut vorgesehen – auch diese ist jedoch mit Aufhebung des unterhaltsrechtlichen Teils der Vorschrift weggefallen. Da das nun maßgebliche UnthProt zu Lebenspartnern schweigt, kann allenfalls gefragt werden, ob die Lücke durch Anwendung der Ausweichklausel in Art. 5 HUP geschlossen werden kann. Voraussetzung wäre, dass diese Vorschrift über ihren Wortlaut („Ehegatten") hinaus analog auf Lebenspartner angewendet werden kann. Es besteht offenbar Einigkeit, dass diese Frage nicht vom EU-Verordnungsgeber entschieden, sondern der Beantwortung durch die einzelnen Mitgliedstaaten überlassen worden ist.[127] Solange nicht der EuGH diese Frage EU-einheitlich entschieden hat (→ Rn. 50), ist sie von den nationalen Gesetzgebern bzw. Gerichten zu beantworten. Für Deutschland ist die analoge Anwendung von Art. 5 HUP auf registrierte Lebenspartner zu befürworten, da sich nach der Rechtsprechung des BVerfG jede Differenzierung zwischen Eheleuten und registrierten Lebenspartnern (auch im Kollisionsrecht) am strengen Diskriminierungsverbot des Art. 3 Abs. 1 GG (im Lichte von Art. 3 Abs. 3 GG) messen lassen muss[128] und eine Rechtfertigung für eine unterschiedliche Behandlung nicht ersichtlich ist.[129]

Ist demnach Art. 5 HUP auch auf Lebenspartner anwendbar, so führt dies allerdings nur dann **53** zu einem dem Art. 17b Abs. 1 S. 2 aF entsprechenden Schutz des Unterhaltsgläubigers, wenn der Registerstaat gleichzeitig der Staat ist, zu dem beide Lebenspartner iS von Art. 5 HUP eine engere Verbindung haben als zum Aufenthaltsstaat des Unterhaltsgläubigers. Ist dies nicht der Fall (etwa bei Registrierung in Deutschland ohne weiteren Inlandsbezug), geht der Anspruchssteller nach neuem Recht (anders als nach Art. 17b Abs. 1 S. 2 aF) leer aus.[130]

IV. Erbrecht

1. Allgemeines. Die frühere Fassung von Art. 17b Abs. 1 S. 2 Hs. 1 hatte für das Erbrecht vorran- **54** gig auf die „allgemeinen Vorschriften" verwiesen, in Hs. 2 hilfsweise aber auch das Registerstatut berufen (zur entsprechenden Regelung für den Unterhalt → Rn. 46 und 49). Mit dem Inkrafttreten der EuErbVO am 17.8.2015 konnte diese Regelung keinen Bestand mehr haben und ist deshalb aufgehoben worden.[131] Seitdem bestimmen sich die erbrechtlichen Folgen einer eingetragenen Lebenspartnerschaft allein nach den Bestimmungen der EuErbVO – gesonderte Vorschriften für Lebenspartner bestehen nicht.

---

[123] So *Hilbig* GPR 2011, 310 (312).
[124] So NK-BGB/*Gruber* Anh. Art. 18 Rn. 8.
[125] Palandt/*Thorn* HUntProt Rn. 7; Erman/*Hohloch* EGBGB Anh. Art. 18 aF: UnthProt § 1 Rn. 2; *Coester* IPRax 2013, 114 (119 f.) mwN.
[126] Dazu auch BT-Drs. 17/4887, 52.
[127] *Bonomi* YPIL 10 (2008), 333 (350); Geimer/Schütze/*Hilbig,* Internationaler Rechtsverkehr, Bd. II, 2011, EuUntVO Art. 15 Rn. 37; *Rauscher/Andrae* EuZPR/EuIPR HUntProt Art. 5 Rn. 7; NK-BGB/*Gruber* Anh. Art. 18 Rn. 8.
[128] BVerfG NJW 2010, 1439; zuletzt BVerfG NJW 2012, 2790 (Ls.) = BeckRS 2012, 54203.
[129] Ebenso Erman/*Hohloch* UntProt Art. 5 Rn. 5; Palandt/*Thorn* Rn. 2.
[130] *Coester* IPRax 2013, 114 (120).
[131] BGBl. 2015 I S. 1042.

55   Maßgeblich ist demnach in erster Linie das Recht am letzten gewöhnlichen Aufenthalt des Erblassers zum Zeitpunkt seines Todes (Art. 21 Abs. 1 EuErbVO), es sei denn, der Erblasser hatte zu dieser Zeit eine „offensichtlich engere Verbindung" zu einem anderen Staat (Art. 21 Abs. 2 EuErbVO). Ein Lebenspartner hat aber auch Wahlmöglichkeiten, die in Form einer letztwilligen Verfügung auszuüben sind: Gewählt werden kann das Recht des Heimatstaates (Art. 22 Abs. 1 S. 1 EuErbVO) oder – bei mehrfacher Staatsangehörigkeit – das Recht eines dieser Staaten (Art. 22 Abs. 1 S. 2 EuErbVO).

56   Sieht das nach vorstehenden Regeln anwendbare Erbrecht eine Erbberechtigung des überlebenden Partners nicht vor, so gibt es nach der EuErbVO keine Hilfsanknüpfung an das Registerstatut, wie sie Art. 17b Abs. S. 2 HS 2 aF vorgesehen hatte. Um eine Schlechterstellung eingetragener Lebenspartner in Vergleich zu Ehegatten durch das EU-Gemeinschaftsrecht zu vermeiden, sollte der ordre public-Vorbehalt in Art. 35 EuErbVO in positiver Funktion eingesetzt werden, um erbrechtliche Diskriminierungen wegen der „sexuellen Ausrichtung" zu vermeiden. Derartige Diskriminierungen sind gemäß Art. 21 Abs. 1 der Europäischen Grundrechtecharta verboten. Dies berechtigt zur Bildung einer *Ersatznorm* im Rahmen des anwendbaren Erbrechts, die ein dem Ehegattenerbrecht entsprechende Erbberechtigung auch für eingetragene Lebenspartner vorsieht.[132]

57   Dies muss, im Gegensatz zum bisherigen Recht,[133] auch dann gelten, wenn das gemäß Art. 21 EuErbVO anwendbare Recht zwar eine Erbberechtigung von Lebenspartnern vorsieht, die aber hinter der von Ehegatten zurückbleibt – eine sachliche Rechtfertigung zu solcher Ungleichbehandlung ist nicht erkennbar, ergibt sich insbesondere auch nicht aus der unterschiedlichen sexuellen Orientierung von Ehegatten und Lebenspartnern. Das gleiche sollte gelten bei anderen erbrechtlichen Zurücksetzungen von Lebenspartnern – etwa bei Fehlen eines Pflichtteilsrechts (anders nach Abs. 1 S. 2 Hs. 2 aF).[134] Auf die Bildung einer Ersatznorm im anwendbaren Erbrecht kann allerdings verzichtet werden, wenn der verstorbene Lebenspartner die Erbeteiligung des anderen Teils durch letztwillige Verfügung geregelt hat.[135] Dies gilt für positive Erbeinsetzungen wie auch für Enterbung[136] (bis zur Grenze eines auch für Ehegatten vorgesehenen gesetzlichen Pflichtteils).

58   **2. Insbesondere: Bedeutung des § 1371 BGB.** Die kollisionsrechtliche Einstufung von § 1371 BGB wird neu zu bestimmen sein, seit sich das Erbstatut nicht mehr nach Art. 25, sondern nach der EuErbVO richtet (→ Rn. 54) – und in Zukunft auch das Güterrechtsstatut nach der GüterrechtsVO für Lebenspartner. Nach EU-Recht wird die erbrechtliche Stellung der überlebenden Lebenspartners nicht nach der güterrechtlichen VO, sondern allein nach der erbrechtlichen VO bestimmt; umgekehrt werden die güterrechtlichen Beziehungen der Lebenspartner, auch nach dem Tode eines von ihnen, ab 2019 nicht nach der EuErbVO, sondern der GüterrechtsVO beurteilt (Art. 1 Abs. 2 lit. d EuErbVO; Art. 1 Abs. 3 lit. d EuGüVO). Führen demnach sowohl Güterrechts- wie Erbstatut zum deutschen Recht, ergeben sich wie bei internen Sachverhalten keine Probleme. Fallen die Statute jedoch auseinander, bestehen die aus dem autonomen deutschen Kollisionsrecht bekannten Abstimmungsprobleme fort und verlagern sich nur von den nationalen auf die EU-Ebene – und werden dort autonom nach EU-Recht zu lösen sein.[137]

V. Namensrecht

59   Für die Namensfolgen des Abschlusses einer eingetragenen Lebenspartnerschaft sind, allgemeinen Grundsätzen entsprechend, die **Personalstatute** beider Lebenspartner maßgeblich, **Art. 10 Abs. 1** – dies wird von Art. 17b Abs. 2 S. 1 vorausgesetzt und nur hinsichtlich einer Rechtswahlmöglichkeit verdeutlicht.[138] Die bei (verschiedengeschlechtlichen) Eheleuten bekannten Angleichungsprobleme bei verschiedenen Personalstatuten (gemeinsamer Name? Begleitname?) stellen

---

[132] *Coester* ZEV 2013, 115 (117); *Dörner* GPR 2014, 317 (323); Palandt/*Thorn* EuErbVO Art. 35 Rn. 2.
[133] Dazu 6. Aufl. 2015, Rn. 57.
[134] *Mansel/Thorn/Wagner* IPRax 2013, 1 (7); aA NK-BGB/*Gebauer* Rn. 60.
[135] Zum bisherigen Recht zustimmend Bamberger/Roth/*Heiderhoff* Art. 17b Rn. 35; aA Staudinger/*Mankowski* (2011) Art. 17b Rn. 64.
[136] Staudinger/*Mankowski* (2011) Rn. 65.
[137] Näher *Dörner* ZEV 2010, 221 (223); *Dörner* ZEV 2012, 505 (507 f.); *Martiny* IPRax 2011, 437 (444 f.); *Schurig,* FS Spellenberg, 2010, 343 (351 f.); OLG Köln ZEV 2012, 205 mit Anm. *Lange.*
[138] BT-Drs. 14/3751, 60; → Art. 10 Rn. 122; Palandt/*Thorn* Rn. 7; *Wagner* IPRax 2001, 281 (291); *Henrich* FamRZ 2002, 137 (138); *Schotten* FPR 2001, 458 (459).

sich auch hier (→ Art. 10 Rn. 90 ff.). **Vorfragen** (zB Bestand oder Auflösung der Lebenspartner-schaft) sind im Namensrecht ausnahmsweise **unselbständig** anzuknüpfen.[139]

Art. 17b Abs. 2 S. 1 stellt klar, dass die für Ehegatten in **Art. 10 Abs. 2** eröffneten Wahlmöglich- **60** keiten auch für Lebenspartner entsprechend gelten. Damit können auch sie Konflikten ihrer verschie-denen Heimatrechte ausweichen und sich namensrechtlich ihrer Lebensumwelt anpassen. Kennt das gewählte ausländische Heimatrecht keine Regelung für Lebenspartner, ist Substitution zu Ehena-mensregeln zu prüfen. Bei der Wahl deutschen Aufenthaltsrechts (Art. 10 Abs. 2 Nr. 2) gilt für die materielle Namenswahl und ihre Folgen unmittelbar § 3 LPartG. – Die „entsprechende" Anwendung des Art. 10 Abs. 2 bedeutet die Ersetzung der Tatbestandsmerkmale „Ehegatten" durch „eingetragene Lebenspartner", „Eheschließung" durch „Eintragung der Lebenspartnerschaft", und „Standesbeam-ter" umfasst auch diejenige Behörde, die nach Landesrecht zur Registrierung bzw. Mitwirkung bei Abschluss von Lebenspartnerschaften berufen ist (vgl. § 23 LPartG).[140] Bei gleichgeschlechtlichen Ehegatten bedarf es dieser Ersetzung nicht.

Fraglich erscheint die Anwendbarkeit auch des **Art. 10 Abs. 2 S. 3** (betreffend die Auswirkung **61** der elterlichen Namenswahl auf das Kind) bei eingetragenen Lebenspartnerschaften. Konzeptionell gilt Art. 10 Abs. 2 S. 3 nur für gemeinsame Kinder – solche können bei eingetragenen Lebenspartner-schaften nur ausnahmsweise vorhanden sein (doppelte Mutterschaft in Spanien, → Rn. 71; Stiefkind-oder Sukzessivadoption, vgl. § 9 Abs. 7 LPartG; gemeinsame Adoption nach ausländischem Recht, → Rn. 74; Begründung der Lebenspartnerschaft erst nach Kindesgeburt und Geschlechtsumwand-lung eines Partners oder bei heterosexuellen eingetragenen Lebenspartnerschaften, → Rn. 103 f.). In aller Regel ist in einer Lebenspartnerschaft oder gleichgeschlechtlichen Ehe jedoch das Kind eines Partners das Stiefkind des anderen. Dieses leitet seinen Namen vom Elternteil ab; eine Namensände-rung des Stiefelternteils berührt es gar nicht, die seines Elternteils könnte sich nach deutschem Recht nur über eine Einbenennung auswirken §§ 1617c Abs. 2 Nr. 2 iVm § 1618 BGB, § 9 Abs. 5 LPartG; → Rn. 77). Ob und wie das Kind der Namensänderung eines Elternteils folgt, ist aber von vorne-rein eine Frage seines Personalstatuts (Art. 10 Abs. 1).

Haben ausnahmsweise beide Lebenspartner die rechtliche Elternstellung inne, so wird durch Art. 17b **62** Abs. 2 S. 1 auch der Streit um die kollisionsrechtliche Bedeutung des Art. 10 Abs. 2 S. 3 in das Recht der Lebenspartnerschaften transferiert. Da es in dieser Vorschrift nur um den Kindesnamen geht, wäre nicht nachvollziehbar, warum hier ausnahmsweise das Personalstatut des Kindes verdrängt werden sollte vom Partnerschaftswirkungsstatut – auch sonst wird der Kindesname eigenständig angeknüpft ist es nicht unselbständige Folge von Veränderungen auf der Elternebene.[141] Die Namensfolge des Kindes nach Namensänderungen seiner Eltern untersteht deshalb auch bei Lebenspartnern generell seinem Personal-statut. Also gilt § 1617c BGB bei deutschen Kindern; bei ausländischen Kindern gilt ihr Heimatrecht auch dann, wenn die Eltern für ihren Partnerschaftsnamen gemäß Art. 10 Abs. 2 Nr. 2 deutsches Recht gewählt haben (vorbehaltlich einer Rechtswahl auch für das Kind gemäß Art. 10 Abs. 3; → Rn. 77).

VI. Nutzung von Wohnung und Haushaltsgegenständen (Abs. 2 S. 1)

Die mit dem Gewaltschutzgesetz vom 11.12.2001 (BGBl. 2001 I S. 3513) eingefügte Kollisions- **63** norm des Art. 17a gilt kraft Verweisung in Art. 17b Abs. 2 S. 1 auch für Lebenspartner (zu Abs. 2 S. 2 → Rn. 44). Der Verweisung bedurfte es, weil Art. 17a unnötigerweise, im Gegensatz zum materiellen Gewaltschutzgesetz, Nutzungskonflikte nur zwischen Eheleuten kollisionsrechtlich regelt.[142] Bei gleichgeschlechtlichen Eheleuten ist Art. 17a deshalb unmittelbar anwendbar. Art. 17a ist eine einseitige Kollisionsnorm, sie gilt nur für in Deutschland belegene Wohnungen und Haus-haltsgegenstände.[143] Thematisch ist Art. 17a allerdings auf **vorläufige Nutzungsregelungen** beschränkt;[144] endgültige Regelungen bei Auflösung der Lebenspartnerschaft sind als güterrechtliche Frage oder als Auflösungsfolge zu qualifizieren und unterstehen als solche gemäß Art. 17b Abs. 1 S. 1 jedenfalls dem Registerstatut.[145]

---

[139] Palandt/*Thorn* Art. 10 Rn. 2; Bamberger/Roth/*Mäsch* Art. 10 Rn. 10; wN bei *Jakob* Lebenspartnerschaft S. 237 Fn. 368, der aber für selbständige Anknüpfung plädiert, S. 337 f.

[140] *Jakob* Lebenspartnerschaft S. 341; HK-LPartG/*Kiel* Rn. 50; *Martiny* in Hausmann/Hohloch Nichteheliche Lebensgemeinschaft Rn. 12–80.

[141] So im Ergebnis → Art. 10 Rn. 136 *(Lipp)*; aA Palandt/*Thorn* Art. 10 Rn. 18; *Kegel/Schurig* IPR § 17 IV 1d (Sachnorm im deutschen IPR); *Frucht,* Der Pacte civil de solidarité im französischen und deutschen internationalen Privatrecht, 2005, 188.

[142] Internrechtlich gilt das Gewaltschutzgesetz ohne weiteres und unmittelbar auch zwischen Lebenspartnern.

[143] Bei Belegenheit im Ausland → Art. 17a Rn. 13 ff.; vgl. Bamberger/Roth/*Heiderhoff* Art. 17a Rn. 9 ff.

[144] Staudinger/*Mankowski* (2011) Art. 17a Rn. 16; Erman/*Hohloch* Art. 17 Buchst. a Rn. 6.

[145] *Frucht,* Der Pacte civil de solidarité im französischen und deutschen internationalen Privatrecht, 2005, 193; zur Einstufung als Auflösungsfolge vgl. Staudinger/*Mankowski* (2011) Art. 17a Rn. 51 mwN.

VII. Von Art. 17b nicht angesprochene Bereiche

64   Soweit eine Thematik in Art. 17b nicht angesprochen ist, ist unmittelbar auf die allgemeinen Kollisionsnormen zurückzugreifen und zu prüfen, ob sie auch für Lebenspartner unmittelbar oder analog anzuwenden sind (zum Unterhalt → Rn. 49 ff.).[146]

65   **1. Vertragsrecht.** Verträge unter Lebenspartnern, die nicht von einem Spezialstatut erfasst werden (Güterrechtsverträge unterstehen dem Registerstatut; Erbverträge dem Erbstatut), sind nach den schuldvertraglichen Kollisionsnormen der Art. 3 ff. Rom I-VO anzuknüpfen. Hierzu gehören vor allem auch mietvertragliche Fragen, etwa betreffend das Eintrittsrecht des überlebenden Partners in den Mietvertrag des Verstorbenen.[147] Auch Diskriminierungsverbote wegen „sexueller Identität" (vgl. § 1, 19 Abs. 1 AGG) unterstehen dem Vertragsstatut; deutsche (europäische) Verbote können gegenüber ausländischem Vertragsrecht aber über Art. 21 Rom I-VO durchgesetzt werden.

66   **2. Deliktsrecht.** Deliktsrechtliche Fragen unterstehen ohne weiteres dem allgemeinen Deliktsstatut der Art. 4 ff. Rom II-VO,[148] wobei im Verhältnis der Lebenspartner zueinander etwaige Modifikationen des Haftungsmaßstabs zu beachten sind, die sich als Partnerschaftswirkung aus dem Registerstatut ergeben (→ Rn. 32). Deliktsrechtlich anzuknüpfen sind aber auch Ersatzansprüche bei Tötung oder Verletzung eines Lebenspartners (vgl. §§ 842, 844, 845 BGB) oder – im Verhältnis der Lebenspartner zueinander oder zu Dritten – Ansprüche aus einer „Partnerschaftsstörung": So werden zB die im deutschen Recht entwickelten Grundsätze zur „Ehestörungsklage" auf eingetragene Lebenspartner entsprechend zu übertragen sein.[149] Das nach Art. 4 ff. Rom II-VO berufene Sachrecht bestimmt, ob, inwieweit und gegen wen Ansprüche aus Partnerschaftsstörungen bestehen.[150]

67   **3. Kindschaftsrecht.** Kindschaftsrechtliche Fragen hat der Gesetzgeber in Art. 17b nicht angesprochen, offenbar weil er sie für gleichgeschlechtliche Paare für nicht relevant hielt. Dennoch kann Kindschaftsrecht auch im Bereich der Lebenspartnerschaften Bedeutung erlangen.

68   **a) Abstammung.** Art. 19, 20 beziehen sich auf die wechselseitige rechtliche Zuordnung von Eltern und Kind kraft Gesetzes.[151] Dies ist auch dann der Fall, wenn eine gesetzlich vorgesehene Zuordnung gerichtlich konkretisiert und festgestellt wird.[152]

69   Soweit es um die Abstammung des Kindes vom einen oder anderen Lebenspartner geht, ist **Art. 19 Abs. 1 S. 1 und 2** unmittelbar anwendbar, die Lebenspartnerschaft ist insoweit irrelevant.[153]

70   In **Art. 19 Abs. 1 S. 3** wird allerdings das Ehewirkungsstatut berufen, so dass sich die Frage einer Substitution stellen könnte. Zwar basiert Art. 19 Abs. 1 S. 3 auf der Möglichkeit einer gemeinsamen, „ehelichen" Zeugung, die bei gleichgeschlechtlichen Partnern ausscheidet. Dennoch kann es sein, dass ausländisches Recht die Abstammungsbeziehung einer Person oder eines Paares zu einem Kind auf die (gleichgeschlechtliche) Ehe oder Partnerschaft mit dem biologischen Elternteil gründet,[154] oder gar – ohne Bezug auf die genetische Elternschaft – auf der Wunschelternschaft bei künstlichen Befruchtungstechniken bzw. – ex lege oder durch Gerichtsbeschluss – auf einen Vertrag mit einer Leihmutter.[155] Für solche Fälle scheint Art. 19 Abs. 1 S. 3 eine passende Anknüpfungsalternative bereitzuhalten, wenngleich nur in analoger Anwendung: Das Statut der allgemeinen Ehe- oder

---

[146] *Wagner* IPRax 2001, 281 (291).

[147] Im deutschen Sachrecht § 563 Abs. 1, 2 BGB; vgl. BT-Drs. 14/3751, 60; *Wagner* IPRax 2001, 281 (291); *Hausmann,* FS Henrich, 2000, 241 (263); Erman/*Hohloch* Rn. 17. Zur Substitution des frz. PACS in §§ 563, 563a BGB s. *Frucht,* Der Pacte civil de solidarité im französischen und deutschen internationalen Privatrecht, 2005, 206 f.

[148] Der Ausschluss der Rom II-VO gemäß ihrem Art. 1 Abs. 2 lit. b gilt nur für Ansprüche *aus* Familienbeziehungen, nicht für Deliktsansprüche in familiären Zusammenhängen, Staudinger/*Mankowski* (2011) Rn. 92.

[149] HK-BGB/*Staudinger* BGB § 823 Rn. 44; offenlassend *Schwab* FamRZ 2001, 385 (391).

[150] *Gebauer*/*Staudinger* IPRax 2002, 275 (276 f.); vgl. Staudinger/*Mankowski* (2011) Rn. 92.

[151] Für die Mutterschaft ist vorrangig das CIEC-Übereinkommen von 1962 (AbstMutKindÜb) zu beachten (→ Anh. II Art. 19 Rn. 1 ff.).

[152] BGH NJW 2016, 2322 Rn. 27 ff.; KG IPRax 2016,160 Rn. 13; aA *Andrae* StAZ 2015, 163 (167 ff.): Adoption (abgelehnt vom BGH aaO Rn. 27); *Coester-Waltjen* IPRax 2016, 132 (133 f.); *Frie* FamRZ 2015, 889 (890).

[153] BGH NJW 2016, 2322. Zum „gewöhnlichen Aufenthalt eines Säuglings" iS von Art. 19 Abs. 1 S. 1 *Heiderhoff* IPRax 2012, 523 (524).

[154] So Art. 7 Abs. 3 des span. Gesetzes 14/2006 idF des Gesetzes 3/2007 für ein lesbisches Ehepaar; dazu *Ferrer i Riba* FamRZ 2007, 1513 (1515). Ebenso das norwegische Kindergesetz (§§ 3, 4a): „Mitmutterschaft" bei gleichgeschlechtlicher Ehe oder Lebensgemeinschaft, vgl. *Ring/Olsen-Ring* StAZ 2008, 304 (308); *Frantzen* FamRZ 2008, 1707; zu Neuseeland Fachausschuss Standesbeamte StAZ 2016, 280 (282); zur Anerkennung in Deutschland *Helms* StAZ 2012, 2 ff.

[155] *Diehl,* Leihmutterschaft und Reproduktionstourismus, 2014, 138 ff. mwN.

Partnerschaftswirkungen wäre dann nicht in Art. 14, sondern Art. 17b Abs. 1 festgelegt.[156] Dem wird jedoch zu Recht entgegengehalten, dass das Registerstatut des Art. 17b Abs. 1 speziell auf die Paarbeziehung zugeschnitten ist und nicht unmittelbar auf Kinder, für die das Paar die Elternrolle übernimmt (→ Art. 19 Rn. 48). Dementsprechend beziehen sich auch die Einzelregelungen des Art. 17b auf die Wirkungen der Lebenspartnerschaft wie ihrer Auflösung; die Etablierung eines Eltern-Kind-Verhältnisses wie auch dessen mögliche Beendigung sind jedoch nicht als Partnerschaftswirkung konzipiert, sondern als selbständiger Tatbestand im Abstammungsrecht.[157]

In **Art. 19 Abs. 2** schließlich geht es nicht um das Eltern-Kind-Verhältnis, sondern um die **71** Verpflichtung des Vaters gegenüber der Mutter. Hier sind nur Ansprüche erfasst, die aus der gemeinsamen biologischen Elternschaft resultieren. Diese liegt auch dann nicht vor, wenn – wie zB in Spanien oder Südafrika – sich auch die Lebenspartnerin der leiblichen Mutter als „Mutter" eintragen lassen kann.

Wollte man in der Zustimmung zur künstlichen Insemination die implizite Zusage sehen, auch **72** für die Kosten aus Schwangerschaft und Geburt (mit-)einstehen zu wollen, so wäre dies eine eigenständige **vertragliche Abmachung** zwischen den Partnerinnen,[158] die nach dem gemäß Art. 3 ff. Rom I-VO zu bestimmenden Recht zu beurteilen wäre. Zu heterosexuellen Lebenspartnerschaften → Rn. 100.

b) Sorgerecht. Ob und inwieweit ein Lebenspartner oder gleichgeschlechtlicher Ehegatte am **73** Sorgerecht für die Kinder des anderen Teils beteiligt wird,[159] entscheidet sich nach dem für Kindschaftsfragen berufenem Recht (Kindschaftsstatut). Die insoweit einschlägige Vorschrift des Art. 21 EGBGB ist weitgehend durch internationale bzw. europarechtliche Vorschriften verdrängt. In erster Linie ist insoweit das **KSÜ** maßgeblich, und zwar sowohl für Sorgebeteiligungen eines Lebenspartners kraft Gesetzes (Art. 16, 17 KSÜ) als auch für solche kraft gerichtlicher Entscheidung (Art. 15 KSÜ). Verfahrensrechtliche Fragen werden allerdings vorrangig von der **EuEheVO** geregelt (internationale Zuständigkeit; Anerkennung und Vollstreckung). Nur im Verhältnis zu wenigen Ländern gelten noch andere Regelungswerke – das **MSA** (bezüglich Türkei und Macao/China) oder das deutsch-iranische Niederlassungsabkommen, wenn Eltern und Kinder ausschließlich die iranische Staatsangehörigkeit besitzen. Für die autonome Kollisionsnorm des **Art. 21 EGBGB** bleibt praktisch kaum noch ein Anwendungsbereich. Im wesentlichen knüpfen (mit Ausnahme Iran, s. o.) alle aufgeführten Regelungswerke an das **Recht am gewöhnlichen Aufenthalt des Kindes** an (Art. 16, 17 KSÜ; Art. 13 MSA; Art. 21 EGBGB). Eine Qualifizierung der sorgerechtlichen Beteiligung des Lebenspartners als „Partnerschaftswirkung" mit der Folge, dass sie gemäß Art. 17b Abs. 1 S. 1 nach dem Registerstatut zu beurteilen wäre,[160] ist abzulehnen. Zwar könnte für eine solche Qualifikation die schwache Ausgestaltung der Mitsorge im deutschen Recht (insbesondere § 9 Abs. 1 und 4 LPartG) sprechen, aber das muss in anderen Rechtsordnungen nicht so sein (zB Norwegen: volle Mitsorge), und trifft auch für gleichgeschlechtliche Eheleute nicht zu. Außerdem können selbst im deutschen Recht eigenständige familienrechtliche Beziehungen zwischen einem Lebenspartner und seinem Stiefkind entstehen (§ 1685 Abs. 2 BGB). Das Rechtsverhältnis zwischen Kind und Stiefelternteil steht im Vordergrund, so dass das oben skizzierte Kindschaftsstatut die angemessenere Anknüpfung bedeutet. Dieses Statut bestimmt auch die sorgerechtlichen Folgen einer Trennung der Lebenspartner oder der Auflösung ihrer Partnerschaft.[161]

c) Adoption. Eine Adoption durch gleichgeschlechtliche Partner wird vielerorts noch als proble **74** matisch angesehen. Während das deutsche Sachrecht immerhin eine Stiefkindadoption und nunmehr auch eine sukzessive Fremdadoption zulässt (§ 9 Abs. 7 S. 2 LPartG iVm § 1742 BGB;[162] ebenso Dänemark, Vermont), kennen ausländische Rechte entweder die gemeinsame Fremdadoption (Schweden, Niederlande, Norwegen, England) oder schließen eine Adoption ganz aus (Schweiz,

---

[156] Bejahend Vorauflage sowie BeckOK BGB/*Heiderhoff* Art. 19 Rn. 18 und Art. 17b Rn. 42.

[157] BGH NJW 2016, 2322 Rn. 45 ff.; KG StAZ 2015, 180.

[158] Vgl. die entsprechende Diskussion zur vertraglichen Unterhaltsübernahme gegenüber dem Kind; Staudinger/*Rauscher* (2011) § 1600 Rn. 99 ff.

[159] Zum Beispiel nach § 9 LPartG „kleines Sorgerecht", nach niederländischem Recht entweder ex lege (bei lesbischen Lebenspartnerinnen) oder auf Antrag (bei männlichen Lebenspartnern) volles gemeinsames Sorgerecht (ebenso Island, Finnland).

[160] So HK-LPartG/*Kiel* Rn. 21, 29; *Forkert,* Eingetragene Lebenspartnerschaften, 2003, 113, 316.

[161] *Jakob* Lebenspartnerschaft S. 346; *Frucht,* Der Pacte civil de solidarité im französischen und deutschen internationalen Privatrecht, 2005, 198 f.

[162] Der frühere Ausschluss war verfassungswidrig, BVerfG NJW 2013, 847; Umsetzung durch Gesetz vom 20.6.2014 (BGBl. 2014 I S. 786).

Tschechien, Slowenien). Einzeladoption eines fremden Kindes durch einen Lebenspartner ist gemäß § 9 Abs. 6 LPartG zwar grundsätzlich auch möglich (aber praktisch aussichtslos).

75   Kollisionsrechtlich maßgeblich ist in jedem Fall **Art. 22,** bei Einzeladoption eines fremden Kindes dort **Abs. 1 S. 3.** Diese am 20.6.2014 neu eingefügte Regelung[163] erfolgte im Zusammenhang mit der vom BVerfG eröffneten Möglichkeit einer Sukzessivadoption durch den zweiten Lebenspartner nach der Erstadoption durch den anderen Partner. S. 3 stellt klar, dass auch bei registrierten Lebenspartnern – wie bei Ehegatten, S. 2 – für die Adoption nicht die Staatsangehörigkeit des Annehmenden (S. 1) maßgeblich ist, sondern das allgemeine Wirkungsstatut (bei Ehegatten Art. 14 Abs. 1, bei Lebenspartnern Art. 17b Abs. 1 S. 1). Da nunmehr auch bei Lebenspartnern die Sukzessivadoption, noch nicht aber die gemeinsame Fremdadoption zulässig ist, ist in Abs. 1 S. 3 nur von der Adoption „durch einen Lebenspartner" die Rede. Dies kann sowohl der erstadoptierende wie auch der zweitadoptierende Lebenspartner sein – maßgeblich ist stets das Registerstatut des Art. 17b Abs. 1 S. 1.[164] Für eine de lege ferenda zulässige gemeinsame Adoption durch registrierte Lebenspartner gälte diese Regelung naturgemäß erst recht; zuvor bietet sich für die kollisionsrechtliche Einstufung einer solchen Adoption die entsprechende Anwendung des Art. 22 Abs. 1 S. 3 als sachgerechte (und praktisch alternativlose) Lösung an.

76   Die Anwendung von Art. 22 Abs. 1 S. 3 (bei Einzeladoptionen unmittelbar, bei gemeinschaftlichen Adoptionen analog) bedeutet, dass für Lebenspartner auf das die allgemeinen Partnerschaftswirkungen beherrschende Recht verwiesen wird, also gemäß Art. 17b Abs. 1 S. 1 auf das **Sachrecht des Registerstaates.**[165]

77   **d) Kindesname.** Der Kindesname wird, allgemeinen Regeln entsprechend, gemäß Art. 10 Abs. 1 angeknüpft oder untersteht dem vom Sorgeberechtigten nach Art. 10 Abs. 3 gewählten Recht. Zur Namensfolge des Kindes gemäß Art. 10 Abs. 2 S. 3 → Rn. 64. Im Rahmen von **Art. 10 Abs. 3 Nr. 3** stellt sich die Frage, ob nach dem gewählten Heimatrecht eine Namenserteilung durch Lebenspartner möglich ist. Dies ist nicht nur eine sachrechtliche, sondern schon eine kollisionsrechtliche Frage, da die Rechtswahl nach Nr. 3 eine nach dem gewählten Recht wirksame Namenserteilung voraussetzt.[166] Bei Maßgeblichkeit deutschen Rechts ist durch § 9 Abs. 5 LPartG nunmehr klargestellt, dass auch in der Lebenspartnerschaft eine Einbenennung möglich ist. Ist einer der Lebenspartner Deutscher, kann also gemäß Art. 10 Abs. 3 Nr. 3 der Sorgeberechtigte für den Kindesnamen deutsches Recht wählen, und beide Lebenspartner können dem Kind ihren Lebenspartnerschaftsnamen (vgl. § 3 Abs. 1 LPartG) erteilen.

D. Einpassung ausländischen Rechts in die deutsche Rechts- und Werteordnung

I. Kappungsgrenze (Abs. 4 aF)

78   Die umstrittene Kappungsgrenze des Abs. 4 bisheriger Fassung ist durch das GgEheG vom 28.7.2017 ersatzlos gestrichen worden. Abs. 4 aF beruhte auf dem (vermeintlichen) verfassungsrechtlichen „Abstandsgebot" zwischen Lebenspartnerschaft und Ehe (dazu 6. Aufl. 2016, Rn. 78 ff.) und ist – so der Gesetzgeber des GgEheG – nach Einführung der gleichgeschlechtlichen Ehe auch im deutschen Recht „nicht mehr erforderlich".[167] Dem gem. Abs. 1–3 berufenen ausländischen Sachrecht kann deshalb im Einzelfall nur noch der deutsche ordre public Grenzen setzen.

II. Ordre public (Art. 6)

79   **1. Allgemeines.** Nach Wegfall der Kappungsgrenze des Abs. 4 aF kann die Maßgeblichkeit des gem. Abs. 1–3 berufenen ausländischen Rechts nur noch am allgemeinen deutschen ordre public (Art. 6) seine Grenzen finden.

80   **2. Einzelfragen.** Ermöglicht das anwendbare ausländische Abstammungsrecht die gemeinsame Elternschaft gleichgeschlechtlicher Eltern, so verstößt dies „für sich genommen" noch nicht gegen

---

[163] BGBl. 2014 I S. 786.

[164] Ebenso → Art. 22 Rn. 9; BeckOGK/*Heiderhoff* Art. 22 Rn. 41; *Benicke* IPRax 2015, 393 (395).

[165] Dem schon nach bisherigem Recht zuneigend *Martiny* in Hausmann/Hohloch Nichteheliche Lebensgemeinschaft Rn. 12–114; *Brandt,* Die Adoption durch eingetragene Lebenspartner, Diss. Heidelberg 2004, 108; nachdrücklich *Benicke* IPRax 2015, 393 (395).

[166] Bamberger/Roth/*Mäsch* Art. 10 Rn. 67; Soergel/*Schurig* Art. 10 Rn. 78.

[167] BT-Drs. 18/6665, 10.

den deutschen ordre public.[168] Der damit verbundene Ausschluss eines genetischen Elternteils (Samenspender, Eispenderin) führt schon deshalb zu keinem anderen Ergebnis, weil auch das deutsche Recht eine entsprechende Regelung kennt (§ 1600 Abs. 5 BGB).[169] Der Anspruch des Kindes auf Kenntnis seiner genetischen Wurzeln begründet keinen ordre public-Verstoß, weil er auch im deutschen Recht und unabhängig von der rechtlichen Eltern-Kind-Zuordnung besteht.[170]

Weitergehende sorgerechtliche Folgen einer Lebenspartnerschaft, etwa volles gemeinsames Sorge-   **81** recht beider Partner *ex lege* oder auf Antrag, verstoßen nicht *per se* gegen den deutschen ordre public. Art. 6 Abs. 1 GG steht nicht entgegen, und das Kindeswohl als Verfassungswert[171] ist nicht dadurch verletzt, dass dem ohnehin in der Familie lebenden Partner, der auch nach § 9 Abs. 1, 2 LPartG eingeschränkt an der Sorge beteiligt wird, auf rechtlicher Ebene eine weitergehende Kompetenz eingeräumt wird. Bei nach dem Registerstatut eröffneter gemeinsame Adoptionsberechtigung greift der deutsche ordre public schon angesichts der verfassungsrechtlichen Fragwürdigkeit des entsprechenden Verbots in § 9 Abs. 6, 7 LPartG nicht ein.[172] Außerdem besteht zwischen der nunmehr zulässigen Sukzessivadoption und einer gemeinsamen Adoption kein den *ordre public* auslösender Unterschied.

Soweit bei **Lebenspartnerschafts-Störungen** im Verhältnis zum störenden Dritten das Delikts-   **82** statut maßgeblich ist (Art. 40),[173] kann es auch hier vorkommen, dass das anwendbare Recht weitergehende Ansprüche gewährt als das deutsche (insbesondere Schadensersatz).[174] Für ein Eingreifen des deutschen ordre public bestehen bei Lebenspartnern ebenso wenig Anhaltspunkte wie bei Ehegatten. Gestattet das anwendbare Recht die **einseitige Auflösung** der Lebenspartnerschaft (wie Art. 515-7 fr.C.c.), so entspricht dem regelmäßig eine schwächere Ausgestaltung der Partnerschaft in ihren Wirkungen. Der deutsche ordre public ist deshalb in der Regel nicht berührt (→ Rn. 38).[175]

E. Internationales Verfahrensrecht – Internationale Zuständigkeit

I. Supranationales Recht

Die vorhandenen Staatsverträge oder EU-Rechtsverordnungen sind auf Lebenspartnerschaften   **83** nicht anwendbar.[176] Insbesondere erfasst die Brüssel IIa-VO nur eherechtliche Fragen, sie kann auf Lebenspartnerschaften nicht erstreckt werden.[177] Lediglich für Unterhaltsansprüche auch zwischen Lebenspartnern ist vorrangig die EuUnthVO anzuwenden (→ Rn. 46), für erbrechtliche Ansprüche seit dem 17.8.2015 die EuErbVO, ab 29.1.2019 für güterrechtliche Ansprüche die EuGüVO für eingetragene Lebenspartner (→ Rn. 42).

II. Autonomes Recht

Die internationale **Zuständigkeit deutscher Behörden** zur **Registrierung** von Lebenspartner-   **84** schaften oder gleichgeschlechtlichen Ehen besteht nur für solche deutschen Rechts – dies folgt schon aus der Registeranknüpfung gemäß Art. 17b Abs. 1. Weitere, etwa fremdenrechtliche Voraussetzungen bestehen nicht (→ Rn. 22). Die **internationale Zuständigkeit** deutscher **Familiengerichte** für **Lebenspartnerschaftssachen** ergibt sich aus § 103 FamFG.[178] Für **gleichgeschlechtliche Ehen** trifft das GgEheG 2017 zwar keine ausdrückliche Regelung; die analoge Berufung des materiellen Rechts der Lebenspartnerschaft in Art. 17b Abs. 4 muss aber so verstanden werden, dass sie auch das entsprechende Verfahrensrecht mitumfasst. Die Zuständigkeit gemäß § 103 FamFG ist nicht, wie § 103 Abs. 1 FamFG für die Aufhebung anzuordnen scheint, auf in Deutschland registrierte

---

[168] BGH NJW 2016, 2322 Rn. 50 ff.; *Coester-Waltjen* IPRax 2016, 132 (136 ff.); aA *Andrae* StAZ 2015, 163 (171); *Dutta* FamRZ 2016, 1256 (1257).

[169] BGH NJW 2016, 2322 Rn. 52; BGH FamRZ 2013, 1209 Rn. 21; *Coester-Waltjen* IPRax 2016, 132 (137); *Frie* FamRZ 2015, 889 (894).

[170] BGH NJW 2015, 479 Rn. 63; NJW 2016, 2322 Rn. 52.

[171] BVerfGE 24, 119 (136); *Di Fabio* NJW 2003, 993 (994).

[172] OLG Hamburg FamRZ 2010,1312; *Coester,* FS Pintens, 2012, 313 ff.; *Benicke* IPRax 2015, 393 (396).

[173] Die Rom II-VO findet gemäß Art. 1 Abs. 2 lit. a Rom II-VO keine Anwendung (→ Rom II-VO Art. 1 Rn. 29).

[174] Zum frz. Recht insoweit vgl. Staudinger/*Mankowski* (2011) Art. 14 Rn. 261. Zum Verhältnis der Lebenspartner zueinander → Rn. 97.

[175] *Frucht,* Der Pacte civil de solidarité im französischen und deutschen internationalen Privatrecht, 2005, 168 f.

[176] Ausf. *Wagner* IPRax 2001, 281 ff.; vgl. Zöller/*Geimer* ZPO § 661 Rn. 22; Staudinger/*Spellenberg* (2015) Brüssel IIa-VO Art. 1 Rn. 4 f.

[177] *Rauscher,* Europäisches Zivilprozessrecht, Bd. I, Brüssel IIa-VO Art. 1 Rn. 3.

[178] AG Schwäbisch Hall IPRax 2015, 452 (LS, mit Anm. *Jayme*).

Partnerschaften beschränkt, sondern erfasst auch im Ausland begründete Partnerschaften und diesen gleichzustellende Rechtsverhältnisse.[179] Thematisch gilt die internationale Zuständigkeit für alle in § 269 Abs. 1–3 FamFG aufgeführten Lebenspartnerschaftssachen. Soweit § 269 Abs. 1 Nr. 1 FamFG von „Aufhebung" einer Lebenspartnerschaft spricht, ist damit – über den sachrechtlichen Begriff des § 15 LPartG hinaus – jede gerichtliche Auflösung des Rechtsbandes zwischen den Lebenspartnern gemeint, also beispielsweise auch „Scheidungen" von Verbindungen, die nach deutschem Recht als „Lebenspartnerschaften" zu qualifizieren sind.[180] Nicht angesprochen in § 269 FamFG sind Verfahren nach dem Gewaltschutzgesetz. Bei isolierten Verfahren dieser Art folgt die internationale Zuständigkeit deutscher Gerichte aus der örtlichen Zuständigkeit (§§ 105, 211 FamFG).

85   Die Regelung der internationalen Zuständigkeit deutscher Gerichte in § 103 FamFG folgt im Ansatz derjenigen in § 98 FamFG für Ehesachen, unterscheidet sich hierin jedoch in zwei für Lebenspartnerschaften spezifischen Punkten:

86   Nach § 103 Abs. 1 Nr. 2 FamFG genügt einschränkungslos der gewöhnliche Inlandsaufenthalt eines Partners, ohne Rücksicht auf die Haltung der Heimatrechte (vgl. § 98 Abs. 1 Nr. 4 FamFG), und nach § 103 Abs. 1 Nr. 3 FamFG vermittelt deutsche Registrierung („vor einer zuständigen deutschen Stelle") ohne weiteres die deutsche Gerichtszuständigkeit für alle Lebenspartnerschaftssachen. Das muss auch für eine Neuregistrierung gemäß Art. 17b Abs. 3 gelten; allerdings beschränkt sich die so begründete deutsche Zuständigkeit auf die ex nunc auftretenden Regelungsfragen, nicht auf abgeschlossene Vorgänge unter ausländischem Recht (etwa die Auseinandersetzung nach früherem, durch Statutenwechsel beendetem Güterrecht, → Rn. 42).

III. Anerkennung ausländischer Entscheidungen

87   Auch für die Anerkennung ausländischer Entscheidungen in Lebenspartnerschaftssachen bestehen (noch) keine **supranationalen** Regelungen, insbesondere ist die Brüssel IIa-VO auch insoweit nicht anwendbar.[181] Ausländische Unterhaltsentscheidungen sind allerdings nach Art. 16 ff. EuUntVO anzuerkennen. Als dem nationalen Recht vorgehende Staatsverträge kommen nur bilaterale Abkommen in Betracht.[182]

88   Im deutschen **autonomen Recht** ist ein besonderes Anerkennungsverfahren nur für Ehesachen (§ 107 FamFG), nicht aber für alle anderen Familiensachen, also auch Lebenspartnerschaftssachen vorgesehen (§ 108 Abs. 1 FamFG): Es gilt der Grundsatz der automatischen Anerkennung, wie er aus § 328 ZPO aF und § 16a FGG aF bekannt ist.[183] Bei **ausländischen Adoptionen** durch gleichgeschlechtliche Partner sind die Anerkennungsvorschriften der §§ 2 Abs. 1, 4 Abs. 2 S. 1 AdWirkG zu beachten. Prüfungsmaßstab ist hier nicht der des normalen, kollisionsrechtlichen *ordre public* gemäß Art. 6 EGBGB, vielmehr kommt es auf den großzügigeren *anerkennungsrechtlichen ordre public international* an.[184] **Gleichgeschlechtliche Ehen** werden gemäß Art. 17b Abs. 4 wie „eingetragene Lebenspartnerschaften" behandelt. Demgemäß folgt auch die Anerkennung ausländischer Gerichtsentscheidungen insoweit den Grundsätzen des § 108 FamFG, nicht des § 107 FamFG. Die automatische, implizite Anerkennung von Lebenspartnerschaftsentscheidungen nach § 108 Abs. 1 FamFG wird allerdings modifiziert durch § 108 Abs. 2, 3 FamFG: Bei entsprechendem rechtlichem Interesse kann jeder Beteiligte eine förmliche Entscheidung über die Anerkennung oder Nichtanerkennung einer ausländischen Entscheidung beantragen (ausschließliche örtliche Zuständigkeit gemäß Abs. 3). Kraft Verweises auf § 107 Abs. 9 FamFG ist diese Entscheidung für die deutschen Gerichte und Behörden bindend. Ausländische **Privatauflösungen** sind nach § 108 FamFG anerkennungsfähig, ihre Wirksamkeit wird vom maßgeblichen Recht (Registerstatut) bestimmt (→ Rn. 40).[185]

89   Die **Anerkennungshindernisse** sind in § 109 FamFG für Ehe- und alle anderen Familiensachen gemeinsam normiert (Abs. 1 Nr. 1–4). Neben elementaren Verfahrensfehlern (Nr. 1–3) kommt dabei dem deutschen ordre public (Nr. 4) eine besondere Bedeutung zu. Dabei ist der Maßstab des anerkennungsrechtlichen ordre public (→ Rn. 108) großzügiger als der **ordre public** des Art. 6 – es macht einen Unterschied, ob ein deutsches Gericht (nach ausländischem Recht) zu entscheiden oder ein

---

[179] *Althammer* IPRax 2009, 383 (385).
[180] OLG München FamRZ 2011, 1526; AG Münster IPRax 2011, 269 f.; VG Berlin IPRax 2011, 270 ff; MüKo-FamFG/*Rauscher* FamFG § 269 Rn. 9.
[181] EuGH FamRZ 2001, 1053 (1055); vgl. *v. Hoffmann* IPR § 8 Rn. 73n zur Brüssel II-VO. Zur Anerkennung ausländischer Lebenspartnerschaften → Rn. 6.
[182] *Wagner* IPRax 2001, 281 (283); vgl. dazu BLAH/*Hartmann* ZPO Schlussanhang V B (S. 2583 ff.).
[183] Zur Nichtanwendbarkeit von § 107 FamFG vgl. *Hau* FamRZ 2009, 821 (825).
[184] Ausführlich BGH NJW 2015, 2800 Rn. 34 ff. (südafrikanische Adoption durch rechtlich nicht miteinander verbundene, gleichgeschlechtliche Partner).
[185] Vgl. Fachausschuss Standesbeamte StAZ 2008, 250 (252); NK-BGB/*Gebauer* Rn. 86.

ausländisches Gericht schon entschieden hat.[186] Im zweiten Fall kann es auch zu akzeptieren sein, wenn zwei gleichgeschlechtliche Partner zu rechtlichen Eltern eines von einer Leihmutter geborenen Kindes erklärt worden sind.[187]

Im Übrigen wird die Gleichschaltung der Anerkennungshindernisse durch zwei **Sondervor-**   **90** **schriften für Lebenspartnerschaftssachen** eingeschränkt: (1) Auch wenn dem ausländischen Gericht die spiegelbildliche internationale Zuständigkeit gemäß § 103 FamFG fehlte (Hindernis nach § 109 Abs. 1 Nr. 1 FamFG), so ist seine Entscheidung doch dann anerkennungsfähig, wenn auch der Registrierungsstaat sie anerkennt **(§ 109 Abs. 3 FamFG).** (2) Für bestimmte, die persönlichen oder Vermögensbeziehungen der Lebenspartner betreffenden Entscheidungen verlangt **§ 109 Abs. 4 FamFG** für die Anerkennungsfähigkeit die Verbürgung der Gegenseitigkeit.

F. Andere Lebensformen

I. Heterosexuelle registrierte Partnerschaften

1. Problemstellung. Im Gegensatz zu den meisten anderen Staaten, die Lebenspartnerschaftsge-   **91** setze erlassen haben, steht die registrierte Lebenspartnerschaft unter anderem in den Niederlanden, Frankreich (PACS), Luxemburg und Belgien auch heterosexuellen Paaren offen.[188] Diese Regelungen unterscheiden sich heute von der Ehe im Wesentlichen nur noch durch die erleichterte Auflösbarkeit (bei Konsens ohne Gerichtsverfahren).[189] Aber auch dies genügt, um die neben dem Institut der Ehe bestehende registrierte Partnerschaft für heterosexuelle Paare typusmäßig als „kleine Ehe" einzustufen. Gerade dieser Dualismus zweier rechtlicher Lebensformen für denselben Adressatenkreis wirft auch kollisionsrechtlich besondere Probleme auf.

2. Qualifikation. Für die kollisionsrechtliche Einordnung der heterosexuellen registrierten Part-   **92** nerschaft kommen im Wesentlichen zwei Möglichkeiten in Betracht: die Anwendung der eherechtlichen Vorschriften der Art. 13–17a (direkt oder analog[190]) oder der Kollisionsnorm für eingetragene Lebenspartnerschaften, Art. 17b – wiederum entweder direkt[191] oder analog.[192] Angesichts der ursprünglich vertragsrechtlichen bzw. vermögensrechtlichen Ausgestaltung der französischen und belgischen Institutionen war insoweit auch an eine schuldvertragliche Anknüpfung gemäß Art. 27 ff. gedacht worden.[193]

Stellungnahme: Vorab auszuscheiden ist die vorerwähnte („nur") **vertragliche Anknüpfung**   **93** zB der französischen oder belgischen Partnerschaften. Die betonte Distanz zur Ehe im Sachrecht dieser Länder bindet das deutsche Kollisionsrecht nicht. Wenn für gleichgeschlechtliche Partnerschaften mit schwächerer Ausstattung die familienrechtliche Anknüpfung gemäß Art. 17b als sachgerecht

---

[186] BGH IPRax 2015, 261 Rn. 21 ff., insb. 28 ff.; NJW 1998, 2358; *Wagner* StAZ 2012, 294 (296); zum *ordre public* im Rahmen des Art. 17b → Rn. 79 ff.

[187] BGH IPRax 2015 Rn. 34.

[188] Buch I Titel 1.5A Art. 1 :80a Abs. 3 BW der Niederlande spricht nur von zwei „Personen", die eine registrierte Partnerschaft eingehen können, vgl. *Ferrand* FamRZ 2014, 1506; *Ougier* StAZ 2014, 8; Art. 515.1 frz. C.C. betont ausdrücklich, dass die Personen verschiedenen oder gleichen Geschlechts sein können; ebenso Art. 1475 belgischer Code Civil. Nach dem Domestic Partnership Act 2003 von New Jersey, Sec. 26:8 A-5(5), können auch verschiedengeschlechtliche Paare ab 62 Jahren die Partnerschaft abschließen. Ausführliche Länderberichte bei *Scherpe* (Hrsg.), European Family Law, Vol. II, 2016.

[189] Für die Niederlande Buch I Titel 1.5A Art. 1 :80 c und d BW; *Curry-Summer/Vonk* in The International Survey of Family Law, 2014, 361 ff.

[190] Für Letzteres BeckOK BGB/*Heiderhoff* Rn. 13, 14; im übrigen auch BeckOGK/*Rentsch* Art. 13 Rn. 39.2; *Looschelders* IPR Rn. 5 sowie *Looschelders* IPR Art. 13 Rn. 88; *Jakob* Lebenspartnerschaft S. 216; *Martiny* in Hausmann/Hohloch Nichteheliche Lebensgemeinschaft Rn. 12–63; Staudinger/*Mankowski* (2011) Rn. 101 f.; *v. Sachsen Gessaphe* Le partenariat 17 f.; Fachausschuss Standesbeamte StAZ 2009, 187 (188 f.); *Spernat,* Die gleichgeschlechtliche Ehe im Internationalen Privatrecht, 2010, 64.

[191] So Deutscher Rat für IPR IPRax 2013, 200 (201); *Coester-Waltjen/Coester,* FS Brudermüller, 2014, 73, (79 f.); *v. Hoffmann/Thorn* IPR § 8 Rn. 73b; *Thorn* IPRax 2002, 349 (355) Fn. 91; *Frucht,* Der Pacte civil de solidarité im französischen und deutschen internationalen Privatrecht, 2005, 109 ff.; *Hepting/Gaaz* PStG Rn. III-1028.

[192] So *Rauscher* IPR S. 221 Rn. 879 [direkt oder analog]; *v. Hoffmann/Thorn* IPR § 8 Rn. 73b; *Wagner* IPRax 2001, 281 (292); *Dörner,* FS Jayme, 2004, 143 (151); Palandt/*Thorn* Rn. 1; Erman/*Hohloch* Rn. 6; NK-BGB/*Gebauer* Rn. 11 ff.; *Spellenberg* StAZ 2017, 193 (202); dagegen ausf. *Jakob* Lebenspartnerschaft S. 214–216.

[193] Zur kollisionsrechtlichen Diskussion in Frankreich bzw. Belgien selbst vgl. *Jakob* Lebenspartnerschaft S. 61 ff. und 77 ff.; *Becker,* Die Qualifikation der cohabitation légale des belgischen Rechts im deutschen Internationalen Privatrecht, 2011, 99 ff. Für die von *Henrich,* FS Kropholler, 2008, 305 (308 ff.) vorgeschlagene Lösung über eine konkludente *Rechtswahl* der Parteien zu Gunsten des Registrierungsorts ist keine Rechtsgrundlage ersichtlich.

angesehen wird (→ Rn. 12), dann muss dem auch für heterosexuelle Paare jedenfalls eine familien-rechtliche Anknüpfung entsprechen.

94   Näher liegend wäre eine **unmittelbare Anwendung des Eherechts** (Art. 13–17a). Der funktio-nal-weite Ehebegriff des Art. 13 erfasst eine Vielzahl ausländischer Lebensformen, die im deutschen Sachrecht nicht als Ehe betrachtet würden (näher → Art. 13 Rn. 4 ff.). Allerdings bleibt zu beachten, dass die heterosexuelle Lebenspartnerschaft *neben* der Ehe steht, in der Wertigkeit regelmäßig *unter* ihr, und ihr Abschluss eine bewusste Entscheidung der Parteien *gegen* das Eherecht impliziert. Dies sollte auch kollisionsrechtlich eine Qualifikation als „Ehe" ausschließen.

95   Für eine **analoge Anwendung der Art. 13 ff.** spräche die Eheähnlichkeit der Lebensform sowohl in ihrer sozialen Erscheinung wie – jedenfalls zum Teil – in ihrer rechtlichen Ausgestaltung. Für **Art. 17b** spricht, dass es sich bei der eingetragenen Lebenspartnerschaft um ein Alternativinstitut zur Ehe handelt, für das Art. 17b eine spezielle familienrechtliche Kollisionsnorm bereithält. Die Anknüpfung an den Registerstaat passt auch für heterosexuelle Partnerschaften und würde die gleiche Funktion erfüllen wie bei gleichgeschlechtlichen Partnerschaften: Angesichts der geringen Verbreitung der Institution wäre der Zugang auch Angehörigen anderer Staaten eröffnet (→ Rn. 21). Allerdings darf nicht übersehen wer-den, dass dieser Effekt bei gleichgeschlechtlichen Partnern gezielt angestrebt wurde, um der verbreiteten Diskriminierung von Homosexuellen entgegenzuwirken – bei Heterosexuellen ist dieser Zweck gegen-standslos. Dennoch ist der **Anknüpfung nach Art. 17b der Vorzug zu geben:** Sie sichert die grund-sätzlich unwandelbare Verbindung von Eingehungs-, Wirkungs- und Auflösungsstatut und ermöglicht den Partnern (vorbehaltlich der Anerkennung im Ausland) praktisch erst die internationale Freizügigkeit. Die Anwendung von Art. 13 würde hingegen zur völligen Nichtigkeit führen, wenn immer ein Partner einem Staat angehört, der dieses Rechtsinstitut nicht kennt.[194]

96   Die verbleibende Entscheidung zwischen einer direkten oder analogen Anwendung des Art. 17b ist noch nicht durch die Legaldefinition in § 1 Abs. 1 S. 1 LPartG vorentschieden, die den Begriff „Lebenspartner" auf gleichgeschlechtliche Paare verengt:[195] Das Kollisionsrecht bildet seine Begriffe autonom (→ Rn. 10). Allerdings ist Art. 17b mit Blick auf gleichgeschlechtliche Partnerschaften konzipiert und passt nicht unmittelbar für heterosexuelle Paare (→ Rn. 139), so dass eine **analoge Anwendung des Art. 17b** als **angemessenste Lösung** erscheint.[196]

97   Dem sollte die international-verfahrensrechtliche Qualifikation gleichgeschaltet sein: Auch **§§ 103, 108, 269 und 270 FamFG** sind analog auf heterosexuelle eingetragene Lebenspartnerschaf-ten anzuwenden.[197]

98   **3. Anerkennung in Deutschland.** Der Umstand, dass es dem deutschen Gesetzgeber verfassungs-rechtlich verwehrt ist, eine eingetragene Lebenspartnerschaft für heterosexuelle Paare zu schaffen, führt nicht per se zum Eingreifen des ordre public gegenüber entsprechenden ausländischen Rechtsinstitu-ten.[198] Zwar scheidet die Neuregistrierung einer schon im Ausland begründeten eingetragenen Lebens-partnerschaft in Deutschland gemäß Art. 17b Abs. 3 aus, schon weil das dadurch berufene materielle deut-sche Recht ein solches Institut für verschiedengeschlechtliche Paare nicht kennt. Der Geltendmachung einzelner **Partnerschaftsfolgen** aus dem ausländischen Rechtsinstitut stehen im Grundsatz aber ebenso wenig Bedenken entgegen wie zB bei einer polygamen Ehe (→ Art. 13 Rn. 69). Es ist nicht ersichtlich, inwieweit das deutsche Rechtsinstitut der Ehe dadurch nachteilig betroffen würde. Ob – je nach Inlands-bezug und geltend gemachter Rechtsfolge – im Einzelfall doch einmal der deutsche ordre public berührt sein könnte, wird von den Gerichten zu entscheiden sein – jedenfalls würde es sich um Ausnahmefälle handeln.

99   Selbst der ausländische **Status** kann zu beachten sein, wenn einer der Lebenspartner hier eine anderweitige Ehe oder (gleichgeschlechtliche) Lebenspartnerschaft eingehen möchte.[199] Insoweit entfaltet die Anerkennung der ausländischen heterosexuellen Lebenspartnerschaft sogar eher Schutz-wirkung gegenüber der Ehe als dass sie ihr schadet.

---

[194] So zB Fachausschuss Standesbeamte StAZ 2009, 187 (189). Im Ergebnis wie hier auch *Spellenberg* StAZ 2017, 193 (202).

[195] So aber *Wagner* IPRax 2001, 281 (288); *Hohloch/Kjelland* YbPIL 3 (2001), 223 (229).

[196] Für gleichlautende Auffassungen s. *Wagner* IPRax 2001, 281 (288); *Hohloch/Kjelland* YbPIL 3 (2001), 223 (229); *Becker*, Die Qualifikation der cohabition légale des belgischen Rechts im deutschen Internationalen Privatrecht, 2011, 274 ff.; weitergehend de lege ferenda *Coester-Waltjen/Coester*, FS Brudermüller, 2014, 73 (80); *Sonnenberger*, FS Köhler, 2014, 673 ff. (683 f.) (für eine Aufgabe der Anknüpfungsbegriffe „Ehe" und „Lebenspartnerschaft").

[197] MüKoFamFG/*Rauscher* § 103 Rn. 7; aA Prütting/Helms/*Hau* FamFG § 98 Rn. 33; für gleichgeschlechtli-che Partnerschaften → Rn. 113.

[198] Ebenso für die Schweiz *Schwander* AJP 2001, 350 (355). Immerhin hält das BVerfG eine solche Lebenspart-nerschaft in Ausnahmefällen (homosexuell orientierte Transsexuelle) auch in Deutschland für zulässig, StAZ 2006, 102 (107).

[199] Ausf. *Coester*, FS Sonnenberger, 2004, S. 321 (329 ff.). Zur polygamen Ehe → Art. 13 Rn. 66 ff.

4. Substitutionsprobleme. Werden aus der ausländischen heterosexuellen Lebenspartnerschaft **100** Rechtsfolgen geltend gemacht, die nicht dem Registerstatut unterstehen, sondern gemäß den allgemeinen Kollisionsnormen nach deutschem Recht zu beurteilen sind, so stellt sich – in Ermangelung unmittelbar einschlägiger Vorschriften – die Frage, ob die heterosexuelle Lebenspartnerschaft den deutschen Vorschriften zur gleichgeschlechtlichen Lebenspartnerschaft oder den eherechtlichen Vorschriften zu substituieren ist.[200] Praktische Bedeutung hat dies nur, soweit das LPartG hinter dem Eherecht zurück bleibt. Bedenkt man, dass gerade dies für heterosexuelle Paare verfassungsrechtlich problematisch ist (→ Rn. 128), so erscheint es angemessener, die **eherechtlichen Vorschriften** anzuwenden.[201]

Einer Substitution im Rahmen des **Bigamieverbots** nach § 1306 BGB bedarf es nicht mehr, seit **101** dort die Lebenspartnerschaft als Ehehindernis ausdrücklich aufgeführt ist.

Wollte man eine Substitution generell, dh sowohl im Ehe- wie im Lebenspartnerschaftsrecht **102** ablehnen, müsste der ausländischen heterosexuellen Lebenspartnerschaft jegliche Wirkung, die über die faktischer Lebensgemeinschaften hinausgeht, versagt werden – ein unangemessenes Ergebnis.

Substitutionsprobleme stellen sich auch, wenn vom Registerstatut nicht erfasste Themenbereiche **103** nach den allgemeinen Kollisionsnormen zu beurteilen sind und diese im Tatbestand an eine „Ehe", nicht aber an eine Lebenspartnerschaft anknüpfen. Soweit für gleichgeschlechtliche Lebenspartnerschaften eine Substitutionsmöglichkeit bejaht wurde (für Art. 22 Abs. 1 S. 2 → Rn. 75), so gilt dies „erst recht" für heterosexuelle eingetragene Lebenspartnerschaften.

Hinsichtlich der Abstammung eines Kindes ist zwar im Tatbestand des **Art. 19 Abs. 1 S. 3 104** eine Substitution der „Ehe" durch eine *gleichgeschlechtliche Lebenspartnerschaft* abzulehnen, weil die Kollisionsnorm von der Möglichkeit einer gemeinsamen Zeugung durch beide Ehegatten ausgeht (→ Rn. 71). Für die *heterosexuelle Lebenspartnerschaft* ist diese implizite Voraussetzung aber erfüllt, so dass einer Substitution nichts im Wege steht.[202]

II. Gleichgeschlechtliche Ehe

Als erstes Land in der Welt haben die Niederlande mit Wirkung vom 1.4.2001 die Institution **105** der Ehe für gleichgeschlechtliche Paare geöffnet, andere Länder sind inzwischen gefolgt.[203] Art. 30 Abs. 1 BW lautet schlicht: „Die Ehe kann von zwei Personen verschiedenen oder gleichen Geschlechts eingegangen werden."[204] Dem ist der deutsche Gesetzgeber nunmehr – fast wortgleich – gefolgt (§ 1353 Abs. 1 BGB idF vom 28.7.2017, BGBl. 2017 I S. 2787). Die bislang umstrittene Frage der kollisionsrechtlichen Einstufung gleichgeschlechtlicher Ehen[205] ist zugleich zugunsten einer Zuordnung zu Art. 17b beantwortet worden.[206] Konsequenterweise ist die Eintragung dieser Ehe im deutschen Lebenspartnerschaftsregister vorzunehmen[207] und der Begriff „Lebenspartnerschaft" auch im Verfahrensrecht (international: §§ 103, 108, 109 FamFG; national: §§ 269, 270 FamFG) und im Personenstandsrecht so auszulegen, dass er die gleichgeschlechtliche Ehe deutschen oder

[200] Vgl. *Jakob* Lebenspartnerschaft S. 330 ff.

[201] Beim Kindesnamen wird nicht nur der „Ehegatte" in § 1618 BGB oder der „Lebenspartner" in § 9 Abs. 5 LPartG durch „heterosexuellen Lebenspartner", sondern auch die (gleichgeschlechtliche) „Lebenspartnerschaft" in § 1617c Abs. 2 Nr. 2 BGB durch „heterosexuelle Lebenspartnerschaft" substituiert.

[202] Der niederländische Gesetzgeber hat allerdings im internen Abstammungsrecht die Ehe und die heterosexuelle Lebenspartnerschaft nicht gleichgestellt, vgl. Art. 199 BW sowie *Boele-Woelki/Schrama* in Basedow/Hopt/Kötz/Dopffel, Die Rechtsstellung gleichgeschlechtlicher Lebensgemeinschaften, 2000, 51 ff., 70.

[203] Niederlande: Gesetz vom 21.12.2000, Staatsblad 2001, 9; Belgien: Belgisch Staatsblatt vom 28.2.2003, vgl. *Pintens* FamRZ 2003, 658 f.; *Pintens/Scherpe* StAZ 2003, 321 ff.; *Pintens/Scherpe* StAZ 2004, 290 ff. (zum belgischen IPR); *Fiorini* ICQL 52 (2003), 1039 ff.; Spanien: Gesetz 13/2005 vom 1.7.2005 (BOE Nr. 157) sowie Erlass vom 29.7.2005 (BOE Nr. 188 vom 8.8.2005); dazu *Martín-Casals/Ribots* FamRZ 2006, 1331 ff.; Portugal: Gesetz Nr. 912010 vom 31.5.2010; Norwegen: Gesetz vom 27.6.2008, dazu *Ring/Olsen-Ring* StAZ 2008, 304 ff.; *Frantzen* FamRZ 2008, 1707 ff.; Schweden, Gesetz von 2009, dazu *Ring/Olsen-Ring* ZEV 2009, 508; *Jänterä-Jareborg* FamRZ 2010, 173 ff.; Dänemark, Gesetz von 2012, dazu *Scherpe* FamRZ 2012, 1434 ff.; *Ring/Olsen-Ring* StAZ 2012, 264; Frankreich, Gesetz Nr. 2013-404 vom 17.5.2013, dazu *Ougier* StAZ 2014, 8 ff.; England und Wales, Marriage (Same Sex Couples) Act 2013, dazu *Sloan* StAZ 2014, 136 ff.; *Sloan* FamRZ 2013, 1469 ff. Kraft Gesetzes wurde die gleichgeschlechtliche Ehe des Weiteren eingeführt in Canada (Civil Marriage Act 2005), mehreren Einzelstaaten der USA (Connecticut, Iowa, Massachusetts, New Hampshire, New York, Vermont; dazu ausf. *Mankowski/Höffmann* IPRax 2011, 247 (248 ff.)) sowie in Mexiko (teilweise), Argentinien und Südafrika (Civil Union Act 2006)- zu letzterem BGH NJW 2016, 2322; *Coester-Waltjen* IPRax 2016, 132, 134. Der Constitutional Court von Taiwan hat dem Gesetzgeber am 24.5.2017 eine 2-Jahresfrist zur Einführung der gleichgeschlechtlichen Ehe gesetzt (I.Y.-Interpretation No. 748).

[204] Übersetzung nach Bergmann/Ferid/*Weber*, Internationales Ehe- und Kindschaftsrecht, Niederlande, 2008, S. 75; vgl. *Röthel* IPRax 2002, 496 ff.; ebenso § 1 norw. EheG.

[205] Ausf. 6. Aufl. 2015 Rn. 136 ff.; zuletzt auch *Spellenberg* StAZ 2017, 193 (201 f.).

[206] GgEheG Art. 2 (4), BGBl. 2017, 2787.

[207] BGH NJW 2016, 2322 Rn. 40 ff. zur gleichgeschlechtlichen Ehe südafrikanischen Rechts.

ausländischen Rechts mit umfasst.[208] Eine andere Bildung der kollisionsrechtlichen Kategorien de lege ferenda („Ehe" als Vollstatus für umfassende Lebensgemeinschaft zweier Personen; „Lebenspartnerschaft" als Ordnungsform minderer Dichte und Verbindlichkeit – jeweils geschlechtsunabhängig) ist dadurch nicht ausgeschlossen.[209]

III. Faktische Lebensgemeinschaften

106   **1. Fragestellung.** In der herkömmlichen Diskussion zur „nichtehelichen Lebensgemeinschaft"[210] bedarf es einer Neubesinnung. Der rechtstatsächliche Bezugspunkt lässt sich konkreter definieren,[211] da rechtsförmig begründete und institutionalisierte Lebensformen außerhalb der Ehe sowie die gleichgeschlechtliche Ehe selbst nunmehr Art. 17b zugeordnet, für die verbleibende Diskussion also abgeschichtet werden können.[212] Die kollisionsrechtlich maßgebliche Trennlinie verläuft auch nicht, wie in der früheren, ehegeprägten Diskussion, zwischen heterosexuellen und homosexuellen Paaren, da beiden ein rechtlicher Status offen steht;[213] entscheidend erscheint vielmehr der Unterschied zwischen Status und Nicht-Status, oder zwischen rechtsförmiger Begründung der Lebensform (oder zumindest ihrer Auflösung[214]) und ihrer nur faktischen Verwirklichung. **„Faktische Lebensgemeinschaften"** sind deshalb **Paarbeziehungen**[215] **ohne Rücksicht auf Geschlecht und sexuelle Orientierung,** die **nicht formell begründet** und auch **nicht als formlose Ehe** einzustufen sind (→ Art. 13 Rn. 4), die aber **in der sozialen Wirklichkeit gelebt** werden oder worden sind.

107   Kollisionsrechtlich geht es um die Frage, ob und inwieweit aus diesem Tatbestand Rechtsfolgen erwachsen. Sachrechtlich unterscheiden sich die einzelnen Rechtsordnungen insoweit erheblich, das Spektrum reicht von (zumindest familienrechtlicher) Ignorierung bis hin zur detaillierten, sogar ehegleichen rechtlichen Ausgestaltung;[216] vielfach – wie auch in Deutschland – finden sich punktuelle, aber systematisch nicht zusammengefasste Regelungsansätze, die Haltung des Rechts gegenüber dem Phänomen faktischer Lebensgemeinschaften ist von Unsicherheit geprägt.[217]

108   **2. Anknüpfung. a) Begründung der faktischen Lebensgemeinschaft.** Mangels eines Begründungsakts mit daraus folgenden Rechtswirkungen ist mit der überwiegenden Auffassung davon auszugehen, dass es ein eigenständiges Begründungsstatut (etwa iS des Art. 13) hier nicht geben kann. Soweit faktischen Lebensgemeinschaften Rechtswirkungen zuerkannt werden, knüpft das jeweilige Sachrecht typischerweise an eine gewisse Dauer des Zusammenlebens an, dh die Gemeinschaft wächst faktisch langsam in den Bereich des Rechtserheblichen hinein. Dieser Vorgang und die maßgeblichen Kriterien können nur den Regelungen entnommen werden, die die jeweils geltend gemachte Rechtsfolge vorsehen – als Rechtsphänomen gibt es die faktische Lebensgemeinschaft überhaupt nur insoweit, als das Recht aus dem sozialen Sachverhalt einzelne Folgen erwachsen lässt.[218] Der Bestand der Lebensgemeinschaft ist demnach keine eigenständig anzuknüpfende Haupt- oder Vorfrage, sondern ein Tatbestandsmerkmal im Rahmen

[208] Zur personenstandsrechtlichen Registrierung VG Berlin IPRax 2011, 270 mAnm *Mankowski/Höffmann* IPRax 2011, 247. Auch im öffentlichen Recht wird die gleichgeschlechtliche Ehe als Lebenspartnerschaft behandelt: zum Aufenthaltsrecht VG Karlsruhe IPRax 2006, 284; zum Kindergeldrecht BFH IPRax 2004, 287.
[209] *Coester-Waltjen/Coester,* FS Brudermüller, 2014, 73 ff. (78 f.); *Coester* IPRax 2013, 114 (116 f.); Deutscher Rat für IPR IPRax 2013, 200 (201); *Michael* NJW 2010, 3537; *Dethloff* FamRZ 2016, 351 ff.; tendenziell in diesem Sinne auch schon die Rom III-VO (→ Rn. 138).
[210] Diese immer noch häufige Bezeichnung passt nicht mehr: Auch eingetragene Lebenspartner bilden eine „nichteheliche Lebensgemeinschaft".
[211] Dazu auch *Siehr* IPR, 2001, S. 79, 80.
[212] Zu heterosexuellen Lebenspartnerschaften → Rn. 91 ff.; zur gleichgeschlechtlichen Ehe → Rn. 105 ff.
[213] Ähnlich → Art. 17 Rn. 103; Staudinger/*Mankowski* (2011) Art. 13 Rn. 180; *Martiny* in Hausmann/Hohloch Nichteheliche Lebensgemeinschaft Rn. 11 und 112; *Hausmann,* FS Henrich, 2000, 241 (251); *Dörner,* FS Jayme, 2004, 143 (152); *Wagner* IPRax 2001, 281 (284); *Schwander* AJP 2001, 350.
[214] So Staudinger/*Spellenberg* (2015) Brüssel IIa-VO Art. 1 Rn. 7 ff. (zum Geltungsbereich der VO).
[215] Zu „Einstandsgemeinschaften" → Rn. 116.
[216] Einzelheiten bei *Schümann,* Nichteheliche Lebensgemeinschaften und ihre Einordnung im internationalen Privatrecht, 2001, 14 ff. Zum neuen brasilianischen Recht *Martins* StAZ 2006, 227; zu „De-Facto-Relationships" in Australien s. *Bates* in The International Survey of Family Law, 2011, 51 ff., 62 ff.; übergreifend *Henrich,* FS Kropholler, 2008, 305 ff.
[217] Krit. zur Fixierung der Reformdiskussion auf registrierte Partnerschaften *Siehr,* Deutscher Rat für IPR, Sitzung Oktober 1999, S. 25; *Coester* FamPra 2002, 748 (762).
[218] *Rauscher* IPR S. 219 f., Rn. 876; ähnlich *Schümann,* Nichteheliche Lebensgemeinschaften und ihre Einordnung im internationalen Privatrecht, 2001, 153; *Martiny* in Hausmann/Hohloch Nichteheliche Lebensgemeinschaft Rn. 12–22; Erman/*Hohloch* Vor Art. 13 Rn. 12; *Hausmann,* FS Henrich, 2000, 241 (253).

der Norm, aus der Rechtsfolgen hergeleitet werden.[219] Zu bestimmen ist demnach ausschließlich das Wirkungsstatut.

b) Wirkungen. Bezüglich der möglichen Anknüpfungen kann auf die bisherige Diskussion **109** (mit dem Vorbehalt gem. → Rn. 108) zurückgegriffen werden. Die Kollisionsnorm des Art. 17b eignet sich von vornherein nicht als Alternative, weil die Registrierung als maßgeblicher Anknüpfungspunkt fehlt.[220] Da es sich bei der faktischen Lebensgemeinschaft konzeptionell nicht um ein Rechtsverhältnis handelt, fehlen im positiven Recht häufig auch Regelungen zu den einzelnen Wirkungen der Gemeinschaft – während des Bestands wie auch nach ihrer Auflösung. Unterhaltsrechtliche Ansprüche der Lebenspartner gegeneinander während des Bestands der Gemeinschaft[221] unterfallen dem HUP 2007 (Art. 3), hilfsweise dem deutschen Recht.[222] Für die insbesondere nach Auflösung der Lebensgemeinschaft dennoch entstehenden Rechtsstreite sind in Rechtsprechung und Literatur eine Vielzahl von rechtlichen Ansätzen erwogen oder zugrundegelegt worden, ohne dass bisher eine allgemein konsentierte Rechtsgrundlage für Ausgleichsforderungen gefunden worden wäre.[223]

Soweit ein (konkludentes) **gesellschaftsrechtliches Verhältnis** angenommen wird,[224] wäre kol- **110** lisionsrechtlich das Gesellschaftsstatut maßgeblich. Häufiger werden jedoch **schuldvertragliche Maßstäbe** geprüft (Wegfall der Geschäftsgrundlage),[225] die kollisionsrechtlich dem Vertragsstatut (Art. 10 Abs. 1 Rom I-VO) zu entnehmen wären. Daneben werden auch **bereicherungsrechtliche Ausgleichsmechanismen** in Betracht gezogen (§ 812 Abs. 1 S. 2 Alt. 2 BGB „Zweckverfehlungskondiktion"),[226] die kollisionsrechtlich ebenfalls dem Vertragsstatut (Art. 10 Rom II-VO) unterfielen.

Neben diesen schuld- oder gesellschaftsrechtlichen Einordnungen der faktischen Lebensge- **111** meinschaft liegt es – ihrem Wesen und Zweck entsprechend – allerdings besonders nahe, eine **familienrechtliche Qualifikation** in Betracht zu ziehen. Hierfür sprechen auch die neueren Ansätze der Rechtsprechung, dem tatsächlichen, familienhaften Charakter dieser Lebensgemeinschaften verstärkt Rechnung zu tragen.[227] In der Literatur zeigt sich insoweit ein breites Meinungsspektrum. Dieses reicht von der analogen Anwendung der Art. 13 ff.,[228] unter Umständen mit gewissen Modifikationen bei den einzelnen Rechtsfolgen, über eine entsprechende Anwendung der Anknüpfungsleiter des Art. 14 Abs. 1[229] bis hin zur Bildung einer neuen, einheitlichen Kollisionsnorm mit Anknüpfung an den gemeinsamen (oder letzten gemeinsamen) gewöhnlichen Aufenthalt der Parteien.[230] Da Art. 13, wie dargelegt (→ Rn. 109), nicht passt, ist de lege lata letztlich nur zwischen der entsprechenden Anwendung der Art. 14 ff. und dem Aufenthaltsprinzip als eigenständigem, primären Anknüpfungspunkt zu entscheiden. Nach Art. 14 würde die gemeinsame oder frühere gemeinsame Staatsangehörigkeit der Aufenthaltsanknüpfung vorgehen. Bei der Entscheidung ist zu bedenken, dass die eherechtlichen Kollisionsnormen vom Rechtsstatus der Parteien als zentralem Element ausgehen – von der Begründung (Art. 13) über die aus dem Status folgenden Rechtswirkungen (Art. 14, deutlich insbesondere auch Art. 15) bis zur Auflösung des Status (Art. 17). Das Fehlen eines Rechtsstatus bei der faktischen Lebensgemeinschaft indiziert, dass die (autonomen) eherechtlichen Kollisionsnormen vom Ausgangspunkt her

---

[219] *Rauscher* IPR, 5. Aufl. 2017, Rn. 888; *Martiny* in Hausmann/Hohloch Nichteheliche Lebensgemeinschaft Rn. 12–18. *De lege ferenda* grundlegend anders *Sonnenberger*, FS Coester-Waltjen, 2015, 787, 808 ff. (wandelbare Anknüpfung an den gemeinsamen gewöhnlichen Aufenthalt der Partner).

[220] *Wagner* IPRax 2001, 281 (292).

[221] Dazu BGH NJW 2016, 1511 Rn. 24 ff., insbes. Rn. 28 ff.; *Löhnig* NJW 2016, 1487 ff.

[222] *Rauscher* IPR (5. Aufl. 2017) Rn. 887.

[223] S. insb. BGH DNotI-Report 2008, 142 = NJW 2008, 3277; FamRZ 2010, 277; 2013, 376; FamRZ 2014, 1574; ausf. *Moes* FamRZ 2016, 757 ff.; *Rauscher* IPR, 5. Aufl. 2017, Rn. 881 ff.; zum partnerschaftlichen Unterhaltsrecht BGH NJW 2016, 1511 Rn. 18 ff., insbes. 28 ff.

[224] Vgl. BGH DNotI-Report 2007, 6.

[225] BGH DNotI-Report 2008, 142 Rn. 40 ff. = NJW 2008, 3277; OLG Brandenburg BeckRS 2016, 03543; dazu ausf. *Moes* FamRZ 2016, 757 (758, 761 f.).

[226] BGH DNotI-Report 2008, 142 Rn. 34 ff. = NJW 2008, 3277; NJW-RR 2009, 1142 Rn. 14 ff.; OLG Brandenburg BeckRS 2016, 03543.

[227] Zuletzt BGH NJW 2016,1511 Rn. 20 ff.; dazu *Löhnig* NJW 2016, 1487 (1489).

[228] *Andrae* IntFamR S. 479; Staudinger/*Mankowski* (2011) Art. 13 Rn. 59 ff.; BeckOK BGB/*Heiderhoff* Rn. 15; *Striewe*, Ausländisches und Internationales Privatrecht, 1986, 365 ff.; *Henrich*, FS Beitzke, 1979, 507 (513); *Hausmann*, FS Henrich, 2000, 241 (249); *Wagner* IPRax 2001, 281 (284, 292).

[229] *Martiny* in Hausmann/Hohloch Nichteheliche Lebensgemeinschaft Rn. 12–23 und 112.

[230] *Schümann*, Nichteheliche Lebensgemeinschaften und ihre Einordnung im internationalen Privatrecht, 2001, 148 ff.; *Siehr* IPR, 2001, S. 80 (soweit ein Partnerschaftsvertrag fehlt); *Hausmann*, FS Henrich, 2000, 241 (251); vgl. auch (für die eingetragene Lebenspartnerschaft) Erman/*Hohloch* Vor Art. 13 Rn. 12; *Thorn* IPRax 2002, 349 (355); anders *Jakob* Lebenspartnerschaft S. 206 ff.

nicht passen – hier steht die Faktizität der Gemeinschaft im Vordergrund,[231] sie hat die gleiche sachverhaltsprägende Bedeutung wie der Status bei Ehe oder eingetragener Lebenspartnerschaft. Ihr kann angemessen nur mit einem auf die Fakten abstellenden Anknüpfungspunkt Rechnung getragen werden. Nach der Ausdifferenzierung, die Sach- und Kollisionsrecht durch das Institut der eingetragenen Lebenspartnerschaft erfahren haben, und der damit einhergehenden deutlicheren Konturierung der verbleibenden „faktischen Lebensgemeinschaft" (→ Rn. 107), scheint es nunmehr an der Zeit, der vielfach erhobenen Forderung nach Bildung einer eigenständigen Kollisionsnorm nachzukommen.[232]

112   Als primärer Anknüpfungspunkt bietet sich im System des deutschen Kollisionsrechts der (jeweilige) **gemeinsame gewöhnliche Aufenthalt** der Beteiligten an.[233] Dieser kollisionsrechtliche Begriff ist nicht gleichzusetzen mit der Dauer eheähnlichen Zusammenlebens, die viele Sachrechte vor der Auslösung von Rechtsfolgen voraussetzen.[234] In analoger Anwendung von Art. 14 Abs. 3 Nr. 1 sollte den Partnern, von denen keiner die Staatsangehörigkeit des Aufenthaltsstaates besitzt, die Möglichkeit eingeräumt werden, durch **Rechtswahl** des gemeinsamen oder eines Heimatrechts den Rechtsfolgen des Zusammenlebens im Aufenthaltsstaat zu entgehen.[235] Eine solche Lösung entspricht auch den sich abzeichnenden Konturen eines europäischen Kollisionsrechts.[236]

113   Die **Reichweite des Aufenthaltsstatuts** wird von den gleichen Erwägungen bestimmt, die den deutschen Gesetzgeber bei eingetragener Lebenspartnerschaft zur Einführung eines grundsätzlich einheitlichen Statuts für Begründung, Wirkungen und Auflösung bestimmt haben (→ Rn. 21).[237] Demgemäß sollte die Kollisionsnorm für faktische Lebensgemeinschaften ebenfalls nicht entsprechend dem Eherecht (Art. 14–17) aufgespalten, sondern als eine grundsätzlich die Gesamtheit der Gemeinschaftsbeziehungen umfassende Regelung konzipiert sein.[238] Inwieweit Ausdifferenzierungen entsprechend Art. 17b Abs. 2 oder den gemeinschaftsrechtlichen Vorschriften für Ehe und registrierte Lebenspartnerschaften angebracht sind, muss der künftigen Entwicklung überlassen bleiben.

114   Als konzeptionell familienrechtliche Kollisionsnorm ist ihr Verhältnis zum Vertragsstatut zu beurteilen wie im Recht der Ehe oder der eingetragenen Lebenspartnerschaften (→ Art. 14 Rn. 111; → Art. 15 Rn. 104). Soweit es den Beteiligten darum ging, die Konsequenzen ihres familienhaften Zusammenlebens vertraglich zu regeln, bestimmen sich Zulässigkeit und Wirkungen der Vereinbarungen deshalb ebenfalls grundsätzlich nach dem Aufenthaltsstatut (bzw. dem analog Art. 14 Abs. 3 Nr. 1 gewählten Heimatrecht, → Rn. 112). Nur für darüber hinausgehende Vereinbarungen kommt das Vertragsstatut in Betracht.

IV. Einstandsgemeinschaften

115   **1. Fragestellung.** Einstandsgemeinschaften sind erst in jüngerer Zeit ins Blickfeld auch des Rechts gerückt. Es handelt sich um Lebensgemeinschaften, bei denen die für Paarbeziehungen typische intime, auch das Sexuelle umfassende Komponente (auch hier nur: typischerweise) fehlt, in denen aber doch eine dauerhafte, das wirtschaftliche und persönliche Leben umfassende Symbiose besteht, die über bloße Wohn- oder Zweckgemeinschaften deutlich hinausgeht.[239] Solche Einstandsgemeinschaften können zwischen Verwandten,[240] aber auch anderen Personen bestehen. Regelungen

---

[231] *Siehr* IPR, 2001, S. 80.

[232] *Siehr* IPR, 2001, S. 81; *Schümann,* Nichteheliche Lebensgemeinschaften und ihre Einordnung im internationalen Privatrecht, 2001, 148 ff.

[233] Ausf. Begr. und Abgrenzung bei *Schümann,* Nichteheliche Lebensgemeinschaften, 2001, 150 ff.; im Ergebnis ebenso *Dörner,* FS Jayme, 2004, 143 (152); die Wandelbarkeit des Statuts bei Aufenthaltswechsel betonend *Sonnenberger,* FS Coester-Waltjen, 2015, 787 (809).

[234] „Anwartschaftszeiten" können also auch in einem früheren Aufenthaltsstaat begründet worden sein.

[235] Weitergehend *Schümann,* Nichteheliche Lebensgemeinschaften und ihre Einordnung im internationalen Privatrecht, 2001, 149 („weite Rechtswahlmöglichkeit einzuräumen"); Palandt/*Thorn* Rn. 13. *Siehr* IPR, 2001, S. 80 fordert demgegenüber ausdrückliche „Erklärungen oder Unterbrechung der Partnerschaft" – ob ersteres möglich ist, bestimmt jedoch das Aufenthaltsstatut; zweites erscheint unzumutbar.

[236] Zu diesen Konturen ausf. *Helms,* FS Pintens, 2012, 681 ff. (zum Aufenthaltsprinzip S. 687 ff., zur Rechtswahl S. 690 ff.).

[237] Zu Fragen des ordre public s. *Coester,* FS Sonnenberger, 2004, 321 (328).

[238] Anders *Martiny* in Hausmann/Hohloch Nichteheliche Lebensgemeinschaft Rn. 12–16 m. ausf. Darstellung der Wirkungen Rn. 12–23 ff. und der Auflösungsfragen Rn. 12–37 ff.

[239] Für Deutschland *Grziwotz* FamRZ 2012, 261 (262).

[240] Zu den „Burden-Sisters" in England EuGMR NJW-RR 2009, 1606; *Scherpe,* FS Pintens, 2012, 1225 (1234 ff.).

für sie finden sich vereinzelt in anderen Rechtsordnungen;[241] auch das BVerfG hat eine Regelungsbefugnis des Gesetzgebers grundsätzlich bejaht.[242]

2. Kollisionsrechtliche Behandlung. Eine einheitliche kollisionsrechtliche Qualifikation von **116** Einstandsgemeinschaften erscheint jedenfalls derzeit noch nicht möglich.[243] Ihre rechtstatsächlichen Strukturen und Funktionen bedürfen noch näherer Analyse; im Ergebnis wird aber wohl ein breites Spektrum an Gemeinschaftstypen festzustellen sein (zB verwandt/nicht verwandt; zwei/mehrere Personen). Auch bei den vorfindbaren rechtlichen Regelungen sind noch keine klaren Regelungstypen feststellbar – bis auf die Tendenz, für solche Gemeinschaften eine im Verhältnis zu Paarbeziehungen nur abgeschwächte, auf Einzelfragen wie Wohnung, Angehörigenstatus im Krankheitsfall oder Alter, gelegentlich auch Unterhalt, beschränkte Rechtsausstattung vorzusehen. Damit bleibt viel der privatautonomen Ausgestaltung überlassen, was die schuldrechtliche Anknüpfung näher legt als bei faktischen Paargemeinschaften. Angesichts der Familienhaftigkeit des Zusammenlebens wird im Einzelfall aber auch eine Anknüpfung wie bei faktischen Lebensgemeinschaften erwogen werden müssen. Soweit Regelungen für Einstandsgemeinschaften an einen förmlichen Begründungsakt (Registrierung) anknüpfen,[244] erscheint hingegen eine entsprechende Anwendung des Art. 17b Abs. 1 als angemessen.[245]

---

[241] Zu Belgien s. *Pintens* FamRZ 2000, 69 (71 f.); vgl. weiter Vermont Stat. Ann. 15, Chap. 25, Sec. 1301 ff.; ähnliche Regelungen in New South Wales (Property Relationships Act 1984) und dem Capitol Territory of Australia (Domestic Relations Act 1994) sowie im Recht der spanischen Provinz Katalonien (Gesetz 19/1998 vom 28.12.1998). Auch die heterosexuelle Partnerschaft von Personen über 62 Jahren nach dem Recht von New Jersey (Dom. Partnership Act 2003/2007, Sec. 4 b. (5)) kann hierher gerechnet werden.

[242] NJW 2002, 2543 (2550); vgl. Sondervotum *Haas* NJW 2002, 2552; *Braun* NJW 2003, 21 (26); *Sedemund-Treiber,* FS Peschel-Gutzeit, 2002, 132.

[243] Deutscher Rat für IPR IPRax 2013, 200 (201) („ derzeit" noch keine Regelung); zur Diskussion *Coester-Waltjen/Coester,* FS Brudermüller, 2014, 73 (79 f.); *Coester,* FS Sonnenberger, 2004, 321 (339 ff.). Für gesetzliche Regelungen *Scherpe,* The Present and Future of European Family Law (European Family Law Vol. IV, 2016), S. 81.

[244] So die Regelungen in Belgien, Katalonien und Vermont.

[245] Näher (auch zum ordre public) *Coester,* FS Sonnenberger, 2004, 321 (339 ff.).

Abschnitt 3. Internationales Unterhaltsrecht

Verordnung (EG) Nr. 4/2009 des Rates vom 18. Dezember 2008 über die Zuständigkeit, das anwendbare Recht, die Anerkennung und Vollstreckung von Entscheidungen und die Zusammenarbeit in Unterhaltssachen (EuUnthVO)

(ABl. EU 2009 Nr. L 7, S. 1; berichtigt ABl. EU 2011 Nr. L 131, S. 26, ABl. EU 2013 Nr. L 8, S. 19 und Nr. L 281, S. 29),

zuletzt geändert durch Art. 1 ÄndVO (EU) 2015/228 vom 17.2.2015 (ABl. EU 2015 Nr. L 49, S. 1)

– Auszug –

Art. 15 EuUnthVO Bestimmung des anwendbaren Rechts

Das auf Unterhaltspflichten anwendbare Recht bestimmt sich für die Mitgliedstaaten, die durch das Haager Protokoll vom 23. November 2007 über das auf Unterhaltspflichten anzuwendende Recht (nachstehend „Haager Protokoll von 2007" genannt) gebunden sind, nach jenem Protokoll.

Schrifttum: *Ancel/Muir Watt,* Aliments sans frontières. Le règlement CE No. 4/2009 du 18 décembre 2008 relatif à la compétence, la loi applicable, la reconnaissance et l'exécution des décisions et la coopération en matière d'obligations alimentaires, Rev. crit. 99 (2010), 457; *Andrae,* Zum Verhältnis der Haager Unterhaltskonvention 2007 und des Haager Protokolls zur geplanten EU-Unterhaltsverordnung, FPR 2008, 196; *Andrae,* Das neue Auslandsunterhaltsgesetz, NJW 2011, 2545; *Andrae,* Der Unterhaltsregress öffentlicher Einrichtungen nach der EuUntVO, dem HuÜ 2007 und dem HUP, FPR 2013, 38; *Andrae,* Internationales Familienrecht, 3. Aufl. 2014; *Andrae,* Anmerkung zum Beschluss des BGH v. 10.12.2014 (Az. XII ZB 662/13) NZFam 2015, 267; *Andrae,* Zur Form der Rechtswahl für eheliche Beziehungen, FS Martiny, 2014, 3; *Andrae,* Nachehelicher Unterhalt bezogen auf eine gescheiterte deutsch-schweizerische Ehe, IPRax 2014, 326; *Arnold,* Entscheidungseinklang und Harmonisierung im internationalen Unterhaltsrecht, IPRax 2012, 311; *Azcárraga Monzonís,* El nuevo convenio de La Haya sobre el cobro internacional de alimentos para los niños y otros miembros de la familia (sobre la negociación de determinados artículos en la sesión diplomática del 5 al 23 noviembre de 2007), Rev. esp. der. int. 60 (2008), 491; *Barnes/Hammond,* International Child Maintenance, 2012; *Bartl,* Die neuen Rechtsinstrumente zum IPR des Unterhalts auf internationaler und europäischer Ebene, Tübingen 2012; *Basedow,* Brexit und das Privat- und Wirtschaftsrecht, ZEuP 2016, 576; *Baumann,* Aktuelles zum internationalen Unterhaltsverfahrensrecht, IPRax 1994, 435; *Beck/Tometten,* Ehe für alle, Ein verfassungsrechtliches Gebot im Lichte ausländischer Gerichtsentscheidungen, DÖV 2016, 581; *Boele-Woelki,* Artikel 8 Haager Unterhaltsübereinkommen steht einer Rechtswahl nicht entgegen, IPRax 1998, 492; *Bonomi,* The Hague Protocol of 23 November 2007 on the Law Applicable to Maintenance Obligations, Yb. PIL X (2008), 333; *Bonomi,* Protokoll vom 23. November 2007 über das auf Unterhaltspflichten anzuwendene Recht, Den Haag Oktober 2009; *Binder/Kiehnle,* „Ehe für alle" – und Frauen als Väter, NZFam 2017, 742; *Brosius-Gersdorf,* Die Ehe für alle durch Änderung des BGB, Zur Verfassungsmäßigkeit der Ehe für gleichgeschlechtliche Paare, NJW 2015, 3557; *Brückner,* Unterhaltsregreß im internationalen Privat- und Verfahrensrecht, 1994; *Conti,* Grenzüberschreitende Durchsetzung von Unterhaltsansprüchen in Europa, 2011; *Coester,* Art. 17b EGBGB unter dem Einfluss des Europäischen Kollisionsrechts, IPRax 2013, 114; *Coester-Waltjen,* Die Abänderung von Unterhaltstiteln – Intertemporale Fallen und Anknüpfungsumfang, IPRax 2012, 528; *Conti/Bißmaier,* Das neue Haager Unterhaltsprotokoll von 2007, FamRBInt 2011, 52; *Dechamps,* Le règlement européen 4/2009 relatif aux aliments: Tentative de simplification de la résolution de litiges transfrontières en matière d'obligations alimentaires, Rev. trim. dr. fam. 2011, 801; *DeHart,* Comity, Conventions, and the Constitution: State and Federal Initiatives in International Support Enforcement, Fam. L. Q. 28 (1994), 89; *Déprez,* Loi applicable aux effets pécuniaires du divorce d'époux de nationalité marocaine domiciliés en France, J.C.P. 1993, 402; *Dethloff,* Denn sie wissen nicht, was sie tun, FS Martiny, 2014, S. 41; *Dimmler/Bißmaier,* Die Anwendung materiellen Rechts bei Trennungs- und Nacheheunterhaltsverfahren mit Auslandsbezug, FPR 2013, 11; *Dimmler,* Anwendbarkeit der Rom III-VO auf Privatscheidungen (hier: syrische talaq-Scheidung), FamRB 2015, 368; *Dörner,* EuErbVO: Die Verordnung zum Internationalen Erb- und Erbverfahrensrecht ist in Kraft!, ZEV 2012, 505; *Douchy-Oudot,* Le recouvrement des obligations alimentaires dans l'Union européenne, Liber amicorum Jacques Isnard, Paris 2009, 51; *Dutta,* Anmerkung zum Beschluss des Oberlandesgerichts Stuttgart vom 13.8.2014 (Az. 17 WF 146/14) [Zur Anwendbarkeit des Haager Unterhaltsprotokolls in deutsch-türkischen Fällen], FamRZ 2014, 2006; *Dutta,* Anmerkung zum Beschluss des BGH vom 20.4.2016 (Az. XII ZB 15/15) [Zur Eintragung eines im Ausland geborenen Kindes gleichgeschlechtlicher Eltern im Geburtenregister], FamRZ 2016, 1256; *Ehinger,* Besonderheiten des Verfahrens zur Abänderung von Unterhaltsbeschlüssen und – urteilen, NJW 2014, 3352; *Erbarth,* Öffnung der Ehe für alle?, NZFam 2016, 536; *Eßer,* Der Erlass weitergehender Formvorschriften im Rahmen des Haager Unterhaltsprotokolls durch die Mitgliedstaaten der EU, IPRax 2013, 399; *Eschenbruch/Schürmann/Menne,* Der Unterhaltsprozess, 6. Aufl. 2013; *Fasching/Konecny/Fucik,* Kommentar zu den Zivilprozeßgesetzen, 2. Aufl. Bd, 5/

2, Wien 2010, EuUVO, 1009; *Finger,* Neue kollisionsrechtliche Regeln für Unterhaltsforderungen, JR 2012, 51; *Finger,* Die Europäische Unterhaltsverordnung und das Haager Unterhaltsprotokoll, FuR 2014, 82; *Finger,* Islamische Morgengabe – insbesondere im Verhältnis zum Iran, Neuere deutsche Gerichtsentscheidungen, FuR 2017, 182; *Fischer,* Zur Anerkennung einer nach südafrikanischem Recht erfolgten Zuordnung des Kindes zur Lebenspartnerin der Mutter, NZFam 2016, 657; *Fornasier,* Der nacheheliche Unterhalt im italienischen Recht und seine Durchsetzung in Deutschland, FPR 2010, 524; *Fucik,* Das neue Haager Unterhaltsprotokoll. Globales Einheitskollisionsrecht gezeichnet, iFamZ 2008, 90; *Fucik,* Das neue Haager Unterhaltsübereinkommen, iFamZ 2008, 219; *Fucik,* Die neue Europäische Unterhaltsverordnung, iFamZ 2009, 245; *Fucik/M. Weber,* Statutenwechsel nach dem Haager Unterhaltsprotokoll, iFamZ 2012, 107; *Gebauer,* Schranken der Rechtswahl im internationalen Unterhaltsrecht, FS Martiny, 2014, 345; *Gebauer/Staudinger,* Registrierte Lebenspartnerschaften und die Kappungsregel des Art. 17b Abs. 4 EGBGB, IPRax 2002, 275; *Göppinger/Wax,* Unterhaltsrecht, 8. Aufl. 2003; *Gora,* Kindesunterhalt im deutschen und im polnischen Recht – Bedarfskorrektur im grenzüberschreitenden Rechtsverkehr, Kindschaftsrecht und Jugendhilfe 2008, 455; *Graba,* Die Abänderung von Unterhaltstiteln, 4. Aufl. 2011; *Graham-Siegenthaler,* Das Stiefkind (insbesondere das „child of the marriage") im schweizerischen und im kanadischen Familienrecht, 1996; *Gruber,* Die neue EG-Unterhaltsverordnung, IPRax 2010, 128; *Gruber,* Das Haager Protokoll zum internationalen Unterhaltsrecht, FS Spellenberg, 2010, 177; *Gruber,* Unterhaltsvereinbarung und Statutenwechsel, IPRax 2011, 559; *Gruber,* Anmerkung zum BGH Urt. v. 26.06.2013 – XII ZR 113/11, FamRZ 2013, 1374; *Gruber,* Die konkludente Rechtswahl im Familienrecht, IPRax 2014, 53; *Gruber,* Abänderung ausländischer Unterhaltsentscheidungen, IPRax 2016, 338; *Hau,* Die Zuständigkeitsgründe der Europäischen Unterhaltsverordnung, FamRZ 2010, 516; *Hau,* Die Europäische Unterhaltsverordnung und das Haager Unterhaltsprotokoll in der deutschen Rechtspraxis, ZVglRWiss 115 (2016), 672; *Hausmann,* Schranken der Rechtswahl im internationalen Unterhaltsrecht, FS Martiny, 2014, S. 345; *Hausmann,* Internationales und Europäisches Ehescheidungsrecht, 2013; *Hay/Rösler,* Internationales Privat- und Zivilverfahrensrecht, 5. Aufl. 2016; *Heger/Selig,* Die europäische Unterhaltsverordnung und das neue Auslandsunterhaltsgesetz – die erleichterte Durchsetzung von Unterhaltsansprüchen im Ausland, FamRZ 2011, 1101; *Heiderhoff,* Wann ist ein „Clean Break" unterhaltsrechtlich zu qualifizieren? IPRax 2011, 156; *Heiderhoff,* Anmerkung zu Beschl. v. BGH 10.12.2014 – XII ZB 232/13, FamRZ 2015, 484; *Heiß/Born* (Hrsg.), Unterhaltsrecht, Ein Handbuch für die Praxis, Stand 2012; *Helms,* Anwendbarkeit der Rom III-VO auf Privatscheidungen? Anmerkung zum Beschluss des Europäischen Gerichtshofs v. 12.05.2016 – C 281/15, FamRZ 2016, 1134; *Henrich,* Kollisionsrechtliche Probleme bei der Auflösung eheähnlicher Gemeinschaften, FS Beitzke, 1979, 507; *Henrich,* Ehe- und Familiensachen mit Ausländerbeteiligung, 4. Aufl. 1988; *Henrich,* Internationales Familienrecht, 2. Aufl. 2000; *Henrich,* Internationale Zuständigkeit und korrigierende Anknüpfungen in Unterhaltssachen, IPRax 2001, 437; *Henrich,* Im Labyrinth des internationalen Unterhaltsrechts, FamRZ 2015, 1761; *Hess,* Back to the Past: BREXIT und das europäische internationale Privat- und Verfahrensrecht, IPRax 2016, 409; *Hilbig,* Der Begriff des Familienverhältnisses in Art. 1 HPUnt 2007 und Art. 1 EuUntVO, GPR 2011, 310; *Hirsch,* Neues Haager Unterhaltsübereinkommen – Erleichterte Geltendmachung und Durchsetzung von Unterhaltsansprüchen über Ländergrenzen hinweg, FamRBint 2008, 70; *Hirsch,* Das neue Haager Unterhaltsübereinkommen und das Haager Protokoll über das auf Unterhaltspflichten anzuwendende Recht, in Coester-Waltjen u.a. (Hrsg.), Europäisches Unterhaltsrecht, 2010, 17; *Hoff/Schmidt,* Die Verordnung (EG) Nr. 4/2009 oder „Viele Wege führen zum Unterhalt", JAmt 2011, 433; *Hüßtege/Mansel,* Rom-Verordnungen, EuErbVO, HUP, Bd. 6, 2. Aufl. 2015; *Ipsen,* Ehe für alle – verfassungswidrig?, NVwZ 2017, 1096; *van Iterson,* Het functioneren van de Alimentatieverdragen, Tijdschrift voor Familie- en Jeugdrecht 1999, 127; *van Iterson,* IPR-aspecten van de nieuwe mondiale Europese regelgeving op het gebied van alimentatie, Tijdschrift voor Familie- en Jeugdrecht 2009, 246; *van Iterson,* Toegang tot de rechter en het recht in international alimentiezaken, in Ibili u.a., IPR in de spiegel van Paul Vlas, Deventer 2012, 99; *Jänterä-Jareborg,* Har föräldrarna en livslång underhållsskyldighet i internationella förhållanden?, Svensk Juristtidning 1993, 327; *Janzen,* Die neuen Haager Übereinkünfte zum Unterhaltsrecht und die Arbeiten an einer EU-Unterhaltsverordnung, FPR 2008, 218; *Jayme,* Wandel des Unterhaltsbegriffs und Staatsverträge im Internationalen Privatrecht, FS Overbeck, 1990, 529; *Johannsen/Henrich* (Hrsg.), Familienrecht. Scheidung, Unterhalt, Verfahren, 6. Aufl. 2015; *Keuter,* Zuständigkeitsprobleme in Kindschaftssachen bei Wechsel des gewöhnlichen Aufenthalts des Kindes, FuR 2015, 262; *Knoop,* Die Ehe für alle, NJW-Spezial 2017, 580; *Koch/Kamm,* Handbuch des Unterhaltsrechts, 12. Aufl. 2012, Rn. 8001 ff.; *Kindl/Meller-Hennich/Wolf* (Hrsg.), Gesamtes Recht der Zwangsvollstreckung, 3. Aufl. 2015; *Kroll-Ludwigs,* Das Verhältnis von Haager Unterhaltsprotokoll (2007) und Haager Unterhaltsübereinkommen (1973): lex posterior derogat legi prori?, IPRax 2016, 34; *Kuntze,* Unterhaltsrückgriff nach dem SGB II mit Auslandsbezug durch die Jobcenter und Optionskommunen, FPR 2011, 166; *Lagarde,* Observations sur l'articulation des questions de statut personnel et des questions alimentaires dans l'application des conventions de droit international privé, FS Overbeck, 1990, 511; *Lehmann,* Das neue Unterhaltskollisionsrecht – im Irrgarten zwischen Brüssel und Den Haag, GPR 2014, 342; *Levante,* Die Reform des internationalen Unterhaltsrechts – das Haager Unterhaltsübereinkommen und das Protokoll über das auf Unterhaltspflichten anzuwendende Recht von 2007, FS Schwander, Zürich/St. Gallen 2011, 729; *Looschelders/Boos,* Das grenzüberschreitende Unterhaltsrecht in der internationalen und europäischen Entwicklung, FamRZ 2006, 374; *Lortie,* The Development of Medium and Technology Neutral International Treaties in Support of Post-Convention Information Technology Systems – The Example of the 2007 Hague Convention and Protocol, Yb. PIL X (2008), 359; *Lortie,* The 2007 Hague Child Support Convention and its Protocol on the Law Applicable to Maintenance Obligations: Challenges and Opportunities for Domestic Reforms, Int. Fam. L. 2012, special issue; *Löhnig,* Ehe für alle – Abstammung für alle?, NZFam 2017, 643; *Mankowski,* Der gewöhnliche Aufenthalt eines verbrachten Kindes unter der Brüssel IIa-VO, Anmerkung zu EuGH, Urt. V. 22.12.2010-Rs. C-497/10 PPU, GPR 2011, 209; *Mankowski,* Unterhaltsabänderungsantrag bei einem in die Türkei gezogenen Kind, NZFam 2014, 264; *Mankowski,* Die Reaktion des Internationalen Privatrechts auf neue Erscheinungsformen der Migration, IPRax 2017, 40; *Martiny,* Maintenance Obligations in the Conflict of Laws, Rec. des

Cours 247 (1994-III), 131; *Martiny,* Unterhaltsrang und -rückgriff im Internationalen Privatrecht, FS Jayme, Bd. I, 2004, S. 575; *Martiny,* Geltendmachung und Durchsetzung von auf öffentliche Einrichtungen übergegangenen Unterhaltsforderungen, insbesondere international Zuständigkeit, Anerkennung und Vollstreckung, FamRZ 2014, 429; *Martone,* Il Regolamento (CE) N. 4/2009 e la « codificazione » europea della disciplina in materia di obbligazioni alimentari, Dir. comunit. scambi int. 2012, 319; *Meyer,* Gleichgeschlechtliche Ehe unabhängig vom Ehebegriff des Art. 6 Abs. 1 GG verfassungsgemäß, FamRZ 2017, 1281; *Nademleinsky,* Die neue EU-Unterhaltsverordnung samt dem neuen Haager Unterhaltsprotokoll, ZEheFamR 2011, 130; *Nimmerrichter,* Handbuch Internationales Unterhaltsrecht, Wien 2011; *v. Overbeck,* Obligations « alimentaires » entre époux après divorce: autonomie ou rattachement objectif?, Etudes Alfred Rieg, 2000, 839; *Pellis,* Alimentatie, 1996; *Pellis,* Enige aspecten van rechtskeuze in het internationale alimentenrecht, WPNR 1997, 527; *Pika,* Die Kammer für internationale Handelssachen – Eine einmalige Chance nach dem Brexit, IWR 2016, 206; *Prinz,* Das neue Internationale Unterhaltsrecht unter Europäischen Einfluss, 2013; *Rahm/Künkel,* Handbuch des Familiengerichtsverfahrens, 2007; *Rahm/Künkel/Bearbeiter,* Handbuch Familien- und Familienverfahrensrecht, 4. Aufl. 2010 ff.; *Rauscher,* Zur Anerkennung der Eltern-Kind-Zuordnung zur Ehefrau der Mutter nach südafrikanischem Recht, NJW 2016, 2327; *Reng,* Unterhaltsansprüche aufgrund nichtehelicher Lebensgemeinschaft, 1994; *Rentsch,* Die Zukunft des Personalstatuts im gewöhnlichen Aufenthalt, ZEuP 2015, 288; *Rieck,* Durchsetzung und Abänderung eines in einem durch das Haager Unterhaltsprotokoll gebundenen EU-Mitgliedstaat geschlossenen Unterhaltsvergleichs in Deutschland, FamFR 2013, 558; *Rieck,* Möglichkeiten und Risiken der Rechtswahl nach supranationalem Recht bei der Gestaltung von Ehevereinbarungen, NJW 2014, 257; *Riegner,* Das anwendbare Recht bei der Abänderung von Unterhaltstiteln mit Auslandsbezug, FamFR 2012, 54; *Riegner,* Anwendung des § 1578b BGB bei Übersiedelung eines Ehegatten nach Deutschland aus Anlass der Eheschließung, FamFR 2013, 121; *Ring,* Materiell-rechtliche Berücksichtigung des Auslandsbezugs bei Geltendmachung von Unterhaltsansprüchen nach dem HUP, FPR 2013, 16; *van Rooij/Polak,* Private International Law in the Netherlands, 1987 und Suppl. 1995; *Schäuble,* Die Sicherung von Unterhaltsvereinbarungen zwischen Ehegatten durch Rechtswahl zu Gunsten deutschen Rechts, NZFam 2014, 1071; *G.E. Schmidt,* Equal Treatment of the Parties in International Maintenance Cases, Liber Amicorum Siehr, 2000, 657; *C. Schmidt* (Hrsg.), Internationale Unterhaltsrealisierung. Rechtsgrundlagen und praktische Anwendung, 2011; *C. Schmidt,* „Ehe für alle" – Ende der Diskriminierung oder Verfassungsbruch?, NJW 2017, 2225; *C. Schneider,* Rechtsprobleme bei familienrechtlichen Unterhaltszahlungen in Wirtschaftsgebiete mit niedrigem Lebensstandard, 1992; *B. Schneider,* Die Abänderung von Unterhaltsentscheidungen, JBl. 2012, 705; *G. Schulze,* Bedürfnis und Leistungsfähigkeit im internationalen Unterhaltsrecht, 1998; *G. Schulze,* Der engere gewöhnliche Aufenthalt?, IPRax 2012, 526; *Schwarz/Scherpe,* Nachehelicher Unterhalt im internationalen Privatrecht, FamRZ 2004, 665; *Siehr,* Kindesentführung und EuEheVO – Vorfragen und gewöhnlicher Aufenthalt im Europäischen Kollisionsrecht, IPRax 2012, 316; *Siehr,* The EU Maintenance Regulation and the Hague Maintenance Protocol of 2007. Recognition of Foreign Judgments and the Public Policy Defense, Essays in Honour of van Loon, Cambridge 2013, 529; *G. Smith,* The Recognition and Enforcement of Maintenance Orders within the European Union: The EU Maintenance Regulation, Int. Fam. L. 2011, 187; *Staudinger,* Editorial: Gedankensplitter zum Brexit, jurisPR-IWR 5/2016 Anm. 1; *Staudinger/Friesen,* Leben und sterben lassen in der EU – Europäisches Internationales Privatrecht in Erbsachen nach der Verordnung (EU) Nr. 650/2012, JA 2014, 641; *Staudinger/Papadopoulos,* Sorayas Morgengabe, JA 2017, 495; *Steinrötter,* Günstigkeitsprinzip im internationalen Abstammungsrecht, jurisPR-IWR 5/2016 Anm. 6; *Steinrötter,* Zusammenspiel von Unterhalts- und Abstammungsstatut, jurisPR-IWR 6/2016 Anm. 2; *Sumampouw,* Les nouvelles conventions de La Haye I, 1976, III, 1984, IV, 1994 und V, 1996; *Unger/Unger,* Unterhalt bei im Ausland lebenden Unterhaltsgläubigern oder Unterhaltsschuldnern nach dem Wegfall der Statistik zur Verbrauchergeldparität, FPR 2013, 19; *Verschraegen,* Die Kinderrechtekonvention, 1996; *Verwilghen,* Rapport explicatif, in Actes et documents de la Douzième session 2 au 21 octobre 1972, Bd. IV, 1975, 384, 432; *Völker,* Anmerkung zum Beschluss des BGH vom 16.03.2011 (Az. XII ZB 407/10), FamRZ 2011, 796; *Wagner/Janzen,* Die Anwendung des Kinderschutz-Übereinkommens in Deutschland, FPR 2011, 111; *M. Weber,* Der sachliche Anwendungsbereich der EU-Unterhaltsverordnung, ÖJZ 2011, 947; *M. Weber,* Die Grundlage der Unterhaltspflicht nach dem Haager Unterhaltsprotokoll, ZfRV 2012, 170; *M. Weber,* Die Zuständigkeitstatbestände des Art. 3 EU-Unterhaltsverordnung, ZEheFamR 2012, 13; *Wellenhofer,* Entscheidungsbesprechung zum Beschluss des BGH vom 20.4.2016 (Az. XII ZB 15/15) Zur Eintragung eines im Ausland geborenen Kindes gleichgeschlechtlicher Eltern im Geburtenregister, JuS 2016, 942; *Weller/Hauber/Schulz,* Gleichstellung im Internationalen Scheidungsrecht – talaq und get im Lichte des Art. 10 Rom III-VO, IPRax 2016, 123; *Winkler v. Mohrenfels,* Die Rom III- und Brüssel IIa-Verordnungen in der deutschen Rechtspraxis, ZVglRwiss 115 (2016) 650.

Materialien: Kommission der Europäischen Gemeinschaften, Grünbuch Unterhaltspflichten vom 15.4.2004, KOM (2004), 254 endg.; Kommission der Europäischen Gemeinschaften, Vorschlag vom 15.12.2005 für eine Verordnung des Rates über die Zuständigkeit und das anwendbare Recht in Unterhaltssachen, die Anerkennung und Vollstreckung von Unterhaltsentscheidungen und die Zusammenarbeit im Bereich der Unterhaltspflichten, KOM (2005), 649 endg.; *Bonomi,* Protokoll vom 23. November 2007 über das auf Unterhaltspflichten anzuwendende Recht, Oktober 2009.

Übersicht

A. Rechtsquellen

I. Deutsches Kollisionsrecht

1   Art. 18 EGBGB ist mit Inkrafttreten der EuUnthVO am 18.6.2011 gestrichen worden, und zwar durch Art. 12 Nr. 3 des Gesetzes zur Durchführung der Verordnung (EG) Nr. 4/2009 und zur Neuordnung bestehender Aus- und Durchführungsbestimmungen auf dem Gebiet des internationalen Unterhaltsverfahrensrechts vom 23.5.2011 (BGBl. 2011 I S. 898). An die Stelle von Art. 18 EGBGB ist das HUP von 2007 getreten, das zunächst über Art. 15 EuUnthVO zur Anwendung gelangte. Nach dem völkerrechtlichen Inkrafttreten des HUP 2007 am 1.8.2013 durch die Ratifikation Serbiens ist der Verweis in Art. 15 lediglich deklaratorischer Natur.[1] Alle Mitgliedstaaten wenden also statt des eigenen Kollisionsrechts das HUP von 2007 an.

II. Internationale Rechtsquellen

2   **1. Europarecht.** Seit dem 18.6.2011 gilt die Verordnung (EG) Nr. 4/2009 des Rates über die Zuständigkeit, das anwendbare Recht, die Anerkennung und Vollstreckung von Entscheidungen und die Zusammenarbeit in Unterhaltssachen (EuUnthVO) vom 18.12.2008. Zu dieser Verordnung hat die Bundesrepublik das Gesetz vom 23.5.2011 zur Durchführung der EuUnthVO erlassen (→ Rn. 1). Art. 1 des Gesetzes von 2011 (BGBl. 2011 I S. 898) enthält das Gesetz zur Geltendmachung von Unterhaltsansprüchen im Verkehr mit ausländischen Staaten (Auslandsunterhaltsgesetz – AUG). Alle Mitgliedstaaten wenden also statt des eigenen Kollisionsrechts das HUP von 2007 an. Die EuUnthVO regelt ebenfalls abschließend die internationale und teils örtliche Zuständigkeit der Gerichte aus diesen Ländern sowie die Anerkennung und Vollstreckung von Entscheidungen aus Mitgliedstaaten. Auch Irland (Erwägungsgrund 46) und das Vereinigte Königreich[2] (Erwägungsgrund 47) beteiligen sich an der EuUnthVO.[3] Dänemark (Erwägungsgrund 48) ist kein Mitgliedstaat der EuUnthVO, allerdings gilt dieser Rechtsakt mit Ausnahme der Vorschriften in den Kapiteln III und VII über das Parallelabkommen[4] auch gegenüber Dänemark.[5] Hinsichtlich der Zuständigkeit sowie Anerkennung und Vollstreckung ist daher zum in Dänemark über das Parallelabkommen die EuUnthVO heranzuziehen. Aufgrund des Ausschlusses gelangt Art. 15 EuUnthVO in Dänemark nicht zur Anwendung. Daher gelten in Dänemark weiterhin die bisher maßgeblichen unterhaltsrechtlichen Kollisionsnormen.[6] Entscheidungen aus Drittstaaten werden nach Staatsverträgen oder nach §§ 107 ff. FamFG anerkannt und vollstreckt.

    Die EuUnthVO regelt die folgenden vier Bereiche.

---

[1] Rauscher/*Andrae* Rn. 14; HK-ZPO/*Dörner* Rn. 1.

[2] Beachte, dass das Vereinigte Königreich aufgrund des Brexit-Referendums nach Art. 50 EUV aus der EU austreten wird, s. zu den Folgen des Austritts: *Basedow* ZEuP 2016, 567 ff.; *Hess* IPRax 2016, 409 ff.; *Pika* IWRZ 2016, 206 ff.; *Staudinger* jurisPR-IWR 5/2016 Anm. 1.

[3] Irland hatte bereits frühzeitig seine Beteiligung erklärt (s. Erwägungsgrund 46 EuUnthVO), während das Vereinigte Königreich erst im Januar 2009 mitteilte, an der Anwendung der EuUnthVO teilnehmen zu wollen, ABl. EU 2009 L 149, S. 73.

[4] Abkommen zwischen der Europäischen Gemeinschaft und dem Königreich Dänemark über die gerichtliche Zuständigkeit und die Anerkennung und Vollstreckung von Entscheidungen in Zivil- und Handelssachen, ABl. EU 2005 L 299, S. 62.

[5] ABl. EU 2009 L 149, S. 80.

[6] HK-ZPO/*Dörner* Rn. 2.

a) Zuständigkeit inländischer Gerichte. Die Zuständigkeitsvorschriften der EuUnthVO traten **3** ausweislich Art. 68 Abs. 1 ab dem 18.6.2011 an die Stelle derjenigen Regelungen, welche die EuGVO aF[7] für Unterhaltssachen (insbesondere Art. 5 Nr. 2 Brüssel I-VO; in der reformierten Fassung der Brüssel Ia-VO[8] ist diese Zuständigkeitsregelung daher entfallen und Unterhaltssachen bleiben nach Art. 1 Abs. 2 lit. e Brüssel Ia-VO grundsätzlich vom Anwendungsbereich ausgenommen) vorsah. Die EuUnthVO regelt in Art. 3–14 die internationale Zuständigkeit abschließend. Die §§ 98 ff. FamFG kommen nicht zur Anwendung, denn die EuUnthVO normiert die normale Zuständigkeit (Art. 3–5), eine Auffang- (Art. 6) sowie eine Notzuständigkeit für Ausnahmefälle (Art. 7). Nationale Instanzen können aber einstweilige Maßnahmen und Sicherungsmaßnahmen erlassen, wenn sie in der Hauptsache nicht zuständig sind (Art. 14).

b) Anwendbares Recht. Für das anwendbare Recht verweist Art. 15 auf das Haager Protokoll **4** vom 23.11.2007 über das auf Unterhaltspflichten anzuwendende Recht (HUP). Dieses Protokoll hat die EU als Mitglied der Haager Konferenz gebilligt, mit dem Inkrafttreten der EuUnthVO für die an das HUP gebundenen Mitgliedstaaten der EU in Kraft gesetzt und erklärt, dass alle ab dem 18.6.2011 anhängig gemachten Unterhaltsverfahren auch dann nach dem HUP beurteilt werden, wenn der Unterhaltsanspruch vor dem 18.6.2011 entstanden ist.[9] Das HUP ist seit dem 1.8.2013 für die Vertragsstaaten (EU und Serbien) völkerrechtlich in Kraft.[10] Zu beachten gilt jedoch, dass weder Dänemark noch das Vereinigte Königreich durch die Ratifikation der EU an das HUP gebunden sind.[11] Zwar hat das Vereinigte Königreich seine Teilnahme an der EuUntVO erklärt,[12] jedoch das HUP nicht selbst ratifiziert. Daher gilt es nicht als gebundener Mitgliedstaat nach Maßgabe des Art. 15 EuUnthVO, sodass das HUP auch über den Verweis nicht zur Anwendung gelangt. In Dänemark greift der Art. 15 EuUnthVO aufgrund des Ausschlusses der Vorschriften in den Kapiteln III und VII ebenfalls nicht über das Parallelabkommen (→ Rn. 1).[13] Folglich beanspruchen in dem Vereinigten Königreich und Dänemark weiterhin die bisher maßgeblichen unterhaltsrechtlichen Kollisionsnormen Geltung.[14] Die anderen Mitgliedstaaten der EU wendeten das HUP über über den Verweis des Art. 15 EuUnthVO schon ab dem 18.6.2011 „vorläufig" als sekundäres Unionsrecht an.[15]

c) Anerkennung und Vollstreckung von Entscheidungen aus Mitgliedstaaten. In den **5** Art. 16–43, 48 wird die Anerkennung und Vollstreckung von Entscheidungen, Vergleichen und Urkunden aus Mitgliedstaaten geregelt. Titel aus Drittstaaten werden nach Staatsverträgen oder nationalem Recht anerkannt und vollstreckt.

d) Zusammenarbeit der Zentralen Behörden von Mitgliedstaaten. Die Art. 49–63 regeln **6** die Zusammenarbeit der Zentralen Behörden innerhalb des Europäischen Justiziellen Netzes für Zivil- und Handelssachen.

2. Multilaterale Staatsverträge. Neben der EuUnthVO bzw. dem HUP 2007 gelten aus deut- **7** scher Sicht nur noch folgende multilaterale Staatsverträge, nämlich das UN-Übereinkommen vom

---

[7] Verordnung (EG) Nr. 44/2001 des Rates vom 22. Dezember 2000 über die gerichtliche Zuständigkeit und die Anerkennung und Vollstreckung von Entscheidungen in Zivil- und Handelssachen, ABl. EG 2001 Nr. L 12, S. 1 ff.

[8] Verordnung (EU) Nr. 1215/2012 des Europäischen Parlaments und des Rates vom 12. Dezember 2012 über die gerichtliche Zuständigkeit und die Anerkennung und Vollstreckung von Entscheidungen in Zivil- und Handelssachen, ABl. EU 2012 Nr. L 351, S. 1 ff; ber. ABl. EU 2016 Nr. L 264, S. 43; zuletzt geändert durch Art. 1 ÄndVO (EU) 2015/281 vom 26.11.2014, ABl. EU 2015 Nr. L 54, S. 1.

[9] Erklärung nach Art. 5 Abs. 2 des Beschlusses des Rates vom 30.11.2009 über den Abschluss des Haager Protokolls vom 23.11.2007 über das auf Unterhaltspflichten anzuwendende Recht durch die Europäische Gemeinschaft, ABl. EU 2009 L 331, S. 17 f.

[10] Bis zum 31.1.2013 hatte nur die EU das HUP ratifiziert. Nach Art. 25 Abs. 1 HUP sind aber zwei Ratifikationen notwendig, damit das HUP endgültig für die Vertragsstaaten, die es ratifiziert haben, in Kraft tritt. Durch die Ratifikation Serbiens konnte das HUP am 1.8.2013 völkerrechtlich in Kraft treten. Mittlerweile hat auch die Ukraine das HUP unterschrieben, allerdings noch nicht ratifiziert.

[11] Beachte die Notifikation seitens der EU zum HUP sowie Art. 3 des Beschlusses des Rates vom 30.11.2009 über den Abschluss des Haager Protokolls vom 23.11.2007 über das auf Unterhaltspflichten anzuwendende Recht durch die Europäische Gemeinschaft, ABl. EU 2009 L 331, S. 17 f.

[12] ABl. EU 2009 L 149, S. 73.

[13] Zum einen steht der Wortlaut des Art. 15 EuUnthVO entgegen und zum anderen hat Dänemark von vornherein die Anwendbarkeit der Vorschriften in den Kapiteln III und VII über das Parallelabkommen ausgeschlossen, ABl. EU 2009 L 149, S. 80.

[14] HK-ZPO/*Dörner* Rn. 2.

[15] Rauscher/*Andrae* Rn. 17.

20.6.1956 über die Geltendmachung von Unterhaltsansprüchen im Ausland,[16] das Haager Übereinkommen über die Anerkennung und Vollstreckung von Entscheidungen auf dem Gebiet der Unterhaltspflicht gegenüber Kindern vom 15.4.1958,[17] das Haager Übereinkommen vom 2.10.1973 über die Anerkennung und Vollstreckung von Unterhaltsentscheidungen (UnthAnerkÜbk 1973)[18] und das Haager Übereinkommen vom 23.11.2007 über die internationale Geltendmachung der Unterhaltsansprüche von Kindern und anderen Familienangehörigen (HUntÜbk 2007).[19]

7a   Im Hinblick auf das anwendbare Recht sind ebenfalls das Haager Übereinkommen über das auf Kinder anzuwendende Recht vom 24.10.1956,[20] und das Haager Übereinkommen über das auf Unterhaltspflichten anzuwendende Recht vom 2.10.1973[21] zu beachten.

7b   Als einziger Mitgliedstaat ist Schweden Vertragsstaat des Übereinkommens vom 23. März 1962 zwischen Schweden, Dänemark, Finnland, Island und Norwegen über die Geltendmachung von Unterhaltsforderungen, welches nach Art. 69 EuUntVO weiterhin zur Anwendung gelangen kann.

8   **3. Bilaterale Abkommen.** Das Niederlassungsabkommen vom 17.2.1929 zwischen dem Deutschen Reich und dem Kaiserreich Persien (Dt.-Iran. NlassAbk)[22] ist das einzige bilaterale Abkommen, das der EuUnthVO nach deren Art. 69 Abs. 1 vorgeht und das HUP verdrängt (dazu ausführlich → HUP Einl. Rn. 16 ff.).[23] Das Abkommen gilt in der Bundesrepublik dann, wenn Unterhaltsansprüche zwischen iranischen Beteiligten in der Bundesrepublik[24] oder zwischen Deutschen im Iran zu beurteilen sind. Hat einer der iranischen Beteiligten auch noch die deutsche Staatsangehörigkeit, so gilt das bilaterale Abkommen nicht, sondern das HUP.[25]

9   **4. Zusammenspiel der internationalen Rechtsquellen.** Für die oben genannten Rechtsquellen gilt Folgendes.

10   **a) Zuständigkeit inländischer Gerichte.** In Unterhaltssachen richtet sich die Zuständigkeit ausschließlich nach der EuUnthVO. Die EuGVO aF galt insofern nicht mehr und wurde für Unterhaltssachen durch die spätere EuUnthVO als lex specialis ersetzt (Art. 68 Abs. 1). In der novellierten EuGVO, welche für Verfahren ab dem 10.1.2015 maßgeblich ist, sind Unterhaltssachen nach Art. 1 Abs. 2 lit. e EuGVO nF vom Anwendungsbereich ausgenommen.

10a   Umstritten ist hingegen, ob sich die Zuständigkeit deutscher Gerichte nach dem rev. LugÜbk[26] oder nach der EuUnthVO[27] richtet, wenn der Beklagte in Norwegen, Island oder der Schweiz ansässig ist.[28] Die EuUnthVO selbst enthält keine Regelung hinsichtlich des rev. LugÜbk, da dieses von der EU und nicht den einzelnen Mitgliedstaaten selbst abgeschlossen wurde. Mithin findet die Vorschrift des Art. 69 EuUnthVO keine Anwendung.[29] Folglich sind die Vorschriften im rev. LugÜbk in den Blick zu nehmen. Unterschiedliche Ansichten stützen den jeweiligen Vorrang einer Rechtsquelle auf unterschiedliche Konkurrenznormen des rev. LugÜbk. Stelle man darauf ab, dass die EuUnthVO Nachfolgerin der Brüssel I-VO sei, gelange in (entsprechender) Anwendung des Art. 64 Abs. 2 lit. a rev. LugÜbk diese Konvention vorrangig zur Anwendung.[30] Begreife man die EuUntVO hingegen als Übereinkunft über ein besonderes Rechtsgebiet iSd. Art. 67 rev. LugÜbk (in diesem Fall als besondere Übereinkünft über das Unterhaltsrecht), genieße der Unionsrechtsakt

---

[16] *Jayme/Hausmann* Nr. 220.

[17] *Jayme/Hausmann* Nr. 180.

[18] *Jayme/Hausmann* Nr. 181.

[19] *Jayme/Hausmann* Nr. 182. Dieses Übereinkommen, das im Wesentlichen die internationale Zusammenarbeit von Zentralen Behörden sowie die Anerkennung und Vollstreckung von Unterhaltsentscheidungen regelt, ist am 1.1.2013 in Kraft getreten und gilt in Albanien, Bosnien-Herzegowina, der EU, Norwegen und der Ukraine. Durch die jüngsten Ratifikationen wird es ab dem 1.1.2017 auch in Montenegro und den USA sowie ab dem 1.2.2017 in der Türkei zur Anwendung gelangen. Der aktuelle Ratifikationsstand ist abrufbar unter: https://www.hcch.net/de/instruments/conventions/status-table/?cid=131.

[20] *Jayme/Hausmann* Nr. 40.

[21] *Jayme/Hausmann* Nr. 41.

[22] RGBl. 1930 II S. 1002 (1006); 1931 II S. 9; BGBl. 1955 II S. 829; *Jayme/Hausmann* Nr. 22 (Art. 8).

[23] BGH IPRax 2005, 346; OLG Celle FamRZ 2012, 383; OLG Zweibrücken NJW-RR 2007, 1232; AG Hamburg-St. Georg BeckRS 2015, 09778.

[24] So AG Hamburg IPRspr. 1992 Nr. 122 für Anspruch der Ehefrau auf die Morgengabe.

[25] OLG Frankfurt NZFam 2016, 1112; OLG Köln NJW 2016, 649; s. zum Anwendungsbereich des Abkommens *Staudinger/Papadopoulos* JA 2017, 495 (499).

[26] Dafür Rauscher/*Andrae* Art. 69 Rn. 16 ff.

[27] Für deren Vorrang MüKoFamFG/*Lipp* Art. 69 EWG_VO_4_2009 Rn. 14.

[28] Siehe ausführlich zur Abgrenzung zwischen dem rev. LugÜbk und der EuUnthVO: Rauscher/*Andrae* Art. 69 Rn. 16.

[29] Rauscher/*Andrae* Art. 69 Rn. 16 ff.

[30] Für die entsprechende Anwendbarkeit: Rauscher/*Andrae* Art. 69 Rn. 16.

Vorrang.[31] Da das Protokoll 3 des rev. LugÜbk vorschreibt, dass Bestimmungen hinsichtlich besonderer Rechtsgebiete in Unionsrechtsakten wie in Art. 67 Abs. 1 rev. LugÜbk bezeichnete Übereinkünfte zu behandeln sind, überzeugt es, die EuUntVO als besonderes Rechtsinstrument heranzuziehen. Für dieses Verständnis lässt sich auch der erläuternde Bericht von *Pocar*[32] ins Feld führen.[33] Die Ausführungen im Hinblick auf Art. 67 rev. LugÜbk[34] sind dahingehend zu verstehen, dass das rev. LugÜbk für die Fragen des Unterhaltsrechts von der EuUntVO verdrängt wird. Es genügt die EuUntVO als spezieller Rechtsakt, nicht zu fordern ist hingegen eine besondere Norm innerhalb der EuUntVO, die auf den Vorrang Bezug nimmt. Auch Art. 4 Abs. 4 EuUntVO spricht dafür, dass dem rev. LugÜbk nur ausnahmsweise ein Vorzug eingeräumt werden soll und die EuUnthVO zur Anwendung gelangt.

10b Staatsverträge über die Zuständigkeit in Unterhaltssachen, die nach Art. 69 Abs. 1 vorgehen könnten, bestehen nicht.

11 **b) Anwendbares Recht.** Für die Frage des anwendbaren Rechts gibt es folgende multi- und bilaterale Staatsverträge:

12 **aa) HaagUnthStÜbk 1973 und HaagUnterhÜbk 1956.** Bis zum völkerrechtlichen Inkrafttreten des HUP galt im Verhältnis zu den Vertragsstaaten des HaagUnthStÜbk (=HaagUnthStÜbk 1973), die keine Mitgliedstaaten der EU sind (also gegenüber Albanien, Japan, Schweiz, Türkei und den niederländischen Überseebesitzungen), das HaagUnthStÜbk vorrangig (Art. 69 Abs. 1).[35] Auch das HaagUnterhÜbk 1956 genießt gegenüber Liechtenstein und Macao, einer chinesischen Sonderverwaltungszone, die bis 1999 portugiesische Kolonie war, Vorrang.

12a Seit dem völkerrechtlichen Inkrafttreten des HUP 2007 am 1.8.2013 durch die Ratifikation Serbiens, ist der Konflikt anhand der Normen der Staatsverträge zu lösen (dazu ausführlich → HUP Art. 18 Rn. 2 f.).

13 **bb) HUP 2007.** Das HUP ist als loi uniforme ausgestaltet und gelangt gegenüber allen anderen Ländern zur Anwendung.[36] Bevor der Staatsvertrag durch die Ratifikation Serbiens am 1.8.2013 völkerrechtlich in Kraft trat, waren dessen Vorschriften bereits über Art. 15 EuUntVO anwendbar und damit sekundäres Unionsrecht.[37] An das HUP sind jedoch weder Dänemark noch das Vereinigte Königreich durch die Ratifikation der EU gebunden (dazu ausführlich → Rn. 4).[38] [39]

14 **cc) Dt.-Iran. NlassAbk.** Zwischen **iranischen Staatsangehörigen** (unabhängig von deren gewöhnlichem Aufenthalt) gilt das bilaterale deutsch-iranische Abkommen von 1929 (→ Rn. 8; → HUP Einl. Rn. 16 ff.).

15 **c) Anerkennung und Vollstreckung.** Die EuUnthVO regelt nur die Anerkennung und Vollstreckung von Unterhaltsentscheidungen, gerichtlichen Vergleichen und öffentlichen Urkunden aus Mitgliedstaaten (Art. 16).

16 **aa) Mitgliedstaaten.** Entscheidungen der Mitgliedstaaten werden ausschließlich nach der EuUnthVO anerkannt und vollstreckt. Dies ergibt sich aus Art. 69 Abs. 2. Nach einer jüngst ergangenen Entscheidung des EuGH[40] sind die Vorschriften des Kapitel IV der EuUnthVO so zu interpretieren, dass ein Unterhaltsberechtigter den Antrag auf Vollstreckung eines innerhalb des Binnenmarktes erwirkten Titels in einem anderen Mitgliedstaat direkt bei der zuständigen Behörde stellen kann. Um dem Unterhaltsberechtigten diese Möglichkeit zu gewähren, müssen die angerufenen Richter nach Maßgabe von Art. 41 Abs. 1 gegebenenfalls entgegenstehende nationale Regelungen unbeachtet lassen.

---

[31] So auch MüKoFamFG/*Lipp* Art. 69 EWG_VO_4_2009 Rn. 19 ff.

[32] *Pocar,* Übereinkommen über die gerichtliche Zuständigkeit und die Vollstreckung gerichtlicher Entscheidungen in Zivil- und Handelssachen – Erläuternder Bericht, ABl. EU 2009 C 319, S. 1 ff.

[33] Ebenfalls auf den *Pocar*-Bericht ABl. EU 2009 C 319, S. 1 ff. Bezug nehmend, allerdings zu einem anderen Ergebnis kommend: Rauscher/*Andrae* Art. 69 Rn. 16 f.

[34] *Pocar,* Übereinkommen über die gerichtliche Zuständigkeit und die Vollstreckung gerichtlicher Entscheidungen in Zivil- und Handelssachen – Erläuternder Bericht, ABl. EU 2009 C 319, S. 49 Rn. 179, insbesondere unter Berücksichtigung der dort aufgeführten Fn. 2.

[35] Siehe dazu ausführlich *Andrae* IPRax 2014, 326 (329).

[36] Vgl. Staudinger/*Mankowski* (2016) HUP Art. 2 Rn. 1.

[37] Rauscher/*Andrae* Rn. 17.

[38] Beachte die Notifikation seitens der EU zum HUP sowie Art. 3 des Beschlusses des Rates vom 30.11.2009 über den Abschluss des Haager Protokolls vom 23.11.2007 über das auf Unterhaltspflichten anzuwendende Recht durch die Europäische Gemeinschaft, ABl. EU 2009 L 331, S. 17 f.

[39] Rauscher/*Andrae* Rn. 17.

[40] EuGH Urt. v. 9.2.2017 – C-283/16.

16a   **bb) Dänemark.** Gegenüber Dänemark gelangt mit Ausnahme der Vorschriften in den Kapiteln III und VII die EuUntVO über das Parallelabkommen[41] zur Anwendung.[42]

16b   **cc) Vertragsstaaten des rev. LugÜbk.** Die Anerkennung und Vollstreckung von Entscheidungen aus Norwegen, Island und der Schweiz richten sich nach dem rev. LugÜbk.[43]

17   **dd) Vertragsstaaten des HUnthÜbk 2007 sowie UnthAnerkÜbk 1973.** Entscheidungen aus Drittstaaten, die Vertragsstaaten des HUntÜbk von 2007 sind, werden nach Art. 19 ff. HUntÜbk 2007 anerkannt und vollstreckt.[44] Dies betrifft Unterhaltsentscheidungen aus Albanien, Bosnien und Herzegowina, Norwegen[45] und der Ukraine sowie jüngst auch Montenegro, USA und Türkei.[46] Sofern das HUntÜbk 2007 sachlich anwendbar ist,[47] ersetzt es zwischen den Vertragsstaaten ausweislich seines Art. 48 und vorbehaltlich des Art. 56 Abs. 2 das UnthAnerkÜbk von 1973 sowie das Haager Unterhaltsvollstreckungs-Übereinkommen für Kindesunterhalt von 1958.[48] Lediglich Vertragsstaaten des UnthAnerkÜb1973 sind hingegen Andorra, Australien und die Schweiz.[49]

18   **ee) Drittstaaten.** Entscheidungen aus Drittstaaten, die durch **keinen Staatsvertrag** mit der Bundesrepublik gebunden sind, werden nach § 107 FamFG anerkannt und vollstreckt.

19   **d) Zusammenarbeit und Rechtshilfe.** Die Vorschriften der Art. 49 ff. EuUnthVO regeln nur die Zusammenarbeit der Zentralen Behörden der Mitgliedstaaten. Andere Staaten leisten Rechtshilfe auf Grund des UN-Unterhalts-Übereinkommens von 1956, des HUnthÜbk von 2007 und nach autonomem Rechtshilferecht.

B. Normzweck

20   Die EU ist Mitglied der Haager Konferenz für IPR, hat an den Beratungen zum HUP teilgenommen und das HUP mit Beschluss des Rates vom 30.11.2009 (ABl. 2009 L 331, S. 17) für die EU gebilligt. Dadurch soll für die EU das auf Unterhaltsansprüche anwendbare Recht so gestaltet werden, wie es in Zukunft zwischen allen den Staaten gilt, die das HUP ratifiziert haben.

C. Anwendungsbereich des Art. 15

I. Sachlicher Anwendungsbereich

21   Nach Art. 1 Abs. 1 gilt sie für Unterhaltspflichten, „die auf einem **Familien-, Verwandtschafts-, oder eherechtlichem Verhältnis** oder auf Schwägerschaft beruhen." Hierdurch soll – so Erwä-

---

[41] Abkommen zwischen der Europäischen Gemeinschaft und dem Königreich Dänemark über die gerichtliche Zuständigkeit und die Anerkennung und Vollstreckung von Entscheidungen in Zivil- und Handelssachen, ABl. EU 2005 L 299, S. 62.

[42] ABl. EU 2009 L 149, S. 80.

[43] Rauscher/*Andrae* Art. 69 Rn. 16b; MüKoFamFG/*Lipp* Art. 69 EWG_VO_4_2009 Rn. 14.

[44] Siehe dazu ausführlich Rauscher/*Kern* HUntVerfÜbk Art. 19 ff.

[45] Beachte, dass Norwegen auch Vertragsstaat des rev. LugÜbk ist. Zwar räumt Art. 67 Abs. 5 rev. LugÜbk dem HUnthÜbk 2007 den Vorrang ein, aufgrund des in Art. 52 HUnthÜbk 2007 festgeschriebenen Grundsatzes der größten Wirksamkeit wird die Anerkennung und Vollstreckung wohl nach den Vorschriften des rev. LugÜbk vollzogen. Siehe dazu Rauscher/*Andrae* Art. 69 Rn. 17.

[46] Der aktuelle Ratifikationsstand ist abrufbar unter: https://www.hcch.net/de/instruments/conventions/status-table/?cid=131.

[47] Insofern ist zu beachten, dass das HUntAnerkÜbk 1973 laut seinem Art. 1 Abs. 1 grundsätzlich hinsichtlich aller Unterhaltspflichten heranzuziehen ist und die Vertragsstaaten diese nach Art. 26 Abs. 1 Nr. 1 negativ eingrenzen können. Das HUntÜbk 2007 ist hingegen gem. seines Art. 2 Abs. 1 zunächst nur bei Unterhaltsansprüchen in der Eltern-Kind-Beziehung, sowie bei Ehegatten und früheren Ehegatten anwendbar. Den Vertragsstaaten steht es jedoch kraft Art. 2 Abs. 3, Art. 63 frei den Anwendungsbereich zu erweitern. Inwiefern sich die sachliche Maßgeblichkeit der Übereinkommen daher überschneidet, kann zwischen den jeweiligen Vertragsstaaten variieren. Die jeweiligen Erklärungen finden sich ebenfalls unter https://www.hcch.net/de/instruments/conventions/status-table/?cid=131. Dazu ausführlich: Rauscher/*Kern* HUntVerfÜbk Art. 2 Rn. 23 ff.

[48] Das Haager Unterhaltsvollstreckungs-Übereinkommen für Kindesunterhalt von 1958 wurde zuvor bereits durch das UnthAnerkÜbk von 1973 ersetzt (Art. 29 UnthAnerkÜbk) und gilt im Verhältnis zu dessen Vertragsstaaten nicht mehr.

[49] Zu beachten gilt, dass die Schweiz Vertragsstaat des rev. LugÜbk ist. Nach Art. 67 Abs. 5 rev. LugÜbk genießen Übereinkünfte zur Anerkennung und Vollstreckung Vorrang. Aufgrund des in Art. 23 UnthAnerkÜbk von 1973 festgeschriebenen Günstigkeitsprinzips kann das rev. LugÜbk dennoch zur Anwendung gelangen. Siehe zu Art. 23 UnthAnerkÜbk und dem Günstigkeitsprinzip: *Verwilghen* S. 44 Nr. 101.

gungsgrund 11 – „die Gleichbehandlung aller Unterhaltsberechtigten gewährleistet werden." Für die Zwecke dieser Verordnung sollte der Begriff „Unterhaltspflicht" autonom ausgelegt werden. Doch nicht nur der Terminus selbst ist in dieser Weise zu interpretieren, sondern auch die Begriffe „Familien-, Verwandtschafts- oder eherechtliches Verhältnis"; denn diese erhalten ebenfalls durch ihre Verwendung in der EuUnthVO eine europäische Prägung und sind deshalb auch entsprechend auszulegen und nicht den nationalen Begriffsverständnis zuzuordnen.[50] Ob freilich die Begründung oder das Erlöschen einer solchen Beziehung im Einzelfall festgestellt werden kann, ist nach Kollisionsnormen außerhalb der EuUnthVO zu bestimmen.[51]

Der Begriff **„Unterhaltspflicht"** selbst wird weder in der EuUnthVO noch im HUP definiert. **22** Übereinstimmung dürfte indessen darin bestehen, dass unter dem Ausdruck „Unterhaltspflicht" jede Pflicht zu verstehen ist, die ein Schuldner aus einem Familienverhältnis dem Berechtigten regelmäßig in Geld oder pauschaliert als Abfindung deswegen kraft Gesetzes zu zahlen hat, weil der Schuldner zeitlich begrenzt oder unbegrenzt für die fortlaufenden Bedürfnisse des Gläubigers verantwortlich ist. Negativ ausgedrückt, bedeutet dies Folgendes:

(1) Unterhaltsschuldner ist **nicht ein Staat**, der mit Sozialhilfe unterstützt oder dieser Pflicht mit einer Rente nachkommt. Davon abzugrenzen und somit vom sachlichen Regelungsbereich erfasst sind hingegen öffentliche Einrichtungen, die eine ursprünglich der Privatperson obliegende Fürsorgeleistung an ihrer statt erbringen. Dies führt zu einem Gläubigerwechsel zugunsten der zahlenden Einrichtung und eröffnet dieser Rückgriffsansprüche gegen den privaten Unterhaltsschuldner (siehe dazu ausführlich → HUP Art. 10 Rn. 1).

(2) Die Unterhaltspflicht muss auf **Familienrecht** beruhen und darf nicht – wie zB die als Preis für ein Hausgrundstück versprochene Unterhaltspflicht des Käufers an den fremden Verkäufer – außerhalb des Familienrechts begründet worden sein.

(3) Die in den meisten Fällen **gesetzlich** geschuldete Unterhaltspflicht, kann auch – wie in einem Vergleich (vgl. Art. 48) – der Höhe nach vertraglich fixiert werden.

(4) Die Unterhaltspflicht ist regelmäßig ein **Dauerschuldverhältnis**, jedoch fällt auch eine einmalige Abfindung des Unterhaltsgläubigers unter den Begriff „Unterhaltspflicht".

II. Persönlicher Anwendungsbereich

Jeder kann nach der EuUnthVO auf Zahlung von Unterhalt **klagen.** Ob er ihn allerdings erhält, **23** hängt von der durch Art. 15 EuUnthVO iVm HUP berufenen Rechtsordnung ab. Unter die Kläger fallen also nicht nur Kinder, Eltern und Verwandte in aufsteigender Linie, sondern auch eingetragene Partner gleichen oder verschiedenen Geschlechts, gleichgeschlechtliche Eheleute, Stiefkinder und Geschwister.[52] Gleichgeschlechtliche Eheleute, die in Amsterdam nach niederländischem Recht gültig geheiratet haben, können in Deutschland Unterhalt verlangen, und zwar nach Art. 17b Abs. 3 EGBGB/§ 5 Abs. 1 LPartG: bzw. nach Inkrafttreten der gleichgeschlechtlichen Ehe in Deutschland gemäß §§ 1360 ff. BGB.[53] Stiefkinder haben dagegen nach deutschem Recht keinen Unterhaltsanspruch gegenüber ihrem Stiefvater, wohl aber nach englischem Recht unter bestimmten Voraussetzungen.

Die EuUnthVO gilt gegenüber jedem, der in einem Mitgliedstaat verklagt werden kann. Dann **24** kommt auch über Art. 15 EuUnthVO das **HUP** zur Anwendung. Es muss jedoch berücksichtigt werden, dass Art. 15 EuUnthVO weder in Dänemark noch dem Vereinigten Königreich Geltung entfaltet, da beide Mitgliedstaaten nicht durch die Ratifikation der EU an das HUP gebunden sind[54] und Dänemark vorab die Anwendbarkeit des Kapitels III und damit auch den Art. 15 EuUnthVO

---

[50] Ebenso *M. Weber* ÖJZ 2011, 947 (953).

[51] Rauscher/*Andrae* HUntStProt Art. 1 Rn. 15 ff.

[52] *Rauscher* IPR Rn. 905.

[53] Beachte dazu die Änderungen im BGB, LPartG und EGBGB durch das Gesetz zur Einführung des Rechts auf Eheschließung für Personen gleichen Geschlechts vom 20.7.2017 (BGBl. 2017 I S. 2787). Nach Inkrafttreten des Gesetzes dürfen keine neuen Lebenspartnerschaften mehr begründet werden. Eine bereits bestehende Lebenspartnerschaft kann nach § 20a LPartG in eine Ehe umgewandelt werden. Siehe zu dem Gesetz: *Binder/Kiehnle* NZFam 2017, 742; *Knoop* NJW-Spezial 2017, 580; *Löhning* NZFam 2017, 643; *Meyer* FamRZ 2017, 1281; *Schmidt* NJW 2017, 2225. Teilweise wird die Verfassungsmäßigkeit des Gesetzes angezweifelt (so *Erbarth* NZFam 2016, 536; *Schmidt* NJW 2017, 2225; von einer Konformität mit dem GG ausgehend: *Brosius-Gersdorf* NJW 2015, 3557), daher bleibt abzuwarten, ob sich demnächst die Karlsruher Richter in einem abstrakten Normenkontrollverfahren oder einer konkreten Normenkontrolle mit der Vereinbarkeit mit Art. 6 Abs. 1 GG befassen; dazu *Ipsen* NVwZ 2017, 1096 (1099); *Schmidt* NJW 2017, 2225 (2226 ff.).

[54] Beachte die Notifikation seitens der EU zum HUP sowie Art. 3 des Beschlusses des Rates vom 30.11.2009 über den Abschluss des Haager Protokolls vom 23.11.2007 über das auf Unterhaltspflichten anzuwendende Recht durch die Europäische Gemeinschaft, ABl. EU 2009 L 331, S. 17 f.

ausgeschlossen hat (dazu ausführlich → Rn. 4). Ferner ist zu beachten, dass der Verweis in Art. 15 nach dem völkerrechtlichen Inkrafttreten des HUP 2007 am 1.8.2013 durch die Ratifikation Serbiens ohnehin lediglich deklaratorisch wirkt.[55] Das HUP ist nunmehr auch völkerrechtlich innerhalb des Binnenmarktes mit Ausnahme von Dänemark und dem Vereingten Königreich verbindlich (dazu bereits → Rn. 4).[56]

24a   Weitere Ausnahmen gibt es für folgende Fälle: Für Iraner gilt das Abkommen von 1929 (→ Rn. 8) im Verhältnis zu Drittstaaten und gegenüber den Vertragsstaaten des HaagUnthStÜbk 1973 bzw. HaagUnterhÜ 1956 werden diese Übereinkommen angewendet (→ HUP Art. 18 Rn. 2 ff.).

III. Räumlicher Anwendungsbereich

25   Nach Art. 1 Abs. 2 gilt die EuUnthVO für alle Mitgliedstaaten der EU, auf welche die Verordnung anwendbar ist. Irland hat sein opt in erklärt (Erwägungsgrund 46). Das Vereinigte Königreich teilte am 15.1.2009 mit, dass es die EuUnthVO anzunehmen wünscht, so dass sie auch für das Vereinigte Königreich gilt.[57] Dänemark beteiligt sich laut Erwägungsgrund 48 nicht an der Annahme der EuUnthVO, allerdings greift der Sekundärrechtsakt – abgesehen von Kapitel III (Art. 15) und Kapitel VII (Art. 49 ff.) – über das Parallelabkommen[58] als Änderung und Anhang teilweise ein.[59]

IV. Zeitlicher Anwendungsbereich

26   Seit dem 18.6.2011 gilt die EuUnthVO gemäß Art. 76 Abs. 3. Dies bedeutet gemäß des Beschlusses von 2009 über den Abschluss des HUP[60] Folgendes:

27   **1. Zuständigkeit.** Ab dem 18.6.2011 richtet sich die Zuständigkeit für Verfahren, die Billigung oder der Abschluss von gerichtlichen Vergleichen oder die Ausstellung öffentlicher Urkunden nach der EuUnthVO (Beschluss Art. 5 Abs. 2).

28   **2. Anwendbares Recht.** Das HUP war ab dem 18.6.2011 in der EU (außer in Dänemark und dem Vereinigten Königreich → Rn. 4) „vorläufig" maßgeblich (Beschluss Art. 4 Abs. 1), obwohl das Protokoll erst am 1.8.2013 völkerrechtlich in Kraft getreten ist. Außerdem hat die EU – abweichend von Art. 22 HUP – bei der Zeichnung des Protokolls nach Maßgabe des Art. 5 Abs. 2 des Beschlusses vom 16.12.2009 erklärt, dass in Verfahren, die ab dem 18.6.2011 anhängig gemacht werden, sich der Unterhalt nach dem HUP richtet, selbst wenn der eingeklagte oder in einem Vergleich/einer Urkunde verbriefte Unterhaltsanspruch für einen Zeitraum geltend gemacht wird, der vor dem Inkrafttreten oder der vorläufigen Anwendung des HUP liegt (Beschluss Art. 5 Abs. 1).[61] Infolge des völkerrechtlichen Inkrafttretens des HUP 2007 am 1.8.2013 durch die Ratifikation Serbiens handelt es sich bei Art. 15 um einen deklaratorischen Verweis.[62] Das HUP ist nunmehr auch völkerrechtlich in der EU mit Ausnahme von Dänemark und dem Vereinigten Königreich verbindlich (zu diesen beiden Mitgliedsstaaten → Rn. 4).[63]

29   **3. Anerkennung und Vollstreckung.** Ausländische Entscheidungen, Vergleiche und öffentliche Urkunden werden anerkannt und vollstreckt, wenn sie ab dem 18.6.2011 ergangen bzw. ausgestellt worden sind (Beschluss Art. 4 Abs. 1 und 5 Abs. 2).[64] Die Anerkennung einer vor dem 18.6.2011 ergangenen ausländischen Unterhaltsentscheidung richtet sich in einem nach dem 18.6.2011 eingeleiteten Abänderungsverfahren nach den Vorschriften der EuUnthVO.[65]

30   **4. Zusammenarbeit.** Auch die Zusammenarbeit der Zentralen Behörden hat ab dem 18.6.2011 begonnen.

---

[55] Rauscher/*Andrae* Rn. 14; HK-ZPO/*Dörner* Rn. 1.

[56] HK-ZPO/*Dörner* Rn. 1.

[57] Entscheidung der Kommission vom 8.6.2009 zum Wunsch des Vereinigten Königreichs auf Annahme der EuUnthVO, ABl. EU 2009 L 149, S. 73. Beachte, dass das Vereinte Königreich aufgrund des Brexit-Referendums nach Art. 50 EUV aus der EU austreten wird, s. zu den Folgen des Austritts: *Hess* IPRax 2016, 409 ff.

[58] Abkommen zwischen der Europäischen Gemeinschaft und dem Königreich Dänemark über die gerichtliche Zuständigkeit und die Anerkennung und Vollstreckung von Entscheidungen in Zivil- und Handelssachen, ABl. EU 2005 L 299, S. 62.

[59] Erklärung zur EuUnthVO: ABl. EU 2009 L 149, S. 80.

[60] ABl. EU 2009 L 331, S. 17.

[61] In einem vor dem 18.6.2011 begonnenen Verfahren gilt für Unterhalt vor diesem Datum das alte Recht, OGH iFamZ 2013, 52; OLG Bremen FamRZ 2013, 224.

[62] Rauscher/*Andrae* Rn. 14; HK-ZPO/*Dörner* Rn. 1.

[63] HK-ZPO/*Dörner* Rn. 1 f.

[64] Vgl. hierzu OLG Köln FamRZ 2017, 1330.

[65] BGH NJW 2015, 694 (695 f.) Rn. 13 mAnm *Gruber* IPRax 2016, 338.

Protokoll über das auf Unterhaltspflichten anzuwendende Recht[1] (HUP)

vom 23. November 2007 (ABl. 2009 Nr. L 331 S. 19)

Die Unterzeichnerstaaten dieses Protokolls –
in dem Wunsch, gemeinsame Bestimmungen über das auf Unterhaltspflichten anzuwendende Recht festzulegen,
in dem Wunsch, das Haager Übereinkommen vom 24. Oktober 1956 über das auf Unterhaltsverpflichtungen gegenüber Kindern anzuwendende Recht und das Haager Übereinkommen vom 2. Oktober 1973 über das auf Unterhaltspflichten anzuwendende Recht zu modernisieren,
in dem Wunsch, allgemeine Regeln in Bezug auf das anzuwendende Recht zu entwickeln, die das Haager Übereinkommen vom 23. November 2007 über die internationale Geltendmachung der Unterhaltsansprüche von Kindern und anderen Familienangehörigen ergänzen können
– haben beschlossen, zu diesem Zweck ein Protokoll zu schliessen, und die folgenden Bestimmungen vereinbart:

Einleitung

Übersicht

I. Entstehungsgeschichte

Das Haager Protokoll vom 23.11.2007 über das auf Unterhaltspflichten anzuwendende Recht **1** (HUP) geht zurück auf die 21. Tagung der Haager Konferenz für Internationales Privatrecht (IPR) im November 2007. Durch die ersten Zeichnungen der Konvention am 23.11.2007 ist das Protokoll mit diesem Datum versehen worden. Der Name „Protokoll" wurde gewählt, um zum einen es von dem Unterhaltsübereinkommen vom gleichen Tag zu unterscheiden und zum anderen die Revision des HaagUnthÜ von 1973 zu betonen.[1] Hierzu vgl. auch Art. 24 über Organisationen einer regionalen Wirtschaftsintegration und deren Stellung im Vertragssystem.

II. Überblick über Zweck und Inhalt des Protokolls

1. Gegenstand. Das HUP will das auf gesetzliche Unterhaltsansprüche anzuwendende Recht **2** umfassend regeln. Es bestimmt das Unterhaltsstatut für alle Personen, die Unterhaltsansprüche „aus Beziehungen der Familie, Verwandtschaft, Ehe oder Schwägerschaft" herleiten (Art. 1 Abs. 1). Keine Rolle spielt es für die Anwendbarkeit, ob die Beteiligten einem Vertragsstaat angehören oder dort

---

[1] [Amtl. Anm.:] Zwischen Deutschland, Österreich und der Schweiz abgestimmte deutsche Übersetzung (Übersetzungskonferenz in Bern vom 16. und 17. Juli 2008).
[1] Hierzu *Bonomi*-Bericht Rn. 15 ff.

ihren gewöhnlichen Aufenthalt besitzen (Art. 2). Sogar für Einrichtungen, die öffentliche Aufgaben wahrnehmen und dem Unterhaltsberechtigten Leistungen erbracht haben, regelt das HUP das Statut für die Erstattung dieser Leistungen (Art. 10, 11 lit. f). Zudem soll eine Harmonisierung des Unterhaltskollisionsrechts herbeigeführt werden.[2]

3   **2. Beschränkungen.** Seinen Anwendungsbereich schränkt das HUP lediglich in zweifacher Hinsicht ein: Zum einen gilt es nur für Unterhaltsansprüche und greift dem Bestehen von Statusbeziehungen nicht vor (Art. 1 Abs. 2) und zum anderen muss das HUP Rücksicht auf vorgehende Staatsverträge nehmen (Art. 19).

4   **3. Anknüpfungen.** Anwendbar ist grundsätzlich das Recht am jeweiligen gewöhnlichen Aufenthalt des Unterhaltsberechtigten (Art. 3 Abs. 1). Diese Anknüpfung beruht auf der Überlegung, dass der gewöhnliche Aufenthalt des Berechtigten derjenige Lebensraum ist, in dem die Unterhaltsbedürfnisse des Berechtigten auftreten und zu befriedigen sind. Die Ausnahmen von dieser Grundsatzanknüpfung lassen sich in vier Gruppen einteilen:
(1) Gewährt das Aufenthaltsrecht keinen Unterhalt, so wird subsidiär die **lex fori** (Art. 4 Abs. 2) und hilfsweise das **gemeinsame Heimatrecht** berufen (Art. 4 Abs. 4);
(2) wird am gewöhnlichen Aufenthalt der verpflichteten Person geklagt, gelangt dessen **Aufenthaltsrecht** (Art. 4 Abs. 3), hilfsweise das **gemeinsame Heimatrecht** der Beteiligten (Art. 4 Abs. 4) zur Anwendung;
(3) zwischen gewissen Personen (insbes. **geschiedenen Eheleuten**) gilt die besondere Vorschrift des Art. 5;
(4) die Parteien können in gewissen Grenzen der Art. 7 und 8 das anwendbare Recht **wählen.**

5   **4. Andere Besonderheiten.** Den Geltungsbereich des HUP umschreibt Art. 11. In Art. 11 lit. f und Art. 10 werden die Erstattungsansprüche öffentlicher Einrichtungen behandelt, die Leistungen an den Unterhaltsberechtigten erbracht haben. Diese Regelung und die neutrale Sachnorm des Art. 14 sowie die Vorbehaltsklausel des Art. 13 prägen als Besonderheiten, die schon seit dem HaagUnthÜ 1973 bekannt sind.

III. Anwendungsbereich des Protokolls

6   **1. Zeitlicher Anwendungsbereich.** Das HUP gilt in der Bundesrepublik ab dem 18.6.2011, und zwar kraft der Verweisung des Art. 15 EuUnthVO, der seinerseits ab dem 18.6.2011 in der EU anwendbar ist (→ EuUnthVO Art. 15 Rn. 1, 4). Unterhaltsansprüche, die zumindest ab diesem Zeitpunkt entstehen, werden nach dem HUP angeknüpft. Art. 22 normiert ausdrücklich, dass auf Unterhalt, der für die vor dem Inkrafttreten des HUP liegende Zeit verlangt wird, das HUP nicht anzuwenden ist. Jedoch bestimmt der Beschluss des Rates, dass das HUP für die ab dem 18.6.2011 eingeleitete Verfahren auch zurückwirkt.[3] Daraus folgt, dass in Verfahren, die ab dem 18.6.2011 eingeleitet werden, das HUP unabhängig davon gilt, für welchen Zeitraum Unterhalt geltend gemacht wird.[4] Nach Art. 9 EuUnthVO kommt es für den Zeitpunkt der Einleitung des Verfahrens auf den Eingang der verfahrenseinleitenden Schriftstücke an.[5]

Zu beachten bleibt, dass der Verweis in Art. 15 EuUnthVO nach dem völkerrechtlichen Inkrafttreten des HUP 2007 am 1.8.2013 durch die Ratifikation Serbiens nur noch deklaratorischer Natur ist.[6] Das HUP besitzt nunmehr auch eine völkerrechtliche Verbindlichkeit innerhalb des Binnenmarktes mit Ausnahme von Dänemark und dem Vereinigten Königreich (→ EuUnthVO Art. 15 Rn. 4).[7] Das HUP hat das HaagUnthStÜbk 1973 und das HaagUnterhÜbk 1956 zwischen den Vertragsstaaten dieser Staatsverträge ersetzt (Art. 18).

7   **2. Räumlicher Anwendungsbereich.** Das HUP gilt seit dem 18.6.2011 in allen EU-Mitgliedstaaten außer Dänemark, also in Belgien, Bulgarien, Deutschland, Estland, Finnland, Frankreich, Griechenland, Großbritannien und Nordirland, Irland, Italien, Kroatien, Lettland, Litauen, Luxemburg, Malta, Niederlande, Österreich, Polen, Portugal, Rumänien, Schweden, Slowakei, Slowenien, Spanien, Tschechische Republik, Ungarn und Zypern. Großbritannien und Irland

---

[2] *Arnold* IPRax 2012, 311 ff.
[3] ABl. 2009 L 331, S. 17; dazu auch BGH NJW 2015, 694 (697) Rn. 22; OLG Frankfurt BeckRS 2015, 18964; *Gruber,* FS Spellenberg, 2010, 177 (181); *Lehmann* GPR 2014, 342 (346); Palandt/*Thorn* Art. 22 Rn. 60.
[4] *Coester-Waltjen* IPRax 2012, 528 (529).
[5] Vgl. Rauscher/*Andrae* EG-UntVO Art. 15 Rn. 20 f.
[6] Rauscher/*Andrae* EG-UnthVO Art. 15 Rn. 14; HK-ZPO/*Dörner* EuUnthVO Art. 15 Rn. 1.
[7] HK-ZPO/*Dörner* EuUnthVO Art. 15 Rn. 1.

nehmen ebenfalls an der EuUnthVO teil.[8] Dänemark hat hingegen die Geltung des HUP ausgeschlossen.[9] Andere Staaten außerhalb der EU haben – von Serbien abgesehen – das HUP noch nicht ratifiziert. Lediglich das HUP unterschrieben hat die Ukraine am 21.3.2016. Im Verhältnis zu Albanien, Japan, der Schweiz, der Türkei und den niederländischen Überseebesitzungen gilt weiterhin das HaagUnthStÜbk 1973. Für Vertragsstaaten mit **räumlicher Rechtspaltung** (zB Großbritannien und Nordirland, Spanien) sehen die Art. 16 und 17 Sonderregelungen vor.

3. Persönlicher Anwendungsbereich. Das HUP gilt hinsichtlich seines sachlichen Anwendungsbereichs (→ Rn. 9) für alle Unterhaltsberechtigten. Für die Anwendbarkeit des Protokolls kommt es weder auf die Staatsangehörigkeit dieser Personen noch auf ihren gewöhnlichen Aufenthalt in einem Vertragsstaat an. Dies gibt Art. 2 vor, der bewusst auf das Erfordernis der **Gegenseitigkeit verzichtet** und die **universelle** Anwendung anordnet. Das HUP ist folglich auch dann einschlägig, wenn die Beteiligten staatenlos sind. Für den Fall, dass der Unterhaltsberechtigte ausnahmsweise gar keinen gewöhnlichen Aufenthalt hat, erfüllt das HUP lediglich eine lückenhafte Funktion. Diese Lücke ist dadurch zu schließen, dass die subsidiär geltenden Rechtsordnungen (Art. 4 Abs. 2 und 4) als Unterhaltsstatut berufen werden. **8**

4. Sachlicher Anwendungsbereich. Das HUP ist grundsätzlich auf alle gesetzlichen Unterhaltsansprüche anwendbar, die sich „aus Beziehungen der Familie, Verwandtschaft, Ehe und Schwägerschaft ergeben, einschließlich der Unterhaltspflicht gegenüber einem nichtehelichen Kind" (Art. 1 Abs. 1).[10] Zu diesem sachlichen Anwendungsbereich gehören auch die in Art. 11 dem Unterhaltsstatut zugewiesenen Fragen des Verfahrensrechts und der Erstattungsansprüche öffentlicher Einrichtungen. Vertraglich vereinbarte Unterhaltsansprüche, die nicht lediglich die Höhe gesetzlicher Ansprüche fixieren, fallen nicht unter das HUP. Deshalb werden auch Versprechen einer Braut- oder Morgengabe vom HUP nicht gedeckt.[11] Hingegen hat die Abendgabe, welche erst durch die Ehescheidung fällig wird, einen unterhaltsähnlichen Versorgungscharakter, sodass sich das anwendbare Recht nach dem HUP richtet.[12] Die Rückforderung zu Unrecht gezahlter Unterhaltsleistungen fällt allerdings nicht unter das HUP. Für sie gilt Art. 10 Rom II-VO.[13] **9**

Eingeschränkt wird der sachliche Anwendungsbereich nur durch vorgehende internationale Übereinkünfte (Art. 19). Vorbehalte sind nach Art. 27 unzulässig. **10**

„Unberührt" lassen die „in Anwendung dieses Protokolls ergangenen Entscheidungen" die Statusverhältnisse, auf denen die Unterhaltspflicht beruht (Art. 1 Abs. 2). Die Norm bringt zum Ausdruck, dass, sofern das Vorliegen eines Statusverhältnisses inzident von einem Forum bejaht wird, lediglich die Entscheidung, ob ein Unterhaltsanspruch besteht oder nicht besteht, in Rechtskraft erwächst.[14] Die allgemeine Wirksamkeit einer Familienbeziehung an sich kann jedoch nicht auf Grundlage des Richterspruchs gestützt werden (siehe ausführlich → Art. 1 Rn. 43 ff.).[15] **11**

IV. Auslegung des Protokolls

Das HUP ist als ein völkerrechtlicher Vertrag autonom und einheitlich (Art. 20) auszulegen.[16] Zu berücksichtigen gilt allerdings, dass der authentische Text des HUP in englischer und französischer Sprache abgefasst ist.[17] Die deutsche Version erweist sich lediglich als eine Übersetzung. Bei Auslegungsschwierigkeiten sind deshalb die authentischen Texte heranzuziehen. **12**

V. Verhältnis zu anderen Rechtsquellen

1. Europäische Unterhaltsverordnung. Am 18.12.2008 ist die EuUnthVO erlassen worden und entfaltet seit dem 18.6.2011 in der EU Wirkung. Gemäß Art. 15 EuUnthVO bestimmt sich **13**

---

[8] Erwägungsgrund 46 (Irland) sowie Erwägungsgrund 47 (Vereinigtes Königreich) und die Entscheidung der Kommission vom 8.6.2009 (→ EuUnthVO Art. 15 Rn. 1), ABl. EU 2009 L 149, S. 73.

[9] Abkommen der EU mit Dänemark (→ EuUnthVO Art. 15 Rn. 1), ABl. EU 2009 L 149, S. 80. Über die Parallelkonvention kann zwar teilweise die EuUntVO herangezogen werden, allerdings sind die Bestimmungen zum anwendbaren Recht und damit der Verweis auf das HUP ausgeschlossen.

[10] Siehe zum Begriff des Familienverhältnisses *Hilbig* GPR 2011, 310.

[11] Eine unterhaltsrechtliche Qualifikation ablehnend BGH NJW 2010, 1528, (1529 f.); ebenso NK-BGB/*Gruber* Art. 1 Rn. 12; Rauscher/*Andrae* HUntStProt Art. 1 Rn. 13; Rauscher/*Andrae* EG-UntVO Art. 1 Rn. 27c.

[12] OLG Hamm BeckRS 2016, 12325.

[13] OLG Celle NJW-RR 2000, 451; aA Staudinger/*Mankowski* (2016) Art. 1 Rn. 24.

[14] NK-BGB/*Bach* Art. 1 Rn. 29.

[15] Rauscher/*Andrae* HUntStProt Art. 1 Rn. 19.

[16] Dazu auch *Andrae* IntFamR § 8 Rn. 103.

[17] NK-BGB/*Bach* Art. 7 Rn. 11.

das anwendbare Recht nach dem HUP. Das HUP galt seit dem 18.6.2011 zunächst „vorläufig" für die EU und ersetzte nach Art. 69 EuUnthVO im Verhältnis zwischen den Mitgliedstaaten das HaagUnthStÜbk 1973 und das HaagUnterhÜbk 1956 (→ EuUnthVO Art. 15 Rn. 4). Seit dem völkerrechtlichen Inkrafttreten des HUP am 1.8.2013 gilt dessen Art. 18 mit seiner Regelung zum Verhältnis zu den früheren Haager Übereinkommen. Die EuUnthVO regelt ebenfalls abschließend die internationale und teils örtliche Zuständigkeit der mitgliedstaatlichen Gerichte, sowie die Anerkennung und Vollstreckung von Entscheidungen innerhalb des Binnenmarktes.

14   **2. Haager Unterhaltsstatutabkommen von 1973 und 1956.** Die EuUnthVO hat zwischen den Mitgliedstaaten der EU, soweit sie Vertragsstaaten der Haager Übereinkommen sind, diese Übereinkommen von 1956 (HaagUnterhÜbk 1956) und von 1973 (HaagUnthStÜbk 1973) ersetzt. Das HaagUnthStÜbk 1973 gilt noch gegenüber den Signatar- als Drittstaaten (Albanien, Japan, Schweiz, Türkei und den niederländischen Überseebesitzungen). Das HaagUnterhÜbk 1956 ist nur noch gegenüber Liechtenstein und Macao, einer chinesischen Sonderverwaltungszone, die bis 1999 portugiesische Kolonie war, in Kraft.

14a   Von den Haager Unterhaltsstatutabkommen zu trennen sind die Haager Unterhaltsvollstreckungs-Übereinkommen (dazu → EuUnthVO Art. 15 Rn. 17 sowie →   Rn. 23 ff.).

15   **3. Kinderschutzübereinkommen von 1996.** Das KSÜ überschneidet sich insofern mit dem HUP, als es ebenfalls die gesetzliche Vertretung (kraft Schutzmaßnahme oder kraft Gesetzes) regelt und damit in Konkurrenz zu Art. 11 lit. d tritt. Nach Art. 19 müsste insofern das KSÜ vorgehen. Das ist jedoch nicht der Fall. Beide Rechtsquellen gelten vielmehr nebeneinander hinsichtlich ihrer sich nicht überschneidenden Materien und einander ergänzend bezüglich der Vertretung bei der Geltendmachung von Unterhaltsansprüchen. Im Verhältnis zur Brüssel IIa-VO[18] statuiert der Art. 61 Brüssel IIa-VO bzw. Art. 52 Abs. 2 KSÜ den Vorrang der Verordnung, sofern das Kind seinen Aufenthalt innerhalb des Binnenmarktes hat (hierzu → KSÜ Art. 15 Rn. 1).[19] Kein Konkurrenzverhältnis besteht hinsichtlich des Kollisionsrechts, da der Sekundärrechtsakt keine diesbezüglichen Regelungen vorsieht (vgl. Art. 62 Abs. 1 Brüssel IIa-VO).[20] Für die Anerkennung und Vollstreckung von Entscheidungen aus Signatarstaaten des KSÜ, die nicht zugleich solche der EU sind, ist weiterhin das KSÜ heranzuziehen.[21]

16   **4. Vorgehende bilaterale Abkommen.** Das HUP berührt nicht andere Staatsverträge, die einen Vertragsstaat in einer auch durch das HUP geregelten Materie binden (Art. 19). Zu nennen ist hier das deutsch-iranische Niederlassungsabkommen (Dt.-Iran. NlassAbk) vom 17.2.1929.[22] Nach Art. 8 Abs. 3 S. 1 Dt.-Iran. NlassAbk sind die Angehörigen jedes der vertragsschließenden Staaten im Gebiet des anderen Staates bezüglich des **Personen- und Familienrechts** den Vorschriften ihrer einheimischen Gesetze unterworfen. Zum Personen- und Familienrecht in diesem Sinne gehören nach Nr. 1 Abs. 3 des Schlussprotokolls nicht nur alle Statusfragen, sondern auch „alle anderen Angelegenheiten des Familienrechts", wozu auch der Unterhalt zählt.[23] Für Unterhaltsansprüche eines Iraners gegen Iraner ist also das gemeinsame Heimatrecht der Beteiligten maßgebend. Hiervon lässt Art. 8 Abs. 3 S. 2 Dt.-Iran. NlassAbk nur eine Ausnahme zu, nämlich die des ordre public.[24] Das Abkommen geht dem HUP jedoch nur insoweit vor, als es selbst angewandt sein will. Da der oben erwähnte Art. 8 Abs. 3 S. 1 Dt.-Iran. NlassAbk lediglich gilt, wenn alle Beteiligten dieselbe Staatsangehörigkeit besitzen,[25] muss unterschieden werden:

---

[18] Verordnung (EG) Nr. 2201/2003 des Rates vom 27. November 2003 über die Zuständigkeit und die Anerkennung und Vollstreckung von Entscheidungen in Ehesachen und in Verfahren betreffend die elterliche Verantwortung und zur Aufhebung der Verordnung (EG) Nr. 1347/2000; ABl. EU 2003 Nr. L 338 S. 1, ber. 2016 Nr. L 99, S. 34; geändert durch Art. 1 ÄndVO (EG) 2116/2004 v. 2.12.2004 (ABl.EU 2004 Nr. L 367, S. 1).

[19] BGH FamRZ 2011, 796 (797) mAnm *Völker* FamRZ 2011, 801 f.; *Wagner/Janzen* FPR 2011, 110 (111). Zu den verschiedenen Zuständigkeitsvorschriften in Ehe- und Kindschaftssachen siehe *Rieck* NJW 2016, 2010 ff. Ein Überblick zur Brüssel IIa-VO in der Rechtsprechung deutscher Gerichte findet sich bei *Winkler v. Mohrenfels* ZVglRWiss 2016, 650 (660).

[20] Rauscher/*Rauscher* Brüssel IIa-VO Einl. Rn. 18.

[21] Rauscher/*Rauscher* Brüssel IIa-VO Art. 61 Rn. 10.

[22] RGBl. 1930 II S. 1002 (1006); 1931 II S. 9; BGBl. 1955 II S. 829; auch bei *Jayme/Hausmann* Nr. 22 (Art. 8 nebst Schlussprotokoll hierzu); zum Abkommen *Staudinger/Papadopoulos* JA 2017, 495 (499).

[23] Vgl. hierzu in *Finger,* Das gesamte Familienrecht. Das internationale Recht, Bd. 2, 2007, Teil 5.4, Rn. 64 ff. (Stand: September 2013).

[24] *Hilmar Krüger* FamRZ 1973, 6, 7, 9 und 10.

[25] BGH IPRax 2005, 346; BGH NJW-RR 1986, 1005; OLG Celle FamRZ 2012, 383; OLG Frankfurt NZFam 2016, 1112; OLG Köln NJW 2016, 649; *Finger,* Das gesamte Familienrecht. Das internationale Recht, Bd. 2, 2007, Teil 5.4, Rn. 64 ff.; *Dilger* FamRZ 1973, 530; *H. Krüger* FamRZ 1973, 9 f.

(1) Besitzen **alle Beteiligten nur die iranische Staatsangehörigkeit,** haben also die Unterhalts- **17** gläubiger (unbeachtlich ist der gesetzliche Vertreter[26]) und der Schuldner ausschließlich diese Nationalität, so kommt nicht das HUP zur Anwendung, sondern das Dt.-Iran. NlassAbk.[27] Dies gilt unabhängig davon, wo der Unterhaltsberechtigte seinen gewöhnlichen Aufenthalt hat. Denn nach Art. 19 bleiben andere internationale Übereinkünfte unberührt, die einen Vertragsstaat bzgl. derselben Materie wie das HUP gegenüber einem anderen Staat (auch Nichtvertragsstaat des HUP) binden. Sind die iranischen Eheleute anerkannte Asylberechtigte, wird nicht an ihre Staatsangehörigkeit angeknüpft.[28] Es gilt dann vielmehr ihr Aufenthaltsrecht.

(2) Haben die **Beteiligten verschiedene Staatsangehörigkeiten** oder hat auch nur ein Beteiligter **18** eine doppelte Staatsangehörigkeit, kommt nicht das Dt.-iran. NlassAbk zur Anwendung,[29] sondern das HUP. Ist zwischen diesen Beteiligten streitig, wer die gemeinsamen ausschließlich iranischen Kinder in einem Unterhaltsprozess mit iranischem Unterhaltsstatut vertritt, so ist für diese Frage nicht auf Art. 11 lit. d zurückzugreifen.[30] Denn diese Norm setzt die Geltung des Art. 11 lit. a und der Art. 3–8 voraus. Maßgebend ist vielmehr das Haager Kinderschutzübereinkommen mit seinen Art. 15–22 KSÜ.

5. Nicht kollidierende Rechtsquellen. Sachlich nicht kollidierende Rechtsquellen gelten **19** neben dem HUP weiter. Hierzu gehören unter anderem folgende Rechtsquellen:

a) Fürsorgeabkommen. Fürsorgeabkommen vertragen sich mit dem HUP. Das HUP erfasst **20** nur familienrechtliche Unterhaltsansprüche. Die multi- oder bilateralen Fürsorgeabkommen dagegen sichern die staatliche Versorgung, sofern familienrechtliche Ansprüche nicht bestehen oder nicht zu realisieren sind. Deshalb gelten neben dem HUP unter anderem weiter sowohl das in der Bundesrepublik in Kraft befindliche Europäische Fürsorgeabkommen vom 11.12.1953 (BGBl. 1956 II S. 564) als auch das deutsch-österreichische Abkommen vom 17.1.1966 (BGBl. 1969 II S. 2) über Fürsorge und Jugendwohlfahrtspflege.

b) UN-Kinderrechts-Übereinkommen. Das UN-Übereinkommen vom 20.11.1989 über die **21** Rechte des Kindes (UN-KRK)[31] hat keine unmittelbaren Auswirkungen auf das HUP. Das Übereinkommen ist außerdem nach deutscher Auffassung in aller Regel nicht unmittelbar anwendbar, verpflichtet vielmehr meistens nur die Staaten, ihr Recht den Postulaten des Übereinkommens anzupassen. Immerhin kann Art. 27 UN-KRK über die Versorgung eines Kindes ein Maßstab für die Beurteilung des anwendbaren ausländischen Rechts nach Art. 13 UN-KRK(ordre public) sein.

c) Rechtshilfeverträge. Rechtshilfeverträge garantieren im Unterhaltsrecht vor allem die auslän- **22** dische Hilfe bei der Geltendmachung von Unterhaltsansprüchen im Ausland, ohne selbst das für den Unterhaltsanspruch maßgebende Recht zu bestimmen. Prototyp eines solchen Abkommens ist das **UN-Übereinkommen vom 20.6.1956 über die Geltendmachung von Unterhaltsansprüchen im Ausland.**[32] Etwaige bilateralen Rechtshilfeverträge, die sich auf reine Rechtshilfe beschränken, stehen dem HUP ebenso wenig entgegen wie das UN-Übereinkommen von 1956 oder das novellierte der Durchführung von Staatsverträgen dienende Auslandsunterhaltsgesetz von 2011. Die Rechtshilfeverträge der DDR mit ehemals sozialistischen Staaten, soweit sie nach der deutschen Wiedervereinigung für die Bundesrepublik verbindlich waren, sind inzwischen alle gekündigt worden.

d) Rechtsquellen zur Zuständigkeit und Vollstreckung. Zuständigkeits- und Vollstreckungs- **23** verträge sowie europäische Verordnungen ergänzen das HUP, welches nur das anwendbare Recht regelt. Sie bleiben vom HUP unberührt. Die EuUnthVO verweist in ihrem Art. 15 EuUnthVO hinsichtlich des anwendbaren Rechts auf die Vorschriften des HUP und regelt ebenfalls die internationale und teils örtliche Zuständigkeit der mitgliedstaatlichen Gerichte, sowie die Anerkennung und Vollstreckung von Entscheidungen innerhalb des Binnenmarktes. Zwischen den Mitgliedstaaten der

---

[26] BGH NJW-RR 1986, 1005 mAnm *Nolting* FamRZ 1986, 347; = m. Bespr. *Böhmer* IPRax 1986, 362.

[27] OLG Zweibrücken NJWE-FER 2001, 174 = FamRZ 2001, 920; AG Kerpen FamRZ 2001, 1526.

[28] OLG München IPRax 1989, 238 mAnm *Jayme* 223.

[29] BGHZ 60, 68; BGH NJW-RR 1986, 1005; OLG Frankfurt NZFam 2016, 1112; OLG Köln NJW 2016, 649; OLG Celle FamRZ 2012, 383; BayObLG FamRZ 1978, 243; OLG Bremen IPRspr. 1984 Nr. 92; LG Karlsruhe FamRZ 1982, 536; *Krüger* FamRZ 1973, 9; Staudinger/*Mankowski* (2003) EGBGB Anh. I Art. 18 Rn. 13 f.; ausführlich hierzu *Staudinger/Papadopoulos* JA 2017, 495 (499).

[30] So jedoch BGH NJW-RR 1986, 1005 für die Frage der Vertretung der Kinder aus der Ehe eines Iraners mit einer deutsch-iranischen Ehefrau. Die Mutter hätte nach § 1671 BGB sich die alleinige elterliche Sorge übertragen lassen sollen. § 1629 Abs. 2 S. 2 BGB kam wegen Art. 3 MSA nicht zur Anwendung.

[31] BGBl. 1992 II S. 121. Hierzu *Verschraegen,* Die Kinderrechtekonvention, 1996, 83 f.

[32] BGBl. 1959 II S. 150; *Jayme/Hausmann* Nr. 220.

EU genießt die EuUnthVO Vorrang (Art. 69 Abs. 2 EuUnthVO). Gegenüber Drittstaaten sind die drei Haager Übereinkommen über die internationale Geltendmachung der Unterhaltsansprüche von Kindern und anderen Familienangehörigen vom 23.11.2007[33] sowie über die Anerkennung und Vollstreckung von Unterhaltsentscheidungen zugunsten von Kindern vom 15.4.1958[34] und zugunsten von Unterhaltsgläubigern im Allgemeinen vom 2.10.1973[35] zu beachten. Entscheidungen aus Drittstaaten, die zugleich Signatarstaaten des HUntÜbk 2007 sind, werden nach Art. 19 ff. HUntÜbk 2007 anerkannt und vollstreckt.[36] Dies betrifft Unterhaltstitel aus Albanien, Bosnien und Herzegowina, der Ukraine sowie jüngst auch solche aus Montenegro, USA und der Türkei.[37] Sofern das HUntÜbk 2007 sachlich anwendbar ist,[38] ersetzt es zwischen den Vertragsstaaten kraft seines Art. 48 HUntÜbk 2007 und vorbehaltlich des Art. 56 Abs. 2 HUntÜbk 2007 das UnthAnerkÜbk von 1973 sowie das Haager Unterhaltsvollstreckungs-Übereinkommen für Kindesunterhalt von 1958.[39] Lediglich Vertragsstaaten des UnthAnerkÜbk1973 sind hingegen Andorra und Australien.

23a   Bei Entscheidungen aus den Vertragsstaaten Norwegen und der Schweiz, die zugleich auch dem rev. LugÜbk unterfallen, bleibt zu beachten, dass die Haager Übereinkünfte zur Anerkennung und Vollstreckung nach Art. 67 Abs. 5 rev. LugÜbk Vorrang genießen. Demnach ist für Norwegen als Signatarstaat des HUntÜbk 2007 grundsätzlich dieser Staatsvertrag heranzuziehen. Aufgrund des in Art. 52 HUntÜbk 2007 festgeschriebenen Grundsatzes der größten Wirksamkeit vollzieht sich die Anerkennung und Vollstreckung wohl dennoch nach den Vorschriften des rev. LugÜbk.[40] Gleiches gilt für Entscheidungen aus der Schweiz, deren Vollstreckung sich ausweislich Art. 67 Abs. 5 rev. LugÜbk vorrangig nach dem UnthAnerkÜbk 1973 richtet. Allerdings kann aufgrund des in Art. 23 UnthAnerkÜbk von 1973 festgeschriebenden Günstigkeitsprinzips das rev. LugÜbk gleichwohl zur Anwendung gelangen.[41]

23b   Neben der EuUnthVO, dem rev. LugÜbk und den Haager Abkommen sind auch das Parallelabkommen mit Dänemark, die EuEheVO sowie die zahlreichen bilateralen Anerkennungs- und Vollstreckungsabkommen zu berücksichtigen.[42]

VI. Auswirkungen auf das deutsche Kollisionsrecht

24   **1. EGBGB.** Im Rahmen seines zeitlichen, räumlichen, persönlichen und sachlichen Anwendungsbereichs verdrängt das HUP das inländische Kollisionsrecht in Art. 18 EGBGB aF und kommt wegen seines Vorrangs als unmittelbar anwendbarer Staatsvertrag an dessen Stelle zur Anwendung (Art. 3 Abs. 2 S. 1 EGBGB). Deshalb ist auch Art. 18 EGBGB durch Art. 12 Nr. 3 des Gesetzes vom 23.5.2011 (→ EuUnthVO Art. 15 Rn. 1) zur Durchführung der EuUnthVO und zur Neuordnung bestehender Aus- und Durchführungsbestimmungen auf dem Gebiet des internationalen Unterhaltsverfahrensrechts aufgehoben worden. Außerhalb seines sachlichen Anwendungsbereichs des HUP übt das autonome IPR aber immer noch einen Einfluss auf das Unterhaltsrecht aus. Zu denken ist hierbei an die Beurteilung familienrechtlicher Vorfragen in einem Unterhaltsverfahren.

25   **2. Auslandsunterhaltsgesetz.** Das Gesetz zur Geltendmachung von Unterhaltsansprüchen im Verkehr mit ausländischen Staaten (Auslandsunterhaltsgesetz – AUG) ist am 23.5.2011 (BGBl. 2011 I S. 898) revidiert worden. Es handelt sich um ein Rechtshilfegesetz, welches – wie das HUntÜbk 2007 – die Durchsetzung von Unterhaltsansprüchen erleichtern soll. Das AUG ist seit dem 18.6.2011 in Kraft und gilt unter anderem im Verhältnis zu zahlreichen Gesamt- und Gliedstaaten des angloamerikanischen

---

[33] ABl. EU 2011 L 192, S. 51; *Jayme/Hausmann* Nr. 182.

[34] BGBl. 1961 II S. 1006; *Jayme/Hausmann* Nr. 180.

[35] BGBl. 1986 II S. 826; 1987 II S. 220, 404; *Jayme/Hausmann* Nr. 181.

[36] Siehe dazu ausführlich Rauscher/*Kern* HUntVerfÜbk Art. 19 ff.

[37] Der aktuelle Ratifikationsstand ist abrufbar unter: https://www.hcch.net/de/instruments/conventions/status-table/?cid=131.

[38] Insofern ist zu beachten, dass das HUntAnerkÜb 1973 laut seinem Art. 1 Abs. 1 grundsätzlich hinsichtlich aller Unterhaltspflichten heranzuziehen ist und die Vertragsstaaten diese nach Art. 26 Abs. 1 Nr. 1 negativ eingrenzen können. Das HUntÜbk 2007 ist hingegen gem. seines Art. 2 Abs. 1 zunächst nur bei Unterhaltsansprüchen in der Eltern-Kind-Beziehung, sowie bei Ehegatten und früheren Ehegatten anwendbar. Den Vertragsstaaten steht es jedoch kraft Art. 2 Abs. 3, Art. 63 frei den Anwendungsbereich zu erweitern. Inwiefern sich die sachliche Maßgeblichkeit der Übereinkommen daher überschneidet, kann von den jeweiligen Vertragsstaaten variieren. Die jeweiligen Erklärungen finden sich ebenfalls unter https://www.hcch.net/de/instruments/conventions/status-table/?cid=131. Dazu ausführlich: Rauscher/*Kern* HUntVerfÜbk Art. 2 Rn. 23 ff.

[39] Das Haager Unterhaltsvollstreckungs-Übereinkommen für Kindesunterhalt von 1958 wurde zuvor bereits durch das UnthAnerkÜbk von 1973 ersetzt (Art. 29 UnthAnerkÜb) und gilt im Verhältnis zu dessen Vertragsstaaten nicht mehr.

[40] Siehe dazu Rauscher/*Andrae* EG-UntVO Art. 69 Rn. 17.

[41] Beachte zu Art. 23 UnthAnerkÜbk und dem Günstigkeitsprinzip: *Verwilghen* S. 44 Nr. 101.

[42] Vgl. hierzu *Jayme/Hausmann* Nr. 190–191a.

Rechtskreises, da diesen Staaten gegenüber die Gegenseitigkeit iSd. § 1 Abs. 1 Nr. 3 AUG verbürgt ist.[43] Das AUG dient der Durchführung unterhaltsrechtlicher Verordnungen, Abkommen und Verträge, lässt jedoch den Vorrang völkerrechtlicher Vereinbarungen und mitgliedstaatlicher Rechtsakte unberührt. Ferner enthält es kein Verweisungsrecht, kollidiert insofern also nicht mit dem HUP.

VII. Auswirkungen auf das autonome Sachrecht

Auf das autonome Sachrecht der Vertragsstaaten hat das HUP nur insofern mögliche Auswirkun- **26** gen, als sein Art. 14 in Form einer Sachnorm gebietet, bei der Bemessung des Unterhaltsbetrages die Bedürfnisse des Berechtigten und die Verhältnisse des Unterhaltsverpflichteten zu berücksichtigen. Dies gilt selbst dann, wenn das anzuwendende Recht etwas anderes bestimmt.

Art. 1 HUP Anwendungsbereich

(1) Dieses Protokoll bestimmt das auf solche Unterhaltspflichten anzuwendende Recht, die sich aus Beziehungen der Familie, Verwandtschaft, Ehe oder Schwägerschaft ergeben, einschließlich der Unterhaltspflichten gegenüber einem Kind, ungeachtet des Zivilstands (amtl. Anm.: DE, AT: Familienstands) seiner Eltern.

(2) Die in Anwendung dieses Protokolls ergangenen Entscheidungen lassen die Frage des Bestehens einer der in Absatz 1 genannten Beziehungen unberührt.

Übersicht

I. Normzweck

Art. 1 Abs. 1 bestimmt neben Art. 10 und 11 den wesentlichen sachlichen Anwendungsbereich **1** des HUP. Er definiert nicht, was unter einer Unterhaltspflicht zu verstehen ist, sondern beschränkt

---

[43] Mittlerweile (1.7.2014) ist die Gegenseitigkeit iS des § 1 Abs. 2 AUG voll verbürgt mit 41 US-amerikanischen Gliedstaaten (48 Gliedstaaten für Kindesunterhalt), mit neun kanadischen Provinzen und zwei Territorien sowie mit Südafrika: vgl. *Jayme/Hausmann* Nr. 161a Fn. 7 zur Verbürgung der Gegenseitigkeit aller Staaten; Siehe ebenso MükoFamFG/*Lipp* AUG § 1 Rn. 7; HK-ZV/*Meller-Hannich* AUG § 1 Rn. 1 ff.

sich vielmehr auf die Angabe derjenigen Beziehungen, aus denen Unterhaltspflichten entstehen können und die vom Protokoll erfasst sein sollen.[1] Diese Umschreibung stimmt im Wesentlichen mit derjenigen überein, die das HaagUnthÜ in Art. 1 HaagUnthÜ benutzt hat. Deswegen sind die Erläuterungen zu diesem Staatsvertrag für die Auslegung des HUP ergänzend heranzuziehen.[2]

II. Begriff der Unterhaltspflicht

2   **1. Generelle Charakterisierung.** Eine Unterhaltspflicht bezieht sich auf die regelmäßige Versorgung einer Person. Sie mag von gewissen Voraussetzungen (zB Bedürftigkeit des Berechtigten, Leistungsfähigkeit des Verpflichteten) abhängig und auch zeitlich begrenzt sein.[3] Die Pflicht selbst ist jedoch während dieser Zeitspanne eine Verbindlichkeit auf wiederkehrende Leistungen und kann nur in Ausnahmefällen durch eine einmalige Abfindung ersetzt werden.[4] Diesen weiten Begriff der Unterhaltspflicht schränkt Art. 1 ein und erweitert ihn wieder durch eine Ausnahme (→ Rn. 3 ff.).

3   **a) Einschränkung.** Art. 1 Abs. 1 beschränkt den Gegenstand des HUP auf Unterhaltsverpflichtungen, die auf familienrechtlichen Beziehungen zwischen den Beteiligten beruhen. Welche familienrechtlichen Beziehungen gemeint sind, zählt Art. 1 Abs. 1 im Einzelnen klarstellend auf und macht damit deutlich, dass darunter alle irgendwie gearteten familienrechtlichen Bande fallen.[5] Ob im konkreten Fall dann eine solche Beziehung besteht, ist ein Problem der Vorfrage, die in der Regel unselbstständig nach den Kollisionsnormen der vom HUP berufenen Rechtsordnung beantwortet wird (→ Art. 11 HUP Rn. 15 ff.). Aus der Limitierung des HUP auf familienrechtliche Unterhaltsansprüche ergeben sich notwendigerweise **zwei weitere wichtige Beschränkungen:** Vom Abkommen nicht erfasst sind Unterhaltsverpflichtungen, die zum einen ausschließlich durch Vertrag oder andere privatrechtliche Beziehungen begründet werden, und zum andern auf öffentlich-rechtlichen Ansprüchen auf Fürsorge sowie Unterstützung beruhen.

4   **b) Erstattungspflicht gegenüber Staat.** Durch die Erstattungspflicht gegenüber einer öffentlichen Einrichtung erweitert das HUP seinen eingeschränkten Anwendungsbereich wieder (Art. 10, 11 lit. f). Diese Ausnahme wird lediglich insoweit gemacht, als eine Einrichtung, die öffentliche Aufgaben wahrnimmt, an Stelle des Unterhaltsverpflichteten den Unterhaltsberechtigten einstweilen unterstützt hat und dann Rückgriff gegen den Primärschuldner nehmen will.

5   **c) Art und Form des Unterhalts.** Ob jede Art und Form von Unterhalt unter das HUP fällt, sagt das Protokoll absichtlich nicht.[6] Deshalb bestimmt das Unterhaltsstatut nicht nur die in Art. 11 beispielhaft („insbesondere") aufgezählten Fragen, sondern auch den Umfang der Unterhaltsgewährung.

6   Es darf jedoch nicht vergessen lassen, dass die **Primärqualifikation,** was Unterhalt iS des HUP ist, durch autonome Auslegung des Übereinkommens zu bestimmen gilt (→ HUP Einl. Rn. 12).[7] Erst innerhalb dieses Rahmens ist das berufene Unterhaltsstatut zu befragen, ob eine von ihm vorgesehene Leistungspflicht als Unterhalt iS des HUP verstanden werden kann.

7   **2. Eherecht.** Unterhaltspflichten, die sich aus Beziehungen der Ehe ergeben, sind Gegenstand des HUP. Das ergibt sich auch aus Art. 1 Abs. 1 und 5. Ob im Einzelfall eine Ehe besteht oder bestanden hat, ist unselbstständig anhand der Kollisionsnormen des vom HUP berufenen Staates zu beantworten.

8   **a) Bestehende Ehe. Während des Bestehens einer Ehe** fallen sämtliche Unterhaltspflichten der Ehegatten, die sie gegeneinander haben, unter das Protokoll.

9   **aa) Unterhalt, Rückforderung, Prozesskostenvorschuss, Taschengeld.** Unter den Unterhalt in diesem Sinne sind nicht nur die Unterhaltsverpflichtungen während des ehelichen Zusammenlebens, sondern auch der Unterhalt, der während des **Getrenntlebens der Ehegatten** geschuldet

---

[1] Zum Begriff der Familienbeziehung als zusammenfassende Charakterisierung der einschlägigen Beziehungen: Rauscher/*Andrae* HUntStProt Art. 1 Rn. 4 ff.

[2] So der offizielle erläuternde Bericht von *Verwilghen* S. 385 f. und 433 bzw. S. 32 und 56 (Nr. 5 und 118); übereinstimmend auch Staudinger/*Mankowski* (2016) Rn. 2.

[3] Rauscher/*Andrae* HUntStProt Art. 1 Rn. 10.

[4] AA Staudinger/*Mankowski* (2016) Rn. 3, der die Unterscheidung zwischen einmaliger und wiederkehrender Zahlung für unerheblich hält.

[5] Staudinger/*Mankowski* (2016) Rn. 1.

[6] *Verwilghen* S. 433 und 391 bzw. S. 56 und 35 (Nr. 118 und 18) unter Hinweis auf seinen Bericht für die Spezialkommission; Actes et documents S. 95, 99 f. (Nr. 10).

[7] AA Rauscher/*Andrae* HUntStProt Art. 1 Rn. 11.

wird zu verstehen, also auch der Vorsorgeunterhalt gemäß § 1361 Abs. 1 S. 2 BGB.[8] Hat ein Ehegatte einen höheren Beitrag, als ihm obliegt, zum Unterhalt des anderen Ehegatten und der Familie geleistet, so bestimmt das maßgebende Unterhaltsstatut, ob er vom anderen Ehegatten eine **Entschädigung** fordern kann (zB Art. 165 Abs. 2 schweiz. ZGB nF) oder ob eine Vermutung dafür besteht, keinen Ersatz verlangen zu wollen (zB § 1360b BGB).

Außerdem gehören zu den Unterhaltspflichten die **Prozesskostenvorschusspflicht,**[9] soweit sie   **10** ihren Entstehungsgrund nicht in einer besonderen Art des Güterstandes hat.[10] sowie der Anspruch des Ehegatten, der den Haushalt besorgt, auf regelmäßige Entrichtung eines angemessenen **Beitrags zur freien Verfügung** (zB Art. 164 schweiz. ZGB nF).[11]

bb) Ehewohnung und Hausrat. Da Unterhalt auch durch Naturalleistungen gewährt werden   **11** kann, zählte die früher überwiegende Ansicht die Zuteilung von **Haushaltsgegenständen** und der **Ehewohnung** zum Unterhalt und wendete folglich Art. 18 EGBGB an[12] Überzeugender und mittlerweile herrschende Meinung ist hingegen, die Zuweisung als ehewirkungsrechtlich zu qualifizieren und damit Art. 14 bzw. Art. 17a EGBGB zu unterstellen.[13]

cc) Arbeitslohn, Braut- oder Morgengabe. Kein eherechtlicher Unterhalt ist dagegen die   **12** angemessene Entschädigung eines Ehegatten, der über seinen Beitrag zum Unterhalt der Familie hinaus im Beruf oder Gewerbe des anderen Ehegatten mitarbeitet (zB Art. 165 Abs. 1 schweiz. ZGB nF). Hierbei handelt es sich um ein Problem der allgemeinen Ehewirkungen[14] oder, falls eine schuldrechtliche Vereinbarung getroffen worden ist, um eine Frage des Vertragsrechts. Ob Braut- oder Morgengaben unterhaltsrechtlich zu qualifizieren sind, wird unterschiedlich beurteilt. Nach Auffassung des BGH handelt es sich bei Morgengaben um allgemeine Ehewirkungen, deren Statut nach Art. 14 EGBGB zu ermitteln ist.[15] Gegen eine unterhaltsrechtliche Qualifikation spreche bereits, dass Morgengaben eine spezifische Bedürfnislage der Ehefrau nicht voraussetzten. Vielmehr bestehe die Verpflichtung zur Morgengabe neben der Pflicht, nachehelichen Unterhalt zu leisten.[16] Nach anderer Ansicht resultiert aus der unterhaltssichernden Funktion der Morgengabe die Anknüpfung an das gemäß Art. 3, 5, 7 oder 8 HUP zu ermittelnde Statut des nachehelichen Unterhalts.[17] Dies soll jedenfalls dann gelten, wenn die Zahlung der Zuwendung an die Ehefrau auf den Zeitpunkt der Eheauflösung hinausgeschoben ist.[18] Wieder andere Ansätze qualifizieren die Braut- und Morgengabe aufgrund ihrer ehevertraglichen Grundlage güterrechtlich (→ EGBGB Art. 14 Rn. 54 ff.).

b) Aufgelöste Ehe. Der Unterhalt nach Auflösung der Ehe, also aus einem gelösten familien-   **13** rechtlichen Verhältnis, fällt in den sachlichen Anwendungsbereich des HUP. Dies ergibt sich klar aus der speziellen Verweisungsnorm des Art. 5. Aus Art. 5 geht konkretisierend weiter hervor, dass das Abkommen für den Unterhalt nach einer Ehescheidung gilt und für den Unterhalt nach einer Ehetrennung ohne Auflösung des Ehebandes sowie nach einer Ungültigerklärung der Ehe. Einerlei ist hierbei, gemäß welchen Kriterien der Unterhalt nach Eheauflösung bemessen wird, ob es sich also um eine reine Unterhaltsrente handelt, um eine Entschädigungsrente[19] oder um eine Mischung

---

[8] OLG Köln FamRZ 1995, 1582 (Spanien); *Jayme* IPRax 1987, 295 (297).

[9] Ebenso Rauscher/*Andrae* HUntStProt Art. 1 Rn. 13.

[10] Dazu 6. Aufl. 2015, EGBGB Art. 14 Rn. 104, Art. 15 Rn. 70 ff. *(Siehr);* OLG Oldenburg FamRZ 1981, 1176; NJW 1982, 2736 (gegenüber Ehegatten und Kind); OLG Düsseldorf MDR 1983, 964 (verneinend für schweizerisches Eherecht); OLG Frankfurt a. M. IPRax 1988, 175 mAnm *Hepting* IPRax 1988, 153; KG FamRZ 1988, 167 mAnm *v. Bar* IPRax 1988, 220; OLG Köln IPRspr. 1994 Nr. 93; Johannsen/Henrich/*Althammer/Henrich* EGBGB Art. 18 Rn. 28.

[11] Rauscher/*Andrae* HUntStProt Art. 1 Rn. 13; dazu auch Staudinger/*Mankowski* (2016) Rn. 25.

[12] So noch 6. Aufl. 2015, Rn. 11 *(Siehr);* OLG Hamm IPRspr. 1989 Nr. 114; NJW-RR 1993, 964; OLG Düsseldorf NJW 1990, 3091; OLG Celle NJW-RR 1991, 714; OLG Frankfurt a. M. FamRZ 1991, 1190; OLG Koblenz NJW-RR 1991, 522.

[13] Staudinger/*Mankowski* (2016) Rn. 7; Palandt/*Thorn* Art. 11 Rn. 39, EGBGB Art. 17a Rn. 2; *Dörner* in Eschenbruch/Schürmann/Menne Unterhaltsprozess Kap. 6 Rn. 252.

[14] Dazu 6. Aufl. 2015, EGBGB Art. 14 Rn. 98 *(Siehr).*

[15] BGHZ 183, 287 = NJW 2010, 1528 (persönliche Ehewirkung); zustimmend *Finger* FuR 2017, 182; bestätigt durch OLG Hamm BeckRS 2016, 12325; OLG Köln NJW 2016, 649; OLG Köln NJW 2015, 1763; KG NJW-RR 2015, 904; offengelassen in BGH Warn 1987 Nr. 34; OLG Hamm FamRZ 1988, 516; zur Qualifikation der Braut- oder Morgengabe ausführlich Staudinger/*Papadopoulos* JA 2017, 495; → EGBGB Art. 14 Rn. 55; kein Unterhalt: Rauscher/*Andrae* HUntStProt Art. 1 Rn. 13.

[16] So auch Staudinger/*Mankowski* (2010) EGBGB Art. 14 Rn. 273 ff.; Staudinger/*Mankowski* (2016) Rn. 41.

[17] Vgl. OLG Celle FamRZ 1998, 374 (375); aA Rauscher/*Andrae* HUntStProt Art. 1 Rn. 13.

[18] Palandt/*Thorn* EGBGB Art. 13 Rn. 9; Erman/*Hohloch* Rn. 7.

[19] OLG Stuttgart IPRspr. 1986 Nr. 71A; FamRZ 1993, 974 für Art. 143 Abs. 1 türk. ZGB; aA App. Luxembourg Pasicrisie luxembourgoise 1987, 133 für Art. 270 ff. frz. Code civil.

von beidem. Ebenfalls gewisse Unterhaltsvereinbarungen und Unterhaltsvergleiche, die bei Auflösung der Ehe geschlossen werden, fallen unter das HUP.

14   **c) Nichtehe.** Das HUP erwähnt nicht, ob der Unterhalt in einer Nichtehe unter das Protokoll fällt, also der Unterhalt in einer Ehe, die wegen eines Verstoßes gegen den Satz „Inlandsehe – Inlandsform" im Inland nicht zustande gekommen ist. Das Protokoll hat absichtlich zu dieser Frage keine Stellung genommen, weil sie eng mit dem Problem der Vorfrage zusammenhängt.[20] Da in diesen Fällen einer Nichtehe in der Regel eine hinkende Ehe vorliegt, die im Inland nicht existiert, jedoch in einem ausländischen Staat gültig ist (zB Griechen haben im Inland nur vor einem nicht ermächtigten griechisch-orthodoxen Priester geheiratet), fallen auch Ansprüche aus einer solchen hinkenden Ehe unter das HUP.[21]

15   **d) Nichteheliche Lebensgemeinschaft, homosexuelle Ehe.** Die nichteheliche Lebensgemeinschaft, die Partnerschaft sowie homosexuelle Ehe werden in dem Art. 1 Abs. 1 HUP nicht explizit genannt.

15a   Daher stellt sich die Frage, ob diese gleichgeschlechtlichen Lebensformen als Familienbeziehung qualifiziert werden können.[22] Angesichts der Entstehungsgeschichte des HUP und dem bewussten Absehen von einer expliziten Regelung, steht es den Vertragsstaaten frei, unter Zugrundelegung der vom IPR des Forumstaates berufenen Methode, in Deutschland der funktionellen Qualifikation, die verschiedenen Institute als familiäre Beziehung anzuerkennen.[23] Indem der deutsche Gesetzgeber in Art. 17 Abs. 1 S. 2 EGBGB den Passus hinsichtlich der unterhaltsrechtlichen Folgen mit Inkrafttreten des HUP gestrichen hat, wird deutlich, dass er die Lebenspartnerschaft als Teilaspekt der familiären Verhältnisse ansieht.[24] In der Folge des Ausschlusses der unterhaltsrechtlichen Aspekte findet auch die Kappungsvorschrift des bisherigen Art. 17b Abs. 4 EGBGB für das HUP keine Anwendung.[25] Infolge des Gesetzes zur Einführung des Rechts auf Eheschließung für Personen gleichen Geschlechts vom 20.7.2017 (BGBl. I S. 2787) und der daraus hervorgehende Änderung des Art. 17 Abs. 4 EGBGB, wonach die vorherigen Abs. für die gleichgeschlechtliche Ehe entsprechend Anwendung finden soll, entfällt die Kappungsgrenze.[26] In manchen Rechtsordnungen wird keine familienrechtliche Beziehung zwischen den Partnern dieser Gemeinschaft begründet. Häufig entfalten jedoch nichteheliche Partnerschaften mit oder ohne jegliche Formalisierung dieses Bundes eheähnliche oder zumindest familienrechtliche Wirkungen, einschließlich solcher des Unterhalts.[27] Einer genauen Abgrenzung zwischen diesen Beziehungsformen bedarf es erst im Rahmen von Art. 5 (→ Art. 5 Rn. 8). Deshalb sind auch solche Unterhaltsansprüche nach dem HUP anzuknüpfen, sofern nach dem berufenen Unterhaltsstatut eine familienrechtliche Beziehung zwischen den Partnern einer nichtehelichen Lebensgemeinschaft oder einer homosexuellen Ehe[28] und nicht nur eine schuldrecht-

---

[20] *Verwilghen* S. 449 bzw. S. 64 (Nr. 155).

[21] *Verwilghen* S. 449 bzw. S. 64 (Nr. 155); aA Staudinger/*Mankowski* (2016) Rn. 28, wonach die hinkende Ehe nicht vom HUP erfasst sei.

[22] Siehe ausführlich zu diesen Partnerschaften *Hilbig* GPR 2011, 310 (313 ff.).

[23] *Bonomi*-Bericht Rn. 31; NK-BGB/*Bach* Rn. 9; Palandt/*Thorn* Rn. 7; Rauscher/*Andrae* HUntStProt Art. 1 Rn. 4 ff.; Staudinger/*Mankowski* (2016) Rn. 65 f.

[24] Rauscher/*Andrae* HUntStProt Art. 1 Rn. 7; NK-BGB/*Bach* Rn. 11; *Coester* IPRax 2013, 114 (120).

[25] Zur Reichweite der bisherigen Kappungsklausel BGH NJW 2016 2322 mAnm *Rauscher*; mAnm *Fischer* NZFam 2016, 652; zur Regelung des Art. 17b Abs. 4 EGBGB in der Fassung bis zum 30.9.2017 *Gebauer/ Staudinger* IPRax 2002, 275 ff.; generell zum Zusammenspiel von Art. 17b EGBGB in der Fassung bis zum 30.9.2017 und dem Europäischen Kollisionsrecht siehe *Coester* IPRax 2013, 114 ff.

[26] Nach Inkrafttreten des Gesetzes können bereits bestehende Lebenspartnerschaften nach § 20a LPartG in eine Ehe umgewandelt werden, hingegen keine neuen mehr begründet werden. Beachte zu dem Gesetz: *Binder/ Kiehnle* NZFam 2017, 742; *Knoop* NJW-Spezial 2017, 580; *Löhning* NZFam 2017, 643; *Meyer* FamRZ 2017, 1281; *Schmidt* NJW 2017, 2225. Teilweise wird die Verfassungsmäßigkeit des Gesetzes angezweifelt (so *Erbarth* NZFam 2016, 536; *Schmidt* NJW 2017, 2225; von einer Konformität mit dem GG ausgehend: *Brosius-Gersdorf* NJW 2015, 3557), daher bleibt abzuwarten, ob sich demnächst das BVerfG mit der Vereinbarkeit mit Art. 6 Abs. 1 GG zu beschäftigen hat; dazu dezidiert *Ipsen* NVwZ 2017, 1096 (1099); *Schmidt* NJW 2017, 2225 (2226 ff.).

[27] Staudinger/*Mankowski* (2016) Rn. 53 f.; zum Recht ehemaliger jugoslawischer Teilrepubliken vgl. *Geč-Korošec* ZBlJugR 1981, 348 (352); *Šarčević* StAZ 1981, 176 (177); *Stiewe*, Ausländisches und Internationales Privatrecht der nichtehelichen Lebensgemeinschaft, 1986, 138 f.; vgl. auch → EGBGB Art. 14 Rn. 17; → EGBGB Art. 15 Rn. 23; Art. 17b Rn. 142 ff. Zum ausländischen und deutschen Recht vgl. *Schwenzer*, Vom Status zur Realbeziehung, 1987, 196 und 200. Siehe zu den unterschiedlichen Konstellationen *Hilbig* GPR 2014, 310 (313 ff.).

[28] Ebenso NK-BGB/*Bach* Art. 5 Rn. 7; *Henrich*, FS Beitzke, 1979, 507 (513); Palandt/*Thorn* Rn. 7; *Šarčević* ZVglRWiss. 84 (1985), 274 (280); Staudinger/*Mankowski* EGBGB Anh. Art. 17b Rn. 22 ff.; *Striewe*, Ausländisches und Internationales Privatrecht der nichtehelichen Lebensgemeinschaft, 1986, 393 f.; aA *Reng*, Unterhaltsansprüche aufgrund nichtehelicher Lebensgemeinschaft, 1994, 92 ff. (ohne Differenzierung).

liche und formlose Verbindlichkeit zwischen Partnern zur gegenseitigen Alimentierung besteht. Ist letzteres der Fall, so kommt das HUP nicht zur Anwendung.[29] Der Schuldvertrag ist vielmehr nach der Rom I-VO anzuknüpfen.[30]

Hinsichtlich der EU ist zu beachten, dass ausweislich Art. 24 Abs. 5 HUP sowohl die EU selbst **15b** als Organisation der regionalen Wirtschaftsintegration als auch die Mitgliedstaaten als Vertragsstaaten gelten.[31] Fraglich ist daher, ob jeder Mitgliedstaat für sich über die Qualifikation der Begriffsbestimmungen entscheidet oder ob auf ein autonomes europäisches Verständnis abzustellen ist. Aufgrund der unterschiedlichen Akzeptanz gleichgeschlechtlicher Ehen innerhalb der Mitgliedstaaten, erscheint es vorzugswürdig, das HUP auf gleichgeschlechtliche Ehen bzw. Lebenspartnerschaften binnenmarktweit einheitlich anzuwenden, um einen Gleichlauf mit der EuUntVO zu erreichen.[32] Eine endgültige Klärung kann erst durch ein Vorabentscheidungsverfahren an den EuGH erreicht werden.[33]

3. Kindschaftsrecht. Nach Art. 1 Abs. 1 gilt das Protokoll für Unterhaltsansprüche aus Bezie- **16** hungen der Verwandtschaft, insbesondere gegenüber einem Kind. Damit sind die meisten kindschaftsrechtlichen Unterhaltsansprüche einschließlich einer Prozesskostenvorschusspflicht[34] und des vorläufigen Unterhalts (§ 248 FamFG) angesprochen.[35] Darüber hinaus werden noch weitere Unterhaltsbeziehungen vom HUP erfasst. Auch hier ist die Vorfrage nach dem Bestehen des Kindschaftsverhältnisses unselbstständig gemäß den Kollisionsnormen der vom HUP berufenen Rechtsordnung zu beantworten. Ganz generell gesprochen, übernimmt das HUP diejenigen Kategorien der Unterhaltspflicht, welche die Haager Konferenz für IPR bereits für das HaagUnthStÜbk 1973 und für das HaagUnterhÜbk 1956 geschaffen hatte. Das bedeutet im Einzelnen Folgendes.

a) Eheliches Kind. Die aus ehelicher Kindschaft entstehenden Unterhaltsansprüche werden nach **17** dem Protokoll angeknüpft. Dies ergibt sich nicht nur aus Art. 1 Abs. 1, sondern auch aus Art. 18, der das Verhältnis zum HaagUnthÜ und zum HaagUnterhÜ 1956 regelt.[36]

b) Nichteheliches Kind. Unterhaltsansprüche gegenüber einem nichtehelichen Kind erwähnt **18** Art. 1 Abs. 1 ausdrücklich. Hierdurch soll deutlich gemacht werden, dass Unterhaltsansprüche auf Grund einer lediglich **vermuteten** und nicht nachgewiesenen Vaterschaft sowie die Ansprüche auf der Grundlage **tatsächlicher** Mutterschaft unter das HUP fallen.[37] Dieses gilt also auch dann, wenn das maßgebende Unterhaltsstatut eine verwandtschaftliche Beziehung zwischen dem nichtehelichen Kind und einem Elternteil verneint. Ist deutsches Recht Unterhaltsstatut, so spielt die Erwähnung nichtehelicher Kinder in Art. 1 keine Rolle mehr.

c) Verpflichtung aufgrund der Schwangerschaft. Auf Grund der Schwangerschaft können **19** Verpflichtungen des nichtehelichen Vaters gegenüber der nichtehelichen Mutter entstehen (zB § 1615l BGB).

aa) Entbindungskosten. Der Anspruch auf Ersatz der Entbindungskosten ist zwar kein Unter- **20** haltsanspruch, sondern ein einmaliger Anspruch der Mutter gegen den Vater des Kindes. Trotzdem sollte ein solcher Anspruch unter das HUP fallen (so auch Art. 83 Abs. 2 schweiz. IPRG).[38] Maßgebend ist also der gewöhnliche Aufenthalt der Mutter.[39]

bb) Unterhalt der Mutter. Aus der Schwangerschaft entsteht ein zeitlich befristeter Unterhalts- **21** anspruch der Mutter, nicht des Kindes gegen dessen nichtehelichen Vater (zB § 1615l BGB, Art. 295 Abs. 1 Ziff. 2 schweiz. ZGB, § 235 Abs. 1 ABGB nF). Dieser Anspruch hat seinen Grund in einer

---

[29] Ebenso Palandt/ *Thorn* Rn. 7.

[30] OLG Zweibrücken FamRZ 1994, 982 (dt.-it. nichteheliche Lebensgemeinschaft); Staudinger/*Mankowski* (2016) Rn. 66.

[31] Rauscher/*Andrae* HUntStProt Art. 1 Rn. 4.

[32] NK-BGB/*Gruber* Rn. 11.

[33] NK-BGB/*Gruber* Rn. 11.

[34] OLG Düsseldorf DAVorm. 1983, 964; OLG Oldenburg FamRZ 1981, 1176; NJW 1982, 2736; *Henrich* IPRax 1987, 38; Johannsen/Henrich/*Althammer/Henrich* EGBGB Art. 18 Rn. 28; *Jayme* IPRax 1986, 268.

[35] OLG Karlsruhe FamRZ 1986, 1226 (Unterhalt auf Grund einstweiliger Verfügung).

[36] Staudinger/*Mankowski* (2016) Rn. 56.

[37] Staudinger/*Mankowski* (2016) Rn. 57; *Verwilghen* S. 433 bzw. S. 56 (Nr. 119); BGH NJW 2011, 70. Belgien hat nach dem Marckx-Entscheid des EGHMR vom 13.6.1979 (DAVorm. 1980, 265 mAnm *Stöcker* DAVorm. 1980, 24) sein Kindschaftsrecht erneuert und kennt nun auch den Grundsatz „mater semper certa est": Art. 312 § 1 Code civil idF des Gesetzes vom 31.3.1987, Bulletin usuel des lois et arrêtés 1987, 627. Hierzu *Pintens* ZfRV 29 (1988), 259 (261).

[38] Rauscher/*Andrae* HUntStProt Art. 1 Rn. 13c; aA Erman/*Hohloch* Rn. 3.

[39] Staudinger/*Mankowski* (2016) Rn. 83.

gesetzlichen Beziehung des Familienrechts zwischen den Eltern eines nichtehelichen Kindes. Frage ist, ob auch dies eine „Beziehung aus Familie" iS des Art. 1 Abs. 1 darstellt. Im offiziellen Bericht zu dem Protokoll wird dieser Unterhalt zwar nicht erwähnt.[40] Gleichwohl dürfte auch er nach dem HUP anzuknüpfen sein; denn durch die beiden Haager Abkommen von 1973 werden „alle Unterhaltsansprüche, die durch Gesetz begründet sind und aus ‚Familienbeziehung' hervorgehen, … erfasst".[41] Dem steht nicht entgegen, dass das schweizerische IPR-Gesetz, um ganz sicherzugehen, in seinem Art. 83 Abs. 2 IPRG die Unterhaltsansprüche einer nicht verheirateten Mutter auch dem HaagUnthÜ unterstellt.[42] Noch weniger spricht Art. 19 Abs. 2 EGBGB hiergegen; denn das neue EGBGB kopierte das HaagUnthÜ im aufgehobenen Art. 18 EGBGB für die vom HaagUnthÜ nicht erfassten Fälle und regelt außerdem in Art. 19 Abs. 2 EGBGB die Unterhaltsansprüche der mit dem Vater unverheirateten Mutter lediglich insoweit, als das autonome IPR zur Anwendung gelangt.

22   **d) Adoptivkind.** Die Unterhaltsansprüche von Adoptivkindern unterliegen den Verweisungsnormen des HUP.[43] Das gilt nicht nur für die Unterhaltsansprüche eines Kindes gegen seine leiblichen Eltern, sondern auch für diejenigen gegen seine Adoptiveltern. Soweit eine Volladoption vorliegt, ist dies selbstverständlich, weil diese Volladoption ein verwandtschaftliches Verhältnis zwischen dem Kind und den Adoptiveltern herstellt (vgl. zB § 1754 BGB). Ebenfalls die Unterhaltsansprüche eines Adoptivkindes gegen die Eltern, die das Kind nur mit geringerer Wirkung angenommen haben, unterstehen dem HUP.[44] Das gilt auch dann, wenn die Adoption ohne Vertrag zustande kommt.

23   **e) Stiefkind.** Zwischen Stiefkind und seinen Stiefeltern bestehen normalerweise keine familienrechtlichen Beziehungen. Dies besagt jedoch nicht, dass Unterhaltsansprüche eines Stiefkinds gegen seine Stiefeltern nicht dem HUP unterstehen. Bei der Ausarbeitung des HaagUnterhÜbk 1956 war unbestritten, dass auch Stiefkinder unter dieses Abkommen von 1956 fallen. Da das HUP das HaagUnthStÜbk 1973 und das HaagUnterhÜbk 1956 zwischen deren Vertragsstaaten ersetzt (Art. 18), sind Unterhaltsansprüche von Stiefkindern ebenfalls nach dem HUP anzuknüpfen.[45]

24   Ob und eventuell welche **Unterhaltsansprüche** ein Stiefkind allerdings hat, bestimmt das maßgebende Unterhaltsstatut (Art. 11). Derartige Ansprüche sind selten. Art. 1:395, 1:395a Abs. 2 niederländisches BW[46] und sec. 23 (1) (d), 52 (1) englische Matrimonial Causes Act 1973[47] mit einem eigenen Anspruch des Kindes (Stiefkind oder „child of the family") sind eher eine Ausnahme. Die tatsächliche Gewährung von Unterhalt an ein Stiefkind ohne rechtliche Verpflichtung (wie zB nach dem BGB) oder auf vertraglicher Grundlage begründet keine gesetzliche Rechtspflicht, also keine Unterhaltspflicht iS des HUP. Soweit der Stiefelternteil seinem Ehegatten bei der Erfüllung der Unterhaltspflicht gegenüber dessen Kind beizustehen hat (vgl. Art. 278 Abs. 2 schweiz. ZGB),[48] erwirbt das Kind selbst keinen eigenen Unterhaltsanspruch.[49] Auch der leibliche Elternteil hat insofern keinen eigenen Anspruch auf Unterhalt, sondern nur einen eherechtlichen Anspruch auf Beistand (→ EGBGB Art. 14 Rn. 47). Der Ausbildungsanspruch von Stiefkindern nach § 1371 Abs. 4 BGB ist wegen seines erbrechtlichen Zusammenhangs nicht als Unterhaltsanspruch iS des HUP zu qualifizieren.

25   **f) Pflegekind.** Pflegekinder stehen in familienrechtlichen Beziehungen zu ihren leiblichen Eltern. Die Unterhaltsansprüche, die sich aus dieser Beziehung ergeben, unterliegen dem HUP.[50] Soweit es um die Ansprüche eines Pflegekindes gegen seine Pflegeeltern geht, sind zwei Fragen zu unterscheiden: Ob solche Unterhaltsansprüche bestehen, wird nach den Verweisungsnormen des HUP beurteilt, und zwar auch dann, wenn die Pflegekindschaft durch Vertrag begründet worden ist und nicht

---

[40] *Bonomi*-Bericht Rn. 25 ff.

[41] Staudinger/*Mankowski* (2016) Rn. 82; *Verwilghen* S. 390 bzw. S. 34 (Nr. 14).

[42] AS 1988 S. 1776, 1796.

[43] NK-BGB/*Gruber* Rn. 5 mwN.

[44] *Verwilghen* S. 392 und 433 bzw. S. 35 und 56 (Nr. 19 und 118).

[45] OLG München NJW-RR 2004, 1442 (Zahlungen von Krankenversicherungsbeiträgen durch Stiefvater für Stiefsohn); *Graham-Siegenthaler,* Das Stiefkind (insbesondere das „child of the marriage") im schweizerischen und im kanadischen Familienrecht, 1996, 255 ff.; Staudinger/*Mankowski* (2016) Rn. 59.

[46] Vgl. Bergmann/Ferid/*Henrich* Niederlande S. 158.

[47] 1973 c. 18; ebenfalls bei Bergmann/Ferid/*Henrich* Vereinigtes Königreich S. 165, 208 ff. Ähnlich sec. 66G (i) des australischen Family Law Act 1975 (No. 53 of 1975) idF des Amendment Act 1987; Bergmann/Ferid/*Henrich* Australien S. 109; hierzu vgl. auch Australian Journal of Family Law 2 (1987/88), 185 (186 f.). Zum kanadischen Recht vgl. *Graham-Siegenthaler,* Das Stiefkind (insbesondere das „child of the marriage") im schweizerischen und im kanadischen Familienrecht, 1996, 10 ff.

[48] In Österreich besteht offenbar keine solche Beistandspflicht (jedenfalls nicht bzgl. eines nicht im gemeinsamen Haushalt lebenden Stiefkindes): OGH JBl. 1987, 715 mAnm *Alfred J. Schmidt.*

[49] Staudinger/*Mankowski* (2016) Rn. 61.

[50] Staudinger/*Mankowski* (2016) Rn. 85.

durch Hoheitsakt.[51] Der Anspruch der Pflegeeltern gegen staatliche Instanzen auf Pflegegeld (zB Art. 294 Abs. 1 schweiz. ZGB) ist dagegen wegen seines öffentlich-rechtlichen Charakters kein Unterhaltsanspruch iS des Art. 1 Abs. 1.

4. Übrige Verwandtschaft. a) Verwandte in gerader Linie. Art. 1 Abs. 1 spricht ganz allge- 26 mein von Unterhaltspflichten aus Beziehungen der Verwandtschaft. Ob diese Personen unterhaltsberechtigt sind, ist nach den Verweisungsnormen des HUP zu bestimmen. Für die meisten Fälle der Verwandtschaft in gerader Linie, nämlich für die Unterhaltsansprüche eines Kindes gegen seine Eltern, ist dies bereits dargestellt worden. Hier bleibt nur noch zu betonen, dass das HaagUnthÜ ebenfalls für die Ansprüche eines Kindes gegen seine Großeltern gilt,[52] als auch für die Unterhaltsansprüche der Eltern und Großeltern gegen ihre Kinder und Enkelkinder.

b) Verwandte der Seitenlinie. Dass selbst Unterhaltsansprüche zwischen Verwandten in der 27 Seitenlinie dem HUP unterliegen, folgt aus der weiten Fassung des Art. 1 Abs. 1. Das vom HUP berufene Unterhaltsstatut muss entscheiden, ob und inwieweit Verwandte in der Seitenlinie (Onkel und Tante gegen Neffen und Nichten; Geschwister untereinander) zu Unterhalt verpflichtet sind. In diesen Fällen ist Art. 6 zu beachten, wonach der Unterhaltsverpflichtete einem Unterhaltsbegehren die mangelnde Gegenseitigkeit der Unterhaltsverpflichtungen entgegenhalten kann.

5. Schwägerschaft. Obwohl verschwägerte Personen einander verhältnismäßig selten zu Unter- 28 halt verpflichtet sind (so zB Art. 206 frz. Code civil; Art. 206 belg. Code civil; Art. 1: 392 Abs. 1 lit. c niederl. BW; Art. 2009 Abs. 1 lit. f port. Código civil), sollen auch ihre Unterhaltsansprüche dem HUP unterliegen (Art. 1 Abs. 1). Auch bei diesen Unterhaltsverpflichtungen ist Art. 6 mit seinem Einwand mangelnder Gegenseitigkeit der Unterhaltsverpflichtungen zu beachten.[53]

6. Erbrechtliche Verpflichtungen. In verschiedenen Rechtsordnungen sieht sich der Erbe zu 29 Unterhaltszahlungen verpflichtet. Die Haager Konferenz hat sich mit diesen Unterhaltsverpflichtungen aus Erbrecht beschäftigt, sich jedoch nicht in der Lage gesehen, eine entsprechende Formulierung in Art. 1 Abs. 1 aufzunehmen.[54] Das besagt jedoch nicht, dass alle im Erbrecht auftretenden Unterhaltsansprüche nicht unter das HUP fallen; denn ein erbrechtlicher Zusammenhang schließt nicht aus, dass Anspruchsgrundlage eine familienrechtliche Beziehung ist und lediglich der Schuldner gewechselt hat.

a) Schulden des Erblassers. Fällige Unterhaltsschulden des Erblassers, die aus einer familien- 30 rechtlichen Beziehung stammen, unterliegen dem HUP.[55] Ob jemand Erbe geworden ist, richtet sich nach der EuErbVO. Das nach dem HUP maßgebende Unterhaltsstatut bestimmt lediglich, ob der Erblasser Unterhaltsschulden hatte und ob sie der Unterhaltsgläubiger auch noch für die Vergangenheit geltend machen kann.

b) Vererbte Unterhaltspflichten. Schwierig zu beantworten ist die Frage, ob eine vererbte 31 Unterhaltspflicht vom HUP erfasst wird. In solchen Fällen handelt es sich, wie zB in Art. 342–5, 767 frz. C.c. (Anspruch eines nichtehelichen Kindes, dessen väterliche Abstammung nicht festgestellt ist, auf Unterstützung gegen den Erben des Zahlvaters), um die Überleitung einer Unterhaltspflicht des Erblassers auf den Erben. Dabei wird nicht vorausgesetzt, dass zwischen dem Unterhaltsberechtigten und dem Erben ein familienrechtliches Verhältnis besteht. Hier sind drei Fragen zu unterscheiden. Die ersten beiden sind einfach zu beantworten: Ob der Erblasser Unterhalt schuldete, bestimmt sich nach dem Unterhaltsstatut, und wer Erbe ist, sagt das Erbstatut. Im Hinblick auf die Frage, ob eine Unterhaltspflicht auf den Erben übergeht, ist zu differenzieren. Besteht die ratio eines Anspruchs gegen den Erben gerade darin, den Wegfall des unterhaltspflichtigen Erblassers zu kompensieren, ist eine unterhaltsrechtliche Qualifikation naheliegend.[56] Dient der Anspruch demgegenüber primär dem Ausgleich der erbrechtlichen Nichtberücksichtigung des Unterhaltsberechtigten, ist eine Anknüpfung nach dem Erbstatut angezeigt.[57]

c) Dreißigster. Er besteht in der Verpflichtung des Erben, den Familienangehörigen, die zur 32 Zeit des Todes des Erblassers in dessen Haushalt Unterhalt bezogen haben, für die ersten dreißig Tage oder für eine ähnlich kurze Frist nach dem Erbfall Unterhalt zu gewähren (vgl. § 1969 BGB,

---

[51] Staudinger/*Mankowski* (2016) Rn. 85.
[52] So zB LG Hamburg FamRZ 1972, 317 (dt. Kind gegen seinen iran. Großvater).
[53] Staudinger/*Mankowski* (2016) Rn. 28.
[54] Vgl. *Bonomi*-Bericht Rn. 25 ff.
[55] Staudinger/*Mankowski* (2016) Rn. 103.
[56] Staudinger/*Mankowski* (2016) Rn. 100 ff.
[57] NK-BGB/*Gruber* Rn. 17.

Art. 606 schweiz. ZGB). Hierbei handelt es sich um keine familienrechtliche Unterhaltspflicht, sondern um ein gesetzliches Vermächtnis (→ BGB § 1969 Rn. 4).[58] Es besteht unabhängig davon, ob die Begünstigten gesetzliche Unterhaltsansprüche gegen den Erblasser hatten. Eine solche Pflicht zum Unterhalt, wenn auch von nur sehr kurzer Dauer, entsteht selbständig in der Person des Erben. Im Ganzen geht es beim Dreißigsten um eine erbrechtliche Frage, die dem Erb- und nicht dem Unterhaltsstatut untersteht.[59] Erklären lässt sich dies damit, dass das Vermächtnis keine familienrechtliche Beziehung zwischen den Beteiligten zur Grundlage hat.

33   **7. Vertragliche Unterhaltsverpflichtungen. a) Fixierung gesetzlicher Pflicht.** Das HUP ist grundsätzlich nur auf **gesetzliche Unterhaltsansprüche** anwendbar.[60] Das heißt jedoch nicht, dass jede Unterhaltsvereinbarung nicht mehr unter das HUP fällt. Wird durch eine Vereinbarung lediglich eine gesetzliche Unterhaltspflicht fixiert, wie dies zB bei Unterhaltsvereinbarungen im Ehescheidungsverfahren vorkommt, so unterstehen diese Vereinbarungen dem HUP.[61] Die Haager Konferenz hat zu dieser Frage keine ausdrückliche Stellung genommen.[62] Im Bericht zum alten HaagUnthÜ wird in diesem Schweigen eine fehlende Regelung, also eine Lücke gesehen, die jeder Staat nach autonomen Grundsätzen schließen dürfe.[63] Es ist also anzunehmen, dass die rechtsgeschäftliche Konkretisierung einer familienrechtlichen gesetzlichen Unterhaltspflicht auch unter den Begriff des gesetzlichen Unterhalts fällt.[64]

34   **b) Freiwillige rechtsgeschäftliche Begründung.** Eine vertraglich vereinbarte und vorher nicht bestehende gesetzliche Unterhaltspflicht ist keine gesetzliche Unterhaltspflicht aus Beziehungen der Familie iS des HUP.[65] Eine Unterhaltsverpflichtung zB aus einem Leibrentenvertrag unterliegt also ebenso wenig dem HUP wie eine vertraglich übernommene Unterhaltspflicht einer Ordensgemeinschaft gegenüber einem Ordensangehörigen.[66] Sie ist vertragsrechtlich anzuknüpfen.

35   **8. Gerichtlicher Vergleich.** Ein gerichtlicher Vergleich über Unterhaltsansprüche wird im HUP nicht erwähnt. Nach Art. 48 EuUnthVO und Art. 1 Abs. 2 UnthAnerkÜbk von 1973 sind diese Rechtsakte auch auf gerichtliche Vergleiche über die von diesen Rechtsquellen erfassten Unterhaltsansprüche anwendbar.[67] Das HUntVerfÜbk 2007 erfasst innerhalb seines vierten Kapitels ebenfalls die Anerkennung und Vollstreckung von Vergleichen (vgl. Art. 19 HUntVerfÜbk 2007). Für den Anwendungsbereich des HUP gilt dasselbe. Soweit ein gerichtlicher Vergleich über gesetzliche Unterhaltsansprüche abgeschlossen worden ist, sind die daraus entstehenden Ansprüche nach dem HUP anzuknüpfen. Hier ist also dieselbe Unterscheidung zu treffen wie bei rechtsgeschäftlichen Vereinbarungen über Unterhaltsansprüche (→ Rn. 53).

III. Kein Unterhalt iS des HUP

36   **1. Öffentlich-rechtliche Ansprüche.** Unterhalts- oder Versorgungsansprüche des öffentlichen Rechts sind keine Unterhaltsansprüche aus familienrechtlichen Beziehungen iS des HUP.[68] Dazu gehören auch Ansprüche gegen den Staat auf Unterhaltsvorschuss.[69] Sie sind nach dem Recht zu beurteilen, dem der öffentlich-rechtliche Unterhaltsschuldner untersteht. Maßgeblich ist das autonome internationale öffentliche Recht und nicht das HUP. Lediglich eine bei solchen Ansprüchen

---

[58] *Tuor/Schnyder/Schmid/Rumo-Jungo,* Das Schweizerische ZGB, 12. Aufl. 2002, § 79 IV d (S. 674); NK-BGB/ *Gruber* Rn. 18.

[59] Staudinger/*Mankowski* (2016) Rn. 96.

[60] Staudinger/*Mankowski* (2016) Rn. 88 f.

[61] Vgl. OLG Frankfurt a. M. FamRZ 1982, 528 für Vereinbarung nach Art. 158 Ziff. 5 ZGB; *Hausmann* IntEuSchR C 493 ff.; NK-BGB/*Gruber* Rn. 12 ff; Rauscher/*Andrae* HUntStProt Art. 1 Rn. 8; ohne auf die Problemstellung einzugehen BGH IPRax 2014, 345 mAnm *Andrae* IPRax 2014, 326.

[62] *Verwilghen* S. 433 bzw. S. 56 (Nr. 120).

[63] *Verwilghen* S. 433 f. bzw. S. 56 (Nr. 120 Abs. 2).

[64] *Verwilghen* S. 391 bzw. S. 34 f. (Nr. 17).

[65] Staudinger/*Mankowski* (2016) Rn. 90; aA NK-BGB/*Gruber* Rn. 12.

[66] Vgl. öst. VwGH IPRE 3 Nr. 130.

[67] Damit kann gegen gerichtliche Vergleiche und öffentliche Urkunden auch im Vollstreckungsmitgliedstaat auf Abänderbarkeit geklagt werden, *Rieck* FamFR 2013, 558 (559). Siehe dezidiert zur Abänderbarkeit → Art. 11 Rn. 120 ff.

[68] Staudinger/*Mankowski* (2016) Rn. 87.

[69] OGH ÖJZ 2008, 723 (im Hinblick auf die Anwendung des österreichischen Unterhaltsvorschussgesetzes, UVG, öst. BGBl. 1985 Nr. 451, auf nichtösterreichische Staatsbürger); dasselbe gilt für das dt. UVG idF vom 17.7.2007, BGBl. 2007 I S. 1446, geändert am 3.5.2013, BGBl. 2013 I S. 1108.

(zB Elternrente nach § 69 SGB VII) auftretende Vorfrage nach der Unterhaltpflicht ist gemäß dem HUP zu beantworten.[70]

Das HUP behandelt in Art. 10 und 11 lit. f die Frage, ob und in welchem Ausmaß eine Einrich- **37** tung, die öffentliche Aufgaben wahrnimmt und Leistungen an einen Unterhaltsberechtigten erbracht hat, Erstattungsansprüche gegen den primären Unterhaltsschuldner hat.

2. Einmalige Zuwendungen. Einmalige freiwillige Zuwendungen an einen bedürftigen Famili- **38** enangehörigen oder das Versprechen einer solchen einmaligen Zuwendung werden nicht nach dem HUP angeknüpft, sondern in der Regel nach vertragsrechtlichen Grundsätzen. Gesetzliche einmalige Geld- oder Naturalleistungen dagegen sind in der Regel Unterhalt.

3. Verpflichtung aus Schuldrecht. a) Vertragsrenten. Vertragsrenten zur Begründung einer **39** vorher nicht bestehenden Unterhaltpflicht sind kein Gegenstand des HUP (→ Rn. 34).

b) Schadensrenten. Schadensrenten, zB aus unerlaubter Handlung (vgl. § 843 BGB, § 1327 **40** ABGB, Art. 43 Abs. 3 OR), gehören nicht zum Anwendungsbereich des HUP, sondern unterstehen dem maßgebenden Schadensstatut (meistens dem Deliktstatut).[71] Lediglich die im deutschen Delikts- recht auftretende Vorfrage, ob der Geschädigte einem Dritten unterhaltpflichtig war (§ 844 Abs. 2 BGB), ist nach dem HUP zu beurteilen.[72]

c) Ersatzansprüche. Ersatzansprüche des Scheinvaters, der ein Kind unterhalten hat, gegen den **41** leiblichen Vater,[73] die Mutter[74] oder gegen das Kind[75] sind keine Unterhaltsansprüche des Scheinva- ters. Für diesen Anspruch gilt das schuldrechtliche Forderungsstatut (etwa das Delikts- oder Bereiche- rungsstatut).[76]

4. Verpflichtungen aus Ehe und Erbrecht. Zum Arbeitslohn sowie Braut- oder Morgengabe **42** → EGBGB Art. 14 Rn. 54 ff.; → Rn. 12). Zu erbrechtlichen Unterhaltsverpflichtungen wie der Dreißigste und zur Rechtsnachfolge in eine Unterhaltpflicht → Rn. 31 f. Dem Erbstatut ist auch zu entnehmen, ob bei Versterben des **Unterhaltsberechtigten** dessen Erbe Rechtsnachfolger einer Unterhaltsberechtigung geworden ist. Ob der Erbe die noch zu Lebzeiten des Erblassers fällig gewor- denen Unterhaltszahlungen vom Schuldner verlangen kann, regelt das Unterhaltsstatut. Eine verer- bare Unterhaltsberechtigung auf laufende Unterhaltszahlungen an den Erben der ursprünglich Berechtigten fällt jedoch nicht mehr unter einen Unterhaltsanspruch aus Beziehungen der Familie iS des Art. 1 Abs. 1. Andere im Rahmen des Erbrechts auftauchende Unterhaltsverpflichtungen dagegen sind nach dem HUP anzuknüpfen (→ Rn. 29 ff.).

IV. Bedeutung des Art. 1 Abs. 2

1. Normzweck. Nachdem Art. 1 Abs. 1 den sachlichen Anwendungsbereich umschrieben und **43** dabei schon Hinweise auf die beteiligten Personen gegeben hat, betont Art. 1 Abs. 2, das HUP regele nicht, wie Fragen der in Art. 1 Abs. 1 genannten familienrechtlichen Beziehungen zu beant- worten wären. Wie diese Prüfung zu erfolgen hat, wird nicht normiert und dem nationalen IPR überlassen. Entscheidungen hierzu bleiben unberührt.

2. Begrenzung auf Unterhalt. Das HUP soll nur das Verweisungsrecht für das Unterhaltsrecht **44** international vereinheitlichen. Der Staatsvertrag will also nur dazu beitragen, das maßgebende Unter- haltsstatut nach einheitlichen Kollisionsnormen zu bestimmen. Diese Kollisionsnormen finden sich in den Art. 3–8.

3. Umfang des Unterhaltsstatuts. Welche Fragen im Einzelnen von dem so ermittelten Unter- **45** haltsstatut beantwortet werden, bestimmt Art. 11. Hierunter fallen nicht nur unterhaltsrechtliche Probleme, sondern auch solche, die notwendigerweise bei jedem Unterhaltsprozess auftauchen. Ein Beispiel hierfür bildet die in Art. 11 lit. d genannte Klagebefugnis.

---

[70] Vgl. SozG Hamburg FRES 1982, 299 (Elternrente).
[71] Staudinger/*Mankowski* (2016) Rn. 94.
[72] OGH ZfRV 1993, 246.
[73] Vgl. BGH NJW 1964, 2151; 1968, 446; BGHZ 57, 229 zum Anspruch des Scheinvaters gegen den Erzeuger auf Ersatz der Kosten eines Anfechtungsprozesses und des geleisteten Prozesskostenvorschusses für das Kind.
[74] BGHZ 80, 235 = NJW 1981, 1445 (voreheliche Täuschung durch Mutter über mögliche Vaterschaft).
[75] BGHZ 78, 201 = NJW 1981, 48: Ansprüche der Kinder waren nach § 90 BSHG (aF) auf Träger der Sozialhilfe übergeleitet worden.
[76] AG Luzern-Land SchwJZ 1987, 257; *Honsell/Vogt/Geiser/Schwenzer* ZGB I, 2006, ZGB Art. 256 Rn. 17; *Hausheer/Geiser/Aebi-Müller,* Das Familienrecht des Schweizerischen Zivilgesetzbuches, 4. Aufl. 2010, 344.

46   **4. Problematik der fehlenden Regelung.** Die **familienrechtliche Unterhaltspflicht** ist eine **Statuswirkung,** die durch eine oder mehrere statusbegründende Akte hervorgerufen wird: Die eheliche Unterhaltspflicht setzt eine gültige oder aufgehobene Ehe voraus; die Unterhaltspflicht der Eltern gegenüber ihren Kindern gestaltet sich unterschiedlich danach, ob die Eltern verheiratet sind oder nicht und ob die Kinder durch Geburt, während der Ehe, durch Anerkennung oder durch Adoption in Statusbeziehungen zu ihren Eltern getreten sind. Das kommt in den meisten Zivilgesetzbüchern dadurch zum Ausdruck, dass sie für verschiedene Familienbeziehungen die Unterhaltspflicht im Anschluss an die Bestimmungen über die Begründung einer solchen Beziehung regeln (vgl. §§ 1360 ff., 1569 ff., 1601 ff., 1615a ff. BGB). Diese Situation wird in mehr oder weniger derselben Form **bei der Anwendung jeder Sachrechtsordnung** angetroffen, also nicht nur beim inländischen Sachrecht. Wer zB durch Art. 3 Abs. 1, 5 auf das griechische Recht am gewöhnlichen Aufenthalt einer auf Unterhalt klagenden Ehefrau verwiesen wird, muss bei der Anwendung der ehelichen Unterhaltsvorschriften der Art. 1389 ff. griech. ZGB ebenso wie bei §§ 1360 ff. BGB die Vorfrage beantworten, ob eine Ehe zwischen den beteiligten Parteien zustande gekommen ist. Statusrechtliche Vorfragen tauchen bei allen familienrechtlichen Unterhaltspflichten auf.

47   **5. Ablehnung einer fehlenden Regelung. a) Regelungsmöglichkeiten.** Angesichts der in allen Staaten ähnlichen Situation der geschilderten Art gab es für die Vereinheitlichung des unterhaltsrechtlichen Verweisungsrechts drei Regelungsmöglichkeiten:[77] (1) Beschränkung der Vereinheitlichung nur auf das internationale Unterhaltsrecht und Zuweisung der statusrechtlichen Vorfragen an das nationale Kollisionsrecht; (2) Vereinheitlichung des internationalen Unterhaltsrechts und des Kollisionsrechts der Statusbegründung (unabhängig davon, ob die Statusfrage als Haupt- oder Vorfrage auftaucht); (3) Beschränkung der Vereinheitlichung auf das internationale Unterhaltsrecht und der statusrechtlichen Probleme nur insoweit, als sie in Form von Vorfragen bei der Anwendung des unterhaltsrechtlichen Sachrechts zu beantworten sind.

48   **b) Beantwortung nach autonomem Recht.** Man wählte die erste dieser Möglichkeiten (enge Begrenzung auf das Unterhaltsrecht), weil aufgrund der unterschiedlichen Auffassungen über die Begründung von Statusbeziehungen eine Einigung noch nicht zu erreichen war. Kein Vertragsstaat ist also staatsvertraglich verpflichtet, die Antwort auf die statusrechtliche Vorfrage auf den Status selbst oder andere Statuswirkungen zu erstrecken.[78] Man will also den Vertragsstaaten die Freiheit geben, nach eigenem autonomen Recht zu bestimmen, ob eine im Unterhaltsprozess getroffene Statusfeststellung eine über die Unterhaltsfrage hinausgehende Wirkung inter omnes entfalten soll. Die Vorschrift verbietet aber den Vertragsstaaten nicht, eine anlässlich eines Unterhaltsprozesses entschiedene Statusfrage mit weitergehenden Wirkungen inter omnes auszustatten.

49   **c) EuUnthVO von 2008.** Art. 1 Abs. 2 entspricht dem Art. 22 EuUnthVO. Diese Vorschrift bestimmt folgendes: „Die Anerkennung und Vollstreckung einer Unterhaltsentscheidung aufgrund dieser Verordnung bewirkt in keiner Weise die Anerkennung von Familien-. Verwandtschafts- oder eherechtlichen Verhältnissen oder Schwägerschaft, die der Unterhaltspflicht zugrunde liegen, die zu der Entscheidung geführt hat." Jeder Mitgliedstaat soll also frei sein, die Statusfragen nach seinem autonomen Kollisionsrecht zu beantworten. Er muss jedoch ausländische *Unterhalts*entscheidungen in der Regel (dh außerhalb des ordre public) auch dann anerkennen und vollstrecken, wenn sie aufgrund missliebiger *Status*feststellungen ergangen sind.[79]

50   **d) Art. 19 Abs. 2 HUntVerfÜbk 2007.** Ebenso wie das HUP, gelangt man im Rahmen von Art. 19 Abs. 2 HUntVerfÜbk 2007[80] zum selben Ergebnis, wie schon bereits nach Maßgabe der Art. 2 Abs. 2 HaagUnthStÜbk 1973, Art. 5 Abs. 2 S. 2 HaagUnterhÜbk 1956 sowie gemäß Art. 3 UnthAnerkÜbk 1973.[81] Bei der Ausarbeitung des HUP war man sich auf Grund der gesammelten Erfahrungen der Problematik noch klarer bewusst als 1973.[82] Trotzdem lehnte man eine ausdrückliche Regelung des Problems der Vorfrage ab. Gleichzeitig jedoch begrüßte man die bisherige Praxis

---

[77] *Verwilghen* S. 436 bzw. S. 57 (Nr. 125 letzter Abs.).
[78] *Verwilghen* S. 438 bzw. S. 58 (Nr. 131).
[79] Dies haben die Vertragsstaaten auch getan: zur italienischen „delibazione parziale" vgl. Cass. Riv. dir. int. priv. proc. 5 (1969), 514 und 19 (1983), 360; *Luther* DAVorm. 1979, 633 (642); *De Cesari* Riv. dir. int. priv. proc. 10 (1974), 238; *Giardina,* FS Wengler II, 1973, 337; *D'Agostino* Riv. dir. int. priv. proc. 5 (1969), 341; *Pau* Riv. dir. int. 62 (1979), 665 (678); krit. *Ziccardi* Riv. dir. int. priv. proc. 4 (1968), 854; und zum niederländischen Verbot der gerichtlichen Vaterschaftsfeststellung vgl. Hof Den Haag N.J. 1988, 3519.
[80] Dazu Rauscher/*Andrae* HUntStProt Art. 1 Rn. 19.
[81] 1. Aufl. 1983, Nach Art. 19 Anh. I Rn. 120.
[82] Vgl. *Verwilghen* S. 435 bis 439 bzw. S. 57 bis 59 (Nr. 124–133).

der autonomen Anknüpfung der Vorfrage[83] und ließ durch eine unveränderte Übernahme der alten Regelungen erkennen, nichts an ihr ändern zu wollen.[84]

6. Vorfragen des Status. Wie deutsche Instanzen die statusrechtlichen Vorfragen des Unterhalts- 51 rechts zu beantworten haben, ist bei Art. 11 behandelt.

7. Übrige Vorfragen. Bei der Anwendung des Sachrechts können auch noch andere als status- 52 rechtliche Vorfragen auftreten (zB Volljährigkeit eines Kindes oder Eheverfehlungen, die einen Unterhaltsanspruch eines Ehegatten ausschließen). Diese Vorfragen sind ebenfalls nach dem Sinn des HUP in Anlehnung an die Behandlung des Status unselbständig anzuknüpfen, weil auf diese Weise die einheitliche Behandlung in allen Vertragsstaaten am besten gewährleistet wird.[85]

8. Wirkung unselbständiger Anknüpfung. Eine unselbständige Anknüpfung von Vorfragen 53 geht bei anwendbarem ausländischen Wirkungsstatut zu Lasten der internen Entscheidungsharmonie: Trotz Nichtbestehens einer Ehe (deutsch-griechische Eheleute haben im Inland nur kirchlich gehei- ratet) werden Unterhaltsansprüche nach dem Unterhaltsrecht für eheliche Kinder zugesprochen, wenn nach dem Unterhaltsstatut die Ehe wirksam ist. Dieser Bruch erscheint jedoch nicht so schwer- wiegend, als dass man die international einheitliche Behandlung des Unterhaltsrechts in den Vertrags- staaten aufs Spiel setzen sollte. Das Unterhaltsrecht ist eine zu wichtige Materie, die außerdem Differenzierungen verträgt und bei der irgendwelche einmal auftretenden Ungereimtheiten sach- rechtlich beseitigt werden können. Das HUP hat bereits selbst durch zwei Sachnormen dieser Situa- tion Rechnung getragen, und zwar durch Art. 6 (Einrede mangelnder Gegenseitigkeit bei Unterhalts- ansprüchen von Verwandten in der Seitenlinie und von Verschwägerten) und durch Art. 14 (Berücksichtigung der Bedürfnisse des Berechtigten und der wirtschaftlichen Verhältnisse des Ver- pflichteten).

Art. 2 HUP Universelle Anwendung

Dieses Protokoll ist auch anzuwenden, wenn das darin bezeichnete Recht dasjenige eines Nichtvertragsstaats ist.

1. Gegenseitigkeit und loi uniforme. Staatsverträge binden die Vertragsstaaten. Sie allein ver- 1 pflichten sich gegenseitig, die staatsvertraglich ausgehandelten Normen zu befolgen. Diese Gegensei- tigkeit der Verpflichtungen ist nicht gemeint, wenn Art. 2 vom Erfordernis der Gegenseitigkeit befreit. Auch sollen Drittstaaten iS von Art. 36 Wiener Vertragsrechtskonvention vom 25.5.1969[1] nicht begünstigt werden. Wie Art. 2 klarstellend sagt, geht es vielmehr um den **Umfang** der staatsver- traglichen Bindungen hinsichtlich der Staaten.[2] Um diese Doppeldeutigkeit des Begriffs „Gegensei- tigkeit" zu vermeiden, sprechen neuere Haager Übereinkommen wie zB auch das HUP nicht mehr von der „Unabhängigkeit vom Erfordernis der Gegenseitigkeit", sondern begnügen sich mit der schlichten Feststellung, die Beteiligten brauchten keine Beziehung zu einem Vertragsstaat zu haben und das vom Staatsvertrag berufene Recht könne auch das eines Nichtvertragsstaats sein.[3] Kurz gesagt: Das HUP ist eine loi uniforme, dh ein Staatsvertrag, der allseitig und ohne Rücksicht darauf anwendbar ist, ob die von ihm erfassten Sachverhalte irgendwelche räumlichen oder persönlichen Beziehungen zu einem Vertrags- oder Mitgliedstaat außer dem Forumstaat (als Staat des angerufenen Gerichts) besitzen. Deshalb verdrängt dieser Staatsvertrag im Rahmen seines sachlichen Anwendungs- bereichs (Art. 1) das autonome Kollisionsrecht. Ein nicht abschließend geklärtes Sonderproblem stellt die Frage dar, ob das HUP auch im Verhältnis zu Vertragsstaaten des HaagUnthStÜbk 1973 Anwen- dung findet, die das Protokoll nicht ratifiziert haben (→ Art. 18 Rn. 2).[4]

2. Konkretisierung. Die einzige räumliche Beziehung, die das HUP zu einem Vertragsstaat 2 haben muss, ist die Selbstverständlichkeit, dass Gerichte und Behörden eines Vertrags- oder Mitglied- staates mit dem Gegenstand des Abkommens befasst werden. Im Übrigen bedeutet die Allseitigkeit der Geltung dieses Staatsvertrages folgendes:

---

[83] *Verwilghen* S. 436 f. bzw. S. 56 (Nr. 127).
[84] *Verwilghen* S. 436 f. bzw. S. 56 (Nr. 127); *Bonomi*-Bericht Rn. 33.
[85] *Rauscher* IPR Rn. 913.
[1] BGBl. 1985 II S. 927 (940 f.); 1987 II S. 757.
[2] *Bleckmann*, Probleme der Anwendung multilateraler Verträge. Gegenseitigkeit und Anwendbarkeit hinsicht- lich der Vertragsparteien, 1974, 61.
[3] So zB Art. 2 des Haager Übereinkommens vom 14.3.1978 über das auf Ehegüterstände anwendbare Recht, RabelsZ 41 (1977), 554.
[4] Staudinger/*Mankowski* (2016) Rn. 6 ff.

3   **a) Staatsangehörigkeit.** Die Beteiligten brauchen nicht Angehörige eines Vertrags- oder Mitgliedstaates zu sein.[5] Die Staatsangehörigkeit der Beteiligten spielt für die Feststellung der Anwendbarkeit des HUP keine Rolle, sondern lediglich hilfsweise in Art. 4 Abs. 4, 6, und 8 Abs. 1 lit. a für die Bestimmung des anwendbaren Rechts.

4   **b) Wohnsitz oder Aufenthalt.** Die Beteiligten brauchen nicht einmal ihren Wohnsitz oder Aufenthalt (sei er gewöhnlich oder lediglich schlicht) in einem Vertrags- oder Mitgliedstaat zu besitzen.[6] An den gewöhnlichen Aufenthalt wird in Art. 3 unabhängig davon angeknüpft, wo er sich befindet. Selbst wenn eine Person nur einen schlichten Aufenthalt haben sollte, kommt das HUP zur Anwendung. Dann ist das Unterhaltsstatut nach den Art. 4 Abs. 2–4 sowie nach Art. 7 und 8 zu bestimmen.

5   **c) Ergebnis.** Das Unterhaltsstatut braucht nicht das Recht eines Vertrags- oder Mitgliedstaates zu sein. Dies sagt Art. 2 und fasst damit das Wesen eines allseitig geltenden Staatsvertrages mit Wirkung erga omnes zusammen.

6   **3. Vorteile.** Allseitige verweisungsrechtliche Staatsverträge der Art des HUP bieten zwei erhebliche Vorteile. Sie befreien zum einen von der Mühe herauszufinden, ob ein Beteiligter oder der Sachverhalt eine bestimmte Beziehung zu einem Vertrags- oder Mitgliedstaat hat. Zum anderen beseitigt ein allseitiger Staatsvertrag die im Verweisungsrecht häufig sehr fragwürdige Zweispurigkeit der Anknüpfung nach staatsvertraglichen Normen und autonomem Kollisionsrecht.[7] Für den sachlichen Gegenstand des allseitigen Staatsvertrages gilt nur das staatsvertragliche Verweisungsrecht und verdrängt insoweit das nationale IPR.

Art. 3 HUP Allgemeine Regel in Bezug auf das anzuwendende Recht

(1) Soweit in diesem Protokoll nichts anderes bestimmt ist, ist für Unterhaltspflichten das Recht des Staates massgebend, in dem die berechtigte Person ihren gewöhnlichen Aufenthalt hat.

(2) Wechselt die berechtigte Person ihren gewöhnlichen Aufenthalt, so ist vom Zeitpunkt des Aufenthaltswechsels an das Recht des Staates des neuen gewöhnlichen Aufenthalts anzuwenden.

Übersicht

---

[5] Staudinger/*Mankowski* (2016) Rn. 4; *Verwilghen* S. 440 bzw. S. 59 (Nr. 135 Abs. 3) unter Hinweis auf diese Problematik beim HaagUnterhÜ 1956 (s. 5. Aufl. 2010, Anh. II Art. 18 Rn. 84); ZivG Basel Stadt BasJurM 1989, 35.

[6] *Verwilghen* S. 439 f. bzw. S. 59 (Nr. 134, 135) unter Hinweis auf die abweichende Konzeption des Art. 6 HaagUnterhÜ 1956 (s. 5. Aufl. 2010, Anh. II Art. 18 Rn. 82); ZivG Basel Stadt BasJurM 1989, 35.

[7] Staudinger/*Mankowski* (2016) Rn. 3.

I. Normzweck

Art. 3 ist die **grundlegende Verweisungsnorm** des HUP: Maß gibt grundsätzlich das Sachrecht 1
am gewöhnlichen Aufenthalt des Unterhaltsberechtigten und nicht etwa ein vereinbartes Unterhaltsstatut. Das HUP gewährt nämlich in Art. 7 und 8 nur ausnahmsweise eine Parteiautonomie durch
beschränkte Rechtswahl. Alle anderen Vorschriften des HUP dienen mehr oder weniger dazu, den
Anwendungsbereich dieser Verweisungsnorm zu umschreiben, Ausnahmen von dieser Anknüpfung
zu formulieren (Art. 4–8) oder allgemeine Vorschriften über die Anwendung und den Umfang des
Unterhaltsstatuts aufzustellen (Art. 10–11, 14).

Art. 3 beruht auf einer zweifachen rechtspolitischen Entscheidung: (1) Zum ersten ist Anknüp- 2
fungsperson der **Unterhaltsberechtigte,** also der Beteiligte, der Hilfe sucht und dem durch die
Anknüpfungsleitern der Art. 3–4 geholfen werden soll. Dies stellt eine Bevorzugung des Unterhaltsberechtigten dar. Einen Ausgleich mit den Interessen des Unterhaltsverpflichteten muss in erster
Linie das anwendbare Sachrecht herstellen. Außerdem kommen die Art. 6 und 14 in bestimmten
Fällen dem Unterhaltsverpflichteten zu Hilfe. (2) Zum anderen wird an den **gewöhnlichen Aufenthalt** des Unterhaltsberechtigten angeknüpft.[1] Diese Bevorzugung ist nicht etwa eine automatische
Übertragung des von der Haager Konferenz heute favorisierten Aufenthaltsprinzips. Bewusst wird
vielmehr auf den gewöhnlichen Aufenthalt als den Ort abgestellt, an dem die Unterhaltsbedürfnisse
entstehen und diejenigen Faktoren offenbar werden, welche für die Bemessung des Unterhalts ausschlaggebend sind.[2] Gerade deswegen wird auch beweglich an den **jeweiligen** gewöhnlichen Aufenthalt des Unterhaltsberechtigten angeknüpft und dies mit der Folge, dass ein Wechsel des gewöhnlichen Aufenthalts zu einer Neubestimmung des Unterhaltsstatuts führt.[3] Ausnahmen von der
Regelanknüpfung sind allerdings stets zu beachten.[4] Selbstverständlich ist für einen kollisionsrechtlichen Staatsvertrag, dass auf das **Sachrecht** verwiesen, also eine Rück- oder Weiterverweisung nach
Art. 12 nicht beachtet wird.

II. Anknüpfungsperson

1. Regel: Unterhaltsberechtigter. Anknüpfungsperson ist in aller Regel allein der Unterhaltsbe- 3
rechtigte. Im Einklang mit der Interpretation des Art. 3 lit. a HUntVerfÜbk 2007 sowie des Art. 2
Nr. 10 EuUnthVO ist auf den potenziellen Gläubiger eines Unterhaltsanspruchs als „Berechtigten"
abzustellen.[5] Der Begriff erfasst diejenige Person, die entweder selbst oder durch ihren Vertreter für
sich eigene (angebliche) Unterhaltsansprüche geltend macht. Es kommt also nicht auf diejenige
Person an, die in fremdem Namen oder in Prozessstandschaft für einen anderen Unterhalt verlangt.[6]
Maßgebend ist allein die Person, der das maßgebende Unterhaltsstatut einen Unterhaltsanspruch
zuerkennt. Eine nähere Umschreibung des Unterhaltsberechtigten konnte sich das HUP ersparen,
weil dieses für alle Unterhaltsberechtigten aus Beziehungen der Familie, Verwandtschaft sowie Schwägerschaft gilt (Art. 1) und es allein Aufgabe des Unterhaltsstatuts ist, zu entscheiden, ob der jeweilige
Kläger einen Unterhaltsanspruch hat oder nicht. Für Unterhaltsansprüche zwischen **Ehegatten** gilt
außerdem der Art. 5.

2. Ausnahmen. Von der Regel gibt es drei verschiedene Gruppen von Ausnahmen 4
(1) Wirkliche Ausnahmen sind drei Regelungen, nämlich
– die Rechtswahl gemäß Art. 7 und 8,
– die Klage am gewöhnlichen Aufenthalt der verpflichteten Person nach Art. 4 Abs. 3,
– das Recht einer Einrichtung, die öffentliche Aufgaben wahrnimmt (dh öffentliche Vorschusskas-
sen),
Erstattung nach Art. 10 zu verlangen.
(2) Subsidiäre **Anknüpfungen** sieht das HUP in zwei Fällen vor:
– wenn Art. 3 keinen Unterhalt gibt, dann kommt die *lex fori* (Art. 4 Abs. 2) und hilfsweise das
gemeinsame Heimatrecht zur Anwendung (Art. 4 Abs. 4),
– wenn das Recht am gewöhnlichen Aufenthalt des Verpflichteten (Art. 4 Abs. 3) nichts gibt, gilt
hilfsweise das gemeinsame Heimatrecht (Art. 4 Abs. 4).

---

[1] Der gewöhnliche Aufenthalt ist auch Anknüpfungskriterium im Rahmen von Art. 3 lit. b EuUntVO, s. zu
dieser Vorschrift im weiteren Sinne die Entscheidung des EuGH NJW 2015, 683; Darüber hinaus zum gewöhnlichen Aufenthalt: *Rentsch* ZEuP 2015, 288.
[2] *Andrae* IntFamR § 8 Rn. 112.
[3] *Rauscher* IPR Rn. 917.
[4] Vgl. *Hay/Rösler,* Internationales Privat- und Zivilverfahrensrecht, 5. Aufl. 2016, 267.
[5] NK-BGB/*Bach* Rn. 10, Rauscher/*Andrae* HUntStProt Art. 3 Rn. 6; Staudinger/*Mankowski* (2016) Rn. 7.
[6] Vgl. NK-BGB/*Bach* Rn. 10.

(3) In zwei Fällen können die Beteiligten **Einwendungen** erheben:
– Ehegatten können die Ausweichklausel des Art. 5 benutzen und geltend machen, der gegenseitig geschuldete Unterhalt sei enger mit einem anderen Recht verbunden als mit dem des Art. 3,
– in gewissen Fällen kann die fehlende Gegenseitigkeit nach Art. 6 eingewandt werden.

III. Gewöhnlicher Aufenthalt (Abs. 1)

5   **1. Begriff. a) Autonome Interpretation.** Das HUP definiert – wie auch die Brüssel IIa-VO, die EuErbVO sowie die Rom I- und II-VO – den Begriff des gewöhnlichen Aufenthalts nicht und spiegelt damit eine langjährige Praxis der Haager Konferenz wider.[7] Der Ausdruck des „gewöhnlichen Aufenthalts" ist nach den Grundsätzen einer autonomen Interpretation eines Staatsvertrages gemäß dessen Sinn und Zweck auszulegen.[8] Einzubeziehen sind dabei auch die anderen EU-Rechtsakte.[9] Maß gibt also nicht der im deutschen nationalen IPR verwandte Terminus des „gewöhnlichen Aufenthalts". Bestimmend ist vielmehr der Sinn und Zweck der Anknüpfung an den gewöhnlichen Aufenthalt im Rahmen eines multilateralen Staatsvertrages über das Unterhaltsrecht, nämlich den Unterhaltsgläubiger zu schützen, seine Bedürfnisse an seinem Lebensmittelpunkt zu berücksichtigen und die Unterhaltsberechtigten in demselben Staat gleich zu behandeln.[10] Dabei wird sich jedoch kaum ein Unterschied zwischen beiden Bezeichnungen ergeben; denn das deutsche IPR definiert ebenso wenig den gewöhnlichen Aufenthalt und überlässt dessen Bestimmung im Einzelfall den Gerichten.

6   **b) Tatsächlicher Lebensmittelpunkt.** Schlagwortartig lässt sich der gewöhnliche Aufenthalt als der tatsächliche Lebensmittelpunkt einer Person bezeichnen. Dieses bedeutet ganz allgemein, aber auch speziell für das Unterhaltsrecht: Entscheidend ist eine objektive, von einem *animus manendi* unabhängige Beziehung zum Aufenthaltsort.[11] In Einzelfällen mag es schwierig sein, diesen tatsächlichen Lebensmittelpunkt zu lokalisieren. In der Regel jedoch lässt er sich durch die normalen Indizien einer gewissen Ortsverbundenheit bestimmen: Wohnung, Arbeitsplatz (Pendler), Schule der Kinder, Ausbildungsstätte für Kinder und junge Menschen, Eingliederung in die örtliche Umgebung durch Bekannte, Freunde oder Verwandte.[12] Ein türkisches Kind zB, das nur während der Schulferien bei seinen Eltern in Deutschland ist, hat keinen gewöhnlichen Aufenthalt im Inland.[13]

7   **c) Individueller Lebensmittelpunkt.** Der gewöhnliche Aufenthalt ist ein individueller Lebensmittelpunkt.[14] Er ist aufgrund der **tatsächlichen** Gegebenheiten und nicht durch rechtliche Abhängigkeiten wie zB beim gesetzlichen Wohnsitz zu ermitteln. Die tatsächliche Abhängigkeit Minderjähriger von ihren Bezugspersonen kann ein Indiz für den Lebensmittelpunkt der Minderjährigen sein, mehr jedoch nicht. Keinesfalls teilt etwa ein Minderjähriger kraft Staatsvertrages den gewöhnlichen Aufenthalt des sorgeberechtigten Elternteils. So ist auch die Internatsentscheidung des BGH[15] nicht zu verstehen.

8   Was für Minderjährige gilt, trifft auch auf andere nicht **voll geschäftsfähige Personen** zu. Ihr eigener Lebensmittelpunkt gibt Maß.[16] Entscheidend ist, dass der Aufenthalt die soziale und familiäre Integration des Kindes ausdrückt.[17] Die für die Abwägung heranzuziehenden Faktoren sind insbesondere: „die Dauer, die Regelmäßigkeit und die Umstände des Aufenthalts im Hoheitsgebiet dieses Mitgliedstaats sowie die Gründe für diesen Aufenthalt und den Umzug der Mutter in diesen Staat, die Staatsangehörigkeit des Kindes, Ort und Umstände der Einschulung, die Sprachkenntnisse sowie

---

[7] Dazu *Bonomi*-Bericht Rn. 41.

[8] S. NK-BGB/*Bach* Rn. 10.

[9] *Staudinger/Friesen* JA 2014, 641 (644); überdies zum gewöhnlichen Aufenthalt: *Hilbig-Lugani* GPR 2014, 8.

[10] NK-BGB/*Bach* Rn. 11.

[11] OLG Köln FamRZ 1995, 172; *Verwilghen* Rapport S. 117 (Nr. 57); *Verwilghen* S. 441 bzw. 60 (Nr. 137).

[12] S. auch Rauscher/*Andrae*/HUntStProt Art. 3 Rn. 9.

[13] OLG Celle FamRZ 1991, 598.

[14] *Verwilghen* S. 439 f. bzw. S. 59 (Nr. 134, 135).

[15] BGH NJW 1975, 1068 = IPRspr. 1975 Nr. 83; krit. auch *Siep*, Der gewöhnliche Aufenthalt im deutschen IPR, Diss. Köln 1981, 56–58. Ebenso AG Hamburg DAVorm. 1991, 679 (Kind besucht Internat auf den Bahamas, Mutter in Deutschland, Klage gegen englischen Vater: Kind hat gewöhnlichem Aufenthalt im Inland).

[16] S. dazu Rauscher/*Andrae* HUntStProt Art. 3 Rn. 10; zudem im Rahmen der Brüssel IIa-VO EuGH NJW 2009, 1868; Überdies siehe zum gewöhnlichen Aufenthalt eines Kindes im Rahmen von § 152 FamFG: *Keuter* FuR 2015, 262.

[17] EuGH NJW 2009, 1868 bezüglich der Brüssel IIa-VO.

die familiäre und soziale Bindung des Kindes in dem betreffenden Staat".[18] Des Weiteren hängt die Begründung von keiner Aufenthaltsgenehmigung oder einer anderen staatlichen Bewilligung ab.[19] Das Vorliegen oder Nichtvorliegen eines solchen Dokuments kommt lediglich als Indiz für das Bestehen oder Nichtbestehen des gewöhnlichen Aufenthalts in Frage.

2. Aufenthaltsdauer. a) Normalfall. Normalerweise wechselt man mit seinem Umzug an einen   **9** neuen Ort **sofort** seinen gewöhnlichen Aufenthalt.[20] Für die Begründung eines gewöhnlichen Aufenthalts ist es in der Regel also nicht erforderlich, dass die Person eine bestimmte Zeit an ihrem Aufenthaltsort gelebt haben muss. Lediglich bei Unsicherheit darüber, wo der tatsächliche Lebensmittelpunkt liegt, können die Dauer des Aufenthalts und die während dieser Zeit geknüpften Kontakte am Aufenthaltsort Aufschluss geben, ob ein zunächst nur erkennbarer schlichter Aufenthalt sich zu einem gewöhnlichen Aufenthalt verdichtet hat.[21] Ebenso wenig wie eine Mindestaufenthaltsdauer für die Begründung eines gewöhnlichen Aufenthalts notwendig ist, folgt aus einer bestimmten Länge des Aufenthalts (etwa ein halbes Jahr), dass auf jeden Fall ein gewöhnlicher Aufenthalt besteht. Auch ein **Baby** hat sofort nach seiner Geburt seinen gewöhnlichen Aufenthalt am Wohnsitz der Mutter.[22] In Deutschland geborene Kinder von Flüchtlingen oder Asylsuchenden begründen mit der Geburt ihren Daseinsmittelpunkt in der Bundesrepublik.[23] Folglich haben sie dort ihren gewöhnlichen Aufenthalt.[24]

b) Unfreiwilliger Aufenthaltswechsel. Bei einem unfreiwilligen Aufenthaltswechsel (Entfüh-   **10** rung, Vertreibung oder Flucht) wird nicht sofort ein gewöhnlicher Aufenthalt begründet.[25] Art. 5 Abs. 3 EGBGB ist hier zwar nicht anwendbar. Jedoch gelten die dort angestellten Überlegungen gelten auch hier: Die Fremde wird erst dann zu einem Lebensmittelpunkt, wenn man dort Wurzeln geschlagen hat.

c) Befristeter Aufenthalt. Ob ein zeitlich befristeter Aufenthalt als gewöhnlicher Aufenthalt zu   **11** bezeichnen ist, hängt von den einzelnen Umständen und der geplanten Aufenthaltsdauer ab. Wer zB als Hamburger Student zwei Semester in Genf studiert und in den Semesterferien nach Hause fährt, hat keinen gewöhnlichen Aufenthalt in Genf.[26] Wer sich jedoch als Arbeitnehmer verpflichtet, für drei Jahre in der ausländischen Niederlassung seiner deutschen Firma zu arbeiten, dürfte mit seiner Ankunft im Ausland dort seinen gewöhnlichen Aufenthalt begründen.[27] Wer jedoch zwischen seinem ausländischen Heimatstaat und Deutschland hin- und herpendelt, dürfte eher seinen gewöhnlichen Aufenthalt im Heimatstaat als im Inland haben.[28] Ebenfalls begründet eine gescheiterte Familienzusammenführung keinen inländischen gewöhnlichen Aufenthalt.[29]

d) Vorübergehender, aber unbefristeter Aufenthalt. Ein solcher ist zB bei den meisten Mit-   **12** gliedern des Auswärtigen Dienstes gegeben. Man bleibt nur für eine bestimmte, zeitmäßig noch nicht festgelegte Dauer bei einer deutschen Vertretung im Ausland. In solchen und ähnlichen Situationen dürfte ein gewöhnlicher Aufenthalt im Ausland begründet werden. Alleine die Erwartung, irgendwann einmal in der Zukunft den Aufenthalt wechseln zu müssen, spricht nicht gegen die Verlegung des tatsächlichen Lebensmittelpunkts.

---

[18] Bezüglich der Brüssel IIa-VO: EuGH NJW 2009, 1868; siehe darüber hinaus auch hinsichtlich des gewöhnlichen Aufenthalts eines Säuglings im Rahmen der Brüssel IIa-VO: EuGH IPRax 2012, 340 mAnm *Siehr* IPRax 2012, 316; dazu ebenfalls *Mankowski* GPR 2011, 209.

[19] Hierzu auch Staudinger/*Mankowski* (2016) Rn. 60.

[20] *Andrae* IntFamR § 8 Rn. 113.

[21] OLG Düsseldorf NJW-RR 1995, 903 (türk. Frau verlässt den Ehemann in Dt. und zieht in die Türkei: gewöhnlicher Aufenthalt in der Türkei nach Ablauf von sechs Monaten seit Verlassen des Mannes).

[22] EuGH IPRax 2012, 340 mAnm *Siehr* IPRax 2012, 316; dazu ebenfalls *Mankowski* GPR 2011, 209.

[23] LG Kassel NJW-RR 1996, 1091.

[24] Staudinger/*Mankowski* (2016) Rn. 61; LG Kassel NJW-RR 1996, 1091; AG Kassel StAZ 1996, 118; zu Flüchtlingen im IPR s. *Mankowski* IPRax 2017, 40.

[25] OGH iFamZ 2013, 317 = EF-Z 2014, 93: gewöhnlicher Aufenthalt für Unterhalt am Zufluchtort unter dem Titel „Auch entführte Kinder haben Hunger".

[26] OLG Hamm FamRZ 1989, 1331 (Studium in England); gewöhnlicher Aufenthalt dagegen bejaht: OLG Hamm FamRZ 2002, 54 (vierjähriges Studium in den USA); dazu auch Staudinger/*Mankowski* (2016) Rn. 64.

[27] High Court of Justice *Winrow v Hemphill* (2014) EWHC 3164 (QB): Bezüglich des gewöhnlichen Aufenthalts nach Art. 4 Abs. 2 Rom II-VO sei für die Aufenthaltsbestimmung ein Rückkehrwille irrelevant. Im Rahmen der Auflockerung nach Art. 4 Abs. 3 Rom II-VO könne diesem jedoch Bedeutung zukommen. S. hierzu *Rentsch* GPR 2015, 191.

[28] OLG Hamm NJW-RR 1992, 710 (Marokko).

[29] OLG Karlsruhe NJW-RR 1991, 643; 1992, 1094 (Türkei).

13 **3. Mehrfacher gewöhnlicher Aufenthalt.** Die Begründung mehrfacher, nicht nur alternierender gewöhnlicher Aufenthalte scheidet insbesondere deswegen aus, da der Lebensmittelpunkt nur auf einen einzigen Ort verweist.[30] Letztlich bedarf es der Festlegung auf einen Aufenthalt, soweit die Anknüpfung Auswirkung auf das anzuwendende materielle Recht hat.[31] In diesem Zusammenhang ist an private Langzeitpendler („Mallorca-Rentner") zu denken, die eine Jahreshälfte in Deutschland und die restliche Zeit in einem anderen Land verbringen. Der gewöhnliche Aufenthalt ist in diesen Konstellationen je nach Einzelfall zu bestimmen.[32] Zudem können Grenzpendler, die in einem Staat leben und in einem anderen arbeiten, Schwierigkeiten bereiten.[33] Es bedarf der Differenzierung zwischen dem gewöhnlichen Arbeitsort und dem Lebensmittelpunkt.[34] Für die Gewichtung und Bestimmung des gewöhnlichen Aufenthalts kommt der familiären und sozialen Bindung einer Person große Bedeutung zu.[35] Überdies kann die Staatsangehörigkeit als Indikator für den Integrationsgrad herangezogen werden.[36]

14 **4. Fehlender gewöhnlicher Aufenthalt.** Besitzt der Unterhaltsberechtigte keinen gewöhnlichen Aufenthalt oder lässt sich ein solcher nicht ermitteln, so kommt nicht etwa das autonome Kollisionsrecht zur Anwendung. Eine hilfweise Anknüpfung an den einfachen Aufenhalt analog Art. 3 scheidet aufgrund der Volatilität dieses Kriteriums aus.[37] Stattdessen ist im Wege einer ungeschriebenen Hilfsanknüpfung auf das Recht des Staates zurückzugreifen, mit dem der Sachverhalt die engste Verbindung aufweist.[38] In den von Art. 4 umfassten Konstellationen bietet die Gleichbehandlung mit Fällen, in denen das Aufenthaltsstatut einen Unterhaltsanspruch nicht gewährt, eine Lösung.[39] Demnach ist gem. Art. 4 Abs. 2 analog auf die lex fori auszuweichen.[40]

IV. Anknüpfungszeitpunkt (Abs. 2)

15 **1. Bewegliche Anknüpfung.** Das HUP knüpft die Unterhaltsverpflichtung beweglich oder wandelbar an. Dies ergibt sich deutlich aus Abs. 2. Die bewegliche Anknüpfung bedeutet Unterschiedliches für die rein unterhaltsrechtlichen Fragen und für die verfahrensrechtlichen Probleme der Klagebefugnis, die das Protokoll regelt.

16 **a) Unterhaltsrecht.** Für die rein unterhaltsrechtlichen Fragen ist der jeweilige gewöhnliche Aufenthalt und damit das jeweilige Aufenthaltsrecht während desjenigen Zeitraums maßgebend, für den Unterhalt verlangt wird.[41] Der Zeitpunkt der Anspruchserhebung ist für die Frage des anwendbaren materiellen Rechts gleichgültig. Das Recht des Aufenthaltsstaates bestimmt die materiellrechtlichen Unterhaltsfragen, solange der Unterhaltsberechtigte in dessen Hoheitsbereich seinen gewöhnlichen Aufenthalt besitzt.[42]

17 **b) Verfahrensrecht.** Für die verfahrensrechtlichen Probleme ist dagegen der gewöhnliche Aufenthalt des Berechtigten im Zeitpunkt der Geltendmachung des Unterhalts entscheidend. Zu diesen Problemen gehört auch die in Art. 11 lit. d angesprochene Frage, wer die Klage erheben kann. Andere Fragen, die bei Unterhaltsprozessen auftreten, wie zB die Klagefristen richten sich dagegen nach dem jeweiligen Unterhaltsstatut.

18 **2. Wechsel des gewöhnlichen Aufenthalts.** Für die Zeit nach einem Wechsel des gewöhnlichen Aufenthalts ist das Recht des neuen Aufenthaltsstaates maßgebend.[43] Dieser Statutenwechsel kann zu Überraschungen führen: Vorher nicht bestehende Unterhaltsansprüche können entstehen

---

[30] Palandt/*Thorn* EGBGB Art. 5 Rn. 10; Staudinger/*Mankowski* (2016) Rn. 65; vgl. auch *Dörner* ZEV 2012, 505 (510); offen lassend OLG Oldenburg IPRax 2012, 550 mAnm *Schulze* IPRax 2012, 526.
[31] OLG Oldenburg IPRax 2012, 550 mAnm *Schulze* IPRax 2012, 526.
[32] Dazu siehe *Lehmann* DStR 2012, 2085 (2086).
[33] *Lehmann* DStR 2012, 2085 (2086); Staudinger/*Friesen* JA 2014, 641 (644); aA Staudinger/*Mankowski* (2016) Rn. 69.
[34] *Lehmann* DStR 2012, 2085 (2086); *Mankowski* IPRax 2015, 39; Staudinger/*Mankowski* (2016Rn. 69; vgl. auch OLG Oldenburg IPRax 2012, 550 mAnm *Schulze* IPRax 2012, 526.
[35] NK-BGB/*Bach* Rn. 13; Staudinger/*Mankowski* (2016) Rn. 67.
[36] *Schulze* IPRax 2012, 526 (527).
[37] NK-BGB/*Bach* Rn. 16; Staudinger/*Mankowski* (2016) Rn. 34.
[38] Rauscher/*Andrae* HUntStProt Art. 3 Rn. 12.
[39] NK-BGB/*Bach* Rn. 17.
[40] NK-BGB/*Bach* Rn. 17; Rauscher/*Andrae* HUnStProt Art. 3 Rn. 11; Staudinger/*Mankowski* (2016) Rn. 34.
[41] OLG Hamm IPRspr. 1981 Nr. 53: Statutenwechsel zwischen BRepD und Italien; OLG Koblenz NJW-RR 1986, 870 mAnm *Henrich* IPRax 1986, 24: Statutenwechsel zwischen BRepD und Türkei.
[42] Vgl. LG Regensburg NJW 1978, 1117: Umzug von der BRepD nach Italien.
[43] OLG Karlsruhe IPRspr. 2000 Nr. 69.

und bestehende Ansprüche erlöschen. Ist bereits vor dem Statutenwechsel ein inländisches oder ausländisches Urteil aufgrund des alten Unterhaltsstatuts ergangen, so bleibt es wirksam oder ist anzuerkennen, solange es nicht durch ein inländisches oder im Inland anzuerkennendes ausländisches Urteil abgeändert worden ist.[44] Zur Abänderung → Art. 11 Rn. 120 ff.

a) Entstehen von Unterhaltsansprüchen. Für die Entstehung und Verfolgung von Unterhalts- **19** ansprüchen stellen manche Länder Hürden auf. Dies gilt vor allem – früher stärker als heute – für das Nichtehelichenrecht. Verlegt das Kind seinen gewöhnlichen Aufenthalt in einen Staat mit geringeren Anforderungen, so führt der Statutenwechsel unter Umständen zum Erwerb von Unterhaltsansprüchen für die Zukunft.[45]

Nicht nur der neue Aufenthaltsstaat hat ein solches Entstehen von Unterhaltsansprüchen für die **20** Zukunft anzunehmen. Der **alte Aufenthaltsstaat** muss diese Wirkung des Statutenwechsels ebenfalls akzeptieren, und zwar entweder durch Anerkennung der am neuen gewöhnlichen Aufenthalt gefällten Entscheidung oder durch eigene Zusprechung des Anspruchs. Dass dies auch tatsächlich geschieht, zeigt die Erfahrung mit dem HaagUnterhÜ 1956.[46]

Eine nach altem Statut wirksame **Abfindung** wird jedoch durch einen Statutenwechsel nicht **21** infrage gestellt und geändert. Hier gilt eine Ausnahme vom Grundsatz der beweglichen Anknüpfung.

b) Erlöschen von Unterhaltsansprüchen. Das kann infolge eines Statutenwechsels vor allem **22** dann eintreten, wenn der bisher Unterhaltpflichtige nach dem neuen Unterhaltsstatut nicht wirksam als nichtehelicher Vater festgestellt worden ist[47] oder wenn die Fristen für eine Geltendmachung von Unterhaltsansprüchen versäumt worden sind. Bis jetzt sind keine **Entscheide über den Verlust** von Unterhaltsansprüchen bekannt geworden. Dies dürfte darauf beruhen, dass jeder Berechtigte oder dessen gesetzlicher Vertreter es aus gutem Grund vermeidet, dieses Risiko durch einen Wechsel des gewöhnlichen Aufenthalts einzugehen. Sollte jedoch ein Unterhaltsanspruch durch Statutenwechsel verloren gehen, so ist hilfs- bzw. ersatzweise nach Art. 4 anzuknüpfen.

3. Statutenwechsel während des Rechtsstreits. a) Unterhaltsrecht. Ob auch dieser Statu- **23** tenwechsel zu beachten ist, kann nicht einheitlich beantwortet werden. Bei den rein unterhaltsrechtlichen Fragen ist danach zu unterscheiden, ob Unterhalt nur für die Zeit vor dem Statutenwechsel geltend gemacht wird oder auch für die Zukunft. Im zuerst genannten Fall ist der Statutenwechsel unerheblich, da das alte Aufenthaltsrecht das Unterhaltsstatut bildet.[48] Wird dagegen auf Unterhalt nur oder auch für die Zukunft geklagt, so müsste nach dem Wortlaut des HUP ein Statutenwechsel bis zur letzten mündlichen Verhandlung der letzten Tatsacheninstanz beachtet werden.[49] Andere Stimmen im Schrifttum lehnen diese Folgerung ab und weisen der jeweiligen lex fori die Antwort auf die Frage zu, welche Wirkung ein Statutenwechsel während des Rechtsstreits habe.[50] Diese Haltung ist umso erstaunlicher, als sie im Wortlaut des Protokolls keinen Anhalt findet, das HUP vielmehr selbst Verfahrensfragen regelt und eine Nichtberücksichtigung des Statutenwechsels dazu verleitet, das Urteil im Staat des neuen gewöhnlichen Aufenthalts sofort abändern zu lassen. Dies sollte verhindert und auch ein während des Prozesses erfolgender Statutenwechsel berücksichtigt werden.

b) Verfahrensrecht. Hinsichtlich der verfahrensrechtlichen Probleme ist ebenfalls zu unterschei- **24** den, ob sie sich auf Unterhaltsansprüche beziehen, die für die Zeit vor oder nach dem Statutenwechsel geltend gemacht werden. Nur bei verhältnismäßig technischen Fragen (zB Vertretungsmacht) ist die Nichtbeachtung des Statutenwechsels so gut wie unschädlich.

4. Abänderung eines Entscheids wegen eines Statutenwechsels. Ob und unter welchen **25** Bedingungen eine Unterhaltsentscheidung abgeändert werden kann, bestimmt das Unterhaltsstatut.

---

[44] *Andrae* IntFamR § 8 Rn. 118.

[45] Vgl. zB OLG Köln DAVorm. 1975, 418: Übersiedlung eines Kindes von Frankreich in die BRepD.

[46] Vgl. AppG Basel BasJurM 1968, 40; ObG Solothurn SchwJZ 1975, 335 = SOG 1974 Nr. 1: Anerkennung einer dt. Entscheidung bzw. Anwendung deutschen Rechts, nachdem die Verwirkungsfrist des Art. 308 ZGB aF (heute Art. 263 ZGB) am alten gewöhnlichen Aufenthalt des Kindes abgelaufen war.

[47] Vgl. etwa LG Regensburg NJW 1978, 1117: dt. Feststellung sei auch in Italien nach neuem it. Recht gültig.

[48] Ebenso NK-BGB/*Bach* Rn. 22.

[49] So auch NK-BGB/*Bach* Rn. 22.

[50] NK-BGB/*Bach* Rn. 22; Rauscher/*Andrae* HUntStProt Art. 3 Rn. 14; Staudinger/*Mankowski* (2016) Rn. 76; *De Winter* in Conférence de La Haye de droit international privé, Actes de la Huitième session 3 au 24 octobre 1956 (1957), 311 hinsichtlich derselben Problematik bei Art. 1 Abs. 2 HaagUnterhÜ 1956, der für Kinder genau dasselbe sagt wie Art. 4 Abs. 2 HaagUnthÜ für alle Unterhaltsberechtigten und dessen Wortlaut „ohne Zögern" in das HaagUnthÜ übernommen wurde, *Verwilghen* S. 442 bzw. S. 60 (Nr. 140).

Gerechtfertigt ist dieses durch einen im Abänderungsstaat beachtlichen Aufenthaltswechsel. Zum Statutenwechsel → Art. 11 Rn. 137.

26   **5. Gesetzesumgehung (*fraus legis*).** Die bewegliche Anknüpfung vermag zwar zu einem Statutenwechsel ermuntern, um in den Genuss eines günstigeren Rechts zu kommen als vorher. Unter dem HaagUnterhÜ 1956 und dem HaagUnthÜ ist indes bis heute kein Fall bekannt geworden, in dem eine Gesetzesumgehung durch Statutenwechsel angenommen wurde.[51] In diesem Sinne liegt die Annahme einer fraus legis bei einem Aufenthaltswechsel ebenso unter dem HUP fern.

V. Unterhaltsstatut

27   **1. Aufenthaltsrecht.** Nach Art. 3 entscheidet über den Unterhalt und damit zusammenhängende Fragen (vgl. Art. 11) das Recht des Staates, in dem der Unterhaltsberechtigte seinen gewöhnlichen Aufenthalt besitzt (Aufenthaltsrecht). Das Aufenthaltsrecht bildet das Unterhaltsstatut, also das Recht, das alle vom sachlichen Anwendungsbereich des HUP erfassten Fragen zu beantworten hat. Ausländisches Unterhaltsrecht hat der inländische Richter so wie sein ausländischer Kollege auch anzuwenden. Nur wenn das ausländische Recht mit der inländischen öffentlichen Ordnung offensichtlich unvereinbar ist, darf der inländische Richter von der Anwendung ausländischen Rechts absehen (Art. 13).

28   **2. Sachnormverweisung.** Die Verweisung des Abkommens auf das Aufenthaltsrecht ist eine Verweisung auf das „innerstaatliche Recht", dh auf das Sachrecht der betreffenden Rechtsordnung unter Ausschluss ihres Kollisionsrechts. Eine Rück- und Weiterverweisung eines ausländischen Unterhaltsstatuts wird nach Art. 12 nicht beachtet. Ausländisches Kollisionsrecht ist im Rahmen des Unterhaltsrechts allenfalls dann zu berücksichtigen, wenn Vorfragen nach autonomem IPR zu beantworten sind.

29   **3. Intertemporales Privatrecht.** Hat das maßgebende Unterhaltsstatut sein materielles Unterhaltsrecht zwischenzeitlich geändert, so ist das intertemporale Privatrecht (dh die Übergangsvorschriften der Neuregelung) des Unterhaltsstatuts von jedem Vertragsstaat zu beachten.[52]

30   **4. Mehrrechtsstaaten.** In einem Staat kann für verschiedene Regionen oder verschiedene Bevölkerungsgruppen unterschiedliches Recht gelten. Man spricht dann von räumlicher oder personaler Rechtsspaltung. Die maßgebende Teilrechtsordnung ist nach Art. 16 zu bestimmen.

Art. 4 HUP Besondere Regeln zugunsten bestimmter berechtigter Personen

(1) Die folgenden Bestimmungen sind anzuwenden in Bezug auf Unterhaltspflichten
a)   der Eltern gegenüber ihren Kindern,
b)   anderer Personen als der Eltern gegenüber Personen, die das 21. Lebensjahr noch nicht vollendet haben, mit Ausnahme der Unterhaltspflichten aus den in Artikel 5 genannten Beziehungen, und
c)   der Kinder gegenüber ihren Eltern.

(2) Kann die berechtigte Person nach dem in Artikel 3 vorgesehenen Recht von der verpflichteten Person keinen Unterhalt erhalten, so ist das am Ort des angerufenen Gerichts geltende Recht anzuwenden.

(3) ¹Hat die berechtigte Person die zuständige Behörde des Staates angerufen, in dem die verpflichtete Person ihren gewöhnlichen Aufenthalt hat, so ist ungeachtet des Artikels 3 das am Ort des angerufenen Gerichts geltende Recht anzuwenden. ²Kann die berechtigte Person jedoch nach diesem Recht von der verpflichteten Person keinen Unterhalt erhalten, so ist das Recht des Staates des gewöhnlichen Aufenthalts der berechtigten Person anzuwenden.

(4) Kann die berechtigte Person nach dem in Artikel 3 und in den Absätzen 2 und 3 vorgesehenen Recht von der verpflichteten Person keinen Unterhalt erhalten, so ist gegebenenfalls das Recht des Staates anzuwenden, dem die berechtigte und die verpflichtete Person gemeinsam angehören.

---

[51] Im Fall schweiz. BG DAVorm. 1968, 108, wurde zwar eine Gesetzesumgehung angenommen, jedoch nicht durch Statutenwechsel.
[52] Zur Beachtung der Übergangsvorschriften des NEhelG vgl. BezG Bülach DAVorm. 1973, 388; ObG Luzern DAVorm. 1973, 385; App. Ticino Rep.patria 109 (1976) 184; ObG Zürich BlZüRspr. 71 (1972) Nr. 28.

Übersicht

I. Normzweck

Art. 4 enthält – abgesehen von der Ausnahme in Art. 4 Abs. 3 – für bestimmte Fälle **subsidiäre** **1** **Anknüpfungen,** die früher in veränderter Form in Art. 5 und 6 HaagUnthÜ enthalten waren. Durch diese subsidiäre Anknüpfung will das HUP gewisse Gläubiger, die mit den Schuldnern eng verbunden sind, schützen und dadurch auch den ordre public des Art. 13 entlasten. Doch nicht nur ausländisches Recht wird hierbei berücksichtigt. Auch inländisches Recht mag einen Unterhaltsanspruch versagen, das Heimatrecht jedoch anerkennen.

II. Anwendungsbereich

1. Begünstigte Unterhaltsberechtigte. Nicht alle Unterhaltsberechtigten werden durch Art. 4 **2** geschützt und besonders behandelt. Dieser nennt drei verschiedene Unterhaltsbeziehungen.

a) Eltern gegenüber ihren Kindern. Der häufigste Fall von Unterhaltsklagen sind solche von **3** Kindern gegen ihre Eltern nach Art. 4 Abs. 1 lit. a. Die Norm besagt hierbei nicht, wer „Kind" und wer „Eltern" sind. Das ist auch nicht nötig; denn das anwendbare Unterhaltsstatut gibt darüber Auskunft, ob ein klagendes Kind noch Unterhaltsansprüche gegen die verklagten Eltern hat. Prozessiert zB ein japanischer 19 Jähriger nach Art. 3 lit. b EuUnthVO in Deutschland auf Unterhalt gegen seinen in Japan lebenden Vater, so bildet deutsches Recht gem. Art. 3 Abs. 1 HUP das Unterhaltsstatut. Dieses gibt „minderjährigen" Kindern einen Unterhaltsanspruch gegenüber seinen Eltern (vgl. § 1612a BGB). Ob jemand „minderjährig" oder schon volljährig ist, bestimmt sich nach Art. 7 Abs. 1 S. 1 EGBGB, sofern keine völkerrechtlichen Vereinbarungen kraft Art. 3 Abs. 2 EGBGB Vorrang genießen.[1] Abzustellen ist in dem Beispielsfall auf japanisches Recht, das in seinem IPR nicht zurückverweist (Art. 41 Rechtsanwendungsgesetz) und im materiellen Sachrecht die Volljährigkeit erst mit Vollendung des 20. Lebensjahres eintreten lässt (Art. 4 japan. ZGB). Folglich kann Unterhalt verlangt werden.

b) Andere Personen gegenüber Personen unter 21 Jahren. Art. 4 Abs. 1 lit. b begünstigt **4** auch solche Personen, die unter 21 Jahre alt sind, nicht unter Art. 5 (Eheleute oder frühere Ehepartner) fallen und die von anderen Personen als ihren Eltern Unterhalt verlangen. Zeitlich ist für die Altersbestimmung die Anspruchsentstehung maßgeblich.[2] In diese Kategorie gehören vor allem drei Beziehungen: (1) Enkel gegenüber ihren Großeltern, (2) Geschwister gegenüber ihren älteren Brüdern und Schwestern, und (3) Stiefkinder gegenüber ihrem Stiefelternteil, der das Stiefkind noch nicht adoptiert hat. In diesen Fällen kann jedoch der Unterhaltsverpflichtete die fehlende Gegenseitigkeit nach Art. 6 geltend machen.

c) Kinder gegenüber ihren Eltern. Kinder sind gegenüber ihren Eltern unterhaltspflichtig (vgl. **5** zB § 1601 BGB). Auch diese enge Beziehung wird in Art. 4 Abs. 1 lit. c durch Hilfsanknüpfungen und Ausnahmen begünstigt.

---

[1] Bei nach § 3 AsylG anerkannten Flüchtlingen ist beispielsweise die Genfer Flüchtlingskonvention zu berücksichtigen, siehe dazu: OLG Brandenburg BeckRS 2016, 106213.
[2] Staudinger/*Mankowski* (2016) Rn. 14.

6   **2. Begünstigungen.** Die Begünstigungen des Art. 4 bestehen in zweierlei Besonderheiten. Zum einen wird hilfsweise nach Art. 4 Abs. 2 und 4 angeknüpft, wenn nach dem normalen Recht des Art. 3 kein Unterhalt erhältlich ist. Zum anderen „begünstigt" der Art. 4 Abs. 3 den Unterhaltsverpflichteten, indem er bei einer Klage im Staat, in dem der Verpflichtete seinen gewöhnlichen Aufenthalt hat, dessen Aufenthaltsrecht beruft und hilfsweise das gemeinsame Heimatrecht (Art. 4 Abs. 4).

III. Klage im Aufenthaltsstaat des Berechtigten (Abs. 2 und 4)

7   **1. Klage.** Aus Art. 4 Abs. 3 ergibt sich, dass Art. 4 Abs. 2 nur dann anwendbar ist, wenn nicht im Aufenthaltsstaat des Verpflichteten geklagt wird, sondern im Aufenthaltsstaat des Berechtigten oder in einem anderen Staat (Art. 3 lit. b–d EuUnthVO, Art. 4 ff. EuUnthVO).

8   **2. Primäres Unterhaltsstatut (Art. 3).** Wenn nach dem Aufenthalts- als primärem Unterhaltsstatut kein Unterhaltsanspruch besteht, muss subsidiär geprüft werden, ob die von Art. 4 Abs. 2 berufene lex fori eine solche Forderung gewährt. Streit herrscht jedoch darüber, ob eine Ersatzanknüpfung abzulehnen ist, soweit der Unterhaltsanspruch an dem im Aufenthaltsrecht vorgesehenen Kriterien hinsichtlich der Bedürfnisse der berechtigten oder der wirtschaftlichen Verhältnisse der verpflichteten Person scheitert. So stellt die Bedürftigkeit eine rechtliche Voraussetzung für den Unterhaltsanspruch dar. Dieses spricht zunächst dafür, die subsidiäre Anknüpfung nicht auszuschließen.[3] Indes ist den divergierenden Lebenshaltungskosten sowie -niveaus in den Staaten Rechnung zu tragen. Lediglich eine Beurteilung der Bedürftigkeit anhand einer wertenden Betrachtung, welche die grenzüberschreitenden Aspekte des Einzelfalls berücksichtigt, vermag jenes Ziel zu erreichen. Folglich ist eine subsidiäre Anknüpfung abzulehnen.[4] Sieht das primär zur Anwendung berufene Recht eine solche normative Betrachtung – etwa durch starre Einkommensgrenzen für den Unterhaltsanspruch – nicht vor, greift Art. 14 Platz.[5]

9   **3. Versagung von Unterhalt. a) Bedeutung.** Die Bedeutung der von Art. 4 Abs. 2 erwähnten negativen Voraussetzung kommt in dieser Vorschrift etwas missverständlich zum Ausdruck. Gemeint ist, dass das Aufenthaltsstatut dem Unterhaltsverpflichteten im konkreten Fall unter den jeweils gegebenen Umständen überhaupt keine Unterhaltspflicht auferlegt.[6] Besteht dagegen ein Anspruch, kann er jedoch aus tatsächlichen Gründen (Zahlungsunfähigkeit oder Unauffindbarkeit des Schuldners) nicht realisiert werden, so ist die Voraussetzung des Art. 4 Abs. 2 nicht gegeben.[7] Ebenso wenig wie Art. 3 HaagUnterhÜ 1956 und Art. 5 HaagUnthÜ beruft Art. 4 Abs. 2 stets das günstigere Recht. Ein Qualitätsvergleich sollte gerade vermieden werden.[8] Art. 4 Abs. 2 greift also nur ein, wenn Unterhalt überhaupt nicht, noch nicht oder nicht mehr zu gewähren ist.

10   Ein **Beispiel** zur Illustration: Ein Kind klagt in seinem Aufenthaltsstaat gegen seinen Vater auf Unterhalt. Dieses Aufenthaltsrecht versagt einen Unterhaltsanspruch, weil der Vater wenig verdient und sein Vermögen nicht angreifen muss. Jetzt kommt nicht etwa hilfsweise die lex fori nach Art. 4 Abs. 2 zur Anwendung, sondern das Kind kann nun gegen seine Mutter und andere Personen klagen, und das Aufenthaltsrecht sagt dann, ob Unterhalt geschuldet oder Unterhalt versagt wird, weil der Vater primär unterhaltspflichtig ist.

11   **b) Fehlende Voraussetzung einer Pflicht.** Wann die Voraussetzungen für eine Unterhaltspflicht fehlen und deshalb der Berechtigte keinen Unterhalt erhält, lässt sich an den wichtigsten Voraussetzungen für verschiedene Unterhaltspflichten verdeutlichen.[9]

12   **aa) Kreis der Verpflichteten.** Für wen das HUP gilt, wird in Art. 1 umschrieben. Wenn eine Person, die dem Berechtigten durch Beziehungen der Familie, Verwandtschaft oder Schwägerschaft verbunden ist und diesem gegenüber keine Unterhaltspflicht besteht, so liegt die negative Voraussetzung des Art. 4 Abs. 2 vor. Dies dürfte häufig der Fall sein, wenn Verwandte in der Seitenlinie oder

---

[3] *Andrae* IntFamR § 8 Rn. 130; Rauscher/*Andrae* HUntStProt Art. 4 Rn. 18.

[4] *Andrae* IntFamR § 8 Rn. 130; Rauscher/*Andrae* HUntStProt Art. 4 Rn. 18; *Bonomi*-Bericht Rn. 61; zum HUntÜ 1973 auch BGH FamRZ 2001, 412; OLG Hamm FamRZ 1998, 25; aA NK-BGB/*Bach* Rn. 11; Staudinger/*Mankowski* (2016) Rn. 46.

[5] *Andrae* IntFamR § 8 Rn. 130; Rauscher/*Andrae* HUntStProt Art. 4 Rn. 18.

[6] So zB das türkische Recht für den Ehemann gegenüber Ehefrau: AG Altena InfAuslR 1981, 148 = IPRspr. 1981 Nr. 56a mAnm *Henrich* IPRax 1981, 182 (Ls.), bestätigt durch OLG Hamm IPRspr. 1981 Nr. 56b; OLG Hamm FamRZ 1999, 888; 2002, 54 (US-amerikanisches Aufenthaltsrecht).

[7] OLG Oldenburg IPRax 1997, 46 (Niederlande); *Verwilghen* S. 444 f. bzw. S. 62 (Nr. 145 Abs. 4).

[8] Vgl. *de Winter* in Conférence de La Haye de droit international privé, Actes de la Huitième session 3 au 24 octobre 1956 (1957), S. 312.

[9] NK-BGB/*Bach* Rn. 10.

Verschwägerte auf Unterhalt in Anspruch genommen werden; denn diese sind nur selten, nach deutschem Recht jedenfalls nie (vgl. § 1601 BGB), zur Gewährung von Unterhalt verpflichtet. Auch bei gewissen Adoptionen begegnet man Einschränkungen der Unterhaltspflicht zwischen den Beteiligten.[10] Hierzu gehört § 1770 Abs. 1 S. 1 BGB; denn zwischen dem als volljährig Angenommenen und den Verwandten des Annehmenden bestehen zwar potentielle familienrechtliche Beziehungen iS des Art. 1. Sie sind jedoch vom deutschen Recht mit keiner gegenseitigen Unterhaltspflicht ausgestattet.

bb) Statusbegründung. Sie ist in aller Regel Voraussetzung dafür, dass zwischen den Beteiligten **13** eine Unterhaltspflicht als Wirkung einer solchen Statusbegründung entsteht. Ausnahmen hiervon gibt es zB bei der Vaterschaft ohne Statusfeststellung. Fehlt in anderen Fällen eine wirksame Statusbegründung nach dem Unterhaltsstatut und nach dem alternativ anwendbaren IPR oder ist eine Statusbegründung verboten,[11] so fällt entweder der geltend gemachte Anspruch nicht unter das HUP (zB Unterhaltsanspruch gegenüber einem Schwipp-Schwager) oder er besteht noch nicht (Vaterschaft ist noch nicht festgestellt).

cc) Subsidiarität. Gewisse Personen sind lediglich subsidiär zur Unterhaltsleistung verpflichtet. **14** Von ihnen lässt sich ohne weiteres kein Unterhalt erlangen. Diese Subsidiarität besteht entweder in einer gewissen Rangfolge der zum Unterhalt verpflichteten Personen (vgl. §§ 1606–1608 BGB, Art. 329 Abs. 1 ZGB) oder in einer Art Ausfallhaftung nach Aufzehrung eines bestimmten primär zum Unterhalt zu verwendenden Vermögens oder Verdienstes (vgl. §§ 1360a Abs. 4, 1602 Abs. 2 BGB, Art. 276 Abs. 3 schweiz. ZGB).

dd) Zeitablauf. Durch Zeitablauf kann ein Unterhaltsanspruch nicht zur Entstehung kommen **15** oder, einmal entstanden, wieder erlöschen. Ist zB die Vaterschaftsfeststellung befristet (zB Art. 263 Abs. 1 schweiz. ZGB) und hängt der Unterhaltsanspruch von einer vorherigen Vaterschaftsfeststellung ab, so führt das Versäumen dieser Frist zum – zumindest zeitweisen – Verlust des Unterhaltsanspruchs. In anderen Fällen erlischt eine akute Unterhaltspflicht oder eine bestimmte Art des Unterhalts, wenn der Unterhaltsberechtigte ein bestimmtes Alter erreicht hat.[12] Schließlich kann ein Unterhaltsanspruch deswegen nicht bestehen, weil er nicht rechtzeitig geltend gemacht wird und daher wegen Verjährung oder wegen des Satzes „in praeteritum non vivitur" (Versagung eines Unterhalts für die Vergangenheit) erlischt.[13]

ee) Verwirkung. Eine sonstige Verwirkung des Unterhaltsanspruchs kann eintreten, wenn sich **16** der Unterhaltsberechtigte gegenüber dem Unterhaltsverpflichteten einer schweren Verfehlung schuldig gemacht hat (vgl. § 1611 Abs. 1 BGB, Art. 329 Abs. 2 schweiz. ZGB).[14]

ff) Abfindung. Hat der Unterhaltsverpflichtete den Unterhaltsberechtigten in gültiger Weise **17** abgefunden, so erlischt in der Regel eine Unterhaltspflicht (Art. 288 schweiz. ZGB). In solchen Fällen ist die negative Voraussetzung des Art. 4 Abs. 2 zwar erfüllt, jedoch dürfte der Unterhaltsberechtigte auch nach der lex fori und ersatzweise nach dem gemeinsamen Heimatrecht (Art. 4 Abs. 4) keinen Unterhaltsanspruch gegen denjenigen Unterhaltsverpflichteten haben, der die Abfindung wirksam vereinbart und auch tatsächlich geleistet hat.

gg) Wegfall des Verpflichteten. Verstirbt der Unterhaltsverpflichtete oder fällt er auf andere **18** Weise als Unterhaltsschuldner fort (zB die leiblichen Eltern bei einer Volladoption ihres Kindes), so ist zwar auch hier die negative Voraussetzung des Art. 4 Abs. 2 erfüllt, jedoch dürfte es nur wenige Fälle geben, in denen die lex fori trotzdem noch einen Unterhaltsanspruch gegen die Erben oder die fortgefallenen Schuldner gewährt.

4. Keine Versagungsgründe. Nicht jedes negative Ergebnis, zu dem die Anwendung des Auf- **19** enthaltsrechts (Art. 3) führt, berechtigt dazu, die lex fori (Art. 4 Abs. 2) anzuwenden.

a) Erfüllbare Bedingung. Ist eine Bedingung zu erfüllen, bevor Unterhalt verlangt werden kann, **20** so versagt das Aufenthaltsrecht keinen Unterhaltsanspruch.[15] Dies ist zB der Fall, sofern erst nach

---

[10] *Verwilghen* S. 444 bzw. S. 62 (Nr. 145 Abs. 2 und 3).
[11] ObG Zürich BlZüRspr. 73 (1974), 242, bestätigt durch schweiz. BG BlZüRspr. 73 (1974), 243 betreffend die Feststellungsverbote des alten it. Nichtehelichenrechts; *de Winter* in Conférence de La Haye de droit international privé, Actes de la Huitième session 3 au 24 octobre 1956 (1957), S. 312.
[12] So Staudinger/*Mankowski* (2016) Rn. 43; *Vischer* (chairman) in Antwort auf *Bangert* in Actes et documents S. 353.
[13] OLG Köln IPRspr. 1979 Nr. 107: kein Unterhalt für Vergangenheit nach belg. Recht.
[14] Staudinger/*Mankowski* (2016) Rn. 44; BGE 113 II 374; schweiz. BG vom 7.7.1988, NZZ Fernausgabe 15.11.1988 S. 18.
[15] NK-BGB/*Bach* Rn. 12; Staudinger/*Mankowski* (2016) Rn. 48.

einer Vaterschaftsfeststellung ein nichteheliches Kind Unterhalt von seinem bekannten Vater verlangen kann (vgl. §§ 1594, 1600d BGB, Art. 260, 279 schweiz. ZGB).[16] Erst wenn die Vaterschaftsfeststellung nach dem Unterhaltsstatut misslingt, wegen Unbekanntsein des Vaters nicht möglich ist und damit ein Unterhaltsanspruch unter diesem Recht entfällt, ist Art. 4 Abs. 2 anwendbar. Der während eines Feststellungsverfahrens oder infolge einer vermuteten Vaterschaft zu zahlende **vorläufige Unterhalt** (§ 248 FamFG) fällt jedoch auch unter den vom HUP erfassten Unterhalt.

21   **b) Höhe des Anspruchs.** Gewährt das Unterhaltsstatut (Art. 3) lediglich bescheidenere Ansprüche als die lex fori (Art. 4 Abs. 2), so stellt dies keine Versagung iS des Art. 4 Abs. 2 dar. Gewährt das Aufenthaltsrecht des Berechtigten diesem keinen Anspruch auf Prozesskostenvorschuss, so wird nur ein gering bemessener Unterhalt geschuldet, der Unterhalt jedoch nicht ganz versagt.[17] Die Haager Konferenz hat es bereits auf ihrer achten Tagung abgelehnt, mit dem Art. 3 HaagUnterhÜ 1956, der den Art. 5 und 6 HaagUnthÜ entspricht, auch das inhaltlich günstigere Recht zu berufen.[18] Dies wollte die zwölfte Tagung der Haager Konferenz für das HaagUnthÜ und die 21. Tagung zum HUP nicht ändern.[19] Die Begünstigung durch Art. 4 Abs. 2 macht also Halt vor der oft sehr schwierigen Frage, ob der eine oder der andere Anspruch vorteilhafter ist.

22   **c) Zahlungsunfähigkeit.** Ist der Unterhaltsverpflichtete zur Unterhaltszahlung zwar verpflichtet, kann er jedoch seine Pflicht nicht erfüllen, so liegt keine Versagung iS des Art. 4 Abs. 2 vor.[20] Ein solcher Fall ist zwar vom Wegfall der Unterhaltspflicht wegen eigener Mittellosigkeit (vgl. § 1603 BGB) zu unterscheiden, jedoch dürfte auch in diesem Fall eine theoretisch mögliche Hilfsanknüpfung nach Art. 4 Abs. 2 sinnlos sein: wo kein Geld ist, nützt auch ein trotzdem bestehender Anspruch nichts.

23   **d) Unauffindbarkeit des Schuldners.** Ebenfalls in diesem Fall liegt ein Anspruch vor. Er lässt sich wie bei der Mittellosigkeit des Unterhaltsverpflichteten lediglich nicht durchsetzen.[21] Hier hilft wie in → Rn. 21 erwähnten Situation nur das Unterhaltsstatut mit Normen über die subsidiäre Unterhaltspflicht Dritter (vgl. § 1607 Abs. 2 BGB).

24   **5. Unterhaltsstatut.** Versagt das Unterhaltsstatut des Art. 3 bzw. des Art. 4 Abs. 2 einen Unterhaltsanspruch, so ist zwischen Art. 4 Abs. 2 und Abs. 4 zu unterscheiden.

25   **a) Lex fori.** Art. 4 Abs. 2 beruft das Sachrecht der lex fori, also das deutsche Sachnormen bei einem Unterhaltsverfahren im Inland, zur Anwendung.[22] Hierbei ist derselbe Sachverhalt zugrunde zu legen wie bei Art. 3, also zB zu berücksichtigen, ob der Unterhaltsberechtigte abgefunden worden ist und ob diese Abfindung nach dem von Art. 3 Abs. 2 berufenen Recht weitere Unterhaltsansprüche ausschließt.

26   **b) Gemeinsames Heimatrecht.** Kann der Unterhaltsberechtigte auch nach der lex fori keinen Unterhalt erhalten, gilt nach Art. 4 Abs. 4 das gemeinsame Heimatrecht der beteiligten Parteien. Der Begriff „Versagen von Unterhalt" ist derselbe wie bei Art. 4 Abs. 2. Für die Bestimmung des gemeinsamen Heimatrechts sind zwei Probleme zu lösen.

27   **aa) Mehrrechtsstaat.** Gehört ein Beteiligter oder beide einem Mehrrechtsstaat im Sinne des Art. 16 an, so ist das Heimatrecht nach Art. 16 Abs. 1 lit. d nur dann gemeinsam, wenn – mangels interlokaler Vorschriften des berufenen Mehrrechtsstaates – beide Parteien zu dem demselben Gliedstaat die engste Verbindung haben.

28   **bb) Mehrstaater.** Für eine subsidiäre Anknüpfung zugunsten einer Partei (des Unterhaltsberechtigten) eignet sich die Berufung des gemeinsamen effektiven Heimatrechts ebenso wenig wie der Vorrang des Heimatrechts der lex fori. Deshalb sollte das Heimatrecht berufen werden, das beiden Parteien – unabhängig von seiner Effektivität – gemeinsam ist.[23]

---

[16] Zutr. Hof Arnhem N.J. 1972 Nr. 71; aA jedoch Rb.'s-Gravenhage, bei: *Sumampouw* I, 1976, S. 172 (Nr. 3) und 182 (Nr. 2 und 3).

[17] KG IPRax 1988, 234 m. zust. Anm. *v. Bar* 220.

[18] *de Winter* in Conférence de La Haye de droit international privé, Actes de la Huitième session 3 au 24 octobre 1956 (1957), S. 182, 312.

[19] *Verwilghen* S. 443 bzw. S. 61 (Nr. 142 Abs. 2); *Bonomi*-Bericht Rn. 61.

[20] *Verwilghen* S. 145 f. bzw. S. 62 (Nr. 145 Abs. 4).

[21] *Verwilghen* S. 145 f. bzw. S. 62 (Nr. 145 Abs. 4).

[22] Die Anknüpfung an die lex fori führt, sofern der Berechtigte seinen gewöhnlichen Aufenthalt im Staat des angerufenen Gerichts hat, nicht zur Anwendung eines weiteren Rechts: *Gruber*, FS Spellenberg 2010, 177 (184) mit insgesamt kritischer Betrachtung des Art. 4 Abs. 2.

[23] Vgl. *Bonomi*-Bericht Rn. 76; Staudinger/*Mankowski* Rn. 76.

IV. Klage im Aufenthaltsstaat des Verpflichteten

1. Klage. Verklagt der Unterhaltsberechtigte den Unterhaltsverpflichteten an dessen Aufenthalt, **29** so gilt kraft des Art. 4 Abs. 3 das Recht des gewöhnlichen Aufenthalts des Schuldners als Unterhaltsstatut und nicht, wie nach Art. 3, das Aufenthaltsrecht des Gläubigers.[24] Entscheidender Zeitpunkt diesbezüglich ist die Verfahrenseinleitung.[25] Die Folge, dass das Recht am gewöhnlichen Aufenthalt des Schuldners als Unterhaltsstatut gilt, ist vor allem aus prozesstaktischen Gründen aus dem Vorbehalt des Art. 15 HaagUnthÜ in veränderter Form übernommen worden, um dem angerufenen Gericht die Beurteilung des Unterhalts nach fremdem Recht zu ersparen und ihm die Anwendung der lex fori zu erlauben.[26] Eingeschränkt wird diese Vorschrift allerdings dadurch, dass der Unterhaltsberechtigte iS des Art. 4 Abs. 1 am natürlichen Gerichtsstand des Verpflichteten klagen muss. Es genügt nicht, dass der Verpflichtete an seinem Gerichtsstand auf Abänderung eines ausländischen Unterhaltsurteils klagt.

2. Hilfsanknüpfungen. Auch im Fall einer Klage am Gerichtsstand des Schuldners sieht das **30** Protokoll zwei Hilfsanknüpfungen für den Fall vor, dass der Unterhaltsberechtigte nach dem primär berufenen Statut „keinen Unterhalt erhalten" kann. Dieser Begriff der „Versagung von Unterhalt" ist derselbe wie in Art. 4 Abs. 2.

a) Aufenthaltsrecht des Berechtigten. Wenn das Aufenthaltsrecht des Verpflichteten keinen **31** Unterhalt zuspricht, kommt subsidiär das Aufenthaltsrecht des Berechtigten zum Zuge.[27] Also erst dann muss das Gericht ausländisches Recht ermitteln und anwenden.

b) Gemeinsames Heimatrecht. Art. 4 Abs. 4 gilt auch im Fall des Art. 4 Abs. 3. Ganz hilfsweise **32** wird das gemeinsame Heimatrecht der Parteien berufen.

Art. 5 HUP Besondere Regel in Bezug auf Ehegatten und frühere Ehegatten

[1]In Bezug auf Unterhaltspflichten zwischen Ehegatten, früheren Ehegatten oder Personen, deren Ehe für ungültig erklärt wurde, findet Artikel 3 keine Anwendung, wenn eine der Parteien sich dagegen wendet und das Recht eines anderen Staates, insbesondere des Staates ihres letzten gemeinsamen gewöhnlichen Aufenthalts, zu der betreffenden Ehe eine engere Verbindung aufweist. [2]In diesem Fall ist das Recht dieses anderen Staates anzuwenden.

Übersicht

I. Normzweck

Art. 8 HaagUnthÜ des Haager Unterhaltsstatut-Übereinkommens von 1973 stieß auf Kritik.[1] **1** Die unwandelbare Anknüpfung des Geschiedenenunterhalts an das Scheidungsstatut befriedigte nicht. Deshalb wurde ein Neuanfang beschlossen. Der Unterhalt von gegenwärtigen oder geschiedenen Ehegatten untersteht grundsätzlich dem normalen Unterhaltsstatut des Art. 3. Abweichend

---

[24] Offen gelassen: OGH IPRax 2015, 171.
[25] NK-BGB/*Bach* Rn. 24; Staudinger/*Mankowski* (2016) Rn. 65.
[26] *Bonomi*-Bericht Rn. 64 ff.; BGH NJW 2009, 1816 (Schweiz); vgl. auch OLG Frankfurt BeckRS 2015, 18964.
[27] OLG Hamm NJW-RR 2010, 74 (China).
[1] Rauscher/*Andrae* HUntStProt Art. 5 Rn. 1; Staudinger/*Mankowski* (2016) Rn. 6.

davon gelangt das Recht des Staates zur Anwendung, zu dem die Ehe eine engere Verbindung aufweist, wenn sich eine Partei gegen die Grundanknüpfung wendet.[2] Dadurch wird der Unterhalts-verpflichtete vor einem Statutenwechsel durch Umzug des Unterhaltsberechtigten in einen für diesen hinsichtlich des Unterhalts günstigeren Staat geschützt.[3] Der Regelungsgehalt unterliegt in der Literatur unterschiedlichen Bewertungen. Art. 5 HUP wird zum einen als Ausnahmeklausel, die eine kollisionsrechtliche Einrede für eine Partei verschafft,[4] und zum anderen als Ausweichklausel[5] bezeichnet. Das Abstellen auf die engere Verbindung findet sich ebenfalls in den Ausweichvorschriften der Art. 4 Abs. 3 Rom I-VO sowie Art. 4 Abs. 3 Rom II-VO. Das einseitige Optionsrecht in Art. 40 Abs. 1 S. 2 EGBGB enthält ebenfalls einen ähnlichen Regelungsgehalt. Allerdings gelangt Art. 5 HUP nicht von Amts wegen zur Anwendung, sondern erst, wenn sich einer der Beteiligten darauf beruft.[6] Daher handelt es sich bei der Norm um eine spezielle Ausweichklausel, welche einer der Parteien einen Einredetatbestand verschafft.

II. Normales Unterhaltsstatut

2 **1. Art. 3.** Der Unterhalt, den Ehegatten einander schulden, unterliegt nach Art. 3 grundsätzlich dem Recht des Staates, in dem der Unterhaltsberechtigte im Zeitpunkt, für welchen der Unterhalt verlangt wird, seinen gewöhnlichen Aufenthalt hatte. Das war auch schon früher so; allerdings mit zwei Ausnahmen: Erstens gelten nun zwischen Ehegatten nicht mehr die Hilfsanknüpfungen des Art. 4 (vgl. Art. 4 Abs. 1; früher anders nach Art. 4 und 5 HaagUnthÜbk) und zweitens gibt es für geschiedene Ehegatten keine Sondernorm mehr wie nach Art. 8 HaagUnthÜbk. Vielmehr können sich die Ehegatten ganz generell – also unabhängig davon, ob sie schon geschieden sind oder nicht – auf die spezielle Ausweichklausel des Art. 5 HUP berufen.

3 **2. Vorfrage: Ehe.** Der Begriff der Ehe ist im HUP nicht definiert. Ob eine solche besteht, ist im Rahmen einer Vorfrage zu klären. Zu entsprechenden Anwendung des Art. 5 auf eingetragene Partnerschaften und homosexuelle Ehen → Rn. 8.

4 **a) Bestehende Ehe.** Bei der unselbstständigen Anknüpfung der Vorfrage geben die Kollisionsnormen der Rechtsordnung des vom HUP berufenen Staates darüber Auskunft, ob die Ehe als Unterhaltsvoraussetzung besteht oder nicht (siehe ausführlich zur Anknüpfung von Vorfragen im Hinblick auf den Ehegattenunterhalt → Art. 11 Rn. 24 ff.). Ist im Ausland eine **polygame Ehe** gültig geschlossen worden, so besteht auch sie und hat unterhaltsrechtliche Folgen.[7]

5 **b) Geschiedene oder getrennte Ehe.** Ist eine Ehe von einem mitgliedstaatlichen Gericht geschieden oder getrennt worden, richtet sich die Anerkennung der Entscheidung innerhalb des Binnenmarktes nach Art. 21 ff. Brüssel IIa-VO. Im Rahmen des Art. 21 Abs. 4 Brüssel IIa-VO kann eine inzidente Prüfung einer anerkennungsrechtlichen Vorfrage erfolgen.[8] Ist die Ehe außerhalb Europas geschieden worden und bestimmt sich die Anerkennung der Scheidung nach autonomem Recht, so ist nur dann von einer gültigen Scheidung auszugehen, wenn sie im Inland anerkannt wird.

6 §§ 107 ff. FamFG gelten vor allem für die Scheidung durch **Verstoßung** nach islamischem Recht. Ist diese gültig, wird allenfalls nur Unterhalt nach der Scheidung geschuldet. Ist die Verstoßung dagegen ungültig, so besteht die Ehe weiter und es kann unter einer Rechtsordnung, welche die Verstoßung nicht anerkennt, Unterhalt von einem Ehegatten verlangt werden. Behält die Verstoßene dagegen ihren gewöhnlichen Aufenthalt in dem Staat, der die Verstoßung anerkennt, so wird unter diesem Recht kein Unterhalt unter nicht geschiedenen Ehegatten geschuldet.

7 **c) Ungültig erklärte Ehe und Nichtehe.** Ob eine Ehe für ungültig erklärt wurde, richtet sich primär nach der EuEheVO und sekundär nach autonomem Recht (§§ 107 ff. FamFG). Für eine Nichtehe gilt das bei → Art. 1 Rn. 14 Gesagte.

8 **d) Partnerschaft, homosexuelle Ehe.** Art. 5 spricht nur von Ehen, die besonders behandelt werden. Es fragt sich jedoch, ob auch die registrierte Partnerschaft und homosexuelle Ehe unter Art. 5 fallen. Diese Familienbeziehungen sind entsprechend einer herkömmlichen Ehe zu behandeln, denn auch für

---

[2] *Dörner* in Eschenbruch/Schürmann/Menne Unterhaltsprozess Kap. 6 Rn. 313.

[3] Staudinger/*Mankowski* (2016) Rn. 5.

[4] Staudinger/*Mankowski* (2016) Rn. 5.

[5] *Bonomi*-Bericht Rn. 83; Rauscher/*Andrae* HUntStProt Art. 5 Rn. 11; *Dörner* in Eschenbruch/Schürmann/ Menne Unterhaltsprozess Kap. 6 Rn. 313; Palandt/*Thorn* Rn. 21.

[6] *Dörner* in Eschenbruch/Schürmann/Menne Unterhaltsprozess Kap. 6 Rn. 315; *Hausmann* IntEuSchR Rn. C-542; Staudinger/*Mankowski* (2016) Rn. 15; Palandt/*Thorn* Rn. 21.

[7] So ebenfalls Rauscher/*Andrae* HUntStProt Art. 5 Rn. 6; Staudinger/*Mankowski* (2016) Rn. 11.

[8] Rauscher/*Andrae* HUntStProt Art. 5 Rn. 21; *Hausmann* IntEuSchR Rn. C-541.

sie gelten vergleichbare Überlegungen wie für eine Ehe (→ Art. 1 Rn. 15a).[9] Dem *Bonomi*-Bericht ist zu entnehmen, dass die diplomatische Tagung den Vertragsstaaten, deren Rechtsordnungen solche vergleichbare Institutionen vorsehen, erlaubt, diese der Vorschrift des Art. 5 zu unterstellen.[10] Knüpft also ein Unterhaltsstatut die Unterhaltspflicht an eine bestehende oder aufgelöste registrierte Partnerschaft oder homosexuelle Ehe, so wird in Deutschland Unterhalt zugesprochen.[11] Indem die deutsche Legislative in Art. 17 Abs. 1 S. 2 EGBGB den Passus hinsichtlich der unterhaltsrechtlichen Folgen mit Inkrafttreten des HUP gestrichen hat, wird deutlich, dass sie die Lebenspartnerschaft als Teilaspekt der familiären Verhältnisse begreift.[12] Demzufolge gelangt auch die Kappungsvorschrift des bisherigen Art. 17b Abs. 4 EGBGB für das HUP nicht zur Anwendung.[13] Infolge der Änderung des Art. 17 Abs. 4 EGBGB aufgrund des Gesetzes zur Einführung des Rechts auf Eheschließung für Personen gleichen Geschlechts vom 20.7.2017 (BGBl. I S. 2787) der Regelungsgehalt der vorherigen Abs. für die gleichgeschlechtliche Ehe entsprechend Anwendung finden soll, entfällt die Kappungsgrenze.[14] Vom Regelungsgehalt des Art. 5 nicht umfasst sind hingegen verschieden- oder gleichgeschlechtliche nichteheliche (faktische) Lebensgemeinschaften.[15] Diese erschöpfen sich in einem bloßen Zusammenleben ohne institutionelle Verbindung, so dass lediglich Art. 6 zur Anwendung gelangen kann.[16]

III. Spezielle Ausweichklausel

1. Besonderheiten. Zunächst muss eine **Partei** geltend machen, dass die Ehe eine engere Verbindung zu einer Rechtsordnung hat als die Unterhaltsstatut nach Art. 3. Das Gericht braucht also nicht von Amts wegen nach der engeren Verbindung zu suchen.[17] Fraglich ist, ob die Darlegungs- und Beweislast einer materiellrechtlichen oder einer prozessualen Qualifikation unterliegt. Im Lichte von Art. 18 Abs. 1 Rom I-VO sowie Art. 22 Abs. 1 Rom II-VO sollte diese materiellrechtlich qualifiziert werden.[18] Dem Wortlaut der Norm lässt sich jedoch nicht entnehmen, dass die einredende Partei hinsichtlich der engeren Verbindung die Darlegungs- und Beweislast trägt.[19] Beachtet man die Systematik des HUP, ist augenfällig, dass die abweichende Anknüpfung nach Art. 5 nicht von Amts wegen, sondern nur auf Einrede einer Partei erfolgt. Dieses Regel-Ausnahme-Verhältnis legt es nahe, dass die Partei, welche die Einrede erhebt, die engeren Bezugspunkte zu einem anderen Staat darzulegen und zu beweisen hat.[20]

Das befasste Gericht muss selbst nicht auf die Einredemöglichkeit hinweisen.[21] Die Voraussetzungen des Art. 5 zu erkennen, obliegt den Parteien und ihren Anwälten.[22] Dies stellt im Rahmen der rechtlichen Beratung ein Haftungsrisiko dar, so dass die Anwälte für ihre Mandanten einen Günstigkeitsvergleich zwischen dem Unterhaltsstatut nach Art. 3 und Art. 5 anstellen sollten.[23] Wei-

9

9a

---

[9] Für eine analoge Anwendung des Art. 5 auf Lebenspartner: *Coester* IPRax 2013, 114 (120); aA Staudinger/*Mankowski* (2016) Art. 1 Rn. 67.

[10] *Bonomi*-Bericht Rn. 92.

[11] Vgl. *Andrae* IntFamR § 8 Rn. 134.

[12] Rauscher/*Andrae* HUntStProt Art. 1 Rn. 7; NK-BGB/*Bach* Art. 1 Rn. 11; *Coester* IPRax 2013, 114 (120).

[13] Zur Reichweite der bisherigen Kappungsklausel BGH NJW 2016, 2322 mAnm *Rauscher*; mAnm *Fischer* NZFam 2016, 652; mAnm *Dutta* FamRZ 2016, 1256; mAnm *Wellenhofer* JuS 2016, 942; zur Regelung des Art. 17b Abs. 4 EGBGB in der Fassung bis zum 30.9.2017 *Gebauer*/*Staudinger* IPRax 2002, 275 ff.; generell zum Zusammenspiel von Art. 17b EGBGB in der Fassung bis zum 30.9.2017 und dem Europäischen Kollisionsrecht siehe *Coester* IPRax 2013, 114 ff.

[14] Nach Inkrafttreten des Gesetzes können nur noch gleichgeschlechtliche Ehen, jedoch keine neuen Lebenspartnerschaften mehr begründet werden. Nach § 20a LPartG besteht die Möglichkeit, bereits bestehende Lebenspartnerschaften in eine Ehe umzuwandeln. Beachte zu dem Gesetz: *Binder*/*Kiehnle* NZFam 2017, 742; *Knoop* NJW-Spezial 2017, 580; *Löhning* NZFam 2017, 643; *Meyer* FamRZ 2017, 1281; *Schmidt* NJW 2017, 2225. Teilweise wird die Verfassungsmäßigkeit des Gesetzes angezweifelt (so *Erbarth* NZFam 2016, 536; *Schmidt* NJW 2017, 2225; hingegen von einer Konformität mit dem GG ausgehend: *Brosius-Gersdorf* NJW 2015, 3557), daher bleibt abzuwarten, ob sich demnächst das BVerfG in einem abstrakten Normenkontrollverfahren oder einer konkreten Normenkontrolle mit der Vereinbarkeit der gleichgeschlechtlichen Ehe mit Art. 6 Abs. 1 GG zu beschäftigen hat; dazu dezidiert *Ipsen* NVwZ 2017, 1096 (1099); *Schmidt* NJW 2017, 2225 (2226 ff.).

[15] Rauscher/*Andrae* HUntStProt Art. 5 Rn. 9; *Hausmann* IntEuSchR Rn. C-538; *Dimmler*/*Bißmaier* FPR 2013, 11 (14).

[16] Rauscher/*Andrae* HUntStProt Art. 5 Rn. 9.

[17] *Dörner* in Eschenbruch/Schürmann/Menne Unterhaltsprozess Kap. 6 Rn. 315; *Gruber* FamRZ 2013, 1374; *Hausmann* IntEuSchR Rn. C-542; Staudinger/*Mankowski* (2016) Rn. 15; Palandt/*Thorn* Rn. 21.

[18] *Gruber* FamRZ 2013, 1374 (1374); Staudinger/*Mankowski* (2016) Rn. 19.

[19] Staudinger/*Mankowski* (2016) Rn. 19.

[20] Staudinger/*Mankowski* (2016) Rn. 19; ohne nähere Erläuterung ebenfalls: *Hausmann* IntEuSchR Rn. C-544; **aA** und gegen eine Beweispflicht der einredenden Partei: Rauscher/*Andrae* HUntStProt Art. 5 Rn. 13b.

[21] *Gruber* FamRZ 2013, 1374; Staudinger/*Mankowski* (2016) Rn. 20.

[22] *Gruber* FamRZ 2013, 1374; Staudinger/*Mankowski* (2016) Rn. 20.

[23] *Gruber* FamRZ 2013, 1374; Staudinger/*Mankowski* (2016) Rn. 20.

terhin ist zu bedenken, dass die engere Beziehung zur **Ehe** und gerade nicht zu einer der Personen bestehen muss.

10   **a) Geltendmachung durch eine Partei.** Die spezielle Ausweichklausel des Art. 5 muss durch eine Partei im Prozess geltend gemacht werden.[24] Dies kann der Kläger sein, meistens wird sich jedoch der Beklagte auf diese Klausel berufen. Bis wann die Einrede im Verfahren zu erfolgen hat, bleibt dem nationalen Prozessrecht (lex fori) überlassen.[25] In Deutschland muss bis zur letzten mündlichen Verhandlung vorgetragen werden, dass die Ehe eine engere Verbindung zu einem anderen Rechts hat als zu dem Recht hat, dem die Unterhaltspflicht nach Art. 3 untersteht.[26] Hingegen ließ der BGH sogar noch die Geltendmachung der Einrede in der Revisionsinstanz zu, da die Nichterhebung der Einrede auf einen Verfahrensfehler des Berufungsgerichts zurückzuführen war.[27]

11   **b) Engere Verbindung zur Ehe.** Nach der speziellen Ausweichklausel des Art. 5 muss die engere Verbindung der Ehe zu einer anderen Rechtsordnung bestehen als zu dem Recht am gewöhnlichen Aufenthalt des Unterhaltsberechtigten. Da diese Norm nur für die Ehegatten gilt, kann sich eine unterschiedliche Beurteilung von Kindesunterhalt und Ehegattenunterhalt ergeben.

12   **2. Beispiele.** Einige Beispiele sollen nur andeuten, welche Gesichtspunkte bei der Anwendung der speziellen Ausweichklausel zu berücksichtigen sind.[28]

13   **a) Nicht geschiedene Ehegatten.** Bei nicht oder noch nicht geschiedenen Ehegatten sind unter anderem zwei Fälle zu unterscheiden, nämlich einerseits eine Distanzehe und andererseits eine gemischtnationale Ehe.

(1) Arbeiten und leben die Ehegatten in **zwei verschiedenen Ländern** (er in Zürich/Schweiz, sie mit den gemeinsamen Kindern in Hamburg), so wird wohl das Zentrum der Ehe in Deutschland sein, so dass die Ehefrau nicht geltend machen kann, sie könne Unterhalt nach schweizerischem Recht verlangen.

(2) Leben Ehegatten **unterschiedlicher Staatsangehörigkeit** getrennt und zieht die Ehefrau mit den gemeinsamen Kindern in ihr Heimatland zurück, so fragt sich, nach welchem Recht der Unterhalt zu bestimmen ist. Der Unterhaltsanspruch der Kinder unterliegt dem Art. 3, also dem Recht am neuen gewöhnlichen Aufenthalt. Ob dies auch für die Ehefrau gilt, ist fraglich; denn der Ehemann kann nach Art. 5 geltend machen, dass die Ehe eine engere Verbindung zum Staat des letzten gemeinsamen gewöhnlichen Aufenthalts hat, in dem die Ehe geführt worden und in dem der Ehemann noch wohnen geblieben ist.

14   **b) Geschiedene Ehegatten.** Bei geschiedenen Eheleuten ist noch ein dritter Fall zu erwähnen, die sog Ubiquitäts-Ehe mit mehreren ehelichen Wohnsitzen. Dies ist zB der Fall, wenn ein deutscher Mann in Fernost eine Chinesin heiratet, die in Australien wohnt und dort ein gemeinsames Kind bekommt. Der Mann arbeitet in China und lässt sich dann in Deutschland scheiden. Zieht die Frau nun nach England und möchte Unterhalt nach englischem Recht verlangen, dürfte dies wohl kaum gelingen; denn der Ehemann wird vor Gericht vorbringen, die Ehe habe zwar viele Verbindungen zu verschiedenen Ländern gehabt, aber keine zu England. Der Unterhalt der Kinder dagegen richtet sich nach dem Recht des neuen gewöhnlichen Aufenthalts in England (Art. 3).[29]

15   **c) Ehegatten einer für ungültig erklärten Ehe.** Art. 5 gilt auch für Ehen, die für ungültig erklärt worden sind.

IV. Statut der engeren Verbindung

16   **1. Letzter gemeinsamer Aufenthalt.** Art. 5 nennt beispielhaft den letzten gemeinsamen Aufenthalt der Ehegatten als eine engere Verbindung als zu dem jetzigen Aufenthaltsrecht. Die Formulierung „insbesondere" verdeutlicht, dass dies wohl der häufigste Beispielsfall für eine engere Verbindung der Ehe zu einer Rechtsordnung ist.[30] Andere Konstellationen mögen hinzukommen.[31] Die Voraus-

---

[24] Ebenfalls möglich ist, dass sich beide Ehepartner während des Verfahrens auf die Einrede berufen, so: *Dimmler/Bißmaier* FPR 2013, 11 (14).

[25] *Bonomi*-Bericht Rn. 84; *Rauscher/Andrae* HUntStProt Art. 5 Rn. 9.; *Dörner* in Eschenbruch/Schürmann/ Menne Unterhaltsprozess Kap. 6 Rn. 315; *Gruber* FamRZ 2013, 1374 (1374); Staudinger/*Mankowski* (2016) Rn. 24; Palandt/*Thorn* Rn. 21.

[26] Staudinger/*Mankowski* (2016) Rn. 25.

[27] BGH FamRZ 2013, 1366 mAnm *Gruber* FamRZ 2013, 1374 f.

[28] Weitere Beispiele bei *Andrae* IntFamR § 8 Rn. 132 ff.

[29] Vgl. auch das schöne Beispiel bei Rauscher/*Andrae* HUntStProt Art. 5 Rn. 18.

[30] So auch *Gruber*, FS Spellenberg 2010, 187.

[31] NK-BGB/*Bach* Rn. 14.

setzung gilt auch dann als erfüllt, wenn die Ehepartner in demselben Staat ansässig waren, unabhängig davon, ob sie räumlich zusammen gewohnt haben.[32] Aufenthaltsorte und weitere Umstände vor Schließung oder nach Beendigung der Ehe sind grundsätzlich unbeachtlich.[33] Darüberhinaus ist auch ein vorheriger gemeinsamer Aufenthalt der Eheleute zu berücksichtigen, sofern dieser etwa aufgrund der Dauer mehr ins Gewicht fällt als der letzte.[34]

2. Gemeinsames Heimatrecht. Ob das gemeinsame Heimatrecht der Ehegatten als Ausnahme- **17** statut in Frage kommt, ist deshalb zweifelhaft, weil das Heimatrecht – von einer Rechtswahl (Art. 8 Abs. 1 lit. a) und von Art. 6 abgesehen – keine Rolle für den Unterhalt spielt. Und doch mag das gemeinsame Heimatrecht ausnahmsweise eine engere Verbindung zur Ehe haben als ein Aufenthaltsrecht des Unterhaltsberechtigten.[35] Die gemeinsame Staatsangehörigkeit kann eine engere Verbindung begründen, wenn der gewöhnliche Aufenthalt in einem anderen Staat beispielsweise aus beruflichen Aspekten von Anfang an nur auf eine begrenzte Dauer angelegt und ein Rückzug in den Heimatstaat von vornherein angedacht war.[36] Das deutsche gemeinsame Heimatrecht könnte in der folgenden Situation auch für den Geschiedenenunterhalt als das Recht der engeren Verbindung infrage kommen. Ein deutsches Diplomatenpaar, das eigentlich niemals zusammen gelebt hat, lässt sich in Deutschland nach Art. 3 Abs. 1 lit. b Brüssel IIa-VO im Staat ihrer gemeinsamen Staatsangehörigkeit scheiden, obwohl der Ehemann in Italien wohnt und die Ehefrau in Florida.

3. Weitere Abwägungskriterien. Bei dem Abwägungsprozess hat das Gericht neben dem letz- **18** ten gewöhnlichen Aufenthalt und dem Heimatrecht auch den Ort der Eheschließung sowie denjenigen der Scheidung bzw. Trennung zu berücksichtigen.[37]

Das Recht am Ort der Eheschließung dürfte – weil häufig zufällig oder aus Gründen der Feier **18a** absichtlich in einem Staat mit wenig Verbindung zur Ehe gewählt – kaum als engere Verbindung infrage kommen. Eine Ausnahme lässt sich freilich denken: Wird eine Scheinehe im Inland abgeschlossen und dann für ungültig erklärt, kann sich das inländische Recht am Eheschließungsort als Statut der engeren Verbindung herausstellen als das Recht am vielleicht noch existierenden gewöhnlichen Aufenthalt einer Partei im Ausland.

4. Fehlende engere Verbindung. Stellt das Gericht nach Erhebung der Einrede des Art. 5 keine **19** engere Verbindung fest, wird das Recht am gewöhnlichen Aufenthalt des unterhaltsberechtigten gegenwärtigen oder ehemaligen Ehepartners angewandt (Art. 3). Dem Wortlaut der Norm lässt sich nicht entnehmen, dass die einredende Partei hinsichtlich der engeren Verbindung beweispflichtig ist (siehe dazu bereits: → Rn. 9).[38]

Art. 6 HUP Besondere Mittel zur Verteidigung

Ausser bei Unterhaltspflichten gegenüber einem Kind, die sich aus einer Eltern-Kind-Beziehung ergeben, und den in Artikel 5 vorgesehenen Unterhaltspflichten kann die verpflichtete Person dem Anspruch der berechtigten Person entgegenhalten, dass für sie weder nach dem Recht des Staates des gewöhnlichen Aufenthalts der verpflichteten Person noch gegebenenfalls nach dem Recht des Staates, dem die Parteien gemeinsam angehören, eine solche Pflicht besteht.

Übersicht

---

[32] *Bonomi*-Bericht Rn. 86.
[33] Rauscher/*Andrae* HUntStProt Art. 5 Rn. 15; Staudinger/*Mankowski* (2016) Rn. 35.
[34] *Bonomi*-Bericht Rn. 88; Staudinger/*Mankowski* (2016) Rn. 43.
[35] *Bonomi*-Bericht Rn. 81.
[36] *Hausmann* IntEuSchR Rn. C-545; Staudinger/*Mankowski* (2016) Rn. 54.
[37] *Bonomi*-Bericht Rn. 85.
[38] So auch Rauscher/*Andrae* HUntStProt Art. 5 Rn. 13b; aA *Hausmann* IntEuSchR Rn. C-538.

I. Normzweck

1 Art. 6 ist als kollisionsrechtliche Einrede des Verpflichteten ausgestaltet und ermöglicht eine kumulative Anknüpfung zu dem nach Art. 3 oder 4 HUP ermittelten Unterhaltsstatut.[1] Sieht das nach Art. 3 oder 4 HUP anwendbare Recht einen Unterhaltsanspruch vor, kann der Unterhaltsverpflichtete als Verteidigungsmittel die Einrede des Art. 6 HUP geltend machen und vorbringen, er sei weder nach seinem gegenwärtigen Aufenthaltsrecht noch gegebenfalls nach dem gemeinsamen Heimatrecht zum Unterhalt gegenüber dem Kläger verpflichtet.

1a Auf Kritik stößt in der Literatur die gegensätzliche Schutzrichtung von Art. 4 und Art. 6. Denn während der Art. 4 den Unterhaltsberechtigten privilegiert, wirkt die Regelung des Art. 6 zugunsten des Unterhaltsverpflichteten.[2] Allerdings tritt dieser Widerspruch nur in Konstellationen auf, in denen die Anknüpfung nach Art. 4 weder zum gemeinsamen Heimatrecht der Parteien noch zum Aufenthaltsrecht des Verpflichteten führt.[3]

2 Wird die Einrede erhoben, so wird dem Berechtigten Unterhalt nur dann zugesprochen, wenn dies im Zeitpunkt der Unterhaltsklage kumulativ das ursprüngliche Unterhaltsstatut sowie eine der Rechtsordnungen des Einredestatuts (das gemeinsame Heimatrecht *oder* das Aufenthaltsrecht des Verpflichteten) vorsehen.

II. Unterhaltspflichten

3 **1. Familienrechtliche Beziehungen.** Die Regelung des Art. 6 ähnelt der Vorgängervorschrift des Art. 7 HaagUnthStÜbk 1973, ist jedoch breiter formuliert. Sie erstreckt sich auf alle familienrechtlichen Unterhaltsbeziehungen im Anwendungsbereich des Protokolls und ist nicht mehr nur auf solche zwischen Verwandten in gerader Linie und Verschwägerten beschränkt. Ausgenommen bleiben lediglich Verpflichtungen gegenüber Kindern aus einem Eltern-Kind-Verhältnis und Ehepaartnern nach Maßgabe des Art. 5.[4] Die Einrede kann nicht hinsichtlich der negativ vom Regelungsgehalt des Art. 6 abgegrenzten Unterhaltspflichten laut Art. 5 sowie jenen von Eltern gegenüber ihren Kindern erhoben werden. Hingegen sind Unterhaltsforderungen der Eltern gegenüber ihrem Kind der Einrede zugänglich.[5] Der Begriff des Kindes entspricht demjenigen unter Art. 4 (zum Begriff des Kindes→ Art. 1 Rn. 16 ff.).[6] Sofern die Eltern des Kindes nicht miteinander verheiratet sind, unterfallen Art. 6 auch die Unterhaltsansprüche der Mutter gegen den Vater sowie der Betreuungsunterhalt für das gemeinsame Kind (§ 1615l BGB).[7]

4 Auf Verwandte, die von einer dritten Person abstammen und unter sich nicht in gerader Linie verwandt sind (Verwandte in der Seitenlinie; vgl. § 1589 BGB, Art. 20 Abs. 2 ZGB), findet Art. 6, wie bereits die Vorgängervorschrift des Art. 7 HaagUnthStÜbk 1973 Anwendung. Gleiches gilt für Verschwägerte (vgl. § 1590 BGB).

5 Die Einrede kann ebenfalls hinsichtlich der Pflichten von Großeltern gegenüber ihren Enkeln oder Unterhaltsansprüchen einer Nichte oder eines Neffen gegen ihre/seine Tante bzw. Onkel erhoben werden.[8]

6 **2. Unterhaltsstatut.** Art. 6 setzt voraus, dass nach der in Art. 3 oder Art. 4 genannten Rechtsordnung im Einzelfall eine Unterhaltspflicht besteht. Art. 5 kommt als Anspruchsgrundlage nicht in Frage, weil es hier nur um Unterhaltsansprüche zwischen Ehegatten geht.

III. Kollisionsrechtliche Einrede

7 **1. Einrede. a) Vorbringen.** Nur auf Vorbringen des Unterhaltsverpflichteten wird die Einrede des Art. 6 beachtet. Es handelt sich um eine echte Einrede, die nicht von Amts wegen zu berücksichtigen ist.[9] Die Frist zu ihrer Erhebung richtet sich mangels einer Regelung innerhalb des HUP nach der jeweiligen lex fori (Gleiches gilt für die Einrede im Rahmen des Art. 5 → Art. 5 Rn. 10).[10] In

---

[1] Staudinger/*Mankowski* (2016) Rn. 3.
[2] Rauscher/*Andrae* HUntStProt Art. 6 Rn. 3; NK-BGB/*Bach* Rn. 2; Staudinger/*Mankowski* (2016) Rn. 11.
[3] Siehe zu Beispielfällen: NK-BGB/*Bach* Rn. 2.
[4] Rauscher/*Andrae* HUntStProt Art. 6 Rn. 2; Staudinger/*Mankowski* (2016) Rn. 3.
[5] Rauscher/*Andrae* HUntStProt Art. 6 Rn. 4; *Hausmann* IntEuSchR Rn. C-547; Staudinger/*Mankowski* (2016) Rn. 3; Palandt/*Thorn* Art. 5 Rn. 21.
[6] Staudinger/*Mankowski* (2016) Rn. 5.
[7] Rauscher/*Andrae* HUntStProt Art. 6 Rn. 4; *Hausmann* IntEuSchR Rn. C-547.
[8] *Lehmann* GPR 2014, 342 (348); Staudinger/*Mankowski* (2016) Rn. 6.
[9] *Verwilghen* S. 447 bzw. S. 63 (Nr. 151).
[10] NK-BGB/*Bach* Rn. 11; *Hausmann* IntEuSchR Rn. C-543, 550; Staudinger/*Mankowski* (2016) Rn. 15.

einem Verfahren vor deutschen Gerichten kann der zum Unterhalt Verpflichtete die Einrede bis zum Schluss der mündlichen Verhandlung hervorbringen.[11]

b) Nichtbestehen einer Unterhaltspflicht. Der Unterhaltsverpflichtete kann als Verteidigungs- 8 mittel vorbringen, dass die Unterhaltspflicht weder nach seinem derzeitigen Aufenthaltsrecht noch gegebenfalls nach dem gemeinsamen Heimatrecht gegenüber dem Kläger besteht. Dies ist sowohl der Fall, wenn das Einredestatut einen solchen Anspruch **abstrakt** nicht vorsieht oder ihn zwar kennt, aber in der **konkret individuellen Konstellation** der Unterhaltsverpflichtete gegen den Unterhaltsberechtigten keinen eigenen Anspruch unter den Voraussetzungen des Einredestatuts hätte.[12]

Die Einrede aus Art. 6 kann jedoch nach ihrem Wortlaut sowie Sinn und Zweck nicht herangezo- 9 gen werden, um die Unterhaltshöhe mit der Begründung herabzusetzen, dass die über sie berufene Rechtsordnung den Unterhaltsanspruch gegenüber dem Berechtigten lediglich in einem geringeren Umfang vorsehe.[13]

2. Statut der Einrede. Der nach Art. 3 oder 4 zum Unterhalt Verpflichtete kann geltend machen, 10 dass eine Unterhaltszahlung weder nach seinem gegenwärtigen Aufenthaltsrecht noch nach einem gegebenenfalls gemeinsamen Heimatrecht bestehe. Folglich darf ihn **kumulativ** nach beiden Rechtsordnungen keine Unterhaltspflicht treffen.[14] Sofern nur eines dieser Rechte eine dahingehende Verpflichtung im konkreten Fall vorsieht, sind die Voraussetzungen der Einrede nicht erfüllt.[15] Besitzen die Parteien hingegen keine gemeinsame Staatsangehörigkeit, dann ist für die Verteidigung nach Maßgabe des Art. 6 lediglich das Recht am gewöhnlichen Aufenthalt des Verpflichteten ausschlaggebend.[16]

a) Gemeinsames Heimatrecht. Der Verpflichtete kann auf das den Beteiligten gegenwärtig 11 gemeinsame Heimatrecht hinweisen und geltend machen, dass danach eine Pflicht des Unterhaltsberechtigten nicht besteht.

aa) Einstaater. Dies gilt immer dann, wenn die Beteiligten nur ein und dieselbe Staatsangehörig- 12 keit besitzen. Ein Franzose zB, der seiner in Italien wohnenden Schwester nach deren italienischem Aufenthaltsrecht Unterhalt zahlen soll (Art. 4 iVm Art. 433 Nr. 6 Codice civile), kann demgegenüber geltend machen, dass nach dem gemeinsamen französischen Heimatrecht der Beteiligten eine solche Unterhaltspflicht nicht besteht.[17]

bb) Mehrstaater. Besitzen die Beteiligten, von denen zumindest einer Mehrstaater ist, keine 13 gemeinsame effektive Staatsangehörigkeit, so genügt bei Art. 6 ein nicht für beide Seiten effektives Heimatrecht der Beteiligten.[18] Grund hierfür ist die Teleologie der Bezeichnung des gemeinsamen Heimatrechts als Einredestatut. Der Unterhaltsverpflichtete soll davor geschützt werden, einer ungewöhnlichen Zahlungspflicht nachkommen zu müssen, obwohl er selbst nach seinem Unterhaltsstatut vom anderen Beteiligten (jetzt: Unterhaltsberechtigter) keinen Unterhalt verlangen könnte. Das Prinzip der Gegenseitigkeit wiegt schwerer als die einseitige Durchsetzung einer ungewöhnlichen Unterhaltspflicht.[19] Verlangte man nämlich eine gemeinsame effektive Staatsangehörigkeit, so würde gerade in dem bei → Rn. 12 erwähnten Beispiel ein französischer Bruder mit gewöhnlichem Aufenthalt in Frankreich keine Einrede nach Art. 6 gegen den Unterhaltsanspruch seiner in Italien wohnenden französischen Schwester haben, die durch Heirat auch die italienische Staatsangehörigkeit, nun ihre effektive Staatsangehörigkeit, erworben hatte.

Zusammenfassend lässt sich also die Anwendung des Art. 6 bei Mehrstaatern mit gemeinsamer 14 Staatsangehörigkeit folgendermaßen formulieren: Die Einrede des Art. 6 kann immer dann erhoben werden, wenn die Beteiligten eine gemeinsame (nicht notwendig für beide Teile effektive) Staatsangehörigkeit besitzen.

cc) Angehörige eines Mehrrechtsstaates. Gehören die Beteiligten mit gemeinsamer Staatsan- 15 gehörigkeit einem Mehrrechtstaat an, so bestimmt sich die maßgebende gemeinsame Teilrechtsord-

---

[11] Siehe ausführlich Staudinger/*Mankowski* (2016) Rn. 15.
[12] Staudinger/*Mankowski* (2016) Rn. 16.
[13] Siehe ausführlich Staudinger/*Mankowski* (2016) Rn. 17.
[14] Erman/*Hohloch* Rn. 5; Staudinger/*Mankowski* (2016) Rn. 20.
[15] *Hausmann* IntEuSchR Rn. C-549; Erman/*Hohloch* Rn. 5; Staudinger/*Mankowski* (2016) Rn. 20.
[16] Erman/*Hohloch* Rn. 5; Staudinger/*Mankowski* (2016) Rn. 22.
[17] *Verwilghen* S. 446 bzw. S. 63 (Nr. 150).
[18] Rauscher/*Andrae* HUntStProt Art. 6 Rn. 9; *Dörner* in Eschenbruch/Schürmann/Menne Unterhaltsprozess Kap. 6 Rn. 319; Staudinger/*Mankowski* (2016) Rn. 26; aA *Mansel*, Personalstatut, Staatsangehörigkeit und Effektivität, 1988, 402 f.; Palandt/*Thorn* Art. 7 Rn. 26.
[19] Ebenfalls den Gegenseitigkeitsgedanken anführend: Staudinger/*Mankowski* (2016) Rn. 27.

nung nach Art. 16. Danach ist die Gegenseitigkeit dann nicht gewährleistet, wenn die Beteiligten derselben Teilrechtsordnung ihres Heimatstaates angehören und nach welcher eine Unterhaltspflicht des Verpflichteten nicht besteht. Diesem Fall muss gleichstehen, wenn zB zwischen Amerikanern aus verschiedenen amerikanischen Gliedstaaten in Europa ein Unterhaltsverfahren anhängig ist. Hier genügt es für eine erfolgreiche Einrede, dass beide beteiligten amerikanischen Gliedstaaten (im Gegensatz zum italienischen Unterhaltsrecht) zwischen Geschwistern keine Unterhaltspflicht kennen. Die gemeinsame amerikanische Staatsangehörigkeit ist eine genügend starke gemeinsame Klammer und unterscheidet diese Situation vom Fall einer unterschiedlichen Staatsangehörigkeit der Beteiligten (→ Rn. 16).

16   **b) Inhaltlich gleiches Heimatrecht.** Haben Beteiligte ohne gemeinsame Staatsangehörigkeit ein inhaltlich gleiches Heimatrecht, so fragt sich, ob dieser Fall einem gemeinsamen, jedoch gespaltenen Heimatrecht der Beteiligten gleichzustellen ist. Zur Veranschaulichung dient folgendes Beispiel. Die deutsche Schwiegertochter mit gewöhnlichem Aufenthalt in Italien verlangt von ihrem schweizerischen Schwiegervater in Hamburg Unterhalt nach Art. 4 iVm Art. 433 Nr. 5 Codice civile. Eine Gleichstellung des insofern inhaltlich übereinstimmenden deutschen und schweizerischen Rechts mit einer gemeinsamen Staatsangehörigkeit ist abzulehnen; denn diese führte zu einer zu starken Belastung durch den Vergleich verschiedener Heimatrechte. Hier muss sich der Verpflichtete auf die Einrede nach seinem Aufenthaltsrecht verlassen. Das wird meistens – wie auch im obigen Beispiel – helfen. Wo dies nicht zutrifft und das Aufenthaltsrecht des Verpflichteten inhaltlich mit dem Aufenthaltsrecht des Berechtigten übereinstimmt, geht diese Kongruenz in der Gewährung eines Unterhaltsanspruchs vor und verdrängt eine übereinstimmende Ablehnung eines solchen Anspruchs durch die verschiedenen Heimatrechte beider Parteien. Dies folgt nicht nur aus dem bereits oben angesprochenen Schutz des Unterhaltsberechtigten, sondern auch aus dem Vorrang des gewöhnlichen Aufenthalts als Anknüpfungsmerkmal vor dem der Staatsangehörigkeit.

17   **c) Aufenthaltsrecht des Verpflichteten.** In jedem Fall darf das Aufenthaltsrecht des Verpflichteten keinen Unterhalt vorsehen. Dieser gewöhnliche Aufenthalt wird ebenso ermittelt wie bei Art. 4 Abs. 2, 3 und es gelten die gleichen Maßstäbe wie im Rahmen der Bestimmung nach Art. 3.[20]

18   **3. Anknüpfungszeitpunkt.** Maßgeblich für die Einrede ist stets das Statut, das im Zeitpunkt der Geltendmachung von Unterhaltsansprüchen besteht, also das **gegenwärtige** gemeinsame Heimatrecht oder das **gegenwärtige** Aufenthaltsrecht des Verpflichteten.[21] Auf ein zukünftiges Einredestatut kann sich der Verpflichtete nicht berufen. Die Anknüpfung ist folglich wandelbar.[22] Sofern die Einrede auf Grund eines Statutenwechsels erstmals entsteht, kann sie geltend gemacht werden. Entfällt sie hingegen, erstarkt infolgedessen der vormalige Anspruch auf Unterhalt ex nunc wieder.[23] Fraglich bleibt lediglich, ob der Verpflichtete später auf Grund eines durch Statutenwechsel neu erworbenen Einredestatuts das Unterhaltsurteil abändern lassen und dadurch seine Unterhaltspflicht zum Erlöschen bringen kann. Dies richtet sich nach den prozessualen Vorgaben der lex fori.[24]

19   **4. Missbrauch der Einrede.** Es ist zu überlegen, ob in bestimmten Konstellationen die Erhebung der Einrede nach Art. 6 missbräuchlich sein kann. Dazu finden sich im Schrifttum zwei Fallgruppen.

20   Erstens wird von einem Missbrauch ausgegangen, wenn der Verpflichtete zuvor Unterhalt vom jetzt Unterhaltsberechtigten in vergleichbarem Umfang und Zeitraum erhalten hat.[25] Hierbei dürfe es keine Rolle spielen, ob bereits früher keine Gegenseitigkeit vorlag oder lediglich nicht geltend gemacht wurde. Denn wer einmal in der Vergangenheit Unterhalt bezogen habe, könne, nunmehr selbst auf Unterhalt in Anspruch genommen, nicht mangelnde Gegenseitigkeit bei zukünftiger eigener Unterhaltsbedürftigkeit gegenüber Ansprüchen des Berechtigten geltend machen. Er habe bereits die „Gegenleistung" für seine jetzige Unterhaltspflicht in der Vergangenheit erhalten.[26]

21   Zweitens erscheine die Erhebung der Einrede missbräuchlich, wenn der Verpflichtete einen Vertrauenstatbestand dadurch geschaffen habe, dass er über einen längeren Zeitraum Unterhalt gewährte, obwohl er Kenntnis hinsichtlich der Verteidigungsmöglichkeit nach Maßgabe des Art. 6 hatte.[27]

---

[20] Staudinger/*Mankowski* (2016) Rn. 24.
[21] NK-BGB/*Bach* Rn. 9; Staudinger/*Mankowski* (2016) Rn. 28.
[22] NK-BGB/*Bach* Rn. 9; Staudinger/*Mankowski* (2016) Rn. 28.
[23] NK-BGB/*Bach* Rn. 9; Staudinger/*Mankowski* (2016) Rn. 28.
[24] Rauscher/*Andrae* HUntStProt Art. 6 Rn. 6; NK-BGB/*Bach* Rn. 9; Staudinger/*Mankowski* (2016) Rn. 28.
[25] *Dörner* in Eschenbruch/Schürmann/Menne Unterhaltsprozess Kap. 6 Rn. 320; aA Rauscher/*Andrae* HUntStProt Art. 6 Rn. 6b; Staudinger/*Mankowski* (2016) Rn. 31.
[26] So noch die Argumentation von *Siehr* in 6. Aufl. 2015, Rn. 19.
[27] *Dörner* in Eschenbruch/Schürmann/Menne Unterhaltsprozess Kap. 6 Rn. 320; aA Rauscher/*Andrae* HUntStProt Art. 6 Rn. 6b; Staudinger/*Mankowski* (2016) Rn. 29 f.

Grundsätzlich muss jedoch beachtet werden, dass in dem Art. 6 selbst keine Rechtsmissbrauchs-   **22** schranke angelegt ist.[28] Ferner überzeugt es nicht eine solche aus dem Sachrecht des über die Einrede anwendbaren Rechts zu entnehmen.[29] Allenfalls mag man andenken aus dem Europarecht den Gedanken des Rechtsmissbrauchs als überwölbendes Prinzip abzuleiten.[30, 31] Ein derartiges Korrektiv darf aber ohnehin nur sehr restriktiv angewendet werden, da dem Unterhaltsverpflichteten dadurch sein Einrederecht aus Art. 6 abgeschnitten würde. In beiden Fällen streitet darüber hinaus gegen die Rechtsmissbräuchlichkeit und für die Erhebung der Einrede, dass es mit der Systematik des HUP im Widerspruch steht, lediglich auf die Vergangenheit abzustellen und hierdurch im Ergebnis eine unwandelbare Anknüpfung zu konstruieren.[32] Auch stehen derartige Billigkeitserwägungen im Widerspruch zur Rechtssicherheit.[33]

Art. 7 HUP Wahl des anzuwendenden Rechts für die Zwecke eines einzelnen Verfahrens

(1) Ungeachtet der Artikel 3 bis 6 können die berechtigte und die verpflichtete Person allein für die Zwecke eines einzelnen Verfahrens in einem bestimmten Staat ausdrücklich das Recht dieses Staates als das auf eine Unterhaltspflicht anzuwendende Recht bestimmen.

(2) Erfolgt die Rechtswahl vor der Einleitung des Verfahrens, so geschieht dies durch eine von beiden Parteien unterschriebene Vereinbarung in Schriftform oder erfasst auf einem Datenträger, dessen Inhalt für eine spätere Einsichtnahme zugänglich ist.

I. Normzweck

Was unter dem HaagUnthÜ nur kraft Rechtsprechung erlaubt war,[1] wird nun ausdrücklich   **1** vorgesehen: Eine **Rechtswahl der Parteien.** Die Parteien dürfen für ein einzelnes Verfahren eine durch Art. 7 beschränkte Rechtswahl treffen, wenn sie die hierfür vorgesehenen Bedingungen erfüllen. Dadurch soll es – innerhalb gewisser enger Grenzen – den Parteien frei stehen, das anwendbare Recht der jeweiligen lex fori (Recht des angerufenen Gerichts) ausdrücklich[2] selbst zu bestimmen. Sofern die Beteiligten ihre Parteiautonomie nach Maßgabe des Abs. 2 bereits vor der Einleitung des Verfahrens ausgeübt haben, bedarf es der Benennung einer konkreten Rechtsordnung als lex fori und nicht bloß der Bezugnahme auf die lex fori des zukünftig befassten Forums.[3] Möglich ist zudem der Abschluss einer Prorogationsabrede mit kombinierter Rechtswahl zugunsten des Rechts am vereinbarten Gericht.[4]

Grundsätzlich entscheiden über die Rechtswahl die unterhaltsberechtigte und die verpflichtete   **1a** Person. In der Literatur wird die Frage uneinheitlich beantwortet, ob sich die Personen nach der gewählten lex fori[5] oder dem objektiven Unterhaltsstatut[6] bestimmen lassen oder im Einklang mit Art. 3 lit. a und b HUntVerfÜbk 2007 als die Personen anzusehen sind, der der Unterhalt (angeblich) gebührt und diejenige Partei, die zur Unterhaltsleistung (angeblich) verpflichtet ist.[7] Auch im Hinblick auf ein rechtsaktübergreifendes Verständnis mit Art. 2 Nr. 10 EuUnthVO überzeugt die letzte Ansicht. Daher sollte im Einklang mit Art. 2 Nr. 10 EuUnthVO die schlüssige Darlegung der Berechtigung ausschlaggebend sein.[8] Andernfalls würde über die in dem HUP verbürgte Parteiautonomie

---

[28] Rauscher/*Andrae* HUntStProt Art. 6 Rn. 6b; Staudinger/*Mankowski* (2016) Rn. 30.

[29] So auch Staudinger/*Mankowski* (2016) Rn. 29.

[30] Die Lösung über einen ordre public-Vorbehalt ist an dieser Stelle nicht zielführend, da er eine Abwehr eines Ergebnisses nach ausländischen Recht darstellt und nur eingreift, sofern ein Verstoß gegen Fundamentalprinzipien des nationalen Rechts vorliegt. Hingegen unter hohen Voraussetzungen eine Lösung über den ordre public präferierend: Rauscher/*Andrae* HUntStProt Art. 6 Rn. 6b; Art. 13 Rn. 4.

[31] Der ordre public-Vorbehalt kann jedoch dann greifen, wenn im Ergebnis durch die Einrede des Art. 6 laut fremden Recht keine Unterhaltspflicht besteht, aber nach dem nationalen Recht Unterhalt gewährt werden muss und dies als Fundamentalprinzip angesehen wird.

[32] Staudinger/*Mankowski* (2016) Rn. 30 f.

[33] Rauscher/*Andrae* HUntStProt Art. 6 Rn. 6b.

[1] Hoge Raad NIPR 1997 Nr. 70; Rb. Den Haag NIPR 1977 Nr. 206; hierzu zust. *Boele-Woelki* IPRax 1998, 492; *v. Overbeck* Etudes Rieg 839; *Pellis* WPNR 1997, 527; *Schwarz/Scherpe* FamRZ 2004, 665.

[2] Eine konkludente Rechtswahl scheidet aufgrund des ausdrücklichen Wortlauts in Art. 7 Abs. 1 aus, so auch *Gruber* IPRax 2014, 53 (56); Palandt/*Thorn* Rn. 26.

[3] Staudinger/*Mankowski* (2016) Rn. 19; *Schäuble* NZFam 2014, 1071; Palandt/*Thorn* Rn. 26.

[4] Staudinger/*Mankowski* (2016) Rn. 19.

[5] So *Hausmann* IntEuSchR Rn. C 555.

[6] Staudinger/*Mankowski* (2016) Rn. 5.

[7] Rauscher/*Andrae* HUntStProt Art. 7 Rn. 3.

[8] Zur berechtigten Person iSd Art. 2 Nr. 10 EuUnthVO Rauscher/*Andrae* EG-UntVO Art. 2 Rn. 13 ff.

das nationale Recht herrschen, indem dieses vorgeben würde, welche Personen zur Rechtswahl berechtigt wären.

1b   Im Falle des Übergangs eines Unterhaltsanspruchs auf einen Dritten, bindet die ursprünglich wirksam getroffene Rechtswahlvereinbarung auch den Zessionar.[9] Dieser darf jedoch ebenfalls eigenständig nach der Abtretung mit der unterhaltsverpflichteten Person eine Rechtswahl treffen, da diese Befugnis dem aktuellen Gläubiger und Schuldner eines Unterhaltsanspruchs zusteht.[10]

II. Rechtswahl

2   **1. Gewähltes Unterhaltsstatut.** Welches Unterhaltsstatut die Parteien wählen können, normiert Art. 7 Abs. 1 ausdrücklich, nämlich die lex fori für ein einzelnes Verfahren im Staat dieses Forums.

3   **2. Einzelnes Verfahren.** Die Rechtswahl des Art. 7 ist eng begrenzt; denn sie bezieht sich nur für die „Zwecke eines einzelnen Verfahrens in einem bestimmten Staat". Das bedeutet, dass entweder schon ein Unterhaltsprozess begonnen haben oder kurz bevorstehen muss. Dann können – anders als nach Art. 8 Abs. 3 – die Parteien, auch für das Kind die lex fori, die ihnen im Zeitpunkt der Wahl bekannt sein dürfte, vereinbaren. Die Wahl gilt nur für den einzelnen Prozess und nicht auch für spätere Abänderungsverfahren.[11]

4   **3. Inhaltliche Gültigkeit der Vereinbarung.** Das HUP gibt keine Auskunft darüber, unter welchen Bedingungen die Vereinbarung inhaltlich gültig ist. Die offen gelassene Frage lässt sich in Übereinstimmung mit Art. 3 Abs. 5 und Art. 10 Rom I-VO,[12] [13] dahingehend beantworten, dass hierfür das Recht des Staates maßgebend ist, das die Parteien gewählt haben, nämlich die lex fori. Das Gericht überprüft also anhand seines eigenen Rechts, ob sich die Parteien wirksam geeinigt haben.

5   **4. Formelle Gültigkeit der Vereinbarung.** Art. 7 Abs. 2 regelt nur den Fall, dass eine Vereinbarung vor Einleitung eines Verfahrens erfolgt ist. Dazu bedarf es einer von beiden Parteien unterschriebenen Vereinbarung entweder in Schriftform oder auf einem Datenträger, welcher den Inhalt auch bei einer späteren Einsichtnahme wiedergibt. Ein elektronisches Schriftstück muss daher mit einer elektronischen Unterschrift versehen sein (siehe zu den Anforderungen an die elektronische Unterschrift → Art. 8 Rn. 19).[14] Den Formvorschriften kommt sowohl eine Beweis- als auch Warnfunktion zu.[15] Uneinheitlich wird die Frage beantwortet, ob es sich bei den Vorgaben des Abs. 2 lediglich um Mindestvorschriften handelt und die Vertragsstaaten darüber hinaus weitere formelle Anforderungen aufstellen dürfen.[16] Aus historischer Hinsicht spricht für eine Kompetenz der Vertragsstaaten, dass die Delegierten der diplomatischen Tagung davon ausgegangen sind, es stehe den Vertragsstaaten frei, weitere Erfordernisse zu normieren.[17] Allerdings findet sich diese Auffassung nicht im Wortlaut des Art. 7 Abs. 2 und Art. 8 Abs. 2 wieder.[18] Auch dem Sinn und Zweck der einheitlichen Ausgestaltung der Rechtswahl stünde die Erweiterung der Formvorschriften durch nationale strengere Bestimmungen entgegen.[19] Daher ist ein Rückgriff auf nationale Formvorgaben abzulehnen.[20] Sofern man die Normierung weiterer Formvorschriften durch die Vertragsstaaten für zulässig erachtet,[21, 22] ist

---

[9] NK-BGB/*Bach* Rn. 5; Staudinger/*Mankowski* (2016) Rn. 7.

[10] NK-BGB/*Bach* Rn. 6; Staudinger/*Mankowski* (2016) Rn. 8.

[11] *Bonomi*-Bericht Rn. 116.

[12] Für eine rechtsaktübergreifende Auslegung: Staudinger/*Mankowski* (2016) Rn. 12.

[13] Auch im Rahmen des Zustandekommens und der Wirksamkeit der Rechtswahl nach Art. 14 Rom II-VO wird eine Analogie des Art. 3 Abs. 5 iVm. Art. 10 Rom I-VO befürwortet, s. dazu HK-BGB/*Dörner* Rom II-VO Art. 14 Rn. 2.

[14] *Bonomi*-Bericht Rn. 145.

[15] *Bonomi*-Bericht Rn. 119; *Lehmann* GPR 2014, 342 (348).

[16] Zum Streitstand: *Eßer* IPRax 2013, 399 (400).

[17] *Bonomi*-Bericht Rn. 119.

[18] So auch Rauscher/*Andrae* HUntStProt Art. 7 Rn. 13; NK-BGB/*Bach* Rn. 17.

[19] Rauscher/*Andrae* HUntStProt Art. 7 Rn. 13.

[20] So ebenfalls Rauscher/*Andrae* HUntStProt Art. 7 Rn. 13; NK-BGB/*Bach* Rn. 17; *Dethloff* FS Martiny, 2014, 41 (55); *Hausmann* IntEuSchR Rn. C 563; *Lehmann* GPR 2014, 342 (348); Staudinger/*Mankowski* (2016) Rn. 12; Palandt/*Thorn* Rn. 27.

[21] Der Ansicht sind: *Eßer* IPRax 2013, 399 (400 f.) mwN; *Ring* FPR 2013, 16 (19).

[22] Auch die deutsche Bundesregierung hat sich gegen den Vorschlag des Bundesrates hinsichtlich des Erfordernisses einer notariellen Beurkundung als strengerer Formvorschrift im Rahmen der Art. 7 Abs. 2 sowie Art. 8 Abs. 2 ausgesprochen, BT-Drs. 17/4887, 57.

umstritten, ob diese Befugnis innerhalb des Binnenmarktes bei den Mitgliedstaaten oder der supranationalen Legislative liegt.[23]

a) Rechtswahl vor dem Prozess. Wird eine Rechtswahl vor Einleitung eines Verfahrens getrof- **6** fen, so muss diese Vereinbarung die formellen Voraussetzungen des Art. 7 Abs. 2 erfüllen. Die wohl herrschende Ansicht stellt für die Bestimmung des Zeitpunktes der Verfahrenseinleitung vor einem mitgliedstaatlichen Forum auf Art. 9 EuUntVO ab.[24]

b) Rechtswahl im Prozess. Da der Wortlaut des Art. 7 jedoch eine ausdrückliche Rechtswahl **7** vorsieht, ist eine konkludente Ausübung der Parteiautonomie, etwa durch die schlichte Einlassung auf einen Unterhaltsprozess oder die beiderseitige rechtliche Argumentation auf Grundlage der lex fori, nicht möglich.[25, 26] Der Wille der Parteien muss deutlich hervortreten.[27] Dieses Erfordernis richtet sich verordnungsautonom nach dem HUP, sodass das Prozessrecht des Forums nicht herangezogen werden darf.[28] Wird die lex fori während des Verfahrens gewählt, entscheidet das maßgebende Prozessrecht über die Modalitäten der Rechtswahl[29] (zB inwiefern der Richter diese protokollieren muss).

III. Zeitpunkt der Rechtswahl

Die Rechtswahl für ein einzelnes Verfahren kann entweder vorher oder während des Prozesses **8** getroffen werden. Genaueres gibt das HUP nicht vor, sondern lässt es genügen, wenn ein künftiges Verfahren im Raum steht. Von einer genauen zeitlichen Limitierung sollte hingegen nicht ausgegangen werden.[30] Für die Zwecke eines Verfahrens sind nämlich nur Schranken in formeller, nicht jedoch in zeitlicher Hinsicht vorgegeben. Darüber hinaus ist der Verfahrensbeginn in den Staaten unterschiedlich ausgestaltet, so dass keine Rechtseinheit gewährleistet werden könnte. Es genügt hingegen nicht, wenn die Eheleute im Ehevertrag festlegen, dass sich der Unterhalt nach der jeweiligen lex fori richten soll. In dieser Konstellation dürfte es an der Bestimmtheit des einzelnen Verfahrens mangeln. Eine solche Wahl ist nur dann gültig, wenn sie nach Art. 8 wirksam vereinbart werden kann.

Art. 8 HUP Wahl des anzuwendenden Rechts

(1) Ungeachtet der Artikel 3–6 können die berechtigte und die verpflichtete Person jederzeit eine der folgenden Rechtsordnungen als das auf eine Unterhaltspflicht anzuwendende Recht bestimmen:
a) das Recht eines Staates, dem eine der Parteien im Zeitpunkt der Rechtswahl angehört;
b) das Recht des Staates, in dem eine der Parteien im Zeitpunkt der Rechtswahl ihren gewöhnlichen Aufenthalt hat;
c) das Recht, das die Parteien als das auf ihren Güterstand anzuwendende Recht bestimmt haben, oder das tatsächlich darauf angewandte Recht;
d) das Recht, das die Parteien als das auf ihre Ehescheidung oder Trennung ohne Auflösung der Ehe anzuwendende Recht bestimmt haben, oder das tatsächlich auf diese Ehescheidung oder Trennung angewandte Recht.

---

[23] Die Kompetenz den Mitgliedstaaten zusprechend: *Ring* FPR 2013, 16 (19). Lediglich von einer Befugnis des Europäischen Gesetzgeber ausgehend: Rauscher/*Andrae* HUntStProt Art. 7 Rn. 13 (aber insgesamt gegen die Auffassung des Mindestformerfordernisses); *Eßer* IPRax 2013, 399 (401) (sowohl die EU als auch die Mitgliedstaaten könnten Formvorschriften erlassen, da die EU ihrerseits nicht tätig geworden sei, ergebe sich auf diesem Gebiet auch keine Sperrwirkung für die Mitgliedstaaten).

[24] Rauscher/*Andrae* HUntStProt Art. 7 Rn. 11; NK-BGB/*Bach* Rn. 16; *Ring* FPR 2013, 16 (19); aA und auf die jeweilige lex fori abstellend *Hausmann* IntEuSchR Rn. C-562.

[25] Rauscher/*Andrae* HUntStProt Art. 7 Rn. 6; NK-BGB/*Bach* Rn. 17; *Hausmann* IntEuSchR Rn. C-562; Staudinger/*Mankowski* (2016) Rn. 13.

[26] Im Rahmen von Art. 3 Rom I-VO sieht der Normtext dies nicht vor, so dass die Parteiautonomie auch konkludent während des Prozesses ausgeübt werden kann, siehe dazu Reithmann/Martiny/*Martiny* 2.87 ff. Während bei Art. 5 Rom III-VO umstritten ist, ob eine konkludierte Rechtswahl ausreicht (siehe zum Streitstand NK-BGB/*Hilbig-Lugani* Rom III-VO Art. 5 Rn. 11 ff.), genügt diese im Rahmen von Art. 22 EuErbVO schon dem Wortlaut nach (beachte dazu NK-BGB/*Looschelders* EuErbVO Art. 22 Rn. 27 f.).

[27] Rauscher/*Andrae* HUntStProt Art. 7 Rn. 6.

[28] Staudinger/*Mankowski* (2016) Rn. 13.

[29] *Bonomi*-Bericht Rn. 122.

[30] So auch Rauscher/*Andrae* HUntStProt Art. 7 Rn. 14; NK-BGB/*Bach* Rn. 8; *Bonomi*-Bericht Rn. 121; *Dimmler/Bißmaier* FPR 2013, 11 (14); *Gruber*, FS Spellenberg 2010, 177 (189); Staudinger/*Mankowski* (2016) Rn. 18; aA wohl *Ring* FPR 2013, 16 (19).

(2) Eine solche Vereinbarung ist schriftlich zu erstellen oder auf einem Datenträger zu erfassen, dessen Inhalt für eine spätere Einsichtnahme zugänglich ist, und von beiden Parteien zu unterschreiben.

(3) Absatz 1 findet keine Anwendung auf Unterhaltspflichten betreffend eine Person, die das 18. Lebensjahr noch nicht vollendet hat, oder einen Erwachsenen, der aufgrund einer Beeinträchtigung oder der Unzulänglichkeit seiner persönlichen Fähigkeiten nicht in der Lage ist, seine Interessen zu schützen.

(4) Ungeachtet des von den Parteien nach Absatz 1 bestimmten Rechts ist das Recht des Staates, in dem die berechtigte Person im Zeitpunkt der Rechtswahl ihren gewöhnlichen Aufenthalt hat, dafür massgebend, ob die berechtigte Person auf ihren Unterhaltsanspruch verzichten kann.

(5) Das von den Parteien bestimmte Recht ist nicht anzuwenden, wenn seine Anwendung für eine der Parteien offensichtlich unbillige oder unangemessene Folgen hätte, es sei denn, dass die Parteien im Zeitpunkt der Rechtswahl umfassend unterrichtet und sich der Folgen ihrer Wahl vollständig bewusst waren.

Übersicht

I. Normzweck

1   Art. 8 bezweckt eine größere Parteiautonomie als bisher. Voll handlungsfähige Erwachsene können für ihre Unterhaltsansprüche im Vorherein das anwendbare Recht festlegen und sind bei dieser Rechtswahl unter Zugrundelegung der Formerfordernisse des Abs. 2 nur durch Abs. 1 in der Auswahl der wählbaren Rechtsordnungen eingeschränkt. Eine Rechtswahl wird – wenn überhaupt – wohl in Eheverträgen und Scheidungsvereinbarungen explizit getroffen werden.[1] Darüber hinaus ist aufgrund des Wortlautes im Gegensatz zu Art. 7 auch eine konkludente Rechtswahl denkbar, wenn die Parteien sich auf Rechtsinstitute oder Vorschriften einer bestimmten Rechtsordnung berufen.[2] Ebenfalls kann im Lichte von Erwägungsgrund Nr. 12 Rom I-VO eine Prorogationsvereinbarung nach Maßgabe des Art. 4 EuUnthVO auf eine konkludente Rechtswahl hindeuten.[3]

II. Wählbare Rechtsordnungen

2   Nach Art. 8 Abs. 1 dürfen nur ganz bestimmte Rechtsordnungen gewählt werden. Es gibt folglich keine freie, sondern nur eine eingeschränkte Wahlmöglichkeit.[4] Hierüber sind die Parteien zu informieren und zu belehren.

3   **1. Heimatrecht einer Partei.** Gewählt werden kann nach Art. 8 Abs. 1 lit. a das Recht eines Staates, dem eine Partei im Zeitpunkt der Rechtswahl angehört

---

[1] OLG Saarbrücken IPRspr. 2010 Nr. 104 (undeutlich, weil in Vereinbarung nichts über nacheheliche Unterhalt).

[2] Rauscher/*Andrae* HUntStProt Art. 8 Rn. 6; *Gruber* IPRax 2014, 53 (56); Staudinger/*Mankowski* (2016) Rn. 16; Palandt/*Thorn* Rn. 31; *Andrae*, FS Martiny, 2014, 3 (24).

[3] Staudinger/*Mankowski* (2016) Rn. 16.

[4] Vgl. *Rauscher* IPR Rn. 931.

a) Ein Heimatrecht. Besitzt eine Person mehrere Staatsangehörigkeiten, muss nicht zwingend **4** die effektive Heimatrechtsordnung gewählt werden.[5, 6] Auch das Recht des Heimatstaates, in dem eine Partei nicht wohnt, kann als Unterhaltsstatut bestimmt werden.

b) Einer Partei. Außerdem ist nicht erforderlich, dass beide Parteien demselben Staat, dessen **5** Recht gewählt wurde, angehören. Dies stößt gerade im Hinblick auf die gemischt-nationalen Ehen auf Zustimmung.

c) Zeitpunkt der Rechtswahl. Ausschlaggebend ist der Zeitpunkt, in dem die Rechtswahl **6** getroffen wurde. Das Heimatrecht einer Partei im Zeitpunkt, in dem die Unterhaltsgewährung akut wird, besitzt hingegen keine Relevanz. Das kann allerdings dazu führen, dass im Laufe der Zeit das vormals gewählte Heimatrecht nicht mehr dem aktuellen Umweltrecht entspricht, aber dieses für das Unterhaltsstatut maßgeblich ist. Dementsprechend erfolgt kein Statutenwechsel.[7] Daher kann auch eine ursprünglich ungültige Rechtswahl nicht dadurch geheilt werden, dass eine der Parteien nachträglich die Staatsangehörigkeit des vereinbarten Rechts erwirbt.[8]

d) Korrektur. Diese Wahl kann nicht durch die subsidiär berufenen Rechtsordnungen des Art. 4 **7** Abs. 2, 3 S. 2 und Abs. 4 berichtigt werden. Als Korrekturmöglichkeit stehen nur die Art. 8 Abs. 5 und Art. 13 zur Verfügung.

2. Recht am gewöhnlichen Aufenthalt einer Partei. Obwohl Art. 3 den Unterhalt dem **8** Recht am gewöhnlichen Aufenthalt des Unterhaltsberechtigten unterstellt, erlaubt Art. 8 Abs. 1 lit. b die Wahl des Rechts desjenigen Staates, in dem sich der gewöhnliche Aufenthalt eines Beteiligten im Zeitpunkt der Ausübung der Parteiautonomie befindet.

a) Gewöhnlicher Aufenthalt einer Partei. Es kann auch das Recht am gewöhnlichen Aufent- **9** halt des Unterhaltsverpflichteten gewählt werden (zum Begriff des gewöhnlichen Aufenthalts → Art. 3 Rn. 5 ff.). Dabei geht das HUP davon aus, dass eine Person nur einen gewöhnlichen Aufenthalt hat. Denn berufen wird das Recht *des* (nicht „eines") Staates, in dem sich der gewöhnliche Aufenthalt befindet.

b) Zeitpunkt der Rechtswahl. Hinsichtlich der Ausübungsmöglichkeit der Parteiautonomie **10** stellt Art. 8 Abs. 1 lit. b HUP ebenfalls auf den Zeitpunkt der Rechtswahl ab und gerade nicht auf denjenigen des Rechtsstreits. Daher wird das Recht des gewöhnlichen Aufenthalts im Zeitpunkt der Rechtswahl berufen. Eine nachträgliche Heilung ist folglich nicht mehr möglich (→ Rn. 6).[9]

c) Korrektur. Ebenfalls entfällt hier eine Korrektur gemäß Art. 4 Abs. 2, 3 S. 2 und Abs. 4. Eine **11** Berichtigung ist nur nach Art. 8 Abs. 5 und Art. 13 möglich.

3. Güterrechtsstatut. Vermögende Eheleute vereinbaren häufig in ihrem Ehegüterrechtsvertrag **12** auch ihren Unterhalt. Deshalb wird die akzessorische Verknüpfung des Unterhaltsstatuts an das von ihnen festgelegte oder tatsächlich angewendete Güterrechtsstatut als wählbar anerkannt.[10] Beurteilt das mit der Unterhaltssache befasste Forum die parteiautonome Wahl des Güterrechtsstatus als unwirksam, zieht dies zugleich die Ungültigkeit der Rechtswahl hinsichtlich des Unterhaltsstatuts nach sich.[11] Die jüngst vom Europäischen Rat erlassene Güterrechts-VO ist für die Ermittlung des anzuwendenden Rechts ab dem 29.1.2019 zu beachten.[12]

a) Gewähltes Güterrechtsstatut. Die Parteien dürfen laut Art. 15 Abs. 2 EGBGB das auf ihren **13** Güterstand anwendbare Recht wählen. Art. 8 Abs. 1 lit. c erlaubt, dieses Recht zugleich oder nachträglich auch als Unterhaltsstatut zu bestimmen.

---

[5] *Bonomi*-Bericht Rn. 131; *Rauscher/Andrae* HUntStProt Art. 8 Rn. 8; *Hausmann,* FS Martiny, 2014, 345 (351); *Staudinger/Mankowski* (2016) Rn. 31; *Schäuble* NZFam 2014, 1071 (1075); *Palandt/Thorn* Rn. 30.

[6] Dies gilt ausweislich ihres Art. 22 Abs. 1 Uabs. 2 EuErbVO auch für die subjektive Anknüpfung im Rahmen dieses Sekundärrechtsaktes. Ausführlich zur Anknüpfung nach der EuErbVO: *Staudinger/Friesen* JA 2014, 641 ff.

[7] *Bonomi*-Bericht Rn. 133.

[8] *Bonomi*-Bericht Rn. 133; *NK-BGB/Bach* Rn. 6; *Hausmann,* FS Martiny, 2014, 345 (352).

[9] *Bonomi*-Bericht Rn. 133; *Hausmann,* FS Martiny, 2014, 345 (352); *Staudinger/Mankowski* (2016) Rn. 37.

[10] Vgl. *Rauscher/Andrae* HUntStProt Art. 8 Rn. 11 f.

[11] *Gruber,* FS Spellenberg, 2010, 177 (191).

[12] VO (EU) 2016/1103 des Europäischen Rates vom 24.6.2016 zur Durchführung einer Verstärkten Zusammenarbeit im Bereich der Zuständigkeit, das anzuwendenden Rechts und der Anerkennung und Vollstreckung von Entscheidungen in Fragen des ehelichen Güterstands (GüterrechtsVO), ABl. Nr. L 183 S. 1. Der Rechtsakt gilt ausweislich seines Art. 70 Abs. 2 UAbs. 2 ab dem 29. Januar 2019. Beachte ebenso die gleichzeitig erlassene VO (EU) 2016/1104 in Fragen güterrechtlicher Wirkungen eingetragener Lebenspartnerschaften, ABl. Nr. L 183 S. 30.

14 **b) Tatsächlich angewandtes Güterrechtsstatut.** Die Parteien können auch abwarten und das später (zB im Scheidungsverfahren) tatsächlich angewandte Güterrechtsstatut als Statut für ihren gegenseitigen Unterhalt festlegen. Ziel dieser Vorschrift ist der Einklang zwischen Güterrechts- und Unterhaltsstatut.[13]

15 **4. Scheidungsstatut.** Innerhalb der teilnehmenden Mitgliedstaaten eröffnet Art. 5 Rom III-VO den Eheleuten die Option, das auf die Scheidung oder rechtliche Trennung anwendbare Recht zu wählen.[14] Sie können entweder dieses Recht oder das tatsächlich auf die Scheidung oder Trennung angewandte Recht vereinbaren. Sofern das in der Unterhaltssache angerufene Gericht die Rechtswahl hinsichtlich des Scheidungsstatuts als nicht wirksam erachtet, wirkt sich dies ebenso auf die Vereinbarung in Bezug auf das Unterhaltsrecht aus.[15]

16 **5. Lebenspartner oder homosexuelle Eheleute.** Ebenfalls besteht für Lebenspartner oder homosexuelle Eheleute[16] die Möglichkeit, ihre Parteiautonomie innerhalb der Grenzen des Art. 8 auszuüben (→ Art. 1 Rn. 15 ff.). Die Auslegung des Begriffs der Ehe orientiert sich an derjenigen des Art. 5 (→ Art. 5 Rn. 3 ff.).[17]

III. Zeitpunkt der Rechtswahl

17 Die Parteiautonomie kann jederzeit ausgeübt werden. Die Rechtswahl muss spätestens dann erfolgen, wenn es im Verfahren auf das Recht ankommt, dem der Unterhalt unterliegt.

IV. Rechtswahl

18 **1. Materielle Gültigkeit.** Die Rechtswahl ist materiell immer dann gültig, wenn das von den Parteien in Aussicht genommene zu wählende Unterhaltsstatut dies zulässt.[18]

19 **2. Formelle Gültigkeit.** Für die Form einer Rechtswahl bestimmt Art. 8 Abs. 2, dass die Schriftform oder eine Vereinbarung auf Datenträger genügt, wenn beide Parteien die Wahl unterschrieben haben (siehe bereits zu diesen Anforderungen nach Art. 7 Abs. 2 → Art. 7 Rn. 5). Im Wege einer rechtsaktübergreifenden Interpretation mit Art. 3 lit. d HUntVerfÜbk 2007 sollte die Vereinbarung einer einheitlichen Urkunde entstammen.[19] Das Unterschriftserfordernis ist bei beiden Alternativen einzuhalten.[20] Bei den elektronischen Dokumenten ist als Gegenstück zur eigenhändigen eine elektronische Unterschrift erforderlich.[21] Um der Authentizitäts- und Identifikationsfunktion der Unterschrift gerecht zu werden, wird eine einfache elektronische Unterschrift unter einer Email nicht formwirksam sein.[22] Der *Bonomi*-Bericht verweist allerdings, ohne näher zu differenzieren, nur auf die elektronische Unterschrift.[23] Dennoch dürfte der einfachen Signatur in einer Email nicht dieselbe Schutzfunktion wie einer eigenständigen Unterschrift im Hinblick auf die rechtliche Bindung zukommen. Verlangt man hingegen eine qualifizierte elektronische Signatur, stellt diese die Parteien eventuell vor technische Hürden. Aber sie treffen nicht übereilt eine Rechtswahl und im Zweifel können sie, sofern ihr Konsens weiterhin besteht, eine gegebenenfalls formunwirksame Rechtswahl auch noch im Prozess nachholen. Letztendlich wird der EuGH, wenn diese Frage für die Formwirksamkeit der ausgeübten Parteiautonomie entscheidungsrelevant wird, in einem Vorabentscheidungsverfahren nach Art. 267 AEUV die Voraussetzungen für eine elektronische Unterschrift konkretisieren müssen.

---

[13] Staudinger/*Mankowski* (2016) Rn. 49.
[14] Siehe zur Rechtswahl nach Art. 5 Rom III-VO im Zusammenhang mit dem Abschluss einer Morgengabe OLG Hamm BeckRS 2016, 12325; beachte ebenso das Vorabentscheidungsersuchen des OLG München NJW 2016, 2608 mAnm *Helms* FamRZ 2016, 1134 zur Frage, ob die Rom III-VO für Fälle der Privatscheidung maßgeblich ist; dazu *Dimmler* FamRB 2015, 368; *Weller/Hauber/Schulz* IPRax 2016, 123.
[15] *Gruber*, FS Spellenberg, 2010, 177 (191); Staudinger/*Mankowski* (2016) Rn. 54.
[16] S. in diesem Zusammenhang das Gesetz zur Einführung des Rechts auf Eheschließung für Personen gleichen Geschlechts vom 20.7.2017 (BGBl. I S. 2787); hierzu *Beck/Tometten* DÖV 2016, 581; *Binder/Kiehnle* NZFam 2017, 742; *Erbarth* NZFam 2016, 536; *Brosius-Gersdorf* NJW 2015, 3557; *Ipsen* NVwZ 2017, 1096 (1099); *Knoop* NJW-Spezial 2017, 580; *Meyer* FamRZ 2017, 1281.
[17] Rauscher/*Andrae* HUntStProt Art. 8 Rn. 10.
[18] *Bonomi*-Bericht Rn. 151; *Andrae* IntFamR § 8 Rn. 159; NK-BGB/*Bach* Art. 7 Rn. 14.
[19] Rauscher/*Andrae* HUntStProt Art. 7 Rn. 13; Art. 8 Rn. 16.
[20] Staudinger/*Mankowski* (2016) Rn. 22; aA und das Unterschriftserfordernis wohl nur auf die erste Alternative beziehend: *Dörner* in Eschenbruch/Schürmann/Menne Unterhaltsprozess Kap. 6 Rn. 285.
[21] *Bonomi*-Bericht Rn. 145.
[22] Der Ansicht ist auch Staudinger/*Mankowski* (2016) Rn. 22.
[23] *Bonomi*-Bericht Rn. 145.

Die Formvorgaben unterscheiden sich deutlich von der unter Umständen strengeren Form für **19a**
einen Ehegüterrechtsvertrag (Art. 15 Abs. 3 EGBGB, Art. 14 Abs. 4 EGBGB; Art. 19 Abs. 5
EuGüVO) und für eine Scheidungsrechtsvereinbarung (Art. 7 Rom III-VO).

V. Grenzen der Rechtswahl

1. Unterhalt von Kindern und Unfähigen. Der Unterhalt, der Kindern unter 18 Jahren **20**
geschuldet wird, kann nicht durch Vereinbarung einem anderen Recht unterworfen werden als
demjenigen, welches nach Art. 3 maßgebend ist. Das sieht Art. 8 Abs. 3 vor. Vereinbaren Eheleute
in ihrem Güterrechtsvertrag, dass sich ihr Unterhalt nach dem Güterrechtsstatut richtet und ist dieses
nicht zufällig das Recht am gegenwärtigen gewöhnlichen Aufenthalt des Kindes, so ist die Wahl
bezüglich des Ehegattenunterhalts zwar wirksam, jedoch nicht hinsichtlich des Kindesunterhalts.[24]
Eine spätere Heilung der Rechtswahl verbietet sich; denn das Kind konnte zur Zeit der Rechtswahl
nicht selbst tätig werden und ein Handeln für das Kind war und bleibt wirkungslos. Die von einem
Minderjährigen getroffene Rechtswahl lässt sich nicht dadurch heilen, dass dieser volljährig wird.[25]
Fraglich ist allerdings, ob die Rechtswahl auch dann als ungültig angesehen wird, wenn das gewählte
Recht für das Kind offensichtlich sehr viel günstiger ist als das Statut nach Art. 3. Wollte man eine
solche Wahl *in favorem infantis* für zulässig erachten,[26] wäre dies kraft einer teleologischen Reduktion
des Art. 8 Abs. 3 zu erzielen.[27] In anderen Vorschriften wie beispielsweise dem Art. 19 EGBGB
unterliegt das Kindeswohl einer alternativen Anknüpfung, bei der das Sachrecht zur Anwendung
gelangt, welches für das Kind am günstigsten ist.[28] Eine Interpretation gegen den Wortlaut des Art. 8
Abs. 4 ist jedoch bedenklich, daher sollte einer günstigeren Rechtswahl keine Relevanz zugesprochen
werden.[29] In der Literatur wird für die hier vertretene Auffassung zudem hervorgebracht, dass eine
teleologische Reduktion zur faktischen Aushöhlung der Norm führt und ihr im Vergleich zu Abs. 5
kein eigenständiger Regelungsgehalt mehr verbleibt.[30]

Was für Kinder unter 18 Jahren gilt, trifft auch für einen **Erwachsenen** zu, der „aufgrund einer **21**
Beeinträchtigung oder Unzulänglichkeit seiner persönlichen Fähigkeiten nicht in der Lage ist, seine
Interessen wahrzunehmen." Diese Beurteilung ist im Zeitpunkt der Rechtswahl vorzunehmen, denn
es kommt darauf an, ob die Person bei der Rechtswahl in der Lage war, ihre Interessen wahrzuneh-
men. Auch hier ist aufgrund des Wortlauts keine Rechtswahl *in favorem adulti* zu berücksichtigen
(→ Rn. 20).

2. Verzicht auf Unterhalt. Wer von seiner Parteiautonomie Gebrauch macht und nach Maßgabe **22**
des Art. 8 ein Unterhaltsstatut wählt, kann auch ein Recht vereinbaren, das einen – nur teilweisen
oder auch vollständigen[31] – Verzicht auf Unterhalt erlaubt. Dem schiebt jedoch Art. 8 Abs. 4 einen
Riegel vor. Ein Verzicht ist daher nur dann zulässig, wenn das gesetzliche Unterhaltsstatut im Zeitpunkt der Rechtswahl, folglich das Recht am gewöhnlichen Aufenthalt in diesem Zeitpunkt, einen
Verzicht billigt. Von der Regelung des Abs. 4 umfasst sind die Fragen ob, in welchem Umfang und
unter welchen Voraussetzungen ein Verzicht zulässig ist.[32] Hinsichtlich des Zustandekommens und
der materiellen Wirksamkeit der Verzichtsabrede bleibt es bei der Maßgabe des gewählten Rechts.[33]
Fraglich ist, ob an dem Zeitpunkt der Rechtswahl auch festgehalten werden sollte, wenn die Beteiligten ihre Parteiautonomie bereits vor dem Unterhaltsverzicht ausgeübt haben und die berechtigte
Person im Moment der Verzichtserklärung einen anderen gewöhnlichen Aufenthalt besitzt als zuvor.
Dem Wortlaut nach ist auf den Zeitpunkt der Rechtswahl abzustellen.[34] Aus teleologischer Sicht
überzeugt es hingegen, den gewöhnlichen Aufenthalt im Zeitpunkt der Verzichtserklärung heranzu-

---

[24] *Rauscher* IPR Rn. 930.

[25] Rauscher/*Andrae* HUntStProt Art. 8 Rn. 19; Staudinger/*Mankowski* (2016) Rn. 70; zur Frage, nach welchem Recht sich die Altersgrenze der Volljährigkeit richtet siehe OLG Brandenburg BeckRS 2016, 106213.

[26] So 6. Aufl. 2015, Rn. 20 *(Siehr)*.

[27] So der Vorschlag von *Lehmann* GPR 2014, 343 (348); Staudinger/*Mankowski* (2016) Rn. 71.

[28] Vgl. HK-BGB/*Kemper* EGBGB Art. 19 Rn. 6. Siehe zu aktuellen Urteilen im Rahmen von Art. 19
EGBGB: *Steinrötter* jurisPR-IWR 5/2016 Anm. 6; *Steinrötter* jurisPR-IWR 6/2016 Anm. 2.

[29] Zu diesem Ergebnis kommen ebenfalls: Rauscher/*Andrae* HUntStProt Art. 8 Rn. 20; *Hausmann,* FS Martiny,
2014, 345 (352).

[30] NK-BGB/*Bach* Rn. 6.

[31] *Hausmann,* FS Martiny 2010, 345 (359).

[32] Rauscher/*Andrae* HUntStProt Art. 8 Rn. 21.

[33] Rauscher/*Andrae* HUntStProt Art. 8 Rn. 21; *Hausmann* IntEuSchR Rn. C 588; aA und von einer gesamten
Verdrängung des gewählten Unterhaltsstatuts ausgehend: *Dörner* in Eschenbruch/Schürmann/Menne Unterhaltsprozess Kap. 6 Rn. 286.

[34] Rauscher/*Andrae* HUntStProt Art. 8 Rn. 20; NK-BGB/*Bach* Rn. 34 (dies sei de lege lata hinzunehmen).

ziehen, da im Moment der Rechtswahl noch gar kein Verzicht stattgefunden hat.[35] Allerdings ist eine derartige Auslegung entgegen dem Wortlaut nicht möglich.

22a Darüber hinaus wird vorgeschlagen, den Abs. 4 dahingehend auszulegen, dass der Verweis auf den gewöhnlichen Aufenthalt als das objektiv nach den Art. 3 - 5 ermittelte Recht zu verstehen sei.[36] Aufgrund des eindeutigen Wortlauts und der dadurch entstehenden Rechtsunsicherheit ist dem nicht zu folgen.[37]

22b Die Wahl eines Unterhaltsstatuts, das von vorherein keinen Unterhalt zugunsten des Berechtigten gewährt, zieht dieselbe Rechtsfolge nach sich wie ein materiell-rechtlicher Unterhaltsverzicht, daher sollte auch diese Konstellation vom Regelungsgehalt des Art. 8 Abs. 4 erfasst sein.[38] Im Ergebnis fallen daher unter Art. 8 Abs. 4 ein Unterhaltsverzicht sowohl durch die Wahl einer Rechtsordnung, die keinen Unterhalt vorsieht, als auch durch die Festlegung eines Rechts, welches den materiell-rechtlichen Unterhaltsverzicht erlaubt.[39] Nicht vom Regelungsziel erfasst ist hingegen die Zahlung einer Kapitalabfindung, um einen Unterhaltsverzicht zu erwirken.[40] In dieser Konstellation richtet sich die Zulässigkeit der Absprache nach dem von den Parteien gewählten Recht.[41] Teilweise wird einem nationalen materiellen Verbot, auf Unterhalt zu verzichten, aufgrund des Art. 8 Abs. 4 sogar ein Eingriffsbefehl zugesprochen.[42] Derartiges Gewicht sollte einem Unterhaltsverzichtsverbot jedoch nicht beigemessen werden, da zum einen im Rahmen des HUP keine Öffnungsklausel vorgesehen ist und zum anderen kein überragendes öffentliches Interesse erkennbar ist.[43]

23 **3. Verhinderung unbilliger Ergebnisse.** Art. 8 Abs. 5 enthält eine spezielle Vorbehaltsklausel für den Fall, dass die Parteien ein Unterhaltsstatut gewählt haben, das für eine Partei offensichtlich unbillige oder unangemessene Folgen hätte. In einem solchen Fall entfaltet die Rechtswahl keine Wirkung. Dieser Vorbehalt ist zweiseitig ausgestaltet, da der vereinbarte Unterhalt sowohl für den Gläubiger als auch für den Schuldner unbillig oder unangemessen sein kann.[44] In den meisten Fällen dürfte sich aber der Unterhaltsberechtigte beklagen und Unbilligkeit oder Unangemessenheit geltend machen. Wann eine solche Unbilligkeit oder Unangemessenheit besteht, liegt aufgrund der unbestimmten Rechtsbegriffe im Ermessen des Richters.[45] Dazu ist das materielle Ergebnis in der Unterhaltssache nach dem gewählten Recht mit demjenigen, welches durch die objektive Anknüpfung (Art. 3 ff.) ermittelt worden wäre, zu vergleichen.[46] Grundsätzlich liegt die Schwelle für die Anwendbarkeit dieser Billigkeitsklausel niedriger als diejenige für eine Bejahung eines ordre public-Verstoßes iSd. Art. 13.[47] Schon die Formulierung macht deutlich, dass es sich um keinen Ausschnitt des ordre public handelt.

24 Art. 8 Abs. 5 enthält jedoch eine **Ausnahme** im zweiten Halbsatz. Wenn die betroffene Partei im Zeitpunkt der Rechtswahl umfassend unterrichtet worden ist und sich der Folgen der Wahl vollständig bewusst war, kann sie Unbilligkeit und Unangemessenheit nicht geltend machen. Um diesen Ausschlusstatbestand zu erfüllen, müssen hohe Anforderungen erfüllt werden.[48] Eine Aufklärung dürfte jedenfalls dann fehlen, wenn es sich bei dem benachteiligten Ehegatten um einen Ausländer handelt, er eine Urkunde in einer ihm fremden Sprache unterschrieben hat und nicht über den Inhalt der Abmachung

---

[35] *Hausmann,* FS Martiny 2010, 345 (360).

[36] *Gruber,* FS Spellenberg 2010, 177 (192).

[37] Dieser Ansicht sind auch Rauscher/*Andrae* HUntStProt Art. 8 Rn. 20; Staudinger/*Mankowski* (2016) Rn. 75; zumindest im Ergebnis *Hausmann,* FS Martiny 2010, 345 (360 f.).

[38] *Bonomi*-Bericht Rn. 149; *Dethloff,* FS Martiny, 2014, 41 (48); *Hausmann,* FS Martiny 2010, 345 (359); von einer entsprechenden Anwendbarkeit ausgehend: Staudinger/*Mankowski* (2016) Rn. 81; PWW/*Martiny* IPR-Anh 6/HaagUntProt Art. 8 Rn. 5; Palandt/*Thorn* Rn. 32; aA und für diesen Fall auf die Regelung des Abs. 5 abstellend: Rauscher/*Andrae* HUntStProt Art. 8 Rn. 23; NK-BGB/*Bach* Rn. 37.

[39] *Hausmann,* FS Martiny, 2010, 345 (359); *Schäuble* NZFam 2014, 1071 (1076).

[40] *Bonomi*-Bericht Rn. 148; *Dörner* in Eschenbruch/Schürmann/Menne Unterhaltsprozess Rn. 286; *Hausmann,* FS Martiny, 2010, 345 (359); Palandt/*Thorn* Rn. 32; aA NK-BGB/*Bach* Rn. 36.

[41] Rauscher/*Andrae* HUntStProt Art. 8 Rn. 20; *Gruber,* FS Spellenberg, 2010, 177 (191).

[42] Für die Qualität einer Eingriffsnorm: *Hausmann* IntEuSchR Rn. C 589; Palandt/*Thorn* Rn. 32.

[43] Ebenfalls gegen einen Eingriffsnormcharakter: Rauscher/*Andrae* HUntStProt Art. 8 Rn. 20; Staudinger/*Mankowski* (2016) Rn. 70.

[44] NK-BGB/*Bach* Rn. 39; *Hausmann,* FS Martiny, 2014, 345 (361).

[45] Rauscher/*Andrae* EuZPR/HUntStProt Art. 8 Rn. 25; *Hausmann,* FS Martiny, 2014, 345 (362); *Schäuble* NZFam 2014, 1071 (1076).

[46] Rauscher/*Andrae* HUntStProt Art. 8 Rn. 25; *Hausmann,* FS Martiny, 2014, 345 (361); PWW/*Martiny* IPR-Anhang 6/HaagUntProt Art. 8 Rn. 6; *Schäuble* NZFam 2014, 1071 (1076).

[47] *Hausmann,* FS Martiny, 2014, 345 (362); aA und wohl von einer besonderen Ausformung der ordre public-Klausel ausgehend: Palandt/*Thorn* Rn. 33.

[48] Dazu Rauscher/*Andrae* HUntStProt Art. 8 Rn. 26; *Rieck* NJW 2014, 257 (260 f.); *Schäuble* NZFam 2014, 1071 (1076 f.).

informiert worden ist. Ebenfalls kann eine nur konkludente Rechtswahl ein Anhaltspunkt dafür sein, dass es an einer umfassenden Unterrichtung der Beteiligten mangelte.[49]

Art. 9 HUP „Wohnsitz" anstelle von „Staatsangehörigkeit"

Ein Staat, der den Begriff des „Wohnsitzes" als Anknüpfungspunkt in Familiensachen kennt, kann das Ständige Büro der Haager Konferenz für Internationales Privatrecht davon unterrichten, dass für die Zwecke der Fälle, die seinen Behörden vorgelegt werden, in Artikel 4 der Satzteil „dem die berechtigte und die verpflichtete Person gemeinsam angehören" durch „in dem die berechtigte und die verpflichtete Person gemeinsam ihren Wohnsitz haben" und in Artikel 6 der Satzteil „dem die Parteien gemeinsam angehören" durch „in dem die Parteien gemeinsam ihren Wohnsitz haben" ersetzt wird, wobei „Wohnsitz" so zu verstehen ist, wie es in dem betreffenden Staat definiert wird.

Art. 9 ermöglicht es denjenigen Vertragsstaaten, in deren IPR das „domicile" und nicht die **1** „Staatsangehörigkeit" als Anknüpfungspunkt dient, an das Ständige Büro der Haager Konferenz heranzutreten und dieses darüber zu informieren, dass sowohl in Art. 4 Abs. 3 als auch in Art. 6 der „Wohnsitz" an die Stelle der „Staatsangehörigkeit treten soll, sofern eine dortige Behörde mit diesen Familiensachen befasst ist.[1] Der Begriff des „domicile" richtet sich nach dem Recht des jeweiligen Vertragsstaates, der die Regelung des Art. 9 in Anspruch genommen hat.[2] Innerhalb der subjektiven Anknüpfung nach Art. 8 Abs. 1 lit. a greift diese Ersetzung nicht.[3]

Bisher hat lediglich Irland von dieser Notifikation Gebrauch gemacht.[4] Daher stellen die irischen **2** Gerichte innerhalb der Art. 4 und Art. 6 auf den gemeinsamen Wohnsitz nach dem irischen Recht und nicht auf die gemeinsame Staatsangehörigkeit ab.[5]

Art. 10 HUP Öffentliche Aufgaben wahrnehmende Einrichtungen

Für das Recht einer öffentliche Aufgaben wahrnehmenden Einrichtung, die Erstattung einer der berechtigten Person anstelle von Unterhalt erbrachten Leistung zu verlangen, ist das Recht massgebend, dem diese Einrichtung untersteht.

Übersicht

I. Normzweck

Erbringt eine Privatperson eine ihr obliegende Fürsorgeleistung nicht, kann dies stattdessen der **1** **Staat in Erfüllung eigener Pflichten** tun. Diese nur sekundäre staatliche Unterstützung bewirkt jedoch nicht das Freiwerden des ursprünglichen Unterhaltsschuldners von seiner Leistungspflicht, sondern führt vielmehr zu einem Gläubigerwechsel zugunsten der zahlenden Einrichtung. Letztgenannte hat somit einen Rückgriffsanspruch gegen den Primärschuldner. Dieser Grundsatz ist in allen Mitgliedstaaten der Haager Konferenz wiederzufinden.[1*] Trotz des angestrebten Gleichlaufs,

---

[49] *Gruber* IPRax 2014, 53 (56).
[1] Dazu *Bonomi*-Bericht Rn. 152 ff.; Rauscher/*Andrae* HUntStProt Art. 9 Rn. 1 ff.; Palandt/*Thorn* Rn. 34.
[2] Rauscher/*Andrae* HUntStProt Art. 9 Rn. 3.
[3] Rauscher/*Andrae* HUntStProt Art. 9 Rn. 2; *Hausmann* IntEuSchR C-599; Palandt/*Thorn* Rn. 34.
[4] Die Statustabelle ist einsehbar unter: https://www.hcch.net/de/instruments/conventions/status-table/?cid=133.
[5] Rauscher/*Andrae* HUntStProt Art. 9 Rn. 3.
[1*] Vgl. etwa in Deutschland §§ 93 f. SGB XII; §§ 37, 38 BAföG; § 7 UVG und landesrechtliche Vorschriften über sachliche Sozialleistungen (zB Krankenhausaufenthalt). Ebenso § 30 öst. Unterhaltsvorschussgesetz, öst. BGBl. 1985 I Nr. 451; 2003 Nr. 112.

differieren die Rechtsordnungen der jeweiligen Signatarstaaten hinsichtlich der rechtlichen Ausgestaltung von **Erstattungsansprüchen öffentlicher Fürsorgeträger.** Jene können – wie hierzulande üblich – qua *cessio legis* von der unterhaltsberechtigten Person übergehen oder sie können selbständige, also nicht abgeleitete Ansprüche der vorleistenden öffentlichen Einrichtung sein.[2] Um eine dahingehende Unterscheidung zu vermeiden hat man mit Art. 10 eine Verweisungsnorm geschaffen, die das Erstattungsstatut ohne Rücksicht auf die Art der geltend gemachten Ansprüche zur Anwendung beruft.[3] Die Regelung wird mithin durch Art. 11 lit. f hinsichtlich der Höhe der Erstattungspflicht ergänzt.

II. Erstattungsgläubiger

2   **1. Öffentliche Einrichtung. a) Begriff.** Art. 10 ist beschränkt auf Erstattungsansprüche von Einrichtungen, die „öffentliche Aufgaben wahrnehmen" (kurz: öffentliche Einrichtungen). Den Begriff einer öffentlichen Einrichtung hat die Haager Konferenz weder im Vollstreckungsübereinkommen von 1973 noch im HUP definiert. Auch in den Art. 36 HUntVerfÜbk 2007 und Art. 64 EuUnthVO, die unmittelbar Bezug auf öffentliche Aufgaben wahrnehmende Einrichtungen nehmen, sucht man vergebens danach.[4] Es besteht jedoch Einigkeit darüber, dass damit alle staatlichen Behörden, halbstaatlichen Institutionen und nichtstaatlichen Stellen gemeint sind, die auf Grund von Gesetzen oder einer staatlich anerkannten Tätigkeit subsidiär Hilfe zu leisten haben oder dies zumindest tun dürfen.[5] Der Begriff der öffentlichen Einrichtung ist also weit auszulegen und nicht auf staatliche Behörden zu beschränken, um damit den unterschiedlichen Fürsorgesystemen der Signatarstaaten des Protokolls Rechnung zu tragen.[6]

3   **b) Staatliche Instanzen.** Sie werden in erster Linie die in Art. 10 genannten Leistungen erbringen und in den Genuss dieser Vorschrift kommen. Bei diesen Instanzen kann es sich um die normalen staatlichen Fürsorgebehörden handeln wie zB Fürsorgeämter oder staatliche Unterhaltsvorschuss-Kassen. Aber auch andere staatliche Institutionen wie zB Konsulate können staatliche Einrichtungen iS des Art. 10 sein.[7] Ebenfalls sind in Art. 10 halbstaatliche Einrichtungen oder Verbände angesprochen.

4   **c) Ermächtigte Private.** Selbst Privatpersonen oder privatrechtlich organisierte juristische Personen bzw. Verbände werden von Art. 10 erfasst, sofern sie kraft Gesetzes, allgemeiner Übung oder einer Satzung subsidiär Hilfe leisten.[8] Als schwierig erweist sich indes die Abgrenzung solcher öffentlicher Einrichtungen von denjenigen, die rein private Zwecke verfolgen. Zweifelsohne fallen Organisationen, die dem Gemeinnutz dienen, unter Art. 10. Für die Wahrnehmung öffentlicher Aufgaben spricht auch die Tatsache, dass die konkrete Leistung ebenso eine Behörde hätte erbringen müssen, sofern nicht bereits der private Träger tätig geworden wäre.[9] Privatpersonen hingegen, die auf Grund eigener gesetzlicher Verpflichtung, sei sie auch nur hilfsweise angeordnet, Unterhalt zu leisten haben, sind keine öffentliche Einrichtung iS des Art. 10. Ob und in welchem Ausmaß sie Rückgriffsansprüche haben, wird nicht in Art. 10 geregelt.

5   **2. Privatperson. a) Ersatzhaftung.** Soweit eine Privatperson nicht zu den öffentlichen Einrichtungen iS des Art. 10 zählt, ist zwischen der eigenen Unterhaltpflicht und der Freigebigkeit eines Dritten zu unterscheiden. Diese Haftung einer Privatperson nach einem primär Unterhaltspflichtigen beurteilt sich nach dem Unterhaltsstatut gemäß Art. 3–8. Dieses entscheidet, ob, wann und in welchem Ausmaß eine Person zu Unterhaltsleistungen verpflichtet ist und ob ihr ein Rückgriff gegenüber dem primär Verpflichteten zusteht.

---

[2] So auch Staudinger/*Mankowski* (2016) Rn. 11.

[3] Vgl. Rb. Amsterdam WPNR 1971, 236 (Bericht *Jessurun d'Oliveira*) = *Sumampouw* I S. 85 f.

[4] Zum Begriff iRd EuUnthVO: Rauscher/*Andrae* EG-UntVO Art. 64 Rn. 1; hinsichtlich des HUntVerfÜbk 2007 beachte Rauscher/*Kern* HUntVerfÜbk Art. 36 Rn. 3.

[5] *Verwilghen* S. 422 und 453 bzw. S. 50 und 66 (Nr. 90 bzw. Nr. 166); ausf. hierzu *Brückner,* Unterhaltsregreß im internationalen Privat- und Verfahrensrecht, 1994, 91 ff.; Staudinger/*Mankowski* (2016) HUP Art. 10 Rn. 6.

[6] *Andrae* FPR 2013, 38 (39); *Brückner,* Unterhaltsregreß im internationalen Privat- und Verfahrensrecht, 1994, 91 ff.; *Martiny* FamRZ 2014, 430; Staudinger/*Mankowski* (2016) Rn. 6; *Verwilghen* S. 422 und 453 bzw. S. 50 und 66 (Nr. 90 bzw. Nr. 166).

[7] *Verwilghen* S. 422 und 453 bzw. S. 50 und 66 (Nr. 90 Abs. 5 und Nr. 166).

[8] Staudinger/*Mankowski* (2016) Rn. 7; *Verwilghen* S. 422 und 453 bzw. S. 50 und 66 (Nr. 90 Abs. 5 und Nr. 166) in Nr. 90 Abs. 4.

[9] Dazu Staudinger/*Mankowski* (2016) Rn. 13. Dieser führt als Abgrenzungsbeispiel Krankenhäuser in privater Trägerschaft auf.

b) Dritter. Leistet ein Dritter Unterhalt, ohne dazu als öffentliche Einrichtung oder als Privatper- **6** son befugt oder verpflichtet zu sein, so ist auf diese Wohltätigkeit das HUP nicht anwendbar.

III. Erstattungsstatut

1. Öffentliche Einrichtung. Nach Art. 10 untersteht das Erstattungsrecht einer öffentlichen **7** Einrichtung denjenigen Normen, dem diese Einrichtung unterfällt. Das bedeutet zweierlei.

a) Organisationsstatut. Das Statut der öffentlichen Einrichtung ist für deren Erstattungsansprü- **8** che maßgebend. Bei staatlichen Behörden oder Beamten lässt sich deren Organisationsstatut leicht feststellen; denn für sie ist das Recht des Staates maßgebend, zu dessen Behördenstruktur oder in dessen Diensten sie stehen. Dasselbe lässt sich auch für halbstaatliche Einrichtungen sagen. Diese können ebenfalls einem Staat zugeordnet werden. Bei juristischen Personen des Privatrechts ist ihr Personalstatut entscheidend. Je nachdem, ob die Sitz- oder Gründungtheorie favorisiert wird, ist entweder das Recht des Staates in dem die Hauptverwaltung ihren Sitz hat oder aber das desjenigen Staates maßgeblich, nach dem sich die Gesellschaft gegründet hat.[10] Bei natürlichen Personen wird im Rahmen des HUP das Personalstatut an den gewöhnlichen Aufenthalt angeknüpft und nicht wie im deutschen autonomen IPR an die Staatsangehörigkeit. Durch eine solche vertragskonforme Anknüpfung lässt sich der Struktur des HUP, das primär auf den gewöhnlichen Aufenthalt abstellt (vgl. Art. 3), Rechnung tragen und einer stärkeren lokalen Verknüpfung der Vorzug vor einer nationalen Zuordnung gegeben.[11] Einer anderen Ansicht zufolge verbietet sich ein Rückgriff auf Art. 3, da die Norm nicht das Personalstatut regele, sondern vielmehr die Grundanknüpfung des Internationalen Unterhaltsrechts darstelle. Insofern sei nach Maßgabe des Art. 7 EGBGB auf die Staatsangehörigkeit der natürlichen Person abzustellen.[12]

b) Sachnormverweisung. Ebenfalls spricht Art. 10 eine Sachnormverweisung aus. Dies geht **9** zwar nicht eindeutig aus dem Wortlaut der Vorschrift hervor, ergibt sich jedoch aus dem Sinn und Zweck der staatsvertraglichen Regelung.[13]

2. Privatperson. Ob ein Privater, sofern er nicht als öffentliche Einrichtung iS des Art. 10 tätig **10** wird, Erstattungsansprüche hat, richtet sich in aller Regel nach dem Unterhaltsstatut, auf Grund dessen er Unterhalt geleistet hat.[14] Hieraus können sich Widersprüche ergeben, wenn das Unterhaltsstatut gegenüber dem Erstattungsgläubiger und dasjenige gegenüber dem Erstattungsschuldner Unterschiedliches anordnen. Hier gilt zum Schutz des Erstattungsschuldners Art. 11 lit. f entsprechend.

IV. Ausmaß der Erstattungspflicht

Bezüglich des Ausmaßes der Erstattungspflicht kann sich der Regressschuldner nach Maßgabe **11** des Art. 11 lit. f auf das Unterhaltsstatut berufen. Durch Abspaltung dieser Frage soll gewährleistet werden, dass Letztgenannter durch die Erstattungspflicht gegenüber der öffentlichen Einrichtung keine Nachteile erleidet. Allerdings setzt Art. 11 lit. f lediglich das Höchstmaß der Zahlungspflicht nach oben hin fest. Sieht etwa das auf den Unterhalt anzuwendende Recht, nicht jedoch das von Art. 10 ermittelte Statut einen Regressanspruch vor, unterbleibt ein Rückgriff auf den Unterhaltsschuldner, da lediglich Art. 10 über das Bestehen einer solchen Forderung entscheidet.[15] Folglich befindet das kraft Art. 11 lit. f berufene Recht nur darüber, ob und in welcher Höhe ein Zahlungsanspruch auf Unterhaltsleistungen besteht.

Art. 11 HUP Geltungsbereich des anzuwendenden Rechts

Das auf die Unterhaltspflicht anzuwendende Recht bestimmt insbesondere,
a) ob, in welchem Umfang und von wem die berechtigte Person Unterhalt verlangen kann;
b) in welchem Umfang die berechtigte Person Unterhalt für die Vergangenheit verlangen kann;

---

[10] Siehe dazu ausführlich HK-BGB/*Staudinger* EGBGB Anh. II Art. 7 Rn. 3 ff.

[11] Vgl. auch *Brückner*, Unterhaltsregreß im internationalen Privat- und Verfahrensrecht, 1994, 117.

[12] So etwa Staudinger/*Mankowski* Rn. 19.

[13] Ebenso *Verwilghen* S. 454 bzw. 66 (Nr. 168 aE).

[14] Zur Anwendung des § 1615b BGB aF vgl. Hof Leeuwarden N.J. 1988, 3020.

[15] Hierzu *Andrae* FPR 2013, 38 (43); Rauscher/*Rauscher* HUntStProt Art. 10 Rn. 9; *Brückner*, Unterhaltsregreß im internationalen Privat- und Verfahrensrecht, 1994, 118 ff.; Staudinger/*Mankowski* (2016) Rn. 4 f.; *Martiny* FamRZ 2014, 429 (430).

c) die Grundlage für die Berechnung des Unterhaltsbetrags und für die Indexierung;

d) wer zur Einleitung des Unterhaltsverfahrens berechtigt ist, unter Ausschluss von Fragen der Prozessfähigkeit und der Vertretung im Verfahren;

e) die Verjährungsfristen oder die für die Einleitung eines Verfahrens geltenden Fristen;

f) den Umfang der Erstattungspflicht der verpflichteten Person, wenn eine öffentliche Aufgaben wahrnehmende Einrichtung die Erstattung der berechtigten Person anstelle von Unterhalt erbrachten Leistungen verlangt.

Übersicht

I. Normzweck

Art. 11 sagt, **welche Fragen vom Unterhaltsstatut beantwortet werden.** Einerlei ist hierfür, **1** nach welcher der Verweisungsnormen Art. 3–8 das Unterhaltsstatut ermittelt worden ist. Art. 11 stimmt im Wesentlichen mit der Vorschrift des Art. 10 HaagUnthÜ und mit dem dort beschriebenen Anwendungsbereich des Unterhaltsstatuts überein. Bewusst hat man sich an das HaagUnthÜ ange-lehnt.[1] Dadurch soll die Anwendung des neuen Übereinkommens erleichtert und die reichhaltige Rechtsprechung zu Art. 10 HaagUnthÜ für die Interpretation von Art. 11 fruchtbar gemacht wer-den.

Art. 11 enthält **zwei Besonderheiten.** Zum einen formuliert Art. 11 sehr vorsichtig und unter- **2** stellt die in lit. a–f genannten Fragen lediglich beispielsweise („insbesondere") dem Unterhaltsstatut. Hierdurch soll der Eindruck vermieden werden, bei der kurzen Aufzählung in Art. 11 handele es sich um einen abschließenden Katalog.[2] Die andere Besonderheit stellt Art. 11 lit. f dar, welcher durch Art. 10 notwendig geworden war.

II. Unterhalt für Gegenwart (lit. a)

1. Schuldner. Das Unterhaltsstatut sagt, ob die in Anspruch genommene Person Unterhalt schul- **3** det oder nicht. Wer als Unterhaltsschuldner unter dem HaagUnthÜ überhaupt in Frage kommt, ergibt sich aus Art. 1.

2. Reihenfolge der Schuldner. Das Unterhaltsstatut bestimmt, in welcher Rangfolge mehrere **4** Unterhaltsschuldner Unterhalt schulden.[3] Das gilt nicht nur für eine im Gesetz angeordnete Rang-folge, in welcher diese Schuldner in Anspruch zu nehmen sind (vgl. §§ 1606, 1607 BGB, Art. 329 schweiz. ZGB). Ferner sagt es, ob dann, wenn eine vorrangig haftende Person im Inland nicht in Anspruch genommen werden kann, der Rückgriff auf eine nachrangig haftende Person möglich ist (vgl. § 1607 Abs. 2 BGB).[4]

3. Erben des Schuldners. Erben eines Unterhaltsschuldners kommen ebenfalls als Unterhalts- **5** schuldner iS des HUP in Frage. Ob eine Unterhaltspflicht auf die Erben des Schuldners übergeht, regelt das Unterhaltsstatut. Wer dagegen Erbe iS dieser Schuldübernahme ist, sagt in selbständiger Anknüpfung dieser erbrechtlichen Vorfrage das autonome IPR des Staates, dessen Recht Unterhalts-statut ist.

4. Art und Form der Unterhaltsleistung. Die Frage, ob Unterhaltsrente geschuldet wird,[5] **6** einmalige Zahlungen zu leisten sind oder Unterhalt in natura verlangt werden darf, beantwortet das Unterhaltsstatut.

a) Unterhaltsrenten, Genugtuungsrenten. Bei Unterhaltsrenten bestimmt das Unterhaltsstatut **7** Höhe und Dauer des Unterhalts sowie, ob vorläufiger Unterhalt, ob Prozesskostenvorschuss zu zahlen ist und ob den Unterhaltsberechtigten eine Erwerbsobliegenheit trifft.[6] Die Unterhaltsrente braucht keine reine Bedürftigkeitsrente zu sein, um unter das HUP zu fallen. Auch Renten zur Entschädigung

---

[1] *Verwilghen* S. 454 bzw. S. 67 (Nr. 169).
[2] So auch Staudinger/*Mankowski* (2016) Rn. 1 mwN; *Verwilghen* S. 455 bzw. S. 67 (Nr. 170).
[3] Dazu Rauscher/*Andrae* HUntStProt Art. 11 Rn. 2.
[4] Vgl. LG Hamburg FamRZ 1972, 317: Haftung eines iranischen „nichtehelichen" Großvaters, weil sein Sohn, der nichteheliche Vater, im Inland nicht verklagt werden konnte und mütterliche Großeltern mittellos waren. OLG Koblenz NJW-RR 1998, 795: Haftung der Mutter, obwohl väterliche Vorfahren im Iran vorrangig haften.
[5] Vgl. LG Duisburg IPRspr. 1985 Nr. 95 zur gerichtlichen Befugnis nach deutschem (§ 1612 Abs. 2 S. 2 BGB) und türkischem Recht, die Art der Unterhaltsgewährung abzuändern.
[6] OLG Köln IPRspr. 1990 Nr. 107 (Türkei).

für den Wegfall der Versorgung in einer Ehe, wie sie einige Rechtsordnungen kennen,[7] bleiben Unterhaltsrenten iS des HUP.

8   Lediglich **Genugtuungsrenten** (Art. 174, 176 türk. ZGB nF) gehören nicht zum Unterhalt; denn sie werden zugesprochen, wenn die Umstände, die zur Scheidung geführt haben, den schuldlosen Ehegatten in seinen persönlichen Verhältnissen verletzt haben. Diese Genugtuung hat deliktsrechtlichen Charakter und ist kraft akzessorischer Anknüpfung dem Statut der Ehescheidungsfolgen zu unterstellen.[8]

9   **b) Einmalige Geldleistungen.** Sie haben den Charakter von Unterhaltszahlungen und kommen – abgesehen von Abfindungen – im Eherecht vor.[9] Wenn sie für den Wegfall der Versorgung in der Ehe entschädigen sollen (vgl. Art. 174 Abs. 1 türk. ZGB), gilt dasselbe wie bei der Entschädigung durch eine Rente: Die Zahlung ist eine Unterhaltsleistung.

10   Wird **Genugtuung** in Form einer einmaligen Zahlung geleistet,[10] so handelt es sich ebenso wenig wie bei der Genugtuungsrente um Unterhalt.

11   **5. Naturalleistungen, Ehewohnung und Haushaltsgegenstände.** Diese Leistungen, wie sie in einer harmonischen Familie gewährt werden (§§ 1360, 1601 BGB), sind kaum Gegenstand eines Unterhaltsprozesses. Im Falle der Trennung oder Ehescheidung fragt sich dagegen, ob die Zuweisung der ehelichen Wohnung oder die Verteilung von Haushaltsgegenständen nach dem Unterhaltsstatut zu beurteilen ist. Antwort hierauf muss das jeweils maßgebende Unterhaltsstatut geben; denn **dass** diese Leistungen zum Unterhalt iS des HaagUnthÜ und des HUP gehören können, steht fest, problematisch mag nur sein, **ob** sie im Einzelfall nach dem Unterhaltsstatut Unterhalt sind.

12   **a) Nutzungsbefugnisse.** Nach Art. 17a EGBGB unterliegen die Nutzungsbefugnisse für die im **Inland** belegene Ehewohnung und den im **Inland** befindlichen Haushaltsgegenständen sowie die damit zusammenhängenden Betretungs-, Näherungs- und Kontaktverbote dem deutschen Sachrecht (s. dort). Anwendbar ist also insoweit die Vorschrift des § 1361a BGB.[11] Liegen diese Gegenstände dagegen im **Ausland,** gilt nicht mehr der Art. 17a EGBGB, sondern das allgemeine Kollisionsrecht. Bei einfacher Trennung gilt der Art. 14 EGBGB und bei Ehescheidung das Scheidungsfolgenstatut (Art. 5, 7 und 8 HUP, Art. 5 ff. Rom III-VO) oder das Güterrechtsstatut, wenn ausschließlich nach Gesichtspunkten der Streitschlichtung und der Praktikabilität die Nutzungsbefugnisse geordnet werden. Dagegen ist die Einräumung eines Nießbrauchs an Mobilien oder Immobilien als „prestation compensatoire" (Art. 274 Code civil) eine Form der Unterhaltsgewährung.

13   **b) Verteilung des Eigentums.** Art. 17a EGBGB regelt nicht die Verteilung des Eigentums an Ehewohnung und Haushaltsgegenständen nach Trennung oder Scheidung. Das hierfür anwendbare Recht zu bestimmen, obliegt den herkömmlichen Kollisionsnormen. Ob diese Fragen als Unterhaltsleistungen iS des HUP zu verstehen sind, muss die jeweilige Norm sagen. Das ist zB der Fall, wenn nach türkischem Recht einem Ehegatten als Entschädigung ein Grundstück zugeteilt wird.[12]

III. Statusrechtliche Vorfragen (lit. a)

14   **1. Problematik.** Bei der Anwendung des materiellen Unterhaltsrechts tauchen Vorfragen auf, da nach dem maßgebenden Unterhaltsrecht die Unterhaltspflicht vom Bestehen eines familienrechtlichen Statusverhältnisses abhängig ist. Nach welchem Recht diese Vorfragen zu beantworten sind, bestimmt das HUP nicht. In Art. 1 Abs. 2 sagt es sogar ausdrücklich: „Die in Anwendung dieses Protokolls ergangenen Entscheidungen lassen die Frage des Bestehens einer der in Absatz 1 genannten Beziehungen [Familie, Verwandtschaft, Ehe oder Schwägerschaft] unberührt." Eine ähnliche Vorschrift findet sich in Art. 2 Abs. 2 HaagUnthÜ. Was dieses Verbot eines „statusrechtlichen Vorgriffs" zu bedeuten hat, ist oben bei Art. 1 erörtert worden. Demnach sind die Vertragsstaaten frei, für Zwecke des Unterhalts die statusrechtliche Vorfrage unselbständig, selbständig oder gar alternativ *in favorem creditoris* anzuknüpfen. Die unter dem HaagUnthÜ praktizierte unselbständige Anknüpfung der abstammungsrechtlichen Vorfrage wurde bei der Ausarbeitung des HUP ausdrücklich gebilligt.[13] Wie im Einzelnen unter dem HUP zu verfahren ist, wird in der Literatur unterschiedlich beurteilt.

---

[7] Vgl. etwa Art. 174 Abs. 1, 176 Abs. 1 türk. ZGB (Entschädigungsrente), Art. 270, 276 Code civil (prestation compensatoire sous forme de rente).

[8] Rauscher/*Andrae* HUntStProt Art. 1 Rn. 13a.

[9] BGE 94 II S. 217 zum früheren schweiz. Recht.

[10] Vgl. BGE 80 II 193; und Art. 174 Abs. 2, 176 Abs. 2 türk. ZGB.

[11] KG FamRZ 1989, 74: deutsche *lex rei sitae* bei syrischem Scheidungsstatut.

[12] Vgl. etwa zu derselben Frage nach altem schweizerischen Recht: BGE 80 II 102.

[13] Vgl. *Verwilghen* S. 436 bzw. S. 58 (Nr. 127 Abs. 1), *Bonomi*-Bericht Rn. 33.

Die hier vertretene Auffassung hält jedenfalls an der bereits iRd HaagUnthÜ gefolgten unselbstständigen Beantwortung der Vorfrage fest.

2. Prinzipien. Die Lösung der Vorfragenproblematik erfolgt in der Literatur uneinheitlich. 15 Neben einer selbst-, wird eine unselbstständige, alternative oder gar einzelfallabhängige Qualifikation befürwortet.[14]

a) Selbstständige Anknüpfung. Für eine selbstständige Vorfragenanknüpfung streitet insbeson- 16 dere das Ziel des internen Entscheidungseinklangs. Nur so kann sichergestellt werden, dass eine im Inland aufgeworfene Frage grundsätzlich anhand des dortigen IPR immer demselben Recht unterstellt wird. Auch nach Ansicht von *Bonomi* ist etwa das Bestehen bzw. die Gültigkeit einer Ehe oder Lebenspartnerschaft anhand des innerstaatlichen Rechts der Vertragsstaaten unter Einschluss ihres Kollisionsrechts zu ermitteln.[15]

Ist also im Inland ein Statusverhältnis wirksam begründet worden, das typischerweise unterhalts- 17 rechtliche Wirkungen hat, so dürfen diesem Verhältnis dessen Wirkungen nicht mit dem Argument abgesprochen werden, das Unterhaltsstatut erkenne die Statusbegründung nicht an.[16]

Dasselbe gilt für die Auflösung eines solchen Statusverhältnisses. Wurde eine Entscheidung in 18 dem Zusammenhang bereits erlassen oder anerkannt, welche zur Beendigung der zuvor bestehenden Unterhaltspflicht führt, so darf der Richterspruch nicht dadurch konterkariert werden, dass nach dem Unterhaltsstatut eine Unterhaltspflicht weiterhin aufrecht erhalten bleibt, weil das berufene Recht die Aufhebung des Status nicht anerkennt.[17]

b) Unselbstständige Anknüpfung. Eine unselbstständige Anknüpfung ist hingegen zu favorisie- 19 ren, wenn etwa staatsvertrag- bzw. unionsrechtliche Kollisionsnormen zur Anwendung gelangen. In dem Fall überwiegt der Gedanke des internationalen Entscheidungsklangs. Nur so kann eine iRd HUP gestellte Vorfrage von den Signatarstaaten stets nach demselben Unterhaltsstatut beurteilt und eine Divergenz aufgrund der unterschiedlichen *lex fori* vermieden werden.[18]

Abzulehnen ist hingegen diejenige Ansicht, welche lediglich *in favorem creditoris* auf eine unselbst- 20 ständige Anknüpfung abstellt, sofern die selbstständige nicht zum erwünschten Ergebnis (zB wenn das Statusverhältnis allein nach den vom Unterhaltsstatut berufenen Kollisionsnormen besteht) führt.[19]

Für die Herstellung eines Statusverhältnisses zur Begründung von Unterhaltspflichten genügt die 21 Statusbegründung gemäß dem Unterhaltsstatut. Diese unselbstständige Anknüpfung geht auf das HaagUnterhÜ 1956 zurück,[20] und wurde von der Haager Konferenz gebilligt.[21] Was dieser Grundsatz im Einzelnen besagt, ist unten beim Kindesrecht zu behandeln (→ Rn. 32 ff.).

c) Alternative Anknüpfung. Ebenso in der Literatur vertreten wird der Ansatz einer alternativen 22 Anknüpfung der Vorfrage zugunsten eines Statusverhältnisses.[22] Demnach müsse jede Vorfrage einzeln betrachtet werden, um beurteilen zu können, ob selbst- oder unselbstständig angeknüpft wird.

Dem Streitstand über die Anknüpfungsart ist in der Praxis allerdings keine hohe Relevanz beizu- 23 messen. In der Regel wird vor einem etwaigen Verfahren über die Unterhaltspflicht bereits eine Entscheidung zum vorausgesetzten Statusverhältnis (zB Vaterschaft) getroffen worden sein. Die Vorfragenproblematik stellt sich somit nur bei den Fällen, in denen das Bestehen der Familienbeziehung inzident iRd Unterhaltsprozesses geprüft werden muss.[23]

---

[14] In Teilen der Literatur wird demgegenüber eine einzelfallunabhängige Lösung favorisiert. So etwa Erman/*Hohloch* Art. 1 Rn. 9 ff., Art. 11 Rn. 10; wohl auch PWW/*Martiny* IPR-Anhang 6/HaagUntProt Vorbem Rn. 4; in diese Richtung tendierend *Arnold* IPRax 2012, 311 (313); für eine selbstständige Anknüpfung statusrechtlicher Vorfragen: Rauscher/*Andrae* HUntStProt Art. 1 Rn. 17, die jedoch bei Unterhaltspflichten gegenüber einem Kind eine unselbstständige Anknüpfung präferiert; NK-BGB/*Gruber* Art. 1 Rn. 35; Staudinger/*Mankowski* (2016) Rn. 48, Vorbem Rn. 10 ff.; für eine unselbstständige Anknüpfung: *Dörner* in Eschenbruch/Schürmann/Menne Unterhaltsprozess Kap. 6 Rn. 270 ff.; Palandt/*Thorn* Art. 1 Rn. 9; zu den praktischen Umsetzungsproblemen einer unselbstständigen Anknüpfung Staudinger/*Mankowski* (2016) HUP Vorbem Rn. 32 ff.
[15] *Bonomi*-Bericht Rn. 31.
[16] Vgl. hierzu LG Augsburg FamRZ 1980, 493; AG Stuttgart-Bad Cannstatt DAVorm. 1990, 481; OLG Oldenburg FamRZ 1993, 1486 (deutsche Feststellung anstelle einer ordre public-widrigen ausländischen Nichtfeststellung); ausf. hierzu *Lagarde*, FS v. Overbeck, 1990, 318 ff.
[17] Für die Eheauflösung gelten kraft des Art. 5 Besonderheiten → Art. 5 Rn. 1 ff.
[18] Vgl. auch *Dörner* in Eschenbruch/Schürmann/Menne Unterhaltsprozess Kap. 6 Rn. 273.
[19] So etwa 6. Aufl. 2015, Rn. 20 *(Siehr)*.
[20] *Verwilghen* S. 435 ff. bzw. S. 57 f. (Nr. 124–128).
[21] *Verwilghen* S. 437 bzw. S. 58 (Nr. 127 letzter Abs.); *Klinkhardt* StAZ 1986, 237 (239).
[22] So noch 6. Aufl. 2015, Rn. 23 *(Siehr)*; Erman/*Hohloch* Art. 1 Rn. 9 ff., Art. 11 Rn. 10.
[23] Dazu Rauscher/*Andrae* HUntStProt Art. 1 Rn. 15 f.; *Dörner* in Eschenbruch/Schürmann/Menne Unterhaltsprozess Kap. 6 Rn. 274.

24   **3. Ehegattenunterhalt.** Ob eine Ehe gültig geschlossen oder aufgehoben wurde, erweist sich für den Unterhalt der Eheleute als eine zentrale Vorfrage.

25   **a) Unterhalt während der Ehe.** Beim Ehegattenunterhalt gilt es zwischen dem Unterhalt während der Ehe und dem nachehelichen Unterhalt[24] zu unterscheiden. Während der Ehe sind die gegenseitigen Unterhaltsansprüche der Eheleute nach den Art. 3, 4 und 6–8 anzuknüpfen.

26   **aa) Regel.** Grundsätzlich wird die Gültigkeit einer Ehe nach der deutschen Verweisungsnorm des Art. 13 EGBGB selbstständig angeknüpft. Somit kann also **nur derjenige als Ehegatte Unterhalt im Inland verlangen,** der entweder im Inland gültig geheiratet hat (also nicht vor einer vom Heimatstaat eines ausländischen Verlobten nicht gehörig ermächtigten Person: Art. 13 Abs. 3 S. 2 EGBGB) oder dessen im Ausland geschlossene Ehe nach inländischem IPR im Inland wirksam (wenn auch vielleicht vernichtbar) ist.[25]

27   **bb) Ausnahme.** Allerdings ist eine unselbstständige Anknüpfung zu präferieren, sofern das Unterhaltsstatut anhand eines gemeinsamen Staatsvertrages (HUP) bestimmt wird. In dem Fall sind die Kollisionsnormen der Rechtsordnung, des vom HUP berufenen Staates, ebenso für die Wirksamkeit der Ehe maßgeblich. Nur so kann im Regelungsbereich des Protokolls eine Gleichbehandlung jeglicher Statusverhältnisse gewährleistet werden. Andernfalls drohte bei Heranziehung der jeweiligen *lex fori* die Schieflage, dass je nach Vertragsstaat ein etwaiger Unterhaltsanspruch gewährt würde oder nicht. Dies liefe nicht zuletzt dem durch das Abkommen angestrebten Einklang auf dem Gebiet des Unterhaltsrechtes zuwider. Zur Veranschaulichung dienen folgende Fallkonstellationen, wonach die Ehe zumindest nach deutschem Recht ungültig ist:

28   Haben Griechen in der Bundesrepublik vor einem nicht ermächtigten griechisch-orthodoxen Priester geheiratet (vgl. Art. 13 Abs. 3 S. 2 EGBGB) und verlässt der Ehemann die -frau um dann nach Griechenland zurückzukehren, so kann sie nach Art. 4 Abs. 4 Unterhalt verlangen und sich auf die Gültigkeit der Ehe nach ihrem gemeinsamen griechischen Heimatrecht berufen.[26] Dieselbe Situation ergibt sich bei Anwendung des Art. 3 Abs. 1, wenn sich ein deutsch-griechisches Ehepaar im Inland nur kirchlich hat trauen lassen und später getrennt lebt (die unterhaltsbedürftige griechische Ehefrau in Griechenland und der deutsche Ehemann in der Bundesrepublik). Hier gibt das Aufenthaltsrecht der Ehefrau (Art. 3 Abs. 1) einen Unterhaltsanspruch gegen den Ehemann; denn nach griechischem Recht gelten die Eheleute als verheiratet.[27]

29   **b) Nachehelicher Unterhalt.** Der nacheheliche Unterhalt untersteht dem Art. 5.[28] Hier wird vorausgesetzt, dass die Ehe im Inland geschieden oder ein ausländisches Scheidungsurteil (bzw. die in Art. 8 Abs. 2 genannten und entsprechend zu behandelnden Entscheidungen) im Inland anerkannt worden ist.[29] Da nur gültige, wenn auch vielleicht vernichtbare Ehen geschieden werden, spielt die eherechtliche Vorfrage lediglich im Scheidungs- oder Anerkennungsverfahren eine Rolle. Dadurch verliert diese Vorfrage für den Unterhalt an Bedeutung. Eine Diskrepanz zwischen Ehestatus und den unterhaltsrechtlichen Wirkungen eines gelösten Statusverhältnisses tritt also nicht auf.

30   Solange ein **ausländisches Scheidungsurteil** das Anerkennungsverfahren nach § 107 FamFG, falls erforderlich, noch nicht durchlaufen hat, ist der Unterhaltsprozess auf Antrag auszusetzen; denn die Anerkennung wirkt als feststellende Entscheidung, auf den Zeitpunkt der Rechtskraft zurück. Bei Nichtanerkennung gelten für den Unterhalt der aus deutschem Blickwinkel nicht geschiedenen Eheleute die Art. 3–4. Wird dagegen eine inländische Entscheidung vom ausländischen Unterhaltsstatut nicht anerkannt, führt dies konsequenterweise durch die unselbstständige Beantwortung der Vorfrage zur Entkräftung der inländischen Entscheidung.

31   **4. Nichteheliche Lebensgemeinschaften.** Da auch gesetzliche Unterhaltsansprüche aus nichtehelicher Lebensgemeinschaft, Partnerschaft und homosexueller Ehe unter das HUP fallen, ist bei einem Unterhaltsbegehren dieser Art das Recht zu bestimmen, das über das Bestehen und die Auflö-

---

[24] Zum nachehelichen Unterhalt bei einem aus dem Ausland nach Deutschland zugezogenen Ehegatten *Riegner* FamFR 2013, 121 ff.

[25] Johannsen/Henrich/*Althammer/Henrich* EGBGB Art. 18 Rn. 21.

[26] Johannsen/Henrich/*Althammer/Henrich* EGBGB Art. 18 Rn. 20.

[27] Mit ähnlicher Argumentation eine unselbstständige Anknüpfung befürwortend *Dörner* in Eschenbruch/Schürmann/Menne Unterhaltsprozess Kap. 6 Rn. 273.

[28] Zur Abgrenzung von nachehelichem Unterhalt und güterrechtlichen Scheidungsfolgen *Heiderhoff* IPRax 2011, 156 ff.

[29] Johannsen/Henrich/*Althammer/Henrich* EGBGB Art. 18 Rn. 23.

sung dieser Verhältnisse entscheidet. Da neben Art. 17b EGBGB[30] eine ausdrückliche Verweisungsnorm fehlt, ist Art. 14 EGBGB entsprechend anzuwenden, sofern eine selbstständige Anknüpfung
befürwortet wird. Dies war noch iRd Vorauflage von *Siehr* der Fall, der es für eine freiwillige
Personenverbindung angemessener hielt als eine unselbstständige Anknüpfung und die Beurteilung
der Vorfrage nach den Kollisionsnormen des vom HUP berufenen Staates.[31] Dadurch solle sich keiner
der Partner durch einen einseitigen Statutenwechsel aus der Partnerschaft verabschieden müssen oder
eine bisher nicht formalisierte Gemeinschaft zu einer solchen mit Unterhaltsfolgen aufwerten können.
Dieser Ansatz überzeugt allerdings bereits insofern nicht, als er die Entscheidung für oder gegen eine
unselbstständige oder gar alternative Anknüpfung *in favorem creditoris* trifft. Eine im Ausgangspunkt
gläubiger- und somit ergebnisorientierte Beurteilung der Vorfrage ist jedoch *a priori* abzulehnen.

5. Kindesunterhalt. Beim Kindesunterhalt wird die Vorfrage nach dem Bestand der Ehe der **32**
Kindeseltern von Teilen der Literatur alternativ zugunsten der Ehelichkeit und der Gültigkeit der
Ehe angeknüpft.[32] Wird dieser Ansicht zufolge eine Ehe im Inland als gültig angesehen, führt die
selbstständige Anknüpfung zur Bejahung der Vorfrage. Wird sie dagegen nach dem nationalen IPR
verneint, folgt eine Beurteilung anhand des vom HUP ermittelten Statutes. Ein alternativer Ansatz
überzeugt jedoch ebenso wenig. Insbesondere die Vorhersehbarkeit des auf das Statusverhältnis anzuwendenden Rechtes kann so nicht mehr gewährleistet werden. Auch der Schutz des Kindeswohls
als Argument für die Alternativität ändert daran nichts.

a) Eheliche Abstammung. Nicht nur für die Frage, ob ein Kindesverhältnis zu dem Ehemann **33**
der Mutter besteht, sondern auch für das Unterhaltsrecht kann es nach Maßgabe des Unterhaltstatuts
erheblich sein, ob das Kind ehelich ist. Das Unterhaltsrecht enthält bisweilen unterschiedliche Vorschriften für ehe- und nichteheliche Kinder. Ob die Vaterschaft des Ehemannes der Mutter vermutet
wird, entscheidet bei selbstständiger Anknüpfung Art. 19 Abs. 1 EGBGB.[33] Für eine unselbstständige
Anknüpfung spricht in dem Zusammenhang insbesondere, dass die Frage der Unterhaltsberechtigung
übereinstimmend mit dem Unterhaltstatut gelöst wird. Denn die Frage der Ehelichkeit fällt in der
Regel mit dem bereits erörterten Problem zusammen, wie bei einem Unterhaltsstreit die Vorfrage
nach dem Bestehen einer Ehe zu beantworten ist, also mit der Frage, ob die Ehe der Eltern zustande
kam und noch besteht.

Wurde die Vaterschaft im Inland erfolgreich angefochten oder ein ausländisches Anfechtungsurteil **34**
im Inland anerkannt, so ist damit das Kindesverhältnis zum Vater gelöst. Wird eine ausländische
Vaterschaftsanfechtung im Inland nicht anerkannt, vom ausländischen Unterhaltsstatut dagegen
beachtet, so ist nach dem Prinzip der unselbstständigen Anknüpfung die Beurteilung durch dieses
ausschlaggebend und eine Aufhebung des Kindesverhältnisses zu bejahen.

b) Vaterschaftsfeststellung. In allen Vertragsstaaten des HaagUnterhÜ 1956 wurde und wird **35**
im Ergebnis die Vaterschaft nach dem Aufenthaltsrecht des Kindes als dem Unterhaltsstatut (Art. 1
Abs. 1 HaagUnterhÜ 1956) festgestellt.[34] Dasselbe gilt für die Anfechtung eines Vaterschaftsanerkenntnisses.[35] Gleichwohl ergeben sich bei Anwendung des HUP sowohl aus dem unterschiedlichen
autonomen IPR, als auch aus dem differenzierenden materiellen und prozessualen Sachrecht gewisse
Besonderheiten. In der Bundesrepublik sind zwei Fallgruppen zu unterscheiden, nämlich Situationen,
in denen das inländische oder ausländische Recht Unterhaltsstatut ist.

[30] Beachte jüngst zu Art. 17b EGBGB: BGH NJW 2016, 2953; 2016, 2322 mAnm *Rauscher* NJW 2016, 2327. Danach ist eine im Ausland geschlossene gleichgeschlechtliche Ehe im deutschen Recht als eingetragene Lebenspartnerschaft zu behandeln. Beachte nunmehr das Gesetz zur Einführung des Rechts auf Eheschließung für Personen gleichen Geschlechts vom 20.7.2017 (BGBl. I S. 2787); hierzu: *Beck/Tometten* DÖV 2016, 581; *Binder/Kiehnle* NZFam 2017, 742; *Erbarth* NZFam 2016, 536; *Brosius-Gersdorf* NJW 2015, 3557; *Ipsen* NVwZ 2017, 1096 (1099); *Knoop* NJW-Spezial 2017, 580; *Meyer* FamRZ 2017, 1281.
[31] 6. Aufl. 2015, Rn. 32 *(Siehr)*.
[32] Etwa Erman/*Hohloch* Art. 1 Rn. 13; 6. Aufl. 2015, Rn. 33 *(Siehr)*.
[33] BGHZ 90, 129 = NJW 1984, 1299; mAnm *Macke* LM EGBGB Art. 18Nr. 4; mAnm *Klinkhardt* IPRax 1986, 35 (Widerlegung einer italienischen Ehelichkeitsvermutung durch Anerkennung durch Dritten vor standes-amtlicher Registrierung des Kindes).
[34] **BRepD:** BGHZ 60, 247 = NJW 1973, 948; BGHZ 64, 129 = NJW 1975, 1069; BGHZ 90, 129; BGH FamRZ 1987, 583; NJW 1985, 552 mAnm *Henrich* IPRax 1985, 207; OLG Bremen NJW 1983, 1271 mAnm *Siehr* IPRax 1984, 20; OLG Düsseldorf DAVorm. 1984, 426; OLG Frankfurt a. M. OLGZ 1984, 138; OLG Hamburg DAVorm. 1987, 359 mAnm *Künkel* DAVorm. 1987, 363; OLG Hamm FamRZ 1975, 52; DAVorm. 1984, 727; OLG Karlsruhe DAVorm. 1983, 147; OLG Stuttgart ZfJ 1986, 274. **Schweiz:** BGE 102 II 128; zum übrigen ausländischen Recht vgl. *Böhmer/Siehr* II 7.4, Art. 1 Rn. 97–105; *Klinkhardt,* Die Feststellung der nichtehelichen Vaterschaft von Ausländern und ihre Wirkungen, 1982, 8–11; Staudinger/*Mankowski* (2003) EGBGB Anh. I Art. 18 Rn. 18 ff.
[35] OLG Bremen NJW 1983, 1271 mAnm *Siehr* IPRax 1984, 20.

36   **aa) Inländisches Unterhaltsstatut.** Bei Fällen mit inländischem Unterhaltsstatut, also primär mit inländischem gewöhnlichem Aufenthalt des Kindes, ergeben sich mehrere Fragen:

37   **(1) Notwendigkeit und Inhalt der Feststellung.** Nach deutschem Recht ist – abgesehen von der Feststellung nach dem Heimatrecht des Vaters – nach gefestigter Rechtsprechung des BGH zum HaagUnterhÜ 1956 auch die Frage der Abstammung zu beurteilen.[36] Diese unselbstständige Anknüpfung der Abstammungsfrage wurde mit dem Zweck des HaagUnterhÜ 1956 begründet und gilt heute auch für das HaagUnthÜ sowie für das HUP. Die Verweisung des Unterhaltsanspruchs an das Aufenthaltsrecht des Kindes habe gerade bei nichtehelichen Abkömmlingen wenig Sinn, wollte man die vorgängige Frage der Abstammung nach einem anderen Recht, zB dem Heimatrecht des ausländischen Beklagten beurteilen. Dann müsste man ausländische Feststellungsverbote beachten und die Zusprechung des Unterhalts von der Zustimmung eines anderen Rechts abhängig machen, oder man müsste sich allzu häufig der subsidiär anwendbaren Statute (Art. 4 und 6) und des ordre public bedienen.[37]

38   **(2) Art und Weise der Feststellung.** Formell wird eine Feststellung nach deutschem Unterhaltsstatut in der Bundesrepublik ebenso vorgenommen wie bei einem reinen Inlandsfall. Dies geschieht entweder durch eine Anerkennung, und zwar ohne deren Beschränkung auf die sich nach deutschem Recht richtenden Rechtsbeziehungen, also vor allem die Unterhaltsverpflichtungen,[38] oder durch eine gerichtliche Feststellung in einer ausdrücklich tenorierten Entscheidung für und gegen alle. Nicht ausreichend ist hingegen ein nur inzidenter getroffener Ausspruch mit einer Beschränkung auf bestimmte Rechtsfolgen.[39] Eine Limitierung der Vaterschaftsfeststellung auf die sich nach deutschem Recht richtenden Rechtsbeziehungen verbietet sich deshalb, weil die Wirkungen einer Vaterschaftsfeststellung vom Gesetz festgelegt werden und in aller Regel weder zur Disposition des Gerichts noch des Vaters oder des Kindes stehen. Eine im Inland nach inländischem Recht vorgenommene Vaterschaftsfeststellung hat folgende Wirkungen:

39   **(3) Statuswirkungen.** Die Vaterschaftsfeststellung hat normalerweise Statuswirkungen und wird deshalb dem Geburtseintrag des Kindes durch Randvermerk selbst dann beigeschrieben, wenn ein autonom bestimmtes und davon abweichendes Eltern-Kind-Statut etwas Abweichendes vorsehen sollte.[40]

40   **(4) Andere Wirkungen.** Ob andere Wirkungen an diese Statusbegründung geknüpft werden, ist ein Problem der Vorfrage. Werden dabei – wie beim Unterhalt – statusrechtliche Vorfragen unselbstständig angeknüpft,[41] so treten diese weiteren Folgen nur dann ein, wenn das maßgebende Wirkungsstatut (zB Namensstatut,[42] Statut der Staatsangehörigkeit[43]) durch sein IPR die deutsche Vaterschaftsfeststellung als wirksam anerkennt. Bei selbstständiger Anknüpfung der statusrechtlichen Vorfrage ergäben sich unter Umständen Disharmonien mit einem ausländischen Wirkungsstatut.[44]

41   **(5) Wirkungen im Ausland.** Ob eine inländische Vaterschaftsfeststellung im Ausland dieselben Wirkungen hat wie im Inland, bestimmen ausländische Behörden und Gerichte nach ihrem internationalen Privat- und Verfahrensrecht.[45]

42   **(6) Heimatrecht der Beteiligten.** Die **selbständige Anknüpfung** der Vaterschaftsfeststellung führt bei inländischem gewöhnlichen Aufenthalt des Kindes zu keinem anderen Ergebnis als die

---

[36] BGHZ 60, 247 = NJW 1973, 948 (gerichtliche Vaterschaftsfeststellung); BGH NJW 1985, 552 mAnm *Henrich* IPRax 1985, 207; DAVorm. 1988, 805 = FamRZ 1988, 1037; BGHZ 64, 129 = NJW 1975, 1069 (Vaterschaftsanerkennung); OLG Hamm DAVorm. 1989, 793; *Klinkhardt* StAZ 1986, 237 (239); Palandt/*Thorn* Art. 1 Rn. 9.

[37] Hierzu ObG Zürich SchwJZ 1987, 83 mit berechtigter Kritik *Dasser* SchwJZ 1988, 9.

[38] BGHZ 64, 129 = NJW 1975, 1069; näher *Siehr* FamRZ 1971, 630 f.; DAVorm. 1973, 125 (131, 136); *Klinkhardt,* Die Feststellung der nichtehelichen Vaterschaft von Ausländern und ihre Wirkungen, 1982, 13 f.

[39] BGHZ 60, 247 = NJW 1973, 948; BGH NJW 1985, 552; *Klinkhardt;* Die Feststellung der nichtehelichen Vaterschaft von Ausländern und ihre Wirkungen, 1982, 13 f.; *Siehr* FamRZ 1971, 630 f.; DAVorm. 1973, 125 (131, 136).

[40] BGHZ 64, 129 = NJW 1975, 1069; BayObLGZ 1978, 325; 1982, 144.

[41] So BGH FamRZ 1975, 409; BGHZ 64, 129 = NJW 1975, 1069; BayObLGZ 1982, 144.

[42] BayObLGZ 1982, 144.

[43] So die ganz allgM, BayObLGZ 1982, 144; *Makarov,* Allgemeine Lehren des Staatsangehörigkeitsrechts, 2. Aufl. 1962, 243 ff.

[44] Das war nicht der Fall in BGH NJW 1986, 3022 mAnm *Sturm* IPRax 1987, 1, weil Abstammungsstatut und Wirkungsstatut (Namensstatut) identisch waren.

[45] Vgl. zB App. Paris Rev. crit. dr. int. pr. 69 (1980), 603 (607) mAnm *J. Foyer* = DAVorm. 1981, 163; hierzu *E. Mezger* IPRax 1981, 103.

unselbstständige Anknüpfung dieser Vorfrage, wenn gemäß Art. 19 Abs. 1 S. 1 EGBGB die Vaterschaft nach dem Recht am gewöhnlichen Aufenthalt des Kindes festgestellt wird.

Dennoch ist grundsätzlich eine unselbstständige Orientierung an den Kollisionsnormen des Staates **43** zu bevorzugen, dessen Unterhaltsstatut durch das HUP bestimmt wurde. Bei selbstständiger Anknüpfung der Vaterschaftsfeststellung kann – je nach Fallkonstellation – eine volle Übereinstimmung mit dem für die Unterhaltspflicht des Vaters anwendbaren Recht nicht erreicht werden.[46]

bb) Ausländisches Unterhaltsstatut. Bei Fällen mit ausländischem Unterhaltsstatut, primär also **44** bei gewöhnlichem Aufenthalt des Kindes in einem ausländischen Vertragsstaat, stellen sich drei Fragen: Ist eine separate Vaterschaftsfeststellung (wie zB nach deutschem Recht) überhaupt notwendig? Wird eine Feststellungsklage erhoben, nach welchem Recht ist die Vaterschaft festzustellen? Hat eine Vaterschaftsfeststellung auch dann unterhaltsrechtliche Folgen, wenn die Vaterschaft nicht nach dem Unterhaltsstatut festgestellt worden ist?

(1) Notwendigkeit der Feststellung. Über die Notwendigkeit einer separaten Vaterschaftsfest- **45** stellung entscheidet das Unterhaltsstatut. Während sich bei deutschem Unterhaltsstatut nach §§ 1594, 1600d BGB eine separate Vaterschaftsfeststellung als notwendig erweist, kann dies bei einem ausländischen Unterhaltsstatut anders sein. Ist eine separate Vaterschaftsfeststellung nach dem Unterhaltsstatut nicht erforderlich, so erscheint – anders als bei deutschem Unterhaltsstatut – ein Unterhaltsverfahren ohne vorgängige Statusfeststellung möglich. Die Vaterschaft wird inzidenter nach dem Unterhaltsstatut festgestellt.

§ 1600d BGB entfaltet **keine Sperrwirkung** in dem Sinne, dass nur bei vorgängiger Vaterschafts- **46** feststellung ein Vater seinem nichtehelichen Kind Unterhalt schuldet.[47] § 1600d BGB ist nämlich Teil des deutschen Sachrechts und kommt nur bei Maßgeblichkeit deutschen Unterhaltsrechts zur Anwendung. Erst recht hat die Vorschrift keinen verfahrensrechtlichen Charakter, so dass sie in jedem Verfahren vor deutschen Gerichten zu beachten wäre.[48] Selbst wenn ein Deutscher als Vater eines nichtehelichen Kindes mit gewöhnlichem Aufenthalt im Ausland auf Zahlung von Unterhalt verklagt wird, kann sich der Beklagte nicht darauf berufen, dass er nur nach vorgängiger Feststellung gemäß § 1600d BGB zu Unterhalt verurteilt werden dürfe. Eine Verurteilung zu Unterhaltsleistungen ohne vorherige Statusfeststellung verstößt nicht gegen den deutschen ordre public. Vor Inkrafttreten des NEhelG kannte das deutsche Recht selbst eine solche Zahlvaterschaft.

(2) Anwendbares Recht. Das auf eine separate Feststellungsklage anwendbare Recht bestimmt **47** bei selbstständiger Anknüpfung nicht das HUP, sondern das deutsche autonome IPR in Art. 19 Abs. 1 EGBGB. In einer Entscheidung des BGH, in dem das HaagUnterhÜ 1956 nicht anwendbar war, wurde die Vaterschaftsfeststellung nach autonomem IPR angeknüpft.[49] Dies hat der BGH später übertragen auf einen Anwendungsfall des HaagUnterhÜ 1956, jedoch insofern variiert, als er hilfsweise die Kollisionsnormen der vom Übereinkommen berufenen ausländischen Rechtsordnung heranzog.[50] Nach Auffassung des BGH gilt die Vorfrage der Vaterschaft also dann als positiv beantwortet, wenn die Vaterschaft entweder nach autonomem IPR oder nach den Kollisionsnormen der anhand des Staatsvertrages ermittelten Rechtsordung festgestellt ist. Die Verweisung des Art. 19 Abs. 1 EGBGB auf das Recht am gewöhnlichen Aufenthalt des Kindes oder das Heimatrecht der Eltern ist eine IPR-Verweisung. Rück- oder Weiterverweisung ist nach Art. 4 Abs. 1 EGBGB zu beachten. Dem Ansatz des Gerichts ist allerdings nicht zu folgen. Sofern der Anwendungsbereich des HUP eröffnet ist, bleibt an der unselbstständigen Anknüpfung festzuhalten, um den internationalen Entscheidungseinklang zu wahren. Die Zugrundelegung des nationalen IPR erscheint subsidiär nur dann angezeigt, wenn kein Staatsvertrag bzw. Unionsrechtsakt über die Hauptfrage entscheidet. Eine Alternativität zwischen den beiden Lösungswegen überzeugt ebenso wenig vor dem Prinzip der Anknüpfung *in favorem infantis*.[51]

(3) Wirkung der Feststellung. Die Wirkung einer Vaterschaftsfeststellung nach dem Heimat- **48** recht eines Elternteils wird sich in der Regel auch nach dem ausländischen Unterhaltsstatut auf Unterhaltsansprüche erstrecken. Das lässt sich aus dem Sinn eventuell bestehender Feststellungsverbote des Unterhaltsstatuts erklären. Wo solche Verbote bestehen, wollen sie meistens nur die Herstellung von Statusbeziehungen untersagen, nicht jedoch die Zusprechung von Unterhaltsansprüchen

---

[46] So BGH NJW 1973, 948 (949).
[47] BGHZ 63, 219 = NJW 1975, 114; BGH NJW 1976, 1028.
[48] Irrtümlich anders OLG Karlsruhe OLGZ 1972, 18.
[49] BGHZ 63, 219 = NJW 1975, 114 (Kind mit gewöhnlichem Aufenthalt in Schweden gegen Pakistani).
[50] BGH NJW 1976, 1026; 1980, 636.
[51] So noch 6. Aufl. 2015, Rn. 47 (Siehr).

des nichtehelichen Kindes gegen seinen Vater.[52] Prüfstein für die aufgeworfene Frage sind Feststellungshindernisse des Unterhaltsstatuts, die auch eine Unterhaltsklage ausschließen. Dies kann dann vorkommen, wenn das Unterhaltsstatut – wie das deutsche Recht – keine Zahlvaterschaft mehr kennt. Die aufgeworfene Problematik spitzt sich zu auf die Frage, ob die Vaterschaftsfeststellung als Voraussetzung für einen Unterhaltsanspruch im Endergebnis doch ausschließlich unselbstständig zu beantworten ist oder zusätzlich alternativ auch selbstständig nach dem Heimatrecht eines Berechtigten. Das HUP verlangt keine dieser beiden Lösungen. Zur Wahrung der Entscheidungsharmonie ist jedoch erstgenannter Anknüpfungsvariante zu folgen.

49   **cc) Zusammenfassung.** Zusammenfassend lässt sich für Fälle sowohl mit inländischem als auch ausländischem Unterhaltsstatut folgendes sagen:

49a   Ob und in welcher Form (separat oder inzidenter getroffen) eine Vaterschaftsfeststellung Voraussetzung für den Unterhaltsanspruch eines nichtehelichen Kindes ist, bestimmt das Unterhaltsstatut.

49b   Eine separate Vaterschaftsfeststellung untersteht ebenso den Kollisionsnormen des vom HUP berufenen Staates.

49c   Eine danach getroffene Vaterschaftsfeststellung gilt sowohl für Unterhaltszwecke als auch für die Statusfolgen.

50   **c) Legitimation des Kindes.** Ob das Unterhalt fordernde Kind legitimiert worden ist oder nicht, richtet sich nach dem Unterhaltsstatut, soweit dieses für die Unterhaltsfrage auf die Legitimation abstellt. Also wird auch hier die Frage der Legitimation unselbstständig beantwortet.

51   **d) Adoption des Kindes.** Dies gilt ebenfalls für die Vorfrage nach der Adoption.

52   **e) Feststellung der Mutter.** Es gibt manche Rechtsordnungen, die auch heute noch das Entstehen statusrechtlicher Beziehungen zwischen Mutter und nichtehelichem Kind von einer Feststellung der Mutterschaft abhängig machen (vgl. zB Art. 250 Abs. 1 it. Codice civile). Die Feststellung des EGHMR, dieses Erfordernis verstoße gegen Art. 8 MRK,[53] hat keine unmittelbare Auswirkung auf nationales Recht. Der nationale Gesetzgeber ist vielmehr aufgerufen, sein Recht konventionskonform auszugestalten.[54] Solange dies nicht geschehen ist und auch keine Anmeldung des Kindes zum Personenstandsregister durch die Mutter als ihr Kind einer Anerkennung gleichsteht (so zB Art. 254 Abs. 1 it. Codice civile), muss die Mutterschaft nach dieser Rechtsordnung verneint werden. Haben dagegen inländische Instanzen diese Rechtsordnung als Abstammungsstatut (Art. 19 Abs. 1 EGBGB) oder als Unterhaltsstatut anzuwenden, ist das Erfordernis der Mutterschaftsanerkennung als ordre public-widrig nicht zu beachten. Für uns gilt der allein mit Art. 8 MRK vereinbare Satz des nationalen und internationalen Sachrechts: *„mater semper certa est".* Als Mutter gilt – bis zum Beweis des Gegenteils –, wer als solche im Geburtsregister eingetragen ist.

53   **f) Abstammung von Großeltern.** Es gibt keine Feststellung der Großelternschaft. Steht vielmehr die Abstammung des Kindes von seinen Eltern fest und deren Abstammung von ihren Eltern, so ist auch die Abstammung des Kindes von seinen Großeltern geklärt. Die hier aufgeworfene Frage fällt also zusammen mit der oben in → Rn. 35 ff. behandelten Problematik der Vaterschaftsfeststellung. Steht die Abstammung fest, so kann das Kind auch von seinen Großeltern Unterhalt verlangen.[55]

IV. Unterhalt für Vergangenheit (lit. b)

54   **1. Entstehen der Unterhaltspflicht.** Über das Entstehen und die Dauer der Unterhaltspflicht entscheidet das Unterhaltsstatut. Dieses sagt also, wann die Unterhaltspflicht beginnt und ob für diesen Beginn Verzug oder die Klageerhebung maßgebend ist (so in der Regel § 1613 Abs. 1 BGB; Art. 279 schweiz. ZGB). Das Unterhaltsstatut bestimmt ferner, ob vor einer endgültigen Statusfeststellung Unterhaltszahlungen bereits zu hinterlegen oder vorläufig zu leisten sind (§ 248 FamFG; § 168 ABGB; Art. 303 Abs. 2 lit. b CH-ZPO)[56] oder ob erst mit der endgültigen Klärung der

---

[52] Das gilt zB für das französische Recht (Art. 342 Code civil), das niederländische Recht (Art. 1: 394 Abs. 1 BW) und für das türkische Recht (Art. 295, 297 Abs. 1 ZGB).

[53] EuGHMR 13.6.1979 – Affaire Marckx-Publications de la Cour Européenne des Droits de l'Homme, Série A, 31 (1979) 5; dt. Übersetzung in EuGRZ 1979, 454 = DAVorm. 1980, 265 = StAZ 1981, 23 mit Aufsätzen von *Stöcker* DAVorm. 1980, 249 und StAZ 1981, 16.

[54] Dies hat der belgische Gesetzgeber angesichts der obigen Entscheidung des EuGHMR getan, und zwar durch Art. 312 § 1 belg. Code civil idF des Gesetzes vom 31.3.1987, Bulletin usuel des lois et des arrêtés 1987, 627.

[55] Vgl. LG Hamburg FamRZ 1972, 317.

[56] Zu anderen Fällen des vorläufigen Unterhalts vgl. §§ 382a, 399a öst. Exekutionsordnung (Änderung vom 11.7.2000, öst. BGBl. 2000 I Nr. 59).

Statusbeziehungen die Unterhaltspflicht beginnt. Ferner beantwortet das Unterhaltsstatut die Frage, ob bestimmte Klagefristen für die Geltendmachung von Unterhaltsansprüchen eingehalten werden müssen. Schließlich entscheidet es, mit welchem Alter einer Person deren Unterhaltsanspruch entweder ganz erlischt oder sich vermindert und wann die Unterhaltspflicht wegen mangelnder Bedürftigkeit entfällt.

2. Unterhalt für die Vergangenheit. Bei der Frage nach dem Unterhalt für die Vergangenheit **55** wird deutlich, dass der Unterhalt in aller Regel für gegenwärtige Bedürfnisse im Voraus zu zahlen ist (§ 1612 Abs. 3 S. 1 BGB; Art. 285 Abs. 3 schweiz. ZGB). Deshalb wird – getreu dem noch heute geltenden Satz *„in praeteritum non vivitur"* – nur in Ausnahmefällen und zeitlich beschränkt Unterhalt für die Vergangenheit geschuldet. Wann und unter welchen Voraussetzungen das der Fall ist (vgl. § 1613 BGB; Art. 279 schweiz. ZGB), bestimmt das Unterhaltsstatut.[57]

Hat während der abgelaufenen Zeit, für die Unterhalt verlangt wird, kein **Statutenwechsel 56** stattgefunden, ist das gegenwärtig geltende Unterhaltsstatut maßgebend. Ein besonderes Problem ergibt sich jedoch dann, wenn vor der Geltendmachung des Unterhalts für die Vergangenheit ein Statutenwechsel eingetreten ist und deshalb in der Vergangenheit ein anderes Recht maßgebend war als gegenwärtig im Zeitpunkt der Klageerhebung. Soweit beide Rechtsordnungen in der Beurteilung der Klage übereinstimmen und entweder ein Verlangen nach Unterhalt für die Vergangenheit ganz oder teilweise ablehnen oder bejahen, ergeben sich keine Schwierigkeiten. Erst bei einer unterschiedlichen Haltung beider Rechtsordnungen stellt sich das Problem in voller Schärfe, ob allein das gegenwärtige oder allein das frühere Unterhaltsstatut maßgebend ist oder ob beide zusammen nach dem Grundsatz des schwächeren Rechts. Bei der Lösung ist von folgenden Überlegungen auszugehen. Einerseits sollte der Unterhaltsverpflichtete durch einen Statutenwechsel nicht rückwirkend mit Forderungen belastet werden, mit denen er zur Zeit vor dem Statutenwechsel nicht zu rechnen brauchte; andererseits wäre es unbillig, dem Unterhaltsberechtigten infolge eines Statutenwechsels die Forderungen zu nehmen, die ihm das vor dem Statutenwechsel geltende Recht gab. Deshalb ist Unterhalt für die Vergangenheit nur dann und lediglich insofern zuzusprechen, als es das in der Vergangenheit maßgebend gewesene Unterhaltsstatut zulässt.[58] Im Ergebnis ist deshalb auf den Unterhaltsanspruch für die Vergangenheit stets die Rechtsordnung anzuwenden, die während der Vergangenheit nach dem IPR des Forums Unterhaltsstatut war. Welche Rechtsordnung für die Vergangenheit galt, ergibt sich aus den Ausführungen zu Art. 22 (→ Art. 22 Rn. 2 f.).

V. Berechnung des Unterhaltsbeitrags (lit. c)

1. Höhe des Unterhalts. In welchem Ausmaß Unterhalt geschuldet wird, bestimmt grundsätz- **57** lich das Unterhaltsstatut. Diese Verweisung wird ergänzt durch die staatsvertragliche Sachnorm des Art. 14. Hiernach sind bei der Bemessung des Unterhaltsbetrages die Bedürfnisse des Berechtigten und die wirtschaftlichen Verhältnisse des Unterhaltsverpflichteten zu berücksichtigen, und zwar selbst dann, wenn das Unterhaltsstatut etwas anderes bestimmt.

a) Berechnung. Bei der Berechnung des Unterhalts sind verschiedene Fallkonstellationen und **58** bei jeder mehrere Überlegungen auseinander zu halten.

aa) Deutsches Recht. Bei deutschem Unterhaltsstatut interessiert primär, wie deutsche Gerichte **59** und Behörden zu verfahren haben. Dies ist grundsätzlich nicht hier, sondern bei den Vorschriften des BGB zu erläutern. Hier folgen nur einige Ergänzungen bei Auslandsbezug.

(1) Deutsche Gerichte. Deutsche Gerichte wenden bei der Berechnung des Unterhalts die von **60** ihnen entwickelten oder übernommenen Tabellen oder Leitlinien an.[59] Dies bereitet gegenüber einem reinen Inlandsfall keine zusätzlichen Schwierigkeiten, wenn die Beteiligten ihren gewöhnlichen Aufenthalt im Inland haben. Hat jedoch einer von ihnen seinen gewöhnlichen Aufenthalt im Ausland, so ergeben sich Komplikationen. Lebt der Verpflichtete im Ausland (deutsches Statut nach Art. 3), so muss der nach deutschen Regeln berechnete Unterhalt unter Umständen gemäß dem niedrigen ausländischen Lebensstandard korrigiert und entsprechend reduziert werden. Dies verlangt bereits Art. 14.

---

[57] BGH NJW-RR 2005, 1593 (Kroatien); OLG Hamburg BeckRS 2010, 28256 (Polen); AG Leverkusen FamRZ 2004, 727 (Polen). Dazu auch Staudinger/*Mankowski* (2016) Rn. 49.

[58] Ebenso auf das intertemporal maßgebliche Unterhaltsstatut abstellend Rauscher/*Andrae* HUntStProt Art. 11 Rn. 20; Staudinger/*Mankowski* (2016) Rn. 50.

[59] Vgl. die Zusammensetzung deutscher Unterhaltstabellen bei *Rahm/Künkel* Bd. III, Teil III (Stand: August 2013). Vgl. außerdem *Kamm* in KochUnterhaltsR 647 ff.

61   Schwieriger ist der umgekehrte Fall: Der **Berechtigte hat im Ausland** seinen gewöhnlichen Aufenthalt und verlangt nach deutschem Recht (Art. 4 Abs. 3 S. 1 oder Art. 8) Unterhalt vom Verpflichteten mit gewöhnlichem Aufenthalt im Inland. Der Berechtigte kann den nach den Lebensverhältnissen der Ehegatten angemessenen Unterhalt verlangen (§ 1361 Abs. 1 S. 1 BGB). Maßstab ist der Lebensstandard am Ort der gemeinsamen Lebensführung, also der inländische Lebensstandard, wenn allein der Berechtigte ins Ausland gegangen ist,[60] und der ausländische Lebensstandard, wenn allein der Verpflichtete ins Inland gekommen ist.[61] In welcher Währung der Unterhalt auszudrücken ist, wird in → Rn. 84 ff. erörtert.

62   **(2) Ausländische Gerichte.** Ausländische Gerichte stehen bei deutschem Unterhaltsstatut vor der Frage, welche deutsche Unterhaltstabelle oder Leitlinie sie anzuwenden haben. Da sich die Düsseldorfer Tabelle bundesweit durchgesetzt hat, ist diese anzuwenden.[62] Ist dem ausländischen Gericht diese Tabelle unzugänglich oder nicht bekannt, so hat es den Unterhalt selbst festzusetzen.[63] Deutsche Pfändungsfreigrenzen brauchen zur Limitierung einer Unterhaltspflicht nicht mehr herangezogen zu werden.[64]

63   **bb) Ausländisches Recht.** Ist dieses anwendbar, muss die Höhe des geschuldeten Unterhalts primär nach denjenigen Gesichtspunkten bestimmt werden, die ein Gericht des Staates, dessen Recht Unterhaltsstatut ist, in seiner Gerichtspraxis beachtet.[65] Fehlen solche Leitlinien und Schemata, so sollte – abgesehen von Ausnahmen (bei Ländern mit vergleichbarem Unterhaltsrecht und Lebensstandard) – die gängige deutsche Düsseldorfer Tabelle als allgemeine Grundlage für die Bemessung des Unterhalts nicht primär herangezogen werden,[66] wie es vielfach geschieht.[67] Es gibt noch keine „Düsseldorfer Welt-Tabelle".[68] Grundsätzlich ist das ausländische Recht – wie auch sonst – nach bestem Wissen und Gewissen anzuwenden. Gemäß freiem richterlichen Ermessen[69] sollte der Unterhalt nur dann festgesetzt werden, wenn das Unterhaltsstatut dies vorsieht. Ansonsten gilt folgendes:

64   **(1) Maßstäbe.** Die Maßstäbe für den Bedarf des Berechtigten und für dessen Teilhabe am Lebensstandard des Verpflichteten[70] bestimmt das ausländische Unterhaltsstatut.

65   **(2) Bemessung.** Für die Bemessung des geschuldeten Unterhalts sind primär die Lebenshaltungskosten am gewöhnlichen Aufenthalt des Berechtigten maßgebend. Diese sind anhand der im Inland verfügbaren Informationen zu ermitteln. Hierbei helfen insbesondere die Publikationen des Statistischen Bundesamtes,[71] Merkblätter des Bundesverwaltungsamts[72] und Mitteilungen des Bundesfi-

---

[60] BGH FamRZ 1987, 682; OLG Karlsruhe FamRZ 1987, 1149 und FamRZ 2009, 1594; OLG München IPRspr. 2009 Nr. 78 (Uganda: Kind muss soviel bekommen, dass es sich wieder in Deutschland anpassen kann); OLG Nürnberg FamRZ 2008, 1755 (Türkei); OLG Stuttgart NJW-RR 2008, 1034 (Türkei).

[61] *Henrich*, Ehe- und Familiensachen mit Ausländerbeteiligung, 4. Aufl. 1988, 47 f.

[62] Die Düsseldorfer Tabelle ist im Internet unter diesem Namen abrufbar.

[63] Zur Anwendung des Zwickauer Schlüssels vgl. ObG Aargau AGVE 1972, 24 = DAVorm. 1974, 71 (mit anderem Datum); H.R. N.J. 1975 Nr. 478 und N.J. 1975 Nr. 479 = DAVorm. 1974, 69.

[64] Zur Anwendung des § 1708 BGB aF vgl. *Jessurun d'Oliveira* FamRZ 1969, 631; zur Beachtung des § 850d ZPO vgl. H.R. N.J. 1982 Nr. 39 mAnm *Schultsz*.

[65] BGH NJW 2002, 145 (Italien): OLG Düsseldorf DAVorm. 1991, 198 (Polen); OLG Köln NJW-RR 1997, 1367 (Türkei); LG Hannover NJW-FER 1998, 272 (Slowenien). Zur österreichischen Praxis vgl. *Feil/Marent*, Familienrecht, Kommentar, 2007, §§ 140 ff. ABGB; *Demberg/Puttfarken* in Dopffel/Buchhofer Unterhaltsrecht in Europa S. 311, 314 ff. Zu anderen Tabellen vgl. *Dopffel* in Kahn/Kamerman, Child Support, 1988, 176, 188; *Rahm/Künkel/Breuer* FGVerf. VIII Rn. 326 mwN. Zu US-amerikanischen Tabellen vgl. *Elrod/Spector* Family Law Quarterly 46 (2013), 471 (522 ff.).

[66] OLG Hamm FamRZ 1987, 1307; OLG Düsseldorf DAVorm. 1991, 198 (Polen); *Bytomski* FamRZ 1987, 511.

[67] OLG Brandenburg FamRZ 2006, 1766 (Regelbetrags-VO auf Unterhalt nach kasachischem Recht); OLG Braunschweig FamRZ 1988, 427 (Düsseldorfer Tabelle); OLG Düsseldorf FamRZ 1987, 195 mAnm *Henrich* FamRZ 1987, 197 und Anm. *Bytomski* FamRZ 1987, 511; FamRZ 1989, 97 (Düsseldorfer Tabelle); OLG Hamburg DAVorm. 1989, 334 (Düsseldorfer Tabelle); OLG Hamm IPRspr. 1981 Nr. 53 (Düsseldorfer Tabelle); DAVorm. 1983, 971; AG Hamburg IPRspr. 1985 Nr. 93 (allgemein deutsche „Unterhaltsrichtsätze").

[68] Vgl. *Bytomski* FamRZ 1987, 511.

[69] So OLG Köln IPRax 1988, 30 mAnm *Henrich* IPRax 1988, 21 für türkisches Recht.

[70] Nur dieser ist maßgebend: AG Stuttgart IPRax 1989, 54 (Ls.); OLG Düsseldorf FamRZ 1987, 1183; IPRax 1986, 388; AG Hamburg IPRspr. 1985 Nr. 93.

[71] Vgl. Statistisches Bundesamt, Wiesbaden (Hrsg.), Fachserie 17, Reihe 10: Internationaler Vergleich der Preise für die Lebenshaltung (erscheint monatlich und jährlich). Vgl. OLG Hamburg DAVorm. 1989, 334; OLG Hamm FamRZ 1987, 1302; OLG Hamm FamRZ 1989,1084; OLG Hamm FamRZ 1989, 1333; OLG Karlsruhe FamRZ 1989, 774; IPRspr. 1990 Nr. 97 (krit.); OLG Düsseldorf FamRZ 1990, 556; krit. *Unger/Unger* FPR 2013, 19 (22).

[72] Hierzu *Rahm/Künkel/Breuer* FGVerf. VIII Rn. 323.

nanzministeriums.[73] Letztere erweisen sich allerdings für die hier benötigten Zwecke, für die sie nicht vorgesehen sind, als zu grob.[74] Auch können manchmal die deutschen Botschaften im Ausland weiterhelfen, indem sie sich in ihrem Gastland nach der Unterhaltsbemessung erkundigen.[75]

(3) Lebensstandard des Verpflichteten. Inwieweit dieser dem Berechtigten zugutekommt, sagt **66** das ausländische Unterhaltsstatut, aber auch über Art. 14 das HUP selbst; denn der Unterhaltsberechtigte soll an einer guten Situation des Unterhaltsverpflichteten partizipieren.[76] Bei der Beurteilung der Leistungsfähigkeit des Verpflichteten mit gewöhnlichem Aufenthalt im Inland ist die Düsseldorfer Tabelle zu befragen.[77] Dabei ist jedoch zu beachten, dass der Berechtigte – unter Berücksichtigung des Kurswertes des EUR – nicht im Ausland wie ein Krösus gestellt wird und Unterhalt in einer Höhe bezieht, die weit über dem normalen Lohnniveau am gewöhnlichen Aufenthalt des Berechtigten liegt.[78] Der Unterhalt richtet sich primär nach den örtlichen Bedürfnissen des Berechtigten. Je nach dem Wohlstandsgefälle zwischen dem Aufenthaltsstaat des Berechtigten und dem des Verpflichteten ergibt sich für den Verpflichteten eine unterschiedliche Belastung.

(4) Kurswert des Euro. Dieser ist zu beachten, wenn auf Unterhalt in Euro geklagt wird.[79] **67** Welchen Einfluss ausländische Devisenvorschriften auf die Unterhaltshöhe haben, ergibt sich aus den → Rn. 84 ff.

b) Mindestunterhalt. Dieser wird gemäß § 1612a BGB geschuldet, soweit der Unterhalt eines **68** minderjährigen Kindes[80] sich nach **deutschem** Recht richtet.[81] Wie hoch der Mindestbetrag ist, bestimmte bis zum 31.12.2007 die Regelbetrags-Verordnung vom 6.4.1998 (BGBl. 1998 I S. 666, 668) idF der jeweiligen Änderungs-Verordnung. Seit 1.1.2008 gilt der Mindestunterhalt nach § 1612a BGB.[82]

Ist **ausländisches** Recht Unterhaltsstatut und entspricht der Bedarf des Kindes im Ausland unge- **69** fähr dem deutschen Mindestunterhalt, so darf dem Kind der Mindestbetrag zugesprochen werden, und es kann auf diese Weise am einfachen Verfahren auf Festsetzung des Mindestunterhalts teilnehmen.[83]

Was für den Mindestunterhalt nach deutschem Recht gesagt worden ist, gilt entsprechend für **70** **ähnliche Mindestunterhaltsbeträge,** die andere Rechtsordnungen zugunsten aller Personen, Kinder oder nur für eine bestimmte Personengruppe gesetzlich festlegen.

c) Indexierung. Die Indexierung von Unterhaltstiteln ist in einigen Rechtsordnungen möglich **71** (Art. 286 Abs. 1 schweiz. ZGB) oder sogar die Regel.[84] Solche Indexierungen verwenden – ebenso

---

[73] Vgl. die Mitteilungen des Bundesministers der Finanzen: „Steuerliche Behandlung von Unterhaltsleistungen an Angehörige im Ausland; hier: Ländergruppeneinteilung ab 2004", BStBl. I 2003 S. 637 und FamRZ 2004, 249; auch bei *Rahm/Künkel/Breuer* FGVerf. VIII Rn. 326 f.; krit. zur Orientierung an der Ländergruppeneinteilung *Unger/Unger* FPR 2013, 19, 22; zur Anwendung dieser Ländergruppen vgl. OLG Braunschweig FamRZ 1988, 427; OLG Düsseldorf FamRZ 1987, 195 mAnm *Henrich* FamRZ 1987, 197 und Anm. *Bytomski* FamRZ 1987, 511; FamRZ 1989, 97 m. krit. Anm. *Henrich* (Polen: zwei Drittel); OLG Frankfurt a. M. IPRax 1986, 388; OLG Karlsruhe FamRZ 1987, 1149; OLG Hamburg FamRZ 1986, 813; OLG Koblenz FamRZ 2002, 56 (Russland).
[74] Hierzu *Bytomski* FamRZ 1987, 511; BGH FamRZ 1987, 682; stattdessen einen Rückgriff auf Kaufkraftparitäten befürwortend *Unger/Unger* FPR 2013, 19 (22).
[75] OLG Zweibrücken FamRZ 1999, 33 (Türkei).
[76] BGH FamRZ 1987, 682; OLG Düsseldorf FamRZ 1987, 1183; IPRax 1986, 388; NJW-RR 1989, 1347; OLG Karlsruhe FamRZ 1987, 1149; 1989, 1210; OLG Bamberg NJW-RR 1990, 198; OLG Koblenz FamRZ 1992, 1428; OLG Schleswig IPRspr. 1991 Nr. 102; OLG Hamm FamRZ 1990, 1137.
[77] OLG Düsseldorf FamRZ 1989, 97 m. zust. Anm. *Henrich*; OLG München FamRZ 2002, 55 (Türkei).
[78] Hierzu *Bytomski* FamRZ 1987, 511; OLG Düsseldorf DAVorm. 1991, 198 (Polen); OLG Hamm IPRspr. 1999 Nr. 69 (Polen); OLG Zweibrücken FamRZ 2004, 729 (Russland); AG Dortmund DAVorm. 1988, 843; AG Düsseldorf FamRZ 2005, 1703 (Ukraine); AG Leverkusen FamRZ 2004, 727 (Polen); ausf. hierzu *Schneider*, Rechtsprobleme bei familienrechtlichen Unterhaltszahlungen in Wirtschaftsgebiete mit niedrigem Lebensstandard, 1992, 87 ff.
[79] OLG Braunschweig FamRZ 1988, 427; OLG Hamm IPRspr. 1981 Nr. 53; OLG Karlsruhe FamRZ 1987, 1149; OLG Koblenz NJW-RR 1986, 870 = IPRax 1986, 40 mAnm *Henrich* IPRax 1986, 24.
[80] Zu dem eigenartigen Fall über die Anwendung des § 1615f Abs. 1 S. 1 Hs. 2 BGB aF im internationalen Verhältnis vgl. KG DAVorm. 1987, 122.
[81] OLG Düsseldorf FamRZ 1993, 983; ObG Zürich BlZüRspr. 87 (1988), Nr. 64.
[82] Hierzu auch Rauscher/*Andrae* HUntStProt Art. 11 Rn. 22a; Staudinger/*Mankowski* (2016) Rn. 54.
[83] AG Siegen IPRspr 1986 Nr. 97 = IPRax 1987, 38 m. zust. Anm. *Jayme*; OLG Hamm IPRax 2002, 529 (Polen) mAnm *Bischoff* IPRax 2002, 511; OLG Stuttgart Die Justiz 2014, 138 (Türkei).
[84] Hierzu *Martiny* in Dopffel/Buchhofer Unterhaltsrecht in Europa S. 603, 621.

wie die Festlegung des deutschen Mindestunterhalts (vgl. § 1612a Abs. 1 BGB, §§ 249 ff. FamFG)[85] – wohl stets den Index der Lebenshaltungskosten im Land des gewöhnlichen Aufenthalts des Unterhaltsberechtigten.[86] Dies ist sinnvoll; richtet sich doch dessen Lebensbedarf nach den Verhältnissen in seinem Aufenthaltsstaat. Eine solche Indexierung sollte deshalb nur dann nach dem Unterhaltsstatut erfolgen, wenn und solange dieses Statut mit dem Aufenthaltsrecht des Unterhaltsberechtigten identisch ist. Diese Einschränkung deutet bereits an, dass eine Indexierung ihren Wert verliert, wenn der Unterhaltsberechtigte seinen gewöhnlichen Aufenthalt in ein Land verlegt, dessen Lebenshaltungskosten nicht Grundlage für den im Urteil gewählten Index gewesen sind.

72   **d) Anrechnung von Zuwendungen.** Die Anrechnung oder Nichtanrechnung gewisser Zuwendungen auf den Unterhaltsanspruch einer Person (vgl. zB §§ 1612b und 1612c BGB; Art. 285 Abs. 2 schweiz. ZGB) ist grundsätzlich nach dem Unterhaltsstatut zu beurteilen. Dies gilt aber nur als Grundsatz, weil sich hier Kollisionen und deshalb Ausnahmen ergeben können. So verhält es sich zB, wenn das Unterhaltsstatut die Anrechnung von öffentlichen Leistungen vorsieht (wie etwa in § 1612c BGB), jedoch das Land, in dem die öffentlichen Leistungen gewährt werden, eine solche Anrechnung ablehnt. Eine derartige Kollision kann vermieden werden, wenn auf den Sinn der Zuwendungen abgestellt wird. § 1612c BGB bezieht sich primär auf deutsche Sozialleistungen. Diesen stehen ausländische Sozialleistungen dann gleich, wenn auch die ausländischen Sozialleistungen nach ausländischem Recht entlastend für den Unterhaltspflichtigen wirken sollen.[87] Dieses Zusammenspiel zweier Rechtsordnungen hat zur Folge, dass jedenfalls dann **keine** Anrechnung erfolgt, wenn das Unterhaltsstatut eine solche **nicht** vorsieht.

73   **e) Konkurrenz mehrerer Unterhaltsansprüche.** Eine solche Konkurrenz (vgl. § 1609 BGB; Art. 1:400 BW; Art. 442 it. Codice civile) wird vom Unterhaltsstatut geregelt.[88] Das ist verhältnismäßig leicht dann zu beantworten, solange nur eine Person unterhaltspflichtig und bei **demselben** Statut andere Unterhaltsempfänger bei der Bemessung der Unterhaltshöhe zu berücksichtigen sind. Hierbei sind die Unterhaltstabellen und Leitlinien der maßgebenden Rechtsordnungen als Anhaltspunkte für die Bemessung des Unterhalts zu benutzen. Dies tun nicht nur die Gerichte, die ihr eigenes Unterhaltsrecht anwenden, sondern auch ausländische Instanzen.

74   Schwierig ist die Situation, wenn Unterhaltsgläubiger miteinander konkurrieren, deren Unterhaltsansprüche **verschiedenen** Rechtsordnungen unterliegen. Beurteilen die beteiligten Rechtsordnungen übereinstimmend die Priorität eines Gläubigers (zB Deszendenten vor Aszendenten), so gilt die gemeinsame übereinstimmende Regelung. Divergieren dagegen die beteiligten Unterhaltsstatute, so sollte auf Grund einer Sachnorm folgenden Inhalts entschieden werden: Unter Berücksichtigung des Verwandtschaftsgrades, der gemeinsamen Beziehung zu einer Rechtsordnung und der Möglichkeit der Beteiligten, von anderen Personen versorgt zu werden, genießt der Bedürftigere oder der Bedürftigste den Vorrang.[89] Das wird häufig auf ein Kind oder auf eine alte Person zutreffen, braucht aber nicht immer so zu sein; denn ein im Ausland lebender Elternteil des Beklagten kann durchaus schlechter stehen als ein Kind im Inland mit zahlungsfähigen inländischen Verwandten. Auch ist es möglich, dass der Richter bei gleicher Bedürftigkeit der Beteiligten das pfändbare Einkommen des Schuldners unter den Beteiligten aufteilt. Die vorgeschlagene Lösung findet eine Grundlage in der kollisionsrechtlichen Methode der Angleichung mehrerer von der Kollisionsnorm berufener, nicht aufeinander abgestimmter Rechte.

75   **f) Auskunftspflicht.** Das Unterhaltsstatut bestimmt primär, ob der Unterhaltsverpflichtete eine Auskunftspflicht gegenüber dem Unterhaltsberechtigten hat, ob und inwieweit er also über seine Vermögensverhältnisse informieren und damit seine Leistungsfähigkeit zur Bestimmung seiner Unterhaltspflicht offenbaren muss (vgl. §§ 1580, 1605 BGB; Art. 170 schweiz. ZGB nF).[90] Diese materiellrechtliche Qualifikation der Auskunftspflicht, wie sie sich in vielen Rechtsordnungen befindet, sollte jedoch nicht das letzte Wort sein. Wenn nach dem Prozessrecht der lex fori der Unterhaltsrichter den Sachverhalt von Amts wegen zu erforschen hat (vgl. zB Art. 153 Abs. 1, 296 Abs. 1 CH-ZPO),

---

[85] Hierzu *Andrae* IntFamR § 8 Rn. 187 f.
[86] So zB für das niederländische Recht: Hoge Raad N.J. 2004, Nr. 560.
[87] OLG Hamm FamRZ 1991, 104 (Philippinen); OLG Nürnberg FamRZ 1994, 1133 (Polen).
[88] OLG Frankfurt a. M. NJW-RR 1990, 647 (Türkei: ein Vorrang der Eltern vor Ehefrau); OLG Hamm FamRZ 2006, 1387 (Gleichrangigkeit von Kindern und Ehefrau nach türkischem Recht); OLG Nürnberg FamRZ 2012, 1500 (Ls.; neuer und alter Ehegatte). Hierzu näher *Martiny*, FS Jayme, 2004, 575.
[89] OLG Stuttgart OLGR 2001, 380 (Österreich, BRepD); LG München IPRspr. 2010 Nr. 107 (Bosnien-Herzegowina; BRepD).
[90] BGH NJW-RR 1994, 644; OLG Bamberg FamRZ 2005, 1682 (keine Auskunftspflicht geschiedener Eheleute nach italienischem Recht).

sagt dieses Statut, ob und inwieweit die Beteiligten zur Offenlegung ihrer Vermögensverhältnisse verpflichtet sind.[91]

g) Abänderung von Unterhaltstiteln. Zu dieser Abänderung wegen veränderter Verhältnisse **76** → Rn. 120 ff.

2. Stundung, Erlass. Ob und inwieweit die Stundung und der Erlass rückständiger Unterhaltsbe- **77** träge gestattet ist, bestimmt das Unterhaltsstatut.

3. Verzicht. Ein Verzicht auf Unterhalt für die Zukunft ohne Gegenleistung widerspricht dem **78** Sinn der Unterhaltpflicht. Deshalb verbieten manche Rechtsordnungen ausdrücklich einen solchen Verzicht (vgl. § 1614 Abs. 1 BGB).[92] Doch selbst wenn keine solche ausdrückliche Vorschrift besteht, ergibt sich häufig aus dem Sinn und Zweck der Unterhaltsvorschriften sowie aus dem Schrifttum und der Judikatur, dass auch hier ein unentgeltlicher Verzicht auf zukünftige Unterhaltsleistungen unzulässig ist.[93] Ein Verzicht auf zukünftigen Unterhalt unterliegt zwar dem Unterhaltsstatut,[94] jedoch dürfte bei hinreichender Inlandsbeziehung des Sachverhalts ein solcher Verzicht gegen den deutschen ordre public verstoßen,[95] sofern es sich nicht um nachehelichen Unterhalt handelt.[96]

4. Abfindungen. Sie unterscheiden sich dadurch von einem Verzicht, dass sie entgeltliche Verein- **79** barungen sind und in der Regel einer behördlichen oder gerichtlichen Genehmigung bedürfen (Art. 287, 288 schweiz. ZGB). Die Zulässigkeit und die Voraussetzungen sowie Wirkungen von Abfindungsverträgen über gesetzliche Unterhaltsansprüche beurteilen sich nach dem Unterhaltsstatut.

Bei Abfindungen und anderen Unterhaltsvereinbarungen ist zu fragen, ob sie durch einen späte- **80** **ren Statutenwechsel** vom neuen Unterhaltsstatut in Frage gestellt werden dürfen. Dies ist zu verneinen.[97] Es muss bei der Abfindung und der einmal getroffenen Vereinbarung bleiben, wenn sie nach dem alten, seinerzeit maßgebenden Unterhaltsstatut möglich war, gültig vereinbart[98] sowie unter Umständen gerichtlich genehmigt wurde und die Abfindung dann auch tatsächlich geleistet worden ist.[99] Hier gilt der allgemeine Rechtsgrundsatz, dass man durch einen Statutenwechsel nicht wiedererlangen kann, worauf man einmal freiwillig und wirksam gegen eine geleistete Abfindung verzichtet hat.[100] Etwas anderes widerspräche Treu und Glauben. Die einzigen Möglichkeiten, trotzdem Unterhalt vom abfindenden Partner zu erlangen, sind der Versuch, die Abfindung nach dem alten Unterhaltsstatut für ungültig erklären zu lassen, oder der Nachweis, dass die Abfindung gegen den ordre public des Forums verstößt (Art. 11 Abs. 1).

5. Wegfall und Verwirkung. Ebenfalls der Wegfall und die Verwirkung von Unterhaltsansprü- **81** chen unterliegen dem Unterhaltsstatut. Bei deutschem Unterhaltsstatut verliert der Unterhaltsberechtigte einen Unterhaltsanspruch ganz oder zumindest teilweise unter den Voraussetzungen des § 1586 BGB (Wiederheirat) oder des § 1611 BGB (Verfehlung gegenüber Unterhaltsverpflichtetem).[101] Dasselbe gilt bei ausländischem Unterhaltsstatut,[102] und zwar auch dann, wenn es ein festes Konkubinat einer Wiederverheiratung gleichstellt.[103] Außerdem kann er seine Unterhaltsansprüche nach

---

[91] OLG Karlsruhe FamRZ 1995, 738 (Österreich); OLG Hamm NJW-RR 1993, 1155 (Türkei). Generell zum Auskunftsanspruch Palandt/*Thorn* Rn. 39; Rauscher/*Andrae* HUntStProt Art. 1 Rn. 13b; zu einer ähnlichen Situation im Ehegüterrecht vgl. *Jayme/Bissias* IPRax 1988, 94 (95).

[92] OLG Zweibrücken FamRZ 1988, 623: Trennungsunterhalt nach deutschem Recht.

[93] Vgl. OLG Koblenz IPRax 1986, 40 m. richtigstellender Anm. *Henrich* IPRax 1986, 24 zum türkischen Recht; OGH öst. Amtsvormund 2007, 226 (Ungarn).

[94] OLG Koblenz IPRax 1986, 40; OLG Hamm FamRZ 1998, 1532 (Tadschikistan).

[95] OLG Koblenz IPRax 1986, 40 unter irriger Annahme, nach türkischem Unterhaltsrecht sei ein Verzicht auf Unterhalt für die Zukunft zulässig. Richtigstellung durch *Henrich* IPRax 1986, 24 (25); OLG Celle FamRZ 1991, 598 (Türkei); OLG Hamm DAVorm. 1992, 362 (DDR); OLG Karlsruhe NJW-RR 1992, 1094 (Türkei).

[96] OLG Zweibrücken FamRZ 1988, 623.

[97] *Gruber* IPRax 2011, 559 (561).

[98] Dies könnte zweifelhaft sein im Fall der Vormundschaftsbehörde der Stadt Zürich ZVormW 1981, 34, weil Art. 3 MSA bei der Vertretung des Kindes nicht beachtet wurde.

[99] OLG Koblenz NJW-RR 1990, 264: Abfindung hinfällig, da Kind diese in Rumänien nicht erhielt.

[100] So zutr. ObG Zürich BlZüRspr. 75 (1976), Nr. 13 für einen Wechsel von einem österreichischen zu einem deutschen Unterhaltsstatut; OLG Hamm FamRZ 1998, 1532 (Wechsel von Tadschikistan nach Deutschland).

[101] Zu ähnlichen Folgerungen in Anwendung der Zumutbarkeitsklausel des Art. 277 Abs. 2 schweiz. ZGB (Unterhalt für Volljährige während der Ausbildung) vgl. BGE 113 II 374 = ZVormW 1988, 72; BG NZZ Fernausgabe 15.11.1988, 18.

[102] IPG 2000/2001 Nr. 19 (Köln): Verwirkung durch Scheidung nach dem Recht von North Carolina; bzgl. der in einigen Rechtsordnungen existierenden Präklusionswirkung nach Abschluss des Scheidungsverfahrens vgl. *Andrae* IntFamR § 8 Rn. 179.

[103] OLG Hamm NJW-RR 1995, 456 (Türkei).

deutschem Recht verwirken, wenn Unterhalt oder überhöhter Unterhalt für die Vergangenheit geltend gemacht werden konnte, dies jedoch versäumt wurde und die spätere Geltendmachung gegen Treu und Glauben verstößt.[104] Eine Aufrechnung ist bei Unterhaltsansprüchen in unterschiedlicher Währung ausgeschlossen.[105]

82   **6. Verjährung.** Die Verjährung des Unterhaltsanspruchs richtet sich nach dem Unterhaltsstatut.[106] Dies gilt nicht nur für die Fristen der Verjährung (vgl. § 197 BGB; Art. 128 Ziff. 1 schweiz. OR; § 1480 ABGB), sondern auch für deren Hemmung (vgl. § 204 BGB; Art. 134 Abs. 1 Ziff. 1 schweiz. OR; § 1495 ABGB).

83   **7. Erlöschen des Unterhaltsanspruchs durch Erbfall.** Dieser Erlöschensgrund ist in vielen Rechtsordnungen vorgesehen. Auch anderen Regelungen begegnet man. In all diesen Fällen unterstehen die erbrechtlichen Fragen nach dem Erben des Verstorbenen dem Erbstatut. Das Unterhaltsstatut bestimmt lediglich, ob vor dem Erbfall eine Unterhaltspflicht bestand und ob sie auf den Erben als Unterhaltsverpflichteten übergeht.

84   **8. Währungs- und Devisenrecht. a) Geldwertschuld.** Der geschuldete Unterhalt ist eine Geldwertschuld, keine Geldsortenschuld. Deswegen kann der geschuldete Unterhaltsbedarf in verschiedenen Währungen ausgedrückt und eingeklagt werden.[107] Dieser Unterhaltsbedarf wird in der Währung des Staates bemessen, in dem der Unterhaltsberechtigte seinen gewöhnlichen Aufenthalt hat; denn dort besteht sein Unterhaltsbedürfnis. Das Recht dieses Staates ist in aller Regel das Unterhaltsstatut (Art. 3). Deshalb findet man häufig die missverständliche Aussage, Unterhalt werde in der Währung des Staates geschuldet, dessen Recht Unterhaltsstatut ist.[108] Missverständlich ist diese Aussage deshalb, weil dieses Recht nur die Maßstäbe für die Berechnung des Unterhaltsbedürfnisses angibt.

85   **b) Eingeklagte Währung.** Unterhalt kann in der Währung eines Staates eingeklagt werden, dessen Recht nicht Unterhaltsstatut ist. Dass dies häufig getan wird, hat vor allem drei Gründe: Zum einen fällt das Unterhaltsstatut nicht immer mit dem Recht des Staates zusammen, in dem die Unterhaltsbedürfnisse entstehen (vgl. Art. 4 Abs. 3 und Art. 5).[109] Zum zweiten klagt der Berechtigte am liebsten in derjenigen Währung, die am wenigsten durch Inflation großen Wertschwankungen unterliegt,[110] denn sonst müsste mangels Indexierung recht bald auf Abänderung des Urteils geklagt werden. Und schließlich wollen ausländische Staaten ihren Devisenhunger wenigstens teilweise dadurch stillen, dass sie ihre Angehörigen zur Einforderung ihrer Unterhaltsforderungen in Devisen gesetzlich anhalten.[111] Eine davon abweichende Form der Unterhaltsleistung (zB aus Vermögen im Staat, in den Unterhalt zu transferieren ist) wird nur gestattet, wenn eine Genehmigung hierfür vorliegt.[112]

86   **c) Devisenverkehr keine entscheidende Rolle.** Ein Problem entsteht erst dann, wenn der Staat, wohin Unterhalt zu zahlen ist, einen amtlichen Wechselkurs zugunsten der eigenen Währung festlegt und deshalb der Schuldner mehr zu leisten hat, als er bei freien Wechselkursen (also nach den inländischen Kursen oder nach dem ausländischen Schwarzmarktkurs) zahlen müsste. Hier gelten zwei Grundsätze: (1) Der **Schuldner** hat dafür zu sorgen, dass der Gläubiger – unabhängig von der Schuldwährung (zB bei Maßgeblichkeit inländischen Rechts für Unterhalt im Ausland, vgl. Art. 4 Abs. 3) – tatsächlich in den Genuss hinreichender Unterhaltszahlungen kommt.[113] Der Schuldner trägt also das Risiko, dass durch Wechselkursfestsetzungen, Wechselkursänderungen oder Verbote, Währung des Verbotslandes in dieses einzuführen,[114] die Erfüllung seiner Schuld erschwert wird.

---

[104] OLG Düsseldorf DAVorm. 1980, 102.

[105] OLG Hamburg IPRspr. 1990 Nr. 208.

[106] OLG Düsseldorf FamRZ 2001, 919 (Türkei); AG Leverkusen FamRZ 2004, 727 (Polen).

[107] Vgl. zB OLG Hamm FamRZ 1989, 1331: Klage auf Zahlung in britischer Währung für Studien in England, obwohl Unterhaltsstatut deutsches Recht ist; vgl. auch *Kamm* in KochUnterhaltsR Rn. 8041.

[108] RGZ 126, 196; RG IPRspr. 1930 Nr. 15; OLG Celle FamRZ 1981, 200; OLG Hamm DAVorm. 1983, 971; LG Berlin FamRZ 1970, 100; LG Hannover DAVorm. 1974, 481; LG Wuppertal DAVorm. 1986, 374; OGH JBl. 1979, 155; ObG Zürich BlZüRspr. 71 (1972), Nr. 28; *F.A. Mann* JZ 1981, 327 (329).

[109] Vgl. zu einer solchen Situation AG Hamburg IPRspr. 1985 Nr. 93.

[110] Vgl. zB OLG Köln IPRax 1989, 53 (Ls.) mAnm *Henrich*; LG Rottweil DAVorm. 1988, 195.

[111] So zB für Polen: Bericht der Botschaft der BRepD in Warschau vom 21.10.1986, FamRZ 1987, 135; OLG Hamburg DAVorm. 1989, 334; allgemein *Gralla* RIW 1989, 23.

[112] OLG Hamburg DAVorm. 1989, 334 (336).

[113] KG FamRZ 1990, 437; s. dazu auch Staudinger/*Mankowski* (2016) Rn. 18.

[114] CSSR: BGH FamRZ 1987, 370; OLG Nürnberg IPRax 1985, 353; AG Friedberg IPRax 1987, 124 (Ls.) mAnm *Henrich*; Polen: BGH FamRZ 1987, 682; OLG Düsseldorf IPRax 1986, 388; OLG Frankfurt a. M. FamRZ 1987, 623; OLG Hamburg DAVorm. 1989, 334; OLG Hamm FamRZ 1987, 1302; Bericht der Botschaft der BRepD in Warschau FamRZ 1987, 135.

Deshalb ist bei Unterhaltszahlungen in Länder mit amtlichen Wechselkursen grundsätzlich berücksichtigt worden, dass unter Beachtung dieser amtlichen Kurse der Gläubiger angemessen alimentiert wird. Der Verpflichtete kann vom Berechtigten nicht verlangen, durch günstigeren Umtausch von Devisen auf dem Schwarzmarkt seine Belastung so gering wie möglich zu halten.[115] (2) **Wechselkursbestimmung.** Das Wechselkursrisiko hat Grenzen. Wo ganz offensichtlich der ausländische Staat durch seine amtlichen Wechselkurse über das sonst übliche Maß solcher Kursfestsetzungen hinaus Devisen erwirtschaften will, ist dieses Übermaß zu missachten und der Unterhalt ist ohne dessen Berücksichtigung festzusetzen. Ein solcher Fall ist jedoch bisher nicht bekannt geworden.

d) Zahlungswährung. Die Zahlung von Unterhalt erfolgt durch Überweisung. Die Frage, ob **87** § 244 BGB bei ausländischem Schuldstatut anwendbar ist oder nicht, spielt praktisch keine erhebliche Rolle; denn bei inländischen Unterhaltszahlungen in ausländischer Währung erkauft man sich durch Zahlung in inländischer Währung die Garantie dafür, dass der geschuldete Betrag in ausländischer Währung dem Berechtigten im Ausland ausgezahlt wird.[116] Insofern wird § 244 BGB angewandt, bereitet aber keine Probleme. Ob für die Zahlung eine devisenrechtliche Genehmigung oder Anmeldung erforderlich ist, sagt das inländische Devisenrecht.

9. Unterhaltstransfer. Alte Unterhaltstitel aus der DDR sind in aller Regel im Verhältnis 1:1 **88** umzustellen[117] und – soweit erforderlich – an die Bedürfnisse und das Leistungsvermögen der Parteien anzupassen. Derartige Umstellungen haben sich inzwischen im Wesentlichen erledigt.

VI. Klageberechtigung (lit. d)

1. Klagebefugnis. a) Anspruchsberechtigung. Nach Maßgabe des Art. 11 lit. d entscheidet **89** das auf die Unterhaltspflicht anzuwendende Recht über die Klagebefugnis. Die Prozessfähigkeit sowie die Vertretung im Verfahren sind vom Regelungsbereich ausgenommen und folglich anhand der jeweiligen lex fori zu bestimmen. Grundsätzlich steht die Klagebefugnis dem Unterhaltsberechtigten selbst zu. Ist dieser geschäfts- und prozessunfähig, muss er sich vertreten lassen.

b) Klagebefugnis im eigenen Namen. Eine solche Befugnis gestehen verschiedene Rechtsordnungen einem Elternteil des Kindes zu. Hingewiesen sei auf § 1629 Abs. 3 S. 1 BGB, wonach **90** während einer anhängigen Scheidungssache[118] ein Elternteil – mit oder ohne Beistand[119] – nur in eigenem Namen die Unterhaltsansprüche des Kindes gegen den anderen Elternteil geltend machen kann.[120] Andere Rechtsordnungen sehen eine Klagebefugnis im eigenen Namen in noch größerem Umfang vor.[121] Regelt die vom HUP berufene Rechtsordnung eine solche Klagebefugnis im eigenen Namen, so kann sie auch im Inland ausgeübt werden. Voraussetzung ist nur, dass der Anspruch dem Kind zusteht und lediglich von einem anderen – wenn auch in eigenem Namen – geltend gemacht wird.

c) Klagebefugnis als gesetzlicher Vertreter. In der Literatur umstritten ist die Frage, ob das **91** Unterhaltsstatut ebenso die gesetzliche Vertretung des Kindes im Prozess bestimmt. Ein Teil des Schrifttums verneint dies mit dem Argument, der Regelungsbereich des Protokolls erfasse die gesetzliche Vertretung schon gar nicht.[122] Vielmehr sei diese als Vorfrage – selbst- oder unselbstständig –

---

[115] BGH FamRZ 1987, 682 (684).

[116] KG FamRZ 1994, 751; OLG Hamburg IPRspr. 1990 Nr. 208; OLG Hamm FamRZ 1991, 718; *Birk* AwD 1973, 425 (434); s. MüKoBGB/*Grundmann* BGB §§ 244, 245 Rn. 94; aA App. Ticino Rep. patria 109 (1976), 184 (192); AG München IPRspr. 1979 Nr. 102; *Kegel/Schurig* IPR § 23 III 4 (S. 963 f.).

[117] OLG Jena DAVorm. 1995, 1085.

[118] Ist die Scheidungssache im Ausland anhängig, der Unterhaltsprozess aber im Inland, und sind deshalb nicht alle Familiensachen bei einem Gericht konzentriert (§ 621 Abs. 2 und 3 ZPO sind also nicht gegeben), so ist eine Prozessstandschaft nicht nötig, um die Kinder aus dem Scheidungsverfahren herauszuhalten: OLG Frankfurt a. M. FamRZ 1982, 528.

[119] LG Berlin FamRZ 1991, 103 (Beistand bei § 1629 Abs. 2 S. 2 BGB).

[120] Dass eine solche Prozeßstandschaft vom Begriff der Klagebefugnis iS des Art. 1 Abs. 3 erfasst wird, sagen: OLG München NJW 1972, 1011; FamRZ 1973, 94 zur ähnlichen Problematik nach § 627 ZPO aF; OLG Frankfurt a. M. IPRspr. 1982 Nr. 162.

[121] Zum italienischen Recht in dieser Hinsicht vgl. OLG Düsseldorf FamRZ 1971, 459 m. kritischer Anm. *Jayme/Siehr*; OLG München IPRspr. 1990 Nr. 109; AG Hamburg FamRZ 2001, 1612; zum niederländischen Recht vgl. AG Stolzenau IPRspr. 1984 Nr. 90; zum serbischen Recht vgl. OLG Stuttgart FamRZ 1999, 887; zum jugoslawischen Recht im Rahmen von Abänderungsklagen vgl. OLG Hamburg DAVorm. 1985, 509 und AG Stuttgart DAVorm. 1986, 737.

[122] *Bonomi*-Bericht Rn. 171. In seiner Argumentation darauf bezugnehmend Staudinger/*Mankowski* (2016) Rn. 57.

über Art. 16, 17 KSÜ oder Art. 21 EGBGB anzuknüpfen.[123] Andere Stimmen lassen hingegen das Vorliegen der gesetzlichen Vertretung alternativ nach der für den Unterhalt maßgeblichen oder derjenigen Rechtsordnung genügen, die auf das Statusverhältnis Anwendung findet.[124]

92   Es spricht jedoch vieles dafür, die Fragestellung allein der Maßgeblichkeit des auf den Unterhalt anzuwendenden Rechtes zu unterstellen.[125] Dafür streitet zum einen, dass Angelegenheiten der Stellvertretung[126] nicht *a priori* vom Anwendungsbereich der EuUnthVO sowie des HUP ausgenommen werden. Überdies schließt Art. 11 lit. d selbst, lediglich Fragen der Prozessfähigkeit und der Vertretung im Verfahren aus. Dieser Umstand spricht für die Annahme, dass die gesetzliche Vertretung vom Unterhaltsstatut grundsätzlich erfasst ist.

93   Zum anderen hat dieser Ansatz den Vorzug eines Gleichlaufs von außer- sowie gerichtlicher Vertretung anhand des HUP. Auch etwaige Konkurrenzprobleme mit dem KSÜ oder MSA erübrigen sich, da das HUP gegenüber den genannten Regelwerken Vorrang genießt.[127]

94   Demgegenüber äußerte *Bonomi* in seinem Bericht bezüglich Art. 11 lit. d die Stellvertretung geschäfts- und rechtsunfähiger Personen sei vom Regelungsbereich des Protokolls nicht gedeckt, ohne dies näher zu begründen. Die Auffassung stößt im Ausgangspunkt bereits auf Bedenken, da die herrschende Ansicht[128] noch im Rahmen des HaagUnthÜ die gesetzliche Vertretung dem anhand dessen ermittelten Statut unterwarf. Ferner ist augenfällig, dass trotz klarem Aussagegehalt, der von *Bonomi* vertretene Ansatz in der Literatur nicht als – wenn auch nur flankierendes – Argument gegen die Erheblichkeit des Unterhaltsstatuts genannt wird. Nur *Hohloch* stellt bezugnehmend auf *Bonomi's* Ausführungen fest, dass die Frage der Stellvertretung „nicht zwingend (nur) dem Unterhaltsstatut unterstellt werden muss" und entscheidet sich im Anschluss für eine alternative Anknüpfung.[129] Der im Bericht vertretenen Meinung ist folglich keine große Bedeutung beizumessen.

95   **2. Ausschluss der Prozessfähigkeit und Vertretung im Verfahren.** Das Verfahrensrecht der jeweiligen lex fori bestimmt lediglich, ob eine Person prozessfähig ist (die Prozessfähigkeit richtet sich nach der Geschäftsfähigkeit) oder sich im Prozess wirksam vertreten lässt. Dieser Ausschluss erscheint jedoch wenig überzeugend. Denn die Prozessfähigkeit ist im Allgemeinen das prozessuale Gegenstück zur Geschäftsfähigkeit (angeknüpft an den gewöhnlichen Aufenthalt einer Person) und die Vertretung im Prozess steht dem Vertreter des Berechtigten zu, was ebenfalls in den meisten Fällen nach dem Aufenthaltsrecht einer Person zu bestimmen ist (zB Art. 15 ff. KSÜ).

VII. Verjährung und Klagefristen (lit. e)

96   **1. Verjährung.** Die Verjährungsfrist wird von Art. 11 lit. e erfasst, denn das für die Verjährung maßgebliche Forderungsstatut ist das Unterhaltsstatut.[130]

97   Die Frage, ob Unterhalt für die Vergangenheit verlangt werden kann,[131] wird nach dem Unterhaltsstatut beantwortet. Wird diese Frage entgegen der lex fori bejaht, so liegt kein Verstoß gegen den ordre public vor.

98   **2. Klagefristen.** Regelrechte Klagefristen gibt es in einigen Vertragsstaaten. Nach manchen Rechtsordnungen muss eine Vaterschaftsklage auf Unterhaltsleistungen spätestens innerhalb eines Jahres nach der Geburt des Kindes erhoben werden. Die Frage, ob die Klage in dieser Weise befristet ist, wurde stets nach dem Unterhaltsstatut beurteilt.[132] Wechselt der Unterhaltsberechtigte seinen gewöhnlichen Aufenthalt und damit auch das Unterhaltsstatut, so kann durch Wegfall einer Klagefrist ein vorher nicht einklagbarer Unterhaltsanspruch neu entstehen oder ein Anspruch durch Anwendung einer Klagefrist des neuen Unterhaltsstatuts untergehen. Das folgt aus der beweglichen Anknüpfung des Unterhaltsanspruchs (Art. 3 Abs. 2). Klagefristen nach dem Unterhaltsstatut verstoßen **nicht gegen den ordre public.** Ist die Klage versäumt worden und gewährt das Unterhaltsstatut deshalb

---

[123] Rauscher/*Andrae* HUntStProt Art. 11 Rn. 23; Staudinger/*Mankowski* (2016) Rn. 56.

[124] So noch 6. Aufl. 2015, Rn. 94 ff. *(Siehr);* Erman/*Hohloch* Rn. 12.

[125] So auch *Dörner* in Eschenbruch/Schürmann/Menne Unterhaltsprozess Kap. 6 Rn. 259.

[126] Beachte den neu eingeführten Art. 8 EGBGB zur gewillkürten Stellvertretung, BGBl. 2017 I S. 1607.

[127] Dazu Staudinger/*Mankowski* (2016) Rn. 60. Dessen Auffassung nach ergibt sich das Konkurrenzproblem mit dem KSÜ sowie MSA nicht, da das HUP ohnehin die gesetzliche Vertretung nicht erfasse.

[128] BGH FamRZ 1990, 1103.

[129] Erman/*Hohloch* Rn. 12.

[130] Vgl. Rauscher/*Andrae* HUntStProt Art. 11 Rn. 25; Staudinger/*Mankowski* (2016) Rn. 67 mwN; ebenfalls zutr. OGH ÖJZ 1972, 128 = EvBl. 1972 Nr. 75 (Anwendung schweizerischen Rechts).

[131] Zum öst. Recht bejahend OGH ÖJZ 1988, 596 = EvBl. 1988 Nr. 123 = JBl. 1988, 586.

[132] OLG Stuttgart DAVorm. 1972, 133 (Bericht) = IPRspr. 1970 Nr. 89; IPG 2000/2001 Nr. 29 (Köln): Befristung der Geltendmachung nachehelichen Unterhalts nach dem Recht von North Carolina.

keinen Unterhaltsanspruch,[133] so wird nach Art. 4 Abs. 4 das gemeinsame Heimatrecht oder hilfsweise gemäß Art. 4 Abs. 2 die lex fori berufen. Was für die Fristen von Unterhaltsklagen eines Kindes gilt, trifft auch für eine **Befristung** von Klagen auf Vaterschaftsfeststellung, wie sie zB der Art. 263 schweiz. ZGB nF vorsieht, zu. Denn die Vaterschaftsfeststellung für Zwecke der Unterhaltsleistung richtet sich ebenfalls nach dem Unterhaltsstatut. Soweit die Vaterschaft dagegen nicht nach dem Unterhaltsstatut festgestellt wird, richtet sich die Befristung einer Feststellungsklage nicht nach Art. 11 lit. e, sondern nach dem autonom bestimmten Feststellungsstatut.

3. Verwirkung. Eine Verwirkung, die an keine Fristen gebunden ist, sondern sich aus dem Gebot **99** von Treu und Glauben sowie aus dem Verbot des Rechtsmissbrauchs ergibt (vgl. § 242 BGB), ist ebenfalls nach dem Unterhaltsstatut zu beurteilen.[134] Ausnahmsweise wendet ein Forum die Verwirkungsvorschriften der lex fori an, wenn das ausländische Unterhaltsstatut mit seinen großzügigen Klagefristen gegen den inländischen ordre public verstößt.

4. Prozessuale Fristen. Solche Fristen, wie zB die Fristen für die Einlegung von Rechtsbehelfen **100** gegen eine Entscheidung, richten sich als Teil des Prozessrechts nach der jeweiligen lex fori.[135]

VIII. Erstattungspflicht (lit. f)

1. Erstattungspflicht. a) Gegenüber öffentlichen Einrichtungen. Diese Pflicht gegenüber **101** einer öffentlichen Einrichtung unterliegt dem Erstattungsstatut des Art. 10.

b) Gegenüber anderen Leistenden. Die Erstattungspflicht gegenüber anderen Leistenden ist **102** entweder eine Frage des Unterhaltsrechts oder ein Problem des Schuldrechts (Geschäftsführung ohne Auftrag, Bereicherungsrecht). Da eine eindeutige Zuordnung zu dem einen oder anderen Statut nicht möglich ist, empfiehlt sich eine Doppelqualifikation: Der Leistende kann Erstattung verlangen, wenn entweder das Unterhalts- oder das Schuldstatut ihm einen solchen Anspruch gegen einen nach dem Unterhaltsstatut Unterhaltsverpflichteten gewährt.[136]

2. Ausmaß der Erstattungspflicht. Der Unterhaltsschuldner darf durch die Leistungen einer **103** öffentlichen Einrichtung und durch eine vom Erstattungsstatut (Art. 10) angeordnete Erstattungspflicht nicht benachteiligt werden. Deshalb sind alle Fragen außer der Erstattungspflicht nach dem Unterhaltsstatut zu beurteilen. Dies will Art. 11 lit. f klarstellen. Besteht keine Unterhaltspflicht, braucht auch nichts erstattet zu werden.[137] Dasselbe sollte dann gelten, wenn eine Erstattungspflicht zwischen Privatparteien nicht dem Unterhaltsstatut unterliegt.

a) Umfang der Erstattung. In welchem Umfang Erstattung verlangt werden kann, richtet sich **104** nicht allein nach dem Umfang der Aufwendungen der öffentlichen Einrichtung. Diese darf zwar nicht mehr verlangen, als sie geleistet hat, erhält aber auch nicht mehr erstattet, als der Unterhaltsverpflichtete nach seiner Leistungsfähigkeit, die das Unterhaltsstatut festlegt, an den Unterhaltsberechtigten zur jeweiligen Zeit der Unterhaltsgewährung nach dem Unterhaltsstatut hätte zahlen müssen. Nur so kann der Sinn und Zweck von Art. 11 lit. f erreicht werden, dass der Unterhaltsverpflichtete durch das Dazwischentreten der öffentlichen Einrichtung nicht schlechter gestellt wird als ohne eine solche Interzession mit Rückgriffsanspruch.

b) Zeitliche Grenzen der Erstattung. Was für die summenmäßige Bemessung der Erstattungs- **105** leistungen gilt, trifft auch für deren zeitliche Grenzen zu. Allein das Unterhaltsstatut bestimmt, wie lange der Unterhaltsverpflichtete Unterhalt schuldet und deshalb Leistungen öffentlicher Einrichtungen erstatten muss. Das gilt sowohl hinsichtlich des Unterhalts für die Vergangenheit als auch bezüglich der Unterhaltspflicht für die Zukunft, also bezüglich der Zeitdauer einer Unterhaltspflicht.[138]

IX. Sonstige Fragen des Unterhaltsverfahrens

1. Anwendbares Verfahrensrecht. Dieses richtet sich nach der jeweiligen *lex fori*. Jedes Gericht **106** und jede Behörde wendet also das am Sitz des Gerichts oder der Behörde geltende Verfahrensrecht

---

[133] Kein Verlust nachehelichen Unterhalts: OLG Hamm NJW-RR 1994, 136 und FamRZ 1994, 580 (Türkei); OLG Karlsruhe FamRZ 1991, 439 (Italien); anders für Serbien: OLG München IPRspr. 1993 Nr. 88.

[134] Staudinger/*Mankowski* (2016) Rn. 74; aA OLG Zweibrücken FamRZ 2004, 729 (deutsches Recht bei russischem Unterhaltsstatut; keine Verwirkung).

[135] OLG Hamm FamRZ 1994, 580; so auch Staudinger/*Mankowski* (2016) Rn. 70.

[136] Vgl. hierzu OGH ZfRV 28 (1987), 63 mAnm *Hoyer* ZfRV 28 (1987), 62; OLG Celle NJW-RR 2000, 451 (Erstattung nach Vaterschaftsanfechtung); ausf. hierzu *Brückner,* Unterhaltsregreß im internationalen Privat- und Verfahrensrecht, 1994, 99 ff.; *Martiny* FamRZ 2014, 430 f.

[137] OLG Köln IPRspr. 1991 Nr. 100.

[138] Dazu auch Staudinger/*Mankowski* (2016) Rn. 76.

an, so zB nach deutschem Recht das Rechtsschutzinteresse für eine neue Klage, wenn sie identisch ist mit dem bereits vorliegenden ausländischen Urteil.[139] Dieser Grundsatz der lex fori entlastet das Internationale Zivilverfahrensrecht von manchen Problemen, die das IPR bei der Bestimmung des maßgebenden Rechts und bei der Anwendung ausländischer Normen zu bewältigen hat. Gleichwohl treten auch im Internationalen Zivilverfahrensrecht Schwierigkeiten auf: Manchmal ist nämlich nicht klar, ob eine Norm funktional zum Verfahrensrecht oder zum materiellen Recht gehört; in anderen Fällen bestehen Zweifel, oder die Rechtsverwirklichung in Fällen mit Auslandsberührung bereitet verfahrensrechtliche Schwierigkeiten. Einige Fragen, die Art. 11 lit. d und e ausdrücklich dem Unterhaltsstatut unterstellt, sind bereits erwähnt worden.

107   **2. Zuständige Gerichtsbarkeit.** Das HUP selbst besagt nichts über die internationale Zuständigkeit der angerufenen inländischen Behörde. Die internationale Zuständigkeit der inländischen Behörden ergibt sich vielmehr aus Art. 3 ff. EuUnthVO und im Verhältnis zu EFTA-Staaten aus dem rev. LugÜ.[140] Im Scheidungsverfahren kann nach Art. 3 lit. c EuUnthVO Unterhalt als Folgesache geltend gemacht werden. Dasselbe gilt für Vaterschaftsklagen und den anschließenden Unterhaltsprozess gegen den Vater.

108   Zu überlegen ist stets genau, **wo geklagt wird;** denn je nach dem gewählten Forum (gewöhnlicher Aufenthalt des Unterhaltsberechtigten oder des Beklagten) kann der Verfahrensablauf sowie das anwendbare Recht divergieren. Selbst zwischen Vertragsstaaten kann ein „**forum shopping**" zu verschiedenem Ergebnis führen: Klagt ein Berechtigter mit schweizerischem gewöhnlichen Aufenthalt in der Bundesrepublik gegen einen in Deutschland wohnenden Verpflichteten, so wendet das deutsche Gericht deutsches Recht an (Art. 4 Abs. 3 S. 1); bei einer Klage in der Schweiz käme über Art. 3 Abs. 1 schweizerisches Recht zur Anwendung. Erst recht gilt dieser Effekt des „forum shopping" im Verhältnis zu Nichtvertragsstaaten. Schließlich muss bei einer Klage am inländischen gewöhnlichen Aufenthalt des Berechtigten bedacht werden, ob die Entscheidung im Ausland vollstreckt werden muss und deshalb dort der Anerkennung bedarf.[141]

109   **3. Art der Geltendmachung des Unterhalts. a) Klage oder Antrag.** Wie der Unterhalt im Forumstaat geltend zu machen ist, entscheidet die lex fori als das auf das Verfahren anwendbare Recht. Die lex fori sagt, ob der Unterhaltsanspruch mit einer Klage oder mit einem Antrag zu verfolgen ist. Ob bei nichtehelichen Kindern der Unterhalt im streitigen oder außerstreitigen Verfahren geltend zu machen ist, muss jeder Gerichtsstaat nach seinem Verfahrensrecht entscheiden. Das fremde Unterhaltsstatut bindet insofern nicht.

110   **b) Vereinfachtes Verfahren.** Ob der Unterhaltsanspruch in einem vereinfachten Verfahren geltend gemacht werden kann, entscheidet die lex fori als das für Verfahrensfragen zuständige Recht, zB für das vereinfachte deutsche Verfahren über den Unterhalt Minderjähriger (§§ 249 ff. FamFG). Dieses besondere Verfahren kann allerdings grundsätzlich nur dann stattfinden, wenn deutsches Recht anwendbar ist.[142] Trotz deutschen Unterhaltsstatuts sollte man jedoch dieses vereinfachte Verfahren dann nicht wählen, wenn der im Ausland lebende Schuldner die deutschen Formulare nicht verstehen und im Ausland keine Hilfe zu ihrem Verständnis erhalten kann.[143]

111   **4. Prozesskostenhilfe.** Prozesskostenhilfe wird nach §§ 114 Abs. 1, 1076 ff. ZPO auch ausländischen natürlichen Personen ohne Rücksicht auf die Verbürgung der Gegenseitigkeit gewährt. Wird

---

[139] OLG Hamburg IPRspr. 1990 Nr. 208; OLG Hamm FamRZ 1989, 1332; 1991, 718. Neue Klage bei unklarem ausländischen Urteil: OLG Hamburg FamRZ 1990, 535; OGH öst. Amtsvormund 2007, 221 (Geltendmachung nicht im außerstreitigen Verfahren).

[140] Gegenüber Dänemark gilt seit dem 1.7.2007 das Parallelabkommen, welches die Regelungen der EuGVO aF enthält: ABl. EU 2005 L 299, S. 62. Auch die EuGVO nF sowie Teile der EuUnthVO entfalten als Anhang des Parallelabkommens gegenüber Dänemark Wirkung: ABl. EU 2013 L 79, S. 4 (Brüssel IIa-VO); ABl. EU 2009 L 149, S. 80.

[141] Seit Inkrafttreten des EuGVÜ von 1968 am 1.2.1973 mussten auch die Niederlande und Luxemburg Unterhaltsentscheidungen anerkennen, die am ausländischen Wohnsitz oder gewöhnlichem Aufenthalt des Kindes in einem anderen Vertragsstaat des EuGVÜ ergangen sind (Art. 5 Nr. 2 EuGVÜ), was sie vorher gemäß Art. 18 des Haager Unterhaltsvollstreckungsabkommens von 1958 und nach ihren Vorbehalten nicht mussten: so jetzt auch H.R. DAVorm. 1989, 436. Heute gilt gegenüber beiden Staaten das HUntÜbk 2007, welches die alten Abkommen von 1973 und 1958 ersetzt hat und keine Vorbehaltsmöglichkeit iSd Haager Unterhaltsvollstreckungsabkommens von 1958 enthält. Seit dem 1.3.2002 galt die EuGVO aF und seit dem 10.1.2015 deren novellierte Fassung, welche beide dasselbe regeln wie das EuGVÜ. Allerdings ist die für Unterhaltssachen speziellere EuUnthVO zu beachten.

[142] OLG Karlsruhe NJW-RR 2006, 1587 mAnm *Gottwald* FamRZ 2006, 1394 (türkisches Recht).

[143] OLG Frankfurt a. M. IPRspr. 2001 Nr. 160 (deutsches Unterhaltsstatut, Schuldner in Griechenland).

Unterhalt eines im Ausland wohnenden Berechtigten nach dem AUG geltend gemacht, so ist nach § 20 AUG Prozesskostenhilfe zu gewähren.[144]

5. Beweisrecht. Das Beweisrecht gehört zu denjenigen Fragen, die grundsätzlich von der für das **112** Verfahren zuständigen lex fori beantwortet werden.[145] Dies wollten die Teilnehmer der Haager Konferenz nicht ändern, und deshalb sollte der Art. 11 das Beweisrecht nicht dem Unterhaltsstatut unterstellen.[146]

a) Vermutungen und Einreden. Zum Prozessrecht zählen nicht die Vaterschaftsvermutung **113** (§§ 1592, 1600 Abs. 2 BGB; Art. 1:197, 394 Nr. 3 BW; §§ 138, 163 ABGB; Art. 255, 262 schweiz. ZGB) sowie der Dirneneinwand und die *exceptio plurium* oder Mehrverkehrseinrede (§ 1717 Abs. 1 BGB aF). In allen Vertragsstaaten zählen diese Vermutung, die genannten Einwände und die Beweislast zum materiellen Recht. Deshalb sind sie auch stets nach dem Unterhaltsstatut beurteilt worden.[147]

b) Zeugenbeweis der Mutter/Großmutter. Ob der Zeugenbeweis der Mutter für die Beiwoh- **114** nung des verklagten Schuldners zulässig ist, sagt die lex fori. Die deutschen Gerichte lassen die Mutter oder Großmutter eines nichtehelichen Kindes als Zeugin zu, da sie am Verfahren als Partei nicht beteiligt sind.[148] In Frankreich dagegen wurden sie in der Regel als Zeugin nicht zugelassen.[149] – Gleichwohl genügt es nicht, dass jedes Forum sein eigenes Verfahrens- und Beweisrecht unbekümmert anwendet. Denn häufig muss eine inländische Entscheidung im Ausland durchgesetzt werden, und sie sollte deshalb auf ausländische ordre public-Vorstellungen Rücksicht nehmen. Geschieht dies nicht, so werden inländische Entscheidungen nicht anerkannt, wie zB deutsche Entscheidungen in Frankreich, wenn ein Vaterschaftsnachweis ausschließlich auf dem beeidigten Zeugnis der Mutter eines nichtehelichen Kindes beruht.[150] Deswegen ist es wichtig, dass – abgesehen von Art. 17 ff. EuUnthVO (Abschaffung des Exequaturverfahrens[151] und Beseitigung des ordre public – Einwandes) – bei deutschen Vaterschafts- und Unterhaltsprozessen gegen Franzosen der Vaterschaftsnachweis nicht allein durch das Zeugnis der Mutter geführt, sondern – wie auch sonst[152] – durch medizinische Gutachten belegt wird. Wenn nämlich die Aussage der Mutter durch zusätzliche Beweise bekräftigt wird, haben auch französische Gerichte deutsche Unterhaltsentscheidungen anerkannt.[153] Am zweckmäßigsten sind serologische und anthropologische sowie DNA-Gutachten. Verweigert der im Ausland wohnende Beklagte jedoch seine Mitwirkung, so kann dem Gericht wegen mangelnder Erforschung der Vaterschaft kein Vorwurf gemacht und die Anerkennung der Entscheidung darf nicht abgelehnt werden.

Dasselbe sollte auch im **Ausland** beachtet werden, damit im Vollstreckungsstaat nicht vermeidbare **115** Hindernisse entstehen und lange Prozesse um die Anerkennung im Inland geführt werden müssen.[154]

c) Blutgruppengutachten, DNA-Gutachten. Sie spielen in den Rechtsordnungen der Ver- **116** tragsstaaten eine unterschiedliche Rolle. Dies hängt mit der nicht überall beseitigten Zahlvaterschaft, unterschiedlichem Verfahren (Dispositionsmaxime oder Offizialprinzip) und divergieren-

---

[144] Hierzu *Rahm/Künkel/Breuer* FGVerf. VIII Rn. 227 f.; *Chr. Böhmer* IPRax 1987, 130 (140).

[145] *Coester-Waltjen,* Internationales Beweisrecht, 1983, 461.

[146] *Verwilghen* S. 454 und 456 bzw. S. 67 (Nr. 169 und 172); *de Winter* in Conférence de La Haye de droit international privé, Actes de la Huitième session 3 au 24 octobre 1956 (1957), S. 169, 311.

[147] Vgl. zur deutschen Vaterschaftsvermutung Cass. Rev. crit. dr. int. pr. 64 (1975), 461 mAnm *Wiederkehr;* Hof Arnhem N.J. 1972 Nr. 71 = NTIR 21 (1974), 307; ZivG Basel DAVorm. 1973, 580; KantonsG Schwyz DAVorm. 1972, 156.

[148] BGH NJW 1986, 2193 mAnm *Winkler v. Mohrenfels* IPRax 1987, 227 (Anerkennung eines jugoslawischen Urteils, des auf Grund des Zeugenbeweises der Mutter ergangen war); OLG Köln FamRZ 2008. 1763 (Aussage der Großmutter in polnischem Unterhaltsurteil).

[149] Cass. Rev. crit. dr. int. pr. 64 (1975), 461 mAnm *Wiederkehr;* App. Paris: DAVorm. 1968, 315; 1969, 354; aA App. Dijon Clunet 96 (1969), 87 mAnm *Ponsard* = DAVorm. 1968, 314.

[150] Cass. Gaz.Pal. 1974.1.443 = DAVorm. 1978, 564; Rev. crit. dr. int. pr. 67 (1978), 351 mAnm *Simon Depitre-J. Foyer* = DAVorm. 1978, 565; Clunet 105 (1978), 623 (629 f.); großzügiger ist die belgische und die italienische Praxis: Cass. belge R.W. 1978/80, 1763 m. Aufsatz *Erauw* 1729 bis 1738 = DAVorm. 1980, 330; Cass. it. Riv. dir. int. priv. proc. 14 (1978), 110.

[151] *Kuntze* FPR 2011, 166, 171.

[152] BGHZ 61, 165; BGH NJW 1976, 366; FamRZ 1982, 691.

[153] Cass. Rev. crit. dr. int. pr. 64 (1975), 461 mAnm *Wiederkehr;* Clunet 106 (1979), 614 (614 f.) mAnm *J. Foyer* = DAVorm. 1980, 329; App. Paris Rev. crit. dr. int. pr. 69 (1980), 603 (607) mAnm *J. Foyer* = DAVorm. 1981, 163; Trib. gr. inst. Béthune Gaz. Pal. 1973.1.102 = DAVorm. 1973, 699. Hierzu *E. Mezger* IPRax 1981, 103.

[154] Vgl. BGHZ 182, 188 = IPRspr. 2009 Nr. 252 mAnm *Henrich* FamRZ 2009, 1821. Hierzu *Siehr,* Essays in honour of Hans van Loon, 2013, 529 ff.

den Auffassungen über den Wert von ärztlichen Gutachten zusammen. Daraus ergeben sich verschiedene Probleme.

117   **aa) Zulässigkeit.** Die erste Frage betrifft die Zulässigkeit der Untersuchung als Beweismittel: Ist die Untersuchung zulässig, um durch eine so erfolgende Klärung der Abstammung die Unterhaltspflicht zu begründen oder zu widerlegen? Gerade diejenigen Rechtsordnungen, die auch eine Zahlvaterschaft kennen (zB Frankreich, Italien, Niederlande)[155] bestimmen häufig ausdrücklich, ob der Schuldner die Vaterschaftsvermutung durch ein Blutgruppen- oder DAN-Gutachten entkräften darf und unter welchen Bedingungen dies möglich ist. Deshalb ist die Zulässigkeit solcher Gutachten verschiedentlich dem Unterhaltsstatut unterstellt worden.[156] Meistens brauchte die Frage nach der Zulässigkeit jedoch nicht gestellt zu werden, weil das Unterhaltsstatut mit der lex fori zusammenfiel.[157] Im Allgemeinen werden Beweisvorschriften als „materielles Prozessrecht" oder „decisoria litis" dem in der Sache anwendbaren Recht unterstellt, wenn – wie etwa bei bestimmten Beweisverboten – eine materiell-rechtliche Wirkung erzielt werden soll.[158] Etwas Ähnliches wäre hier wohl nur in zwei Situationen anzunehmen: zum einen dann, wenn sogar für Fragen des Unterhalts ausschließlich durch ein Gutachten die Abstammung bewiesen oder eine Vaterschaftsvermutung widerlegt werden kann,[159] und zum anderen, sofern ein ausländisches Unterhaltsstatut – entgegen der lex fori – weitergehende Gutachten zulässt. Solange solche Situationen nicht vorliegen, sollte die Zulässigkeit von Gutachten nach der verfahrensrechtlichen lex fori beurteilt werden.[160]

118   **bb) Durchführung.** Die Durchführung einer zulässigen Begutachtung stößt häufig auf Schwierigkeiten. Jeder Beteiligte, der sich im Forumstaat aufhält, ist den Verfahrensvorschriften des Forums über die Duldung der Entnahme von Blut- oder Speichelproben unterworfen. In der Bundesrepublik gelten also die § 372a ZPO und § 178 Abs. 1 FamFG.[161] In anderen Staaten kann eine Duldungspflicht nur mittelbar durch Strafen oder überhaupt nicht erzwungen werden, so dass nur beweisrechtliche Schlüsse aus der Weigerung zur Duldung einer Blutentnahme oder Speichelprobe gezogen werden können.[162] Das ausländische Recht spielt im Inland dann eine Rolle, wenn die Person, die nach inländischem Recht eine Entnahme zu dulden hat, sich im Ausland aufhält. In einem solchen Fall darf ein inländischer Beweisbeschluss von inländischen Hoheitsträgern im Ausland nicht durchgesetzt werden; denn es ist völkerrechtswidrig, wenn inländische Hoheitsträger im Ausland ohne Billigung des Gastlandes tätig werden. Deshalb muss sich ein inländisches Gericht mit einem Rechtshilfeersuchen an die zuständige ausländische Behörde wenden und sie um die Durchführung der Beweisaufnahme bitten.[163] Die ersuchte Behörde braucht nur diejenigen Zwangsmittel anzuwenden, die ihr eigenes Recht vorsieht. Kennt das ausländische Recht keinen Zwang zur Duldung einer Blutentnahme/Speichelprobe oder erscheint die Gewährung von Rechtshilfe zweifelhaft, so darf trotzdem ein Rechtshilfeersuchen nicht unterbleiben.[164] Lediglich dann, wenn sich der im Ausland lebende Beklagte schon im Voraus entschieden geweigert hat, eine Entnahme zu dulden, und hierzu im Ausland auch nicht gezwungen werden kann, erübrigt sich ein Rechtshilfeersuchen.[165] Der

---

[155] Art. 342 frz. Code civil; Art. 279 it. Codice civile (eng begrenzt auf Inzestkinder, die nicht anerkannt und deren Abstammung nicht festgestellt werden kann); Art. 1: 394 niederl. BW.
[156] Hof Amsterdam berichtet in Hoge Raad N.J. 1979 Nr. 104 und Stellungnahme von Generalanwalt *Franx*; wohl auch Rb. Leeuwarden bei: *Sumampouw* I S. 109; KantonsG Schwyz DAVorm. 1972, 156.
[157] KG ZBlJugR 1976, 255; OLG Hamburg DAVorm. 1976, 625; ZivG Basel DAVorm. 1973, 52.
[158] Vgl. *Gamillscheg* JZ 1955, 703 zu BGH JZ 1955, 702 = Rev. crit. dr. int. pr. 44 (1955), 58 mAnm *Mezger* (hinsichtlich Art. 1985, 1341 C.c.); *Zweigert,* Die Zulässigkeit von Beweisen im deutschen IPR, in: Atti del 3° Congresso internazionale di diritto processuale civile, Milano 1969, 79, 82 f.; *Coester-Waltjen,* Internationales Beweisrecht, 1983, 376 f.
[159] Eine solche Regelung ist bisher unbekannt, da entweder auch ohne statusrechtliche Vaterschaft ein Unterhaltsanspruch gewährt wird oder weil aus der unberechtigten Weigerung, bei der Begutachtung mitzuwirken, beweisrechtliche Schlüsse gezogen werden können.
[160] OLG Hamburg DAVorm. 1987, 359 mAnm *Künkel* DAVorm. 1987, 363.
[161] Dies verstößt nicht gegen die Europäische Menschenrechtskonvention: EuKommMR ÖJZ 1980, 469.
[162] Vgl. zB Italien: Art. 118, 119 Codice di procedura civile; BGH NJW 1986, 2371 mAnm *Stürner* JZ 1987, 44; m. zust. Anm. *Schlosser* IPRax 1987, 153; IPG 1975 Nr. 44 (Köln); *Hausmann* FamRZ 1977, 302 (305 f.); *Jayme* StAZ 1976, 193 (195); *Grunsky* FamRZ 1983, 826; Frankreich: Art. 11 Abs. 1 C.p.c.; Art. 296 Abs. 2 CH-ZPO.
[163] Hierzu *Hausmann* FamRZ 1977, 302; IPG 1970 Nr. 41 (Freiburg); IPG 1973 Nr. 45 (Hamburg); IPG 1975 Nr. 44 (Köln).
[164] KG ZBlJugR 1976, 255; unzutr. OLG Karlsruhe FamRZ 1977, 341 mit Richtigstellung durch *Hausmann* FamRZ 1977, 302 (306 f.). Zur Beschaffung einer Blutprobe aus dem Ausland: DAVorm. 1980, 842 f.
[165] Vgl. BGH NJW 1986, 2371; OLG Hamburg DAVorm. 1976, 625; OLG München DAVorm. 1978, 354; OLG Stuttgart DAVorm. 1975, 21.

Beklagte ist jedoch ausdrücklich und rechtzeitig auf mögliche nachteilige Folgen seiner Beweisvereitelung hinzuweisen.[166]

cc) Beweiswürdigung. Diese erfolgt grundsätzlich nach der lex fori. Das gilt sowohl hinsichtlich **119** der Auswertung eines Gutachtens als auch bezüglich einer Weigerung, eine Blutentnahme oder Speichelprobe zu dulden. So entscheidet die lex fori, ob das Gericht aus einer Beweisvereitelung seine vorher angedrohten beweisrechtlichen Schlüsse ziehen und annehmen darf, eine Begutachtung hätte keine Anhaltspunkte für schwerwiegende Zweifel an der Vaterschaft erbracht.[167] Manchmal sehen dies die Prozessordnungen sogar ausdrücklich vor (vgl. zB Art. 118 Abs. 2 it. Codice di procedura civile). Jedoch auch dort, wo gesetzliche Vorschriften fehlen, gilt nichts anderes.[168]

6. Abänderung von Unterhaltstiteln. Das HUP gibt – im Gegensatz zu den Haager Unterhalts- **120** vollstreckungsabkommen von 1958, 1973 sowie 2007 (Art. 8 bzw. Art. 2 Abs. 2 sowie Art. 10 Abs. 1 und Abs. 2) – keine Auskunft über die Abänderung von Unterhaltsentscheidungen. Es ist davon auszugehen, dass das Gericht internationale Kompetenz besitzen muss und eine Unterhaltsentscheidung nur unter bestimmten Voraussetzungen der Modifikation unterliegt.

a) Internationale Zuständigkeit. Über die internationale Zuständigkeit der um eine Abände- **121** rung angerufenen Instanz befinden abschließend die EuUnthVO in ihren Art. 3–14[169] und gegenüber EFTA-Staaten das rev. LugÜ. In vielen Fällen hat der klagende Berechtigte die Möglichkeit, entweder an seinem allgemeinen Gerichtsstand zu prozessieren (Art. 3 lit. b EuUnthVO/Art. 5 Nr. 2 rev. LugÜ) oder am Wohnsitz des Beklagten (Art. 3 lit. a EuUnthVO/Art. 2 rev. LugÜ). Wo der Prozess am sinnvollsten geführt werden sollte, hängt von mehreren Gesichtspunkten ab. Eine Klage im Inland ist zwecklos, wenn sie im Ausland vollstreckt werden muss und ein inländisches Abänderungsurteil dort nicht anerkannt wird. Auf der anderen Seite empfiehlt sich nicht ohne weiteres eine Klage am ausländischen Wohnsitz des Schuldners; denn im Inland kann es unter Umständen verfahrensmäßig einfacher und billiger sein, eine Abänderung zu erreichen, die dann auch im Ausland anerkannt wird.[170]

b) Abänderbarkeit. Der Abänderbarkeit einer Entscheidung darf nach bislang vorherrschender **122** Ansicht kein völkerrechtliches Verbot entgegenstehen. Des Weiteren muss jene auch im Inland anerkannt werden. Darüber hinaus ist umstritten, ob vorweg geprüft werden muss, inwiefern das Recht des Entscheidungsstaates abstrakt generell die Abänderung zulässt.[171] Weitere Fragen stellen sich im Zusammenhang mit der Klageberechtigung.

aa) Kein völkerrechtliches Verbot. Der Abänderung eines ausländischen Unterhaltstitels steht **123** kein völkerrechtliches Verbot entgegen. Dies ist herrschende Lehre[172] und entspricht der Praxis.[173]

bb) Anerkennung im Inland. Nur im Inland anerkannte ausländische Unterhaltsentscheidun- **124** gen können dort auch abgeändert werden.[174] Andernfalls entfaltet die Entscheidung im Inland von vornherein keinerlei Wirkung.[175] Im Abänderungsverfahren ist daher zumindest inzident die Anerkennung des ausländischen Unterhaltstitels zu prüfen.[176] Ob sie anerkannt wird, richtet sich

---

[166] BGH NJW 1986, 2371.

[167] BGH NJW 1986, 2371; OLG Hamburg DAVorm. 1987, 359 mAnm *Künkel* 363; OLG Hamm IPRspr. 1994 Nr. 113.

[168] OLG Hamburg DAVorm. 1976, 625; OLG Koblenz DAVorm. 1979, 661; OLG Köln DAVorm. 1980, 850; OLG München DAVorm. 1978, 354; OLG Stuttgart DAVorm. 1975, 21; unrichtig OLG Karlsruhe FamRZ 1977, 341 m. abl. Anm. *Hausmann* 306 f.

[169] Die Zuständigkeitsvorschriften der EuUnthVO gelangen über das Parallelabkommen (ABl. EU 2005 L 299, S. 62) auch gegenüber Dänemark zur Anwendung (ABl. EU 2009 L 149, S. 80).

[170] Vgl. Tingsrätt Malmö DAVorm. 1973, 515, wo das klagende und erfolgreiche Kind die Prozesskosten tragen musste, weil es in der Bundesrepublik billiger eine Abänderung hätte erlangen können.

[171] Dies als „Vetorecht" des Entscheidungsstaates bezeichnend: *Gruber* IPRax 2016, 338 (342).

[172] *Georgiades,* FS Zepos II, 1973, 189 (191–198); NK-BGB/*Gruber* Art. 1 Rn. 20; *Hausmann* IntEuSchR Rn. C 194; *Peter Schlosser* IPRax 1981, 120; *Siehr,* FS Bosch, 1976, 937–940.

[173] BGH NJW 1983, 1976 mAnm *Spellenberg* IPRax 1984, 304; OLG Düsseldorf DAVorm. 1991, 198; OLG Hamm FamRZ 1991, 718; LG München II NJW 1975, 1609; ObG Thurgau SchwJZ 1969, 347 = DAVorm. 1969, 293; s. auch *Hau* ZVglRWiss115 (2016), 672.

[174] BGH NJW 2015, 694 (695) Rn. 12 mAnm *Gruber* IPRax 2016, 338; mAnm *Andrae* NZFam 2015, 267; mAnm *Heiderhoff* FamRZ 2015, 484; BGH NJW 1983, 1976 mAnm *Spellenberg* IPRax 1984, 304; Rauscher/ *Andrae* HUntStProt Einl. Rn. 29; NK-BGB/*Gruber* Art. 1 Rn. 20; *Hausmann* IntEuSchR Rn. C 193.

[175] *Gruber* IPRax 2016, 338 (339).

[176] BGH NJW 2015, 694 (695) Rn. 12 mAnm *Gruber* IPRax 2016, 338 mAnm *Andrae* NZFam 2015, 267; mAnm *Heiderhoff* FamRZ 2015, 484.

nach der EuUnthVO (Art. 16 ff. EuUnthVO), dem rev. LugÜ (Art. 32 ff. rev. LugÜ), den Haager Unterhaltsvollstreckungsabkommen von 1958, 1973[177] oder dem von der EU ratifizierten Übereinkommen über die internationale Geltendmachung der Unterhaltsansprüche von Kindern und anderen Familienangehörigen von 2007.[178] Den Haager Unterhaltsvollstreckungsübereinkommen ist der Gedanke eines Günstigkeitsprinzips bzw. der größten Wirksamkeit immanent.[179] Daher sind nach Art. 23 UnthAnerkÜbk 1973 sowie Art. 52 HUntÜbk 2007 auch günstigere bzw. wirksamere Regelungen anderer Übereinkünfte heranzuziehen. Soweit die EuUnthVO oder das rev. LugÜ nicht eingreifen,[180] sind darüber hinaus bilaterale Staatsverträge mit Nichtmitgliedstaaten der EuUnthVO oder des rev. LugÜ[181] oder gegenüber Drittstaaten die nationalen Verfahrensregelungen des §§ 108 ff. FamFG zu beachten.[182] Innerhalb des Binnenmarktes (mit Ausnahme von Dänemark) richtet sich die Anerkennung einer aus einem anderen Mitgliedstaat stammenden Entscheidung bei einem nach dem 18.6.2011 eingeleiteten Abänderungsverfahren nach der EuUnthVO. Die Vorschriften über die Anerkennung und Vollstreckung der EuUnthVO gelangen über das Parallelabkommen[183] auch gegenüber Dänemark zur Anwendung.[184]

Wird hingegen eine ausländische Entscheidung nicht anerkannt, bedarf es keiner Abänderungsklage.[185] Vielmehr muss neu auf Zahlung von Unterhalt geklagt werden.[186]

125 **cc) Zulässigkeit der Abänderbarkeit nach dem Recht des Entscheidungsstaates.** Ob eine ausländische Unterhaltsentscheidung nach dem Recht des Entscheidungsstaates überhaupt abänderbar ist oder ein für alle Mal die Unterhaltsbeziehungen regelt, bleibt eine Frage, der meist keine Relevanz zukommen wird; denn – abgesehen vielleicht vom nachehelichen Unterhalt[187] zwischen geschiedenen Ehegatten – sind Unterhaltsansprüche nach wohl allen bedeutenden Rechtsordnungen abänderbar.[188] Diese Vermutung hat der BGH unlängst jedenfalls für den Rechtsraum der EU für überzeugend gehalten, da die Abänderbarkeit einer mitgliedstaatlichen Entscheidung durch ein anderes Forum in der EU in den Vorschriften der EuUnthVO angelegt ist.[189] Angesichts dessen ließ der

---

[177] Diese Staatsverträge sind laut Art. 69 EuUnthVO gegenüber einem Vertragsstaat, der nicht zugleich Mitgliedstaat ist, anzuwenden. Innerhalb des Binnenmarktes werden die Staatsverträge von der EuUnthVO verdrängt. Lediglich bei Privatvergleichen ist auch in diesen Konstellationen das Haager Unterhaltsvollstreckungsabkommen von 1973 heranzuziehen. Siehe zum Verhältnis der EuUnthVO und diesen beiden Staatsverträgen: Rauscher/*Andrae* EG-UnthVO Art. 69 Rn. 5 ff.

[178] Das Verhältnis zwischen diesem Übereinkommen und der EuUnthVO lässt sich Art. 51 Abs. 4 des Übereinkommens entnehmen. Demnach hat die EuUntVO hinsichtlich der Anerkennung und Vollstreckung Vorrang. Siehe ausführlich: Rauscher/*Andrae* EG-UnthVO Art. 69 Rn. 9 ff.

[179] Rauscher/*Andrea* EG-UnthVO Einl. Rn. 5.

[180] Dies ist nach Art. 2 Abs. 2 rev. LugÜ ganz generell dann der Fall, wenn der Beklagte seinen Wohnsitz in keinem Vertragsstaat des rev. LugÜ hat. Das gilt nach Art. 5 Nr. 2 rev. LugÜ für Unterhaltsklagen. Im Zuge der Reformierung ist die Zuständigkeit für Unterhaltssachen in der EuGVO nF gestrichen worden, da sich diese nunmehr nach der EuUnthVO richtet.

[181] In Frage kommen also die Staatsverträge mit Tunesien (1966), Israel (1977) und Norwegen (1977). Die bilateralen Staatsverträge zwischen den Vertragsstaaten des rev. LugÜ oder Mitgliedstaaten der EU behalten nach Art. 69, 70 rev. LugÜ, Art. 69 EuUnthVO ihre Wirksamkeit nur noch für die Rechtsgebiete, auf welche rev. LugÜ/EuUnthVO nicht anzuwenden sind.

[182] Auch § 328 ZPO gilt nur noch dann, wenn EuUnthVO/rev. LugÜ und §§ 108 f. FamFG nicht anwendbar sind. Zur Abgrenzung von nachehelichem Unterhalt und güterrechtlichen Scheidungsfolgen s. *Heiderhoff* IPRax 2011, 156 ff.

[183] Abkommen zwischen der Europäischen Gemeinschaft und dem Königreich Dänemark über die gerichtliche Zuständigkeit und die Anerkennung und Vollstreckung von Entscheidungen in Zivil- und Handelssachen, ABl. EU 2005 L 299, S. 62.

[184] ABl. EU 2009 L 149, S. 80.

[185] So AG Stuttgart DAVorm. 1986, 737, das – anders als das insofern richtige Urteil des OLG Hamburg DAVorm. 1985, 509 – ein jugoslawisches Urteil zwischen geschiedenen Ehegatten mit Unterhaltsverpflichtung gegenüber ihrem Kind zu Händen des gesetzlichen Vertreters nicht als Grundlage einer Abänderungsklage des Kindes anerkannte. In Wahrheit verstieß die Unterhaltsbemessung nach Auffassung des Gerichts gegen den ordre public.

[186] OLG Schleswig OLGZ 1980, 49; OLG Zweibrücken FamRZ 1979, 628; LG München II DAVorm. 1960, 248; AG Hof IPRspr. 1962–1963 Nr. 131; AG Tübingen DAVorm. 1973, 245; Rauscher/*Andrae* HUntStProt Einl. Rn. 29; *Dörner* in Eschenbruch/Schürmann/Menne Unterhaltsprozess Kap. 6 Rn. 213.

[187] Zur Abänderbarkeit des nachehelichen Unterhalts siehe ausführlich *Coester-Waltjen* IPRax 2012, 528 ff.; *Riegner* FamFR 2012, 54 ff.

[188] Vgl. *Siehr*, FS Bosch, 1976, 927 f. sowie BGH NJW 2015, 694 (696) Rn. 14 mAnm *Gruber* IPRax 2016, 338 (342 f.); mAnm *Andrae* NZFam 2015, 267; mAnm *Heiderhoff* FamRZ 2015, 484; BGH NJW-RR 1993, 5 mAnm *Kronke* LM ZPO § 323 Nr. 66; OLG Hamm FamRZ 1993, 189.

[189] BGH NJW 2015, 694 (696) Rn. 14 mAnm *Gruber* IPRax 2016, 338 (342 f.); mAnm *Andrae* NZFam 2015, 267; mAnm *Heiderhoff* FamRZ 2015, 484.

Senat offen, ob eine Änderung nur dann erfolgen kann, wenn diese von dem Recht des Entscheidungsstaates als zulässig erachtet wird.[190] Sofern man eine solche zusätzliche Voraussetzung fordern möchte, scheint nach den Ausführungen des BGH wohl die generelle Abänderbarkeit nach der Rechtsordnung des Erststaates zu genügen, ohne auf den konkreten Einzelfall abzustellen.[191] Gleichwohl vermag dieser weitere Prüfungsschritt kaum zu überzeugen. Zum einen ist nach den Ausführungen des BGH die Abänderbarkeit in den meisten Rechtsordnungen vorgesehen und zum anderen beurteilen sich die Anerkennung nach der inländischen Rechtsordnung und die materiellen Voraussetzungen der Abänderbarkeit der Entscheidung nach der hier vertretenen Auffassung laut dem durch das HUP ermittelten Unterhaltsstatut, so dass es wenig sinnstiftend erscheint, die Frage der Zulässigkeit der generellen Abänderbarkeit nach dem Recht des Erststaates zu überprüfen.[192]

dd) Klageberechtigung. Klageberechtigt ist, wer das abzuändernde Urteil für und gegen sich **126** gelten lassen muss und wer auch jetzt noch den zuerkannten Unterhalt für sich oder in Prozessstandschaft geltend machen kann. Grundsätzlich sind dies zunächst die Parteien, zwischen denen die in Rede stehende Entscheidung ergangen ist.[193] Zu Problemen kommt es, wenn beispielsweise im Erststaat ein Elternteil den Kindesunterhalt eingeklagt hat und im Abänderungsstaat das minderjährige Kind als Antragsteller fungiert.[194] In solchen Fällen kann das Kind nur verfahrensbefugt sein, wenn die ausländische abzuändernde Entscheidung für und gegen das Kind als jetzigen Kläger wirkt.[195] Diese Frage beurteilt sich nach dem vom ausländischen Gericht angewandten Recht.[196] Wenn die Entscheidung auch gegenüber dem Kind nach dem Recht des Erstgerichts Wirkung zeigt, richtet sich dennoch die konkrete Verfahrensführungsbefugnis bezüglich des Abänderungsprozesses nach dem gegenwärtigen Unterhaltsstatut.[197] Im deutschen Recht ist hinsichtlich der Verfahrensstandschaft § 1629 Abs. 3 BGB zu beachten. Gerichtliche Entscheidungen gelten laut § 1629 Abs. 3 S. 2 BGB für und gegen das Kind. Bei ausländischen Staaten, die eine ähnliche oder weitergehende Prozessstandschaft kennen, kann im Inland das Kind oder dessen Vertreter diesen für und gegen das Kind wirkenden Titel abändern lassen. Eine Ersatz- oder Zusatzklage ist insoweit nicht notwendig.

c) Anwendbares Recht. Grundsätzlich muss zwischen dem Recht, welchem die konkret-indivi- **127** duelle Abänderungsregelung sowie die Voraussetzungen der Abänderung entstammen und demjenigen, welches deren Art und Höhe bestimmt, differenziert werden.[198]

aa) Qualifikation der Abänderungsvoraussetzungen. Zunächst ist umstritten, welchem **128** Recht die Abänderungsregelung und deren Voraussetzungen zu entnehmen sind. Sofern der § 238 FamFG zur Anwendung gelangt, bleibt darüber hinaus unklar, wie seine einzelnen Absätze zu qualifizieren sind.

(1) Unterschiedliche Qualifikationsansätze. Ob die Abänderbarkeit eines ausländischen Unter- **129** haltstitels an der lex fori des mit dem Abänderungsbegehren befassten Gerichts oder anhand der Kollisionsregeln des Haager Unterhaltsprotokolls zu bestimmenden Unterhaltsstatut zu messen ist, hängt von der Qualifizierung der jeweiligen Tatbestandsvoraussetzungen als prozess-[199] bzw. materiell-rechtlich ab.[200] Der BGH hat mangels Entscheidungserheblichkeit eine trennscharfe Differenzierung bislang vermieden.[201] Mit Blick auf die Ausführung der Revisionsinstanz[202] erscheint es vorzugswürdig, sowohl von materiellen als auch prozessualen Aspekten hinsichtlich der Abänderbarkeit einer Unterhaltsentscheidung und daher von einer gespaltenen Qualifikation auszugehen. Grundsätzlich sollten die materiellen Voraussetzungen der Abänderung dem nach dem HUP ermittelten Unterhaltsstatut entnommen werden, jedoch darüber hinaus der prozessrechtliche Rahmen für die

---

[190] BGH NJW 2015, 694 (696) Rn. 14.

[191] BGH NJW 2015, 694 (696) Rn. 14 f.; *Gruber* IPRax 2016, 338 (342 f.).

[192] Vgl. *Gruber* IPRax 2016, 338 (343).

[193] BGH NJW 2015, 694 (696) Rn. 17 mAnm *Gruber* IPRax 2016, 338, (344); mAnm *Andrae* NZFam 2015, 267; mAnm *Heiderhoff* FamRZ 2015, 484.

[194] So die zugrundeliegende Konstellation in BGH NJW 2015, 694.

[195] Rauscher/*Andrae* HUntStProt Einl. Rn. 30.

[196] BGH NJW 2015, 694 (696) Rn. 17.

[197] Rauscher/*Andrae* HUntStProt Einl. Rn. 30.

[198] BGH NJW 2015, 694 (697) Rn. 22; *Hausmann* IntEuSchR Rn. C 199.

[199] Eine prozessrechtliche Qualifikation befürwortend: *Dörner* in Eschenbruch/Schürmann/Menne Unterhaltsprozess Kap. 6 Rn. 215 f.

[200] Siehe zum Meinungsstand Staudinger/*Mankowski* (2016) Vorbemerkungen zum HUP Rn. 50 ff.

[201] Zuletzt BGH NJW 2015, 694 (697) Rn. 22 (allerdings war diese Frage nicht entscheidungserheblich, da nach beiden Qualifikationsalternativen das deutsche Recht zur Anwendung gelangte) mAnm *Gruber* IPRax 2016, 338 f.; mAnm *Andrae* NZFam 2015, 267; mAnm *Heiderhoff* FamRZ 2015, 484.

[202] BGH NJW 2015, 694 (697) Rn. 23.

Abänderung nach der lex fori zur Anwendung gelangen.[203] Das HUP enthält zwar selbst keine Vorschrift hinsichtlich der Abänderung einer Unterhaltsentscheidung, dennoch sollte die zum Haag-UnthStÜbk 1973 angenommene Anwendbarkeit auf die Abänderbarkeit von Unterhaltssachen auch auf das jüngere HUP übertragen werden.[204] Zu bedenken ist ferner, dass bei der Maßgeblichkeit des HUP alle Vertragsstaaten übereinstimmende Regelungen für die Ermittlung des einschlägigen Sachrechts heranziehen. Daher spricht für eine materiell-rechtliche Qualifikation die Rechtseinheit und -sicherheit.[205]

130   Als Teil des Unionsrechts sollten das Haager Unterhaltsprotokoll und die mit ihm im Zusammenhang stehenden Rechtsfragen im Rahmen der Abänderbarkeit dem EuGH nach Art. 267 AEUV vorgelegt werden, um durch ein Vorlageersuchen Rechtssicherheit zu erlangen.[206]

131   **(2) § 238 Abs. 1 FamFG.** Ein deutsches Forum hat bei der Abänderung eines ausländischen Urteils den § 238 FamFG zu beachten.[207] Fraglich bleibt jedoch, ob und inwieweit seine einzelnen Absätze als prozess- oder materiell-rechtlich zu qualifizieren sind. Dieser Unterscheidung kommt indes nur dann Bedeutung zu, sofern das vom Unterhaltsstatut berufene Recht nicht zugleich auch die lex fori ist.[208]

131a   Für eine prozessuale Qualifikation des § 238 FamFG kann allerdings aus europäischer bzw. staatsvertraglicher Sicht weder die nationale Entstehungsgeschichte noch der Standort im deutschen Prozessrecht genügen.[209] Vielmehr bedarf es einer **autonomen Interpretation** aus dem Blickwinkel des HUP.[210] Vor diesem Hintergrund überzeugt es, den § 238 Abs. 1 FamFG als materiell-rechtliche Voraussetzung für die Änderung des Unterhaltstitels zu qualifizieren.[211] Das bedeutet, dass § 238 Abs. 1 FamFG nur bei deutschem Unterhaltsstatut zur Anwendung gelangt.

132   Im Rahmen des § 238 Abs. 1 FamFG stellt sich die Frage, ob für einen **Abänderungsantrag** lediglich eine durch **Statutenwechsel** bedingte Modifikation des anwendbaren Rechts genügt. Laut dem Gesetzestext des § 238 Abs. 1 S. 2 FamFG bedarf es einer Abkehr von den ursprünglichen Verhältnissen in tatsächlicher oder rechtlicher Hinsicht. Der BGH hat sich zu dieser Problemstellung noch nicht abschließend geäußert.

133   Teilweise wird vertreten, ein bloßer Statutenwechsel sollte nicht ausreichen, um den Unterhalt neu zu berechnen. Denn es widerspreche dem Verbot der **révision au fond,** wenn die bereits zum Zeitpunkt des Unterhaltstitels bestehenden Umstände nach dem nunmehr anwendbaren neuen Sachrecht anders beurteilt würden als zuvor. Vielmehr bedürfe es einer wesentlichen Veränderung in tatsächlicher Hinsicht.[212]

133a   Ein Teil der Literatur will vor diesem Hintergrund eine Abänderungsklage zulassen, wenn der Unterhaltsanspruch infolge des Statutenwechsels von seiner Höhe abweichend zu berechnen ist.[213] Dies überzeugt im Ausgangspunkt, da den Anforderungen des § 238 Abs. 1 FamFG bereits eine Gesetzes- oder Rechtsprechungsänderung genügt.[214] Durch einen Erstrechtschluss muss dann auch dem Wechsel des anwendbaren Rechts eine tragende Bedeutung nach § 238 Abs. 1 FamFG zukommen.[215] Der BGH wies ebenfalls darauf hin, dass er zuvor in einem obiter dictum den Statutenwechsel als Änderungsgrund für möglich gehalten habe.[216] In der Entscheidung vom 10.12.2014 ließ der Senat diese Frage ausdrücklich offen, was aber wohl nicht als Abkehr von seinem vorherigen obiter dictum zu verstehen ist.[217]

---

[203] Ebenfalls für diese Differenzierung: Rauscher/*Andrae* HUntStProt Einl. Rn. 32 ff; *Hausmann* IntEuSchR Rn. C 196.
[204] Siehe dazu ausführlich *Gruber* IPRax 2016, 338 (340 f.).
[205] *Gruber* IPRax 2016, 338 (341); Staudinger/*Mankowski* (2016) Vorbemerkungen zum HUP Rn. 74.
[206] Rauscher/*Andrae* HUntStProt Einl. HUntStProt Rn. 32; *Gruber* IPRax 2016, 338 (338); *Hausmann* IntEuSchR Rn. C 198.
[207] S. zur Abänderung von Unterhaltsbeschlüssen nach § 238 FamFG *Ehinger* NJW 2014, 3352 ff.
[208] Vgl. Johannsen/Heinrich/*Brudermüller* FamFG § 238 Rn. 57.
[209] So auch *Gruber* IPRax 2016, 338 (340 f.). Der Entstehungsgeschichte ebenfalls keine ausschlaggebende Bedeutung beimessend: Staudinger/*Mankowski* (2016) Vorbemerkungen zum HUP Rn. 61 f.
[210] *Gruber* IPRax 2016, 338 (340); *Hausmann* IntEuSchR Rn. C 196.
[211] *Gruber* IPRax 2016, 338 (340 f.).
[212] Rauscher/*Andrae* HUntStProt Einl. Rn. 35; Staudinger/*Mankowski* (2016) Vorbemerkungen zum HUP Rn. 71 f.
[213] So *Heiderhoff* FamRZ 2015, 484 (485).
[214] BGH NJW 2012, 3037 (3039) Rn. 30; *Gruber* IPRax 2016, 338 (343).
[215] So auch *Gruber* IPRax 2016, 338 (343).
[216] BGH NJW 2015, 694 (698) Rn. 30.
[217] *Gruber* kritisiert, der BGH habe eine vormals klare Aussage lediglich zu einem obiter dictum herabgestuft (*Gruber* IPRax 2016, 338 [343]).

Letztendlich wird diese Frage nur in wenigen Fällen entscheidungserheblich sein, da sich oftmals **134** neben den Statutenwechsel auch tatsächliche Veränderungen ergeben, sei es, dass das Kind älter geworden ist und sich dadurch ein erhöhter Bedarf ergeben hat oder die Kaufkraft[218] in den Staaten unterschiedlich zu bewerten ist.

bb) Art und Höhe des Unterhalts. Bei dem zur Bestimmung der Art und Höhe des Unterhalts **135** anwendbaren Rechts ist zu berücksichtigen, ob der abzuändernden Unterhaltsentscheidung Bindungswirkung zukommt. Ein Statutenwechsel nach dem Erlass der abzuändernden Entscheidung hat erheblichen Einfluss auf eine solche Wirkung.

(1) Kein Statutenwechsel. Grundsätzlich unterliegt die Abänderung einer ausländischen **136** Unterhaltsentscheidung in einem Verfahren nach § 238 FamFG vor deutschen Gerichten dem Sachrecht, welchem der Titel zugrundeliegt.[219] Der ausländischen Entscheidung kommt daher sowohl hinsichtlich der festgestellten Tatsachen als auch bezüglich des ermittelten Unterhaltsstatuts **Bindungswirkung** zu.[220] Die Neufestsetzung des Unterhalts hat nur im Rahmen dieser ursprünglichen Feststellungen zu erfolgen.[221] Das Unterhaltsstatut der Erstentscheidung gelangt selbst dann zur Anwendung, wenn das Internationale Privatrecht des Abänderungsstaates ein anderes Recht berufen sollte.

Zu berücksichtigen bleibt das Verbot des révision au fond. Die Erstentscheidung und die ihr **136a** zugrundeliegenden Tatsachen dürfen nicht überprüft werden.[222] Daher können nur nachträgliche Änderungen Berücksichtigung finden.[223] Außer den früher festgestellten realen Umständen als Vergleichsgrundlage dürfen bestimmte Fragen **ohne** zwischenzeitlichen Statutenwechsel **nicht neu aufgeworfen werden,** weil dies auf eine inhaltliche Überprüfung des ausländischen Titels hinausliefe.[224] Unantastbar bleiben alle diejenigen aufklärungsbedürftigen Umstände, welche die Unterhaltspflicht dem Grunde nach bestimmen und auch festgelegt haben. Hierbei handelt es sich um die Anspruchsgrundlage, den Unterhaltsschuldner, die Dauer der Unterhaltspflicht und um präjudizielle Statusfragen. Nur die Höhe des Unterhalts, die Fristen für die Geltendmachung und die Klagebefugnis sind für den Änderungsantrag nach dem identisch gebliebenen Unterhaltsstatut neu zu bestimmen.

(2) Statutenwechsel. Hat nach dem Internationalen Privatrecht des Abänderungsstaates ein **137** beachtlicher Statutenwechsel seit dem Erlass des ursprünglichen Unterhaltsurteils stattgefunden, weil sich im konkreten Fall die in Art. 3–5 erwähnten Anknüpfungsmerkmale (gewöhnlicher Aufenthalt des Berechtigten, gemeinsame Staatsangehörigkeit der Beteiligten) geändert haben, so ist das Zweitgericht fortan nicht mehr an das dem Unterhaltstitel zugrundeliegende Sachrecht gebunden.[225] Diesem Forum steht es daher frei, den Unterhalt nach dem gegenwärtig maßgebenden Statut abzuändern.[226] Mit dem überzeugenden Argument, auch das ausländische Ausgangsgericht müsse dem Statutenwechsel nach den Vorschriften des HUP Rechnung tragen, wäre es selbst mit der Rechtssache belastet, hat auch der BGH eine Bindung des mit dem Abänderungsbegehren befassten Forums an das in der Erstentscheidung angewandte Unterhaltsstatut abgelehnt.[227] Bei Anwendung der neu nach dem HUP ermittelten Rechtsordnung dient eine im Inland ergangene oder anerkannte ursprüngliche Unterhaltsentscheidung als Grundlage für die Unterhaltspflicht überhaupt und als Vergleichsmaßstab dafür, ob sich die Verhältnisse so geändert haben, dass nach dem neuen Unterhaltsstatut eine Modifizierung des Titels angezeigt erscheint. Bei der Bemessung des Unterhalts und dessen Neuberechnung ist das abändernde Forum frei und nicht an die im ursprünglichen Unterhaltsurteil festgestellten und zugrunde gelegten Tatsachen gebunden; denn diese beruhen auf dem ursprünglich maßgebenden Unterhaltsstatut, das nach dem Statutenwechsel gerade nicht mehr gilt.[228]

---

[218] Zur Ermittlung des Kaufkraftunterschieds bei der Bemessung des Unterhalts BGH NJW 2014, 2785.

[219] BGH NJW 2015, 694 (697) Rn. 24.

[220] BGH NJW 2015, 694 (697) Rn. 24; *Gruber* IPRax 2016, 338 (343).

[221] BGH NJW 1983, 1976; OLG Düsseldorf FamRZ 1982, 631; OLG Hamburg IPRpr. 1990 Nr. 208; AG Charlottenburg IPRspr. 1986 Nr. 174.

[222] *Rauscher/Andrae* HUntStProt Einl. Rn. 34.

[223] Staudinger/*Mankowski* (2016) Vorbemerkungen HuP Rn. 71.

[224] KG FamRZ 1994, 759; OLG München NJW-RR 1990, 649.

[225] *Dimmler/Bißmaier* FPR 2013, 11 (13); *Dörner* in Eschenbruch/Schürmann/Menne Unterhaltsprozess Kap. 6 Rn. 217.

[226] BGH NJW 2015, 694 (Verziehen nach Deutschland, Anpassung an deutsches Recht); LG Hannover NJW-FER 1998, 272 (Verziehen nach Slowenien, Anpassung an slowenisches Recht).

[227] BGH NJW 2015, 694 (697 f.) Rn. 25 f. mAnm *Gruber* IPRax 2016, 338 (343); mAnm *Andrae* NZFam 2015, 267; mAnm *Heiderhoff* FamRZ 2015, 484.

[228] NK-BGB/*Gruber* Art. 1 Rn. 26.

138   **d) Prozessrechtlicher Rahmen des Abänderungsverfahrens.** In Abänderungsverfahren vor hiesigen Gerichten legt nach der hier vertretenen Auffassung die Normen der **lex fori** lediglich den prozessrechtlichen Rahmen fest.

Hierzu könnten sowohl die Präklusionsvorschrift des § 238 Abs. 2 FamFG als auch die Rückschlagsperre des Abs. 3 zählen.[229]

138a   Die Präklusionsvorschrift des § 238 Abs. 2 FamFG beinhaltet keine Abänderungsvoraussetzung, sondern stellt eine prozessuale Sanktion auf, sodass es auch mit dem HUP im Einklang steht, diese prozessual zu qualifizieren.[230]

139   Die zeitliche Beschränkung des § 238 Abs. 3 hat ebenso verfahrensrechtlichen Charakter.[231] Allerdings erscheint eine Differenzierung der einzelnen Sätze vorzugswürdig.[232] Der S. 1 ist jedenfalls prozessual zu qualifizieren.[233] Jedoch enthält S. 2 die Option, die Unterhaltserhöhung auch für die von den Vorschriften des BGB vorgesehene Vergangenheit zu erwirken. Dieser Rekurs auf das nationale Recht spricht für eine materiell-rechtliche Qualifikation.[234] Hingegen haben die Regelungen der S. 3 und 4 wiederum prozessualen Charakter und kommen daher unabhängig vom Unterhaltsstatut zur Anwendung.[235]

140   Festzuhalten bleibt daher, dass der § 238 FamFG aus autonomer Sicht sowohl verfahrens- als auch materiell-rechtliche Voraussetzungen enthält. Als prozessualer Rahmen gelangen bei jedem Abänderungsverfahren vor deutschen Gerichten § 238 Abs. 2 als auch Abs. 3 (mit Ausnahme des S. 2) FamFG zur Anwendung. Materiell-rechtlich zu qualifizieren und daher nur bei einem deutschen Unterhaltsstatut heranzuziehen, sind die § 238 Abs. 1 und Abs. 3 S. 2 sowie Abs. 4 FamFG.

141   **e) Kein vollstreckbarer Titel.** Liegt kein vollstreckbarer Titel vor, wie zB eine nicht vor Gericht geschlossene Unterhaltsvereinbarung, so entfällt die Abänderung eines bestandskräftigen Titels. In diesen Fällen muss das maßgebende Unterhaltsstatut beantworten, ob und inwieweit eine Änderung der Vereinbarung wegen Wegfalls der Geschäftsgrundlage möglich ist.[236]

142   **7. Einstweilige und vorsorgliche Maßnahmen.** Die meisten Rechtsordnungen geben ihren Behörden die Befugnis, schon vor der endgültigen Entscheidung über den Unterhaltsanspruch eines Kindes den Beklagten zu verpflichten, das Kind durch Zahlung vorläufig zu unterstützen (vgl. etwa Art. 261 ff. CH-ZPO). Auch in diesen Situationen ist der Unterhaltsanspruch des Kindes nach derjenigen Rechtsordnung zu beurteilen, die das HUP bestimmt.[237] Dies ist eine Folge der kollisionsrechtlichen Handhabung im vorläufigen Verfahren und dem Grundsatz nach unbestritten.[238] Wenn trotzdem einmal der Eile wegen die vom Unterhaltsstatut abweichende lex fori angewendet wird,[239] so ist das als eine vorläufige Zahlung aufzufassen, die nach Abschluss des Prozesses und endgültiger Klärung der Unterhaltspflicht auf diese anzurechnen oder zurückzuzahlen ist. Lässt sich das anzuwendende ausländische Recht nicht zweifelsfrei ermitteln, ist ein pauschaler Rückgriff auf die lex fori gleichwohl nicht zu rechtfertigen.[240] Dass im Verfahren der Anspruch unter Umständen nur im Namen eines Elternteils geltend gemacht werden kann, ist unschädlich.

143   **8. Anweisung.** Die Anweisung an den Schuldner des Unterhaltsschuldners, Zahlungen direkt an den Unterhaltsgläubiger zu leisten (vgl. zB Art. 177 schweiz. ZGB), ist eine Art Vollstreckungsmaßnahme, die nach der lex fori zu beurteilen ist.[241]

---

[229] Der BGH deutet dies an, vermeidet jedoch mangels Entscheidungserheblichkeit eine klare Aussage: BGH NJW 2015, 694 (697) Rn. 22; *Hau* ZVglRWiss 115 (2016), 672 (684).

[230] *Gruber* IPRax 2016, 338 (342); im Ergebnis ebenfalls Rauscher/*Andrae* HUntStProt Einl. Rn. 33; Johannsen/Heinrich/*Brudermüller* FamFG § 238 Rn. 57; aA und von einer materiell-rechtlichen Qualifikation ausgehend: MüKoFamFG/*Pasche* FamFG § 238 Rn. 80.

[231] Für die gesamte Norm ohne Differenzierung: Johannsen/Heinrich/*Brudermüller* FamFG § 238 Rn. 57; *Hausmann* IntEuSchR Rn. C 197, Staudinger/*Mankowski* (2016) Vorbemerkungen zum HUP Rn. 61.

[232] NK-BGB/*Gruber* Art. 1 Rn. 27.

[233] Rauscher/*Andrae* HUntStProt Einl. Rn. 32; NK-BGB/*Gruber* Art. 1 Rn. 27.

[234] Rauscher/*Andrae* HUntStProt Einl. Rn. 32; NK-BGB/*Gruber* Art. 1 Rn. 27.

[235] Rauscher/*Andrae* HUntStProt Einl. Rn. 32.

[236] Schweiz. BG DAVorm. 1974, 428 zum deutschen Recht.

[237] Rauscher/*Andrae* HUntStProt Art. 1 Rn. 13e.

[238] OLG München NJW 1972, 1011; FamRZ 1973, 94; *Henrich* IntFamR S. 193.

[239] OLG Düsseldorf FamRZ 1974, 456; 1975, 634 und NJW-RR 1994, 450; OLG Köln FamRZ 1992, 75; OLG Oldenburg FamRZ 1981, 1176.

[240] Rauscher/*Andrae* HUntStProt Art. 1 Rn. 13e; aA, wenn auch zurückhaltend BeckOK BGB/*Heiderhoff* EGBGB Art. 18 Rn. 75; *Hausmann* IntEuSchR C 471.

[241] BGE 130 III 489 (Anwendung des Art. 137 Abs. 2 iVm Art. 177 ZGB bei slowenischem Unterhaltsstatut).

X. Anwendbares ausländisches Sachrecht

1. Sachrecht. Ausländisches Unterhaltsrecht ist so anzuwenden, wie dies ein Gericht dieser 144
Rechtsordnung täte.[242] Informationen über den örtlichen Unterhaltsbedarf im Ausland liegen im
inländischen Schrifttum[243] und in inländischen Entscheidungen vor.

2. Verhältnisse der Beteiligten. Nach Art. 14 sind bei der Bemessung des Unterhaltsbeitrages 145
die Bedürfnisse des Berechtigten und die wirtschaftlichen Verhältnisse des Unterhaltsverpflichteten
zu berücksichtigen, und zwar selbst dann, wenn das Unterhaltsstatut etwas anderes bestimmt. Zu
dieser auch gegenüber dem inländischen Unterhaltsstatut geltenden Sachnorm vgl. Art. 14.

3. Verstoß gegen den ordre public. Vgl. Art. 13.   146

Art. 12 HUP Ausschluss der Rückverweisung

**Der Begriff „Recht" im Sinne dieses Protokolls bedeutet das in einem Staat geltende
Recht mit Ausnahme des Kollisionsrechts.**

1. Ausschluss des internationalen Kollisionsrechts. Art. 12 verdeutlicht, dass die Kollisions- 1
normen des Protokolls Sachnormverweisungen aussprechen. Davon ausgenommen bleibt somit ausländisches Kollisionsrecht, das auf deutsches Recht zurück- oder auf ein drittes Regelwerk weiterverweist. Dies gilt selbst dann, wenn es sich dabei um die Rechtsordnung eines Staates handelt, der
kein Vertragsstaat des HUP ist oder welcher der EU nicht angehört. Dieser sogenannte renvoi-
Ausschluss gilt nur für die unmittelbaren Verweisungen aus dem Protokoll und bezieht sich nicht
auf Vorfragen.[1] Jene sind selbstständig nach dem IPR des Forums anzuknüpfen.

2. Kein Ausschluss von interlokalem, interpersonalem oder intertemporalem Recht. 2
Das Recht eines Staates, dessen Sachrecht für anwendbar erklärt wird, mag interlokal unterschiedlich
(zB die USA), interpersonal verschieden (zB Iran) oder – wie jeder Staat – zeitlich unterschiedliche
Gesetze haben. Die Regeln über die Abgrenzung solcher Unterschiede im interlokalen, interpersonalen oder intertemporalen Privatrecht bleiben bestehen und werden vom HUP berufen, und zwar in
der Fassung, die im Zeitpunkt der Unterhaltsentscheidung gilt.

Art. 13 HUP Öffentliche Ordnung (ordre public)

**Von der Anwendung des nach diesem Protokoll bestimmten Rechts darf nur abgesehen
werden, soweit seine Wirkungen der öffentlichen Ordnung (ordre public) des Staates des
angerufenen Gerichts offensichtlich widersprechen.**

Übersicht

I. Normzweck

Art. 13 enthält die in Haager Konventionen übliche **allgemeine Generalklausel,** an der die 1
Anwendung ausländischen Rechts bei einem offensichtlichen Verstoß gegen die öffentliche Ordnung
zu messen ist. Eine spezielle Regel findet sich in Art. 14, einer Sachnorm mit Eingriffscharakter, die
stets, also auch bei Anwendung inländischen Rechts, zu beachten ist.

---

[242] Unterhaltsrechtliche Erkenntnisquelle: *Bergmann/Ferid/Henrich* (Hrsg.), Internationales Ehe- und Kindschaftsrecht, 6. Aufl. 1983 ff.
[243] Vgl. die Länderübersicht zur Bedarfshöhe bei Rahm/Künkel/*Breuer* FGVerf. Teil VIII Rn. 326 f.
[1] Staudinger/*Mankowski* (2016) Rn. 4.

II. Allgemeiner ordre public

2   **1. Überprüfbare Rechtsordnungen.** Der allgemeine Vorbehalt des ordre public bezieht sich auf alle für anwendbar erklärten ausländischen Rechtsordnungen.

3   **2. Überprüfbare Rechtsfragen.** Normalerweise kann jede vom ausländischen Recht gegebene Antwort auf ihre Vereinbarkeit mit der inländischen öffentlichen Ordnung überprüft werden. Eine Ausnahme von diesem Regelfall gilt dann, wenn das im Inland geltende Kollisionsrecht für gewisse mögliche Antworten selbst eine Korrektur vorsieht oder wenn es eigene Sachnormen aufstellt.

4   **a) Spezialregeln für das Versagen eines Unterhaltsanspruchs.** Die ordre public-Klausel kommt nicht zur Anwendung, sofern das Haager Unterhaltsprotokoll spezielle Regelungen vorsieht. Versagen das reguläre bzw. subsidiäre Unterhaltsstatut der Art. 3–5 einen Unterhaltsanspruch, sind diese nicht am inländischen ordre public zu messen. Die Anknüpfungen der Art. 4 und 5 stellen vielmehr für diese Problematik Spezialregeln bereit. Bei den nach Art. 4 berufenen ausländischen Rechtsordnungen kommt also nur insoweit eine Überprüfung gemäß Art. 13 infrage, als diese Rechtsordnungen einen Unterhaltsanspruch zwar gewähren, jedoch in bedenklicher Weise ausgestalten.

5   **b) Sachnorm für die Bemessung des Unterhaltsanspruchs.** Soweit bei der Bemessung eines Unterhaltsanspruchs fraglich ist, ob die Bedürfnisse des Berechtigten und die Verhältnisse des Verpflichteten zu berücksichtigen sind, gibt die Sachnorm des Art. 14 eine Antwort: Beide Faktoren sind stets zu beachten. Wird diese Sachnorm erfüllt, sagt das anwendbare Unterhaltsstatut, inwieweit – bis zur Grenze der Inkongruenz – die Bedürfnisse des Berechtigten und die Verhältnisse des Verpflichteten für die Höhe des Unterhalts bestimmend sind.

6   **3. Beurteilungsmaßstäbe. a) Öffentliche Ordnung.** Vergleichsstandard ist die „öffentliche Ordnung des Staates des angerufenen Gerichts", also – wie stets bei einer Vorbehaltsklausel – die öffentliche Ordnung des Forumstaates. Was unter dem Begriff „öffentliche Ordnung" (ordre public) zu verstehen ist, sagt das Protokoll nicht. So bestimmt jeder Vertragsstaat selbst, welche seiner Rechtssätze als unverzichtbare Bestandteile seiner Rechtsordnung anzusehen sind. Es ist den Mitgliedstaaten somit erlaubt, die ordre public-Kontrolle anhand Fundamentalprinzipien vorzunehmen. Aufgrund der übergreifenden Systematik des ordre public zu anderen Verordnungen (Art. 21 Rom I-VO, Art. 26 Rom II-VO, Art. 12 Rom III-VO und Art. 45 Abs. 1 lit. a Brüssel Ia-VO) sind nur die wesentlichen Grundsätze und Grundrechte dem mitgliedschaftlichen Recht zu entnehmen. Hingegen behält sich der EuGH die Kompetenz für eine autonome Schrankenziehung vor.[1]

7   Damit die Anforderungen des Forumstaates an das ausländische Recht nicht zu hoch angesetzt werden, verlangt Art. 13 eine gewisse Zurückhaltung bei der Anwendung der Vorbehaltsklausel.

8   **b) Anwendung im Einzelfall.** Der Vorbehalt des ordre public greift nicht etwa schon dann ein, wenn das ausländische Recht lediglich in abstracto mit der inländischen öffentlichen Ordnung unvereinbar erscheint. Erforderlich ist vielmehr, dass im konkreten Fall die Anwendung ausländischen Rechts mit dem ordre public des Forumstaates in offensichtlichem Widerspruch steht.

9   **c) Offensichtliche Unvereinbarkeit.** Diese Bewertung setzt eine erhebliche **Diskrepanz** zwischen der ausländischen Lösung und der lex fori voraus. Nicht jede Abweichung des ausländischen Rechts von inländischen Rechtsvorstellungen rechtfertigt also eine Anwendung der Vorbehaltsklausel. Vorliegen muss vielmehr ein Widerspruch zu den Grundgedanken der inländischen Rechtsordnung und zu den hierin verkörperten Gerechtigkeitsvorstellungen. Aus deutscher Sicht sind, wie im Rahmen des Art. 6 EGBGB, insbesondere grundrechtliche Wertungen zu beachten.[2] Erforderlich ist eine schwerwiegende Abweichung von Grundprinzipien des deutschen Unterhaltsrechts.[3] Dennoch obliegt es letztlich dem EuGH die Grenzen festzulegen, „innerhalb derer sich das Gericht eines Vertragsstaates auf [den ordre public-Vorbehalt] stützen darf, um der Entscheidung des Gerichts eines anderen Vertragsstaates die Anerkennung zu versagen", können die Maßstäbe des Art. 6 EGBGB herangezogen werden.[4]

10   Ferner muss eine gewisse **Inlandsbeziehung** des Sachverhalts vorhanden sein. Diese für nationale Vorbehaltsklauseln selbstverständliche Voraussetzung gilt auch für staatsvertragliche. Ein qualitativer Widerspruch zwischen ausländischem und inländischem Recht wiegt umso weniger, je geringer die

---

[1]   EuGH NJW 2000, 1853. Vgl. hierzu auch NK-BGB/*Doehner* Rom I-VO Art. 21 Rn. 4, Rom II-VO Art. 26 Rn. 3; Rauscher/*Jakob*/*Picht* Rom II-VO Art. 26 Rn. 16; NK-BGB/*Schulze* Rom II-VO Art. 26 Rn. 3.
[2]   Rauscher/*Jakob*/*Picht* Rom II-VO Art. 26 Rn. 16.
[3]   Staudinger/*Mankowski* (2016) Rn. 3.
[4]   EuGH NJW 2000, 1853.

Beziehung des Sachverhalts zum Inland ist. Daraus ergibt sich notwendigerweise eine gewisse Relativität des ordre public. Wenn ein Unterhaltsberechtigter seinen gewöhnlichen Aufenthalt im Inland besitzt oder Inländer ist, dürfte die nötige Inlandsbeziehung stets vorliegen. Anders mag dies sein, wenn er seinen gewöhnlichen Aufenthalt im Ausland hat und alle Beteiligten Ausländer sind. Daneben erscheint es auch vertretbar, dass die deutsche Staatsangehörigkeit einer Partei den erforderlichen Inlandsbezug begründet.[5]

4. Beispiele. a) Kindschaftsrecht. Im Kindschaftsrecht finden sich beim HUP wenige Beispiele **11** für die Anwendung der allgemeinen Vorbehaltsklausel des Art. 13.[6] Denn stets dann, wenn ein nach Art. 3 oder 4 Abs. 1 berufenes ausländisches Recht einen Unterhaltsanspruch nicht oder nicht mehr gewährt, ist subsidiär deutsches Recht über Art. 4 Abs. 2 anwendbar. Gewährt jedoch eine Rechtsordnung trotz gültiger Abfindung einen Unterhaltsanspruch, verstößt dies gegen den ordre public. Dies gilt dagegen nicht bei der Versagung eines Prozesskostenvorschusses gegenüber einem volljährigen Kind, da dieser eine vom Unterhaltsanspruch abgetrennte, selbstständige Forderung darstellt.[7]

b) Unterhaltsrecht zwischen Ehegatten. Hier dürften die subsidiären Anknüpfungen der **12** Art. 4 selten eingreifen. Deshalb kann Art. 13 bei einem sehr geringen Unterhaltsanspruch zur Anwendung kommen. Das Versagen eines Anspruchs auf Prozesskostenvorschuss verstößt in aller Regel nicht gegen den ordre public.[8]

c) Nachehelicher Unterhaltsrecht. Unter Art. 8 HaagUnthÜ war für den nachehelichen **13** Unterhalt das Scheidungsstatut maßgebend. Diese Vorschrift ist durch Art. 5 HUP beseitigt worden. Es gilt das gegenwärtige Aufenthaltsrecht, es sei denn, eine Partei macht geltend, dass das Recht mit einer engeren Verbindung maßgebend sei. Auch können die Ehegatten ein Recht nach Art. 7 oder 8 Abs. 1 wählen.

Der ordre public – Vorbehalt kann in **zweierlei Form** auftauchen: Zum einen, wenn das Ehe- **14** scheidungsstatut dem sorgeberechtigten oder bedürftigen Partner, der im Inland seinen gewöhnlichen Aufenthalt hat, einen Unterhaltsanspruch kategorisch oder aus anderen Gründen als denen grober Unbilligkeit iS des § 1579 BGB versagt.[9] Zum anderen kann es gegen den ordre public verstoßen, wenn ein sich gewöhnlich im Inland aufhaltender Partner ohne nähere Begründung ausschließlich deswegen zu Unterhaltszahlungen verpflichtet wird, weil er während der Ehe die Familie unterhalten hatte. Die gegenüber dem deutschen Recht reduzierte oder nicht bestehende Unterhaltpflicht verstößt dann nicht gegen den ordre public, wenn das ausländische Recht plausible Gründe (zB Verschulden oder überwiegendes Verschulden des Berechtigten; fehlende Bedürftigkeit) für diese Ausgestaltung seines Rechts enthält.[10]

d) Abänderung von Unterhaltsentscheidungen. Hier kommt ein Verstoß gegen den ordre **15** public dann infrage, wenn die für die Abänderung maßgebende Rechtsordnung eine Abänderbarkeit trotz veränderter Umstände verneint, vgl. § 238 I FamFG.

e) Unterhaltsverzicht. Die Unterhaltsgewährung gehört zu den wesentlichen Grundsätzen im **16** deutschen Recht. So kann ein nach ausländischem Recht wirksamer Unterhaltsverzicht unzulässig sein und gegen den inländischen ordre public verstoßen.[11] Eine Ausnahme besteht, soweit der Unterhaltsverzicht gegen eine angemessene Entschädigung erfolgt.[12]

5. Ersatzrecht. Über das Ersatzrecht, das statt eines unbeachtlichen ausländischen Rechts zur **17** Anwendung kommt, sagt Art. 13 nichts. Unproblematisch ist der Fall, wenn sich durch Nichtanwen-

---

[5] Rauscher/*Andrae* HUntStProt Art. 13 Rn. 3; *Hausmann* IntEuSchR Rn. C 648; Staudinger/*Mankowski* (2016) Rn. 4.
[6] SozG Hamburg IPRspr. 1981 Nr. 108: kein Verstoß bei fehlendem Vorrang der Kinder und der Ehefrau vor Eltern nach indischem Recht.
[7] OLG Stuttgart FamRZ 1988, 758.
[8] KG Berlin IPRax 1988, 234 mAnm *v. Bar* IPRax 1988, 220; OLG Nürnberg NJW-RR 2010, 1306 (Russland).
[9] OLG Hamm FamRZ 1999, 1142 (Marokko; Frau muss für gemeinsames Kind sorgen); OLG Zweibrücken NJW-RR 1997, 1367 (Pakistan, kranke Frau muss für Kind sorgen).
[10] OLG Braunschweig NJW-RR 1989, 1097 (Serbien); OLG Frankfurt a. M. FamRZ 1981, 1191 (Türkei); OLG Karlsruhe IPRax 1987, 123 (Ls.) m. zust. Anm. *Henrich* (Türkei) und NJW-RR 1989, 1346 (Frankreich); OLG München IPRspr. 1993 Nr. 88 (Serbien); OLG Zweibrücken NJW-FER 1999, 228 (Algerien; Frau hat Vermögen); SozG Stuttgart FamRZ 1992, 234 (Jugoslawien); aA App. Luxembourg Pasicrisie luxembourgoise 1987, 133 (Frankreich).
[11] *Hausmann* IntEuSchR Rn. C 653; Staudinger/*Mankowski* (2016) Rn. 19.
[12] OLG Hamm FamRZ 2000, 31; Rauscher/*Andrae* HUntStProt Art. 13 Rn. 8; Staudinger/*Mankowski* (2016) Rn. 19.

dung der Norm keine weiteren Unstimmigkeiten ergeben. Sollte hingegen eine Lückenschließung erforderlich sein, so ist diese vorrangig nach den Bestimmungen der lex causae zu schließen. Nur als ultima ratio erscheint der Rückgriff auf die lex fori möglich.[13]

Art. 14 HUP Bemessung des Unterhaltsbetrags

Bei der Bemessung des Unterhaltsbetrags sind die Bedürfnisse der berechtigten Person und die wirtschaftlichen Verhältnisse der verpflichteten Person sowie etwaige der berechtigten Person anstelle einer regelmässigen Unterhaltszahlung geleistete Entschädigungen zu berücksichtigen, selbst wenn das anzuwendende Recht etwas anderes bestimmt.

1   Art. 14 enthält eine **Sachnorm mit Eingriffscharakter über die Bemessung des Unterhaltsbetrages.**[1] Hierdurch wird deutlich, dass bei der Bewilligung des Betrages, die Bedürfnisse des Berechtigten und die wirtschaftlichen Verhältnisse des Unterhaltsverpflichteten zu berücksichtigen sind, auch wenn sich nach dem anzuwendenden Recht etwas anderes ergibt. In welcher Form und in welchem Umfang die beiden Maßstäbe (Bedürfnisse des Berechtigten und wirtschaftliche Verhältnisse des Verpflichteten) heranzuziehen sind, bleibt entweder dem Unterhaltsstatut (zB durch seine Unterhaltsleitlinien und Tabellen) oder bei Fehlen solcher Regeln dem pflichtgemäßen Ermessen des Richters überlassen. Dabei ist es aus verfassungsrechtlichen Grundsätzen geboten, die Leistungsfähigkeit des Verpflichteten nach den Lebensumständen seines gewöhnlichen Aufenthalts zu beurteilen.[2] Wohnen die Beteiligten in unterschiedlichen Ländern, sind durch einen Kaufkraftvergleich die Bedürfnisse des Unterhaltsberechtigten und die wirtschaftlichen Verhältnisse des Unterhaltsverpflichteten zu ermitteln.[3]

2   Zudem spricht für eine auch-kollisionsrechtliche Qualität des Art. 14, dass das Unterhaltsstatut keine eigenen Korrekturmaßstäbe enthalten kann. Damit obliegt eine solche Berichtigung dem Recht des Forumstaates, der Vertragspartner des Haager Unterhaltsprotokolls ist. Andernfalls würde das Protokoll keine Anwendung finden. Damit ist eine kollisionsrechtliche Komponente des Art. 14 erforderlich, um sich gegenüber dem Unterhaltsstatut durchsetzen zu können.[4]

Art. 15 HUP Nichtanwendung des Protokolls auf innerstaatliche Kollisionen

(1) Ein Vertragsstaat, in dem verschiedene Rechtssysteme oder Regelwerke für Unterhaltspflichten gelten, ist nicht verpflichtet, die Regeln dieses Protokolls auf Kollisionen anzuwenden, die allein zwischen diesen verschiedenen Rechtssystemen oder Regelwerken bestehen.

(2) Dieser Artikel ist nicht anzuwenden auf Organisationen der regionalen Wirtschaftsintegration.

I. Lokale Rechtsspaltung

1   **1. Allgemeines.** Art. 15 gilt auch für Gerichte und Behörden von Vertragsstaaten mit lokaler Rechtsspaltung im Unterhaltsrecht. Eine solche liegt dann vor, wenn in verschiedenen Gebietseinheiten eines Vertragsstaates unterschiedliche Vorschriften über das Unterhaltsrecht eingreifen. In Spanien gelten nur für die Mitgift, die keinen Unterhalt darstellt, verschiedene Foralrechte.

2   **2. Deutschland.** Art. 15 hat seit der Wiedervereinigung für die Bundesrepublik keine Bedeutung mehr.[1*]

II. Personelle Rechtsspaltung

3   Grundsätzlich gilt Art. 15 für räumlich gespaltene Vertragsstaaten, nicht hingegen für interpersonale Konflikte innerhalb eines Vertragsstaates.[2*] Aus allgemeinen Grundsätzen würde sich jedoch für

---

[13] Vgl. Rauscher/*Jakob*/*Picht* Rom II-VO Art. 26 Rn. 28.
[1] Die kollisionsrechtliche Qualität befürwortend Palandt/*Thorn* Rn. 48; Staudinger/*Mankowski* (2016) Rn. 1 ff. mwN.
[2] OLG Stuttgart FamRZ 1996, 1403.
[3] OLG Hamm JAmt 2007, 272; *Andrae* IntFamR § 8 Rn. 181 ff.; Wendl/Dose/*Dose,* Das Unterhaltsrecht in der familienrechtlichen Praxis, 9. Aufl. 2015, § 9 Rn. 35 ff.
[4] Staudinger/*Mankowski* (2016) Rn. 2.
[1*] Dazu ausführlicher Staudinger/*Mankowski* (2016) Rn. 1 f.
[2*] *Bonomi*-Bericht Rn. 186; Staudinger/*Mankowski* (2016) Rn. 3; aA Rauscher/*Andrae* HUntStProt Art. 15 Rn. 1.

diese Fälle eine im Ergebnis mit Art. 15 entsprechende Lösung ergeben, sodass es keiner analogen Anwendung des Art. 15 bedarf.[3]

III. Organisation regionaler Wirtschaftsintegration

Der Art. 15 gilt nach seinem Abs. 2 nicht für Organisationen regionaler Wirtschaftsintegration, **4** also für die EU und andere Organisationen (→ Art. 25 Rn. 1 ff.). Nach Art. 24 Abs. 5 sind nur die Organisationen der regionalen Wirtschaftsintegration als Vertragsstaaten anzusehen. Gem. Art. 15 werden die Mitgliedstaaten einer Organisation regionaler Wirtschaftsorganisation jedoch untereinander so behandelt, als wären sie selbst Vertragsstaaten des Haager Unterhaltsprotokolls. Insofern bedeutet Art. 15 Abs. 2 eine Abkehr von den Grundsätzen des Art. 24 Abs. 5.[4]

Art. 16 HUP In räumlicher Hinsicht nicht einheitliche Rechtssysteme

(1) Gelten in einem Staat in verschiedenen Gebietseinheiten zwei oder mehr Rechtssysteme oder Regelwerke in Bezug auf in diesem Protokoll geregelte Angelegenheiten, so ist
a) jede Bezugnahme auf das Recht eines Staates gegebenenfalls als Bezugnahme auf das in der betreffenden Gebietseinheit geltende Recht zu verstehen;
b) jede Bezugnahme auf die zuständigen Behörden oder die öffentliche Aufgaben wahrnehmenden Einrichtungen dieses Staates gegebenenfalls als Bezugnahme auf die zuständigen Behörden oder die öffentliche Aufgaben wahrnehmenden Einrichtungen zu verstehen, die befugt sind, in der betreffenden Gebietseinheit tätig zu werden;
c) jede Bezugnahme auf den gewöhnlichen Aufenthalt in diesem Staat gegebenenfalls als Bezugnahme auf den gewöhnlichen Aufenthalt in der betreffenden Gebietseinheit zu verstehen;
d) jede Bezugnahme auf den Staat, dem die Parteien gemeinsam angehören, als Bezugnahme auf die vom Recht dieses Staates bestimmte Gebietseinheit oder mangels einschlägiger Vorschriften als Bezugnahme auf die Gebietseinheit zu verstehen, zu der die Unterhaltspflicht die engste Verbindung aufweist;
e) jede Bezugnahme auf den Staat, dem eine Partei angehört, als Bezugnahme auf die vom Recht dieses Staates bestimmte Gebietseinheit oder mangels einschlägiger Vorschriften als Bezugnahme auf die Gebietseinheit zu verstehen, zu der die Person die engste Verbindung aufweist.

(2) Hat ein Staat zwei oder mehr Gebietseinheiten mit eigenen Rechtssystemen oder Regelwerken für die in diesem Protokoll geregelten Angelegenheiten, so gilt zur Bestimmung des nach diesem Protokoll anzuwendenden Rechts Folgendes:
a) Sind in diesem Staat Vorschriften in Kraft, die das Recht einer bestimmten Gebietseinheit für anwendbar erklären, so ist das Recht dieser Einheit anzuwenden;
b) fehlen solche Vorschriften, so ist das Recht der in Absatz 1 bestimmten Gebietseinheit anzuwenden.

(3) Dieser Artikel ist nicht anzuwenden auf Organisationen der regionalen Wirtschaftsintegration.

I. Allgemeines

Art. 16 regelt den Fall, dass die Kollisionsnormen des Protokolls zur Anwendung der Rechtsord- **1** nung eines Staates führen, dessen materielles Unterhaltsrecht räumlich gespalten ist. Zudem umfasst die Vorschrift nur die territoriale, nicht hingegen eine ausschließlich interpersonelle Rechtsspaltung eines Staates (für Letzteres weist Art. 17 gesonderte Bestimmungen auf).[1] Abs. 2 ist jedoch vorrangig vor Abs. 1 zu prüfen, da das Recht des betreffenden Staates einen solchen interlokalen Konflikt zunächst selbst lösen soll.[2]

II. Interlokales Privatrecht des Mehrrechtsstaates (Abs. 2 lit. a)

Bei solchen Mehrrechtstaaten, in denen für verschiedene seiner Gebietseinheiten unterschiedliche **2** Rechtssysteme oder Regelwerke bestehen, bestimmt zunächst das interlokale Privatrecht dieses

---

[3] Staudinger/*Mankowski* (2016) Rn. 3.
[4] Staudinger/*Mankowski* (2016) Rn. 8.
[1] Staudinger/*Mankowski* (2016) Rn. 3.
[2] Rauscher/*Andrae* HUntStProt Art. 16 Rn. 1.

Mehrrechtsstaates die anwendbare Teilrechtsordnung des Mehrrechtsstaates.[3] Fehlt ein solches interlokales Privatrecht und wird auch nicht das HUP kraft nationaler Entscheidung auf den interlokalen Konflikt angewandt, so ist gemäß Abs. 2 lit. b des eigenartig aufgebauten Art. 16 nach Art. 16 Abs. 1 zu verfahren.

III. Konkretisierung nach Abs. 1

3   **1. Bezugnahme auf das Recht eines Staates (lit. a).** Wird auf die lex fori verwiesen (zB in Art. 4 Abs. 2), so ist diese Verweisung für inländische Gerichte eindeutig und bedarf keiner Konkretisierung. Wird jedoch im Inland auf Abänderung einer ausländischen Entscheidung geklagt, die nach Art. 4 Abs. 2 im Ausland ergangen ist, so ist die Verweisung in Art. 4 Abs. 2 als das Recht des Gliedstaates zu verstehen, in dem das ausländische Gericht tätig geworden ist. Hat zB ein New Yorker Gericht (vorausgesetzt, die USA wären Vertragsstaat) nach Art. 4 Abs. 2 entschieden und wird nun Abänderung dieser Entscheidung verlangt, so ist der ursprünglichen Entscheidung das Recht des Staates New York zugrunde zu legen.

4   **2. Bezugnahme auf öffentliche Einrichtungen (lit. b).** Klagt eine Behörde einer ausländischen öffentlichen Einrichtung, die im Ausland ein dort wohnendes Kind bevorschusst hat, auf Erstattung ihrer Auslagen nach Art. 11 lit. f, so ist die Verweisung in Art. 10 und 11 lit. f als Bezugnahmen auf Behörden zu verstehen, die befugt sind, nach dem Recht der Gebietseinheit tätig zu werden, in der sie tätig geworden sind. Hat also eine Behörde in New York City einem Kind Vorschuss gewährt, so kann sie nach Art. 11 lit. f ihren Vorschuss, den sie nach dem Recht des Gliedstaates New York gezahlt hat, vom Unterhaltsschuldner zurückverlangen.

5   **3. Bezugnahmen auf den gewöhnlichen Aufenthalt (lit. c).** In Art. 3 wird auf das Recht des Staates verwiesen, in dem der Unterhaltsberechtigte seinen gewöhnlichen Aufenthalt hat. Diese und ähnliche Verweisungen sind nach lit. c zu verstehen als Bezugnahme auf den gewöhnlichen Aufenthalt in derjenigen Gebietseinheit des Mehrrechtsstaates, in welcher der Unterhaltsberechtigte seinen gewöhnlichen Aufenthalt hat. Klagt also ein Ehegatte mit gewöhnlichem Aufenthalt in New York gegen seinen Ehepartner im Inland auf Unterhalt, so ist nach Art. 5 und 3 mangels Einwand das Recht des Gliedstaates New York maßgebend.

6   **4. Bezugnahme auf die gemeinsame Staatsangehörigkeit (lit. d).** In Art. 4 Abs. 4 wird auf das Recht der gemeinsamen Staatsangehörigkeit von Unterhaltsberechtigtem und Unterhaltsverpflichtetem verwiesen. Diese Verweisung ist nach lit. d zu verstehen als das Recht desjenigen Gliedstaates des Mehrrechtsstaates, dem beide angehören, mit dem die Unterhaltspflicht die engste Verbindung aufweist. Sind also Vater und das unterhaltsberechtigte Kind US-Amerikaner, so ist diese Verweisung auf das gemeinsame Heimatrecht zu verstehen als eine Verweisung auf das Recht desjenigen Gliedstaates der USA, mit dem die Unterhaltspflicht am engsten verbunden ist, im Zweifel also das Recht des Staates, in dem das Kind seinen gewöhnlichen Aufenthalt hatte.

7   **5. Bezugnahme auf das Heimatrecht einer Partei (lit. e).** Nach Art. 8 Abs. 1 lit. a können Eheleute das Recht des Staates als Unterhaltsstatut wählen, dem „eine der Parteien im Zeitpunkt der Rechtswahl angehört". Diese Verweisung ist nach lit. e zu verstehen als auf das Recht desjenigen Gliedstaates des Mehrrechtsstaates, mit dem die Person, deren Heimatrecht gewählt wurde, am engsten verbunden ist. Haben also Eheleute (er Amerikaner aus New York, sie Deutsche) das amerikanische Recht gewählt, so ist damit das amerikanische Recht gemeint, mit dem der Ehemann am engsten verbunden ist, zB durch Geburt, Geschäft, Freunde, Verwandte, die in New York wohnen.

IV. Organisationen regionaler Wirtschaftsintegration

8   Nach Art. 16 Abs. 3 gilt Art. 16 nicht für Organisationen regionaler Wirtschaftsintegration (→ Art. 25 Rn. 1).

Art. 17 HUP Hinsichtlich der betroffenen Personengruppen nicht einheitliche Rechtssysteme

Hat ein Staat für in diesem Protokoll geregelte Angelegenheiten zwei oder mehr Rechtssysteme oder Regelwerke, die für verschiedene Personengruppen gelten, so ist zur Bestimmung des nach dem Protokoll anzuwendenden Rechts jede Bezugnahme auf das Recht

---

[3] Staudinger/*Mankowski* (2016) Rn. 4 f.

des betreffenden Staates als Bezugnahme auf das Rechtssystem zu verstehen, das durch die in diesem Staat in Kraft befindlichen Vorschriften bestimmt wird.

Ist das Recht, auf welches das HUP verweist, in dem Sinne personell gespalten, dass für verschiede- **1** nen Personengruppen unterschiedliches Recht gilt, so hat das interpersonelle Privatrecht des berufenen Staates zu sagen, welches dieser verschiedenen personellen Rechte anwendbar ist. Besteht ein solches nicht, so wird ein Vertragsstaat aufgefordert, mit der Ratifizierung des Protokolls ein solches interpersonelles Privatrecht zu schaffen.[1] Bis dahin muss jeder Vertragsstaat selbst die maßgebende Teilrechtsordnung bestimmen. Das dürfte regelmäßig diejenige Teilrechtordnung sein, welcher der Unterhaltsberechtigte angehört.

Art. 18 HUP Koordinierung mit den früheren Haager Übereinkommen über Unterhaltspflichten

Im Verhältnis zwischen den Vertragsstaaten ersetzt dieses Protokoll das Haager Übereinkommen vom 2. Oktober 1973 über das auf Unterhaltpflichten anzuwendende Recht und das Haager Übereinkommen vom 24. Oktober 1956 über das auf Unterhaltsverpflichtungen gegenüber Kindern anzuwendende Recht.

1. Mitgliedstaaten der EU. Das HUP galt seit dem Inkrafttreten der EuUnthVO vorläufig in **1** der EU. Völkerrechtlich trat es nach seinem Art. 25 erst nach Hinterlegung der zweiten Ratifikationsurkunde durch Serbien am 1.8.2013in Kraft.

2. Vertragsstaaten des HaagUnthStÜbk 1973. Gegenüber Vertragsstaaten des HaagUnth- **2** StÜbk 1973, die nicht Mitglied der EU oder Vertragsstaat des HUP sind (Albanien, Japan, Schweiz, Türkei und den niederländischen Überseebesitzungen) ist umstritten, ob weiterhin das HaagUnthStÜbk 1973 oder nunmehr das HUP gelten soll. Diese Problematik erkannte auch der BGH[1*] und wies die Letztentscheidung aufgrund der Ratifikation seitens der EU dem EuGH zu, welchem er allerdings mangels Entscheidungserheblichkeit kein Vorlageersuchen unterbreiten durfte. Der BGH selbst konnte diese Fragestellung offen lassen, da nach beiden Staatsverträgen deutsches Recht zur Anwendung gelangte.[2] Problematisch ist, dass die Übereinkommen jeweils universielle Geltung beanspruchen (Art. 3 HaagUnthStÜbk 1973 sowie Art. 2 HUP).[3] Expressis verbis tritt nach Art. 18 dieses Übereinkommen im Verhältnis zu den Vertragsstaaten an die Stelle des HaagUnthStÜbk 1973. Daher streitet der Wortlaut dafür, gegenüber den Staaten, die das HUP nicht ratifiziert haben, aber Vertragsstaaten des HaagUnthStÜbk 1973 sind, weiterhin das Altübereinkommen anzuwenden.[4] Allerdings werden unterschiedliche Auffassungen dazu vertreten, inwiefern ein Bezug zu einem Vertragsstaat des HaagUnthStÜbk 1973 vorliegen muss, um ihm den Vorrang einzuräumen. Ein Teil der Literatur tritt dafür ein, die frühere Übereinkunft sei dann als vorrangig zu beachten, sofern eine der Parteien entweder ihren gewöhnlichen Aufenthalt in einem Vertragsstaat des HaagUnthStÜbk 1973 habe oder dessen Staatsangehörigkeit besitze.[5] Eine restriktivere Ansicht fordert hingegen, dass sich der gewöhnliche Aufenthalt des Unterhaltsgläubigers in einem Altvertragsstaat, der das HUP nicht ratifiziert hat, befinden müsse.[6] Weitere Stimmen möchten dem HaagUnthStÜbk 1973 nur dann den Vorrang einräumen, wenn dessen Kollisionsnormen zu dem Recht eines Vertragsstaates des HaagUnthStÜbk 1973 führen, welcher nicht dem HUP angehöre.[7]

Hingegen deutet der *Bonomi* in seinem Bericht darauf hin, dass das HUP als modernes System **3** ebenfalls dann zur Anwendung gelange, sofern Beziehungen zu Staaten bestünden, die zwar nicht Vertragspartner des HUP, aber des HaagUnthÜbk 1973 seien.[8] Auch der Art. 19 HaagUnthÜbk

---

[1] *Bonomi*-Bericht Rn. 193.
[1*] BGH NJW 2013, 2662 (2264) Rn. 32 ff.
[2] BGH NJW 2013, 2662 (2264) Rn. 39 ff.
[3] *Andrae* IPRax 2014, 326 (327).
[4] Für die Anwendbarkeit des HaagUnthStÜbk 1973: Rauscher/*Andrae* HUntStProt Art. 18 Rn. 5; *Andrae* IPRax 2014, 326, (328); *Dutta* FamRZ 2014, 2005 (2006); *Finger* FuR 2014, 82 (84); *Henrich* FamRZ 2015, 1761 (1763); Erman/*Hohloch* Rn. 1; Palandt/*Thorn* Rn. 56; *Lehmann* GPR 2014, 342 (345); Staudinger/*Mankowski* (2016) Rn. 3 ff.; *Ring* FPR 2013, 16.
[5] *Lehmann* GPR 2014, 342 (345). Sogar jeglichen Bezug für ausreichend erachtend: *Dutta* FamRZ 2014, 2005 (2006).
[6] Staudinger/*Mankowski* (2016) Art. 2 Rn. 8.
[7] Rauscher/*Andrae* HUntStProt Art. 18 Rn. 5; *Andrae* IPRax 2014, 326 (328); Palandt/*Thorn* Rn. 56.
[8] *Bonomi*-Bericht Rn. 197.

1973 sei als eine Art Öffnungsklausel zu verstehen.[9] Unter Verweis auf den *Bonomi*-Bericht geht der deutsche Gesetzgeber davon aus, dass der Beschluss des Rates vom 30.11.2009 eine gegenteilige Erklärung nach Maßgabe des Art. 19 sei und das HUP daher der EuUnthVO Vorrang genieße. Das HUP auch im Verhältnis zu dem HaagUnthStÜbk 1973 vorrangig anzuwenden, stehe aufgrund des Art. 19 HaagUnthStÜbk 1973 sowie Art. 19 HUP in keinem Widerspruch zum Völkerrecht.[10] In der Literatur wird unter Bezugnahme auf den Beschluss des Rates vom 30.11.2009 die Anwendung des HUP ebenfalls befürwortet,[11] da der Art. 19 dem Art. 18 vorgehe.[12]

4   Diese Argumentation vermag allerdings nicht zu überzeugen, da Art. 18 explizit auf das Verhältnis der Übereinkommen eingeht und daher lex specialis zu Art. 19 ist.[13] Auch die völkerrechtliche Vertragstreue gegenüber den Staaten, die nur das HaagUnthStÜbk 1973 ratifiziert haben, legt die vorrangige Anwendbarkeit des HaagUnthStÜbk 1973 nahe.[14] Daher ist es vorzugswürdig, das Altübereinkommen immer dann heranzuziehen, wenn sich der gewöhnliche Aufenthalt in einem Staat befindet, der lediglich dem HaagUnthStÜbk 1973 angehört.[15] Daneben weitere Anknüpfungskriterien zuzulassen, würde dem Ziel der Vereinheitlichung entgegenstehen. Mithin sollte aufgrund der Praktikabilität und Rechtssicherheit in den meisten Konstellationen dem neueren HUP, auf dessen Vorschriften auch die EuUnthVO verweist, der Vorzug gewährt werden.

5   Eine endgültige Klarstellung muss durch den EuGH erfolgen. Den Staaten, die an beide Übereinkommen gebunden sind, steht es hingegen frei, den Konflikt dadurch zu lösen, dass sie das ältere Übereinkommen kündigen.[16] Eine solche Vorgehensweise sollte auch unionsrechtlich nahegelegt werden. Denn die Mitgliedstaaten der EU sind bereits seit 2011 unionsrechtlich nach Art. 351 Abs. 2 AEUV analog verpflichtet, das HaagUnthStÜbk 1973 aufzugeben.[17] Eine unterbliebene Kündigung kann allerdings nicht dazu führen, dass die Vorschriften des HUP vorrangig anzuwenden sind,[18] sondern lediglich zu einem Vertragsverletzungsverfahren nach Maßgabe der Art. 258 ff. AEUV seitens der EU.[19]

5a   Zur Rechtsvereinheitlichung würde ebenfalls eine Ratifikation der Staaten beitragen, die bisher nur dem HaagUnthÜbk 1973 angehören.[20]

6   In den meisten Anwendungsfällen sieht das HaagUnthStÜbk 1973, abgesehen von Art. 8 HaagUnthStÜbk 1973 und der Rechtswahl nach Art. 7 und 8 HUP, dieselben Anknüpfungen vor. Relevanz kommt dem Streit allerdings beim Scheidungsunterhalt zu.[21]

7   **3. Vertragsstaaten des HaagUnterhÜbk 1956.** Die bisherigen Vertragsstaaten des HaagUnthÜbk 1973 haben das HaagUnterhÜbk 1956 durch das HaagUnthÜbk 1973 ersetzt. Daher gilt das HaagUnterhÜbk 1956 lediglich gegenüber Liechtenstein und Mocao, einer chinesischen Sonderverwaltungszone, die bis 1999 portugiesische Kolonie war. Da das HagUnterhÜbk 1956 keine Öffnungsklausel im Sinne des Art. 19 HaagUnthÜbk 1973 oder HUP vorsieht, herrscht Einigkeit darüber, dass das HaagUnterhÜbk 1956 vorrangig anzuwenden ist.[22] Allerdings herrscht im Schrifttum Streit darüber, von welchen Anknüpfungspunkten der Vorrang abhängt. Vielfach wird vertreten, das Übereinkommen sei lediglich dann einschlägig, wenn das unterhaltsberechtigte Kind seinen Aufenthalt in Liechtenstein oder Mocao hat.[23] Andere wiederum erachten es als ausreichend, wenn das Kind zwar in Deutschland ansässig ist, aber zuvor in einem der Vertragsstaaten domiziliert war.[24] Teilweise

---

[9] *Bonomi*-Bericht Rn. 197; NK-BGB/*Gruber* Rn. 5; *Gruber* FamRZ 2013, 1374, (1375); aA Staudinger/*Mankowski* (2016) Rn. 7.

[10] BT-Drs. 17/4887, 53.

[11] Für die vorrangige Anwendbarkeit des HUP: NK-BGB/*Gruber* Rn. 5; *Hausmann* IntEuSchR C 673; BeckOK BGB/*Heiderhoff* EGBGB Art. 18 Rn. 6.

[12] BeckOK BGB/*Heiderhoff* EGBGB Art. 18 Rn. 6.

[13] So auch *Andrae* IPRax 2014, 326, (328); Staudinger/*Mankowski* (2016) Art. 2 Rn. 13; Art. 18 Rn. 10.

[14] *Andrae* IPRax 2014, 326, (328); *Dutta* FamRZ 2014, 2005 (2006); *Lehmann* GPR 2014, 342 (345); Staudinger/*Mankowski* (2016) Rn. 5, 10.

[15] So auch Staudinger/*Mankowski* (2016) Rn. 4.

[16] *Andrae* IPRax 2014, 326 (328); NK-BGB/*Gruber* Rn. 5.

[17] *Kroll-Ludwigs* IPRax 2016, 34 (38 f.).

[18] So aber *Kroll-Ludwigs* IPRax 2016, 34 (38 ff.).

[19] Zu der gleichgelagerten Problematik im Kontext von HStrÜ und Rom II-VO ausführlich: *Czaplinski*, Das Internationale Straßenverkehrsunfallrecht nach Inkrafttreten der Rom II-VO, 2015, 465 ff.

[20] NK-BGB/*Gruber* Rn. 5.

[21] Siehe dazu *Kroll-Ludwigs* IPRax 2016, 34 (35); Staudinger/*Mankowski* (2016) Rn. 4.

[22] NK-BGB/*Gruber* Rn. 6. Zu diesem Ergebnis kommen auch: BeckOK BGB/*Heiderhoff* EGBGB Art. 18 Rn. 13; Palandt/*Thorn* Rn. 54.

[23] BeckOK BGB/*Heiderhoff* EGBGB Art. 18 Rn. 13; Palandt/*Thorn* Rn. 54.

[24] NK-BGB/*Gruber* Rn. 6; aA, da die Staatsangehörigkeit keinen primären Anknüpfungspunkt darstellt: Der deutsche Gesetzgeber BT-Drs. 17/4887, 53.

wird alternativ auf den gewöhnlichen Aufenthalt des Verpflichteten abgestellt.[25] Auch gegenüber zukünftigen Staaten, die das HaagUnterhÜbk 1956 ratifizieren werden und weder Vertragsstaat des HaagUnthÜbk 1973 noch Mitgliedstaat der EU sind, gilt dann das HaagUnterhÜbk 1956.

Um dem Ziel der Vereinheitlichung nicht entgegenzustehen und aufgrund der Praktikabilität und **8** Rechtssicherheit sollte in den meisten Konstellationen das jüngere HUP, auf dessen Vorschriften auch die EuUnthVO rekurriert, vorrangig herangezogen werden. Daher sollte das HaagUnterhÜbk 1956 nur dann maßgeblich sein, wenn das unterhaltsberechtigte Kind seinen Aufenthalt in Liechtenstein oder Mocao hat.[26]

Art. 19 HUP Koordinierung mit anderen Übereinkünften

(1) Dieses Protokoll lässt internationale Übereinkünfte unberührt, denen Vertragsstaaten als Vertragsparteien angehören oder angehören werden und die Bestimmungen über im Protokoll geregelte Angelegenheiten enthalten, sofern die durch eine solche Übereinkunft gebundenen Staaten keine gegenteilige Erklärung abgeben.

(2) Absatz 1 gilt auch für Einheitsrecht, das auf besonderen Verbindungen insbesondere regionaler Art zwischen den betroffenen Staaten beruht.

I. Andere Übereinkünfte

1. Dt.-Iran. NlassAbK. In der Bundesrepublik geht lediglich das deutsch-iranische Niederlas- **1** sungsabkommen von 1929 dem HUP vor (→ HUP Einl. Rn. 16 ff.).[1] Lediglich wenn es sich bei den Beteiligten um deutsche Staatsangehörige handelt und einer von diesen seinen gewöhnlichen Aufenthalt im Iran hat, ist deutsches Recht anzuwenden.[2]

2. Kinderschutzübereinkommen. Dieser Staatsvertrag (KSÜ) von 1996 regelt ebenso wie **2** Art. 11 lit. d unter anderem auch die gesetzliche Vertretung von Kindern, und zwar kraft Gesetzes oder kraft individueller Schutzmaßnahme (Art. 16 KSÜ). Art. 19 HUP scheint dem KSÜ den Vorrang einzuräumen, soweit dieses Abkommen „Bestimmungen über die im Protokoll geregelten Angelegenheiten" enthält. Dies dürfte jedoch nicht der Fall sein; denn bei Ausarbeitung des HUP wollte man das KSÜ weder ganz noch teilweise suspendieren. Lediglich Unterhaltsabkommen soll-ten – in verallgemeinerter Form – vorbehalten bleiben.[3]

a) Wiener Vertragsrechtsübereinkommen. Orientiert man sich an Art. 30 und 59 Wiener **3** Übereinkommen vom 23.5.1969 (BGBl. 1985 II S. 927) über das Recht der Verträge (VRK), so ergibt sich folgendes Bild: Da eine Beendigung oder Suspension iS des Art. 58 VRK nicht vorliegt und auch kein Vorrang iS des Art. 30 Abs. 2 VRK eingeräumt wurde, fragt sich, ob das HUP und das KSÜ miteinander unvereinbar sind (vgl. Art. 30 Abs. 3 und 4 lit. a und b VRK), also Art. 11 lit. d HUP oder entsprechende Regelungen nach dem KSÜ ausschließliche Anwendung verlangen oder ob beide Abkommen insoweit einander ergänzen und tolerieren.

b) Keine Ausschließlichkeit. Dass Art. 11 lit. d keine ausschließliche Anwendung verlangt, ist **4** bereits erörtert worden (→ Art. 11 Rn. 89 ff.). Hinsichtlich des KSÜ ist auf Art. 52 KSÜ hinzuwei-sen (Vorbehalt anderer Konventionen) und auf den mit Art. 11 lit. d HUP fast wörtlich übereinstim-menden Art. 10 Nr. 2 HaagUnthÜ. Bei Ausarbeitung wollte man also die vorher vereinbarte Rege-lung des Art. 10 Nr. 2 HaagUnthÜ aufrechterhalten und nicht ersetzen.[4] Wenn das aber der Fall war, kann gegenüber dem neuen Art. 11 lit. d HUP der zwischen den Vertragsstaaten beider Unter-haltsstatutabkommen den Art. 10 Nr. 2 HaagUnthÜ ersetzt, nichts anderes gelten: Das KSÜ verlangt auch gegenüber dem Art. 11 lit. d HUP keine ausschließliche Geltung. Beide Abkommen ergänzen sich und sind miteinander nicht unvereinbar. Es liegt kein Konventionskonflikt vor.[5]

---

[25] Als weiteres alternatives Kriterium neben dem aus Lichtenstein stammenden Kind: NK-BGB/*Gruber* Rn. 6; als weiterer alternativer Anknüpfungspunkt und umgekehrter Fall zum Wohnsitz des Anspruchsberechtigten: BeckOK BGB/*Heiderhoff* EGBGB Art. 18 Rn. 13; unsicher hingegen der deutsche Gesetzgeber BT-Drs. 17/4887, 53.

[26] Ebenfalls lediglich dieses Anknüpfungskriterium anführend: Palandt/*Thorn* Rn. 54.

[1] *Rauscher* IPR Rn. 902; zum Abkommen *Staudinger/Papadopoulos* JA 2017, 495 (499).

[2] NK-BGB/*Gruber* Rn. 3.

[3] Vgl. *Verwilghen* S. 463 bzw. S. 71 (Nr. 192).

[4] Dies war so selbstverständlich, dass es bei der Erläuterung des Art. 18 Abs. 2 MSA gar nicht erwähnt wurde: *v. Steiger,* Actes et Documents de la Neuvième sessions au 26 octobre 1960, S. 219, 242.

[5] *Majoros,* Les conventions internationales en matière de droit privé I, 1976, und II, 1980; *Volken,* Konventions-konflikte im IPR, 1977.

5   **c) Konkret.** Konkret bedeutet dies zB: Richtet sich die Vaterschaftsfeststellung nach dem Unterhaltsstatut, so hat bei einer Vaterschaftsfeststellung die nach dem Aufenthaltsrecht des Kindes (vgl. Art. 16 KSÜ) voll vertretungsberechtigte Mutter allein mitzuwirken (vgl. § 1626a Abs. 2 BGB).[6]

II. Einheitsrecht

6   Auch internationales Einheitsrecht, das schon jetzt gilt oder in Zukunft entstehen könnte, bleibt vom HUP unberührt. Voraussetzung ist eine besondere Verbindung insbesondere regionaler Art zwischen den betroffenen Staaten. Da die EuUnthVO in mehreren Bereichen nicht mit dem Protokoll kollidiert, ist sie hingegen kein Anwendungsfall des Abs. 2.[7] Im Fall von Überschneidungen, so zB bei Art. 15 EuUnthVO, verweist der Rechtsakt auf das Protokoll.

Art. 20 HUP Einheitliche Auslegung

Bei der Auslegung dieses Protokolls ist seinem internationalen Charakter und der Notwendigkeit, seine einheitliche Anwendung zu fördern, Rechnung zu tragen.

1   Art. 20 sagt etwas Selbstverständliches: Das HUP ist autonom staatsvertraglich auszulegen, also unabhängig von einem nationalen Auslegungskanon und in Harmonie und möglicher Übereinstimmung mit der internationalen Entwicklung, wie sie sich in Staatsverträgen, internationaler Rechtsprechung und Literatur widerspiegelt. Die Rechtsprechung des EuGH, der die EuUnthVO auslegt, ist dabei nur eine Instanz, die nicht abschließend das HUP interpretiert. Der EuGH ist also nur die oberste Instanz des Vertragsstaates EU.

2   Allein Englisch und Französisch sind die offiziellen Sprachen des Übereinkommens. Damit stellt die deutsche Fassung eine nicht bindende Übersetzung dar und ist bei der grammatikalischen Auslegung nicht zu berücksichtigen.[1]

3   Durch die auch für das Protokoll geltende Vorlagepflicht der mitgliedstaatlichen Gerichte an den EuGH nach Art. 267 AEUV wird zudem eine einheitliche Auslegung gesichert. Diese Interpretation ist sodann für die Mitgliedstaaten verbindlich.[2]

4   Die einzelnen dem Protokoll unterworfenen Staaten sind jedoch nicht selbst Vertragspartner des Haager Unterhaltprotokolls, sondern die EU.[3] Der EuGH ist somit seinerseits wiederum an Art. 20 gebunden, um einer einheitlichen Auslegung gerecht zu werden.[4]

Art. 21 HUP Prüfung der praktischen Durchführung des Protokolls

(1) Der Generalsekretär der Haager Konferenz für Internationales Privatrecht beruft erforderlichenfalls eine Spezialkommission zur Prüfung der praktischen Durchführung dieses Protokolls ein.

(2) Zu diesem Zweck arbeiten die Vertragsstaaten mit dem Ständigen Büro der Haager Konferenz für Internationales Privatrecht bei der Sammlung der Rechtsprechung zur Anwendung dieses Protokolls zusammen.

1   **1. Einberufung einer Spezialkommission.** Der Generalsekretär der Haager Konferenz kann eine Spezialkommission einberufen, um die praktische Durchführung des Protokolls zu prüfen. Wann eine solche Überprüfung notwendig ist, regelt Abs. 1 nicht. Vielmehr obliegt dem Generalsekretär der Haager Konferenz ein Beurteilungsspielraum.

2   Ob daraus eine neues Protokoll oder eine Änderung des HUP resultieren wird, ist noch offen. Bis jetzt ist jedenfalls noch keine Spezialkommission einberufen worden.

3   **2. Zusammenarbeit der Vertragsstaaten.** Nach Abs. 2 verpflichten sich die Vertragsstaaten, mit dem Ständigen Büro der Haager Konferenz zusammenzuarbeiten, indem sie bei der Sammlung der Rechtsprechung zu HUP behilflich sind.

4   Dies dient vornehmlich dem Zweck des Abs. 1, da andernfalls eine Überprüfung des Protokolls wesentlich erschwert wäre. Allerdings ist es dem Ständigen Büro nicht untersagt, aktiv Informationen

---

[6] *Klinkhardt* StAZ 1986, 237 (241 f.).
[7] Staudinger/*Mankowski* (2016) Rn. 13.
[1] Staudinger/*Mankowski* (2016) Rn. 2.
[2] *Mankowski* NZFam 2015, 346 (348).
[3] Staudinger/*Mankowski* (2016) Rn. 7.
[4] Staudinger/*Mankowski* (2016) Rn. 9. Kritisch hierzu *Mankowski* TranspR 2014, 129 (132); 2015, 120 (121).

aus anderen Quellen zu gewinnen. Es ist somit nicht darauf angewiesen abzuwarten, bis die Vertragsstaaten ihren Informationspflichten eingeständig nachkommen.[1]

Art. 22 HUP Übergangsbestimmungen

Dieses Protokoll findet keine Anwendung auf Unterhalt, der in einem Vertragsstaat für einen Zeitraum vor Inkrafttreten des Protokolls in diesem Staat verlangt wird.

1. Geltung des Protokolls zwischen normalen Vertragsstaaten. In normalen Vertragsstaaten, die keine Mitgliedstaaten der EU sind, gilt das HUP ab dem Inkrafttreten des Protokolls in diesen Staaten. Das normiert indirekt der Art. 22, der betont, dass das Protokoll keine Anwendung auf Unterhalt findet, der in einem dieser Vertragsstaaten für einen Zeitraum vor Inkrafttreten des HUP in diesen Staaten verlangt wird. Das Protokoll ist erst am 1.8.2013 völkerrechtlich durch die Ratifikation Serbiens in Kraft getreten und gilt seither auch für Serbien. Die Ukraine hat das Protokoll am 21.3.2016 unterzeichnet, aber noch nicht ratifiziert.   **1**

Für die Abgrenzung zwischen altem und neuem Kollisionsrecht bleibt entscheidend, ob der Zeitraum für die Unterhaltsforderung vor oder nach dem 1.8.2013 liegt. Unerheblich ist demnach der Zeitpunkt der Einleitung des Unterhaltverfahrens.   **2**

Für die Mitgliedsstaaten bestimmt Art. 5 des Beschlusses des Rates vom 30.11.2009,[1*] dass das Protokoll hingegen auch für Verfahren, die ab dem 18.6.2011 eingeleitet wurden, gelten soll, unabhängig davon, für welchen Zeitpunkt der Unterhalt letzlich geschuldet wird. Insofern hat die EU abweichend von Art. 22 festgelegt, dass nicht auf Dauer jene Kollisionsnorm fortgilt, die während der betreffenden Unterhaltzeit Anwendung fand.[2]   **3**

2. Geltung des Protokolls zwischen Mitgliedstaaten der EU. Die EU wendet das HUP als Teil der EuUnthVO schon vor dem staatsvertraglichen Inkrafttreten vorläufig an. Deshalb hat sie für ihre Mitgliedstaaten eine Sonderregelung getroffen und im Beschluss des Rates vom 30.11.2009 Folgendes erklärt:[3]   **4**

„Die Europäische Gemeinschaft erklärt, dass sie die Bestimmungen des Protokolls auch auf Unterhaltsleistungen anwenden wird, die in einem ihrer Mitgliedstaaten für einen Zeitraum vor dem Inkrafttreten oder der vorläufigen Anwendung des Protokolls in der Gemeinschaft geltend gemacht werden kann, sofern aufgrund der Verordnung (EG) Nr. 4/2009 des Rates vom 18. Dezember 2009 über die Zuständigkeit, das anwendbare Recht, die Anerkennung und Vollstreckung von Entscheidungen und die Zusammenarbeit in Unterhaltssachen die Einleitung des Verfahrens, die Billigung oder der Abschluss des gerichtlichen Vergleichs oder der Ausstellung der öffentlichen Urkunde ab dem 18. Juni 2011, dem Datum des Beginns der Anwendbarkeit der Verordnung (IF) Nr. 4/2009, erfolgt ist.“

Damit steht fest, dass in den Mitgliedstaaten der EU das HUP für Unterhaltsansprüche gilt, die ab dem 18.6.2011 in einem Mitgliedstaat gerichtlich geltend gemacht oder durch Vergleich oder in einer Urkunde ab dem 18.6.2011 zugesprochen werden.   **5**

Art. 23 HUP Unterzeichnung, Ratifikation und Beitritt

(1) Dieses Protokoll liegt für alle Staaten zur Unterzeichnung auf.

(2) Dieses Protokoll bedarf der Ratifikation, Annahme oder Genehmigung durch die Unterzeichnerstaaten.

(3) Dieses Protokoll steht allen Staaten zum Beitritt offen.

(4) Die Ratifikations-, Annahme-, Genehmigungs- oder Beitrittsurkunden werden beim Ministerium für Auswärtige Angelegenheiten des Königreichs der Niederlande, dem Depositar (amtl. Anm.: DE: Verwahrer) dieses Protokolls, hinterlegt.

Art. 23 regelt Unterzeichnung, Ratifikation und Beitritt. Die Vorschrift stellt zudem klar, dass es sich bei dem Protokoll um ein offenes Übereinkommen handelt. Somit steht es auch solchen Staaten frei beizutreten, die nicht Teilnehmerstaaten der Haager Konferenz sind.   **1**

---

[1] Staudinger/*Mankowski* (2016) Rn. 5.
[1*] ABl EU 2009 L 331/17.
[2] Rauscher/*Andrae* HUntStProt Art. 22 Rn. 5; *Hausmann* IntEuSchR C 681; Staudinger/*Mankowski* (2016) Rn. 5 ff.
[3] Art. 5 Abs. 2 des Beschlusses, ABl. 2009 L 331, S. 17.

Art. 24 HUP Organisationen der regionalen Wirtschaftsintegration

(1) ¹Eine Organisation der regionalen Wirtschaftsintegration, die ausschliesslich von souveränen Staaten gebildet wird und für einige oder alle in diesem Protokoll geregelten Angelegenheiten zuständig ist, kann das Protokoll ebenfalls unterzeichnen, annehmen, genehmigen oder ihm beitreten. ²Die Organisation der regionalen Wirtschaftsintegration hat in diesem Fall die Rechte und Pflichten eines Vertragsstaats in dem Umfang, in dem sie für Angelegenheiten zuständig ist, die im Protokoll geregelt sind.

(2) ¹Die Organisation der regionalen Wirtschaftsintegration notifiziert dem Depositar bei der Unterzeichnung, der Annahme, der Genehmigung oder dem Beitritt schriftlich die in diesem Protokoll geregelten Angelegenheiten, für die ihr von ihren Mitgliedstaaten die Zuständigkeit übertragen wurde. ²Die Organisation notifiziert dem Depositar umgehend schriftlich jede Veränderung ihrer Zuständigkeit gegenüber der letzten Notifikation nach diesem Absatz.

(3) Eine Organisation der regionalen Wirtschaftsintegration kann bei der Unterzeichnung, der Annahme, der Genehmigung oder dem Beitritt nach Artikel 28 erklären, dass sie für alle in diesem Protokoll geregelten Angelegenheiten zuständig ist und dass die Mitgliedstaaten, die ihre Zuständigkeit in diesem Bereich der Organisation der regionalen Wirtschaftsintegration übertragen haben, aufgrund der Unterzeichnung, der Annahme, der Genehmigung oder des Beitritts der Organisation durch das Protokoll gebunden sein werden.

(4) Für das Inkrafttreten dieses Protokolls zählt eine von einer Organisation der regionalen Wirtschaftsintegration hinterlegte Urkunde nicht, es sei denn, die Organisation der regionalen Wirtschaftsintegration gibt eine Erklärung nach Absatz 3 ab.

(5) ¹Jede Bezugnahme in diesem Protokoll auf einen „Vertragsstaat" oder „Staat" gilt gegebenenfalls gleichermassen für eine Organisation der regionalen Wirtschaftsintegration, die Vertragspartei des Protokolls ist. ²Gibt eine Organisation der regionalen Wirtschaftsintegration eine Erklärung nach Absatz 3 ab, so gilt jede Bezugnahme im Protokoll auf einen „Vertragsstaat" oder „Staat" gegebenenfalls gleichermassen für die betroffenen Mitgliedstaaten der Organisation.

1   **1. Organisation regionaler Wirtschaftsintegration als Vertragspartei (Abs. 1).** Durch Änderung der Statuten der Haager Konferenz von 2006 (in Kraft seit dem 1.1.2007) können auch Organisationen regionaler Wirtschaftsintegration (im Folgenden: Organisation) Mitglied der Haager Konferenz für IPR werden (ABl. 2006 L 297, S. 7). Die Europäische Gemeinschaft hat am 5.10.2006 beschlossen, der Haager Konferenz für IPR beizutreten,¹ und ist seit dem 3.4.2007 Mitglied der Haager Konferenz. Art. 24 spiegelt dies wider und sagt in Abs. 1, dass eine Organisation, die für Materien des HUP zuständig ist, das HUP ratifizieren kann. In diesem Fall hat die Organisation die Rechte und Pflichten eines Vertragsstaates in dem Umfang, in dem sie für Angelegenheiten des HUP zuständig ist (Art. 24 Abs. 1 S. 2).

2   **2. Notifizierung (Abs. 2).** Organisationen haben dem Verwahrer des HUP mitzuteilen, a) alle im Protokoll geregelten Angelegenheiten, für welche die Mitgliedstaaten ihr die Zuständigkeit übertragen haben (Abs. 2 S. 1), und b) jegliche Veränderung ihrer Zuständigkeit nach der letzten Notifikation (Abs. 2 S. 2). Dies hat die EU durch Beschluss des Rates vom 30.11.2009 über den Abschluss des HUP durch die EU getan² und in Art. 3 Abs. 1 dieses Beschlusses erklärt: „Die Europäische Gemeinschaft erklärt gemäß Artikel 24 des Protokolls, dass sie für alle in diesem Protokoll geregelten Angelegenheiten zuständig ist. Das Protokoll ist bei Abschluss durch die Europäische Gemeinschaft für ihre Mitgliedstaaten bindend."

3   **3. Erklärung (Abs. 3).** Eine Organisation kann erklären, dass sie für alle Angelegenheiten des HUP zuständig ist und dass die Mitgliedstaaten, welche der Organisation diese Zuständigkeit übertragen haben, aufgrund des Beitritts der Organisation durch das Protokoll gebunden sein werden. Diese Erklärung ist in dem oben zitierten Art. 3 Abs. 1 des Beschlusses vom 30.11.2009 enthalten (→ Rn. 2).

---

¹ Beschluss des Rates vom 5.10.2006 über den Beitritt der Gemeinschaft zur Haager Konferenz für Internationales Privatrecht, ABl. 2006 L 297, S. 1.
² Beschluss des Rates vom 30.11.2009, ABl. 2009 L 331, S. 17.

Der Umfang der Bindungswirkung obliegt den Organisationen jedoch selbst. So hat sie die 4
Möglichkeit durch Erklärung eigenständig festzulegen, welche ihrer Mitgliedstaaten an das Protokoll
gebunden sein sollen.[3]

4. Formalitäten des Inkrafttretens (Abs. 4). Da die EU eine Erklärung nach Abs. 3 abgegeben 5
hat, genügt für das Inkrafttreten eine hinterlegte Urkunde der EU.

5. „Vertragsstaat" und „Staat" iSd HUP (Abs. 5). Sowohl die EU gilt als Vertragsstaat oder 6
Staat (Abs. 5 S. 1) als auch die betroffenen Mitgliedstaaten, für die nach Art. 24 Abs. 3 eine Erklärung
abgegeben worden ist (Abs. 5 S. 2).

Sofern in einer Bestimmung des Protokolls hingegen festgesetzt ist, dass diese nicht für Organisati- 7
onen gelten, wie bspw. in Art. 15 Abs. 2, gilt dies vorrangig vor Art. 20 Abs. 5 zu berücksichtigen.

Art. 25 HUP Inkrafttreten

**(1) Dieses Protokoll tritt am ersten Tag des Monats in Kraft, der auf einen Zeitabschnitt
von drei Monaten nach der Hinterlegung der zweiten Ratifikations-, Annahme-, Geneh-
migungs- oder Beitrittsurkunde nach Artikel 23 folgt.**

(2) Danach tritt dieses Protokoll wie folgt in Kraft:
**a) für jeden Staat oder jede Organisation der regionalen Wirtschaftsintegration nach Arti-
kel 24, der oder die es später ratifiziert, annimmt oder genehmigt oder ihm später
beitritt, am ersten Tag des Monats, der auf einen Zeitabschnitt von drei Monaten
nach Hinterlegung seiner oder ihrer Ratifikations-, Annahme-, Genehmigungs- oder
Beitrittsurkunde folgt;**
**b) für die Gebietseinheiten, auf die das Protokoll nach Artikel 26 erstreckt worden ist, am
ersten Tag des Monats, der auf einen Zeitabschnitt von drei Monaten nach der in jenem
Artikel vorgesehenen Notifikation folgt.**

1. Inkrafttreten des Protokolls. Nachdem Serbien als zweites Mitglied der Haager Konferenz 1
das HUP am 10.4.2013 ratifiziert hat, ist das Protokoll am 1.8.2013 in Kraft getreten.

2. Geltung zwischen Mitgliedstaaten der EU. Zwischen den Mitgliedstaaten der EU gilt das 2
HUP jedoch schon vorläufig ab dem 18.6.2011 (→ Art. 18 Rn. 1). Wird ein Verfahren über Unterhalt, der für eine Zeit vor diesem Zeitpunkt geschuldet wird, nach dem 18.6.2011 geltend gemacht,
so gilt das HUP.[1]

Art. 26 HUP Erklärungen in Bezug auf nicht einheitliche Rechtssysteme

**(1) Ein Staat, der aus zwei oder mehr Gebietseinheiten besteht, in denen für die in
diesem Protokoll geregelten Angelegenheiten unterschiedliche Rechtssysteme gelten, kann
bei der Unterzeichnung, der Ratifikation, der Annahme, der Genehmigung oder dem
Beitritt nach Artikel 28 erklären, dass das Protokoll auf alle seine Gebietseinheiten oder
nur auf eine oder mehrere davon erstreckt wird; er kann diese Erklärung durch Abgabe
einer neuen Erklärung jederzeit ändern.**

**(2) Jede derartige Erklärung wird dem Depositar (amtl. Anm.: DE: Verwahrer) unter
ausdrücklicher Bezeichnung der Gebietseinheiten notifiziert, auf die das Protokoll angewendet wird.**

**(3) Gibt ein Staat keine Erklärung nach diesem Artikel ab, so erstreckt sich das Protokoll
auf sein gesamtes Hoheitsgebiet.**

**(4) Dieser Artikel ist nicht anzuwenden auf Organisationen der regionalen Wirtschafts-
integration.**

Mitgliedsstaaten von Organisationen sind selbstständige Staaten und nicht bloße Territorialeinhei- 1
ten.[1*] Damit gilt dieser Artikel nicht für Organisationen regionaler Wirtschaftsintegration (Abs. 4).
Irgendwelche Mehrrechtsstaaten haben bisher noch keine Erklärung nach Abs. 1 abgegeben. Deshalb
gilt das HUP für die Vertragsstaaten in deren gesamten Hoheitsgebiet (Abs. 3).

---

[3] Staudinger/*Mankowski* (2016) Rn. 6.
[1] Beschluss des Rates vom 30.11.2009, ABl. L 331, S. 17; OLG Celle JAmt 2012, 487; aA offenbar OLG
Köln JAmt 2012, 486.
[1*] Staudinger/*Mankowski* (2016) Rn. 4.

Art. 27 HUP Vorbehalte

Vorbehalte zu diesem Protokoll sind nicht zulässig.

1   Art. 27 stellt klar, dass Vorbehalte unzulässig sind. Dies ist der Einheitlichkeit des Kollisionsrechts in den Vertragsstaaten geschuldet. Einseitige Abänderungs- und Anwendungsoptionen würden diesem Zweck zuwiderlaufen.[1]

Art. 28 HUP Erklärungen

(1) Erklärungen nach Artikel 24 Absatz 3 und Artikel 26 Absatz 1 können bei der Unterzeichnung, der Ratifikation, der Annahme, der Genehmigung oder dem Beitritt oder jederzeit danach abgegeben und jederzeit geändert oder zurückgenommen werden.

(2) Jede Erklärung, Änderung und Rücknahme wird dem Depositar (amtl. Anm.: DE: Verwahrer) notifiziert.

(3) Eine bei der Unterzeichnung, der Ratifikation, der Annahme, der Genehmigung oder dem Beitritt abgegebene Erklärung wird mit Inkrafttreten dieses Protokolls für den betreffenden Staat wirksam.

(4) Eine zu einem späteren Zeitpunkt abgegebene Erklärung und jede Änderung oder Rücknahme einer Erklärung werden am ersten Tag des Monats wirksam, der auf einen Zeitabschnitt von drei Monaten nach Eingang der Notifikation beim Depositar (amtl. Anm.: DE: Verwahrer) folgt.

1   Die Erklärung, welche die EU nach Art. 24 abgegeben hat, ist schon ab dem 18.6.2011 wirksam geworden. Dies geht aus Art. 4 Abs. 2 des Beschlusses des Rates hervor, den die EU am 30.11.2009 gefasst hat (ABl. 331, S. 17).

2   Erklärungen sind keine Vorbehalte, welche nach Art. 27 unzulässig wären. Vielmehr handelt es sich um einseitige Gestaltungsakte, durch die die Anwendung des Protokolls in bestimmten Bereichen verändert wird. Zudem obliegt es den Vertragsstaaten gänzlich, eine Erklärung abzugeben oder zu verändern.[1*]

3   Derzeit hat lediglich die damalige Europäische Gemeinschaft (EG) eine solche Erklärung abgegeben, wonach weder Dänemark noch das Vereinigte Königreich von der EG umfasst werden sollten.[2]

Art. 29 HUP Kündigung

(1) [1]Jeder Vertragsstaat kann dieses Protokoll durch eine an den Depositar (amtl. Anm.: DE: Verwahrer) gerichtete schriftliche Notifikation kündigen. [2]Die Kündigung kann sich auf bestimmte Gebietseinheiten eines Staates mit nicht einheitlichen Rechtssystemen beschränken, auf die das Protokoll angewendet wird.

(2) [1]Die Kündigung wird am ersten Tag des Monats wirksam, der auf einen Zeitabschnitt von 12 Monaten nach Eingang der Notifikation beim Depositar (amtl. Anm.: DE: Verwahrer) folgt. [2]Ist in der Notifikation für das Wirksamwerden der Kündigung ein längerer Zeitabschnitt angegeben, so wird die Kündigung nach Ablauf des entsprechenden Zeitabschnitts nach Eingang der Notifikation beim Depositar (amtl. Anm.: DE: Verwahrer) wirksam.

1   Art. 29 regelt die Kündigung. Sie hat lediglich relative Wirkung. Dies lässt sich mit dem Rechtsgedanken des Art. 26 Abs. 4 UnthAnerkÜb begründen.[1**] Damit bewirkt die Kündigung zwar ein Ausscheiden des kündigenden Staates, das Protokoll bleibt im Übrigen für die verbleibenden Mitgliedsstaaten bindend.

Art. 30 HUP Notifikation

Der Depositar (amtl. Anm.: DE: Verwahrer) notifiziert den Mitgliedern der Haager Konferenz für Internationales Privatrecht sowie den anderen Staaten und Organisationen

---

[1] Staudinger/*Mankowski* (2016) Rn. 1.
[1*] Staudinger/*Mankowski* (2016) Rn. 1 ff.
[2] Staudinger/*Mankowski* (2016) Rn. 10 f. mwN.
[1**] Staudinger/*Mankowski* (2016) Rn. 3.

der regionalen Wirtschaftsintegration, die dieses Protokoll nach den Artikeln 23 und 24
unterzeichnet, ratifiziert, angenommen oder genehmigt haben oder ihm beigetreten sind,
a) jede Unterzeichnung, Ratifikation, Annahme und Genehmigung sowie jeden Beitritt
   nach den Artikeln 23 und 24;
b) den Tag, an dem das Protokoll nach Artikel 25 in Kraft tritt;
c) jede Erklärung nach Artikel 24 Absatz 3 und Artikel 26 Absatz 1;
d) jede Kündigung nach Artikel 29.

Art. 30 betrifft die Notifikation.   1

Zu Urkund dessen haben die hierzu gehörig befugten Unterzeichneten dieses Protokoll
unterschrieben.

Geschehen in Den Haag am 23. November 2007 in englischer und französischer Sprache, wobei jeder Wortlaut gleichermaßen verbindlich ist, in einer Urschrift, die im Archiv
der Regierung des Königreichs der Niederlande hinterlegt und von der jedem Staat, der
zur Zeit der Einundzwanzigsten Tagung der Haager Konferenz für Internationales Privatrecht Mitglied der Konferenz war, sowie jedem anderen Staat, der an dieser Tagung teilgenommen hat, auf diplomatischem Weg eine beglaubigte Abschrift übermittelt wird.

Einführungsgesetz zum Bürgerlichen Gesetzbuche

In der Fassung der Bekanntmachung vom 21. September 1994
(BGBl. 1994 I S. 2494, ber. BGBl. 1997 I S. 1061)

Zuletzt geändert durch Art. 2 Abs. 4 Gesetz zur Einführung des Rechts auf Eheschließung für Personen
gleichen Geschlechts vom 20. Juli 2017 (BGBl. 2017 I S. 2787)

Erster Teil. Allgemeine Vorschriften

Zweites Kapitel. Internationales Privatrecht

Dritter Abschnitt. Familienrecht

Art. 18 EGBGB *(aufgehoben)*

Art. 18 (Unterhalt) wurde aufgehoben mit Wirkung vom 18.6.2011 durch das Gesetz zur Durch- **1**
führung der Verordnung (EG) Nr. 4/2009 und zur Neuordnung bestehender Aus- und Durchführungsbestimmungen auf dem Gebiet des internationalen Unterhaltsverfahrensrechts vom 23.5.2011
(BGBl. I S. 898).

Abschnitt 4. Internationales Kindschaftsrecht

Verordnung (EG) Nr. 2201/2003 des Rates vom 27. November 2003 über die Zuständigkeit und die Anerkennung und Vollstreckung von Entscheidungen in Ehesachen und in Verfahren betreffend die elterliche Verantwortung und zur Aufhebung der Verordnung (EG) Nr. 1347/2000 (Brüssel IIa-VO)

(ABl. EG Nr. L 338 S. 1),
geändert durch VO vom 2. Dezember 2004 (ABl. EG Nr. L 367 S. 1)

Schrifttum: Einzelschriften: *Andrae,* Zur Anwendbarkeit der EheVO auf staatliche Maßnahmen zum Schutz des Kindes, Eur.L.F. 2008, II-92 (englische Fassung: Eur.L.F. 2008, I-189); *Andrae,* Erste Entscheidung des EuGH zu Art. 12 Abs. 3 EuEheVO, IPRax 2015, 212; *Borrás,* From Brussels II to Brussels II bis and Further, in Boele-Woelki/González Beilfuss, Brussels II bis: Its Impact and Application in the Member States, Antwerpen 2007, 3; *Boulanger,* De la Convention de La Haye de 1961 à celle de 1996 sur la loi applicable à la responsabilité parentale et la protection des enfants – Requiem pour la loi nationale?, Mélanges Fritz Sturm, 1999, 1399; *Britz,* Grundrechtsschutz in der justiziellen Zusammenarbeit – zur Titelfreizügigkeit in Familiensachen, JZ 2013, 105; *Bucher,* La Dix-huitième session de la Conférence de La Haye de droit international privé, SZIER 7 (1997), 67; *Clive,* The New Hague Convention on Children, The Juridical Review 1998, 169; *Clive,* The role of the new Protection of Children Convention, in Detrick/Vlaardingerbroek, Globalization of Child Law. The Role of the Hague Conventions, 1999, 53; *Coester-Waltjen,* Die Berücksichtigung der Kindesinteressen in der neuen EU-Verordnung „Brüssel IIa", FamRZ 2005, 241; *Dilger,* Die Regelungen zur internationalen Zuständigkeit in Ehesachen in der Verordnung (EG) Nr. 2201/2003, 2004; *Djemni/Wagner,* L'évolution du droit communautaire de la responsabilité parentale. Présentation des principales dispositions du règlement dit „Bruxelles II bis" du 27 novembre 2003, Gaz. Pal. 4.9.2004, 18; *Dornblüth,* Die europäische Regelung der Anerkennung und Vollstreckbarerklärung von Ehe- und Kindschaftsentscheidungen, 2003; *Duncan,* La Convention de La Haye sur la protection des enfants, Petites affiches 29.11.1997, Nr. 237, 18; *Dutta,* Europäische Zuständigkeiten mit Kindeswohlvorbehalt, FS Kropholler, 2008, 281; *Dutta/Heinze,* Anti-suit injunction und Zuständigkeitssystem des VollstrZustÜbk, ZEuP 2005, 431; *Dutta/Schulz,* Erste Meilensteine im europäischen Kindschaftsverfahrensrecht: Die Rechtsprechung des Europäischen Gerichtshofs zur Brüssel-IIa-Verordnung von C bis Mercredi, ZEuP 2012, 526; *Eppler,* Grenzüberschreitende Kindesentführung – zum Zusammenspiel des Haager Kindesentführungsübereinkommens mit der Verordnung (EG) Nr. 2201/2003 und dem Haager Kinderschutzübereinkommen, 2015; *H. Frank,* Europäische Gerichtsstands- und Vollstreckungsverordnung in Ehesachen und Verfahren betreffend die elterliche Verantwortung (EuEheVO 2005 – Brüssel IIa), in Gebauer/Wiedmann EuropZivilR Kap. 29 S. 1591; *García Cano,* Protección del menor y cooperación internacional entre autoridades, 2003; *Gruber,* Die neue EheVO und die deutschen Ausführungsgesetze, IPRax 2005, 293; *Heiderhoff,* Der gewöhnliche Aufenthalt von Säuglingen, IPRax 2012, 523; *Holzmann,* Brüssel IIa VO: Elterliche Verantwortung und internationale Kindesentführung, 2008; *van Iterson,* The New Hague Convention on the Protection of Children: A View from the Netherlands, Uniform L.Rev.N.S. 2 (1997), 474; *Janzen/Gärtner,* Kindschaftsrechtliche Spannungsverhältnisse im Rahmen der EuEheVO – die Entscheidung des EuGH in Sachen Detiček, IPRax 2011, 158; *Krah,* Das Haager Kindesschutzübereinkommen, 2004; *Kropholler,* Das Haager Kinderschutzübereinkommen von 1996 – Wesentliche Verbesserungen und Minderjährigenschutz, Liber Amicorum Siehr, 2000, 379; *Lagarde,* La nouvelle convention de La Haye sur la protection des mineurs, Rev. crit. 86 (1997), 217; *Lowe/Everall/Nicholls,* International Movement of Children – Law Practice and Procedure, 2004, 535 [zum KSÜ]; *Moylan/Baker,* The European Court of Justice and Brussels II Revised, International Family Law 2006, 188; *Niklas,* Die europäische Zuständigkeitsordnung in Ehe- und Kindschaftsverfahren, 2003; *Nygh,* The Hague Convention on the Protection of Children, NILR 45 (1998), 1; *Pirrung,* Das Haager Kinderschutzübereinkommen vom 19. Oktober 1996, FS Rolland, 1999, 277; *Pirrung,* Haager Kinderschutzübereinkommen und Verordnungsentwurf „Brüssel IIa", FS Jayme, Bd. I, 2004, 701; *Pirrung,* Auslegung der Brüssel IIa-Verordnung in Sorgerechtssachen – zum Urteil des EuGH in der Rechtssache C vom 27.11.2007, FS Kropholler, 2008, 399; *Pirrung,* Erste Erfahrungen mit dem Eilverfahren des EuGH in Sorgerechtssachen, FS Spellenberg, 2010, 467; *Pirrung,* EuEheVO und HKÜ: Steine statt Brot? – Eilverfahren zur Frage des gewöhnlichen Aufenthalts eines vier- bis sechsjährigen Kindes, IPRax 2015, 207; *Ramser,* The Impact and Application of the Brussels II bis Regulation in Germany, in Boele-Woelki/González Beilfuss, Brussels II bis: Its Impact and Application in the Member States, Antwerpen 2007, 123; *Schulz,* Die Verordnung (EG) Nr. 2201/2003 (Brüssel IIa) – eine Einführung, NJW 2004, Beilage zu Heft 18, 2 und FPR 2004, Beilage zu Heft 6, 2; *Schulz,* Die Zeichnung des Haager Kinderschutz-Übereinkommens von 1996 und der Kompromiss zur Brüssel-IIa Verordnung, FamRZ 2003, 1351; *Schulz,* The New Brussels II Regulation and the Hague Conventions of 1980 and 1996, Int. Fam. L. 2004, 22; *Schulz,* Das Haager Kindesentführungsübereinkommen und die Brüssel IIa-Verordnung: Notizen aus der Praxis, FS Kropholler, 2008, 435; *Siehr,* Das neue Haager Übereinkommen von 1996 über den Schutz von Kindern, RabelsZ 62 (1998), 464; *Siehr,* Kindesentführung und EuEheVO, IPRax 2012, 316; *Silberman,* The 1996 Convention on Jurisdiction, Applicable Law, Recognition, Enforcement and Co-operation in Respect of Parental Responsibility and Measures for the Protection of Children: A Perspective from the United States, Liber Amicorum Siehr, 2000, 703; *Solomon,* „Brüssel IIa" – Die neuen europäischen Regeln zum internationalen Verfahrensrecht in Fragen der elterlichen Verantwortung, FamRZ 2004, 1409; *Spector,* The New Uniform Law with Regard to Jurisdiction Rules in Child Custody Cases in the United States with some Comparisons to the 1996 Hague Convention on the Protection of Children, Essays in Memory of Peter E. Nygh, 2004, 357; *Spellenberg,* Die zwei Arten einstweiliger Maßnahmen der EheGVO, FS Coester-Waltjen, 2015, 813; *Wagner,* Die Haager Übereinkommen zum Schutz von Kindern, ZKJ 2008, 353; *Tödter,* Europäisches Kindschaftsrecht nach der Verordnung (EG) Nr. 2201/2003, 2010; *M.-Ph. Weller,* Der „gewöhnliche Aufenthalt" – Plädoyer für einen willenszentrierten Aufenthaltsbegriff, in Leible/Unberath, Brauchen wir eine Rom 0-Verordnung?, 2013, 293.

Kommentarliteratur: *Althammer,* Brüssel IIa Rom III (Kommentar zu den Verordnungen (EG) 2201/2003 und (EU) 1259/2010), 2014; *Dörner,* Verordnung (EG) 2201/2003, in Saenger, HK-ZPO, 6. Aufl. 2015; *Geimer/ Schütze,* Europäisches Zivilverfahrensrecht, 3. Aufl. 2010 (zitiert: Geimer/Schütze/*Bearbeiter* EuZivVerfR); *Geimer/Schütze/Dilger* u.a., EuEheVO, in Internationaler Rechtsverkehr in Zivil- und Handelssachen, Bd. II 51. Lfg. 2016 (zitiert Geimer/Schütze/*Bearbeiter* IRV-HdB); *Gottwald,* Verordnung (EG) 2201/2003, in Münchener Kommentar zum FamFG (Hrsg. Rauscher), 2. Aufl. 2013; *Gruber, Andrae* u. *Benicke,* Europäische Ehe- und Sorgerechtsverordnung – EheVO 2003, in Dauner-Lieb/Heidel/Ring, BGB, Bd. 1 AT mit EGBGB, 3. Aufl. 2016 (zitiert: NK-BGB); *Hausmann,* Internationales und Europäisches Ehescheidungsrecht, 2013 (zitiert: *Hausmann* IntEuSchR [Gliederungsbuchstabe]); *Magnus/Mankowski,* Brussels IIbis Regulation, 2012; *Rauscher/Rauscher,* Europäisches Zivilprozess- und Kollisionsrecht, Bd. IV, 4. Aufl. 2015; *Staudinger,* BGB, Internationales Kindschaftsrecht, Erwachsenenschutzübereinkommen, Neubearb. 2014; *Staudinger,* BGB, Internationales Verfahrensrecht in Ehesachen, Neubearb. 2015.

Materialien: *Borrás,* Erläuternder Bericht zu dem Übereinkommen aufgrund von Artikel K.3 des Vertrags über die Europäische Union über die Zuständigkeit und die Anerkennung und Vollstreckung von Entscheidungen in Ehesachen, ABl. EG 1998 C 221/27 (zitiert: *Borrás*-Bericht Nr.); Praxisleitfaden für die Anwendung der Brüssel IIa-Verordnung, http://ec.europa.eu/justice/civil/files/brussels_ii_practice_guide_de.pdf; *Lagarde,* Explanatory Report on the 1996 Hague Child Protection Convention (zit. *Lagarde* Report Nr.), abrufbar unter https://www.hcch.net/en/publications-and-studies/details4/?pid=2943&dtid=3; *V. Steiger,* Explanatory Report on the 1961 Hague Protection of Minors (zitiert: Actes et documents S.), abrufbar unter: https://www.hcch.net/de/publications-and-studies/details4/?pid=2944&dtid=3.

Vorbemerkung zur Brüssel IIa-VO

Übersicht

I. Entstehung, Gegenstand und Zweck

1   Die Verordnung (EG) Nr. 2201/2003 des Rates vom 27.11.2003 über die Zuständigkeit und die Anerkennung und Vollstreckung von Entscheidungen in Ehesachen und in Verfahren betreffend die elterliche Verantwortung (Brüssel IIa-VO) ist am 1.3.2005 in Kraft getreten. Sie gilt im gesamten EU-Bereich außer Dänemark (Erwägungsgrund 31 Brüssel IIa-VO). Die zuvor geltende Verordnung (EG) Nr. 1347/2000 des Rates vom 29.5.2000 über die Zuständigkeit und die Anerkennung und Vollstreckung von Entscheidungen in Ehesachen und in Verfahren betreffend die elterliche Verantwortung für die gemeinsamen Kinder der Ehegatten (Brüssel II-VO = EuEheVO aF; ABl. 2000 L 160, S. 19) ist durch Art. 71 Brüssel IIa-VO aufgehoben worden. Im Gegensatz zur Brüssel II-VO aF regelt die geltende Brüssel IIa-VO die elterliche Verantwortung auch außerhalb des Zusammenhangs der Ehescheidung. Derzeit wird eine **Reform** der Brüssel IIa-VO vorbereitet.[1] Diese betrifft insbesondere die kindschaftsrechtlichen Teile. So soll das Verfahren der Kindesrückgabe genauer ausgestaltet, die Vollstreckung von Umgangstiteln vereinfacht und die Zusammenarbeit bei der Unterbringung von Kindern im Ausland verbessert werden.

---

[1] Vorschlag für eine Verordnung des Rates über die Zuständigkeit, die Anerkennung und Vollstreckung von Entscheidungen in Ehesachen und in Verfahren betreffend die elterliche Verantwortung und über internationale Kindesentführungen (Neufassung), KOM (2016), 411.

Die Brüssel IIa-VO gilt vorrangig gegenüber dem autonomen deutschen internationalen Famili- **2** enverfahrensrecht im FamFG und verdrängt dies weitgehend. Auch das **KSÜ** (näher → Rn. 9) und das **MSA** (näher → Rn. 12) werden erheblich überlagert.

Zur Durchführung der Brüssel IIa-VO ist das Gesetz zur Aus- und Durchführung bestimmter **3** Rechtsinstrumente auf dem Gebiet des internationalen Familienrechts vom 26.1.2005[2] (Internationa- les Familienrechtsverfahrensgesetz – **IntFamRVG**) ergangen. Dort sind insbesondere die Einzelhei- ten der Anerkennung und Vollstreckung ausländischer Entscheidungen geregelt.

Die Brüssel IIa-VO wird in dieser Kommentierung nur **ausschnitthaft behandelt.** Die Kom- **4** mentierung konzentriert sich auf die Normen, die kollisionsrechtlicher Art sind oder bei denen es zu Überschneidungen mit dem Kollisionsrecht kommt. Erfasst sind auch die Schnittpunkte mit den internationalen kindschaftsrechtlichen Übereinkommen (insbesondere KSÜ, KindEntfÜbk). Für die Normen, die allein das Scheidungsverfahren betreffen, sowie für alle rein verfahrensrechtlichen Prob- leme sei auf die Kommentierung im Münchener Kommentar zum FamFG verwiesen.

II. Kommentierte Regelungsgegenstände

1. Internationale Zuständigkeit. In Kapitel II der Brüssel IIa-VO (Art. 3 ff.) ist die internatio- **5** nale Zuständigkeit geregelt. Für die elterliche Verantwortung und für Kindesschutzmaßnahmen gelten die Art. 8–15 sowie – bei Eilverfahren – Art. 20. In Art. 19 wird auch die Frage der früheren Rechtshängigkeit in einem anderen Staat als Zuständigkeitsfrage eingeordnet.

2. Zusammenarbeit und Verfahren. Die Brüssel IIa-VO enthält in ihren Art. 53 ff. detaillierte **6** Vorschriften über die Zusammenarbeit Zentraler Behörden und regelt auch verschiedene Verfahrens- fragen (zB der Rechtshängigkeit in Art. 16 ff.). Diese Normen verdrängen die Art. 29 ff. KSÜ.

3. Anerkennung und Vollstreckung. Art. 21 ff. und 40 ff. regeln die Anerkennung und Voll- **7** streckung von Entscheidungen aus anderen Mitgliedstaaten (außer Dänemark[3]). Dabei gilt Art. 21, der eine Vollstreckbarerklärung verlangt, für Sorgerechtsentscheidungen, während Art. 40 für Umgangsrechtsentscheidungen die direkte Vollstreckbarkeit – ohne Exequatur – in den anderen Mitgliedstaaten vorsieht.

4. Keine Regelungen zum anwendbaren Recht. Die Brüssel IIa-VO regelt nicht das anzu- **8** wendende Recht. Hierfür gelten daher auch im Verhältnis zu anderen Mitgliedstaaten die Art. 15 ff. KSÜ sowie in seltenen Fällen (nur bei Schutzmaßnahmen für Kinder aus Macao) noch das MSA.[4]

III. Verhältnis zu anderen Instrumenten und zum autonomen Recht

1. KSÜ. Das Haager Abkommen über die Zuständigkeit, das anzuwendende Recht, die Anerken- **9** nung, Vollstreckung und Zusammenarbeit auf dem Gebiet der elterlichen Verantwortung und der Maßnahmen zum Schutz von Kindern vom 19.10.1996 (Kinderschutzübereinkommen – KSÜ) ist für Deutschland am 1.1.2011 in Kraft getreten.[5] Vertragsstaaten sind heute (1.5.2017) alle Mitglied- staaten der EU sowie folgende Staaten: Albanien, Armenien, Australien, Dominikanische Republik, Ecuador, Georgien, Lesotho, Marokko, Monaco, Montenegro, Norwegen, Russische Föderation, Serbien, Schweiz, Türkei, Ukraine und Uruguay.[6] Das KSÜ wird zwischen den Mitgliedstaaten der EU in seinem Anwendungsbereich ganz erheblich **durch die Brüssel IIa-VO eingeschränkt.**

Die Brüssel IIa-VO sieht in Art. 61 lit. a vor, dass die Brüssel IIa-VO Vorrang vor dem KSÜ hat, **10** wenn das betreffende Kind seinen gewöhnlichen Aufenthalt im Hoheitsgebiet eines Mitgliedstaats (ausgenommen Dänemark) hat.[7] Das entspricht dem in Art. 52 KSÜ für die Vertragsstaaten vorgese- henen Spielraum. Im Ergebnis ist somit für Kinder, die sich in Deutschland oder einem anderen EU-Mitgliedstaat aufhalten, die **internationale Zuständigkeit** nach der Brüssel IIa-VO zu bestim- men, selbst wenn diese die Staatsangehörigkeit eines Vertragsstaats des KSÜ besitzen → Art. 61 Rn. 2.[8] Bei gewöhnlichem Aufenthalt in einem Vertragsstaat des KSÜ, der nicht Mitgliedstaat im Sinne der Brüssel IIa-VO ist, gilt dagegen das KSÜ.

---

[2] BGBl. 2005 I S. 162.
[3] Erwägungsgrund 31.
[4] Näher BeckOK BGB/*Heiderhoff* EGBGB Art. 21 Rn. 6.
[5] BGBl. 2010 II S. 1527.
[6] Nachweise bei https://www.hcch.net/de/instruments/conventions/status-table/?cid=70.
[7] BGH NJW 2011, 2360; OLG Karlsruhe FamRZ 2011, 1963 (Zuständigkeitsbestimmung nach der Brüssel IIa-VO).
[8] *Andrae* IPRax 2006, 82 (84); *Benicke* IPRax 2013, 44 (53); *Hausmann* IntEuSchR J Rn. 296; Rauscher/ *Rauscher* Art. 61 Rn. 9; Staudinger/*Henrich* (2014) EGBGB Art. 21 Rn. 141; Staudinger/*v. Hein* (2014) EGBGB Vor Art. 24 Rn. 2b.

11   Für die **Anerkennung und die Vollstreckung** hat die Brüssel IIa-VO nach Art. 61 lit. b außerdem stets Vorrang, wenn die Entscheidung von dem Gericht eines Mitgliedstaats erlassen wurde. Das gilt auch, wenn das Kind seinen gewöhnlichen Aufenthalt in einem Drittstaat hat, der Vertragsstaat des KSÜ ist.[9]

Für das **anwendbare Recht** enthält die Brüssel IIa-VO keine Regelungen, so dass insofern ohnehin das KSÜ eingreift.[10]

12   **2. MSA und EuSorgeRÜbk.** Das Haager Übereinkommen vom 5.10.1961 über die Zuständigkeit der Behörden und das anzuwendende Recht auf dem Gebiet des Schutzes von Minderjährigen **(MSA)** ist durch das KSÜ weitgehend abgelöst worden (zur Kommentierung des MSA s. 3. Aufl. 1998, Anh. I Art. 19 EGBGB). Es ist jedoch nicht vollständig außer Kraft getreten. Nach Art. 51 KSÜ wird das MSA vielmehr nur zwischen den Vertragsstaaten des KSÜ durch das KSÜ ersetzt, also nicht gegenüber der chinesischen Sonderverwaltungszone Macao und – bis zum 31.1.2017 – der Türkei[11] (zu den Vertragsstaaten schon → Rn. 5).

13   Für die Fragen der internationalen Zuständigkeit beansprucht die Brüssel IIa-VO nach Art. 60 lit. a Vorrang auch vor dem MSA. Für die internationale Zuständigkeit ist streitig, ob dies auch dann gilt, wenn das Kind seinen gewöhnlichen Aufenthalt in der Türkei (bis zum 31.1.2017) oder in Macao hat.[12] Mit der hA ist dies zu verneinen. Es gilt in diesen Fällen das MSA, näher → Art. 60 Rn. 2. Zu beachten ist jedoch, dass der Anwendungsbereich des MSA gegenüber dem KSÜ und der Brüssel IIa-VO *deutlich enger ist*. Es erfasst nur Schutzmaßnahmen. Geht es um die gesetzliche oder gerichtliche Zuweisung der Sorge zu einem oder beiden Elternteilen, greift das MSA von vornherein nicht ein. Es bleibt also bei der Brüssel IIa-VO.

14   Einfacher ist das Verhältnis bei der Anerkennung ausländischer Entscheidungen. Da Entscheidungen aus der Türkei (bis zum 31.1.2017) und Macao von der Brüssel IIa-VO nicht erfasst sind, bleibt es für diese an sich stets beim MSA (näher → Art. 60 Rn. 1).[13] Durch das für die Anerkennung geltende Günstigkeitsprinzip wird es jedoch häufig dazu kommen, dass anstatt des MSA, das ein dürftig ausgestaltetes Anerkennungsrecht enthält, die §§ 108 ff. FamFG angewendet werden.[14] Die Vollstreckung ausländischer Entscheidungen regelt das MSA nicht.

15   Die Vollstreckung regelt aber das Übereinkommen über die Anerkennung und Vollstreckung von Entscheidungen über das Sorgerecht für Kinder und die Wiederherstellung des Sorgeverhältnisses vom 20. Mai 1980[15] **(EuSorgeRÜbk).** Auch ihm geht die Brüssel IIa-VO nach Art. 60 lit. d vor. Für die internationale Zuständigkeit ist es daher bedeutungslos. Soll jedoch eine Entscheidung aus einem Staat, der Vertragsstaat des EuSorgeRÜbk aber nicht EU-Mitgliedstaat ist, vollstreckt werden, so kann das EuSorgeRÜbk neben dem autonomen Recht herangezogen werden. Das ist vor allem bei Entscheidungen aus den Staaten bedeutsam, die nicht gleichzeitig Vertragsstaaten des KSÜ sind, also aus Andorra, Island, Liechtenstein, Mazedonien und Moldau. Das Verfahren zur Anerkennung und Vollstreckung richtet sich nach den Art. 13 ff. EuSorgeRÜbk, §§ 16 ff. IntFamRVG.

16   **3. KindEntfÜbk.** Das Haager Übereinkommen vom 25.10.1980 über die zivilrechtlichen Aspekte internationaler Kindesentführung (→ KindEntfÜbk Rn. 1 ff.) wird zwischen den Vertragspartnern dieser Übereinkommen von der Brüssel IIa-VO verdrängt (Art. 60 lit. d und lit. e). Die Brüssel IIa-VO enthält jedoch in ihren Art. 10, 11, 40 Abs. 1 lit. b und 42 nur einzelne, im Charakter eher ergänzende Vorschriften zur Kindesentführung, so dass das Übereinkommen trotz des Vorrangs der Brüssel IIa-VO auch im Verhältnis zwischen den Mitgliedstaaten weitgehend unberührt bleibt.

17   **4. Brüssel Ia-VO; EuUnthVO.** Die Brüssel Ia-VO wird von der Brüssel IIa-VO nicht berührt. Alle Verfahren, die keinen Schutzcharakter haben und vor Zivilgerichten streitig ausgetragen werden (vermögensrechtliche Streitigkeiten), werden von der Brüssel Ia-VO erfasst und nicht von der Brüssel IIa-VO. Unterhaltsprozesse unterliegen der EuUnthVO.

---

[9] *Andrae* IPRax 2006, 82 (84); *Hausmann* IntEuSchR J Rn. 297; *Holzmann*, Brüssel IIa VO: Elterliche Verantwortung und internationale Kindesentführung, 2008, 104; Rauscher/*Rauscher* Art. 61 Rn. 10; Staudinger/*v. Hein* (2014) EGBGB Vor Art. 24 Rn. 2b.

[10] Rauscher/*Rauscher* Art. 61 Rn. 11; auch schon *Coester-Waltjen* Jura 2004, 839 (840).

[11] OLG Stuttgart FamRZ 2013, 49 (zur Bestimmung der Zuständigkeit nach dem MSA bei gewöhnlichem Aufenthalt des Kindes in der Türkei).

[12] Dafür etwa OLG Zweibrücken FamRZ 2014, 1555; NK-BGB/*Gruber* Art. 60 Rn. 4 ff.; dagegen Prütting/Helms/*Hau* FamFG § 99 Rn. 20.

[13] OGH IPRax 2015, 574; iErg zust. *Odendahl* IPRax 2015, 575 (576); *Hausmann* IntEuSchR B Rn. 255.

[14] Zu dieser Möglichkeit *Odendahl* IPRax 2015, 575 (577), der daneben auf die Notwendigkeit der umfassenden Prüfung von Rechtsquellen (einschließlich des EuSorgeRÜbk) hinweist; das MSA anwendend BVerwGE 145, 153 = NVwZ 2013, 947 (949).

[15] BGBl. 1990 II S. 206, 220.

5. Bilaterale Staatsverträge. Art. 59 behandelt das Verhältnis der Brüssel IIa-VO zu bilateralen **18** Vereinbarungen zwischen Mitgliedstaaten.

a) Deutsch-iranisches Niederlassungsabkommen. Das deutsch-iranische Niederlassungsab- **19** kommen ist ein bilateraler Staatsvertrag von 1929 (Dt.-Iran. NlassAbk).[16] Es gilt für alle Personen – also insbesondere auch für Kinder –, die nur die iranische Staatsangehörigkeit besitzen und in Deutschland wohnen. Das Dt.-Iran. NlassAbk sieht aber keine Abweichungen vom deutschen Verfahrensrecht vor.[17] Es enthält nur eine Kollisionsnorm für das Sachrecht. Art. 8 Abs. 3 Dt.-Iran. NlassAbk bestimmt, dass ausschließlich persisches Recht anwendbar ist.

b) Deutsch-österreichisches Abkommen. Das deutsch-österreichische Vormundschaftsab- **20** kommen von 1927[18] ist mit Ablauf des 30.6.2003 außer Kraft getreten.[19] Das deutsch-österreichische Abkommen von 1966 über Fürsorge und Jugendwohlfahrtspflege ist mit Ablauf des 28.2.2005 und mit Inkrafttreten der Brüssel IIa-VO am 1.3.2005 durch die Brüssel IIa-VO ersetzt worden (Art. 59 Abs. 1).[20]

6. Autonomes Recht. Das deutsche autonome Recht kommt in Fragen der internationalen **21** Zuständigkeit für Sorge- und Umgangssachen im Sinne der Brüssel IIa-VO (→ Art. 1 Rn. 3) allenfalls noch dann zur Anwendung, wenn das Kind seinen gewöhnlichen Aufenthalt in einem Staat hat, der nicht Mitgliedstaat der EU und auch kein Vertragsstaat des MSA oder des KSÜ ist (zB in den USA).[21] Zusätzlich dürfen, wie sich Art. 14 entnehmen lässt, die Art. 9–13 Brüssel IIa-VO nicht zu einer Zuständigkeit innerhalb der EU führen (→ Art. 14 Rn. 1).[22] Häufiger greift das autonome deutsche Anerkennungs- und Vollstreckungsrecht (§§ 108 ff. FamFG), denn die Brüssel IIa-VO erfasst insoweit nur Titel aus einem anderen Mitgliedstaat.

IV. Auslegung

Die Brüssel IIa-VO ist als europäisches Recht **autonom** auszulegen.[23] Das bedeutet, dass ihre **22** eigene, vom deutschen Recht teilweise abweichende Begrifflichkeit auch bei der Auslegung zu respektieren ist. Die Normen sind ihrer Zielsetzung gemäß und unter Verwendung der europäischen Methoden zu interpretieren.[24] Bei der Rechtsanwendung ist auch die Rechtseinheit innerhalb der EU zu wahren. Entscheidungen zu anderen europäischen Rechtsakten können daher auch für die Auslegung der Brüssel IIa-VO von Interesse sein. Das gilt besonders für die Normen, die weitgehend mit der Brüssel Ia-VO übereinstimmen.[25] Zweifelsfragen zur Auslegung der Brüssel IIa-VO müssen die letztinstanzlichen Gerichte dem EuGH nach Art. 267 Abs. 3 AEUV vorlegen. Nach Art. 267 Abs. 2 AEUV dürfen auch die Instanzgerichte eine Vorlage vornehmen.[26] Ein Problem kann in Kindschaftssachen die Dauer des regulären Vorlageverfahrens sein. Wegen der Verzögerungen oft nicht zulassenden Eilbedürftigkeit in Kindschaftssachen kommt insbesondere das Eilvorabentscheidungsverfahren nach Art. 104b VerfOEuGH in Betracht.

Da der EuGH nach Art. 267 Abs. 1 lit. b AEUV das Auslegungsmonopol für europäische Rechts- **23** akte hat, sind seine Entscheidungen über die konkret entschiedene Sache hinaus faktisch für das

---

[16] RGBl. 1930 II S. 1006; 1931 II S. 9; BGBl. 1955 II S. 839; *Jayme/Hausmann* Nr. 22 (Art. 8). Zu den kollisionsrechtlichen Regeln des Dt.-Iran. NlassAbk vgl. OLG Bremen NJW-RR 1992, 1288; OLG Celle IPRax 1991, 258 mit Anm. *Coester* IPRax 1991, 236 und FamRZ 1990, 1131; OLG Frankfurt a. M. NJW-RR 1992, 126; AG Leonberg IPRax 1988, 367 (Ls.) mit Anm. *Jayme*; *Dilger* FamRZ 1973, 530; *Krüger* FamRZ 1973, 6.
[17] AG Leverkusen FamRZ 2005, 232 (Mutter war Deutsche).
[18] RGBl. 1927 II S. 511; BGBl. 1959 II S. 1250.
[19] BGBl. 2003 II S. 824.
[20] BGBl. 1969 II S. 2.
[21] OLG Stuttgart NJW 1980, 1227 (zur Anwendbarkeit dt. Verfahrensrechts nach Aufenthaltswechsel in die USA); *Hausmann* IntEuSchR B Rn. 5; zur weitgehenden Verdrängung des nationalen Verfahrensrechts Rauscher/*Rauscher* Einl. Rn. 13; *Coester-Waltjen* Jura 2004, 839 (842).
[22] Bork/Schwab/Jacoby/*Heiderhoff* FamFG § 99 Rn. 6, 7.
[23] EuGH Slg. 2007, I-10141 = FamRZ 2008, 125 – C; Rauscher/*Rauscher* Einl. Rn. 33.
[24] Zu den europ. Methoden im Kontext der Brüssel IIa-VO *Dilger*, Die Regelungen zur internationalen Zuständigkeit in Ehesachen in der Verordnung (EG) Nr. 2201/2003, 2004, 37 ff.; *Dornblüth,* Die europäische Regelung der Anerkennung und Vollstreckbarerklärung von Ehe- und Kindschaftsentscheidungen, 2003, 16 ff.; Rauscher/*Rauscher* Einl. Rn. 33 ff.
[25] NK-BGB/*Gruber* Vor Art. 1 Rn. 22.
[26] Näher MüKoZPO/*Gottwald* Brüssel Ia-VO Vor Art. 1 ff. Rn. 32 ff.; zur Taktik dabei *Heiderhoff* Europäisches Privatrecht Rn. 141 ff., 150 f.

Normverständnis verbindlich.[27] Die Rechtsprechung des EuGH ist somit stets zu beachten.[28] Eine Neuvorlage bleibt aber immer möglich.

24   Beim kindschaftsrechtlichen Teil der Brüssel IIa-VO ergibt sich die Frage, ob und inwieweit die Praxis und Lehre zu **anderen kindschaftsrechtlichen Übereinkommen,** insbesondere zum KSÜ und zum MSA herangezogen werden darf. Soweit die Brüssel IIa-VO dieselben Ziele verfolgt wie das KSÜ und/oder das MSA und keine abweichenden Regelungen getroffen hat, kann die Praxis und Lehre zu diesen Übereinkommen in dem Umfang verwertet werden, wie es auch für die Erreichung europäischer Rechtseinheit dienlich ist.[29] Besonders das KSÜ, das unter maßgeblicher Mitwirkung mehrerer EU-Mitgliedstaaten (Großbritannien, Irland, skandinavische Staaten) zustande gekommen und inzwischen in allen Mitgliedstaaten in Kraft getreten ist, und an welches die Brüssel IIa-VO sich bei vielen Begrifflichkeiten anlehnt, kann wertvolle Hinweise enthalten.[30] Auch der Vorschlag für die Neufassung der Brüssel IIa-VO nimmt ausdrücklich Bezug auf das KSÜ.[31] Gerade wo sich – wie hier – internationale Instrumente überlappen, verdrängen, ergänzen und verdeutlichen, lässt sich von einem Dialog der Rechtsquellen insofern sprechen,[32] als die jeweils ergangene Rechtsprechung und Literatur ineinandergreift und zur Interpretation gemeinsamer Grundlagen herangezogen werden kann.

25   Eine Besonderheit gilt in Hinblick auf das **KindEntfÜbk,** denn dessen Anliegen wird durch die Brüssel IIa-VO aufgegriffen und verstärkt. Insofern muss auch die Auslegung der betroffenen Normen entsprechend auf das KindEntfÜbk abgestimmt sein.

Kapitel I. Anwendungsbereich und Begriffsbestimmungen

Art. 1 Brüssel IIa-VO Anwendungsbereich

(1) Diese Verordnung gilt, ungeachtet der Art der Gerichtsbarkeit, für Zivilsachen mit folgendem Gegenstand:
a) die Ehescheidung, die Trennung ohne Auflösung des Ehebandes und die Ungültigerklärung einer Ehe,
b) die Zuweisung, die Ausübung, die Übertragung sowie die vollständige oder teilweise Entziehung der elterlichen Verantwortung.

(2) Die in Absatz 1 Buchstabe b) genannten Zivilsachen betreffen insbesondere:
a) das Sorgerecht und das Umgangsrecht,
b) die Vormundschaft, die Pflegschaft und entsprechende Rechtsinstitute,
c) die Bestimmung und den Aufgabenbereich jeder Person oder Stelle, die für die Person oder das Vermögen des Kindes verantwortlich ist, es vertritt oder ihm beisteht,
d) die Unterbringung des Kindes in einer Pflegefamilie oder einem Heim,
e) die Maßnahmen zum Schutz des Kindes im Zusammenhang mit der Verwaltung und Erhaltung seines Vermögens oder der Verfügung darüber.

(3) Diese Verordnung gilt nicht für
a) die Feststellung und die Anfechtung des Eltern-Kind-Verhältnisses,
b) Adoptionsentscheidungen und Maßnahmen zur Vorbereitung einer Adoption sowie die Ungültigerklärung und den Widerruf der Adoption,
c) Namen und Vornamen des Kindes,
d) die Volljährigkeitserklärung,
e) Unterhaltspflichten,
f) Trusts und Erbschaften,
g) Maßnahmen infolge von Straftaten, die von Kindern begangen wurden.

---

[27] *Middeke* in Rengeling/Middeke/Gellermann, Handbuch des Rechtsschutzes in der Europäischen Union, 3. Aufl. 2014 § 10 Rn. 104 spricht von „faktischer *erga-omnes-Bindungswirkung*"; Rauscher/*Rauscher* Einl. Rn. 42 nur von „persuasive authority".

[28] Rauscher/*Rauscher* Einl. Rn. 33.

[29] *Pirrung*, FS Kropholler, 2008, 399 (407, 411); *Hausmann* IntEuSchR B Rn. 23; Rauscher/*Rauscher* Einl. Rn. 34.

[30] NK-BGB/*Gruber* Vor Art. 1 Rn. 21; zur Bedeutung der Vorarbeiten bzgl. des KSÜ *Pirrung*, FS Kropholler, 2008, 399 (407).

[31] KOM (2016), 411, S. 6.

[32] Dazu *Jayme* Rec. des Cours 251 (1995) 9-267 (259: le dialogue des sources); *Jayme/Kohler* IPRax 1995, 343–354, 343: der Dialog der Quellen; *Jayme* ZfRV 38 (1997), 230–236 (235) = *Jayme*, Gesammelte Schriften I, 1999, 140–154 (150: Dialog der Quellen).

1. Bestimmung des Anwendungsbereichs. Art. 1 umreißt den sachlichen Anwendungsbereich **1** der Brüssel IIa-VO. Für die hier (→ Vor Art. 1 Rn. 4) interessierenden kindschaftsrechtlichen Gegenstände ist Abs. 1 lit. b iVm Abs. 2 von Bedeutung. In Abs. 2 sind in einem nicht abschließenden Katalog diejenigen Verfahren aufgezählt, welche die elterliche Verantwortung im Sinne der Brüssel IIa-VO betreffen. Die Brüssel IIa-VO hat hier einen breiten Anwendungsbereich, der bis hin zu staatlichen Maßnahmen wie einer Inobhutnahme reicht. Ein Zusammenhang mit einer Ehesache ist, anders als noch nach der Brüssel II-VO, nicht erforderlich. Der Begriff der „elterliche Verantwortung" ist aus dem KSÜ übernommen, auch der in Abs. 2 enthaltene Katalog entspricht im Wesentlichen dem Art. 3 KSÜ.[1]

Es wird hier sogleich besonders augenfällig, dass die Brüssel IIa-VO eine deutlich **andere 2 Terminologie** verwendet als das deutsche Familienrecht. Schon der Begriff der Zivilsachen, der in Abs. 1 verwendet wird, passt mit Abs. 2 nur dann zusammen, wenn man ihn viel weiter versteht als im deutschen autonomen Recht.[2] Die in Abs. 1 lit. b zunächst pauschal beschriebene Zuweisung, Ausübung und Übertragung sowie Entziehung der elterlichen Verantwortung meint zudem nicht nur das, was im deutschen Recht als Sorgerechtssache angesehen würde, sondern **deutlich mehr.** Zumindest gehört alles darunter, was in Abs. 2 beispielhaft aufgezählt ist, also etwa auch Vormundschaftssachen und sogar die Inobhutnahme und die Pflege nach dem SGB VIII (→ Rn. 8).

2. Erfasste Verfahren. a) Sorgerecht und Umgangsrecht, Abs. 2 lit. a. Das **Sorgerecht 3** erfasst alle Verfahren, in denen die elterliche Sorge bestätigt, geregelt, beschränkt, entzogen und geändert wird.[3] Gemeint ist mit „Sorgerecht" hier jedoch, wie sich aus der separaten Aufzählung der Vermögenssorge in Art. 1 Abs. 2 lit. c und e ergibt, nur die **Personensorge** (im Englischen „rights of custody"). Art. 2 Nr. 9 definiert dementsprechend das Sorgerecht als „die Rechte und Pflichten, die mit der Sorge für die Person eines Kindes verbunden sind". Da die Vermögenssorge sowie die gesetzliche Vertretung des Kindes, die nach deutscher Terminologie ebenfalls vom Sorgerecht umfasst sind, jedenfalls nach Abs. 2 lit. c zu den Angelegenheiten der elterlichen Verantwortung gehören, ist die saubere Abgrenzung insofern nicht erforderlich.

Umfasst von lit. a, wie ebenfalls Art. 2 Nr. 9 klarstellt, insbesondere das Recht auf die **Bestim- 3a mung des Aufenthalts** des Kindes. Der EuGH hat entschieden, dass insbesondere eine Klage auf Ersetzung der Zustimmung des anderen Elternteils zu einer Auslandsreise mit dem Ziel der Ausstellung eines Reisepasses unter Art. 1 Abs. 1 lit. b iVm Art. 2 Nr. 7 fällt. Auch der sorgerechtliche Anspruch des Elternteils eines ins Ausland entführten Kindes auf **Herausgabe des Kindes** und die gerichtliche Entscheidung, das entführte Kind herauszugeben, gehören zum Sorgerecht iSd Abs. 2

---

[1] NK-BGB/*Gruber* Rn. 24; Unterschiede in Hinblick auf die Feststellung des Bestehens oder Nichtbestehens der elterlichen Verantwortung aufzeigend Rauscher/*Rauscher* Rn. 22.

[2] EuGH Slg. 2007, I-10141 = FamRZ 2008, 125 Ls. 1 – C; EuGH Slg. 2009, I-2805 = FamRZ 2009, 843 Ls. 1 – A; auch EuGH ECLI:EU:C:2015:710 = NJW 2016, 1007 Rn. 26 – Gogova/Iliev; *Coester-Waltjen* FamRZ 2005, 241 (242); näher *Dutta* FamRZ 2008, 835; *Holzmann,* Brüssel IIa VO: Elterliche Verantwortung und internationale Kindesentführung, 2008, 70; der weiten Auslegung durch den EuGH zust. *Dutta/Schulz* ZEuP 2012, 526 (532); der Einschränkung auf Zivilsachen allenfalls Klarstellungsfunktion beimessend *Pirrung*, FS Kropholler, 2008, 399 (409).

[3] Anwendend etwa BGH NJW 2005, 672 (Entziehung des Aufenthaltsbestimmungsrechts wegen drohender Beschneidung des Kindes in Gambia); OLG Köln ZKJ 2007, 204 (Erlaubnis für Sorgeberechtigten, mit Kindern nach Bangladesch umzuziehen); OLG München FamRZ 2008, 1774 (Erlaubnis, das Kind nach Peru mitzunehmen); OLG Zweibrücken NJW-RR 2004, 1588 (Aufenthaltsbestimmungsrecht für Auswanderung nach Kanada); AG Leverkusen FamRZ 2005, 232 (Verteilung der elterlichen Sorge).

lit. a.[4] Über eine etwaige Rückführung selbst wird nach Art. 11, 42 iVm dem KindEntfÜbk von den Gerichten im Zufluchtsstaat entschieden.[5]

4   Die **Aufsicht** des Personensorgeberechtigten durch Behörden und Gerichte fällt ebenfalls unter die elterliche Verantwortung, wobei wiederum nicht entschieden werden muss, ob – soweit die Eltern betroffen sind – lit. a, lit. c oder auch lit. e bzw. – soweit der Vormund oder Pfleger betroffen ist – lit. b oder lit. c eingreifen. Zwar wird die Aufsicht, anders als in Art. 3 lit. f KSÜ,[6] nicht ausdrücklich erwähnt. Dennoch ist vor dem umfassenden Regelungsziel der Brüssel IIa-VO davon auszugehen, dass diese Aufsicht mit erfasst wird.[7]

       Zusammenfassend kann gesagt werden, dass die Art. 1 Abs. 2 lit. a, Art. 1 Abs. 2 lit. c und Art. 1 Abs. 2 lit. e ergeben, dass alle Sorgerechtssachen der §§ 1626 ff. BGB unter die Brüssel IIa-VO fallen.[8]

5   Ausdrücklich erwähnt ist auch das **Umgangsrecht,** das in Art. 2 Nr. 10 näher beschrieben ist.[9] Dort heißt es, dass dieses „insbesondere auch" das Recht umfasst, das Kind für eine begrenzte Zeit von seinem gewöhnlichen Aufenthaltsort zu entfernen. Damit ist eher eine Art Obergrenze beschrieben. Insgesamt entspricht der Begriff wohl dem des deutschen Rechts und umfasst somit auch Kontakt- und Informationsrechte, wie sie in § 1686 BGB beschrieben sind.[10] Die Brüssel IIa-VO erfasst somit alle Verfahren, welche den Zugang der Eltern oder anderer Personen (zB Großeltern) zu dem Kind regeln. Damit sind auch alle Maßnahmen gemeint, die nach §§ 1684 f. BGB getroffen werden können. Der EuGH hat überzeugend entschieden, dass auch ein Zwangsgeld, das wegen einer Umgangsrechtsverletzung verhängt wurde, in den Anwendungsbereich der Brüssel IIa-VO (und nicht der Brüssel Ia-VO) fällt.[11]

6   **b) Vormundschaft und Pflegschaft, Abs. 2 lit. b.** Erfasst sind hier insbesondere die Vormundschaft nach §§ 1773 ff. BGB und die Pflegschaft nach §§ 1909 ff. BGB. Im Fall der Pflegschaft für die Leibesfrucht (§ 1912 BGB) ist für die Zuständigkeit nach Art. 8 entscheidend, dass das Kind mit Geburt einen gewöhnlichen Aufenthalt im Inland erwerben wird. Der EuGH hat insbesondere entschieden, dass auch eine Pflegschaft, die nur für die Genehmigung zu einer einen Minderjährigen betreffenden Erbauseinandersetzung eingerichtet ist, unter die Brüssel IIa-VO fällt.[12]

7   **c) Vertretung, Beistandschaft, Abs. 2 lit. c.** Nach Abs. 2 lit. c gilt die Brüssel IIa-VO auch für Verfahren über die „Bestimmung und den Aufgabenbereich jeder Person oder Stelle, die für die Person oder das Vermögen des Kindes verantwortlich ist, es vertritt oder ihm beisteht." Diese Vorschrift hat einen weiten Anwendungsbereich und überschneidet sich insbesondere mit lit. a und lit. b. Klargestellt wird auf diese Weise insbesondere, dass die Personen- und die Vermögenssorge sowie die rechtliche Vertretung des Kindes nicht nur bei Ausübung durch die Eltern, sondern auch bei Ausübung durch Personen oder Institutionen unter die Brüssel IIa-VO fallen.[13] Ob die **Beistandschaft** nach §§ 1712 ff. BGB unter lit. b oder lit. c fällt, wird unterschiedlich gesehen.[14] Die Frage bedarf keiner Entscheidung.

8   **d) Unterbringung, Abs. 2 lit. d.** Nach Abs. 2 lit. d fällt auch die Unterbringung des Kindes in einer Pflegefamilie oder einem Heim unter die Brüssel IIa-VO. In Art. 56 sieht sie eine besondere Zusammenarbeit der Zentralen Behörden für die Unterbringung eines Kindes in einem anderen Mitgliedstaat vor. Die Regelung bringt die Besonderheit mit sich, dass auch aus deutscher Sicht **klar öffentlich-rechtlich** einzuordnende Angelegenheiten unter die Brüssel IIa-VO fallen. Der EuGH hat darüber bereits mehrfach entschieden.[15] Insbesondere fällt eine Inobhutnahme nach § 42 SGB VIII in den Anwendungsbereich der Brüssel IIa-VO.

---

[4] Anwendend BGH NJW 2016, 1445.

[5] EuGH ECLI:EU:C:2015:710 = NJW 2016, 1007 Rn. 29 – Gogova/Iliev.

[6] Art. 3 lit. f KSÜ wurde seinerzeit auf australischen Wunsch in die Liste des Art. 3 KSÜ nur der Klarheit zuliebe aufgenommen, *Lagarde* Report Nr. 24.

[7] So auch Rauscher/*Rauscher* Rn. 34.

[8] OLG Köln NJW-RR 2005, 90 (Streit der arabischen Eltern über Reise mit Kind nach Katar).

[9] Anwendend OLG Saarbrücken FamRZ 2010, 2085 (begleiteter Umgang eines sri-lankischen Vaters); OLG Düsseldorf FamRZ 2010, 915; OLG München FamRZ 2011, 1887.

[10] Rauscher/*Rauscher* Rn. 26.

[11] EuGH ECLI:EU:C:2015:563 = NJW 2016, 226 – Bohez/Wiertz; zust. *Dutta* ZEuP 2016, 427 (453).

[12] EuGH ECLI:EU:C:2015:653 = FamRZ 2015, 2035 – Matoušková.

[13] EuGH ECLI:EU:C:2015:653 = FamRZ 2015, 2035 – Matoušková mit zust. Anm. *Hilbig-Lugani* NZFam 2015, 1030.

[14] Für lit. b Rauscher/*Rauscher* Rn. 30; für lit. c *Dilger* in Geimer/Schütze IRV-HdB Rn. 28; NK-BGB/*Gruber* Rn. 21.

[15] EuGH ECLI:EU:C:2016:819 = BeckRS 2016, 82546 – D; EuGH ECLI:EU:C:2012:255 = FamRZ 2012, 1466 – Health Service Executive (Unterbringung eines Kindes in einer geschlossenen Institution zur therapeuti-

Erforderlich ist die Abgrenzung zum gem. Abs. 3 lit. b ausgeschlossenen Adoptionsrecht. Die **9** Pflege als Probezeit für eine **spätere Adoption** (vgl. § 1744 BGB) wird schon nicht mehr von der Brüssel IIa-VO erfasst. Das Problem ist bei der Ausarbeitung des KSÜ eingehend behandelt worden und hat zu dem Ergebnis geführt, dass diese Probezeit zu den „Maßnahmen zur Vorbereitung einer Adoption", wie Art. 4 lit. b KSÜ und Art. 1 Abs. 3 lit. b Brüssel IIa-VO übereinstimmend sagen, gehört.[16] Daraus ergibt sich, dass die Adoptionspflege nicht unter Abs. 2 lit. d fällt.

e) Vermögenssorge, Abs. 2 lit. e. Die Brüssel IIa-VO gilt auch für „Maßnahmen zum Schutz **10** des Kindes im Zusammenhang mit der Verwaltung und Erhaltung seines Vermögens oder der Verfügung darüber".[17] Diese Regelung gehört wiederum eng mit Abs. 2 lit. c zusammen. In Parallelität zu Abs. 2 lit. d ist anzunehmen, dass auch öffentlich-rechtliche Maßnahmen zum Schutz des Vermögens des Kindes unter die Brüssel IIa-VO fallen.

3. Ausgeschlossene Materien, Abs. 3. Art. 1 Abs. 3 schließt einige Materien ausdrücklich vom **11** sachlichen Anwendungsbereich der Brüssel IIa-VO aus. Meist ergibt sich der Ausschluss ohnehin bereits aus Abs. 1 und 2 – die Norm hilft aber, Zweifelsfälle zu vermeiden. In Art. 1 Abs. 3 sind – abweichend von Art. 4 KSÜ – diejenigen Fragen nicht genannt, die auch nach der Begrifflichkeit der Brüssel IIa-VO eindeutig öffentlich-rechtlichen Charakter haben (soziale Sicherheit, öffentliche Maßnahmen der Erziehung und Gesundheit; Fragen von Asyl und Einwanderung), also keine „Zivilsachen" iSd Art. 1 Abs. 1 darstellen und bereits deswegen ausgeschlossen sind.

Die betroffenen Materien fallen nach Art. 4 KSÜ jeweils auch nicht unter das KSÜ und ohnehin **11a** nicht unter das MSA, das einen viel engeren Anwendungsbereich hat.

a) Abstammung, Abs. 3 lit. a. Die Feststellung und die Anfechtung des Eltern-Kind-Verhält- **12** nisses betreffen das Abstammungsrecht. Dieses bleibt – mangels vorgehender Staatsverträge – dem autonomen Recht vorbehalten. Es greift also § 100 FamFG für die internationale Zuständigkeit und die §§ 108 ff. FamFG für die Anerkennung und Vollstreckung. Auch andere Statusfragen, die als Vorfragen auftreten können (zB Ehe der Kindeseltern), sind ausgeschlossen, ohne dass dies in der Brüssel IIa-VO mit ihrem beschränkten Anwendungsbereich besonders erwähnt zu werden brauchte.

b) Adoption, Abs. 3 lit. b. Nach Abs. 3 lit. b gilt die Brüssel IIa-VO nicht für „Adoptionsent- **13** scheidungen und Maßnahmen zur Vorbereitung einer Adoption sowie die Ungültigerklärung und den Widerruf der Adoption". Ausgeschlossen wurden diese Fragen deshalb, weil die Adoption als spezielles Institut des Kindesschutzes in separaten Konventionen und gesonderten Kollisionsnormen umfassend geregelt ist und keiner zusätzlichen Regelung bedarf. Um die integrale Behandlung einer Adoption nach diesen Spezialvorschriften zu erhalten, hat man auch die Pflege zur Vorbereitung einer späteren Adoption vom Anwendungsbereich der Brüssel IIa-VO ausgenommen (schon → Rn. 9). Ist jedoch ein Kind einmal adoptiert, wird es – abgesehen von der Rückgängigmachung der Adoption – wie jedes andere Kind nach den Vorschriften der Brüssel IIa-VO geschützt.

c) Name, Abs. 3 lit. c. Welchen Vor- und Nachnamen ein Kind führt, bestimmt nicht die **14** Brüssel IIa-VO, sondern das autonome Recht. Auch die gerichtliche Überprüfung einer Namensgebung und die Namensänderung werden von der Brüssel IIa-VO nicht erfasst.

d) Volljährigkeitserklärung, Abs. 3 lit. d. In einigen Mitgliedstaaten der EU können gewisse **15** Minderjährige ganz allgemein für volljährig erklärt werden (vgl. etwa Art. 1:235 BW; Art. 477 frz. Code civil) oder nur für ehemündig (§ 1303 Abs. 2 BGB). Diese Fragen werden von der Brüssel IIa-VO nicht berührt (Art. 1 Abs. 3 lit. d). Auch für die internationale Zuständigkeit und die Anerkennung gilt daher weiterhin autonomes nationales Recht.

e) Unterhaltspflichten, Abs. 3 lit. e. Für die Unterhaltspflichten gegenüber einem Kind gilt **16** die EuUnthVO. Diese bestimmt umfassend die internationale Zuständigkeit. Die Anerkennung und Vollstreckung von Entscheidungen aus anderen Mitgliedstaaten erfolgt nach Art. 16 EuUnthVO. Entscheidungen aus Drittstaaten können nach §§ 109 f. FamFG oder ggf. nach internationalen Übereinkommen anerkannt und vollstreckt werden.

---

schen und pädagogischen Betreuung); EuGH Slg. 2009, I-2805 = FamRZ 2009, 843 – A (sofortige Inobhutnahme und Unterbringung außerhalb der eigenen Familie); EuGH Slg. 2007, I-10141 = FamRZ 2008, 125 – C (Unterbringung finnischer Kinder in Schweden).

[16] *Lagarde* Report Nr. 28. Hierzu *de la Rosa* Riv. dir. int. priv. proc. 33 (1997), 849.

[17] Nochmals EuGH ECLI:EU:C:2015:653 = FamRZ 2015, 2035 – Matoušková (Genehmigung einer Vereinbarung zur Erbauseinandersetzung eines für ein minderjähriges Kind bestellten Verfahrenspflegers) = EuGH NZFam 2015, 1030 mit Anm. *Hilbig-Lugani* zu den inhaltlichen Überschneidungen mit Art. 1 Abs. 2 lit. b, lit. c.

17   **f) Trusts und Erbschaften, Abs. 3 lit. f.** Das Recht der **Trusts** ist allgemeines Vermögensrecht. Es untersteht als normale Zivil- und Handelssache der Brüssel Ia-VO (vgl. Art. 5 Nr. 6 Brüssel Ia-VO), und ist außerdem in einem Haager Übereinkommen von 1985 geregelt.[18]

18   **Erbschaften** werden ebenfalls durch Art. 1 Abs. 3 lit. f ausgenommen, damit alle Fragen des Erbrechts, einschließlich der Nachlassverwaltung und der Vertretung eines minderjährigen Erben, nach dem maßgebenden Erbstatut (Art. 25 EGBGB/EuErbVO) beurteilt werden können.[19] Siehe zur Vertretung des Kindes bei einer Erbauseinandersetzung aber → Rn. 6.

19   **g) Strafrecht, Abs. 3 lit. g.** Schließlich werden auch strafrechtliche Sanktionen nicht von der Brüssel IIa-VO erfasst.

Art. 2 Brüssel IIa-VO Begriffsbestimmungen

Für die Zwecke dieser Verordnung bezeichnet der Ausdruck

1. „Gericht" alle Behörden der Mitgliedstaaten, die für Rechtssachen zuständig sind, die gemäß Artikel 1 in den Anwendungsbereich dieser Verordnung fallen;
2. „Richter" einen Richter oder Amtsträger, dessen Zuständigkeiten denen eines Richters in Rechtssachen entsprechen, die in den Anwendungsbereich dieser Verordnung fallen;
3. „Mitgliedstaat" jeden Mitgliedstaat mit Ausnahme Dänemarks;
4. „Entscheidung" jede von einem Gericht eines Mitgliedstaats erlassene Entscheidung über die Ehescheidung, die Trennung ohne Auflösung des Ehebandes oder die Ungültigerklärung einer Ehe sowie jede Entscheidung über die elterliche Verantwortung, ohne Rücksicht auf die Bezeichnung der jeweiligen Entscheidung, wie Urteil oder Beschluss;
5. „Ursprungsmitgliedstaat" den Mitgliedstaat, in dem die zu vollstreckende Entscheidung ergangen ist;
6. „Vollstreckungsmitgliedstaat" den Mitgliedstaat, in dem die Entscheidung vollstreckt werden soll;
7. „elterliche Verantwortung" die gesamten Rechte und Pflichten, die einer natürlichen oder juristischen Person durch Entscheidung oder kraft Gesetzes oder durch eine rechtlich verbindliche Vereinbarung betreffend die Person oder das Vermögen eines Kindes übertragen wurden. Elterliche Verantwortung umfasst insbesondere das Sorge- und das Umgangsrecht;
8. „Träger der elterlichen Verantwortung" jede Person, die die elterliche Verantwortung für ein Kind ausübt;
9. „Sorgerecht" die Rechte und Pflichten, die mit der Sorge für die Person eines Kindes verbunden sind, insbesondere das Recht auf die Bestimmung des Aufenthaltsortes des Kindes;
10. „Umgangsrecht" insbesondere auch das Recht, das Kind für eine begrenzte Zeit an einen anderen Ort als seinen gewöhnlichen Aufenthaltsort zu bringen;
11. „widerrechtliches Verbringen oder Zurückhalten eines Kindes" das Verbringen oder Zurückhalten eines Kindes, wenn
    a) dadurch das Sorgerecht verletzt wird, das aufgrund einer Entscheidung oder kraft Gesetzes oder aufgrund einer rechtlich verbindlichen Vereinbarung nach dem Recht des Mitgliedstaats besteht, in dem das Kind unmittelbar vor dem Verbringen oder Zurückhalten seinen gewöhnlichen Aufenthalt hatte, und
    b) das Sorgerecht zum Zeitpunkt des Verbringens oder Zurückhaltens allein oder gemeinsam tatsächlich ausgeübt wurde oder ausgeübt worden wäre, wenn das Verbringen oder Zurückhalten nicht stattgefunden hätte. Von einer gemeinsamen Ausübung des Sorgerechts ist auszugehen, wenn einer der Träger der elterlichen Verantwortung aufgrund einer Entscheidung oder kraft Gesetzes nicht ohne die Zustimmung des anderen Trägers der elterlichen Verantwortung über den Aufenthaltsort des Kindes bestimmen kann.

---

[18] Haager Übereinkommen vom 1.7.1985 über das auf den Trust anzuwendende Recht und dessen Anerkennung, RabelsZ 50 (1986), 698. Dieses Übereinkommen gilt nicht in Deutschland.
[19] Hierzu *Lagarde* Report Nr. 32.

Übersicht

1. Gericht und Richter (Nr. 1 und 2). Gericht und Richter sind weit zu verstehende Begriffe. **1** Die Definition in Art. 2 ist dabei ungeschickt. Auch Art. 3 Rom III-VO verwendet noch eine entsprechende Definition. Erst in der EuErbVO und in den EuGüVOen ist eine exaktere Begriffsbestimmung eingeführt worden. Danach bezeichnet nun der Begriff Gericht „jedes Gericht und alle anderen Behörden und Angehörigen von Rechtsberufen mit Zuständigkeiten…". Auch nach der Brüssel IIa-VO sind **alle Gerichte oder Behörden** gemeint, die über eine von dieser erfassten Angelegenheit zu entscheiden haben. Richter ist nach Art. 2 Nr. 2 jeder Richter oder Amtsträger, der über eine in den Anwendungsbereich der VO fallende Sache zu befinden hat. Auf die Qualität der Entscheidung (s. Art. 2 Nr. 4) kommt es nicht an.

2. Mitgliedstaat (Nr. 3). Die Brüssel IIa-VO gilt in Dänemark nicht,[1] so dass dieses im Sinne **2** der Brüssel IIa-VO nicht als Mitgliedstaat anzusehen ist. Das bedeutet nicht, dass die Brüssel IIa-VO insgesamt gegenüber Dänemark unbeachtlich ist. Aus ihrer Geltung in Deutschland folgt vielmehr, dass insbesondere die Zuständigkeitsregeln für alle Kinder anzuwenden sind, die in Deutschland oder einem anderen Mitgliedstaat ihren gewöhnlichen Aufenthalt haben. Wenn ein Kind sich in Dänemark gewöhnlich aufhält, können die Art. 8 ff. jedoch nicht angewendet werden. Es gilt dann vielmehr das KSÜ (dazu allgemein schon → Vor Art. 1 Rn. 10).[2]

3. Entscheidung (Nr. 4). Entscheidung ist jeder Ausspruch eines Gerichts oder Richters (Art. 2 **3** Nr. 1 und 2) eines Mitgliedstaats (Art. 2 Nr. 3), der eine in den Anwendungsbereich der VO fallende Angelegenheit entscheidet. Die Entscheidung braucht nicht rechtskräftig zu sein, und es ist unerheblich, welche Bezeichnung der Ausspruch (zB Urteil, Beschluss oder Verfügung) trägt.

4. Ursprungs- und Vollstreckungsmitgliedstaat (Nr. 5 und 6). Ursprungsmitgliedstaat ist **4** derjenige Mitgliedstaat, in dem eine zu vollstreckende Entscheidung ergangen ist. Vollstreckungsmitgliedstaat ist gem. Art. 2 Nr. 6 derjenige Mitgliedstaat, in dem eine Entscheidung vollstreckt werden soll.

5. Elterliche Verantwortung (Nr. 7 und 8). Der Begriff der elterlichen Verantwortung wird **5** bereits in Art. 1 Abs. 1 lit. b verwendet und in Art. 1 Abs. 2 mit Inhalten gefüllt. Der Begriff unterscheidet sich deutlich von dem deutschen Verständnis (schon → Art. 1 Rn. 2). Art. 2 Nr. 7 stellt insbesondere klar, dass auch andere Personen als die Eltern Inhaber der elterlichen Verantwortung sein können, nämlich jede Person (auch juristische Personen und Behörden, wie etwa das Jugendamt) und Gerichte (bei „wards of court"). Allgemeiner formuliert es noch einmal Art. 2 Nr. 8 für den Begriff des Trägers der elterlichen Verantwortung.

6. Sorgerecht (Nr. 9). Der Begriff Sorgerecht bezeichnet in der Brüssel IIa-VO, wie der Wortlaut **6** des Art. 2 Nr. 9 verdeutlicht, anders als in der autonomen deutschen Terminologie, nur einen Ausschnitt aus der elterlichen Verantwortung, nämlich die Personensorge. Diese umfasst, was ausdrücklich erwähnt wird, auch das Recht, den Aufenthalt eines Kindes zu bestimmen. Der Begriff hat besondere Bedeutung im Rahmen der widerrechtlichen Verbringung. Denn diese liegt nur vor, wenn das Sorgerecht verletzt ist, nicht dagegen, wenn bloß ein Umgangsrecht eingeschränkt oder vereitelt wird. Der Begriff ist verordnungsautonom auszulegen, muss jedoch im Einzelnen mit Hilfe des autonomen Rechts näher bestimmt werden.[3] Das lässt sich etwa am Mitsorgerecht erkennen. Auch das Mitsorgerecht ist zunächst als „Sorgerecht" im Sinne der Brüssel IIa-VO anzusehen ist. Das wird für die Fälle des widerrechtlichen Verbringens in Nr. 11 insofern nur nochmals verdeutlicht. Der EuGH hat aber unter Bezugnahme auf das autonome nationale Recht des betroffenen Staats

---

[1] Auch Erwägungsgrund 31.
[2] OLG Karlsruhe NJW-RR 2015, 1415 (1418).
[3] So EuGH Slg. 2010, I-14309 = IPRax 2012, 340 – Mercredi/Chaffe; dazu *Siehr* IPRax 2012, 316 (318 f.); *Henrich* FamRZ 2011, 620.

(im konkreten Fall Irland) auch klargestellt, dass eine Mitsorge nicht vorliegt, wenn das mitgliedstaatliche Recht diese bei unverheirateten Eltern nicht ohne weiteres vorsieht.[4] Es kommt dann vielmehr darauf an, ob der Sorgerechtserwerb (wie in Deutschland zB durch die Sorgeerklärung) wirksam erfolgt ist.

7   **7. Umgangsrecht (Nr. 10).** Zum Begriff des Umgangsrecht schon oben → Art. 1 Rn. 5. Es handelt sich um das Recht, Kontakt mit dem Kind zu haben, Informationen über dieses zu erhalten und, wie die Norm ausdrücklich erwähnt, das Kind für eine begrenzte Zeit an einen anderen Ort als den seines gewöhnlichen Aufenthalts zu bringen. Ein Umgangsrecht iSd Art. 2 Nr. 10 kann nicht nur den Eltern zustehen, sondern auch den Großeltern und anderen Bezugspersonen (zB §§ 1685, 1686a BGB).[5]

8   **8. Widerrechtliches Verbringen oder Zurückhalten (Nr. 11).** Das widerrechtliche Verbringen oder Zurückhalten eines Kindes erfüllt den Tatbestand der sog. Kindesentführung. Da bei einer solchen ohne genauere Prüfung des Kindeswohls in aller Regel die sofortige Rückgabe des Kindes erfolgen muss, handelt es sich um einen Begriff von erheblicher Bedeutung. Die Definition in Nr. 11 folgt weitgehend dem Art. 3 KindEntfÜbk und dem Art. 7 Abs. 2 KSÜ. Allerdings wird in Nr. 11, anders als im KindEntfÜbk, keine Altersgrenze von 16 Jahren bestimmt. Es ist klar, dass sich dadurch nichts am Anwendungsbereich des KindEntfÜbk ändert, und zwar auch nicht im Verhältnis zwischen den Mitgliedstaaten.[6] Jedoch muss für die Anwendung des Art. 10, der nicht unmittelbar auf das KindEntfÜbk Bezug nimmt, von einer Anwendbarkeit auch auf über 16-jährige Kinder ausgegangen werden.[7]

9   Widerrechtlich ist das Verbringen dann, wenn es das Sorgerecht einer sorgeberechtigten Person oder Institution verletzt. Das Sorgerecht wird dabei nach dem Recht des Staates beurteilt, in dem das Kind vor der Verbringung seinen gewöhnlichen Aufenthalt hatte. Entscheidend ist das Recht, das nach dortigem IPR auf das Sorgerecht angewendet wird. Es kann sich dabei also auch um ein fremdes Recht handeln.[8]

10   Verbietet das Gesetz oder eine Entscheidung die *einseitige* Bestimmung des Aufenthaltsorts des Kindes durch einen Elternteil und wird das Kind dennoch ohne Zustimmung des anderen Elternteils (oder eines berechtigten Dritten) in das Ausland verbracht, so gilt dies als eine Verletzung des Sorgerechts des anderen Teils und ist widerrechtlich. Es reicht auch aus, wenn nur die einseitige Verlegung des Aufenthaltsorts *in das Ausland* nicht ohne Zustimmung des anderen erfolgen durfte. Ein widerrechtliches Zurückhalten liegt vor, wenn die Ausreise für einen bestimmten Zeitraum vereinbart wurde und das Kind nach Ablauf der vereinbarten Zeit nicht zurückgegeben wird. Schwierigkeiten in Hinblick auf die Rückführung können allerdings entstehen, wenn das Kind mit Zustimmung des anderen Elternteils so lange in dem neuen Staat verbleibt, dass es dort bereits einen gewöhnlichen Aufenthalt erwirbt → KindEntfÜbk Art. 3 Rn. 21 f.; zu weiteren Einzelfragen der Widerrechtlichkeit → KindEntfÜbk Art. 3 Rn. 29 ff.

11   Häufig wird angenommen, dass eine Diskrepanz zwischen Art. 2 Nr. 11 lit. b und den beiden Haager Übereinkommen bestehe.[9] Denn Art. 2 Nr. 11 lit. b S. 2 fehlt in den beiden Haager Übereinkommen. Während Art. 3 lit. b KindEntfÜbk (dazu näher → KindEntfÜbk Art. 3 Rn. 28) und Art. 7 Abs. 2 KSÜ verlangen, dass der andere Elternteil die Sorge auch wirklich ausgeübt hat, kann – nach hA – aus Nr. 11 lit. b S. 2 entnommen werden, dass es für die Brüssel IIa-VO bei gemeinsamem Aufenthaltsbestimmungsrecht nicht darauf ankommt, ob der andere Elternteil die Sorge auch tatsächlich ausgeübt hat. Folgt man dieser Ansicht, so strahlt diese Abweichung jedenfalls nicht auf das KindEntfÜbk aus. Nur für die Anwendung der ergänzenden Vorschriften der Brüssel IIa-VO hätte Art. 2 Nr. 11 insofern Vorrang.[10]

12   Überzeugend ist diese Lesart nicht. Art. 2 Nr. 11 lit. b S. 2 dürfte nicht darauf ausgerichtet sein, die generelle Regel, die in Art. 2 Nr. 11 lit. b S. 1 vorgesehen ist und nach der, wie im KindEntfÜbk die tatsächliche Ausübung verlangt wird, einzuschränken. Vielmehr ist davon auszugehen, dass es dem Verordnungsgeber nur darum ging, klarzustellen, dass ein gemeinsames Sorgerecht im Sinne des S. 1 schon dann vorliegt, wenn ein Elternteil den Aufenthaltsort nicht ohne Zustimmung des anderen bestimmen kann. Die unglückliche Formulierung „gemeinsamen Ausübung des Sorge-

---

[4] EuGH Slg. 2010, I-8965 = BeckRS 2010, 91256 – J. McB./L. E.

[5] NK-BGB/*Gruber* Rn. 4; *Hausmann* IntEuSchR B Rn. 52.

[6] *Rieck* NJW 2008, 182 (183).

[7] Althammer/*Schäuble* Art. 10 Rn. 4.

[8] Rauscher/*Rauscher* Rn. 26; NK-BGB/*Gruber* Rn. 5; *Hausmann* IntEuSchR B Rn. 64.

[9] NK-BGB/*Gruber* Rn. 6; Nomos-BR/*Rieck* EG-EhesachenVO Rn. 6; aA wohl Rauscher/*Rauscher* Rn. 25.

[10] So (allg. zum Begriff der Sorge) auch EuGH Slg. 2010, I-8965 = BeckRS 2010, 91256 – J. McB./L. E. mit Bespr. *Siehr* IPRax 2012, 316 (319).

rechts" anstelle von „gemeinsamem Sorgerecht" ist allerdings kein bloßer Übersetzungsfehler. Sie findet sich entsprechend auch in der englischen und der französischen Sprachfassung. Im Vorschlag für eine Reform ist S. 2 gestrichen worden.[11]

Für die Praxis ist zu bedenken, dass ein Elternteil, dem wirklich *nur* das Aufenthaltsbestimmungs- **13** recht gemeinsam mit dem anderen Elternteil zusteht, und der kein weiteres Element der Sorge innehat, ohnehin wenig Möglichkeiten besitzt, die Sorge faktisch „auszuüben", solange das Kind nicht umzieht. Einem solchen Elternteil kann es selbstverständlich nicht zum Nachteil gereichen, wenn er sich an anderen Angelegenheiten der Sorgerechtsausübung nicht beteiligt. Das gilt auch im Rahmen des KindEntfÜbk. Der Unterschied dürfte in der Praxis daher gering sein.

Wer das Aufenthaltsbestimmungsrecht unbeschränkt innehat, darf den gewöhnlichen Aufenthalt **14** der Kinder in das Ausland verlegen, ohne sich einer Kindesentführung schuldig zu machen.[12] Das ist selbst dann nicht widerrechtlich, wenn dadurch die Ausübung des Umgangsrechts des anderen Elternteils erheblich erschwert wird → KindEntfÜbk Art. 3 Rn. 11.

9. Weitere Begriffe. a) Kind. Die Brüssel IIa-VO unterlässt in Art. 2 die Definition einiger **15** wichtiger und nicht unbedingt eindeutiger Begriffe. So wird nicht geklärt, was sie unter dem Begriff „Kind" versteht. Auch sonst fehlt im europäischen Recht eine Definition. Die Begriffe der völkerver- traglichen Übereinkommen passen für die Brüssel IIa-VO ebenfalls nicht. Art. 12 MSA bestimmt den Begriff des Minderjährigen und verwendet damit schon einen Ausdruck, den die Brüssel IIa- VO absichtlich nicht übernommen hat. Auch Art. 2 KSÜ und Art. 1 UN-KRK, die jeweils nur erwähnen, dass ihr Geltungsbereich auf Kinder unter 18 Jahren beschränkt ist, helfen in Bezug auf den Begriff des Kindes in der Brüssel IIa-VO nicht weiter. Die hA geht dennoch in Anlehnung an die übliche Handhabe in den Übereinkommen davon aus, dass ein Kind unter 18 Jahre alt sein muss.[13] Im Vorschlag für die Neufassung der Brüssel IIa-VO ist eine Regelung vorgesehen, nach der ein Kind jede Person unter 18 Jahren sein soll (Art. 2 Nr. 7).[14] Inhaltlich überzeugend ist dies nicht, wie die folgenden Ausführungen zeigen mögen.

Die Brüssel IIa-VO hat zum Ziel, das Verfahren in Hinblick auf die elterliche Verantwortung **16** umfassend zu regeln. Daraus sollte abgeleitet werden, dass dann ein Kind im Sinne der Verordnung betroffen ist, wenn dieses noch unter elterlicher Verantwortung steht, also minderjährig ist (§ 1626 BGB). Wann das im Einzelnen der Fall ist, muss nach dem jeweils anwendbaren Recht bestimmt werden. Gem. Art. 7 Abs. 1 S. 1 EGBGB bestimmt sich die Geschäftsfähigkeit nach der Staatsange- hörigkeit einer Person. Bei Flüchtlingen im Rechtssinne greift nach Art. 12 Genfer Flüchtlingskonven- tion für die Beurteilung der Volljährigkeit das deutsche Recht, so dass eine Vormundschaft für Personen über 18 Jahre nicht in Betracht kommt.[15] Die Volljährigkeit ist ein zentrales Element des Personalstatuts und Gründe für eine Ausnahme bestehen nicht. Insbesondere sind Überlegungen dazu, dass bei einer Rückkehr der junge Mensch wieder minderjährig werden könnte, in der Auslegung der Genfer Flüchtlingskonvention nicht passend.[16] Art. 12 Genfer Flüchtlingskonvention beruht gerade auf der Überlegung, dass der Heimatstaat (langfristig) aufgegeben werden musste. Für Menschen, die nur aus wirtschaftlichen Gründen für einige Zeit oder probeweise in ein anderes Land migrieren, gilt sie daher auch nicht.

Wo die Volljährigkeit bereits sehr früh erreicht wird, bleibt sie wegen Verstoßes gegen den ordre **17** public unbeachtet.[17] Innerhalb der EU werden keine Schwierigkeiten auftreten. In allen Mitgliedstaa- ten der EU werden Kinder mit Erreichen des 18. Lebensjahres volljährig. Die einzelnen Ausnahme- tatbestände in den Mitgliedstaaten (wie in Deutschland etwa §§ 1303 Abs. 2, 1606 BGB, in Frankreich Art. 476, 477 franz. Code civil)[18] weichen zwar in gewissem Maße voneinander ab, die kollisions- rechtliche Anerkennung ist aber unproblematisch, da die Abweichungen in keinem Fall ein solches Ausmaß annehmen, dass ein Verstoß gegen den ordre public in Betracht käme. Ist unklar, ob ein

---

[11] KOM (2016), 411.

[12] Str.; wie hier die ganz hA, KG FamRZ 2015, 1214 = BeckRS 2015, 05918 (Verbringung aus Deutschland nach Russland) mit zust. Anm. *Heiderhoff* IPRax 2016, 335; OLG Koblenz NJW 2008, 238 (Verlegung nach England); OLG Stuttgart FamRZ 2001, 645 Rn. 13 ff.; AG Berlin Pankow-Weißensee FamRZ 2015, 1630 (1631) (Verbringung von der Türkei nach Deutschland); diff. *Odendahl* IPRax 2015, 575 (576); *Frank* in Gebauer/Wiedmann EuropZivilR Brüssel IIa-VO Rn. 21; **aA** NK-BGB/*Benicke* KindEntfÜbk Art. 3 Rn. 12.

[13] Rauscher/*Rauscher* Art. 1 Rn. 24; HK-ZPO/*Dörner* Art. 1 Rn. 11; MükoFamFG/*Gottwald* Art. 1 Rn. 14; Prütting/Helms/*Hau* FamFG § 99 Rn. 7.

[14] KOM (2016), 411.

[15] AA OLG Karlsruhe FamRZ 2015, 1820 unter Verkennung der Reichweite des Begriffs des Personalstatuts; wie hier *v. Hein* FamRZ 2015, 1822.

[16] Fehlgehend daher OLG Karlsruhe FamRZ 2015, 1820 Rn. 25.

[17] AG Leverkusen FamRZ 2004, 232 (Kind wird nach iran. Recht mit neun Jahren geschäftsfähig).

[18] Mit einer knappen Länderübersicht Staudinger/*Hausmann* (2013) EGBGB Anh. Art. 7.

Kind minderjährig oder volljährig ist, und ist Gegenstand des Verfahrens dementsprechend etwa die Frage, ob eine Vormundschaft aufzuheben ist, muss die Brüssel IIa-VO ebenfalls angewendet werden.[19]

18   Wenn, wie für die Neufassung vorgeschlagen, nur noch Personen unter 18 Jahren erfasst wären, ergäbe sich eine merkwürdige Spaltung. Ab dem 18. Geburtstag eines Jugendlichen aus einem Staat, der einen späten Volljährigkeitseintritt kennt, wäre plötzlich das autonome deutsche Zuständigkeitsrecht anwendbar. Selbst wenn dieses der Brüssel IIa-VO ähnelt, erschiene die Spaltung doch verwirrend und unnütz.

19   **b) Eltern.** Auch die Bestimmung des Begriffs der Eltern erfolgt unter Rückgriff auf das jeweils anwendbare nationale Recht. Eltern im Sinne der Brüssel IIa-VO sind nur die Personen, die danach die rechtliche Elternstellung für das Kind innehaben (§§ 1591 ff. BGB).

Kapitel II. Zuständigkeit

Abschnitt 1. Ehescheidung, Trennung ohne Auflösung des Ehebandes und Ungültigerklärung einer Ehe

Art. 3 Brüssel IIa-VO Allgemeine Zuständigkeit

(1) Für Entscheidungen über die Ehescheidung, die Trennung ohne Auflösung des Ehebandes oder die Ungültigerklärung einer Ehe, sind die Gerichte des Mitgliedstaats zuständig,
a) in dessen Hoheitsgebiet
   – beide Ehegatten ihren gewöhnlichen Aufenthalt haben oder
   – die Ehegatten zuletzt beide ihren gewöhnlichen Aufenthalt hatten, sofern einer von ihnen dort noch seinen gewöhnlichen Aufenthalt hat, oder
   – der Antragsgegner seinen gewöhnlichen Aufenthalt hat oder
   – im Fall eines gemeinsamen Antrags einer der Ehegatten seinen gewöhnlichen Aufenthalt hat oder
   – der Antragsteller seinen gewöhnlichen Aufenthalt hat, wenn er sich dort seit mindestens einem Jahr unmittelbar vor der Antragstellung aufgehalten hat, oder
   – der Antragsteller seinen gewöhnlichen Aufenthalt hat, wenn er sich dort seit mindestens sechs Monaten unmittelbar vor der Antragstellung aufgehalten hat und entweder Staatsangehöriger des betreffenden Mitgliedstaats ist oder, im Fall des Vereinigten Königreichs und Irlands, dort sein „domicile" hat;
b) dessen Staatsangehörigkeit beide Ehegatten besitzen, oder, im Fall des Vereinigten Königreichs und Irlands, in dem sie ihr gemeinsames „domicile" haben.

(2) Der Begriff „domicile" im Sinne dieser Verordnung bestimmt sich nach dem Recht des Vereinigten Königreichs und Irlands.

1   Die Vorschrift hat für Fragen der elterlichen Verantwortung nur indirekt Bedeutung über die Annexzuständigkeit des Art. 12 Abs. 1. Entsprechende Hinweise finden sich in der Kommentierung zu Art. 12 (→ Art. 12 Rn. 4 ff.).

Art. 4 Brüssel IIa-VO Gegenantrag

Das Gericht, bei dem ein Antrag gemäß Artikel 3 anhängig ist, ist auch für einen Gegenantrag zuständig, sofern dieser in den Anwendungsbereich dieser Verordnung fällt.

Art. 5 Brüssel IIa-VO Umwandlung einer Trennung ohne Auflösung des Ehebandes in eine Ehescheidung

Unbeschadet des Artikels 3 ist das Gericht eines Mitgliedstaats, das eine Entscheidung über eine Trennung ohne Auflösung des Ehebandes erlassen hat, auch für die Umwandlung dieser Entscheidung in eine Ehescheidung zuständig, sofern dies im Recht dieses Mitgliedstaats vorgesehen ist.

---

[19] Wie hier OLG Bremen FamRZ 2016, 990.

Art. 6 Brüssel IIa-VO Ausschließliche Zuständigkeit nach den Artikeln 3, 4 und 5

Gegen einen Ehegatten, der

a) seinen gewöhnlichen Aufenthalt im Hoheitsgebiet eines Mitgliedstaats hat oder

b) Staatsangehöriger eines Mitgliedstaats ist oder im Fall des Vereinigten Königreichs und Irlands sein „domicile" im Hoheitsgebiet eines dieser Mitgliedstaaten hat,

darf ein Verfahren vor den Gerichten eines anderen Mitgliedstaats nur nach Maßgabe der Artikel 3, 4 und 5 geführt werden.

Art. 7 Brüssel IIa-VO Restzuständigkeit

(1) Soweit sich aus den Artikeln 3, 4 und 5 keine Zuständigkeit eines Gerichts eines Mitgliedstaats ergibt, bestimmt sich die Zuständigkeit in jedem Mitgliedstaat nach dem Recht dieses Staates.

(2) Jeder Staatsangehörige eines Mitgliedstaats, der seinen gewöhnlichen Aufenthalt im Hoheitsgebiet eines anderen Mitgliedstaats hat, kann die in diesem Staat geltenden Zuständigkeitsvorschriften wie ein Inländer gegenüber einem Antragsgegner geltend machen, der seinen gewöhnlichen Aufenthalt nicht im Hoheitsgebiet eines Mitgliedstaats hat oder die Staatsangehörigkeit eines Mitgliedstaats besitzt oder im Fall des Vereinigten Königreichs und Irlands sein „domicile" nicht im Hoheitsgebiet eines dieser Mitgliedstaaten hat.

(Art. 4–7 nicht kommentiert).   **1**

Abschnitt 2. Elterliche Verantwortung

Art. 8 Brüssel IIa-VO Allgemeine Zuständigkeit

(1) Für Entscheidungen, die die elterliche Verantwortung betreffen, sind die Gerichte des Mitgliedstaats zuständig, in dem das Kind zum Zeitpunkt der Antragstellung seinen gewöhnlichen Aufenthalt hat.

(2) Absatz 1 findet vorbehaltlich der Artikel 9, 10 und 12 Anwendung.

Übersicht

I. Normzweck und Regelungsinhalt

1. Internationale Zuständigkeit. Art. 8 Abs. 1 bestimmt die internationale Zuständigkeit für **1** Fragen der elterlichen Verantwortung und weist sie dem Mitgliedstaat zu, in dem das Kind bei Antragstellung seinen gewöhnlichen Aufenthalt hat. Das ist eine naheliegende und allgemein übliche

Regelung,[1] denn die Gerichte dieses Staates können wegen ihrer räumlichen Nähe das Wohl des Kindes am besten beurteilen und schützen (vgl. auch Erwägungsgrund 12 S. 1). Entsprechendes gilt nach Art. 1 MSA und Art. 5 Abs. 1 KSÜ. Anders geht allerdings § 99 FamFG vor, der aber von der Brüssel IIa-VO vollständig verdrängt wird. Dort ist an erster Stelle die Staatsangehörigkeit als Anknüpfungspunkt genannt.

2   Die Norm wird von den Art. 9 ff. ergänzt. Art. 9 und 10 bestimmen, dass die Zuständigkeit am gewöhnlichen Aufenthaltsort in bestimmten Fällen auch bei einem Wechsel des gewöhnlichen Aufenthalts bestehen bleibt. Art. 12 sieht eine recht weitreichende Möglichkeit für Zuständigkeitsvereinbarungen vor. Art. 13 und 14 enthalten Regelungen für den Fall, dass das Kind keinen gewöhnlichen Aufenthalt hat oder sich aus Art. 8 ff. keine Zuständigkeit in der EU ergibt.

3   Sowohl die völkervertraglichen Übereinkommen als auch § 99 FamFG treten in den meisten Fällen hinter Art. 8 zurück (s. näher → Vor Art. 1 Rn. 9 ff. sowie → Art. 60 Rn. 2 für das MSA, → Art. 61 Rn. 1 ff. für das KSÜ und → Art. 14 Rn. 2 für § 99 FamFG).

4   **2. Örtliche und sachliche Zuständigkeit.** Die örtliche, sachliche und funktionale Zuständigkeit ist nicht Gegenstand der Brüssel IIa-VO. Diese ist im autonomen nationalen Recht der Mitgliedstaaten geregelt. Das IntFamRVG, das auch der Durchführung der Brüssel IIa-VO dient (§ 1 Nr. 1 IntFamRVG), enthält hierzu keine eigenen Vorschriften. Es gelten also die allgemeinen Regeln für Kindschaftssachen. In Deutschland ergibt sich die örtliche Zuständigkeit für isolierte Kindschaftssachen aus § 152 Abs. 2–4 FamFG und für Kindschaftssachen, über die im Verbund mit einer Ehesache entschieden wird, aus § 152 Abs. 1 und § 153 FamFG. Sachlich ist gem. § 23a Abs. 1 Nr. 1 GVG das Amtsgericht zuständig. § 23b GVG begründet die Zuständigkeit der Familiengerichte als Abteilung der Amtsgerichte. Die funktionale Zuständigkeit richtet sich nach §§ 4 Abs. 2 lit. a, 14 RPflG.

II. Elterliche Verantwortung

5   Art. 8 gilt für alle Angelegenheiten der elterlichen Verantwortung. Das ist der Oberbegriff, den Art. 1 Abs. 1 lit. b verwendet. Eine Definition findet sich auch in Art. 2 Nr. 7 S. 1. Der Begriff ist weit zu verstehen und erfasst erheblich mehr als nach deutscher Terminologie, wo elterliche Verantwortung als modernes Synonym für elterliche Sorge verwendet wird (zu den Einzelheiten → Art. 1 Rn. 2 ff.). Die Norm gilt ohne Rücksicht darauf, ob eine Verbindung zu einem Verfahren in Ehesachen besteht (Erwägungsgrund 5). Wenn eine Angelegenheit der elterlichen Verantwortung mit einer Ehescheidung verbunden ist, besteht allerdings nach Art. 12 Abs. 1 die Möglichkeit, die Zuständigkeit des in der Ehesache tätigen Gerichts auch für die Angelegenheiten der elterlichen Verantwortung zu vereinbaren.

III. Gewöhnlicher Aufenthalt des Kindes

6   **1. Grundlagen.** Art. 8 Abs. 1 stellt allein auf den gewöhnlichen Aufenthalt des Kindes ab. Unerheblich ist, welche Staatsangehörigkeit es besitzt. Die Stärkung der Bedeutung des gewöhnlichen Aufenthalts dient nur zu einem kleineren Teil der angestrebten Freizügigkeit in der EU. Es geht vielmehr und vor allen Dingen darum, dass das sachnächste Gericht zuständig sein soll. In Erwägungsgrund 12 wird dies mit den Worten „dem Wohle des Kindes entsprechend und insbesondere nach dem Kriterium der räumlichen Nähe ausgestaltet" zumindest angedeutet.[2]

7   Was unter dem gewöhnlichen Aufenthalt des Kindes zu verstehen ist, bestimmt die Brüssel IIa-VO jedoch nicht näher. Der Begriff des gewöhnlichen Aufenthalts wird aber auch in anderen europäischen Rechtsakten häufig verwendet. Es besteht bereits eine recht deutliche Rechtsprechung zu den entscheidenden Kriterien. Der EuGH hat dabei klar formuliert, dass der Begriff autonom ausgelegt werden muss.[3] Er hat zudem betont, dass im Ausgangspunkt für den Begriff des gewöhnlichen Aufenthalts das Erfordernis der einheitlichen Anwendung des Unionsrechts gilt. Er hat aber auch immer differenzierend verdeutlicht, dass für den gewöhnlichen Aufenthalt eines Kindes Besonderheiten gelten, und die Kriterien für Erwachsene nicht vollständig übernommen werden können.[4]

8   Heute ist der spezifische Aufenthaltsbegriff der Brüssel IIa-VO bereits so weit gereift, dass ein Rückgriff auf andere internationale Instrumente und die dazu ergangene Rechtsprechung idR nicht

---

[1] Rauscher/*Rauscher* Rn. 6.
[2] Der EuGH greift dies regelmäßig auf, EuGH Slg. 2009, I-2805 = FamRZ 2009, 843 Rn. 35 – A; Slg. 2010, I-14309 = FamRZ 2011, 617 Rn. 46 – Mercredi/Chaffe; Slg. 2009, I-12193 = FamRZ 2010, 525 Rn. 3 – Deticek.
[3] EuGH Slg. 2009, I-2805 = FamRZ 2009, 843 Rn. 34 – A.
[4] EuGH Slg. 2009, I-2805 = FamRZ 2009, 843 Rn. 36 – A; dies bedauernd Magnus/Mankowski/*Borrás* Rn. 8.

mehr erforderlich sein dürfte. In den Materialien zum MSA wird der gewöhnliche Aufenthalt einer Person als dessen „tatsächlicher Mittelpunkt der Lebensführung" bezeichnet.[5] Dieses Verständnis ist in der Literatur auch für das KSÜ, wo auf eine gesetzliche Definition des gewöhnlichen Aufenthalts bewusst verzichtet wurde,[6] herangezogen worden.[7] Entsprechend wird der Begriff auch in der Rechtsprechung zu beiden Übereinkommen verwendet.[8] Das inzwischen für die Brüssel IIa-VO geprägte Begriffsverständnis des EuGH stimmt damit wohl weitgehend überein. Er hat jedoch einige spezifische Kriterien, oder zumindest Formulierungen – wie etwa die „Integration des Kindes in ein soziales und familiäres Umfeld"[9] – geprägt, die aufgrund seines Auslegungsmonopols bei der Anwendung der Norm nun unbedingt verwendet werden sollten.[10]

Der EuGH hat stets auch klargestellt, dass der gewöhnliche Aufenthalt letztlich vom angerufenen **9** Gericht faktisch festgestellt werden muss. „Es ist Sache des nationalen Gerichts, den gewöhnlichen Aufenthalt des Kindes unter Berücksichtigung aller tatsächlichen Umstände des Einzelfalls festzustellen."[11] Der gewöhnliche Aufenthalt des Kindes muss also in jedem Einzelfall unter Heranziehung der den Begriff ausmachenden Kriterien bestimmt werden. Er ist **eigenständig zu bestimmen** und kann nicht von dem Aufenthalt der Eltern abgeleitet werden. Obwohl das Kind seinen gewöhnlichen Aufenthalt in der überwiegenden Zahl der Fälle am selben Ort hat wie seine Eltern, folgt sein gewöhnlicher Aufenthalt keinesfalls automatisch dem gewöhnlichen Aufenthalt der Eltern. Vielmehr muss für das Kind selbst geprüft werden, wo die Integration in das soziale Umfeld vorliegt.

Vorsicht ist angebracht, wenn es darum geht, inwiefern der **Wille** des Betroffenen den gewöhnli- **10** chen Aufenthalt mitbestimmt. Zwar ist dessen Bedeutung für die Bestimmung des gewöhnlichen Aufenthalts in der Literatur zuletzt vielfach ganz zu Recht betont worden.[12] Auch der EuGH verwendet diesen als Kriterium.[13] Jedoch kann es leicht zu Missverständnissen kommen. Zunächst ist klarzustellen, dass es hier nicht um rechtsgeschäftlichen Willen gehen kann.[14] Im Grunde handelt es sich außerdem nicht um ein eigenständiges Kriterium, sondern um ein Element der sogleich näher darzustellenden faktischen sozialen Integration.[15] Sodann kann auch nur im Einzelfall entschieden werden, in welchem Maße der eigene Wille des Kindes und in welchem Maße der Wille der Sorgeberechtigten sich auswirkt.[16] Auch hier gilt, dass der Aufenthalt des Kindes nicht vollständig von den Intentionen der Eltern abhängt. Auch schon bei jüngeren Kindern kann es – nach einem hinreichend langen Aufenthalt in einem Staat – geschehen, dass sie an einem Ort integriert sind, obwohl die Sorgeberechtigten nicht (oder zunächst nicht) den Willen hatten, den Aufenthalt zu verstetigen.[17]

2. Soziale Eingliederung. Zentrales Element des gewöhnlichen Aufenthalts ist die soziale Ein- **11** gliederung des Kindes an dem entsprechenden Ort. Der EuGH verwendet folgende Beschreibung: Gewöhnlicher Aufenthalt ist der „Ort ..., der Ausdruck einer gewissen sozialen und familiären Integration des Kindes ist. Hierfür sind insbesondere die Dauer, die Regelmäßigkeit und die Umstände des Aufenthalts in einem Mitgliedstaat sowie die Gründe für diesen Aufenthalt und den

---

[5] *Steiger* in Actes et documents S. 14: „le centre effectif de la vie du mineur".

[6] *Lagarde* Report Nr. 40.

[7] NK-BGB/*Benicke* KSÜ Art. 5 Rn. 7; *Hausmann* IntEuSchR B Rn. 317.

[8] Zum MSA: BGHZ 78, 293 (295) = NJW 1981, 520; BGHZ 151, 63 = NJW 2002, 2955; BGHZ 163, 248 = NJW 2005, 3424 (3426); OLG Hamm NJW 1992, 636 (637); zum KSÜ: OLG Saarbrücken NZFam 2016, 528 Rn. 19 ff.; OHG Wien IPRax 2014, 183.

[9] EuGH Slg. 2010, I-14309 = FamRZ 2011, 617 Rn. 47 – Mercredi/Chaffe.

[10] Anwendend etwa OLG Stuttgart FamRZ 2014, 1567; FamRZ 2014, 1930; OLG Hamm FamRZ 2012, 143.

[11] EuGH Slg. 2010, I-14309 = FamRZ 2011, 617 Ls. 1 – Mercredi/Chaffe; insofern etwas aus der Reihe fallend und an diesem Punkt kaum überzeugend EuGH ECLI:EU:C:2014:2268 = FamRZ 2015, 107 – C/M; krit. dazu auch *Pirrung* IPRax 2015, 207 (211).

[12] *Weller* in Leible/Unberath, Brauchen wir eine Rom 0-Verordnung?, 2013, 293 (317 ff.); *Weller*, FS Coester-Waltjen, 2015, 897 (906 f.); mit Bezug zum Personalstatut *Rauscher*, FS Coester-Waltjen, 2015, 637 (648); *Rentsch* ZEuP 2015, 288 (308); zur Absicht der Eltern *Tödter*, Europäisches Kindschaftsrecht nach der Verordnung (EG) Nr. 2201/2003, 2010, 42.

[13] EuGH Slg. 2009, I-2805 = FamRZ 2009, 843 Rn. 40 – A; EuGH Slg. 2010, I-14309 = FamRZ 2011, 617 Rn. 51 – Mercredi/Chaffe.

[14] Von einem „natürlichen Bleibewillen" spricht *Holl*, Funktion und Bestimmung des gewöhnlichen Aufenthalts bei internationalen Kindesentführungen, 2001, 125; ebenso *Baetge* IPRax 2001, 573 (576).

[15] Ähnlich Rauscher/*Rauscher* Rn. 11d.

[16] Dem Willen des Kindes grds. kaum Bedeutung zumessend *Dilger* in Geimer/Schütze IRV-HdB Rn. 5; ähnlich *Kränzle*, Heimat als Rechtsbegriff?, 2014, 144; die Bedeutung von Willenselementen allgemein gering wertend *Holzmann*, Brüssel IIa VO: Elterliche Verantwortung und internationale Kindesentführung, 2008, 109 f.

[17] Etwas umständlich, aber letztlich in diese Richtung OLG Karlsruhe NJW-RR 2015, 1415 (1418).

Umzug der Familie in diesen Staat, die Staatsangehörigkeit des Kindes, Ort und Umstände der Einschulung, die Sprachkenntnisse sowie die familiären und sozialen Bindungen des Kindes in dem betreffenden Staat zu berücksichtigen."[18]

12   Gemeint ist damit, dass der Aufenthalt durch die objektiv zu bestimmende Eingliederung eine gewisse Stabilität aufweisen muss. Ob dies der Fall ist, muss aufgrund tatsächlicher Anhaltspunkte beurteilt werden. Wichtig ist hier bei Kindern vorrangig die familiäre Bindung. Meist besteht diese bei den Eltern, einem Elternteil und/oder anderen Verwandten. Je jünger das Kind ist, desto wichtiger ist dieses Element (zu Säuglingen auch → Rn. 25 f.). Der gewöhnliche Aufenthalt der Eltern darf aber immer nur als einer derjenigen Faktoren verstanden werden, die eine soziale Eingliederung des Kindes in seine Umgebung indizieren. Es ist nicht ausgeschlossen, dass ein Kind seinen gewöhnlichen Aufenthaltsort an einem anderen Ort als die Eltern hat (näher auch → Rn. 23). Die Eingliederung kann – zB in den Entführungsfällen – sogar gegen den Willen des Personensorgeberechtigten geschehen (zu den Entführungsfällen näher → Rn. 28). Im Regelfall ist jedoch der Wille (dazu soeben → Rn. 10) des Sorgeberechtigten von erheblicher Bedeutung für den gewöhnlichen Aufenthalt des Kindes. Hat dieser sich entschieden, seinen Aufenthaltsort dauernd zu wechseln, wird dies meist dazu führen, dass insbesondere das mitgeführte (nicht widerrechtlich entführte) kleinere Kind ebenfalls sofort seinen gewöhnlichen Aufenthalt wechselt (näher sogleich → Rn. 16).

13   Hinzu kommt die soziale Integration durch den Besuch von Einrichtungen wie etwa eines Kindergartens oder der Schule. Wichtiges Indiz kann auch die Kenntnis oder das Erlernen der im Aufenthaltsland gesprochenen Sprache sein. Weitere Anhaltspunkte für einen gewöhnlichen Aufenthalt können darin liegen, dass das Kind bereits Freundschaften mit anderen Kindern geschlossen hat, Aktivitäten in Sport- oder anderen Vereinen betreibt und sich dort wohlfühlt oder sich in seiner Umgebung allgemein zu Hause fühlt. Auch wenn diese Integration individuell erfolgt und deshalb der gewöhnliche Aufenthalt von **Geschwistern** jeweils einzeln bestimmt werden muss,[19] wird typischerweise die soziale Eingliederung mehrerer ähnlich alter Geschwister parallel verlaufen.[20] Solange nicht grundlegende Unterschiede bestehen (ein Kind lebt beim Vater, das andere bei der Mutter; ein Kind verbringt die meiste Zeit noch bei der im Heimatstaat zurückgebliebenen Großmutter, die anderen gehen am neuen Wohnort zur Schule), sollte nach Möglichkeit eine einheitliche Beurteilung erfolgen (zu einer möglichen Verweisung bei unterschiedlichem gewöhnlichen Aufenthalt → Rn. 46).

14   Die formale **Anmeldung** bei Behörden ist dagegen, für sich allein genommen, kein Indiz für einen gewöhnlichen Aufenthalt.[21] Auch die **Staatsangehörigkeit** hat zwar als solche keine unmittelbare Bedeutung im Rahmen des Art. 8. Die Integration im Sinne eines Gefühls des „zu Hause seins" kann aber im Heimatstaat häufig besonders schnell oder ausgeprägt eintreten.[22]

15   **3. Aufenthaltsdauer.** Die Dauer des Aufenthalts ist ein besonders wesentliches Element für die erforderliche soziale Eingliederung. Der EuGH nennt sie an erster Stelle des Indizienkatalogs. Der Aufenthalt an einem bestimmten Ort muss auf einen längeren Zeitraum angelegt sein, damit ein „gewöhnlicher Aufenthalt" entsteht. Auch regelmäßige und wiederholte Urlaube oder Arbeitsaufenthalte der Eltern, die nur von kürzerer Dauer sind, können nie zu einem gewöhnlichen Aufenthalt führen. Der EuGH formuliert, dass „vorübergehende oder gelegentliche Anwesenheit" nicht ausreichen.[23]

16   Zur Begründung eines gewöhnlichen Aufenthalts ist dennoch **keine bestimmte Aufenthaltsdauer** erforderlich. Es kann möglich sein, dass ein Kind (ebenso wie seine Eltern) sofort mit Eintreffen in einem Staat dort seinen gewöhnlichen Aufenthalt erwirbt.[24] Das ist dann der Fall, wenn der frühere Aufenthalt komplett und endgültig aufgegeben wurde und keine Bindungen mehr dorthin bestehen. Bei der Geburt eines Kindes ist der sofortige Erwerb eines gewöhnlichen Aufenthalts der Regelfall (sogleich → Rn. 25). Zumindest bei kleineren Kindern gilt dies auch bei jedem normalen Familienumzug an einen neuen Ort, der den alten Daseinsmittelpunkt dauerhaft ersetzen soll.[25]

17   Häufig verhält es sich aber auch anders. Insbesondere bei einem zunächst noch nicht dauerhaft angelegten oder sogar voraussichtlich nur vorübergehenden Aufenthalt kann es oft lange dauern, bis

---

[18] EuGH Slg. 2009, I-2805 = FamRZ 2009, 843 Ls. 2, Rn. 44 – A.

[19] NK-BGB/*Gruber* Rn. 8; Althammer/*Schäuble* Rn. 2.

[20] Re LC (Children) (SCIE), [2014] 2 W.L.R. 124 (Supr. Ct.).

[21] OLG Schleswig FamRZ 2000, 1426; gegen die polizeiliche Meldung als Indiz *Holl*, Funktion und Bestimmung des gewöhnlichen Aufenthalts bei internationalen Kindesentführungen, 2001, 119.

[22] Das etwas überbetonend Rauscher/*Rauscher* Rn. 11e; *Rauscher* LMK 2009, 282910.

[23] EuGH Slg. 2009, I-2805 = FamRZ 2009, 843 Rn. 38 – A.

[24] Re A (Children), [2014] 1 All E.R. 827 (Sup. Ct).

[25] Schon BGHZ 78, 293 = NJW 1981, 520; OLG Celle NJW-RR 1992, 1288 (1289); OLG Karlsruhe FamRZ 2014, 1565 (Wegzug in die Schweiz); wie hier *Siehr* IPRax 2012, 316 (317).

eine genügende Integration für einen gewöhnlichen Aufenthalt eingetreten ist. Besonders bei eher unfreiwilligen Aufenthalten oder Aufenthalten unbestimmter Dauer ist selbst nach einem Jahr nicht unbedingt ein gewöhnlicher Aufenthalt entstanden. Wichtig ist jeweils, ob die Bezüge zum alten gewöhnlichen Aufenthalt weiter gepflegt werden oder ob dort keine Integration mehr besteht. Letzteres spricht in aller Regel für die Begründung des neuen gewöhnlichen Aufenthalts.[26]

Besonderheiten gelten bei Kindern, die eingereist sind, um Asyl zu beantragen. Sie können idR **18** keinen gewöhnlichen Aufenthalt im Inland erwerben, da sie gar nicht die rechtliche Möglichkeit haben, die Länge des Verbleibs zu bestimmen.[27] Diese Situation ist unbefriedigend, weil auch der alte gewöhnliche Aufenthalt nicht mehr besteht bzw. ein Anknüpfen an diesen für die internationale Zuständigkeit – und meist auch für das anwendbare Sachrecht – den Interessen des Kindes nicht entspricht. Art. 13 kennt für diese Fälle eine Anwesenheitszuständigkeit. Wenn der gewöhnliche Aufenthalt nicht bestimmt werden kann (Abs. 1) sowie bei Kindern, die **Flüchtlinge** oder Vertriebene sind, besteht die Zuständigkeit in dem Staat, in dem das Kind sich befindet (näher → Art. 13 Rn. 3 ff.).

Faustformeln über die notwendige Länge des Aufenthalts in Monaten haben nach alledem nur **19** eine begrenzte Aussagekraft. Sie helfen aber dann, wenn ein Aufenthalt von vornherein auf eine begrenzte Dauer angelegt ist. Oft wird hier als Mindestlänge, ab der überhaupt erst die Möglichkeit der Entstehung eines gewöhnlichen Aufenthalts angenommen werden sollte, der Zeitraum von sechs Monaten benannt.[28] Solange diese Formel nicht hölzern angewendet wird, kann darin eine Hilfe liegen. Wenn klar ist, dass ein Kind sich für einen Zeitraum von weniger als sechs Monaten in einen anderen Aufenthaltsstaat begibt, wird dort kein gewöhnlicher Aufenthalt angenommen werden können. Das gilt für Auslandsaufenthalte mit den Eltern (etwa aus beruflichen Gründen) ebenso, wie für solche ohne die Eltern (etwa beim Schulbesuch zum Erlernen der Sprache).

Jedoch darf die Tragweite dieser Faustformel nicht überschätzt werden.[29] Vor allem ist kein Umkehrschluss möglich. Ein Aufenthalt von einer Länge, die sechs Monate überschreitet, wird dadurch keinesfalls automatisch zum gewöhnlichen Aufenthalt.[30]

4. Wechselnde Aufenthaltsorte. Schwierigkeiten bereiten die Fälle, in denen ein Kind zwei **20** relativ gleichwertige Bezugsorte hat. Das kann besonders der Fall sein, wenn die Eltern ein grenzüberschreitendes Wechselmodell betreiben oder wenn das Kind ein ausländisches Internat besucht. Schließlich gibt es Familien, die mehrere Wohnorte haben, zwischen denen sie in regelmäßiger oder unregelmäßiger Folge wechseln.

Beim Wechselmodell und den Eltern mit mehreren Wohnorten muss zunächst geprüft werden, **21** ob nicht ein Ort doch dominiert und den eigentlich als „zu Hause" empfundenen Bezugspunkt darstellt. Ist dies nicht der Fall, so stellt sich zunächst die grundsätzliche Frage, ob ein Kind mehrere gewöhnliche Aufenthaltsorte haben kann. Das wird häufig kategorisch abgelehnt.[31] Teilweise wird dann angenommen, der gewöhnliche Aufenthaltsort bleibe der Ort, wo das Kind vor Beginn der wechselnden Aufenthalte seinen gewöhnlichen Aufenthalt gehabt habe.[32] Das ist eine rechtliche Hilfskonstruktion, die sich mit dem tatsächlich angelegten Aufenthaltsbegriff und dem Zweck des Art. 8 nicht vereinbaren lässt.[33]

Teils wird die Möglichkeit eines gewöhnlichen Aufenthalts an zwei unterschiedlichen Orten aber **22** auch bejaht.[34] Dass ein doppelter gewöhnlicher Aufenthalt denknotwendig ausgeschlossen sei,[35]

---

[26] Dies als deutliches Indiz wertend OLG Karlsruhe NJW-RR 2015, 1415 Rn. 24.

[27] Oft wird die Frage des gewöhnlichen Aufenthalts mit Verweis auf Art. 13 offen gelassen, so etwa OLG Karlsruhe NJW 2016, 87 Rn. 15; unentschlossen bei einem Aufenthalt von vier Monaten OLG Karlsruhe BeckRS 2015, 19395; einen gewöhnlichen Aufenthalt jedenfalls nach sechs Monaten annehmend BVerwGE 109, 155 Ls. 2 = NVwZ 2000, 325.

[28] OLG Stuttgart FamRZ 2003, 959; OLG Karlsruhe NJW-RR 2015, 1415 (1417).

[29] Dass es nur um eine Richtschnur gehen kann, betont auch *Baetge* IPRax 2001, 573 (575); „Der in der Rechtsprechung und Literatur zu beobachtenden Neigung zum schematischen Rückgriff auf Faustformeln" eine Absage erteilend *Dilger* in Geimer/Schütze IRV-HdB Rn. 5; abl. auch *Winkler von Mohrenfels* FPR 2001, 189 (191).

[30] Etwas in diese Richtung tendierend aber OLG Karlsruhe NJW-RR 2015, 1415 (1417).

[31] Rauscher/*Rauscher* Rn. 11; HK-ZPO/*Dörner* Rn. 4; *Hausmann* IntEuSchR B Rn. 73; Court of Appeal, EWCA Civ 1157 (betroffen war ein Kind, das im Wechselmodell alle zwei Monate zwischen England und Portugal umzog).

[32] OLG Rostock FamRZ 2001, 642; MükoFamFG/*Gottwald* Rn. 4; *Holzmann*, Brüssel IIa VO: Elterliche Verantwortung und internationale Kindesentführung, 2008, 117.

[33] Abl. auch Staudinger/*Spellenberg* (2015) Rn. 6.

[34] OLG Frankfurt FPR 2001, 233; Erman/*Hohloch* Art. 5 Rn. 55 (ohne speziellen Bezug zu Kindern); für „seltene Ausnahmen" auch BeckOGK/*Markwardt* EGBGB Art. 21 Rn. 36; unter dem Vorbehalt einer diff. Prüfung zust. *Baetge* IPRax 2005, 335 (337).

[35] BeckOGK/*Markwardt* EGBGB Art. 21 Rn. 36.

überzeugt jedenfalls gerade bei einem im Wechselmodell lebenden Kind nicht. Es kann an zwei Orten alles haben, was einen gewöhnlichen Aufenthalt ausmacht und insbesondere dauerhaft integriert sein. An beiden Orten sind Eltern, Freunde, Kindergarten und ein gewohntes eigenes Zimmer. Anders als im Kollisionsrecht, wo die Bejahung von zwei gewöhnlichen Aufenthaltsorten Schwierigkeiten macht, bietet sie im Rahmen des Art. 8 auch im Ergebnis Vorteile.[36] Es muss dann nicht vorschnell auf Art. 13 zurückgegriffen werden, wodurch unter Umständen an einem noch schlechter passenden Ort die Gerichte angerufen werden könnten. Insgesamt sollte man mit der Annahme von zwei gewöhnlichen Aufenthaltsorten aber äußerst vorsichtig sein. Gerade bei herumziehenden Eltern ist es viel wahrscheinlicher, dass das Kind keinen Ort hat, an dem es seinen Lebensmittelpunkt hat und dauerhaft integriert ist.[37]

23   Da der EuGH ganz klar vorgegeben hat, dass der gewöhnliche Aufenthalt des Kindes nicht automatisch dem der Eltern folgt, darf man in den **Internatsfällen** einen gewöhnlichen Aufenthalt im Schulstaat nicht von vornherein als gewöhnlichen Aufenthaltsort ausschließen. Es kommt letztlich in hohem Maße auf den konkreten Fall an. Besucht ein ausländisches Kind ein Internat in Deutschland und verbringt es regelmäßig seine Ferien bei seinen Eltern im Ausland, so sollte man eher zurückhaltend mit der Annahme des gewöhnlichen Aufenthalts in Deutschland sein. In aller Regel wird das Kind klar bekunden, dass „sein zu Hause" bei den Eltern ist. Sind die Eltern dagegen getrennt und leben sie in unterschiedlichen Staaten, ziehen sie häufig um oder besuchen sie das Kind sogar am Schulort anstatt dass das Kind zu ihnen reist, so wird man einen gewöhnlichen Aufenthalt am Schulort annehmen müssen. Dass es auch in diesen Fällen oft wenig Sinn machen wird, wenn vor dem Gericht am Ort des Internats über einen Sorgerechtsstreit der ausländischen Eltern entschieden wird, lässt sich als eigenständiges Argument bei der Feststellung des gewöhnlichen Aufenthalts nicht verwerten. Letztlich wird über das Problem häufig eine Rechtswahl der Eltern nach Art. 12 hinweg helfen können (→ Art. 12 Rn. 8 ff.). Auch die Abgabe an ein geeigneteres Gericht nach Art. 15 kann in Betracht kommen (→ Art. 15 Rn. 3 ff.).

24   Bei eiligen Angelegenheiten, die vor Ort geklärt werden müssen, kann Art. 20 genutzt werden (→ Art. 20 Rn. 1 ff.).

25   5. Besonderheiten bei Säuglingen. Der gewöhnliche Aufenthalt von Säuglingen hängt davon ab, wo sie sich dauerhaft befinden und versorgt werden oder planmäßig versorgt werden sollen. Ob die versorgenden Personen die rechtlichen Eltern sind, ist unerheblich. Andere Elemente der sozialen Integration sind für einen Säugling noch nicht relevant. Ist der Aufenthalt der Versorger des Kindes zunächst auf unbestimmte Zeit an dessen Geburtsort angelegt, so entsteht dort mit Geburt sein gewöhnlicher Aufenthalt.[38] Bei späteren Umzügen kommt es – wie auch der EuGH bereits entschieden hat – darauf an, ob die versorgende Person an dem neuen Aufenthaltsort einen gewöhnlichen Aufenthalt begründet.[39]

26   Probleme entstehen, wenn die Geburt in einem Staat erfolgt, in dem die Person, die den Säugling versorgt, sich nur vorübergehend aufhält oder aufhalten will. Aufsehen hat die Problematik erregt, weil es nicht selten Fälle gibt, in denen die Eltern (oder Wunscheltern) sich absichtlich für einen bestimmten Zeitraum in das Ausland begeben, weil sie sich erhoffen, dass auf diese Weise das dort geltende Recht zur Anwendung kommt. Ziel kann insbesondere sein, eine gleichgeschlechtliche Co-Mutterschaft (Co-Mutterschaft)[40] oder die Zuordnung eines Kindes zu den Wunscheltern nach Inanspruchnahme einer Leihmutterschaft[41] zu erreichen. Die Problematik wirkt sich vor allem im Kollisionsrecht aus. In Bezug auf die Zuständigkeit wird sie selten vorkommen, da ein Gericht meist erst angerufen wird, wenn der Säugling sich bereits dauerhaft im Inland aufhält.

27   Richtigerweise muss angenommen werden, dass der gewöhnliche Aufenthalt in diesen Fällen schon mit der Geburt an dem Ort entsteht, an dem der Hauptversorger des Säuglings seinen gewöhnlichen Aufenthalt hat.[42] Keinen inländischen gewöhnlichen Aufenthalt hat daher ein ausländischer Säugling, dessen Eltern ausreisepflichtig sind oder deren Abschiebung bevorsteht.[43]

---

[36] So auch Staudinger/*Henrich* (2014) EGBGB Art. 21 Rn. 23.

[37] Der EuGH erwähnt ein „Wanderleben", EuGH Slg. 2009, I-2805 = FamRZ 2009, 843 Rn. 41 – A; auch *Pirrung* IPRax 2011, 50 (54).

[38] OLG Saarbrücken FamRZ 2011, 1235; BayObLG FamRZ 2001, 1543 (zu einem nach einem Tag verstorbenen Kind); *Andrae*, Int. Familienrecht, § 6 Rn. 44.

[39] EuGH Slg. 2010, I-14309 = FamRZ 2011, 617 – Mercredi/Chaffe.

[40] So in OLG Celle FamRZ 2011, 1518; in dem vom BGH dazu entschiedenen Fall befand sich der gewöhnliche Aufenthalt eindeutig in Südafrika, so dass das Problem nicht entstand (BGH FamRZ 2016, 1251).

[41] VG Berlin IPRax 2012, 548.

[42] KG IPRax 2014, 72; *Siehr* IPRax 2012, 316 (317).

[43] Zum gewöhnlichen Aufenthalt Erwachsener in diesen Fällen OLG Koblenz FamRZ 2016, 995.

Allerdings hilft diese Regel dann nichts, wenn sich ohne Beantwortung der kollisionsrechtlichen Frage, von wem das Kind abstammt, gar nicht klären lässt, wer für die Versorgung des Säuglings verantwortlich ist bzw. diese übernehmen darf. Das Kriterium des gewöhnlichen Aufenthalts kann dann vollständig versagen.[44]

6. Gewöhnlicher Aufenthalt nach Kindesentführung. Wie der gewöhnliche Aufenthalt nach **28** einer Kindesentführung zu beurteilen ist, regelt die Brüssel IIa-VO nicht gesondert. Art. 10 verlängert für diese Fälle nur die Zuständigkeit an dem früheren gewöhnlichen Aufenthaltsort (näher → Art. 10 Rn. 2, 7 f.). Auch nach dem KindEntfÜbk und dem EuSorgeRÜbk verhindert eine Kindesentführung nicht, dass das Kind an seinem neuen Aufenthaltsort seinen gewöhnlichen Aufenthalt nach den allgemeinen Kriterien begründet.[45] Art. 5 Abs. 3 EGBGB darf im Rahmen der Art. 8 ff. nicht angewendet werden, was aber im Ergebnis kaum einen Unterschied machen dürfte.[46] Es muss in den Fällen einer Entführung jedenfalls immer mit besonderer Umsicht geprüft werden, ob die erforderliche Integration im Zufluchtsstaat erreicht ist. Fast immer dürfte die Begründung eines neuen gewöhnlichen Aufenthalts nach einer Entführung rein faktisch länger dauern als bei einem regulären Umzug.[47] Noch verstärkt gilt dies, wenn der Entführende mit dem Kind untertaucht oder dies bei Dritten abgibt. Außerdem kann, anders als bei einem planmäßigen Umzug mit dem sorgeberechtigten Elternteil, bei einer Entführung der gewöhnliche Aufenthalt niemals sofort mit dem Umzug wechseln, da der Wille des entführenden, nicht bzw. nicht allein sorgeberechtigten Elternteils nicht geeignet ist, eine sofortige, auf Dauer angelegte Integration am neuen Wohnort herbeizuführen.[48]

Allgemein gilt, dass nach einer Kindesentführung schnelles Handeln von großer Wichtigkeit ist.[49] **29** Je länger das Kind an seinem neuen Aufenthaltsort verweilt, desto mehr wird es sich dort einleben. Das kann im schlimmsten Fall die zuständigen Behörden veranlassen, keine Rückführung des Kindes anzuordnen; selbst wenn das Kind herausgegeben wird, schadet diesem aber das erneute Herausreißen aus der neuen Umgebung idR desto mehr, je länger es dort schon verweilt.

Hat das Kind einmal an dem neuen Ort so sehr eingelebt, dass von einem gewöhnlichen **30** Aufenthalt ausgegangen werden kann, sind die Gerichte an dem neuen Aufenthaltsort für Entscheidungen über die elterliche Sorge noch nicht ohne weiteres zuständig. Nach Art. 7 Abs. 1 lit. b muss das Kind sich vielmehr seit dem Bekanntwerden des neuen Aufenthaltsorts dort wenigstens ein Jahr aufgehalten haben. Zu beachten ist daneben die Sperrvorschrift in Art. 16 KindEntfÜbk (dazu → KindEntfÜbk Art. 16 Rn. 1 ff.).

Bei einer Rückentführung – also wenn der andere Elternteil, der ebenfalls nicht das alleinige **31** Aufenthaltsbestimmungsrecht hat, das Kind selbsttätig in den Ursprungsstaat zurückholt – gelten dieselben Grundsätze wie bei jeder (Erst-)Entführung. Typischerweise – wenn nicht inzwischen viele Monate vergangen sind und sich der Aufenthalt im Zufluchtsstaat bereits zum gewöhnlichen Aufenthalt entwickelt hat – bleibt der gewöhnliche Aufenthaltsort im Ursprungsstaat ununterbrochen bestehen.

a) Entführung in das Ausland. Aus dem Vorstehenden ergibt sich, dass das Kind durch eine **32** Entführung in das Ausland nicht automatisch seinen inländischen gewöhnlichen Aufenthalt verliert.[50] Der „beraubte" Elternteil kann also im Inland noch gerichtliche Entscheidungen über das Sorgerecht und einen eventuellen Herausgabeanspruch erwirken und diese innerhalb der EU nach Art. 11, 40 Abs. 1 lit. b, 42 vollstrecken lassen. Eine Herausgabe des Kindes kann so möglicherweise sogar ohne die Instrumente des KindEntfÜbk erreicht werden. Die zumindest parallele Nutzung des speziellen, schnellen und effizienten Verfahrens des KindEntfÜbk ist aber ratsam.

Neben Art. 8 ist bei einer Entführung in einen anderen Mitgliedstaat Art. 10 zu beachten. Die **33** Zuständigkeit besteht unter den dort statuierten Voraussetzungen selbst bei einem Verlust des inländi-

---

[44] *Heiderhoff* IPRax 2012, 523 (525).
[45] BGHZ 163, 248 = NJW 2005, 3424; BGHZ 78, 293 = NJW 1981, 520, zust. *Henrich* IPRax 1981, 125 f.; OLG Bremen NJW 2016, 655; Re N (Abduction: Appeal), [2013] 1 F.L.R. 168 (C.A.) (gewöhnlicher Aufenthalt 18 Monate nach Entführung in den Libanon); *Hausmann* IntEuSchR B Rn. 74.
[46] Palandt/*Thorn* EGBGB Art. 5 Rn. 11 ff.
[47] Mit der Sechs-Monats-Formel operierend aber OLG Hamm IPRspr. 2012, Nr. 119, 228; ähnlich wie hier *Hausmann* IntEuSchR B Rn. 74, 99.
[48] Palandt/*Thorn* EGBGB Art. 5 Rn. 13.
[49] Das KindEntfÜbk und das EuSorgeRÜbk unterscheiden zwischen rasch gestellten Anträgen auf Rückführung und solchen, die erst nach mehr als einem Jahr gestellt werden (Art. 8 EuSorgeRÜbk, Art. 12 Abs. 1 KindEntfÜbk).
[50] Maßgeblich ist vielmehr die konkrete soziale und familiäre Eingliederung des Kindes iSd Art. 8, nur nochmals *Hausmann* IntEuSchR B Rn. 99; NK-BGB/*Gruber* Art. 10 Rn. 3.

schen gewöhnlichen Aufenthaltsorts noch eine Zeit lang weiter (→ Art. 10 Rn. 2). Nach Art. 11 Abs. 8 dürfen die Gerichte im Ursprungsstaat eine Rückgabe selbst dann noch anordnen, wenn die Gerichte im Zufluchtsstaat diese nach den Regeln des KindEntfÜbk abgelehnt haben (→ Art. 11 Rn. 15).

34   **b) Entführung in das Inland.** Bei einer Entführung in das Inland begründet das Kind hier möglicherweise über einen längeren Zeitraum noch keinen gewöhnlichen Aufenthalt (soeben → Rn. 26). Auch wenn der besuchsberechtigte Elternteil das Kind nach Ablauf der Besuchszeit in Deutschland behält und es nicht wieder zum sorgeberechtigten Elternteil ins Ausland zurückschickt, darf keinesfalls automatisch ein gewöhnlicher Aufenthalt in Deutschland angenommen werden. In diesem Fall ist es aber anders, wenn das Kind zu einem so lange dauernden Besuch im Inland war, dass es inzwischen einen gewöhnlichen Aufenthalt hier begründet hatte. Dazu reicht eine Besuchszeit von weniger als sechs Monaten jedoch auf keinen Fall aus. Denn vor dem Hintergrund der zwischen den Eltern vereinbarten Rückgabe kann eine Integration im Sinne der Brüssel IIa-VO dann noch nicht angenommen werden. Bei darüber hinaus gehenden Zeiträumen sollte aber im Einzelfall geprüft werden, wie gut das Kind faktisch integriert ist und wo es seinen Lebensmittelpunkt hat.

35   Solange das Kind noch keinen inländischen gewöhnlichen Aufenthalt besitzt und seinen alten gewöhnlichen Aufenthalt in einem Vertragsstaat beibehält, bleibt der ausländische Staat nach Art. 8 Abs. 1 international zuständig.

36   Wenn im Inland ein gewöhnlicher Aufenthalt besteht und auch Art. 10 nicht eingreift, sind die deutschen Gerichte zwar nach Art. 8 Abs. 1 international zuständig. Es sind jedoch die besonderen Regeln des KindEntfÜbk zu beachten, soweit dies anwendbar ist (zu den Vertragsstaaten → KindEntfÜbk Vor Art. 1 Rn. 26). Besonders wichtig ist die Sperrvorschrift in Art. 16 KindEntfÜbk (dazu → KindEntfÜbk Art. 16 Rn. 1 ff.).

37   **7. Nicht feststellbarer gewöhnlicher Aufenthalt.** Den gewöhnlichen Aufenthalt eines Kindes zu bestimmen, kann aus unterschiedlichen Gründen schwer fallen oder ausgeschlossen sein. Wie gezeigt kann ein Kind nur in engen Ausnahmefällen mehrere Aufenthaltsorte haben (→ Rn. 20 f.). Wenn ein Kind häufig den Aufenthaltsort wechselt, ist eher davon auszugehen, dass es gar keinen gewöhnlichen Aufenthalt hat. Für diese Fälle kann die Zuständigkeit nicht nach Art. 8 bestimmt werden. Art. 13 stellt dann jedoch eine einfache Anwesenheitszuständigkeit zur Verfügung. Danach sind die Gerichte desjenigen Mitgliedstaats zuständig, in dem sich das Kind befindet. Vorrangig bleibt dabei eine Zuständigkeitsvereinbarung nach Art. 12 Abs. 3, die aber nicht als bloße rügelose Einlassung möglich ist (näher → Art. 12 Rn. 11).

IV. Anknüpfungszeitpunkt

38   Art. 8 Abs. 1 bestimmt durch seine insofern klare Formulierung den Zeitpunkt, zu dem das Kind seinen gewöhnlichen Aufenthalt im Forumstaat haben muss, als den Zeitpunkt **der Antragstellung** (zu diesem Begriff Art. 16, dazu näher → Rn. 47). Art. 8 Abs. 1 geht somit von einer *perpetuatio fori* aus, wenn das Kind nach der Antragstellung seinen gewöhnlichen Aufenthalt im Forumstaat verliert.[51] Der Staat, in dem zur Zeit der Antragstellung der gewöhnliche Aufenthalt des Kindes lag, bleibt zuständig. Es kann daher bei einem Wegzug des Kindes für den zurückbleibenden Elternteil ratsam sein, schnell noch ein Verfahren einzuleiten.[52] Denkbar ist allerdings, dass das Gericht nach Art. 15 vorgeht und die Sache an ein besser geeignetes Gericht abgibt. Die Norm hat aber enge Voraussetzungen und ist ausdrücklich auf Ausnahmefälle ausgerichtet (näher → Art. 15 Rn. 1). Im **Vorschlag für eine Neufassung** der Brüssel IIa-VO ist die *perpetuatio fori* explizit abgeschafft.[53]

39   Damit unterscheidet sich die Norm von Art. 5 KSÜ. Während Art. 5 Abs. 1 KSÜ zum relevanten Zeitpunkt schweigt, lässt Art. 5 Abs. 2 KSÜ deutlich erkennen, dass bei einem Aufenthaltswechsel die Gerichte am neuen gewöhnlichen Aufenthaltsort zuständig sein sollen. Für das KSÜ wird daher davon ausgegangen, dass der gewöhnliche Aufenthalt auch noch in dem Zeitpunkt im Inland liegen muss, in dem die Schutzmaßnahme getroffen wird.[54] Es tritt dort also keine *perpetuatio fori* ein (Art. 5 Abs. 2 KSÜ). Verzieht das Kind aus einem Mitgliedstaat **in einen Vertragsstaat des KSÜ,** der nicht Mitgliedstaat der EU ist, so kann Art. 8 Abs. 1 wegen des insofern geltenden Vorrangs des KSÜ (Art. 61) nicht gelten. Es greift vielmehr ab dem Zeitpunkt der Begründung des neuen Aufenthalts Art. 5 KSÜ. Somit verliert das deutsche Gericht seine internationale Zuständigkeit und das

---

[51] Ausf. *Hausmann* IntEuSchR B Rn. 75 ff.; NK-BGB/*Gruber* Rn. 3; *Rauscher/Rauscher* Rn. 9.

[52] Unter Bezugnahme auf die anwaltliche Perspektive NK-BGB/*Gruber* Rn. 4; dazu auch *Hausmann* IntEuSchR B Rn. 75.

[53] KOM (2016) 411 (neuer Art. 7 S. 2).

[54] OGH IPRax 2014, 183; BeckOGK/*Markwardt* KSÜ Art. 5 Rn. 12, 13.

Gericht am neuen gewöhnlichen Aufenthaltsort wird zuständig.[55] Dasselbe gilt – soweit dessen sachlich engerer Anwendungsbereich eröffnet ist – auch unter dem MSA, wenn ein Kind seinen gewöhnlichen Aufenthalt nach Macao verlegt.[56]

Schwieriger sind die Fälle zu beurteilen, in denen ein Kind erst im **Laufe des Verfahrens** seinen   **40** gewöhnlichen Aufenthalt im Gerichtsstaat **erwirbt.** Der BGH hat entschieden, dass in diesem Fall die Begründung noch während des laufenden Verfahrens ausreichen muss.[57] Das Argument, dass sonst das laufende Verfahren zunächst beendet werden müsste, obwohl es gleich darauf bei demselben Gericht neu eröffnet werden könnte, ist kaum zu widerlegen. Allerdings darf eine solche Auslegung nicht dazu verführen, die Prüfung der internationalen Zuständigkeit zu verschieben, weil die Erwartung besteht, dass sich ein gewöhnlicher Aufenthalt im Laufe des Verfahrens entwickeln könnte.

V. Vorrangige Zuständigkeit eines anderen Gerichts nach Abs. 2

1. Wirkung des Abs. 2. Abs. 2 stellt klar, dass Abs. 1 nicht gelten kann, wenn sich aus Art. 9,   **41** 10 oder 12 eine andere Zuständigkeit ergibt. Die merkwürdige Formulierung „findet vorbehaltlich der Artikel 9, 10 und 12 Anwendung" hat dazu geführt, dass teilweise eine konkurrierende Zuständigkeit angenommen wird. Dann müsste jeweils darauf abgestellt werden, ob die konkrete Norm den Zweck hat, die Zuständigkeit aus Art. 8 vollständig zu verdrängen, oder ob sie nur daneben tritt.[58] Selbst wenn man dieser Ansicht folgen wollte, so müsste man doch für alle drei Normen den ausschließlichen, Art. 8 somit vollständig verdrängenden Charakter bejahen. Denn Art. 9 oder Art. 10 sind gerade darauf gerichtet, die Fortgeltung einer ausländischen Zuständigkeit vorzusehen und ein neues Forum – wie Art. 8 es bieten würde – für einen gewissen Zeitraum zu sperren. Bei einer Rechtswahl nach Art. 12 ist ebenfalls nur unter den in der Norm selbst vorgesehenen Voraussetzungen Raum dafür, entgegen der Rechtswahl noch auf Art. 8 zurückzugreifen.[59] Richtiger und einfacher erscheint es, in Abs. 2 die unmittelbare Anordnung des Vorrangs zu erblicken.[60]

Zu beachten ist, dass unterschiedliche Regelungen dafür gelten, wie die Beteiligten auf eine   **42** Zuständigkeit aus Art. 9, 10 oder 12 **verzichten** können. Bei Art. 9 Abs. 2 reicht es aus, wenn der Umgangsberechtigte sich rügelos auf das Verfahren einlässt (näher → Art. 9 Rn. 8). Bei Art. 10 ist eine solche Möglichkeit nicht vorgesehen, so dass nur eine echte Vereinbarung iSd Art. 12 ausreichen kann. Eine solche dürfte kaum zu erwarten sein. Auch bei Art. 12 lässt die hA eine rügelose Einlassung ganz zu Recht nicht ausreichen (dazu → Art. 12 Rn. 11). Es fragt sich aber, ob umgekehrt das rügelose Einlassen vor einem Gericht, das *entgegen* einer Gerichtsstandsvereinbarung von einem Elternteil angerufen wurde, ausreicht, um auf die Vereinbarung zu verzichten. Bei systematischer Betrachtung erscheint es zunächst, als dürfe ein bloß passives Verhalten auch hier nicht ausreichen. Zwar ist die Vereinbarung nach allgemeiner Ansicht frei widerruflich (→ Art. 12 Rn. 12), doch scheint es, als würde die Brüssel IIa-VO zumindest eine ausdrückliche Erklärung verlangen. Man muss jedoch bedenken, dass das Gericht von der Gerichtsstandvereinbarung in so einem Fall im Zweifel gar nichts erfahren wird, so dass es keine Veranlassung hat, ein ausdrückliches Einverständnis einzuholen. Denkbar ist auch, dass beide Eltern die Gerichtsstandsvereinbarung, die häufig im Rahmen einer im Kern materiellrechtlichen Vereinbarung mit enthalten gewesen sein dürfte, längst vergessen haben. Es erscheint nicht sinnvoll, dass ein eventuelles späteres Auftauchen der Vereinbarung in einem solchen Fall dem Verfahren den Boden entziehen könnte. Für den Verzicht auf die Einhaltung einer Gerichtsstandsvereinbarung muss also die rügelose Einlassung ausnahmsweise ausreichen. Dasselbe Ergebnis lässt sich im Übrigen erreichen, wenn man der Ansicht folgt, nach der Art. 12 und Art. 8 von vornherein als konkurrierende Gerichtsstände anzusehen sind (zu dieser Ansicht schon → Rn. 41).[61]

2. Vorbehalt des Art. 9. Nach Art. 8 Abs. 2 ist zunächst Art. 9 vorbehalten. In dieser Vorschrift   **43** bleibt in gewissen Fällen eines rechtmäßigen Umzugs (also nicht bei einer Kindesentführung) und eines daraus folgenden Wechsels des gewöhnlichen Aufenthalts die Zuständigkeit der Gerichte des früheren gewöhnlichen Aufenthalts für die Änderung einer Umgangsregelung erhalten. Wie schon

---

[55] KG FamRZ 2015, 1214; OLG Karlsruhe FamRZ 2014, 1565; *Heiderhoff* IPRax 2016, 335.

[56] OLG Stuttgart FamRZ 2013, 49 (noch zur Türkei); *Hausmann* IntEuSchR B Rn. 76.

[57] BGHZ 184, 269 = NJW 2010, 1351 Rn. 9; davon ebenfalls überzeugt *Solomon* FamRZ 2004, 1409 (1411).

[58] So etwa Rauscher/*Rauscher* Rn. 15 ff., der für Art. 12 (Rn. 18) und wohl auch für Art. 10 (Rn. 17) eine konkurrierende Zuständigkeit annimmt.

[59] AA NK-BGB/*Gruber* Rn. 1; Rauscher/*Rauscher* Art. 12 Rn. 10.

[60] So die hA, *Hausmann* IntEuSchR B Rn. 80; Althammer/*Schäuble* Art. 12 Rn. 3; MüKoFamFG/*Gottwald* Rn. 7; HK-ZPO/*Dörner* Rn. 1; **aA** *Andrea* IPRax 2015, 212 (213).

[61] So Rauscher/*Rauscher* Art. 12 Rn. 10; NK-BGB/*Gruber* Rn. 1.

angesprochen (→ Rn. 41) kann auf die Zuständigkeit nach Art. 9 durch einfache rügelose Einlassung vor einem anderen Gericht verzichtet werden.

44   **3. Vorbehalt des Art. 10.** In Art. 8 Abs. 2 wird außerdem Art. 10 vorbehalten. Diese Vorschrift schränkt den Art. 8 Abs. 1 insofern ein, als bei einer Kindesentführung die Instanzen des gegenwärtigen gewöhnlichen Aufenthalts (also des Zufluchtsstaats) erst dann für ein Sorgerechtsverfahren zuständig werden, wenn im Staat des früheren gewöhnlichen Aufenthalts (also des Ursprungsstaats) nach einer gewissen Zeit ein Rückführungsverfahren nicht angestrengt oder abgeschlossen wurde.

45   **4. Vorbehalt des Art. 12.** Nach Art. 12 haben die Eltern des Kindes die Möglichkeit, unter bestimmten Voraussetzungen die Gerichte am Ort des gewöhnlichen Aufenthalts des Kindes zu derogieren und eine andere Zuständigkeit zu vereinbaren. Deshalb sieht Art. 8 Abs. 2 einen entsprechenden Vorbehalt vor. Wie schon angesprochen (→ Rn. 41) verdrängt der vereinbarte Gerichtsstand Art. 8 Abs. 1. Wenn die Eltern einen abweichenden Gerichtsstand vereinbart haben, können sie also nur einvernehmlich von dieser Vereinbarung abrücken und dann doch das Verfahren am gewöhnlichen Aufenthaltsort des Kindes führen. Bei einer Verfahrenseinleitung am gewöhnlichen Aufenthaltsort des Kindes sollte, wie oben näher dargelegt wurde, die bloße rügelose Einlassung des anderen Elternteils genügen (→ Rn. 42).

VI. Verweisung nach Art. 15

46   Sollte nach einem Aufenthaltswechsel während eines Verfahrens das ursprünglich angerufene Gericht doch nicht mehr die hinreichende Sachnähe haben, um zum Wohl des Kindes entscheiden zu können, kann das Verfahren unter den Voraussetzungen des Art. 15 an das Gericht eines anderen Mitgliedstaats verwiesen werden (vgl. Art. 15 Abs. 3 lit. a).

47   Ein Grund für eine Verweisung kann sich auch ergeben, wenn bei mehreren Kindern eines Elternpaares jeweils unterschiedliche Aufenthaltsorte bestehen. Denn es ist häufig sinnvoll, einheitlich über die Sorge oder den Umgang zu entscheiden.[62]

VII. Verfahren

48   **1. Anrufung des Gerichts.** Wann ein Gericht als angerufen gilt, wird in Art. 16 geregelt. Die Bestimmung, die vom deutschen Recht deutlich abweicht, ist vor allem für die Einrede der Rechtshängigkeit von Bedeutung.[63] Nach Art. 16 lit. a ist ein Gericht dann angerufen, wenn der Antrag bei Gericht gestellt ist und der Antragsteller alles getan hat (vgl. etwa § 113 Abs. 1 FamFG, § 253 Abs. 2 ZPO), damit die Zustellung des verfahrenseinleitenden Schriftstücks an den Antragsgegner bewirkt werden kann. Das bedeutet, dass das deutsche Gericht bereits mit Anhängigkeit des Antrags als angerufen gilt und nicht erst mit Zustellung (§ 113 Abs. 1 FamFG, §§ 261 Abs. 1, 253 Abs. 1 ZPO). Der Zeitpunkt, mit dem ein Parallelverfahren blockiert wird, tritt bereits in diesem frühen Verfahrensstadium ein.

49   **2. Prüfung der Zuständigkeit und Rechtsmittel.** Nach Art. 17 hat das angerufene Gericht seine Zuständigkeit nach der Brüssel IIa-VO von Amts wegen zu prüfen und sich für unzuständig zu erklären, wenn die Brüssel IIa-VO für dieses keine Zuständigkeit vorsieht, aber die Gerichte eines anderen Mitgliedstaats für zuständig erklärt (näher → Art. 17 Rn. 1 ff.). Die Prüfung erfolgt in jeder Lage des Verfahrens, auch noch in der Rechtsbeschwerdeinstanz.[64]

50   Die Beschränkung der Beschwerde in § 571 Abs. 2 S. 2 ZPO kann insofern für die internationale Zuständigkeit nicht gelten.[65]

51   Das OLG Stuttgart hat entschieden, dass eine Zwischenentscheidung über die Feststellung der internationalen Zuständigkeit möglich ist und dass diese mit der Beschwerde angefochten werden kann. Es stützt dies auf eine analoge Anwendung des § 58 Abs. 2 FamFG.[66] Überzeugender ist vorgeschlagen worden, eher eine analoge Anwendung der § 113 Abs. 1 S. 2 FamFG, § 280 Abs. 2 ZPO zugrunde zu legen.[67] Richtig ist, dass die Bedeutung der Entscheidung über die internationale Zuständigkeit es rechtfertigen kann, diese vorab zu überprüfen. Es muss aber zugleich unbedingt darauf geachtet werden, dass das Beschleunigungs- und Vorrangprinzip des Kindschaftsverfahrens-

---

[62] NK-BGB/*Gruber* Rn. 8; *Geimer* in Geimer/Schütze EuZivVerfR Rn. 4.
[63] Näher MükoFamFG/*Gottwald* Art. 16 Rn. 1.
[64] BGH FamRZ 2015, 2147 Rn. 13.
[65] Zu § 513 ZPO schon BGHZ 157, 224 = NJW 2004, 1456; MükoFamFG/*Lipp* ZPO § 571 Rn. 11.
[66] OLG Stuttgart FamRZ 2014, 1930; nur iErg zust. *Helms* IPRax 2015, 217 (219).
[67] *Helms* IPRax 2015, 217 (218 f.).

rechts nicht ausgehebelt wird, indem zunächst aufwändig eine an sich nicht allzu problematische Frage der internationalen Zuständigkeit geklärt wird.

3. Prüfung der Zustellung (Art. 18). Hat der Antragsgegner seinen gewöhnlichen Aufenthalt 52 in dem Mitgliedstaat, in dem das Verfahren eingeleitet wurde, so enthält die Brüssel IIa-VO für die Zustellung keine gesonderten Vorschriften. Zugunsten des Antragsgegners, der seinen gewöhnlichen Aufenthalt nicht in dem Mitgliedstaat hat, in dem das Verfahren geführt wird, enthält die Brüssel IIa-VO jedoch eine besondere Schutznorm. Wenn dieser sich nicht auf das Verfahren einlässt, dann muss das Gericht nach Art. 18 Abs. 1 das Verfahren so lange aussetzen, bis feststeht, dass dem Antragsgegner das verfahrenseinleitende Schriftstück rechtzeitig zugestellt wurde.

Die Zustellung zwischen den Mitgliedstaaten erfolgt in diesem Fall nach der EuZVO. Dies gilt 53 nicht nur für das verfahrenseinleitende Schriftstück, sondern für alle das Verfahren betreffenden Dokumente. Greift die EuZVO nicht, weil der Antragsgegner in einem Drittstaat wohnt, so gelten das HZÜ,[68] oder, wenn auch dieses nicht greift, das autonome Zustellungsrecht (näher → Art. 18 Rn. 1 ff.).

4. Anderweitige Rechtshängigkeit. Die Brüssel IIa-VO regelt in Art. 19 Abs. 2, wie vorzuge- 54 hen ist, wenn in **verschiedenen Mitgliedstaaten** Verfahren bezüglich der elterlichen Verantwortung anhängig gemacht worden sind. Im Grundsatz hat das später angerufene Gericht sein Verfahren von Amts wegen auszusetzen, bis die Zuständigkeit des zuerst angerufenen Gerichts geklärt ist. Die Anhängigkeit eines Verfahrens bestimmt sich nach Art. 16 (soeben → Rn. 48). Erklärt sich das zuerst angerufene Gericht für zuständig, lehnt das später angerufene Gericht seine Zuständigkeit ab (Art. 19 Abs. 3 S. 1), und der Antragsteller im späteren Verfahren kann seine Anträge dem zuerst angerufenen Gericht vorlegen (Art. 19 Abs. 3 S. 2).

Ist dagegen in einem **Nichtmitgliedstaat** ein Parallelverfahren anhängig, so darf jeder Mitglied- 55 staat nach seinem Recht (§ 261 Abs. 3 Nr. 1 ZPO analog, str.[69]) oder vorgehenden Staatsverträgen (insbesondere Art. 13 KSÜ) entscheiden, ob dieses ausländische Verfahren dem inländischen entgegensteht.

5. Einstweilige Maßnahmen. Besteht eine Zuständigkeit nach Art. 8, können auch Eilmaßnah- 56 men ergriffen werden.[70] Besteht dagegen kein gewöhnlicher Aufenthalt im Inland, können Eilmaßnahmen nur im Rahmen des Art. 20 ergehen. Solche Maßnahmen können zwar auch erlassen werden, wenn das Kind seinen gewöhnlichen Aufenthalt in einem anderen Mitgliedstaat hat. Sie können aber nur in Bezug auf Personen erlassen werden, die sich in dem Mitgliedstaat befinden, in dem die Maßnahme erlassen wird.[71] Die Maßnahmen treten nach Art. 20 Abs. 2 außer Kraft, sobald das nach der Brüssel IIa-VO zuständige Gericht entschieden hat (näher zu allem → Art. 20 Rn. 1 ff.).

Hat das Kind seinen gewöhnlichen Aufenthalt in keinem Mitgliedstaat, beurteilt jeder Mitglied- 57 staat seine Zuständigkeit für einstweilige Maßnahmen nach seinem eigenen Recht oder vorgehenden Staatsverträgen (zB Art. 9 MSA, Art. 11 KSÜ).

6. Allgemeines Verfahrensrecht. Soweit verfahrensrechtliche Fragen nicht vereinheitlicht sind, 58 wendet das Gericht sein eigenes Verfahrensrecht an. In Deutschland gilt das FamFG.

VIII. Anwendbares Recht

In Bezug auf das anwendbare Recht sind in Hinblick auf die Anknüpfungsregel des Art. 15 Abs. 1 59 KSÜ Unsicherheiten aufgetreten. Danach wenden nämlich die Behörden „bei der Ausübung ihrer Zuständigkeit nach Kapitel II" ihr eigenes Recht an. Folgt die Zuständigkeit der Brüssel IIa-VO, greift Art. 15 Abs. 1 KSÜ jedoch nach richtiger Ansicht ebenfalls ein. Das gilt allerdings nur, wenn eine Zuständigkeit (auch) aus den Art. 5 ff. KSÜ – bei einer fiktiven Anwendung – begründet wäre.[72]

Art. 9 Brüssel IIa-VO Aufrechterhaltung der Zuständigkeit des früheren gewöhnlichen Aufenthaltsortes des Kindes

(1) Beim rechtmäßigen Umzug eines Kindes von einem Mitgliedstaat in einen anderen, durch den es dort einen neuen gewöhnlichen Aufenthalt erlangt, verbleibt abweichend

---

[68] Haager Übereinkommen vom 15.11.1965 über die Zustellung gerichtlicher und außergerichtlicher Schriftstücke im Ausland in Zivil- oder Handelssachen, BGBl. 1977 II S. 1453; *Jayme/Hausmann* Nr. 211.
[69] Für eine analoge Anwendung OLG Bremen FamRZ 2016, 1189.
[70] *Andrae* NZFam 2016, 310; Althammer/*Schäuble* Art. 20 Rn. 2.
[71] BGH NJW 2016, 1445.
[72] OLG Karlsruhe FamRZ 2013, 1238; näher BeckOK BGB/*Heiderhoff* EGBGB Art. 21 Rn. 12.

von Artikel 8 die Zuständigkeit für eine Änderung einer vor dem Umzug des Kindes in diesem Mitgliedstaat ergangenen Entscheidung über das Umgangsrecht während einer Dauer von drei Monaten nach dem Umzug bei den Gerichten des früheren gewöhnlichen Aufenthalts des Kindes, wenn sich der laut der Entscheidung über das Umgangsrecht umgangsberechtigte Elternteil weiterhin gewöhnlich in dem Mitgliedstaat des früheren gewöhnlichen Aufenthalts des Kindes aufhält.

(2) Absatz 1 findet keine Anwendung, wenn der umgangsberechtigte Elternteil im Sinne des Absatzes 1 die Zuständigkeit der Gerichte des Mitgliedstaats des neuen gewöhnlichen Aufenthalts des Kindes dadurch anerkannt hat, dass er sich an Verfahren vor diesen Gerichten beteiligt, ohne ihre Zuständigkeit anzufechten.

I. Bedeutung

1 Bei einem planmäßigen, auf Dauer angelegten Umzug wechselt das Kind wie gezeigt idR seinen gewöhnlichen Aufenthalt von einem Tag auf den anderen (→ Art. 8 Rn. 16). Wenn bereits ein gerichtliches Verfahren anhängig ist, ergeben sich zuständigkeitsrechtlich meist keine Probleme. Es kommt nach Art. 8 auf den gewöhnlichen Aufenthalt zum Zeitpunkt der Einleitung des Verfahrens an, bei einem Umzug während des Verfahrens gilt der Grundsatz der *perpetuatio fori*. Eine Ausnahme greift nur, wenn das Kind in einen KSÜ-Vertragsstaat oder MSA-Vertragsstaat umzieht, der nicht Mitgliedstaat der EU ist (dazu → Art. 8 Rn. 39).

2 Auch wenn zur Zeit des Umzugs kein Gerichtsverfahren anhängig ist, kann es in einigen Fällen störend sein, wenn es durch die Aufenthaltsverlegung zu neuen Zuständigkeiten kommt. Das ist zum einen bei Kindesentführungen der Fall. Diese Konstellation regelt Art. 10. Zum anderen ist dies aber auch dann der Fall, wenn in dem alten Aufenthaltsstaat des Kindes eine Entscheidung über das Umgangsrecht ergangen war und der umgangsberechtigte Elternteil in dem Mitgliedstaat des früheren gewöhnlichen Aufenthalts wohnen bleibt, also nicht mit umzieht. Diese Situation behandelt Art. 9.

3 Art. 9 erfasst die Fälle, in denen getrennt lebende Ehegatten ein gemeinsames Kind haben, das zunächst bei einem Elternteil in einem Mitgliedstaat lebt und für das der Umgang mit dem anderen Elternteil gerichtlich festgelegt worden ist. Wenn nun der Elternteil, bei dem das Kind lebt, mit diesem rechtmäßig in einen anderen Mitgliedstaat umzieht, dann soll dadurch nicht die Kontinuität der Umgangsregel gefährdet sein. Daher ordnet Art. 9 an, dass die Gerichte im Mitgliedstaat des früheren gewöhnlichen Aufenthalts des Kindes noch drei Monate nach dem Umzug weiterhin dafür zuständig sind, die Umgangsregelung zu ändern. So kann der Anreiz für den Elternteil, bei dem das Kind lebt, herabgesetzt werden, nur deshalb umzuziehen, damit er die Umgangsregelung am neuen gewöhnlichen Aufenthalt sofort ändern lassen kann. Das ist erst nach Ablauf von drei Monaten nach dem Umzug möglich (näher → Rn. 5 ff.).

II. Einzelheiten

4 **1. Umzug in einen anderen Mitgliedstaat.** Die Zuständigkeitsfortdauer des Mitgliedstaats des früheren gewöhnlichen Aufenthalts des Kindes greift nur bei einem Umzug des Kindes **in einen anderen Mitgliedstaat**. Zieht das Kind in einen **Drittstaat** (zB Schweiz, Türkei oder USA) oder nach Dänemark, so verliert der Mitgliedstaat des früheren gewöhnlichen Aufenthalts seine Zuständigkeit nach Art. 8 Abs. 1 und kann sich nur noch auf eine Zuständigkeit aus anderen Tatbeständen der Brüssel IIa-VO (zB Vereinbarung nach Art. 12) oder auf eventuelle Zuständigkeiten nach dem KSÜ, dem autonomen Recht (§ 99 Abs. 1 Nr. 3 FamFG) oder gegenüber Macao ausnahmsweise dem MSA (Art. 4 Abs. 1 MSA) stützen. Die Dreimonatsfrist gilt dann nicht.

5 **2. Rechtmäßiger Umzug.** Art. 9 greift für einen rechtmäßigen Umzug des Kindes ein. Typischerweise sind die Fälle erfasst, in denen der mit dem Kind umziehende Elternteil die alleinige elterliche Sorge oder das alleinige Aufenthaltsbestimmungsrecht hat. Bei einem widerrechtlichen Verbringen ist Art. 10 zu beachten.

6 **3. Umgangsregelung.** Art. 9 beschränkt die Zuständigkeitsfortdauer auf die Änderung von Umgangsregelungen, die nach Art. 41 Abs. 1 S. 1 in jedem anderen Mitgliedstaat anzuerkennen und zu vollstrecken sind. Diese Beschränkung auf Umgangsregelungen ist beabsichtigt und darf nicht auf andere Maßnahmen ausgedehnt werden. Die elterliche Sorge kann also sofort nach dem Umzug neu verteilt werden. Dabei darf jedoch eine bereits bestehende Umgangsregelung einstweilen nicht abgeändert werden. Auch andere Maßnahmen zum Schutz des Kindes können die Gerichte am neuen gewöhnlichen Aufenthalt des Kindes sofort nach dem Umzug anordnen. Auch einstweilige Maßnahmen dürfen nach Art. 20 am neuen gewöhnlichen Aufenthalt sofort getroffen werden.

4. Zuständigkeitsfortdauer. Die von Art. 9 angeordnete Zuständigkeitsfortdauer für die Abän- 7 derung von Umgangsregelungen umfasst nicht solche Verfahren, die bereits anhängig sind. Für diese gilt ohne weiteres die *perpetuatio fori* des Art. 8 (→ Art. 8 Rn. 38).[1] Vielmehr geht es um neue Verfahren, die binnen drei Monaten nach dem rechtmäßigen Umzug noch im alten Aufenthaltsstaat eingeleitet werden können. Entscheidend für den Beginn der Frist ist nicht die Begründung eines neuen gewöhnlichen Aufenthalts, sondern allein der Tag des Umzugs selbst.[2] Für die Wahrung der Frist ist die Einleitung des Abänderungsverfahrens entscheidend. Es kommt also auf die Anrufung des Gerichts iSv Art. 16 an.[3]

5. Ausnahme des Art. 9 Abs. 2. Abs. 2 beschreibt in umständlicher Weise, dass der umgangsbe- 8 rechtigte Elternteil durch rügelose Einlassung auf die Zuständigkeitsregel des Abs. 1 verzichten kann.[4] Dann gilt Art. 8 und die Gerichte im neuen Aufenthaltsstaat sind zuständig. Ist vor Ablauf von drei Monaten nach dem Umzug ein Abänderungsverfahren im Mitgliedstaat des neuen gewöhnlichen Aufenthalts beantragt worden und hat sich der umgangsberechtigte Elternteil in diesem Verfahren zur Sache eingelassen, so ist daher das angerufene Gericht zuständig.

Art. 10 Brüssel IIa-VO Zuständigkeit in Fällen von Kindesentführung

Bei widerrechtlichem Verbringen oder Zurückhalten eines Kindes bleiben die Gerichte des Mitgliedstaats, in dem das Kind unmittelbar vor dem widerrechtlichen Verbringen oder Zurückhalten seinen gewöhnlichen Aufenthalt hatte, so lange zuständig, bis das Kind einen gewöhnlichen Aufenthalt in einem anderen Mitgliedstaat erlangt hat und

a) jede sorgeberechtigte Person, Behörde oder sonstige Stelle dem Verbringen oder Zurückhalten zugestimmt hat
oder

b) das Kind sich in diesem anderen Mitgliedstaat mindestens ein Jahr aufgehalten hat, nachdem die sorgeberechtigte Person, Behörde oder sonstige Stelle seinen Aufenthaltsort kannte oder hätte kennen müssen und sich das Kind in seiner neuen Umgebung eingelebt hat, sofern eine der folgenden Bedingungen erfüllt ist:

i) Innerhalb eines Jahres, nachdem der Sorgeberechtigte den Aufenthaltsort des Kindes kannte oder hätte kennen müssen, wurde kein Antrag auf Rückgabe des Kindes bei den zuständigen Behörden des Mitgliedstaats gestellt, in den das Kind verbracht wurde oder in dem es zurückgehalten wird;

ii) ein von dem Sorgeberechtigten gestellter Antrag auf Rückgabe wurde zurückgezogen, und innerhalb der in Ziffer i) genannten Frist wurde kein neuer Antrag gestellt;

iii) ein Verfahren vor dem Gericht des Mitgliedstaats, in dem das Kind unmittelbar vor dem widerrechtlichen Verbringen oder Zurückhalten seinen gewöhnlichen Aufenthalt hatte, wurde gemäß Artikel 11 Absatz 7 abgeschlossen;

iv) von den Gerichten des Mitgliedstaats, in dem das Kind unmittelbar vor dem widerrechtlichen Verbringen oder Zurückhalten seinen gewöhnlichen Aufenthalt hatte, wurde eine Sorgerechtsentscheidung erlassen, in der die Rückgabe des Kindes nicht angeordnet wird.

Übersicht

---

[1] Nur HK-ZPO/*Dörner* Rn. 2.
[2] *Hausmann* IntEuSchR B Rn. 89.
[3] OLG München FamRZ 2011, 1887; *Hausmann* IntEuSchR B Rn. 89; Althammer/*Schäuble* Rn. 10.
[4] *Solomon* FamRZ 2004, 1409 (1412).

I. Bedeutung

1   Art. 10 gilt für den Fall, dass ein Kind rechtswidrig in einen anderen Mitgliedstaat verbracht wurde, also für eine Kindesentführung. Die Brüssel IIa-VO ergänzt das KindEntfÜbk in Art. 10 und 11 um einige Regelungen, um seine Wirkkraft noch zu verbessern. Dabei ist aber Art. 10, anders als Art. 11, nicht allein auf die Fälle beschränkt, in denen das KindEntfÜbk wirklich eingreifen könnte. Die Norm erfasst vielmehr insbesondere auch solche Fälle, in denen das Kind bereits älter als 16 Jahre ist.[1]

2   Art. 10 verlängert für den Fall einer Kindesentführung die Zuständigkeit des Ursprungsstaats über den Zeitpunkt, zu dem das Kind einen neuen gewöhnlichen Aufenthalt in einem anderen Staat erwirbt, hinaus. An den allgemeinen Regeln über die Begründung und den Verlust des gewöhnlichen Aufenthalts ändert er nichts (→ Art. 8 Rn. 4 ff.). Eine solche Verlängerung ist, ähnlich wie bei Art. 9, schon allein deshalb sinnvoll, damit nicht ein Elternteil das Kind aus der Motivation heraus entführt, in dem Zufluchtsstaat (der oft der Heimatstaat des Entführenden ist) eine möglichst günstige Sorgerechtsentscheidung erlangen zu können. Die Norm ist weitgehend an Art. 7 KSÜ angelehnt.

3   Art. 10 muss im Zusammenhang mit Art. 11 Abs. 8 gesehen werden und bewirkt im Ergebnis, dass im Ursprungsstaat nach einem gescheiterten Rückführungsverfahren gemäß dem KindEntfÜbk noch über die Sorge entschieden und so letztlich eine Herausgabe des Kindes bewirkt werden kann. Dies wird insbesondere aus Erwägungsgrund 17 deutlich. Dort wird die Fortgeltung des KindEntfÜbk bestätigt und dessen Ergänzung durch Art. 11 festgestellt. In S. 3 und 4 heißt es: „Jedoch sollte eine solche Entscheidung [Ablehnung der Rückführung durch Instanzen des Zufluchtsstaats] durch eine spätere Entscheidung des Gerichts des Mitgliedstaats ersetzt werden können, in dem das Kind vor dem widerrechtlichen Verbringen oder Zurückhalten seinen gewöhnlichen Aufenthalt hatte. Sollte in dieser Entscheidung die Rückgabe des Kindes angeordnet werden, so sollte die Rückgabe erfolgen, ohne dass es in dem Mitgliedstaat, in den das Kind widerrechtlich verbracht wurde, eines besonderen Verfahrens zur Anerkennung und Vollstreckung dieser Entscheidung bedarf."

II. Einzelheiten

4   **1. Entführung.** Eine Kindesentführung im Sinne eines „widerrechtlichen Verbringens oder Zurückhaltens" liegt dann vor, wenn die Voraussetzungen des Art. 2 Nr. 11 gegeben sind. Nach dieser Vorschrift, die fast wörtlich Art. 3 KindEntfÜbk entspricht und nach hier vertretener Ansicht auch inhaltlich vollständig mit dieser übereinstimmt, ist ein Verbringen dann widerrechtlich, wenn nach dem Recht des Ursprungsstaats ein Sorgerecht, das auch tatsächlich ausgeübt wurde, verletzt wurde. Zum Begriff des „widerrechtlichen Verbringens oder Zurückhaltens" näher → Art. 2 Rn. 8, KindEntfÜbk → Art. 3 Rn. 29 ff.

5   **2. Entführung aus einem Mitgliedstaat.** Art. 10 mit seiner Modifikation der Zuständigkeit gilt nur bei Entführungen innerhalb der EU (mit Ausnahme Dänemarks). Wird ein Kind aus einem Nichtmitgliedstaat ins Inland entführt, gelten die allgemeinen Regeln, dh die inländischen Gerichte erhalten schon dann eine Sorgerechtszuständigkeit nach Art. 8, wenn das entführte Kind seinen gewöhnlichen Aufenthalt im Inland erworben hat.[2] Bei einer Entführung aus dem Inland in einen Nichtvertragsstaat verlieren die inländischen Gerichte ihre Zuständigkeit, wenn das Kind im Ausland seinen gewöhnlichen Aufenthalt erworben hat. An diesen beiden Situationen in Bezug auf Nichtmitgliedstaaten ändert Art. 10 nichts.

6   **3. Gewöhnlicher Aufenthalt.** Art. 10 ändert nichts an den allgemeinen Regeln über die Begründung und den Verlust des gewöhnlichen Aufenthalts (→ Art. 8 Rn. 4 ff.). Er verlängert vielmehr die Zuständigkeit des Ursprungsstaats **über den Zeitpunkt des Erwerbs eines gewöhnlichen Aufenthalts hinaus.** Abweichend von Art. 8 behält der Ursprungsstaat seine Sorgerechtszuständigkeit selbst dann, wenn das Kind seinen gewöhnlichen Aufenthalt im Zufluchtsstaat erworben hat, solange nicht die in lit. a oder lit. b genannten Voraussetzungen erfüllt sind.

7   **4. Zuständigkeitsverlängerung nach Art. 10 lit. a.** Art. 10 lit. a behandelt einen unkomplizierten, aber nicht sehr praxisrelevanten Fall. Wenn die sorgeberechtigten Personen oder Institutionen dem Verbringen oder Zurückhalten des Kindes in den Zufluchtsstaat nachträglich zugestimmt

---

[1] Althammer/*Schäuble* Rn. 4; *Hausmann* IntEuSchR B Rn. 95.
[2] Vgl. außerhalb der Brüssel IIa-VO den Fall O v. O [2014] 2 W.L.R. 1213 (FamD): Keine Rückführung nach Australien, aber Zusammenführung in den USA, wo die Eltern zusammen leben wollten, bis der Vater mit einem Kind nach England übersiedelte.

haben,[3] wird die Zuständigkeit nicht weiter verlängert. Denn dann kann auch ein Rückführungsverfahren nach dem KindEntfÜbk nicht mehr stattfinden. Außerdem blockiert Art. 16 KindEntfÜbk eine Sorgerechtsentscheidung nicht mehr. Daher haben die Gerichte im Zufluchtsstaat, in dem das Kind mittlerweile seinen gewöhnlichen Aufenthalt erworben hat, die alleinige Aufenthaltszuständigkeit nach Art. 8 Abs. 1 für Entscheidungen über die elterliche Verantwortung. Fehlt jedoch diese Zustimmung, behalten die Gerichte des Ursprungsstaats nach Art. 10 lit. a ihre Sorgerechtszuständigkeit, es sei denn, es liegt ein Fall des Art. 10 lit. b vor.

5. Zuständigkeitsverlängerung nach Art. 10 lit. b. Art. 10 lit. b ist deutlich wichtiger als lit. a.   **8**
Es geht hier nun wirklich darum, die Zuständigkeit des Ursprungsstaats für Sorgerechtsentscheidungen solange aufrechtzuerhalten, wie der Zufluchtsstaat sie aufgrund der besonderen Umstände der Verbringung des Kindes nicht ausüben sollte. Das ist in aller Regel solange der Fall, wie das Rückführungsverfahren nach dem KindEntfÜbk noch zu erwarten ist. Stets ist nach lit. b Voraussetzung der Zuständigkeit des Zufluchtsstaats, dass der beraubte Elternteil oder die sonstigen zuständigen Stellen den Aufenthaltsort des Kindes in diesem Staat seit wenigstens einem Jahr kannten oder hätten kennen müssen (Art. 10 lit. b).[4] Die Zuständigkeit geht dann auf den Zufluchtsstaat über, wenn in dieser Zeit kein Antrag auf Rückgabe des Kindes gestellt wurde (lit. b i), oder wenn ein ursprünglich gestellter Antrag auf Rückführung zurückgezogen und ein neuer Antrag nicht gestellt wurde (lit. b ii), oder aber wenn ein Rückführungsverfahren im Ursprungsstaat bereits abgeschlossen wurde (lit. b iii), oder wenn im Ursprungsstaat eine Sorgerechtsentscheidung erlassen wurde, mit der die Rückgabe des Kindes nicht angeordnet wurde.

a) Kein Rückgabeantrag binnen Jahresfrist. Wenn der beraubte Elternteil den Antrag auf   **9**
Rückgabe des Kindes nicht innerhalb eines Jahres nach Bekanntwerden des neuen Aufenthaltsorts des Kindes bei der zuständigen Behörde stellt, endet die Verlängerung der Zuständigkeit aus Art. 10. Das entspricht den Interessen des Kindes. Es hat seinen gewöhnlichen Aufenthalt dann oft bereits seit langem im Zufluchtsstaat. Ein jüngeres Kind wird sich nur schlecht an den Ursprungsstaat erinnern – es wäre zudem aufwändig, dort noch ein Sorgerechtsverfahren zu führen, obwohl das Kind sich im Ausland befindet. Man muss bedenken, dass eine Rückführung in den Ursprungsstaat in solchen Fällen ebenfalls regelmäßig nicht mehr erwartet werden kann. Eine Rückführung ist gem. Art. 12 Abs. 2 KindEntfÜbk unter erhöhte Voraussetzungen gestellt, wenn der beraubte Elternteil länger als ein Jahr mit einem Rückführungsantrag zuwartet.

b) Rücknahme eines Antrags. Lit. b ii enthält nur eine kleinere Ergänzung zu lit. b i. Wer   **10**
zwar einen Rückgabeantrag rechtzeitig stellt, ihn aber zurückzieht und nicht binnen Jahresfrist erneuert, verliert nach Art. 10 lit. b ii die Möglichkeit, eine verlängerte Sorgerechtszuständigkeit der Behörden des Ursprungsstaats in Anspruch zu nehmen.

c) Ablehnung der Rückgabe im Zufluchtsstaat. Haben die Gerichte im Zufluchtsstaat die   **11**
Rückgabe des Kindes nach Art. 13 KindEntfÜbk abgelehnt, so greifen zunächst Art. 11 Abs. 6 und 7. Die Ablehnung wird danach den Behörden des Ursprungsstaats mitgeteilt, die wiederum den beraubten Elternteil in Kenntnis davon setzen, dass er noch drei Monate Zeit hat, um bei den Gerichten des Ursprungsstaats das Sorgerecht prüfen zu lassen (→ Art. 11 Rn. 12). Verstreicht diese Dreimonatsfrist ergebnislos, schließt das Gericht den Fall nach Art. 11 Abs. 7 S. 2 ab. Damit endet dann nach Art. 10 lit. b iii die verlängerte Zuständigkeit der Behörden des Ursprungsstaats.

d) Ablehnung der Rückgabe im Ursprungsstaat. Die verlängerte Sorgerechtszuständigkeit   **12**
des Ursprungsstaats endet nach Art. 10 lit. b iv schließlich auch dann, wenn die dortigen Gerichte in einer Sorgerechtsentscheidung die Rückgabe des Kindes abgelehnt haben. Damit ist für sie die Sache abgeschlossen und die Behörden des Zufluchtsstaats übernehmen die Sorgerechtszuständigkeit für die Zukunft. Die Vorschrift ist insofern eng auszulegen, als dass eine vorläufige Regelung der Sorge nicht ausreicht. Die gerichtliche Entscheidung muss vielmehr die endgültige Ablehnung der Rückgabe enthalten.[5] Nicht nötig ist jedoch eine umfassende Neuregelung der elterlichen Sorge.[6]

---

[3] Eine solche stillschweigende Zustimmung lag vor im Fall C.A. Bruxelles Rev. trim. dr. fam. 2011, 707 (Entführung aus Belgien nach Polen und nach dem Rückgabebegehren in Belgien wurde stillschweigend der Entführung und dem gewöhnlichen Aufenthalt des Kindes in Polen zugestimmt).

[4] Art. 10 ist also strikt auszulegen, damit das Ziel, die Entführung zwischen Mitgliedstaaten zu unterbinden, erreicht wird: Cass. fr. Gaz.Pal. 13./15.4.2014, 32 mit zust. Anm. *Eppler* (Entführung von Frankreich nach Belgien).

[5] EuGH Slg. 2010, I-6673 = FamRZ 2010, 1229 Ls. 1, Rn. 46 – Povse I; Slg. 2008, I-5271 = NJW 2008, 2973 – Rinau.

[6] EuGH Slg. 2010, I-6673 = FamRZ 2010, 1229 Ls. 2 – Povse I.

13   **6. Entscheidung des Ursprungsstaats.** Haben die Behörden des Ursprungsstaats ihre verlängerte Zuständigkeit nach Art. 10 ausgeübt, die Rückgabe des Kindes angeordnet und diese Entscheidung für vollstreckbar erklärt (vgl. Art. 42 Abs. 2), so ist diese Entscheidung nach Art. 11 Abs. 8, 40 Abs. 1 lit. b, 42 Abs. 1 in jedem Mitgliedstaat anzuerkennen und ohne Vollstreckbarerklärung und ohne Anfechtungsmöglichkeit zu vollstrecken (Art. 42 Abs. 1). Das gilt nach Art. 11 Abs. 8 selbst dann, wenn vorher der Zufluchtsstaat die Rückgabe abgelehnt hat. Solange der Ursprungsstaat also seine verlängerte Zuständigkeit nach Art. 10 besitzt, haben die Gerichte des **Ursprungsstaats** für die Rückgabe des entführten Kindes auch das **letzte Wort.**

Art. 11 Brüssel IIa-VO Rückgabe des Kindes

(1) Beantragt eine sorgeberechtigte Person, Behörde oder sonstige Stelle bei den zuständigen Behörden eines Mitgliedstaats eine Entscheidung auf der Grundlage des Haager Übereinkommens vom 25. Oktober 1980 über die zivilrechtlichen Aspekte internationaler Kindesentführung (nachstehend „Haager Übereinkommen von 1980" genannt), um die Rückgabe eines Kindes zu erwirken, das widerrechtlich in einen anderen als den Mitgliedstaat verbracht wurde oder dort zurückgehalten wird, in dem das Kind unmittelbar vor dem widerrechtlichen Verbringen oder Zurückhalten seinen gewöhnlichen Aufenthalt hatte, so gelten die Absätze 2 bis 8.

(2) Bei Anwendung der Artikel 12 und 13 des Haager Übereinkommens von 1980 ist sicherzustellen, dass das Kind die Möglichkeit hat, während des Verfahrens gehört zu werden, sofern dies nicht aufgrund seines Alters oder seines Reifegrads unangebracht erscheint.

(3) Das Gericht, bei dem die Rückgabe eines Kindes nach Absatz 1 beantragt wird, befasst sich mit gebotener Eile mit dem Antrag und bedient sich dabei der zügigsten Verfahren des nationalen Rechts.

Unbeschadet des Unterabsatzes 1 erlässt das Gericht seine Anordnung spätestens sechs Wochen nach seiner Befassung mit dem Antrag, es sei denn, dass dies aufgrund außergewöhnlicher Umstände nicht möglich ist.

(4) Ein Gericht kann die Rückgabe eines Kindes aufgrund des Artikels 13 Buchstabe b) des Haager Übereinkommens von 1980 nicht verweigern, wenn nachgewiesen ist, dass angemessene Vorkehrungen getroffen wurden, um den Schutz des Kindes nach seiner Rückkehr zu gewährleisten.

(5) Ein Gericht kann die Rückgabe eines Kindes nicht verweigern, wenn der Person, die die Rückgabe des Kindes beantragt hat, nicht die Gelegenheit gegeben wurde, gehört zu werden.

(6) [1]Hat ein Gericht entschieden, die Rückgabe des Kindes gemäß Artikel 13 des Haager Übereinkommens von 1980 abzulehnen, so muss es nach dem nationalen Recht dem zuständigen Gericht oder der Zentralen Behörde des Mitgliedstaats, in dem das Kind unmittelbar vor dem widerrechtlichen Verbringen oder Zurückhalten seinen gewöhnlichen Aufenthalt hatte, unverzüglich entweder direkt oder über seine Zentrale Behörde eine Abschrift der gerichtlichen Entscheidung, die Rückgabe abzulehnen, und die entsprechenden Unterlagen, insbesondere eine Niederschrift der Anhörung, übermitteln. [2]Alle genannten Unterlagen müssen dem Gericht binnen einem Monat ab dem Datum der Entscheidung, die Rückgabe abzulehnen, vorgelegt werden.

(7) Sofern die Gerichte des Mitgliedstaats, in dem das Kind unmittelbar vor dem widerrechtlichen Verbringen oder Zurückhalten seinen gewöhnlichen Aufenthalt hatte, nicht bereits von einer der Parteien befasst wurden, muss das Gericht oder die Zentrale Behörde, das/die die Mitteilung gemäß Absatz 6 erhält, die Parteien hiervon unterrichten und sie einladen, binnen drei Monaten ab Zustellung der Mitteilung Anträge gemäß dem nationalen Recht beim Gericht einzureichen, damit das Gericht die Frage des Sorgerechts prüfen kann.

Unbeschadet der in dieser Verordnung festgelegten Zuständigkeitsregeln schließt das Gericht den Fall ab, wenn innerhalb dieser Frist keine Anträge bei dem Gericht eingegangen sind.

(8) Ungeachtet einer nach Artikel 13 des Haager Übereinkommens von 1980 ergangenen Entscheidung, mit der die Rückgabe des Kindes verweigert wird, ist eine spätere Entscheidung, mit der die Rückgabe des Kindes angeordnet wird und die von einem nach dieser

Verordnung zuständigen Gericht erlassen wird, im Einklang mit Kapitel III Abschnitt 4 vollstreckbar, um die Rückgabe des Kindes sicherzustellen.

Übersicht

I. Normzweck

Art. 11 soll eine Vereinheitlichung und Verbesserung bei der Durchführung von Kindesrückführungsverfahren bewirken. Die Norm ergänzt das KindEntfÜbk. Im ersten Teil enthält sie Verfahrensregeln für den Mitgliedstaat, in den das Kind entführt worden ist (Zufluchtsstaat) und in dem über die Rückführung nach Art. 12 ff. KindEntfÜbk zu entscheiden ist. Lediglich die letzten beiden Absätze befassen sich mit dem Verfahren im Ursprungsstaat. Wichtig ist vor allem der Art. 11 Abs. 8, wonach der Ursprungsstaat (und nicht wie nach dem KindEntfÜbk der Zufluchtsstaat) das letzte Wort hat. **1**

Die Überarbeitung des Art. 11 ist ein zentrales Anliegen der geplanten Reform der Brüssel IIa-VO. Die Normen zur Kindesentführung sollen nicht nur in einen separaten Abschnitt 3 überführt werden, sondern der Vorschlag für eine Neufassung der Brüssel IIa-VO[1] bringt auch eine Vielzahl von Reformüberlegungen gerade für das Verfahren auf Rückführung nach einer Kindesentführung. Insbesondere soll die Möglichkeit der gütlichen Einigung gestärkt werden. Die oft kritisch beurteilte Regelung in Art. 11 Abs. 8, nach der die Gerichte des Ursprungsstaats des Kindes immer das letzte Wort haben, wird abgemildert, um ein besseres Zusammenspiel der Entscheidungen zu erreichen (→ Rn. 16). Außerdem wird die Verfahrensdauer konkreter gefasst und weiter gerafft, nachdem sich gezeigt hat, dass die bisherigen Vorgaben nicht immer zu ausreichend schnellen Verfahren führten.[2] Es soll zukünftig in allen Mitgliedstaaten stets zwei Instanzen geben müssen.[3] **2**

Abs. 1 beschreibt den Anwendungsbereich der Norm und zeigt insbesondere, dass diese nur für die Durchführung von Rückführungsverfahren nach dem KindEntfÜbk gilt. Wenn die Herausgabe auf anderem Wege betrieben wird, greift die Norm somit nicht. **3**

Der EuGH hat im Rahmen eines Entführungsverfahrens über zwei Aspekte des Art. 11 Abs. 1 entschieden.[4] Zum einen ging es darum, ob der gewöhnliche Aufenthalt auch dann in einem neuen Staat begründet werden könne, wenn der Aufenthaltswechsel auf der Basis einer vorläufigen Entscheidung (rechtmäßig) erfolgt sei. Der EuGH verlässt hier etwas die klare Linie, dass der Aufenthalt faktisch zu bestimmen sei und scheint anzudeuten, dass ein auf eine vorläufige Entscheidung gestützter Aufenthaltswechsel nicht zu einem neuen gewöhnlichen Aufenthalt führe. Da das allerdings die gesamte vorherige und spätere Rechtsprechung in Frage stellen würde und auch in der Entscheidung eher beiläufig durchklingt, ist davon auszugehen, dass der EuGH lediglich klarstellen wollte, dass die Aufenthaltsbegründung in einem solchen Fall nicht gleich mit dem Umzug eintritt, sondern ein wirkliches Einleben geprüft werden muss.[5] Keinesfalls ist dies aber ähnlich schwer zu erreichen wie bei einer Entführung. **3a**

Der EuGH meint zudem, ein widerrechtliches Zurückhalten sei dann nicht mehr möglich, wenn zu dem Zeitpunkt, zu dem der mit dem Kind ins Ausland verzogene Elternteil das alleinige Aufenthaltsbestimmungsrecht durch die (endgültige) Gerichtsentscheidung verliert, ein neuer gewöhnlicher Aufenthalt im neuen Staat schon begründet worden sei. **3b**

II. Verfahren im Zufluchtsstaat

1. Anhörung des Kindes, Abs. 2. Nach Abs. 2 hat der Zufluchtsstaat vor seiner Entscheidung über die Rückführung oder Nichtrückführung „die Möglichkeit zu geben", dass das entführte Kind gehört wird. Damit wird unter anderem Art. 12 KRK aufgegriffen. Die Norm ist sehr vorsichtig **4**

---

[1] KOM (2016), 411.
[2] Dazu auch *Kohler/Pintens* FamRZ 2016, 1509 (1516).
[3] KOM (2016), 411, Erwägungsgründe 25 ff., neue Artikel 21 ff.
[4] EuGH ECLI:EU:C:2014:2268 = FamRZ 2015, 107 – C/M.
[5] Kritischer *Pirrung* IPRax 2015, 207 (211 ff.).

gefasst und hat zu vielen Zweifeln geführt.[6] Ob das Kind reif genug für eine Anhörung ist, muss vom Gericht des Zufluchtsstaats geprüft und entschieden werden. In Deutschland gelten bezüglich der Anhörung ohnehin hohe Standards, so dass die Norm keine Auswirkungen auf hier geführte Rückführungsverfahren hat. Jedoch führen insgesamt gerade die unterschiedlichen Standards der Kindesanhörung im Verhältnis zwischen den Mitgliedstaaten weiterhin zu Anerkennungsproblemen (näher → Art. 23 Rn. 12 ff.). Der **Reformvorschlag** sieht daher die generelle Pflicht zur Anhörung von Kindern vor (Art. 20 neu) und nimmt auf diese dann auch für die Kindesentführung Bezug.

Nach einer Entscheidung des Irischen High Court ist die Entscheidung über die Reife des Kindes unanfechtbar und kann nicht revidiert werden.[7]

5 **2. Schnelle Entscheidung, Abs. 3.** Abs. 3 enthält die recht vage Vorgabe, dass die Gerichte des Zufluchtsstaats schnell zu entscheiden haben. Dies konkretisiert in Deutschland § 38 IntFamRVG. Erhebliche Beschleunigungswirkung dürfte aber vor allem die in § 12 IntFamRVG vorgesehene Zuständigkeitskonzentration haben, da stets Gerichte tätig werden, die das Verfahren bereits gut kennen (näher → KindEntfÜbk Art. 2 Rn. 4 ff.).

6 **3. Nachweis der Vorkehrungen.** Abs. 4 verlangt, dass die Gerichte des Zufluchtsstaats eine Rückkehr des Kindes anordnen, wenn „nachgewiesen ist, dass angemessene Vorkehrungen [im Ursprungsstaat] getroffen wurden, um den Schutz des Kindes nach seiner Rückkehr zu gewährleisten". Die Norm bezieht sich auf Art. 13 Abs. 1 lit. b KindEntfÜbk und verfolgt das Ziel, Rückführungen weiter zu stärken. Betroffen sind hier nur Fälle, in denen eine Rückkehr zum beraubten Elternteil nicht ohne weitere Vorkehrungen möglich ist, weil das Kind sonst gefährdet wäre. Bestehen keine Hindernisse iSd Art. 13 KindEntfÜbk, so muss die Rückführung ohne weitere Vorkehrungen erfolgen. Wenn Hindernisse iSd Art. 13 bestehen, soll die Rückführung nach Abs. 4 dennoch erfolgen müssen, wenn im Ursprungsstaat Vorkehrungen getroffen wurden, durch welche die Gefährdung ausgeschlossen ist. Diese Regelung bringt aber neue Zweifelsfragen mit sich.

7 Die Norm greift ohne weiteres ein, wenn es um Absprachen der Eltern geht. So kann dem entführenden Elternteil, der häufig zugleich der betreuende Elternteil ist, die weitere Betreuung des Kindes überlassen werden, ohne dass die Rückkehrkosten erstattet werden.[8] Gleichzeitig kann es aber einvernehmliche Regelungen über den Besuch bestimmter Schulen, einen bestimmten Wohnort oder bestimmte Betreuungspersonen geben (näher → KindEntfÜbk Art. 13 Rn. 46 ff.). Hierbei besteht derzeit das Problem, dass das mit der Rückführung des Kindes befasste Gericht oft nicht international zuständig dazu ist, Umgangs- und Sorgeregelungen zu erlassen. Auch eine entsprechende Gerichtsstandsvereinbarung gem. Art. 12 ist nicht immer möglich (zu den Reformplänen → Rn. 2). Teilweise wird vorgeschlagen, Art. 11 Abs. 4 selbst als Grundlage für solche Vereinbarungen genügen zu lassen.[9] Das ist zwar gewagt und schwer zu begründen, aber derzeit in einigen Fällen die wohl einzige Möglichkeit, dem Gericht entsprechende Entscheidungen möglich zu machen (→ KindEntfÜbk Art. 13 Rn. 46 ff.).

8 Schwierigkeiten macht Abs. 4 auch, soweit es um staatliche Maßnahmen, wie die Unterbringung in einem Heim oder einer Pflegefamilie geht. Anfangs war teils angenommen worden, genau auf solche Maßnahmen sei die Norm ausgerichtet. Dagegen spricht aber stark, dass die Norm nicht auf Mitgliedstaaten beschränkt ist. Während von letzteren ein hohes Niveau solcher Maßnahmen erwartet werden darf und hinreichendes Vertrauen verlangt werden könnte, gilt dies kaum weltweit. Letztlich sollte die Frage, ob öffentliche Maßnahmen – insbesondere zur Fremdbetreuung des Kindes – unter Abs. 4 fallen, nicht pauschal, sondern im konkreten Einzelfall entschieden werden. Die Vorkehrung muss nach dem Wortlaut der Norm ausreichen, um „den Schutz des Kindes" zu gewährleisten. Dazu reicht es nicht aus, dass das Kind in einem Heim sicher vor körperlicher Gewalt durch den beraubten Elternteil geschützt wäre. Vielmehr muss geprüft werden, ob auch sonst diese Maßnahme nicht iSd Art. 13 KindEntfÜbk unzumutbar ist und das Kind nicht gefährdet. Ein bisher zu Hause gut betreutes Kind wird durch die Verbringung in ein Heim sicherlich gefährdet und sie ist ihm keinesfalls zumutbar.[10] Dagegen kann die staatliche Unterbringung dann in Ordnung sein, wenn das Kind bereits früher in der Einrichtung gelebt hat und womöglich sogar von dort entführt wurde.

---

[6] Magnus/Mankowski/*Pataut* Art. 11 Rn. 25 ff.
[7] Matter of ND (A Minor), [2013] 1 Irish L.R. Monthly 196 (H.C.): Kind von beinahe fünf Jahren.
[8] Mit weiteren Beispielen zu den sog. Undertakings *Holzmann* FPR 2010, 497 (500).
[9] Althammer/*Schäuble* Rn. 12; ausf. zur Rechtsnatur des Abs. 4 *Eppler*, Grenzüberschreitende Kindesentführung – zum Zusammenspiel des Haager Kindesentführungsübereinkommens mit der Verordnung (EG) Nr. 2201/2003 und dem Haager Kinderschutzübereinkommen, 2015, 270 ff.
[10] OGH ÖJZ 2014, 168 mit Anm. *Rohner* und *Garber*.

Im Rahmen einer Entscheidung zu Art. 13 KindEntfÜbk hat auch der EGMR sich schon mit den **9** angemessenen Vorkehrungen beschäftigt. In der Rechtssache Šneersone/Kampanella gegen Italien entschied der Gerichtshof, dass bloß allgemeine Ausführungen zum Kindeswohl und pauschale Hinweise auf Vorkehrungen zu seinem Schutz nicht ausreichen.[11] Im zugrunde liegenden Fall verweigerte der Zufluchtsstaat Lettland die Rückführung eines Kindes aus Italien, weil ein italienisches Gericht im Rahmen einer Entscheidung nach Art. 11 Abs. 8 nicht hinreichend konkret auf Vorkehrungen verwies, die gerade die in der die Rückführung ablehnenden lettischen Entscheidung bezeichneten Gefahren ausgeschlossen hätten. Durch dieses Versäumnis verletzte Italien mit seiner Rückführungsentscheidung den Art. 8 EMRK. Auch in einem Fall der Cour d'appel Luxembourg wurden solche Vorkehrungen nicht nachgewiesen und folglich das aus England nach Luxemburg entführte Kind wegen des Art. 13 Abs. 1 lit. b KindEntfÜbk nicht zurückgeführt.[12]

4. Anhörung des beraubten Elternteils, Abs. 5. Der Zufluchtsstaat hat bei seiner Entschei- **10** dung auch dem beraubten Elternteil rechtliches Gehör zu gewähren. Er muss nach Abs. 5 die Gelegenheit haben, seine Position vorzubringen und die Argumente anzuführen, die für eine Rückführung (zB die Vorkehrungen nach Abs. 4) sprechen.

5. Mitteilung der Nichtrückgabe an Ursprungsstaat, Abs. 6. Abs. 6 zielt darauf ab, die in **11** Abs. 7 und 8 vorgesehene Weiterverfolgung des Rückführungsbegehrens im Ursprungsstaat des Kindes möglich zu machen, wenn die Rückführung von den Gerichten des Zufluchtsstaats abgelehnt wurde. Der Zufluchtsstaat hat seine Entscheidung über die Nichtrückführung dem Ursprungsstaat nach Abs. 6 S. 1 mitzuteilen und dem dortigen Gericht alle Unterlagen des Falles binnen Monatsfrist zugänglich zu machen (Abs. 6 S. 2).[13]

III. Verfahren und Entscheidung des Ursprungsstaats

1. Benachrichtigung der Betroffenen, Abs. 7. Sobald die Gerichte oder Behörden des **12** Ursprungsstaats die Mitteilung des Zufluchtsstaats, dass die Rückführung abgelehnt wurde, erhalten haben, unterrichten sie nach Abs. 7 die Parteien und laden sie ein, binnen drei Monaten ihre Anträge beim Gericht des Ursprungsstaats einzureichen, damit dieses die Frage des Sorgerechts prüfen kann. Diese Mitteilung ist nur dann nicht notwendig, wenn die Parteien sich schon vorher an ein Gericht im Ursprungsstaat gewandt haben.

Wenn die Parteien auf diese Mitteilung und Aufforderung nicht reagieren, schließt das Gericht **13** den Fall ab (Abs. 7 S. 2). Damit endet dann auch die verlängerte Zuständigkeit nach Art. 10 lit. b.

Örtlich zuständig ist nach § 12 Abs. 1 IntFamRVG auch für dieses Abschlussverfahren das Amtsge- **14** richt am Sitz des OLG (Zuständigkeitskonzentration).[14] Der EuGH hat auf die Vorlage eines belgischen Gerichts hin zur sachlichen und örtlichen Zuständigkeit im Ursprungsstaat bereits entschieden, dass die Mitgliedstaaten diese frei bestimmen können, solange dadurch nicht die Effektivität des Verfahrens behindert wird. Insbesondere braucht nicht dasselbe Gericht mit der Sache befasst zu werden, das auch allgemein für Sorgerechtssachen in Bezug auf das betroffene Kind zuständig wäre.[15]

2. Entscheidung des Ursprungsstaats, Abs. 8. Die wesentliche Besonderheit der Brüssel IIa- **15** VO gegenüber dem KindEntfÜbk findet sich in Abs. 8. Danach hat der Ursprungsstaat die Möglichkeit, die Rückführung noch anzuordnen, selbst wenn diese im Zufluchtsstaat abgelehnt wurde. Er hat also „das letzte Wort".[16] Selbst wenn der Zufluchtsstaat entschieden hat, dass das Kind wegen eines in Art. 13 KindEntfÜbk genannten Grundes nicht zurückgeschickt wird, kann das zuständige Gericht im Ursprungsstaat entscheiden, dass das Kind zurückzugeben ist. Die Entscheidung braucht nicht im Rahmen einer Sorgeentscheidung zu erfolgen, die Rückgabe kann vielmehr als solche

---

[11] EGMR FamRZ 2011, 1482 – Šneersone/Kampanella gegen Italien mit Anm. *Henrich*; sowie ausf. dazu *Eppler*, Grenzüberschreitende Kindesentführung – zum Zusammenspiel des Haager Kindesentführungsübereinkommens mit der Verordnung (EG) Nr. 2201/2003 und dem Haager Kinderschutzübereinkommen, 2015, 380 ff.

[12] C.A. Luxembourg Pasicrisie luxemb. 2014, 427.

[13] So geschehen im Fall I.P. v. T.P. [2012] 1 Irish Reports 666 (H.C.): Entführung eines fast 16-jährigen Kindes von Polen nach Irland.

[14] Auf § 12 IntFamRVG verweisend auch Nomos-BR/*Rieck* EG-EhesachenVO Rn. 7; näher zur Zuständigkeitskonzentration MükoFamFG/*Gottwald* IntFamRVG § 12 Rn. 1 f.

[15] EuGH ECLI:EU:C:2015:3 = FamRZ 2015, 562 Rn. 49 – Bradbrooke/Aleksandrowicz; zur Zuständigkeitskonzentration bei der Anerkennung → Art. 29 Rn. 3.

[16] EuGH Slg. 2008, I-5271 = NJW 2008, 2973 – Rinau; Slg. 2009, I-12193 = FamRZ 2010, 525 – Detiček; Slg. 2010, I-6673 = FamRZ 2010, 1229 – Povse I; Slg. 2010, I-11163 = NJW 2011, 363 – Purrucker II; Cass. fr. Recueil Dalloz 2013, 1515 (1519) mit Anm. *Boiché*; Cass. fr. Gaz. Pal. 2014, 1201; *Hausmann* IntEuSchR J Rn. 228.

Gegenstand des Verfahrens sein.[17] Nur aus der versteckten Regelung in Art. 42 Abs. 2 lit. c ergibt sich, dass bei der Entscheidung die Gründe berücksichtigt werden müssen, aus denen das Gericht im Zufluchtsstaat die Rückführung nach Art. 13 KindEntfÜbk abgelehnt hat.

16   Art. 11 Abs. 8 wurde stets viel kritisiert.[18] Das Verfahren wird weiter verlängert und das Gericht hat nicht unbedingt die erforderliche Sachnähe. Bei der Neufassung der Brüssel IIa-VO soll er inhaltlich überarbeitet werden.[19] Das letztentscheidende Gericht soll künftig (nach Art. 26 Abs. 4 des Vorschlags) nur noch im Rahmen einer Entscheidung über die elterliche Sorge die Rückgabe anordnen können. Es soll deutlicher gemacht werden, dass diese Entscheidung unter Einbeziehung der Gründe für die Entscheidung des Gerichts im Zufluchtsstaat ergehen muss.

17   Die Entscheidung des Ursprungsstaats bedarf keiner Anerkennung nach Art. 21 ff. Sie ist nach Art. 40 Abs. 1 lit. b, 42 in allen Mitgliedstaaten **unmittelbar vollstreckbar.** Die Einzelheiten regelt Art. 42 (→ Art. 42 Rn. 4 ff.).

18   Der EGMR hat in der Entscheidung Povse II erklärt, dass ein Verstoß gegen Art. 8 EMRK nicht vorliegt, wenn ein Mitgliedstaat entsprechend Art. 11 Abs. 8, Art. 42 eine Rückführungsentscheidung ohne Überprüfung anerkennt.[20]

Art. 12 Brüssel IIa-VO Vereinbarung über die Zuständigkeit

(1) Die Gerichte des Mitgliedstaats, in dem nach Artikel 3 über einen Antrag auf Ehescheidung, Trennung ohne Auflösung des Ehebandes oder Ungültigerklärung einer Ehe zu entscheiden ist, sind für alle Entscheidungen zuständig, die die mit diesem Antrag verbundene elterliche Verantwortung betreffen, wenn

a) zumindest einer der Ehegatten die elterliche Verantwortung für das Kind hat und

b) die Zuständigkeit der betreffenden Gerichte von den Ehegatten oder von den Trägern der elterlichen Verantwortung zum Zeitpunkt der Anrufung des Gerichts ausdrücklich oder auf andere eindeutige Weise anerkannt wurde und im Einklang mit dem Wohl des Kindes steht.

(2) Die Zuständigkeit gemäß Absatz 1 endet,

a) sobald die stattgebende oder abweisende Entscheidung über den Antrag auf Ehescheidung, Trennung ohne Auflösung des Ehebandes oder Ungültigerklärung einer Ehe rechtskräftig geworden ist,

b) oder in den Fällen, in denen zu dem unter Buchstabe a) genannten Zeitpunkt noch ein Verfahren betreffend die elterliche Verantwortung anhängig ist, sobald die Entscheidung in diesem Verfahren rechtskräftig geworden ist,

c) oder sobald die unter den Buchstaben a) und b) genannten Verfahren aus einem anderen Grund beendet worden sind.

(3) Die Gerichte eines Mitgliedstaats sind ebenfalls zuständig in Bezug auf die elterliche Verantwortung in anderen als den in Absatz 1 genannten Verfahren, wenn

a) eine wesentliche Bindung des Kindes zu diesem Mitgliedstaat besteht, insbesondere weil einer der Träger der elterlichen Verantwortung in diesem Mitgliedstaat seinen gewöhnlichen Aufenthalt hat oder das Kind die Staatsangehörigkeit dieses Mitgliedstaats besitzt, und

b) alle Parteien des Verfahrens zum Zeitpunkt der Anrufung des Gerichts die Zuständigkeit ausdrücklich oder auf andere eindeutige Weise anerkannt haben und die Zuständigkeit in Einklang mit dem Wohl des Kindes steht.

(4) Hat das Kind seinen gewöhnlichen Aufenthalt in einem Drittstaat, der nicht Vertragspartei des Haager Übereinkommens vom 19. Oktober 1996 über die Zuständigkeit, das anzuwendende Recht, die Anerkennung, Vollstreckung und Zusammenarbeit auf dem Gebiet der elterlichen Verantwortung und der Maßnahmen zum Schutz von Kindern ist, so ist davon auszugehen, dass die auf diesen Artikel gestützte Zuständigkeit insbesondere

---

[17] EuGH Slg. 2010, I-6673 = FamRZ 2010, 1229 – Povse I.

[18] Zur Brisanz der Regelung schon *Coester-Waltjen* FamRZ 2005, 241 (247); ausf. *Holzmann*, Brüssel IIa VO: Elterliche Verantwortung und internationale Kindesentführung, 2008, 216 f.; positiv Magnus/Mankowski/*Pataut* Rn. 71 ff., 77.

[19] KOM (2016) 411, Art. 26.

[20] EGMR FamRZ 2013, 1793 Ls. 2 – Povse II.

dann in Einklang mit dem Wohl des Kindes steht, wenn sich ein Verfahren in dem betreffenden Drittstaat als unmöglich erweist.

Übersicht

I. Bedeutung

Art. 12 sieht in bestimmten Fällen die Möglichkeit von Vereinbarungen über die internationale **1** Zuständigkeit zwischen den Eltern bzw. den Sorgerechtsträgern vor. Die Norm reagiert darauf, dass es in manchen Fällen doch sinnvoll ist, dass ein Gericht in einem Staat entscheidet, in dem das Kind nicht seinen gewöhnlichen Aufenthalt hat. Dabei wird eine „Anerkennung" – gemeint ist eine Art von Vereinbarung – durch die Eltern vorausgesetzt. Letztlich muss ein Elternteil das nach Art. 8 nicht zuständige Gericht anrufen und der andere muss dem zustimmen (näher → Rn. 8).

Der ersten Konstellation (Abs. 1) ähnelt Art. 10 KSÜ. Anknüpfungspunkt sind hier laufende **2** **Scheidungsverfahren,** mit denen die Kindschaftssache im Zusammenhang steht („vereinbarte Annexzuständigkeit"). Die zweite Konstellation (Abs. 3) knüpft daran an, dass eine **wesentliche Bindung** des Kindes zum Gerichtsstaat besteht. Beide Tatbestände des Art. 12 greifen nur durch, wenn die Zuständigkeit – trotz der fehlenden Nähe zum gewöhnlichen Aufenthalt des Kindes – mit dem **Wohl des Kindes** „im Einklang" steht (Art. 12 Abs. 1 lit. b und Abs. 3 lit. b). Die Prorogation der Parteien ist folglich für das Gericht nicht bindend, sondern steht unter dem von Amts wegen zu prüfenden Vorbehalt des Kindeswohls.

Streitig ist, in welchem Verhältnis Art. 12 und Art. 8 zueinander stehen. Art. 12 ist jedenfalls **3** kein ausschließlicher Zuständigkeitstatbestand im eigentlichen Sinne. Nach hier vertretener Ansicht (→ Art. 8 Rn. 41) muss jedoch aus Art. 8 Abs. 2 ein Vorrang des Art. 12 geschlossen werden. Soweit die Eltern die Zuständigkeit eines Gerichts vereinbaren und die sonstigen Voraussetzungen des Art. 12 vorliegen, geht Art. 12 also dem Art. 8 Abs. 1 vor und verdrängt diesen (auch noch → Rn. 12 sowie schon → Art. 8 Rn. 41).

II. Vereinbarte Annexzuständigkeit bei Ehescheidung (Abs. 1, 2)

1. Voraussetzungen. a) Scheidungszuständigkeit nach Art. 3. Art. 12 Abs. 1 regelt, unter **4** welchen Voraussetzungen das Gericht, das nach Art. 3 in einer Ehesache angerufen worden ist, auch über die elterliche Verantwortung entscheiden darf. Wesentlich ist zunächst, dass das Gericht nach Art. 3 für eine Ehesache angerufen worden sein muss. Ist das Gericht nicht nach Art. 3 (oder bei einer Trennungssache nach Art. 5),[1] sondern nach dem autonomen nationalen Recht zuständig, so passt Art. 12 Abs. 1 nicht (näher sogleich → Rn. 6).

Die Vorrangigkeit des **KSÜ und des MSA** sind auch im Rahmen des Art. 12 unbedingt zu **5** beachten. Durch die Annahme einer Verbundzuständigkeit dürfen nicht deren Zuständigkeitstatbestände missachtet werden. Insbesondere das MSA lässt eine Verbundzuständigkeit deutscher Gerichte für in Macao lebende Kinder im Rahmen des Scheidungsverfahrens nicht zu.[2] **Art. 10 KSÜ** kann zur Begründung einer Zuständigkeit vorrangig vor Art. 12 zu beachten sein. Die Norm führt zu einer Verbundzuständigkeit, wenn das Kind seinen gewöhnlichen Aufenthalt in einem Vertragsstaat des KSÜ hat, der nicht Mitgliedstaat der EU ist, und ein Elternteil seinen gewöhnlichen Aufenthalt im Gerichtsstaat hat. Da dann immer zugleich eine Scheidungszuständigkeit nach Art. 3 gegeben ist, ergeben sich insofern aus dem Vorrang keine Besonderheiten. Greift Art. 10 KSÜ nicht ein, so entfaltet dies eine Sperrwirkung gegenüber Art. 12. Wenn also das Kind seinen gewöhnlichen Aufenthalt in einem KSÜ-Vertragsstaat hat, der nicht EU-Mitgliedstaat ist und wenn kein Elternteil

---

[1] So überzeugend Rauscher/*Rauscher* Rn. 8.
[2] Näher Rauscher/*Rauscher* Rn. 3 ff.

seinen gewöhnlichen Aufenthalt im Gerichtsstaat hat, dann läge in einer Anwendung des Art. 12 ein Verstoß gegen das KSÜ.[3]

6   Wenn ein deutscher, außerhalb der EU lebender Ehegatte für die Scheidung von seinem ebenfalls außerhalb der EU lebenden Ehegatten die Zufluchtszuständigkeit des § 98 FamFG in Anspruch nimmt, greift Art. 12 nicht ein, weil in diesem Fall die Zuständigkeit im Scheidungsverfahren nicht auf Art. 3 beruht. Vielmehr regelt dann das autonome Zivilverfahrensrecht auch die Frage, ob eine Annexzuständigkeit der Ehegerichte für Kindschaftssachen besteht. Es greift also grundsätzlich insbesondere § 137 Abs. 3 FamFG.[4] Hierbei ist jedoch Vorsicht geboten, weil auch für die potentiell in den Verbund gehörenden Sorgerechtsangelegenheiten wieder die Brüssel IIa-VO (oder das KSÜ und das MSA) vorrangig eingreifen kann. Insbesondere muss Art. 8 Abs. 1 beachtet werden. Das heißt, dass über die elterliche Sorge keinesfalls nach §§ 98, 137 FamFG im Verbund entschieden werden darf, wenn die Kinder – anders als die Eltern – ihren gewöhnlichen Aufenthalt in einem anderen EU-Mitgliedstaat haben (Kind lebt bei den Großeltern in Spanien). Deutschland wäre dann für die Kindschaftssache international unzuständig.

7   **b) Elterliche Verantwortung.** Um überhaupt eine nach Abs. 1 relevante Vereinbarung treffen zu können, muss zumindest ein Elternteil die elterliche Verantwortung für das Kind haben (Art. 12 Abs. 1 lit. a). Das ist im Grunde eine Selbstverständlichkeit. Denn wenn die Eltern die Sorge gar nicht innehaben, ist bei einer Ehescheidung darüber auch keine Regelung möglich. Wer die Sorge für das betreffende Kind hat, ist nach dem gem. Art. 16 KSÜ anwendbaren Recht zu bestimmen.[5]

8   **c) Zuständigkeitsvereinbarung.** Die in der Überschrift von Art. 12 erwähnte „Vereinbarung" muss sich im Rahmen des Abs. 1 auf die Zuständigkeit des in einer Ehesache angerufenen Gerichts beziehen. Der im Normtext selbst verwendete Begriff der **Anerkennung** zeigt, dass es auch ausreicht, wenn ein Ehegatte das Gericht anruft und der andere sich mit der Zuständigkeit einverstanden erklärt. Dabei handelt es sich in der Praxis sogar um den Regelfall. Die Vereinbarung bzw. Anerkennung ist formlos gültig und kann bis spätestens zum Zeitpunkt der Entscheidung erfolgen. Im Einzelnen gilt für den Zeitpunkt und die Art der Vereinbarung Folgendes:

9   Die Vereinbarung kann bereits vor Eröffnung des Gerichtsverfahrens erfolgt sein. Sie ist dann allerdings nach wohl einhelliger Ansicht nicht bindend. Wenn der Antragsgegner also die Unzuständigkeit rügt – oder diese in den Worten des Art. 12 nicht „anerkennt" –, scheidet eine Anwendung des Art. 12 aus. Für ein solches Verständnis spricht neben dem Wortlaut der Norm, dass abweichend von Art. 23 Abs. 1 Brüssel Ia-VO keine Form für eine solche Vereinbarung verlangt wird.

10   Die Anerkennung kann – auch wenn der Wortlaut hier etwas unklar ist – auch **noch im Laufe des Verfahrens** erfolgen.[6] Das ergibt sich schon daraus, dass sonst der Antrag abgewiesen werden müsste, obwohl er unmittelbar danach beim gleichen Gericht wieder eingelegt werden könnte.[7] Es ist außerdem bei den im Sinne der Interessen des Kindes beschleunigt durchzuführenden Kindschaftsverfahren nicht günstig, zunächst auf die Anerkennung zu warten, bevor überhaupt das Verfahren betrieben und ggf. auch terminiert wird. Allerdings sollte das Verfahren nicht weiterbetrieben werden, sobald Zweifel daran bestehen, dass die Anerkennung noch erfolgen wird. Ist die Anerkennung nach Einleitung des Verfahrens einmal erfolgt, so ist sie unwiderruflich.[8]

11   Die Anerkennung kann nicht einfach dadurch erfolgen, dass der Antragsgegner die Zuständigkeit nicht bestreitet und sich zur Sache einlässt. Der EuGH hat ausgesprochen, dass die Norm eher eng ausgelegt werden muss.[9] Es müsse eindeutig sein, dass der Antragsgegner die von Art. 8 abweichende Zuständigkeit erkennt und damit einverstanden ist. Eine **rügelose Einlassung reicht** also **nicht** aus (streitig).[10] Der EuGH hat darüber bisher nicht entschieden. Er hat jedoch ein Eingreifen des Art. 12 Abs. 3 in einem Fall abgelehnt, in dem dem Beklagten die Klageschrift nicht zugestellt werden konnte und der vom Gericht bestellte Abwesenheitsvertreter eine Zuständigkeitsrüge unterlassen hatte.[11]

---

[3]   Wie hier Rauscher/*Rauscher* Rn. 4; den Wortlaut des Art. 10 KSÜ überdehnend dagegen *Solomon* FamRZ 2004, 1409 (1415).
[4]   Prütting/Helms/*Hau* § 99 FamFG Rn. 32.
[5]   Nur NK-BGB/*Gruber* Rn. 6.
[6]   Str., wie hier die ganz hA in Deutschland OLG Düsseldorf FamRZ 2010, 915; Althammer/*Schäuble* Rn. 13; Rauscher/*Rauscher* Rn. 24; HK-ZPO/*Dörner* Rn. 22; *Solomon* FamRZ 2004, 1409 (1413); anders wohl der EuGH ECLI:EU:C:2014:2246 = NJW 2014, 3355 Rn. 40 – E./B.
[7]   Althammer/*Schäuble* Rn. 13; *Dilger* in Geimer/Schütze IRV-HdB Rn. 22.
[8]   *Dilger* in Geimer/Schütze IRV-HdB Rn. 23; Rauscher/*Rauscher* Rn. 24.
[9]   EuGH ECLI:EU:C:2015:710 = NJW 2016, 1007 Rn. 41 – Gogova/Iliev.
[10]   So die hA, *Coester-Waltjen* FamRZ 2005, 241 (242 f.); NK-BGB/*Gruber* Rn. 7; Althammer/*Schäuble* Rn. 12; *Hausmann* IntEuSchR B Rn. 148, *Andrea* IPRax 2015, 212 (215); **aA** *Solomon* FamRZ 2004, 1409 (1413).
[11]   EuGH ECLI:EU:C:2015:710 = NJW 2016, 1007 Rn. 39 ff. – Gogova/Iliev, krit. dazu *Koechel* FamRZ 2016, 438 (mit der Ansicht, Art. 17 wäre vorrangig heranzuziehen gewesen).

Wird trotz einer Vereinbarung iSd Abs. 1 wegen der Sorgerechtsangelegenheit das nach Art. 8   **12** zuständige Gericht angerufen, so ist es ohne weiteres zuständig, wenn kein Ehegatte sich auf die Vereinbarung beruft. Problematisch ist allenfalls, wie zu verfahren ist, wenn der Antragsgegner sich auf die Vereinbarung iSd Art. 12 beruft. Da die Vereinbarung aber jederzeit widerruflich ist, muss bei Anrufung des Gerichts am gewöhnlichen Aufenthaltsort des Kindes davon ausgegangen werden, dass der Antragsteller damit eine Vereinbarung über die Zuständigkeit eines anderen Gerichts widerrufen hat. Somit bleibt es bei der Zuständigkeit nach Art. 8. Der nach herrschender und auch hier vertretener Ansicht bestehende Vorrang des Art. 12 vor Art. 8[12] hat insofern also nur Bedeutung, wenn während eines bereits laufenden Verfahrens vor dem nach Art. 12 zuständigen Gericht das nach Art. 8 zuständige Gericht angerufen wird. Dann ist ersteres zuständig und letzteres muss sich nach Art. 17 für unzuständig erklären.

d) Wohl des Kindes. Art. 12 Abs. 1 lit. b enthält die Einschränkung, dass das Kindeswohl nicht   **13** beeinträchtigt sein darf. Zur inhaltlichen Konkretisierung dieses Kindeswohlbegriffs finden sich in der Brüssel IIa-VO selbst jedoch kaum Anhaltspunkte. Überzeugend wird meist angenommen, dass hier zumindest nur zuständigkeitsspezifische Aspekte relevant sind.[13] Im Ausgangspunkt erklärt sich die in Abs. 1 lit. b gemachte Einschränkung daraus, dass das Kind seinen gewöhnlichen Aufenthalt nicht im Gerichtsstaat hat und deshalb unter Umständen für eine Anhörung weite Wege in Kauf nehmen muss. Es kann zudem praktisch schwierig sein, aus der Ferne das Wohl des Kindes, das auch mit Lebensbedingungen im Aufenthaltsstaat zusammenhängt, zutreffend zu beurteilen. Teils wird daher formuliert, das potentiell kraft Vereinbarung zuständige Gericht solle zumindest die gleiche Nähe zum Sachverhalt aufweisen wie das nach Art. 8 zuständige Gericht.[14] Das scheint ein unnötig schwieriger Ansatzpunkt. Generell sollte der Kindeswohlvorbehalt eher zurückhaltend gehandhabt werden und eine Vereinbarung der Eltern nur übergangen werden, wenn gegenüber dem Verfahren im Aufenthaltsstaat deutliche Nachteile für das Kind bestehen.[15] Das können insbesondere Reisezeiten[16] sein, aber auch die erwähnten Probleme für das Gericht, überhaupt die Lebensumstände des Kindes umfassend erkennen und bewerten zu können. Überzeugend hat das OLG Düsseldorf ausgesprochen, dass in einem Umgangsverfahren im Zweifel nicht von einer Beeinträchtigung des Kindeswohls durch die Gerichtsstandsvereinbarung ausgegangen werden kann.[17] Das ist im Ansatz deshalb richtig, weil es bei der Umgangsregelung stark auf die Persönlichkeiten sowie auf die Wünsche und Pläne der Eltern ankommt. Auch hier kann aber aus verschiedenen Gründen die Zuständigkeit abzulehnen sein. Nicht nur ein weiter Weg des Kindes zum Gericht kann etwas anderes ergeben, sondern auch die Tatsache, dass das Kind der Landessprache nicht mächtig ist, oder dass keiner der beiden Eltern, zwischen denen die Einzelheiten des Umgangs zu klären sind, seinen gewöhnlichen Aufenthalt in dem betreffenden Staat hat.

Art. 12 Abs. 4 enthält eine **Vermutung** zur Kindeswohlverträglichkeit der Zuständigkeit nach   **14** Abs. 1 und Abs. 3.[18] Hat das Kind seinen gewöhnlichen Aufenthalt in keinem Mitgliedstaat und in keinem Vertragsstaat des KSÜ, so ist davon auszugehen, dass die vereinbarte Zuständigkeit der Gerichte eines Mitgliedstaats dann mit dem Wohl des Kindes in Einklang steht, wenn sich ein Verfahren in dem betreffenden Drittstaat als unmöglich erweist. Die Reisezeiten von dorther in den potentiell zuständigen Mitgliedstaat sollen hier also zumindest weniger ins Gewicht fallen. Die **Unmöglichkeit** kann auf tatsächlichen oder rechtlichen Umständen beruhen. Eine Unmöglichkeit ist insbesondere auch dann anzunehmen, wenn keine Zuständigkeit in diesem Staat besteht. Wenn die Gerichte des Drittstaats die Frage der elterlichen Verantwortung nicht nach dem Wohl des Kindes entscheiden, sondern nach starren Kriterien eines religiösen Rechts, wird meist ebenfalls Unmöglichkeit angenommen.[19] Ob diese Einordnung zutrifft, muss in letzter Konsequenz nicht entschieden werden, da Abs. 4 nur ein Regelbeispiel nennt. Es dürfte jedenfalls in einem solchen Fall dem Kindeswohl entsprechen, wenn das Verfahren in einem nach Abs. 1 oder Abs. 3 zuständigen Mitgliedstaat durchgeführt wird.[20] Gleiches gilt für ein extrem langwieriges Verfahren in einem Drittstaat.

---

[12] *Hausmann* IntEuSchR B Rn. 80; Althammer/*Schäuble* Rn. 3; MükoFamFG/*Gottwald* Art. 8 Rn. 7; HK-ZPO/*Dörner* Rn. 1; auch schon → Art. 8 Rn. 41.

[13] Zur zuständigkeitsspezifischen Prüfung auch *Dilger* in Geimer/Schütze IRV-HdB Rn. 24; näher *Dutta*, FS Kropholler, 2008, 281 (285 ff.).

[14] *Dutta*, FS Kropholler, 2008, 281 (298).

[15] Althammer/*Schäuble* Rn. 14; *Hausmann* IntEuSchR B Rn. 150.

[16] Hierzu näher *Dutta*, FS Kropholler, 2008, 281 (300).

[17] OLG Düsseldorf FamRZ 2010, 915.

[18] Diese ist widerleglich; nur *Dutta*, FS Kropholler, 2008, 281 (302); *Coester-Waltjen* FamRZ 2005, 241 (243); anders *Gruber* IPRax 2005, 293 (298).

[19] *Hausmann* IntEuSchR B Rn. 151; Althammer/*Schäuble* Rn. 24.

[20] In diese Richtung auch Rauscher/*Rauscher* Rn. 27.

15   **2. Ende der Zuständigkeit (Abs. 2).** Art. 12 Abs. 2 beschreibt, wie lange eine nach Art. 12 Abs. 1 durch Anerkennung oder Vereinbarung begründete Zuständigkeit möglich ist bzw. anhält. Die Zuständigkeit „endet" danach dann, wenn das Eheverfahren (lit. a) oder das Sorgerechtsverfahren (lit. b) rechtskräftig abgeschlossen worden ist oder wenn dieses Verfahren aus einem anderen Grund (zB Rücknahme, Tod einer Partei) beendet worden ist (lit. c).

16   Nach lit. a, der unglücklich formuliert ist, kann eine Sorgerechtssache nicht mehr auf der Basis des Art. 12 Abs. 1 beim im Scheidungsverfahren tätigen Gericht anhängig gemacht werden, sobald dieses Verfahren rechtskräftig geworden ist. Keinesfalls endet dagegen die Zuständigkeit in Bezug auf ein bereits anhängiges, nach dem Ende der Ehesache noch weiterzuführendes Sorgerechtsverfahren.[21] Ob Rechtskraft eingetreten ist, richtet sich nach dem Verfahrensrecht des Staates, in dem das Scheidungsverfahren stattfindet.[22] Mit Art. 12 Abs. 2 wurde ein später Zeitpunkt für das Ende der Annexzuständigkeit gewählt. Das Scheidungsverfahren mag bereits in einer höheren Instanz anhängig sein. Es muss davon ausgegangen werden, dass in einem solchen Fall, ebenso wie es im rein nationalen Verfahren wäre, die Sorgerechtsangelegenheit dennoch in der ersten Instanz anhängig gemacht werden muss.[23] Denn sonst käme es zu einer Rechtsschutzverkürzung.

17   Nach lit. b, der einfacher zu lesen ist, endet die Zuständigkeit für das Sorgerechtsverfahren erst, wenn dieses rechtskräftig abgeschlossen wurde. Dies hat zugleich die Wirkung, dass eine in einem Verfahren erklärte „Anerkennung" der Zuständigkeit sich nicht auf weitere Verfahren erstreckt.[24]

18   In lit. c wird klargestellt, dass eine Beendigung des Verfahrens auf andere Art als durch rechtskräftige Endentscheidung zu denselben Folgen führt. Die Möglichkeit der Vereinbarung einer Annexzuständigkeit (lit. a) beim Scheidungsgericht endet also auch, wenn das Scheidungsverfahren auf sonstige Weise beendet wurde, sei es zB durch Rücknahme, aufgrund des Todes einer Partei,[25] oder infolge eines Vergleichs. Die einmal wirksam vereinbarte Zuständigkeit (lit. b) verliert ihre Wirkung, wenn das Sorgeverfahren, auf welches die Vereinbarung sich bezieht, beendet wird. Wieder kommt es auf die Gründe für die Beendigung nicht an – die Vereinbarung gilt stets nur für das eine Verfahren.[26]

III. Vereinbarte Zuständigkeit bei wesentlicher Bindung des Kindes zum Gerichtsstaat (Abs. 3)

19   **1. Verbindung des Kindes zum Gerichtsstaat.** Art. 12 Abs. 3 geht deutlich weiter als Abs. 1. Die Norm greift, wie der EuGH überzeugend entschieden hat, nämlich nicht nur dann ein, wenn eine Ehesache anhängig ist, sondern erfasst auch isolierte Sorgerechtsstreitigkeiten.[27] Abs. 3 ermöglicht es den Parteien also, auch außerhalb eines Scheidungsverfahrens für Fragen der elterlichen Verantwortung abweichend von Art. 8 die Zuständigkeit eines Gerichtes außerhalb des Aufenthaltsstaats zu vereinbaren. Allerdings muss dazu das Kind eine wesentliche Verbindung zum Gerichtsstaat haben, wobei die Norm zwei Tatbestände beispielhaft hervorhebt.

20   Eine **wesentliche Bindung** kann danach insbesondere dann bestehen, wenn der Träger der elterlichen Verantwortung in diesem Staat seinen gewöhnlichen Aufenthalt hat oder wenn das Kind die Staatsangehörigkeit dieses Mitgliedstaats besitzt. Beides ist aber nicht zwingend. Gerade bei der Staatsangehörigkeit des Kindes wird das deutlich: Diese soll eben nicht als solche einen Zuständigkeitsgrund darstellen, sondern erst, wenn das Kind eine wesentliche Bindung zu diesem Staat hat und die Eltern eine entsprechende Vereinbarung treffen.[28] Es muss also stets geprüft werden, ob die Staatsangehörigkeit zumindest in gewissem Maße „gelebt" wird (Sprache, soziale Beziehungen) und man deshalb von einer wesentlichen Bindung ausgehen kann. Auch wenn einer der Elternteile (oder ein anderer „Träger der elterlichen Verantwortung") seinen gewöhnlichen Aufenthalt im Gerichtsstaat hat, muss gesondert geprüft werden, ob auch das Kind dorthin wesentliche Bindungen hat.[29]

---

[21] Althammer/*Schäuble* Rn. 17; *Hausmann* IntEuSchR B Rn. 1.

[22] Mit Einzelheiten zum dt. Verfahrensrecht *Geimer* in Geimer/Schütze EuZivVerfR Rn. 25.

[23] *Dilger* in Geimer/Schütze IRV-HdB Rn. 6.

[24] Dies für Anerkennungen im Rahmen von Abs. 3 betonend EuGH ECLI:EU:C:2014:2246 = NJW 2014, 3355 Rn. 49 – E./B.; dies im Interesse einer verfahrensspezifischen Kindeswohlprüfung hervorhebend *Dutta* ZEuP 2016, 427 (451 f.).

[25] *Borrás*-Bericht Nr. 39; auch NK-BGB/*Gruber* Rn. 12.

[26] Rauscher/*Rauscher* Rn. 33.

[27] EuGH ECLI:EU:C:2014:2364 = NJW 2015, 40 – L./M. mit zust. Anm. *Mankowski* NZFam 2015, 94; ECLI:EU:C:2015:710 = NJW 2016, 1007 Rn. 38 – Gogova/Iliev; dafür auch *Dutta* ZEuP 2016, 427 (449); krit. ggü. der Argumentation des EuGH *Andrae* IPRax 2015, 212 (214).

[28] Weniger zurückhaltend Rauscher/*Rauscher* Rn. 44; ähnlich wie hier *Hausmann* IntEuSchR B Rn. 157.

[29] *Dutta*, FS Kropholler, 2008, 281 (293).

Außerhalb der Regelbeispiele ist eine wesentliche Bindung ebenfalls gut möglich, etwa wenn das **21** Kind bis vor kurzem seinen gewöhnlichen Aufenthalt im potentiellen Gerichtsstaat hatte und noch Bindungen bestehen, oder wenn es einen häufigen einfachen Aufenthalt dort hat.[30]

2. Weitere Voraussetzungen des Abs. 3. Für die Zuständigkeitsvereinbarung im Sinne einer **22** Anerkennung der Zuständigkeit gilt dasselbe wie bei Art. 12 Abs. 1 (→ Rn. 9). Auch im Rahmen des Abs. 3 muss das vereinbarte Gericht prüfen, ob die Zuständigkeit im Einklang mit dem Wohl des Kindes steht (lit. b). Dazu bereits → Rn. 13 f.

Art. 13 Brüssel IIa-VO Zuständigkeit aufgrund der Anwesenheit des Kindes

(1) Kann der gewöhnliche Aufenthalt des Kindes nicht festgestellt werden und kann die Zuständigkeit nicht gemäß Artikel 12 bestimmt werden, so sind die Gerichte des Mitgliedstaats zuständig, in dem sich das Kind befindet.

(2) Absatz 1 gilt auch für Kinder, die Flüchtlinge oder, aufgrund von Unruhen in ihrem Land, ihres Landes Vertriebene sind.

Übersicht

I. Bedeutung

Art. 13 ist eine Sondernorm für die Fälle, in denen ein Kind keinen gewöhnlichen Aufenthaltsort **1** hat oder ein solcher jedenfalls nicht festgestellt werden kann. Abs. 2 erwähnt dabei speziell Flüchtlinge und Vertriebene. Soweit in einem solchen Fall auch eine Vereinbarung iSd Art. 12 fehlt,[1] statuiert Art. 13 eine Anwesenheitszuständigkeit des Mitgliedstaats, in dem sich das Kind befindet. Die Zuständigkeit darf nicht auf Art. 13 gestützt werden, wenn sich aus Art. 8–10 bereits eine Zuständigkeit ergibt.[2]

Eine ähnliche Regelung wie Art. 13 enthält auch **Art. 6 KSÜ.** Dieser sieht ebenfalls vor, dass **2** für Flüchtlingskinder, vertriebene Kinder und Kinder ohne feststellbaren gewöhnlichen Aufenthalt die Behörden an ihrem tatsächlichen Aufenthalt zuständig sind. Wegen der Parallelität der Normen braucht nicht unbedingt geklärt zu werden, ob das KSÜ in bestimmten Fällen (wie bei einem Kind, das aus einem Vertragsstaat in die EU geflohen ist) doch Vorrang beansprucht.

II. Personenkreis

Art. 13 gilt für alle Kinder ohne feststellbaren gewöhnlichen Aufenthalt, die sich im Inland **3** aufhalten. Abs. 2 schließt speziell Flüchtlinge und Vertriebene ein. Sobald der Flüchtling oder Vertriebene einen neuen gewöhnlichen Aufenthalt erlangt hat, greift Art. 13 aber nicht mehr ein, sondern Art. 8 geht vor.

Nach **Abs. 1** gilt die Anwesenheitszuständigkeit ganz generell für alle Kinder, deren gewöhnlicher **4** Aufenthalt nicht festgestellt werden kann. Die Norm erfasst dabei explizit zum einen die Kinder, die wirklich **keinen gewöhnlichen Aufenthalt besitzen,** also an keinem Ort ihren eigentlichen Daseinsmittelpunkt haben. Das kann insbesondere der Fall sein, wenn ein Kind ständig um- bzw. weiterzieht (näher → Art. 8 Rn. 20 ff.). Sie erfasst aber auch die Kinder, bei denen der gewöhnliche Aufenthalt einfach **nicht festgestellt werden** kann. Hat ein im Inland anwesendes Kind dagegen seinen gewöhnlichen Aufenthalt sicher im Ausland, ist Art. 13 nicht anwendbar. In solchen Situationen haben inländische Behörden nur eine Dringlichkeitszuständigkeit nach Art. 20.

Darüber hinaus werden Einzelheiten des Anwendungsbereichs unterschiedlich beurteilt. Es ist **5** insbesondere umstritten, ob die Anwendung des **Abs. 2** voraussetzt, dass es sich bei dem Kind um einen Flüchtling im Sinne der Genfer Konvention handeln muss oder ob auch „**Wirtschaftsflücht-**

---

[30] Mit ähnlichen und weiteren Beispielen *Hausmann* IntEuSchR B Rn. 157; Althammer/*Schäuble* Rn. 14; Rauscher/*Rauscher* Rn. 44.

[1] Näher Rauscher/*Rauscher* Rn. 5, der überzeugend aufzeigt, dass Art. 12 wegen der Widerruflichkeit der Vereinbarung erst eingreifen kann, wenn das andere Gericht angerufen wurde.

[2] NK-BGB/*Gruber* Rn. 2; (vorsichtig) Rauscher/*Rauscher* Rn. 4.

linge", die unter keine internationale Konvention fallen, erfasst sein können.[3] Der Streit ist letztlich wohl unerheblich, da ein Wirtschaftsflüchtling seinen alten gewöhnlichen Aufenthalt aufgegeben hat und damit, solange kein neuer gewöhnlicher Aufenthalt besteht, ohnehin unter Abs. 1 fällt. Ebenfalls ohne praktische Bedeutung ist eine genaue Bestimmung des Begriffs des Vertriebenen. Der Ausdruck soll nur klarstellen, dass es nicht darauf ankommt, ob das Kind freiwillig die Flucht ergriffen hat oder aufgrund von Unruhen zwangsweise vertrieben wurde.

III. Sonstiges

6   **1. Beendigung der Zuständigkeit.** Bei einer Zuständigkeit nach Art. 13 ist nicht vollständig klar, ob und ggf. in welchen Fällen eine *perpetuatio fori* anzunehmen ist, so dass ein Gericht, welches einmal gem. Art. 13 zuständig war, das Verfahren auch dann fortführen kann, wenn das Kind den Gerichtsstaat verlässt. Der Wortlaut der Norm stellt abweichend von Art. 8 nicht auf den Aufenthalt bei Antragstellung ab und spricht damit gegen ein Fortbestehen der Zuständigkeit. Andererseits muss eingeräumt werden, dass es außerordentlich frustrierend wäre, wenn das Gericht das Verfahren abbrechen müsste, obwohl sich das Kind auch im neuen Aufenthaltsstaat wieder nur vorübergehend befindet, etwa weil ein Elternteil ständig mit ihm zwischen zwei oder mehr Staaten hin- und herreist.

7   Klar ist zunächst, dass eine *perpetuatio fori* nicht in Betracht kommt, wenn das Kind im Laufe des Verfahrens seinen gewöhnlichen Aufenthalt in einem Vertragsstaat des KSÜ, der nicht Mitgliedstaat der EU ist, begründet. Denn dann geht das KSÜ, das keine *perpetuatio fori* kennt, vor. Auch wenn eine Zuständigkeit nach Art. 8 entsteht, weil das Kind in einem anderen Mitgliedstaat einen neuen gewöhnlichen Aufenthalt begründet, sollte nicht an dem Hilfsgerichtsstand des Art. 13 festgehalten werden.

8   Häufig wird demgegenüber gesagt, dass die spätere Anrufung eines Gerichts gem. Art. 12 dem Art. 13 nicht vorgehen könne.[4] Das überzeugt jedoch nicht. Man muss bedenken, dass die Zuständigkeit des Art. 12 nur eintritt, wenn beide Eltern damit einverstanden sind. Es gibt aber keinen Grund dafür, einen Gerichtsstand zu blockieren, den beide Eltern auswählen und zu dem außerdem das Kind eine wesentliche Beziehung hat. Auch hier gibt es also keine *perpetuatio fori*.

9   Damit bleiben als wahrhaft problematisch nur die Fälle übrig, in denen das Kind den Gerichtsstaat verlässt, aber auch im neuen Aufenthaltsstaat erkennbar keinen gewöhnlichen Aufenthalt begründet. Es ist – etwa bei dem Kind einer Saisonarbeiterin – sogar vorstellbar, dass eine Rückkehr in den Gerichtsstaat bereits absehbar ist. Zumindest innerhalb der EU sollte es dem antragstellenden Elternteil in einem solchen Fall nicht zugemutet werden, mit seinen Anträgen quasi hinter dem Kind herzueilen. Ausnahmsweise sollte daher eine Fortführung des Verfahrens befürwortet werden. Soweit dies aufgrund der Entfernung nicht gut möglich ist und der neue Aufenthaltsort eine gewisse Stabilität aufweist, kommt Art. 15 in Betracht.

10   Begründet das Kind dagegen im Gerichtsstaat einen gewöhnlichen Aufenthalt, so kann das Gericht, das nun zwar nicht mehr nach Art. 13, aber dafür nach Art. 8 zuständig ist, das Verfahren fortsetzen.

11   **2. Örtliche Zuständigkeit.** Für die örtliche Zuständigkeit gilt § 152 Abs. 3 FamFG. Danach kommt es auf das Fürsorgebedürfnis an, so dass in aller Regel die Gerichte am einfachen Aufenthaltsort zuständig sind. Bei Umzügen innerhalb Deutschlands gilt nach § 2 Abs. 2 FamFG stets der Grundsatz der *perpetuatio fori*.

Art. 14 Brüssel IIa-VO Restzuständigkeit

Soweit sich aus den Artikeln 8 bis 13 keine Zuständigkeit eines Gerichts eines Mitgliedstaats ergibt, bestimmt sich die Zuständigkeit in jedem Mitgliedstaat nach dem Recht dieses Staates.

1   Art. 14 erlaubt es den Mitgliedstaaten in bestimmten Fällen, auf nationale Zuständigkeitstatbestände zurückzugreifen. Dazu darf sich aus der Brüssel IIa-VO keine Zuständigkeit ergeben. Die Restzuständigkeit nach Art. 14 kann also nur dann zum Tragen kommen, wenn das Kind seinen gewöhnlichen Aufenthalt in keinem Mitgliedstaat hat und auch keine Zuständigkeit nach Art. 12 und 13 besteht.[1] Dass lediglich bisher noch kein Verfahren vor den zuständigen Gerichten in einem

---

[3] Für letztere Auffassung *Hausmann* IntEuSchR B Rn. 168; Althammer/*Schäuble* Rn. 10; dagegen Rauscher/ *Rauscher* Rn. 44.

[4] NK-BGB/*Gruber* Rn. 4; Rauscher/*Rauscher* Rn. 8; HK-ZPO/*Dörner* Rn. 3.

[1] Näher zur Abgrenzung ggü. Art. 12 Rauscher/*Rauscher* Rn. 6.

anderen Mitgliedstaat eingeleitet wurde, reicht nicht aus.[2] Neben Art. 14 ist auch Art. 20 zu beachten. Die dort vorgesehene Dringlichkeitszuständigkeit besteht unabhängig von den nationalen Zuständigkeiten.

Aus deutscher Sicht kommt vor allem § 99 Abs. 1 Nr. 2 FamFG, also die Zuständigkeit aufgrund **2** der Staatsangehörigkeit des Kindes, für einen Rückgriff in Betracht.[3] Wie stets ist der Vorrang der Staatsverträge zu beachten. Bei einem Kind mit gewöhnlichem Aufenthalt in Macao kommt daher Art. 4 Abs. 1 MSA in Betracht. Für Kinder, die sich in einem Vertragsstaat des KSÜ gewöhnlich aufhalten, ist auch an Art. 9 KSÜ zu denken. Diese Normen könnten jedoch wegen des Vorrangs der Staatsverträge, den Art. 60 und 61 ausdrücklich bestätigen, auch ohne eine entsprechende Öffnung in Art. 14 angewendet werden.

Die Anerkennung der Entscheidung richtet sich wie stets nach Art. 21 ff.[4] **3**

Art. 15 Brüssel IIa-VO Verweisung an ein Gericht, das den Fall besser beurteilen kann

(1) In Ausnahmefällen und sofern dies dem Wohl des Kindes entspricht, kann das Gericht eines Mitgliedstaats, das für die Entscheidung in der Hauptsache zuständig ist, in dem Fall, dass seines Erachtens ein Gericht eines anderen Mitgliedstaats, zu dem das Kind eine besondere Bindung hat, den Fall oder einen bestimmten Teil des Falls besser beurteilen kann,

a) **die Prüfung des Falls oder des betreffenden Teils des Falls aussetzen und die Parteien einladen, beim Gericht dieses anderen Mitgliedstaats einen Antrag gemäß Absatz 4 zu stellen, oder**

b) **ein Gericht eines anderen Mitgliedstaats ersuchen, sich gemäß Absatz 5 für zuständig zu erklären.**

(2) Absatz 1 findet Anwendung

a) **auf Antrag einer der Parteien oder**

b) **von Amts wegen oder**

c) **auf Antrag des Gerichts eines anderen Mitgliedstaats, zu dem das Kind eine besondere Bindung gemäß Absatz 3 hat.**

Die Verweisung von Amts wegen oder auf Antrag des Gerichts eines anderen Mitgliedstaats erfolgt jedoch nur, wenn mindestens eine der Parteien ihr zustimmt.

(3) Es wird davon ausgegangen, dass das Kind eine besondere Bindung im Sinne des Absatzes 1 zu dem Mitgliedstaat hat, wenn

a) **nach Anrufung des Gerichts im Sinne des Absatzes 1 das Kind seinen gewöhnlichen Aufenthalt in diesem Mitgliedstaat erworben hat oder**

b) **das Kind seinen gewöhnlichen Aufenthalt in diesem Mitgliedstaat hatte oder**

c) **das Kind die Staatsangehörigkeit dieses Mitgliedstaats besitzt oder**

d) **ein Träger der elterlichen Verantwortung seinen gewöhnlichen Aufenthalt in diesem Mitgliedstaat hat oder**

e) **die Streitsache Maßnahmen zum Schutz des Kindes im Zusammenhang mit der Verwaltung oder der Erhaltung des Vermögens des Kindes oder der Verfügung über dieses Vermögen betrifft und sich dieses Vermögen im Hoheitsgebiet dieses Mitgliedstaats befindet.**

(4) Das Gericht des Mitgliedstaats, das für die Entscheidung in der Hauptsache zuständig ist, setzt eine Frist, innerhalb deren die Gerichte des anderen Mitgliedstaats gemäß Absatz 1 angerufen werden müssen.

Werden die Gerichte innerhalb dieser Frist nicht angerufen, so ist das befasste Gericht weiterhin nach den Artikeln 8 bis 14 zuständig.

(5) [1]Diese Gerichte dieses anderen Mitgliedstaats können sich, wenn dies aufgrund der besonderen Umstände des Falls dem Wohl des Kindes entspricht, innerhalb von sechs Wochen nach ihrer Anrufung gemäß Absatz 1 Buchstabe a) oder b) für zuständig erklären. [2]In diesem Fall erklärt sich das zuerst angerufene Gericht für unzuständig. Anderenfalls ist das zuerst angerufene Gericht weiterhin nach den Artikeln 8 bis 14 zuständig.

(6) Die Gerichte arbeiten für die Zwecke dieses Artikels entweder direkt oder über die nach Artikel 53 bestimmten Zentralen Behörden zusammen.

---

[2] In RE B (A Child) (Care Proceedings: Jurisdiction), [2014] 2 WLR 1384 (C.A.).

[3] Zu einem dt./chinesischen Fall BGH FamRZ 2015, 2147.

[4] Althammer/*Schäuble* Rn. 2.

I. Bedeutung

1   Art. 15 ist kein eigener Zuständigkeitstatbestand. Vielmehr erlaubt die Norm, dass ausnahmsweise ein nach Art. 8 ff. zuständiges Gericht ein dort bereits anhängiges Verfahren an die Gerichte eines anderen Mitgliedstaates abgeben kann. Voraussetzung ist, dass das Kind besondere Bindungen zu diesem anderen Staat hat und der Fall dort besser beurteilt werden kann.[1] Außerdem ist die Zustimmung wenigstens eines Elternteils nötig. Die Initiative muss dabei nicht unbedingt von dem Gericht ausgehen, bei dem die Sache anhängig ist. Art. 15 Abs. 2 S. 1 lit. c sieht vor, dass ein Mitgliedstaat, zu dem das Kind besondere Bindungen hat, auch von sich aus darum ersuchen darf, die Sache an seine Instanzen abzugeben. Die Entscheidung über die Abgabe verbleibt jedoch auch dann bei dem zuerst mit der Sache befassten Gericht.

2   Es wird häufig hervorgehoben, dass mit Art. 15 der Gedanke des *forum non conveniens* Eingang in die Brüssel IIa-VO gefunden habe.[2] Daran ist richtig, dass dem angerufenen Gericht hier die Möglichkeit eingeräumt wird, trotz des Eingreifens eines der objektiv gefassten Zuständigkeitstatbestände, in gewissem Maße nach Ermessen auf ein geeigneteres Gericht zu verweisen. Die Norm ist aber nicht darauf gerichtet, eine Zuständigkeit entgegen der Art. 8 ff. zurückzuweisen. Ihr Ziel geht darüber vielmehr hinaus, indem sie eine – wenn auch vorsichtig ausgestaltete – grenzüberschreitende Verweisung eines Sorgerechtsverfahrens vorsieht.[3] Das deutet immerhin in die Richtung einer EU-weiten gerichtlichen Zusammenarbeit zum Wohl des Kindes. In der zurückhaltenden Ausgestaltung der Verweisung, die schließlich vom übernehmenden Gericht sowie von den Eltern blockiert werden kann, ist die Regelung allerdings letztlich doch wenig fortschrittlich. Das KSÜ kennt ein ganz ähnliches Instrumentarium für das Verhältnis innerhalb der Vertragsstaaten (Art. 8 und 9 KSÜ).

II. Voraussetzungen der Verweisung

3   **1. Formale Voraussetzungen. a) Überblick.** Die Verweisung soll nur in Ausnahmefällen erfolgen. Das ist wichtig, da sie das Potential hat, das Verfahren enorm zu verzögern.[4] Sie ist in erster Linie für den Fall vorgesehen, dass ein nach der Brüssel IIa-VO zuständiges und mit der Sache bereits befasstes Gericht eines Mitgliedstaats der Auffassung ist, dass die Gerichte eines anderen Mitgliedstaats den Fall besser beurteilen könnten. In einem solchen Fall hat das Gericht zwei Möglichkeiten. Es kann entweder das Verfahren aussetzen und die Eltern „einladen", einen Antrag bei dem besser geeigneten Gericht zu stellen (Abs. 1 lit. a), oder es kann dieses Gericht selbst um Übernahme des Falls ersuchen (Abs. 1 lit. b) – näher → Rn. 7.

4   Beide Wege darf es auf Antrag der Parteien, von Amts wegen oder auf Antrag des ausländischen Gerichts beschreiten (Abs. 2 S. 1). Handelt das Gericht von Amts wegen oder auf Veranlassung des ausländischen Gerichts, muss wenigstens „eine Partei" (→ Rn. 6) der Verweisung zustimmen (Abs. 2 S. 2). Ohne dass ein Antrag oder wenigstens eine Zustimmung einer Partei vorliegt, kann das Verfahren nach Art. 15 nicht durchgeführt werden.

---

[1] Den Ausnahmecharakter dieser Vorschrift betonen insbesondere englische Gerichte: Re SJ (Habitual Residence), [2014] FamL 946 (Fam. Div.) (England – Gibraltrar); Re M (Brussels IIR), [2014] FamL 966 (C.A.) (England – Tschechien): In Re T (A Child), [2014] 2 W.L.R. 1204 (C.A.) (England – Slowakei).

[2] *Hausmann* IntEuSchR B Rn. 173; Althammer/*Schäuble* Rn. 2; NK-BGB/*Gruber* Rn. 1 mwN.

[3] NK-BGB/*Gruber* Rn. 1.

[4] Rauscher/*Rauscher* Rn. 4 mwN.

b) Zuständigkeit des verweisenden Gerichts. Das verweisende Gericht muss bereits in der **5** Sache tätig und nach Art. 8 ff. zuständig sein. Da eine vereinbarte Zuständigkeit nach Art. 12 nur dann möglich ist, wenn die Vereinbarung dem Kindeswohl entspricht, muss allerdings ein vereinbartes Gericht sich für unzuständig erklären, wenn schon zu Verfahrensbeginn der Gerichtsstand dem Kindeswohl nicht entspricht. Wenn die Lage sich während des Verfahrens ändert (das Kind zieht weiter weg oder es zeigen sich Probleme in Hinblick auf die Lebensumstände des Kindes am gewöhnlichen Aufenthaltsort), kann auch das nur nach Art. 12 zuständige Gericht versuchen, die Sache an ein Gericht eines anderen Mitgliedstaats abzugeben. Auch ein Gericht, das auf der Basis einer Restzuständigkeit nach Art. 14 zuständig ist, kann sich des Art. 15 bedienen.

Problematisch ist die Verweisung, wenn das Gericht gem. Art. 10 nach einer Entführung des **5a** Kindes noch zuständig ist, obwohl das Kind sich bereits seit längerem in dem neuen Aufenthaltsstaat befindet. Eine Verweisung ist in Art. 15 nicht ausdrücklich ausgeschlossen. Im Gegenteil wird Art. 10 sogar (beiläufig) erwähnt (Abs. 4 S. 2). Jedoch widerspräche dem Sinn des Art. 10, wenn in einem solchen Verfahren die Zuständigkeit abgegeben würde.[5] Entscheidungen iSd Art. 11 Abs. 8 kann ohnehin nur das Gericht im Ursprungsmitgliedstaat treffen.

c) Vorgehen auf Antrag einer Partei, Abs. 2 S. 1 lit. a. Wer genau mit dem Begriff „Partei" **6** gemeint ist, lässt sich Art. 15 nicht entnehmen. Er erfasst nicht nur Zwei-Parteien-Verfahren. Nach § 13a Abs. 6 S. 1 IntFamRVG handelt es sich um die Beteiligten iSd § 7 Abs. 1 und Abs. 2 Nr. 1 FamFG. Das bedeutet, dass der Antragsteller und die unmittelbar in ihren Rechten betroffenen Personen den Antrag stellen dürfen. Daraus folgt, dass nicht nur die Eltern (deren Sorge- oder Umgangsrechte betroffen sind), sondern auch die Kinder den Antrag stellen dürfen.[6] In der Regel vertreten aber die Eltern ihre Kinder.

Der EuGH hat ohne weiteres auch den Verweisungsantrag einer für das Kind zuständigen „Agentur" (vergleichbar wäre in Deutschland das Jugendamt) ausreichen lassen.[7]

d) Vorgehen von Amts wegen, Abs. 2 S. 1 lit. b. Nach Abs. 2 S. 1 lit. b kann das angerufene **7** Gericht auch von sich aus die Verweisung an die Instanz eines anderen Mitgliedstaats, zu dem das Kind eine besondere Bindung hat (Art. 15 Abs. 3), anstreben. Zusätzlich ist dann nach Art. 15 Abs. 2 S. 2 Voraussetzung, dass mindestens eine der Parteien (zum Begriff → Rn. 6) der Verweisung zustimmt. Ohne diese Zustimmung steht ein Gerichtsstand der Brüssel IIa-VO also nicht zur Disposition des Gerichts.

e) Antrag auf Übernahme, Abs. 2 S. 1 lit. c. Nach Art. 15 Abs. 2 S. 1 lit. c kann auch das **8** Gericht eines Mitgliedstaats, zu dem das Kind besondere Bindungen hat, die Initiative ergreifen und das bereits tätige, zuständige Gericht ersuchen, den Fall an es abzugeben. Zusätzliche Voraussetzung ist nach Art. 15 Abs. 2 S. 2 auch hier, dass mindestens eine der Parteien (zum Begriff → Rn. 6) der Verweisung zustimmt.

2. Inhaltliche Voraussetzungen. Die Abgabe des Verfahrens an ein Gericht in einem anderen **9** Mitgliedstaat soll nur erfolgen, sofern der Fall dort besser beurteilt werden kann. So kann es vor allem wegen einer größeren Sach- und Beweisnähe[8] oder aufgrund einer anderen Verfahrensgestaltung liegen. Der EuGH formuliert, es müsse „einen realen und konkreten Mehrwert für eine das Kind betreffende Entscheidung" geben.[9] Außerdem muss das Kind zu dem anderen Mitgliedstaat eine besondere Bindung haben und die Abgabe seinem Wohl entsprechen. Wann von einer besonderen Bindung auszugehen ist, wird in Abs. 3 näher erläutert.

a) Besondere Bindung zu anderem Mitgliedstaat. Nur ein Gericht eines Mitgliedstaats, zu **10** dem das Kind eine besondere Bindung hat, darf ersucht werden, den Fall ganz oder teilweise zu übernehmen. Wann von einer solchen besonderen Bindung auszugehen ist, wird in Art. 15 Abs. 3 näher bestimmt.[10] Die Liste in Abs. 3 weicht dabei von der entsprechenden Liste des Art. 8 Abs. 2 KSÜ ab. Der EuGH hat überzeugend zusammengefasst, dass es immer um eine „Nähe" des Kindes zu dem anderen Mitgliedstaat geht.[11]

---

[5] Wie hier *Schulz,* FS Kropholler, 2008, 435 (437 ff.); Rauscher/*Rauscher* Rn. 17; etwas offener („im Regelfall" ausgeschlossen) Althammer/*Schäuble* Art. 10 Rn. 17.
[6] BGH NJW 2011, 3454; Bork/Jacoby/Schwab/*Jacoby* FamFG § 7 Rn. 13.2.
[7] EuGH ECLI:EU:C:2016:819 = BeckRS 2016, 82546 – D.
[8] Althammer/*Schäuble* Rn. 5; *Hausmann* IntEuSchR B Rn. 180.
[9] EuGH ECLI:EU:C:2016:819 = BeckRS 2016, 82546 Rn. 56 f. – D.
[10] Zu allem EuGH ECLI:EU:C:2016:819 = BeckRS 2016, 82546 Rn. 50 ff. – D.
[11] EuGH ECLI:EU:C:2016:819 = BeckRS 2016, 82546 Rn. 52 ff. – D.

11 **aa) Verlegung des gewöhnlichen Aufenthalts des Kindes (Abs. 3 lit. a).** Zunächst ist der zentrale Fall geregelt, dass das Kind während eines Verfahrens vor dem nach Art. 8 Abs. 1 zuständigen Gericht in einen anderen Mitgliedstaat umzieht. Art. 8 Abs. 1 knüpft den zuständigkeitsbegründenden gewöhnlichen Aufenthalt des Kindes im Inland im Zeitpunkt der Antragstellung an und geht damit von einer *perpetuatio fori* aus. Das Gericht soll aber die Möglichkeit haben, den Fall an den Mitgliedstaat abzugeben, in dem das Kind seinen neuen gewöhnlichen Aufenthalt genommen hat (Art. 15 Abs. 3 lit. a). Dies dürfte der häufigste Fall des Ersuchens um Übernahme eines Falles sein.

12 **bb) Ehemaliger gewöhnlicher Aufenthalt des Kindes (Abs. 3 lit. b).** Besondere Bindungen bestehen auch zu dem Mitgliedstaat, in dem das Kind früher seinen gewöhnlichen Aufenthalt hatte.[12] Eine solche Verweisung ist jedoch nur dann sinnvoll und dem Kindeswohl dienlich (→ Rn. 16), wenn der Sachverhalt wirklich besser durch das auswärtige Gericht zu klären ist.[13] Das ist vor allem dann der Fall, wenn die Aufklärung vergangener Umstände wichtig ist oder wenn die Sprachbarriere im neuen Aufenthaltsstaat sehr schwer zu überwinden ist. Regelmäßig ist aber eine Verweisung an einen früheren Aufenthaltsstaat nicht sinnvoll.[14]

13 **cc) Staatsangehörigkeit des Kindes.** Nach Art. 15 Abs. 3 lit. c hat ein Kind auch besondere Bindungen zu seinem Heimatstaat. Bei einem Mehrstaater kann auch eine Bindung zu mehreren Heimatstaaten bestehen. Nur schwer lässt sich eine Situation vorstellen, in welcher ein zuständiges Gericht nur deswegen die Sache an ein Gericht in einem anderen Mitgliedstaat abgeben will, weil das Kind dessen Staatsangehörigkeit hat. Eher denkbar ist der Fall, dass ein Gericht des Heimatstaats darum ersucht, die anderswo anhängige Sorgerechtssache übernehmen zu dürfen.

14 **dd) Gewöhnlicher Aufenthalt eines Elternteils, Abs. 3 lit. d.** Lebt ein Träger der elterlichen Verantwortung in einem anderen Mitgliedstaat als das Kind, so besteht zu diesem Mitgliedstaat ebenfalls eine enge Verbindung. In einem solchen Fall kann sich durchaus einmal herausstellen, dass die Gerichte am gewöhnlichen Aufenthalt des Trägers der elterlichen Verantwortung besser als die zuständigen Gerichte in der Lage sind, Fragen der elterlichen Verantwortung zu beurteilen. Dann kann eine Verweisung oder die Übernahme des Verfahrens erfolgen.

15 **ee) Vermögen im Ausland, Abs. 3 lit. e.** Wenn es um die Vermögenssorge geht (zB um die Sicherung eines Nachlasses zugunsten des Kindes), kann es wirkungsvoller sein, die Behörden in demjenigen Mitgliedstaat um Übernahme des Falles zu bitten, in dem das Vermögen belegen ist.

16 **b) Wohl des Kindes.** Eine Verweisung nach Art. 15 Abs. 1 ist nur zulässig, wenn dies dem Wohl des Kindes entspricht. So dürfte es lediglich liegen, wenn die Gerichte des Mitgliedstaats, zu dem das Kind eine besondere Bindung hat, besser in der Lage sind, sich ein Bild von den Familien- und Lebensverhältnissen des Kindes zu machen als das tätige Gericht. Das kann der Fall sein, weil das Gericht in der Nähe des aktuellen (einfachen) Aufenthaltsorts des Kindes liegt und es das Kind daher besser anhören kann, aber auch, weil es die Verhältnisse am Aufenthaltsort des Kindes besser kennt oder vielleicht, weil es seine Sprache spricht.[15] Dabei muss andererseits beachtet werden, ob die Verweisung nicht negative Auswirkungen „auf die emotionalen, familiären und sozialen Beziehungen des Kindes oder auf seine materielle Lage haben könnte".[16] Ausdrücklich hat der EuGH zudem ausgesprochen, dass das anwendbare Sachrecht keine Rolle spielen darf.[17]

17 Die typische Situation für Art. 15 ist der in Abs. 3 lit. a benannte Umzug des Kindes in einen anderen Mitgliedstaat während des laufenden Verfahrens (→ Rn. 10). Die *perpetuatio fori* des Art. 8 kann dann zwar für eine schnelle Beendigung des Verfahrens hilfreich sein, sie kann aber auch zu großen Mühen für das Kind und zu beeinträchtigten Beweiserhebungsmöglichkeiten für das tätige Gericht führen.

18 Wichtig ist, dass die Gründe für die Verweisung wirklich im Streben nach einer besser auf das Wohl des Kindes ausgerichteten Entscheidung liegen, und nicht in einer Art Maßregelung der Eltern.[18]

---

[12] *Dutta*, FS Kropholler, 2008, 281 (295).
[13] KG FamRZ 2006, 1618.
[14] KG FamRZ 2006, 1618.
[15] *Klinkhammer* FamRBint 2006, 88 (89); näher *Dutta*, FS Kropholler, 2008, 281 (299 f.).
[16] EuGH ECLI:EU:C:2016:819 = BeckRS 2016, 82546 Rn. 59 – D.
[17] EuGH ECLI:EU:C:2016:819 = BeckRS 2016, 82546 Rn. 57 – D.
[18] Deutlich EuGH ECLI:EU:C:2016:819 = BeckRS 2016, 82546 – D; dort war die psychisch kranke Mutter vor der Geburt des Kindes aus England nach Irland gezogen, um der Freigabe des Kindes zur Adoption zu entgehen.

III. Verfahren, Zusammenarbeit der Gerichte

1. Aussetzung als Regelfall. Das Gericht kann nach Abs. 1 zwischen zwei Vorgehensweisen **19** entscheiden. Es kann nach Abs. 1 lit. a das Verfahren zunächst aussetzen und die Parteien auffordern, einen Antrag bei dem ausländischen Gericht zu stellen. Es kann aber nach Abs. 2 lit. b auch – ohne vorherige Aussetzung – selbst ein ausländisches Gericht ersuchen, das Verfahren zu übernehmen. Art. 15 gibt für die beiden Alternativen keine unterschiedlichen Voraussetzungen vor. Denn Abs. 2 lässt – anders als es Abs. 1 zunächst anzudeuten scheint – in Bezug auf beide Vorgehensweisen jeweils einen Antrag der Parteien, ein Vorgehen von Amts wegen oder einen Antrag des ausländischen Gerichts genügen. Typischerweise wird sich die erste Alternative bei Antragsverfahren und die zweite Alternative bei Amtsverfahren anbieten. Jedoch kann eine Fortführung des Verfahrens während des idR viele Wochen in Anspruch nehmenden Abgabeverfahrens kaum je sinnvoll sein.

Ganz generell müssen die allgemeinen Verfahrensgrundsätze gelten. In Bezug auf das Sorge- und **20** Umgangsrecht kommt es dabei vor allem auf ein beschleunigtes Verfahren an. Das spricht im Grunde bereits dagegen, überhaupt eine Abgabe zu versuchen und bestätigt den in Abs. 1 ausdrücklich genannten Ausnahmecharakter der Regelung. Wenn die Abgabe in das Ausland aus den oben aufgezeigten triftigen Gründen dennoch versucht wird, muss das Verfahren in aller Regel ausgesetzt werden. Es wäre typischerweise nämlich unsinnig, das Verfahren im Inland erst noch fortzuführen, wenn bereits zu erwarten ist, dass die Sache im Ausland entschieden werden wird. Das gilt umso mehr, als dass von Art. 15 oft Fälle erfasst sind, in denen die Anhörung des Kindes gerade nicht vor dem inländischen Gericht durchgeführt werden soll, weil dies dem Kindeswohl nicht dienlich erscheint (weite Wege, Sprachbarrieren, fremdes Umfeld). Kommt ein Antrag der Eltern bzw. Parteien auf Verweisung iSd lit. b nicht in Betracht, sollte eine Aussetzung nach den nationalen Vorschriften erfolgen. Anders kann es aber sein, wenn das Verfahren noch in einem sehr frühen Stadium ist und der Erfolg des Übernahmeersuchens eher unklar erscheint. Dann können uU zumindest noch Schriftsätze angefordert werden.

Drohen unmittelbare Gefahren für das Kind, kann es erforderlich sein, noch einstweilige Maßnah- **21** men zu ergreifen und nur das Verfahren in der Hauptsache abzugeben.

2. Gesamt- oder Teilverweisung. Das Gericht kann die Sache nach dem klaren Wortlaut des **22** Abs. 1 ganz oder teilweise abgeben. Der Verordnungsgeber dürfte an Fälle gedacht haben, bei denen manche Angelegenheiten – weil sie eventuell eher elternbezogen sind (Verteilung der elterlichen Sorge) – von dem zuständigen Gericht sachgerecht entschieden werden können, während andere Angelegenheiten (wie die genaue Regelung eines begleiteten Umgangs in einem anderen Staat) nur am (neuen) Aufenthaltsort des Kindes gut geklärt werden können.

3. Antrag der Partei. Wählt das Gericht die Vorgehensweise nach Abs. 1 lit. a, sind die Parteien **23** „einzuladen" einen Antrag „gemäß Abs. 4" zu stellen. Abs. 4 gibt nicht wirklich Details zum Antrag vor, dort ist nur festgehalten, dass den Parteien eine Frist gesetzt werden muss. Diese sollte kurz bemessen sein, um das Verfahren nicht übermäßig zu verzögern.

4. Übernahme durch das andere Gericht. Auch das übernehmende Gericht prüft nach Abs. 5 **24** zunächst noch einmal, ob die Übernahme dem Kindeswohl entspricht. Nimmt es das Abgabeersuchen an, indem es sich für zuständig erklärt, so ist es ohne Einschränkung international zuständig. Nimmt es dagegen innerhalb der in Abs. 5 festgesetzten Frist von sechs Wochen das Verfahren nicht an, so bleibt das ersuchende Gericht zuständig.

5. Zusammenarbeit der Gerichte, Abs. 6. Die beteiligten Gerichte und Behörden arbeiten **25** gem. Abs. 6 entweder „direkt" oder nach den Vorschriften der Art. 53 ff. zusammen. Da der Weg über die Zentralen Behörden umständlich ist, ist im Anfangsstadium der direkte Kontakt ideal. Im Praxisleitfaden der Kommission wird ein Direktkontakt per Email oder Telefon vorgeschlagen.[19] Doch fragt sich hier, wieweit eine direkte Kommunikation reichen kann.[20] Ganz allgemein wird vertreten, dass diese den jeweiligen nationalen Verfahrensrechten entsprechen muss. Das deutsche Recht enthält insofern keine besonderen Vorschriften. Daraus kann man nun nicht schließen, dass die formlosen Kommunikationsmöglichkeiten auch dann genutzt werden dürfen, wenn rechtlich spezifische Vorgänge, wie eine Zustellung oder eine Beweiserhebung betroffen sind.[21] Eher muss man annehmen, dass dann die EuZVO und die EuBeweisVO gelten. Letztlich wird die Kommunika-

---

[19] S. 37, abrufbar unter: http://ec.europa.eu/justice/civil/files/brussels_ii_practice_guide_de.pdf.
[20] *Carl/Menne* NJW 2009, 3537 (3541 ff.); ausf. zu den Kommunikationsmöglichkeiten *Tödter*, Europäisches Kindschaftsrecht nach der Verordnung (EG) Nr. 2201/2003, 2010, 68 f.
[21] Rauscher/*Rauscher* Rn. 38.

tion über die Zentrale Behörde daher oft die sicherste und einfachste Möglichkeit des Austauschs von Unterlagen und Ergebnissen sein.[22]

26 **6. Rechtsbehelfe.** Nach § 13a Abs. 4 S. 1 IntFamRVG kann der Verweisungsbeschluss mit der sofortigen Beschwerde entsprechend §§ 567 ff. ZPO angefochten werden. Die Rechtsbeschwerde ist nach § 13a Abs. 4 S. 2 IntFamRVG ausgeschlossen.[23] Nach S. 3 wird der Verweisungsbeschluss erst mit Rechtskraft wirksam.

Abschnitt 3. Gemeinsame Bestimmungen

Art. 16 Brüssel IIa-VO Anrufung eines Gerichts

(1) Ein Gericht gilt als angerufen

a) zu dem Zeitpunkt, zu dem das verfahrenseinleitende Schriftstück oder ein gleichwertiges Schriftstück bei Gericht eingereicht wurde, vorausgesetzt, dass der Antragsteller es in der Folge nicht versäumt hat, die ihm obliegenden Maßnahmen zu treffen, um die Zustellung des Schriftstücks an den Antragsgegner zu bewirken, oder

b) falls die Zustellung an den Antragsgegner vor Einreichung des Schriftstücks bei Gericht zu bewirken ist, zu dem Zeitpunkt, zu dem die für die Zustellung verantwortliche Stelle das Schriftstück erhalten hat, vorausgesetzt, dass der Antragsteller es in der Folge nicht versäumt hat, die ihm obliegenden Maßnahmen zu treffen, um das Schriftstück bei Gericht einzureichen.

(nicht kommentiert)

Art. 17 Brüssel IIa-VO Prüfung der Zuständigkeit

Das Gericht eines Mitgliedstaats hat sich von Amts wegen für unzuständig zu erklären, wenn es in einer Sache angerufen wird, für die es nach dieser Verordnung keine Zuständigkeit hat und für die das Gericht eines anderen Mitgliedstaats aufgrund dieser Verordnung zuständig ist.

1 Art. 17 betrifft nur die Fälle, in denen ein Gericht eines Mitgliedstaats angerufen wurde, obwohl es international unzuständig ist und das Gericht eines anderen Mitgliedstaats aufgrund der Brüssel IIa-VO zuständig ist. Beides muss das Gericht von Amts wegen prüfen. Problematisch ist das Verhältnis des Art. 17 zur Möglichkeit der rügelosen Einlassung. Ganz überwiegend wird angenommen, dass Art. 17 eine solche ausschließe.[1] Ausgenommen sind nur die Fälle, in denen diese ausdrücklich zugelassen wird sowie nach hier vertretener Ansicht die Fälle, in denen der Antragsgegner auf die Einhaltung einer Gerichtsstandsvereinbarung verzichtet, schon → Art. 8 Rn. 42 ff., → Art. 12 Rn. 5.

2 Greift Art. 17 nicht ein, so gilt das nationale Verfahrensrecht. Danach erfolgt ebenfalls die Abweisung des Antrags von Amts wegen. In Kindschaftssachen ist dabei nach ganz hA weder eine rügelose Einlassung noch eine Gerichtsstandsvereinbarung möglich.[2]

3 Die mitgliedstaatlichen Gerichte prüfen jeweils selbst, ob sie zuständig sind. Die bloße Auskunft eines anderen Mitgliedstaats oder die dortige Abweisung eines entsprechenden Antrags sind nicht bindend. Eine Verweisung an das Gericht eines anderen Mitgliedstaats ist nicht vorgesehen.

Art. 18 Brüssel IIa-VO Prüfung der Zulässigkeit

(1) Lässt sich ein Antragsgegner, der seinen gewöhnlichen Aufenthalt nicht in dem Mitgliedstaat hat, in dem das Verfahren eingeleitet wurde, auf das Verfahren nicht ein, so hat das zuständige Gericht das Verfahren so lange auszusetzen, bis festgestellt ist, dass es dem Antragsgegner möglich war, das verfahrenseinleitende Schriftstück oder ein gleichwertiges Schriftstück so rechtzeitig zu empfangen, dass er sich verteidigen konnte, oder dass alle hierzu erforderlichen Maßnahmen getroffen wurden.

---

[22] Magnus/Mankowski/*Pataut* Rn. 57.
[23] BGH ZKJ 2008, 381.
[1] Rauscher/*Rauscher* Rn. 6; Geimer/Schütze/*Geimer* EuZivVerfR Rn. 1; Althammer/*Schäuble* Rn. 1.
[2] OLG Bremen FamRZ 2016, 1189 (1191); Zöller/*Geimer* FamFG § 99 Rn. 17.

(2) Artikel 19 der Verordnung (EG) Nr. 1348/2000 findet statt Absatz 1 Anwendung, wenn das verfahrenseinleitende Schriftstück oder ein gleichwertiges Schriftstück nach Maßgabe jener Verordnung von einem Mitgliedstaat in einen anderen zu übermitteln war.

(3) Sind die Bestimmungen der Verordnung (EG) Nr. 1348/2000 nicht anwendbar, so gilt Artikel 15 des Haager Übereinkommens vom 15. November 1965 über die Zustellung gerichtlicher und außergerichtlicher Schriftstücke im Ausland in Zivil- und Handelssachen, wenn das verfahrenseinleitende Schriftstück oder ein gleichwertiges Schriftstück nach Maßgabe des genannten Übereinkommens ins Ausland zu übermitteln war.

I. Bedeutung

In Art. 18 geht es – entgegen der insofern verwirrenden Überschrift – im Grunde nur um die 1 Zustellung. Die Regelung soll das rechtliche Gehör des Antragsgegners schützen und zugleich vermeiden, dass in den Mitgliedstaaten Entscheidungen getroffen werden, die später wegen Unkenntnis vom Verfahren oder wegen Verweigerung des rechtlichen Gehörs nicht anerkannt und vollstreckt werden. Wie dies sicherzustellen ist, sagen die drei Absätze des Art. 18. Diese differenzieren nach den anwendbaren Zustellungsregeln.

II. Einzelheiten

1. EG-Zustellungsverordnung. Abs. 2 verweist auf Art. 19 der alten EuZVO (VO (EG) 2 Nr. 1348/2000 vom 29.5.2000), die bereits mit Wirkung zum 13.11.2008 durch die neue EuZVO (VO (EG) Nr. 1393/2007)[1] ersetzt wurde. Art. 19 wurde bei der Reform nicht geändert. Aufgrund der Verweisung in Art. 25 Abs. 2 EuZVO (neu) ist der Verweis als auf die neue EuZVO gerichtet zu verstehen.

Die EuZVO erfasst insbesondere auch alle Verfahren über die elterliche Verantwortung im Sinne 3 der Brüssel IIa-VO. Diese sind auch im Rahmen der EuZVO als Zivilsachen zu verstehen. Anders als in Art. 1 Abs. 2 lit. a Brüssel Ia-VO sind sie zudem nicht vom Anwendungsbereich ausgeschlossen worden. Erfolgt die Zustellung nach der EuZVO, so ist bei Nichteinlassung des Antragsgegners nach Art. 19 EuZVO zu verfahren. Die EuZVO gilt zwischen den Mitgliedstaaten außer im Verhältnis zu Dänemark.

2. Haager Zustellungsübereinkommen. Ist die EuZVO nicht anwendbar, jedoch das Haager 4 Zustellungsübereinkommen von 1965 (HZÜ), so ist über Art. 15 HZÜ sicherzustellen, dass der Antragsgegner die notwendigen Schriftstücke erhalten hat und nicht etwa wegen fehlender Zustellung eine spätere Entscheidung wegen Verletzung des rechtlichen Gehörs nicht anzuerkennen ist. Diese Regelung gilt gegenüber Dänemark sowie gegenüber allen übrigen Vertragsstaaten des HZÜ, die nicht an die EuZVO gebunden sind.[2]

3. Brüssel IIa-VO. Hat der Antragsgegner seinen gewöhnlichen Aufenthalt in keinem Mitglied- 5 staat der EU und in keinem Vertragsstaat des HZÜ, so ist nach Art. 18 Abs. 1 Brüssel IIa-VO zu verfahren. Das Verfahren muss also zwingend ausgesetzt werden, bis die rechtzeitige Zustellung an den Antragsgegner festgestellt werden konnte.

Art. 19 Brüssel IIa-VO Rechtshängigkeit und abhängige Verfahren

(1) Werden bei Gerichten verschiedener Mitgliedstaaten Anträge auf Ehescheidung, Trennung ohne Auflösung des Ehebandes oder Ungültigerklärung einer Ehe zwischen denselben Parteien gestellt, so setzt das später angerufene Gericht das Verfahren von Amts wegen aus, bis die Zuständigkeit des zuerst angerufenen Gerichts geklärt ist.

(2) Werden bei Gerichten verschiedener Mitgliedstaaten Verfahren bezüglich der elterlichen Verantwortung für ein Kind wegen desselben Anspruchs anhängig gemacht, so setzt das später angerufene Gericht das Verfahren von Amts wegen aus, bis die Zuständigkeit des zuerst angerufenen Gerichts geklärt ist.

(3) Sobald die Zuständigkeit des zuerst angerufenen Gerichts feststeht, erklärt sich das später angerufene Gericht zugunsten dieses Gerichts für unzuständig.

---

[1] Verordnung (EG) Nr. 1393/2007 des Europäischen Parlaments und des Rates vom 13.11.2007 über die Zustellung gerichtlicher und außergerichtlicher Schriftstücke in Zivil- und Handelssachen in den Mitgliedstaaten („Zustellung von Schriftstücken") und zur Aufhebung der Verordnung (EG) Nr. 1348/2000 des Rates (EuZVO), ABl. EU 2007 L 324, S. 79.

[2] Statustabelle unter https://www.hcch.net/en/instruments/conventions/status-table/?cid=17.

In diesem Fall kann der Antragsteller, der den Antrag bei dem später angerufenen Gericht gestellt hat, diesen Antrag dem zuerst angerufenen Gericht vorlegen.

(nicht kommentiert)

Art. 20 Brüssel IIa-VO Einstweilige Maßnahmen einschließlich Schutzmaßnahmen

(1) Die Gerichte eines Mitgliedstaats können in dringenden Fällen ungeachtet der Bestimmungen dieser Verordnung die nach dem Recht dieses Mitgliedstaats vorgesehenen einstweiligen Maßnahmen einschließlich Schutzmaßnahmen in Bezug auf in diesem Staat befindliche Personen oder Vermögensgegenstände auch dann anordnen, wenn für die Entscheidung in der Hauptsache gemäß dieser Verordnung ein Gericht eines anderen Mitgliedstaats zuständig ist.

(2) Die zur Durchführung des Absatzes 1 ergriffenen Maßnahmen treten außer Kraft, wenn das Gericht des Mitgliedstaats, das gemäß dieser Verordnung für die Entscheidung in der Hauptsache zuständig ist, die Maßnahmen getroffen hat, die es für angemessen hält.

Übersicht

I. Bedeutung

1   Art. 20 begründet eine besondere Eilzuständigkeit, die neben die generell bestehende, auch für Eilverfahren geltende Zuständigkeit nach den Art. 8 ff. tritt. Nach der Norm dürfen die Mitgliedstaaten in bestimmten, recht eng umrissenen Fällen für Eilmaßnahmen auch die nationalen Zuständigkeitstatbestände anwenden. Die Mitgliedstaaten können also ausnahmsweise selbst dann, wenn sie keine Zuständigkeit nach der Brüssel IIa-VO in Anspruch nehmen, nach ihrem sonstigen Recht (autonomes Recht oder Staatsverträge) Schutzmaßnahmen anordnen. Diese Ausnahmezuständigkeit ist aber restriktiv auszulegen.[1] Die auf der Basis nationaler Zuständigkeitstatbestände erlassenen Maßnahmen können zudem nicht nach der Art. 21 ff. anerkannt werden (näher → Rn. 14 ff.). Sie haben also nach der Brüssel IIa-VO nur eine auf den jeweiligen Mitgliedstaat beschränkte Wirkung.[2]

2   Art. 20 gilt für Maßnahmen im gesamten Anwendungsbereich der Brüssel IIa-VO. Theoretisch können also auch im Bereich der Ehescheidung solche Maßnahmen getroffen werden. Meist wird aber angenommen, dass es eine Dringlichkeit iSd Art. 20 bzw. Eilmaßnahmen im Allgemeinen dort nicht geben kann. Da die Brüssel IIa-VO die vermögens- und unterhaltsrechtlichen Folgen der Scheidung nicht erfasst, ist das in der Tat sehr unwahrscheinlich.[3]

3   In seiner derzeitigen Fassung hat Art. 20 einen eher begrenzten Regelungsgehalt, der sich zudem nicht auf den ersten Blick erschließt. Denn wenn die auf Art. 20 gestützte Eilmaßnahme ohnehin nicht nach Art. 21 ff. anerkannt werden kann, erscheint es von geringer Bedeutung zu sein, ob die Brüssel IIa-VO einen Rückgriff auf nationale Zuständigkeitsregeln erlaubt oder nicht. Die Bedeutung der Norm zeigt sich erst, wenn die Anerkennung der Eilmaßnahme nach anderen Vorschriften (FamFG, KSÜ) erfolgen soll. Indem Art. 20 die Öffnung für die Anwendung nationaler Regelungen neben der Brüssel IIa-VO auf die Fälle beschränkt, in denen das Kind oder sein Vermögen sich in dem tätigen Mitgliedstaat befindet, beschränkt er nämlich zugleich auch die Möglichkeit, die neben der Brüssel IIa-VO generell geltenden Anerkennungsnormen heranzuziehen. Die Sperre des Art. 20

---

[1] EuGH Slg. 2009, I-12193 = FamRZ 2010, 525 Rn. 38 – Detiček.
[2] *Dutta* FamRZ 2015, 780; *Dilger* in Geimer/Schütze IRV-HdB Rn. 34.
[3] Ausf. dazu *Spellenberg*, FS Coester-Waltjen, 2015, 813 (820 f.).

erfasst also nicht nur die Zuständigkeit – was relativ belanglos wäre – sondern auch die Anerkennungsfähigkeit von Eilentscheidungen (→ Rn. 14 ff.).

Im Vorschlag für eine Neufassung der Brüssel IIa-VO[4] ist vorgesehen, der Norm eine positive   **4**
Wirkung beizumessen. Auf Art. 20 (= Art. 12 neu) gestützte Maßnahmen sollen danach solange
anerkannt und vollstreckt werden müssen, bis eine Maßnahme in der Hauptsache ergangen ist
(Erwägungsgrund 17).

Als Basis für Eilmaßnahmen nach Art. 20 kommt insbesondere Art. 11 KSÜ in Betracht. Immer   **5**
wieder kommt es aber auch vor, dass Mitgliedstaaten eine Zuständigkeit nach Art. 8 ff. für sich in
Anspruch nehmen und einstweilige Maßnahmen erlassen, obwohl diese Zuständigkeitstatbestände
in Wirklichkeit nicht eingreifen. Tun sie dies hingegen, so sind diese Schutzmaßnahmen nach den
Art. 21 ff. Brüssel IIa-VO anzuerkennen (→ Rn. 10 ff.).

II. Voraussetzungen im Einzelnen

1. Zuständigkeit. a) Zuständigkeit in einem anderem Mitgliedstaat. Art. 20 erfasst nur die   **6**
Fälle, in welchen nach Art. 8 ff. die Gerichte eines anderen Mitgliedstaats für die Rechtssache zuständig sind. Das ist vor allem dann der Fall, wenn das Kind seinen gewöhnlichen Aufenthalt in einem
anderen Mitgliedstaat hat. Ist dagegen der Aufenthalt des Kindes nicht feststellbar, so greift der
deutlich weiterreichende Art. 13.

Hat das Kind seinen gewöhnlichen Aufenthalt außerhalb der EU, und liegt auch keiner der   **7**
Fälle der Art. 9–13 vor, so kann sich das inländische Gericht gem. Art. 14 ohnehin auf nationale
Zuständigkeitsnormen stützen. Art. 20 wird dann nicht benötigt. Das Gericht kann insbesondere
nach § 99 Abs. 1 Nr. 1 FamFG vorgehen, wenn das Kind die deutsche Staatsangehörigkeit hat und
nicht in einem Vertragsstaat des KSÜ oder des MSA seinen gewöhnlichen Aufenthalt hat. Bei
Eilbedürftigkeit kann es auch nach Art. 11 KSÜ vorgehen (zB bei einem Kind mit gewöhnlichem
Aufenthalt in der Schweiz, das in Deutschland zu Besuch ist).

b) Aufenthalt der betroffenen Personen oder des Vermögens im Inland. Die Eilmaßnah-   **8**
men dürfen zudem nur dann nach Art. 20 angeordnet werden, wenn sich die Person, auf die sich
die Schutzmaßnahme bezieht, im Inland aufhält. Art. 20 erfasst nach seinem Wortlaut nur „Schutzmaßnahmen in Bezug auf in diesem Staat befindliche Personen". Es wäre naheliegend, daraus zu
schließen, dass allein das Kind sich im Gerichtsstaat befinden muss. Der EuGH hat jedoch entschieden, dass sich auch ein Elternteil im Inland befinden muss, wenn die Eilentscheidung dessen Sorgerecht betrifft.[5] Das ist nicht unbedingt überzeugend, zumal der Begründung des EuGH (ein entfüh-
render Ehegatte solle nicht im Zufluchtsstaat per Eilentscheidung die Sorge übertragen bekommen)
besser mit einer Verneinung der Dringlichkeit Rechnung getragen werden könnte. Jedenfalls darf
die Anwesenheit eines Elternteils nicht als generelle Voraussetzung verstanden werden.[6] Wenn in
das Sorgerecht des nicht anwesenden Elternteils gar nicht eingegriffen wird, ist Art. 20 auch nicht
gesperrt. Zweifelhaft ist eher, ob es auch Fälle geben kann, in denen eine Maßnahme auf Art. 20
gestützt werden darf, obwohl sie das Sorgerecht eines abwesenden Elternteils betrifft. Da Situationen
vorstellbar sind, in denen eine Eilentscheidung zum Schutz des Kindes gerade deshalb nötig ist, weil
das Kind ganz allein in dem Gerichtsstaat ist, sollte man dies nicht völlig ausschließen.

Alternativ reicht es auch aus, wenn der zu schützende Vermögensgegenstand im Inland liegt.   **9**

2. Dringlichkeit. Ob ein dringender Fall vorliegt, muss das eingreifende Gericht grundsätzlich   **10**
selbst entscheiden.[7] Der EuGH hat jedoch gewisse Vorgaben gemacht. Danach kann eine Schutzmaßnahme nach Art. 20 nur dann ergehen, wenn erstens die Situation des Kindes dringend geregelt
werden muss und es zweitens praktisch nicht möglich ist, hinreichend schnell eine Entscheidung des
in der Hauptsache zuständigen Gerichts herbeizuführen.[8]

Bei den Kindesentführungen muss stets daran gedacht werden, dass die Brüssel IIa-VO dieselben   **11**
Ziele verfolgt wie das KindEntfÜbk. Die Eltern sollen danach davon abgeschreckt werden, ein Kind

---

[4] KOM (2016), 411.
[5] EuGH Slg. 2009, I-12193 = FamRZ 2010, 525 Rn. 51 – Detiček; krit. dazu *Henrich* FamRZ 2010, 526
(527); abl. NK-BGB/*Gruber* Rn. 6.
[6] *Andrae* NZFam 2016, 310; *Spellenberg*, FS Coester-Waltjen, 2015, 813 (819).
[7] Dabei ist die Dringlichkeit iSv Art. 20 von der etwaigen Entspr. im jeweiligen nationalen Verfahrensrecht
zu trennen *Spellenberg*, FS Coester-Waltjen, 2015, 813 (823).
[8] EuGH Slg. 2009, I-12193 = FamRZ 2010, 525 Rn. 42 – Detiček mit Bspr. *Martiny* FPR 2010, 493 (496);
Slg. 2010, I-7353 = NJW 2010, 2861 Rn. 94 – Purrucker I; BGH NJW 2016, 307.

ohne die Zustimmung des anderen Elternteils in einen anderen Staat zu entführen. Daher sollte durch eine Eilentscheidung nie die Position des entführenden Elternteils verfestigt werden.[9]

12 **3. Maßnahme vorübergehender Art.** Die nach Art. 20 getroffene Maßnahme darf schließlich immer nur vorübergehender Art sein.[10] Dieses Merkmal macht bei Sorgerechtsentscheidungen, die stets geändert werden können, gewisse Schwierigkeiten.[11] Auch die Rechtsprechung des EuGH hilft nicht weiter, da dieser in der einzigen den Punkt näher behandelnden Entscheidung auf Abs. 2 verweist. Teils ist vorgeschlagen worden, statt auf den vorübergehenden Charakter eher auf die Dringlichkeit abzustellen und insbesondere die vorläufige Übertragung der Alleinsorge (idR) nicht als Maßnahme iSd Art. 20 anzusehen.[12] Das dürfte über das Ziel hinausschießen. Das Kriterium sollte mit dem BGH eher formal verstanden werden: Selbst bei Dringlichkeit können mit Art. 20 keine Hauptsacheentscheidungen gestützt werden.[13] Die Abgrenzung von Eilentscheidungen und Hauptsacheentscheidungen erfolgt, wie der Wortlaut der Norm nahelegt, nach nationalem Recht.

III. Wirksamkeit und Anerkennung der Maßnahme

13 **1. Wirksamkeit, Abs. 2.** Die einstweilige Maßnahme gem. Art. 20 ist solange gültig, bis sie durch eine Entscheidung der hauptsächlich zuständigen Behörden ersetzt wird.[14] Die einstweilige Maßnahme darf jedoch nicht dazu dienen, die Vollstreckung einer Sorgerechtsentscheidung eines anderen Mitgliedstaats zu verhindern.[15]

14 **2. Anerkennung und Vollstreckung.** Maßnahmen, die ein Mitgliedstaat nach Art. 20 trifft, sind in den anderen Mitgliedstaaten nicht nach Art. 21 ff. anzuerkennen.[16] Denn die Art. 21 ff. beziehen sich nur auf solche Entscheidungen, bei denen das Gericht seine Zuständigkeit auf Art. 8–14 gestützt hat (vgl. Art. 24).

14a Das besagt noch nicht, dass die Maßnahmen des einstweiligen Rechtsschutzes nie anerkannt werden. Vielmehr muss unterschieden werden, auf welchen Zuständigkeitstatbestand das ausländische Gericht sich gestützt hat.

15 **a) Gericht stützt Zuständigkeit auf Art. 8 ff.** Wendet das Gericht für die Eilmaßnahme gar nicht die Öffnungsklausel des Art. 20 an, sondern stützt es sich auf die Art. 8–14, so ist die Entscheidung nach Art. 21 ff. anzuerkennen. Das gilt selbst dann, wenn die Anwendung dieser Normen fehlerhaft erfolgt ist und das Gericht eigentlich unzuständig wäre. Denn die fehlende Zuständigkeit ist kein Anerkennungshindernis (Art. 24).[17]

16 **b) Gericht stützt sich ausdrücklich auf Art. 20.** Begründet der fremde Mitgliedstaat seine Zuständigkeit ausdrücklich und mit Art. 20, so sind die Art. 21 ff. unanwendbar. Nun kann die Entscheidung wegen des Günstigkeitsprinzips aber unter Umständen nach autonomem Recht (etwa §§ 108 f. FamFG) oder nach Staatsverträgen (etwa Art. 11, 23 KSÜ) anerkannt werden.[18] Dann ist allerdings typischerweise zu prüfen, ob das ausländische Gericht auch nach dem deutschen Verfahrensrecht zuständig war (zB § 109 Abs. 1 Nr. 1 FamFG). Das müsste abgelehnt werden, wenn Art. 20 zu Unrecht angewendet wurde (zB weil das Kind sich in einem anderen Mitgliedstaat aufhielt).

17 **c) Unklare Begründung der Zuständigkeit.** Häufig bleibt jedoch unklar, worauf das Gericht, das die Eilmaßnahme angeordnet hat, seine Zuständigkeit stützt. Der EuGH hat entschieden, dass in solchen Fällen nicht von der Vermutung auszugehen ist, dass sich das Gericht an die verordnungsgemäße Zuständigkeit der Art. 8–14 gehalten hat. Ebenso wenig kann davon ausgegangen werden, dass Art. 20 angewendet wurde. Vielmehr ist im Zweifel davon auszugehen, dass das Gericht eine dem eigenen autonomen nationalen Recht entnommene Zuständigkeit in Anspruch genommen hat. In einem solchen Fall kann nach ganz überwiegender Ansicht eine Anerkennung überhaupt

---

[9] EuGH Slg. 2009, I-12193 = FamRZ 2010, 525 Rn. 48 f., 57 – Detiček; auch BGH NZFam 2016, 307 Rn. 21, 26; Magnus/Mankowski/*Pertegás Sender* Rn. 20.

[10] EuGH Slg. 2009, I-12193 = FamRZ 2010, 525 Rn. 39 – Detiček; BGH NZFam 2016, 307 Rn. 20.

[11] Rauscher/*Rauscher* Rn. 7a.

[12] Rauscher/*Rauscher* Rn. 7a.

[13] BGH NZFam 2016, 307 Rn. 23.

[14] Den grds. allzeitigen Vorrang von Maßnahmen eines nach Art. 8 ff. zuständigen Gerichts betonen *Janzen/Gärtner* IPRax 2011, 158 (162).

[15] *Martiny* FPR 2010, 493 (496 f.).

[16] EuGH Slg. 2010, I-7353 = NJW 2010, 2861 Rn. 83 – Purrucker I; BGH FamRZ 2011, 542 Rn. 14 ff.

[17] BGH FamRZ 2011, 542 Rn. 22.

[18] EuGH Slg. 2010, I-7353 = NJW 2010, 2861 Rn. 82 ff. – Purrucker I; BGH NJW 2011, 855; *Andrae* NZFam 2016, 310; krit. dazu *Spellenberg*, FS Coester-Waltjen, 2015, 813 (818).

nicht erfolgen.[19] Wenn „im Zweifel" nicht von der Inanspruchnahme einer Zuständigkeit nach der Brüssel IIa-VO auszugehen ist, darf dies aber nicht dazu genutzt werden, die Anerkennung in solchen Fällen zu verweigern, in denen das Gericht auch nach der Brüssel IIa-VO eindeutig zuständig war. Überzeugend hat der BGH daher eine ungarische Entscheidung, für welche eine Zuständigkeit nach Art. 8 zweifelsfrei gegeben gewesen wäre, ohne weiteres nach Art. 21, 23 anerkannt.[20]

In einem Fall, in welchem ein polnisches Gericht eine Eilentscheidung über die Rückführung eines polnischen Kindes nach Polen erließ, ohne besondere Ausführungen zur Zuständigkeit zu machen, lehnte der BGH aus den vorgenannten Gründen die Anerkennung ab.[21] Das entspricht der Rechtsprechung des EuGH. Denn die Eilentscheidung war nicht auf Art. 8–14 gestützt. Zugleich war es auch zumindest unsicher, ob das Kind seinen gewöhnlichen Aufenthalt in Polen hatte, so dass die stillschweigende Annahme einer solchen Zuständigkeit nicht unbedingt auf der Hand lag.[22] Ebenso wenig war die Eilentscheidung aber auf Art. 20 gestützt. Letzteres wäre auch nicht möglich gewesen, da das Kind sich zur Zeit der Entscheidung nicht (mehr) in Polen befand. Die Rückführung hätte in Deutschland beantragt werden müssen.

Kapitel III. Anerkennung und Vollstreckung

Abschnitt 1. Anerkennung

Vorbemerkung zu Art. 21 Brüssel IIa-VO

Die Regelungen der Brüssel IIa-VO zur Anerkennung und Vollstreckung ausländischer Entschei- **1** dungen sind nicht einfach zu überblicken. Die einschlägigen Vorschriften lassen sich aber folgendermaßen gliedern:
A. Gemeinsame Vorschriften für alle Entscheidungen (beachte aber Art. 40 ff.)
   I. Gegenstand: Art. 21, 36 und 46
   II. Nachprüfungsverbote: Art. 24 und 26
   III. Anerkennungsverfahren: Art. 21, 27, 37 ff.
B. Vorschriften speziell für Entscheidungen in Ehesachen: Art. 22, 25 (hier nicht kommentiert)
C. Vorschriften speziell für Entscheidungen über die elterliche Verantwortung
   I. Nichtanerkennungsgründe: Art. 23
   II. Vollstreckung
      1. Allgemeines zur Vollstreckung: Art. 28 ff.; 47 ff.
      2. Vollstreckung besonderer Entscheidungen (Umgang und Art. 11 Abs. 8)
         a) Gemeinsame Bestimmungen: Art. 40, 43 ff.
         b) Umgangsrecht: Art. 41
         c) Rückgabe des Kindes gem. Art. 11 Abs. 8: Art. 42
Hier werden nur die Normen kommentiert, die einen Bezug zur elterlichen Verantwortung **2** einschließlich dem Umgangsrecht und der Rückgabe des Kindes nach einer Entführung aufweisen. Vorschriften, welche ausschließlich die Ehesachen betreffen oder rein verfahrensrechtlichen Gehalt haben, werden nicht behandelt (→ Vor Art. 1 Rn. 4). Zur Kommentierung der die Ehesachen betreffenden Normen und der rein verfahrensrechtlichen Besonderheiten MükoFamFG/*Gottwald*.

Art. 21 Brüssel IIa-VO Anerkennung einer Entscheidung

(1) Die in einem Mitgliedstaat ergangenen Entscheidungen werden in den anderen Mitgliedstaaten anerkannt, ohne dass es hierfür eines besonderen Verfahrens bedarf.

(2) Unbeschadet des Absatzes 3 bedarf es insbesondere keines besonderen Verfahrens für die Beschreibung in den Personenstandsbüchern eines Mitgliedstaats auf der Grundlage einer in einem anderen Mitgliedstaat ergangenen Entscheidung über Ehescheidung, Trennung ohne Auflösung des Ehebandes oder Ungültigerklärung einer Ehe, gegen die nach dem Recht dieses Mitgliedstaats keine weiteren Rechtsbehelfe eingelegt werden können.

(3) Unbeschadet des Abschnitts 4 kann jede Partei, die ein Interesse hat, gemäß den Verfahren des Abschnitts 2 eine Entscheidung über die Anerkennung oder Nichtanerkennung der Entscheidung beantragen.

---

[19] Anders EuGH Slg. 2010, I-7353 = NJW 2010, 2861 Rn. 92 – Purrucker I; wie hier BGH NJW 2016, 1445; BGH FamRZ 2011, 542 Rn. 23 ff.; krit. zur Rspr. des EuGH und mwN zur hA *Dutta/Schulz* ZEuP 2012, 526 (546); *Janzen/Gärtner* IPRax 2011, 156 (164 f.).
[20] BGHZ 205, 10 = NJW 2015, 1603 mit zust. Anm. *Hau* FamRZ 2015, 1102.
[21] BGH NZFam 2016, 307.
[22] Krit. im Hinblick auf den gewöhnlichen Aufenthalt des Kindes *Andrae* NZFam 2016, 310.

Das örtlich zuständige Gericht, das in der Liste aufgeführt ist, die jeder Mitgliedstaat der Kommission gemäß Artikel 68 mitteilt, wird durch das nationale Recht des Mitgliedstaats bestimmt, in dem der Antrag auf Anerkennung oder Nichtanerkennung gestellt wird.

(4) Ist in einem Rechtsstreit vor einem Gericht eines Mitgliedstaats die Frage der Anerkennung einer Entscheidung als Vorfrage zu klären, so kann dieses Gericht hierüber befinden.

I. Formlose Anerkennung

1   Entscheidungen, die von einem Gericht in einem Mitgliedstaat der EU erlassen worden sind, werden in den anderen Mitgliedstaaten ohne besonderes Verfahren anerkannt (Art. 21 Abs. 1 und 2). Das bedeutet aber nicht, dass die Anerkennung keinen Voraussetzungen unterliegt. Die Voraussetzungen richten sich vielmehr nach Art. 22 (für die Ehescheidungen) bzw. nach Art. 23 (für Entscheidungen über die elterliche Verantwortung), die Gründe für eine Nichtanerkennung enthalten.

2   Das System der Art. 21 ff. – und insbesondere die Nichtanerkennungsgründe des Art. 23 – greifen nicht ein, wenn eine Umgangsentscheidung betroffen ist und wenn im Falle einer Kindesentführung die Rückgabe nach Art. 11 Abs. 8 angeordnet worden ist. Solche Entscheidungen sind vielmehr nach Art. 40 ff. unter bestimmten Voraussetzungen unmittelbar vollstreckbar (→ Art. 40 Rn. 1).

3   Wegen des Vorrangs der Brüssel IIa-VO vor dem autonomen Verfahrensrecht ist § 107 FamFG nicht auf Scheidungsurteile anwendbar, die in einem Mitgliedstaat ausgesprochen worden sind.[1]

4   Die Anerkennung führt zu einer Erstreckung der Wirkungen des Urteils im Inland (Grundsatz der Wirkungserstreckung).[2] Rechtskraft ist, wie sich dem Umkehrschluss aus Art. 27 entnehmen lässt, idR nicht erforderlich (vgl. aber die Ausnahme in Abs. 2). Eine Sorgeentscheidung kann nach der Anerkennung an die veränderten Umstände angepasst werden, wenn infolge eines Umzugs des Kindes die Gerichte im Anerkennungsstaat zuständig geworden sind.[3]

II. Feststellung der Anerkennung

5   Auch wenn keine Vollstreckung erfolgen soll, ist es für die Beteiligten häufig wichtig, Sicherheit darüber zu haben, ob eine ausländische Entscheidung im Inland wirksam ist. Deshalb kann jede Partei im Anerkennungsstaat eine Entscheidung darüber verlangen, ob die ausländische Entscheidung anzuerkennen ist oder nicht (Art. 21 Abs. 3). Dazu ist erforderlich, dass ein Interesse an der Feststellung besteht, wovon im Regelfall auszugehen sein wird.[4] Möglich ist ein Antrag auf Anerkennung ebenso wie ein Antrag auf Nichtanerkennung.

6   Schwierig ist das Verhältnis der Anerkennungsfeststellung zu Art. 16 KindEntfÜbk. Hier muss differenziert werden. Die Entscheidung auf Nichtanerkennung der ausländischen Sorgerechtsentscheidung im Zufluchtsstaat ist stets möglich.[5] Anders ist es mit der (positiven) Entscheidung auf Anerkennung einer ausländischen Entscheidung. Die Anerkennung hat dieselbe Wirkung wie eine eigene Sorgeentscheidung des Gerichts im Zufluchtsstaat. Letztere soll aber nach Art. 16 KindEntfÜbk gerade nicht erfolgen. Daher sollte die Anerkennung einer Entscheidung über die elterliche Sorge ausgeschlossen sein, soweit es sich nicht um eine (nach dem KindEntfÜbk stets beachtliche) Entscheidung aus dem Herkunftsstaat handelt.[6]

7   Die örtliche Zuständigkeit für die Anerkennungsfeststellung ist in § 10 IntFamRVG geregelt. Nach § 10 Nr. 1 IntFamRVG ist zunächst das Familiengericht zuständig, in dessen Zuständigkeitsbereich sich der Antragsgegner oder das Kind, auf das sich die Entscheidung bezieht, gewöhnlich aufhält. Dabei ist jedoch eine Konzentration der Zuständigkeit vorgesehen. Es entscheidet danach stets das Familiengericht, in dessen Bezirk ein Oberlandesgericht seinen Sitz hat, für den Bezirk dieses Oberlandesgerichts (§ 12 Abs. 1 IntFamRVG). Besteht ein solcher gewöhnlicher Aufenthalt nicht, kommt es nach § 10 Nr. 2 IntFamRVG darauf an, wo das Interesse an der Feststellung hervortritt

---

[1] Näher Bork/Schwab/Jacoby/*Heiderhoff* FamFG § 107 Rn. 4.

[2] MükoFamFG/*Gottwald* Rn. 1; Rauscher/*Rauscher* Rn. 13.

[3] MükoFamFG/*Gottwald* Rn. 18.

[4] Für eine weite Auslegung des Begriffs „Partei, die ein Interesse hat" schon *Borrás*-Bericht Nr. 65; ausf. dazu *Dornblüth*, Die europäische Regelung der Anerkennung und Vollstreckbarerklärung von Ehe- und Kindschaftsentscheidungen, 2003, 81.

[5] BGH FamRZ 2011, 959 mit zust. Anm. *Schulz* FamRZ 2011 (1046 f.).

[6] Wie hier *Schulz* FamRZ 2011, 1046 (1047); ohne diese Differenzierung Althammer/*Weller* Rn. 13.

oder das Bedürfnis der Fürsorge besteht.[7] Auch hier greift die Zuständigkeitskonzentration (zu deren europarechtlicher Zulässigkeit → Art. 29 Rn. 3). Häufig wird dann der gewöhnliche Aufenthalt des Antragstellers relevant sein, der etwa geklärt wissen will, ob eine ausländische Entscheidung über die Sorge auch in seinem Aufenthaltsstaat anerkannt wird. Kann auch für das Feststellungsinteresse kein besonderer Ort ausgemacht werden, so ist nach § 10 Nr. 3 iVm § 12 Abs. 2 IntFamRVG das AG Pankow/Weißensee zuständig.

Für das Verfahren gelten die §§ 16 ff. IntFamRVG entsprechend (§ 32 IntFamRVG). Die Rechtsbe- **8** schwerde ist statthaft.[8]

III. Anerkennung als Vorfrage

Art. 21 Abs. 4 bestimmt, dass jedes Gericht eines Mitgliedstaats über die Anerkennung als Vorfrage **9** befinden kann. Das gilt auch für Rechtsstreitigkeiten, die nicht familienrechtlicher Art sind. Betroffen sein kann etwa die Frage, wer ein Kind gesetzlich vertritt. Kommt es dazu auf eine ausländische Sorgeentscheidung an, ist deren Anerkennungsfähigkeit inzident zu prüfen. Vgl. zu allen verfahrensrechtlichen Einzelheiten → MüKoFamFG/*Gottwald* Rn. 14 f.

Art. 22 Brüssel IIa-VO Gründe für die Nichtanerkennung einer Entscheidung über eine Ehescheidung, Trennung ohne Auflösung des Ehebandes oder Ungültigerklärung einer Ehe

Eine Entscheidung, die die Ehescheidung, die Trennung ohne Auflösung des Ehebandes oder die Ungültigerklärung einer Ehe betrifft, wird nicht anerkannt,
a) **wenn die Anerkennung der öffentlichen Ordnung des Mitgliedstaats, in dem sie beantragt wird, offensichtlich widerspricht;**
b) **wenn dem Antragsgegner, der sich auf das Verfahren nicht eingelassen hat, das verfahrenseinleitende Schriftstück oder ein gleichwertiges Schriftstück nicht so rechtzeitig und in einer Weise zugestellt wurde, dass er sich verteidigen konnte, es sei denn, es wird festgestellt, dass er mit der Entscheidung eindeutig einverstanden ist;**
c) **wenn die Entscheidung mit einer Entscheidung unvereinbar ist, die in einem Verfahren zwischen denselben Parteien in dem Mitgliedstaat, in dem die Anerkennung beantragt wird, ergangen ist; oder**
d) **wenn die Entscheidung mit einer früheren Entscheidung unvereinbar ist, die in einem anderen Mitgliedstaat oder in einem Drittstaat zwischen denselben Parteien ergangen ist, sofern die frühere Entscheidung die notwendigen Voraussetzungen für ihre Anerkennung in dem Mitgliedstaat erfüllt, in dem die Anerkennung beantragt wird.**

(nicht kommentiert)

Art. 23 Brüssel IIa-VO Gründe für die Nichtanerkennung einer Entscheidung über die elterliche Verantwortung

Eine Entscheidung über die elterliche Verantwortung wird nicht anerkannt,
a) **wenn die Anerkennung der öffentlichen Ordnung des Mitgliedstaats, in dem sie beantragt wird, offensichtlich widerspricht, wobei das Wohl des Kindes zu berücksichtigen ist;**
b) **wenn die Entscheidung – ausgenommen in dringenden Fällen – ergangen ist, ohne dass das Kind die Möglichkeit hatte, gehört zu werden, und damit wesentliche verfahrensrechtliche Grundsätze des Mitgliedstaats, in dem die Anerkennung beantragt wird, verletzt werden;**
c) **wenn der betreffenden Person, die sich auf das Verfahren nicht eingelassen hat, das verfahrenseinleitende Schriftstück oder ein gleichwertiges Schriftstück nicht so rechtzeitig und in einer Weise zugestellt wurde, dass sie sich verteidigen konnte, es sei denn, es wird festgestellt, dass sie mit der Entscheidung eindeutig einverstanden ist;**
d) **wenn eine Person dies mit der Begründung beantragt, dass die Entscheidung in ihre elterliche Verantwortung eingreift, falls die Entscheidung ergangen ist, ohne dass diese Person die Möglichkeit hatte, gehört zu werden;**

---

[7] ZB aufgrund schlichten Aufenthalts oder Belegenheit des Kindesvermögens, *Paraschas* in Geimer/Schütze IRV-HdB Rn. 49.
[8] BGH FamRZ 2012, 1561.

e) wenn die Entscheidung mit einer späteren Entscheidung über die elterliche Verantwortung unvereinbar ist, die in dem Mitgliedstaat, in dem die Anerkennung beantragt wird, ergangen ist;

f) wenn die Entscheidung mit einer späteren Entscheidung über die elterliche Verantwortung unvereinbar ist, die in einem anderen Mitgliedstaat oder in dem Drittstaat, in dem das Kind seinen gewöhnlichen Aufenthalt hat, ergangen ist, sofern die spätere Entscheidung die notwendigen Voraussetzungen für ihre Anerkennung in dem Mitgliedstaat erfüllt, in dem die Anerkennung beantragt wird;
oder

g) wenn das Verfahren des Artikels 56 nicht eingehalten wurde.

Übersicht

I. Bedeutung

1   Art. 23 bestimmt, wann die Anerkennung von Entscheidungen der Mitgliedstaaten über die elterliche Verantwortung ausscheidet. Es werden also die Gründe für eine Nichtanerkennung geregelt. Diese abschließend normierten Anerkennungshindernisse sind damit nicht nur faktisch, sondern auch rechtlich als Ausnahme anzusehen. Der EuGH hat unter Verweis auf Erwägungsgrund 21 betont, dass Art. 23 angesichts des mit der Brüssel IIa-VO verfolgten Grundsatzes des gegenseitigen Vertrauens eng ausgelegt werden muss.[1]

2   Die Nichtanerkennungsgründe des Art. 23 gelten nach Art. 31 Abs. 2 auch für die Vollstreckung. Die Vollstreckung kann danach nur abgelehnt werden, wenn einer der in Art. 23 genannten Gründe vorliegt. Gemäß Art. 46 dürfen schließlich öffentliche Urkunden, die in einem Mitgliedstaat aufgenommen und vollstreckbar sind, ebenfalls nur aus den in Art. 23 genannten Gründen nicht anerkannt werden.

3   Zu beachten ist, dass Art. 21, 23 nicht eingreifen, wenn im Falle einer Kindesentführung der Ursprungsstaat die Rückgabe nach Art. 11 Abs. 8 anordnet und mit einer Bescheinigung nach Anh. IV zur Brüssel IIa-VO versieht. Diese Rückgabeanordnung ist vielmehr nach Art. 40 Abs. 1 lit. b, 42 ohne vorherige Überprüfung der Anerkennungsfähigkeit vollstreckbar.

II. Anerkennungshindernisse

4   **1. Ordre public (lit. a). a) Allgemeines.** Nach Art. 23 lit. a wird eine ausländische Entscheidung nicht anerkannt, wenn sie der inländischen öffentlichen Ordnung (ordre public) offensichtlich widerspricht. Ähnlich wie auch im KSÜ wird dabei ausdrücklich erwähnt, dass eine besondere Berücksichtigung des Kindeswohls erfolgen muss. Dieser *ordre public attenué* ist zurückhaltend zu verstehen. Er hat zum Ziel, die Nichtanerkennung solcher Entscheidungen zu ermöglichen, die aus Sicht des Anerkennungsstaats zu einem gänzlich unhaltbaren Ergebnis führen („offensichtlicher" Verstoß). Keinesfalls ermächtigt lit. a das Anerkennungsgericht dazu, eine ausländische Entscheidung in der Sache nachzuprüfen. Insbesondere reicht es für die Nichtanerkennung auch nicht aus, dass eine eigene Entscheidung des Anerkennungsgerichts das Wohl des Kindes anders beurteilen würde.[2] Der BGH spricht in Bezug auf eine Verletzung des Kindeswohls durch die ausländische Entscheidung davon, dass „die ultima-ratio-Funktion des ordre public-Vorbehalts und das Kindeswohl im Rahmen einer praktischen Konkordanz zu bestmöglicher Verwirklichung" gebracht werden müssten.[3] Das

---

[1] EuGH ECLI:EU:C:2015:763 = NJW 2016, 307 Rn. 35, 36 – P/Q.
[2] BGHZ 203, 350 = NJW 2015, 479 Rn. 28 (zu § 109 FamFG).
[3] BGH FamRZ 2015, 1101 (1103).

Verbot einer Nachprüfung in der Sache (*révision au fond*) wird in Art. 26 noch einmal ausdrücklich statuiert.

Der Verstoß gegen den ordre public kann nicht nur das materielle Recht, sondern auch das im **5** Ausland durchgeführte Verfahren betreffen. Bei einem verfahrensrechtlichen Verstoß ist aber stets zu fragen, ob er sich auch im Ergebnis in solchem Maß auf die Entscheidung ausgewirkt hat, dass eine Anerkennung nicht in Betracht kommt.[4] Die wesentlichsten Verfahrensverstöße sind ohnehin in lit. b bis lit. d gesondert geregelt.

Bei der Anwendung des ordre public-Vorbehalts ist auch zu bedenken, dass der anerkennende **6** Staat, sofern das Kind dort seinen gewöhnlichen Aufenthalt hat und daher eine Zuständigkeit nach Art. 8 gegeben ist, die fremde **Entscheidung** bei veränderten Verhältnissen **abändern** und deshalb nach inländischen Maßstäben ausgestalten kann.[5] Generell muss – wie im Rahmen der Brüssel Ia-VO[6] – zudem gelten, dass ein Verstoß gegen den ordre public voraussetzt, dass die im Ursprungsstaat möglichen **Rechtsmittel ausgeschöpft** wurden. Denn bei einem bloßen Rechtsanwendungsfehler, der innerhalb des Staates, in dem die Entscheidung gefallen ist, aufgetreten ist, gehört die Korrektur vor die dortigen Gerichte. Allerdings kann dies nicht in allen Fällen gelten. Wenn es aussichtslos scheint, dass der Verstoß im Ursprungsstaat korrigiert wird, bspw. weil das dortige Recht bereits selbst Regelungen enthält, welche Frauen benachteiligen, wäre es unsinnig, zunächst auf inländische Rechtsmittel zu verweisen. Auch wenn Rechte des Kindes betroffen sind, wird man es unbeachtet lassen müssen, ob die möglichen Rechtsmittel im Ursprungsstaat genutzt wurden.[7]

b) Kindeswohl. Das Kindeswohl wird in Art. 23 lit. a besonders hervorgehoben. *Borrás* geht **7** dabei davon aus, dass die Benennung des Kindeswohls klarstellen soll, dass eine Entscheidung auch dann anerkannt werden müsse, wenn sie zwar gegen den ordre public verstoße, die Nichtanerkennung dem Kindeswohl jedoch schade.[8] Überwiegend wird der Schwerpunkt der Regelung jedoch darin gesehen, dass sie die Nichtanerkennung einer gegen das Kindeswohl verstoßenden Entscheidung ermöglicht.[9] Letzteres wäre ein für eine EU-Verordnung atypischer Eingriff in das nationale Verständnis des ordre public. Letztlich ist die Frage jedoch müßig. Denn die Beachtung des Kindeswohls in sorgerechtlichen Entscheidungen ist ohnehin Teil des deutschen ordre public.[10] Daher braucht nicht geklärt zu werden, ob auch Art. 23 lit. a die Beachtung des Kindeswohls als Teil des nationalen ordre publics anordnet.

Somit besteht die eigentliche Aussage des Art. 23 lit. a darin, dass bei der Nichtanerkennung **8** wegen eines Verstoßes gegen den ordre public darauf zu achten ist, dass nicht gerade die Nichtanerkennung dem Kindeswohl (noch mehr) schadet. Wenn eine Nichtanerkennung dem Kindeswohl schädlicher wäre als die Anerkennung, muss also die Anerkennung erfolgen. Das gilt auch, wenn die Nichtanerkennung gerade deshalb im Raum steht, weil die ausländische Entscheidung das Kindeswohl verletzt. Denn selbst dann ist nicht gesichert, dass die Nichtanerkennung dem Wohl des Kindes mehr dient als die Anerkennung. Oftmals kann eine Anerkennung in Hinblick auf die Abänderungsmöglichkeit der sicherere Weg sein.

Praktisch ist es eher unwahrscheinlich, dass innerhalb der EU eine Entscheidung ergeht, die in **9** solcher Weise gegen das Kindeswohl verstößt, dass sie nicht anerkannt werden kann. Benannt wird gelegentlich die Möglichkeit, dass das Ursprungsgericht das Recht eines Drittstaats angewendet hat, welches eine Sorgerechtszuweisung allein aufgrund genereller religiöser Kriterien vorsieht.[11] Auch das scheint für die EU kein allzu realistisches Szenario. Generalisierend kann man aber sagen, dass eine Entscheidung, bei der nicht die individuelle Situation des Kindes betrachtet wurde, sondern abstrakten Zuordnungsregeln gefolgt wird, in Deutschland zumindest dann nicht anerkannt werden kann, wenn sie auch im Ergebnis dem Kindeswohl nicht entspricht.[12] Sie wird in einem solchen Fall aber häufig auch gegen die **Gleichberechtigung** von Mann und Frau, das Elternrecht aus Art. 6 Abs. 2 GG und unter Umständen auch gegen Art. 4 GG verstoßen,[13] so dass sie bereits aus

---

[4] Zurückhaltung verlangend auch *Helms* FamRZ 2011, 257 (263).
[5] Rauscher/*Rauscher* Rn. 6; HK-ZPO/*Dörner* Rn. 2.
[6] EuGH ECLI:EU:C:2016:349 = EuZW 2016, 713 Rn. 54 – Meroni/Recoletos Limited; ECLI:EU:C:2015:471 = EuZW 2015, 713 Rn. 63 – Diageo Brands.
[7] Diff. auch *Paraschas* in Geimer/Schütze IRV-HdB Rn. 14.
[8] *Borrás*-Bericht Nr. 73; so verstehend auch *Frank* in Gebauer/Wiedmann EuropZivilR EuEheVO Rn. 71.
[9] MükoFamFG/*Gottwald* Rn. 2; Althammer/*Weller* Rn. 2; wohl auch BGHZ 205, 10 = NJW 2015, 1603 Rn. 42; *Hausmann* meint dagegen, es solle eine Einschränkung auf „massive" Beeinträchtigung erreicht werden (IntEuSchR J Rn. 78); so auch NK-BGB/*Andrae* Rn. 2.
[10] Näher BeckOK BGB/*Heiderhoff* EGBGB Art. 21 Rn. 20.
[11] Rauscher/*Rauscher* Rn. 5.
[12] Näher *Heiderhoff*, FS Geimer, 2017, 231.
[13] Etwa OLG Koblenz IPRspr. 2005, Nr. 71, 150 Rn. 31.

diesen Gründen nicht anerkennungsfähig ist. Wie stets gilt aber auch dann, dass die Nichtanerkennung dem Kind nicht zu größerem Nachteil gereichen darf als die Anerkennung.

10   **c) Zuständigkeit und ordre public.** Nach dem System der Art. 23, 34, das insofern dem des Art. 45 Abs. 3 Brüssel Ia-VO entspricht, soll es ausgeschlossen sein, die Anerkennung aufgrund einer Unzuständigkeit des entscheidenden mitgliedstaatlichen Gerichts zu verweigern (→ Art. 24 Rn. 1). Auch zum ordre public gehört die Zuständigkeit nach Art. 24 S. 3 nicht. Das kann problematisch sein, wenn ein Gericht sich eine Zuständigkeit anmaßt, die für das Kind nachteilig ist oder die gegen die Grundsätze des KindEntfÜbk verstößt. Der EuGH hat diese Bedenken jedoch weitgehend beiseitegeschoben und entschieden, dass eine Entscheidung selbst dann nicht (per se) gegen den ordre public verstößt, wenn unmittelbar nach einer Entführung im Zufluchtsstaat eine Sorgerechtsentscheidung zugunsten des entführenden Elternteils ergeht.[14] Das ist höchst zweifelhaft, denn hier werden die Grundlagen des KindEntfÜbk, das durch die Brüssel IIa-VO respektiert und verstärkt wird (→ Art. 10 Rn. 1, → Art. 11 Rn. 1), ausgehebelt.[15]

10a   Die Entscheidung P/Q folgt dem Wortlaut des Art. 24. Sie lässt aber völlig unberücksichtigt, dass für die Kindesentführung ein international ausgehandeltes System von großer Bedeutung gilt. Ein wesentliches Element dieses Systems besteht darin, dass eine schnelle Zuweisung der Sorge an den Entführer im Zufluchtsstaat ausgeschlossen ist. Wäre eine solche Zuweisung möglich, so bestünde nämlich ein Anreiz zur Entführung. Damit würde das vom KindEntfÜbk verfolgte Ziel der Abschreckung verfehlt. Zwar kann innerhalb der EU eine Entscheidung nach Art. 11 Abs. 8, die möglich bleibt,[16] unter Umständen verhindern, dass das Kind dauerhaft beim Entführer verbleibt. Sie liegt jedoch außerhalb des Abschreckungsmechanismus und lässt sich zudem stets nur schwer angemessen treffen, da das Kind abwesend ist (→ Art. 11 Rn. 16).

10b   In der bedenklichen Entscheidung heißt es weiter, die Anerkennung dürfe nicht allein deshalb versagt werden, weil das Unionsrecht nicht richtig angewandt worden sei, da sonst der Zweck der Brüssel IIa-VO in Frage gestellt werde. Das kann aber dann nicht richtig sein, wenn gerade ein Systembaustein der Brüssel IIa-VO vollständig übersehen wird.

11   **d) Einzelfragen.** Der BGH hat zutreffend entschieden, dass es nicht gegen den ordre public verstößt, wenn im ausländischen Sorgerechtsverfahren ein Verfahrensbeistand nicht vorgesehen ist.[17] Ein Verstoß liegt vielmehr erst dann vor, wenn im Verfahren die Interessen des Kindes in einer nicht hinnehmbaren Weise übergangen worden sind (zur Anhörung des Kindes auch sogleich → Rn. 12 ff.).[18]

12   **2. Anhörung des Kindes (lit. b). a) Allgemeines und Standard der Anhörung.** Art. 23 lit. b sieht, wie der fast gleichlautende Art. 23 Abs. 2 lit. b KSÜ vor, dass bei der Verletzung des Anhörungsrechts des Kindes die Anerkennung versagt werden darf. Das Recht des Kindes auf rechtliches Gehör gehört zu den auch international anerkannten Kinderrechten. Nach Art. 12 Abs. 2 KRK soll ein Kind in einem Gerichtsverfahren über die elterliche Verantwortung gehört werden, sofern es fähig ist, sich eine eigene Meinung zu bilden. Der Standard der Anhörung ist in den Mitgliedstaaten dennoch sehr unterschiedlich.[19] Sowohl das erforderliche Alter des Kindes als auch insbesondere die Unmittelbarkeit der Anhörung werden bei weitem nicht einheitlich gehandhabt. Der deutsche Standard, der vorsieht, dass der Richter persönlich mit dem Kind spricht, und zwar auch schon dann, wenn es noch sehr jung ist – nämlich ab einem Alter von etwa drei Jahren[20] –, ist im europäischen Vergleich sehr hoch.[21]

13   Schon häufiger haben daher deutsche OLG in der fehlenden Anhörung einen Grund gesehen, die in einem anderen Mitgliedstaat ergangene Entscheidung nicht anzuerkennen.[22] Voraussetzung für die Nichtanerkennung ist jedoch stets dreierlei: Das Kind muss bereits alt genug sein, damit es sinnvollerweise angehört werden kann, die Anhörung darf nicht wegen Dringlichkeit unmöglich gewesen sein und die Versäumung der Anhörung muss so schwerwiegend sein, dass „wesentliche verfahrensrechtliche Grundsätze" des Anerkennungsstaats verletzt worden sind. Insgesamt deutet dieser ausführliche Katalog darauf hin, dass die Anerkennung nicht schon dann verweigert werden kann, wenn das ausländische Gericht nicht den Standards des anerkennenden Staates entsprochen hat. Aus deutscher Sicht bedeutet dies, dass sowohl beim Alter der Kinder (→ Rn. 13a) als auch

---

[14] EuGH ECLI:EU:C:2015:763 = NJW 2016, 307 – P/Q.
[15] Krit. auch *Dimmler* FamRB 2016, 137.
[16] EuGH ECLI:EU:C:2015:763 = NJW 2016, 307 Rn. 49 – P/Q.
[17] BGHZ 205, 10 = NJW 2015, 1603.
[18] *Hau* FamRZ 2015, 1101.
[19] *Niethammer-Jürgens/Reuter* FamRB 2015, 98 (99).
[20] BVerfG FamRZ 2007, 105 (107).
[21] *Völker/Steinfatt* FPR 2005, 415.
[22] OLG Schleswig FamRZ 2008, 1761 (fehlende Anhörung von 10- bzw. 6-jährigen Kindern); OLG Hamm BeckRS 2016, 02189 (fehlende Anhörung eines fast 7-jährigen Kindes).

bei der Unmittelbarkeit (→ Rn. 13b) und dem Inhalt der Anhörung Abstriche gemacht werden müssen. Jedoch muss bedacht werden, dass die in § 159 FamFG vorgesehene Anhörung des Kindes ein Kernstück des Kindschaftsverfahrens darstellt und es um das Gehör, aber auch um das Wohl des Kindes geht. Es sollten daher auch nicht zu große Zugeständnisse an andere Gebräuche gemacht werden.[23]

Wenn ein fünf und ein acht Jahre altes Kind in einem Sorgerechtsverfahren, bei dem es darum geht, ob sie in   **13a** Deutschland oder in Belgien leben, weder von dem Sachverständigen noch von dem Richter oder einer sonstigen Person angehört werden, so erscheint es im Ergebnis richtig, einen Verstoß gegen den deutschen ordre public anzunehmen.[24]

Dagegen kann bei einer Entscheidung im Eilverfahren die Anhörung unterbleiben.[25] Ebenfalls besteht kein   **13b** Anerkennungshindernis, wenn das Kind zwar nicht vom Richter, aber von einer geeigneten dritten Person angehört wurde.[26]

b) Kindeswohl und fehlende Anhörung. Problematisch bleibt die Frage, ob bei der Nichtaner-   **14** kennung – so wie in lit. a ausdrücklich vorgesehen – darauf zu achten ist, dass diese nicht als solche gegen das Kindeswohl verstößt. Der Wortlaut des Art. 23 lit. b sieht dies nicht vor. Zugleich wird das Beteiligungsrecht des Kindes durch die gesonderte Regelung in seiner besonderen Bedeutung hervorgehoben. Auch die in lit. c vorgesehene Ausnahme, nach welcher bei Einverständnis der betroffenen Person das Anerkennungshindernis entfällt, findet sich in lit. b nicht. All dies spricht dafür, Art. 23 lit. b mit der hA als zwingenden Anerkennungsversagungsgrund anzusehen. Dennoch muss auch hier gelten, dass die Nichtanerkennung nicht zu Nachteilen für das Kind führen darf. Die zu seinem Schutz gemeinte Norm wäre sonst konterkariert. Wenn nun aber teilweise angenommen wird, bereits bei einem eindeutigen Einverständnis des Kindes entfalle der Nichtanerkennungsgrund, geht das deutlich zu weit.[27] Das Kind würde dadurch gleichsam zum Entscheider darüber, wer die elterliche Sorge innehat. Das bloße „Einverständnis" träte an die Stelle einer umfassenden Anhörung, bei der es nicht darum geht, dem Kind die Entscheidung zwischen seinen Eltern abzuverlangen, sondern zu ermitteln, was seinem Wohl am ehesten dient.

c) Reformpläne. Der **Reformvorschlag**[28] gibt den Anerkennungsverweigerungsgrund der feh-   **15** lenden Kindesanhörung auf (vgl. die Streichung des lit. b in Art. 38 des Entwurfs). Stattdessen wird in Art. 20 des Entwurfs die Anhörung des Kindes als zwingende Verfahrensvoraussetzung vorgesehen. Dieser lehnt sich teilweise an die KRK an und bezieht sich auf ein „Kind, das in der Lage ist, sich seine eigene Meinung zu bilden". Er geht darüber dann aber hinaus, indem verlangt wird, dass dem Kind „die echte und konkrete Gelegenheit gegeben wird, diese Meinung während des Verfahrens frei zu äußern". Dies wird noch um den Hinweis ergänzt, dass das Gericht in der Entscheidung seine Erwägungen bezüglich der Meinung des Kindes darlegen muss. Es ist einerseits zu begrüßen, dass nun gewisse Verfahrensstandards in Hinblick auf die Kindesanhörung formuliert worden sind. Andererseits erfordert es ein hohes, vielleicht auch zu hohes Maß an gegenseitigem Vertrauen, wenn eine Überprüfung im Stadium der Anerkennung und Vollstreckung nicht mehr möglich ist.

3. Fehlende Verteidigungsmöglichkeit (lit. c). Das Anerkennungshindernis der Nichteinlas-   **16** sung infolge fehlender Kenntnis vom Verfahren entspricht Art. 22 lit. b Brüssel IIa-VO und Art. 45 Abs. 1 lit. b Brüssel Ia-VO. Wenn hier nicht von Antragsgegner, sondern von der „betreffenden Person" die Rede ist, hat dies seine Ursache darin, dass Kindschaftsverfahren häufig nichtstreitige Verfahren sind, so dass es im technischen Sinne nicht immer einen Antragsgegner gibt. Erfasst sind somit die Personen, deren sorgerechtliche Stellung Gegenstand des Verfahrens ist, ohne dass sie Antragsteller sind.[29]

Die Nichtanerkennung scheidet aus, wenn festgestellt wird, dass die betroffene Person mit der   **17** Entscheidung „eindeutig" einverstanden ist. Fraglich ist, ob hier – ähnlich wie bei lit. a – die inländischen Rechtsmittel ausgeschöpft worden sein müssen. Die hA verneint dies überzeugend, weil der Verordnungsgeber bewusst einen anderen Wortlaut gewählt hat als in Art. 22 lit. b und Art. 45 Abs. 1 lit. b Brüssel Ia-VO und gerade nicht die Einlegung der möglichen Rechtsmittel im

---

[23] Besonders eng Rauscher/*Rauscher* Rn. 9.

[24] So das OLG München FamRZ 2015, 602 (603); ähnlich OLG Stuttgart FamRZ 2008, 1761.

[25] OLG Stuttgart FamRZ 2014, 1567; bestätigend BGH FamRZ 2016, 1011 (1014).

[26] OLG Oldenburg FamRZ 2012, 1887 (1888) (zu § 109 FamFG); andeutend auch OLG München FamRZ 2015, 602 (603); NK-BGB/*Andrae* Rn. 4; Althammer/*Weller* Rn. 3; **aA** wohl Rauscher/*Rauscher* Rn. 9.

[27] Dafür aber NK-BGB/*Andrae* Rn. 4; *Paraschas* in Geimer/Schütze IRV-HdB Rn. 21; dagegen Althammer/ *Weller* Rn. 4.

[28] KOM (2016), 411.

[29] Ähnlich *Hausmann* IntEuSchR J Rn. 98.

Urteilsstaat verlangt.[30] Streitig ist dann aber weiter, ob das Nichteinlegen eines (möglichen) Rechtsmittels als Indiz dafür angesehen werden kann, dass die betroffene Person einverstanden ist.[31] Das wird man kaum verneinen können, denn wenn eine Person kein Rechtsmittel einlegt, obwohl ihr dies möglich wäre, wird der Grund dafür häufig darin liegen, dass die Person mit der Entscheidung einverstanden ist. Als *einziges* Indiz reicht die fehlende Einlegung von Rechtsmitteln jedoch nicht aus, denn sonst würde der bewusst abweichende Wortlaut ausgehöhlt.[32]

18   **4. Fehlende Anhörung bei Eingriff in elterliche Verantwortung (lit. d).** Art. 23 lit. d ergänzt als speziellen Anerkennungshinderungsgrund aus dem Bereich des rechtlichen Gehörs noch die fehlende Anhörung einer Person, in deren elterliche Verantwortung die ausländische Entscheidung eingegriffen hat. Die Regelung stimmt mit Art. 23 Abs. 2 lit. c KSÜ überein.

19   Geschützt sind hier solche Personen, in deren elterliche Verantwortung durch die Entscheidung eingegriffen wurde. Nach dem weiten Begriffsverständnis der Brüssel IIa–VO kann dies auch Personen umfassen, die nicht die rechtlichen Eltern des Kindes sind (→ Art. 1 Rn. 2, 7). Erfasst sein müssen angesichts des weiten Begriffsverständnisses der Brüssel IIa–VO zudem auch Umgangsrechtseingriffe (Art. 1 Abs. 2 lit. a).[33] Nicht völlig einheitlich wird die Frage beantwortet, ob auch die schon von Abs. 2 lit. c erfassten Personen.– also typischerweise insbesondere die Eltern selbst – sich auf Abs. 2 lit. d berufen können. Der Wortlaut der Norm ist insofern offen. Während teils angenommen wird, der wesentliche Unterschied zu lit. c bestehe darin, dass in lit. d die eigentliche Anhörung (etwa in der mündlichen Verhandlung) gemeint sei,[34] wird überwiegend eine Abgrenzung anhand der betroffenen Personengruppen vorgenommen.[35] Für die letzte Auffassung spricht insbesondere das Antragserfordernis. Dann kann allerdings eine Lücke entstehen, denn Abs. 2 lit. c garantiert eine ausreichende Anhörung der Eltern nicht. Im Ergebnis ist klar, dass die Eltern selbst, sei es als Antragsteller, Antragsgegner oder in sonst von dem Verfahren unmittelbar betroffener Stellung (→ Rn. 16), nicht weniger geschützt sein dürfen als Dritte. Sollte es trotz Wahrung der Anforderungen des Abs. 2 lit. c einmal dazu gekommen sein, dass ein unmittelbar betroffener Elternteil im Verfahren nicht gehört wurde, kommt ein Verstoß gegen den ordre public (lit. a) in Betracht, der von Amts wegen zu beachten ist.

20   Art. 23 lit. d unterscheidet sich von den lit. a–c darin, dass er seinem klaren Wortlaut nach **nur auf Antrag** und nicht von Amts wegen beachtet wird. Fraglich sind auch hier die **Folgen** einer übergangenen Gehörsgewährung. Teils wird, dem Wortlaut der Norm entsprechend, eine Anerkennung in einem solchen Fall kategorisch ausgeschlossen.[36] Aufgrund des weiten Personenkreises, den die Vorschrift erfasst (→ Rn. 19), erscheint dies bedenklich. Dagegen spricht auch, dass lit. d gänzlich ohne die in lit. b enthaltenen Einschränkungen (Eile, schwerwiegender Verstoß) auskommt. Daher sollte eher davon ausgegangen werden, dass der Verordnungsgeber hier die Regelung verkürzt gefasst hat und ähnlich wie bei lit. b eine Abwägung in Hinblick auf die Schwere des Verstoßes erfolgen muss, bevor die Anerkennung versagt wird.

21   **5. Unvereinbarkeit mit eigener späterer Entscheidung (lit. e).** Art. 23 lit. e enthält eine Variante des üblichen und bekannten Anerkennungsverweigerungsgrundes der inländischen *res iudicata*. Die Norm beschränkt das Hindernis auf eine *spätere* inländische Entscheidung. Nur diese steht der Anerkennung einer unvereinbaren ausländischen Entscheidung entgegen. Der Grund hierfür liegt in den Besonderheiten der Verfahren über die elterliche Sorge. Entscheidungen über die elterliche Sorge sind nämlich immer abänderbar. Dem trägt Art. 23 lit. e Rechnung, indem er anordnet, dass die jeweils letzte Entscheidung gilt: Ist die inländische Sorgerechtsentscheidung zuletzt ergangen, so verdrängt sie eine frühere ausländische Sorgerechtsentscheidung und hindert deren Anerkennung.[37] Ist eine jüngere ausländische Entscheidung über die elterliche Sorge dagegen mit einer früheren inländischen unvereinbar, gilt die ausländische Entscheidung als die letzte und wird daher

---

[30] AG Pankow-Weißensee IPRspr. 2009, Nr. 251, 653 (654); *Hausmann* IntEuSchR J Rn. 98; MükoFamFG/ *Gottwald* Rn. 6; MD v. CT (Parental Responsibility Order: Recognition and Enforcement) [2014] EWHC 871 (Fam): keine Anerkennung einer frz. Entscheidung in England, obwohl die Mutter sich nicht gegen die Entscheidung gewehrt hatte.

[31] Dafür *Hausmann* IntEuSchR J Rn. 98; Althammer/*Weller* Rn. 5; *Paraschas* in Geimer/Schütze IRV-HdB Rn. 32.

[32] Ausf. *Dornblüth*, Die europäische Regelung der Anerkennung und Vollstreckbarerklärung von Ehe- und Kindschaftsentscheidungen, 2003, 130 (noch zur Vorgängervorschrift Art. 15); anders HK-ZPO/*Dörner* Rn. 4.

[33] Rauscher/*Rauscher* Rn. 18.

[34] HK-ZPO/*Dörner* Rn. 5.

[35] *Hausmann* IntEuSchR J Rn. 99; Althammer/*Weller* Rn. 6; Rauscher/*Rauscher* Rn. 16.

[36] Rauscher/*Rauscher* Rn. 19.

[37] OLG München FamRZ 2015, 602 (605).

anerkannt. Bei **Eilentscheidungen** gilt das Entsprechende – zu beachten ist aber, dass bei diesen oft gar kein Widerspruch zur Hauptsacheentscheidung bestehen wird.[38] Sie ersetzen die Hauptsacheentscheidung nicht, sondern bauen darauf auf, ergänzen sie, oder reagieren auf ein unabhängig von der Hauptsache bestehendes eiliges Regelungsbedürfnis.

Problematisiert wird teilweise, dass die jüngere, widersprechende Entscheidung gar nicht unbedingt unmittelbar die Sorge betreffen müsse, sondern etwa eine **Statusentscheidung** sein könne. Dann griffe die soeben beschriebene Ratio der Norm nicht durch. Diese Verwirrung ergibt sich insbesondere aus dem Borrás-Bericht, der als Beispiel eine Statusentscheidung (negative Vaterschaftsfeststellung) im Anerkennungsstaat erwähnt.[39] Sowohl dem Wortlaut als auch dem Sinn der Regelung nach kann sie jedoch Statusentscheidungen gar nicht erfassen. **22**

Frühere ausländische Abstammungsentscheidungen unterfallen ohnehin nicht Art. 23. **23** Denn die Brüssel IIa-VO erfasst Abstammungssachen insgesamt nicht. Für Abstammungsentscheidungen gilt daher § 109 FamFG, der die normale *res iudicata*-Regel enthält (§ 109 Abs. 1 Nr. 3 FamFG). Steht dagegen die anzuerkennende Entscheidung im Widerspruch zu einer **früheren inländischen Abstammungsentscheidung,** greift Art. 23 lit. e seinem klaren Wortlaut nach nicht ein. Wenn nun die jüngere ausländische Entscheidung die elterliche Sorge auf eine Person überträgt, die gemäß der inländischen Entscheidung gar keine Elternstellung (mehr) hatte, fehlt es an einer speziellen Regelung in Art. 23. Überzeugend schlägt *Rauscher* vor, in diesem Fall auf lit. a zurückzugreifen.[40] Dann muss also geprüft werden, ob in dem Übergehen der inländischen Entscheidung im ausländischen Sorgerechtsstreit ein Verstoß gegen den deutschen ordre public zu sehen ist.

6. Unvereinbarkeit mit fremder späterer Entscheidung (lit. f). Art. 23 lit. f verfolgt dasselbe **24** Ziel wie Art. 23 lit. e, regelt aber den Fall, dass Entscheidungen aus verschiedenen ausländischen Staaten kollidieren. Auch wenn mehrere ausländische Entscheidungen vorliegen, soll die letzte davon vorgehen. Dabei differenziert die Norm danach, ob die letzte Entscheidung aus einem Mitgliedstaat oder einem Nichtmitgliedstaat stammt. Nichtmitgliedstaatliche Entscheidungen sind nur dann vorrangig, wenn das Kind in dem Staat seinen gewöhnlichen Aufenthalt hatte. Dagegen gehen spätere Entscheidungen aus einem anderen Mitgliedstaat stets vor. Eine sehr ähnliche Regelung enthält Art. 23 Abs. 2 lit. e KSÜ.

7. Verstoß gegen Art. 56 bei der Unterbringung (lit. g). Soll ein Kind in einem anderen **25** Mitgliedstaat in einem Heim oder bei einer Pflegefamilie untergebracht werden, so muss die Zentrale Behörde des anderen Mitgliedstaats vorher zurate gezogen worden sein und sie muss der Unterbringung zugestimmt haben (Art. 56 Abs. 1 und 2). Wenn das nicht erfolgt ist, erkennt der Mitgliedstaat, in dem das Kind untergebracht werden soll, die ausländische Unterbringungs-Entscheidung nach Art. 23 lit. g nicht an (ebenso Art. 23 Abs. 2 lit. f KSÜ).

Art. 24 Brüssel IIa-VO Verbot der Nachprüfung der Zuständigkeit des Gerichts des Ursprungsmitgliedstaats

[1]Die Zuständigkeit des Gerichts des Ursprungsmitgliedstaats darf nicht überprüft werden. [2]Die Überprüfung der Vereinbarkeit mit der öffentlichen Ordnung gemäß Artikel 22 Buchstabe a) und Artikel 23 Buchstabe a) darf sich nicht auf die Zuständigkeitsvorschriften der Artikel 3 bis 14 erstrecken.

Die fehlende internationale Zuständigkeit des Gerichts des Ursprungsstaats ist kein Anerkennungs- **1** hindernis. Das folgt daraus, dass die Zuständigkeit innerhalb der Mitgliedstaaten vereinheitlicht wurde und bloße Rechtsanwendungsfehler durch ein mitgliedstaatliches Gericht nicht von den Gerichten anderer Mitgliedstaaten sanktioniert werden sollen. Letztlich wird das Vertrauen in die zutreffende Anwendung der Brüssel IIa-VO erwartet.[1]

Ausdrücklich ordnet S. 2 an, dass die Nichtanerkennung wegen fehlender Zuständigkeit des **2** Ursprungsgerichts auch nicht mit einem Verstoß gegen den ordre public begründet werden darf. Das kann in bestimmten Fällen – etwa bei einer Kindesentführung – problematisch sein (näher → Art. 23 Rn. 10). Wenn allerdings das Gericht in einem Staat, in welchem das Kind sich gar nicht aufhält, eine Entscheidung trifft und das Kind zugleich wegen dessen Abwesenheit nicht anhört, dann kann ein ordre-public-Verstoß sich aus Art. 23 lit. b ergeben. Ebenso ist es in anderen Fällen,

---

[38] Ähnlich Rauscher/*Rauscher* Rn. 24 aE.

[39] *Borrás*-Bericht Nr. 73.

[40] Rauscher/*Rauscher* Rn. 23; dem zuneigend auch Althammer/*Weller* Rn. 7.

[1] Besonders krit. Althammer/*Weller* Rn. 2.

in denen der ordre-public-Verstoß sich gerade nicht aus der fehlenden Zuständigkeit als solcher, sondern aus anderen Umständen ergibt.[2]

3   Obwohl die Norm Art. 15 nicht benennt, wird dieser nach Auffassung des EuGH ebenfalls erfasst. Auch ein Verstoß gegen Art. 15 kann also nicht als Anerkennungsversagungsgrund angesehen werden.[3]

Art. 25 Brüssel IIa-VO Unterschiede beim anzuwendenden Recht

Die Anerkennung einer Entscheidung darf nicht deshalb abgelehnt werden, weil eine Ehescheidung, Trennung ohne Auflösung des Ehebandes oder Ungültigerklärung einer Ehe nach dem Recht des Mitgliedstaats, in dem die Anerkennung beantragt wird, unter Zugrundelegung desselben Sachverhalts nicht zulässig wäre.

(Art. 25 nicht kommentiert)

Art. 26 Brüssel IIa-VO Ausschluss einer Nachprüfung in der Sache

Die Entscheidung darf keinesfalls in der Sache selbst nachgeprüft werden.

1   Eine inhaltliche Überprüfung der Entscheidung in der Sache, die sog. *révision au fond* findet – wie überhaupt im internationalen Zivilverfahrensrecht – im Rahmen einer Anerkennung nicht statt. Die Norm bestätigt nur ausdrücklich, was sich auch bereits aus Art. 23 ergibt.

Art. 27 Brüssel IIa-VO Aussetzung des Verfahrens

(1) Das Gericht eines Mitgliedstaats, vor dem die Anerkennung einer in einem anderen Mitgliedstaat ergangenen Entscheidung beantragt wird, kann das Verfahren aussetzen, wenn gegen die Entscheidung ein ordentlicher Rechtsbehelf eingelegt wurde.

(2) Das Gericht eines Mitgliedstaats, bei dem die Anerkennung einer in Irland oder im Vereinigten Königreich ergangenen Entscheidung beantragt wird, kann das Verfahren aussetzen, wenn die Vollstreckung der Entscheidung im Ursprungsmitgliedstaat wegen der Einlegung eines Rechtsbehelfs einstweilen eingestellt ist.

1   Nach Art. 21 Abs. 1 erfolgt die Anerkennung, „ohne dass es hierfür eines besonderen Verfahrens bedarf". Die Entscheidungen gelten also automatisch in allen Mitgliedstaaten und bedürfen keiner formellen Anerkennung. Ausländische Entscheidungen entfalten danach im Inland bereits Wirkungen, bevor sie im Ursprungsstaat bestandskräftig und vollstreckbar geworden sind. Ein mit der Anerkennung befasstes Gericht kann jedoch nach Art. 27 das Verfahren aussetzen, wenn im Ursprungsstaat Rechtsbehelfe gegen die Entscheidung eingelegt worden sind (Art. 27 Abs. 1) oder wenn – im Verhältnis zu Irland oder dem Vereinigten Königreich – die Vollstreckung der Entscheidung einstweilen eingestellt worden ist (Art. 27 Abs. 2). Das ist besonders dann von Bedeutung, wenn das Gericht, wie in Art. 21 Abs. 4 vorgesehen, im Rahmen eines inländischen Verfahrens inzident über die Anerkennung entscheiden muss. Es ist dann in aller Regel sinnvoll, den endgültigen Ausgang des ausländischen Verfahrens abzuwarten.

2   Die Vollstreckung im Inland ist nach Art. 28 ohnehin erst dann möglich, wenn die Entscheidung auch im Urteilsstaat vollstreckbar ist.

Abschnitt 2. Antrag auf Vollstreckbarerklärung

Art. 28 Brüssel IIa-VO Vollstreckbare Entscheidungen

(1) Die in einem Mitgliedstaat ergangenen Entscheidungen über die elterliche Verantwortung für ein Kind, die in diesem Mitgliedstaat vollstreckbar sind und die zugestellt worden sind, werden in einem anderen Mitgliedstaat vollstreckt, wenn sie dort auf Antrag einer berechtigten Partei für vollstreckbar erklärt wurden.

(2) Im Vereinigten Königreich wird eine derartige Entscheidung jedoch in England und Wales, in Schottland oder in Nordirland erst vollstreckt, wenn sie auf Antrag einer berech-

---

[2] Mit Beispielen, *Paraschas* in Geimer/Schütze IRV-HdB Rn. 7; Althammer/*Weller* Rn. 3; Rauscher/*Rauscher* Rn. 3.
[3] EuGH ECLI:EU:C:2015:763 = NJW 2016, 307 Rn. 43 ff. – P/Q.

tigten Partei zur Vollstreckung in dem betreffenden Teil des Vereinigten Königreichs registriert worden ist.

Übersicht

I. Bedeutung der Art. 28 ff.

Die Art. 28 ff. regeln die Vollstreckung von Entscheidungen über die elterliche Verantwortung. Die **1** Brüssel IIa-VO folgt dabei dem klassischen System der Vollstreckbarerklärung des ausländischen Titels durch ein inländisches Gericht (Exequaturverfahren). Erst die Vollstreckbarerklärung ist Grundlage für die Vollstreckung im Inland. Voraussetzung der Vollstreckbarerklärung ist die (inzidente) Anerkennung nach Art. 21 ff. Für das Verfahren enthalten die Art. 28 ff. bestimmte Vorgaben, die darauf gerichtet sind, Zügigkeit und Einheitlichkeit zu erreichen.[1] Ergänzend gilt das autonome nationale Recht.

Die Art. 28 ff. gelten zwar grundsätzlich für die Vollstreckung aller Entscheidungen aus dem **2** Bereich der elterlichen Verantwortung (zum Begriff → Art. 1 Rn. 1 ff.), zu beachten sind jedoch die speziellen Regelungen in Art. 40 ff. Diese enthalten besondere Bestimmungen für eine einfachere, nämlich unmittelbare Vollstreckung von Entscheidungen über das Umgangsrecht und über die Rückgabe entführter Kinder nach Art. 11 Abs. 8.

II. Vollstreckung ausländischer Entscheidungen

1. Entscheidungen. Vollstreckt werden können ausländische vollstreckbare Entscheidungen. **3** Dazu gehören auch Eilentscheidungen, soweit sie auf die Zuständigkeitsvorschriften der Brüssel IIa-VO gestützt wurden und damit überhaupt erst den Art. 21 ff. unterfallen (→ Art. 20 Rn. 15).[2] Vollstreckbare öffentliche Urkunden und Vergleiche sind den Entscheidungen gleichgestellt (Art. 46). Die Entscheidung, die Urkunde oder der Vergleich muss einen vollstreckungsfähigen Inhalt haben. Das ist bei Umgangs- und Herausgaberegelungen in aller Regel der Fall (zu beachten ist hier aber die bedeutsame Überlagerung durch Art. 40 ff.). Dagegen gibt es bei einfachen Sorgerechtsentscheidungen häufig keinen vollstreckbaren Inhalt (zur Vollstreckbarkeit sogleich → Rn. 5).[3] Auch ausländische Kostenfeststellungsbeschlüsse sind nach Art. 28 ff. für vollstreckbar zu erklären (Art. 49).

Eine vollstreckbare ausländische Entscheidung ist immer dann in einem anderen Mitgliedstaat für **4** vollstreckbar zu erklären, wenn eine „berechtigte Partei" dies beantragt, kein Anerkennungshindernis nach Art. 23 vorliegt (Art. 31 Abs. 2) und die formalen Voraussetzungen für die Vollstreckbarerklärung vorliegen. Aus Art. 36 ergibt sich, dass eine Entscheidung über mehrere Gegenstände nur hinsichtlich einzelner dieser Gegenstände vollstreckt werden kann. Gegebenenfalls kann eine teilweise Vollstreckbarerklärung und eine teilweise Anerkennungsfeststellung nach Art. 21 Abs. 3 erfolgen.[4]

2. Vollstreckungsvoraussetzungen. a) Vollstreckbarkeit der ausländischen Entscheidung. 5 Voraussetzung der Vollstreckbarerklärung ist stets, dass die ausländische Entscheidung ihrerseits **vollstreckbar** ist.[5] In der Regel wird davon gesprochen, die Entscheidung müsse „abstrakt" vollstreckbar sein, um klarzustellen, dass es nicht darauf ankommt, ob im konkreten Fall die Vollstreckung im Ursprungsstaat erfolgen kann.[6] Die Vollstreckbarkeit wird in Punkt 9.1 des nach Art. 37, 39 einzureichenden Formblatts bestätigt. Wie Art. 35 zeigt, reicht die **vorläufige Vollstreckbarkeit** aus. Denn danach kann der Vollstreckungsgegner in der Beschwerdeinstanz die Aussetzung des Verfahrens beantragen, wenn gegen die ausländische Entscheidung im Ursprungsstaat ein Rechtsmittel eingelegt wurde.

---

[1] NK-BGB/*Andrae* Rn. 1.
[2] Zuletzt BGH NJW 2015, 1603.
[3] Näher Rauscher/*Rauscher* Rn. 8; auch *Schulte-Bunert* FamRZ 2007, 1608 (1609).
[4] OLG München FamRZ 2015, 602.
[5] Näher Althammer/*Arnold* Rn. 11 ff.
[6] Rauscher/*Rauscher* Rn. 16; Althammer/*Arnold* Rn. 11.

6   **b) Zustellung der ausländischen Entscheidung.** Die ausländische Entscheidung muss außerdem auch ordnungsgemäß zugestellt worden sein. Wenn eine grenzüberschreitende Zustellung nötig war, muss die Zustellung den Vorgaben der EuZVO entsprechen. Die Zustellung kann im Vollstreckungsverfahren noch nachgeholt werden.[7] Jedoch darf nicht der Zweck der Zustellung verfehlt werden, der darin liegt, dem Vollstreckungsschuldner die Möglichkeit zu geben, die Verpflichtung – die das Kind betrifft – freiwillig zu erfüllen.[8] In Punkt 9.2 des nach Art. 37, 39 einzureichenden Formblatts wird die Zustellung bestätigt.

7   **c) Antrag einer berechtigten Partei.** Der Begriff der Partei ist hier nicht technisch zu verstehen. Nach deutschem Recht gibt es in Sorge- und Umgangsverfahren überhaupt keine „Parteien". Berechtigt sind nach allgemeiner Ansicht diejenigen, die ein unmittelbares Interesse an der Vollstreckung haben. Dazu gehören jedenfalls die Eltern und das Kind.[9] Hinzu kommen die Personen, die von der Entscheidung unmittelbar betroffen sind, etwa der Umgangsberechtigte oder der Vormund.[10]

7a   Für die formalen Voraussetzungen des Antrags gilt § 16 Abs. 2 und 3 IntFamRVG (vgl. Art. 30).

III. Hinweise zum Vollstreckungsverfahren

8   **1. Geltendes Recht.** In prozessualer Hinsicht macht die Brüssel IIa–VO nur bestimmte, grundlegende und auf die zügige Durchführung der Vollstreckbarerklärung ausgerichtete Vorgaben. Soweit die Brüssel IIa–VO keine Regelungen trifft, gilt für das Vollstreckungsverfahren das Recht des Staates, in dem das Verfahren stattfindet (lex fori). Im deutschen Verfahren über die Vollstreckbarerklärung einer ausländischen Entscheidung gilt also das deutsche Verfahrensrecht. Für die Vollstreckbarerklärung gilt insbesondere das IntFamRVG, das Ausführungsvorschriften zu den Art. 28 ff. enthält. Nach § 16 Abs. 1 IntFamRVG bedarf ein ausländischer vollstreckbarer Titel einer Vollstreckungsklausel, deren Form und Inhalt in § 23 IntFamRVG noch näher beschrieben sind.

9   Die **eigentliche Vollstreckung** erfolgt gem. Art. 47 Abs. 1 nach dem autonomen deutschen Recht, also nach §§ 86 ff. FamFG. Nur für die unmittelbare Vollstreckung nach Art. 40 ff. enthält § 44 IntFamRVG noch besondere Vorschriften, die für die Vollstreckung selbst gelten.

10   **2. Notwendige Unterlagen.** Welche Unterlagen der Antragsteller seinem Antrag auf Vollstreckbarerklärung beizufügen hat, bestimmen die Art. 37 ff. Es handelt sich um dieselben Unterlagen, die auch bei einem Antrag auf förmliche Anerkennung einer ausländischen Entscheidung vorzulegen sind (Art. 30 Abs. 3). Beizufügen ist zunächst die Entscheidung. Erforderlich ist eine Original-Ausfertigung (Art. 37 Abs. 1 lit. a). Eine Kopie reicht nicht. Außerdem muss die Bescheinigung des Ursprungsstaats nach Art. 39 beigelegt werden (Art. 37 Abs. 1 lit. b). Hierin bescheinigt die zuständige Behörde des Ursprungsstaats auf dem Formblatt des Anh. II zur Brüssel IIa–VO, zwischen wem und worüber entschieden worden ist. Die für die Vollstreckung wesentlichen Angaben – wie das Vorliegen einer Versäumnisentscheidung, die Vollstreckbarkeit, die erfolgte Zustellung – werden dort so eingetragen, dass sie auch ohne Sprachverständnis ablesbar sind. In Deutschland wird diese Bescheinigung vom Urkundsbeamten des jeweiligen Gerichts ausgestellt (§ 48 Abs. 1 IntFamRVG).

11   Ist die ausländische Entscheidung in Abwesenheit des Antragsgegners ergangen **(Versäumnisentscheidung),** muss außerdem die Urschrift oder beglaubigte Abschrift derjenigen Urkunde vorgelegt werden, aus der sich ergibt, dass der Antragsgegner korrekt geladen worden ist (Art. 37 Abs. 2 lit. a). Diese Urkunde muss auf Verlangen übersetzt werden (Art. 38 Abs. 2). Von der Vorlage kann unter den in Art. 38 Abs. 1 genannten Umständen abgesehen werden. Die Vorlage ist außerdem nicht erforderlich, wenn der Antragsgegner mit der Entscheidung einverstanden ist (Art. 37 Abs. 2 lit. b).

12   **3. Prozesskostenhilfe und Sicherheitsleistung.** Soweit der Antragsteller im ausländischen Ursprungsstaat Kostenbefreiung erhalten hat, muss ihm auch im Inland Prozesskostenhilfe (§ 76 Abs. 1 FamFG, §§ 114 ff. ZPO) gewährt werden (Art. 50).

13   Ob der Vollstreckungsgläubiger Sicherheit für die Vollstreckung aus einem noch nicht bestandskräftigen Titel zu leisten hat, bestimmt jeder Vollstreckungsstaat selbst. Nach Art. 51 jedoch darf einem Antragsteller die Sicherheitsleistung nicht allein deswegen auferlegt werden, weil er im Inland keinen gewöhnlichen Aufenthalt hat oder weil er kein Deutscher ist.

14   **4. Übersicht über die Rechtsbehelfe.** Die Besonderheit des Vollstreckungsverfahrens nach der Brüssel IIa–VO (das insofern aber insbesondere der Brüssel I–VO entspricht) besteht darin, dass jegliche Einwände gegen die Vollstreckbarerklärung erst in der Beschwerdeinstanz vorgebracht wer-

---

[7] HK-ZPO/*Dörner* Rn. 5; Althammer/*Arnold* Rn. 14.
[8] Nur MüKoFamFG/*Gottwald* Rn. 9; *Paraschas* in *Geimer/Schütze* IRV-HdB Rn. 19.
[9] Rauscher/*Rauscher* Rn. 15.
[10] NK-BGB/*Andrae* Rn. 5; Althammer/*Arnold* Rn. 6 mwN.

den dürfen. Die Brüssel IIa-VO macht verhältnismäßig gründliche Vorgaben für die statthaften Rechtsbehelfe. Gegen die Entscheidung über den Antrag auf Vollstreckbarerklärung ist innerhalb eines Monats oder – bei gewöhnlichem Aufenthalt des Antragsgegners im Ausland – innerhalb zweier Monate ein Rechtsbehelf statthaft (Art. 33 Abs. 1 und 5). In Deutschland ist die Beschwerde zum Oberlandesgericht vorgesehen (§ 24 IntFamRVG). Gegen die Entscheidung des Oberlandesgerichts ist die Rechtsbeschwerde zum Bundesgerichtshof gegeben (Art. 34 Brüssel IIa-VO, §§ 28 ff. IntFamRVG).

Das Rechtsmittelverfahren ist kontradiktorisch (Art. 33 Abs. 2, § 26 IntFamRVG). Der BGH hat **15** mit ausführlicher Begründung entschieden, dass die Bestellung eines Verfahrensbeistands für das Kind nicht erforderlich ist, weil eine Überprüfung in der Sache gerade nicht erfolge.[11] Dem kann gefolgt werden, soweit nicht übersehen wird, dass es in bestimmten Fällen (insbesondere in Bezug auf das nach Art. 23 lit. a beachtliche Kindeswohl) anders sein kann.

Art. 29 Brüssel IIa-VO Örtlich zuständiges Gericht

(1) Ein Antrag auf Vollstreckbarerklärung ist bei dem Gericht zu stellen, das in der Liste aufgeführt ist, die jeder Mitgliedstaat der Kommission gemäß Artikel 68 mitteilt.

(2) Das örtlich zuständige Gericht wird durch den gewöhnlichen Aufenthalt der Person, gegen die die Vollstreckung erwirkt werden soll, oder durch den gewöhnlichen Aufenthalt eines Kindes, auf das sich der Antrag bezieht, bestimmt.

Befindet sich keiner der in Unterabsatz 1 angegebenen Orte im Vollstreckungsmitgliedstaat, so wird das örtlich zuständige Gericht durch den Ort der Vollstreckung bestimmt.

Nach Art. 29 Abs. 1 sind die Mitgliedstaaten verpflichtet, die zuständigen Gerichte für die Voll- **1** streckbarerklärung ausländischer Entscheidungen zu benennen. Dabei wird in Abs. 2 aber für die **örtliche Zuständigkeit** eine eigenständige Regelung getroffen. Danach sind die Gerichte am gewöhnlichen Aufenthaltsort des Vollstreckungsgegners und am gewöhnlichen Aufenthaltsort des Kindes zuständig. Die damit noch offene **sachliche Zuständigkeit** ergibt sich aus §§ 23a, 23b GVG und liegt bei den Amtsgerichten. Funktional ist das Familiengericht zuständig.[1] Für den Fall, dass das Familiengericht unterschiedliche Abteilungen hat, sieht § 23b Abs. 2 S. 3 GVG eine weitere Konzentration bei der Abteilung vor, für deren Verfahren §§ 10, 12 IntFamRVG eingreifen.

Deutschland hat für die **örtliche Zuständigkeit** in § 12 IntFamRVG ergänzend zu Art. 29 Abs. 2 **2** eine Zuständigkeitskonzentration vorgesehen. Danach ist das Familiengericht, in dessen Bezirk ein Oberlandesgericht seinen Sitz hat, für den gesamten OLG-Bezirk zuständig (§ 12 Abs. 1 IntFamRVG). In Berlin ist nach § 12 Abs. 2 IntFamRVG das AG Pankow/Weißensee zuständig. Niedersachsen hat von der Ermächtigung in § 12 Abs. 3 IntFamRVG Gebrauch gemacht. Danach ist dort nun stets das AG Celle zuständig.[2]

Der EuGH hat für den Bereich des internationalen Unterhaltsrechts, wo in Deutschland nach **3** dem AUG (§ 28) eine Zuständigkeitskonzentration ebenfalls vorgesehen ist, bereits über deren europarechtliche Zulässigkeit entschieden.[3] Die Entscheidung ist leider nicht sehr klar ausgefallen.[4] Danach soll die Zuständigkeitskonzentration unzulässig sein, „es sei denn, diese Regelung trägt zur Verwirklichung des Ziels einer ordnungsgemäßen Rechtspflege bei und schützt die Interessen des Unterhaltsberechtigten, indem sie zugleich eine effektive Durchsetzung von Unterhaltsansprüchen begünstigt". Die Prüfung dieser Voraussetzungen soll Sache des nationalen Gerichts sein, welches mit der Vollstreckung befasst ist. Hierzu ist mit Nachdruck zu sagen, dass es bei der Zuständigkeitskonzentration in Bezug auf die Vollstreckbarerklärung genau darum geht, zugunsten der Betroffenen die Effektivität des Verfahrens zu steigern. Dies gilt zumindest für die Kindschaftsverfahren im Bereich der Brüssel IIa-VO und des IntFamRVG, wo von einer besonderen Sachkunde und Erfahrung der Konzentrationsgerichte profitiert werden kann.[5] Zu bedenken ist auch, dass es sich in erster Instanz typischerweise um ein schriftliches Verfahren handelt und in zweiter Instanz ohnehin das OLG zuständig ist. Lange Wege ergeben sich daher kaum. Insgesamt besteht somit keine Gefahr eines erschwerten Zugangs zur Justiz infolge der Zuständigkeitskonzentration. Daher ist die Regelung in

---

[11] BGHZ 205, 10 = NJW 2015, 1603 Rn. 21 ff.
[1] Nur *Hausmann* IntEuSchR J Rn. 147.
[2] NdsZustVO-Justiz vom 7.7.2002.
[3] EuGH ECLI:EU:C:2014:2461 = NJW 2015, 683 – Sanders.
[4] Zu den in der Praxis verbleibenden Unsicherheiten *Rasch* NZFam 2015, 239.
[5] Deutlich BT-Drs. 15/3981, 22.

§ 12 IntFamRVG als europarechtlich zulässig anzusehen,[6] auch für eine abweichende Beurteilung nach Einzelfallprüfung durch das Gericht bleibt hier kein Raum.

Art. 30 Brüssel IIa-VO Verfahren

(1) Für die Stellung des Antrags ist das Recht des Vollstreckungsmitgliedstaats maßgebend.

(2) [1]Der Antragsteller hat für die Zustellung im Bezirk des angerufenen Gerichts ein Wahldomizil zu begründen. [2]Ist das Wahldomizil im Recht des Vollstreckungsmitgliedstaats nicht vorgesehen, so hat der Antragsteller einen Zustellungsbevollmächtigten zu benennen.

(3) Dem Antrag sind die in den Artikeln 37 und 39 aufgeführten Urkunden beizufügen.

1   In Deutschland sind die Einzelheiten des Antrags, der auf Erteilung einer Vollstreckungsklausel gerichtet ist, in §§ 16 ff. IntFamRVG geregelt.

2   Wohnt der Antragsteller im Ausland, ist die Zustellung der gerichtlichen Schriftstücke erschwert. Art. 30 Abs. 2 verpflichtet deshalb den Antragsteller, im Bezirk des angerufenen Gerichts ein Wahldomizil zu begründen oder – wo das wie in Deutschland nicht möglich ist – einen Zustellungsbevollmächtigten (§ 17 IntFamRVG) zu benennen. Ist ein solcher nicht benannt worden, kann die Zustellung entweder durch Aufgabe zur Post (§ 184 ZPO) erfolgen, oder – ohne dass dies aber zwingend wäre – nach den Vorgaben der EuZVO.[1*]

Art. 31 Brüssel IIa-VO Entscheidung des Gerichts

(1) Das mit dem Antrag befasste Gericht erlässt seine Entscheidung ohne Verzug und ohne dass die Person, gegen die die Vollstreckung erwirkt werden soll, noch das Kind in diesem Abschnitt des Verfahrens Gelegenheit erhalten, eine Erklärung abzugeben.

(2) Der Antrag darf nur aus einem der in den Artikeln 22, 23 und 24 aufgeführten Gründe abgelehnt werden.

(3) Die Entscheidung darf keinesfalls in der Sache selbst nachgeprüft werden.

1   Gemäß Art. 31 Abs. 1 und § 18 Abs. 1 IntFamRVG hat das Vollstreckungsgericht schnell zu entscheiden. Insbesondere erfolgt die Vollstreckbarerklärung zunächst ohne Anhörung des Antraggegners und des Kindes allein auf Grundlage der vorgelegten Schriftstücke (Art. 37). Es ist vorgesehen, dass der Antragsgegner erst im Rechtsmittelverfahren seine Einwände geltend machen kann (Art. 33 Abs. 3).[1] Das ist eine auch aus anderen EU-Verordnungen bekannte Methode der Beschleunigung, die den in der EU geltenden Grundsatz des gegenseitigen Vertrauens in moderater Form umsetzt.[2] Die noch einen Schritt weiter gehende unmittelbare Vollstreckbarkeit wurde in Kindschaftssachen nicht gewählt.

2   Im Rahmen der **geplanten Reform** stellt die Umstellung auf ein System, das der Brüssel Ia-VO ähnelt, ein zentrales Element dar.[3] Nach dem Vorschlag für die Neufassung der Brüssel IIa-VO soll die unmittelbare Vollstreckbarkeit des ausländischen Titels eingeführt werden. Diese hängt dann nur von der Erfüllung bestimmter Voraussetzungen ab (wie unter anderem der Anhörung des Kindes), die in einem Formblatt bestätigt werden müssen. Der Vollstreckungsgegner hat dann die Möglichkeit, die Versagung der Vollstreckung im Inland zu beantragen. Die Gründe für die Versagung gleichen den im bisherigen Art. 23 enthaltenen Nichtanerkennungsgründen – jedoch fehlt das Hindernis der fehlenden Anhörung des Kindes. Das bereitet Sorge, weil der EuGH bereits entschieden hat, dass die Angaben in dem Formblatt (das es derzeit mit ähnlicher Wirkung schon für Umgangssachen und bei der Kindesherausgabe gibt), im Anerkennungsstaat nicht überprüft werden dürfen.[4]

3   In Deutschland ist die Zuständigkeitskonzentration des § 12 Abs. 2 IntFamRVG (→ Art. 29 Rn. 2) bei den Familiengerichten am Sitz der Oberlandesgerichte ein wesentlicher Baustein für eine schnelle Vollstreckbarerklärung, da dort hohe Spezialkompetenz besteht.

---

6 Für § 28 AUG aA *Mayer* FamRZ 2015, 641 (642); *Rellermeyer* Rpfleger 2015, 288 (290).
1* MüKoFamFG/*Gottwald* Rn. 4; NK-BGB/*Andrae* Rn. 4.
1 Näher NK-BGB/*Andrae* Rn. 2.
2 Dazu auch Althammer/*Arnold* Rn. 6.
3 KOM (2016), 411, S. 4 ff.
4 EuGH Slg. 2008, I-5271 = NJW 2008, 2973 – Rinau.

Die Entscheidung ist dem Antragsteller unverzüglich mitzuteilen (Art. 32, § 21 IntFamRVG), und **4** zwar in Deutschland durch Aushändigung einer vollstreckbaren Ausfertigung der Vollstreckbarerklärung mit Vollstreckungsklausel (§ 23 IntFamRVG) und unter Hinweis auf die Brüssel IIa-VO (§§ 20, 23 IntFamRVG).

Inhaltlich ist die Überprüfung der Entscheidung über die elterliche Sorge nach Abs. 2 auf die **5** Anerkennungsversagungsgründe des Art. 23 beschränkt.[5] Abs. 3 wiederholt gesondert, dass eine Überprüfung in der Sache nicht zulässig ist.

Art. 32 Brüssel IIa-VO Mitteilung der Entscheidung

Die über den Antrag ergangene Entscheidung wird dem Antragsteller vom Urkundsbeamten der Geschäftsstelle unverzüglich in der Form mitgeteilt, die das Recht des Vollstreckungsmitgliedstaats vorsieht.

(Art. 32 nicht kommentiert)

Art. 33 Brüssel IIa-VO Rechtsbehelf

(1) Gegen die Entscheidung über den Antrag auf Vollstreckbarerklärung kann jede Partei einen Rechtsbehelf einlegen.

(2) Der Rechtsbehelf wird bei dem Gericht eingelegt, das in der Liste aufgeführt ist, die jeder Mitgliedstaat der Kommission gemäß Artikel 68 mitteilt.

(3) Über den Rechtsbehelf wird nach den Vorschriften entschieden, die für Verfahren mit beiderseitigem rechtlichen Gehör maßgebend sind.

(4) [1]Wird der Rechtsbehelf von der Person eingelegt, die den Antrag auf Vollstreckbarerklärung gestellt hat, so wird die Partei, gegen die die Vollstreckung erwirkt werden soll, aufgefordert, sich auf das Verfahren einzulassen, das bei dem mit dem Rechtsbehelf befassten Gericht anhängig ist. [2]Lässt sich die betreffende Person auf das Verfahren nicht ein, so gelten die Bestimmungen des Artikels 18.

(5) [1]Der Rechtsbehelf gegen die Vollstreckbarerklärung ist innerhalb eines Monats nach ihrer Zustellung einzulegen. [2]Hat die Partei, gegen die die Vollstreckung erwirkt werden soll, ihren gewöhnlichen Aufenthalt in einem anderen Mitgliedstaat als dem, in dem die Vollstreckbarerklärung erteilt worden ist, so beträgt die Frist für den Rechtsbehelf zwei Monate und beginnt mit dem Tag, an dem die Vollstreckbarerklärung ihr entweder persönlich oder in ihrer Wohnung zugestellt worden ist. [3]Eine Verlängerung dieser Frist wegen weiter Entfernung ist ausgeschlossen.

Art. 33 enthält die wesentlichen Vorgaben für den Rechtsbehelf gegen die Vollstreckbarerklärung **1** durch die erste Instanz. In Deutschland ist dieser im IntFamRVG näher ausgestaltet. Nach §§ 24 ff. IntFamRVG ist die Beschwerde zum Oberlandesgericht statthaft (→ Art. 28 Rn. 14).

Art. 34 Brüssel IIa-VO Für den Rechtsbehelf zuständiges Gericht und Anfechtung der Entscheidung über den Rechtsbehelf

Die Entscheidung, die über den Rechtsbehelf ergangen ist, kann nur im Wege der Verfahren angefochten werden, die in der Liste genannt sind, die jeder Mitgliedstaat der Kommission gemäß Artikel 68 mitteilt.

In Deutschland ist nach §§ 28 ff. IntFamRVG die Rechtsbeschwerde zum BGH statthaft **1** (→ Art. 28 Rn. 14).

Art. 35 Brüssel IIa-VO Aussetzung des Verfahrens

(1) [1]Das nach Artikel 33 oder Artikel 34 mit dem Rechtsbehelf befasste Gericht kann auf Antrag der Partei, gegen die die Vollstreckung erwirkt werden soll, das Verfahren aussetzen, wenn im Ursprungsmitgliedstaat ein ordentlicher Rechtsbehelf gegen die Entscheidung eingelegt wurde oder die Frist für einen solchen Rechtsbehelf noch nicht verstri-

---

[5] BGH NJW 2015, 1603.

chen ist.[2]In letzterem Fall kann das Gericht eine Frist bestimmen, innerhalb deren der Rechtsbehelf einzulegen ist.

(2) Ist die Entscheidung in Irland oder im Vereinigten Königreich ergangen, so gilt jeder im Ursprungsmitgliedstaat statthafte Rechtsbehelf als ordentlicher Rechtsbehelf im Sinne des Absatzes 1.

1   Art. 35 sieht für das Beschwerdegericht die Möglichkeit vor, das Verfahren auf Antrag auszusetzen, wenn im Ursprungsstaat ein Rechtsmittel gegen die Entscheidung eingelegt wurde. So soll verhindert werden, dass im Anerkennungsstaat bereits aus einer Entscheidung vollstreckt wird, die im Urteilsstaat möglicherweise wieder aufgehoben wird.[1*] Es handelt sich um eine Ermessensentscheidung. Die Norm verdeutlicht noch einmal, dass die Rechtskraft der ausländischen Entscheidung nicht Voraussetzung der Vollstreckbarerklärung ist. Die erste Instanz hat die Möglichkeit der Aussetzung nicht und muss die Vollstreckungsklausel auch dann erteilen, wenn im Ausland ein Rechtsmittel anhängig ist.

Art. 36 Brüssel IIa-VO Teilvollstreckung

(1) Ist mit der Entscheidung über mehrere geltend gemachte Ansprüche entschieden worden und kann die Entscheidung nicht in vollem Umfang zur Vollstreckung zugelassen werden, so lässt das Gericht sie für einen oder mehrere Ansprüche zu.

(2) Der Antragsteller kann eine teilweise Vollstreckung beantragen.

1   → Art. 28 Rn. 4.

Abschnitt 3. Gemeinsame Bestimmungen für die Abschnitte 1 und 2

Art. 37 Brüssel IIa-VO Urkunden

(1) Die Partei, die die Anerkennung oder Nichtanerkennung einer Entscheidung oder deren Vollstreckbarerklärung erwirken will, hat Folgendes vorzulegen:
a) **eine Ausfertigung der Entscheidung, die die für ihre Beweiskraft erforderlichen Voraussetzungen erfüllt,**
    und
b) **die Bescheinigung nach Artikel 39.**

(2) Bei einer im Versäumnisverfahren ergangenen Entscheidung hat die Partei, die die Anerkennung einer Entscheidung oder deren Vollstreckbarerklärung erwirken will, ferner Folgendes vorzulegen:
a) **die Urschrift oder eine beglaubigte Abschrift der Urkunde, aus der sich ergibt, dass das verfahrenseinleitende Schriftstück oder ein gleichwertiges Schriftstück der Partei, die sich nicht auf das Verfahren eingelassen hat, zugestellt wurde,**
    oder
b) **eine Urkunde, aus der hervorgeht, dass der Antragsgegner mit der Entscheidung eindeutig einverstanden ist.**

1   Für die Anerkennung von Entscheidungen aus Mitgliedstaaten werden verschiedene Unterlagen benötigt. Nach Art. 37 Abs. 1 lit. a muss derjenige, der die Anerkennung einer ausländischen Entscheidung im Inland beantragt, eine beweiskräftige Ausfertigung der Entscheidung vorlegen. Eine Legalisation von Urkunden ist hier, wie generell, nicht vorgesehen (Art. 52). Eine Übersetzung der Entscheidung ist ebenfalls nicht erforderlich. Denn der Inhalt der Entscheidung ergibt sich aus der Bescheinigung nach Art. 39, die der Ursprungsstaat ausstellt und die nach Abs. 1 lit. b ebenfalls vorzulegen ist. Das Formblatt für diese Bescheinigung ist so gefasst, dass sich die wesentlichen Inhalte daraus auch ohne Übersetzung ablesen lassen.

2   Bei der **Inzidentanerkennung** sind die Unterlagen ebenfalls erforderlich, soweit Streit zwischen den Beteiligten besteht. Sie sind von demjenigen vorzulegen, der sich auf die ausländische Entscheidung beruft.[1] Besteht zwischen den Betroffenen über den Inhalt und die Wirksamkeit der ausländischen Entscheidung Einigkeit und sind auch Bedenken hinsichtlich des Kindeswohls oder des ordre public nicht gegeben, sollte darauf verzichtet werden können.[2]

[1*] Althammer/*Arnold* Rn. 1 ff. mit weiteren Einzelheiten; auch MüKoFamFG/*Gottwald* Rn. 2 ff.
[1]   Althammer/*Arnold* Rn. 2.
[2]   HK-ZV/*Netzer* Rn. 3.

Eine weitere Urkunde wird nach Abs. 2 erforderlich, wenn die anzuerkennende Entscheidung **3** im **Versäumnisverfahren** oder sonst in einem einseitigen Verfahren ergangen ist. Die hier vorzulegenden Urkunden sollen eine Prüfung des Anerkennungsversagungsgrunds nach Art. 23 lit. c (bzw. Art. 22 lit. b) ermöglichen.[3]

Art. 38 Brüssel IIa-VO Fehlen von Urkunden

(1) Werden die in Artikel 37 Absatz 1 Buchstabe b) oder Absatz 2 aufgeführten Urkunden nicht vorgelegt, so kann das Gericht eine Frist setzen, innerhalb deren die Urkunden vorzulegen sind, oder sich mit gleichwertigen Urkunden begnügen oder von der Vorlage der Urkunden befreien, wenn es eine weitere Klärung nicht für erforderlich hält.

(2) [1]Auf Verlangen des Gerichts ist eine Übersetzung der Urkunden vorzulegen. [2]Die Übersetzung ist von einer hierzu in einem der Mitgliedstaaten befugten Person zu beglaubigen.

Art. 38 zeigt auf, wie vorzugehen ist, wenn das Formblatt fehlt (Art. 37 Abs. 1 lit. b) oder der **1** Zustellungsnachweis bzw. die Einverständniserklärung bei einseitigem Verfahren (Art. 37 Abs. 2) nicht vorgelegt werden. Die Norm hat das Ziel, die Anerkennung nicht an formalen Hindernissen scheitern zu lassen, wenn das Gericht sicher erkennen kann, dass die materiellen Voraussetzungen gegeben sind.[1] Da das Gericht ohne Vorliegen des Formblatts die ausländische Entscheidung oft nicht verstehen wird, kann nach Abs. 2 eine Übersetzung verlangt werden.[2]

Im Grunde zeigt sich hier eine gewisse Widersprüchlichkeit innerhalb der Brüssel IIa-VO. Wäh- **2** rend sie nämlich offenbar davon ausgeht, dass es schwierig oder sogar unmöglich sein kann, in einem Mitgliedstaat die nötigen Formblätter überhaupt zu erhalten, sieht sie andererseits vor, dass ein einmal erteiltes Formblatt als richtig ausgefüllt gilt, selbst wenn sich erhebliche Zweifel daran auftun (→ Art. 41 Rn. 9). Beides ist aber deshalb stimmig und so gewollt, weil es insgesamt darum geht, die Anerkennung ausländischer Entscheidungen zu ermöglichen und zu vereinfachen.

Art. 39 Brüssel IIa-VO Bescheinigung bei Entscheidungen in Ehesachen und bei Entscheidungen über die elterliche Verantwortung

Das zuständige Gericht oder die Zuständige Behörde des Ursprungsmitgliedstaats stellt auf Antrag einer berechtigten Partei eine Bescheinigung unter Verwendung des Formblatts in Anhang I (Entscheidungen in Ehesachen) oder Anhang II (Entscheidungen über die elterliche Verantwortung) aus.

Die in Art. 39 vorgesehene Bescheinigung ist so gefasst, dass sie es auch ohne Sprachkenntnisse **1** ermöglicht, alle wichtigen Inhalte der ausländischen Entscheidung zu verstehen (auch schon → Art. 37 Rn. 1). In Deutschland ist nach § 48 IntFamRVG der Urkundsbeamte der Geschäftsstelle des Gerichts zuständig, welches die Entscheidung erlassen hat.

Abschnitt 4.
Vollstreckbarkeit bestimmter Entscheidungen über das Umgangsrecht und bestimmter Entscheidungen, mit denen die Rückgabe des Kindes angeordnet wird

Art. 40 Brüssel IIa-VO Anwendungsbereich

(1) Dieser Abschnitt gilt für
a) das Umgangsrecht
und
b) die Rückgabe eines Kindes infolge einer die Rückgabe des Kindes anordnenden Entscheidung gemäß Artikel 11 Absatz 8.

(2) Der Träger der elterlichen Verantwortung kann ungeachtet der Bestimmungen dieses Abschnitts die Anerkennung und Vollstreckung nach Maßgabe der Abschnitte 1 und 2 dieses Kapitels beantragen.

---

[3] Althammer/*Schäuble* Rn. 5; *Hausmann* IntEuSchR J Rn. 202.
[1] Althammer/*Schäuble* Rn. 1; MükoFamFG/*Gottwald* Rn. 2.
[2] Ausf. zur gerichtlichen Ermessensentscheidung dabei Rauscher/*Rauscher* Rn. 9.

1   Die Art. 40 ff. enthalten eine wesentliche Ausnahme zu Art. 28 ff. und indirekt auch zu Art. 23. Ausländische Entscheidungen über das Umgangsrecht (Art. 40 Abs. 1 lit. a, 41) und über die Rückgabe entführter Kinder nach Art. 11 Abs. 8 (Art. 40 Abs. 1 lit. b, 42) sind danach ohne Exequaturverfahren auch in den anderen Mitgliedstaaten vollstreckbar. Zusätzliche Voraussetzung ist nur die in Art. 41, 42 vorgesehenen besonderen Bescheinigungen aus dem Ursprungsstaat. Die Vollstreckung wird für diese Entscheidungen damit stark vereinfacht.[1] Der EU-rechtliche Grundsatz des gegenseitigen Vertrauens führt dazu, dass eine Überprüfung der Entscheidung aus dem anderen Mitgliedstaat nicht mehr erfolgt.[2]

2   Die Regelung soll dem besonderen Bedürfnis nach schnellem Vollzug im Umgangsrecht (→ Art. 41 Rn. 1) und bei der Kindesrückführung Rechnung tragen. Nach Art. 40 Abs. 2 können die Eltern alternativ jedoch auch beantragen, dass diese Entscheidungen nach den normalen Vorschriften der Art. 21 ff. und 28 ff. anerkannt und für vollstreckbar erklärt werden.[3]

Art. 41 Brüssel IIa-VO Umgangsrecht

(1) Eine in einem Mitgliedstaat ergangene vollstreckbare Entscheidung über das Umgangsrecht im Sinne des Artikels 40 Absatz 1 Buchstabe a), für die eine Bescheinigung nach Absatz 2 im Ursprungsmitgliedstaat ausgestellt wurde, wird in einem anderen Mitgliedstaat anerkannt und kann dort vollstreckt werden, ohne dass es einer Vollstreckbarerklärung bedarf und ohne dass die Anerkennung angefochten werden kann.

Auch wenn das nationale Recht nicht vorsieht, dass eine Entscheidung über das Umgangsrecht ungeachtet der Einlegung eines Rechtsbehelfs von Rechts wegen vollstreckbar ist, kann das Gericht des Ursprungsmitgliedstaats die Entscheidung für vollstreckbar erklären.

(2) Der Richter des Ursprungsmitgliedstaats stellt die Bescheinigung nach Absatz 1 unter Verwendung des Formblatts in Anhang III (Bescheinigung über das Umgangsrecht) nur aus, wenn

a) im Fall eines Versäumnisverfahrens das verfahrenseinleitende Schriftstück oder ein gleichwertiges Schriftstück der Partei, die sich nicht auf das Verfahren eingelassen hat, so rechtzeitig und in einer Weise zugestellt wurde, dass sie sich verteidigen konnte, oder wenn in Fällen, in denen bei der Zustellung des betreffenden Schriftstücks diese Bedingungen nicht eingehalten wurden, dennoch festgestellt wird, dass sie mit der Entscheidung eindeutig einverstanden ist;

b) alle betroffenen Parteien Gelegenheit hatten, gehört zu werden, und

c) das Kind die Möglichkeit hatte, gehört zu werden, sofern eine Anhörung nicht aufgrund seines Alters oder seines Reifegrads unangebracht erschien.
Das Formblatt wird in der Sprache ausgefüllt, in der die Entscheidung abgefasst ist.

(3) ¹Betrifft das Umgangsrecht einen Fall, der bei der Verkündung der Entscheidung einen grenzüberschreitenden Bezug aufweist, so wird die Bescheinigung von Amts wegen ausgestellt, sobald die Entscheidung vollstreckbar oder vorläufig vollstreckbar wird. ²Wird der Fall erst später zu einem Fall mit grenzüberschreitendem Bezug, so wird die Bescheinigung auf Antrag einer der Parteien ausgestellt.

Übersicht

---

[1] Näher zur Entwicklung des hier erstmals verwirklichten „EU-Vollstreckungstitels" Rauscher/*Rauscher* Rn. 1; zum „Europäischen Besuchstitel" auch *Solomon* FamRZ 2004, 1409 (1419) mwN.

[2] EuGH ECLI:EU:C:2010:828 = FamRZ 2011, 355 Rn. 46 – Aguirre Zarraga; zu den entstehenden grundrechtlichen Defiziten *Britz* JZ 2012, 105 (109 f.).

[3] Näher dazu Althammer/*Gärtner* Rn. 12 ff.

I. Bedeutung

Art. 41 sieht vor, dass ausländische Umgangsentscheidungen in den anderen Mitgliedstaaten ohne **1**
Vollstreckbarerklärung unmittelbar vollstreckt werden können. Damit soll versucht werden, die
gerichtlichen Regelungen über den Umgang eines Kindes mit einem Elternteil, die ohnehin häufig
sehr schwer durchsetzbar sind, zu beschleunigen und zu vereinfachen.

Im Ausgangspunkt muss man bedenken, dass es zu gerichtlichen Regelungen über den Umgang **2**
typischerweise überhaupt erst kommt, nachdem der sorgeberechtigte Elternteil dem anderen den
Umgang mit dem Kind hartnäckig verweigert hat. Oft wird dieser Widerstand auch noch dann
fortgesetzt, wenn eine gerichtliche Regelung besteht. Dann ist eine schnelle Vollstreckung nötig, da
es sonst zu längeren Unterbrechungen des Umgangs kommt, die der Beziehung zwischen Umgangs-
berechtigtem und Kind schaden. Im schlimmsten Fall kann es sogar geschehen, dass der sorgeberechtigte Elternteil mit dem Kind in das Ausland umzieht, um den Umgang zu behindern. Die Brüssel IIa-
VO reagiert darauf nicht nur mit den Art. 40 und 41, sondern auch bei den Zuständigkeitsregelungen
(Art. 9).

Voraussetzung für die Vollstreckung in einem anderen Staat ist nach Art. 41 Abs. 1 nur die nach **3**
Abs. 2 vorgesehene Bescheinigung (Anh. III zur Brüssel IIa-VO). Die Anerkennungshinderungs-
gründe des Art. 23 werden nicht geprüft. Insbesondere ein Verstoß gegen den ordre public bleibt
unbeachtet.[1] Zur Problematik der Vollstreckung selbst → Art. 47 Rn. 3.

II. Voraussetzungen der unmittelbaren Vollstreckbarkeit

1. Umgangsregelung. Art. 41 erfasst nur Umgangsregelungen iSd Art. 2 Nr. 10. Danach betrifft **4**
das Umgangsrecht nicht nur den Kontakt mit dem Kind, sondern „insbesondere auch das Recht,
das Kind für eine begrenzte Zeit an einen anderen Ort als seinen gewöhnlichen Aufenthaltsort zu
bringen" (→ Art. 1 Rn. 5). Typischerweise geht es um das Recht des nicht personensorgeberechtigten Elternteils, Zeit mit dem Kind zu verbringen. Erfasst sind jedoch auch die Umgangsrechte
weiterer Personen, wie der Großeltern oder des leiblichen aber nicht rechtlichen Vaters (§§ 1685,
1686a BGB).

2. Bescheinigung. Zentrales Element der EU-weiten Vollstreckbarkeit des Umgangstitels ist die **5**
Bescheinigung, die der Richter im Ursprungsmitgliedstaat unter den Voraussetzungen des Abs. 2
ausstellt. Die Bescheinigung selbst ist jedoch kein Vollstreckungstitel. Sie ist nach Art. 44 nur im
Rahmen der Vollstreckbarkeit der ausländischen Entscheidung wirksam und muss zusammen mit
der Entscheidung vorgelegt werden, um deren Vollstreckung zu bewirken (Art. 45 Abs. 1).

Der Inhalt der Bescheinigung ergibt sich aus dem Formblatt „Bescheinigung gemäß Artikel 41 **6**
Abs. 1 über die Entscheidungen über das Umgangsrecht" in **Anh. III zur** Brüssel IIa-VO.[2] Das
Formblatt wird nach Art. 41 Abs. 2 S. 2 in der **Sprache** ausgefüllt, in der die Umgangsentscheidung
abgefasst ist (Art. 41 Abs. 2 S. 2) (→ Art. 45 Rn. 2).

a) Ausstellung. Die Bescheinigung wird entweder von Amts wegen oder auf Antrag ausgestellt **7**
(Art. 41 Abs. 3). Von Amts wegen wird sie ausgestellt, wenn der grenzüberschreitende Bezug schon
bei der Verkündung der Umgangsentscheidung besteht und die grenzüberschreitende Vollstreckbarkeit notwendig macht. Das ist dann der Fall, wenn schon bei Abschluss des Verfahrens erkennbar
ist, dass der Umgang grenzüberschreitend erfolgen wird.[3]

Kommt es erst später zu einem Umzug in das Ausland, kann der Umgangsberechtigte noch **8**
nachträglich eine Bescheinigung beantragen (Art. 41 Abs. 3 S. 2). Die Anforderungen an das Rechtsschutzbedürfnis sollten dann nicht zu hoch angesetzt werden. Wenn vorgetragen wird, dass ein
Umzug eines Beteiligten ins Ausland im Raum steht, sollte dies angesichts des Normzwecks, der
in der unbedingten Verhinderung von Umgangsunterbrechungen besteht – wobei gewisse präventive
Nebeneffekte nicht unerwünscht sein können –, als ausreichend angesehen werden.

Es ist streitig, ob nur der Richter, der die Entscheidung erlassen hat, für die Bescheinigung **9**
zuständig ist oder ob dafür eine andere Stelle benannt werden darf. Letzteres wird teils unter Hinweis
auf den insofern abweichenden Wortlaut des Art. 42 Abs. 2 S. 1 vertreten.[4] Das wäre aber sinnwidrig
und wird daher von der hA überzeugend abgelehnt.[5] In Deutschland wird die Bescheinigung von
dem Gericht ausgestellt, das die jeweils vollstreckbare Entscheidung als Eingangs- oder Rechtsmittelgericht getroffen hat (§ 48 Abs. 2 IntFamRVG).

---

[1] HK-ZPO/*Dörner* Rn. 11; Althammer/*Gärtner* Art. 40 Rn. 1; näher → Art. 42 Rn. 12.
[2] Abgedruckt in ABl. 2003 L 338, S. 24 f.
[3] Näher MüKoFamFG/*Gottwald* Rn. 9 f.
[4] *Paraschas* in Geimer/Schütze IRV-HdB Rn. 11.
[5] Althammer/*Gärtner* Rn. 8; Magnus/Mankowski/*Magnus* Rn. 20; Rauscher/*Rauscher* Rn. 11.

10   **b) Anforderungen an das Verfahren im Ursprungsstaat.** Art. 41 Abs. 2 sieht drei wesentliche Voraussetzungen für die Ausstellung der Bescheinigung vor. Nach Abs. 2 lit. a muss bei einer Versäumnisentscheidung (oder einem sonstigen einseitigen Verfahren) die ordnungsgemäße Zustellung nachgewiesen sein (vgl. den parallelen Nichtanerkennungsgrund in Art. 23 lit. c, zu den Einzelheiten → Art. 23 Rn. 16 f.). Außerdem müssen nach Abs. 2 lit. b alle betroffenen Personen die Möglichkeit gehabt haben, im Verfahren gehört zu werden (vgl. den parallelen Nichtanerkennungsgrund in Art. 23 lit. d). Schließlich muss nach Abs. 2 lit. c auch das Kind „die Möglichkeit gehabt haben, gehört zu werden", sofern eine Anhörung nicht aufgrund seines Alters oder seines Reifegrads unangebracht erschien. Auch bei dieser letzten Voraussetzung wird zwar wiederum auf einen wichtigen Nichtanerkennungsgrund Bezug genommen (Art. 23 Abs. 2 lit. b), jedoch ist die Formulierung weiter und es muss eingeräumt werden, dass dem ausstellenden Richter hier viel Spielraum gelassen wird. Das gilt auch dann, wenn man verlangt, dass nicht der Maßstab des nationalen Rechts, sondern ein autonomer europäischer Maßstab angelegt wird.[6] Bedenklich ist vor allem zweierlei: Zum einen reicht die bloße Möglichkeit der Anhörung – ob diese stattgefunden hat, ist nicht erheblich –, zum anderen kann der Maßstab für Alter und Reife in verschiedenen Staaten sehr unterschiedlich sein.[7] Der EuGH hat zudem entschieden, dass die Bescheinigung selbst bei an diesem Punkt fehlerhafter Ausfüllung für den Vollstreckungsstaat verbindlich bleibt (auch noch → Art. 42 Rn. 12).[8]

11   **c) Berichtigung.** Nach Art. 43 Abs. 2 sind Rechtsbehelfe gegen die Ausstellung der Bescheinigung nicht möglich, jedoch kann gem. Art. 43 Abs. 1 die Berichtigung der Bescheinigung im Ursprungsstaat beantragt werden. In Deutschland geschieht dies nach § 49 IntFamRVG entsprechend § 319 ZPO (zum Ausschluss der Überprüfung durch die Gerichte des Vollstreckungsstaats → Art. 42 Rn. 12).

III. Vollstreckbarkeit und Vollzug

12   **1. Vollstreckbarkeit.** Die ausländische Entscheidung muss vollstreckbar sein (vgl. dazu auch Formblatt, Punkt 8). Das bedeutet nicht, dass sie rechtskräftig sein muss. Vielmehr bestimmt Art. 41 Abs. 1 S. 2, dass das Gericht im Ursprungsstaat die Vollstreckbarkeit aussprechen darf, selbst wenn eine solche (vorläufige) Vollstreckbarkeit im autonomen nationalen Recht nicht vorgesehen ist.

13   **2. Modalitäten der Ausübung des Umgangsrechts.** Der Vollstreckungsstaat kann die praktischen Modalitäten der Ausübung des Umgangsrechts regeln, wenn die notwendigen Vorkehrungen nicht oder nicht genügend bereits in der Entscheidung des Ursprungsstaats getroffen wurden. Dabei darf jedoch der Wesensgehalt der Umgangsentscheidung nicht berührt werden (Art. 48 Abs. 1). Der Ursprungsstaat kann die Modalitäten des Vollstreckungsstaats durch eine nachträgliche eigene Regelung wieder ersetzen (Art. 48 Abs. 2).

14   **3. Vollzug.** Werden die in Art. 45 genannten Urkunden vorgelegt, muss die Vollstreckung der ausländischen Entscheidung erfolgen. Sie richtet sich gem. Art. 47 Abs. 1 nach dem Recht des Vollstreckungsstaats (näher → Art. 47 Rn. 1). Nach Art. 47 Abs. 2 erfolgt sie unter denselben Bedingungen, die für die im Inland ergangenen Entscheidungen gelten.

Art. 42 Brüssel IIa-VO Rückgabe des Kindes

(1) Eine in einem Mitgliedstaat ergangene vollstreckbare Entscheidung über die Rückgabe des Kindes im Sinne des Artikels 40 Absatz 1 Buchstabe b), für die eine Bescheinigung nach Absatz 2 im Ursprungsmitgliedstaat ausgestellt wurde, wird in einem anderen Mitgliedstaat anerkannt und kann dort vollstreckt werden, ohne dass es einer Vollstreckbarerklärung bedarf und ohne dass die Anerkennung angefochten werden kann.

Auch wenn das nationale Recht nicht vorsieht, dass eine in Artikel 11 Absatz 8 genannte Entscheidung über die Rückgabe des Kindes ungeachtet der Einlegung eines Rechtsbehelfs von Rechts wegen vollstreckbar ist, kann das Gericht des Ursprungsmitgliedstaats die Entscheidung für vollstreckbar erklären.

(2) Der Richter des Ursprungsmitgliedstaats, der die Entscheidung nach Artikel 40 Absatz 1 Buchstabe b) erlassen hat, stellt die Bescheinigung nach Absatz 1 nur aus, wenn

---

[6] So Rauscher/*Rauscher* Rn. 28; NK-BGB/*Benicke* Art. 42 Rn. 9; dagegen die wohl **hA** *Hausmann* IntEuSchR J Rn. 222; MüKoFamFG/*Gottwald* Rn. 9.

[7] Krit. zu den unterschiedl. Standards der Kindesanhörung schon *Coester-Waltjen* FamRZ 2005, 241 (248).

[8] EuGH ECLI:EU:C:2010:828 = FamRZ 2011, 355 Rn. 54 ff. – Aguirre Zarraga; zur Unangreifbarkeit der Bescheinigung auch schon Slg. 2010, I-6673 = FamRZ 2010, 1229 Rn. 73 ff. – Povse I; Slg. 2008, I-5271 = NJW 2008, 2973 Rn. 85 ff. – Rinau.

a) das Kind die Möglichkeit hatte, gehört zu werden, sofern eine Anhörung nicht aufgrund seines Alters oder seines Reifegrads unangebracht erschien,
b) die Parteien die Gelegenheit hatten, gehört zu werden, und
c) das Gericht beim Erlass seiner Entscheidung die Gründe und Beweismittel berücksichtigt hat, die der nach Artikel 13 des Haager Übereinkommens von 1980 ergangenen
   Entscheidung zugrunde liegen.

Ergreift das Gericht oder eine andere Behörde Maßnahmen, um den Schutz des Kindes
nach seiner Rückkehr in den Staat des gewöhnlichen Aufenthalts sicherzustellen, so sind
diese Maßnahmen in der Bescheinigung anzugeben.

Der Richter des Ursprungsmitgliedstaats stellt die Bescheinigung von Amts wegen unter
Verwendung des Formblatts in Anhang IV (Bescheinigung über die Rückgabe des Kindes)
aus.

Das Formblatt wird in der Sprache ausgefüllt, in der die Entscheidung abgefasst ist.

Übersicht

I. Bedeutung

Art. 42 regelt die Voraussetzungen der unmittelbaren Vollstreckbarkeit für die in Art. 40 Abs. 1 **1**
lit. b benannten Fälle, in denen nach Art. 11 Abs. 8 die Herausgabe eines Kindes angeordnet wurde.
Gemäß Art. 11 Abs. 8 kann nach einer Kindesentführung der Herkunftsstaat des Kindes die Herausgabe des Kindes selbst dann anordnen, wenn der Zufluchtsstaat die Rückführung aus Gründen des
Art. 13 KindEntfÜbk abgelehnt hat (→ Art. 11 Rn. 15). Bei einer solchen Entscheidung handelt
es sich gewissermaßen um das letzte Wort im Kindesentführungsstreit.

In Fortsetzung des Gedankens des Art. 11 Abs. 8 soll mit Art. 42 sichergestellt werden, dass die **2**
Entscheidung des nach der Brüssel IIa-VO sorgerechtlich zuständigen Gerichts, die gegenüber den
Gerichten im Zufluchtsstaat nach Art. 11 Abs. 8 Vorrang hat, im Zufluchtsstaat sofort und ohne
Anfechtungsmöglichkeit vollstreckt wird. Bei der Vollstreckung im Zufluchtsstaat soll es nicht zu
einer nochmaligen Überprüfung kommen können. Die Norm enthält damit neben Art. 10 und 11
eine weitere wichtige Ergänzung für die Verfahren auf Kindesrückführung nach einer Kindesentführung. Dieser Verfahrensablauf führt dazu, dass ein Staat, in dem zunächst die Rückführung eines
Kindes aus den engen Gründen des Art. 13 KindEntfÜbk abgelehnt wurde, wenig später die Herausgabe vollstrecken muss. Es verwundert nicht, dass diese Konstellation den EuGH und den EGMR
schon mehrfach beschäftigt hat.[1] Sie darf nicht dazu führen, dass die Vollstreckung aus Gründen
abgelehnt wird, die außerhalb des Vollstreckungsverfahrens selbst liegen (zur Vollstreckung selbst
→ Art. 47 Rn. 3).[2] Das in den Art. 11 Abs. 8, 42 vorgesehene Verfahren als solches verstößt auch
nicht gegen die EMRK.[3]

Art. 42 ist im Ansatz als Parallelregelung zu Art. 41 ausgestaltet. Jedoch weicht Art. 42 Abs. 2 – **3**
aufgrund des anderen Verfahrensgegenstands – bei den Voraussetzungen für die Bescheinigung, die
auch hier notwendiges Element der Vollstreckbarkeit ist, deutlich von Art. 41 ab.

II. Entscheidung über Rückgabe

1. Rückgabeentscheidung. Art. 42 bezieht sich, wie sich aus Art. 40 Abs. 1 lit. b ergibt, aus- **4**
schließlich auf Entscheidungen, die nach Art. 11 Abs. 8 die Rückgabe eines entführten Kindes
anordnen. Erfasst ist die Situation, dass zunächst ein Gericht im Zufluchtsstaat die Rückführung aus
den in Art. 13 KindEntfÜbk vorgesehenen Gründen abgelehnt hat. Das nach Art. 8 oder 10 zuständige Gericht am gewöhnlichen Aufenthalt des Kindes hat sodann entschieden, dass das Kind doch

---

[1] EuGH Slg. 2008, I-5271 = NJW 2008, 2973 – Rinau; Slg. 2010, I-6673 = FamRZ 2010, 1229 – Povse I;
ECLI:EU:C:2010:828 = FamRZ 2011, 355 – Aguirre Zarraga; EGMR FamRZ 2013, 1793 – Povse II;
FamRZ 2015, 469 – M.A. gegen Österreich; auch Cass. fr. Rec. Dalloz 2013, 1515 (1519) mit Anm. *Boiché*.
[2] EGMR FamRZ 2015, 469 Ls. – M.A. gegen Österreich.
[3] EGMR FamRZ 2013, 1793 Ls. 2 – Povse II.

zurückzuführen ist. Dagegen greift Art. 40 nicht ein, wenn das Gericht, das über die Herausgabe entscheidet, sich irrtümlich auf Art. 11 Abs. 8 stützt.[4]

Auch bei einer Doppelentführung (Rückentführung), wie sie etwa im Fall Tiemann erfolgte,[5] sind Art. 11 Abs. 8 und Art. 42 anwendbar. Dort war ein Kind aus Deutschland entführt und aus Frankreich wieder rückentführt worden. Die Sorgerechtsentscheidung des ursprünglichen Ursprungsstaats (Deutschland) geht hier der für die Rückführung ablehnenden Entscheidung im ersten Zufluchtsstaat (Frankreich) vor. Das führt zu der Konsequenz, dass die Rückentführung gleichsam „bestätigt" wird. Denkt man an das Kind, das möglichst selten aus seinem Umfeld herausgerissen werden soll, liegt darin letztlich idR das geringere Übel (→ KindEntfÜbk Art. 3 Rn. 25 ff.).

5   **2. Bescheinigung.** Das Gericht, das nach der Brüssel IIa-VO über die Rückgabe in einem Verfahren über die elterliche Verantwortung entschieden hat, stellt eine „Bescheinigung gemäß Artikel 42 Absatz 1 über Entscheidungen über die Rückgabe des Kindes" aus und benutzt dabei das Formblatt, wie es sich aus Anh. IV zur Brüssel IIa-VO ergibt.[6] In Deutschland wird die Bescheinigung von dem Gericht ausgestellt, das als Eingangsinstanz (Familiengericht) oder als Rechtsmittelinstanz (OLG, BGH) über die Rückgabe entschieden hat (§ 48 Abs. 2 IntFamRVG).

6   Der Inhalt der Bescheinigung ergibt sich aus dem Formblatt in Anh. IV zur Brüssel IIa-VO.[7] Unter Nr. 14 des Formblatts sind ggf. diejenigen Maßnahmen anzugeben, die im Inland getroffen werden, um den Schutz des Kindes nach seiner Rückkehr in den Staat des gewöhnlichen Aufenthalts sicherzustellen (Art. 42 Abs. 2 S. 2). Wenn es hier Eintragungen gibt, muss die Partei, welche die Rückgabeentscheidung im anderen Mitgliedstaaten durchsetzen will, diesen Punkt übersetzen lassen (Art. 45 Abs. 2).

7   Das Gericht stellt die Bescheinigung nach Art. 42 Abs. 2 S. 4 in seiner Amtssprache aus (→ Art. 45 Rn. 2).

8   **a) Verfahren.** Die Bescheinigung wird stets von Amts wegen ausgestellt (Art. 42 Abs. 2 S. 3), da die Rückführung (anders als das Umgangsrecht, Art. 41 Abs. 3) per se grenzüberschreitenden Bezug hat.

9   **b) Anforderungen an das Verfahren im Ursprungsstaat.** Art. 42 Abs. 2 S. 1 nennt – im Ansatz parallel zu Art. 41 Abs. 2 – die Voraussetzungen, die für das Ausstellen der Bescheinigung erfüllt sein müssen.

10   Die Anhörung des Kindes ist hier an erste Stelle gerückt. Das Kind muss nach Abs. 2 lit. a, soweit es seinem Alter und seiner Reife entspricht, die Möglichkeit gehabt haben, angehört zu werden (dazu → Art. 41 Rn. 9). Weitere Voraussetzung nach Abs. 2 lit. b ist, dass den Parteien rechtliches Gehör gewährt worden ist. Schließlich muss das Gericht nach Abs. 2 lit. c bei seiner Entscheidung die Gründe und Beweismittel berücksichtigt haben, die im Zufluchtsstaat nach Art. 13 KindEntfÜbk zur Ablehnung der Rückführung geführt haben. Dabei handelt es sich um einen wesentlichen Punkt, der mit der geplanten Reform der Brüssel IIa-VO noch deutlicher gemacht werden soll. Schon heute wird in der deutschen Kommentarliteratur überzeugend verlangt, dass die Berücksichtigung der Ablehnungsgründe in der Begründung der Entscheidung im Ursprungsstaat zum Ausdruck kommen müsse.[8] Wenn allerdings teils verlangt wird, diesbezüglich seien Einzelheiten in das Formblatt einzutragen, geht das wohl zu weit. Denn in Art. 45 ist an diesem Punkt keine Übersetzung vorgesehen, was klar dagegen spricht, dass inhaltliche Eintragungen gemacht werden sollen.[9] Stellt der Richter die Bescheinigung jedoch aus, ohne dass die verlangte Berücksichtigung in ausreichendem Maß erfolgt ist, tritt die Vollstreckbarkeit dennoch ein – das Gericht im Vollstreckungsstaat prüft die Richtigkeit nicht nach (auch noch → Rn. 12).[10]

11   **c) Berichtigung und Überprüfung.** Gegen die Ausstellung einer Bescheinigung gibt es kein Rechtsmittel (Art. 43 Abs. 2). Die Bescheinigung kann jedoch nach dem Recht des Ursprungsstaats berichtigt werden, wenn sie falsch ist (Art. 43 Abs. 1). In Deutschland gilt hierfür § 319 ZPO entsprechend (§ 49 IntFamRVG).[11]

12   Im Vollstreckungsstaat werden die Bescheinigung und die ihr zugrundeliegende Entscheidung nicht überprüft. Der EuGH hat dazu in der Sache *Aguirre Zarraga* entschieden, dass letztlich nicht

---

[4] OGH IPRax 2014, 543.

[5] Mit diesem Fall befasste sich das OLG Celle zweimal, das BVerfG fünfmal und frz. Gerichte mind. zweimal; OLG Celle DEuFamR 1999, 62; BVerfGE 99, 145 = NJW 1999, 651; BVerfG NJW 1999, 2175.

[6] Abgedruckt in ABl. 2003 L 338, S. 26 f.

[7] Abgedruckt in ABl. 2003 L 338, S. 26 f.

[8] MüKoFamFG/*Gottwald* Rn. 6; HK-ZPO/*Dörner* Rn. 7.

[9] Wie hier NK-BGB/*Benicke* Rn. 14; anders Rauscher/*Rauscher* Rn. 16.

[10] EuGH ECLI:EU:C:2010:828 = FamRZ 2011, 355 Rn. 54 ff. – Aguirre Zarraga.

[11] *Dilger* in Geimer/Schütze IRV-HdB Art. 11 Rn. 33.

die Bescheinigung sondern die dieser zugrunde liegende Entscheidung maßgeblich sei.[12] Er hat jedoch eine Überprüfung durch die Gerichte im Vollstreckungsstaat in Bezug auf beides ausgeschlossen. Dabei betraf die Entscheidung des EuGH einen Fall, in dem im Ursprungsstaat noch nicht alle zur Verfügung stehenden Rechtsmittel ausgeschöpft waren. Jedenfalls in einer solchen Konstellation kommt eine Überprüfung im Vollstreckungsstaat nicht in Frage.[13] Vor diesem Hintergrund ist die Entscheidung des EuGH teils aufgrund der klaren Zuweisung von Prüfungskompetenzen begrüßt worden.[14] Mit Blick auf die Verfahrensgrundrechte des Kindes[15] und wegen der starken Betonung des „Full Faith and Credit"-Grundsatzes hat sie aber auch Kritik erfahren.[16]

Noch nicht explizit entschieden ist die Frage, ob es in einem Fall, in dem alle Rechtsmittel im **13** Ursprungsstaat ausgeschöpft sind und die Entscheidung trotzdem einen schweren Verstoß gegen Grundrechte (zB rechtliches Gehör des Kindes) aufweist, doch eine Möglichkeit besteht, die Vollstreckung abzulehnen.[17] Der Duktus der Entscheidung *Aguirre Zarraga* mit der mehrfachen Betonung des Grundsatzes des gegenseitigen Vertrauens spricht eher dagegen, dass der EuGH dies zulassen wird.[18] Auch die Anwendung der EU-Grundrechtecharta ist wegen Art. 51 EU-Grundrechtecharta nur mit Vorsicht möglich. Eine Kontrolle des dem nationalen Recht unterliegenden Kindschaftsverfahrens trägt diese nicht. Für den unwahrscheinlichen Fall, dass trotz Ausschöpfung des Rechtswegs im Ursprungsstaats eine Bescheinigung weitergegeben wird, die eine Anhörung des Kindes bestätigt, ohne dass eine solche in irgendeiner Weise erfolgt ist, muss aber die Vollstreckung angehalten und das Recht auf Gehör (Art. 41 Abs. 2 lit. a EU-GRCh) durchgesetzt werden können.[19]

III. Vollstreckbarkeit und Vollzug

1. Vollstreckbarkeit. Die ausländische Entscheidung muss vollstreckbar sein (s. dazu → Art. 41 **14** Rn. 11).

2. Vollzug. Werden die in Art. 45 genannten Urkunden vorgelegt, muss die Vollstreckung der **15** ausländischen Entscheidung erfolgen. Sie richtet sich gem. Art. 47 Abs. 1 nach dem Recht des Vollstreckungsstaats (näher → Art. 47 Rn. 1). Nach Art. 47 Abs. 2 erfolgt sie unter denselben Bedingungen, die für die im Inland ergangenen Entscheidungen gelten.

Art. 43 Brüssel IIa-VO Klage auf Berichtigung

(1) Für Berichtigungen der Bescheinigung ist das Recht des Ursprungsmitgliedstaats maßgebend.

(2) Gegen die Ausstellung einer Bescheinigung gemäß Artikel 41 Absatz 1 oder Artikel 42 Absatz 1 sind keine Rechtsbehelfe möglich.

Für den Antrag auf Berichtigung gilt gem. § 49 IntFamRVG in Deutschland § 319 ZPO entsprechend. **1**

Art. 44 Brüssel IIa-VO Wirksamkeit der Bescheinigung

Die Bescheinigung ist nur im Rahmen der Vollstreckbarkeit des Urteils wirksam.

(Art. 44 nicht kommentiert) **1**

Art. 45 Brüssel IIa-VO Urkunden

(1) Die Partei, die die Vollstreckung einer Entscheidung erwirken will, hat Folgendes vorzulegen:

---

[12] EuGH ECLI:EU:C:2010:828 = FamRZ 2011, 355 – Aguirre Zarraga; in dieselbe Richtung geht EGMR FamRZ 2013, 1793 – Povse II.
[13] Zust. insoweit *Schulz* FamRZ 2011, 355 (360); *Britz* JZ 2013, 105 (110); aA *Mansel/Thorn/Wagner* IPRax 2012, 1 (20).
[14] *Schulz* FamRZ 2011, 355 (360).
[15] Krit. Althammer/*Gärtner* Rn. 11.
[16] Sehr krit. *Mansel/Thorn/Wagner* IPRax 2012, 1 (18 ff.).
[17] Dies aufzeigend auch *Schulz* FamRZ 2011, 355 (360); *Kohler/Pintens* FamRZ 2011, 1433 (1440).
[18] Anders *Paraschas* in Geimer/Schütze IRV-HdB Art. 40 Rn. 11.
[19] Den EuGH in der Pflicht sehend auch *Britz* JZ 2013, 105 (109 ff.).

a) eine Ausfertigung der Entscheidung, die die für ihre Beweiskraft erforderlichen Voraussetzungen erfüllt,
und
b) die Bescheinigung nach Artikel 41 Absatz 1 oder Artikel 42 Absatz 1.

(2) Für die Zwecke dieses Artikels
– wird der Bescheinigung gemäß Artikel 41 Absatz 1 eine Übersetzung der Nummer 12 betreffend die Modalitäten der Ausübung des Umgangsrechts beigefügt;
– wird der Bescheinigung gemäß Artikel 42 Absatz 1 eine Übersetzung der Nummer 14 betreffend die Einzelheiten der Maßnahmen, die ergriffen wurden, um die Rückgabe des Kindes sicherzustellen, beigefügt.
[1]Die Übersetzung erfolgt in die oder in eine der Amtssprachen des Vollstreckungsmitgliedstaats oder in eine andere von ihm ausdrücklich zugelassene Sprache. [2]Die Übersetzung ist von einer hierzu in einem der Mitgliedstaaten befugten Person zu beglaubigen.

1 Art. 45 bestimmt, welche Urkunden in welcher Form vorzulegen sind, um im Vollstreckungsstaat die Vollstreckung einer Umgangsregelung (Art. 41) oder einer Rückgabeentscheidung (Art. 42) zu erwirken. Notwendig sind die vollstreckbare Ausfertigung der zu vollstreckenden Entscheidung und die nach Art. 41 Abs. 2 oder Art. 43 Abs. 2 im Ursprungsstaat ausgestellte Bescheinigung im Original.

2 Beide Urkunden werden in ihrer Originalsprache vorgelegt. Es wird davon ausgegangen, dass die inländischen Gerichte durch den klaren Aufbau des Formblatts die Inhalte entnehmen können, obwohl sie in einer fremden Sprache verfasst sind. Lediglich zwei – weniger standardisierte – Informationen aus den Formblättern sind gem. Art. 45 Abs. 2 ggf. in die Amtssprache des Vollstreckungsstaats **zu übersetzen.** Geht es um die Vollstreckung des Umgangsrechts, so sind die Modalitäten der Ausübung des Umgangsrechts, soweit sie in der Entscheidung geregelt wurden, im Einzelnen unter Nr. 12 des Formblatts (Anh. III zur Brüssel IIa-VO[1]) einzutragen. Bei der Herausgabe des Kindes müssen unter Nr. 14 des Formblatts (Anh. IV zur Brüssel IIa-VO[2]) die Maßnahmen eingetragen werden, die ergriffen wurden, um den Schutz des Kindes nach der Rückkehr zu gewährleisten.[3]

3 Die Übersetzungen hat die Partei, welche die Vollstreckung beantragt, von einem amtlich bestellten Übersetzer[4] vornehmen zu lassen (Art. 45 Abs. 2 S. 2).

Abschnitt 5. Öffentliche Urkunden und Vereinbarungen

Art. 46 Brüssel IIa-VO [Öffentliche Urkunden]

Öffentliche Urkunden, die in einem Mitgliedstaat aufgenommen und vollstreckbar sind, sowie Vereinbarungen zwischen den Parteien, die in dem Ursprungsmitgliedstaat vollstreckbar sind, werden unter denselben Bedingungen wie Entscheidungen anerkannt und für vollstreckbar erklärt.

1 Vollstreckbare öffentliche Urkunden[1*] oder Vereinbarungen (zB vollstreckbare Vergleiche), die in einem Mitgliedstaat von dessen Hoheitsträgern[2*] aufgenommen worden sind, werden genauso anerkannt und vollstreckt wie gerichtliche Entscheidungen. Es gelten also die Art. 21 ff., 28 ff.

Abschnitt 6. Sonstige Bestimmungen

Art. 47 Brüssel IIa-VO Vollstreckungsverfahren

(1) Für das Vollstreckungsverfahren ist das Recht des Vollstreckungsmitgliedstaats maßgebend.

(2) Die Vollstreckung einer von einem Gericht eines anderen Mitgliedstaats erlassenen Entscheidung, die gemäß Abschnitt 2 für vollstreckbar erklärt wurde oder für die eine Bescheinigung nach Artikel 41 Absatz 1 oder Artikel 42 Absatz 1 ausgestellt wurde, erfolgt im Vollstreckungsmitgliedstaat unter denselben Bedingungen, die für in diesem Mitgliedstaat ergangene Entscheidungen gelten.

---

[1] Abgedruckt in ABl. 2003 L 338, S. 24 f.
[2] Abgedruckt in ABl. 2003 L 338, S. 26 f.
[3] Verständnisschwierigkeiten befürchtend Althammer/*Gärtner* Rn. 4.
[4] Näher NK-BGB/*Andrae* Rn. 13.
[1*] Zum Begriff Althammer/*Gärtner* Rn. 1; NK-BGB/*Andrae* Rn. 4 ff., 11.
[2*] Althammer/*Gärtner* Rn. 5.

Insbesondere darf eine Entscheidung, für die eine Bescheinigung nach Artikel 41 Absatz 1 oder Artikel 42 Absatz 1 ausgestellt wurde, nicht vollstreckt werden, wenn sie mit einer später ergangenen vollstreckbaren Entscheidung unvereinbar ist.

1. Verfahren. Art. 47 betrifft das Vollstreckungsverfahren, das durchgeführt wird, um die auslän- **1** dische Entscheidung durchzusetzen, nachdem die Vollstreckbarerklärung gem. Art. 28 ff. erfolgt ist bzw. wenn ein unmittelbar vollstreckbarer Titel nach Art. 40 vorgelegt wurde. Die Vollstreckung erfolgt nach der *lex fori executionis*, also nach dem Recht des Vollstreckungsstaats. Dabei bestimmt Abs. 2 ausdrücklich, dass dieselben Bedingungen gelten müssen, die auch für die im Vollstreckungsstaat ergangenen Entscheidungen bestehen.

In Deutschland enthält § 44 IntFamRVG einige Ergänzungen zu §§ 86 ff. FamFG, die aber nicht **2** zu Abweichungen bei der eigentlichen Durchsetzung des Titels führen. Danach wird ein Ordnungsgeld, oder, wenn dies nicht erfolgversprechend ist, Ordnungshaft angeordnet. Nach § 90 Abs. 1 FamFG kommt außerdem unmittelbarer Zwang in Betracht. Das kann besonders bei der Vollstreckung der Rückgabe entführter Kinder der Fall sein. Bei der Vollstreckung von Umgangsentscheidungen ist unmittelbarer Zwang gegenüber dem Kind ausgeschlossen, § 90 Abs. 2 S. 1 FamFG.

Große Zurückhaltung ist erforderlich, soweit es darum geht, inwiefern der ordre public gegen eine **3** Vollstreckung der ausländischen Entscheidung vorgebracht werden kann.[1] Der EuGH hat deutlich ausgesprochen, dass es nicht möglich ist, auf den vollstreckungsrechtlichen ordre public auszuweichen, um die Vollstreckung von Titeln nach Art. 40 zu verweigern.[2] Für die Vollstreckung selbst (etwa die Durchsetzung der Übergabe des Kindes zum Zweck des Umgangs) gilt ohnehin das Recht des Vollstreckungsmitgliedstaats, so dass ein Rückgriff auf den ordre public nicht erforderlich ist.

2. Später ergangene Entscheidung. Die sofort vollstreckbaren Umgangsregelungen und Rück- **4** gabeentscheidungen nach Art. 41 und 42 werden dann nicht mehr vollstreckt, wenn sie mit später ergangenen, vollstreckbaren Entscheidungen aus dem Ursprungsstaat unvereinbar sind (Art. 47 Abs. 2 S. 2). Das betrifft insbesondere Entscheidungen höherer Instanzen. Spätere Entscheidungen aus dem Vollstreckungsstaat hindern die Durchsetzung dagegen nicht.[3]

Art. 48 Brüssel IIa-VO Praktische Modalitäten der Ausübung des Umgangsrechts

(1) Die Gerichte des Vollstreckungsmitgliedstaats können die praktischen Modalitäten der Ausübung des Umgangsrechts regeln, wenn die notwendigen Vorkehrungen nicht oder nicht in ausreichendem Maße bereits in der Entscheidung der für die Entscheidung der in der Hauptsache zuständigen Gerichte des Mitgliedstaats getroffen wurden und sofern der Wesensgehalt der Entscheidung unberührt bleibt.

(2) Die nach Absatz 1 festgelegten praktischen Modalitäten treten außer Kraft, nachdem die für die Entscheidung in der Hauptsache zuständigen Gerichte des Mitgliedstaats eine Entscheidung erlassen haben.

Art. 48 ist eine weitere Regelung, die speziell darauf gerichtet ist, die Ausübung des Umgangs **1** eines Elternteils mit dem Kind in grenzüberschreitenden Fällen so reibungslos wie möglich zu gestalten.

Damit das Umgangsrecht überhaupt vollstreckbar ist, muss sehr genau geregelt sein, wann, wo, **2** und in welcher Weise es ausgeübt wird. Außerdem können die einmal festgelegten Modalitäten durch die Fakten des täglichen Lebens – etwa einen Umzug an einen weiter entfernten Ort oder der Beginn des Schulbesuchs durch das Kind – womöglich nach gewisser Zeit nicht mehr verwirklicht werden. Sie müssen in einem solchen Fall angepasst werden. Dafür sieht Art. 48 Abs. 1 vor, dass die Gerichte im Vollstreckungsstaat die notwendigen Einzelheiten (Vorkehrungen) ergänzen dürfen. Die Modifizierung dieser Umgangsmodalitäten darf jedoch die Umgangsentscheidung nicht in ihrem Wesensgehalt in Frage stellen.[1*]

Nach Abs. 2 bleibt die Letztentscheidungsbefugnis beim in der Hauptsache zuständigen Gericht. **3** Trifft dies aktuelle und ausreichende Vorkehrungen, treten die im Vollstreckungsstaat festgelegten Modalitäten außer Kraft (Art. 48 Abs. 2).

---

[1] Weniger zurückhaltend *Solomon* FamRZ 2004, 1409 (1419); auch *Helms* FamRZ 2002, 1593 (1602).
[2] EuGH Slg. 2010, I-6673 = FamRZ 2010, 1229 Rn. 73 ff. – Povse I; zust. wie hier *Hausmann* IntEuSchR J Rn. 270; letztlich auch Rauscher/*Rauscher* Rn. 1; auch schon → Art. 40 Rn. 9.
[3] *Hausmann* IntEuSchR J Rn. 274.
[1*] NK-BGB/*Andrae* Rn. 1.

Art. 49 Brüssel IIa-VO Kosten

Die Bestimmungen dieses Kapitels mit Ausnahme der Bestimmungen des Abschnitts 4 gelten auch für die Festsetzung der Kosten für die nach dieser Verordnung eingeleiteten Verfahren und die Vollstreckung eines Kostenfestsetzungsbeschlusses.

1 (nicht kommentiert)

Art. 50 Brüssel IIa-VO Prozesskostenhilfe

Wurde dem Antragsteller im Ursprungsmitgliedstaat ganz oder teilweise Prozesskostenhilfe oder Kostenbefreiung gewährt, so genießt er in dem Verfahren nach den Artikeln 21, 28, 41, 42 und 48 hinsichtlich der Prozesskostenhilfe oder der Kostenbefreiung die günstigste Behandlung, die das Recht des Vollstreckungsmitgliedstaats vorsieht.

1   Art. 50 enthält eine ausschnitthafte Regelung zur Prozesskostenhilfe im Anerkennungs- und Vollstreckungsverfahren. Danach muss einem Antragsteller, der im Ursprungsstaat Prozesskostenhilfe erhalten hat, auch im Anerkennungs- und Vollstreckungsstaat „die günstigste Behandlung" zuteilwerden, die das Recht des Anerkennungsstaats kennt. Ob dem Antragsteller im Ursprungsmitgliedstaat Prozesskostenhilfe gewährt worden ist, ergibt sich aus den Bescheinigungen der Ursprungsstaaten (vgl. zB Nr. 8 zum Anh. II und Nr. 13 von Anh. III zur Brüssel IIa-VO). Ist dies der Fall, kommt in Deutschland § 76 Abs. 1 FamFG iVm §§ 114 ff. ZPO zur Anwendung – volle Verfahrenskostenhilfe wird ohne gesonderten Antrag und ohne besondere Bewilligung gewährt.[1] Für den Antragsgegner gilt Art. 50 nicht, er muss das übliche Verfahren durchlaufen. Auch das Rechtsbehelfsverfahren ist nicht von der Norm erfasst.[2]

Art. 51 Brüssel IIa-VO Sicherheitsleistung, Hinterlegung

Der Partei, die in einem Mitgliedstaat die Vollstreckung einer in einem anderen Mitgliedstaat ergangenen Entscheidung beantragt, darf eine Sicherheitsleistung oder Hinterlegung, unter welcher Bezeichnung es auch sei, nicht aus einem der folgenden Gründe auferlegt werden:
a) weil sie in dem Mitgliedstaat, in dem die Vollstreckung erwirkt werden soll, nicht ihren gewöhnlichen Aufenthalt hat, oder
b) weil sie nicht die Staatsangehörigkeit dieses Staates besitzt oder, wenn die Vollstreckung im Vereinigten Königreich oder in Irland erwirkt werden soll, ihr „domicile" nicht in einem dieser Mitgliedstaaten hat.

(nicht kommentiert)

Art. 52 Brüssel IIa-VO Legalisation oder ähnliche Förmlichkeit

Die in den Artikeln 37, 38 und 45 aufgeführten Urkunden sowie die Urkunde über die Prozessvollmacht, falls eine solche erteilt wird, bedürfen weder der Legalisation noch einer ähnlichen Förmlichkeit.

(nicht kommentiert)

Kapitel IV. Zusammenarbeit zwischen den Zentralen Behörden bei Verfahren betreffend die elterliche Verantwortung

Art. 53 Brüssel IIa-VO Bestimmung der Zentralen Behörden

[1]Jeder Mitgliedstaat bestimmt eine oder mehrere Zentrale Behörden, die ihn bei der Anwendung dieser Verordnung unterstützen, und legt ihre räumliche oder sachliche Zuständigkeit fest. [2]Hat ein Mitgliedstaat mehrere Zentrale Behörden bestimmt, so sind die Mitteilungen grundsätzlich direkt an die zuständige Zentrale Behörde zu richten. [3]Wurde eine Mitteilung an eine nicht zuständige Zentrale Behörde gerichtet, so hat diese

---

[1] MüKoFamFG/*Gottwald* Rn. 2 f.
[2] Althammer/*Gärtner* Rn. 1.

die Mitteilung an die zuständige Zentrale Behörde weiterzuleiten und den Absender davon in Kenntnis zu setzen.

1. Funktion der Zentralen Behörden. Die Art. 53 ff. gelten für Verfahren, die die elterliche **1** Verantwortung betreffen und sehen für diese vor, dass spezielle, allgemein zugängliche und bekannte Stellen (Zentrale Behörden) für die Kommunikation eingerichtet werden. Auf diese Weise soll über die generellen Instrumente der justiziellen Zusammenarbeit hinaus eine Vereinfachung der Kommunikationswege erreicht werden.[1] Damit folgt die Brüssel IIa-VO einem System, das auch schon im Rahmen des KindEntfÜbk und des KSÜ eingeführt wurde. Die Vorschriften schließen die allgemeinen Möglichkeiten der Zusammenarbeit zwischen den Gerichten und Behörden der Mitgliedstaaten nicht aus.

Nach Art. 53 bestimmen die Mitgliedstaaten eine oder mehrere Zentrale Behörden, welche die **1a** allgemeinen Aufgaben (Art. 54) und die besonderen Fälle der Zusammenarbeit wahrnehmen. Letztere betreffen die Fragen der elterlichen Verantwortung (Art. 55, 57) und die Unterbringung des Kindes (Art. 56).

2. Bundesamt für Justiz und ausländische Zentrale Behörden. Die Mitgliedstaaten sind **2** nach Art. 67 verpflichtet, Name und Adresse ihrer Zentralen Behörde der Kommission mitzuteilen sowie die Sprache, die bei der Mitteilungen an die Zentrale Behörde und die Angaben in der Bescheinigung gem. Art. 45 Abs. 2 zugelassen sind. Deutschland hat als Zentrale Behörde das Bundesamt für Justiz benannt (§ 3 Abs. 1 IntFamRVG). Von der Möglichkeit, mehrere Zentrale Behörden einzurichten, wurde nicht Gebrauch gemacht.

Die Kontaktdaten der Abteilung für internationale Sorgeangelegenheiten des Bundesamts für Justiz **3** lauten: Bundesamt für Justiz, Referat II 3, Zentrale Behörde für internationale Sorgerechtskonflikte, Adenauerallee 99–103, 53113 Bonn, Telefon: +49 228 99 410-5212, Fax: +49 228 99 410-5401, E-Mail: int.sorgerecht@bfj.bund.de. Auf der Internetseite der Abteilung https://www.bundesjustizamt.de/DE/Themen/Buergerdienste/HKUE/HKUE_node.html sind die wesentlichen Informationen in nutzerfreundlich aufbereiteter Form verfügbar.

Die Zentralen Behörden der anderen Mitgliedstaaten sind von der Kommission veröffentlicht **4** worden und hier abrufbar: http://ec.europa.eu/justice_home/judicialatlascivil/html/pdf/vers_consolide_cr2201_de.pdf.

Art. 54 Brüssel IIa-VO Allgemeine Aufgaben

[1]Die Zentralen Behörden stellen Informationen über nationale Rechtsvorschriften und Verfahren zur Verfügung und ergreifen Maßnahmen, um die Durchführung dieser Verordnung zu verbessern und die Zusammenarbeit untereinander zu stärken. [2]Hierzu wird das mit der Entscheidung 2001/470/EG eingerichtete Europäische Justizielle Netz für Zivil- und Handelssachen genutzt.

Art. 54 umschreibt die allgemeinen Aufgaben der Zentralen Behörden. Sie werden vor allem in **1** zwei Bereichen tätig. Zum einen sollen sie Informationen über nationale Rechtsvorschriften und Verfahren zur Verfügung stellen und zum anderen Maßnahmen ergreifen, um die Durchführung der Brüssel IIa-VO zu verbessern und die justizielle Zusammenarbeit zu stärken. Wichtiger Baustein der grenzüberschreitenden Kooperation innerhalb des Europäischen Justiziellen Netzes (EJN)[1*] ist die landesübergreifende Kommunikation durch Verbindungsrichter, die insbesondere den Abbau praktischer Barrieren vorantreiben kann.[2]

Art. 55 Brüssel IIa-VO Zusammenarbeit in Fällen, die speziell die elterliche Verantwortung betreffen

[1]Die Zentralen Behörden arbeiten in bestimmten Fällen auf Antrag der Zentralen Behörde eines anderen Mitgliedstaats oder des Trägers der elterlichen Verantwortung zusammen, um die Ziele dieser Verordnung zu verwirklichen. [2]Hierzu treffen sie folgende Maßnahmen im Einklang mit den Rechtsvorschriften dieses Mitgliedstaats, die den Schutz personenbezogener Daten regeln, direkt oder durch Einschaltung anderer Behörden oder Einrichtungen:

---

[1] Althammer/*Großerichter* Rn. 1.
[1*] ABl. EG 2001 L 174, S. 25.
[2] MükoFamFG/*Gottwald* Rn. 2; näher *Menne* FamRB 2015, 441.

a) **Sie holen Informationen ein und tauschen sie aus über**
   i)   **die Situation des Kindes,**
   ii) **laufende Verfahren oder**
   iii) **das Kind betreffende Entscheidungen.**
b) **Sie informieren und unterstützen die Träger der elterlichen Verantwortung, die die Anerkennung und Vollstreckung einer Entscheidung, insbesondere über das Umgangsrecht und die Rückgabe des Kindes, in ihrem Gebiet erwirken wollen.**
c) **Sie erleichtern die Verständigung zwischen den Gerichten, insbesondere zur Anwendung des Artikels 11 Absätze 6 und 7 und des Artikels 15.**
d) **Sie stellen alle Informationen und Hilfen zur Verfügung, die für die Gerichte für die Anwendung des Artikels 56 von Nutzen sind.**
e) **Sie erleichtern eine gütliche Einigung zwischen den Trägern der elterlichen Verantwortung durch Mediation oder auf ähnlichem Wege und fördern hierzu die grenzüberschreitende Zusammenarbeit.**

1   **1. Bedeutung.** Art. 55 benennt die wesentlichen Aufgaben, die die Zentrale Behörde bei Verfahren über die elterliche Sorge wahrzunehmen hat. Sie wird stets nur auf „Antrag" tätig. Der Antrag von Privatpersonen ist in Art. 57 näher geregelt. An den Antrag einer ausländischen Zentralen Behörde sind keine besonderen Anforderungen zu stellen. Auf eigene Initiative beginnt die Zentrale Behörde kein Verfahren. Braucht ein inländisches Gericht (oder eine Behörde) Unterstützung – oder möchte diese sich an eine ausländische Zentrale Behörde wenden – wird die inländische Zentrale Behörde aber ebenfalls tätig.[1]

2   In Hinblick auf den Maßnahmenkatalog ist zu bedenken, dass die Zentralen Behörden dazu geschaffen wurden, die Durchführung der Brüssel IIa-VO bei Verfahren der elterlichen Sorge zu unterstützen und zu verbessern. Insofern ist die Aufzählung nicht eng zu verstehen, sondern eher als erläuternde Ergänzung zu Art. 54. Letztlich hilft die Behörde – wie in Abs. 1 beschrieben – dabei, die Ziele der Brüssel IIa-VO zu verwirklichen. Für das wesentliche Problem des Datenschutzes gelten, wie in S. 2 ausdrücklich klargestellt wird, die nationalen Vorschriften.

3   **2. Die einzelnen Aufgaben. a) Informationsbeschaffung und Weitergabe (S. 2 lit. a und b).** Nach Art. 55 S. 2 lit. a haben die Zentralen Behörden Informationen über die Situation des Kindes (insbesondere über dessen Aufenthalt bei Kindesentführung), laufende Verfahren und ergangene Entscheidungen einzuholen. Zur Aufenthaltsermittlung darf die deutsche Zentrale Behörde andere Behörden (Kraftfahrt-Bundesamt, Sozialleistungsträger, Bundeskriminalamt und Jugendämter) einschalten (§ 6 Abs. 1 S. 2, § 7 IntFamRVG). Auch mit ausländischen Behörden arbeitet jede Zentrale Behörde unmittelbar zusammen. Die eingeholten Informationen gibt die Zentrale Behörde unter Beachtung der nationalen Vorschriften über den Schutz personenbezogener Daten weiter.

4   Auf Antrag (Art. 57) werden die Träger elterlicher Verantwortung bei ihren Anträgen auf Anerkennung und Vollstreckung ausländischer Entscheidungen unterstützt. Insbesondere werden sie informiert und zwar zum einen rechtlich (Bei welchem Gericht ist der Antrag zu stellen?), zum anderen auch über Tatsachen (Wo befindet sich das Kind?), Art. 55 S. 2 lit. a und b.

5   **b) Verständigung (S. 2 lit. c).** An mehreren Stellen ist in der Brüssel IIa-VO ausdrücklich die Zusammenarbeit der Gerichte verschiedener Mitgliedstaaten vorgesehen.[2] Die Zentrale Behörde hat dann die Funktion, den Austausch zwischen den befassten Gerichten im Zufluchtsstaat und im Ursprungsstaat (Art. 11 Abs. 6 und 7, Art. 15) zu erleichtern.

6   **c) Grenzüberschreitende Unterbringung (S. 2 lit. d).** Eine ähnliche assistierende Aufgabe kommt den Zentralen Behörden zu, wenn die grenzüberschreitende Unterbringung eines Kindes (Art. 56) erfolgen soll.

7   **d) Mediation (S. 2 lit. e).** Die Brüssel IIa-VO macht deutlich, dass die Mediation auch bei grenzüberschreitenden Konflikten zu fördern ist.[3]

Art. 56 Brüssel IIa-VO Unterbringung des Kindes in einem anderen Mitgliedstaat

(1) Erwägt das nach den Artikeln 8 bis 15 zuständige Gericht die Unterbringung des Kindes in einem Heim oder in einer Pflegefamilie und soll das Kind in einem anderen

---

[1] HK-ZPO/*Dörner* Rn. 2; weitergehend („von Amts wegen") *Paraschas* in Geimer/Schütze IRV-HdB Rn. 1; MükoFamFG/*Gottwald* Rn. 1.
[2] Ausf. zur richterlichen Zusammenarbeit *Carl/Menne* NJW 2009, 3537 (3538 ff.).
[3] Näher Magnus/Mankowski/*de Lima Pinheiro* Rn. 8 ff.

Mitgliedstaat untergebracht werden, so zieht das Gericht vorher die Zentrale Behörde oder eine andere zuständige Behörde dieses Mitgliedstaats zurate, sofern in diesem Mitgliedstaat für die innerstaatlichen Fälle der Unterbringung von Kindern die Einschaltung einer Behörde vorgesehen ist.

(2) Die Entscheidung über die Unterbringung nach Absatz 1 kann im ersuchenden Mitgliedstaat nur getroffen werden, wenn die zuständige Behörde des ersuchten Staates dieser Unterbringung zugestimmt hat.

(3) Für die Einzelheiten der Konsultation bzw. der Zustimmung nach den Absätzen 1 und 2 gelten das nationale Recht des ersuchten Staates.

(4) Beschließt das nach den Artikeln 8 bis 15 zuständige Gericht die Unterbringung des Kindes in einer Pflegefamilie und soll das Kind in einem anderen Mitgliedstaat untergebracht werden und ist in diesem Mitgliedstaat für die innerstaatlichen Fälle der Unterbringung von Kindern die Einschaltung einer Behörde nicht vorgesehen, so setzt das Gericht die Zentrale Behörde oder eine zuständige Behörde dieses Mitgliedstaats davon in Kenntnis.

1. Unterbringung im Ausland. Innerhalb der EU kommt es nicht selten vor, dass ein Kind in **1** einem ausländischen Mitgliedstaat entweder in einem Heim oder in einer Pflegefamilie untergebracht wird. Es ist eigentlich selbstverständlich, dass das befasste Gericht in einem solchen Fall die Behörden im ersuchten Unterbringungsstaat informiert.

Der Begriff der Unterbringung ist **weit** zu verstehen. Art. 56 greift für jede Platzierung des Kindes **2** in einer Pflegefamilie oder einem Heim. Erfasst ist jedoch auch die „technische" Unterbringung mit Freiheitsentziehung iSd § 1631b BGB. Die Norm greift nur, wenn das Kind zur Unterbringung in einen anderen Staat verbracht werden soll, und nicht, wenn es zur Sicherung seines Wohls im Rahmen der Rückführung nach einer Entführung im Herkunftsstaat in einem Heim oder bei einer Pflegefamilie untergebracht werden muss.[1]

Art. 56 Abs. 1 sieht vor, dass das Gericht vor einer Unterbringung im Ausland die dortigen **3** Behörden „zurate ziehen" und die Zustimmung der zuständigen Behörden im ersuchten Staat einholen muss (Art. 56 Abs. 2). Dies gilt jedoch nur, sofern für die jeweilige Unterbringung nach dem innerstaatlichen Recht des ersuchten Staates für die entsprechende Maßnahme eine behördliche Zustimmung vorgesehen ist. Ist dies der Fall, ist diese zwingend einzuholen (vgl. auch den sonst eingreifenden Anerkennungsversagungsgrund in Art. 23 lit. g). Ansonsten greift Abs. 4, demgemäß es ausreicht, die Behörden in Kenntnis zu setzen.

Der EuGH hat sich in der Entscheidung *Health Service Executive* recht gründlich zu Art. 56 **4** geäußert. Er hat verlangt, dass die Zustimmung im Voraus erteilt wird. Nur wenn Zweifel daran bestehen, ob eine Zustimmung wirksam erteilt worden ist, kann ausnahmsweise nachträglich eine Heilung erfolgen.[2] Bei einer Verlängerung der Unterbringung ist eine erneute Zustimmung erforderlich.[3]

Die Entscheidung muss nach Art. 28 ff. für vollstreckbar erklärt werden.[4] **5**

2. Zustimmung in Deutschland. In Deutschland ist für die Zustimmung derjenige überörtliche **6** Träger der öffentlichen Jugendhilfe zuständig, in dessen Bereich das Kind untergebracht werden soll (§ 45 IntFamRVG), also das jeweilige Landesjugendamt. Dem ausländischen Ersuchen um Unterbringung in Deutschland ist nur unter den Bedingungen des § 46 IntFamRVG zuzustimmen. Nach § 47 IntFamRVG ist stets die Genehmigung des Familiengerichts erforderlich.

Art. 57 Brüssel IIa-VO Arbeitsweise

(1) [1]Jeder Träger der elterlichen Verantwortung kann bei der Zentralen Behörde des Mitgliedstaats, in dem er seinen gewöhnlichen Aufenthalt hat, oder bei der Zentralen Behörde des Mitgliedstaats, in dem das Kind seinen gewöhnlichen Aufenthalt hat oder in dem es sich befindet, einen Antrag auf Unterstützung gemäß Artikel 55 stellen. [2]Dem Antrag werden grundsätzlich alle verfügbaren Informationen beigefügt, die die Ausführung des Antrags erleichtern können. [3]Betrifft dieser Antrag die Anerkennung oder Vollstreckung einer Entscheidung über die elterliche Verantwortung, die in den Anwendungs-

---

[1] VG Augsburg BeckRS 2015, 47315.
[2] EuGH ECLI:EU:C:2012:255 = FamRZ 2012, 1466 Ls. 2 – Health Service Executive.
[3] EuGH ECLI:EU:C:2012:255 = FamRZ 2012, 1466 Ls. 4 – Health Service Executive.
[4] EuGH ECLI:EU:C:2012:255 = FamRZ 2012, 1466 Ls. 3 – Health Service Executive.

bereich dieser Verordnung fällt, so muss der Träger der elterlichen Verantwortung dem Antrag die betreffenden Bescheinigungen nach Artikel 39, Artikel 41 Absatz 1 oder Artikel 42 Absatz 1 beifügen.

(2) Jeder Mitgliedstaat teilt der Kommission die Amtssprache(n) der Organe der Gemeinschaft mit, die er außer seiner/seinen eigenen Sprache(n) für Mitteilungen an die Zentralen Behörden zulässt.

(3) Die Unterstützung der Zentralen Behörden gemäß Artikel 55 erfolgt unentgeltlich.

(4) Jede Zentrale Behörde trägt ihre eigenen Kosten.

1   **1. Überblick.** Die Arbeitsweise der Zentralen Behörde wird in Art. 57 nur ausschnitthaft behandelt. Für Deutschland enthalten die §§ 4–9 IntFamRVG weitere Vorgaben für die Zentrale Behörde.

2   **2. Anträge Privater.** Art. 57 Abs. 1 behandelt speziell die Anträge von „Trägern elterlicher Verantwortung" auf Unterstützung nach Art. 55. Die Norm bestimmt insbesondere, welche Unterlagen einem Antrag beizufügen sind.

3   **3. Sprache.** Jeder Mitgliedstaat teilt der Kommission mit, ob außer der eigenen Amtssprache noch andere Amtssprachen der EU für Mitteilungen an die Zentrale Behörde zugelassen werden (Art. 57 Abs. 2). Sind die Unterlagen in einer nicht zugelassenen Sprache verfasst, weist die Zentrale Behörde den Antrag nach § 4 Abs. 1 IntFamRVG zurück. Die Sonderbestimmung in § 4 Abs. 2 IntFamRVG, der die Veranlassung einer Übersetzung durch die Zentrale Behörde vorsieht, gilt nur für Art. 54 KSÜ und Art. 24 KindEntfÜbk.

4   Ausgehende Ersuchen sind auf Kosten des Antragstellers in die Amtssprache der ersuchten Behörde zu übersetzen (§§ 5 Abs. 1, 54 IntFamRVG).

5   **4. Kosten.** Abs. 3 legt fest, dass die Unterstützung unentgeltlich erfolgt. Kosten für Übersetzungen muss der Antragsteller jedoch bezahlen. Die Zentrale Behörde trägt im Übrigen ihre Kosten selbst (Art. 57 Abs. 3 und 4).

6   **5. Rechtsschutz.** Das Verfahren der deutschen Zentralen Behörde ist ein Justizverwaltungsverfahren (§ 3 Abs. 2 IntFamRVG). Hierfür gelten die §§ 23 ff. EGGVG. § 8 IntFamRVG bestimmt das OLG, in dessen Bezirk die Zentrale Behörde ihren Sitz hat, also das OLG Köln, zu derjenigen Instanz, bei der die Entscheidung gegen ein Nichttätigwerden der Zentralen Behörde beantragt werden kann. Das OLG entscheidet im Verfahren der freiwilligen Gerichtsbarkeit, und zwar endgültig und unanfechtbar (§ 8 Abs. 3 IntFamRVG).

Art. 58 Brüssel IIa-VO Zusammenkünfte

(1) Zur leichteren Anwendung dieser Verordnung werden regelmäßig Zusammenkünfte der Zentralen Behörden einberufen.

(2) Die Einberufung dieser Zusammenkünfte erfolgt im Einklang mit der Entscheidung 2001/470/EG über die Einrichtung eines Europäischen Justiziellen Netzes für Zivil- und Handelssachen.

1   (Art. 58 nicht kommentiert)

Kapitel V. Verhältnis zu anderen Rechtsinstrumenten

Art. 59 Brüssel IIa-VO Verhältnis zu anderen Rechtsinstrumenten

(1) Unbeschadet der Artikel 60, 63, 64 und des Absatzes 2 des vorliegenden Artikels ersetzt diese Verordnung die zum Zeitpunkt des Inkrafttretens dieser Verordnung bestehenden, zwischen zwei oder mehr Mitgliedstaaten geschlossenen Übereinkünfte, die in dieser Verordnung geregelte Bereiche betreffen.

(2)

a) Finnland und Schweden können erklären, dass das Übereinkommen vom 6. Februar 1931 zwischen Dänemark, Finnland, Island, Norwegen und Schweden mit Bestimmungen des internationalen Verfahrensrechts über Ehe, Adoption und Vormundschaft einschließlich des Schlussprotokolls anstelle dieser Verordnung ganz oder teilweise auf ihre gegenseitigen Beziehungen anwendbar ist. Diese Erklärungen werden dieser Verordnung als Anhang beigefügt und im *Amtsblatt der Europäischen Union* veröffentlicht. Die

betreffenden Mitgliedstaaten können ihre Erklärung jederzeit ganz oder teilweise widerrufen.
b) Der Grundsatz der Nichtdiskriminierung von Bürgern der Union aus Gründen der Staatsangehörigkeit wird eingehalten.
c) Die Zuständigkeitskriterien in künftigen Übereinkünften zwischen den in Buchstabe a) genannten Mitgliedstaaten, die in dieser Verordnung geregelte Bereiche betreffen, müssen mit den Kriterien dieser Verordnung im Einklang stehen.
d) Entscheidungen, die in einem der nordischen Staaten, der eine Erklärung nach Buchstabe a) abgegeben hat, aufgrund eines Zuständigkeitskriteriums erlassen werden, das einem der in Kapitel II vorgesehenen Zuständigkeitskriterien entspricht, werden in den anderen Mitgliedstaaten gemäß den Bestimmungen des Kapitels III anerkannt und vollstreckt.

(3) Die Mitgliedstaaten übermitteln der Kommission
a) eine Abschrift der Übereinkünfte sowie der einheitlichen Gesetze zur Durchführung dieser Übereinkünfte gemäß Absatz 2 Buchstaben a) und c),
b) jede Kündigung oder Änderung dieser Übereinkünfte oder dieser einheitlichen Gesetze.

(Art. 59 nicht kommentiert)   **1**

Art. 60 Brüssel IIa-VO Verhältnis zu bestimmten multilateralen Übereinkommen

Im Verhältnis zwischen den Mitgliedstaaten hat diese Verordnung vor den nachstehenden Übereinkommen insoweit Vorrang, als diese Bereiche betreffen, die in dieser Verordnung geregelt sind:
a) Haager Übereinkommen vom 5. Oktober 1961 über die Zuständigkeit der Behörden und das anzuwendende Recht auf dem Gebiet des Schutzes von Minderjährigen,
b) Luxemburger Übereinkommen vom 8. September 1967 über die Anerkennung von Entscheidungen in Ehesachen,
c) Haager Übereinkommen vom 1. Juni 1970 über die Anerkennung von Ehescheidungen und der Trennung von Tisch und Bett,
d) Europäisches Übereinkommen vom 20. Mai 1980 über die Anerkennung und Vollstreckung von Entscheidungen über das Sorgerecht für Kinder und die Wiederherstellung des Sorgeverhältnisses und
e) Haager Übereinkommen vom 25. Oktober 1980 über die zivilrechtlichen Aspekte internationaler Kindesentführung.

1. Bedeutung. Art. 60 bestimmt, inwieweit die Brüssel IIa-VO Vorrang vor den genannten fünf **1** Übereinkommen hat, soweit die Mitgliedstaaten Vertragsstaaten dieser Übereinkommen sind. Bei der Auslegung ist zu beachten, dass durch die Norm keine völkervertraglichen Bindungen verletzt werden sollten. Wichtig ist insbesondere, dass der Vorrang jeweils nur „im Verhältnis zwischen den Mitgliedstaaten" gilt, näher → Rn 2.
Was das im Einzelnen bedeutet, muss für jedes Übereinkommen gesondert geprüft werden.   **2**

2. Verhältnis zum MSA. Das in lit. a genannte Haager Minderjährigenschutzabkommen (MSA) **3** ist weitgehend vom KSÜ (dazu Art. 61) abgelöst worden. Es gilt aber noch gegenüber der Türkei (bis zum 31.1.2017) und Macao (schon → Vor Rn. 13). Diesen gegenüber wird es zwischen den Mitgliedstaaten zwar teilweise von der Brüssel IIa-VO verdrängt, es behält aber doch eine gewisse Bedeutung. Zum einen hat Art. 2 MSA über das anzuwendende Recht noch Bestand, weil die Brüssel IIa-VO kollisionsrechtliche Fragen nicht regelt. Das MSA kommt außerdem zur Anwendung, wenn sich das Kind gewöhnlich in der Türkei (bis zum 31.1.2017) oder in Macao aufhält.[1] Das bejaht die hA schon aufgrund des Wortlauts des Art. 60, da dort ein Vorrang nur „im Verhältnis zwischen den Mitgliedstaaten" vorgesehen ist.[2] Dies muss auch inhaltlich deshalb richtig sein, weil sonst die völkervertragliche Verpflichtung aus dem MSA verletzt würde.[3] Gegenüber der Türkei (bis

---

[1] Anwendend OLG Oldenburg FamRZ 2007, 1827 (noch zur Türkei).
[2] Rauscher/*Rauscher* Art. 61 Rn. 6; NK-BGB/*Gruber* Rn. 4.
[3] Dies betont auch NK-BGB/*Gruber* Rn. 5; *Hausmann* IntEuSchR B Rn. 255.

zum 31.1.2017) oder Macao müssen daher Art. 3 und 4 MSA auch dann gelten, wenn das Kind sich in einem Mitgliedstaat gewöhnlich aufhält.[4]

Der OGH hat in einem Fall, in dem das türkische Kind seit Geburt bis zum vierten Lebensjahr in Österreich lebte, Art. 4 MSA zwar angewendet. Die türkische Entscheidung wurde letztlich dann aber wegen eines Verstoßes gegen den ordre public nach Art. 16 MSA nicht anerkannt.[5]

4   Zur Anerkennung und Vollstreckung schon → Vor Art. 1 Rn. 14.

5   **3. Verhältnis zum Luxemburger und zum Haager Übereinkommen von 1970.** Die beiden in lit. b und c genannten Übereinkommen gelten nicht in Deutschland und bereiten daher keine Probleme.

6   **4. Verhältnis zum EuSorgeRÜbk.** Gegenüber dem in lit. d genannten EuSorgeRÜbk hat die Brüssel IIa-VO ebenfalls Vorrang (schon → Vor Art. 1 Rn. 15). Siehe zu den Einzelheiten auch → Vor Art. 1 EuSorgeRÜbk Rn. 11.

7   **5. Verhältnis zum KindEntfÜbk.** Auch das KindEntfÜbk wird gem. lit. d von der Brüssel IIa-VO verdrängt. Das hat jedoch geringe Auswirkungen, weil sich das Übereinkommen und die Brüssel IIa-VO kaum überschneiden. Vielmehr wird das KindEntfÜbk in erheblichem Maße durch die Brüssel IIa-VO ergänzt (vgl. Art. 10, 11 und 42; schon oben → Vor Art. 1 Rn. 16). Gegenüber Vertragsstaaten, die nicht Mitgliedstaaten der EU sind, gilt das KindEntfÜbk vollumfänglich und ohne die Modifikationen durch die Brüssel IIa-VO.

Art. 61 Brüssel IIa-VO Verhältnis zum Haager Übereinkommen vom 19. Oktober 1996 über die Zuständigkeit, das anzuwendende Recht, die Anerkennung, Vollstreckung und Zusammenarbeit auf dem Gebiet der elterlichen Verantwortung und der Maßnahmen zum Schutz von Kindern

Im Verhältnis zum Haager Übereinkommen vom 19. Oktober 1996 über die Zuständigkeit, das anzuwendende Recht, die Anerkennung, Vollstreckung und Zusammenarbeit auf dem Gebiet der elterlichen Verantwortung und der Maßnahmen zum Schutz von Kindern ist diese Verordnung anwendbar,
a) wenn das betreffende Kind seinen gewöhnlichen Aufenthalt im Hoheitsgebiet eines Mitgliedstaats hat;
b) in Fragen der Anerkennung und der Vollstreckung einer von dem zuständigen Gericht eines Mitgliedstaats ergangenen Entscheidung im Hoheitsgebiet eines anderen Mitgliedstaats, auch wenn das betreffende Kind seinen gewöhnlichen Aufenthalt im Hoheitsgebiet eines Drittstaats hat, der Vertragspartei des genannten Übereinkommens ist.

1   Art. 61 regelt das Verhältnis zum KSÜ. Dieses wird in den beiden genannten Fragen (Zuständigkeit, Anerkennung und Vollstreckung) weitgehend von der Brüssel IIa-VO verdrängt.

2   Aus lit. a ergibt sich, dass für Kinder, die sich in Deutschland oder einem anderen EU-Mitgliedstaat aufhalten, die internationale Zuständigkeit stets nach der Brüssel IIa-VO zu bestimmen ist. Das gilt auch, wenn diese Staatsangehörige eines Vertragsstaats des KSÜ sind.[1] Der gewöhnliche Aufenthalt bestimmt sich dabei nach vom EuGH aufgestellten Regeln → Art. 8 Rn. 6 ff. Es kommt auf den Aufenthalt zur Zeit der Sachentscheidung an.[2] Wird der gewöhnliche Aufenthalt im Laufe des Verfahrens rechtmäßig verlegt und hält sich das Kind dann in einem Vertragsstaat des KSÜ auf, muss also das KSÜ angewendet werden.[3] Insbesondere ist Art. 8 Abs. 1 Brüssel IIa-VO nicht anwendbar.[4*] Wird umgekehrt der Aufenthalt des Kindes nach Deutschland verlegt, kann zunächst noch Art. 7 KSÜ (*perpetuatio fori* bei rechtswidriger Verbringung) beachtlich sein.[5*]

---

[4] OGH IPRax 2015, 574; iErg zust. *Odendahl* IPRax 2015, 575; Rauscher/*Rauscher* Art. 61 Rn. 6 mwN; NK-BGB/*Gruber* Rn. 4; unentschlossen dazu *Hausmann* IntEuSchR B Rn. 256; aA *Solomon* FamRZ 2004, 1409 (1414).
[5] OGH EF-Z 2014, 94 mit Anm. *Nademleinsky.*
[1] *Andrae* IPRax 2006, 82 (84); *Benicke* IPRax 2013, 44 (53); *Hausmann* IntEuSchR J Rn. 296; Rauscher/*Rauscher* Rn. 9; Staudinger/*Henrich* EGBGB Art. 21 Rn. 141; Staudinger/*v. Hein* EGBGB Vor Art. 24 Rn. 2b.
[2] OLG Saarbrücken NZFam 2016, 528.
[3] KG FamRZ 2015, 1214; OLG Saarbrücken NZFam 2016, 528.
[4*] Rauscher/*Rauscher* Art. 8 Rn. 4.
[5*] OLG Saarbrücken NZFam 2016, 528.

Aus lit. b ergibt sich, dass für die Anerkennung und Vollstreckung von Entscheidungen aus anderen **3** Mitgliedstaaten die Brüssel IIa-VO immer vorrangig ist.

Art. 62 Brüssel IIa-VO Fortbestand der Wirksamkeit

(1) Die in Artikel 59 Absatz 1 und den Artikeln 60 und 61 genannten Übereinkünfte behalten ihre Wirksamkeit für die Rechtsgebiete, die durch diese Verordnung nicht geregelt werden.

(2) Die in Artikel 60 genannten Übereinkommen, insbesondere das Haager Übereinkommen von 1980, behalten vorbehaltlich des Artikels 60 ihre Wirksamkeit zwischen den ihnen angehörenden Mitgliedstaaten.

Art. 62 ist eine Norm, der wohl keine eigenständige Bedeutung zukommt. Man muss vermuten, **1** dass sie den Rest einer älteren Textfassung betraf.[1] Sie bestätigt nur Art. 60 und 61 und stellt klar, dass die in Art. 60 genannten Übereinkommen insoweit weitergelten, als sie inhaltlich nicht von der Brüssel IIa-VO verdrängt werden. Die besondere Betonung des KindEntfÜbk entspricht zwar der großen Bedeutung, die dieses neben der Brüssel IIa-VO hat, schmälert aber nicht die Wirksamkeit der anderen in Art. 60 genannten Übereinkommen.

Art. 63 Brüssel IIa-VO Verträge mit dem Heiligen Stuhl

(1) Diese Verordnung gilt unbeschadet des am 7. Mai 1940 in der Vatikanstadt zwischen dem Heiligen Stuhl und Portugal unterzeichneten Internationalen Vertrags (Konkordat).

(2) Eine Entscheidung über die Ungültigkeit der Ehe gemäß dem in Absatz 1 genannten Vertrag wird in den Mitgliedstaaten unter den in Kapitel III Abschnitt 1 vorgesehenen Bedingungen anerkannt.

(3) Die Absätze 1 und 2 gelten auch für folgende internationalen Verträge (Konkordate) mit dem Heiligen Stuhl:
a) **Lateranvertrag vom 11. Februar 1929 zwischen Italien und dem Heiligen Stuhl, geändert durch die am 18. Februar 1984 in Rom unterzeichnete Vereinbarung mit Zusatzprotokoll,**
b) **Vereinbarung vom 3. Januar 1979 über Rechtsangelegenheiten zwischen dem Heiligen Stuhl und Spanien.**
c) **Vereinbarung zwischen dem Heiligen Stuhl und Malta über die Anerkennung der zivilrechtlichen Wirkungen von Ehen, die nach kanonischem Recht geschlossen wurden, sowie von diese Ehen betreffenden Entscheidungen der Kirchenbehörden und -gerichte, einschließlich des Anwendungsprotokolls vom selben Tag, zusammen mit dem zweiten Zusatzprotokoll vom 6. Januar 1995.**

(4) Für die Anerkennung der Entscheidungen im Sinne des Absatzes 2 können in Spanien, Italien oder Malta dieselben Verfahren und Nachprüfungen vorgegeben werden, die auch für Entscheidungen der Kirchengerichte gemäß den in Absatz 3 genannten internationalen Verträgen mit dem Heiligen Stuhl gelten.

(5) Die Mitgliedstaaten übermitteln der Kommission
a) **eine Abschrift der in den Absätzen 1 und 3 genannten Verträge,**
b) **jede Kündigung oder Änderung dieser Verträge.**

(Art. 63 nicht kommentiert) **1**

Kapitel VI. Übergangsvorschriften

Art. 64 Brüssel IIa-VO [Übergangsvorschriften]

(1) Diese Verordnung gilt nur für gerichtliche Verfahren, öffentliche Urkunden und Vereinbarungen zwischen den Parteien, die nach Beginn der Anwendung dieser Verordnung gemäß Artikel 72 eingeleitet, aufgenommen oder getroffen wurden.

(2) Entscheidungen, die nach Beginn der Anwendung dieser Verordnung in Verfahren ergangen sind, die vor Beginn der Anwendung dieser Verordnung, aber nach Inkrafttreten

---

[1] In diese Richtung auch Rauscher/*Rauscher* Rn. 4.

der Verordnung (EG) Nr. 1347/2000 eingeleitet wurden, werden nach Maßgabe des Kapitels III der vorliegenden Verordnung anerkannt und vollstreckt, sofern das Gericht aufgrund von Vorschriften zuständig war, die mit den Zuständigkeitsvorschriften des Kapitels II der vorliegenden Verordnung oder der Verordnung (EG) Nr. 1347/2000 oder eines Abkommens übereinstimmen, das zum Zeitpunkt der Einleitung des Verfahrens zwischen dem Ursprungsmitgliedstaat und dem ersuchten Mitgliedstaat in Kraft war.

(3) Entscheidungen, die vor Beginn der Anwendung dieser Verordnung in Verfahren ergangen sind, die nach Inkrafttreten der Verordnung (EG) Nr. 1347/2000 eingeleitet wurden, werden nach Maßgabe des Kapitels III der vorliegenden Verordnung anerkannt und vollstreckt, sofern sie eine Ehescheidung, Trennung ohne Auflösung des Ehebandes oder Ungültigerklärung einer Ehe oder eine aus Anlass eines solchen Verfahrens in Ehesachen ergangene Entscheidung über die elterliche Verantwortung für die gemeinsamen Kinder zum Gegenstand haben.

(4) Entscheidungen, die vor Beginn der Anwendung dieser Verordnung, aber nach Inkrafttreten der Verordnung (EG) Nr. 1347/2000 in Verfahren ergangen sind, die vor Inkrafttreten der Verordnung (EG) Nr. 1347/2000 eingeleitet wurden, werden nach Maßgabe des Kapitels III der vorliegenden Verordnung anerkannt und vollstreckt, sofern sie eine Ehescheidung, Trennung ohne Auflösung des Ehebandes oder Ungültigerklärung einer Ehe oder eine aus Anlass eines solchen Verfahrens in Ehesachen ergangene Entscheidung über die elterliche Verantwortung für die gemeinsamen Kinder zum Gegenstand haben und Zuständigkeitsvorschriften angewandt wurden, die mit denen des Kapitels II der vorliegenden Verordnung oder der Verordnung (EG) Nr. 1347/2000 oder eines Abkommens übereinstimmen, das zum Zeitpunkt der Einleitung des Verfahrens zwischen dem Ursprungsmitgliedstaat und dem ersuchten Mitgliedstaat in Kraft war.

1   **1. Bedeutung.** Art. 64 enthält die Übergangsvorschriften, nach denen sich richtet, ob Verfahren, die zeitlich im Grenzbereich der Geltung der Brüssel IIa-VO liegen, bereits von dieser erfasst werden. Dabei ist zwischen Fragen der Zuständigkeit und solchen der Anerkennung und Vollstreckung zu unterscheiden.

2   **2. Grundregel, Zuständigkeit (Abs. 1).** Für Verfahren, die nach dem 1.3.2005 eingeleitet worden sind, gilt ohne weiteres die Brüssel IIa-VO (Abs. 1). Der **Begriff der Einleitung** sollte dabei nicht dem nationalen Recht, sondern Art. 16 Brüssel IIa-VO entnommen werden.[1] Sonst wäre gerade die gewünschte Einheitlichkeit wieder verfehlt. Für Urkunden kommt es auf den Tag der Erstellung („Aufnahme") und für Vereinbarungen auf den Tag des Abschlusses an.

3   Für vor dem 1.3.2005 eingeleitete Verfahren gelten dagegen grundsätzlich die bis dahin verbindlichen Vorschriften. Die Brüssel II-VO mit ihren Zuständigkeitsvorschriften gilt also für Verfahren, die zwischen dem 1.3.2001 und dem 1.3.2005 eingeleitet wurden. Für noch früher eingeleitete Verfahren oder solche Verfahren, die nicht von dem (engeren) Anwendungsbereich der Brüssel II-VO erfasst sind, gilt das Recht der jeweiligen Mitgliedstaaten. Jedoch machen die Abs. 2–4 davon vielfältige Ausnahmen für die Anerkennung von älteren Entscheidungen.

4   **3. Anerkennung und Vollstreckung von Entscheidungen. a) Überblick.** Auch für die Anerkennung und Vollstreckung von Entscheidungen gilt die Brüssel IIa-VO nach Abs. 1 dann ohne weiteres, wenn das Verfahren, welches zu der anzuerkennenden Entscheidung geführt hat, nach deren Inkrafttreten, also nach dem 1.3.2005, eingeleitet wurde. Bei der Anerkennung von Entscheidungen aus Verfahren, die bereits vor dem Inkrafttreten der Brüssel IIa-VO, also vor dem 1.3.2005, eingeleitet wurden, wird dagegen differenziert. Im Grundsatz kommt es darauf an, ob das entscheidende Gericht auch nach der Brüssel IIa-VO zuständig gewesen wäre.[2]

5   **b) Entscheidungen, die nach dem 1.3.2005 ergangen sind (Abs. 2).** Erfolgt die Entscheidung in einem Verfahren, das vor dem 1.3.2005, aber nicht vor dem 1.3.2001, eröffnet wurde, ist diese jedoch letztlich erst nach dem 1.3.2005 ergangen, so kann sie unter den Voraussetzungen des Abs. 2 nach den Regeln der Brüssel IIa-VO anerkannt werden. Es kommt danach darauf an, ob das Gericht seine Zuständigkeit auf Vorschriften gestützt hat, die mit den Zuständigkeitsvorschriften der geltenden Brüssel IIa-VO oder der Brüssel II-VO übereinstimmen. Ausreichend ist es auch, wenn die angewendeten Zuständigkeitsvorschriften mit den Vorschriften eines Abkommens übereinstimmen, das zur Zeit der Einleitung des Verfahrens zwischen den betroffenen Mitgliedstaaten bestand. Es ist ohne Bedeutung, ob die Entscheidung in den Anwendungsbereich der Brüssel II-VO fiel.

---

[1] HK-ZPO/*Dörner* Rn. 2; NK-BGB/*Gruber* Rn. 1.
[2] Näher und zu Sonderfällen Althammer/*Großerichter* Rn. 5 (parallele Rechtshängigkeit), sowie Rn. 13 ff.

c) Entscheidungen, die vor dem 1.3.2005 ergangen sind (Abs. 3). In Art. 64 Abs. 3 und 4 **6**
kommt für Verfahren, die bereits vor dem 1.3.2005 ergangen sind, ebenfalls eine Anerkennung nach
der Brüssel IIa-VO in Betracht. Es wird aber noch weiter danach unterschieden, ob das Verfahren
vor oder nach dem 1.3.2001 (Inkrafttreten der Brüssel II-VO) eingeleitet worden ist.

Wurde das Verfahren **nach** dem 1.3.2001 (also unter der Brüssel II-VO) eingeleitet, so greift **7**
Abs. 3. Die vor dem 1.3.2005 ergangene Entscheidung wird demgemäß nach der Brüssel IIa-VO
anerkannt, falls sie in den Anwendungsbereich der Brüssel II-VO fällt. Das ist konsequent, denn die
Anerkennungsvoraussetzungen beider Verordnungen decken sich, so dass eine Überleitung keine
Probleme bereitet.

Wurde dagegen das Verfahren schon **vor** dem 1.3.2001 eingeleitet, richtet sich die Anerkennung **8**
und Vollstreckung dieser Entscheidung nach Abs. 4. Sie erfolgt nur dann nach der Brüssel IIa-VO,
wenn das Gericht seine Zuständigkeit nach Vorschriften angenommen hat, die mit denen der Brüssel
IIa-VO, Brüssel II-VO oder eines Staatsvertrags zwischen dem Ursprungs- und Anerkennungsstaat
übereinstimmen.

Kapitel VII. Schlussbestimmungen

Art. 65 Brüssel IIa-VO Überprüfung

Die Kommission unterbreitet dem Europäischen Parlament, dem Rat und dem Europäischen Wirtschafts- und Sozialausschuss spätestens am 1. Januar 2012 und anschließend
alle fünf Jahre auf der Grundlage der von den Mitgliedstaaten vorgelegten Informationen
einen Bericht über die Anwendung dieser Verordnung, dem sie gegebenenfalls Vorschläge
zu deren Anpassung beifügt.

Art. 66 Brüssel IIa-VO Mitgliedstaaten mit zwei oder mehr Rechtssystemen

Für einen Mitgliedstaat, in dem die in dieser Verordnung behandelten Fragen in verschiedenen Gebietseinheiten durch zwei oder mehr Rechtssysteme oder Regelwerke geregelt werden, gilt Folgendes:
a) Jede Bezugnahme auf den gewöhnlichen Aufenthalt in diesem Mitgliedstaat betrifft
   den gewöhnlichen Aufenthalt in einer Gebietseinheit.
b) Jede Bezugnahme auf die Staatsangehörigkeit oder, im Fall des Vereinigten Königreichs, auf das „domicile" betrifft die durch die Rechtsvorschriften dieses Staates
   bezeichnete Gebietseinheit.
c) Jede Bezugnahme auf die Behörde eines Mitgliedstaats betrifft die zuständige Behörde
   der Gebietseinheit innerhalb dieses Staates.
d) Jede Bezugnahme auf die Vorschriften des ersuchten Mitgliedstaats betrifft die Vorschriften der Gebietseinheit, in der die Zuständigkeit geltend gemacht oder die Anerkennung oder Vollstreckung beantragt wird.

Art. 67 Brüssel IIa-VO Angaben zu den Zentralen Behörden und zugelassenen Sprachen

Die Mitgliedstaaten teilen der Kommission binnen drei Monaten nach Inkrafttreten
dieser Verordnung Folgendes mit:
a) die Namen und Anschriften der Zentralen Behörden gemäß Artikel 53 sowie die technischen Kommunikationsmittel,
b) die Sprachen, die gemäß Artikel 57 Absatz 2 für Mitteilungen an die Zentralen Behörden zugelassen sind,
   und
c) die Sprachen, die gemäß Artikel 45 Absatz 2 für die Bescheinigung über das Umgangsrecht zugelassen sind.
Die Mitgliedstaaten teilen der Kommission jede Änderung dieser Angaben mit.
Die Angaben werden von der Kommission veröffentlicht.

Art. 68 Brüssel IIa-VO Angaben zu den Gerichten und den Rechtsbehelfen

Die Mitgliedstaaten teilen der Kommission die in den Artikeln 21, 29, 33 und 34 genannten Listen mit den zuständigen Gerichten und den Rechtsbehelfen sowie die Änderungen
dieser Listen mit.

Die Kommission aktualisiert diese Angaben und gibt sie durch Veröffentlichung im *Amtsblatt der Europäischen Union* und auf andere geeignete Weise bekannt.

Art. 69 Brüssel IIa-VO Änderungen der Anhänge

Änderungen der in den Anhängen I bis IV wiedergegebenen Formblätter werden nach dem in Artikel 70 Absatz 2 genannten Verfahren beschlossen.

Art. 70 Brüssel IIa-VO Ausschuss

(1) Die Kommission wird von einem Ausschuss (nachstehend „Ausschuss" genannt) unterstützt.

(2) Wird auf diesen Absatz Bezug genommen, so gelten die Artikel 3 und 7 des Beschlusses 1999/468/EG.

(3) Der Ausschuss gibt sich eine Geschäftsordnung.

1   (Art. 65–70 nicht kommentiert)

Art. 71 Brüssel IIa-VO Aufhebung der Verordnung (EG) Nr. 1347/2000

(1) Die Verordnung (EG) Nr. 1347/2000 wird mit Beginn der Geltung dieser Verordnung aufgehoben.

(2) Jede Bezugnahme auf die Verordnung (EG) Nr. 1347/2000 gilt als Bezugnahme auf diese Verordnung nach Maßgabe der Entsprechungstabelle in Anh. VI.

1   Die Brüssel II-VO ist mit Ablauf des 28.2.2005 außer Kraft getreten.

Art. 72 Brüssel IIa-VO In-Kraft-Treten

Diese Verordnung tritt am 1. August 2004 in Kraft.

Sie gilt ab 1. März 2005 mit Ausnahme der Artikel 67, 68, 69 und 70, die ab dem 1. August 2004 gelten.

Diese Verordnung ist in allen ihren Teilen verbindlich und gilt gemäß dem Vertrag zur Gründung der Europäischen Gemeinschaft unmittelbar in den Mitgliedstaaten.

1   Wie bei EU-Verordnungen üblich erfolgte das Inkrafttreten deutlich vor der eigentlichen Geltung. Aus Art. 72 Abs. 2 ergibt sich, dass die Brüssel IIa-VO nur für die Mitteilungspflichten der Mitgliedstaaten (Art. 67 und 68) und die Pflichten der Kommission gem. Art. 69 und 70 seit dem 1.8.2004 galt. Die eigentlichen Verfahrensvorschriften gelten seit dem 1.3.2005. Für die intertemporale Anwendbarkeit auf laufende Verfahren und die Anerkennung ausländischer Titel gilt Art. 64.

Übereinkommen über die Zuständigkeit, das anzuwendende Recht, die Anerkennung, Vollstreckung und Zusammenarbeit auf dem Gebiet der elterlichen Verantwortung und der Maßnahmen zum Schutz von Kindern

Vom 19. Oktober 1996 (BGBl. 2009 II S. 602, 603)

– Auszug –

Kapitel III. Anzuwendendes Recht

Art. 15 KSÜ [Anzuwendendes Recht]

(1) Bei der Ausübung ihrer Zuständigkeit nach Kapitel II wenden die Behörden der Vertragsstaaten ihr eigenes Recht an.

(2) Soweit es der Schutz der Person oder des Vermögens des Kindes erfordert, können sie jedoch ausnahmsweise das Recht eines anderen Staates anwenden oder berücksichtigen, zu dem der Sachverhalt eine enge Verbindung hat.

(3) Wechselt der gewöhnliche Aufenthalt des Kindes in einen anderen Vertragsstaat, so bestimmt das Recht dieses anderen Staates vom Zeitpunkt des Wechsels an die Bedingungen, unter denen die im Staat des früheren gewöhnlichen Aufenthalts getroffenen Maßnahmen angewendet werden.

Übersicht

I. Bedeutung

1. Verhältnis zur Brüssel IIa-VO. Die Art. 15–22 ergänzen die Brüssel IIa-VO, die als zivilprozessuale Verordnung nichts über das anzuwendende Recht sagt. Sie sind auch zwischen den Mitgliedstaaten unverändert anzuwenden, sofern das Kind seinen gewöhnlichen Aufenthalt in einem Mitgliedstaat hat.[1] Auf die Staatsangehörigkeit des Kindes kommt es im KSÜ (außer in Fällen des Art. 15 Abs. 2) nicht an. Art. 15 Abs. 1 ordnet grundsätzlich die Anwendung der *lex fori* aller zuständigen Instanzen an.[2] Hat das Kind seinen gewöhnlichen Aufenthalt in keinem Mitgliedstaat (geht also die Brüssel IIa-VO nicht vor) und sind inländische Instanzen nach dem KSÜ zuständig, gilt ebenfalls der **1**

---

[1] Die Anlehnung an Art. 1 MSA spielt keine Rolle. Der Konventionsgesetzgeber hätte auch sagen können: „Die Instanzen am gewöhnlichen Aufenthalt des Minderjährigen haben die nach ihrem innerstaatlichen Recht vorgesehen Maßnahmen zu treffen"; aA *Kropholler,* FS Schlosser, 2005, 449 ff.

[2] Streitig ist, ob Art. 15 Anwendung findet, sofern die Zuständigkeit nach Maßgabe der Brüssel IIa-VO festgelegt wurde. Zum Streitstand siehe Rauscher/*Hilbig-Lugani* EuZPR/KSÜ Rn. 2 ff. Die wohl herrschende Meinung nimmt eine uneingeschränkte Anwendbarkeit des Art. 15 an, um unter anderem dem Vereinheitlichungswillen des KSÜ zu entsprechen. Die Gegenansicht ist der Auffassung, dass Art. 15 nur dann anzuwenden sei, sofern sich die internationale Zuständigkeit ebenfalls aus dem KSÜ ergebe, sog. Theorie der hypothetischen KSÜ-Zuständigkeit. Dieser Meinung folgend etwa Rauscher/*Rauscher* EuZPR/Brüssel IIa-VO Brüssel IIa-VO Art. 8 Rn. 23.

Art. 15. Heute haben die nach der Brüssel IIa-VO zuständigen deutschen Instanzen **ausländisches Kindschaftsrecht** als das Recht am gewöhnlichen Aufenthalt des Kindes nur anzuwenden, wenn das Kind einen solchen in einem ausländischen Mitgliedstaat hat (Art. 9, 10, 12 und 15 Brüssel IIa-VO).

2   **2. Inhalt des Abs. 1.** Art. 15 Abs. 1 bestimmt das Recht, das die Behörden anzuwenden haben. Maßgebend ist nach Art. 15 Abs. 1 die am Sitz der Aufenthaltsbehörde geltende *lex fori*.[3] Das gilt nicht nur für die nach dem KSÜ zuständigen Behörden, sondern auch für diejenigen, welche nach der vorgehenden Brüssel IIa-VO kompetent sind. Die inländischen Behörden wenden also grundsätzlich ihr eigenes inländisches Recht an. So kann das Kind in seinem Aufenthaltsstaat schnell und effektiv geschützt werden; denn nur ausnahmsweise müssen die Aufenthaltsbehörden auf ausländisches Recht Rücksicht nehmen. Die Maßgeblichkeit der *lex fori* birgt freilich die Gefahr, dass der gewöhnliche Aufenthalt nur deshalb in ein anderes Land verlegt wird, damit dessen Recht angewandt wird.[4] Ein solches „forum shopping" wird insbesondere bei Kindesentführungen praktiziert. Auch um einem solchen Missbrauch zu begegnen, arbeiten die Mitgliedstaaten zusammen und erkennen ihre Entscheidungen gegenseitig an. Außerdem sind im Verhältnis zu manchen Staaten die beiden Kindesentführungsübereinkommen von 1980 und die Art. 10 f., 40 Abs. 1 lit. b, 42 Brüssel IIa-VO heranzuziehen.

II. Anwendbares Recht

3   **1. Grundsatz der *lex fori*.** Die Behörden haben die nach ihrem eigenen Recht vorgesehenen Maßnahmen anzuordnen, zu ändern und zu beenden. Deutsche Behörden handeln also nach deutschem Recht,[5] soweit der Staatsvertrag mit dem Iran nicht vorgeht (→ Brüssel IIa-VO Vor Art. 1 Rn. 19).

4   **2. Ausschluss des autonomen IPR.** Art. 15 Abs. 1 verweist, unter Ausschluss des Art. 21 EGBGB, auf das „eigene Recht" der zuständigen Behörden. Unberücksichtigt bleibt dabei – von Ausnahmen abgesehen (Art. 21 Abs. 2) – das IPR der *lex fori* (Art. 21 Abs. 1). Berufen wird normalerweise nur das Sachrecht. Eine Weiterverweisung ist nur unter den Voraussetzungen des Art. 21 Abs. 2 S. 1 zu beachten. Selbst Schutzmaßnahmen, die zur Sicherung eines Nachlasses zugunsten eines in den USA lebenden Kindes im Inland nach Art. 11 getroffen werden, unterstehen nach Art. 15 dem inländischen Recht.

5   **3. Ausländisches Recht.** In Einzelfällen kann gleichwohl ausländisches Recht im Inland anwendbar sein, und zwar bei Beachtung vorrangiger Staatsverträge und bei der Beantwortung von Vorfragen, die als Hauptfragen nicht unter das KSÜ fallen.

6   **4. Kindesentführungen.** Es ist vorgeschlagen worden, nach einer Kindesentführung nicht die *lex fori* anzuwenden, sondern das Recht des Staates, aus dem das Kind entführt wurde.[6] Dieser Vorschlag verdient keine Zustimmung. Es ist möglichst schnell über die Rückführung zu entscheiden, und dieses Verfahren darf durch Heranziehung ausländischen Rechts nicht verzögert werden. Die Erfahrung zeigt, dass mit einem schnellen Verfahren, einer Vermutung für die Rückführbarkeit und mit dem Grundsatz vom Wohl des Kindes zufriedenstellende Ergebnisse erzielt werden können. Die beiden Kindesentführungsübereinkommen von 1980 verfolgen dieses Ziel.

III. Anwendungsbereich der *lex fori*

7   **1. Art der Maßnahmen.** Nach der inländischen *lex fori* richtet sich vor allem die Art der zu treffenden Maßnahmen. Welche dies nach deutschem Recht sind, ergibt sich aus Art. 3 und den dort beispielhaft genannten nationalen Ausformungen typischer Maßnahmen.

8   **2. Auswahl der Maßnahmen.** Die inländischen Behörden haben anhand inländischen Rechts zu entscheiden, ob und eventuell welche Maßnahmen sie treffen wollen und können.

9   **3. Voraussetzungen für Anordnung.** Welche Voraussetzungen für die Anordnung einer Maßnahme notwendig sind, beurteilt sich grundsätzlich nach der inländischen *lex fori*. Ausnahmen gelten unter Umständen für bestimmte Vorfragen wie zB für diejenige, ob die Ehe der Kindeseltern besteht oder ob jene bereits geschieden sind. Die Einrede der Rechtshängigkeit ist nach Art. 19 Brüssel IIa-VO zu beurteilen.

---

[3] Hierzu auch Palandt/*Thorn* EGBGB Anh. Art. 24 Rn. 18.
[4] Über die frühe Beteiligung eines deutschen Rechtsanwalts s. *Braeuer/von Lilien* NJW 2015, 3491.
[5] Hierzu Rauscher/*Hilbig-Lugani* EuZPR/KSÜ Rn. 5 ff.
[6] IPG 1972 Nr. 24 (Köln), S. 203, 217.

4. Gesetzliches Gewaltverhältnis. Die Brüssel IIa-VO enthält in ihrem Art. 8 keinen Vorbehalt **10** zugunsten des Heimatrechts des Kindes, sei es bezüglich eines gesetzlichen Gewaltverhältnisses (vgl. Art. 3 MSA) oder die Heimatzuständigkeit betreffend (vgl. Art. 4 f. MSA). Deshalb braucht im Verhältnis zwischen den Mitgliedstaaten der EU auf das Heimatrecht des Kindes und die Zuständigkeit seines Heimatstaates keine Rücksicht genommen zu werden. Im Verhältnis zu den Vertragsstaaten des KSÜ, die keine Mitgliedstaaten sind (etwa die Schweiz und die Türkei), gelten das KSÜ/MSA unverändert (zum MSA siehe 3. Aufl. 1998, Art. 19 Anh. I Rn. 133–126), das KSÜ (im Verhältnis zur Schweiz) also ohne Sonderanknüpfung gesetzlicher Gewaltverhältnisse (Art. 16) und ohne eine vorrangige Heimatzuständigkeit (vgl. Art. 8).

5. Voraussetzung für Änderung. Sofern die Änderung einer Maßnahme selbst eine solche ist **11** (zB Abänderung einer bei Ehescheidung vorgenommenen Verteilung der elterlichen Sorge: vgl. zB § 1687 BGB), richten sich deren Voraussetzungen selbstverständlich nach der *lex fori*. Auch für die **kraft Gesetzes** eintretenden Änderungen einer Maßnahme (zB §§ 1633, 1800 BGB, sofern das Kind nach seinem Heimatrecht durch Heirat nicht mündig wird und deshalb das KSÜ anwendbar bleibt[7]) gilt die inländische *lex fori*. Da eine Maßnahme auch einen Statutenwechsel (Änderung des gewöhnlichen Aufenthalts des Kindes) überdauert, gilt für diese kraft Gesetzes eintretende Modifikation einer Maßnahme die frühere *lex fori*, nach der jene eingetreten ist.

6. Voraussetzung für Beendigung. Dasselbe wie für die Änderung gilt auch für die Beendigung **12** einer Maßnahme. Ist diese selbst eine solche (wie zB die Aufhebung einer Inobhutnahme iS des § 42 SGB VIII), so richtet sie sich nach der *lex fori*; endet eine Maßnahme **kraft Gesetzes,** so gilt ebenfalls die *lex fori*. Da auch hier eine Maßnahme einen Statutenwechsel (Änderung des gewöhnlichen Aufenthalts) überdauert, gilt für diese kraft Gesetzes eintretende Beendigung einer solchen die frühere *lex fori*, nach der die Beendigung eingetreten ist.

7. Wirkungen von Maßnahmen. Sie richten sich ebenfalls nach der *lex fori*, und zwar sowohl **13** im **Innenverhältnis** zwischen dem Kind und den Personen oder den Einrichtungen, denen es anvertraut ist, als auch im **Außenverhältnis** zu Dritten.[8] Das bedeutet zB, dass die Vertretungsmacht eines Vormunds, der in einem Vertragsstaat am gewöhnlichem Aufenthalt des Kindes bestellt worden ist, sich ebenfalls nach der *lex fori* richtet, dh nach dem am gewöhnlichen Aufenthalt des Kindes geltenden Recht.[9]

IV. Ausnahme: ausländisches Sachrecht

1. Vorgehende Staatsverträge. Art. 52 Abs. 1 lässt Staatsverträge unberührt, die bei Inkrafttreten **14** des KSÜ in den Vertragsstaaten gelten. Regelt eine solche Konvention nur das anwendbare Recht, verdrängt sie also nicht die Zuständigkeitsvorschriften des KSÜ, so ist statt des Art. 15 das vom vorgehenden Staatsvertrag eventuell berufene ausländische Recht anzuwenden.[10] Im Bereich des KSÜ geht nur das deutsch-iranische Niederlassungsabkommen von 1929 vor (→ Brüssel IIa-VO Vor Art. 1 Rn. 19).

2. Vorfragen. Das KSÜ und die Brüssel IIa-VO regeln nur Maßnahmen zum Schutz von Kindern **15** und berühren nicht die statusrechtlichen Fragen des Kindschaftsrechts.

a) Antwort durch KSÜ. Soweit das KSÜ selbst bestimmte Fragen einer anderen als der in **16** Art. 15 Abs. 1 benannten Rechtsordnung zuwiese, wären diese – wegen des Vorrangs des KSÜ vor dem autonomen Recht – mit Hilfe dieser speziellen Normen des KSÜ zu beantworten. Solche Sondernormen bestehen im KSÜ – anders nach den Art. 3, 7 S. 1 und 12 MSA – jedoch nicht.

---

    [7] Beachte in dem Zusammenhang OLG Bamberg FamRZ 2016, 1270 mAnm *Mankowski* FamRZ 2016,1274, *Ring* FF 2016, 410 sowie *Stockmann* jurisPR-FamR 17/2016 Anm. 6. Nach Ansicht des Gerichts kommt dem einem minderjährigen Verheirateten bestellten Vormund aufgrund der §§ 1800, 1633 BGB keine Entscheidungsbefugnis für den Aufenthalt des Mündels zu; zur Entscheidung auch *Andrae* NZFam 2016, 923; *Antomo* NJW 2016, 3558; *Antomo* NZFam 2016, 1155; *Antomo* ZRP 2017, 79; *Coester* StAZ 2016, 257; *Majer* NZFam 2016, 1019; *Nehls* ZJS 2016, 657; siehe überdies das Gesetz zur Bekämpfung von Kinderehen vom 17.7.2017 (BGBl. 2017 I S. 2429); hierzu *Bongartz* NZFam 2017, 541; ferner insbesondere mit Blick auf den neuen § 1303 Abs. 1 BGB *Majer* NZFam 2017, 537.

    [8] Beachte im weiteren Zusammenhang zur Problematik von minderjährigen unbegleiteten Flüchtlingen *Menne* FamRZ 2016, 1223; beachte ferner zum Schutz von Kindern in Flüchtlingsunterkünften den Entwurf eines Gesetzes zur Stärkung von Kindern und Jugendlichen vom 15.5.2017, BT-Drs. 18/12330.

    [9] Öst. OGH ZfRV 1993, 213.

    [10] Siehe Rauscher/*Hilbig-Lugani* EuZPR/KSÜ Rn. 9.

17   **b) Antwort durch EGBGB.** Vorfragen sind unselbständig nach den Kollisionsnormen der vom KSÜ berufenen Rechtsordnung anzuknüpfen; denn die vom KSÜ nicht aufgeworfenen Fragen müssen zum Zwecke des internationalen Entscheidungseinklanges stets in derselben Weise beantwortet werden. Folgende Fragen sind zB unselbständig nach den geltenden autonomen oder staatsvertraglichen IPR-Normen der lex causae zu beurteilen: Gültigkeit der Ehe der Kindeseltern, Wirksamkeit der Ehescheidung, Geschäftsfähigkeit der Eltern, Ehelichkeit des Kindes, Wirksamkeit einer Vaterschaftsfeststellung, Legitimation durch nachfolgende Ehe, Gültigkeit einer Adoption, Erforderlichkeit einer familiengerichtlichen Genehmigung.

18   **3. Familiengerichtliche Genehmigung.** Bei familiengerichtlichen Genehmigungen ist zwischen dem Erfordernis einer Genehmigung und deren Erteilung zu unterscheiden. Das Erfordernis der Genehmigung lässt sich der für die beabsichtigte Handlung maßgebenden Rechtsordnung entnehmen.[11] Eine danach notwendige Genehmigung wird dann nach der *lex fori* erteilt.

19   **4. Angleichung an ausländisches Recht.** Obwohl inländische Behörden grundsätzlich inländisches Recht wie in einem Inlandsfall anwenden, ist es unter Umständen nach Art. 15 Abs. 2 angezeigt, bei der Anordnung von Maßnahmen auf die Auslandsbeziehungen des Falls Rücksicht zu nehmen.[12] Bei der Abänderung eines gesetzlichen Sorgeverhältnisses ist eventuell die inländische Maßnahme dem ausländischen Heimatrecht des Kindes anzupassen und statt einer Sorgerechtsübertragung nur die Ausübung der elterlichen Sorge zu regeln.[13] Außerdem kann eine Anpassung angezeigt sein, wenn bei Ausländern aus einem anderen Kulturbereich und mit anderen Rechtsvorstellungen Konflikte zwischen Eltern und Kindern auftreten.[14] Inwieweit hier den ausländischen Vorstellungen nachzugeben ist, lässt sich allgemein schwer sagen. Häufig beruhen die Konflikte vorwiegend darauf, dass nur noch die Eltern ihrer heimatrechtlichen Tradition verhaftet sind, während dies auf die Kinder nicht mehr zutrifft, weil sie hier aufwachsen und den inländischen Erziehungs- und Rechtsvorstellungen in der Schule und bei ihren Freunden täglich begegnen. In diesen Fällen ist eher den inländischen Vorstellungen der herangewachsenen Kinder Rechnung zu tragen als den ausländischen Anschauungen der Eltern.[15] Das gebietet der Grundsatz des Kindeswohls; denn die Kinder, einmal an das Inland gewöhnt, müssen nach Erlangen der Volljährigkeit in ihrer Umwelt leben und mit ihr zurechtkommen.[16] Je näher das Datum der Volljährigkeit rückt, desto mehr gebietet sich eine Orientierung an dem vernünftigen und vertretbaren Willen des minderjährigen Kindes. Im Rahmen des KSÜ und der Brüssel IIa-VO lässt sich das verwirklichen, was der Art. 15 Abs. 2 so ausdrückt: „Soweit es der Schutz der Person oder des Vermögens des Kindes erfordert, können sie [die Behörden der Vertragsstaaten] jedoch ausnahmsweise [dh nicht die *lex fori*] das Recht eines anderen Staates anwenden oder berücksichtigen, zu dem der Sachverhalt eine enge Verbindung hat."[17] Art. 15 Abs. 2 wirft indes aufgrund seiner unterschiedlichen Rechtsfolgealternativen („[…] das Recht eines anderen Staates anwenden oder berücksichtigen […]") Zweifelsfragen auf.[18] Im Ausgangspunkt erscheint unklar, wann das für das Kindeswohl günstigere Recht Anwendung und in welchem Fall es lediglich Beachtung findet. Denkbar wäre diesen Umstand von dem Grad der Abweichung zur Regelanknüpfung an die *lex fori* abhängig zu machen.[19] Hinzu kommt die weitere Besonderheit, dass eine Ergebniskorrektur anhand des Art. 15 Abs. 2 bereits bei einer *engen* und nicht etwa *engeren* Verbindung zum Recht eines anderen Staates möglich ist. Dabei sind neben der Staatsangehörigkeit sowohl der gewöhnliche Aufenthalt des Kindes als auch dessen Vermögensbelegenheit als Umstände zu berücksichtigen.[20]

---

[11] OLG München BeckRS 2017, 101726.

[12] Hierzu auch Palandt/*Thorn* EGBGB Art. 24 Anh. Rn. 19.

[13] So zB hinsichtlich italienischer Kinder KG NJW 1974, 423; OLG Stuttgart NJW-RR 1989, 261; AG Köln IPRspr. 1987 Nr. 135.

[14] Hierzu *Münder* ZAR 1985, 163; LG Berlin FamRZ 1983, 946 mAnm *John* FamRZ 1983, 1274.

[15] Vgl. die Konflikte zwischen türkischen Kindern, die in Deutschland aufgewachsen sind, und ihren Eltern: KG NJW 1985, 68 = IPRax 1985, 347 m. krit. Anm. *Wengler* IPRax 1985, 334; OLG Celle InfAuslR 1984, 291; OLG Düsseldorf NJW 1985, 1291 = FamRZ 1984, 1258; H.R. N.J. 1983 Nr. 201 (Marokko) und hierzu krit. *Wengler* IPRax 1984, 177; anders BayObLGZ 1985, 145 = NJW-RR 1986, 3; BayObLGZ 1984, 178 = FamRZ 1984, 1259 = DAVorm. 1984, 931, jedoch vorsichtig hinsichtlich der gewaltsamen Rückführung, die gegen Art. 2 Abs. 1 GG verstoßen konnte.

[16] Die Frage nach der Altersgrenze zur Volljährigkeit eines Kindes regelt das KSÜ nicht: OLG Brandenburg BeckRS 2016, 106213.

[17] Vgl. hierzu *Lagarde* Rapport Nr. 89.

[18] Hierzu Rauscher/*Hilbig-Lugani* EuZPR/KSÜ Rn. 11 ff. mwN.

[19] So etwa Rauscher/*Hilbig-Lugani* EuZPR/KSÜ Rn. 12.

[20] Vgl. Rauscher/*Hilbig-Lugani* EuZPR/KSÜ Rn. 14 mit weiteren Umständen, die eine enge Verbindung begründen können.

5. Hinkende Rechtsverhältnisse. Rechtsverhältnisse, die im Inland wirksam, nach dem Heimat- **20** recht des Kindes dagegen unwirksam sind, kommen nach der Reform des griechischen IPR (Aner-kennung der weltlichen Ortsform bei Eheschließungen im Ausland)[21] kaum noch vor, und ungültige Ehen sind geheilt worden.[22] Dagegen wird es stets noch Rechtsverhältnisse geben, die im Ausland gültig, im Inland dagegen ungültig sind (Griechen haben im Inland nur kirchlich geheiratet).[23] Trotzdem wird man bei der Anordnung von Maßnahmen berücksichtigen, ob die Kindeseltern wie solche zusammengelebt haben oder nicht. Denn bei dem Erlass von Maßnahmen kommt es wegen der großen Bedeutung des Kindeswohls ganz entscheidend auf faktische Bindungen zwischen einem Elternteil und seinem Kind an.[24]

V. Inländische Maßnahmen

1. Allgemeine Kennzeichnung. Der Begriff der Schutzmaßnahme wird im MSA nicht näher **21** definiert. Eine solche Unklarheit vermeidet das KSÜ und nennt in seinem Art. 3 die wichtigsten Maßnahmen zum Schutz der Person oder des Vermögens des Kindes.[25] Diese Zusammenstellung beruht auf den Erfahrungen mit dem MSA und definiert deshalb auch für das MSA die Schutzmaß-nahmen. Die Brüssel IIa-VO hat diese Liste fast wörtlich in ihrem Art. 1 Abs. 2 übernommen. Zur Praxis unter dem MSA siehe 3. Aufl. 1998, Art. 19 Anh. I Rn. 42 ff.

2. Reaktion auf Kindesentführungen. a) Entführung ins Ausland. Wird ein Kind ins Aus- **22** land entführt, dürften – solange man noch einen inländischen gewöhnlichen Aufenthalt annimmt – die Übertragung der elterlichen Sorge auf den getäuschten Elternteil und/oder eine Herausgabean-ordnung gegen den Entführer die angemessenen Reaktionen sein.[26]

b) Entführung ins Inland. Ist ein Kind ins Inland entführt oder nach einem Besuch im Inland **23** zurückgehalten worden, so darf vor der beantragten Entscheidung über die Rückführung nach den Entführungsübereinkommen von 1980 keine Maßnahme in der Sache selbst getroffen werden. Ein Gericht sollte deshalb in der Regel so schnell wie möglich die Rückführung des Kindes anordnen, damit am Ort der Entführung über das Schicksal des Kindes entschieden wird.[27] Wird eine Rückfüh-rung abgelehnt, hat das Gericht über seine Zuständigkeit zu entscheiden und zu erwägen, ob und welche Maßnahmen zu treffen sind. Ist das Kind aus einem Mitgliedstaat der EU entführt worden, geht die Rückführungsentscheidung des Ursprungsstaates vor und muss nach Art. 11 Abs. 8, 40 Abs. 1 lit. b, 42 Brüssel IIa-VO vollstreckt werden.[28]

Der **Entführer wird sich** dem natürlich **widersetzen,** weil er zu Recht im Ausland Sanktionen **24** (straf- und/oder familienrechtlicher Art) gegen sich befürchtet. Deswegen wird er auch die Rückführung des Kindes als Maßnahme, die dem Wohl des Kindes abträglich ist, hinstellen, obwohl er selbst diese Situation durch seine Selbsthilfe mittels Entführung geschaffen hat. Sofern die Rückführung selbst und die nach ihr entstehende Situation das Wohl des Kindes voraussichtlich **ernsthaft** gefährden oder wenn eine zwangsweise Rückführung das Persönlichkeitsrecht (Art. 2 Abs. 1 GG) fast volljähri-ger Kinder verletzen würde, sollte eine inländische Behörde von einer Rückführung absehen.[29] Lediglich so kann bei Wahrung des Kindeswohls dem Missstand der Kindesentführung präventiv entgegengewirkt werden.[30] Meistens hat sich der Entführer im Ausland nicht wohl gefühlt und vermutet dieses Unbehagen auch beim Kind. Wird eine Rückführung abgelehnt, hat das Gericht über seine Zuständigkeit zu entscheiden und zu erwägen, ob und welche Maßnahmen zu treffen

---

[21] Vgl. Art. 13 Nr. 1 Abs. 2 und Nr. 2 griech. ZGB idF des Gesetzes Nr. 1250/1982 vom 3.3.1982, dt. Übersetzung in IPRax 1982, 214 (215) mAnm *Chiotellis* IPRax 1982, 169; *Siehr*, FS Müller-Freienfels, 1986, 559.

[22] Art. 7 Nr. 1 griech. ZGB idF des Gesetzes Nr. 1250/1982 vom 3.3.1982.

[23] Siehe zur Haftung des Rechtsanwalts bei Scheidung einer Nichtehe: BGH FamRZ 2003, 838.

[24] Im Ergebnis ebenso OLG Stuttgart NJW 1980, 1229.

[25] Durch die Formulierung „insbesondere" ist die Auflistung in Art. 3 nicht abschließend.

[26] Vgl. zB AG Iserlohn FamRZ 1974, 141 m. zust. Anm. *Siehr*.

[27] So vorbildlich OLG Frankfurt a. M. IPRspr. 1974 Nr. 93; OLG Koblenz FamRZ 1989, 204; Hof Amsterdam N.J. 1972 Nr. 289 = NTIR 21 (1974), 198 m. zust. Anm. *Verheul*; Rb. Alkmaar N.J. 1974 Nr. 448; Justizdirektion Zürich ZVormW 1975, 63 (ohne Anwendung des MSA).

[28] EuGH Slg. 2008, I-5271 = NJW 2008, 2973 – Inga Rinau; FamRZ 2010, 525 – Detiček/Sgueglia; FamRZ 2010, 1229 – Povse/Alpago; NJW 2011, 363 – Purrucker/Vallés Pérez; Cass. fr. Recueil Dalloz 2013, 1515 (1519) mAnm *Boiché*.

[29] BayObLG NJW 1974, 2183; hierzu auch obiter BayObLG DAVorm. 1984, 931; E (Children), [2011] 2 WLR 1326 (S.C.).

[30] Bedenklich unter diesem Gesichtspunkt sind OLG Hamburg FamRZ 1972, 514 m. krit. Anm. *Kropholler*; OLG Schleswig IPRspr. 1978 Nr. 82 (fatale Verzögerung bis zur Anerkennung der amerikanischen Ehescheidung).

sind, hat aber die Rückführungsentscheidung des Ursprungsstaates vorrangig zu befolgen (Art. 11 Abs. 8, 40, 42).

VI. Beratungs- und Mitteilungspflichten

25   Im Rechtsverkehr mit den Vertragsstaaten des MSA/KSÜ, die nicht Mitgliedstaaten der EU sind (etwa die Schweiz und die Türkei), gelten für die behördliche Zusammenarbeit die Art. 10 und 11 MSA bzw. die Art. 29 ff. KSÜ. Die Mitgliedstaaten dagegen ziehen Art. 53 ff. Brüssel IIa-VO heran.

Art. 16 KSÜ [Zuweisung der elterlichen Verantwortung kraft Gesetzes oder durch Rechtsgeschäft]

(1) Die Zuweisung oder das Erlöschen der elterlichen Verantwortung kraft Gesetzes ohne Einschreiten eines Gerichts oder einer Verwaltungsbehörde bestimmt sich nach dem Recht des Staates des gewöhnlichen Aufenthalts des Kindes.

(2) Die Zuweisung oder das Erlöschen der elterlichen Verantwortung durch eine Vereinbarung oder ein einseitiges Rechtsgeschäft ohne Einschreiten eines Gerichts oder einer Verwaltungsbehörde bestimmt sich nach dem Recht des Staates des gewöhnlichen Aufenthalts des Kindes in dem Zeitpunkt, in dem die Vereinbarung oder das einseitige Rechtsgeschäft wirksam wird.

(3) Die elterliche Verantwortung nach dem Recht des Staates des gewöhnlichen Aufenthalts des Kindes besteht nach dem Wechsel dieses gewöhnlichen Aufenthalts in einen anderen Staat fort.

(4) Wechselt der gewöhnliche Aufenthalt des Kindes, so bestimmt sich die Zuweisung der elterlichen Verantwortung kraft Gesetzes an eine Person, die diese Verantwortung nicht bereits hat, nach dem Recht des Staates des neuen gewöhnlichen Aufenthalts.

Übersicht

I. Elterliche Verantwortung kraft Gesetzes

1   Das KSÜ nimmt Abschied von einem Hauptproblem des MSA, nämlich von der Unterstellung gesetzlicher Gewaltverhältnisse unter das Heimatrecht des Kindes (Art. 3 MSA). Das KSÜ unterwirft auch diese Frage dem Recht am gewöhnlichen Aufenthalt des Kindes.

2   **1. Zuweisung. a) Entstehen.** Die elterliche Verantwortung kraft Gesetzes entsteht dann, wenn das Kind nach dem Recht des Staates, in dem es sich gewöhnlich aufhält, einem solchen Verhältnis gesetzlich untersteht. Wird also einem im Inland (Deutschland) lebenden Ehepaar ein Kind geboren, so haben die Eltern nach § 1626 BGB die gemeinsame elterliche Sorge. Das gilt selbst dann, wenn nach dem ausländischen Heimatrecht der Eheleute die elterliche Sorge anders verteilt wird. Ausnahmen gelten lediglich für Vertragsstaaten des MSA. Für türkische Staatsangehörige findet intertemporal nach Art. 51 KSÜ der Art. 3 MSA auf alle Sachverhalte bis zum 1.2.2017 Anwendung, da das KSÜ in der Türkei an dem Stichtag in Kraft getreten ist. Darüber hinaus greift das dt.-iran. Abkommen von 1929 (Dt.-Iran. NlassAbk) für Iraner ein (Art. 52 Abs. 1 KSÜ), so dass iranisches Recht gilt.

3   **b) Fortbestehen nach Wechsel des gewöhnlichen Aufenthalts.** Wechselt das Kind seinen gewöhnlichen Aufenthalt, zieht es also mit seinen Eltern von Deutschland nach Österreich, **so**

behalten die Eltern die gemeinsame elterliche Sorge (Art. 16 Abs. 3) und sie wird nicht in die österreichische Obsorge (§§ 137, 144 ABGB) umgewandelt.[1] Die Ausübung der elterlichen Verantwortung allerdings unterliegt dem Recht am neuen gewöhnlichen Aufenthalt (Art. 17).

Trägt jedoch nach dem neuen Aufenthaltsrecht eine Person die elterliche Verantwortung, die sie **4** nach dem alten Aufenthaltsrecht nicht besaß (zB ein tunesisches Ehepaar hatte an seinem alten gewöhnlichen Aufenthalt nicht die gemeinsame elterliche Sorge), aber nach neuem Aufenthalt in Deutschland ausübt, so erwirbt diese Person mit dem Umzug nach Deutschland das volle Sorgerecht für ihr Kind neben ihrem Ehemann (Art. 16 Abs. 4).

c) Änderung des Inhabers der elterlichen Verantwortung. Im Staat des alten gewöhnlichen **5** Aufenthalts oder – nach einem Statutenwechsel – im neuen Aufenthaltsstaat kann die gesetzlich eintretende elterliche Verantwortung von den zuständigen Gerichten oder Behörden geändert werden. Dies sieht Art. 18 vor.

2. Inhalt. Der Inhalt der gesetzlichen elterlichen Verantwortung richtet sich ebenfalls nach dem **6** Recht des Staates des gewöhnlichen Aufenthalts des Kindes.[2] Wenn das Kind verheirateter Eltern in Deutschland zur Welt gekommen ist, haben dessen Eltern die volle elterliche Sorge für das Kind, also auch die Vermögenssorge, und zwar selbst dann, wenn das islamische Heimatrecht der Eltern und des Kindes etwas anderes vorsieht.

3. Ausübung. Die Ausübung der elterlichen Verantwortung richtet sich nach Art. 17 immer **7** nach dem jeweiligen Recht des Staates des gewöhnlichen Aufenthalts des Kindes.

4. Erlöschen kraft Gesetzes. Ebenfalls das Erlöschen einer gesetzlich eintretenden elterlichen **8** Verantwortung untersteht dem Recht des Staates des gewöhnlichen Aufenthalts des Kindes im Zeitpunkt des Erlöschens (Art. 16 Abs. 1). Das gilt auch für das Ruhen und Wiederaufleben der elterlichen Sorge (vgl. § 1674 BGB).

5. Entziehung oder Änderung durch Aufenthaltsbehörden. Gerichte und Behörden im **9** Staat des gewöhnlichen Aufenthalts des Kindes können die gesetzliche Verantwortung kraft Gesetzes entziehen, ändern und variieren. Auch die Ausübung darf den Bedingungen des Aufenthaltsrechts angepasst werden. Dies ergibt sich aus Art. 18.[3]

II. Elterliche Verantwortung durch Rechtsgeschäfte

1. Vereinbarung. Die Eltern eines Kindes können vereinbaren, dass sie nach der Scheidung die **10** gemeinsame elterliche Sorge nach dem Recht des gewöhnlichen Aufenthalts des Kindes im Zeitpunkt der Scheidung behalten, und zwar selbst dann, wenn ein Gericht oder eine Behörde nicht einschreiten muss (Art. 16 Abs. 2). Meistens jedoch ist eine gerichtliche Entscheidung erforderlich, die das Kindeswohl überprüft (vgl. § 156 Abs. 2 FamFG). Eine solche Maßnahme fällt aber unter Art. 15.[4]

2. Einseitiges Rechtsgeschäft. Durch einseitige Erklärungen (zB Sorgerechtserklärungen nach **11** § 1626a Abs. 1 Nr. 1 BGB)[5] können nicht verheiratete Eltern kraft Gesetzes bewirken, dass sie im Zeitpunkt der Erklärungen gemeinsam die elterliche Sorge für ihr Kind erhalten und ausüben. Ob diese Erklärungen eine Vereinbarung darstellen oder zwei einseitige Erklärungen sind, kann dahinstehen; denn beide Rechtsgeschäfte fallen unter Art. 16 Abs. 2.

3. Fortbestehen nach Aufenthaltswechsel. Ist die elterliche Verantwortung durch Rechtsge- **12** schäfte nach dem Recht des Staates des gewöhnlichen Aufenthalts des Kindes im Zeitpunkt der Rechtsgeschäfte einmal entstanden, besteht sie nach einem Statutenwechsel gemäß Art. 16 Abs. 3 fort. Dadurch ist sichergestellt, dass keine Schutzlücken bei einem Aufenthaltswechsel auftreten.[6]

4. Ausübung. Die Ausübung der elterlichen Verantwortung unterliegt nach Art. 17 S. 1 dem **13** Recht des Staates, in dem das Kind im Zeitpunkt der Ausübung seinen gewöhnlichen Aufenthalt hat. Wechselt es seinen gewöhnlichen Aufenthalt, ändert sich auch das Recht der Ausübung (Art. 17 S. 2).

---

[1] Hierzu auch Palandt/*Thorn* EGBGB Art. 24 Anh. Rn. 23.
[2] Siehe im weiteren Zusammenhang die Problematik der Mitmutterschaft: BGH FamRZ 2016, 125 mAnm *Dutta* 1256; noch zum vorinstanzlichen Beschluss *Frie* FamRZ 2015, 889.
[3] Siehe auch Palandt/*Thorn* EGBGB Art. 24 Anh. Rn. 23.
[4] Vgl. Rauscher/*Hilbig-Lugani* EuZPR/KSÜ Rn. 17.
[5] Zur Sorgerechtserklärung in einem deutsch-türkischen Sachverhalt vgl. AG Pankow-Weißensee FamRZ 2016, 145 mAnm *Dutta* FamRZ 2016, 146.
[6] Rauscher/*Hilbig-Lugani* EuZPR/KSÜ Rn. 23.

14 **5. Erlöschen durch Rechtsgeschäft.** Ebenfalls das Erlöschen der elterlichen Verantwortung, die durch Rechtsgeschäft entstanden ist, kann durch Rechtsgeschäft nach dem Recht des Staates des gewöhnlichen Aufenthalts des Kindes im Zeitpunkt der Vornahme des Rechtsgeschäfts beendet werden.

15 **6. Entziehung und Änderung durch Aufenthaltsbehörden.** Selbstverständlich kann die elterliche Verantwortung kraft Rechtsgeschäfts von den Behörden am jeweiligen gewöhnlichen Aufenthalt des Kindes entzogen oder abgeändert werden (Art. 18).

III. Fortbestehen eines gemäß Art. 3 MSA anerkannten Verhältnisses nach Inkrafttreten des KSÜ

16 Im Hinblick auf das zeitliche **Fortbestehen eines nach Art. 3 MSA anerkannten Gewaltverhältnisses** über das Inkrafttreten des KSÜ hinaus entschied zuletzt das OLG Frankfurt.[7] Im Anlassstreit stellte sich die Frage, ob die Geltung des Art. 16 Abs. 1 zu einem Wegfall des von einem Vertragsstaat bislang nach Art. 3 MSA anerkannten Verantwortungsverhältnisses und damit zu einem Statuswechsel führt.[8] Da weder das KSÜ noch das nationale (deutsche) Recht diesbezüglich Übergangsbestimmungen enthalten, legte der zuständige Senat die betreffenden Vorschriften im Lichte des Wortlauts, der Systematik sowie von Sinn und Zweck des KSÜ aus. Demnach spreche neben der Formulierung des Art. 16 Abs. 1, Abs. 3[9] vor allem die Ratio des Abkommens für ein Fortbestehen der elterlichen Verantwortung über das Inkrafttreten des Übereinkommens hinaus.[10]

Art. 17 KSÜ [Ausübung der elterlichen Verantwortung]

[1]Die Ausübung der elterlichen Verantwortung bestimmt sich nach dem Recht des Staates des gewöhnlichen Aufenthalts des Kindes. [2]Wechselt der gewöhnliche Aufenthalt des Kindes, so bestimmt sie sich nach dem Recht des Staates des neuen gewöhnlichen Aufenthalts.

I. Ausübungsstatut

1 Die elterliche Verantwortung soll – der Einfachheit, Schnelligkeit und Effektivität wegen – stets nach dem Recht des Staates ausgeübt werden, in dem das Kind im Zeitpunkt der Ausübung seinen gewöhnlichen Aufenthalt hat, und zwar unabhängig davon, nach welchem Recht die elterliche Verantwortung besteht. Können sich zB die sorgeberechtigten Eltern eines in Deutschland lebenden Kindes nicht einigen, so hat nicht etwa ein Elternteil nach ausländischem Recht einen Stichentscheid, sondern das Gericht muss nach § 1628 BGB angerufen und um eine Entscheidung zugunsten eines Elternteils gebeten werden. Dasselbe gilt, wenn nach deutschem Recht die sorgeberechtigten Eltern nicht alleine entscheiden dürfen, sondern die Mitwirkung eines Gerichts benötigen. Fraglich ist, welche Normen des nationalen Sachrechts sich mit der Ausübung der elterlichen Verantwortung befassen.[1] In diesem Zusammenhang erlangt die Abgrenzung zu jenen Bestimmungen Bedeutung, welche die Zuweisung respektive das Erlöschen der elterlichen Sorge zum Gegenstand haben. Als Differenzierungskriterium ist auf den jeweiligen Normgehalt abzustellen.[2] Zu den die Ausübung betreffenden Normen zählen solche, die den Inhalt und Umfang der elterlichen Verantwortung konkretisieren, im deutschen Sachrecht etwa die Beschränkung der Minderjährigenhaftung nach § 1629a BGB sowie das Verbot der Gewaltanwendung gem. § 1631 Abs. 2 BGB.[3] Zudem ist im Zweifel eine extensive Auslegung des Ausübungsbegriffs angezeigt.[4]

II. Statutenwechsel

2 Bei einem Statutenwechsel bestimmt das neue Aufenthaltsrecht die Ausübung der elterlichen Verantwortung seit dem Statutenwechsel.

---

[7] OLG Frankfurt a. M. FamRZ 2015, 1633.

[8] OLG Frankfurt a. M. FamRZ 2015, 1633 (1634 [Rn. 16]); dazu auch Rauscher/*Hilbig-Lugani* EuZPR/KSÜ Rn. 3; zur intertemporalen Anwendung von Art. 16 siehe ferner *Rauscher* NJW 2011, 2332 (2333).

[9] Zur Rückwirkung des Art. 16 Abs. 3 beachte OLG KarlsruheFamRZ 2013, 1238 mAnm *Heiderhoff* IPRax 2015, 326 sowie *Leipold* FamFR 2013, 239.

[10] OLG Frankfurt a. M. FamRZ 2015, 1633 (1634 [Rn. 16]).

[1] Rauscher/*Hilbig-Lugani* EuZPR/KSÜ Rn. 3.

[2] So auch im Ergebnis Rauscher/*Hilbig-Lugani* EuZPR/KSÜ Rn. 3; aA *Hausmann*, Internationales und Europäisches Ehescheidungsrecht, 2013, Kap. B Rn. 513.

[3] Siehe Rauscher/*Hilbig-Lugani* EuZPR/KSÜ Rn. 7 mit weiteren Beispielen.

[4] Vgl. Rauscher/*Hilbig-Lugani* EuZPR/KSÜ Rn. 5.

Art. 18 KSÜ [Entziehung und Änderung]

Durch Maßnahmen nach diesem Übereinkommen kann die in Artikel 16 genannte elterliche Verantwortung entzogen oder können die Bedingungen ihrer Ausübung geändert werden.

I. Entziehung

Die Gerichte und Behörden des Staates des jeweiligen gewöhnlichen Aufenthalts des Kindes **1** können jederzeit – falls diese es für nötig erachten – die elterliche Verantwortung für das Kind dem Inhaber dieser Verantwortung entziehen. Insofern spielt die Anerkennung einer ausländischen Schutzmaßnahme eine geringe Rolle; denn jene kann jederzeit nach der *lex fori* geändert und ersetzt werden. Selbst die elterliche Verantwortung kraft Gesetzes oder Rechtsgeschäfts (vgl. Art. 16 KSÜ) darf entzogen werden.

II. Änderung

Was für die Entziehung gilt, ist auch für die Änderung zutreffend. Wenn die Gerichte oder **2** Behörden im Staat des gewöhnlichen Aufenthalts es für richtig halten, die elterliche Verantwortung, sei sie gesetzlich vorgesehen oder gerichtlich angeordnet, zu ändern, dürfen sie das tun.

Art. 19 KSÜ [Schutz Dritter]

(1) Die Gültigkeit eines Rechtsgeschäfts zwischen einem Dritten und einer anderen Person, die nach dem Recht des Staates, in dem das Rechtsgeschäft abgeschlossen wurde, als gesetzlicher Vertreter zu handeln befugt wäre, kann nicht allein deswegen bestritten und der Dritte nicht nur deswegen verantwortlich gemacht werden, weil die andere Person nach dem in diesem Kapitel bestimmten Recht nicht als gesetzlicher Vertreter zu handeln befugt war, es sei denn, der Dritte wusste oder hätte wissen müssen, dass sich die elterliche Verantwortung nach diesem Recht bestimmte.

(2) Absatz 1 ist nur anzuwenden, wenn das Rechtsgeschäft unter Anwesenden im Hoheitsgebiet desselben Staates geschlossen wurde.

I. Schutz Dritter

Der gesetzliche Vertreter eines Kindes kann in die Situation kommen, dass er im Ausland mit **1** einem Dritten für das Kind ein Rechtsgeschäft abschließen will oder muss. Dabei macht es keinen Unterschied, ob das Geschäft schuldrechtlicher, dinglicher, familien- oder erbrechtlicher Natur ist.[1] Verkaufen und übertragen also die sorgeberechtigten Eltern das im ausländischen Staat X belegene Grundstück des Kindes an den Käufer D, so können sie sich nicht darauf berufen, dass sie nach dem Aufenthaltsrecht des Kindes des Staats Y ohne familiengerichtliche Genehmigung nicht zum Abschluss und zur Veräußerung des Grundstückes befugt waren (vgl. §§ 1643 Abs. 1, 1821 Nr. 1 und 4 BGB). Dasselbe gilt für eine Kreditaufnahme im Namen des Kindes. Waren sie nach dem Ortsrecht X vertretungsbefugt, nach dem Aufenthaltsrecht des Kindes des Staates Y jedoch nicht (vgl. §§ 1626 Abs. 1, 1822 Nr. 8 BGB), so kann der Dritte nicht allein deshalb für verantwortlich gehalten werden, weil die Vertretungsbefugnis nach dem Aufenthaltsrecht des Staates Y nicht bestand.

II. Einschränkungen

Zwei Ausnahmen ergeben sich aus Art. 19. **2**

1. Wissen oder wissen müssen. Aus dem Satzende von Art. 19 Abs. 1 ergibt sich, dass der **3** Schutz Dritter nur dann gilt, wenn der Dritte weder wusste noch wissen musste, dass die elterliche Verantwortung sich nach dem Recht des Aufenthaltsstaates des Kindes richtet. Die Darlegungslast trifft aufgrund der Negativformulierung („es sei denn“) denjenigen, welcher die Nichtigkeit des fraglichen Rechtsgeschäfts geltend macht.[2] Das Wissenmüssen kann dabei – je nach Gewicht des Rechtsgeschäfts – unterschiedlich streng gehandhabt werden.[3]

---

[1] Rauscher/*Hilbig-Lugani* EuZPR/KSÜ Rn. 4.
[2] Rauscher/*Hilbig-Lugani* EuZPR/KSÜ Rn. 10 f.
[3] Zum Sorgfaltsmaßstab siehe Rauscher/*Hilbig-Lugani* EuZPR/KSÜ Rn. 12 mwN.

4   **2. Geschäft unter Abwesenden.** Wie aus Art. 19 Abs. 2 hervorgeht, gilt Art. 19 Abs. 1 nur dann, wenn ein Geschäft unter Anwesenden abgeschlossen wird, also nicht dann, wenn die sorgeberechtigten Eltern von Staat Y aus den Verkauf im Staat X mit dem Käufer D tätigen. Liegt ein solcher Distanzkauf vor, muss sich der Dritte vergewissern, ob die Eltern unbeschränkt über das Grundstück ihres Kindes verfügen dürfen. Eine räumliche Anwesenheit an demselben Ort ist innerhalb des einen Staates nicht erforderlich.[4]

Art. 20 KSÜ [Universelle Anwendung]

Dieses Kapitel ist anzuwenden, selbst wenn das darin bestimmte Recht das eines Nichtvertragsstaats ist.

1   Der Art. 20 stellt klar, dass – wie bei vielen Haager Übereinkommen – die Verweisungen des KSÜ selbst dann gelten, wenn im Einzelfall das Recht eines Nichtvertragsstaats zur Anwendung berufen wird.[1] Hatte das Kind etwa seinen gewöhnlichen Aufenthalt im Zeitraum vor dem 1.2.2017 in der Türkei, somit also vor dem dortigen Inkrafttreten des KSÜ (damals noch Nichtvertragsstaat des KSÜ, aber Vertragsstaat des MSA), so ist nach Art. 51 KSÜ, Art. 61 lit. a Brüssel IIa-VO das MSA intertemporal einschlägig.

Art. 21 KSÜ [Rück- und Weiterverweisung]

(1) Der Begriff „Recht" im Sinne dieses Kapitels bedeutet das in einem Staat geltende Recht mit Ausnahme des Kollisionsrechts.

(2) [1]Ist jedoch das nach Artikel 16 anzuwendende Recht das eines Nichtvertragsstaats und verweist das Kollisionsrecht dieses Staates auf das Recht eines anderen Nichtvertragsstaats, der sein eigenes Recht anwenden würde, so ist das Recht dieses anderen Staates anzuwenden. [2]Betrachtet sich das Recht dieses anderen Nichtvertragsstaats als nicht anwendbar, so ist das nach Artikel 16 bestimmte Recht anzuwenden.

I. Rückverweisung

1   In Übereinstimmung mit neueren Kollisionsnormen im Haager Übereinkommen schließt Art. 21 Abs. 1 eine Rückverweisung aus. Das ist verständlich; denn die Gerichte und Behörden wenden in aller Regel ihre *lex fori* als das Recht des Staates des gewöhnlichen Aufenthalts des Kindes an. Das ist nur anders, wenn (1) sie nach Art. 12 Brüssel IIa-VO die Scheidungszuständigkeit beanspruchen und das Kind nicht im Scheidungsstaat wohnt oder wenn (2) nach Art. 16 Abs. 3 die gesetzliche elterliche Verantwortung nach ausländischem Recht am ehemaligen gewöhnlichen Aufenthalt des Kindes zu beurteilen ist.

II. Weiterverweisung

2   Für die Fälle einer gesetzlich eintretenden oder vertraglich vereinbarten elterlichen Verantwortung sieht Art. 21 Abs. 2 S. 1 eine Weiterverweisung vor, um den Entscheidungseinklang zwischen den betroffenen Nichtvertragsstaaten nicht unnötig zu stören.[1*] Ein in Taiwan geborenes Kind japanischer Eltern kommt aus Taiwan nach Deutschland, und ein deutsches Gericht fragt sich, welche elterliche Verantwortung in Deutschland nach Art. 16 Abs. 3 fortgesetzt wird.[2] Art. 16 Abs. 1 verweist auf das Recht von Taiwan als das Recht eines Nichtvertragsstaates. Dieser verweist auf das Heimatrecht der Beteiligten, also auf das Recht von Japan, das – als Nichtvertragsstaat – die Verweisung annimmt (Art. 32, 41 japan. IPRG). Also wird die nach dem japanischen Recht bestehende elterliche Verant-

---

[4]   Zu denken ist etwa an ein Telefonat. Kritisch hinsichtlich der deutschen Sprachfassung: Rauscher/*Hilbig-Lugani* EuZPR/KSÜ Rn. 5; vgl. die englische sowie französische Sprachfassung „entered into between persons present on the territory of the same State" „passé entre personnes présentes sur le territoire d'un même Etat"

[1]   Hierzu *Schulte-Bunert* FuR 2015, 685; Palandt/*Thorn* EGBGB Art. 24 Anh. Rn. 16; vgl. auch OLG Bamberg FamRZ 2016, 1270 mAnm *Mankowski* FamRZ 2016, 1274; ferner zur Entscheidung *Andrae* NZFam 2016, 923; *Antomo* NJW 2016, 3558; *Antomo* NZFam 2016, 1155; *Coester* StAZ 2016, 257; *Majer* NZFam 2016, 1019; *Nehls* ZJS 2016, 657; *Ring* FF 2016, 410; *Stockmann* jurisPR-FamR 17/2016 Anm. 6.

[1*]   Rauscher/*Hilbig-Lugani* EuZPR/KSÜ Rn. 4.

[2]   Nach vorzugswürdiger Ansicht bezieht sich der Verweis in Art. 21 Abs. 2 S. 1 auf den gesamten Art. 16: Rauscher/*Hilbig-Lugani* EuZPR/KSÜ Art. 21 KSÜ Rn. 3 ff. mwN. Siehe ferner zur zeitlichen Rückwirkung des Art. 16 Abs. 3: OLG KarlsruheFamRZ 2013, 1238 mAnm *Heiderhoff* IPRax 2015, 326 sowie *Leipold* FamFR 2013, 239.

wortung fortgesetzt. Würde Taiwan auf das Aufenthaltsrecht des Kindes verweisen, also auf das Recht von Taiwan, käme dieses Recht als Recht eines Nichtvertragsstaates nach Art. 16, 20 zur Anwendung.

Art. 22 KSÜ [Ordre public]

Die Anwendung des in diesem Kapitel bestimmten Rechts darf nur versagt werden, wenn sie der öffentlichen Ordnung (ordre public) offensichtlich widerspricht, wobei das Wohl des Kindes zu berücksichtigen ist.

I. Grundsatz

Die Anwendung ausländischen Rechts ist ausnahmsweise dann ausgeschlossen, wenn das Ergebnis **1** offensichtlich gegen die öffentliche Ordnung (ordre public) des jeweiligen Forumstaates verstoßen würde. Dieser Vorbehalt, der wegen der Anwendung der *lex fori* nur selten angewandt werden dürfte, ist zurückhaltend geltend zu machen.[1]

II. Inlandsbeziehung

Wie immer, muss bei der Anwendung der Vorbehaltsklausel die Inlandsbeziehung beachtet wer- **2** den: Je geringer die Beziehung des Falles zum Inland ist, desto weniger kommt die Vorbehaltsklausel zur Anwendung; denn wenn der Fall die inländische Rechtsordnung nicht oder nur kaum berührt, ist die Verletzung des inländischen ordre public eher unwahrscheinlich.

III. Offensichtlichkeit

Art. 22 betont, dass die Anwendung fremden Rechts „offensichtlich" gegen den inländischen **3** ordre public verstoßen muss. Damit ist gemeint, dass nicht jede Divergenz zu inländischen Rechtsvorstellungen die Vorbehaltsklausel auf den Plan ruft, sondern nur schwerwiegende Abweichungen von inländischen Rechtswerten eine Missachtung des anwendbaren ausländischen Rechts rechtfertigen.

IV. Wohl des Kindes

Das Wohl des Kindes ist ein solcher Wert, der immer dann zu beachten ist, wenn der Fall den **4** genügenden Inlandsbezug hat. Ob das Wohl des Kindes verletzt wird, mag im Einzelfall zweifelhaft sein. Jedenfalls liegt eine Verletzung dann vor, wenn die Interessen der Elternteile denjenigen des Kindes vorgezogen werden sollten oder wenn eine Traumatisierung durch Übertragung des Sorgerechts an eine ausländische Behörde und Einweisung in ein Heim droht.[2] Für die Auslegung des Kindeswohlbegriffs kann die UN-Kinderrechtskonvention Anhaltspunkte liefern.[3]

---

[1] Rauscher/*Hilbig-Lugani* EuZPR/KSÜ Rn. 2.
[2] OGH IPRax 2015, 574 mAnm *Odendahl* IPRax 2015, 575 (zu Art. 16 MSA und einem türkischen Begehren).
[3] Rauscher/*Hilbig-Lugani* EuZPR/KSÜ Rn. 6 f.

Europäisches Übereinkommen über die Anerkennung und Vollstreckung von Entscheidungen über das Sorgerecht für Kinder und die Wiederherstellung des Sorgeverhältnisses (EuSorgeRÜbk)

vom 20. Mai 1980 (BGBl. 1990 II S. 206, 220)

Schrifttum: *Baer,* Legal Kidnapping, ZRP 1990, 209; *Chatin,* Les conflits relatifs à la garde des enfants et au droit de visite en droit international privé, Trav.Com.fr. d. i.p. 1981–1982, 115; *Deschenaux,* L'enlèvement international d'enfants par un parent, 1995, 61; *Dornblüth,* Die europäische Regelung der Anerkennung und Vollstreckbarerklärung von Ehe- und Kindschaftsentscheidungen, 2003; *Dörner,* Kindesherausgabe contra Sorgerechtsänderung nach Inkrafttreten der Entführungsübereinkommen, IPRax 1993, 83; *Eekelaar,* International Child Abduction by Parents, U. Toronto L.J. 32 (1982), 321; *Erauw,* De eerste passen in de lange mars tegen „legal kidnapping": het Europees Verdrag van 20 mei 1980 in werking, Rechtskundig Weekblad 1986, 1973; *Galbiati-Librando-Rovelli,* La Convenzione europea sul riconoscimento e l'esecuzione delle decisioni in materia di affidamento di minori e sul ristabilimento dell'affidamento, Riv. dir. eur. 20 (1980), 377; *Habscheid,* Die Problematik der Kindesentführung über nationale Grenzen und ihre Regelung durch neue internationale Abkommen, FS Mikat, 1989, 859; *Jansen,* Internationale ontvoering van kinderen, Tijdschr. voor familie- en jeugdrecht 1980, 119; *Jenard,* Les enlèvements internationaux d'enfants et l'administration, Rev.belge.dr.int. 21 (1988), 43; *R.L. Jones,* Council of Europe Convention on Recognition and Enforcement of Decisions Relating to the Custody of Children, Int. Comp. L. Q. 30 (1981), 467; *Jorzik,* Das neue zivilrechtliche Kindesentführungsrecht, 1995; *Limbrock,* Das Umgangsrecht im Rahmen des Haager Kindesentführungsübereinkommens und des Europäischen Sorgerechtsübereinkommens, FamRZ 1999, 1633; *Lowe/Perry,* Die Wirksamkeit des Haager und des Europäischen Übereinkommens zur Internationalen Kindesentführung zwischen England und Deutschland, FamRZ 1998, 1073; *Reymond,* Convention de La Haye et Convention de Strasbourg. Aspects comparatifs des conventions concernant l'enlèvement d'un enfant par l'un de ses parents, ZSR NF 100 (1981), I 331; *van Rijn van Alkemade,* De verdragen van Luxemburg en 's-Gravenhage van 1980 inzake internationale kinderontvoering en hun uitvoering, in Internationale kinderontvoering door een van de ouders, 1986, 87; *Rinoldi,* L'interesse del minore nelle convenzioni internazionali concernenti la sua sottrazione da parte di un genitore, in Mosconi/Rinoldi, La sottrazione internazionale di minori da parte di un genitore, 1988, 160; *Salzano,* La sottrazione internazionale di minori, 1995, 61; *Shapira,* Private International Law Aspects of Child Custody and Child Kidnapping Cases, Rec. des Cours 214 (1989-II), 220; *Sturm,* Neue Abkommen zum Schutz entführter Kinder, FS Nagel, 1987, 463; *Watté,* Les nouvelles Conventions de la Haye et de Luxembourg en matière d'enlèvement international et de garde des enfants, Rev. trim. droit fam. 1983, 10.

Materialien: Explanatory report on the European Convention on Recognition and Enforcement of Decisions concerning Custody of Children and on Restoration of Custody of Children, 1980, 5, und dt. Übersetzung als „Erläuternder Bericht zum Europäischen Übereinkommen über die Anerkennung und Vollstreckung von Entscheidungen über das Sorgerecht für Kinder und die Wiederherstellung des Sorgeverhältnisses": BT-Drs. 11/5314, 62 (zitiert: Bericht); Information for the attention of the central authorities set up under the custody Convention (European Convention on recognition and enforcement of decisions concerning custody of children and on restoration of custody of children ETS 105), Europarats-Dok. DIR/JUR (89) 1 vom 25.5.1989 nebst Addendum I vom 3.7.1989 (zitiert: Information); Botschaft des Bundesrats vom 24.11.1982 betreffend die Ratifikation von zwei internationalen Übereinkommen, die dazu dienen, Fälle internationaler Entführung von Kindern durch einen Elternteil oder eine dem Kind nahestehende Person zu lösen, (schweiz.) BBl. 1983 II S. 101, 109 (zitiert: schweiz. Botschaft); Denkschrift der Bundesregierung vom 4.10.1989 zu den Übereinkommen (von Den Haag und Luxemburg): BT-Drs. 11/5314, 35 (zitiert: dt. Denkschrift).

Vorbemerkung zum EuSorgeRÜbk

Übersicht

I. Entstehungsgeschichte

Das Europäische Übereinkommen über die Anerkennung und Vollstreckung von Entscheidungen **1** über das Sorgerecht für Kinder und die Wiederherstellung des Sorgeverhältnisses (EuSorgeRÜbk) ist vom Europarat ausgearbeitet worden. Auf der 12. Konferenz der Europäischen Justizminister, die im Mai 1980 in Luxemburg stattfand, wurde beschlossen, das EuSorgeRÜbk als Vertrag der European Treaty Series Nr. 105 am 20.5.1980 zur Zeichnung durch die Mitgliedstaaten aufzulegen. Der Ausführung des EuSorgeRÜbk in Deutschland dient das IntFamRVG.

II. Zweck und Inhalt des EuSorgeRÜbk

2 **1. Gegenstand.** Das EuSorgeRÜbk hat primär die Anerkennung und Vollstreckung von Sorgerechtsentscheidungen sowie von staatlich genehmigten Vereinbarungen über das Umgangsrecht zum Gegenstand. Das Übereinkommen will nicht das Sorgerecht regeln und dabei dem Kindeswohl überragende Bedeutung einräumen,[1] sondern es möchte Rechtsbrüche rückgängig machen, wenn möglich sogar verhindern. Das EuSorgeRÜbk ist insofern enger als das KindEntfÜbk, als dieses auch bei Verletzung gesetzlicher Sorgerechte ohne Vorliegen einer staatlichen Entscheidung zur Anwendung kommt. Unter anderem auch deshalb schreibt § 37 IntFamRVG vor, dass bei einem Antrag auf Rückgabe entführter Kinder zunächst das KindEntfÜbk anzuwenden ist, sofern nicht die Anwendung des EuSorgeRÜbk ausdrücklich von der antragstellenden Person verlangt wird. Deshalb hat das EuSorgeRÜbk in Deutschland bisher wenig Bedeutung erlangt. Ebenso wie beim KindEntfÜbk hat die Rückgabe desto eher Erfolg, je schneller sie beantragt wird (vgl. Art. 8 Abs. 1 lit. b, Art. 9 und 10). Auch hier ist also Eile geboten.

3 **2. Zweck.** Gleich dem KindEntfÜbk will das EuSorgeRÜbk durch seine Vollstreckungshilfe bei Kindesentführungen und bei Verletzung von Umgangsrechten von solchen Rechtsverletzungen präventiv abhalten.

4 **3. Beschränkungen.** Das EuSorgeRÜbk gilt primär bei Verletzungen von ausländischen Sorgerechtsentscheidungen, daneben bei der Missachtung staatlich genehmigter Vereinbarungen über Umgangsrecht und hilfsweise auch bei jeder Sorgerechtsverletzung, die nach dem Antrag auf Rückgabe des Kindes im Fluchtstaat für widerrechtlich erklärt wird (Art. 12). Weil sich das EuSorgeRÜbk auf die Anerkennung und Vollstreckung von Entscheidungen oder staatlich genehmigter Vereinbarungen beschränkt, braucht es das auf das Sorgerecht anwendbare Recht nicht zu regeln. Es kann sich mit dreierlei Regeln begnügen: (1) internationale Zuständigkeit für Rückgabeentscheidungen, (2) Anerkennungsvoraussetzungen, (3) sonstige Rechtshilfe.

5 **4. Andere Besonderheiten.** Das EuSorgeRÜbk ist im Wesentlichen ein Rechtshilfe-Übereinkommen auf dem Gebiet des Anerkennungs- und Vollstreckungsrechts. Es gilt nur zwischen Vertragsstaaten und beansprucht keine Ausschließlichkeit (Art. 19, 20).

III. Anwendungsbereich des Übereinkommens

6 **1. Zeitlicher Anwendungsbereich.** Das EuSorgeRÜbk ist für die Deutschland am 1.1.1991 in Kraft getreten. Das EuSorgeRÜbk enthält keine dem Art. 35 KindEntfÜbk entsprechende Vorschrift. Das ist verständlich; denn im Anerkennungs- und Vollstreckungsrecht gelten mangels entgegenstehender Vorschriften die neuen Anerkennungs- und Vollstreckungsvorschriften für all diejenigen Entscheidungen aus Vertragsstaaten, die nach dem Inkrafttreten des Übereinkommens im Inland von inländischen Gerichten anerkannt und vollstreckt werden sollen. Unerheblich ist also, ob im Zeitpunkt, in dem die ausländische Entscheidung ergangen ist, das Übereinkommen schon im Inland galt.[2]

7 **2. Räumlicher Anwendungsbereich.** Das EuSorgeRÜbk gilt derzeit (Stand: 1.7.2017) in folgenden 37 Staaten: **Andorra** seit dem 1.7.2011; **Belgien** seit dem 1.2.1986, **Bulgarien** seit dem 1.10.2003, **Dänemark** seit dem 1.8.1991, **Deutschland** seit dem 1.1.1991, **Estland** seit dem 1.9.2001, **Finnland** seit dem 1.8.1994; **Frankreich** seit dem 1.9.1983, **Griechenland** seit dem 1.7.1993, **Grönland** seit dem 1.7.2016, **Irland** seit dem 1.10.1991, **Island** seit dem 1.11.1996, **Italien** seit dem 1.6.1995, **Lettland** seit dem 1.8.2002, **Liechtenstein** seit dem 1.8.1997, **Litauen** seit dem 1.5.2003, **Luxemburg** seit dem 1.9.1983, **Malta** seit dem 1.2.2000, **Mazedonien** seit dem 1.3.2003, **Moldau** seit dem 1.5.2004, **Montenegro** seit dem 6.6.2006, **Niederlande** seit dem 1.9.1990, **Norwegen** seit dem 1.5.1989, **Österreich** seit dem 1.8.1985, **Polen** seit dem 1.3.1996, **Portugal** seit dem 1.9.1983, **Rumänien** seit dem 1.9.2004, **Schweden** seit dem 1.7.1989, **Schweiz** seit dem 1.1.1984, **Serbien** seit dem 1.5.2002, **Slowakei** seit dem 1.9.2001, **Spanien** seit dem

---

[1] Staudinger/*Pirrung* (2009) EGBGB Vor Art. 19 Rn. E 1; Re K (A Minor) (Abduction), [1990] 1 Fam. L. Rep. 387, 388 (Fam. Div.).
[2] Ebenso Information S. 3; allerdings nur als Ausnahme und nicht in der hier vertretenen allgemeinen Form.

1.9.1984, **Tschechische Republik** seit dem 1.7.2000, **Türkei** seit dem 1.6.2000, **Ukraine** seit dem 1.11.2008, **Ungarn** seit dem 1.6.2004, **Vereinigtes Königreich** seit dem 1.8.1986 und seitdem auch für sechs überseeische Gebiete, **Zypern** seit dem 1.10.1986. Neben fast allen Mitgliedstaaten des Europarats sind alle Mitgliedstaaten der EU außer Slowenien und Kroatien Vertragspartner des EuSorgeRÜbk.

3. Persönlicher Anwendungsbereich. Das EuSorgeRÜbk gilt für Kinder, die das 16. Lebens- **8** jahr noch nicht vollendet haben und die nach den in Art. 1 lit. a genannten Rechtsordnungen ihren eigenen Aufenthalt noch nicht selbst bestimmen dürfen. Welche Staatsangehörigkeit das Kind hat, ist unerheblich (Art. 1 lit. a). Das Kind braucht auch nicht aus einem Vertragsstaat entführt worden zu sein oder dort seinen gewöhnlichen Aufenthalt gehabt zu haben. Lediglich die Sorgerechtsentscheidung, deren Anerkennung und Vollstreckung beantragt wird, muss in einem Vertragsstaat ergangen sein. Das EuSorgeRÜbk gilt also auch etwa für ein russisches 14-jähriges Kind, das von seinem gewöhnlichen Aufenthalt in Monaco nach Hamburg unter Verletzung einer schweizerischen Sorgerechtsentscheidung entführt wurde.

4. Sachlicher Anwendungsbereich. Das EuSorgeRÜbk gilt für das anerkennungs- und vollstre- **9** ckungsrechtliche Rückgängigmachen zweier Sorgerechtsverletzungen:
– Entführung eines Kindes, und zwar entweder unter Verletzung einer Sorgerechtsentscheidung eines Vertragsstaats (Regelfall) oder unter Verletzung des gesetzlichen Sorgerechts, sofern diese Verletzung nach der Entführung von einem Vertragsstaat für widerrechtlich erklärt wird (vgl. Art. 12).
– Verletzung von Umgangsrechten durch Zurückhalten eines Kindes, sofern dieses Umgangsrecht durch richterliche Entscheidung oder staatlich genehmigte Vereinbarung begründet worden ist.
– Das EuSorgeRÜbk gilt nicht für Sorgerechtsentscheidungen, die im Inland eine ausländische Sorgerechtsentscheidung ersetzen (vgl. Art. 6 Abs. 4, 11 Abs. 3) oder abändern (wenn zB die Rückgabe abgelehnt wird). Für diese Sorgerechtsentscheidungen gelten die Brüssel IIa-VO/KSÜ oder das autonome Recht der Art. 19 und 20 EGBGB.

IV. Auslegung des Übereinkommens

Das EuSorgeRÜbk ist als Staatsvertrag vertrags-autonom auszulegen.   **10**

V. Verhältnis zu anderen internationalen Instrumenten und zum autonomen Recht

Das Verhältnis des EuSorgeRÜbk zu anderen Staatsverträgen sowie zum autonomen Recht regeln **11** die Art. 19 und 20. Das Verhältnis zur Brüssel IIa-VO regelt Art. 60 lit. d Brüssel IIa-VO. Danach hat die Brüssel IIa-VO zwischen den Mitgliedstaaten der EU insoweit Vorrang vor Staatsverträgen, als diese solche Bereiche betreffen, die auch in der Brüssel IIa-VO geregelt sind.

Das ist häufig der Fall; denn die Brüssel IIa-VO regelt umfassend die Anerkennung und Vollstre- **12** ckung solcher ausländischen Entscheidungen (Art. 21 ff., 40 ff. Brüssel IIa-VO). Voraussetzung ist, dass die Entscheidung in einem EU-Mitgliedstaat ergangen ist. In diesen Fällen geht die Brüssel IIa-VO vor, so dass auch deshalb das EuSorgeRÜbk kaum mehr eine praktische Rolle spielt. Nach § 37 IntFamRVG ist zu beachten, dass bei Rückführungsanträgen zuerst das KindEntfÜbk anzuwenden ist. Erst wenn dieses nicht weiterführt oder die antragstellende Person ausdrücklich die Anwendung des EuSorgeRÜbk beantragt, kann auf das EuSorgeRÜbk zurückgegriffen werden.

Die Mitgliedstaaten des Europarats, die dieses Übereinkommen unterzeichnen –
in der Erkenntnis, dass in den Mitgliedstaaten des Europarats das Wohl des Kindes bei Entscheidungen über das Sorgerecht von ausschlaggebender Bedeutung ist;
in der Erwägung, dass die Einführung von Regelungen, welche die Anerkennung und Vollstreckung von Entscheidungen über das Sorgerecht für ein Kind erleichtern sollen, einen größeren Schutz für das Wohl der Kinder gewährleisten wird;
in der Erwägung, dass es in Anbetracht dessen wünschenswert ist hervorzuheben, daß das Recht der Eltern zum persönlichen Umgang mit dem Kind eine normale Folgeerscheinung des Sorgerechts ist;
im Hinblick auf die wachsende Zahl von Fällen, in denen Kinder in unzulässiger Weise über eine internationale Grenze verbracht worden sind, und die Schwierigkeiten, die dabei entstandenen Probleme in angemessener Weise zu lösen;
in dem Wunsch, geeignete Vorkehrungen zu treffen, die es ermöglichen, das willkürlich unterbrochene Sorgeverhältnis zu Kindern wiederherzustellen;

überzeugt, dass es wünschenswert ist, zu diesem Zweck Regelungen zu treffen, die den verschiedenen Bedürfnissen und den unterschiedlichen Umständen entsprechen;

in dem Wunsch, zwischen ihren Behörden eine Zusammenarbeit auf rechtlichem Gebiet herbeizuführen –

sind wie folgt übereingekommen:

Art. 1 EuSorgeRÜbk [Definitionen]

Im Sinn dieses Übereinkommens bedeutet:

a) **Kind** eine Person gleich welcher Staatsangehörigkeit, die das 16. Lebensjahr noch nicht vollendet hat und noch nicht berechtigt ist, nach dem Recht ihres gewöhnlichen Aufenthalts, dem Recht des Staates, dem sie angehört, oder dem innerstaatlichen Recht des ersuchten Staates ihren eigenen Aufenthalt zu bestimmen;

b) **Behörde** ein Gericht oder eine Verwaltungsbehörde;

c) **Sorgerechtsentscheidung** die Entscheidung einer Behörde, soweit sie die Sorge für die Person des Kindes, einschließlich des Rechts auf Bestimmung seines Aufenthalts oder des Rechts zum persönlichen Umgang mit ihm, betrifft;

d) **unzulässiges Verbringen** das Verbringen eines Kindes über eine internationale Grenze, wenn dadurch eine Sorgerechtsentscheidung verletzt wird, die in einem Vertragsstaat ergangen und in einem solchen Staat vollstreckbar ist; als unzulässiges Verbringen gilt auch der Fall, in dem

i) das Kind am Ende einer Besuchszeit oder eines sonstigen vorübergehenden Aufenthalts in einem anderen Hoheitsgebiet als dem, in dem das Sorgerecht ausgeübt wird, nicht über eine internationale Grenze zurückgebracht wird;

ii) das Verbringen nachträglich nach Artikel 12 für widerrechtlich erklärt wird.

1   **1. Kind.** Der Kindesbegriff des Art. 1 lit. a ist enger als bei Art. 4 S. 2 KindEntfÜbk; denn zusätzlich zum Nichterreichen der Altersgrenze darf das Kind weder nach dem Recht seines gewöhnlichen Aufenthalts, noch nach seinem Heimatrecht oder dem Recht des ersuchten Staates seinen eigenen Aufenthalt selbst bestimmen dürfen. Diese Verweisungen sind – bis auf diejenige auf das innerstaatliche Recht des ersuchten Staates – IPR-Verweisungen, berufen also das Kollisionsrecht der jeweiligen Staaten. Dies ergibt sich aus dem unterschiedlichen Wortlaut der Verweisungen sowie aus deren Sinn und Zweck. Wenn das gesamte Heimatrecht und das gesamte Recht am gewöhnlichen Aufenthalt berufen werden und nicht nur das innerstaatliche Recht, so soll dadurch erreicht werden, dass im ersuchten Staat genauso entschieden wird wie im Heimat- oder Aufenthaltsstaat. Bei der Verweisung auf das Recht des ersuchten Staates genügt eine Sachnormverweisung, weil bereits die normalen Anknüpfungen (an die Staatsangehörigkeit und an den gewöhnlichen Aufenthalt) befragt worden sind und nur durch eine Sachnormverweisung eine noch verbleibende Möglichkeit der Kollision mit der im ersuchten Staat geltenden Rechtssituation vermieden werden kann. Nach dem Recht keines Vertragsstaats kann ein Kind, welches das 16. Lebensjahr noch nicht vollendet hat, ohne Zustimmung der Sorgeberechtigten oder richterliche Anordnung seinen Aufenthalt selbst bestimmen.

2   **2. Sorgerechtsentscheidung.** Eine solche liegt, wie der Wortlaut von lit. c erkennen lässt, gerade bei reinen Gestaltungsentscheidungen vor. Nicht erforderlich ist also, dass eine ausländische Herausgabeentscheidung ergangen sein muss. Auch reine Gestaltungsentscheidungen können anerkannt und dann nach dem vereinheitlichten Recht des EuSorgeRÜbk durch Rückgabeentscheidung vollzogen werden. Sorgerechtsentscheidungen sind auch solche, in denen den Eltern das gemeinsame oder alternierende Sorgerecht (Sorgerecht abwechselnd für gewisse Zeit zugunsten eines Elternteils) zugesprochen wird.[1]

3   **3. Unzulässiges Verbringen.** Ein Verbringen ist nach lit. d in **drei Fällen** unzulässig:

4   **(1) Entführung** und damit **Verletzung** einer Sorgerechtsentscheidung, die in einem Vertragsstaat (→ Vor Art. 1 Rn. 7) ergangen und „vollstreckbar" ist. Dieser Ausdruck „vollstreckbar" ist missverständlich. Kein Vollstreckungstitel in Form eines Herausgabeurteils muss vorliegen. Es genügt eine Sorgerechtsentscheidung iSd lit. c (→ Art. 1 Rn. 2), die – wenn auch nur vorübergehende – Wirkungen entfaltet. In welchem Vertragsstaat (Heimatstaat oder Staat des gewöhnlichen Aufenthalts) die Entscheidung ergangen sein muss, geht aus Art. 1 lit. d nicht hervor. Dies ergibt sich aus den

---

[1] Vgl. Information S. 6; Staudinger/*Pirrung* (2009) EGBGB Vor Art. 19 Rn. E 8.

Art. 7 ff. Auch die Entführung unter Bruch eines territorial beschränkten Aufenthaltsbestimmungsrechts (zB nur im gemeinsamen Aufenthaltsstaat der Eltern) ist unzulässig.[2]

(2) Zurückhalten eines Kindes nach Ablauf der Frist für einen Besuch oder vorübergehenden 5 Aufenthalt in einem anderen Hoheitsgebiet als dem, in dem das Sorgerecht ausgeübt wird. Ob ein Sorgerecht und ein Umgangsrecht bestehen, sagt Art. 1 lit. d (i) nicht. Aus dem Sinnzusammenhang des EuSorgeRÜbk ergibt sich, dass diese Rechte nach der Entscheidung eines Vertragsstaats über diese Rechte zu beurteilen sind.

(3) Entführung eines Kindes, die **nachträglich** gemäß Art. 12 für widerrechtlich erklärt wird 6 (lit. d (ii)).

Teil I. Zentrale Behörden

Art. 2 EuSorgeRÜbk [Bestimmung zentraler Behörden]

(1) Jeder Vertragsstaat bestimmt eine zentrale Behörde, welche die in diesem Übereinkommen vorgesehenen Aufgaben wahrnimmt.

(2) Bundesstaaten und Staaten mit mehreren Rechtssystemen steht es frei, mehrere zentrale Behörden zu bestimmen; sie legen deren Zuständigkeit fest.

(3) Jede Bezeichnung nach diesem Artikel wird dem Generalsekretär des Europarats notifiziert.

Die Vertragsstaaten des EuSorgeRÜbk, die auch Vertragsstaaten des KindEntfÜbk sind, haben als 1 zentrale Behörden dieselben Instanzen benannt, die als zentrale Behörden nach dem KindEntfÜbk tätig werden. Eine genaue Liste der zentralen Behörden mit Telefon- und Telefax-Verbindungen (einschließlich der zuständigen Personen) findet sich in der Materialie „Information" S. 9–11 und Addendum I und im Internet bei www.conventions.coe.int über das Gesamtverzeichnis, Vertrag Nr. 105, Vorbehalte und Erklärungen. Das Bundesamt für Justiz in Bonn ist die deutsche Zentrale Behörde, an die man sich in jedem Entführungsfall aus oder nach Deutschland wenden kann: 53094 Bonn, Tel. 0228 – 99 – 410 5212; Fax: 0228 – 99 – 410 5401; E-Mail: int.sorgerecht@bfj.bund.de.

Art. 3 EuSorgeRÜbk [Zusammenarbeit der zentralen Behörden]

(1) ¹Die zentralen Behörden der Vertragsstaaten arbeiten zusammen und fördern die Zusammenarbeit der zuständigen Behörden ihrer Staaten. ²Sie haben mit aller gebotenen Eile zu handeln.

(2) Um die Durchführung dieses Übereinkommens zu erleichtern, werden die zentralen Behörden der Vertragsstaaten

a) die Übermittlung von Auskunftsersuchen sicherstellen, die von zuständigen Behörden ausgehen und sich auf Rechts- oder Tatsachenfragen in anhängigen Verfahren beziehen;

b) einander auf Ersuchen Auskünfte über ihr Recht auf dem Gebiet des Sorgerechts für Kinder und über dessen Änderungen erteilen;

c) einander über alle Schwierigkeiten unterrichten, die bei der Anwendung des Übereinkommens auftreten können, und Hindernisse, die seiner Anwendung entgegenstehen, soweit wie möglich ausräumen.

Diese Vorschrift und Art. 5 entsprechen den Art. 7, 11 Abs. 1 KindEntfÜbk. Bei ihrer Zusammen- 1 arbeit haben die zentralen Behörden mit der gebotenen Eile zu handeln.[1] Das Konventions-Komitee empfiehlt den zentralen Behörden, bei der Zusammenarbeit Telefon, Telex oder Telefax zu benutzen.[2*] Dass Art. 3 sich kürzer als Art. 7 KindEntfÜbk fasst, liegt unter anderem an der Differenzierung zwischen Art. 3 und 5 sowie am engeren sachlichen Anwendungsbereich des EuSorgeRÜbk.

Art. 4 EuSorgeRÜbk [Vollstreckungsersuchen]

(1) Wer in einem Vertragsstaat eine Sorgerechtsentscheidung erwirkt hat und sie in einem anderen Vertragsstaat anerkennen oder vollstrecken lassen will, kann zu diesem Zweck einen Antrag an die zentrale Behörde jedes beliebigen Vertragsstaats richten.

---

[2] Vgl. Information S. 7 unter e.
[1] F v. F (Minors) (Custody: Foreign Order) [1989] Family Court Reporter 232, 245 = Re F (Minors) (Custody), [1989] 1 Fam. L. Rep. 335, 346 (Fam. Div.).
[2*] Vgl. Information S. 4 und die Telefon-, Telex- und Telefax-Verbindungen auf S. 9–11 und Addendum I.

(2) Dem Antrag sind die in Artikel 13 genannten Schriftstücke beizufügen.

(3) Ist die zentrale Behörde, bei der der Antrag eingeht, nicht die zentrale Behörde des ersuchten Staates, so übermittelt sie die Schriftstücke unmittelbar und unverzüglich der letztgenannten Behörde.

(4) Die zentrale Behörde, bei der der Antrag eingeht, kann es ablehnen, tätig zu werden, wenn die Voraussetzungen nach diesem Übereinkommen offensichtlich nicht erfüllt sind.

(5) Die zentrale Behörde, bei der der Antrag eingeht, unterrichtet den Antragsteller unverzüglich über den Fortgang seines Antrags.

1   **1. Vollstreckungsersuchen.** Das Ersuchen um Anerkennung oder Vollstreckung kann im Ursprungsstaat oder gleich im ersuchten Staat gestellt werden (Abs. 1). Zur Einhaltung der in Art. 8 Abs. 1 lit. b und Art. 9 Abs. 1 genannten Frist von sechs Monaten ist es unerheblich, wo das Ersuchen gestellt wird. Wird das Ersuchen im **Ursprungsstaat** der Entscheidung gestellt, so hat die zentrale Behörde – vorbehaltlich des Abs. 4 – dieses Staates das Ersuchen unmittelbar und unverzüglich an die zentrale Behörde des ersuchten Staates weiterzuleiten (Abs. 3). Bei einem direkt an die zentrale Behörde des **ersuchten Staates** gerichteten Ersuchen haben diese Instanzen die in Art. 5 erwähnten Vorkehrungen zu treffen oder zu veranlassen.

2   **2. Inhalt der Ersuchen.** Anders als beim KindEntfÜbk hat der Europarat zwar kein staatsvertraglich vereinbartes Standardformular für ein Ersuchen ausgearbeitet. Das Konventions-Komitee empfiehlt jedoch ein Formular, das dieselben Aufgaben erfüllt.[1] Dem Antrag sind die in Art. 13 genannten Schriftstücke beizufügen (Abs. 2).

3   **3. Ablehnung.** Lehnt es eine Behörde ab, tätig zu werden (Abs. 4), weil die Voraussetzungen des EuSorgeRÜbk offensichtlich nicht gegeben sind (zB die Sorgerechtsentscheidung ist in einem Nichtvertragsstaat ergangen), so sollte sie ihre Hilfe anbieten, sofern sie dazu auf Grund anderer Übereinkommen (insbesondere des KindEntfÜbk) oder auf Grund autonomen Rechts in der Lage ist. Lehnt die **deutsche zentrale Behörde** ihr Tätigwerden ab, so kann die Entscheidung des Oberlandesgerichts beantragt werden (§ 8 IntFamRVG).

4   **4. Unterrichtung.** Die zentralen Behörden müssen nach Abs. 5 den Antragsteller vom Fortgang des Verfahrens unterrichten.

Art. 5 EuSorgeRÜbk [Pflichten der ersuchten Behörden]

(1) Die zentrale Behörde des ersuchten Staates trifft oder veranlasst unverzüglich alle Vorkehrungen, die sie für geeignet hält, und leitet erforderlichenfalls ein Verfahren vor dessen zuständigen Behörden ein, um
a) den Aufenthaltsort des Kindes ausfindig zu machen;
b) zu vermeiden, insbesondere durch alle erforderlichen vorläufigen Maßnahmen, daß die Interessen des Kindes oder des Antragstellers beeinträchtigt werden;
c) die Anerkennung oder Vollstreckung der Entscheidung sicherzustellen;
d) die Rückgabe des Kindes an den Antragsteller sicherzustellen, wenn die Vollstreckung der Entscheidung bewilligt wird;
e) die ersuchende Behörde über die getroffenen Maßnahmen und deren Ergebnisse zu unterrichten.

(2) Hat die zentrale Behörde des ersuchten Staates Grund zu der Annahme, daß sich das Kind im Hoheitsgebiet eines anderen Vertragsstaats befindet, so übermittelt sie die Schriftstücke unmittelbar und unverzüglich der zentralen Behörde dieses Staates.

(3) Jeder Vertragsstaat verpflichtet sich, vom Antragsteller keine Zahlungen für Maßnahmen zu verlangen, die für den Antragsteller aufgrund des Absatzes 1 von der zentralen Behörde des betreffenden Staates getroffen werden; darunter fallen auch die Verfahrenskosten und gegebenenfalls die Kosten für einen Rechtsanwalt, nicht aber die Kosten für die Rückführung des Kindes.

(4) Wird die Anerkennung oder Vollstreckung versagt und ist die zentrale Behörde des ersuchten Staates der Auffassung, daß sie dem Ersuchen des Antragstellers stattgeben sollte, in diesem Staat eine Entscheidung in der Sache selbst herbeizuführen, so bemüht sich diese Behörde nach besten Kräften, die Vertretung des Antragstellers in dem Verfahren

---

[1] Vgl. Information S. 17–21.

unter Bedingungen sicherzustellen, die nicht weniger günstig sind als für eine Person, die in diesem Staat ansässig ist und dessen Staatsangehörigkeit besitzt; zu diesem Zweck kann sie insbesondere ein Verfahren vor dessen zuständigen Behörden einleiten.

1. Aufgaben. Die in Abs. 1 genannten Aufgaben der ersuchten Behörde entsprechen im Wesentli- 1
chen den in Art. 7 lit. a, b, f, h und i KindEntfÜbk aufgezählten Pflichten. Gewisse Abweichungen
(vgl. Abs. 1 lit. c) ergeben sich aus den unterschiedlichen sachlichen Anwendungsbereich der Übereinkommen. Die ersuchte zentrale Behörde sollte den Empfang des Ersuchens der ersuchenden
zentralen Behörde bestätigen.[1] Zum Anerkennungs- und Vollstreckungsverfahren vgl. Art. 13 ff.

2. Übermittlung an Drittstaat. Abs. 2 entspricht fast wörtlich dem Art. 9 KindEntfÜbk 2
(→ KindEntfÜbk Art. 9 Rn. 1 f.). Befindet sich das Kind in keinem Vertragsstaat, so gilt Art. 4
Abs. 4.

3. Verfahrenskosten. Abs. 3 entspricht dem Art. 26 Abs. 1 und 2 KindEntfÜbk. Das EuSorge- 3
RÜbk ist insofern großzügiger zugunsten des Kindes und des beraubten Elternteils, als es – anders
als nach Art. 26 Abs. 3, 42 Abs. 1 KindEntfÜbk – keinen Vorbehalt zulässt.

4. Erwirken einer Sachentscheidung. Das EuSorgeRÜbk regelt nicht die inländischen Sach- 4
entscheidungen über Sorgerecht, sondern nur die Anerkennung und Vollstreckung ausländischer
Sorgerechtsentscheidungen. Wird eine solche Anerkennung und Vollstreckung abgelehnt, so wird
der Entführer in aller Regel eine inländische Sorgerechtsentscheidung und damit die Änderung oder
Ersetzung der ausländischen Sorgerechtsentscheidung beantragen. In diesen Situationen, aber auch
in anderen Fällen, soll die zentrale Behörde des ersuchten Staates dann dem beraubten Elternteil
beim Erwirken einer inländischen Sachentscheidung behilflich sein, wenn diese Behörde den entsprechenden Antrag dieses Elternteils für berechtigt hält (Abs. 4). Für das Verfahren gilt nach Abs. 4 das
Prinzip der Gleichstellung des Antragstellers mit Inländern. Die zentrale Behörde hat Vorsorge zu
treffen, dass die Interessen des Antragstellers genau so gut vertreten werden, als sei er Staatsangehöriger
des ersuchten Staates. Für die internationale Zuständigkeit und die Bestimmung des anwendbaren
Rechts sind vor allem die Brüssel IIa-VO und das KSÜ heranzuziehen.

Art. 6 EuSorgeRÜbk [Sprache der Schriftstücke]

**(1) Vorbehaltlich besonderer Vereinbarungen zwischen den beteiligten zentralen Behör-
den und der Bestimmungen des Absatzes 3**
a) **müssen Mitteilungen an die zentrale Behörde des ersuchten Staates in der Amtssprache
oder einer der Amtssprachen dieses Staates abgefaßt oder von einer Übersetzung in
diese Sprache begleitet sein;**
b) **muß die zentrale Behörde des ersuchten Staates aber auch Mitteilungen annehmen,
die in englischer oder französischer Sprache abgefaßt oder von einer Übersetzung in
eine dieser Sprachen begleitet sind.**

**(2) Mitteilungen, die von der zentralen Behörde des ersuchten Staates ausgehen, ein-
schließlich der Ergebnisse von Ermittlungen, können in der Amtssprache oder einer der
Amtssprachen dieses Staates oder in englischer oder französischer Sprache abgefaßt sein.**

**(3) ¹Ein Vertragsstaat kann die Anwendung des Absatzes 1 Buchstabe b ganz oder teil-
weise ausschließen. ²Hat ein Vertragsstaat diesen Vorbehalt angebracht, so kann jeder
andere Vertragsstaat ihm gegenüber den Vorbehalt auch anwenden.**

1. Eingehende Ersuchen. Für Ersuchen gilt das Prinzip der Höflichkeit: Der Bittsteller mache 1
dem Helfenden die Hilfe so einfach wie möglich. Das bedeutet zweierlei. Anträge nach Art. 4 und
Mitteilungen **ersuchender Behörden** müssen in einer Amtssprache des ersuchten Staates oder in
englischer oder französischer Sprache abgefasst oder von einer Übersetzung in eine dieser Sprachen
begleitet sein.[1*] Deutschland hat einen Vorbehalt nach Abs. 3 angebracht, so dass die deutsche
Zentrale Behörde es ablehnen kann, tätig zu werden, solange eingehende Mitteilungen nicht in
deutscher Sprache abgefasst oder von einer deutschen Übersetzung begleitet sind (vgl. § 4 Abs. 1
IntFamRVG). **Ersuchte Behörden** können in einer Amtssprache des ersuchten Staates ihre Aufgaben erledigen (Abs. 2).

---

[1] Vgl. Information S. 5 und Formular für Bestätigungsschreiben auf S. 22; ausf. Staudinger/*Pirrung* (2009)
EGBGB Vor Art. 19 Rn. E 56 ff.
[1*] Staudinger/*Pirrung* (2009) EGBGB Vor Art. 19 Rn. E 33.

2   **2. Ausgehende Ersuchen.** Die vom ersuchenden Staat ausgehenden Mitteilungen müssen sich nach Abs. 1 und den Vorbehalten des ersuchten Staates richten. Der **ersuchte Staat** darf in einer seiner Amtssprachen mit der ersuchenden Behörde kommunizieren (Abs. 2).

3   **3. Vorbehalt.** Viele Staaten wie zB Deutschland, Norwegen, Österreich und Spanien haben einen Vorbehalt nach Abs. 3 angebracht. Wegen des deutschen Vorbehalts hat die Reziprozitätsklausel des Abs. 3 S. 2 in Deutschland keine Bedeutung, jedoch für deutsche Ersuchen im Ausland.

Teil II. Anerkennung und Vollstreckung von Entscheidungen und Wiederherstellung des Sorgeverhältnisses

Art. 7 EuSorgeRÜbk [Anerkennungs- und Vollstreckungspflicht]

Sorgerechtsentscheidungen, die in einem Vertragsstaat ergangen sind, werden in jedem anderen Vertragsstaat anerkannt und, wenn sie im Ursprungsstaat vollstreckbar sind, für vollstreckbar erklärt.

1   **1. System des EuSorgeRÜbk.** Das Übereinkommen verpflichtet in Art. 7 ganz allgemein zur Honorierung ausländischer Sorgerechtsentscheidungen, die im Ursprungsstaat vollstreckbar sind. Nicht erforderlich ist, dass die Entscheidung Bestandskraft erlangt hat, also nicht mehr durch ein ordentliches Rechtsmittel angegriffen werden kann. Ist eine Entscheidung noch angreifbar, darf das Verfahren im ersuchten Staat ausgesetzt werden (Art. 10 Abs. 2 lit. a). Ebenso wenig ist – abgesehen von Art. 8 und 9 – Voraussetzung für eine Anerkennung, dass ein unzulässiges Verbringen vorliegt.[1]

2   Die staatsvertraglichen **Anerkennungsvoraussetzungen** variieren nach unterschiedlichen Fallsituationen:

3   – Liegt **bereits eine Sorgerechtsentscheidung** vor, so ist primär entscheidend, wann der Antrag auf Wiederherstellung des Sorgeverhältnisses gestellt wird. (1) Wird der Antrag **innerhalb von sechs Monaten** nach dem unzulässigen Verbringen (oder Zurückhalten) bei einer zentralen Behörde gestellt, so ist je nach der Beziehung der Parteien zum Ursprungsstaat der Entscheidung zu differenzieren: (a) Gehörten **Eltern und Kind** ausschließlich dem Entscheidungsstaat an und hatte das Kind dort seinen gewöhnl. Aufenthalt, ist – sofern kein Vorbehalt nach Art. 17 Abs. 1 eingelegt worden ist – umgehend das Sorgerechtsverhältnis wiederherzustellen (Art. 8, 11 Abs. 1). (b) **Fehlen diese engen Beziehungen,** ist das Kind zurückzugeben, wenn nicht einer der in Art. 9 Abs. 1 genannten Versagungsgründe vorliegt und kein Vorbehalt nach Art. 17 Abs. 1 eingelegt worden ist. – (2) Wird der Antrag erst **nach Ablauf von sechs Monaten** gestellt, gilt Art. 10 mit den dort aufgezählten Versagungsgründen.

4   – Liegt noch **keine Sorgerechtsentscheidung** vor, so sind die Art. 11 Abs. 3 und Art. 12 maßgebend.

5   **2. Verfahren.** Wie die Wiederherstellung des Sorgeverhältnisses zu verwirklichen ist, sagen die Art. 13 ff. und autonomes Verfahrensrecht.

Art. 8 EuSorgeRÜbk [Entführung aus gemeinsamem Heimatstaat und rasche Reaktion darauf]

(1) Im Fall eines unzulässigen Verbringens hat die zentrale Behörde des ersuchten Staates umgehend die Wiederherstellung des Sorgeverhältnisses zu veranlassen, wenn
a) zur Zeit der Einleitung des Verfahrens in dem Staat, in dem die Entscheidung ergangen ist, oder zur Zeit des unzulässigen Verbringens, falls dieses früher erfolgte, das Kind und seine Eltern nur Angehörige dieses Staates waren und das Kind seinen gewöhnlichen Aufenthalt im Hoheitsgebiet dieses Staates hatte, und
b) der Antrag auf Wiederherstellung innerhalb von sechs Monaten nach dem unzulässigen Verbringen bei einer zentralen Behörde gestellt worden ist.

(2) Können nach dem Recht des ersuchten Staates die Voraussetzungen des Absatzes 1 nicht ohne ein gerichtliches Verfahren erfüllt werden, so finden in diesem Verfahren die in dem Übereinkommen genannten Versagungsgründe keine Anwendung.

(3) [1]Ist in einer von einer zuständigen Behörde genehmigten Vereinbarung zwischen dem Sorgeberechtigten und einem Dritten diesem das Recht zum persönlichen Umgang eingeräumt worden und ist das ins Ausland gebrachte Kind am Ende der vereinbarten

---

[1] Vgl. Information S. 5.

Zeit dem Sorgeberechtigten nicht zurückgegeben worden, so wird das Sorgeverhältnis nach Absatz 1 Buchstabe b und Absatz 2 wiederhergestellt. [2]Dasselbe gilt, wenn durch Entscheidung der zuständigen Behörde ein solches Recht einer Person zuerkannt wird, die nicht sorgeberechtigt ist.

1. Normzweck. Wenn das Kind aus dem einzigen Heimatstaat der Familie und dem Aufenthalts- 1
staat des Kindes entführt wird, wenn also die Beziehung der Beteiligten zum Entführungsstaat besonders eng ist und wenn außerdem die Rückführung rasch verlangt wird, soll das Sorgeverhältnis sofort und ohne Rücksicht auf Versagungsgründe wiederhergestellt werden. Sofortige Wiederherstellung bedeutet, dass bei Vorliegen der Anwendungsvoraussetzungen ohne Rücksicht auf die normalen Anerkennungsvoraussetzungen (vgl. Art. 9 Abs. 1) das Kind sofort zurückzugeben ist.

2. Anwendungsvoraussetzungen. Art. 8 kennt lediglich vier klare Anwendungsvoraussetzun- 2
gen:
– Das Verbringen muss **unzulässig** iSd Art. 1 lit. d sein.
– **Einziger Heimatstaat** der Familie (Eltern und Kind) muss im Zeitpunkt der Einleitung des Verfahrens im Ursprungsstaat oder zur Zeit des Verbringens, wenn diese früher erfolgte (vgl. Art. 12), dieser Ursprungs-, Entscheidungs- oder Entführungsstaat gewesen sein (Abs. 1 lit. a). Die Beteiligten dürfen also nur eine Staatsangehörigkeit besessen haben, und zwar die genannte, oder sie müssen staatenlos gewesen sein und in diesem Ursprungsstaat ihren gewöhnlichen Aufenthalt gehabt haben.
– Das Kind muss seinen **gewöhnlichen Aufenthalt** zur genannten Zeit in demselben Staat gehabt haben (Abs. 1 lit. a).
– Innerhalb von **sechs Monaten** seit dem unzulässigen Verbringen muss die Wiederherstellung des Sorgeverhältnisses bei der zentralen Behörde des ersuchenden oder ersuchten Staates beantragt worden sein (Abs. 1 lit. b).

3. Wiederherstellung. Wie das Sorgeverhältnis wiederhergestellt wird, überlässt das EuSorge- 3
RÜbk bis auf eine Vorschrift (Abs. 2) und das generelle Wiederherstellungsgebot dem autonomen Recht. Für deutsches Recht gilt folgendes:
– Liegt ein **Herausgabetitel** vor, so kann unmittelbar die Vollstreckung erfolgen, und zwar ohne Prüfung der in Art. 9 Abs. 1 genannten Versagungsgründe (§ 16 Abs. 1 IntFamRVG). Zu den Versagungsgründen des Art. 10 Abs. 1 siehe dort.
– Liegt nur eine **Sorgerechtsentscheidung** oder eine **Besuchsregelung** vor, so sind gemäß § 32 IntFamRVG die §§ 16 ff. IntFamRVG entsprechend anzuwenden. In diesem Verfahren dürfen die Versagungsgründe der Art. 9 nicht angewandt werden (Abs. 2 und 3). Die Versagungsgründe des Art. 10 Abs. 1 lit. a und b dürfen Deutschland vorgebracht werden. Wird später ein Herausgabetitel aus dem Entführungsstaat nachgereicht (Art. 12), so gilt das bei lit. a Gesagte (→ Rn. 2).

4. Vorbehalt. Deutschland hat sich nach Art. 17 vorbehalten, auch bei Art. 8 die Versagungs- 4
gründe des Art. 10 Abs. 1 lit. a und b zu beachten (§ 19 IntFamRVG). Dadurch bleibt den ersuchten Staaten die Möglichkeit, Entscheidungen abzuwehren, die fundamental gegen Grundwerte der öffentlichen Ordnung verstoßen, insbesondere gegen die Grundrechte der Sorgeberechtigten und das Kindeswohl, das immer im Vordergrund stehen sollte.

Art. 9 EuSorgeRÜbk [Rasche Reaktion auf unzulässiges Verbringen in übrigen Fällen]

(1) Ist in anderen als den in Artikel 8 genannten Fällen eines unzulässigen Verbringens ein Antrag innerhalb von sechs Monaten nach dem Verbringen bei einer zentralen Behörde gestellt worden, so können die Anerkennung und Vollstreckung nur in folgenden Fällen versagt werden:
a) wenn bei einer Entscheidung, die in Abwesenheit des Beklagten oder seines gesetzlichen Vertreters ergangen ist, dem Beklagten das das Verfahren einleitende Schriftstück oder ein gleichwertiges Schriftstück weder ordnungsgemäß noch so rechtzeitig zugestellt worden ist, dass er sich verteidigen konnte; die Nichtzustellung kann jedoch dann kein Grund für die Versagung der Anerkennung oder Vollstreckung sein, wenn die Zustellung deswegen nicht bewirkt worden ist, weil der Beklagte seinen Aufenthaltsort der Person verheimlicht hat, die das Verfahren im Ursprungsstaat eingeleitet hatte;
b) wenn bei einer Entscheidung, die in Abwesenheit des Beklagten oder seines gesetzlichen Vertreters ergangen ist, die Zuständigkeit der die Entscheidung treffenden Behörde nicht gegründet war auf

> i) den gewöhnlichen Aufenthalt des Beklagten,
> ii) den letzten gemeinsamen gewöhnlichen Aufenthalt der Eltern des Kindes, sofern wenigstens ein Elternteil seinen gewöhnlichen Aufenthalt noch dort hat, oder
> iii) den gewöhnlichen Aufenthalt des Kindes;
> c) wenn die Entscheidung mit einer Sorgerechtsentscheidung unvereinbar ist, die im ersuchten Staat vor dem Verbringen des Kindes vollstreckbar wurde, es sei denn, das Kind habe während des Jahres vor seinem Verbringen den gewöhnlichen Aufenthalt im Hoheitsgebiet des ersuchenden Staates gehabt.

(2) Ist kein Antrag bei einer zentralen Behörde gestellt worden, so findet Absatz 1 auch dann Anwendung, wenn innerhalb von sechs Monaten nach dem unzulässigen Verbringen die Anerkennung und Vollstreckung beantragt wird.

(3) Auf keinen Fall darf die ausländische Entscheidung inhaltlich nachgeprüft werden.

1   **1. Fallsituation.** Bis auf die engen persönlichen Beziehungen der Beteiligten zum Ursprungs-, Entscheidungs- oder Entführungsstaat (Art. 8 Abs. 1 lit. a) hat Art. 9 insofern eine ähnliche Situation wie in Art. 8 im Auge: Die Rückgabe (Abs. 1; ebenso Art. 8 Abs. 1 lit. b) oder Anerkennung (vgl. Abs. 2) muss rasch beantragt werden. Im Unterschied zu Art. 8 jedoch formuliert Art. 9 drei sog Versagungsgründe, die den herkömmlichen Anerkennungsvoraussetzungen (vgl. §§ 108 f. FamFG) entsprechen.

2   **2. Versagungsgründe des Art. 9.** Diese beziehen sich auf drei bekannte Anerkennungsvoraussetzungen:
– Den **verfahrensrechtlichen ordre public** umschreibt Abs. 1 lit. a. Hierauf kann sich der Entführer nicht berufen, wenn er seinen Aufenthaltsort dem Antragsteller verheimlicht hat. Der materiellrechtliche ordre public ist grundsätzlich nicht zu berücksichtigen (Abs. 3), erhält jedoch über die vorbehaltenen Versagungsgründe des Art. 10 Abs. 1 lit. a Gewicht.
– Die entscheidende ausländische Instanz muss bei Säumnisentscheidungen **international zuständig** iSd Abs. 1 lit. b gewesen sein.[1] Nicht jede fehlende internationale Zuständigkeit führt jedoch dazu, dass die Anerkennung versagt werden darf. Voraussetzung ist zunächst, dass der Beklagte oder sein gesetzlicher Vertreter bei der Entscheidung abwesend waren. Das Übereinkommen geht davon aus, dass die beklagte Partei die Unzuständigkeit des Gerichts sonst nämlich bereits im Verfahren hätte geltend machen müssen.[2] Die Unzuständigkeit des Gerichts nach nationalem Recht kann ferner nicht geltend gemacht werden, wenn sie auf einem der in lit. b (i–iii) genannten Anknüpfungspunkte beruht. Auf die Vorgaben der lex fori zur internationalen Zuständigkeit kommt es dann nicht mehr an.
– Der Versagungsgrund **widersprechender Entscheidungen** wird in Abs. 1 lit. c eingeschränkt. Eine im Forumstaat (ersuchter Staat) ergangene oder anerkannte Entscheidung begründet keinen Versagungsgrund, wenn das Kind während des Jahres vor dem Verbringen seinen gewöhnlichen Aufenthalt im ersuchenden Staat gehabt hat. Dadurch soll einem forum shopping vorgebeugt werden: Der Entführer soll binnen Jahresfrist die ausländische Entscheidung nicht durch eine widersprechende Entscheidung ersetzen dürfen.

3   **3. Versagungsgründe des Art. 10.** Nach Art. 17 hat sich Deutschland vorbehalten, die in Art. 10 Abs. 1 lit. a und b genannten Versagungsgründe bei Art. 9 zuzulassen (§ 19 IntFamRVG).

Art. 10 EuSorgeRÜbk [Versagungsgründe in allen restlichen Fällen]

(1) In anderen als den in den Artikeln 8 und 9 genannten Fällen können die Anerkennung und Vollstreckung nicht nur aus den in Artikel 9 vorgesehenen, sondern auch aus einem der folgenden Gründe versagt werden:
a) wenn die Wirkungen der Entscheidung mit den Grundwerten des Familien- und Kindschaftsrechts im ersuchten Staat offensichtlich unvereinbar sind;
b) wenn aufgrund einer Änderung der Verhältnisse – dazu zählt auch der Zeitablauf, nicht aber der bloße Wechsel des Aufenthaltsorts des Kindes infolge eines unzulässigen Verbringens – die Wirkungen der ursprünglichen Entscheidung offensichtlich nicht mehr dem Wohl des Kindes entsprechen;
c) wenn zur Zeit der Einleitung des Verfahrens im Ursprungsstaat

---

[1] Das war nicht der Fall in OLG Celle FamRZ 1998, 110.
[2] Staudinger/*Pirrung* (2009) EGBGB Vor Art. 19 Rn. E 51.

   i) **das Kind Angehöriger des ersuchten Staates war oder dort seinen gewöhnlichen Aufenthalt hatte und keine solche Beziehung zum Ursprungsstaat bestand;**

   ii) **das Kind sowohl Angehöriger des Ursprungsstaats als auch des ersuchten Staates war und seinen gewöhnlichen Aufenthalt im ersuchten Staat hatte;**

d) **wenn die Entscheidung mit einer im ersuchten Staat ergangenen oder mit einer dort vollstreckbaren Entscheidung eines Drittstaats unvereinbar ist; die Entscheidung muß in einem Verfahren ergangen sein, das eingeleitet wurde, bevor der Antrag auf Anerkennung oder Vollstreckung gestellt wurde, und die Versagung muß dem Wohl des Kindes entsprechen.**

(2) In diesen Fällen können Verfahren auf Anerkennung oder Vollstreckung aus einem der folgenden Gründe ausgesetzt werden:

a) **wenn gegen die ursprüngliche Entscheidung ein ordentliches Rechtsmittel eingelegt worden ist;**

b) **wenn im ersuchten Staat ein Verfahren über das Sorgerecht für das Kind anhängig ist und dieses Verfahren vor Einleitung des Verfahrens im Ursprungsstaat eingeleitet wurde;**

c) **wenn eine andere Entscheidung über das Sorgerecht für das Kind Gegenstand eines Verfahrens auf Vollstreckung oder eines anderen Verfahrens auf Anerkennung der Entscheidung ist.**

1. Fallsituation. Art. 10 betrifft alle Fälle, in denen kein unzulässiges Verbringen vorliegt[1] oder **1** in denen bei unzulässigem Verbringen der Antrag auf Rückführung oder auf Anerkennung und Vollstreckung nicht innerhalb von sechs Monaten seit der Entführung oder dem Zurückhalten bei einer zentralen Behörde oder einem Gericht (bei Anerkennung und Vollstreckung) gestellt worden ist. Bei einer solchen Säumnis können zusätzliche Versagungsgründe geltend gemacht werden. Deshalb sollte der Beraubte stets bei der zentralen Behörde an seinem Wohnsitz den Antrag auf Wiederherstellung des Sorgeverhältnisses schnell stellen.

2. Versagungsgründe. Abs. 1 stellt – abgesehen von der Übernahme der in Art. 9 vorgesehenen **2** Versagungsgründe – fünf eigene, sehr unterschiedliche Versagungsgründe auf. Versagt werden kann auch nur die Vollstreckung einer anzuerkennenden Entscheidung, also Anerkennung eines Besuchsrechts, jedoch nicht dessen Ausübung im Ausland mit Erzwingung der Ausreise.[2]

– Der **materiellrechtliche ordre public** kann nach Abs. 1 lit. a eingewandt werden.[3]

– Das **Wohl des Kindes** bildet dann einen Versagungsgrund, wenn wegen veränderter Verhältnisse (Zeitablauf, nicht bloßer Wechsel des Aufenthalts) die ursprüngliche Entscheidung dem Kindeswohl offensichtlich nicht mehr entspricht.[4] Dieser Versagungsgrund ist zurückhaltend anzuwenden; denn – ebenso wie beim ordre public – darf nur bei **offensichtlicher** Unvereinbarkeit der ausländischen Entscheidung mit dem Kindeswohl die Wiederherstellung des Sorgeverhältnisses versagt werden.[5]

– Eine **sehr enge Beziehung** des Kindes zum ersuchten Staat (durch Staatsangehörigkeit und durch gewöhnlichen Aufenthalt) im Zeitpunkt der Einleitung des Verfahrens im Ursprungsstaat kann zur Versagung der Anerkennung führen: Abs. 1 lit. c (i). Dieser Versagungsgrund lässt sich wie der nächste aus einer fehlenden internationalen Zuständigkeit der Gerichte des Ursprungsstaates erklären.[6]

---

[1] Deshalb lehnte es das Appellationsgericht Nikosia ab, wegen eines in Zypern anhängigen Sorgerechtsverfahrens das Verfahren über die Anerkennung einer englischen Sorgerechtsentscheidung nach Art. 10 Abs. 2 lit. b auszusetzen; denn das Kind war unzulässigerweise nach Zypern entführt worden: Minister of Justice v. Ellina (1987) 1 Cyprus Law Reports 536; ausf. Staudinger/*Pirrung* (2009) EGBGB Vor Art. 19 Rn. E 56 ff.

[2] Re H (A Minor) (Foreign Custody Order: Enforcement) [1994] 1 All E.R. 812 (C.A.).

[3] Ein Besuchsrecht von Großeltern verstößt nicht gegen den ordre public, OLG Celle FamRZ 1998, 110; ebenso wenig eine türkische Sorgerechtsentscheidung, wenn alle Beteiligten einverstanden sind, VG Berlin IPRspr. 2010, Nr. 276; anders VG Berlin FamRZ 2010, 683.

[4] OLG Brandenburg FamRZ 2004, 282; OLG Hamm FamRZ 2006, 805: Ausübung eines Besuchsrechts gemäß polnischem Urteil; F v. F (Minors) (Custody: Foreign Order) [1989] Fam. Court Rep. 244: Zeitablauf seit Entführung (21 Monate) und Zugeständnis eines Umgangsrechts an beraubten Elternteil; Re K (A Minor) (Abduction) [1990] 1 Fam. L. Rep. 387 (Fam. Div.): Entführung von Belgien nach England und Rückgabe nach Belgien.

[5] Campins-Coll, Petitioner, Scots L. Times Reports 1989, 33 (Outer House): Ablehnung einer Rückführung aus Schottland nach Spanien; Re L (Child Abduction: European Convention) [1992] 2 Fam. L. Rep. 178 (Fam. Div.): Rückführung nach Irland. Das ist anders, wenn keine Entführung vorlag: OLG Karlsruhe FamRZ 1999, 946 (regulärer Umzug von Frankreich nach Deutschland).

[6] Das ist nicht der Fall, wenn der Elternteil das Kind nach Ablauf der Besuchszeit in den Staat seines gewöhnlichen Aufenthalts nicht zurückgibt, OLG Rostock IPRspr. 2000, Nr. 85.

– Eine **engere Beziehung,** die das Kind mit mehrfacher Staatsangehörigkeit stärker zum ersuchten Staat (durch Staatsangehörigkeit und gewöhnlichen Aufenthalt im Zeitpunkt der Einleitung des Verfahrens im Ursprungsstaat) als zum ersuchenden Staat unterhielt, berechtigt ebenfalls zur Versagung der Anerkennung und Vollstreckung der ausländischen Entscheidung: Abs. 1 lit. c (ii).

– Die **Unvereinbarkeit** der Entscheidung des Ursprungsstaats mit einer im ersuchten Staat wirksamen Entscheidung darf nur dann zur Versagung der Anerkennung führen, wenn die beiden in Abs. 1 lit. d genannten Voraussetzungen vorliegen: Anhängigkeit vor Antrag auf Anerkennung und Wohl des Kindes.[7]

3   **3. Aussetzung.** Die Aussetzung der Anerkennung und Vollstreckung kann in den drei Fällen, die Abs. 2 aufzählt, angeordnet werden: fehlende Rechtsbeständigkeit im Ausland (lit. a),[8] frühere Anhängigkeit eines Sorgerechtsverfahrens im ersuchten Staat (lit. b), Anhängigkeit eines anderen Verfahrens auf Vollstreckung oder Anerkennung (lit. c).

Art. 11 EuSorgeRÜbk [Entscheidung über Recht zum persönlichen Umgang]

(1) Die Entscheidungen über das Recht zum persönlichen Umgang mit dem Kind und die in Sorgerechtsentscheidungen enthaltenen Regelungen über das Recht zum persönlichen Umgang werden unter den gleichen Bedingungen wie andere Sorgerechtsentscheidungen anerkannt und vollstreckt.

(2) Die zuständige Behörde des ersuchten Staates kann jedoch die Bedingungen für die Durchführung und Ausübung des Rechts zum persönlichen Umgang festlegen; dabei werden insbesondere die von den Parteien eingegangenen diesbezüglichen Verpflichtungen berücksichtigt.

(3) Ist keine Entscheidung über das Recht zum persönlichen Umgang ergangen oder ist die Anerkennung oder Vollstreckung der Sorgerechtsentscheidung versagt worden, so kann sich die zentrale Behörde des ersuchten Staates auf Antrag der Person, die das Recht zum persönlichen Umgang beansprucht, an die zuständige Behörde ihres Staates wenden, um eine solche Entscheidung zu erwirken.

1   **1. Grundsatz.** Abs. 1 wiederholt, was sich bereits aus den Art. 8–10 sowie aus den Definitionen in Art. 1 lit. c und d (i) ergibt: Entscheidungen über den persönlichen Umgang stehen hinsichtlich ihrer Durchsetzung anderen Sorgerechtsentscheidungen gleich. Wichtig ist die Bekräftigung dieses Grundsatzes für die Ausnahme in Abs. 2.

2   **2. Durchführung und Ausübung.** Da das Umgangsrecht von Staat zu Staat sehr unterschiedlich verwirklicht wird (rechtliche Divergenzen und faktische Verschiedenheiten – wie zB Ferien – existieren), soll der ersuchte Staat die Möglichkeit haben, die Bedingungen für die Durchführung und Ausübung des Umgangsrechts festzulegen und dabei die Verpflichtungen der Parteien (zB Sicherheitsleistungen) zu berücksichtigen.

3   **3. Umgangsregelung durch ersuchten Staat.** Fehlt überhaupt oder im ersuchten Staat eine anerkannte Umgangsregelung und kann deswegen auch nicht nach Art. 12 verfahren werden, so kann nach Abs. 3 eine Umgangsregelung im ersuchten Staat erwirkt werden.[1] Dessen internationale Zuständigkeit wird also vom EuSorgeRÜbk statuiert, nicht jedoch das anwendbare Recht. Dieses bestimmt sich nach anderen Staatsverträgen oder autonomem Recht.

Art. 12 EuSorgeRÜbk [Nachträgliche Entscheidung über Widerrechtlichkeit]

Liegt zu dem Zeitpunkt, in dem das Kind über eine internationale Grenze verbracht wird, keine in einem Vertragsstaat ergangene vollstreckbare Sorgerechtsentscheidung vor, so ist dieses Übereinkommen auf jede spätere in einem Vertragsstaat ergangene Entschei-

---

[7] BGE 139 III 285 = Praxis 2014, 194: schweiz. Entscheid vor belgischer Besuchsregelung; Campins-Coll, Petitioner, Scots. L. Times Reports 1989, 36 f.: Spanien hatte 1982 eine schottische Sorgerechtsentscheidung aus dem Jahr 1977 nicht berücksichtigt; Re M (Child Abduction) (European Convention) [1994] 1 Fam. L. Rep. 551 (Fam. Div.): Englische Sorgerechtsentscheidung vor irischer.

[8] Darunter fällt nur die fehlende Bestandskraft innerhalb des Sorgerechtsverfahrens, nicht etwa der Antrag auf Abänderung der Sorgerechtsentscheidung in einem neuen Verfahren, s. Information S. 7.

[1] Vgl. F v. F (Minors) (Custody: Foreign Orders) [1989] Fam. Court Reporter 247 f. bzw. [1989] 1 Fam. L. Rep. 349 f.

dung anzuwenden, mit der das Verbringen auf Antrag eines Beteiligten für widerrechtlich erklärt wird.

1. Normzweck. Das EuSorgeRÜbk setzt eine ausländische Sorgerechtsentscheidung voraus. Das **1** Übereinkommen würde also zwecklos sein, sofern ein Kind kraft Gesetzes unter der alleinigen Sorge des beraubten Elternteils stünde oder wenn der entführende Elternteil die Sorge für das Kind mit dem anderen Teil kraft Gesetzes teilte. In diesen Fällen erlaubt es Art. 12, die Beibringung einer anerkennungsfähigen Sorgerechtsentscheidung nachzuholen.[1]

2. Inhalt der Entscheidung. Aus der Entscheidung des Ursprungsstaats muss hervorgehen, wem **2** das Sorgerecht zusteht, wem also das Kind zurückzugeben ist und dass das Verbringen widerrechtlich war.

3. Vorbehalt. Art. 12 gilt nicht, wenn sich ein Staat dessen Nichtanwendung nach Art. 18 vorbe- **3** halten hat.

Teil III. Verfahren

Art. 13 EuSorgeRÜbk [Antrag auf Anerkennung und beizufügende Schriftstücke]

(1) Dem Antrag auf Anerkennung oder Vollstreckung einer Sorgerechtsentscheidung in einem anderen Vertragsstaat sind beizufügen
a) **ein Schriftstück, in dem die zentrale Behörde des ersuchten Staates ermächtigt wird, für den Antragsteller tätig zu werden oder einen anderen Vertreter für diesen Zweck zu bestimmen;**
b) **eine Ausfertigung der Entscheidung, welche die für ihre Beweiskraft erforderlichen Voraussetzungen erfüllt;**
c) **im Fall einer in Abwesenheit des Beklagten oder seines gesetzlichen Vertreters ergangenen Entscheidung ein Schriftstück, aus dem sich ergibt, daß das Schriftstück, mit dem das Verfahren eingeleitet wurde, oder ein gleichwertiges Schriftstück dem Beklagten ordnungsgemäß zugestellt worden ist;**
d) **gegebenenfalls ein Schriftstück, aus dem sich ergibt, daß die Entscheidung nach dem Recht des Ursprungsstaats vollstreckbar ist;**
e) **wenn möglich eine Angabe über den Aufenthaltsort oder den wahrscheinlichen Aufenthaltsort des Kindes im ersuchten Staat;**
f) **Vorschläge dafür, wie das Sorgeverhältnis zu dem Kind wiederhergestellt werden soll.**

(2) Den oben genannten Schriftstücken ist erforderlichenfalls eine Übersetzung nach Maßgabe des Artikels 6 beizufügen.

Art. 13 listet die dem Antrag auf Anerkennung beizufügenden Schriftstücke auf. Das erinnert an **1** Art. 8 KindEntfÜbk. Doch unterscheidet sich die Liste inhaltlich erheblich von dieser Vorschrift, weil es beim EuSorgeRÜbk um die Anerkennung und Vollstreckung einer ausländischen Entscheidung geht. Die Angaben müssen daher nicht so detailliert sein, da sich die wichtigsten Informationen aus der Entscheidung selbst ergeben.

Art. 14 EuSorgeRÜbk [Einfaches und beschleunigtes Verfahren]

[1]Jeder Vertragsstaat wendet für die Anerkennung und Vollstreckung von Sorgerechtsentscheidungen ein einfaches und beschleunigtes Verfahren an. [2]Zu diesem Zweck stellt er sicher, daß die Vollstreckbarerklärung in Form eines einfachen Antrags begehrt werden kann.

Zum deutschen Verfahren vgl. §§ 37 ff. IntFamRVG und Art. 2 KindEntfÜbk.[1*] Das Konventions- **1** Komitee empfiehlt, dass die ersuchten Behörden innerhalb von sechs Wochen eine vollziehbare Entscheidung fällen und, falls dies nicht der Fall sein sollte, entsprechend dem Art. 11 KindEntfÜbk die ersuchenden Behörden über die Gründe der Verzögerung unterrichten.[2]

---

[1] Re S (Abduction: European Convention) [1996] 1 Fam. L. Rep. 660 (C.A.).
[1*] Zu den Verfahrensvorschriften der übrigen Vertragsstaaten vgl. Information S. 45–62.
[2] Information S. 4.

Art. 15 EuSorgeRÜbk [Ermittlungen vor Anerkennung]

(1) Bevor die Behörde des ersuchten Staates eine Entscheidung nach Artikel 10 Absatz 1 Buchstabe b trifft,

a) muß sie die Meinung des Kindes feststellen, sofern dies nicht insbesondere wegen seines Alters und Auffassungsvermögens undurchführbar ist;

b) kann sie verlangen, daß geeignete Ermittlungen durchgeführt werden.

(2) Die Kosten für die in einem Vertragsstaat durchgeführten Ermittlungen werden von den Behörden des Staates getragen, in dem sie durchgeführt wurden.

(3) Ermittlungsersuchen und die Ergebnisse der Ermittlungen können der ersuchenden Behörde über die zentralen Behörden mitgeteilt werden.

1   **1. Ermittlungen.** Der Versagungsgrund des entgegenstehenden Kindeswohls (Art. 10 Abs. 1 lit. b) kann das ganze EuSorgeRÜbk entwerten, wenn er vorschnell angenommen wird. Deshalb ist Art. 10 Abs. 1 lit. b restriktiv formuliert („offensichtlich" muss das Kindeswohl der Rückgabe entgegenstehen).

2   Art. 15 Abs. 1 lit. a verlangt zwingend, die Meinung eines befragbaren Kindes festzustellen. Andere Ermittlungen sind in das Ermessen der Behörde des ersuchten Staates gestellt (Art. 15 Abs. 1 lit. b).

3   **2. Kosten.** Die Ermittlungskosten trägt jede ermittelnde Behörde selbst.

Art. 16 EuSorgeRÜbk [Befreiung von Legalisation]

Für die Zwecke dieses Übereinkommens darf keine Legalisation oder ähnliche Förmlichkeit verlangt werden.

1   Die Vorschrift entspricht dem Art. 23 KindEntfÜbk.

Teil IV. Vorbehalte

Art. 17 EuSorgeRÜbk [Vorbehalte im Hinblick auf Art. 8 und 9]

(1) Jeder Vertragsstaat kann sich vorbehalten, daß in den von den Artikeln 8 und 9 oder von einem dieser Artikel erfaßten Fällen die Anerkennung und Vollstreckung von Sorgerechtsentscheidungen aus denjenigen der in Artikel 10 vorgesehenen Gründe versagt werden kann, die in dem Vorbehalt bezeichnet sind.

(2) Die Anerkennung und Vollstreckung von Entscheidungen, die in einem Vertragsstaat ergangen sind, der den in Absatz 1 vorgesehenen Vorbehalt angebracht hat, können in jedem anderen Vertragsstaat aus einem der in diesem Vorbehalt bezeichneten zusätzlichen Gründe versagt werden.

1   **1. Vorbehalte.** Folgende Versagungsgründe des Art. 10 sind in den angegebenen Vertragsstaaten auch in Fällen der Art. 8 und 9 zu beachten:

– alle Gründe des Art. 10: Bulgarien, Dänemark, Finnland, Griechenland, Irland, Island, Italien, Litauen, Makedonien, Norwegen, Polen, Rumänien, Schweden, Tschechische Republik, Ukraine, Vereinigtes Königreich;

– Art. 10 Abs. 1 lit. a, c, d und Abs. 2: Spanien;

– Art. 10 Abs. 1 lit. a, b, c, und d: Malta;

– Art. 10 Abs. 1 lit. a, b, und d: Liechtenstein;

– Art. 10 Abs. 1 lit. a und b: Deutschland;

– Art. 10 Abs. 1 lit. a: Niederlande (sofern Verletzung der Menschenrechte und Grundfreiheiten iSd EMRK), Ungarn;

– Art. 10 Abs. 1 lit. d: Schweiz.

2   **2. Gegenseitigkeit.** Ein Vorbehalt wird nicht gefahrlos angebracht: Wer einen Vorbehalt erklärt, riskiert, dass seine Entscheidungen im Ausland aus den vorbehaltenen Versagungsgründen nicht anerkannt und vollstreckt werden (Abs. 2). Zu dieser Gegenseitigkeit ist jedoch kein Vertragsstaat verpflichtet. § 16 IntFamRVG sieht überzeugenderweise nicht vor, dass die Vorbehalte eines anderen Mitgliedstaats bei der Versagung der Vollstreckbarkeit nach Abs. 2 übernommen werden können.

Art. 18 EuSorgeRÜbk [Vorbehalt im Hinblick auf Art. 12]

[1]Jeder Vertragsstaat kann sich vorbehalten, durch Artikel 12 nicht gebunden zu sein. [2]Auf die in Artikel 12 genannten Entscheidungen, die in einem Vertragsstaat ergangen sind, der einen solchen Vorbehalt angebracht hat, ist dieses Übereinkommen nicht anwendbar.

Bis jetzt hat nur Spanien einen Vorbehalt nach Art. 18 erklärt. § 16 IntFamRVG übt keine Retor-   1
sion iSd Art. 18 S. 2 aus.

Teil V. Andere Übereinkünfte

Art. 19 EuSorgeRÜbk [Keine Ausschließlichkeit]

Dieses Übereinkommen schließt nicht aus, daß eine andere internationale Übereinkunft zwischen dem Ursprungsstaat und dem ersuchten Staat oder das nichtvertragliche Recht des ersuchten Staates angewendet wird, um die Anerkennung oder Vollstreckung einer Entscheidung zu erwirken.

1. Allgemeine Regel. Art. 19 spricht ein allgemeines Prinzip aus, wonach – ausgenommen   1
entgegenstehender Angaben – ein Anerkennungs- und Vollstreckungsübereinkommen die Rechtshilfe auf diesem Gebiet erleichtern will und deshalb günstigere staatsvertragliche oder autonome
Anerkennungs- und Vollstreckungsregeln nicht verdrängen will. Auch bei Anwendung dieser anderen
günstigeren Anerkennungsgrundlagen kann das Rechtshilfeverfahren des EuSorgeRÜbk benutzt
werden.

2. Verhältnis zum KindEntfÜbk. Nach § 37 IntFamRVG ist zunächst das KindEntfÜbk als das   2
umfassendere Übereinkommen anzuwenden, sofern nicht ausdrücklich die Anwendung des EuSorgeRÜbk begehrt wird.

Art. 20 EuSorgeRÜbk [Verträge mit Nichtvertragsstaaten; einheitliche Rechtsvorschriften]

(1) Dieses Übereinkommen läßt Verpflichtungen unberührt, die ein Vertragsstaat gegenüber einem Nichtvertragsstaat auf Grund einer internationalen Übereinkunft hat, die sich
auf in diesem Übereinkommen geregelte Angelegenheiten erstreckt.

(2) [1]Haben zwei oder mehr Vertragsstaaten auf dem Gebiet des Sorgerechts für Kinder
einheitliche Rechtsvorschriften erlassen oder ein besonderes System zur Anerkennung
oder Vollstreckung von Entscheidungen auf diesem Gebiet geschaffen oder werden sie dies
in Zukunft tun, so steht es ihnen frei, anstelle des Übereinkommens oder eines Teiles
davon diese Rechtsvorschriften oder dieses System untereinander anzuwenden. [2]Um von
dieser Bestimmung Gebrauch machen zu können, müssen diese Staaten ihre Entscheidung
dem Generalsekretär des Europarats notifizieren. [3]Jede Änderung oder Aufhebung dieser
Entscheidung ist ebenfalls zu notifizieren.

1. Nichtvertragsstaaten. Das EuSorgeRÜbk gilt nur zwischen Vertragsstaaten, entbindet also   1
nicht von staatsvertraglichen Verpflichtungen der Vertragsstaaten gegenüber Nichtvertragsstaaten
(Abs. 1). Das Vereinigte Königreich hat erklärt, dass es im Verhältnis zu Nichtvertragsstaaten des
EuSorgeRÜbk, die jedoch Vertragsstaaten des KindEntfÜbk sind, dieses Übereinkommen anwenden
will.[1]

2. Einheitliche Rechtsvorschriften. Dänemark, Finnland, Norwegen und Schweden haben   2
erklärt, dass die Abkommen zwischen den Nordischen Staaten betreffend die Anerkennung und
Vollstreckung von Entscheidungen über das Sorgerecht für Kinder anstelle des EuSorgeRÜbk zwischen den Nordischen Staaten angewendet werden.[2]

Teil VI. Schlußbestimmungen

Art. 21 EuSorgeRÜbk [Zeichnung und Ratifikation]

[1]Dieses Übereinkommen liegt für die Mitgliedstaaten des Europarats zur Unterzeichnung auf. [2]Es bedarf der Ratifikation, Annahme oder Genehmigung. [3]Die Ratifikations-,

---

[1] AS 1987, 492.
[2] AS 1990, 685; BGBl. 1994 II S. 3538; 1996 II S. 2539.

Annahme- oder Genehmigungsurkunden werden beim Generalsekretär des Europarats hinterlegt.

1   Der Deutsche Bundestag hat dem EuSorgeRÜbk durch Gesetz vom 5.4.1990 zugestimmt, und die Bundesrepublik Deutschland hat das EuSorgeRÜbk am 5.10.1990 ratifiziert.

Art. 22 EuSorgeRÜbk [Inkrafttreten]

(1) Dieses Übereinkommen tritt am ersten Tag des Monats in Kraft, der auf einen Zeitabschnitt von drei Monaten nach dem Tag folgt, an dem drei Mitgliedstaaten des Europarats nach Artikel 21 ihre Zustimmung ausgedrückt haben, durch das Übereinkommen gebunden zu sein.

(2) Für jeden Mitgliedstaat, der später seine Zustimmung ausdrückt, durch das Übereinkommen gebunden zu sein, tritt es am ersten Tag des Monats in Kraft, der auf einen Zeitabschnitt von drei Monaten nach Hinterlegung der Ratifikations-, Annahme- oder Genehmigungsurkunde folgt.

1   **1. Inkrafttreten überhaupt.** Das EuSorgeRÜbk ist am 1.9.1983 in Kraft getreten, nämlich am ersten Tag des Monats, der auf einen Zeitabschnitt von drei Monaten nach dem 25.5.1983 folgt, an dem Luxemburg als dritter Mitgliedstaat das Übereinkommen ratifiziert hat (Abs. 1).

2   **2. Inkrafttreten für Deutschland.** Für Deutschland ist das EuSorgeRÜbk am 1.1.1991 in Kraft getreten, also am ersten Tag des Monats, der auf einen Zeitabschnitt von drei Monaten nach der Hinterlegung der deutschen Ratifikationsurkunde am 5.10.1990 folgt.

Art. 23 EuSorgeRÜbk [Beitritt]

(1) Nach Inkrafttreten dieses Übereinkommens kann das Ministerkomitee des Europarats durch einen mit der in Artikel 20 Buchstabe d der Satzung vorgesehenen Mehrheit und mit einhelliger Zustimmung der Vertreter der Vertragsstaaten, die Anspruch auf einen Sitz im Komitee haben, gefaßten Beschluß jeden Nichtmitgliedstaat des Rates einladen, dem Übereinkommen beizutreten.

(2) Für jeden beitretenden Staat tritt das Übereinkommen am ersten Tag des Monats in Kraft, der auf einen Zeitabschnitt von drei Monaten nach Hinterlegung der Beitrittsurkunde beim Generalsekretär des Europarats folgt.

1   Bis jetzt (1.6.2017) ist kein Nichtmitgliedstaat des Europarats dem EuSorgeRÜbk beigetreten.

Art. 24 EuSorgeRÜbk [Erklärung über Geltung in Hoheitsgebieten]

(1) Jeder Staat kann bei der Unterzeichnung oder bei der Hinterlegung seiner Ratifikations-, Annahme-, Genehmigungs- oder Beitrittsurkunde einzelne oder mehrere Hoheitsgebiete bezeichnen, auf die dieses Übereinkommen Anwendung findet.

(2) ¹Jeder Staat kann jederzeit danach durch eine an den Generalsekretär des Europarats gerichtete Erklärung die Anwendung dieses Übereinkommens auf jedes weitere in der Erklärung bezeichnete Hoheitsgebiet erstrecken. ²Das Übereinkommen tritt für dieses Hoheitsgebiet am ersten Tag des Monats in Kraft, der auf einen Zeitabschnitt von drei Monaten nach Eingang der Erklärung beim Generalsekretär folgt.

(3) ¹Jede nach den Absätzen 1 und 2 abgegebene Erklärung kann in bezug auf jedes darin bezeichnete Hoheitsgebiet durch eine an den Generalsekretär gerichtete Notifikation zurückgenommen werden. ²Die Rücknahme wird am ersten Tag des Monats wirksam, der auf einen Zeitabschnitt von sechs Monaten nach Eingang der Notifikation beim Generalsekretär folgt.

1   Bis jetzt (1.6.2017) hat nur das Vereinigte Königreich das EuSorgeRÜbk auf abhängige Gebiete, nämlich Anguilla, Cayman Islands, Falkland-Islands, Isle of Man, Jersey und Montserrat, ausgedehnt.

Art. 25 EuSorgeRÜbk [Erklärung über Geltungsbereich in Mehrrechtsstaaten]

(1) **Ein Staat, der aus zwei oder mehr Gebietseinheiten besteht, in denen für Angelegenheiten des Sorgerechts für Kinder und für die Anerkennung und Vollstreckung von Sorgerechtsentscheidungen unterschiedliche Rechtssysteme gelten, kann bei der Unterzeichnung oder bei der Hinterlegung seiner Ratifikations-, Annahme-, Genehmigungs- oder Beitrittsurkunde erklären, daß dieses Übereinkommen auf alle seine Gebietseinheiten oder auf eine oder mehrere davon Anwendung findet.**

(2) **¹Ein solcher Staat kann jederzeit danach durch eine an den Generalsekretär des Europarats gerichtete Erklärung die Anwendung dieses Übereinkommens auf jede weitere in der Erklärung bezeichnete Gebietseinheit erstrecken. ²Das Übereinkommen tritt für diese Gebietseinheit am ersten Tag des Monats in Kraft, der auf einen Zeitabschnitt von drei Monaten nach Eingang der Erklärung beim Generalsekretär folgt.**

(3) **¹Jede nach den Absätzen 1 und 2 abgegebene Erklärung kann in bezug auf jede darin bezeichnete Gebietseinheit durch eine an den Generalsekretär gerichtete Notifikation zurückgenommen werden. ²Die Rücknahme wird am ersten Tag des Monats wirksam, der auf einen Zeitabschnitt von sechs Monaten nach Eingang der Notifikation beim Generalsekretär folgt.**

Großbritannien hat das EuSorgeRÜbk nur für das Vereinigte Königreich von Großbritannien **1** und Nordirland ratifiziert, also nicht für die Channel Islands, außer Jersey.

Art. 26 EuSorgeRÜbk [Konkretisierung einer Verweisung auf Mehrrechtsstaaten]

(1) **Bestehen in einem Staat auf dem Gebiet des Sorgerechts für Kinder zwei oder mehr Rechtssysteme, die einen räumlich verschiedenen Anwendungsbereich haben, so ist**
a) **eine Verweisung auf das Recht des gewöhnlichen Aufenthalts oder der Staatsangehörigkeit einer Person als Verweisung auf das Rechtssystem zu verstehen, das von den in diesem Staat geltenden Rechtsvorschriften bestimmt wird, oder, wenn es solche Vorschriften nicht gibt, auf das Rechtssystem, zu dem die betreffende Person die engste Beziehung hat;**
b) **eine Verweisung auf den Ursprungsstaat oder auf den ersuchten Staat als Verweisung auf die Gebietseinheit zu verstehen, in der die Entscheidung ergangen ist oder in der die Anerkennung oder Vollstreckung der Entscheidung oder die Wiederherstellung des Sorgeverhältnisses beantragt wird.**

(2) **Absatz 1 Buchstabe a wird entsprechend auf Staaten angewendet, die auf dem Gebiet des Sorgerechts zwei oder mehr Rechtssysteme mit persönlich verschiedenem Anwendungsbereich haben.**

1. Räumliche Rechtsspaltung. Von den gegenwärtigen Vertragsstaaten ist lediglich beim Verei- **1** nigten Königreich eine Konkretisierung nach Abs. 1 notwendig. Da ein einheitliches IPR für das gesamte Vereinigte Königreich fehlt, ist bei Abs. 1 lit. a die maßgebende Teilrechtsordnung nach der engsten Beziehung der jeweiligen Person zu bestimmen.

2. Personale Rechtsspaltung. Abs. 2 hat gegenwärtig (1.6.2017) keine praktische Bedeutung, **2** weil kein Vertragsstaat dessen Voraussetzungen erfüllt.

Art. 27 EuSorgeRÜbk [Erklärung von Vorbehalten]

(1) **¹Jeder Staat kann bei der Unterzeichnung oder bei der Hinterlegung seiner Ratifikations-, Annahme-, Genehmigungs- oder Beitrittsurkunde erklären, daß er von einem oder mehreren der in Artikel 6 Absatz 3 und in den Artikeln 17 und 18 vorgesehenen Vorbehalte Gebrauch macht. ²Weitere Vorbehalte sind nicht zulässig.**

(2) **¹Jeder Vertragsstaat, der einen Vorbehalt nach Absatz 1 angebracht hat, kann ihn durch eine an den Generalsekretär des Europarats gerichtete Notifikation ganz oder teilweise zurücknehmen. ²Die Rücknahme wird mit dem Eingang der Notifikation beim Generalsekretär wirksam.**

1. Vorbehalte. Zu den in Abs. 1 genannten Vorbehalten s. Art. 6, Art. 17 und Art. 18. **1**

2   **2. Rücknahme.** Frankreich hat den Vorbehalt nach Art. 17 mit Wirkung vom 21.12.1987 zurückgezogen.[1]

Art. 28 EuSorgeRÜbk [Tagung über Wirkungsweise]

[1]Der Generalsekretär des Europarats lädt am Ende des dritten Jahres, das auf den Tag des Inkrafttretens dieses Übereinkommens folgt, und von sich aus jederzeit danach die Vertreter der von den Vertragsstaaten bestimmten zentralen Behörde zu einer Tagung ein, um die Wirkungsweise des Übereinkommens zu erörtern und zu erleichtern. [2]Jeder Mitgliedstaat des Europarats, der nicht Vertragspartei des Übereinkommens ist, kann sich durch einen Beobachter vertreten lassen. [3]Über die Arbeiten jeder Tagung wird ein Bericht angefertigt und dem Ministerkomitee des Europarats zur Kenntnisnahme vorgelegt.

1   Die ersten drei Tagungen des Konventions-Komitees fanden im Herbst der Jahre 1986, 1987 und 1988 in Straßburg statt. Über sie berichtet die Materialie „Information". Dort enthalten ist auch eine Statistik über die Praxis der Jahre 1987 und 1988.[1*]

2   Das Komitee hat bisher insgesamt zehnmal getagt. Die letzte Tagung fand am 6./7. Juni 2006 in Straßburg statt.[2]

Art. 29 EuSorgeRÜbk [Kündigung]

(1) Jede Vertragspartei kann dieses Übereinkommen jederzeit durch eine an den Generalsekretär des Europarats gerichtete Notifikation kündigen.

(2) Die Kündigung wird am ersten Tag des Monats wirksam, der auf einen Zeitabschnitt von sechs Monaten nach Eingang der Notifikation beim Generalsekretär folgt.

1   Bis jetzt (1.6.2017) liegt keine Kündigung vor.

Art. 30 EuSorgeRÜbk [Notifikationen]

Der Generalsekretär des Europarats notifiziert den Mitgliedstaaten des Rates und jedem Staat, der diesem Übereinkommen beigetreten ist,
a) jede Unterzeichnung;
b) jede Hinterlegung einer Ratifikations-, Annahme-, Genehmigungs- oder Beitrittsurkunde;
c) jeden Zeitpunkt des Inkrafttretens dieses Übereinkommens nach den Artikeln 22, 23, 24 und 25;
d) jede andere Handlung, Notifikation oder Mitteilung im Zusammenhang mit diesem Übereinkommen.

---

[1] AS 1988, 2020.

[1*] Information S. 25–44.

[2] Den letzten Tagungsbericht sowie weitere Informationen zum Komitee findet man auf der Internetseite des Europarats unter http://www.coe.int/en/web/cdcj/completed-work/standard-setting/family-law-childrens-rights.

Haager Übereinkommen über die zivilrechtlichen Aspekte internationaler Kindesentführung (KindEntfÜbk)

vom 25. Oktober 1980 (BGBl. 1990 II S. 206)

Schrifttum: *Bach,* Das Haager Kindesentführungsübereinkommen in der Praxis, FamRZ 1997, 1051; *Bach/Gildenast,* Internationale Kindesentführung, 1999; *Baetge,* Zum gewöhnlichen Aufenthalt bei Kindesentführungen, IPRax 2001, 573; *Baetge,* Kontinuierlicher, mehrfacher oder alternativer gewöhnlicher Aufenthalt bei Kindesentführungen, IPRax 2005, 335; *Baetge,* Zwischen Rom und Los Angeles – Zur Ermittlung des gewöhnlichen Aufenthalts von Kleinkindern bei Kindesentführungen, IPRax 2006, 313; *Bannon,* The Hague Convention on the Civil Aspects of International Child Abduction: The Need for Mechanisms to Address Noncompliance, Boston College Third World Journal 31 (2011), 129; *Bates,* Undermining the Hague Child Abduction Convention: The Australian Way …?, Asia Pacific L. Rev. 9 (2001), 45; *Bates,* Grave Risk, Physical or Psychological Harm or Intolerable Situation: The High Court of Australia's View, Asia Pacific L. Rev. 11 (2003), 43; *Bates,* Cave Jurisdictionem – Recent Cases on Family Law and Conflicts in Australia, Liverpool L. Rev. 27 (2006), 233; *Beaumont/McEleavy,* The Hague Convention on International Child Abduction, 1999; *Beaumont/Walker,* Post Neulinger Case Law of the European Court of Human Rights on the Hague Child Abduction Law, in A Commitment to Private International Law. Essays in Honour of Hans van Loon (The Permanent Bureau of the Hague Conference on Private International Law), 2013, 17; *Beaumont/Trimmings/Walker/Holliday,* Child Abduction: Recent Jurisprudence of the European Court of Human Rights, Int. Comp. L. Q. 64 (2015), 39; *Beukenhorst,* Internationale kinderontvoering, in: Strikwerda's conclusies (2011), 35; *Black,* Statutory Confusion in International Child Custody Disputes, Can. Fam. L. Q. 9 (1993), 279; *Boulanger,* Les rapports juridiques entre les parents et enfants, 1998, 261; *Boykin,* A Comparison of Japanese and Moroccan Approaches in Adopting The Hague Convention on the Civil Aspects of International Child Abduction, Fam. L. Q. 46 (2012), 451; *Browne,* Relevance and Fairness: Protecting the Rights of Domestic-Violence Victims and Left-Behind Fathers under The Hague Convention on International Child Abduction, Duke Law Journal 60 (2011), 1193; *Bruch,* Erfahrungen mit dem Haager Übereinkommen über die zivilrechtlichen Aspekte Internationaler Kindesentführung, FamRZ 1993, 745; *Bruch,* The Central Authority's Role Under the Hague Child Abduction Convention: A Friend in Deed, Fam. L. Q. 28 (1994), 35; *Bruch,* The Hague Child Abduction Convention: past, accomplishments, future challenges, in Detrick/Vlaardingerbroek, Globalization of Child Law, The Role of the Hague Conventions, 1999, 33 = European Journal of Law Reform 1 (1998/99), 97 = DeuEurFamR 1999, 49; *Bruch,* Religious Law, Secular Practices, and Children's Human Rights in Child Abduction Cases Under the Hague Child Abduction Convention, N.Y.U. J. Int'l L. & Pol. 33 (2000), 49; *Bruch,* The Unmet Needs of Domestic Violence Victims and Their Children in Hague Child Abduction Convention Cases, Fam. L. Q. 38 (2004), 529; *Bucher,* Das Kindeswohl im Haager Entführungsabkommen, FS Kropholler, 2008, 263; *Buck,* International Child Law, 2nd ed., London 2011; *Carl,* Möglichkeiten der Verringerung von Konflikten in HKÜ-Verfahren, FPR 2001, 211; *Clive,* The Concept of Habitual Residence, Juridical Review 1997, 137; *Coester,* Kooperation statt Konfrontation: Die Rückgabe entführter Kinder nach der Brüssel IIa – Verordnung, FS Schlosser, 2005, 135; *Coester-Waltjen,* The Future of the Hague Child Abduction Convention: The Rise of Domestic and International Tensions – The European Perspective, N.Y.U. J. Int.l L. & Pol. 33 (2000), 59; *Coester-Waltjen,* Anerkennnung im Internationalen Personen-, Familien- und Erbrecht und das Europäische Kollisionsrecht, IPRax 2006, 392; *Duncan,* Hague Conference Future Developments in International Family Law with Special Emphasis on Cross-border Child Protection: A View from The Hague, FS Siehr, 2010, 221; *Dutta/Scherpe,* Die Durchsetzung von Rückführungsansprüchen nach dem Haager Kindesentführungsübereinkommen durch deutsche Gerichte, FamRZ 2006, 901; *Dyer,* International Child Abduction by Parents, Rec. des Cours 168 (1980-III), 231; *Freedman,* International Terrorism and Grave Physical Risk Defence of the Hague Convention on International Child Abduction, Int. Family Law (2002), 60; *Freedman,* Rights of Custody: State Law or Hague Law?, J. Comp. L. 9 (2014), 145; *Frohn,* Internationaal privaatrecht. Kinderontvoering in het ipr, in: Personen- en famlierecht, Bd. 4, Titel 14, 2007; *Fucik,* Kindesentführung und Sorgerecht. 5. Spezialkonferenz zum HKÜ, iFamZ 2007, 218; *Fulchiron* (Hrsg.), Les enlèvements d'enfants à travers les frontières, 2004; *Garb,* International Kidnapping. The Hague Convention on the Civil Aspects of International Child Abduction, vol. 1, Loseblatt 2008; *Gómez Bengoechea,* Aspectos civiles de la sustracción internacional de menores, 2002; *Grayson,* International Relocation, the Right to Travel, and the Hague Convention: Additional Requirements for Custodial Parents, Fam. L. Q. 28 (1994), 531; *Gruber,* Zur Konkurrenz zwischen einem selbstständigen Sorgerechtsverfahren und einem Verbundverfahren nach der EheVO, IPRax 2004, 507; *Gruber,* Die neue EheVO und die deutschen Ausführungsgesetze, IPRax 2005, 293; *Gruber,* Das HKÜ, die Brüssel II a-Verordnung und das Internationale Familienrechtsverfahrensgesetz, FPR 2008, 214; *Gülicher,* Internationale Kindesentführungen, 1993; *Habscheid,* Die Problematik der Kindesentführung über nationale Grenzen und ihre Regelung durch neue internationale Abkommen, FS Mikat, 1989, 855; *Haines,* International abduction of children, 1987; *Heiderhoff,* Kindesrückgabe bei entgegenstehendem Kindeswillen, IPRax 2014, 525; *Helzick,* Returning United States children abducted to foreign countries: the need to implement the Hague Convention on the Civil Aspects of International Child Abductions, Boston U. Int. L. J. 1987, 119; *Henrich,* Wechsel der effektiven Staatsangehörigkeit in Fällen einer Kindesentführung, IPRax 1981, 125; *Hohloch,* Ablehnung der Kindesrückführung trotz „Widerrechtlichkeitsbescheinigung" wegen überwiegenden Kindesinteresse, IPRax 2016, 248; *Hohloch/Mauch,* Die Vollstreckung umgangsrechtlicher Entscheidungen vor dem Hintergrund europäischer Rechtsvereinheitlichung und des HKÜ, FPR 2001, 195; *Holl,* Funktion und Bestimmung des gewöhnlichen Aufenthalts bei Internationalen Kindesentführungen, 2001; *Hüßtege,* Der Uniform Child Custody Jurisdiction Act. Rechtsvergleichende Betrachtungen zu internationalen Kindesentführungen, 1981, 196; *Hutchinson/Roberts/ Setright,* International Parent Child Abduction, 1998; *Jayme,* Kulturelle Identität und Kindeswohl im internationalen Kindesrecht, IPRax 1996, 237; *Jenard,* Les enlèvements internationaux d'enfants et l'administration, Rev.belge.dr.int. 21 (1988), 35, 47; *Jiménez Blanco,* Litigios sobre la custodia y sustracción internacional de menores, 2008; *Jorzik,* Das neue zivilrechtliche Kindesentführungsrecht, 1995; *Keese,* Die Kindesentführung durch einen Elternteil im europäischen und internationalen Zivilprozessrecht, Göttingen 2011; *Keris,* The interests of children or the interests of the child? Discretionary non-return of a child under Art 13 of the Hague Convention on the Civil Aspects of International Child Abduction, Australian Journal of Human Rights 2007, 139; *Khazova,* Russia's Accession to the Hague Convention on Civil Aspects of International Child Abduction 1980: New Challenges for Family Law and Practice, Fam. L. Q. 48 (2014), 253; *Kilpatrick/ Stockton,* Litigating International Child Abduction Cases Under the Hague Convention. 2007; *King,* Hague Convention and Domestic Violence: Proposals for Balancing the Policies of Discouraging Child Abduction and Protecting Children from Domestic Violence, Fam. L. Q. 47 (2013), 299; *Klein,* Kindesentführung, Kindeswohl und Grundgesetz, IPRax 1997, 106; *Kovaček-Stanić,* Civil Aspects of International Child Abduction: Insight from Serbia, Fam. L. Q. 48 (2014), 283; *Kregger,* The International Hague Judicial Network – A Progressing Work, Fam. L. Q. 48 (2014), 221; *Krüger,* Das Haager Übereinkommen über die zivilrechtlichen Aspekte internationaler Kindesentführung, MDR 1998, 694; *Kubitschek,* Failure of the Hague Abduction Convention to Address Domestic Violence and its Consequences, in Rains, The 1980 Hague Abduction Convention: Comparative Aspects, 2014, 132; *Kvisberg,* Internasjonal barnebortføring med hovedvekt på Haagkonvensjonen av 25. Oktober 1980, 1994; *Kwang,* Korea's Accession to the Hague Child Abduction Convention, Fam.L. Q. 48 (2014), 267; *Leslie,* A Difficult Situation Made Harder: A Parent's Choice Between Civil Remedies and Criminal Charges in International Child Abduction, Georgia Journal of International and Comparative Law 36 (2008), 381, *Limbrock,* Das Umgangsrecht im Rahmen des Haager Kindesentführungsübereinkommens und des Europäischen Sorgerechtsübereinkommens, FamRZ 1999, 1631; *van Loon,* Internationale kinderontvoering. Mensenrechten en IPR, in: Strikwerda's conclusies (2011), 297; *Lowe/Everall/Nicholls,* International Movement of Children. Law Practice and Procedure, 2. Aufl. Bristol 2010; *Lowe/ Nicholls,* Child Abduction: The Wardship Jurisdiction and the Hague Convention, Family Law 1994, 191; *Lowe/Ong,* Why the Child Abduction Protocol Negotiations Should not Deflect Singapore from Acceding to the 1980 Hague Abduction Convention, Singapore J. of Legal Studies 2007, 216; *Lowe/Perry,* Die Wirksamkeit des Haager und des Europäischen Übereinkommens zur Internationalen Kindesentführung zwischen England und Deutschland, FamRZ 1998, 1073; *Lowe/Horosova,* The Operation of the 1980 Hague Abduction Convention – A Global View, Fam. L. Q. 41 (2007), 59; *Lowe,* To the Best of the Child? Handling the Problem of International Parental Child Abduction, in Marauhn, Internationaler Kinderschutz, 2005, 73; *Lowe,* Regulating Cross-border Access to Children, FS Schwab, 2005, 1153; *Lowe,* Return Orders under the 1980 Hague Convention on the Civil Aspects of International Child Abduction – The Issues Facing Japanese Courts, Japanese Yearbook of International Law, 57 (2014), 77; *Lowe,* Some Moot Points on the 1980 Hague Abduction Convention, Victoria U. Wellington L. Rev. 46 (2015), 683; *Lowe,* Strasbourg in Harmony with The Hague and Luxembourg over Child Abduction? FS Coester-Waltjen, 2015, 543; *Malhotra,* To Return or Not to Return: Hague Convention vs. Non-Convention Countries, Fam. L. Q. 48 (2014), 267; *Mäsch,* „Grenzüberschreitende" Undertakings und das Haager Kindesentführungsübereinkommen aus deutscher Sicht, FamRZ 2002, 1069; *Martiny,* Internationale Kindesentführung und europäischer Menschenrechtsschutz – Kollision unterschiedlicher Ansätze, FS Coester-Waltjen, 2015, 597; *Mazenauer,* Internationale Kindesentführungen und Rückführungen – Eine Analyse im Lichte des Kindeswohls, Zürich 2012; *McEleavy,* The New Child Abduction Regime in the European Union: Symbiotic Relationship or Forced Partnership?, J. Priv. Int. L. 1 (2005), 5; *Möller,* On the Hague Convention on the Child Aspects of international Child Abduction and its Application by the Supreme Court of Finland, FS Siehr, 2010, 311; *Nademleinsky,* Das Shuttle Custody Agreement im HKÜ, EF-Z 2014, 159; *Nanos,* The Views of a Child: Emerging Interpretation and Significance of the Child's Objection Defense under the Hague Child Abduction Convention, Brooklyn J. Int. L. 22 (1996), 437; *Neault,* L'enlèvement international d'un enfant par un parent: éléments de solution et de prévention, in Développements récents en droit familial, 1992, 231; *Nicholson,* The Family Court – 1994 and Beyond: The Convention on the Civil Aspects of International Child Abduction, Australian Family Lawyer 1995, 10; *Niethammer-Jürgens,* Vollstreckungsprobleme im HKÜ-Verfahren, FPR 2004, 306; *Paraggio/Ciccarella,* La sottrazione internazionale di minori. Casistica e giurisprudenza, 2005; *Pantani,* Die Frage des Kindeswohls im HKÜ-Verfahren, 2012; *Pérez-Vera,* Rapport de la Commission spéciale, in: Actes et documents de la Quatorzième session 6 au 25 octobre 1980, Bd. III, 1982, 172; *Pérez-Vera,* Rapport explicatif (abgek.: Pérez-Vera) ibid., 426 = BT-Drs. 11/5314, 38; *Pirrung,* The German Federal Constitutional Court Confronted With Punitive Damages and Child Abduction, in Liber amicorum Georges A.L.Droz, 1996, 341; *Pirrung,* Das Haager Kindesentführungsübereinkommen vor dem Bundesgerichtshof, IPRax 2002, 197; *Pirrung,* EuEheVO und HKÜ: Steine statt Brot? – Eilverfahren zur Frage des gewöhnlichen Aufenthalts eines vier- bis sechsjährigen Kindes, IPRax 2015, 207; *Ponjavić/Vlaškovic,* Space for the Child's Best Interest Inside the Hague Convention on the Civil Aspects of International Child Abduction, Rev. Eur. L. 16 (2014), 45; *Quillen,* New Face of International Child Abduction: Domestic-Violence Victims and Their Treatment under the Hague Convention on the Civil Aspects of International Child Abduction, Texas Int. Law Journal 49 (2014), 621; *Rama,* Die internationale Kindesentführung durch die Kindesmutter – HKÜ, Kindeswohl, Mediation und Rückführung ?! Gender... Politik...online April 2014, S. 1; *Reunite,* The National Council for Abducted Children (Hrsg.), The Hague Convention into the Future. Conference Saturday 30 March 1996;

Rieck, Kindesentführung und die Konkurrenz zwischen dem HKÜ und der EheEuGVVO 2003 (Brüssel IIa), NJW 2008, 182; *Scherer,* Internationale Kindesentführungen und Kindeswohl, FS 600 Jahre Würzburger Juristenfakultät, 2002, 319; *Schmid,* Neuere Entwicklungen im Bereich der internationalen Kindesentführung, AJP 2002, 1325; *Schoch,* Die Auslegung der Ausnahmetatbestände des Haager Kindesentführungs-Übereinkommens. Ein Vergleich der US-amerikanischen und der deutschen Rechtsprechung, 2004; *Schulz,* Internationale Regelungen zum Sorge- und Umgangsrecht, FamRZ 2003, 336; *Schulz,* Die Stärkung des Haager Kindesentführungsübereinkommens durch den Europäischen Gerichtshof für Menschenrechte, FamRZ 2001, 1420, *Schulz,* Keine weitere Beschwerde zum BGH bei Entscheidungen nach dem HKÜ, IPRax 2005, 529; *Schulz,* Das Haager Kindesentführungsübereinkommen und die Brüssel IIa-Verordnung. Notizen aus der Praxis, FS Kropholler, 2008, 435; *Schulz,* The enforcement of child return orders in Europe: where do we go from here?, Int. Fam. L. 2012, 43; *Schuz,* The Hague Child Abduction Convention: Family Law and Private International Law, Int. Comp. L. Q. 44 (1995), 721; *Schuz,* The Hague Child Abduction Convention and the United Nations Convention on the Rights of the Child, Transnat. L. & Contemp. Probl. 12 (2002), 393; *Schuz,* In Search of a settled interpretation of Article 12(2) of the Hague Child Abduction Convention, Child & Fam. L. Q. 20 (2008), 64; *Schuz,* The Relevance of Religious Law and Cultural Considerations in International Child Abduction Disputes, Journal of Law & Family Studies 12 (2010), 453; *Schuz,* The Hague Abduction Convention and Children's Rights Revisited, Int. Fam. L. 2012, 35; *Schuz,* The Hague Abduction Convention: A Critical Analysis, 2013; *Schuz,* Disparity and the Quest for Uniformity in Implementing the Hague Abduction Convention, J. Comp. L. 9 (2014), 3; *Schweppe,* Kindesentführungen und Kindesinteressen. Die Praxis des Haager Übereinkommens in England und Deutschland, 2001; *Shapira,* Private International Law Aspects of Child Custody and Child Kidnapping Cases, Rec. des Cours 214 (1989-II), 127; *Sherer,* Maturation of International Child Abduction Law: From the Hague Convention to the Uniform Child Abduction Prevention Act, J. Am. Acad. Matrimonial Law 26 (2013), 137; *Siehr,* Entführung eines „Mündels des Gerichts" (ward of court) nach Deutschland, IPRax 2005, 526; *Siehr,* Vollstreckung eines ausländischen Titels auf Herausgabe eines entführten Kindes, IPRax 2016, 344; *Sifris,* The Hague Child Abduction Convention „Garnering" the Evidence: The Australian Experience, Southwestern J. Int. L. 19 (2013) 299, *Silberman,* Interpreting the Hague Abduction Convention: In Search of a Global Jurisprudence, U. Calif. Davis L. Rev. 38 (2005), 1049; *Silberman,* United States Supreme Court Hague Abduction Decisions: Developing a Global Jurisprudence, J. Comp. L., 9 (2014), 49; *Staudinger,* Die neuen Karlsruher Leitlinien zum Haager Kindesentführungsübereinkommen, IPRax 2000, 194, *Sühle,* Der Einwand des Kindeswohls bei der Durchsetzung ausländischer Entscheidungen in grenzüberschreitenden Sorgerechtskonflikten, 2015; *Tapp,* Welfare of the Child and Abduction, New Zealand L. Rev. 2007, 77; *Trimmings,* Child Abduction within the European Union, 2013; *Völker,* Die wesentlichen Aussagen des Bundesverfassungsgerichts zum Haager Kindesentführungsübereinkommen – zugleich ein Überblick über die Neuerungen im HKÜ-Verfahren aufgrund der Brüssel IIa-Verordnung, FamRZ 2010, 157; *Vomberg/Nehls,* Rechtsfragen der internationalen Kindesentführung, 2002; *Voulgaris,* La Convention de la Haye de 1980 „sur les aspects civils de l'enlèvement international d'enfants", Nomikon Vima 38 (1990), 14; *Walker/Tischer,* Die Bedeutung des Kindeswillens in Fällen internationaler Kindesentführung nach deutscher und kanadischer Rechtsprechung, NZFam 2014, 241; *Watanabe,* The Ratification of the Hague Child Abduction Convention and its Implementation in Japan, FS Coester-Waltjen, 2015, 883; *Weiner,* Shrinking the Bench: Should United States Federal Courts have Exclusive or Any Jurisdiction to Adjudicate Icara Cases?, J. Comp. L. 9 (2014), 192; *Westbrook,* Law and Treaty Responses to International Child Abductions, Virginia J. Int. L. 20 (1980), 669; *Williams,* Fleeing Domestic Violence: A Proposal to Change the Inadequacies of the Hague Convention on the Civil Aspects of International Child Abduction in Domestic Violence, J. Marshall Law Journal 4 (2011), 39; *Winkel,* Grenzüberschreitendes Sorge- und Umgangsrecht und dessen Vollstreckung, 2001; *Witteborg,* Zur Rückführung des Kindes im Rahmen des Haager Kindesentführungsübereinkommens, IPRax 2005, 330; *Yokoyama,* A Japanese Implementation Bill for the 1980 Child Abduction Convention, in: A Commitment to Private International Law. Essays in honour of Hans van Loon (The Permanent Bureau of the Hague Conference on Private International Law), 2013, 661; *Young,* The Hague Convention on Child Abduction in the Courts of England and Wales, IPRax 1996, 221; *Zürcher,* Kindesentführung und Kinderechte, 2005.

Materialien: Conférence de La Haye de droit international privé. Actes et documents de la Quatorzième session 6 au 25 octobre 1980, Bd. III, Den Haag 1982; Conférence de La Haye de droit international privé, Conclusions générales de la Commission spéciale d'octobre 1989 sur le fonctionnement de la Convention de La Haye du 25 octobre 1980 sur les aspects civils de l'enlèvement international d'enfants, Februar 1989 = Int.Leg.Mat. 29 (1990), 219 (zitiert: Conclusions); Conférence de La Haye de droit international privé, Rapport de la deuxième réunion de la Commission spéciale sur le fonctionnement de la Convention de La Haye sur les aspects civils de l'enlèvement international d'enfants (18–21 janvier 1993), juin 1993 = Int.Leg.Mat. 33 (1994), 225 (zitiert: Rapport); Conférence de La Haye de droit international privé, Case law decided under the Convention of 25 October 1980 on the Civil Aspects of International Child Abduction (Dok. prél. No. 2 de septembre 1989) (zitiert: Case law) nebst Addendum I (zitiert: Addendum I); Botschaft des Bundesrates vom 24.11.1982 betreffend die Ratifikation von zwei internationalen Übereinkommen, die dazu dienen, Fälle internationaler Entführung von Kindern durch einen Elternteil oder eine dem Kind nahe stehende Person zu lösen, (schweiz.) Bundesblatt 1983 II 101, 116; Denkschrift der Bundesregierung vom 11.8.1989 zu den Übereinkommen [von Den Haag und Luxemburg], BR-Drs. 378/89, 35 = BT-Drs. 11/5314, 35 (zitiert: Denkschrift).

Die Unterlagen für die „Special Commission on the practical operation of the Hague Convention of 25 October 1980 on the Civil Aspects of International Child Abduction" sind zu finden unter https://www.hcch.net/en/instruments/conventions/specialised-sections/child-abduction.

Vorbemerkung zum KindEntfÜbk

Übersicht

I. Gegenstand und Zweck

1   Das Haager Übereinkommen über die zivilrechtlichen Aspekte internationaler Kindesentführung (Haager Entführungsübereinkommen = KindEntfÜbk = häufig auch HKÜ) hat die Rückführung widerrechtlich über eine Staatsgrenze (aus einem Vertragsstaat in einen anderen Vertragsstaat)[1] entführter oder zurückgehaltener Kinder zum zentralen Gegenstand.[2] Dabei sind typischerweise Fälle betroffen, in denen ein Elternteil sich ohne die notwendige Zustimmung des anderen Elternteils mit dem gemeinsamen Kind ins Ausland begibt. Das KindEntfÜbk zielt darauf ab, die betroffenen Kinder mit Hilfe eines schnellen, prüfungsarmen Verfahrens in den Herkunftsstaat zurückzubringen.

2   Das KindEntfÜbk enthält dagegen keine Bestimmungen über die Übertragung bzw. Regelung des Sorge- oder Umgangsrechts selbst.[3] Es wird im Rahmen der Entscheidung über die Rückführung des Kindes daher nicht geprüft, ob die im Herkunftsstaat bestehende Sorgerechtsregelung dem Wohl des Kindes am besten dient. Darüber hat vielmehr ggf. das Gericht am gewöhnlichen Aufenthalt des Kindes im Herkunftsstaat nach den dort geltenden Regeln zu entscheiden.[4] Da die Widerrechtlichkeit der Entführung nach dem Recht des Herkunftsstaats beurteilt wird (Art. 3 Abs. 1 und Art. 15), hindert sogar eine im Zufluchtsstaat bestehende Sorgerechtsregelung zugunsten des Entführenden nicht die Rückgabe (Art. 17). Ziel des KindEntfÜbk ist allein das schnelle Rückgängigmachen der Entführung.[5] Ausgangspunkt ist der Gedanke, dass das Wohl des gerade entführten Kindes durch die Rückführung zunächst am besten verwirklicht wird.[6] Entsprechend verlangt auch das UN-Übereinkommen vom 20.11.1989 (BGBl. 1992 II S. 122) über die Rechte des Kindes (Kinderrechtekonvention = KRK) in Art. 11 KRK, dass die Vertragsstaaten der KRK den Kindesentführungen durch Staatsverträge entgegenwirken sollen.

3   Insgesamt ist das KindEntfÜbk mit den deutschen, europäischen und internationalen Menschenrechten des Kindes und des Entführers vereinbar. Insbesondere verletzt die Rückführung mit der nur eingeschränkten Prüfung des konkreten Kindeswohls das Kindeswohl insgesamt nicht in grundrechtswidriger Weise.[7] EGMR und BVerfG haben Verstöße nur dann angenommen, wenn das KindEntfÜbk fehlerhaft angewendet wurde (→ Rn. 12 ff.).

---

[1] Das KindEntfÜbk gilt also nicht für Entführungen aus Nichtvertragsstaaten: OLG Stuttgart IPRspr. 1999, Nr. 88. Englische Gerichte neigen dazu, das KindEntfÜbk auch auf Entführungen aus Nichtvertragsstaaten anzuwenden: In Re S (Minors) (Abduction) [1994] 1 F.L.R. 297 (C.A.) zu einer Entführung aus dem Nichtvertragsstaat Pakistan. Dagegen ist solange nichts einzuwenden, als der Kindesentführer einigermaßen sicher sein kann, dass im Herkunftsstaat das Kindeswohl und das Elternrecht beachtet werden und nicht nach starren Kriterien einer religiösen Rechtsordnung das Kind zugeteilt wird. Hierzu *Rosenblatt*, Child Abduction and Sharia Law, Fam. Law 1998, 45 f.

[2] Das KindEntfÜbk gilt also nicht für inländische Entführungen: OLG Karlsruhe FamRZ 1999, 951. Für sie gilt § 1632 BGB; für eine analoge Anwendung des KindEntfÜbk vgl. *Gutdeutsch/Rieck* FamRZ 1998, 1488 ff.

[3] So zutr. ObG Zürich SchwJZ 1990, 46; Trib. gr. inst. Toulouse Rev. crit. dr. int. pr. 77 (1988), 67 = Gaz. Pal. 1987, Jur., 609 mit Anm. *Monin-Hersant/Sturlese.*

[4] Viola v. Viola S.L.T. 1988, 7, 10 (Outer House): Rückführung aus Schottland nach Ontario.

[5] *Lavery* Northern Ireland Legal Q. 38 (1987), 170 (176); *Pérez-Vera* Nr. 20–26; *Rinoldi* in Mosconi/Rinoldi, La sottrazione internazionale di minori da parte di un genitore, 1988, 178.

[6] So auch *Böhmer* RabelsZ 46 (1982), 649.

[7] Dazu genauer sowie teilweise auch krit. *Bucher*, FS Kropholler, 2008, 263; *Scherer*, FS 600 Jahre Würzburg, 2002, 319; *Schuz* Transnat. L & Contemp. Probl. 12 (2002), 393; *Heiderhoff*, FS Geimer, 2017, 231.

Zwischen den Mitgliedstaaten der EU (außer Dänemark) gilt ergänzend die Brüssel IIa-VO. **4** Danach haben die Gerichte des Herkunftsmitgliedstaats insbesondere die Kompetenz, nach einer die Rückgabe verweigernden Entscheidung der Gerichte des Zufluchtsmitgliedsstaats selbst die Rückführung des Kindes anzuordnen. Eine solche Entscheidung ist im Zufluchtsstaat unmittelbar vollstreckbar (Art. 11 Abs. 8 Brüssel IIa-VO, Art. 40 Abs. 1 lit. b Brüssel IIa-VO, Art. 42 Brüssel IIa-VO). Derzeit liegt ein Vorschlag für eine Neufassung der Brüssel IIa-VO vor, der erhebliche Änderungen auch bei der Rückführung entführter Kinder vorsieht.[8] Die Zusammenarbeit zwischen den Mitgliedstaaten soll danach verstärkt werden. Die bisher etwas störende Dopplung der Verfahren soll durch den neuen Art. 26 Brüssel IIa-VO-Vorschlag abgemildert werden. Zwar behält der Herkunftsmitgliedstaat das letzte Wort. Jedoch soll dies nur gelten, wenn dort eine umfassende Sorgerechtsentscheidung zu dem Ergebnis führt, dass das Kind in den Herkunftsstaat zurückkehren muss.

Neben der Rückführung des Kindes im konkreten Fall hat das KindEntfÜbk auch ein präventives **5** Ziel: Durch die zu erwartende sofortige Rückführung des Kindes soll der Anreiz zu einer Entführung entfallen und die Zahl der Entführungen damit minimiert werden. Um dieses Ziel zu erreichen, werden andere Fragen, wie das Wohl des Kindes im konkreten Fall oder die Gründe für die Verbringung des Kindes in das Ausland zurückgestellt.

Um dieses vorrangige Ziel zu erreichen, ist das KindEntfÜbk insgesamt recht hölzern gehalten. **6** Es umfasst auf der einen Seite Fälle, in denen der Elternteil, bei dem das Kind lebt, mit dem Kind in das Ausland umzieht, ganz gleich, ob die Entfernung zum Wohnort des anderen Elternteils nur wenige Kilometer wächst, oder gar kürzer wird. Ob faktisch überhaupt Erschwerungen bei der gemeinsamen Sorge mit dem anderen Elternteil oder bei der Ausübung des Umgangsrechts eintreten, ist also unerheblich. Auf der anderen Seite umfasst es nicht die Fälle, in denen ein Elternteil mit dem Kind an einen sehr weit entfernten Ort zieht, soweit dieser Elternteil nur das alleinige Aufenthaltsbestimmungsrecht hat. Selbst wenn durch den Wegzug mit dem Kind die Ausübung etwaiger verbleibender Sorgerechte oder jedenfalls das Umgangsrecht weitgehend unmöglich wird, liegt keine Entführung im Sinne des KindEntfÜbk vor.

II. Entstehungsgeschichte

Das KindEntfÜbk ist auf der 14. Sitzung der Haager Konferenz für Internationales Privatrecht **7** im Oktober 1980 endgültig formuliert und am Schluss der 14. Sitzung durch die ersten Zeichnungen mit dem Datum des 25.10.1980 versehen worden (zum Inkrafttreten → Art. 43 Rn. 1).[9] Seitdem kümmert sich eine „Special Commission" um das Funktionieren des Übereinkommens. Sie hat bisher sechsmal getagt, zuletzt im Jahr 2012.[10] Schon im Jahr 2008 ist die Broschüre „Transfer Contact Concerning Children. General Principles and a Guide to Good Practice" von der Haager Konferenz veröffentlicht worden.

In Deutschland ist das KindEntfÜbk am 1.12.1990 in Kraft getreten. Es hat derzeit (Stand am **8** 1.7.2016) 94 Vertragsstaaten. Insbesondere gilt das KindEntfÜbk seit dem 1.4.2016 auch im Verhältnis zwischen Deutschland und Russland[11] sowie, schon seit dem 1.4.2014, zu Japan. Für alle Vertragsstaaten → Rn. 26.

III. Verhältnis zu anderen Instrumenten und zum autonomen Recht

1. Übereinkommen zum Sorge- und Umgangsrecht. Das KindEntfÜbk wird aufgrund seines **9** besonderen Regelungsgegenstands nicht von anderen Übereinkommen verdrängt. Das EuSorgeRÜbk, das ebenfalls auf die Verhinderung von Kindesentführungen gerichtet ist, tritt hinter dem KindEntfÜbk zurück, soweit seine Anwendung nicht von dem Antragsteller ausdrücklich begehrt wird (§ 37 IntFamRVG).

Das Verhältnis des KindEntfÜbk insbesondere zum KSÜ/MSA und zu anderen Staatsverträgen **10** sowie zum autonomen Recht regelt Art. 34 (→ Art. 34 Rn. 1 ff.).

---

[8] Vorschlag für eine Verordnung des Rates über die Zuständigkeit, die Anerkennung und Vollstreckung von Entscheidungen in Ehesachen und in Verfahren betreffend die elterliche Verantwortung und über internationale Kindesentführungen (Neufassung), KOM (2016), 411.

[9] Zur Entstehungsgeschichte des KindEntfÜbk vgl. *Anton* Int. Comp. L. Q. 30 (1981), 537; *Batiffol* Rev. crit. dr. int. pr. 70 (1981), 231; *Bodenheimer* Fam. L. Q. 14 (1980), 99; *Böhmer* RabelsZ 46 (1982), 643 (644); *Dyer* Rec. des Cours 168 (1980-III), 231 (245). Vgl. auch Staudinger/*Pirrung* (2009) EGBGB Vor Art. 19 Rn. D 1 ff.

[10] Materialen abrufbar unter https://www.hcch.net/en/instruments/conventions/specialised-sections/child-abduction; auch *Fucik*, Praktische Anwendung der Haager Übereinkommen. Schlussfolgerungen und Empfehlungen der Spezialkommission [25. Bids 31.1.2012]: iFamZ 2012, 213 f.

[11] BGBl. 2016 II S. 235.

11   **2. Brüssel IIa-VO.** Die Brüssel IIa-VO beansprucht Vorrang vor dem KindEntfÜbk (Art. 60 lit. e Brüssel IIa-VO).[12] Das ist unschädlich, denn sie ändert die Vorgaben des KindEntfÜbk nicht. Jedoch konkretisiert sie die Anwendung des KindEntfÜbk zwischen den Mitgliedstaaten der EU. Insbesondere ergänzt Art. 11 Abs. 2–6 Brüssel IIa-VO das Verfahren im Zufluchtsstaat über die Rückgabe des entführten Kindes. Nach Art. 10 Brüssel IIa-VO behalten die Gerichte des Herkunftsstaats zudem unter Umständen lange über den Wegfall des gewöhnlichen Aufenthalts des Kindes hinaus die Zuständigkeit für Entscheidungen über die elterliche Sorge. Sie können somit durch eine Sorgerechtsentscheidung und Herausgabeverfügung ihrerseits die Rückführung erreichen. Aus Art. 11 Abs. 7–8, 40, 42 Brüssel IIa-VO ergibt sich, dass zwischen den Mitgliedstaaten der EU nicht die Gerichte des Zufluchtsstaats das letzte Wort haben, sondern die des Ursprungsstaats, dazu näher → Art. 12 Rn. 42; → Art. 17 Rn. 6; zur geplanten Neufassung → Rn. 4; → Art. 12 Rn. 43.

12   **3. Deutsche und internationale Grund- und Menschenrechte. a) Grundgesetz.** Das BVerfG musste sich besonders anfangs mehrmals mit dem KindEntfÜbk befassen.[13] Gerügt wurde durch Verfassungsbeschwerden eine Verletzung von Grundrechten durch Rückführungsentscheidungen. Beantragt wurde jeweils zusätzlich, den Vollzug der Rückführung durch eine einstweilige Anordnung (§§ 32, 93d Abs. 2 BVerfGG) auszusetzen. Einige Male wurden solche Anordnungen erlassen.[14] Das BVerfG stützt sich dabei darauf, dass ein Verbleib des Kindes bis zur endgültigen Entscheidung über die Verfassungsbeschwerde für das Kindeswohl weniger schädlich wäre, als das bei einer sofortigen Rückführung drohende Hin- und Her, welches entstehen könne, falls die Verfassungsbeschwerde begründet sei. Verlangt wird jedoch, dass die Verfassungsbeschwerde nicht von vornherein offensichtlich unbegründet ist. Von einer offensichtlichen Unbegründetheit geht das BVerfG aber aus, wenn das KindEntfÜbk korrekt angewendet wurde.[15] Denn während zwar teilweise Verfahrensfehler der OLG zu einem Verfassungsverstoß führten,[16] hat das BVerfG stets festgestellt, dass die Rückführung die Grundrechte von Entführer und Kind (Art. 1, 2, 6 GG) nicht verletze.[17] In einer Rückführung ist auch keine unerlaubte Auslieferung (Art. 16 Abs. 2 GG) zu sehen.[18]

13   Schwierigkeiten machen jedoch die gegenseitigen Entführungen (Rückentführungen). Im Fall Tiemann[19] entschied das BVerfG, dass bei einer Entführung (aus Deutschland nach Frankreich) und einer Rückentführung (aus Frankreich nach Deutschland) der erste Zufluchtsstaat nicht die Rückführung verlangen kann, wenn keine Anhaltspunkte dafür vorliegen, dass das Kind endgültig in diesem Staat (Frankreich) bleiben wird und nicht ein neuer Ortswechsel in den anfänglichen Herkunftsstaat bevorsteht. Dieses Problem besteht weiterhin (näher → Art. 13 Rn. 34 f.). Nur zwischen den Mitgliedstaaten der EU ist es durch Art. 11 Abs. 8 Brüssel IIa-VO, Art. 42 Brüssel IIa-VO einigermaßen gelöst worden, weil dort zumindest klar ist, dass das Gericht des Herkunftsstaats die letztlich ausschlaggebende Entscheidung zu treffen hat.

14   **b) EGMR.** Als problematisch hat sich teilweise die Rechtsprechung des EGMR erwiesen. Das gilt zum einen schon wegen der Verfahrensdauer. Wenn der EGMR angerufen und die Verletzung des Art. 8 EMRK geltend gemacht wird, kann dies wegen des langen Verfahrens vor dem EGMR zu einer erheblichen Beeinträchtigung der Funktionsfähigkeit des KindEntfÜbk führen. Insbesondere aber war die Entscheidung des EGMR „Neulinger" zumindest missverständlich. Denn der EGMR sprach aus, dass die Vollstreckung der Entscheidung des Schweizer Gerichts über eine Rückführung des Kindes gegen Art. 8 EGMR verstoße, weil im konkreten Fall Art. 13 verkannt worden und die

---

[12]   Dazu *Andrae* Eur.Leg. Forum 2008, I 189 und II 92; *Gruber* IPRax 2005, 293; *Rieck* NJW 2008, 182.

[13]   BVerfG IPRax 1995, 118; NJW 1995, 2023; Int.Leg.Mat. 35 (1996), 533; NJW 1996, 1953; 1996, 1402.

[14]   BVerfG NJW 1995, 2023 (einstweilige Anordnung bei Verfahren zur Rückführung nach Afghanistan); NJW 1996, 1953 (keine Rückführung in Niederlande mit Gefahr der Verbringung nach Ägypten); BVerfG FamFR 2012 mit Anm. *Heiß*; BVerfG eA vom 21.10.2011 – 1 BvQ 33/11 (vorläufig keine Rückführung zur Pflegefamilie nach Norwegen).

[15]   *Klein* IPRax 1997, 106.

[16]   BVerfG FamRZ 2006, 1261 (fehlender Verfahrenspfleger); Beschluss vom 11.10.2006 – 1 BvR 1796/06 – fehlerhafte Beweiswürdigung.

[17]   BVerfG IPRax 1995, 118 (Rückführung nach Norwegen); NJW 1996, 1402 (Rückführung nach Kanada); ausf. hierzu *Jorzik*, Das neue zivilrechtliche Kindesentführungsrecht, 1995, 134 ff.

[18]   BVerfG RabelsZ 60 (1996), 483 = Int.Leg.Mat. 35 (1996), 533 (Rückführung in die USA); hierzu *Dyer* Int.Leg.Mat. 35 (1996), 535; *Kropholler* RabelsZ 60 (1996), 485; ausf. hierzu *Jorzik*, Das neue zivilrechtliche Kindesentführungsrecht, 1995, 125 ff. Ähnlich Parson v. Styger (1989) 67 Ontario Rep. (2d) 1 (S. C. Ont.), im Hinblick auf die Canadian Charter of Rights and Freedoms.

[19]   BVerfG NJW 1999, 2175; es liegen zu dem Fall sieben dt. Entscheidungen vor (zwei Mal OLG Celle, fünf Mal BVerfG) und mindestens drei französische Urteile; näher *Staudinger* IPRax 2000, 194.

Rückkehr für Kind und Mutter unzumutbar sei.[20] Der EGMR hat die hier anklingende Tendenz zu einer inhaltlichen, sich sogar auf Tatsachenebene begebenden Prüfung der nationalen Entscheidungen dann aber ganz klar revidiert.[21] Er sagte deutlich, dass er nur dafür zuständig sei, „darüber zu entscheiden, ob die [nationalen] Gerichte bei der Anwendung und Auslegung der Vorschriften der EMRK und der Brüssel IIa-VO die Garantien des Art. 8 EMRK gewährleistet, insbesondere dem Wohl des Kindes hinreichend Rechnung getragen haben".[22]

Inhaltlich ist im Verständnis des EGMR dabei – anders als man bei oberflächlicher Lektüre der **15** Entscheidung „Neulinger" annehmen könnte – insbesondere darauf zu achten, dass Art. 13 sehr wörtlich genommen und eng aufgefasst wird. Die Gefahr muss schwerwiegend sein. Sieht das Gericht nur eine tatsächliche Gefahr („real risk") oder gar eine „schwierige Lage" (certain amount of rough and tumble, discomfort and distress) so reicht dies nicht aus, um eine Rückführung abzulehnen.[23] Zu den weiteren Einzelheiten → Art. 13 Rn. 14 ff.

Es geht dem EGMR außerdem, ebenso wie dem BVerfG, um die Verfahrensstandards. Sehr **16** konkret wurde er in der Sache „X gegen Lettland".[24] Dort befand er, dass die Prüfung des Art. 13 nicht sorgfältig genug erfolgt sei. Wenn ein Elternteil ein psychologisches Gutachten vorlege, dass auf eine schwerwiegende Gefahr iSd Art. 13 Abs. 1 lit. b hindeute, und weiteres Vorbringen (Vorstrafe und Kindesmisshandlung) erfolgt sei, müsse das Gericht aussagekräftige Untersuchungen durchführen, bevor es die Rückführung veranlasse.[25] Auf der anderen Seite hat der EGMR mehrfach statuiert, dass eine überlange Verfahrensdauer Art. 6 Abs. 2 EMRK verletzt.[26] Die darin liegende gewisse Widersprüchlichkeit ist zu Recht kritisiert worden. Der EGMR verlangt auf der einen Seite Geschwindigkeit, auf der anderen Seite stellt er weiterhin sehr hohe Anforderungen an die Tiefe der Kindeswohlprüfung. Zuletzt braucht er seinerseits bis zur Entscheidung sehr lange.[27]

Trotzdem kann insgesamt gesagt werden, dass auch der EGMR den Grundsätzen des KindEntfÜbk **17** folgt. Es ist zu bedenken, dass die Fälle, die er entschieden hat, jeweils Ausnahmecharakter hatten. In keinem Fall wird der EGMR eine Verletzung der EMRK annehmen, wenn ein Kindesentführungsverfahren ordnungsgemäß durchgeführt worden ist.

Vereinzelt betreffen die Verfahren schließlich die Vollstreckung. Auch die zügige Vollstreckung **18** gehört zu den aus dem KindEntfÜbk abzuleitenden Pflichten. Erfolgt sie nicht, so kann darin eine Verletzung des Art. 8 EMRK liegen.[28]

c) GRCh und KRK. Die Kindesentführungsverfahren unterliegen der GRCh nur, soweit es **19** dabei zur Durchführung des Rechts der Union kommt (Art. 51 GRCh). Wegen der ergänzenden Regelungen in der Brüssel IIa-VO ist das bei Verfahren innerhalb der EU typischerweise der Fall.

Der EuGH hat sich bisher insbesondere zu einer fehlenden Kindesanhörung geäußert. Er meinte, **20** es reiche nach Art. 24 GRCh aus, wenn das Kind die Gelegenheit zur Anhörung erhalte. Solange diese Gelegenheit gegeben werde, verstoße eine Entscheidung daher nicht gegen Art. 24 GRCh, obwohl es letztlich nicht zu der Anhörung gekommen sei.[29] Der Vorschlag für eine Neufassung der Brüssel IIa-VO sieht eine Anhörung des Kindes ausdrücklich vor (Erwägungsgrund 23 und Art. 24 Brüssel IIa-VO-Entwurf).[30]

Das KindEntfÜbk verstößt auch nicht gegen das Übereinkommen vom 20.11.1989 über die **21** Rechte des Kindes (KRK).[31] Vielmehr verlangt dieses selbst den Kampf gegen Kindesentführungen (Art. 11 KRK). Das KindEntfÜbk ist eine der Übereinkünfte, auf die Art. 11 Abs. 2 KRK Bezug nimmt.[32] Ob dagegen im Einzelfall aufgrund von Verfahrensfehlern eine Rückführung oder Nicht-

---

[20] EGMR Urt. v. 6.7.2010, Nr. 41615/07, [2011] 1 F.L.R. 122 – Neulinger u. Shuruk/Schweiz. Hierzu krit. *Martiny,* FS Coester-Waltjen, 2015, 597 (604); *Beaumont/Walker,* Essays in honour of van Loon, 2013, 17; *J.H.A. van Loon,* Opstellen aangeboden aan mr. L. Strikwerda, 2011, 297; *Walker* J. Priv. Int. L. 6 (2010), 649; *Walker/Beaumont* J. Priv. Int. L. 7 (2011), 231; *Sühle,* Der Einwand des Kindeswohls bei der Durchsetzung ausländischer Entscheidungen in grenzüberschreitenden Sorgerechtskonflikten, 2015, 152 ff.
[21] EGMR FamRZ 2011, 1482 – Šneersone u. Kampanella/Italien mit Anm. *Henrich* FamRZ 2011, 1484.
[22] EGMR FamRZ 2011, 1482 (1483) – Šneersone u. Kampanella/Italien.
[23] E (Children) (Abduction: Custody Appeal) [2011] UKSC 27.
[24] EGMR FamRZ 2012, 692 – X/Lettland mit Anm. *Henrich* 694.
[25] Eine denkbar knappe Entscheidung mit 9:8 Stimmen für die Verletzung.
[26] EGMR FamRZ 2015, 469 – Hoholm/Slowakei; NJW 2001, 2694 – Kudła/Polen.
[27] Insbesondere *Beaumont/Walker,* Essays in honour of van Loon, 2013, 17, 23, 29 f.; auch *Martiny,* FS Coester-Waltjen, 2015, 597 ff., 609.
[28] EGMR FamRZ 2015, 469 – M.A./Österreich.
[29] EuGH ECLI:EU:C:2010:828 = FamRZ 2011, 355 Rn. 46 – Aguirre Zarraga.
[30] KOM (2016), 411.
[31] BGBl. 1992 II S. 122.
[32] *Schmahl,* UN-Kinderrechtskonvention, 2. Aufl. 2013, Art. 11 Rn. 6.

rückführung die KRK verletzt, ist im Rahmen der Art. 13 Abs. 1 lit. b, 20 zu bestimmen (→ Art. 13 Rn. 44 f.).

IV. Anwendungsbereich

22 **1. Zeitlicher und räumlicher Anwendungsbereich.** Das KindEntfÜbk ist für Deutschland am 1.12.1990 in Kraft getreten. Es gilt daher für alle ab diesem Tag erfolgten Entführungen.[33] Voraussetzung ist allerdings stets, dass das Übereinkommen auch im anderen betroffenen Staat, sei es Zufluchts- oder Herkunftsstaat, am Tag der Entführung bereits in Kraft getreten ist.[34]

23 Staaten, die bei der Annahme des KindEntfÜbk im Jahr 1980 Mitglied der Haager Konferenz waren, können das Übereinkommen mit Wirkung für und gegen alle anderen Vertragsstaaten zeichnen und ratifizieren. Staaten, für die dies nicht gilt, haben dagegen nach Art. 38 Abs. 3 nur die Möglichkeit des Beitritts. Dieser wirkt nur gegenüber solchen Vertragsstaaten, die den Beitritt annehmen. In der EU sind nicht die Mitgliedstaaten, sondern die EU für die Annahmeerklärungen zuständig.[35]

24 Entscheidendes Datum für das Inkrafttreten gegenüber Deutschland ist dann nach Art. 38 Abs. 5 der erste Tag des dritten Kalendermonats nach Hinterlegung der Annahmeerklärung durch Deutschland.

25 Das Bundesjustizamt führt eine stets aktuelle Liste, die das Datum des Inkrafttretens gegenüber allen Vertragsstaaten ausweist. Alle EU-Mitgliedstaaten haben das KindEntfÜbk ratifiziert.

26 Das KindEntfÜbk galt am 1.5.2017 in folgenden 95 Vertragsstaaten: Albanien seit dem 1.8.2007 (gegenüber Deutschland seit dem 1.10.2007), Andorra seit dem 1.7.2011 (gegenüber Deutschland seit dem 1.9.2011), Argentinien seit dem 1.6.1991 (gegenüber Deutschland seit dem 1.6.1991), Armenien seit dem 1.6.2007 (gegenüber Deutschland seit dem 1.10.2009), Australien seit dem 1.1.1987 (gegenüber Deutschland seit dem 1.12.1990),[36] Bahamas seit dem 1.1.1994 (gegenüber Deutschland seit dem 1.5.1994), Belgien seit dem 1.5.1999 (gegenüber Deutschland seit dem 1.5.1999), Belize seit dem 1.9.1989 (gegenüber Deutschland seit dem 1.12.1990), Bolivien ab dem 1.10.2016 (noch nicht im Verhältnis zu Deutschland), Bosnien-Herzegowina seit dem 1.12.1991 (gegenüber Deutschland seit dem 1.12.1991), Brasilien seit dem 1.1.2000 (gegenüber Deutschland seit dem 1.5.2002), Bulgarien seit dem 1.8.2003 (gegenüber Deutschland seit dem 1.12.2004), Burkina Faso seit dem 1.8.1992 (gegenüber Deutschland seit dem 1.1.1993), Chile seit dem 1.5.1994 (gegenüber Deutschland seit dem 1.6.1995), China nur für Hongkong seit dem 1.9.1997 (gegenüber Deutschland seit dem 1.9.1997) und nur für Macao seit dem 1.3.1999 (gegenüber Deutschland seit dem 1.3.1999), Costa Rica seit dem 1.2.1999 (gegenüber Deutschland seit dem 1.12.2007), Dänemark seit dem 1.7.1991 (gegenüber Deutschland seit dem 1.7.1991),[37] Deutschland seit dem 1.12.1990, Dominikanische Republik seit dem 1.11.2004 (gegenüber Deutschland seit dem 1.4.2008), Ecuador seit dem 1.4.1992 (gegenüber Deutschland seit dem 1.9.1992), El Salvador seit dem 1.5.2001 (gegenüber Deutschland seit dem 1.11.2002), Estland seit dem 1.7.2001 (gegenüber Deutschland seit dem 1.12.2001), Fidschi seit dem 1.6.1999 (gegenüber Deutschland seit dem 1.4.2008), Finnland seit dem 1.8.1994 (gegenüber Deutschland seit dem 1.8.1994), Frankreich seit dem 1.12.1983 (gegenüber Deutschland seit dem 1.12.1990), Gabun seit dem 1.3.2011 (noch nicht im Verhältnis zu Deutschland), Georgien seit dem 1.10.1997 (gegenüber Deutschland seit dem 1.3.1998), Griechenland seit dem 1.6.1993 (gegenüber Deutschland seit dem 1.6.1993), Guatemala seit dem 1.5.2002 (gegenüber Deutschland seit dem 1.1.2003), Guinea seit dem 1.2.2012 (noch nicht im Verhältnis zu Deutschland), Honduras seit dem 1.3.1994 (gegenüber Deutschland seit dem 1.8.1994), Irak seit dem 1.6.2014 (noch nicht im Verhältnis zu Deutschland), Irland seit dem 1.10.1991 (gegenüber Deutschland seit dem 1.10.1991), Island seit dem 1.11.1996 (gegenüber Deutschland seit dem 1.4.1997), Israel seit dem 1.12.1991 (gegenüber Deutschland seit dem 1.12.1991),[38] Italien seit dem 1.5.1995 (gegenüber Deutschland seit dem 1.5.1995), Japan seit dem 1.4.2014 (gegenüber Deutschland seit dem 1.4.2014), Kanada seit dem 1.12.1983 (gegenüber Deutschland seit dem 1.12.1990), Kasachstan seit dem 1.9.2013 (gegenüber Deutschland seit dem

---

[33] OLG Karlsruhe FamRZ 1992, 847; OGH ZfRV 1993, 35; Re H (Minors) (Abduction: Custody Rights) [1991] 1 All E.R. 836 (C.A.).

[34] Eine Liste der Vertragsstaaten findet sich unter: https://www.bundesjustizamt.de/DE/SharedDocs/Publikationen/HKUE/Vertragsstaaten.pdf?__blob=publicationFile&v=22.

[35] Gutachten des EuGH FamRZ 2015, 21 mit zust. Anm. *Dutta* FamRZ 2015, 24.

[36] Das KindEntfÜbk gilt nur für die australischen Gliedstaaten und kontinentalen Territorien, also nicht für die überseeischen Besitzungen (zB Christmas Island, Cocos Islands).

[37] Der Geltungsbereich umfasst in Dänemark nicht die Färöer und Grönland.

[38] Keine Anwendung im Verhältnis zu den Palästinensischen Autonomiegebieten: AG Saarbrücken FamRZ 2008, 43; zu Ostjerusalem OLG München NJW-RR 2016, 196.

1.5.2017), Kolumbien seit dem 1.3.1996 (gegenüber Deutschland seit dem 1.11.1996), Korea seit dem 1.3.2013 (gegenüber Deutschland seit dem 1.5.2017), Kroatien seit dem 1.12.1991 (gegenüber Deutschland seit dem 1.12.1991), Lesotho seit dem 1.9.2012 (noch nicht im Verhältnis zu Deutschland), Lettland seit dem 1.2.2002 (gegenüber Deutschland seit dem 1.11.2002), Litauen seit dem 1.9.2002 (gegenüber Deutschland seit dem 1.12.2004), Luxemburg seit dem 1.1.1987 (gegenüber Deutschland seit dem 1.12.1990), Malta seit dem 1.1.2000 (gegenüber Deutschland seit dem 1.11.2002), Marokko seit dem 1.6.2010 (gegenüber Deutschland seit dem 1.10.2010), Mauritius seit dem 1.6.1993 (gegenüber Deutschland seit dem 1.12.1993), Mazedonien, ehemalige jugoslawische Republik, seit dem 1.12.1991 (gegenüber Deutschland seit dem 1.12.1991), Mexiko seit dem 1.9.1991 (gegenüber Deutschland seit dem 1.2.1992), Moldau, Republik, seit dem 1.7.1998 (gegenüber Deutschland seit dem 1.5.2000), Monaco seit dem 1.2.1993 (gegenüber Deutschland seit dem 1.7.1993), Montenegro seit dem 1.12.1991 (gegenüber Deutschland seit dem 1.12.1991), Neuseeland seit dem 1.8.1991 (gegenüber Deutschland seit dem 1.2.1992), Nicaragua seit dem 1.3.2001 (gegenüber Deutschland seit dem 1.9.2007), Niederlande seit dem 1.9.1990 (gegenüber Deutschland seit dem 1.12.1990),[39] Norwegen seit dem 1.4.1989 (gegenüber Deutschland seit dem 1.12.1990), Österreich seit dem 1.10.1988 (gegenüber Deutschland seit dem 1.12.1990), Panama seit dem 1.5.1994 (gegenüber Deutschland seit dem 1.6.1995), Paraguay seit dem 1.8.1998 (gegenüber Deutschland seit dem 1.12.2001), Peru seit dem 1.8.2001 (gegenüber Deutschland seit dem 1.9.2007), Philippinen seit dem 1.6.2016 (noch nicht im Verhältnis zu Deutschland), Polen seit dem 1.11.1992 (gegenüber Deutschland seit dem 1.2.1993), Portugal seit dem 1.12.1983 (gegenüber Deutschland seit dem 1.12.1990), Rumänien seit dem 1.2.1993 (gegenüber Deutschland seit dem 1.7.1993), Russland seit dem 1.10.2011 (gegenüber Deutschland seit dem 1.4.2016), Sambia seit dem 1.11.2014 (noch nicht im Verhältnis zu Deutschland), San Marino seit dem 1.3.2007 (gegenüber Deutschland seit dem 1.9.2007), Schweden seit dem 1.6.1989 (gegenüber Deutschland seit dem 1.12.1990), Schweiz seit dem 1.1.1984 (gegenüber Deutschland seit dem 1.12.1990), Serbien seit dem 1.12.1991 (gegenüber Deutschland seit dem 1.12.1991), Seychellen seit dem 1.8.2008 (gegenüber Deutschland seit dem 1.4.2009), Simbabwe seit dem 1.7.1995 (gegenüber Deutschland seit dem 1.2.1997), Singapur seit dem 1.3.2011 (gegenüber Deutschland seit dem 1.6.2011), Slowakei seit dem 1.2.2001 (gegenüber Deutschland seit dem 1.2.2001), Slowenien seit dem 1.6.1994 (gegenüber Deutschland seit dem 1.6.1995), Spanien seit dem 1.9.1987 (gegenüber Deutschland seit dem 1.12.1990), Sri Lanka seit dem 1.12.2001 (gegenüber Deutschland seit dem 1.1.2003), St. Kitts und Nevis seit dem 1.8.1994 (gegenüber Deutschland seit dem 1.5.1995), Südafrika seit dem 1.10.1997 (gegenüber Deutschland seit dem 1.2.1998), Thailand seit dem 1.11.2002 (gegenüber Deutschland seit dem 1.6.2007), Trinidad und Tobago seit dem 1.9.2000 (gegenüber Deutschland seit dem 1.9.2007), Tschechische Republik seit dem 1.3.1998 (gegenüber Deutschland seit dem 1.3.1998), Türkei seit dem 1.8.2000 (gegenüber Deutschland seit dem 1.8.2000), Turkmenistan seit dem 1.3.1998 (gegenüber Deutschland seit dem 1.8.1998), Ukraine seit dem 1.9.2006 (gegenüber Deutschland seit dem 1.1.2008), Ungarn seit dem 1.7.1986 (gegenüber Deutschland seit dem 1.12.1990), Uruguay seit dem 1.2.2000 (gegenüber Deutschland seit dem 1.10.2001), Usbekistan seit dem 1.8.1999 (gegenüber Deutschland seit dem 1.10.2009), Venezuela seit dem 1.1.1997 (gegenüber Deutschland seit dem 1.1.1997), Vereinigtes Königreich seit dem 1.8.1986 (gegenüber Deutschland seit dem 1.12.1990),[40] Vereinigte Staaten von Amerika seit dem 1.7.1988 (gegenüber Deutschland seit dem 1.12.1990), Weißrussland seit dem 1.4.1998 (gegenüber Deutschland seit dem 1.2.1999) und Zypern seit dem 1.2.1995 (gegenüber Deutschland seit dem 1.5.1995).

27   Da das KindEntfÜbk nur zwischen Vertragsstaaten gilt, kommt es nur zur Anwendung, wenn das Kind sich in einem Vertragsstaat befindet. Die Rückgabe aus einem Nicht-Vertragsstaat kann nicht verlangt werden.

28   Auch wenn das Kind im laufenden Verfahren nochmals umzieht, können Schwierigkeiten auftreten. Dabei ist zu differenzieren. Hat auch der beraubte Elternteil seinen Wohnsitz in den Zufluchtsstaat verlegt und verlangt das Kind nun vom anderen Elternteil, der es dorthin entführt hat, zu sich im Inland heraus, kommt das KindEntfÜbk nicht mehr zur Anwendung.[41] Auch die Rückführung muss grenzüberschreitend sein.

29   Erfolgt die Aufenthaltsverlegung dagegen in einen dritten Staat, so bleibt das KindEntfÜbk – soweit auch dieser ein Vertragsstaat ist – zwar anwendbar, aber es muss ein neues Verfahren angestrengt werden.

---

[39] Das KindEntfÜbk gilt im europäischen Teil und im karibischen Teil (Bonaire, St. Eustatius, Sabe) der Niederlande sowie in Curacao.

[40] Anwendung für die kontinentalen Territorien sowie für Anguilla seit dem 1.9.2007, für die Bermudas seit dem 1.3.1999, für die Falklandinseln seit dem 1.6.1998, für die Insel Man seit dem 1.9.1991, für die Kaimaninseln seit dem 1.8.1998, für Montserrat seit dem 1.3.1999 und für die Vogtei Jersey seit dem 1.3.2006.

[41] AG Schleswig IPRax 2002, 220 (beraubter Vater war aus den USA nach Deutschland versetzt worden).

30   Die Entführung selbst muss nicht unbedingt aus einem Vertragsstaat erfolgt sein. Das gilt dann, wenn das Kind in dem Staat, aus dem es entführt wurde, nie einen gewöhnlichen Aufenthalt hatte. Typisch wäre der Fall, dass beide Eltern sich mit dem Kind vorübergehend in einem Nicht-Vertragsstaat aufhalten und die Entführung von dort aus erfolgt (Bsp. Urlaub).[42] In solchen Fällen muss die Rückgabe in den Staat erfolgen, an dem sich der gewöhnliche Aufenthalt des Kindes befand. Es kommt allein darauf an, ob dieser Staat Vertragsstaat ist. Ansonsten wäre eine Umgehung – etwa durch Planung eines entsprechenden Urlaubs – leicht möglich. Bei Kindern mit wechselnden Aufenthaltsorten können weitere Schwierigkeiten entstehen (näher → Art. 1 Rn. 4 ff.).

31   Schwierigkeiten mit der räumlichen Anwendbarkeit des KindEntfÜbk können auch in Fällen entstehen, in denen die Eltern zum Zeitpunkt der Entführung gerade in einen neuen Staat übergesiedelt waren, aber ein gewöhnlicher Aufenthalt des Kindes dort noch nicht entstanden ist. Das kann zB dann der Fall sein, wenn der Umzug aus beruflichen Gründen erfolgt und die Verstetigung des Arbeitsverhältnisses anfangs noch nicht sicher ist. Ist dieser neue Staat kein Vertragsstaat, so hat der beraubte Elternteil nur die Möglichkeit, in die alte Heimat zurückzukehren und die Rückführung dorthin zu verlangen. War dagegen der alte Aufenthaltsstaat kein Vertragsstaat, während der neue Staat Vertragsstaat ist, so greift das KindEntfÜbk erst dann ein, wenn im neuen Staat ein gewöhnlicher Aufenthalt begründet worden ist.[43]

32   **2. Persönlicher Anwendungsbereich.** Das KindEntfÜbk gilt für Kinder, die das 16. Lebensjahr noch nicht vollendet haben (Art. 4 S. 2) und die unmittelbar vor einer Verletzung des Sorgerechts oder des Rechts zum persönlichen Umgang ihren gewöhnlichen Aufenthalt in einem Vertragsstaat (→ Rn. 30 f.; zum Begriff → Art. 3 Rn. 14 ff.) hatten (Art. 4 S. 1). Unerheblich ist, welche Staatsangehörigkeit das Kind besitzt.

33   **3. Sachlicher Anwendungsbereich.** Das KindEntfÜbk gilt für folgende Fragen:
– Die sofortige **Rückgabe** von widerrechtlich in einen Vertragsstaat verbrachten oder dort zurück gehaltenen Kindern ist sicherzustellen (Art. 1 lit. a, Art. 8–20).
– Es ist zu **gewährleisten,** dass das in einem Vertragsstaat bestehende Sorgerecht und Recht zum persönlichen Umgang in den anderen Vertragsstaaten tatsächlich beachtet wird (Art. 1 lit. b, Art. 21). Gemeint ist hiermit vor allem die Verwirklichung von Besuchsrechten, und zwar einerlei, ob der Umgangsberechtigte das Kind im Inland besuchen will oder ob er es bei sich im Ausland zu Besuch haben darf.
– Für **Sorgerechtsentscheidungen** gilt das KindEntfÜbk **nicht.** Ein bestehendes Sorgerecht soll vielmehr geschützt und bewahrt werden.

V. Allgemeine Fragen

34   **1. Anwendbares Recht.** Das KindEntfÜbk ist ein Rechtshilfeübereinkommen mit einheitlichen Sachnormen über die Pflicht zur Rückführung entführter oder zurück gehaltener Kinder.[44] Sofern die Rückführung selbst betroffen ist, finden sich die notwendigen Regelungen also im KindEntfÜbk selbst und Kollisionsnormen sind überflüssig. Anders ist es aber, soweit Vorfragen betroffen sind. Insbesondere muss geklärt werden, ob der vermeintlich entführende Elternteil die alleinige elterliche Sorge oder zumindest das alleinige Aufenthaltsbestimmungsrecht hatte, weil dann eine rechtswidrige Entführung iSd Art. 3 ausscheidet. Im Rahmen der Beurteilung der Widerrechtlichkeit eines Verbringens oder Zurückhaltens ist das Bestehen eines Sorgerechts nach dem in Art. 3 Abs. 1 lit. a benannten Recht zu beurteilen. Hierbei ist Art. 14 beachtlich, der die Feststellung des im Herkunftsstaat geltenden Rechts vereinfacht.

35   Darüber hinaus enthält das KindEntfÜbk keine eigenen Regelungen dazu, nach welchem Recht die elterliche Sorge sich bestimmt. Denn Entscheidungen über die Sorge fallen nicht in seinen Anwendungsbereich. Selbst wo das KindEntfÜbk ausnahmsweise eine Sorgerechtsentscheidung des Zufluchtsstaats zulässt (Art. 13, 16), sagt es deshalb noch nichts über die Bestimmung des anwendbaren Rechts. Vielmehr greifen die allgemeinen Staatsverträge oder das autonome Kollisionsrecht ein (Art. 34).

36   **2. Zuständigkeit.** Das KindEntfÜbk regelt lediglich die internationale Zuständigkeit für Entscheidungen über die Rückgabe des Kindes. Diese ist in jedem Vertragsstaat gegeben, der Zufluchtsstaat ist.

---

[42] Bejahend zu einem Fall, in dem das Kind sogar bereits seit zehn Monaten in einem Nicht-Vertragsstaat lebte, *Schuz,* The Hague Child Abduction Convention, 2013, 181 mwN; abl. in einem anders gelagerten Fall S. Hanbury-Brown and R. Hanbury-Brown v. Director General of Community Services (Central Authority) (1996) FLC 92-671.

[43] *Haußleiter/Gomille* FamFG Anh. III nach § 110 Rn. 10.

[44] Ähnlich *Böhmer* RabelsZ 46 (1982), 646.

Für Mitgliedstaaten der EU gelten außerdem Art. 10, 11 Brüssel IIa-VO, wonach der Herkunfts- 37
staat ebenfalls entscheiden kann und gegenüber einem Zufluchtsstaat, der Mitgliedstaat ist, das letzte
Wort hat.

3. Anerkennung. Die Anerkennung der Entscheidung wird beim eigentlichen Rückführungs- 38
verfahren nicht benötigt. Das Kind wird aufgrund einer Entscheidung der Gerichte des Zufluchtsstaats so schnell wie möglich zurückgeführt, ohne dass der Herkunftsstaat diese Entscheidung irgendwie zuvor überprüft oder anerkennt (zur Modifizierung durch die Brüssel IIa-VO → Vor Art. 1
Rn. 4).

Zum Tragen könnte die Anerkennung von ausländischen Entscheidungen kommen, wenn es um 39
die Feststellung geht, wer die Sorge für das Kind trägt. Beruht die Zuweisung der elterlichen Sorge
auf einer ausländischen Entscheidung, so ist jedoch Art. 14 anzuwenden. Danach sind Entscheidungen des Herkunftsstaats über das Sorgerecht bei der Rückgabeentscheidung ohne förmliche Anerkennung zu berücksichtigen.

4. Auslegung. Das KindEntfÜbk ist als Staatsvertrag autonom auszulegen.[45] Soweit Wortlaut 40
und Systematik betroffen sind, ist die innerhalb des Staatsvertrags verwendete Wortwahl und dessen
Aufbau entscheidend (näher → EGBGB Art. 3 Rn. 179). Insbesondere ist stets der Zweck des
Übereinkommens zu berücksichtigen. Im KindEntfÜbk kann auch ein Vergleich der Sprachfassungen
hilfreich sein.

Soweit der EuGH im Zusammenhang mit der Brüssel IIa-VO zum KindEntfÜbk Stellung zu 41
nehmen hat, ist seine Interpretation des KindEntfÜbk nur für die Mitgliedstaaten bindend, nicht
jedoch für Nichtmitgliedstaaten. Für sie kann der EuGH allenfalls als „persuasive authority" Beachtung erlangen.

Für den Zugang zu Rechtsprechung zum KindEntfÜbk ist die von der Haager Konferenz betreute 42
Webseite „incadat" (http://www.incadat.com/index.cfm?act=search.detailed&sl=2&lng=1) eine
nützliche Quelle.

Die Unterzeichnerstaaten dieses Übereinkommens –

**in der festen Überzeugung, dass das Wohl des Kindes in allen Angelegenheiten des
Sorgerechts von vorrangiger Bedeutung ist;**
**in dem Wunsch, das Kind vor den Nachteilen eines widerrechtlichen Verbringens oder
Zurückhaltens international zu schützen und Verfahren einzuführen, um seine sofortige
Rückgabe in den Staat seines gewöhnlichen Aufenthalts sicherzustellen und den Schutz
des Rechts zum persönlichen Umgang mit dem Kind zu gewährleisten –**
**haben beschlossen, zu diesem Zweck ein Übereinkommen zu schließen, und haben die
folgenden Bestimmungen vereinbart:**

Die **Präambel** ist bemüht, die Bedeutung des Übereinkommens für das Wohl der Kinder zu 1
betonen und stellt eine entsprechende Zielrichtung an den Anfang. Dabei werden die Angelegenheiten des Sorgerechts an erster Stelle genannt, obwohl das KindEntfÜbk genau diese gar nicht regelt.
Insbesondere im anglo-amerikanischen Rechtskreis wird gelegentlich auf die Bedeutung der Präambel für die Auslegung verwiesen.[1] Auch deutsche Gerichte nehmen gelegentlich auf diese Bezug.[2]
Das ist zwar grundsätzlich richtig, man darf jedoch nicht verkennen, dass sich aus der Präambel
allenfalls die generelle Zielrichtung des KindEntfÜbk ablesen lässt. Für die Auslegung des Übereinkommens im Einzelnen enthält sie keine hinreichend genauen Inhalte.

Kapitel I. Anwendungsbereich des Übereinkommens

Art. 1 KindEntfÜbk [Ziel des Übereinkommens]

Ziel dieses Übereinkommens ist es,
a) **die sofortige Rückgabe widerrechtlich in einen Vertragsstaat verbrachter oder dort
zurückgehaltener Kinder sicherzustellen und**
b) **zu gewährleisten, dass das in einem Vertragsstaat bestehende Sorgerecht und Recht
zum persönlichen Umgang in den anderen Vertragsstaaten tatsächlich beachtet wird.**

---

[45] So ausdrücklich Re D (A Child) (Abduction: Rights of Custody) [2006] UKHL 51 = [2007] A.C. 619,
632; H v. H (Child Abduction: Acquiescence) [1998] A.C. 72, 87 (H.L.).
[1] *Schuz*, The Hague Child Abduction Convention, 2013, 94; Re A (A Minor) (Abduction) [1988] 1 F.L.R.
365, 367 (C.A.); Gsponer v. Johnstone (1988) 12 Fam. L.R. 755 (Fam.Ct.Australia).
[2] OLG Karlsruhe NJW-RR 2008, 1682; mit umgekehrtem Ergebnis OLG Schleswig IPRax 2015, 168.

Übersicht

1   **1. Rückgabe des Kindes. a) Regelungsrahmen.** Art. 1 benennt ausdrücklich die beiden Ziele des KindEntfÜbk. Erstes Ziel ist, die Rückgabe widerrechtlich entführter oder zurückgehaltener Kinder sicherzustellen (lit. a). Die Rückgabe ist streng von der Übertragung des Sorgerechts zu unterscheiden.

2   Wichtig sind bei der Rückgabe zwei Einschränkungen: (1) Die Entführung oder das Zurückhalten muss widerrechtlich iSd Art. 3 sein; (2) das KindEntfÜbk gilt nur zwischen Vertragsstaaten (→ Vor Art. 1 Rn. 26 ff.). Das Kind muss also vor der Entführung oder dem Zurückhalten seinen gewöhnlichen Aufenthalt in einem Vertragsstaat gehabt haben oder noch haben und sich bei Anwendung des KindEntfÜbk in einem Vertragsstaat befinden (näher → Vor Art. 1 Rn. 32).

3   **b) Rückführungsort.** In den meisten Fällen geht es um die Rückführung in den Staat, in dem das Kind vor der Rückführung seinen gewöhnlichen Aufenthalt hatte. Das braucht jedoch nicht so zu sein.

4   Recht klar zu lösen sind zunächst die Fälle, in denen die Eltern zum Zeitpunkt der Entführung gerade in einen neuen Staat übergesiedelt waren, aber ein gewöhnlicher Aufenthalt des Kindes dort noch nicht entstanden ist (zur räumlichen Anwendbarkeit bei wechselnden Aufenthaltsorten → Vor Art. 1 Rn. 30 f., → Art. 3 Rn. 20 ff.). Erfolgt die Entführung nun aus dem neuen Staat, bevor dort der gewöhnliche Aufenthalt begründet wurde, macht häufig dennoch nur eine Rückgabe in diesen Staat Sinn. Solange es sich um einen Vertragsstaat handelt, sollte auf Verlangen des beraubten Elternteils auch eine Rückgabe in den neuen Staat möglich sein. Eine Rückgabe in den Staat des alten gewöhnlichen Aufenthalts wäre ein Formalismus, der Eltern und Kind nur schaden würde. Wenn also die Eltern gemeinsam die Zelte in Australien abbrechen und in die USA ziehen wollen, jedoch die Mutter eigenmächtig mit dem Kind nach England zieht, muss auch darin zunächst eine Entführung nach dem KindEntfÜbk gesehen werden. Der Vater muss dann verlangen können, dass das Kind in die USA gebracht wird.[1] Ein Problem kann aber entstehen, wenn die Überführung des Kindes in den neuen Staat gerade dazu führt, dass die Rückkehr dem Kind unzumutbar wird (Art. 13). Auch die Begleitung des Kindes durch den entführenden Elternteil kann in Bezug auf den neuen Aufenthaltsstaat viel schwieriger sein. In solchen Fällen ist es Aufgabe des beraubten Elternteils, geeignete Bedingungen für die Rückführung zu schaffen und idealerweise eine Vereinbarung mit dem Entführer zu treffen (näher zu den sog. undertakings → Art. 13 Rn. 43 ff.).

5   Ebenso zu behandeln ist der Fall, dass nur der alleinsorgeberechtigte Elternteil einen solchen Umzug in einen neuen Staat vorgenommen hat. Voraussetzung ist dann natürlich, dass dieser Umzug überhaupt rechtmäßig geschehen ist.

6   Bei Kindern, deren Eltern ein sehr internationales Leben führen, kommt es sogar vor, dass ein gewöhnlicher Aufenthaltsort gar nicht besteht. Sie haben mehrere Wohnungen in mehreren Staaten und wechseln dazwischen unregelmäßig hin und her. Im Sinne des KindEntfÜbk muss grundsätzlich auch in solchen Fällen die Anwendung erfolgen können, solange der Rückführungsstaat und der Zufluchtsstaat Vertragsstaaten des KindEntfÜbk sind. Der beraubte Elternteil darf dann sogar den Rückführungsort bestimmen, solange dieser nicht willkürlich ausgesucht erscheint.[2] Schwierigkeiten dürfte es bei diesen Konstellationen jedoch häufig machen, überhaupt den Tatbestand des Verbringens zu definieren. Solange sich das Kind an einem seiner üblichen, von beiden Eltern gebilligten Aufenthaltsorte befindet, kann dies wohl nicht angenommen werden.

7   **c) Entführung des Kindes aus Deutschland in einen anderen Vertragsstaat.** Wenn das Kind aus Deutschland in einen anderen Staat entführt worden ist, sind die Aufgaben der deutschen Behörden und Gerichte gering. Der Antrag auf Rückführung kann jedoch gem. Art. 8 auch an die Zentrale Behörde des Herkunftsstaats gerichtet werden. Sobald die deutsche Zentrale Behörde

---

[1] O v. O (Abduction: Return to Third Country) [2013] EWHC 2970 (Fam). Ebenso OLG Schleswig FamRZ 2014, 494; anders OLG Karlsruhe FamRZ 2008, 2223.
[2] Abl. aber für Entführungen zwischen den verschiedenen regelmäßigen Aufenthaltsstaaten *Schuz*, The Hague Child Abduction Convention, 2013, S. 179.

Erkenntnisse über den Aufenthaltsstaat des Kindes erlangt, übersendet sie den Antrag gem. Art. 9 an die dortige Zentrale Behörde.

d) Entführung aus einem anderen Vertragsstaat nach Deutschland. aa) Entscheidung **8** **über die Rückführung.** Wenn ein Kind aus einem anderen Vertragsstaat nach Deutschland verbracht wird, muss die Rückführung gem. der Art. 10 ff. erfolgen. Dabei steht am Anfang der Versuch, den Entführer zur freiwilligen Rückführung des Kindes zu bewegen (näher s. Art. 10). Gelingt dies nicht, wird die Rückführung schnellstmöglich gerichtlich verfügt. Die deutschen Gerichte können unterschiedliche ergänzende Anordnungen erlassen, um die Rückführung zu begünstigen. So kann bspw. dem entführenden Elternteil aufgegeben werden, binnen drei Wochen nach Rechtskraft der Entscheidung mit dem Kind in den Herkunftsstaat zurückzukehren. Empfehlenswert und zunehmend häufig sind Absprachen der Eltern über die Abwicklung der Rückgabe, die in den gerichtlichen Beschluss oder Vergleich aufgenommen werden (sog. undertakings, näher → Art. 13 Rn. 43 ff.).

Rückführung bedeutet nicht Herausgabe an den anderen Elternteil. Ob diese erfolgen muss, **9** richtet sich nach dem Sorgerecht im Herkunftsstaat.[3] Häufig wird der entführende Elternteil schon vor der Entführung getrennt von dem anderen Elternteil gelebt und das Kind allein versorgt haben. Insbesondere in solchen Fällen versteht sich, dass dann auch lediglich dieser Zustand wiederherzustellen ist.

bb) Vollstreckung. Auch die Vollstreckung fällt grundsätzlich unter das KindEntfÜbk, selbst **10** wenn ihre Einzelheiten nicht dort, sondern im Recht der Vertragsstaaten geregelt sind. Das hat die wichtige Folge, dass auch beim Vollzug der Rückgabeentscheidung nicht das Wohl des Kindes im Sinne einer Sorgeentscheidung berücksichtigt werden darf.[4] Sonst würde der Zweck des KindEntf-Übk verfehlt. Es bleibt also auch bei der Vollstreckung bei den eng begrenzten Ausnahmen des Art. 13. Ergänzend ist Art. 20 zu beachten, der praktisch aber kaum Bedeutung hat.

Die Einzelregelungen für die Vollstreckung von Entscheidungen über die Rückführung müssen **11** die Vertragsstaaten treffen. In Deutschland ist hierfür § 44 IntFamRVG maßgebend, der die §§ 86 ff. FamFG modifiziert (→ Art. 12 Rn. 37 f.).

2. Beachtung von Sorge- und Umgangsrecht. Art. 1 lit. b statuiert als zweites wesentliches **12** Ziel des KindEntfÜbk, dass das Sorgerecht und das Recht zum persönlichen Umgang (zu den Begriffen → Art. 5 Rn. 1 ff.), die in einem anderen Vertragsstaat bestehen, in jedem anderen Vertragsstaat „tatsächlich" beachtet werden sollen. Hiermit werden nicht nur Schutzmaßnahmen anerkannt wie insbesondere nach Art. 3 KSÜ. Zusätzlich wird betont, dass diese Rechte auch praktisch zu gewährleisten sind. Die Vertragsstaaten haben also insbesondere Hilfe bei der Verwirklichung von Umgangsrechten eines Elternteils mit dem Kind zu leisten, die nach dem Recht eines Vertragsstaats bestehen (→ Art. 21 Rn. 1 f.). Art. 1 lit. b hat nie große Bedeutung erlangt. Das dürfte seine Ursache darin haben, dass schon die allgemeinen Regelungen im FamFG und der Brüssel IIa-VO ausreichen, um Umgangsrechte bzw. die Ausübung der Mitsorge für ein aus dem Ausland nach Deutschland verbrachtes Kind durchzusetzen.

Entsprechend seinem engen Regelungsbereich enthält das KindEntfÜbk keine eigenen Regeln **13** über die internationale Zuständigkeit oder das anwendbare Recht für Sachentscheidungen über das Sorge- oder Umgangsrecht.

Art. 2 KindEntfÜbk [Verwirklichung der Ziele]

[1]Die Vertragsstaaten treffen alle geeigneten Maßnahmen, um in ihrem Hoheitsgebiet die Ziele des Übereinkommens zu verwirklichen. [2]Zu diesem Zweck wenden sie ihre schnellstmöglichen Verfahren an.

Für die praktische Umsetzung der schnellen Rückführung im Verfahren gibt das KindEntfÜbk **1** nur die in Art. 2 S. 2 enthaltene allgemeine Formulierung „schnellstmöglich" vor.

Art. 11 Abs. 3 S. 2 Brüssel IIa-VO geht insofern über Art. 2 S. 2 hinaus, als dieser, soweit nicht **2** außergewöhnliche Umstände vorliegen, eine Entscheidung innerhalb von sechs Wochen vorsieht. Diese knappe Frist wird allerdings häufig verfehlt.[1] Der Vorschlag für eine Revision der Brüssel IIa-VO sieht eine Frist von 18 Wochen vor, nämlich je sechs Wochen für die Vorbereitungen durch die Zentrale Behörde, die erstinstanzliche und die zweitinstanzliche Entscheidung.[2]

---

[3] Nur OLG Düsseldorf IPRspr. 2011, Nr. 112, 241.
[4] EGMR NJOZ 2014, 1830; BVerfG NJW 1999, 3622; OLG Hamburg NJW 2014, 3378; *Niethammer-Jürgens* FPR 2004, 306 im Einzelnen noch zum alten FGG.
[1] Krit. *Dutta/Scherpe* FamRZ 2006, 901 (905) mwN.
[2] KOM (2016) 411, S. 3, 14.

3   Die Vorschriften zur Aus- und Durchführung des KindEntfÜbk sind für Deutschland im Int-FamRVG[3] enthalten. Das IntFamRVG hat das SorgeRÜbkAG vom 5.4.1990 abgelöst, das mit Ablauf des 28.2.2005 außer Kraft getreten ist (Art. 3 Gesetz zum Internationalen Familienrecht vom 26.1.2005, BGBl. 2005 I S. 162).

4   Das IntFamRVG enthält zwar kein besonderes Eilverfahren für die Kindesentführungen. Dennoch wird dort die besonders schnelle Durchführung des Verfahrens durch mehrere Normen angestrebt. So müssen die Gerichte das Rückführungsverfahren nach § 38 Abs. 1 S. 1 IntFamRVG vorrangig und beschleunigt durchführen. Nach § 155 FamFG gilt in Kindschaftssachen generell das Vorrangs- und Beschleunigungsgebot.

5   Nach § 15 IntFamRVG können die Gerichte nicht nur auf Antrag, sondern auch von Amts wegen einstweilige Anordnungen treffen, um Gefahren von dem Kind abzuwenden oder eine Beeinträchtigung der Interessen der Beteiligten zu vermeiden. Insbesondere können diese einstweiligen Anordnungen darauf gerichtet sein, den Aufenthaltsort des Kindes während des Verfahrens zu sichern oder eine Erschwerung oder Vermeidung der Rückgabe zu verhindern.[4] Die eigentliche Rückgabe kann aber nicht im Wege der einstweiligen Anordnung verfügt werden.

6   Schließlich sieht § 12 IntFamRVG eine Zuständigkeitskonzentration vor. Die Familiengerichte am Sitz der Oberlandesgerichte sind danach dafür zuständig, über die Rückgabe aller Kinder, die sich im Oberlandesgerichtsbezirk aufhalten, zu entscheiden. So kann verhindert werden, dass ganz unerfahrene Familiengerichte sich mit dem KindEntfÜbk auseinandersetzen müssen (zur Vereinbarkeit mit der Brüssel IIa-VO → Art. 29 Brüssel IIa-VO Rn. 3).

7   Auch andere Staaten haben Ausführungsbestimmungen erlassen und dabei teilweise auch besondere Eilverfahren gerade für die Rückgabeentscheidung selbst eingeführt. Dazu gehört neuerdings auch Japan, mit einem „sechs-Wochen-Modell" und besonderer gerichtsinterner Schlichtung.[5] Älter sind etwa das in niederländischen Eilsachen häufig genutzte Kurzverfahren (kort geding) durch den Präsidenten einer „arrondissementsrechtbank"[6] und das britische Schnellverfahren nach dem Child Abduction and Custody Act 1985 (c. 60). Das schweizerische Bundesgesetz vom 21.12.2007 über internationale Kindesentführungen und die Haager Übereinkommen zum Schutz von Kindern und Erwachsenen (BG-KKE)[7] sieht ein Vermittlungsverfahren oder Mediation zur Herbeiführung einer freiwilligen Rückführung vor (Art. 4 und 8), regelt die Rückführung bei Fällen des Art. 13 Abs. 1 lit. b (Art. 5) und konzentriert ebenfalls die Zuständigkeit beim kantonalen obersten Gericht (Art. 7).

8   Auch die Türkei hat ein Ausführungsgesetz erlassen.[8] Der amerikanische Gliedstaat Kalifornien hat am 21.2.2002 den sect. 3048 des Family Code eingefügt und Maßnahmen zur Verhinderung einer Kindesentführung aus Kalifornien vorgesehen.[9] Ähnlich verfuhr Texas[10] und der amerikanische Uniform Child Abduction Prevention Act von 2006 (in Kraft – teilweise mit Modifikationen – in Alabama, Colorado, Florida, Kansas, Louisiana, Mississippi, Nebraska, Nevada, South Dakota, Tennessee, Utah, Washington DC) verfolgt dasselbe Ziel.[11]

Art. 3 KindEntfÜbk [Widerrechtlichkeit des Verbringens oder Zurückhaltens]

[1]**Das Verbringen oder Zurückhalten eines Kindes gilt als widerrechtlich, wenn**

a) **dadurch das Sorgerecht verletzt wird, das einer Person, Behörde oder sonstigen Stelle allein oder gemeinsam nach dem Recht des Staates zusteht, in dem das Kind unmittelbar vor dem Verbringen oder Zurückhalten seinen gewöhnlichen Aufenthalt hatte, und**

b) **dieses Recht im Zeitpunkt des Verbringens oder Zurückhaltens allein oder gemeinsam tatsächlich ausgeübt wurde oder ausgeübt worden wäre, falls das Verbringen oder Zurückhalten nicht stattgefunden hätte.**

---

[3] Gesetz vom 26.1.2005 zur Aus- und Durchführung bestimmter Rechtsinstrumente auf dem Gebiet des internationalen Familienrechts (Internationales Familienrechtsverfahrensgesetz – IntFamRVG, BGBl. 2005 I S. 162, 174).

[4] Näher *Dutta/Scherpe* FamRZ 2006, 901 (905).

[5] *Watanabe*, FS Coester-Waltjen, 2015, 883 (890 f.).

[6] Rb. Assen Kort geding 1987 Nr. 328 (Vorgriff auf das KindEntfÜbk): Rückführung aus den Niederlanden nach Norwegen.

[7] BBl. 2008, 34 mit Botschaft in BBl. 2007, 2595; *Bucher* J. Priv. Int. L. 4 (2008), 139.

[8] Gesetz Nr. 5717 vom 22.11.2007 über die rechtliche Zielsetzung und den Geltungsbereich der „internationalen Kindesentführung", Resmî Gazete Nr. 26720 vom 4.1.2007, dt. Übersetzung in: Informationsbrief der Deutsch-Türkischen Juristenvereinigung 17 (2008), Nr. 1, S. 11.

[9] California Family Code sect. 3048 in West's Annotated California Code, Family Code, Sections 3000 to 3899, 2004 and 2013 Cumulative Pocket Part, S. 40.

[10] Texas Family Code 153.501-503.

[11] Uniform Laws Annotated, Bd. 9. Teil I A, 2009 Cumulative Annual Pocket Part, S. 40.

²Das unter Buchstabe a genannte Sorgerecht kann insbesondere kraft Gesetzes, aufgrund einer gerichtlichen oder behördlichen Entscheidung oder aufgrund einer nach dem Recht des betreffenden Staates wirksamen Vereinbarung bestehen.

Übersicht

1. Struktur der Norm. Art. 3 ist eine Sachnorm über die Widerrechtlichkeit des Verbringens **1** oder Zurückhaltens und enthält in seinem Abs. 1 lit. a eine Verweisungsnorm über das Statut des Sorgerechts iSd Art. 3 Abs. 2 (→ Rn. 4 ff.). Wird ein danach bestehendes Sorgerecht verletzt und liegt außerdem die in Abs. 1 lit. b genannte sachrechtliche Voraussetzung vor, so ist das Verbringen oder Zurückhalten eines Kindes widerrechtlich im Sinne des KindEntfÜbk. Die Norm wird ergänzt durch Art. 14, der die Feststellung der ausländischen Rechtslage vereinfacht. Über die Widerrechtlichkeit des Verbringens oder Zurückhaltens kann der Staat, der über die Rückführung zu entscheiden hat, außerdem unter Umständen nach Art. 15 vom Staat am gewöhnlichen Aufenthalt des Kindes eine Bescheinigung verlangen, bevor er über die Rückgabe entscheidet (→ Art. 15 Rn. 2).

Dasselbe gilt nach Art. 21 für die Verletzung eines Umgangsrechts[1] und für das Recht, den **2** Aufenthalt des Kindes allein oder zumindest mitzubestimmen (Art. 5 lit. a).[2]

2. Begriff des Sorgerechts. Das Sorgerecht umfasst jede Personensorge iSd Art. 5 lit. a, sei sie **3** gesetzlich,[3] gerichtlich, behördlich oder sei sie kraft wirksamer Vereinbarung begründet (Abs. 2). Der Begriff ist aus deutscher Sicht eher weit zu verstehen. Das Sorgerecht kann insbesondere – anders als nach deutscher Terminologie – nicht nur den Eltern zustehen, sondern auch einem Vormund, sei es eine Einzelperson, eine Behörde oder eine sonstige Stelle, wozu auch ein Gericht gehört, wie zB beim „ward of court" nach englischem Recht.[4] Teilweise wird diskutiert, ob auch ein Umgangsrecht als Teil des Sorgerechts zu verstehen sei. Dies ist abzulehnen (→ Rn. 12 f.).

3. Statut des Sorgerechts, IPR-Verweisung. Nach den Zielen des KindEntfÜbk (→ Vor **4** Art. 1 Rn. 5; → Art. 1 Rn. 1 f.) soll das im Staat des gewöhnlichen Aufenthalts des Kindes tatsächlich bestehende Sorgerecht geschützt werden. Das kann nur dadurch geschehen, dass auf das gesamte Recht dieses Staates einschließlich seines Kollisionsrechts verwiesen wird.[5] Rückverweisungen sind zu beachten. Im Einzelnen bedeutet dies Folgendes:

a) Gesetzliches Sorgerecht. Das gesetzliche Sorgerecht richtet sich nach dem Recht des Staates, **5** auf welches das staatsvertragliche oder autonome Kollisionsrecht, das im Staat des gewöhnlichen Aufenthalts des Kindes gilt, verweist. Für die Vertragsstaaten des KSÜ besagt dies, dass das gesetzliche Sorgerecht gem. Art. 16 KSÜ dem Recht des gewöhnlichen Aufenthalts des Kindes untersteht. Wenn also nach dem Recht des gewöhnlichen Aufenthalts des Kindes die gesetzliche Sorge dem

---

[1] B v. B (Minors: Enforcement of Access Abroad) [1988] 1 W.L.R. 526 (Fam.D.).
[2] OLG München FamRZ 1994, 1338; C v. C (Minor) (Abduction: Rights of Custody Abroad) [1989] 2 All E.R. 465, 468 (C.A.); OGH ZfRV 1993, 32 Nr. 10; BezG Buda 30.5.1988, Case law S. 162 (frz. Übersetzung), bestätigt durch Stadtgericht Budapest 14.7.1988, Case law S. 168 (frz. Übersetzung).
[3] So ausdrücklich in Gsponer v. Johnstone, (1988) 12 Fam.L.R. 755 (Fam.Ct.Australia).
[4] In Re H (A Minor) (Abduction: Rights of Custody) [2000] 2 A.C. 291 (H.L.); OLG München IPRax 2005, 550 (Vormundschaft bei schottischem Gericht) mit zust. Anm. *Siehr* IPRax 2005, 526; BG AJP 2008, 1312 mit zust. Anm. *Bucher.* Hierzu auch *Lowe/Nicholls* Family Law 1994, 191; zum „ward of court" NK-BGB/*Benicke* Art. 3 Rn. 5.
[5] OGH ZfRV 1993, 34; AG Bielefeld FamRZ 1992, 467; *Schuz,* The Hague Child Abduction Convention, 2013, 146; *Farquhar* Canadian Journal of Family Law 4 (1983), 5 (13); *Jorzik,* Das neue zivilrechtliche Kindesentführungsrecht, 1995, 31; *Pérez-Vera* Nr. 66 (re. Sp. Abs. 2 aE); Staudinger/*Pirrung* (2009) EGBGB Vor Art. 19 Rn. D 28.

Heimatrecht des Kindes untersteht (also nicht dem Recht des gewöhnlichen Aufenthalts), hat das der Zufluchtsstaat zu beachten und eine widerrechtliche Entführung zu verneinen, sofern das Heimatrecht des Kindes (im Gegensatz zum Recht seines gewöhnlichen Aufenthalts) die elterliche Sorge allein und ausschließlich dem „Entführer" zuspricht, nämlich dem Elternteil, der das Kind legal in einen anderen Staat gebracht hat.

6   **b) Sorgerecht kraft richterlicher oder behördlicher Entscheidung.** Ein solches Sorgerecht liegt immer dann vor, wenn das Sorgerecht im Staat des gewöhnlichen Aufenthalts des Kindes durch eine dort ergangene oder dort anerkannte Entscheidung geregelt wird. Einer förmlichen oder formlosen Anerkennung dieser Entscheidung auf Grund anderer Staatsverträge (zB Art. 23 KSÜ) oder autonomen Rechts bedarf es nicht (→ Art. 14 Rn. 2). Es genügt, dass eine Entscheidung eines bestimmten Inhalts vorliegt. Diese Entscheidung beantwortet dann für alle Vertragsstaaten die Frage, wem das Sorgerecht zusteht. Insofern verpflichtet also Art. 3 zur vorbehaltlosen Anerkennung einer ausländischen Entscheidung über das Sorgerecht. Auch die Übertragung der Ausübung der Personensorge auf die Großmutter des Kindes ist eine solche im Ausland zu respektierende Entscheidung.[6]

7   Unbeachtlich sind Entscheidungen über das Sorgerecht aus Drittstaaten oder auch aus dem Zufluchtsstaat, die am gewöhnlichen Aufenthaltsort des Kindes nicht anerkannt werden.[7] Das ist idR der Fall, wenn die Entscheidung durch ein Gericht getroffen wird, nachdem das Kind nicht mehr seinen gewöhnlichen Aufenthalt im Gerichtsstaat hat (Art. 5 Abs. 2 KSÜ).

8   **c) Sorgerecht kraft Vereinbarung.** Auch ob ein Sorgerecht durch Vereinbarung wirksam begründet werden kann, richtet sich nach dem Recht des im Herkunftsstaat anwendbaren Sorgerechts.[8] Haben die Eltern danach wirksam vereinbart, dass der Mutter das alleinige Sorgerecht zusteht, sie allein den Aufenthalt des Kindes bestimmt und auch ins Ausland ziehen darf, so ist der Umzug mit dem Kind nicht widerrechtlich.[9] Es ist allerdings jeweils genau zu prüfen, wie weit die Vereinbarung reichte und ob sie noch wirksam ist (→ Rn. 9 f.).[10]

9   **4. Einzelfragen der elterlichen Sorge. a) Einschränkungen der Sorge.** Das so ermittelte, im Herkunftsstaat geltende Recht bestimmt auch den genauen Umfang und die Grenzen des Sorgerechts. Insbesondere ist ihm zu entnehmen, ob der sorgeberechtigte Elternteil mit dem Kind den Herkunftsstaat ohne Zustimmung des anderen Elternteils oder des Gerichts verlassen darf.[11] Nicht alle Staaten kennen eine so klare Trennung zwischen gemeinsamer Sorge und Alleinsorge wie das deutsche Recht. Auch die Möglichkeit einer isolierten Zuweisung des Aufenthaltsbestimmungsrechts, wie sie in Deutschland üblich ist, ist nicht allgemein verbreitet. Insofern muss jeweils genau geprüft werden, welche Rechte der Entführer hatte.

10   Das KindEntfÜbk verbietet insbesondere nicht, dass das anwendbare Recht gezielte Beschränkungen des Aufenthaltsbestimmungsrechts vornimmt – zum Beispiel durch ein Verbot von Auslandsreisen. Dies ergibt sich auch aus Art. 5 lit. a, der besagt, dass auch das Recht, den Aufenthalt des Kindes zu bestimmen, zum Sorgerecht gehört. Damit belässt die Norm den Vertragsstaaten die Befugnis, dieses Aufenthaltsbestimmungsrecht zu beschränken.[12] Eine solche Beschränkung verletzt insbesondere nicht die Grundfreiheit der Freizügigkeit des sorgeberechtigten Elternteils (Art. 2 des 4. Zusatzprotokolls zur EMRK; Art. 21 AEUV, früher Art. 8a EG-Vertrag),[13] denn die Bewegungsfreiheit des Kindes wird hier mit Rücksicht auf Besuchsrechte bzw. Mitsorgerechte des anderen Elternteils zulässigerweise eingeschränkt. Ob die Einschränkung im Einzelnen sinnvoll ist, darf im Rückgabeverfahren nicht nachgeprüft werden. Jeder Zufluchtsstaat hat daher eine ausländische Beschränkung zu beachten, wenn deren Missachtung das Sorgerecht nach ausländischem Recht verletzt (näher → Rn. 30 ff.).[14]

---

[6] Re K (A Child) (Abduction: Rights of Custody) [2014] UKSC 29: Entführung eines Kindes aus Litauen, das von der Großmutter mit gerichtlicher Anerkennung versorgt wurde.

[7] AG Bielefeld FamRZ 1992, 467 (Nichtanerkennung wegen fehlender Zustellung).

[8] Zur (fehlenden) Wirkung einer dt. Sorgeerklärung nach § 1626a BGB in der Türkei AG Berlin Pankow-Weißensee FamRZ 2015, 1630.

[9] OLG Nürnberg FamRZ 2009, 240.

[10] OLG München FamRZ 1994, 1338.

[11] Staudinger/*Pirrung* (2009) EGBGB Vor Art. 19 Rn. D 30; darauf kann es hindeuten, wenn ein Besuchsrecht stets im Herkunftsstaat ausgeübt werden muss, W.(V.) v. S.(D.), (1996) 134 D.L.R. 4th 481 (Sup.Ct.Canada); Seroka v. Bellah S.L.T. 1995, 204 (Outer House); Bordera v. Bordera S.L.T. 1995, 1176 (Outer House).

[12] Re J (A Minor) (Abduction: Ward of Court) [1989] 3 W.L.R. 825, 831 (Fam.D.) für „ward of court".

[13] Anders Trib. gr. inst. Perigueux D. S. 1992, Jur., 315 und Rev.crit.dr.int.pr. 82 (1993), 650 mit abl. Anm. *Ancel* 658, 662 f.; Trib. gr. inst. Grasse Rec.crit.dr.int.pt. 79 (1990), 529.

[14] OLG Karlsruhe FPR 2001, 236; Aix-en-Provence Rev.crit.dr.int.pr. 79 (1990), 529 (533) mit Anm. *Lequette* (Rückführung nach England); Re H (A Minor) (Abduction) [1990] 2 F.L.R. 439 (Fam.D.): „breach of own rights of custody". Das gilt auch für ausländisches *ne exeat*-Klauseln, → Rn. 31.

Vereinzelt ist entschieden worden, dass auch der Elternteil, der das alleinige Aufenthaltsbestimmungs- **11** recht hat, das ansonsten bestehende Mitsorgerecht des anderen verletze, wenn er durch Verbringen des Kindes in ein fernes Land das Besuchsrecht des anderen praktisch unmöglich mache.[15] Dem ist zu widersprechen. Wenn ein Elternteil das alleinige Aufenthaltsbestimmungsrecht innehat, und dies nicht auf das Inland beschränkt ist, dann darf er mit dem Kind in das Ausland umziehen. Das gilt, obwohl die Ausübung der Mitsorge und des Umgangs für den anderen Elternteil dadurch erheblich erschwert werden. Es besteht jedoch keine Rechtspflicht des aufenthaltsbestimmungsberechtigten Elternteils, dies zu beachten. Soll ein solcher Wegzug verhindert werden, muss eine entsprechende Einschränkung des Aufenthaltsbestimmungsrechts vom Gericht ausgesprochen werden.[16]

b) Umgangsrechte. Wenn ein Elternteil nur ein Umgangsrecht, der andere aber das alleinige Sorge- **12** recht hat, darf der andere Elternteil das Kind auch in das Ausland verbringen.[17] Insbesondere ist also Fortziehen der Mutter mit dem Kind kein widerrechtliches Verbringen, wenn der Vater eines nichtehelichen Kindes im Zeitpunkt des Verbringens ohne Gerichtsentscheidung kein Sorgerecht hat.[18] Dieser Mangel kann auch nicht erst **nach dem Verbringen** durch eine Sorgerechtsentscheidung behoben werden.[19] Denn Art. 3 Abs. 1 lit. a verlangt, dass bereits im Zeitpunkt des Verbringens dieses Handeln nach dem Recht des Herkunftsstaats widerrechtlich war. Ebenso wird durch eine danach getroffene Entscheidung das legale Verbringen nicht zu einem widerrechtlichen Zurückhalten.[20]

Letztlich wird dies wohl auch im anglo-amerikanischen Recht nicht anders beurteilt (abweichend **13** noch die Vorauflage). Nur auf den ersten Blick mag ein abweichender Eindruck entstehen, da in den Urteilen gelegentlich von einer durch die Entführung eingetretenen Erschwerung des Umgangsrechts gesprochen wird. Bei den Entscheidungen, in denen darauf abgestellt wurde, dass die Entführung dem besuchsberechtigten Elternteil die Wahrnehmung seines Besuchsrechts erschwere und daher widerrechtlich sei, lag jedoch, soweit erkennbar, stets zugleich eine Beschränkung des Aufenthaltsbestimmungsrechts auf das Inland vor.[21]

5. Begriff des gewöhnlichen Aufenthalts. Der Begriff des gewöhnlichen Aufenthalts im Kin- **14** dEntfÜbk deckt sich grundsätzlich mit dem von der Haager Konferenz und vom EU-Recht überall benutzten Begriff.[22] Entscheidend ist also der tatsächliche Mittelpunkt der Lebensführung.[23] Es handelt sich um einen faktischen Begriff. Eine gewisse Dauer und Regelmäßigkeit ist zu verlangen, da sonst eine soziale Integration des Kindes nicht entstehen kann. Für die soziale Integration des Kindes sind die Eltern in aller Regel von entscheidender Bedeutung – dennoch kann der gewöhnliche Aufenthalt des Kindes nicht automatisch vom gewöhnlichen Aufenthalt des sorgeberechtigten Elternteils abgeleitet werden. Es kann in Extremfällen Kinder geben, die keinen gewöhnlichen Aufenthaltsort haben (näher → Rn. 20 ff.).

Ziehen beide Eltern, oder der Elternteil, der allein das unbeschränkte Sorgerecht innehat, mit **15** dem Kind um, so wird bei einer auf Dauer angelegten Niederlassung an einem neuen Wohnort typischerweise sofort ein neuer gewöhnlicher Aufenthalt auch für das Kind begründet.[24] **Säuglinge**

---

[15] OLG Köln FamRZ 2010, 913 (Thailand); aA für Umzug innerhalb der EU OLG Koblenz FamRZ 2008, 813 mit Anm. *Göhler-Schlicht* = IPRspr. 2008, Nr. 83.

[16] Das gilt sogar bei nur vorläufigem alleinigen Aufenthaltsbestimmungsrecht, KG FamRZ 2015, 1214, zustimmend *Heiderhoff* IPRax 2016, 335; aA NK-BGB/*Benicke* Art. 3 Rn. 12, der meint, das alleinige Aufenthaltsbestimmungsrecht solle stets nur für Deutschland gelten, soweit es nicht ausdrücklich auf das Ausland ausgeweitet werde.

[17] NK-BGB/*Benicke* Art. 3 Rn. 3.

[18] So wie es im dt. Recht nach § 1626a BGB der Fall ist, wenn keine Sorgeerklärungen abgegeben wurden; Re J (A Minor) (Abduction: Custody Rights) [1990] 2 A.C. 562 (H.L.): Mutter eines nicht ehelichen Kindes zieht mit Kind von Western Australia nach England; OLG Stuttgart FamRZ 2001, 645 (nichtehelicher Vater hatte in den USA nur Besuchsrecht).

[19] OLG Stuttgart FamRZ 2001, 645.

[20] AA jedoch Re BM (A Minor) (Wardship: Jurisdiction) [1993] 1 F.L.R. 979 (Fam.D.): nichteheliches Kind wurde erst nach dem Verbringen nach Deutschland zum „ward of court" erklärt.

[21] So in C v. C (Minor) (Abduction: Rights of Custody Abroad) [1989] 2 All E.R. 465 (C.A.), wo das Aufenthaltsbestimmungsrecht auf das Inland beschränkt war; in AJ v. FJ [2005] CSIH 36 = 2005 1 S.C. 428 befand das Gericht, nach schottischem Recht umfasse das Umgangsrecht auch das Recht, einen Umzug in das Ausland zu verhindern.

[22] OGH ÖJZ 2015, 12; OLG Stuttgart FamRZ 2013, 51; OLG Karlsruhe NJW-RR 2008, 1682 = FamRZ 2008, 2223; hierzu *Nehls* ZKJ 2008, 512 f.

[23] OLG Stuttgart FamRZ 2015, 1631, 1632; OLG Frankfurt NJW-RR 2006, 938; *Menne* ZKJ 2006, 351.

[24] DT v. LBT [2010] EWHC 3177 (Fam); Re J (A Minor) (Abduction: Custody Rights) [1990] 2 A.C. 562 (H.L.); A v. A (Child Abduction) [1993] 2 F.L.R. 225, 235 (Fam.D.); OLG Karlsruhe ZKJ 2008, 424: wer von Kanada nach Deutschland umzieht, begründet sogleich seinen gewöhnlichen Aufenthalt in Deutschland, und zwar selbst dann, wenn der andere Elternteil sich später entschließt nicht nachzuziehen); OLG Schleswig FamRZ 2000, 1426 (Entführung kurz nach Begründung neuen Wohnsitzes in Monaco). Allg. *Holl,* Funktion und Bestimmung des gewöhnlichen Aufenthalts, 2001.

haben mit Geburt an dem Ort ihren gewöhnlichen Aufenthalt, an dem sie nach dem Willen ihrer Eltern zur Welt kommen und dort auf unbestimmte Zeit leben werden.[25] Es kommt hierzu aber jeweils darauf an, ob der Wille des bzw. der Sorgeberechtigten objektiv erkennbar ist, den Aufenthalt auf Dauer anzulegen.[26] Keinesfalls geht daher der gewöhnliche Aufenthalt durch Besuche im Ausland verloren.[27]

16   Besonderheiten ergeben sich, wenn das Kind von einem Elternteil gegen den Willen des anderen Elternteils an einen neuen Ort verbracht wird (dazu → Rn. 18). Stimmt dagegen der andere Elternteil dem Umzug zu, so begründet das Kind mit der Vollendung des Umzugs am neuen Wohnort sofort seinen gewöhnlichen Aufenthalt.[28] Von einer solchen Vereinbarung kann sich ein Elternteil nicht einseitig lossagen und die Rückführung des Kindes verlangen.[29]

Ebenso wenig ist es relevant, wenn ein Elternteil nach einem gemeinsamen Umzug geltend macht, er habe einen inneren, jedoch nicht geäußerten Vorbehalt gegen den dauerhaften Bleibewillen des anderen gehabt.[30]

17   Wenn ein Elternteil durch eine **vorläufige oder nicht rechtskräftige Entscheidung** die alleinige Sorge oder das alleinige Aufenthaltsbestimmungsrecht erhalten hat, und daraufhin mit dem Kind in einen anderen Staat umzieht, muss genauer hinterfragt werden, ob der neue gewöhnliche Aufenthalt unmittelbar mit dem Umzug begründet werden konnte. Das muss bezweifelt werden, denn es war rechtlich nicht möglich, den Aufenthalt sogleich auf Dauer anzulegen. Zumindest sobald das Kind sich im neuen Aufenthaltsstaat eingelebt hat, entsteht dort aber ein gewöhnlicher Aufenthalt.[31]

17a   Ein Sonderfall kann vorliegen, wenn Eltern aus steuerlichen Gründen einen grenznahen Wohnort (etwa in Frankreich) wählen, während Arbeitsplatz, Kinderbetreuung und Sozialleben weiter in Deutschland stattfinden. Dann besteht der gewöhnliche Aufenthalt des Kindes in Deutschland. Wird es nach Frankreich entführt, ist dies eine Entführung im Sinne des KindEntfÜbk; wird es an einen anderen Ort in Deutschland verbracht, greift dieses dagegen nicht ein.[32]

18   **a) Gewöhnlicher Aufenthalt im Zufluchtsstaat.** Durch Entführung wird das Kind gegen den Willen des sorgeberechtigten oder mitsorgeberechtigten Elternteils in einen anderen Staat verbracht. Es erwirbt dabei keinesfalls sofort einen neuen gewöhnlichen Aufenthalt. Dennoch ist die Begründung eines gewöhnlichen Aufenthalts im Zufluchtsstaat auch ohne Einwilligung des beraubten Elternteils möglich.[33] Dies ist dann der Fall, wenn es dort seinen Lebensmittelpunkt begründet hat. Das setzt gerade nach einer Entführung eine gewisse Dauer des Aufenthalts sowie das Einleben in die neue Umgebung voraus. Die Faustregel aus der Praxis der MSA/KSÜ, man erwerbe nach sechs Monaten einen gewöhnlichen Aufenthalt,[34] gilt bei einer Entführung nicht[35] (→ Brüssel IIa-VO Art. 8 Rn. 28 f.). Selbst nach Ablauf der Jahresfrist des Art. 12 darf nicht automatisch ein gewöhnlicher Aufenthalt des Kindes im Zufluchtsstaat angenommen werden. Einige Gerichte haben sich sogar auf den Standpunkt gestellt, dass der gewöhnliche Aufenthalt dort überhaupt nicht entstehen könne, weil ein Elternteil gegen den Willen des anderen den Aufenthalt des Kindes nicht verlegen könne.[36] Damit verlassen sie jedoch das Konzept des gewöhnlichen Aufenthalts. Richtigerweise muss

---

[25] OLG Zweibrücken FamRZ 2011, 1235.

[26] Feder v. Evans-Feder, 63 F.3d 217 (3d Cir. 1995) – Kind war von Australien zunächst vorübergehend mit der Mutter in die USA übersiedelt; umfassend AG Hamm NJW-Spezial 2014, 485 zu einem ständig wechselnden Aufenthalt; Staudinger/*Pirrung* (2009) EGBGB Vor Art. 19 Rn. D 35.

[27] AG Berlin-Pankow-Weißensee DAVorm 2000, 1160; Re O (A Minor) (Abduction: Habitual Residence) [1993] 2 F.L.R. 594 (Fam.D.); Re B (Child Abduction: Habitual Residence) [1994] 2 F.L.R. 915 (Fam.D.); Findlay v. Findlay (No. 2) S.L.T. 1995, 492 (Outer House): kein gewöhnlicher Aufenthalt nach Ablauf des viermonatigen Besuchs in Schottland.

[28] OLG Karlsruhe NJW-RR 2008, 1323 = FamRZ 2009, 239 (Ein Elternteil bleibt nach zunächst gemeinsam beschlossenem Umzug dann doch am früheren Wohnort zurück).

[29] OLG Karlsruhe NJW-RR 2008, 1323 = FamRZ 2009, 239.

[30] KG IPRspr. 2013, Nr. 125, 252 mit ausführlicher Argumentation.

[31] Dies meinend wohl auch EuGH ECLI:EU:C:2014:2268 = FamRZ 2015, 107.

[32] AG Nürnberg FamRZ 2008, 1777.

[33] BGHZ 163, 248 = NJW 2005, 3424; OLG Bremen NJW 2016, 655; auch *Baetge* IPRax 2001, 573; *Crawford* Juridical Review 1992, 177; *Holl*, Funktion und Bestimmung des gewöhnlichen Aufenthalts bei Internationalen Kindesentführungen, 2001; Staudinger/*Pirrung* (2009) EGBGB Vor Art. 19 Rn. D 35.

[34] OLG Bamberg IPRspr. 1989, Nr. 134; OLG Hamm IPRspr. 2012, Nr. 119, 228 (zum Aufenthalt *vor* einer Entführung).

[35] OLG Frankfurt ZKJ 2006, 368 (Bei Auswanderung mit Kindern nach Australien und Rückkehr nach Deutschland: Kinder waren in Australien „nie richtig angekommen"); FamRZ 2006, 883; OLG Nürnberg FamRZ 2007, 1588; OLG Karlsruhe ZKJ 2006, 421; ObG Zürich ZR 2007, Nr. 7.

[36] Isaacs v. Rice 1998 US Dist. Lexis 12602; Re R (Wardship: Child Abduction) (No. 2) [1993] 1 F.L.R. 249 (Fam.D.).

es auch hier auf das tatsächliche Einleben des Kindes ankommen.[37] Jedenfalls nach über einem Jahr kann davon im Regelfall ausgegangen werden – bei einem regelrechten Untertauchen an wechselnden Orten ohne Schulbesuch und enge soziale Kontakte sollte es aber abgelehnt werden.

Im Übrigen darf nicht übersehen werden, dass die Rückgabe nicht ausscheidet, nur weil das Kind **19** einen gewöhnlichen Aufenthalt im Zufluchtsstaat begründet hat. Wenn die Rückführung rechtzeitig beantragt wurde, ist das Kind zurückzugeben. Das KindEntfÜbk kennt nämlich keinen Grund zur Ablehnung der Rückgabe allein deswegen, weil das Kind seinen gewöhnlichen Aufenthalt im Zufluchtsstaat erworben hat.

b) Wechselnder Aufenthalt. Große Schwierigkeiten entstehen, wenn die Kinder sich regelmä- **20** ßig abwechselnd an verschiedenen Orten „gewöhnlich" aufhalten, so etwa wenn die Familie das Sommerhalbjahr in einem anderen Staat verbringt als das Winterhalbjahr. Das Kind hat dann unter Umständen einen wechselnden gewöhnlichen Aufenthalt – der Lebensmittelpunkt befindet sich jeweils an dem Ort, an dem es gerade mit der Familie lebt.[38] Das kann aber nur angenommen werden, wenn es sich dort jeweils wirklich integriert fühlt – also quasi „zwei Zuhauses" hat. Anderenfalls fehlt es an einem gewöhnlichen Aufenthaltsort.[39] Für die Zwecke des KindEntfÜbk ist das ein ungünstiges Ergebnis, das nicht leichtfertig angenommen werden sollte.

Noch schwieriger ist es bei Kindern, deren beiden Elternteile an unterschiedlichen Orten leben, **21** und die regelmäßig oder auch einmalig für einen längeren Zeitraum den Aufenthalt zwischen diesen Orten wechseln. Sicher ist jedenfalls, dass ein Kind, das mit Zustimmung des anderen Elternteils ins Ausland verzieht und dort seinen gewöhnlichen Aufenthalt begründet, nicht rechtswidrig zurückgehalten wird, solange der Zeitraum, für den die Zustimmung erteilt wurde, nicht beendigt ist.[40] Differenziert muss dagegen die Beurteilung dazu ausfallen, ob nach der Beendigung dieses Zeitraums eine Rückführung erfolgen kann. Ganz abgesehen von der Frage des gewöhnlichen Aufenthalts – und ganz gleich welches Recht anwendbar ist – wird es in diesen Fällen zunächst häufig so sein, dass von einer Verstetigung der Einwilligung des anderen Elternteils auszugehen ist.[41]

War jedoch die Einwilligung auf einen bestimmten Zeitraum ausgerichtet, und verlangt dann der **22** zurückgebliebene Elternteil die Rückkehr des Kindes an den früheren gemeinsamen gewöhnlichen Aufenthalt der Familie, so kommt es darauf an, ob am neuen Wohnort des Kindes bereits ein neuer gewöhnlicher Aufenthalt besteht. Jedenfalls richtet sich die Beurteilung der elterlichen Sorge nun nach dem Recht dieses neuen Wohnorts. Wenn das Kind an dem neuen Wohnort zum Zeitpunkt der Verletzung der Absprache bereits so integriert ist, dass es dort seinen gewöhnlichen Aufenthalt erworben hat, kann zudem eine Rückführung die Ziele des HKindEntfÜbk idR nicht mehr erreichen.[42] Der OGH hat in einem entsprechenden Fall daher die Rückführung abgelehnt. Er begründet die Nichtrückgabe aber noch zusätzlich mit Art. 12 KindEntfÜbk.[43]

Letzteres muss aber keinesfalls immer zutreffen. Verneint man die Verstetigung der Einwilligung, **23** so kann das Kind auch dann noch widerrechtlich zurückgehalten werden, wenn es einen gewöhnlichen Aufenthalt begründet hat.[44] Denn sonst würde jeder Elternteil, der dem anderen gestattet, das Kind zu einem (zB aus beruflichen Gründen erforderlichen) längeren Auslandsaufenthalt mitzunehmen, das Aufenthaltsbestimmungsrecht verlieren. Beachtet werden muss zuletzt auch, ob der die Rückgabe begehrende Elternteil, der dem lange dauernden Auslandsaufenthalt zugestimmt hat, die Sorge während des Auslandsaufenthalts des Kindes überhaupt weiterhin tatsächlich (lit. b) ausgeübt hat.

Ist das Kind aus einem Vertragsstaat entführt worden, ist jedoch zweifelhaft, ob das Kind dort **24** bereits seinen gewöhnlichen Aufenthalt hatte, weil es erst seit einigen Monaten dort lebte, so sollte das KindEntfÜbk trotzdem angewendet werden.[45]

---

[37] BGHZ 163, 248 = NJW 2005, 3424.
[38] OLG Stuttgart IPRax 2005, 362 mit Bespr. *Baetge* IPRax 2005, 335; Re V (Abduction: Habitual Residence) [1995] 2 F.L.R. 992 (Fam.D.).
[39] AG Hamm, IPRspr. 2014, Nr. 102, 234.
[40] OGH EF-Z 2014, 43 und hierzu *Nademleinsky* EF-Z 2014, 159 ff.
[41] Re K (Abduction: Consent: Forum Conveniens) [1995] 2 F.L.R. 211 (C.A.).
[42] Ein Eingreifen des Art. 11 Brüssel IIa-VO ablehnend daher EuGH ECLI:EU:C:2014:2268 = FamRZ 2015, 107 – C/M (wobei der EuGH etwas unangemessene Zweifel daran schürt, dass im konkreten Fall das Kind bereits einen gewöhnlichen Aufenthalt hat, dazu → Art. 3 Rn. 17).
[43] OGH EF-Z 2014, 43.
[44] So im Ergebnis auch NK-BGB/*Benicke* Art. 3 Rn. 36, 37; Re S and another (Minors) (Abduction: Wrongful Detention) [1994] 1 All E.R. 237 (Fam.D.); aA OLG Frankfurt FPR 2001, 233 bei gleichzeitiger Bejahung von zwei gewöhnlichen Aufenthaltsorten.
[45] AA OLG Düsseldorf FamRZ 1999, 112.

25 **6. Sonderfall Rückentführung.** Wird das Kind alsbald nach der Entführung zurück entführt (re-abduction), so kann dies ebenfalls eine widerrechtliche Entführung im Sinne des KindEntfÜbk sein. Voraussetzung ist aber zum einen, dass der Erst-Entführende kein alleiniges Sorge- oder Aufenthaltsbestimmungsrecht hatte. Falls dieser das Sorge- oder Aufenthaltsbestimmungsrecht erst durch eine Entscheidung im ersten Zufluchtstaat erhalten hat, so hilft ihm das jedoch meist nicht. Denn diese Entscheidung stammt – zumindest in aller Regel – aus einem Staat, in dem das Kind nicht seinen gewöhnlichen Aufenthalt hatte (→ Rn. 18). Anders kann dies sein, wenn die Erst-Entführung in einem Zurückhalten des Kindes an einem Aufenthaltsort bestand, welcher bereits zuvor gewöhnlicher Aufenthalt des Kindes war. Dann kann – unter Vorbehalt des Art. 16 – auch eine nach der Entführung getroffene Sorgeentscheidung zugunsten des Entführenden Wirkung entfalten und eine Rückentführung damit widerrechtlich werden.

26 Zum anderen würde es zumindest bei zeitnahen Rückentführungen dem Sinn des KindEntfÜbk widersprechen, wenn eine Rückführung des Kindes an den Erst-Entführer erfolgen würde. Das BVerfG hat ausgesprochen, dass ein damit zu erwartendes Hin und Her dem Kindeswohl widersprechen kann (→ Vor Art. 1 Rn. 13). Daher sollte die Rückentführung insgesamt als Ausnahmefall behandelt werden. Um bei gegenläufigen Rückführungsanträgen die Unsicherheit für das Kind zu reduzieren, müssen im Rückführungsverfahren ausnahmsweise bereits sorgerechtliche Überlegungen angestellt werden.[46] Im Ergebnis wird es idR richtig sein, dem Herkunftstaat den Vortritt zu lassen, da das Kind dort seinen gewöhnlichen Aufenthalt hat, so dass die Gerichte dort für die Sorgeentscheidung zuständig sind.

27 Zwischen den Mitgliedstaaten der EU hat nach Art. 10, 11 Abs. 8 Brüssel IIa-VO (→ Art. 12 Rn. 42) der Ursprungsstaat ohnehin das letzte Wort.

28 **7. Ausübung des Sorgerechts.** Nach Abs. 1 lit. b muss die sorgeberechtigte Person außerdem ihr Sorgerecht allein oder gemeinsam tatsächlich ausgeübt haben, damit sie dessen Verletzung als widerrechtlich iSd Abs. 1 geltend machen kann. Diese Voraussetzung für eine Rückführung findet sich in Art. 13 Abs. 1 lit. a als Ausnahmetatbestand wieder (→ Art. 13 Rn. 5 ff.). Sie wird von den Gerichten häufig erst dort geprüft, weil sie typischerweise erst im laufenden Verfahren vom dem Entführenden gegen die Rückführung eingewendet wird. An die tatsächliche Ausübung sind keine zu hohen Anforderungen zu stellen.[47] Auch ein getrennt lebender oder geschiedener Elternteil mit Sorgerecht ohne Personensorge übt noch sein Sorgerecht aus, solange er regelmäßigen Umgang oder Kontakt mit dem Kind hat.[48] Ausgeschlossen ist die Rückführung aber dann, wenn ein sorgeberechtigter Elternteil sich um sein Kind nicht kümmert, obwohl der andere Elternteil sich dem nicht entgegengestellt hat. Dies kann allerdings nicht schon angenommen werden, wenn der sorgeberechtigte Elternteil nach der Trennung zunächst einige Wochen den Kontakt verliert,[49] sondern erst bei einem deutlich längeren Kontaktverlust.[50]

29 **8. Widerrechtlichkeit. a) Eigenständige Definition, *ne exeat*-Regelungen.** Art. 3 bestimmt, unter welchen Voraussetzungen das Verbringen oder Zurückhalten eines Kindes widerrechtlich im Sinne des KindEntfÜbk ist. Das KindEntfÜbk enthält damit eine autonome Definition, die unabhängig von anderen, insbesondere nationalen Normen für das Rückführungsverfahren gilt. Keinesfalls darf also aus der Sanktionslosigkeit einer Entführung im Inland geschlossen werden, eine Entführung sei rechtmäßig im Sinne des KindEntfÜbk.

30 Ob das elterliche Sorgerecht verletzt wurde, leitet sich danach jeweils daraus ab, wie das Sorgerechtsstatut den Umfang des Sorgerechts bestimmt (→ Rn. 4 ff.). Das anwendbare Recht bestimmt also selbst, in welchem Verhalten eine widerrechtliche Verletzung der Sorge liegt. Die Widerrechtlichkeit muss nach dem Recht desjenigen Staates beurteilt werden, in dem das Kind unmittelbar vor dem Verbringen oder Zurückhalten seinen gewöhnlichen Aufenthalt hatte.[51]

31 Eine umfangreiche Diskussion erfolgte besonders im anglo-amerikanischen Rechtsraum zu den so genannten *ne exeat*-Regelungen. Es handelt sich um gesetzliche, behördliche oder gerichtliche Regelungen, nach denen ein Elternteil ohne Zustimmung des Gerichts oder des anderen Elternteils das Land nicht verlassen darf. Inzwischen hat sich auch dort die Ansicht durchgesetzt, dass solche

---

[46] NK-BGB/*Benicke* Art. 3 Rn. 39; BVerfG NJW 1999, 2175 – Tiemann.
[47] OLG Zweibrücken FuR 2000, 432; OLG Bremen NJW-RR 2013, 1351: Kein Kontakt des türkischen Vaters mit seiner Tochter seit zwei Jahren.
[48] OGH EvBl 2015, 354; McKiver v. McKiver S.L.T. 1995, 790 (Outer House); Staudinger/*Pirrung* (2009) EGBGB Vor Art. 19 Rn. D 32.
[49] So jedoch vorschnell OLG Düsseldorf NJW-RR 1994, 1222 (Entführung aus Kanada).
[50] AG Hamburg-Altona IPRspr. 1991, Nr. 122.
[51] OLG Frankfurt ZKJ 2009, 373; anders Re BM (A Minor) (Wardship: Jurisdiction) [1993] 1 F.L.R. 979 (Fam.D.).

Regelungen einen ansonsten sorgeberechtigten Elternteil bei einem Zuwiderhandeln gegen diese Regelung zu einem Entführer machen.[52] Aus deutscher Sicht würde man dies bei einer Beschränkung des Aufenthaltsbestimmungsrechts auf das Inland ohnehin ohne weiteres annehmen.

Ob ein Verstoß vorliegt, kann das Gericht des Zufluchtsstaats allein oder, soweit diese erlangt **32** werden kann, mit Hilfe von einer Bescheinigung nach Art. 15 ermitteln. Soweit das Sorgerecht des Herkunftsstaats Spielraum dafür bietet, kann das Gericht im Zufluchtsstaat das Verhalten der Beteiligten frei würdigen und die Widerrechtlichkeit zB dann verneinen (vgl. Art. 13 Abs. 1 lit. a), wenn ein Ehegatte dem Verbringen von Kindern ins Ausland frei, dh ohne Irreführung zustimmt (→ Rn. 34), und sogar die Reisedokumente besorgt und bezahlt.[53]

Unerheblich ist es, ob der Entführer sich der Widerrechtlichkeit bewusst war, und ob er schuldhaft **33** handelte oder nicht.

b) Fehlende Zustimmung des anderen Elternteils. Eine widerrechtliche Sorgerechtsverlet- **34** zung scheidet aus, wenn der andere Elternteil der Verbringung des Kindes in das Ausland zugestimmt hat.[54] Denn dann ist dessen Sorgerecht nicht verletzt. Art. 3 benennt diesen Fall nicht ausdrücklich. Vielmehr wird die Zustimmung in Art. 13 Abs. 1 lit. a als Grund für den Ausschluss der Rückgabe behandelt. Das macht im Ergebnis keinen Unterschied und wird in dieser Kommentierung aufgegriffen (zur Einwilligung im Einzelnen daher → Art. 13 Rn. 9 ff.). Dogmatisch scheint es aber richtiger, darauf zu beharren, dass bei einer Zustimmung des anderen Elternteils gar keine rechtswidrige Entführung im Sinne des KindEntfÜbk vorliegt.

Art. 4 KindEntfÜbk [Persönlicher Anwendungsbereich]

[1]Das Übereinkommen wird auf jedes Kind angewendet, das unmittelbar vor einer Verletzung des Sorgerechts oder des Rechts zum persönlichen Umgang seinen gewöhnlichen Aufenthalt in einem Vertragsstaat hatte. [2]Das Übereinkommen wird nicht mehr angewendet, sobald das Kind das 16. Lebensjahr vollendet hat.

Art. 4 bestimmt den persönlichen Anwendungsbereich des KindEntfÜbk (→ Vor Art. 1 Rn. 32), **1** sagt zugleich jedoch auch etwas über den zeitlichen Anwendungsbereich (→ Vor Art. 1 Rn. 22 ff.): Der Staat, aus dem ein Kind widerrechtlich entführt worden ist, muss bereits zur Zeit des Rechtsbruchs Vertragsstaat gewesen sein.[1]

Teilweise ist dieser zeitliche Anwendungsbereich nicht allzu ernst genommen worden, so dass das **2** KindEntfÜbk auch auf vorher vorgenommene Entführungen aus einem Staat angewendet wurde, der erst im Zeitpunkt der ersuchten Rechtshilfe Vertragsstaat geworden war.[2] Das ist sicherlich im Interesse des neuen Vertragsstaats. Beachtet werden muss aber, dass die Rechte des entführenden Elternteils dadurch verkürzt werden.

Art. 4 verlangt zudem den gewöhnlichen Aufenthalt des Kindes in einem Vertragsstaat (zum **3** Begriff → Art. 3 Rn. 14 ff.). Oben wurde schon gezeigt, dass das in Ausnahmefällen zu Problemen führen kann, in denen ein Kind überhaupt keinen gewöhnlichen Aufenthaltsort hat (→ Art. 3 Rn. 20 ff.).

Art. 5 KindEntfÜbk [„Sorgerecht", „Recht zum persönlichen Umgang"]

Im Sinn dieses Übereinkommens umfasst
a) das „Sorgerecht" die Sorge für die Person des Kindes und insbesondere das Recht, den Aufenthalt des Kindes zu bestimmen;
b) das „Recht zum persönlichen Umgang" das Recht, das Kind für eine begrenzte Zeit an einen anderen Ort als seinen gewöhnlichen Aufenthaltsort zu bringen.

---

[52] Abbott v. Abbott, 130 S.Ct. 1983 (2010); *Silberman* Am. J. Int. L. 105 (2011) 108; *Schuz*, The Hague Child Abduction Convention, 2013, 148 mwN; NK-BGB/*Benicke* Art. 3 Rn. 5.

[53] OLG Zweibrücken FamRZ 1997, 108; Re B (A Minor) (Abduction) [1994] 2 F.L.R. 249: erschlichene Zustimmung; Re C (Abduction: Consent) [1996] 1 F.L.R. 414 (Fam.D.); eine solche Zustimmung lag nicht vor in Re F (Abduction: Consent) [2014] EWHC 484 (Fam): Entführung aus Dänemark nach England.

[54] *Pantani*, Die Frage des Kindeswohls im HKÜ-Verfahren, 2012, 48.

[1] B v. B (Minors: Enforcement of Access Abroad) [1988] 1 W.L.R. 526 (Fam.D.); und Kilgour v. Kilgour S.L.T. Reports 1987, 568 (Outer House): Entführung aus Ontario im Oktober 1985, wo das KindEntfÜbk erst am 1.8.1986 in Kraft trat; Charmasson v. Charmasson 46 Rep.Fam.L. (2d) 263 (Ont. 1985): Entführung 1981 aus Frankreich.

[2] Matter of Mohsen 715 F. Supp. 1063 (D.C. Wyoming 1989): das Kind hatte seinen gewöhnlichen Aufenthalt in Bahrain.

1   **1. Sorgerecht.** Der Begriff des Sorgerechts wird in lit. a für Zwecke des KindEntfÜbk staatsvertraglich autonom definiert (→ Art. 3 Rn. 3, 5 ff.). Der Begriff ist eher weit auszulegen und kann nach dem nationalen Recht mancher Staaten sogar Beziehungen des Kindes zu einer Person umfassen, die sich aus deren tatsächlichen Verhalten ergeben.[1] In Deutschland umfasst er weder das kleine Sorgerecht der § 1687a und b BGB noch etwaige Umgangsrechte. Er entspricht vielmehr der Personensorge des deutschen Rechts. Umfasst ist außerdem die Vormundschaft (→ Art. 3 Rn. 3).

2   **2. Recht zum persönlichen Umgang.** Das Umgangsrecht iSd lit. b entspricht im Wesentlichen dem im § 1684 Abs. 1 BGB umschriebenen Recht. Es kann nach deutschem Recht allerdings auch Umgangsrechte geben, bei denen das Kind nur an seinem gewöhnlichen Aufenthaltsort besucht werden darf. Deren Durchsetzung fällt nach dem klaren Wortlaut der Norm nicht unter Art. 5 lit. b und damit auch nicht unter Art. 21, der sich auf diese Definition bezieht.

3   Während wie gezeigt (→ Art. 3 Rn. 12) im deutschen Recht der Umgang mit dem Kind klar von der elterlichen Sorge zu trennen ist, wird dies wie gezeigt für den anglo-amerikanischen Rechtsraum (→ Art. 3 Rn. 13) teils – wohl irrtümlich – etwas anders beurteilt. Auf Art. 5, der klar zwischen dem Sorgerecht und dem Umgangsrecht trennt, lässt sich eine solche Sichtweise allerdings ebenfalls nicht stützen.

Kapitel II. Zentrale Behörden

Art. 6 KindEntfÜbk [Errichtung der Behörden]

Jeder Vertragsstaat bestimmt eine zentrale Behörde, welche die ihr durch dieses Übereinkommen übertragenen Aufgaben wahrnimmt.

[1]Einem Bundesstaat, einem Staat mit mehreren Rechtssystemen oder einem Staat, der aus autonomen Gebietskörperschaften besteht, steht es frei, mehrere zentrale Behörden zu bestimmen und deren räumliche Zuständigkeit festzulegen. [2]Macht ein Staat von dieser Möglichkeit Gebrauch, so bestimmt er die zentrale Behörde, an welche die Anträge zur Übermittlung an die zuständige zentrale Behörde in diesem Staat gerichtet werden können.

1   **1. Zentrale Behörden.** Die in jedem Vertragsstaat bestehenden Zentralen Behörden haben für die Verwirklichung der Ziele des KindEntfÜbk Sorge zu tragen und insbesondere die in Art. 7 Abs. 2 genannten Maßnahmen zu treffen. Der beraubte Elternteil kann sich direkt an die Behörde im Zufluchtsstaat oder zunächst an die Behörde im Herkunftsstaat (Art. 8) wenden.

2   **2. Nationale Zentralbehörden.** Alle Zentralbehörden der Vertragsstaaten sind im Internet unter der folgenden Adresse der Haager Konferenz für IPR nachgewiesen: http://www.hcch.net/index_en.php?act=conventions.authorities&cid=24. Die Zentralbehörden der deutschsprachigen Länder, an die man sich bei Entführung ins Ausland und auch Entführung ins Inland wenden kann, haben folgende Adressen:
- Deutschland: Bundesamt für Justiz, Zentrale Behörde (Internationale Sorgerechtskonflikte), Adenauerallee 99–103, 53113 Bonn, Tel. 0049–228–99 410 5212, Fax: 0049–228–99 410 5401, E-Mail: int.sorgerecht@bfj.bund.de;
- Österreich: Bundesministerium für Justiz, Abteilung I 10, Postfach 63, 1016 Wien, Tel. 0043–1–52152 2147, Fax: 0043–1–52152 2829 oder 2727, E-Mail: team.z@bmj.gv.at;
- Schweiz: Bundesamt für Justiz, Bundesrain 20, 3003 Bern, Tel. 0041–58–463 8864, Fax: 0041–58–462 7864, E-Mail: kindesschutz@bj.admin.ch.

Art. 7 KindEntfÜbk [Verpflichtungen der Behörden]

Die zentralen Behörden arbeiten zusammen und fördern die Zusammenarbeit der zuständigen Behörden ihrer Staaten, um die sofortige Rückgabe von Kindern sicherzustellen und auch die anderen Ziele dieses Übereinkommens zu verwirklichen.

Insbesondere treffen sie unmittelbar oder mit Hilfe anderer alle geeigneten Maßnahmen, um

a) den Aufenthaltsort eines widerrechtlich verbrachten oder zurückgehaltenen Kindes ausfindig zu machen;

---

[1] Conclusions S. 12 f.; Re B (A Minor) (Abduction) [1994] 2 F.L.R. 249 (C.A.): Stellung eines nicht ehelichen Vaters nach dem Recht von Western Australia.

b) weitere Gefahren von dem Kind oder Nachteile von den betroffenen Parteien abzuwenden, indem sie vorläufige Maßnahmen treffen oder veranlassen;

c) die freiwillige Rückgabe des Kindes sicherzustellen oder eine gütliche Regelung der Angelegenheit herbeizuführen;

d) soweit zweckdienlich Auskünfte über die soziale Lage des Kindes auszutauschen;

e) im Zusammenhang mit der Anwendung des Übereinkommens allgemeine Auskünfte über das Recht ihrer Staaten zu erteilen;

f) ein gerichtliches oder behördliches Verfahren einzuleiten oder die Einleitung eines solchen Verfahrens zu erleichtern, um die Rückgabe des Kindes zu erwirken sowie gegebenenfalls die Durchführung oder die wirksame Ausübung des Rechts zum persönlichen Umgang zu gewährleisten;

g) soweit erforderlich die Bewilligung von Prozeßkosten- und Beratungshilfe, einschließlich der Beiordnung eines Rechtsanwalts, zu veranlassen oder zu erleichtern;

h) durch etwa notwendige und geeignete behördliche Vorkehrungen die sichere Rückgabe des Kindes zu gewährleisten;

i) einander über die Wirkungsweise des Übereinkommens zu unterrichten und Hindernisse, die seiner Anwendung entgegenstehen, soweit wie möglich auszuräumen.

1. Zusammenarbeit. Abs. 1 verpflichtet die Zentralen Behörden zur internationalen Zusammenarbeit und die nationalen Zentralen Behörden zur Zusammenarbeit der Behörden ihrer Staaten. Eine Einigung darüber, alle Aufgaben den Zentralen Behörden zu übertragen, war in den Verhandlungen zum Übereinkommen nicht zu erzielen. **1**

2. Aufgaben. Die in Abs. 2 lit. a–i genannten Aufgaben sind im IntFamRVG teils der Zentralen Behörde, teils auch den Familiengerichten zugewiesen. In Reihenfolge der in Abs. 2 lit. a–i festgelegten Aufgaben gelten jeweils die angegebenen Ausführungsbestimmungen **2**

– lit. a, Suche des Kindes: Zentrale Behörde (dh Bundesamt für Justiz, Bonn) unter Einschaltung von Polizeivollzugsbehörden, des Bundeskriminalamtes, des Kraftfahrt-Bundesamtes und der Leistungsträger der sozialen Sicherung (§ 7 IntFamRVG);[1]

– lit. b, Gefahrenabwehr: Familiengericht (§ 11 IntFamRVG);

– lit. c, gütliche Einigung zwischen den Eltern: Jugendamt auf Ersuchen der Gerichte und der Zentralen Behörde (§ 9 Abs. 1 Nr. 2 IntFamRVG);

– lit. d, Auskünfte über die soziale Lage: Jugendamt auf Ersuchen der Gerichte und der Zentralen Behörde (§ 9 Abs. 1 Nr. 1 IntFamRVG);

– lit. e, Rechtsauskünfte: Zentrale Behörde (§ 6 IntFamRVG);

– lit. f, Einleitung eines Verfahrens: Zentrale Behörde mit Hilfe von Unterbevollmächtigten (§ 6 Abs. 2 IntFamRVG);

– lit. g, Prozesskosten- und Beratungshilfe: Zentrale Behörde und deren Vertreter, Gerichte (§ 43 IntFamRVG);

– lit. h, sichere Rückgabe des Kindes: Jugendamt kraft Betrauens durch das Gericht (§ 9 Abs. 1 Nr. 3 IntFamRVG);

– lit. i, Benachrichtigungspflicht: Zentrale Behörde (§ 6 Abs. 1 IntFamRVG).

Kapitel III. Rückgabe von Kindern

Art. 8 KindEntfÜbk [Antrag auf Rückgabe]

Macht eine Person, Behörde oder sonstige Stelle geltend, ein Kind sei unter Verletzung des Sorgerechts verbracht oder zurückgehalten worden, so kann sie sich entweder an die für den gewöhnlichen Aufenthalt des Kindes zuständige zentrale Behörde oder an die zentrale Behörde eines anderen Vertragsstaats wenden, um mit deren Unterstützung die Rückgabe des Kindes sicherzustellen.

[1]Der Antrag muss enthalten

a) **Angaben über die Identität des Antragstellers, des Kindes und der Person, die das Kind angeblich verbracht oder zurückgehalten hat;**

b) **das Geburtsdatum des Kindes, soweit es festgestellt werden kann;**

c) **die Gründe, die der Antragsteller für seinen Anspruch auf Rückgabe des Kindes geltend macht;**

d) **alle verfügbaren Angaben über den Aufenthaltsort des Kindes und die Identität der Person, bei der sich das Kind vermutlich befindet.**

---

[1] Staudinger/*Pirrung* (2009) EGBGB Vor Art. 19 Rn. D 43 ff.

²Der Antrag kann wie folgt ergänzt oder es können ihm folgende Anlagen beigefügt werden:

e) eine beglaubigte Ausfertigung einer für die Sache erheblichen Entscheidung oder Vereinbarung;

f) eine Bescheinigung oder eidesstattliche Erklärung (Affidavit) über die einschlägigen Rechtsvorschriften des betreffenden Staates; sie muß von der zentralen Behörde oder einer sonstigen zuständigen Behörde des Staates, in dem sich das Kind gewöhnlich aufhält, oder von einer dazu befugten Person ausgehen;

g) jedes sonstige für die Sache erhebliche Schriftstück.

Übersicht

1   **1. Art des Vorgehens.** Die Rückgabe von Kindern kann entweder durch Einschaltung in- oder ausländischer Zentraler Behörden im Wege der Rechtshilfe beantragt werden (Art. 8) oder unmittelbar bei den Gerichten oder Behörden eines Vertragsstaats (Art. 29).

2   Damit stehen also mehrere Wege zur Verfügung, die Rückführung eines in einen Vertragsstaat des KindEntfÜbk widerrechtlich entführten Kindes zu erreichen: Durch Vorgehen des beraubten Elternteils auf eigene Initiative, durch Ersuchen der Zentralen Behörde im Herkunftsstaat, die dann den Kontakt im Zufluchtsstaat aufnimmt, oder durch Ersuchen der Zentralen Behörde im Zufluchtsstaat.

3   Am schnellsten und effektivsten wird es idR sein, wenn der beraubte Elternteil selbst mit Hilfe eines bevollmächtigten Anwalts die Rückführung des Kindes vor den Gerichten und Behörden des Zufluchtsstaats betreibt, sobald ihm der neue Aufenthalt des Kindes bekannt ist.

4   Einfacher und zumindest zunächst kostengünstiger ist es, die Rechtshilfe durch die Zentralen Behörden in den beteiligten Vertragsstaaten in Anspruch zu nehmen. Der beraubte Elternteil kann sich insbesondere im Herkunftsstaat an die heimische Zentrale Behörde wenden und dort um Hilfe bei der Rückführung (Art. 8) bitten. Die Zentrale Behörde wird bei der Sammlung aller notwendigen Angaben behilflich sein und übermittelt ein korrektes Gesuch an die Zentrale Behörde des Zufluchtsstaats mit der Bitte, die Rückführung des Kindes zu bewirken (Art. 8–11). Die im Ausland ersuchte zentrale Behörde beantragt sodann bei den örtlichen Gerichten oder Behörden die Rückführung des Kindes.

5   Der beraubte Elternteil kann sich auch direkt an die Zentrale Behörde im Zufluchtsstaat wenden und dort um Hilfe bitten. Das ist insbesondere dann sinnvoll, wenn es keine Sprachbarrieren gibt.

6   Schließlich kann sich der Elternteil auch auf Normen außerhalb des KindEntfÜbk oder auf bereits vorhandene vollstreckbare Entscheidungen stützen und so versuchen, die Rückführung des widerrechtlich entführten Kindes zu erreichen.

7   **2. Rechtshilfeantrag. a) Inhalt.** Der Inhalt des Antrags besteht aus einem obligatorischen Teil (Abs. 2) und einem fakultativen Teil (Abs. 3). Ein Musterformblatt für einen Antrag auf Rückgabe ist dem KindEntfÜbk beigefügt. Das Bundesjustizamt stellt das Formular im Internet bereit.[1]

8   Der Antrag auf Rückführung ist darauf gerichtet, den vor der Entführung bestehenden Zustand wieder herzustellen. Diese Herstellung des status quo ante bedeutet, dass das Kind dorthin zurückgeführt wird, wo es entführt wurde, und nicht etwa irgendwo in den Herkunftsstaat (→ Art. 1 Rn. 3 ff.).[2]

9   Erst nach der Rückführung soll über die Verteilung der elterlichen Sorge entschieden werden.

10   **b) Sprache.** Zur Sprache der Schriftstücke, die an ausländische Behörden gerichtet sind, vgl. Art. 24. Bei eingehenden Ersuchen in fremder Sprache veranlasst das Bundesamt für Justiz die Übersetzung (§§ 4 Abs. 2, 54 IntFamRVG).

---

[1] Das Formblatt ist in mehreren Sprachen erhältlich unter https://www.bundesjustizamt.de/DE/Themen/Buergerdienste/HKUE/Formulare/Formulare_node.html; es ist im BGBl. II nicht abgedruckt, jedoch wiedergegeben in BT-Drs. 11/5314 vom 4.10.1989 S. 20 f.; zum Verfahren ausf. Staudinger/*Pirrung* (2009) EGBGB Vor Art. 19 Rn. D 55 ff.

[2] So zutreffend *Bucher* AJP 2013, 1869 (1877).

c) Adressaten. Die Adressaten der Anträge sind in Abs. 1 genannt. Ausgehende Ersuchen können **11** in Deutschland auch bei den Amtsgerichten am gewöhnlichen Aufenthalt des Antragstellers beantragt werden (§ 42 Abs. 1 IntFamRVG). Art. 30 verpflichtet die Gerichte und Behörden zur Entgegennahme der Anträge und Schriftstücke.

d) Legalisation. Die Zentralen Behörden arbeiten unmittelbar zusammen. Schriftstücke bedürfen **12** keiner Legalisation oder ähnlichen Förmlichkeiten (Art. 23).

e) Kosten. Die Kosten der Zentralen Behörde trägt diese selbst (Art. 26 Abs. 1), abgesehen von **13** Übersetzungskosten (§ 54 IntFamRVG). Die Entgegennahme und Weiterleitung von Anträgen ist ebenfalls kostenfrei (§ 42 Abs. 2 IntFamRVG). Prozesskostensicherheit darf nicht verlangt werden (Art. 22). Von gerichtlichen und außergerichtlichen Kosten befreit Deutschland nur nach Maßgabe der deutschen Vorschriften über die Beratungshilfe und Prozesskostenhilfe (Art. 26 Abs. 2; § 43 IntFamRVG). Ansonsten ist Art. 25 zu beachten: Der Entführer kann nach Art. 26 Abs. 4 mit den Kosten des Verfahrens und des Vollzugs der Entscheidung (§§ 80 ff. FamFG, § 45 FamGKG) belastet werden.

Art. 9 KindEntfÜbk [Übermittlung an dritten Staat]

Hat die zentrale Behörde, bei der ein Antrag nach Artikel 8 eingeht, Grund zu der Annahme, daß sich das Kind in einem anderen Vertragsstaat befindet, so übermittelt sie den Antrag unmittelbar und unverzüglich der zentralen Behörde dieses Staates; sie unterrichtet davon die ersuchende zentrale Behörde oder gegebenenfalls den Antragsteller.

1. Kind in drittem Vertragsstaat. Hier gelten die beiden in Art. 9 genannten Pflichten zur **1** Übermittlung des Antrags an die Zentrale Behörde des dritten Staates und zur Benachrichtigung der ersuchenden Behörden oder Personen. Die ausländischen zentralen Behörden hat die Haager Konferenz aufgelistet (→ Art. 6 Rn. 2).

2. Kind in keinem Vertragsstaat. In diesem Fall muss die ersuchte Behörde den Antrag mit **2** entsprechenden Erklärungen zurückweisen (Art. 27).

Art. 10 KindEntfÜbk [Freiwillige Rückgabe]

Die Zentrale Behörde des Staates, in dem sich das Kind befindet, trifft oder veranlaßt alle geeigneten Maßnahmen, um die freiwillige Rückgabe des Kindes zu bewirken.

Die deutsche Zentrale Behörde (Bundesamt für Justiz) kann das zuständige Jugendamt ersuchen, **1** sich um diese gütliche Lösung zu bemühen (§ 9 Abs. 1 Nr. 2 IntFamRVG).

Art. 11 KindEntfÜbk [Pflicht zu schneller Erledigung]

In Verfahren auf Rückgabe von Kindern haben die Gerichte oder Verwaltungsbehörden eines jeden Vertragsstaats mit der gebotenen Eile zu handeln.
[1]Hat das Gericht oder die Verwaltungsbehörde, die mit der Sache befaßt sind, nicht innerhalb von sechs Wochen nach Eingang des Antrags eine Entscheidung getroffen, so kann der Antragsteller oder die zentrale Behörde des ersuchten Staates von sich aus oder auf Begehren der zentralen Behörde des ersuchenden Staates eine Darstellung der Gründe für die Verzögerung verlangen. [2]Hat die zentrale Behörde des ersuchten Staates die Antwort erhalten, so übermittelt sie diese der zentralen Behörde des ersuchenden Staates oder gegebenenfalls dem Antragsteller.

1. Beschleunigung. Art. 11 konkretisiert den bereits in Art. 2 ausgesprochenen Grundsatz der **1** Eile (vgl. auch § 38 IntFamRVG). Nach Art. 11 Abs. 2 kann in Deutschland das Bundesamt für Justiz bei Verzögerung des Verfahrens verlangen, dass das befasste Gericht oder die befasste Behörde die Gründe für die Verzögerung darstellt.

2. Deutsches Recht. Ein besonderes Eilverfahren für Rückführungsverfahren kennt das deutsche **2** Recht nicht. Es gelten die allgemeinen Vorschriften zur Beschleunigung des Verfahrens (näher → Art. 2 Rn. 3 ff.). Im IntFamRVG wurden einige Maßnahmen zur Beschleunigung getroffen:

– Kraft der Zuständigkeitskonzentration bei den Familiengerichten am Sitz von Oberlandesgerichten wird eine Spezialisierung und Fachkunde erreicht (§§ 11 f. IntFamRVG[1]).
– Die Rechtsbeschwerde zum BGH ist nach § 40 Abs. 2 S. 4 IntFamRVG ausgeschlossen.
– Die Rückgabeentscheidung ist zwar gem. § 40 IntFamRVG nicht sofort vollziehbar. Das Beschwerdegericht kann die sofortige Wirksamkeit jedoch anordnen. Dazu prüft es nach Eingang der Beschwerde unverzüglich, ob die sofortige Wirksamkeit der angefochtenen Entscheidung über die Rückgabe des Kindes anzuordnen ist. Auf diese Weise soll einerseits ein unnötiges Hin und Her für das Kind vermieden, andererseits aber auch Verfahrensverzögerungen vorgebeugt werden.
– Die Beschwerde gegen die Rückgabeentscheidung muss nach § 40 Abs. 2 S. 2 IntFamRVG innerhalb von zwei Wochen eingelegt werden.[2]

Art. 12 KindEntfÜbk [Verpflichtung zur Rückgabe]

Ist ein Kind im Sinn des Artikels 3 widerrechtlich verbracht oder zurückgehalten worden und ist bei Eingang des Antrags bei dem Gericht oder der Verwaltungsbehörde des Vertragsstaats, in dem sich das Kind befindet, eine Frist von weniger als einem Jahr seit dem Verbringen oder Zurückhalten verstrichen, so ordnet das zuständige Gericht oder die zuständige Verwaltungsbehörde die sofortige Rückgabe des Kindes an.

Ist der Antrag erst nach Ablauf der in Absatz 1 bezeichneten Jahresfrist eingegangen, so ordnet das Gericht oder die Verwaltungsbehörde die Rückgabe des Kindes ebenfalls an, sofern nicht erwiesen ist, daß das Kind sich in seine neue Umgebung eingelebt hat.

Hat das Gericht oder die Verwaltungsbehörde des ersuchten Staates Grund zu der Annahme, daß das Kind in einen anderen Staat verbracht worden ist, so kann das Verfahren ausgesetzt oder der Antrag auf Rückgabe des Kindes abgelehnt werden.

Übersicht

I. Überblick

1   Art. 12 reagiert auf das Problem, dass eine sofortige Rückführung des Kindes nach einem erheblichen Zeitablauf nicht ohne weiteres vertretbar ist, weil das Kind sich meist längst an die Situation nach der Entführung gewöhnt hat. Daher trifft die Norm eine wichtige Unterscheidung: Wird der Antrag auf Rückgabe binnen eines Jahres nach dem Verbringen gestellt, ist die Rückgabe eher anzuordnen (Abs. 1) als bei einem nach Jahresfrist eingegangenen Antrag (Abs. 2).

2   Unberührt bleibt Art. 13 mit den allgemeinen Gründen, die Rückgabe abzulehnen.

3   Um die Fristeinhaltung nicht zu gefährden, sollte keinesfalls versucht werden, im Zufluchtstaat zuerst eine Entscheidung in der Sache – also über die Verteilung der elterlichen Sorge – zu erwirken. Denn diese wirkt nicht fristwahrend, selbst wenn ausnahmsweise eine Zuständigkeit bestehen sollte.[1]

4   Für das Verfahren gelten das IntFamRVG und das FamFG (→ Rn. 20 ff.).

---

[1] In Niedersachsen ist nur das AG Celle zuständig; für Berlin ist gem. § 12 Abs. 2 IntFamRVG das AG Pankow/Weißensee zuständig.

[2] Str. ist, ob für die Begründung weitere 14 Tage zur Verfügung stehen. Dagegen OLG Bamberg NJW 2016, 883 mit zust. Anm. *Finger* FamRB 2016, 187; MüKoZPO/*Gottwald* IntFamRVG § 40 Rn. 3; aA OLG Stuttgart NZFam 2015, 1032 mit zu Vorsicht ratender Anm. *Niethammer-Jürgens/Wölfer* FamRB 2015, 459; näher → Art. 12 Rn. 34.

[1] OLG Zweibrücken FamRZ 1999, 106.

II. Anordnung der Rückgabe

1. Eingang des Antrags binnen Jahresfrist. Geht der Antrag binnen Jahresfrist beim zuständigen Gericht oder bei der zuständigen Verwaltungsbehörde des Zufluchtsstaats (nicht bei der Zentralbehörde des Herkunftsstaats oder des Zufluchtsstaats)[2] ein, ist grundsätzlich eine Rückgabe zu verfügen. Das KindEntfÜbk geht davon aus, dass generell eine solche rasch beantragte und dann vollzogene Rückgabe dem Kindeswohl nicht widerspricht (näher → Vor Art. 1 Rn. 3). **5**

Eine Ausschöpfung der Jahresfrist des Art. 12, obwohl der Aufenthalt des Kindes bekannt ist, sollte vermieden werden, um das Wohl des Kindes nicht zusätzlich zu belasten. Denn die Rückkehr wird schwieriger, wenn es sich an dem Zufluchtsort erst schon weitgehend eingelebt hat.[3] **6**

a) Rückgabevoraussetzungen. aa) Widerrechtliches Verbringen oder Zurückhalten iSd Art. 3. Über die Widerrechtlichkeit kann selbst entschieden (Art. 14) oder eine Bescheinigung angefordert werden (Art. 15). Eine im Inland wirksame entgegenstehende Sorgerechtsentscheidung ist allein für sich kein Grund, die Rückführung abzulehnen (Art. 17); näher → Art. 3 Rn. 29 ff. **7**

bb) Frist. Binnen Jahresfrist seit dem widerrechtlichen Verbringen oder Zurückhalten muss der Antrag auf Rückgabe bei dem für die Rückgabeentscheidung zuständigen Gericht bzw. der zuständigen Behörde (nicht etwa bei der Zentralen Behörde) des Staates, in dem sich das Kind befindet, eingegangen sein.[4] Auch eine Mitteilung der Zentralbehörde an das Gericht, dass ein Antrag bei ihr eingegangen sei, genügt nicht.[5] Für den Beginn der Frist kommt es auf den Zeitpunkt an, zu dem die widerrechtliche Verbringung oder Festhaltung des Kindes im Ausland begonnen hat. Dagegen ist es nicht relevant, ob der beraubte Elternteil den konkreten Aufenthaltsort des Kindes kannte.[6] **8**

Streitig ist, wie vorzugehen ist, wenn das Kind zunächst in einen, später dann in einen anderen Staat verbracht wird. Wird schon auf die Verbringung in den ersten Staat abgestellt, kann ein Missbrauchsrisiko entstehen, indem der Zufluchtsstaat häufiger gewechselt wird. Doch spricht der Wortlaut der Norm klar für die Maßgeblichkeit des ersten widerrechtlichen Verbringens.[7] **9**

Das Missbrauchsrisiko wird dadurch abgemildert, dass auch nach Ablauf der Jahresfrist der Entführende die Beweislast dafür trägt, dass das Kind sich in der neuen Umgebung eingelebt hat (→ Rn. 16). **10**

cc) Aufenthalt des Kindes. Das Kind muss sich noch im Zeitpunkt der Rückgabe im ersuchten Staat befinden (Abs. 3). **11**

dd) Fehlen von Ablehnungsgründen. Die potentiellen Ablehnungsgründe ergeben sich aus den Art. 13 und 20. Sie sind eng auszulegen (→ Art. 13 Rn. 1). Anders als in den Fällen des Art. 12 Abs. 2 ist es unerheblich, ob das Kind sich bereits in der neuen Umgebung eingelebt hat. Selbst in diesem Fall muss es herausgegeben werden.[8] **12**

b) Inhalt der Rückgabeentscheidung. Liegen die Voraussetzungen für eine Rückgabe vor, so ordnet das zuständige Gericht diese an. Das Kind wird grundsätzlich in den Staat zurückgegeben, aus dem es entführt worden ist und wo es seinen gewöhnlichen Aufenthalt besitzt. Wohnt der Antragsteller nicht mehr dort, ist es diesem zurückzugeben (näher → Art. 1 Rn. 4 ff.).[9] **13**

Streitig ist, wie lange das Kind sich nach der Rückgabe in dem Herkunftsstaat aufhalten muss. Das kann von den Umständen abhängen. Grundsätzlich ist der dauerhafte Verbleib im Herkunftsstaat gemeint, der erst durch dortige gegenläufige Entscheidungen wieder beendet werden kann (→ Rn. 40). **14**

Die Entscheidung ist in keinem Fall zugleich eine Sorgerechtsentscheidung (Art. 19). **15**

2. Eingang des Antrags nach Ablauf eines Jahres. Schwierig ist die Rechtslage bei Eingang des Antrags nach Ablauf eines Jahres. Bei einem so späten Antrag wird die Rückgabe, zusätzlich zu den in Art. 13 und 20 vorgesehenen Gründen, auch dann abgelehnt, wenn der Entführer nachweist, dass das Kind sich in seine neue Umgebung eingelebt hat (Abs. 2). Streitig ist, zu welchem Zeitpunkt sich das Kind eingelebt haben muss: bei Antragstellung oder erst zum Zeitpunkt der Rückgabe. Die Frage hat geringe praktische Relevanz, da das Verfahren meist sehr schnell durchgeführt wird. Richtig **16**

---

[2] OLG Hamm NJW-RR 1998, 149; NJWE-FER 1998, 54; AG Würzburg FamRZ 1998, 1319.
[3] AG Frankfurt/M FamRZ 2010, 45.
[4] OLG Stuttgart FamRZ 2013, 51 mit Anm. *Niethammer-Jürgens* FamRBint 2013, 5.
[5] OLG Bamberg FamRZ 1995, 305.
[6] So bei „Untertauchen" auch Lozano v. Montoya Alvarez, 134 S.Ct 1224 (2014).
[7] Schweiz. BGer 5P.310/2002 vom 18.11.2002.
[8] OLG Karlsruhe FamRZ 2010, 1577 (1578).
[9] Denkschrift Nr. 110, S. 55.

dürfte aber Ersteres sein. Das ergibt sich zum einen aus dem englischen Wortlaut (… the child is *now* settled in its new environment) der Norm.[10] Es entspricht aber auch dem Sinn des Übereinkommens. Denn sonst würde eine verzögerte Durchführung des Verfahrens dazu führen können, dass die Rückgabe doch noch wegen des Einlebens des Kindes ausschiede. Das jedoch will das KindEntfÜbk soweit wie möglich vermeiden.[11] Wenn dem entgegengehalten wird, dass sich auf diese Weise eine Verzögerung des Verfahrens zu Lasten des Kindes auswirken könne, da es aus der nun doch bereits gewohnten Umgebung herausgerissen werde,[12] so trägt das nicht. Denn Art. 13 Abs. 1 lit. b bleibt anwendbar und kann im Fall einer solchen Gefahr herangezogen werden.

17 Der Begriff „Einleben in seine neue Umgebung" sollte eng ausgelegt werden, um die Schlagkraft des KindEntfÜbk nicht zu sehr zu schmälern.[13] Es ist dem beraubten Elternteil häufig nicht möglich, den Antrag eher zu stellen, weil er den Aufenthaltsort der Kinder erst nach langer Suche ermitteln kann.

18 Eingelebt hat sich ein Kind in seine neue Umgebung danach erst dann, wenn es durch soziale oder familiäre Bindungen fest mit einer Umgebung verbunden ist.[14] Ein Einleben kann idR nicht erfolgen, wenn der Elternteil mit den Kindern „untergetaucht" ist.[15] Letztlich ist gerade in weit entfernten Ländern und bei einem Ablauf von deutlich mehr als einem Jahr ein Einleben aber trotz allem nicht selten.[16]

19 **3. Kind in Drittstaat.** Wenn das Kind während des Rückgabeverfahrens von Deutschland aus in einen Drittstaat verbracht wird und dies feststeht, müssen deutsche Gerichte die Rückgabe ablehnen. Das folgt aus der Natur der Sache, denn eine Rückgabe aus Deutschland ist dann nicht mehr möglich. Es muss ein neuer Antrag in dem Staat gestellt werden, in dem sich das Kind nun befindet. Ist dies kein Vertragsstaat, kann der beraubte Elternteil sich nicht mehr auf das KindEntfÜbk berufen, sondern muss versuchen, mit den allgemeinen, in dem Drittstaat zur Verfügung stehenden Rechtsinstrumenten eine Rückführung zu erreichen.

III. Verfahren

20 **1. Internationale und örtliche Zuständigkeit.** Die internationale Zuständigkeit für Rückgabeentscheidungen regelt das KindEntfÜbk stillschweigend dadurch, dass es die Vertragsstaaten, in denen sich ein verbrachtes oder zurückgehaltenes Kind aufhält, zur Rückgabe verpflichtet. Die internationale Zuständigkeit für Sorgerechtsentscheidungen dagegen richtet sich nicht nach dem KindEntfÜbk. Insoweit gelten andere Staatsverträge (KSÜ), die Brüssel IIa-VO oder autonomes Recht. Die örtliche Zuständigkeit regelt jeder Vertragsstaat selbst.

21 In Deutschland gelten die §§ 11 f. IntFamRVG. Zuständig ist in allen Bundesländern außer Niedersachsen und Berlin das Familiengericht am Sitz desjenigen Oberlandesgerichts, in dessen Bezirk das Kind sich im Zeitpunkt des Eingangs des Antrags bei der deutschen Zentralen Behörde aufhält oder in dessen Bezirk ein Fürsorgebedürfnis besteht. In Niedersachsen ist stets das AG Celle zuständig, in Berlin das AG Pankow/Weißensee. Es kommt auf den Wohnort des Kindes bei Eingang des

---

[10] So auch Re N (Minors) (Child Abduction) [1991] 1 F.L.R. 413, 417 (Fam.D.), INCADAT 106; Perrin v. Perrin S.L.T. 1995, 81 (Extra D.); **aA** *Schoch,* Die Auslegung der Ausnahmetatbestände des Haager Kindesentführungs-Übereinkommens. Ein Vergleich der US-amerikanischen und der deutschen Rechtsprechung, 2004, 78 ff.; NK-BGB/*Benicke* Art. 12 Rn. 10: Zeitpunkt der Entscheidung; so auch *Haußleiter/Gomille* FamFG Anh. III nach § 110 Rn. 44.

[11] *Pérez-Vera* Nr. 108; Re D (A Child) (Abduction: Rights of Custody) [2006] UKHL 51 = [2007] A.C. 619, 639.

[12] Staudinger/*Pirrung* (2009) EGBGB Vor Art. 19 Rn. D 66; *Schuz,* The Hague Child Abduction Convention, 2013, 229.

[13] Im Ergebnis ebenso ObG Zürich SchwJZ 1990, 46; Soucie v. Soucie S.L.T. 1995, 414: auch nach zwei Jahren noch kein Einleben in einer bestimmten Umwelt bei einem anfangs einjährigen Kleinkind, wenn die Mutter das Kind begleitet; für eine Herausgabe trotz (eines gewissen) Einlebens FHU v. ACU 427 NJ Super 354 (2012); aA NK-BGB/*Benicke* Art. 12 Rn. 8 mit Verweis auf einen Vergleich zu Art. 13Abs. 1 lit. b; zurückhaltender bzgl. der allgemeinen, nicht auf das individuelle Kind bezogenen Schutzzwecke der Konvention auch *Schuz* J. Comp. L. 9 (2014), 3, 12 f.

[14] OLG Stuttgart FamRZ 2009, 2017; P. v. M., Greens Weekly Digest 2014, 142: Rückführung aus Schottland nach British Columbia, wo das Kind seinen gewöhnlichen Aufenthalt hat; näher hierzu *Schoch,* Die Auslegung der Ausnahmetatbestände des Haager Kindesentführungs-Übereinkommens. Ein Vergleich der US-amerikanischen und der deutschen Rechtsprechung, 2004, 92 f., 375 f.

[15] Cannon v. Cannon [2004] EWCA Civ 1330 = [2005] 1 W.L.R. 32, 49; Lops v. Lops 140 F.3d 927 (11th Cir. 1998).

[16] OLG Koblenz FamRZ 1994, 183; OLG Köln IPRspr. 2010, Nr. 117a; Re M. (Children) (Abduction: Rights of Custody) [2007] UKHL 55 (Verbringen nach Simbabwe); Cannon v. Cannon bzw. Re C (Abduction: Settlement) (No. 1) [2004] EWHC 1245 (Fam); Re C (Child Abduction: Settlement) [2006] EWHC 1229 (Fam).

Antrags bei der Zentralen Behörde an (§ 11 Nr. 1 IntFamRVG). So kann erreicht werden, dass auch bei einem Umzug des Kindes innerhalb Deutschlands das Verfahren fortgeführt werden kann.

Zwischen den Mitgliedstaaten der EU ist auch Art. 10 Brüssel IIa-VO zu beachten. Dieser betrifft **22** die Zuständigkeit der Gerichte des Herkunftsstaats für Sorgerechtsentscheidungen außerhalb des KindEntfÜbk (→ Rn. 44 ff.).

2. Verfahrensgrundsätze. Das Gerichtsverfahren über die Rückgabe des Kindes regelt jeder **23** Vertragsstaat nach seinem Verfahrensrecht, soweit nicht europäische oder internationale Normen zu Abweichungen führen. Das KindEntfÜbk, aber auch die Brüssel IIa-VO sehen solche Abweichungen oder Bekräftigungen bestehenden Rechts vor. Nach deutschem Recht ist dem Kind ein Verfahrenspfleger zu bestellen, wenn die Eltern zu erkennen geben, dass sie die Kindesinteressen nicht gut vertreten können.[17]

a) Zügiges Verfahren. Was Art. 11 fordert, bekräftigt Art. 11 Abs. 3 Brüssel IIa-VO: Das angeru- **24** fene Gericht hat mit der gebotenen Eile vorzugehen und seine Anordnungen in aller Regel spätestens sechs Wochen nach seiner Befassung mit dem Antrag zu erlassen (§ 38 IntFamRVG). Diese Vorgaben sind ernst zu nehmen; denn je länger ein Verfahren dauert, desto schwieriger gestaltet sich die Rückgabe. Deswegen sollte es auch vermieden werden, ausführliche Gutachten über die Tragbarkeit einer Rückgabe anzufordern; denn wo die Ablehnung einer Rückführung nicht klar auf der Hand liegt, ist die Rückgabe anzuordnen. Es geht hier nämlich nicht um das Kindeswohl im Sinne einer Sorgerechtsentscheidung. Die Lasten und Unannehmlichkeiten einer Rückgabe lassen sich vielmehr durch angemessene Vorkehrungen (→ Art. 13 Rn. 46) vermindern oder sogar beseitigen.

b) Rechtliches Gehör. Die Gewährung rechtlichen Gehörs ist in Art. 103 Abs. 1 GG, in Art. 6 **25** Abs. 1 EMRK sowie in Art. 47 Abs. 2, Art. 41 Abs. 2 lit. a GRCh vorgesehen und entsprechend auch bei den Kindesentführungsverfahren zu beachten. Da sich das Verfahren grundsätzlich nach der lex fori richtet, gelten die Normen des FamFG, soweit sich dies mit dem besonderen Charakter des Kindesentführungsverfahrens vereinbaren lässt (→ Rn. 23).

Art. 11 Abs. 2 Brüssel IIa-VO bekräftigt dies und verlangt, dass das Kind die Möglichkeit hat, **26** während des Rückgabeverfahrens gehört zu werden, sofern dies nicht auf Grund des Alters oder der Reife des Kindes unangebracht ist. Außerdem sieht Art. 11 Abs. 5 Brüssel IIa-VO vor, dass ein Gericht die Rückgabe eines Kindes nicht verweigern kann, wenn „der Person, die die Rückgabe des Kindes beantragt hat, nicht die Gelegenheit gegeben wurde, gehört zu werden." Über die Anhörung ist eine Niederschrift zu erstellen. Sie ist nach Art. 11 Abs. 6 Brüssel IIa-VO notwendig, um die Ablehnung einer Rückgabe gegenüber dem Herkunftsstaat zu rechtfertigen.

Die Anhörung des Kindes ist nicht nur aus Gründen des Gehörsschutzes nötig, sondern oftmals **27** auch wesentlicher Teil der Tatsachenermittlung. Häufig wird es erforderlich sein, für das Kind einen Verfahrensbeistand zu bestellen, um zu sichern, dass es seine Interessen im Verfahren hinreichend geltend machen kann (§ 158 FamFG). Dies gilt in jedem Fall, wenn eine Trennung des Kindes von der Person in Betracht kommt, in deren Obhut es sich befindet (§ 158 Abs. 2 Nr. 3 FamFG). Das betrifft die Fälle, in denen das Kind allein in das Ausland zurückkehren soll. In Art. 24 des aktuellen Vorschlags für eine Neufassung der Brüssel IIa-VO wird die Anhörung des Kindes deutlicher als bisher und altersunabhängig vorgesehen.[18]

c) Nachweise und Amtsermittlung. Die Gründe, die das KindEntfÜbk dafür kennt, ein Kind **28** nicht zurückzugeben, sind teils vom Gegner nachzuweisen (Art. 13 Abs. 1), teils von Amts wegen zu berücksichtigen (Art. 12 Abs. 2, Art. 13 Abs. 2, Art. 20). Der Amtsermittlungsgrundsatz des § 38 IntFamRVG und der §§ 29 f. FamFG gilt nur soweit, wie das KindEntfÜbk keine Abweichungen statuiert.[19]

In jedem Fall hat das Gericht die Auskünfte über die soziale Lage des Kindes im Staat seines **29** gewöhnlichen Aufenthalts zu berücksichtigen (Art. 13 Abs. 3). An den Nachweis von Versagungsgründen sind im Ganzen strenge Anforderungen zu stellen.[20] Soweit diejenige Partei beweis- und darlegungspflichtig ist, die sich der Rückgabe widersetzt, muss sie schnell, konkret und überzeugend ihren Nachweis erbringen. Sie kann sich nicht auf ein Recht für langwierige Ermittlungen berufen.[21]

[17] BVerfG ZKJ 2007, 108; Praxis-Rep. 2006, 49.
[18] Vorschlag für eine Verordnung des Rates über die Zuständigkeit, die Anerkennung und Vollstreckung von Entscheidungen in Ehesachen und in Verfahren betreffend die elterliche Verantwortung und über internationale Kindesentführungen (Neufassung), KOM (2016), 411.
[19] OLG Hamburg OLGR 2009, 208 = IPRspr. 2008, Nr. 81.
[20] Justice Anthony Lincoln des englischen Court of Appeal spricht von „very heavy burden indeed upon a person alleged to have abducted a child": Re E (A Minor) (Abduction) [1989] 1 F.L.R. 126, 145 (C.A.).
[21] Gsponer v. Johnstone (1988) 12 Fam.L.R. 788 (Fam.Ct.Australia).

Andererseits muss das Gericht in Ermittlungen einsteigen, wenn substantiiert und mit gutachterlicher Bestätigung schwerwiegende Tatsachen (Gewalttätigkeit, Gefahr psychischer Erkrankung) vorgetragen werden (→ Vor Art. 1 Rn. 16).[22]

30   Da es auf das konkrete Kindeswohl über die Grenzen des Art. 13 hinaus nicht ankommt, sind Gutachten darüber (etwa von Jugendämtern) unerheblich.[23]

31   **3. Entscheidung und deren Übermittlung.** Das Gericht entscheidet durch Beschluss, durch den der entführende Elternteil zur Rückführung des Kindes verpflichtet wird. Nach § 40 IntFamRVG wird der Beschluss, der zur Rückgabe des Kindes verpflichtet, erst mit Rechtskraft wirksam. Er ist gem. § 39 FamFG iVm § 14 Nr. 2 IntFamRVG mit einer Rechtsbehelfsbelehrung zu versehen.[24]

32   Wird die Rückgabe eines Kindes in einen anderen EU-Mitgliedstaat abgelehnt, so muss das Gericht nach Art. 11 Abs. 6 Brüssel IIa-VO dem Herkunftsstaat seine Entscheidung und die entsprechenden Unterlagen, insbesondere die Niederschrift der Anhörung binnen Monatsfrist übermitteln (§ 39 IntFamRVG).

33   **4. Rechtsmittel.** Über die nach § 40 Abs. 2 S. 1 IntFamRVG zulässige Beschwerde entscheidet das OLG. Eine Rechtsbeschwerde an den BGH findet nach § 40 Abs. 2 S. 4 IntFamRVG nicht statt.[25] Eine Verfassungsbeschwerde beim BVerfG hat nur dann Aussicht auf Erfolg, wenn wesentliche Verfahrensfehler vorliegen (→ Vor Art. 1 Rn. 12 f.).

34   Die Beschwerde ist nach § 40 Abs. 2 S. 2 IntFamRVG innerhalb von zwei Wochen „einzulegen und zu begründen". Streitig ist, ob auch die Begründung der Beschwerde bereits innerhalb von zwei Wochen erfolgen muss.[26] Das OLG Stuttgart hat dies jüngst abgelehnt und die Norm so gedeutet, dass sie lediglich überhaupt eine Begründung verlange, was sich nicht bereits aus § 65 Abs. 1 FamFG ergebe. Für die Begründung gebe es keine Frist. Das Gericht könne entscheiden, ohne die Begründung abzuwarten.[27] Dieses Verständnis steht dem Sinn des KindEntfÜbk, aber auch dem recht deutlichen Wortlaut der Norm entgegen. Es bedarf zunächst schon gewisser argumentativer Mühe, den Bezug zwischen dem Erfordernis der Begründung und der Frist von zwei Wochen im Wortlaut des § 40 Abs. 2 S. 2 IntFamRVG zu trennen. Es spräche aber vor allem nicht den Grundsätzen des KindEntfÜbk, wenn das Gericht auch über eine nicht begründete Beschwerde sachlich entscheiden würde. Dies wäre nur in Anwendung des Amtsermittlungsgrundsatzes möglich, während das KindEntfÜbk gerade die Vortrags- (und Beweis-)last klar beim Entführer sieht.

35   Da die Beschwerde so schnell erfolgen muss, und die Entscheidung über die Rückgabe nach § 40 Abs. 1 IntFamRVG idR nicht sofort wirksam ist, kann es faktisch kaum vorkommen, dass eine Beschwerde erfolgreich ist, nachdem das Kind bereits zurückgeführt wurde. Theoretisch ist dies jedoch denkbar, da das Beschwerdegericht nach § 40 Abs. 3 IntFamRVG bei Eingang der Beschwerdeschrift die sofortige Wirksamkeit der angefochtenen Entscheidung über die Rückgabe des Kindes anordnen kann. Allerdings wird dies, wie auch § 40 Abs. 3 S. 2 IntFamRVG ausführlich beschreibt, nicht geschehen, wenn Zweifel an der Richtigkeit der Rückgabeentscheidung bestehen. Sollte es doch einmal zu der Aufhebung einer Rückführungsentscheidung kommen, nachdem die Rückführung erfolgt ist, ist zweifelhaft, wie die Rück-Rückführung des Kindes erreicht werden kann. Denn die Aufhebung der Rückführungsentscheidung ist kein Titel für eine (Wieder-)Herausgabe des Kindes. Für eine eigentliche Herausgabeentscheidung ist dagegen das deutsche Gericht mangels gewöhnlichen Aufenthalts des Kindes idR nicht mehr zuständig.

36   Auch der umgekehrte Fall – also der Umgang mit einer ausländischen Aufhebungsentscheidung in höherer Instanz für ein bereits nach Deutschland rückgeführtes Kind – ist kompliziert. In dem bekannten Fall „Larbie" hatten US-amerikanische Gerichte eine Rückführungsentscheidung nach der Rückführung des Kindes aufgehoben. Die Gerichte am schottischen Aufenthaltsort des Kindes hielten eine Rück-Rückführung auf der Basis dieser Entscheidung bei Vorliegen bestimmter Voraussetzungen für möglich.[28] Aus deutscher Sicht scheint eine solche Handhabe kaum vorstellbar. Vielmehr müsste auf Antrag des Entführers eine Sachentscheidung in Deutschland getroffen werden.

---

[22] EGMR FamRZ 2012, 692 – X/Lettland mit Anm. *Henrich* FamRZ 2012, 694.
[23] OLG München DAVorm. 2000, 1157.
[24] Mit unkonventioneller Vorgehensweise bei Fehlen der Belehrung OLG Nürnberg FamRZ 2010, 1575.
[25] BGH IPRspr. 2010, Nr. 117b.
[26] Dafür OLG Bamberg NJW 2016, 883 mit zust. Anm. *Finger* FamRB 2016, 187; MüKoZPO/*Gottwald* IntFamRVG § 40 Rn. 3.
[27] OLG Stuttgart NZFam 2015, 1032 mit zu Vorsicht ratender Anm. *Niethammer-Jürgens/Wölfer* FamRB 2015, 459.
[28] Larbie 690 F.3d 934 (11th Cir. 2013); zur Anerkennung die Entscheidung aus dem Vereinigten Königreich DL v. EL (Hague Abduction Convention: Effect of Reversal of Return Order on Appeal) [2013] UKSC 75.

5. Vollstreckung. Auch die Vollstreckung fällt unter das KindEntfÜbk. Sie obliegt dem **37**
Zufluchtsstaat. Nach Art. 11 besteht die Pflicht zur schnellen Erledigung.[29] Da das KindEntfÜbk
die Vollstreckung umfasst, greifen insbesondere auch die engen Ausschlussgründe der Art. 12 und
13. Sie kann also nicht einfach deswegen abgelehnt werden, weil sie das Kindeswohl beeinträchtigt.
Die Ablehnungsgründe des Art. 13 greifen jedoch auch dann noch durch, wenn sie erst im Vollstreckungsverfahren eintreten.[30] Neue Tatsachen, die nach der Rückgabeentscheidung entstanden sind
und die zu einer Gefahr iSd Art. 13 führen können (zB Ausbruch von Krieg im Herkunftsstaat),
können eine Neubewertung der Rückgabe rechtfertigen.[31] Insbesondere kann das Kind sich auch
noch nach dem Rückgabebeschluss im Inland verstärkt einleben sowie einen starken, der Rückgabe
entgegenstehenden Willen ausbilden.

Die Vollstreckung richtet sich nach § 44 IntFamRVG iVm §§ 86 ff. FamFG. Danach hat das **38**
Gericht die Rückführung des Kindes nach einer Entführung von Amts wegen durchzuführen (§ 44
Abs. 3 IntFamRVG). Die Ordnungsmittel des § 89 FamFG (Ordnungsgeld und Ordnungshaft) kommen bei der Kindesentführung zwar in Betracht, sind jedoch häufig nicht zielführend.[32] Ist der
Aufenthaltsort des Kindes bekannt und erfolgt die Herausgabe nicht freiwillig, so ist idR die gewalt-
same Fortnahme des Kindes nach § 90 FamFG anzuordnen (auch hier eignen sich sog. undertakings
zur Deeskalation und zum Schutz des Kindes, dazu näher → Art. 13 Rn. 46 ff.). Im Extremfall kann
eine Übergabe noch im Gerichtssaal erfolgen. Es darf im Rahmen des § 90 Abs. 2 S. 2 FamFG
dabei insbesondere auch unmittelbarer Zwang gegenüber dem Kind ausgeübt werden. Unmittelbarer
Zwang gegen das Kind selbst scheidet allerdings in dem (im Rahmen des KindEntfÜbk praktisch
kaum vorkommenden) Fall der Durchsetzung eines bloßen Umgangsrechts aus.

Gegen den Vollstreckungsbeschluss ist nach § 87 Abs. 4 FamFG entsprechend §§ 567–572 ZPO **39**
binnen 14 Tagen die *sofortige Beschwerde* statthaft. Sie hat entgegen § 570 ZPO keine aufschiebende
Wirkung.[33]

Die Verpflichtung zur Rückführung ist erst dann erfüllt, wenn sich das Kind wieder endgültig **40**
im Herkunftsstaat aufhält.[34] Teilweise kann aber die Wiederausreise schon nach recht kurzer Zeit
möglich sein. Denn während ein Kurzbesuch beim beraubten Elternteil nicht zur Bewirkung der
Rückführung ausreichen kann, so dass also Vollstreckungsmaßnahmen nach § 44 IntFamRVG möglich bleiben, ist richtigerweise auch nicht unbedingt die Rückverlegung des gewöhnlichen Aufenthalts erforderlich.[35] Das gilt insbesondere, wenn nach der Rückkehr des Kindes in den Herkunftsstaat
über die Verteilung der Sorge so entschieden wird, dass dem Entführenden das Recht zur Verbringung der Kinder in den Zufluchtsstaat zugesprochen – oder nicht entzogen – wird.[36]

IV. Rückgabeentscheidung des Herkunftsstaats

Nach dem KindEntfÜbk hat der Zufluchtsstaat das letzte Wort, wenn es um die Rückgabe des **41**
Kindes geht. Lehnt er die Rückgabe ab, ist sie damit ausgeschlossen. Soweit ein gewöhnlicher
Aufenthalt des Kindes im Zufluchtsstaat besteht, oder sonst die internationale Zuständigkeit gegeben
ist, kann dort danach ein Sorgerechtsverfahren begonnen werden.

Zwischen den Mitgliedstaaten der EU ist dies anders geregelt. Der Herkunftsstaat behält nach **42**
Art. 10 Brüssel IIa-VO seine Zuständigkeit (→ Rn. 44). Er kann also jederzeit auch selbst eine
Entscheidung über die Rückführung treffen. Insbesondere kann er nach Ablehnung der Rückgabe
anders entscheiden (Art. 11 Abs. 8 Brüssel IIa-VO) als die Gerichte im Zufluchtsstaat. Die Entscheidung ist im Zufluchtsstaat vollstreckbar (Art. 42 Brüssel IIa-VO).[37]

Art. 11 Abs. 8 Brüssel IIa-VO, der wohl bei der zu erwartenden Reform der Brüssel IIa-VO **43**
deutlich abgemildert werden soll (→ Vor Art. 1 Rn. 4), führt derzeit typischerweise zu einer zweiten
Phase eines zunächst erfolglosen Rückführungsverfahrens. Denn sobald der Herkunftsstaat die Mittei-

[29] OLG Stuttgart FamRZ 2000, 374.
[30] OLG Hamburg NJW 2014, 3378 mit zust. Anm. *Hohloch* IPRax 2016, 248.
[31] OLG Karlsruhe NJW 2000, 3361 (Strafverfahren gegen den Antragsteller).
[32] Ähnlich NK-BGB/*Benicke* Art. 2 Rn. 9.
[33] Wie hier MüKoFamFG/*Zimmermann* FamFG § 90 Rn. 25.
[34] OLG Karlsruhe NJW-RR 2008, 1682 = FamRZ 2008, 2223; hierzu *Nehls* ZKJ 2008, 512 f.
[35] Zu weitgehend daher OLG Karlsruhe FamRZ 2008, 2223.
[36] OLG Schleswig IPRax 2015, 168 mit zust. Anm. *Siehr* IPRax 2015, 144 zu einem Fall, in dem die spanischen
Gerichte annahmen, die Mutter sei berechtigt, mit den Kindern nach Deutschland umzuziehen.
[37] EGMR FamRZ 2013, 1793 – Povse II; EuGH Slg. 2008, I-5271 = NJW 2008, 2973 = FamRZ 2008,
1729 – Inga Rinau mit Anm. *Schulz*; FamRZ 2010, 525 – Detiček; FamRZ 2010, 1229 – Povse I; *Slg.* 2010,
11163 = NJW 2011, 363 – Purrucker II; Cass. fr. Recueil Dalloz 2013, 1515 (1519) mit Anm. *Boiché*; *Hausmann*
IntEuSchR J Rn. 228; OLG Karlsruhe ZKJ 2006, 421: Zufluchtsstaat dem Herkunftsstaat nicht verbieten,
ein Sorgerechtsverfahren zu beginnen; OLG Saarbrücken FamRZ 2011, 1235: Rückführung nach Belgien.

lung erhält, dass die Rückgabe des Kindes abgelehnt worden ist, teilt das Gericht oder die Zentralbehörde dem beraubten Elternteil die Entscheidung mit und lädt ihn ein, binnen dreier Monate ab Zustellung der Mitteilung einen Antrag auf Klärung des Sorgerechts und auf Herausgabe des Kindes zu stellen (Art. 11 Abs. 7 S. 1 Brüssel IIa-VO). Reagiert dieser hierauf nicht, wird der Fall abgeschlossen und es bleibt bei der Nichtrückgabe (Art. 11 Abs. 7 S. 2 Brüssel IIa-VO). Werden jedoch Anträge gestellt und daraufhin die Rückgabe des Kindes von Instanzen, die nach der Brüssel IIa-VO zuständig sind, angeordnet, so wird dadurch die frühere Entscheidung des Zufluchtsstaats über die Nichtrückgabe hinfällig und die spätere Entscheidung des Herkunftsstaats gilt und muss sofort vollstreckt werden (Art. 11 Abs. 8, 42 Brüssel IIa-VO). Die Tatsache, dass der Entführer die Einwände des KindEntfÜbk dann im Herkunftsstaat geltend machen muss, verstößt nicht gegen die EMRK.[38]

44   Nach Art. 10 Brüssel IIa-VO und Art. 7 KSÜ bleiben die Gerichte am früheren gewöhnlichen Aufenthaltsort des Kindes im Falle eines widerrechtlichen Verbringens unter Umständen noch für einen langen Zeitraum zuständig. Denn danach bleibt die Zuständigkeit für wenigstens ein Jahr bei diesen. Wenn der neue Aufenthalt des Kindes zunächst unbekannt war oder wenn das Kind sich dort nicht eingelebt hat, gilt dies sogar noch darüber hinaus. In diesen Fällen kann wie soeben gezeigt auch von dort aus die Rückgabe betrieben werden. Dies geschieht aber nicht nach den Regeln des KindEntfÜbk, sondern nach dem anwendbaren Sorgerecht.

45   Der EuGH hat allerdings nun entschieden, dass eine Sorgerechtsentscheidung auch dann in anderen Mitgliedstaaten anerkannt werden muss, wenn sie entgegen der Zuständigkeitsvorschriften der Brüssel IIa-VO während einer Kindesentführung im Zufluchtsstaat ergangen ist.[39]

46   Eine weitere Zuständigkeit für Eilmaßnahmen ergibt sich in dringenden Fällen aus Art. 20 Brüssel IIa-VO am einfachen Aufenthaltsort des Kindes. Keine Zuständigkeit ist allerdings in einem Mitgliedstaat gegeben, in dem das Kind sich weder aufhält, noch vor einer Entführung seinen gewöhnlichen Aufenthalt hatte. Nach der Rechtsprechung des EuGH sowie des BGH kann zudem eine Eilmaßnahme, die nicht auf die Zuständigkeitsvorschriften der Brüssel IIa-VO gestützt ist, nicht anerkannt werden.[40]

Art. 13 KindEntfÜbk [Ablehnung der Rückgabe]

Ungeachtet des Artikels 12 ist das Gericht oder die Verwaltungsbehörde des ersuchten Staates nicht verpflichtet, die Rückgabe des Kindes anzuordnen, wenn die Person, Behörde oder sonstige Stelle, die sich der Rückgabe des Kindes widersetzt, nachweist,

a) daß die Person, Behörde oder sonstige Stelle, der die Sorge für die Person des Kindes zustand, das Sorgerecht zur Zeit des Verbringens oder Zurückhaltens tatsächlich nicht ausgeübt, dem Verbringen oder Zurückhalten zugestimmt oder dieses nachträglich genehmigt hat oder

b) daß die Rückgabe mit der schwerwiegenden Gefahr eines körperlichen oder seelischen Schadens für das Kind verbunden ist oder das Kind auf andere Weise in eine unzumutbare Lage bringt.

Das Gericht oder die Verwaltungsbehörde kann es ferner ablehnen, die Rückgabe des Kindes anzuordnen, wenn festgestellt wird, dass sich das Kind der Rückgabe widersetzt und daß es ein Alter und eine Reife erreicht hat, angesichts deren es angebracht erscheint, seine Meinung zu berücksichtigen.

Bei Würdigung der in diesem Artikel genannten Umstände hat das Gericht oder die Verwaltungsbehörde die Auskünfte über die soziale Lage des Kindes zu berücksichtigen, die von der zentralen Behörde oder einer anderen zuständigen Behörde des Staates des gewöhnlichen Aufenthalts des Kindes erteilt worden sind.

Übersicht

---

[38] EGMR FamRZ 2013, 1793 – Povse II.

[39] EuGH ECLI:EU:C:2015:763 = NJW 2016, 307 – P/Q.

[40] EuGH Slg. 2010, 7353 = NJW 2010, 2861 – Purrucker I; BGHZ 188, 270 = NJW 2011, 855; BGH NJW 2016, 1445; näher → Brüssel IIa-VO Art. 20 Rn. 14 ff.; NK-BGB/*Gruber* EheVO 2003 Art. 20 Rn. 16 ff.

I. Normzweck

Art. 13 bezeichnet weitgehend abschließend die Gründe, die eine Ablehnung der Rückgabe des **1** Kindes rechtfertigen. Damit enthält Art. 13 die zentrale Besonderheit des KindEntfÜbk. Dieses sieht, anders als die allgemeinen Sorgerechtsregelungen, **keine Kindeswohlprüfung** vor, sondern beschränkt die Möglichkeit, die Rückgabe eines entführten Kindes zu verweigern, auf **enge Ausnahmefälle**. Die Ablehnungsgründe des Art. 13 sind eng auszulegen, damit das Hauptziel des KindEntfÜbk nicht verfehlt wird, nämlich die schnelle Rückgabe des Kindes in den Herkunftsstaat. Muss über das Wohl des Kindes entschieden werden, so soll dies nach der Rückgabe geschehen. Durch Art. 13 wird bewusst in Kauf genommen, dass einzelne Kinder bis zu einem bestimmten Grad Nachteile erleiden, damit das Ziel des KindEntfÜbk, nämlich die schnelle Beendigung und damit zugleich Prävention von Entführungen, erreicht werden kann.[1]

Die mit dem Rückgabeantrag befassten Instanzen dürfen somit nicht allgemein darüber entschei **2** den, ob die Rückführung für das Kindeswohl im konkreten Fall am besten ist. Sie haben lediglich zu prüfen, ob der Antragsteller nachgewiesen hat, dass einer der in Art. 13 Abs. 1 genannten Gründe vorliegt oder ob Art. 13 Abs. 2 (für relevant erklärter Widerstand des Kindes) gegeben ist.

Neben Art. 13 tritt in den Fällen, in denen der Antrag erst nach über einem Jahr gestellt wurde **3** noch Art. 12 Abs. 2 (→ Art. 12 Rn. 16 ff.). Art. 20, der Menschenrechtsverletzungen verhindern soll, wird dagegen selten relevant. Die Aufzählung der Ablehnungsgründe in Art. 12, 13 und 20 ist insgesamt abschließend. Es stellt also keinen Ablehnungsgrund dar, dass das Kind nach dem autonomen Recht des Zufluchtsstaats – etwa aufgrund seiner Staatsangehörigkeit – nicht ins Ausland zurückgebracht werden darf.[2]

Einige der Ablehnungsgründe (Zustimmung durch den beraubten Elternteil, keine tatsächliche **4** Ausübung der Sorge durch den beraubten Elternteil) werden in Art. 3 auch bereits als Voraussetzungen für eine Rückgabe genannt. Insofern fehlt eine vollständig stringente Systematik. Praktisch werden diese Einwände idR erst im Rahmen des Art. 13 relevant, weil der Entführer sie erst im Verfahren gegen die Rückgabeanordnung vorbringt.

II. Ablehnungsgründe

1. Nichtausübung des Sorgerechts. Ist das Sorgerecht tatsächlich nicht ausgeübt worden, so **5** liegt nach Art. 3 lit. a schon keine widerrechtliche Entführung vor. Entsprechend kann der (Mit-)Inhaber des Sorgerechts nicht die Rückgabe fordern.

Da der Ablehnungsgrund eng zu verstehen ist, sind davon nur die Fälle umfasst, in denen Sorge **6** und Umgang überhaupt nicht oder selten und unregelmäßig wahrgenommen wurden.[3] Wenn der Elternteil regelmäßigen Umgang oder wenigstens Kontakt mit dem Kind hatte, ist ein „Nichtausüben" abzulehnen. Erst recht liegt ein Nichtausüben des Sorgerechts dann nicht vor, wenn dessen Inhaber häufig beruflich abwesend war,[4] auch ohne Hausgemeinschaft mit dem Kind für dieses gesorgt hat (zB durch Finanzierung eines Internatsbesuchs) oder wenn er gerade wegen der Entführung oder wegen des Verhaltens des anderen Elternteils sein Sorgerecht nicht oder kaum wahrnehmen konnte.

Dass das Sorgerecht nicht ausgeübt wurde, hat der Antragsgegner, der sich der Rückgabe wider **7** setzt, nachzuweisen.[5] Auch hierbei muss eine restriktive Handhabe gelten, um nicht eine ungebührli

---

[1] Allg. Ansicht; nur J in W v.W (Child Abduction: Acquiescence) [1993] 2 F.L.R. 211, 220: „It is implicit in the whole operation of the Convention that the objective of stability for the mass of children may have to be achieved at the price of tears in some individual cases."; zu diesem „zentralen Spannungsverhältnis" NK-BGB/*Benicke* Art. 13 Rn. 2 f.; zu Fällen häuslicher Gewalt krit. *Kubitschek* in Rains, The 1980 Hague Abduction Convention – Comparative Aspects, 2014, 132 ff.

[2] Parsons v. Styger, 67 Ontario Rep. (2d) 1, 10 (Sup. Ct. 1989).

[3] OLG Karlsruhe FamRZ 2015, 1629; OLG Nürnberg FamRZ 2010, 1575 (1576); Staudinger/*Pirrung* (2009) EGBGB Vor Art. 19 Rn. D 32; NK-BGB/*Benicke* Art. 3 Rn. 25 ff.

[4] BezG Uster 15.9.1989, Addendum I S. 99.

[5] *Schoch,* Die Auslegung der Ausnahmetatbestände des Haager Kindesentführungs-Übereinkommens. Ein Vergleich der US-amerikanischen und der deutschen Rechtsprechung, 2004, 377.

che Verfahrensverzögerung zu ermöglichen. Wer die Zustimmung nicht klar und zügig nachweisen kann, verliert diesen Ablehnungsgrund des Art. 13 Abs. 1 lit. a.

8 Bestimmte Beweismittel sind nicht erforderlich. Es reicht die Überzeugung des Gerichts aus. Nach allgemeiner Lebenserfahrung muss jedoch davon ausgegangen werden, dass dem Elternteil, der das entführte Kind zurückfordert, das Kind nicht einerlei ist. Es wird daher doch deutlicher Nachweise bedürfen, um das Gericht vom Gegenteil zu überzeugen.

9 **2. Zustimmung zur Verbringung.** Die Zustimmung des Sorgerechtsberechtigten zum Verbringen oder Zurückhalten des Kindes führt ebenfalls dazu, dass das Sorgerecht nicht verletzt worden ist und keine rechtswidrige Entführung vorliegt (→ Art. 3 Rn. 34).[6] In Art. 13 Abs. 1 lit. a werden die Zustimmung – nach der Terminologie des BGB ist die Einwilligung gemeint – und die (nachträgliche) Genehmigung dennoch gesondert als Ausschlussgrund genannt. Das mag eine Dopplung sein. Es bringt aber zumindest größere Klarheit mit sich.

10 An dieser Stelle ist besonders viel Streitpotential gegeben. Typischerweise ist das wahre Geschehen schwer aufzuklären, da es sich um private Gespräche zwischen den Elternteilen handelt. Oft sind zudem im Streit viele widersprüchliche Äußerungen gefallen. Da auch an das Vorliegen einer Zustimmung strenge Anforderungen zu stellen sind, muss der Entführer nachweisen können, dass eine ernstliche und unzweifelhafte Einwilligung zu einem dauerhaften Verbleib des Kindes im Zufluchtsstaat gegeben war.[7] Allerdings braucht sie nicht schriftlich gegeben worden zu sein. Soll sie sich aus dem Zusammenhang ergeben haben, muss dies aber zumindest eindeutig gewesen sein.[8] Die Einwilligung muss zudem bei der Abreise noch gegolten haben bzw. ein Zurückhalten des Kindes über einen zunächst vereinbarten Zeitraum hinaus gedeckt haben. Eine einmal gegebene Einwilligung ist im Sorgerecht nicht ohne weiteres bindend. Klargestellt werden muss vom Entführer auch, dass sie nicht an Bedingungen geknüpft war, die er nicht eingehalten hat (zB regelmäßige Heimatbesuche). Andererseits ist dem Vortrag, eine zunächst nachweislich erteilte Zustimmung sei widerrufen worden, mit Vorsicht zu begegnen. Denn selbst wenn eine Zustimmung wie soeben angedeutet nicht unbedingt bindend ist, kann doch der (grundlose) Widerruf einer zunächst gegebenen ernstlichen Zustimmung wirkungslos sein (zur Beweislast → Rn. 13).[9]

11 **3. Genehmigung der Verbringung.** Die nachträgliche Genehmigung des Verbringens oder Zurückhaltens steht der Zustimmung (→ Rn. 9 f.) gleich (Abs. 1 lit. a). Auch hier sind strenge Anforderungen zu stellen. Die Genehmigung kann ausdrücklich, aber auch stillschweigend erfolgen. Sie muss jedoch stets klar und eindeutig sein.[10] Ein rein passives Verhalten bedeutet nicht automatisch eine Genehmigung.[11] Eine stillschweigende Genehmigung liegt insbesondere nicht schon dann vor, wenn der beraubte Elternteil monatelang untätig bleibt; denn hieraus darf der Entführer nicht schließen, der beraubte Elternteil billige den jetzigen Verbleib des Kindes. Wie Art. 12 zeigt, kann die Rückgabe nämlich grundsätzlich auch noch nach längerem Zeitablauf verlangt werden. Deshalb sind neben objektiven Anhaltspunkten für eine Genehmigung auch subjektive Vorstellungen des beraubten Elternteils zu beachten, bevor man eine ernst gemeinte Genehmigung annehmen darf.[12] Insbesondere kann das Beschreiten von alternativen Lösungswegen (Anrufung eines religiösen Gerichts, Versöhnungsbemühungen, Besuche) nicht als Genehmigung gewertet werden.[13] Die Genehmigung kann, wie die Zustimmung, an Bedingungen geknüpft sein. Erfüllt der Entführer die Bedingungen nicht, so kann er sich auch nicht auf die Genehmigung des dauerhaften Verbleibs im Zufluchtsstaat berufen.

---

[6] OLG Karlsruhe NJW-RR 2006, 1590: Einlassung auf Entführung ist Zustimmung; OLG Zweibrücken FamRZ 1997, 108; Paris Rev.crit.dr.int.pr. 81 (1992), 800; keine Zustimmung bedeutet es, wenn der beraubte Elternteil auch ein Sorgerechtsverfahren im Zufluchtsstaat anhängig macht: Becker v. Becker, Addendum I S. 24 (Superior Ct. N.J. 1989), oder wenn er nur vorläufig und mit Bedingungen zustimmt: Cass. Rev.crit.dr.int.pr. 82 (1993), 744.

[7] OLG Karlsruhe FamRZ 2015, 1627 auch zur Genehmigung; BG AJP 2007, 394 mit Anm. *Bucher;* Re K. (Abduction: Consent) [1997] 2 F.L.R. 212 (Fam.D.).

[8] OLG Rostock FamRZ 2002, 46: idR schriftlicher Nachweis erforderlich.

[9] OLG Hamm IPRspr. 2013, Nr. 122, 247 für Widerruflichkeit.

[10] *Schoch,* Die Auslegung der Ausnahmetatbestände des Haager Kindesentführungs-Übereinkommens. Ein Vergleich der US-amerikanischen und der deutschen Rechtsprechung, 2004, 378; *Haußleiter/Gomille* FamFG Anh. III nach § 110 Rn. 50.

[11] AG Rostock FamRZ 2009, 625; NK-BGB/*Benicke* Art. 13 Rn. 14: hohe Anforderungen an konkludente Erklärung; zur britischen und amerikanischen Rechtsprechung vgl. *Schoch,* Die Auslegung der Ausnahmetatbestände des Haager Kindesentführungs-Übereinkommens. Ein Vergleich der US-amerikanischen und der deutschen Rechtsprechung, 2004, 127 ff.

[12] OLG Karlsruhe FamRZ 2015, 1627 (1628): „Empfängerhorizont"; Staudinger/*Pirrung* (2009) EGBGB Vor Art. 19 Rn. D 70.

[13] Re H and Others (Minors) (Abduction: Acquiescence) [1998] AC 72.

Wo eine Genehmigung oder eine Zustimmung vorliegt, muss die Rückführung abgelehnt werden, **12** selbst wenn die Voraussetzungen der lit. b nicht vorliegen.[14]

Die **Beweislast** für das Vorliegen einer Zustimmung oder Genehmigung (→ Rn. 10) trägt der **13** Entführer.[15] Es sind hohe Anforderungen an den Nachweis zu stellen.[16] Im Zweifel erfolgt die Rückführung.[17] Schwierigkeiten bei der Verteilung der Beweislast können entstehen, wenn vorgetragen wird, dass eine nachweislich zunächst gegebene Zustimmung oder Genehmigung später widerrufen worden sei. Überzeugend hat das OLG Hamm entschieden, dass die Beweislast für den Widerruf dann der Elternteil trägt, für den dieser Widerruf günstig ist.[18] Das ist zwar dem Wortlaut des Art. 13 so nicht zu entnehmen, entspricht aber den oben zum Widerruf der Genehmigung gemachten zurückhaltenden Ausführungen (→ Rn. 10). Das darf allerdings nur Fälle betreffen, in denen die Einwilligung einmal klar vorgelegen hat, nicht dagegen die Fälle, in denen eine langwierige, emotionale und streitige Kommunikation mit Erklärungen in die eine und die andere Richtung stattgefunden hat. Hier bleibt es bei der Beweislast des Entführers dafür, dass am Ende eine Einwilligung vorlegen habe.

4. Schwerwiegende Gefahr. a) Überblick. Art. 13 Abs. 1 lit. b ist der am häufigsten vorge- **14** brachte Ablehnungsgrund.[19] Auch hier ist Zurückhaltung zu wahren, die Ausnahme ist eng auszulegen.[20] Die Anwendung muss auf wirklich schwere Gefahren beschränkt werden.[21] Insbesondere darf sie nicht auf wirtschaftliche oder erzieherische Nachteile ausgedehnt werden, die eine Rückgabe mit sich bringen kann.[22] Gänzlich unerheblich ist, ob das Kind beim Entführer oder beim beraubten Elternteil besser aufgehoben ist.[23] Gerade darüber ist stets erst am Herkunftsort in einer Sorgerechtsentscheidung zu befinden.

Nur durch eine enge Auslegung des Art. 13 Abs. 1 lit. b wird der Zweck des KindEntfÜbk **15** gewahrt. Anderenfalls würde man Grundsätze heranziehen, die erst für die Entscheidung über das Sorgerecht relevant werden dürfen.[24]

Stets ist zu überlegen, ob geltend gemachte Gefahren für das Kind nicht vermieden werden **16** können, indem angemessene Vorkehrungen für den Fall der Rückkehr getroffen werden (→ Rn. 46 ff.).

Auch an den Nachweis, dass die Rückgabe mit der schwerwiegenden (nicht nur großen) Gefahr **17** eines körperlichen oder seelischen Schadens für das Kind verbunden ist, sind also hohe Anforderungen zu stellen.[25]

---

[14] Re A (Minors) (Abduction: Custody Rights) (No. 2) [1992] 3 W.L.R. 538 (C.A.); A v. A (Child Abduction) (Habitual Residence) [1993] 2 F.L.R. 225 (Fam.D.).

[15] AG Rostock FamRZ 2009, 625.

[16] OLG Nürnberg FamRZ 2010, 1575 mit zust. Anm. *Niethammer-Jürgens* FamRBint 2010, 52.

[17] OLG Naumburg FamRZ 2007, 1586.

[18] OLG Hamm IPRspr. 2013, Nr. 122, 247; aA *Rauscher* FamFR 2013, 380.

[19] Vgl. hierzu *Schoch,* Die Auslegung der Ausnahmetatbestände des Haager Kindesentführungs-Übereinkommens. Ein Vergleich der US-amerikanischen und der deutschen Rechtsprechung, 2004, 144 ff.

[20] OLG Nürnberg FamRZ 2010, 1575 (1576): Rückkehr eines zehnjährigen nach Polen ohne die Mutter; OLG Nürnberg FamRZ 2007, 1588 – Rückführung nach Polen; OLG Düsseldorf FamRZ 1994, 185: Rückführung in die USA; OLG München FamRZ 1994, 1338: Zurückhalten von Kindern aus der Schweiz in Deutschland; Minister of Justice (E.M.) v. J.M. [2003] The Irish Reports 178 (Sup.Ct.): Rückführung von Irland nach England; F. v. M. (Abduction: Grave Risk of Harm) [2008] EWHC 1467 (Fam): Rückführung von England nach Frankreich; *Fucik* iFamZ 2008, 55; *Jault-Seseke/Pigache* D. 2006, Chr., 1778, 1782; *Scherer,* FS Würzburg, 2002, 319 ff.; Staudinger/*Pirrung* (2009) EGBGB Vor Art. 19 Rn. D 71.

[21] Cass. J.C.P. 2007, IV, 1160: keine Rückführung nach Deutschland, weil der beraubte Elternteil sich einer Sekte zugewandt hatte; MacMillan v. MacMillan 1989 S.C. 53 = S.L.T. 1989, 350 (Extra Div. 1988): Ablehnung einer Rückführung aus Schottland nach Ontario, weil der beraubte Vater für das Kind nicht sorgen kann und die Mutter keine Einreiseerlaubnis nach Kanada erhält; anders in W v. W S.L.T. 2003, 1253 (First Div.): Rückführung angeordnet aber bis zur Erlangung der Einreisegenehmigung ausgesetzt; *Haußleiter/Gomille* FamFG Anhang III nach § 110 Rn. 51 f.

[22] NK-BGB/*Benicke* Art. 13 Rn. 23 f.; OLG Nürnberg FamRZ 2010, 1575: Rückführung nach Polen; OLG Karlsruhe FamRZ 2010, 1577: Rückführung nach Australien; AG Pankow-Weißensee ZKJ 2009, 258: Rückführung nach Italien; AG Darmstadt FamRZ 1994, 184: Rückführung in die USA; Re M (Abduction: Undertakings) [1995] 1 F.L.R. 1021 (C.A.): Rückführung nach Israel; N v. N (Abduction: Article 13 Defence) [1995] 1 F.L.R. 167 (Fam.D.): Rückführung nach Australien trotz behaupteter sexueller Misshandlung; Re M (Children) (Abduction: Rights of Custody) [2007] UKHL 55.

[23] OLG Bamberg NJW-RR 1994, 331: Rückführung nach Luxemburg; OLG Düsseldorf FamRZ 1994, 185 (Rückführung in die USA).

[24] So im Ergebnis OLG Celle FamRZ 1995, 955; AG Weilburg FamRZ 1995, 242.

[25] Re E (Children) (Abduction: Custody Appeal) [2011] UKSC 27; OLG Hamburg OLGR 2009, 208 = IPRspr. 2008, Nr. 81.

18 Das Gericht erhebt, anders als nach dem im FamFG vorgesehenen Amtsermittlungsgrundsatz, nicht von selbst Beweis, sondern die **Beweislast** liegt beim Entführer. Das Gericht tritt dabei überhaupt erst in die Beweisaufnahme ein, wenn hinreichend substantiiertes Vorbringen des Entführers zu ernsthaften Gefahren vorliegt.[26] Der EGMR hat aber verlangt, dass bei Vorliegen von Sachverständigengutachten sowie glaubhaften Hinweisen auf Gewalttätigkeit des beraubten Elternteils genauere Ermittlungen vom Gericht nicht verweigert werden dürfen (→ Rn. 20).[27]

19 Im Rahmen des Art. 13 können die Grundrechte des Kindes und insbesondere Art. 3 Abs. 1 KRK (Schutz des Kindeswohls) berücksichtigt werden.[28] Das GG, die EMRK oder die KRK verlangen jedoch keinesfalls, dass die Hauptsache (Entscheidung über das Sorgerecht) vorweggenommen wird. Art. 11 KRK unterstützt vielmehr ausdrücklich das Ziel des KindEntfÜbk, Kindesentführungen zu vermeiden. In der Rückführung als solcher liegt kein Verstoß gegen Menschenrechte des Kindes (zur Rechtsprechung von BVerfG, EGMR und EuGH → Vor Art. 1 Rn. 12 ff.). Der Wille des Kindes wird im Rahmen des Art. 13 Abs. 2 zunächst ausreichend berücksichtigt. In Hinblick auf die dauerhafte Verteilung der Sorge wird er erst nach seiner Rückkehr berücksichtigt.[29]

20 **b) Gefahr durch beraubten Elternteil.** Der Entführer trägt häufig vor, der beraubte Elternteil stelle als solcher eine Gefahr für das Kind dar.[30] Entspricht dies der Wahrheit, zB weil dieser gewalttätig gegen das Kind gewesen ist und wieder zu werden droht, muss dies bei der Rückgabe beachtet werden. Zwar kann es selbst in solchen Fällen noch in Betracht kommen, dass die Rückkehr des Kindes angeordnet wird (zB durch entsprechende „undertakings" → Rn. 46 ff.), aber der Vorwurf muss dennoch zunächst geklärt werden. Das Gericht hat deshalb bei entsprechenden Behauptungen des Entführers die schwierige Aufgabe, zu entscheiden, in welchen Fällen es den Vorwürfen näher nachgeht. Solange diese ohne jeden Nachweis ins Blaue hinein vorgetragen werden, wäre es verfehlt, langwierige Beweisaufnahmen durchzuführen.[31] Sonst wäre es für jeden Entführer ein Leichtes, Zeit zu gewinnen. Unnötige Verzögerungen müssen aber vermieden werden. Daher darf das Gericht auf bloße Behauptungen hin nicht etwa gleich ein Gutachten darüber anfordern, ob die Misshandlung wirklich vorgelegen hat. Umgekehrt hat aber der EGMR einen Verstoß gegen Art. 8 EMRK durch eine lettische Entscheidung angenommen, bei welcher die Gerichte die Rückgabe ohne weitere Ermittlungen angeordnet hatten, obwohl die Mutter ein ärztliches Gutachten vorgelegt hatte (→ Vor Art. 1 Rn. 16).[32]

21 Vage Gründe, die angeblich in der Person des beraubten Elternteils vorliegen (etwa der Einwand, er könne für das Kind nicht sorgen), sind ohnehin im Rahmen des Art. 13 Abs. 1 lit. b unerheblich und daher erst im regulären Sorgerechtsverfahren zu prüfen.[33]

22 Die vom beraubten Elternteil ausgehende Gefahr muss schließlich bei der Rückführung auch unvermeidlich sein. Wenn etwa das Kind gar nicht beim beraubten Elternteil leben soll, sondern es um eine Rückkehr gemeinsam mit der Mutter in eine getrennte Wohnung geht, kommt es also darauf an, ob es selbst in diesem Fall gefährdet wäre.[34] Es ist typisch und in aller Regel zumutbar, dass der entführende Elternteil mit dem Kind gemeinsam zurückkehrt, um schwerwiegende Belastungen oder Gefahren zu vermeiden.[35] In Hinblick auf eine möglichst schonende Rückführung eignen sich Absprachen der Eltern (oft undertakings genannt → Rn. 46 ff.).

23 Die **Schweiz** hat in Art. 5 BG-KKE[36] den Art. 13 Abs. 1 lit. b konkretisiert. Danach ist eine Rückführung nach Art. 13 Abs. 1 lit. b insbesondere dann abzulehnen, wenn drei Voraussetzungen vorliegen: a) die Unterbringung beim Gesuch stellenden Elternteil entspricht nicht dem Kindeswohl, b) dem Entführer kann nicht oder es ist ihm unzumutbar, das Kind im Herkunftsstaat zu betreuen, c) die Unterbringung des Kindes bei Drittpersonen entspricht nicht dem Kindeswohl.

---

[26] NK-BGB/*Benicke* Art. 13 Rn. 4.

[27] EGMR FamRZ 2012, 692: X/Lettland.

[28] Cass. fr. 13.2.2013, n. 107, Dir.com.scambi int. 2013, 655 mit Anm. *Di Lorenzo.*

[29] OLG München FamRZ 1994, 1338; zu weit geht wohl OLG Celle FamRZ 1995, 955.

[30] Hierzu aus US-amerikanischer Perspektive *Kubitschek* in Rains, The 1980 Hague Abduction Convention – Comparative Aspects, 2014, 132 ff.

[31] NK-BGB/*Benicke* Art. 13 Rn. 18.

[32] EGMR FamRZ 2012, 692: X/Lettland mit Anm. *Henrich* FamRZ 2012, 694.

[33] OLG München NJW-RR 1998, 149.

[34] Sehr weitgehend OLG Düsseldorf IPRspr. 2011, Nr. 112, 241: die Mutter auf Frauenhäuser in der Türkei verweisend; Re C (Abduction: Grave Risk of Psychological Harm) [1999] 1 F.L.R. 1145.

[35] OLG Dresden FamRZ 2002, 1136 (1138); OLG Zweibrücken FamRZ 2001, 643.

[36] Bundesgesetzes vom 21.12.2007 über internationale Kindesentführung und die Haager Übereinkommen zum Schutz von Kindern und Erwachsenen, SR 211.222.32.

c) Schwerwiegende Gefahr im Herkunftsstaat oder bei der Rückreise. Durch die Rück- **24** gabe soll das Kind keiner vermeidbaren schwerwiegenden Gefahr ausgesetzt werden, und zwar einer besonders erheblichen, ganz konkreten und aktuellen Gefahr.[37] Hierbei ist es nicht einfach, zwischen den eher allgemeinen (Lebens-)gefahren moderner Großstädte und einer zu hohen Gefahr in bestimmten Regionen zu unterscheiden. Eine gegenüber dem Zufluchtsstaat erhöhte Gefahr von Terroranschlägen oder Naturkatastrophen reicht nicht aus. Kinder müssen nach New York, nach Israel[38] und in Regionen potentieller Erdbeben oder Vulkanausbrüche zurückgegeben werden. Die dort bestehenden Gefahren sind nicht erheblich und aktuell genug, um eine Rückkehr in den Herkunftsstaat auszuschließen.[39]

Anders muss dies beurteilt werden, wenn ein Kind in Kriegsgebiete, Hungerregionen oder Seu- **25** chengebiete zurückgeschickt werden soll. Hier besteht – jedenfalls solange der Krieg, der Hunger und die Seuche nicht überwunden sind – eine aktuelle Gefahr, die es zu vermeiden gilt.[40]

Die Unannehmlichkeiten einer Rückreise sind als solche keine schwerwiegende Gefahr.[41] Dies **26** gilt umso mehr, als das Kind in Begleitung zurückkehren sollte und dafür angemessene Vorkehrungen getroffen werden können (→ Rn. 46 ff.).

d) Gefahr für Entführer. Normalerweise sind Gefahren für den Entführer unerheblich. Jedoch **27** ist es häufig nötig, dass der Entführer das Kind begleitet, weil sonst das Kind selbst durch die Rückführung in Gefahr gerät oder unzumutbare Nachteile erleiden muss. Hierzu muss der Entführer es auf sich nehmen, dass er durch die Rückkehr selbst Nachteile erleidet.[42]

Lehnt er es ab, mit dem Kind zurückzukehren, obwohl dies zumutbar ist oder sogar durch den **28** beraubten Elternteil erleichtert wird,[43] so kann er nicht darauf hinweisen, die Rückkehr des Kindes ohne seine (des Entführers) Begleitung setze das Kind einer schwerwiegenden Gefahr aus. Denn sonst könnte der Elternteil, indem er die Begleitung des Kindes verweigert, die Rückkehr des Kindes verhindern.[44] Dass der Entführer sich durch die Entführung strafbar gemacht hat und der beraubte Elternteil im Herkunftsstaat Anzeige erstattet hat, ist als solches ebenfalls kein Grund, die Rückkehr abzulehnen.[45] Gleichwohl sollten die Vertragsstaaten Strafmaßnahmen eher vermeiden, um eine Rückführung nicht mit zusätzlichen Problemen (Gefahr, dass der Entführer festgenommen wird und dadurch vom Kind getrennt wird) zu belasten.[46] Hat der Entführer kein Visum für den Herkunftsstaat, so muss ebenfalls differenziert werden: Allein wegen des fehlenden Visums kann die Rückkehr des Kindes keinesfalls abgelehnt werden. Ist jedoch die Rückkehr des Kindes ohne den entführenden

---

[37] OLG Celle DEuFamR 1999, 62; OLG Hamm NJWE-FER 1999, 30; *Bach* FamRZ 1997, 1051 (1057).

[38] BG ZVW 2007, 322; vgl. hierzu *Freedman* Int. Fam. L. 2002, 60 ff.; Elyashiv v. Elyashiv, 353 F.Supp.2d 394 (E.D.N.Y.2005): keine Rückführung nach Israel, weil der beraubte Elternteil als „martial arts trainer" (Kampfsporttrainer) gewalttätig gegen Frau und Kinder vorgeht.

[39] Re M (Children) (Abduction: Rights of Custody) [2007] UKHL 55 = [2008] 1 A.C. 1288, 1310: Rückführung nach Simbabwe grundsätzlich möglich, insbesondere wenn Elternteil bei möglicher Zuspitzung der politischen Lage die Ausreise veranlassen kann; NK-BGB/*Benicke* Art. 13 Rn. 23.

[40] OLG Stuttgart NJW-RR 2009, 1513 = FamRZ 2009, 2015 (Unruhen in Thailand); Minister for Justice (E.M.) v. J.M. [2003] 3 Irish Rep. 178 (Sup.Ct.): diesen Gefahren steht gleich, wenn ein autistisches Kind im Zufluchtsstaat besser versorgt werden kann als im Herkunftsstaat.

[41] OLG Düsseldorf FamRZ 2008, 1775.

[42] OLG Koblenz FamRZ 1993, 97; OLG Nürnberg IPRspr. 1994, Nr. 100; anders bei nachgewiesener Gefahr psychischer Erkrankung der entführenden Mutter bei Rückkehr: [2012] UKSC 10, dazu → Rn. 30; Re G (Abduction: Psychological Harm) [1995] 1 F.L.R. 64 (Fam.D); einen Grenzfall bildet AG Saarbrücken IPRax 1992, 387 mit zust. Anm. *Hüßtege* IPRax 1992, 372 (keine Rückführung, weil Mutter eines zweijährigen Kindes aufgrund einer Wiederverheiratung nicht mitreisen konnte/wollte); *Schoch,* Die Auslegung der Ausnahmetatbestände des Haager Kindesentführungs-Übereinkommens. Ein Vergleich der US-amerikanischen und der deutschen Rechtsprechung, 2004, 199 ff., 381 f.

[43] Zu solchen Erleichterungen (Reisekosten, Unterkunft, Ausbildung usw) vgl. C v. C (Minor) (Abduction: Rights of Custody Abroad) [1989] 2 All E.R. 465, 470 (C.A.); Re G (A Minor) (Abduction) [1989] 2 F.L.R. 475, 476 (C.A.); Re L (Child Abduction) (Psychological Harm) [1993] 2 F.L.R. 401 (Fam.D.); Re O (Child Abduction: Undertakings) [1994] 2 F.L.R. 349 (Fam.D.): Lange Erörterung über die Durchsetzbarkeit solcher Zusagen in Griechenland, wohin die Kinder zurückgeführt wurden. BezG Buda 30.5.1988, Case law S. 162: Rückführung aus Ungarn nach Frankreich, bestätigt durch Stadtgericht Budapest 14.7.1988, Case law S. 168. Zur Unzumutbarkeit wegen Schwangerschaft vgl. D v. D (Child Abduction: Non-Convention Countries) [1994] 1 F.L.R. 137 (C.A.).

[44] OLG Hamburg OLGR 2009, 208 = IPRspr. 2008, Nr. 81; OLG Stuttgart OLGR 2009, 402 = IPRspr. 2009, Nr. 90a; *Butler-Sloss,* LJ in: C v. C (Minor) (Abduction: Rights of Custody Abroad) [1998] 2 All E.R. 465, 471 (C.A.); McCarthy v. McCarthy S.L.T. 1994, 743 (Outer House).

[45] BG AJP 2007, 1585 mit Anm. *Bucher.*

[46] H.R. Ned. Jur. 2008 Nr. 548; *Hüppi,* Straf- und zivilrechtliche Aspekte, 1988; *Leslie,* Georgia Journal of International and Comparative Law 36 (2008), 381; *Pirrung,* FS Droz, 1996, 341.

Elternteil mit erheblicher Gefahr verbunden oder unzumutbar, so muss die Ausstellung des Visums abgewartet werden.[47]

29 **5. Unzumutbare Lage.** Mit der unzumutbaren Lage für das Kind wurde ein Auffangtatbestand geschaffen, der schwerwiegende Nachteile erfasst, die nicht als „Gefahr" eingeordnet werden können. Es ist hier besonders wichtig, den engen Ausnahmecharakter des Art. 13 nicht auszublenden. Es geht also auch bei der Unzumutbarkeit keineswegs um allgemeine Nachteile, wie wirtschaftliche Einbußen oder schlechtere Erziehungsfähigkeit des beraubten Elternteils. Unbeachtlich ist insbesondere, dass sich das Kind in seine neue Umgebung im Zufluchtsstaat eingelebt hat (→ Rn. 33).

30 Unzumutbar kann es für ein Kind sein, zu einem Elternteil zurückkehren zu müssen, der den anderen Elternteil bedroht oder misshandelt.[48] Vereinzelt ist auch entschieden worden, dass es unzumutbar sein kann, wenn der das Kind bei der Rückführung begleitende, vorrangig für dieses sorgende Elternteil durch die Rückführung schwer psychisch zu erkranken droht.[49]

31 Unerheblich ist es idR, wie im Herkunftsstaat über das Sorgerecht entschieden werden wird. Die Rückgabe darf nicht allein deshalb abgelehnt werden, weil der Entführer im Sorgerechtsverfahren wegen seiner Entführung einen schweren Stand haben könnte. Dies ist nur dann erheblich, wenn es die Kinder erkennbar schwerwiegend gefährden wird,[50] zB weil der Herkunftsstaat die elterliche Sorge nach starren Regeln einer religiösen Rechtsordnung ohne Berücksichtigung des Kindeswohls beurteilen würde.[51] Staaten mit islamischem Kindschaftsrecht haben jedoch das KindEntfÜbk gar nicht ratifiziert, so dass gerade diese Gefahr kaum drohen wird. Im Übrigen kann das Gericht im Zufluchtsstaat auch hier eine unzumutbare Lage in eine zumutbare Situation verwandeln, indem es die Rückgabe von einem bestimmten Verhalten des beraubten Elternteils abhängig macht (→ Rn. 22, 46 ff.; Art. 11 Abs. 4 Brüssel IIa-VO).

32 Je nach Sachlage sind besondere Erwägungen anzustellen, um unzumutbare Situationen zu vermeiden. Das ist zB der Fall, wenn Geschwister entführt worden sind und jemand auf den Gedanken kommt, im Wege des Kompromisses jedem Elternteil ein Kind zu belassen. Das kann unzumutbar sein, da Kinder gerade in dem Hin und Her zwischen den Eltern aufeinander angewiesen sein können. Geschwister zu trennen kann dann unzumutbar sein.[52]

33 Dass sich das Kind in seine neue Umgebung im Zufluchtsstaat eingelebt hat, ist nur im Rahmen des Art. 12 Abs. 2 beachtlich. Im Übrigen muss bei einer Rückführung in Kauf genommen werden, dass das Kind gewisse soziale Bindungen im Zufluchtsstaat zu Großeltern, Freunden und Bekannten abbricht.[53] Ein solcher Abbruch führt zu keiner unzumutbaren Lage.

34 **6. Gegenläufige Sorgeentscheidung im Herkunftsstaat, Rückentführung.** Wenn während des Aufenthalts im Zufluchtsstaat im Heimatstaat eine Entscheidung getroffen wird, nach der das Kind im Zufluchtsstaat bei dem entführenden Elternteil verbleiben darf – wie eine Zuweisung der Alleinsorge oder des Aufenthaltsbestimmungsrechts – dann ist eine Rückführung idR dem Kind ebenfalls nicht zumutbar.[54] Denn das Kind wäre einem Hin und Her ausgesetzt, dass seinem Wohl abträglich ist. Es würde nur pro forma zurückgeführt, um sogleich wieder in den Zufluchtsstaat

---

[47] Re R (Abduction: Immigration Concerns) [2005] 1 F.L.R. 33 (Fam.D.): Entführer hat kein Visum für Deutschland; W v. W S.L.T. 2003, 1253 (First Div.): Rückführung angeordnet, aber bis zur Erlangung der Einreisegenehmigung ausgesetzt.

[48] In Petition of Vincenzo Viola, Case law S. 145 (Court of Session, Schottland 1987): es ist nicht unzumutbar, wenn ein Kind von seinen Großeltern betreut wird und der beraubte Vater sich wegen seiner Berufstätigkeit nur teilweise um das Kind kümmern kann; in Re F (A Minor) [1995] 3 W.L.R. 339 (C.A.): Bedrohung der Mutter unzumutbar.

[49] Re S (A Child) (Abduction: Intolerable Situation) [2012] 2.A.C. 257: Psychische Labilität der entführenden Mutter, vor der das Kind bei möglicher gemeinsamer Rückkehr nicht hinreichend geschützt werden kann.

[50] Re O (Child Abduction: Undertakings) [1994] 2 F.L.R. 349 (Fam.D.); Re F (Abduction: Art. 13 (b): Psychiatric Assessment) [2014] Fam.L. 767 (C.A.): deshalb keine psychiatrische Untersuchung des Entführers, der seelische Belastungen wegen der Ausfälle des beraubten Elternteils geltend macht; Kent County Council v. C, G and AG [2014] EWHC 604 (Fam): Gefahr konnte von Entführer aus Lettland nicht nachgewiesen werden.

[51] Vgl. Re J (Child Returned Abroad: Convention Rights) [2005] 2 F.L.R. 802 (H.L.): keine Rückführung nach Saudi Arabien, weil dort das Sorgerecht nicht gemäß dem Kindeswohl übertragen wird; *Rosenblatt* Fam. Law 1998, 45 f.

[52] OLG Schleswig IPRsp. 1998, Nr. 112; Laing v. Central Authority (1999) Fam.L.C. 92–849 und hierzu *Bates* Asia Pacific L. Rev. 9 (2001), 45; 11 (2003), 43; In Re LC (Children) (SCIE) [2014] 2 W.L.R. 124 (S.C.): vier britisch-spanische Kinder; *Schoch,* Die Auslegung der Ausnahmetatbestände des Haager Kindesentführungs-Übereinkommens. Ein Vergleich der US-amerikanischen und der deutschen Rechtsprechung, 2004, 191 ff., 381.

[53] OLG Hamm FamRZ 2000, 370.

[54] OLG Karlsruhe FamRZ 2015, 1627; OLG Stuttgart FamRZ 2015, 1631.

zurückgeholt zu werden. Zur Anerkennung einer solchen Entscheidung im Rahmen des Verfahrens → Art. 17 Rn. 4.

Wird ein entführtes Kind in den Herkunftsstaat zurückentführt (re-abduction) und stellt sodann **35** der Erst-Entführer einen Antrag auf Rückgabe in den ersten Zufluchtsstaat, kann die Rückführung ebenfalls unzumutbar sein. Wiederum kann nämlich ein Hin- und Herschicken des Kindes drohen. Soweit bereits absehbar ist, dass auf die angeordnete Rückführung eine Rück-Rückführung folgen wird, scheidet die Rückführung auch nach Art. 13 aus (näher → Art. 3 Rn. 26).

7. Widerstand des Kindes. a) Überblick. Nach Art. 13 Abs. 2 darf die Rückgabe von Amts **36** wegen abgelehnt werden, wenn sich das Kind der Rückgabe widersetzt. Auch diese Regelung ist eng auszulegen. Das Gericht entscheidet nach seinem Ermessen, ob die Rückgabe des Kindes abzulehnen ist.[55]

Die Norm darf keinesfalls dahingehend missverstanden werden, dass das Kind selbst bestimmt, **37** wo es wohnen möchte.[56] Nicht zu entscheiden ist – wie stets unter dem KindEntfÜbk – auch, bei wem das Kind am besten aufgehoben ist.

Letztlich kann man die Voraussetzungen des Art. 13 Abs. 2 in drei wesentliche Punkte aufgliedern. **38** Erstens muss es überhaupt eine ernsthafte Äußerung des Kindes geben, dass es nicht zurück will. Diese muss so stark sein, dass sie bereits als „Widersetzen" angesehen werden kann. Dabei muss das Kind zweitens ein Alter und eine Reife haben, die Anlass dazu geben, diese Äußerung ernst zu nehmen. Drittens muss eruiert werden, ob keine Möglichkeit besteht, die Rückgabe so durchzuführen, dass das Kind sich dieser nicht widersetzt. Letzteres gelingt häufig allein dadurch, dass der Entführer das Kind begleitet und bei ihm bleibt.[57]

b) Wertung des Widerstandes im Einzelnen. Bei der Bewertung des Willens des Kindes muss **39** bedacht werden, dass es – oft seit geraumer Zeit – den widerstreitenden Interessen und Zielen seiner Eltern ausgesetzt gewesen ist. Es wird oftmals eher Sprachrohr seiner gegenwärtigen Bezugsperson (Entführer) sein, als dass es seinen eigenen Willen noch äußern kann.[58] Das Gericht muss daher, noch in höherem Maße als in inländischen Sorgerechtsstreitigkeiten, versuchen, den wahren Willen des Kindes zu ermitteln und diesen vom bloß vom Kind wiederholten Willen des Entführers zu trennen.[59] Hierzu wird in aller Regel ein Verfahrensbeistand einzusetzen sein (→ Art. 12 Rn. 27).

Wesentlich ist, dass das Kind die Rückkehr wirklich nachdrücklich ablehnt. Es kommt nicht **40** darauf an, ob das Kind Präferenzen hat oder die Rückkehr nur ungern antritt. Zugleich darf allerdings beim „Widersetzen" nicht darauf abgestellt werden, ob das Kind laut oder gar aggressiv seinen Widerwillen kundtut. Sonst wäre der Charakter des Kindes entscheidend dafür, ob es zu einer Rückführung kommt oder nicht. Auch stille und schüchterne Kinder dürfen also nicht zurückgeführt werden, wenn sie die Rückkehr eindeutig vollkommen ablehnen.[60]

c) Alter des Kindes. Für das Alter des Kindes gelten keine feststehenden Grenzen.[61] Jedoch ist **41** klar, dass nicht Kinder im Vorschulalter gemeint sind. Auf der anderen Seite sind Teenager wohl in aller Regel reif genug, um sich in beachtlicher Weise der Rückführung widersetzen zu können. Der EGMR engt diesen Spielraum nicht weiter ein. So billigte er etwa die gut begründete Entscheidung

---

[55] Re M (A Minor) (Abduction: Child's Objections) [1994] 2 F.L.R. 126 (C.A.): Kind widersetzt sich der Rückkehr nach Irland; Re R (Child Abduction: Acquiescence) [1995] 1 F.L.R. 716 (C.A.): Rückführung in die USA trotz Kindesaussage; Re R (A Minor) (Abduction) [1992] 1 F.L.R. 105 (Fam.D.): Keine Rückführung eines 14-jährigen Kindes nach Deutschland; Re A (Abduction: Children's Objections; Domestic Violence) [2014] 1 F.L.R. 1433 (C.A.): keine Rückführung nach Norwegen, weil sich Kinder (12 und 10 Jahre) der Rückkehr widersetzen; Re A (Abduction: Child's Objections to Return) [2014] EWCA Civ 554 (C.A.): Zurückverweisung, weil Anhörung des Kindes, entführt nach Malta nach England, versäumt wurde; K v. B (Abduction: Child's Objection to Return) [2014] Fam. Law 768: Keine Rückführung nach Ungarn, weil Kind (15 ½ Jahre, also fast 16 und damit gerade noch vom HKindEntfÜbk erfasst) England bevorzugt; Re H (A Child) (Summary Return: Child's Objections) [2013] 2 F.L.R. 1163 (Fam.D.): Ein aus Florida nach Wales entführtes Kind (12 Jahre) widersetzt sich erfolgreich einer Rückführung.
[56] LCG v. R L (Abduction: Habitual Residence and Child's Objections) [2014] F.L.R. 307 (Fam.D.): Rückführung nach Spanien, weil das älteste Kind (12 Jahre) sich nicht widersetzt, sondern England nur bevorzugt; ebenso BGE 134 III 88: 14-jähriges zurückgeführtes Kind bevorzugt den Zufluchtsstaat, widersetzt sich jedoch nicht einer Rückführung, Beschwerde der Entführerin wurde vom EGMR abgewiesen, EGMR Urteil v. 22.7.2014, Nr. 3592/08 – Rouiller/Schweiz = NLMR 2014, 306.
[57] Re M (A Child) (Abduction: Child's Objections) [2007] EWCA Civ 260 (C.A.): C v. W [2007] EWHC 1349 (Fam).
[58] OLG Düsseldorf FamRZ 1999, 949; AG Hamm FamRZ 2010, 2086.
[59] AG Hamm FamRZ 2011, 1237.
[60] *Heiderhoff* IPRax 2014, 525.
[61] NK-BGB/*Benicke* Rn. 39; *Haußleiter/Gomille* FamFG Anh. III nach § 110 Rn. 53.

eines Schweizer Gerichts, den Willen eines 11-jährigen Jungen mangels ausreichender Reife nicht zu beachten.[62]

42   Der Zufluchtsstaat sollte keinesfalls erst ein Gutachten über die Reife des Kindes einholen. Dies würde dem Gebot des raschen Handelns (Art. 11 Abs. 1) entgegenstehen.[63]

43   **8. Grund- und Menschenrechte.** Gegen die Kindesherausgabe wird oft zuletzt noch der Verstoß gegen Menschenrechte vorgebracht. Wie eingangs (→ Vor Art. 1 Rn. 14) näher dargestellt wurde, hatte der EGMR im Fall „Neulinger" scheinbar etwas großzügig eine Verletzung des Art. 8 EMRK angenommen, weil das Kind sich im Zufluchtsstaat eingelebt hatte.[64] Tatsächlich handelte es sich um einen extremen Fall, in dem die Rückgabe so unzumutbar schien, dass der EGMR wohl eine etwas unbedachte Wortwahl traf.

44   Auch eine Auslieferung und eine Verletzung des Art. 16 Abs. 2 GG liegen bei einer Rückführung des Kindes in das Ausland auch dann nicht vor, wenn es die deutsche Staatsangehörigkeit besitzt. Bei der Rückgabe geht es um privatrechtliche Ansprüche der Eltern und nicht internationale Rechtshilfe in Strafsachen.[65] Auch sonst verletzt das KindEntfÜbk nicht das Grundgesetz, solange es nicht verfahrensfehlerhaft angewendet wird (näher → Vor Art. 1 Rn. 12 f.).[66]

45   Ob dagegen im Einzelfall eine Rückführung oder deren Verweigerung die Grundrechte des Kindes verletzt, ist bei der Prüfung des Verweigerungsgrundes des Art. 13 Abs. 1 lit. b – oder unter Umständen des Art. 20 – zu entscheiden.

46   **9. Angemessene Vorkehrungen, undertakings.** Die in Art. 13 genannten Hinderungsgründe für eine Rückführung greifen nur dann durch, wenn sie sich nicht durch passende Maßnahmen ausräumen lassen. So kann es, wie bereits angesprochen, in vielen Fällen verlangt werden, dass der entführende Elternteil mit dem Kind gemeinsam zurückkehrt, um diesem eine schädliche Trennung zu ersparen. In Extremfällen kann es sogar dazu kommen, dass für das Kind im Herkunftsstaat eine Versorgung durch eine dritte Person organisiert wird. Auch sonstige Maßnahmen können unterstützend eingesetzt werden, um Gefahren und Belastungen durch die Rückführung für das Kind zu vermeiden. Dies gilt nicht nur, wenn das Eingreifen eines Ausschlussgrundes im Raum steht, sondern ganz allgemein. Denn Art. 13 hat zur Konsequenz, dass eine Rückführung auch stattfinden kann, wenn sie für das Kind eine spürbare Belastung darstellt. Oft wird es im Sinne beider Eltern sein, Absprachen zu treffen, die dem Kind die Rückkehr erleichtern können.

47   Es bestehen viele Möglichkeiten, eine möglichst reibungslose Rückkehr zu erreichen. Häufig wird der beraubte Elternteil das Kind persönlich abholen. Wichtig kann es auch sein, dass eine geeignete Wohnung für das Zusammenleben mit dem Kind im Herkunftsstaat oder für den entführenden, das Kind begleitenden Elternteil zur Verfügung gestellt wird. Es kann Unterstützung bei der Versorgung des Kindes im Alltag eingerichtet werden oder die Eltern treffen Absprachen über die künftige einvernehmliche Ausübung von Sorge oder Umgang. Auch die Übernahme der Reisekosten für Kind und Entführer oder eine alternative Reisebegleitung für das Kind ließen sich organisieren.[67] Der beraubte Elternteil, aber auch das Gericht kann durch Auflagen dem Entführer den Wind aus den Segeln nehmen und die behauptete schwerwiegende Gefahr einer Rückgabe beseitigen oder zumindest herabmindern.[68]

48   Schon lange ist es in anglo-amerikanischen Ländern gewohnheitsrechtlich anerkannt, dass solche Maßnahmen durch „undertakings" gerichtlich abgesichert werden können, so dass dem entführten Kind und ggf. dem Entführer die Rückkehr so problemlos wie möglich gemacht wird.[69] Möglich sind dort in bestimmten Fällen auch sog. safe harbour und mirror orders.

---

[62] EGMR Urt. v. 9.9.2014, Nr. 43730/07 – Gajtani/Schweiz; auch EGMR Urt. v. 7.6.2013 – Nr. 10131/11 – Raw u.a./Frankreich; näher *Heiderhoff* IPRax 2014, 525.

[63] NK-BGB/*Benicke* Rn. 41.

[64] EGMR Urt. v. 6.7.2010, Nr. 41615/07, [2011] 1 F.L.R. 122 – Neulinger u. Shuruk/Schweiz. Hierzu *Beaumont/Walker*, Essays in honour of van Loon, 2013, 17–30; *J.H.A. van Loon,* Opstellen aangeboden aan mr. L. Strikwerda, 2011, 297; *Walker* J. Priv. Int. L. 6 (2010), 649–682; *Walker/Beaumont* J. Priv. Int. L. 7 (2011), 231.

[65] BVerfG IPRax 1997, 123; NJW 1999, 2173.

[66] BVerfG NJW-RR 1995, 897; NJW 1996, 1402; 1996, 3145; BVerfGE 99, 145 = NJW 1999, 631; BVerfG NJW 1999, 3622.

[67] So in Re M (Minors) (Child Abduction: Undertakings) [1995] 1 F.L.R. 1021 (C.A.); K v. K (Abduction: Return Order) [2009] EWHC 132 (Fam). Der Umfang der „undertakings" darf allerdings nicht die übermäßige Verzögerung der Rückführung bewirken, AT v. SS [2015] EWHC 3328 (Fam).

[68] Hierzu *Mäsch* FamRZ 2002, 1069. Diese Voraussetzungen waren nicht erfüllt in OLG Zweibrücken FamRZ 2010, 913: Rückkehr in die USA zu einem Soldaten, der im Irak Krieg führt; DL v. EL (Abduction: Habitual Residence: Inherent Jurisdiction) [2013] UKSC 75: der beraubte Vater in den USA sorgt für separate Unterkunft von Mutter und Kind; EGMR FamRZ 2011, 1482 – Šneersone u. Kampanella/Italien, mit Anm. *Henrich* 1484.

[69] NK-BGB/*Benicke* Rn. 37; NK-BGB/*Gruber* Ehe VO 2003 Art. 11 Rn. 10 f.

Diese Praxis greift Art. 11 Abs. 4 Brüssel IIa-VO auf. Danach darf ein Gericht die Rückgabe 49 eines Kindes aufgrund des Art. 13 Abs. 1 lit. b nicht verweigern, wenn nachweislich angemessene Vorkehrungen getroffen wurden, um den Schutz des Kindes nach seiner Rückkehr zu gewährleisten.

Auch in Deutschland sind solche Absprachen längst üblich.[70] Sie erfolgen nicht nur, wenn das 50 Kind nicht aus einem EU-Mitgliedstaat kommt. Nicht ganz einfach ist allerdings die prozessuale Umsetzung, die zu einer Gewährleistung der Durchsetzung der Vereinbarung führen sollte.[71]

Die eigentlichen „undertakings" sind dabei noch am ehesten prozessual umsetzbar. Denn solche 51 Absprachen können im Beschluss berücksichtigt werden[72] oder Grundlage für einen Vergleich sein.[73]

Allerdings besteht ein Problem in Hinblick auf die internationale Zuständigkeit, wenn die Abspra- 52 chen, was häufiger der Fall ist, inhaltlich über die bloße Rückgabe des Kindes hinausgehen. Wenn zugleich Vereinbarungen über die Ausübung der elterlichen Sorge oder den Umgang getroffen werden, ist nämlich das mit der Kindesrückgabe befasste Gericht dafür mangels gewöhnlichen Aufenthalts des Kindes nicht zuständig. Streng genommen greift außerdem Art. 16 ein. Letzteres wird man durch eine teleologische Auslegung korrigieren können. Damit ist aber das Zuständigkeitsproblem nicht überwunden. Auch Gerichtsstandvereinbarungen sind für die elterliche Sorge nicht möglich. Daher ist auch die Anerkennung und Vollstreckung gefährdet. Dass die Gerichte im Herkunftsstaat eine großzügige Sichtweise in Hinblick auf eine sich aus dem KindEntfÜbk ergebende Gesamtzuständigkeit annehmen, ist jedenfalls nicht gesichert.[74]

Soll Vollstreckbarkeit erreicht werden, so muss im Grunde eine Kombination von einem Vergleich 53 vor den Gerichten im Herkunftsstaat mit der – darauf aufbauenden – Rückgabeanordnung erreicht werden. Das wird oft schon zeitlich schwierig sein und bringt zumindest den großen Nachteil mit sich, die Rückgabe zu verzögern.

Teilweise bietet sich ein Ausweg über Bedingungen in der Rückgabeentscheidung an. Das hilft 54 aber ebenfalls nur dann sicher, wenn es sich um Bedingungen handelt, die vor der Rückführung erfüllt sein müssen.

Sogenannte *Safe harbour orders,* bei denen bestimmte „sichere" Bedingungen im Herkunftsstaat 55 gerichtlich oder behördlich angeordnet werden, ähneln den oben angesprochenen unterstützenden Entscheidungen. Sie kommen bei Kindesentführungen nur selten in Betracht. Ob und wann sich in Kindesentführungsfällen auch sog. mirror orders anbieten, ist selbst in den common law Staaten umstritten.[75] Bei mirror orders würde das Gericht im Herkunftsstaat die Anordnungen des Zufluchtsstaats in einen eigenen Beschluss übernehmen. In Deutschland würde man in einem solchen Fall bereits Probleme mit der Überwindung der ausländischen Rechtshängigkeit haben.[76]

Art. 14 KindEntfÜbk [Feststellung der Widerrechtlichkeit des Verbringens]

Haben die Gerichte oder Verwaltungsbehörden des ersuchten Staates festzustellen, ob ein widerrechtliches Verbringen oder Zurückhalten im Sinn des Artikels 3 vorliegt, so können sie das im Staat des gewöhnlichen Aufenthalts des Kindes geltende Recht und die gerichtlichen oder behördlichen Entscheidungen, gleichviel ob sie dort förmlich anerkannt sind oder nicht, unmittelbar berücksichtigen; dabei brauchen sie die besonderen Verfahren zum Nachweis dieses Rechts oder zur Anerkennung ausländischer Entscheidungen, die sonst einzuhalten wären, nicht zu beachten.

1. Zweck und wesentlicher Inhalt. Art. 14 verfolgt den Zweck, die Bestimmung des auf die 1 elterliche Sorge anwendbaren Rechts zu vereinfachen. Dadurch wird die Feststellung der Widerrechtlichkeit des Verbringens oder Zurückhaltens iSd Art. 3 erleichtert. Siehe zum Inhalt des Sorgerechts näher → Art. 3 Rn. 4 ff. und zur Feststellung des gewöhnlichen Aufenthalts → Art. 3 Rn. 14 ff.

2. Entscheidungen des Herkunftsstaats. Entscheidungen des Staates des gewöhnlichen Auf- 2 enthalts des Kindes sind materiell wirksam. Sie werden nicht in den anderen Vertragsstaaten anerkannt und vollstreckt, sondern bei der Feststellung der Widerrechtlichkeit im Rahmen des Art. 3 unmittel-

---

[70] *Vogel* FPR 2012, 403 (408) mit Beispielen hierfür.
[71] Mit anschaulichem Beispiel für einen völlig misslungenen Ablauf *Carl* FPR 2001, 211 (213 f.).
[72] Zu vergleichbaren Problemen bei Sorgerechtsentscheidungen nur OLG Bremen BeckRS 2016, 07347.
[73] Mit Formularen *Finger* in Bergschneider, Beck'sches Formularbuch Familienrecht, IX.
[74] Sehr krit. daher *Mäsch* FamRZ 2002, 1069 (1072 ff.); zum uneinheitlichen Umgang mit dem Problem der Vollstreckbarkeit *Schuz* J. Comp. L. 9 (2014), 3 (19 ff.).
[75] *Schuz* J. Comp. L. 9 (2014), 3, 20 f.
[76] OLG Bremen BeckRS 2016, 07347.

bar berücksichtigt.[1] Der Ausdruck „berücksichtigen" („take notice directly", „tenir compte directe-
ment") ist dabei etwas missverständlich. Nach Art. 3 ist die im Fluchtstaat bestehende Sorgerechtssitu-
ation für den Zufluchtsstaat verbindlich, und zwar einerlei, ob sie auf Gesetz, Vereinbarung oder auf
einer Entscheidung beruht. Bei dem missverständlichen Ausdruck, der im englischen Text am
wenigsten irritiert, ist deshalb die Unmittelbarkeit der Berücksichtigung zu betonen.

Art. 15 KindEntfÜbk [Bescheinigung über Widerrechtlichkeit]

**[1]Bevor die Gerichte oder Verwaltungsbehörden eines Vertragsstaats die Rückgabe des
Kindes anordnen, können sie vom Antragsteller die Vorlage einer Entscheidung oder sonstigen Bescheinigung der Behörden des Staates des gewöhnlichen Aufenthalts des Kindes
verlangen, aus der hervorgeht, dass das Verbringen oder Zurückhalten widerrechtlich im
Sinn des Artikels 3 war, sofern in dem betreffenden Staat eine derartige Entscheidung
oder Bescheinigung erwirkt werden kann. [2]Die zentralen Behörden der Vertragsstaaten
haben den Antragsteller beim Erwirken einer derartigen Entscheidung oder Bescheinigung
soweit wie möglich zu unterstützen.**

1   **1. Normzweck.** Diese fakultative Verfahrensvorschrift soll den Gerichten und Behörden des
ersuchten Staates die Anwendung des Art. 3 erleichtern. Diese Instanzen können vom Antragsteller
verlangen, dass er eine ausländische Entscheidung oder Bescheinigung über die Widerrechtlichkeit
des Vorbringens oder Zurückhaltens vorlegt.[1*] Hierbei helfen die Zentralen Behörden (Art. 15 S. 2).
Art. 15 schließt es nicht aus, dass auch die ersuchenden Behörden für ihr Vorgehen im Ausland vom
Antragsteller eine Bescheinigung der Widerrechtlichkeit verlangen und dass der Antragsteller diese
Bescheinigung bei Gericht erwirken kann.[2]

2   **2. Bescheinigung.** Die Bescheinigung muss eine Behörde desjenigen Staates ausstellen, in dem
das Kind seinen gewöhnlichen Aufenthalt im Zeitpunkt der Entführung hatte, und sie muss die
Rechtssituation in diesem Zeitpunkt feststellen. Eine rückwirkende Beurteilung ist unzulässig.[3] Aus
der Bescheinigung muss sich die Widerrechtlichkeit iSd Art. 3 ergeben.[4] Diese Bescheinigung ist
insofern für die anfordernde Instanz bindend, als sie das Sorgerecht betrifft;[5] denn Art. 3 Abs. 1 lit. a
erklärt das Recht am gewöhnlichen Aufenthalt des Kindes für anwendbar (→ Art. 3 Rn. 4, zum
Begriff des gewöhnlichen Aufenthalts → Art. 3 Rn. 14 ff.). Ob allerdings Art. 3 Abs. 1 lit. b (tatsächliche Ausübung) gegeben ist, muss das Gericht im Zufluchtsstaat selbst entscheiden.[6] Auch für die
Ablehnungsgründe des Art. 13 hat die Bescheinigung keine Sperrwirkung.[7] Hat der Zufluchtsstaat
bereits eine Rückgabe abgelehnt, besteht kein Rechtsschutzbedürfnis mehr, eine Widerrechtlichkeitsbescheinigung zu erhalten.[8]

3   **3. Deutschland.** In Deutschland bescheinigen die in § 41 IntFamRVG genannten Gerichte die
Widerrechtlichkeit in Form von begründeten Entscheidungen.[9] Soweit ausländische Bescheinigungen benötigt werden, haben die Zentralen Behörden den Antragsteller zu unterstützen (Art. 15 S. 2).
4   In Österreich hat der OGH nun entschieden, dass die Zentrale Behörde zuständig ist.[10]

Art. 16 KindEntfÜbk [Verbot einer Sachentscheidung über Sorgerecht]

**Ist den Gerichten oder Verwaltungsbehörden des Vertragsstaats, in den das Kind ver-
bracht oder in dem es zurückgehalten wurde, das widerrechtliche Verbringen oder**

---

[1] OLG Celle FamRZ 2007, 1587.
[1*] Ob eine solche Bescheinigung verlangt wird, liegt im Ermessen des Gerichts: OLG Karlsruhe FamRZ 2006,
1403; näher *Hohloch* IPRax 2016, 248 (250).
[2] In Re J (Abduction: Ward of Court) [1989] 3 W.L.R. 825, 831 (Fam.D.); Re P (Abduction: Declaration)
[1995] 1 F.L.R. 831 (C.A.).
[3] OLG Frankfurt ZKJ 2009, 373.
[4] OLG Nürnberg FamRZ 2009, 240: Ablehnung, weil keine Widerrechtlichkeit vorlag.
[5] Re D (Abduction: Rights of Custody) [2007] 1 F.L.R. 961 (H.L.): bindend, es sei denn, es läge „fraud"
oder die Verletzung von „natural justice" vor; H.R. Ned. Jur. 2008 Nr. 539: bindend, es sei denn, es liegen
besondere Umstände vor, die Zweifel an der Richtigkeit erwecken.
[6] AG Hamburg-Altona IPRspr. 1991, Nr. 122.
[7] *Hohloch* IPRax 2016, 248 (251).
[8] OLG Zweibrücken NJWE-FER 1999, 131.
[9] AG Duisburg-Hamborn FamRZ 2015, 592; BayObLG FamRZ 1995, 629; OLG Nürnberg FamRZ 2009,
240; näher *Hohloch* IPRax 2016, 248 (250 f.).
[10] OGH IPRax 2016, 280 mit Anm. *Hohloch* IPRax 2016, 248 (249).

Zurückhalten des Kindes im Sinn des Artikels 3 mitgeteilt worden, so dürfen sie eine Sachentscheidung über das Sorgerecht erst treffen, wenn entschieden ist, daß das Kind aufgrund dieses Übereinkommens nicht zurückzugeben ist, oder wenn innerhalb angemessener Frist nach der Mitteilung kein Antrag nach dem Übereinkommen gestellt wird.

1. Normzweck. Diese Vorschrift soll im Zufluchtsstaat den Vorrang des KindEntfÜbk vor dem 1 Sorgerecht (vgl. Art. 34) wahren und eine vorschnelle Sachentscheidung ohne Beachtung des KindEntfÜbk verhindern. Selbst wenn das Gericht am Zufluchtsort bereits international zuständig sein sollte (beachte Art. 8, 10 Brüssel IIa-VO), wären dortige Entscheidungen über die elterliche Sorge für das Rückführungsverfahren störend. Bereits beantragte Sachentscheidungen über das Sorgerecht oder über eine Adoption sind bis zur Rückgabeentscheidung auszusetzen.[1]

Die Sperrwirkung kann nur eingreifen, wenn dem Gericht bekannt ist, dass das Kind widerrecht- 2 lich entführt oder nicht zurückgegeben worden ist. Deshalb verlangt Art. 16, dass den Gerichten des Zufluchtsstaats das widerrechtliche Verbringen oder Zurückhalten des Kindes mitgeteilt worden ist und der beraubte Elternteil rechtzeitig bei Gericht die Rückgabe des Kindes verlangt.[2] Solange die Sperrwirkung besteht, hat das angerufene Gericht den Antrag als unzulässig zurückzuweisen. Ein bereits laufendes Sorgeverfahren muss unterbrochen werden.[3]

Im Herkunftsstaat dagegen dürfen – solange die Gerichte dort noch zuständig sind (→ Art. 8 3 Brüssel IIa-VO Rn. 32 f.; → Art. 10 Brüssel IIa-VO Rn. 7 ff.) – Regelungen zu elterlichen Sorge getroffen und Kindesschutzmaßnahmen ergriffen werden.[4]

2. Dauer der Sperrwirkung. Die Sperrwirkung des Art. 16 dauert solange an, bis die Rückgabe 4 tatsächlich vollzogen ist. Herauszögern der Vollstreckung, Nichteinhalten gegebener Versprechungen oder Untertauchen mit den Kindern können die Sperrwirkung nicht beseitigen.[5] Diese endet jedoch, wenn eine Rückführung endgültig nicht mehr zu erwarten ist. Die Sperrwirkung endet auch, wenn innerhalb „einer angemessenen Frist" kein Rückführungsantrag gestellt worden ist. Diese Frist darf nicht zu kurz bemessen werden. Art. 12 zeigt, dass das KindEntfÜbk auch Anträge, die nach über einem Jahr gestellt werden, grundsätzlich noch unterstützt. Insofern sollte zumindest gut ein Jahr lang gewartet werden müssen.[6]

3. Nichtrückgabe. Wird das Kind endgültig nicht zurückgegeben, so hat dies keine Auswirkun- 5 gen auf das Sorgerecht. Dies ändert sich nur, wenn neue Sorgerechtsregelungen durch ein Gericht oder zwischen den Eltern getroffen werden. Ob inländische Gerichte dafür international zuständig sind und welches Recht anwendbar ist, richtet sich nicht nach dem KindEntfÜbk, sondern idR nach dem KSÜ. Andere Staatsverträge, die Brüssel IIa-VO oder das autonome Recht können hinzutreten.

Art. 17 KindEntfÜbk [Rückgabe trotz Sorgerechtsentscheidung im ersuchten Staat]

Der Umstand, daß eine Entscheidung über das Sorgerecht im ersuchten Staat ergangen oder dort anerkennbar ist, stellt für sich genommen keinen Grund dar, die Rückgabe eines Kindes nach Maßgabe dieses Übereinkommens abzulehnen; die Gerichte oder Verwaltungsbehörden des ersuchten Staates können jedoch bei der Anwendung des Übereinkommens die Entscheidungsgründe berücksichtigen.

1. Unbeachtlichkeit von Entscheidungen. Die Norm ergänzt zum einen Art. 16. Denn die 1 Sperrwirkung des Art. 16 greift nicht, wenn vor der Einleitung des Verfahrens bereits eine Entscheidung über das Sorgerecht im Zufluchtsstaat vorliegt. Das kann zB bei der Rückentführung eines entführten Kindes der Fall sein,[1*] aber auch bei einer Entführung in einen Scheidungsstaat, in dem über die elterliche Sorge bereits entschieden worden ist. Es kann daher geschehen, dass im ersuchten Staat das Sorgerecht einer anderen Person – insbesondere dem Entführer – zugesprochen ist als im ersuchenden Staat. Um das KindEntfÜbk nicht zu entwerten, muss die im ersuchenden Staat geltende

---

[1] OGH ZfRV 1993, 32 Nr. 7; Re B (Minors) (Abduction) (No. 1) [1993] 1 F.L.R. 988 (Fam.D.); R. v. R. [1995] 3 W.L.R. 425 (Fam.D.).
[2] Der rechtzeitige Antrag bei der Zentralen Behörde genügt nicht: AG Würzburg FamRZ 1998, 1319; eine anwaltliche Pflicht zur Mitteilung wird angenommen in Re H (A Child) (Abduction: Habitual Residence: Consent) [2000] 2 F.L.R. 294 (Fam.D.).
[3] NK-BGB/*Benicke* Rn. 3; *Haußleiter/Gomille* FamFG Anh. III nach § 110 Rn. 62.
[4] BayObLG FamRZ 1995, 629; Re N [1993] 2 F.L.R. 124; Re D (A Minor) [1992] 1 W.L.R. 315 (C.A.).
[5] BGHZ 145, 97 = NJW 2000, 1349; OGH ZfRV 1997, 79.
[6] Für 15 Monate NK-BGB/*Benicke* Rn. 3.
[1*] Vgl. OLG Celle DEuFamR 1999, 62: dt. Sorgerechtsentscheidung.

Rechtssituation zur Zeit der Entführung den Vorrang genießen. Der ersuchte Staat darf also nicht allein wegen der inländischen, entgegengesetzten Sorgeentscheidung die Rückgabe ablehnen.[2]

2   Ein ähnlicher Konflikt kann sich ergeben, wenn in einem dritten Staat eine anerkennungsfähige Entscheidung ergangen ist. So kann es etwa sein, wenn ein Elternteil sein Kind aus Österreich zunächst nach Italien entführt, ihm in Italien das Sorgerecht übertragen wird und er sich dann mit dem Kind in Deutschland aufhält. Wird nun die Rückgabe des Kindes nach Österreich beantragt, so dürfte die italienische Entscheidung selbst dann nicht beachtet werden, wenn sie nach deutschem Recht anerkannt werden könnte. Vielmehr kommt es weiterhin darauf an, ob das Sorgerecht des anderen Elternteils nach dem Recht des ersuchenden Staates, also nach österreichischem Recht, zum Zeitpunkt der Entführung verletzt wurde. Der ersuchte Staat hat bei der Feststellung, ob das Verbringen oder Zurückhalten widerrechtlich ist, also stets das im ersuchenden Staat im Zeitpunkt der Entführung auf das Sorgerecht zur Anwendung kommende Recht zugrunde zu legen (Art. 3 Abs. 1 lit. a).

3   Probleme treten auf, wenn die Entscheidung über die Sorge im Herkunftsstaat selbst ergangen ist. Es geschieht relativ häufig, dass dem Entführer die (vorläufige) Alleinsorge zugesprochen wird, noch nachdem er sich bereits widerrechtlich mit dem Kind in das Ausland begeben hat. Dazu kommt es insbesondere in den eingangs (→ Vor Art. 1 Rn. 1, 6) beschriebenen Fällen, in denen die engere Bezugsperson des Kindes aus vollkommen verständlichen Gründen mit diesem in das Ausland umzieht, bevor ein Sorgerechtsverfahren abgeschlossen oder überhaupt durchgeführt wurde.

4   Auch eine solche Entscheidung kann nach in Deutschland wohl allgemeiner Ansicht nicht einfach beachtet werden, sondern wirkt sich nur indirekt auf die Rückführungsentscheidung aus. Die Rückführung scheidet daher nicht allein wegen der ausländischen Entscheidung über die Sorge aus, sondern nur, wenn zugleich Art. 13 eingreift. Dabei wird idR angenommen, dass eine Rückführung für das Kind unzumutbar ist, wenn der die Rückführung beantragende Elternteil auch nach dem Recht des Herkunftsstaats nicht mehr die Sorge innehat (näher → Art. 13 Rn. 34).[3]

5   **2. Beachtung der Gründe.** Die Instanzen des ersuchten Staates können jedoch bei der Entscheidung über die Rückführung die Gründe beachten, auf die die Sorgeentscheidung gestützt wurde. Auch das wird insbesondere wichtig, wenn es um Gründe geht, aus denen das Kind ausnahmsweise nicht zurückzugeben ist (Art. 12 Abs. 2; 13 Abs. 1 und 2; 20). Enthält die inländische oder ausländische Sorgerechtsentscheidung also beispielsweise Ausführungen, die eine Gefährdung des Kindes bei Rückführung nahelegen, so darf das über die Rückführung entscheidende Gericht dies berücksichtigen.

6   Zwischen den Mitgliedstaaten der EU hat auch hier der Herkunftsstaat das letzte Wort. Seine Entscheidungen über die Rückführung sind in allen Mitgliedstaaten der EU unmittelbar vollstreckbar (Art. 11 Abs. 8, 40 Abs. 1 lit. b, 42 Brüssel IIa-VO).

Art. 18 KindEntfÜbk [Anordnung der Rückgabe]

Die Gerichte oder Verwaltungsbehörden werden durch die Bestimmungen dieses Kapitels nicht daran gehindert, jederzeit die Rückgabe des Kindes anzuordnen.

1   Die Gerichte oder Behörden sollen durch das KindEntfÜbk nicht gehindert sein, dessen Ziel (Rückgabe des entführten oder zurückgehaltenen Kindes) auf einfacherem Wege als durch das KindEntfÜbk zu erreichen.

Art. 19 KindEntfÜbk [Tragweite der Rückgabeentscheidung]

Eine aufgrund dieses Übereinkommens getroffene Entscheidung über die Rückgabe des Kindes ist nicht als Entscheidung über das Sorgerecht anzusehen.

1   Art. 19 spricht noch einmal ausdrücklich aus, was sich ohnehin aus der Reichweite des KindEntfÜbk ergibt. Die Rückgabeentscheidung soll den status quo ante wiederherstellen und stellt keine Sorgerechtsregelung dar.[1] Sie hat auch keine in irgendeiner Weise präjudizielle oder richtunggebende Wirkung.

---

[2] OLG Düsseldorf FamRZ 1994, 185: Rückführung in die USA trotz dt. Sorgerechtsentscheidung; OLG Frankfurt FamRZ 1992, 583; ObG Zürich SchwJZ 1990, 46; Sheikh v. Cahill, 546 N.Y.S.2d 517 (Sup.Ct. N.Y. 1989).

[3] OLG Stuttgart FamRZ 2015, 1631.

[1] BGE 120 II 222 (1994).

Wollen die Eltern eine neue Sorgerechtsregelung erhalten, müssen sie dies unter Beachtung des **2** Art. 16 gesondert bei einem zuständigen Gericht – üblicherweise im Aufenthaltsstaat des Kindes, Art. 5 KSÜ – beantragen.

Art. 20 KindEntfÜbk [Schutz von Menschenrechten]

Die Rückgabe des Kindes nach Artikel 12 kann abgelehnt werden, wenn sie nach den im ersuchten Staat geltenden Grundwerten über den Schutz der Menschenrechte und Grundfreiheiten unzulässig ist.

Art. 20 will verhindern, dass durch die Rückgabe und deren Erzwingung Menschenrechte und **1** Grundfreiheiten verletzt werden. Jedoch ist kaum vorstellbar, dass Art. 20 eingreift, wenn nicht auch ein Ausnahmetatbestand des Art. 13 erfüllt ist. Es verstößt zB gegen die Menschenwürde, ein voll urteilsfähiges Kind gegen seinen Willen zwangsweise dem beraubten Elternteil zurückzugeben.[1] Dann greift aber zugleich auch Art. 13 Abs. 2.

In jedem Fall ist auch Art. 20 eng auszulegen;[2] denn eine Rückführung verstößt in aller Regel **2** nicht gegen Menschenrechte des Kindes (→ Vor Art. 1 Rn. 12 ff.). Es sind nur ganz vereinzelt Entscheidungen bekannt geworden, die eine Verletzung von Menschenrechten (Kindesrechten) dann annehmen, wenn keine schwerwiegende Gefahr für das Kind iSd Art. 13 Abs. 1 lit. b vorliegt.[3]

Kapitel IV. Recht zum persönlichen Umgang

Art. 21 KindEntfÜbk [Verwirklichung des Umgangsrechts]

Der Antrag auf Durchführung oder wirksame Ausübung des Rechts zum persönlichen Umgang kann in derselben Weise an die zentrale Behörde eines Vertragsstaats gerichtet werden wie ein Antrag auf Rückgabe des Kindes.
[1]Die zentralen Behörden haben aufgrund der in Artikel 7 genannten Verpflichtung zur Zusammenarbeit die ungestörte Ausübung des Rechts zum persönlichen Umgang sowie die Erfüllung aller Bedingungen zu fördern, denen die Ausübung dieses Rechts unterliegt. [2]Die zentralen Behörden unternehmen Schritte, um soweit wie möglich alle Hindernisse auszuräumen, die der Ausübung dieses Rechts entgegenstehen.
Die zentralen Behörden können unmittelbar oder mit Hilfe anderer die Einleitung eines Verfahrens vorbereiten oder unterstützen mit dem Ziel, das Recht zum persönlichen Umgang durchzuführen oder zu schützen und zu gewährleisten, daß die Bedingungen, von denen die Ausübung dieses Rechts abhängen kann, beachtet werden.

1. Normzweck. Art. 21 will das zweite Ziel des KindEntfÜbk fördern, nämlich die in Art. 1 **1** lit. b genannte Verwirklichung des Umgangsrechts eines Elternteils. Das ist dem Art. 21 nicht gelungen; die Norm wird kaum angewendet. Die Brüssel IIa-VO versucht in ihrem Art. 41, das Umgangsrecht im Verhältnis der Mitgliedstaaten zueinander besser durchzusetzen als bisher (→ Art. 41 Brüssel IIa-VO Rn. 1 ff.).

2. Antrag auf Durchführung oder Ausübung. Als Adressaten des Antrags kommen sowohl **2** die Zentralen Behörden am gewöhnlichen Aufenthalt des Kindes in Frage als auch die Zentralen Behörden am gewöhnlichen Aufenthalt des Antragstellers. Abs. 1 verweist insoweit auf Art. 8 Abs. 1.

Gegenstand des Antrags ist die „Durchführung oder wirkliche Ausübung" („arrangements for **3** organizing or securing the effective exercise"; „organisation ou la protection de l'exercice effectif") des Umgangsrechts. Nach dem Rapport explicatif soll mit dem Wort „Durchführung" („arrangements for organization", „organisation") auch die „Begründung" („establishment", „établissement") eines Umgangsrechts gemeint sein.[1*] Wieso das im Art. 21 nicht deutlicher zum Ausdruck gebracht wird, ist unklar. Keine Bedenken bestehen gegen diese großzügige Interpretation, sofern man sie

---

[1] BayObLGZ 1974, 317 = NJW 1974, 2183; anders bei Kleinkind: OLG Koblenz FamRZ 1993, 97.
[2] OLG Koblenz FamRZ 1993, 97; Re K (Abduction: Psychological Harm) [1995] 2 F.L.R. 550, 556 (C.A.); H.R. Ned. Jur. 2008 Nr. 548 spricht vom Kompromisscharakter des Art. 20.
[3] In Foyle Health and Social Services Trust ./. E.C. and N.C. [2006] IEHC 448 wurde Art. 13 abgelehnt, Art. 20 aber stattgegeben (bei Rückführung wäre das Kind nach UK-Recht adoptiert worden, wobei das Verfahren nach irischem Maßstab verfassungswidrig gewesen wäre); bestätigt durch Nottingham County Council v. KB [2010] IEHC 9. Zum Ganzen s. *Trimmings/Beaumont* in Rains, The 1980 Hague Abduction Convention – Comparative Aspects, 2014, 91 ff.
[1*] *Pérez-Vera* Nr. 126; hierzu ausf. Staudinger/*Pirrung* (2009) EGBGB Vor Art. 19 Rn. D 87 ff.

auf die Antragstellung beschränkt. Bedenklich ist sie jedoch, wenn sie auf die Entscheidungsbefugnis jeder Zentralen Behörde ausgedehnt wird.

4 **3. Begründung eines Umgangsrechts.** Ein Umgangsrecht soll nach dem KindEntfÜbk nur von den Gerichten bzw. Behörden am gewöhnlichen Aufenthalt des Kindes begründet werden, eventuell durch Vermittlung der Gerichte am gewöhnlichen Aufenthalt des Antragstellers. Die Begründung eines neuen Umgangsrechts durch die Gerichte des Besuchsstaats wird durch das KindEntfÜbk dagegen nicht gedeckt.

5 **4. Ausübung des Umgangsrechts.** Hierbei haben die Zentralen Behörden alle die in Art. 7 genannten Verpflichtungen, um die Ausübung des Umgangsrechts zu fördern, zu schützen und zu gewährleisten (Abs. 2 und 3).[2] Um dies zu verwirklichen, können sie selbst oder durch andere Behörden das Verfahren vorbereiten, einleiten, unterstützen und führen (Abs. 3). Welche Maßnahmen (zB passrechtliche Vorkehrungen) ergriffen werden, bestimmt das Recht jeden Staates. Art. 21 selbst gibt jedoch keine Handhabe, gegen die Zentralbehörden wegen deren Untätigkeit vorzugehen.[3] Dies regelt jeder Staat selbst durch autonomes Recht. Der Umgangsberechtigte kann selbst auch direkt die Gerichte im Aufenthaltsstaat des Kindes in Anspruch nehmen (Art. 29).

Kapitel V. Allgemeine Bestimmungen

Art. 22 KindEntfÜbk [Verbot, Prozesskostensicherheit zu verlangen]

In gerichtlichen oder behördlichen Verfahren, die unter dieses Übereinkommen fallen, darf für die Zahlung von Kosten und Auslagen eine Sicherheitsleistung oder Hinterlegung gleich welcher Bezeichnung nicht auferlegt werden.

1 Zwei Einschränkungen sind zu beachten: (1) Die Befreiung von einer eventuell bestehenden Pflicht, auf Einrede hin Prozesskostensicherheit zu leisten (vgl. im deutschen Recht nur § 110 ZPO), gilt nur für Verfahren, „die unter dieses Übereinkommen fallen", also nicht für Sorgerechtsentscheidungen, nachdem die Rückgabe abgelehnt worden ist. (2) Erlaubt sind zudem Sicherheitsleistungen insofern, als sie die Befolgung gewisser Pflichten (zB Rückgabe des Kindes nach Ablauf der Zeit für die Ausübung des Umgangsrechts) sicherstellen sollen.

Art. 23 KindEntfÜbk [Befreiung von Legalisation]

Im Rahmen dieses Übereinkommens darf keine Legalisation oder ähnliche Förmlichkeit verlangt werden.

1 §§ 82 ff. ZRHO machen, wie es das KindEntfÜbk verlangt, keine besonderen Vorgaben für eingehende Ersuche.

Art. 24 KindEntfÜbk [Sprache der Schriftstücke]

Anträge, Mitteilungen oder sonstige Schriftstücke werden der zentralen Behörde des ersuchten Staates in der Originalsprache zugesandt; sie müssen von einer Übersetzung in die Amtssprache oder eine der Amtssprachen des ersuchten Staates oder, wenn eine solche Übersetzung nur schwer erhältlich ist, von einer Übersetzung ins Französische oder Englische begleitet sein.

Ein Vertragstaat kann jedoch einen Vorbehalt nach Artikel 42 anbringen und darin gegen die Verwendung des Französischen oder Englischen, jedoch nicht beider Sprachen, in den seiner zentralen Behörde übersandten Anträge, Mitteilungen oder sonstigen Schriftstücken Einspruch erheben.

1 Deutschland hat keinen Vorbehalt nach Art. 42, 24 Abs. 2 angebracht. Ist ein eingehendes fremdsprachiges Ersuchen von keiner deutschen Übersetzung begleitet, so veranlasst das Bundesamt für Justiz beim BGH als deutsche Zentrale Behörde die Übersetzung (§ 4 Abs. 2 IntFamRVG).

---

[2] Hierzu vgl. Namsrett Ryflyke 18.7.1989, Case law S. 176; *Limbrock* FamRZ 1999, 1631; *Menhofer* IPRax 1991, 353.

[3] Re G (A Minor) (Enforcement of Access Abroad) [1993] 3 All E.R. 657 (C.A.); Re T and others (Minors) (Hague Convention: Access) [1993] 2 F.L.R. 617 (Fam.D.).

Ausgehende Ersuchen sollten deutsche Behörden in eine Amtssprache des ersuchten Staates 2 übersetzen, damit die Rechtshilfe beschleunigt wird.

Art. 25 KindEntfÜbk [Prozesskostenhilfe]

Angehörigen eines Vertragsstaats und Personen, die ihren gewöhnlichen Aufenthalt in einem solchen Staat haben, wird in allen mit der Anwendung dieses Übereinkommens zusammenhängenden Angelegenheiten Prozesskosten- und Beratungshilfe in jedem anderen Vertragsstaat zu denselben Bedingungen bewilligt wie Angehörigen des betreffenden Staates, die dort ihren gewöhnlichen Aufenthalt haben.

Dieser Vorschrift entspricht ganz allgemein das bereits geltende deutsche autonome Recht: § 76 1 FamFG, §§ 114 ff. ZPO.

Art. 26 KindEntfÜbk [Verfahrenskosten der Behörden]

Jede zentrale Behörde trägt ihre eigenen Kosten, die bei der Anwendung dieses Übereinkommens entstehen.
[1]Für die nach diesem Übereinkommen gestellten Anträge erheben die zentralen Behörden und andere Behörden der Vertragsstaaten keine Gebühren. [2]Insbesondere dürfen sie vom Antragsteller weder die Bezahlung von Verfahrenskosten noch der Kosten verlangen, die gegebenenfalls durch die Beiordnung eines Rechtsanwalts entstehen. [3]Sie können jedoch die Erstattung der Auslagen verlangen, die durch die Rückgabe des Kindes entstanden sind oder entstehen.
Ein Vertragsstaat kann jedoch einen Vorbehalt nach Artikel 42 anbringen und darin erklären, dass er nur insoweit gebunden ist, die sich aus der Beiordnung eines Rechtsanwalts oder aus einem Gerichtsverfahren ergebenden Kosten im Sinn des Absatzes 2 zu übernehmen, als diese Kosten durch sein System der Prozesskosten- und Beratungshilfe gedeckt sind.
Wenn die Gerichte oder Verwaltungsbehörden aufgrund dieses Übereinkommens die Rückgabe des Kindes anordnen oder Anordnungen über das Recht zum persönlichen Umgang treffen, können sie, soweit angezeigt, der Person, die das Kind verbracht oder zurückgehalten oder die die Ausübung des Rechts zum persönlichen Umgang vereitelt hat, die Erstattung der dem Antragsteller selbst oder für seine Rechnung entstandenen notwendigen Kosten auferlegen; dazu gehören insbesondere die Reisekosten, alle Kosten oder Auslagen für das Auffinden des Kindes, Kosten der Rechtsvertretung des Antragstellers und Kosten für die Rückgabe des Kindes.

1. Behördliche Gebühren. Die Zentralen Behörden und andere Behörden dürfen für Anträge 1 keine Gebühren erheben (Abs. 2 S. 1) und ihre Kosten nicht dem ersuchenden Staat in Rechnung stellen (Abs. 1). Sie können jedoch Auslagenerstattung verlangen (Abs. 2 S. 3).

2. Prozesskosten- und Beratungshilfe. Das Verbot, für diese Hilfe Gebühren zu verlangen (so 2 Abs. 2 S. 2), wird in Abs. 3 relativiert. Jeder Staat kann durch Vorbehalt erklären, dass er an Abs. 2 S. 2 nur insoweit gebunden ist, als diese Kosten durch sein System der Prozesskosten- und Beratungshilfe gedeckt sind. Das hat Deutschland getan und es in § 43 IntFamRVG ausdrücklich ausgesprochen (→ Art. 25 Rn. 1).

3. Kostenerstattung durch Entführer. Abs. 4 regelt eine Selbstverständlichkeit: Durch eine 3 möglichst kostenfreie und großzügige Hilfe zugunsten des Beraubten soll der Entführer nicht begünstigt werden. Ihm kann die Erstattung der in Abs. 4 (am Ende) genannten Kosten, die dem Antragsteller selbst oder für seine Rechnung entstanden sind, auferlegt werden.[1]

Art. 27 KindEntfÜbk [Offenbare Unanwendbarkeit des Übereinkommens]

[1]Ist offenkundig, dass die Voraussetzungen dieses Übereinkommens nicht erfüllt sind oder dass der Antrag sonst wie unbegründet ist, so ist eine zentrale Behörde nicht verpflichtet, den Antrag anzunehmen. [2]In diesem Fall teilt die zentrale Behörde dem Antrag-

---

[1] Re D (A Minor) (Child Abduction) [1989] 1 F.L.R. 97, 103 (Fam.D.).

steller oder gegebenenfalls der zentralen Behörde, die ihr den Antrag übermittelt hat, umgehend ihre Gründe mit.

1   Die Voraussetzungen des KindEntfÜbk sind zB nicht erfüllt, wenn ein über 16 Jahre altes Kind (vgl. Art. 4 S. 2) entführt worden ist. Ein Antrag ist offensichtlich unbegründet, wenn er sich gegen eine Rückentführung wendet, die so kurz nach der Erst-Entführung erfolgt ist, dass ein gewöhnlicher Aufenthalt im Zufluchtsstaat sicher ausgeschlossen werden kann.

2   Zu beachten ist, dass Art. 27 es nicht verbietet, das KindEntfÜbk auch dann anzuwenden, wenn es nach seinem Buchstaben unanwendbar ist.[1] Jedoch sollte der Aufwand nicht betrieben werden, wenn der negative Ausgang des Verfahrens bereits offensichtlich und sicher vorhersehbar ist.

Art. 28 KindEntfÜbk [Vollmacht auf ersuchte Behörde]

Eine zentrale Behörde kann verlangen, dass dem Antrag eine schriftliche Vollmacht beigefügt wird, durch die sie ermächtigt wird, für den Antragsteller tätig zu werden oder einen Vertreter zu bestellen, der für ihn tätig wird.

1   Diese Kann-Vorschrift wird durch § 6 Abs. 2 S. 2 IntFamRVG wesentlich vereinfacht. Nach dieser Vorschrift gilt die deutsche Zentrale Behörde als bevollmächtigt, im Namen des Antragstellers – zum Zweck der Rückgabe des Kindes – selbst oder im Wege der Untervollmacht durch Vertreter gerichtlich oder außergerichtlich tätig zu werden.

Art. 29 KindEntfÜbk [Unmittelbare Inanspruchnahme der Behörden]

Dieses Übereinkommen hindert Personen, Behörden oder sonstige Stellen, die eine Verletzung des Sorgerechts oder des Rechts zum persönlichen Umgang im Sinn des Artikels 3 oder 21 geltend machen, nicht daran, sich unmittelbar an die Gerichte oder Verwaltungsbehörden eines Vertragsstaats zu wenden, gleichviel ob dies in Anwendung des Übereinkommens oder unabhängig davon erfolgt.

1   Es ist im Rahmen des KindEntfÜbk nicht zwingend vorgeschrieben, dass der beraubte Elternteil sich der Rechtshilfe durch Zentrale Behörden bedient. Das KindEntfÜbk wird auch angewendet, wenn dieser unmittelbar die Gerichte und Behörden im Zufluchtsstaat anruft. Diese unmittelbare Inanspruchnahme ist, soweit sie dem beraubten Elternteil finanziell und sprachlich möglich ist, sogar zu empfehlen. Denn sie führt zu einer noch weiteren Beschleunigung der Abläufe. So können insbesondere die Gründe, die nach den Art. 12 Abs. 2, Art. 13 Abs. 1 lit. b und Abs. 2, Art. 20 die Ablehnung einer Rückführung rechtfertigen, durch schnelles Handeln möglicherweise vermieden werden.

Art. 30 KindEntfÜbk [Zulässigkeit von Schriftstücken]

Jeder Antrag, der nach diesem Übereinkommen an die zentralen Behörden oder unmittelbar an die Gerichte oder Verwaltungsbehörden eines Vertragsstaats gerichtet wird, sowie alle dem Antrag beigefügten oder von einer zentralen Behörde beschafften Schriftstücke und sonstigen Mitteilungen sind von den Gerichten oder Verwaltungsbehörden der Vertragsstaaten ohne weiteres entgegenzunehmen.

1   Nicht nur Anträge sind entgegenzunehmen (vgl. auch Art. 7 und 8). Dasselbe gilt für Schriftstücke, die einem Antrag beigefügt sind und Aufschluss über das Sorgerecht (Art. 14) oder die soziale Lage des Kindes (Art. 13 Abs. 3) geben sollen oder die andere nützliche Informationen enthalten. Abgesehen von den Entscheidungen über das Sorgerecht (Art. 3; → Art. 3 Rn. 6), haben diese Schriftstücke keine bindende Beweiskraft.

Art. 31 KindEntfÜbk [Konkretisierungsklausel bei räumlicher Rechtsspaltung]

Bestehen in einem Staat auf dem Gebiet des Sorgerechts für Kinder zwei oder mehr Rechtssysteme, die in verschiedenen Gebietseinheiten gelten, so ist

---

[1] Conclusions S. 17.

a) eine Verweisung auf den gewöhnlichen Aufenthalt in diesem Staat als Verweisung auf den gewöhnlichen Aufenthalt in einer Gebietseinheit dieses Staates zu verstehen;
b) eine Verweisung auf das Recht des Staates des gewöhnlichen Aufenthalts als Verweisung auf das Recht der Gebietseinheit dieses Staates zu verstehen, in der das Kind seinen gewöhnlichen Aufenthalt hat.

Diese Vorschrift ist bedeutsam für den Rechtsverkehr vor allem mit Australien, Kanada, dem **1** Vereinigten Königreich und den Vereinigten Staaten.

Art. 32 KindEntfÜbk [Konkretisierungsklausel bei personaler Rechtsspaltung]

Bestehen in einem Staat auf dem Gebiet des Sorgerechts für Kinder zwei oder mehr Rechtssysteme, die für verschiedene Personenkreise gelten, so ist eine Verweisung auf das Recht dieses Staates als Verweisung auf das Rechtssystem zu verstehen, das sich aus der Rechtsordnung dieses Staates ergibt.

Diese in Haager Konventionen übliche Vorschrift (vgl. Art. 49 KFÜ), nimmt insbesondere auf **1** religiöse Familienrechte Bezug. Sie hat beim KindEntfÜbk noch keine Bedeutung.

Art. 33 KindEntfÜbk [Interlokale Kollisionen bei Mehrrechtsstaaten]

Ein Staat, in dem verschiedene Gebietseinheiten ihre eigenen Rechtsvorschriften auf dem Gebiet des Sorgerechts für Kinder haben, ist nicht verpflichtet, dieses Übereinkommen anzuwenden, wenn ein Staat mit einheitlichem Rechtssystem dazu nicht verpflichtet wäre.

Ein Mehrrechtsstaat braucht das KindEntfÜbk nicht bei Entführungen, die von einem seiner **1** Gliedstaaten zu einem anderen Gliedstaat erfolgen, anzuwenden.

Art. 34 KindEntfÜbk [Verhältnis zu anderen Staatsverträgen]

[1]Dieses Übereinkommen geht im Rahmen seines sachlichen Anwendungsbereichs dem Übereinkommen vom 5. Oktober 1961 über die Zuständigkeit der Behörden und das anzuwendende Recht auf dem Gebiet des Schutzes von Minderjährigen vor, soweit die Staaten Vertragsparteien beider Übereinkommen sind. [2]Im übrigen beschränkt dieses Übereinkommen weder die Anwendung anderer internationaler Übereinkünfte, die zwischen dem Ursprungsstaat und dem ersuchten Staat in Kraft sind, noch die Anwendung des nichtvertraglichen Rechts des ersuchten Staates, wenn dadurch die Rückgabe eines widerrechtlich verbrachten oder zurückgehaltenen Kindes erwirkt oder die Durchführung des Rechts zum persönlichen Umgang bezweckt werden soll.

1. MSA. Nach Art. 34 S. 1 geht das KindEntfÜbk im Rahmen seines sachlichen Anwendungsbe- **1** reichs dem Minderjährigenschutzabkommen (MSA) von 1961 vor, soweit die beteiligten Staaten Vertragsparteien beider Übereinkommen sind und das MSA noch nicht durch das KSÜ ersetzt haben. Zu den Vertragsstaaten des MSA → Vor Art. 1 Brüssel IIa-VO Rn. 1; zu denen des KindEntfÜbk → Vor Art. 1 Rn. 25 f. Das KSÜ sieht seinerseits in Art. 50 den Vorrang des KindEntfÜbk vor. Dieser Vorrang bedeutet vor allem Folgendes:

Bei einer **Entführung ins Inland** hat das KindEntfÜbk eine umfassend verdrängende Wirkung. **2** Die Zentrale Behörde und die Gerichte wenden in Hinblick auf die Rückgabe allein dessen Vorschriften an.

Ist ein Kind **ins Ausland entführt** worden, so sagt das KindEntfÜbk für das Inland lediglich, **3** dass dessen Zentralbehörde für die Entgegennahme und Weiterleitung von Anträgen auf Rückgabe zuständig ist sowie mit ausländischen Zentralbehörden zusammenzuarbeiten hat (Art. 6 ff.). Die inländischen Gerichte bleiben also nach der Brüssel IIa-VO zuständig, Maßnahmen zum Schutz eines Kindes mit inländischem gewöhnlichen Aufenthalt zu ergreifen; denn hierüber sagt das KindEntfÜbk nichts. Das KSÜ (bzw. das MSA) bleiben anwendbar, da alleine durch eine Entführung das Kind seinen inländischen gewöhnlichen Aufenthalt nicht verliert. Lediglich die Frage, ob die Entführung widerrechtlich ist, muss die inländische Behörde ebenso nach Art. 3 beantworten (und entsprechend bescheinigen: Art. 15, § 41 IntFamRVG), wie die ausländischen Behörden, die um Rückgabe des Kindes gebeten werden.

4   Ist ein **Besuchsrecht** widerrechtlich verletzt worden, so haben die Zentralbehörden und die nach dem KindEntfÜbk international zuständigen Gerichte ebenfalls nach gemeinsamen Sachnormen (mit teilweise kollisionsrechtlichem Gehalt: Art. 3 Abs. 1 lit. a) vorzugehen, um die Verletzung zu beenden. In diesem Umfang weichen die Normen des MSA und ebenfalls diejenigen des eventuell anwendbaren autonomen Rechts, sofern dies die Rückgabe nicht begünstigt (→ Art. 21 Rn. 1 ff.).

5   Auf **Sorgerechtsentscheidungen** ist das KindEntfÜbk sachlich nicht anwendbar. Insofern gilt ausschließlich das KSÜ/MSA, die Brüssel IIa-VO oder das autonome IPR.

6   **2. Europäisches Kindesentführungsübereinkommen von 1980.** Das Europäische Übereinkommen vom 20.5.1980 über die Anerkennung und Vollstreckung von Entscheidungen über das Sorgerecht für Kinder und die Wiederherstellung des Sorgeverhältnisses (EuSorgeRÜbk) ist gleichzeitig mit dem KindEntfÜbk in Kraft getreten (→ EuSorgeRÜbk Rn. 6). Das KindEntfÜbk erwähnt – anders bei seinem Verhältnis zum MSA (→ Rn. 1) – das EuSorgeRÜbk nicht ausdrücklich. Nach Art. 34 S. 2 beschränkt dieser Staatsvertrag nicht die Anwendung anderer Staatsverträge, also auch nicht das EuSorgeRÜbk, wenn dadurch die Rückgabe des Kindes erwirkt oder die Durchsetzung des Rechts zum persönlichen Umgang bewirkt werden soll. Was dies im Einzelnen bedeutet, hängt weitgehend vom Recht der Vertragsstaaten ab.

7   Nach § 37 IntFamRVG sind primär die Bestimmungen des KindEntfÜbk anzuwenden, sofern der Antragsteller nicht ausdrücklich die Anwendung des EuSorgeRÜbk begehrt.[1] Das wird damit begründet, dass das KindEntfÜbk das günstigere Übereinkommen für den Antragsteller sei. Das dürfte richtig sein, nachdem Deutschland das EuSorgeRÜbk durch Vorbehalte auf das Niveau des KindEntfÜbk gedrückt hat (→ EuSorgeRÜbk Rn. 55).

8   **3. Übrige Vollstreckungsabkommen.** Soweit solche Staatsverträge – wie zB Frankreichs mit einigen Staaten[2] – auch Herausgabeentscheidungen erfassen, sind diese Verträge anzuwenden, wenn dadurch die Rückgabe erleichtert wird. Dies kann ebenfalls auf multilateraler Basis zutreffen, soweit die Inter-Amerikanische Konvention vom 15.7.1989 über die internationale Rückgabe von Kindern,[3] unterzeichnet in Montevideo, in Kraft getreten ist und nach ihrem Art. 34 zwischen den Mitgliedstaaten der Konvention dem KindEntfÜbk vorgeht.

9   **4. Autonomes Recht.** Dies wird insoweit nicht ausgeschlossen, als es die Rückgabe erleichtert. Für Deutschland mit seinem großzügigen System freiwilliger Rechtshilfe bedeutet dies, dass bei den Übereinkommen nicht formalistisch vorgegangen werden darf.

Art. 35 KindEntfÜbk [Zeitlicher Anwendungsbereich]

Dieses Übereinkommen findet zwischen den Vertragsstaaten nur auf ein widerrechtliches Verbringen oder Zurückhalten Anwendung, das sich nach seinem Inkrafttreten in diesen Staaten ereignet hat.

Ist eine Erklärung nach Artikel 39 oder 40 abgegeben worden, so ist die in Absatz 1 des vorliegenden Artikels enthaltene Verweisung auf einen Vertragsstaat als Verweisung auf die Gebietseinheit oder die Gebietseinheiten zu verstehen, auf die das Übereinkommen angewendet wird.

1   Zum zeitlichen Anwendungsbereich → Vor Art. 1 Rn. 22. Jedoch ist auch hier kein Vertragsstaat gehindert, das KindEntfÜbk über seinen Anwendungsbereich hinaus zu befolgen.[1*]

---

[1] Ebenso Trib.gr.inst. Toulouse Rev.crit. dr.int.priv. 77 (1988), 67.
[2] Vgl. die bilateralen Verträge Frankreichs mit Marokko (Rev.crit.dr.int.pr. 1983, 532), Tunesien (ibid. 1983, 539), Ägypten (ibid. 1983, 745), Ungarn (ibid. 1982, 421), Portugal (ibid. 1984, 723) und Algerien (ibid. 1988, 797). Hierzu *Mebroukine* Rev.crit.dr.int.pr. 1991, 1; *Monéger* J. C. P. 1992, 3602.
[3] Zum englischen Wortlaut vgl. Int.Leg.Mat. 29 (1990), 66 mit einführender Anm. *V. Jiménez* Int.Leg.Mat. 29 (1990), 63.
[1*] Conclusions S. 39; so Re F (A Minor) (Abduction: Jurisdiction) [1991] 1 F.L.R. 1 (C.A.): Entführung aus Israel im April 1990; G v. G (Minors) (Abduction) [1991] 2 F.L.R. 506 (C.A.): Entführung aus Kenia; D v. D (Child Abduction: Non-Convention Country) [1994] 1 F.L.R. 137 (C.A.): Entführung aus Griechenland im Mai 1992; Re M (Abduction: Non-Convention Country) [1995] 1 F.L.R. 89 (C.A.): Entführung aus Italien im Dezember 1993; Re M (Abduction: Peremptory Return Order) [1996] 1 F.L.R. 478 (C.A.): Entführung aus Dubai; In Re P (A Minor) (Child Abduction: Non Convention Country) [1997] 2 W.L.R. 223 (C.A.): Ablehnung, das Kind nach Indien zurückzuführen und Art. 13 unbesehen im außervertraglichen Bereich anzuwenden; S v. S (Child Abduction: Non-Convention Country) [1994] 2 F.L.R. 681 (Fam.D.): Entführung aus Südafrika; Re A (Abduction: Habitual Residence) [1996] 1 F.L.R. 1 (Fam.D.): Ablehnung der Rückführung nach Island im Juli 1995 und variierte analoge Anwendung des Art. 13 Abs. 1 lit. b.

Art. 36 KindEntfÜbk [Möglichkeit rückgabefreundlicher Vereinbarungen]

Dieses Übereinkommen hindert zwei oder mehr Vertragsstaaten nicht daran, Einschränkungen, denen die Rückgabe eines Kindes unterliegen kann, dadurch zu begrenzen, dass sie untereinander vereinbaren, von solchen Bestimmungen des Übereinkommens abzuweichen, die eine derartige Einschränkung darstellen könnten.

Bis jetzt ist kein solches Übereinkommen bekannt geworden. Es gilt vielmehr das allgemeine **1** französisch–portugiesische Abkommen vom 20.7.1983 (→ Art. 34 Rn. 8). Eine trilaterale Konvention zwischen Belgien, Frankreich und Luxemburg ist am 20.4.1987 unterzeichnet worden.[1]

Kapitel VI. Schlussbestimmungen

Art. 37 KindEntfÜbk [Zeichnung und Ratifikation]

Dieses Übereinkommen liegt für die Staaten zur Unterzeichnung auf, die zum Zeitpunkt der Vierzehnten Tagung der Haager Konferenz für Internationales Privatrecht Mitglied der Konferenz waren.

Es bedarf der Ratifikation, Annahme oder Genehmigung; die Ratifikations-, Annahme- oder Genehmigungsurkunden werden beim Ministerium für Auswärtige Angelegenheiten des Königreichs der Niederlande hinterlegt.

Der **Deutsche Bundestag** hat dem KindEntfÜbk durch Gesetz vom 5.4.1990 zugestimmt, und **1** Deutschland hat das KindEntfÜbk am 27.9.1990 ratifiziert.

Art. 38 KindEntfÜbk [Beitritt]

Jeder andere Staat kann dem Übereinkommen beitreten.

Die Beitrittsurkunde wird beim Ministerium für Auswärtige Angelegenheiten des Königreichs der Niederlande hinterlegt.

Das Übereinkommen tritt für den beitretenden Staat am ersten Tag des dritten Kalendermonats nach Hinterlegung seiner Beitrittsurkunde in Kraft.

[1]Der Beitritt wirkt nur in den Beziehungen zwischen dem beitretenden Staat und den Vertragsstaaten, die erklären, den Beitritt anzunehmen. [2]Eine solche Erklärung ist auch von jedem Mitgliedstaat abzugeben, der nach dem Beitritt das Übereinkommen ratifiziert, annimmt oder genehmigt. [3]Diese Erklärung wird beim Ministerium für Auswärtige Angelegenheiten des Königreichs der Niederlande hinterlegt; dieses Ministerium übermittelt jedem Vertragsstaat auf diplomatischem Weg eine beglaubigte Abschrift.

Das Übereinkommen tritt zwischen dem beitretenden Staat und dem Staat, der erklärt hat, den Beitritt anzunehmen, am ersten Tag des dritten Kalendermonats nach Hinterlegung der Annahmeerklärung in Kraft.

Zu den Beitrittsstaaten → Vor Art. 1 Rn. 25 f. **1**

Art. 39 KindEntfÜbk [Abhängige Gebiete]

[1]Jeder Staat kann bei der Unterzeichnung, der Ratifikation, der Annahme, der Genehmigung oder dem Beitritt erklären, daß sich das Übereinkommen auf alle oder auf einzelne der Hoheitsgebiete erstreckt, deren internationale Beziehungen er wahrnimmt. [2]Eine solche Erklärung wird wirksam, sobald das Übereinkommen für den betreffenden Staat in Kraft tritt.

Eine solche Erklärung sowie jede spätere Erstreckung wird dem Ministerium für Auswärtige Angelegenheiten des Königreichs der Niederlande notifiziert.

Bis jetzt hat kein Staat das KindEntfÜbk auf abhängige Gebiete erstreckt. **1**

Art. 40 KindEntfÜbk [Erklärung über Geltungsbereich in Mehrrechtsstaaten]

Ein Vertragsstaat, der aus zwei oder mehr Gebietseinheiten besteht, in denen für die in diesem Übereinkommen behandelten Angelegenheiten unterschiedliche Rechtssysteme

---

[1] Conclusions S. 39.

gelten, kann bei der Unterzeichnung, der Ratifikation, der Annahme, der Genehmigung oder dem Beitritt erklären, daß das Übereinkommen auf alle seine Gebietseinheiten oder nur auf eine oder mehrere davon erstreckt wird; er kann diese Erklärung durch Abgabe einer neuen Erklärung jederzeit ändern.

Jede derartige Erklärung wird dem Ministerium für Auswärtige Angelegenheiten des Königreichs der Niederlande unter ausdrücklicher Bezeichnung der Gebietseinheiten notifiziert, auf die das Übereinkommen angewendet wird.

1   In Australien, dem Vereinigten Königreich und in den Vereinigten Staaten gilt das KindEntfÜbk von Anfang an für alle Gebietseinheiten dieser Staaten. Mittlerweile gilt das Übereinkommen auch in allen kanadischen Provinzen und Territorien.

Art. 41 KindEntfÜbk [Innerstaatliche Tragweite von Erklärungen]

Hat ein Vertragsstaat eine Staatsform, aufgrund deren die vollziehende, die rechtsprechende und die gesetzgebende Gewalt zwischen zentralen und anderen Organen innerhalb des betreffenden Staates aufgeteilt sind, so hat die Unterzeichnung oder Ratifikation, Annahme oder Genehmigung dieses Übereinkommens oder der Beitritt zu dem Übereinkommen oder die Abgabe einer Erklärung nach Artikel 40 keinen Einfluß auf die Aufteilung der Gewalt innerhalb dieses Staates.

1   Diese für Haager Konventionen neue Vorschrift ist auf Bitte von Australien aufgenommen worden:[1] Die Ratifikation des KindEntfÜbk ändert nicht innerstaatliche Kompetenzen.

Art. 42 KindEntfÜbk [Erklärung von Vorbehalten]

Jeder Staat kann spätestens bei der Ratifikation, der Annahme, der Genehmigung oder dem Beitritt oder bei Abgabe einer Erklärung nach Artikel 39 oder 40 einen der in Artikel 24 und Artikel 26 Absatz 3 vorgesehenen Vorbehalte oder beide anbringen. Weitere Vorbehalte sind nicht zulässig.

Jeder Staat kann einen von ihm angebrachten Vorbehalt jederzeit zurücknehmen. Die Rücknahme wird dem Ministerium für Auswärtige Angelegenheiten des Königreichs der Niederlande notifiziert.

Die Wirkung des Vorbehalts endet am ersten Tag des dritten Kalendermonats nach der in Absatz 2 genannten Notifikation.

1   **1. Vorbehalt nach Art. 24.** Diesen Vorbehalt zur Sprache der Anträge, Mitteilungen und sonstigen Schriftstücke (→ Art. 24 Rn. 1) haben folgende Staaten angebracht: Andorra, Armenien, Belize, Bolivien, Brasilien, Dänemark, El Salvador, Estland, Finnland, Frankreich, Griechenland, Guatemala, Island, Japan, Korea, Lettland, Litauen, Neuseeland, Norwegen, Singapur, Sri Lanka, Südafrika, Thailand, Venezuela und die Vereinigten Staaten. Im Verkehr mit diesen Staaten ist also deutschen Schriftstücken eine englische und bei Frankreich eine französische Übersetzung beizufügen.

2   **2. Vorbehalt nach Art. 26 Abs. 3.** Diesen Vorbehalt über Prozesskosten- und Beratungshilfe (→ Art. 26 Rn. 2) haben folgende Staaten angebracht: Albanien, Andorra, Armenien, Belize, Bolivien, Bulgarien, China, Dänemark, Deutschland, El Salvador, Estland, Finnland, Frankreich, Griechenland, Guatemala, Honduras, Island, Israel, Japan, Kanada (nicht jedoch für Manitoba), Kasachstan, Korea, Litauen, Luxemburg, Mauritius, Moldau, Monaco, Neuseeland, Niederlande, Norwegen, Panama, Polen, Russland, San Marino, Schweden, Simbabwe, Singapur, Slowakei, Sri Lanka, St. Kitts und Nevis, Südafrika, Tschechische Republik, Türkei, Usbekistan, Venezuela, Vereinigtes Königreich, die Vereinigten Staaten und Weißrussland.

Art. 43 KindEntfÜbk [Inkrafttreten]

Das Übereinkommen tritt am ersten Tag des dritten Kalendermonats nach der in den Artikeln 37 und 38 vorgesehenen Hinterlegung der dritten Ratifikations-, Annahme-, Genehmigungs- oder Beitrittsurkunde in Kraft.

Danach tritt das Übereinkommen in Kraft

---

[1] *Pérez-Vera* Nr. 149.

1. für jeden Staat, der es später ratifiziert, annimmt, genehmigt oder ihm später beitritt, am ersten Tag des dritten Kalendermonats nach Hinterlegung seiner Ratifikations-, Annahme-, Genehmigungs- oder Beitrittsurkunde;
2. für jedes Hoheitsgebiet oder jede Gebietseinheit, auf die es nach Artikel 39 oder 40 erstreckt worden ist, am ersten Tag des dritten Kalendermonats nach der in dem betreffenden Artikel vorgesehenen Notifikation.

1. Inkrafttreten überhaupt. Das KindEntfÜbk ist am 1.12.1983 in Kraft getreten, nämlich am **1** ersten Tag des dritten Kalendermonats nach der Hinterlegung der dritten Ratifikationsurkunde durch Portugal am 29.9.1983.

2. Inkrafttreten für Deutschland. Für Deutschland ist das KindEntfÜbk am 1.12.1991 (also **2** am ersten Tag des dritten Kalendermonats nach Hinterlegung der deutschen Ratifikationsurkunde am 29.9.1990) in Kraft getreten.

Art. 44 KindEntfÜbk [Geltungsdauer, Kündigung]

Das Übereinkommen bleibt für die Dauer von fünf Jahren in Kraft, vom Tag seines Inkrafttretens nach Artikel 43 Absatz 1 an gerechnet, und zwar auch für die Staaten, die es später ratifiziert, angenommen oder genehmigt haben oder ihm später beigetreten sind.
Die Geltungsdauer des Übereinkommens verlängert sich, außer im Fall der Kündigung, stillschweigend um jeweils fünf Jahre.
¹Die Kündigung wird spätestens sechs Monate vor Ablauf der fünf Jahre dem Ministerium für Auswärtige Angelegenheiten des Königreichs der Niederlande notifiziert. ²Sie kann sich auf bestimmte Hoheitsgebiete oder Gebietseinheiten beschränken, auf die das Übereinkommen angewendet wird.
¹Die Kündigung wirkt nur für den Staat, der sie notifiziert hat. ²Für die anderen Vertragsstaaten bleibt das Übereinkommen in Kraft.

Art. 45 KindEntfÜbk [Notifikationen]

Das Ministerium für Auswärtige Angelegenheiten des Königreichs der Niederlande notifiziert den Mitgliedstaaten der Konferenz sowie den Staaten, die nach Artikel 38 beigetreten sind,
1. jede Unterzeichnung, Ratifikation, Annahme und Genehmigung nach Artikel 37;
2. jeden Beitritt nach Artikel 38;
3. den Tag, an dem das Übereinkommen nach Artikel 43 in Kraft tritt;
4. jede Erstreckung nach Artikel 39;
5. jede Erklärung nach den Artikeln 38 und 40;
6. jeden Vorbehalt nach Artikel 24 und Artikel 26 Absatz 3 und jede Rücknahme von Vorbehalten nach Artikel 42;
7. jede Kündigung nach Artikel 44.

Einführungsgesetz zum Bürgerlichen Gesetzbuche

In der Fassung der Bekanntmachung vom 21. September 1994
(BGBl. 1994 I S. 2494, ber. BGBl. 1997 I S. 1061)

Zuletzt geändert durch Art. 2 Abs. 4 Gesetz zur Einführung des Rechts auf Eheschließung für Personen gleichen Geschlechts vom 20. Juli 2017 (BGBl. 2017 I S. 2787)

Erster Teil. Allgemeine Vorschriften

Zweites Kapitel. Internationales Privatrecht

Dritter Abschnitt. Familienrecht

Art. 19 EGBGB Abstammung

(1) ¹Die Abstammung eines Kindes unterliegt dem Recht des Staates, in dem das Kind seinen gewöhnlichen Aufenthalt hat. ²Sie kann im Verhältnis zu jedem Elternteil auch nach dem Recht des Staates bestimmt werden, dem dieser Elternteil angehört. ³Ist die Mutter verheiratet, so kann die Abstammung ferner nach dem Recht bestimmt werden, dem die allgemeinen Wirkungen ihrer Ehe bei der Geburt nach Artikel 14 Abs. 1 unterliegen; ist die Ehe vorher durch Tod aufgelöst worden, so ist der Zeitpunkt der Auflösung maßgebend.

(2) Sind die Eltern nicht miteinander verheiratet, so unterliegen Verpflichtungen des Vaters gegenüber der Mutter auf Grund der Schwangerschaft dem Recht des Staates, in dem die Mutter ihren gewöhnlichen Aufenthalt hat.

Schrifttum: *Andrae,* Die gesetzliche Zuordnung des Kindes nach ausländischem Recht bei lesbischer institutioneller Partnerschaft, StAZ 2015, 163; *Backmann,* Künstliche Fortpflanzung und Internationales Privatrecht, Diss. München 2002; *Beitzke,* Neuerungen im internationalen Kindschaftsrecht, ZfJ 1986, 477, 537; *Benicke,* Kollisionsrechtliche Fragen der Leihmutterschaft, StAZ 2013, 101; *Budzikiewicz,* Materielle Statuseinheit und kollisionsrechtliche Statusverbesserung, Diss. Köln 2005; *Coester-Waltjen,* Die Mitmutterschaft nach südafrikanischem Recht im deutschen Geburtsregister, IPRax 2016, 132; *Dethloff,* Konkurrenz von Vaterschaftsvermutung und Anerkennung der Vaterschaft, IPRax 2005, 326; *Dethloff,* Leihmütter, Wunscheltern und ihre Kinder, JZ 2014, 922; *Diel,* Leihmutterschaft und Reproduktionstourismus, 2014; *Duden,* Leihmutterschaft im Internationalen Privat- und Verfahrensrecht, 2015; *Duden,* Ausländische Leihmutterschaft: Elternschaft durch verfahrensrechtliche Anerkennung, StAZ 2014, 164; *Dörner,* Probleme des neuen internationalen Kindschaftsrechts, FS Henrich, 2000, 119; *Dutta,* Konkurrierende Vaterschaften bei scheidungsnah geborenen Kindern mit Auslandsbezug: divergierende obergerichtliche Rechtsprechung, StAZ 2016, 200; *Engel,* International Leihmutterschaft und Kindeswohl, ZEuP 2014, 538; *Frank,* Die unglückselige Mehrfachanknüpfung in Art. 19 EGBGB, StAZ 2009, 65; *Frie,* Die Mitmutter kraft ausländischen Rechts, FamRZ 2015, 889; *Frie,* Wer ist der richtige Vater? Streit um das „Günstigkeitsprinzip" in Art. 19 Abs. 1 EGBGB in der aktuellen obergerichtlichen Rechtsprechung, StAZ 2017, 103; *Gaaz,* Ausgewählte Probleme des neuen Eheschließungs- und Kindschaftsrechts, StAZ 1998, 241; *Grünberger,* Alles obsolet? – Anerkennungsprinzip vs. klassisches IPR, in Leible/Unberath, Brauchen wir eine Rom 0-Verordnung? 2013, 81; *Heiderhoff,* Der gewöhnliche Aufenthalt von Säuglingen, IPRax 2012, 523; *Heiderhoff,* Rechtliche Abstammung im Ausland geborener Leihmutterkinder, NJW 2014, 2673; *Helms,* Aktuelle Fragen des internationalen Abstammungsrechts, StAZ 2009, 293; *Helms,* Im Ausland begründete – im Inland unbekannte Statusverhältnisse, StAZ 2012, 2; *Helms,* Reproduktionsmedizin und Abstammungsrecht: Hat Deutschland die internationale Entwicklung verpasst?, FF 2015, 234; *Henrich,* Internationales Familienrecht, 2. Aufl. 2000; *Henrich,* Änderungen der internationalprivatrechtlichen Vorschriften im Regierungsentwurf zur Reform des Kindschaftsrechts, StAZ 1996, 353; *Henrich,* Kollisionsrecht im Kindschaftsrechtsreformgesetz, StAZ 1998, 1; *Henrich,* Kindschaftsrechtsreformgesetz und IPR, FamRZ 1998, 1401; *Henrich,* Legitimationen nach ausländischem Recht, FS Sturm, 1999, 1505; *Henrich,* Zum Schutz des Scheinvaters durch den deutschen ordre public, IPRax 2002, 118; *Henrich,* Das Kind mit zwei Müttern (und zwei Vätern) im internationalen Privatrecht, FS Schwab, 2005, 1141; *Henrich,* Kollisionsrechtliche Fragen bei medizinisch assistierter Zeugung, FS Frank, 2008, 249; *Hepting/Dutta,* Familie und Personenstand, 2. Aufl. 2015; *Hepting,* Konkurrierende Vaterschaften in Auslandsfällen, StAZ 2000, 33; *Hepting,* Folgeprobleme der Kindschaftsrechtsreform: Legitimation, Abstammung und Namenserteilung StAZ 2002, 129; *Hepting,* Mehrfachanknüpfung und doppelte Vaterschaft im Abstammungsrecht, IPRax 2002, 388; *Krömer,* Abstammung des Kindes einer von ihrem italienischen Ehemann gerichtlich getrennt lebenden Italienerin; Anerkennung der Vaterschaft durch einen Dritten mit italienischer Staatsangehörigkeit, StAZ 2012, 320; *Looschelders,* Alternative und sukzessive

Anwendung mehrerer Rechtsordnungen nach dem neuen internationalen Kindschaftsrecht, IPRax 1999, 420; *Lurger,* Das österreichische IPR bei Leihmutterschaften im Ausland – das Kindeswohl zwischen Anerkennung, europäischen Grundrechten und inländischem Leihmutterschaftsverbot, IPRax 2013, 282; *Mayer,* Sachwidrige Differenzierungen in internationalen Leihmutterschaftsfällen, IPRax 2014, 57; *Mayer,* Ordre public und Anerkennung der rechtlichen Elternschaft in internationalen Leihmutterschaftsfällen, RabelsZ 78 (2014), 551; *Mayer,* Verfahrensrechtliche Anerkennung einer ausländischen Abstammungsentscheidung zugunsten eingetragener Lebenspartner im Falle der Leihmutterschaft, StAZ 2015, 33; *Mayer,* Vaterschaftsfeststellung für Embryonen: Qualifikation, Kollisionsrecht, Sachrecht, IPRax 2016, 432; *Nordmeier,* Unionsbürgerschaft, EMRK und ein Anerkennungsprinzip: Folgen der namensrechtlichen EuGH-Rechtsprechung für Statusentscheidungen – Zugleich Besprechung der Entscheidung des Kammergerichts vom 23.9.2010, StAZ 2011, 129; *Oprach,* Das Abstammungsstatut nach Art. 19 EGBGB alter und neuer Fassung im deutsch-italienischen Rechtsverkehr, IPRax 2001, 325; *Rauscher,* Neues internationales Kindschaftsrecht – Schwerpunkte der Reform, StAZ 1987, 121; *Rauscher,* Anerkennung zweier Väter kraft kalifornischer Leihmuttervereinbarung, JR 2016, 97; *Siehr,* Das Internationale Abstammungsrecht im EGBGB – Vorschläge zur Reform der Art. 19–20, 23 EGBGB, StAZ 2015, 258; *Sturm,* Alternatives Abstammungsstatut und Erwerb der deutschen Staatsangehörigkeit – Zum neugefaßten Art. 19 Abs. 1 EGBGB und der Staatsangehörigkeitsnovelle (1999), FS Stoll, 2001, 451; *Sturm,* Das Abstammungsstatut und seine alternative Anknüpfung, StAZ 2003, 353; *Sturm,* Dürfen Kinder ausländischer Leihmütter zu ihren genetischen Eltern nach Deutschland verbracht werden?, FS Kühne, 2009, 919; *Thomale,* Mietmutterschaft, 2015; *Wagner,* Abstammungsfragen bei Leihmutterschaften in internationalen Sachverhalten – Bemühungen der Haager Konferenz für Internationales Privatrecht, StAZ 2012, 294; *Waldburg,* Anpassungsprobleme im internationalen Abstammungsrecht, Diss. Heidelberg 2000; *Wedemann,* Konkurrierende Vaterschaften und doppelte Mutterschaften im Internationalen Abstammungsrecht, Diss. München 2005.

Übersicht

I. Normzweck

Die Vorschrift regelt seit Inkrafttreten des KindRG am 1.7.1998 – in ihrem Abs. 1 – das deutsche **1** **internationale Privatrecht,** soweit es die **Begründung der Abstammung** betrifft. Sie unterscheidet, wie auch das materielle Recht, grundsätzlich nicht zwischen ehelichen und nichtehelichen Kindern. Ist die Mutter verheiratet, stellt Art. 19 Abs. 1 S. 3 allerdings eine zusätzliche Anknüpfungsmöglichkeit zur Verfügung (→ Rn. 10, 31, 32). Soweit ausländisches Recht noch zwischen ehelichen und nichtehelichen Kindern unterscheidet, ist die Frage nach Ehelichkeit oder Nichtehelichkeit eine unselbständig anzuknüpfende Vorfrage (→ Einl. IPR Rn. 151, 198 f.), für deren Lösung Art. 19 nicht benötigt wird (→ Rn. 54). Der Anwendungsbereich von Art. 19 Abs. 1 wird durch internationale Übereinkommen kaum eingeschränkt (→ Rn. 75 ff.).

Abs. 1 ist nur auf die Begründung, aber nicht auf die (nachträgliche) Beseitigung (zB Anfechtung) **2** der Abstammungszuordnung anwendbar. Für die Beseitigung gibt es eine besondere Vorschrift in Art. 20. Die Regelung der Beziehungen zwischen dem Kind und seinen Eltern findet sich in Art. 21 (bzw. im vorrangig anwendbaren KSÜ). Alle diese Vorschriften betreffen das Verhältnis zu beiden Eltern.[1]

Art. 19 Abs. 1 stellt **mehrere Rechtsordnungen** zur Verfügung. Damit wird die bis zum Inkraft- **3** treten des KindRG für nichteheliche Kinder in Art. 20 Abs. 1 aF[2] verankerte Regel auf alle Kinder erstreckt und mit dem früher für eheliche Kinder geltenden Art. 19 Abs. 1 aF[3] kombiniert. Dass mehrere Anknüpfungsregeln zur Verfügung gestellt werden, bedeutet nicht, dass die Beteiligten oder der Richter frei wählen können.[4] Vielmehr will der Gesetzgeber die **Feststellung der Abstammung begünstigen.** Einleuchtend ist dies vor allem, soweit bei nichtehelichen Kindern der Etablierung der Vaterschaft Feststellungs- oder Anerkennungshindernisse entgegenstehen, die früher in den romanischen Rechtsordnungen verbreitet waren und heute vor allem noch in islamischen Rechtsordnungen existieren. Doch kann die Häufung der Anknüpfungsmerkmale auch dazu führen, dass **verschiedene Personen als Vater oder Mutter in Betracht** kommen. Mit der Begünstigungstendenz der Vorschrift haben diese schwer auflösbaren Normwidersprüche (näher → Rn. 13–25), die vom Gesetz wohl nicht intendiert waren, nichts zu tun.[5] Vor Inkrafttreten des KindRG waren vergleichbare Probleme nicht bekannt, weil der eheliche Status Vorrang vor der Ermittlung einer nichtehelichen Abstammung hatte.[6] **Gesetzgeberischer Handlungsbedarf** ist damit unabweisbar, erste Reformvorschläge wurden vorgelegt.[7]

Abs. 2, der nur anwendbar ist, wenn die Eltern nicht miteinander verheiratet sind, regelt die **4** **Verpflichtungen,** die der **Vater** auf Grund der Schwangerschaft (und damit zwar nicht gegenüber dem Kind, aber wegen ihm) **gegenüber der Mutter** hat.

II. Abgrenzung von anderen Statusverhältnissen (Qualifikation)

Abs. 1 betrifft sowohl die Abstammung von Kindern, deren Mutter zur Zeit der Geburt/Empfäng- **5** nis verheiratet war, die also früher als eheliche Kinder galten, als auch die von allen anderen, früher als nichtehelich geltenden Kindern. Das gilt auch, wenn die Eltern nachträglich heiraten. Die Vorschrift betrifft freilich nur die **im weiteren Sinne „natürliche" Abstammung** von den – zumin-

---

[1] *Henrich* StAZ 1996, 353; *Rauscher* IPR Rn. 922; *Hepting* StAZ 2000, 33 (34); *Hepting/Dutta* Fam. und PersStand-HdB Rn. IV-89.

[2] Art. 20 Abs. 1 EGBGB aF: „Die Abstammung eines nichtehelichen Kindes unterliegt dem Recht des Staates, dem die Mutter bei der Geburt des Kindes angehört. […] Die Vaterschaft kann auch nach dem Recht des Staates, dem der Vater im Zeitpunkt der Geburt des Kindes angehört, oder nach dem Recht des Staates festgestellt werden, in dem das Kind seinen gewöhnlichen Aufenthalt hat."

[3] Art. 19 Abs. 1 EGBGB aF: „Die eheliche Abstammung eines Kindes unterliegt dem Recht, das nach Artikel 14 Abs. 1 für die allgemeinen Wirkungen der Ehe der Mutter bei der Geburt des Kindes maßgebend ist. Gehören in diesem Zeitpunkt die Ehegatten verschiedenen Staaten an, so ist das Kind auch dann ehelich, wenn es nach dem Recht eines dieser Staaten ehelich ist. Ist die Ehe vor der Geburt aufgelöst worden, so ist der Zeitpunkt der Auflösung maßgebend. […]".

[4] Es liegt nicht im Ermessen des Richters oder der Parteien, welche dieser Rechtsordnungen er/sie anwendet bzw. anwenden, schon weil auch öffentliche Interessen an der Vaterfeststellung bestehen; so iErg auch *Waldburg,* Anpassungsprobleme im internationalen Abstammungsrecht, 2000, 177 f.

[5] *Looschelders* IPRax 1999, 420 (421): „kann das Günstigkeitsprinzip aber über sein Ziel hinausschießen"; *Sturm* StAZ 2003, 353 (361): „gehört in eine Zeit, in der es galt, deutschen nichtehelichen Kindern einen Vater zu verschaffen"; *Frank* StAZ 2009, 65 (66 und 70). Zu den Versuchen, diese Konstellationen gleichwohl unter Berufung auf das Günstigkeitsprinzip zu lösen, → Rn. 13 f.

[6] *Hepting* StAZ 2000, 33 (34); *Gaaz* StAZ 1998, 241 (249); *Frank* StAZ 2009, 65 (66).

[7] Zum Reformvorschlag des Deutschen Rates für internationales Privatrecht (IPRax 2015, 185) vgl. *Siehr* StAZ 2015, 258 ff.; krit. *Thomale,* Mietmutterschaft, 2015, 87 ff.

dest typischerweise – leiblichen Eltern. Dabei wird auch die Abstammung von einem weiteren weiblichen Elternteil aufgrund der Paarbeziehung zur Geburtsmutter, einer Anerkennung oder einer Einwilligung in eine künstliche heterologe Befruchtung erfasst, weil eine solche Zuordnung auf Regeln basiert, die funktional mit denjenigen vergleichbar sind, die traditionell für Fälle „natürlicher" Abstammung entwickelt wurden (→ Rn. 34). Handelt es sich hingegen um ein „künstliches" Eltern-Kind-Verhältnis, das Zuordnungsregeln folgt, die sich nicht am Ideal leiblicher Abstammung orientieren, ist Art. 22 in Betracht zu ziehen.

6   Abs. 1 ist auch **unabhängig davon** anzuwenden, ob das von dieser Vorschrift berufene Recht noch den in der Ehe geborenen bzw. gezeugten Kindern einen privilegierten (vom nichtehelichen unterschiedenen ehelichen) **Status** einräumt oder ob es – wie in Deutschland sowie einer wachsenden Zahl von anderen Rechten – nur einen einheitlichen Kindschaftsstatus kennt. Die Frage nach diesem Status ist unselbständig anzuknüpfen (→ Rn. 54; → Art. 21 Rn. 26).

III. Anwendbares Recht

7   **1. Überblick.** Abs. 1 stellt für die Beurteilung der Abstammung von jedem Elternteil maximal drei Rechtsordnungen zur Verfügung. Zur Frage, welche davon im Einzelfall anzuwenden ist, → Rn. 13–25. Ist die Anwendung von Abs. 1 in Betracht zu ziehen, können darüber hinaus in seltenen Fällen das Haager Unterhaltsübereinkommen vom 2.10.1973 bzw. das Haager Unterhalts-protokoll vom 23.10.2007 (zur unselbständigen Anknüpfung im Rahmen dieser Abkommen → Rn. 75) sowie – bei der Feststellung der Abstammung von der Mutter – das CIEC-Mutterfeststellungsübereinkommen (→ Rn. 76) zu beachten sein, die in ihrem Anwendungsbereich nach Art. 3 Nr. 2 Vorrang vor Art. 19 Abs. 1 haben.[8]

8   **2. Recht des gewöhnlichen Kindesaufenthalts.** Nach Art. 19 Abs. 1 S. 1 richtet sich die Abstammung nach dem Recht des Landes, in dem das **Kind** seinen **gewöhnlichen Aufenthalt** hat (zum Begriff → Art. 5 Rn. 141 ff.). Nach diesem Recht kann nicht nur die Abstammung vom Vater, sondern auch die von der Mutter festgestellt werden. Der gewöhnliche Aufenthalt einer Person liegt dort, wo der Schwerpunkt ihrer Bindungen, ihr **Daseinsmittelpunkt** besteht.[9] Normalerweise ist das der Ort, wo sie sich überwiegend aufhält, dh ihre Wohnung hat bzw. nächtigt. Hält sich eine Person regelmäßig an unterschiedlichen Orten auf, ist unter Berücksichtigung zeitlicher und sozialer Aspekte zu prüfen, bei welchem von mehreren Aufenthaltsorten der Schwerpunkt der Lebensführung liegt. Grundsätzlich leitet sich der gewöhnliche Aufenthalt minderjähriger Kinder nicht wie der Wohnsitz (vgl. § 11 S. 1 BGB) von dem seiner Eltern ab, sondern ist selbständig zu bestimmen.[10] Doch sind insbesondere Kleinkinder derart von ihrer Bezugs- und Obhutsperson abhängig, dass ihr gewöhnlicher Aufenthalt regelmäßig an diese gebunden ist. So spielen bis zum vierten Lebensjahr soziale Kontakte zu anderen Personen als den Eltern (oder vergleichbaren Betreuungspersonen) eine geringe Rolle. Daher hängt bei **Säuglingen und Kleinkindern** der gewöhnliche Aufenthalt meist davon ab, wo die faktischen Betreuungspersonen (in der Regel die Eltern) ihren gewöhnlichen Aufenthalt haben.[11] Damit begründet ein neugeborenes Kind, das während eines kürzeren, von vornherein zeitlich beschränkten Auslandsaufenthalts geboren wird, an seinem Geburtsort keinen gewöhnlichen Aufenthalt.[12] Das gilt auch für Kinder, die im Ausland von einer **Leihmutter** geboren werden, soweit die Wunscheltern von vornherein planen, mit dem Kind das Geburtsland möglichst schnell zu verlassen.[13] Demgegenüber muss dann, wenn den Wunscheltern und dem Kind die Einreise nach Deutschland zunächst verwehrt wird, von der Begründung eines gewöhnlichen Aufent-

---

[8] So für das Mutterfeststellungsübereinkommen (Brüsseler CIEC-Übereinkommen) *v. Sachsen Gessaphe* IPRax 1991, 107 (108).

[9] StRspr, vgl. nur BGH FamRZ 1975, 272 (273); 2002, 1182 (1183); EuGH FamRZ 2009, 843 (845) = BeckRS 2009, 70389 – Korkein hallinto-oikeus; FamRZ 2011, 617 (619) – Mercredi/Chaffe; FamRZ 2015, 107 (110) – C./M.

[10] BGH FamRZ 1975, 272 (273); IPRax 1981, 139; OLG Celle FamRZ 2011, 1518 (1519); Staudinger/ *Henrich* (2014) Rn. 13; *Hepting/Dutta* Fam. und PersStand-HdB Rn. IV-93.

[11] OLG Bremen NJW 2016, 655; OLG Köln FamRZ 2012, 1406 (1407); BayObLG StAZ 2000, 370 (371); OLG Schleswig FamRZ 2000, 1426 (1427); EuGH FamRZ 2011, 617 (619) = BeckEuRS 2010, 560308 – Mercredi.

[12] OLG Celle FamRZ 2011, 1518 (1519) – siebenwöchiger Aufenthalt zwecks Entbindung; aA *Grünberger* in Leible/Unberath, Brauchen wir eine Rom 0-Verordnung?, 2013, 81 (138).

[13] KG StAZ 2013, 348 (351) (12 Tage); *Benicke* StAZ 2013, 101 (107); *Dethloff* JZ 2014, 922 (929); demgegenüber will eine Gegenansicht – zwecks Vermeidung der bei ausländischer Leihmutterschaft drohenden abstammungsrechtlichen Unzuträglichkeiten (*Heiderhoff* NJW 2014, 2673; *Helms* FF 2015, 234 [235 ff.]) – den gewöhnlichen Aufenthalt des Kindes in diesem Fall bereits im Zeitpunkt der Geburt im Ausland verorten, *Siehr* StAZ 2015, 258 (266).

halts im Ausland ausgegangen werden.[14] Man würde in einer solchen Konstellation schließlich auch nicht zögern, den gewöhnlichen Aufenthalt zum Zwecke der Anordnung von Kinderschutzmaßnahmen nach Art. 8 Abs. 1 Brüssel IIa-VO iVm Art. 15 Abs. 1 KSÜ im Ausland zu verorten.[15] Allerdings setzt ein gewöhnlicher Aufenthalt stets eine gewisse **physische Präsenz** voraus, so dass ein während eines kurzfristigen Auslandsaufenthalts geborenes Kind seinen gewöhnlichen Aufenthalt im Heimatstaat seiner Eltern erst nach seiner dortigen Ankunft begründen kann.[16] Mit zunehmendem Alter spielen auch bei Kindern andere soziale Beziehungen und der eigene Wille eine stärkere Rolle, beispielsweise der Besuch eines Kindergartens oder einer Schule, der Antritt einer Lehrstelle, die Anwesenheit von Freunden und anderen Familienangehörigen.[17] Bei Aufenthaltswechseln **gegen den Willen eines mitsorgeberechtigten Elternteils** (zivilrechtliche Kindesentführung) wird im Allgemeinen davon ausgegangen, dass (erst) nach Ablauf von sechs Monaten der neue Aufenthalt des Minderjährigen zum gewöhnlichen Aufenthalt erstarkt.[18] Wendet man Art. 19 auf die rechtliche Zuordnung von Embryonen entsprechend an (→ Rn. 37), kann der „gewöhnliche Aufenthalt" eines **kryokonservierten Embryos** sinnvollerweise nur an seinem Verwahrungsort zu verorten sein.[19]

3. Heimatrecht der Elternteile. Nach Abs. 1 S. 2 kann[20] die Abstammung vom Vater auch **9** nach dem Recht des Landes, dem er angehört, und die Abstammung von der Mutter nach dem Recht ihres Heimatlandes erfolgen. Ist ein Elternteil Mehrstaater, ist Art. 5 Abs. 1 zu beachten,[21] bei Staatenlosigkeit Art. 5 Abs. 2,[22] bei Flüchtlingseigenschaft s. Art. 5 Anh. II. Kommt außer dem Mann, an dessen Staatsangehörigkeit angeknüpft wird, auch ein weiterer Mann als Vater in Betracht, so kann nach dem fraglichen Recht in Bezug auf diesen weiteren Mann[23] nur festgestellt werden, ob er etwa nach § 1594 Abs. 2 BGB oder § 1600d Abs. 1 BGB ein Hindernis für die Feststellung der Vaterschaft des Mannes ist, an den angeknüpft wird. Positiv als Vater festgestellt werden kann ein Mann hingegen nur nach dem Recht des Staates, dem er selbst angehört.[24] Das Gleiche gilt für die Feststellung der Mutter insbesondere in den Fällen der Leihmutterschaft (→ Rn. 25, 33, 58).[25]

4. Ehewirkungsstatut. Ist die Mutter verheiratet (zur Qualifikation eheähnlicher Lebensgemein- **10** schaften und eingetragener Lebenspartnerschaften sowie zur Behandlung gleichgeschlechtlicher Ehen → Rn. 48 f.), kann die Abstammung gemäß Abs. 1 S. 3 auch nach dem objektiven Ehewirkungsstatut festgestellt werden. Dieser Anknüpfung liegt der – durch die moderne Entwicklung im internationalen Kindschaftsrecht überholte[26] – Gedanke zugrunde, bei dem Ehewirkungsstatut handele es sich um eine Art „Familienstatut",[27] das grundsätzlich für die Rechtsbeziehungen zwischen allen Mitgliedern der (ehelichen) Familie angemessene Lösungen biete.[28] Nicht zuletzt vor dem Hinter-

---

[14] Zu Recht hält *Heiderhoff* IPRax 2012, 523 (525) es dann für ausreichend, wenn das Kind seine „ersten Lebenswochen" im Ausland verbracht hat; demgegenüber will *Benicke* StAZ 2013, 101 (107) wie in den Fällen der zivilrechtlichen Kindesentführung als Faustregel auf eine Verweildauer von sechs Monaten abstellen. Keinesfalls überzeugen kann VG Berlin FamRZ 2013, 738, das bei einem von einer Leihmutter geborenen Kind auch noch nach knapp sechs Monaten den gewöhnlichen Aufenthalt im Ausland verneinte.

[15] Der Begriff des gewöhnlichen Aufenthalts ist in Grenzfällen funktional unter Berücksichtigung des jeweiligen Regelungszusammenhangs auszulegen, *Kropholler* IPR § 39 II 5; *Baetge,* Der gewöhnliche Aufenthalt im Internationalen Privatrecht, 1994, 98 ff.; *Helms,* FS Pintens, 2012, 687 ff.; vgl. auch → Art. 5 Rn. 133.

[16] Vgl. BVerwG NVwZ 2003, 616; EuGH FamRZ 2011, 617 (619) = BeckEuRS 2010, 560308 – Mercredi; aA Art. 5 Rn. 168 *(v. Hein); Kropholler* IPR § 48 IV 1c und § 39 II 3a.

[17] OLG Frankfurt FamRZ 2006, 883 (884 f.).

[18] Vgl. statt aller nur BGHZ 78, 293 (295) mwN; BGH FamRZ 1997, 1070; OLG Celle FamRZ 1991, 1221 (1222); OLG Koblenz NJW 1989, 2201; OLG Köln FamRZ 1991, 363 (364); OLG Frankfurt FamRZ 2006, 883.

[19] *Mankowski* FamRZ 2015, 1980 f.; *Mayer* IPRax 2016, 432 (433 f.); aA BGH FamRZ 2016, 1849 (1851) mit zust. Anm *Dutta/Hammer* und abl. Anm. *Mankowski* LMK 2016, 382308.

[20] „Kann" bedeutet nicht, dass es im Ermessen des Richters liegt, ob er dies Heimatrecht anwendet (→ Rn. 3, 12).

[21] Erman/*Hohloch* Rn. 10; Staudinger/*Henrich* (2014) Rn. 16; Bamberger/Roth/*Heiderhoff* Rn. 16; *v. Hoffmann/Thorn* IPR § 8 Rn. 126; *Kropholler* IPR § 48 IV 1d.

[22] Staudinger/*Henrich* (2014) Rn. 18; *Kegel/Schurig* IPR § 20 X 2.

[23] Eingehende Begr. dafür, dass auch der weitere Mann bei der Anwendung dieses Rechts berücksichtigt werden kann, bei *Waldburg,* Anpassungsprobleme im internationalen Abstammungsrecht, 2000, 123 ff.

[24] AG Berlin-Schöneberg StAZ 2013, 260 mit Anm. *Helms; Waldburg,* Anpassungsprobleme im internationalen Abstammungsrecht, 2000, 138 ff.

[25] *Benicke* StAZ 2013, 101 (106 f.).

[26] Eine zeitgemäße Fortentwicklung des Ehewirkungsstatuts fordert *Henrich,* FS Spellenberg, 2010, 199 f.; vgl. auch *Helms,* FS Hahne, 2012, 75 f.; krit. gegenüber Abs. 1 S. 3 *Kropholler* IPR § 48 IV 1e.

[27] BT-Drs. 10/504, 50.

[28] BT-Drs. 10/504, 65.

grund dieser Zielsetzung ist Abs. 1 S. 3 nur anwendbar, wenn es um den Ehemann als Vater geht (→ Rn. 31 f.).[29] Entscheidend ist in der Regel, ob die Mutter **bei Geburt des Kindes** verheiratet ist.[30] Ist das Kind nachgeboren, also nach Auflösung der elterlichen Ehe geboren, greift die Verweisung gemäß Abs. 1 S. 3 Hs. 2 nur, wenn es der **Tod** war, der die elterliche Ehe vor der Geburt aufgelöst hat, dann ist das in diesem Zeitpunkt gültige Ehewirkungsstatut entscheidend (sonst das im Zeitpunkt der Geburt maßgebliche). Nach Abs. 1 S. 3 kann die Abstammung vom Ehemann der Mutter festgestellt werden, wenn die Voraussetzungen dafür nach dem objektiven Ehewirkungsstatut, dh der von Art. 14 Abs. 1 berufenen Rechtsordnung erfüllt sind.[31] Es ist auch dann lediglich Abs. 1 des Art. 14 anzuwenden, wenn sich die persönlichen Rechtsbeziehungen der Eltern zueinander nach Abs. 2 oder 3 der letzteren Vorschrift richten.[32] Art. 14 Abs. 1 nennt fünf Rechtsordnungen und verwendet als Auswahlkriterium das Prinzip einer Anknüpfungsleiter. Das bedeutet, dass die zweite und alle weiteren der nachfolgend aufgeführten Stufen nur zum Zuge kommen, wenn alle vorangehenden Stufen nicht begangen werden können. Und zwar ist anzuwenden:

1. das Recht des Landes, dessen Staatsangehörigkeit die Eltern haben, falls sie eine **gemeinsame Staatsangehörigkeit** haben;
2. andernfalls das Recht des Landes, dessen Staatsangehörigkeit sie zuletzt (aber während der Ehe) gemeinsam hatten, falls ein Elternteil sie – ohne Unterbrechung – jetzt noch hat;
3. ist auch dieser Fall nicht gegeben, das Recht des Landes, in dem beide den (nicht unbedingt gemeinsamen) **gewöhnlichen Aufenthalt** (zum Begriff → Art. 5 Rn. 141 ff.) haben;
4. ist keiner der bisherigen Fälle gegeben, das Recht des Landes, in dem beide irgendwann gleichzeitig ihren gewöhnlichen Aufenthalt hatten, falls ein Elternteil sich – ohne Unterbrechung – dort immer noch gewöhnlich aufhält;
5. in letzter Linie das Recht des Landes, mit dem die Eltern auf andere Weise gemeinsam am engsten verbunden sind.

11   Für die Stufen Nr. 1 und 2 gilt entsprechend, was in → Rn. 9 zur Anwendbarkeit von Art. 5 ausgeführt wird. In den Fällen der Nr. 3 können die Eltern beide den gewöhnlichen Aufenthalt im gleichen Land haben, auch wenn er kein gemeinsamer ist und wenn er nicht am gleichen Ort liegt.[33]

12   **5. Alternativverhältnis der anwendbaren Rechte.** Führt die Mehrfachanknüpfung des Art. 19 Abs. 1 (→ Rn. 7–11) zu unterschiedlichen Ergebnissen, stellt sich die Frage, welche Verweisung ausschlaggebend ist. Eine Mindermeinung in der Literatur hält, um das bis hierher ungelöste Problem kollidierender Statuszuweisungen zu vermeiden (→ Rn. 13–25), das Aufenthaltsrecht für vorrangig.[34] Dafür scheint zu sprechen, dass nach dem Wortlaut des Abs. 1 S. 1 die Abstammung dem Aufenthaltsrecht „unterliegt", während eine andere Rechtsordnung nach Abs. 1 S. 2 und 3 lediglich relevant werden „kann", außerdem hat der Gesetzgeber den gewöhnlichen Aufenthalt als „Regelanknüpfung" bezeichnet.[35] Doch gibt das keine normative Wertung vor, sondern schildert lediglich die realen Verhältnisse (Abstammungsfragen stellen sich in aller Regel für Personen mit gewöhnlichem Aufenthalt im Inland). Ausschlaggebend ist, dass sich Art. 19 Abs. 1 bewusst an die Vorläufernorm des Art. 20 aF anlehnt,[36] die ebenfalls von dem Recht sprach, dem die Abstammung „unterliegt" und nach dem sie bestimmt werden „kann" (→ Rn. 3). Für Art. 20 aF war aber anerkannt, dass die Verweisungen alternativ und nicht subsidiär zu verstehen sind.[37] Damit sind mit der Rechtsprechung und herrschenden Lehre auch die durch Art. 19 Abs. 1 berufenen Rechtsordnungen **gleichrangig**

---

[29] NK-BGB/*Bischoff* Rn. 18; Bamberger/Roth/*Heiderhoff* Rn. 9; *Hepting* StAZ 2000, 33 (34); *Looschelders* IPR Rn. 14; aA Staudinger/*Henrich* (2014) Art. 19 Rn. 19; Palandt/*Thorn* Rn. 7; offenbar auch KG FPR 2011, 410 (411).

[30] *Gaaz* StAZ 1998, 241 (250). Zu den Problemen, die auftreten, wenn das Land, auf dessen Rechtsordnung die Verweisung zielt, zwar zurzeit der Geburt des Kindes bestand, später aber nicht mehr, *Großerichter/Bauer* RabelsZ 65 (2001), 201.

[31] Entsprechend → Rn. 9 gilt auch hier, dass nach diesem Recht positiv als Vater nur der Ehemann festgestellt werden kann. In Bezug auf weitere Männer kann nach diesem Recht allenfalls festgestellt werden, dass sie der Feststellung der Vaterschaft des Ehemannes nicht im Wege stehen, *Waldburg*, Anpassungsprobleme im internationalen Abstammungsrecht, 2000, 141 f.

[32] *Andrae* IntFamR § 5 Rn. 20; *Kropholler* IPR § 48 IV 1e; *v. Hoffmann/Thorn* IPR § 8 Rn. 130; Erman/*Hohloch* Rn. 15; Palandt/*Thorn* Rn. 5; *Sturm* StAZ 2003, 353 (354).

[33] BT-Drs. 10/504, 55.

[34] *Kegel/Schurig* IPR § 20 X 2; *Andrae* IntFamR § 5 Rn. 33–35; *v. Hoffmann/Thorn* IPR § 8 Rn. 132; *Dethloff* IPRax 2005, 326 (329 f.). Für eine entsprechende Änderung de lege ferenda etwa *Siehr* IPR § 7 II 2; *Frank* StAZ 2009, 65 (66 und 70).

[35] BT-Drs. 13/4899, 137.

[36] BT-Drs. 13/4899, 137.

[37] *Dörner*, FS Henrich, 2000, 119 f.

nebeneinander anwendbar.[38] Hierdurch will der Gesetzgeber die Begründung bzw. Feststellung der Abstammung **begünstigen**[39] (zur Problematik → Rn. 3, 13, 14), wie er das schon früher mit den Alternativ-Verweisungen im internationalen Abstammungsrecht getan hat.[40]

6. Auflösung widersprüchlicher Statuszuweisungen. Die kumulative Berufung mehrerer **13** Rechtsordnungen, von denen keine vorrangig ist (→ Rn. 12), führt zu Normwidersprüchen, wenn die nach Art. 19 Abs. 1 anwendbaren Rechte einem Kind **unterschiedliche Personen als Vater (oder als Mutter) zuweisen.** Zwar besteht weitgehend Einigkeit darüber, dass die Auswahl nach dem **sog Günstigkeitsprinzip** erfolgen, also die Rechtsordnung zur Anwendung kommen soll, die dem Wohl des Kindes am besten dient,[41] doch konnten zur Präzisierung dieses Maßstabs keine stimmigen Kriterien entwickelt werden: Die mittlerweile ganz hM geht davon aus, dass in erster Linie auf das **Prioritätsprinzip** zurückgegriffen werden müsse: Die Rechtsordnung, die dem Kind am schnellsten zu einem Vater verhelfe, sei am günstigsten.[42] Doch war es gerade das dezidierte Anliegen des KindRG, durch die Einschränkung der Ehelichkeitsvermutung auf Kinder, die während bestehender Ehe geboren wurden (§ 1592 Nr. 1 BGB), der Abstammungswahrheit auch unter Inkaufnahme (vorübergehender) Vaterlosigkeit größeres Gewicht beizumessen. Teilweise wird daher der **Abstammungswahrscheinlichkeit** besonderes Gewicht beigemessen,[43] während dieser Gesichtspunkt nach überwiegender Meinung erst bei Versagen des Prioritätsprinzips eingreifen soll.[44] Doch auch die Vaterschaftswahrscheinlichkeit spielt für sich genommen keine dominante Rolle im deutschen Abstammungsrecht. So kann etwa eine Mutter, die bereits einem pränatalen Vaterschaftsanerkenntnis zugestimmt hat, dieses dadurch wieder zu Fall bringen, dass sie vor der Geburt des Kindes einen anderen Mann heiratet (→ BGB § 1594 Rn. 44).[45] Teilweise wird daher auch ganz offen gefordert, es müssten sich stets die **Wertungen des deutschen Sachrechts** durchsetzen,[46] doch läuft das der gleichberechtigten Berufung verschiedener Rechtsordnungen durch Art. 19 Abs. 1 zuwider, die auf dem Postulat der Gleichwertigkeit aller Rechtsordnungen aufbaut.[47]

Letztlich hat sich das Günstigkeitsprinzip im vorliegenden Zusammenhang als untaugliche **14** **Leerformel** erwiesen.[48] Zwar steht hinter dem Konzept der Mehrfachanknüpfung in Art. 19 Abs. 1 das Anliegen, dem Kind – möglichst einfach – zu einem Vater zu verhelfen, doch ging es nicht darum, mehrere potenzielle Väter anzubieten, unter denen der „beste" ausgewählt werden könnte (→ Rn. 3). Kommt es zu widersprüchlichen Statuszuweisungen, handelt es sich um einen Normenwiderspruch, der unter Zuhilfenahme allgemein anerkannter Prinzipien zu lösen ist. Beruft man sich demgegenüber allein auf ein vorgebliches Günstigkeitsprinzip, so lässt sich in

---

[38] BGH FamRZ 2016, 1251 (1253); 2016, 1847 (1847 f.); 2006, 1745; Staudinger/*Henrich* (2014) Rn. 22; Palandt/*Thorn* Rn. 6; *Gaaz* StAZ 1998, 241 (250); *Hepting* StAZ 2002, 129 (131); *Sturm* StAZ 2003, 353 (354 f.).
[39] OLG Celle StAZ 2007, 82 (83); OLG Nürnberg FamRZ 2005, 1697 (1698); OLG Schleswig FamRZ 2003, 781 (782); BayObLG FamRZ 2002, 686 (687); OLG Frankfurt FamRZ 2002, 688 (689); Staudinger/ *Henrich* (2014) Rn. 24; *Henrich* StAZ 1998, 1 (2); *Hepting* StAZ 2002, 129 (131); Palandt/*Thorn* Rn. 6; *Looschelders* IPR Rn. 11.
[40] BT-Drs. 10/5632, 43.
[41] KG FamRZ 2016, 922 (923); OLG Hamm FamRZ 2009, 126 (128); OLG Nürnberg FamRZ 2005, 1697 (1698); OLG Schleswig FamRZ 2003, 781 (782); BayObLG IPRax 2002, 405 (407); *Sturm* StAZ 2003, 353 (357); Staudinger/*Henrich* (2014) Rn. 37; Palandt/*Thorn* Rn. 6.
[42] OLG Nürnberg FamRZ 2005, 1697 (1698); BayObLG IPRax 2002, 405 (407); AG München StAZ 2002, 147 (148); *Hepting* StAZ 2000, 33 (35 und 41 f.); *Sturm* StAZ 2003, 353 (357 f.); Palandt/*Thorn* Rn. 6; Bamberger/ Roth/*Heiderhoff* Rn. 21; Erman/*Hohloch* Rn. 17; 5. Aufl. 2010, Rn. 14 f.
[43] AG Hannover FamRZ 2002, 1722 (1724); AG Karlsruhe FamRZ 2007, 1585 (1586) mit zust. Anm. *Henrich* IPRax 2008, 549; *Henrich* StAZ 1998, 1 (2) (mittlerweile konzediert Staudinger/*Henrich* (2014) Rn. 37 die Geltung des Prioritätsprinzips, will aber der wahrscheinlicheren Vaterschaft immer dann den Vorzug geben, wenn sie bis zur Beurkundung der Geburt feststeht, → Rn. 19; vgl. auch OLG Celle StAZ 2007, 82 (83). Zur Kritik etwa *Sturm* StAZ 2003, 353 (359 und 361); *Hepting/Dutta* Fam. und PersStand-HdB Rn. V-206 ff. weist auf die Gefahr von Scheinanerkennungen hin.
[44] BayObLG IPRax 2002, 405 (407); OLG Hamm FamRZ 2009, 126 (128); OLG Frankfurt FamRZ 2002, 688 (689); 5. Aufl. 2010, Rn. 15 f.; Bamberger/Roth/*Heiderhoff* Rn. 22; *Hepting* StAZ 2000, 33 (35 und 41 f.); *Sturm* StAZ 2003, 353 (359). Andere fordern auf dieser zweiten Stufe im Namen des Günstigkeitsprinzips ein Wahlrecht für das Kind, Palandt/*Thorn* Rn. 6; Erman/*Hohloch* Rn. 18; ausdrücklich hiergegen etwa *Hepting* StAZ 2000, 33 (35 f.); BayObLG IPRax 2002, 405 (407).
[45] Staudinger/*Rauscher* (2011) BGB § 1594 Rn. 53.
[46] *Dörner,* FS Henrich, 2000, 123; ähnlich, wenn auch mit anderem methodischen Ansatz, *Looschelders* IPRax 1999, 420 (421 f.); *Wedemann,* Konkurrierende Vaterschaften, 2005, 103 ff.; krit. etwa *Hepting* StAZ 2002, 129 (132).
[47] Den Unterschied zwischen den Wertungen des Sachrechts und des Kollisionsrechts betont etwa auch *Hepting* StAZ 2000, 33 (39).
[48] *Frank* StAZ 2009, 65 (66 f. und 70). Vgl. auch die von *Sturm* StAZ 2003, 353 (361) betonten Schwierigkeiten.

der gerichtlichen und standesamtlichen Praxis nahezu jedes beliebige Ergebnis begründen, das für die konkrete Situation dem Rechtsanwender (zum gegebenen Zeitpunkt) kindeswohldienlich zu sein scheint, ohne dass auf die Verallgemeinerungsfähigkeit der zugrunde gelegten Prämissen geachtet werden müsste.[49] Bekennt man sich stattdessen dazu, widersprüchliche Statuszuweisungen nicht nach einem vorgeblichen Günstigkeitsprinzip auflösen zu können, lassen sich die von der hM gefundenen Ergebnisse überwiegend nachvollziehbar begründen, bestimmte Inkonsistenzen sind allerdings bei einer gleichberechtigten Berufung mehrerer Rechtsordnungen (denen unterschiedliche Wertentscheidungen zu Grunde liegen) unvermeidbar. Hieran könnte allein eine Reform (→ Rn. 3 aE), die dem Aufenthaltsrecht vorrangiges Gewicht beimisst, etwas ändern (zur Diskussion bereits de lege lata → Rn. 12).

15   Unproblematisch sind Fälle, in denen nicht zwei verschiedene Personen als Vater (oder Mutter) in Frage kommen, sondern die **anwendbaren Rechtsordnungen nur unterschiedliche Voraussetzungen** für die Zuordnung zu einem Elternteil aufstellen. Sind die Anforderungen einer Rechtsordnung erfüllt, spielt es keine Rolle, wenn die andere Rechtsordnung weitere Hürden aufstellt oder die Statuszuordnung zu dem betreffenden Elternteil sogar ausschließt.[50]

16   **a) Vater-Kind-Zuordnung auf Grund Ehe trotz Geburt nach Scheidung?** Wird ein Kind beispielsweise mit gewöhnlichem Aufenthalt (Art. 19 Abs. 1 S. 1) in Deutschland nach Scheidung der Ehe der Mutter geboren, wird es gemäß § 1592 Nr. 1 BGB dann nicht mehr als Kind des (geschiedenen) Ehemannes angesehen, wenn die Empfängniszeit in die Ehe fiel, und kann – ohne vorangehende Vaterschaftsanfechtung – von einem Dritten ohne Weiteres anerkannt werden. Hiermit in Konflikt geraten kann eine über Art. 19 Abs. 1 S. 2 oder 3 anwendbare ausländische Rechtsordnung, die (wie etwa das türkische Recht, Art. 285 S. 1 türk. ZGB) das Kind nach wie vor als Kind des Ehemannes ansieht. Wenn die hM die Zuordnung des Kindes zum (geschiedenen) Ehemann unter Berufung auf die **bessere unterhaltsrechtliche und erbrechtliche Absicherung** mit dem Prioritätsprinzip als Ausprägung des Günstigkeitsprinzips zu begründen versucht,[51] kann diese Argumentation nicht überzeugen. Denn dem deutschen (Sach-)Recht liegt seit Inkrafttreten des KindRG gerade die Wertung zugrunde, dass es für ein Kind besser ist, nicht dem Ex-Ehemann zugeordnet zu werden, um eine unproblematische Anerkennung durch den vermutlich wahren Vater zu ermöglichen. Auch die nunmehr vom BGH favorisierte Berufung auf die **Sperrwirkung des § 1594 Abs. 2 BGB,** die sich wegen der nach ausländischem Recht bestehenden Vater-Kind-Zuordnung entfalte, ist nicht vollends stichhaltig. Wenn Art. 19 Abs. 1 verschiedene Sachrechte gleichberechtigt nebeneinander beruft, müssen diese auch jeweils isoliert für sich geprüft werden. § 1594 Abs. 2 BGB entfaltet damit – auch im internationalen Rechtsverkehr – nur dann Sperrwirkung, wenn nach den Maßstäben des deutschen Rechts bereits eine anderweitige Vaterschaft besteht.[52] Im Ergebnis ist der Normenwiderspruch gleichwohl mit Hilfe des **Prioritätsprinzips** zu lösen, doch leitet sich dieses aus dem **rein formalen Aspekt** ab, dass die Rechtsordnung, die dem Kind zeitlich als Erste einen Vater zuordnet, nur durch eine Vaterschaftsanfechtung verdrängt werden kann.[53] Wegen seiner Ableitung aus formalen Gesichtspunkten kann das Prioritätsprinzip auch nicht im konkreten Einzelfall unter Berufung auf das Kindeswohl durchbrochen werden.[54]

17   Nach deutschem Recht könnte die Möglichkeit zur **vereinfachten Korrektur** des in → Rn. 16 gewonnenen Ergebnisses nach § 1599 Abs. 2 BGB analog bestehen. Doch setzt das die Anwendbarkeit

---

[49] Abzulehnen daher etwa AG Karlsruhe FamRZ 2007, 1585 (1586) mit zust. Anm. *Henrich* IPRax 2008, 549, das darauf abstellt, der geschiedene Ehemann der Mutter sei unbekannten Aufenthalts und seine Vaterschaft habe daher – insbes. unterhaltsrechtlich – keinen praktischen Nutzen; ähnlich AG Hannover FamRZ 2002, 1722 (1724). Genauso wenig darauf ankommen, wer sich „rein tatsächlich" zu dem Kind bekennt und ob die Frist zur Vaterschaftsanfechtung für die Mutter abgelaufen ist; so aber AG Osnabrück FamRZ 2008, 1771.

[50] BGH FamRZ 2016, 1251 (1253); 2016, 1847 (1848 f.); OLG Schleswig FamRZ 2003, 781 f.; BayObLG StAZ 2000, 370 (371); AG Berlin-Schöneberg StAZ 2013, 260 mit Anm. *Helms; Sturm* StAZ 2003, 353 (355 f.); *Hepting/Dutta* Fam. und PersStand-HdB Rn. V-193; zur Mutterschaft Staudinger/*Henrich* (2014) Rn. 73.

[51] OLG Köln StAZ 2013, 319 (320); BayObLG IPRax 2002, 405 (407); OLG Hamm StAZ 2014, 239 (240); FamRZ 2009, 126 (128); OLG Frankfurt FamRZ 2002, 688 (689); OLG Nürnberg FamRZ 2005, 1697 (1698); NK-BGB/*Bischoff* Rn. 24; *Hepting* StAZ 2000, 33 (41); *Dörner*, FS Henrich, 2000, 122.

[52] OLG Karlsruhe FamRZ 2015, 1636 (1638); Staudinger/*Henrich* (2008) Rn. 42; *Sturm* StAZ 2003, 353 (359) Fn. 72; *Oprach* IPRax 2001, 325 (327); aA BGH 19.7.2017 – XII ZB 72/16, StAZ 2017, Heft 11 m. Anm. *Helms;* OLG Nürnberg StAZ 2016, 117 (119); OLG Hamm FamRZ 2009, 126 (128) mwN; *Frie* StAZ 2017, 103 (107); *Dutta* StAZ 2016, 200 (201); *Looschelders* IPRax 1999, 420 (422).

[53] Vgl. mit ähnlicher Begr. Erman/*Hohloch* Rn. 17; *Frank* StAZ 2009, 65 (67 und 70); *Helms* StAZ 2009, 293 (294); *Kropholler* IPR § 48 IV 1 f.; vgl. nunmehr auch KG FamRZ 2016, 922 (924) und OLG Nürnberg StAZ 2016, 117 (119).

[54] Zu gegenläufigen Tendenzen s. etwa AG Karlsruhe FamRZ 2007, 1585 (1586) mit zust. Anm. *Henrich* IPRax 2008, 549; AG Hannover FamRZ 2002, 1722 (1724); AG Osnabrück FamRZ 2008, 1771.

dieser Norm nach Art. 20 S. 1 voraus, die dann, wenn sich die (zu beseitigende) Vaterschaft allein aus ausländischem Recht ergibt, gerade nicht besteht (→ Art. 20 Rn. 8).

Das hier – formal begründete – Prioritätsprinzip bietet keine Lösung, wenn eine – alle Wirksam- **18** keitsvoraussetzungen erfüllende – **pränatale Vaterschaftsanerkennung** nach deutschem Recht mit einer Vater-Kind-Zuordnung zum Ex-Gatten der Mutter nach ausländischem Recht konkurriert. Da hier eine Art Patt-Situation besteht, spricht alles dafür, mit der hM den Wertungen des deutschen (Sach-)Rechts zum Durchbruch zu verhelfen und das Kind (soweit auch die Anforderungen von Art. 23 erfüllt sind) dem Anerkennenden zuzuordnen.[55] Hier besitzt das Argument, die aus deutscher Sicht kindeswohldienlichere Lösung verdiene den Vorzug, seine Berechtigung. Auch diese Lösung verträgt keine Durchbrechung im Einzelfall.[56] Hält man demgegenüber § 1594 Abs. 2 BGB für anwendbar (dagegen → Rn. 16), ist eine Entscheidung zugunsten des deutschen Rechts von vornherein ausgeschlossen.[57]

Da sich somit für Kinder, die nach Rechtskraft der Scheidung geboren werden, eine Vaterschafts- **19** anerkennung (etwa nach deutschem Recht) nur dann gegenüber einer Vater-Kind-Zuordnung auf Grund Ehe nach ausländischem Recht durchsetzt, wenn – mehr oder weniger zufällig – alle Wirksamkeitsvoraussetzungen bereits im Zeitpunkt der Geburt erfüllt waren (zu den systembedingten Inkonsistenzen → Rn. 3, 13, 14), wird unter Berufung auf das Günstigkeitsprinzip teilweise die Ansicht vertreten, als maßgeblicher Zeitpunkt könne auf die **Beurkundung der Geburt** abgestellt werden. Somit gehe eine nach der Geburt abgegebene Vaterschaftsanerkennung einer bereits im Zeitpunkt der Geburt nach ausländischem Recht bestehenden Vaterschaft des geschiedenen Ehemanns vor, soweit die Anerkennung noch vor der Eintragung der Geburt in das Personenstandsregister erfolge.[58] Dieser Ansatz ist mit dem BGH abzulehnen,[59] was sich jedoch nur schwer begründen lässt, wenn man Art. 19 Abs. 1 als Instrument zur Verwirklichung des Kindeswohls ansieht. Entscheidend ist, dass rein formal der maßgebende Zeitpunkt für die Bestimmung der Vater-Kind-Zuordnung zunächst die Geburt des Kindes und nicht die Beurkundung der Geburt ist. Auch verfahrensrechtlich kann es nicht in der Hand der Standesbeamten liegen, darüber zu bestimmen, wie lange mit der Eintragung in das Geburtenregister zugewartet wird, um der Mutter und einem Anerkennungswilligen die Chance auf Abgabe einer Vaterschaftsanerkennung zu geben.[60] Wer Vater eines Kindes ist, muss nach allgemein abstrakten Prinzipien festgelegt werden, Rechtssicherheit und Rechtsklarheit sind tragende Grundpfeiler des (internationalen) Abstammungsrechts.

Unstreitig sind demgegenüber die Fälle, in denen die Abstammung zu einem Zeitpunkt zu **20** beurteilen ist, in dem **(noch) keine Vaterschaftsanerkennung** durch einen Dritten erfolgt ist. Hier ist man sich einig, dass die Vater-Kind-Zuordnung auf Grund (geschiedener) Ehe nach dem Günstigkeitsprinzip der Vaterlosigkeit vorzuziehen ist (→ Rn. 3, 15).[61]

b) Vater-Kind-Zuordnung auf Grund Anerkennung trotz bestehender Ehe? Zu wider- **21** sprüchlichen Vaterschaftszuweisungen kann es auch dann kommen, wenn eines der auf die Abstammungsbegründung anwendbaren Rechte – unter bestimmten Voraussetzungen – eine Vaterschaftsanerkennung trotz Geburt des Kindes während intakter Ehe erlaubt (wie zB das fran-

---

[55] BayObLG IPRax 2002, 405 (407); OLG Hamm FamRZ 2009, 126 (128); OLG Frankfurt FamRZ 2002, 688 (689); *Hepting* StAZ 2000, 33 (35 und 41); *ders.* IPRax 2002, 388 (389); Staudinger/*Henrich* (2014) Rn. 38, 43; Bamberger/Roth/*Heiderhoff* Rn. 23; jurisPK-BGB/*Gärtner/Duden* Rn. 77 f.; *Sturm* StAZ 2003, 353 (359). Palandt/*Thorn* Rn. 6 und Erman/*Hohloch* Rn. 18 wollen in solchen Fällen dem Kind bzgl. des anwendbaren Rechts ein Wahlrecht geben.

[56] Abzulehnen daher OLG Celle StAZ 2007, 82 (83), das wegen des Verdachts einer Scheinanerkennung der Ehelichkeitsvermutung nach ausländischem Recht den Vorzug gegenüber einer pränatalen Vaterschaftsanerkennung nach deutschem Recht gab.

[57] So etwa *Frank* StAZ 2009, 65 (68); *Dörner*, FS Henrich, 2000, 123. Zum umgekehrten Fall (Vater-Kind-Zuordnung auf Grund Ehe nach deutschem Recht konkurriert mit einer nach ausländischem Recht wirksamen Anerkennung) → Rn. 21.

[58] OLG Karlsruhe FamRZ 2015, 1636 (1638); OLG München FamRZ 2016, 1599 (1600); AG Hannover FamRZ 2002, 1722 (1724); Staudinger/*Henrich* (2014) Rn. 43, 45 f.; vgl. auch AG Regensburg FamRZ 2003, 1856 (1857) und wohl auch AG Osnabrück FamRZ 2008, 1771.

[59] BGH 19.7.2017 – XII ZB 72/16 StAZ 2017, Heft 11 m. Anm. *Helms*; KG FamRZ 2017, 814 (815); KG FamRZ 2016, 922 (924); OLG Nürnberg StAZ 2016, 117 (118 f.); jurisPK-BGB/*Gärtner/Duden* Rn. 70; *Frie* StAZ 2017, 103 (107 f.); *Sturm* StAZ 2003, 353 (358 f.); *Helms* StAZ 2009, 293 (295 f.).

[60] AG Hannover FamRZ 2002, 1722 (1724) schlägt eine Frist von ein bis zwei Monaten vor. OLG Karlsruhe FamRZ 2015, 1636 (1638) fordert die Standesbeamten auf, auf eine „zeitnahe Klärung zu drängen" und dafür eine „kurze Frist" zu setzen. Krit. gegenüber einem „Schwebezustand von ungewisser Dauer" OLG Nürnberg StAZ 2016, 117 (119).

[61] BGH FamRZ 2016, 1847 (1848 f.) = StAZ 2016, 374 mit Anm. *Helms*.

zösische, Art. 313 Abs. 1 S. 1 C.C., oder italienische Recht, Art. 250 C.C.).[62] Nach dem **Priori-tätsprinzip** (→ Rn. 16) setzt sich auch in diesen Fällen zumindest immer dann, wenn die Anerkennung erst nach der Geburt des Kindes erfolgt, die Vater-Kind-Zuordnung auf Grund Ehe mit der Mutter durch.[63] Vielfach wird dieser Lösung unter Berufung darauf, der Anerkennende sei der „wahrscheinlichere" Vater und voraussichtlich eine zentrale Bezugsperson, widersprochen, wobei stets – ausdrücklich oder implizit – vorausgesetzt wird, dass die Abstammung des Kindes (vom Ehemann) im Geburtenregister noch nicht beurkundet wurde.[64] Doch eine ex lege bereits bestehende Vaterschaft kann sich nicht einfach wieder „verflüchtigen", nur weil (vor ihrer Eintragung in das Geburtenregister, die keinerlei materiellrechtliche Relevanz besitzt; → Rn. 74) eine Anerkennung abgegeben wurde.[65] Soweit man sich darauf beruft, nach der anerkennungsfreundlichen Rechtsordnung sei die Vaterschaft zunächst in der Schwebe,[66] ist dem entgegen zu halten, dass die andere involvierte Rechtsordnung gerade eine feste Vater-Kind-Zuordnung auf Grund Ehe mit der Mutter vornimmt, die nur durch Anfechtung wieder beseitigt werden kann. Zur vaterschaftsdurchbrechenden Anerkennung nach § 1599 Abs. 2 BGB oder vergleichbarer Institute ausländischen Rechts vgl. → Art. 20 Rn. 8 f.

22   Schwierig zu lösen sind die (seltenen) Fälle, in denen nach der anerkennungsfreundlichen Rechtsordnung eine **pränatale Vaterschaftsanerkennung** abgegeben wird und damit aus Sicht des Prioritätsprinzips eine Pattsituation besteht. Da es der modernen rechtsvergleichenden Tendenz entspricht, die Ehelichkeitsvermutung sachgerecht einzuschränken und für den Anerkennenden eine höhere biologische Abstammungswahrscheinlichkeit spricht, sollte der Anerkennende (soweit Art. 23 beachtet wurde) als Vater angesehen werden.[67]

23   **c) Konkurrierende Ehemänner.** Wird ein in einer neuen Ehe der Mutter geborenes Kind so kurz nach Auflösung einer früheren Ehe geboren, dass **beide Ehemänner als Väter in Betracht kommen,**[68] so ist Art. 19 Abs. 1 (einschließlich seines S. 3) auf jede dieser Ehen gesondert anzuwenden. Widersprechen sich die Ergebnisse, so ist der Konflikt in entsprechender Anwendung von § 1593 S. 3 BGB aufzulösen und das Kind dem neuen Ehegatten zuzuordnen.[69] Demgegenüber will die hM zunächst den „wahrscheinlicheren Vater" ermitteln und nur im Zweifelsfall auf § 1593 S. 3 BGB zurückgreifen.[70] Der subjektiven Willkür des Standesbeamten oder Richters würde dadurch jedoch Tür und Tor geöffnet, Rechtsklarheit und Rechtssicherheit blieben auf der Strecke.

24   **d) Konkurrierende Vaterschaftsanerkennungen.** Konkurrieren mehrere Vaterschaftsanerkennungen miteinander (etwa weil wie nach französischem Recht, Art. 316 C.C., die Zustimmung der Mutter nicht erforderlich ist), ist nach dem Prioritätsprinzip (→ Rn. 16) die Anerkennung maßgeb-

---

[62] Zu Recht wird die Konkurrenz in dem von *Krömer* StAZ 2003, 219 f. analysierten Fall verneint, weil sich die Wirksamkeit der Anerkennung allein nach deutschem Recht beurteilte. OLG Köln StAZ 2014, 113 f. negiert das Konkurrenzverhältnis aufgrund analoger Anwendung von § 1599 Abs. 2 BGB iVm Art. 23.

[63] BGH 13.9.2017 – XII ZB 403/16, juris; OLG Köln StAZ 2013, 319 (320) (der Anerkennende besaß italienische Staatsangehörigkeit); jurisPK-BGB/*Gärtner/Duden* Rn. 66; wohl auch Palandt/*Thorn* Rn. 6, der eine Ergänzung des Prioritätsprinzips nur dann für erforderlich hält, wenn bereits bei Geburt zwei Personen als Vater gelten, dann allerdings – systemwidrig – dem Kind die Auswahl eröffnen will. Weitgehend unstr. ist dieses Ergebnis, wenn die Vaterschaft des Ehemannes bereits beurkundet wurde, Staudinger/*Henrich* (2014) Rn. 52; *Henrich* StAZ 1996, 353 (355); *Sturm* StAZ 2003, 353 (359).

[64] VG Stuttgart FamRZ 2008, 1769 (1770) (vgl. im selben Verfahren auch OLG Stuttgart FamRZ 2004, 1986); AG Regensburg FamRZ 2003, 1856 (1857); OLG Frankfurt FamRZ 2002, 688 (689) obiter; *Hepting* StAZ 2000, 33 (37 f.); *Sturm* StAZ 2003, 353 (359); *Oprach* IPRax 2001, 325 (326 f.); *Krömer* StAZ 2012, 320 (321 f.); Staudinger/*Henrich* (2014) Rn. 54 und 57; *Henrich* FamRZ 1998, 1401 (1402) noch unter Differenzierung danach, welches Recht „dominiert"; aA Palandt/*Thorn* Rn. 6; Erman/*Hohloch* Rn. 18; die dem Kind ein Wahlrecht einräumen.

[65] Zu Recht weist *Frank* StAZ 2009, 65 (70) auf die funktionale Verwandtschaft dieser ausländischen Regeln mit (vereinfachten) Anfechtungsverfahren wie etwa § 1599 Abs. 2 BGB hin (zu deren Qualifikation → Art. 20 Rn. 8). Doch spricht die Wertung des Art. 20 gerade gegen die Berücksichtigung der Anerkennung, denn die Vaterschaft, die verdrängt werden soll, ergibt sich nicht aus der gegenüber der Anerkennung großzügig eingestellten Rechtsordnung selbst (diese lässt die Vaterschaft bis zur Eintragung in das Geburtenregister in der Schwebe), sondern aus einem anderen Recht.

[66] *Hepting* StAZ 2000, 33 (40 f.); so auch noch *Helms* StAZ 2009, 293 (296).

[67] So auch obiter OLG Köln StAZ 2013, 319 (320) – der Anerkennende besaß italienische Staatsangehörigkeit.

[68] Dies kommt vor allem dann in Frage, wenn das Heimatrecht des früheren Ehemannes eine Empfängnis in der Ehe für eine Abstammung vom Ehemann genügen lässt.

[69] *Sturm* StAZ 2003, 353 (360).

[70] 5. Aufl. 2010, Rn. 30 *(Klinkhardt);* Staudinger/*Henrich* (2014) Rn. 49; *Hepting/Gaaz* PStR Bd. 2 Rn. IV-379.

lich, deren Wirksamkeitsvoraussetzungen (auch unter Beachtung von Art. 23) zeitlich früher erfüllt sind.[71]

e) Konkurrierende Mutterschaften. Manche Rechtsordnungen erlauben die Durchführung **25** von Leihmutterschaften und sehen – unter unterschiedlichen Voraussetzungen – die abstammungsrechtliche Zuordnung des Kindes zur Wunschmutter vor.[72] Kommt es (in seltenen Fällen) nach den verschiedenen Anknüpfungsalternativen des Art. 19 Abs. 1 zu einer Konkurrenz zwischen einer Wunschmutter und einer Leihmutter, sollte sich nach **traditioneller Auffassung** vor dem Hintergrund der § 1591 BGB zu Grunde liegenden Wertungen die Zuordnung zur Geburtsmutter durchsetzen.[73] Diese Auffassung stellt die effektive Durchsetzung des deutschen Leihmutterschaftsverbots in den Vordergrund und setzt sich über die berechtigten Interessen der betroffenen Kinder hinweg. Die Zuordnungsregel des § 1591 BGB, die sich in rein innerdeutschen Konstellationen rechtfertigen lässt, führt in internationalen Fällen oftmals zu unzumutbaren Härten (→ Rn. 58). Im Interesse des Kindes sollte daher **regelmäßig der Zuordnung zur Wunschmutter der Vorzug** gegeben werden, es sei denn, die Leihmutter habe sich ausnahmsweise dazu entschlossen, das Kind behalten zu wollen.[74] Dies entspricht auch den Wertungen, die nach Durchführung einer Leihmutterschaft im Ausland für die ordre public-Kontrolle der hierdurch begründeten Abstammungsbeziehungen herangezogen werden (→ Rn. 58 f.).

7. Statutenwechsel. Abs. 1 stellt für die Anwendung des **Kindesaufenthaltsrechts** (→ Rn. 8)[75] **26** und für die des **Elternheimatrechts** (→ Rn. 9)[76] auf den jeweiligen Zeitpunkt der Begründung bzw. Feststellung (Anerkennung bzw. letzte mündliche Verhandlung) der Abstammung ab. Insoweit ist das Abstammungsstatut also **wandelbar.** Eine einmal erfolgte Statuszuordnung überdauert jedoch als **wohlerworbenes Recht** nach den allgemeinen Regeln über Statutenwechsel eine Änderung der Anknüpfungstatsachen (→ Einl. IPR Rn. 80).[77] Eine Statuszuweisung auf Grund gerichtlicher Entscheidung überdauert (bei ausländischen Entscheidungen unter den Voraussetzungen der §§ 108, 109 FamFG) schon auf Grund ihrer Rechtskraft.

Dagegen stellt die Anknüpfung an das (objektive) **Ehewirkungsstatut** in Art. 19 Abs. 1 S. 3 **27** grundsätzlich **unwandelbar**[78] auf den Zeitpunkt der Geburt (bzw. der Auflösung der Ehe durch Tod) ab.

8. Rück- und Weiterverweisung. Bei sämtlichen Anknüpfungsalternativen des Art. 19 Abs. 1 **28** handelt es sich grundsätzlich um **Gesamtverweisungen.**[79] Auch bei der Anwendung des Kindesaufenthaltsrechts nach Art. 19 Abs. 1 S. 1 widerspricht es nicht dem Sinn der Verweisung

---

[71] *Sturm* StAZ 2003, 353 (360); Palandt/*Thorn* Rn. 6; Bamberger/Roth/*Heiderhoff* Rn. 21; Erman/*Hohloch* Rn. 17.

[72] Rechtsvergleichender Überblick bei *Helms* StAZ 2013, 114 ff.

[73] NK-BGB/*Bischoff* Rn. 29; *Looschelders* IPRax 1999, 420 (422 f.); *Looschelders* IPR Rn. 20; *Hepting/Gaaz* PStR Bd. 2 Rn. IV-281 f.; *Wedemann*, Konkurrierende Vaterschaften, 2005, 141 f.

[74] Staudinger/*Henrich* (2014) Rn. 78; *Henrich*, FS Schwab, 2005, 1148 f.; Bamberger/Roth/*Heiderhoff* Rn. 26 f.; *Mayer* RabelsZ 78 (2014), 551 (580); *Hepting/Dutta* Fam. und PersStand-HdB Rn. IV-165; jurisPK-BGB/*Gärtner/Duden* Rn.°83.

[75] OLG Hamm FamRZ 2012, 1504 (1505); 2009, 126 (127); Palandt/*Thorn* Rn. 4; *Henrich* IntFamR § 6 I 1; *Henrich* FamRZ 1998, 1401; Erman/*Hohloch* Rn. 9; *v. Hoffmann/Thorn* IPR § 8 Rn. 124; *Kropholler* IPR § 48 IV 1c; *Andrae* IntFamR § 5 Rn. 16; *Hepting/Gaaz* PStR Bd. 2 Rn. IV-173; *Looschelders* IPR Rn. 12; aA *Kegel/Schurig* IPR § 20 IX 3.

[76] OLG Hamm FamRZ 2009, 126 (127); BT-Drs. 13/4899, 138; *Henrich* IntFamR § 6 I 1; *Henrich* FamRZ 1998, 1401 f.; *Andrae* IntFamR § 5 Rn. 16; *v. Hoffmann/Thorn* IPR § 8 Rn. 124; *Kropholler* IPR § 48 IV 1d; *Hepting/Gaaz* PStR Bd. 2 Rn. IV-176; *Sturm*, FS Stoll, 2001, 451 (452); Palandt/*Thorn* Rn. 5; *Looschelders* IPR Rn. 13; aA *Kegel/Schurig* IPR § 20 X 3.

[77] OLG Hamm FamRZ 2005, 291 (293); OLG Karlsruhe FamRZ 1999, 1370 (1371); jurisPK-BGB/*Gärtner/Duden* Rn. 37 ff.; *Rauscher* IPR S. 215 f.; *Kropholler* IPR § 48 IV 1c; *Sturm,* FS Stoll, 2001, 451 (454); nicht beachtet von OLG Hamm FamRZ 2012, 1504 (1505). Auf die Frage, ob das neue Statut das Überdauern „billigt", so *Dörner*, FS Henrich, 2000, 119 (126); Palandt/*Thorn* Rn. 4, kommt es nicht an; ähnlich *Hepting/Dutta* Fam. und PersStand-HdB Rn. IV-123 ff. Demgegenüber hält Erman/*Hohloch* Rn. 9 die Berücksichtigung des Statutenwechsels auch unter Inkaufnahme eines Abstammungsverlusts wegen der Mehrfachanknüpfung für hinnehmbar.

[78] BT-Drs. 10/504, 65; *Rauscher* StAZ 1987, 121 (122); *Henrich* IntFamR § 6 I 1; *Henrich* FamRZ 1998, 1401; *v. Bar* IPR II Rn. 307; *Erman/Hochloh* Rn. 11, 13; *Kegel/Schurig* IPR § 20 X 3; *v. Hoffmann/Thorn* IPR § 8 Rn. 124, 130; *Kropholler* IPR § 48 1e; Palandt/*Thorn* Rn. 5; Soergel/*Kegel* Art. 19 aF Rn. 16; Staudinger/*Henrich* (2014) Rn. 21; *Hepting/Gaaz* PStR Bd. 2 Rn. 182; *Sturm* StAZ 2003, 353 (354); *Looschelders* IPR Rn. 14; *Andrae* IntFamR § 5 Rn. 19.

[79] Staudinger/*Henrich* (2014) Rn. 25; Palandt/*Thorn* Rn. 2; Bamberger/Roth/*Heiderhoff* Rn. 30; NK-BGB/*Bischoff* Rn. 34; jurisPK-BGB/*Gärtner/Duden* Rn. 113.

(Art. 4 Abs. 1 S. 1), Rück- und Weiterverweisungen zu beachten[80] (→ Art. 4 Rn. 17 ff.). Auch wenn Art. 19 Abs. 1 S. 3 angewandt wird, sind bei der Prüfung des Renvoi die ausländischen Kollisionsnormen heranzuziehen, die die Abstammung betreffen, und nicht die, die für die Ehewirkungen gelten.[81]

29   Dieser Grundsatz erfährt jedoch eine **Einschränkung,** die daraus folgt, dass es Anliegen der alternativen Anknüpfung in Art. 19 Abs. 1 ist, die Feststellung der Abstammung zu begünstigen (→ Rn. 3). Stellen die anwendbaren Rechtsordnungen unterschiedliche Voraussetzungen für die **Zuordnung zu einem Elternteil** auf, darf die Berücksichtigung des Renvoi nicht dazu führen, dass die Feststellung der Abstammung erschwert oder unmöglich wird.[82] Weisen demgegenüber die nach Art. 19 Abs. 1 anwendbaren Rechte einem Kind **unterschiedliche Personen als Vater oder Mutter** zu, kann der hieraus resultierende Normenwiderspruch (→ Rn. 13–25) durch Berücksichtigung des Renvoi eventuell vermieden werden.[83] Demgegenüber will die hM einen Renvoi ganz generell schon dann nicht berücksichtigen, wenn dadurch die Anzahl der anwendbaren Rechtsordnungen verringert wird.[84] Doch soll die Mehrfachanknüpfung dem Kind lediglich – möglichst einfach – zu seinen Eltern verhelfen, nicht aber mehrere potenzielle Elternteile verschaffen, unter denen die „besten" ausgewählt werden (→ Rn. 3, 14).

IV. Anwendungsbereich

30   Die Rechtsordnungen, die nach den in → Rn. 7–29 dargelegten Grundsätzen zur Anwendung berufen sind, haben **grundsätzlich** den gesamten, nachfolgend umrissenen Anwendungsbereich.

31   Ist die Mutter bei der Geburt des Kindes verheiratet, so dass auch **S. 3** des Abs. 1 zum Zuge kommt, so ist jedoch ausnahmsweise das von dieser Vorschrift berufene Recht **nur** auf die Frage anwendbar, **ob das Kind durch seine Geburt in der Ehe die Mutter und deren Ehemann zu Eltern bekommen hat.**[85] Denn S. 3 liegt der Gedanke zugrunde, dass sich das Ehewirkungsstatut des Art. 14 Abs. 1 als „Familienstatut" begreifen lässt (→ Rn. 10). Zu den Fällen, in denen die Ehe der Mutter bei der Geburt des Kindes schon aufgelöst war, → Rn. 10.

32   S. 3 ist daher nur auf Fragen anwendbar, die die **Abstammungsbegründung durch Geburt in einer Ehe der Mutter** betreffen, zB auf die Vermutung der Abstammung („Ehelichkeit") und ihre Widerlegung,[86] die Bemessung der gesetzlichen Empfängniszeit,[87] die Anerkennung dieser Abstammungsbegründung („Ehelichkeit") sowie die Statuswirkung der (Nicht-)Anmeldung zum Standesregister.

33   Die **S. 1 und 2** des Abs. 1 sind **nicht nur** auf die Frage anwendbar, ob das Kind durch **Geburt in der Ehe** die Mutter und deren Ehemann zu Eltern bekommen hat und damit auf alle in → Rn. 32 genannten Fragen, **sondern auch** auf die, inwieweit die Abstammung durch **Anerkennung** der Vaterschaft und eventuell der Mutterschaft[88] **und** wann sie durch **gerichtliche Entscheidung** festgestellt werden kann, in welchen Fällen solche Akte überhaupt möglich und nötig sind, dh welche Anerkennungsverbote und welche (materiellrechtlichen) Zulässigkeitsvoraussetzungen für Abstammungsverfahren bestehen, auch, wer das Antragsrecht hat und welche Antragsfristen[89] gelten.[90] Das von Abs. 1 (ohne S. 3) berufene Recht entscheidet, welche Voraus-

---

[80] Erman/*Hohloch* Rn. 4; Palandt/*Thorn* Rn. 2; aA 5. Aufl. 2010, Rn. 21 *(Klinkhardt); v. Hoffmann/Thorn* IPR § 8 Rn. 134.

[81] *Kartzke* IPRax 1988, 8 (10); *Rauscher* NJW 1988, 2151 (2154); *Ebenroth/Eyles* IPRax 1989, 1 (3 f.); AG Tübingen IPRax 1989, 397; *Klingelhöffer* IPRax 1993, 167 f.

[82] BGH FamRZ 2016, 1847 (1849); so im auch Ergebnis OLG Celle FamRZ 2011, 1518 (1520); OLG Nürnberg FamRZ 2005, 1697 (1698); OLG Stuttgart FamRZ 2001, 246 (248); wohl auch Bamberger/Roth/*Heiderhoff* Rn. 30.

[83] Vgl. *Henrich* FamRZ 1998, 1401 (1402 f.), allerdings Lösung unter Berufung auf Günstigkeitsprinzip.

[84] OLG Nürnberg StAZ 2016, 117 (118); OLG Hamm FamRZ 2009, 126 (127); *Henrich* IntFamR § 6 I 2; Staudinger/*Henrich* (2014) Rn. 25; NK-BGB/*Bischoff* Rn. 34; *Andrae* IntFamR § 5 Rn. 38; *Sturm* StAZ 2003, 353 (356); Palandt/*Thorn* Rn. 2; *Kropholler* IPR § 48 IV 1g.

[85] *Sturm* StAZ 2003, 353 (354); *Hepting* StAZ 2000, 33 (34); Bamberger/Roth/*Heiderhoff* Rn. 9; jurisPK-BGB/*Gärtner/Duden* Rn. 53; *v. Hoffmann/Thorn* IPR § 8 Rn. 130; aA – Anwendbarkeit auch des S. 3 auf sämtliche Arten der Abstammungsbegründung – LG Düsseldorf BeckRS 2012, 19794; Erman/*Hohloch* Rn. 23; Palandt/*Thorn* Rn. 7; *Diel,* Leihmutterschaft und Reproduktionstourismus, 2014, 197 f.

[86] *Hepting/Gaaz* PStR Bd. 2 Rn. IV-383.

[87] Erman/*Hohloch* Rn. 20, 21; *Kropholler* IPR § 48 IV 1a; *Kegel/Schurig* IPR § 20 X 1; Palandt/*Thorn* Rn. 7; *Andrae* IntFamR § 5 Rn. 43.

[88] Zu Mutterschaftsanerkennungen → Anh. II Art. 19 Rn. 1; Überblick bei DIJuF JAmt 2010, 66 f.

[89] Zum Qualifikationsproblem allg. → Einl. IPR Rn. 108 ff.

[90] *Kegel/Schurig* IPR § 20 X 1; Palandt/*Thorn* Rn. 7; Erman/*Hohloch* Rn. 20, 21; *Kropholler* IPR § 48 IV 1a.

setzungen für die Wirksamkeit von Anerkennungen[91] und welche (materiellrechtlichen) Beweis-regeln[92] im Vaterschaftsverfahren gelten. Zu den Anerkennungen, die unter Abs. 1 fallen, gehören auch Legitimanerkennungen.[93] Diese verschaffen jedoch dem Kind aus deutscher Sicht, ebenso wenig wie eine Geburt in der Ehe, einen qualifizierten Status. Vom Anwendungsbereich (→ Rn. 5) ebenfalls erfasst ist die abstammungsrechtliche Zuordnung zu einer Person, die in eine künstliche heterologe Insemination eingewilligt hat, soweit eine ausländische Rechtsordnung dieser Einwilligung statusbegründende Wirkung zuschreibt. Auch die Frage, ob im Falle einer Leihmutterschaft die gebärende Frau oder die Wunschmutter rechtlich als Mutter anzusehen ist, fällt unter Abs. 1[94] (→ Rn. 25, 58).

In gleicher Weise bestimmt sich die Frage doppelter Mutter- oder Vaterschaft von **gleichge-** 34 **schlechtlichen Paaren** nach Art. 19 Abs. 1 (→ Rn. 5).[95] Zur Anwendbarkeit von Art. 19 Abs. 1 S. 3 → Rn. 48. Zur Prüfung des ordre public → Rn. 57.

Nach Abs. 1 S. 1 und 2 richtet sich auch, ob **Art. 12 § 3 NeG** oder eine vergleichbare ausländische 35 Vorschrift anwendbar ist. Dh dass diese deutsche Vorschrift nur maßgebend ist, wenn Abs. 1 (ohne S. 3) auf deutsches Recht verweist.[96] Denn sie nennt Voraussetzungen für eine Vaterschaftsfeststellung.[97] Sie setzt Zahlvaterurteile voraus, mögen diese auf deutsches Recht gestützt sein oder auf ausländisches.[98] Zwar nennt Art. 12 § 3 Abs. 2 NeG nur Urteile nach § 1708 BGB (Fassung von vor 1.7.1970), weil schon diese auf die biologische Abstammung abstellten.[99] Wesentlich weniger als solche deutschen Urteile tun dies aber auch ausländische Zahlvaterurteile nicht.[100]

In den Anwendungsbereich von Abs. 1 (ohne S. 3) fallen auch etwaige Erfordernisse der **Zustim-** 36 **mung zu Anerkennungen** sowie Möglichkeiten ihrer Ersetzung und Folgen ihres Fehlens.[101] Soweit es dabei um Zustimmungen des Kindes und seiner Verwandten geht, genügt es aber nicht, dass diese dem Art. 19 Abs. 1 entsprechen. Sie müssen **zusätzlich**[102] dem **Art. 23** (→ Art. 23 Rn. 15 ff.) genügen. Und es müssen außer den nach Art. 19 Abs. 1 notwendigen auch die von Art. 23 geforderten Zustimmungen vorliegen.

Die Vorschrift ist auf die Abstammung von **Embryonen** entsprechend anzuwenden (→ Rn. 8 37 aE).[103]

Die Anwendbarkeit von **§ 1598a BGB** (→ Art. 20 Rn. 13) und **§ 1599 Abs. 2 BGB** (→ Art. 20 38 Rn. 8) bestimmt sich nicht nach Art. 19 Abs. 1, sondern nach Art. 20 S. 1.

Schließlich ist auch die Frage, inwieweit ein Kind, dessen Abstammung von den Eltern feststeht, 39 zu weiteren Personen in einem durch seine Eltern vermittelten **Verwandtschafts- oder Schwäger-schaftsverhältnis** steht, anhand des von Art. 19 Abs. 1 berufenen Rechts zu beantworten.[104]

---

[91] OLG Celle NJW-RR 2007, 1456 (1457); NK-BGB/*Bischoff* Rn. 11.

[92] jurisPK-BGB/*Gärtner/Duden* Rn. 32. Zur materiellrechtlichen Qualifikation sachrechtsbezogener Beweisregeln allg. → Einl. IPR Rn. 130.

[93] Bamberger/Roth/*Heiderhoff* Rn. 8 und Art. 22 Rn. 13; Palandt/*Thorn* Rn. 7. Ob die Anerkennung durch den biologischen Vater oder einen Dritten erfolgt, spielt für die Qualifikation – wie stets bei der Vaterschaftsanerkennung – keine Rolle; aA 5. Aufl. 2010, Art. 22 Rn. 7 *(Klinkhardt);* zum Institut der Legitimanerkennung *Klinkhardt* IPRax 1987, 360.

[94] OLG Stuttgart FamRZ 2012, 1740; *Hepting/Gaaz* PStR Bd. 2 Rn. IV-274; *Benicke* StAZ 2013, 101 (106); *Wedemann,* Konkurrierende Vaterschaften, 2005, 131 ff.

[95] BGH FamRZ 2016, 1251 (1253); KG FamRZ 2015, 943 (944) mit Anm. *Frie* FamRZ 2015, 889 und *Coester-Waltjen* IPRax 2016, 132; OLG Köln FamRZ 2015, 156; OLG Celle FamRZ 2011, 1518; *Henrich,* FS Frank, 2008, 255 f.; Bamberger/Roth/*Heiderhoff* Rn. 1, 14; aA *Andrae* StAZ 2015, 163 (168 f.).

[96] BGH IPRax 1987, 247 mwN.

[97] Vgl. auch *Winkler v. Mohrenfels* IPRax 1987, 227 (228), der die Vorschrift zu den „statusbegründenden Normen" zählt.

[98] *Winkler v. Mohrenfels* IPRax 1987, 227 (228); zu eng BGH IPRax 1987, 247 f. Romanische Rechte kennen noch Zahlvaterurteile neben Statusurteilen, vgl. etwa zum französischen Recht *Ougier* in Sonnenberger/Classen, Einführung in das französische Recht, 2012, 256 f.

[99] Insoweit zutr. BGH IPRax 1987, 247 f.

[100] Wie BGH IPRax 1987, 247 (249) erwähnt, waren auch die deutschen Zahlvaterurteile oft genug nur auf das Zeugnis der Mutter oder die Säumnis des Beklagten gestützt.

[101] *Andrae* IntFamR § 5 Rn. 43, 46 f.; Staudinger/*Henrich* (2014) Rn. 65; *Hepting/Gaaz* PStR Bd. 2 Rn. IV-417.

[102] BT-Drs. 10/504, 67, 72; *Henrich* IntFamR § 6 I 5a; Staudinger/*Henrich* (2014) Rn. 62; *Kropholler* IPR § 48 IV 1a; Palandt/*Thorn* Rn. 7; *Andrae* IntFamR § 5 Rn. 43, 46.

[103] BGH FamRZ 2016, 1849 (1850) mit Anm. *Dutta/Hammer*; jurisPK-BGB/*Gärtner/Duden* Rn. 28; *Backmann,* Künstliche Fortpflanzung, 2002, 80. Entgegen der Auffassung des BGH erlaubt nach Ansicht von *Coester-Waltjen* FamRZ 2015, 1981 f. das deutsche (Sach-)Recht einem Keimzellenspender die Feststellung eines (Mit-)Bestimmungsrechts über den Embryo.

[104] Erman/*Hohloch* Rn. 21.

V. Vorfragen

40   **1. Die Vorfrage der Ehe der Eltern. a) Überblick.** Abs. 1 S. 3 ist nur anwendbar, wenn die Mutter zur Zeit der Geburt des Kindes verheiratet ist. Vor der Anwendung dieses S. 3 ist also immer zu prüfen, ob die Mutter in einer (gültigen) Ehe lebte. Nach einer verbreiteten Auffassung wird die Rolle, die die Ehe bei der Anwendung von IPR-Normen spielt, statt durch den Begriff der Vorfrage durch den Begriff der „Erstfrage" (zu diesem Begriff → Einl. IPR Rn. 148 f., 161 ff.) bezeichnet. Wie in → Rn. 31 dargelegt, ist das von S. 3 berufene Recht nur auf die Frage anwendbar, ob sich die Abstammung des Kindes aus einer Ehe ergibt. Das bedeutet, dass bei der Anwendung von S. 3 die Frage nach der Ehe der Mutter außer als „Erstfrage" immer auch als (gewöhnliche) Vorfrage auftritt. Zur Behandlung gleichgeschlechtlicher Ehen → Rn. 48 f.

41   Der Anwendungsbereich von Abs. 1 S. 1 und S. 2 umfasst sowohl die Abstammung aus Anerkennung als auch die Abstammung aus Geburt/Zeugung in der Ehe (→ Rn. 33). In manchen, aber nicht allen Fällen wird also auch bei der Anwendung von Kindesaufenthaltsrecht oder Heimatrecht der Eltern die Ehe als Vorfrage auftreten.

42   **b) Die Ehe als „Erstfrage".** Was zunächst die bei der Anwendung von Abs. 1 S. 3 auftretende Erstfrage (→ Rn. 40) anbelangt, so sind solche Fragen nach verbreiteter Ansicht regelmäßig selbständig (→ Einl. IPR Rn. 161 mwN) anzuknüpfen. Dies gilt auch im vorliegenden Fall, denn Sinn und Zweck dieser aus abstammungsrechtlicher Sicht eher fernliegenden Anknüpfung ist der Gedanke, beim Ehewirkungsstatut handele es sich um eine Art „Familienstatut" für alle Mitglieder der „ehelichen" Familie (→ Rn. 10). Damit ist die (Erst-)Frage, ob Art. 19 Abs. 1 S. 3 überhaupt zur Anwendung berufen ist, weil die Eltern des Kindes im maßgeblichen Zeitpunkt gültig verheiratet sind, selbständig anhand von Art. 11 Abs. 1, 13 zu beantworten.[105]

43   **c) Die Vorfrage der Ehe.** Nach wohl hM[106] ist die Vorfrage der Elternehe **selbständig** (→ Einl. IPR Rn. 191) anhand der Art. 13 und 11 zu beantworten. Das kann jedoch dazu führen, dass eine Ehe, die lediglich dem von Art. 19 Abs. 1 berufenen Recht entspricht (etwa eine religiöse Eheschließung, die gegen Art. 13 Abs. 3 verstößt[107]), nicht als ausreichend tragfähige Grundlage für eine Vater-Kind-Zuordnung angesehen wird. Doch beruht nach modernem Verständnis die Vater-Kind-Zuordnung zum Ehemann der Mutter darauf, dass zum einen für ihn eine hohe Vaterschaftswahrscheinlichkeit spricht und er zum anderen – unabhängig von den biologischen Verhältnissen – vermutlich die soziale Vaterrolle einnehmen wird. Dafür ist es jedoch nebensächlich, ob die Ehe aus Sicht des deutschen Kollisionsrechts wirksam geschlossen wurde, vielmehr erscheint es ausreichend, wenn das ausländische Recht, das über die Abstammung entscheidet, die Verbindung zwischen den Eltern als eine tragfähige Basis für das Eingreifen der Vaterschaftsvermutung ansieht.[108]

44   Teilweise wird unter Berufung auf das Art. 19 Abs. 1 zu Grunde liegende Günstigkeitsprinzip (→ Rn. 13, 14) eine **alternative** Anknüpfung der Vorfrage empfohlen, um die Abstammungsfeststellung zu erleichtern.[109] Diese Ansicht schießt jedoch über das Ziel hinaus[110] und könnte wie auch die hM dazu führen, dass eine Vater-Kind-Zuordnung erfolgt, die für sich genommen weder das für die Vorfrage noch das für die Hauptfrage maßgebliche Recht vornehmen würde.[111]

45   Richtigerweise ist zu **differenzieren:** Soweit es um **Art. 19 Abs. 1 S. 3** geht, ist die Vorfrage nach dem Bestehen einer Ehe **selbständig** anzuknüpfen, weil bereits die (Erst-)Frage nach dem Eingreifen der Vorschrift in gleicher Weise zu beantworten ist (→ Rn. 42).[112] Im Übrigen ist eine **unselbständige Anknüpfung** vorzunehmen: Genügend aber auch erforderlich ist dann, dass die Ehe dem von Art. 19 Abs. 1 berufenen Recht (einschließlich dessen Kollisionsrecht) entspricht.[113]

---

[105] OLG Celle FamRZ 2011, 1518 (1521); OLG München FamRZ 2008, 1772 (1773); *Hepting/Dutta* Fam. und PersStand-HdB Rn. IV-110; *v. Hoffmann/Thorn* IPR § 8 Rn. 130; Staudinger/*Henrich* (2014) Rn. 19; NK-BGB/*Bischoff* Rn. 19; jurisPK-BGB/*Gärtner/Duden* Rn. 90; aA unter Berufung auf das Günstigkeitsprinzip 5. Aufl. 2010, Rn. 35 *(Klinkhardt).*

[106] OLG Hamburg FamRZ 2014, 1563; OLG Hamm FamRZ 2007, 656; vgl. schon BGH FamRZ 1965, 311 (312 f.); jurisPK-BGB/*Gärtner/Duden* Rn. 93 f.; Erman/*Hohloch* Rn. 6, 11; Bamberger/Roth/*Heiderhoff* Rn. 31; Palandt/*Thorn* Rn. 5, 8; *Kegel/Schurig* IPR § 20 X 1; *Kropholler* IPR § 48 IV 1b; *Krömer* StAZ 2006; 115 f.

[107] Vgl. BGH FamRZ 1965, 311 ff. und Sachverhalt bei *Krömer* StAZ 2006, 115 f.

[108] *Helms* StAZ 2009, 293 (297).

[109] 5. Aufl. 2010, Rn. 38 f. *(Klinkhardt); Waldburg,* Anpassungsprobleme im internationalen Abstammungsrecht, 2000, 67 f.; wohl auch *Andrae* IntFamR § 5 Rn. 40.

[110] *Hepting/Gaaz* PStR Bd. 2 Rn. IV-347; *Kropholler* IPR § 48 IV 1b.

[111] *Hepting/Gaaz* PStR Bd. 2 Rn. IV-343 und IV-351 f.

[112] *Hepting/Dutta* Fam. und PersStand-HdB Rn. IV-195.

[113] *Hepting/Gaaz* PStR Bd. 2 Rn. IV-345 ff.; *v. Hoffmann/Thorn* IPR § 8 Rn. 129; *Helms* StAZ 2009, 293 (297); vgl. auch Staudinger/*Henrich* (2014) Rn. 34.

Die früher teilweise beschworene Gefahr, dass Eltern aus deutscher Sicht in einer gültigen Ehe mit ihren Kindern zusammen leben, ohne dass diese auch (abstammungs-)rechtlich als ihre Kinder gelten,[114] ist durch das Zurückdrängen obligatorischer religiöser Eheschließungen[115] und die alternative Anknüpfung in Art. 19 Abs. 1 deutlich gemindert.

Dass eine Ehe auch dann genügt, wenn sich das aus dem von Art. 19 berufenen Recht ergibt, **46** bedeutet unter anderem, dass auch eine **gleichgeschlechtliche Ehe,** (schon vor Einführung dieses Instituts in das deutsche Recht → Rn. 48 f.)[116] eine **polygame Ehe**[117] oder eine Ehe nach Stammesrecht[118] genügt, wenn das in diesem Recht vorgesehen ist, und zwar unbeschadet der Tatsache, dass diese Ehe selbst unter Umständen in Deutschland nicht anerkannt wird.

d) Fehlerhafte Ehen. Ist die Ehe der Eltern nach der maßgeblichen Rechtsordnung fehlerhaft, **47** dh nichtig, vernichtbar oder aufhebbar (anfechtbar), so ist damit nicht die Frage beantwortet, **inwieweit eine solche Ehe die Abstammung zu tragen oder nicht zu tragen vermag.**[119] Viele Rechtsordnungen stellen nämlich sicher, dass sich die Nichtigkeit, Aufhebung oder Anfechtung einer Ehe nicht auf die abstammungsrechtliche Zuordnung der betroffenen Kinder auswirkt.[120] Über die abstammungsrechtlichen Wirkungen einer fehlerhaften Ehe entscheidet nach wohl herrschender Meinung wegen des engen Sachzusammenhangs die Rechtsordnung aus der sich der Mangel der Ehe ergibt[121] und nicht das Abstammungsstatut.[122] Soweit man – wie hier vertreten – die Vorfrage in den Fällen der Art. 19 Abs. 1 S. 1 und 2 unselbständig anknüpft (→ Rn. 43 und 45), führt die herrschende Ansicht regelmäßig zu sachgerechten Ergebnissen.

e) Gleichgeschlechtliche Ehen, eingetragene Lebenspartnerschaften und eheähnliche 48 Lebensgemeinschaften. Auf **eingetragene Lebenspartnerschaften** könnte Art. 19 Abs. 1 S. 3 entsprechend anwendbar sein. Anzuknüpfen wäre dann nicht an das „Ehewirkungsstatut", sondern das Statut der Lebenspartnerschaft (Art. 17b Abs. 1; → Art. 17b Rn. 70).[123] Doch Sinn und Zweck der (ohnehin zweifelhaften) Anknüpfung nach Art. 19 Abs. 1 S. 3 (→ Rn. 10) stehen einer solchen Betrachtungsweise entgegen. Denn das Registerstatut kann aus der Perspektive des Kindes vollkommen zufällig und beziehungslos sein und eignet sich daher nicht als „Familienstatut". Aus dem gleichen Grund scheidet auch eine entsprechende Anwendung von Art. 19 Abs. 1 S. 3 auf **eheähnliche Lebensgemeinschaften** selbst dann aus, wenn sie nach ausländischem Recht eheähnliche Wirkungen entfalten.[124]

Ob und in welcher Weise Art. 19 Abs. 1 S. 3 auf **gleichgeschlechtliche Ehen** anzuwenden ist, **48a** ist nicht einfach zu beurteilen. Vor Einführung gleichgeschlechtlicher Ehen in das deutsche Recht waren nach ausländischem Recht geschlossene gleichgeschlechtliche Ehen in Deutschland nach hM wie Lebenspartnerschaften zu behandeln,[125] so dass die in → Rn. 48 dargelegten Grundsätze Anwendung fanden. An dieser Einordnung kann nicht mehr festgehalten werden, nachdem der deutsche Gesetzgeber gleichgeschlechtliche Ehen eingeführt hat (§ 1353 Abs. 1 S. 1 BGB nF).[126] Kollisionsrechtlich werden gleichgeschlechtliche Ehe aber weiterhin nach den gleichen Grundsätzen behandelt

---

[114] 5. Aufl. 2010, Rn. 38 *(Klinkhardt)*.

[115] 5. Aufl. 2010, Rn. 36 *(Klinkhardt)*.

[116] BGH FamRZ 2016, 1251 (1253 f.); KG FamRZ 2015, 943 (945); *Helms* StAZ 2012, 2 (7).

[117] Soergel/*Kegel* Art. 19 aF Rn. 42; Erman/*Hohloch* Rn. 11. Ist die Mutter mit zwei Männern gleichzeitig verheiratet, wird nach deutschem Recht die Kollision zwischen den § 1592 Nr. 1 BGB doppelt eingreifenden Vaterschaftsvermutungen nach § 1593 S. 3 BGB analog gelöst, OLG Zweibrücken StAZ 2009, 207 f.; Staudinger/*Rauscher* (2011) BGB § 1592 Rn. 28.

[118] OLG Köln FamRZ 1998, 52 Ls.

[119] Verkannt von OLG München FamRZ 2008, 1772 (1773); vgl. dazu *Helms* StAZ 2009, 293 (298).

[120] Nach deutschem Recht wirkt die Eheaufhebung gem. § 1313 BGB nur noch ex nunc. Für das frühere Recht vgl. § 25 EheG (bis 1962) und § 1593 Abs. 2 BGB aF.

[121] OLG Düsseldorf FamRZ 1992, 815 (816); Soergel/*Schurig* Art. 13 Rn. 109; *Beitzke* ZfJ 1986, 477 (482).

[122] So aber *Andrae* IntFamR § 5 Rn. 40; vgl. auch 5. Aufl. 2010, Rn. 43 *(Klinkhardt):* alternative Anknüpfung wegen des Günstigkeitsprinzips.

[123] Bamberger/Roth/*Heiderhoff* Rn. 18 und Art. 17b Rn. 42; offengelassen von OLG Celle FamRZ 2011, 1518 (1521) für eine in Spanien zwischen einer Deutschen und einer Italienerin geschlossene Ehe.

[124] Erman/*Hohloch* Rn. 11; Palandt/*Thorn* Rn. 5; NK-BGB/*Bischoff* Rn. 20; jurisPK-BGB/*Gärtner/Duden* Rn. 92; aA 5. Aufl. 2010, Rn. 44 *(Klinkhardt),* soweit eine behördliche Anerkennung oder Registrierung vorliegt; Bamberger/Roth/*Heiderhoff* Rn. 18, soweit spezielle abstammungsrechtliche Regel existiert; Beispiele bei *Frank* StAZ 2009, 65 (69).

[125] → 6. Aufl. 2015, Art. 17b Rn. 136 ff.; BGH FamRZ 2016, 1251 (1254); OLG München StAZ 2011, 308; OLG Zweibrücken StAZ 2011, 184; KG StAZ 2011, 181; LG Kaiserslautern StAZ 2011, 114 f.; AG Münster StAZ 2010, 211; *Andrae/Abbas* StAZ 2011, 97 (102 f.); aA etwa Palandt/*Thorn* Art. 17b Rn. 1.

[126] Gesetz zur Einführung des Rechts auf Eheschließung für Personen gleichen Geschlechts v. 20.7.2017, BGBl. I S. 2787. Vgl. auch *Mankowski* IPRax 2017, Heft 6.

wie eingetragene Lebenspartnerschaften (Art. 17b Abs. 4 nF). Welche Auswirkungen diese Sonderanknüpfung auf die Kollisionsnormen hat, die auf das Ehewirkungsstatut verweisen, ist im Gesetzgebungsverfahren nicht bedacht worden. Eine entsprechende Heranziehung des Registerstatuts als Ehewirkungsstatut gleichgeschlechtlicher Ehen ist im Rahmen von Art. 19 Abs. 1 S. 3 genauso sachfremd
wie für eingetragene Lebenspartnerschaften (→ Rn. 48). Die Gründe, die im Recht der Paarbeziehungen die kollisionsrechtliche Sonderbehandlung gleichgeschlechtlicher Ehen rechtfertigen, haben
für das Recht der Eltern-Kind-Beziehung keine Gültigkeit. Sachgerecht erscheint es daher eher, bei
gleichgeschlechtlichen Ehen Art. 19 Abs. 1 S. 3 ebenfalls als Verweis auf das nach Art. 14 Abs. 1
(hypothetisch) zu bestimmende Ehewirkungsstatut zu verstehen. Im Ergebnis wird daher durch
Art. 19 Abs. 1 S. 3 (zur parallelen Lösung bei Art. 22 Abs. 1 S. 2 → Art. 22 Rn. 9a) für verschieden-
und gleichgeschlechtliche Ehen – dem Wortlaut getreu – auf dieselbe nach Art. 14 Abs. 1 zu bestimmende Rechtsordnung verwiesen (vgl. → Rn. 10 f.). Auch im Übrigen gelten für die Beurteilung
der **Wirksamkeit einer gleichgeschlechtlichen Ehe als Vorfrage** die → Rn. 40 ff. dargelegten
Grundsätze, wobei an Stelle von Art. 11 Abs. 1, 13 die in Art. 17b Abs. 4 nF angeordnete Sonderanknüpfung heranzuziehen ist.

49   **f) Ehescheidungen und gerichtliche Trennungen.** Ehescheidungen, die durch ein **deutsches
Gericht** ausgesprochen werden, sowie **ausländische Ehescheidungen,** die nach Art. 21 ff. Brüssel
IIa-VO oder §§ 107, 109 FamFG anzuerkennen sind, müssen auch dann beachtet werden, wenn sie
von dem durch Art. 19 berufenen Recht nicht anerkannt werden oder im konkreten Fall die
Anerkennung nach diesem Recht noch nicht erfolgt ist.[127] Dies widerspricht nicht dem hier für
Art. 19 Abs. 1 S. 1 und 2 (→ Rn. 43 und 45) vertretenen Grundsatz der unselbständigen Anknüpfung,[128] da in einem solchen Fall die für eine abstammungsrechtliche Zuordnung zum Ehemann
sprechenden Gründe (→ Rn. 43) nachhaltig in Frage gestellt sind. Umgekehrt gilt aber auch, dass
ausländische Ehescheidungen aus deutscher Sicht erst dann beachtlich sind, wenn sie **im Inland
anerkannt** wurden. Während Art. 21 Abs. 1 Brüssel IIa-VO eine automatische Anerkennung anordnet, ist eine ausländische Entscheidung nach § 107 FamFG im Inland erst nach Durchführung des
Anerkennungsverfahrens zu berücksichtigen, soweit es sich nicht um eine Entscheidung aus dem
gemeinsamen Heimatstaat handelt (§ 107 Abs. 1 S. 2 FamFG).[129] Das kann aus Sicht der Beteiligten
zu überraschenden Ergebnissen führen: So kann eine im Ausland nach dem Heimatrecht des Anerkennenden – nach Ausspruch der Scheidung – wirksam vollzogene Anerkennung aus inländischer
Sicht unwirksam sein, solange die Auslandsscheidung nach § 107 FamFG im Inland noch nicht
anerkannt ist. Das gilt selbst dann, wenn im Zeitpunkt der Scheidung sowie der Anerkennung für
die Beteiligten nicht absehbar war, dass sie eines Tages mit der deutschen Rechtsordnung in Berührung kommen würden.[130] Allerdings wirkt die Feststellung der Landesjustizverwaltung ex tunc[131]
und kann zur rückwirkenden Änderung der abstammungsrechtlichen Zuordnung führen.[132] Diese
(Sperr-)Wirkung des § 107 FamFG ist notwendige Konsequenz des **obligatorischen Anerkennungsverfahrens.** Zur Anerkennungsfähigkeit von Privatscheidungen → Rom III-VO Vor Art. 1
Rn. 32 ff.[133]

50   Wurde als Vorstufe zur Scheidung die **gerichtliche Trennung** der Ehegatten angeordnet oder
bestätigt, wird hierdurch etwa aus Sicht des deutschen Aufenthaltsrechts die Vater-Kind-Zuordnung
auf Grund Ehe (§ 1592 Nr. 1) selbst dann nicht ausgehebelt, wenn nach dem gemeinsamen Heimatrecht der Beteiligten unter diesen Voraussetzungen keine Vaterschaftsvermutung mehr besteht.[134]

51   **2. Bei der Vaterschaftsanerkennung auftretende Vorfragen. a) Geschäftsfähigkeit.** Die
zur Erklärung einer Vaterschaftsanerkennung oder einer dazu notwendigen Zustimmung erforderliche Geschäftsfähigkeit richtet sich nach dem von Art. 7 Abs. 1 berufenen Recht (selbständige Vorfragenanknüpfung; zu diesem Begriff → Einl. IPR Rn. 151), sofern in den anwendbaren Anerkennungsvorschriften keine besondere Regelung der erforderlichen Geschäftsfähigkeit zu finden ist.[135]

---

[127] Staudinger/*Henrich* (2014) Rn. 30, 35; jurisPK-BGB/*Gärtner/Duden* Rn. 91 und 95; *Kegel/Schurig* IPR
§ 20 X 1; Erman/*Hohloch* Rn. 12; *Krömer* StAZ 2008, 83 (84); *Krömer* StAZ 2007, 304.

[128] AA *Hepting/Gaaz* PStR Bd. 2 Rn. IV-357 ff.

[129] OLG Hamburg FamRZ 2014, 1563; *Hepting/Dutta* Fam. und PersStand-HdB Rn. IV-117.

[130] *Krömer* StAZ 2017, 249.

[131] Prütting/Helms/*Hau* FamFG § 107 Rn. 49.

[132] *Hepting/Gaaz* PStR Bd. 2 Rn. IV-364; *Krömer* StAZ 2017, 249 (251).

[133] Zu den durch die jüngste Rspr. des EuGH entstandenen Zweifeln *Helms* FamRZ 2016, 1134 f.

[134] Staudinger/*Henrich* (2014) Rn. 29; *Oprach* IPRax 2001, 325 f.; jurisPK-BGB/*Gärtner/Duden* Rn. 36 und
66; demgegenüber schlägt *Krömer* StAZ 2012, 320 Fn. 1 Substitution vor.

[135] jurisPK-BGB/*Gärtner/Duden* Rn. 97; *Andrae* IntFamR § 5 Rn. 36; Palandt/*Thorn* Rn. 7; *Jayme/Koussoulas*
StAZ 1980, 38 (40); *Kraus* StAZ 2007, 93 (94) – Zustimmung einer 19jährigen Togoerin.

Sehen jedoch – wie es in ausländischen Rechten vorkommt – die Anerkennungsvorschriften des für die Vaterschaftsfeststellung maßgebenden Rechts besondere Erfordernisse für das Alter bei der Anerkennung oder der Zustimmung dazu (eine Sondergeschäftsfähigkeit) vor, so sind diese Erfordernisse maßgebend[136] (unselbständige Vorfragenanknüpfung, zu diesem Begriff → Einl. IPR Rn. 151).

b) Gesetzliche Vertretungsmacht. Wer die Mutter, das Kind oder den Vater (sofern sie noch **52** minderjährig sind) im Vaterschaftsverfahren oder bei der Anerkennung und den Zustimmungen dazu gesetzlich zu vertreten hat, ist anhand der speziell dafür vorgesehenen Kollisionsnormen (zB Art. 16 ff. KSÜ, Art. 21, Art. 24 Abs. 1) zu ermitteln.[137] Denn mit der Bejahung der Wirksamkeit der Erklärung des gesetzlichen Vertreters wird notwendigerweise auch dessen Vertretungsmacht bejaht.

c) Formgültigkeit. Die Formgültigkeit von Anerkennungen und Zustimmungen dazu richtet **53** sich nach **Art. 11 Abs. 1**.[138] Zu den Formvorschriften für die Vaterschaftsanerkennung gehören nicht nur die Regeln, wie eine öffentliche Beurkundung vorzunehmen ist, sondern auch die, dass eine öffentliche Beurkundung erforderlich ist.[139] Das CIEC-Vaterschaftsanerkennungsübereinkommen (s. Anh. I Art. 19), das in Art. 4 S. 1 Römisches CIEC-Übereinkommen ebenfalls eine Formvorschrift enthält, hat bisher keine praktische Bedeutung erlangt (→ Anh. I Art. 19 Rn. 2). Die Zuständigkeit zur Beurkundung ist keine Formfrage, sondern eine des Verfahrensrechts.[140] Auf sie ist daher bei Beurkundungen in Deutschland stets deutsches Recht anzuwenden.

VI. Ehelichkeit/Legitimation

Bei Anwendbarkeit ausländischen Rechts (zB Erb-, Unterhalts- oder Sorgerechts) kann es auf **54** den **Status als ehelich oder nichtehelich** ankommen. Da das deutsche Kollisionsrecht in gleicher Weise wie das deutsche Sachrecht diese Unterscheidung nicht mehr kennt, sollte diese (Vor-)Frage – einschließlich der nach der Wirksamkeit einer etwaigen Legitimation – **unselbständig** (zu diesem Begriff → Einl. IPR Rn. 151) angeknüpft werden (→ Art. 21 Rn. 26; → Einl. IPR Rn. 198 f.).[141] In der Rechtsprechung und Literatur wurde teilweise die Forderung erhoben, eine Legitimation müsse sich, auch wenn ein derartiger Eintrag im PStG nicht explizit vorgesehen ist, als „sonstige Änderung des Personenstandes" iS von § 27 Abs. 3 Nr. 1 PStG im **Personenstandsregister** niederschlagen können,[142] doch hat sich diese Auffassung in der personenstandsrechtlichen Praxis nicht durchgesetzt.[143] Da gemäß § 21 Abs. 3 Nr. 2 PStG im Geburtseintrag auf die Ehe der Eltern hingewiesen wird,[144] besteht dafür in aller Regel auch kein praktisches Bedürfnis.[145]

VII. Ordre public

Die Nichtanwendung eines von Art. 19 Abs. 1 berufenen Rechts aus Gründen des ordre public **55** (Art. 6) kommt nur selten in Betracht, da oft auf eines der alternativ berufenen Rechte ausgewichen werden kann. Die Zulassung **bewusst wahrheitswidriger Vaterschaftsanerkennungen** durch eine ausländische Rechtsordnung kann schon deshalb nicht gegen den ordre public verstoßen, weil ein solches Vorgehen auch nach deutschem Recht ohne Weiteres zulässig ist.[146] Zur Vereinbarkeit von im Ausland ergangenen Vaterschaftsentscheidungen mit dem ordre public → Rn. 66 ff.

1. Einschränkende Regeln für die Abstammungsbegründung. Grundsätzlich hat jedes Kind **56** ein Recht darauf, **Abstammungsbeziehungen zu beiden Elternteilen** begründen zu können

---

[136] → Art. 7 Rn. 67; *Jayme* StAZ 1976, 193 (197); *Siehr* StAZ 1976, 356 (357 f.).
[137] Staudinger/*Henrich* (2014) Rn. 63; Palandt/*Thorn* Rn. 7; *Andrae* IntFamR § 5 Rn. 44.
[138] OLG Hamm StAZ 1991, 193 (195); Staudinger/*Henrich* (2014) Rn. 68; jurisPK-BGB/*Gärtner/Duden* Rn. 98; *Andrae* IntFamR § 5 Rn. 45; Palandt/*Thorn* Rn. 7.
[139] AA BayObLG DAVorm. 1979, 459 (462).
[140] Staudinger/*Henrich* (2014) Rn. 69.
[141] *Hepting/Gaaz* PStR Bd. 2 Rn. V-261 ff.; Palandt/*Thorn* Rn. 8; *Kropholler* IPR § 32 IV 2c; Bamberger/Roth/*Heiderhoff* Rn. 33; Staudinger/*Henrich* (2014) Rn. 89 ff. (regelmäßig). Für selbständige Anknüpfung nach Art. 13, 19 jurisPK-BGB/*Gärtner/Duden* Rn. 99 bzw. Art. 19 *Rauscher* IPR Rn. 1002; für analoge Anwendung von Art. 22 Abs. 1 ergänzt durch eine alternative Berufung der Heimatrechte der Eltern *Budzikiewicz*, Statuseinheit, 2005, Rn. 571 ff., 597 ff.
[142] BayObLG FamRZ 1999, 1443 (1444 ff.); IPRax 2000, 135 (138); *Budzikiewicz*, Statuseinheit, 2005, Rn. 320 ff. mwN; aA OLG Köln FamRZ 1999, 529 f.; OLG Stuttgart FamRZ 2000, 436 f.; NK-BGB/*Bischoff* Rn. 54.
[143] *Hepting/Gaaz* PStG § 30 Rn. 15.
[144] Bei nachträglicher Eheschließung ist der Hinweis nachzutragen, *Gaaz/Bornhofen* PStG § 21 Rn. 68.
[145] Vgl. schon Staudinger/*Henrich* (2014) Rn. 87.
[146] BVerfG NJW 2008, 2835 (2836); OLG Stuttgart FamRZ 2001, 246 (248).

(vgl. auch Art. 7 Abs. 1, 9 Abs. 3, 18 Abs. 1 UN-Kinderrechtskonvention).[147] Gegen den deutschen ordre public verstoßen daher (eine ausreichende Inlandsbeziehung vorausgesetzt, → Art. 6 Rn. 184 ff.) beispielsweise Regelungen, wonach die Begründung der väterlichen Abstammung gegenüber Kindern, die aus einer ehebrecherischen Beziehung stammen, ausgeschlossen oder eingeschränkt ist.[148] Das Gleiche gilt nicht zuletzt vor dem Hintergrund der Rechtsprechung des Europäischen Gerichtshofs für Menschenrechte für einen Ausschluss der Vaterschaftsfeststellung nach dem Tod des Putativvaters[149] oder eine generelle zeitliche Befristung, soweit – etwa wegen kenntnisunabhängigen Fristbeginns[150] – keine angemessene Chance zur Verfahrenseinleitung besteht.[151] Die Begründung einer abstammungsrechtlichen Mutter-Kind-Beziehung darf (außerhalb der Fälle künstlicher Befruchtung) nur dann von einer über die Geburt hinausgehenden zusätzlichen Voraussetzung (Mutterschaftsanerkenntnis) abhängig gemacht werden, wenn gewichtige kollidierende Interessen dies rechtfertigen, wie etwa das Anliegen, Abtreibungen und Kindstötungen zu verhindern.[152] Zu restriktiven Anfechtungsrechten → Art. 20 Rn. 16.

57   **2. Gleichgeschlechtliche Elternschaft.** Einige Rechtsordnungen sehen für Frauen, die in gleichgeschlechtlichen Beziehungen leben, vor allem in Fällen künstlicher Befruchtung mittels Samenspende, eine automatische – oder zumindest kraft einseitiger Erklärung der Partnerin eintretende – **Co-Mutterschaft** vor.[153] Vor dem Hintergrund des § 9 Abs. 7 S. 1 LPartG, der für gleichgeschlechtliche **Lebenspartner** eine Stiefkind- sowie – mittlerweile auch – eine Sukzessivadoption zulässt, bestehen aus Sicht des deutschen ordre public hiergegen keine Bedenken.[154] Diese Wertung gilt umso mehr, seitdem die gleichgeschlechtliche Ehe (§ 1353 Abs. 1 S. 1 BGB nF) und damit verbunden (§ 1741 Abs. 2 S. 2 BGB) das Recht zur gemeinschaftlichen Adoption durch gleichgeschlechtliche Ehegatten eingeführt wurde. Auch schon bevor die **Kappungsgrenze** des Art. 17b Abs. 4 durch das Gesetz zur Einführung des Rechts auf Eheschließung für Personen gleichen Geschlechts v. 20.7.2017[155] abgeschafft wurde, stand Regelungen im ausländischen Recht, die für gleichgeschlechtliche Ehen oder eingetragene Lebenspartnerschaften abstammungsrechtliche Wirkungen anerkennen, die Kappungsgrenze nicht entgegen. Wenn über Art. 19 Abs. 1 S. 1 oder 2 eine ausländische Rechtsordnung berufen wird, die eine abstammungsrechtliche Zuordnung zur Partnerin der Mutter zulässt, dann handelte es sich nicht um eine „Wirkung" der „eingetragenen Lebenspartnerschaft", sondern eine (selbständige) abstammungsrechtliche Zuordnungsregel.[156]

58   **3. Leihmutterschaft. a) Grundsatz.** Kontrovers diskutiert wird die Bewertung von **Abstammungsbeziehungen, die nach Durchführung einer Leihmutterschaft im Ausland nach dem Recht des Geburtsstaates** begründet werden, soweit dabei – in Abweichung von den Maßstäben des deutschen Rechts – eine direkte Zuordnung zu den Wunscheltern erfolgt. Selbstverständlich ist, dass ein Kind, das von einer nicht verheirateten Leihmutter geboren wird, vom Wunschvater nach ausländischem in gleicher Weise wie nach deutschem Recht (§§ 1592 Nr. 2, 1594 ff. BGB) wirksam

---

[147] Verfassungsrechtlich gesehen besitzt das Kind ein Recht auf Gewährleistung elterlicher Pflege und Erziehung (im Zusammenhang mit Leihmutterschaft BGHZ 203, 350 [362 f.]).

[148] KG FamRZ 1994, 1413 (1415) zum alten Art. 292 türk. ZGB; OLG Oldenburg FamRZ 1993, 1486 (1487) (eheähnliches Zusammenleben Voraussetzung für Vaterschaftsfeststellung); jurisPK-BGB/*Gärtner/Duden* Rn. 108; NK-BGB/*Bischoff* Rn. 38; Staudinger/*Henrich* (2014) Rn. 108.

[149] Vgl. zum Konflikt mit dem Recht auf Kenntnis der eigenen Abstammung EGMR FamRZ 2006, 1354 f. – Jäggi/Schweiz.

[150] Der EGMR betont, dass Ausschlussfristen nicht per se unzulässig sind, sieht in starren Fristen für das Kind aber einen Verstoß gegen Art. 8 EMRK, EGMR 20.12.2007 – 23890/02, Rn. 51 f. und 61 ff. – Phinikaridou/Cyprus; 6.7.2010 – 17038/04, Rn. 47 und 54 ff. – Grönmark/Finland; vgl. auch EGMR 7.4.2009 – 4914/03, Rn. 42 ff. – Turnali/Turquie.

[151] Vgl. jurisPK-BGB/*Gärtner/Duden* Rn. 110; Staudinger/*Henrich* (2014) Rn. 110; demgegenüber scheint NK-BGB/*Bischoff* Rn. 38 in Ausschlussfristen stets einen Verstoß gegen den ordre public zu sehen.

[152] jurisPK-BGB/*Gärtner/Duden* Rn. 106 f. unter Hinweis auf EGMR FamRZ 2003, 1367 – Odièvre/Frankreich mit Anm. *Henrich* FamRZ 2003, 1370; vgl. nunmehr auch EGMR 25.9.2012 – 33783/09, Rn. 60 ff. – Godelli/Italien; vgl. auch Staudinger/*Henrich* (2014) Rn. 107.

[153] *Dethloff* ZKJ 2009, 141 (145 f.); *Helms* StAZ 2012, 2 (6) mwN.

[154] BGH FamRZ 2016, 1251 (1255 f.); BGHZ 203, 350 (363 f.); KG FamRZ 2015, 943 (944); Bamberger/Roth/*Heiderhoff* Rn. 37; *Henrich*, FS Frank, 2008, S. 256; *Helms* StAZ 2012, 2 (8).

[155] BGBl. 2017 I S. 2787.

[156] BGH FamRZ 2016, 1251 (1255); KG FamRZ 2015, 943 (945); *Helms* StAZ 2012, 2 (7 f.); *Sieberichs* StAZ 2015, 1 (3 f.); iE auch → 6. Aufl. 2015, Art. 17b Rn. 86 f. und 103; aA OLG Celle FamRZ 2011, 1518 (1521). Die Kappungsgrenze wird teilweise auf die Fälle beschränkt, in denen nach Art. 17b Abs. 1 S. 1 das Registerrecht berufen wird, NK/*Gebauer* Rn. 75; noch weiter gehend *Buschbaum* RNotZ 2010, 73 (86 f.), demgegenüber wurde sie zumindest bis zu BVerfG FamRZ 2002, 1169 nach hM auf alle Wirkungen einer eingetragenen Lebenspartnerschaft erstreckt; daran hält etwa fest Staudinger/*Mankowski* (2010) Art. 17b Rn. 84.

anerkannt werden kann.[157] Äußerst umstritten war jedoch, ob es gegen den deutschen ordre public verstößt, wenn eine ausländische Rechtsordnung das Kind **entgegen § 1591 BGB der Wunschmutter** (oder einem Lebenspartner des Vaters als zweitem Elternteil) ohne Adoption abstammungsrechtlich zuordnet. Nach traditionell herrschender Auffassung sollte eine solche Zuordnung gegen den ordre public verstoßen, weil sonst das Leihmutterschaftsverbot des deutschen Rechts (vgl. § 1 Abs. 1 Nr. 7 ESchG; § 13c und § 13d iVm § 14b AdVermG) umgangen würde.[158] Erst in jüngerer Zeit mehrten sich kritische Gegenstimmen.[159] In einem Grundsatzbeschluss vom 10.12.2014, der die verfahrensrechtliche Anerkennung (→ Rn. 69) einer kalifornischen Entscheidung betraf, aber auch für die Handhabung des – in diesen Fällen gleichgelagerten – kollisionsrechtlichen ordre public Maßstäbe setzt,[160] hat der Bundesgerichtshof – unter Fortschreibung der bereits vom Europäischen Gerichtshofs für Menschenrechte vorgezeichneten Linie[161] – dem Anliegen der effektiven Verhinderung von Leihmutterschaften keine ausschlaggebende Bedeutung beigemessen, sondern die **Interessen der konkret betroffenen Kinder** in den Vordergrund gestellt und das Eingreifen des ordre public verneint.[162] Diesem Ansatz ist nicht zuletzt mit Blick auf Art. 3 Abs. 1 UN-Kinderrechtskonvention zuzustimmen: Zwar mögen gute Gründe dafür sprechen, Leihmutterschaften zu unterbinden,[163] doch ist das keine ausreichende Legitimation, um für Kinder, die im Ausland entgegen diesem Verbot zur Welt kommen, abstammungsrechtliche Regeln außer Kraft zu setzen, die ihren Interessen entsprechen, nur um gegenüber potenziellen Wunscheltern eine ausreichende Abschreckungswirkung zu erzielen. Negiert das deutsche Recht mit Hilfe des ordre public die vom ausländischen Recht vorgesehene Zuordnung des Kindes zum Wunschelternteil, begründet dies für das Kind die **Gefahr hinkender Abstammungsverhältnisse:** Der Wunschelternteil, der aus ausländischer Sicht für das Kind verantwortlich ist, würde keinerlei rechtliche Beziehung zu diesem besitzen (dem Kind keine Staatsangehörigkeit und kein Recht zur Einreise vermitteln), und die Leihmutter, die sich aus deutscher Sicht um das Kind kümmern sollte, wäre nach ausländischem Recht nicht verantwortlich. Auch eine Adoption erweist sich in diesen Fällen als kaum realistisch, solange sich das Kind im Ausland befindet, denn aus Sicht der ausländischen Behörden kommt eine Adoption durch die Wunschmutter eigentlich nicht in Frage (da sie aus deren Sicht bereits die Mutter ist). Aber selbst wenn den Wunscheltern mit dem Kind die Einreise ins Inland gelingt, ist die Durchführung einer Adoption kompliziert und zeitaufwändig, denn die Zustimmung der abgebenden Eltern zur Adoption muss aus dem Ausland eingeholt werden, obwohl aus deren Sicht keine rechtliche Verbindung zum Kind besteht. Das betroffene Kind würde einem rechtlichen Schwebezustand ausgesetzt, der sich verlängern oder gar zu einem Dauerzustand werden kann, insbesondere wenn die Beziehung zwischen den Wunscheltern scheitert und dadurch das Interesse an einer Adoption verloren geht oder der nicht genetisch verwandte Wunschelternteil verstirbt. Die Zuordnung des Kindes zu seinen Wunscheltern nach Durchführung einer Leihmutterschaft im Ausland **verstößt daher grundsätzlich nicht gegen den deutschen ordre public.**

b) Grenzen. In der Rechtsprechung noch nicht geklärt ist, ob eine andere Bewertung angezeigt   **59** ist, wenn nicht sichergestellt ist, dass sich die Leihmutter freiwillig von ihrem Kind getrennt hat oder keiner der Wunschelternteile mit dem Kind genetisch verwandt ist. Der BGH hat beide Fragen

[157] BGHZ 203, 350 (358); KG StAZ 2013, 348 (349); OLG Düsseldorf FamRZ 2013, 1495; *Rauscher* JR 2016; 97 (99); *Benicke* StAZ 2013, 101 (107 Fn. 42).

[158] KG StAZ 2013, 348 (als Vorinstanz zu BGHZ 203, 350) mit Anm. *Mayer* IPRax 2014, 57; VG Berlin StAZ 2012, 382 (383); *Benicke* StAZ 2013, 101 (109 ff.); *Engel* ZEuP 2014, 538 (558); *Looschelders* IPRax 1999, 420 (423); *Gaul* FamRZ 2000, 1461 (1476); *Hepting/Gaaz* PStR Bd. 2 Rn. IV-281; *Motzer/Kugler/Grabow,* Kinder aus Migrationsfamilien in der Rechtspraxis, 2. Aufl. 2012, Rn. 8; *Krömer* StAZ 2000, 310 f. So auch noch *Thomale,* Mietmutterschaft, 2015, 17 f., 39 ff.

[159] *Sturm,* FS Kühne, 2009, 930 f. (vor allem unter Berufung auf das Diskriminierungsverbot); *Heiderhoff* NJW 2014, 2673 (2674 f.); *Mayer* RabelsZ 78 (2014), 551 (572 ff.); *Dethloff* JZ 2014, 922 (926 ff.); *Diel,* Leihmutterschaft und Reproduktionstourismus, 2014, 168 ff. insbes. 171; *Duden,* Leihmutterschaft im Internationalen Privat- und Verfahrensrecht, 2015, 133 ff., insbes. 158 ff.

[160] Bspw. *Frank* FamRZ 2014, 1527 (1529); *Helms* FF 2015, 234 (238 mit Fn. 29); *Benicke* StAZ 2013, 101 (109); *Mayer* RabelsZ 78 (2014), 551 (572); *Diel,* Leihmutterschaft und Reproduktionstourismus, 2014, 191 f.

[161] EGMR NJW 2015, 3211 – Mennesson/Frankreich; BeckRS 2014, 16292 – Labassée/Frankreich NJW 2015, 3211 = FamRZ 2014, 1525 mit Anm. *Frank* FamRZ 2014, 1527 ff. und *Engel* StAZ 2014, 353 ff.

[162] BGHZ 203, 350 = NJW 2015, 479 mit zust. Anm. *Helms* FamRZ 2015, 245, *Dethloff* JZ 2016, 207, *Heiderhoff* NJW 2015, 485; *Henrich* IPRax 2015, 229, *Mayer* StAZ 2015, 33 und krit. Anm. *Rauscher* JR 2016; 97; vgl. nunmehr auch OLG Düsseldorf FamRZ 2015, 1638 = NJW 2015, 3382 mit Anm. *Frie* NZFam 2015, 866 f. und OVG NRW BeckRS 2016, 48534. Zum gegenteiligen Ergebnis ist – unter Berufung auf das Recht des Kindes, also „Opfer fühlen zu dürfen" – das Schweizer Bundesgericht gelangt, BG FamRZ 2015, 1912 mit zust. Anm. *Thomale* IPRax 2016, 177 ff.

[163] Vgl. etwa *Helms* FF 2015, 234 (241 ff.).

in seiner Grundsatzentscheidung vom 10.12.2014 offengelassen.[164] Der **freiwillige Verzicht der Leihmutter auf die Mutterstellung** zählt sicherlich zu den unverzichtbaren Grundsätzen des deutschen Abstammungs- und Adoptionsrechts, die conditio sine qua non für die Unbedenklichkeit einer direkten Zuordnung zu den Wunscheltern ist (zur vergleichbaren Problematik im Adoptionsrecht → Art. 22 Rn. 94).[165] Problematisch erscheint aber, ab welchem Zeitpunkt eine Rechtsordnung die Leihmutter an ihren präkonzeptionell erklärten Verzicht binden darf, ohne ihr das Recht zuzugestehen, bis zur Übergabe des Kindes an die Wunscheltern ihre Erklärung zu widerrufen. Fälle, in denen Leihmütter ihr Kind den Wunscheltern nicht übergeben wollen, erregen gelegentlich große mediale Aufmerksamkeit, kommen in der Praxis aber nur selten vor, seitdem Leihmutterschaften unter Verwendung der eigenen Eizelle der Leihmutter im Grunde nicht mehr durchgeführt werden. Soweit nicht die Eizelle der Wunschmutter verwendet werden kann, werden in der heutigen Praxis üblicherweise Eizellenspenderinnen hinzugezogen.[166] Handelt es sich aber tatsächlich um das genetisch eigene Kind der Leihmutter, würde die zwangsweise Zuordnung des Kindes zu den Wunscheltern trotz Sinneswandels der (Leih-)Mutter vor der Übergabe gegen den deutschen ordre public verstoßen. Größere praktische Relevanz besitzt die Frage, ob es einer automatischen Anerkennung abstammungsrechtlicher Beziehungen entgegensteht, wenn **keiner der Wunschelternteile mit dem Kind genetisch verwandt** ist.[167] Zwar lassen die vom Bundesgerichtshof in seiner Grundsatzentscheidung[168] in den Vordergrund gestellten Erwägungen (→ Rn. 58) auf den ersten Blick wenig Raum für eine entsprechende Differenzierung, doch wird man die Frage diskutieren müssen, ob nicht die Logik des (internationalen) Abstammungsrechts verlassen ist und die Maßstäbe des (internationalen) Adoptionsrechts Anwendung finden müssen, die für eine Eltern-Kind-Zuordnung stets eine Kindeswohlprüfung im Einzelfall voraussetzen.[169] Allerdings ist zu bedenken, dass immer dann, wenn die Leihmutter nicht verheiratet ist, selbst nach deutschem Recht mit ihrer Zustimmung eine Anerkennung durch einen (genetisch nicht verwandten) Wunschvater unproblematisch möglich ist, sodass es in diesen Fällen allein um eine Adoption durch einen zweiten Wunschelternteil gehen würde. Ausschlaggebendes Gewicht sollte – in ähnlicher Weise wie bei der Anerkennung „fehlerhafter" Auslandsadoptionen (→ Art. 22 Rn. 92 ff.) – der Frage zukommen, wie intensiv die Bindungen sind, die zwischen dem Kind und seinen Wunscheltern bereits entstanden sind und welche Betreuungsalternativen für das Kind bestehen.

VIII. Europarechtliches Anerkennungsprinzip?

60　　Der EuGH hat unter Berufung auf das Recht auf Freizügigkeit (Art. 21 AEUV) gefordert, dass im **Personenstandsregister eines anderen Mitgliedstaats (rechtmäßig)**[170] **registrierte Namen** auch im Inland anzuerkennen seien, unabhängig davon, welches Recht aus Sicht des inländischen IPR zur Anwendung berufen ist.[171] Diese Grundsätze sind auf **abstammungsrechtliche Statusfragen prinzipiell übertragbar,**[172] doch werden sie nur in seltenen Fällen dazu zwingen, die über Art. 19 Abs. 1, 23 gefundenen Ergebnisse zu korrigieren. Grundlage für diese Rechtsprechung dürfte wohl kaum die bloße Registrierung eines Namens in einem Mitgliedstaat, sondern vielmehr ein

---

[164] BGHZ 203, 350 Rn. 34, 48, 53, 62 und Ls. 3 = NJW 2015, 479.

[165] Bamberger/Roth/*Heiderhoff* Rn. 36; *Heiderhoff* NJW 2015, 485; *Duden,* Leihmutterschaft im Internationalen Privat- und Verfahrensrecht, 2015, 201 ff.; *Diel,* Leihmutterschaft und Reproduktionstourismus, 2014, 173.

[166] *Bernard,* Kinder machen, 2014, 314 ff.

[167] Keinen Grund für eine Differenzierung sehen *Dethloff* JZ 2016, 207 (210); *Duden* StAZ 2015, 201 (205 f.); aA demgegenüber *Henrich* FamRZ 2015, 561 f.; *Henrich* IPRax 2015, 229 (231 ff.); auch im Rahmen der Diskussion um internationale Lösungsmodelle wird die genetische Verbindung zumindest zu einem Wunschelternteil als Voraussetzung in Betracht gezogen, vgl. *Trimmings/Beaumont* IFL 2012, 125 (127) und *Wagner* StAZ 2012, 294 (300). Restriktivere Maßstäbe legt für diesen Fall EGMR NJW 2017, 941 – Paradiso u. Campanello/Italian mAnm *Hösel* StAZ 2017, 161 und *Duden* FamRZ 2017, 445 an.

[168] BGHZ 203, 350 = NJW 2015, 479.

[169] Diese Haltung liegt Art. 19 Abs. 5 des Reformvorschlags des Deutschen Rates für IPR zugrunde, IPRax 2015, 185. Krit. gegenüber diesem Regelungsansatz *Thomale,* Mietmutterschaft, 2015, 90 ff.

[170] Nach hM ist die Rechtmäßigkeit der Registrierung zwingende Voraussetzung, *Mansel* RabelsZ 70 (2006), 651 (704 f.); *Mansel/Thorn/Wagner* IPRax 2009, 1 (3); diff. *Wall* StAZ 2010, 225 (229 f.); aA *Sturm* StAZ 2010, 146 (147).

[171] EuGH NJW 2009, 135 – Grunkin-Paul; FamRZ 2011, 1486 = NJOZ 2011, 1346 – Sayn-Wittgenstein; EuGH NJW 2016, 2093 – Bogendorff von Wolffersdorff; vgl. auch OLG München FamRZ 2010, 1568.

[172] KG StAZ 2011, 148, wenn auch mit zweifelhafter Begr.; *Grünberger* in Leible/Unberath, Brauchen wir eine Rom 0-Verordnung?, 2013, 81 (136 ff.); *Mankowski,* FS Coester-Waltjen, 2015, 571 (582 ff.); *Nordmeier* StAZ 2011, 129 (130) mit Fn. 12 und 138 f. mwN; *Lurger* IPRax 2013, 282 (288); zögernd *Mansel* RabelsZ 70 (2006), 651 (710 f.); *Heiderhoff,* FS v. Hoffmann, 2011, 127 (129 und 132); *Coester-Waltjen* IPRax 2006, 392 (396 f.); aA *Funken,* Das Anerkennungsprinzip im internationalen Privatrecht, 2009, 177 ff.

ausreichender tatsächlicher Bezug zum Registerstaat sein,[173] so dass in der Regel über den Verweis auf das Recht des Staates des gewöhnlichen Aufenthalts europarechtskonforme Ergebnisse erzielt werden,[174] wobei allerdings nicht davon auszugehen ist, dass der EuGH ausnahmslos eine so enge Beziehung zum Registerstaat verlangen wird, wie sie erforderlich ist, um einen gewöhnlichen Aufenthalt iS von Art. 19 Abs. 1 S. 1 (→ Rn. 8) zu begründen.[175] Beachtet werden muss aber auch, dass – anders als in Namensfragen – im Abstammungsrecht häufig **konfligierende Interessen** betroffen sind:[176] Gilt nach dem Recht des Mitgliedstaates A ein bestimmter Mann als Vater und nach dem Recht des Mitgliedstaates B ein anderer, kann es nicht darauf ankommen, wer (zufällig) zuerst in ein Personenstandsregister eingetragen wurde.[177] Soweit es um gesellschaftspolitisch umstrittene Phänomene wie gleichgeschlechtliche Elternschaft (→ Rn. 57)[178] oder Leihmutterschaften (→ Rn. 58)[179] geht, muss außerdem berücksichtigt werden, dass auch der EuGH anerkannt hat, dass eine **Einschränkung des Freizügigkeitsrechts gerechtfertigt** sein kann[180] und die EU teilweise selbst von einheitlichen Regeln Abstand nimmt, um die unterschiedlichen familienrechtspolitischen Positionen der Mitgliedstaaten zu respektieren.[181] Zwar hat das KG unter anderem unter Berufung auf die namensrechtliche Rechtsprechung des EuGH einem Vaterschaftsanerkenntnis nach französischem Recht zur Wirksamkeit verholfen,[182] doch hätte das gleiche Ergebnis bei sachgerechter Handhabung des über Art. 23 eingreifenden Zustimmungserfordernisses auch auf einfachrechtlicher Ebene erzielt werden können (→ Art. 23 Rn. 18).[183]

IX. Deutsch-deutsche Konflikte

Hierzu vgl. 3. Aufl. 1998, Art. 19 aF Rn. 44, 45; Art. 20 aF Rn. 37, 38; 4. Aufl. 2006, Art. 234   **61** § 7;[184] Art. 236 Vor § 1.

X. Übergangsrecht

1. Übergang 1986. Hierzu vgl. 4. Aufl. 2006, Art. 220 Rn. 16; 3. Aufl. 1998, Art. 19 aF Rn. 46–   **62** 48; 3. Aufl. 1998, Art. 20 aF Rn. 39–42.

2. Übergang 1998. Nach Art. 224 § 1 Abs. 1[185] richtet sich die Vaterschaft eines vor Inkrafttreten   **63** des KindRG am 1.7.1998 geborenen Kindes weiterhin nach den bisherigen Vorschriften und damit auch nach den bisherigen Kollisionsvorschriften der Art. 19, 20 aF. Allerdings ist die Übergangsvorschrift mit der mittlerweile wohl überwiegenden Auffassung **einschränkend** dahin auszulegen, dass die Fortgeltung alten (Sach- und)[186] Kollisionsrechts[187] nur **für zum Stichtag bereits bestehende**

---

[173] *Mankowski*, FS Coester-Waltjen, 2015, 571 (583). In Grunkin-Paul EuGH NJW 2009, 135 hat sich der EuGH darauf berufen, dass das Kind in Dänemark „geboren wurde" und dort „seitdem wohnt" (Rn. 26, 31).

[174] *Rauscher* IPR Rn. 971.

[175] *Hepting* StAZ 2013, 34 (37); aA wohl *Lipp* StAZ 2009, 1 (7); *Rauscher* IPR Rn. 971.

[176] *Nordmeier* StAZ 2011, 129 (138 f.).

[177] So auch *Funken,* Das Anerkennungsprinzip im internationalen Privatrecht, 2009, 326 f.

[178] OLG Celle FamRZ 2011, 1518 (1522).

[179] Für Heranziehung eines auf Art. 8 EMRK gestützten Anerkennungsprinzips *Lurger* IPRax 2013, 282 (287 ff.); vgl. zur Diskussion in einzelnen Mitgliedstaaten *Nordmeier* IPRax 2012, 31 (32 f.).

[180] EuGH FamRZ 2011, 1486 = NJOZ 2011, 1346 – Sayn-Wittgenstein; EuGH NJW 2016, 2093 – Bogendorff von Wolffersdorff.

[181] Das gilt für formalisierte gleichgeschlechtliche Paarbeziehungen im Zusammenhang mit der Freizügigkeitsrichtlinie – VG Berlin IPRax 2011, 270 (272); *Heiderhoff* IPRax 2012, 523 – und der Rom III-VO, *Helms* FamRZ 2011, 1765 (1766).

[182] KG IPRax 2011, 70 (72).

[183] Dazu OLG Hamm StAZ 2004, 133.

[184] *Mansel / Thorn / Wagner* IPRax 2011, 1 (7); *Nordmeier* StAZ 2011, 129 (131 f.).

[185] Für die Anwendung *dieser* Vorschrift auch OLG Hamm FamRZ 2005, 291 (292); AG Berlin-Schöneberg StAZ 2003, 175; *Andrae* IntFamR § 5 Rn. 72; *v. Hoffmann / Thorn* IPR § 8 Rn. 138; *Kropholler* IPR § 48 IV; Staudinger/*Henrich* (2014) Rn. 5; Erman/*Hohloch* Rn. 7; Bamberger/Roth/*Heiderhoff* Rn. 41; *Sturm,* FS Stoll, 2001, 451 (458); Palandt/*Thorn* Rn. 3.

[186] Für die Sachvorschriften des KindRG s. 5. Aufl. 2010 Art. 224 § 1 Rn. 5; Palandt/*Götz* Art. 224 § 1 Rn. 2 f.; Staudinger/*Rauscher* (2016) Art. 224 § 1 Rn. 9 ff.; *Wall* StAZ 2012, 346 ff. unter Abkehr von der bisher in der standesamtlichen Praxis vertretenen Position; aA OLG Hamm FamRZ 2001, 1631 (1632).

[187] OLG Celle NJW-RR 2007, 1456; OLG Hamm FamRZ 2005, 291 (292); BayObLG FamRZ 2000, 699 (700); *Andrae* IntFamR § 5 Rn. 73; iErg auch *Kissner* StAZ 2004, 48 (49); *Hepting / Gaaz* PStR Bd. 2 Rn. IV-155; aA 5. Aufl. 2010, Rn. 52 mit Fn. 128 *(Klinkhardt)*; jurisPK-BGB/*Gärtner/Duden* Art. 19 Rn. 8 Fn. 15; vgl. auch KG IPRax 2004, 255 (256).

Vaterschaften gilt, also solche, die am 1.7.1998 bereits etabliert waren.[188] Während sich demnach gerichtliche Vaterschaftsfeststellungen nach dem 1.7.1998 auch für Kinder, die vor diesem Datum geboren wurden, stets nach den neuen Vorschriften richten, ist für Vaterschaftsanerkennungen zu differenzieren: Wurde die Anerkennungserklärung vor dem 1.7.1998 abgegeben und fehlt lediglich eine Zustimmungserklärung, sind – aus Gründen des Vertrauensschutzes – die bisherigen (Kollisions-)Vorschriften anwendbar,[189] wird jedoch nach dem Stichtag eine Anerkennungserklärung abgegeben, ist stets Art. 19 anzuwenden, auch wenn das betroffene Kind vor dem 1.7.1998 geboren wurde.[190] Eine weitergehende Anwendung alten Rechts würde den gebotenen Vertrauensschutz überdehnen und den Anwendungsbereich des alten Rechts – ohne sachlichen Grund – perpetuieren.[191]

XI. Verfahrensrecht

64   **1. Abstammungsfeststellung. a) Internationale Zuständigkeit.** Die internationale Zuständigkeit deutscher Gerichte für Abstammungssachen (vgl. § 169 FamFG) richtet sich nach § 100 FamFG. Danach ist eine Zuständigkeit immer dann gegeben, wenn auch nur eine der in § 100 FamFG genannten Personen die deutsche Staatsangehörigkeit[192] oder den gewöhnlichen Aufenthalt im Inland hat. Maßgeblicher Zeitpunkt ist – nach allgemeinen Regeln – die letzte mündliche Verhandlung,[193] doch fällt eine einmal begründete Zuständigkeit nicht wieder fort (perpetuatio fori).[194] Zum Begriff des gewöhnlichen Aufenthalts → Rn. 8.

65   **b) Abstammungsgutachten.** Gerichtliche Vaterschaftsfeststellungen werden meist auf Abstammungsgutachten gestützt. Lebt der Putativvater oder ein Mehrverkehrszeuge im Ausland, so wirkt sich aus, dass ein unmittelbarer Zwang zur Duldung der Probenentnahme, wie er in Deutschland durch § 178 FamFG ermöglicht wird, im Ausland eher selten vorgesehen ist.[195] Meist hilft man sich dort im Falle einer Weigerung gegenüber dem Putativvater mit Nachteilen bei der Beweiswürdigung und gegenüber Zeugen mit Beugestrafen.[196] Die ins Ausland gesandten Rechtshilfeersuchen werden gemäß dortigem Recht, also nach diesen Regeln erledigt.[197] Es ist daher für die deutschen Gerichte naheliegend und angemessen, eine Weigerung des Putativvaters nach entsprechender Androhung und Fristsetzung ebenfalls im Rahmen der Beweiswürdigung zu dessen Nachteil zu verwerten.[198]

66   **c) Anerkennung ausländischer Entscheidungen.** Die Anerkennung ausländischer Entscheidungen über die Vater- oder Mutterschaft richtet sich nach §§ 108, 109 FamFG.[199] Internationale Übereinkommen, die hier anwendbar wären, gibt es nicht.[200] Die nach § 109 Abs. 1 Nr. 1 FamFG erforderliche internationale Zuständigkeit des ausländischen Gerichts ist aus einer spiegelbildlichen Anwendung von § 100 FamFG zu entnehmen.[201] Es genügt also Staatsangehörigkeit oder gewöhnlicher Aufenthalt eines der beteiligten Familienmitglieder im Forumstaat. Eine solche Zuständigkeit

---

[188] Beispiele hierfür etwa OLG Karlsruhe FamRZ 2002, 899 (eheliches Kind); OLG Stuttgart FamRZ 2001, 246 (247) (nichteheliches Kind).

[189] Vgl. BT-Drs. 13/4899, 138.

[190] OLG Hamm FamRZ 2005, 291 (292); BayObLG FamRZ 2000, 699 (700).

[191] Für die Sachvorschriften *Wall* StAZ 2012, 346 (347 f.); Staudinger/*Rauscher* (2016) Art. 224 § 1 Rn. 14.

[192] Zur Behandlung von auch-deutschen Mehrstaatern Prütting/Helms/*Hau* FamFG Vor § 98 Rn. 28.

[193] MüKoFamFG/*Rauscher* § 100 Rn. 22.

[194] Prütting/Helms/*Hau* FamFG § 100 Rn. 5.

[195] Auch heute noch weitgehend gültige Angaben zur einschlägigen Rechtslage in einigen Ländern bei *Frank* FamRZ 1995, 975 (976, 978). Zur Duldung der Untersuchung eines Leichnams KG IPRax 2004, 255 mit Anm. *Decker* IPRax 2004, 229.

[196] Dazu *Frank* FamRZ 1995, 975 (976, 978).

[197] Vgl. etwa Art. 11 des Haager Zivilprozessübereinkommens (BGBl. 1958 II S. 522); Art. 9, 10 des Haager Beweisaufnahmeübereinkommens (BGBl. 1977 II S. 1472); Art. 13 der Verordnung (EG) Nr. 1206/2001 des Rates vom 28.5.2001 über die Zusammenarbeit zwischen den Gerichten der Mitgliedstaaten auf dem Gebiet der Beweisaufnahme in Zivil- oder Handelssachen (EuBewVO); vgl. dazu *Knöfel* FamRZ 2009, 1339 (1340) und DIJuF-Gutachten JAmt 2011, 260 f.

[198] BGH IPRax 1987, 176 (178) mit Anm. *Schlosser* IPRax 1987, 153; FamRZ 1993, 691 (693); OLG Stuttgart FamRZ 2012, 1510 (1511); OLG Bremen FamRZ 2009, 802 (803); OLG Karlsruhe FamRZ 2001, 931 (nicht ausgeräumter Mehrverkehr); vgl. ferner KG IPRax 2004, 255 (257 f.) mit Anm. *Decker* IPRax 2004, 229 zu einem Fall, in dem der Putativvater verstorben war und dessen Ehefrau und eheliche Kinder die Beklagten waren.

[199] Sie erfolgt in einem Abstammungsverfahren iS von § 169 FamFG, vgl. BGH FuR 2000, 260; Prütting/Helms/*Hau* FamFG § 108 Rn. 60.

[200] *Henrich* IPRax 1985, 207; *Rauscher* LMK 2009, 293153.

[201] KG StAZ 2013, 348; Prütting/Helms/*Hau* FamFG § 109 Rn. 20; Staudinger/*Henrich* (2014) Rn. 120.

eines ausländischen Gerichts wird durch eine etwaige internationale Zuständigkeit deutscher Gerichte nicht ausgeschlossen (§ 106 FamFG).[202]

Nach § 109 Abs. 1 Nr. 4 FamFG ist die Vereinbarkeit der ausländischen Entscheidung mit dem **67** **ordre public** erforderlich. Das von dem ausländischen Gericht angewandte **Verfahren** muss nicht in jeder Hinsicht den Regeln des deutschen Verfahrensrechts entsprechen, doch darf die Abweichung nicht so gravierend sein, dass nicht mehr von einem geordneten, rechtsstaatlichen Verfahren gesprochen werden kann.[203] Ein Verstoß gegen den verfahrensrechtlichen ordre public ist anzunehmen, wenn die Entscheidung den Anspruch auf rechtliches Gehör (Art. 103 Abs. 1 GG) verletzt, ein Verfahrensbeteiligter in die Rolle eines passiven Verfahrensobjekts gedrängt wird oder eine willkürliche Entscheidung getroffen wird, die im Vortrag der Beteiligten und den weiteren Sachverhaltsfeststellungen keine Grundlage findet.[204] Dies ist nach der neueren Rechtsprechung des Bundesgerichtshofs etwa dann der Fall, wenn eine Vaterschaftsfeststellung lediglich auf eine Aussage vom Hörensagen gestützt wird und ein **vom Putativvater angebotenes Abstammungsgutachten** nicht eingeholt wird.[205] Vor dem Hintergrund der rechtsvergleichenden Tendenz zur stärkeren Betonung der Abstammungswahrheit und den gesunkenen Kosten für medizinische Abstammungsgutachten[206] kann es in dieser Situation allerdings keinen Unterschied machen, ob sich das ausländische Gericht unbesehen auf die Aussage eines Dritten oder der Mutter selbst verlässt.[207] Im Übrigen verstößt es aber nicht gegen den ordre public, wenn eine **Vaterschaft aus – im weitesten Sinne – nachvollziehbaren Gründen**[208] **ohne Einholung eines medizinischen Abstammungsgutachtens** festgestellt wird, selbst wenn deutsche Gerichte in einer vergleichbaren Situation ihre amtswegigen Aufklärungsbemühungen fortsetzen müssten. Umgekehrt kann es allerdings gegen den ordre public verstoßen, wenn ein Antrag abgewiesen wird, weil es dem **Putativvater gelingt, sich einer Abstammungsuntersuchung zu entziehen.**[209] Der Europäische Gerichtshof für Menschenrechte hat nämlich im Zusammenhang mit seiner Rechtsprechung zur überlangen Verfahrensdauer hervorgehoben, dass eine Rechtsordnung, die von einer zwangsweisen Durchsetzung medizinischer Abstammungsuntersuchungen absieht, andere effektive Mittel zur Verfügung stellen muss, um den erfolgreichen Abschluss des Abstammungsverfahrens zu ermöglichen, eine allgemeine Befugnis zur freien Beweiswürdigung sei insofern nicht ausreichend.[210]

Eine antragsabweisende ausländische Entscheidung, welche sich auf ein **Vaterschaftsfeststel-** **68** **lungsverbot** ausländischen Rechts (etwa für Ehebruchskinder) stützt, verstößt nach den in → Rn. 56 dargestellten Regeln gegen den ordre public und steht damit einem erneuten Vaterschaftsfeststellungsverfahren im Inland entgegen.

In **Leihmutterschaftsfällen** stellt sich nicht selten die Frage nach der Anerkennung einer **69** ausländischen Entscheidung,[211] denn in leihmutterschaftsfreundlichen Staaten ist teilweise die Einschaltung einer Behörde bzw. eines Gerichts vor oder nach Durchführung der Leihmutterschaft vorgesehen,[212] in manchen Staaten ist es auch üblich oder zumindest möglich, die Elternschaft der Wunscheltern gerichtlich festzustellen.[213] Für die Abgrenzung zwischen einer gemäß § 107 FamFG

---

[202] Staudinger/*Henrich* (2014) Rn. 120; Prütting/Helms/*Hau* FamFG § 109 Rn. 21.

[203] BGH FamRZ 1997, 490 (491); 2009, 1816 (1820); IPRax 1987, 247 (249); Prütting/Helms/*Hau* FamFG § 109 Rn. 60; Staudinger/*Henrich* (2014) Rn. 123.

[204] BGH FamRZ 2009, 1816 (1819); OLG Hamm IPRspr. 2012 Nr. 275.

[205] BGH FamRZ 2009, 1816 (1819 f.); krit. *Ernst*, FS Martiny, 2014, 687 (702 ff.).

[206] Auch der EGMR betont die herausragende Bedeutung von medizinischen Abstammungsgutachten, EGMR 7.5.2009 – 3451/05, Rn. 34 ff. – Kalacheva/Russia.

[207] Für eine gewisse Verschärfung der Maßstäbe plädieren auch Keidel/*Zimmermann* FamFG § 109 Rn. 19; *Rauscher* LMK 2009, 293153; besonders großzügig demgegenüber noch BGH IPRax 1987, 247 (249); OLG Hamm FamRZ 2003, 1855.

[208] Soweit der Verstoß verneint wurde, hatte der Putativvater seine Mitwirkung am Verfahren in aller Regel verweigert, BGH FamRZ 1997, 490 (492); OLG Hamm IPRspr. 2012, Nr. 275; OLG Stuttgart FamRZ 2012, 1510 (1511); OLG Karlsruhe FamRZ 2008, 431 (432); OLG Dresden FamRZ 2006, 563 (564); OLG München FamRZ 2003, 462 (463); OLG Naumburg FamRZ 2001, 1013 (1015), oder es lagen übereinstimmende Angaben von Mutter und Vater vor, OLG Stuttgart FamRZ 2005, 636 (637 f.); ordre public-Verstoß demgegenüber bejaht in OLG Hamm FamRZ 2006, 968 (969).

[209] Vgl. EGMR 7.5.2009 – 3451/05, – Kalacheva/Russia, wo moniert wurde, dass ein russisches Gericht nach Einholung eines nicht verwertbaren Gutachtens darauf verzichtet hatte, ein neues einzuholen.

[210] EGMR 7.2.2002 – 53176/99, Rn. 62 ff. – Mikulić/Croatia; vgl. auch EGMR 17.7.2007 – 3150/05, Rn. 108 – Jevremović/Serbia.

[211] Dazu *Wagner* StAZ 2012, 294 (295 f.); *Benicke* StAZ 2013, 101 (103 ff.); *Mayer* RabelsZ 78 (2014), 551 (568 ff.); ausf. *Duden* StAZ 2014, 164.

[212] Vgl. den Überblick bei *Helms* StAZ 2013, 114 ff.

[213] AG Frankfurt StAZ 2014, 54 (Kalifornien); VG Berlin StAZ 2012, 382 (Ukraine); VG Köln StAZ 2014, 182 (Israel); zu eng wohl VG Köln NJW 2013, 2617, das indischer Entscheidung Statuswirkung von vornherein abspricht, vgl. *Duden* StAZ 2014, 164 (167 f.).

verfahrensrechtlich anzuerkennenden (Gerichts-)Entscheidung und einer nach Art. 19 Abs. 1 kollisionsrechtlich anzuknüpfenden bloßen Rechtslage ist auf die gleichen Grundsätze zurückzugreifen, die für die Abgrenzung zwischen einer Dekret- und einer Vertragsadoption gelten (→ Art. 22 Rn. 84 f.). Die (großzügigeren) verfahrensrechtlichen Anerkennungsregeln greifen dann ein, wenn eine gerichtliche oder behördliche Entscheidung vorliegt, die eine **inhaltliche Prüfung** der im ausländischen Recht vorgesehenen Zulässigkeitsvoraussetzungen beinhaltet.[214] Keine Rolle spielt es, ob die Entscheidung konstitutiv oder deklaratorisch wirkt.[215] Dass die Prüfung sich im wesentlichen auf das Vorliegen der nach einer ausländischen Rechtsordnung vorgeschriebenen privatautonomen Erklärungen der Beteiligten beschränkt, ist im Abstammungsrecht nichts Ungewöhnliches (zu Grenzen → Rn. 59),[216] traditionell können hier voluntative Elemente eine ausschlaggebende Rolle spielen (zB Vaterschaftsanerkennung oder [Einwilligung in] Samenspende). Die **Anerkennungszuständigkeit** nach § 109 Abs. 1 Nr. 1 FamFG kann in spiegelbildlicher Anwendung von § 100 FamFG bereits dann bejaht werden, wenn die Leihmutter die Staatsangehörigkeit des Entscheidungsstaates besitzt oder dort ihren gewöhnlichen Aufenthalt hat.[217] Für die Frage, ob die Zuordnung des Kindes zur Wunschmutter durch die ausländische Entscheidung gegen den **ordre public** iS von § 109 Abs. 1 Nr. 4 FamFG verstößt, gelten die gleichen Maßstäbe wie bei der Prüfung des internationalprivatrechtlichen ordre public-Vorbehalts (→ Rn. 58).

70   **d) Vaterschaftsanerkennungen.** Vaterschaftsanerkennungen, die im Ausland erfolgt sind, fallen nicht unter die Regeln für die Anerkennung ausländischer Entscheidungen.[218] Sie sind nur und immer dann als wirksam anzusehen, wenn sie dem von Art. 19 Abs. 1 berufenen Recht entsprechen.[219] Ein Verstoß gegen das in Art. 21 Abs. 1 AEUV verankerte Freizügigkeitsrecht ist selbst bei Übertragung der namensrechtlichen Rechtsprechung des EuGH (→ Einl. IPR Rn. 200) auf abstammungsrechtliche Statusfragen (→ Rn. 60) in aller Regel nicht zu befürchten.[220]

71   **2. Personenstandsrecht.** Steht die Vaterschaft im **Zeitpunkt der Beurkundung der Geburt**[221] bereits fest – sei es durch Zeugung/Geburt des Kindes in der Ehe, durch (vorgeburtliche) Anerkennung oder rechtskräftige Entscheidung –, ist der Vater gemäß § 21 Abs. 1 PStG in den ursprünglichen Geburtseintrag einzutragen. Das gleiche gilt für die Mutterschaft, die sich bei Beurkundung der Geburt eines Kindes in deutschen Personenstandsregistern in aller Regel aus § 1591 BGB ergibt.[222] Doch kann – zur Vermeidung hinkender Rechtsverhältnisse – eine **Mutterschaftsanerkennung** (→ Anh. II Art. 19 Rn. 1 zum Brüsseler CIEC-Übereinkommen) nach dem Heimatrecht der Mutter oder des Vaters gemäß § 27 Abs. 2 PStG auf Antrag selbst dann zum Geburtseintrag aufgenommen werden, wenn sie nach dem maßgeblichen Abstammungsstatut nicht erforderlich ist.[223]

72   Wird dagegen der Vater erst **nach der Beurkundung der Geburt** des Kindes – durch Anerkennung oder gerichtliche Entscheidung – festgestellt, ist nach § 27 Abs. 1 PStG der Geburtseintrag durch eine Folgebeurkundung zu ergänzen. Diese Eintragung ist nur zulässig, wenn es sich nicht um die Feststellung einer bloßen Zahlvaterschaft[224] oder eine bloß deklaratorische registerrechtliche Anordnung handelt, sondern um eine rechtsbegründende Feststellung des Status und sie vom deutschen Standpunkt aus wirksam ist. Eine nach ausländischem Recht getroffene Feststellung kann daher nur eingetragen werden, wenn sie – ähnlich wie nach deutschem Recht – Statuswirkungen hat, die vom deutschen Kollisionsrecht (→ Rn. 7–29) anerkannt sind.

73   Nach **ausländischem Recht eintretende Legitimationswirkungen** (→ Art. 21 Rn. 26) sind nicht nach § 27 Abs. 3 Nr. 1 PStG einzutragen, da in Deutschland nur ihre eventuelle Bedeutung

[214] BGHZ 203, 350 (356); OVG NRW BeckRS 2016, 48534; *Benicke* StAZ 2013, 101 (105); formaler *Duden* StAZ 2014, 164; großzügig OLG Celle FamRZ 2017, 1496 m. Anm. *Gomille* StAZ 2017, Heft 11.
[215] BGHZ 203, 350 (356); aA *Diel*, Leihmutterschaft und Reproduktionstourismus, 2014, 162.
[216] Krit. *Rauscher* JR 2016, 97 (101).
[217] BGHZ 203, 350 (357); *Benicke* StAZ 2013, 101 (105).
[218] OLG Köln BeckRS 2013, 5190; Prütting/Helms/*Hau* FamFG § 108 Rn. 7.
[219] *Erman/Hohloch* Rn. 30.
[220] Methodisch fragwürdig KG FamRZ 2011, 652; zur Kritik → Art. 23 Rn. 18; *Nordmeier* StAZ 2011, 129 (131 f.); *Mansel/Thorn/Wagner* IPRax 2011, 1 (7 f.).
[221] Zur Maßgeblichkeit dieses Zeitpunkts gem. Nr. 21.1 S. 5 PStG-VwV *Gaaz/Bornhofen* PStG § 21 Rn. 38.
[222] Nach *Gaaz/Bornhofen* PStG § 27 Rn. 30 soll nach deutschem Personenstandsrecht die Geburtsmutter selbst dann automatisch in das Geburtenregister einzutragen sein, wenn sämtliche anwendbaren Abstammungsstatute eine Mutterschaftsanerkennung verlangen.
[223] *Jauß* StAZ 2006, 81 f.
[224] *Staudinger/Henrich* (2014) Rn. 129 f.; *Henrich* StAZ 1994, 173 (177); *Hepting/Gaaz* PStG § 29 Rn. 49 f.; *Krömer* StAZ 2006, 22 (23).

für die Rechtsbeziehungen des Kindes zu seinen Eltern, nicht aber ihre Auswirkung auf den Status beachtet wird (→ Rn. 54).

Eintragungen in das Personenstandsregister haben **keine konstitutive, sondern lediglich dekla-** 74
ratorische Wirkung, sie dienen Beweiszwecken. Doch genießen Personenstandsurkunden, wenn sie aus dem Inland kommen, die erhöhte **Beweiskraft** nach § 54 Abs. 1 und 2 PStG. Das bedeutet, dass sie bis zum Beweis des Gegenteils, der jederzeit zulässig ist (§ 54 Abs. 3 PStG), den vollen Beweis der beurkundeten Tatsachen und Rechtsverhältnisse erbringen. Was die Personenstandsurkunden aus den anderen Mitgliedstaaten der EU angeht, so sind diese zu beachten, solange ihre Richtigkeit nicht durch konkrete, auf den jeweiligen Einzelfall bezogene Anhaltspunkte ernstlich in Frage gestellt ist.[225] Die Beweiskraft der entsprechenden Urkunden aus dem übrigen Ausland richtet sich gemäß § 30 Abs. 1 FamFG nach den §§ 415–418 ZPO.[226] Für die **Echtheit** ausländischer Personenstandsurkunden ist grundsätzlich § 438 ZPO maßgebend. An die Stelle dieser Vorschrift ist jedoch im Verhältnis zu zahlreichen Staaten,[227] darunter den meisten in Europa und Amerika, das Haager Legalisations-Übereinkommen vom 5.10.1961[228] getreten. Im Übrigen gibt es eine Reihe von Übereinkommen, die die Prüfung der Echtheit weiter erleichtern.[229] Die Verordnung (EU) 2016/1191 des Europäischen Parlaments und des Rates zur Förderung der Freizügigkeit von Bürgern durch die Vereinfachung der Anforderungen an die Vorlage bestimmter öffentlicher Urkunden innerhalb der Europäischen Union und zur Änderung der Verordnung (EU) Nr. 1024/2012[230] ist am 15.8.2016 in Kraft getreten und ist ab dem 16.2.2019 anwendbar.[231] Was die **Reichweite der Richtigkeitsvermutung** anbelangt, ist bei **ausländischen Personenstandsurkunden** jedoch zu unterscheiden: eine ausländische Personenstandsurkunde, an deren Echtheit keine Zweifel bestehen, beweist lediglich, dass bestimmte **tatsächliche Vorgänge** stattgefunden haben, die personenstandsrechtlich relevant sind: dass also beispielsweise ein Kind an einem bestimmten Tag an einem bestimmten Ort geboren wurde. Was die ausländische Personenstandsurkunde aus inländischer Sicht **nicht** beweist, ist die **inhaltliche Richtigkeit des angegebenen Personenstandes.**[232] Wer rechtlich gesehen Vater eines Kindes ist, beurteilt der ausländische Personenstandsbeamte aus der Perspektive seines internationalen Privatrechts, diese Sichtweise ist aber für den inländischen Rechtsverkehr nicht maßgeblich. Vielmehr muss aus deutscher Sicht die für die Bestimmung des Personenstandes maßgebliche Rechtsordnung eigenständig bestimmt werden, was zu einer abweichenden Bewertung der personenstandsrechtlichen Verhältnisse führen kann. Zur Frage eines unionsrechtlichen Anerkennungsprinzips → Rn. 60.

XII. Internationale Übereinkommen[233]

1. Unterhaltsübereinkommen. Aus Art. 10 Nr. 1 UStA vom 2.10.1973 (s. 5. Aufl. 2010, 75
Art. 18 Anh. I) ergibt sich, dass eine Feststellung der Abstammung eines Vaters oder einer Mutter nach dem von Art. 4 Abs. 1 dieses Übereinkommens berufenen Recht des gewöhnlichen Aufenthalts des Unterhaltsberechtigten möglich ist, sofern sie der Geltendmachung des Unterhaltsanspruchs förderlich ist (s. 5. Aufl. 2010, Art. 18 Anh. I Rn. 274),[234] sie also erleichtert, beschleunigt oder ermöglicht. Praktische Bedeutung hat dies kaum[235] noch, da die Abstammung schon nach Art. 19 Abs. 1 S. 1 gemäß diesem Recht immer dann festgestellt werden kann, wenn dies die Feststellung begünstigt. Auch im Anwendungsbereich des HUP 2007 (vom 23.11.2007) kann die Vorfrage nach dem Bestehen einer Familienbeziehung unselbständig (→ Einl. IPR Rn. 151, 174 ff.) anzuknüpfen sein.[236]

---

[225] EuGH StAZ 1998, 117 (118) = EuZW 1998, 47 – Dafeki; OLG Köln StAZ 2006, 53.

[226] *Hepting/Gaaz* PStG § 66 Rn. 15 ff.; *Freitag* StAZ 2012, 161 (164 ff.).

[227] Der Ratifikationsstand ist abrufbar unter http://www.hcch.net/index_en.php?act=conventions.status&cid= 41.

[228] Haager Übereinkommen zur Befreiung ausländischer öffentlicher Urkunden von der Legalisation (BGBl. 1965 II S. 876).

[229] Sie sind unter A 5.3 PStG-VwV aufgeführt.

[230] ABl. EU 2016 L 200, 1 vom 26.7.2016.

[231] Vgl. dazu *Sieberichs* StAZ 2016, 262.

[232] *Zeyringer* StAZ 1999, 193 (195) mwN; *Wagner* StAZ 2012, 294 (297).

[233] Auch Art. 8 Abs. 3 des deutsch-iranischen Niederlassungsabkommens genießt für die Abstammung zwischen iranischen Staatsangehörigen Vorrang, Staudinger/*Henrich* (2014) Vor Art. 19 Rn. 36; Bamberger/Roth/ *Heiderhoff* Rn. 5.

[234] AA etwa Staudinger/*Mankowski* (2003) Anh. I Art. 18 Rn. 37 f.

[235] Anders kann dies etwa sein, wenn bei Anwendung von Abs. 1 S. 1 – ausnahmsweise (→ Rn. 28 f.) – ein Renvoi zu beachten ist, obwohl ein solcher bei der Anwendung des Übereinkommens nicht beachtet werden darf (s. 5. Aufl. 2010, Art. 18 Anh. I Rn. 111).

[236] Ausf. → HUP Art. 11 Rn. 14 ff., 33 ff.

76 **2. Mutterfeststellungsübereinkommen.** Nach Art. 1 Brüsseler CIEC-Übereinkommen (→ Anh. II Art. 19 Rn. 1 ff.) gilt in Bezug auf alle[237] nichtehelichen Kinder, in deren Geburtsurkunde die Mutter bezeichnet ist, die so bezeichnete Frau ohne weiteres auch rechtlich als Mutter. Dies kann praktische Bedeutung haben, wenn das nach Art. 19 Abs. 1 anwendbare Recht, vergleichbar dem früheren französischen oder italienischen Recht, eine Mutter rechtlich erst nach einer Mutterschaftsanerkennung als Mutter ansieht.[238]

77 **3. Römisches CIEC-Übereinkommen.** Zum Römischen CIEC-Übereinkommen → Anh. I Art. 19 Rn. 1 ff.

XIII. Die Verpflichtungen des Vaters gegenüber der Mutter

78 Die Ansprüche, die die Mutter gegenüber dem nicht mit ihr verheirateten Vater auf Grund der Schwangerschaft hat, unterliegen – ausschließlich (aber → Rn. 79 f.) – dem Recht des Landes, in dem die **Mutter** ihren **gewöhnlichen Aufenthalt** hat. Und zwar ist der Aufenthalt maßgebend, den die Mutter jeweils zu dem für die Entstehung des Anspruchs in Betracht kommenden Zeitpunkt hat.[239] Rück- und Weiterverweisungen sind zu beachten.[240] Interlokalrechtlich gilt → Rn. 61. Für den Übergang 1986 ist bezüglich der auf einmalige Leistungen gerichteten Ansprüche Art. 220 Abs. 1 und bezüglich der auf Unterhalt gerichteten Ansprüche Art. 220 Abs. 2 maßgebend, für den Übergang 1998 gilt entsprechend, dass ab 1.7.1998 die neuen Vorschriften anwendbar sind.[241]

79 Diese Regel gilt – vorbehaltlich der unterhaltsrechtlichen Sonderanknüpfungen (→ Rn. 80) – für alle Ansprüche, die einer Frau gegenüber dem nicht mit ihr verheirateten Vater des Kindes im Hinblick auf die Schwangerschaft bzw. die Mutterschaft zustehen.[242] Zu diesen Ansprüchen gehören die, die in § 1615l Abs. 1 S. 2 und § 1615m, § 1615n BGB[243] oder in vergleichbaren ausländischen Rechten geregelt sind, und zwar auch insofern, als sie für den Fall der Fehl- oder Totgeburt gelten.[244] Dagegen fallen Ansprüche, die nicht auf die Schwangerschaft als solche, sondern auf unerlaubte Handlungen oder Verlöbnisbruch oder auch auf Beiwohnung ohne Schwangerschaftsfolgen gestützt werden, unter das Delikts- bzw. Verlöbnisstatut.[245]

80 Was die in § 1615l BGB und in vergleichbaren ausländischen Normen geregelten **Unterhaltsansprüche** der Mutter und des Vaters angeht, so richten sich diese vorrangig nach dem UnthProt (vgl. Art. 15 EuUnthVO), das seit dem 18.6.2011[246] innerhalb der EU (mit Ausnahme Dänemarks und des Vereinigten Königreichs) anwendbar ist (zum zeitlichen Anwendungsbereich → EuUnthVO Art. 15 Rn. 28), und für den Zeitraum davor nach dem Unterhaltsabkommen von 1973 (s. 5. Aufl. 2010, Art. 18 Anh. II Rn. 1 ff. zum UStAK).[247]

XIV. Staatsangehörigkeit

81 Nach § 3 Nr. 1 iVm § 4 Abs. 1 StAG erwirbt die deutsche Staatsangehörigkeit, wer von einem Elternteil abstammt, der zum Zeitpunkt der Geburt die deutsche Staatsangehörigkeit besitzt, vorbehaltlich der Ausnahmen in § 4 Abs. 1 S. 2 StAG und § 4 Abs. 4 StAG. Darüber hinaus erwerben nach § 4 Abs. 3 StAG in Deutschland geborene Kinder auch dann die deutsche Staatsangehörigkeit, wenn ein Elternteil seit 8 Jahren rechtmäßig seinen gewöhnlichen Aufenthalt im Inland hat und zusätzlich in der Regel ein unbefristetes Aufenthaltsrecht besitzt. Ein deutsches Kind verliert seine Staatsangehörigkeit durch den Erwerb einer ausländischen Staatsangehörigkeit auf Antrag gemäß

---

[237] Dazu, dass es – nach freilich nicht unbestrittener Ansicht – nicht darauf ankommt, dass das Kind einem beigetretenen Staat angehört, → Anh. II Art. 19 Rn. 2.

[238] In Frankreich wird nach Art. 311–25 CC die Mutterschaft nunmehr durch Nennung der Mutter im Geburtenregister festgestellt, die Mutterschaftsanerkennung (Art. 316 CC) besitzt damit nur noch in ganz seltenen Fällen Bedeutung, *Frank* StAZ 2012, 190. Das Gleiche gilt gem. Art. 254 CC in Italien.

[239] Staudinger/*Henrich* (2014) Rn. 100; Erman/*Hohloch* Rn. 25; Bamberger/Roth/*Heiderhoff* Rn. 29; Palandt/*Thorn* Rn. 9; *Looschelders* IPR Rn. 22.

[240] Bamberger/Roth/*Heiderhoff* Rn. 29; *v. Hoffmann/Thorn* IPR § 8 Rn. 135; *Kropholler* IPR § 48 IV 3.

[241] BT-Drs. 13/4899, 138; *Looschelders* IPR Rn. 2, 22.

[242] *Henrich* IntFamR § 6 I 4; Erman/*Hohloch* Rn. 26.

[243] Erman/*Hohloch* Rn. 26; *Kropholler* IPR § 48 IV 3; Staudinger/*Henrich* (2014) Rn. 10; Palandt/*Thorn* Rn. 9.

[244] Staudinger/*Henrich* (2014) Rn. 103; Erman/*Hohloch* Rn. 26; jurisPK-BGB/*Gärtner/Duden* Rn. 119.

[245] Erman/*Hohloch* Rn. 26; Palandt/*Thorn* Rn. 9; Bamberger/Roth/*Heiderhoff* Rn. 28; jurisPK-BGB/*Gärtner/Duden* Rn. 120.

[246] Zur ursprünglich nur vorläufigen Anwendbarkeit *Mansel/Thorn/Wagner* IPRax 2014, 1 (9).

[247] Palandt/*Thorn* Rn. 9; Bamberger/Roth/*Heiderhoff* Rn. 4, 28; Staudinger/*Henrich* (2014) Rn. 101; jurisPK-BGB/*Gärtner/Duden* Rn. 118.

§ 25 Abs. 1 StAG nur, wenn ihm der Besitz der deutschen Staatsangehörigkeit bekannt war oder hätte bekannt sein müssen.[248]

EGBGB Anh. I Art. 19

Übereinkommen über die Erweiterung der Zuständigkeit der Behörden, vor denen nichteheliche Kinder anerkannt werden können (Römisches CIEC-Übereinkommen – RömÜb)

vom 14. September 1961 (BGBl. 1965 II S. 19, im Verhältnis zu Frankreich, den Niederlanden, der Schweiz, der Türkei seit 24.7.1965, BGBl. 1965 II S. 1162, zu Belgien seit 16.9.1967, BGBl. 1967 II S. 2376, zu Griechenland seit 22.7.1979, BGBl. 1979 II S. 1024, zu Italien seit 5.8.1981, BGBl. 1981 II S. 625, zu Portugal seit 4.7.1984, BGBl. 1984 II S. 875, und Spanien seit 5.8.1987, BGBl. 1987 II S. 448, in Kraft)

Art. 1 Römisches CIEC-Übereinkommen [Definition der Begriffe „Anerkennung mit bzw. ohne Standesfolge"]

Im Sinne dieses Übereinkommens wird die urkundliche Erklärung eines Mannes, der Vater eines nichtehelichen Kindes zu sein, als „Anerkennung mit Standesfolge" oder „Anerkennung ohne Standesfolge" bezeichnet, je nachdem, ob durch die Erklärung familienrechtliche Bande zwischen dem Anerkennenden und dem nichtehelichen Kind, auf das sich die Erklärung bezieht, hergestellt werden sollen oder nicht.

Art. 2 Römisches CIEC-Übereinkommen [Anerkennung mit Standesfolge]

Angehörige von Vertragsstaaten, deren Recht die Anerkennung mit Standesfolge vorsieht, können eine solche Anerkennung auch im Hoheitsgebiet von Vertragsstaaten vornehmen, deren Recht nur die Anerkennung ohne Standesfolge vorsieht.

Art. 3 Römisches CIEC-Übereinkommen [Anerkennung ohne Standesfolge]

Angehörige von Vertragsstaaten, deren Recht die Anerkennung ohne Standesfolge vorsieht, können eine solche Anerkennung auch im Hoheitsgebiet von Vertragsstaaten vornehmen, deren Recht nur die Anerkennung mit Standesfolge vorsieht.

Art. 4 Römisches CIEC-Übereinkommen [Funktionelle Zuständigkeit, Form, Zuständigkeitsanerkennung]

[1]Die in den Artikeln 2 und 3 vorgesehenen Erklärungen werden von dem Standesbeamten und jeder anderen zuständigen Behörde in der Form öffentlich beurkundet, die das Ortsrecht vorschreibt; in der Urkunde ist stets die Staatsangehörigkeit zu vermerken, die der Erklärende für sich in Anspruch nimmt. [2]Die Erklärungen haben die gleichen Wirkungen, wie wenn sie vor der zuständigen Behörde des Heimatstaats des Erklärenden abgegeben worden wären.

Art. 5 Römisches CIEC-Übereinkommen [Befreiung vom Legalisationserfordernis]

Ausfertigungen oder Auszüge der Urkunden über die in den Artikeln 2 und 3 vorgesehenen Erklärungen bedürfen im Hoheitsgebiet der Vertragsstaaten keiner Legalisation, wenn sie durch Unterschrift und Dienstsiegel oder -stempel der ausstellenden Behörde beglaubigt sind.

Schrifttum: *Maßfeller,* Die Übereinkommen der Commission Internationale de l'État Civil, StAZ 1962, 293, 321; *Reichard,* Anerkennung der Vaterschaft mit und ohne Standesfolge, StAZ 1966, 175; *Niclas,* Beurkundung der Vaterschafts- und Mutterschaftsanerkenntnisse von Ausländern im Jugendamt, ZBlJugR 1968, 7; *Simitis,* Die Internationale Kommission für Zivilstandswesen, RabelsZ 33 (1969), 30, 38 f.

Das Abkommen geht davon aus, dass es Rechtsordnungen gibt, nach denen eine Vaterschaftsaner- **1** kennung die Geltendmachung gegenseitiger Unterhalts- und Erbansprüche (Standesfolgen) ermöglicht, während andere Rechtsordnungen an die Anerkennungen nur einseitige Unterhaltsansprüche des Kindes gegenüber dem Vater (Zahlvateransprüche) knüpfen. **Zweck des Abkommens** ist es, einerseits die Beurkundung von Anerkennungen der einen Art auch in Ländern zu ermöglichen, deren Recht nur Anerkennungen der anderen Art kennt (Art. 2, 3, 4 S. 1 Römisches CIEC-Übereinkommen) und andererseits die Berücksichtigung (Anerkennung der Wirksamkeit) der auf solche Weise beurkundeten Vaterschaftsanerkennungen auch in den anderen Vertragsstaaten zu erleichtern (Art. 4 S. 2, 5 Römisches CIEC-Übereinkommen).[1]

Im Hinblick auf den Zweck des Abkommens ist anzunehmen, dass dies nur für Fälle gilt, in **2** denen eine Anerkennung der einen Art in einem Land beurkundet werden soll, dessen Recht nur

---

[248] BVerwG StAZ 2009, 13.

[1] Staudinger/*Henrich* (2014) Vor Art. 19 Rn. 3; *Looschelders* IPR Rn. 26.

Anerkennungen der anderen Art vorsieht. Denn für alle anderen Fälle ist das Abkommen überflüssig. Darüber hinaus schränken die Art. 2 und 3 Römisches CIEC-Übereinkommen den **Anwendungsbereich** des Abkommens weiter dahin ein, dass es nur für Anerkennungen durch Angehörige von Vertragsstaaten gilt.[2] Die Rechte der bisher beigetretenen Staaten[3] kennen aber – ebenso wie in zunehmender Zahl die der anderen Staaten – nur Anerkennungen mit Standesfolge.[4] Es gibt daher einstweilen und voraussichtlich auch in Zukunft **keine Fälle, in denen das Abkommen irgendeine Bedeutung hat.**

3   Das Abkommen enthält im Wesentlichen[5] **verfahrensrechtliche Regelungen.** Die Art. 2 und 3 RömÜb geben den Beurkundungsorganen der Vertragsstaaten die sachliche Zuständigkeit zur Beurkundung der im Abkommen vorgesehenen Erklärungen.[6] Eine der beiden Regelungen, die Art. 4 S. 1 Römisches CIEC-Übereinkommen enthält, gibt die funktionelle Zuständigkeit zu solchen Beurkundungen dem Standesbeamten sowie allen sonst schon für Beurkundungen zuständigen Organen. Art. 4 S. 2 Römisches CIEC-Übereinkommen regelt die Anerkennung ausländischer Beurkundungszuständigkeiten.[7] Art. 5 Römisches CIEC-Übereinkommen enthält schließlich eine Regel des (prozessualen) Beweisrechts.

4   Lediglich die andere Regelung, die Art. 4 S. 1 Römisches CIEC-Übereinkommen enthält, betrifft das internationale Privatrecht, nämlich das der **Form** der Vaterschaftsanerkennung. Die Vorschrift verweist – wie Art. 11 Abs. 1 EGBGB – auf das Recht des Landes, in dem die Beurkundung stattfindet. Weitere Regelungen enthält das Abkommen nicht. Vor allem sagt es nicht, welches Recht auf die materiellen Fragen der Vaterschaftsanerkennungen anzuwenden ist.[8]

EGBGB Anh. II Art. 19

Übereinkommen über die Feststellung der mütterlichen Abstammung nichtehelicher Kinder (Brüsseler CIEC-Übereinkommen – AbstMutKindÜb)

vom 12. September 1962 (BGBl. 1965 II S. 23, im Verhältnis zu den Niederlanden und der Schweiz seit 24.7.1965, BGBl. 1965 II S. 1163, zur Türkei seit 12.1.1966, BGBl. 1966 II S. 105, zu Griechenland seit 22.7.1979, BGBl. 1979 II S. 1024, zu Luxemburg seit 28.6.1981, BGBl. 1981 II S. 457, zu Spanien seit 16.3.1984, BGBl. 1984 II S. 229, und zu Niederländisch-Aruba seit 1.1.1986, BGBl. 1986 II S. 934, in Kraft)

Art. 1 Brüsseler CIEC-Übereinkommen [Feststellung durch Eintragung]

[1]Ist im Geburtseintrag eines nichtehelichen Kindes eine Frau als Mutter des Kindes bezeichnet, so gilt die mütterliche Abstammung durch diese Bezeichnung als festgestellt. [2]Diese Abstammung kann jedoch bestritten werden.

Art. 2 Brüsseler CIEC-Übereinkommen [Sachliche Beurkundungszuständigkeit]

Ist die Mutter im Geburtseintrag des Kindes nicht bezeichnet, so kann sie vor der zuständigen Behörde jedes Vertragsstaats die Mutterschaft anerkennen.

Art. 3 Brüsseler CIEC-Übereinkommen [Sachliche Beurkundungszuständigkeit]

Ist die Mutter im Geburtseintrag des Kindes bezeichnet und legt sie dar, daß eine Anerkennung der Mutterschaft gleichwohl notwendig ist, um den gesetzlichen Erfordernissen eines Nichtvertragsstaats zu genügen, so kann sie vor der zuständigen Behörde jedes Vertragsstaats die Mutterschaft anerkennen.

Art. 4 Brüsseler CIEC-Übereinkommen [Wirksamkeit der Anerkennung]

Die Artikel 2 und 3 lassen die Frage unberührt, ob die Anerkennung der Mutterschaft rechtswirksam ist.

Art. 5 Brüsseler CIEC-Übereinkommen [Persönlicher Anwendungsbereich]

Artikel 1 gilt, für jeden Vertragsstaat, nur für Kinder, die nach Inkrafttreten dieses Übereinkommens geboren sind.

---

[2] *Siehr* DAVorm. 1973, 125 (134); Soergel/*Kegel* Art. 20 Rn. 49; Staudinger/*Henrich* (2014) Vor Art. 19 Rn. 7.
[3] Vgl. deren Aufzählung bei der Überschrift des Abkommens.
[4] Staudinger/*Henrich* (2014) Vor Art. 19 Rn. 5; *Looschelders* IPR Rn. 26.
[5] *Böhmer* StAZ 1974, 85 (87); *Kegel/Schurig* IPR § 20 X 5a; jurisPK-BGB/*Gärtner/Duden* Rn. 16; *Looschelders* IPR Rn. 26.
[6] *Kegel/Schurig* IPR § 20 X 5a.
[7] So wohl auch Staudinger/*Henrich* (2014) Vor Art. 19 Rn. 13.
[8] Staudinger/*Henrich* (2014) Vor Art. 19 Rn. 3; jurisPK-BGB/*Gärtner/Duden* Rn. 16.

Schrifttum: *Böhmer,* Die CIEC-Konferenz 1971 in Den Haag, StAZ 1972, 209; *Maßfeller,* Die Übereinkommen der Commission Internationale de l'État Civil, StAZ 1965, 119; *Niclas,* Beurkundung der Vaterschafts- und Mutterschaftsanerkenntnisse von Ausländern im Jugendamt, ZBlJugR 1968, 7; *Simitis,* Die Internationale Kommission für Zivilstandswesen, RabelsZ 33 (1969), 30; *van Sasse van Ysselt/Simitis,* Zum Mutterschaftsanerkenntnis nichtehelicher Kinder – Grenzen und Bedeutung der CIEC-Konvention Nr. 6 vom 12.9.1962 über die Feststellung der mütterlichen Abstammung nichtehelicher Kinder, StAZ 1969, 77.

Das Abkommen geht davon aus, dass es Rechtsordnungen gibt, nach denen die Rechtsbeziehun- **1** gen zwischen dem nichtehelichen Kind und seiner Mutter ohne weiteres mit der Geburt des Kindes eintreten, während andere Rechtsordnungen für den Eintritt solcher Beziehungen eine Feststellung der Mutter durch Anerkennung oder Statusurteil verlangen. **Zweck des Abkommens** ist es, diese Unterschiede abzubauen[1] und die Mutterfeststellung zu erleichtern. Art. 1 S. 1 Brüsseler CIEC-Übereinkommen will dieses Ziel durch einen Eingriff in das materielle Recht[2] der Vertragsstaaten erreichen. Die Art. 2 und 3 Brüsseler CIEC-Übereinkommen stellen sicher, dass eine (trotzdem gewünschte) Mutterschaftsanerkennung in allen Vertragsstaaten beurkundet werden kann. Doch geht zum einen die Zahl der nationalen Rechte, die eine Mutterschaftsanerkennung verlangen,[3] zurück, und zum anderen schreiben viele dieser Rechtsordnungen der Eintragung der Mutter in das Geburtenregister mittlerweile selbst Anerkennungswirkung zu.[4]

Der **persönliche Anwendungsbereich** des Abkommens ist umstritten. Vor allem im Ausland **2** wird die Meinung vertreten, es sei nur anwendbar, wenn das eigene IPR auf das Recht eines Vertragsstaats[5] (und damit auch auf das Abkommen) bzw. gar nur auf das eigene materielle Recht[6] verweist oder wenn die Mutter einem Vertragsstaat angehört.[7] Dagegen ist man vor allem[8] in Deutschland[9] der Ansicht, das Abkommen sei immer anwendbar, wenn die Mutter im Geburtseintrag des Kindes genannt ist oder wenn sie (was für die Art. 2, 3 Brüsseler CIEC-Übereinkommen von Interesse ist) das Kind anerkennen will, unabhängig davon, ob Heimatstaat oder Geburtsstaat beigetreten sind. Dieser Ansicht ist zuzustimmen, denn bereits Art. 1 S. 2 und Art. 3 Brüsseler CIEC-Übereinkommen stellen sicher, dass auf Nichtvertragsstaaten ausreichend Rücksicht genommen wird.[10] Eine Einschränkung des persönlichen Anwendungsbereichs des Abkommens ergibt sich jedoch aus dessen Art. 5 Brüsseler CIEC-Übereinkommen. Schon nach Sinn und Zweck des Abkommens (→ Rn. 1) erfasst der sachliche Anwendungsbereich nicht die Begründung einer **Co-Mutterschaft,** wie sie etwa das spanische,[11] niederländische[12] oder südafrikanische[13] Recht vorsehen.[14] Im Übrigen überlassen Art. 2 und 3 Brüsseler CIEC-Übereinkommen die Beurteilung der Wirksamkeit von (Mutterschafts-)Anerkennungen ohnehin dem nationalen Kollisionsrecht.

Art. 1 S. 1 Brüsseler CIEC-Übereinkommen bestimmt, dass eine **Mutter** bereits dann **auch 3 rechtlich als Mutter gilt, wenn sie als solche im Eintrag des Kindes in das Geburtenregister genannt ist.**[15] Dies bedeutet, dass die Vorschrift das materielle Recht der Vertragsstaaten abändert, wenn Staaten dem Abkommen beitreten, deren internes Recht Anerkennung oder Gerichtsentscheidung verlangt,[16] und darüber hinaus das einschlägige IPR jedes Vertragsstaats verdrängt.

---

[1] So ausdrücklich die Präambel des Abkommens.

[2] Nicht: in das internationale Privatrecht, Erman/*Hohloch* Art. 19 Rn. 3.

[3] Vgl. Überblick in DIJuF JAmt 2010, 66 f.

[4] Vgl. zum frz. Recht (Art. 311–25 CC) *Frank* StAZ 2012, 190. Das Gleiche gilt etwa gem. Art. 254 C.c. in Italien.

[5] OLG Stuttgart IPRax 1990, 334; *van Sasse van Ysselt* StAZ 1969, 77 f.; Staudinger/*Henrich* (2014) Vor Art. 19 Rn. 23; *Henrich* IntFamR § 6 I 4.

[6] It. Sektion der CIEC, zitiert nach *Böhmer* StAZ 1972, 209 (213).

[7] So die frz., niederl., schweiz., und türk. Sektion der CIEC, zitiert nach *Böhmer* StAZ 1972, 209 (213).

[8] Außer in Deutschland auch noch in der österreichischen und anscheinend auch in der belgischen Sektion der CIEC, vgl. *Simitis* StAZ 1969, 78 f.; *Böhmer* StAZ 1972, 209 (213).

[9] *Simitis* StAZ 1969, 78 (79); *ders.* RabelsZ 33 (1969), 30 (42); *Jayme/Siehr* FamRZ 1971, 461; *Rohlff/Strümpell* StAZ 1973, 18; *Sturm* StAZ 1978, 318 (325); *ders.* FamRZ 1982, 1150 (1158); *Beitzke* DAVorm. 1983, 163 (176); Soergel/*Kegel* Art. 20 Rn. 55; Erman/*Hohloch* Art. 19 Rn. 3 (der allerdings nur einen beschränkten Vorrang des Abkommens vor Art. 19 annimmt); Palandt/*Thorn* Rn. 3.

[10] Auch *Simitis* StAZ 1969, 78 (79) sieht in Art. 3 ein Argument für diese Ansicht.

[11] OLG Celle FamRZ 2011, 1518 (1519); Palandt/*Thorn* Rn. 3; *Heiderhoff* IPRax 2012, 523 (524).

[12] *Reuß* StAZ 2015, 139.

[13] KG FamRZ 2015, 943.

[14] BGH FamRZ 2016, 1251 (1252 f.).

[15] *Hepting/Gaaz* PStR Bd. 2 Rn. IV-319; *Looschelders* IPR Rn. 27; anders offenbar OLG Stuttgart IPRax 1990, 334.

[16] ZB *Simitis* StAZ 1969, 78; *Kegel/Schurig* IPR § 20 X 5b; Staudinger/*Henrich* (2014) Vor Art. 19 Rn. 17, 27.

4 Nach Art. 1 S. 2 Brüsseler CIEC-Übereinkommen handelt es sich allerdings **nur** um eine **widerlegliche Vermutung**.[17] Der Nennung im Eintrag kann die Wirkung genommen werden, indem der Beweis geführt wird, der Genannte sei nicht die Mutter. Da das Abkommen die Mutterfeststellung erleichtern will, ist anzunehmen, dass damit keine Möglichkeit über diejenige hinaus eingeräumt werden soll, die in dem internen Recht der Vertragsstaaten vorgesehen ist. Ob und unter welchen Voraussetzungen es möglich ist, eine Mutterschaft zu bestreiten, richtet sich – in Deutschland – also nach dem von Art. 20 EGBGB berufenen Recht. In Fällen der **Leihmutterschaft** kann über Art. 1 S. 1 Brüsseler CIEC-Übereinkommen keine den Regeln des einschlägigen Abstammungsstatuts widersprechende Zuordnung zur Wunschmutter begründet werden.[18]

5 Art. 2 und 3 Brüsseler CIEC-Übereinkommen behandeln die **sachliche Zuständigkeit**[19] für die Beurkundung von Mutterschaftsanerkennungen. Art. 2 Brüsseler CIEC-Übereinkommen betrifft den Fall, dass **die Mutter nicht im Geburtseintrag genannt** ist. Die Vorschrift ist unabhängig davon anwendbar, ob das Heimatrecht der Beteiligten eine Anerkennung verlangt.[20] Art. 3 Brüsseler CIEC-Übereinkommen berücksichtigt Erfordernisse, die **von Nichtvertragsstaaten aufgestellt** sind. Diese Vorschrift sieht kaum weitergehende Zuständigkeiten vor, als sich bereits aus § 27 Abs. 2 PStG ergeben, dessen Vorläufer (§ 29a PStG aF) Vorbild für Art. 3 Brüsseler CIEC-Übereinkommen war.[21] Art. 4 Brüsseler CIEC-Übereinkommen überlässt die **Frage, ob** die nach Art. 2 und 3 erfolgten Anerkennungen **rechtswirksam** sind, dem vom nationalen IPR (in Deutschland: von Art. 19 Abs. 1 EGBGB) berufenen Recht.

Art. 20 EGBGB Anfechtung der Abstammung

[1]Die Abstammung kann nach jedem Recht angefochten werden, aus dem sich ihre **Voraussetzungen ergeben**. [2]Das Kind kann die Abstammung in jedem Fall nach dem Recht des Staates anfechten, in dem es seinen gewöhnlichen Aufenthalt hat.

Schrifttum: *Freitag*, Das Kuckuckskind im IPR – Kollisionsrechtliche Betrachtungen zum scheidungsakzessorischen Statuswechsel bzw. zur qualifizierten (konsensualen) Vaterschaftsanerkennung, StAZ 2013, 333; *Henrich*, Zum Schutz des Scheinvaters durch den deutschen ordre public, IPRax 2002, 118; *Hepting/Dutta*, Familie und Personenstand, 2. Aufl. 2015; *Pfeiffer*, Internationalprivat- und verfahrensrechtliches zu „heimlichen" Vaterschaftstests, FS Laufs, 2006, 1193; *Rauscher*, Vaterschaft auf Grund Ehe mit der Mutter, FPR 2002, 352; *Wedemann*, Die kollisionsrechtliche Behandlung der qualifizierten Drittanerkennung nach § 1599 Abs. 2 BGB sowie vergleichbarer ausländischer Rechtsinstitute – Neues vom BGH zum internationalen Abstammungsrecht, StAZ 2012, 225.

Übersicht

I. Normzweck

1 Während Art. 19 die Frage betrifft, wann eine Abstammungsfeststellung getroffen oder nicht getroffen ist, geht es in Art. 20 darum, wann eine einmal getroffene Abstammungsfeststellung nachträglich **wieder beseitigt** („angefochten") werden kann. Die Vorschrift unterscheidet nicht danach, ob sich die Abstammung aus Geburt in der Ehe oder aus Anerkennung ergibt. Es fallen also sowohl Anfechtungen der Ehelichkeit der Geburt als auch Anfechtungen der Anerkennung darunter. Auch eine Anfechtung der Mutterschaftsanerkennung fällt darunter. Sie ist nur möglich, wenn das von der

---

[17] *Simitis* RabelsZ 33 (1969), 30 (41); *Kegel/Schurig* IPR § 20 X 5b; Staudinger/*Henrich* (2014) Vor Art. 19 Rn. 26; *Looschelders* IPR Rn. 27.

[18] *Benicke* StAZ 2013, 101 (108).

[19] *Kegel/Schurig* IPR § 20 X 5b.

[20] *Maßfeller* StAZ 1965, 119 (121).

[21] *Maßfeller* StAZ 1965, 119 (122).

Vorschrift berufene Recht sie vorsieht.[1] Zur Anwendbarkeit auf die vaterschaftsdurchbrechende Anerkennung nach § 1599 Abs. 2 BGB sowie vergleichbare Institute ausländischen Rechts → Rn. 8 f. Die Vorschrift ist – in Übereinstimmung mit der Entwicklungstendenz im Sachrecht[2] – im Interesse der Abstammungswahrheit besonders anfechtungsfreundlich.[3]

II. Anwendbares Recht

Nach S. 1 kann die **Anfechtung nach dem Recht** erfolgen, **nach dem die Abstammungsfest-**   **2**
stellung getroffen werden konnte. Es kann also die Abstammung vom Vater nach einem der gemäß Art. 19 Abs. 1 berufenen Rechtsordnungen angefochten werden. Entsprechendes gilt für die Abstammung von der Mutter. Dabei kommt es nicht darauf an, nach welchem dieser Rechte die Abstammung tatsächlich etabliert wurde, sondern nur darauf, nach welchem Recht oder welchen Rechten die Feststellung gemäß Art. 19 möglich war (aus welchem sich „ihre Voraussetzungen ergeben").[4] Und zwar ist dieses Recht anzuwenden, wie es sich unter Beachtung des für die Anknüpfung maßgebenden Zeitpunkts (→ Art. 19 Rn. 10, 26, 27),[5] des eventuellen Renvoi (→ Art. 19 Rn. 28, 29, wobei es Sinn und Zweck der Vorschrift entspricht, einen Renvoi nur dann zu berücksichtigen, wenn dadurch die Anfechtungsmöglichkeiten nicht beschränkt werden[6]) und der maßgebenden Übergangsvorschrift (→ Art. 19 Rn. 61, 62, 63) ergibt. In den Fällen, in denen sich die Anfechtung gemäß Art. 224 § 1 Abs. 2 nach neuem Recht richtet, auf die Abstammungsfeststellung jedoch gemäß Abs. 1 dieser Vorschrift bzw. entsprechend Art. 220 Abs. 1 noch das alte Recht anwendbar geblieben ist, ist die Anfechtung nach dem Recht oder den Rechten zu beurteilen, die sich aus dem neuen Recht ergäben, wenn dieses auf die Abstammungsfeststellung anzuwenden wäre, weil andernfalls in diesen Fällen der Abs. 2 des Art. 224 § 1 ins Leere laufen würde.[7]

Kann die Abstammungsfeststellung nach mehreren dieser Rechte getroffen werden, so kann auch   **3**
die Anfechtung nach jedem von ihnen erfolgen. Und zwar kann die Anfechtung auf ein jedes dieser Rechte für sich allein gestützt werden.[8] Sie muss also nicht nach ihnen allen begründet sein, um zum Zuge zu kommen. Die **Rechte** sind daher **alternativ**, nicht kumulativ **anwendbar.**[9] Und wenn die Anfechtung nach einem der danach anwendbaren Rechte zB wegen Fristablaufs unmöglich geworden ist, kann sie immer noch auf eines der anderen anwendbaren Rechte gestützt werden.[10] Eine Rangfolge unter diesen Rechten gibt es nicht.[11] Denn dem Interesse an der Feststellung der wahren Abstammung wird heute ein erhebliches Gewicht beigemessen.[12] Eine Auswahl unter den verschiedenen Rechten muss der Antragsteller nicht treffen, vielmehr wendet der Richter die Rechtsordnung an, die dem Antrag – soweit möglich – zum Erfolg verhilft.[13] Beispiel: Hat ein norwegischer Vater in Deutschland nach §§ 1592 Nr. 2, 1594 ff. BGB die Vaterschaft für ein Kind mit gewöhnli-

---

[1] Staudinger/*Henrich* (2014) Rn. 45, 48.

[2] Vgl. etwa *Helms,* FS Frank, 2008, 230 ff.; *Helms* FamRZ 2010, 1 ff.

[3] Bamberger/Roth/*Heiderhoff* Rn. 2.

[4] OLG Hamburg StAZ 2012, 178 (179); Staudinger/*Henrich* (2014) Rn. 10 ff.; jurisPK-BGB/*Gärtner/Duden* Rn. 24; *Kropholler* IPR § 48 IV 2a; Erman/*Hohloch* Rn. 9; Bamberger/Roth/*Heiderhoff* Rn. 8; NK-BGB/*Bischoff* Rn. 11; anders *v. Hoffmann/Thorn* IPR § 8 Rn. 136, der die Anfechtung nur nach dem Recht gestatten will, nach dem die Abstammung festgestellt wurde.

[5] Das auf die Anfechtung anwendbare Recht ist also nicht selbständig, sondern nur zusammen mit dem nach Art. 19 Abs. 1 anwendbaren Recht wandelbar, soweit dieses selbst wandelbar ist, *Rauscher* IPR Rn. 995.

[6] OLG Hamburg StAZ 2012, 178 (179); *Kropholler* IPR § 48 IV 2c; Staudinger/*Henrich* (2014) Rn. 23; jurisPK-BGB/*Gärtner/Duden* Rn. 56; Erman/*Hohloch* Rn. 4.

[7] OLG Nürnberg FamRZ 2002, 1722; *Linke* FamRZ 2004, 899. Dagegen für Bestimmung des Anfechtungsstatuts durch Anknüpfung an das alte Recht OLG Köln FamRZ 2003, 1857; Erman/*Hohloch* Rn. 9; diff. 5. Aufl. 2010, Art. 220 Rn. 16, wonach Art. 220 nur eine materiellrechtliche Übergangsregel enthält. Ist die Abstammung nach altem IPR angeknüpft, so bleibt es dabei auch bei der Anfechtung. Ist sie nach neuem IPR angeknüpft, so richtet sich auch die Anfechtung nach dem neuem Art. 20.

[8] BGH FamRZ 2012, 616 (617); OLG Hamburg StAZ 2012, 178 (179); *Henrich* StAZ 1996, 353 (356); *Junker* IPR Rn. 566; *Rauscher* IPR Rn. 993; Bamberger/Roth/*Heiderhoff* Rn. 8; Palandt/*Thorn* Rn. 2; anders *v. Hoffmann/Thorn* IPR § 8 Rn. 136, der die Anfechtung nur nach dem Recht gestatten will, nach dem die Abstammung festgestellt wurde.

[9] OLG Stuttgart ZAR 2011, 67 (68); Erman/*Hohloch* Rn. 10; Bamberger/Roth/*Heiderhoff* Rn. 8.

[10] *Henrich* IntFamR § 6 II 1; Staudinger/*Henrich* (2014) Rn. 14, 16, 17; Erman/*Hohloch* Rn. 10; Bamberger/ Roth/*Heiderhoff* Rn. 8; *Looschelders* IPR Rn. 9.

[11] LG Saarbrücken StAZ 2005, 18 (19); aA *Andrae* IntFamR § 5 Rn. 62, die das Kindesaufenthaltsrecht vorrangig anwenden will.

[12] Staudinger/*Henrich* (2014) Rn. 23; Bamberger/Roth/*Heiderhoff* Rn. 2; *Kropholler* IPR § 48 IV 2a.

[13] Staudinger/*Henrich* (2014) Rn. 18. Im Ergebnis auf das Gleiche läuft es hinaus, wenn teilweise gesagt wird, der Anfechtende könne zwischen den alternativen Anfechtungsstatuten wählen, ohne an diese Wahl gebunden zu sein, Erman/*Hohloch* Rn. 10; Palandt/*Thorn* Rn. 2.

chem Aufenthalt in Deutschland anerkannt, so kann die (unbefristet zulässige) Anfechtung nach norwegischem Recht auch dann noch erfolgen, wenn die Anfechtungsfrist des § 1600b BGB abgelaufen ist. Die Anfechtung nach den durch Art. 20 berufenen Rechten kann durch jeden vorgenommen werden, der nach dem Recht, auf das er sich stützen kann und will, dazu berechtigt ist.

4   Nach S. 2 hat **darüber hinaus,** wie nach dem früheren Art. 19 Abs. 1 S. 4, das **Kind,** und nur dieses, die Möglichkeit, gemäß dem **Recht seines gewöhnlichen Aufenthalts** anzufechten. Zu diesem Recht → Art. 19 Rn. 8, 28, 61, 62, 63. Das gilt selbst dann, wenn die Abstammungsfeststellung nicht aus diesem Recht entnommen werden konnte.[14]

III. Vorfragen

5   Unterscheidet das anwendbare und auch angewandte Recht noch zwischen ehelichen und nichtehelichen Kindern, so kann auch bei der Anfechtung die **Vorfrage** auftreten, ob die **Ehe** der Eltern gültig ist (→ Art. 19 Rn. 40–50).

6   Die **Vorfrage** der **Abstammungsfeststellung** richtet sich nach Art. 19.[15] Wegen der Vorfrage, wer das Kind und/oder den Scheinvater **gesetzlich vertreten** kann, → Art. 19 Rn. 52. Die dortigen Ausführungen gelten auch für **familiengerichtliche Genehmigungen.**

IV. Anwendungsbereich

7   Unter Art. 20 fallen die **Anfechtungsgründe,**[16] zu denen bei Anerkennungen auch Willensmängel[17] gehören können.[18] Es sind vor allem eventuelle Einschränkungen der zulässigen Gründe und Gegengründe sowie alle sonstigen (materiellrechtlichen) Beweisregeln, zB Vermutungen, auf die die Vorschrift anwendbar ist.[19] Ferner fallen hierunter eventuelle materiellrechtliche Regelungen der Zulässigkeit der Anfechtung.[20] Welche Beweismittel benutzt werden können, ist dagegen der lex fori zu entnehmen.[21]

8   Problematisch ist die **Qualifizierung der sog vaterschaftsdurchbrechenden Anerkennung** nach § 1599 Abs. 2 BGB. Dabei handelt es sich um ein janusköpfiges Institut: Auf der einen Seite beseitigt es – als funktionaler Ersatz für eine gerichtliche Vaterschaftsanfechtung – eine bestehende rechtliche Zuordnung, auf der anderen Seite begründet es eine neue Vaterschaft. Dieser **Doppelfunktion ist auch kollisionsrechtlich Rechnung zu tragen:** Ob § 1599 Abs. 2 BGB seine vaterschaftsdurchbrechende Wirkung entfalten kann, bestimmt sich nach dem für die (gerichtliche) Vaterschaftsanfechtung geltenden Anfechtungsstatut des Art. 20, demgegenüber beurteilt sich die Vorfrage, ob alle Voraussetzungen für die wirksame Anerkennung seitens des Dritten erfüllt sind, nach Art. 19 Abs. 1.[22] Wird nach einer ausländischen Rechtsordnung das während bestehender Ehe gezeugte Kind auch nach Scheidung der Ehe dem (früheren) Ehemann der Mutter zugeordnet (→ Art. 19 Rn. 16 f.), soll nach bisher wohl überwiegender Auffassung **§ 1599 Abs. 2 BGB analog**[23] anwendbar sein.[24] Doch ist zu beachten, dass die Anfechtungswirkung des § 1599 Abs. 2 BGB **nicht auf**

[14] *Henrich* FamRZ 1998, 1401 (1403); Staudinger/*Henrich* (2014) Rn. 22; *Rauscher* IPR Rn. 993; *Andrae* IntFamR § 5 Rn. 59; Bamberger/Roth/*Heiderhoff* Rn. 9; Palandt/*Thorn* Rn. 2; NK-BGB/*Bischoff* Rn. 5.

[15] OLG Hamburg StAZ 2012, 178; OLG Düsseldorf FamRZ 1999, 1287; Staudinger/*Henrich* (2014) Rn. 41.

[16] Erman/*Hohloch* Rn. 12 f.; *v. Hoffmann/Thorn* IPR § 8 Rn. 137; Palandt/*Thorn* Rn. 3; *Looschelders* IPR Rn. 3; *Andrae* IntFamR § 5 Rn. 66.

[17] Sie betreffen – anders als sonst die Anfechtung – nicht die Abstammung, sondern die Anerkennungserklärung, näher Staudinger/*Henrich* (2014) Rn. 39.

[18] Staudinger/*Henrich* (2014) Rn. 6; jurisPK-BGB/*Gärtner/Duden* Rn. 19; aA offenbar Palandt/*Thorn* Rn. 3.

[19] *Hepting/Gaaz* PStR Bd. 2 Rn. V-337; *Henrich* IntFamR § 6 II 2d; Staudinger/*Henrich* (2014) Rn. 37; Erman/*Hohloch* Rn. 13; NK-BGB/*Bischoff* Rn. 10.

[20] Staudinger/*Henrich* (2014) Rn. 37 f. und 41.

[21] *Henrich* IntFamR § 6 II d; Erman/*Hohloch* Rn. 13; jurisPK-BGB/*Gärtner/Duden* Rn. 22; Bamberger/Roth/*Heiderhoff* Rn. 7.

[22] BGH FamRZ 2012, 616 mit Anm. *Helms* FamRZ 2012, 618 und abl. Anm. *Jayme* IPRax 2012, 555; *Wedemann* StAZ 2012, 225 (226); *Freitag* StAZ 2013, 333; *Rauscher* FPR 2002, 352 (358 f.); *Hepting/Dutta* Fam. und PersStand-HdB Rn. V-321 ff.; *Frank* StAZ 2009, 65 (68); LG Saarbrücken StAZ 2005, 18 (19) (allerdings wird die Funktionsweise von Art. 20 S. 1 missverstanden). Dieser Frage wurde lange keine nähere Aufmerksamkeit geschenkt und meist unproblematisch von einer Anwendbarkeit des Art. 19 ausgegangen, so auch KG FPR 2011, 410 (411) als Vorinstanz zu BGH FamRZ 2012, 616; und die personenstandsrechtliche Praxis; dazu *Hepting/Dutta* Fam. und PersStand-HdB Rn. V-325.

[23] Analog anwendbar ist die Vorschrift, wenn das Kind nach einer gerichtlich angeordneten Trennung von Tisch und Bett, geboren wurde, *Krömer* StAZ 2006, 56; jurisPK-BGB/*Gärtner/Duden* Art. 19 Rn. 68; *Freitag* StAZ 2013, 333.

[24] *Gaaz* StAZ 1998, 241 (251); *Frank* StAZ 2009, 65 (68); LG Saarbrücken StAZ 2005, 18 (19); BayObLG FamRZ 2002, 686 (688) obiter; aA 5. Aufl. 2010, EGBGB Art. 19 Rn. 17 *(Klinkhardt);* jurisPK-BGB/*Gärtner/Duden* Rn. 69 f.; *Freitag* StAZ 2013, 333; OLG Hamm FamRZ 2009, 126 (127 f.).

Art. 20 S. 2 gestützt werden kann, da das Kind an der „Dreiererklärung" nicht beteiligt ist.[25] Damit führt die analoge Anwendung des § 1599 Abs. 2 BGB in der geschilderten Konstellation nicht zum gewünschten Ergebnis, denn die Vaterschaft ergibt sich nur aus einer ausländischen Rechtsordnung, die im Zweifel ein vergleichbares Institut nicht kennen wird.[26] Wertungsmäßig ist dieses Ergebnis nachvollziehbar, denn warum sollte eine Regel des deutschen Rechts eine (nur) nach ausländischem Recht eingreifende Vater-Kind-Zuordnung durchbrechen dürfen?

Diese Grundsätze sind auf **vergleichbare Institute ausländischen Rechts** übertragbar: In glei- **9** cher Weise wie § 1599 Abs. 2 BGB ist beispielsweise das sog durchbrechende Vaterschaftsanerkenntnis nach § 163e Abs. 2 ABGB zu behandeln,[27] während bei der Anerkennung von ehelichen Kindern nach französischem oder italienischem Recht keine Durchbrechung einer bereits bestehenden Vaterschaft vorliegt, sondern die Vater-Kind-Zuordnung zum Ehemann der Mutter noch in der Schwebe ist, solange er nicht als Vater des Kindes registriert wurde, auf diese Institute ist daher ausschließlich Art. 19 anwendbar (→ Art. 19 Rn. 21 f.).[28]

Nach Art. 20 richtet sich auch, welche **Form** für die Anfechtung maßgebend ist, ob also zB ein **10** Antrag bei Gericht zwingend erforderlich ist.[29] Sieht das von Art. 20 berufene Recht kein spezielles Anfechtungsverfahren vor, sondern gestattet es, wie dies in angelsächsischen Rechten vorkommt,[30] dass die Geltendmachung der Nichtehelichkeit inzident in beliebigen Verfahren erfolgt, so ist auch dies mit der öffentlichen Ordnung (Art. 6) vereinbar und kann berücksichtigt werden.[31] Allerdings bestehen in einem solchen Fall keine Bedenken, auch ein Statusverfahren nach § 169 Nr. 4 FamFG durchzuführen und sich im Rahmen der Begründetheitsprüfung auf die unbeschränkte Anfechtbarkeit nach der betreffenden Rechtsordnung zu berufen.[32] Für die Durchführung eines Gerichtsverfahrens ist die lex fori maßgebend.[33]

Danach richtet sich ferner, **wer** zur Anfechtung **berechtigt** ist.[34] Gestattet das von Art. 20 **11** berufene Recht **jedem Interessierten,** die Nichtehelichkeit eines von einer Ehefrau geborenen bzw. empfangenen Kindes geltend zu machen, wie dies in angelsächsischen Rechten vorkommt, verstößt dies nicht gegen die öffentliche Ordnung (Art. 6) und ist zu respektieren.[35] Dieses Recht ist ferner maßgebend, wenn es darum geht, ob auch ein Staatsanwalt, wie zB nach früherem österreichischen Recht (§ 158 ABGB aF), im Interesse des Kindes oder eines anderen Beteiligten anfechten kann.[36] Eine Anfechtung im Interesse eines ausländischen Staates oder gar durch einen ausländischen Staatsanwalt ist jedoch ausgeschlossen.[37]

Ob und ggf. welche **Fristen** für die Anfechtung bestehen, fällt ebenfalls in den Anwendungsbe- **12** reich von Art. 20.[38] Dasselbe gilt für deren Unterbrechung.[39]

Das Kenntnisverfahren nach § 1598a BGB ist zwar nicht auf die Anfechtung der Abstammung **13** gerichtet, doch ist es parallel zu den Anfechtungsrechten der § 1600 Abs. 1 BGB konzipiert[40] und

---

[25] KG FamRZ 2016, 922 (924); *Wedemann* StAZ 2012, 225 (227); *Freitag* StAZ 2013, 333; *Rauscher* FPR 2002, 352 (359); *Helms* FamRZ 2012, 618; aA *Hepting/Dutta* Fam. und PersStand-HdB Rn. V-329 f.; *Frank* StAZ 2009, 65 (68). Nun ausdrücklich offen gelassen von BGH 19.7.2017 – XII ZB 72/16, StAZ 2017, Heft 11 m. Anm. *Helms.*

[26] OLG Karlsruhe FamRZ 2015, 1636 (1637 f.); KG FamRZ 2016, 922 (924); *Frie* StAZ 2017, 103 (108 f.); Staudinger/*Henrich* (2014) Art. 19 Rn. 42.

[27] *Wedemann* StAZ 2012, 225 (227 f.), die wegen der Beteiligung des Kindes an dieser Erklärung auch Art. 20 S. 2 anwendet; *Krömer* StAZ 2016, 151 f.

[28] *Wedemann* StAZ 2012, 225 (228); *Hepting/Dutta* Fam. und PersStand-HdB Rn. V-324 und 326; vgl. auch *Frie* StAZ 2017, 103 (109); aA *Frank* StAZ 2009, 65 (70); 5. Aufl. 2010 Rn. 8 *(Klinkhardt).*

[29] *Hepting/Gaaz* PStR Bd. 2 Rn. V-337; Staudinger/*Henrich* (2014) Rn. 61 f.; Erman/*Hohloch* Rn. 13; *Looschelders* IPR Rn. 3.

[30] Dazu *Frank* StAZ 2009, 65 (68 f.); *Frank* FS Schwab, 2005, 1134.

[31] OLG Hamm FamRZ 1965, 90 (91); KG IPRax 1985, 48 (49); AG Rottweil IPRax 1991, 63; *Hepting/Gaaz* PStR Bd. 2 Rn. V-346; demgegenüber geht Staudinger/*Henrich* (2014) Rn. 89 von einer versteckten Rückverweisung (→ Art. 4 Rn. 43 ff.) aus, weil es sich bei der fraglichen angelsächsischen Regelung um Beweisrecht, also Verfahrensrecht handele.

[32] So etwa OLG Hamburg StAZ 2012, 178; LG Berlin IPRax 1987, 123; aA Staudinger/*Henrich* (2014) Rn. 96 (Feststellung des Nichtbestehens eines Eltern-Kind-Verhältnisses nach § 169 Nr. 1 FamFG).

[33] Erman/*Hohloch* Rn. 13; Bamberger/Roth/*Heiderhoff* Rn. 7.

[34] Erman/*Hohloch* Rn. 12; Staudinger/*Henrich* (2014) Rn. 30, 67; jurisPK-BGB/*Gärtner/Duden* Rn. 15; NK-BGB/*Bischoff* Rn. 10; *v. Hoffmann/Thorn* IPR § 8 Rn. 137; Palandt/*Thorn* Rn. 3.

[35] OLG Hamm FamRZ 1965, 90; KG IPRax 1985, 48 (49); demgegenüber schlägt *Henrich* IntFamR § 6 II 4; Staudinger/*Henrich* (2014) Rn. 62, 87–89 die Annahme einer Rückverweisung vor.

[36] Staudinger/*Henrich* (2014) Rn. 32–34; jurisPK-BGB/*Gärtner/Duden* Rn. 17; Erman/*Hohloch* Rn. 12.

[37] Staudinger/*Henrich* (2014) Rn. 31; *Henrich* IntFamR § 6 II 2a; jurisPK-BGB/*Gärtner/Duden* Rn. 17.

[38] Erman/*Hohloch* Rn. 12; Staudinger/*Henrich* (2014) Rn. 36; *Henrich* IntFamR § 6 II c; *v. Hoffmann/Thorn* IPR § 8 Rn. 137; Palandt/*Thorn* Rn. 3; *Looschelders* IPR Rn. 3.

[39] OLG Hamm FamRZ 1998, 1133 f.; Palandt/*Thorn* Rn. 3.

[40] Krit. *Frank/Helms* FamRZ 2007, 1277 (1278).

kann statusrechtlich dazu dienen, das Erfordernis des Anfangsverdachts (§ 171 Abs. 2 S. 2 FamFG), das in der Sache eine materielle Einschränkung des Anfechtungsrechts darstellt, zu überwinden.[41] Daher liegt eine Anknüpfung nach Art. 20 nahe, während die hM[42] Art. 19 bevorzugt.

V. Verfahrensrecht

14   **1. Internationale Zuständigkeit.** Auf sie ist § 100 FamFG anzuwenden. Zu Einzelheiten vgl. → Art. 19 Rn. 64. Seit Inkrafttreten des FamFG erfolgt eine verfahrensrechtliche Anfechtung stets im Verfahren der freiwilligen Gerichtsbarkeit.[43]

15   **2. Anerkennung ausländischer Anfechtungsentscheidungen.** Diese richtet sich nach §§ 108, 109 FamFG. Zu Einzelheiten → Art. 19 Rn. 66 ff. Wenn in Deutschland bereits ein Anfechtungsantrag, etwa wegen Fristversäumnis, abgewiesen wurde, steht dies wegen des in → Rn. 1 und 3 dargelegten Interesses an der wahren Abstammung trotz § 109 Abs. 1 Nr. 3 FamFG der Anerkennung einer ausländischen Entscheidung nicht entgegen.[44] Internationale Abkommen, die hier praktische Bedeutung[45] haben könnten, gibt es nicht.

VI. Ordre public

16   Sind die **Anfechtungsgründe der von Art. 20 berufenen Rechte enger** als die des deutschen Rechts, so kommt ein Verstoß gegen den ordre public (Art. 6) in Frage, doch kann in vielen Fällen auf eine der anderen Anknüpfungsalternativen ausgewichen werden.[46] Sowohl das Bundesverfassungsgericht als auch der Europäische Gerichtshof für Menschenrechte hat in einer ganzen Reihe von Entscheidungen – dem rechtsvergleichenden Trend zu größerer Abstammungswahrheit folgend – allzu restriktive Anfechtungsmöglichkeiten seitens der unmittelbar Betroffenen (vor allem Vater, Kind und – mit Einschränkungen – auch biologischer Erzeuger) als Verstoß gegen die Grund- und Menschenrechte gebrandmarkt.[47] Die bisherige restriktive deutsche Praxis ist damit teilweise überholt.[48] Insbesondere **kenntnisunabhängige Anfechtungsfristen** sind problematisch. So verstößt der Ablauf der Anfechtungsfrist für den Vater ein Jahr nach Kenntnis von der Geburt des Kindes – unabhängig von der Kenntnis von Umständen, die gegen die Vaterschaft sprechen, – gegen Art. 8 EMRK.[49] Schon das Bundesverfassungsgericht hat § 1598 BGB aF für verfassungswidrig erklärt, der dem Kind zwei Jahre nach Eintritt der Volljährigkeit die Ehelichkeitsanfechtung versagte, – unabhängig davon, ob es bis dahin Kenntnis von Umständen erlangt hatte, die gegen seine Ehelichkeit sprachen.[50] Unterschiedlich lange Fristen für verschiedene Anfechtungsberechtigte lassen sich in der Regel sachlich rechtfertigen.[51] Auch kenntnisabhängige Fristen dürfen **nicht zu kurz bemessen** sein, sondern müssen dem Anfechtungsberechtigten – angesichts der existenziellen Bedeutung der auf dem Spiel stehenden Entscheidung – eine ausreichende Überlegungsfrist einräumen, dafür ist ein Monat sicherlich zu kurz.[52] Auch im Übrigen dürfen einer Anfechtung keine unverhältnismäßigen Hürden entgegenstehen,[53] so verstößt es gegen den ordre public, wenn ein biologischer Vater ein wahrheitswidriges Vaterschaftsanerkenntnis überhaupt nicht anfechten kann.[54]

---

[41] *Helms* FamRZ 2008, 1033 (1036 f.).

[42] *Rauscher* IPR Rn. 973; jurisPK-BGB/*Gärtner/Duden* Art. 19 Rn. 33 und Art. 20 Rn. 13.

[43] Staudinger/*Henrich* (2014) Rn. 66; jurisPK-BGB/*Gärtner/Duden* Rn. 21.

[44] AA *Hepting/Gaaz* PStR Bd. 2 Rn. V-343.

[45] Wie Staudinger/*Henrich* (2014) Rn. 100 zeigt, sind die Übereinkommen, die hier einschlägig sind, für die Anerkennung weniger günstig als die erwähnten deutschen Vorschriften. Diese haben daher den Vorrang vor den Übereinkommen, vgl. nur BGH IPRax 1989, 104 (106); Prütting/Helms/*Hau* FamFG § 109 Rn. 3.

[46] Bamberger/Roth/*Heiderhoff* Rn. 14.

[47] Vgl. etwa *Helms,* FS Frank, 2008, 230 ff.; *Helms,* FamRZ 2010, 1 ff.

[48] Staudinger/*Henrich* (2014) Rn. 55 f.

[49] EGMR FamRZ 2006, 181 – Shofman/Russland mit Anm. *Henrich;* vgl. auch EGMR EuGRZ 2006, 129 – Mizzi/Malta zu einer sechsmonatigen kenntnisunabhängigen Anfechtungsfrist.

[50] BVerfG FamRZ 1994, 881.

[51] EGMR EuGRZ 1985, 511 – Rasmussen/Dänemark; Staudinger/*Henrich* (2014) Rn. 58.

[52] Staudinger/*Henrich* (2014) Rn. 56.

[53] Vgl. neben den vorgenannten Entscheidungen auch EGMR 25.1.2007 – 11449/02, Rn. 34 ff. – Tavli/Turkey (Verweigerung der Wiederaufnahme bei erstmaligem Vorliegen eines DNA-Gutachtens) und ähnlich EGMR 10.10.2006 – 10699/05, Rn. 45 f. – Paulík/Slovakia.

[54] EGMR 8.12.2016 – 7949/11 und 45522/13 – LD und PK/Bulgarien; OLG Stuttgart FamRZ 2001, 246 (249); aA 5. Aufl. 2010, Rn. 14 *(Klinkhardt);* Henrich IPRax 2002, 118 (119).

Großzügigere Anfechtungsrechte, insbesondere unbefristete[55] oder solche, die jedem zuste- **17** hen, der ein berechtigtes Interesse besitzt,[56] verstoßen angesichts der Tendenz des internationalen (→ Rn. 1, 3) und nationalen Abstammungsrechts zu mehr Abstammungswahrheit nicht gegen den ordre public.

Beim **behördlichen Anfechtungsrecht** gemäß § 1600 Abs. 1 Nr. 5 BGB, das in seiner bisherigen **18** Form für verfassungswidrig erklärt worden ist,[57] handelte es sich um eine international zwingende Eingriffsnorm.[58]

Das für deutsche Vaterschaftsverfahren geltende Verbot[59] der Verwertung von Abstammungsgut- **19** achten, denen das betroffene Kind nicht zugestimmt hat **("heimliche Gutachten")** führt **nicht automatisch** dazu, dass ausländische Entscheidungen, die (auch) auf ein solches Gutachten gestützt sind, gegen § 109 Abs. 1 Nr. 4 FamFG verstoßen und damit in Deutschland nicht anerkannt werden können, solange nur die biologische Abstammung mit hinreichender Sicherheit festgestellt wurde. Denn vor dem Hintergrund der nahezu uneingeschränkten Erzwingbarkeit solcher Gutachten auch außerhalb eines Gerichtsverfahrens über § 1598a BGB[60] verstößt das Ergebnis der Rechtsanwendung in diesen Fällen in aller Regel nicht gegen den deutschen ordre public.[61]

VII. Deutsch-deutsche Konflikte

Hierzu vgl. 3. Aufl. 1998, Art. 19 aF Rn. 44, 45, Art. 234 § 7,[62] 4. Aufl. 2006, Art. 236 Vor § 1. **20**

VIII. Übergangsrecht

1. Übergang 1986. Hierzu vgl. 4. Aufl. 2006, Art. 220 Rn. 16; 3. Aufl. 1998, Art. 19 aF Rn. 46, **21** 48. Es richtet sich also die Anfechtung für Kinder, die vor dem 1.9.1986 geboren wurden, nach wie vor nach dem damaligen Recht.[63]

2. Übergang 1998. Anfechtungen, die nach dem 30.6.1998 erfolgen, richten sich nach dem **22** neuen Art. 20. Das ergibt sich aus Art. 224 § 1 Abs. 2.[64] Es gilt für Anfechtungen der Abstammung auf Grund Geburt in der Ehe wie Anfechtungen von Anerkennungen. Es gilt auch, wenn die Begründung bzw. Feststellung der Abstammung vor dem Stichtag erfolgt ist.[65] Zum selben Ergebnis kommt man, wenn man Art. 220 Abs. 1 analog anwendet (s. 4. Aufl. 2006, Art. 220 Rn. 7), falls man die in → Art. 19 aF Rn. 48 vertretene Ansicht teilt. Dagegen stellt 4. Aufl. 2006, Art. 220 Rn. 7, 16 auf das Vorliegen der Anfechtbarkeit ab, die mit der Geburt gegeben ist (s. 4. Aufl. 2006, Art. 220 Rn. 7, 16 mwN; Rn. 2 mwN in Fn. 7).

Art. 224 § 1 Abs. 2 ist nur für die Anfechtung selbst maßgebend. Die Vorfrage der **Abstammung 23** richtet sich auch dann, wenn sich die Anfechtung auf sie bezieht, nach Abs. 1 dieser Vorschrift.[66]

IX. Personenstandsrecht

Die Eintragung der Anfechtung in das Personenstandsregister richtet sich nach § 27 Abs. 3 Nr. 1 **24** PStG. Diese Vorschrift setzt eine erga omnes wirkende Entscheidung voraus. Deshalb kann die Nichtabstammung von dem Ehemann der Mutter, die in Anwendung eines angelsächsischen Rechts nur inzident erfolgt ist, nicht zu einer **Folgebeurkundung** nach dieser Vorschrift führen,[67] anders

---

[55] Vgl. OLG Hamburg StAZ 2012, 178 (179); großzügig auch EGMR 14.1.2016 – 30955/12 – Rn. 53 ff. – Mandet/France; skeptisch demgegenüber Bamberger/Roth/*Heiderhoff* Rn. 15; jurisPK-BGB/*Gärtner/Duden* Rn. 48; für ordre public-Verstoß, soweit es nicht um das Anfechtungsrecht des Kindes geht, Staudinger/*Henrich* (2014) Rn. 50 ff.

[56] Staudinger/*Henrich* (2014) Rn. 59; jurisPK–BGB/*Gärtner/Duden* Rn. 41.

[57] BVerfG FamRZ 2014, 449 mit Anm. *Helms* FamRZ 2014, 459.

[58] *Gaaz* StAZ 2007, 75 (81).

[59] Vgl. zu diesem Verbot BGH FamRZ 2005, 340; BVerfG FamRZ 2007, 441.

[60] *Helms* FamRZ 2008, 1033 (1035).

[61] Im Ergebnis auch *Pfeiffer,* FS Laufs, 2006, 1199 ff.; aA 5. Aufl. 2010, Rn. 15 *(Klinkhardt).*

[62] Zur Anwendung dieser Vorschrift BGH FamRZ 1999, 778 (779).

[63] BGH FamRZ 1994, 1027: das Anfechtungsstatut folgt dem Abstammungsstatut.

[64] Für die Anwendung dieser Vorschrift BGH FamRZ 1999, 778 (779); OLG Celle NJW-RR 2007, 1456 (1457); OLG Köln FamRZ 2003, 1857 (1858); OLG Karlsruhe FamRZ 2002, 900; OLG Brandenburg FamRZ 2004, 480; OLG Hamm FamRZ 2005, 291 (292); Staudinger/*Henrich* (2014) Rn. 3; *Andrae* IntFamR § 5 Rn. 72 und 74; Bamberger/Roth/*Heiderhoff* Rn. 19; Palandt/*Thorn* Rn. 1.

[65] BT-Drs. 13/4899, 138; Erman/*Hohloch* Rn. 7; BGH FamRZ 1999, 778 (779).

[66] Staudinger/*Henrich* (2014) Rn. 3 f.

[67] OLG Hamm FamRZ 1965, 90 (92); LG Berlin IPRax 1987, 123; AG Rottweil IPRax 1991, 63; Staudinger/ *Henrich* (2014) Rn. 91; *Hepting/Gaaz* PStR Bd. 2 Rn. V-346.

ist dies jedoch dann, wenn auf dieser Grundlage eine – nach deutschem (Verfahrens-)Recht ebenfalls mögliche – Statusentscheidung (→ Rn. 10) ergangen ist.

X. Staatsangehörigkeitsrecht

25   Hat das Kind von seinem Vater die deutsche Staatsangehörigkeit erworben (§ 3 Nr. 1 iVm § 4 Abs. 1 StAG), führt eine Anfechtung der Vaterschaft gemäß § 17 Abs. 3 StAG nur dann zu deren **Verlust,** wenn das Kind das fünfte Lebensjahr noch nicht vollendet hat.[68] Keine Auswirkung hat die Vaterschaftsanfechtung auf die deutsche Staatsangehörigkeit des Kindes, wenn es diese (auch) von seiner Mutter erworben hat.

Art. 21 EGBGB Wirkungen des Eltern-Kind-Verhältnisses

Das Rechtsverhältnis zwischen einem Kind und seinen Eltern unterliegt dem Recht des Staates, in dem das Kind seinen gewöhnlichen Aufenthalt hat.

Schrifttum: *Andrae,* Zur Abgrenzung des räumlichen Anwendungsbereichs von EheVO, MSA, KSÜ und autonomem IZPR/IPR, IPRax 2006, 82; *Andrae,* Anerkennung einer ausländischen Entscheidung zur elterlichen Sorge, NZFam 2016, 1011; *Benicke,* Haager Kinderschutzübereinkommen, IPRax 2013, 44; *Coester,* Gambische Scheidung, deutsche Sorgerechtsregelung, IPRax 1996, 24; *Coester,* Sorgerecht und Ehewohnung bei getrenntlebender iranischer Familie, IPRax 1991, 236; *Coester,* Sorgerechtsstreitigkeiten unter dem KSÜ – erste Entscheidung des BGH; Anmerkung zu BGH, Beschl. v. 16.3.2011 – XII ZB 407/10, FF 2011, 285; *Coester-Waltjen,* Die Berücksichtigung der Kindesinteressen in der neuen EU-Verordnung „Brüssel IIa", FamRZ 2005, 241; *Dutta,* Die Inzidentprüfung der elterlichen Sorge bei Fällen mit Auslandsbezug – eine Skizze, StAZ 2010, 193; *Dutta,* Staatliches Wächteramt und europäisches Kindschaftsverfahrensrecht, FamRZ 2008, 835; *Gärtner,* Elterliche Sorge bei Personenstandsfällen mit Auslandsbezug – Änderung durch das Inkrafttreten des Kinderschutzübereinkommens, StAZ 2011, 65; *Gruber,* Die neue EheVO und die deutschen Ausführungsgesetze, IPRax 2005, 293; *Gruber,* Die perpetuatio fori im Spannungsfeld von EuEheVO und den Haager Kinderschutzabkommen, IPRax 2013, 409; *Helms,* Die Anerkennung ausländischer Entscheidungen im Europäischen Eheverfahrensrecht, FamRZ 2001, 257; *Helms,* Internationales Verfahrensrecht für Familiensachen in der Europäischen Union, FamRZ 2002, 1593; *Hepting/Dutta,* Familie und Personenstand, 2. Aufl. 2015; *Looschelders,* Alternative und sukzessive Anwendung mehrerer Rechtsordnungen nach dem neuen internationalen Kindschaftsrecht, IPRax 1999, 420; *Rauscher,* Haager Kinderschutzübereinkommen und Auswanderungsmotive in der Sorgerechtsregelung, NJW 2011, 2332; *Schulz,* Inkrafttreten des Haager Kinderschutzübereinkommens v. 19.10.1996 für Deutschland am 1.1.2011, FamRZ 2011, 156; *Schulz,* Das Internationale Familienrechtsverfahrensgesetz, FamRZ 2011, 1273; *Siehr,* Das neue Haager Übereinkommen von 1996 über den Schutz von Kindern, RabelsZ 82 (1998), 464; *Solomon,* „Brüssel II a" – Die neuen europäischen Regeln zum internationalen Verfahrensrecht in Fragen der elterlichen Verantwortung, FamRZ 2004, 1409; *Wagner,* Anerkennung und Wirksamkeit ausländischer familienrechtlicher Rechtsakte nach autonomem deutschem Recht, FamRZ 2006, 744; *Wagner/Janzen,* Die Anwendung des Haager Kinderschutzübereinkommens in Deutschland, FPR 2011, 110. Für weiteres Schrifttum zur Brüssel IIa-VO und zum KSÜ vgl. dort.

Übersicht

---

[68] Zu den verfassungsrechtlichen Grenzen nach Art. 16 Abs. 1 GG vgl. BVerfG StAZ 2007, 138 (140); BVerfG FamRZ 2014, 449 (450 ff.).

I. Rechtsquellen

1. Einleitung. Art. 21 enthält grundsätzlich das internationale Privatrecht bezüglich der Rechtsbeziehungen von Kindern zu den Personen, die nach Art. 19 oder Art. 22 als ihre Eltern gelten. Der Anwendungsbereich der Vorschrift beschränkt sich jedoch – trotz der weitreichenden Formulierung – im Grunde auf das **Sorge- und Umgangsrecht,** weil für andere Teilaspekte des Eltern-Kind-Verhältnisses speziellere Kollisionsvorschriften existieren (→ Rn. 22–25). Doch auch für sorge- und umgangsrechtliche Fragen ist der **Anwendungsbereich minimal,** weil insofern vielfach internationale Rechtsakte (→ Rn. 2–8) vorgehen. **1**

2. Europarecht (Brüssel IIa-VO). Anwendungsvorrang besitzt die Brüssel IIa-VO, die jedoch **keine Kollisionsvorschriften,** sondern lediglich Regeln zur internationalen Zuständigkeit (Art. 8 ff. und 20 Brüssel IIa-VO) sowie zur Anerkennung und Vollstreckung (Art. 21 ff. und Art. 40 ff. Brüssel IIa-VO) enthält (→ Rn. 31 ff., 42). **2**

Die verfahrensrechtlichen Vorschriften der Brüssel IIa-VO verdrängen nach Art. 61 lit. a Brüssel IIa-VO das **KSÜ,** wenn das Kind seinen gewöhnlichen Aufenthalt in einem EU-Mitgliedstaat mit Ausnahme Dänemarks (Art. 2 Nr. 3 Brüssel IIa-VO) hat. Das gilt wegen der speziellen Öffnungsklausel des Art. 52 Abs. 2 und 4 KSÜ auch dann, wenn das betroffene Kind die Staatsangehörigkeit eines KSÜ-Staates besitzt, der nicht EU-Mitgliedstaat ist (str.).[1] **3**

Ebenso Vorrang besitzt die Brüssel IIa-VO gemäß Art. 60 lit. a Brüssel IIa-VO im Verhältnis zwischen den Mitgliedstaaten vor dem **MSA,** das allerdings ohnehin weitgehend durch das KSÜ abgelöst worden ist (→ Rn. 5). Anwendbar bleibt das MSA damit im Verhältnis (nur)[2] zur chinesischen Sonderverwaltungsregion Macao, dh für ein Kind mit gewöhnlichem Aufenthalt in Macao[3] oder Macao-chinesischer Staatsangehörigkeit (→ Brüssel IIa-VO Vor Art. 1 Rn. 12 f.).[4] **4**

3. Internationale Übereinkommen. a) KSÜ. Das für Deutschland am 1.1.2011 (BGBl. 2010 II S. 1527) in Kraft getretene KSÜ enthält neben **Kollisionsvorschriften** in Art. 15 ff. KSÜ auch Regelungen zur internationalen Zuständigkeit in Art. 5 ff. KSÜ (→ Rn. 35–38) sowie zur Anerkennung und Vollstreckung in Art. 23 ff. KSÜ (→ Rn. 44–47). Nach Art. 51 KSÜ ersetzt das Abkommen im Verhältnis der Vertragsstaaten zueinander das **MSA,** so dass dieses nur gegenüber Macao-China anwendbar bleibt (→ Rn. 4). Auf kollisionsrechtliche Fragen ist damit in aller Regel das KSÜ anwendbar, der Restanwendungsbereich von Art. 21 (→ Rn. 9 ff.) ist gering. Der von der Brüssel IIa-VO für verfahrensrechtliche Fragen in Anspruch genommene Vorrang (→ Rn. 3) wird nach Art. 52 Abs. 2 und 4 KSÜ akzeptiert, damit bleibt das KSÜ auf Verfahrensfragen nur dann anwendbar, wenn das Kind seinen gewöhnlichen Aufenthalt in einem KSÜ-Staat hat, der kein EU-Mitgliedstaat (mit Ausnahme Dänemarks) ist.[5] Auf die Staatsangehörigkeit des Kindes kommt es aus Sicht des KSÜ für seine Anwendbarkeit nicht an. **5**

b) MSA. Da das MSA im Verhältnis zwischen den KSÜ-Vertragsstaaten abgelöst wurde (Art. 51 KSÜ) und es durch die Brüssel IIa-VO verdrängt wird (Art. 60 lit. a Brüssel IIa-VO), findet es nur **6**

---

[1] *Benicke* IPRax 2013, 44 (52 f.); Prütting/Helms/*Hau* FamFG § 99 Rn. 22 mwN; aA Staudinger/*Henrich* (2014) Art. 21 Rn. 141; Bamberger/Roth/*Heiderhoff* Rn. 22; *Andrae* IPRax 2006, 82 (84).

[2] In Italien ist das KSÜ (erst) am 1.1.2016 in Kraft getreten und in der Türkei am 1.2.2017. Zur Rechtslage vor Inkrafttreten des KSÜ → 6. Aufl. 2015, Rn. 4 und 5 Fn. 2.

[3] Neben den in der nachfolgenden Fn. Genannten OLG Bremen NJW 2016, 655; OLG Stuttgart FamRZ 2013, 49 (50).

[4] OGH IPRax 2015, 574 mit Anm. *Odendahl* IPRax 2015, 575; Rauscher/*Rauscher* EuZPR/EuIPR EuEheVO Art. 60, 61 Rn. 6; NK-BGB/*Benicke* Rn. 7 und Anh. II Vor Art. 24; *Benicke* IPRax 2013, 44 (51); *Andrae* IPRax 2006, 82 (84); *Gruber* IPRax 2013, 409 (410 f.); aA Prütting/Helms/*Hau* FamFG § 99 Rn. 20 in Bezug auf Staatsangehörigkeit.

[5] Das sind derzeit (Juni 2017): Albanien, Armenien, Australien, Dänemark, Dominikanische Republik, Ecuador, Georgien, Kuba (ab 1.12.2017), Lesotho, Marokko, Monaco, Montenegro, Norwegen, Russland, Schweiz, Serbien, Türkei (ab 1.2.2017), Ukraine, Uruguay.

noch **gegenüber Macao–China** Anwendung (→ Rn. 4). Für eine umfassende Kommentierung vgl. 4. Aufl. 2006, Art. 21 Anh. I.

7   **c) Deutsch-iranisches Niederlassungsabkommen.** Soweit sowohl das Kind als auch seine Eltern ausschließlich die iranische Staatsangehörigkeit besitzen, ist Art. 8 Abs. 3 Dt.-Iran. NlassAbk[6] anwendbar und wird nicht durch die vorgenannten Rechtsakte verdrängt (→ Brüssel IIa-VO Vor Art. 1 Rn. 19).[7]

8   **d) Entführungsübereinkommen.** Wird die Rückführung eines Kindes verlangt, das widerrechtlich in einen anderen Staat verbracht oder dort festgehalten wird, ist vor allem das **Haager Kindesentführungsabkommen** (KindEntfÜbk) zu beachten, das im Rahmen seines Anwendungsbereichs sowohl das KSÜ (Art. 50 S. 1 KSÜ) als auch das MSA verdrängt (Art. 34 S. 1 KindEntfÜbk). Demgegenüber beansprucht die Brüssel IIa-VO gemäß Art. 60 lit. e Brüssel IIa-VO Vorrang vor dem KindEntfÜbk, doch enthalten Art. 10, 11, 40 Abs. 1 lit. b und 42 Brüssel IIa-VO nur gewisse Modifikationen, so dass in der Sache Brüssel IIa-VO **und KindEntfÜbk nebeneinander anwendbar** sind und ineinander greifen (Erwägungsgrund 17; → Brüssel IIa-VO Vor Art. 1 Rn. 16; → Brüssel IIa-VO Art. 8 Rn. 8; → KindEntfÜbk Vor Art. 1 Rn. 11).[8] Um den Vorrang des Rückführungsmechanismus des KindEntfÜbk zu sichern, enthält Art. 16 KindEntfÜbk das **Verbot einer Sachentscheidung,** wonach die Gerichte des Zufluchtsstaates keine Sachentscheidung über das Sorgerecht treffen dürfen, wenn ihnen die Kindesentführung mitgeteilt wurde, bis nicht entschieden ist, dass das Kind nicht zurückzuführen ist oder innerhalb angemessener Frist kein Antrag nach dem KindEntfÜbk gestellt wurde (→ KindEntfÜbk Art. 16 Rn. 3); auf zuständigkeitsrechtlicher Ebene abgesichert wird dieser Grundsatz durch Art. 10 Brüssel IIa-VO und Art. 7 Abs. 1 KSÜ, die in diesen Fällen dem Zufluchtsstaat – trotz Verlegung des gewöhnlichen Aufenthalts – die Zuständigkeit absprechen. Kaum eigenständige Bedeutung besitzt für Kindesentführungen das **Europäische Sorgerechtsübereinkommen** (→ Rn. 48, → EuSorgeRÜbk Vor Art. 1 Rn. 12), das weitgehend von der Brüssel IIa-VO ersetzt wird (Art. 60 lit. d Brüssel IIa-VO; → Brüssel IIa-VO Vor Art. 1 Rn. 15).[9]

9   **4. Restanwendungsbereich des autonomen Kollisionsrechts.** Vor Anwendung des Art. 21 ist gemäß Art. 3 Nr. 2 der Vorrang des KSÜ (→ Rn. 5) sowie – in seltenen Fällen (→ Rn. 4) – der Vorrang des MSA (→ Rn. 6) zu berücksichtigen.

10   **a) Schutzmaßnahmen.** Sog Schutzmaßnahmen richten sich seit dem 1.1.2011, dem Datum des Inkrafttretens des KSÜ für Deutschland,[10] vorrangig nach Art. 15 **KSÜ.** Zu den Schutzmaßnahmen (→ KSÜ Art. 15 Rn. 7 ff.) gehören gemäß Art. 1 Abs. 1 lit. a iVm Art. 3 KSÜ neben der Regelung des Sorge- oder Umgangsrechts, etwa nach §§ 1626a Abs. 1 Nr. 3 und Abs. 2, 1628, 1671, 1684, 1685, 1686a BGB, familiengerichtliche Genehmigungen bestimmter Maßnahmen sowie Erklärungen, beispielsweise nach §§ 1631b, 1643 BGB, sowie alle Maßnahmen wegen Kindeswohlgefährdung vor allem nach §§ 1666, 1666a, 1667, 1682 BGB. Auf Schutzmaßnahmen ist Art. 15 KSÜ immer dann anwendbar, wenn sich die Zuständigkeit aus dem KSÜ oder – trotz des insofern zu engen Wortlauts – aus der Brüssel IIa-VO ergibt: Zwar setzt Art. 15 Abs. 1 KSÜ bei wörtlichem Verständnis voraus, dass sich die Zuständigkeit der Behörden aus dem KSÜ ableitet, doch muss das in der Brüssel IIa-VO und im KSÜ selbst angelegte Zusammenspiel zwischen beiden Rechtsakten (→ Rn. 3, 5) beachtet werden, das den europäischen Gesetzgeber bewogen hat, von der Einführung eigenständiger Kollisionsregeln abzusehen, so dass Art. 15 Abs. 1 KSÜ auch dann anwendbar ist, wenn die Zuständigkeit aus der Brüssel IIa-VO folgt (→ KSÜ Art. 15 Rn. 1 f.),[11] und zwar richtigerweise selbst dann, wenn sich – in seltenen Fällen – nach den Maßstäben des KSÜ keine Zuständigkeit ergeben würde.[12] Vom Anwendungsbereich ausgeklammert sind allerdings nach Art. 4 lit. b KSÜ – neben verschiedenen anderen in Art. 4 KSÜ aufgezählten Materien – nicht nur Adoptionsentscheidungen

---

[6] Abgedr. bei *Jayme/Hausmann* Nr. 22.

[7] *Gärtner* StAZ 2011, 65 (67) Fn. 19; *Staudinger/Henrich* (2014) Rn. 11.

[8] *Bamberger/Roth/Heiderhoff* Rn. 7; *Solomon* FamRZ 2004, 1409 (1416).

[9] *Bamberger/Roth/Heiderhoff* Rn. 8. Vgl. auch § 37 IntFamRVG, wonach bei Kindesentführungen auf einen Rückgabeantrag zunächst das KindEntfÜbk anzuwenden ist, soweit sich der Antragsteller nicht ausdrücklich auf das EuSorgeRÜbk beruft.

[10] Dabei kommt es auf den Zeitpunkt des Erlasses der Maßnahme und nicht der Einleitung des Verfahrens an, BGH NJW 2011, 2360 Rn. 31; jurisPK-BGB/*Gärtner/Duden* Rn. 16.

[11] NK-BGB/*Benicke* Rn. 12 ff.; *Wagner/Janzen* FPR 2011, 110 (112 f.); *Andrae* IPRax 2006, 82 (87 f.).

[12] Insofern aA Staudinger/*Henrich* (2014) Rn. 10 und 81; jurisPK-BGB/*Gärtner/Duden* Rn. 39; offengelassen von OLG Karlsruhe FamRZ 2013, 1238 f.; OLG Karlsruhe FamRZ 2015, 1723 (1724); Bamberger/Roth/*Heiderhoff* Rn. 12.

selbst, sondern auch alle „Maßnahmen zur Vorbereitung einer Adoption", dh etwa auch die Adoptionspflege iS von § 1744 BGB.[13]

Auf Schutzmaßnahmen für Kinder mit Macao-chinesischer Staatsangehörigkeit bzw. gewöhnlichem Aufenthalt in Macao-China ist nach wie vor das **MSA** anwendbar (→ Rn. 4, 6).[14] **11**

Damit ist für Schutzmaßnahmen auf Art. 21 nur dann zurückzugreifen, wenn sich die internationale **Zuständigkeit – ausnahmsweise – nach autonomem deutschen Recht richtet,** in der Regel[15] also dann, wenn das Kind seinen gewöhnlichen Aufenthalt in einem Staat hat, der weder EU-Mitgliedstaat (außer Dänemark) noch Vertragsstaat des KSÜ oder des MSA ist (→ Rn. 40).[16] Zur Anwendbarkeit auf Jugendliche, die trotz Vollendung des 18. Lebensjahres noch nicht volljährig sind, → Rn. 14. **12**

b) Übrige Fragen des Sorge- und Umgangsrechts. Auf alle anderen Fragen des Sorge- und Umgangsrechts, die nicht nach → Rn. 10 zu den Schutzmaßnahmen iS des KSÜ zählen, insbesondere also die Zuweisung und das Erlöschen eines Sorge- oder Umgangsrechts kraft Gesetzes oder aufgrund rechtsgeschäftlicher Erklärung, aber auch auf den (gesetzlichen) Umfang von Sorge- und Umgangsrechten aller Art, sind vorrangig Art. 16, 17 KSÜ anwendbar. Das gilt unabhängig davon, ob das Kind im maßgeblichen Zeitpunkt seinen gewöhnlichen Aufenthalt in einem KSÜ-Mitgliedstaat hat (Art. 20 KSÜ). **13**

Damit bleibt Art. 21 EGBGB in diesem Bereich nur in den seltenen Fällen anwendbar, in denen der **persönliche oder intertemporale Anwendungsbereich des KSÜ nicht eröffnet** ist. Da das KSÜ nur bis zur Vollendung des 18. Lebensjahres Anwendung findet (Art. 2 KSÜ), ist für Jugendliche, die älter als 18 Jahre sind, aber nach den Maßstäben des Art. 7 EGBGB (→ Rn. 21) noch nicht als volljährig gelten, der Rückgriff auf Art. 21 EGBGB eröffnet.[17] In zeitlicher Hinsicht[18] gilt Art. 21 EGBGB und nicht Art. 16 KSÜ für alle sorgerechtlichen Tatbestände, die vor Inkrafttreten des KSÜ am 1.1.2011 abgeschlossen waren,[19] damit beurteilen sich insbesondere die Folgen eines Aufenthaltswechsels nach Art. 21 EGBGB (→ Rn. 16) und nicht Art. 16 Abs. 3 KSÜ, wenn dieser vor dem Stichtag erfolgte.[20] Auf Macao-Sachverhalte (→ Rn. 4–6) sind zwar vorrangig die Kollisionsvorschriften des MSA anwendbar,[21] doch enthält das MSA, soweit es nicht um Schutzmaßnahmen geht, keine umfassenden Kollisionsvorschriften. **14**

II. Anzuwendendes Recht

1. Verweisung. Art. 21 verweist auf das Recht des Landes, in dem das **Kind** seinen **gewöhnlichen Aufenthalt** hat (zum Begriff → Art. 5 Rn. 141 ff., → Art. 19 Rn. 8). Der gewöhnliche Aufenthalt einer Person liegt dort, wo der Schwerpunkt ihrer Bindungen, ihr tatsächlicher **Daseinsmittelpunkt** besteht.[22] Der gewöhnliche Aufenthalt von Kindern leitet sich nicht von dem ihrer Eltern ab, sondern ist grundsätzlich selbständig zu bestimmen.[23] Doch sind insbesondere Kleinkinder derart von ihrer Bezugs- und Obhutsperson abhängig, dass ihr gewöhnlicher Aufenthalt regelmäßig an diese gebunden ist. So spielen bis zum vierten Lebensjahr soziale Kontakte zu anderen Personen **15**

---

[13] *Schulz* FamRZ 2011, 156 (157).

[14] NK-BGB/*Benicke* Rn. 7 und Anh. II Vor Art. 24.

[15] Liegt eine Vereinbarung über die Zuständigkeit nach Art. 12 Brüssel IIa-VO vor oder besteht ausnahmsweise eine Zuständigkeit nach Art. 13 Brüssel IIa-VO, ist der Rückgriff auf autonomes Recht selbst dann gesperrt, wenn das Kind seinen gewöhnlichen Aufenthalt in einem Drittstaat hat, Prütting/Helms/*Hau* FamFG § 99 Rn. 18. Die gleiche Einschränkung gilt – im Verhältnis zum KSÜ – wenn sich danach eine Zuständigkeit aus Art. 6 KSÜ ableiten lässt.

[16] AG Regensburg FamRZ 2014, 1556 (Übertragung der elterlichen Sorge auf den leiblichen Vater eines in China lebenden – von einer Leihmutter geborenen – Kindes).

[17] OLG Bremen FamRZ 2013, 312 (313) zu Art. 24 EGBGB; NK-BGB/*Benicke* Rn. 17.

[18] Die Übergangsregelung des Art. 53 Abs. 1 KSÜ erfasst nur (Schutz-)Maßnahmen.

[19] BGH FamRZ 2016, 1747 (1748) elterliches Vertretungsrecht im Zeitpunkt einer Namensbestimmung; *Rauscher* NJW 2011, 2332 (2333); *Benicke* IPRax 2013, 44 (45).

[20] *Benicke* IPRax 2013, 44 (45 f.); *Henrich* FamRZ 2011, 1965; dieser Ansicht zuneigend OLG Karlsruhe FamRZ 2013, 1238 (1239) mit Anm. *Heiderhoff* IPRax 2015, 326; offengelassen in BGH NJW 2011, 2360 Rn. 39 mit krit. Anm. *Coester* FF 2011, 285; OLG Karlsruhe FamRZ 2011, 1963 (1964) mit Anm. *Looschelders* IPRax 2014, 152.

[21] *Benicke* IPRax 2013, 44 (46). Zur Bedeutung von Art. 3 MSA vgl. etwa jurisPK-BGB/*Gärtner/Duden* Rn. 36.

[22] StRspr, vgl. nur BGH FamRZ 1975, 272 (273); 2002, 1182 (1183); EuGH FamRZ 2009, 843 (845) = BeckRS 2009, 70389 – Korkein hallinto-oikeus.

[23] BGH FamRZ 1975, 272 (273); IPRax 1981, 139; OLG Hamm FamRZ 1999, 1519; OLG Celle FamRZ 2011, 1518 (1519); Staudinger/*Henrich* (2014) Rn. 16; *Hepting/Dutta* Fam. und PersStand-HdB Rn. IV-93.

als den Eltern (oder vergleichbaren Betreuungspersonen) eine geringe Rolle. Daher hängt bei Säuglingen und Kleinkindern der gewöhnliche Aufenthalt meist davon ab, wo die faktischen Betreuungspersonen (in der Regel die Eltern) ihren gewöhnlichen Aufenthalt haben.[24] Mit zunehmendem Alter spielen auch bei Kindern andere soziale Beziehungen und der eigene Wille eine stärkere Rolle.[25] Bei Aufenthaltswechseln gegen den Willen eines mitsorgeberechtigten Elternteils (zivilrechtliche Kindesentführung) wird im Allgemeinen davon ausgegangen, dass (erst) nach Ablauf von sechs Monaten der neue Aufenthalt des Minderjährigen zum gewöhnlichen Aufenthalt erstarkt.[26] Doch ist eine Mindestverweildauer nicht generell erforderlich. Auch wenn eine Person objektiv noch nicht längere Zeit an einem bestimmten Ort verweilt, kann sich dort ihr gewöhnlicher Aufenthalt befinden, soweit der Aufenthalt auf längere Sicht angelegt ist. Damit ist gewährleistet, dass der gewöhnliche Aufenthalt bei einem (dauerhaften) Umzug unmittelbar wechselt und sich nicht jeweils erst mit einer zeitlichen Verzögerung den objektiven Umständen anpasst.[27]

16 **2. Maßgebender Zeitpunkt.** Es kommt auf den **jeweiligen Aufenthalt** an. Das Statut ist also wandelbar.[28] Ausnahmsweise bleiben **wohlerworbene Rechte** (auf einmalige Leistungen)[29] sowie Rechtswirkungen, die durch individuelle Ereignisse oder im Hinblick auf besondere, individuelle Umstände herbeigeführt wurden (zB Verwirkungen des Sorgerechts),[30] auch über eine Änderung des anwendbaren Rechtes hinaus bestehen. Dasselbe gilt, und zwar auf Grund des Verfahrensrechts, für Wirkungen, die durch rechtskräftige gerichtliche Entscheidungen herbeigeführt werden. Ein **kraft Gesetzes oder durch Sorgeerklärungen begründetes Sorgerecht** ist freilich nicht in diesem Sinne ein wohlerworbenes Recht.[31] Dieser Missstand ist im Anwendungsbereich des KSÜ behoben (Art. 16 Abs. 3 und 4 KSÜ).

17 **3. Rück- und Weiterverweisung.** Rück- und Weiterverweisungen sind zu beachten.[32] Zwar hat der Gesetzgeber der Vorgängervorschrift des Art. 19 Abs. 2 S. 2 aF nicht zuletzt deshalb an den gewöhnlichen Aufenthalt des Kindes angeknüpft, um einen Gleichlauf mit dem MSA herbeizuführen.[33] Dabei ist die in Art. 2 Abs. 1 iVm Art. 1 MSA vorgesehene Aufenthaltsanknüpfung eine Sachnormanknüpfung (vgl. nunmehr auch Art. 21 Abs. 1 KSÜ mit der (engen) Ausnahme in Art. 21 Abs. 2 KSÜ; s. Art. 20 Brüssel IIa-VO Anh. → KSÜ Art. 21 Rn. 2). Doch hat der Gesetzgeber versäumt, eine entsprechende Klarstellung für Art. 21 EGBGB vorzusehen. Rück- und Weiterverweisungen sind daher gemäß Art. 4 Abs. 1 S. 1 Hs. 1 bei Art. 21 **zu berücksichtigen.**[34]

III. Anwendungsbereich

18 **1. Persönlich.** Die Vorschrift regelt das Verhältnis zu beiden Eltern. Sie ist nicht nur anwendbar, wenn sich die Abstammung des Kindes aus Art. 19 ergibt, sondern auch, wenn es iS von Art. 22 adoptiert wurde, soweit nicht das von Art. 22 berufene Recht selbst das Eltern-Kind-Verhältnis regelt.[35] Sie regelt auch nach einer Adoption eventuell fortbestehende Beziehungen des Kindes zu

---

[24] OLG Köln FamRZ 2012, 1406 (1407); BayObLG StAZ 2000, 370 (371); OLG Schleswig FamRZ 2000, 1426 (1427); EuGH FamRZ 2011, 617 (619) = BeckEuRS 2010, 560308 – Mercredi.

[25] OLG Frankfurt FamRZ 2006, 883 (884 f.).

[26] BGHZ 78, 293 (295) mwN; BGH FamRZ 1997, 1070; OLG Celle FamRZ 1991, 1221 (1222); OLG Koblenz NJW 1989, 2201; OLG Köln FamRZ 1991, 363 (364); OLG Frankfurt FamRZ 2006, 883.

[27] EuGH FamRZ 2011, 617 (619) = BeckEuRS 2010, 560308 – Mercredi; BGH FamRZ 1981, 135 (136); FamRZ 1993, 798 (800); OLG Saarbrücken FamRZ 2011, 1235 (1236); OLG München FamRZ 2007, 1913 (1914); OLG Karlsruhe FamRZ 2009, 239.

[28] OLG Karlsruhe FamRZ 2010, 1577 (1578); *Rauscher* IPR Rn. 998; *Andrae* IntFamR § 6 Rn. 105; *Kropholler* IPR § 48 IV 4c; Staudinger/*Henrich* (2014) Rn. 24; Palandt/*Thorn* Rn. 3.

[29] Staudinger/*Henrich* (2014) Rn. 27; NK-BGB/*Benicke* Rn. 41.

[30] Staudinger/*Henrich* (2014) Rn. 29; NK-BGB/*Benicke* Rn. 41; *Klinkhardt* IPRax 1994, 285 (286).

[31] Staudinger/*Henrich* (2014) Rn. 26; NK-BGB/*Benicke* Rn. 42; dies setzt wohl auch BGH NJW 2011, 2360 Rn. 36–39 mit Anm. *Coester* FF 2011, 285 (287) voraus; aA jurisPK-BGB/*Gärtner/Duden* Rn. 61 ff.; so auch für die durch Sorgeerklärungen „rechtsgeschäftlich" begründete Sorge *Looschelders* IPRax 1999, 420 (425 f.); *Looschelders* IPRax 2014, 152 (154); *Kropholler* IPR § 48 IV 4c in Anlehnung an Art. 16 Abs. 2 KSÜ.

[32] BGH FamRZ 2016, 1747 (1748); OLG Brandenburg BeckRS 2014, 06655; Staudinger/*Henrich* (2014) Rn. 32; *Andrae* IntFamR § 6 Rn. 144; *Kropholler* IPR § 48 IV 4c; Erman/*Hohloch* Rn. 4; Bamberger/Roth/*Heiderhoff* Rn. 18; Palandt/*Thorn* Rn. 1; aA 6. Aufl. 2015 (*Helms*).

[33] BT-Drs. 10/504, 66.

[34] BGH FamRZ 2016, 1747 (1748); *v. Hoffmann/Thorn* IPR § 8 Rn. 140; *Kropholler* § 48 IV 4c; Erman/*Hohloch* Rn. 4; Palandt/*Thorn* Rn. 1.

[35] Staudinger/*Henrich* (2014) Rn. 13; *Kegel/Schurig* IPR § 20 XI 1; Palandt/*Thorn* Rn. 4; *Kropholler* IPR § 49 III 2; Erman/*Hohloch* Rn. 1; Bamberger/Roth/*Heiderhoff* Rn. 17.

seinen leiblichen Eltern.[36] Sie betrifft ferner das Rechtsverhältnis zu den **Familien der Eltern** sowie Nachwirkungen des Eltern-Kindesverhältnisses nach dem Tod eines Elternteils.[37] Sie ist schließlich auch dann maßgebend, wenn das von ihr berufene Recht das Sorgerecht der Eltern „gesetzliche Vormundschaft" nennt (→ Art. 24 Rn. 21).[38]

2. Sachlich. a) Sorge- und Umgangsrecht. Geht es um das Umgangsrecht eines Kindes, dessen **19** Eltern in verschiedenen Staaten leben, ist auch Art. 10 Abs. 2 des Übereinkommens über die Rechte des Kindes (BGBl. 1992 II S. 122) zu beachten. Soweit in Abgrenzung zu den vorrangigen Regelungen im KSÜ und MSA der **Restanwendungsbereich** des autonomen nationalen Rechts eröffnet ist (→ Rn. 9–14), findet Art. 21 auf **alle sorge- und umgangsrechtlichen Fragen iS von §§ 1626 ff. BGB** Anwendung. Die Vorschrift gilt für alle kraft Gesetzes entstandenen oder durch behördliche oder gerichtliche Entscheidung angeordneten Sorge- und Umgangsrechte; dabei erfasst sie nicht nur deren Entstehung, sondern auch ihr gesamtes Schicksal. Es fallen also zB Sorgeerklärungen,[39] gesetzliche Verteilung des Sorgerechts auf die Eltern[40] sowie Umfang und Beschränkungen des gesetzlichen Vertretungsrechts,[41] Ruhen und Verwirkung eines solchen Rechts sowie Genehmigungsbedürftigkeit und Genehmigungserteilung[42] für rechtsgeschäftliche Erklärungen unter Art. 21.[43] Auch (freiwillige) Beistandschaften iS von § 1712 BGB werden erfasst (vgl. auch § 1717 BGB), weil sie die elterliche Sorge ergänzen (→ Art. 24 Rn. 56).[44] Darüber hinaus gilt Art. 21 auch für alle Maßnahmen bei Kindeswohlgefährdung iS von §§ 1666, 1666a, 1667, 1682 BGB. (Anzuerkennende) Gerichtsentscheidungen, die das Sorge- bzw. Umgangsrecht regeln, gehen grundsätzlich dem anwendbaren Recht vor, unterliegen jedoch – nach allgemeinen kindschaftsrechtlichen Grundsätzen – einer Abänderungsmöglichkeit (vgl. § 1696 BGB; → Rn. 46). Zu **Vormundschaften und Pflegschaften,** die sich vorrangig nach dem KSÜ und hilfsweise nach Art. 24 richten, → Art. 24 Rn. 1 ff.

Eine Regelung des Sorgerechts nach Vorschriften, die für den Fall der Scheidung gelten, kann **20** nur getroffen werden, wenn eine in Deutschland wirksame **Scheidung** erfolgt ist.[45] Diese ist hier wirksam, wenn sie von einem deutschen Gericht rechtskräftig ausgesprochen oder gemäß Art. 21 ff. Brüssel IIa-VO (→ Rn. 13)[46] oder gemäß §§ 107, 109 FamFG von der Landesjustizverwaltung anerkannt wurde.[47] Ohne eine solche Wirksamkeit kann eine Regelung nur nach Vorschriften erfolgen, die für den Fall des Getrenntlebens gelten.[48]

Das Sorgerecht endet meist, sobald das Kind volljährig wird. Der **Eintritt der Volljährigkeit** **21** (einschließlich der Volljährigerklärung und Emanzipation)[49] richtet sich auch in diesem Zusammenhang (dh als Vorfrage zum Sorgerecht) nach Art. 7.[50]

b) Wohnsitz. Die Regelung des von den Eltern abgeleiteten Wohnsitzes ist nach traditioneller **22** Auffassung[51] dem von Art. 21 berufenen Recht unterworfen. Jedoch hat die Rechtsprechung, die bisher nur bei der Beurteilung der internationalen Zuständigkeit Gelegenheit gehabt hat, zum Wohnsitz im IPR Stellung zu nehmen,[52] stets die auch sonst auf diese internationale Zuständigkeit maßgebende lex fori angewandt.[53] *Henrich*[54] hat gezeigt, dass es, nicht zuletzt im Hinblick auf diese Rechtsprechung, am nächsten liegt, auch im materiellrechtlichen Kontext die jeweilige **lex causae**

---

[36] *Kegel/Schurig* IPR § 20 XI 1.
[37] BayObLG FamRZ 1991, 216 (218 f.) zu Art. 20 aF.
[38] NK-BGB/*Benicke* Rn. 30; Staudinger/*Henrich* (2014) Rn. 14.
[39] Palandt/*Thorn* Rn. 5; BeckOGK EGBGB/*Markwardt* Rn. 21.
[40] OLG Hamm FamRZ 2001, 1533 (1534).
[41] OLG München FamRZ 2012, 1505 (Erfordernis der Bestellung eines Ergänzungspflegers).
[42] Genehmigungen fallen auch dann unter Art. 21, wenn sich das zu genehmigende Geschäft nach anderen Normen richtet, Staudinger/*Henrich* (2014) Rn. 131.
[43] OLG Stuttgart FamRZ 1997, 101 (102) zu Art. 19 aF; Palandt/*Thorn* Rn. 5.
[44] jurisPK-BGB/*Gärtner/Duden* Rn. 50; Palandt/*Thorn* Rn. 5.
[45] BGH FamRZ 1975, 273 (274); Staudinger/*Henrich* (2014) Rn. 125; *Coester* IPRax 1996, 24 (25).
[46] Auch eine Anerkennung, die sich aus der vor dem 2.3.2005 in Kraft gewesenen VO (EG) Nr. 1347/2000, ABl. L 160, S. 19, ergeben hat, würde genügen.
[47] Staudinger/*Henrich* (2014) Rn. 125.
[48] Staudinger/*Henrich* (2014) Rn. 125.
[49] AG Fürth ZfJ 1976, 169.
[50] OLG Brandenburg BeckRS 2016, 106213; Staudinger/*Henrich* (2014) Rn. 30, 84; NK-BGB/*Benicke* Rn. 48.
[51] Erman/*Hohloch* Rn. 12; *Kegel/Schurig* IPR § 20 XI 1.
[52] Wie Staudinger/*Henrich* (2014) Rn. 64–66 nachgewiesen hat.
[53] Vgl. nur BGH FamRZ 1992, 794 (795); 1994, 299.
[54] Staudinger/*Henrich* (2014) Rn. 69 f.; vgl. auch *Henrich* IntFamR § 7 I 3.

auf diese Frage anzuwenden. Ihm ist zu folgen. Die Befugnis der Eltern zur Bestimmung des Wohnsitzes richtet sich dagegen – wie das Aufenthaltsbestimmungsrecht – nach Art. 21.[55]

23   **c) Name.** Der Name des Kindes (Vorname[56] und Familienname) richtet sich nach Art. 10. Die Befugnis zur Vornamensgebung gehört dagegen zur Personensorge. Sie ist entgegen der hM selbständig nach Art. 16, 17 KSÜ zu bestimmen.[57]

24   **d) Unterhaltsansprüche.** Unterhaltsansprüche des Kindes und gegenüber dem Kind richten sich nicht nach Art. 21, sondern vorrangig nach dem UnthProt vom 23.10.2007. In dessen Anwendungsbereich bestimmt sich die **Antragsbefugnis** – allerdings unter ausdrücklicher Ausklammerung der Vertretung im Verfahren – nach dem Unterhaltsstatut (Art. 11 lit. d UnthProt).[58]

25   **e) Mitarbeitspflichten und Ausstattungsansprüche.** Mitarbeitspflichten sowie Ansprüche der Kinder auf Aussteuer oder Ausstattung[59] (vgl. §§ 1618a–1625 BGB) richten sich nicht nach dem Unterhaltsstatut, sondern dem von Art. 21 berufenen Recht.[60]

IV. Vorfragen

26   Die Vorfrage, ob eines der in → Rn. 18 vorausgesetzten **Abstammungsverhältnisse** vorliegt, ist selbständig (→ Einl. IPR Rn. 151, 169) anzuknüpfen.[61] Anders ist es, wenn das von Art. 21 berufene Recht eine Rechtsbeziehung von einer Ehelichkeit, einer Legitimation[62] oder einfach von einer Ehe der Eltern[63] abhängig macht. Die Frage, ob die **Abstammung eine solche Qualität** besitzt, ist seit der Reform von 1998 unselbständig anzuknüpfen.[64] Das gilt für die Voraussetzungen, die zusätzlich zu den Abstammungsvoraussetzungen vorliegen müssen, wenn diese Qualität erreicht werden soll. Zur Frage der Eintragung einer Legitimation im Personenstandsregister → Art. 19 Rn. 54. Zur Vorfrage des Eintritts der Volljährigkeit → Rn. 21.

V. Ordre public

27   Er wird im Bereich der Eltern-Kindesbeziehungen durch das **Kindeswohl** bestimmt.[65] Bei einer Verteilung des Sorgerechts ist nicht entscheidend, ob das anwendbare Recht bei abstrakter Betrachtung die Gleichberechtigung der Eltern (Art. 3 Abs. 2 GG) wahrt,[66] sondern, ob sie im konkreten Einzelfall dem Kindeswohl entspricht,[67] dh ob die elterliche Sorge kraft Gesetzes demjenigen Eltern-

---

[55] Palandt/*Thorn* Rn. 5.

[56] → Art. 10 Rn. 58; OLG Frankfurt StAZ 2005, 14 (15); OLG Köln StAZ 2005, 202 (203); *Hepting/Dutta* Fam. und PersStand-HdB Rn. IV-448; Staudinger/*Hepting/Hausmann* (2013) Art. 10 Rn. 464; Palandt/*Thorn* Rn. 6.

[57] NK-BGB/*Mankowski* Art. 10 Rn. 17; OLG Karlsruhe StAZ 1986, 286 zu Art. 19 EGBGB aF; aA – unselbständige Anknüpfung – Art. 10 Rn. 59 *(Lipp)*; OLG Düsseldorf StAZ 1989, 281; Bamberger/Roth/*Heiderhoff* Rn. 3; NK-BGB/*Benicke* Rn. 27; *Hepting/Dutta* Fam. und PersStand-HdB Rn. IV-458; Staudinger/*Hepting/Hausmann* (2013) Art. 10 Rn. 490 f.

[58] Bamberger/Roth/*Heiderhoff* Rn. 9.

[59] Insofern aA Erman/*Hohloch* Rn. 12.

[60] jurisPK-BGB/*Gärtner/Duden* Rn. 52; NK-BGB/*Benicke* Rn. 28; Staudinger/*Henrich* (2014) Rn. 73, 78; aA Palandt/*Thorn* Rn. 6.

[61] Erman/*Hohloch* Rn. 6; Staudinger/*Henrich* (2014) Rn. 58; *Kropholler* IPR § 48 IV 4c; Bamberger/Roth/*Heiderhoff* Rn. 19; Palandt/*Thorn* Rn. 4; *Looschelders* IPR Rn. 9.

[62] Auch Legitimanerkennung.

[63] Im letzteren Fall kann man mit *Bogler* StAZ 1987, 160 (161) und *Henrich* IPRax 1996, 260 (261) von „Restlegitimationswirkungen" sprechen.

[64] So iErg auch → Einl. IPR Rn. 198; → Art. 19 Rn. 54; Palandt/*Thorn* Art. 19 Rn. 8; Bamberger/Roth/*Heiderhoff* Art. 19 Rn. 33 und Art. 21 Rn. 19; Erman/*Hohloch* Rn. 6; BeckOGK EGBGB/*Markwardt* Rn. 48; *Andrae* IntFamR § 6 Rn. 121; *Kropholler* IPR § 48 IV 1b; *Henrich* IPRax 1999, 114 (115); aA OLG Stuttgart FamRZ 2000, 436 (437); BayObLG FamRZ 1999, 1443 (1445); *Rauscher* IPR S. 253 f.; *Dörner*, FS Henrich, 2000, 119 (127); *Looschelders* IPR Rn. 9, die in Analogie zu Art. 19 Abs. 1 eine Kollisionsnorm für die Legitimation bilden wollen.

[65] BVerwG NVwZ 2013, 947 (949); BGH FamRZ 1993, 316 (317); 1993, 1053 (1054); OLG Köln FamRZ 2015, 78; OVG Berlin-Brandenburg FamRZ 2015, 66 f. m krit Anm *Riegner* NZFam 2014, 967; OLG Düsseldorf FamRZ 1998, 1113 (1115); BeckOGK/*Markwardt* Rn. 55; Erman/*Hohloch* Rn. 5.

[66] So aber die ältere Rspr., Nachweise 2. Aufl. 1990 Art. 19 aF Rn. 83 *(Schwimann);* vgl. auch Palandt/*Thorn* Art. 6 Rn. 25.

[67] BGH FamRZ 1993, 1053 (1054); *Coester* IPRax 1991, 236; jurisPK-BGB/*Gärtner/Duden* Rn. 84; Staudinger/*Henrich* (2014) Rn. 48, 50 f.; demgegenüber hebt *Andrae* IntFamR § 6 Rn. 122 hervor, dass neben dem Kindeswohl auch die Gleichberechtigung der Eltern zu beachten sei.

teil zusteht bzw. vom Richter zugesprochen werden kann, von welchem das Kind am meisten Zuwendung und Förderung erwarten kann.[68]

VI. Deutsch-deutsche Konflikte

Hierzu vgl. 3. Aufl. 1998, Art. 19 aF Rn. 73; 4. Aufl. 2006, Art. 236 Vor § 1.   **28**

VII. Übergangsrecht

1. Übergang 1986. Hierzu vgl. 4. Aufl. 2006, Art. 220 Rn. 16 ff.; 3. Aufl. 1998, Art. 19 aF   **29**
Rn. 74 und Art. 20 aF Rn. 63.

2. Übergang 1998. Da es für die Rechtsbeziehungen keine speziellen Übergangsvorschriften   **30**
gibt, ist insoweit Art. 14 § 1 KindRG anzuwenden.[69] Auf diese Beziehungen ist also, soweit sie sich
nach dem 30.6.1998 auswirken, das neue Recht anzuwenden. Auf ihre Auswirkungen in der Zeit
vorher bleibt nach wie vor das alte Recht (Art. 19 Abs. 2, 3 aF; Art. 20 Abs. 2 aF) maßgebend. Zum
selben Ergebnis kommt man, wenn man Art. 220 Abs. 2 analog anwendet (s. 4. Aufl. 2006, Art. 220
Rn. 7).

VIII. Verfahrensrecht

1. Internationale Zuständigkeit. a) Gemäß Brüssel IIa-VO. Die internationale Zuständig-   **31**
keit zur Regelung des Sorgerechts und des Umgangsrechts,[70] gleich, ob sie im Zusammenhang mit
Eheverfahren steht oder isoliert erfolgt und ob das Kind[71] als ehelich gilt,[72] richtet sich in erster
Linie nach der Brüssel IIa-VO. Die Brüssel IIa-VO hat nach Maßgabe der Art. 60, 61 Brüssel IIa-VO
im Verhältnis zwischen den EU-Mitgliedstaaten Vorrang vor den Vorschriften des KSÜ (→ Rn. 3,
5) und des MSA (→ Rn. 4 und 6).

Nach Art. 8 Abs. 1 Brüssel IIa-VO ist grundsätzlich der EU-Staat – außer Dänemark (Art. 2 Nr. 3   **32**
Brüssel IIa-VO) – international zuständig, in dem das Kind bei Antragstellung seinen (zur perpetuatio
fori vgl. → Rn. 36) **gewöhnlichen Aufenthalt** (→ Rn. 15) hat. In den Art. 9, 10 und 12 Brüssel
IIa-VO sind Ausnahmen von diesem Grundsatz vorgesehen.

Art. 9 betrifft die **rechtmäßige** Verlegung des gewöhnlichen Aufenthalts des Kindes von einem   **33**
EU-Staat in einen anderen. Rechtmäßig ist die Verlegung, wenn der, der die Verlegung verantwortet,
ein Recht dazu (ggf. auch dazu, dieses Recht allein auszuüben) hat. Und zwar bleibt in diesem Fall
die Zuständigkeit des bisherigen Aufenthaltsstaats für die Änderung seiner eigenen Umgangsentscheidungen[73] für drei Monate aufrechterhalten,[74] falls der umgangsberechtigte Elternteil weiterhin[75] dort
seinen gewöhnlichen Aufenthalt hat. Art. 10 Brüssel IIa-VO betrifft demgegenüber die **widerrechtliche** Verlegung sowie die widerrechtliche Zurückhaltung des Kindes. Fälle der widerrechtlichen
Zurückhaltung kann es vor allem geben, wenn das Kind nach Ausübung eines Umgangsrechts zu
dem Sorgeberechtigten zurückzubringen ist. Fehlt es an einem Recht desjenigen, der verlegt bzw.
zurückhält, so bleibt entgegen Art. 8 Brüssel IIa-VO die Zuständigkeit des bisherigen Aufenthaltsstaats erhalten, obwohl der Aufenthalt des Kindes in dem anderen Staat ein gewöhnlicher geworden
ist, es sei denn, dass der Inhaber des Sorgerechts der Verlegung bzw. Zurückhaltung zugestimmt hat

---

[68] BGH FamRZ 1993, 316 (317); OLG Düsseldorf FamRZ 1998, 1113 (1115); Erman/*Hohloch* Rn. 5. In diesem Sinne auch eine Übertragung der tatsächlichen Personensorge und der gesetzlichen Vertretung in Unter-haltssachen auf die Mutter und Übertragung der übrigen Sorgebefugnisse auf den Vater in Betracht kommen, OLG Bremen FamRZ 1999, 1520 (1521) (angesichts konkreter Umstände allerdings sehr großzügig). Zu eng ist jedoch der Ansatz des OLG Saarbrücken IPRax 1993, 100 (101 f.), das Kindeswohl erst durchschlagen zu lassen, wenn ein Verstoß gegen § 1666 BGB vorliegt.

[69] Erman/*Hohloch* Rn. 7. Bamberger/Roth/*Heiderhoff* Rn. 30 will stattdessen Art. 220 Abs. 2 analog anwen-den, womit sie zum selben Ergebnis kommt.

[70] Zu einstweiligen Maßnahmen → Rn. 38; zur Anwendung der Brüssel IIa-VO auf Vormundschaft, Pfleg-schaft, Beistandschaft → Art. 24 Rn. 11 f., 76; für behördliche Maßnahmen vgl. *Dutta* FamRZ 2008, 835.

[71] Die Brüssel IIa-VO ist nur auf Minderjährige anwendbar, wobei die Frage der Minderjährigkeit nach dem von Art. 7 EGBGB berufenen Recht zu beantworten ist, *Solomon* FamRZ 2004, 1409 (1410 f.); *Gruber* IPRax 2005, 293 (296). Vorschlag einer verordnungsautonomen Auslegung unter Orientierung an Art. 2 KSÜ Rauscher/*Rauscher* EuZPR/EuIPR EuEheVO Art. 1 Rn. 24 mwN.

[72] Vgl. Erwägung (5) vor Art. 1 Brüssel IIa-VO.

[73] Bei Entscheidungen über andere Fragen der elterlichen Verantwortung ändert sich in diesem Fall die interna-tionale Zuständigkeit, *Solomon* FamRZ 2004, 1409 (1412); NK-BGB/*Gruber* EuEheVO Art. 9 Rn. 7.

[74] Eine Gegenausnahme ist in Art. 9 Abs. 2 Brüssel IIa-VO vorgesehen.

[75] Also auch schon, bevor das Kind seinen gewöhnlichen Aufenthalt verlegt hat, *Gruber* IPRax 2005, 293 (297); Rauscher/*Rauscher* EuZPR/EuIPR EuEheVO Art. 9 Rn. 11.

oder ein Jahr vergangen ist,[76] ohne dass der Anspruch auf Rückgabe des Kindes geltend gemacht wurde.[77] Für diese Geltendmachung ist das Haager Kindesentführungsübereinkommen (→ Rn. 8) und ergänzend Art. 11 Brüssel IIa-VO (→ Brüssel IIa-VO Art. 11 Rn. 1 ff.) maßgebend.

34   Art. 12 Abs. 1 Brüssel IIa-VO sieht eine Annexzuständigkeit des EU-Staates vor, der nach Art. 3 zur Entscheidung in einer **Ehesache** der Eltern des Kindes berufen ist, und zwar ist dieser Staat zuständig, wenn wenigstens einem Elternteil das Sorgerecht zusteht[78] (→ Brüssel IIa-VO Art. 12 Rn. 4) und die Zuständigkeit dieses Staats von allen Verfahrensbeteiligten im Zeitpunkt der Anrufung des Gerichts eindeutig anerkannt wurde und sie auch im Interesse des Kindes liegt (bei gewöhnlichem Aufenthalt in einem Drittstaat vgl. auch Art. 12 Abs. 4 Brüssel IIa-VO). Auf ähnliche Weise können die Eltern auch in **isolierten Kindschaftssachen** nach Art. 12 Abs. 3 Brüssel IIa-VO einvernehmlich eine Zuständigkeit zugunsten der Gerichte eines Mitgliedstaates begründen, zu dem das Kind eine besondere Bindung besitzt, die beispielhaft in Art. 12 Abs. 3 lit. a Brüssel IIa-VO konkretisiert wird. Nach Art. 15 Brüssel IIa-VO kann das gemäß den vorstehenden Regeln zuständige Gericht als „forum non conveniens" (→ Art. 22 Rn. 68) ausnahmsweise die Sache an das Gericht eines anderen EU-Staats **verweisen,** wenn dies dem Wohl des Kindes entspricht, das Kind zu diesem Staat eine besondere Bindung hat und das Gericht dieses Staats den Fall oder Teile davon besser beurteilen kann. Die Verweisung ist nach Art. 15 Abs. 5 Brüssel IIa-VO nur wirksam, wenn das Gericht, an das verwiesen wird, sie akzeptiert.

35   **b) Gemäß internationalen Abkommen und autonomem Recht.** Art. 14 Brüssel IIa-VO erlaubt den Rückgriff auf das nationale Zuständigkeitsrecht, wenn sich keine Zuständigkeit eines EU-Mitgliedstaats ergibt. Aus deutscher Sicht ist in einem solchen Fall vorrangig das **KSÜ** anwendbar (vgl. § 97 Abs. 1 S. 1 FamFG). Hat das Kind seinen gewöhnlichen Aufenthalt in einem KSÜ-Mitgliedstaat (Überblick → Brüssel IIa-VO Vor Art. 1 Rn. 9), der nicht EU-Mitgliedstaat ist, richtet sich die internationale Zuständigkeit nach Art. 5 ff. KSÜ (→ Rn. 3 und 5). Da diese Vorschriften als Vorbild für die Brüssel IIa-VO gedient haben,[79] entsprechen sie vielfach Art. 8 ff. Brüssel IIa-VO.

36   Nach Art. 5 Abs. 1 KSÜ besteht ebenfalls eine **Regelzuständigkeit** der Gerichte des Vertragsstaates, in dem das Kind seinen gewöhnlichen Aufenthalt hat, doch folgt nach hM aus Art. 5 Abs. 2 KSÜ, dass bei Änderung des gewöhnlichen Aufenthalts während eines laufenden Verfahrens ein Zuständigkeitswechsel eintritt,[80] während es nach Art. 8 Abs. 1 Brüssel IIa-VO auf die Umstände im Zeitpunkt der Antragstellung ankommt, so dass der Grundsatz der **perpetuatio fori** gilt (→ Brüssel IIa-VO Art. 8 Rn. 38).[81]

37   Für **Flüchtlingskinder** sowie Kinder, deren gewöhnlicher Aufenthalt nicht festgestellt werden kann, sieht Art. 6 KSÜ in Übereinstimmung mit Art. 13 Brüssel IIa-VO eine Zuständigkeit des Staates des schlichten Aufenthalts vor. Keine Entsprechung im KSÜ findet Art. 9 Brüssel IIa-VO über die dreimonatige Aufrechterhaltung der Zuständigkeit des früheren gewöhnlichen Aufenthaltsortes des Kindes für die Änderung einer Umgangsentscheidung. Demgegenüber sieht Art. 7 KSÜ in ähnlicher Weise[82] wie Art. 10 Brüssel IIa-VO bei **Kindesentführungen** – trotz Verlagerung des gewöhnlichen Aufenthalts – in gewissen Grenzen eine Zuständigkeitsfortdauer vor;[83] solange dürfen die Behörden des Zufluchtsstaates gemäß Art. 7 Abs. 3 KSÜ nur Eilmaßnahmen iS von Art. 11 KSÜ treffen. Während nach Art. 10 KSÜ – soweit die lex fori dies vorsieht und das Kind seinen gewöhnli-

---

[76] Das Kind muss sich außerdem nach Art. 10 lit. b Brüssel IIa-VO dort „eingelebt" haben.

[77] Und der entsprechende Antrag auch nicht zurückgenommen oder abgewiesen wurde, Art. 10 lit. b Ziff. ii bis iv.

[78] Nach Rauscher/*Rauscher* EuZPR/EuIPR EuEheVO Art. 12 Rn. 15 muss eine „umfassende Sorgeberechtigung" bestehen, an der es schon bei Entzug des Aufenthaltsbestimmungsrechts fehle.

[79] *Helms* FamRZ 2002, 1593 (1601).

[80] KG FamRZ 2015, 1214 (1215) mit Anm. *Heiderhoff* IPRax 2016, 335; Staudinger/*Pirrung* (2009) Vor Art. 19 Rn. G 48; *Schulz* FamRZ 2011, 156 (158 f.); Prütting/Helms/*Hau* FamFG Vor § 98 Rn. 12.

[81] BGH FamRZ 2010, 720; NK-BGB/*Gruber* EuEheVO Art. 61 Rn. 4; jurisPK-BGB/*Gärtner/Duden* Rn. 100; Rauscher/*Rauscher* EuZPR/EuIPR EuEheVO Art. 8 Rn. 9; demgegenüber nur bei Umzug in einen anderen EU-Mitgliedstaat OLG Stuttgart FamRZ 2013, 49 (Türkei) zust. *Gruber* IPRax 2013, 409 (411) speziell nur für die Verlegung des gewöhnlichen Aufenthalts in einen MSA-Mitgliedstaat; demgegenüber Einschränkung auch bei Umzug in KSÜ-Mitgliedstaat, KG FamRZ 2015, 1214 (1215); OLG Karlsruhe FamRZ 2014, 1565; *Benicke* IPRax 2013, 44 (52); *Andrae* IPRax 2006, 82 (85); *Heindler* IPRax 2014, 201.

[82] Keine Entsprechung gibt es im KSÜ zu Art. 10 lit. b Ziff. iii und Ziff. iv Brüssel IIa-VO, vgl. *Schulz* FamRZ 2013, 156 (157) Fn. 11.

[83] Während Art. 10 Brüssel IIa-VO nur dann anwendbar ist, wenn das Kind seinen gewöhnlichen Aufenthalt in einen anderen EU-Mitgliedstaat (außer Dänemark) verlegt, sieht Art. 7 Abs. 1 KSÜ keine entsprechende Einschränkung vor („in einen anderen Staat"), *Benicke* IPRax 2013, 44 (52); vgl. zur Brüssel IIa-VO Rauscher/*Rauscher* EuZPR/EuIPR EuEheVO Art. 10 Rn. 5; NK-BGB/*Gruber* EuEheVO Art. 10 Rn. 11.

chen Aufenthalt in einem KSÜ-Mitgliedstaat hat – in Parallele zu Art. 12 Abs. 1 Brüssel IIa-VO eine **Annexkompetenz des Gerichts der Ehesache einvernehmlich** begründet werden kann,[84] besteht im Unterschied zu Art. 12 Abs. 2 Brüssel IIa-VO diese Möglichkeit in isolierten Kindschaftsverfahren nicht. Art. 8, 9 KSÜ ermöglichen unter ganz ähnlichen Voraussetzungen wie Art. 15 Brüssel IIa-VO eine **Übertragung der Zuständigkeit** auf die Behörden eines anderen KSÜ-Vertragsstaates, in dem das Kind nicht seinen gewöhnlichen Aufenthalt hat, wobei auch hier gemäß Art. 8 Abs. 4, 9 Abs. 3 KSÜ zwischen abgebender und aufnehmender Behörde Einvernehmen bestehen muss (zu Einzelheiten vgl. § 13a IntFamRVG).

Die Zuständigkeit für den **Erlass einstweiliger Maßnahmen** ist in der Brüssel IIa-VO nicht   **38** eigenständig geregelt. Doch können sowohl die nach Art. 8 ff. Brüssel IIa-VO als auch die nach Art. 5 ff. KSÜ in der Hauptsache zuständigen Gerichte einstweilige Maßnahmen treffen.[85] Darüber hinaus enthält Art. 20 Brüssel IIa-VO eine Öffnungsklausel, die unter den dort geregelten (engen) Voraussetzungen den Erlass einstweiliger Maßnahmen auch unter Rückgriff auf internationale Übereinkommen (also insbesondere das KSÜ) bzw. das nationale Zuständigkeitsrecht zulässt.[86] Eine zusätzliche **Eilzuständigkeit** in dringenden Fällen für (Schutz-)Maßnahmen in Bezug auf Kinder oder Vermögensgegenstände, die sich im Forumstaat befinden sieht Art. 11 KSÜ vor, und eine Zuständigkeit für auf das Hoheitsgebiet dieses Staates beschränkte **einstweilige Maßnahmen** – unabhängig von einer Eilbedürftigkeit – ist in Art. 12 KSÜ geregelt, wobei diese Vorschriften unabhängig davon eingreifen, wo sich der gewöhnliche Aufenthalt des Kindes befindet.[87]

Bei Schutzmaßnahmen für Kinder mit Macao-chinesischer Staatsangehörigkeit bzw. gewöhnli-   **39** chem Aufenthalt in Macao-China bestimmt sich die internationale Zuständigkeit nach dem **MSA** (→ Rn. 4 und 6); dieses kennt keine perpetuatio fori.[88]

Außerhalb des Anwendungsbereichs von Brüssel IIa-VO, KSÜ und MSA ist schließlich das auto-   **40** nome Zuständigkeitsrecht maßgebend. Denkbar ist vor allem ein Rückgriff auf **§ 99 Abs. 1 Nr. 1 FamFG** bei deutschen Kindern, deren gewöhnlicher Aufenthalt in einem Staat liegt, der weder EU-Mitgliedstaat (außer Dänemark) noch Vertragsstaat des KSÜ oder des MSA ist.[89] Eine internationale Zuständigkeit für Kindschaftssachen iS von § 137 Abs. 3 FamFG kann sich dann auch aus dem Verbund mit einer Ehesache (§ 98 Abs. 2 FamFG) oder Lebenspartnerschaftssache (§ 103 Abs. 2 FamFG) ergeben.

2. Anerkennung und Vollstreckung ausländischer Entscheidungen. Auch für die Anerken-   **41** nung und Vollstreckung von ausländischen Entscheidungen gilt wie in → Rn. 31, dass der Brüssel IIa-VO im Verhältnis zwischen den EU-Mitgliedstaaten Vorrang vor dem KSÜ und dem MSA zukommt. Handelt es sich um gestaltende Entscheidungen – wie etwa die gerichtliche oder behördliche (vgl. Art. 2 Nr. 1 und Nr. 4 Brüssel IIa-VO; Art. 23, 5 Abs. 1 KSÜ)[90] Zuweisung oder Entziehung der elterlichen Sorge – kommt es allein auf die Anerkennung an, demgegenüber kann sich die Frage der Vollstreckbarkeit etwa bei der Erzwingung einer Kindesherausgabeanordnung oder der Durchsetzung einer Umgangsregelung stellen.

a) Gemäß Brüssel IIa-VO. Die Anerkennung von Entscheidungen über die elterliche Verant-   **42** wortung aus **EU-Mitgliedstaaten (außer Dänemark),** die in einem nach dem 28.2.2001 (vgl. Art. 64 Brüssel IIa-VO; näher → Brüssel IIa-VO Art. 64 Rn. 3 ff.) eingeleiteten Verfahren ergangen

---

[84] Während nach Art. 10 Abs. 2 KSÜ die Annexzuständigkeit mit Abschluss des Eheverfahrens endet (KG FamRZ 2015, 1214 [1215 f.]), kann nach Art. 12 Abs. 2 lit. b Brüssel IIa-VO ein bereits anhängiges Sorgeverfahren zu Ende geführt werden, *Schulz* FamRZ 2013, 156 (158).

[85] OLG Karlsruhe FamRB 2014, 209; NK-BGB/*Gruber* EuEheVO Art. 20 Rn. 5; Rauscher/*Rauscher* EuZPR/EuIPR EuEheVO Art. 20 Rn. 17.

[86] EuGH FamRZ 2010, 1521 Rn. 61, 87 = NJW 2010, 2861 – Purrucker I; BGH FamRZ 2011, 542 (543 f.) mit Anm. *Helms.* Art. 20 Brüssel IIa-VO ist allerdings nur dann anwendbar, wenn in der Hauptsache das Gericht eines anderen Mitgliedstaats zuständig ist, das Kind idR also seinen gewöhnlichen Aufenthalt in einem Mitgliedstaat hat, *Benicke* IPRax 2013, 44 (48 und 53); *Coester-Waltjen* FamRZ 2005, 241 (245); *Andrae* IPRax 2006, 82 (85). Ist dies nicht der Fall, können Art. 11, 12 KSÜ ohne Umweg über Art. 20 Brüssel IIa-VO angewendet werden.

[87] *Andrae* IPRax 2006, 82 (85); *Benicke* IPRax 2013, 44 (48 und 53); *Siehr* RabelsZ 62 (1998), 464 (484).

[88] OLG Bremen NJW 2016, 655.

[89] Liegt eine Vereinbarung über die Zuständigkeit nach Art. 12 Brüssel IIa-VO vor oder besteht ausnahmsweise eine Zuständigkeit nach Art. 13 Brüssel IIa-VO, ist der Rückgriff auf autonomes Recht selbst dann gesperrt, wenn das Kind seinen gewöhnlichen Aufenthalt in einem Drittstaat hat (→ Brüssel IIa-VO Vor Art. 1 Rn. 21; Prütting/Helms/*Hau* FamFG § 99 Rn. 18). Die gleiche Einschränkung gilt – im Verhältnis zum KSÜ – wenn sich danach eine Zuständigkeit aus Art. 6 KSÜ ableiten lässt.

[90] Auch nach autonomem Recht sind Entscheidungen ausländischer Behörden anerkennungsfähig, wenn sie funktional deutschen Gerichten entsprechen, Prütting/Helms/*Hau* FamFG § 108 Rn. 5.

sind, richtet sich in Deutschland nach Art. 21, 23 Brüssel IIa-VO, ohne dass es darauf ankäme, wo das Kind seinen gewöhnlichen Aufenthalt hat (Art. 61 lit. b Brüssel IIa-VO). Die Anerkennung solcher Entscheidungen bedarf keines besonderen Verfahrens (Art. 21 Abs. 1 Brüssel IIa-VO), sondern ist automatisch inzident in jedem Verfahren zu beachten, wobei nach Art. 21 Abs. 3 Brüssel IIa-VO (deklaratorisch) die Anerkennungsfähigkeit festgestellt werden kann. Erfüllt die ausländische Regelung die in Art. 23 Brüssel IIa-VO angeführten Voraussetzungen für ihre Anerkennung, kann sie nach den Art. 28, 31 Brüssel IIa-VO auch für vollstreckbar erklärt werden.[91] **Einstweilige Sorgerechtsmaßnahmen** unterliegen nur der Anerkennung und Vollstreckung nach Art. 21 ff. Brüssel IIa-VO, wenn sie auf die regulären auch für das Hauptsacheverfahren geltenden Zuständigkeitsgründe der Art. 8 ff. Brüssel IIa-VO gestützt wurden (→ Rn. 38), nicht aber einstweilige Maßnahmen nach Art. 20 Brüssel IIa-VO.[92] Diese können jedoch auf Grundlage des nationalen Rechts sowie bi- oder multilateraler Abkommen anerkannt und vollstreckt werden.[93] Ebenfalls wie Entscheidungen anerkannt und für vollstreckbar erklärt werden können nach Art. 46 Brüssel IIa-VO **vollstreckbare Urkunden und (Prozess-)Vergleiche,** etwa über die Zuweisung des Sorgerechts oder die Regelung des Umgangs, was nach dem Konventionsrecht und dem autonomen Anerkennungsrecht nicht möglich ist.[94]

43 **b) Sonderregeln für Umgangs- und Kindesrückgabeentscheidungen.** Für vollstreckbare Entscheidungen über das Umgangsrecht sowie die Anordnung der Kindesrückgabe iS von Art. 11 Abs. 8 Brüssel IIa-VO gibt es in Art. 40 ff. Brüssel IIa-VO eine spezielle Regelung.[95] Solche Entscheidungen bedürfen, wenn sie in einem EU-Staat (außer Dänemark) ergangen sind, **keiner besonderen Vollstreckbarerklärung** (Art. 41 Abs. 1, 42 Abs. 1 Brüssel IIa-VO). Gegen die Anerkennung und Vollstreckbarkeit können – anders als nach den in → Rn. 42 genannten Art. 23, 31 Brüssel IIa-VO – **keine Einwendungen** vorgebracht werden, und es kann – anders als sonst nach Art. 33 Brüssel IIa-VO – **kein Rechtsbehelf** eingelegt werden.[96] Voraussetzung ist nach Art. 41 Abs. 1, 42 Abs. 1 Brüssel IIa-VO lediglich, dass eine Bescheinigung gemäß Anlage III bzw. IV vorgelegt wird, die von dem zuständigen Richter des Entscheidungsstaates ausgestellt ist. Die Vollstreckung in Deutschland richtet sich nach Art. 47 Abs. 2 Brüssel IIa-VO und §§ 14 Nr. 2, 44 IntFamRVG iVm §§ 86 ff. FamFG. Zur örtlichen Zuständigkeit → Rn. 52.

44 **c) Gemäß internationalen Abkommen und autonomem Recht.** Die Anerkennung von Schutzmaßnahmen (→ Rn. 10), die nach dem 1.1.2011 in **KSÜ-Mitgliedstaaten,** die keine EU-Mitgliedstaaten sind, ergangen sind, nachdem das Abkommen für diesen Staat in Kraft getreten ist (Art. 53 Abs. 2 KSÜ),[97] richtet sich nach Art. 23 ff. KSÜ. Die in Art. 23 Abs. 2 KSÜ enthaltenen Anerkennungsversagungsgründe haben als Vorbild für die Brüssel IIa-VO gedient und sind daher weitgehend mit deren Regeln vergleichbar.

45 Allerdings wird im Unterschied zur Brüssel IIa-VO (Art. 24, 31 Abs. 2 Brüssel IIa-VO) nicht darauf verzichtet, die **internationale Zuständigkeit der Ausgangsbehörde** zu überprüfen (Art. 23 Abs. 2 lit. a KSÜ), doch besteht insofern immerhin eine Bindung an die Tatsachenfeststellung der Ausgangsbehörde (Art. 25 KSÜ). Im Übrigen muss das betroffene Kind (Art. 23 Abs. 2 lit. b KSÜ) und jede Person, in deren elterliche Verantwortung eingegriffen wird (Art. 23 Abs. 2 lit. c KSÜ), **angehört** worden sein, soweit kein besonderes Eilbedürfnis bestand. Dabei soll die mangelnde Anhörung des Kindes einer Anerkennung zwar nur dann entgegen stehen, wenn hierdurch „wesentliche Verfahrensgrundsätze" des Anerkennungsstaates verletzt werden, doch ist dies in Deutschland ab einem gewissen Mindestalter[98] des Kindes nahezu stets der Fall, denn die Kindesanhörung (vgl. § 159 FamFG) entspricht einem verfassungsrechtlichen (Art. 6 Abs. 2 GG) und menschenrechtlichen Gebot (Art. 8 EMRK und Art. 12 Abs. 2 UN-Kinderrechtskonvention).[99] Daneben gibt es einen

---

[91] Die Vollstreckbarerklärung richtet sich nach den §§ 16 ff. IntFamRVG. Die Vollstreckung richtet sich nach § 44 IntFamRVG.

[92] EuGH FamRZ 2010, 1521 Rn. 83 ff. = NJW 2010, 2861 – Purrucker I; FamRZ 2011, 534 Rn. 73 = NJW 2011, 363 – Purrucker II; BGHZ 205, 10 (15); BGH FamRZ 2011, 542 (543) mit Anm. *Helms.*

[93] EuGH FamRZ 2010, 1521 Rn. 92 = NJW 2010, 2861 – Purrucker I; BGH FamRZ 2011, 542 (544).

[94] Vgl. Prütting/Helms/*Hau* FamFG § 108 Rn. 6 und FamFG § 110 Rn. 17.

[95] Dazu *Schulz* FamRZ 2011, 1273 (1277 f.).

[96] Eine Überprüfung im Vollstreckungsverfahren halten demgegenüber für möglich *Solomon* FamRZ 2004, 1409 (1419); *Helms* FamRZ 2002, 1593 (1602); skeptisch Prütting/Helms/*Hau* FamFG § 110 Rn. 4.

[97] Eine Übersicht findet sich auf der Homepage der Haager Konferenz, http://www.hcch.net/index_de.php?.

[98] Noch nicht mit eineinhalb Jahren, BGH FamRZ 2009, 1297 (1300), aber bereits möglich ab drei Jahren, OLG München FamRZ 2015, 602 (603) unter Berufung auf die in der nachfolgenden Fn. aufgeführte Rspr. des BVerfG.

[99] Vgl. etwa EGMR 18.12.2008 – 39948/06, Rn. 51, 59 mwN – Saviny/Ukraine; BVerfGE 55, 171 (180 und 182); BVerfG (K) FamRZ 2007, 1078 und FamRZ 2010, 1622 (1623) (bereits bei drei Jahre altem Kind persönlicher Eindruck zu verschaffen); BVerfG (K) FamRZ 2009, 399 (400).

allgemeinen **ordre public-Vorbehalt,** der ausdrücklich die Beachtung des Kindeswohls anmahnt (→ Rn. 27, 50).

Auch wenn nur die **Unvereinbarkeit mit einer späteren Entscheidung** aus einem Nichtver- **46** tragsstaat ausdrücklich geregelt ist (Art. 23 lit. e KSÜ), besitzen aufgrund des allgemeinen Grundsatzes, dass sorge- und umgangsrechtliche Entscheidungen nicht materiell rechtskräftig werden, sondern stets abänderbar sind,[100] auch spätere (anerkennungsfähige) Entscheidungen aus einem anderen Vertragsstaat sowie dem Anerkennungsstaat selbst Vorrang (so Art. 23 lit. e Brüssel IIa-VO und Art. 23 lit. f Brüssel IIa-VO).[101] Dies bedeutet freilich nicht, dass sich inländische Gerichte über ausländische Umgangs- und Sorgerechtsentscheidungen ohne Weiteres hinwegsetzen können.[102] Ist eine ausländische Regelung anerkennungsfähig, kann sie – die internationale Zuständigkeit der deutschen Gerichte vorausgesetzt – nur unter den (engen) Voraussetzungen des § 1696 BGB abgeändert werden.[103] Eine Überprüfung in der Sache (révision au fond) darf nicht erfolgen (Art. 27 KSÜ).

Die Anerkennung erfolgt ebenfalls **automatisch ohne besonderes Verfahren** (Art. 23 Abs. 1 **47** KSÜ) und kann (deklaratorisch) festgestellt werden (Art. 24 KSÜ, § 32 IntFamRVG). Stehen keine Anerkennungsversagungsgründe entgegen (Art. 26 Abs. 3 KSÜ), kann die Maßnahme nach Art. 26 Abs. 1 KSÜ iVm §§ 16 ff. IntFamRVG für vollstreckbar erklärt werden (→ Rn. 52).[104] Die Vollstreckung selbst richtet sich nach nationalem Recht (Art. 28 KSÜ iVm §§ 14 Nr. 2, 44 IntFamRVG und §§ 86 ff. FamFG).

Zwar findet das **MSA,** das im Übrigen durch das KSÜ abgelöst worden ist (Art. 51 KSÜ), **48** gegenüber Macao-China nach wie vor Anwendung (→ Rn. 4, 6), doch ist seine Relevanz beschränkt. Denn Art. 7 S. 1 MSA regelt nur die Anerkennung als solche, etwa von Entscheidungen über die Übertragung des Sorgerechts (soweit die Zuständigkeit nach dem MSA gegeben ist und kein Verstoß gegen den ordre public nach Art. 16 MSA vorliegt),[105] demgegenüber nicht auch die Vollstreckbarkeit etwa von Herausgabeanordnungen (Art. 7 S. 2 MSA).[106] Dagegen sieht das **Europäische Sorgerechtsabkommen** (EuSorgeRÜbk), welches zwar durch die Brüssel IIa-VO (Art. 60 lit. d Brüssel IIa-VO),[107] aber nicht durch das KSÜ verdrängt wird (Art. 52 Abs. 1 KSÜ), außer der Anerkennung auch eine Vollstreckbarerklärung vor (vgl. Art. 7 EuSorgeRÜbk). Soweit danach sowohl das KSÜ bzw. das MSA als auch das EuSorgeRÜbk anwendbar sind, kann die Anerkennung auf das Abkommen gestützt werden, das im Einzelfall die Anerkennung mehr begünstigt (vgl. auch Art. 19 EuSorgeRÜbk).[108]

Im Übrigen (also bei Vorliegen einer Entscheidung aus einem **Drittstaat**) ist auf **nationales 49 Recht** (§§ 108, 109 FamFG) zurückzugreifen. Auf dieses kann die Anerkennung allerdings theoretisch auch dann gestützt werden, wenn der Anwendungsbereich des KSÜ, MSA oder EuSorgeRÜbk eröffnet ist, denn im Verhältnis zu diesen Abkommen ist die jeweils im Einzelfall günstigere Regelung maßgebend,[109] während die Brüssel IIa-VO den Rückgriff auf nationales Anerkennungsrecht sperrt.[110]

Ist die Sorgerechtsentscheidung im Zusammenhang mit einer Ehesache ergangen, ist ihre Aner- **50** kennung nach §§ 108, 109 FamFG nicht davon abhängig, dass die Entscheidung in der Ehesache gemäß § 107 FamFG förmlich anerkannt wurde, denn aus deutscher Sicht besteht das Fürsorge- und Regelungsbedürfnis unabhängig vom (hinkenden) Status der Elternbeziehung.[111] Zu der nach § 109

---

[100] *Helms* FamRZ 2001, 257 (265).

[101] *Benicke* IPRax 2013, 44 (51).

[102] Vgl. etwa OLG Köln FamRBInt 2010, 86 für fehlendes Regelungsbedürfnis bei Vorliegen einer anerkennungsfähigen ausländischen Entscheidung.

[103] *Andrae* NZFam 2016, 1011 (1015); *Dutta* StAZ 2010, 193 (199 f.); jurisPK-BGB/*Gärtner/Duden* Rn. 144; vgl. auch OLG Hamm FamRZ 2015, 346; OLG Oldenburg FamRZ 2012, 1887 (1889); OLG Karlsruhe FamRZ 1995, 562 (564); allg. BeckOGK/*Markwardt* Rn. 176 ff.

[104] Vgl. dazu *Wagner/Janzen* FPR 2011, 110 (114).

[105] Vgl. etwa BVerwG NVwZ 2013, 947 (949).

[106] *Andrae* NZFam 2016, 1011 (1013).

[107] *Dutta* StAZ 2010, 193 (195). Anwendbar bleibt es daher nur im Verhältnis zu solchen Staaten, die – mit Ausnahme Dänemarks – keine EU-Mitgliedstaaten sind (derzeit Dänemark, Island, Liechtenstein, Mazedonien, Moldau, Montenegro, Norwegen, Schweiz, Serbien und Türkei), Ratifikationsstand vgl. http://conventions.coe.int/Treaty/Commun/ChercheSig.asp?NT=105&CM=8&DF=6/15/2007&CL=GER.

[108] BVerwG NVwZ 2013, 947 (949); Bamberger/Roth/*Heiderhoff* Rn. 25 und 28; *Gärtner* StAZ 2011, 65 (69).

[109] Staudinger/*Henrich* (2014) Rn. 227; Bamberger/Roth/*Heiderhoff* Rn. 25 und 28; BeckOGK/*Markwardt* Rn. 157.

[110] *Wagner* FamRZ 2006, 744 (745); *Dutta* StAZ 2010, 193 (195); aA NK-BGB/*Benicke* Rn. 75.

[111] *Andrae* IntFamR § 6 Rn. 154; wohl auch NK-BGB/*Benicke* Rn. 83; vgl. für Kindesunterhalt BGH NJW-RR 2007, 722; aA 5. Aufl. 2010, Rn. 16 *(Klinkhardt);* Bamberger/Roth/*Heiderhoff* Rn. 28; BGH FamRZ 1975, 273.

Abs. 1 Nr. 1 FamFG erforderlichen internationalen **Zuständigkeit** des ausländischen Gerichts → Art. 19 Rn. 66, wobei es im vorliegenden Kontext auf die spiegelbildliche Anwendung von §§ 99, 98 FamFG ankommt. Darüber hinaus kann der Anerkennung gemäß § 109 Abs. 1 Nr. 4 FamFG die **öffentliche Ordnung** (→ Rn. 27) entgegenstehen; dabei kann eine ausländische Sorgerechtsentscheidung insbesondere dann gegen den (verfahrensrechtlichen) **ordre public** (→ Art. 19 Rn. 67) verstoßen, wenn einem der Beteiligten kein ausreichendes rechtliches Gehör gewährt wurde[112] oder die Entscheidung ohne nennenswerte Kindeswohlprüfung erlassen wurde.[113]

51   Auch nach § 108 Abs. 1 FamFG erfolgt die Anerkennung automatisch, ohne dass es dafür eines besonderen Verfahrens bedarf, so dass die ausländische Entscheidung inzident in jedem inländischen Verfahren zu berücksichtigen ist. § 108 Abs. 2 und 3 FamFG eröffnen die Möglichkeit, die Anerkennungsfähigkeit verbindlich feststellen zu lassen. Die Vollstreckbarerklärung ist in § 110 FamFG geregelt, die Vollstreckung richtet sich nach allgemeinen Regeln (§§ 86 ff. FamFG).

52   **d) Örtliche Zuständigkeit gemäß IntFamRVG.** Für bestimmte Verfahren insbesondere nach Brüssel IIa-VO und KSÜ sehen §§ 10, 12 IntFamRVG eine **ausschließliche örtliche Zuständigkeit** des Familiengerichts am Sitz des Oberlandesgerichts vor. Dies betrifft nach § 10 IntFamRVG Entscheidungen über die Anerkennung einer in einem anderen EU-Staat getroffenen Regelung des Sorgerechts und des Umgangsrechts (Art. 21 Abs. 3 Brüssel IIa-VO) oder die praktische Modalitäten eines Umgangs (Art. 48 Abs. 1 Brüssel IIa-VO) oder der Zwangsvollstreckung (Art. 41, 42 Brüssel IIa-VO) sowie – gemäß § 12 IntFamRVG – Vollstreckbarerklärungen (Art. 28 Brüssel IIa-VO). Das gleiche gilt nach § 10 IntFamRVG, soweit Regelungen aus KSÜ-Mitgliedstaaten betroffen sind, für die Anerkennungsfeststellung nach Art. 24 KSÜ sowie die Vollstreckbarerklärung gemäß Art. 26 KSÜ. Nach § 13 Abs. 1 IntFamRVG gilt diese Zuständigkeitskonzentration grundsätzlich **auch für andere dasselbe Kind betreffende Familiensachen** iS von § 151 Nr. 1–3 FamFG.

Art. 22 EGBGB Annahme als Kind

(1) [1]**Die Annahme als Kind unterliegt dem Recht des Staates, dem der Annehmende bei der Annahme angehört.** [2]**Die Annahme durch einen oder beide Ehegatten unterliegt dem Recht, das nach Artikel 14 Abs. 1 für die allgemeinen Wirkungen der Ehe maßgebend ist.** [3]**Die Annahme durch einen Lebenspartner unterliegt dem Recht, das nach Art. 17b Abs. 1 S. 1 für die allgemeinen Wirkungen der Lebenspartnerschaft maßgebend ist.**

(2) **Die Folgen der Annahme in Bezug auf das Verwandtschaftsverhältnis zwischen dem Kind und dem Annehmenden sowie den Personen, zu denen das Kind in einem familienrechtlichen Verhältnis steht, unterliegen dem nach Absatz 1 anzuwendenden Recht.**

(3) [1]**In Ansehung der Rechtsnachfolge von Todes wegen nach dem Annehmenden, dessen Ehegatten, Lebenspartner oder Verwandten steht der Angenommene ungeachtet des nach den Absätzen 1 und 2 anzuwendenden Rechts einem nach den deutschen Sachvorschriften angenommenen Kind gleich, wenn der Erblasser dies in der Form einer Verfügung von Todes wegen angeordnet hat und die Rechtsnachfolge deutschem Recht unterliegt.** [2]**Satz 1 gilt entsprechend, wenn die Annahme auf einer ausländischen Entscheidung beruht.** [3]**Die Sätze 1 und 2 finden keine Anwendung, wenn der Angenommene im Zeitpunkt der Annahme das achtzehnte Lebensjahr vollendet hatte.**

Schrifttum: *Baumann,* Verfahren und anwendbares Recht bei Adoptionen mit Auslandsberührung, 1992; *Beitzke,* Immer noch Auslandsadoptionen, FS Reichard, 1985, 1; *Beitzke,* Beiträge zum Kollisionsrecht der Adoptionsfolgen, FS Firsching, 1985, 9; *Beitzke,* Zum deutschen Erbrecht einer amerikanischen Adoptivnichte, IPRax 1990, 36; *Benicke,* Typenmehrheit im Adoptionsrecht und deutsches IPR, Diss. Heidelberg 1994; *Benicke,* Ordre-public-Verstoß ausländischer Adoptionsentscheidungen bei ungenügender Prüfung des Kindeswohls, FS v. Hoffmann, 2011, 545; *Benicke,* Die Anknüpfung der Adoption durch Lebenspartner in Art. 22 Abs. 1 S. 3 EGBGB, IPRax 2015, 393; *Beyer,* Zur Frage der ordre public-Widrigkeit ausländischer Adoptionsentscheidungen wegen unzureichender Elterneignungs- und Kindeswohlprüfung, JAmt 2006, 329; *Bornhofen,* Die Auswirkungen des Haager Adoptionsübereinkommens und des neuen Rechts der Adoptionswirkungen auf die Arbeit des Standesbeamten, StAZ 2002, 1; *Botthof,* Der Schutz des Familienlebens nach Art. 8 Abs. 1 EMRK und sein Einfluss auf die Anerkennung ausländischer Adoptionsentscheidungen, StAZ 2013, 77; *Botthof,* Rückgriff auf nationales Anerkennungsrecht bei Verstoß gegen das Haager Adoptionsübereinkommen, StAZ 2014, 74; *Botthof,* Perspektiven der Minderjährigenadoption, 2014; *Brandt,* Die Adoption durch eingetragene Lebenspartner im internationalen

---

[112] Vgl. etwa BVerwG ZAR 2013, 257 mit abl. Anm. *Pfersich*; OVG Berlin-Brandenburg FamRZ 2012, 1519 Ls.; VG Berlin FamRZ 2012, 1519 (1520) Ls.; OLG Oldenburg FamRZ 2012, 1887 (1888 f.): Anhörung durch Gutachter ausreichend.
[113] OLG Köln FamRZ 2015, 78.

Privat- und Verfahrensrecht, Diss. Heidelberg 2004; *Busch,* Adoptionswirkungsgesetz und Haager Adoptionsübereinkommen – von der Nachadoption zur Anerkennung und Wirkungsfeststellung, IPRax 2003, 13; *Busch,* Kein Staatsangehörigkeitserwerb bei der schwachen Auslandsadoption? – Zum Umgang mit einer nur scheinbar eindeutigen Rechtslage, StAZ 2003, 297; *Busch/Bienentreu,* Internationale Standards der Adoptionsvermittlung und Rechtssicherheit bei der Anerkennung ausländischer Adoptionsbeschlüsse, Beschlußanmerkung, StAZ 2001 12; *Dietz,* Das Erbrecht des Adoptivkindes im internationalen Privatrecht, Diss. Kiel 2006; *Emmerling de Oliveira,* Adoptionen mit Auslandsberührung, MittBayNot 2010, 429; *Frank,* Neuregelungen auf dem Gebiet des internationalen Adoptionsrechts unter besonderer Berücksichtigung der Anerkennung von Auslandsadoptionen, StAZ 2003, 257; *Frank,* Brauchen wir Adoption? Rechtsvergleichende Überlegungen zu Notwendigkeit oder Zweckmäßigkeit der Adoption, FamRZ 2007, 1693; *Ficker,* Die 10. Haager Konferenz, RabelsZ 30 (1966), 606; *Griep,* Anerkennung von Auslandsadoptionen, 1989; *Heiderhoff,* Das Erbrecht des adoptierten Kindes nach der Neuregelung des internationalen Adoptionsrechts, FamRZ 2002, 1682; *Heilmann* (Hrsg.), Praxiskommentar Kindschaftsrecht, 2015; *Helms,* Sind die am Staatsangehörigkeitsprinzip orientierten Anknüpfungsregeln der Art. 22, 23 EGBGB noch zeitgemäß?, FS Hahne, 2012, 69; *Helms,* Vorschlag zur Reform des Internationalen Adoptionsrechts, StAZ 2015, 97; *Helms,* Primat des Kindeswohls und seine Grenzen im Internationalen Kindschaftsrecht, StAZ 2017,1; *Henrich,* Internationales Familienrecht, 2. Aufl. 2000; *Henrich,* Wirksamkeit einer Auslandsadoption und Rechtsfolgen für die Staatsangehörigkeit, StAZ 2008, 237; *Hepting,* Anerkennung und Substitution schwacher Auslandsadoptionen, StAZ 1986, 305; *Hepting,* Ausländische Inkognito-Adoptionen im deutschen Personenstandsrecht – ein Beweis- oder ein Informationsproblem, IPRax 1987, 161; *Hepting/Dutta,* Familie und Personenstand, 2. Aufl. 2015; *Hohnerlein,* Internationale Adoption und Kindeswohl, 1991; *Hölzel,* Verfahren nach §§ 2 und 3 AdWirkG – Gerichtliche Feststellung der Anerkennung ausländischer Adoptionen und Umwandlung schwacher Auslandsadoptionen, StAZ 2003, 289; *Jayme,* Grundfragen einer Reform des internationalen Adoptionsrechts, StAZ 1973, 229; *Jayme,* Die Adoption mit Auslandsberührung im künftigen Adoptionsrecht, StAZ 1976, 1 und StAZ 1976, 246; *Jayme,* Wandlungen des ordre public im internationalen Kindschaftsrecht, StAZ 1980, 301; *Jayme,* Schwache Adoptionen durch deutsche Annehmende – Anerkennung oder Transformation?, IPRax 1983, 169; *Jayme,* Kritisches zur geplanten Neuregelung des internationalen Adoptionsrechts im Regierungsentwurf eines IPR-Gesetzes, IPRax 1983, 274; *Jayme/Maier,* Anerkennung oder Bestätigung kolumbianischer Adoptionen durch deutsche Gerichte?, StAZ 1976, 72; *Klingenstein,* Kulturelle Identität und Kindeswohl im deutschen internationalen Adoptionsrecht, Diss. Heidelberg 2000; *Klinkhardt,* Zur Anerkennung ausländischer Adoptionen, IPRax 1987, 157; *Klinkhardt,* Zweierlei Zweitadoptionen, IPRax 1995, 238; *Klinkhardt,* Das Fehlen einer Adoptionseinwilligung im Wandel der Zeiten, IPRax 1997, 414; *Klinkhardt,* Das enttäuschte Adoptivkind, IPRax 1999, 356; *Klinkhardt,* Wege zu einem neuen Umgang mit ausländischen Adoptionen, FS Sonnenberger, 2004, 443; *König,* Die Annahme eines Kindes im Ausland, Diss. Berlin 1979; *Krapf-Buhmann,* Die Anerkennung ausländischer Adoptionen im Inland, Diss. München 1989; *Krzywon,* Zur vormundschaftsgerichtlichen Genehmigung nach § 1746 Abs. 1 S. 4 BGB bei ausländischen Adoptionsverfahren, BWNotZ 1987, 58; *Looschelders,* Schutz des Adoptivkindes vor Änderung seines Geburtsdatums, IPRax 2005, 28; *S. Lorenz,* Internationale Erwachsenenadoption und lex loci actus, IPRax 1994, 193; *S. Lorenz,* Adoptionswirkungen, Vorfragenanknüpfung und Substitution im Internationalen Adoptionsrecht nach der Umsetzung des Haager Adoptionsübereinkommens v. 19.5.1993, FS Sonnenberger, 2004, 497; *Lüderitz,* Hauptfragen des internationalen Adoptionsrechts, FS Beitzke, 1979, 589; *Magnus/Münzel,* Adoptionen von Kindern aus Übersee, StAZ 1977, 65; *Majer,* Die Anerkennung ausländischer Adoptionsentscheidungen, NZFam 2015, 1138; *v. Mangoldt,* Zu den Wirkungen schwacher Auslands- oder Ferndoptionen im deutschen Recht, StAZ 1985, 301; *Maurer,* Das Gesetz zur Regelung von Rechtsfragen auf dem Gebiet der internationalen Adoption und zur Weiterentwicklung des Adoptionsvermittlungsrechts, FamRZ 2003, 1337; *Maurer,* Zur Rechtsnatur der Verfahren nach dem Adoptionswirkungsgesetz – zugleich Besprechung der Beschlüsse des OLG Hamm v. 24.1.2012, des OLG Düsseldorf v. 2.3.2012 und des OLG Köln v. 30.3.2012, FamRZ 2013, 90; *Menhofer,* Zur Kafala des marokkanischen Rechts vor deutschen Gerichten, IPRax 1997, 252; *Müller,* Erbrechtliche Konsequenzen der Adoption im Internationalen Privatrecht, NJW 1985, 2056; *Müller/ Sieghörtner/Emmerling de Oliveira,* Adoptionsrecht in der Praxis, 2. Aufl. 2011; *Rauscher,* Neues internationales Kindschaftsrecht – Schwerpunkte der Reform, StAZ 1987, 121; *Reinhardt,* Die Praxis der Anerkennung ausländischer Adoptionsentscheidungen aus der Sicht der Adoptionsvermittlung, JAmt 2006, 325; *Reinhardt,* Gewollt oder nicht? Die private Adoption von Kindern aus dem Ausland, ZRP 2006, 244; *Reinhardt,* Kafala und internationale Adoptionsvermittlung, JAmt 2008, 63; *Reinhardt,* Kann die internationale Adoptionsvermittlung nachgeholt werden?, JAmt 2007, 122; *Reinhardt/Kemper/Weitzel,* Adoptionsrecht, Handkommentar, 2. Aufl. 2015 (zitiert: HK-AdoptR); *Schlauss,* Die Anerkennung von Auslandsadoptionen in der vormundschaftsgerichtlichen Praxis, FamRZ 2007, 1699; *Schnabel,* Aufenthaltserlaubnis und Adoption; Adoptionshindernis der Kinderlosigkeit und Vorbehalt des ordre public, IPRax 1993, 169; *Schurig,* Probleme der Fernadoption vietnamesischer Kinder durch Deutsche, StAZ 1973, 33; *Schurig,* Für ein Verfahren zur Anerkennung ausländischer Adoptionen, FamRZ 1973, 178; *Schurig,* Keine Rechtssicherheit für ausländische Adoptivkinder?, IPRax 1984, 25; *Schwimann,* Verfahrensrechtliche Probleme im deutschen internationalen Adoptionsrecht, RabelsZ 38 (1974), 571; *Schwind,* Die Haager Adoptionskonvention, StAZ 1968, 33; *Siehr,* Die Anerkennung ausländischer, insbesondere schweizerischer Adoptionsdekrete in der Bundesrepublik, StAZ 1982, 61; *Sonnenberger,* Erwerb und Fortfall der Erbberechtigung adoptierter Kinder, insbesondere bei Adoptionen in den USA, GS Lüderitz, 2000, 713; *Sonnenberger,* Wandlungen und Perspektiven des familienrechtlichen ordre public, Symposium Spellenberg, 2006, 29; *Staudinger,* Der ordre public bei der Anerkennung ausländischer Adoptionen, FamRBint 2007, 42; *Staudinger/Winkelsträter,* Grenzüberschreitende Adoptionen in Deutschland, FamRBint 2005, 84 und FamRBint 2006, 10; *Steiger,* Das neue Recht der internationalen Adoption und Adoptionsvermittlung, Einführung. Erläuterung. Materialien, 2002; *Steiger,* Im alten Fahrwasser zu neuen Ufern: Neuregelungen im Recht der internationalen Adoption mit Erläuterungen für die notarielle Praxis, DNotZ 2002, 184; *Sturm,* Zur Scheinadoption volljähriger Ausländer, FS Firsching, 1985, 309; *Sturm,* Famille et successions dans la loi du 25 juillet 1986 portant réforme du droit international privé allemand, Rev. crit. dr. int. pr. 1987, 33; *Wagner,* Ausländische Entscheidungen, Rechtsgeschäfte und Rechtslagen im Familienrecht aus der Sicht des autonomen deutschen Rechts – Eine Neubearbeitung, FamRZ 2013, 1620; *Wedemann,* Volljährigenadoption im Ausland – ein Bereich für forum shopping?, FamRZ 2015, 2106; *Weitzel,* Anerkennung einer Auslandsadoption nach deutschem Recht trotz schwerwiegender Mängel der ausländischen Entscheidung?, JAmt 2006, 333; *Weitzel,* Zur Anerkennung ausländischer Adoptionsentscheidungen, IPRax 2007, 308; *Weitzel,* Das Haager Adoptionsübereinkommen vom 29.5.1993, NJW 2008, 186; *Winkelsträter,* Anerkennung und Durchführung internationaler Adoptionen in Deutschland, 2007; *Wohlgemuth,* Zustimmungsstatut und deutsch-jugoslawische Adoptionen, ROW 1988, 75; *Yassari,* Adoption und Funktionsäquivalente im islamischen Rechtskreis, FS Coester-Waltjen, 2015, 1059; *Zimmermann,* Das Adoptionsverfahren mit Auslandsberührung, NZFam 2016, 150 und 249.

Übersicht

I. Normzweck

1   Die Vorschrift enthält das deutsche **internationale Privatrecht,** soweit es sich auf **Adoptionen** bezieht. Ihr Anwendungsbereich wird durch internationale Abkommen berührt (näher → Rn. 82, 83, 110).

2   Die Vorschrift unterscheidet verschiedene Konstellationen: **Abs. 1 S. 1** behandelt nur die **Adoption durch Alleinstehende,** während **Abs. 1 S. 2** die **Adoption durch Verheiratete** und **Abs. 1 S. 3** seit dem 27.6.2014 die Adoption durch **eingetragene Lebenspartner**[1] regelt.

3   Abs. 1 S. 1 verwendet ein einziges Anknüpfungsmerkmal, nämlich die **Staatsangehörigkeit des Annehmenden.** Dagegen knüpften S. 2 und 3 jeweils an das Recht an, das gemäß Art. 14 Abs. 1 bzw. Art. 17b Abs. 1 S. 1 für die **allgemeinen Wirkungen der Ehe bzw. der Lebenspartner-schaft** maßgeblich ist (→ Rn. 12). Vor dem Hintergrund der zunehmenden Verdrängung des Staats-angehörigkeitsprinzips durch das Aufenthaltsprinzip auch im internationalen Kindschaftsrecht ist zweifelhaft, ob die Anknüpfungskriterien des Art. 22 Abs. 1 noch sachgerecht sind.[2] Der Deutsche

---

[1] Gesetz zur Umsetzung der Entscheidung des Bundesverfassungsgerichts zur Sukzessivadoption durch Lebens-partner vom 20.6.2014 (BGBl. 2014 I S. 786).

[2] Ausf. *Helms,* FS Hahne, 2012, 69 ff.

Rat für Internationales Privatrecht hat sich de lege ferenda für den Übergang zu einer lex fori-Anknüpfung ausgesprochen.[3]

Abs. 1 regelt die **Voraussetzungen** der Adoption, Abs. 2 ihre **Wirkungen auf das Rechtsver-** 4 **hältnis** zu den Annehmenden und den leiblichen Eltern. Der Inhalt dieser Wirkungen ist dem Art. 21 und spezielleren Kollisionsnormen überlassen (näher → Rn. 31 ff.).

Die Vorschrift ist stets zusammen mit **Art. 23** anzuwenden (→ Rn. 26; → Art. 23 Rn. 23–27). 5

II. Abgrenzung von anderen Statusverhältnissen (Qualifikation)

„Annahme als Kind" ist jede **Begründung eines** dauerhaften **Eltern-Kind-Verhältnisses,** das 6 keine Verwandtschaft voraussetzt[4] und bei minderjährigen Kindern mit einer vollständigen Übertragung der elterlichen Rechte sowie einer zumindest primären Unterhaltspflicht des Annehmenden verbunden ist.[5] Dass die rechtlichen Beziehungen zur leiblichen Familie völlig abgebrochen werden, ist nicht erforderlich, doch müssen diese nachrangig werden.[6] Die Mitwirkung eines Gerichts bzw. einer Behörde bei der Begründung ist nicht notwendig. Die Adoption kann durch Dekret herbeigeführt werden, fällt aber auch unter Art. 22, wenn sie durch private Willenserklärungen (mit oder ohne staatliche Mitwirkung) erfolgt.[7]

Zur Legitimanerkennung nach Islamrecht → Art. 19 Rn. 33. 7

Die früher umstrittene Frage, ob die **kafala** islamischen Rechts (→ Rn. 50) und ähnliche Pflege- 8 kindschaften internationalprivatrechtlich als Adoption zu qualifizieren sind (5. Aufl. 2010, Rn. 8), hat sich mit Inkrafttreten des KSÜ in Deutschland zum 1.1.2011 erledigt, weil diese Institute von Art. 3e KSÜ ausdrücklich als Schutzmaßnahme eingeordnet werden.[8] Auch wenn Tunesien wohl als einziges islamisches Land eine Volladoption eingeführt hat, existieren in manchen islamischen Rechtsordnungen **adoptionsähnliche Rechtsinstitute;**[9] so ist eine „sarparasti" nach iranischem Recht als schwache Adoption einzuordnen[10] und kann eine kombinierte „Anfügung" und Anerkennung nach irakischem Recht sogar als starke Adoption gewertet werden.[11]

III. Adoption durch Ehegatten und Lebenspartner

1. Abgrenzung. Abs. 1 S. 2 enthält eine **besondere Regelung** für die Adoption durch Ehegat- 9 ten. Diese Fallgruppe ist zwar im Gesetz als Ausnahme von der Regel des S. 1 formuliert, in der Praxis aber weit häufiger anzuwenden als die des S. 1. Diese besondere Regelung ist nicht nur maßgebend, wenn beide Eheleute ein Kind gemeinschaftlich annehmen, sondern auch im Falle der Adoption eines Kindes des einen Ehegatten durch den anderen (Stiefkindadoption)[12] und sogar dann, wenn ein Ehegatte ein auch dem anderen fremdes Kind annimmt.[13] Der Anwendungsbereich des S. 2 geht also über die Fälle der gemeinschaftlichen Adoption hinaus und umfasst auch die Fälle der Einzeladoption, sofern sie durch Verheiratete erfolgt. Auf die Adoption durch einen **registrier-** **ten Lebenspartner** ist, wie Abs. 1 S. 3 seit dem 27.6.2014 (→ Rn. 2) ausdrücklich klarstellt, das Recht anwendbar, das nach Art. 17b Abs. 1 S. 1 für die allgemeinen Wirkungen der Lebenspartner-

---

[3] Die Beschlüsse sind abgedr. in IPRax 2015, 185, für eine Begr. vgl. *Helms* StAZ 2015, 97 ff.

[4] BT-Drs. 10/504, 70; *Baumann,* Verfahren und anwendbares Recht bei Adoptionen mit Auslandsberührung, 1992, 6 ff.; HessVGH FamRZ 1994, 956; *Benicke,* Typenmehrheit im Adoptionsrecht und deutsches IPR, 1994, 7; *Hepting* StAZ 1986, 305 (306); *Rauscher* IPR Rn. 1015; *Looschelders* IPR Rn. 5; *Andrae* IntFamR § 7 Rn. 21.

[5] *König,* Die Annahme eines Kindes im Ausland, 1979, 15 f.; *Hohnerlein,* Internationale Adoption und Kindeswohl, 1991, 43; *Andrae* IntFamR § 7 Rn. 21; *Beitzke,* FS Reichard, 1985, 11, der allerdings die Unterhaltspflicht nicht als zusätzliche Voraussetzung gelten lässt, damit aber die Adoption zu sehr in die Nähe von Vormundschaft und Pflegekindschaft bringt.

[6] *Krapf-Buhmann,* Anerkennung ausländischer Adoptionen, 1989, 73 ff.

[7] Bamberger/Roth/*Heiderhoff* Rn. 10; *Hepting/Dutta* Fam. und PersStand-HdB Rn. V-476; *Kegel/Schurig* IPR § 20 XIII 2a; *Looschelders* IPR Rn. 6.

[8] BVerwG FamRZ 2011, 369 (371 f.); OVG Hamburg NJW-RR 2013, 2 (5); Bamberger/Roth/*Heiderhoff* Rn. 12; NK-BGB/*Benicke* Rn. 4; Staudinger/*Henrich* (2014) Rn. 2; BeckOGK/*Markwardt* Rn. 24; aA jurisPK-BGB/*Behrentin* Rn. 12, wobei der Verweis auf *Siehr* RabelsZ 62 (1998), 464 (476), der an Art. 3e KSÜ lediglich rechtspolitische Kritik übt, die lege lata die abw. Auffassung nicht stützt.

[9] *Yassari,* FS Coester-Waltjen, 2015, 1059 ff. – Iran und Irak.

[10] OLG Köln StAZ 2012, 339 (340 f.).

[11] AG Stuttgart BeckRS 2016, 05801.

[12] BayObLG FamRZ 2005, 921 (922); jurisPK-BGB/*Behrentin* Rn. 32; Bamberger/Roth/*Heiderhoff* Rn. 42; *Emmerling de Oliveira* MittBayNot 2010, 429; Palandt/*Thorn* Rn. 7.

[13] AG Lebach DAVorm 2000, 435; Staudinger/*Henrich* (2014) Rn. 7; *Henrich* IntFamR § 8 II 3a; *Kegel/Schurig* IPR § 20 XIII 1a; *Looschelders* IPR Rn. 2; *St. Lorenz* IPRax 1994, 193 (194); *Winkelsträter,* Anerkennung und Durchführung, 2007, S. 63 f.

schaft maßgebend ist. Zwar hat der Gesetzgeber bewusst[14] nur die Adoption durch „einen" Lebenspartner geregelt, doch hängt dies lediglich damit zusammen, dass das deutsche Sachrecht für eingetragene Lebenspartner nach wie vor nur eine Einzeladoption vorsieht, was aus verfassungsrechtlicher Sicht unhaltbar ist, seitdem das Bundesverfassungsgericht für eingetragene Lebenspartner die Zulassung der Sukzessivadoption durchgesetzt hat.[15] Soweit nach ausländischem Sachrecht eine gemeinschaftliche Adoption durch eingetragene Lebenspartner beantragt wird, kann das anwendbare Recht sinnvollerweise gleichfalls nur über Art. 22 Abs. 1 S. 3 bestimmt werden. Die sich bei wortlautgetreuer Anwendung von Art. 22 Abs. 1 ergebende Alternative, die kumulative Anwendung der jeweiligen Heimatrechte gemäß Art. 22 Abs. 1 S. 1 bei einer gemeinschaftlichen Adoption durch registrierte Lebenspartner,[16] würde eine sachwidrige Ungleichbehandlung darstellen. Im Ergebnis ist damit Art. 22 Abs. 1 S. 3 aus verfassungsrechtlichen Gründen entgegen seinem Wortlaut – in gleicher Weise wie bei Ehegatten – sowohl auf eine Einzeladoption als auch eine gemeinschaftliche Adoption anwendbar.[17] Auch schon bevor die Kappungsgrenze des Art. 17b Abs. 4 durch das Gesetz zur Einführung des Rechts auf Eheschließung für Personen gleichen Geschlechts v. 20.7.2017[18] abgeschafft wurde, stand diese einer gemeinschaftlichen Adoption durch registrierte Lebenspartner nicht entgegen, da es sich beim Ausspruch der Adoption nicht unmittelbar um eine Wirkung der Lebenspartnerschaft handelt.[19]

9a   Schwierig zu beurteilen ist, ob auf die durch das Gesetz zur Einführung des Rechts auf Eheschließung für Personen gleichen Geschlechts v. 20.7.2017 eingeführten **gleichgeschlechtlichen Ehen**[20] Art. 22 Abs. 1 S. 2 anzuwenden ist oder wegen ihrer kollisionsrechtlichen Gleichbehandlung mit eingetragenen Lebenspartnerschaften (Art. 17b Abs. 4 nF) die für diese vorgesehene Anknüpfung nach Art. 22 Abs. 1 S. 3.[21] Welche Auswirkungen die in Art. 17b Abs. 4 nF statuierte Sonderanknüpfung auf die Kollisionsnormen hat, die für Ehegatten auf das Ehewirkungsstatut verweisen, ist im Gesetzgebungsverfahren nicht bedacht worden. Entscheidend erscheint, dass die Heranziehung des Registerstatuts als Adoptionsstatut – aus Sicht des maßgeblich betroffenen Kindes – eine eher fernliegende Anknüpfung ist. Für eingetragene Lebenspartnerschaften rechtfertigt sich diese, weil eine Adoption durch eingetragene Lebenspartner nur in wenigen Rechtsordnungen bekannt ist. Bei gleichgeschlechtlichen Ehen ist die Sachlage demgegenüber anders: Ehegatten können – soweit eine Adoption überhaupt zugelassen wird – nach ausländischem Recht stets adoptieren. Welcher Art eine Beziehung sein muss, um als „Ehe" gelten zu können, ist eine Erstfrage bzw Vorfrage, über die nicht automatisch das Adoptionsstatut (allein) entscheidet. Bei sachgerechter Lösung dieser Frage (→ Rn. 10 und 23) bestehen keine Bedenken, bei gleichgeschlechtlichen Ehen Art. 22 Abs. 1 S. 2 als Verweis auf das nach Art. 14 Abs. 1 (hypothetisch) zu bestimmende Ehewirkungsstatut zu verstehen (zur parallelen Lösung bei Art. 19 Abs. 1 S. 3 → Art. 19 Rn. 48a). Im Ergebnis wird daher durch Art. 22 Abs. 1 S. 2 für verschieden- und gleichgeschlechtliche Ehen – dem Wortlaut getreu – auf dieselbe nach Art. 14 Abs. 1 zu bestimmende Rechtsordnung verwiesen (→ Rn. 11 ff.).

10   **2. Vorfrage des Verheiratetseins bzw. des Bestehens einer Lebenspartnerschaft.** S. 2 des Abs. 1 setzt voraus, dass der Annehmende ein „Ehegatte", also verheiratet ist. Da die Frage, ob das der Fall ist, bei der Anwendung von Art. 22, also bei Anwendung einer Kollisionsnorm auftritt, handelt es sich nach verbreiteter, aber umstrittener Terminologie um eine „Erstfrage" (zu diesem Begriff → Einl. IPR Rn. 148 f., 161). Nach teilweise vertretener Auffassung (→ Einl. IPR Rn. 161 mwN) sind solche Fragen stets selbständig (zu diesem Begriff → Einl. IPR Rn. 151) anzuknüpfen, also die Frage nach dem Verheiratetsein anhand der Art. 11, 13 bzw. (bei gleichgeschlechtlichen Ehen) anhand des Art. 17b Abs. 4 nF zu beantworten.[22] Das ist jedoch nicht zwingend.[23] Wie in → Rn. 23 noch zu zeigen sein wird, ist die bei Anwendung des von Art. 22 berufenen materiellen Rechts eventuell auftretende Vorfrage des Verheiratetseins nach dem Günstigkeitsprinzip zu beant-

[14] BT-Drs. 18/841 S. 6.
[15] BVerfG FamRZ 2013, 521.
[16] So in der Tat Erman/*Hohloch* Rn. 10 und 11a; Palandt/*Thorn* Art. 17b Rn. 4.
[17] Art. 17b Rn. 75; *Benicke* IPRax 2015, 393 (395); Bamberger/Roth/*Heiderhoff* Rn. 41.
[18] BGBl. 2017 I S. 2787.
[19] BGH FamRZ 2016, 1251 (1255); NK/*Benicke* Rn. 55b; *ders.* IPRax 2015, 393 (395 f.); Bamberger/Roth/*Heiderhoff* Rn. 41; *Andrae* IntFamR § 7 Rn. 29; jurisPK-BGB/*Behrentin* Rn. 35; aA Staudinger/*Henrich* (2014) Rn. 6.
[20] BGBl. 2017 I S. 2787. Vgl. auch den Gesetzentwurf in BT-Drs. 18/6665.
[21] Hierfür *Mankowski* IPRax 2017, Heft 6.
[22] So jedenfalls hier *Henrich* IntFamR § 8 II 3a; Staudinger/*Henrich* (2014) Rn. 24; Erman/*Hohloch* Rn. 7; BeckOGK EGBGB/*Markwardt* Rn. 80, 82; *Andrae* IntFamR § 7 Rn. 32; *v. Hoffmann/Thorn* IPR § 8 Rn. 143.
[23] Solche Fragen können auch gemäß einer lex causae beantwortet werden, die (einstweilen) nur potentiell gegeben ist, dazu *Raape/Sturm* IPR § 16 III 3d.

worten. Das bedeutet, dass gemeinschaftliche Adoptionen auch möglich sind, wenn sich die Gültigkeit der Ehe der Annehmenden nur aus Art. 22 Abs. 1 ergibt. Da aber gemeinschaftliche Adoptionen unter die gleichberechtigungskonforme Kollisionsnorm des S. 2 des Art. 22 Abs. 1 fallen müssen,[24] muss auch in letzteren Fällen der S. 2 maßgebend sein. Auch die bei Anwendung des Art. 22 auftretende Frage, ob die Annehmenden verheiratet sind, ist folglich anhand des **Günstigkeitsprinzips** zu beantworten. Sie ist also nicht nur zu bejahen, wenn sich das aus dem vor Art. 13 bzw. Art. 17b Abs. 4 nF berufenen Recht ergibt, sondern auch, wenn das nur aus dem nach Art. 22 Abs. 1 maßgebenden Recht folgt. Soweit sich im Rahmen der Anwendung von Art. 22 Abs. 1 S. 3 die Frage des Bestehens einer **eingetragenen Lebenspartnerschaft** (→ Rn. 9) stellt, gelten die gleichen Grundsätze.

3. Anwendbares Recht. Während S. 3 nunmehr für eingetragene Lebenspartner an das **Regis-** **11** **terstatut** des Art. 17b Abs. 1 S. 1 anknüpft, beruft S. 2 für Ehegatten das „**Familienstatut**" (→ Art. 14 Rn. 10),[25] dh die von Art. 14 Abs. 1 für maßgebend erklärte Rechtsordnung. Es ist nach dem eindeutigen Wortlaut des Gesetzes lediglich Abs. 1 des Art. 14 anzuwenden, auch wenn sich die persönlichen Rechtsbeziehungen der annehmenden Eheleute zueinander nach Art. 14 Abs. 2 oder 3 richten.[26]

Art. 14 Abs. 1 nennt fünf Rechtsordnungen und verwendet als Auswahlkriterium das Prinzip der **12** **Kegel'schen Leiter** (→ Art. 14 Rn. 76). Das bedeutet, dass die zweite und die folgenden der nachstehend aufgeführten Stufen nur zum Zuge kommen, wenn die Voraussetzungen für alle vorangehenden Stufen nicht erfüllt sind. Und zwar ist nach Art. 22 S. 2 anzuwenden:
1. das Recht des Landes, dessen **Staatsangehörigkeit** die annehmenden Eheleute bzw. der Annehmende und sein Ehegatte **gemeinsam** haben;
2. falls eine solche nicht vorhanden ist, das Recht des Landes, dessen **Staatsangehörigkeit** die Annehmenden bzw. der Annehmende und sein Ehegatte **zuletzt** (aber während der Ehe) **gemeinsam** hatten, vorausgesetzt ein Ehegatte hat sie – ohne Unterbrechung[27] – jetzt noch;
3. ist auch dieser Fall nicht gegeben, das Recht des Landes, in dem beide den **gewöhnlichen Aufenthalt**[28] haben;
4. andernfalls das Recht des Landes, in dem beide zuletzt (aber in der Ehe) einen **gemeinsamen gewöhnlichen Aufenthalt** hatten, wenn zumindest ein Ehegatte sich – ohne Unterbrechung[29] – noch immer dort gewöhnlich aufhält;
5. zu guter Letzt das Recht des Landes, mit dem die Eltern auf andere Weise gemeinsam **am engsten verbunden** sind.[30]

Zu diesen Stufen ist Folgendes zu bemerken: Ist in den Fällen der Nr. 1 und 2 ein Ehegatte Mehrstaa- **13** ter (→ Art. 5 Rn. 54ff.),[31] Staatenloser oder Flüchtling, so ist Art. 5 Abs. 2 zu beachten (s. Art. 5 Anh. II). In den Fällen der Nr. 3 und 4 können die Eheleute beide einen gewöhnlichen Aufenthalt im selben Lande haben, auch wenn er nicht am selben Ort liegt.[32]

4. Anknüpfungszeitpunkt. Art. 22 Abs. 1 S. 1 stellt auf den **Zeitpunkt der Adoption**[33] ab. **14** Das Adoptionsstatut ist also unwandelbar.[34] Obwohl der Gesetzgeber dies nur in S. 1 gesagt hat, gilt es auch für S. 2 und 3.[35] Maßgebend ist der Zeitpunkt, in dem das letzte Tatbestandsmerkmal der

---

[24] BT-Drs. 10/504 S. 72.

[25] BT-Drs. 10/504, 50.

[26] Palandt/*Thorn* Rn. 7; Staudinger/*Henrich* (2014) Rn. 7; Erman/*Hohloch* Rn. 11; *Andrae* IntFamR § 7 Rn. 26; *Junker* IPR Rn. 569; Bamberger/Roth/*Heiderhoff* Rn. 43.

[27] Palandt/*Thorn* Art. 14 Rn. 8 zu der obigen 4. Stufe.

[28] Zum Begriff zB → Art. 5 Rn. 141ff.; → Art. 19 Rn. 8; Prütting/*Helms* FamFG § 122 Rn. 4ff., jeweils mwN.

[29] Palandt/*Thorn* Art. 14 Rn. 8; BeckOGK/*Markwardt* Rn. 89.

[30] Zum Begriff der engsten Verbindung *Dörner* StAZ 1990, 1 (2f.); Staudinger/*Henrich* (2014) Rn. 12, 16.

[31] *Hepting/Dutta* Fam. und PersStand-HdB Rn. V-466; Palandt/*Thorn* Art. 14 Rn. 7; Erman/*Hohloch* Rn. 11; Staudinger/*Henrich* (2014) Rn. 8.

[32] BT-Drs. 10/504, 55; Palandt/*Thorn* Art. 14 Rn. 8; BeckOGK/*Markwardt* Rn. 89.

[33] Zu den Problemen, die auftreten, wenn der Staat, auf dessen Rechtsordnung die Verweisung zielt, zwar zur Zeit der Adoption bestand, heute aber nicht mehr besteht, → Einl. IPR Rn. 51.

[34] BT-Drs. 10/504, 71; OLG Hamm FamRZ 1996, 435 Ls.; *v. Hoffmann/Thorn* IPR § 8 Rn. 143; Palandt/ *Thorn* Rn. 3; *Kropholler* IPR § 49 III 1; Staudinger/*Henrich* (2014) Rn. 5; *Looschelders* IPR Rn. 22; *Andrae* IntFamR § 7 Rn. 24. Ebenso *Dietz*, Erbrecht des Adoptivkindes, 2006, 77, die jedoch – zutr. – darauf hinweist, dass diese Unwandelbarkeit erst im Zeitpunkt des Wirksamwerdens der Adoption eintritt.

[35] LG Hamburg FamRZ 1999, 253 (254); Staudinger/*Henrich* (2014) Rn. 7; *Henrich* IntFamR § 8 II 3a; *Hepting/Gaaz* PStR Bd. 2 Rn. V-532; *Kegel/Schurig* IPR § 20 XIII 1b.

Adoption erfüllt ist.[36] Dies ist bei einem zu bestätigenden Adoptionsvertrag der Zeitpunkt des Wirksamwerdens der Bestätigung, im Falle einer Dekretadoption der Zeitpunkt des Wirksamwerdens des Dekrets.[37] Wann ein in Deutschland erlassener Adoptionsbeschluss wirksam wird, ergibt sich aus § 197 Abs. 2 FamFG. Durch eine nachträgliche Änderung des anwendbaren Rechts (Statutenwechsel) wird weder eine bereits erfolgte Adoption unwirksam noch eine nicht wirksam gewordene nachträglich doch noch wirksam.[38] Für Ausnahmen ist kein Anlass erkennbar.

15   **5. Rück- und Weiterverweisung.** Grundsätzlich sind bei Anwendung aller über **Art. 22 Abs. 1 S. 2** berufenen Rechte Rück- und Weiterverweisungen zu beachten.[39] Das ergibt sich aus Art. 4 Abs. 1 S. 1 (vgl. die Erläuterungen zu dieser Vorschrift). Denn Abs. 2 dieser Vorschrift ist nicht anwendbar, weil es hier – wie auch sonst im internationalen Kindschaftsrecht – kein Wahlrecht gibt. Ob eine Rückverweisung erfolgt, ist trotz der Verweisung des Art. 22 Abs. 1 S. 2 auf Art. 14 Abs. 1 derjenigen Kollisionsnorm des berufenen Rechts zu entnehmen, die die Adoption (nicht: die Ehewirkungen) betrifft.[40]

16   Zur Frage, ob dieser Grundsatz auch für die 5. Stufe (→ Rn. 12) gilt,[41] → Art. 4 Rn. 32. Zur „versteckten" Rückverweisung, wie sie in angelsächsischen Rechten vorkommt, → Art. 4 Rn. 43 ff.[42]

17   Demgegenüber handelt es sich bei dem nach **Art. 22 Abs. 1 S. 3** berufenen Registerstatut nach dem eindeutigen Wortlaut des Art. 17b Abs. 1 S. 1 um eine Sachnormverweisung.

18   **6. Voraussetzungen. a) Allgemeines.** Es ist dem von Abs. 1 S. 2 oder S. 3 berufenen Recht[43] zu entnehmen, **ob** überhaupt eine Adoption[44] und ob sie nur gemeinsam etwa durch beide Eheleute erfolgen kann.[45] Dieses Recht ist auch zu befragen, wenn es darum geht, **welche Voraussetzungen** die Adoption hat.[46] Es entscheidet also zB,[47] welche Erfordernisse bezüglich des Alters, des Altersunterschiedes, der Kinderlosigkeit oder der von romanischen Rechten verlangten Verlassenheit gelten, welche sonstigen persönlichen Eigenschaften oder Beziehungen erforderlich sind,[48] welche Erklärungen welcher Beteiligten notwendig sind[49] (zu den Einwilligungen → Rn. 24 ff.), ob eine Probezeit und ob eine Eintragung der Adoption im Geburtenregister des Heimatlandes[50] notwendig ist. Und es bestimmt auch, welche Folgen es hat, wenn diese Voraussetzungen ganz oder zum Teil nicht erfüllt sind (zB Nichtigkeit, Aufhebbarkeit, Anfechtbarkeit).[51]

---

[36] BT-Drs. 10/504, 71; *Andrae* IntFamR § 7 Rn. 24; *Rauscher* IPR Rn. 1012.

[37] *Hepting/Gaaz* PStR Bd. 2 Rn. V-532; *Kropholler* IPR § 49 III 1.

[38] *Baumann,* Verfahren und anwendbares Recht bei Adoptionen mit Auslandsberührung, 1992, 20; *Benicke,* Typenmehrheit im Adoptionsrecht und deutsches IPR, 1994, 287.

[39] Bamberger/Roth/*Heiderhoff* Rn. 45; Palandt/*Thorn* Rn. 2; Erman/*Hohloch* Rn. 5, 11; BeckOGK/*Markwardt* Rn. 91; *Looschelders* IPR Rn. 10; *Henrich* IntFamR § 8 II 4; *Kropholler* IPR § 49 III 1; *Andrae* IntFamR § 7 Rn. 36. Näher hierzu *Baumann,* Verfahren und anwendbares Recht bei Adoptionen mit Auslandsberührung, 1992, 25 ff.

[40] Staudinger/*Henrich* (2014) Rn. 14; *Hepting/Gaaz* PStR Bd. 2 Rn. V-534; Bamberger/Roth/*Heiderhoff* Rn. 46; *Klingelhöffer* IPRax 1993, 167 (168); *S. Lorenz* IPRax 1994, 193 (194); *Andrae* IntFamR § 7 Rn. 36; *Rauscher* IPR Rn. 1013; *Kropholler* IPR § 49 III 1; *Baumann,* Verfahren und anwendbares Recht bei Adoptionen mit Auslandsberührung, 1992, 27; *Dietz,* Erbrecht des Adoptivkindes, 2006, 77.

[41] Nach mittlerweile ganz hM ist auch Art. 22 Abs. 1 S. 2 iVm Art. 14 Abs. 1 Nr. 3 als Gesamtverweisung aufzufassen, Bamberger/Roth/*Heiderhoff* Rn. 45; NK-BGB/*Benicke* Rn. 58; Erman/*Hohloch* Rn. 5; *Andrae* IntFamR § 7 Rn. 36; teilweise diff. Staudinger/*Henrich* (2014) Rn. 16.

[42] Speziell zu Adoptionen vgl. NK-BGB/*Benicke* Rn. 59; Bamberger/Roth/*Heiderhoff* Rn. 47 f.; Staudinger/*Henrich* (2014) Rn. 17–22.

[43] In den – nicht wenigen – Fällen, in denen auf die Adoption – zusätzlich zu Art. 22, der insoweit durch das Übereinkommen nicht berührt wird, *Benicke,* Typenmehrheit im Adoptionsrecht und deutsches IPR, 1994, 318, 331 – das in Art. 22 Anh. besprochene AdÜb anwendbar ist, wird es nicht selten durch die zwingende Anwendung der Art. 4, 5 des Übereinkommens zu einer Verschärfung der Adoptionsvoraussetzungen gegenüber Art. 22 Abs. 1 kommen, dazu *Benicke,* Typenmehrheit im Adoptionsrecht und deutsches IPR, 1994, 331 ff.

[44] Bamberger/Roth/*Heiderhoff* Rn. 15; *Kegel/Schurig* IPR § 20 XIII 2b; *Looschelders* IPR Rn. 7.

[45] BT-Drs. 10/504, 72; OLG Hamm FamRZ 1994, 657 (658); Bamberger/Roth/*Heiderhoff* Rn. 16; Palandt/*Thorn* Rn. 8; Erman/*Hohloch* Rn. 14; *Kropholler* IPR § 49 III 2a.

[46] BayObLG FamRZ 2002, 1142 (1143); Bamberger/Roth/*Heiderhoff* Rn. 16; jurisPK-BGB/*Behrentin* Rn. 45; Palandt/*Thorn* Rn. 4; BeckOGK/*Markwardt* Rn. 18; *Kegel/Schurig* IPR § 20 XIII 2b.

[47] BT-Drs. 10/504, 71; AG Münster StAZ 1974, 48; Staudinger/*Henrich* (2014) Rn. 23; *Hepting/Gaaz* PStR Bd. 2 Rn. V-541; Erman/*Hohloch* Rn. 13; *Kropholler* IPR § 49 III 2a; *Baumann,* Verfahren und anwendbares Recht bei Adoptionen mit Auslandsberührung, 1992, 33.

[48] OLG Hamm FamRZ 1994, 657 (658); Palandt/*Thorn* Rn. 4; *Looschelders* IPR Rn. 7; *Andrae* IntFamR § 7 Rn. 42.

[49] BayObLG FamRZ 2002, 1142 (1143); NK-BGB/*Benicke* Rn. 6; Bamberger/Roth/*Heiderhoff* Rn. 17; Palandt/*Thorn* Rn. 5.

[50] LG Bonn StAZ 1984, 344 mit zust. Anm. *Beitzke.*

[51] BT-Drs. 10/504, 71; Staudinger/*Henrich* (2014) Rn. 36; *Henrich* IntFamR § 8 III 2b; Bamberger/Roth/*Heiderhoff* Rn. 35.

Auch die **Frage, ob** die Adoption durch – konstitutiven – Gerichtsbeschluss (**„Dekret"**) **oder** 19
Vertrag herbeigeführt wird, ist anhand des von **Abs. 1** berufenen Rechts zu beantworten[52] und
nicht etwa nach Art. 11[53] oder den Grundsätzen des internationalen Verfahrensrechts.[54] Denn im
materiellen Recht ist die Regelung dieser Frage auf die übrige Ausgestaltung der Adoption abgestimmt.[55] Es ist im Übrigen grundsätzlich (aus Gründen des ordre public für Minderjährigenadoptionen aber → Rn. 51), wenn das anwendbare Recht einen Vertrag genügen lässt, nicht zusätzlich
noch ein Beschluss nach § 1752 Abs. 1 BGB zwingend erforderlich.[56] Allerdings ist ein gerichtlicher
Ausspruch der Adoption durch ein deutsches Familiengericht stets möglich (und sicherlich empfehlenswert), selbst wenn das Adoptionsstatut eine Vertragsadoption vorsieht.[57] Ebenfalls nach dem
Adoptionsstatut richtet sich die Frage, welche zusätzlichen Bestätigungen, Bewilligungen, Genehmigungen usw erforderlich sind.[58]

Ob der Anzunehmende minderjährig ist, so dass die Vorschriften über die **Minderjährigenadop-** 20
tion anzuwenden sind, oder ob er volljährig ist, so dass es sich um eine **Volljährigenadoption**
handelt, ist aus dem von Art. 22 Abs. 1 berufenen Recht zu entnehmen und nicht aus Art. 7, weil
dieses Recht sonst nicht gemäß seinen eigenen Voraussetzungen angewandt würde.[59] Damit beurteilt
sich bei deutschem Adoptionsstatut die Minderjährigkeit direkt nach § 2 BGB.

Das von Art. 22 Abs. 1 berufene Recht entscheidet ferner zB darüber, ob **Stellvertretung** bei 21
Adoptionserklärungen möglich oder gar notwendig ist[60] und welche Anforderungen für die
Geschäftsfähigkeit gelten, sowie, welche Sonderregeln für die Geschäftsfähigkeit im Adoptionsrecht
anzuwenden sind.[61] Dagegen sind für die Fragen, wer allgemein geschäftsfähig ist[62] und **wer gesetz-**
lich vertreten kann, grundsätzlich (zu einer Ausnahme → Rn. 35) die speziell dafür geltenden
Kollisionsnormen (zB Art. 7 EGBGB, Art. 16 ff. KSÜ) maßgebend.[63] Allgemein lässt sich sagen,
dass Sonderregeln, die für Vorfragen im materiellen Adoptionsrecht bedeutsam sind, dann anwendbar
sind, wenn dieses Recht von Art. 22 Abs. 1 berufen ist, dagegen allgemeine Regeln, die für diese
Vorfragen außerhalb des materiellen Adoptionsrechts vorhanden sind, im Zweifel unter die speziell
dafür geltenden Kollisionsnormen fallen.[64]

Für die **Form** der erforderlichen Erklärungen ist Art. 11 maßgebend.[65] Zu den Formfragen 22
gehört auch die Frage, ob die Erklärung höchstpersönlich abgegeben werden muss.[66]

b) Vorfrage des Verheiratetseins. Nicht nur für die Anwendung von Art. 22 Abs. 1 kommt es 23
darauf an, ob der bzw. die Annehmenden verheiratet sind oder nicht (→ Rn. 10). Auch die materiel-

---

[52] ZB BT-Drs. 10/504, 71; BayObLG StAZ 1990, 69 (70 f.); KG FamRZ 1973, 472 (474); Erman/*Hohloch*
Rn. 15; NK-BGB/*Benicke* Rn. 73; Palandt/*Thorn* Rn. 5; Staudinger/*Henrich* (2014) Rn. 33; Bamberger/Roth/
Heiderhoff Rn. 24; BeckOGK/*Markwardt* Rn. 38.

[53] So aber AG Hamburg StAZ 1965, 157 f.; *Hohnerlein,* Internationale Adoption und Kindeswohl, 1991, 49
aus Gründen des Kindeswohls.

[54] So aber *Raape* MDR 1948, 382 (383); vgl. auch *Baumann,* Verfahren und anwendbares Recht bei Adoptionen
mit Auslandsberührung, 1992, 36–40.

[55] *Schwimann* RabelsZ 38 (1974), 571 (572 f.).

[56] § 197 FamFG regelt zwar, was im Falle eines Adoptionsdekrets gilt. Die Vorschrift verlangt aber kein solches
Dekret. Anders Palandt/*Thorn* Rn. 5; Erman/*Hohloch* Rn. 16; dagegen aber zutr. Bamberger/Roth/*Heiderhoff*
Rn. 24 und 55; NK-BGB/*Benicke* Rn. 73; *Hepting/Gaaz* PStR Bd. 2 Rn. V-539; *Looschelders* IPR Rn. 16. *Henrich*
IntFamR § 8 V 2 hält einen Beschluss nach § 1752 Abs. 1 BGB im Hinblick auf den ordre public für unentbehrlich.

[57] So zumindest für die Fälle, in denen das ausländische Recht einen gerichtlichen Mitwirkungsakt vorschreibt,
Bamberger/Roth/*Heiderhoff* Rn. 56; NK-BGB/*Benicke* Rn. 74.

[58] *v. Bar* IPR II Rn. 327 f.; *Henrich* IntFamR § 8 III 2a; Palandt/*Thorn* Rn. 5.

[59] NK-BGB/*Benicke* Rn. 7 und 60; Soergel/*Lüderitz* Rn. 2 Fn. 1; *Andrae* IntFamR § 7 Rn. 35; aA OLG
Bremen FamRZ 2007, 930 Ls.; BayObLG FamRZ 1996, 183; Erman/*Hohloch* Rn. 14; Palandt/*Thorn* Rn. 1;
BeckOGK/*Markwardt* Rn. 34.

[60] *Schurig* StAZ 1973, 33 (34); Erman/*Hohloch* Rn. 15; *Benicke,* Typenmehrheit im Adoptionsrecht und deutsches IPR, 1994, 78 für Vertretung im Willen, dagegen bei Vertretung nur in der Erklärung Art. 11.

[61] Soergel/*Kegel,* 11. Aufl. 1983, Rn. 33.

[62] Soergel/*Kegel,* 11. Aufl. 1983, Rn. 33; *Baumann,* Verfahren und anwendbares Recht bei Adoptionen mit
Auslandsberührung, 1992, 49.

[63] BayObLG DAVorm. 1970, 106 (109); Erman/*Hohloch* Rn. 15; *Henrich* IntFamR § 8 III 1a; Bamberger/
Roth/*Heiderhoff* Rn. 18, 49; *Andrae* IntFamR § 7 Rn. 33; *Benicke,* Typenmehrheit im Adoptionsrecht und deutsches IPR, 1994, 109 f.; *Baumann,* Verfahren und anwendbares Recht bei Adoptionen mit Auslandsberührung,
1992, 87 ff.; diff. Staudinger/*Henrich* (2014) Rn. 25, 31.

[64] Soergel/*Kegel* 11. Aufl. 1983 Rn. 33; *Benicke,* Typenmehrheit im Adoptionsrecht und deutsches IPR, 1994,
117 f.; *Kegel/Schurig* IPR § 20 XIII 2b.

[65] KG FamRZ 1993, 1363; OLG Köln FamRZ 1964, 466 (468); BayObLG FamRZ 1969, 225 (229); Palandt/
Thorn Rn. 5; Staudinger/*Henrich* (2014) Rn. 27; *S. Lorenz* IPRax 1994, 193 (195 f.); *Hohnerlein* IPRax 1994, 197.

[66] *Benicke,* Typenmehrheit im Adoptionsrecht und deutsches IPR, 1994, 81.

len Rechte treffen meist unterschiedliche Regelungen für die Adoption durch Verheiratete und Unverheiratete (vgl. zB im deutschen Recht die §§ 1741 Abs. 2, 1742, 1743, 1754, 1755 Abs. 2, 1756 Abs. 2 BGB). *Henrich*[67] will die damit auftretende Vorfrage nach dem Verheiratetsein bei deutschem Adoptionsstatut selbständig und bei ausländischem im Zweifel unselbständig anknüpfen (zu diesem Begriff → Einl. IPR Rn. 151), andere Autoren demgegenüber stets selbständig.[68] *Andrae*[69] demgegenüber stellt darauf ab, ob im Einzelfall das Interesse an einem inneren oder internationalen Entscheidungseinklang überwiegt. Für eine unselbständige Anknüpfung spricht, dass die Bejahung einer Adoption nicht notwendigerweise voraussetzt, dass der Annehmende auch verheiratet ist. Diesen Satz kann man jedoch nicht umkehren. Es ist nämlich nicht sachgerecht, in den Fällen, in denen sich die Wirksamkeit der Ehe der Annehmenden nur aus Art. 13 bzw. (bei gleichgeschlechtlichen Ehen) aus Art. 17b Abs. 4 nF ergibt, eine Adoption zu verneinen, durch die das Kind deren gemeinschaftliches Kind gemäß den Vorschriften für die Adoption durch Eheleute wird. Die Vorfrage nach der Gültigkeit einer Ehe der Annehmenden ist also **sowohl** dann zu **bejahen, wenn** sich dies aus dem von **Art. 22 Abs. 1 S. 2** berufenen Recht, einschließlich seines IPR, ergibt, **als auch, wenn** es aus dem Recht folgt, auf das die **Art. 13, 11** bzw. (bei gleichgeschlechtlichen Ehen) Art. 17b Abs. 4 nF verweisen **(Günstigkeitsprinzip).** Hier zeigt sich, dass die Behandlung der Vorfragen von der Auslegung der fraglichen Kollisionsnormen abhängt (→ Einl. IPR Rn. 180).

24   **c) Einwilligungen.** Welche Einwilligungen zur Adoption **jedenfalls** vorliegen müssen (→ Rn. 18)[70] und welche (Wirksamkeits-)Voraussetzungen insofern zu erfüllen sind, bestimmt das von **Art. 22 Abs. 1** berufene Recht.[71] Das gleiche gilt auch für deren etwa erforderliche gerichtliche Genehmigung[72] sowie für deren Anfechtbarkeit,[73] Anfechtung[74] und Widerruflichkeit.[75]

25   Auch Ersetzbarkeit und **Ersetzung**[76] der Einwilligung fallen unter diese Vorschrift.

26   **Zusätzlich**[77] müssen die Einwilligungen vorliegen, die **Art. 23** über Art. 22 hinaus verlangt (→ Art. 23 Rn. 25–29). Soweit die beiden berufenen Vorschriften dieselben Einwilligungen fordern, müssen diese die Wirksamkeitsvoraussetzungen beider Rechte erfüllen. Dies gilt ebenso für deren eventuell erforderliche Genehmigungen. Anfechtungen sowie Ersetzungen der von beiden Rechten verlangten Einwilligungen sind nur wirksam, wenn sie die Anforderungen beider Rechtsordnungen erfüllen.

27   **d) Vorfrage der gesetzlichen Vertretungsmacht.** Die Vorfrage, wer das Kind bei der Erteilung seiner Einwilligung gesetzlich zu vertreten hat, ist anhand der speziell dafür geltenden Kollisionsnormen (zB Art. 16 ff. KSÜ) zu beantworten (selbständige Vorfragenanknüpfung).[78] Enthält allerdings das Adoptionsrecht Sonderregeln für die gesetzliche Vertretung bei Adoptionen, sind diese anzuwenden, wenn sie sich aus den von den Art. 22, 23 berufenen Rechten ergeben.[79]

28   **e) Familiengerichtliche Genehmigung.** Ob eine familiengerichtliche Genehmigung erforderlich ist und welche Anforderungen insofern zu erfüllen sind, ist zunächst aus Art. 22 Abs. 1 und dem kumulativ anzuwendenden Art. 23 zu entnehmen (→ Rn. 24, 26). Zusätzlich zu diesen beiden Vorschriften ist im Rahmen seines Anwendungsbereichs **§ 1746 Abs. 1 S. 4 BGB** zu beachten.

29   Letztere Vorschrift ist der Nachfolger von Art. 22 Abs. 2 S. 2 aF.[80] Ihr Anwendungsbereich geht jedoch weiter als der der alten Vorschrift: Während Art. 22 Abs. 2 S. 2 aF nur auf deutsche Kinder

---

[67] Staudinger/*Henrich* (2014) Rn. 25, 31.

[68] *v. Bar* IPR II Rn. 321; Erman/*Hohloch* Rn. 7; Bamberger/Roth/*Heiderhoff* Rn. 49; *Looschelders* IPR Rn. 13.

[69] IntFamR § 7 Rn. 35.

[70] BayObLG FamRZ 2002, 1142 (1143); Palandt/*Thorn* Rn. 5; Staudinger/*Henrich* (2014) Rn. 23; *Hepting/Gaaz* PStR Bd. 2 Rn. V-541; *Andrae* IntFamR § 7 Rn. 42; *Kropholler* IPR § 49 IV 2; *Baumann,* Verfahren und anwendbares Recht bei Adoptionen mit Auslandsberührung, 1992, 43, 74.

[71] Dies gilt zB auch bzgl. der Frage, wem sie zugehen müssen, *Benicke,* Typenmehrheit im Adoptionsrecht und deutsches IPR, 1994, 79.

[72] jurisPK-BGB/*Behrentin* Rn. 57; *v. Bar* IPR II Rn. 326.

[73] ZB wegen Willensmängeln, *Benicke,* Typenmehrheit im Adoptionsrecht und deutsches IPR, 1994, 88.

[74] BT-Drs. 10/504, 71.

[75] *Benicke,* Typenmehrheit im Adoptionsrecht und deutsches IPR, 1994, 88 ff.

[76] BT-Drs. 10/504, 71; BayObLG FamRZ 2002, 1142 (1143); 1969, 44 (45); AG Hattingen IPRax 1983, 300; Erman/*Hohloch* Rn. 15; *S. Lorenz* IPRax 1994, 193 (194); Palandt/*Thorn* Rn. 5.

[77] BT-Drs. 10/504, 72; OLG Hamm FamRZ 2006, 1463; Palandt/*Thorn* Rn. 5; *Henrich* IntFamR § 8 IV 1; *Rauscher* IPR Rn. 1014; Bamberger/Roth/*Heiderhoff* Rn. 18; *Andrae* IntFamR § 7 Rn. 42.

[78] Im Ergebnis ebenso Erman/*Hohloch* Rn. 7; Palandt/*Thorn* Rn. 5; zT diff. Bamberger/Roth/*Heiderhoff* Rn. 18, 49 f.

[79] *Kegel/Schurig* IPR § 20 XII 2b.

[80] BT-Drs. 10/504, 72.

anwendbar war, gilt die neue Vorschrift auch für nichtdeutsche (ausländische, staatenlose) Kinder, allerdings nur für solche, die von jemandem adoptiert werden, der eine andere Staatsangehörigkeit hat als das Kind. Sie ist also auf die Fälle **unterschiedlicher Staatsangehörigkeit** von Adoptivkindern und -eltern anzuwenden.[81] Eine familiengerichtliche Genehmigung der Einwilligung ist allerdings nicht erforderlich, wenn „die Annahme deutschem Recht unterliegt", weil dann eine Kindeswohlprüfung durch das Familiengericht schon nach § 1741 BGB vorgeschrieben ist.[82] Da es sich um eine Vorschrift des materiellen deutschen Adoptionsrechts handelt, ist § 1746 Abs. 1 S. 4 BGB seinerseits nur dann anwendbar, wenn – trotz unterschiedlicher Staatsangehörigkeit von Annehmendem und Kind – deutsches Recht zur Anwendung berufen ist. Als einziger Anwendungsfall bleibt damit die Konstellation, dass sich zwar die Annahme gemäß Art. 22 Abs. 1 nicht nach deutschem Recht richtet, wohl aber die Einwilligung des Kindes gemäß Art. 23.[83]

Die **Genehmigung kann** der Einwilligung, sofern diese sich nach deutschem Recht richtet, **30** vorausgehen oder **auch nachfolgen.** § 1831 BGB ist auf sie nicht anwendbar, weil bei der Einwilligung als einer amtsempfangsbedürftigen Erklärung (§ 1750 Abs. 1 S. 1 BGB) kein Schutz des Erklärungsgegners in Betracht kommt.[84] Richtet sich die Einwilligung nach ausländischem Recht, ist auch diese Frage danach zu beantworten.

7. Wirkungen. a) Bezüglich des Status. Inwieweit die Adoption den Status des Kindes verän- **31** dert, in welchem Umfang also Rechtsbeziehungen zu der Familie des Annehmenden und dessen Ehegatten[85] geschaffen und zu der leiblichen Familie beschränkt oder gar beseitigt werden, richtet sich bei einer **Inlandsadoption**[86] (und einer ausländischen Vertragsadoption)[87] gemäß Art. 22 Abs. 2 nach dem von Art. 22 Abs. 1 berufenen Recht.[88] Die in den in → Rn. 32, 70, 76 ff. vorgesehenen Feststellungen sowie die Umwandlung (→ Rn. 104 ff.) sind nach § 2 Abs. 2 AdWirkG und nach § 3 Abs. 1 S. 1 AdWirkG mit einer Feststellung des Gleichstehens der Adoption mit einer nach deutschem Recht begründeten Adoption zu verbinden. Diese Feststellung bedeutet damit eine materiellrechtliche Rechtsgestaltung und modifiziert so das durch Art. 22 Abs. 2 bestimmte Statut der Statuswirkungen.[89] Diese Modifikation ist bei den Feststellungen geringfügig, bei der Umwandlung erheblich. Zu den Wirkungen einer in Deutschland anzuerkennenden **ausländischen (Dekret-)Adoption** → Rn. 101–103.

Spricht ein deutsches Gericht eine Adoption in Anwendung ausländischer Adoptionsvorschriften **32** aus, hat es eine **Feststellung der Wirkungen** nach § 2 Abs. 3 AdWirkG zu treffen (→ Rn. 70).

b) Grundsatz im Übrigen. Da Adoptivkinder von den meisten materiellen Rechten **in mehr** **33** **oder weniger großem Umfang Kindern** des Annehmenden **gleichgestellt** werden, ist auf die Rechtsbeziehungen der Adoptionsparteien untereinander **grundsätzlich Art. 21** anzuwenden.[90] Dieser Grundsatz hat freilich kaum praktische Bedeutung, weil Art. 21 nahezu völlig durch das KSÜ (→ Art. 21 Rn. 1, 5) und andere sachbereichsspezifische Kollisionsnormen verdrängt wird.[91]

c) Unterhaltsansprüche. Unterhaltsansprüche richten sich, auch wenn sie Folge der Adoption **34** sind,[92] nach Art. 3 ff. HUP bzw. dem UStA (→ Art. 17 Rn. 60). Das folgt schon aus Art. 3 Nr. 2.

---

[81] BT-Drs. 10/504, 86; *Henrich* IntFamR § 8 IV 3.
[82] BT-Drs. 13/4899, 156.
[83] Staudinger/*Frank* (2007) BGB § 1746 Rn. 37.
[84] OLG Zweibrücken FamRZ 1996, 430 f.; KG FamRZ 1973, 472 (475); OLG Karlsruhe FamRZ 1957, 224 f.; *Henrich* IntFamR § 8 IV 3; ausf. *Krzywon* BWNotZ 1987, 58 (60); aA OLG Hamm StAZ 1960, 98 (99); BayObLG FamRZ 1957, 225 (226).
[85] *Henrich* IntFamR § 8 III 5a; Staudinger/*Henrich* (2014) Rn. 44.
[86] Das gilt freilich unter der Voraussetzung, dass bei der Begr. der Adoption, wie vorgeschrieben, das von Art. 22 berufene Recht angewandt wurde. Wurde jedoch – zu Unrecht – ein anderes Recht angewandt, so beziehen sich die gestellten Anträge und eingeholten Einwilligungen auf dieses Recht und können unter Umständen die Wirkungen, die das von Art. 22 berufene Recht vorsieht, nicht tragen. In diesen Fällen kann die Adoption nur die Wirkungen haben, die das tatsächlich angewandte Recht vorsieht, *Benicke*, Typenmehrheit im Adoptionsrecht und deutsches IPR, 1994, 217.
[87] NK-BGB/*Benicke* Rn. 17; BeckOGK/*Markwardt* Rn. 99.
[88] BT-Drs. 10/504, 72; Erman/*Hohloch* Rn. 17; NK-BGB/*Benicke* Rn. 14; Palandt/*Thorn* Rn. 6; Staudinger/*Henrich* (2014) Rn. 44; Bamberger/Roth/*Heiderhoff* Rn. 25.
[89] Mit Recht spricht *S. Lorenz,* FS Sonnenberger, 2004, 497 (511 und 517) von einer konstitutiven Wirkung dieser Feststellung. Das dürfte allerdings nicht nur gelten, wenn auf die einzelne Folgewirkung deutsches Recht anzuwenden ist. Ist zB ausländisches Erbstatut anzuwenden, würde es genügen, wenn dem Erbstatut die durch die Feststellung hervorgerufene Stellung eines Adoptivkindes iS des deutschen Rechts genügt.
[90] BT-Drs. 14/6011, 58; Erman/*Hohloch* Rn. 18; Palandt/*Thorn* Rn. 6; Bamberger/Roth/*Heiderhoff* Rn. 26.
[91] NK-BGB/*Benicke* Rn. 22.
[92] Erman/*Hohloch* Rn. 18; Palandt/*Thorn* Rn. 6.

35   **d) Sorgerechte.** Auf Sorgerechte sind Art. 15 ff. KSÜ anzuwenden, die Art. 21 fast vollständig verdrängen (→ Art. 21 Rn. 5, 9). Das gilt auch, wenn sie durch die Adoption begründet sind.[93] Soweit Art. 22 Abs. 1 auf deutsches Recht verweist, ist **§ 1751 Abs. 1–3 BGB** nach dem unter → Rn. 31 dargelegten Grundsatz auch dann anwendbar, wenn das Kind eine ausländische Staatsangehörigkeit besitzt.[94] Diese Vorschrift regelt – als eine Art Vorstufe zur Neubestimmung der statusrechtlichen Beziehungen – die gesetzliche Vertretung des anzunehmenden Kindes nach Erteilung der Einwilligung durch den sorgeberechtigten Elternteil. Das Bedenken, eine Anwendung von § 1751 BGB auf ausländische Kinder könne dazu führen, dass das deutsche Jugendamt kraft Gesetzes auch Amtsvormund von Kindern wird, die noch im Ausland leben, ist nicht gerechtfertigt. Denn § 1751 BGB ist schon im Hinblick auf § 6 Abs. 1 S. 2 SGB VIII nur auf Kinder anwendbar, die ihren tatsächlichen Aufenthalt in Deutschland haben,[95] nur dann kann ein deutsches Jugendamt kraft Gesetzes Amtsvormund werden.

36   **e) Name.** Der Name richtet sich nach Art. 10, und zwar auch, wenn es um Namensänderungen durch die Adoption geht.[96] Art. 10 verweist in den Fällen, in denen durch die Adoption ein Staatsangehörigkeitswechsel eintritt, auf das neue Heimatrecht des Adoptivkindes.[97] Unterscheidet das von Art. 10 berufene Recht zwischen den Namensfolgen einer Volladoption und denen einer schwachen Adoption, so sind die Vorschriften anzuwenden, die dem tatsächlich angewandten Adoptionstyp entsprechen.[98] Macht dieses Recht jedoch keinen solchen Unterschied und kennt es den tatsächlich angewandten Adoptionstyp nicht, so ist, falls nicht durch Anpassung (→ Einl. IPR Rn. 242 ff.) geholfen werden kann,[99] Art. 10 Abs. 3 entsprechend anzuwenden.[100]

37   **f) Erbrecht.** Unbestritten ist, dass sich der Umfang und die Ausgestaltung des Erbrechts allein nach Art. 21 ff. EuErbVO richten. Dagegen sind bezüglich der Frage, „ob" ein Erbrecht besteht, unterschiedliche Aspekte zu berücksichtigen. Diese Frage vollständig dem Adoptionsstatut zu überlassen, würde dem Anwendungsbereich des Erbstatuts unangemessen verkürzen.[101] Auf der anderen Seite muss auch das von Art. 22 berufene Recht respektiert werden,[102] da für die Adoption deren Wirkungen wesentlich sind.[103] Die mittlerweile ganz hM findet einen überzeugenden Ausgleich zwischen beiden Statuten, indem sie die Frage, **welche Art von Verwandtschaftsverhältnis für eine Erbberechtigung vorausgesetzt** wird, anhand des von der EuErbVO berufenen Rechts beurteilt und aus dem gemäß Art. 22 Abs. 1 anwendbaren bzw. dem bei der Adoption tatsächlich angewandten Recht[104] lediglich entnimmt, **ob dieses ein derartiges Verwandtschaftsverhältnis begründet** hat.[105] Anders ausgedrückt: es kommt darauf an, ob das Erbstatut auf eine Adoption, wie sie nach dem Adoptionsstatut bzw. dem tatsächlich auf die Adoption angewandten Recht gegeben ist, ein Erbrecht zu stützen bereit ist, ob also das von den erbrechtlichen Vorschriften vorausgesetzte Abstammungsverhältnis durch die Adoption **substituiert** werden kann.

38   Dabei ist – jedenfalls bei ausländischen, hier anerkannten Adoptionen – nicht das von Art. 22 Abs. 1 berufene, sondern – wegen des Bezogenseins der eingeholten Einwilligungen auf die Wirkun-

---

[93] *Hohnerlein,* Internationale Adoption und Kindeswohl, 1991, 106; Palandt/*Thorn* Rn. 6.

[94] Palandt/*Thorn* Rn. 5; Bamberger/Roth/*Heiderhoff* Rn. 22; aA – Anknüpfung an das Sorgerechtsstatut – Staudinger/*Henrich* (2014) Rn. 28; *Andrae* IntFamR § 7 Rn. 42.

[95] Im Ergebnis auch Staudinger/*Henrich* (2014) Art. 21 Rn. 93; Erman/*Hohloch* Rn. 15; *Benicke,* Typenmehrheit im Adoptionsrecht und deutsches IPR, 1994, 123; anders *Hohnerlein,* Internationale Adoption und Kindeswohl, 1991, 232.

[96] AG Rottweil StAZ 2006, 144 (145); *Hepting/Dutta* Fam. und PersStand-HdB Rn. V-483; NK-BGB/*Benicke* Rn. 23; Palandt/*Thorn* Rn. 6; *v. Hoffmann/Thorn* IPR § 8 Rn. 144; Erman/*Hohloch* Rn. 18; *Benicke,* Typenmehrheit im Adoptionsrecht und deutsches IPR, 1994, 241 f.

[97] *Hepting/Dutta* Fam. und PersStand-HdB Rn. V-484; NK-BGB/*Benicke* Rn. 23; Staudinger/*Henrich* (2014) Rn. 47; *Henrich* IntFamR § 8 III 5b.

[98] NK-BGB/*Benicke* Rn. 28; *Henrich* IntFamR § 8 III 5b.

[99] Dazu *Hepting/Dutta* Fam. und PersStand-HdB Rn. V-489 ff.; Staudinger/*Henrich* (2014) Rn. 54.

[100] *Hepting/Dutta* Fam. und PersStand-HdB Rn. V-490; Staudinger/*Henrich* (2014) Rn. 54; NK-BGB/*Benicke* Rn. 29; *Benicke,* Typenmehrheit im Adoptionsrecht und deutsches IPR, 1994, 245 ff.

[101] Vgl. Staudinger/*Henrich* (2014) Rn. 67; Soergel/*Lüderitz* Rn. 28; *Beitzke,* FS Firsching, 1985, 9 (19).

[102] Hierzu ausf. *Müller* NJW 1985, 2056 (2059 ff.).

[103] *Benicke,* Typenmehrheit im Adoptionsrecht und deutsches IPR, 1994, 235.

[104] OLG Düsseldorf IPRax 1999, 380 (382); NK-BGB/*Benicke* Rn. 38 und 17; Staudinger/*Henrich* (2014) Rn. 68; Bamberger/Roth/*Heiderhoff* Rn. 28; Palandt/*Thorn* Rn. 6; *Beitzke* IPRax 1990, 36 (37 f.); *Krapf-Buhmann,* Anerkennung ausländischer Adoptionen, 1989, 201, eingehend zur Substitution S. 185–201; *Benicke,* Typenmehrheit im Adoptionsrecht und deutsches IPR, 1994, 233 ff.; vgl. auch BayObLG Rpfleger 1987, 108 (109).

[105] BGH IPRax 1990, 55 f.; OLG Düsseldorf IPRax 1999, 380 (381 f.); AG Stadthagen FamRZ 2014, 1575 (1576); NK-BGB/*Benicke* Rn. 38; Bamberger/Roth/*Heiderhoff* Rn. 28; BeckOGK/*Markwardt* Rn. 115 f.; Erman/*Hohloch* Rn. 19; Palandt/*Thorn* Rn. 6.

gen¹⁰⁶ (→ Rn. 102) – das tatsächlich angewandte Recht zu berücksichtigen.¹⁰⁷ Eine solche Substitution wird man im Zweifel annehmen können, wenn die Adoption auch nach dem auf sie tatsächlich angewandten Recht ein Erbrecht zur Folge hätte.¹⁰⁸ Im Übrigen ist die Annahme jedenfalls dann gerechtfertigt, wenn es sich um eine Volladoption handelt.¹⁰⁹

Für das **Erbrecht der leiblichen Verwandten**, welches trotz der Adoption in Betracht kommt, **39** gilt Entsprechendes.¹¹⁰ Auch dieses ist nur gegeben, wenn es sich aus dem Erbstatut ergibt und die tatsächlich durchgeführte Adoption das von diesem Statut vorausgesetzte Verwandtschaftsverhältnis nicht gekappt hat.

Ist die Frage, „ob" ein Erbrecht besteht, nach den Grundsätzen, die in → Rn. 38, 39 dargelegt **40** sind, anhand eines Rechts zu beantworten, welches keine völlige Gleichstellung des Kindes mit einem leiblichen Kind des Annehmenden vorsieht („schwache Adoption"), kann nach Art. 22 Abs. 3 bezüglich der Erbfolge nach dem Annehmenden, dessen Ehegatten und Verwandten der jeweilige Erblasser durch Verfügung von Todes wegen (§ 1937 BGB) das **Kind** einem nach den deutschen Sachvorschriften angenommenen Kind **gleichstellen,** falls auf die Erbfolge deutsches Recht anzuwenden ist.¹¹¹ Dies gilt nach Abs. 3 S. 2 auch, wenn es sich um eine anerkannte, im Ausland durchgeführte Adoption handelt. Eine Ausnahme ordnet Abs. 3 S. 3 jedoch an, wenn das Kind im Zeitpunkt der Adoption bereits das achtzehnte Lebensjahr vollendet hatte. Keine Auswirkungen hat die Gleichstellungsanordnung auf die Erbfolge nach den leiblichen Verwandten.¹¹²

g) Staatsangehörigkeit. Ein ausländisches oder staatenloses,¹¹³ bei Beantragung¹¹⁴ der Adoption **41** noch nicht 18 Jahre altes Kind¹¹⁵ **erwirbt** durch die Adoption von Seiten eines Deutschen nach § 6 StAG die deutsche **Staatsangehörigkeit.** Wurde der Antrag rechtzeitig eingereicht, greift die Vorschrift auch dann ein, wenn wegen zwischenzeitlichen Eintritts der Volljährigkeit ein neuer Antrag auf Erwachsenenadoption gestellt wurde, soweit der ursprüngliche Antrag weder negativ beschieden noch zurückgenommen worden war und die Annahme als Erwachsener zu den Bedingungen einer „starken" Minderjährigenadoption nach § 1772 BGB erfolgt.¹¹⁶ Im Falle der Adoption durch ein Ehepaar genügt es, wenn ein Ehegatte Deutscher ist.¹¹⁷ Weitere Voraussetzung ist, dass die Adoption vom deutschen Standpunkt aus wirksam ist. Es ergibt sich das Problem einer privatrechtlichen Vorfrage in einer öffentlich rechtlichen Norm (→ Einl. IPR Rn. 206 ff.). Und zwar bedeutet dies, dass es sich um eine inländische, gemäß § 197 Abs. 2 FamFG wirksam gewordene, um eine ausländische, gemäß § 108 FamFG bzw. Art. 23 ff. AdÜb anzuerkennende¹¹⁸ oder um eine ausländische,

---

¹⁰⁶ NK-BGB/*Benicke* Rn. 38, 17; *Benicke,* Typenmehrheit im Adoptionsrecht und deutsches IPR, 1994, 217; *Looschelders* IPR Rn. 25.

¹⁰⁷ Dies gilt auch für Vertragsadoptionen, *Klinkhardt* IPRax 1999, 356 (357); insofern aA NK-BGB/*Benicke* Rn. 17: Denn bei jeder Adoption, gleich ob Dekret- oder Vertragsadoption, hängt es von den tatsächlich erteilten Zustimmungen ab, welche Folgen sie für den Status und für das Erbrecht hat. Nur in Deutschland vorgenommene Adoptionen werden im Zweifel dem Art. 22 Abs. 1 entsprechen, im Ausland vorgenommene nicht ohne weiteres. Hierzu eingehend *Benicke,* Typenmehrheit im Adoptionsrecht und deutsches IPR, 1994, 217; krit. *Sonnenberger,* GS Lüderitz, 2000, 713 (718).

¹⁰⁸ BGH IPRax 1990, 55 f.; OLG Düsseldorf IPRax 1999, 380 (382); NK-BGB/*Benicke* Rn. 39 f. mit Warnung vor kumulativer Anwendung der erbrechtlichen Vorschriften des Adoptionsstatuts; *Benicke,* Typenmehrheit im Adoptionsrecht und deutsches IPR, 1994, 238.

¹⁰⁹ *Looschelders* IPR Rn. 26.

¹¹⁰ NK-BGB/*Benicke* Rn. 43; Staudinger/*Henrich* (2014) Rn. 69; Bamberger/Roth/*Heiderhoff* Rn. 28; *Müller* NJW 1985, 2056 (2058 ff.).

¹¹¹ BT-Drs. 14/6011, 58. Diese Gleichstellung hat gegenüber der Erbeinsetzung, wie Staudinger/*Henrich* (2014) Rn. 68, *Heiderhoff* FamRZ 2002, 1682 (1684 f.) und *S. Lorenz,* FS Sonnenberger, 2004, 497 (518 f.) gezeigt haben, Vorteile bzgl. der Pflichtteilsberechtigung. Hinzuzufügen dürfte sein, dass sich weitere Vorteile aus der Erbschaftssteuerregelung ergeben können, dazu *Dietz,* Erbrecht des Adoptivkindes, 2006, 128 ff.

¹¹² Staudinger/*Henrich* (2014) Rn. 70; Palandt/*Thorn* Rn. 6; *Looschelders* IPR Rn. 27; *Dietz,* Erbrecht des Adoptivkindes, 2006, 135.

¹¹³ *Jayme* StAZ 1976, 1 (2).

¹¹⁴ Der Zeitpunkt der Beantragung ist der Zeitpunkt der Einreichung des Antrags beim Familiengericht, BVerwG NJW 1999, 1347.

¹¹⁵ Darauf, ob das Kind gem. Art. 7 noch minderjährig ist, kommt es nicht an. Vgl. die Neufassung des § 6 StAG durch das IPR-Gesetz. Dazu BT-Drs. 10/504, 96; *Makarov/v. Mangoldt* RuStAG § 6 Rn. 56a, 56b; Staudinger/*Henrich* (2014) Rn. 58. Dass auf diese Weise den über 18 Jahre alten „Adoptivkindern" die deutsche Staatsangehörigkeit versagt wird, verstößt nicht gegen Art. 3 Abs. 1 GG, BVerwG NJW 1999, 1347 f.; vgl. auch BVerwG StAZ 2007, 278 (279).

¹¹⁶ BVerwGE 151, 245 (251 ff.), soweit noch ein hinreichender Zusammenhang besteht; BVerwG StAZ 2012, 149; 2004, 174 (176); jurisPK-BGB/*Behrentin* Rn. 66.

¹¹⁷ BayVGH StAZ 1989, 287 (288); jurisPK-BGB/*Behrentin* Rn. 66; *Jayme* StAZ 1976, 1 (2).

¹¹⁸ BayVGH StAZ 1989, 287 (288); VG München StAZ 1992, 351; Palandt/*Thorn* Rn. 20; dazu → Rn. 82 ff.

den Art. 22, 23 EGBGB entsprechende Adoption handeln muss.[119] Schließlich ist erforderlich, dass es sich um eine Adoption handelt, die – wenn sie schon nicht dem deutschen Recht entspricht – der in unserem Recht vorgesehenen gleichwertig ist.[120] Allerdings ist die neuere Rechtsprechung in dieser Frage großzügig und nimmt die Gleichwertigkeit bereits dann an, wenn das Adoptivkind im Verhältnis zu den Annehmenden einem leiblichen Kind gleichsteht, wobei es unschädlich ist, wenn einzelne, insbesondere erbrechtliche Beziehungen zu den leiblichen Eltern bestehen bleiben[121] oder rechtliche Beziehungen zu den Verwandten der Annehmenden nicht begründet werden.[122] Demgegenüber wurde in Erwägung gezogen, ob bei Fortbestand eines nicht nur geringfügigen Umgangsrechts der leiblichen Eltern die Gleichwertigkeit zu verneinen sei, weil dies die tatsächliche Eingliederung des Angenommenen in die neue Familie stören könnte.[123]

42   Ein minderjähriger Deutscher **verliert** nach § 27 S. 1 StAG durch Adoption von Seiten eines Ausländers die deutsche **Staatsangehörigkeit,** falls er dadurch die Staatsangehörigkeit des Annehmenden erwirbt. Dies gilt nach S. 2 der Vorschrift ausnahmsweise dann nicht, wenn ein deutscher Elternteil vorhanden ist und die Adoption die Beziehungen zu ihm nicht kappt. Das ist etwa bei einer Stiefkindadoption der Fall oder auch dann, wenn eine schwache Adoption nach ausländischem Recht die bestehenden Verwandtschaftsverhältnisse nicht beendet.[124]

43   **8. Aufhebung der Adoption.** Die Aufhebung der Adoption richtet sich nach hM[125] ohne Unterscheidung nach den Gründen nach dem Recht, auf das Art. 22 Abs. 1 verweist. Führt eine Verletzung des von Art. 23 berufenen Rechts nach diesem Recht zur Aufhebung, so wäre auch dies zu beachten (→ Art. 23 Rn. 12).

44   Genau genommen ist jedoch zu unterscheiden zwischen der Aufhebung wegen Mängeln der Adoption, die schon bei deren Begründung aufgetreten sind, und wegen später auftretender Mängel. Für die Aufhebung wegen **Begründungsmängeln** bestimmt Art. 22 Abs. 1, unter welchen Voraussetzungen und wie (ob zB durch Gerichtsentscheidung und/oder Vertrag) aufgehoben werden kann.[126] Ob diese Voraussetzungen (zB das Fehlen von Einwilligungen) vorliegen, kann nicht nur aus diesem Recht, sondern ggf. auch aus dem von Art. 23 berufenen Recht entnommen werden.[127] Und zwar gibt nach hM[128] das strengere („ärgere") Recht den Ausschlag. Dagegen richtet sich die Aufhebung wegen **späterer Mängel** (zB schwerwiegender Gründe des Kindeswohls) *allein* nach dem Recht, auf das Art. 22 Abs. 1 verweist, und zwar im Zeitpunkt des Wirksamwerdens der Adoption.[129] Mängel, die sich aus einer Verletzung des von Art. 23 berufenen Rechts ergeben, können, wenn sie später auftreten, zu der Aufhebung nicht beitragen (→ Art. 23 Rn. 12).

45   Die in → Rn. 44 dargelegten materiellrechtlichen Grundsätze werden durch das Verfahrensrecht eingeschränkt. Ist nämlich die mit Mängeln behaftete Adoption durch eine inländische oder anzuerkennende ausländische **Gerichtsentscheidung** herbeigeführt worden, kann auch die Aufhebung nur durch eine solche Entscheidung erfolgen (§§ 186 Nr. 3, 198 Abs. 2 FamFG).[130] In diesem Aufhebungsverfahren sind grundsätzlich die in der voranstehenden Rn. dargelegten Grundsätze anzuwenden. Doch beurteilt sich die Frage nach dem Vorliegen eines Begründungsmangels nach dem Recht, das der Adoption tatsächlich zugrunde gelegt wurde (→ Rn. 107).

46   **9. Deutsch–deutsche Konflikte.** Für Fälle aus der Zeit der deutschen Teilung s. 5. Aufl. 2010, Einl. IPR Rn. 248 ff.; 4. Aufl. 2006, Art. 236 Vor § 1 Rn. 2. Bei der entsprechenden Anwendung

---

[119] *Makarov/v. Mangoldt* RuStAG § 6 Rn. 4.

[120] HmbOVG StAZ 2007, 86; Hailbronner/Renner/*Maaßen* StAG § 6 Rn. 24 (zu eng allerdings Rn. 25); Staudinger/*Henrich* (2014) Rn. 61; NK-BGB/*Benicke* Rn. 34; Bamberger/Roth/*Heiderhoff* Rn. 33; BeckOGK/*Markwardt* Rn. 109.

[121] BVerwG FamRZ 2007, 1550 (1551); BayVGH StAZ 1989, 287 (289); HessVGH StAZ 1985, 312 (313).

[122] NK-BGB/*Benicke* Rn. 35; *Henrich* IPRax 2008, 237 (238 f.); Hailbronner/Renner/*Maaßen* StAG § 6 Rn. 24.

[123] OVG Hamburg StAZ 2007, 86 (90). Nach Hailbronner/Renner/*Maaßen* StAG § 6 Rn. 24 soll der Gleichwertigkeit auch entgegenstehen, wenn die Aufhebung des Annahmeverhältnisses deutlich leichter möglich ist.

[124] Staudinger/*Henrich* (2014) Rn. 62; jurisPK-BGB/*Behrentin* Rn. 69; Bamberger/Roth/*Heiderhoff* Rn. 34.

[125] BT-Drs. 10/504, 71; OLG Hamm FamRZ 1996, 435 Ls.; Palandt/*Thorn* Rn. 4; Erman/*Hohloch* Rn. 17; Staudinger/*Henrich* (2014) Rn. 36, 40, 41.

[126] *Benicke*, Typenmehrheit im Adoptionsrecht und deutsches IPR, 1994, 293; *Andrae* IntFamR § 7 Rn. 98.

[127] *Henrich* IntFamR § 8 III 4; *Benicke*, Typenmehrheit im Adoptionsrecht und deutsches IPR, 1994, 293, 312.

[128] BT-Drs. 10/504, 71; Palandt/*Thorn* Art. 23 Rn. 3; *Henrich* IntFamR § 8 III 2b; Staudinger/*Henrich* (2014) Rn. 38.

[129] OLG Hamm FamRZ 1996, 435 Ls.; jurisPK-BGB/*Behrentin* Rn. 58. Nach aA ist das Recht anzuwenden, auf das Art. 22 verweisen würde, wenn diese Vorschrift auf den Zeitpunkt der Aufhebung abstellen würde, NK-BGB/*Benicke* Rn. 13; Bamberger/Roth/*Heiderhoff* Rn. 37; Staudinger/*Henrich* (2014) Rn. 40.

[130] Staudinger/*Henrich* (2014) Rn. 36; *Henrich* IntFamR § 8 III 2b; NK-BGB/*Benicke* Rn. 9 f.; *Benicke*, Typenmehrheit im Adoptionsrecht und deutsches IPR, 1994, 275 f.

des Art. 22 – sie kommt nur bei der Beurteilung von Vorgängen in Betracht, die mit dem 2.10.1990 bereits abgeschlossen waren (Art. 230)[131] – tritt, soweit Art. 22 das Heimatrecht für anwendbar erklärt, an dessen Stelle das Recht des gewöhnlichen Aufenthalts.[132]

Soweit danach das Recht der DDR anzuwenden ist, ist auch Art. 234 § 13 Abs. 1, 3–7 zu beach- **47** ten.[133] Abs. 2 dieser Vorschrift ist dagegen immer, aber auch nur anzuwenden, wenn es um Adoptionen geht, die von Organen der DDR aufgehoben wurden.

10. Ordre public. Nach Art. 22 Abs. 1 S. 2 iVm Art. 14 Abs. 1 sind die Fälle, in denen ausländi- **48** sches Recht anzuwenden ist, fast nur noch solche, in denen beide annehmenden Eheleute Ausländer sind und dazu noch demselben Land angehören. Während teilweise hervorgehoben wird, dass unter diesen Voraussetzungen nur mit besonderer Zurückhaltung vom ordre public Gebrauch gemacht werden dürfe,[134] sollte ein ausreichender **Inlandsbezug** auf jeden Fall immer dann bejaht werden, wenn sich der Lebensmittelpunkt eines Kindes dauerhaft in Deutschland befindet.[135] Oberster Maßstab für die Prüfung ist das Kindeswohl, das bei der Adoption im Vordergrund stehen muss (vgl. Art. 3, 20, 21 UN-Kinderrechtskonvention[136]). Zur Konkretisierung sind unter anderem auch das Revidierte Europäische Adoptionsübereinkommen vom 27.11.2008[137] und die Rechtsprechung des Europäischen Gerichtshofs für Menschenrechte,[138] die gemeineuropäische Standards widerspiegeln, heranzuziehen.[139]

Vor diesem Hintergrund (vgl. Art. 13 Abs. 2 RevEuAdÜbereink v. 2008) verstößt beispiels- **49** weise das **Adoptionsverbot** des Vorhandenseins eigener Kinder gegen den ordre public.[140] Bedenklich können aber auch andere Adoptionshindernisse sein, wenn sie einer Adoption, die nach modernem Verständnis ein Mittel der Sozialpolitik ist, um Kindern angemessene Entwicklungschancen zu eröffnen, unangemessene Hürden in den Weg legt, wie etwa ein hohes Mindestalter (vgl. Art. 9 Abs. 1 S. 2 RevEuAdÜbereink v. 2008: Mindestalter nicht höher als 30 Jahre) für die Adoptiveltern.[141]

Überhaupt **keine Möglichkeit der Adoption** sehen die meisten Staaten mit islamisch geprägten **50** Rechtsordnungen vor (zu Ausnahmen → Rn. 8).[142] Dabei wird die entsprechende soziale Funktion in der Regel von der sog kafala (→ Rn. 8) erfüllt, einer Art Schutz- und Pflegeverhältnis, welches dem Kind Unterhaltsansprüche sichert und dem Übernehmenden die sorgerechtliche Verantwortung für das Kind verleiht, ohne dass es zur Begründung abstammungsrechtlicher Statusbeziehungen kommt.[143] Unter Hinweis darauf, die Betroffenen seien auf dieses „adoptionsähnliche" Institut zu verweisen, wird in der Literatur teilweise ein Verstoß gegen den ordre public verneint (→ Art. 6 Rn. 239 mwN).[144] Ob diese Haltung den Interessen von Kindern, die sich dauerhaft in Deutschland aufhalten, gerecht wird, muss ernsthaft bezweifelt werden.[145] Auf die gerichtliche Praxis scheint

---

[131] 4. Aufl. 2006, Art. 236 Vor § 1 Rn. 1.

[132] Erman/*Hohloch* Rn. 9; *Kegel/Schurig* IPR § 20 XIII 5b bb.

[133] 4. Aufl. 2006, Art. 234 § 1 Rn. 9; Erman/*Hohloch* Rn. 9; anders *Rauscher* StAZ 1991, 1 (10), der diese Vorschrift auf alle Adoptionen angewandt sehen will, die tatsächlich nach DDR-Recht ausgesprochen wurden.

[134] 5. Aufl. 2010, Rn. 55 *(Klinkhardt)*; *Sonnenberger,* Symposium Spellenberg, 2006, 29 (49); *Henrich* IntFamR § 8 II 6; Erman/*Hohloch* Rn. 6. Zu den Fragen des Inlandsbezugs bei Art. 6 → Art. 6 Rn. 184 ff.

[135] *Jayme* StAZ 1980, 301 (306); OLG Schleswig FamRZ 2002, 698 f.; AG Siegen IPRax 1993, 184 f. Dies entspricht auch außerhalb des Bereichs der Adoption mittlerweile der Grundhaltung im internationalen Kindschaftsrecht vgl. BGH FamRZ 1993, 316 (317 ff.).

[136] Übereinkommen vom 20.11.1989 über die Rechte des Kindes (BGBl. 1992 II S. 121).

[137] BGBl. 2015 II S. 2, vgl. dazu *Maurer* FamRZ 2015, 1937. Das Abkommen ist in der Bundesrepublik Deutschland am 1.7.2015 in Kraft getreten (BGBl. 2015 II S. 463). Es trat an die Stelle des Europäischen Adoptionsübereinkommens vom 24.4.1967 (BGBl. 1980 II S. 1093).

[138] Vgl. EGMR FamRZ 2007, 1529 – Wagner/Luxemburg mit Anm. *Henrich,* wonach es gegen Art. 8 EMRK verstößt, wenn eine im Ausland erfolgte Volladoption durch eine unverheiratete Frau nicht anerkannt wird, weil nach internem (luxemburgischen) Recht die Volladoption nur Ehegatten gestattet ist.

[139] BGHZ 203, 350 Ls. 2 = NJW 2015, 479; *Jayme* StAZ 1980, 301 (304); vgl. auch *Jayme,* Methoden der Konkretisierung des ordre public im Internationalen Privatrecht, 1989, 51.

[140] OLG Schleswig FamRZ 2002, 698 (699); AG Hamm IPRax 2007, 326 (328); AG Siegen IPRax 1993, 184 (185); AG Recklinghausen IPRax 1982, 205; *Helms,* FS Hahne, 2012, 69 (78 f.); aA AG Weilheim IPRax 1982, 161.

[141] AG Recklinghausen IPRax 1985, 110 f. (Mindestalter von 40 Jahren); NK-BGB/*Benicke* Rn. 62; BeckOGK/*Markwardt* Rn. 148 (30 Jahre bedenklich); zurückhaltender Staudinger/*Henrich* (2014) Rn. 71.

[142] Staudinger/*Henrich* (2014) Vor Art. 22 Rn. 4.

[143] *Haddad* Revue Algérienne 37 (1999), 7 ff. insbes. 24 ff.; *Rohe,* Das islamische Recht, 2009, 97; *Menhofer* IPRax 1997, 252 f.

[144] *Sonnenberger,* Symposium Spellenberg, 2006, 29 (49); Staudinger/*Henrich* (2014) Rn. 71; 5. Aufl. 2010, Rn. 56 *(Klinkhardt);* wohl idR auch Bamberger/Roth/*Heiderhoff* Rn. 51 und Erman/*Hohloch* Rn. 6.

[145] NK-BGB/*Benicke* Rn. 62; *Helms,* FS Hahne, 2012, 69 (80 f.).

diese Auffassung auf jeden Fall keinen Einfluss gehabt zu haben. Von deutschen Gerichten, die – als Alternative zum Ausspruch einer Adoption – in Anwendung islamisch geprägten Rechts eine kafala angeordnet hätten, ist nichts bekannt geworden.[146] Stattdessen werden die Adoptionsverbote islamischer Staaten wohl regelmäßig auch dann als Verstoß gegen den ordre public gewertet, wenn sowohl die Annehmenden als auch der Anzunehmende die Staatsangehörigkeit des Staates besitzen, der die Adoption untersagt, die Beteiligten ihren gewöhnlichen Aufenthalt aber in Deutschland haben.[147] Nicht gegen den ordre public verstößt es, wenn eine Rechtsordnung keine Volljährigenadoption kennt, da – nicht zuletzt vor dem Hintergrund der rechtsvergleichenden Erfahrungen[148] – die Berechtigung der Volljährigenadoption umstritten ist,[149] oder eine Rechtsordnung für Minderjährige lediglich eine schwache Adoption vorsieht.[150]

51   Es gibt ausländische Rechte, nach denen die Adoption durch **bloße private Willenserklärungen** (ohne jede Mitwirkung einer staatlichen Instanz, die für die Wahrnehmung des Kindeswohls sorgt) herbeigeführt wird. Grundsätzlich ist die Ansicht, solche Privatadoptionen könnten niemals anerkannt werden,[151] ebenso abzulehnen[152] wie die, aus dem Ausland kommende Privatscheidungen seien nicht anerkennungsfähig (→ Rom III-VO Art. 1 Rn. 12 ff.). Jedoch kann in Deutschland bei einem minderjährigen Anzunehmenden eine solche Privatadoption ebenso wenig[153] durchgeführt werden wie hier eine reine Privatscheidung erfolgen kann (Art. 17 Abs. 2).

52   Einzeladoptionen widersprechen nicht deswegen dem ordre public, weil sie ohne die Zustimmung des Ehegatten erfolgen[154] oder nach einer Rechtsordnung vorgenommen werden, die auf eine der Adoption vorausgehende Pflegezeit verzichtet.[155] Normen, nach denen die Mutter durch die Adoption des Kindes von Seiten des Stiefvaters das Sorgerecht völlig verliert, sind wegen Verstoßes gegen Art. 6 unanwendbar.[156] Gegen den ordre public verstoßen im Übrigen ganz allgemein Minderjährigenadoptionen, die nicht dem **Kindeswohl** dienen.[157]

53   Einer gemeinschaftlichen Adoption durch **registrierte Lebenspartner** steht vor dem Hintergrund des § 9 Abs. 7 LPartG,[158] der nach deutschem Recht zumindest die Stiefkindadoption sowie die Sukzessivadoption zulässt, weder der ordre public (Art. 6)[159] noch die bis zum 1.10.2017 geltende

---

[146] Mit Inkrafttreten des KSÜ sind die Hürden für die Anordnung einer kafala durch deutsche Gerichte noch einmal erhöht worden. Während früher umstritten war, ob die kafala als adoptionsähnliches Rechtsinstitut nach Art. 22, 23 EGBGB analog dem Adoptionsstatut unterstellt werden konnte (so *Menhofer* IPRax 1997, 252 (254); aA 5. Aufl. 2010 Rn. 8 *(Klinkhardt)*), ordnet Art. 3 lit. e KSÜ die kafala nunmehr ausdrücklich als Schutzmaßnahme ein, auf die nach Art. 15 Abs. 1 KSÜ damit grundsätzlich das Recht des gewöhnlichen Aufenthalts anwendbar ist, soweit nicht ein Ausnahmefall nach Art. 15 Abs. 2 KSÜ vorliegen sollte (→ Rn. 8).
[147] OLG Schleswig FamRZ 2008, 1104; AG Hagen IPRax 1984, 279 (da es sich um ein deutsch-iranisches Ehepaar handelte, wäre heute ohnehin deutsches Recht anwendbar). Vgl. auch AG Lahnstein FamRZ 1994, 1350 f. (das sich allerdings im Rahmen von Art. 23 EGBGB ohne Not am Adoptionsverbot des Heimatrechts des Kindes störte). Auch OLG Karlsruhe IPRax 1999, 49 mit Anm. *Jayme* moniert in erster Linie, dass nicht der Verstoß gegen den ordre public geprüft worden sei und gibt lediglich zu bedenken, ob es im konkreten Fall für das aus Marokko stammende Kind, das bereits auf Grundlage einer kafala bei seinen marokkanischen (Adoptiv-)Eltern in Deutschland lebte, nicht besser sei, diesen Status zu behalten und nicht adoptiert zu werden, ohne diese Frage aber selbst zu beantworten.
[148] *Frank* FamRZ 2007, 1693 (1694): „Fälle, in denen die Volljährigenadoption notwendig wäre, sind nicht zu erkennen".
[149] *Helms/Botthof*, FS Meincke, 2015, 143 ff.; Bamberger/Roth/*Heiderhoff* Rn. 51; *Emmerling de Oliveira* MittBayNot 2010, 429 (430).
[150] Bamberger/Roth/*Heiderhoff* Rn. 52; *Sonnenberger,* Symposium Spellenberg, 2006, 29 (49).
[151] *König,* Die Annahme eines Kindes im Ausland, 1979, 48; Erman/*Hohloch* Rn. 27; *S. Lorenz,* FS Sonnenberger, 2004, 497 (506).
[152] *Krapf-Buhmann,* Anerkennung ausländischer Adoptionen, 1989, 109.
[153] Erman/*Hohloch* Rn. 6; Staudinger/*Henrich* (2014) Rn. 78; Bamberger/Roth/*Heiderhoff* Rn. 55; *Looschelders* IPR Rn. 16; NK-BGB/*Benicke* Rn. 86.
[154] OLG Nürnberg FamRZ 2002, 1145 Ls.; Bamberger/Roth/*Heiderhoff* Rn. 52; *Wedemann* FamRZ 2015, 2106 (2112).
[155] AG Nürnberg FamRZ 2010, 51 (52); im Rahmen einer Anerkennungsprüfung OLG Karlsruhe FamRZ 2013, 715 (716); *Lüderitz,* FS Beitzke, 1979, 589 (603).
[156] AG Wolfsburg IPRax 1984, 44; gebilligt von Staudinger/*Henrich* (2014) Rn. 71.
[157] OLG Celle FamRZ 2008, 1109 (1110) mit zust. Anm. *Weitzel;* LG Stuttgart JAmt 2008, 102; AG Köln FamRZ 2008, 1111 mit zust. Anm. *Gerling;* BeckOGK/*Markwardt* Rn. 135; *Benicke,* Typenmehrheit im Adoptionsrecht und deutsches IPR, 1994, 137; *Looschelders* IPR Rn. 15.
[158] Die Vorgaben aus der Entscheidung BVerfG FamRZ 2013, 521 zur Sukzessivadoption hat der Gesetzgeber sehr eng umgesetzt → Rn. 9, doch wird er aus verfassungsrechtlichen Gründen über kurz oder lang nicht daran vorbeikommen, auch eine gemeinschaftliche Fremdadoption für eingetragene Lebenspartner einzuführen.
[159] jurisPK-BGB/*Behrentin* Rn. 35; so im anerkennungsrechtlichen Kontext BGH FamRZ 2015, 1479 (1482); OLG Schleswig NZFam 2014, 480.

Kappungsgrenze des Art. 17b Abs. 4 aF entgegen, da es sich nicht unmittelbar um eine Wirkung der Lebenspartnerschaft handelt.[160]

Zum ordre public auch → Rn. 92 ff.   **54**

11. Übergangsrecht. Übergangsrecht zum 1.9.1986 ist für das Kollisionsrecht der Adoption in **55** Art. 220 Abs. 1 enthalten.

Handelt es sich um eine durch konstitutiven gerichtlichen oder sonstigen behördlichen Akt erfolgte **56** Adoption **(Dekretadoption)** oder um eine dadurch herbeigeführte Adoptionsaufhebung, so hat der in 3. Aufl. 1998, Art. 21 aF Rn. 84, 85; 4. Aufl. 2006, Art. 220 Rn. 13 geschilderte Meinungsstreit über die Auslegung des Begriffs des abgeschlossenen Vorgangs keine Bedeutung: Nach beiden Meinungen ist dieser abgeschlossen, wenn die Adoption bzw. deren Aufhebung wirksam geworden ist. Wird die Adoption von einem deutschen Gericht ausgesprochen, so ist die Adoption wirksam geworden, wenn der Gerichtsbeschluss gemäß § 197 Abs. 2 FamFG wirksam geworden ist.[161] Erfolgte diese Zustellung vor dem 1.9.1986, ist nach wie vor Art. 22 aF maßgebend, bei Zustellung nachher Art. 22 nF.[162] Auch § 108 FamFG ist nur auf solche ausländischen Adoptionsdekrete anwendbar, die nachher zugestellt wurden.[163] Geht es um die Aufhebung einer Dekretadoption, so kommt es auf den Zeitpunkt an, zu dem der Aufhebungsantrag gestellt wurde: Wurde dieser vor dem 1.9.1986 gestellt, ist Art. 22 aF anzuwenden, im Falle einer Antragstellung nachher Art. 22 nF.[164]

Geht es um eine Adoption durch Parteierklärung (also etwa um eine **Vertragsadoption**), so ist **57** nach der in der 3. Aufl. 1998, Art. 21 aF Rn. 86; 4. Aufl. 2006, Art. 220 Rn. 11–13 vertretenen Ansicht das alte Kollisionsrecht anzuwenden, wenn die von dem materiellen Recht, das von ihm berufen wurde, geforderten Tatbestandsmerkmale (zB auch alle Einwilligungen und gerichtlichen Genehmigungen sowie Bestätigungen) sämtlich vor dem 1.9.1986 erfüllt wurden (oder vorher festtand, dass sie nicht erfüllt werden), andernfalls der neue Art. 22.[165]

Art. 220 Abs. 1 und damit die vorstehenden Regeln sind auch maßgebend, wenn es darum geht, **58** inwieweit die Adoption Beziehungen des Kindes zu den Annehmenden und ihrer Familie herstellt und Beziehungen zur leiblichen Familie abschneidet.[166] Dasselbe gilt für die erbrechtlichen **Wirkungen** der Adoption. Soweit diese vom Adoptionsstatut abhängen (→ Rn. 37 ff.), kommt es auch hier auf den Zeitpunkt der Adoption an. Soweit sie zusätzlich vom Erbstatut abhängen, ist dieses jedoch anhand des Zeitpunktes des Erbfalles zu bestimmen.[167] Die übrigen, einzelnen Wirkungen richten sich dagegen im Zweifel nach Abs. 2 des Art. 220.[168]

IV. Adoption durch Personen, die nicht in einer formalisierten Paarbeziehung leben

Die Adoption durch Personen, die **weder verheiratet sind noch in einer eingetragenen** **59** **Lebenspartnerschaft** leben, ist in S. 1 des Art. 22 Abs. 1 geregelt. S. 1 ist nicht in allen Fällen maßgebend, in denen Einzelpersonen adoptieren, sondern nur, wenn der Annehmende unverheiratet ist und nicht in einer eingetragenen Lebenspartnerschaft lebt. Nimmt eine verheiratete oder verpartnerte Einzelperson an, so ist von S. 2 oder S. 3 auszugehen (→ Rn. 9, 53). Nehmen demgegenüber **andere Personen ein Kind gemeinsam** an (was nach deutschem Recht nicht möglich ist, aber von einer zunehmenden Anzahl ausländischer Rechtsordnungen etwa bei Bestehen einer nichtehelichen Lebensgemeinschaft erlaubt wird), so findet auf jeden Elternteil Art. 22 Abs. 1 S. 1 Anwendung, so dass es im Ergebnis zu einer Kumulation der anwendbaren Rechtsordnungen kommt.[169] Eine gemeinsame Adoption durch zwei Personen, die nicht in einer rechtlich formalisierten Paarbeziehung leben, stellt keinen Verstoß gegen den deutschen ordre public (→ Rn. 48 ff.) dar, weil im Rahmen der – zwingend gebotenen – Kindeswohlprüfung die Dauerhaftigkeit und Stabilität der Lebensgemeinschaft ein zentraler Gesichtspunkt sein wird.[170]

---

[160] BGH FamRZ 2016, 1251 (1255); NK-BGB/*Benicke* Rn. 55b; *Benicke* IPRax 2015, 393 (395 f.); Bamberger/Roth/*Heiderhoff* Rn. 41; *Andrae* IntFamR § 7 Rn. 29; jurisPK-BGB/*Behrentin* Rn. 35; aA Staudinger/*Henrich* (2014) Rn. 6.

[161] Anm. zu AG Germersheim *Jayme* IPRax 1987, 188; Staudinger/*Henrich* (2014) Rn. 3; Erman/*Hohloch* Rn. 8; im Wesentlichen auch Palandt/*Thorn* Art. 220 Rn. 4.

[162] So auch Erman/*Hohloch* Rn. 8.

[163] *Beitzke* IPRax 1990, 36 (37); anders *Lüderitz* FamRZ 1988, 881.

[164] BayObLG FamRZ 1990, 1392; vgl. aber auch 4. Aufl. 2006, Art. 220 Rn. 13.

[165] Erman/*Hohloch* Rn. 8.

[166] *Wohlgemuth* ROW 1988, 75 (87); Staudinger/*Henrich* (2014) Rn. 4.

[167] Hierzu Palandt/*Thorn* Art. 220 Rn. 4.

[168] 4. Aufl. 2006, Art. 220 Rn. 23; Staudinger/*Henrich* (2014) Rn. 4; Palandt/*Thorn* Art. 220 Rn. 7.

[169] Bamberger/Roth/*Heiderhoff* Rn. 40; NK-BGB/*Benicke* Rn. 54.

[170] Im Rahmen einer Anerkennungsprüfung BGH FamRZ 2015, 1479 (1482 f.).

60   S. 1 verweist auf das **Recht des Landes, dem der Annehmende angehört.** Auch hier kommt es – unwandelbar – auf den Zeitpunkt der Adoption an.[171]

61   Rück- und Weiterverweisungen sind hier nach Art. 4 Abs. 1 S. 1 ohne Ausnahme und uneingeschränkt zu beachten.

62   Im Übrigen gilt, was unter → Rn. 14, 15, 18–22, 24–58 ausgeführt wurde, auch hier.

V. Internationales Verfahrensrecht

63   **1. Inländische Adoptionen. a) Internationale Zuständigkeit.** Da sowohl die Brüssel IIa-VO als auch das KSÜ nicht anwendbar sind (Art. 1 Abs. 3 lit. b Brüssel IIa-VO, Art. 4 lit. b KSÜ), bestimmt sich die internationale Zuständigkeit deutscher Gerichte nach § 101 FamFG. Diese Vorschrift gilt gemäß § 103 Abs. 3 FamFG auch für die Adoption durch Lebenspartner. § 101 FamFG bezieht sich nach ihrem Wortlaut auf alle Angelegenheiten, die die Adoption betreffen, also nicht nur auf den Ausspruch der Adoption, sondern zB auch auf die Befreiung von Adoptionshindernissen,[172] die Aufhebung der Adoption,[173] die Ersetzung von Einwilligungen,[174] die in § 1746 Abs. 1 S. 4 BGB und vergleichbaren ausländischen Vorschriften vorgesehene familiengerichtliche Genehmigung der Einwilligung des Kindes sowie auf Entscheidungen zum Namen des Kindes,[175] ferner auf adoptionsrechtliche Entscheidungen, auch wenn sie nur (noch) in ausländischen Rechten vorgesehen sind wie zB Bestätigungen eines Adoptionsvertrages.[176]

64   Nach der Vorschrift sind die deutschen Gerichte in allen Fällen international zuständig, in denen der **Annehmende** oder einer der annehmenden Ehegatten **oder** das **Kind** die **deutsche Staatsangehörigkeit** oder den **gewöhnlichen Aufenthalt**[177] in Deutschland hat. Es sind also vier – bei Ehegattenadoption sechs – Tatbestände, auf die diese Zuständigkeit alternativ gegründet werden kann. Die deutsche Staatsangehörigkeit ist auch dann ausreichend, wenn sie nur neben einer anderen gegeben ist (→ Art. 5 Rn. 71).[178]

65   Auf andere Tatbestände wie deutsches Adoptionsstatut, schlichten Aufenthalt oder Fürsorgebedürfnis in Deutschland, die früher ebenfalls in Betracht gezogen wurden, kann angesichts der großzügigen Fassung des § 101 FamFG heute die internationale Zuständigkeit nicht mehr gestützt werden.[179]

66   Die **perpetuatio fori** gilt für die internationale Zuständigkeit nicht unbedingt, sondern hängt von einer Interessenabwägung (Fürsorgebedürfnis, Praktikabilität, Vermeidung hinkender Rechtsverhältnisse) im Einzelfall ab.[180]

67   Die **internationale Zuständigkeit** wird grundsätzlich **nicht** dadurch **ausgeschlossen,** dass der Staat, dessen Recht anwendbar ist und angewandt wird, ausschließliche Zuständigkeit für sich in Anspruch nimmt[181] oder sonst die Adoption nicht anerkennt[182] noch dadurch, dass das Heimatrecht des Kindes keine Adoption kennt.[183] Dies gilt etwa auch für die internationale Zuständigkeit zur Befreiung von Adoptionshindernissen usw.

---

[171] Palandt/*Thorn* Rn. 3; Staudinger/*Henrich* (2014) Rn. 5; *Henrich* IntFamR § 8 II 1; *Looschelders* IPR Rn. 18.

[172] Soergel/*Lüderitz* Rn. 38; *Henrich* IntFamR § 8 V 3.

[173] Bork/Jacoby/Schwab/*Heiderhoff* FamFG § 101 Rn. 1; *Hohnerlein,* Internationale Adoption und Kindeswohl, 1991, 253; Erman/*Hohloch* Rn. 20.

[174] BayObLG FamRZ 2002, 1142 (1143); 1989, 1336 (1337); OLG Zweibrücken DAVorm. 1976, 340 (341); Erman/*Hohloch* Rn. 20; Staudinger/*Henrich* (2014) Rn. 30, 77; *Baumann,* Verfahren und anwendbares Recht bei Adoptionen mit Auslandsberührung, 1992, 76.

[175] MüKoFamFG/*Rauscher* § 101 Rn. 4.

[176] Prütting/Helms/*Hau* FamFG § 101 Rn. 14; MüKoFamFG/*Rauscher* § 101 Rn. 7; Palandt/*Thorn* Rn. 9. Wegen Beispielen für solche Entscheidungen → Rn. 71, 72.

[177] Zum Begriff → Art. 5 Rn. 141 ff.; Prütting/*Helms* FamFG § 122 Rn. 4 ff.

[178] OLG Köln StAZ 2007, 240; Prütting/Helms/*Hau* FamFG § 101 Rn. 11, Vor § 98 Rn. 28; Bork/Jacoby/Schwab/*Heiderhoff* FamFG § 101 Rn. 1; Keidel/*Engelhardt* FamFG § 101 Rn. 6.

[179] BT-Drs. 10/504, 95; MüKoFamFG/*Rauscher* FamFG § 101 Rn. 18; vorsichtiger Prütting/Helms/*Hau* FamFG § 101 Rn. 13.

[180] Prütting/Helms/*Hau* FamFG § 101 Rn. 12; *Kropholler* IPR § 49 V 1; *Winkelsträter,* Anerkennung und Durchführung internationaler Adoptionen in Deutschland, 2007, 49 ff.; zurückhaltender NK-BGB/*Benicke* Rn. 69; MüKoFamFG/*Rauscher* § 101 Rn. 22; Ablehnung der perpetuatio fori: OLG Zweibrücken FamRZ 1973, 479 (480); LG Mainz DAVorm. 1977, 212 f.; demgegenüber Bejahung: AG Darmstadt StAZ 1979, 324 (325).

[181] Prütting/Helms/*Hau* FamFG § 101 Rn. 12; MüKoFamFG/*Rauscher* § 101 Rn. 21; Staudinger/*Henrich* (2014) Rn. 75; *Baumann,* Verfahren und anwendbares Recht bei Adoptionen mit Auslandsberührung, 1992, 13 f.; *Looschelders* IPR Rn. 30.

[182] Keidel/*Engelhardt* FamFG § 101 Rn. 5; MüKoFamFG/*Rauscher* § 101 Rn. 21; Prütting/Helms/*Hau* FamFG § 101 Rn. 12; Staudinger/*Henrich* (2014) Rn. 74; Erman/*Hohloch* Rn. 20; Palandt/*Thorn* Rn. 9.

[183] Keidel/*Engelhardt* FamFG § 101 Rn. 5; Staudinger/*Henrich* (2014) Rn. 74; *Baumann,* Verfahren und anwendbares Recht bei Adoptionen mit Auslandsberührung, 1992, 14.

Anders kann es in seltenen **Ausnahmefällen** sein. Vor allem, wenn die Beteiligten in das Land, **68** dessen Recht angewandt wird, zurückgekehrt sind, kann es **im Einzelfall** deren Interesse erfordern, dass die Adoption hier nur durchgeführt wird, wenn sie dort mit einer Anerkennung rechnen können.[184] Ist das nicht der Fall, ist die internationale Zuständigkeit unter dem Gesichtspunkt des **forum-non-conveniens** verneint worden.[185] Mehr den deutschen Begriffen entspricht es, hier von einer Unzulässigkeit des deutschen Verfahrens wegen Fehlens des Rechtsschutzbedürfnisses[186] zu sprechen.

b) Örtliche Zuständigkeit. Für Kinder,[187] die zur Zeit ihrer Adoption das 18. Lebensjahr noch **69** nicht vollendet hatten und auf die – im weitesten Sinne (→ AdWirkG § 5 Rn. 6) – „ausländische Sachvorschriften" anzuwenden sind, sieht § 187 Abs. 4 FamFG iVm § 5 Abs. 1 S. 1 und Abs. 2 AdWirkG eine Zuständigkeitskonzentration vor: es sind nur die Gerichte zuständig, in deren Bezirk ein Oberlandesgericht seinen Sitz hat. Zu Einzelheiten → AdWirkG § 5 Rn. 5 f.

c) Feststellung der Wirkungen. Ist die Adoption auf ausländische Sachvorschriften gestützt, **so** **70** **hat das Gericht,** das die Adoption ausspricht, nach § 2 Abs. 3 S. 1 iVm Abs. 1 AdWirkG **von Amts wegen** seinem Ausspruch die Feststellung hinzuzufügen, ob die Rechtsbeziehungen des Kindes zu seinen leiblichen Eltern gekappt sind (→ AdWirkG § 2 Rn. 21 f.). Ist dies der Fall, hat es nach § 2 Abs. 3 S. 1 iVm Abs. 2 S. 1 Nr. 1 AdWirkG weiter festzustellen, dass die Adoption einer nach deutschen Sachvorschriften begründeten Adoption gleichsteht (→ AdWirkG § 2 Rn. 18). Sind diese Voraussetzungen nicht gegeben, hat das Gericht festzustellen, dass die Adoption hinsichtlich der elterlichen Sorge und der Unterhaltspflicht des/der Annehmenden einer nach den deutschen Sachvorschriften begründeten Adoption gleichsteht (→ AdWirkG § 2 Rn. 19). Im Übrigen kann auch eine solche, in Deutschland durchgeführte, aber auf ausländische Sachvorschriften gestützte Adoption gemäß → Rn. 104 ff. umgewandelt werden. Die Umwandlung kann mit dem Ausspruch der Adoption im gleichen Verfahren durchgeführt werden (→ AdWirkG § 3 Rn. 2 f.).

d) Sonstige Fragen des Adoptionsverfahrens. In Verfahren vor deutschen Gerichten ist stets **71** deutsches Verfahrensrecht (lex fori) anzuwenden.[188] Insbesondere das italienische Recht hat Anlass zu Überlegungen gegeben, wie **Anforderungen, die das deutsche Recht nicht kennt, in einem deutschen Verfahren** erfüllt werden können. Das AG Darmstadt[189] hat im Einzelnen gezeigt, dass an die Stelle der Feststellung der Adoptionsfähigkeit (Art. 8 ff. it. Gesetz Nr. 184 vom 4.5.1983) die Einwilligungen der Eltern,[190] verbunden mit der Einstellung der Fürsorge für das Kind, an die Stelle der Anvertrauung durch das Gericht im Vorfeld der Adoption (Art. 22 ff. it. Gesetz Nr. 184 vom 4.5.1983) die Inpflegegabe durch die Adoptionsvermittlungsstelle treten kann. Anstelle der Prüfung der Eignung der Annehmenden durch das Gericht (Art. 30 it. Gesetz Nr. 184 vom 4.5.1983) kann die entsprechende Prüfung durch die Adoptionsvermittlungsstelle treten.[191] Eine Beteiligung des Staatsanwalts ist wegen Maßgeblichkeit der lex fori für Verfahrensfragen nicht erforderlich.[192]

An die Stelle der zB in manchen osteuropäischen Rechten vorgesehenen **Genehmigung der** **72** **Adoption** der eigenen Landeskinder durch Angehörige anderer Länder kann die Genehmigung nach § 1746 Abs. 1 S. 4 BGB treten.[193]

Hat entweder der Annehmende oder das Kind eine ausländische oder keine Staatsangehörigkeit oder **73** den Wohnsitz bzw. den gewöhnlichen Aufenthalt im Ausland, hat nach § 195 FamFG iVm § 11 Abs. 1 Nr. 2 und 3 AdVermiG das Familiengericht das **Landesjugendamt zu hören.** Demgegenüber ist das

---

[184] Staudinger/*Henrich* (2014) Rn. 42; *Baumann,* Verfahren und anwendbares Recht bei Adoptionen mit Auslandsberührung, 1992, 14; *Hohnerlein,* Internationale Adoption und Kindeswohl, 1991, 208; Soergel/*Lüderitz* Rn. 37.

[185] OLG Frankfurt StAZ 1975, 98 f.; *Jayme* StAZ 1979, 326; AG Würzburg IPRax 1985, 111 mit zust. Anm. *Jayme.*

[186] MüKoFamFG/*Rauscher* FamFG § 101 Rn. 21; Palandt/*Thorn* Rn. 9; Erman/*Hohloch* Rn. 20; Staudinger/*Henrich* (2014) Rn. 76; zurückhaltend Prütting/Helms/*Hau* FamFG § 101 Rn. 12.

[187] Die Beschränkung ergibt sich daraus, dass § 5 AdWirkG auf § 2 AdWirkG verweist, der wiederum auf § 1 AdWirkG Bezug nimmt, so OLG München StAZ 2008, 13 f.; OLG Hamm StAZ 2008, 343; OLG Stuttgart StAZ 2007, 240; OLG Schleswig StAZ 2007, 45; die von OLG Köln StAZ 2006, 234 (235) vertretene Gegenansicht wurde mittlerweile aufgegeben, OLG Köln StAZ 2011, 338.

[188] Prütting/Helms/*Hau* FamFG § 101 Rn. 14; Staudinger/*Henrich* (2014) Rn. 78; Erman/*Hohloch* Rn. 21.

[189] ZBlJugR 1983, 223 (226 f.); billigend *Wengler* IPRax 1987, 8 (9); Staudinger/*Henrich* (2014) Rn. 82; *Henrich* IntFamR § 8 V 3; *Baumann,* Verfahren und anwendbares Recht bei Adoptionen mit Auslandsberührung, 1992, 41; *v. Bar* IPR II Rn. 328; Erman/*Hohloch* Rn. 21.

[190] *Baumann,* Verfahren und anwendbares Recht bei Adoptionen mit Auslandsberührung, 1992, 42.

[191] Staudinger/*Henrich* (2014) Rn. 80; vgl. auch AG Gütersloh IPRax 1985, 232 mit Anm. *Jayme.*

[192] OLG Karlsruhe IPRax 2014, 449 mit Anm. Jayme.

[193] *Baumann,* Verfahren und anwendbares Recht bei Adoptionen mit Auslandsberührung, 1992, 41 f.

Bundesamt für Justiz als Bundeszentralstelle für Auslandsadoptionen entgegen dem Wortlaut von § 5 Abs. 3 S. 4 AdWirkG nicht zu beteiligen (→ AdWirkG § 4 Rn. 7). In den Fällen, in denen nach den Art. 2 und 3 AdÜb (→ Anh. Art. 22 Rn. 5) dieses Übereinkommen anwendbar ist, **darf** nach dessen Art. 17 der Ausspruch der **Adoption erst erfolgen, wenn die Zentralen Behörden** des Heimatstaats und des Aufnahmestaats der Fortsetzung des Verfahrens **zugestimmt** haben.[194]

74   **e) Personenstandsrecht.** Die personenstandsrechtliche Behandlung der Adoption richtet sich nach § 27 Abs. 1 und Abs. 3 Nr. 1 PStG. Erfolgt die Adoption – wie nach geltendem deutschen Recht – durch konstitutive Gerichtsentscheidung, kann der Standesbeamte nur prüfen, ob diese Entscheidung wirksam[195] und, wenn sie im Ausland erfolgte, in Deutschland anzuerkennen ist. Darüber hinaus kommt eine Prüfung der materiellen Voraussetzungen unter Anwendung der Art. 22, 23 in Betracht, wenn die Adoption – außerhalb des Anwendungsbereichs des AdÜb (→ Rn. 82) – durch private Willenserklärungen (Vertrag) erfolgt ist (Nr. 27.6.2 S. 4–6 PStG-VwV). Dabei ist jedoch zu unterscheiden: eine nach den verfahrensrechtlichen Regeln (→ Rn. 86) anzuerkennende Adoption liegt bereits dann vor, wenn die Adoptionsvereinbarung gerichtlich oder behördlich bestätigt wurde und dabei auch eine Inhaltskontrolle vorgenommen wurde, demgegenüber ändert eine bloße Registrierung nichts an dem Charakter als (reine) Vertragsadoption.[196] Es sind auch Folgebeurkundungen über schwache Adoptionen vorzunehmen.[197] In Zweifelsfällen kann das Standesamt gemäß §§ 2, 4 Abs. 1 S. 1 Nr. 1 lit. d AdWirkG beim Familiengericht die Feststellung beantragen, ob die Annahme als Kind anzuerkennen und das Eltern-Kind-Verhältnis zu den bisherigen Eltern erloschen ist (→ AdWirkG § 4 Rn. 4).

75   **2. Anerkennung von im Ausland erfolgten Adoptionen.** Im Anwendungsbereich des **AdÜb** wird eine in einem anderen Vertragsstaat ergangene Adoption gemäß Art. 23 Abs. 1 S. 1 **kraft Gesetzes anerkannt,** wenn die zuständige Behörde des Staates, in dem sie durchgeführt worden ist, bescheinigt, dass sie gemäß dem Übereinkommen zustande gekommen ist. Die Voraussetzungen, unter den die Anerkennung gleichwohl versagt werden kann, sind in Art. 24 AdÜb geregelt (s. Anh. Art. 22). Auch im Übrigen werden gemäß § 108 Abs. 1 FamFG die Wirkungen ausländischer Adoptionsentscheidungen im Inland ohne ein besonderes Anerkennungsverfahren **automatisch** anerkannt, soweit nicht ein Anerkennungshindernis nach § 109 Abs. 1 FamFG entgegensteht.[198] **Privat-/Vertragsadoptionen,** die nicht in den Anwendungsbereich des AdÜb fallen, sind nicht (verfahrensrechtlich) anzuerkennen, vielmehr bestimmt sich ihre Wirksamkeit direkt nach dem von Art. 22, 23 berufenen Adoptionsstatut → Rn. 74, 84 f. Zur Vereinbarkeit mit dem deutschen ordre public → Rn. 51. Zu den Anerkennungswirkungen → Rn. 101 ff.

76   **a) Feststellung der Anerkennung.** Durch § 2 AdWirkG, der gemäß § 108 Abs. 2 S. 3 FamFG Vorrang vor dem Anerkennungsverfahren nach § 108 Abs. 2 und 3 FamFG hat, besteht die Möglichkeit, in einem **speziellen Verfahren** festzustellen, ob eine im Ausland erfolgte Adoption im Inland anzuerkennen ist oder nicht. Das Verfahren ist nach § 1 S. 2 AdWirkG allerdings nur eröffnet, solange der Angenommene im Zeitpunkt der Adoption (→ AdWirkG § 1 Rn. 4 f.) das 18. Lebensjahr noch nicht vollendet hat; damit kommt (nur) für Erwachsene das allgemeine (fakultative) Anerkennungsverfahren nach § 108 Abs. 2 und 3 FamFG in Frage.[199] Unerheblich ist, ob die Adoption unter das AdÜb (s. Anh. Art. 22) fällt oder nicht, ob es sich um eine Dekret- oder eine Vertragsadoption handelt und ob die Adoption vor oder nach dem Inkrafttreten des AdWirkG (1.1.2002) durchgeführt wurde (→ AdWirkG § 1 Rn. 2 ff.).

77   Zur Feststellung, die bei Adoptionen zu erfolgen hat, die in Deutschland, aber nach ausländischem materiellen Recht erfolgt sind, → Rn. 32 und 70.

78   **Ob** die Adoption **anzuerkennen** oder wirksam ist, richtet sich im Anwendungsbereich des AdÜb nach den Art. 23, 24, 26 (s. Anh. Art. 22). In den Fällen, die nach den Art. 2 und 3 des Abkommens nicht unter dieses fallen, beurteilt sich Anerkennung bzw. Wirksamkeit nach §§ 108 f.

---

[194] *Steiger,* Das neue Recht der internationalen Adoption und Adoptionsvermittlung, Einführung. Erläuterung. Materialien, 2002, Rn. 317–319.

[195] OLG Düsseldorf StAZ 2008, 44 (45); *Wall* StAZ 2012, 280 f. (gemeinsame Adoption durch Geschwister); zu Einzelheiten Staudinger/*Frank* (2007) BGB § 1759 Rn. 5 ff.

[196] → Rn. 84 f.; vgl. auch Staudinger/*Henrich* (2014) Rn. 98; Bamberger/Roth/*Heiderhoff* Rn. 64; *Gaaz/Bornhofen,* Personenstandsgesetz, 3. Aufl. 2014, § 27 Rn. 57; *Hepting/Dutta* Fam. und PersStand-HdB Rn. V-519 f. und V-540 ff.

[197] Staudinger/*Henrich* (2014) Rn. 110; *Hepting/Dutta* Fam. und PersStand-HdB Rn. V-531 ff.; *Hepting* StAZ 1986, 305 (310); zur personenstandsrechtlichen Behandlung iE *Hochwald* StAZ 2012, 248 f.

[198] Etwa OLG Celle FamRZ 2012, 1226 (1227); OLG Zweibrücken FamRZ 2004, 1516 (1517).

[199] Prütting/Helms/*Hau* FamFG § 108 Rn. 52; MüKoFamFG/*Rauscher* FamFG § 108 Rn. 25; HK-AdoptR/*Kemper* FamFG § 108 Rn. 3.

FamFG bzw. Art. 22, 23 EGBGB (→ Rn. 84–103). Auf diese nationalen Anerkennungsregeln kann hilfsweise auch dann zurückgegriffen werden, wenn eine Adoption eigentlich in den Anwendungsbereich des Abkommens fällt, nach diesem aber nicht anerkannt werden kann, weil notwendige Verfahrensschritte nicht eingehalten wurden und deshalb eine Bescheinigung nach Art. 23 AdÜb nicht erteilt werden kann (str., ausführlich zum Günstigkeitsprinzip → Rn. 82).

Die Feststellung ist verbindlich und wirkt nach § 4 Abs. 2 S. 1 AdWirkG grundsätzlich **für und** 79 **gegen jedermann** (→ AdWirkG § 2 Rn. 3 und → AdWirkG § 4 Rn. 9), gegenüber den leiblichen Eltern aber nur unter den Voraussetzungen der § 4 Abs. 2 S. 2–4 AdWirkG.

Zuständig für die Feststellung ist nach § 2 Abs. 1 AdWirkG das Familiengericht, und zwar dasjenige 80 am Sitz des Oberlandesgerichts, näher § 5 Abs. 1 und 2 AdWirkG. Im Übrigen richtet sich die internationale und örtliche Zuständigkeit gemäß § 5 Abs. 1 S. 2 AdWirkG auch hier nach §§ 101, 187 FamFG (→ Rn. 63, 64, 69). Zum Verfahren im Einzelnen → AdWirkG § 5 Rn. 2, 7 ff.

Die Feststellung erfolgt nach § 2 Abs. 1 AdWirkG nur **auf Antrag. Antragsberechtigt** sind 81 nach § 4 Abs. 1 AdWirkG die Adoptionsparteien und die leiblichen Eltern des Kindes. Auch das Standesamt, das die Adoption nach § 27 Abs. 1 PStG im Wege der Folgebeurkundung oder nach § 36 PStG im Wege der Nachbeurkundung einzutragen hat, kann in Zweifelsfällen den Antrag stellen (→ AdWirkG § 4 Rn. 4).

b) Anerkennungsvoraussetzungen nach dem AdÜb. Welche Adoptionen dem AdÜb unter- 82 liegen, ergibt sich aus dessen Art. 2 und 3. Die **Voraussetzungen** für die Anerkennung sind ausschließlich in Art. 23, 24, 26 geregelt (näher Anh. Art. 22).[200] Wenn die Adoption nicht diesem Abkommen unterliegt, ist der folgende Abschnitt c) einschlägig (→ Rn. 84 ff.). Umstritten ist, wie Adoptionen zu behandeln sind, die **in den Anwendungsbereich des AdÜb** fallen, aber von den Bewerbern „auf eigene Faust" durchgeführt werden, ohne dass die nach dem AdÜb vorgeschriebenen Verfahrensschritte eingehalten würden. Teilweise wird davon ausgegangen, dass es sich beim AdÜb um eine abschließende Regelung handele, die nicht dadurch umgangen werden dürfe, dass hilfsweise auf das Anerkennungsregime des FamFG zurückgegriffen werde.[201] Der tatsächlichen Praxis deutscher Gerichte entspricht diese Haltung allerdings nicht.[202] In den Jahren 2005 und 2006 war überhaupt nur bei ungefähr der Hälfte aller sog. Vertragsstaatenadoptionen eine deutsche Adoptionsvermittlungsstelle beteiligt, wobei es sich oftmals um Stiefkind- oder Verwandtenadoptionen handelte.[203] Bei den Beratungen zum AdÜb wurde ausdrücklich klargestellt, dass die Frage der Anerkennung von Adoptionen, die gegen die Vorgaben des AdÜb verstoßen, durch das AdÜb nicht geregelt sei und in die Zuständigkeit der Vertragsstaaten falle, die ihr Anerkennungsregime am Kindeswohl zu orientieren hätten.[204] Daher ist nach dem im internationalen Verfahrensrecht auch sonst allgemein anerkannten Günstigkeitsprinzip im Interesse des Kindeswohls auch im Anwendungsbereich des AdÜb ein **Rückgriff auf das nationale Anerkennungsrecht zulässig.**[205]

Teilweise wird allerdings die Ansicht vertreten, die Grundsätze des AdÜb seien, soweit es sich 83 nicht um bloße Verfahrensvorschriften handele, Bestandteil des nationalen ordre public und damit für die Anerkennungsfähigkeit von ausländischen Adoptionen ohnehin entscheidend.[206] Sicherlich kann das AdÜb dazu dienen, Maßstäbe für die inhaltliche Konkretisierung des ordre public zu gewinnen, doch war es nicht allein Sinn und Zweck des AdÜ, Mindeststandards für die Anerkennung ausländischer Adoptionen aufzustellen. Vielmehr sollte eine bestmögliche Grundlage für die internationale Zusammenarbeit auf diesem Gebiet geschaffen werden, was nicht ausschließt, dass auch auf anderem (Verfahrens-)Weg im Ergebnis angemessene Entscheidungen gefunden werden können. Außerdem verfolgt das AdÜb auch allgemein-rechtspolitische Ziele (Art. 1 lit. b AdÜb), die mit den

---

[200] NK-BGB/*Benicke* Rn. 79; *Andrae* IntFamR § 7 Rn. 65 f.; *S. Lorenz,* FS Sonnenberger, 2004, 497 (504). Irreführend insoweit *Bornhofen* StAZ 2002, 1 (6), der auch auf diese Adoptionen § 16a FGG (jetzt § 108 FamFG) und Art. 22 anwenden will.

[201] OLG Schleswig FamRZ 2014, 498 mit abl. Anm. *Botthof* StAZ 2014, 74; OLG Düsseldorf IPRspr. 2012 Nr. 124b; LG Berlin JAmt 2010, 85 f.; 5. Aufl. 2010 Rn. 86 *(Klinkhardt);* NK-BGB/*Benicke* Rn. 80; Staudinger/ *Henrich* (2014) Vor Art. 22 Rn. 46; Prütting/Helms/*Hau* FamFG § 109 Rn. 13.

[202] *Weitzel* NJW 2008, 186 (189).

[203] BT-Drs. 16/12247, 35; *Schlauss* FamRZ 2007, 1699 (1701).

[204] BT-Drs. 14/5437, 62.

[205] OLG Brandenburg StAZ 2017, 15 (16); OLG Karlsruhe FamRZ 2015, 1642 (1643); LG Karlsruhe BeckRS 2007, 13998; AG Hamm StAZ 2012, 54 (55); vgl. auch AG Hamm JAmt 2006, 363; offengelassen von OLG Düsseldorf FamRZ 2013, 714; *Weitzel* NJW 2008, 186 (188); Bamberger/Roth/*Heiderhoff* Rn. 62; jurisPK-BGB/*Behrentin* Rn. 100, 123; BeckOGK/*Markwardt* Rn. 201; *Staudinger* FamRBint 2007, 42 (45 f.); *Zimmermann* NZFam 2016, 150 (155); *Majer* NZFam 2015, 1138 (1141); ausf. *Botthof* StAZ 2014, 74.

[206] HK-AdoptR/*Kemper* FamFG § 108 Rn. 2; HK-AdoptR/*Weitzel* AdWirkG § 2 Rn. 7; *Weitzel* NJW 2008, 186 (188 f.); *Weitzel* JAmt 2010, 86 (87).

Interessen eines konkret betroffenen Kindes nicht notwendigerweise übereinstimmen müssen. Daher ist eine **pauschale Gleichsetzung des AdÜb mit dem anerkennungsrechtlichen ordre public abzulehnen.**[207] Das bedeutet freilich nicht, dass ein Verstoß gegen die Vorgaben des AdÜb stets irrelevant wäre, wenn es nur aus Sicht des konkret betroffenen Kindes vorzugswürdig erscheint, der Adoption nicht die Anerkennung zu versagen.[208] Denn es muss berücksichtigt werden, dass das AdÜb eine eindeutig **kindeswohlorientierte Gesamtstrategie** verfolgt, indem es fragwürdigen Adoptionspraktiken und insbesondere Kinderhandel einen Riegel vorschieben möchte (→ Anh. Art. 22 AdÜb Vorb. Rn. 1).[209] Insofern ist es – im Interesse aller potenziell betroffenen Kinder – ein wichtiges Anliegen, die Schutzmechanismen des AdÜb nicht leerlaufen zu lassen (→ Rn. 92). Gleichzeitig kann aber die Nichtanerkennung einer Auslandsadoption – ähnlich wie in den internationalen Leihmutterschaftsfällen (→ Art. 19 Rn. 58 f.) – einen besonders gravierenden Eingriff in die faktischen Familienbeziehungen zwischen dem Kind und seinen Adoptiveltern darstellen.[210] Diese faktischen Familienbande stehen unter dem Schutz der Verfassung und von Art. 8 EMRK.[211] **Es kommt daher auf die Umstände des Einzelfalles an** (→ Rn. 92):[212] Wie gravierend ist der Verstoß gegen die Vorgaben des AdÜb? Gibt es für das betroffene Kind (in seinem Heimatstaat) noch zumutbare Betreuungsalternativen? Wie intensiv ist die Bindung, die sich zu den Adoptiveltern bereits aufgebaut hat?[213] Handelt es sich um eine Fremdkind-, Verwandten- oder Stiefkindadoption?

84   **c) Anerkennungsvoraussetzungen nach nationalem Recht. aa) Unterscheidung von materiellrechtlicher Wirksamkeitsprüfung und verfahrensrechtlicher Anerkennung.** Als Adoption anerkannt werden kann nur, was der in → Rn. 6–8 dargestellten Definition entspricht: Es muss sich um die Herstellung eines auf Dauer angelegten Eltern-Kind-Verhältnisses handeln, das keine bestehende Verwandtschaft voraussetzt und – bei minderjährigen Kindern – mit vollständiger Übertragung des Sorgerechts und der Begründung einer wenigstens primären Unterhaltspflicht beim Annehmenden verbunden ist. Adoptionen in diesem Sinne werden, auch wenn sie im Ausland erfolgen, heute meist durch **konstitutive Gerichtsentscheidung** (Dekret) herbeigeführt. Es kommen aber auch bloße **gerichtliche Bestätigungen** entsprechender Parteierklärungen oder gerichtliche Bewilligungen vor, die solchen Erklärungen vorausgehen. Die Dekrete, Bestätigungen und Bewilligungen können auch durch **Behörden** ausgesprochen worden sein, falls diese Funktionen wahrnehmen, die denen unseres Familiengerichts entsprechen.[214] Ferner gibt es **Parteierklärungen,** die von Behörden lediglich registriert wurden. Schließlich finden sich Fälle, in denen Parteierklärungen ohne behördliche Mitwirkung die Adoption herbeiführen.

85   Diese **verschiedenen Fälle**[215] sind bei einer Anerkennung nach nationalem Recht – anders als nach dem AdÜb (→ Rn. 75; → Anh. Art. 22 Rn. 5 aE) – **nicht ohne weiteres einheitlich zu behandeln.** Es stehen zwei Möglichkeiten zur Verfügung: einmal die Prüfung, ob die Adoption dem von unserem Standpunkt aus maßgebenden (dh von Art. 22 Abs. 1 berufenen) Recht entspricht,[216] und zum anderen die Anwendung der verfahrensrechtlichen Regeln für die Anerkennung ausländischer Entscheidungen. Die beiden Möglichkeiten unterscheiden sich vor allem dadurch, dass nur die erstere eine volle materiellrechtliche Prüfung vorsieht, während die letztere sich mit einer

---

[207] OLG Brandenburg StAZ 2017, 15 (16); OLG Köln StAZ 2012, 339 (341 f.); FamRZ 2009, 1607 (1608 f.); OLG Düsseldorf StAZ 2012, 175 (177); OLG Celle FamRZ 2012, 1226 (1227); AG Hamm StAZ 2012, 54 (55).
[208] Noch weiter geht *Botthof*, Perspektiven der Minderjährigenadoption, 2014, 152 ff., der nach der für das Kind „am wenigsten schädlichen Alternative" fragt.
[209] Demgegenüber verfolgt der Schutzzweck des Leihmutterschaftsverbots vor allem ethische und gesellschaftspolitische Ziele, er dürfte deutlich weniger kindeswohlorientiert sein (*Helms* StAZ 2017, 1 ff.).
[210] Ausf. *Botthof*, Perspektiven der Minderjährigenadoption, 2014, 147 ff.
[211] Zu ausländischen Leihmutterschaften BGHZ 203, 350 (362 f.) = NJW 2015, 482. Für die Übertragbarkeit dieser Maßstäbe *Frank* FamRZ 2014, 1527 (1528); *Majer* NZFam 2015, 1138 (1140 f.); vgl. auch OLG Hamm FamRZ 2015, 1983 (1985). AA *Weitzel* JAmt 2016, 4 ff.
[212] *Helms* StAZ 2017, 1 ff.
[213] Befindet sich das Kind bereits im Inland bei seinen Adoptiveltern, sind keine Fälle bekannt geworden, in denen es, nachdem die Anerkennung der Adoption verweigert worden ist, in das Ausland zurückverbracht worden wäre.
[214] BT-Drs. 10/504, 93; OLG Düsseldorf StAZ 2012, 82 (83); KG FamRZ 2006, 1405 (1406); OLG Zweibrücken FamRZ 2004, 1516 (1517); BayObLG StAZ 2000, 104 (105); AG Rottweil IPRax 1991, 129 mit zust. Anm. *Jayme;* LG Frankfurt a. M. IPRax 1995, 44 mit zust. Anm. *Henrich;* AG Tübingen StAZ 1992, 217; Prütting/ Helms/*Hau* FamFG § 108 Rn. 5; NK-BGB/*Benicke* Rn. 81; *Benicke*, Typenmehrheit im Adoptionsrecht und deutsches IPR, 1994, 187; Staudinger/*Henrich* (2014) Rn. 85; *Wagner* FamRZ 2013, 1620 (1625).
[215] Sie sind nicht immer leicht zu unterscheiden, *Benicke*, Typenmehrheit im Adoptionsrecht und deutsches IPR, 1994, 53 f.
[216] *Hepting* StAZ 1986, 305 (306); *Hohnerlein*, Internationale Adoption und Kindeswohl, 1991, 42 und *Henrich* IntFamR § 8 V 4 sprechen hier von (materieller) Wirksamkeitsprüfung.

Überprüfung anhand des ordre public (im Einzelnen → Rn. 92 ff.) begnügt. Die Verantwortung für die materiellrechtliche Überprüfung wird bei dieser letzteren Möglichkeit dem ausländischen Gericht bzw. der ausländischen Behörde überlassen. Dafür wird deren internationale Zuständigkeit (→ Rn. 88, 89) geprüft. Es kann daher von der verfahrensrechtlichen Möglichkeit nur in den Fällen (und nur insoweit) Gebrauch gemacht werden, in denen (und soweit) die ausländische Behörde auch tatsächlich die Verantwortung für die materiellrechtliche Richtigkeit der Adoption getragen hat. Die **verfahrensrechtlichen Regeln für die Anerkennung** sind daher auf ausländische **Adoptionsdekrete** anwendbar,[217] aber auch auf **Bestätigungen,**[218] sofern ihnen eine Prüfung der gesetzlichen Voraussetzungen vorausgegangen ist.[219] Für Bewilligungen, denen die Parteierklärungen nachfolgen, gelten die gleichen Grundsätze, denn es kann keinen Unterschied machen, ob die behördliche/gerichtliche Mitwirkung vor oder nach Abgabe der privatrechtlichen Erklärungen erfolgte, entscheidend ist, dass eine inhaltliche Prüfung vorgenommen wurde.[220] Adoptionen, bei denen die Parteierklärungen **lediglich registriert** worden sind, können nicht nach verfahrensrechtlichen Regeln, sondern nur nach dem von Art. 22 Abs. 1 berufenen Recht anerkannt werden.[221] Das Gleiche gilt **für** Adoptionen, die lediglich durch **Parteierklärungen** herbeigeführt wurden.[222]

bb) Verfahrensrechtliche Form der Anerkennung. Gerichtliche und behördliche Akte, die **86** (allein oder zusammen mit anderen Elementen) eine Adoption herbeiführen, sind Gestaltungsakte. Für solche Akte gilt nicht, dass sie – wenn sie im Ausland vollzogen wurden – bei uns nur dann Wirkungen entfalten können, wenn sie von dem durch Art. 22 Abs. 1 berufenen Recht vorgesehen sind. Denn sie sind auf verfahrensrechtlich geregelte Weise ergangen. Das **Verfahrensrecht** ist **selbständig** gegenüber dem materiellen Recht.[223] Deshalb ist nur zu prüfen, ob die Voraussetzungen unseres Verfahrensrechts für die Anerkennung solcher Akte erfüllt sind. Dies gilt nicht nur für gerichtliche, sondern auch für Akte von Behörden, sofern diese Behörden nach ihrer Funktion und dem angewandten Verfahren unserem Familiengericht vergleichbar sind (→ Rn. 84).

Die verfahrensrechtliche Anerkennung richtet sich nach den Grundsätzen, die für die Anerken- **87** nung ausländischer Entscheidungen in Familiensachen und Angelegenheiten der freiwilligen Gerichtsbarkeit allgemein gelten. Dies würde auch dann zutreffen, wenn der Herkunftsstaat selbst die Entscheidung als eine der streitigen Gerichtsbarkeit ansieht. Denn es ist auch hier nach der lex fori zu qualifizieren.[224] Die Grundsätze für die Anerkennung sind in den **§§ 108, 109 FamFG** enthalten. Die Anerkennung nach § 108 FamFG kann als solche inzident in jedem Verfahren getroffen werden.[225] Wird sie jedoch, wie in der Regel, in einem Verfahren nach § 2 AdWirkG (→ Rn. 75–81) oder – für Volljährigenadoptionen (→ Rn. 76) – nach § 108 Abs. 2 und 3 FamFG getroffen, so erfolgt sie förmlich und hat grundsätzlich Wirkung erga omnes.

---

[217] jurisPK-BGB/*Behrentin* Rn. 109; Erman/*Hohloch* Rn. 24; NK-BGB/*Benicke* Rn. 81; *Andrae* IntFamR § 7 Rn. 73; *Looschelders* IPR Rn. 34.

[218] OLG Düsseldorf StAZ 2012, 82 (83); OLG Frankfurt FamRZ 2009, 1605; StAZ 1975, 15 (16); AG Hamm IPRax 2007, 326 (327 f.); *Lüderitz,* FS Beitzke, 1979, 589 (602); *Henrich* IntFamR § 8 V 4b; Erman/*Hohloch* Rn. 24a; Palandt/*Thorn* Rn. 13; aA AG Münster StAZ 1974, 48.

[219] OLG Düsseldorf StAZ 2012, 82 (83); KG FamRZ 2006, 1405 (1406); NK-BGB/*Benicke* Rn. 82; Staudinger/*Henrich* (2014) Rn. 98; Bamberger/Roth/*Heiderhoff* Rn. 64; *Gaaz/Bornhofen,* Personenstandsgesetz, 3. Aufl. 2014, § 27 Rn. 57; *Hepting/Dutta* Fam. und PersStand-HdB Rn. V-519 f. und V-540 ff.; *Kropholler* IPR § 49 V 2b; *Benicke,* Typenmehrheit im Adoptionsrecht und deutsches IPR, 1994, 188 f.

[220] KG FamRZ 2006, 1405 (1406); NK-BGB/*Benicke* Rn. 83; Staudinger/*Henrich* (2014) Rn. 98; *Jayme/Meier* StAZ 1976, 72 (74); aA 5. Aufl. 2010, Rn. 92 *(Klinkhardt):* Nur die Anerkennung der Bewilligung selbst richte sich nach verfahrensrechtlichen Regeln. Zusätzlich sei anhand des von Art. 22 Abs. 1 berufenen Rechts zu prüfen, ob die erforderlichen Parteierklärungen und sonstigen materiellrechtlichen Adoptionsvoraussetzungen vorliegen.

[221] OLG München IPRspr. 2011 Nr. 117b; vgl. auch AG Duisburg StAZ 1983, 249; NK-BGB/*Benicke* Rn. 82; *Henrich* IntFamR § 8 V 4b; Staudinger/*Henrich* (2014) Rn. 98; jurisPK-BGB/*Behrentin* Rn. 109; Erman/*Hohloch* Rn. 24; *Rauscher* IPR Rn. 1025; zweifelnd *Jayme* StAZ 1974, 49.

[222] BT-Drs. 14/6011, 29; KG FamRZ 2006, 1405 (1406); OLG Hamm FamRZ 2015, 427; AG Karlsruhe 21.11.2011 – 7 F 192/10, juris; NK-BGB/*Benicke* Rn. 85; jurisPK-BGB/*Behrentin* Rn. 109; Palandt/*Thorn* Rn. 12 *Henrich* IntFamR 8 V 4b; Staudinger/*Henrich* (2014) Rn. 98; *Benicke,* Typenmehrheit im Adoptionsrecht und deutsches IPR, 1994, 168; *Andrae* IntFamR § 7 Rn. 83; *Looschelders* IPR Rn. 33.

[223] *Wagner* FamRZ 2013, 1620 (1622).

[224] BGH FamRZ 1977, 126 (127); 1983, 1008 (1009); OLG Karlsruhe StAZ 2004, 111 (112); BayObLG StAZ 2000, 300 (301); Staudinger/*Henrich* (2014) Rn. 85; Prütting/Helms/*Hau* FamFG § 108 Rn. 53; MüKoFamFG/*Rauscher* FamFG § 108 Rn. 10; *Wagner* FamRZ 2013, 1620 (1625); *Andrae* IntFamR § 7 Rn. 73.

[225] BGH FamRZ 1989, 378 (379); MüKoFamFG/*Rauscher* FamFG § 108 Rn. 21; Keidel/*Zimmermann* FamFG § 108 Rn. 11; HK-AdoptR/*Kemper* FamFG § 108 Rn. 4; nicht zu überzeugen vermag die Schlussfolgerung von Staudinger/*Henrich* (2014) Rn. 85, eine Inzidentanerkennung werde seit Inkrafttreten des FamFG durch § 108 Abs. 2 S. 3 FamFG ausgeschlossen.

88   Nach **§ 109 Abs. 1 Nr. 1 FamFG** ist **internationale Zuständigkeit** des Staates erforderlich, aus dem die Entscheidung stammt. Und zwar ist diese aus spiegelbildlicher Anwendung der Regeln für die internationale Zuständigkeit der deutschen Gerichte zu entnehmen.[226] Dabei kommt es grundsätzlich auf diejenigen Regeln an, die im Zeitpunkt des Wirksamwerdens des Adoptionsdekrets galten.[227] Jedoch ist eine nachträgliche Veränderung dieser Regeln zu beachten, soweit sie sich zugunsten der Anerkennung des ausländischen Dekrets auswirkt.[228] Grundsätzlich sind also die Regeln für Dekrete, die bis zum 31.12.1976 wirksam wurden, aus § 66 Abs. 1 FGG aF, für Dekrete aus der Zeit bis zum 31.8.2009 aus § 43b FGG aF und für Dekrete aus der Zeit ab dem 1.9.2009 aus den jetzt geltenden §§ 101, 106 FamFG zu entnehmen. Wendet man die sich aus § 101 FamFG ergebenden Regeln spiegelbildlich an, so liegt die internationale Zuständigkeit immer dann vor, wenn entweder der Annehmende oder einer der annehmenden Ehegatten oder das Kind entweder dem Forumstaat angehörte oder in diesem Staat seinen gewöhnlichen Aufenthalt[229] hatte. Und zwar kommt es grundsätzlich auf die Staatsangehörigkeit bzw. den gewöhnlichen Aufenthalt im Zeitpunkt des Wirksamwerdens des Adoptionsdekrets an.[230] War die Zuständigkeit jedoch im Zeitpunkt der Antragstellung im Ausland gegeben, hat eine Veränderung der die Zuständigkeit begründenden Tatsachen keine Auswirkungen auf die Anerkennungsfähigkeit, wenn im Inland unter den gleichen Voraussetzungen von einer perpetuatio fori (→ Rn. 66) auszugehen wäre.[231]

89   § 106 FamFG stellt klar, dass die in § 101 FamFG normierten Zuständigkeiten **nicht ausschließlich** sind, dh es steht der Annahme einer Zuständigkeit ausländischer Gerichte (unter spiegelbildlicher Anwendung von § 101 FamFG) nicht entgegen, dass nach den Grundsätzen des § 101 FamFG auch deutsche Gerichte zuständig sind.[232] Ebenso wenig wird die internationale Zuständigkeit dadurch ausgeschlossen, dass der Staat, dessen Recht von Art. 22 Abs. 1 berufen ist, die Adoption nicht anerkennt.[233] Denn auch Deutschland macht seine internationale Zuständigkeit nicht davon abhängig (→ Rn. 67).

90   § 109 Abs. 1 Nr. 2 FamFG kann für Adoptionen kaum je Bedeutung erlangen, da solche auch im Ausland nicht ohne Antrag des Annehmenden vorkommen dürften und die Vorschrift auf die übrigen Beteiligten nicht passt, deren Rechte besser durch Nr. 4 der Vorschrift gewahrt werden können.[234]

91   Aus § 109 Abs. 1 Nr. 3 FamFG ergibt sich, dass eine Adoption einer bereits adoptierten Person (abgesehen von dem Fall des § 1742 BGB und vergleichbarer ausländischer Vorschriften) nicht anerkannt werden kann. Das gleiche gilt, wenn bezüglich des Adoptierten in Deutschland bereits vor Einleitung des ausländischen Verfahrens ein Adoptionsverfahren anhängig[235] war.

92   Nach **§ 109 Abs. 1 Nr. 4 FamFG** darf die Adoption nicht offensichtlich gegen den deutschen **ordre public** verstoßen (vgl. zum ordre public zunächst → Rn. 48 ff.), wobei – in Übereinstimmung mit den hierfür allgemein anerkannten Maßstäben[236] – der **Zeitpunkt der Anerkennung maßgebend** ist,[237] was insbesondere für die Beurteilung der Kindeswohldienlichkeit (→ Rn. 95) einschließlich der Elterneignung (→ Rn. 97) von zentraler Bedeutung sein kann. Die Anforderungen an die Vereinbarkeit mit dem ordre public sind bei der Anerkennung einer ausländischen Adoption

---

[226] BayObLG StAZ 2000, 104 (106); 2000, 300 (301); OLG Düsseldorf FamRZ 1996, 699 (700); LG Stuttgart StAZ 2000, 47 (48); Prütting/Helms/*Hau* FamFG § 109 Rn. 20; MüKoFamFG/*Rauscher* FamFG § 109 Rn. 11; Bork/Jacoby/Schwab/*Heiderhoff* FamFG § 109 Rn. 5; Keidel/*Zimmermann* FamFG § 109 Rn. 3; Staudinger/*Henrich* (2014) Rn. 87.

[227] BGH IPRax 1990, 55 (56 f.); MüKoFamFG/*Rauscher* FamFG § 109 Rn. 13; Prütting/Helms/*Hau* FamFG § 109 Rn. 22; *Hepting* IPRax 1987, 161 (162); *Klinkhardt* IPRax 1987, 157 (160).

[228] *Hepting* IPRax 1987, 161 (162); *Klinkhardt* IPRax 1987, 157 (160); Palandt/*Thorn* Rn. 13.

[229] Zum Begriff zB → Art. 5 Rn. 141 ff.; Prütting/*Helms* FamFG § 122 Rn. 4 ff.

[230] Palandt/*Thorn* Rn. 13.

[231] Prütting/Helms/*Hau* FamFG § 109 Rn. 22; MüKoFamFG/*Rauscher* FamFG § 109 Rn. 13; vgl. auch NK-BGB/*Benicke* Rn. 88.

[232] Prütting/Helms/*Hau* FamFG § 109 Rn. 21; MüKoFamFG/*Rauscher* FamFG § 109 Rn. 16; Bork/Jacoby/Schwab/*Heiderhoff* FamFG § 106 Rn. 1.

[233] Prütting/Helms/*Hau* FamFG § 108 Rn. 22.

[234] *Krapf-Buhmann,* Anerkennung ausländischer Adoptionen, 1989, 84.

[235] Vgl. dazu Prütting/Helms/*Hau* FamFG § 109 Rn. 41.

[236] Prütting/Helms/*Hau* FamFG § 109 Rn. 47; MüKoFamFG/*Rauscher* FamFG § 109 Rn. 38 f.; *Frank* StAZ 2012, 129 (132); *Spickhoff,* Der ordre public im internationalen Privatrecht, Entwicklung – Struktur – Konkretisierung, 1989, 95; NK-BGB/*Schulze* Art. 6 Rn. 43 ff.

[237] BGH FamRZ 1989, 378 (381); OLG Brandenburg StAZ 2017, 15 (17); OLG Bremen FamRZ 2015, 425 (426); OLG Hamm IPRspr. 2013 Nr. 141; OLG Köln FamRZ 2009, 1607 (1609); KG FamRZ 2006, 1405 (1407); BayObLG StAZ 2000, 104 (106); 2000, 300 (303); Staudinger/*Henrich* (2014) Rn. 88; Keidel/*Zimmermann* FamFG § 109 Rn. 23; jurisPK-BGB/*Behrentin* Rn. 116; BeckOGK/*Markwardt* Rn. 195; NK-BGB/*Benicke* Rn. 107; *Benicke,* FS v. Hoffmann, 2011, 545 (550 f.); zweifelnd OLG Karlsruhe StAZ 2011, 210 (212).

grundsätzlich weniger streng als bei dem gemäß ausländischem Recht erfolgenden Ausspruch einer Adoption in Deutschland.[238] Wenn teilweise hervorgehoben wird, Konsequenzen aus Verstößen gegen den ordre public seien vor allem dann mit Zurückhaltung zu ziehen, wenn das Kind sich in Deutschland befindet und seine Brücken zu seiner Heimat bereits abgebrochen sind,[239] so trifft dieser Gedanke einen zentralen Gesichtspunkt (→ Rn. 83), greift aber gleichwohl zu kurz: Ein nach der Rechtsprechung des Europäischen Gerichtshofs für Menschenrechte **schutzwürdiges Familienleben iS von Art. 8 Abs. 1 EMRK**[240] kann auch dann entstanden sein, wenn sich das Kind noch im Ausland aufhält.[241] Da bei der Konkretisierung des ordre public-Vorbehalts oberste Richtschnur das **Wohl des Kindes** ist[242] (Art. 3 Abs. 1, 21 UN-Kinderrechtskonvention, vgl. auch Art. 24 AdÜb), müssen Bindungen des Kindes und sein Kontinuitätsinteresse stets berücksichtigt werden, unabhängig davon, ob es sich im In- oder Ausland aufhält (→ Rn. 96). Mit dem „Wohl des Kindes" ist dabei grundsätzlich das Wohl des konkret betroffenen Kindes als Träger eigener Grund- und Menschenrechte gemeint. Doch muss gleichzeitig berücksichtigt werden, dass es im Interesse aller potenziell betroffenen Kinder liegt, dass internationale Adoptionen in einem rechtsstaatlichen und kindeswohlorientierten Verfahren erfolgen.[243] Eine entscheidende Prägung enthält der ordre public daher einerseits durch die **adoptionsrechtlichen Standards, wie sie beispielsweise im AdÜb ihren Niederschlag gefunden haben, sowie durch die Grund- und Menschenrechte des konkret betroffenen Kindes** andererseits (→ Rn. 83).

Was die Anforderungen des ordre public an die Erklärungen der Beteiligten angeht, so ist zu **93** unterscheiden. Von dem **Annehmenden** ist zwar sein eindeutig feststellbarer und nach Maßgabe von § 1760 Abs. 2–5 BGB wirksamer Antrag notwendig.[244] Dieser muss aber nicht eine bestimmte Form erfüllen.[245]

Was Kind und Eltern angeht, so verlangt § 109 Nr. 4 FamFG **nicht,** dass die Erfordernisse des Art. 23 **94** in allen Einzelheiten erfüllt sind.[246] Insbesondere fordert der ordre public in Bezug auf das **anzunehmende Kind** jedenfalls nicht mehr als § 1760 BGB. Es ist also eine solche Einwilligung nur unabdingbar, wenn das Kind nach seiner Entwicklung bereits Selbstbestimmungsfähigkeit erreicht hat;[247] andernfalls genügt es, wenn eine zur Wahrung der Interessen des Kindes berufene und geeignete Stelle (Gericht, soziale Institution, auch Elternteil)[248] festgestellt[249] hat, dass die Adoption diesen Interessen entspricht.[250] Was die leiblichen **Eltern** angeht, ist entweder eine (nach § 1760 Abs. 2–5 BGB wirksame) Einwilligung erforderlich oder aber ein plausibler Grund dafür, dass sie fehlt.[251] Die Mutter muss eine angemessene

---

[238] Man spricht hier vom effet atténué des ordre public (→ Art. 6 Rn. 101 ff.); BGH FamRZ 2015, 1479 (1482); BGHZ 203, 350 (357 f.) = NJW 2015, 480; OLG Karlsruhe StAZ 2004, 111 (112); NK-BGB/*Benicke* Rn. 93; jurisPK-BGB/*Behrentin* Rn. 115; Schulte-Bunert/Weinreich/*Baetge* FamFG § 109 Rn. 19; krit. *Looschelders* IPRax 2005, 28 ff.

[239] 5. Aufl. 2010, Rn. 99 *(Klinkhardt);* Bamberger/Roth/*Heiderhoff* Rn. 62 (Differenzierung der Kindeswohlprüfung danach, ob das Kind bereits beim Annehmenden lebt); *Busch/Bienentreu* StAZ 2001, 12 (13); → Anh. Art. 22 Rn. 13.

[240] Speziell zum Adoptionsrecht vgl. EGMR FamRZ 2007, 1529 – Wagner/Luxemburg mit Anm. *Henrich;* vgl. auch EGMR FamRZ 2008, 377 – Emonet/Schweiz.

[241] *Botthof* StAZ 2013, 77 (79 f.); vgl. etwa OLG Brandenburg StAZ 2017, 15 (17).

[242] So auch Bamberger/Roth/*Heiderhoff* Rn. 62 und 67.

[243] *Helms* StAZ 2017, 1 ff.; generalpräventive Aspekte in den Vordergrund stellen *Weitzel* NJW 2008, 186 (190) und *Reinhardt* ZRP 2006, 244 (246); *Reinhardt* JAmt 2006, 325 (328).

[244] Staudinger/*Henrich* (2014) Rn. 89; *Henrich* IntFamR § 8 V 4a bb; *Hohnerlein,* Internationale Adoption und Kindeswohl, 1991, 66 f.; Erman/*Hohloch* Rn. 25; *Lüderitz,* FS Beitzke, 1979, 589 (603).

[245] BeckOGK/*Markwardt* Rn. 213; Staudinger/*Henrich* (2014) Rn. 89; *Henrich* IntFamR § 8 V 4 bb; *Steiger* DNotZ 2002, 184 (198).

[246] BT-Drs. 10/504, 93; BayObLG StAZ 1969, 299 (302); LG Berlin FamRZ 1990, 1393 (1394 f.); AG Berlin-Schöneberg StAZ 1987, 141; AG Bonn IPRax 1984, 36; Staudinger/*Henrich* (2014) Rn. 90; *Benicke,* Typenmehrheit im Adoptionsrecht und deutsches IPR, 1994, 210 f.; *Andrae* IntFamR § 7 Rn. 79; aA Palandt/*Thorn* Rn. 13 (bei deutschem Kind); *Kegel/Schurig* IPR § 20 XIII 3.

[247] BayObLG StAZ 2000, 300 (302); NK-BGB/*Benicke* Rn. 100 (Anhörung ausreichend); Staudinger/*Henrich* (2014) Rn. 90.

[248] BayObLG StAZ 2000, 104 (107).

[249] Wobei die Feststellung ihrerseits gem. § 108 FamFG anerkennungsfähig sein soll, BGH IPRax 1990, 55 (56).

[250] BayObLG StAZ 2000, 300 (302); LG Berlin FamRZ 1990, 1393 (1395); NK-BGB/*Benicke* Rn. 100; Staudinger/*Henrich* (2014) Rn. 90; *Siehr* StAZ 1982, 61 (68); vgl. ferner *Klinkhardt* IPRax 1997, 414 und *Andrae* IntFamR § 7 Rn. 79.

[251] OLG Düsseldorf StAZ 2012, 82 (85); FamRZ 2012, 1233; LG Köln FamRZ 2013, 1498 (1499); LG Frankfurt a. M. IPRax 1995, 44; LG Berlin FamRZ 1990, 1393 (1395); AG Rottweil IPRax 1991, 129; zweifelnd OLG Düsseldorf FamRZ 1996, 699 (700); Staudinger/*Henrich* (2014) Rn. 91; *Braun* in Heilmann, Praxiskommentar Kindschaftsrecht, FamFG Anh. § 199 Rn. 16; NK-BGB/*Benicke* Rn. 97; *Andrae* IntFamR § 7 Rn. 79.

Überlegungsfrist gehabt haben, wobei deren Dauer nicht unbedingt dem § 1747 Abs. 2 BGB entsprechen muss.[252] Sowohl für die Erklärungen, die für das Kind erfolgen, als auch bezüglich derjenigen der Eltern gilt, dass sie noch nachträglich erfolgen können (→ Art. 23 Rn. 26).[253] Auch verstößt selbst ein völliges Fehlen einer dieser Erklärungen nicht gegen den ordre public, wenn die Frist des § 1762 Abs. 2 BGB verstrichen[254] oder ein Fall des § 1763 BGB gegeben ist. Vor Ablauf der Frist gibt der ordre public auf Grund des Fehlens nur das Recht, gemäß § 1762 BGB die Wiederaufhebung zu verlangen.[255] Schließlich ist ein Fehlen der in § 1746 Abs. 1 S. 4 BGB vorgesehenen Genehmigung des Familiengerichts mit dem ordre public vereinbar.[256]

95   Ein Verstoß gegen den ordre public liegt vor allem dann vor, wenn bei der ausländischen Entscheidung das **Kindeswohl** nicht ausreichend berücksichtigt wurde.[257] Dabei ist, solange keine gegenteiligen Anhaltspunkte bestehen, davon auszugehen, dass die ausländische Entscheidung das Kindeswohl berücksichtigt hat.[258] Unvereinbarkeit mit dem Kindeswohl ist auch nicht schon deshalb gegeben, wenn die im deutschen oder ausländischen Recht vorgesehene Pflegezeit nicht eingehalten wurde.[259] Vielfach geht es um Konstellationen, in denen sich das ausländische Gericht mit der Frage eines **Adoptionsbedürfnisses** nicht ausreichend auseinandergesetzt hat:[260] So kann eine Adoption, die nur erfolgen soll, damit die Adoptionswilligen nicht kinderlos bleiben[261] oder das Kind eine Chance erhält, in bessere wirtschaftliche Verhältnisse zu kommen,[262] unvereinbar mit dem ordre public sein. Ebenfalls zur Annahme eines ordre public-Verstoßes kann man gelangen, wenn die Adoption lediglich dazu dient, dem Kind einen Aufenthalt in Deutschland zu verschaffen.[263] Ein Verstoß ist gleichfalls dann möglich, wenn dem **Gericht vorgetäuscht wurde, dass es sich um eine Inlandsadoption** handelt, die Annehmenden aber von vornherein die Absicht haben, mit dem Kind in einem anderen Staat zu leben (unter anderem Umgehung des auch in vielen nationalen Rechtsordnungen geltenden Subsidiaritätsgrundsatzes,[264] vgl. Art. 21 lit. b UN-Kinderrechtskonvention).[265] Doch ist in allen diesen Fällen stets **auch eine konkrete Kindeswohlbetrachtung** – bezogen auf den Zeitpunkt des Erlasses der Anerkennungsentscheidung – erforderlich (→ Rn. 83, 92, 96).

96   Äußerst streitig ist, wieweit das Gericht **eigene Erkenntnisse** heranziehen darf oder sogar muss, die bei Ausspruch der Adoption noch nicht vorlagen bzw. im Entscheidungsstaat nicht berücksichtigt wurden: Vielfach stehen die Gerichte auf dem Standpunkt, im Anerkennungsverfahren sei kein Raum für eine erstmals stattfindende umfassende Kindeswohlprüfung.[266] Teilweise wird dabei immerhin konzediert, eine lückenhafte Kindeswohlprüfung könne ergänzt werden, solange eine

---

[252] NK-BGB/*Benicke* Rn. 99, 102; *Benicke,* FS v. Hoffmann, 2011, 545 (551); *Benicke,* Typenmehrheit im Adoptionsrecht und deutsches IPR, 1994, 204 f.; Staudinger/*Henrich* (2014) Rn. 91.

[253] Palandt/*Thorn* Rn. 13; Bamberger/Roth/*Heiderhoff* Rn. 66.

[254] LG Nürnberg-Fürth IPRax 1987, 179 (180); LG Tübingen StAZ 1986, 42 (43 f.); Staudinger/*Henrich* (2014) Rn. 90, 91; *Henrich* IntFamR § 8 V 4a bb; *Lüderitz,* FS Beitzke, 1979, 589 (603); *Hohnerlein,* Internationale Adoption und Kindeswohl, 1991, 72.

[255] *Henrich* IntFamR § 8 IV 4; *Benicke,* Typenmehrheit im Adoptionsrecht und deutsches IPR, 1994, 204 f.

[256] BayObLG StAZ 2000, 300 (302).

[257] Vgl. statt aller OLG Braunschweig JAmt 2016, 31 (32 f.); OLG Karlsruhe FamRZ 2015, 1642 (1644); OLG Hamm FamRZ 2014, 1571 (1572); OLG Düsseldorf StAZ 2012, 82 (83); 2012, 175 (176 f.); OLG Köln FamRZ 2010, 49 (50); 2009, 1607 (1608); KG FamRZ 2006, 1405 (1407); BayObLG StAZ 2000, 300 (301); NK-BGB/*Benicke* Rn. 103; Bamberger/Roth/*Heiderhoff* Rn. 66; Palandt/*Thorn* Rn. 13.

[258] OLG Brandenburg FamRZ 2015, 869 (870); OLG Schleswig FamRZ 2015, 1985; OLG Frankfurt StAZ 2012, 241 (242); OLG Düsseldorf StAZ 2009, 335 (336); BayObLG StAZ 2000, 300 (302); NK-BGB/*Benicke* Rn. 104; BeckOK FamFG/*Sieghörtner* FamFG § 109 Rn. 40.

[259] BayObLG StAZ 2000, 300 (302); BeckOGK/*Markwardt* Rn. 211.

[260] Krit. gegenüber einer allzu strengen Prüfung des Adoptionsbedürfnisses im Anerkennungsstadium *Braun* in Heilmann, Praxiskommentar Kindschaftsrecht, FamFG Anh. § 199 Rn. 14.

[261] OLG Karlsruhe StAZ 2011, 210 (212); AG Karlsruhe JAmt 2008, 106.

[262] OLG Karlsruhe StAZ 2011, 210 (212); OLG Köln FamRZ 2010, 49 (50); OLG Düsseldorf StAZ 2012, 82 (84 f.); AG Karlsruhe JAmt 2008, 106 f.; NK-BGB/*Benicke* Rn. 103, 105.

[263] OLG Hamm FamRZ 2014, 1571 (1572); OLG Celle FamRZ 2008, 1109 (1110); Palandt/*Thorn* Rn. 13; NK-BGB/*Benicke* Rn. 115; jurisPK-BGB/*Behrentin* Rn. 120.

[264] Zu dessen Bedeutung im Anerkennungsverfahren NK-BGB/*Benicke* Rn. 105; *Benicke,* FS v. Hoffmann, 2011, 545 (552 ff.).

[265] OLG Brandenburg StAZ 2017, 15 (17); OLG Hamm FamRZ 2014, 1571 (1572); OLG Düsseldorf FamRZ 2013, 714 f.; StAZ 2012, 175 (178); 2009, 335 (336); OLG Köln IPRspr. 2012 Nr. 130b; OLG München IPRspr. 2011 Nr. 120b; *Benicke,* FS v. Hoffmann, 2011, 545 (553).

[266] Vgl. statt aller OLG Hamm FamRZ 2014, 1571 (1572); OLG Dresden FamRZ 2014, 1129 (1131); OLG Düsseldorf FamRZ 2013, 714 (715); StAZ 2012, 175 (177 f.); 2009, 335 (336); OLG Frankfurt StAZ 2012, 268 (269); OLG Karlsruhe StAZ 2011, 210 (212); OLG München IPRspr. 2011 Nr. 117b; IPRspr. 2011 Nr. 120b; OLG Celle IPRspr. 2011 Nr. 123b; OLG Frankfurt FamRZ 2009, 1605 (1606); OLG Köln FamRZ 2009, 1607 (1608 f.).

solche im Ausland bereits ernsthaft in Angriff genommen worden sei.[267] Der Gesetzgeber habe durch das Anerkennungsverfahren nach § 2 Abs. 1 AdWirkG eine Verfahrensvereinfachung bezweckt,[268] es widerspreche daher Sinn und Zweck des Anerkennungsverfahrens, eine fehlende oder fehlerhafte Kindeswohlprüfung durch eine eigene, neue Sachentscheidung zu ersetzen und damit ein nahezu vollständiges neues Adoptionsverfahren durchzuführen.[269] Doch hat der Gesetzgeber eine Wiederholung der Kindeswohlprüfung nicht kategorisch, sondern nur „grundsätzlich" ausgeschlossen und ist dabei von der Annahme ausgegangen, eine solche habe bereits im Herkunftsstaat stattgefunden.[270] Berücksichtigt man außerdem, dass es bei der Prüfung des ordre public nicht auf den Erlass der ausländischen Entscheidung, sondern auf den **Zeitpunkt** ankommt, zu dem sich die Frage der Anerkennung stellt (→ Rn. 92), darf – nicht zuletzt vor dem Hintergrund der Rechtsprechung des Europäischen Gerichtshofs für Menschenrechte und der UN-Kinderrechtskonvention (→ Rn. 92) – die Anerkennung nur dann verweigert werden, wenn es auch unter Berücksichtigung der mittlerweile eingetretenen faktischen Entwicklungen und den für das deutsche Gericht erlangbaren Erkenntnissen aus **Sicht des konkret betroffenen Kindes vertretbar** ist, der Adoption ihre Anerkennung zu verweigern.[271] Die – notfalls unter Einholung eines Sachverständigengutachtens (§ 30 Abs. 1 FamFG iVm §§ 402 ff. ZPO)[272] durchzuführende – Kindeswohlprüfung muss daher die Interessen des konkret betroffenen Kindes ermitteln.[273] Die Betroffenen auf die Möglichkeit einer Wiederholungsadoption zu verweisen,[274] ist dann, wenn sich das Kind noch im Ausland befindet, in aller Regel keine realistische Alternative und auch im Übrigen wegen der notwendigen Beteiligung der Herkunftseltern oft nur schwer zu verwirklichen.[275] Außerdem muss ganz generell bedacht werden, dass es in vielen Fällen zu einer Wiederholungsadoption nicht kommen wird, vor allem wenn sich die Frage erst viele Jahre später etwa bei der Auseinanderbrechen der Beziehung zwischen den Adoptiveltern oder als Vorfrage in einer erbrechtlichen Auseinandersetzung stellt. Im Anerkennungsverfahren ist daher insbesondere zu berücksichtigen, wie sich das **Eltern-Kind-Verhältnis bis zum Zeitpunkt der Entscheidung entwickelt** hat und ob noch **Bindungen zwischen dem Kind und seinen bisherigen Bezugspersonen, insbesondere den leiblichen Eltern fortbestehen**.[276] Diese Grundsätze bedeuten nicht, dass nahezu jede „fehlerhafte" ausländische Adoption im Ergebnis anerkannt werden müsste: Zwar darf die Ordre-public-Kontrolle nicht in erster Linie dazu dienen, sachwidrige Entscheidungen ausländischer Staaten, Behörden, Gerichte oder zweifelhaftes Vorgehen der Annehmenden zu sanktionieren.[277] Doch kann in gewissem Umfang durchaus berücksichtigt werden, dass es im **Interesse aller potenziell betroffenen Kinder** liegt, dass internationale Adoptionen in einem kindeswohlverträglichen Rahmen erfolgen (→ Rn. 83 und 92). Abzuwägen ist daher,

---

[267] OLG Bremen FamRZ 2015, 425 (427); OLG Karlsruhe FamRZ 2013, 715 (717); OLG Köln StAZ 2012, 339 (342); FamRZ 2009, 1607 (1609); OLG Düsseldorf StAZ 2009, 335 (336); KG FamRZ 2006, 1405 (1408); OLG Frankfurt StAZ 2001, 240 (242); vgl. auch BayObLG StAZ 2000, 300 (303).

[268] BT-Drs. 14/6011, 28.

[269] OLG Düsseldorf FamRZ 2013, 714 (715); 2012, 1229; StAZ 2012, 175 (177); OLG Frankfurt StAZ 2012, 241 (243); OLG Karlsruhe StAZ 2011, 210 (212); OLG Celle IPRspr. 2011 Nr. 123b; KG BeckRS 2012, 16749; OLG Köln FamRZ 2009, 1607 (1609); OLG Frankfurt FamRZ 2009, 1605 (1606); NK-BGB/*Benicke* Rn. 112; *Benicke,* FS v. Hoffmann, 2011, 545 (558).

[270] BT-Drs. 14/6011, 28; vgl. dazu auch *Beyer* JAmt 2006, 329 (331 f.).

[271] OLG Celle BeckRS 2011, 14645; KG FamRZ 2006, 1405 (1408); OLG Köln StAZ 2012, 339 (342) hält ergänzende Nachermittlungen für möglich; LG Karlsruhe BeckRS 2007, 13998; LG Köln FamRZ 2013, 1498 (1499); AG Hamm StAZ 2012, 54 (55); vgl. auch OLG Celle FamRZ 2014, 1131 (1132) (allerdings schwacher Inlandsbezug); Staudinger/*Henrich* (2014) Art. 22 Rn. 95; jurisPK-BGB/*Behrentin* Rn. 116; Bamberger/Roth/ *Heiderhoff* Rn. 62 (unter Differenzierung danach, wo das Kind sich aufhält) und Rn. 67; Keidel/*Zimmermann* FamFG § 109 Rn. 23; BeckOGK/*Markwardt* Rn. 195; Palandt/*Thorn* Rn. 13; vgl. auch *Staudinger* FamRBint 2007, 42 (44).

[272] AG Hamm StAZ 2012, 54 (55); *Botthof*, Perspektiven der Minderjährigenadoption, 2014, 164 f.; vgl. auch OLG Köln StAZ 2012, 339 (343) zur Einholung eines JA-Berichts; zur entspr. Anwendbarkeit der §§ 159, 160 Abs. 1 S. 1 und Abs. 2–4 FamFG sowie zur Einordnung als Familiensache kraft Sachzusammenhangs → AdWirkG § 5 Rn. 2, 10.

[273] KG FamRZ 2006, 1405 (1408); vgl. auch AG Karlsruhe JAmt 2008, 106 f.

[274] LG Karlsruhe IPRspr. 2012 Nr. 135; *Reinhardt* JAmt 2007, 122 (124 f.); *Reinhardt* ZRP 2006, 244 (247); NK-BGB/*Benicke* Rn. 113; *Benicke,* FS v. Hoffmann, 2011, 545 (558 f.); krit. *Staudinger* FamRBint 2007, 42 (46); *Beyer* JAmt 2006, 329 (332).

[275] *Botthof*, Perspektiven der Minderjährigenadoption, 2014, 150.

[276] OLG Hamm FamRZ 2015, 1983 (1984 f.); OLG Bremen FamRZ 2015, 425 (426); ansatzweise OLG Frankfurt StAZ 2012, 268 (269); vgl. auch die Umstände in OLG Celle FamRZ 2014, 501, die gegen eine Adoption sprachen; dezidiert abl. OLG Düsseldorf StAZ 2012, 82 (85).

[277] Für im Ausland durchgeführte Leihmutterschaften BGHZ 203, 350 (364 f.). So grds. auch Bamberger/ Roth/*Heiderhoff* Rn. 62, 67.

wie schwer der Verstoß gegen die Standards des internationalen Adoptionsrechts wiegt und ob es aus Sicht des konkret betroffenen Kindes vertretbar ist (→ Rn. 83 und 92), diesen Verstoß durch Anwendung des ordre public zu sanktionieren.[278] Wurde dem ausländischen Gericht beispielsweise das Vorliegen eines Inlandssachverhalts vorgegaukelt oder eine vollkommen unzureichende Kindeswohlprüfung vorgenommen (→ Rn. 95), so kann einer Adoption die Anerkennung versagt werden, wenn sich an der Betreuungssituation des Kindes noch nichts geändert hat oder zumutbare Betreuungsalternativen im Herkunftsstaat bestehen, selbst wenn objektiv betrachtet eine Aufnahme des Kindes bei den Wuscheltern sich durchaus als kindeswohlförderlich erweisen könnte.

97   Eng verwandt mit der vorstehenden Problematik ist die Frage einer **ausreichenden Prüfung der Elterneignung:** Ein Verstoß gegen den ordre public wird teilweise bereits darauf gestützt, dass keine zuständige **Fachstelle im Aufenthaltsstaat des Annehmenden** dessen Eignung geprüft habe (vgl. Art. 5 lit. a AdÜb, Art. 15 AdÜb, § 7 Abs. 3 AdVermiG).[279] Demgegenüber ist nach hM ein ordre public-Verstoß ausgeschlossen, wenn eine **sonstige fachkundige Stelle oder Person** – möglichst, aber nach überwiegender Auffassung nicht zwingend am Lebensmittelpunkt[280] des Annehmenden – herangezogen wurde; erforderlich sei aber auf jeden Fall ein Bericht oder Ermittlungen zum Lebensumfeld des Adoptionsbewerbers.[281] Eine vollständige Nachholung im Anerkennungsverfahren wird aus den in → Rn. 96 geschilderten Gründen überwiegend abgelehnt.[282] Diese strenge Haltung ist bedenklich: Zuzugeben ist, dass es „Zweifel an der Vereinbarkeit der ausländischen Adoptionsentscheidung mit dem deutschen ordre public" begründet, wenn keine „fachliche Begutachtung der Adoptionsbewerber vorausgegangen ist, die deren Lebensumstände annähernd vollständig" erfasst.[283] Doch sah der deutsche Gesetzgeber in einer solchen Konstellation ausdrücklich die Möglichkeit vor, nach „eingehender Prüfung" gleichwohl zu dem Ergebnis zu gelangen, dass die Adoption nicht gegen das Primat des Kindeswohls verstoße.[284] Berücksichtigt man außerdem, dass es nicht Sinn und Zweck des Anerkennungsverfahrens ist, bei Verfahrensverstößen – vergleichbar einer Rechtsprüfung durch ein Rechtsmittelgericht – automatisch die ausländische Adoption aufzuheben (**Verbot der sog. révision au fond:** § 109 Abs. 5 FamFG) und die Betroffenen auf eine Wiederholungsadoption zu verweisen, kann entsprechend den unter → Rn. 96 dargestellten Grundsätzen im Anerkennungsverfahren bei Zweifeln an der Elterneignung durchaus eine entsprechende Überprüfung **nachgeholt** werden.[285]

98   **Schwache Adoptionen**[286] (dh solche, die die Beziehungen zu den leiblichen Eltern nicht völlig kappen) verstoßen als solche grundsätzlich **nicht** gegen den ordre public (vgl. auch Art. 27 AdÜb und §§ 2 Abs. 2 S. 1 Nr. 2, 3 Abs. 1 AdWirkG).[287] Wird durch einen Adoptionsausspruch – zur

---

[278] In diese Richtung auch Bamberger/Roth/*Heiderhoff* Rn. 60, 62. Vgl. etwa OLG Braunschweig JAmt 2016, 31 (32 f.).

[279] *Benicke,* FS v. Hoffmann, 2011, 545 (556 f.); *Busch/Bienentreu* StAZ 2001, 12 f.; *Weitzel* NJW 2008, 186 (189) für Adoptionen aus Vertragsstaaten; vgl. auch Staudinger/*Henrich* (2014) Rn. 95; zT wird gefordert, sog. unbegleitete Adoptionen ohne Einschaltung einer deutschen Fachstelle zu verbieten, *Reinhardt* ZRP 2006, 244; *Reinhardt* JAmt 2006, 325.

[280] Eine Prüfung der Elterneignung durch Gerichte oder Behörden des Entscheidungsstaates kann ausreichend sein, OLG Frankfurt FamRZ 2014, 1572 (1574); OLG Hamm IPRspr. 2013 Nr. 141; OLG Karlsruhe FamRZ 2015, 1642 (1644); FamRZ 2013, 715 (716 f.); OLG Köln StAZ 2012, 339 (342 f.). Nach der Gegenauffassung werden nur Institutionen oder Personen unmittelbar am Lebensmittelpunkt des Annehmenden als geeignet angesehen; OLG Celle FamRZ 2012, 1226 (1227); IPRspr. 2011 Nr. 123b; OLG Düsseldorf StAZ 2012, 175 (177); OLG Köln FamRZ 2009, 1607 (1608); NK-BGB/*Benicke* Rn. 106.

[281] OLG Hamburg 24.10.2011 – 2 Wx 25/11, juris; OLG Celle FamRZ 2008, 1109 (1110).

[282] Vgl. OLG Dresden FamRZ 2014, 1129 (1131); OLG Düsseldorf FamRZ 2013, 714 (715); StAZ 2012, 175 (177 f.); 2009, 335 (336); OLG Frankfurt StAZ 2012, 268 (269); OLG Karlsruhe StAZ 2011, 210 (212); OLG München IPRspr. 2011 Nr. 117b; IPRspr. 2011 Nr. 120b; OLG Celle IPRspr. 2011 Nr. 123b; OLG Hamm FamRZ 2011, 310 (311); OLG Frankfurt FamRZ 2009, 1605 (1606); OLG Köln FamRZ 2009, 1607 (1608 f.); OLG Frankfurt StAZ 2001, 240 (242 f.); NK-BGB/*Benicke* Rn. 108 ff.; *Benicke,* FS v. Hoffmann, 2011, 545 (556 f.).

[283] BT-Drs. 14/6011, 29.

[284] BT-Drs. 14/6011, 29.

[285] AG Hamm JAmt 2006, 363 (364); vgl. auch BayObLG StAZ 2000, 300 (303); AG Hamm JAmt 2004, 375 (376); *Beyer* JAmt 2006, 329 (331); jurisPK-BGB/*Behrentin* Rn. 116; Bamberger/Roth/*Heiderhoff* Rn. 62, 67; Keidel/*Zimmermann* FamFG § 109 Rn. 23; Palandt/*Thorn* Rn. 13; *Staudinger* FamRBint 2007, 42 (44). Zur Auffassung, eine zumindest ansatzweise Kindeswohlprüfung könne im Anerkennungsverfahren ergänzt werden, → Rn. 96.

[286] Beispiele in ihrer Vielfalt bringt *v. Mangoldt* StAZ 1985, 301 (303).

[287] OLG Düsseldorf StAZ 2012, 82 (83); OLG Köln StAZ 2012, 339 (341); OLG Zweibrücken StAZ 1985, 132 (133); NK-BGB/*Benicke* Rn. 95; Staudinger/*Henrich* (2014) Rn. 97; Palandt/*Thorn* Rn. 14; Bamberger/Roth/*Heiderhoff* Rn. 64.

Wahrung des Adoptionsgeheimnisses – zugleich das **Geburtsdatum**[288] oder der **Geburtsort**[289] des Kindes „geändert", kann vor allem ersteres gegen das Persönlichkeitsrecht des Kindes (Art. 1, 2 Abs. 1 GG)[290] und die Adoptionsentscheidung insoweit gegen den ordre public verstoßen.[291] Bei einer **Erwachsenenadoption,** die überhaupt nicht mit der Herstellung eines Familienbandes verbunden wäre **(Scheinadoption),**[292] ist ein Verstoß gegen den ordre public anzunehmen.

Eine **Aufhebung** der Adoption verstößt nicht gegen den ordre public, weil sie **Rückwirkung** **99** hat, auch nicht, wenn sie mehr als 40 Jahre nach dem Adoptionsdekret erfolgt.[293]

Davon, dass die Adoption dem nach **Art. 22** anwendbaren Recht entspricht, ist deren Anerken- **100** nung **nicht** abhängig.[294] § 328 Abs. 1 Nr. 3 ZPO aF hat keinen Nachfolger gefunden. Die Anerkennung kann auch nicht mit dem Argument verweigert werden, der Annehmende sei unverheiratet, obwohl das anzuwendende Recht nur Eheleuten eine solche Adoption gestattet hätte.[295]

Was die **Wirkungen** der anerkannten Adoption angeht, so ist zu unterscheiden: Ob die Adopti- **101** onsentscheidung wirksam und sogar rechtskräftig ist, sind Fragen, die anhand des Verfahrensrechts des Forumstaates zu beantworten sind.[296] Im Übrigen gilt Folgendes:

Inwieweit die Adoption die Rechtsbeziehungen zum Annehmenden und seiner Familie hergestellt **102** und die zur leiblichen Familie abgeschnitten hat, ob es sich also um eine **Volladoption oder schwache Adoption** handelt, ist dem Recht zu entnehmen, nach dem die Adoption tatsächlich herbeigeführt wurde (Adoptionsbegründungsstatut).[297] Denn Einwilligungen und gerichtliche Prüfungen, die sich nur auf eine schwache Adoption beziehen, können eine Volladoption nicht tragen.[298] Die Adoption kann also auch bei uns grundsätzlich keine weiteren Wirkungen entfalten als in ihrem Herkunftsland.[299] Eine Ausnahme ergibt sich jedoch aus Art. 26 Abs. 2, 3 AdÜb[300] (→ Anh. Art. 22 Rn. 22). Im Übrigen gilt im Falle einer – rechtskräftigen – Feststellung der Anerkennung gemäß § 2 Abs. 1, 2 AdWirkG bezüglich dieser Statuswirkungen vorrangig Abs. 2 der genannten Vorschrift.[301]

Unterhalb bzw. innerhalb dieser Grenze richten sich die **Einzelheiten der Wirkungen** nach **103** den Rechten, die auch sonst für die Wirkungen einer Adoption maßgebend sind (zu diesen → Rn. 31 ff.).[302] Für die erbrechtlichen Folgen einer Adoption gelten die → Rn. 37–40.[303] Was den **Namen** angeht, so ist dieser, wenn er in dem Adoptionsdekret geregelt ist, maßgebend.[304]

---

[288] Für unbedenklich hält dies OLG Karlsruhe NJW 2004, 516 (517 f.) (sechs Monate).

[289] Für unbedenklich hält dies KG StAZ 2007, 205 f. (wahrer Geburtsort noch rekonstruierbar); aA *Rauhmeier* StAZ 2011, 317 (da rein registerrechtliche Frage, wahrer Geburtsort einzutragen); doch ist entscheidend, dass es sich um eine grundsätzlich anerkennungsfähige Entscheidungswirkung handelt, so dass man an einer ordre public-Kontrolle nicht vorbei kommt. Im Fall des AG Bonn StAZ 1992, 41 (42 f.) beruhte der geänderte Geburtsort offenbar nicht auf einer Adoptionsentscheidung, sondern einer (nicht konstitutiv wirkenden) Geburtsurkunde.

[290] Vgl. auch das Recht auf Achtung der Identität nach Art. 8 Abs. 1 UN-Kinderrechtskonvention.

[291] *Looschelders* IPRax 2005, 28 (30 f.).

[292] BayObLG StAZ 2000, 172 f.: „Kind" ohne Asylrecht verrichtet Hausmeisterdienste; BayObLG FamRZ 1996, 435 Ls.: nur freundschaftliche Beziehungen, nur Absicht, den Verbleib in Deutschland zu sichern; *Kegel/Schurig* IPR § 20 XIII 2b; *Henrich* IntFamR § 8 III 3; Staudinger/*Henrich* (2014) Rn. 95; *Wedemann* FamRZ 2015, 2106 (2113).

[293] OLG Düsseldorf FamRZ 1996, 699 (700 f.); dazu *Klinkhardt* IPRax 1997, 414 (415 f.).

[294] BT-Drs. 10/504, 93; BayObLG StAZ 2000, 300 (301); jurisPK-BGB/*Behrentin* Rn. 130; Palandt/*Thorn* Rn. 13; Staudinger/*Henrich* (2014) Rn. 86, 88; *Henrich* IntFamR § 8 V 4a bb; Erman/*Hohloch* Rn. 25a; *Benicke*, Typenmehrheit im Adoptionsrecht und deutsches IPR, 1994, 180 f.

[295] EGMR FamRZ 2007, 1529 f. – Wagner/Luxemburg; krit. hierzu *Henrich* FamRZ 2007, 1531.

[296] *Benicke*, Typenmehrheit im Adoptionsrecht und deutsches IPR, 1994, 275 f.; *Hohnerlein*, Internationale Adoption und Kindeswohl, 1991, 56 f. (allerdings nicht konsequent; dem von ihr verfolgten Gesichtspunkt des Kindeswohls kann man besser durch Umwandlungen bzw. Zweitadoptionen Rechnung tragen); *Dietz,* Erbrecht des Adoptivkindes, 2006, 89.

[297] OLG Zweibrücken IPRax 1985, 132 (133); AG Berlin Schöneberg IPRax 1983, 190 (191); AG St. Ingbert StAZ 1983, 317; NK-BGB/*Benicke* Rn. 17; Palandt/*Thorn* Rn. 14; Erman/*Hohloch* Rn. 26; *Klinkhardt* IPRax 1999, 356 (357); *Rauscher* IPR Rn. 1026; *Kropholler* IPR § 49 III 2c; *Frank* StAZ 2003, 257 (262); *Krapf-Buhmann*, Anerkennung ausländischer Adoptionen, 1989, 181, eingehende Begr. S. 150–157; *Benicke*, Typenmehrheit im Adoptionsrecht und deutsches IPR, 1994, 307.

[298] NK-BGB/*Benicke* Rn. 17; *Jayme* IPRax 1983, 169 (170); vgl. auch *Voss* StAZ 1984, 94 (95).

[299] *Jayme* IPRax 1983, 169 (170); *Hepting/Gaaz* PStR Bd. 2 Rn. V-614; *Hohnerlein*, Internationale Adoption und Kindeswohl, 1991, 99; *Benicke*, Typenmehrheit im Adoptionsrecht und deutsches IPR, 1994, 174 f., 214.

[300] *Dietz,* Erbrecht des Adoptivkindes, 2006, 96.

[301] Dieser Abs. 2 sieht in holzschnittartiger Weise das vor, was gem. den voranstehenden Bemerkungen auch ohne ein Feststellungsverfahren gilt.

[302] *Hohnerlein*, Internationale Adoption und Kindeswohl, 1991, 99; *Benicke*, Typenmehrheit im Adoptionsrecht und deutsches IPR, 1994, 184 f.

[303] Insoweit mit Recht Staudinger/*Henrich* (2014) Rn. 68, 70.

[304] *Hohnerlein*, Internationale Adoption und Kindeswohl, 1991, 110; *Benicke*, Typenmehrheit im Adoptionsrecht und deutsches IPR, 1994, 248.

Enthält das Dekret keine Regelung, so ist → Rn. 36 mit der Maßgabe entsprechend anzuwenden, dass es auf die im Ausland tatsächlich angewandten Adoptionsvorschriften ankommt.[305] Zur Änderung des **Geburtsdatums** und des **Geburtsortes** des Kindes → Rn. 98.

104   **d) Umwandlung von anerkannten Adoptionen.** Sind bei der anerkannten Adoption Wirkungen iS von § 2 Abs. 2 S. 1 Nr. 2 AdWirkG festgestellt worden (ist diese also eine **schwache Adoption**), kann sie nach Maßgabe des § 3 AdWirkG in eine Volladoption umgewandelt werden, und zwar in eine, die den deutschen Sachvorschriften entspricht, so dass sich fortan deren Wirkungen und Bestandskraft ausschließlich nach deutschem Adoptionsrecht bestimmen.[306] Das gilt auch für Adoptionen, die zwar in Deutschland, aber nach ausländischem materiellem Recht durchgeführt werden (→ Rn. 70 und → § 3 AdWirkG Rn. 2). Zum sachlichen, persönlichen und zeitlichen **Anwendungsbereich** → AdWirkG § 1 Rn. 2 – 7. In Bezug auf die Zuständigkeit, das Verfahren und den Wirkungsumfang der Umwandlungsentscheidung gelten → Rn. 79–80 entsprechend. Zur **Antragsberechtigung** → AdWirkG § 4 Rn. 5.

105   Die **Voraussetzungen** für die Umwandlung richten sich nach § 3 Abs. 1 AdWirkG. Vgl. dazu im Einzelnen → AdWirkG § 3 Rn. 3 ff.

106   Außer der Umwandlung einer schwachen in eine Volladoption ist nach § 3 Abs. 2 AdWirkG auch die **Umwandlung einer** ausländischem Recht unterliegenden **Volladoption** in eine den deutschen Sachvorschriften unterliegende Adoption möglich, um dadurch eine Verbesserung der Rechtsstellung zu erreichen (→ AdWirkG § 3 Rn. 8).

107   **e) Aufhebung einer anerkannten Adoption.** Kommt eine Aufhebung der Adoption wegen Fehlern bei ihrer Begründung in Betracht, richtet sie sich nach dem Recht, das tatsächlich auf die Begründung angewandt wurde (→ Rn. 45).[307] Eine Aufhebung, die wegen nachträglich auftretender Mängel erfolgt, richtet sich nach dem Recht, auf das Art. 22 im Zeitpunkt des Wirksamwerdens der Adoption verweist (→ Rn. 43 f.).[308]

108   **f) Wiederholung von Adoptionen.** Führt weder das in → Rn. 76–81 besprochene Verfahren noch das Umwandlungsverfahren (→ Rn. 104–106) zur Feststellung, dass die ausländische Adoption anzuerkennen ist, oder können ausreichende Nachweise, die für die Durchführung eines solchen Verfahrens genügen, nicht beschafft werden, ist ein **Rechtsschutzbedürfnis** (→ AdWirkG Vorbem. Rn. 5 f.) für eine Wiederholung der Adoption[309] in Deutschland gegeben.[310] Das gleiche gilt, wenn die vom Standpunkt des Landes aus, in dem die Adoption durchgeführt wurde, für eine Umwandlung zur Volladoption notwendigen Zustimmungen nicht beschafft werden können.[311] Schließlich kann eine Wiederholung in Betracht kommen, wenn die Zweitadoption umfangreichere oder stärkere Wirkungen verspricht, als die Erstadoption sie hatte.[312] Eine Wiederholung ist auch dann zulässig, wenn die ausländische Adoption nicht zuvor aufgehoben wurde.[313]

109   Eine Wiederholung beseitigt nicht alle Probleme, die die ausländische Adoption aufwirft:[314] Zumindest bei der Eintragung in das Personenstandsregister ist nach wie vor auch zu prüfen, ob die ausländische Adoption anzuerkennen ist, im Hinblick auf Art. 23 auch, welche staatsangehörigkeitsrechtlichen Folgen diese hatte.[315] Die Zweitadoption wirkt nur ex nunc,[316] nützt also nichts, wenn sie schon vorher (zB für einen Erbfall) gebraucht wird.

---

[305] *Benicke*, Typenmehrheit im Adoptionsrecht und deutsches IPR, 1994, 248.

[306] BT-Drs. 14/6011, 47.

[307] NK-BGB/*Benicke* Rn. 11; *Benicke*, Typenmehrheit im Adoptionsrecht und deutsches IPR, 1994, 301; *Kropholler* IPR § 49 III 2d; dagegen für Anwendung von Art. 22: AG München IPRax 1981, 182 mit zust. Anm. *Jayme;* Palandt/*Thorn* Rn. 4; Staudinger/*Henrich* (2014) Rn. 37.

[308] OLG Hamm FamRZ 1996, 435 Ls.; jurisPK-BGB/*Behrentin* Rn. 58. Nach aA ist das Recht anzuwenden, auf das Art. 22 verweisen würde, wenn diese Vorschrift auf den Zeitpunkt der Aufhebung abstellen würde, NK-BGB/*Benicke* Rn. 13; Bamberger/Roth/*Heiderhoff* Rn. 37; Staudinger/*Henrich* (2014) Rn. 40.

[309] Wiederholung der Adoption bedeutet eine vollständige Wiederholung gem. dem von den Art. 22, 23 berufenen Recht.

[310] Bamberger/Roth/*Heiderhoff* Rn. 69; *Steiger* DNotZ 2002, 184 (206); Palandt/*Thorn* Rn. 18; Erman/*Hohloch* Rn. 30; vgl. auch AG Worms IPRax 2004, 534 mit Anm. *Jayme;* ausf. 5. Aufl. 2010, Rn. 113.

[311] *Heiderhoff* FamRZ 2002, 1682 (1686). Bei einer Wiederholung in diesem Fall kann die Chance bestehen, ein für die Einholung neuer Zustimmungen „günstigeres" Recht anwenden zu können als bei der Umwandlung, → Rn. 105.

[312] AG Worms IPRax 2004, 534 (535). Liegen auch die Voraussetzungen einer Umwandlung (→ Rn. 104–106) vor, so kommt freilich diese und nicht eine Wiederholung in Betracht.

[313] *Magnus*/*Münzel* StAZ 1977, 65 (71); LG Köln IPRax 1984, 37 (38); OLG Köln IPRax 1997, 128 hält eine Aufhebung sogar für unzulässig, dagegen mit guten Gründen *Henrich* in einer Anm. dazu.

[314] Ausf. 5. Aufl. 2010, Rn. 114.

[315] *Hohnerlein,* Internationale Adoption und Kindeswohl, 1991, 197.

[316] Bamberger/Roth/*Heiderhoff* Rn. 69; BeckOGK/*Markwardt* Rn. 220.

VI. Internationale Abkommen

Mit dem internationalen Privat- und Verfahrensrecht der Adoption befasst sich das Haager Über-   **110**
einkommen vom 15.11.1965 betreffend die Zuständigkeit der Behörden, das anwendbare Recht
und die Anerkennung von Entscheidungen auf dem Gebiet der Adoption.[317] Es ist jedoch für die
Bundesrepublik nicht in Kraft getreten. Das revidierte Europäische Übereinkommen vom 27.11.2008
über die Adoption von Kindern (BGBl. 2015 II S. 2) ist zwar am 1.7.2015 in Kraft getreten (BGBl. II
S. 463). Es betrifft aber nur das materielle Recht und nicht das Kollisionsrecht. Zum Haager Übereinkommen über den Schutz von Kindern und die Zusammenarbeit auf dem Gebiet der internationalen
Adoption vom 29.5.1993 (AdÜb) s. Anh. Art. 22.[318] Im Verhältnis zu Dänemark gibt es eine
Vereinbarung über den vereinfachten Behördenverkehr in Adoptionssachen.[319]

EGBGB Anh. Art. 22

Haager Übereinkommen über den Schutz von Kindern und die
Zusammenarbeit auf dem Gebiet der internationalen Adoption (AdÜb)

vom 29. Mai 1993 (BGBl. 2001 II S. 1034, 2002 II S. 2872)

Schrifttum: *Benicke,* Typenmehrheit im Adoptionsrecht und deutsches IPR, 1995, S. 314 ff.; *Bornhofen,* Die
Auswirkungen des Haager Adoptionsübereinkommens und des neuen Rechts der Adoptionswirkungen auf die
Arbeit der Standesbeamten, StAZ 2002, 1; *Busch,* Das Haager Übereinkommen über internationale Adoptionen –
Hinweise und Erfahrungen aus der Praxis der internationalen Adoptionsvermittlung, DAVorm. 1997, 659; *Busch,*
Die Umsetzung der Haager Adoptionskonvention in Deutschland, JAmt 2001, 581; *Busch,* Adoptionswirkungsge-
setz und Haager Adoptionsübereinkommen – von der Nachadoption zur Anerkennung und Wirkungsfeststellung,
IPRax 2003, 13; *Duncan,* Conflict and Co-Operation. The Approach to Conflicts of Law in the 1993 Hague
Convention on Intercountry Adoption, in Lowe and Douglas, Families across Frontiers, 1996, 577; *Frank,* The
Recognition of Intercountry Adoptions in the Light of the 1993 Hague Convention on Intercountry Adoptions, in
Lowe and Douglas, Families across Frontiers, 1996, 591; *Frank,* Neuregelungen auf dem Gebiet des internationalen
Adoptionsrechts unter besonderer Berücksichtigung der Anerkennung von Auslandsadoptionen, StAZ 2003, 257;
Lima Marques, Das Subsidiaritätsprinzip in der Neuordnung des internationalen Adoptionsrechts, 1997; *van Loon,*
The 1993 Hague Convention: Genesis and Main Characteristics, Rec. des Cours 244 (1993-VII), (S. 326 ff.)
Chapter V,; *Marx,* Perspektiven der internationalen Adoption, 1993, S. 237 ff.; *Marx,* Zur Perspektive eines neuen
Haager Übereinkommens über die internationale Zusammenarbeit und den Schutz von Kindern auf dem Gebiet
grenzüberschreitender Adoptionen, StAZ 1993, 1; *Marx,* Das Haager Übereinkommen über internationale Adoptionen, StAZ 1995, 315; *Maurer,* Das Gesetz zur Regelung von Rechtsfragen auf dem Gebiet der internationalen
Adoption und zur Weiterentwicklung des Adoptionsvermittlungsrechts, FamRZ 2003, 1337; *Panico,* Considerazioni sulla nuova adozione internazionale, Riv. dir. int. priv. proc. 2001, 885; *Parra-Aranguren,* Rapport explicatif,
in: Bureau Permanent de la Conférence de la Haye, Convention du 29 mai 1993 sur la protection des enfants et
la coopération en matière d'adoption internationale, 1994 (deutsche Übersetzung BT-Drs. 14/5437, 26); *Paulitz,*
Adoption – Positionen, Impulse, Perspektiven, 2. Aufl. 2006; *Pirrung,* Sorgerechts- und Adoptionsübereinkommen
der Haager Konferenz und des Europarats, RabelsZ 57 (1993), 124; *Steiger,* Das neue Recht der internationalen
Adoption und Adoptionsvermittlung, Einführung. Erläuterungen. Materialien, 2002; *Steiger,* Im alten Fahrwasser
zu neuen Ufern: Neuregelungen im Recht der internationalen Adoption mit Erläuterungen für die notarielle
Praxis, DNotZ 2002, 184; *Torraca,* L'adozione internazionale tra Convenzione de L'Aja e riforma della legge
n. 184 del 1983, Dir. fam. pers. 1999, 1374; *Vaccaro,* L'adozione internazionale e la convenzione de L'Aja, Dir.
Fam. 1996, 1127.

Vorbemerkung zum AdÜb

Anlass für die Schaffung des Übereinkommens waren gravierende **Missstände**[1] (zB Kinderhandel[2]   **1**
und andere Formen der Ausnutzung von Notlagen von Müttern), die bei der Adoption von Kindern
aus der „Dritten Welt" und aus Osteuropa aufgetreten sind. Um hier Abhilfe zu schaffen, stellt das
Übereinkommen klar (vgl. seine Präambel), dass es das Beste für ein Kind ist, wenn es in seinem
Heimatland in einer geeigneten Familie aufwachsen kann, und eine Verpflanzung in ein anderes

---

[317] Text: *Schwind* StAZ 1965, 33; RabelsZ 30 (1966), 730; zu dem Abkommen *Schwind* StAZ 1965, 33 (35 ff.);
Ficker RabelsZ 30 (1966), 606; *Kegel/Schurig* IPR § 20 XIII 4; *Jayme* StAZ 1973, 229 (233 f.).
[318] Text: StAZ 1995, 337.
[319] Bek. vom 24.1.1969 (BGBl. 1969 II S. 180).
[1] *Marx,* Perspektiven der internationalen Adoption, 1993, 4–95.
[2] Dazu *Paulitz (Bach),* Adoption, 2006, 349 ff.

Land nur in Betracht kommt (Art. 4b AdÜb), wenn eine gedeihliche Unterbringung im Heimatland sich als unmöglich erweist.[3]

2   Für diesen letzteren Fall sieht es eine gründliche **Vorbereitung der Adoption** vor. Und zwar haben sowohl Behörden des bisherigen Aufenthaltslandes (des „Heimatstaats", Art. 4 AdÜb)[4] als auch Behörden des künftigen Aufenthaltsstaats (des „Aufnahmestaats", Art. 5 AdÜb)[5] Prüfungen anzustellen,[6] bevor die Adoption durchgeführt wird. Die Prüfungen betreffen vor allem die Fragen, ob die erforderlichen Zustimmungen zur Adoption erteilt wurden, ob das nach gehöriger Belehrung sowie unbeeinflusst geschehen ist und ob die in Aussicht genommenen Adoptiveltern geeignet sind.

3   Um diese Vorbereitung zu gewährleisten, trifft das Übereinkommen Vorkehrungen für eine **Zusammenarbeit** der zuständigen Stellen des Heimatstaats und der des Aufnahmestaats in den konkreten Fällen. Gerade das Fehlen solcher Kontakte war früher ein großes Problem. Und zwar hat jeder Vertragsstaat **„Zentrale Behörden"** zu bestimmen (Art. 6 AdÜb), deren Aufgabe es ist, die Zusammenarbeit der zuständigen Behörden der Vertragsstaaten (nicht zuletzt der Behörden des „Heimatstaats" und der des „Aufenthaltsstaats", vgl. auch Art. 9a und 9b AdÜb sowie die Art. 14– 22 AdÜb) zu fördern (Art. 7 AdÜb).[7] Will jemand aus einem Vertragsstaat ein Kind aus einem anderen Vertragsstaat adoptieren, ist er verpflichtet, sich an die „Zentrale Behörde" seines Staates[8] zu wenden (Art. 14 AdÜb). Die Erfüllung der Aufgaben, die in Art. 14–22 AdÜb vorgesehen sind,[9] ist zwingendes Erfordernis für die unter das Übereinkommen fallenden Adoptionen.[10]

4   „Zentrale Behörde" **in Deutschland** sind sowohl das Bundesamt für Justiz als Bundeszentralstelle für Auslandsadoption als auch die zentralen Adoptionsstellen der Landesjugendämter (§ 1 AdÜbAG).

5   Das **Übereinkommen** ist nach seinem Art. 2 AdÜb **sachlich** auf die Adoptionen[11] **anzuwenden,** die für das anzunehmende Kind mit einem Wechsel des Landes des gewöhnlichen Aufenthalts verbunden sind.[12] Dabei muss es sich, damit das Übereinkommen anwendbar ist, um einen Wechsel von einem Vertragsstaat (dem Heimatstaat) in einen anderen (den Aufnahmestaat) handeln.[13] Und der Wechsel muss in Verbindung mit der durchgeführten oder in die Wege geleiteten Adoption stehen.[14] Wird ein Kind nach einer Adoption im Heimatstaat in den Aufnahmestaat verbracht, kommt es grundsätzlich darauf an, ob die Absicht zum Aufenthaltswechsel bereits zum Zeitpunkt der Adoption bestand,[15] oftmals wird man diese jedoch aus den Lebensumständen der Adoptiveltern und dem zeitlichen Zusammenhang zwischen Adoption und (gewünschtem) Aufenthaltswechsel schlussfolgern können.[16] Bei nachfolgenden Adopti-

---

[3] Das Übereinkommen folgt damit dem Subsidiaritätsgrundsatz, *Busch* DAVorm. 1997, 659 (661); eingehend zu diesem Grundsatz *Lima Marques,* Das Subsidiaritätsprinzip in der Neuordnung des internationalen Adoptionsrechts, 1997, 296 f., 300 ff., 331, 363; vgl. auch *Paulitz (Marx/Weitzel),* Adoption, 2006, 277.

[4] Übersichtliche Darstellung der Gesichtspunkte, die bei der Prüfung nach Art. 4 anzustellen sind, bei *Steiger,* Das neue Recht der internationalen Adoption und Adoptionsvermittlung, Einführung. Erläuterung. Materialien, 2002, Rn. 54–58.

[5] Übersichtliche Darstellung zu Art. 5 bei *Steiger,* Das neue Recht der internationalen Adoption und Adoptionsvermittlung, Einführung. Erläuterung. Materialien, 2002, Rn. 59–62.

[6] Näher *Marx* StAZ 1995, 315 (317). Das Prüfungserfordernis ist zwingend, *Parra-Aranguren* Rapport Nr. 70, 108; *Benicke,* Typenmehrheit im Adoptionsrecht und deutsches IPR, 1994, 315, in dem Sinn, dass Adoptionen weder durchgeführt noch nach Art. 23 Abs. 1 anerkannt werden können, zu denen diese Prüfungen nicht stattgefunden haben.

[7] Näher *Marx* StAZ 1995, 315 (317 f.). Die Zentralen Behörden können dabei bestimmte Aufgaben an nichtstaatliche Organisationen delegieren, falls diese dafür zugelassen sind, Art. 9–13. Diese Zusammenarbeit gilt als wichtigstes Ziel des Übereinkommens, *Duncan* in Lowe and Douglas, Families across Frontiers, 1996, 578.

[8] Zur sachlichen Zuständigkeit für die Entgegennahme und Bearbeitung von Bewerbungen in Deutschland vgl. § 4 Abs. 1 AdÜbAG.

[9] Vgl. *Kropholler* IPR § 49 II 2 d. Übersichtliche Darstellung des Verfahrensablaufs bei *Steiger,* Das neue Recht der internationalen Adoption und Adoptionsvermittlung, Einführung. Erläuterung. Materialien, 2002, Rn. 88–94.

[10] *Parra-Aranguren* Rapport Nr. 283; *Benicke,* Typenmehrheit im Adoptionsrecht und deutsches IPR, 1994, 316.

[11] Nach Art. 2 Abs. 2 fallen nur die Adoptionen unter das Übereinkommen, die ein dauerhaftes Eltern-Kind-Verhältnis begründen.

[12] BGH FamRZ 2015, 1479 (1481); *Paulitz (Marx/Weitzel),* Adoption, 2006, 275 f.; Staudinger/*Henrich* (2014) Vor Art. 22 Rn. 19; *Frank* StAZ 2003, 257 f.

[13] *Parra-Aranguren* Rapport Nr. 77; *Marx* StAZ 1995, 315 (316); Staudinger/*Frank* (2007) BGB Vor § 1741 Rn. 18; Staudinger/*Henrich* (2014) Vor Art. 22 Rn. 20; *Busch* IPRax 2003, 13 (16); *Kegel/Schurig* IPR § 20 XIII 4.

[14] *Steiger,* Das neue Recht der internationalen Adoption und Adoptionsvermittlung, Einführung. Erläuterung. Materialien, 2002, Rn. 150.

[15] Nach OLG Düsseldorf IPRspr. 2012 Nr. 124b ist entscheidend, ob bei Beantragung der Adoption bereits die Absicht zum Aufenthaltswechsel bestand.

[16] Gegenbeispiel: LG Düsseldorf FamRZ 2013, 713.

onen kann der Zusammenhang zwischen Aufenthaltswechsel und Adoption zB daraus entnommen werden, dass eine enge zeitliche Nähe besteht, oder auch daraus, dass Vorbereitungen schon getroffen wurden, zB Zustimmungen oder Bescheinigungen eingeholt wurden.[17] Weitere Voraussetzung für die Anwendbarkeit ist nach Art. 3 AdÜb, dass die nach Art. 17 AdÜb erforderlichen Zustimmungen der Zentralen Behörden (→ Rn. 3) erteilt wurden, bevor der Anzunehmende achtzehn Jahre alt wurde. Auf die Staatsangehörigkeit der Adoptionsparteien und darauf, ob diese unterschiedlich ist, kommt es dabei nicht an.[18] Das Übereinkommen ist auf starke wie auch auf schwache Adoptionen anwendbar (→ Rn. 16),[19] ebenso auf Dekret- und Vertragsadoptionen.[20] Auch Verwandten- und Stiefkindadoptionen fallen, wie Art. 29 AdÜb zeigt, darunter.[21]

Was den **zeitlichen Anwendungsbereich** angeht, so ist das Übereinkommen auf alle Adoptions- **6** verfahren anzuwenden, in denen sowohl der Aufnahmestaat als auch der Heimatstaat (→ Rn. 2) ihm bereits beigetreten sind und die künftigen Adoptiveltern sich nach diesen Beitritten gemäß Art. 14 AdÜb an die Zentrale Behörde ihres Aufenthaltslandes gewandt haben (Art. 41 AdÜb).[22] Deutschland ist dem Übereinkommen mit Wirkung vom 1.3.2002 beigetreten.[23]

Räumlich ist das Übereinkommen **anzuwenden,** wenn sowohl der Aufnahmestaat als auch der **7** Heimatstaat (→ Rn. 2) ihm beigetreten sind (Art. 2 Abs. 1). Es gilt außer in Deutschland[24] in **Albanien** seit 1.1.2001, **Andorra** seit 1.5.1997, **Armenien** seit 29.1.2009,[25] **Aserbaidschan** seit 1.10.2004, **Australien** seit 1.12.1998, **Belgien** seit 1.9.2005, **Belize** seit 1.4.2006,[26] **Bolivien** seit 1.7.2002,[27] **Brasilien** seit 1.7.1999, **Burkina Faso** seit 1.5.1996, **Bulgarien** seit 1.9.2002, **Burundi** seit 1.2.1999, **Chile** seit 1.11.1999, **China** seit 1.1.2006, **Costa Rica** seit 1.2.1996, **Dänemark** seit 1.11.1997 (für Faröer seit 1.4.2007[28] und für Grönland seit 1.5.2010[29]), der **Dominikanischen Republik** seit 1.8.2008,[30] **Ecuador** seit 1.1.1996, **Elfenbeinküste** seit 1.10.2015,[31] **El Salvador** seit 1.3.1999, **Estland** seit 1.6.2002,[32] **Fidschi** seit 1.8.2012,[33] **Finnland** seit 1.7.1997, **Frankreich** seit 1.10.1998, **Georgien** seit 1.8.1999, **Ghana** seit 1.1.2017,[34] **Griechenland** seit 1.1.2010,[35] **Haiti** seit 1.4.2014,[36] **Indien** seit 1.10.2003,[37] **Irland** seit 1.11.2010,[38] **Island** seit 1.5.2000, **Israel** seit 1.6.1999, **Italien** seit 1.5.2000, **Kanada** (für die Provinzen Alberta seit 1.11.1997, Nova Scotia seit 1.10.1999, Ontario seit 1.12.1999, Northwest Territories seit 1.4.2001, Nunavut seit 1.9.2001, Yukon Territory seit 1.8.1998, Neufundland und Labrador seit 1.12.2003, Québec seit 1.2.2006),[39] **Kap Verde** seit 1.1.2010,[40] **Kasachstan** seit 1.11.2010,[41] **Kenia** 1.6.2007,[42] **Kirgisistan** seit

---

[17] Soergel/*Lüderitz* Art. 22 Rn. 67.
[18] *Parra-Aranguren* Rapport Nr. 71; *Marx* StAZ 1995, 315 (316); *Benicke*, Typenmehrheit im Adoptionsrecht und deutsches IPR, 1994, 314 f.; *Busch* DAVorm. 1997, 659 (662); *Busch* JAmt 2001, 581; *Kropholler* IPR § 49 II 2a; Staudinger/*Henrich* (2014) Vor Art. 22 Rn. 19; *Frank* StAZ 2003, 257.
[19] *Benicke*, Typenmehrheit im Adoptionsrecht und deutsches IPR, 1994, 315.
[20] *Frank* StAZ 2003, 257 (259 f.).
[21] *Parra-Aranguren* Rapport Nr. 92; *Benicke*, Typenmehrheit im Adoptionsrecht und deutsches IPR, 1994, 315; aA *Busch* DAVorm. 1997, 659 (662); krit. zu dieser letzteren Anwendbarkeit Staudinger/*Frank* (2007) BGB Vor § 1741 Rn. 18.
[22] Das gilt auch für die Anwendung der Art. 23–27. Dem entspricht es, dass Art. 23 voraussetzt, dass eine Bescheinigung dahin erteilt werden kann, dass die Adoption gem. dem Übereinkommen zustande gekommen ist.
[23] BGBl. 2002 II S. 2872.
[24] Aktueller Überblick über die Vertragsstaaten unter http://www.hcch.net/index_en.php?act=conventions.status&cid=69 Stand der nachfolgenden Übersicht: 30.5.2017.
[25] BGBl. 2009 II S. 395.
[26] BGBl. 2008 II S. 86. Wegen der Zentralen Behörde BGBl. 2008 II S. 88.
[27] Vgl. wegen Zentraler Behörde BGBl. 2003 II S. 445.
[28] BGBl. 2008 II S. 86.
[29] BGBl. 2010 II S. 812.
[30] BGBl. 2009 II S. 395.
[31] BGBl. 2016 II S. 1007.
[32] BGBl. 2005 II S. 572.
[33] BGBl. 2013 II S. 159.
[34] BGBl. 2017 II S. 557.
[35] BGBl. 2010 II S. 810.
[36] BGBl. 2014 II S. 103.
[37] BGBl. 2004 II S. 122.
[38] BGBl. 2011 II S. 722.
[39] Zu Neufundland und Labrador BGBl. 2004 II S. 122 und zu Québec BGBl. 2008 II S. 86.
[40] BGBl. 2010 II S. 810.
[41] BGBl. 2011 II S. 722.
[42] BGBl. 2008 II S. 949.

1.11.2016,[43] **Kolumbien** seit 1.11.1998, **Kroatien** seit 1.4.2014,[44] **Kuba** seit 1.6.2007,[45] **Lettland** seit 1.12.2002, **Liechtenstein** seit 1.5.2009,[46] **Litauen** seit 1.8.1998, **Luxemburg** seit 1.11.2002, **Madagaskar** seit 1.9.2004,[47] **Mali** seit 11.2.2008,[48] **Malta** seit 1.2.2005,[49] **Mauritius** seit 1.1.1999, **Mazedonien** seit 1.4.2009,[50] **Mexiko** seit 1.5.1995, Republik **Moldau** seit 1.8.1998, **Monaco** seit 1.10.1999, **Mongolei** seit 1.8.2000, **Montenegro** seit 1.7.2012,[51] **Namibia** seit 1.1.2016,[52] **Neuseeland** seit 1.1.1999, **Niederlande** (europäisches Territorium) seit 1.10.1998 (für den karibischen Teil seit 1.2.2011),[53] **Norwegen** seit 1.1.1998, **Österreich** seit 1.9.1999, **Panama** seit 1.1.2000, **Paraguay** seit 1.9.1998, **Peru** seit 1.1.1996, **Philippinen** seit 1.11.1996, **Polen** seit 1.10.1995, **Portugal** seit 1.7.2004, **Rumänien** seit 1.5.1995, **Sambia** seit 1.10.2015,[54] **San Marino** seit 1.2.2005,[55] **Schweden** seit 1.9.1997, der **Schweiz** seit 1.1.2003,[56] **Senegal** seit 1.12.2011,[57] **Serbien** seit 1.4.2014,[58] den **Seychellen** seit 1.10.2008, der **Slowakei** seit 1.10.2001, **Slowenien** seit 1.5.2002, **Spanien** seit 1.11.1995, **Sri Lanka** seit 1.5.1995, **Südafrika** seit 1.12.2003,[59] **Swasiland** seit 1.7.2013,[60] **Thailand** seit 1.8.2004, **Togo** seit 1.2.2010,[61] der **Tschechischen Republik** seit 1.6.2000, **Türkei** seit 1.9.2004, **Ungarn** seit 1.8.2005, **Uruguay** seit 1.4.2004, **Venezuela** seit 1.5.1997, dem **Vereinigten Königreich** seit 1.6.2003,[62] den **Vereinigten Staaten von Amerika** seit 1.4.2008,[63] **Vietnam** seit 1.2.2012,[64] **Weißrussland** seit 1.11.2003[65] und **Zypern** seit 1.6.1995.[66]

8   Kollisionsnormen enthält das Übereinkommen nicht.[67] Jedoch ist in den Art. 23–27 AdÜb die **Anerkennung von Adoptionen,** die aus anderen Vertragsstaaten kommen, geregelt. Diese Regelung, die nach Art. 3 Nr. 2 EGBGB für Adoptionen iS der → Rn. 5 dem FamFG (→ Art. 22 Rn. 78) vorgeht, wird nachstehend erläutert.

Art. 23 AdÜb [Anerkennung kraft Gesetzes]

(1) [1]Eine Adoption wird in den anderen Vertragsstaaten kraft Gesetzes anerkannt, wenn die zuständige Behörde des Staates, in dem sie durchgeführt worden ist, bescheinigt, dass sie gemäß dem Übereinkommen zustande gekommen ist. [2]Die Bescheinigung gibt an, wann und von wem die Zustimmungen nach Artikel 17 Buchstabe c erteilt worden sind.

(2) [1]Jeder Vertragsstaat notifiziert dem Verwahrer des Übereinkommens bei der Unterzeichnung, der Ratifikation, der Annahme, der Genehmigung oder dem Beitritt Identität und Aufgaben der Behörde oder Behörden, die in diesem Staat für die Ausstellung der Bescheinigung zuständig sind. [2]Er notifiziert ihm ferner jede Änderung in der Bezeichnung dieser Behörden.

9   Abs. 1 S. 1 sieht vor, dass die Adoption so, wie sie im Herkunftsstaat ausgesprochen wurde, in allen[68] anderen Vertragsstaaten als wirksame Adoption behandelt wird. Das gilt nicht nur für

---

[43] BGBl. 2017 II S. 557.
[44] BGBl. 2014 II S. 527.
[45] BGBl. 2008 II S. 949.
[46] BGBl. 2010 II S. 810.
[47] BGBl. 2009 II S. 949.
[48] BGBl. 2008 II S. 949. Vgl. wegen der Zentralen Behörde BGBl. 2008 II S. 951.
[49] BGBl. 2005 II S. 791.
[50] BGBl. 2010 II S. 810.
[51] BGBl. 2012 II S. 1360.
[52] BGBl. 2016 II S. 1007.
[53] BGBl. 2012 II S. 130.
[54] BGBl. 2016 II S. 1007.
[55] BGBl. 2005 II S. 791.
[56] BGBl. 2003 II S. 260.
[57] BGBl. 2012 II S. 583.
[58] BGBl. 2014 II S. 527.
[59] BGBl. 2004 II S. 660.
[60] BGBl. 2013 II S. 1529.
[61] BGBl. 2011 II S. 722.
[62] BGBl. 2003 II S. 1544.
[63] BGBl. 2008 II S. 949, nach Maßgabe der dort unter II wiedergegebenen Erklärungen. Vgl. wegen der Zentralen Behörden BGBl. 2008 II S. 953.
[64] BGBl. 2012 II S. 130.
[65] BGBl. 2004 II S. 122.
[66] Soweit nicht bei einzelnen Vertragsstaaten eine andere Fundstelle angegeben ist, sämtlich BGBl. 2002 II S. 2872 f., vielfach mit Angabe der Zentralen Behörden sowie anderen Angaben und/oder mit Vorbehalten sowie sonstigen Maßgaben.
[67] Staudinger/*Henrich* (2014) Vor Art. 22 Rn. 13; *Looschelders* IPR Art. 22 Rn. 41.
[68] Also nicht etwa nur im Verhältnis zwischen Heimatstaat und Aufenthaltsstaat, *Marx* StAZ 1995, 315 (318); *Kropholler* IPR § 49 II 2e.

Dekretadoptionen, sondern – anders als nach § 109 FamFG – auch für Vertragsadoptionen.[69] Diese **Anerkennung** erfolgt kraft Gesetzes, setzt also nicht etwa eine förmliche Feststellung voraus.[70] Abs. 1 S. 1 macht die Anerkennung von dem Vorliegen einer Bescheinigung der zuständigen Behörde des Staates abhängig, in dem die Adoption durchgeführt wurde. Eine andere Voraussetzung der Anerkennung ergibt sich aus Art. 24 AdÜb.[71] Dagegen ist sie – anders als nach § 109 FamFG – nicht davon abhängig, dass das Gericht oder die Behörde, die das Adoptionsdekret erlassen hat, international zuständig war.[72] Auch sonst hat die Anerkennung keinerlei weitere Voraussetzungen.[73] Die Anerkennung einer Ablehnung des Ausspruchs der Adoption kann nicht nach Art. 23 AdÜb erfolgen,[74] ebenso wenig die Anerkennung einer Adoptionsaufhebung.[75] Dagegen werden nach Maßgabe von Art. 23 auch Umwandlungsentscheidungen iS von Art. 27 AdÜb anerkannt (vgl. Art. 27 Abs. 2 AdÜb; → Rn. 30). Liegen die Voraussetzungen für eine Anerkennung nach Art. 23 nicht vor, kommt eine Anerkennung nach §§ 108, 109 FamFG in Betracht (ausführlich → Art. 22 Rn. 82).

Die nach Abs. 1 S. 1 erforderliche **Bescheinigung**[76] hat dahin zu gehen, dass die Adoption **10** gemäß dem Übereinkommen zustande gekommen ist. Ob das der Fall ist, hat die zur Erteilung der Bescheinigung zuständige Behörde zu prüfen.[77] Gelangt sie zu einer positiven Einschätzung, ist die Feststellung für und gegen jedermann verbindlich. S. 2 sieht allerdings vor, dass in der Bescheinigung zusätzlich angegeben wird, wann und von wem die in Art. 17c AdÜb vorgesehenen Zustimmungen[78] erteilt wurden. Zwar sind diese Zustimmungen nicht die einzigen Voraussetzungen dafür, dass die Adoption „gemäß dem Übereinkommen zustande gekommen" ist. Sie sind aber von so ausschlaggebender Bedeutung für ihr Gelingen, dass es bei der Ausarbeitung des Abkommens geraten schien, die Behörde, die die Bescheinigung zu erteilen hat, zu veranlassen, sich besondere Rechenschaft über das Vorliegen dieser Zustimmungen zu geben.[79]

Welche Behörde zuständig zur Erteilung der Bescheinigung nach Abs. 1 ist, ergibt sich aus den **11** bei der Depositarmacht – nach Art. 43 Abs. 2 AdÜb sind dies die Niederlande – hinterlegten Mitteilungen der einzelnen Vertragsstaaten.[80] Nach Art. 23 Abs. 2 S. 2 AdÜb ist auch jede Änderung der Aufgaben mitzuteilen.[81] Was Deutschland angeht, ist für die Erteilung solcher Bescheinigungen bezüglich inländischer Adoptionen § 8 AdÜbAG maßgebend[82] und für die Überprüfung ausländischer Bescheinigungen § 9 AdÜbAG. **Im Einzelfall** ist die zuständige Behörde des Heimatstaats oder die des Aufnahmestaats zuständig, je nachdem, in welchem dieser beiden Staaten die Adoption stattfand.[83]

---

[69] *Lima Marques,* Das Subsidiaritätsprinzip in der Neuordnung des internationalen Adoptionsrechts, 1997, 286 f.

[70] *Benicke,* Typenmehrheit im Adoptionsrecht und deutsches IPR, 1994, 325; *Paulitz (Marx/Weitzel),* Adoption, 2006, 280; *v. Hoffmann/Thorn* IPR § 8 Rn. 147a; *Kropholler* IPR § 49 II 2e; *Steiger,* Das neue Recht der internationalen Adoption und Adoptionsvermittlung, Einführung. Erläuterung. Materialien, 2002, Rn. 100; *Busch* IPRax 2003, 13 (16). In Deutschland ist also auch nicht die Feststellung nach § 2 AdWirkG (→ Art. 22 Rn. 76–81) Voraussetzung für die Anerkennung, sondern deren – mögliche – Folge.

[71] Einzig und allein mit der Prüfung dieser Voraussetzung hat die anerkennende Behörde die Möglichkeit einer inhaltlichen Überprüfung, dazu *Maurer* FamRZ 2003, 1337 (1339).

[72] Soergel/*Lüderitz* Art. 22 Rn. 77.

[73] *Parra-Aranguren* Rapport Nr. 408. So ist zB ein Verstoß gegen Art. 32 kein Grund, die Anerkennung zu verweigern, *Parra-Aranguren* Rapport Nr. 413. Die Verantwortung dafür, dass diese und die anderen Vorschriften des Übereinkommens beachtet wurden, trägt die Behörde, die die Bescheinigung ausstellt (→ Rn. 10, 11). Sie ist außerordentlich groß, dazu *Frank* in Lowe and Douglas, Families across Frontiers, 1996, 595 f.

[74] *Parra-Aranguren* Rapport Nr. 410.

[75] *Parra-Aranguren* Rapport Nr. 455; *Benicke,* Typenmehrheit im Adoptionsrecht und deutsches IPR, 1994, 331.

[76] Dazu BeckOGK/*Markwardt* HAdoptÜ Art. 23 Rn. 21 f.

[77] Wird die Bescheinigung einer ausländischen zuständigen Behörde vorgelegt, so wird diese auf Antrag eines jeden, der daran ein rechtliches Interesse hat, gem. § 9 AdÜbAG vom Bundesamt für Justiz als Bundeszentralstelle (§ 1 AdÜbAG) auf ihre Echtheit sowie darauf überprüft, ob sie inhaltlich mit Art. 23 AdÜb oder Art. 27 Abs. 2 AdÜb übereinstimmt, dazu *Bornhofen* StAZ 2002, 1 (5). Das bedeutet vor allem, dass geprüft wird, ob, wann und von wem die Geeignetheit und Bereitwilligkeit der künftigen Adoptiveltern festgestellt wurde.

[78] Es handelt sich nicht um die Zustimmung der leiblichen Eltern, sondern um die der Zentralen Behörden des „Heimatstaats" und des „Aufenthaltsstaats".

[79] *Parra-Aranguren* Rapport Nr. 415.

[80] Vgl. dazu Bek. BGBl. 2002 I S. 2872; aktueller Überblick unter http://www.hcch.net/index_en.php?act=conventions.authorities&cid=69.

[81] *Parra-Aranguren* Rapport Nr. 417.

[82] BGBl. 2001 I S. 2950 (2952).

[83] *Parra-Aranguren* Rapport Nr. 402, 403.

Art. 24 AdÜb [Versagung]

Die Anerkennung einer Adoption kann in einem Vertragsstaat nur versagt werden, wenn die Adoption seiner öffentlichen Ordnung offensichtlich widerspricht, wobei das Wohl des Kindes zu berücksichtigen ist.

12   Die Vorschrift stellt die Anerkennung von Adoptionen, die gemäß den Vorgaben des Übereinkommens zustande gekommen sind und damit gemäß Art. 23 AdÜb grundsätzlich anerkannt werden können, unter den Vorbehalt des **ordre public.** Sie verwendet dabei die heute übliche und auch in Art. 6 benutzte Formulierung, wonach nur ein „offensichtlicher Widerspruch" zum ordre public relevant ist[84] (→ Art. 6 Rn. 182; → Art. 22 Rn. 92–98).[85]

13   Nach der Vorschrift ist bei der ordre-public-Prüfung das **Wohl des Kindes** zu berücksichtigen. Damit wird kein zusätzliches Erfordernis aufgestellt.[86] Vielmehr wird dadurch nur auf die besondere Ausprägung hingewiesen, die der ordre public im Rahmen des Übereinkommens hat. Bei der Prüfung sind die **gleichen Grundsätze** heranzuziehen, die auch bei einer Anerkennung nach §§ 108 Abs. 1, 109 FamFG gelten (→ Art. 22 Rn. 92–98), denn Art. 24 AdÜb verweist auf den nationalen ordre public jedes Vertragsstaates. Allerdings kann in seltenen Ausnahmefällen zu berücksichtigen sein, dass eine Abweichung von diesen Grundsätzen dann nicht ohne weiteres als ordre public-widrig angesehen werden kann, wenn sie dem Übereinkommen (vor allem Art. 4 AdÜb) entspricht.[87]

Art. 25 AdÜb [Anerkennung im Falle des Art. 39 Abs. 2]

Jeder Vertragsstaat kann gegenüber dem Verwahrer des Übereinkommens erklären, dass er nicht verpflichtet ist, aufgrund des Übereinkommens Adoptionen anzuerkennen, die in Übereinstimmung mit einer nach Artikel 39 Absatz 2 geschlossenen Vereinbarung zustande gekommen sind.

14   Art. 39 Abs. 2 AdÜb erlaubt den Vertragsstaaten, mit anderen Vertragsstaaten eine erleichterte Anwendung des Übereinkommens zu vereinbaren,[88] wobei eine Abschrift der Vereinbarung bei der niederländischen Depositarmacht (Art. 43 Abs. 2 AdÜb) zu hinterlegen ist, die ihrerseits alle anderen Vertragsstaaten zu unterrichten hat (Art. 48e AdÜb). Auf diese Weise kann gemeinsamen Interessen benachbarter Staaten Rechnung getragen werden.[89] Bei solchen **Vereinbarungen** sind allerdings Abweichungen von dem Übereinkommen nur bezüglich der Art. 14–16 AdÜb und 18–21 AdÜb zulässig, die die Zuständigkeit der Zentralen Behörden betreffen.

15   Aber selbst solche Abweichungen brauchen Vertragsstaaten, die an den Vereinbarungen nicht beteiligt waren, nicht hinzunehmen. Die Vorschrift des Art. 25 AdÜb gibt deshalb jedem Vertragsstaat die rechtliche Möglichkeit, sich durch eine entsprechende Erklärung gegenüber der niederländischen Depositarmacht **von der Verpflichtung aus Art. 23** AdÜb **insoweit loszusagen,** als sie die Anerkennung von Adoptionen betrifft, die gemäß einer solchen Vereinbarung zustande gekommen sind.[90] Die Vertragsstaaten, die keine solche Erklärung abgeben, sind dagegen verpflichtet, auch derartige Adoptionen nach Maßgabe der Art. 23, 24 AdÜb anzuerkennen.[91] Die Entbindung von der Anerkennungsverpflichtung, die durch die Erklärung herbeigeführt wird, bezieht sich nur auf die Adoptionen, die nach der Hinterlegung der Erklärung ausgesprochen werden.[92]

Art. 26 AdÜb [Umfang der Anerkennung, Wirkungen der Adoption]

(1) Die Anerkennung einer Adoption umfasst die Anerkennung

a) des Eltern-Kind-Verhältnisses zwischen dem Kind und seinen Adoptiveltern;
b) der elterlichen Verantwortlichkeit der Adoptiveltern für das Kind;
c) der Beendigung des früheren Rechtsverhältnisses zwischen dem Kind und seiner Mutter und seinem Vater, wenn die Adoption dies in dem Vertragsstaat bewirkt, in dem sie durchgeführt worden ist.

---

[84] Sie ist deshalb eng auszulegen, *Steiger,* Das neue Recht der internationalen Adoption und Adoptionsvermittlung, Einführung. Erläuterung. Materialien, 2002, Rn. 101.

[85] Die Nichtanerkennung von konventionskonformen Adoptionen unter Berufung auf Art. 24 AdÜb stellt ein eher theoretisches Szenario dar, vgl. schon *Frank* StAZ 2003, 257 (259).

[86] *Parra-Aranguren* Rapport Nr. 426; *Vaccaro* Dir. Fam. 1996, 1127 (1155); *Torraca* Dir. Fam. 1999, 1374 (1380); *Panico* Riv. Dir. Int. priv. proc. 2001, 885 (905).

[87] *Benicke,* Typenmehrheit im Adoptionsrecht und deutsches IPR, 1994, 326 zur Zustimmung der leiblichen Mutter ohne Einräumung einer Überlegungsfrist; *Busch* DAVorm. 1997, 659 (663).

[88] Unter diese Vereinbarungen fallen freilich keine multilateralen Abkommen, *Parra-Aranguren* Rapport Nr. 571, 572.

[89] *Parra-Aranguren* Rapport Nr. 570.

[90] Das gilt auch, wenn die Bescheinigung nach Art. 23 erteilt wurde, Staudinger/*Henrich* (2014) Vor Art. 22 Rn. 49.

[91] *Parra-Aranguren* Rapport Nr. 430.

[92] *Parra-Aranguren* Rapport Nr. 432, 433.

(2) Bewirkt die Adoption die Beendigung des früheren Eltern-Kind-Verhältnisses, so genießt das Kind im Aufnahmestaat und in jedem anderen Vertragsstaat, in dem die Adoption anerkannt wird, Rechte entsprechend denen, die sich aus Adoptionen mit dieser Wirkung in jedem dieser Staaten ergeben.

(3) Die Absätze 1 und 2 lassen die Anwendung für das Kind günstigerer Bestimmungen unberührt, die in einem Vertragsstaat gelten, der die Adoption anerkennt.

Art. 26 AdÜb befasst sich mit den **Wirkungen der anerkannten Adoption** und setzt voraus, **16** dass das Abkommen nicht nur auf Adoptionen anwendbar ist, die die Rechtsbeziehungen des Kindes zu seinen ursprünglichen (leiblichen) Eltern restlos kappen (Volladoptionen), sondern auch auf solche, die dies nicht tun (schwache Adoptionen). Allerdings fallen nach Art. 2 Abs. 2 AdÜb letztere Adoptionen nur unter das Abkommen, wenn sie wenigstens im Verhältnis zu den Adoptiveltern ein Eltern-Kind-Verhältnis begründen.[93]

Abs. 1 der Vorschrift nennt drei hauptsächliche Wirkungen, die die Basis für jeweils eine ganze **17** Reihe von Einzelwirkungen sind. Die Nennung bedeutet, dass jedenfalls[94] diese Wirkungen zusammen mit der Adoption in allen Vertragsstaaten **anzuerkennen** sind. Dabei geht das Abkommen nicht davon aus, dass mit der Nennung dieser Hauptwirkungen die Gesamtheit der Wirkungen einer Adoption erschöpfend beschrieben ist.[95] Und zwar handelt es sich bei den unter Abs. 1 lit. a und b aufgeführten Wirkungen um solche, die jede Adoption, auch jede schwache hat. Dagegen hat die unter Abs. 1 lit. c genannte Wirkung nur die Volladoption, freilich zusätzlich zu den unter lit. a und b genannten. Demgemäß wird eine Volladoption mit den Wirkungen einer Volladoption anerkannt, eine schwache dagegen nur mit deren Wirkungen.[96]

Diese Hauptwirkungen werden **im Einzelnen** von dem internationalen Privatrecht des aufneh- **18** menden Staates und dem von ihm berufenen materiellen Recht geregelt.[97]

Abs. 1 lit. a nennt als anzuerkennende Wirkung das **Eltern-Kind-Verhältnis.** Dieser Begriff, **19** der in § 1741 Abs. 1 BGB als Voraussetzung der Adoption verstanden wird, ist hier ihre Wirkung. Er bezeichnet das, was in Frankreich lien de filiation genannt wird[98] und in Deutschland Statusverhältnis.[99] Die unter lit. b angeführte Verantwortlichkeit ist zwar eine Seite dieses Verhältnisses, aber nicht die einzige.[100]

Abs. 1 lit. b nennt die **elterliche Verantwortlichkeit.** Damit ist die elterliche Sorge gemeint als **20** ein Recht und eine Pflicht.[101]

Schließlich befasst sich Abs. 1 lit. c mit der Beendigung des **Rechtsverhältnisses zu den leibli- 21 chen Eltern** für den Fall, dass das vom Standpunkt des Landes aus, in dem die Adoption ausgesprochen wurde,[102] so vorgesehen ist. Eine solche Beendigung ist selbst in den Vertragsstaaten anzuerkennen, die eine derartige Beendigung (noch) nicht kennen. In diesen Staaten bildet eine solche Adoption einen Sonderfall.[103] Ein ebenfalls anzuerkennender, spezieller Fall dieser Beendigung ist es, wenn die Beendigung zwar im Verhältnis zu einem leiblichen Elternteil eintritt, nicht aber im Verhältnis zu dem anderen, weil dieser mit dem Annehmenden die Ehe geschlossen hat.[104] Ist vom Standpunkt des Vertragsstaates aus, in dem die Adoption ausgesprochen wurde, eine solche Beendigung nicht vorgesehen, ist auch dies in allen anderen Vertragsstaaten anzuerkennen. Das würde selbst in den Vertragsstaaten gelten, die eine solche Aufrechterhaltung der Beziehungen zur leiblichen

---

[93] *Parra-Aranguren* Rapport Nr. 438, 443; *Kropholler* IPR § 49 II 2e.

[94] Als Minimalwirkungen, *Marx* StAZ 1995, 315 (318). *Paulitz (Marx/Weitzel),* Adoption, 2006, 281: „Das radikalere Recht setzt sich durch".

[95] *Duncan* in Lowe and Douglas, Families across Frontiers, 1996, 586; Wirkungen, die die Adoption über diese Hauptwirkungen hinaus etwa noch hat, kann jeder Staat nach seinem Kollisionsrecht und dem von diesem berufenen materiellen Recht beurteilt, Staudinger/*Henrich* (2014) Vor Art. 22 Rn. 50.

[96] *Benicke*, Typenmehrheit im Adoptionsrecht und deutsches IPR, 1994, 327.

[97] Das kann nicht anders sein, weil das Übereinkommen selbst keine Regelung iE enthält, also zB nicht sagt, wann die Eltern eine Genehmigung des Familiengerichts benötigen, so iErg *Frank* in Lowe and Douglas, Families across Frontiers, 1996, 599; Palandt/*Thorn* Art. 22 Rn. 10; aA *Duncan* in Lowe and Douglas, Families across Frontiers, 1996, 587 f.

[98] *Parra-Aranguren* Rapport Nr. 442.

[99] Vor der Kindschaftsrechtsreform 1998 war in § 1754 BGB von der Stellung eines ehelichen Kindes die Rede. *Steiger* DNotZ 2002, 184 (192) spricht von einem „unmittelbarer Abstammung entsprechenden Verwandtschaftsverhältnis".

[100] *Parra-Aranguren* Rapport Nr. 444.

[101] *Parra-Aranguren* Rapport Nr. 446; Staudinger/*Henrich* (2014) Vor Art. 22 Rn. 50.

[102] *Parra-Aranguren* Rapport Nr. 452, 458; *Maurer* FamRZ 2003, 1337 (1340).

[103] *Parra-Aranguren* Rapport Nr. 473.

[104] *Parra-Aranguren* Rapport Nr. 450. Zu diesen speziellen Fällen gehört der des § 1755 Abs. 2 BGB.

Familie nicht kennen.[105] Allerdings kommt bei solchen Adoptionen eine Umwandlung gemäß Art. 27 AdÜb in Betracht.

22   Abs. 2 bestimmt, jedoch nur **für die Fälle, in denen** vom Standpunkt des Vertragsstaates aus, in dem die Adoption ausgesprochen wurde, **die Rechtsbeziehungen zu den leiblichen Eltern**[106] **beendet wurden,** dass das Kind in jedem Vertragsstaat die Rechtsstellung hat, die in dem jeweiligen Staat einem Adoptivkind zukommt, das durch die Adoption ebenfalls die Rechtsbeziehungen zu seinen leiblichen Eltern verloren hat.[107] In allen anderen Fällen, dh bei allen schwachen Adoptionen, ist dieser Abs. 2 nicht anwendbar.[108] Die bei der Ausarbeitung des Abkommens sehr umstrittene[109] Vorschrift hat den Zweck, alle **Kinder** aus *diesen* Fällen, **die im gleichen Vertragsstaat leben, einander gleichzustellen.**[110] Kommen also Kinder mit einer anzuerkennenden Adoption nach Deutschland, richtet sich die Beendigung[111] der Rechtsbeziehungen zu den leiblichen Eltern nach deutschem Recht.[112] Damit wandelt sich die Rechtsstellung jedoch nicht in die eines nach deutschen Sachvorschriften angenommenen Kindes um, vielmehr wird nur klargestellt, dass die Adoption überall dort, wo eine Volladoption vorausgesetzt wird (zB im Erb- oder Staatsangehörigkeitsrecht), automatisch einer solchen **substituiert** werden kann.[113] Auf die in → Art. 22 Rn. 35–41 genannten Folgen ist dagegen weiterhin das dort bezeichnete Recht anzuwenden.[114] Das bedeutet etwa, dass dann, wenn nach dem Adoptionsbegründungsstatut die ausländische Adoption kein Verwandtschaftsverhältnis zu den Verwandten des Annehmenden begründet, Art. 26 Abs. 2 AdÜb hieran nichts ändert.[115]

23   Nach Abs. 3 ist kein Vertragsstaat, der die Adoption anerkennt, und – wie man hinzufügen muss[116] – auch der Vertragsstaat, der die Adoption ausgesprochen hat, gehindert, dieser Adoption **günstigere Wirkungen beizulegen, als er dies nach Abs. 1 und Abs. 2 tun müsste.** Er kann also zB einer gemäß Abs. 1 lit. c schwachen Adoption die Wirkung beilegen, dass das Kind ein Erbrecht nach den Annehmenden und deren Vorfahren hat.[117] Die Wirkungen einer Volladoption

---

[105] *Parra-Aranguren* Rapport Nr. 473 f.

[106] Die Beziehungen zu ihnen sind gemeint, obwohl dies in der Vorschrift nicht ausdrücklich gesagt wird, *Parra-Aranguren* Rapport Nr. 467.

[107] Dass damit jeder Vertragsstaat diese Rechtsstellung anders beurteilen kann, mag für den Fall sinnvoll sein, in dem das Kind seinen Aufenthalt von einem Vertragsstaat in einen anderen verlegt. Ist jedoch die Rechtsstellung gleichzeitig von mehreren Vertragsstaaten zu beurteilen, etwa in einem Erbfall, in dem sich Nachlassgegenstände in mehreren Staaten befinden, kann es zu Schwierigkeiten kommen, die im Zweifel allenfalls mit Hilfe des ordre public gelöst werden können, vgl. zu diesen Problemen *Frank* in Lowe and Douglas, Families across Frontiers, 1996, 599 f. Ein weiteres Problem ergibt sich in dem – in → Rn. 21 angesprochenen – Fall, dass der Aufnahmestaat eine völlige Beendigung der Rechtsbeziehungen zu den leiblichen Eltern gar nicht kennt. Das Übereinkommen verpflichtet einen solchen Staat, in diesen Fällen trotzdem die Beziehungen als beendet anzusehen. Da es nur noch wenige Staaten gibt, die ausschließlich schwache Adoptionen kennen, dürfte die praktische Bedeutung dieses Problems nicht groß sein.

[108] *Parra-Aranguren* Rapport Nr. 464, 466.

[109] *Parra-Aranguren* Rapport Nr. 459–463.

[110] *Parra-Aranguren* Rapport Nr. 465 mit Hinweis auf Art. 21 lit. c UN-Kinderrechtsabkommen, BGBl. 1992 II S. 122 (130); *Kropholler* IPR § 49 II 2e, der kritisiert, dass auf diese Weise die Adoption nicht in allen Vertragsstaaten die gleichen Wirkungen hat.

[111] Diese Anerkennung der Beendigung der Beziehungen zu den leiblichen Eltern bedeutet nicht, dass diese Beziehungen nicht wieder aufleben könnten, wie dies zB in § 1764 Abs. 3 BGB vorgesehen ist, *Parra-Aranguren* Rapport Nr. 468.

[112] Staudinger/*Henrich* (2014) Vor Art. 22 Rn. 51; anders *Benicke*, Typenmehrheit im Adoptionsrecht und deutsches IPR, 1994, 328 f., der das von Art. 22 Abs. 2 berufene Recht angewandt sehen will. Eine Gleichstellung kann sowohl mit der unmittelbaren Anwendung des deutschen Sachrechts als auch mit der Anwendung von Art. 22 Abs. 2 erreicht werden. In beiden Fällen ist die Gleichstellung unvollkommen, was daran liegt, dass Adoptionen in Deutschland wegen Art. 22 Abs. 2 (und wegen des Grundsatzes der Wirkungserstreckung) nicht immer die gleichen Wirkungen haben. Eine Gleichstellung mit den Adoptionen, deren Statuswirkungen sich nach deutschem materiellen Recht richten, ist jedoch aus mehreren Gründen wichtiger als eine Gleichstellung mit den anderen. Ihre Zahl ist weitaus größer. Und vor allem dürften sie bei der Schaffung des Übereinkommens vor Augen gestanden haben, vgl. etwa *Parra-Aranguren* Rapport Nr. 464.

[113] BT-Drs. 14/6011, 47; *Steiger* DNotZ 2002, 184 (192); *Frank* StAZ 2003, 257 (260 f.) mit berechtigter Kritik. Zur entspr. Wirkung der Gleichstellungsfeststellung nach § 2 Abs. 2 S. 1 Nr. 1 AdWirkG → Art. 22 Rn. 31, 70, 77.

[114] Staudinger/*Henrich* (2014) Vor Art. 22 Rn. 56. Die Regelung dieser Folgen ist dem internationalen Privatrecht des anerkennenden Staats überlassen, *Duncan* in Lowe and Douglas, Families across Frontiers, 1996, 586.

[115] Staudinger/*Henrich* (2014) Vor Art. 22 Rn. 51; *Frank* StAZ 2003, 257 (261).

[116] *Parra-Aranguren* Rapport Nr. 470.

[117] *Parra-Aranguren* Rapport Nr. 471.

können einer schwachen Adoption allerdings nicht *nach diesem Abs. 3,* sondern nur nach Art. 27 AdÜb beigelegt werden.[118]

Art. 27 AdÜb [Umwandlung einer Adoption]

(1) Bewirkt eine im Heimatstaat durchgeführte Adoption nicht die Beendigung des früheren Eltern-Kind-Verhältnisses, so kann sie im Aufnahmestaat, der die Adoption nach dem Übereinkommen anerkennt, in eine Adoption mit einer derartigen Wirkung umgewandelt werden, wenn
a) das Recht des Aufnahmestaats dies gestattet und
b) die in Artikel 4 Buchstaben c und d vorgesehenen Zustimmungen zum Zweck einer solchen Adoption erteilt worden sind oder werden.

(2) Artikel 23 ist auf die Umwandlungsentscheidung anzuwenden.

Mit Art. 27 AdÜb wurde die Möglichkeit geschaffen, eine Adoption, die nicht iS von Art. 26 **24** Abs. 1 lit. c AdÜb die Rechtsbeziehungen zu den leiblichen Eltern beendet[119] **(schwache Adoption)** in eine **Volladoption,** die diese Wirkungen herbeiführt, **umzuwandeln.**

Die Umwandlung ist nur zulässig, wenn die **Adoption im Heimatstaat** des Kindes (= Staat des **25** gewöhnlichen Aufenthalts des Kindes, bevor dieses im Zusammenhang mit der Adoption seinen gewöhnlichen Aufenthalt in einen anderen Staat verlegte) stattfand und dort **keine Beendigung** der Beziehungen zu den leiblichen Eltern zur Folge hatte. Wurde die Adoption in einem anderen Staat, etwa dem Aufnahmestaat, durchgeführt, kann eine Umwandlung nicht auf Art. 27 AdÜb gestützt werden und fällt eine Umwandlungsentscheidung nicht unter Art. 23.[120]

Die Umwandlung kann nur im **Aufnahmestaat** (= Staat, in dem im Zusammenhang mit der **26** Adoption der Aufenthalt des Kindes begründet wurde) durchgeführt werden[121] und nur, wenn die **Adoption dort** gemäß Art. 23 **anerkannt** wird.

Weitere **Voraussetzung** für die Umwandlung ist **zum einen,** dass das Recht des Aufnahmestaats **27** sie ermöglicht. Es genügt nicht, dass dieses Recht eine Beendigung der Beziehungen zu den leiblichen Eltern in einer dort durchgeführten Adoption gestattet. Vielmehr muss es (auch) eine **Umwandlung** einer in einem anderen Staat ohne eine solche Beendigung durchgeführten Adoption in eine mit Beendigung gestatten und auch **ermöglichen.**[122] Dies tut Deutschland mit § 3 AdWirkG (→ Art. 22 Rn. 104–106 und → AdWirkG § 3 Rn. 1 ff.).

Zum anderen ist **weitere Voraussetzung,** dass **Zustimmungen** zu der Adoption, die diese **28** **Beendigung decken,** vorhanden sind oder beschafft werden. Die vorhandenen Zustimmungen genügen also nicht, wenn sie lediglich die ursprüngliche schwache Adoption decken.[123]

Die nach → Rn. 28 erforderlichen Zustimmungen müssen – wie schon die zu der ursprünglichen **29** Adoption – dem Art. 4 lit. c und 4 lit. d AdÜb entsprechen. Diese Vorschriften verlangen, dass das Kind nach gehöriger Beratung und Belehrung, unter Berücksichtigung seiner Wünsche und Meinungen sowie die anderen zustimmungsberechtigten Personen und Behörden nach gebührender Beratung über die Wirkungen der Adoption, einschließlich der Beendigung der Beziehungen zu den leiblichen Eltern, unbeeinflusst zugestimmt haben. Ein Absehen von den Zustimmungen bzw. deren Ersetzung ist nur möglich, wenn dies in dem Recht, das aus Sicht des Heimatlandes des Kindes anwendbar ist, vorgesehen ist.[124]

Auch die Umwandlungsentscheidung ist, wie sich aus der Verweisung des Abs. 2 auf Art. 23 **30** ergibt, in den anderen Vertragsstaaten kraft Gesetzes **anzuerkennen,** auch in dem Staat, in dem die Adoption ausgesprochen wurde[125] wenn die zuständige Behörde des Staates, in dem die Umwandlung erfolgte, nach der erforderlichen Prüfung bescheinigt hat, dass die Umwandlung gemäß dem Übereinkommen zustande gekommen ist.[126] Die zusätzlichen Angaben über das Vorliegen der nach Art. 17 lit. c AdÜb erforderlichen Zustimmungen kommen hier allerdings nicht in Betracht.[127] Vgl. zur Erteilung auch dieser Bescheinigungen in Deutschland § 8

---

[118] *Steiger,* Das neue Recht der internationalen Adoption und Adoptionsvermittlung, Einführung. Erläuterung. Materialien, 2002, Rn. 104 f.
[119] *Parra-Aranguren* Rapport Nr. 478.
[120] *Parra-Aranguren* Rapport Nr. 477.
[121] *Parra-Aranguren* Rapport Nr. 481.
[122] *Parra-Aranguren* Rapport Nr. 480.
[123] *Parra-Aranguren* Rapport Rn. 482, 483; *Duncan* in Lowe and Douglas, Families across Frontiers, 1996, 586; Staudinger/*Henrich* (2014) Vor Art. 22 Rn. 62. *Frank* StAZ 2003, 257 (261).
[124] *Steiger,* Das neue Recht der internationalen Adoption und Adoptionsvermittlung, Einführung. Erläuterung. Materialien, 2002, Rn. 106.
[125] *Parra-Aranguren* Rapport Nr. 486.
[126] *Maurer* FamRZ 2003, 1337 (1341).
[127] *Parra-Aranguren* Rapport Nr. 484.

AdÜbAG und zur Überprüfung ausländischer Bescheinigungen § 9 AdÜbAG. Auch wenn diese Vorschrift in Art. 27 Abs. 2 nicht in Bezug genommen wurde, ist auch Art. 24 entsprechend anzuwenden.[128] Die Umwandlung muss also mit dem ordre public des Staates, in dem die Anerkennung begehrt wird, vereinbar sein.

Art. 23 EGBGB Zustimmung

[1]Die Erforderlichkeit und die Erteilung der Zustimmung des Kindes und einer Person, zu der das Kind in einem familienrechtlichen Verhältnis steht, zu einer Abstammungserklärung, Namenserteilung oder Annahme als Kind unterliegen zusätzlich dem Recht des Staates, dem das Kind angehört. [2]Soweit es zum Wohl des Kindes erforderlich ist, ist statt dessen das deutsche Recht anzuwenden.

Schrifttum: *Baumann,* Verfahren und anwendbares Recht bei Adoptionen mit Auslandsberührung, Diss. Regensburg 1992; *Benicke,* Typenmehrheit im Adoptionsrecht und deutsches IPR, Diss. Heidelberg 1994; *Frie,* Hinkende Vaterschaften zu deutschen Kindern aufgrund von Art. 23 EGBGB – Problem und Lösungsansätze, StAZ 2016, 161; *Hohnerlein,* Internationale Adoption und Kindeswohl, 1991; *Jayme,* Abstammungsvorfragen und Auslegung des Art. 23 S. 1 EGBGB bei der Legitimation in Auslandsfällen, IPRax 1990, 309; *S. Lorenz,* Internationale Erwachsenenadoption und lex loci actus, IPRax 1994, 193; *Sturm,* Das Günstigkeitsprinzip und die Zustimmung nach Art. 23 EGBGB, StAZ 1997, 261.

Übersicht

I. Normzweck

1   Die Vorschrift bestimmt, dass **Statusänderungen** (und die den Anschein einer solchen Änderung erweckenden Namenserteilungen) **nicht ohne Zustimmung des Kindes** und seiner Angehörigen nach Maßgabe **seines Heimatrechts** (an dessen Stelle unter Umständen das deutsche Recht tritt) erfolgen können. Kennt dieses Recht die fragliche Statusänderung überhaupt nicht, kann Art. 23 nicht angewandt werden.[1]

2   Die Vorschrift ist **zusätzlich** zu den Kollisionsnormen, die sonst die Statusänderungen regeln, heranzuziehen (näher → Rn. 5).

II. Anwendbares Recht

3   Art. 23 S. 1 beruft das **Recht des Landes** zur Anwendung, **dem das Kind angehört.** Ist dieses Mehrstaater,[2] Staatenloser[3] oder Flüchtling,[4] so ist Art. 5 Abs. 1, 2 (→ Art. 5 Rn. 54 ff., 94 ff., → Anh. II Rn. 61) zu beachten. Maßgebend ist das Heimatrecht, welches das Kind im Zeitpunkt der Statusänderung hat, also nicht das etwa durch die Statusänderung erworbene.[5]

4   Ob **Rück-** und Weiter**verweisung** (Renvoi) zu beachten ist, ist umstritten. Teilweise[6] wird Art. 23 S. 1[7] eine Sachnormverweisung entnommen (zu diesem Begriff → Einl. IPR Rn. 212;

---

[128] *Parra Aranguren* Rapport Nr. 485.
[1] Staudinger/*Henrich* (2014) Rn. 19; *Henrich* IntFamR § 8 IV 1; NK-BGB/*Benicke* Rn. 7; Bamberger/Roth/*Heiderhoff* Rn. 14; *Jayme* IPRax 1988, 251; *Jayme* NJW 1989, 3069 (3070); anders Soergel/*Lüderitz* Rn. 14: Rückgriff auf eine vergleichbare dem Kindesheimatrecht bekannte Statusänderung. Zu Abweichungen zwischen Hauptstatut (starke Adoption) und Zustimmungsstatut (schwache Adoption) → Rn. 23.
[2] *Jayme* IPRax 1990, 309 (310).
[3] *Henrich* StAZ 1995, 284 (286).
[4] Staudinger/*Henrich* (2014) Rn. 5.
[5] OLG Frankfurt FamRZ 1997, 241 (243); Staudinger/*Henrich* (2014) Rn. 5; Erman/*Hohloch* Rn. 8; Palandt/*Thorn* Rn. 3; Bamberger/Roth/*Heiderhoff* Rn. 18; *Looschelders* IPR Rn. 11.
[6] BayObLG FamRZ 2005, 1694 (1695); IPRax 1989, 172 (173); LG Bielefeld FamRZ 1989, 1338 (1339); Palandt/*Thorn* Art. 3a Rn. 2, Art. 23 Rn. 2; *Kropholler* IPR § 49 IV 2.
[7] Für S. 2 kommt aus Gründen, die offensichtlich sind, kein Renvoi in Betracht.

→ Art. 3a Rn. 3), die eine Beachtung des Renvoi von vornherein ausschließen würde (→ Art. 3a Rn. 12 mwN). Doch lassen sich aus der etwas umständlichen Umschreibung der von Art. 23 S. 1 geregelten (angeknüpften) Rechtsfragen solche Schlüsse nicht ziehen. Es ist deshalb auch hier **Art. 4 Abs. 1 anwendbar.**[8] Auch eine vermittelnde Ansicht, wonach ein Renvoi nur zu berücksichtigen ist, wenn das von Art. 23 berufene Recht auch eine Kollisionsnorm speziell für Zustimmungen bereitstellt,[9] vermag nicht zu überzeugen, weil das Ziel, die Anerkennungschancen im Heimatland zu erhöhen, hiervon nicht berührt wird.[10]

Das von Art. 23 berufene Recht ist, wie sich schon aus dem Wort „zusätzlich" im Text der 5 Vorschrift ergibt, in seinem Anwendungsbereich niemals allein maßgebend. Vielmehr muss, was in diesen Bereich fällt, stets sowohl dem Heimatrecht des Kindes als auch dem Recht entsprechen, das nach den Art. 10, 19 Abs. 1, 22 auf die Statusänderungen im Übrigen anwendbar ist. Beide Rechte sind also insoweit **kumulativ** maßgebend.[11]

III. Anwendungsbereich

Die Vorschrift ist anwendbar auf Zustimmungen des Kindes und der Personen, zu denen das 6 Kind in einem familienrechtlichen (verwandtschaftlichen) Verhältnis steht. Sie ist auch anwendbar, wenn das Kind bereits volljährig ist.[12] Und zwar sind alle Zustimmungen der Personen erforderlich, die das von Art. 23 berufene Recht als maßgeblich ansieht.[13] Gedacht ist dabei vor allem an die **Zustimmungen der Eltern.** Nicht dazu gehört die Zustimmung des Ehegatten des Kindes.[14] Dieses Recht entscheidet auch darüber, ob eine Zustimmung der Eltern auch dann erforderlich ist, wenn diesen die Sorge entzogen ist.[15]

Was die **Vorfrage** angeht, wer zu dem Kind in einem **familienrechtlichen Verhältnis** steht, 7 schlägt *Henrich*[16] vor, sie selbständig oder unselbständig anzuknüpfen, je nachdem, welche Anknüpfung dazu führt, dass derjenige zustimmen muss, der tatsächlich eine Beziehung zu dem Kind hat. Dies wäre richtig, wenn der Gesetzgeber von einer tatsächlichen Beziehung gesprochen hätte. Er spricht aber von einem familienrechtlichen Verhältnis. Es sollte daher diese Frage anhand des Rechts beantwortet werden, welches von dem von Art. 23 berufenen Recht für anwendbar erklärt wird **(unselbständige Anknüpfung).**[17] Auch dem – berechtigten – Anliegen von *Henrich* wird dadurch noch am ehesten Rechnung getragen.

Nach dem von Art. 23 berufenen Recht richtet sich, **ob** überhaupt solche Zustimmungen **erfor-** 8 **derlich** sind[18] (ob zB auch der nichteheliche Vater zustimmen muss). Maßgebend ist das Recht, das im Zeitpunkt der Zustimmung gilt.[19]

Dieses Recht regelt auch, **wie** die Zustimmungen **vorzunehmen,**[20] zB auch, wem gegenüber sie 9 abzugeben sind. Verlangt das berufene Recht **Geschäftsfähigkeit,** so richtet sich diese ebenfalls nach

---

[8] AG Siegen IPRax 1992, 259 mit zust. Anm. *Jayme;* AG Bielefeld IPRax 1989, 172; NK-BGB/*Benicke* Rn. 19 f.; *Benicke*, Typenmehrheit im Adoptionsrecht und deutsches IPR, 1994, 152 f.; *v. Hoffmann/Thorn* IPR § 8 Rn. 148; *Junker* IPR Rn. 570; *Looschelders* IPR Rn. 7.

[9] 5. Aufl. 2010, Rn. 4 *(Klinkhardt);* Bamberger/Roth/*Heiderhoff* Rn. 19; Staudinger/*Henrich* (2014) Rn. 6; *Andrae* IntFamR § 7 Rn. 58. Erman/*Hohloch* Rn. 4 will den Renvoi dann nicht zum Zuge kommen lassen, wenn er im konkreten Fall zur Anwendung eines Rechtes führen würde, das weniger Zustimmungen verlangt als das Kindesheimatrecht.

[10] NK-BGB/*Benicke* Rn. 21.

[11] BT-Drs. 10/504, 72; OLG Köln StAZ 2013, 319 (320); LG Kassel StAZ 1992, 308 (309); AG Rottweil StAZ 2006, 144; *S. Lorenz* IPRax 1994, 193 (194); Palandt/*Thorn* Rn. 1; Staudinger/*Henrich* (2014) Rn. 5; Bamberger/Roth/*Heiderhoff* Rn. 1, 13; *Looschelders* IPR Rn. 1; Erman/*Hohloch* Rn. 1, 8a; *Kropholler* IPR § 49 IV 2; *v. Hoffmann/Thorn* IPR § 8 Rn. 148; *Andrae* IntFamR § 5 Rn. 46, § 7 Rn. 52; *Rauscher* IPR Rn. 989.

[12] BayObLG StAZ 1996, 171; Bamberger/Roth/*Heiderhoff* Rn. 8.

[13] NK-BGB/*Benicke* Rn. 13; Bamberger/Roth/*Heiderhoff* Rn. 11.

[14] Staudinger/*Henrich* (2014) Rn. 24; Erman/*Hohloch* Rn. 9; NK-BGB/*Benicke* Rn. 13; *Benicke*, Typenmehrheit im Adoptionsrecht und deutsches IPR, 1994, 139 f.; Bamberger/Roth/*Heiderhoff* Rn. 12; aA KG FamRZ 1973, 472 (475); *v. Bar* IPR II Rn. 324.

[15] OLG Köln FamRZ 1999, 889 f.; NK-BGB/*Benicke* Rn. 9; *Henrich* IntFamR § 8 IV 3.

[16] Staudinger/*Henrich* (2014) Rn. 7.

[17] Bamberger/Roth/*Heiderhoff* Rn. 11; NK-BGB/*Benicke* Rn. 15, 34; *Benicke*, Typenmehrheit im Adoptionsrecht und deutsches IPR, 1994, 142; vgl. auch OLG Stuttgart StAZ 1997, 105. Dagegen für selbständige Anknüpfung *Kropholler* IPR § 49 IV 1; *Looschelders* IPR Rn. 9.

[18] BT-Drs. 10/504, 72; OLG Köln StAZ 2013, 319 (320); BayObLG FamRZ 2002, 1142 (1143); NK-BGB/*Benicke* Rn. 8; Bamberger/Roth/*Heiderhoff* Rn. 15; Palandt/*Thorn* Rn. 3; Erman/*Hohloch* Rn. 10; Staudinger/*Henrich* (2014) Rn. 20.

[19] Palandt/*Thorn* Rn. 3.

[20] OLG Köln StAZ 2013, 319 (320); Palandt/*Thorn* Rn. 3; NK-BGB/*Benicke* Rn. 8; *Henrich* IntFamR § 8 IV 1; Staudinger/*Henrich* (2014) Rn. 9; Erman/*Hohloch* Rn. 10; *Rauscher* IPR Rn. 990.

dem von Art. 23 berufenen Recht.[21] Denn wer in einem familienrechtlichen Verhältnis zu dem Mündel steht, darf rechtlich nicht gehindert sein, diesen gesetzlich zu vertreten. Es muss daher bezüglich Geschäftsfähigkeit, gesetzlicher Vertretung und gerichtlicher Genehmigung dieselbe Anknüpfung wie bei dem familienrechtlichen Verhältnis gelten. Art. 23 betrifft deshalb auch die etwa erforderliche Mitwirkung eines gesetzlichen Vertreters[22] und die Frage, wer dies ist und ob er die **gesetzliche Vertretungsmacht** hat (unselbständige Anknüpfung dieser Vorfrage; → Einl. IPR Rn. 151).[23] Art. 23 ist schließlich auch auf notwendige **gerichtliche** und behördliche **Genehmigungen** anzuwenden.[24] Fordert das Kindesheimatrecht eine solche Genehmigung und hat das deutsche Familiengericht nach Kindeswohlprüfung einen konstitutiven Adoptionsbeschluss zu erlassen, so genügt ein einziger Beschluss.[25]

10   Was die **Form** betrifft, so ging – noch zur Zeit von Art. 22 Abs. 2 aF – die hM dahin, dass Art. 11 Abs. 1 maßgebend ist.[26] Das BayObLG[27] meinte dagegen, der Schutzzweck des Art. 22 Abs. 2 aF erfordere die Anwendung der Formvorschriften der lex causae. Die verschiedenen Kollisionsnormen verfolgen – ebenso wie die Sachnormen – stets eigene Zwecke. Darüber hinaus sind die materiellen Formvorschriften in aller Regel auf konkrete materielle Regelungen abgestimmt, so dass sie praktisch alle Sonderregeln in dem obigen Sinne sind. Würde man diese Aspekte ausreichen lassen, um den Anwendungsbereich von Art. 11 einzuschränken, würde davon kaum etwas übrig bleiben. Das wäre mit dieser Vorschrift nicht vereinbar. **Art. 11** Abs. 1 ist deshalb auch auf die in Art. 23 geregelten Zustimmungen anwendbar.[28]

11   Das von Art. 23 berufene Recht regelt auch die **Ersetzung**[29] der Zustimmung und deren Entbehrlichkeit im Einzelfall (vgl. zB § 1747 Abs. 4 BGB). Aus der in → Rn. 5 erörterten Kumulation folgt freilich, dass eine Ersetzung nur möglich ist, wenn sich dies sowohl aus Art. 23 als auch aus dem sonst auf die Statusänderung anwendbaren Recht ergibt.[30] Entsprechendes gilt für die Entbehrlichkeit im Einzelfall.

12   Dem von Art. 23 berufenen Recht ist auch zu entnehmen, welche Folgen das **Fehlen der Zustimmung** oder ein Fehler bei ihrer Erteilung hat.[31] Und für den Fall, dass das sonst auf die Statusänderung (oder Namenserteilung) anwendbare Recht in Bezug auf deren Unwirksamkeit oder Aufhebbarkeit etwas anderes bestimmt als das von Art. 23 berufene, ist das ärgere (also für den Bestand des Status ungünstigere) Recht ausschlaggebend.[32]

IV. Übergangsrecht

13   Art. 23 ist anwendbar, wenn auch sonst auf die Statusänderung, um die es jeweils geht, gemäß den dafür geltenden übergangsrechtlichen Grundsätzen das IPR aus der Zeit nach dem 30.8.1986 einschlägig ist.[33]

V. Deutsch-deutsche Konflikte

14   Für Fälle aus der Zeit der deutschen Teilung s. 5. Aufl. 2010, Einl. IPR Rn. 248 ff.; 4. Aufl. 2006, Art. 236 Vor § 1 Rn. 2. Bei der entsprechenden Anwendung von Art. 23 S. 1 – sie kommt nur bei

---

[21] Staudinger/*Henrich* (2014) Rn. 16; Bamberger/Roth/*Heiderhoff* Rn. 10; dagegen für selbständige Anknüpfung: *Kropholler* IPR § 49 IV 1; Erman/*Hohloch* Rn. 10; Palandt/*Thorn* Rn. 3; *Looschelders* IPR Rn. 12.

[22] *Kegel/Schurig* IPR § 20 XIII 2b; Palandt/*Thorn* Rn. 3.

[23] Staudinger/*Henrich* (2014) Rn. 10, 16; Bamberger/Roth/*Heiderhoff* Rn. 10; NK-BGB/*Benicke* Rn. 34; vgl. auch OLG Stuttgart StAZ 1997, 105; dagegen für selbständige Anknüpfung Palandt/*Thorn* Rn. 3; Erman/*Hohloch* Rn. 10; *Kropholler* IPR § 49 IV 1; *Looschelders* IPR Rn. 15.

[24] BT-Drs. 10/504, 72; OLG Köln StAZ 2013, 319 (320); *S. Lorenz* IPRax 1994, 193 (195); Palandt/*Thorn* Rn. 3; Staudinger/*Henrich* (2014) Rn. 16; *Andrae* IntFamR § 5 Rn. 47, § 7 Rn. 55; Bamberger/Roth/*Heiderhoff* Rn. 15; *Kropholler* IPR § 49 IV 1.

[25] Staudinger/*Henrich* (2014) Rn. 16; vgl. auch Palandt/*Thorn* Rn. 5 aE.

[26] Soergel/*Kegel* 11. Aufl. 1983 Art. 22 Rn. 31.

[27] BayObLG StAZ 1978, 294 (296).

[28] OLG Hamm FamRZ 2005, 291 (292); *Jayme* IPRax 1990, 309 (310); NK-BGB/*Benicke* Rn. 12; Staudinger/*Henrich* (2014) Rn. 9, 15; *Henrich* IntFamR § 6 I 5a; Erman/*Hohloch* Rn. 10; *Kropholler* IPR § 49 IV 1; *Andrae* IntFamR § 7 Rn. 59; Palandt/*Thorn* Rn. 3; *Looschelders* IPR Rn. 12.

[29] BT-Drs. 10/504, 72; OLG Köln StAZ 2013, 319 (320); BayObLG FamRZ 2002, 1142 (1143); Palandt/*Thorn* Rn. 3; NK-BGB/*Benicke* Rn. 9; Staudinger/*Henrich* (2014) Rn. 20; Erman/*Hohloch* Rn. 10; *Kropholler* IPR § 49 IV 1; *Andrae* IntFamR § 5 Rn. 47, § 7 Rn. 55; *Rauscher* IPR Rn. 990; *Henrich* IntFamR § 8 IV 3; *Looschelders* IPR Rn. 12.

[30] Staudinger/*Henrich* (2014) Rn. 22.

[31] Palandt/*Thorn* Rn. 3; Staudinger/*Henrich* (2014) Rn. 25; Erman/*Hohloch* Rn. 10; *Kropholler* IPR § 49 IV 2; Bamberger/Roth/*Heiderhoff* Rn. 16.

[32] Staudinger/*Henrich* (2014) Rn. 26; *Kropholler* IPR § 49 IV 2; Bamberger/Roth/*Heiderhoff* Rn. 17; aA NK-BGB/*Benicke* Rn. 35 (Maßgeblichkeit des günstigeren Rechts); vgl. auch 5. Aufl. 2010 Rn. 13 f. (*Klinkhardt*).

[33] Staudinger/*Henrich* (2014) Rn. 3, 4; Erman/*Hohloch* Rn. 6; Bamberger/Roth/*Heiderhoff* Rn. 25.

der Beurteilung von Vorgängen in Betracht, die mit dem 2.10.1990 bereits abgeschlossen waren, Art. 230 Abs. 2[34] – tritt an die Stelle des Heimatrechts das Recht des jeweiligen gewöhnlichen Aufenthalts des Kindes, und zwar des gewöhnlichen Aufenthalts, den dieses am 2.10.1990 hatte.

VI. Die einzelnen Statusänderungen

1. Abstammungserklärung. Gemeint sind **Vaterschaftsanerkennung**[35] (auch in Fällen sog. **15** Dreiererklärung nach § 1599 Abs. 2 BGB[36]) und **Mutterschaftsanerkennung.**[37] Neben den Zustimmungen, die Art. 19 fordert, müssen auch die vorliegen, die Art. 23 verlangt (→ Rn. 5). Und die von beiden Vorschriften geforderten müssen auch in ihrer Ausgestaltung beiden Rechten entsprechen. Die dem Art. 23 entsprechende Zustimmung kann notfalls nachträglich erteilt werden.[38]

Ist das von Art. 23 berufene Recht das **deutsche Recht,** so ist zu einer Vaterschaftsanerkennung **16** eine Zustimmung nach **§§ 1595, 1596 Abs. 2 BGB** notwendig, die in ihren Einzelheiten den §§ 1596–1598 BGB entsprechen muss.[39]

Nach manchen – zB **romanischen – Rechten** können Vaterschaftsanerkennungen (für sich **17** allein) den Erwerb des **Vaternamens** durch das Kind zur Folge haben. Soll dies – was nach Art. 10 Abs. 3 Nr. 1, 3 in Betracht kommt – in Deutschland anerkannt werden, sind – sofern Art. 23 auf deutsches Recht verweist – Zustimmungen von Kind und Mutter in entsprechender Anwendung von **§ 1618 BGB** erforderlich. Anders ausgedrückt: Solange zu der Anerkennung nur eine Zustimmung gemäß § 1595 BGB vorliegt, dagegen die Zustimmungserfordernisse des § 1618 BGB nicht zusätzlich erfüllt sind, kann diese mit Wirkung für Deutschland den Erwerb des Vaternamens nicht nach sich ziehen.

Ist nach einem der beiden anwendbaren Rechte eine Zustimmung der Mutter als solcher und **18** nach dem anderen eine **Zustimmung des gesetzlichen Vertreters,** der wiederum die Mutter ist, notwendig, so kann eine von der Mutter als solcher abgegebene Erklärung im Zweifel zugleich auch als Erklärung des gesetzlichen Vertreters des Kindes gewertet werden, und umgekehrt.[40] Die (etwa nach deutschem Recht erforderliche) Zustimmung zum Vaterschaftsanerkenntnis kann – im Wege der Auslegung – auch bereits darin erblickt werden, dass die Mutter im Zusammenhang mit einer nach ihrem Heimatrecht erforderlichen Mutterschaftsanerkennung den **Namen des Kindesvaters angegeben** hat.[41] Liegt aber nicht einmal eine in derartiger Weise deutbare Mitwirkungshandlung der Mutter vor,[42] kann es zu **hinkenden Abstammungsverhältnissen** kommen, wenn das über Art. 23 S. 1 zur Anwendung berufene Recht eine Zustimmung der Mutter zwingend voraussetzt.

2. Namenserteilung. Gemeint sind vor allem **Einbenennungen durch Stiefvater oder 19 Vater.**[43] Eine solche kann sich nach Art. 10 Abs. 1 richten. Dann hat Art. 23 im Zweifel keine praktische Bedeutung, weil beide Vorschriften auf dasselbe Recht verweisen.

Eine Namenserteilung kann jedoch auch nach Art. 10 Abs. 3 Nr. 1, 3 erfolgen. Hier wirkt sich **20** in der Regel Art. 23 aus. Es müssen dann außer den nach Art. 10 Abs. 3 erforderlichen die nach Art. 23 notwendigen Zustimmungen vorliegen (→ Rn. 5).[44] Die Zustimmungen, die beide Rechte fordern, müssen in ihren Einzelheiten beiden entsprechen.

Ist das von Art. 23 berufene Recht das deutsche, so sind die von **§ 1618 BGB** verlangten Zustim- **21** mungen notwendig.[45]

Zum ipso iure erfolgenden Namenserwerb durch Anerkennung → Rn. 17. **22**

3. Adoption. Gemeint ist, was nach → Art. 22 Rn. 6–8, 84 als Adoption anzusehen ist. Auch **23** auf die Adoption eines Volljährigen ist Art. 23 S. 1 anwendbar (zum Ausschluss von Art. 23 S. 2

---

[34] 4. Aufl. 2006, Vor Art. 236 § 1 Rn. 1.
[35] BT-Drs. 10/504, 72.
[36] Sowie vergleichbarer Institute ausländischen Rechts, *Krömer* StAZ 2016, 151 (152).
[37] Palandt/*Thorn* Rn. 4; Staudinger/*Henrich* (2014) Rn. 8; *Henrich* IntFamR § 6 I 5a; Erman/*Hohloch* Rn. 11; *Looschelders* IPR Rn. 3.
[38] *Siehr* IPR S. 40; *Frie* StAZ 2016, 161 (165).
[39] Palandt/*Thorn* Rn. 5; Staudinger/*Henrich* (2014) Rn. 9.
[40] OLG Frankfurt FamRZ 1989, 663 (664); *Henrich* Anm. zu OLG Karlsruhe IPRax 1991, 423; Staudinger/*Henrich* (2014) Rn. 11; Bamberger/*Roth*/*Heiderhoff* Rn. 4; *Looschelders* IPR Rn. 15.
[41] Hierfür muss entgegen KG FamRZ 2011, 652 kein europarechtliches Anerkennungsprinzip (→ Art. 19 Rn. 60) bemüht werden, *Nordmeier* StAZ 2011, 129 (131 f.); *Mansel*/*Thorn*/*Wagner* IPRax 2011, 1 (7 f.).
[42] Zu den Grenzen einer derartigen Deutungsmöglichkeit *Frie* StAZ 2016, 161 (164 f.).
[43] Palandt/*Thorn* Rn. 4; Staudinger/*Henrich* (2014) Rn. 13; Erman/*Hohloch* Rn. 12.
[44] Vgl. OLG Köln StAZ 2013, 319 (320).
[45] Staudinger/*Henrich* (2014) Rn. 13.

→ Rn. 28).[46] Die Zustimmungen müssen dem von Art. 22 und dem von Art. 23 berufenen Recht entsprechen (→ Rn. 5; → Art. 22 Rn. 24–26). Kennt das von Art. 23 berufene Recht die Adoption nicht, so ist nicht deswegen die Adoption unmöglich, sondern kann diese ohne Anwendung dieser Vorschrift erfolgen.[47] Ebenso wird zu entscheiden sein, wenn dieses Recht nicht die Art von Adoption kennt, die von den Beteiligten gewollt und nach Art. 22 auch möglich ist. Eine andere Frage ist die, ob in dem letzteren Fall die Zustimmungsregeln, die Art. 23 bietet, den Zustimmungsregeln, die der durchgeführten Adoption entsprechen würden, substituiert werden können. Im Zweifel[48] ist diese Frage zu bejahen.[49] Auch die Aufhebung (vgl. §§ 1762 Abs. 1, 1763 Abs. 3 BGB) einer Adoption fällt unter Art. 23.[50] Denn es geht um den Schutz des Kindes, und das Kind muss vor einer Aufhebung unter Umständen ebenso sehr geschützt werden wie vor der Adoption.

24   Verweist Art. 23 auf **deutsches Recht,** so sind nach Maßgabe der **§§ 1746, 1747, 1750 BGB** Einwilligungen des Kindes und seiner Eltern erforderlich.[51]

25   Zum Erfordernis einer **familiengerichtlichen Genehmigung** → Art. 22 Rn. 28–30.

26   Erfolgt die Adoption **im Ausland,** können die Zustimmungen und dazu erforderlichen Genehmigungen auch noch **nachträglich** erteilt werden.[52]

27   Art. 23 ist nur zu beachten, wenn die Adoption im Inland erfolgt oder es sich um eine im Ausland durch Parteierklärungen (vor allem: Vertrag) herbeigeführte Adoption handelt. Wurde dagegen die **Adoption im Ausland durch Dekret** ausgesprochen, ist stattdessen **§ 109 Abs. 1 Nr. 4 FamFG** maßgebend (näher → Art. 22 Rn. 94).[53]

VII. Deutsches Recht (Satz 2)

28   Nach Wortlaut und systematischer Stellung ermöglicht S. 2 nur, **für die Zustimmungserfordernisse des S. 1** auf deutsches Recht auszuweichen und scheint damit auf die (Zustimmungs-)Erfordernisse des nach Art. 22 Abs. 1 zu bestimmenden Hauptstatuts keine Anwendung zu finden. Doch als Konkretisierung des allgemeinen ordre public-Vorbehalts kommt eine Anwendung von S. 2 auch dann in Betracht, wenn S. 1 sich nicht auswirkt, weil das auf die Statusänderung sonst anwendbare Recht das Heimatrecht des Kindes ist.[54] Nach Art. 23 S. 2 ist an der Stelle des Heimatrechts des Kindes das deutsche Recht nicht schon dann anzuwenden, wenn dies dessen Wohl[55] dient,[56] sondern erst, wenn dies für dessen Wohl erforderlich ist. Das ist dann der Fall, wenn dem Kind andernfalls ernsthafte Nachteile drohen.[57] Da das Kriterium des Kindeswohls nur im Minderjährigenrecht ausschlaggebend ist, beschränkt sich der persönliche Anwendungsbereich auf **minderjährige Kinder.**[58] Relevant wird diese Vorschrift in der Praxis vor allem dann, wenn ein deutsches Ehepaar ein ausländisches Kind adoptieren möchte und das über Art. 23 S. 1 zusätzlich zum deutschen Recht berufene Zustimmungsstatut die Ersetzung der Einwilligung eines Elternteils gar nicht oder nur in engeren Grenzen gestattet als das deutsche Recht.[59] Art. 23

---

[46] BayObLG FamRZ 1996, 183 (184); *Looschelders* IPR Rn. 5.

[47] *Jayme* IPRax 1988, 251; *S. Lorenz* IPRax 1994, 193 (195); Staudinger/*Henrich* (2014) Rn. 19; *Andrae* IntFamR § 7 Rn. 52; *Hohnerlein,* Internationale Adoption und Kindeswohl, 1991, 198; *Baumann,* Verfahren und anwendbares Recht bei Adoptionen mit Auslandsberührung, 1992, 58 f.; *Benicke,* Typenmehrheit im Adoptionsrecht und deutsches IPR, 1994, 155 ff.

[48] Es dürfte darauf ankommen, inwieweit beide Regelungen die gleiche Funktion haben.

[49] *Baumann,* Verfahren und anwendbares Recht bei Adoptionen mit Auslandsberührung, 1992, 60 f.; aA Bamberger/Roth/*Heiderhoff* Rn. 14; *S. Lorenz* IPRax 1994, 193 (195); unentschieden BayObLG StAZ 1996, 171 (172).

[50] *Looschelders* IPR Rn. 5; aA Bamberger/Roth/*Heiderhoff* Rn. 6.

[51] Palandt/*Thorn* Rn. 5.

[52] ZB BayObLG FamRZ 1969, 225 (229); 1957, 225 (227); Soergel/*Kegel* Art. 22 Rn. 29; Palandt/*Thorn* Art. 22 Rn. 13; *Henrich* IntFamR § 8 IV 3; Erman/*Hohloch* Rn. 14; *Baumann,* Verfahren und anwendbares Recht bei Adoptionen mit Auslandsberührung, 1992, 84 f.; vgl. auch *Andrae* IntFamR § 7 Rn. 60.

[53] Staudinger/*Henrich* (2014) Rn. 27; NK-BGB/*Benicke* Rn. 30.

[54] Palandt/*Thorn* Rn. 6; Erman/*Hohloch* Rn. 16; *Kropholler* IPR § 49 IV 3; aA *Looschelders* IPR Rn. 20.

[55] Vgl. dazu *Sturm* StAZ 1997, 261 (268).

[56] OLG Celle StAZ 1989, 9 (10); *Henrich* IntFamR § 6 I 5a; Bamberger/Roth/*Heiderhoff* Rn. 20.

[57] OLG Köln StAZ 2013, 319 (320); OLG Frankfurt DAVorm 1998, 472; FamRZ 1997, 241 (243); BayObLG StAZ 1995, 72 (73); Palandt/*Thorn* Rn. 6.

[58] Bamberger/Roth/*Heiderhoff* Rn. 21; Erman/*Hohloch* Rn. 16a; vgl. auch BayObLG NJW-RR 1995, 327 (328); aA AG Tübingen StAZ 1998, 182; *Looschelders* IPR Rn. 19.

[59] BayObLG FamRZ 2002, 1282 für Recht von Bosnien und Herzegowina; BayObLG FamRZ 1995, 634 für peruanisches Recht; BayObLG FamRZ 1988, 868 (870) für türkisches Recht; vgl. auch NK-BGB/*Benicke* Rn. 40.

S. 2 wird als eine **Spezialnorm des ordre public**[60] angesehen und soll daher nach überwiegender Auffassung eng auszulegen sein.[61]

Zwar hält auch die Rechtsprechung verbal an diesem Ansatz fest, doch wird bei **Adoptionen** **29** dann, wenn nach den **Maßstäben des deutschen Rechts** von einer Zustimmung abgesehen (§ 1747 Abs. 4 BGB) oder diese ersetzt werden kann (§ 1748 BGB), regelmäßig das **adoptionsfeindlichere ausländische Recht ausgeschaltet** und gemäß Art. 23 S. 2 auf deutsches Recht ausgewichen.[62] Gerechtfertigt ist diese Praxis deshalb, weil erstens das deutsche Adoptionsrecht eine solche Vorgehensweise ohnehin nur unter sehr engen Voraussetzungen gestattet und zweitens das **Kindeswohl**, das durch den Ausspruch der Adoption gefördert wird, einen besonders hohen verfassungsrechtlichen Stellenwert besitzt.[63] Ein Ausweichen auf deutsches Recht kommt darüber hinaus auch dann in Frage, wenn nach dem ausländischen Heimatrecht auch solche Personen der Adoption zustimmen müssen, zu denen das Kind in keiner engeren Fürsorge- oder Verwandtschaftsbeziehung steht.[64] Dass das Kind noch Beziehungen zur Heimat besitzt,[65] steht einer Anwendung von S. 2 nicht notwendigerweise entgegen.[66] Für die **übrigen Anwendungsfälle der Vorschrift** kann zugunsten des deutschen Rechts auf die Beachtung des Heimatrechts verzichtet werden, wenn eine nach dem Heimatrecht erforderliche Zustimmung nur sehr schwer oder gar nicht eingeholt werden kann, die Statusänderung für das betroffene Kind aber wichtig ist.[67] Dabei muss, solange die Beschaffung der nach S. 1 erforderlichen Zustimmungen lediglich (deutlich) erschwert ist, auch berücksichtigt werden, ob ein besonderes Interesse an der Beachtung des Heimatrechts gerade deshalb besteht, weil Ansprüche des Kindes im Heimatland geltend gemacht werden müssen.[68]

---

[60] NK-BGB/*Benicke* Rn. 36; Bamberger/Roth/*Heiderhoff* Rn. 20; *Looschelders* IPR Rn. 8; Erman/*Hohloch* Rn. 15; vgl. auch Staudinger/*Henrich* (2014) Rn. 32; *Henrich* IntFamR § 8 IV 5. Die unterschiedliche Sichtweise ist wegen der tatbestandlichen Fassung von S. 2 nicht von größerer Bedeutung.

[61] OLG Frankfurt FamRZ 1997, 241 (243); BayObLG FamRZ 1995, 634 (636); OLG Celle StAZ 1989, 9 (10); LG Frankfurt a. M. IPRspr. 1994 Nr. 114b; LG Bielefeld FamRZ 1989, 1338 (1339); Erman/*Hohloch* Rn. 15; *Kropholler* IPR § 49 IV 3; *Henrich* IntFamR § 8 IV 5; Palandt/*Thorn* Rn. 6; *Andrae* IntFamR § 7 Rn. 56; *Looschelders* IPR Rn. 21; *Winkelsträter,* Anerkennung und Durchführung internationaler Adoptionen in Deutschland, 2007, 175; aA AG Lahnstein FamRZ 1994, 1350 (1351); vgl. auch AG Frankfurt DAVorm. 1994, 734; nach Soergel/*Lüderitz* Rn. 21 wird im Vergleich zu Art. 6 die Eingriffsschwelle herabgesetzt.

[62] NK-BGB/*Benicke* Rn. 36; *Helms,* FS Hahne, 2012, 77. Vgl. besonders deutlich BayObLG FamRZ 2002, 1282 (1284).

[63] *Helms,* FS Hahne, 2012, 78; vgl. auch NK-BGB/*Benicke* Rn. 36 und 44. Berechtigt daher die Kritik von *Sturm* StAZ 1997, 261 (269 f.) an der Vorschrift.

[64] BayObLG FamRZ 2002, 1282 (1284); NK-BGB/*Benicke* Rn. 42.

[65] Teilweise wird hervorgehoben, dass eine Anwendung der Ausweichklausel regelmäßig nur für Kinder in Frage komme, die alle Beziehungen zu ihrer Heimat verloren hätten, vgl. 5. Aufl. 2010, Rn. 32 mwN *(Klinkhardt).*

[66] BayObLG FamRZ 2002, 1282 (1284); NK-BGB/*Benicke* Rn. 43.

[67] OLG Köln StAZ 2013, 319 (320 f.) zur Namensbestimmung; OLG Frankfurt FamRZ 1997, 241 (243); AG Tübingen StAZ 1998, 182, jeweils zur Vaterschaftsanerkennung.

[68] OLG Celle StAZ 1989, 9 (10); LG Frankfurt a. M. IPRspr. 1994 Nr. 114b.

Gesetz über die Wirkungen der Annahme als Kind nach ausländischem Recht (Adoptionswirkungsgesetz – AdWirkG)

vom 5. November 2001 (BGBl. 2001I S. 2950),
zuletzt geändert durch Gesetz vom 20. November 2015 (BGBl. I S. 2010)

Schrifttum: Arbeitsgemeinschaft für Jugendhilfe (AGJ), Stellungnahme der AGJ zu den Referententwürfen eines Vertrags- und Ausführungsgesetzes zum Haager Übereinkommen über den Schutz von Kindern und die Zusammenarbeit auf dem Gebiet der internationalen Adoption, FORUM Jugendhilfe 2/2000, 14; *Benicke,* Typenmehrheit im Adoptionsrecht und deutsches IPR, 1995; *Beyer,* Zur Frage der ordre public-Widrigkeit ausländischer Adoptionsentscheidungen wegen unzureichender Elterneignungs- und Kindeswohlprüfung, JAmt 2006, 329; *Bienentreu/Busch,* Die Rechtsstellung des ausländischen Adoptionspflegekindes. Argumentationshilfen für Fachkräfte und Adoptionspflegeeltern, JAmt 2002, 287; *Bienentreu/Busch,* Stiefkind- und Verwandtenadoptionen im Recht der internationalen Adoptionsvermittlung, JAmt 2003, 273; Bundesarbeitsgemeinschaft der Landesjugendämter (BAGLJÄ), Adoptionsvermittlung – gewandelte Beurteilung, neue Rahmenbedingungen, AGJ-Mitt. 2/1999, 34; *Bornhofen,* Die Auswirkungen des Haager Adoptionsübereinkommens und des neuen Rechts der Adoptionswirkungen auf die Arbeit des Standesbeamten, StAZ 2002, 1; *Botthof/Bienentreu/Behrentin,* Das Ende der vermittelten Auslandsadoption?, JAmt 2013, 503; *Braun,* Das gerichtliche Verfahren auf Anerkennung, Umwandlung und Wirkungsfeststellung von ausländischen Adoptionen nach dem Adoptionswirkungsgesetz, ZKJ 2012, 216; *Busch,* Das Haager Übereinkommen über internationale Adoptionen – Hinweise und Erfahrungen aus der Praxis der internationalen Adoptionsvermittlung, DAVorm. 1997, 659; *Busch,* Der Internationale Sozialdienst – eine Fachstelle für grenzüberschreitende Sozialarbeit, JAmt 2001, 518; *Busch,* Die Umsetzung der Haager Adoptionskonvention in Deutschland, JAmt 2001, 581; *Busch,* Adoptionswirkungsgesetz und Haager Adoptionsübereinkommen – von der Nachadoption zur Anerkennung und Wirkungsfeststellung, IPRax 2003, 13; *Busch,* Kein Staatsangehörigkeitserwerb bei der schwachen Auslandsadoption? – Zum Umgang mit einer nur scheinbar eindeutigen Rechtslage, StAZ 2003, 297; *Busch/Bienentreu,* Die Umsetzung der Haager Adoptionskonvention in Deutschland, Arbeitshilfe für die Adoptionsvermittlung, 2001; *Busch/Bienentreu,* Zur Rechtsstellung des ausländischen Adoptivpflegekindes, NDV 2002, 185 = JAmt 2002, 287; *Emmerling de Oliveira,* Adoptionen mit Auslandsberührung, MittBayNot 2010, 429; *Frank,* Neuregelungen auf dem Gebiet des Internationalen Adoptionsrechts unter besonderer Berücksichtigung der Anerkennung von Auslandsadoptionen, StAZ 2003, 257; *Fritsche,* Eintragung der Annahme als Kind in die Personenstandsbücher, namensrechtliche Wirkungen auf Ehegatten und Kinder, Abschlußerklärungen durch Kinder, Ausstellung von Personenstandsurkunden, Mitteilungsverfahren, StAZ 1985, 143; *Grünenwald,* Voraussetzungen der Umwandlung nach § 3 AdWirkG im Wandel der Zeit, JAmt 2015, 480; *Heiderhoff,* Das Erbrecht des adoptierten Kindes nach der Neuregelung des internationalen Adoptionsrechts, FamRZ 2002, 1682; *Heilmann* (Hrsg.), Praxiskommentar Kindschaftsrecht, 2015; *Hölzel,* Verfahren nach §§ 2 und 3 AdWirkG – Gerichtliche Feststellung der Anerkennung ausländischer Adoptionen und Umwandlung schwacher Adoptionen, StAZ 2003, 289; *Hohloch,* Adoptionshindernis ausländischen Rechts und Ordre public, JuS 2002, 924; *Hohloch,* Anerkennung ausländischer Adoptionsentscheidung, JuS 2005, 185; *Hohnerlein,* Internationale Adoption und Kindeswohl, 1991; *Klinkhardt,* Wege zu einem neuen Umgang mit ausländischen Adoptionen, FS Sonnenberger, 2004, S. 443; *Krömer,* Adoption kolumbianischer Zwillinge in Kolumbien durch ein deutsches Ehepaar; Namensführung der Kinder nach einer Feststellung gemäß § 2 AdWirkG, StAZ 2003, 307; *Lange,* Die Adoption nach internationalem Recht, FPR 2001, 327; *Lessing,* Auslandsadoptionen, RpflStud 2005, 1; *S. Lorenz,* Adoptionswirkungen, Vorfragenanknüpfung und Substitution im Internationalen Adoptionsrecht nach der Umsetzung des Haager Adoptionsübereinkommens vom 29.5.1993, FS Sonnenberger, 2004, 497; *Ludwig,* Internationales Adoptionsrecht in der notariellen Praxis nach dem Adoptionswirkungsgesetz, RNotZ 2002, 353; *v. Mangoldt,* Zu den Wirkungen schwacher Auslands- oder Fernadoptionen durch Deutsche im deutschen Rechtskreis, StAZ 1985, 301; *Maiwald,* Internationale Adoptionen – Stärkung oder Schwächung von Kinderrechten?, FPR 2008, 499; *Marx,* Das Haager Übereinkommen über internationale Adoptionen, StAZ 1995, 315; *Marx,* Das Dilemma mit der Anerkennung ausländischer Adoptionsbeschlüsse – Schwebezustand zu Lasten deutscher Adoptiveltern –, ZfJ 1998, 147; *Marx,* Zum Rechtsanspruch auf einen Adoptionseignungsbericht (home study) bei internationalen Adoptionen, ZfJ 1999, 8; *Maurer,* Das Gesetz zur Regelung von Rechtsfragen auf dem Gebiet der internationalen Adoption und zur Weiterentwicklung des Adoptionsvermittlungsrechts, FamRZ 2003, 1337; *Maurer,* Zur Rechtsnatur der Verfahren nach dem Adoptionswirkungsgesetz, FamRZ 2013, 90; *Maywald,* Internationale Adoptionen – Stärkung oder Schwächung von Kinderrechten, FPR 2008, 499; *Mottl,* Zur Vorfrage nach der Wirksamkeit einer Auslandsadoption, IPRax 1997, 294; *Motzer/Kugler/Grabow,* Kinder aus Migrationsfamilien in der Rechtspraxis – Staatsangehörigkeit, Aufenthalt, Sorge/Umgang, Kindesentführung, Unterhalt, 2. Aufl. 2012; *Müller/Sieghörtner/ Emmerling de Oliveira,* Adoptionsrecht in der Praxis, 3. Aufl. 2016 (zitiert: Müller/Sieghörtner/Emmerling de Oliveira AdoptR); *Odenthal/Adar,* Die Änderungen im türkischen Adoptionsrecht und der Beitritt der Türkei zum Haager Adoptionsübereinkommen, ZFE 2006, 220; *Reese,* Der weite Weg: Auslandsadoption: Ablauf, Problemfelder, Perspektiven, 2006; *Reinhardt,* Die Praxis der Anerkennung ausländischer Adoptionsentscheidungen aus der Sicht der Adoptionsvermittlung, JAmt 2006, 325; *Reinhardt/Kemper/Weitzel,* Adoptionsrecht, 2. Aufl. 2015 (zitiert: HK-AdoptR); *Scharp,* Die Auswirkungen internationaler Regelungen auf das deutsche Adoptionsrecht, Diss. Münster 2000; *Schlauß,* Die Anerkennung von Auslandsadoptionen in der vormundschaftsgerichtlichen Praxis – Ergebnisse einer Auswertung der Verfahren auf Anerkennung und Wirkungsfeststellung durch die Bundeszentrale für Auslandsadoption –, FamRZ 2007, 1699; *Siebert-Michalak,* Auslandsadoption, FPR 2001, 332; *Siehr,* Zur Anerkennung ausländischer Staatsakte, FS Schnyder, 1995, 697; *Staudinger/Winkelsträter,* Grenzüberschreitende Adoptionen in Deutschland (I), FamRBint 2005, 84; (II) FamRBint 2006, 10; *Steiger,* Das neue Recht der internationalen Adoption und Adoptionsvermittlung, 2002; *Steiger,* Im alten Fahrwasser zu neuen Ufern: Neuregelungen im Recht der internationalen Adoption mit Erläuterungen für die notarielle Praxis, DNotZ 2002, 184; *Süß,* Ratifikation der Haager Adoptionskonvention – Folgen für die notarielle Praxis, MittBayNot 2002, 88; *Weitzel,* Anerkennung einer Auslandsadoption nach deutschem Recht trotz schwerwiegender Mängel der ausländischen Entscheidung?, JAmt 2006, 333; *Weitzel,* Das Haager Adoptionsübereinkommen vom 29.5.1993 – Zur Interaktion der zentralen Behörden, NJW 2008, 186; *Weitzel,* Zur Anerkennung ausländischer Adoptionsentscheidungen, IPRax 2007, 308; *Weitzel,* Die Adoption haitianischer Kinder, JAmt 2009, 421; *Wiedau,* Anerkennung ausländischer Adoptionen und Beschreibung im Familienbuch der Annehmenden, StAZ 2000, 376; *Winkelsträter,* Anerkennung und Durchführung internationaler Adoptionen in Deutschland – unter Berücksichtigung des Haager Übereinkommens über den Schutz von Kindern und die Zusammenarbeit auf dem Gebiet der internationalen Adoption vom 29. Mai 1993, 2007; *Wohlgemuth,* Sowjetisch-kasachische Stiefkindadoptionen vor deutschen Gerichten, StAZ 2000, 225; *Zimmermann,* Die Auslandsadoption, NZFam 2016, 249.

Materialien: RegE eines Gesetzes zu dem Haager Übereinkommen vom 29. Mai 1993 über den Schutz von Kindern und die Zusammenarbeit auf dem Gebiet der internationalen Adoption, BT-Drs. 14/5437; RegE eines Gesetzes zur Regelung von Rechtsfragen auf dem Gebiet der internationalen Adoption und zur Weiterentwicklung des Adoptionsvermittlungsrechts, BT-Drs. 14/6011; Beschlussempfehlung und Bericht des Rechtsausschusses, BT-Drs. 14/6583; RefE eines Gesetzes zum Haager Übereinkommen vom 29. Mai 1993 über den Schutz von Kindern und die Zusammenarbeit auf dem Gebiet der internationalen Adoption (zitiert: ZustG-RefE); RefE eines Gesetzes zur Regelung von Rechtsfragen auf dem Gebiet der internationalen Adoption (zitiert: AusfG-RefE); *Parra-Aranguren,* Report, in Hague Conference on Private International Law. Proceedings of the Seventeenth Session (Den Haag 1994), in deutscher Übersetzung: Erläuternder Bericht zum Übereinkommen über den Schutz von Kindern und die Zusammenarbeit auf dem Gebiet der internationalen Adoption, Anlage 2 zur Denkschrift zu dem Haager Übereinkommen vom 29.5.1993 über den Schutz von Kindern und die Zusammenarbeit auf dem Gebiet der internationalen Adoption, BR-Drs. 17/01, 26 (zitiert: Rapport).

Vorbemerkungen (Vor § 1 AdWirkG)

I. Anlass, Zielsetzung, Umsetzung

1   Das Haager Adoptionsübereinkommen (AdÜb; → EGBGB Anh. Art. 22 Rn. 1 ff.),[1,2] dient der Wahrung der Belange des **Kindeswohls** (Art. 1 lit. a AdÜb). Es soll durch die Regelung des Adoptionsverfahrens, insbesondere des Vermittlungsverfahrens bei internationalen Adoptionen, den **Schutz der Kinder** vor Entführung, Verkauf und Handel (Art. 1 lit. b AdÜb) sicherstellen,[3] und die **Anerkennung** ausländischer Adoptionsentscheidungen sichern (Art. 1 lit. c AdÜb),[4] ohne in das materielle Adoptionsrecht oder das internationale Adoptionsrecht (= Kollisionsrecht) der Vertragsstaaten einzugreifen.[5] Konkreter Anlass für seine Erarbeitung war der zunehmende, durch moderne Medien wie das Internet begünstigte, weltweite Adoptionstourismus und der damit einhergehende illegale kommerzielle Kinderhandel sowie die sich aus ihnen ergebenden sozialen und – hinsichtlich der Anerkennung ausländischer Adoptionsdekrete – rechtlichen Folgen.[6] Ziel des AdÜb ist es, bei internationalen Adoptionen einen **geordneten Verfahrensablauf** sicherzustellen, der den Ausschluss solcher unlauterer Machenschaften gewährleistet.[7]

2   Mit der Zustimmung der Bundesrepublik Deutschland gilt das AdÜb unmittelbar als innerstaatliches Recht. Das Gesetz zur Regelung von Rechtsfragen auf dem Gebiet der internationalen Adoption und zur Weiterentwicklung des Adoptionsvermittlungsrechts vom 5.11.2001 (BGBl. 2001 I S. 2950) passte die innerstaatliche Rechtslage an das AdÜb an

---

[1] Das Haager Übereinkommen über den Schutz von Kindern und die Zusammenarbeit auf dem Gebiet der internationalen Adoption v. 29.5.1993 wurde zum 1.5.1995 in Kraft gesetzt und von der Bundesregierung am 7.11.1997 unterzeichnet, durch das Gesetz zu dem Haager Übereinkommen v. 29.5.1993 über den Schutz von Kindern und die Zusammenarbeit auf dem Gebiet der internationalen Adoption v. 23.10.2001 (BGBl. 2001 II S. 1034) ratifiziert (im Folgenden: ZustG) und ist am 1.3.2002 im Inland in Kraft getreten (Bek. v. 4.11.2002, BGBl. 2002 II S. 2872) und durch das Gesetz zur Regelung von Rechtsfragen auf dem Gebiet der internationalen Adoption und zur Weiterentwicklung des Adoptionsvermittlungsrechts umgesetzt. – S. den Text in englischer Sprache StAZ 1995, 337, in englischer, französischer und deutscher Sprache im ZustG-RegE (BR-Drs. 17/01). S. auch unter https://www.hcch.net/en/instruments/conventions/full-text/?cid=69.

[2] Zur Vorgeschichte des Übereinkommens s. seine Präambel sowie *Marx* StAZ 1995, 315; *Busch* DAVorm. 1997, 659 f.

[3] *Parra-Aranguren* Rapport Rn. 66, 69.

[4] *Parra-Aranguren* Rapport Rn. 68.

[5] *Parra-Aranguren* Rapport Rn. 119; *Frank* StAZ 2003, 257.

[6] *Steiger,* Das neue Recht der internationalen Adoption und Adoptionsvermittlung, 2002, A Rn. 4; *Paulitz* ZfJ 2001, 379 ff.; *Maurer* FamRZ 2003, 1337; s. dazu auch *Paulitz/Bach,* Adoption: Positionen, Impulse, Perspektiven, 2. Aufl. 2006, S. 349 ff.

[7] *Frank* StAZ 2003, 257.

– durch ein Gesetz zur Ausführung des Haager Übereinkommens vom 29.5.1993 über den Schutz
  von Kindern und die Zusammenarbeit auf dem Gebiet der internationalen Adoption (Adoptions-
  übereinkommens-Ausführungsgesetz – AdÜbAG) (Art. 1), das den institutionellen Rahmen einer
  Auslandsadoption und ihres Verfahrensablaufs den Vorgaben der Konvention anpasste;[8]
– durch ein Gesetz über die Wirkungen der Annahme als Kind nach ausländischem Recht (Adoptionswirkungsgesetz – AdWirkG) (Art. 2), das die verbindliche Klärung des Bestands und des Inhalts
  des durch das ausländische Adoptionsdekret oder den Adoptionsvertrag begründeten Kindschaftsverhältnisses sowie dessen Wirksamkeit im Inland durch familiengerichtliche Feststellung verfahrensrechtlich regelte und damit einem Bedürfnis der an einer internationalen Adoption Beteiligten
  Rechnung trägt;[9]
– durch eine Änderung des Adoptionsvermittlungsgesetzes (Art. 3), das vor allem die Vermittlung
  ausländischer Kinder an inländische Adoptionswillige im Ausland den Standards des AdÜb
  anpasste.

II. Grundsätzliche Fragen

1. Inzidentfeststellung. Ausländische Adoptionen, die in den Anwendungsbereich des AdÜb **3**
fallen, werden nach Art. 23 Abs. 1 AdÜb **kraft Gesetzes** in allen **Vertragsstaaten** automatisch
anerkannt. Sie sind im Inland nur anhand von Art. 23, 24 AdÜb auf ihre Wirksamkeit zu prüfen und
auch ohne förmliche Anerkennung ohne Weiteres beachtlich. Auch im Übrigen werden ausländische
Adoptionsakte grundsätzlich nach §§ 108 Abs. 1, 109 FamFG automatisch (ex lege) anerkannt. Über
die Anerkennung ist inzident im jeweiligen Verfahren zu entscheiden, in dem es auf die Wirksamkeit
der Adoption als **Vorfrage** ankommt (→ EGBGB Art. 22 Rn. 75). Die Anerkennung kraft Gesetzes
nach dem AdÜb bzw. dem FamFG geht nicht über die Wirkungen der Auslandsadoption hinaus.
Sie kann deshalb eine **Umwandlung** einer „schwachen" Auslandsadoption in eine Volladoption
nach deutschem Adoptionsrecht nach § 3 nicht ersetzen. Zu **Vertragsadoptionen** → § 2 Rn. 15.

2. Gerichtliche Feststellung. Der Grundsatz der Inzidentfeststellung (→ Rn. 3) begründet die **4**
Gefahr, dass in verschiedenen Verfahren die Prüfung der Wirksamkeit der ausländischen Entscheidung
und ihrer Wirkungen zu unterschiedlichen Ergebnissen führt. Entsprechend einer immer wieder
erhobenen Forderung[10] ermöglicht das AdWirkG sowohl für Konventionsadoptionen als auch für
Adoptionen aus Nicht-Vertragsstaaten **fakultativ** die verfahrensrechtliche **Feststellung** des Bestands
und des Inhalts der ausländischen Adoptionsentscheidung und ihrer Wirksamkeit und Wirkungen
im Inland (§ 2). Das dient sowohl der **Rechtssicherheit** als auch der **Verfahrensvereinfachung**.[11]
Die Feststellung entfaltet grundsätzlich **Wirkung erga omnes** (§ 4 Abs. 2 S. 1). Darüber hinaus
erlaubt § 3 eine **Umwandlung** einer „schwachen" ausländischen Adoption in eine „starke" nach
deutschem Sachrecht. § 4 Abs. 2 S. 3, 4 ermöglicht zudem die **Beteiligung der leiblichen Eltern**
des anzunehmenden Kindes am Feststellungsverfahren nach § 2 im Ausgangsverfahren oder in einem
gesonderten Verfahren zur Rechtskrafterstreckung (→ § 4 Rn. 8–9). Nur soweit der Anwendungsbereich des AdWirkG nicht eröffnet ist (§ 108 Abs. 2 S. 3 FamFG), kommt – für Dekretadoptionen –
das **allgemeine Anerkennungsverfahren** nach §§ 108 Abs. 1, 109 FamFG in Frage.

3. Wiederholungsadoption. Die mit einer Auslandsadoption oft verbundenen rechtlichen Risi- **5**
ken in Form von Zweifeln an ihrer Wirksamkeit oder ihres Wirkungsumfangs im Inland führten
dazu, dass vor Inkrafttreten des AdWirkG am 1.1.2002 Wiederholungsadoptionen – auch Zweit-
oder Nachadoption genannt[12] – die Regel waren.[13] Seit der unmittelbaren Geltung des AdÜb als
innerstaatliches Sachrecht (→ Rn. 3) und dem Inkrafttreten des AdWirkG am 1.1.2002, durch das
das Feststellungs- (§ 2: Verfahren zur Anerkennungs- und Wirkungsfeststellung) und das Umwandlungsverfahren (§ 3) eingeführt wurde, die auch der Vereinfachung der Annahme eines ausländischen
Kindes dienen und für die keine volle Nachprüfung der Annahmevoraussetzungen verlangt wird,[14]
ist eine Wiederholungsadoption jedenfalls grundsätzlich nicht erforderlich (zu **Ausnah-**

---

[8] BT-Drs. 14/6011, 15.
[9] BT-Drs. 14/6011, 28.
[10] Erstmalig von *Schurig* FamRZ 1973, 178, dem sich die bei *Schurig* IPRax 1984, 25 Genannten und danach
zB *Jayme* IPRax 1984, 43; AG Hagen IPRax 1984, 279; *Eichert* StAZ 1984, 41; *v. Mangoldt* StAZ 1985, 301
(302); *Hohnerlein* IPRax 1990, 312 (314) anschlossen.
[11] BT-Drs. 14/6011, 28 f.
[12] Zu ihr etwa *Fuchs* IPRax 2001, 116 ff. mwN.
[13] *Busch* IPRax 2003, 13; *Steiger*, Das neue Recht der internationalen Adoption und Adoptionsvermittlung,
2002, A 343, A 355.
[14] BT-Drs. 14/6011, 28.

men → EGBGB Art. 22 Rn. 108), so dass es insofern an einem **Rechtsschutzbedürfnis fehlen** und ein entsprechender Antrag unzulässig sein kann.

6   Führen die Ermittlungen des FamG zur Nicht-Anerkennung der ausländischen Adoption, ist der Antrag abzuweisen. Da dann aus inländischer Sicht noch keine Adoption vorliegt, besteht ein Rechtsschutzbedürfnis für ein erneutes **Erst-Adoptionsverfahren** im Inland.[15]

III. Übergangsrecht

7   Das Gesetz zur Regelung von Rechtsfragen auf dem Gebiet der internationalen Adoption und zur Weiterentwicklung des Adoptionsvermittlungsrechts trat weitestgehend zum 1.1.2002 in Kraft (Art. 6 S. 1). Insbesondere auch das AdWirkG ist seither auf alle ausländischen Adoptionsentscheidungen anzuwenden, auch wenn sie bereits **vor dem 1.1.2002** ergangen sind.[16]

§ 1 AdWirkG Anwendungsbereich

[1]Die Vorschriften dieses Gesetzes gelten für eine Annahme als Kind, die auf einer ausländischen Entscheidung oder auf ausländischen Sachvorschriften beruht. [2]Sie gelten nicht, wenn der Angenommene zur Zeit der Annahme das 18. Lebensjahr vollendet hatte.

I. Normzweck

1   Die Vorschrift regelt den sachlichen und persönlichen **Anwendungsbereich** des AdWirkG. Für die Konventionsadoptionen setzt sie das Anliegen, in den Vertragsstaaten die Anerkennung dieser Adoptionen zu sichern (Art. 1 lit. c AdÜb), in innerstaatliches Recht um. Zur **internationalen Zuständigkeit** der deutschen FamG → § 5 Rn. 3.

II. Anwendungsbereich des AdWirkG

2   **1. Adoptionen.** Angeknüpft wird allgemein an eine ausländische Adoptionsentscheidung oder an eine Annahme, die auf der Anwendung ausländischen Sachrechts beruht. Der Begriff **„ausländische Entscheidung"** ist, um der ganzen Spannbreite ausländischer Sachrechte Rechnung zu tragen (→ EGBGB Art. 22 Rn. 84 f.), weit zu fassen: Ihr unterfallen sowohl die Entscheidungen der Gerichte als auch die von Behörden im Herkunftsland des anzunehmenden Kindes **(Dekretadoption)**.[1]

3   Der Begriff „Annahme, die auf ausländischen Sachvorschriften beruht", erfasst neben **inländischen Adoptionsentscheidungen,** die auf ausländisches Sachrecht gestützt wurden (→ Rn. 2), auch ausländische **Vertragsadoptionen.**[2] Letzteres folgt aus § 2 Abs. 1: „Anzuerkennen" steht für Adoptionsdekret, „wirksam" für Vertragsadoption (→ § 2 Rn. 15).[3]

4   **2. Minderjährigenadoption.** AdÜb und AdWirkG regeln nur Adoptionen von Kindern, die im Zeitpunkt der Adoption das **18. Lebensjahr** noch nicht vollendet haben (Art. 3 AdÜb, § 1 S. 2),[4] dabei kommt es auf das Datum der Adoptionsentscheidung an.[5] Nicht entscheidend ist die Minderjährigkeit oder Volljährigkeit des Kindes nach seinem Heimatrecht (Art. 7 Abs. 1 EGBGB),[6] sondern allein das Überschreiten der 18-Jahresgrenze. Sowohl die Anerkennungs- und Wirkungsfeststellung nach § 2 als auch die Umwandlung nach § 3 kann im Inland allerdings auch noch betrieben und ausgesprochen werden, wenn das Kind im Zeitpunkt der inländischen Entscheidung das 18. Lebensjahr bereits vollendet hat (ausdrücklich § 3 Abs. 1 S. 4). Das AdWirkG gilt auch für vor seinem Inkrafttreten am 1.1.2002 durchgeführte ausländische Adoptionen (**„Altfälle"**) → Vor § 1

---

[15] Palandt/*Thorn* EGBGB Art. 22 Rn. 18; Erman/*Hohloch* EGBGB Art. 22 Rn. 30; *Steiger* DNotZ 2002, 184 (206); Staudinger/*Winkelsträter* FamRBint 2006, 10 (14).
[16] OLG Schleswig FamRZ 2015, 1985; OLG Hamm FamRZ 2015, 1983 (1984); BeckOGK/*Markwardt* Rn. 17; HK-AdoptR/*Weitzel* Rn. 10; *Bornhofen* StAZ 2002, 1 (5).
[1] OLG Düsseldorf FamRZ 2011, 1522 = BeckRS 2011, 24106; BeckOGK/*Markwardt* Rn. 15; vgl. auch AG Diepholz StAZ 1996, 334.
[2] OLG Hamm FamRZ 2015, 427 = BeckRS 2014, 22450; OLG München 3.5.2011 – 31 Wx 46/10; AG Karlsruhe 21.11.2011 – 7 F 192/10; HK-AdoptR/*Weitzel* Rn. 3; BeckOGK/*Markwardt* Rn. 15.
[3] BT-Drs. 14/6011, 46 zu § 2.
[4] OLG Bremen FamRZ 2016, 1606 Ls. = BeckRS 2016, 07346.
[5] HK-AdoptR/*Weitzel* § 1 Rn. 6.
[6] OLG Bremen OLGR 2006, 510 (511) = FamRZ 2007, 930 Ls.

Rn. 7. Damit kommt (nur) für Erwachsene (vgl. § 108 Abs. 2 S. 3 FamFG) das allgemeine (fakultative) Anerkennungsverfahren nach §§ 108 Abs. 1, 109 FamFG in Frage (→ Vor § 1 Rn. 4).[7]

S. 2 nimmt die Annahme als **Stichtag** in Bezug und meint damit die ausländische Annahme: Der Anzunehmende darf das 18. Lebensjahr bei Erlass des Annahmebeschlusses noch nicht vollendet haben.[8] Dadurch ergibt sich eine gewisse Abweichung gegenüber dem AdÜb, das für **Konventions-adoptionen** auf den Zeitpunkt der Erteilung der Zustimmungen der Zentralen Behörden beider Staaten (Art. 17 lit. c AdÜb) zur Fortsetzung des Adoptionsverfahrens abstellt (Art. 3 AdÜb).[9] Auch wenn das AdÜb keinen Vorbehalt kennt (Art. 40 AdÜb), muss für die Anwendung des AdWirkG dessen eindeutiger Wortlaut akzeptiert werden.[10]

3. Herkunftsländer. Für ausländische Adoptionsdekrete und Vertragsadoptionen geht der sachliche Anwendungsbereich des AdWirkG über den des AdÜb hinaus: Während dieses nur zwischen seinen **Vertragsstaaten** gilt (Art. 2 Abs. 1 AdÜb), ist das AdWirkG auch auf Adoptionen, die in **Nicht-Vertragsstaaten** des AdÜb durchgeführt worden sind, anzuwenden.[11] Unerheblich ist dabei, ob die ausländische Entscheidung die Adoption auf ausländisches oder deutsches Sachrecht gestützt hat. Dem AdWirkG unterfallen weiter **inländische Adoptionsentscheidungen,** die auf **ausländisches Sachrecht** gestützt wurden. Dabei geht es zwar nicht um die Anerkennung dieser Entscheidungen, doch stellen sich hinsichtlich ihrer Wirkungen ähnliche Probleme wie bei der Anerkennung einer ausländischen Adoption (dazu auch § 2 Abs. 3; → § 2 Rn. 21–22).

4. Annahme als Kind. Das AdWirkG ist nur auf Entscheidungen anwendbar, die die Annahme als Kind iSv → EGBGB Art. 22 Rn. 6 ff. zum Gegenstand haben. In der anzuerkennenden Entscheidung muss mithin ein **dauerhaftes Eltern-Kind-Verhältnis** zwischen dem Kind und den Annehmenden begründet worden sein (Art. 2 Abs. 2 AdÜb). Erfasst werden sowohl **„schwache"** als auch **„starke"** Adoptionen (→ § 2 Rn. 5, 18–19).[12] Dabei kommt es allein auf den nach dem ausländischen Sachrecht erlangten rechtlichen Status an; d.h. die formalrechtliche Begründung eines Eltern-Kind-Verhältnisses, die die dauerhafte Eingliederung des Kindes in die Familie des Annehmenden zum Ziel hat.[13] **Keine Annahme** als Kind iSd AdWirkG sind Pflegschaft, Vormundschaft, Pflegekindschaft (etwa auch in Form der islamrechtlichen kafala; → EGBGB Art. 22 Rn. 8), Sorge- und Umgangsrechtsregelungen sowie Beistandschaften.

§ 2 AdWirkG Anerkennungs- und Wirkungsfeststellung

(1) **Auf Antrag stellt das Familiengericht fest, ob eine Annahme als Kind im Sinne des § 1 anzuerkennen oder wirksam und ob das Eltern-Kind-Verhältnis des Kindes zu seinen bisherigen Eltern durch die Annahme erloschen ist.**

(2) **[1]Im Falle einer anzuerkennenden oder wirksamen Annahme ist zusätzlich festzustellen,**
1. **wenn das in Absatz 1 genannte Eltern-Kind-Verhältnis erloschen ist, dass das Annahmeverhältnis einem nach den deutschen Sachvorschriften begründeten Annahmeverhältnis gleichsteht,**
2. **andernfalls, dass das Annahmeverhältnis in Ansehung der elterlichen Sorge und der Unterhaltspflicht des Annehmenden einem nach den deutschen Sachvorschriften begründeten Annahmeverhältnis gleichsteht.**
[2]Von der Feststellung nach Satz 1 kann abgesehen werden, wenn gleichzeitig ein Umwandlungsausspruch nach § 3 ergeht.

(3) **[1]Spricht ein deutsches Familiengericht auf der Grundlage ausländischer Sachvorschriften die Annahme aus, so hat es die in den Absätzen 1 und 2 vorgesehenen Feststellungen von Amts wegen zu treffen. [2]Eine Feststellung über Anerkennung oder Wirksamkeit der Annahme ergeht nicht.**

---

[7] Prütting/Helms/*Hau* FamFG § 108 Rn. 52; MüKoFamFG/*Rauscher* FamFG § 108 Rn. 25; HK-AdoptR/*Kemper* FamFG § 108 Rn. 3.

[8] So auch BT-Drs. 14/6011, 46.

[9] *Parra-Aranguren* Rapport Rn. 97.

[10] HK-AdoptR/*Weitzel* Rn. 7; aA – für Konventionsadoptionen Orientierung am Stichtag des AdÜb – 6. Aufl. 2012 (*Maurer*); BeckOGK/*Markwardt* Rn. 16; *Zimmermann* NZFam 2016, 249 (250).

[11] HK-AdoptR/*Weitzel* Rn. 8; BeckOGK/*Markwardt* Rn. 15; *Zimmermann* NZFam 2016, 249.

[12] OLG Köln FamRZ 2012, 1815 = BeckRS 2012, 09517; OLG Düsseldorf FamRZ 2011, 1522 (1523) = BeckRS 2011, 24106; BeckOGK/*Markwardt* Rn. 15; *Steiger* DNotZ 2002, 184 (197); dazu auch *Parra-Aranguren* Rapport Rn. 94.

[13] *Maurer* FamRZ 2003, 1337 (1338 f.).

I. Normzweck

1   Das AdWirkG eröffnet zur Stärkung der **Rechtssicherheit sowie im Interesse einer Verfahrensvereinfachung**[1] ein Verfahren zur Anerkennungs- und Wirkungsfeststellung[2] ausländischer Adoptionen, das **neben** die Anerkennung kraft Gesetzes im Rahmen der Inzidentfeststellung tritt (→ Vor § 1 Rn. 3). Obwohl das Anerkennungsverfahren eigentlich **fakultativ** ist, wird dessen Durchführung in der Praxis von deutschen Auslandsvertretungen vor der Einreise ins Inland vielfach eingefordert.[3] Da die Entscheidung im Grundsatz Allgemeinverbindlichkeit besitzt (§ 4 Abs. 2 S. 1), steht sie weiteren Prüfungen der Anerkennung und Wirkungen sowie Inzidentfeststellungen einer ausländischen Adoption entgegen (→ § 4 Rn. 9). Nach § 108 Abs. 2 S. 3 FamFG hat das Verfahren nach dem AdWirkG für Minderjährigenadoptionen (→ § 1 Rn. 5) Vorrang vor dem allgemeinen Anerkennungsverfahren nach §§ 108 Abs. 1, 109 FamFG. Zur **Zuständigkeit** → § 5 Rn. 3–6, zum **Antragserfordernis** s. Abs. 1, zum **Antrag** → § 4 Rn. 2, zur **Antragsbefugnis** § 4 Rn. 3–4, zu den **Wirkungen** der Feststellungen → § 4 Rn. 9, → § 5 Rn. 14. Zum zeitlichen (→ Vor § 1 Rn. 7) und räumlichen **Anwendungsbereich** → § 1 Rn. 6. Zum Verhältnis zu einer **Wiederholungsadoption** → Vor § 1 Rn. 5–6.

II. Verfahrensgegenstand

2   Gegenstand des Verfahrens ist nach Abs. 1 eine **Feststellung** in mehrfacher Hinsicht:
– Ob eine ausländische Adoption anzuerkennen oder ob sie wirksam wurde und das Eltern-Kind-Verhältnis des Kindes zu seinen bisherigen Eltern durch die Annahme erloschen ist (Abs. 1, → Rn. 5–13).
– Hinzu kommen die Feststellungen, dass das durch den ausländischen Adoptionsakt begründete Annahmeverhältnis einem nach deutschem Adoptionsrecht begründeten gleichsteht (Abs. 2, → Rn. 18–20). Anders als bei der Wiederholungsadoption (→ Vor § 1 Rn. 5–6) geht es nicht um einen erneuten Adoptionsausspruch, sondern allein um die inländischen Folgewirkungen des ausländischen Adoptionsakts.

3 Die Feststellung der Anerkennung hat nicht nur deklaratorische Bedeutung, denn sie besitzt Bindungswirkung nach § 4 Abs. 2 S. 1 (→ § 4 Rn. 9; → § 5 Rn. 14), sodass die Anerkennung bzw. Wirksamkeit nicht mehr (vor allem in keinem weiteren Verfahren) in Zweifel gezogen werden kann. Insofern ist die Feststellung konstitutiv. Doch sind auch ohne formelle Anerkennung Auslandsadoptionen im Inland kraft Gesetzes automatisch anzuerkennen (→ Vor § 1 Rn. 3), wenn dafür die Voraussetzungen (→ Rn. 6 ff.) erfüllt sind. Insofern ist die Feststellung also nicht konstitutiv.[4]

4   Auch wenn der Wortlaut des § 2 Abs. 1 offen ist, scheint das AdWirkG davon auszugehen, dass der Antrag auf die (positive) Feststellung der Anerkennung der ausländischen Adoption gerichtet ist. Denn ein Rechtsmittel ist nach § 5 Abs. 4 AdWirkG iVm § 197 Abs. 2 und 3 FamFG nur für den Fall vorgesehen, dass die Feststellung der Anerkennung abgelehnt wird.[5] Demgegenüber erwähnen

---

[1] BT-Drs. 14/6011, 28 f.
[2] Der Begriff „Wirksamkeitsfeststellung" wurde geschaffen, weil sich der Begriff „Anerkennung" traditionellerweise nur auf Dekretadoptionen bezieht, weshalb für die Vertragsadoptionen ein eigener Begriff benötigt wurde. Die Wirkungen der Anerkennung und der Wirksamkeitsfeststellung sind dieselben, *Bornhofen* StAZ 2002, 1 (6).
[3] Krit. *Botthof/Bienentreu/Behrentin* JAmt 2013, 503 (504 f.).
[4] Palandt/*Thorn* Rn. 16.
[5] HK-AdoptR/*Weitzel* § 2 Rn. 6.

§ 108 Abs. 2 S. 1 und 3 FamFG die Anerkennung und Nichtanerkennung gleichberechtigt. Bei Vorliegen eines entsprechenden Rechtsschutzinteresses ist daher auch der Antrag, die **Nichtanerkennung** der ausländischen Adoption festzustellen, zulässig.[6]

III. Anerkennungsfeststellung

1. Verfahrensgegenstand. Anerkannt werden kann sowohl eine **Dekretadoption** (→ § 1 **5** Rn. 2) als auch eine **Vertragsadoption** (→ Rn. 15). Dabei kann es sich um eine „schwache" oder eine „starke" Adoption (vgl. Art. 26 AdÜb, → EGBGB Anh. Art. 22 Rn. 1 ff.)[7] handeln, aber auch um eine (Umwandlungs-)Entscheidung, durch die eine „schwache" Adoption in eine „starke" transformiert wird.[8] Voraussetzung für die Anerkennung einer ausländischen Entscheidung ist deren **Wirksamkeit,** die sich ausschließlich nach dem **ausländischen** Sach- und Verfahrensrecht richtet. Das ausländische Sachrecht bestimmt die Art des Adoptionsakts – Adoptionsdekret oder Vertrag –, das ausländische Verfahrensrecht als lex fori die einzuhaltenden verfahrensrechtlichen Voraussetzungen. Das ausländische Sachrecht bestimmt auch die **Aufhebbarkeit** einer Annahme (→ Rn. 20).[9] Die Wirksamkeit des ausländischen Adoptionsdekrets als Voraussetzung für seine innerstaatliche Anerkennung ist mit dem Ausdruck **„wirksam"** in Abs. 1 S. 1 nicht gemeint, dieser bezieht sich vielmehr auf Vertragsadoptionen (→ Rn. 15).

2. Anerkennungsmaßstab. Adoptionen, die in den Anwendungsbereich des AdÜb fallen **6** (= Konventionsadoptionen), sind – unabhängig davon, ob es sich um Dekret- oder Vertragsadoptionen handelt – ohne Weiteres anzuerkennen, wenn eine Konformitätsbescheinigung nach Art. 23 AdÜb vorliegt (→ EGBGB Anh. Art. 22 Rn. 9). Art. 24 AdÜb eröffnet dann lediglich die Prüfung der Vereinbarkeit mit dem inländischen **ordre public** (→ EGBGB Anh. Art. 22 Rn. 12 f.). Der Prüfung der Voraussetzungen aus § 109 Nr. 1–3 FamFG ist das FamG enthoben (§ 97 Abs. 1 FamFG).[10] Handelt es sich um eine Konventionsadoption, aber liegen die Voraussetzungen für eine Anerkennung nach dem AdÜb nicht vor (weil die nach dem AdÜb vorgeschriebenen Verfahrensschritte nicht eingehalten wurden), ist nach zutreffender herrschender Auffassung nach dem auch sonst allgemein anerkannten **Günstigkeitsprinzip** auf die nationalen Anerkennungsregeln zurückzugreifen (→ EGBGB Art. 22 Rn. 82). Die Nichteinhaltung des AdÜb kann im Interesse des Kindeswohls nicht – automatisch – durch die Nichtanerkennung der Adoption sanktioniert werden (→ EGBGB Art. 22 Rn. 83). Es gelten dann die gleichen Anerkennungsmaßstäbe wie für Nicht-Konventionsadoptionen (→ Rn. 7).

Für **Nicht-Konventionsadoptionen** sowie für **Konventionsadoptionen,** die nicht nach dem **7** AdÜb anerkannt werden können (→ Rn. 6), ist danach zu unterscheiden, ob es sich um eine Dekret- oder Vertragsadoption handelt: Dekretadoptionen sind unter den Voraussetzungen der § 109 Abs. 1 Nr. 1–4 FamFG verfahrensrechtlich anzuerkennen (im Einzelnen → EGBGB Art. 22 Rn. 86 ff.). Demgegenüber ist bei Vertragsadoptionen deren materielle Wirksamkeit anhand des nach Art. 22, 23 EGBGB zur Anwendung berufenen Rechts vollumfänglich zu prüfen (→ EGBGB Art. 22 Rn. 75, 85).

3. Ordre public. a) Grundsätze. Entscheidende Anerkennungsvoraussetzung ist damit sowohl **8** nach Art. 24 AdÜb als auch nach § 109 Nr. 4 FamFG die Vereinbarkeit der ausländischen Entscheidung mit dem deutschen ordre public. Maßgeblicher **Zeitpunkt** für die Beurteilung ist – entsprechend der allgemein anerkannten Grundsätze – die Entscheidung über die Anerkennung, nicht die ausländische Adoptionsentscheidung (→ EGBGB Art. 22 Rn. 92).

Für **Konventionsadoptionen** ist der Anwendungsbereich von Art. 24 AdÜb eng begrenzt **9** (→ EGBGB Anh. Art. 22 Rn. 12 f.), weil mit der Überleitung des AdÜb in inländisches Recht (→ Vor § 1 Rn. 3) dessen Rechtsregeln Bestandteil der „wesentlichen Grundsätze des deutschen Rechts" (vgl. Art. 6 S. 1 EGBGB, § 109 Abs. 1 Nr. 4 FamFG) geworden sind. Dies schließt die grundsätzliche Bindung an das Adoptionsdekret und die von der Bescheinigung der Zentralen Behörde des Heimatstaates (Art. 23 AdÜb) umfassten Feststellungen ein.[11] Innerhalb dieses Rahmens kann deshalb nur ganz **ausnahmsweise** ein Verstoß gegen den inländischen ordre public angenom-

---

[6] AG Stuttgart JAmt 2013, 273 mit zust. Anm. *Weitzel* JAmt 2013, 238; offengelassen von HK-AdoptR/ *Weitzel* § 2 Rn. 6 mwN.

[7] Zu den unterschiedlichen Adoptionsformen einschl. „Zwischenformen" s. *Frank* StAZ 2003, 257 (260).

[8] BeckOGK/*Markwardt* Rn. 13.

[9] Staudinger/*Frank* (2007) BGB § 1759 Rn. 5.

[10] OLG Karlsruhe NJW 2004, 516 (518) = FamRZ 2004, 1516 Ls.; *Ludwig* RNotZ 2002, 353 (361); *Maurer* FamRZ 2003, 1337 (1339); Staudinger/*Winkelsträter* FamRBint 2006, 10 Fn. 9.

[11] BeckOGK/*Markwardt* Rn. 16.

men werden, so etwa dann, wenn die mit der Bescheinigung der Zentralen Behörde des Heimatstaates verbundenen Feststellungen ersichtlich, dh ohne umfangreiche Ermittlungen feststellbar, unzutreffend sind.[12] Praktische Bedeutung hat der Ordre-public-Vorbehalt in diesem Kontext nicht erlangt.

10   Bei **Nicht-Konventionsadoptionen** und **Konventionsadoptionen, für die eine Bescheinigung der Zentralen Behörde des Heimatstaates fehlt** (→ Rn. 6), muss im Rahmen der Ordre-public-Prüfung besonderes Augenmerk auf die Prüfung des **Kindeswohls** durch das ausländische Gericht (→ EGBGB Art. 22 Rn. 95 ff.) sowie das Vorliegen der erforderlichen **Zustimmungen** zur Adoption (→ EGBGB Art. 22 Rn. 94) gerichtet werden. Dabei ist allerdings davon auszugehen, dass die ausländische Entscheidung das Kindeswohl berücksichtigt hat, solange keine gegenteiligen Anhaltspunkte bestehen (→ EGBGB Art. 22 Rn. 95). Gleichzeitig ist zu berücksichtigen, dass sich auch bei aus deutscher Sicht „fehlerhaften" Adoptionen zwischen Adoptivkind und Adoptiveltern eine faktische Familienbeziehung entwickelt haben kann, die aus verfassungsrechtlicher und menschenrechtlicher Sicht – im Interesse des Kindeswohls – schutzwürdig sein kann (→ EGBGB Art. 22 Rn. 92).

11   **b) Ermittlungen.** Bei der Prüfung des Ordre-public-Vorbehalts (→ Rn. 8 ff.) hat das Gericht, wenn die erforderlichen Informationen nicht in der ausländischen Entscheidung (→ § 5 Rn. 9) enthalten sind, alle Dokumente heranzuziehen, die für die Prüfung der Ordre-public-Kompatibilität hilfreich sind, vor allem den Adoptionseignungsbericht, die Zustimmung von Vermittlungsstellen und die Einwilligungen der leiblichen Eltern.[13]

12   **Praktische Bedeutung** hat dies bislang vor allem in folgenden Fällen erlangt:
- Fehlende **Einwilligungen** oder **Zustimmungen** zur Adoption (→ EGBGB Art. 22 Rn. 94),
- **Täuschung** der ausländischen Behörden über das Vorliegen der Voraussetzungen einer Auslandsadoption und die nach dem AdÜb einzuhaltenden Standards (→ EGBGB Art. 22 Rn. 95),
- Verfolgung **adoptionsfremder** Zwecke (→ EGBGB Art. 22 Rn. 95),
- fehlende eigenständige richterliche Überprüfung der **Elterneignung,** des **Kindeswohls** einschließlich der Erwartung, dass sich ein **Eltern-Kind-Verhältnis** bilden wird (→ EGBGB Art. 22 Rn. 95, 97),
- Fehlen oder Ungeeignetheit einer **fachlichen Begutachtung** der Adoptionsbewerber (→ EGBGB Art. 22 Rn. 97),
- Nichteinhaltung einer nach ausländischem Sachrecht vorgeschriebenen **Pflegezeit** (→ EGBGB Art. 22 Rn. 95).

13 Streitig ist, inwieweit das Gericht **eigene Erkenntnisse** aufgrund **neuer Ermittlungen** heranziehen darf oder sogar muss, die bei Ausspruch der Adoption nicht vorlagen bzw. im Entscheidungsstaat nicht berücksichtigt wurden; zur Diskussion im Einzelnen → EGBGB Art. 22 Rn. 96. Eng damit verwandt ist die Frage, inwieweit eine **Elterneignungsprüfung** im Anerkennungsverfahren **nachgeholt** werden kann; zur Diskussion im Einzelnen → EGBGB Art. 22 Rn. 97.

IV. Wirksamkeitsfeststellung

14   **1. Verfahrensgegenstand.** Gegenstand des Verfahrens auf Wirksamkeitsfeststellung können solche Adoptionen sein, die nicht Gegenstand eines Verfahrens auf Anerkennung einer ausländischen Entscheidung sein können, also **Vertragsadoptionen** (→ Rn. 15; → § 1 Rn. 3). Für **inländische** Adoptionsdekrete, die nach Art. 22, 23 EGBGB auf ausländisches Sachrecht gestützt wurden (vgl. Abs. 3), bedarf es dagegen keiner Feststellung ihrer Wirksamkeit; sie ergibt sich bereits aus dem inländischen Verfahrensrecht. Für sie geht es nur um die Feststellung ihrer rechtlichen Wirkungen (→ Rn. 21–22).

15   **2. Vertragsadoptionen.** Vertragsadoptionen iSv → Art. 22 EGBGB Rn. 85 unterfallen unabhängig davon, ob sie nach gerichtlicher oder behördlicher Prüfung vorgenommen und nach ausländischem Sachrecht wirksam sind, oder ob es sich um eine „reine" Vertragsadoption handelt, nicht §§ 108, 109 FamFG, da es sich um keine „Entscheidungen" in deren Sinne handelt.[14] Für sie gilt:
- Vertragsadoptionen aus **Konventionsstaaten,** für die eine Konformitätsbescheinigung vorliegt, sind gemäß Art. 23 Abs. 1 S. 1 AdÜb grundsätzlich anzuerkennen. Für eine eigene Prüfung des

---

[12] *Steiger,* Das neue Recht der internationalen Adoption und Adoptionsvermittlung, 2002, A Rn. 335 spricht zutr. von einer „(widerleglichen) Vermutung für die Wirksamkeit der Adoption nach dem Recht des Entscheidungsstaates"; s. auch *Frank* StAZ 2003, 257 (259).

[13] BeckOGK/*Markwardt* Rn. 10; *Emmerling de Oliveira* in Müller/Sieghörtner/Emmerling de Oliveira AdoptR Rn. 281; *Hölzel* StAZ 2003, 289 (294).

[14] MüKoFamFG/*Rauscher* FamFG § 109 Rn. 10; *Keidel/Zimmermann* FamFG § 108 Rn. 23; Palandt/*Thorn* EGBGB Art. 22 Rn. 12 f.

Kindeswohls und der Erwartung, dass sich zwischen Annehmenden und Anzunehmendem ein Eltern-Kind-Verhältnis entwickelt, ist kein Raum (→ Rn. 9), weil die Durchführung dieser Prüfung im Heimatstaat des Kindes auch insoweit durch die Bescheinigung der Zentralen Behörde dieses Heimatstaates bestätigt wird (Art. 23 Abs. 1 AdÜb insbesondere iVm Art. 4 lit. b AdÜb [Kindeswohl], Art. 2 Abs. 2 AdÜb [dauerhaftes Eltern-Kind-Verhältnis], Art. 4 lit. c AdÜb [Zustimmungen und Beratungen]). Nur die Prüfung der Vereinbarkeit mit dem inländischen **ordre public** ist eröffnet (Art. 24 AdÜb).

- Vertragsadoptionen aus **Nicht-Vertragsstaaten** sowie Vertragsadoptionen aus **Konventionsstaaten, die nicht nach dem AdÜb anerkannt werden können** (→ Rn. 6), unterliegen dagegen einer umfassenden Wirksamkeitsprüfung (→ Rn. 7). Diese eröffnet die volle Prüfung der **sachrechtlichen** Voraussetzungen des ausländischen (oder deutschen) Adoptionsrechts. Ausgangspunkt der Prüfung sind Art. 22, 23 EGBGB, die das anwendbare Recht bestimmen. Die Tatsache, dass die Adoption durch bloße private Willenserklärungen herbeigeführt wurde, bedeutet nicht automatisch einen Verstoß gegen den deutschen ordre public (Art. 6 EGBGB), begründet aber ernsthafte Zweifel (→ EGBGB Art. 22 Rn. 51).

V. Wirkungsfeststellung

1. Zum Verhältnis von Abs. 1 zu Abs. 2. Während Abs. 1 nur allgemein von der Feststellung, **16** „ob das Eltern-Kind-Verhältnis des Kindes zu seinen bisherigen Eltern durch die Annahme erloschen ist", spricht, konkretisiert Abs. 2 die Unterscheidung in „starke" (Nr. 1) und „schwache" (Nr. 2) Adoptionen. Abs. 1 ist ohne Abs. 2 nicht vollständig, weil er nur die Feststellung des Erlöschens der Rechtsbeziehungen des Kindes zu den bisherigen Eltern regelt, ohne auch zu bestimmen, welche Rechtsbeziehungen an deren Stelle treten. Nach Abs. 2 S. 2 kann das Gericht von der Feststellung nach Abs. 2 S. 1 absehen, wenn gleichzeitig (→ § 3 Rn. 3) ein Umwandlungsausspruch nach § 3 ergeht.

2. Erlöschen des Eltern-Kind-Verhältnisses (Abs. 1). Festgestellt wird das Erlöschen des **17** Eltern-Kind-Verhältnisses zu den bisherigen Eltern – den leiblichen Eltern des Kindes oder den Eltern, die das Kind zuvor bereits adoptiert hatten – im Falle von **Dekretadoptionen** nach den Maßstäben des tatsächlich angewandten Sachrechts (→ EGBGB Art. 22 Rn. 102) und im Falle von **Vertragsadoptionen** aus Sicht des von Art. 22, 23 EGBGB anzuwendenden Sachrechts (→ EGBGB Art. 22 Rn. 31). Dabei versteht § 2 Abs. 1 unter „Eltern-Kind-Verhältnis" nicht die tatsächliche Auflösung des sozial-emotionalen Verhältnisses zwischen Kind und Eltern, sondern die **Aufhebung der Rechtsbeziehungen** des Kindes zu seinen bisherigen Eltern. Nach dem ausländischen Sachrecht können diese Rechtsbeziehungen **ganz** oder **teilweise** erlöschen. Im ersten Fall spricht man von einer „Volladoption" oder „starken" Adoption, im zweiten von einer „schwachen" Adoption. Abs. 2 Nr. 1 und Nr. 2 sehen entsprechend unterschiedliche Feststellungen vor (→ Rn. 5). Nach § 2 Abs. 1 ist das Erlöschen des Eltern-Kind-Verhältnisses neben der Anerkennungs- oder Wirksamkeitsfeststellung **zwingend** auszusprechen. Das Unterlassen dieses Ausspruchs macht den familiengerichtlichen Beschluss jedoch nicht unwirksam, so dass auch er die Bindungen nach § 4 Abs. 2 S. 1 entfaltet.[15]

3. Feststellung der Gleichstellung mit inländischen Adoptionen (Abs. 2). a) Weitere 18 Feststellungen. Ist das Eltern-Kind-Verhältnis zu den bisherigen Eltern nach dem ausländischen Sachrecht wie auf Grund einer Inlandsadoption vollständig erloschen, ist neben den Feststellungen nach Abs. 1 (→ Rn. 17) weiter festzustellen, dass das durch den ausländischen Adoptionsakt begründete Annahmeverhältnis einem nach inländischem Sachrecht – das nur **„starke"** Adoptionen (sog. „Volladoptionen"), dh solche, die die Rechtsbeziehungen zu den bisherigen Eltern jedenfalls nahezu vollständig[16] auflösen, kennt (→ BGB §§ 1754, 1755 Rn. 1) – begründeten gleichsteht (Nr. 1). Diese Feststellung entspricht Art. 26 Abs. 1 lit. c, Abs. 2 AdÜb. Eine Aufzählung der einzelnen Rechtswirkungen der Adoption ist nicht vorgesehen und erfolgt deshalb auch nicht (→ § 5 Rn. 11).[17] Das Gleichstehen ist nicht dahin zu verstehen, dass das Kind die Rechtsstellung eines nach

---

[15] BeckOGK/*Markwardt* Rn. 24; offengelassen von BVerwG FamRZ 2007, 1550.

[16] Um eine Volladoption handelt es sich auch dann, wenn im Verhältnis zu den leiblichen Verwandten zwar nach wie vor Eheverbote oder ein subsidiäres Erbrecht bestehen (Staudinger/*Winkelsträter* FamRBint 2006, 10 [12 Fn. 26]), jedoch keine weiteren Rechtsbeziehungen; umgekehrt handelt es sich nicht um eine Volladoption, wenn gegenüber den leiblichen Eltern noch Unterhalts- und Erbrechte bestehen, auch wenn das Recht, auf dem die Adoption beruht, insofern nicht mehr von einem Statusverhältnis spricht, *Steiger* DNotZ 2002, 184 (199 f.).

[17] *Steiger* DNotZ 2002, 184 (199); *Ludwig* RNotZ 2002, 353 (363); Staudinger/*Winkelsträter* FamRBint 2006, 10 (12).

deutschen Sachvorschriften angenommenen Kindes erlangt. Denn § 2 ist keine **Kollisionsnorm,** die auf das deutsche Sachrecht verweisen würde.[18] Vielmehr wird nur verbindlich (vgl. § 4 Abs. 2 AdWirkG) festgestellt, dass die anerkannte Adoption überall dort, wo eine Volladoption vorausgesetzt wird (zB im Erb- oder Staatsangehörigkeitsrecht), aus deutscher Sicht eine solche **substituieren** kann.[19] In Bezug auf weitere Wirkungen (→ Rn. 20) erfolgt demgegenüber keine Anpassung an das deutsche Recht, was etwa bedeutet, dass dann, wenn nach dem Adoptionsbegründungsstatut die ausländische Adoption kein Verwandtschaftsverhältnis zu den Verwandten des Annehmenden begründet, die Gleichstellungsfeststellung hieran nichts ändert.[20]

19   Ist die ausländische Adoption dagegen eine **„schwache"** Adoption, beendet sie die Rechtsbeziehungen zu den bisherigen Eltern also nicht vollständig,[21] ist zur Gewährleistung der Integration des Kindes in die Adoptivfamilie[22] weiter festzustellen, dass das durch den ausländischen Adoptionsakt begründete Annahmeverhältnis für die elterliche Sorge und die Unterhaltspflicht einem nach inländischem Sachrecht begründeten gleichsteht (Nr. 2). Damit wird für die aktuellsten und deshalb praktisch wichtigsten Rechtswirkungen die für die Praxis erforderliche Klarheit und Rechtssicherheit geschaffen. Gleichstellung heißt aber nicht, dass das nach ausländischem Sachrecht weiter bestehende Eltern-Kind-Verhältnis auch erloschen ist.[23] Der Ausspruch nach Nr. 2 beinhaltet zugleich die Feststellung, dass das Eltern-Kind-Verhältnis nicht vollständig erloschen ist (Nr. 1, Abs. 1 Hs. 2; → Rn. 16).[24] Zur **Umwandlung** dieser „schwachen" Auslandsadoption in eine inländische Volladoption s. § 3.

20   **b) Konsequenzen für Adoptionswirkungen.** Trotz Feststellung eines Gleichstehens nach § 2 Abs. 2 S. 1 Nr. 1 bleibt es beim ausländischen Sachrecht als dem **Adoptionsstatut,** das nicht durch das deutsche Adoptionsrecht ersetzt wird (→ Rn. 18)[25] und auch für eine **Aufhebung** der Adoption maßgeblich ist.[26] Nach welchem Sachrecht sich die einzelnen **Adoptionswirkungen** richten, wird nicht durch den Feststellungsausspruch bestimmt, sondern nach den sachbereichsspezifischen Kollisionsnormen (→ EGBGB Art. 22 Rn. 33 ff., 103): Damit sind die Adoptionswirkungen jeweils einzeln nach Art. 10 EGBGB (Name), Art. 15 EuUnthVO iVm HUP (Unterhalt), Art. 21 EGBGB bzw. Art. 15 ff. KSÜ (Eltern-Kind-Verhältnis), Art. 21 ff. EuErbVO (Erbrecht) unter Anknüpfung an die Staatsangehörigkeit oder den gewöhnlichen Aufenthalt des Kindes zu bestimmen, und zwar unabhängig davon, ob es sich um eine „starke" oder eine „schwache" ausländische Adoption handelt.

VI. Deutsche Adoption nach fremdem Adoptionsstatut (Abs. 3)

21   Die **Wirksamkeit** des auf ausländisches Adoptionsrecht gestützten inländischen Adoptionsdekrets (dazu auch § 1 S. 1 Alt. 2) richtet sich nach deutschem Verfahrensrecht.[27] Spricht ein deutsches FamG die Adoption aus, entfaltet diese inländische Entscheidung ihre Wirkungen im Inland direkt ohne weitere Umsetzung.[28] Deshalb wird weder die Anerkennung noch die Wirksamkeit der Annahme vom FamG festgestellt (S. 2).[29] Dagegen besteht auch in diesen Fällen ein Bedürfnis für die Feststellung der **Wirkungen** der Annahme nach fremdem Sachrecht nach Abs. 1, 2 (→ Rn. 17–20), weshalb das FamG diese Feststellungen auszusprechen hat.

22   Die Feststellungen werden grundsätzlich zusammen – im **Verbund** – mit dem Ausspruch der Annahme **von Amts wegen,** ohne dass es eines entsprechenden Antrags eines Beteiligten bedürfte, getroffen (S. 1). War die Adoption aber bereits vor dem Inkrafttreten des AdWirkG am 1.1.2002 durchgeführt worden, so dass die Feststellungen nicht mehr mit dem Ausspruch der Annahme verbunden werden können, bedarf es für sie eines **selbständigen** (isolierten) Verfahrens, das entsprechend dem Antragsgrundsatz (vgl. Abs. 1, § 3 Abs. 1 S. 1) nur auf **Antrag** eines nach § 4 Antragsbefugten zulässig ist.[30]

---

[18] *Steiger* DNotZ 2002, 184 (200); BeckOGK/*Markwardt* Rn. 39.
[19] BT-Drs. 14/6011, 47; NK-BGB/*Benicke* Anh. Art. 22 Rn. 17; *Steiger* DNotZ 2002, 184 (200); *Ludwig* RNotZ 2002, 353 (364 f.); zur „Substitution" s. auch *St. Lorenz*, FS Sonnenberger, 2004, 497 (509 ff.).
[20] BT-Drs. 14/6011, 48; HK-AdoptR/*Weitzel* Rn. 9; aA NK-BGB/*Benicke* EGBGB Anh. Art. 22 Rn. 18.
[21] Dazu auch *Parra-Aranguren* Rapport Rn. 480.
[22] BT-Drs. 14/6011, 47.
[23] OVG Hamburg StAZ 2007, 86 (89 ff.) = FamRZ 2007, 930 Ls.
[24] Offengelassen von BVerwG FamRZ 2007, 1550 f.
[25] Dies entspricht der „Wirkungserstreckungslehre", dazu ausf. *Frank* StAZ 2003, 257 (260 ff.).
[26] Staudinger/*Frank* BGB § 1759 Rn. 5; *Frank* StAZ 2003, 257 (261).
[27] S. auch *Steiger* DNotZ 2002, 184 (201).
[28] *Maurer* FamRZ 2003, 1337 (1341).
[29] *Maurer* FamRZ 2003, 1337 (1341): überflüssige Regelung, da ohne sie auch nichts anderes gelten würde.
[30] *Steiger* DNotZ 2002, 184 (202).

§ 3 AdWirkG Umwandlungsausspruch

(1) [1]In den Fällen des § 2 Abs. 2 Satz 1 Nr. 2 kann das Familiengericht auf Antrag aussprechen, dass das Kind die Rechtsstellung eines nach den deutschen Sachvorschriften angenommenen Kindes erhält, wenn
1. dies dem Wohl des Kindes dient,
2. die erforderlichen Zustimmungen zu einer Annahme mit einer das Eltern-Kind-Verhältnis beendenden Wirkung erteilt sind und
3. überwiegende Interessen des Ehegatten, des Lebenspartners oder der Kinder des Annehmenden oder des Angenommenen nicht entgegenstehen.
[2]Auf die Erforderlichkeit und die Erteilung der in Satz 1 Nr. 2 genannten Zustimmungen finden die für die Zustimmungen zu der Annahme maßgebenden Vorschriften sowie Artikel 6 des Einführungsgesetzes zum Bürgerlichen Gesetzbuche entsprechende Anwendung. [3]Auf die Zustimmung des Kindes ist zusätzlich § 1746 Abs. 1 Satz 1 bis 3, Abs. 2 und 3 des Bürgerlichen Gesetzbuchs anzuwenden. [4]Hat der Angenommene zur Zeit des Beschlusses nach Satz 1 das 18. Lebensjahr vollendet, so entfällt die Voraussetzung nach Satz 1 Nr. 1.

(2) Absatz 1 gilt in den Fällen des § 2 Abs. 2 Satz 1 Nr. 1 entsprechend, wenn die Wirkungen der Annahme von den nach den deutschen Sachvorschriften vorgesehenen Wirkungen abweichen.

I. Normzweck

Durch die Umwandlung der ausländischen Adoption in einem vereinfachten Verfahren sollen im   **1** Inland möglichst gleichartig wirkende Adoptionen herbeigeführt und Wiederholungsadoptionen vermieden werden.[1] Die Umwandlung führt zu einem Statutenwechsel (→ Rn. 9) und verleiht dem Kind die **Rechtsstellung eines nach deutschem Recht angenommenen Kindes;** sie bewirkt damit vor allem das (vollständige) Erlöschen des Eltern-Kind-Verhältnisses zu den Herkunftseltern sowie die vollständige rechtliche Integration in die Wunschfamilie (§§ 1754, 1755 BGB).[2] Ein Bedürfnis für eine Umwandlung kann bestehen, wenn der ausländischen Adoption nach dem fremden Sachrecht nicht dieselben Rechtswirkungen wie nach inländischem Adoptionsrecht zukommen. Für Adoptionen im Anwendungsbereich des AdÜb macht die Vorschrift von der Option des Art. 27 Abs. 1 lit. a AdÜb Gebrauch. Die Möglichkeit, das Umwandlungsverfahren durchzuführen, macht – jedenfalls grundsätzlich – eine Wiederholungsadoption auch insoweit nicht nur entbehrlich, sondern unzulässig (→ Vor § 1 Rn. 5–6). § 3 ist sowohl auf Konventions- wie auf Nicht-Konventionsadoptionen anzuwenden (zum **sachlichen Anwendungsbereich** allgemein → § 1 Rn. 4–5). Zum **Antragserfordernis** s. Abs. 1; zum **Antrag** → § 4 Rn. 2; zur **Antragsbefugnis** s. § 4 Abs. 1 S. 1 Nr. 2 (→ § 4 Rn. 5); zur **internationalen Zuständigkeit** → § 5 Rn. 3; zur **Wirkung** des Umwandlungsausspruchs s. § 4 Abs. 2 S. 1 (→ § 4 Rn. 9; → § 5 Rn. 14).

II. Verfahrensgegenstand

Gegenstand des Verfahrens ist die Umwandlung einer „schwachen" **Auslandsadoption,** auch   **2** Vertragsadoption, in eine inländische Volladoption,[3] aber auch einer **ausländischen Volladoption,** deren Wirkungen von denen einer inländischen Volladoption abweichen (Abs. 2, → Rn. 8). Nicht die ausländische Adoption, die mitsamt ihren Wirkungen als Grundlage bestehen bleibt, ist Gegenstand des Verfahrens, sondern das Antragsziel, ihr weitere Wirkungen beizugeben. Auch eine nach Art. 22 EGBGB auf ausländisches Sachrecht gestützte **inländische Adoption** kann Gegenstand des Umwandlungsverfahrens sein.[4] Dies folgt aus der Verweisung auf § 2 Abs. 2 S. 1 Nr. 2 sowohl in § 2 Abs. 3 als auch in § 3 Abs. 1 S. 1 und entspricht einem unabweisbaren Bedürfnis; zudem wäre nicht verständlich, für eine auf ausländisches Recht gestützte ausländische Adoption die Umwandlung zuzulassen, nicht aber auch für eine solche Inlandsadoption.[5]

---

[1] BT-Drs. 14/6011, 28 f.
[2] Bt-Drs. 14/6011, 47.
[3] BT-Drs. 14/6011, 47.
[4] BeckOGK/*Markwardt* Rn. 7; NK-BGB/*Benicke* Art. 22 Anh. I Rn. 22; *Emmerling de Oliveira* MittBayNot 2010, 429 (432); zweifelnd Palandt/*Thorn* Rn. 17.
[5] *S. Lorenz*, FS Sonnenberger, 2004, 497 (515 f.).

III. Umwandlungsvoraussetzungen

3 **1. Anerkennung der ausländischen Adoption.** Voraussetzung eines Umwandlungsausspruchs ist zunächst die **förmliche** Anerkennung der ausländischen Adoption – für auf ausländisches Adoptionsrecht gestützte inländische Adoptionen (→ Rn. 2) gilt dies selbstverständlich nicht (§ 2 Abs. 3 S. 2, → § 2 Rn. 21–22) – nach § 2 Abs. 1, wobei von den Feststellungen nach § 2 Abs. 2 S. 1 Nr. 2 abgesehen werden kann, wenn Anerkennung und Umwandlung gleichzeitig ausgesprochen werden (§ 2 Abs. 2 S. 2). Anerkennungs- und Umwandlungsverfahren können deshalb in **einem Verfahren** betrieben werden, was aus verfahrensökonomischen Gründen auch wünschenswert ist, ebenso dann, wenn die Umwandlung eines inländischen Adoptionsausspruchs betrieben wird (→ Rn. 2); allerdings ist auch ein **nachgeschaltetes** Umwandlungsverfahren denkbar.

4 **2. Kindeswohl.** Wie die Adoption selbst muss auch ihre Umwandlung in eine Volladoption wegen ihrer weitreichenden Folgen dem Kindeswohl entsprechen (Nr. 1).[6] Dabei kommt es nicht zu einer Wiederholung der Kindeswohlerwägungen, die für den ursprünglichen Ausspruch der Adoption ausschlaggebend waren; vielmehr ist zu fragen, ob die Anpassung der Wirkungen der ausländischen Adoption an das deutsche Recht **dem Kind Vorteile bringt** oder ob es für das Kind besser ist, wenn gewisse Rechtsbeziehungen nach ausländischem Recht zu seinen leiblichen Eltern fortbestehen.[7] In der Regel wird die Kindeswohldienlichkeit der Umwandlung angenommen werden können, wenn schon die ursprüngliche „schwache" Adoption dem Kindeswohl entspricht und die auf eine Volladoption gerichteten **Zustimmungserklärungen** vorliegen (→ Rn. 5, 6). Die Prüfung des Kindeswohls entfällt, wenn der Angenommene im Zeitpunkt des Erlasses des Umwandlungsbeschlusses das **18. Lebensjahr** bereits vollendet hat (Abs. 1 S. 4). Dies ist folgerichtig und entspricht den Wertungen der §§ 1767 Abs. 1, 1772 Abs. 1 S. 1 lit. d BGB, weil der Betreffende ab diesem Zeitpunkt selbst beurteilen kann, welche Rechtswirkungen aus seiner Sicht vorteilhaft erscheinen.

5 **3. Zustimmungen.** Nach Abs. 1 S. 1 Nr. 2, der sowohl auf Konventions- als auch auf Nicht-Konventionsadoptionen anwendbar ist, ist erforderlich, dass **Zustimmungen** zu der Adoption vorhanden sind, die **die Beendigung der Rechtsbeziehungen** zu den leiblichen Eltern **decken**, auch wenn das Adoptionsstatut eine Volladoption und deshalb auch Zustimmungen zu einer solchen eigentlich nicht kennt.[8] Im Anwendungsbereich des AdÜb ist diese Voraussetzung durch Art. 27 Abs. 1 lit. b AdÜb iVm Art. 4 lit. c, d AdÜb vorgegeben. Denkbar ist, dass die ursprünglich erteilten Zustimmungen so verstanden werden können, dass sie – im Wege der Auslegung[9] – auch den Fall der Volladoption umfassen. Dafür muss den leiblichen Eltern bei Abgabe der Zustimmungen die vollständige Beendigung ihrer rechtlichen Beziehungen[10] zum Kind **bewusst** gewesen sein.[11] Ansonsten müssen neue Zustimmungen beschafft werden, die die erforderliche Reichweite besitzen.[12] Welche Zustimmungen erforderlich sind und wie diese beschaffen sein müssen, sowie ob und ggf. wie diese ersetzt werden können, ist nach Abs. 1 S. 2 (Gesamtverweisung[13]) aus dem Recht zu entnehmen, das vom Standpunkt des Landes, in dem die Adoption durchgeführt wurde,[14] anwendbar ist.[15] Auf die Form der Einwilligungserklärungen ist – nach allgemeinen Regeln – **Art. 11 EGBGB** anwendbar. Zudem ist, wie Abs. 1 S. 2 ausdrücklich klarstellt, Art. 6 EGBGB **(ordre public)** entsprechend anzuwenden, was zwar nicht nach dem Heimatrecht, wohl aber nach dem inländischen

---

[6] BT-Drs. 14/6011, 47.

[7] OLG Hamm FamRZ 2013, 1499 (1500); OLG Frankfurt IPRspr. 2013 Nr. 140; AG Frankfurt StAZ 2013, 23 f.; *Braun* in Heilmann, Praxiskommentar Kindschaftsrecht, FamFG Anh. § 199 Rn. 44; HK-AdoptR/*Weitzel* Rn. 8; BeckOGK/*Markwardt* Rn. 7.

[8] BT-Drs. 14/6011, 47 f.; Staudinger/*Winkelsträter* FamRBint 2006, 10 (13).

[9] AG Frankfurt StAZ 2013, 23 (24); HK-AdoptR/*Weitzel* Rn. 6.

[10] Dies wird teilweise bereits daraus gefolgert, dass die Eltern mit einem völligen faktischen Kontaktabbruch rechnen mussten (AG Frankfurt StAZ 2013, 23 [24]; *Emmerling de Oliveira* in Müller/Sieghörtner/Emmerling de Oliveira AdoptR Rn. 307; *Ludwig* RNotZ 2002, 354 [370 f.]; *Grünewald* JAmt 2015, 480 [484]). Für „nicht unbedenklich" hält dies HK-AdoptR/*Weitzel* Rn. 6.

[11] OLG Hamm FamRZ 2013, 1499 (1500). Teilweise wird in der Adoptionsvermittlungspraxis darauf hingewirkt, dass die Zustimmung explizit den Fall der späteren Umwandlung erfasst, HK-AdoptR/*Weitzel* Rn. 6.

[12] OLG Hamm FamRZ 2013, 1499.

[13] BT-Drs. 14/6011, 48; s. auch aA LG Frankfurt a.M. BeckRS 2004, 17895; Staudinger/*Henrich* (2014) EGBGB Art. 22 Rn. 102; *Steiger* DNotZ 2002, 184 (204); Staudinger/*Winkelsträter* FamRBint 2006, 10 (13); *Grünenwald* JAmt 2015, 480 (483).

[14] Palandt/*Thorn* EGBGB Art. 22 Rn. 17 und *S. Lorenz*, FS Sonnenberger, 2004, 497 (512) sehen stattdessen das vom deutschen IPR berufene Recht als anwendbar an. Obwohl in der Sache einiges für diese Ansicht spricht, ist sie unvereinbar mit den Intentionen des Gesetzgebers und den Materialien des Übereinkommens; vgl. neben den in der vorgehenden Fn. Genannten *Parra-Aranguren* Rapport Rn. 141.

[15] AG Frankfurt StAZ 2013, 23 (24).

Sachrecht zu zusätzlich erforderlichen Zustimmungen, aber auch zur Ersetzung verweigerter Zustimmungen oder zu deren Verzicht führen kann, wenn dies zur Wahrung der Kindesbelange erforderlich ist.[16] In diesem Zusammenhang kann etwa § 1747 Abs. 4 BGB zum deutschen ordre public gerechnet werden.[17] S. 3 regelt als Rechtsgrundverweisung ausdrücklich die Zustimmung des Kindes (§ 1746 Abs. 1 S. 1–3, Abs. 2 und 3 BGB) und stellt somit sicher, dass eine Umwandlung nur mit Zustimmung auch des Kindes durchgeführt werden kann.[18]

Für **Konventionsadoptionen** verweist Art. 27 Abs. 2 AdÜb auf die Anwendbarkeit von Art. 23 **6** Abs. 1 AdÜb.[19] Die Umwandlung wird deshalb in den Vertragsstaaten kraft Gesetzes anerkannt, wenn die Zentrale Behörde des Aufnahmestaates das Zustandekommen der Umwandlung gemäß dem AdÜb bescheinigt. Die Verweisung auch auf Art. 23 Abs. 1 S. 2 AdÜb hat keine eigenständige Bedeutung, weil die Zustimmung nach Art. 17 lit. c AdÜb nicht Voraussetzung für die Umwandlung ist.[20]

4. Entgegenstehende Interessen. Nr. 3 entspricht §§ 1745 S. 1, 1749 Abs. 1 S. 3 BGB, fasst den **7** Anwendungsbereich allerdings weiter: Sie bindet die Interessen des Ehegatten des Annehmenden, wenn dieser, wie wohl regelmäßig, nicht ohnehin auch Annehmender ist, und des Angenommenen sowie der Kinder des Angenommenen in die Interessenabwägung mit ein. Dieses Erfordernis besitzt kaum praktische Relevanz.[21]

IV. Umwandlung ausländischer Volladoption

Abs. 2 sieht die Umwandlung einer ausländischen Volladoption vor, deren **Wirkungen** von denen **8** einer inländischen Volladoption abweichen. So etwa, wenn sie zwar die Verwandtschaft zu den Annehmenden, nicht jedoch auch zu deren Verwandten (etwa ein Erbrecht nach den Eltern[22]) begründet. Durch eine **Transformation** können verwandtschaftliche Beziehungen zu letzteren herbeigeführt und dadurch die Verwandtschaft bindend erweitert werden.[23] Außerdem kann es beispielsweise darum gehen, dem Kind einen Namen nach deutschem Recht (§ 1757 BGB) zukommen zu lassen.[24] Praktische Relevanz besitzt diese Option – soweit erkennbar – nicht.

V. Entscheidung

Das FamG spricht durch Beschluss nach Abs. 1 aus, dass das Kind die Rechtsstellung eines nach **9** den deutschen Sachvorschriften angenommenen Kindes erhält, und nach Abs. 2, in Bezug auf welche Einzelwirkung es diese Rechtsstellung erhält. Dies führt zu einem **Wechsel des Adoptionsstatuts,**[25] so dass sich die unmittelbaren statusrechtlichen Beziehungen einschließlich der **Aufhebung** der Adoption[26] nunmehr nach deutschem Adoptionsrecht richten. Alle anderen, mittelbaren Wirkungen der Annahme richten sich dagegen weiter nach dem durch die Kollisionsregeln bestimmten Sachrecht (→ § 2 Rn. 20). Ist dies deutsches Sachrecht, kommt es zur Substitution der Annahme als deutsche Minderjährigenadoption.[27]

§ 4 AdWirkG Antragstellung; Reichweite der Entscheidungswirkungen

(1) [1]Antragsbefugt sind
1. für eine Feststellung nach § 2 Abs. 1
  a) der Annehmende, im Fall der Annahme durch Ehegatten jeder von ihnen,
  b) das Kind,
  c) ein bisheriger Elternteil oder

---

[16] *Steiger* DNotZ 2002, 184 (204); Staudinger/*Winkelsträter* FamRBint 2006, 10 (13) mwN.
[17] HK-AdoptR/*Weitzel* Rn. 7; *Zimmermann* NZFam 2016, 249 (251); vgl. auch BeckOGK/*Markwardt* Rn. 18.
[18] *Steiger* DNotZ 2002, 184 (204).
[19] Und – unausgesprochen – auch auf Art. 24 AdÜb (ordre public), *Parra-Aranguren* Rapport Rn. 485.
[20] *Parra-Aranguren* Rapport Rn. 484.
[21] HK-AdoptR/*Weitzel* Rn. 9.
[22] BT-Drs. 14/6011, 48 nennt als Bsp. das israelische Recht, das zwar die Beziehungen zu den leiblichen Eltern völlig beendet, aber ein Erbrecht nur nach dem Annehmenden, nicht auch nach dessen Eltern begründet.
[23] *Hölzel* StAZ 2003, 289 (291).
[24] BT-Drs. 14/6011, 48; AG Nürnberg StAZ 2003, 144; *Grünenwald* JAmt 2015, 480 (486); weitere Beispiele bei *S. Lorenz,* FS Sonnenberger, 2004, 497 (514 f.).
[25] BT-Drs. 14/6011 S. 48; *Steiger* DNotZ 2002, 184 (205); *Ludwig* RNotZ 2002, 353 (373).
[26] *Frank* StAZ 2003, 254 (261).
[27] Zum Ganzen Staudinger/*Winkelsträter* FamRBint 2006, 10 (13 f.).

d) das Standesamt, das nach § 27 Abs. 1 des Personenstandsgesetzes für die Fortführung der Beurkundung der Geburt des Kindes im Geburtenregister oder nach § 36 des Personenstandsgesetzes für die Beurkundung der Geburt des Kindes zuständig ist;

2. für einen Ausspruch nach § 3 Abs. 1 oder Abs. 2 der Annehmende, annehmende Ehegatten nur gemeinschaftlich.

²Von der Antragsbefugnis nach Satz 1 Nr. 1 Buchstabe d ist nur in Zweifelsfällen Gebrauch zu machen. ³Für den Antrag nach Satz 1 Nr. 2 gelten § 1752 Abs. 2 und § 1753 des Bürgerlichen Gesetzbuchs.

(2) ¹Eine Feststellung nach § 2 sowie ein Ausspruch nach § 3 wirken für und gegen alle. ²Die Feststellung nach § 2 wirkt jedoch nicht gegenüber den bisherigen Eltern. ³In dem Beschluss nach § 2 ist dessen Wirkung auch gegenüber einem bisherigen Elternteil auszusprechen, sofern dieser das Verfahren eingeleitet hat oder auf Antrag eines nach Absatz 1 Satz 1 Nr. 1 Buchstabe a bis c Antragsbefugten beteiligt wurde. ⁴Die Beteiligung eines bisherigen Elternteils und der erweiterte Wirkungsausspruch nach Satz 3 können in einem gesonderten Verfahren beantragt werden.

I. Normzweck

1   Die Bestimmung regelt in Abs. 1 zum einen die **Befugnis** zur Stellung von Anerkennungs- und Umwandlungsanträgen nach §§ 2, 3. Zudem enthält Abs. 2 Regelungen zu den **Verfahrensbeteiligten,** zu deren **Beteiligung** sowie zu den **Wirkungen** familiengerichtlicher Entscheidungen nach dem AdWirkG.

II. Antragserfordernis

2   Feststellungs- (§ 2) sowie Umwandlungsverfahren (§ 3 Abs. 1 S. 1) werden vom FamG nur auf **Antrag** durchgeführt. Zur **Form** des Antrags auf einen **Feststellungsausspruch** (§ 2) sagt § 4 nichts. Da es sich nicht um einen Adoptionsantrag handelt, kommt dem Antrag lediglich verfahrensrechtliche Bedeutung zu; er kann schriftlich gestellt oder zu Protokoll des Urkundsbeamten der Geschäftsstelle erklärt werden (§ 25 FamFG), aber auch mündlich und telefonisch.¹ Für einen **Umwandlungsantrag** (§ 3), mit dem die Änderung der rechtlichen Wirkungen der ausländischen Adoption zu einer Volladoption erstrebt wird, ist dagegen die notarielle Beurkundung des Antrags erforderlich (§ 4 Abs. 1 S. 3 AdWirkG, § 1752 Abs. 2 S. 2 BGB, → Rn. 5). Einem Antrag kommt stets nur die Wirkung eines **Verfahrensantrags,** nicht auch die eines das FamG bindenden Sachantrags zu. Er legt deshalb zwar den Verfahrensgegenstand fest, bindet das FamG jedoch nicht hinsichtlich der zu treffenden Entscheidung. Das FamG kann deshalb die Entscheidung aussprechen, mit der dem Ziel des Rechtsbegehrens des Antragstellers am besten entsprochen werden kann. So kann es nach entsprechendem Hinweis statt einer beantragten Wiederholungsadoption die Anerkennung oder Umwandlung der ausländischen Entscheidung aussprechen.²

III. Antragsbefugnis

3   **1. Anerkennungs- und Wirkungsfeststellung.** Antragsbefugt sind, um den Grundsatz der automatischen (inzidenten) Anerkennung ausländischer Adoptionsentscheidungen (→ Vor § 1 Rn. 3) nicht auszuhöhlen,³ grundsätzlich nur die **Annehmenden,** das **Kind** und seine **bisherigen Eltern** (Abs. 1 Nr. 1 lit. a–c). Dabei handelt es sich um die inländischen Annehmenden sowie das ausländische Kind und seine ausländischen rechtlichen Eltern; letztere werden regelmäßig auch die leiblichen Eltern sein, doch ist dies nicht zwingend, wenn das ausländische Sachrecht eine Mehrfachadoption zulässt. Im Falle einer Stiefkindadoption ergibt sich für den leiblichen Elternteil, der Ehegatte des Annehmenden ist, eine Antragsbefugnis aus Art. 4 Abs. 1 Nr. 1 lit. a analog.⁴ Soweit der Anwendungsbereich des AdWirkG greift, das nach § 108 Abs. 2 S. 3 FamFG **Vorrang vor dem FamFG** besitzt, ist für andere Interessierte ein Rückgriff auf die allgemeine Anerkennungsfeststellung nach § 108 Abs. 2 S. 1 FamFG ausgeschlossen.

4   Nur **ausnahmsweise** kann, bestehen Zweifel an der Anerkennungsfähigkeit der ausländischen Adoption (Abs. 1 S. 2), der **Standesbeamte,** dem die Eintragung des Kindes in das Geburtenregister

---

¹ Prütting/Helms/*Ahn-Roth* FamFG § 23 Rn. 9 f.; Keidel/*Sternal* FamFG § 23 Rn. 18, 19, FamFG § 25 Rn. 13.
² BeckOGK/*Markwardt* Rn. 3; *Maurer* FamRZ 2003, 1337 (1342 f.).
³ BT-Drs. 14/6011, 48.
⁴ AG Naumburg 19.9.2006 – 4 XVI 10/04; HK-AdoptR/*Weitzel* § 4 Rn. 5.

nach gemeinschaftlicher Annahme als Kind durch Ehegatten oder nach der Annahme des Kindes eines ausländischen Ehegatten durch seinen inländischen Ehegatten (§ 21 Abs. 3 Nr. 1 PStG) obliegt, die Feststellung beantragen (Abs. 1 S. 1 Nr. 1 lit. d). Solche Zweifel werden für **Konventionsadoptionen** idR nicht angenommen werden können, soweit eine Konformitätsbescheinigung nach Art. 23 Abs. 1 S. 1 AdÜb vorliegt und keine besonderen Anhaltspunkte für einen Verstoß gegen den inländischen ordre public bestehen (→ § 2 Rn. 8–13). In allen anderen Fällen bestehen Zweifel an der Anerkennungsfähigkeit insbesondere dann, wenn sich Anhaltspunkte für die Verfolgung sachfremder Zwecke oder den Einsatz verbotener Vermittlungspraktiken ergeben.[5] Keine Antragsbefugnis besitzt das Standesamt, wenn keine Zweifel an der Anerkennungsfähigkeit als solcher bestehen, sondern nur geklärt werden soll, ob durch die ausländische Adoption die rechtlichen Beziehungen zu den leiblichen Eltern beendet wurden, weil seiner Ansicht nach davon der Erwerb der deutschen Staatsangehörigkeit abhängt.[6] Auch wenn ein Anerkennungsantrag bereits von einem anderen nach lit. a–c Antragsbefugten gestellt wurde, besteht für einen Antrag des Standesbeamten ein **Rechtsschutzbedürfnis**, weil er nur bei eigener Antragstellung die Feststellung ablehnende Entscheidung des FamG selbst anfechten kann (→ § 5 Rn. 13).[7]

2. Umwandlungsverfahren. Antragsbefugt ist nur der **Annehmende.** Gemeinsam annehmende **5 Ehegatten** können den Antrag nur gemeinsam stellen (Abs. 1 S. 1 Nr. 2), um den Gleichlauf der rechtlichen Beziehungen des Kindes zu annehmenden Ehegatten zu gewährleisten.[8] Da die Umwandlung dazu führt, dass das angenommene Kind die Rechtsstellung eines nach deutschem Adoptionsrecht angenommenen Kindes erhält (§ 3 Abs. 1 S. 1), bestimmt Abs. 1 S. 3 für einen entsprechenden Antrag die Anwendbarkeit der §§ 1752 Abs. 2, 1753 BGB: Er darf nicht unter einer **Bedingung** oder **Zeitbestimmung** oder durch einen **Vertreter** gestellt werden und bedarf der **notariellen Beurkundung** (§ 1752 Abs. 2 S. 1, 2 BGB). Die Umwandlung darf nach dem **Tod des Kindes** nicht mehr ausgesprochen werden, nach dem **Tod eines Annehmenden** nur, wenn dieser seinen Antrag bereits beim FamG eingereicht oder den beurkundenden Notar mit der Einreichung betraut hat (§ 1753 Abs. 1, 2 BGB).

IV. Verfahrensbeteiligte

Der **Antragsteller** ist stets Verfahrensbeteiligter (§ 7 Abs. 1 FamFG).   **6**

Darüber hinaus ordnet § 5 Abs. 3 S. 4 die zwingende Beteiligung bestimmter **Behörden** an (§ 7 **7** Abs. 2 Nr. 2 FamFG): in Verfahren nach § 2 die Beteiligung der Bundeszentralstelle für Auslandsadoption, wobei sich dieser Verweis – entgegen seinem Wortlaut – nicht auf Verfahren nach § 2 Abs. 3 bezieht,[9] und in Verfahren nach § 3 die Beteiligung des Jugendamts und der zentralen Adoptionsstelle des Landesjugendamts.

Unabhängig davon, ob sie auch selbst einen Antrag gestellt haben, sind grundsätzlich **alle nach 8 Abs. 1 S. 1 Nr. 1 lit. a–c Antragsberechtigten** Beteiligte iSv § 7 Abs. 2 Nr. 1 FamFG, weil immer auch ihre Rechtsstellung unmittelbar betroffen ist: In Umwandlungsverfahren (§ 3) weil durch die Umwandlung eine andere Rechtswirkung als nach der ausländischen Adoption angestrebt und erreicht wird, für die Anerkennungs- und Wirkungsfeststellung, weil sie Rechtskraft erga omnes (Abs. 2 S. 1, → Rn. 9) entfaltet.

Eine **Einschränkung** gilt für die bisherigen **ausländischen Eltern** im Verfahren nach § 2: Das Gesetz verzichtet darauf, die Wirkungen der **Anerkennungs- und Wirkungsfeststellung** auch auf sie zu erstrecken (Abs. 2 S. 2, → Rn. 9).[10] Denn die leiblichen Eltern werden sich meist im Herkunftsland aufhalten, so dass ihre Einbeziehung in das Verfahren mühsam und zeitaufwändig im Wege internationaler Rechtshilfe erfolgen müsste, obwohl sie bereits am Adoptionsverfahren im Herkunftsland beteiligt wurden und sich dort Gehör verschaffen konnten.[11] Haben die bisherigen

---

[5] Vgl. HK-AdoptR/*Weitzel* § 4 Rn. 2.

[6] AG Frankfurt a.M. StAZ 2014, 54.

[7] BeckOGK/*Markwardt* Rn. 9; aA *Hölzel* StAZ 2003, 289 (293).

[8] *Maurer* FamRZ 2003, 1337 (1343).

[9] Nimmt man § 5 Abs. 3 S. 4 wörtlich, ist eigentlich in jedem Adoptionsverfahren, in dem ausländisches Recht anzuwenden ist, das Bundesamt für Justiz als Bundeszentralstelle für Auslandsadoption zu beteiligen. Diese Beteiligung ist für die Feststellungsverfahren nach § 2 Abs. 1 und 2 sinnvoll. Sie ist es für die Adoptionsverfahren nach § 2 Abs. 3, für die bereits die Beteiligung des Landesjugendamts vorgeschrieben wird, nicht. Der Gesetzgeber, der im Zusammenhang mit dieser Beteiligung nur von „Anerkennungs- und Wirkungsfeststellung" spricht, BT-Drs. 14/6011, 49, hat an diese Adoptionsverfahren offenbar nicht gedacht. Es liegt daher nahe, auch weiterhin lediglich das Landesjugendamt zu beteiligen, so auch HK-AdoptR/*Weitzel* § 5 Rn. 6 und wohl auch *Hölzel* StAZ 2003, 289 (292).

[10] Damit sie nicht beteiligt werden müssen, BT-Drs. 14/6011 S. 48.

[11] BT-Drs. 14/6011, 48 f.

ausländischen Eltern dagegen die Anerkennungs- und Wirkungsfeststellung **selbst** beantragt (Abs. 1 S. 1 Nr. 1 lit. c), oder hat ein anderer nach Abs. 1 S. 1 Nr. 1 lit. a–c **Antragsbefugter** ihre Beteiligung beantragt, ist ihnen die Beteiligung am Verfahren zu ermöglichen. In **Umwandlungsverfahren** sind die ausländischen Eltern nur dann zu beteiligen, wenn sie ihre Zustimmung in eine Umwandlung (§ 3 Abs. 1 S. 1 Nr. 2) nicht bereits erteilt haben und damit ihre Interessen bereits gewahrt sind.[12]

V. Wirkungserstreckung

9 Feststellungen nach § 2 und Umwandlungen nach § 3 erwachsen in formelle und materielle **Rechtskraft für und gegen alle** und sind deshalb – sowohl im zivilrechtlichen als auch im öffentlichrechtlichen Kontext[13] – allgemein verbindlich (Abs. 2 S. 1). Sie führen zur Unzulässigkeit weiterer Verfahren, soweit der Ausspruch reicht, und zur Unzulässigkeit weiterer Inzidenzfeststellungen. Zur Anfechtbarkeit und Abänderbarkeit der gerichtlichen Entscheidungen s. § 5 Abs. 4 S. 1, § 197 Abs. 2, 3 FamFG (→ § 5 Rn. 12). Nur in seltensten Ausnahmefällen, wenn die rechtskräftige Entscheidung an so offensichtlichen und schwerwiegenden Mängeln leidet, dass sie wegen greifbarer Rechtswidrigkeit als unwirksam zu behandeln ist, entfällt die Bindungswirkung.[14] Das ist nicht schon der Fall, wenn sie an einem eindeutigen Fehler leidet, sondern erst dann, wenn sie jeder gesetzlichen Grundlage entbehrt und inhaltlich dem Gesetz fremd ist.[15] Die Bindungswirkung erschöpft sich in den adoptionsrechtlichen Rechtsfolgen, erstreckt sich aber nicht auf **sachrechtliche Rechtsfolgen,** für die sie nur Vorfrage ist.[16] Diese Allgemeinverbindlichkeit tritt mit den dargestellten Wirkungen auch ein, wenn ein Antrag auf Anerkennung **abgelehnt** wird.[17] Für die bisherigen **ausländischen Eltern** gilt dies jedoch nur, wenn sie die Durchführung des **Feststellungsverfahrens** selbst beantragt haben oder auf eigenen, des Kindes oder der Annehmenden Antrag am Verfahren beteiligt worden sind. In diesen Fällen spricht das FamG die Wirkung auch gegenüber ihnen ausdrücklich aus (Abs. 2 S. 3). Die Beteiligung muss nicht notwendig bereits im Feststellungsverfahren, vielmehr kann sie auch in einem gesonderten Verfahren erfolgen (Abs. 2 S. 4). Ein **Umwandlungsausspruch** ist nach § 4 Abs. 2 S. 1 – anders als die Feststellung der Anerkennungsfähigkeit – gegenüber den leiblichen Eltern auch dann verbindlich, wenn diese an dem Umwandlungsverfahren nicht beteiligt waren.[18]

§ 5 AdWirkG Zuständigkeit und Verfahren

(1) [1]**Über Anträge nach den §§ 2 und 3 entscheidet das Familiengericht, in dessen Bezirk ein Oberlandesgericht seinen Sitz hat, für den Bezirk dieses Oberlandesgerichts; für den Bezirk des Kammergerichts entscheidet das Amtsgericht Schöneberg.** [2]**Für die internationale und die örtliche Zuständigkeit gelten die §§ 101 und 187 Abs. 1, 2 und 5 des Gesetzes über das Verfahren in Familiensachen und in den Angelegenheiten der freiwilligen Gerichtsbarkeit entsprechend.**

(2) [1]**Die Landesregierungen werden ermächtigt, die Zuständigkeit nach Absatz 1 Satz 1 durch Rechtsverordnung einem anderen Familiengericht des Oberlandesgerichtsbezirks oder, wenn in einem Land mehrere Oberlandesgerichte errichtet sind, einem Familiengericht für die Bezirke aller oder mehrerer Oberlandesgerichte zuzuweisen.** [2]**Sie können die Ermächtigung auf die Landesjustizverwaltungen übertragen.**

(3) [1]**Das Familiengericht entscheidet im Verfahren der freiwilligen Gerichtsbarkeit.** [2]**Die §§ 159 und 160 Absatz 1 Satz 1, Absatz 2 bis 4 des Gesetzes über das Verfahren in Familiensachen und in den Angelegenheiten der freiwilligen Gerichtsbarkeit sind entsprechend anzuwenden.** [3]**Im Verfahren nach § 2 wird ein bisheriger Elternteil nur nach Maßgabe des § 4 Abs. 2 Satz 3 und 4 angehört.** [4]**Im Verfahren nach § 2 ist das Bundesamt für Justiz als**

---

[12] HK-AdoptR/*Weitzel* § 4 Rn. 5; BeckOGK/*Markwardt* § 5 Rn. 33 f.; aA *Maurer* FamRZ 2003, 1337 (1344).

[13] BT-Drs. 14/6011 S. 28; BGH NJW 2015, 2800 (2801); BVerwG BeckRS 2012, 54946; FamRZ 2007, 1550 f.

[14] OVG Bln-Bbg StAZ 2012, 210 (211); OVG Hamburg StAZ 2007, 86 (88); HK-AdoptR/*Weitzel* § 4 Rn. 5; BeckOGK/*Markwardt* Rn. 17; offengelassen durch BGH NJW 2015, 2800 (2801) und BVerwG BeckRS 2012, 54946.

[15] BGH NJW 2015, 2800 (2802); BeckOGK/*Markwardt* Rn. 17; vgl. auch OVG Bln-Bbg StAZ 2012, 210 (211).

[16] Zu staatsangehörigkeitsrechtlichen Wirkungen s. BVerwG FamRZ 2007, 1550 (1551).

[17] *Braun* in Heilmann, Praxiskommentar Kindschaftsrecht, FamFG Anh. § 199 Rn. 38; BeckOGK/*Markwardt* Rn. 17; wohl ebenso *Hölzel* StAZ 2003, 289 (290). Offengelassen von OLG Hamm IPRspr. 2010 Nr. 125c.

[18] *S. Lorenz,* FS Sonnenberger, 2004, 497 (513 m. Fn. 49).

Bundeszentralstelle für Auslandsadoption, im Verfahren nach § 3 sind das Jugendamt und die zentrale Adoptionsstelle des Landesjugendamtes zu beteiligen.

(4) ¹Auf die Feststellung der Anerkennung oder Wirksamkeit einer Annahme als Kind oder des durch diese bewirkten Erlöschens des Eltern-Kind-Verhältnisses des Kindes zu seinen bisherigen Eltern, auf eine Feststellung nach § 2 Abs. 2 Satz 1 sowie auf einen Ausspruch nach § 3 Abs. 1 oder 2 oder nach § 4 Abs. 2 Satz 3 findet § 197 Abs. 2 und 3 des Gesetzes über das Verfahren in Familiensachen und in den Angelegenheiten der freiwilligen Gerichtsbarkeit entsprechende Anwendung. ²Im Übrigen unterliegen Beschlüsse nach diesem Gesetz der Beschwerde; sie werden mit ihrer Rechtskraft wirksam. ³§ 4 Abs. 2 Satz 2 bleibt unberührt.

Übersicht

I. Normzweck

Die Vorschrift enthält Bestimmungen zur Zuständigkeit und zum Verfahren, soweit diese Fragen **1** nicht schon in den vorangehenden Vorschriften geregelt sind. So wird die Antragsgebundenheit der Verfahren bereits in §§ 2, 3, die Antragsbefugnis und die Beteiligung an den Verfahren in § 4, der auch Bestimmungen zur Wirkung der Entscheidungen enthält, geregelt. Neben der Bestimmung der **Verfahrensart** (Abs. 3 S. 1; → Rn. 2) und Regelungen zur internationalen, sachlichen und örtlichen **Zuständigkeit** (Abs. 1 und 2; → Rn. 3–6) enthält sie solche über die durchzuführenden **Anhörungen** (Abs. 3; → Rn. 10) sowie zur **Wirksamkeit** der Entscheidungen und zu den **Rechtsmitteln** (Abs. 4; → Rn. 12–13). Zum **Verfahrensgegenstand** → § 2 Rn. 2–4; § 3 Rn. 2. Zur **Antragsbefugnis** → § 4 Rn. 3 ff. Zu den **Beteiligten** → § 4 Rn. 6 ff.

II. Verfahrensart

Bei den Angelegenheiten nach dem AdWirkG handelt es sich um **Familiensachen,** auch wenn **2** diese Einordnung aufgrund der gesetzlichen Systematik und Terminologie nicht ganz eindeutig und daher in der Rechtsprechung der Oberlandesgerichte höchst umstritten ist: § 5 Abs. 3 S. 1 bestimmt ausdrücklich, dass das FamG im Verfahren der **freiwilligen Gerichtsbarkeit** entscheidet, ohne zu präzisieren, ob es sich um eine Familiensache der freiwilligen Gerichtsbarkeit oder eine allgemeine Angelegenheit der freiwilligen Gerichtsbarkeit handelt. Gegen eine Qualifizierung als Familiensache spricht, dass Verfahren nach dem AdWirkG im Katalog des § 111 FamFG nicht aufgeführt sind und auch nicht zu den Adoptionssachen iSv § 186 FamFG gehören. Zwar handelt es sich bei § 111 FamFG grundsätzlich um eine abschließende Aufzählung, doch gibt es eine ganze Fülle von Familiensachen kraft Sachzusammenhangs.[1] Entscheidend dürfte sein, dass für die Verfahren nach dem AdWirkG die Familiengerichte zuständig sind (§ 2 Abs. 1, § 3 Abs. 1, § 5 Abs. 1 S. 1),[2] sodass es sich um Familiensachen handeln muss (vgl. § 23b Abs. 1 GVG).[3] Diese Qualifizierung ist auch sachgerecht; andernfalls hätte das nämlich die – in der Sache kaum sinnvolle – Konsequenz, dass bei einer gemäß § 5 Abs. 4 S. 2 statthaften Beschwerde nach § 68 Abs. 1 S. 1 FamFG stets ein **Abhilfeverfah-**

---

[1] Prütting/*Helms* FamFG § 111 Rn. 27 ff.

[2] Anerkennungsverfahren nach § 2 Abs. 1 AdWirkG werden in § 14 Nr. 15 RPflG sogar als „Kindschafts- und Adoptionssachen" eingeordnet, *Braun* ZKJ 2012, 216 (217). Die in § 199 FamFG enthaltene Klarstellung, dass dem AdWirkG Vorrang zukommt, impliziert nicht zwingend eine Einordnung der Verfahren als Familien-/Adoptionssachen, *Maurer* FamRZ 2013, 90 (91 f.).

[3] So beispielsweise OLG Schleswig FamRZ 2014, 498 (ausführliche Einordnung als Familiensache sui generis); OLG Brandenburg StAZ 2017, 15 (16); OLG Bremen FamRZ 2015, 425; OLG Düsseldorf FamRZ 2012, 1233; AG Frankfurt StAZ 2013, 23 (24); *Braun* ZKJ 2012, 216 (217).

ren durchzuführen ist,[4] weil die in § 68 Abs. 1 S. 2 FamFG für Familiensachen statuierte Ausnahme nicht greift. In der Praxis wird die Problematik dadurch entschärft, dass die Oberlandesgerichte zu einer Entscheidung im Beschwerdeverfahren auch dann befugt sind, wenn das Absehen von einem Abhilfeverfahren fehlerhaft sein sollte.[5] Eine Qualifizierung als (ungeschriebene) **Adoptionssache** iS von §§ 111 Nr. 4, 186 ff. FamFG[6] erscheint demgegenüber nicht sachgerecht, weil die für Adoptionssachen vorgeschriebenen umfassenden Anhörungs- und Beteiligungsrechte nach der gesetzgeberischen Konzeption des § 5 Abs. 3 S. 2–4 auf das Verfahren erkennbar keine Anwendung finden sollen. So verweist etwa Abs. 3 S. 2 für die Anhörungen auf §§ 159, 160 FamFG (→ Rn. 10) und nimmt nicht auf die adoptionsverfahrensrechtlichen Anhörungsvorschriften in §§ 192–195 FamFG Bezug.[7] Demgegenüber geht die Gegenauffassung von einer grundsätzlichen Qualifizierung als Adoptionssache aus, leitet aber das gleiche Ergebnis aus den lediglich punktuellen Verweisungen auf einzelne Regelungen des FamFG – internationale und örtliche Zuständigkeit (Abs. 1 S. 2), Beteiligungen und Anhörungen (Abs. 3 S. 2–4), Wirksamkeit (Abs. 4 S. 1) – ab.[8] Anwendbar sind die §§ 1–48, 58–79 FamFG, soweit das AdWirkG keine abweichenden Regelungen vorsieht. Insbesondere wird das Verfahren von der **Amtsermittlung** (§ 26 FamFG) beherrscht (→ Rn. 8), die **Verfahrenskostenhilfe** richtet sich nach §§ 76–79 FamFG. Mit den Verfahren auf Anerkennungs- und Wirkungsfeststellung (§ 2) und auf Umwandlung (§ 3) kann ein Verfahren auf **Namensänderung** verbunden werden,[9] doch kann sie auch in einem eigenständigen Verfahren nachgeholt werden.[10]

III. Zuständigkeit

3   **1. Internationale Zuständigkeit.** Die internationale Zuständigkeit der inländischen FamG bestimmt sich gemäß Abs. 1 S. 2 nach **§ 101 FamFG**.[11] Der Annehmende, einer der annehmenden Ehegatten oder das angenommene Kind muss Deutscher sein (§ 101 Nr. 1 FamFG) oder seinen gewöhnlichen Aufenthalt im Inland haben (§ 101 Nr. 2 FamFG). Zum Begriff des gewöhnlichen Aufenthalts → EGBGB Art. 5 Rn. 141 ff.

4   **2. Sachliche und funktionelle Zuständigkeit.** Für alle Verfahren nach dem AdWirkG ist das AG **sachlich** zuständig (§ 23a Abs. 1 Nr. 1 GVG), dort kraft der **gesetzlichen Geschäftsverteilung** das FamG (§§ 2 Abs. 1, 3 Abs. 1 S. 1). **Funktionell** ist die Angelegenheit dem Richter vorbehalten (§§ 3 Nr. 2 lit. a, 14 Abs. 1 Nr. 15 RPflG).

5   **3. Örtliche Zuständigkeit. a) Grundsätze.** Das örtlich zuständige FamG bestimmt sich nach § 5 Abs. 1 S. 2, Abs. 2. Infolge der Verweisung in § 5 Abs. 1 S. 2 auf § 187 Abs. 1, 2 und 5 FamFG gilt:

– Angeknüpft wird an den gewöhnlichen Aufenthalt des **Annehmenden** oder einer der annehmenden Ehegatten (§ 187 Abs. 1 FamFG), unerheblich ist deren Staatsangehörigkeit. Als **Stichtag** für die Anknüpfung und damit für die örtliche Zuständigkeit bestimmt § 2 Abs. 1 FamFG die Einreichung des Antrags – im vorliegenden Zusammenhang des Feststellungs- (§ 2) oder Umwandlungsantrags (§ 3) – beim FamG oder, ist der Annehmende zu diesem Zeitpunkt bereits verstorben, die Betrauung des Notars mit der Antragseinreichung.

– Haben zwar die Annehmenden keinen gewöhnlichen Aufenthalt im Inland, wohl aber das **Kind** – auch auf seine Staatsangehörigkeit kommt es nicht an (→ Rn. 3) –, ist das FamG zuständig, in dessen Bezirk sich sein Aufenthalt befindet (§ 187 Abs. 2 FamFG).

– Haben weder der Annehmende oder einer der annehmenden Ehegatten noch das Kind seinen gewöhnlichen Aufenthalt im Inland, ist das AG Schöneberg in Berlin örtlich zuständig, das ein Verfahren aus wichtigem Grund an ein anderes FamG bindend **verweisen** kann (§ 187 Abs. 5 S. 1, 2 FamFG).

6   **b) Zuständigkeitskonzentration.** Abs. 1 S. 1 konzentriert die örtliche Zuständigkeit für **Anträge nach § 2 Abs. 1 und § 3** bei dem **AG, in dessen Bezirk ein OLG seinen Sitz hat,** für den Bezirk des KG beim AG Schöneberg in Berlin, um den FamG zu ermöglichen, die im

---

[4] So aber beispielsweise OLG Hamm FamRZ 2012, 1230 m. zust. Anm. *Weitzel* FamRZ 2012, 1231; OLG Köln FamRZ 2012, 1234; StAZ 2012, 339 (340); OLG Dresden ZKJ 2014, 164.

[5] BGH FamRZ 2017, 755; OLG Karlsruhe FamRZ 2015, 1642; OLG Nürnberg FamRZ 2015, 1640.

[6] So aber OLG Düsseldorf FamRZ 2012, 1233; 2013, 714; 6. Aufl. (*Maurer*); *Maurer* FamRZ 2013, 90 (91 ff.).

[7] HK-AdoptR/*Weitzel* § 5 Rn. 4; *Braun* FamRZ 2011, 81 (82).

[8] OLG Düsseldorf FamRZ 2013, 714; 6. Aufl. 2012 (*Maurer*); *Maurer* FamRZ 2003, 1337 (1341).

[9] LG Stuttgart BeckRS 2013, 12290.

[10] AG Nürnberg StAZ 2003, 144.

[11] Gemeinschaftsrechtliche oder vorrangige staatsvertragliche Regelungen bestehen nicht, Staudinger/*Winkelsträter* FamRBint 2006, 10 Fn. 10.

Umgang mit dem ausländischen Recht und den ausländischen Behörden erforderlichen einschlägigen Erfahrungen zu gewinnen.[12] Statt dem AG, in dessen Bezirk ein OLG seinen Sitz hat, können die Länder einem anderen AG im Bezirk dieses OLG die Zuständigkeit zuweisen, bestehen in einem Land mehrere OLG, einem AG die Zuständigkeit für mehrere OLG übertragen werden (Abs. 2). Von dieser Ermächtigung hat bislang kein Bundesland Gebrauch gemacht.[13] Hat das inländische FamG seinem Adoptionsausspruch **ausländisches Adoptionsrecht** zugrunde zu legen (§§ 1 S. 1 Alt. 2, 2 Abs. 3 und → § 2 Rn. 21–22), gilt gemäß § 187 Abs. 4 FamFG gleichfalls die Zuständigkeitskonzentration aus Abs. 1 S. 1, Abs. 2,[14] weil insoweit die gleichen Gründe für eine Konzentration sprechen.[15] Nach Sinn und Zweck der Vorschrift liegt es nahe, unter den ausländischen Sachvorschriften hier *auch* das **ausländische internationale Privatrecht,** selbst wenn es auf das deutsche Recht zurückverweist,[16] einschließlich der ausländischen Zuständigkeitsvorschriften zu verstehen, die in den Fällen von Interesse sein können, in denen eine „versteckte Rückverweisung" in Betracht kommt, sofern man eine solche zulässt; im Übrigen entspricht es dem Sinn der Vorschrift, unter den ausländischen Sachvorschriften nicht nur die zu verstehen, auf die Art. 22 verweist, sondern auch die, auf die die **Verweisung des Art. 23 EGBGB** zielt.[17] Von der Zuständigkeitskonzentration demgegenüber nicht mehr erfasst werden Fälle, in denen **lediglich Vorfragen** nach ausländischem Recht zu beurteilen sind, denn gebündelt werden soll nur spezifisches Wissen zum internationalen Adoptionsrecht.[18] Da **Volljährigenadoptionen** nicht dem AdWirkG unterfallen (§ 1 S. 2, → § 1 Rn. 4–5), besteht für sie keine Zuständigkeitskonzentration, auch wenn das in der Sache misslich ist.[19]

IV. Prüfungsumfang

Für **Konventionsadoptionen**, bei denen eine Konformitätsbescheinigung nach Art. 23 AdÜb **7** vorliegt, beschränkt sich die Prüfung auf die Vereinbarkeit mit dem inländischen ordre public (Art. 24 AdÜb; → § 2 Rn. 6). Die Einhaltung der formellen Voraussetzungen des AdÜb wird durch die **Bescheinigung** der ausländischen Zentralstelle nach Art. 23 AdÜb, dass die Adoption gemäß dem AdÜb zustande gekommen und wann und von welchen zentralen Behörden des Heimat- und des Aufnahmestaates der Fortsetzung des Adoptionsverfahrens zugestimmt worden ist (Art. 17 lit. c AdÜb), bestätigt. Auf Antrag desjenigen, der ein rechtliches Interesse daran hat – mithin jedenfalls der Antragsteller eines Verfahrens nach §§ 2, 3 –, prüft und bestätigt das Bundesamt für Justiz (§ 1 Abs. 1 AdÜbAG) als Bundeszentralstelle für Auslandsadoption die Echtheit einer Bescheinigung über die in einem anderen Vertragsstaat vollzogene Annahme oder Umwandlung eines Annahmeverhältnisses, die Übereinstimmung ihres Inhalts mit Art. 23, 27 Abs. 2 AdÜb sowie die Zuständigkeit der erteilenden Stelle; die Bestätigung erbringt den widerlegbaren Beweis für das Vorliegen dieser Umstände (§ 9 AdÜbAG). Für **Nicht-Konventionsadoptionen** hat das FamG alle Anerkennungsvoraussetzungen in eigener Zuständigkeit zu prüfen (ausführlich → EGBGB Art. 22 Rn. 82 ff.), vor allem: die internationale Zuständigkeit des ausländischen Gerichts/Behörde; die Gewährung rechtlichen Gehörs für alle Beteiligten sowie die Wahrung des inländischen ordre public. Das FamG kann sich auch insoweit der Unterstützung der Bundeszentralstelle für Auslandsadoption bedienen.

V. Ermittlungen

1. Allgemeines. Das Verfahren unterliegt der **Amtsermittlung** (§ 26 FamFG), so dass das FamG **8** von Amts wegen alle Beweise einholen kann und auch muss, die nach §§ 29, 30 FamFG iVm den

---

[12] BT-Drs. 14/6011, 49.

[13] HK-AdoptR/*Weitzel* § 5 Rn. 3.

[14] Dazu MüKoFamFG/*Maurer* FamFG § 187 Rn. 16.

[15] S. dazu BT-Drs. 14/6011, 57; zu einem entsprechenden Fall auch BayObLG FamRZ 2005, 921 (922).

[16] OLG Frankfurt StAZ 2011, 333 (334); OLG Karlsruhe StAZ 2007, 84 (85); OLG Karlsruhe StAZ 2005, 359; *Andrae* IntFamR § 7 Rn. 20.

[17] Das dürfte mittlerweile der Rspr. der meisten OLGe entsprechen, zB OLG Stuttgart StAZ 2004, 134 (135); OLG Köln StAZ 2006, 76; jetzt auch OLG Frankfurt StAZ 2011, 333 f.; OLG Hamm StAZ 2007, 83 f. und OLG Karlsruhe StAZ 2007, 84; BayObLGZ 2004, 368 = FamRZ 2005, 1694 mit abl. Anm. *Maurer* FamRZ 2005, 2095; OLG Düsseldorf RNotZ 2006, 147; OLG Zweibrücken FamRZ 2005, 920 (921). Für großzügige Auslegung von Zuständigkeitsvorschriften, die der Zuständigkeitskonzentration in Auslandsfällen dienen, auch BGH IPRax 2004, 113; aA zB 6. Aufl. 2012 (*Maurer*) mwN insbes. auch zur älteren Rspr. einiger OLGe.

[18] NK-BGB/*Benicke* EGBGB Art. 22 Rn. 72; BeckOGK/*Markwardt* Rn. 15.

[19] OLG Köln FamRZ 2011, 311 (312) mwN; OLG Stuttgart NJW-RR 2007, 732 = FamRZ 2007, 839 (840); OLG Schleswig FamRZ 2006, 1462; OLG Stuttgart NJW-RR 2007, 297 = FamRZ 2007, 746 Ls.; NJW-RR 2007, 732; OLG München FGPrax 2007, 127 (128); 2009, 592; OLG Rostock FGPrax 2007, 174; OLG Hamm OLGR 2007, 782 (783); die von OLG Köln FGPrax 2006, 211 = FamRZ 2006, 1859; FGPrax 2007, 121 vertretene Gegenansicht wurde mittlerweile aufgegeben.

Beweisvorschriften der ZPO zulässig sind. Dazu können – in Ausnahmefällen – auch die Instrumente der internationalen Rechtshilfe sowie die Inanspruchnahme des Europäischen Justiziellen Netzes für Zivil- und Handelssachen[20] gehören.[21] In der Regel werden sich die Ermittlungen allerdings auf die Einholung der erforderlichen Urkunden und die Anhörungen (→ Rn. 10) beschränken. Können die Voraussetzungen für eine Anerkennungs- und Wirkungsfeststellung (§ 2) oder Umwandlung (§ 3) nicht festgestellt werden, ist der Antrag **abzuweisen;** dem Antragsteller ist dann ein originärer Antrag auf eine **inländische Adoption** eröffnet (→ Vor § 1 Rn. 6). Um **Fälschungen** ausländischer Urkunden (→ Rn. 9) feststellen zu können, können auch Ermittlungen im Ausland angestellt werden, die über die Bundeszentralstelle und die ausländische Zentralstelle geführt werden sollten.[22]

9   **2. Unterlagen.** Folgende **Urkunden** müssen vorgelegt werden:[23]
– Die **ausländische Adoptionsentscheidung**[24] bzw. der **Annahmevertrag** im Original mit – in der Regel – Legalisation (§ 438 Abs. 2 ZPO) und einer amtlichen Übersetzung ins Deutsche,
– **Rechtskraftvermerk** für die ausländische Adoptionsentscheidung,
– **Geburtsurkunden** des Kindes nach Durchführung der Adoption im Original mit Legalisation und amtlicher Übersetzung ins Deutsche,
– soweit für die Prüfung des ordre public die erforderlichen Angaben in der Adoptionsentscheidung nicht enthalten sind, weitere **Dokumente zum Verfahrensablauf** → § 2 Rn. 11.
Im Falle eines **Annahmevertrags:**
– **Anhörung** des Kindes,
– **Zustimmungserklärungen** der ausländischen Eltern und des Kindes,
– **Adoptionseignungsbericht,**
– **Geburtsurkunde** eines nichtehelichen Kindes vor der Annahme zur Klärung der Zustimmungs-
bedürftigkeit.

10   **3. Anhörungen.** Die ausländischen Eltern – leibliche wie ggf. Adoptiveltern –, die Annehmenden (§ 160 Abs. 1 S. 1, Abs. 2–4 FamFG) und das anzunehmende Kind (§ 159 FamFG) sind nach Abs. 3 S. 2 grundsätzlich anzuhören. Für das Anerkennungs- und Feststellungsverfahren nach § 2 wird sich die Anhörung oft in der Gewährung rechtlichen Gehörs erschöpfen, ohne dass es einer persönlichen Anhörung bedürfte,[25] weil es nicht mehr um die Annahme geht, sondern die ausländische Adoption von Gesetzes wegen anerkannt und wirksam ist. Da die **ausländischen Eltern** bereits am ausländischen Adoptionsverfahren mitgewirkt haben, werden sie in **Anerkennungs- und Feststellungsverfahren** nach § 2 nur dann angehört, wenn und soweit sie selbst die Anerkennungs- und Wirkungsfeststellung beantragt haben oder auf Antrag eines Antragsbefugten beteiligt worden sind (Abs. 3 S. 3). Zur Beteiligung in **Umwandlungsverfahren** → § 4 Rn. 8. Auch das betroffene **Kind** ist als Muss-Beteiligter nach § 7 Abs. 2 Nr. 1 FamFG[26] (→ § 4 Rn. 8) unter den Voraussetzungen des § 159 FamFG grundsätzlich persönlich anzuhören.[27] Ein routinemäßiger Verzicht unter Verweis darauf, eine Anhörung des (minderjährigen) Kindes sei mit Sinn und Zweck des Anerkennungsverfahrens nicht zu vereinbaren und nur im Umwandlungsverfahren geboten, lässt sich zumindest dann nicht mehr rechtfertigen, wenn Kindeswohlerwägungen im Rahmen der Ordre-public-Prüfung zentrales Gewicht zukommt (→ EGBGB Art. 22 Rn. 92, 95 ff.) und von der Anhörung des Kindes (angesichts seines Alters und der sonstigen Begleitumstände der Adoption) eine weitere Aufklärung zu erwarten ist. Da das Anerkennungsverfahren in erster Linie den Interessen der Adoptiveltern und des Adoptivkindes an der Erlangung von Rechtssicherheit dient und nicht deren (staatlicher) Kontrolle, kann für das Anerkennungsverfahren von einem **Vertretungsrecht** der Adop-

---

[20] Vgl. die Übersicht der deutschen Verbindungsrichter https://www.bundesjustizamt.de/DE/SharedDocs/Publikationen/EJNZH/Deutsche_Verbindungsrichter_Information.pdf?__blob=publicationFile&v=6.
[21] BVerfG FamRZ 2016, 26 (27 f.) mit Anm. *Botthof* = IPRax 2016, 367 mit Anm. *Hüßtege* IPRax 2016, 327.
[22] *Hölzel* StAZ 2003, 289 (295).
[23] OLG Koblenz IPRspr. 2014 Nr. 121; *Hölzel* StAZ 2003, 289 (294); *Emmerling de Oliveira* in Müller/Sieghörtner/Emmerling de Oliveira AdoptR Rn. 281.
[24] Lassen sich die Anerkennungsvoraussetzungen auf andere Weise feststellen, kann ausnahmsweise auch ein Eintrag in ein Adoptionsregister genügen, OLG Schleswig FamRZ 2015, 1985.
[25] BeckOGK/*Markwardt* Rn. 32; *Hölzel* StAZ 2003, 289 (292); 6. Aufl. 2012 (*Maurer*) will diesen Grundsatz auf Konventionsadoptionen beschränken.
[26] OLG Brandenburg StAZ 2017, 15 (16); OLG Celle FamRZ 2014, 1131; OLG Düsseldorf FamRZ 2012, 1229; OLG Hamm FamRZ 2012, 1230 (1231); OLG Köln FamRZ 2012, 1234; HK-AdoptR/*Weitzel* § 5 Rn. 5.
[27] OLG Schleswig FamRZ 2014, 498 (499); AG Frankfurt StAZ 2013, 23 (24); *Braun* ZKJ 2012, 216 (218). Das ergibt sich entgegen OLG Hamm FamRZ 2012, 1230 (1231) mit zust. Anm. *Weitzel* FamRZ 2012, 1232 nicht erst aus §§ 32, 33 FamFG.

tiveltern ausgegangen werden;[28] nur in entsprechender Anwendung von § 191 FamFG ist ausnahmsweise die Bestellung eines Verfahrensbeistandes geboten.[29] Zudem sind als Beteiligte in Verfahren nach § 2 Abs. 1 und 2 (→ § 4 Rn. 7) das Bundesamt für Justiz als Bundeszentralstelle und in Verfahren nach § 3 das **Jugendamt** und die **zentrale Adoptionsstelle** des Landesjugendamts anzuhören (Abs. 3 S. 4). Für inländische Adoptionen nach ausländischem Adoptionsrecht (§ 2 Abs. 3; → § 2 Rn. 21–22) bleibt es zudem bei der Einholung einer fachlichen Äußerung nach § 189 FamFG und der Anhörung des Landesjugendamtes nach § 195 FamFG, § 11 Abs. 1 Nr. 2, 3 AdVermiG.[30]

VI. Entscheidung, Rechtsmittel, Wirkungen, Kosten

1. Form. Das FamG entscheidet durch **Beschluss** (Abs. 4 S. 2 Hs. 2), der wegen seiner umfassen-   **11** den Bindungswirkung (§ 4 Abs. 2 S. 1) zu begründen ist.[31] In den Tenor ist der Zeitpunkt des Eintritts der **Rechtskraft** der ausländischen Adoptionsentscheidung aufzunehmen, um verbindlich festzuschreiben, ab wann diese ihre Wirkungen entfaltet. Auch die **angewandten Vorschriften** des AdWirkG sollten aufgeführt werden, obwohl Abs. 4 S. 1 nicht auch auf § 197 Abs. 1 S. 1 FamFG verweist.[32] Dagegen sind die einzelnen Rechtswirkungen, die die ausländische Adoption im Inland entfaltet, nicht in den Tenor mit aufzunehmen (→ § 2 Rn. 18). Zur **Wirkung** der Entscheidung → § 4 Rn. 9.

2. Rechtsmittel. Dem Antrag **entsprechende** und die Anerkennung und Wirksamkeit feststel-   **12** lende (§§ 2, 4 Abs. 2 S. 3) oder die Umwandlung aussprechende (§ 3) Beschlüsse sind **unanfechtbar und unabänderbar.**[33] Sie werden mit ihrer Zustellung an die Annehmenden und nach deren Tod an das Kind wirksam und rechtskräftig (Abs. 4 S. 1, § 197 Abs. 2, Abs. 3 FamFG).

Den Antrag **abweisende** und den beantragten Ausspruch ablehnende Beschlüsse sind mit der   **13** Beschwerde anfechtbar, die innerhalb eines Monats ab Bekanntgabe einzulegen ist (Abs. 4 S. 2 Hs. 1, § 63 Abs. 1, 3 FamFG); sie werden erst mit Eintritt ihrer formellen Rechtskraft wirksam. Sie sind deshalb gleichfalls an alle Beschwerdebefugten zuzustellen (§§ 40, 41 FamFG), mithin an alle, die den Antrag gestellt haben oder hätten stellen können,[34] ausgenommen die Standesämter, wenn sie nicht selbst (§ 4 Abs. 1 S. 1 Nr. 1 lit. d) einen Antrag gestellt haben.[35] Mit Eintritt der Rechtskraft sind auch sie allgemein verbindlich und wirken insoweit rechtsgestaltend (→ § 4 Rn. 9).[36] Allerdings bleibt in diesem Fall unter den Voraussetzungen des § 48 Abs. 1 FamFG eine Abänderung möglich.[37]

3. Wirkungen. Die **Anerkennungs- und Wirkungsfeststellung** nach §§ 2, 4 Abs. 2 S. 3 führt   **14** selbst nicht zum Erlöschen oder zur Begründung von Rechten, vielmehr ist dies bereits die rechtliche Folge der ausländischen Adoption und ihrer Anerkennung im Inland. Gleichwohl, und obwohl er bereits von Gesetzes wegen im Inland anerkannt ist,[38] ist der Ausspruch auch nicht lediglich deklaratorisch, sondern konstitutiv in seiner Verbindlichkeit für und gegen alle (§ 4 Abs. 2 S. 1) mit der Folge der Unzulässigkeit künftiger Inzidenzfeststellungen (→ § 4 Rn. 9). Stets ist der Ausspruch mit Eintritt seiner formellen Rechtskraft aus Gründen der Rechtssicherheit allgemein verbindlich (§ 4 Abs. 2 S. 1, → § 4 Rn. 9). Ein **Umwandlungsausspruch** nach § 3 wirkt dagegen rechtsgestaltend und damit stets konstitutiv, weil mit ihm über die ausländische Adoption hinausgehende Wirkungen herbeigeführt werden. Zum **Umfang der Rechtskraftwirkung** → § 4 Rn. 9.

---

[28] OLG Celle FamRZ 2012, 1226 (1227). Bei einem gewöhnlichen Aufenthalt des Kindes im Ausland berufen sich manche OLGe (entgegen der in diesem Kontext eigentlich üblichen selbständigen Vorfragenanknüpfung → EGBGB Art. 21 Rn. 26) darauf, die Frage der Wirksamkeit der Adoption könne über Art. 21 EGBGB unselbständig nach dem Sorgerechtsstatut bewertet werden, OLG Brandenburg StAZ 2017 15 (16); OLG Schleswig FamRZ 2014, 498 (499); OLG Bremen FamRZ 2015, 425 (426); OLG Düsseldorf FamRZ 2012, 1229; aA OLG Köln FamRZ 2012, 1234: Verfahrensbeistand sei zu bestellen, weil nicht feststehe, ob Vertretungsmacht bestehe.
[29] OLG Celle FamRZ 2012, 1226 (1227); *Braun* in Heilmann, Praxiskommentar Kindschaftsrecht, FamFG Anh. § 199 Rn. 31.
[30] Zu letzterem ebenso *Hölzel* StAZ 2003, 289 (292).
[31] BeckOGK/*Markwardt* § 3 Rn. 37 und § 5 Rn. 27; aA KG FamRZ 2013, 717 (718); *Braun* in Heilmann, Praxiskommentar Kindschaftsrecht, FamFG Anh. § 199 Rn. 31 unter Berufung auf § 38 Abs. 4 Nr. 2 FamFG, der aber für Entscheidungen mit Bindungswirkung erga omnes kaum passen dürfte.
[32] *Hölzel* StAZ 2003, 289 (292).
[33] KG FamRZ 2013, 717 (718); BeckOGK/*Markwardt* § 4 Rn. 17.
[34] BeckOGK/*Markwardt* Rn. 41; Keidel/*Meyer-Holz* FamFG § 40 Rn. 19 ff.
[35] *Hölzel* StAZ 2003, 289 (292 f.).
[36] *Hölzel* StAZ 2003, 289 (290).
[37] Vgl. OLG Hamm IPRspr. 2010 Nr. 125c zu § 18 FGG.
[38] BT-Drs. 14/6011, 46.

Abschnitt 5. Internationales Privatrecht der Vormundschaft, Betreuung und Pflegschaft

Haager Übereinkommen über den internationalen Schutz von Erwachsenen (ErwSÜ)

vom 13. Januar 2000 (BGBl. 2007 II S. 323)

Die Unterzeichnerstaaten dieses Übereinkommens –
in der Erwägung, dass es erforderlich ist, bei internationalen Sachverhalten den Schutz von Erwachsenen sicherzustellen, die aufgrund einer Beeinträchtigung oder der Unzulänglichkeit ihrer persönlichen Fähigkeiten nicht in der Lage sind, ihre Interessen zu schützen;
in dem Wunsch, Konflikte zwischen ihren Rechtssystemen in Bezug auf die Zuständigkeit, das anzuwendende Recht, die Anerkennung und Vollstreckung von Maßnahmen zum Schutz von Erwachsenen zu vermeiden;
eingedenk der Bedeutung der internationalen Zusammenarbeit für den Schutz von Erwachsenen;
bekräftigend, dass das Wohl des Erwachsenen und die Achtung seiner Würde und Selbstbestimmung vorrangig zu berücksichtigen sind –
haben die folgenden Bestimmungen vereinbart:

Vertragsstaaten:[1] Deutschland (1.1.2009), Estland (1.11.2011), Finnland (1.3.2011), Frankreich (1.1.2009), Monaco (1.7.2016), Österreich (1.2.2014), Schweiz (1.7.2009), Tschechische Republik (1.8.2012), Vereinigtes Königreich (für Schottland: 1.1.2009).[2]

Materialien: Entwurf eines Gesetzes zu dem Haager Übereinkommen vom 13. Januar 2000 über den internationalen Schutz von Erwachsenen, BT-Drs. 16/3250; Entwurf eines Gesetzes zur Umsetzung des Haager Übereinkommens vom 13. Januar 2000 über den internationalen Schutz von Erwachsenen, BT-Drs. 16/3251; Permanent Bureau of the Hague Conference on private international law (ed.), Proceedings of the Special Commission with a diplomatic character 20 September to 2 October 1999: Protection of adults, 2003; *Lagarde,* Convention of 19. October 1996 on jurisprudence, applicable law, recognition, enforcement and cooperation in respect of parental responsibility and measures for the protection of children – Explanatory report, edited by the Permanent Bureau of the Hague Conference on private international law, inoffizielle deutsche Übersetzung in BT-Drs. 16/12068, 35 ff. (zitiert: Bericht *Lagarde* KSÜ); *Lagarde,* Convention of 13 January 2000 on the International Protection of Adults – Explanatory Report, edited by the Permanent Bureau of the Hague Conference on private international law, inoffizielle deutsche Übersetzung in BT-Drs. 16/3250, 28 ff. (zitiert: Bericht *Lagarde*).

Schrifttum: a) Gesamtdarstellungen: *Füllemann,* Das internationale Privat- und Prozessrecht des Erwachsenenschutzes, Diss. St. Gallen 2008; *Guillaume,* Haager Erwachsenenschutzübereinkommen, in: Büchler u.a. (Hrsg.), Familienrechtskommentar Erwachsenenschutz, 2013, Teil 3: Internationales Privatrecht (zitiert: FamKomm Erwachsenenschutz/*Guillaume*); *Guttenberger,* Das Haager Übereinkommen über den internationalen Schutz von Erwachsenen, Diss. Regensburg 2004; *G. Müller,* Internationalprivatrechtliche Aspekte von Betreuung und Vorsorgevollmacht, in G. Müller/Renner, Betreuungsrecht und Vorsorgeverfügungen in der Praxis, 4. Aufl. 2015, Teil 3 A, S. 285; *Muñoz Fernández,* La protección del adulto en el derecho internacional privado, 2009; *Ruck Keene,* The cross-border protection of adults: Hague 35, in Frimston et al., The International Protection of Adults, 2015, Part II; *Schwander* in Honsell u.a., Baseler Kommentar. Internationales Privatrecht, 3. Aufl. 2013, Art. 85 IPRG Rn. 123 ff.

b) Einzelschriften: *Bucher,* La Convention de la Haye sur la protection internationale des adultes, SZIER 2000, 37; *Clive,* The new Hague Convention on the Protection of Adults, YbPIL, Vol. 2 (2000), 1; *DeHart,* Introductory note to the draft Hague Convention on the International Protection of Adults, Int. Leg. Mat. 39 (2000), 4; *Fagan,* An Analysis of the Convention on the International Protection of Adults, Elder L. J. 10 (2002), 329; *Heggen,* Die neue österreichische Gesetzgebung im Bereich der Patientenverfügung und Vorsorgevollmacht – Ein Blick über die Grenze aus deutscher notarieller Sicht, ZNotP 2008, 184; *v. Hein,* Zur Anordnung von Maßnahmen zum Schutz deutscher Erwachsener durch österreichische Gerichte, Anmerkung zu OGH, Urteil vom 27.11.2007, 10 Ob 60/07g, IPRax 2009, 173; *v. Hein,* Betreuungsrechtliche Genehmigungserfordernisse zur Veräußerung von Immobilien – Internationale Zuständigkeit und anwendbares Recht, IPRax 2015, 198; *Heinz,* Das Vollmachtstatut, Diss. Hamburg 2011; *Hellmann,* Rechtliche Unterstützung und Vertretung für Menschen mit geistiger Behinderung in den EU-Staaten, BtPrax 2006, 87; *Helms,* Reform des internationalen Betreuungs-

---

[1] Aktueller Stand auf der Internetseite der Haager Konferenz für IPR (www.hcch.net, unter: Übereinkommen – Statustabelle).

[2] Für England und Wales ist das ErwSÜ zwar nicht völkerrechtlich verbindlich ratifiziert, aber innerstaatlich durch den Mental Capacity Act 2005 übernommen worden, vgl. *Hill* Int. Comp. L. Q. 58 (2009), 469 (473); *van Overdijk,* England and Wales, in Frimston et al., The International Protection of Adults, 2015, Chapter 11.

rechts durch das Haager Erwachsenenschutzabkommen, FamRZ 2008, 1995; *Hill,* The Hague Convention on the International Protection of Adults, Int. Comp. L. Q. 2009, 469; *Jayme,* Die Patientenverfügung: Erwachsenenschutz und internationales Privatrecht, FS Spellenberg, 2010, S. 203; *Jud,* Die Vorsorgevollmacht im internationalen Rechtsverkehr am Beispiel Deutschlands und Österreichs, in Schmoeckel, Verfassungsrechtliche Grenzen der Gestaltungsmöglichkeiten im Familien-, Erb- und Gesellschaftsrecht, 2008, 80; *Kümmerle,* Anmerkung zur Entscheidung des EuGH vom 3. Oktober 2013 in der Rechtssache C- 386/12 „Siegfried Janós Schneider", GPR 2014, 170; *Lipp,* Grundlagen privater Vorsorge, in Lipp, Handbuch der Vorsorgeverfügungen. Vorsorgevollmacht – Patientenverfügung – Betreuungsverfügung, 2009, Teil I (§§ 1 ff.); *Ludwig,* Der Erwachsenenschutz im Internationalen Privatrecht nach Inkrafttreten des Haager Erwachsenenschutzübereinkommens, DNotZ 2009, 251; *Mostermans,* A New Hague Convention on the International Protection of Adults, International Law Forum 2 (2000), 10; *Passauer,* Ratifikation des Haager Übereinkommens vom 13.1.2000 zum Internationalen Schutz von Erwachsenen, ZFE 2007, 176; *Ramser,* Grenzüberschreitende Vorsorgevollmachten in Europa im Licht des Haager Übereinkommens über den internationalen Schutz von Erwachsenen vom 13. Januar 2000, Diss. Bonn 2010; *Revillard,* La convention de La Haye sur la protection internationale des adultes et la pratique du mandat inaptitude, Mélanges en l'honneur de Paul Lagarde, 2005, S. 725; *Röthel,* Patientenverfügung und Vorsorgevollmacht in europäischer Perspektive, FPR 2007, 79; *Röthel,* Private Vorsorge im internationalen Rechtsverkehr, in Lipp, Handbuch der Vorsorgeverfügungen. Vorsorgevollmacht – Patientenverfügung – Betreuungsverfügung, 2009, Teil III (§§ 19 ff.); *Röthel/Woitge,* Das ESÜ-Ausführungsgesetz – effiziente Kooperation im internationalen Erwachsenenschutz, IPRax 2010, 409; *Röthel,* Das Kollisionsrecht der Vorsorgevollmacht, IPRax 2010, 494; *Schaub,* Kollisionsrechtliche Probleme bei Vorsorgevollmachten, IPRax 2016, 207; *Schulz,* Das Haager Übereinkommen über den Internationalen Schutz von Erwachsenen, ArchWissPraxSozArb 38 (2007), 48; *Schwander,* Der internationale Vermögensschutz zugunsten Erwachsener – Überlegungen anlässlich der Reformbemühungen um eine Erweiterung des Anwendungsbereiches des Haager Minderjährigenschutzabkommens auf den Erwachsenenschutz, FS Schnyder, 1995, 659; *Siehr,* Der internationale Schutz Erwachsener nach dem Haager Übereinkommen von 1999, FS Henrich, 2000, 567; *Siehr,* Das Haager Übereinkommen über den internationalen Schutz Erwachsener, RabelsZ 64 (2000), 715; *Wagner,* Die Regierungsentwürfe zur Ratifikation des Haager Erwachsenenschutzübereinkommens vom 13.1.2000 zum internationalen Schutz Erwachsener, IPRax 2007, 11; *Wagner/Beyer,* Das Haager Übereinkommen vom 13.1.2000 zum internationalen Schutz Erwachsener, BtPrax 2007, 231; *Wedemann,* Vorsorgevollmachten im internationalen Rechtsverkehr, FamRZ 2010, 785.

Vorbemerkung zum ErwSÜ

Übersicht

I. Entwicklung des Erwachsenenschutzes

1   Das Erwachsenenschutzrecht ist das Recht der Fürsorge und des Schutzes von Erwachsenen, die aufgrund von Krankheit oder Behinderung in ihrer Entscheidungsfähigkeit beeinträchtigt und deshalb nicht in der Lage sind, ihre Angelegenheiten wahrzunehmen. Es befindet sich weltweit im Wandel. Die Reformen in der Psychiatrie in der zweiten Hälfte des 20. Jahrhunderts,[1] die Herausforderungen der alternden Gesellschaften und der Paradigmenwechsel von einer bevormundenden Fürsorge für alte, kranke und behinderte Menschen hin zu einer Orientierung an ihren Menschenrechten[2] haben bereits vielerorts zu **grundlegenden Reformen des Erwachsenenschutzrechts** geführt; weitere Staaten planen entsprechende Reformen.[3] Weltweit gesehen divergieren die einzel-

---

[1] Vgl. etwa die Psychiatrie-Enquête des Deutschen Bundestags aus dem Jahre 1975, BT-Drs. 7/2400.

[2] Zur Bedeutung der Grund- und Menschenrechte für den Erwachsenenschutz vgl. EGMR FamRZ 2008, 1734 – Shtukaturov; BVerfG NJW 2002, 206 = FamRZ 2002, 945; BVerfG FamRZ 2008, 2260; BVerfG FamRZ 2009, 1803; BVerfG BtPrax 2016, 182 = FamRZ 2016, 1738 m. Anm. *Uerpmann-Wittzack;* BGH NZFam 2015, 780 = BtPrax 2015, 208 m. Anm. *Dodegge* BtPrax 2015, 185; Empfehlungen des Europarats Rec (1999) 4 Principles Concerning the Legal Protection of Incapable Adults; zum deutschen Verfassungsrecht vgl. *Lipp* FamRZ 2013, 913 ff.; zur UN-Behindertenrechtskonvention vgl. *Lipp* FamRZ 2012, 669 ff.

[3] Aus internationaler Perspektive vgl. etwa die Beiträge in *Arai/Becker/Lipp* (Hrsg.), Adult Guardianship Law for the 21st century, 2013; *Löhnig* ua (Hrsg.), Vorsorgevollmacht und Erwachsenenschutz in Europa, 2011; rechts-

nen Rechtsordnungen im Bereich des Erwachsenenschutzes daher heute in einem größeren Maße als früher.

1. Staatliche Schutzmaßnahmen. Wie Deutschland mit der Einführung der rechtlichen 2 **Betreuung** zum 1.1.1992[4] haben auch zahlreiche andere Staaten die paternalistische Entmündigung und Vormundschaft abgeschafft und durch ein **flexibles System** von staatlichen Schutzmaßnahmen ersetzt, das die vorhandenen Fähigkeiten des Betroffenen und sein Selbstbestimmungsrecht beachtet und sich auf die im Einzelfall erforderlichen Maßnahmen beschränkt; weitere Staaten planen entsprechende Reformen.[5] Hierzu gehört jedenfalls teilweise auch die Möglichkeit, die staatliche Fürsorge autonom und vorsorgend auszugestalten, wie es etwa das deutsche Recht mit der **Betreuungsverfügung** vorsieht (vgl. § 1897 Abs. 4 BGB, § 1901 Abs. 3 BGB, § 1901c BGB).

Neben der privatrechtlich organisierten staatlichen Rechtsfürsorge durch Entmündigung und 3 Vormundschaft bzw. Betreuung kennen viele Staaten noch die Möglichkeit, dass ein psychisch Kranker oder geistig Behinderter durch eine Behörde in eine geschlossene Einrichtung eingewiesen wird. Sie entspricht damit funktionell der öffentlich-rechtlichen Unterbringung nach den Psychisch-Kranken- bzw. Unterbringungsgesetzen der deutschen Bundesländer und ist deshalb aus deutscher Sicht als **öffentlich-rechtliche Unterbringung** zu qualifizieren. Soweit sie, wie etwa in Deutschland, nicht allein dem Schutz Dritter, sondern auch der Hilfe und dem Schutz des Betroffenen dient und seine ärztliche Behandlung sicherstellen soll, ist sie nicht nur eine Maßnahme mit polizeirechtlichem Charakter, sondern auch Teil des Erwachsenenschutzrechts[6] (zu ihrer Einbeziehung in das ErwSÜ → Art. 1–4 Rn. 25).

2. Vorsorgevollmacht. Daneben wird zunehmend die Vorsorgevollmacht anerkannt; die privat 4 organisierte Fürsorge entwickelt sich damit zur zweiten Säule des Erwachsenenschutzrechts.[7] Die prinzipielle Möglichkeit der privatautonomen Ausgestaltung des Fürsorgeverhältnisses und entsprechender **Direktiven an die Fürsorgeperson** ergibt sich hierbei schon aus dem privatrechtlichen Charakter der Vollmachterteilung und des Vorsorgeverhältnisses.[8]

3. Besonderheiten im personalen Bereich. Besonderheiten gelten vielfach im Bereich der 5 **medizinischen Behandlung.** In zahlreichen Staaten wurde der Schutz entscheidungsunfähiger Patienten, insbesondere bei psychischer Krankheit oder geistiger Behinderung, traditionell als Aufgabe des öffentlichen Gesundheitswesens angesehen. Die **staatlichen Schutzmaßnahmen** des Erwachsenenschutzes erfassten daher im Wesentlichen das Vermögen des Betroffenen, nicht seine Person. Erst in jüngerer Zeit wird ihr Anwendungsbereich auch auf die Gesundheitsangelegenheiten und auf die Unterbringung in einer Klinik oder sonstigen Einrichtung erstreckt; zunehmend werden auch **Vorsorgevollmachten** im personalen Bereich und **Patientenverfügungen** sowie andere vorsorgliche Willensbekundungen für den Fall einer künftigen Behandlung anerkannt (zum deutschen Recht vgl. § 1904 Abs. 5 BGB, § 1906 Abs. 5 BGB und §§ 1901a, 1901b BGB).[9]

---

vergleichender Überblick bei *Röthel* in Lipp Vorsorgeverfügungen-HdB §§ 19 ff.; *Guttenberger* Haager Übereinkommen 7 ff.; FamKomm Erwachsenenschutz/*Heckendorn Urscheler* Teil 1, IV. Rechtsvergleichung; *Ganner* BtPrax 2013, 171 ff. (Teil 1), 222 ff. (Teil 2); vgl. auch *Keys* European Yearbook of Disability Law 1 (2009), 59 ff.; *Spickhoff* ZfRV 2008, 33 ff.; *Hellmann* BtPrax 2006, 87 ff.; *Ofner* ÖJZ 2005, 775 ff.; zu Österreich *Ganner* BtPrax 2007, 238 ff. und BtPrax 2008, 3 ff.; zu den skandinavischen Ländern *Frantzen* BtPrax 2007, 234 ff.; zu Italien *Patti* FamRZ 2006, 987 ff.; zur Schweiz *Schnyder* FamRZ 2006, 1569 ff.; *Guillod/Bohnet*, La nouveau droit de la protection d'adulte, 2012; zu Japan *Aoki/Ganner* BtPrax 2009, 207 ff.
[4] Gesetz zur Reform des Rechts der Vormundschaft und Pflegschaft (Betreuungsgesetz – BtG) vom 12.9.1990, BGBl. 1990 I S. 2002; Überblick über das heutige System des deutschen Erwachsenenschutzes bei *Lipp* in Lipp Vorsorgeverfügungen-HdB §§ 2–4.
[5] Vgl. MüKoFamFG/*Rauscher* FamFG § 99 Rn. 13 ff.; Prütting/Helms/*Hau* FamFG § 99 Rn. 4 ff.
[6] Zum deutschen Recht vgl. *Marschner/Volckart/Lesting/Marschner,* Freiheitsentziehung und Unterbringung, 5. Aufl. 2010, Teil A Rn. 10 f., Teil B Rn. 1 ff.; *Lipp* FamRZ 2013, 913 (918 f.).
[7] Vgl. *Lipp*, Freiheit und Fürsorge, 2000, 194 ff.; rechtsvergleichend *Fenge,* Selbstbestimmung im Alter, 2002; *Röthel* FPR 2007, 79 ff.; *Jud* in Schmoeckel, Verfassungsrechtliche Grenzen der Gestaltungsmöglichkeiten im Familien-, Erb- und Gesellschaftsrecht, 2008, 80 ff.; sowie die einschlägigen Darstellungen bei *Frimston et al.* (eds.), The International Protection of Adults, 2015; *G. Müller* in G. Müller/Renner, Betreuungsrecht und Vorsorgeverfügungen in der Praxis, 4. Aufl. 2015, Rn. 933 ff.; *Arai/Becker/Lipp* (Hrsg.), Adult Guardianship Law for the 21st century, 2013; *Löhnig* ua (Hrsg.), Vorsorgevollmacht und Erwachsenenschutz in Europa, 2011; *Röthel* in Lipp Vorsorgeverfügungen-HdB §§ 19 ff.
[8] Vgl. dazu *Lipp* in Lipp Vorsorgeverfügungen-HdB §§ 3, 4.
[9] Rechtsvergleichender Überblick bei *Röthel* in Lipp Vorsorgeverfügungen-HdB §§ 19 ff.; *Taupitz* (Hrsg.), Zivilrechtliche Regelungen zur Absicherung der Patientenautonomie am Ende des Lebens, 2000; vgl. auch die Empfehlungen des Europarats Rec (2009) 11 Principles Concerning Continuing Powers of Attorney and Advance Directives for Incapacity; sowie die einschlägigen Beiträge bei *Frimston et al.* (eds.), The International Protection of Adults, 2015; *G. Müller* in G. Müller/Renner, Betreuungsrecht und Vorsorgeverfügungen in der Praxis, 4. Aufl.

6   **4. Erwachsenenschutz kraft Gesetzes.** Staatliche Schutzmaßnahmen (→ Rn. 2 f.) müssen erst von einer zuständigen Behörde angeordnet werden, die Vorsorgevollmacht muss vom Betroffenen erteilt worden sein. Daher kennen alle Rechtsordnungen auch Formen des Erwachsenenschutzes, die unmittelbar kraft Gesetzes eintreten. Dazu gehören zum einen die Regelungen, nach denen ein **Rechtsgeschäft kraft Gesetzes unwirksam oder anfechtbar** ist oder die **Verantwortlichkeit entfällt,** wenn der Betroffene in seinen persönlichen Fähigkeiten so beeinträchtigt ist, dass er seinen Willen nicht mehr frei bestimmen kann. Dazu zählen im deutschen Recht etwa § 104 Nr. 2 BGB, § 105 Abs. 1 BGB und § 105 Abs. 2 BGB mit der Ausnahme in § 105a BGB (natürliche Geschäftsunfähigkeit und ähnliche Fälle), § 630d Abs. 1 S. 2 BGB (Einwilligungsunfähigkeit), § 1304 BGB (Ehegeschäftsunfähigkeit), § 2229 Abs. 4 BGB (Testierunfähigkeit) bzw. § 827 (Deliktsunfähigkeit).[10]

7   Zum anderen sehen viele Rechtsordnungen vor, dass Ehegatten, Lebenspartner, Angehörige oder nahestehende Personen einen handlungsunfähigen Betroffenen in bestimmter Hinsicht vertreten können und weisen ihnen dazu eine **Vertretungsmacht kraft Gesetzes** zu. Eine derartige Regelung kennen etwa Österreich (vgl. §§ 284b ff. ABGB) oder die Schweiz (vgl. Art. 374, 378 ZGB). In Deutschland wurde eine solche Regelung zwar vorgeschlagen und diskutiert; sie ist aber bislang nicht eingeführt worden.[11]

II. Internationales Erwachsenenschutzrecht

8   **1. Aufgabe und Herausforderungen des internationalen Erwachsenenschutzrechts.** Das internationale Erwachsenenschutzrecht hat die **Aufgabe,** die sich aus den Unterschieden des Erwachsenenschutzes in den jeweiligen Rechtsordnungen ergebenden internationalverfahrensrechtlichen und kollisionsrechtlichen Probleme zu bewältigen. Dabei stellen sich heute vor allem folgende **Herausforderungen:**

9   – Der **Paradigmenwechsel** von der paternalistischen Entmündigung und Bevormundung hin zu flexiblen und an der Autonomie und der Würde des Betroffenen ausgerichteten Formen des Erwachsenenschutzes muss sich auch im internationalen Erwachsenenschutz auswirken.

10 – Die **Grund- und Menschenrechte** des Betroffenen sind nicht nur im Rahmen des Sachrechts, sondern auch vom internationalen Erwachsenenschutzrecht zu beachten. Sie bilden einen Rahmen und enthalten Vorgaben auch für das internationale Erwachsenenschutzrecht; sie haben jedoch keinen eigenen verfahrens- oder kollisionsrechtlichen Gehalt (näher → Einl. IPR Rn. 45; zu ihrer Bedeutung für die Entmündigung → EGBGB Art. 8 Rn. 9).[12]

11 – Im internationalen Erwachsenenschutzrecht ist eine starke Tendenz zur **Anknüpfung an den gewöhnlichen Aufenthalt** des Betroffenen sowohl bei der Zuständigkeit im Verfahrensrecht als auch bei der Bestimmung des anzuwendenden Rechts im Kollisionsrecht zu verzeichnen. Das traditionelle Staatsangehörigkeitsprinzip ist im internationalen Erwachsenenschutzrecht auch in den Ländern auf dem Rückzug, die es in anderen Bereichen befürworten.[13]

12 – Neben den klassischen Formen des Erwachsenenschutzes durch staatliche Maßnahmen muss das internationale Erwachsenenschutzrecht heute auch die **Vorsorgevollmacht** als privat organisierte Fürsorge erfassen und regeln.[14]

13 – Die **steigende Mobilität** gerade älterer Menschen führt zu einer erheblichen Steigerung der Fälle, in denen der Erwachsenenschutz internationale Sachverhalte zu bewältigen hat.[15]

14   **2. Vom Haager Entmündigungsabkommen vom 17.7.1905 zum Haager Erwachsenenschutzübereinkommen vom 13.1.2000.** Diesen aktuellen Herausforderungen wurde das Haager Abkommen über die Entmündigung und gleichartige Fürsorgemaßnahmen vom 17.7.1905 nicht mehr gerecht. Es galt nur für wenige Staaten und war inhaltlich veraltet.[16] Deutschland hat es deshalb

---

2015, Rn. 933 ff.; *Arai/Becker/Lipp* (Hrsg.), Adult Guardianship Law for the 21st century, 2013; *Löhnig* ua (Hrsg.), Vorsorgevollmacht und Erwachsenenschutz in Europa, 2011.
  [10] Zu diesen Formen der Handlungsunfähigkeit kraft Gesetzes vgl. *Lipp* in Lipp Vorsorgeverfügungen-HdB § 2 Rn. 6 ff.
  [11] Zur Diskussion vgl. *Diekmann,* Stellvertretung in Gesundheitsangelegenheiten, 2009; *Burchardt,* Vertretung volljähriger handlungsunfähiger Patienten durch Angehörige, 2010; sowie wie jüngst die Bundesratsinitiative zur Einführung einer gesetzlichen Vertretungsmacht für Ehegatten und Lebenspartner vom 7.9.2016, BR-Drs. 505/16.
  [12] Bei den Beratungen zum ErwSÜ haben sie deshalb für die konkreten Regelungen keine besondere Rolle gespielt, vgl. Bericht *Lagarde* Nr. 7.
  [13] Vgl. den Überblick bei Staudinger/*v. Hein* (2014) EGBGB Art. 24 Rn. 68 ff.
  [14] Rechtsvergleichender Überblick bei *Röthel* in Lipp Vorsorgeverfügungen-HdB §§ 20 ff.
  [15] Zur praktischen Bedeutung vgl. *Revillard,* Mélanges Lagarde, 2005, 725 ff.; *v. Hein* IPRax 2009, 173.
  [16] *Clive* YbPIL 2 (2000), 1 (2); *Siehr* RabelsZ 64 (2000), 715 (717 f.); *Füllemann* ErwachsenenschutzRn. 10 ff.; Staudinger/*v. Hein* (2014) EGBGB Vor Art. 24 Rn. 14.

im Zuge der Reform des deutschen Erwachsenenschutzrechts durch das Betreuungsgesetz gekündigt; es ist mit Wirkung vom 23.8.1992 nicht mehr anzuwenden (BGBl. 1992 II S. 272).

An seine Stelle ist das **Haager Übereinkommen über den internationalen Schutz von** 15 **Erwachsenen (ErwSÜ) vom 13.1.2000** getreten. Soweit die Mitglieder des Haager Entmündigungsabkommens dieses nicht wie Deutschland gekündigt haben, ersetzt das ErwSÜ im Verhältnis der Vertragsstaaten zueinander das Entmündigungsabkommen (vgl. Art. 48).

Das ErwSÜ geht auf einen Beschluss der 17. Sitzung der Haager Konferenz für Internationales 16 Privatrecht im Jahre 1993 zurück. Dort wurde nicht nur die Revision des Haager Minderjährigen-schutzabkommens vom 5.10.1961 beschlossen. Dabei sollte auch eine **Erweiterung des neuen Kindesschutzübereinkommens** auf den Schutz handlungsunfähiger Erwachsener geprüft werden.[17] Es zeigte sich jedoch, dass zwischen dem Kindesschutz und dem Erwachsenenschutz erhebliche sachliche Unterschiede bestehen.[18] So bedürfen beispielsweise Kinder der umfassenden Fürsorge und müssen erzogen werden, während Erwachsene vielfach nur eine beschränkte Fürsorge benötigen und dabei ihrer Selbstbestimmung Rechnung zu tragen ist. Aus diesen grundsätzlichen wie aus eher pragmatischen Gründen[19] wurde daher beschlossen, ein **separates Erwachsenenschutzübereinkommen** auszuarbeiten. Nachdem auf der 18. Sitzung der Haager Konferenz im Jahre 1996 das KSÜ angenommen worden war, begann die Arbeit an einem Erwachsenenschutzübereinkommen. Auf der Grundlage des Vorentwurfs einer Spezialkommission von 1997 erarbeitete eine Spezialkom-mission mit diplomatischem Charakter vom 20.9. bis 2.10.1999 den Entwurf eines Übereinkommens über den internationalen Schutz von Erwachsenen, der auf der 19. Sitzung der Haager Konferenz am 2.10.1999 angenommen wurde.

3. Struktur und Inhalt des ErwSÜ. Das ErwSÜ entspricht in seiner Struktur dem KSÜ. Es ist 17 in sieben Kapitel gegliedert. Kapitel I regelt den Anwendungsbereich. Die nachfolgenden Kapitel bestimmen die internationale Zuständigkeit (Kapitel II), das anwendbare Recht (Kapitel III) und die Anerkennung und Vollstreckung von Entscheidungen zwischen den Vertragsstaaten (Kapitel IV). Kapitel V regelt die behördliche Zusammenarbeit zwischen den Vertragsstaaten. Die allgemeinen Bestimmungen finden sich in Kapitel VI, die völkervertragsrechtlichen Schlussbestimmungen in Kapitel VII.

4. Auslegung und Anwendung des ErwSÜ. Für die Auslegung und Anwendung des ErwSÜ 18 ist wie bei anderen Haager Übereinkommen zu beachten, dass authentisch und gleichberechtigt die **englische und die französische Fassung**[20] des ErwSÜ sind; die amtliche deutsche Übersetzung ist daher letztlich nicht maßgeblich.[21]

Die **Materialien**[22] sind im Wesentlichen im Bericht von Lagarde[23] und den Akten der Spezial- 19 kommission mit diplomatischem Charakter[24] enthalten. Aufschlussreich sind darüber hinaus Veröf-fentlichungen einiger Teilnehmer an den Beratungen.[25]

Die **Ziele des ErwSÜ** ergeben sich aus der Präambel und aus Art. 1 Abs. 2, der die in der 20 Präambel genannten Ziele auffächert.[26] Das ErwSÜ soll die Regelungen des internationalen Erwachsenenschutzes harmonisieren, in dem es die internationale Zuständigkeit für den Erlass von staatlichen Maßnahmen des Erwachsenenschutzes und das hierbei anzuwendende Recht sowie die Anerkennung und Vollstreckung dieser Schutzmaßnahmen regelt (Präambel Erwägung 2, Art. 1 Abs. 2 lit. a, b, d) und ein einheitliches Kollisionsrecht für die Vertretungsmacht des Vorsorgebevollmächtigten schafft (Präambel Erwägung 2, Art. 1 Abs. 2 lit. c) sowie eine Zusammenarbeit zwischen den Behörden der Mitgliedstaaten etabliert (Präambel Erwägung 4, Art. 1 Abs. 2 lit. e).

---

[17] Bericht *Lagarde* Nr. 1; *Schulz* ArchWissPraxSozArb 38 (2007), 48 (49 f.).

[18] *Schwander,* FS Schnyder, 1995, 659 ff.; *Schulz* ArchWissPraxSozArb 38 (2007), 49 ff.; *Clive* YbPIL 2 (2000), 1 (4).

[19] Dazu *Schulz* ArchWissPraxSozArb 38 (2007), 48 (50); *Bucher* SZIER 2000, 37 (38).

[20] Beide Fassungen sind zu finden auf den Internetseiten der Haager Konferenz für IPR (www.hcch.net, unter: Conventions) und abgedruckt neben der amtlichen deutschen Übersetzung in BGBl. 2007 II S. 323.

[21] *Füllemann* Erwachsenenschutz Rn. 18.

[22] Zur Bedeutung vgl. *Füllemann* Erwachsenenschutz Rn. 19 ff.; *Ruck Keene* in Frimston et al., The International Protection of Adults, 2015 no. 8.09 ff.

[23] *Lagarde,* Convention of 13. January 2000 on the International Protection of Adults – Explanatory Report, edited by the Permanent Bureau of the Hague Conference on private international law, inoffizielle deutsche Übersetzung in BT-Drs. 16/3250, 28 (zitiert: Bericht *Lagarde*).

[24] Permanent Bureau of the Hague Conference on private international law (ed.), Proceedings of the Special Commission with a diplomatic character 20 September to 2 October 1999: Protection of adults, 2003.

[25] Vgl. etwa *Bucher* SZIER 2000, 37 ff.; *Clive* YbPIL 2 (2000), 1 ff.; *deHart* ILM 39 (2000), 4 ff.; *Schulz* ArchWissPraxSozArb 38 (2007), 48 ff.; *Siehr* RabelsZ 64 (2000), 715 ff.; *Siehr,* FS Henrich, 2000, 567 ff.

[26] Bericht *Lagarde* Nr. 10; *Füllemann* Erwachsenenschutz Rn. 24, 28 ff.; NK-BGB/*Benicke* Art. 1 Rn. 5 f.

21   Darüber hinaus sind folgende **Besonderheiten** bei der Auslegung und Anwendung des ErwSÜ zu beachten: Bei der Erarbeitung des ErwSÜ diente das gerade zuvor angenommene **KSÜ als Modell.** Das ErwSÜ orientiert sich daher in Aufbau, Systematik und Terminologie am KSÜ. Von diesem Vorbild wollte man nur abweichen, wenn es sachlich notwendig war.[27] Insofern können das KSÜ, der erläuternde Bericht zum KSÜ von Lagarde[28] sowie Rechtsprechung und Literatur zum KSÜ grundsätzlich auch für die Auslegung des ErwSÜ hilfreich sein,[29] soweit dem nicht die Unterschiede zwischen Kindesschutz und Erwachsenenschutz entgegenstehen.

22   Die Präambel enthält nicht nur die Ziele des ErwSÜ, sondern darüber hinaus **inhaltliche Wertungsgesichtspunkte,** die bei der Auslegung des ErwSÜ zu berücksichtigen sind.[30] Dazu gehört zunächst das inhaltliche Ziel, den nötigen Schutz sicherzustellen, wenn ein Erwachsener aufgrund einer Beeinträchtigung oder Unzulänglichkeit seiner persönlichen Fähigkeiten nicht in der Lage ist, seine Interessen wahrzunehmen (Präambel Erwägung 1). Dabei sind das Wohl des Erwachsenen und seine Würde und Selbstbestimmung vorrangig zu berücksichtigen (Präambel Erwägung 4). Damit wollten die Verfasser zum Ausdruck bringen, dass Wohl und Selbstbestimmung bisweilen im Widerspruch stehen können und daher beide Prinzipien zum Ausgleich gebracht werden müssen.[31] Trotz dieser etwas offenen Formulierung ergeben sich damit aus der Präambel **Vorgaben für die Anwendung des ErwSÜ:** Erstens muss der gebotene Schutz des Erwachsenen sichergestellt werden. Zweitens hat das Wohl des Erwachsenen Vorrang vor etwaigen Interessen Dritter, und drittens genießt die Selbstbestimmung des Erwachsenen Vorrang, sofern sie nicht mit seinem Wohl in Widerspruch steht.[32] Man wird aus der Trias von Wohl, Würde und Selbstbestimmung auch viertens folgern dürfen, dass das Wohl des Erwachsenen nicht anhand eines objektiv-vernünftigen Maßstabes, sondern subjektiv-individuell aus Sicht des betroffenen Erwachsenen zu bestimmen ist. Insofern sind die Prinzipien der Subsidiarität und Erforderlichkeit bei staatlichen Schutzmaßnahmen in der Präambel durchaus verankert.[33]

23   Die internationalen Instrumente zum Schutz der Menschenrechte sind nicht in Bezug genommen worden. Die Verfasser des ErwSÜ waren sich indes bewusst, dass die **Grund- und Menschenrechte** gerade im Erwachsenenschutz eine besondere Bedeutung haben[34] und daher auch bei der Auslegung und Anwendung des ErwSÜ stets beachtet werden müssen.[35]

III. Verhältnis zu internationalen Abkommen

24   Das ErwSÜ ersetzt im Verhältnis der Vertragsstaaten zueinander das **Haager Abkommen über die Entmündigung und gleichartige Fürsorgemaßnahmen vom 17.7.1905** (Art. 48). Für Deutschland ist diese Bestimmung gegenstandslos, da es das Haager Entmündigungsabkommen im Zuge der Reform des deutschen Erwachsenenschutzrechts durch das Betreuungsgesetz mit Wirkung vom 23.8.1992 gekündigt hat (BGBl. 1992 II S. 272).

25   Unberührt bleiben bisher bestehende internationale Abkommen der Vertragsstaaten, sofern die an diesem Abkommen beteiligten Staaten nichts Anderes erklären (Art. 49 Abs. 1). Demnach bleibt für Deutschland weiterhin anwendbar das **deutsch-iranische Niederlassungsabkommen** vom 17.2.1929 (RGBl. 1930 II S. 1006, BGBl. 1955 II S. 829).[36] Es erfasst das Familienrecht und gilt damit auch für die Fragen der Vormundschaft, Pflegschaft und Betreuung.[37] Art. 8 Abs. 3 des Niederlassungsabkommens beruft hierfür das Heimatrecht, jedoch handelt es sich um eine staatsvertragliche Verweisung auf das jeweilige Sachrecht des Heimatstaates; Rück- und Weiterverweisung sind daher

---

[27]   Bericht *Lagarde* Nr. 4 f., vgl. auch Nr. 11, 18; *Clive* YbPIL 2 (2000), 1 (3 f.); *Hill* Int. Comp. L. Q. 58 (2009), 469 (471 f.).

[28]   *Lagarde,* Convention of 19. October 1996 on jurisprudence, applicable law, recognition, enforcement and cooperation in respect of parental responsibility and measures for the protection of children – Explanatory report, edited by the Permanent Bureau of the Hague Conference on private international law, inoffizielle deutsche Übersetzung in BT-Drs. 16/12068, 35 ff. (zitiert: Bericht *Lagarde* KSÜ).

[29]   *Wagner/Beyer* BtPrax 2007, 1 (2); Staudinger/*v. Hein* (2014) EGBGB Vor Art. 24 Rn. 16.

[30]   Staudinger/*v. Hein* (2014) EGBGB Vor Art. 24 Rn. 19; NK-BGB/*Benicke* Art. 1 Rn. 7.

[31]   Bericht *Lagarde* Nr. 7; *Füllemann* Erwachsenenschutz Rn. 30; *Ruck Keene* in Frimston et al., The International Protection of Adults, 2015, no. 8.18.

[32]   Der Bericht *Lagarde* Nr. 7 fordert einen Ausgleich nur dann, wenn die Selbstbestimmung mit dem Wohl in Widerspruch steht. Ansonsten genießt also die Selbstbestimmung den Vorrang.

[33]   Skeptischer Staudinger/*v. Hein* (2014) EGBGB Vor Art. 24 Rn. 20.

[34]   Bericht *Lagarde* Nr. 7.

[35]   Staudinger/*v. Hein* (2014) EGBGB Vor Art. 24 Rn. 19.

[36]   Staudinger/*v. Hein* (2014) EGBGB Vor Art. 24 Rn. 352.

[37]   *Rausch* BtPrax 1994, 137 (139); Staudinger/*v. Hein* (2014) EGBGB Vor Art. 24 Rn. 8; *Looschelders* IPR EGBGB Art. 24 Rn. 24.

ausgeschlossen (→ EGBGB Art. 3a Rn. 9; → EGBGB Art. 4 Rn. 38 ff.). Für **iranische Staatsangehörige** und Mehrstaater mit effektiver iranischer Staatsangehörigkeit[38] kann danach in Deutschland eine Schutzmaßnahme iS des ErwSÜ grundsätzlich nur nach Maßgabe ihres Heimatrechts angeordnet werden (→ EGBGB Art. 24 Rn. 16).[39] **Keine Anwendung** findet das Niederlassungsabkommen jedoch bei deutsch-iranischen Doppelstaatern und iranischen Flüchtlingen und Asylbewerbern (→ EGBGB Art. 5 Rn. 92 und → EGBGB Anh. II Art. 5 Rn. 24).[40] Auf sie ist das ErwSÜ grundsätzlich anwendbar, ansonsten das autonome Recht.

Anwendbar bleiben im Rahmen des ErwSÜ nach Art. 49 Abs. 1 auch die einschlägigen Bestim- **26** mungen in den **Konsular- und Handelsabkommen** (→ EGBGB Art. 24 Rn. 96 ff.).

Kapitel I. Anwendungsbereich des Übereinkommens

Art. 1 ErwSÜ [Schutz von Erwachsenen]

(1) Dieses Übereinkommen ist bei internationalen Sachverhalten auf den Schutz von Erwachsenen anzuwenden, die aufgrund einer Beeinträchtigung oder der Unzulänglichkeit ihrer persönlichen Fähigkeiten nicht in der Lage sind, ihre Interessen zu schützen.

(2) Sein Ziel ist es,
a) den Staat zu bestimmen, dessen Behörden zuständig sind, Maßnahmen zum Schutz der Person oder des Vermögens des Erwachsenen zu treffen;
b) das von diesen Behörden bei der Ausübung ihrer Zuständigkeit anzuwendende Recht zu bestimmen;
c) das auf die Vertretung des Erwachsenen anzuwendende Recht zu bestimmen;
d) die Anerkennung und Vollstreckung der Schutzmaßnahmen in allen Vertragsstaaten sicherzustellen;
e) die zur Verwirklichung der Ziele dieses Übereinkommens notwendige Zusammenarbeit zwischen den Behörden der Vertragsstaaten einzurichten.

Art. 2 ErwSÜ [Maßnahmen]

(1) Im Sinn dieses Übereinkommens ist ein Erwachsener eine Person, die das 18. Lebensjahr vollendet hat.

(2) Dieses Übereinkommen ist auch auf Maßnahmen anzuwenden, die hinsichtlich eines Erwachsenen zu einem Zeitpunkt getroffen worden sind, in dem er das 18. Lebensjahr noch nicht vollendet hatte.

Art. 3 ErwSÜ [Umfang der Maßnahmen]

Die Maßnahmen, auf die in Artikel 1 Bezug genommen wird, können insbesondere Folgendes umfassen:
a) die Entscheidung über die Handlungsunfähigkeit und die Einrichtung einer Schutzordnung;
b) die Unterstellung des Erwachsenen unter den Schutz eines Gerichts oder einer Verwaltungsbehörde;
c) die Vormundschaft, die Pflegschaft und entsprechende Einrichtungen;
d) die Bestimmung und den Aufgabenbereich jeder Person oder Stelle, die für die Person oder das Vermögen des Erwachsenen verantwortlich ist, den Erwachsenen vertritt oder ihm beisteht;
e) die Unterbringung des Erwachsenen in einer Einrichtung oder an einem anderen Ort, an dem Schutz gewährt werden kann;
f) die Verwaltung und Erhaltung des Vermögens des Erwachsenen oder die Verfügung darüber;
g) die Erlaubnis eines bestimmten Einschreitens zum Schutz der Person oder des Vermögens des Erwachsenen.

---

[38] Vgl. AG Hamburg-St. Georg FamRZ 2016, 670 (671).
[39] Bamberger/Roth/*Heiderhoff* EGBGB Art. 24 Rn. 6.
[40] *Schotten/Wittkowski* FamRZ 1995, 264 (265 f.); *Looschelders* IPR EGBGB Art. 24 Rn. 24.

Art. 4 ErwSÜ [Nichtanwendung des Übereinkommens]

(1) Dieses Übereinkommen ist nicht anzuwenden
a) **auf Unterhaltspflichten;**
b) **auf das Eingehen, die Ungültigerklärung und die Auflösung einer Ehe oder einer ähnlichen Beziehung sowie die Trennung;**
c) **auf den Güterstand einer Ehe oder vergleichbare Regelungen für ähnliche Beziehungen;**
d) **auf Trusts und Erbschaften;**
e) **auf die soziale Sicherheit;**
f) **auf öffentliche Maßnahmen allgemeiner Art in Angelegenheiten der Gesundheit;**
g) **auf Maßnahmen, die hinsichtlich einer Person infolge ihrer Straftaten ergriffen wurden;**
h) **auf Entscheidungen über Asylrecht und Einwanderung;**
i) **auf Maßnahmen, die allein auf die Wahrung der öffentlichen Sicherheit gerichtet sind.**

(2) Absatz 1 berührt in den dort erwähnten Bereichen nicht die Berechtigung einer Person, als Vertreter des Erwachsenen zu handeln.

Übersicht

Kommentierung zu Art. 1–4 ErwSÜ

I. Normzweck

1   Das Kapitel I regelt den Anwendungsbereich des ErwSÜ in **persönlicher** (Art. 1 und 2) und **sachlicher** (Art. 1, 3 und 4) Hinsicht.

2   Der **räumliche** Anwendungsbereich ist nicht allgemein geregelt. Hier kommt es auf die jeweilige Vorschrift an (→ Rn. 34 ff.).[1]

3   Die Anwendbarkeit in **zeitlicher** Hinsicht bestimmt überwiegend Art. 50 (→ Rn. 37 ff.).

II. Persönlicher Anwendungsbereich

4   Den persönlichen Anwendungsbereich legen Art. 1 Abs. 1 und Art. 2 fest. Das ErwSÜ gilt danach für Personen, die das **18. Lebensjahr vollendet haben** (Art. 2 Abs. 1). Infolge dieser autonomen Festlegung der Altersgrenze schließt das ErwSÜ nahtlos an das KSÜ an, das Personen unter 18 Jahren erfasst.[2] Darauf, ob die Person nach ihrem Personalstatut schon vorher volljährig ist, kommt es nicht an.[3] Ebenso wenig spielt es eine Rolle, ob die Person nach ihrem Personalstatut erst später volljährig wird.[4]

5   Die Altersgrenze gilt allerdings nur für das ErwSÜ bzw. KSÜ. Soweit die Normen des ErwSÜ bzw. KSÜ auf das **nationale Recht** verweisen, ist bei der Anwendung des berufenen nationalen Rechts dessen Sicht maßgeblich. Infolgedessen kann ein nach dem ErwSÜ zuständiger Staat Minderjährigenschutzrecht anwenden, weil der Betroffenen nach seinem Recht noch minderjährig ist (vgl. Art. 13). Umgekehrt können die nach KSÜ zuständigen Staaten Erwachsenenschutzrecht anwenden,

---

[1] Bericht *Lagarde* Nr. 17; *Siehr* RabelsZ 64 (2000), 715 (722); Staudinger/*v. Hein* (2014) EGBGB Vor Art. 24 Rn. 29; NK-BGB/*Benicke* Art. 1 Rn. 9.
[2] Bericht *Lagarde* Nr. 15; *Bucher* SZIER 2000, 37 (39); Staudinger/*v. Hein* (2014) EGBGB Vor Art. 24 Rn. 33.
[3] *Guttenberger* Haager Übereinkommen 58 f.
[4] *Siehr* RabelsZ 64 (2000), 715 (721); übersehen von OLG Bremen ZKJ 2012, 359 f. = FamRZ 2013, 212 f.; OLG Karlsruhe NJW-RR 2015, 1284 = FamRZ 2015, 1820 (die auch die Anwendbarkeit des ErwSÜ insgesamt nicht erkannt haben).

falls das nach ihrem Recht möglich ist (zB in England & Wales, in Schottland oder in Deutschland nach § 1908a BGB).[5]

Maßnahmen, die **vor Erreichung dieser Altersgrenze** getroffen werden, unterliegen daher dem **6** KSÜ.[6] So kann beispielsweise in Deutschland nach § 1908a BGB ab Vollendung des 17. Lebensjahres vorsorglich ein Betreuer bestellt und ein Einwilligungsvorbehalt angeordnet werden, die dann mit Eintritt der Volljährigkeit wirksam werden. In Schottland sind Erwachsenenschutzmaßnahmen bereits ab einem Alter von 16 Jahren möglich. Nach Vollendung des 18. Lebensjahres unterliegen sie jedoch bezüglich Anerkennung, Durchführung, Änderung und Beendigung dem ErwSÜ (Art. 2 Abs. 2).[7] Da die Anerkennung eine (hypothetische) Zuständigkeit nach dem ErwSÜ voraussetzt (vgl. Art. 22 Abs. 2 lit. a), kann sie allerdings daran scheitern, dass die anordnende Behörde sich auf eine dem ErwSÜ unbekannte Zuständigkeit stützt.[8]

Das ErwSÜ erfasst Schutzmaßnahmen zugunsten eines Erwachsenen und Vorsorgevollmachten **7** für den Fall, dass dieser seine Interessen nicht schützen kann. Es ist daher nur auf den Erwachsenenschutz **zu Lebzeiten des Erwachsenen** anwendbar. Die jeweils in Rede stehenden Maßnahmen und Handlungen müssen sich daher auf einen lebenden Erwachsenen beziehen. Die Fürsorge für seinen Nachlass gehört nicht zum Anwendungsbereich des ErwSÜ, ebenso wenig die postmortale Vertretungsmacht (vgl. Art. 4 Abs. 1 lit. d).[9]

III. Sachlicher Anwendungsbereich

1. Grundsatz. Art. 1 Abs. 1 setzt des Weiteren voraus, dass der Erwachsene aufgrund einer Beein- **8** trächtigung oder Unzulänglichkeit seiner persönlichen Fähigkeiten nicht in der Lage ist, seine Interessen zu schützen. Da damit der Anwendungsbereich des ErwSÜ festgelegt wird, ist auch diese Voraussetzung **autonom** zu interpretieren.

Ungeachtet der Formulierung in Art. 1 Abs. 1 ist die **Schutzbedürftigkeit** des Erwachsenen **9** keine Frage des persönlichen, sondern des sachlichen Anwendungsbereichs des ErwSÜ. Sie dient dazu, Maßnahmen und gesetzliche Regelungen des Erwachsenenschutzes von Maßnahmen und Regelungen mit anderer Zielrichtung abzugrenzen,[10] und ist daher im Zusammenhang mit der beispielhaften Aufzählung der erfassten Schutzmaßnahmen in Art. 3 einerseits und der ausgeschlossenen Materien in Art. 4 andererseits zu sehen.[11]

Keine Rolle spielt dabei, ob es um den Schutz der **Person** oder des **Vermögens** geht. Art. 1 **10** Abs. 1 spricht nur von „Interessen" und erfasst damit die gesamten Interessen eines Erwachsenen, und Art. 1 Abs. 2 lit. a nennt ausdrücklich Person und Vermögen als Schutzgegenstand.[12]

Um einen Schutz des Erwachsenen im Sinne des ErwSÜ handelt es sich allerdings noch nicht **11** deshalb, weil dieser auf Unterhalt (Art. 4 Abs. 1 lit. a), auf Sozialleistungen (Art. 4 Abs. 1 lit. e) oder andere öffentliche Maßnahmen, die sich auf die Allgemeinheit und nicht individuell auf den Erwachsenen beziehen (Art. 4 Abs. 1 lit. f), angewiesen ist. Vielmehr muss dieser **wegen einer Beeinträchtigung oder der Unzulänglichkeit seiner persönlichen Fähigkeiten Schutz benötigen.** Persönlich sind diese Fähigkeiten und die dadurch bedingte Unfähigkeit zu einem Schutz der Interessen (Art. 1 Abs. 1), wenn sie zu der Psyche oder dem Körper des Erwachsenen gehören. Es muss sich daher um eine psychische oder körperliche[13] Krankheit oder Behinderung handeln, wegen der er hilfsbedürftig ist.[14]

Die Beeinträchtigung oder Unzulänglichkeit der persönlichen Fähigkeiten bezeichnet den **Grund** **12** **der Schutzbedürftigkeit** des Erwachsenen. Sie ist daher ebenfalls keine Frage des persönlichen, sondern des sachlichen Anwendungsbereichs des ErwSÜ.[15] Wie die von der Spezialkommission diskutierten Beispiele der misshandelten Frau, der Verschwendungssucht und der körperlichen

---

[5] *Guttenberger* Haager Übereinkommen 58 ff.; *Füllemann* Erwachsenenschutz Rn. 35 f.; *Ruck Keene* in Frimston et al., The International Protection of Adults, 2015, no. 8.21, 10.05.

[6] Bericht *Lagarde* Nr. 15.

[7] Bericht *Lagarde* Nr. 15.

[8] Bericht *Lagarde* Nr. 15, 119.

[9] Bericht *Lagarde* Nr. 16; *Füllemann* Erwachsenenschutz Rn. 45 f.; Staudinger/*v. Hein* (2014) EGBGB Vor Art. 24 Rn. 34.

[10] Bericht *Lagarde* Nr. 8; *Guttenberger* Haager Übereinkommen 62 ff.; *Füllemann* Erwachsenenschutz Rn. 47.

[11] Vgl. Bericht *Lagarde* Nr. 18, 29 ff.; *Guttenberger* Haager Übereinkommen 63 ff.

[12] Bericht *Lagarde* Nr. 10; Staudinger/*v. Hein* (2014) EGBGB Vor Art. 24 Rn. 27.

[13] Zur Einbeziehung körperlicher Krankheiten und Behinderungen vgl. Bericht *Lagarde* Nr. 10; *Guttenberger* Haager Übereinkommen 61; *Füllemann* Erwachsenenschutz Rn. 47 f.; Staudinger/*v. Hein* (20114) EGBGB Vor Art. 24 Rn. 26; unzutr. (nicht anwendbar) *Ludwig* DNotZ 2009, 251 (262).

[14] *Siehr* RabelsZ 64 (2000), 715 (721).

[15] Ebenso Palandt/*Thorn* EGBGB Anh. Art. 24 Rn. 2 f.

Behinderung zeigen, geht es auch hier um die Frage, ob eine Maßnahme zum Schutz der misshandelten Frau, zur Beschränkung der Geschäftsfähigkeit eines Verschwenders oder zur Bestellung eines Vertreters für einen Alkoholiker oder einen körperlich Behinderten als Maßnahme des Erwachsenenschutzes zu qualifizieren ist.[16] Das ist beim Gewaltschutz zugunsten der misshandelten Frau zu verneinen.[17] Beim Verschwender oder Alkoholiker kommt es darauf an, ob sie auch zum Schutz des Betroffenen oder nur zum Schutz seiner Familie oder Dritter erfolgt und ob sie lediglich auf die Verschwendung bzw. den Alkoholismus als solche oder auf die mit ihnen ggf. verbundene psychische Erkrankung gestützt ist.[18] Bei einem körperlich Behinderten kommt es neben der Zielrichtung der Maßnahme auf die Schutzbedürftigkeit an.[19]

13   Demnach ist eine behördliche Maßnahme oder rechtliche Regelung als eine solche des **Erwachsenenschutzes** zu qualifizieren, wenn

– sie den Schutz des Erwachsenen und nicht ausschließlich den anderer Personen bezweckt;
– sie wegen einer Beeinträchtigung oder Unzulänglichkeit seiner persönlichen Fähigkeiten erfolgt und nicht aus anderen Gründen.[20]

14   **2. Vorsorgevollmacht.** Entsprechendes gilt für die Vollmacht. Sie unterfällt daher ebenfalls dem ErwSÜ, wenn der Bevollmächtigte **als Vertreter des Erwachsenen zum Zwecke des Erwachsenenschutzes** im Sinne der oben genannten Kriterien (→ Rn. 8 ff.) tätig wird (vgl. Art. 1 Abs. 2 lit. c). **Art. 15** wiederholt dieses Erfordernis und bestimmt ausdrücklich, dass er nur auf diejenige Vollmacht Anwendung findet, „die ausgeübt werden soll, wenn dieser Erwachsene nicht in der Lage ist, seine Interessen zu schützen".

15   **3. Schutzmaßnahmen. a) Grundsatz (Art. 1 Abs. 2).** Das ErwSÜ regelt die Zuständigkeit der Behörden für den Erlass von Schutzmaßnahmen, das von ihnen anzuwendende Recht sowie die Anerkennung und Vollstreckung derartiger Maßnahmen (Art. 1 Abs. 2 lit. a, b und d). Bei einer Schutzmaßnahme iS des Art. 1 Abs. 2 handelt es sich daher um eine **behördliche oder gerichtliche Maßnahme des Erwachsenenschutzes** im Sinne der oben genannten Kriterien (→ Rn. 8 ff.).[21]

16   **Keine Schutzmaßnahmen** sind daher **gerichtliche Maßnahmen mit anderer Zielrichtung,** zB im deutschen Recht die Pflegschaft für Abwesende (§ 1911 BGB), unbekannte Beteiligte (§ 1913 BGB) oder ein Sammelvermögen (§ 1914 BGB) sowie die Nachlasspflegschaft (§§ 1960, 1961 BGB).[22] Zur Ergänzungspflegschaft bzw. Ergänzungsbetreuung → Rn. 23.

17   Ebenfalls keine Schutzmaßnahmen sind **faktische Maßnahmen** wie zB **medizinische Maßnahmen** oder die Fixierung. Nicht diese faktischen Maßnahmen, sondern die darauf bezogenen gerichtlichen oder behördlichen Maßnahmen wie etwa die Bestellung eines Betreuers durch das Betreuungsgericht mit dem entsprechenden Aufgabenkreis, der in diese faktischen Maßnahmen einwilligen kann, oder die vom Betreuungsgericht im Eilfall selbst erteilte Einwilligung nach § 1908i Abs. 1 S. 1 BGB, § 1846 BGB stellen Schutzmaßnahmen dar (vgl. Art. 3 lit. c bzw. lit. g).[23]

18   Die behördliche oder gerichtliche Maßnahme kann einen positiven oder negativen Inhalt haben. Auch **ablehnende Entscheidungen** sind Schutzmaßnahmen iS des ErwSÜ; sie entfalten die Sperrwirkung des Art. 7 Abs. 2 und sind nach Art. 22 in anderen Vertragsstaaten anzuerkennen.[24]

19   **b) Beispielskatalog (Art. 3).** Die Aufzählung der Schutzmaßnahmen in Art. 3 folgt dem Muster des KSÜ. Der Katalog der dort genannten Schutzmaßnahmen konkretisiert die Grundnorm des Art. 1 Abs. 2. Er dürfte hilfreich sein, den Anwendungsbereich des ErwSÜ in der Praxis zu bestimmen. Der Katalog des Art. 3 ist indes **nicht abschließend** („insbesondere"). Es kommt daher nicht

---

[16] Vgl. Bericht *Lagarde* Nr. 9; *Guttenberger* Haager Übereinkommen 60 f.; Staudinger/*v. Hein* (2014) EGBGB Vor Art. 24 Rn. 23 ff.; ausf. *Füllemann* Erwachsenenschutz Rn. 51 ff.

[17] *Bucher* SZIER 2000, 37 (41); *Ludwig* DNotZ 2009, 251 (262); Staudinger/*v. Hein* (2014) EGBGB Vor Art. 24 Rn. 23.

[18] Bericht *Lagarde* Nr. 9 f.; *Guttenberger* Haager Übereinkommen 61; *Ludwig* DNotZ 2009, 251 (262); ungenau (stets ausgeschlossen) *Röthel/Woitge* IPRax 2010, 409 (410).

[19] Staudinger/*v. Hein* (2014) EGBGB Vor Art. 24 Rn. 26; vgl. auch Bericht *Lagarde* Nr. 10; *Guttenberger* Haager Übereinkommen 61; NK-BGB/*Benicke* Art. 1 Rn. 17.

[20] *Guttenberger* Haager Übereinkommen 64; *Ruck Keene* in Frimston et al., The International Protection of Adults, 2015, no. 8.25; im Ergebnis ebenso Staudinger/*v. Hein* (2014) EGBGB Vor Art. 24 Rn. 23, 36, 39; Palandt/*Thorn* EGBGB Anh. Art. 24 Rn. 2.

[21] Staudinger/*v. Hein* (2014) EGBGB Vor Art. 24 Rn. 39 f.

[22] *Guttenberger* Haager Übereinkommen 61; *Ludwig* DNotZ 2009, 251 (262); *Röthel/Woitge* IPRax 2010, 409 (410).

[23] Bericht *Lagarde* Nr. 26, 42; vgl. auch *Clive* YbPIL 2 (2000), 1 (18); *Bucher* SZIER 2000, 37 (42 ff.); *Siehr* RabelsZ 64 (2000), 715 (727 f.).

[24] Bericht *Lagarde* Nr. 28; Staudinger/*v. Hein* (2014) EGBGB Vor Art. 24 Rn. 43.

darauf an, welchem der Punkte im Katalog des Art. 3 eine bestimmte behördliche Maßnahme zuzuordnen ist. Entscheidend ist letztlich allein, dass sie als **Schutzmaßnahme iS des Art. 1 Abs. 2** zu qualifizieren ist, wie der Bericht Lagarde am Beispiel der Bestellung eines deutschen Betreuers betont.[25]

Eine **Entscheidung über die Handlungsfähigkeit** (Art. 3 lit. a) stellen alle Maßnahmen **20** dar, die die rechtliche Handlungsfähigkeit eines Erwachsenen ganz oder teilweise beschränken oder diese Beschränkungen wieder aufheben.[26] Es spielt deshalb keine Rolle, ob sie aus deutscher Sicht die Geschäftsfähigkeit oder eine andere Form der rechtlichen Handlungsfähigkeit betrifft (wie etwa die Einwilligungsfähigkeit oder Testierfähigkeit). Insofern verhindert die deutsche Übersetzung eine irreführende Verengung auf die deutsche Geschäftsfähigkeit.[27] Die Beschränkung der Handlungsfähigkeit geht regelmäßig mit der **Einrichtung einer Schutzordnung** einher. Art. 3 lit. a erfasst daher zB die in vielen Staaten noch anzutreffende **Entmündigung** mit der nachfolgenden Bestellung eines Vormundes[28] oder die ihr entsprechenden Schutzformen wie die **umfassende Beistandschaft** des neuen Schweizer Rechts (Art. 398 ZGB) ebenso wie die mit einer Beschränkung der Geschäftsfähigkeit verbundene österreichische **Sachwalterschaft** (§ 280 ABGB) oder die Anordnung eines **Einwilligungsvorbehalts** nach § 1903 BGB im Rahmen einer deutschen Betreuung.[29]

Während bei Art. 3 lit. a der Fokus auf Maßnahmen liegt, die mit einer Beschränkung der **21** Handlungsfähigkeit verbunden sind, erfassen Art. 3 lit. b bis lit. d die Einrichtung einer Schutzordnung unabhängig von einer etwa damit verbundenen Beschränkung der Handlungsfähigkeit. Hierzu gehören die **Unterstellung unter behördliche oder gerichtliche Fürsorge** (Art. 3 lit. b) wie im Falle des placement sous sauvegarde de justice des französischen Rechts[30] und die Bestellung eines **Vormunds, Pflegers** oder sonstigen **Fürsorgeperson** (Art. 3 lit. c), was auch die Bestellung eines österreichischen Sachwalters oder eines deutschen Betreuers nach § 1896 BGB mit umfasst.[31] Sofern damit zugleich die Geschäftsfähigkeit beschränkt wird, wie etwa beim österreichischen Sachwalter (vgl. § 280 ABGB), ergeben sich Überschneidungen mit Art. 3 lit. a, was jedoch wegen des bloßen Beispielscharakters der Aufzählungen unerheblich ist.

Eine **Auffangfunktion** für die Einrichtung einer Schutzordnung hat Art. 3 lit. d. Die Bestim- **22** mung einer Fürsorgeperson und ihres Aufgabenbereichs umfasst zunächst alle Fälle des Art. 3 lit. b und c sowie die Einrichtung einer Schutzordnung iS des Art. 3 lit. a und hat insofern eher klarstellenden Charakter, als sie verdeutlicht, dass auch die Auswahl der Fürsorgeperson und die Bestimmung ihres Aufgabenkreises,[32] ein etwaiger Wechsel des Vormunds, Pflegers oder Betreuers oder eine Veränderung des Aufgabenkreises als Schutzmaßnahmen anzusehen sind. Sie bezieht indes ausdrücklich auch die **Zuweisung von Befugnissen an andere „Stellen"** mit ein und erfasst damit auch die Zuweisung entsprechender Befugnisse an Heime oder Krankenhäuser.[33]

Ebenfalls erfasst wird von Art. 3 lit. d die Bestellung eines **Ergänzungsbetreuers** (vgl. § 1899 **23** BGB)[34] bzw. eines ihm funktional entsprechenden **Ergänzungspflegers,** wenn etwa der Vormund, Pfleger oder Betreuer im Falle einer Interessenkollision von der Vertretung des Erwachsenen ausgeschlossen und damit an der Wahrnehmung seiner Aufgabe gehindert ist.[35] Entscheidend ist dabei nicht die Bezeichnung des Rechtsinstituts im jeweiligen nationalen Recht, sondern ob die Bestellung der weiteren Fürsorgeperson ebenfalls **als Schutzmaßnahme zu qualifizieren** ist. Das ist zu bejahen, wenn sie wegen einer Interessenkollision der primären Fürsorgeperson bestellt wird und daher letztlich der Effektivität dieser Schutzeinrichtung und damit dem Schutz des Erwachsenen dient.[36]

Als Schutzmaßnahme ist nicht nur die Einrichtung einer Schutzordnung nach Art. 3 lit. a–d **24** anzusehen. Dazu gehören vielmehr auch alle behördlichen oder gerichtlichen **Schutzmaßnahmen**

---

[25] Bericht *Lagarde* Nr. 18.

[26] Bericht *Lagarde* Nr. 20.

[27] Unberechtigt daher die Kritik von Staudinger/*v. Hein* (2014) EGBGB Vor Art. 24 Rn. 44.

[28] Bericht *Lagarde* Nr. 20; *Röthel/Woitge* IPRax 2010, 409 (410).

[29] *Guttenberger* Haager Übereinkommen 65; Staudinger/*v. Hein* (2014) EGBGB Vor Art. 24 Rn. 44; FachAnwK-FamR/*Martiny* Rn. 7.

[30] Bericht *Lagarde* Nr. 21.

[31] Staudinger/*v. Hein* (2014) EGBGB Vor Art. 24 Rn. 48; FachAnwK-FamR/*Martiny* Rn. 7; *Schulte-Bunert* FuR 2014, 334 (335).

[32] Staudinger/*v. Hein* (2014) EGBGB Vor Art. 24 Rn. 49.

[33] Bericht *Lagarde* Nr. 23.

[34] Zur Ergänzungsbetreuung im deutschen Recht → BGB § 1899 Rn. 4.

[35] Bericht *Lagarde* Nr. 23; aA wohl *Siehr* RabelsZ 64 (2000), 715 (721); ihm folgend *Ludwig* DNotZ 2009, 251 (262); Palandt/*Thorn* EGBGB Anh. Art. 24 Rn. 2.

[36] Staudinger/*v. Hein* (2014) EGBGB Vor Art. 24 Rn. 47.

im Einzelfall, wie Art. 3 lit. e–g verdeutlichen. Umfasst werden sowohl die Erlaubnis eines bestimmten Einschreitens zum Schutz der Person oder des Vermögens (Art. 3 lit. g, vgl. etwa § 1908i Abs. 1 S. 1 BGB, § 1846 BGB) als auch Maßnahmen zur Verwaltung und zur Erhaltung des Vermögens oder zur Verfügung darüber (Art. 3 lit. f).

25   Ausdrücklich hierzu zählt auch eine **gerichtliche oder behördliche Maßnahme über die Unterbringung** in einer Einrichtung oder an einem anderen Ort, an dem Schutz gewährt werden kann (Art. 3 lit. e). Auch dies ist **autonom** zu bestimmen und insbesondere unabhängig von der Qualifikation der lex fori als privat- oder öffentlich-rechtliche Unterbringung und ebenso unabhängig von dem engen, auf die Freiheitsentziehung abstellenden Unterbringungsbegriff des deutschen Rechts.[37] Erfasst werden alle gerichtlichen oder behördlichen Maßnahmen, die den Aufenthalt des Erwachsenen an einem bestimmten Ort zu seinem Schutz betreffen, gleichgültig ob dies mit oder gegen seinen Willen erfolgt.[38] Die gerichtliche Entscheidung über die Unterbringung im Sinne des deutschen Rechts, dh über die Freiheitsentziehung in einer geschlossenen Einrichtung nach § 1906 BGB bzw. nach den Unterbringungs- oder Psychisch-Kranken-Gesetzen der Bundesländer, gehört damit zwar auch zu den Schutzmaßnahmen iS des Art. 3 lit. e; die Vorschrift ist jedoch deutlich weiter gefasst. Entscheidend ist allerdings auch hier, ob es sich um eine **Maßnahme zum Schutz des Erwachsenen** handelt (→ Rn. 8 ff., 13). Das ist zu bejahen, wenn es (auch) um den Schutz vor einer Selbstgefährdung handelt, hingegen zu verneinen, wenn es allein um den Schutz Dritter vor einer Fremdgefährdung oder um eine strafrechtliche Sanktion geht (vgl. Art. 4 lit. g und i).[39] Daher unterfällt etwa die schweizerische fürsorgerische Unterbringung dem ErwSÜ.[40] Aus deutscher Sicht erfasst deshalb das ErwSÜ nicht nur die Genehmigung einer **Unterbringung nach § 1906 BGB** durch das Betreuungsgericht, sondern auch die gerichtliche oder behördliche Anordnung der **Unterbringung nach den Unterbringungs- oder Psychisch-Kranken-Gesetzen** der Bundesländer, sofern sie (auch) dem Schutz des Erwachsenen vor einer Selbstgefährdung dient.[41]

26   **4. Erwachsenenschutz kraft Gesetzes.** Die unmittelbar kraft Gesetzes eingreifenden Formen des Erwachsenenschutzes (→ Vor Art. 1 Rn. 6 f.) werden **vom ErwSÜ an sich erfasst,** weil sie ebenfalls Regelungen des Erwachsenenschutzes darstellen (→ Rn. 13). Die Spezialkommission hatte auch verschiedene Vorschläge für ihre kollisionsrechtliche Behandlung diskutiert, konnte sich jedoch nicht einigen.[42] Im Ergebnis stellt sich die Rechtslage wie folgt dar:

27   Sowohl die unmittelbar kraft Gesetzes eintretende Unwirksamkeit bzw. Anfechtbarkeit eines Rechtsgeschäfts bzw. der Wegfall der Verantwortlichkeit als auch die Vertretungsmacht kraft Gesetzes gehören zwar sachlich zum Erwachsenenschutz, stellen aber **keine gerichtlichen oder behördlichen Schutzmaßnahmen** dar.[43] Daher sind die Vorschriften über die Zuständigkeit, das anwendbare Recht und die Anerkennung und Vollstreckung bei Schutzmaßnahmen nicht anwendbar. Anders als für die Vorsorgevollmacht enthält das ErwSÜ für sie aber auch **keine kollisionsrechtliche Regelung.**[44] Eine Ausnahme besteht nur für den **kollisionsrechtlichen Verkehrsschutz** nach Art. 17, dessen Anwendung nicht vom jeweiligen Grund der Vertretungsmacht abhängt und der daher auch die Vertretungsmacht kraft Gesetzes erfasst (näher → Art. 17 Rn. 7). Davon abgesehen sind die unmittelbar kraft Gesetzes eingreifenden Formen des Erwachsenenschutzes nach dem **autonomen Kollisionsrecht** zu behandeln.

28   Im **deutschen IPR** unterfällt die **Unwirksamkeit eines Rechtsgeschäfts** bzw. der **Wegfall der Verantwortlichkeit** wegen fehlender Entscheidungsfähigkeit dem jeweiligen Hauptstatut, dh die Deliktsfähigkeit dem Deliktsstatut, die Testierunfähigkeit dem Erbstatut, die Ehegeschäftsunfähigkeit dem Eheschließungsstatut und die Einwilligungsunfähigkeit dem für den ärztlichen Eingriff

---

[37] Ebenso, wenngleich die Schwierigkeiten betonend, Staudinger/*v. Hein* (2014) EGBGB Vor Art. 24 Rn. 50.
[38] Vgl. Bericht *Lagarde* Nr. 24.
[39] Bericht *Lagarde* Nr. 45; Staudinger/*v. Hein* (2014) EGBGB Vor Art. 24 Rn. 66.
[40] Basler Kommentar/*Schwander* IPRG Art. 85 Rn. 154.
[41] Staudinger/*v. Hein* (2014) EGBGB Vor Art. 24 Rn. 50.
[42] Bericht *Lagarde* Nr. 19, 30, 90.
[43] *Clive* YbPIL 2 (2000), 1 (18); *Füllemann* Erwachsenenschutz Rn. 73; Staudinger/*v. Hein* (2014) EGBGB Vor Art. 24 Rn. 40; FamKomm Erwachsenenschutz/*Guillaume* Rn. 23; ebenso Bericht *Lagarde* Nr. 19, 35, unklar jedoch Nr. 30 (zur Deliktsunfähigkeit), 90 (zur gesetzlichen Vertretungsmacht); im Ergebnis auch *Guttenberger* Haager Übereinkommen 67, der jedoch zu Unrecht meint, es gehe bei den §§ 104 Nr. 2, 105 BGB gar nicht um den Schutz des Erwachsenen.
[44] Bericht *Lagarde* Nr. 19, 90; *Füllemann* Erwachsenenschutz Rn. 94; *Guttenberger* Haager Übereinkommen 67, der jedoch zu Unrecht meint, es gehe bei den §§ 104 Nr. 2, 105 BGB nicht um den Schutz des Erwachsenen; Staudinger/*v. Hein* (2014) EGBGB Vor Art. 24 Rn. 57 zur gesetzlichen Vertretungsmacht; NK-BGB/*Benicke* Art. 1 Rn. 11.

maßgeblichen Behandlungsstatut (→ EGBGB Art. 7 Rn. 39). Auch die Unwirksamkeit bzw. Anfechtbarkeit eines Rechtsgeschäfts wegen natürlicher Geschäftsunfähigkeit unterfällt richtigerweise dem Geschäftsstatut (näher → EGBGB Art. 7 Rn. 43).

Bei der Einräumung einer **Vertretungsmacht kraft Gesetzes** für den entscheidungsunfähigen   **29** Erwachsenen gilt im Grundsatz dasselbe; auch hier ist das jeweilige Hauptstatut maßgeblich. Bei dessen Bestimmung ist indes für das deutsche IPR zu **differenzieren:** Ist die Vertretungsmacht auf einen bestimmten Bereich beschränkt, ist das dafür berufene Hauptstatut maßgeblich. So ist zB für die Vertretungsbefugnis bei medizinischen Maßnahmen, die viele Bundesstaaten in den USA kraft Gesetzes einräumen,[45] das Behandlungsstatut maßgeblich. Ist die Vertretungsmacht jedoch gegenständlich nicht auf bestimmte Bereiche beschränkt, sondern weiter gefasst (vgl. etwa für Österreich §§ 284b ff. ABGB, für die Schweiz Art. 374 ff. ZGB), handelt es sich um eine Form der Betreuung kraft Gesetzes, die nach Art. 24 Abs. 1 S. 1 EGBGB grundsätzlich dem Personalstatut des Erwachsenen unterliegt (→ EGBGB Art. 24 Rn. 49). Ist sie dem Ehegatten eingeräumt, ist sie jedoch als eine Wirkung der Ehe anzusehen, die nach den dafür maßgeblichen Kollisionsnormen zu beurteilen ist.[46]

Soweit im Rahmen des unmittelbar kraft Gesetzes eingreifenden Erwachsenenschutzes jedoch   **30** **behördliche Maßnahmen** getroffen werden, unterfallen diese als Schutzmaßnahmen dem ErwSÜ.[47]

5. Ausgeschlossene Materien (Art. 4). Der Katalog des Art. 4 regelt **abschließend,** welche   **31** Bereiche nicht vom ErwSÜ erfasst werden.[48] Die Regelung ist ebenfalls **autonom** zu interpretieren.[49]

Die **Ausschlusstatbestände in Art. 4 Abs. 1** beruhen auf unterschiedlichen Gründen. Zum   **32** Teil geht es um die Abgrenzung zu anderen Haager Übereinkommen (Art. 4 Abs. 1 lit. a–d), zum Teil um öffentliche Belange (Art. 4 Abs. 1 lit. e–i).[50] Teilweise haben sie eher klarstellende Bedeutung, da es in der Regel nicht um Erwachsenenschutz bzw. um eine Schutzmaßnahme geht,[51] teilweise schließen sie jedoch auch die Anwendung des ErwSÜ auf Schutzmaßnahmen aus, um mögliche Konflikte mit anderen Haager Übereinkommen zu vermeiden (zB bei der Frage der Ehefähigkeit).[52]

Anwendbar bleibt das ErwSÜ, soweit es die **Vertretung des Erwachsenen in den ausge-**   **33** **schlossenen Bereichen** betrifft (Art. 4 Abs. 2). Das ErwSÜ ist zwar zB nicht auf Unterhaltsansprüche oder die Gewährung von Asyl anwendbar (Art. 4 Abs. 1 lit. a bzw. h), erfasst nach Art. 4 Abs. 2 jedoch die Bestellung einer Fürsorgeperson zur Vertretung des Erwachsenen bei der Geltendmachung von Unterhaltsansprüchen oder im Asylverfahren.[53] Diese Vorschrift soll nach den Vorstellungen der Spezialkommission nur die **Bestellung des Vertreters** und seine **Vertretungsberechtigung** umfassen. Ob eine Vertretung **möglich** oder **notwendig** ist (ob zB eine Vertretung im Einbürgerungsverfahren zulässig ist oder der Vertreter die Eheschließung genehmigen muss) oder welche **Befugnisse** der Vertreter hat (ob er zB die angefallene Erbschaft ohne Weiteres annehmen kann oder dafür eine gerichtliche Genehmigung benötigt), soll demgegenüber nicht das ErwSÜ, sondern das auf den ausgeschlossenen Bereich anwendbare Recht bestimmen.[54] Das beruht auf dem Bemühen, Überschneidungen mit anderen Haager Übereinkommen und öffentlich-rechtlich geregelten Materien zu vermeiden.[55] Dadurch wird freilich die Konzeption des ErwSÜ durchbrochen: Nach Art. 1 und 3 entscheidet zwar das Hauptstatut über die Frage, ob der Erwachsene in dem fraglichen Bereich wegen seiner beschränkten Fähigkeiten unmittelbar kraft Gesetzes als handlungsunfähig gilt, also über die Wirksamkeit des fraglichen

---

[45] Vgl. *Brauer*, Autonomie und Familie, Behandlungsentscheidungen bei geschäfts- und einwilligungsunfähigen Volljährigen, Diss. Göttingen 2013, 186 ff.

[46] Staudinger/*v. Hein* (2014) EGBGB Vor Art. 24 Rn. 57; vgl. auch Bericht *Lagarde* Nr. 90; *Guttenberger* Haager Übereinkommen 66 f.

[47] Bericht *Lagarde* Nr. 35; *Guttenberger* Haager Übereinkommen 66 f.

[48] Bericht *Lagarde* Nr. 29.

[49] Vgl. Bericht *Lagarde* Nr. 39 zu Art. 4 Abs. 1 lit. e.

[50] Bericht *Lagarde* Nr. 31 ff.; Staudinger/*v. Hein* (2014) EGBGB Vor Art. 24 Rn. 53.

[51] *Clive* YbPIL 2 (2000), 1 (5 f.); *Guttenberger* Haager Übereinkommen 67 f.

[52] Vgl. Bericht *Lagarde* Nr. 33 f., 38; Palandt/*Thorn* EGBGB Anh. Art. 24 Rn. 2; FachAnwK-FamR/*Martiny* Rn. 13.

[53] Bericht *Lagarde* Nr. 35, 37, 46; *Clive* YbPIL 2 (2000), 1 (6); *Siehr* RabelsZ 64 (2000), 715 (728).

[54] Bericht *Lagarde* Nr. 33, 46; *Siehr* RabelsZ 64 (2000), 715 (728); *Helms* FamRZ 2008, 1995 (1996); *Füllemann* Erwachsenenschutz, 2008 Rn. 85, 89, 103 f.; Staudinger/*v. Hein* (2014) EGBGB Vor Art. 24 Rn. 67; Palandt/*Thorn* EGBGB Anh. Art. 24 Rn. 2.

[55] Vgl. Bericht *Lagarde* Nr. 33, 38.

Geschäfts (→ Rn. 28) bzw. über die Notwendigkeit der Vertretung. Das ErwSÜ ist jedoch nicht nur auf die Bestellung eines Vertreters anwendbar (Art. 3 lit. c und d), sondern auch dann, wenn seine rechtliche Handlungsfähigkeit in diesem Bereich durch eine gerichtliche oder behördliche Anordnung beschränkt wird. Daher unterfällt auch die Einrichtung einer Schutzordnung, wonach der Erwachsene für bestimmte Handlungen (zB zur Eingehung einer Ehe oder Annahme einer Erbschaft) die Genehmigung seines gesetzlichen Vertreters benötigt, an sich dem ErwSÜ (vgl. Art. 3 lit. a). Gleiches gilt für die Befugnisse des Vertreters und die für seine Tätigkeit etwa erforderliche Genehmigung (vgl. Art. 13, 14). Folgt man der Auffassung der Spezialkommission, sind alle diese Fragen durch Art. 4 Abs. 1 aus dem ErwSÜ ausgeschlossen. Art. 4 Abs. 2 ermöglicht dann im Wege der Rückausnahme (nur) die Bestellung eines Vertreters für den ausgeschlossenen Bereich nach dem ErwSÜ. Eine derartige Beschränkung des Anwendungsbereichs des ErwSÜ erscheint sachlich wenig überzeugend, entspricht aber den Intentionen der Spezialkommission und ist daher de lege lata hinzunehmen.[56]

IV. Räumlicher Anwendungsbereich

34   **1. Grundsatz.** Das ErwSÜ regelt den räumlichen Anwendungsbereich nicht allgemein. Hier kommt es auf die jeweilige Vorschrift an.[57] Das ErwSÜ ist daher grundsätzlich **unabhängig** von der Staatsangehörigkeit, dem Wohnsitz oder (gewöhnlichen) Aufenthalt des Erwachsenen anwendbar, also auch in den sog **Drittstaatenfällen.** Das gilt sowohl für die verfahrensrechtlichen Regelungen über die Zuständigkeit, Anerkennung und Vollstreckung (Kapitel I und IV) und die behördliche Zusammenarbeit (Kapitel V) als auch für das Kollisionsrecht (Kapitel III), das grundsätzlich allseitige Kollisionsnormen enthält (vgl. Art. 18).[58] Zum räumlichen Anwendungsbereich der Zuständigkeitsnormen → Vor Art. 5 Rn. 5 ff.)

35   **2. Internationaler Sachverhalt.** Das ErwSÜ soll auf internationale Sachverhalte angewendet werden (Präambel Erwägung 1, Art. 1 Abs. 1). Diese Formulierung soll klarstellen, dass das ErwSÜ auf **rein innerstaatliche Sachverhalte** nicht anzuwenden ist und es jedem Staat freisteht, es darauf zu erstrecken (vgl. Art. 44).[59]

36   Ob der Formulierung darüber hinaus eine **eigenständige Anwendungsvoraussetzung** für das ErwSÜ zu entnehmen ist, etwa dergestalt, dass das ErwSÜ nur anzuwenden ist, wenn der Erwachsene aus Sicht des eine Schutzmaßnahme erwägenden Staates einem anderen Staat angehört oder dort seinen gewöhnlichen Aufenthalt hat, ist umstritten.[60] Sie ist richtigerweise zu **verneinen.**[61] Das ErwSÜ legt seinen räumlichen Anwendungsbereich gerade nicht allgemein fest; er ergibt sich vielmehr aus der jeweiligen Norm (→ Rn. 34).[62] Das ErwSÜ regelt daher beispielsweise den Erlass einer Schutzmaßnahme für einen Inländer mit gewöhnlichem Aufenthalt im Inland, der über Vermögen im Ausland verfügt (vgl. Art. 5, 7), ebenso wie den Erlass einer Schutzmaßnahme durch den Belegenheitsstaat in diesem Fall (vgl. Art. 9). Es erfasst auch die Durchsetzung einer Erwachsenenschutzmaßnahme, wenn der Erwachsene erst nach Erlass der Maßnahme ins Ausland zieht, dh wenn aus seinem ursprünglich reinen Inlandsfall später ein internationaler Sachverhalt wird.[63]

---

[56] Ebenso *Füllemann* Erwachsenenschutz Rn. 104.

[57] Bericht *Lagarde* Nr. 17; *Siehr* RabelsZ 64 (2000), 715 (722); *Guttenberger* Haager Übereinkommen 79; *Ramser,* Grenzüberschreitende Vorsorgevollmachten in Europa im Licht des Haager Übereinkommens über den internationalen Schutz von Erwachsenen vom 13. Januar 2000, 2010, 59 f.; Staudinger/*v. Hein* (2014) EGBGB Vor Art. 24 Rn. 29; NK-BGB/*Benicke* Art. 1 Rn. 9; unzutr. (nur wenn gewöhnlicher Aufenthalt des Erwachsenen in einem Vertragsstaat) *Röthel/Woitge* IPRax 2010, 409 (410); FamKomm Erwachsenenschutz/*Guillaume* Rn. 7 (zutr. dagegen Rn. 25).

[58] Bericht *Lagarde* Nr. 17.

[59] Bericht *Lagarde* Nr. 10.

[60] Dafür zB *Siehr* RabelsZ 64 (2000), 715 (722); *Wagner* IPRax 2007, 11 (13); *G. Müller* in G. Müller/Renner, Betreuungsrecht und Vorsorgeverfügungen in der Praxis, 4. Aufl. 2015, Rn. 894; dagegen *Guttenberger* Haager Übereinkommen 6; Staudinger/*v. Hein* (2014) EGBGB Vor Art. 24 Rn. 28 f.; *Prütting/Helms/Hau* FamFG § 104 Rn. 12; offengelassen im Bericht *Lagarde* Nr. 10 (Sachverhalt betrifft mehr als einen Staat); diff. *Füllemann* Erwachsenenschutz Rn. 68 ff.

[61] Ebenso NK-BGB/*Benicke* Art. 1 Rn. 9; im Ergebnis auch *Guttenberger* Haager Übereinkommen 6; Staudinger/*v. Hein* (2014) EGBGB Vor Art. 24 Rn. 28 f.; *Prütting/Helms/Hau* FamFG § 104 Rn. 12; FachAnwK-FamR/*Martiny* Rn. 3; Erman/*Hohloch* EGBGB Anh. Art. 24 Rn. 72.

[62] Ebenso Staudinger/*v. Hein* (2014) EGBGB Vor Art. 24 Rn. 29.

[63] Vgl. NK-BGB/*Benicke* Art. 1 Rn. 9; *Siehr* RabelsZ 64 (2000), 715 (722) macht deshalb auch für die Anerkennung und Vollstreckung eine Ausnahme.

V. Zeitlicher Anwendungsbereich

Der zeitliche Anwendungsbereich ergibt sich überwiegend aus Art. 50. Hierbei ist zu **differenzie-** 37
ren:

Die **Zuständigkeit** der Behörden bzw. Gerichte eines Staates und das von ihnen **anzuwendende** 38
Recht bei staatlichen Maßnahmen des Erwachsenenschutzes richten sich nach dem ErwSÜ, wenn
es in diesem Staat in Kraft getreten ist (Art. 50 Abs. 1).[64] Das Inkrafttreten bestimmt sich nach
Art. 57.

Die Regeln des ErwSÜ über die **Anerkennung und Vollstreckung** von ausländischen staatli- 39
chen Schutzmaßnahmen sind anwendbar, wenn das ErwSÜ im Verhältnis zwischen Entscheidungsstaat und Anerkennungsstaat gilt (Art. 50 Abs. 2).

Die kollisionsrechtliche Regelung für die **Vorsorgevollmacht** in Art. 15 ist ebenfalls anzuwen- 40
den, wenn das ErwSÜ im Staat des Rechtsanwenders in Kraft ist. Es erfasst allerdings auch Vorsorgevollmachten, die bereits vor dem Inkrafttreten des ErwSÜ erteilt worden sind (Art. 50 Abs. 3).

Für die **behördliche Zusammenarbeit** fehlt es an einer ausdrücklichen Bestimmung. Da die 41
einschlägigen Vorschriften jedoch die Zusammenarbeit zwischen den Behörden der Vertragsstaaten
regeln, setzen sie die Geltung des ErwSÜ im Verhältnis der betreffenden Staaten voraus.

Kapitel II. Zuständigkeit

Vorbemerkung zu Art. 5 ff. ErwSÜ

Übersicht

I. Das Zuständigkeitssystem des ErwSÜ

Das ErwSÜ regelt die internationale Zuständigkeit von **Gerichten und Behörden** in Kapitel II. 1
Es bezeichnet sie gleichermaßen mit dem Begriff der „Behörde" (vgl. Art. 5 Abs. 1 S. 1).

Das **Zuständigkeitssystem** des ErwSÜ weicht konzeptionell vom KSÜ ab und stellt einen 2
Kompromiss dar zwischen den Verfechtern einer nach dem Vorbild des KSÜ zentral am gewöhnlichen Aufenthalt ausgerichteten Konzeption und den Befürwortern eines Systems mehrerer konkurrierender Zuständigkeiten, die mit Hilfe von Rechtshängigkeitsregeln koordiniert werden und die
auch eine originäre Zuständigkeit des Heimatstaates und des Staates der Vermögensbelegenheit
vorsehen sollte.[1] So enthält das ErwSÜ ein System mit einer **primären Zuständigkeit** am gewöhnlichen Aufenthalt und mehreren konkurrierenden, aber **subsidiären Zuständigkeiten,** die über ein
Geflecht von **Kooperationspflichten** und **Sperren** miteinander koordiniert werden.[2]

Die **primäre Zuständigkeit** haben die Behörden im Staat des **gewöhnlichen Aufenthalts** 3
(Art. 5, vgl. Art. 5 KSÜ) bzw. bei Flüchtlingen des schlichten Aufenthalts (Art. 6, vgl. Art. 6 KSÜ).
Daneben treten die ebenfalls originären und grundsätzlich konkurrierenden, jedoch subsidiär ausge-
stalteten Zuständigkeiten des **Heimatstaates** (Art. 7) und des Staates der **Vermögensbelegenheit**
(Art. 9), die das KSÜ nicht kennt. Ergänzt werden diese Zuständigkeiten durch die Zuständigkeit
aufgrund eines Ersuchens des Aufenthaltsstaates (Art. 8, vgl. Art. 8 KSÜ), die Eilzuständigkeit
(Art. 10, vgl. Art. 11 KSÜ) und die beschränkte Zuständigkeit für vorläufige Maßnahmen (Art. 11,
vgl. Art. 12 KSÜ).

Das ErwSÜ regelt nur die internationale Zuständigkeit (vgl. Art. 1 Abs. 2 lit. a). Die **örtliche** 4
Zuständigkeit bestimmt das nationale Recht (→ Rn. 16).[3]

---

[64] Bericht *Lagarde* Nr. 166.

[1] Vgl. Bericht *Lagarde* Nr. 47 f.; *Clive* YbPIL 2 (2000), 1 (17 f.); *Bucher* SZIER 2000, 37 (44 ff.); *Wagner/Beyer*
BtPrax 2007, 1 (3 f.); vgl. dazu auch *Guttenberger* Haager Übereinkommen 87 ff.; Staudinger/*v. Hein* (2014)
EGBGB Vor Art. 24 Rn. 68 ff.

[2] Vgl. Staudinger/*v. Hein* (2014) EGBGB Vor Art. 24 Rn. 71; NK-BGB/*Benicke* Art. 5 Rn. 3 ff.; *Mostermans*
International Law Forum 2 (2000), 10 f.

[3] Staudinger/*v. Hein* (2014) EGBGB Vor Art. 24 Rn. 72; zur Schweiz vgl. FamKomm Erwachsenenschutz/
Guillaume Art. 5 Rn. 39.

II. Räumlicher Anwendungsbereich

5 **1. Bedeutung.** Das ErwSÜ legt den räumlichen Anwendungsbereich der Zuständigkeitsnormen nicht allgemein fest. Er ist vielmehr für jede Norm gesondert zu bestimmen (→ Art. 1–4 Rn. 34). Die Frage nach dem räumlichen Anwendungsbereich betrifft zunächst die **internationale Zuständigkeit** der Behörde. Aus deutscher Sicht ist das im Ergebnis nicht sonderlich problematisch, denn soweit das ErwSÜ nicht anwendbar ist, begründen § 104 FamFG bzw. § 313 Abs. 3 FamFG, § 105 FamFG in allen denkbaren Fällen die internationale Zuständigkeit deutscher Behörden.

6 Bedeutsam wird die Frage, ob eine Zuständigkeit nach dem ErwSÜ besteht, allerdings noch in anderer Hinsicht: Nach dem ErwSÜ bestimmt die Zuständigkeit zugleich das **anzuwendende Recht.** Soweit eine Zuständigkeit nach dem ErwSÜ besteht, verdrängt das Kollisionsrecht des Kapitel III das autonome Kollisionsrecht. Ist ein deutsches Betreuungsgericht aufgrund des ErwSÜ für eine Schutzmaßnahme zuständig, ist das anwendbare Recht nach Art. 13 statt nach Art. 24 EGBGB zu bestimmen. Der räumliche Anwendungsbereich der Zuständigkeitsnormen bestimmt hier zugleich den räumlichen Anwendungsbereich der Kollisionsnormen des ErwSÜ. Dies ist besonders in den Fällen bedeutsam, in denen der Erwachsene seinen gewöhnlichen Aufenthalt in einem Nichtvertragsstaat hat (→ Rn. 9 ff.).

7 Eine (hypothetische) Zuständigkeit nach dem ErwSÜ ist des Weiteren für die **Anerkennung** der Schutzmaßnahme in einem anderen Vertragsstaat entscheidend (vgl. Art. 22 Abs. 2 lit. a).[4] Bejaht man die internationale Zuständigkeit der Behörden eines Vertragsstaats nach dem ErwSÜ auch in den Fällen, in denen der Erwachsene seinen gewöhnlichen Aufenthalt in einem Nichtvertragsstaat hat (→ Rn. 9 ff.), ist die Schutzmaßnahme in einem anderen Vertragsstaat auch hier nach dem ErwSÜ anzuerkennen und nicht lediglich nach dem jeweiligen autonomen Recht.

8 **2. Gewöhnlicher Aufenthalt in einem Vertragsstaat.** Hat der Erwachsene seinen gewöhnlichen Aufenthalt in einem Vertragsstaat (bzw. im Falle des Art. 6 seinen schlichten Aufenthalt), ist die Zuständigkeitsordnung des **ErwSÜ abschließend.**[5] Die Anwendung des autonomen Zuständigkeitsrechts (zB § 104 bzw. §§ 313 Abs. 3, 105 FamFG) ist in diesem Fall ausgeschlossen, denn nur so kann die Zuständigkeitsordnung des ErwSÜ aus primärer Zuständigkeit des Aufenthaltsstaates und mehreren subsidiären Zuständigkeiten, die über ein Geflecht von Kooperationspflichten und Sperren abgesichert werden, letztlich funktionieren.

9 **3. Gewöhnlicher Aufenthalt in einem Nichtvertragsstaat.** Hat der Erwachsene seinen gewöhnlichen Aufenthalt in einem Drittstaat (und liegt kein Fall des Art. 6 vor), ist die **Zuständigkeitsordnung des ErwSÜ nicht abschließend.** Die Anwendung des autonomen Zuständigkeitsrechts ist deshalb durch das ErwSÜ in diesen Fällen nicht ausgeschlossen.[6]

10 Die **Zuständigkeitsgründe des ErwSÜ** gelten jedoch grundsätzlich auch in den Drittstaatenfällen, dh **neben dem autonomen Recht.**[7] Ihre Anwendung hängt allein davon ab, ob die jeweiligen Voraussetzungen erfüllt sind. Für die Eilzuständigkeit (Art. 10) wird dies allgemein bejaht,[8] für die Zuständigkeit des Heimatstaates (Art. 7) verneint;[9] umstritten ist es für die Zuständigkeit bei vorläufigen Maßnahmen (Art. 11)[10] und für die Zuständigkeit aufgrund der Vermögensbelegenheit (Art. 9).[11] Hier dürfte folgendes richtig sein:

11 Anwendbar sind die **Eilzuständigkeit** (Art. 10) und die **Zuständigkeit für vorläufige Maßnahmen** (Art. 11), weil sie originäre Zuständigkeitsgründe darstellen und entweder ausdrücklich

---

[4] Darauf weist auch *Guttenberger* Haager Übereinkommen 106, hin.

[5] Bericht *Lagarde* Nr. 89; *Helms* FamRZ 2008, 1995 (1998); *Ludwig* DNotZ 2009, 251 (264); Prütting/Helms/*Hau* FamFG § 104 Rn. 18, 20.

[6] Bericht *Lagarde* Nr. 52, 89.

[7] *Füllemann* Erwachsenenschutz Rn. 228, 263; Prütting/Helms/*Hau* FamFG § 104 Rn. 16 ff.; unzutr. dagegen – nur bei gewöhnlichem Aufenthalt im Vertragsstaat – *Ludwig* DNotZ 2009, 251 (266); MüKoFamFG/*Rauscher* FamFG § 104 Rn. 11.

[8] Bericht *Lagarde* Nr. 81, 89; *Guttenberger* Haager Übereinkommen, 2004, 116; *Füllemann* Erwachsenenschutz Rn. 215; *Siehr* RabelsZ 64 (2000), 715 (734); Prütting/Helms/*Hau* FamFG § 104 Rn. 19; NK-BGB/*Benicke* Art. 10 Rn. 2.

[9] Bericht *Lagarde* Nr. 59; *Guttenberger* Haager Übereinkommen 106; *Siehr* RabelsZ 64 (2000), 715 (731); *Wagner* IPRax 2007, 11 (13); Staudinger/*v. Hein* (2014) EGBGB Vor Art. 24 Rn. 85; NK-BGB/*Benicke* Art. 7 Rn. 2.

[10] Bejahend Bericht *Lagarde* Nr. 84, 89; *Guttenberger* Haager Übereinkommen 122; *Füllemann* Erwachsenenschutz Rn. 228, 263; *Helms* FamRZ 2008, 1995 (1998); NK-BGB/*Benicke* Art. 11 Rn. 3 ff.; abl. *Siehr* RabelsZ 64 (2000), 715 (735); Staudinger/*v. Hein* (2014) EGBGB Vor Art. 24 Rn. 128.

[11] Verneinend Bericht *Lagarde* Nr. 89; *Guttenberger* Haager Übereinkommen 110; *Helms* FamRZ 2008, 1995 (1998); Staudinger/*v. Hein* (2014) EGBGB Vor Art. 24 Rn. 115; NK-BGB/*Benicke* Art. 9 Rn. 3; bejahend *Bucher* SZIER 2000, 37 (45).

auf Drittstaatenfälle Bezug nehmen (vgl. Art. 10 Abs. 3) oder von der Spezialkommission so verstanden wurden (Art. 11).[12] Dabei wird vorausgesetzt, dass der Vorrang des Aufenthaltsstaates (Art. 5 bzw. 6) in den Drittstaatenfällen entfällt.[13]

Die Zuständigkeit des **Heimatstaates** (Art. 7) und des **Belegenheitsstaates** (Art. 9) stellen **12** allerdings ebenfalls originäre und konkurrierende Zuständigkeitsgründe dar.[14] Auch entspricht Art. 9 in seiner Struktur Art. 11 Abs. 1. Bejaht man die Anwendung von Art. 11 in Drittstaatenfällen, muss man dies schon deshalb auch bei Art. 9 tun.[15] Die hM stützt ihre Ablehnung dieser Zuständigkeiten in Drittstaatenfällen daher auf die dort angeordnete Subsidiarität gegenüber der Zuständigkeit des Aufenthaltsstaates und auf die diesbezüglichen Unterrichtungspflichten und Sperren des Art. 7.[16] Die Subsidiarität besteht freilich auch in den Fällen des Art. 10 und 11.[17] Wie Art. 10 Abs. 3 zeigt, geht das ErwSÜ selbst davon aus, dass in den Drittstaatenfällen nicht die Zuständigkeit als solche, sondern nur die Subsidiarität gegenüber der primären Zuständigkeit des Aufenthaltsstaates entfällt.[18] Bei Art. 11 hielt die Spezialkommission das für selbstverständlich und verzichtete daher auf eine ausdrückliche Regelung.[19] Auch für die Anerkennungszuständigkeit ist die Einhaltung der Subsidiarität nicht erforderlich. Nach Art. 22 Abs. 2 lit. a muss keine Zuständigkeit nach dem ErwSÜ bestanden haben; es genügt, dass sie bestanden hätte. Dafür genügt es, dass einer der Zuständigkeitsgründe des ErwSÜ vorlag, die Zuständigkeit also nicht aus einem Grund bejaht wurde, den das ErwSÜ nicht kennt.[20] Die Einhaltung der Subsidiaritätsregeln des ErwSÜ kann man hierfür nicht verlangen, sonst würde die Anerkennung auch in dem Fall ausgeschlossen sein, den die Spezialkommission damit erfassen wollte, nämlich die vorbeugenden Schutzmaßnahmen bei Personen unter 18 Jahren, die nach dem KSÜ angeordnet, aber nach dem ErwSÜ anerkannt und durchgesetzt werden.[21] Richtigerweise sollte man daher in Drittstaatenfällen sowohl bei Art. 9 als auch bei Art. 7 die Begrenzung der Zuständigkeit durch die Subsidiarität entfallen lassen und den Zuständigkeitsgrund als solchen anwenden. Zu Einzelheiten → Art. 7 Rn. 17; → Art. 9 Rn. 6.

Wird die Zuständigkeit nach dem ErwSÜ bejaht, bestimmt sich das **anzuwendende Recht** nach **13** dem ErwSÜ und nicht nach autonomem Kollisionsrecht, dh nicht nach Art. 24 EGBGB. Dadurch wird die Rechtsanwendung bei Schutzmaßnahmen, die in einem Vertragsstaat getroffen werden, auch in Drittstaatenfällen vereinheitlicht. Da sich auch die **Anerkennungszuständigkeit** nach den Art. 5 ff. richtet (vgl. Art. 22 Abs. 2 lit. a), bestimmt der Anwendungsbereich der Art. 5 ff. zugleich mit darüber, welche Schutzmaßnahmen von allen Vertragsstaaten nach Art. 22 ff. anerkannt werden müssen.[22] Im Interesse des internationalen Entscheidungseinklangs sollte daher die **Zuständigkeit auch in Drittstaatenfällen nach dem ErwSÜ** bestimmt werden.

4. Abgabe an einen anderen Staat. Hat der Erwachsene seinen gewöhnlichen Aufenthalt in **14** einem Vertragsstaat, kann der nach Art. 5 bzw. 6 primär zuständige Aufenthaltsstaat einen anderen Vertragsstaat um Schutzmaßnahmen ersuchen (Art. 8). Diese Abgabemöglichkeit steht den nach Art. 7, 9, 10 oder 11 zuständigen Staaten nicht zu. Sie dürfen deshalb auch nicht auf die Abgabemöglichkeit nach autonomem Recht (zB nach § 104 Abs. 2 FamFG, § 99 Abs. 2 und 3 FamFG) zurückgreifen, um ihre Zuständigkeit auf einen anderen Vertragsstaat zu übertragen.[23] Art. 8 regelt daher die **Übertragung der Zuständigkeit an einen anderen Vertragsstaat** abschließend.

Art. 8 regelt die Abgabe jedoch nur im Verhältnis der Vertragsstaaten untereinander. Die **Abgabe** **15** **an einen Drittstaat** unterliegt nicht dem ErwSÜ, sondern dem autonomen Recht, in Deutschland

---

[12] Bericht *Lagarde* Nr. 85; *Guttenberger* Haager Übereinkommen 122; *Füllemann* Erwachsenenschutz Rn. 228; unzutr. daher *Siehr* RabelsZ 64 (2000), 715 (735); Staudinger/*v. Hein* (2014) EGBGB Vor Art. 24 Rn. 128.

[13] Bericht *Lagarde* Nr. 81, 85; krit. Staudinger/*v. Hein* (2014) EGBGB Vor Art. 24 Rn. 128.

[14] Bericht *Lagarde* Nr. 48; *Siehr* RabelsZ 64 (2000), 715 (728); *Guttenberger* Haager Übereinkommen 87; Staudinger/*v. Hein* (2014) EGBGB Vor Art. 24 Rn. 69.

[15] *Bucher* SZIER 2000, 37 (45).

[16] Bericht *Lagarde* Nr. 59 für Art. 7; *Guttenberger* Haager Übereinkommen 106, 110; *Helms* FamRZ 2008, 1995 (1998); *Schulz* ArchWissPraxSozArb 38 (2007), 48 (54); *Wagner/Beyer* BtPrax 2007, 1 (5); *Siehr* RabelsZ 64 (2000), 715 (731, 734); Staudinger/*v. Hein* (2014) EGBGB Vor Art. 24 Rn. 128 für Art. 11; NK-BGB/*Benicke* Art. 7 Rn. 2.

[17] Insoweit zutr. Staudinger/*v. Hein* (2014) EGBGB Vor Art. 24 Rn. 128.

[18] Zutr. Staudinger/*v. Hein* (2014) EGBGB Vor Art. 24 Rn. 119; NK-BGB/*Benicke* Art. 10 Rn. 2.

[19] Bericht *Lagarde* Nr. 85; krit. Staudinger/*v. Hein* (2014) EGBGB Vor Art. 24 Rn. 128.

[20] Vgl. Bericht *Lagarde* Nr. 15, 119; NK-BGB/*Benicke* Art. 2 Rn. 5.

[21] Bericht *Lagarde* Nr. 15, 119.

[22] Vgl. *Wagner/Beyer* BtPrax 2007, 1 (5).

[23] Bericht *Lagarde* Nr. 66; Prütting/Helms/*Hau* FamFG § 104 Rn. 21; Staudinger/*v. Hein* (2014) EGBGB Vor Art. 24 Rn. 96.

also den § 104 Abs. 2 FamFG, § 99 Abs. 2 und 3 FamFG. Das gilt unabhängig davon, ob der Erwachsene seinen gewöhnlichen Aufenthalt in einem Vertragsstaat oder in einem Nichtvertragsstaat hat.[24]

III. Örtliche Zuständigkeit

16   Das ErwSÜ regelt nur die internationale Zuständigkeit der Gerichte der Vertragsstaaten (vgl. Art. 1 Abs. 2 lit. a: „den Staat zu bestimmen, dessen Behörden zuständig sind"). Die örtliche Zuständigkeit bestimmt sich deshalb nach dem **autonomen Verfahrensrecht** der Vertragsstaaten.

17   Für **Deutschland** gelten für die örtliche Zuständigkeit der Betreuungsgerichte grundsätzlich die allgemeinen Vorschriften der § 272 FamFG (für Betreuungssachen iS des § 271 FamFG) und § 313 FamFG (für Unterbringungssachen iS des § 312 FamFG). Das gilt auch, wenn das Verfahren nach Art. 8 an ein deutsches Gericht abgegeben werden soll, weil der Erwachsene die Zuständigkeit deutscher Gerichte gewählt hat (Art. 8 Abs. 2 lit. d).[25]

18   Das ErwSÜAG enthält **Sondervorschriften** für die örtliche Zuständigkeit nur für das Anerkennungsfeststellungsverfahren des Art. 23, die Vollstreckbarerklärung nach Art. 25 und für das Konsultationsverfahren bei einer Unterbringung in Deutschland nach Art. 33 (§ 6 Abs. 1 S. 1 ErwSÜAG). Für diese Verfahren ist örtlich zuständig das Betreuungsgericht am Sitz des OLG, in dessen Bezirk der „Betroffene", dh der **Erwachsene** iS des ErwSÜ[26] seinen gewöhnlichen Aufenthalt hat. Andernfalls entscheidet das Fürsorgebedürfnis. Subsidiär ist das AG Berlin-Schöneberg zuständig. Besonderheiten gelten für den Bezirk des KG (Zuständigkeit des AG Berlin-Schöneberg) und in Baden-Württemberg (Zuständigkeit des AG Karlsruhe).[27]

19   Diese besonderen Regeln sind für andere Betreuungsverfahren insofern von Bedeutung, als die Einleitung eines dieser drei Verfahren zu einer **Konzentration der Zuständigkeit** aller Betreuungssachen, die diesen Erwachsenen betreffen, beim Gericht dieses besonderen Verfahrens führt (Art. 7 Abs. 1 ErwSÜAG).[28] Anderorts anhängige Verfahren sind dorthin von Amts wegen abzugeben (Art. 7 Abs. 2 ErwSÜAG). Damit soll das Nebeneinander verschiedener Verfahren und die Gefahr widersprechender Maßnahmen vermieden werden.[29] Das „Konzentrationsgericht" kann jedoch das Verfahren aus wichtigem Grund jederzeit an das nach allgemeinen Vorschriften zuständige Betreuungsgericht abgeben, sofern dies das Verfahren nicht unverhältnismäßig verzögert (Art. 7 Abs. 3 ErwSÜAG). Dadurch kann es zB das Verfahren abgeben, wenn das besondere Verfahren abgeschlossen ist, denn es bleibt auch hier weiterhin nach Art. 7 Abs. 1 ErwSÜ zuständig.[30]

Art. 5 ErwSÜ [Zuständigkeit der Behörden]

(1) Die Behörden, seien es Gerichte oder Verwaltungsbehörden, des Vertragsstaats, in dem der Erwachsene seinen gewöhnlichen Aufenthalt hat, sind zuständig, Maßnahmen zum Schutz der Person oder des Vermögens des Erwachsenen zu treffen.

(2) Bei einem Wechsel des gewöhnlichen Aufenthalts des Erwachsenen in einen anderen Vertragsstaat sind die Behörden des Staates des neuen gewöhnlichen Aufenthalts zuständig.

Übersicht

I. Normzweck

1   Art. 5 weist die Zuständigkeit für Schutzmaßnahmen nach dem Vorbild des Art. 5 KSÜ[1] dem **Vertragsstaat des gewöhnlichen Aufenthalts** zu (Abs. 1). Diese Zuständigkeit wechselt mit dem

---

[24] *Guttenberger* Haager Übereinkommen 98 f.; Prütting/Helms/*Hau* FamFG § 104 Rn. 21; vgl. auch Bericht *Lagarde* KSÜ Nr. 53.
[25] Staudinger/*v. Hein* (2014) EGBGB Vor Art. 24 Rn. 106.
[26] Staudinger/*v. Hein* (2014) EGBGB Vor Art. 24 Rn. 264.
[27] *Röthel/Woitge* IPRax 2010, 409 (412).
[28] Dazu *Röthel/Woitge* IPRax 2010, 409 (412).
[29] BT-Drs. 16/3251, 13; *Wagner* IPRax 2007, 11 (14 f.).
[30] BT-Drs. 16/3251, 14.
[1] Bericht *Lagarde* Nr. 49 f.

gewöhnlichen Aufenthalt (Abs. 2). Eine Sonderregelung enthält Art. 6 für Flüchtlinge und für Personen, deren gewöhnlicher Aufenthalt nicht festgestellt werden kann.

Der **Vorrang des Aufenthaltsstaates** ergibt sich nicht aus dieser Vorschrift, sondern daraus, **2** dass die konkurrierenden Zuständigkeiten in Art. 7 und Art. 9–11 subsidiär ausgestaltet sind.

II. Gewöhnlicher Aufenthalt

Die primäre Zuständigkeit zur Einleitung, Durchführung, Änderung und Beendigung von **3** Schutzmaßnahmen hat der Vertragsstaat, in dem der Erwachsene seinen gewöhnlichen Aufenthalt hat (Art. 5 Abs. 1). Der Begriff des gewöhnlichen Aufenthalts **wird vom ErwSÜ bewusst nicht definiert.**[2] Auch das KSÜ, dessen Art. 5 Abs. 1 die Spezialkommission hier übernahm,[3] enthält keine derartige Bestimmung. Gleiches gilt für die anderen Haager Übereinkommen, aber auch für die Rechtsakte des europäischen Zivilverfahrens- und Kollisionsrechts.

Festzuhalten ist zunächst, dass der gewöhnliche Aufenthalt **autonom** zu bestimmen ist.[4] Da Art. 5 **4** aus dem KSÜ übernommen worden ist, ist er im Grundsatz ebenso zu bestimmen wie im **KSÜ** bzw. seinem Vorgänger, dem MSA. Danach liegt der gewöhnlichen Aufenthalt einer Person an dem Ort, an dem sie ihren **tatsächlichen Lebensmittelpunkt** hat,[5] dh wo ihre Anwesenheit Ausdruck einer sozialen und familiären Integration ist.[6]

Im Unterschied zu Minderjährigen kommt es beim gewöhnlichen Aufenthalt Erwachsener in **5** weiterem Umfang auf den **Willen des Erwachsenen** an, der keine besondere rechtsgeschäftliche Qualität zu haben braucht.[7] Nur falls der Aufenthaltswechsel gegen seinen Willen erfolgt, kann auf die Grundsätze zurückgegriffen werden, die für Kindesentführungen entwickelt worden sind (→ EuEheVO Art. 8 Rn. 8 ff.).[8]

Angesichts einer häufig „zugvogelhaften Lebensgestaltung"[9] älterer Menschen (zB Sommer in **6** Hamburg, Winter in Ischia) kann die Frage auftauchen, ob es einen **mehrfachen** oder **alternierenden gewöhnlichen Aufenthalt** gibt.[10] In aller Regel wird sich jedoch feststellen lassen, dass an einem Ort eine stärkere Integration besteht und damit nur ein gewöhnlicher Aufenthalt vorliegt.[11] Nur falls dies nicht festzustellen ist, kann man entsprechend dem Rechtsgedanken des Art. 6 Abs. 2 von einer Aufenthaltszuständigkeit beider Staaten ausgehen.[12]

III. Wechsel des gewöhnlichen Aufenthalts

Mit dem Wechsel des gewöhnlichen Aufenthalts **entfällt die Zuständigkeit des bisherigen** **7** **Aufenthaltsstaates** nach Art. 5. Die **vorher getroffenen Schutzmaßnahmen** bleiben indes bestehen, bis sie von den nunmehr zuständigen Behörden geändert oder aufgehoben werden (Art. 12).

Erfolgt der Wechsel während eines laufenden Verfahrens, entfällt die Zuständigkeit ebenfalls. Das **8** ErwSÜ kennt **keine perpetuatio fori.**[13]

Im Übrigen ist danach zu **differenzieren,** ob der neue gewöhnliche Aufenthalt in einem Vertrags- **9** staat oder in einem Nichtvertragsstaat begründet wird.

---

[2] Bericht *Lagarde* Nr. 49.

[3] Bericht *Lagarde* Nr. 49.

[4] *Helms* FamRZ 2008, 1995 (1996); Prütting/Helms/*Hau* FamFG § 104 Rn. 13.

[5] *Siehr* RabelsZ 64 (2000), 715 (729); *Wagner* IPRax 2007, 11 (13); *Schulz* ArchWissPraxSozArb 38 (2007), 48 (53); *Guttenberger* Haager Übereinkommen 90 f.; *Füllemann* Erwachsenenschutz Rn. 129 ff.; MüKoFamFG/ *Rauscher* FamFG § 104 Rn. 12.

[6] *Ludwig* DNotZ 2009, 251 (264); zum KSÜ bzw. MSA vgl. MüKoFamFG/*Rauscher* FamFG § 99 Rn. 22, 36; zu Art. 3 und 8 Brüssel IIa-VO vgl. MüKoFamFG/*Gottwald* Brüssel IIa-VO (EuEheVO) Art. 3 Rn. 7, Brüssel IIa-VO (EuEheVO) Art. 8 Rn. 4 f.

[7] *Füllemann* Erwachsenenschutz Rn. 149 ff.; MüKoFamFG/*Rauscher* FamFG § 104 Rn. 12; vgl. auch Bericht *Lagarde* Nr. 50; aus britischer Sicht *Ruck Keene* in Frimston et al., The International Protection of Adults, 2015, no. 8.52 ff., 8.54 ff.

[8] *Helms* FamRZ 2008, 1995 (1996); MüKoFamFG/*Rauscher* FamFG § 104 Rn. 12.

[9] Ausdruck von *Siehr* RabelsZ 64 (2000), 715 (729 f.).

[10] Bejahend *Siehr* RabelsZ 64 (2000), 715 (729 f.); Staudinger/*v. Hein* (2014) Rn. 74; vgl. auch *Schulte-Bunert* FuR 2014, 334 (335).

[11] *Guttenberger* Haager Übereinkommen 91, hält die Frage daher für theoretisch; ähnlich *Füllemann* Erwachsenenschutz Rn. 155.

[12] Staudinger/*v. Hein* (2014) EGBGB Vor Art. 24 Rn. 74; Basler Kommentar/*Schwander* IPRG Art. 85 Rn. 138, 142; *G. Müller* in G. Müller/Renner, Betreuungsrecht und Vorsorgeverfügungen in der Praxis, 4. Aufl. 2015, Rn. 899; aA NK-BGB/*Benicke* Rn. 9 ff., der dann den schlichten Aufenthalt genügen lassen will – was im Ergebnis ebenfalls die Zuständigkeit beider Staaten begründet.

[13] Bericht *Lagarde* Nr. 51; *Siehr* RabelsZ 64 (2000), 715 (729); *Füllemann* Erwachsenenschutz Rn. 160 f.; *Passauer* ZFE 2007, 176 (178); NK-BGB/*Benicke* Rn. 7.

10   **1. Wechsel in einen Vertragsstaat.** Liegt der neue gewöhnliche Aufenthalt in einem Vertrags-staat, begründet dies die **Zuständigkeit des neuen Aufenthaltsstaates** (Art. 5 Abs. 2).

11   Der **bisherige Aufenthaltsstaat** kann zwar nach Art. 7, 9, 10 oder 11 zuständig sein; diese Zuständigkeiten sind jedoch subsidiär gegenüber der Zuständigkeit des neuen Aufenthaltsstaates nach Art. 5.

12   Möglich ist allerdings ein **Antrag auf Übertragung der Zuständigkeit** durch den neuen Aufenthaltsstaat an den bisherigen Aufenthaltsstaat nach Art. 8 Abs. 1 und Abs. 2 lit. b. Das gilt insbesondere für den Aufenthaltswechsel während eines laufenden Verfahrens.[14] Eine perpetuatio fori ist aufgrund des abschließenden Charakters der Zuständigkeitsordnung ausgeschlossen.[15]

13   **2. Wechsel in einen Nichtvertragsstaat.** Liegt der neue gewöhnliche Aufenthalt in einem Nichtvertragsstaat, richtet sich die **Zuständigkeit des Drittstaates** nach seinem autonomen Recht.

14   Die Zuständigkeit des **bisherigen Aufenthaltsstaates** kann sowohl nach dem ErwSÜ als auch nach dessen autonomem Recht begründet sein. Während die hL dies nur für Art. 10 und 11 anerkennt,[16] sind nach der hier vertretenen Auffassung (→ Vor Art. 5 Rn. 9 ff.) alle Zuständigkeitsnormen der Art. 7 und Art. 9–11 auch in Drittstaatenfällen vorrangig anzuwen-den, wobei die Einschränkungen aufgrund der Subsidiarität gegenüber der Zuständigkeit nach Art. 5 entfallen.

15   Der Drittstaat kann seine Zuständigkeit nicht nach Art. 8 übertragen. Die Vorschrift ist daher bei einem Wechsel des gewöhnlichen Aufenthalts **während eines laufenden Verfahrens** in einen Nicht-Vertragsstaat nicht anwendbar. Das ErwSÜ schließt es deshalb nicht aus, dass das autonome Verfahrensrecht des Drittstaates in diesem Fall eine **perpetuatio fori** anordnet.[17] Im deutschen internationalen Betreuungsverfahren ist dafür der Schutz des Erwachsenen das zentrale Kriterium.[18] Allerdings kommt es auf die perpetuatio fori nur an, wenn **keine andere Zuständigkeit** eingreift, denn dann bleibt die Behörde weiterhin zuständig, und es wechselt lediglich der Grund für ihre Zuständigkeit.[19] Da bei einem Wechsel des gewöhnlichen Aufenthalts in einen Drittstaat neben den sonstigen Zuständigkeiten nach dem ErwSÜ auch das autonome Zuständigkeitsrecht anwendbar und die Zuständigkeit nach § 104 bzw. §§ 313 Abs. 3, 105 FamFG weit gefasst ist, dürfte die perpetuatio fori in Deutschland allerdings kaum praktisch werden.

Art. 6 ErwSÜ [Besondere Zuständigkeit]

(1) Über Erwachsene, die Flüchtlinge sind oder die infolge von Unruhen in ihrem Land in ein anderes Land gelangt sind, üben die Behörden des Vertragsstaats, in dessen Hoheits-gebiet sich die Erwachsenen demzufolge befinden, die in Artikel 5 Absatz 1 vorgesehene Zuständigkeit aus.

(2) Absatz 1 ist auch auf Erwachsene anzuwenden, deren gewöhnlicher Aufenthalt nicht festgestellt werden kann.

I. Normzweck

1   Die Norm enthält nach dem Vorbild des Art. 6 KSÜ[1] und des ihm nachgebildeten Art. 13 EuEheVO[2] eine **Auffangzuständigkeit** für Flüchtlinge und Vertriebene (Abs. 1) und für Personen, deren gewöhnlicher Aufenthalt nicht festgestellt werden kann (Abs. 2). Zuständig ist der **Staat des schlichten Aufenthalts.**

2   Die Aufenthaltszuständigkeit des Art. 6 tritt an die Stelle der Zuständigkeit nach Art. 5 Abs. 1 und ist daher **subsidiär** gegenüber Art. 5. Sie ist jedoch ebenfalls eine **primäre Zuständigkeit** mit Vorrang vor den konkurrierenden Zuständigkeiten nach Art. 7, 9, 10 und 11.[3]

---

[14] NK-BGB/*Benicke* Rn. 7, 13; Staudinger/*v. Hein* (2014) EGBGB Vor Art. 24 Rn. 76.

[15] Anders für den Wechsel im Rechtsmittelverfahren, in dem es allein um Rechtsfragen geht, Staudinger/*v. Hein* (2014) EGBGB Vor Art. 24 Rn. 77; zust. MüKoFamFG/*Rauscher* FamFG § 104 Rn. 13.

[16] Inkonsequent – ErwSÜ sei generell unanwendbar – deshalb NK-BGB/*Benicke* Rn. 14.

[17] Bericht *Lagarde* Nr. 52; aus Schweizer Sicht *Füllemann* Erwachsenenschutz Rn. 162.

[18] MüKoFamFG/*Rauscher* FamFG § 104 Rn. 19.

[19] MüKoFamFG/*Rauscher* FamFG § 99 Rn. 59.

[1] Bericht *Lagarde* Nr. 53.

[2] Vgl. MüKoFamFG/*Gottwald* Brüssel IIa-VO (EuEheVO) Art. 13 Rn. 1.

[3] *Siehr* RabelsZ 64 (2000), 715 (730); Staudinger/*v. Hein* (2014) EGBGB Vor Art. 24 Rn. 80, 82.

II. Flüchtlinge und durch Unruhen Vertriebene

Wer **Flüchtling** ist, bestimmt sich nach der Genfer Konvention vom 28.7.1951 (BGBl. 1953 II **3** S. 560) und nach dem Genfer Protokoll vom 31.1.1967 (BGBl. 1970 II S. 194).[4] Art. 6 Abs. 1 ergänzt die dort genannten Fluchtgründe noch um die durch Unruhen **Vertriebene.**

Die Genfer Konvention und die Formulierung in Art. 6 Abs. 1 („aus ihrem Land") legen zunächst **4** nahe, dass es um Flucht und Vertreibung aus dem Heimatstaat geht.[5] Da Art. 6 Abs. 1 jedoch an die Stelle der Primärzuständigkeit des gewöhnlichen Aufenthalts tritt und ersatzweise den Staat des schlichten Aufenthalts beruft (→ Rn. 2), setzt dessen Auffangzuständigkeit voraus, dass der Erwachsene infolge seiner Flucht oder Vertreibung seinen **bisherigen gewöhnlichen Aufenthalt verloren** und aufgrund seines unsicheren Status im Aufnahmestaat dort noch **keinen neuen gewöhnlichen Aufenthalt** begründet hat.[6] Die Gegenauffassung muss hier mit Art. 6 Abs. 2 helfen (→ Rn. 7).

Hat der Erwachsene einen **neuen gewöhnlichen Aufenthalt** in einem Vertragsstaat erworben, **5** gilt Art. 5. Liegt er in einem Nichtvertragsstaat, greift Art. 6 ebenfalls nicht ein. Es gelten vielmehr die Grundsätze für Drittstaatenfälle (→ Vor Art. 5 Rn. 9 ff.).

III. Kein feststellbarer gewöhnlicher Aufenthalt

In vergleichbarer Weise enthält Art. 6 Abs. 2 eine Auffangzuständigkeit des Staates des schlichten **6** Aufenthalts, wenn der Erwachsene **keinen gewöhnlichen Aufenthalt hat** bzw. dieser **nicht festgestellt werden kann.** Es darf daher weder ein gewöhnlicher Aufenthalt in einem Vertragsstaat noch in einem Drittstaat bestehen.[7]

Da Art. 6 Abs. 2 subsidiär gegenüber Art. 5 ist, ist er nach seinem Regelungszweck auch nicht **7** für den normalen Fall eines **Wechsels des gewöhnlichen Aufenthalts** gedacht. Solange der Erwachsene noch keinen neuen gewöhnlichen Aufenthalt begründet hat, behält er seinen bisherigen gewöhnlichen Aufenthalt grundsätzlich bei.[8] Ausnahmen sind vor allem denkbar, wenn man entgegen der hier vertretenen Auffassung bei Art. 6 Abs. 1 verlangt, dass der Erwachsene aus seinem Heimatstaat geflohen oder vertrieben worden ist (→ Rn. 4). Hier muss dann Art. 6 Abs. 2 angewendet werden.[9]

Art. 7 ErwSÜ [Ausübung der Zuständigkeit]

(1) Die Behörden eines Vertragsstaats, dem der Erwachsene angehört, sind zuständig, Maßnahmen zum Schutz der Person oder des Vermögens des Erwachsenen zu treffen, wenn sie der Auffassung sind, dass sie besser in der Lage sind, das Wohl des Erwachsenen zu beurteilen, und nachdem sie die nach Artikel 5 oder Artikel 6 Absatz 2 zuständigen Behörden verständigt haben; dies gilt nicht für Erwachsene, die Flüchtlinge sind oder die infolge von Unruhen in dem Staat, dem sie angehören, in einen anderen Staat gelangt sind.

(2) Diese Zuständigkeit darf nicht ausgeübt werden, wenn die nach Artikel 5, Artikel 6 Absatz 2 oder Artikel 8 zuständigen Behörden die Behörden des Staates, dem der Erwachsene angehört, unterrichtet haben, dass sie die durch die Umstände gebotenen Maßnahmen getroffen oder entschieden haben, dass keine Maßnahmen zu treffen sind, oder ein Verfahren bei ihnen anhängig ist.

(3) ¹Die Maßnahmen nach Absatz 1 treten außer Kraft, sobald die nach Artikel 5, Artikel 6 Absatz 2 oder Artikel 8 zuständigen Behörden die durch die Umstände gebotenen Maßnahmen getroffen oder entschieden haben, dass keine Maßnahmen zu treffen sind. ²Diese Behörden haben die Behörden, die in Übereinstimmung mit Absatz 1 Maßnahmen getroffen haben, entsprechend zu unterrichten.

---

[4] *Guttenberger* Haager Übereinkommen 94; MüKoFamFG/*Gottwald* Brüssel IIa-VO (EuEheVO) Art. 13 Rn. 7; Staudinger/*v. Hein* (2014) EGBGB Vor Art. 24 Rn. 79.

[5] So *Guttenberger* Haager Übereinkommen 94 f.; Staudinger/*v. Hein* (2014) EGBGB Vor Art. 24 Rn. 79.

[6] Bericht *Lagarde* Nr. 54; ebenso MüKoFamFG/*Gottwald* Brüssel IIa-VO (EuEheVO) Art. 13 Rn. 9; NK-BGB/*Benicke* Rn. 3.

[7] Bericht *Lagarde* Nr. 55.

[8] Bericht *Lagarde* Nr. 55; *Guttenberger* Haager Übereinkommen 95 f.; NK-BGB/*Benicke* Rn. 5; Staudinger/*v. Hein* (2014) EGBGB Vor Art. 24 Rn. 81.

[9] Vgl. *Guttenberger* Haager Übereinkommen 95 f.; *Füllemann* Erwachsenenschutz Rn. 167.

Übersicht

I. Normzweck

1   Abweichend von dem Konzept des KSÜ enthält das ErwSÜ in Art. 7 Abs. 1 eine **originäre und konkurrierende Zuständigkeit des Heimatstaates.** Sie leitet sich nicht von der Zuständigkeit des Aufenthaltsstaates nach Art. 5 und 6 ab (anders als die übertragene Zuständigkeit nach Art. 8) und tritt neben diese. Sie stellt eine **allgemeine Zuständigkeit** dar und ist anders als die Eilzuständigkeit nach Art. 10 oder die Zuständigkeit für vorübergehende Maßnahmen nach Art. 11 nicht auf Eilfälle oder inhaltlich beschränkt.[1]

2   Die Zuständigkeit des Heimatstaates ist allerdings **subsidiär** gegenüber der Zuständigkeit des Aufenthaltsstaates nach Art. 5 und 6 bzw. der von dieser abgeleiteten Zuständigkeit des nach Art. 8 ersuchten Staates. Der Heimatstaat kann seine Zuständigkeit nur wahrnehmen, wenn dies nach seiner Meinung dem Wohl des Erwachsenen mehr dient und er die Behörden des Aufenthaltsstaates vorher verständigt hat (Art. 7 Abs. 1). Er muss diese wieder abgeben, sobald der primär zuständige Staat ihn informiert, dass er das Erforderliche unternommen hat oder unternehmen will (Art. 7 Abs. 2). Sobald der primär zuständige Staat eine Schutzmaßnahme trifft, tritt die Schutzmaßnahme des Heimatstaates außer Kraft (Art. 7 Abs. 3).

3   Die **Koordination** zwischen der Zuständigkeit des Heimatstaates und der primären Zuständigkeit des Aufenthaltsstaates nach Art. 5 und 6 wird durch Art. 8 ermöglicht. Danach kann der Heimatstaat beim primär zuständigen Aufenthaltsstaat beantragen, ihm die Zuständigkeit zu übertragen (Art. 8 Abs. 1 S. 1 und Abs. 2 lit. a).[2]

II. Voraussetzungen

4   Die Zuständigkeit knüpft an die **Staatsangehörigkeit** des Erwachsenen an. Entsprechend den allgemeinen Grundsätzen im internationalen Verfahrensrecht genügt bei Mehrstaatern für die internationale Zuständigkeit jede der Staatsangehörigkeiten; es muss nicht die effektive sein („eines Vertragsstaats").[3] Diese Zuständigkeit verliert der Heimatstaat indes für Personen, die aus ihm **geflohen** bzw. **vertrieben** worden sind (Art. 7 Abs. 1 Hs. 2).[4]

5   Die Zuständigkeit nach Art. 7 Abs. 1 verlangt, dass die Behörden des Heimatstaates der Auffassung sind, das **Wohl des Erwachsenen besser beurteilen** zu können als die primär zuständigen Behörden des nach Art. 5 und 6 zuständigen Aufenthaltsstaates. Dabei kommt es insbesondere darauf an, ob im konkreten Fall **weitere Anknüpfungspunkte** für die Zuständigkeit des Heimatstaates vorhanden sind. Hier kommen insbesondere die in Art. 8 Abs. 2 genannten Anknüpfungspunkte in Betracht, zB ein früherer Aufenthalt des Erwachsenen, die geplante Rückkehr und insbesondere die Absicht, den Erwachsenen im Heimatstaat unterzubringen (vgl. Art. 33, 22 lit. e),[5] die Anwesenheit von Angehörigen, die als Fürsorgepersonen in Betracht kommen, oder das Belegensein von Vermögen.[6] Der Heimatstaat hat also eine **Ermessensentscheidung** zu treffen, ob er das bessere Forum zum Schutz des Erwachsenen darstellt („forum conveniens"). Sie ist im Rahmen der Anerkennung weder hinsichtlich ihrer tatsächlichen Grundlagen (Art. 24) noch hinsichtlich der Ermessensausübung („wenn sie der Auffassung sind") überprüfbar; lediglich ein Nichtgebrauch des Ermessens lässt daher die Anerkennungszuständigkeit entfallen.[7]

6   Die Behörde des Heimatstaates darf die Zuständigkeit nach Art. 7 Abs. 1 erst dann ausüben, wenn sie die nach Art. 5 oder 6 primär zuständigen **Behörden des Aufenthaltsstaates benachrichtigt** hat. Die **Durchführung** dieser Benachrichtigung richtet sich nach den Bestimmungen über die Zusammenar-

---

[1] Bericht *Lagarde* Nr. 56 f.; krit. *Mostermans* International Law Forum 2 (2000), 10 (11).

[2] *Bucher* SZIER 2000, 37 (46); *Clive* YbPIL 2 (2000), 1 (10); Staudinger/*v. Hein* (2014) EGBGB Vor Art. 24 Rn. 84.

[3] Bericht *Lagarde* Nr. 57; *Siehr* RabelsZ 64 (2000), 715 (732); *Helms* FamRZ 2008, 1995 (1997).

[4] Bericht *Lagarde* Nr. 58.

[5] *Siehr* RabelsZ 64 (2000), 715 (732 f.); *Helms* FamRZ 2008, 1995 (1997).

[6] Bericht *Lagarde* Nr. 60.

[7] Staudinger/*v. Hein* (2014) EGBGB Vor Art. 24 Rn. 90.

beit in Kapitel V. Das ErwSÜ schreibt für die Benachrichtigung keine bestimmte Form vor. Die Haager Konferenz hat aber ein entsprechendes **Formblatt** entwickelt und empfiehlt dessen Verwendung.[8]

Aus praktischer Sicht ist es sinnvoll, damit einen **Antrag auf Übertragung der Zuständigkeit** 7 nach Art. 8 Abs. 1 iVm Abs. 2 lit. a zu verbinden (→ Rn. 13).

III. Begrenzungen

1. Überblick. Die Kompetenz des Heimatstaates nach Art. 7 Abs. 1 ist in doppelter Hinsicht 8 begrenzt. Seine **Zuständigkeit entfällt,** sobald der primär zuständige Staat ihn informiert, dass er das Erforderliche unternommen hat oder unternehmen will (Art. 7 Abs. 2). Hat der Heimatstaat aufgrund des Art. 7 Abs. 1 eine Schutzmaßnahme getroffen, tritt die **Schutzmaßnahme des Heimatstaates außer Kraft,** wenn der primär zuständige Staat seinerseits eine Schutzmaßnahme trifft (Art. 7 Abs. 3).

Wenn sich die primär zuständigen Behörden des Aufenthaltsstaates für das ungeeignete Forum halten 9 (forum non conveniens), müssen sie an sich ihre **Zuständigkeit nach Art. 8 übertragen.** Sie können sich ihrer Zuständigkeit nach Art. 5 bzw. 6 nicht dadurch entledigen, dass sie sich für unzuständig erklären.[9] Praktisch können sie jedoch dem Heimatstaat den Vortritt lassen, indem sie dessen Zuständigkeit nicht durch eine Mitteilung nach Art. 7 Abs. 2 sperren und auch keine eigene Schutzmaßnahme treffen, die nach Art. 7 Abs. 3 den Vorrang vor der Maßnahme des Heimatstaates genießen würde.

2. Wegfall der Zuständigkeit (Abs. 2). Die Zuständigkeit des Heimatstaates entfällt, wenn der 10 nach Art. 5 oder 6 zuständige Aufenthaltsstaat oder der von diesem nach Art. 8 ersuchte Vertragsstaat dem Heimatstaat mitteilt, dass er Schutzmaßnahmen bereits getroffen oder von diesen abgesehen hat oder dort ein entsprechendes Verfahren anhängig ist. Die Sperrwirkung knüpft daher an die **offizielle Mitteilung** an, nicht an die getroffene Entscheidung bzw. das anhängige Verfahren oder an die Kenntnis davon.[10] Solange **keine Mitteilung** erfolgt, bestehen daher beide Zuständigkeiten parallel nebeneinander.

Die Mitteilung richtet sich nach den Bestimmungen über die Zusammenarbeit in Kapitel V. Das 11 ErwSÜ schreibt für sie keine bestimmte Form vor. Die Haager Konferenz hat aber ein entsprechendes **Formblatt** entwickelt und empfiehlt dessen Verwendung.[11]

Die Sperrwirkung aufgrund der Mitteilung regelt das Verhältnis der konkurrierenden Zuständig- 12 keiten des Heimatstaates nach Art. 7 Abs. 1 einerseits und der primär zuständigen Staaten nach Art. 5 und 6 bzw. 8 andererseits. Sie ist das funktionelle Äquivalent für die Rechtshängigkeitssperre, die das ErwSÜ nicht kennt.[12] Der Heimatstaat verliert durch die Mitteilung seine Zuständigkeit nach Art. 7 Abs. 1 insgesamt und nicht nur, soweit der Verfahrens- bzw. Entscheidungsgegenstand derselbe ist.[13] Die Mitteilung entfaltet daher eine **umfassende Sperrwirkung** für alle Schutzmaßnahmen.

Das ist durchaus sachgerecht, denn damit entfällt nur die originäre und konkurrierende Zuständig- 13 keit des Heimatstaates. Weiter möglich bleibt die Zusammenarbeit zwischen Heimatstaat und primär zuständigem Staat aufgrund des Art. 8. Aus praktischer Sicht empfiehlt es sich daher, die Benachrichtigung der Behörden des Aufenthaltsstaates nach Art. 7 Abs. 1 mit einem **Antrag auf Übertragung der Zuständigkeit** nach Art. 8 Abs. 1 iVm Abs. 2 lit. a zu verbinden (→ Rn. 7).[14]

3. Wegfall der Schutzmaßnahme (Abs. 3). Hat der Heimatstaat aufgrund des Art. 7 Abs. 1 14 eine Schutzmaßnahme getroffen, bevor der nach Art. 5 und 6 oder 8 primär zuständige Staat tätig wird, tritt sie außer Kraft, wenn der primär zuständige Staat nunmehr seinerseits eine Schutzmaßnahme trifft bzw. entscheidet, dass keine Schutzmaßnahme erforderlich ist (Art. 7 Abs. 3 S. 1). Der Wegfall knüpft an die **Entscheidung** des primär zuständigen Staates an, nicht an die Unterrichtung der Behörde des Heimatstaates (Art. 7 Abs. 3 S. 2).[15]

---

[8] Die empfohlenen Formblätter sind zu finden auf der Internetseite der Haager Konferenz für IPR (www.hcch.net, unter: Übereinkommen – Sonstiges) und abgedruckt in BT-Drs. 16/3250, 65 ff.

[9] Anders NK-BGB/*Benicke* Rn. 15: Erklärung der Unzuständigkeit durch die nach Art. 5 bzw. Art. 6 zuständigen Behörden.

[10] Bericht *Lagarde* Nr. 62; NK-BGB/*Benicke* Rn. 12; undeutlich *Siehr* RabelsZ 64 (2000), 715 (731) (Schutzmaßnahmen sind zu beachten).

[11] Die empfohlenen Formblätter sind zu finden auf der Internetseite der Haager Konferenz für IPR (www.hcch.net, unter: Übereinkommen – Sonstiges) und abgedruckt in BT-Drs. 16/3250, 65 ff.

[12] Bericht *Lagarde* Nr. 63.

[13] Bericht *Lagarde* Nr. 61; NK-BGB/*Benicke* Rn. 13; krit. *Guttenberger* Haager Übereinkommen 108; Staudinger/*v. Hein* (2014) EGBGB Vor Art. 24 Rn. 91.

[14] Ähnlich Staudinger/*v. Hein* (2014) EGBGB Vor Art. 24 Rn. 91.

[15] Bericht *Lagarde* Nr. 64; *Guttenberger* Haager Übereinkommen 109; Staudinger/*v. Hein* (2014) EGBGB Vor Art. 24 Rn. 94.

15   Die **Wirkung** des Art. 7 Abs. 3 S. 1 tritt **ex nunc** ein („sobald").[16] Sie ist unabhängig davon, ob die Zuständigkeit des Heimatstaates weiter besteht oder inzwischen entfallen ist.[17] Sie setzt lediglich voraus, dass der primär zuständige Staat eine Entscheidung trifft. Die Reichweite dieser Wirkung lässt sich nicht abstrakt bestimmen; sie ergibt sich vielmehr aus der Entscheidung. Enthält sie eine Neuregelung des Schutzes, entfällt die Schutzmaßnahme des Heimatstaates insgesamt. Trifft sie lediglich zusätzliche oder ergänzende Anordnungen, bestätigt sie insoweit die Maßnahme des Heimatstaates, die deshalb weiter besteht.[18]

16   Der primär zuständige Staat hat den Heimatstaat zu **unterrichten** (Art. 7 Abs. 3 S. 2). Die Durchführung richtet sich nach Kapitel V. Auch hierfür hat die Haager Konferenz ein entsprechendes **Formblatt** entwickelt und empfiehlt dessen Verwendung.[19]

IV. Gewöhnlicher Aufenthalt in einem Nichtvertragsstaat

17   Entgegen der hL ist nicht erforderlich, dass der Erwachsene seinen gewöhnlichen Aufenthalt in einem Vertragsstaat hat. Art. 7 ist auch bei **gewöhnlichem Aufenthalt in einem Drittstaat** anwendbar. Es entfällt lediglich die Subsidiarität gegenüber der primären Zuständigkeit nach Art. 5 und 6, nicht der Zuständigkeitsgrund des Art. 7 (→ Vor Art. 5 Rn. 12). Hier greifen daher weder die vorherige Unterrichtungspflicht (Art. 7 Abs. 1 Hs. 1) noch die Sperrwirkung nach Art. 7 Abs. 2 ein. Trifft der Nichtvertragsstaat seinerseits Schutzmaßnahmen, richten sich ihre Wirkungen in den Vertragsstaaten des ErwSÜ nach dem autonomen Recht. Dementsprechend hängt ihre Auswirkung auf die Maßnahmen des Heimatstaates nicht von Art. 7 Abs. 3 ab, sondern davon, ob sie nach dem jeweiligen nationalen Recht anerkannt werden.

Art. 8 ErwSÜ [Annahme der Zuständigkeit]

(1) ¹**Die nach Artikel 5 oder 6 zuständigen Behörden eines Vertragsstaats können, wenn sie der Auffassung sind, dass es dem Wohl des Erwachsenen dient, von Amts wegen oder auf Antrag der Behörden eines anderen Vertragsstaats die Behörden eines der in Absatz 2 genannten Staaten ersuchen, Maßnahmen zum Schutz der Person oder des Vermögens des Erwachsenen zu treffen.** ²**Das Ersuchen kann sich auf den gesamten Schutz oder einen Teilbereich davon beziehen.**

(2) Die Vertragsstaaten, deren Behörden nach Absatz 1 ersucht werden können, sind
a) ein Staat, dem der Erwachsene angehört;
b) der Staat, in dem der Erwachsene seinen vorherigen gewöhnlichen Aufenthalt hatte;
c) ein Staat, in dem sich Vermögen des Erwachsenen befindet;
d) der Staat, dessen Behörden schriftlich vom Erwachsenen gewählt worden sind, um Maßnahmen zu seinem Schutz zu treffen;
e) der Staat, in dem eine Person, die dem Erwachsenen nahe steht und bereit ist, seinen Schutz zu übernehmen, ihren gewöhnlichen Aufenthalt hat;
f) hinsichtlich des Schutzes der Person des Erwachsenen der Staat, in dessen Hoheitsgebiet sich der Erwachsene befindet.

(3) Nimmt die nach den Absätzen 1 und 2 bezeichnete Behörde die Zuständigkeit nicht an, so behalten die Behörden des nach Artikel 5 oder 6 zuständigen Vertragsstaats die Zuständigkeit.

Übersicht

[16] Staudinger/*v. Hein* (2014) EGBGB Vor Art. 24 Rn. 93.
[17] Vgl. *Siehr* RabelsZ 64 (2000), 715 (731).
[18] Ähnlich NK-BGB/*Benicke* Rn. 19.
[19] Die empfohlenen Formblätter sind zu finden auf der Internetseite der Haager Konferenz für IPR (www.hcch.net, unter: Übereinkommen – Sonstiges) und abgedruckt in BT-Drs. 16/3250, 65 ff.

I. Normzweck

Die Vorschrift lehnt sich inhaltlich an Art. 8 und 9 KSÜ an. Art. 8 Abs. 1 S. 1 ermöglicht die **1**
Übertragung der Zuständigkeit vom primär zuständigen Aufenthaltsstaat auf die Behörden eines
anderen, nach Ansicht der Behörden des Aufenthaltsstaates für die Schutzmaßnahme besser geeigneten Staates und dient daher in erster Linie dazu, den **Schutz des Erwachsenen** bestmöglich sicherzustellen.[1]

Darüber hinaus erlaubt die Vorschrift auch allen anderen Vertragsstaaten, initiativ zu werden und **2**
die Übertragung der Zuständigkeit zu **beantragen** (vgl. Art. 8 Abs. 1 S. 1). Dies dient insbesondere
der Koordination zwischen der primären Zuständigkeit des Aufenthaltsstaates nach Art. 5 und 6 und
den konkurrierenden, aber subsidiären Zuständigkeiten der Art. 7, 9, 10 und 11, da diese Staaten
parallel zur Ausübung ihrer originären Zuständigkeit auch die Übertragung der derivativen Zuständigkeit nach Art. 8 auf sich beantragen können (vgl. Art. 8 Abs. 1 iVm Abs. 2 lit. a, c und f).

II. Übertragung der Zuständigkeit

1. Grundsatz. Die Übertragung der Zuständigkeit setzt voraus, dass die nach Art. 5 und 6 primär **3**
zuständige Behörde zur Übertragung bereit ist (Art. 8 Abs. 1 S. 1) und die ersuchte Behörde die
Zuständigkeit annimmt (Art. 8 Abs. 3). Sie kann also nur **in Kooperation** von primär zuständiger
und ersuchter Behörde erfolgen.[2]

Die Übertragung der Zuständigkeit nach Art. 8 kann nur **zwischen Vertragsstaaten** erfolgen. **4**
Im Verhältnis zu **Drittstaaten** gilt das autonome Recht, in Deutschland also die §§ 104 Abs. 2, 99
Abs. 2 und 3 FamFG (→ Vor Art. 5 Rn. 14 f.).

2. Ersuchen (Abs. 1). Art. 8 Abs. 1 S. 1 setzt ein Ersuchen der nach Art. 5 und 6 primär zuständi- **5**
gen Behörde voraus. Sie hat zu beurteilen, ob die Übertragung der Zuständigkeit dem **Wohl des
Erwachsenen** dient (Art. 8 Abs. 1 S. 1) und in welchem Umfang die Übertragung ihrer Ansicht
nach dafür geboten ist (Art. 8 Abs. 1 S. 2). Sie hat daher eine **Ermessensentscheidung** zu treffen,
ob sie ein derartiges Ersuchen stellt.[3] Der Rechtsschutz des Erwachsenen und anderer Beteiligter
gegen die Ausübung dieses Ermessens richtet sich dann nach nationalem Verfahrensrecht.

Eingeleitet werden kann die Übertragung zum einen **von Amts wegen von der primär zustän-** **6**
digen Behörde oder durch einen **Antrag der Behörden eines anderen Vertragsstaats** bei der
primär zuständigen Behörde (Art. 8 Abs. 1 S. 1). Die Behörden eines anderen Vertragsstaats können
sowohl die Übertragung auf sich selbst beantragen, vorausgesetzt sie fallen unter den Katalog des
Art. 8 Abs. 2, als auch die Übertragung auf einen dritten Vertragsstaat.[4]

Der **Erwachsene** selbst oder eine **andere Person** (zB ein zur Übernahme der Fürsorge bereiter **7**
Angehöriger) sind nicht antragsberechtigt.[5] Sie können sich allerdings entweder direkt an die primär
zuständigen Behörden des Aufenthaltsstaates wenden und eine Übertragung vorschlagen[6] oder die
Behörden eines anderen Vertragsstaats auffordern, einen entsprechenden Antrag zu stellen.[7] Dafür
gilt das jeweilige nationale Recht.

Die **Übermittlung** des Ersuchens erfolgt nach den Regeln für die Zusammenarbeit des Kapitels **8**
V. Die Vertragsstaaten können die Behörden bestimmen, an die Ersuchen nach Art. 8 zu richten
sind (Art. 42). Hierfür hat die Haager Konferenz ein entsprechendes **Formblatt** entwickelt und
empfiehlt dessen Verwendung.[8]

3. Annahme (Abs. 3). Die Zuständigkeit geht auf die ersuchte Behörde erst dann über, wenn **9**
diese die Zuständigkeit annimmt (Art. 8 Abs. 3). Sie ist dazu nicht verpflichtet.[9] Auch sie hat daher
eine **Ermessensentscheidung** zu treffen. Die Kriterien dafür sind dieselben wie für die ersuchende
Behörde, dh sie muss beurteilen, ob die Übertragung der Zuständigkeit dem **Wohl des Erwachse-**

---

[1] Bericht *Lagarde* Nr. 66.
[2] Vgl. MüKoFamFG/*Rauscher* FamFG § 104 Rn. 17.
[3] *Füllemann* Erwachsenenschutz Rn. 176.
[4] *Guttenberger* Haager Übereinkommen 97.
[5] NK-BGB/*Benicke* Rn. 5; Staudinger/*v. Hein* (2014) EGBGB Vor Art. 24 Rn. 97.
[6] Vgl. *Bucher* SZIER 2000, 37 (48), der allerdings missverständlich von einer Übermittlung des Ersuchens
spricht.
[7] Vgl. Staudinger/*v. Hein* (2014) EGBGB Vor Art. 24 Rn. 97, der jedoch nur diese Möglichkeit erwähnt.
[8] Die empfohlenen Formblätter sind zu finden auf der Internetseite der Haager Konferenz für IPR
(www.hcch.net, unter: Übereinkommen – Sonstiges) und abgedruckt in BT-Drs. 16/3250, 65 ff.
[9] Bericht *Lagarde* Nr. 74.

nen dient. Lehnt die ersuchte Behörde die Annahme ab, bleibt die ersuchende Behörde aufgrund der Art. 5 und 6 zuständig (Art. 8 Abs. 3).[10]

10 Das von der Haager Konferenz empfohlene **Formblatt** (→ Rn. 8) umfasst nicht nur das Ersuchen, sondern auch die Antwort des ersuchten Staates.

11 Probleme kann der Fall aufwerfen, in dem eine ersuchte Behörde **nicht antwortet.** Art. 8 Abs. 3 verlangt keine ausdrückliche Ablehnung, so dass auch eine konkludente Ablehnung möglich ist.[11] Es kann daher unsicher sein, ob die ersuchte Behörde bloß untätig ist oder ob sie die Zuständigkeit nicht übernehmen will. Letztlich kommt es hierauf jedoch nicht an. Da der **Aufenthaltsstaat weiterhin zuständig** ist, solange der ersuchte Staat die Übertragung nicht annimmt (arg. Art. 8 Abs. 3), kann er jederzeit die nötigen Schutzmaßnahmen treffen, wenn ein weiteres Zuwarten dem Wohl des Erwachsenen zuwider läuft.[12]

III. Derivative Zuständigkeit (Abs. 2)

12 Anders als das KSÜ enthält das ErwSÜ keine offene Generalklausel (vgl. Art. 8 Abs. 2 lit. d KSÜ: „enge Verbindung" des Kindes), sondern in Art. 8 Abs. 2 einen **abschließenden Katalog** derjenigen Staaten, an die der primär zuständige Aufenthaltsstaat den Schutz des Erwachsenen ganz oder teilweise übertragen kann.[13]

13 Die nach Art. 8 übertragene Zuständigkeit leitet sich von der primären Zuständigkeit des Aufenthaltsstaates ab. Soweit die **derivative Zuständigkeit** reicht, tritt sie an die Stelle der Primärzuständigkeit, da die Behörden des primär zuständigen Staates auf ihre Zuständigkeit zugunsten der Behörden des ersuchten Staates auf ihre Zuständigkeit verzichtet haben.[14] Die originären, aber subsidiären Zuständigkeiten nach Art. 7, 9, 10 oder 11 können ggf. daneben bestehen. Ihre Beschränkungen erfassen jedoch nicht die derivative Zuständigkeit nach Art. 8 nicht, denn diese tritt an die Stelle der Primärzuständigkeit, ist also ihr gegenüber **nicht subsidiär** und (mit Ausnahme des Art. 8 Abs. 2 lit. f) **nicht beschränkt.**[15] Daher dürfte es sich in praktischer Hinsicht vielfach empfehlen, bei Inanspruchnahme einer subsidiären Zuständigkeit zugleich einen Antrag bei den Behörden des Aufenthaltsstaates auf Übertragung der Zuständigkeit nach Art. 8 zu stellen (→ Art. 7 Rn. 7).[16]

14 Die Zuständigkeit kann nach Art. 8 Abs. 2 übertragen werden auf „einen" **Heimatstaat** (lit. a), dessen Staatsangehörigkeit also nicht die effektive sein muss,[17] auf den Staat des vorherigen, dh des unmittelbar vorangegangenen **letzten gewöhnlichen Aufenthalts** (lit. b),[18] auf den Staat, in dem sich **Vermögen** des Erwachsenen befindet (lit. c), wofür auch ein Teil des Vermögens genügt,[19] auf den Staat, in dem eine dem Erwachsenen **nahe stehende Person** ihren gewöhnlichen Aufenthalt hat, die bereit ist, seinen Schutz zu übernehmen (lit. e), sowie, beschränkt auf den Schutz der Person des Erwachsenen, auf den Staat seines aktuellen **schlichten Aufenthalts** (lit. f).

IV. Prorogation (Abs. 2 lit. d)

15 Darüber hinaus eröffnet Art. 8 Abs. 2 lit. d die Möglichkeit, die Zuständigkeit an einen **vom Erwachsenen gewählten Staat** zu übertragen. Die Wahl muss **schriftlich** erfolgen.

16 Die Prorogation ist nicht auf bestimmte Staaten beschränkt. Der Erwachsene ist daher frei, den ihm geeignet dünkenden Staat zu wählen, und insbesondere die Zuständigkeit auf die Rechtswahl für seine Vorsorgevollmacht (vgl. Art. 15 Abs. 2) abzustimmen. Die Prorogation wirkt allerdings nur **mittelbar,** denn sie begründet nicht selbst die Zuständigkeit des gewählten Staates, sondern steht unter der **Aufsicht** sowohl des primär zuständigen Aufenthaltsstaates als auch des von ihm bestimmten und nach Art. 8 um Übernahme ersuchten Staates.[20] Diese Kontrolle muss allerdings die materiellen Vorgaben des ErwSÜ beachten, die in Art. 8 Abs. 1 und in der Präambel niedergelegt sind.

---

[10] Bericht *Lagarde* Nr. 74.

[11] Bericht *Lagarde* Nr. 74.

[12] *Guttenberger* Haager Übereinkommen 98.

[13] Bericht *Lagarde* Nr. 67; *Bucher* SZIER 2000, 37 (47); *Guttenberger* Haager Übereinkommen 99.

[14] Bericht *Lagarde* Nr. 68 (für die Zuständigkeit des Heimatstaates).

[15] Bericht *Lagarde* Nr. 68, 70; *Clive* YbPIL 2 (2000), 1 (10); Staudinger/*v. Hein* (2014) EGBGB Vor Art. 24 Rn. 99, 103, 111.

[16] Vgl. Bericht *Lagarde* Nr. 73 (zum Verhältnis von Art. 8 Abs. 2 lit. f und Art. 10 und 11).

[17] *Bucher* SZIER 2000, 37 (47); *Siehr* RabelsZ 64 (2000), 715 (733); NK-BGB/*Benicke* Rn. 8; Staudinger/*v. Hein* (2014) EGBGB Vor Art. 24 Rn. 98.

[18] Bericht *Lagarde* Nr. 69; NK-BGB/*Benicke* Rn. 10; Staudinger/*v. Hein* (2014) EGBGB Vor Art. 24 Rn. 100.

[19] Bericht *Lagarde* Nr. 70; *Clive* YbPIL 2 (2000), 1 (10); *Guttenberger* Haager Übereinkommen 101; NK-BGB/*Benicke* Rn. 13.

[20] Nur den Aufenthaltsstaat erwähnt der Bericht *Lagarde* Nr. 71.

Danach genießt die **Selbstbestimmung** des Erwachsenen Vorrang, sofern sie nicht mit seinem Wohl in Widerspruch steht (→ Vor Art. 1 Rn. 22). Die Wahl des Erwachsenen ist daher zu befolgen, sofern dagegen keine erheblichen Bedenken bestehen.[21] Sie setzt sich daher regelmäßig gegen die Primärzuständigkeit nach Art. 5 und 6 durch, erst recht gegenüber den anderen Zuständigkeiten im Katalog des Art. 8 Abs. 2.

Art. 9 ErwSÜ [Schutz des Vermögens]

Die Behörden eines Vertragsstaats, in dem sich Vermögen des Erwachsenen befindet, sind zuständig, Maßnahmen zum Schutz dieses Vermögens zu treffen, soweit sie mit den Maßnahmen vereinbar sind, die von den nach den Artikeln 5 bis 8 zuständigen Behörden getroffen wurden.

I. Normzweck

Eine **originäre** und **konkurrierende Zuständigkeit** des Belegenheitsstaates für Vermögens-   1
werte begründet Art. 9. Die Zuständigkeit des Belegenheitsstaates ist dabei **begrenzt** auf das Vermögen im Belegenheitsstaat. Sie ist auch **subsidiär,** denn die zulässigen Maßnahmen dürfen den Maßnahmen nicht widersprechen, die von den nach Art. 5–8 zuständigen Behörden angeordnet worden sind.[1]

II. Voraussetzungen

Art. 9 verlangt lediglich, dass sich **Vermögen** des Erwachsenen **in dem betroffenen Vertrags-**   2
staat befindet. Gleichgültig sind die Art und der Umfang des Vermögens.[2]

Im Gegensatz zu Art. 7 Abs. 1 setzt die Zuständigkeit nach Art. 9 nicht voraus, dass der Belegen-   3
heitsstaat den primär zuständigen Aufenthaltsstaat zuvor **informiert.** Auch eine nachträgliche Informationspflicht (vgl. Art. 10 Abs. 4) enthält Art. 9 nicht.[3] Angesichts der Beschränkung der Zuständigkeit auf das Vermögen im Belegenheitsstaat und der Subsidiarität gegenüber den Schutzmaßnahmen der nach Art. 5–8 zuständigen Staaten dürfte man auf eine ausdrückliche Pflicht zur Information des Aufenthaltsstaates verzichten können.[4] Davon unberührt bleibt die allgemeine Verpflichtung aller Vertragsstaaten, widersprechende Entscheidungen durch **Zusammenarbeit** zu vermeiden (vgl. Art. 29 sowie Präambel Erwägung 2 und 3). Auch wenn das ErwSÜ den Belegenheitsstaat nicht ausdrücklich dazu verpflichtet, sollten dessen Behörden deshalb die Behörden des primär zuständigen Aufenthaltsstaates auf dem in Kapitel V geregelten Wege informieren, dass sie Schutzmaßnahmen nach Art. 9 treffen wollen bzw. getroffen haben.[5]

III. Begrenzungen

Die Zuständigkeit nach Art. 9 ist **begrenzt** auf das Vermögen im Belegenheitsstaat. Weiterge-   4
hende Maßnahmen kann der Belegenheitsstaat nur treffen, wenn der primär zuständige Aufenthaltsstaat ihm die Zuständigkeit dafür nach Art. 8 übertragen hat.

Die Schutzmaßnahmen der nach Art. 5–8 zuständigen Staaten haben stets **Vorrang.** Vorrangig   5
sind also nicht nur Maßnahmen des primär zuständigen Aufenthaltsstaates (Art. 5 und 6) bzw. des derivativ zuständigen Staates (Art. 8), sondern auch diejenigen des Heimatstaates (Art. 7). Dieser Vorrang besteht zum einen, wenn diese Staaten bereits **vorher Schutzmaßnahmen** getroffen haben, zum anderen aber auch, wenn sie **nachträglich solche Maßnahmen** treffen. Im ersten Fall sperren sie die Ausübung der Zuständigkeit nach Art. 9, im zweiten Fall treten die Maßnahmen des Belegenheitsstaates außer Kraft.[6] Auch wenn Art. 9 dies nicht ausdrücklich sagt, gilt das auch, wenn die Entscheidung dahin geht, dass keine Maßnahmen zu treffen sind (vgl. Art. 7 Abs. 3 S. 1; allgemein → Art. 7 Rn. 14 f.).[7]

---

[21] Im Ergebnis ebenso Staudinger/*v. Hein* (2014) EGBGB Vor Art. 24 Rn. 105; NK-BGB/*Benicke* Rn. 14 f.; zurückhaltend *Füllemann* Erwachsenenschutz Rn. 191.
[1] *Guttenberger* Haager Übereinkommen 109; Staudinger/*v. Hein* (2014) EGBGB Vor Art. 24 Rn. 117.
[2] *Guttenberger* Haager Übereinkommen 110; *Füllemann* Erwachsenenschutz Rn. 207.
[3] Vgl. Bericht *Lagarde* Nr. 82 aE.
[4] Allein auf die territoriale Beschränkung stellt ab Staudinger/*v. Hein* (2014) EGBGB Vor Art. 24 Rn. 118.
[5] Zutr. *Guttenberger* Haager Übereinkommen 113; *Füllemann* Erwachsenenschutz Rn. 213.
[6] Bericht *Lagarde* Nr. 76; *Guttenberger* Haager Übereinkommen 111 f.; *Füllemann* Erwachsenenschutz Rn. 210; Staudinger/*v. Hein* (2014) EGBGB Vor Art. 24 Rn. 117; NK-BGB/*Benicke* Rn. 5.
[7] *Füllemann* Erwachsenenschutz Rn. 211.

IV. Gewöhnlicher Aufenthalt in einem Nichtvertragsstaat

6   Die Vorschrift ist entgegen der hL auch anzuwenden, wenn der Erwachsene seinen **gewöhnlichen Aufenthalt in einem Drittstaat** hat. Hier entfällt nicht die Zuständigkeit des Belegenheitsstaates, vielmehr entfällt die Subsidiarität gegenüber den Schutzmaßnahmen der nach Art. 5, 6 und 8 zuständigen Vertragsstaaten und die hierauf bezogene Unterrichtungspflicht nach Art. 10 Abs. 4. Die Subsidiarität beschränkt sich daher im Ergebnis auf die Zuständigkeit des Heimatstaates, die nach hier vertretener Ansicht auch in Drittstaatenfällen besteht (→ Vor Art. 5 Rn. 12). Der Belegenheitsstaat kann daher auch in Drittstaatenfällen Schutzmaßnahmen für das Vermögen treffen, das sich auf seinem Hoheitsgebiet befindet, soweit sie mit den Schutzmaßnahmen des Heimatstaates vereinbar sind.

Art. 10 ErwSÜ [Schutzmaßnahmen]

(1) In allen dringenden Fällen sind die Behörden jedes Vertragsstaats, in dessen Hoheitsgebiet sich der Erwachsene oder ihm gehörendes Vermögen befindet, zuständig, die erforderlichen Schutzmaßnahmen zu treffen.

(2) Maßnahmen nach Absatz 1, die in Bezug auf einen Erwachsenen mit gewöhnlichem Aufenthalt in einem Vertragsstaat getroffen wurden, treten außer Kraft, sobald die nach den Artikeln 5 bis 9 zuständigen Behörden die durch die Umstände gebotenen Maßnahmen getroffen haben.

(3) Maßnahmen nach Absatz 1, die in Bezug auf einen Erwachsenen mit gewöhnlichem Aufenthalt in einem Nichtvertragsstaat getroffen wurden, treten in jedem Vertragsstaat außer Kraft, sobald dort die durch die Umstände gebotenen und von den Behörden eines anderen Staates getroffenen Maßnahmen anerkannt werden.

(4) Die Behörden, die nach Absatz 1 Maßnahmen getroffen haben, haben nach Möglichkeit die Behörden des Vertragsstaats des gewöhnlichen Aufenthalts des Erwachsenen von den getroffenen Maßnahmen zu unterrichten.

I. Normzweck

1   Die **Eilzuständigkeit** des Art. 10 entspricht im Wesentlichen Art. 11 KSÜ, ergänzt um die Unterrichtungspflicht in Art. 10 Abs. 4.[1] Sie begründet eine **originäre**, aber **subsidiäre** Zuständigkeit für dringende Fälle am Ort des schlichten Aufenthalts des Erwachsenen oder der Belegenheit seines Vermögens.

II. Voraussetzungen

2   Voraussetzung für die Eilzuständigkeit ist, dass sich der Erwachsene im jeweiligen Vertragsstaat **aufhält** oder dort zumindest ein Teil seines **Vermögens belegen** ist.[2]

3   Damit konkurriert die Eilzuständigkeit mit der primären Zuständigkeit des Aufenthaltsstaates nach Art. 5 und 6 und der hiervon abgeleiteten Zuständigkeit nach Art. 8, mit der Zuständigkeit des Heimatstaates nach Art. 7 und der des Belegenheitsstaates nach Art. 9. Entscheidend für die Abgrenzung ist daher die Beschränkung der Zuständigkeit nach Art. 10 auf **dringende Fälle** (Art. 10 Abs. 1)[3] und die **Subsidiarität** der Maßnahmen nach Art. 10 gegenüber den Maßnahmen der nach Art. 5–9 zuständigen Behörden (Art. 10 Abs. 2).[4]

4   Daraus folgt zunächst, dass für die **Zuständigkeit nach Art. 10 kein Raum** ist, wenn die Zuständigkeit dieses Vertragsstaats bereits aus Art. 5–9 folgt, denn Art. 10 dient nicht dazu, die etwaigen Beschränkungen des regulären Zuständigkeitsordnung zu überspielen.[5]

5   Daraus folgt des Weiteren, dass ein **dringender Fall** nur dann vorliegt, wenn die nach Art. 5–9 zuständigen Behörden nicht rechtzeitig eingreifen können und der Erwachsene daher an seiner Person oder seinem Vermögen Schaden zu nehmen droht.[6] Das gilt entsprechend für den Fall, dass

---

[1]   Bericht *Lagarde* Nr. 77.
[2]   Bericht *Lagarde* Nr. 79.
[3]   Bericht *Lagarde* Nr. 78; *Füllemann* Erwachsenenschutz Rn. 216.
[4]   Bericht *Lagarde* Nr. 80; *Füllemann* Erwachsenenschutz Rn. 216.
[5]   Staudinger/*v. Hein* (2014) EGBGB Vor Art. 24 Rn. 121; vgl. auch Bericht *Lagarde* Nr. 79.
[6]   Bericht *Lagarde* Nr. 79; *Guttenberger* Haager Übereinkommen, 2004 S. 114; *Füllemann* Erwachsenenschutz Rn. 217; Staudinger/*v. Hein* (2014) EGBGB Vor Art. 24 Rn. 120; NK-BGB/*Benicke* Rn. 3; MüKoFamFG/*Rauscher* FamFG § 104 Rn. 18.

die vorrangig zuständigen Behörden bereits Schutzmaßnahmen getroffen haben und nun weitere Maßnahmen zu treffen sind (zB eine für die Einwilligung in ärztliche Maßnahmen zuständige Fürsorgeperson nicht erreichbar und die Behandlung dringend ist).[7]

III. Nachträgliche Unterrichtung (Abs. 4)

Anders als Art. 7 Abs. 1 setzt die Zuständigkeit nach Art. 10 nicht voraus, dass der primär zustän-   **6** dige Aufenthaltsstaat zuvor informiert wird. Es genügt, dass die Behörden des Vertragsstaats des gewöhnlichen Aufenthalts des Erwachsenen von den getroffenen Maßnahmen nach Möglichkeit **nachträglich unterrichtet** werden (Art. 10 Abs. 4). Die Zuständigkeit hängt daher nicht von der Erfüllung dieser Pflicht ab, dementsprechend spielt sie auch für die Anerkennung keine Rolle.[8]

Die Unterrichtung erfolgt nach den Regeln für die Zusammenarbeit des Kapitels V. Hierfür hat   **7** die Haager Konferenz ein entsprechendes **Formblatt** entwickelt und empfiehlt dessen Verwendung.[9]

Zu unterrichten ist lediglich der nach Art. 5 zuständige **Staat des gewöhnlichen Aufenthalts,**   **8** nicht der ersatzweise nach Art. 6 zuständige Staat des schlichten Aufenthalts. Das leuchtet ein, wenn die Eilzuständigkeit an den schlichten Aufenthalt anknüpft, denn dann fallen die Zuständigkeit nach Art. 10 und die nach Art. 6 zusammen.[10] Bei der Eilzuständigkeit des Belegenheitsstaates ist das jedoch anders. Hier sah die Spezialkommission anscheinend einen möglichen Widerspruch mit der fehlenden Informationspflicht nach Art. 9 und versuchte daher einen sachlich nicht überzeugenden Mittelweg mit einer Pflicht zur Unterrichtung nur des Staates des gewöhnlichen Aufenthalts.[11] Das überzeugt schon deshalb nicht, weil die Zuständigkeit nach Art. 6 die Regelzuständigkeit des Art. 5 ersetzt, falls es an einem gewöhnlichen Aufenthalt fehlt. Die Lösung ist daher über die allgemeine Verpflichtung der Mitgliedstaaten zur Zusammenarbeit zu suchen (vgl. Art. 29 sowie Präambel Erwägung 2 und 3). Auch wenn Art. 10 Abs. 4 den Belegenheitsstaat nur zur Unterrichtung des Staates des gewöhnlichen Aufenthalts verpflichtet, sollten dessen Behörden deshalb den nach Art. 6 an seine Stelle tretenden Staat des schlichten Aufenthalts auf dem in Kapitel V geregelten Wege informieren, dass sie Eilmaßnahmen nach Art. 10 getroffen haben.[12]

IV. Wegfall der Eilmaßnahmen (Abs. 2 und 3)

Die Subsidiarität der Eilzuständigkeit wirkt sich in zweifacher Hinsicht aus. Zum einen begrenzt   **9** sie die Zuständigkeit (→ Rn. 3 f.). Zum anderen treten Eilmaßnahmen außer Kraft, sobald die **nach Art. 5–9 vorrangig zuständigen Behörden** entsprechende Maßnahmen getroffen haben (Art. 10 Abs. 2) bzw. bei einem **gewöhnlichen Aufenthalt in einem Nichtvertragsstaat** die dort getroffenen Maßnahmen anerkannt werden (Art. 10 Abs. 3). Diese Differenzierung beruht darauf, dass Maßnahmen eines Vertragsstaats auf Grundlage der Art. 5 ff. in einem anderen Vertragsstaat nach Art. 22 ex lege anerkannt werden, während über die Anerkennung von Maßnahmen aus Drittstaaten das jeweilige autonome Recht entscheidet (in Deutschland also §§ 108, 109 FamFG).[13] Das kann zur Folge haben, dass die Eilmaßnahmen in den Vertragsstaaten unterschiedlich gelten bzw. außer Kraft treten, weil die Anerkennung der sie ersetzenden Maßnahme aus Drittstaaten unterschiedlichen Regeln folgt.[14] Auch wenn Art. 10 Abs. 2 und 3 dies nicht ausdrücklich sagen, gilt das auch, wenn die spätere Entscheidung dahin geht, dass keine Maßnahmen zu treffen sind (vgl. Art. 7 Abs. 3 S. 1; allgemein → Art. 7 Rn. 14 f.)

V. Gewöhnlicher Aufenthalt in einem Nichtvertragsstaat

Die Vorschrift ist nach allgM auch anzuwenden, wenn der Erwachsene seinen **gewöhnlichen**   **10** **Aufenthalt in einem Drittstaat** hat (arg. Art. 10 Abs. 3). Hier entfällt nicht die Zuständigkeit des Belegenheitsstaates, vielmehr entfällt die Subsidiarität gegenüber den Schutzmaßnahmen der nach Art. 5, 6 und 8 zuständigen Vertragsstaaten und die hierauf bezogene Unterrichtungspflicht nach

---

[7] *Guttenberger* Haager Übereinkommen 117; *Füllemann* Erwachsenenschutz Rn. 221; NK-BGB/*Benicke* Rn. 8; Staudinger/*v. Hein* (2014) EGBGB Vor Art. 24 Rn. 122.

[8] Bericht *Lagarde* Nr. 82.

[9] Die empfohlenen Formblätter sind zu finden auf der Internetseite der Haager Konferenz für IPR (www.hcch.net, unter: Übereinkommen – Sonstiges) und abgedruckt in BT-Drs. 16/3250, 65 ff.

[10] So der Bericht *Lagarde* Nr. 82; *Guttenberger* Haager Übereinkommen 115; Staudinger/*v. Hein* (2014) EGBGB Vor Art. 24 Rn. 126.

[11] Bericht *Lagarde* Nr. 82; *Füllemann* Erwachsenenschutz Rn. 225.

[12] Staudinger/*v. Hein* (2014) EGBGB Vor Art. 24 Rn. 126.

[13] Bericht *Lagarde* Nr. 80 f.

[14] *Guttenberger* Haager Übereinkommen 118; Staudinger/*v. Hein* (2014) EGBGB Vor Art. 24 Rn. 124; vgl. auch Bericht *Lagarde* Nr. 81.

Art. 10 Abs. 4. Die Subsidiarität nach Art. 10 Abs. 2 beschränkt sich daher im Ergebnis auf die Vertragsstaaten, deren Zuständigkeit auch in Drittstaatenfällen besteht, dh nach der hier vertretenen Auffassung auf die Zuständigkeit des Heimatstaates und des Belegenheitsstaates (→ Vor Art. 5 Rn. 9 ff., 11 f.).[15]

Art. 11 ErwSÜ [Maßnahmen vorübergehender Art]

(1) Ausnahmsweise sind die Behörden des Vertragsstaats, in dessen Hoheitsgebiet sich der Erwachsene befindet, nach Verständigung der nach Artikel 5 zuständigen Behörden zuständig, zum Schutz der Person des Erwachsenen auf das Hoheitsgebiet dieses Staates beschränkte Maßnahmen vorübergehender Art zu treffen, soweit sie mit den Maßnahmen vereinbar sind, die von den nach den Artikeln 5 bis 8 zuständigen Behörden bereits getroffen wurden.

(2) Maßnahmen nach Absatz 1, die in Bezug auf einen Erwachsenen mit gewöhnlichem Aufenthalt in einem Vertragsstaat getroffen wurden, treten außer Kraft, sobald die nach den Artikeln 5 bis 8 zuständigen Behörden eine Entscheidung über die Schutzmaßnahmen getroffen haben, die durch die Umstände geboten sein könnten.

Übersicht

I. Normzweck

1   Für **Ausnahmefälle** ist in Art. 11 Abs. 1 eine Zuständigkeit des Staates des **schlichten Aufenthalts** vorgesehen. Sie ist an Art. 12 KSÜ angelehnt, weist jedoch auch Unterschiede auf, die sich der verwickelten Entstehungsgeschichte verdanken.[1] Die Zuständigkeit nach Art. 11 ist **originär**, aber in mehrfacher Hinsicht **beschränkt:** Der Staat darf hiernach nur Maßnahmen vorübergehender Art und nur solche zum Schutz der Person des Erwachsenen treffen, die sich zudem auf sein Hoheitsgebiet beschränken. Sie ist zudem gegenüber Maßnahmen der nach Art. 5–8 zuständigen Vertragsstaaten **subsidiär:** Die Zuständigkeit darf erst ausgeübt werden, nachdem die zuständigen Behörden am gewöhnlichen Aufenthalt des Erwachsenen verständigt worden sind (Art. 11 Abs. 1). Die Maßnahmen des Aufenthaltsstaates müssen mit den zuvor von den vorrangig zuständigen Staaten getroffenen Maßnahmen vereinbar sein (Art. 11 Abs. 1). Sie treten automatisch außer Kraft, sobald diese die notwendigen Maßnahmen anordnen (Art. 11 Abs. 2).

2   Gedacht ist diese Zuständigkeit vor allem für die **medizinische Behandlung** von schutzbedürftigen Erwachsenen, die sich vorübergehend in einem anderen Staat aufhalten und dort erkranken. Sie sollen die notwendige Behandlung vor Ort erhalten können. Dazu soll der Staat des schlichten Aufenthalts für die nötigen Entscheidungen zuständig sein, auch wenn kein Eilfall iS des Art. 11 vorliegt.[2] Verglichen mit dem stets möglichen Antrag des Aufenthaltsstaates auf Übertragung der Zuständigkeit nach Art. 8, erlaubt Art. 11 den Behörden des Aufenthaltsstaates ein schnelleres Handeln, da sie den primär zuständigen Staat des gewöhnlichen Aufenthalts lediglich vorher informieren müssen, aber nicht dessen Übertragung abzuwarten brauchen.[3]

II. Voraussetzungen

3   Die Zuständigkeit knüpft an den **schlichten Aufenthalt** des Erwachsenen im Hoheitsgebiet des jeweiligen Vertragsstaats an.

4   Die Zuständigkeit ist originär, aber auf Ausnahmefälle beschränkt („ausnahmsweise") und gegenüber der Zuständigkeit nach Art. 5–8 subsidiär. Daraus folgt, dass für die **Zuständigkeit nach**

---

[15] Ebenso Staudinger/*v. Hein* (2014) EGBGB Vor Art. 24 Rn. 119; NK-BGB/*Benicke* Rn. 2.
[1] Bericht *Lagarde* Nr. 83 f.; ausf. *Clive* YbPIL 2 (2000), 1 (8 ff., 19 f.); *Guttenberger* Haager Übereinkommen 118 ff.; *Füllemann* Erwachsenenschutz Rn. 226 ff.
[2] *Clive* YbPIL 2 (2000), 1 (9, 19); *Guttenberger* Haager Übereinkommen 120 f.; *Füllemann* Erwachsenenschutz Rn. 227.
[3] *Guttenberger* Haager Übereinkommen 132 f.; *Füllemann* Erwachsenenschutz Rn. 227.

Art. 11 kein Raum ist, wenn die Zuständigkeit dieses Vertragsstaats bereits aus Art. 5–8 folgt, denn Art. 11 dient nicht dazu, die etwaigen Beschränkungen des regulären Zuständigkeitsordnung zu überspielen.

Zur Absicherung der Subsidiarität muss der nach Art. 5 primär zuständige Staat des gewöhnlichen **5** Aufenthalts **unterrichtet** werden, bevor die Behörden am schlichten Aufenthalt ihre Zuständigkeit nach Art. 11 ausüben können (Art. 11 Abs. 1). Die Unterrichtung ist daher **Voraussetzung für die Zuständigkeit** nach Art. 11.[4] Sie erfolgt nach den Regeln für die Zusammenarbeit des Kapitels V. Hierfür hat die Haager Konferenz ein entsprechendes **Formblatt** entwickelt und empfiehlt dessen Verwendung.[5]

III. Begrenzungen

Die Zuständigkeit nach Art. 11 ist **begrenzt** auf Maßnahmen zum **Schutz der Person** des **6** Erwachsenen. Hierin kommt zum Ausdruck, dass es in den Beratungen der Spezialkommission vor allem um die Sicherstellung der medizinischen Behandlung ging. Es können aber auch andere Angelegenheiten der Personensorge sein.[6]

Die Schutzmaßnahme muss des Weiteren **vorübergehender** Natur sein und sich **auf das 7 Hoheitsgebiet des anordnenden Staates beschränken.** Eine **gegenständliche** und **räumliche Beschränkung** kann sich bereits aus der Schutzmaßnahme selbst ergeben, wenn es etwa um die Genehmigung zu einer bestimmten medizinischen Maßnahme geht, andernfalls muss die Maßnahme ausdrücklich dahingehend beschränkt werden.[7]

Die Beschränkung der Zuständigkeit auf Maßnahmen vorübergehender Art wird jedoch auch **8 inhaltlich** verstanden. So sollen nur kleinere **medizinische Eingriffe** wie zB die Extraktion eines Zahnes, nicht aber schwerwiegende und endgültige medizinische Maßnahmen wie zB eine Abtreibung, Sterilisation oder Amputation von Art. 11 erfasst werden.[8] Teilweise wird dies unter Berufung auf den Wortlaut noch enger gefasst und nur solche Maßnahmen als „vorübergehend" verstanden, die keine irreversiblen Folgen haben. Danach wäre die Extraktion eines Zahnes ebenfalls ausgeschlossen.[9] Man muss allerdings bedenken, dass Art. 11 nicht von medizinischen Maßnahmen spricht, sondern von **Schutzmaßnahmen** iS des ErwSÜ (→ Art. 1–4 Rn. 15 ff.).[10] Dementsprechend müssen daher die Schutzmaßnahmen von vorübergehender Art sein und nicht die medizinischen Maßnahmen, auf die sie sich beziehen. Es geht also zB darum, ob die Bestellung einer Fürsorgeperson zur Einwilligung in diese medizinischen Maßnahmen oder die gerichtliche Genehmigung vorübergehend sind oder eine Dauerwirkung entfalten.[11]

Weitergehende Maßnahmen kann der Staat des schlichten Aufenthalts nur treffen, wenn der **9** nach Art. 5 primär zuständige Staat ihm die Zuständigkeit dafür nach Art. 8 übertragen hat.

Die Schutzmaßnahmen der nach Art. 5–8 zuständigen Staaten haben stets **Vorrang.** Vorrangig **10** sind also nicht nur Maßnahmen des primär zuständigen Aufenthaltsstaates (Art. 5 und 6) bzw. des derivativ zuständigen Staates (Art. 8), sondern auch diejenigen des Heimatstaates (Art. 7). Dieser Vorrang besteht zum einen, wenn diese Staaten bereits **vorher Schutzmaßnahmen** getroffen haben, zum anderen aber auch, wenn sie **nachträglich solche Maßnahmen** treffen. Im ersten Fall sperren sie die Ausübung der Zuständigkeit nach Art. 11 Abs. 1, im zweiten Fall treten die Maßnahmen des Belegenheitsstaates außer Kraft (Art. 11 Abs. 2). Auch wenn Art. 11 dies nicht ausdrücklich sagt, gilt das auch, wenn die Entscheidung dahin geht, dass keine Maßnahmen zu treffen sind (vgl. Art. 7 Abs. 3 S. 1; allgemein → Art. 7 Rn. 14 f.).[12]

---

[4] *Guttenberger* Haager Übereinkommen 119; Staudinger/*v. Hein* (2014) EGBGB Vor Art. 24 Rn. 129.

[5] Die empfohlenen Formblätter sind zu finden auf der Internetseite der Haager Konferenz für IPR, www.hcch.net, unter: Übereinkommen – Sonstiges; abgedruckt in BT-Drs. 16/3250, 65 ff.

[6] Bericht *Lagarde* Nr. 84; *Guttenberger* Haager Übereinkommen 122 f.; *Ruck Keene* in Frimston et al., The International Protection of Adults, 2015, no. 8.76.

[7] *Clive* YbPIL 2 (2000), 1 (9); *Guttenberger* Haager Übereinkommen 123; *Füllemann* Erwachsenenschutz Rn. 231.

[8] Bericht *Lagarde* Nr. 84; *Bucher* SZIER 2000, 37 (49); *Guttenberger* Haager Übereinkommen 121 f.; *Füllemann* Erwachsenenschutz Rn. 231; NK-BGB/*Benicke* Rn. 8 f.; *Ruck Keene* in Frimston et al., The International Protection of Adults, 2015, no. 8.76.

[9] Staudinger/*v. Hein* (2014) EGBGB Vor Art. 24 Rn. 130; *Ruck Keene* in Frimston et al., The International Protection of Adults, 2015, no. 8.76.

[10] So im Zusammenhang mit der territorialen Begrenzung auch Staudinger/*v. Hein* (2014) EGBGB Vor Art. 24 Rn. 131.

[11] Zutr. *Guttenberger* Haager Übereinkommen 123.

[12] Bericht *Lagarde* Nr. 85.

IV. Gewöhnlicher Aufenthalt in einem Nichtvertragsstaat

11   Die Vorschrift ist nach der hM auch **anzuwenden**, wenn der Erwachsene seinen **gewöhnlichen Aufenthalt in einen Nichtvertragsstaat** hat. Hier entfällt nicht die Zuständigkeit, sondern lediglich die Subsidiarität gegenüber den Schutzmaßnahmen, die die nach Art. 5–8 vorrangig zuständigen Behörden getroffen haben bzw. später treffen, und die hierauf bezogene Unterrichtungspflicht nach Art. 11 Abs. 1 (→ Vor Art. 5 Rn. 9 ff., 11 f.).[13]

12   Werden die Maßnahmen des Drittstaats im Staat des schlichten Aufenthalts anerkannt und ist dieser ein Vertragsstaat des ErwSÜ, erlangen sie dadurch (indirekt) **Vorrang**.[14]

Art. 12 ErwSÜ [Änderung der Umstände]

Selbst wenn durch eine Änderung der Umstände die Grundlage der Zuständigkeit wegfällt, bleiben vorbehaltlich des Artikels 7 Absatz 3 die nach den Artikeln 5 bis 9 getroffenen Maßnahmen innerhalb ihrer Reichweite so lange in Kraft, bis die nach diesem Übereinkommen zuständigen Behörden sie ändern, ersetzen oder aufheben.

I. Normzweck

1   Die Vorschrift entspricht Art. 14 KSÜ. Sie stellt entsprechend den allgemeinen verfahrensrechtlichen Grundsätzen klar, dass die **Änderung der zuständigkeitsbegründenden Umstände** den Bestand der bereits erlassenen Schutzmaßnahme nicht berührt und sich die Zuständigkeit zur Änderung wiederum nach den Art. 5 ff. richtet.[1]

2   Sie wird ergänzt durch die **Anerkennung** nach Art. 22, die ihre Wirkung in den anderen Vertragsstaaten sicherstellt.[2]

II. Anwendungsbereich

3   Art. 12 gilt für den Wechsel der jeweiligen Anknüpfungspunkte im Rahmen der **Zuständigkeit nach Art. 5–9,** dh für die Änderung des gewöhnlichen Aufenthalts (Art. 5), des schlichten Aufenthalts (Art. 6), der Staatsangehörigkeit (Art. 7), der Belegenheit des Vermögens (Art. 9) und für die derivative Zuständigkeit nach Art. 8. Die Regelung des **Art. 7 Abs. 3** bleibt ausdrücklich unberührt.

4   **Art. 10 und 11** werden bewusst nicht erfasst.[3] Beide enthalten eigene Regeln für die Weitergeltung der danach getroffenen Maßnahmen. Auch sie gelten weiter, wenn der Anknüpfungspunkt für die Zuständigkeit entfällt. Ihre Ablösung folgt jedoch eigenen Regeln. Die entgegenstehende Ansicht,,[4] wonach die Maßnahmen nach Art. 11 automatisch außer Kraft treten, wenn der schlichte Aufenthalt wechselt, ist mit Art. 11 Abs. 2 unvereinbar und daher abzulehnen.

III. Fortgeltung

5   Maßnahmen bleiben **innerhalb ihrer Reichweite** in Kraft. Damit ist nicht das selbstverständliche verfahrensrechtliche Prinzip gemeint, dass eine Maßnahme nur die ihr nach dem Recht der erlassenen Behörde zukommenden inhaltlichen Wirkungen hat. Betont werden soll vielmehr die in vielen Fällen nur implizite **territoriale Reichweite** der Maßnahmen.[5]

6   Art. 12 bestimmt nur die **Fortwirkung** der einmal getroffenen Maßnahmen **für die Vertragsstaaten** des ErwSÜ. Ihre Wirkung in Nichtvertragsstaaten richtet sich nach dem jeweiligen autonomen Recht. Bei einem Wechsel des gewöhnlichen Aufenthalts in einen Nichtvertragsstaat gilt nichts anderes.[6]

IV. Zuständigkeit für die Abänderung

7   Die Zuständigkeit für die Abänderung der nach Art. 12 fortgeltenden Maßnahmen in den Vertragsstaaten richtet sich nach Art. 5 ff., wie Art. 12 ausdrücklich klarstellt. Bei einem Wechsel des

---

[13] Bericht *Lagarde* Nr. 85; *Füllemann* Erwachsenenschutz Rn. 228.

[14] Bericht *Lagarde* Nr. 85; *Guttenberger* Haager Übereinkommen 125 f.

[1] Bericht *Lagarde* Nr. 86; *Guttenberger* Haager Übereinkommen 127.

[2] Bericht *Lagarde* Nr. 86; NK-BGB/*Benicke* Rn. 1.

[3] Bericht *Lagarde* Nr. 87.

[4] *Guttenberger* Haager Übereinkommen 127; ihm folgend Staudinger/*v. Hein* (2014) EGBGB Vor Art. 24 Rn. 137; NK-BGB/*Benicke* Rn. 2.

[5] Bericht *Lagarde* Nr. 88; Staudinger/*v. Hein* (2014) EGBGB Vor Art. 24 Rn. 138; vgl. auch NK-BGB/*Benicke* Rn. 7.

[6] NK-BGB/*Benicke* Rn. 3.

gewöhnlichen Aufenthalts in einen Nichtvertragsstaat gelten die bereits dargestellten Grundsätze: Ein Vertragsstaat kann sowohl nach dem ErwSÜ als auch nach seinem autonomen Recht zuständig sein (dazu → Art. 5 Rn. 13 ff.).

Die **Wirkung einer etwaigen Entscheidung des Nichtvertragsstaats** richtet sich nach auto- **8** nomem Recht, in Deutschland also nach §§ 108, 109 FamFG.[7]

V. Wechsel der Zuständigkeit im laufenden Verfahren

Entfällt die Zuständigkeit während des laufenden Verfahrens, ist das Verfahren einzustellen, sofern **9** keine anderweitige Zuständigkeit besteht. Das ErwSÜ kennt **keine perpetuatio fori.** Das gilt nicht nur für den Wechsel des gewöhnlichen Aufenthalts (→ Art. 5 Rn. 7 ff.), sondern ganz allgemein.[8]

Kapitel III. Anzuwendendes Recht

Vorbemerkung zu Art. 13 ff. ErwSÜ

Übersicht

I. Das kollisionsrechtliche System des ErwSÜ

Das ErwSÜ regelt nicht nur die internationalverfahrensrechtlichen Fragen für Schutzmaßnahmen **1** (Kapitel I: Zuständigkeit, Kapitel IV: Anerkennung und Vollstreckung), sondern auch das **Kollisi-onsrecht der Schutzmaßnahmen** in Art. 13 und 14.

Im Bereich des Kollisionsrechts geht das ErwSÜ über den Bereich der Schutzmaßnahmen hinaus **2** und enthält auch eine **Kollisionsregelung für die Vorsorgevollmacht** (Art. 15 und 16). Dabei wiederholt Art. 15 das sich bereits aus Art. 1 ergebende Erfordernis, dass die Vollmacht zum Zwecke des Erwachsenenschutzes benutzt wird (→ Art. 1–4 Rn. 14).

Keine kollisionsrechtliche Regelung im ErwSÜ gefunden hat der **Erwachsenenschutz kraft** **3** **Gesetzes.** Die Aufnahme einer entsprechenden Kollisionsnorm ist in der Spezialkommission zwar diskutiert, aber letztlich abgelehnt worden.[1] Sowohl die Vertretungsmacht kraft Gesetzes als auch die kraft Gesetzes eintretende Unwirksamkeit bzw. Anfechtbarkeit eines Rechtsgeschäfts bzw. der Wegfall der Verantwortlichkeit sind daher nach dem autonomen Kollisionsrecht zu behandeln (→ Art. 1–4 Rn. 26 ff.).

Das ErwSÜ regelt indes den **kollisionsrechtlichen Verkehrsschutz hinsichtlich der Vertre-** **4** **tungsmacht** eines Vertreters des Erwachsenen (Art. 17). Auch diese Regelung gilt freilich nur im sachlichen Anwendungsbereich des ErwSÜ und ist deshalb auf den Erwachsenenschutz beschränkt. Sie unterscheidet jedoch nicht nach dem Grund der Vertretungsmacht[2] und erfasst daher nicht nur die Vertretung aufgrund einer behördlichen Schutzmaßnahme oder einer Vorsorgevollmacht, son-dern auch die Vertretung kraft Gesetzes (näher → Art. 17 Rn. 7).[3]

Das Kapitel III enthält **allgemeine Normen,** die für alle drei vorstehend genannten Regelungs- **5** bereiche gelten. Soweit nicht ohnehin die lex fori angewandt wird, sind alle Verweisungen **Sach-normverweisungen.** Das IPR des anderen Staates bleibt folglich außer Betracht (Art. 19). **Ein-griffsrecht** des Schutzstaates geht jedem ggf. anzuwendenden Recht eines anderen Staates vor (Art. 20). Ein solches Recht ist außerdem nach Art. 21 nicht anzuwenden, wenn es dem **ordre public** des Schutzstaates widerspricht. Sowohl Art. 20 als auch Art. 21 können zB eine Rolle spielen, wenn es um die Durchführung einer nach dem Recht eines anderen Vertragsstaats getroffenen Maßnahme geht: Art. 20, weil eine inländische Eingriffsnorm etwas anderes vorschreibt, Art. 21, weil die im anderen Vertragsstaat getroffene Maßnahme mit grundlegenden inländischen Wertvorstel-lungen nicht vereinbar ist (zur Wirkung einer ausländischen Entmündigung in Deutschland → Art. 22 Rn. 19 f.).

---

[7] Staudinger/*v. Hein* (2014) EGBGB Vor Art. 24 Rn. 139; NK-BGB/*Benicke* Rn. 3.
[8] *Guttenberger* Haager Übereinkommen 126.
[1] Bericht *Lagarde* Nr. 90.
[2] Vgl. Bericht *Lagarde* Nr. 109; *Guttenberger* Haager Übereinkommen 179.
[3] *Füllemann* Erwachsenenschutz Rn. 316, 330.

II. Anwendungsbereich

6　　**1. Sachlicher Anwendungsbereich.** Die Kollisionsnormen setzen voraus, dass der sachliche Anwendungsbereich des ErwSÜ eröffnet ist. Das richtet sich nach dem Kapitel I (näher → Art. 1–4 Rn. 8 ff.). Für Schutzmaßnahmen und für die Vorsorgevollmacht ergibt sich das bereits daraus, dass sie definitionsgemäß den Schutz des Erwachsenen bezwecken müssen (vgl. Art. 1 Abs. 1, Art. 3 und Art. 15 Abs. 1). Bedeutsam ist diese Voraussetzung deshalb vor allem für den kollisionsrechtlichen Verkehrsschutz nach Art. 17. Er gilt nur im sachlichen Anwendungsbereich des ErwSÜ und ist deshalb auf den Erwachsenenschutz beschränkt.

7　　**2. Räumlicher Anwendungsbereich.** Hier ist zwischen den Kollisionsnormen für Schutzmaßnahmen und den übrigen Kollisionsnormen zu **differenzieren:**

8　　**a) Vorsorgevollmacht und kollisionsrechtlicher Verkehrsschutz (Art. 15–17).** Die Kollisionsnormen für die Vorsorgevollmacht (Art. 15 und 16) und für den kollisionsrechtlichen Verkehrsschutz (Art. 17) setzen nicht voraus, dass der Erwachsene seinen gewöhnlichen Aufenthalt in einem Vertragsstaat hat oder dass das jeweils maßgebliche Anknüpfungselement in einem Vertragsstaat verwirklicht ist.[4] So kann zB bei Art. 15 der gewöhnliche Aufenthalt des Erwachsenen oder sein Vermögen in einem Nichtvertragsstaat liegen oder bei Art. 17 das Rechtsgeschäft in einem Nichtvertragsstaat abgeschlossen werden. Auch bestimmt Art. 19, dass das berufene Recht auch das Recht eines Nichtvertragsstaats sein kann. Die Kollisionsnormen für die Vorsorgevollmacht (Art. 15 und 16) und für den kollisionsrechtlichen Verkehrsschutz (Art. 17) ersetzen daher das autonome Kollisionsrecht vollständig.

9　　**b) Behördliche Schutzmaßnahmen.** Bei Schutzmaßnahmen ist Art. 13 anzuwenden, wenn die Behörde des Vertragsstaats „ihre Zuständigkeit nach Kapitel II ausübt". Die Zuständigkeit nach Art. 5 ff. wird damit zur Voraussetzung für die Anwendung des Art. 13. Der **räumliche Anwendungsbereich der Zuständigkeitsnormen** bestimmt daher zugleich den räumlichen Anwendungsbereich des Art. 13 (→ Vor Art. 5 Rn. 5 f.).[5] Dementsprechend ist zu differenzieren:

10　　Hat der Erwachsene seinen **gewöhnlichen Aufenthalt in einem Vertragsstaat,** richtet sich die Zuständigkeit der Behörden in den Vertragsstaaten ausschließlich nach dem ErwSÜ (→ Vor Art. 5 Rn. 8). In diesem Fall bestimmt daher allein Art. 13 über das anzuwendende Recht.[6]

11　　Hat der Erwachsene seinen **gewöhnlichen Aufenthalt in einem Nichtvertragsstaat,** kann sich die Zuständigkeit der Behörde eines Vertragsstaats sowohl aus seinem autonomen Recht als auch aus dem ErwSÜ ergeben (→ Vor Art. 5 Rn. 9 ff.). Im Gegensatz zu den Zuständigkeitsnormen des ErwSÜ und des autonomen Rechts können jedoch die Kollisionsnormen des Art. 13 und des autonomen Rechts (zB Art. 24 EGBGB) nicht nebeneinander angewandt werden. Hier sollte man im Interesse eines einheitlichen Kollisionsrechts der Schutzmaßnahmen in den Vertragsstaaten des ErwSÜ der Regelung des Art. 13 den Vorrang einräumen. Besteht eine Zuständigkeit (auch) nach dem ErwSÜ, führt diese deshalb zur Anwendung des Art. 13. Art. 13 verdrängt damit das autonome Kollisionsrecht auch dann, wenn zugleich eine Zuständigkeit nach autonomem Recht besteht.[7]

12　　Im Ergebnis haben die Behörden des nach dem ErwSÜ zuständigen Vertragsstaats daher gemäß Art. 13 Abs. 1 regelmäßig das **Erwachsenenschutzrecht der lex fori** anzuwenden, **unabhängig davon, wo der Erwachsene seinen gewöhnlichen Aufenthalt hat.** Aus deutscher Sicht hat diese Lösung zudem den Vorzug, dass die deutsche Praxis zwar seit langem so verfährt, dies aber nur schwer mit Art. 24 EGBGB vereinbar ist. Soweit sich die internationale Zuständigkeit deutscher Betreuungsgerichte (auch) aus dem ErwSÜ ergibt, kann sie sich nun auf Art. 13 stützen.

13　　Für die **Durchführung von Schutzmaßnahmen** enthält Art. 14 eine eigene Kollisionsnorm. Sie setzt schon nach ihrem Wortlaut voraus, dass die in einem Vertragsstaat getroffene Maßnahme **in einem anderen Vertragsstaat durchgeführt** wird.

Art. 13 ErwSÜ [Recht der Behörden]

(1) Bei der Ausübung ihrer Zuständigkeit nach Kapitel II wenden die Behörden der Vertragsstaaten ihr eigenes Recht an.

---

[4] *Wedemann* FamRZ 2010, 785 (787, 790); NK-BGB/*Benicke* Art. 15 Rn. 4, Art. 17 Rn. 3; Staudinger/*v. Hein* (2014) EGBGB Vor Art. 24 Rn. 145; aA *Siehr* RabelsZ 64 (2000), 715 (741 f.).

[5] *Guttenberger* Haager Übereinkommen 142.

[6] Staudinger/*v. Hein* (2014) EGBGB Vor Art. 24 Rn. 143.

[7] Ebenso Palandt/*Thorn* EGBGB Anh. Art. 24 Rn. 7: Art. 13, wenn Zuständigkeit nach Art. 5–11 ErwSÜ besteht; Staudinger/*v. Hein* (2014) EGBGB Vor Art. 24 Rn. 143 für Art. 10; aA *Schulte-Bunert* FuR 2014, 401, der nur auf den gewöhnlichen Aufenthalt abstellt.

(2) Soweit es der Schutz der Person oder des Vermögens des Erwachsenen erfordert, können sie jedoch ausnahmsweise das Recht eines anderen Staates anwenden oder berücksichtigen, zu dem der Sachverhalt eine enge Verbindung hat.

I. Normzweck

Die Vorschrift entspricht Art. 15 KSÜ. Wie alle Kollisionsnormen des Kapitels III enthält sie 1 Sachnormverweisungen (Art. 19). Wie die Ausweichklausel des Art. 13 Abs. 2 zeigt, dient sie primär dem **materiellen Ziel des Erwachsenenschutzes** und ordnet dem das kollisionsrechtliche Prinzip des räumlich besten Rechts unter.[1]

Art. 13 Abs. 1 ordnet den Gleichlauf von Zuständigkeit und materiellem Recht an (lex fori in 2 foro proprio). Das **Gleichlaufprinzip** soll das Verfahren beschleunigen und vereinfachen, weil die international zuständige Erwachsenenschutzbehörde stets ihr eigenes Recht anwendet. Da die Schutzmaßnahmen meist in diesem Staat durchgeführt werden, wird in der Regel auch ihre Durchsetzung erleichtert.[2]

Eine **Ausweichklausel** enthält Art. 13 Abs. 2. Sie erlaubt es der zuständigen Behörde, ausnahms- 3 weise das Recht eines anderen Staates anzuwenden oder zu berücksichtigen, sofern es das **Wohl des Erwachsenen** erfordert und eine enge Verbindung zu diesem Staat besteht.[3]

II. Gleichlaufprinzip (Abs. 1)

Die Regelung des Art. 13 Abs. 1 gilt **für alle Zuständigkeiten des Kapitels II,** nicht nur 4 für die Zuständigkeit am gewöhnlichen Aufenthalt nach Art. 5 („bei der Ausübung ihrer Zuständigkeit nach Kapitel II").[4] Es führt daher nur indirekt dazu, dass meist das Recht am gewöhnlichen Aufenthalt des Erwachsenen angewendet wird, nämlich über den Vorrang der Zuständigkeit des Art. 5.

Sind die Behörden mehrerer Staaten **parallel zuständig,** wendet jede Behörde danach ihr eigenes 5 Recht an. Der Schutz des betroffenen Erwachsenen wird dann sowohl hinsichtlich der Zuständigkeit als auch materiellrechtlich aufgespalten.[5]

III. Ausweichklausel (Abs. 2)

Die Ausweichklausel des Art. 13 Abs. 2 ist als **Ausnahmevorschrift** konzipiert. Sie räumt der 6 zuständigen Behörde ein **Ermessen** ein („können"), bei ihrer Schutzmaßnahme ausländisches Recht anzuwenden oder zu berücksichtigen.[6] Die Beteiligten können dies anregen. Eine Rechtswahl wird ihnen dadurch jedoch nicht eröffnet.[7]

Voraussetzungen sind, dass der Sachverhalt eine **enge Verbindung** zu einem anderen Staat hat 7 und dass der **Schutz des Erwachsenen** seine Anwendung erfordert. Da die Ausweichklausel dem Schutz des Erwachsenen dient und nicht auf dem kollisionsrechtlichen Prinzip der engsten Verbindung beruht (→ Rn. 1), genügt eine „enge Verbindung" zu einem anderen Staat. Sie muss also nicht enger sein als die Verbindung zu dem Staat, dessen Recht nach Art. 13 Abs. 1 anzuwenden ist.[8] Daher dient die Ausweichklausel auch nicht dazu, im Falle der Zuständigkeit anderer Staaten nach Art. 7–11 regelmäßig das Recht des gewöhnlichen Aufenthalts anzuwenden. **Ausschlaggebend** ist letztlich, ob der Schutz des Erwachsenen die Anwendung oder Berücksichtigung ausländischen Rechts erfordert.[9] So kann zB die nach Art. 5 zuständige Behörde eine Genehmigung für die Veräußerung eines im Ausland befindlichen Vermögensgegenstands nach dem Recht des Belegenheitsstaates erteilen, auch wenn nach ihrem eigenen Recht die Veräußerung ohne Genehmigung möglich ist.[10] Möglich ist es auch, bei einer anstehenden ärztlichen Behandlung im Ausland oder

---

[1] Bericht *Lagarde* KSÜ Nr. 86 ff.; Bericht *Lagarde* Nr. 91 f.; (nur) für Art. 13 Abs. 2 ebenso Staudinger/*v. Hein* (2014) EGBGB Vor Art. 24 Rn. 149.
[2] Bericht *Lagarde* Nr. 91.
[3] Bericht *Lagarde* Nr. 92; Staudinger/*v. Hein* (2014) EGBGB Vor Art. 24 Rn. 149.
[4] Vgl. Bericht *Lagarde* KSÜ Nr. 88; *Guttenberger* Haager Übereinkommen 141 f.
[5] *Guttenberger* Haager Übereinkommen 141.
[6] NK-BGB/*Benicke* Rn. 9.
[7] Staudinger/*v. Hein* (2014) EGBGB Vor Art. 24 Rn. 153.
[8] Staudinger/*v. Hein* (2014) EGBGB Vor Art. 24 Rn. 149.
[9] Bericht *Lagarde* Nr. 92; *Füllemann* Erwachsenenschutz Rn. 241; Palandt/*Thorn* EGBGB Anh. Art. 24 Rn. 5; Staudinger/*v. Hein* (2014) EGBGB Vor Art. 24 Rn. 150; NK-BGB/*Benicke* Rn. 5.
[10] Bericht *Lagarde* Nr. 92.

einem geplanten Umzug ins Ausland Schutzmaßnahmen vorsorglich bereits nach dem Recht des Behandlungs- bzw. des neuen Aufenthaltsstaates anzuordnen.[11] Als **Alternative** bietet sich in diesen Fällen eine Übertragung der Zuständigkeit nach Art. 8 an.

8   Art. 13 Abs. 2 eröffnet eine große **Flexibilität** für die Vorgehensweise der zuständigen Behörde, damit sie ihre Maßnahme zum Wohl des Erwachsenen an die Bedürfnisse des Einzelfalls anpassen kann.[12] Zum einen führt die Ausweichklausel nicht notwendig zur vollständigen Verdrängung des ausländischen Rechts, sondern erlaubt es auch, nur eine **Teilfrage** nach ausländischem Recht zu beantworten ("soweit es der Schutz erfordert"). So kann zB die Frage, ob der Ehegatte zur Übernahme des Amtes eines Betreuers verpflichtet ist, nach dem Ehewirkungsstatut beantwortet werden.[13] Zum anderen erlaubt Art. 13 Abs. 2 nicht nur die **Anwendung** ausländischen Rechts, sondern auch seine **Berücksichtigung.** Damit soll der zuständigen Behörde die Möglichkeit eröffnet werden, einzelne Voraussetzungen oder Prinzipien des ausländischen Rechts in ihre auf die lex fori gestützte Entscheidung einfließen zu lassen.[14] Darüber hinaus kann auf diese Weise die **Vertretungsmacht kraft Gesetzes** berücksichtigt werden.[15]

9   Art. 13 Abs. 2 spricht nur vom Recht eines anderen Staates. Das ausländische Recht kann daher auch das **Recht eines Nichtvertragsstaats** sein (Art. 18). Das ist in zweifacher Hinsicht bedeutsam: Zum einen kann die **Anerkennung der Schutzmaßnahme,** die die zuständige Behörde des Vertragsstaats zu treffen hat, in einem Nichtvertragsstaat davon abhängen, dass dessen Recht oder jedenfalls das Recht angewendet wird, das nach dessen IPR anzuwenden ist (kollisionsrechtlicher ordre public).[16] Zum anderen kann es sein, dass ein **Nichtvertragsstaat eine Schutzmaßnahme angeordnet** hat. Deren Anerkennung richtet sich nach dem autonomen Recht des zuständigen Vertragsstaats, in Deutschland also nach §§ 108, 109 FamFG. Ist die ausländische Maßnahme in einem Vertragsstaat anzuerkennen, muss sie bei weiteren Schutzmaßnahmen in diesem Vertragsstaat bereits deshalb beachtet werden. Art. 13 Abs. 2 erlaubt hier darüber hinaus, bei der Anordnung weiterer Schutzmaßnahmen das der anerkannten ausländischen Maßnahme zugrunde liegende Recht zu berücksichtigen.[17] Die ausländische Schutzmaßnahme kann jedoch auch Folgen haben, wenn sie nicht anerkannt wird (wenn zB nach einer nicht anerkannten Entmündigung in einem Nichtvertragsstaat der dort bestellte Vormund für den Erwachsenen handelt). Auch in diesem Fall erlaubt Art. 13 Abs. 2 der zuständigen Behörde, ihre Maßnahmen an die dadurch geschaffene Situation flexibel anzupassen.[18]

Art. 14 ErwSÜ [Recht eines anderen Staates]

Wird eine in einem Vertragsstaat getroffene Maßnahme in einem anderen Vertragsstaat durchgeführt, so bestimmt das Recht dieses anderen Staates die Bedingungen, unter denen sie durchgeführt wird.

I. Normzweck

1   Die in einem Vertragsstaat getroffene Schutzmaßnahme ist nach Art. 22 in den anderen Vertragsstaaten anzuerkennen. Ihre Wirkungen richten sich dabei nach dem Recht des Anordnungsstaates (→ Art. 22 Rn. 3). Art. 14 unterstellt jedoch die **Bedingungen,** unter denen sie in einem anderen Vertragsstaat durchgeführt werden, dem **Recht des Durchführungsstaates.** Das gilt nicht nur im Fall des Zuständigkeitswechsels, wenn sich die zuständigkeitsbegründenden Umstände ändern und die getroffene Maßnahme nach Art. 12 weiter gilt. Im Gegensatz zu ihrem Vorbild, Art. 15 Abs. 3

---

[11] *Guttenberger* Haager Übereinkommen 144; *Füllemann* Erwachsenenschutz Rn. 242, 244; Staudinger/*v. Hein* (2014) EGBGB Vor Art. 24 Rn. 150; NK-BGB/*Benicke* Rn. 6.

[12] *Siehr* RabelsZ 64 (2000), 715 (737); *Clive* YbPIL 2 (2000), 1 (11); *Guttenberger* Haager Übereinkommen 145.

[13] Vgl. Staudinger/*v. Hein* (2014) EGBGB Vor Art. 24 Rn. 149; zust. NK-BGB/*Benicke* Rn. 8.

[14] *Clive* YbPIL 2 (2000), 1 (11); *Guttenberger* Haager Übereinkommen 145.

[15] Staudinger/*v. Hein* (2014) EGBGB Vor Art. 24 Rn. 152.

[16] *Guttenberger* Haager Übereinkommen 143; *Füllemann* Erwachsenenschutz Rn. 246.

[17] Staudinger/*v. Hein* (2014) EGBGB Vor Art. 24 Rn. 152.

[18] *Siehr* RabelsZ 64 (2000), 715 (737); *Füllemann* Erwachsenenschutz Rn. 245; Palandt/*Thorn* EGBGB Anh. Art. 24 Rn. 5.

KSÜ, erfasst die Vorschrift alle Fälle, in denen eine Schutzmaßnahme in einem Vertragsstaat getroffen und in einem anderen Vertragsstaat durchgeführt wird.[1]

Der **Zweck** dieser Regelung liegt darin, die Durchführung der Schutzmaßnahme zu beschleuni- 2 gen und zu vereinfachen. Die Behörden des Durchführungsstaates müssen nicht das Recht des anordnenden Staates anwenden, sondern können nach ihrem eigenen Recht verfahren. Art. 14 beruht daher letztlich auf denselben Erwägungen wie das Gleichlaufprinzip in Art. 13 Abs. 1. Infolge der Anwendung der lex fori bei der Durchführung der ausländischen Schutzmaßnahme entfällt zugleich in vielen Fällen der Einwand des ordre public gegen ihre Anerkennung (Art. 22 Abs. 2 lit. c). Auch ihre Abänderung wird dadurch meist entbehrlich.[2]

Sofern Art. 14 nicht eingreift, kann sich das Recht des Durchführungsstaates nach Art. 20 durch- 3 setzen, wenn es sich um **zwingende Eingriffsnormen** handelt. In besonders gelagerten Fällen kann zudem die Anerkennung der ausländischen Schutzmaßnahme wegen eines Verstoßes gegen den **ordre public** versagt werden (Art. 22 Abs. 2 lit. c).

II. Bedingungen der Durchführung

Art. 14 unterstellt die „Bedingungen der Durchführung" einer ausländischen Schutzmaßnahme 4 dem Recht des Durchführungsstaates. Was hierunter zu verstehen ist, ist wie bei seinem Vorbild, Art. 15 Abs. 3 KSÜ, noch wenig geklärt.[3] Im Ausgangspunkt ist festzuhalten, dass sich die Wirkung einer anzuerkennenden ausländischen Schutzmaßnahme nach dem Recht des Anordnungsstaates bestimmt (→ Art. 22 Rn. 3). Wenn Art. 14 die „Bedingungen der Durchführung" einer ausländischen Schutzmaßnahme regelt, setzt er deshalb ihre Anerkennung und die damit verbundene Erstreckung ihrer Wirkungen auf den anderen Vertragsstaat voraus. Wie die Genese des Art. 14 zeigt, soll er zum einen die Fälle des **Zuständigkeitswechsels** erfassen, in denen die bisherige Schutzmaßnahme weiter besteht (Art. 12) und in dem nunmehr zuständigen Staat durchgeführt wird, und zum anderen die **Ausübung der Vertretungsmacht** aufgrund einer behördlichen Schutzmaßnahme in einem anderen Vertragsstaat.[4]

Die „**Durchführung**" einer ausländischen Maßnahme iS des Art. 14 umfasst daher sowohl die 5 Fälle, in denen eine durch eine Schutzmaßnahme bestellte Fürsorgeperson oder Stelle in einem anderen Vertragsstaat tätig wird, als auch die Fälle, in denen der nunmehr zuständige Vertragsstaat die weiterhin geltende Schutzmaßnahme nicht ändert oder ersetzt, sondern sie vielmehr zugrunde legt und ihre Durchführung regelt.[5] Art. 14 unterstellt jedoch nicht die Durchführung als solche, sondern lediglich die „**Bedingungen**" der Durchführung dem Recht des Durchführungsstaates. Er erfasst daher nicht den Bestand, die Organisation und die Wirkungen der ausländischen Schutzmaßnahme und die hierdurch begründeten Kompetenzen der Fürsorgeperson, sondern nur die **speziellen Anforderungen**, die der Durchführungsstaat an einzelne Fürsorgemaßnahmen stellt.

Wie die Materialien zu Art. 14 und zu den Parallelnormen des Art. 15 Abs. 3 und Art. 17 KSÜ 6 zeigen, sind damit in erster Linie die behördlichen oder gerichtlichen **Genehmigungen** gemeint, die eine Fürsorgeperson nach dem Recht des Durchführungsstaates für bestimmte Fürsorgemaßnahmen benötigt.[6] Ihre Notwendigkeit und die Voraussetzungen für ihre Erteilung richten sich nach dem Recht des Staates, in dem diese Fürsorgemaßnahme erfolgen soll.[7] Wer für die Erteilung der Genehmigung zuständig ist, sagt Art. 14 nicht. Das bestimmt sich nach den üblichen Regeln der Zuständigkeit, also nach Art. 5 ff.

Ausländische Fürsorgepersonen unterliegen danach bei ihrer **Tätigkeit in Deutschland** den 7 Genehmigungserfordernissen des deutschen Betreuungsrechts (§§ 1904–1908 und § 1908i Abs. 1 S. 1 BGB). Daher muss zB ein österreichischer Sachwalter beim Verkauf eines deutschen Grundstücks oder eines deutschen Erwerbsgeschäfts (vgl. § 1908i Abs. 1 S. 1 BGB, § 1821 Abs. 1 Nr. 1 BGB bzw.

---

[1] Bericht *Lagarde* Nr. 94.
[2] Staudinger/*v. Hein* (2014) EGBGB Vor Art. 24 Rn. 154; NK-BGB/*Benicke* Rn. 2.
[3] Vgl. Bericht *Lagarde* Nr. 94; *Siehr* RabelsZ 64 (2000), 715 (737 f.); *Bucher* SZIER 2000, 37 (50); zu Art. 15 KSÜ vgl. Bericht *Lagarde* KSÜ Nr. 90 f.; Staudinger/*Pirrung* (2009) Vor C-H Art. 19 EGBGB KSÜ Art. 15 Rn. G 105.
[4] Bericht *Lagarde* Nr. 93.
[5] *Guttenberger* Haager Übereinkommen 146 f.; *Füllemann* Erwachsenenschutz Rn. 250; Staudinger/*v. Hein* (2014) EGBGB Vor Art. 24 Rn. 157 ff.; nur die erstgenannte Fallgruppe erwähnt NK-BGB/*Benicke* Rn. 4 ff.
[6] Bericht *Lagarde* Nr. 94; Bericht *Lagarde* KSÜ Nr. 90 f., 109.
[7] Bericht *Lagarde* Nr. 94; *Guttenberger* Haager Übereinkommen 147 f.; *Füllemann* Erwachsenenschutz Rn. 252; Staudinger/*v. Hein* (2014) EGBGB Vor Art. 24 Rn. 159; NK-BGB/*Benicke* Rn. 4; Palandt/*Thorn* EGBGB Anh. Art. 24 Rn. 6.

§ 1822 Nr. 3 BGB) oder bei der Auflösung der deutschen Wohnung (vgl. § 1907 BGB) des Erwachsenen die dafür nach deutschem Recht erforderlichen Genehmigungen einholen.[8]

8   Für die Anerkennung und Durchführung einer **Unterbringung** iS des Art. 3 lit. e in einem anderen Vertragsstaat gelten die Sondervorschriften der Art. 22 Abs. 2 lit. e und Art. 33. Soll sie in Deutschland erfolgen, ist § 12 ErwSÜAG zu beachten.

9   Klärungsbedürftig ist in diesem Zusammenhang die Frage, ob neben den Genehmigungserfordernissen des Durchführungsstaates auch die **Genehmigungserfordernisse des Anordnungsstaates** eingehalten werden müssen. Der Bericht Lagarde neigt dazu, die Frage zu bejahen, lässt dies aber letztlich offen.[9] Zwar kann man die Genehmigungspflichten rein konstruktiv durchaus als Voraussetzungen für die Vertretungsmacht begreifen und sie daher dem Recht des anordnenden Staates unterwerfen.[10] Doch unterstellt Art. 14 diese Durchführungsbedingungen eben gerade nicht dem Recht des anordnenden Staates, sondern dem des Durchführungsstaates. Eine Kumulation der Genehmigungserfordernisse lässt sich der Vorschrift nicht entnehmen. Vor allem würde eine solche Kumulation die Durchführung der Schutzmaßnahme nicht beschleunigen, sondern erheblich verzögern. Das ist mit der ratio legis des Art. 14 unvereinbar und deshalb abzulehnen.[11]

10   Zu den Durchführungsbedingungen zählen auch die **Verbote für bestimmte Vertretungshandlungen.**[12] So dürfen ein österreichischer Sachwalter oder ein Schweizer Beistand in Deutschland Schenkungen nur nach Maßgabe der § 1908i Abs. 2 S. 1 BGB, § 1804 BGB vornehmen. Umgekehrt kann ein deutscher Betreuer zwar in Deutschland eine Bürgschaft mit Genehmigung des Betreuungsgerichts eingehen (§ 1908i Abs. 1 S. 1 BGB, § 1822 Nr. 10 BGB), nicht aber in der Schweiz. Dort verbietet Art. 412 ZGB auch ihm, eine Stiftung zu errichten oder eine Schenkung mit Ausnahme der üblichen Gelegenheitsgeschenke vorzunehmen. Wie das Beispiel der Bürgschaft zeigt, sind das Verbot einer bestimmten Handlung und ihre Genehmigungsbedürftigkeit funktionell äquivalent, da sie beide die Vertretungsmacht beschränken. Sie unterscheiden sich lediglich im Ausmaß dieser Beschränkung.

11   Keine speziellen Anforderungen an einzelne Fürsorgemaßnahmen und damit **keine Durchführungsbedingungen** stellen Regeln über die **Rechte und Pflichten** der Fürsorgeperson dar, wie zB die Pflichten zur Erstellung eines Inventars, zur Rechnungslegung und zur Abgabe eines Rechenschaftsberichts.[13] Gleiches gilt für die **Vergütung und Haftung** der Fürsorgeperson. Diese Regelungen betreffen vielmehr die Stellung der Fürsorgeperson und ihre Aufgaben bzw. das Fürsorgeverhältnis und damit die Organisation der Schutzordnung iS des Art. 3 lit. a und sind daher nach dem Recht des anordnenden Staates zu beurteilen. Das gilt auch, wenn die Fürsorgeperson längere Zeit im Durchführungsstaat tätig ist.[14] Hält der Durchführungsstaat dies nicht für ausreichend und eine Änderung für erforderlich, muss er die Schutzmaßnahme dementsprechend ändern, sofern er dafür nach Art. 5 ff. zuständig ist. Für diese Abänderung ist das anzuwendende Recht nach Art. 13 zu bestimmen.

12   Ebenfalls **keine Durchführungsbedingungen** sind Vorschriften über die **Publizität der Schutzmaßnahme,** wie zB ihre Eintragung in ein öffentliches Register. Sie sind mit der Anordnung der Schutzmaßnahme eng verbunden und unterliegen daher dem Recht des anordnenden Staates. Den Schutz des Rechtsverkehrs stellen die Bescheinigung nach Art. 38 und der kollisionsrechtliche Verkehrsschutz des Art. 17 sicher.[15]

Art. 15 ErwSÜ [Vertretungsmacht]

(1) Das Bestehen, der Umfang, die Änderung und die Beendigung der von einem Erwachsenen entweder durch eine Vereinbarung oder ein einseitiges Rechtsgeschäft eingeräumten Vertretungsmacht, die ausgeübt werden soll, wenn dieser Erwachsene nicht in der Lage ist, seine Interessen zu schützen, werden vom Recht des Staates bestimmt, in

---

[8] *Guttenberger* Haager Übereinkommen 147 f.; *Füllemann* Erwachsenenschutz Rn. 252; Staudinger/*v. Hein* (2014) EGBGB Vor Art. 24 Rn. 159; NK-BGB/*Benicke* Rn. 4; Palandt/*Thorn* EGBGB Anh. Art. 24 Rn. 6.

[9] Bericht *Lagarde* Nr. 94.

[10] In diesem Sinn Bericht *Lagarde* Nr. 94.

[11] Ebenso Staudinger/*v. Hein* (2014) EGBGB Vor Art. 24 Rn. 161; aA *Bucher* SZIER 2000, 37 (50); *Guttenberger* Haager Übereinkommen 150 f.; *Füllemann* Erwachsenenschutz Rn. 256; NK-BGB/*Benicke* Rn. 6.

[12] *Füllemann* Erwachsenenschutz Rn. 254.

[13] Anders, jedoch ohne Begr. für die damit verbundene Abweichung vom eigenen Konzept, *Guttenberger* Haager Übereinkommen 148; ihm folgend *Füllemann* Erwachsenenschutz Rn. 255.

[14] Anders *Guttenberger* Haager Übereinkommen 148; NK-BGB/*Benicke* Rn. 5; Staudinger/*v. Hein* (2014) EGBGB Vor Art. 24 Rn. 162.

[15] *Guttenberger* Haager Übereinkommen 148 f.; zust. Staudinger/*v. Hein* (2014) EGBGB Vor Art. 24 Rn. 163.

dem der Erwachsene im Zeitpunkt der Vereinbarung oder des Rechtsgeschäfts seinen gewöhnlichen Aufenthalt hatte, es sei denn, eines der in Absatz 2 genannten Rechte wurde ausdrücklich schriftlich gewählt.

(2) Die Staaten, deren Recht gewählt werden kann, sind
a) ein Staat, dem der Erwachsene angehört;
b) der Staat eines früheren gewöhnlichen Aufenthalts des Erwachsenen;
c) ein Staat, in dem sich Vermögen des Erwachsenen befindet, hinsichtlich dieses Vermögens.

(3) Die Art und Weise der Ausübung einer solchen Vertretungsmacht wird vom Recht des Staates bestimmt, in dem sie ausgeübt wird.

Übersicht

I. Normzweck

Im materiellen Erwachsenenschutzrecht wird zunehmend die Vorsorgevollmacht als Instrument **1** selbstbestimmter Vorsorge für den Fürsorgefall anerkannt (→ Vor Art. 1 Rn. 4). Mit der **kollisionsrechtlichen Regelung der Vorsorgevollmacht** in Art. 15 hat das ErwSÜ kollisionsrechtliches Neuland betreten.[1]

Maßgebend für das Bestehen, den Umfang, die Änderung und die Beendigung der Vertretungs- **2** macht danach ist das **Recht am gewöhnlichen Aufenthalt** des Erwachsenen bei Erteilung der Vollmacht (Art. 15 Abs. 1). Falls die danach berufene Rechtsordnung keine Vorsorgevollmacht kennt, geht diese Verweisung jedoch ins Leere. Deshalb eröffnet Art. 15 Abs. 2 darüber hinaus die Möglichkeit einer **Rechtswahl,**[2] die indes auf das Recht bestimmter Staaten beschränkt ist, mit denen gewisse objektive Anknüpfungspunkte bestehen.[3] In vergleichbarer Weise wie bei einer durch eine behördliche Schutzmaßnahme begründeten Vertretungsmacht (→ Art. 14 Rn. 4 ff.), unterliegt auch bei einer Vorsorgevollmacht **Art und Weise der Ausübung der Vertretungsmacht** dem Recht des Ausübungsstaates (Art. 15 Abs. 3).[4]

Ergänzt wird diese Regelung durch Art. 16. Danach kann die nach Art. 5 ff. zuständige Behörde **3** die Vorsorgevollmacht zum Schutz des Erwachsenen aufheben oder ändern. Den kollisionsrechtlichen Verkehrsschutz gewährleistet Art. 17.

II. Anwendungsbereich

1. Persönlicher Anwendungsbereich. Art. 15 erfasst nach seinem Abs. 1 nur diejenige Voll- **4** macht, die ausgeübt werden soll, wenn der Erwachsene nicht in der Lage ist, seine Interessen zu

---

[1] *Bucher* SZIER 2000, 37 (50); *Guttenberger* Haager Übereinkommen 151; *Füllemann* Erwachsenenschutz Rn. 258; Staudinger/*v. Hein* (2014) EGBGB Vor Art. 24 Rn. 169.
[2] Vgl. Bericht *Lagarde* Nr. 98.
[3] Bericht *Lagarde* Nr. 102.
[4] Vgl. Bericht *Lagarde* Nr. 106.

schützen. Als **Erwachsener** gilt nach Art. 2 Abs. 1 eine Person mit Vollendung ihres 18. Lebensjahres.

5   **2. Sachlicher Anwendungsbereich.** Wie die Bestimmung des sachlichen Anwendungsbereichs des ErwSÜ (→ Art. 1–4 Rn. 8) hat auch die Bestimmung des Anwendungsbereichs des Art. 15 **autonom** zu erfolgen.[5]

6   **a) Rechtsgeschäftlich eingeräumte Vertretungsmacht.** Die Vorschrift regelt den Bestand, den Umfang, die Änderung, die Beendigung (Art. 15 Abs. 1 und 2) und die Ausübung (Art. 15 Abs. 3) der rechtsgeschäftlich eingeräumten **Vertretungsmacht.** Wie Art. 15 Abs. 1 ausdrücklich bestimmt, spielt es keine Rolle, ob sie durch **einseitiges Rechtsgeschäft** oder durch **Vereinbarung** begründet ist.

7   Die Vertretungsmacht muss **von dem Erwachsenen** eingeräumt werden. Art. 15 gilt daher zB nicht für eine Vollmacht, die Eltern eines behinderten Kindes zugunsten eines Dritten erteilen und die weitergelten soll, wenn das Kind 18 Jahre alt geworden ist.[6]

8   **b) Schutzzweck.** Die Vollmacht muss den **Schutz des Erwachsenen** bezwecken (vgl. Art. 15 Abs. 1: „der nicht in der Lage ist, seine Interessen zu schützen"). Damit verweist Art. 15 letztlich auf die Vorschriften über den sachlichen Anwendungsbereich des ErwSÜ in Kapitel I (näher → Art. 1–4 Rn. 8 ff.). Die Schutzbedürftigkeit muss daher auf einer **Beeinträchtigung oder Unzulänglichkeit seiner persönlichen Fähigkeiten** beruhen.[7] Daher erfasst Art. 15 keine Vollmachten **für andere Zwecke,** zB für eine längere Abwesenheit[8] oder die transmortale Vollmacht für die Zeit nach dem Tod des Vollmachtgebers[9] (zum Ausschluss entsprechender Pflegschaften → Art. 1–4 Rn. 16).

9   Dient eine Vollmacht **mehreren Zwecken,** soll sie etwa sowohl die Abwesenheit als auch den Fürsorgefall abdecken, ist kollisionsrechtlich zu differenzieren: Soweit es um den Schutz des Erwachsenen geht, sind das ErwSÜ und Art. 15 anwendbar, im Übrigen gilt nicht das ErwSÜ, sondern das Haager Stellvertretungsübereinkommen von 1978[10] bzw. das autonome Kollisionsrecht, in Deutschland also das Wirkungslandprinzip.[11] Maßgeblich für die Beurteilung, ob die Vollmacht Art. 15 unterfällt, ist dann bei einer **fortwirkenden Vollmacht,** die verschiedenen Zwecken dient, nach hM der **Zweck** zu der **Zeit,** zu der von ihr Gebrauch gemacht wird bzw. zu dem die Vertretungsmacht des Vertreters vorhanden sein muss.[12]

10   Wie die Qualifikation als Schutzmaßnahme iS des Art. 1 Abs. 2 und Art. 3 (→ Art. 1–4 Rn. 8) hat die Qualifikation als Vorsorgevollmacht iS des Art. 15 **autonom** zu erfolgen (→ Rn. 5). Es spielt deshalb keine Rolle, welche Voraussetzungen das jeweilige Erwachsenenschutzrecht für die Anerkennung und den Gebrauch der Vollmacht aufstellt. Daher kommt es zB **nicht auf die Handlungs- oder Urteilsfähigkeit** des Erwachsenen an, sondern auf darauf, ob die Vollmacht den Schutz des Erwachsenen bei einer Beeinträchtigung oder Unzulänglichkeit seiner persönlichen Fähigkeiten bezweckt.[13] Ebenso unerheblich ist die **konkrete Ausgestaltung der Vollmacht,** ob sie zB aufschiebend bedingt erteilt wird oder unbedingt mit einer entsprechenden Verwendungsbeschränkung im Innenverhältnis bzw. mit einer Aushändigungsregelung.[14]

---

[5] *Ramser,* Grenzüberschreitende Vorsorgevollmachten in Europa im Licht des Haager Übereinkommens über den internationalen Schutz von Erwachsenen vom 13. Januar 2000, 2010, 66 ff., 82 ff.

[6] Bericht *Lagarde* Nr. 95; *Guttenberger* Haager Übereinkommen 152; *Füllemann* Erwachsenenschutz Rn. 264.

[7] *Guttenberger* Haager Übereinkommen 151; NK-BGB/*Benicke* Rn. 6.

[8] *Guttenberger* Haager Übereinkommen 151 f.; NK-BGB/*Benicke* Rn. 6.

[9] *Guttenberger* Haager Übereinkommen 151 f.

[10] Bericht *Lagarde* Nr. 97.

[11] Staudinger/*v. Hein* (2014) EGBGB Vor Art. 24 Rn. 174; *Röthel* in Lipp Vorsorgeverfügungen-HdB § 20 Rn. 8; ausf. *Guttenberger* Haager Übereinkommen 36 ff.; *Röthel/Woitge* IPRax 2010, 494 (496 ff.); *Schaub* IPRax 2016, 207 (209, 213 f.); jeweils mwN auch zu abweichenden Anknüpfungsvorschlägen im autonomen deutschen Kollisionsrecht.

[12] Bericht *Lagarde* Nr. 97; *Bucher* SZIER 2000, 37 (51); *Wedemann* FamRZ 2010, 785 (786 f.); Staudinger/*v. Hein* (2014) EGBGB Vor Art. 24 Rn. 175; NK-BGB/*Benicke* Rn. 6; *Ruck Keene* in Frimston et al., The International Protection of Adults, 2015, no. 9.19; aA (Vollmacht untersteht auch davor Art. 15) *Ludwig* DNotZ 2009, 251 (273); ihm folgend G. *Müller* in G. Müller/Renner, Betreuungsrecht und Vorsorgeverfügungen in der Praxis, 4. Aufl. 2015, Rn. 915.

[13] Zutr. *Guttenberger* Haager Übereinkommen 151; *Füllemann* Erwachsenenschutz Rn. 258 ff.; missverständlich dagegen Bericht *Lagarde* Nr. 96 ff., der zunächst die Schutzbedürftigkeit als Anknüpfungspunkt für die Qualifikation betont, im Verlauf der weiteren Ausführungen stattdessen jedoch von einer „Vollmacht für den Fall der Handlungsunfähigkeit" spricht; ähnlich NK-BGB/*Benicke* Rn. 6 (Schutzbedürftigkeit) und Rn. 7 (Urteilsunfähigkeit); Staudinger/*v. Hein* (2014) EGBGB Vor Art. 24 Rn. 174 (Gleichsetzung von Schutzbedürftigkeit und Urteilsunfähigkeit).

[14] *Ludwig* DNotZ 2009, 251 (270 ff.); *Wedemann* FamRZ 2010, 785 (786 f.).

c) Gegenstand der Vorsorgevollmacht. Art. 15 enthält **keine Einschränkungen** hinsichtlich **11** des Gegenstandes, auf den sich die Vorsorgevollmacht bezieht. Soweit das ErwSÜ sachlich anwendbar ist, sind daher auch entsprechende Vorsorgevollmachten von Art. 15 erfasst. Die Vorschrift gilt daher sowohl für Vorsorgevollmachten in Vermögensangelegenheiten als auch für Gesundheitsvollmachten und für Vollmachten in anderen personalen Angelegenheiten.[15]

3. Abgrenzungsfragen. a) Vorsorgeverhältnis. Art. 15 bezieht sich schon nach seinem Wort- **12** laut nur auf Fragen der Vertretungsmacht („powers of representation") und damit auf die Befugnis des Vertreters, direkte rechtliche Beziehungen zwischen dem Vertretenem und einem Dritten zu schaffen.[16] Die Vorschrift enthält daher nur eine Kollisionsnorm für die Vertretungsmacht, erfasst aber nicht das **Innenverhältnis bzw. Vorsorgeverhältnis.**[17] Dafür spricht auch ein Vergleich mit dem Haager Stellvertretungsübereinkommen vom 14.3.1978.[18] Das Übereinkommen regelt nicht nur die Vertretungsmacht des Vertreters, sondern bezieht das Innenverhältnis explizit mit ein.[19] Das ErwSÜ regelt demgegenüber in Art. 15 nur die Vertretungsmacht. Das auf das Vorsorgeverhältnis anwendbare Recht ist deshalb **eigenständig zu bestimmen.**[20]

Die **Unterscheidung von Innenverhältnis und Vollmacht** bzw. der sich hieraus ergebenden **13** Vertretungsmacht ist für das deutsche Recht charakteristisch.[21] Aber auch viele andere kontinentaleuropäische Rechtsordnungen kennen eine – graduell unterschiedliche – Trennung zwischen Innen- und Außenverhältnis.[22] Demgegenüber wird die Vollmacht in Frankreich meist als Rechtswirkung eines im Innenverhältnis geschlossenen Vertrages verstanden, und nach anglo-amerikanischem Rechtsverständnis sind Innen- und Außenverhältnis Teil des komplexen agency-Verhältnisses.[23] Da der **Anwendungsbereich des Art. 15 autonom** zu bestimmen ist, ist die Unterscheidung zwischen der Vertretungsmacht im Außenverhältnis, die Art. 15 unterfällt, und allen anderen Fragen, die dem Vorsorgeverhältnis zuzuweisen sind, jedoch unabhängig davon durchzuführen, ob die lex fori in ihrem Sachrecht oder ihrem Kollisionsrecht eine solche Unterscheidung kennt oder anerkennt. So ist zB auch im Falle eines Schweizer Vorsorgeauftrags nach Art. 360 ff. ZGB nur das auf die Vertretungsmacht anwendbare Recht nach Art. 15 zu bestimmen, während sich alle anderen Fragen nach dem Vorsorgeverhältnis richten, das kollisionsrechtlich gesondert anzuknüpfen ist.[24]

Die unentgeltliche oder entgeltliche Übernahme der Fürsorge für den Erwachsenen ist als vertragli- **14** ches Schuldverhältnis iS des Art. 1 Abs. 1 Rom I-VO zu qualifizieren. Sofern keine Rechtswahl vorliegt (Art. 3 Rom I-VO), unterliegt es bei Familienangehörigen in der Regel dem für das **familienrechtliche Verhältnis** zwischen dem Erwachsenen und der Fürsorgeperson maßgeblichen Recht (Art. 4 Abs. 3 Rom I-VO), dh bei Ehegatten dem Ehewirkungsstatut. Ansonsten ist das Recht am **gewöhnlichen Aufenthalt der Fürsorgeperson** anzuwenden (Art. 4 Abs. 1 lit. b bzw. Abs. 2 Rom I-VO).

b) Betreuungsverfügung. Von Art. 15 nicht erfasst sind Vorsorgeverfügungen des Erwachsenen, **15** die keine Vertretungsmacht einräumen. Dazu gehört etwa die deutsche Betreuungsverfügung (vgl. § 1897 Abs. 4 S. 3 BGB, § 1901 Abs. 3 S. 2 BGB, § 1901c S. 1 BGB),[25] denn sie begründen **keine Vertretungsmacht,** sondern richten sich auf die Auswahl der Fürsorgeperson durch die zuständige Behörde bzw. die Tätigkeit dieser Fürsorgeperson.[26] Entsprechendes gilt für die funktional vergleich-

---

[15] Vgl. Bericht *Lagarde* Nr. 96; *Wedemann* FamRZ 2010, 785; Staudinger/*v. Hein* (2014) EGBGB Vor Art. 24 Rn. 177.

[16] *Ramser,* Grenzüberschreitende Vorsorgevollmachten in Europa im Licht des Haager Übereinkommens über den internationalen Schutz von Erwachsenen vom 13. Januar 2000, 2010, 67 f.; *Ruck Keene* in Frimston et al., The International Protection of Adults, 2015, no. 9.16.

[17] *Ruck Keene* in Frimston et al., The International Protection of Adults, 2015, no. 9.16; zum Begriff „Vorsorgeverhältnis" vgl. *Lipp* in Lipp Vorsorgeverfügungen-HdB § 4 Rn. 14 ff.

[18] Der Text ist des Übereinkommens ist zu finden auf der Internetseite der Haager Konferenz für IPR (www.hcch.net, unter: Übereinkommen).

[19] Vgl. *Müller-Freienfels* RabelsZ 43 (1979), 80 (89 f.); *Heinz,* Das Vollmachtsstatut, 2011, 60 ff.

[20] *Ramser,* Grenzüberschreitende Vorsorgevollmachten in Europa im Licht des Haager Übereinkommens über den internationalen Schutz von Erwachsenen vom 13. Januar 2000, 2010, 83 f.; *Schaub* IPRax 2016, 207 (209); Staudinger/*v. Hein* (2014) EGBGB Vor Art. 24 Rn. 174.

[21] Vgl. dazu *Pawlowski* JZ 1996, 125 ff.

[22] Vgl. die rechtsvergleichende Übersicht bei Staudinger/*Martinek* (2006) BGB Vor § 662 Rn. 92 ff.; zu Österreich → *Ferrari* in Löhnig ua, Vorsorgevollmacht und Erwachsenenschutz in Europa, 2011, 139, 148 f.

[23] *Heinz,* Das Vollmachtstatut, 2011, 71; Staudinger/*Martinek* (2006) BGB Vor § 662 Rn. 115 ff. (Frankreich) und Rn. 130 ff. (England).

[24] Übersehen zB bei FamKomm Erwachsenenschutz/*Guillaume* Rn. 86.

[25] Dazu *Lipp* in Lipp Vorsorgeverfügungen-HdB § 18 Rn. 1 ff.

[26] *Schaub* IPRax 2016, 207 (209); *Wedemann* FamRZ 2010, 785 f.; *Helms* FamRZ 2008, 1995 (1999); Palandt/*Thorn* EGBGB Anh. Art. 24 Rn. 8; Erman/*Hohloch* EGBGB Anh. Art. 24 Rn. 86; übersehen von *Siehr* RabelsZ 64 (2000), 715 (739 f.).

baren Instrumente zur privatautonomen Ausgestaltung der behördlich angeordneten Schutzordnung wie zB für die österreichische Sachwalterverfügung (§ 279 Abs. 1 S. 2 ABGB).[27]

16   Das **auf die Betreuungsverfügung anzuwendende Recht** wird überwiegend nach Art. 13 bestimmt.[28] Richtigerweise ist zu differenzieren: Die **Bestellung** der Fürsorgeperson unterfällt nach Art. 13 dem Recht des Anordnungsstaates. Auch ihre **Tätigkeit** untersteht grundsätzlich dem Recht des Anordnungsstaates. Wird die Fürsorgeperson jedoch in einem anderen Vertragsstaat tätig, richten sich die **Bedingungen der Durchführung** nach Art. 14 nach dem Recht des Durchführungsstaates. Ist nach dessen Recht für die dort vorgenommene Fürsorgemaßnahme eine Genehmigung erforderlich, entfaltet die Betreuungsverfügung ihre Wirkung in diesem Rahmen gemäß dem Recht des Durchführungsstaates. So gilt etwa für einen Schweizer Beistand grundsätzlich das Recht des Anordnungsstaates, dh er ist nach Art. 406 Abs. 1 ZGB verpflichtet, bei seiner Tätigkeit auf die Meinung des Erwachsenen Rücksicht zu nehmen. Löst er aber die Wohnung des Erwachsenen in Deutschland auf, ist hierfür eine Genehmigung nach dem Recht des Durchführungsstaates, dh nach § 1907 BGB einzuholen (→ Art. 14 Rn. 5 ff.). In diesem Rahmen ist die Betreuungsverfügung nach § 1901 Abs. 3 S. 2 BGB zu beachten. Soweit das deutsche Recht als Recht des Durchführungsstaates keine solche Genehmigung vorsieht, bleibt es bei der grundsätzlichen Maßgeblichkeit des Schweizer Rechts als dem Recht des Anordnungsstaates, sofern man in der deutschen Regelung des § 1901 Abs. 3 BGB keine **zwingende Eingriffsnorm** iS des Art. 20 sieht, die sich in jedem Fall durchsetzt (→ Art. 20 Rn. 4 ff.).

17   **c) Patientenverfügung.** Die deutsche Patientenverfügung und funktional vergleichbare vorsorgliche Willensbekundungen für den Fall einer späteren ärztlichen Behandlung (vgl. § 1901a Abs. 1 und 2 BGB, für Österreich §§ 1 ff. Patientenverfügungs-Gesetz (PatVG), für die Schweiz Art. 370 ff. ZGB)[29] räumen **keine Vertretungsmacht** ein, sondern enthalten inhaltliche Vorgaben für die künftige ärztliche Behandlung. Sie werden deshalb von Art. 15 nicht erfasst.[30]

18   Über Bedeutung einer Patientenverfügung **im Rahmen des Behandlungsverhältnisses** entscheidet das Behandlungsstatut (→ Rom I-VO Art. 4 Rn. 76). Dafür spricht nicht zuletzt die nötige Abstimmung mit den straf- und berufsrechtlichen Vorgaben für das ärztliche Handeln.[31]

19   Für die Wirkung einer Patientenverfügung als **Direktive für das Handeln einer Fürsorgeperson** ist danach zu **differenzieren,** ob die Fürsorgeperson durch eine behördliche Schutzmaßnahme bestellt worden ist oder ob sie aufgrund einer Vorsorgevollmacht iS des Art. 15 handelt.

20   Ist die Fürsorgeperson **behördlich bestellt,** gilt für die Patientenverfügung dasselbe wie für eine entsprechende Betreuungsverfügung (→ Rn. 15 f.): Ihre Wirkung gegenüber der Fürsorgeperson bestimmt sich gemäß Art. 13 grundsätzlich nach dem Recht des Anordnungsstaates.[32] Wird die Behandlung in einem anderen Vertragsstaat durchgeführt und ist nach dessen Recht für die Einwilligung der Fürsorgeperson eine Genehmigung erforderlich, gilt allerdings nach Art. 14 das Recht des Durchführungsstaates auch für die Wirkung der Patientenverfügung im Rahmen dieser Genehmigung.[33] Für die Tätigkeit eines österreichischen Sachwalters im Rahmen einer ärztlichen Behandlung

[27] Überblick in den Länderberichten bei *Röthel* in Lipp Vorsorgeverfügungen-HdB §§ 22 ff., jeweils unter III.4.
[28] *Guttenberger* Haager Übereinkommen 152 f.; *Füllemann* Erwachsenenschutz Rn. 263; *Röthel* in Lipp Vorsorgeverfügungen-HdB § 20 Rn. 13; *Helms* FamRZ 2008, 1995 (1999); Staudinger/*v. Hein* (2014) EGBGB Vor Art. 24 Rn. 177; aA (Art. 14) *Wedemann* FamRZ 2010, 785 (786); unzutreffend (außerhalb des Anwendungsbereichs des ErwSÜ) *Ruck Keene* in Frimston et al., The International Protection of Adults, 2015, no. 9.41 f.
[29] Überblick in den Länderberichten bei *Röthel* in Lipp Vorsorgeverfügungen-HdB §§ 22 ff., jeweils unter IV. 2.).
[30] *Heggen* ZNotP 2008, 184 (195); *Wedemann* FamRZ 2010, 785 (786) (unzutr. dagegen S. 799: Art. 15); *Röthel* in Lipp Vorsorgeverfügungen-HdB § 20 Rn. 26; Staudinger/*v. Hein* (2014) EGBGB Vor Art. 24 Rn. 179; Palandt/*Thorn* EGBGB Anh. Art. 24 Rn. 8; Erman/*Hohloch* EGBGB Anh. Art. 24 Rn. 86; *Ruck Keene* in Frimston et al., The International Protection of Adults, 2015, no. 9.39 f.; differenzierend *Schaub* IPRax 2016, 207 (209) (Art. 15, wenn die Patientenverfügung mit einer Vorsorgevollmacht „kombiniert" sei); Basler Kommentar/*Schwander* IPRG Art. 85 Rn. 152 (Patientenverfügung nach Art. 370 Abs. 2 ZGB unterliegt Art. 15, diejenige nach Art. 370 Abs. 1 ZGB nicht); die Frage der (fehlenden) Vertretungsmacht wird nicht berücksichtigt bei *Fagan* Elder L. J. 10 (2002), 329 ff. (343, 347), deren Kritik am ErwSÜ daher auf einer unzutr. Prämisse beruht.
[31] *Heggen* ZNotP 2008, 184 (195); *Röthel* in Lipp Vorsorgeverfügungen-HdB § 20 Rn. 27; *G. Müller* in G. Müller/Renner, Betreuungsrecht und Vorsorgeverfügungen in der Praxis, 4. Aufl. 2015, Rn. 930; *Ruck Keene* in Frimston et al., The International Protection of Adults, 2015, no. 9.39.
[32] *Jayme,* FS Spellenberg, 2010, 203 (207); anders (Art. 14) *Helms* FamRZ 2008, 1995 (1999); unzutreffend (insgesamt außerhalb des Anwendungsbereichs des ErwSÜ) *Ruck Keene* in Frimston et al., The International Protection of Adults, 2015, no. 9.40.
[33] Insofern zutreffend *Helms* FamRZ 2008, 1995 (1999); *Wedemann* FamRZ 2010, 785 (786); Staudinger/*v. Hein* (2014) EGBGB Vor Art. 24 Rn. 179; unzutreffend (insgesamt außerhalb des Anwendungsbereichs des ErwSÜ) *Ruck Keene* in Frimston et al., The International Protection of Adults, 2015, no. 9.40.

des Erwachsenen, die in Deutschland durchgeführt wird, ist daher ggf. eine Genehmigung nach § 1904 Abs. 1 bzw. Abs. 2 BGB einzuholen. In diesem Rahmen ist die Patientenverfügung nach § 1901a Abs. 1 BGB zu beachten (s. § 1904 Abs. 3 BGB). Im Übrigen bleibt es bei österreichischem Recht als dem Recht des Anordnungsstaates (dh bei §§ 282 ff. ABGB, §§ 8, 9 PatVG), sofern man in § 1901a BGB keine zwingende Eingriffsnorm iS des Art. 20 sieht (→ Art. 20 Rn. 4 ff.).

Ist die Fürsorgeperson vom Erwachsenen **mittels einer Vorsorgevollmacht bestellt**, richtet   **21** sich die Wirkung im Verhältnis von Erwachsenem und Fürsorgeperson grundsätzlich nach dem Recht, das für das Innenverhältnis maßgeblich ist. Art. 15 enthält jedoch nur eine Kollisionsnorm für die Vertretungsmacht, erfasst aber nicht das Innenverhältnis bzw. Vorsorgeverhältnis. Das auf das **Vorsorgeverhältnis** anwendbare Recht ist deshalb nach Art. 3 bzw. 4 Rom I-VO separat zu bestimmen (näher → Rn. 12 ff.). Dieses Recht entscheidet grundsätzlich auch über die Bindung der Fürsorgeperson an eine Patientenverfügung.[34] Etwas anderes gilt nur hinsichtlich der Frage, ob die Patientenverfügung die **Vertretungsmacht beschränkt.** Denn über den Umfang der Vertretungsmacht entscheidet das nach Art. 15 bestimmte Vollmachtsstatut.[35] Verlangt es etwa eine behördliche **Genehmigung** für die Ausübung der Vertretungsmacht, entscheidet das Vollmachtsstatut sowohl über die Notwendigkeit als auch über die Voraussetzungen einer solchen Genehmigung (zur Frage, ob hierauf Art. 15 Abs. 1 bzw. 2 oder Abs. 3 anwendbar ist, → Rn. 47 f.). Seine Bestimmungen sind daher auch maßgeblich, wenn es um die Wirkung einer Patientenverfügung in diesem Zusammenhang geht. So ist etwa nach deutschem Recht bei der Genehmigung nach § 1904 Abs. 5 S. 1 BGB die Patientenverfügung nach § 1901a Abs. 1 BGB zu beachten (s. § 1904 Abs. 3 BGB). Entsprechendes gilt, wenn das Vollmachtsstatut die Vertretungsmacht der Fürsorgeperson im Hinblick auf die Patientenverfügung **auf andere Weise einschränkt** (zB im deutschen Recht durch die Grundsätze des Missbrauchs der Vertretungsmacht, → BGB § 164 Rn. 106 ff.). Soweit es jedoch nicht um die Beschränkung der Vertretungsmacht, sondern um die Bindung im Innenverhältnis geht, bleibt es bei der Anwendung des Rechts, dem das Vorsorgeverhältnis nach Art. 3 bzw. 4 Rom I-VO unterliegt, sofern man in § 1901a BGB keine zwingende Eingriffsnorm iS des Art. 9 Rom I-VO sieht (→ Art. 20 Rn. 4 ff.).

d) Anweisungen an den Vorsorgebevollmächtigten. Die für die Patientenverfügung entwi-   **22** ckelten Grundsätze (→ Rn. 17 ff.) gelten auch für sonstige Anweisungen des Erwachsenen an den Vorsorgebevollmächtigten. Sie unterliegen grundsätzlich dem auf das Vorsorgeverhältnis nach Art. 3 bzw. 4 Rom I-VO anwendbaren Recht. Das Vollmachtsstatut regelt demgegenüber die Frage, ob die Anweisung die Vertretungsmacht beschränkt.[36]

e) Vorrang gegenüber behördlicher Schutzmaßnahme. Das Vollmachtsstatut des Art. 15   **23** regelt Bestehen, Umfang, Änderung und Beendigung der Vertretungsmacht. Aufgrund dieser einheitlichen Kollisionsnorm ist die danach begründete **Vertretungsmacht in allen Vertragsstaaten wirksam** und in diesem Sinne anzuerkennen. Das gilt auch dann, wenn der betreffende Vertragsstaat keine Vorsorgevollmacht kennt.[37]

Ob die zuständigen Behörden **trotz bestehender Vorsorgevollmacht eine Schutzmaßnahme**   **24** **anordnen** und zB einen Betreuer, Beistand oder Vormund bestellen können oder ob die Vorsorgevollmacht insoweit Vorrang genießt, ist eine Frage der Voraussetzung dieser Schutzmaßnahme (vgl. zB § 1896 Abs. 2 BGB). Sie richtet sich nicht nach Art. 15, sondern wäre an sich nach Art. 13 zu beantworten. Allerdings führt eine derartige Schutzmaßnahme stets zu einer Änderung der Vertretungsmacht des Vorsorgebevollmächtigten, da dieser den Erwachsenen selbst dann nicht mehr uneingeschränkt alleine vertreten kann, wenn seine Vertretungsmacht weiter bestehen bleibt. Insofern wäre dann auch Art. 15 anwendbar. Für den Eingriff in die Vertretungsmacht enthält das ErwSÜ jedoch eine **spezielle Regelung in Art. 16**, die Art. 13 und 15 vorgeht (→ Art. 16 Rn. 1 ff.). Die Anordnung einer Schutzmaßnahme bei einer wirksamen Vorsorgevollmacht richtet sich deshalb ausschließlich nach Art. 16.[38]

---

[34] Anders (stets Vollmachtsstatut nach Art. 15) *Wedemann* FamRZ 2010, 785 (786); *Jayme,* FS Spellenberg, 2010, 203 (208).

[35] Im Ansatz ähnlich (Patientenverfügung bzw. Weisung als Beschränkung der Vollmacht) Staudinger/*v. Hein* (2014) EGBGB Vor Art. 24 Rn. 178; NK-BGB/*Benicke* Rn. 9.

[36] Unzutr. (stets Vertretungsstatut nach Art. 15) FamKomm Erwachsenenschutz/*Guillaume* Rn. 86.

[37] Vgl. Bericht *Lagarde* Nr. 108; NK-BGB/*Benicke* Rn. 13.

[38] Vgl. Bericht *Lagarde* Nr. 108; *Füllemann* Erwachsenenschutz Rn. 298 ff.; Staudinger/*v. Hein* (2014) EGBGB Vor Art. 24 Rn. 214; unzutr. daher *Guttenberger* Haager Übereinkommen 168 ff., der hier Art. 13 anwenden will, aber mit einer ErwSÜ-konformen Auslegung des Sachrechts letztlich zu einem ähnlichen Ergebnis kommt; *Ludwig* DNotZ 2009, 251 (281 f.) (Art. 13 neben Art. 16).

25   **4. Räumlicher Anwendungsbereich.** Art. 15 setzt nicht voraus, dass das jeweils maßgebliche Anknüpfungselement in einem Vertragsstaat verwirklicht ist. So kann zB der gewöhnliche Aufenthalt des Erwachsenen oder sein Vermögen in einem **Nichtvertragsstaat** liegen. In diesen Fällen bestimmt Art. 19, dass das berufene Recht auch das Recht eines Nichtvertragsstaats sein kann. Als allseitige Kollisionsnorm verdrängt Art. 15 daher das autonome Kollisionsrecht vollständig.[39]

26   **5. Zeitlicher Anwendungsbereich.** Die kollisionsrechtliche Regelung des Art. 15 ist nach allgemeinen Grundsätzen anzuwenden, wenn das ErwSÜ in dem Staat des Rechtsanwenders in Kraft ist, dh **in Deutschland seit 1.1.2009.**

27   Es erfasst allerdings auch Vorsorgevollmachten, die bereits **vor dem Inkrafttreten des ErwSÜ erteilt** worden sind (Art. 50 Abs. 3). Aus deutscher Sicht galt für Vorsorgevollmachten bis zum 1.1.2009 das für Vollmachten anerkannte, wenngleich nicht kodifizierte Wirkungs- bzw. Gebrauchslandprinzip.[40] Sie unterfallen nunmehr dem nach Art. 15 Abs. 1 zu bestimmenden Recht, so dass hierdurch ein **Statutenwechsel** eintreten kann.[41] Entsprechendes gilt hinsichtlich der Anforderungen des Art. 15 Abs. 2 für die Rechtswahl.[42] Infolgedessen kann die früher wirksam erteilte Vollmacht erlöschen bzw. eine unwirksame Vollmacht die Wirksamkeit erlangen. Da diese Wirkungen erst zum 1.1.2009 eintreten, berührt dies die bereits vorher abgeschlossenen Rechtsgeschäfte nicht.[43] Ab diesem Zeitpunkt richten sich auch die Modalitäten der Ausübung einer Vorsorgevollmacht nach dem von Art. 15 Abs. 3 berufenen Recht.

III. Objektive Anknüpfung (Abs. 1)

28   **1. Bestehen, Umfang, Änderung und Beendigung der Vertretungsmacht.** Das nach Art. 15 Abs. 1 oder Abs. 2 berufene Recht bestimmt über Bestehen, Umfang, Änderung und Beendigung der Vertretungsmacht, die ein Erwachsener durch eine Vorsorgevollmacht einräumt. Die **Art und Weise der Ausübung** richtet sich dagegen nach dem Recht des Staates, in dem die Vollmacht ausgeübt wird (Art. 15 Abs. 3). Praktisch bedeutsam wird die selbständige Anknüpfung der Ausübungsmodalitäten, wenn sie zu einem anderen Recht führt, als dem nach Art. 15 Abs. 1 oder 2 berufenen. Zur Abgrenzung → Rn. 42 ff.

29   Zum **Bestehen der Vertretungsmacht** gehören sowohl die Zulässigkeit einer Vorsorgevollmacht[44] als auch die Voraussetzungen für ihre wirksame Erteilung.[45] Auch Formerfordernisse,[46] das Erfordernis einer ausdrücklichen und bestimmten Erteilung der Vollmacht (vgl. zB für bestimmte weitreichende Entscheidungen in § 284f Abs. 3 S. 1 ABGB, für die Einwilligung in medizinische und freiheitsentziehende Maßnahmen in § 1904 Abs. 5 BGB und § 1906 Abs. 5 BGB und für die Annahme einer Schenkung in Art. 933 frz. Cc)[47] und die Notwendigkeit einer behördlichen Bestätigung und deren Voraussetzungen[48] gehören hierzu, da sie Voraussetzungen für den Bestand der Vertretungsmacht sind. Gleichfalls erfasst werden die Bedingungen für die Wirksamkeit oder den Gebrauch der Vorsorgevollmacht.[49] Das betrifft etwa die Urteilsunfähigkeit, die nach Schweizer Recht Voraussetzung für den Vorsorgeauftrag ist

---

[39] *Wedemann* FamRZ 2010, 785 (787); *Guttenberger* Haager Übereinkommen 154; NK-BGB/*Benicke* Rn. 4; Staudinger/*v. Hein* (2014) EGBGB Vor Art. 24 Rn. 145; Palandt/*Thorn* EGBGB Anh. Art. 24 Rn. 8; aA wohl *Röthel/Woitge* IPRax 2010, 494 (496).

[40] *Guttenberger* Haager Übereinkommen 36 ff.; *Röthel* in Lipp Vorsorgeverfügungen-HdB § 20 Rn. 8; Staudinger/*v. Hein* (2014) EGBGB Vor Art. 24 Rn. 171; aA *Ludwig* DNotZ 2009, 251 (257) (Wohnsitz des Vollmachtgebers); ausf. *Röthel/Woitge* IPRax 2010, 494 (496 ff.).

[41] Staudinger/*v. Hein* (2014) EGBGB Vor Art. 24 Rn. 171.

[42] Vgl. Staudinger/*v. Hein* (2014) EGBGB Vor Art. 24 Rn. 173.

[43] Bericht *Lagarde* Nr. 168; *Wedemann* FamRZ 2010, 785 (787); Staudinger/*v. Hein* (2014) EGBGB Vor Art. 24 Rn. 172.

[44] Bericht *Lagarde* Nr. 98; Staudinger/*v. Hein* (2014) EGBGB Vor Art. 24 Rn. 180; NK-BGB/*Benicke* Rn. 13.

[45] *Guttenberger* Haager Übereinkommen 155; *Füllemann* Erwachsenenschutz Rn. 267; NK-BGB/*Benicke* Rn. 12.

[46] *Guttenberger* Haager Übereinkommen 156; *Füllemann* Erwachsenenschutz Rn. 267; *Ramser,* Grenzüberschreitende Vorsorgevollmachten in Europa im Licht des Haager Übereinkommens über den internationalen Schutz von Erwachsenen vom 13. Januar 2000, 2010, 105; *Wedemann* FamRZ 2010, 785 (787).

[47] *Wedemann* FamRZ 2010, 785 (788); Staudinger/*v. Hein* (2014) EGBGB Vor Art. 24 Rn. 207 für Art. 933 frz. Cc; NK-BGB/*Benicke* Rn. 15.

[48] *Bucher* SZIER 2000, 37 (52 f.); *Ramser,* Grenzüberschreitende Vorsorgevollmachten in Europa im Licht des Haager Übereinkommens über den internationalen Schutz von Erwachsenen vom 13. Januar 2000, 2010, 104 f.; Staudinger/*v. Hein* (2014) EGBGB Vor Art. 24 Rn. 181; NK-BGB/*Benicke* Rn. 12.

[49] *Guttenberger* Haager Übereinkommen 155; *Füllemann* Erwachsenenschutz Rn. 269; Staudinger/*v. Hein* (2014) EGBGB Vor Art. 24 Rn. 180.

(Art. 360 Abs. 1 ZGB) und behördlich festgestellt werden muss (Art. 363 Abs. 2 Nr. 2 ZGB).[50] Da sie Voraussetzung für das Bestehen der Vertretungsmacht ist, bestimmt sie sich ebenfalls nach dem von Art. 15 Abs. 1 bzw. 2 berufenen Vollmachtsstatut,[51] und zwar nach dessen Sachrecht (Art. 19).[52] Die Zuständigkeit für das entsprechende Verfahren richtet sich nach Art. 5 ff.[53]

Das Vollmachtsstatut bestimmt auch den **Umfang der Vertretungsmacht.** Rechnet man hierzu **30** auch die Frage, ob die Vorsorgevollmacht in bestimmten Angelegenheiten (zB bei medizinischen Maßnahmen) unzulässig ist,[54] ergibt sich eine Überschneidung mit der Frage des Bestehens, die freilich unschädlich ist. Aus der Genese der Vorschrift ergibt sich, dass mit dem Umfang in erster Linie die Ausübung der Vertretungsmacht gemeint ist. Als Frage des Umfangs ist daher anzusehen, ob der Vertreter alleine handeln kann, ob er einer Genehmigung bedarf oder ob ihm bestimmte Rechtsgeschäfte untersagt sind.[55]

Die **Änderung und Beendigung der Vertretungsmacht** sind an sich schon von den ersten **31** beiden Alternativen erfasst. Ihre Aufnahme sollte klarstellen, dass auch spätere Änderungen am Inhalt, Umfang oder Bestehen der Vorsorgevollmacht dem nach Art. 15 Abs. 1 bzw. 2 bestimmten Recht unterfallen. Dazu gehören nicht nur Voraussetzungen und Wirkungen eines Widerrufs der Vorsorgevollmacht oder ihres Erlöschens kraft Gesetzes, sondern auch die Befugnisse eines Kontrollbevollmächtigten und deren Ausübung oder die Auswechslung des Vertreters[56] (zur Ersatzperson → Art. 16 Rn. 13 f.). Die **behördliche Intervention** richtet sich indes nach Art. 16. Dementsprechend entscheidet das Vollmachtsstatut, ob die Vorsorgevollmacht wegen der behördlichen Bestellung einer Fürsorgeperson ex lege erlischt.[57] Die Aufhebung der Vorsorgevollmacht durch behördliche Anordnung unterliegt dagegen Art. 16.

2. Objektive Anknüpfung. Falls keine Rechtswahl nach Art. 15 Abs. 2 vorliegt, unterliegt die **32** Vorsorgevollmacht dem Recht des Staates, in dem der Erwachsene bei Erteilung der Vorsorgevollmacht seinen **gewöhnlichen Aufenthalt** hatte (Art. 15 Abs. 1).

Maßgebend ist der **Zeitpunkt,** zu dem der Erwachsene die Vorsorgevollmacht erteilt hat, dh die **33** Vereinbarung schloss oder das einseitige Rechtsgeschäft einräumte. Ein späterer Wechsel des gewöhnlichen Aufenthalts führt zu keiner Änderung des anzuwendenden Rechts. Das Vollmachtsstatut ist daher **unwandelbar.** Das trägt dem Interesse des Erwachsenen an Rechtssicherheit und Vorhersehbarkeit Rechnung.[58]

IV. Rechtswahl (Abs. 2)

1. Grundsatz. Da viele Staaten keine Vorsorgevollmacht kennen, kann die objektive Anknüpfung **34** an den gewöhnlichen Aufenthalt des Erwachsenen in Art. 15 Abs. 1 ins Leere führen. Deshalb eröffnet ihm Art. 15 Abs. 2 die Möglichkeit einer **Rechtswahl.**[59] Sie ist jedoch auf das Recht bestimmter Staaten beschränkt, zu denen im Zeitpunkt der Rechtswahl eine gewisse **objektive Verbindung** besteht.[60] Diese Beschränkungen der Rechtswahl sind rechtspolitisch nur eingeschränkt überzeugend, als Kompromiss zwischen den Befürwortern und Gegnern der Parteiautonomie jedoch de lege lata hinzunehmen.[61]

2. Wählbare Rechte. Wählbar sind nach Art. 15 Abs. 2 **35**
– das Recht eines Staates, dem der Erwachsene angehört (lit. a), wobei die **Staatsangehörigkeit** nicht die effektive sein muss.[62]

---

[50] Umstr. ist, ob diese Feststellung konstitutiv oder deklaratorisch ist, vgl. FamKomm Erwachsenenschutz/ *Geiser* ZGB Art. 363 Rn. 1; von einer konstitutiven Feststellung geht aus *Ludwig* DNotZ 2009, 251 (256 f.).

[51] *Guttenberger* Haager Übereinkommen 155; *Bucher* SZIER 2000, 37 (53); *Staudinger/v. Hein* (2014) EGBGB Vor Art. 24 Rn. 180; unzutr. *Wedemann* FamRZ 2010, 785 (787 f.), die Art. 7 anwenden will.

[52] *Füllemann* Erwachsenenschutz Rn. 269; *Staudinger/v. Hein* (2014) EGBGB Vor Art. 24 Rn. 180; unzutr. NK-BGB/*Benicke* Rn. 16, der das Kollisionsrecht des Vertretungsstatuts anwenden will.

[53] *Bucher* SZIER 2000, 37 (53).

[54] So zB *Guttenberger* Haager Übereinkommen 156; zust. *Füllemann* Erwachsenenschutz Rn. 270.

[55] Vgl. Bericht *Lagarde* Nr. 99; *Wedemann* FamRZ 2010, 785 (788); *Staudinger/v. Hein* (2014) EGBGB Vor Art. 24 Rn. 205; NK-BGB/*Benicke* Rn. 17.

[56] *Füllemann* Erwachsenenschutz Rn. 271 f.; *Guttenberger* Haager Übereinkommen 157.

[57] *Ludwig* DNotZ 2009, 251 (274).

[58] *Staudinger/v. Hein* (2014) EGBGB Vor Art. 24 Rn. 184.

[59] Vgl. Bericht *Lagarde* Nr. 98.

[60] Bericht *Lagarde* Nr. 100, 102.

[61] Vgl. *Bucher* SZIER 2000, 37 (52); *Clive* YbPIL 2 (2000), 1 (11 f., 21 f.); *Siehr* RabelsZ 64 (2000), 715 (739 f.); *Staudinger/v. Hein* (2014) EGBGB Vor Art. 24 Rn. 188, 193; NK-BGB/*Benicke* Rn. 20.

[62] Bericht *Lagarde* Nr. 102; *Bucher* SZIER 2000, 37 (52); NK-BGB/*Benicke* Rn. 24.

– das Recht des Staates **eines früheren gewöhnlichen Aufenthalts** (lit. b), wobei dies nicht der Staat des letzten, sondern irgendeines früheren gewöhnlichen Aufenthalts sein kann.[63]

– das Recht des Staates, in dem sich **Vermögen** des Erwachsenen befindet, hinsichtlich dieses Vermögens (lit. c).

36 Die Wahl eines **künftigen gewöhnlichen Aufenthalts,** den der Erwachsene erst begründen will, ist in der Spezialkommission ausdrücklich abgelehnt worden.[64] Auch wenn dies für die anderen Wahlmöglichkeiten nicht diskutiert worden ist, kann man daraus schließen, dass die objektive Anknüpfung bereits **bei der Rechtswahl** bzw. der Erteilung der Vorsorgevollmacht vorliegen muss. Es genügt daher nicht, dass sie erst bei Ausübung der Vorsorgevollmacht vorhanden ist, dass also zB der Erwachsene die Staatsangehörigkeit dieses Staates inzwischen erworben hat oder das Vermögen sich inzwischen dort befindet.[65]

37 Eine **Teilrechtswahl** und eine alternative bzw. kumulative Rechtswahl werden zwar in Art. 15 nicht ausdrücklich eröffnet, sind aber auch nicht ausgeschlossen und daher möglich.[66]

38 **3. Ausübung der Rechtswahl.** Die Rechtswahl muss ausdrücklich und schriftlich erfolgen (Art. 15 Abs. 1). Mit dem **Ausdrücklichkeitserfordernis** ist eine konkludente Rechtswahl ausgeschlossen.[67]

39 Welche Anforderungen an die **Schriftform** zu stellen sind, sagt Art. 15 jedoch nicht. Im Interesse eines internationalen Entscheidungseinklangs sollte dies allerdings nicht nach der lex fori oder nach dem Vollmachtsstatut, sondern autonom bestimmt werden.[68] Maßgebend müssen dabei die Beweis- und Warnfunktion der Schriftform sein. Als Konkretisierungshilfe können dabei vergleichbare Vorschriften in anderen Haager Übereinkommen dienen, etwa Art. 7 und 8 UnthProt (s. dazu die Kommentierung im Anhang zu Art. 15 EuUnthVO). Erforderlich ist daher, dass die Rechtswahl **schriftlich niedergelegt** und vom Erwachsenen **unterschrieben** ist.[69] Eine elektronische Form genügt nicht, wie der Vergleich mit Art. 7 Abs. 2 und Art. 8 Abs. 2 HUP zeigt.[70] Die Identifizierung des Urhebers kann jedoch auf andere Weise als durch die eigenhändige Unterschrift sichergestellt werden, zB durch ein öffentlich beglaubigtes Handzeichen.[71]

40 Das **Zustandekommen** und die **Wirksamkeit** der Rechtswahl richten sich im Übrigen entsprechend allgemeinen Grundsätzen nach den Regeln des gewählten Rechts. Das Vollmachtsstatut bestimmt deshalb zB über die Bedeutung von Willensmängeln für die Rechtswahl und über die AGB-Kontrolle bei einer vorformulierten Rechtswahlklausel.[72]

V. Art und Weise der Ausübung (Abs. 3)

41 **1. Grundsatz.** Art. 15 Abs. 3 unterstellt die Art und Weise der Ausübung der Vorsorgevollmacht dem Recht des Ausübungsstaates. Was hierunter zu verstehen ist, ist wie bei seinem Vorbild, Art. 14, noch wenig geklärt.[73] Im Ausgangspunkt ist festzuhalten, dass sich das **Bestehen** und der **Umfang der Vertretungsmacht** nach dem durch Art. 15 Abs. 1 bzw. 2 bestimmten Vollmachtsstatut richten. Da Art. 15 in allen Vertragsstaaten in gleicher Weise gilt, hat die Vertretungsmacht des Bevollmächtigten in allen Vertragsstaaten denselben Umfang. Hieran knüpft Art. 15 Abs. 3 an. Wenn die Vorschrift die „**Art und Weise der Ausübung**" der Vertretungsmacht regelt, setzt sie deshalb voraus, dass diese Vertretungsmacht in dem Umfang besteht, wie das Vollmachtsstatut festlegt. Wie die **Genese** des Art. 15 Abs. 3 zeigt, soll die Vorschrift den Fall erfassen, in dem die Vorsorgevollmacht in einem Staat ausgeübt wird, dessen Recht nicht das durch Art. 15 Abs. 1 bzw. 2 berufene Recht ist.[74]

42 Dass Art. 15 Abs. 3 in diesem Fall die Modalitäten der Ausübung dem Recht des Ausübungsstaates unterstellt, hat deshalb denselben **Zweck** wie bei Art. 14, nämlich die Ausübung der Vorsorgevoll-

---

[63] Bericht *Lagarde* Nr. 102; Staudinger/*v. Hein* (2014) EGBGB Vor Art. 24 Rn. 190; NK-BGB/*Benicke* Rn. 25.

[64] Bericht *Lagarde* Nr. 102; krit. *Siehr* RabelsZ 64 (2000), 715 (739 f.).

[65] Anders für das Vermögen NK-BGB/*Benicke* Rn. 26.

[66] Bericht *Lagarde* Nr. 103; Staudinger/*v. Hein* (2014) EGBGB Vor Art. 24 Rn. 195 f.

[67] Bericht *Lagarde* Nr. 101.

[68] Staudinger/*v. Hein* (2014) EGBGB Vor Art. 24 Rn. 186; zust. *Wedemann* FamRZ 2010, 785 (788); *Schaub* IPRax 2016, 207 (211); aA – analog Art. 11 EGBGB bzw. Art. 11 Rom I-VO – NK-BGB/*Benicke* Rn. 22.

[69] Staudinger/*v. Hein* (2014) EGBGB Vor Art. 24 Rn. 186; zust. *Wedemann* FamRZ 2010, 785 (788).

[70] Ebenso Staudinger/*v. Hein* (2014) EGBGB Vor Art. 24 Rn. 186.

[71] *Wedemann* FamRZ 2010, 785 (788).

[72] Staudinger/*v. Hein* (2014) EGBGB Vor Art. 24 Rn. 187; zust. *Schaub* IPRax 2016, 207 (211).

[73] Vgl. Bericht *Lagarde* Nr. 106 f.; *Siehr* RabelsZ 64 (2000), 715 (740); *Bucher* SZIER 2000, 37 (52 f.); ausf. *Ruck Keene* in Frimston et al., The International Protection of Adults, 2015, no. 9.22 ff.; Staudinger/*v. Hein* (2014) EGBGB Vor Art. 24 Rn. 199 ff.; vgl. auch *Guttenberger* Haager Übereinkommen 160 ff.; *Füllemann* Erwachsenenschutz Rn. 286 ff.

[74] Bericht *Lagarde* Nr. 106, 93 f.

macht zu beschleunigen und zu vereinfachen. Die Behörden des Ausübungsstaates müssen nicht das Recht des Vollmachtsstatuts anwenden, sondern können nach ihrem eigenen Recht verfahren.[75] **Nicht zum Zweck** des Art. 15 Abs. 3 gehört die Durchsetzung der zwingenden Eingriffsnormen des Ausübungsstaates und die Wahrung seines ordre public. Das ist Aufgabe der Art. 20 und 21.[76]

Durch Art. 15 Abs. 3 soll das Recht des Ausübungsstaates aber nicht generell über den Umfang **43** der Vollmacht bestimmen. Es soll auch nicht ihre Ausübung insgesamt umfassen, sondern vielmehr nur die „Art und Weise", dh **einzelne Aspekte** ihrer Ausübung regeln.[77] Was darunter genau zu verstehen ist, wurde in der Spezialkommission jedoch nicht behandelt. Sicher ist jedoch, dass **Art. 15 Abs. 3 enger als Art. 14** sein sollte.[78] Auch ist zu beachten, dass die Vollmacht vielfach in einem Staat ausgeübt werden dürfte, dessen Recht sie entweder überhaupt nicht oder jedenfalls in ganz anderer Form kennt. Das alles spricht dafür, den Anwendungsbereich des Art. 15 Abs. 3 restriktiv zu bestimmen. Daraus ergeben sich folgende Konsequenzen:

Nicht unter Art. 15 Abs. 3 fallen das Bestehen und der Umfang der Vertretungsmacht. Die Art **44** und Weise der Ausübung umfasst daher nur **äußere, technische Aspekte,** die zwar die **Ausübung der Vertretungsmacht** betreffen, aber ihren Bestand und den Umfang nicht berühren.[79] Dazu gehören Vorschriften über den **Nachweis der Vertretungsmacht,** etwa dass der Vertreter die Vollmachtsurkunde vorlegen oder hinterlegen muss.[80] Auch das Erfordernis einer Registrierung oder einer deklaratorischen behördlichen Feststellung ist hierzu zu rechnen, wenn es dem Nachweis der Vertretungsmacht dient.[81] Ebenfalls die Art und Weise der Ausübung betrifft das Erfordernis, dass der **Vertreter bestimmte Rechtsakte schriftlich vorzunehmen** hat (wie zB die Einwilligung in ärztliche Maßnahmen).[82]

Das Bestehen der Vertretungsmacht iS des Art. 15 Abs. 1 und nicht die Art und Weise der **45** Ausübung iS des Art. 15 Abs. 3 betreffen demgegenüber die **Formerfordernisse für die Vollmacht** oder ein das Erfordernis einer **konstitutiven behördlichen Einsetzung oder Bestätigung,**[83] denn sie stellen Voraussetzungen für die Wirksamkeit der Vertretungsmacht dar (→ Rn. 29).

Die **Patientenverfügung** unterfällt Art. 15 überhaupt nur dann, wenn sie ausnahmsweise auf die **46** Vertretungsmacht durchschlägt (→ Rn. 21). Dann aber geht es um den Umfang der Vertretungsmacht iS des Art. 15 Abs. 1 und 2 und nicht um die Art und Weise ihrer Ausübung iS des Art. 15 Abs. 3.[84]

2. Genehmigungserfordernisse. Nach welchem Recht sich das Erfordernis und die Vorausset- **47** zungen einer **behördlichen Genehmigung** richten, ist umstritten.[85] Aus der Entstehungsgeschichte ergibt sich indes deutlich, dass die Spezialkommission gerade in diesem Punkt von Art. 14 abgewichen ist und Art. 15 Abs. 3 bewusst enger gefasst hat, um die Genehmigungserfordernisse aus dessen Anwendungsbereich auszuschließen. Sie betreffen den Umfang der Vertretungsmacht und unterliegen daher dem Vollmachtsstatut nach Art. 15 Abs. 1 bzw. 2.[86] Das gilt nicht nur für den Fall, dass

---

[75] *Füllemann* Erwachsenenschutz Rn. 291; Staudinger/*v. Hein* (2014) EGBGB Vor Art. 24 Rn. 200; NK-BGB/ *Benicke* Rn. 31.

[76] Anders *Guttenberger* Haager Übereinkommen 161; teilweise auch *Wedemann* FamRZ 2010, 785 (789); dagegen zutr. *Füllemann* Erwachsenenschutz Rn. 291; Staudinger/*v. Hein* (2014) EGBGB Vor Art. 24 Rn. 201.

[77] Bericht *Lagarde* Nr. 107.

[78] Bericht *Lagarde* Nr. 106, 107; vgl. auch Permanent Bureau (ed.), Proceedings of the Special Commission, 2003, S. 264 f.; *Bucher* SZIER 2000, 37 (52); *Guttenberger* Haager Übereinkommen 161 f.; *Ramser,* Grenzüberschreitende Vorsorgevollmachten in Europa im Licht des Haager Übereinkommens über den internationalen Schutz von Erwachsenen vom 13. Januar 2000, 2010, 110.

[79] Ebenso Staudinger/*v. Hein* (2014) EGBGB Vor Art. 24 Rn. 200; teilweise auch *Wedemann* FamRZ 2010, 785 (789).

[80] Bericht *Lagarde* Nr. 107; *Guttenberger* Erwachsenenschutz Rn. 293; *Bucher* SZIER 2000, 37 (52 f.); *Helms* FamRZ 2008, 1995 (2000).

[81] *Füllemann* Erwachsenenschutz Rn. 293; FamKomm Erwachsenenschutz/*Guillaume* Rn. 95; *Ruck Keene* in Frimston et al., The International Protection of Adults, 2015, no. 9.22.

[82] *Bucher* SZIER 2000, 37 (52); *Helms* FamRZ 2008, 1995 (2000); Staudinger/*v. Hein* (2014) EGBGB Vor Art. 24 Rn. 205; NK-BGB/*Benicke* Rn. 32; Palandt/*Thorn* Anh. Art. 24 EGBGB Rn. 8.

[83] *Füllemann* Erwachsenenschutz Rn. 293.

[84] Unzutr. daher *Wedemann* FamRZ 2010, 785 (789).

[85] Für das Vollmachtsstatut nach Art. 15 Abs. 1 bzw. 2 Bericht *Lagarde* Nr. 99, 107; *Füllemann* Erwachsenenschutz Rn. 288 ff.; Staudinger/*v. Hein* (2014) EGBGB Vor Art. 24 Rn. 204 f.; NK-BGB/*Benicke* Rn. 33; *Wedemann* FamRZ 2010, 785 (789); für das Recht des Ausübungsstaates nach Art. 15 Abs. 3; *Clive* YbPIL 2 (2000), 1 (11 f.); *Guttenberger* Haager Übereinkommen 161 f.; *Helms* FamRZ 2008, 1995 (2000); *Röthel* in Lipp Vorsorgeverfügungen-HdB § 20 Rn. 6; Erman/*Hohloch* EGBGB Anh. Art. 24 Rn. 86.

[86] Bericht *Lagarde* Nr. 99, 107; *Füllemann* Erwachsenenschutz Rn. 288 ff.; Staudinger/*v. Hein* (2014) EGBGB Vor Art. 24 Rn. 204 f.; NK-BGB/*Benicke* Rn. 33; *Wedemann* FamRZ 2010, 785 (789).

der Ausübungsstaat strengere Anforderungen stellt als das Vollmachtsstatut, sondern auch für den umgekehrten Fall, dass das Vollmachtsstatut strenger ist.[87] Die Zuständigkeit für die Erteilung einer Genehmigung richtet sich nach Art. 5 ff., das anzuwendende Recht in diesem Fall jedoch nicht nach Art. 13 oder 14, sondern nach dem Vollmachtsstatut.[88]

48 Von dem Erfordernis der behördlichen Genehmigung zu unterscheiden ist der Fall, dass die **Vollmacht** selbst ein derartiges Erfordernis aufstellt, indem sie ihre Ausübung oder gar den Eintritt ihrer Wirksamkeit an eine „Genehmigung" oder die Feststellung der Handlungsunfähigkeit bindet.[89] Ein solches Erfordernis ist als besondere Form einer Wirksamkeits- oder Ausübungsvoraussetzung anzusehen. Wie über alle anderen Fragen der Ausgestaltung einer Vorsorgevollmacht entscheidet das Vollmachtsstatut darüber, ob dieses Erfordernis wirksamer Bestandteil der Vorsorgevollmacht geworden ist und wann es als erfüllt gilt. In der Regel dürfte das auch bei einer entsprechenden „Genehmigung" bzw. Feststellung im Ausübungsstaat der Fall sein. Das ist aber keine kollisionsrechtliche Frage, sondern eine Frage der Anwendung des vom Vollmachtsstatut berufenen Rechts. Es wird auch dann keine kollisionsrechtliche Frage, wenn die Vorsorgevollmacht selbst eine behördliche Genehmigung oder Feststellung verlangt. Sofern die Behörden des Ausübungsstaates nach Art. 5 ff. zuständig sind, richtet sich die Möglichkeit, eine solche rechtsgeschäftlich vorgesehene „Genehmigung" oder Feststellung zu erteilen, nach dem jeweiligen Verfahrensrecht. Das ergibt sich jedoch aus dem Grundsatz, dass das Verfahren der lex fori folgt, nicht aus Art. 15 Abs. 3.[90] Materiellrechtlich bleibt stets das Vollmachtsstatut maßgeblich.

49 **3. Kontrolle des Vorsorgebevollmächtigten.** Form und Ausgestaltung der Kontrolle eines Vorsorgebevollmächtigten divergieren je nach Rechtsordnung erheblich. Einerseits wird die Tätigkeit des Vorsorgebevollmächtigten einer **laufenden behördlichen Kontrolle** unterstellt, zB indem er gesetzlich zur Rechnungslegung gegenüber einer Behörde verpflichtet wird. Andererseits gibt es die Möglichkeit einer **behördlichen Intervention,** wenn das Wohl des Erwachsenen gefährdet ist (zB in Deutschland durch die Bestellung eines Kontrollbetreuers nach § 1896 Abs. 3 BGB, in der Schweiz in Form der Interventionsmöglichkeiten der Erwachsenenschutzbehörde nach Art. 368 ZGB).

50 **Behördliche Interventionen** in die Tätigkeit des Vorsorgebevollmächtigten richten sich als Schutzmaßnahmen in ihrer Zuständigkeit nach Art. 5 ff. Hierzu gehört nicht nur der direkte Eingriff in die Vertretungsmacht (vgl. etwa für die Schweiz Art. 368 Abs. 2 ZGB), sondern auch die Bestellung eines deutschen Kontrollbetreuers nach § 1896 Abs. 3 BGB, weil dieser den Bevollmächtigten beaufsichtigt und ggf. auch die Befugnis zum Widerruf der Vollmacht hat (→ BGB § 1896 Rn. 247)[91] oder eine andere Aufsichtsanordnung[92] (zB die Anordnung zur regelmäßigen Rechnungslegung, vgl. für die Schweiz Art. 368 Abs. 2 ZGB). Allerdings werden derartige Eingriffe in die Vertretungsmacht von der **spezielleren Regelung des Art. 16** erfasst, so dass hier Art. 15 im Ergebnis nicht zur Anwendung kommt (→ Art. 16 Rn. 5).

51 **Gesetzliche Pflichten** des Vorsorgebevollmächtigten, die seiner Kontrolle dienen, wie etwa gesetzlich vorgesehene Rechenschaftspflichten gegenüber einer Behörde, sollen nach einer verbreiteten Meinung dem **Recht des Ausübungsstaates** nach Art. 15 Abs. 3 unterfallen.[93] Dem ist jedoch nicht zu folgen. Es erscheint kaum überzeugend, dass der Vorsorgebevollmächtigte bei jeder, dh auch bei einer kurzfristigen Tätigkeit in einem anderen Staat dessen Behörden zur Rechnungslegung verpflichtet wird.[94] Das wäre kaum praktikabel und würde zu einer Kumulation von Rechenschaftspflichten führen, wenn der Bevollmächtigte in mehreren Staaten tätig wird. Beschränkt man dies auf eine länger dauernde Tätigkeit,[95] entstehen praktisch kaum lösbare Abgrenzungsfragen. Richtigerweise sollten derartige Pflichten vielmehr generell dem **Vollmachtsstatut** unterstellt werden.

---

[87] *Füllemann* Erwachsenenschutz Rn. 292.

[88] Staudinger/*v. Hein* (2014) EGBGB Vor Art. 24 Rn. 206; NK-BGB/*Benicke* Rn. 33; zust. *Schaub* IPRax 2016, 207 (211).

[89] So das oft missverstandene Beispiel im Bericht *Lagarde* Nr. 107.

[90] Anders Bericht *Lagarde* Nr. 107.

[91] Bericht *Lagarde* Nr. 108 Fn. 74; *Guttenberger* Haager Übereinkommen 167 f., 170 ff.

[92] Bericht *Lagarde* Nr. 108 Fn. 74.

[93] *Guttenberger* Haager Übereinkommen 162 unter unzutr. Berufung auf Bericht *Lagarde* Nr. 107 und *Clive* YbPIL 2 [2000], 1, 11 f.; ihm folgend *Füllemann* Erwachsenenschutz Rn. 295; *Helms* FamRZ 2008, 1995 (2000); *Wedemann* FamRZ 2010, 785 (788); NK-BGB/*Benicke* Rn. 32; Palandt/*Thorn* EGBGB Anh. Art. 24 Rn. 8.

[94] So aber *Füllemann* Erwachsenenschutz Rn. 295; *Helms* FamRZ 2008, 1995 (2000); *Wedemann* FamRZ 2010, 785 (788); NK-BGB/*Benicke* Rn. 32.

[95] *Guttenberger* Haager Übereinkommen 162.

Art. 16 ErwSÜ [Ausübung der Vertretungsmacht]

[1]Wird eine Vertretungsmacht nach Artikel 15 nicht in einer Weise ausgeübt, die den Schutz der Person oder des Vermögens des Erwachsenen ausreichend sicherstellt, so kann sie durch Maßnahmen einer nach diesem Übereinkommen zuständigen Behörde aufgehoben oder geändert werden. [2]Bei der Aufhebung oder Änderung dieser Vertretungsmacht ist das nach Artikel 15 maßgebliche Recht so weit wie möglich zu berücksichtigen.

Übersicht

I. Normzweck

Das auf behördliche Schutzmaßnahmen anzuwendende Recht richtet sich grundsätzlich nach **1** Art. 13. Zielt die behördliche Maßnahme jedoch auf eine **Änderung oder Aufhebung der Vertretungsmacht** des Vorsorgebevollmächtigten, wäre an sich das Vollmachtsstatut nach Art. 15 Abs. 1 bzw. 2 maßgeblich (→ Art. 15 Rn. 31). Art. 16 ist Ausdruck des von der Spezialkommission erzielten Kompromisses zwischen einem möglichst effizienten **Schutz des Erwachsenen** und der **Achtung seiner selbstbestimmten Regelung** des Fürsorgefalls mit Hilfe der Vorsorgevollmacht andererseits.[1]

Wie in der als Vorbild herangezogenen Vorschrift des Art. 18 KSÜ gilt auch für behördliche **2** Eingriffe in die Vertretungsmacht aufgrund der Vorsorgevollmacht **grundsätzlich das Gleichlaufprinzip,** wie es Art. 13 Abs. 1 vorsieht, denn das Vollmachtsstatut ist nur zu berücksichtigen (Art. 16 S. 2).[2] Allerdings wird die Intervention der Behörde in zweifacher Hinsicht **besonders beschränkt:** Zum einen stellt Art. 16 S. 1 die materielle Voraussetzung auf, dass die Ausübung der Vorsorgevollmacht den Schutz des Erwachsenen nicht ausreichend sicherstellt (Art. 16 S. 1). Zum anderen ist das Vollmachtsstatut zwingend und so weit wie möglich zu berücksichtigen (Art. 16 S. 2), während Art. 13 Abs. 2 dies nur ausnahmsweise erlaubt und in das Ermessen der Behörde stellt.

Art. 13 und 15 sind deshalb nur anzuwenden, soweit es Art. 16 erlaubt. Die Vorschrift stellt daher **3** eine **Spezialregelung** dar, die die Änderung und Aufhebung der Vorsorgevollmacht abschließend regelt und die unmittelbare Anwendung von Art. 13 oder Art. 15 ausschließt.[3]

Die **Zuständigkeit** für Maßnahmen nach Art. 16 folgt den allgemeinen Regeln für Schutzmaß- **4** nahmen in den Art. 5 ff.

II. Anwendungsbereich

Art. 16 erfasst Schutzmaßnahmen, die die **Vertretungsmacht ändern oder aufheben.** Hierzu **5** gehört nicht nur der direkte Eingriff in die Vertretungsmacht (vgl. etwa für die Schweiz Art. 368 Abs. 2 ZGB), sondern auch die **Bestellung eines deutschen Kontrollbetreuers** nach § 1896 Abs. 3 BGB, weil dieser den Bevollmächtigten beaufsichtigt und ggf. die Befugnis zum Widerruf der Vollmacht hat (→ BGB § 1896 Rn. 247).[4] Der deutsche Gesetzgeber sah im Übrigen gerade mit Blick auf die Möglichkeit einer Kontrollbetreuung von einer besonderen Umsetzungsvorschrift ab.[5] Erfasst werden darüber hinaus alle Anordnungen, die eine **Aufsicht über den Bevollmächtigten** einführen[6] (zB die Anordnung zur regelmäßigen Rechnungslegung, vgl. für die Schweiz Art. 368 Abs. 2 ZGB).

---

[1] Vgl. Bericht *Lagarde* Nr. 108; *Clive* YbPIL 2 (2000), 1 (12).
[2] Bericht *Lagarde* Nr. 108; Staudinger/*v. Hein* (2014) EGBGB Vor Art. 24 Rn. 208.
[3] Anders *Guttenberger* Haager Übereinkommen 173, der Art. 13 und 16 nebeneinander anwenden will; unklar *Füllemann* Erwachsenenschutz Rn. 298 ff.
[4] Bericht *Lagarde* Nr. 108 Fn. 74; *Guttenberger* Haager Übereinkommen 167 f., 170 ff.; Staudinger/*v. Hein* (2014) EGBGB Vor Art. 24 Rn. 209.
[5] BT-Drs. 16/3251, 10.
[6] Bericht *Lagarde* Nr. 108 Fn. 74.

III. Voraussetzungen

6   Art. 16 S. 1 verlangt, dass die Vorsorgevollmacht nicht in einer Weise ausgeübt wird, die den Schutz der Person oder des Vermögens des Erwachsenen ausreichend sicherstellt. Erforderlich ist daher eine **objektive Gefährdung des Wohls** des Erwachsenen, die der **Vorsorgebevollmächtigte nicht abwehren** kann oder will.[7] Diese materielle Voraussetzung muss die zuständige Behörde **feststellen,** bevor sie die Vorsorgevollmacht ändern oder aufheben darf. Sie soll verhindern, dass die zuständige Behörde die vom Erwachsenen selbst eingerichtete Schutzordnung durch einen Schutz nach ihrem Recht ersetzt, insbesondere wenn ihr eigenes Recht keine Vorsorgevollmacht kennt.[8] Diese Voraussetzung entspricht damit der deutschen Regelung der Subsidiarität der Betreuung gegenüber der Vorsorgevollmacht in § 1896 Abs. 2 S. 2 BGB.

7   Die Vorschrift erfasst daher Fälle des **Missbrauchs der Vorsorgevollmacht** und des **Interessenkonflikts.** Es genügt aber auch die schlichte **Untätigkeit des Bevollmächtigten,** da es weder auf den Grund, weshalb er die Gefahr für das Wohl des Erwachsenen nicht abwehrt, noch auf sein etwaiges Verschulden ankommt. Deshalb werden auch Konstellationen erfasst, in denen die Gefahr aufgrund einer **unvollständig oder missverständlich abgefassten Vollmacht** entsteht, und ebenso die Fälle, in denen sich die Verhältnisse so geändert haben, dass nunmehr eine **Anpassung der Vollmacht** erforderlich ist.[9] Voraussetzung ist aber stets, dass eine objektive Gefährdung des Wohls des Erwachsenen besteht, die der Vorsorgebevollmächtigte nicht abwehren kann oder will.

IV. Anzuwendendes Recht

8   **1. Gleichlauf von Forum und Ius.** Sind die materiellen Anwendungsvoraussetzungen festgestellt (→ Rn. 6 f.), gilt im Interesse eines effektiven Schutzes des Erwachsenen auch für behördliche Eingriffe in die Vertretungsmacht aufgrund der Vorsorgevollmacht **grundsätzlich das Gleichlaufprinzip,** wie es Art. 13 Abs. 1 vorsieht. Art. 16 ordnet zwar die Geltung des Art. 13 Abs. 1 nicht ausdrücklich an, setzt diese aber voraus. Das zeigt einerseits die Genese, denn für Art. 18 KSÜ gilt dasselbe, und diese Vorschrift bildete den Ausgangspunkt der Beratungen der Spezialkommission.[10] Es kommt andererseits im Text des Art. 16 zum Ausdruck, der eine indirekte Verweisung auf Art. 13 enthält, indem er dessen Anwendung einerseits in S. 1 an eine materielle Voraussetzung knüpft (→ Rn. 2), andererseits die Behörde in S. 2 verpflichtet, das Vollmachtsstatut „so weit wie möglich zu berücksichtigen", also gerade nicht, es uneingeschränkt anzuwenden (näher → Rn. 10 ff.).[11]

9   Soweit das nach Art. 13 Abs. 1 anzuwendende Recht nicht dasjenige Recht ist, das nach Art. 15 auf die Vorsorgevollmacht Anwendung findet, kann mit Hilfe einer Übertragung der Zuständigkeit nach Art. 8 der **Gleichlauf hergestellt** werden.[12]

10   **2. Divergenz von Schutzrecht und Recht der Vorsorgevollmacht. a) Grundsatz.** Ist ein Gleichlauf nicht vorhanden und kann er nicht nach Art. 8 hergestellt werden, hat die zuständige Behörde das Recht der Vorsorgevollmacht nach Art. 15 zwingend und so weit wie möglich zu berücksichtigen. Im Gegensatz zu Art. 13 Abs. 2 stellt diese Berücksichtigung keine Ausnahme dar, die im Ermessen der Behörde steht; sie muss das Recht der Vorsorgevollmacht **zwingend** berücksichtigen.

11   Auf der **Rechtsfolgenseite** eröffnet Art. 16 S. 2 der Behörde jedoch ein großes Maß an **Flexibilität,** indem die Behörde das Recht der Vorsorgevollmacht nicht anzuwenden hat, sondern es so weit wie möglich berücksichtigen muss. Damit soll die Behörde auf die Bedürfnisse des Einzelfalls reagieren und den erforderlichen Schutz gewährleisten können. Andererseits ist die selbstbestimmte Regelung des Erwachsenen, der mittels der Vorsorgevollmacht seine Fürsorge selbst organisiert hat, so weit wie möglich zu beachten. Daraus lassen sich zwar keine festen und allgemeingültigen Regeln entwickeln.[13] Doch überlässt Art. 16 die „Berücksichtigung" des Rechts der Vorsorgevollmacht gerade nicht dem freien Ermessen der zuständigen Behörde. Es gilt daher, fallgruppenorientierte Kriterien für die Anwendung des Art. 16 zu entwickeln.

---

[7] Bericht *Lagarde* Nr. 108; Staudinger/*v. Hein* (2014) EGBGB Vor Art. 24 Rn. 210; nur auf die Gefährdung des Wohls abstellend dagegen NK-BGB/*Benicke* Rn. 3.

[8] Bericht *Lagarde* Nr. 108; NK-BGB/*Benicke* Rn. 3.

[9] Bericht *Lagarde* Nr. 108; *Bucher* SZIER 2000, 37 (55); Staudinger/*v. Hein* (2014) EGBGB Vor Art. 24 Rn. 210 f.; NK-BGB/*Benicke* Rn. 4 f.; FamKomm Erwachsenenschutz/*Guillaume* Rn. 97.

[10] Bericht *Lagarde* Nr. 108.

[11] Staudinger/*v. Hein* (2014) EGBGB Vor Art. 24 Rn. 208.

[12] Staudinger/*v. Hein* (2014) EGBGB Vor Art. 24 Rn. 212.

[13] Krit. deshalb *Bucher* SZIER 2000, 37 (55).

Eher unproblematisch dürfte dabei die **Aufhebung** der Vorsorgevollmacht sein. Problematischer 12
sind dagegen die Fälle der **Änderung,** weil hier die Vorsorgevollmacht weiter besteht und nur
partiell geändert wird. Diese Koexistenz von Vorsorgevollmacht und Schutzmaßnahme, die sich
jeweils nach unterschiedlichem Recht richten, gilt es bei der Anordnung der Schutzmaßnahme zu
bedenken.

b) Bestellung einer Ersatzfürsorgeperson. Fällt der Vorsorgebevollmächtigte zB durch **Tod** 13
oder Krankheit aus, hat der Erwachsene aber für diese Fälle einen **Ersatzbevollmächtigten**
bestellt, ist dessen Vertretungsmacht unter den Voraussetzungen des Art. 15 in allen Vertragsstaaten
anzuerkennen. Ein Eingreifen der Behörde ist weder für die Aufhebung der Vertretungsmacht der
ersten Fürsorgeperson, noch für die Begründung der Vertretungsmacht der Ersatzperson erforderlich,
die Voraussetzung des Art. 16 ist nicht erfüllt.[14]

Anders kann es sein, wenn der Vorsorgebevollmächtigte seine **Vollmacht missbraucht** oder 14
ein **Interessenkonflikt** vorliegt. Kann hier der Erwachsene die Vollmacht nicht selbst aufheben
und hat er auch keine andere Person damit betraut, muss die zuständige Behörde die Vollmacht
aufheben. Ob sie darüber hinaus eine **neue Fürsorgeperson** bestellen muss, hängt davon ab, ob
der Erwachsene für diesen Fall eine Ersatzperson wirksam bevollmächtigt hat, was sich nach
Art. 15 beurteilt. Ist dies nicht der Fall, muss die Behörde eine neue Fürsorgeperson nach ihrem
eigenen Recht bestellen. Hat der Erwachsene hierfür eine bestimmte Person benannt, wozu auch
die unwirksame Bestellung zum Ersatzbevollmächtigten zu rechnen ist, ist dieses funktionale
Äquivalent zu einer deutschen Betreuungsverfügung nicht allein nach dem Erwachsenenschutzrecht des Forums zu beurteilen, sondern auch das Recht der Vollmacht zu berücksichtigen.[15]

c) Aufsichtsmaßnahmen. Insbesondere bei der Einrichtung einer Aufsicht über den Bevoll- 15
mächtigten stellt sich das Problem der **Abstimmung** zwischen dem Recht der Vollmacht und
dem Recht des Schutzstaates. Grundsätzlich ist auch hier das **Recht des Schutzstaates** maßgeblich. So kann etwa die zuständige Schweizer Erwachsenenschutzbehörde dem Bevollmächtigten
Weisungen erteilen, zur Einreichung eines Inventars oder regelmäßige Rechnungslegung verpflichten oder anordnen, dass er für bestimmte Tätigkeiten eine Genehmigung einzuholen hat
(vgl. Art. 368 ZGB)[16] oder auch eine Beistandschaft nach Art. 390 ff. ZGB einrichten, deren
Aufgabenbereich im Einzelfall zu bestimmen ist. Nach deutschem Recht kommt die Bestellung
eines Betreuers zur Wahrnehmung der Rechte des Erwachsenen gegenüber seinem Bevollmächtigten (§ 1896 Abs. 3 BGB) oder eines Betreuers für bestimmte, einzelne Angelegenheiten in
Betracht, was jeweils die Vertretungsmacht des Bevollmächtigten unberührt lässt, sofern die Vollmacht nicht widerrufen wird.

Bei der Anwendung des eigenen Erwachsenenschutzrechts ist jedoch das **Recht der Vollmacht** 16
zwingend zu berücksichtigen, soweit dies jeweils möglich ist. Ist deutsches Recht Vollmachtsstatut,
kann die Schweizer Erwachsenenschutzbehörde es etwa in der Weise berücksichtigen, dass sie eine
Beistandschaft mit den Aufgaben eines deutschen Kontrollbetreuers einrichtet. Ist Schweizer Recht
Vollmachtsstatut, kann das deutsche Betreuungsgericht die Aufgaben des Betreuers nach dem Vorbild
des Schweizer Aufsichtsregimes bestimmen.[17]

Art. 17 ErwSÜ [Gültigkeit eines Rechtsgeschäfts]

**(1) Die Gültigkeit eines Rechtsgeschäfts zwischen einem Dritten und einer anderen
Person, die nach dem Recht des Staates, in dem das Rechtsgeschäft abgeschlossen wurde,
als Vertreter des Erwachsenen zu handeln befugt wäre, kann nicht allein deswegen bestritten und der Dritte nicht nur deswegen verantwortlich gemacht werden, weil die andere
Person nach dem in diesem Kapitel bestimmten Recht nicht als Vertreter des Erwachsenen
zu handeln befugt war, es sei denn, der Dritte wusste oder hätte wissen müssen, dass sich
diese Vertretungsmacht nach diesem Recht bestimmte.**

**(2) Absatz 1 ist nur anzuwenden, wenn das Rechtsgeschäft unter Anwesenden im
Hoheitsgebiet desselben Staates geschlossen wurde.**

---

[14] NK-BGB/*Benicke* Rn. 7.
[15] Insoweit zutr., jedoch ohne die vorstehende Differenzierung, *Clive* YbPIL 2 (2000), 1 (12); Staudinger/
v. Hein (2014) EGBGB Vor Art. 24 Rn. 213; FamKomm Erwachsenenschutz/*Guillaume* Rn. 98.
[16] *Schmid,* Erwachsenenschutz Kommentar, 2010, ZGB Art. 368 Rn. 6 f.
[17] Ähnlich NK-BGB/*Benicke* Rn. 8.

I. Normzweck

1   Die Vorschrift beruht auf Art. 19 KSÜ, der wiederum auf Art. 11 EVÜ bzw. Art. 12 EGBGB (jetzt: Art. 13 Rom I-VO) zurückgeht.[1] Sie schützt das Vertrauen eines Dritten, der ein Rechtsgeschäft mit dem Vertreter des Erwachsenen schließt. Er darf darauf vertrauen, dass sich dessen **Vertretungsmacht nach dem Ortsrecht** bestimmt, sofern er diesbezüglich gutgläubig ist. Geschützt wird das Vertrauen auf die Geltung des Ortsrechts, nicht auf den Bestand der Vertretungsmacht. Nehmen der Dritte und der Vertreter des Erwachsenen am Rechtsverkehr ein- und desselben Staates teil, liegt aus Sicht des Dritten ein Inlandsfall vor. Er kann und muss sich deshalb auf das Erwachsenenschutzrecht dieses Staates einstellen, sofern er nicht weiß oder wissen müsste, dass sich die Vertretungsmacht des Vertreters nach einem anderen Recht bestimmt. Es handelt sich also um einen spezifisch **kollisionsrechtlichen Verkehrsschutz,** dessen Grundlage die Teilnahme am örtlichen Rechtsverkehr bildet.[2]

2   Über den **sachrechtlichen Verkehrsschutz** bestimmen das Erwachsenenschutzrecht des Ortsrechts bzw. des nach den einschlägigen Kollisionsnormen an sich anwendbaren Rechts. Dessen Regelungen ergänzt Art. 38. Danach begründet die **Bescheinigung über die Befugnisse des Vertreters** die widerlegliche Vermutung, dass diese von der Ausstellung der Bescheinigung an bestehen (→ Art. 38 Rn. 9 ff.).

II. Anwendungsbereich

3   **1. Sachlicher Anwendungsbereich.** Art. 17 regelt den kollisionsrechtlichen Verkehrsschutz hinsichtlich der Vertretungsmacht eines Vertreters des Erwachsenen. Auch diese Regelung gilt freilich nur im sachlichen Anwendungsbereich des ErwSÜ und ist deshalb auf den **Erwachsenenschutz** beschränkt.

4   **2. Räumlicher Anwendungsbereich.** Art. 17 verlangt nicht, dass der Abschlussort in einem Vertragsstaat liegt.[3] Liegt der **Abschlussort in einem Nichtvertragsstaat,** ist dessen Recht anzuwenden (Art. 18).

5   **3. Vertretergeschäft.** Die Vorschrift erfasst nur Rechtsgeschäfte mit dem Vertreter des Erwachsenen. Den kollisionsrechtlichen Verkehrsschutz bei eigenen Rechtsgeschäften des Erwachsenen gewährleistet nicht Art. 17, sondern die dafür maßgeblichen Vorschriften, dh früher Art. 11 EVÜ (bzw. Art. 12 EGBGB), heute Art. 13 Rom I-VO.[4]

6   **4. Grund der Vertretungsmacht.** Keine Rolle spielt der Grund der Vertretungsmacht. Die Vorschrift erfasst daher sowohl die Vertretung aufgrund einer **behördlichen Schutzmaßnahme** als auch aufgrund einer **Vorsorgevollmacht.**[5]

7   Da Art. 17 keinen bestimmten Grund der Vertretungsmacht voraussetzt, erfasst die Vorschrift nach ihrem Wortlaut auch die **Vertretung des Erwachsenen kraft Gesetzes.** Falls sie den Schutz des Erwachsenen bezweckt (wie zB die Schweizer Regelung in Art. 374 ff. ZGB) und nicht wie die deutsche Schlüsselgewalt des § 1357 BGB im Interesse des Handelnden besteht, fällt sie ebenfalls in

---

[1] Bericht *Lagarde* Nr. 109; zur Entwicklung *Lipp* RabelsZ 63 (1999), 107 (110 ff.); *Fischer,* Verkehrsschutz im internationalen Vertragsrecht, 1990, 7 ff.

[2] Ausf. zu Art. 11 EVÜ bzw. Art. 12 EGBGB *Lipp* RabelsZ 63 (1999), 107 (125 ff., 132); eher unspezifisch – höhere Sorgfalt bei Distanzgeschäft – Bericht *Lagarde* KSÜ Nr. 113.

[3] *Guttenberger* Haager Übereinkommen 181; NK-BGB/*Benicke* Rn. 3; Staudinger/*v. Hein* (2014) EGBGB Vor Art. 24 Rn. 217; aA *Siehr* RabelsZ 64 (2000), 715 (741); *Ludwig* DNotZ 2009, 251 (283).

[4] Bericht *Lagarde* Nr. 110; *Guttenberger* Haager Übereinkommen 179; NK-BGB/*Benicke* Rn. 4.

[5] Vgl. Bericht *Lagarde* Nr. 109; *Guttenberger* Haager Übereinkommen 179; NK-BGB/*Benicke* Rn. 2; Staudinger/*v. Hein* (2014) EGBGB Vor Art. 24 Rn. 218.

den sachlichen Anwendungsbereich des ErwSÜ (→ Art. 1–4 Rn. 13).[6] Die Spezialkommission hat lediglich die Schaffung einer eigenen Kollisionsnorm für die Vertretung kraft Gesetzes abgelehnt,[7] über ihre Einbeziehung in Art. 17 hat sie nicht diskutiert.[8] Wie die Vorbildvorschrift des Art. 11 EVÜ (bzw. Art. 13 Rom I-VO) zeigt, setzt ihre Anwendung auch nicht voraus, dass das ErwSÜ eine Kollisionsnorm für die Vertretung kraft Gesetzes enthält, denn das EVÜ (bzw. die Rom I-VO) enthält keine Kollisionsnormen für die Frage der Rechts-, Geschäfts- und Handlungsfähigkeit. Die Frage ist daher anhand der **ratio legis des Art. 17** zu entscheiden. Aus Sicht des Dritten, der mit einem Vertreter des Erwachsenen ein Rechtsgeschäft abschließt, spielt der Grund für die Vertretungsmacht jedoch keine Rolle. Liegt aus seiner Sicht ein Inlandsgeschäft vor, vertraut er auf die nach dem Ortsrecht bestehende gesetzliche Vertretungsmacht ebenso wie darauf, dass das Ortsrecht für den Bestand und Umfang einer Vorsorgevollmacht oder einer durch behördliche Anordnung begründeten Vertretungsmacht maßgeblich ist. Es besteht daher kein Grund für eine teleologische Reduktion des Anwendungsbereichs des Art. 17. Die Vorschrift erfasst deshalb auch die Vertretungsmacht kraft Gesetzes.[9]

5. Gegenstand des Rechtsgeschäfts. Der Begriff des Rechtsgeschäfts (englisch: „transaction", **8** französisch: „acte") ist nicht im Sinne der lex fori, sondern **autonom** zu verstehen.[10] Er umfasst alle Rechtshandlungen, die der Vertreter vornimmt, ist also nicht auf vermögensrechtliche Rechtsgeschäfte beschränkt, sondern erfasst auch die Einwilligung in medizinische Maßnahmen.[11]

Ebenso wie Art. 19 KSÜ, aber anders als Art. 13 Rom I-VO (bzw. Art. 11 EVÜ) gilt Art. 17 für **9** **alle Rechtsgeschäfte,** einschließlich familien- und erbrechtlicher Rechtsgeschäfte und Verfügungen über ein im Ausland belegenes Grundstück. Wie bei Art. 19 KSÜ sind die dabei möglicherweise bestehenden Besonderheiten jedoch bei der Konkretisierung der Sorgfaltspflichten zu berücksichtigen.[12]

III. Voraussetzungen

1. Anwesenheit in demselben Staat (Abs. 2). Der kollisionsrechtliche Grund für die Anwen- **10** dung des Ortsrechts ist die Teilnahme am örtlichen Rechtsverkehr (→ Rn. 1). Voraussetzung für die Anwendung ist deshalb, dass sich der Vertreter des Erwachsenen und der Dritte **in demselben Staat befinden** („persons on the territory of the same state", „personnes présentes sur le territoire d'un même état"). Die deutsche Übersetzung („unter Anwesenden im Hoheitsgebiet desselben Staates") ist hier zu eng und missverständlich; maßgebend ist jedoch das englische und französische Original (→ Vor Art. 1 Rn. 18). Es kommt daher weder auf den Kommunikationsweg noch auf die Einordnung der lex fori als ein Rechtsgeschäft unter Anwesenden iS des deutschen Rechts (§ 147 Abs. 1 BGB) an.[13] Befinden sich beide Personen in demselben Staat, ist es deshalb unerheblich, ob das Rechtsgeschäft brieflich, telefonisch, per Fax oder Email oder im direkten Gespräch vorgenommen wird.[14]

Art. 17 Abs. 2 verlangt **keine bestimmte Dauer oder Qualität des Aufenthalts.** Die Vorschrift **11** ist daher auch anwendbar, wenn sich einer oder beide nur kurzfristig in demselben Staat aufhalten, etwa aus verkehrstechnischen Gründen auf einem Flughafen treffen oder das Rechtsgeschäft während eines Urlaubs abgeschlossen wird.[15] Hieraus können sich indes für den Dritten weitergehende Sorgfaltspflichten ergeben.

Eine **teleologische Reduktion** kommt allenfalls dann in Betracht, wenn beide Personen zwar **12** in demselben Staat anwesend sind, aber nicht an dessen Rechtsverkehr teilnehmen, zB bei Geschäften innerhalb einer Reisegruppe oder wenn der Vertragsschluss brieflich über die Grenze hinweg erfolgt,

---

[6] Bericht *Lagarde* Nr. 35, 90; unzutreffend daher *Ruck Keene* in Frimston et al., The International Protection of Adults, 2015, no. 9.09, der sie insgesamt aus dem Anwendungsbereich des ErwSÜ ausscheiden lassen will.

[7] Bericht *Lagarde* Nr. 90.

[8] Bericht *Lagarde* Nr. 109.

[9] Ebenso *Füllemann* Erwachsenenschutz Rn. 316, 330; zust. jetzt Staudinger/*v. Hein* (2014) EGBGB Vor Art. 24 Rn. 218; aA *Ruck Keene* in Frimston et al., The International Protection of Adults, 2015, no. 9.09, der sie insgesamt aus dem Anwendungsbereich des ErwSÜ ausscheiden will.

[10] *Guttenberger* Haager Übereinkommen 180 f.; *Füllemann* Erwachsenenschutz Rn. 310.

[11] Bericht *Lagarde* Nr. 109; *Clive* YbPIL 2 (2000), 1 (13); *Guttenberger* Haager Übereinkommen 180 f.; *Füllemann* Erwachsenenschutz Rn. 310; Staudinger/*v. Hein* (2014) EGBGB Vor Art. 24 Rn. 222.

[12] Bericht *Lagarde* KSÜ Nr. 114; Staudinger/*v. Hein* (2014) EGBGB Vor Art. 24 Rn. 220.

[13] *Siehr* RabelsZ 64 (2000), 715 (742); *Guttenberger* Haager Übereinkommen 181; *Füllemann* Erwachsenenschutz Rn. 312; Staudinger/*v. Hein* (2014) EGBGB Vor Art. 24 Rn. 223; NK-BGB/*Benicke* Rn. 10.

[14] *Guttenberger* Haager Übereinkommen 181; *Füllemann* Erwachsenenschutz Rn. 312; Staudinger/*v. Hein* (2014) EGBGB Vor Art. 24 Rn. 223; NK-BGB/*Benicke* Rn. 10.

[15] *Lipp* RabelsZ 63 (1999), 107 (135).

aber ein Person während der Postlaufzeit unabhängig davon in den Staat reist, in dem sich die andere Person befindet.[16]

13   Nicht erfüllt ist diese Voraussetzung, wenn sich einer der beiden Personen **während des Rechtsgeschäfts in einem anderen Staat** befindet, auch wenn diese Abwesenheit kurzfristig sein mag.[17] Ebenso wenig genügt es, wenn der Dritte irrtümlich davon ausgeht, der Vertreter befinde sich in demselben Staat.[18]

14   **2. Ausschluss bei Kenntnis oder Kennenmüssen (Abs. 1).** Der Dritte darf davon ausgehen, dass sich die Vertretungsmacht des Vertreters nach dem Ortsrecht bestimmt, es sei denn, er wusste oder hätte wissen müssen, dass sie sich nach einem anderen Recht richtet. **Positive Kenntnis** von der Maßgeblichkeit des Rechts, das nach Kapitel III auf die Vertretungsmacht anzuwenden ist, wird im Zeitpunkt des Rechtsgeschäfts vielfach schon deshalb fehlen, weil das Rechtsgeschäft auch in einem Nichtvertragsstaat vorgenommen werden kann und in diesem Zeitpunkt noch nicht feststeht, ob das später angerufene Gericht das Kollisionsrecht des ErwSÜ anwenden wird. Es genügt jedoch auch jede **fahrlässige Unkenntnis**.[19] Bezugspunkt der Sorgfaltspflichten ist das von den Kollisionsnormen des Kapitel III berufene Recht („... nach diesem Recht bestimmte"). Es kommt daher nur darauf an, ob der Dritte mit der Anwendung dieses Rechts rechnen musste; ein Irrtum über den Inhalt des anzuwendenden Rechts ist dagegen unerheblich.[20]

15   Praktisch entscheidend sind damit die **Sorgfaltsanforderungen,** die der Dritte hinsichtlich der Anwendung eines vom Ortsrecht abweichenden ausländischen Rechts zu erfüllen hat. Diese Sorgfaltsanforderungen müssen bereits bei Vornahme des Rechtsgeschäfts für ihn erkennbar sein. Sie können sich daher entweder daraus ergeben, dass es sich aus Sicht des Dritten um ein **Distanzgeschäft über die Grenze** handelt oder dass er die Vertretungsmacht des Vertreters ohnehin wegen der **Bedeutung des Geschäfts** zu prüfen hat.[21]

IV. Rechtsfolgen

16   Als Rechtsfolge bestimmt Art. 17 Abs. 1 die Geltung des Ortsrechts **alternativ** zum Vertretungsstatut. Im Ergebnis kann daher der Vertreter das Rechtsgeschäft entweder nach dem einen oder dem anderen Recht wirksam abschließen.[22]

17   Art. 17 Abs. 1 schreibt nicht vor, wie die fehlende Vertretungsmacht prozessual geltend zu machen ist. Anders als der Wortlaut nahelegt, ist sie deshalb **nicht als Einrede** zu verstehen.[23] Allerdings trägt der Erwachsene bzw. sein Vertreter, der sich hierauf beruft, die **Beweislast** für die Unwirksamkeit nach dem Vertretungsstatut.[24]

Art. 18 ErwSÜ [Anwendung]

Dieses Kapitel ist anzuwenden, selbst wenn das darin bestimmte Recht das eines Nichtvertragsstaats ist.

1   Wie in den neueren Haager Übereinkommen üblich, enthält auch das ErwSÜ **allseitige Kollisionsnormen** (loi uniforme). Dementsprechend verweisen viele Normen auf das Recht eines „Staates" (vgl. etwa Art. 15), was dementsprechend auch Nichtvertragsstaaten erfasst.

2   **Ausnahmen** werden entweder ausdrücklich bestimmt (vgl. Art. 14, der von Vertragsstaaten spricht) oder ergeben sich aus dem Zusammenhang (zB beim Gleichlaufprinzip des Art. 13, der eine Zuständigkeit nach dem ErwSÜ und damit die Zuständigkeit eines Vertragsstaats voraussetzt).[1]

3   Zum Verhältnis des ErwSÜ zum **deutsch-iranischen Niederlassungsabkommen** vom 17.2.1929 → Vor Art. 1 Rn. 25.

[16] *Lipp* RabelsZ 63 (1999), 107 (134 f.) mwN.
[17] NK-BGB/*Benicke* Rn. 11.
[18] Staudinger/*v. Hein* (2014) EGBGB Vor Art. 24 Rn. 223; NK-BGB/*Benicke* Rn. 10.
[19] Staudinger/*v. Hein* (2014) EGBGB Vor Art. 24 Rn. 224.
[20] *Guttenberger* Haager Übereinkommen 182; NK-BGB/*Benicke* Rn. 7; Staudinger/*v. Hein* (2014) EGBGB Vor Art. 24 Rn. 224.
[21] Vgl. Bericht *Lagarde* KSÜ Nr. 113 f.; *Lipp* RabelsZ 63 (1999), 107 (139 ff.); ähnlich NK-BGB/*Benicke* Rn. 8 f.
[22] Staudinger/*v. Hein* (2014) EGBGB Vor Art. 24 Rn. 225; NK-BGB/*Benicke* Rn. 12.
[23] Staudinger/*v. Hein* (2014) EGBGB Vor Art. 24 Rn. 226; zust. *Schaub* IPRax 2016, 207 (212).
[24] NK-BGB/*Benicke* Rn. 6.
[1] Bericht *Lagarde* Nr. 111.

Art. 19 ErwSÜ [Begriff „Recht"]

Der Begriff „Recht" im Sinn dieses Kapitels bedeutet das in einem Staat geltende Recht mit Ausnahme des Kollisionsrechts.

Dem Ziel einer Vereinheitlichung des Kollisionsrechts entsprechend, schließt Art. 19 die **Rück-** 1
und Weiterverweisung aus. Die ausnahmsweise Zulassung des Renvoi in Art. 21 Abs. 2 KSÜ
wurde nicht übernommen, weil das ErwSÜ keine Kollisionsnorm für die Vertretung kraft Gesetzes
enthält.[1]

Für **Mehrrechtsstaaten** gelten die besonderen Vorschriften in Art. 44 ff.   2

Art. 20 ErwSÜ [Bestimmungen des Rechts]

Dieses Kapitel steht den Bestimmungen des Rechts des Staates, in dem der Erwachsene zu schützen ist, nicht entgegen, deren Anwendung unabhängig vom sonst maßgebenden Recht zwingend ist.

I. Normzweck

Die Vorschrift erlaubt einem Vertragsstaat, in dem der Erwachsene zu schützen ist, die Anwendung 1
seiner **international zwingenden Normen** unabhängig von dem nach Kapitel III anzuwendenden
Recht. Sie wurde vor allem im Hinblick auf die Rechtswahlmöglichkeiten bei der Vorsorgevollmacht
(Art. 15 Abs. 2) einerseits und die als zwingend angesehenen nationalen Regelungen im Rahmen
medizinischer Maßnahmen andererseits eingeführt.[1*] Sie ist aber nicht darauf beschränkt und kann
daher in allen Bereichen Anwendung finden, wenn ausländisches Recht berufen ist.[2]

II. Schutzstaat

Voraussetzung für die Anwendung des Art. 20 ist stets, dass ein Vertragsstaat nicht sein eigenes 2
Recht, sondern ausländisches Recht anzuwenden hat. Der Staat, in dem der Erwachsene zu schützen
ist, kann daher zum einen der Vertragsstaat sein, der die **Schutzmaßnahme eines anderen Staates
durchzuführen** hat (vgl. Art. 14). Sind dessen Vorschriften nicht bereits bei der Anordnung nach
Art. 13 Abs. 2 berücksichtigt worden und kommen sie auch nicht nach Art. 14 zur Anwendung,
können sie gleichwohl nach Art. 20 angewandt werden, wenn sie international zwingend sind.[3]

Schutzstaat kann aber auch zum anderen ein Vertragsstaat sein, in dem **von der Vorsorgevoll-** 3
macht Gebrauch gemacht wird (vgl. Art. 15).[4] Bei der Ausübung einer Vorsorgevollmacht sind
nach Art. 15 Abs. 3 nur die Vorschriften dieses Staates über die Art und Weise ihrer Ausübung
anzuwenden, wodurch für Art. 20 ein größerer Anwendungsbereich eröffnet ist.[5]

III. International zwingende Vorschriften

Bestimmungen, deren Anwendung unabhängig vom sonst nach den Kollisionsnormen des ErwSÜ 4
maßgeblichen Recht zwingend ist, sind international zwingende Vorschriften.[6] Es genügt daher
nicht, dass sie innerstaatlich zwingend und der Privatautonomie entzogen sind. Sie müssen vielmehr
gegenüber dem Kollisionsrecht, dh international zwingend sein.[7] Der Begriff ist ebenfalls **autonom**
zu bestimmen. Das ErwSÜ enthält jedoch keine eigene Definition, sondern knüpft an den eingeführten kollisionsrechtlichen Sprachgebrauch an. Zur **Konkretisierung** kann deshalb auf Art. 9 Abs. 1
Rom I-VO zurückgegriffen werden[8] (näher → Rom I-VO Art. 9 Rn. 1 ff.). Entscheidend ist daher,
ob eine Norm aus Sicht des Schutzstaates unbedingt und ungeachtet des nach dem ErwSÜ anzuwendenden Rechts auf den jeweiligen Sachverhalt angewendet werden muss.

In den Diskussionen der Spezialkommission ging es hierbei vor allem um **medizinische Maß-** 5
nahmen. Aus niederländischer Sicht sind danach beispielsweise international zwingend die Vor-

---

[1] Bericht *Lagarde* Nr. 112.
[1*] Bericht *Lagarde* Nr. 113.
[2] NK-BGB/*Benicke* Rn. 1, 4; Staudinger/*v. Hein* (2014) EGBGB Vor Art. 24 Rn. 235.
[3] NK-BGB/*Benicke* Rn. 6 f.
[4] Staudinger/*v. Hein* (2014) EGBGB Vor Art. 24 Rn. 236; NK-BGB/*Benicke* Rn. 5 f.
[5] Staudinger/*v. Hein* (2014) EGBGB Vor Art. 24 Rn. 232.
[6] Bericht *Lagarde* Nr. 113 mit Fn. 79.
[7] FamKomm Erwachsenenschutz/*Guillaume* Rn. 104; Staudinger/*v. Hein* (2014) EGBGB Vor Art. 24 Rn. 233.
[8] Staudinger/*v. Hein* (2014) EGBGB Vor Art. 24 Rn. 233; zust. NK-BGB/*Benicke* Rn. 2.

schriften über die gesetzliche Vertretung des Patienten durch seinen Ehegatten bei der Aufnahme in ein psychiatrisches oder geriatrisches Krankenhaus und die dafür erforderliche Genehmigung, die der Vertretung durch Vormund und Pfleger vorgehen.[9] Aus deutscher Sicht dürften dazu die Genehmigungserfordernisse bei medizinischen Maßnahmen nach §§ 1904, 1905 und 1906 Abs. 3 BGB sowie die Bindung des Vertreters an den Patientenwillen (§§ 1901a, 1901b BGB) gehören.[10]

6   Art. 20 ist allerdings **nicht auf den medizinischen Bereich beschränkt,** sondern kann auch andere Angelegenheiten betreffen. Bei der **Unterbringung** stellen jedoch bereits Art. 22 Abs. 2 lit. e und Art. 33 sicher, dass das Recht des Unterbringungsstaates beachtet wird. Bei den Genehmigungserfordernissen außerhalb der Gesundheitssorge und der Unterbringung ist jedoch Vorsicht geboten. So sind die deutschen **Genehmigungspflichten im Vermögensbereich** (§§ 1907, 1908i Abs. 1 BGB) keine international zwingende Normen, die mit Hilfe des Art. 20 unbedingt durchzusetzen sind.[11] Anders ist es jedoch mit der Zentralnorm des Betreuungsrechts in § 1901 BGB für das Handeln der Fürsorgeperson und insbesondere für die dort normierten Grundsätze der **Erforderlichkeit** (§ 1901 Abs. 1 BGB) und der Achtung der **Selbstbestimmung** (§ 1901 Abs. 3 und Abs. 2 BGB). Beide sind nicht nur tragende Grundsätze des Betreuungsrechts, sondern zugleich Ausdruck des verfassungsrechtlichen Gebots, die Würde und Selbstbestimmung des betroffenen Erwachsenen zu achten (Art. 1 Abs. 1 und Art. 2 Abs. 1 GG).[12]

Art. 21 ErwSÜ [Ordre public]

Die Anwendung des in diesem Kapitel bestimmten Rechts darf nur versagt werden, wenn sie der öffentlichen Ordnung (ordre public) offensichtlich widerspricht.

1   Der Vorbehalt des ordre public in Art. 21 entspricht den neueren Haager Übereinkommen[1] und auch Art. 6 EGBGB. Auf dessen Kommentierung wird daher verwiesen.

Kapitel IV. Anerkennung und Vollstreckung

Vorbemerkung zu Art. 22 ff. ErwSÜ

1   Das Kapitel IV regelt die **Anerkennung und Vollstreckung von behördlichen Schutzmaßnahmen** nach dem Vorbild des KSÜ.[1*] Anders als das KSÜ, das innerhalb der EU durch die EuEheVO ersetzt wird, wird das ErwSÜ nicht durch vorrangiges Unionsrecht verdrängt.

2   **Voraussetzung** für die Anwendung des Kapitel IV ist stets, dass das ErwSÜ anwendbar ist (→ Art. 1–4 Rn. 4 ff.), die Schutzmaßnahme von einem Vertragsstaat des ErwSÜ getroffen worden ist und das ErwSÜ im Verhältnis zwischen Entscheidungsstaat und Anerkennungsstaat gilt (Art. 50 Abs. 2).

3   Eine Schutzmaßnahme aus einem Vertragsstaat ist in allen anderen Vertragsstaaten **kraft Gesetzes anzuerkennen** (Art. 22 Abs. 1). Das ErwSÜ sieht ergänzend ein **fakultatives Verfahren** zur Feststellung der Anerkennung vor (Art. 23). Das deutsche Ausführungsrecht dazu enthalten §§ 6 ff. ErwSÜAG.[2]

4   Die **Anerkennungshindernisse** werden abschließend geregelt (Art. 22 Abs. 2). Bei der Überprüfung der Zuständigkeit ist der Anerkennungsstaat an die Tatsachenfeststellungen der anordnenden Behörde gebunden (Art. 24). Eine Überprüfung der Schutzmaßnahme in der Sache (révision au fond) ist ausgeschlossen (Art. 26).

5   Soweit die Schutzmaßnahme in einem anderen Vertragsstaat **vollstreckt** werden muss, gibt Art. 25 einen Rahmen für die Vollstreckbarerklärung vor. Die Vollstreckung erfolgt dann nach dem Recht des Vollstreckungsstaates, wobei die anerkannte und für vollstreckbar erklärte ausländische Schutzmaßnahme wie eine inländische vollstreckt wird (Art. 27). Das deutsche Ausführungsrecht enthalten §§ 6 ff. ErwSÜAG.[3]

---

[9] Bericht *Lagarde* Nr. 113.
[10] *Siehe* RabelsZ 64 (2000), 715 (742); Staudinger/*v. Hein* (2014) EGBGB Vor Art. 24 Rn. 234; ähnlich *Clive* YbPIL 2 (2000), 1 (13).
[11] Staudinger/*v. Hein* (2014) EGBGB Vor Art. 24 Rn. 235 (mit einer zweifelhaften Ausnahme für Immobilien).
[12] Für die Bindung an den Patientenwillen ebenso Staudinger/*v. Hein* (2014) EGBGB Vor Art. 24 Rn. 234.
[1] Bericht *Lagarde* Nr. 114.
[1*] Bericht *Lagarde* Nr. 115.
[2] Vgl. *Wagner* IPRax 2007, 11 (14).
[3] Dazu *Wagner* IPRax 2007, 11 (14 f.).

Besonderheiten gelten für **Unterbringungen** in einem anderen Vertragsstaat (Art. 33, 22 Abs. 2 **6** lit. e). Das deutsche Ausführungsrecht findet sich in §§ 6, 8 ff., 12 ErwSÜAG.[4]

Das ErwSÜ bestimmt nur, unter welchen Voraussetzungen ein Vertragsstaat verpflichtet ist, die **7** Schutzmaßnahmen anderer Vertragsstaaten anzuerkennen und zu vollstrecken. Im **Verhältnis zum autonomen Recht** ist das ErwSÜ daher nur insoweit abschließend, als es für **Schutzmaßnahmen aus Vertragsstaaten** strengere Anforderungen ausschließt. Es lässt aber zu, dass ein Vertragsstaat eine Schutzmaßnahme aus einem anderen Vertragsstaat, die die Voraussetzungen des ErwSÜ nicht erfüllt, gleichwohl aufgrund seines großzügigeren autonomen Rechts anerkennt und ggf. auch vollstreckt.[5] Das dürfte jedoch für Deutschland angesichts der weitgehenden Übereinstimmung der Art. 22 ff. mit §§ 108, 109 FamFG kaum praktisch werden.

Wie das KSÜ regelt auch das ErwSÜ die Anerkennung von **Schutzmaßnahmen aus Nichtver-** **8** **tragsstaaten** nicht, wie sich aus Art. 22 Abs. 1 ergibt („von Behörden eines Vertragsstaats"). Hierauf ist das autonome Recht uneingeschränkt anwendbar.[6] Ihre Anerkennung in Deutschland richtet sich nach §§ 108, 109 FamFG.

Art. 22 ErwSÜ [Anerkennung der Maßnahmen]

(1) Die von den Behörden eines Vertragsstaats getroffenen Maßnahmen werden kraft Gesetzes in den anderen Vertragsstaaten anerkannt.

(2) Die Anerkennung kann jedoch versagt werden,

a) **wenn die Maßnahme von einer Behörde getroffen wurde, die nicht aufgrund oder in Übereinstimmung mit Kapitel II zuständig war;**

b) **wenn die Maßnahme, außer in dringenden Fällen, im Rahmen eines Gerichts- oder Verwaltungsverfahrens getroffen wurde, ohne dass dem Erwachsenen die Möglichkeit eingeräumt worden war, gehört zu werden, und dadurch gegen wesentliche Verfahrensgrundsätze des ersuchten Staates verstoßen wurde;**

c) **wenn die Anerkennung der öffentlichen Ordnung (ordre public) des ersuchten Staates offensichtlich widerspricht, oder ihr eine Bestimmung des Rechts dieses Staates entgegensteht, die unabhängig vom sonst maßgebenden Recht zwingend ist;**

d) **wenn die Maßnahme mit einer später in einem Nichtvertragsstaat, der nach den Artikeln 5 bis 9 zuständig gewesen wäre, getroffenen Maßnahme unvereinbar ist, sofern die spätere Maßnahme die für ihre Anerkennung im ersuchten Staat erforderlichen Voraussetzungen erfüllt;**

e) **wenn das Verfahren nach Artikel 33 nicht eingehalten wurde.**

Übersicht

I. Normzweck

Die Vorschrift entspricht Art. 23 KSÜ. Sie regelt die **Anerkennung kraft Gesetzes** (Abs. 1). **1** Die Anerkennung ist daher inzident in demjenigen Verfahren zu prüfen, in dem es um die Wirkungen der anzuerkennenden Schutzmaßnahme geht, zB im Rahmen der Frage, ob eine Schutzmaßnahme erforderlich ist (vgl. § 1896 Abs. 2 BGB) oder die ausländische Fürsorgeperson die erforderliche Vertretungsmacht hat oder im Zusammenhang der Vollstreckbarerklärung der ausländischen Schutzmaßnahme. Daneben eröffnet Art. 23 das selbständige **Anerkennungsfeststellungsverfahren,** wenn die Anerkennung als solche begehrt wird.

---

[4] *Wagner* IPRax 2007, 11 (15).

[5] Bericht *Lagarde* Nr. 118; *Clive* YbPIL 2 (2000), 1 (14); *Siehr* RabelsZ 64 (2000), 715 (743); *Guttenberger* Haager Übereinkommen 201; Staudinger/*v. Hein* (2014) EGBGB Vor Art. 24 Rn. 244; NK-BGB/*Benicke* Art. 22 Rn. 5.

[6] Bericht *Lagarde* Nr. 116; *Füllemann* Erwachsenenschutz Rn. 346; zur Diskussion beim KSÜ vgl. Bericht *Lagarde* KSÜ Nr. 119.

2   Darüber hinaus regelt Art. 22 in Abs. 2 abschließend, aus welchen Gründen eine Schutzmaßnahme nicht anerkannt wird **(Anerkennungshindernisse)**. Auch diese Wirkung tritt ipso iure ein.

II. Anwendung

3   **1. Grundsatz der Wirkungserstreckung.** Die Anerkennung tritt kraft Gesetzes ein (Art. 22 Abs. 1) und ist wie bei Art. 23 KSÜ als Wirkungserstreckung zu verstehen. Die Wirkungen der Schutzmaßnahme bestimmen sich daher **nach dem Recht des anordnenden Staates;** sie werden durch Art. 22 Abs. 1 **auf den Anerkennungsstaat erstreckt.**[1] Die von einem anderen Vertragsstaat bestellte Fürsorgeperson hat also die Befugnisse, die ihm nach der ausländischen Schutzmaßnahme zukommen. Danach bestimmen sich insbesondere auch Bestand und Umfang seiner Vertretungsmacht.[2] Für die Durchführung ist Art. 14 zu beachten.

4   Maßgeblich ist jedoch nicht stets das Sachrecht des anordnenden Staates, sondern das von der ausländischen Behörde **im konkreten Fall angewendete Recht der Schutzmaßnahme.** Hat die ausländische Behörde ausnahmsweise nicht ihr eigenes Recht (nach Art. 13 Abs. 1 oder Art. 16), sondern das Recht eines anderen Staates angewendet (nach Art. 13 Abs. 2), ergeben sich die Wirkungen der Schutzmaßnahme aus diesem Recht.

5   **2. Voraussetzungen.** Die Anerkennung setzt voraus, dass das **ErwSÜ anwendbar** ist (→ Art. 1– 4 Rn. 8 ff.), die Schutzmaßnahme **von einem Vertragsstaat des ErwSÜ** getroffen worden ist (Art. 22 Abs. 1) und das ErwSÜ **im Verhältnis zwischen Entscheidungsstaat und Anerkennungsstaat** gilt (Art. 50 Abs. 2).

6   An den **Nachweis** der ausländischen Schutzmaßnahme stellt das ErwSÜ bewusst keine besonderen Anforderungen. Dieser kann daher in jeder Form erfolgen, zB durch Vorlage des Originals einer entsprechenden Entscheidung, durch Telefax oder E-Mail.[3] Das autonome Recht kann deshalb auch keine strengeren Anforderungen stellen.

7   Erforderlich ist jedoch die Vorlage einer **Übersetzung** (Art. 51 Abs. 1). Da Deutschland einen Vorbehalt nach Art. 52 Abs. 2 gegen die Verwendung des Französischen eingelegt hat, ist eine Übersetzung ins Deutsche oder, falls dies Schwierigkeiten bereitet, ins Englische erforderlich. Fehlt diese Übersetzung oder liegt nur eine Übersetzung in eine andere Sprache vor, liegt es im Ermessen der jeweils damit befassten Stelle, ob sie dies als Nachweis genügen lässt (vgl. § 2 Abs. 1 ErwSÜAG für das Bundesamt für Justiz als Zentrale Behörde).

8   **3. Anerkennungshindernisse.** Die Gründe, aus denen eine ausländische Schutzmaßnahme nicht anerkannt wird, werden in Art. 22 Abs. 2 **abschließend** genannt.[4]

9   Die Anerkennungshindernisse treten ebenfalls kraft Gesetzes ein und sind deshalb **von Amts wegen** zu berücksichtigen.[5] Bei der Überprüfung der Zuständigkeit ist der Anerkennungsstaat an die Tatsachenfeststellungen der anordnenden Behörde gebunden (Art. 24). Eine Überprüfung der Schutzmaßnahme in der Sache (révision au fond) ist ausgeschlossen (Art. 26).

10   Wie die negative Formulierung zeigt, liegt die **Beweislast** für das Bestehen eines Anerkennungshindernisses bei dem Beteiligten, der sich auf ihr Vorliegen beruft.[6]

11   **a) Anerkennungszuständigkeit (Abs. 2 lit. a).** Die Anerkennung kann versagt werden, wenn die anordnende Behörde nicht aufgrund oder in Übereinstimmung mit Art. 5 ff. international zuständig war. Bei dieser Überprüfung der Zuständigkeit ist der Anerkennungsstaat an die **Tatsachenfeststellungen der anordnenden Behörde** gebunden (Art. 24). Auf dieser Grundlage ist die Zuständigkeit der anordnenden Behörde dann in rechtlicher Hinsicht eigenständig zu überprüfen.[7]

12   Anders als nach Art. 23 Abs. 2 lit. b KSÜ genügt es, dass die anordnende Behörde „**in Übereinstimmung**" mit Art. 5 ff. zuständig war. Damit sollen vor allem die Fälle des Art. 2 Abs. 2 erfasst werden (→ Art. 1–4 Rn. 6). Ist der Betroffene noch nicht 18 Jahre alt, richtet sich die Zuständigkeit nach dem KSÜ bzw. dem autonomen Recht. Ordnet die danach zuständige Behörde eine Maßnahme an, die sich auf die Zeit nach Vollendung des 18. Lebensjahres erstreckt (zB nach § 1908a BGB),

---

[1] Bericht *Lagarde* Nr. 116; *Guttenberger* Haager Übereinkommen 199; *Füllemann* Erwachsenenschutz Rn. 346; Staudinger/*v. Hein* (2014) EGBGB Vor Art. 24 Rn. 242; NK-BGB/*Benicke* Rn. 2.

[2] Bericht *Lagarde* Nr. 116; *Clive* YbPIL 2 (2000), 1 (14); Staudinger/*v. Hein* (2014) EGBGB Vor Art. 24 Rn. 242.

[3] Bericht *Lagarde* Nr. 117; Staudinger/*v. Hein* (2014) EGBGB Vor Art. 24 Rn. 243; *Ruck Keene* in Frimston et al., The International Protection of Adults, 2015, no. 8.98.

[4] Bericht *Lagarde* Nr. 118.

[5] Ausf. *Füllemann* Erwachsenenschutz Rn. 347 ff.

[6] Bericht *Lagarde* Nr. 116; NK-BGB/*Benicke* Rn. 4; Staudinger/*v. Hein* (2014) EGBGB Vor Art. 24 Rn. 241.

[7] Bericht *Lagarde* Nr. 119; Staudinger/*v. Hein* (2014) EGBGB Vor Art. 24 Rn. 246.

richtet sich deren Anerkennung nach Vollendung des 18. Lebensjahres nach dem ErwSÜ. Dafür genügt es, wenn die anordnende Behörde objektiv gesehen nach dem ErwSÜ für die getroffene Maßnahme zuständig wäre.[8]

Die **Folgen dieser Ausweitung der Anerkennungszuständigkeit** sind in der Literatur jedoch   **13** noch nicht vollständig entfaltet worden. Die von der Spezialkommission intendierte und allgemein befürwortete Anerkennung einer nach dem KSÜ getroffenen Maßnahme führt nämlich zu folgenden Konsequenzen:

Erstens konnte sich die anordnende Behörde beim Erlass der Maßnahme zum Schutz eines noch   **14** nicht Achtzehnjährigen nicht auf das ErwSÜ stützen, denn es war zu diesem Zeitpunkt noch nicht anwendbar. Für die Anerkennungszuständigkeit genügt es deshalb, wenn die anordnende Behörde für die Schutzmaßnahme nach dem ErwSÜ **(hypothetisch) zuständig gewesen wäre** („in Übereinstimmung … zuständig war"). Das ist durchaus sachgerecht, da es bei der Anerkennung nicht darum geht, die damalige Anordnung zu überprüfen, sondern festzustellen, ob sich die Wirkungen der Maßnahme auf den Anerkennungsstaat erstrecken.

Zweitens musste sich die anordnende Behörde beim Erlass der Maßnahme zum Schutz eines   **15** noch nicht Achtzehnjährigen an das dafür geltende Recht, dh an das KSÜ bzw. an das autonome Recht halten. Die Subsidiaritätsregeln des ErwSÜ in den Art. 7 ff. konnte sie deshalb bei ihrer Anordnung nicht beachten, dh sie konnte weder die dort statuierten Informationspflichten einhalten, noch die verschiedenartigen Vorrangregelungen befolgen. Für die Anerkennungszuständigkeit muss es deshalb in diesen Fällen genügen, dass ein **Zuständigkeitsgrund** nach dem ErwSÜ bestand.[9] Auf die Einhaltung der **Subsidiaritätsregeln** kommt es hingegen nicht an. Für die Anerkennungszuständigkeit kann die Einhaltung der Subsidiaritätsregeln daher nur verlangt werden, wenn sie schon **bei Erlass der Maßnahme** beachtet werden mussten. Das setzt voraus, dass das ErwSÜ bei Erlass der Maßnahme im Anordnungsstaat anwendbar war (und nicht etwa das KSÜ).

Kommt es danach für die Anerkennungszuständigkeit nur dann auf die Einhaltung der Subsidiari-   **16** tätsregeln an, wenn sie schon bei Erlass der Maßnahme beachtet werden mussten, hat dies drittens Konsequenzen für die Anerkennung von Maßnahmen, die ein Vertragsstaat zum Schutz des **Erwachsenen mit gewöhnlichem Aufenthalt in einem Nichtvertragsstaat** getroffen hat. In diesem Fall galten die Subsidiaritätsregeln zugunsten der Primärzuständigkeit des Art. 5 bzw. 6 bei Anordnung der Maßnahme ebenso wenig wie bei einem noch nicht 18 Jahre alten Betroffenen (→ Vor Art. 5 Rn. 12). Hat ein Vertragsstaat in diesem Fall eine Schutzmaßnahme getroffen, hängt ihre Anerkennung in den anderen Vertragsstaaten daher ebenfalls nicht von der Einhaltung dieser Subsidiaritätsregeln ab, sondern nur davon, ob ein **Zuständigkeitsgrund nach dem ErwSÜ** bestand. Wendet man bei einem gewöhnlichen Aufenthalt des Erwachsenen in einem Nichtvertragsstaat nicht nur die Art. 10 und 11 an, sondern mit der hier vertretenen Auffassung auch die Art. 7 und 9 (→ Vor Art. 5 Rn. 9 ff., 12), richtet sich die Anerkennung von vertragsstaatlichen Schutzmaßnahmen auch in diesen Fällen in aller Regel nach dem ErwSÜ.

b) Rechtliches Gehör (Abs. 2 lit. b). Die Regelung ist auf die **Besonderheiten des Erwach-**   **17** **senenschutzes** abgestellt. Für das rechtliche Gehör kommt es nicht auf das verfahrenseinleitende Dokument an (vgl. etwa Art. 22 lit. b, 23 lit. c EuEheVO oder § 109 Abs. 1 Nr. 2 FamFG), sondern ob dem Erwachsenen im Verfahren Gehör gewährt wurde.[10] Wird in **dringenden Fällen** darauf verzichtet, mag dies unter Umständen einen Verfahrensfehler nach autonomem Recht begründen; es stellt aber ausdrücklich kein Anerkennungshindernis dar.

Im Übrigen stellt das Versagen des rechtlichen Gehörs nur dann ein Anerkennungshindernis   **18** dar, wenn dies gegen **wesentliche Verfahrensgrundsätze des Anerkennungsstaates** verstößt. Ein solcher Verstoß liegt jedenfalls nicht vor, wenn der Anerkennungsstaat in einem solchen Fall dem Erwachsenen ebenfalls kein rechtliches Gehör gewährt hätte (vgl. für das deutsche Recht §§ 34 Abs. 2, 278 Abs. 4 FamFG).[11] Im Übrigen kommt es darauf an, ob sich das Erfordernis des rechtlichen Gehörs in diesem Fall als Bestandteil des verfahrensrechtlichen ordre public des Anerkennungsstaates darstellt.[12]

---

[8] Bericht *Lagarde* Nr. 119; *Guttenberger* Haager Übereinkommen 202 f.; *Füllemann* Erwachsenenschutz Rn. 352; NK-BGB/*Benicke* Rn. 7; Staudinger/*v. Hein* (2014) EGBGB Vor Art. 24 Rn. 245.

[9] Vgl. Bericht *Lagarde* Nr. 15 Fn. 16; ähnlich Staudinger/*v. Hein* (2014) EGBGB Vor Art. 24 Rn. 245: „Gerichtsstand" muss im ErwSÜ „Entsprechung finden".

[10] *Siehr* RabelsZ 64 (2000), 715 (743); Staudinger/*v. Hein* (2014) EGBGB Vor Art. 24 Rn. 247.

[11] *Clive* YbPIL 2 (2000), 1 (14); NK-BGB/*Benicke* Rn. 9; Staudinger/*v. Hein* (2014) EGBGB Vor Art. 24 Rn. 248.

[12] Bericht *Lagarde* Nr. 120; *Ruck Keene* in Frimston et al., The International Protection of Adults, 2015, no. 8.106.

19   **c) Ordre public (Abs. 2 lit. c).** Die Vorschrift entspricht dem üblichen Vorbehalt des ordre public des Anerkennungsstaates im internationalen Verfahrensrecht (vgl. etwa Art. 22 lit. a, 23 lit. a EuEheVO, § 109 Abs. 1 Nr. 4 FamFG). Ein Verstoß kommt danach in Betracht, wenn eine Schutzmaßnahme mit wesentlichen Grundsätzen des **materiellen Erwachsenenschutzrechts** des Anerkennungsstaates unvereinbar ist oder das zugrunde liegende **Verfahren** gegen rechtsstaatliche Anforderungen verstoßen hat. Lediglich klarstellende Bedeutung hat die ausdrückliche Erwähnung international zwingenden Rechts.[13]

20   Ein Verstoß gegen den **materiellrechtlichen ordre public des deutschen Rechts** ist denkbar, wenn die ausländische Schutzmaßnahme die zentrale Orientierung des deutschen Betreuungsrechts am Wohl des Erwachsenen oder am Primat seiner Selbstbestimmung missachtet.[14] Zur Anerkennung einer ausländischen Entmündigung in Deutschland → EGBGB Art. 8 Rn. 4 ff.

21   **d) Unvereinbarkeit mit einer späteren Maßnahme (Abs. 2 lit. d).** Da es bei Schutzmaßnahmen nicht um die Beachtung einer materiell rechtskräftigen Entscheidung eines Rechtsstreites geht, sondern um Fürsorgemaßnahmen zum Schutz des Erwachsenen, räumt das ErwSÜ der **aktuellen Maßnahme** den **Vorrang** ein.[15]

22   Ist die **spätere Maßnahme in einem Vertragsstaat** ergangen, ergibt sich der Vorrang bereits aus ihrer innerstaatlichen Geltung bzw. der Anerkennung kraft Gesetzes in allen Vertragsstaaten nach Art. 22 Abs. 1.[16] Dies wird nur durch die Subsidiarität der Zuständigkeiten nach Art. 7, 9, 10 und 11 begrenzt, deren Nichtbeachtung die Anerkennung hindert (Art. 22 Abs. 2 lit. a).[17]

23   Ist die **spätere Maßnahme in einem Nichtvertragsstaat** ergangen, räumt ihr Art. 22 Abs. 2 lit. d den Vorrang ein, wenn zwei Voraussetzungen erfüllt sind.

24   **aa) Internationale Zuständigkeit.** Die Behörde des Nichtvertragsstaats muss **hypothetisch nach Art. 5–9 zuständig** gewesen sein. Damit weitet das ErwSÜ den Kreis der aus seiner Sicht zuständigen Drittstaaten gegenüber dem KSÜ, das nur den gewöhnlichen Aufenthalt des Kindes genügen lässt, erheblich aus.[18]

25   Da ein Nichtvertragsstaat jedoch nicht an die Subsidiaritätsvorschriften der Art. 7 und 9 gebunden ist und das Verfahren der Abgabe nach Art. 8 im Verhältnis zu ihm keine Anwendung findet, können die **Subsidiaritätsvorschriften des ErwSÜ** in diesen Fällen nicht eingehalten werden. Ein Teil der Literatur besteht jedoch auf ihre Einhaltung.[19] Im Ergebnis kommt damit der Vorrang letztlich nur den Maßnahmen aus dem Staat des gewöhnlichen Aufenthalts bzw. des nach Art. 6 ersatzweise zuständigen Staates des schlichten Aufenthalts zu.[20] Das widerspricht jedoch sowohl dem Wortlaut der Vorschrift als auch ihrem Sinn, denn sie soll den Kreis der potentiell zuständigen Staaten ausdrücklich erweitern und gerade auch den Heimatstaat und den Staat der Vermögensbelegenheit mit umfassen. Richtigerweise genügt daher für die Anerkennungszuständigkeit eines Nichtvertragsstaats iS des Art. 22 Abs. 2 lit. d, dass einer der **Zuständigkeitsgründe** der Art. 5–9 vorliegt. Die Subsidiaritätsvorschriften der Art. 7–9 brauchen indes nicht eingehalten worden sein (zur vergleichbaren Problematik bei Art. 22 Abs. 2 lit. a → Rn. 15 f.).[21]

26   **bb) Anerkennung.** Die Maßnahme des Nichtvertragsstaats muss darüber hinaus im Anerkennungsstaat ihrerseits ebenfalls anerkannt werden. Da es sich um die Maßnahme eines Nichtvertragsstaats handelt, ist dafür das **autonome Recht des Anerkennungsstaates** maßgeblich, in Deutschland also §§ 108, 109 FamFG.[22]

27   Hier ergeben sich jedoch **Friktionen mit dem ErwSÜ,** weil § 109 Abs. 1 Nr. 3 FamFG nicht der späteren, sondern der früheren Entscheidung den Vorrang gibt und die Anerkennungszuständigkeit nach § 109 Abs. 1 Nr. 1 FamFG anhand der deutschen Zuständigkeitsnormen in § 104 bzw.

---

[13] Vgl. Bericht *Lagarde* Nr. 121; Staudinger/*v. Hein* (2014) EGBGB Vor Art. 24 Rn. 250.

[14] *Rausch* BtPrax 2004, 137 (139); NK-BGB/*Benicke* Rn. 11.

[15] Bericht *Lagarde* Nr. 122; *Siehr* RabelsZ 64 (2000), 715 (743); Staudinger/*v. Hein* (2014) EGBGB Vor Art. 24 Rn. 253.

[16] Im Ergebnis ebenso, jedoch mit abw. Begr. (Art. 12) *Siehr* RabelsZ 64 (2000), 715 (743); aus Art. 7 Abs. 3, 10 Abs. 2, 11 Abs. 2, 12: Staudinger/*v. Hein* (2014) EGBGB Vor Art. 24 Rn. 254.

[17] NK-BGB/*Benicke* Rn. 13.

[18] Bericht *Lagarde* Nr. 122.

[19] *Guttenberger* Haager Übereinkommen 207; *Füllemann* Erwachsenenschutz Rn. 369; NK-BGB/*Benicke* Rn. 16.

[20] Deutlich *Füllemann* Erwachsenenschutz Rn. 369 (Ausweitung nur theoretisch); ohne diese Einschränkung zu thematisieren dagegen *Guttenberger* Haager Übereinkommen 207; NK-BGB/*Benicke* Rn. 16.

[21] Zutr. Staudinger/*v. Hein* (2014) EGBGB Vor Art. 24 Rn. 256.

[22] *Guttenberger* Haager Übereinkommen 207; *Füllemann* Erwachsenenschutz Rn. 370; Staudinger/*v. Hein* (2014) EGBGB Vor Art. 24 Rn. 257.

§§ 313 Abs. 3, 105 FamFG zu prüfen ist. Die Verweisung auf das autonome Recht kann jedoch nicht dazu führen, dass die Regelung des Art. 22 Abs. 2 lit. d unterlaufen bzw. ihr Zweck verfehlt wird. Das autonome Recht ist also nur insoweit anzuwenden, als Art. 22 Abs. 2 lit. d die betreffenden Sachfragen nicht bereits selbst regelt. Deshalb ist eine nochmalige Überprüfung der Anerkennungszuständigkeit anhand des autonomen Rechts ebenso ausgeschlossen wie eine Umkehrung der Vorrangregelung. § 109 Abs. 1 Nr. 1 und 3 FamFG sind deshalb im Rahmen des Art. 22 Abs. 2 lit. d nicht anzuwenden.[23]

Art. 23 ErwSÜ [Verfahren]

[1]**Unbeschadet des Artikels 22 Absatz 1 kann jede betroffene Person bei den zuständigen Behörden eines Vertragsstaats beantragen, dass über die Anerkennung oder Nichtanerkennung einer in einem anderen Vertragsstaat getroffenen Maßnahme entschieden wird.** [2]**Das Verfahren bestimmt sich nach dem Recht des ersuchten Staates.**

I. Normzweck

Nach Art. 22 Abs. 1 tritt die Anerkennung kraft Gesetzes ein und ist daher inzident in demjenigen **1** Verfahren zu prüfen, in dem es um die Wirkungen der anzuerkennenden Schutzmaßnahme geht. Daneben[1] eröffnet Art. 23 das selbständige **Anerkennungsfeststellungsverfahren,** wenn die Anerkennung als solche begehrt wird. Die Vorschrift entspricht Art. 24 KSÜ.

Art. 23 S. 1 verpflichtet die Vertragsstaaten, ein selbständiges Anerkennungsverfahren einzurich- **2** ten, und regelt auch, wer **antragsberechtigt** ist („jede betroffene Person"). Im Übrigen ist das autonome Recht maßgeblich (Art. 23 S. 2).

II. Selbständiges Anerkennungsverfahren

1. Antragsberechtigung (S. 1). Art. 23 S. 1 bestimmt, dass „jede betroffene Person" (engl. „any **3** interested person", frz. „toute personne intéressée") antragsberechtigt ist. Das ist nicht nur der Erwachsene selbst, sondern jede Person, die ein **rechtliches Interesse** an der Feststellung hat, also zB auch der durch eine Schutzmaßnahme bestellte Vertreter oder ein Dritter, mit dem der Vertreter ein Rechtsgeschäft vornimmt.[2]

2. Verfahren (S. 2). Das Verfahren überlässt Art. 23 S. 2 dem autonomen Recht. Für Deutschland **4** ist es im **ErwSÜAG** in weitgehender Übereinstimmung mit dem Verfahren der Vollstreckbarerklärung geregelt.

Die **Zuständigkeit** richtet sich nach § 6 ErwSÜAG. Örtlich zuständig ist grundsätzlich das **5** Betreuungsgericht am Sitz des OLG, in dessen Bezirk der „Betroffene", dh der **Erwachsene** iS des ErwSÜ[3] seinen gewöhnlichen Aufenthalt hat. Andernfalls entscheidet das Fürsorgebedürfnis. Subsidiär ist das AG Berlin-Schöneberg zuständig. Besonderheiten gelten für den Bezirk des KG (Zuständigkeit des AG Berlin-Schöneberg) und in Baden-Württemberg (Zuständigkeit des AG Karlsruhe).[4]

Die Einleitung eines Anerkennungsverfahrens führt zu einer **Konzentration der Zuständigkeit 6** aller Betreuungssachen, die diesen Erwachsenen betreffen, beim Anerkennungsgericht (§ 7 Abs. 1 ErwSÜAG).[5] Andernorts anhängige Verfahren sind dorthin von Amts wegen abzugeben (§ 7 Abs. 2 ErwSÜAG). Damit soll das Nebeneinander verschiedener Verfahren und die Gefahr widersprechender Maßnahmen vermieden werden.[6] Das Anerkennungsgericht kann jedoch das Verfahren aus wichtigem Grund jederzeit an das nach allgemeinen Vorschriften zuständige Betreuungsgericht abgeben, sofern dies das Verfahren nicht unverhältnismäßig verzögert (§ 7 Abs. 3 ErwSÜAG). Dadurch kann es zB das Verfahren abgeben, wenn das Anerkennungsverfahren abgeschlossen ist, denn es bleibt auch hier weiterhin nach § 7 Abs. 1 ErwSÜ zuständig.[7]

---

[23] Im Ergebnis ebenso *Guttenberger* Haager Übereinkommen 207; *Füllemann* Erwachsenenschutz Rn. 370; Staudinger/*v. Hein* (2014) EGBGB Vor Art. 24 Rn. 257 f.; NK-BGB/*Benicke* Rn. 18.
[1] Bericht *Lagarde* Nr. 124.
[2] *Guttenberger* Haager Übereinkommen 198; *Füllemann* Erwachsenenschutz Rn. 378; Staudinger/*v. Hein* (2014) EGBGB Vor Art. 24 Rn. 260; NK-BGB/*Benicke* Rn. 4.
[3] Staudinger/*v. Hein* (2014) EGBGB Vor Art. 24 Rn. 264.
[4] *Röthel/Woitge* IPRax 2010, 409 (412).
[5] Dazu *Röthel/Woitge* IPRax 2010, 409 (412).
[6] BT-Drs. 16/3251, 13; *Wagner* IPRax 2007, 11 (14 f.).
[7] BT-Drs. 16/3251, 14.

7   Das **Verfahren** richtet sich nach § 8 ErwSÜAG, der grundsätzlich auf das Betreuungs- bzw. Unterbringungsverfahren des FamFG verweist und einige weitere Bestimmungen enthält.[8] Für das Verfahren werden **keine Gerichts- und Verfahrenskosten** erhoben.[9]

8   Die **Entscheidung** über die Anerkennung hat nach § 9 ErwSÜAG **Bindungswirkung erga omnes**.[10] Sie kann aufgehoben bzw. geändert werden, wenn die ausländische Maßnahme später im Ursprungsstaat aufgehoben oder geändert wird (§ 11 ErwSÜAG).

Art. 24 ErwSÜ [Tatsachenfeststellungen]

Die Behörde des ersuchten Staates ist an die Tatsachenfeststellungen gebunden, auf welche die Behörde des Staates, in dem die Maßnahme getroffen wurde, ihre Zuständigkeit gestützt hat.

1   Die Vorschrift entspricht Art. 25 KSÜ. Wie im internationalen Verfahrensrecht üblich, ist der Anerkennungsstaat bei der Prüfung der Anerkennungszuständigkeit an die Tatsachenfeststellungen zur Zuständigkeit gebunden und darf die Zuständigkeit nur **in rechtlicher Hinsicht selbständig überprüfen**.[1]

2   Dementsprechend dürfen auch die **Ermessensentscheidungen** der Ursprungsbehörde bei der Ausübung der Zuständigkeit grundsätzlich nicht überprüft werden, zB der Behörde des Heimatstaates nach Art. 7 Abs. 1.[2]

Art. 25 ErwSÜ [Vollstreckbarerklärung]

(1) Erfordern die in einem Vertragsstaat getroffenen und dort vollstreckbaren Maßnahmen in einem anderen Vertragsstaat Vollstreckungshandlungen, so werden sie in diesem anderen Staat auf Antrag jeder betroffenen Partei nach dem im Recht dieses Staates vorgesehenen Verfahren für vollstreckbar erklärt oder zur Vollstreckung registriert.

(2) Jeder Vertragsstaat wendet auf die Vollstreckbarerklärung oder die Registrierung ein einfaches und schnelles Verfahren an.

(3) Die Vollstreckbarerklärung oder die Registrierung darf nur aus einem der in Artikel 22 Absatz 2 vorgesehenen Gründe versagt werden.

Übersicht

	Rn.		Rn.
I. Normzweck	1, 2	1. Antrag	4, 5
II. Voraussetzungen	3	2. Prüfungsumfang	6, 7
III. Exequaturverfahren	4–11	3. Verfahren	8–11

I. Normzweck

1   Schutzmaßnahmen entfalten ihre Wirkung in vielen Fällen bereits aufgrund der Anerkennung nach Art. 22. So hat zB ein Schweizer Vertretungsbeistand in dem zugewiesenen Aufgabenkreis in allen Vertragsstaaten die ihm nach Schweizer Recht zukommende Vertretungsmacht (Art. 394 Abs. 1 ZGB), weil seine Bestellung als Schutzmaßnahme anzuerkennen ist. Falls eine Schutzmaßnahme jedoch der Vollstreckung bedarf (zB der angeordnete Zwangsverkauf der Versteigerung des Grundstücks),[1*] ist sie nach Art. 27 im Vollstreckungsstaat wie eine inländische Schutzmaßnahme zu vollstrecken. Dazu muss die ausländische Maßnahme in das inländische Vollstreckungssystem überführt und eingepasst werden. Art. 25 Abs. 1 sieht für diese „Nostrifizierung"[2*] nach dem Vorbild des Art. 26 KSÜ eine **Vollstreckbarerklärung bzw. Registrierung** vor.

---

[8]   BT-Drs. 16/3251, 14.

[9]   BT-Drs. 16/3251, 11; Staudinger/*v. Hein* (2014) EGBGB Vor Art. 24 Rn. 279.

[10]   BT-Drs. 16/3251, 11, 16; *Wagner* IPRax 2007, 11 (14); vgl. auch *Siehr* RabelsZ 64 (2000), 715 (744).

[1]   NK-BGB/*Benicke* Rn. 2.

[2]   Bericht *Lagarde* Nr. 125; Staudinger/*v. Hein* (2014) EGBGB Vor Art. 24 Rn. 280.

[1*]   So das Beispiel im Bericht *Lagarde* Nr. 126.

[2*]   Oder „domestication", so die Bezeichnung von *Ruck Keene* in Frimston et al., The International Protection of Adults, 2015, no. 8.114.

Das **Verfahren** ist grundsätzlich dem autonomen Recht überlassen (Art. 25 Abs. 1).[3] Art. 25 **2**
enthält jedoch zwei Vorgaben. Das Verfahren muss einfach und schnell sein (Art. 25 Abs. 2), und es
dürfen nur die Voraussetzungen der Anerkennung nach Art. 22 geprüft werden (Art. 25 Abs. 3).

II. Voraussetzungen

Erfasst werden vollstreckbare Schutzmaßnahmen aus einem Vertragsstaat. Ob die Schutzmaß- **3**
nahme **vollstreckbar** ist, bestimmt sich nach dem **Recht des Ursprungsstaates.** Sie muss also aus
dessen Sicht einen vollstreckungsfähigen Inhalt haben und die formellen Voraussetzungen für ihre
Vollstreckung im Ursprungsstaat erfüllen.[4]

III. Exequaturverfahren

1. Antrag. Erforderlich ist nach Art. 25 Abs. 1 ein Antrag einer **„betroffenen Partei".** Damit **4**
ist gemeint, wer die Vollstreckung begehren kann. Das ist anhand der zu vollstreckenden Schutzmaßnahme zu bestimmen.

Die Vorschrift verweist im Übrigen auf einen Antrag „nach dem im Recht dieses Staates vorgese- **5**
henen Verfahren" und weist damit die **verfahrensrechtliche Ausgestaltung** dem nationalen Recht
zu.[5]

2. Prüfungsumfang. Die Vollstreckbarerklärung darf versagt werden, wenn entweder die **6**
Voraussetzungen für die Anerkennung nicht erfüllt sind (→ Art. 22 Rn. 5 ff.) oder ein **Aner-**
kennungshindernis vorliegt (→ Art. 22 Rn. 8 ff.).

Da die Vorschrift nach dem Vorbild von Art. 34 Abs. 2 EuGVÜ gebildet worden ist,[6] sind deshalb **7**
andere Einwendungen gegen die Vollstreckbarerklärung wie im europäischen Zivilverfahrensrecht
ausgeschlossen. Sie müssen entweder im Ursprungsstaat gegen die Maßnahme selbst oder im Vollstreckungsstaat gegen die Vollstreckung geltend gemacht werden.[7]

3. Verfahren. Das Verfahren muss **einfach und schnell** sein (Art. 25 Abs. 2); im Übrigen über- **8**
lässt Art. 25 seine Ausgestaltung dem autonomen Recht.

In Deutschland erfolgt die **Vollstreckbarerklärung,** indem die ausländische Maßnahme mit einer **9**
Vollstreckungsklausel versehen wird (§ 10 ErwSÜAG). Dazu ist die zu vollstreckende Verpflichtung
in deutscher Sprache wiederzugeben (§ 10 Abs. 2 ErwSÜAG iVm § 20 Abs. 1 S. 2 IntFamRVG).
Die genaue Fassung der Vollstreckungsklausel bestimmt sich nach § 23 IntFamRVG, den § 10 Abs. 2
ErwSÜAG ebenfalls für entsprechend anwendbar erklärt. Sie kann aber ggf. an die zu vollstreckende
Maßnahme angepasst werden.[8]

Das ErwSÜAG regelt das **Verfahren der Vollstreckbarerklärung** weitgehend übereinstimmend **10**
mit dem Anerkennungsverfahren nach Art. 23. Auf die dortige Kommentierung wird verwiesen
(→ Art. 23 Rn. 1 ff.).

Die **Vollstreckung** ist in Art. 27 geregelt. **11**

Art. 26 ErwSÜ [Überprüfung]

Vorbehaltlich der für die Anwendung der vorstehenden Artikel erforderlichen Überprü-
fung darf die getroffene Maßnahme in der Sache selbst nicht nachgeprüft werden.

Die Vorschrift entspricht Art. 27 KSÜ und enthält das im internationalen Verfahrensrecht übliche **1**
Verbot der révision au fond.[1] Sind die Voraussetzungen des ErwSÜ für die Anerkennung einer
ausländischen Schutzmaßnahme erfüllt, entfaltet sie ihre Wirkungen in allen Vertragsstaaten. Diese
dürfen die Maßnahme in der Sache nicht nachprüfen.

Dieses Verbot schließt es jedoch nicht aus, dass die nach Art. 5 ff. zuständigen Behörden des **2**
Anerkennungsstaates die **Maßnahme aufheben oder ändern.**[2] Die Abänderung richtet sich verfah-

---

³ Bericht *Lagarde* Nr. 126.
⁴ BT-Drs. 16/3251, 16; Staudinger/*v. Hein* (2014) EGBGB Vor Art. 24 Rn. 283 f.
⁵ Bericht *Lagarde* Nr. 126.
⁶ Bericht *Lagarde* Nr. 126.
⁷ Vgl. EuGH NJW 2011, 3506 Rn. 32 ff., 40 = EuZW 2011, 869 – Prism Investments m. zust. Anm. *Bach;*
MüKoZPO/*Gottwald* EuGVO Art. 43 Rn. 7, EuGVO Art. 45 Rn. 5.
⁸ BT-Drs. 16/3251, 16; Staudinger/*v. Hein* (2014) EGBGB Vor Art. 24 Rn. 289.
¹ Bericht *Lagarde* Nr. 127.
² *Siehr* RabelsZ 64 (2000), 715 (744); Staudinger/*v. Hein* (2014) EGBGB Vor Art. 24 Rn. 291; NK-BGB/
Benicke Rn. 2.

rensrechtlich nach der lex fori des Anerkennungsstaates, das anwendbare materielle Recht ist nach Art. 13 zu bestimmen.

Art. 27 ErwSÜ [Vollstreckung registrierter Maßnahmen]

[1]Die in einem Vertragsstaat getroffenen und in einem anderen Vertragsstaat für vollstreckbar erklärten oder zur Vollstreckung registrierten Maßnahmen werden dort vollstreckt, als seien sie von den Behörden dieses anderen Staates getroffen worden. [2]Die Vollstreckung richtet sich nach dem Recht des ersuchten Staates unter Beachtung der darin vorgesehenen Grenzen.

1   Die ausländische Maßnahme wird durch die Vollstreckbarerklärung bzw. Registrierung nach Art. 25 „nostrifiziert" bzw. „naturalisiert" (→ Art. 25 Rn. 1). Art. 27 stellt sie dann für die **Vollstreckung** einer inländischen Maßnahme gleich.[1] Diese richtet sich dann nach dem autonomen Recht.
2   In **Deutschland** richtet sich die Vollstreckung gemäß § 8 Abs. 1 S. 1 ErwSÜAG ebenfalls nach dem FamFG, dh nach den §§ 86 ff. FamFG.[2]

Kapitel V. Zusammenarbeit

Art. 28 ErwSÜ [Zentrale Behörde]

(1) Jeder Vertragsstaat bestimmt eine Zentrale Behörde, welche die ihr durch dieses Übereinkommen übertragenen Aufgaben wahrnimmt.

(2) [1]Einem Bundesstaat, einem Staat mit mehreren Rechtssystemen oder einem Staat, der aus autonomen Gebietseinheiten besteht, steht es frei, mehrere Zentrale Behörden zu bestimmen und deren räumliche und persönliche Zuständigkeit festzulegen. [2]Macht ein Staat von dieser Möglichkeit Gebrauch, so bestimmt er die Zentrale Behörde, an welche Mitteilungen zur Übermittlung an die zuständige Zentrale Behörde in diesem Staat gerichtet werden können.

Art. 29 ErwSÜ [Zusammenarbeit der Behörden]

(1) Die Zentralen Behörden arbeiten zusammen und fördern die Zusammenarbeit der zuständigen Behörden ihrer Staaten, um die Ziele dieses Übereinkommens zu verwirklichen.

(2) Im Zusammenhang mit der Anwendung dieses Übereinkommens treffen sie die geeigneten Maßnahmen, um Auskünfte über das Recht ihrer Staaten sowie die in ihren Staaten für den Schutz von Erwachsenen verfügbaren Dienste zu erteilen.

Art. 30 ErwSÜ [Hilfe staatlicher Behörden]

Die Zentrale Behörde eines Vertragsstaats trifft unmittelbar oder mithilfe staatlicher Behörden oder sonstiger Stellen alle geeigneten Vorkehrungen, um
a) auf jedem Weg die Mitteilungen zwischen den zuständigen Behörden bei Sachverhalten, auf die dieses Übereinkommen anzuwenden ist, zu erleichtern;
b) auf Ersuchen der zuständigen Behörde eines anderen Vertragsstaats bei der Ermittlung des Aufenthaltsorts des Erwachsenen Unterstützung zu leisten, wenn der Anschein besteht, dass sich der Erwachsene im Hoheitsgebiet des ersuchten Staates befindet und Schutz benötigt.

Art. 31 ErwSÜ [Vermittlungs- oder Schlichtungsverfahren]

Die zuständigen Behörden eines Vertragsstaats können unmittelbar oder durch andere Stellen die Anwendung eines Vermittlungs- oder Schlichtungsverfahrens oder den Einsatz ähnlicher Mittel zur Erzielung gütlicher Einigungen zum Schutz der Person oder des

---

[1] Anders Bericht *Lagarde* Nr. 128, der die „Naturalisierung" Art. 27 entnehmen will; ihm folgend Staudinger/ *v. Hein* (2014) EGBGB Vor Art. 24 Rn. 292.
[2] Staudinger/*v. Hein* (2014) EGBGB Vor Art. 24 Rn. 293 (unzutr. jedoch der Hinweis auf § 35 FamFG bei Rn. 288).

Vermögens des Erwachsenen bei Sachverhalten anregen, auf die dieses Übereinkommen anzuwenden ist.

Art. 32 ErwSÜ [Schutzmaßnahmen]

(1) Wird eine Schutzmaßnahme erwogen, so können die nach diesem Übereinkommen zuständigen Behörden, sofern die Lage des Erwachsenen dies erfordert, jede Behörde eines anderen Vertragsstaats, die über sachdienliche Informationen für den Schutz des Erwachsenen verfügt, ersuchen, sie ihnen mitzuteilen.

(2) Jeder Vertragsstaat kann erklären, dass Ersuchen nach Absatz 1 seinen Behörden nur über seine Zentrale Behörde zu übermitteln sind.

(3) Die zuständigen Behörden eines Vertragsstaats können die Behörden eines anderen Vertragsstaats ersuchen, ihnen bei der Durchführung der nach diesem Übereinkommen getroffenen Schutzmaßnahmen Hilfe zu leisten.

Art. 33 ErwSÜ [Unterbringung des Erwachsenen]

(1) [1]Erwägt die nach den Artikeln 5 bis 8 zuständige Behörde die Unterbringung des Erwachsenen in einer Einrichtung oder an einem anderen Ort, an dem Schutz gewährt werden kann, und soll er in einem anderen Vertragsstaat untergebracht werden, so zieht sie vorher die Zentrale Behörde oder eine andere zuständige Behörde dieses Staates zurate. [2]Zu diesem Zweck übermittelt sie ihr einen Bericht über den Erwachsenen und die Gründe ihres Vorschlags zur Unterbringung.

(2) Die Entscheidung über die Unterbringung kann im ersuchenden Staat nicht getroffen werden, wenn sich die Zentrale Behörde oder eine andere zuständige Behörde des ersuchten Staates innerhalb einer angemessenen Frist dagegen ausspricht.

Art. 34 ErwSÜ [Wechsel des Aufenthaltsorts]

Ist der Erwachsene einer schweren Gefahr ausgesetzt, so benachrichtigen die zuständigen Behörden des Vertragsstaats, in dem Maßnahmen zum Schutz dieses Erwachsenen getroffen wurden oder in Betracht gezogen werden, sofern sie über den Wechsel des Aufenthaltsorts in einen anderen Staat oder die dortige Anwesenheit des Erwachsenen unterrichtet sind, die Behörden dieses Staates von der Gefahr und den getroffenen oder in Betracht gezogenen Maßnahmen.

Art. 35 ErwSÜ [Informationen]

Eine Behörde darf nach diesem Kapitel weder um Informationen ersuchen noch solche erteilen, wenn dadurch nach ihrer Auffassung die Person oder das Vermögen des Erwachsenen in Gefahr geraten könnte oder die Freiheit oder das Leben eines Familienangehörigen des Erwachsenen ernsthaft bedroht würde.

Art. 36 ErwSÜ [Kostenaufteilung]

(1) Unbeschadet der Möglichkeit, für die erbrachten Dienstleistungen angemessene Kosten zu verlangen, tragen die Zentralen Behörden und die anderen staatlichen Behörden der Vertragsstaaten die Kosten, die ihnen durch die Anwendung dieses Kapitels entstehen.

(2) Jeder Vertragsstaat kann mit einem oder mehreren anderen Vertragsstaaten Vereinbarungen über die Kostenaufteilung treffen.

Art. 37 ErwSÜ [Vereinbarungen zwischen den Vertragsstaaten]

[1]Jeder Vertragsstaat kann mit einem oder mehreren anderen Vertragsstaaten Vereinbarungen treffen, um die Anwendung dieses Kapitels in ihren gegenseitigen Beziehungen zu erleichtern. [2]Die Staaten, die solche Vereinbarungen getroffen haben, übermitteln dem Verwahrer dieses Übereinkommens eine Abschrift.

Übersicht

Kommentierung zu Art. 28–37 ErwSÜ

I. Normzweck

1   Das Kapitel V entspricht Kapitel V des KSÜ.[1] Wie im Kindesschutz sollen auch im Erwachsenen-schutz die Vertragsstaaten möglichst effektiv zum Schutz des Erwachsenen zusammenarbeiten (vgl. Präambel Erwägung 3 und Art. 1 Abs. 2 lit. e).[2] Das **System der behördlichen Zusammenarbeit** ruht auf zwei Säulen:[3] einer Zentralen Behörde als zentraler Anlaufstelle in jedem Vertragsstaat (Art. 28–30) und der unmittelbaren Zusammenarbeit zwischen den zuständigen Erwachsenenschutz-behörden (Art. 31–35).

2   Die Vertragsstaaten können die Bestimmungen des ErwSÜ über die behördliche Zusammenarbeit durch **Vereinbarungen** untereinander ergänzen (Art. 37).

II. Regelungen des ErwSÜ

3   **1. Zentrale Behörde.** Jeder Vertragsstaat ist verpflichtet, eine Behörde als Zentrale Behörde zu benennen (Art. 28 Abs. 1). Deren Aufgabe ist es, mit den Zentralen Behörden der anderen Vertrags-staaten bei der Realisierung der Ziele des Übereinkommens zusammenzuarbeiten (Art. 29 Abs. 1). Das bedeutet vor allem, dass jede Zentrale Behörde die anderen über ihr einschlägiges Recht sowie ihre in Betracht kommenden Einrichtungen und Hilfsmöglichkeiten informieren muss (Art. 29 Abs. 2).

4   Die Zentrale Behörde hat unmittelbar oder über ihre nachgeordneten Stellen bei konkreten Fällen, auf die das Übereinkommen anwendbar ist, zu **helfen** und auf entsprechende Ersuchen der zuständigen Stellen der anderen Vertragsstaaten **bei der Ermittlung des Aufenthalts des Erwachsenen behilflich zu sein,** wenn Anhaltspunkte dafür bestehen, dass dieser sich in dem anderen Staat aufhält und Hilfe benötigt (Art. 30). Die Form der Kommunikation ist nicht vorge-schrieben; sie kann daher in jeder Form erfolgen, insbesondere auch durch elektronische Kommuni-kationsmittel.[4] Durch die Aufnahme des Art. 31 soll der Einsatz von Methoden der alternativen Streitbeilegung empfohlen werden.[5]

5   Die **Zentralen Behörden** der Vertragsstaaten werden auf der Internetseite der Haager Konferenz aufgeführt.[6]

6   **2. Deutsches Ausführungsrecht.** Zentrale Behörde für die Bundesrepublik Deutschland ist das **Bundesamt für Justiz** (§ 1 ErwSÜAG). Seine Mitteilungen an die zuständigen Behörden anderer Vertragsstaaten erfolgen in deutscher Sprache verbunden mit einer Übersetzung in die dortige Amts-sprache, bei schwerer Erhältlichkeit in die englische Sprache (Art. 51). Der dort vorgesehenen alterna-tiven Übersetzung in die französische Sprache hat Deutschland widersprochen, was aber einer freiwil-ligen Verwendung derselben nicht entgegensteht.

7   Die **Tätigkeit des Bundesamts für Justiz** als Zentraler Behörde regeln §§ 2–5 ErwSÜAG. Die Befugnisse zur Aufenthaltsermittlung ergeben sich aus § 4 Abs. 3 ErwSÜAG. Den Verkehr mit in- und ausländischen Behörden regeln § 4 Abs. 1 und 2 ErwSÜAG, zu Übersetzungen vgl. §§ 2, 3 ErwSÜAG.

---

[1] Bericht *Lagarde* Nr. 129.
[2] Dazu *Guttenberger* Haager Übereinkommen 216 f.; *Füllemann* Erwachsenenschutz Rn. 386 ff.
[3] *Guttenberger* Haager Übereinkommen 217 f.
[4] Bericht *Lagarde* Nr. 132; *Röthel/Woitge* IPRax 2010, 409 (411).
[5] Bericht *Lagarde* Nr. 133.
[6] Vgl. www.hcch.net, unter: Behörden.

Die Tätigkeit des Bundesamts für Justiz ist ein **Justizverwaltungsverfahren** (§ 5 S. 1 ErwSÜAG). **8**
Der Rechtsschutz richtet sich daher nach § 23 EGGVG.[7]

III. Zusammenarbeit der Erwachsenenschutzbehörden

1. Grundsätze. Zieht die zuständige Behörde eine Maßnahme in Betracht, so kann sie, falls dies **9**
für den Erwachsenen notwendig ist, **von jeder Behörde eines anderen Vertragsstaats, die über**
sachdienliche Informationen über ihn verfügt, Mitteilung verlangen (Art. 32 Abs. 1). Jeder
Vertragsstaat kann sich vorbehalten, diese Informationen nur über seine Zentrale Behörde zu geben.[8]
Die Behörden des ersuchten Staates sind indes nicht zur Auskunft verpflichtet.[9]

Die übermittelten Informationen dürfen von der zuständigen Behörde **nur für die Zwecke** **10**
verwandt werden, zu denen sie gesammelt oder übermittelt wurden (Art. 39). Sie müssen von ihr
nach ihren Vorschriften **vertraulich behandelt** werden (Art. 40).

Im Übrigen darf die zuständige Behörde **keine Informationen** verlangen und die ersuchte keine **11**
erteilen, von denen sie annehmen müssen, dass der Erwachsene **durch sie in Gefahr kommt** oder
die Freiheit oder das Leben eines seiner Familienangehörigen ernsthaft bedroht wird (Art. 35).

2. Unterrichtungspflicht bei Gefährdung (Art. 34). Ist der **Erwachsene schwer gefährdet,** **12**
so hat die zuständige Behörde die Behörden des anderen Staates über die Gefährdung und über die
von ihr getroffenen oder beabsichtigten Maßnahmen zu unterrichten (Art. 34).

3. Unterbringung in einem anderen Vertragsstaat (Art. 33). Ein besonderes **Konsultati-** **13**
onsverfahren sieht Art. 33 für die Unterbringung in einem anderen Vertragsstaat vor. Dabei ist
Unterbringung in dem weit gefassten Sinn von Art. 3 lit. e zu verstehen und umfasst daher alle
gerichtlichen oder behördlichen Maßnahmen, die den Aufenthalt des Erwachsenen an einem
bestimmten Ort zu seinem Schutz betreffen, gleichgültig ob dies mit oder gegen seinen Willen
erfolgt (→ Art. 1–4 Rn. 25).[10] Die Unterbringung des Erwachsenen in einem anderen Vertragsstaat
setzt voraus, dass die zuständige Behörde eine zuständige Behörde des anderen Vertragsstaats zurate
gezogen hat, damit die Voraussetzungen und die Kosten geklärt werden.[11] Spricht sich der andere
Vertragsstaat innerhalb angemessener Frist gegen diese Unterbringung aus, hat diese zu unterbleiben
(Art. 33).

Soll die **Unterbringung in Deutschland** erfolgen, ist das nach § 6 ErwSÜAG zuständige Betreu- **14**
ungsgericht am Sitz des OLG auch für dieses Konsultationsverfahren zuständig (§ 6 Abs. 1 S. 1 Nr. 3
ErwSÜAG). Grundsätzlich richtet sich auch dieses Verfahren nach den Regelungen des FamFG für
das Betreuungs- und Unterbringungsverfahren (§ 8 Abs. 1 ErwSÜAG). Inhaltlicher Maßstab für die
Entscheidung des Betreuungsgerichts sind dabei stets die betreuungsrechtlichen Grundsatznormen
des § 1896 BGB und § 1901 BGB. § 12 ErwSÜAG enthält zudem eine nicht abschließende Aufzählung („insbesondere") der Gründe, aus denen das Betreuungsgericht einer Unterbringung widersprechen soll.

IV. Kosten

Die **Kosten,** die einer Behörde dadurch entstehen, dass sie gemäß den Art. 28–37 handelt, trägt **15**
jede Behörde selbst. Erbringt allerdings eine Behörde für die Behörde eines anderen Vertragsstaats
konkrete Dienste, kann sie Gebühren dafür verlangen. Zur Vergütung erforderlicher Übersetzungen
→ § 5 ErwSÜAG.

Zu der Kostenaufteilung können die Vertragsstaaten **Vereinbarungen** treffen (Art. 36). **16**

Kapitel VI. Allgemeine Bestimmungen

Art. 38 ErwSÜ [Bescheinigung zum Handeln]

(1) Die Behörden des Vertragsstaats, in dem eine Schutzmaßnahme getroffen oder eine
Vertretungsmacht bestätigt wurde, können jedem, dem der Schutz der Person oder des

---

[7] *Wagner* IPRax 2007, 11 (14); *Röthel/Woitge* IPRax 2010, 409 (411).

[8] Einen entsprechenden Vorbehalt haben eingelegt das Vereinigte Königreich (für Schottland), Frankreich und
Estland; der aktuelle Stand ist zu finden auf der Internetseite der Haager Konferenz für IPR (www.hcch.net,
unter: Übereinkommen – Statustabelle).

[9] Bericht *Lagarde* Nr. 135; *Guttenberger* Haager Übereinkommen 221 f.; *Füllemann* Erwachsenenschutz Rn. 398;
Staudinger/*v. Hein* (2014) EGGBGB Vor Art. 24 Rn. 307; aA *Siehr* RabelsZ 64 (2000), 715 (747).

[10] Vgl. Bericht *Lagarde* Nr. 24.

[11] Staudinger/*v. Hein* (2014) EGGBGB Vor Art. 24 Rn. 310.

Vermögens des Erwachsenen anvertraut wurde, auf dessen Antrag eine Bescheinigung über seine Berechtigung zum Handeln und die ihm übertragenen Befugnisse ausstellen.

(2) Bis zum Beweis des Gegenteils wird vermutet, dass die bescheinigte Berechtigung zum Handeln und die bescheinigten Befugnisse vom Ausstellungsdatum der Bescheinigung an bestehen.

(3) Jeder Vertragsstaat bestimmt die für die Ausstellung der Bescheinigung zuständigen Behörden.

I. Normzweck

1   Die Vorschrift beruht auf dem Vorbild des Art. 40 KSÜ. Sie soll einer Fürsorgeperson den **Nachweis** ihrer Befugnisse und insbesondere ihrer Vertretungsmacht beim Handeln im Ausland erleichtern. Den Vertragsstaaten steht es jedoch frei, ob sie eine solche Bescheinigung erteilen (vgl. Art. 38 Abs. 1: „können … erteilen").[1]

2   Die **Zuständigkeit** für die Erteilung der Bescheinigung richtet sich nach Art. 38 Abs. 1 und 3, ihre **Wirkung** bestimmt Art. 38 Abs. 2.

II. Anwendungsbereich

3   Die Bescheinigung kann sowohl für **behördlich bestellte** Fürsorgepersonen erteilt werden als auch für **Vorsorgebevollmächtigte** iS des Art. 15.[2] Auf letztere zielt die Formulierung in Art. 38 Abs. 1, dass auch die Behörden des Vertragsstaats zuständig für die Erteilung sind, in dem die Vertretungsmacht bestätigt wurde.

4   **Deutschland** kennt jedoch nur die Bestellungsurkunde für einen Betreuer (§ 290 FamFG); eine Bestätigung der Vorsorgevollmacht ist dem deutschen Erwachsenenschutzrecht fremd. Daher sieht § 13 ErwSÜAG nur eine **Bescheinigung für eine Schutzmaßnahme** vor. Auf die fakultative Einführung einer Bescheinigung für die Vorsorgevollmacht hat der deutsche Gesetzgeber bewusst verzichtet.[3]

III. Bescheinigung

5   **1. Zuständigkeit.** Zuständig für die Ausstellung einer Bescheinigung ist nach Art. 38 Abs. 1 bei einer **behördlichen Schutzmaßnahme** ausschließlich der Vertragsstaat, in dem die Maßnahme getroffen wurde.

6   Bei einer **Vorsorgevollmacht** ist der Vertragsstaat zuständig, in dem die Vertretungsmacht bestätigt wurde. Dies wird in der Regel der Staat sein, dessen Recht auf die Vorsorgevollmacht nach Art. 15 Abs. 1 oder 2 anwendbar ist. Das kann, muss aber nicht ein Vertragsstaat sein. Ein Nichtvertragsstaat kann jedoch keine Bescheinigung mit der Wirkung des Art. 38 erteilen, da die Vorschrift in diesem Fall nach ihrem eindeutigen Wortlaut keine Anwendung findet.[4]

7   **Deutschland** sieht nur eine Bescheinigung für eine behördliche Schutzmaßnahme vor (→ Rn. 4). Zuständig für die Ausstellung ist nach § 13 ErwSÜAG der Urkundsbeamte der Geschäftsstelle des Betreuungsgerichts.[5] Falls das Verfahren in einer höheren Instanz anhängig ist, ist der Urkundsbeamte der Geschäftsstelle dieses Gerichts zuständig.

8   **2. Erteilung.** Das ErwSÜ enthält keine Vorgaben für die **Form** der Bescheinigung. Die Haager Konferenz hat jedoch ein **Muster** entwickelt, dessen Verwendung empfohlen wird.[6]

---

[1] Bericht *Lagarde* Nr. 144.

[2] Bericht *Lagarde* Nr. 144; Staudinger/*v. Hein* (2014) EGBGB Vor Art. 24 Rn. 331.

[3] BT-Drs. 16/3251, 17.

[4] Nicht berücksichtigt wird dieser Fall von Bericht *Lagarde* Nr. 146; Staudinger/*v. Hein* (2014) EGBGB Vor Art. 24 Rn. 333; NK-BGB/*Benicke* Rn. 5.

[5] Zu den Gründen *Wagner* IPRax 2007, 11 (15).

[6] Die empfohlenen Formblätter sind zu finden auf der Internetseite der Haager Konferenz für IPR (www.hcch.net, unter: Übereinkommen – Sonstiges) und abgedruckt in BT-Drs. 16/3250, 65 ff.

IV. Wirkungen (Abs. 2)

Die Bescheinigung begründet die **Vermutung,** dass die dort aufgeführte Bestellung zur Fürsorge- **9** person und die dort genannten Befugnisse (englisch: powers, französisch: pouvoirs) bestehen. Die Vermutung ist widerlegbar. Wer sie bestreitet, trägt die Beweislast.[7]

Die **Reichweite der Vermutung** wird von der deutschen Übersetzung jedoch missverständlich **10** interpretiert. Die Bescheinigung begründet nicht die Vermutung, dass die Befugnisse von der Ausstellung der Bescheinigung an bestehen, sondern lediglich, dass sie **im Zeitpunkt der Ausstellung bestanden haben.** Das ergibt sich deutlich aus der maßgeblichen englischen und französischen authentischen Sprachfassung (englisch: „as of the date of the certificate", französisch: „à la date du certificate") und dem erläuternden Bericht von Lagarde.[8]

Nach Art. 41 bedarf die Bescheinigung **keiner Legalisation** oder einer sonstigen Bestätigung **11** ihrer Echtheit.

Da sich die Vermutung nicht auf den Weiterbestand der Befugnisse erstreckt, sieht das ErwSÜ **12** auch **kein Verfahren für die Aufhebung** oder Einziehung der Bescheinigung vor.[9]

Art. 39 ErwSÜ [Datenverwendung]

Die nach diesem Übereinkommen gesammelten oder übermittelten personenbezogenen Daten dürfen nur für die Zwecke verwendet werden, zu denen sie gesammelt oder übermittelt wurden.

Art. 40 ErwSÜ [Vertrauliche Datenbehandlung]

Behörden, denen Informationen übermittelt werden, stellen nach dem Recht ihres Staates deren vertrauliche Behandlung sicher.

Art. 41 ErwSÜ [Legalisationsbefreiung]

Die nach diesem Übereinkommen übermittelten oder ausgestellten Schriftstücke sind von jeder Legalisation oder entsprechenden Förmlichkeit befreit.

Art. 42 ErwSÜ [Bestimmung der Behörden]

Jeder Vertragsstaat kann die Behörden bestimmen, an die Ersuchen nach den Artikeln 8 und 33 zu richten sind.

Art. 43 ErwSÜ [Änderungsmitteilung]

(1) [1]Die nach den Artikeln 28 und 42 bestimmten Behörden werden dem Ständigen Büro der Haager Konferenz für Internationales Privatrecht spätestens bei der Hinterlegung der Ratifikations-, Annahme-, Genehmigungs- oder Beitrittsurkunde mitgeteilt. [2]Jede Änderung wird dem Ständigen Büro ebenfalls mitgeteilt.

(2) Die Erklärung nach Artikel 32 Absatz 2 wird gegenüber dem Verwahrer dieses Übereinkommens abgegeben.

Art. 44 ErwSÜ [Anwendung bei verschiedenen Rechtssystemen]

Ein Vertragsstaat, in dem verschiedene Rechtssysteme oder Gesamtheiten von Regeln für den Schutz der Person und des Vermögens des Erwachsenen gelten, muss die Regeln dieses Übereinkommens nicht auf Kollisionen anwenden, die allein zwischen den verschiedenen Rechtssystemen oder Gesamtheiten von Regeln bestehen.

---

[7] Bericht *Lagarde* Nr. 147; Staudinger/*v. Hein* (2014) EGBGB Vor Art. 24 Rn. 336; NK-BGB/*Benicke* Rn. 7.

[8] Bericht *Lagarde* Nr. 147; vgl. auch *Röthel/Woitge* IPRax 2010, 409 (413); NK-BGB/*Benicke* Rn. 8; Staudinger/*v. Hein* (2014) EGBGB Vor Art. 24 Rn. 337; *Ruck Keene* in Frimston et al., The International Protection of Adults, 2015, no. 8.139.

[9] Bericht *Lagarde* Nr. 147; Staudinger/*v. Hein* (2014) EGBGB Vor Art. 24 Rn. 337.

Art. 45 ErwSÜ [Geltung bei verschiedenen Rechtssystemen]

Gelten in einem Staat in Bezug auf die in diesem Übereinkommen geregelten Angelegenheiten zwei oder mehr Rechtssysteme oder Gesamtheiten von Regeln in verschiedenen Gebietseinheiten, so ist jede Verweisung

a) auf den gewöhnlichen Aufenthalt in diesem Staat als Verweisung auf den gewöhnlichen Aufenthalt in einer Gebietseinheit zu verstehen;

b) auf die Anwesenheit des Erwachsenen in diesem Staat als Verweisung auf die Anwesenheit des Erwachsenen in einer Gebietseinheit zu verstehen;

c) auf die Belegenheit des Vermögens des Erwachsenen in diesem Staat als Verweisung auf die Belegenheit des Vermögens des Erwachsenen in einer Gebietseinheit zu verstehen;

d) auf den Staat, dem der Erwachsene angehört, als Verweisung auf die von dem Recht dieses Staates bestimmte Gebietseinheit oder, wenn solche Regeln fehlen, als Verweisung auf die Gebietseinheit zu verstehen, mit welcher der Erwachsene die engste Verbindung hat;

e) auf den Staat, dessen Behörden vom Erwachsenen gewählt worden sind, als Verweisung
   – auf die Gebietseinheit zu verstehen, wenn der Erwachsene die Behörden dieser Gebietseinheit gewählt hat;
   – auf die Gebietseinheit, mit welcher der Erwachsene die engste Verbindung hat, zu verstehen, wenn der Erwachsene die Behörden des Staates gewählt hat, ohne eine bestimmte Gebietseinheit innerhalb des Staates anzugeben;

f) auf das Recht eines Staates, mit dem der Sachverhalt eine enge Verbindung hat, als Verweisung auf das Recht der Gebietseinheit zu verstehen, mit welcher der Sachverhalt eine enge Verbindung hat;

g) auf das Recht, das Verfahren oder die Behörde des Staates, in dem eine Maßnahme getroffen wurde, als Verweisung auf das Recht, das Verfahren oder die Behörde der Gebietseinheit zu verstehen, in der diese Maßnahme getroffen wurde;

h) auf das Recht, das Verfahren oder die Behörde des ersuchten Staates als Verweisung auf das Recht, das Verfahren oder die Behörde der Gebietseinheit zu verstehen, in der die Anerkennung oder Vollstreckung geltend gemacht wird;

i) auf den Staat, in dem eine Schutzmaßnahme durchzuführen ist, als Verweisung auf die Gebietseinheit zu verstehen, in der die Maßnahme durchzuführen ist;

j) auf Stellen oder Behörden dieses Staates, die nicht Zentrale Behörden sind, als Verweisung auf die Stellen oder Behörden zu verstehen, die in der betreffenden Gebietseinheit handlungsbefugt sind.

Art. 46 ErwSÜ [Anwendung bei verschiedenen Gebietseinheiten]

Hat ein Staat zwei oder mehr Gebietseinheiten mit eigenen Rechtssystemen oder Gesamtheiten von Regeln für die in diesem Übereinkommen geregelten Angelegenheiten, so gilt zur Bestimmung des nach Kapitel III anzuwendenden Rechts Folgendes:

a) Sind in diesem Staat Regeln in Kraft, die das Recht einer bestimmten Gebietseinheit für anwendbar erklären, so ist das Recht dieser Einheit anzuwenden;

b) fehlen solche Regeln, so ist das Recht der in Artikel 45 bestimmten Gebietseinheit anzuwenden.

Art. 47 ErwSÜ [Anwendung bei verschiedenen Personengruppen]

Hat ein Staat zwei oder mehr Rechtssysteme oder Gesamtheiten von Regeln, die auf verschiedene Personengruppen hinsichtlich der in diesem Übereinkommen geregelten Angelegenheiten anzuwenden sind, so gilt zur Bestimmung des nach Kapitel III anzuwendenden Rechts Folgendes:

a) Sind in diesem Staat Regeln in Kraft, die bestimmen, welches dieser Rechte anzuwenden ist, so ist dieses anzuwenden;

b) fehlen solche Regeln, so ist das Rechtssystem oder die Gesamtheit von Regeln anzuwenden, mit denen der Erwachsene die engste Verbindung hat.

Art. 48 ErwSÜ [Ersetzung]

Im Verhältnis zwischen den Vertragsstaaten ersetzt dieses Übereinkommen das am 17. Juli 1905 in Den Haag unterzeichnete Abkommen über die Entmündigung und gleichartige Fürsorgemaßregeln.

Art. 49 ErwSÜ [Weitere Bestimmungen]

(1) Dieses Übereinkommen lässt andere internationale Übereinkünfte unberührt, denen Vertragsstaaten als Vertragsparteien angehören und die Bestimmungen über die in diesem Übereinkommen geregelten Angelegenheiten enthalten, sofern die durch eine solche Übereinkunft gebundenen Staaten keine gegenteilige Erklärung abgeben.

(2) Dieses Übereinkommen lässt die Möglichkeit unberührt, dass ein oder mehrere Vertragsstaaten Vereinbarungen treffen, die in Bezug auf Erwachsene mit gewöhnlichem Aufenthalt in einem der Staaten, die Vertragsparteien solcher Vereinbarungen sind, Bestimmungen über in diesem Übereinkommen geregelte Angelegenheiten enthalten.

(3) Künftige Vereinbarungen eines oder mehrerer Vertragsstaaten über Angelegenheiten im Anwendungsbereich dieses Übereinkommens lassen im Verhältnis zwischen solchen Staaten und anderen Vertragsstaaten die Anwendung der Bestimmungen dieses Übereinkommens unberührt.

(4) Die Absätze 1 bis 3 gelten auch für Einheitsrecht, das auf besonderen Verbindungen insbesondere regionaler Art zwischen den betroffenen Staaten beruht.

Art. 50 ErwSÜ [Weitere Anwendungsbestimmungen]

(1) Dieses Übereinkommen ist nur auf Maßnahmen anzuwenden, die in einem Staat getroffen werden, nachdem das Übereinkommen für diesen Staat in Kraft getreten ist.

(2) Dieses Übereinkommen ist auf die Anerkennung und Vollstreckung von Maßnahmen anzuwenden, die getroffen wurden, nachdem es im Verhältnis zwischen dem Staat, in dem die Maßnahmen getroffen wurden, und dem ersuchten Staat in Kraft getreten ist.

(3) Dieses Übereinkommen ist ab dem Zeitpunkt seines Inkrafttretens in einem Vertragsstaat auf die Vertretungsmacht anzuwenden, die zuvor unter Bedingungen erteilt wurde, die denen des Artikels 15 entsprechen.

Art. 51 ErwSÜ [Mitteilung in Originalsprache]

(1) Mitteilungen an die Zentrale Behörde oder eine andere Behörde eines Vertragsstaats werden in der Originalsprache zugesandt; sie müssen von einer Übersetzung in die Amtssprache oder eine der Amtssprachen des anderen Staates oder, wenn eine solche Übersetzung nur schwer erhältlich ist, von einer Übersetzung ins Französische oder Englische begleitet sein.

(2) Ein Vertragsstaat kann jedoch einen Vorbehalt nach Artikel 56 anbringen und darin gegen die Verwendung des Französischen oder Englischen, jedoch nicht beider Sprachen, Einspruch erheben.

Art. 52 ErwSÜ [Spezialkommission]

Der Generalsekretär der Haager Konferenz für Internationales Privatrecht beruft in regelmäßigen Abständen eine Spezialkommission zur Prüfung der praktischen Durchführung dieses Übereinkommens ein.

Kapitel VII. Schlussbestimmungen

Art. 53 ErwSÜ [Ratifikation, Annahme oder Genehmigung]

(1) Dieses Übereinkommen liegt für die Staaten, die am 2. Oktober 1999 Mitglied der Haager Konferenz für Internationales Privatrecht waren, zur Unterzeichnung auf.

(2) Es bedarf der Ratifikation, Annahme oder Genehmigung; die Ratifikations-, Annahme- oder Genehmigungsurkunden werden beim Ministerium für Auswärtige Angelegenheiten des Königreichs der Niederlande, dem Verwahrer dieses Übereinkommens, hinterlegt.

Art. 54 ErwSÜ [Beitritt]

(1) Jeder andere Staat kann diesem Übereinkommen beitreten, sobald es nach Artikel 57 Absatz 1 in Kraft getreten ist.

(2) Die Beitrittsurkunde wird beim Verwahrer hinterlegt.

(3) ¹Der Beitritt wirkt nur im Verhältnis zwischen dem beitretenden Staat und den Vertragsstaaten, die innerhalb von sechs Monaten nach Eingang der in Artikel 59 Buchstabe b vorgesehenen Notifikation keinen Einspruch gegen den Beitritt erhoben haben. ²Nach dem Beitritt kann ein solcher Einspruch auch von jedem Staat in dem Zeitpunkt erhoben werden, in dem er dieses Übereinkommen ratifiziert, annimmt oder genehmigt. ³Die Einsprüche werden dem Verwahrer notifiziert.

Art. 55 ErwSÜ [Geltung des Übereinkommens]

(1) Ein Staat, der aus zwei oder mehr Gebietseinheiten besteht, in denen für die in diesem Übereinkommen behandelten Angelegenheiten unterschiedliche Rechtssysteme gelten, kann bei der Unterzeichnung, der Ratifikation, der Annahme, der Genehmigung oder dem Beitritt erklären, dass das Übereinkommen auf alle seine Gebietseinheiten oder nur auf eine oder mehrere davon erstreckt wird; er kann diese Erklärung durch Abgabe einer neuen Erklärung jederzeit ändern.

(2) Jede derartige Erklärung wird dem Verwahrer unter ausdrücklicher Bezeichnung der Gebietseinheiten notifiziert, auf die dieses Übereinkommen angewendet wird.

(3) Gibt ein Staat keine Erklärung nach diesem Artikel ab, so ist dieses Übereinkommen auf sein gesamtes Hoheitsgebiet anzuwenden.

Art. 56 ErwSÜ [Vorbehalte]

(1) ¹Jeder Staat kann spätestens bei der Ratifikation, der Annahme, der Genehmigung oder dem Beitritt oder bei Abgabe einer Erklärung nach Artikel 55 den in Artikel 51 Absatz 2 vorgesehenen Vorbehalt anbringen. ²Weitere Vorbehalte sind nicht zulässig.

(2) ¹Jeder Staat kann den von ihm angebrachten Vorbehalt jederzeit zurücknehmen. ²Die Rücknahme wird dem Verwahrer notifiziert.

(3) Die Wirkung des Vorbehalts endet am ersten Tag des dritten Kalendermonats nach der in Absatz 2 genannten Notifikation.

Art. 57 ErwSÜ [Inkrafttreten]

(1) Dieses Übereinkommen tritt am ersten Tag des Monats in Kraft, der auf einen Zeitabschnitt von drei Monaten nach der in Artikel 53 vorgesehenen Hinterlegung der dritten Ratifikations-, Annahme- oder Genehmigungsurkunde folgt.

(2) Danach tritt dieses Übereinkommen in Kraft
a) für jeden Staat, der es später ratifiziert, annimmt oder genehmigt, am ersten Tag des Monats, der auf einen Zeitabschnitt von drei Monaten nach Hinterlegung seiner Ratifikations-, Annahme-, Genehmigungs- oder Beitrittsurkunde folgt;
b) für jeden Staat, der ihm beitritt, am ersten Tag des Monats, der auf einen Zeitabschnitt von drei Monaten nach Ablauf der in Artikel 54 Absatz 3 vorgesehenen Frist von sechs Monaten folgt;
c) für die Gebietseinheiten, auf die es nach Artikel 55 erstreckt worden ist, am ersten Tag des Monats, der auf einen Zeitabschnitt von drei Monaten nach der in jenem Artikel vorgesehenen Notifikation folgt.

Art. 58 ErwSÜ [Kündigung]

(1) ¹Jeder Vertragsstaat kann dieses Übereinkommen durch eine an den Verwahrer gerichtete schriftliche Notifikation kündigen. ²Die Kündigung kann sich auf bestimmte Gebietseinheiten beschränken, auf die das Übereinkommen angewendet wird.

(2) ¹Die Kündigung wird am ersten Tag des Monats wirksam, der auf einen Zeitabschnitt von zwölf Monaten nach Eingang der Notifikation beim Verwahrer folgt. ²Ist in der Notifikation für das Wirksamwerden der Kündigung ein längerer Zeitabschnitt angegeben, so wird die Kündigung nach Ablauf des entsprechenden Zeitabschnitts wirksam.

Art. 59 ErwSÜ [Notifikation]

Der Verwahrer notifiziert den Mitgliedstaaten der Haager Konferenz für Internationales Privatrecht sowie den Staaten, die nach Artikel 54 beigetreten sind,

a) jede Unterzeichnung, Ratifikation, Annahme und Genehmigung nach Artikel 53;

b) jeden Beitritt und jeden Einspruch gegen einen Beitritt nach Artikel 54;

c) den Tag, an dem dieses Übereinkommen nach Artikel 57 in Kraft tritt;

d) jede Erklärung nach Artikel 32 Absatz 2 und Artikel 55;

e) jede Vereinbarung nach Artikel 37;

f) jeden Vorbehalt nach Artikel 51 Absatz 2 sowie jede Rücknahme eines Vorbehalts nach Artikel 56 Absatz 2;

g) jede Kündigung nach Artikel 58.

Gesetz zur Ausführung des Haager Übereinkommens vom 13. Januar 2000 über den internationalen Schutz von Erwachsenen (ErwSÜAG)

vom 17. März 2007 (BGBl. I S. 314),

zuletzt geändert durch Gesetz vom 17. Juli 2017 (BGBl. 2017 I S. 2426)

Abschnitt 1. Zentrale Behörde

§ 1 ErwSÜAG Bestimmung der Zentralen Behörde

Zentrale Behörde nach Artikel 28 des Haager Übereinkommens vom 13. Januar 2000 über den internationalen Schutz von Erwachsenen (BGBl. 2007 II S. 323 – Übereinkommen) ist das Bundesamt für Justiz.

§ 2 ErwSÜAG Übersetzungen bei eingehenden Ersuchen

(1) Die Zentrale Behörde kann es ablehnen tätig zu werden, wenn eine Mitteilung aus einem anderen Vertragsstaat nicht in deutscher Sprache abgefasst oder von einer Übersetzung in die deutsche Sprache oder, falls eine solche Übersetzung nur schwer erhältlich ist, nicht von einer Übersetzung in die englische Sprache begleitet ist.

(2) Die Zentrale Behörde kann erforderliche Übersetzungen selbst in Auftrag geben.

§ 3 ErwSÜAG Übersetzungen bei ausgehenden Ersuchen

Beschafft ein Antragsteller erforderliche Übersetzungen für Anträge, die in einem anderen Vertragsstaat zu erledigen sind, nicht selbst, veranlasst die Zentrale Behörde die Übersetzungen.

§ 4 ErwSÜAG Maßnahmen der Zentralen Behörde

(1) Die Zentrale Behörde verkehrt unmittelbar mit allen zuständigen Stellen im In- und Ausland.

(2) ^{1}Die Zentrale Behörde leitet Mitteilungen, die an die Zentrale Behörde oder eine andere Behörde in einem anderen Vertragsstaat gerichtet sind, dorthin weiter. ^{2}Mitteilungen aus einem anderen Vertragsstaat leitet sie unverzüglich an die zuständige deutsche Stelle weiter und unterrichtet sie über bereits veranlasste Maßnahmen.

(3) ^{1}Die Zentrale Behörde trifft alle erforderlichen Maßnahmen einschließlich der Einschaltung von Polizeivollzugsbehörden, um den Aufenthaltsort des schutzbedürftigen Erwachsenen zu ermitteln, wenn dieser unbekannt ist und Anhaltspunkte dafür vorliegen, dass sich der Erwachsene im Inland befindet. ^{2}Soweit zur Ermittlung des Aufenthaltsorts des Erwachsenen erforderlich, darf die Zentrale Behörde beim Kraftfahrt-Bundesamt Halterdaten nach § 33 Abs. 1 Satz 1 Nr. 2 des Straßenverkehrsgesetzes erheben. ^{3}Unter den Voraussetzungen des Satzes 1 kann die Zentrale Behörde die Ausschreibung zur Aufenthaltsermittlung durch das Bundeskriminalamt und die Speicherung eines Suchvermerks im Zentralregister veranlassen. ^{4}Soweit die Zentrale Behörde andere Stellen zur Aufenthaltsermittlung einschaltet, übermittelt sie ihnen die zur Durchführung der Maßnahmen erforderlichen personenbezogenen Daten; diese dürfen nur für den Zweck verwendet werden, für den sie übermittelt worden sind.

§ 5 ErwSÜAG Justizverwaltungsverfahren; Vergütung für Übersetzungen

^{1}Die Tätigkeit der Zentralen Behörde gilt als Justizverwaltungsverfahren. ^{2}Die Höhe der Vergütung für die von der Zentralen Behörde veranlassten Übersetzungen richtet sich nach dem Justizvergütungs- und -entschädigungsgesetz.

Abschnitt 2. Gerichtliche Zuständigkeit und Zuständigkeitskonzentration

§ 6 ErwSÜAG Sachliche und örtliche Zuständigkeit; Zuständigkeitskonzentration

(1) ^{1}Das Betreuungsgericht, in dessen Bezirk ein Oberlandesgericht seinen Sitz hat, ist für den Bezirk dieses Oberlandesgerichts zuständig für
1. die Feststellung der Anerkennung oder Nichtanerkennung einer in einem anderen Vertragsstaat getroffenen Maßnahme nach Artikel 23 des Übereinkommens,

2. die Vollstreckbarerklärung einer in einem anderen Vertragsstaat getroffenen Maßnahme nach Artikel 25 des Übereinkommens sowie

3. das Konsultationsverfahren nach Artikel 33 des Übereinkommens.
[2]Für den Bezirk des Kammergerichts ist das Amtsgericht Schöneberg in Berlin zuständig.

(2) [1]Die Landesregierungen werden ermächtigt, die Zuständigkeit nach Absatz 1 durch Rechtsverordnung einem anderen Betreuungsgericht des Oberlandesgerichtsbezirks oder, wenn in einem Land mehrere Oberlandesgerichte errichtet sind, einem Betreuungsgericht für die Bezirke aller oder mehrerer Oberlandesgerichte zuzuweisen. [2]Sie können die Ermächtigung auf die Landesjustizverwaltungen übertragen.

(3) [1]Örtlich zuständig für die Verfahren nach Absatz 1 Satz 1 Nr. 1 und 2 ist das Betreuungsgericht, in dessen Zuständigkeitsbereich der Betroffene bei Antragstellung seinen gewöhnlichen Aufenthalt hat. [2]Hat der Betroffene im Inland keinen gewöhnlichen Aufenthalt oder ist ein solcher nicht feststellbar, ist das Betreuungsgericht zuständig, in dessen Zuständigkeitsbereich das Bedürfnis der Fürsorge hervortritt. [3]Ergibt sich keine Zuständigkeit nach den Sätzen 1 und 2, ist das zuständige Betreuungsgericht im Bezirk des Kammergerichts örtlich zuständig. [4]Im Fall des Absatzes 1 Satz 1 Nr. 3 ist das Betreuungsgericht örtlich zuständig, in dessen Zuständigkeitsbereich der Betroffene nach dem Vorschlag der ersuchenden Behörde untergebracht werden soll.

(4) Artikel 147 des Einführungsgesetzes zum Bürgerlichen Gesetzbuche gilt entsprechend.

§ 7 ErwSÜAG Zuständigkeitskonzentration für andere Betreuungssachen

(1) [1]Das Betreuungsgericht, bei dem ein in § 6 Abs. 1 Satz 1 genanntes Verfahren anhängig ist, ist von diesem Zeitpunkt an für alle denselben Betroffenen betreffenden Betreuungssachen einschließlich der Verfügungen nach § 35 des Gesetzes über das Verfahren in Familiensachen und in den Angelegenheiten der freiwilligen Gerichtsbarkeit sowie Abschnitt 9 des Buches 1 des Gesetzes über das Verfahren in Familiensachen und in den Angelegenheiten der freiwilligen Gerichtsbarkeit zuständig. [2]Die Wirkung des Satzes 1 tritt nicht ein, wenn der Antrag auf Anerkennungsfeststellung oder Vollstreckbarerklärung offensichtlich unzulässig ist. [3]Sie entfällt, sobald das angegangene Gericht infolge einer unanfechtbaren Entscheidung unzuständig ist; Verfahren, für die dieses Gericht hiernach seine Zuständigkeit verliert, sind von Amts wegen an das zuständige Gericht abzugeben. [4]Die Abgabeentscheidung ist unanfechtbar und für das für zuständig erklärte Gericht bindend.

(2) [1]Ein anderes Betreuungsgericht, bei dem eine denselben Betroffenen betreffende Betreuungssache im ersten Rechtszug anhängig ist oder anhängig wird, hat dieses Verfahren von Amts wegen an das nach Absatz 1 Satz 1 zuständige Betreuungsgericht abzugeben. [2]Die Abgabeentscheidung ist unanfechtbar.

(3) [1]Das Betreuungsgericht, das für eine Sache nach Absatz 1 oder Absatz 2 zuständig ist, kann diese aus wichtigen Gründen an das nach den allgemeinen Vorschriften zuständige Betreuungsgericht abgeben oder zurückgeben, soweit dies nicht zu einer unverhältnismäßigen Verzögerung des Verfahrens führt. [2]Als wichtiger Grund ist es in der Regel anzusehen, wenn die besondere Sachkunde des erstgenannten Gerichts für das Verfahren nicht oder nicht mehr benötigt wird. [3]Die Entscheidung über die Abgabe ist unanfechtbar und für das für zuständig erklärte Gericht bindend.

(4) § 273 des Gesetzes über das Verfahren in Familiensachen und in den Angelegenheiten der freiwilligen Gerichtsbarkeit bleibt unberührt.

(5) Artikel 147 des Einführungsgesetzes zum Bürgerlichen Gesetzbuche gilt entsprechend.

Abschnitt 3. Anerkennungsfeststellung, Vollstreckbarerklärung, Konsultationsverfahren und Bescheinigungen

§ 8 ErwSÜAG Allgemeine Verfahrensvorschriften für die Anerkennungsfeststellung und Vollstreckbarerklärung

(1) [1]Das Verfahren nach den Artikeln 23 und 25 des Übereinkommens richtet sich nach dem Buch 1 des Gesetzes über das Verfahren in Familiensachen und in den Angelegenheiten der freiwilligen Gerichtsbarkeit. [2]Die §§ 275, 276, 297 Abs. 5, §§ 308, 309 und 311 des Gesetzes über das Verfahren in Familiensachen und in den Angelegenheiten der freiwilligen Gerichtsbarkeit sind entsprechend anzuwenden.

(2) [1]Das Gericht hat den Betroffenen persönlich anzuhören, wenn die anzuerkennende oder für vollstreckbar zu erklärende Maßnahme eine im Inland vorzunehmende Maßnahme im Sinn des § 312 des Gesetzes über das Verfahren in Familiensachen und in den Angelegenheiten der freiwilligen

Gerichtsbarkeit, eine Untersuchung des Gesundheitszustands, eine Heilbehandlung oder einen ärztlichen Eingriff im Sinn des § 1904 des Bürgerlichen Gesetzbuchs oder eine im Inland vorzunehmende Sterilisation beinhaltet. [2]Im Übrigen soll das Gericht den Betroffenen persönlich anhören. [3]§ 278 Abs. 3 bis 5 des Gesetzes über das Verfahren in Familiensachen und in den Angelegenheiten der freiwilligen Gerichtsbarkeit gilt entsprechend.

(3) [1]Das Gericht kann die im Inland zuständige Betreuungsbehörde anhören, wenn es der Betroffene verlangt oder wenn es der Sachaufklärung dient. [2]Die Anhörung anderer Personen liegt im Ermessen des Gerichts.

(4) Der Beschluss des Gerichts ist zu begründen.

(5) [1]Der Beschluss ist dem Betroffenen und, falls ein solcher bestellt ist, dem Betreuer oder einer Person mit vergleichbaren Aufgaben bekannt zu machen. [2]Handelt es sich bei der anerkannten oder für vollstreckbar erklärten Maßnahme um eine Unterbringung im Inland, ist der Beschluss auch dem Leiter der Einrichtung bekannt zu machen, in welcher der Betroffene untergebracht werden soll. [3]§§ 288 und 326 des Gesetzes über das Verfahren in Familiensachen und in den Angelegenheiten der freiwilligen Gerichtsbarkeit gelten entsprechend.

(6) [1]Der Beschluss unterliegt der Beschwerde. [2]Die §§ 303 und 305 des Gesetzes über das Verfahren in Familiensachen und in den Angelegenheiten der freiwilligen Gerichtsbarkeit gelten entsprechend.

(7) [1]Der Beschluss wird erst mit seiner Rechtskraft wirksam. [2]Bei Gefahr im Verzug kann das Gericht die sofortige Wirksamkeit des Beschlusses anordnen.

§ 9 ErwSÜAG Bindungswirkung der Anerkennungsfeststellung

Die Feststellung nach Artikel 23 des Übereinkommens, dass die Voraussetzungen für die Anerkennung vorliegen oder nicht vorliegen, ist für Gerichte und Verwaltungsbehörden bindend.

§ 10 ErwSÜAG Vollstreckungsklausel

(1) Ein Titel aus einem anderen Vertragsstaat, der dort vollstreckbar ist und im Inland Vollstreckungshandlungen erfordert, wird dadurch nach Artikel 25 des Übereinkommens für vollstreckbar erklärt, dass er auf Antrag mit einer Vollstreckungsklausel versehen wird.

(2) § 20 Abs. 1 Satz 1 und 2 sowie § 23 des Internationalen Familienrechtsverfahrensgesetzes gelten entsprechend.

§ 11 ErwSÜAG Aufhebung oder Änderung von Entscheidungen über die Anerkennungsfeststellung oder Vollstreckbarerklärung

(1) [1]Wird eine in einem anderen Vertragsstaat getroffene Maßnahme in diesem Staat aufgehoben oder abgeändert und kann die betroffene Person diese Tatsache nicht mehr in dem Verfahren nach § 6 Abs. 1 Nr. 1 oder Nr. 2 geltend machen, kann sie die Aufhebung oder Änderung der Entscheidung über die Anerkennungsfeststellung oder Vollstreckbarerklärung in einem besonderen Verfahren beantragen. [2]Die §§ 8 und 9 gelten entsprechend.

(2) Für die Entscheidung über den Antrag ist das Betreuungsgericht ausschließlich zuständig, das im ersten Rechtszug über die Anerkennungsfeststellung oder Vollstreckbarerklärung entschieden hat.

§ 12 ErwSÜAG Widerspruch im Konsultationsverfahren

(1) Das Gericht soll insbesondere dann nach Artikel 33 Abs. 2 des Übereinkommens einer Unterbringung im Inland widersprechen, wenn
1. die Durchführung der beabsichtigten Unterbringung dem Wohl des Betroffenen widerspricht, insbesondere weil er keine besondere Bindung zum Inland hat,
2. die ausländische Behörde kein Gutachten eines Sachverständigen vorlegt, aus dem sich die Notwendigkeit der beabsichtigten Unterbringung ergibt,
3. ein Grund für eine Versagung der Anerkennung nach Artikel 22 Abs. 2 des Übereinkommens erkennbar ist,
4. dem Betroffenen im ausländischen Verfahren kein rechtliches Gehör gewährt wurde,
5. einer erforderlichen Genehmigung der Ausländerbehörde Gründe entgegenstehen oder
6. die Übernahme der Kosten für die Unterbringung nicht geregelt ist.

(2) Im Fall einer Unterbringung, die mit Freiheitsentzug verbunden ist, oder einer Maßnahme im Sinn des § 1906 Absatz 4 oder § 1906a Absatz 1 oder Absatz 4 des Bürgerlichen Gesetzbuchs spricht sich das Gericht unbeschadet des Absatzes 1 nach Artikel 33 Abs. 2 des Übereinkommens gegen das Ersuchen aus, wenn

1. im ersuchenden Staat über die ersuchte Maßnahme kein Gericht entscheidet oder
2. bei Zugrundelegung des mitgeteilten Sachverhalts nach innerstaatlichem Recht die Anordnung der ersuchten Maßnahme nicht zulässig wäre.

(3) Das Gericht kann den Betroffenen persönlich anhören.

(4) Das Gericht kann einen Meinungsaustausch mit der ersuchenden Behörde aufnehmen und diese um ergänzende Informationen bitten.

(5) ¹Der Widerspruch nach Artikel 33 Abs. 2 des Übereinkommens ist der ersuchenden Behörde unverzüglich bekannt zu machen. ²Die Entscheidung, von einem Widerspruch abzusehen, ist dem Betroffenen selbst und, falls ein solcher bestellt ist, dem Betreuer oder einer Person mit vergleichbaren Aufgaben sowie dem Leiter der Einrichtung bekannt zu machen, in welcher der Betroffene untergebracht werden soll. ³Der Beschluss ist unanfechtbar.

(6) Im Übrigen sind auf das Verfahren die §§ 316, 317 Abs. 1 Satz 1, Abs. 4, 5, §§ 318, 325 Abs. 1 und § 338 des Gesetzes über das Verfahren in Familiensachen und in den Angelegenheiten der freiwilligen Gerichtsbarkeit sowie § 8 Abs. 1 Satz 1, Abs. 3 und 4 entsprechend anzuwenden.

§ 13 ErwSÜAG Bescheinigungen über inländische Schutzmaßnahmen

(1) Die Bescheinigung über eine inländische Schutzmaßnahme nach Artikel 38 des Übereinkommens wird von dem Urkundsbeamten der Geschäftsstelle des Gerichts des ersten Rechtszugs und, wenn das Verfahren bei einem höheren Gericht anhängig ist, von dem Urkundsbeamten der Geschäftsstelle dieses Gerichts ausgestellt.

(2) § 319 der Zivilprozessordnung gilt entsprechend.

Einführungsgesetz zum Bürgerlichen Gesetzbuche

In der Fassung der Bekanntmachung vom 21. September 1994
(BGBl. 1994 I S. 2494, ber. BGBl. 1997 I S. 1061)

Zuletzt geändert durch Art. 2 Abs. 4 Gesetz zur Einführung des Rechts auf Eheschließung für Personen
gleichen Geschlechts vom 20. Juli 2017 (BGBl. 2017 I S. 2787)

Erster Teil. Allgemeine Vorschriften

Zweites Kapitel. Internationales Privatrecht

Dritter Abschnitt. Familienrecht

Art. 24 EGBGB Vormundschaft, Betreuung und Pflegschaft

(1) [1]Die Entstehung, die Änderung und das Ende der Vormundschaft, Betreuung und
Pflegschaft sowie der Inhalt der gesetzlichen Vormundschaft und Pflegschaft unterliegen
dem Recht des Staates, dem der Mündel, Betreute oder Pflegling angehört. [2]Für einen
Angehörigen eines fremden Staates, der seinen gewöhnlichen Aufenthalt oder, mangels
eines solchen, seinen Aufenthalt im Inland hat, kann ein Betreuer nach deutschem Recht
bestellt werden.

(2) Ist eine Pflegschaft erforderlich, weil nicht feststeht, wer an einer Angelegenheit
beteiligt ist, oder weil ein Beteiligter sich in einem anderen Staat befindet, so ist das Recht
anzuwenden, das für die Angelegenheit maßgebend ist.

(3) Vorläufige Maßregeln sowie der Inhalt der Betreuung und der angeordneten Vormundschaft und Pflegschaft unterliegen dem Recht des anordnenden Staates.

Schrifttum: *Baer,* Die Beistandschaft für ausländische Kinder, DAVorm. 1998, 494; *Beitzke,* Neuerungen im
internationalen Kindschaftsrecht, ZfJ 1986, 477; *Beitzke,* Amtspflegschaft bei Stationierungsstreitkräften?, Anmerkungen zu OLG Zweibrücken, Beschluss vom 14.6.1989, 3 W 54/89, IPRax 1990, 170; *Guttenberger,* Das Haager
Übereinkommen über den internationalen Schutz von Erwachsenen, Diss. Regensburg 2004; *Heggen,* Die neue
österreichische Gesetzgebung im Bereich der Patientenverfügung und Vorsorgevollmacht – Ein Blick über die
Grenze aus deutscher notarieller Sicht, ZNotP 2008, 184; *v. Hein,* Zur Anordnung von Maßnahmen zum Schutz
deutscher Erwachsener durch österreichische Gerichte, Anmerkung zu OGH, Urteil vom 27.11.2007, 10 Ob
60/07g, IPRax 2009, 173; *v. Hein,* Betreuungsrechtliche Genehimgungserfordernisse zur Veräußerung von Immobilien – Internationale Zuständigkeit und anwendbares Recht, IPRax 2015, 198; *Heldrich,* Die gesetzliche Amtspflegschaft im internationalen Privatrecht, FS Ferid, 1988, 131; *Helms,* Reform des internationalen Betreuungsrechts durch das Haager Erwachsenenschutzabkommen, FamRZ 2008, 1995; *Henrich,* Zur Vormundschaft über
ein in der Bundesrepublik geborenes nichteheliches Kind einer österreichischen Mutter, Anmerkung zu BayObLG,
Beschluss vom 16.3.1989, BReg. 1a Z 48/88, IPRax 1990, 127; *Jaspersen,* Die vormundschaftsgerichtliche Genehmigung in Fällen mit Auslandsbezug, FamRZ 1996, 393; *Kirchhoff,* Das Rechtsfolgenstatut der beschränkten
Geschäftsfähigkeit und der Geschäftsunfähigkeit – Ein Beitrag zur Auslegung des Art. 7 und 24 EGBGB, Diss.
Bonn 2004; *Kümmerle,* Anmerkung zur Entscheidung des EuGH vom 3. Oktober 2013 in der Rechtssache C-
386/12 „ Siegfried Janós Schneider“. GPR 2014, 170; *Jayme,* Die Patientenverfügung: Erwachsenenschutz und
internationales Privatrecht, FS Spellenberg, 2010, 203; *Jud,* Die Vorsorgevollmacht im internationalen Rechtsverkehr am Beispiel Deutschlands und Österreichs, in Schmoekel, Verfassungsrechtliche Grenzen der Gestaltungsmöglichkeiten im Familien- Erb- und Gesellschaftsrecht, 2008, 80; *Klinkhardt,* Amtspflegschaft auch über Kinder im
Ausland?, IPRax 1994, 285; *Lagarde,* Convention of 19. October 1996 on jurisprudence, applicable law, recognition, enforcement and cooperation in respect of parental responsibility and measures for the protection of children –
Explanatory report, edited by the Permanent Bureau of the Hague Conference on private international law,
inoffizielle deutsche Übersetzung in BT-Drs. 16/12068, 35 ff. (zitiert: Bericht *Lagarde* KSÜ); *Lagarde,* Convention
of 13. January 2000 on the International Protection of Adults – Explanatory Report, edited by the Permanent
Bureau of the Hague Conference on private international law, inoffizielle deutsche Übersetzung in BT-Drs. 16/
3250, 28 ff. (zitiert: Bericht *Lagarde*); *Mitzkus,* Internationale Zuständigkeit im Vormundschafts-, Pflegschafts- und
Sorgerecht, 1982; *G. Müller,* Internationalprivatrechtliche Aspekte von Betreuung und Vorsorgevollmacht, in G.
Müller/Renner, Betreuungsrecht und Vorsorgeverfügungen in der Praxis, 4. Aufl. 2015, Teil 3 A, S. 285; *Nitzinger,*
Das Betreuungsrecht im internationalen Privatrecht, Diss. Regensburg 1998; *Nojack,* Exklusivnormen im IPR,

Diss. Halle 2005; *Oberhammer/Graf/Slonina,* Sachwalterschaft für Deutsche und Schweizer in Österreich – Kollisionsrechtliche Fragen am Übergang vom nationalen Recht zum Haager Erwachsenenschutzübereinkommen, ZfRV 2007, 133; *Oelkers,* Internationales Betreuungsrecht, Diss. Osnabrück 1995; *Rausch,* Betreuung bei Auslandsbezug, BtPrax 2004, 137; *Röthel,* Rechtliche Fürsorge für ausländische Erwachsene in Deutschland, BtPrax 2006, 90; *Röthel,* Patientenverfügung und Vorsorgevollmacht in europäischer Perspektive, FPR 2007, 79; *Röthel,* Private Vorsorge im internationalen Rechtsverkehr, in Lipp, Handbuch der Vorsorgeverfügungen. Vorsorgevollmacht – Patientenverfügung – Betreuungsverfügung, 2009, Teil III (§§ 19 ff.); *Röthel/Woitge,* Das Kollisionsrecht der Vorsorgevollmacht, IPRax 2010, 494; *Schack,* Vormundschaft und Pflegschaft über volljährige Ausländer – Zur Auslegung von Art. 23 EGBGB, DAVorm. 1980, 817; *Schaub,* Kollisionsrechtliche Probleme bei Vorsorgevollmachten, IPRax 2016, 207; *Schotten/Wittkowski,* Das deutsch-iranische Niederlassungsabkommen im Familien und Erbrecht, FamRZ 1995, 264; 75; *Schrick,* Die Entmündigung von Ausländern im Inland, Diss. Bonn 1970; *Schwind,* Vormundschaft und Kuratel im österreichischen internationalen Privatrecht, StAZ 1972, 57; *Siehr,* Das Haager Übereinkommen über den internationalen Schutz Erwachsener, RabelsZ 64 (2000), 715; *Sturm,* Bei der elterlichen Sorge irrlichtert Art. 3 MSA nicht mehr, Anmerkungen zu BGH, Beschluss vom 2.5.1990, XIII ZB 63/89, IPRax 1991, 231; *Wedemann,* Vorsorgevollmachten im internationalen Rechtsverkehr, FamRZ 2010, 785.

Übersicht

I. Normzweck

1 Vormundschaft, Pflegschaft und Betreuung betreffen die **Fürsorge und Vertretung schutzbedürftiger Personen.** Die IPR-Reform 1986 schuf mit Art. 24 erstmals eine gesetzliche **Kollisionsnorm** für diesen Bereich. Mit dem BtG,[1] das die Entmündigung, die mit ihr zusammenhängende

---

[1] Gesetz zur Reform des Rechts der Vormundschaft und Pflegschaft (Betreuungsgesetz – BtG) vom 12.9.1990, BGBl. 1990 I S. 2002.

Vormundschaft für Erwachsene und die Gebrechlichkeitspflegschaft abschaffte und durch das Rechts-institut der Betreuung (§§ 1896 ff. BGB) ersetzte, wurde auch das Kollisionsrecht des Erwachsenen-schutzes zum 1.1.1992 neu geregelt. Die Möglichkeit der Entmündigung nach deutschem Recht in Art. 8 entfiel, die Betreuung wurde in Art. 24 aufgenommen (Art. 7 § 29 BtG). Heute regelt Art. 24 das anzuwendende Recht der **Vormundschaft über Minderjährige, der Betreuung Erwachse-ner und der Pflegschaft für Minderjährige, Volljährige und unbekannte Beteiligte**.

Allerdings wird Art. 24 heute weitgehend **durch vorrangiges Unionsrecht und internationale** 2 **Abkommen verdrängt** (Art. 3 Nr. 2). Es umfasst daher im Wesentlichen noch die gesetzliche Vertretungsmacht für schutzbedürftige Erwachsene (→ Rn. 50) und bestimmte Formen der Pfleg-schaft (→ Rn. 54 ff.).

Art. 24 unterscheidet danach, ob das Fürsorgeverhältnis aufgrund einer Anordnung entsteht oder 3 kraft Gesetzes besteht. Für die **gesetzlichen Vormundschaften und Pflegschaften** gilt insgesamt das Recht des Landes, dem der Mündel oder Pflegling angehört (Art. 24 Abs. 1 S. 1).

Bei einer **anzuordnenden Vormundschaft, Betreuung oder Pflegschaft** richten sich die 4 materiellen Voraussetzungen der **Entstehung,** der **Änderung** und **Beendigung** nach dem Recht des Landes, dem der Mündel, Betreute oder Pflegling angehört (Art. 24 Abs. 1 S. 1). Die Vorschrift beruft das Heimatrecht, weil Eingriffe in die persönliche Rechtsstellung des Betroffenen nach diesem Recht beurteilt werden sollen.[2] Die materiellrechtliche **Durchführung** der angeordneten Vormund-schaft, Betreuung oder Pflegschaft richtet sich dagegen nicht nach dem Heimatrecht, sondern stets nach dem Recht des Landes, dessen Behörden die Vormundschaft, Betreuung oder Pflegschaft angeordnet haben (Art. 24 Abs. 3). Damit soll der besonders intensiven Verschränkung von materiel-lem Recht und Verfahrensrecht bei der Fürsorgetätigkeit Rechnung getragen werden.[3]

Abweichend davon kann nach Art. 24 Abs. 1 S. 2 für einen Ausländer im Inland ein **Betreuer** 5 **nach deutschem Recht** bestellt werden. Diese Möglichkeit ist an Stelle der in Art. 8, 24 Abs. 1 S. 2 (aF) vorgesehenen Möglichkeit getreten, einen Ausländer nach deutschem Recht zu entmündi-gen und ihm nach deutschem Recht einen Vormund zu bestellen. In diesem Fall richtet sich die Fürsorge für den schutzbedürftigen Erwachsenen insgesamt nach deutschem Recht.

Auch auf die **vorläufigen Maßregeln** ist nach Art. 24 Abs. 3 insgesamt das Recht des Landes 6 anzuwenden, dessen Behörden mit solchen Maßregeln befasst sind.

Art. 24 Abs. 2 verweist bezüglich der **Pflegschaften für unbekannte und für abwesende** 7 **Beteiligte** auf das Recht, das für die zu erledigende Angelegenheit (zB Nachlassregelung) maßgebend ist.

II. Vorrangiges Unionsrecht und internationale Abkommen

1. Überblick. Das autonome Kollisionsrecht des Art. 24 wird durch die EuErbVO und internatio- 8 nale Abkommen, die ihm nach Art. 3 Nr. 2 vorgehen, **weitgehend verdrängt.** Die erbrechtlichen Pflegschaften werden von der EuErbVO erfasst. Bei Minderjährigen sind vorrangig das MSA und das KSÜ, bei Erwachsenen das ErwSÜ zu beachten. Da das MSA bereits bei der Einführung des Art. 24 galt, erfasste die Vorschrift damals im Wesentlichen noch die gesetzliche Vormundschaft und Pflegschaft bei Minderjährigen und hatte ursprünglich vor allem für Volljährige Bedeutung.[4] Mit dem Inkrafttreten des ErwSÜ zum 1.1.2009 und des KSÜ zum 1.1.2011 hat Art. 24 noch weiter an Bedeutung verloren.

Im Verhältnis zum Iran gilt noch das **deutsch-iranische Niederlassungsabkommen** 9 (→ Rn. 17). Die übrigen einschlägigen internationalen Abkommen sind nicht mehr in Geltung (→ Rn. 94 ff.). Zu beachten sind hingegen bei Ausländern die **konsularischen Befugnisse** ihrer Heimatländer (→ Rn. 98 ff.).

2. EuErbVO. Die erbrechtlich relevanten Pflegschaften des § 1913 S. 1 BGB für einen **unbe-** 10 **kannten Erben** (→ Rn. 63) und der §§ 1960, 1961 BGB für den **Nachlass** (→ Rn. 64) werden heute von der **EuErbVO** erfasst. Wegen ihres Zwecks den Nachlass zu sichern, wird man sie dort als verfahrensrechtliche Befugnis des nach Art. 4 ff. bzw. Art. 19 EuErbVO zuständigen Gerichts ansehen müssen und nicht als materiellrechtliche Regelung, die dem Erbstatut iS des Art. 23 EuErbVO unterfällt (näher → EuErbVO Art. 19 Rn. 3 f. und → EuErbVO Art. 23 Rn. 33). Ein

---

[2] BT-Drs. 10/504, 73; krit. gegenüber der Berufung des Heimatrechts und für eine Anknüpfung an den gewöhnlichen Aufenthalt Staudinger/*v. Hein* (2014) Rn. 7.
[3] *Kegel/Schurig* IPR § 20 XV 1; NK-BGB/*Benicke* Rn. 15.
[4] BT-Drs. 10/504, 73; *Ferid/Böhmer* IPR Rn. 8–387, 1; *Palandt/Thorn* Rn. 2; Staudinger/*v. Hein* (2014) Rn. 1; Erman/*Hohloch* Rn. 1; *Kropholler* IPR § 50 II; *Junker* IPR Rn. 572; *v. Hoffmann/Thorn* IPR § 8 Rn. 150; *Looschelders* IPR Rn. 1.

deutsches Gericht kann daher diese Pflegschaften anordnen, wenn es nach Art. 4 ff. EuErbVO als Hauptsachegericht oder nach Art. 19 EuErbVO iVm §§ 105, 343, 344 FamFG zuständig ist.

11 **3. Haager KSÜ und MSA.** Eine **angeordnete Vormundschaft oder Pflegschaft** bei einem Minderjährigen stellt eine Schutzmaßnahme iS des Art. 3 lit. c KSÜ bzw. Art. 1 MSA dar. KSÜ und MSA regeln nicht nur die Zuständigkeit und die Anerkennung und Vollstreckung derartiger Maßnahmen, sondern auch das hierbei anzuwendende Recht. Danach haben die nach dem KSÜ bzw. MSA zuständigen Behörden ihr eigenes Sachrecht anzuwenden (vgl. Art. 15 KSÜ bzw. Art. 2 MSA). Das gilt nach hM auch dann, wenn sich die Zuständigkeit nach der Brüssel IIa-VO richtet, die zwar ihrerseits KSÜ und MSA vorgeht, aber selbst keine Kollisionsnormen enthält und daher insoweit die Anwendung der Kollisionsnormen des KSÜ bzw. MSA zulässt (→ KSÜ Art. 15 Rn. 1). Art. 24 ist daher nur noch anwendbar, wenn weder die Brüssel IIa-VO, noch das KSÜ bzw. MSA eine Zuständigkeit deutscher Gerichte begründen und sich ihre internationale Zuständigkeit daher allein nach § 99 FamFG bestimmt. Das betrifft im Wesentlichen die Fälle, in denen das Kind seinen gewöhnlichen Aufenthalt in einem Staat hat, der weder Mitgliedstaat iSd Brüssel IIa-VO, noch Vertragsstaat des KSÜ oder MSA ist. Auch in diesen Drittstaatenfällen kann sich jedoch die Zuständigkeit deutscher Gerichte aus der Brüssel IIa-VO, dem KSÜ bzw. dem MSA ergeben. Nur soweit dies nicht der Fall ist, richten sich die Zuständigkeit allein nach dem autonomen Recht, dh nach § 99 FamFG,[5] und das anwendbare Recht nach Art. 24.

12 Für **gesetzliche Vormundschaft oder Pflegschaft** enthält das MSA keine Kollisionsnormen, da Art. 3 MSA keine Kollisionsnorm darstellt.[6] Daher hatte Art. 24 bei Minderjährigen ursprünglich vor allem Bedeutung für die kraft Gesetzes eintretenden Vormundschaften und Pflegschaften.[7] Durch das Inkrafttreten des KSÜ zum 1.1.2011 hat sich auch dies geändert. Art. 16 und 17 KSÜ enthalten nunmehr auch Kollisionsnormen für die „elterliche Verantwortung" kraft Gesetzes. Das umfasst nach Art. 1 Abs. 2 KSÜ nicht nur die elterliche Sorge iS der §§ 1626 ff. BGB, sondern auch jedes andere entsprechende Sorgeverhältnis, wobei sich die Fürsorge auf einen bestimmten Teilbereich beschränken kann.[8] Diese Kollisionsnormen des KSÜ sind allseitig (Art. 20 KSÜ) und unabhängig davon anzuwenden, wo der gewöhnliche Aufenthalt des Kindes liegt.[9] Heute unterliegen deshalb gesetzliche Vormundschaften oder Pflegschaften bei Kindern nicht mehr Art. 24, sondern Art. 16 und 17 KSÜ.[10]

13 **4. Haager ErwSÜ.** Die **Betreuung** bei einem Erwachsenen ist eine Schutzmaßnahme wegen Beeinträchtigung oder Unzulänglichkeit der persönlichen Fähigkeiten iS der Art. 1 und Art. 3 lit. c ErwSÜ. Das ErwSÜ regelt nach dem Vorbild des KSÜ sowohl die Zuständigkeit, die Anerkennung und Vollstreckung derartiger Schutzmaßnahmen als auch das hierbei anzuwendende Recht. Das ist regelmäßig das Sachrecht der zuständigen Behörde (vgl. Art. 13 und 14 ErwSÜ). Die Kollisionsnormen des ErwSÜ sind daher immer anzuwenden, wenn sich die Zuständigkeit (auch) aus dem ErwSÜ ergibt.

14 Bei der Betreuung Erwachsener ist Art. 24 daher heute nur noch anwendbar, soweit das ErwSÜ keine Zuständigkeit deutscher Gerichte begründet und sich ihre internationale Zuständigkeit allein nach § 104 FamFG bestimmt. Dafür kommen nur solche Fälle in Betracht, in denen der Erwachsene seinen gewöhnlichen Aufenthalt in einem Staat hat, der kein Vertragsstaat des ErwSÜ ist. Doch auch in einem solchen Drittstaatenfall kann sich die Zuständigkeit deutscher Gerichte aus dem ErwSÜ ergeben. Allerdings ist im Einzelnen umstritten, welche **Zuständigkeitsnormen des ErwSÜ in einem Drittstaatenfall** anwendbar sind. Die hL bejaht dies für die Zuständigkeit bei Eilmaßnahmen und bei vorübergehenden Maßnahmen (Art. 10 und 11 ErwSÜ). Folgt man dem, wären je nach Zuständigkeitsgrund unterschiedliche Kollisionsnormen anzuwenden. Hält man jedoch mit der hier vertretenen Auffassung (→ ErwSÜ Vor Art. 5 Rn. 12) die Zuständigkeit des Heimatstaates (Art. 7 ErwSÜ) und des Belegenheitsstaates (Art. 9 ErwSÜ) auch in Drittstaatenfällen für anwendbar, besteht in praktisch allen Fällen des § 104 FamFG immer zugleich auch eine Zuständigkeit nach dem ErwSÜ, die zur Anwendung der Art. 13 und 14 ErwSÜ führt. Im Ergebnis unterfällt die Betreuung dann insgesamt dem **Kollisionsrecht des ErwSÜ.** Dieses Ergebnis ist auch in praktischer Hinsicht eindeutig vorzuziehen, da es ein gespaltenes Kollisionsrecht vermeidet (→ ErwSÜ Vor Art. 13 Rn. 9 ff.).

---

[5] Ausf. dazu MüKoFamFG/*Rauscher* § 99 Rn. 13 ff.; Prütting/Helms/*Hau* FamFG § 99 Rn. 4 ff.

[6] BGHZ 111, 199 (204 ff.) = IPRax 1991, 254 mAnm *Sturm* IPRax 1991, 231; NK-BGB/*Benicke* Art. 24 Anh. II MSA Art. 3 Rn. 4; Palandt/*Thorn* Art. 24 Anh. Rn. 24.

[7] BGHZ 111, 199 (204 ff.) = IPRax 1991, 254 mAnm *Sturm* IPRax 1991, 231.

[8] Vgl. Bericht *Lagarde* KSÜ Nr. 14; NK-BGB/*Benicke* Art. 24 Anh. I KSÜ Art. 1 Rn. 5; Staudinger/*Pirrung* (2009) Vor Art. 19 Rn. G 21.

[9] Bericht *Lagarde* KSÜ Nr. 17, 99, 115.

[10] Zutr. Palandt/*Thorn* Rn. 2.

Keine Kollisionsnorm enthält das ErwSÜ für die Fürsorge für schutzbedürftige Erwachsene in **15** Form der **Vertretungsmacht kraft Gesetzes,** wie sie zB Österreich und die Schweiz kennen (vgl. §§ 284b ff. ABGB, Art. 374 ff. ZGB). Sie ist jedoch eine Form der gesetzlichen Vormundschaft bzw. Pflegschaft iS des Art. 24, da sie ebenfalls die umfassende bzw. gegenständlich begrenzte Fürsorge und Vertretung einer schutzbedürftigen Person[11] betrifft. Hierauf ist Art. 24 anwendbar, sofern sie nicht als Ehewirkung zu qualifizieren ist und nach Art. 14 zu beurteilen ist (→ Rn. 50). Das ErwSÜ regelt jedoch den **kollisionsrechtlichen Verkehrsschutz** bei Geschäften des Vertreters (→ ErwSÜ Art. 17 Rn. 7).

Das ErwSÜ betrifft nur Schutzmaßnahmen wegen Beeinträchtigung oder Unzulänglichkeit der **16** persönlichen Fähigkeiten des Erwachsenen (Art. 1 Abs. 1 ErwSÜ; → ErwSÜ Art. 1–4 Rn. 8 ff.). Die **Fürsorge aus anderen Gründen,** zB wegen Abwesenheit (§ 1911 BGB) oder für unbekannte Beteiligte (§ 1913 BGB) oder ein Sammelvermögen (§ 1914 BGB) sowie die Nachlasspflegschaft (§§ 1906, 1961 BGB) werden daher vom ErwSÜ nicht erfasst (→ ErwSÜ Art. 1–4 Rn. 16). Sie unterliegen deshalb dem autonomen Kollisionsrecht des Art. 24, sofern nicht die EuErbVO eingreift (→ Rn. 10).

5. Deutsch-iranisches Niederlassungsabkommen. Das deutsch-iranische Niederlassungsab- **17** kommen vom 17.2.1929 (RGBl. 1930 II S. 1006, BGBl. 1955 II S. 829) erfasst das Familienrecht und gilt damit auch für die Fragen der Vormundschaft, Pflegschaft und Betreuung.[12] MSA, KSÜ und ErwSÜ lassen das Abkommen unberührt (vgl. Art. 18 Abs. 2 MSA,[13] Art. 52 Abs. 1 KSÜ, Art. 49 Abs. 1 ErwSÜ[14]). Als staatsvertragliche Regelung geht Art. 8 Abs. 3 des Niederlassungsabkommens der Kollisionsnorm des autonomen deutschen Rechts in Art. 24 vor (Art. 3 Nr. 2).[15] Diese Norm beruft zwar ebenfalls das Heimatrecht, jedoch handelt es sich um eine staatsvertragliche Verweisung auf das jeweilige **Sachrecht des Heimatstaates;** Rück- und Weiterverweisung sind daher im Gegensatz zu Art. 24 Abs. 1 S. 1 ausgeschlossen.[16] Für iranische Staatsangehörige und Mehrstaater mit effektiver iranischer Staatsangehörigkeit[17] kann danach in Deutschland eine Vormundschaft, Pflegschaft oder Betreuung nur nach Maßgabe ihres Heimatrechts angeordnet werden.[18] **Keine Anwendung** findet das Abkommen jedoch bei deutsch-iranischen Doppelstaatern und iranischen Flüchtlingen und Asylbewerbern (→ Art. 5 Rn. 92 und → Anh. II Art. 5 Rn. 24).[19] Außerdem enthält Art. 8 Abs. 3 S. 2 des Abkommens eine **Öffnungsklausel** zugunsten von Ausnahmeregelungen, die gegenüber jedem anderen fremden Staat gelten. Dazu zählt auch Art. 24 Abs. 1 S. 2, der daher im Rahmen des Abkommens anwendbar bleibt,[20] nicht aber das MSA oder das KSÜ.[21] Im Ergebnis verdrängt Art. 8 Abs. 3 S. 1 des Abkommens also nur die allgemeine Kollisionsregel des Art. 24 Abs. 1 S. 1.

III. Vormundschaft, Betreuung

1. Anwendungsbereich. Art. 24 Abs. 1 S. 1 erfasst außer der **anzuordnenden** auch die **gesetz-** **18** **liche Vormundschaft.** In der Ursprungsfassung umfasste dies die Vormundschaft für Minderjährige und für Erwachsene. Nachdem das BtG die Erwachsenenvormundschaft durch die Betreuung ersetzt hat, kennt das deutsche Familienrecht nur noch die Minderjährigenvormundschaft. Daher wird die **Betreuung** als Fürsorge für Erwachsene bei einer Beeinträchtigung ihrer Entscheidungs- und Handlungsfähigkeit in Art. 24 eigens genannt. Neben dem KSÜ bzw. MSA und dem ErwSÜ hat Art. 24 hier jedoch praktisch nur noch Bedeutung für die gesetzliche Vertretung von schutzbedürftigen Erwachsenen (→ Rn. 15).

Vormundschaften für Volljährige, die das deutsche Recht als Schutzmaßnahme für Erwachsene **19** nicht mehr kennt, wohl aber viele ausländische Rechte, entsprechen funktional der deutschen Betreu-

---

[11] Vgl. dazu *Henrich* IntFamR § 9 I; NK-BGB/*Benicke* Rn. 3 f.
[12] *Rausch* BtPrax 1994, 137 (139); Staudinger/*v. Hein* (2014) Vor Art. 24 Rn. 8; *Looschelders* IPR Rn. 24.
[13] Staudinger/*Kropholler* Vor Art. 19 Rn. 611.
[14] Staudinger/*v. Hein* (2014) Vor Art. 24 Rn. 352.
[15] Ausf. zum Anwendungsbereich und Anwendungsvorrang des Abkommens *Schotten/Wittkowski* FamRZ 1995, 264 ff.
[16] Zur Sachnormverweisung → Art. 3a Rn. 3 ff.
[17] AG Hamburg-St. Georg FamRZ 2016, 670 (671).
[18] Bamberger/Roth/*Heiderhoff* Rn. 6.
[19] *Schotten/Wittkowski* FamRZ 1995, 264 (265 f.); *Looschelders* IPR Rn. 24.
[20] *Rausch* BtPrax 2004, 137 (139); PWW/*Martiny* Rn. 8; ebenso die hM zur vergleichbaren Problematik bei Art. 9 (→ Art. 9 Rn. 29 f.); aA Staudinger/*v. Hein* (2014) EGBGB Vor Art. 24 Rn. 8; Bamberger/Roth/*Heiderhoff* Rn. 6.
[21] Palandt/*Thorn* Anh. Art. 24 Rn. 27.

ung. Sie fallen deshalb nach wie vor in den Anwendungsbereich des Art. 24 und können, wenn Art. 24 Abs. 1 S. 1 auf solche Rechte verweist, daher grundsätzlich auch in Deutschland angeordnet werden.[22]

20   Die **Entmündigung eines Volljährigen,** die einer Vormundschaft vorausgehen oder mit ihr verbunden sein kann, entspricht als Maßnahme des Erwachsenenschutzes funktional einer deutschen Betreuung mit Einwilligungsvorbehalt (§ 1903 BGB) und unterfällt daher ebenfalls Art. 24.[23]

21   **Entmündigung und Vormundschaft** nach ausländischem Recht gehen jedoch in ihren **Rechtsfolgen** regelmäßig weit über das hinaus, was nach deutschem Betreuungsrecht maximal möglich ist. Sie beschränken damit sowohl die rechtliche Handlungsfähigkeit des Betroffenen im Rechtsverkehr als auch sein Selbstbestimmungsrecht im Innenverhältnis gegenüber dem Vormund erheblich. Beide stellen deshalb einen schwerwiegenden Eingriff in das Selbstbestimmungsrecht (Art. 1 und Art. 2 Abs. 1 GG) dar, der zu einer Verletzung des deutschen **ordre public** führen kann (Art. 6).[24] Daher ist jedenfalls in diesen Fällen von der Ausweichklausel des Art. 24 Abs. 1 S. 2 Gebrauch zu machen und ein Betreuer nach deutschem Recht zu bestellen (zur Ausweichklausel → Rn. 34 ff.).[25] Entsprechendes gilt, wenn die **Voraussetzungen** für Entmündigung und/oder Vormundschaft über das deutsche Betreuungsrecht (§§ 1896, 1903 BGB) hinausgehen. Die Frage hat sich durch das Inkrafttreten des ErwSÜ zum 1.1.2009 indes erledigt, da **nach Art. 13 ErwSÜ regelmäßig deutsches Recht** anzuwenden ist (→ Rn. 36).

22   Es gibt Rechtsordnungen, die auch das kraft Gesetzes bestehende Sorgerecht der Eltern in manchen Fällen als Vormundschaft bezeichnen. Beispiele sind die **gesetzlichen Vormundschaften der Eltern** bzw. eines Elternteils, zB von verwitweten oder nichtehelichen Müttern in manchen (allerdings in immer weniger) romanischen Rechten, die Stellung der Eltern als „natural guardian" im angelsächsischen Recht und die „wilayat" des Vaters im islamischen Recht. Diese gesetzlichen Vormundschaften entsprechen funktional der elterlichen Sorge im deutschen Recht. Sie sind daher keine „gesetzlichen Vormundschaften" iS des Art. 24 Abs. 1 S. 1. Vielmehr ist auf sie Art. 21 anzuwenden.[26] Vorrangig sind heute jedoch Art. 15 und 16 KSÜ. Zur **Pflegekindschaft** wie zB der Kafala des islamischen Rechts → Art. 22 Rn. 8.

23   Auf der anderen Seite sehen manche Rechtsordnungen auch **Vormundschaften für andere Personen** als die Eltern vor, die – anders als nach deutschem Recht – nicht durch richterliche Anordnung, sondern kraft Gesetzes oder durch Rechtsgeschäft (zB durch Testament) entstehen. Diese unterscheiden sich funktional nicht von den im deutschen Recht vorgesehenen Vormundschaften und fallen daher unter Art. 24.[27] Indes sind hierauf vorrangig Art. 15 und 16 KSÜ anzuwenden.

24   Auch die kraft Gesetzes entstehenden **Amtsvormundschaften** unterliegen grundsätzlich dieser Vorschrift.[28] Was die Fälle angeht, in denen § 1791c BGB von sich aus anwendbar ist, ist mit der hM[29] von dessen Vorrang vor Art. 24 auszugehen. Dieser Vorrang bedeutet, dass alle Kinder und

---

[22] *Oelkers,* Internationales Betreuungsrecht, 1995, 216 ff.; *Nitzinger,* Das Betreuungsrecht im IPR, 1998, 38 f.; *Röthel* BtPrax 2006, 90 (91); *Kegel/Schurig* IPR § 20 XV 1; Erman/*Hohloch* Rn. 11; NK-BGB/*Benicke* Rn. 4; *Looschelders* IPR Rn. 8.

[23] *Kirchhoff,* Rechtsfolgenstatut der beschränkten Geschäftsfähigkeit, 2004, 185 ff.; *Oelkers,* Internationales Betreuungsrecht, 1995, 214 ff.; *Oberhammer/Graf/Slonina* ZfRV 2007, 133 (140 ff.); Staudinger/*Hausmann* (2013) Art. 7 Rn. 151 f. (anders aber Rn. 40: Art. 7); NK-BGB/*G. Schulze* Art. 7 Rn. 26 (im Ergebnis Art. 24); wohl auch Bamberger/Roth/*Heiderhoff* Rn. 29; aA (Art. 7) *Nitzinger,* Das Betreuungsrecht im IPR, 1998, S. 41 (vgl. aber S. 70 f.); *Looschelders* IPR Art. 7 Rn. 13; PWW/*Mörsdorf-Schulte* Art. 7 Rn. 8; Bamberger/Roth/*Mäsch* Art. 7 Rn. 24; wohl auch Staudinger/*v. Hein* (2014) Rn. 12; offengelassen von Erman/*Hohloch* Rn. 11; Palandt/ *Thorn* Rn. 3 ff.

[24] *Looschelders* IPR Rn. 8; Soergel/*Kegel* Rn. 4; Staudinger/*v. Hein* (2014) Rn. 5; ausf. *Nitzinger,* Das Betreuungsrecht im IPR, 1998, 44 ff.

[25] *Röthel* in Lipp, Handbuch der Vorsorgeverfügungen, 2009, § 20 Rn. 19; *Looschelders* IPR Rn. 8; Soergel/ *Kegel* Rn. 4; Staudinger/*v. Hein* (2014) Rn. 5; aA *Nitzinger,* Das Betreuungsrecht im IPR, 1998, 97 ff.; *Oelkers,* Internationales Betreuungsrecht, 1995, 239 ff.: Art. 24 Abs. 1 S. 2 sei auf Ausnahmen zu beschränken; zust. *Schulte-Bunert* FuR 2014, 401 (402 f.).

[26] Staudinger/*v. Hein* (2014) Rn. 11; Erman/*Hohloch* Rn. 9; *Kegel/Schurig* IPR § 20 XI 1, XV 2a; *Looschelders* IPR Rn. 2.

[27] *Wolff* IPR S. 223.

[28] BT-Drs. 10/504, 73; *Ferid/Böhmer* IPR Rn. 8–420; *Henrich* IPRax 1990, 127 (Anm.); Staudinger/*v. Hein* (2014) Rn. 45; aA Erman/*Hohloch* Rn. 9, der Art. 21 anwenden will, der zwar für Amtspflegschaft und Beistandschaft passt (→ Rn. 56, 57), dagegen nicht für die Amtsvormundschaft, die keine Ergänzung der elterlichen Sorge darstellt, sondern einen Ersatz für diese.

[29] *Beitzke* ZfJ 1986, 537 (542); DIV DAVorm. 1986, 669 (675 f.); *Henrich* IPRax 1990, 127 (Anm.); Bamberger/ Roth/*Heiderhoff* Rn. 17; Palandt/*Thorn* Rn. 5; *Looschelders* IPR Rn. 2; grds. auch Staudinger/*v. Hein* (2014) Rn. 54; Soergel/*Kegel* Rn. 10, 21 ff., der sie deshalb von vornherein aus dem Anwendungsbereich des Art. 24 ausnehmen will.

Jugendlichen **mit gewöhnlichem Aufenthalt in Deutschland,** die die Voraussetzungen von § 1791c BGB erfüllen, unabhängig von ihrer Staatsangehörigkeit, unter gesetzlicher Amtsvormundschaft stehen. Das gilt jedoch nicht für Kinder von Mitgliedern der in Deutschland stationierten NATO-Streitkräfte[30] und für Diplomatenkinder.[31] Da die Amtsvormundschaft kraft Gesetzes entsteht, unterfällt sie seit dem 1.1.2011 den Kollisionsnormen der Art. 15 und 16 KSÜ.[32] Am Ergebnis ändert das freilich praktisch nichts, denn bei gewöhnlichem Aufenthalt in Deutschland führt Art. 15 KSÜ zur Anwendung deutschen Rechts und damit zu § 1791c BGB.

Maßnahmen außerhalb von Vormundschaften, Betreuungen und Pflegschaften richten   25 sich, auch wenn sie das Familien- oder Betreuungsgericht trifft, nicht nach Art. 24, sondern nach den Kollisionsnormen für das jeweils betroffene familienrechtliche Rechtsverhältnis.[33] Für **gerichtliche Genehmigungen** ist, sofern sie dem Inhaber eines elterlichen Sorgerechts zu erteilen sind, daher Art. 21 maßgebend, dagegen Art. 24, sofern sie einem Vormund, Betreuer oder Pfleger zu erteilen sind.[34] Deshalb gehören auch Genehmigungen für die **Unterbringung** im Interesse des Untergebrachten (vgl. zB §§ 1631b, 1906 BGB) je nachdem entweder zum Statut der elterlichen Sorge oder zur Vormundschaft bzw. Betreuung iS des Art. 24. Unterbringungen aus polizeilichen Gründen fallen dagegen in den Anwendungsbereich des internationalen und materiellen öffentlichen Rechts.[35] Der Anwendungsbereich von jugendhilferechtlichen Maßnahmen wird allein durch § 6 SGB VIII geregelt.

2. Entstehen, Änderung und Ende der angeordneten Vormundschaft und Betreuung.   26 **a) Allgemeines.** Die Voraussetzungen für die Entstehung der Vormundschaft und Betreuung (dagegen nicht der Entstehung des Amtes des Vormundes,[36] → Rn. 39 f.), für ihre Änderung und ihr Ende unterwirft Art. 24 Abs. 1 S. 1 dem **Recht des Landes, dem der Mündel bzw. Betreute angehört.**[37] Bei Mehrstaatern, Staatenlosen und Flüchtlingen gelten die allgemeinen Vorschriften (vgl. Art. 5 Abs. 1 und 2; → Anh. I Art. 5 und → Anh. II Art. 5).[38]

Es kommt auf das Heimatrecht an, das der Mündel bzw. Betreute in dem für die Entstehung der   27 Vormundschaft bzw. Betreuung in Betracht kommenden Zeitpunkt hat. Im Falle der Anordnung der Vormundschaft für ein ungeborenes Kind (vgl. zB § 1774 S. 2 BGB) kommt es auf das voraussichtliche Heimatrecht an.[39] Ändert sich die Staatsangehörigkeit des Mündels usw während der Dauer der Vormundschaft usw, ändert sich auch das anwendbare Recht und nach dessen Maßgabe die Vormundschaft usw. Es handelt sich also um ein **wandelbares Statut.**[40]

Die bei Prüfung der Minderjährigenvormundschaft auftretende **Vorfrage,** ob die als Mündel in   28 Betracht kommende Person minderjährig ist oder nicht, ist anhand des von Art. 7 Abs. 1 berufenen Rechts zu beantworten.[41] Die weitere Vorfrage, ob für einen Minderjährigen ein Sorgeberechtigter vorhanden ist, ist nach Art. 21 zu beantworten.[42]

Werden **Rück- und Weiterverweisungen** von dem Recht ausgesprochen, das Art. 24 Abs. 1   29 zur Anwendung beruft, sind sie nach Art. 4 Abs. 1 zu beachten.[43]

---

[30] OLG Zweibrücken IPRax 1990, 185 mAnm *Beitzke* IPRax 1990, 170; OLG Karlsruhe StAZ 1994, 45 (46); Soergel/*Kegel* Rn. 29; aA 5. Aufl. 2010, Rn. 13 *(Klinkhardt)*.

[31] Auswärtiges Amt DAVorm. 1990, 520 (521).

[32] Bamberger/Roth/*Heiderhoff* Rn. 17.

[33] *Kegel/Schurig* IPR § 20 XV 2a; Staudinger/*v. Hein* (2014) Rn. 21.

[34] Staudinger/*v. Hein* (2014) Rn. 22; PWW/*Martiny* Rn. 5 f.

[35] *Nitzinger*, Das Betreuungsrecht im IPR, 1998, 89; jedenfalls gegen die Anwendbarkeit von Art. 24: *Oelkers,* Internationales Betreuungsrecht, 1995, 222.

[36] Staudinger/*v. Hein* (2014) Rn. 30, 38.

[37] *Ferid/Böhmer* IPR Rn. 8–396, 1; Palandt/*Thorn* Rn. 3; Staudinger/*v. Hein* (2014) Rn. 26, 28; *Kegel/Schurig* IPR § 20 XV 1; Erman/*Hohloch* Rn. 12.

[38] Erman/*Hohloch* Rn. 12; *Kegel/Schurig* IPR § 20 XV 1; Staudinger/*v. Hein* (2014) Rn. 26, 91, 92.

[39] Bamberger/Roth/*Heiderhoff* Rn. 18; Soergel/*Kegel* Rn. 36.

[40] *Kegel/Schurig* IPR § 20 XV 2b; Staudinger/*v. Hein* (2014) Rn. 35; Bamberger/Roth/*Heiderhoff* Rn. 20.

[41] OLG Karlsruhe NJW-RR 2015, 1284 = FamRZ 2015, 1820; OLG Bremen ZKJ 2012, 359 (360) = FamRZ 2013, 312 (beide Entscheidungen missachten allerdings den Vorrang des ErwSÜ und dessen autonome Bestimmung des persönlichen Anwendungsbereichs auf alle Personen ab Vollendung des 18. Lebensjahres); *Schack* DAVorm. 1980, 817 (818); Staudinger/*v. Hein* (2014) Rn. 29, 94; Erman/*Hohloch* Rn. 6; *Kegel/Schurig* IPR § 20 XV 2b; *Oelkers,* Internationales Betreuungsrecht, 1995, 260; Bamberger/Roth/*Heiderhoff* Rn. 9; unzutreffend (Art. 24 Abs. 1 statt Art. 7 Abs. 1), aber iE ebenfalls das Heimatrecht anwendend OLG Bremen AuAS 2016, 93.

[42] *Wolff* IPR S. 223; *Schack* DAVorm. 1980, 817 (818); Staudinger/*v. Hein* (2014) Rn. 94; Erman/*Hohloch* Rn. 6.

[43] *Henrich* IntFamR § 9 II 4; *Kropholler* IPR § 50 II; *Looschelders* IPR Rn. 7; Staudinger/*v. Hein* (2014) Rn. 64–67; Erman/*Hohloch* Rn. 4; Bamberger/Roth/*Heiderhoff* Rn. 11; Palandt/*Thorn* Rn. 1.

30   **b) Entstehung.** Für angeordnete Vormundschaften und Betreuungen ist das Heimatrecht maßgebend in Bezug auf die **Voraussetzungen und Bedingungen** der Anordnung (wie sie zB in § 1773 BGB geregelt sind) und auch bezüglich der Art und Weise der Anordnung. Für die Zuordnung sind nicht die Regelungen des deutschen Sachrechts maßgebend, sondern der Zweck des Art. 24 Abs. 1 S. 1. Die Vorschrift beruft das Heimatrecht, weil Eingriffe in die persönliche Rechtsstellung des Betroffenen nach diesem Recht beurteilt werden sollen (→ Rn. 4). Dementsprechend gehören die Auswahl und Bestellung des Vormunds oder Betreuers nicht zur Entstehung, sondern zur Durchführung (→ Rn. 40).[44]

31   **c) Änderungen.** Die Änderung einer angeordneten Vormundschaft oder Betreuung (zB nach den §§ 1796, 1801 BGB) fällt, wie Art. 24 Abs. 1 S. 1 ausdrücklich sagt, ebenfalls unter das von Art. 24 berufene Recht,[45] und zwar unter das Heimatrecht, das der Mündel bzw. Betreute zur Zeit der Änderung hat.[46]

32   **d) Ende.** Wann eine Vormundschaft oder Betreuung (anders das Amt des Vormundes bzw. Betreuers, → Rn. 40) endet (aufzuheben ist), entscheidet sich gemäß Art. 24 Abs. 1 S. 1 wiederum nach dem **Recht des Landes, dem der Mündel bzw. Betreute angehört.**

33   Dabei kommt es auf das Recht des Landes an, dem der Mündel oder Betreute **zu dem Zeitpunkt** angehört, der für die Beendigung in Betracht kommt.[47] Ändert sich die Staatsangehörigkeit **(Statutenwechsel),** bleiben Vormundschaft bzw. Betreuung zunächst bestehen. Allerdings bestimmt das neue Personalstatut, ob der Mündel oder Betreute weiterhin einen Vormund bzw. Betreuer benötigt. Besteht danach ein Fürsorgebedürfnis, ist die Vormundschaft oder Betreuung fortzusetzen, ggf. in angepasster Form, andernfalls ist sie aufzuheben.[48] Darüber hinaus kommt eine Abgabe an den Heimatstaat nach § 99 Abs. 3 S. 1 FamFG bzw. §§ 104 Abs. 2, 99 Abs. 3 S. 1 FamFG in Betracht. Die Abgabe umfasst zugleich die Aufhebung der Vormundschaft oder Betreuung.[49]

34   **e) Betreuung von Ausländern im Inland nach deutschem Recht (Art. 24 Abs. 1 S. 2).** Nach Art. 24 Abs. 1 S. 2 kann für einen Ausländer unter den Voraussetzungen des deutschen Rechts ein Betreuer bestellt werden, wenn er seinen gewöhnlichen **Aufenthalt in Deutschland** hat. Es genügt schlichter Aufenthalt in Deutschland, falls der Ausländer überhaupt keinen gewöhnlichen Aufenthalt hat. Die Betreuung unterliegt dann **in jeder Hinsicht dem deutschen Recht,** dh auch bezüglich ihrer Änderung und Beendigung.[50]

35   Umstritten ist, unter welchen **Voraussetzungen** ein deutsches Betreuungsgericht hiervon Gebrauch machen darf. Während die hM darin ein Auswahlermessen des Betreuungsgerichts begründet sieht, jedoch ohne Kriterien für dessen Ausübung zu nennen, verstehen einige Art. 24 Abs. 1 S. 2 als Ausnahmevorschrift, während andere daraus in Fortführung der früheren Praxis bei Art. 8 aF eine Verpflichtung des Gerichts entnehmen, bei gewöhnlichem bzw. schlichtem Aufenthalt in Deutschland stets eine Betreuung nach deutschem Recht anzuordnen.[51] Je nachdem ist die Vorschrift entweder als einseitige Exklusivnorm zugunsten des deutschen Rechts zu charakterisieren oder kann grundsätzlich zur allseitigen Kollisionsnorm ausgebaut werden.[52]

36   Auch diese Fragen haben sich indes mit dem Inkrafttreten des ErwSÜ zum 1.1.2009 erledigt. Bei gewöhnlichem Aufenthalt in Deutschland sind deutsche Betreuungsgerichte gemäß Art. 5 ErwSÜ international zuständig. Fehlt ein gewöhnlicher Aufenthalt oder handelt es sich um Flüchtlinge oder Vertriebene, genügt nach Art. 6 ErwSÜ der schlichte Aufenthalt in Deutschland. In beiden von Art. 24 Abs. 1 S. 2 erfassten Konstellationen bestimmt sich daher das Kollisionsrecht nach dem **vor-**

---

[44] Staudinger/*v. Hein* (2014) Rn. 30; *Schulte-Bunert* FuR 2014, 401 (403).

[45] Staudinger/*v. Hein* (2014) Rn. 33; *Kegel/Schurig* IPR § 20 XV 2b; Erman/*Hohloch* Rn. 12; *Oelkers,* Internationales Betreuungsrecht, 1995, 244.

[46] Bamberger/Roth/*Heiderhoff* Rn. 19.

[47] OLG Bremen ZKJ 2012, 359 (360) = FamRZ 2013, 312, das allerdings den Vorrang des ErwSÜ missachtete; Bamberger/Roth/*Heiderhoff* Rn. 19.

[48] Vgl. Soergel/*Kegel* Rn. 50; Staudinger/*v. Hein* (2014) Rn. 35.

[49] Staudinger/*v. Hein* (2014) Rn. 127; MüKoFamFG/*Rauscher* FamFG § 99 Rn. 78.

[50] *Ferid/Böhmer* IPR Rn. 8–396, 5; *Looschelders* IPR Rn. 10.

[51] Für Auswahlermessen die hM, vgl. *Rausch* BtPrax 2004, 137 (139); *Kegel/Schurig* IPR § 20 XV 1.; *Röthel* in Lipp, Handbuch der Vorsorgeverfügungen, 2009, § 20 Rn. 19; *Looschelders* IPR Rn. 10; Staudinger/*v. Hein* (2014) Rn. 31, 32; Bamberger/Roth/*Heiderhoff* Rn. 31; NK-BGB/*Benicke* Rn. 18; für regelmäßige Anwendung deutschen Rechts Erman/*Hohloch* Rn. 15; wohl auch *v. Bar* IPR II § 2 Rn. 348; für eine Beschränkung des Art. 24 Abs. 1 S. 2 auf Ausnahmefälle *Oelkers,* Internationales Betreuungsrecht, 1995, 237 f.; *Nitzinger,* Das Betreuungsrecht im IPR, 1998, 106.

[52] Als Exklusivnorm zugunsten des deutschen Rechts versteht sie die österreichische OGH IPRax 2009, 169 mAnm *v. Hein* IPRax 2009, 173; aA *Nojack,* Exklusivnormen im IPR, 2005, 97 f.; *Spickhoff* RabelsZ 72 (2008), 153 (155); Staudinger/*v. Hein* (2014) Rn. 31.

rangigen **Art. 13 ErwSÜ.**[53] Danach ist regelmäßig deutsches Recht anzuwenden. Die Praxis dürfte im Übrigen schon lange so verfahren.[54]

3. Durchführung der angeordneten Vormundschaft und Betreuung (Art. 24 Abs. 3). 37 a) Grundsatz. Nach Art. 24 Abs. 3 richtet sich die Durchführung einer angeordneten Vormundschaft und einer Betreuung auch materiellrechtlich nach dem Recht des Landes, in dem sie angeordnet wurde **(lex fori).**[55] Da das gerichtliche Verfahren der lex fori folgt und bei der Fürsorgetätigkeit materielles Recht und Verfahrensrecht eng verschränkt sind, sorgt dies für eine effiziente und zweckmäßige Durchführung.[56]

b) Einzelfragen. Nach dem Recht, das danach für die Durchführung maßgebend ist, richten **38** sich im Einzelnen (wobei das, was über den Vormund gesagt ist, auch für den Betreuer gilt):
– Die **Berufung** zum Vormund[57] und die **Fähigkeit** zur Vormundschaft.[58] Die Ansicht, diese **39** Fähigkeit richte sich nach dem Heimatrecht des Vormunds,[59] ist abzulehnen, weil es in erster Linie um die Interessen des Mündels geht.[60]
– Die **Auswahl** des Vormunds[61] und dessen **Bestellung;**[62] es kann auch ein Ausländer bestellt **40** werden.[63]
– Das Recht zur **Ablehnung** der Vormundschaft dient dagegen den Interessen des Vormunds und **41** richtet sich deshalb nach dem Recht des Landes, dem der Vormund angehört.[64]
– Wiederum nach dem für die Durchführung maßgebenden Recht richten sich die **Rechte und 42 Pflichten des Vormunds**[65] einschließlich seines Anspruches auf Herausgabe des Mündels[66] sowie seiner **gesetzlichen Vertretungsmacht**[67] und deren Einschränkung durch **Genehmigungserfordernisse;**[68] auch die Bestimmung des Aufgabenkreises des **Betreuers** und die Anordnung eines **Einwilligungsvorbehalts.**[69] Dabei kann die Befugnis zur Vermögenssorge nach Maßgabe von **Art. 3a Abs. 2** modifiziert sein, wenn die lex sitae besondere Vorschriften enthält, wonach etwa nach der im Ausland bestellte Vormund oder Betreuer keine Befugnisse hinsichtlich eines inländischen Grundstücks besitzt.[70]

---

[53] Ebenso Staudinger/*v. Hein* (2014) Rn. 31 f.

[54] Vgl. BayObLGZ 2001, 324 = FamRZ 2002, 638; *Rausch* BtPrax 2004, 137 (139); *Kegel*/*Schurig* IPR § 20 XV 1; Bamberger/*Roth*/*Heiderhoff* Rn. 31.

[55] Und zwar ist das Recht des anordnenden Staates um der Einheitlichkeit der Durchführung willen auch dann maßgebend, wenn es um eine einzelne Maßnahme geht, die in einem anderen Staat getroffen wird, *Nitzinger,* Das Betreuungsrecht im IPR, 1998, 57.

[56] BT-Drs. 10/504, 73; *Sturm* Rev. crit. dr. int. pr. 1987, 33 (71); *Oelkers,* Internationales Betreuungsrecht, 1995, 24 f.; Staudinger/*v. Hein* (2014) Rn. 36; NK-BGB/*Benicke* Rn. 15.

[57] *Schwind* StAZ 1972, 57 (62); Staudinger/*v. Hein* (2014) Rn. 39; Staudinger/*v. Hein* (2014) Art. 21 Rn. 97.

[58] Palandt/*Thorn* Rn. 4; Staudinger/*v. Hein* (2014) Rn. 30, 38.

[59] *Schwind* StAZ 1972, 57 (62).

[60] Staudinger/*v. Hein* (2014) Rn. 40; *Röthel* BtPrax 2006, 90 (92).

[61] BT-Drs. 10/504, 73; KG FamRZ 1970, 601 (603); *Oelkers,* Internationales Betreuungsrecht, 1995, 245; *Kropholler* IPR § 50 II 1; *Kegel*/*Schurig* IPR § 20 XV 2c; Soergel/*Kegel* Rn. 45; Erman/*Hohloch* Rn. 13; Palandt/ *Thorn* Rn. 4; Staudinger/*v. Hein* (2014) Rn. 30, 38; *Looschelders* IPR Rn. 15; anders für die Auswahl des Betreuers *Nitzinger,* Das Betreuungsrecht im IPR, 1998, 63 (Art. 24 Abs. 1).

[62] Soergel/*Kegel* Rn. 45; *Schwind* StAZ 1972, 57 (61); BT-Drs. 10/504, 73; *Oelkers,* Internationales Betreuungsrecht, 1995, 245; *Ferid*/*Böhmer* IPR Rn. 8–396, 7; *Kropholler* IPR § 50 II 1; Palandt/*Thorn* Rn. 4; Staudinger/*v. Hein* (2014) Rn. 38.

[63] Staudinger/*v. Hein* (2014) Rn. 38.

[64] Soergel/*Kegel* Rn. 17a; *Kegel*/*Schurig* IPR § 20 XV 2c; Bamberger/*Roth*/*Heiderhoff* Rn. 22; aA Staudinger/ *v. Hein* (2014) Rn. 40; *Oelkers,* Internationales Betreuungsrecht, 1995, 246; *Nitzinger,* Das Betreuungsrecht im IPR, 1998, 67.

[65] BT-Drs. 10/504, 73; *Oelkers,* Internationales Betreuungsrecht, 1995, 245; *Lewald* IPR S. 165; *Raape* IPR § 37 I S. 40 f.; *Kegel*/*Schurig* IPR § 20 XV 2c; *Kropholler* IPR § 50 II 1; Palandt/*Thorn* Rn. 4; Staudinger/*v. Hein* (2014) Rn. 42; Erman/*Hohloch* Rn. 13; *Looschelders* IPR Rn. 15.

[66] *Kegel*/*Schurig* IPR § 20 XV 2c; Staudinger/*v. Hein* (2014) Rn. 42.

[67] *Lewald* IPR S. 165; *Raape* IPR § 37 I S. 405 f.; *Mitzkus,* Internationale Zuständigkeit, 1982, S. 176; *Oelkers,* Internationales Betreuungsrecht, 1995, S. 246; *Ferid*/*Böhmer* IPR Rn. 8–411; *Kropholler* IPR § 50 II 1; Soergel/ *Kegel* Rn. 45; Staudinger/*v. Hein* (2014) Rn. 43; *Kegel*/*Schurig* IPR § 20 XV 2c; *Looschelders* IPR Rn. 15.

[68] OLG München NJW-RR 2009, 372 = IPRax 2010, 254 m. Anm. *Hoyer* IPRax 2010, 232; *Oelkers,* Internationales Betreuungsrecht, 1995, 246; *Jaspersen* FamRZ 1996, 393 (398); *Lewald* IPR S. 166; *Kegel*/*Schurig* IPR § 20 XV 2c; *Ferid*/*Böhmer* IPR Rn. 8–411; Palandt/*Thorn* Rn. 4; Staudinger/*v. Hein* (2014) Rn. 43; PWW/ *Martiny* Rn. 5.

[69] *Oelkers,* Internationales Betreuungsrecht, 1995, 210; *Röthel* BtPrax 2006, 90 (92); *Henrich* IntFamR § 9 II 2; Staudinger/*v. Hein* (2014) Rn. 43; aA *Nitzinger,* Das Betreuungsrecht im IPR, 1998, 61, 72: Abs. 1 maßgebend.

[70] *Röthel* BtPrax 2006, 90 (92); *Raape* IPR § 37 II S. 408; *Ferid*/*Böhmer* IPR Rn. 8–399; Staudinger/*v. Hein* (2014) Rn. 43, 93 (jeweils zu Art. 3 Abs. 3 aF); Erman/*Hohloch* Rn. 13; Palandt/*Thorn* Rn. 1.

43 – Das **Verhältnis** des **Vormundes zum Mündel** einschließlich des Vergütungsanspruches des Vormunds,[71] eines eventuellen gesetzlichen Pfandrechts des Mündels,[72] das freilich an deutschen Grundstücken nicht bestehen kann.[73]

44 – Die **Rechte und Pflichten des Gerichts,**[74] sein Verhältnis zum Vormund, insbesondere dessen Überwachung[75] und – nach allgemeinen Grundsätzen[76] – das **Gerichtsverfahren.**

45 – Die **Entlassung** des Vormunds.[77]

46 – Die **Haftung** des Vormunds aus dem Verhältnis zum Mündel wegen Verletzung seiner Fürsorgepflichten.[78] Dagegen richtet sich die allgemeine deliktische Haftung des Vormunds nach dem Deliktsstatut.[79]

47   **c) Verkehrsschutz.** Den **sachrechtlichen Verkehrsschutz** zugunsten Dritter bei Handlungen des Vormunds oder Betreuers bzw. des Mündels oder Betreuten gewährleisten die einschlägigen Regelungen des berufenen Sachrechts.

48   Den **kollisionsrechtlichen Verkehrsschutz** hinsichtlich der Vertretungsmacht des Vormunds und hinsichtlich der Einschränkungen der rechtlichen Handlungsfähigkeit des Mündels gewährleistet Art. 12.[80] Vorrangig sind jedoch auch hier Art. 19 KSÜ für die Vertretungsmacht des Vormunds, Art. 17 ErwSÜ für die Vertretungsmacht des Betreuers bzw. Vertreters kraft Gesetzes und Art. 13 Rom I-VO für die Geschäftsfähigkeit des Mündels oder Betreuten. Im Ergebnis darf danach ein Dritter grundsätzlich auf die Geltung des Ortsrechts hinsichtlich der Vertretungsmacht bzw. der möglichen Einschränkungen der Handlungsfähigkeit vertrauen und verliert diesen Schutz nur bei vorwerfbarer Unkenntnis.

49   **4. Gesetzliche Vormundschaft, gesetzliche Vertretungsmacht für Erwachsene.** Bei der (kraft Gesetzes eintretenden) gesetzlichen Vormundschaft ist nach Art. 24 Abs. 1 S. 1 das **Recht des Landes, dem der Mündel angehört,** nicht nur für die Entstehung, Änderung und das Ende, sondern auch für die Durchführung maßgebend. Das gilt für testamentarische Vormundschaften entsprechend.[81] Für die gesetzliche **Amtsvormundschaft** → Rn. 24.

50   Ebenfalls dem Heimatrecht unterliegt die Fürsorge für schutzbedürftige Erwachsene in Form der **Vertretungsmacht kraft Gesetzes,** wie sie zB Österreich und die Schweiz vorsehen (vgl. §§ 284b ff. ABGB und Art. 374 und 378 ZGB). Zwar kennt sie das deutsche Recht nicht, doch sind die kollisionsrechtlichen Systembegriffe des Art. 24 nicht auf die Rechtsinstitute des deutschen Sachrechts beschränkt, sondern erfassen alle funktional der Betreuung vergleichbaren Rechtsinstitute. Die gesetzliche Vertretung von schutzbedürftigen Erwachsenen ist danach ebenfalls eine Form der Betreuung iS des Art. 24, da sie ebenfalls die umfassende bzw. gegenständlich begrenzte Fürsorge und Vertretung eines schutzbedürftigen Erwachsenen[82] betrifft. Auf sie ist daher Art. 24 anzuwenden.[83] Die Vertretungsmacht kraft Gesetzes zugunsten eines schutzbedürftigen Erwachsenen unterliegt daher nach Art. 24 Abs. 1 S. 1 **grundsätzlich dem Heimatrecht** des Erwachsenen. Anders ist es, wenn diese Vertretungsmacht dem **Ehegatten** zukommt. Dann ist sie als allgemeine Ehewirkung zu qualifizieren und nach Art. 14 zu beurteilen.[84] Dem Wirkungsstatut und nicht dem Fürsor-

---

[71] *Oelkers,* Internationales Betreuungsrecht, 1995, 245; *Röthel* BtPrax 2006, 90 (92); *Lewald* IPR S. 167; *Ferid/Böhmer* IPR Rn. 8–411; *Kropholler* IPR § 50 II 1; Staudinger/*v. Hein* (2014) Rn. 41.

[72] Staudinger/*v. Hein* (2014) Rn. 44.

[73] Art. 43 Abs. 1: im deutschen Recht ist ein gesetzliches Pfandrecht des Vormunds an Grundstücken des Mündels nicht vorgesehen.

[74] *Raape* IPR § 37 I S. 405 f.

[75] BT-Drs. 10/504, 73; *Oelkers,* Internationales Betreuungsrecht, 1995, 245; *Firsching* IPR § 32, 2 S. 247; *Ferid/Böhmer* IPR Rn. 8–411; *Kropholler* IPR § 50 II 1; Soergel/*Kegel* Rn. 45; Palandt/*Thorn* Rn. 4; Erman/*Hohloch* Rn. 13.

[76] → Einl. IPR Rn. 254; Soergel/*Kegel* Rn. 42.

[77] *Schwind* StAZ 1972, 57 (61); *Mitzkus,* Internationale Zuständigkeit, 1982, 176; *Kegel/Schurig* IPR § 20 XV 2c; Soergel/*Kegel* Rn. 45; Staudinger/*v. Hein* (2014) Rn. 34.

[78] *Oelkers,* Internationales Betreuungsrecht, 1995, 245 f.; *Röthel* BtPrax 2006, 90 (92); Staudinger/*v. Hein* (2014) Rn. 42.

[79] *Schwind* StAZ 1972, 57 (61); *Röthel* BtPrax 2006, 90 (92); *Oelkers,* Internationales Betreuungsrecht, 1995, 246, Fn. 860; Staudinger/*v. Hein* (2014) Rn. 42; Erman/*Hohloch* Rn. 13; aA *Nitzinger,* Das Betreuungsrecht im IPR, 1998, 96.

[80] BT-Drs. 10/5632, 40 f.; *Oelkers,* Internationales Betreuungsrecht, 1995, 246; *Nitzinger,* Das Betreuungsrecht im IPR, 1998, 146; Erman/*Hohloch* Rn. 13.

[81] *Wolff* IPR S. 225.

[82] Vgl. dazu *Henrich* IntFamR § 9 I; NK–BGB/*Benicke* Rn. 3 f.

[83] Anders *Guttenberger,* Haager Übereinkommen, 2004, 33; ihm folgend Staudinger/*v. Hein* (2014) Vor Art. 24 Rn. 57.

[84] Bericht *Lagarde* ErwSÜ Nr. 90; *Guttenberger,* Haager Übereinkommen, 2004, 33; Staudinger/*v. Hein* (2014) Vor Art. 24 Rn. 57.

gestatut nach Art. 24 unterliegt die gesetzliche Vertretungsmacht, wenn sie lediglich für einen **bestimmten Bereich** besteht, wie zB die in vielen Bundesstaaten der USA bestehenden gesetzlichen Vertretungsregelungen für die ärztliche Behandlung eines einwilligungsunfähigen Patienten.[85] Das ErwSÜ enthält keine Kollisionsnorm für die Vertretungsmacht kraft Gesetzes. Es lässt daher Raum für die Anwendung des Art. 24 Abs. 1 S. 1 und regelt nur in Art. 17 ErwSÜ den kollisionsrechtlichen Verkehrsschutz (→ Rn. 15).

5. Ordre public. Ein Verstoß gegen den ordre public (Art. 6) kann materiellrechtliche oder **51** verfahrensrechtliche Gründe haben. So verstößt zB die Anordnung einer Vormundschaft, die ein Kind von den Eltern in einer nicht durch Art. 6 Abs. 3 GG gedeckten Weise trennt, gegen Art. 6.[86] Gleiches gilt für Maßnahmen, die getroffen werden, ohne dass dem Betroffenen ordnungsgemäß rechtliches Gehör gewährt wird.[87] Zur Problematik der Entmündigung → Rn. 21.

6. Übergangsrecht. Ist die Anordnung einer Vormundschaft oder sind die Entstehungsvorausset- **52** zungen einer gesetzlichen Vormundschaft nach dem damals maßgebenden Recht vollständig vor dem 1.9.1986 eingetreten, bleibt diese Vormundschaft auch über diesen Zeitpunkt hinaus bestehen. Das ergibt sich aus Art. 220 Abs. 1[88] und für Anordnungen zusätzlich aus dem verfahrensrechtlichen Grundsatz, dass eine wirksame Entscheidung Änderungen des materiellen Rechts im Zweifel überdauert, bis sie aufgehoben wird. Der Inhalt und eventuelle Änderungen der Vormundschaft richten sich jedoch vom 1.9.1986 an gemäß Art. 220 Abs. 2 nach neuem Recht.[89] Ebenso gilt für Änderungen und Beendigungen, die nach diesem Stichtag eintreten, nach Abs. 1 dieser Vorschrift das neue Recht.

7. Deutsch/deutsche Konflikte. Geht es in einem Fall aus der Zeit der deutschen Spaltung um **53** das Verhältnis zwischen den beiden deutschen Rechtsgebieten, sind 4. Aufl., Einl. IPR Rn. 261 ff.; Art. 236 Vor § 1 Rn. 2 zu beachten. Bei der entsprechenden Anwendung von Art. 24 Abs. 1 S. 1 – sie kommt nur bei der Beurteilung von Vorgängen in Betracht, die mit dem 2.10.1990 bereits abgeschlossen waren, Art. 230 Abs. 2 (vgl. 4. Aufl., Vor Art. 236 § 1 Rn. 1) – tritt an die Stelle des Heimatrechts das Recht des jeweiligen gewöhnlichen Aufenthalts des Mündels, Betreuten oder Pfleglings,[90] und zwar des gewöhnlichen Aufenthalts, den dieser am 2.10.1990[91] hatte.

IV. Pflegschaft

1. Allgemeines. Für die Pflegschaft gelten grundsätzlich die Regeln, die für die Vormundschaft **54** aufgestellt und in → Rn. 18–53 dargelegt sind. Für einzelne Arten der Pflegschaft gibt es jedoch Abweichungen. Im Übrigen gilt für alle Arten der Pflegschaft, dass sie sich nach Art. 24 Abs. 3 richten, wenn sie nur zur vorläufigen Regelung angeordnet werden (→ Rn. 66). Zum **interlokalen Privatrecht (deutsch–deutsches Verhältnis)** → Rn. 53.

2. Ergänzungspflegschaft, Beistandschaft. Nach überkommener Auffassung[92] gilt für **alle** **55** **angeordneten Pflegschaften** dasselbe wie für die Vormundschaft:[93] Anordnung, Änderung und Beendigung richten sich danach nach dem Recht des Landes, dem der Pflegling angehört (Art. 24 Abs. 1 S. 1), die Führung der Pflegschaft (einschließlich der Frage, welche Befugnisse dem Pflegling verbleiben)[94] dagegen nach dem Recht des Anordnungsstaates (Art. 24 Abs. 3).

Richtigerweise kommt es auf den **Zweck der Pflegschaft** an. Die eben dargestellten Grundsätze **56** des Art. 24 gelten nur für **selbständige Pflegschaften.** Demgegenüber unterliegen **Ergänzungspflegschaften,** die die elterliche Sorge ergänzen, dem Statut für die Eltern-Kindesbeziehungen;[95] das Vormundschafts- oder Betreuungsstatut ist dagegen auf Pflegschaften anzuwenden, die die Vor-

---

[85] Vgl. dazu *Brauer,* Autonomie und Familie, 2013, 186 ff.

[86] Soergel/*Kegel* Rn. 61 mwN; *Ferid/Böhmer* IPR Rn. 8–397; Erman/*Hohloch* Rn. 5.

[87] *Henrich* IntFamR § 9 III 2.

[88] DIV DAVorm. 1986, 669 (676, 753 ff.); Erman/*Hohloch* Rn. 7; Palandt/*Thorn* Art. 220 Rn. 4.

[89] *Kegel/Schurig* IPR § 20 XV 2b; Erman/*Hohloch* Rn. 7.

[90] LG Berlin FamRZ 1976, 291 (292); Soergel/*Kegel* Rn. 88; Erman/*Hohloch* Rn. 8; *Kegel/Schurig* IPR § 20 XV 5b bb; Palandt/*Thorn* Rn. 1c.

[91] Vgl. auch Staudinger/*Rauscher* (2003) Art. 234 § 1 Rn. 3.

[92] BayObLG FamRZ 1968, 105 (107); LG Berlin FamRZ 1971, 320 (321); 1976, 291 (292); BT-Drs. 10/504 S. 73; *Lewald* IPR S. 161; *Ferid/Böhmer* IPR Rn. 8–420, 423; *Kegel/Schurig* IPR § 20 XV 2a; Soergel/*Kegel* Rn. 11; *Looschelders* IPR Rn. 4; PWW/*Martiny* Rn. 17; Staudinger/*v. Hein* (2014) Rn. 13.

[93] BT-Drs. 10/504, 73; *Ferid/Böhmer* IPR Rn. 8–420, 423.

[94] Soergel/*Kegel* Rn. 45.

[95] BayObLG IPRax 1982, 160 (161) m. abl. Anm. *Henrich;* KG IPRax 1994, 306; *Schwind* StAZ 1972, 57 (63); *Heldrich,* FS Ferid, 1988, 131 (133); *Klinkhardt* IPRax 1994, 285 (286).

mundschaft oder Betreuung ergänzen. Diese Meinung trägt der Unselbständigkeit der Ergänzungspflegschaft Rechnung. Sie muss so zu dem Hauptsorgerecht passen, dass möglichst Angleichungsprobleme (zum Begriff → Einl. IPR Rn. 242 ff.) vermieden werden.[96] Die Anordnung, Änderung und Beendigung der Ergänzungspflegschaft richtet sich deshalb nach dem Recht, das für das Sorgeverhältnis maßgebend ist, welches sie ergänzt.[97] Das entspricht der Rechtslage im Rahmen des KSÜ[98] bzw. MSA[99] und des ErwSÜ (→ ErwSÜ Art. 1–4 Rn. 23).[100] Soweit das KSÜ, das MSA oder das ErwSÜ die Ergänzungspflegschaft als (ergänzende) Schutzmaßnahme erfassen, gehen deren Kollisionsnormen Art. 24 vor. Im Übrigen zeigt Art. 24 Abs. 2, dass auch dem deutschen Kollisionsrecht eine akzessorische Anknüpfung der Pflegschaft nicht fremd ist (→ Rn. 58 ff.).

57   Auch die **beantragten Beistandschaften** iS von § 1712 BGB fallen, weil sie Ergänzungen der elterlichen Sorge darstellen, grundsätzlich unter Art. 21 (→ Rn. 56).[101] Jedoch hat – ähnlich wie bei den gesetzlichen Amtsvormundschaften nach § 1791c BGB (→ Rn. 24) – § 1717 BGB den Vorrang vor den Normen des IPR.[102] Beide Vorschriften enthalten ihrer Konzeption nach versteckte Kollisionsnormen (zum Begriff → Einl. IPR Rn. 93 ff.). Da sie kraft Gesetzes entstehen, unterfallen sie seit dem 1.1.2011 den Kollisionsnormen der Art. 15 und 16 KSÜ.[103] Am Ergebnis ändert das freilich nichts, denn bei gewöhnlichem Aufenthalt in Deutschland führt Art. 15 KSÜ zur Anwendung deutschen Rechts und damit zu § 1717 BGB. Beistandschaften können daher für alle Kinder eintreten, die ihren gewöhnlichen Aufenthalt in Deutschland haben. Das gilt jedoch nicht für Kinder von Mitgliedern der in Deutschland stationierten NATO-Streitkräfte[104] und von Diplomaten.[105] Die Beistandschaft endet ohne weiteres, sobald das Kind seinen gewöhnlichen Aufenthalt in Deutschland verliert (§ 1717 S. 1 Hs. 2 BGB).[106]

58   **3. Abwesenheitspflegschaft, Pflegschaft für unbekannte Beteiligte. a) Vermögensangelegenheiten.** Sind Vermögensangelegenheiten zu erledigen und ist ein Beteiligter **unbekannt** (§ 1913 BGB) oder **abwesend** (§ 1911 BGB) und kann deshalb die Angelegenheit nicht ordnungsgemäß erledigt werden, so richtet sich die Bestellung eines Abwesenheitspflegers nach Art. 24 Abs. 2.[107] Anzuwenden ist danach das Recht, das für die Angelegenheit selbst maßgebend ist. Die Anwendung des **Statuts der Angelegenheit** liegt bei unbekannten Beteiligten auf der Hand. Bei Beteiligten, die zwar bekannt, aber abwesend sind, könnte hingegen das Personalstatut nach Art. 24 Abs. 1 S. 1 durchaus Anwendung finden.[108] Die Anwendung des Angelegenheitsstatuts ist jedoch kollisionsrechtlich gerechtfertigt, wenn es nur um die **Besorgung einer bestimmten Angelegenheit** geht, so dass sich auch die Fürsorge im Rahmen des Hauptsachestatuts hält. Geht die Fürsorge jedoch darüber hinaus, sollte das Personalstatut nach Art. 24 Abs. 1 S. 1 angewendet werden.[109]

59   **b) Persönliche Angelegenheiten.** Geht es um persönliche Angelegenheiten, die nicht ordnungsgemäß erledigt werden können, weil derjenige, um dessen Sache es sich handelt, **unbekannt** oder **abwesend** ist,[110] ist ebenfalls grundsätzlich (nämlich immer dann, wenn es um eine unbestimmte Vielzahl solcher Angelegenheiten geht) Art. 24 Abs. 1 anzuwenden.[111] Es gilt dann für Entstehung, Änderung und Beendigung der Pflegschaft das Recht des Landes, dem der Betroffene

---

[96] *Heldrich,* FS Ferid, 1988, 131 (133).
[97] So auch Erman/*Hohloch* Rn. 9, 14; Bamberger/Roth/*Heiderhoff* Rn. 34.
[98] Staudinger/*Pirrung* (2009) Vor Art. 19 Rn. G 28.
[99] Staudinger/*Kropholler* (2009) Vor Art. 19 Rn. 79, 84 f.
[100] Staudinger/*v. Hein* (2014) Vor Art. 24 Rn. 47.
[101] So für die frühere gesetzliche Amtspflegschaft, die der Vorgänger der Beistandschaft war: BGH IPRax 1991, 254 (258); Erman/*Hohloch* Rn. 10.
[102] So für die frühere gesetzliche Amtspflegschaft BGHZ 111, 199 (202 f.) = IPRax 1991, 254 mAnm *Sturm* IPRax 1991, 231; BayObLG FamRZ 1989, 1336 (1337); *Klinkhardt* IPRax 1994, 285 (286); für die Beistandschaft Staudinger/*v. Hein* (2014) Rn. 6, 19, 47; *Baer* DAVorm. 1998, 491 (494); *Kropholler* IPR § 50 II 2. Erman/*Hohloch* Rn. 10; Bamberger/Roth/*Heiderhoff* Rn. 41; *Kegel/Schurig* IPR § 20 XV 1; *Looschelders* IPR Rn. 5.
[103] Bamberger/Roth/*Heiderhoff* Rn. 41.
[104] So für die frühere gesetzliche Amtspflegschaft OLG Zweibrücken IPRax 1990, 91 mAnm *Beitzke* IPRax 1990, 170; OLG Karlsruhe StAZ 1994, 45 (46); Staudinger/*v. Hein* (2014) Rn. 51.
[105] Auswärtiges Amt DAVorm. 1990, 520 (521).
[106] KG IPRax 1994, 306; LG Aachen StAZ 1995, 108; *Klinkhardt* IPRax 1994, 285; Staudinger/*v. Hein* (2014) Rn. 53.
[107] § 10 ZustErgG, welche Vorschrift bisher für Abwesenheitspflegschaften in Vermögensangelegenheiten maßgebend war, wurde durch § 48 des 1. Gesetzes über die Bereinigung von Bundesrecht vom 19.2.2006 (BGBl. 2006 I S. 866 (873)) außer Kraft gesetzt. Dadurch wurde aber die Rechtslage nicht geändert, Bamberger/Roth/*Heiderhoff* Rn. 35.
[108] Krit. deshalb Staudinger/*v. Hein* (2014) Rn. 57b; Bamberger/Roth/*Heiderhoff* Rn. 35.
[109] Ebenso Bamberger/Roth/*Heiderhoff* Rn. 35; ähnlich PWW/*Martiny* Rn. 20.
[110] Der Gesetzgeber hat dabei an § 1911 BGB gedacht, BT-Drs. 10/504, 73.
[111] *Kegel/Schurig* IPR § 20 XV 1; Bamberger/Roth/*Heiderhoff* Rn. 35; ähnlich PWW/*Martiny* Rn. 20.

angehört. Nur wenn es sich um einzelne, konkrete Angelegenheiten handelt, ist Art. 24 Abs. 2 maßgebend.[112] Er verweist auf das Recht, das bereits für die (von dem Pfleger zu regelnde) Angelegenheit selbst maßgebend ist.[113]

c) Durchführung. Auch soweit sich danach die Entstehung, Änderung und Beendigung nach **60** dem schon für die Angelegenheit maßgebenden Recht richtet, ist auf die Durchführung der Pflegschaft gemäß Art. 24 Abs. 3 das **Recht des anordnenden Staates** anzuwenden.[114]

4. Pflegschaft für Sammelvermögen. Die Pflegschaft für Sammelvermögen richtet sich nach **61** dem Recht, das an dem Ort gilt, **an dem das Vermögen verwaltet** wird.[115] Diese von der Regel des Art. 24 Abs. 1 S. 1 abweichende Kollisionsnorm wird meist aus der örtlichen Zuständigkeit § 373 Abs. 3 FamFG, § 340 Nr. 1 FamFG, § 341 FamFG (bzw. früher aus § 42 FGG) abgeleitet.[116] Richtigerweise ergibt sich dies jedoch aus einer analogen Anwendung des Art. 24 Abs. 2 auf alle Fälle, in denen das Fürsorgebedürfnis nur für eine bestimmte Angelegenheit besteht und sich die Pflegschaft deshalb hierauf beschränkt (→ Rn. 58).[117] Auf die Durchführung solcher Pflegschaften ist wiederum das Recht des anordnenden Staates anzuwenden (Art. 24 Abs. 3).

5. Leibesfruchtpflegschaft. Für die Leibesfruchtpflegschaft gilt, was für die Ergänzungspfleg- **62** schaft dargelegt ist (→ Rn. 55 ff.), wobei es darauf ankommt, welchem Staat das erwartete Kind voraussichtlich angehören wird.[118]

6. Erbrechtlich relevante Pflegschaften. Was die erbrechtlich relevanten Pflegschaften angeht, **63** so ist die des § 1913 S. 1 BGB eine Pflegschaft für einen **unbekannten Erben**. Sie kann deshalb gemäß Art. 24 Abs. 2 nur angeordnet werden, wenn das die Angelegenheit beherrschende (Erb-) Statut diese Vorschrift zur Anwendung beruft.[119]

Dasselbe gilt grundsätzlich für die **Nachlasspflegschaften nach den §§ 1960, 1961 BGB**.[120] **64** Sie unterfallen damit nach dem eben (→ Rn. 63) Gesagten dem Erbstatut. Sie werden jedoch meistens zur vorläufigen Sicherung angeordnet und richten sich dann gem. Art. 24 Abs. 3 nach dem Recht des anordnenden Gerichtsstaates (→ Rn. 69).[121]

Heute werden die erbrechtlichen Pflegschaften jedoch von der **vorrangigen EuErbVO** erfasst **65** (→ Rn. 10).

V. Vorläufige Maßregeln

1. Anwendungsbereich. Die Möglichkeit, vor Anordnung einer Vormundschaft, Betreuung **66** oder Pflegschaft vorläufige Maßregeln zu treffen, ist in **Art. 24 Abs. 3** geregelt. Diese Vorschrift findet freilich nur Anwendung, soweit nicht die Brüssel IIa-VO bzw. KSÜ und MSA oder das ErwSÜ die Zuständigkeit begründen und dadurch auch das anwendbare Recht bestimmen (→ Rn. 11, 13).

Welche Maßregeln diese Vorschrift im Einzelnen meint, ist umstritten. Unstreitig fallen darunter **67** solche Maßregeln, die der **einstweiligen Sicherung** von Personen[122] und Vermögen[123] dienen und selbst nicht in der Anordnung einer Vormundschaft, Betreuung oder Pflegschaft bestehen. Welche

---

[112] *Kegel/Schurig* IPR § 20 XV 1; Bamberger/Roth/*Heiderhoff* Rn. 35; ähnlich PWW/*Martiny* Rn. 20.

[113] Dessen eventuelle Rück- und Weiterverweisungen auch hier zu beachten wären, Staudinger/*v. Hein* (2014) Rn. 64, 67.

[114] Erman/*Hohloch* Rn. 16.

[115] Staudinger/*v. Hein* (2014) Rn. 16; Erman/*Hohloch* Rn. 10; *Kegel/Schurig* IPR § 20 XV 1; Bamberger/Roth/*Heiderhoff* Rn. 37; NK-BGB/*Benicke* Rn. 21.

[116] So zB Soergel/*Kegel* Rn. 14; NK-BGB/*Benicke* Rn. 21; Staudinger/*v. Hein* (2014) Rn. 16; *Looschelders* IPR Rn. 4.

[117] Ähnlich *Kegel/Schurig* IPR § 20 XV 1.

[118] Soergel/*Kegel* Rn. 36; *Kegel/Schurig* IPR § 20 XV 1.

[119] Palandt/*Thorn* Rn. 6; ebenso – allerdings noch ohne den Umweg über Art. 24 Abs. 2 – *Serick* RabelsZ 18 (1953), 633 (637 f.); Erman/*Hohloch* Rn. 16; *Kegel/Schurig* IPR § 20 XV 1; *Kropholler* IPR § 50 II 4; *Junker* IPR Rn. 574 S. 482; dagegen nur für das Recht der anordnenden Behörde Staudinger/*v. Hein* (2014) Rn. 17 aE.

[120] *Kegel/Schurig* IPR § 20 XV 1; aA – Recht der anordnenden Behörde – im Anschluss an die frühere Rspr. Staudinger/*v. Hein* (2014) Rn. 17; Bamberger/Roth/*Heiderhoff* Rn. 36; *Looschelders* IPR Rn. 4; Erman/*Hohloch* Rn. 10.

[121] BGHZ 46, 1 = NJW 1968, 353; PWW/*Martiny* Rn. 21; ebenso, allerdings ohne die Einschränkung auf Fälle der Vorläufigkeit, Staudinger/*v. Hein* (2014) Rn. 17; Bamberger/Roth/*Heiderhoff* Rn. 36; *Looschelders* IPR Rn. 4; Erman/*Hohloch* Rn. 10.

[122] BayObLG IPRspr. 1971 Nr. 112; *Schwind* StAZ 1972, 57 (63); Soergel/*Kegel* Rn. 19; Staudinger/*v. Hein* (2014) Rn. 60; *Kegel/Schurig* IPR § 20 XV 1; *Looschelders* IPR Rn. 14.

[123] ZB Soergel/*Kegel* Rn. 19; OLG Hamm FamRZ 1973, 326 (327); Staudinger/*v. Hein* (2014) Rn. 60; *Kegel/Schurig* IPR § 20 XV 1; Erman/*Hohloch* Rn. 17; *Looschelders* IPR Rn. 14.

konkreten Maßregeln dies sind, ist nach Art. 24 Abs. 3 anhand der lex fori zu beantworten. Es handelt sich um Maßnahmen, wie sie – bei Anwendbarkeit deutschen Rechts – nach den § 1846 BGB (ggf. iVm § 1908i Abs. 1 S. 1 BGB), § 1960 Abs. 2 BGB, § 49 FamFG zulässig sind, zB die Hinterlegung von Geld oder Wertpapieren, die Inventarerrichtung, die Erteilung einer Einwilligung in eine ärztliche Maßnahme, die Kündigung oder Anfechtung einer Willenserklärung usw (→ BGB § 1846 Rn. 5 ff.).

68   Ob eine **vorläufige Vormundschaft, Pflegschaft oder Betreuung** nur nach Art. 24 Abs. 1[124] oder auch nach Art. 24 Abs. 3[125] angeordnet werden kann, war lange Zeit umstritten. Nach der heute wohl überwiegenden und zutreffenden Auffassung meint Abs. 1 nur die Dauerfürsorge, während die **vorläufige Pflegschaft** (§ 1909 Abs. 3 BGB),[126] die Bestellung eines **vorläufigen Betreuers** (§§ 300 ff. FamFG)[127] und die Bestellung eines **vorläufigen Vormunds**[128] als vorläufige Maßregeln unter Abs. 3 fallen.

69   **2. Anwendbares Recht.** Die Fragen, welche Maßregeln im Einzelnen in Betracht kommen, welche Voraussetzungen für ihre Anordnung und ihre Beendigung gelten und wie ihre Wirkungen sind, sind nach Art. 24 Abs. 3 anhand des Rechtes des Landes, in dem die Maßregel angeordnet wird, zu beantworten.

VI. Vorsorgevollmacht, Patientenverfügung, Betreuungsverfügung

70   **1. Vorsorgevollmacht.** Die Vorsorgevollmacht wird zunehmend als Instrument selbstbestimmter Vorsorge für den Fürsorgefall anerkannt.[129] Sie wird von Art. 24 nicht erfasst. Für sie galt **bis zum 31.12.2008** das allgemein für Vollmachten anerkannte, wenngleich nicht kodifizierte Wirkungs- bzw. Gebrauchslandprinzip.[130]

71   **Seit dem 1.1.2009** unterliegen Vorsorgevollmachten der **speziellen kollisionsrechtlichen Regelung des Art. 15 ErwSÜ.** Sie erfasst auch den Gebrauch von Vorsorgevollmachten, die bereits vor dem Inkrafttreten des ErwSÜ erteilt worden sind (Art. 50 Abs. 3 ErwSÜ). Den kollisionsrechtlichen Verkehrsschutz bei Ausübung der Vertretungsmacht regelt Art. 17 ErwSÜ. Beide Normen sind allseitig (Art. 18 ErwSÜ) und verdrängen das autonome Kollisionsrecht vollständig. Näher dazu bei der Kommentierung dieser Vorschriften.

72   Ob die zuständigen Behörden **trotz bestehender Vorsorgevollmacht eine Fürsorgemaßnahme anordnen** und zB einen Betreuer, Pfleger oder Vormund bestellen können, ob die Vorsorgevollmacht insoweit Vorrang genießt, ist eine Frage der Voraussetzung dieser Schutzmaßnahme (vgl. zB § 1896 Abs. 2 BGB). Sie richtet sich nicht nach Art. 15 ErwSÜ, sondern nach Art. 13 ErwSÜ (→ ErwSÜ Art. 15 Rn. 24), andernfalls nach autonomem Kollisionsrecht, dh nach Art. 24 Abs. 1.[131]

73   **2. Patientenverfügung.** Die deutsche Patientenverfügung und funktional vergleichbare vorsorgliche Willensbekundungen für den Fall einer späteren ärztlichen Behandlung (vgl. § 1901a Abs. 1 und 2 BGB, für Österreich §§ 1 ff. Patientenverfügungs-Gesetz [PatVG], für die Schweiz Art. 370 ff.

---

[124] *Makarov* IPR S. 173; *Ferid/Böhmer* IPR Rn. 8–407; Palandt/*Thorn* Rn. 7; Erman/*Hohloch* Rn. 17.

[125] *Lewald* IPR S. 164; *Wolff* IPR S. 224; *Schrick,* Die Entmündigung von Ausländern im Inland, 1970, S. 154; *Schack* DAVorm. 1980, 817 (821); Soergel/*Kegel* Rn. 20; *Kropholler* IPR § 50 II 5; *Kegel/Schurig* IPR § 20 XV 1; Staudinger/*v. Hein* (2014) Rn. 62; Bamberger/Roth/*Heiderhoff* Rn. 45.

[126] Staudinger/*v. Hein* (2014) Rn. 62, 63; *Kegel/Schurig* IPR § 20 XV 1; Bamberger/Roth/*Heiderhoff* Rn. 45; *Looschelders* IPR Rn. 14.

[127] *Oelkers,* Internationales Betreuungsrecht, 1995, 254 f.; *Rausch* BtPrax 2004, 137 (139); *Röthel* BtPrax 2006, 90 (93); *v. Bar* IPR II Rn. 350; *Looschelders* IPR Rn. 14; Bamberger/Roth/*Heiderhoff* Rn. 45; Staudinger/*v. Hein* (2014) Rn. 63; PWW/*Martiny* Rn. 27.

[128] Staudinger/*v. Hein* (2014) Rn. 63; *Looschelders* IPR Rn. 14; Bamberger/Roth/*Heiderhoff* Rn. 45.

[129] Vgl. *Lipp,* Freiheit und Fürsorge, 2000, 194 ff.; rechtsvergleichend *Fenge,* Selbstbestimmung im Alter, 2002; *Röthel* FPR 2007, 79 ff.; *Jud* in Schmoeckel, Verfassungsrechtliche Grenzen, 2008, 80 ff.; sowie die einschlägigen Berichte in *Arai/Becker/Lipp* (Hrsg.), Adult Guardianship Law for the 21st century, 2013; *Löhnig* ua (Hrsg.), Vorsorgevollmacht und Erwachsenenschutz in Europa, 2011; *Röthel* in Lipp, Handbuch der Vorsorgeverfügungen, 2009, §§ 19 ff.

[130] *Guttenberger,* Haager Übereinkommen, 2004, 36 ff.; *Röthel* in Lipp, Handbuch der Vorsorgeverfügungen, 2009, § 20 Rn. 8; Staudinger/*v. Hein* (2014) EGBGB Vor Art. 24 Rn. 171; *G. Müller* in G. Müller/Renner, Betreuungsrecht und Vorsorgeverfügungen in der Praxis, 4. Aufl. 2015, Rn. 924 f.; Bamberger/Roth/*Heiderhoff* Rn. 49; aA *Ludwig* DNotZ 2009, 251 (257) (Wohnsitz des Vollmachtgebers); ausf. *Röthel/Woitge* IPRax 2010, 494 (496 ff.); *Schaub* IPRax 2016, 207 (213 ff.).

[131] *Ludwig* DNotZ 2009, 251 (257); *G. Müller* in G. Müller/Renner, Betreuungsrecht und Vorsorgeverfügungen in der Praxis, 4. Aufl. 2015, Rn. 929.

ZGB)[132] enthalten **inhaltliche Vorgaben für die künftige ärztliche Behandlung.** Sie räumen keine Vertretungsmacht ein und werden deshalb nicht von der Kollisionsnorm für die Vorsorgevollmacht in Art. 15 ErwSÜ erfasst (→ ErwSÜ Art. 15 Rn. 17). Sie stellen auch keine Form der gesetzlichen oder angeordneten Fürsorge dar und unterfallen daher **als solche** weder dem ErwSÜ (→ ErwSÜ Art. 15 Rn. 17) noch Art. 24.[133]

Die Frage nach der Bedeutung einer Patientenverfügung stellt sich nie isoliert, sondern immer   74 **als Teil einer umfassenderen Problematik,** zB der Rechtmäßigkeit eines ärztlichen Eingriffs (vgl. § 630d Abs. 1 S. 1 und 2 BGB) oder bei der gerichtlichen Genehmigung der Einwilligung einer Fürsorgeperson (vgl. für Vorsorgebevollmächtigte und Betreuer § 1901a Abs. 1 BGB, § 1904 BGB). Maßgeblich ist daher jeweils das **für die betreffende Angelegenheit maßgebliche Recht.** So ist beispielsweise das für das Behandlungsverhältnis maßgebliche Vertragsstatut oder das Deliktsstatut maßgeblich, wenn es um die Patientenverfügung im **Verhältnis Arzt und Patient** geht.[134] Geht es hingegen um ihre Bedeutung für die **Bestellung eines Betreuers** durch das Betreuungsgericht bzw. für die **Tätigkeit des Betreuers,** ist das hierfür einschlägige Statut auch für die Patientenverfügung maßgeblich,[135] dh soweit nicht das ErwSÜ eingreift das nach Art. 24 Abs. 1 bzw. Art. 24 Abs. 3 zu bestimmende Recht. Zur Bedeutung der Patientenverfügung bei der **Vorsorgevollmacht,** die heute stets dem ErwSÜ unterliegt, → ErwSÜ Art. 15 Rn. 19 ff.

3. Betreuungsverfügung. Die deutsche Betreuungsverfügung enthält **Direktiven für die Aus-**   75 **wahl der Fürsorgeperson** durch die zuständige Behörde bzw. für die jeweilige **Fürsorgetätigkeit** (vgl. § 1897 Abs. 4 S. 3 BGB, § 1901 Abs. 3 S. 2 BGB, § 1901c S. 1 BGB. Entsprechendes gilt für die funktional vergleichbaren Instrumente zur privatautonomen Ausgestaltung der behördlich angeordneten Fürsorge wie zB für die österreichische Sachwalterverfügung (§ 279 Abs. 1 S. 2 ABGB).[136] Eine Betreuungsverfügung begründet keine Vertretungsmacht und wird deshalb nicht von der Kollisionsnorm für die Vorsorgevollmacht in Art. 15 ErwSÜ erfasst.[137] Sie unterfällt vielmehr der für die Auswahl des Betreuers und seiner Tätigkeit maßgebenden Kollisionsnorm, dh Art. 24 Abs. 3 (→ Rn. 37 ff.). Vorrangig ist freilich auch hier das ErwSÜ (zur Rechtslage nach dem ErwSÜ → ErwSÜ Art. 15 Rn. 15 f.).

VII. Internationales Verfahrensrecht

1. Internationale Zuständigkeit. Die **Anordnung einer Vormundschaft oder Pflegschaft**   76 bei einem **Minderjährigen** stellt eine Maßnahme im Bereich der elterlichen Verantwortung iS der Brüssel IIa-VO (vgl. Art. 1 Abs. 2b Brüssel IIa-VO) bzw. eine Schutzmaßnahme iS des Art. 3 lit. c KSÜ und Art. 1 MSA dar. Daher richtet sich die internationale Zuständigkeit der deutschen Gerichte seit dem 28.2.2005 ausschließlich **nach den Art. 8 ff.** Brüssel IIa-VO, wenn das Kind seinen gewöhnlichen Aufenthalt in einem Staat hat, der Mitgliedstaat der EU (mit Ausnahme Dänemarks)[138] ist. Hat das Kind seinen gewöhnlichen Aufenthalt in einem Vertragsstaat des KSÜ bzw. MSA, bestimmt sich die Zuständigkeit deutscher Gerichte ausschließlich **nach dem KSÜ** (seit dem 1.1.2011) bzw. **nach dem MSA.** Das autonome Zuständigkeitsrecht in § 99 FamFG kommt daher nur noch in Betracht, wenn das Kind seinen gewöhnlichen Aufenthalt in einem Staat hat, der weder Mitgliedstaat der EU noch Vertragsstaat des KSÜ und des MSA ist. Auch in diesen Drittstaatenfällen kann sich jedoch die Zuständigkeit deutscher Gerichte aus der Brüssel IIa-VO, dem KSÜ bzw. dem

---

[132] Überblick in den Länderberichten bei *Röthel* in Lipp, Handbuch der Vorsorgeverfügungen, 2009, §§ 22 ff., jeweils unter IV. 2; *G. Müller* in G. Müller/Renner, Betreuungsrecht und Vorsorgeverfügungen in der Praxis, 4. Aufl. 2015, Rn. 933 ff.

[133] *Röthel* in Lipp, Handbuch der Vorsorgeverfügungen, 2009, § 20 Rn. 27; Staudinger/*v. Hein* (2014) EGBGB Vor Art. 24 Rn. 179; *G. Müller* in G. Müller/Renner, Betreuungsrecht und Vorsorgeverfügungen in der Praxis, 4. Aufl. 2015, Rn. 930; *Schaub* IPRax 2016, 207 (209); vgl. auch *Jayme,* FS Spellenberg, 2010, 203 (206 ff.); *Heggen* ZNotP 2008, 184 (195).

[134] So die hM, vgl. nur *G. Müller* in G. Müller/Renner, Betreuungsrecht und Vorsorgeverfügungen in der Praxis, 4. Aufl. 2015, Rn. 930; Einen davon abweichenden Vorschlag de lege ferenda entwickelt *Lemmerz,* Die Patientenverfügung: Autonomie und Anknüpfungsgerechtigkeit, Diss. Bucerius Law School Hamburg 2013.

[135] *Helms* FamRZ 2008, 1995 (1999); *Wedemann* FamRZ 2010, 785 (786); *Röthel* in Lipp, Handbuch der Vorsorgeverfügungen, 2009, § 20 Rn. 26; Staudinger/*v. Hein* (2014) Vor Art. 24 Rn. 179; generell für das Anordnungsrecht *Jayme,* FS Spellenberg, 2010, 203 (207 f.).

[136] Zur deutschen Betreuungsverfügung vgl. *Lipp* in Lipp, Handbuch der Vorsorgeverfügungen, 2009, § 18 Rn. 1 ff.; rechtsvergleichend *Röthel* in Lipp, Handbuch der Vorsorgeverfügungen, 2009, §§ 22 ff., jeweils unter III.4.

[137] *Wedemann* FamRZ 2010, 785 f.; *Helms* FamRZ 2008, 1995 (1999); Palandt/*Thorn* Anh. Art. 24 Rn. 8; Erman/*Hohloch* Anh. Art. 24 Rn. 86; übersehen von *Siehr* RabelsZ 64 (2000), 715 (739 f.).

[138] Vgl. Erwägungsgrund (31) Brüssel IIa-VO.

MSA ergeben. Nur soweit dies nicht der Fall ist, richten sich die Zuständigkeit allein nach dem autonomen Recht, dh nach § 99 FamFG.[139]

77   Die internationale Zuständigkeit in **Betreuungssachen** richtet sich seit dem 1.1.2009 vorrangig **nach den Art. 5 ff. ErwSÜ**. Soweit der Erwachsene seinen gewöhnlichen Aufenthalt in einem Vertragsstaat des ErwSÜ hat (Art. 5 ErwSÜ) bzw. ein sich dort aufhaltender Flüchtling oder Vertriebener ist (Art. 6 ErwSÜ), ist das ErwSÜ abschließend. Das autonome Zuständigkeitsrecht des § 104 FamFG kommt nur noch in Betracht, wenn der Betroffene seinen gewöhnlichen Aufenthalt in einem Nichtvertragsstaat hat und auch nicht daraus geflohen ist oder vertrieben wurde. Doch auch in einem solchen Drittstaatenfall kann sich die Zuständigkeit deutscher Gerichte aus dem ErwSÜ ergeben (→ Rn. 14). Im Übrigen ist § 104 FamFG anwendbar, da das ErwSÜ in Drittstaatenfällen nicht abschließend ist (→ErwSÜ Vor Art. 5 Rn. 9 ff.).

78   **Nicht anwendbar** ist die Brüssel Ia-VO, da Vormundschaft, Pflegschaft und Betreuung nach Art. 1 Abs. 2 S. 2 lit. a Brüssel Ia-VO von ihrem sachlichen Anwendungsbereich ausgeschlossen sind. Der Ausschluss umfasst auch das Verfahren über eine etwaige gerichtliche Genehmigung.[140]

79   Im **autonomen deutschen Verfahrensrecht** erfasst § 99 FamFG nicht nur die Anordnung einer Vormundschaft, Pflegschaft oder Beistandschaft für Minderjährige, sondern **alle Verrichtungen,** bei denen es um die Verantwortung für die Person oder das Vermögen des Minderjährigen und um seine Vertretung geht, vor allem also auch Änderungen und Aufhebungen.[141] Entsprechendes gilt für § 104 FamFG, der die Betreuung, Unterbringung und Pflegschaft bei Erwachsenen und die damit verbundenen Verrichtungen umfasst.[142]

80   Nach § 99 Abs. 1 S. 1 Nr. 1 und 2 FamFG bzw. § 104 Abs. 1 S. 1 Nr. 1 und 2 FamFG sind die deutschen Gerichte in allen Fällen international zuständig, in denen das betroffene Kind bzw. der betroffene Erwachsene die **deutsche Staatsangehörigkeit** oder den **gewöhnlichen Aufenthalt in Deutschland** hat. Im Falle einer Leibesfruchtpflegschaft ist die Staatsangehörigkeit bzw. der gewöhnliche Aufenthalt maßgebend, die bzw. den das erwartete Kind voraussichtlich haben wird.[143] Die deutsche Staatsangehörigkeit ist allein maßgebend, auch wenn sie nur neben einer anderen vorhanden ist.[144] Gewöhnlicher Aufenthalt besteht in dem Staat, in dem der Mittelpunkt der Lebensführung liegt.[145] Schlichter Aufenthalt genügt – wie schon früher nach hM – nicht.[146] Dass der Staat, dessen Recht maßgebend ist, eine ausschließliche Zuständigkeit für sich in Anspruch nimmt oder sonst die deutsche Entscheidung nicht anerkennt, steht der internationalen Zuständigkeit der deutschen Gerichte nicht entgegen. Eine solche deutsche Zuständigkeit ist auch ihrerseits nach § 106 FamFG nicht ausschließlich.

81   Internationale Zuständigkeit der deutschen Gerichte ist nach § 99 Abs. 1 S. 2 FamFG bzw. § 104 Abs. 1 S. 2 FamFG ferner gegeben, wenn das betroffene Kind bzw. der betroffene Erwachsene in anderer Weise **der Fürsorge** durch ein deutsches Gericht bedarf. Ein Fürsorgebedürfnis kann zB in Fällen des Aufgreifens von Jugendlichen eine Rolle spielen, die von Zuhause oder aus einem Heim entwichen sind. Es kommt aber auch in Betracht, selbst wenn der Betroffene keinen Aufenthalt im Inland hat,[147] etwa wenn sich in Deutschland Vermögen von ihm befindet.[148]

82   Das heutige deutsche Recht kennt **keine primäre Zuständigkeit des Heimatstaates.** Die internationale Zuständigkeit deutscher Gerichte hängt deshalb nicht mehr davon ab, dass der Heimatstaat die Fürsorge nicht übernimmt.[149]

83   Die deutsche internationale Zuständigkeit ist nicht ausschließlich (§ 106 FamFG). Die **Verfahrenskoordination** bestimmt sich nach § 99 Abs. 2 und 3 FamFG bzw. §§ 104, 99 Abs. 2 und 3 FamFG. Danach hat das deutsche Gericht eine am Wohl des Betroffenen ausgerichtete Ermessensentscheidung über das weitere Vorgehen zu treffen.[150] Bei einer parallelen Zuständigkeit ausländischer Gerichte kommt insbesondere eine **Abgabe** nach § 99 Abs. 3 S. 1 FamFG bzw. § 104 Abs. 2 FamFG,

---

[139] Ausf. MüKoFamFG/*Rauscher* FamFG § 99 Rn. 13 ff.; Prütting/Helms/*Hau* FamFG § 99 Rn. 4 ff.

[140] EuGH FamRZ 2013, 1873 Rn. 26 – Schneider = IPRax 2015, 198 m. zust. Anm. *v. Hein* IPRax 2015, 198; *Kümmerle* GPR 2014, 170; öst. OGH ZfRV 2003, 75; allg. *Kropholler/v. Hein* EuGVO Art. 1 Rn. 12, 21 f.

[141] MüKoFamFG/*Rauscher* FamFG § 99 Rn. 3 f.

[142] MüKoFamFG/*Rauscher* FamFG § 104 Rn. 3 ff.

[143] Staudinger/*v. Hein* (2014) Rn. 112; *Kegel/Schurig* IPR § 20 XV 3; *Henrich* IntFamR § 9 III.1.

[144] *Keidel/Engelhardt* FamFG § 99 Rn. 36; Staudinger/*v. Hein* (2014) Rn. 110; *Henrich* IntFamR § 9 III 1.

[145] Ausf. MüKoFamFG/*Rauscher* § 99 Rn. 50 ff.

[146] MüKoFamFG/*Rauscher* § 104 Rn. 19; *Keidel/Engelhardt* FamFG § 104 Rn. 5 f.; *Henrich* IPRax 1986, 364 (365); Staudinger/*v. Hein* (2014) Rn. 116.

[147] BT-Drs. 10/504, 94.

[148] Staudinger/*v. Hein* (2014) Rn. 118.

[149] Staudinger/*v. Hein* (2014) Rn. 102.

[150] OLG Hamm FamRZ 2003, 253 (254); MüKoFamFG/*Rauscher* FamFG § 99 Rn. 68, 71, 75 ff.

§ 99 Abs. 3 S. 1 FamFG in Betracht.[151] Es kann aber zB auch eine auf Deutschland beschränkte Maßnahme treffen.[152]

Ordnet ein deutsches Gericht ohne internationale Zuständigkeit eine Vormundschaft usw an, so **84** ist zwar die Anordnung wirksam, aber wegen **fehlender internationaler Zuständigkeit** verfahrensfehlerhaft und daher im Rechtsmittelwege aufzuheben.[153]

2. Anerkennung. a) Minderjährigenvormundschaft. Die angeordnete Vormundschaft bei **85** einem Minderjährigen stellt eine Maßnahme im Bereich der elterlichen Verantwortung iS der Brüssel IIa-VO (vgl. Art. 1 Abs. 2b Brüssel IIa-VO) bzw. eine Schutzmaßnahme iS des Art. 3 lit. c KSÜ und Art. 1 MSA dar. Daher richtet sich die Anerkennung ausländischer Vormundschaften **vorrangig nach der** Brüssel IIa-VO. Maßgeblich ist, welcher Staat die Vormundschaft angeordnet hat. Ist dies ein Mitgliedstaat der EU (mit Ausnahme Dänemarks)[154] und ist das Verfahren nach dem 28.2.2005 (Art. 64 Abs. 1, 72 Abs. 2 Brüssel IIa-VO) eingeleitet worden, richtet sich die Anerkennung ausschließlich nach den Art. 14 und 15 Brüssel IIa-VO. Die Brüssel IIa-VO verdrängt das autonome Anerkennungsrecht in §§ 108, 109 FamFG vollständig.[155]

Stammt die **Anordnung der Vormundschaft** aus einem Vertragsstaat des KSÜ, sind Art. 23 ff. **86** KSÜ maßgebend, sofern das KSÜ zum Zeitpunkt der Anordnung zwischen diesem Staat und Deutschland in Kraft war (Art. 53 Abs. 2 KSÜ). Stammt sie aus einem Vertragsstaat des MSA, ist Art. 7 MSA anzuwenden. Im Verhältnis zum KSÜ und MSA gilt das Günstigkeitsprinzip, dh die Übereinkommen lassen das autonome Recht der §§ 108, 109 FamFG unberührt, soweit es anerkennungsfreundlicher ist.[156]

Das **autonome Anerkennungsrecht der §§ 108, 109 FamFG** gilt also uneingeschränkt nur, **87** falls die Anordnung der Vormundschaft bzw. eine funktionell entsprechende Maßnahme[157] in einem **Drittstaat** erfolgt ist. § 106 FamFG stellt klar, dass eine deutsche internationale Zuständigkeit nicht ausschließlich ist, dh eine Anerkennung ausländischer Vormundschaften grundsätzlich möglich ist.[158]

Wird die Anordnung einer ausländischen Vormundschaft anerkannt, hat sie nach dem Grundsatz **88** der Wirkungserstreckung die Wirkungen in Deutschland, die ihr nach dem Recht des Ursprungsstaates zukommen.[159] Daher werden auch die **Befugnisse des Vormunds** anerkannt, die dieser nach dem Recht des Landes hat, in dem die Vormundschaft angeordnet worden ist.[160] Für die Durchführung der Vormundschaft ordnet Art. 24 Abs. 3 ebenfalls die Geltung dieses Rechts an. Eine genaue Abgrenzung zwischen den prozessualen Wirkungen der Anerkennung und dem Anwendungsbereich des Durchführungsstatuts iS des Art. 24 Abs. 3 ist daher in der Praxis entbehrlich.

b) Betreuung. Entsprechendes gilt für die Anordnung der Betreuung bzw. einer **ausländischen** **89** **Schutzmaßnahme für einen Erwachsenen.**[161] Stammt sie aus einem Vertragsstaat des ErwSÜ, sind Art. 22 ff. ErwSÜ maßgebend, sofern das ErwSÜ zum Zeitpunkt der Anordnung zwischen diesem Staat und Deutschland in Kraft war (Art. 50 Abs. 2 ErwSÜ). Auch das ErwSÜ lässt das anerkennungsfreundlichere autonome Recht unberührt.[162]

Im **Ausland** erfolgte **Entmündigungen** und **Erwachsenenvormundschaften** sind weder nach **90** Art. 22 ErwSÜ noch nach §§ 108, 109 FamFG per se von einer Anerkennung ausgeschlossen; ihre Wirkungen können freilich im Einzelfall gegen den deutschen ordre public verstoßen (ausführlich → Art. 8 Rn. 5 ff.).

3. Pflegschaften. Bezüglich der internationalen Zuständigkeit und der Anerkennung gilt grund- **91** sätzlich dasselbe wie für die Vormundschaft und die Betreuung. **Besonderheiten** gelten nur – für die **Leibesfruchtpflegschaft** (vgl. §§ 1912, 1918 Abs. 2 BGB), für die eine internationale **92** Zuständigkeit gegeben ist, wenn das erwartete Kind **voraussichtlich** die deutsche Staatsangehö-

---

[151] Staudinger/*v. Hein* (2014) Rn. 127; *Keidel/Engelhardt* FamFG § 99 Rn. 51 ff., 53; MüKoFamFG/*Rauscher* FamFG § 99 Rn. 75 ff.

[152] OLG Hamm FamRZ 2003, 253 (254) (Betreuerbestellung neben einem in den USA bestellten guardian).

[153] *Kropholler* IPR § 50 III 1; *Kegel/Schurig* IPR § 20 XV 3; Staudinger/*v. Hein* (2014) Rn. 108.

[154] Vgl. Erwägungsgrund (31) Brüssel IIa-VO.

[155] MüKoFamFG/*Rauscher* FamFG § 108 Rn. 5.

[156] Vgl. Bericht *Lagarde* KSÜ Nr. 121.

[157] *Kropholler* IPR § 50 III 3.

[158] MüKoFamFG/*Rauscher* FamFG § 106 Rn. 5.

[159] MüKoFamFG/*Rauscher* FamFG § 108 Rn. 18.

[160] *Raape* IPR § 37 II S. 407; *Ferid/Böhmer* IPR Rn. 8–412; Staudinger/*v. Hein* (2014) Rn. 134, 135; *Kropholler* IPR § 50 III 3; *Jaspersen* FamRZ 1996, 393 (398).

[161] *Kropholler* IPR § 50 III 3.

[162] Bericht *Lagarde* Nr. 118; näher → ErwSÜ Vor Art. 22 Rn. 7.

rigkeit, einen gewöhnlichen Aufenthalt im Inland haben oder für es eine Fürsorge im Inland notwendig werden wird;[163]

93 – für **Pflegschaften für unbekannte Beteiligte und Sammelvermögen,** für die nur ein Fürsorgebedürfnis im Inland internationale Zuständigkeit begründen kann.[164]

VIII. Sonstige internationale Abkommen

94 **1. Haager Vormundschaftsabkommen.** Das Haager Vormundschaftsabkommen vom 12.6.1902 (RGBl. 1904 S. 240) über die Vormundschaft für Minderjährige wurde am 27.11.2008 von Deutschland zum 1.6.2009 gekündigt (BGBl. 2009 II S. 290). Es ist daher ab diesem Zeitpunkt auch gegenüber solchen Mitgliedstaaten nicht mehr anzuwenden, die dem KSÜ erst später oder gar nicht beigetreten sind.[165] Für die Zeit bis zum Inkrafttreten der deutschen Kündigung vgl. die Kommentierung in der 4. Aufl., Art. 24 Anh.

95 **2. Haager Entmündigungsabkommen.** Das Haager Entmündigungsabkommen vom 17.7.1905 über die Entmündigung und Vormundschaft bei Erwachsenen wurde von Deutschland mit Wirkung zum 23.8.1992 gekündigt (BGBl. 1992 II S. 272).

96 **3. Deutsch-österreichisches Vormundschaftsabkommen.** Das deutsch-österreichische Vormundschaftsabkommen vom 5.2.1927 (RGBl. 1927 II S. 511)[166] ist am 31.12.2002 außer Kraft getreten, jedoch bis zum 30.6.2003 in Geltung geblieben (BGBl. 2003 II S. 540).

97 **4. Deutsch-polnisches Vormundschaftsabkommen.** Das deutsch-polnische Vormundschaftsabkommen vom 5.3.1924 (RGBl. 1925 II S. 145), das nur die Vormundschaft über Minderjährige betrifft, ist nach hM seit dem Ausbruch des Zweiten Weltkrieges nicht mehr anwendbar.[167]

98 **5. Konsular- und Handelsabkommen.** Gelegentlich enthalten Konsular- und Handelsabkommen Regelungen des internationalen **Vormundschafts- und Pflegschaftsrechts.** Da die **Betreuung** an die Stelle der Vormundschaft über Erwachsene getreten ist, sind diese Regelungen auch bei der Bestellung eines Betreuers zu beachten. KSÜ, MSA und ErwSÜ regeln die Befugnisse der Konsulate des Heimatstaates nicht und lassen andere Abkommen unberührt (Art. 52 Abs. 1 KSÜ, Art. 18 Abs. 2 MSA, Art. 49 Abs. 1 ErwSÜ). Sie stehen daher einer Anwendung konsularischer Befugnisse nicht entgegen.

99 Das **multilaterale** Wiener Konsularabkommen vom 24.4.1963[168] legt in seinem Art. 37b den zuständigen Behörden (zB Familien- und Betreuungsgerichten) eines jeden Vertragsstaats, sofern sie über entsprechende Informationen verfügen, die den Angehörigen eines anderen Vertragsstaats betreffen, die Verpflichtung auf, die zuständige Konsularbehörde seines Heimatlandes zu unterrichten, falls die Anordnung einer Vormundschaft oder Pflegschaft als angebracht erscheint. Dementsprechend erkennt es in Art. 5 lit. h dieses Abkommens als Aufgabe der Konsularbehörden an, die Interessen der Angehörigen ihres Entsendestaates auch insoweit zu wahren, als für sie eine Vormundschaft oder Pflegschaft in Betracht kommt. Diese Aufgaben können freilich nur im Rahmen des Rechts des Empfangsstaates wahrgenommen werden.

100 Das Konsularabkommen mit **Italien** vom 21.12.1868[169] sieht in seinem Art. 11 Abs. 2 Nr. 7 eine Zuständigkeit der Konsulate zur Einleitung von Vormundschaften und Pflegschaften vor. Eine gleichlautende Regel enthält das Konsularabkommen mit **Spanien** vom 22.2.1870[170] in Art. 11 Abs. 2 Nr. 8. Jedoch **gelten beide nicht mehr.**[171]

101 Das mit der Sowjetunion geschlossene Konsularabkommen vom 25.4.1958[172] gilt nach deren Auflösung infolge Sukzession (→ Einl. IPR Rn. 51 ff.), im Verhältnis zu **Russland**[173] und anderen

---

[163] Vgl. Staudinger/*v. Hein* (2014) Rn. 117.

[164] Soergel/*Kegel* Rn. 34.

[165] Zum Stand der Beitritte zum KSÜ s. die Internetseite der Haager Konferenz für IPR www.hcch.net, unter: Übereinkommen – Statustabelle.

[166] Vgl. zu diesem Abkommen 3. Aufl. 1998, Rn. 64–67 (*Klinkhardt*).

[167] Staudinger/*v. Hein* (2014) EGBGB Vor Art. 24 Rn. 7; NK-BGB/*Benicke* Rn. 7; für Weitergeltung jedoch Soergel/*Kegel* Art. 23 Rn. 72.

[168] BGBl. 1969 II S. 1587.

[169] BGBl. (Nordd. Bund) 1869 S. 133; Ausdehnung auf das Reich: RGBl. 1872 S. 134. Wiederanwendung nach dem Ersten Weltkrieg: RGBl. 1920 II S. 1577.

[170] BGBl. (Nordd. Bund) 1870 S. 99; Ausdehnung auf das Reich: RGBl. 1872 S. 211.

[171] Näher 5. Aufl. 2010, Rn. 67; aA Soergel/*Kegel* Rn. 75 Fn. 15.

[172] BGBl. 1959 II S. 233; Inkrafttreten: BGBl. 1959 II S. 469.

[173] BGBl. 1992 II S. 1016.

GUS-Staaten[174] weiter. Es bestimmt in Art. 29 Abs. 1, dass im Falle (jetzt) russischer usw Staatsangehörigkeit des Mündels das Konsulat geeignete Personen als Vormund oder Pfleger vorschlagen kann und das deutsche Gericht dem Vorschlag entsprechen muss, wenn nicht besondere Gründe entgegenstehen.

Das Handels- und Schifffahrtsabkommen mit **Schweden** vom 14.5.1926[175] normiert in Art. 22   **102** Abs. 2, dass – soweit Gegenseitigkeit gewährleistet ist – die Konsulate dieser Länder die gleichen Amtsbefugnisse haben wie die irgendeines dritten Landes. Entsprechendes bestimmt Art. 27 des Konsularabkommens mit der **Türkei** vom 28.5.1929.[176] Die Konsulate dieser Länder haben also die oben dargelegten Befugnisse der russischen Konsulate, sofern nur den deutschen Konsulaten im jeweiligen Land die gleichen Befugnisse eingeräumt werden. Dass letztere Voraussetzung erfüllt ist, dürfte von dem ausländischen Konsulat im Einzelfall nachzuweisen sein.

Auch das vorläufige Handelsabkommen mit **Belgien** und **Luxemburg** vom 4.4.1925[177] enthält   **103** in Art. 14 eine Regelung, wie sie im Verhältnis zu Schweden gilt. Die Konsulate beider Länder können sich daher auf die genannte Regelung berufen. Für Belgien galt bis zu dessen Kündigung durch Deutschland an ihrer Stelle das Haager Vormundschaftsabkommen (→ Rn. 94).

Wegen der mit **weiteren Ländern** geschlossenen Abkommen s. Soergel/*Kegel* Art. 24 Rn. 75;   **104** Staudinger/*v. Hein* (2014) Vor Art. 24 Rn. 1–11.

---

[174] So zB im Verhältnis zur Ukraine, BGBl. 1993 II S. 1189; zu Weißrussland, BGBl. 1994 II S. 2533; zu Kasachstan, BGBl. 1992 II S. 1120.

[175] RGBl. 1926 II S. 384.

[176] RGBl. 1930 II S. 747; Inkrafttreten: RGBl. 1931 II S. 538; Wiederanwendung: BGBl. 1952 II S. 608.

[177] RGBl. 1925 II S. 883; Inkrafttreten: RGBl. 1925 II S. 947.

Teil 4. Internationales Erbrecht

Verordnung (EU) Nr. 650/2012 des Europäischen Parlaments und des Rates vom 4. Juli 2012 über die Zuständigkeit, das anzuwendende Recht, die Anerkennung und Vollstreckung von Entscheidungen und die Annahme und Vollstreckung öffentlicher Urkunden in Erbsachen sowie zur Einführung eines Europäischen Nachlasszeugnisses (Europäische Erbrechtsverordnung – EuErbVO)

(ABl. Nr. L 201 S. 107)

DAS EUROPÄISCHE PARLAMENT UND DER RAT DER EUROPÄISCHEN UNION –
gestützt auf den Vertrag über die Arbeitsweise der Europäischen Union, insbesondere auf Artikel 81 Absatz 2,
auf Vorschlag der Europäischen Kommission,
nach Stellungnahme des Europäischen Wirtschafts- und Sozialausschusses,[1]
gemäß dem ordentlichen Gesetzgebungsverfahren,[2]
in Erwägung nachstehender Gründe:

(1) Die Union hat sich zum Ziel gesetzt, einen Raum der Freiheit, der Sicherheit und des Rechts, in dem der freie Personenverkehr gewährleistet ist, zu erhalten und weiterzuentwickeln. Zum schrittweisen Aufbau eines solchen Raums hat die Union im Bereich der justiziellen Zusammenarbeit in Zivilsachen, die einen grenzüberschreitenden Bezug aufweisen, Maßnahmen zu erlassen, insbesondere wenn dies für das reibungslose Funktionieren des Binnenmarkts erforderlich ist.

(2) Nach Artikel 81 Absatz 2 Buchstabe c des Vertrags über die Arbeitsweise der Europäischen Union können zu solchen Maßnahmen unter anderem Maßnahmen gehören, die die Vereinbarkeit der in den Mitgliedstaaten geltenden Kollisionsnormen und der Vorschriften zur Vermeidung von Kompetenzkonflikten sicherstellen sollen.

(3) Auf seiner Tagung vom 15. und 16. Oktober 1999 in Tampere hat der Europäische Rat den Grundsatz der gegenseitigen Anerkennung von Urteilen und anderen Entscheidungen von Justizbehörden als Eckstein der justiziellen Zusammenarbeit in Zivilsachen unterstützt und den Rat und die Kommission ersucht, ein Maßnahmenprogramm zur Umsetzung dieses Grundsatzes anzunehmen.

(4) Am 30. November 2000 wurde ein gemeinsames Maßnahmenprogramm der Kommission und des Rates zur Umsetzung des Grundsatzes der gegenseitigen Anerkennung gerichtlicher Entscheidungen in Zivil- und Handelssachen[3] verabschiedet. In diesem Programm sind Maßnahmen zur Harmonisierung der Kollisionsnormen aufgeführt, die die gegenseitige Anerkennung gerichtlicher Entscheidungen vereinfachen sollen; ferner ist darin die Ausarbeitung eines Rechtsinstruments zum Testaments- und Erbrecht vorgesehen.

(5) Am 4. und 5. November 2004 hat der Europäische Rat auf seiner Tagung in Brüssel ein neues Programm mit dem Titel „Haager Programm zur Stärkung von Freiheit, Sicherheit und Recht in der Europäischen Union"[4] angenommen. Danach soll ein Rechtsinstrument zu Erbsachen erlassen werden, das insbesondere Fragen des Kollisionsrechts, der Zuständigkeit, der gegenseitigen Anerkennung und Vollstreckung von Entscheidungen in Erbsachen sowie die Einführung eines Europäischen Nachlasszeugnisses betrifft.

(6) Der Europäische Rat hat auf seiner Tagung vom 10. und 11. Dezember 2009 in Brüssel ein neues mehrjähriges Programm mit dem Titel „Das Stockholmer Programm – Ein offenes und sicheres Europa im Dienste und zum Schutz der Bürger"[5] angenommen. Darin hat der Europäische Rat festgehalten, dass der Grundsatz der gegenseitigen Anerkennung auf Bereiche ausgeweitet werden sollte, die bisher noch nicht abgedeckt sind, aber den Alltag der Bürger wesentlich prägen, z.B. Erb-

---

[1] **[Amtl. Anm.:]** ABl. C 44 vom 11.2.2011, S. 148.
[2] **[Amtl. Anm.:]** Standpunkt des Europäischen Parlaments vom 13.3.2012 (noch nicht im Amtsblatt veröffentlicht) und Beschluss des Rates vom 7.6.2012.
[3] **[Amtl. Anm.:]** ABl. C 12 vom 15.1.2001, S. 1.
[4] **[Amtl. Anm.:]** ABl. C 53 vom 3.3.2005, S. 1.
[5] **[Amtl. Anm.:]** ABl. C 115 vom 4.5.2010, S. 1.

und Testamentsrecht, wobei gleichzeitig die Rechtssysteme einschließlich der öffentlichen Ordnung (ordre public) und die nationalen Traditionen der Mitgliedstaaten in diesem Bereich zu berücksichtigen sind.

(7) Die Hindernisse für den freien Verkehr von Personen, denen die Durchsetzung ihrer Rechte im Zusammenhang mit einem Erbfall mit grenzüberschreitendem Bezug derzeit noch Schwierigkeiten bereitet, sollten ausgeräumt werden, um das reibungslose Funktionieren des Binnenmarkts zu erleichtern. In einem europäischen Rechtsraum muss es den Bürgern möglich sein, ihren Nachlass im Voraus zu regeln. Die Rechte der Erben und Vermächtnisnehmer sowie der anderen Personen, die dem Erblasser nahestehen, und der Nachlassgläubiger müssen effektiv gewahrt werden.

(8) Um diese Ziele zu erreichen, bedarf es einer Verordnung, in der die Bestimmungen über die Zuständigkeit, das anzuwendende Recht, die Anerkennung – oder ggf. die Annahme –, Vollstreckbarkeit und Vollstreckung von Entscheidungen, öffentlichen Urkunden und gerichtlichen Vergleichen sowie zur Einführung eines Europäischen Nachlasszeugnisses zusammengefasst sind.

(9) Der Anwendungsbereich dieser Verordnung sollte sich auf alle zivilrechtlichen Aspekte der Rechtsnachfolge von Todes wegen erstrecken, und zwar auf jede Form des Übergangs von Vermögenswerten, Rechten und Pflichten von Todes wegen, sei es im Wege der gewillkürten Erbfolge durch eine Verfügung von Todes wegen oder im Wege der gesetzlichen Erbfolge.

(10) Diese Verordnung sollte weder für Steuersachen noch für verwaltungsrechtliche Angelegenheiten öffentlich-rechtlicher Art gelten. Daher sollte das innerstaatliche Recht bestimmen, wie beispielsweise Steuern oder sonstige Verbindlichkeiten öffentlich-rechtlicher Art berechnet und entrichtet werden, seien es vom Erblasser im Zeitpunkt seines Todes geschuldete Steuern oder Erbschaftssteuern jeglicher Art, die aus dem Nachlass oder von den Berechtigten zu entrichten sind. Das innerstaatliche Recht sollte auch bestimmen, ob die Freigabe des Nachlassvermögens an die Berechtigten nach dieser Verordnung oder die Eintragung des Nachlassvermögens in ein Register nur erfolgt, wenn Steuern gezahlt werden.

(11) Diese Verordnung sollte nicht für Bereiche des Zivilrechts gelten, die nicht die Rechtsnachfolge von Todes wegen betreffen. Aus Gründen der Klarheit sollte eine Reihe von Fragen, die als mit Erbsachen zusammenhängend betrachtet werden könnten, ausdrücklich vom Anwendungsbereich dieser Verordnung ausgenommen werden.

(12) Dementsprechend sollte diese Verordnung nicht für Fragen des ehelichen Güterrechts, einschließlich der in einigen Rechtsordnungen vorkommenden Eheverträge, soweit diese keine erbrechtlichen Fragen regeln, und des Güterrechts aufgrund von Verhältnissen, die mit der Ehe vergleichbare Wirkungen entfalten, gelten. Die Behörden, die mit einer bestimmten Erbsache nach dieser Verordnung befasst sind, sollten allerdings je nach den Umständen des Einzelfalls die Beendigung des ehelichen oder sonstigen Güterstands des Erblassers bei der Bestimmung des Nachlasses und der jeweiligen Anteile der Berechtigten berücksichtigen.

(13) Fragen im Zusammenhang mit der Errichtung, Funktionsweise oder Auflösung von Trusts sollten auch vom Anwendungsbereich dieser Verordnung ausgenommen werden. Dies sollte nicht als genereller Ausschluss von Trusts verstanden werden. Wird ein Trust testamentarisch oder aber kraft Gesetzes im Rahmen der gesetzlichen Erbfolge errichtet, so sollte im Hinblick auf den Übergang der Vermögenswerte und die Bestimmung der Berechtigten das nach dieser Verordnung auf die Rechtsnachfolge von Todes wegen anzuwendende Recht gelten.

(14) Rechte und Vermögenswerte, die auf andere Weise als durch Rechtsnachfolge von Todes wegen entstehen oder übertragen werden, wie zum Beispiel durch unentgeltliche Zuwendungen, sollten ebenfalls vom Anwendungsbereich dieser Verordnung ausgenommen werden. Ob unentgeltliche Zuwendungen oder sonstige Verfügungen unter Lebenden mit dinglicher Wirkung vor dem Tod für die Zwecke der Bestimmung der Anteile der Berechtigten im Einklang mit dem auf die Rechtsnachfolge von Todes wegen anzuwendenden Recht ausgeglichen oder angerechnet werden sollten, sollte sich jedoch nach dem Recht entscheiden, das nach dieser Verordnung auf die Rechtsnachfolge von Todes wegen anzuwenden ist.

(15) Diese Verordnung sollte die Begründung oder den Übergang eines Rechts an beweglichen oder unbeweglichen Vermögensgegenständen im Wege der Rechtsnachfolge von Todes wegen nach Maßgabe des auf die Rechtsnachfolge von Todes wegen anzuwendenden Rechts ermöglichen. Sie sollte jedoch nicht die abschließende Anzahl (Numerus Clausus) der dinglichen Rechte berühren, die das innerstaatliche Recht einiger Mitgliedstaaten kennt. Ein Mitgliedstaat sollte nicht verpflichtet sein, ein dingliches Recht an einer in diesem Mitgliedstaat belegenen Sache anzuerkennen, wenn sein Recht dieses dingliche Recht nicht kennt.

(16) Damit die Berechtigten jedoch die Rechte, die durch Rechtsnachfolge von Todes wegen begründet worden oder auf sie übergegangen sind, in einem anderen Mitgliedstaat geltend machen können, sollte diese Verordnung die Anpassung eines unbekannten dinglichen Rechts an das in

der Rechtsordnung dieses anderen Mitgliedstaats am ehesten vergleichbare dingliche Recht vorsehen. Bei dieser Anpassung sollten die mit dem besagten dinglichen Recht verfolgten Ziele und Interessen und die mit ihm verbundenen Wirkungen berücksichtigt werden. Für die Zwecke der Bestimmung des am ehesten vergleichbaren innerstaatlichen dinglichen Rechts können die Behörden oder zuständigen Personen des Staates, dessen Recht auf die Rechtsnachfolge von Todes wegen anzuwenden war, kontaktiert werden, um weitere Auskünfte zu der Art und den Wirkungen des betreffenden dinglichen Rechts einzuholen. In diesem Zusammenhang könnten die bestehenden Netze im Bereich der justiziellen Zusammenarbeit in Zivil- und Handelssachen sowie die anderen verfügbaren Mittel, die die Erkenntnis ausländischen Rechts erleichtern, genutzt werden.

(17) Die in dieser Verordnung ausdrücklich vorgesehene Anpassung unbekannter dinglicher Rechte sollte andere Formen der Anpassung im Zusammenhang mit der Anwendung dieser Verordnung nicht ausschließen.

(18) Die Voraussetzungen für die Eintragung von Rechten an beweglichen oder unbeweglichen Vermögensgegenständen in einem Register sollten aus dem Anwendungsbereich dieser Verordnung ausgenommen werden. Somit sollte das Recht des Mitgliedstaats, in dem das Register (für unbewegliches Vermögen das Recht der belegenen Sache (lex rei sitae)) geführt wird, bestimmen, unter welchen gesetzlichen Voraussetzungen und wie die Eintragung vorzunehmen ist und welche Behörden wie etwa Grundbuchämter oder Notare dafür zuständig sind zu prüfen, dass alle Eintragungsvoraussetzungen erfüllt sind und die vorgelegten oder erstellten Unterlagen vollständig sind bzw. die erforderlichen Angaben enthalten. Insbesondere können die Behörden prüfen, ob es sich bei dem Recht des Erblassers an dem Nachlassvermögen, das in dem für die Eintragung vorgelegten Schriftstück erwähnt ist, um ein Recht handelt, das als solches in dem Register eingetragen ist oder nach dem Recht des Mitgliedstaats, in dem das Register geführt wird, anderweitig nachgewiesen wird. Um eine doppelte Erstellung von Schriftstücken zu vermeiden, sollten die Eintragungsbehörden diejenigen von den zuständigen Behörden in einem anderen Mitgliedstaat erstellten Schriftstücke annehmen, deren Verkehr nach dieser Verordnung vorgesehen ist. Insbesondere sollte das nach dieser Verordnung ausgestellte Europäische Nachlasszeugnis im Hinblick auf die Eintragung des Nachlassvermögens in ein Register eines Mitgliedstaats ein gültiges Schriftstück darstellen. Dies sollte die an der Eintragung beteiligten Behörden nicht daran hindern, von der Person, die die Eintragung beantragt, diejenigen zusätzlichen Angaben oder die Vorlage derjenigen zusätzlichen Schriftstücke zu verlangen, die nach dem Recht des Mitgliedstaats, in dem das Register geführt wird, erforderlich sind, wie beispielsweise Angaben oder Schriftstücke betreffend die Zahlung von Steuern. Die zuständige Behörde kann die Person, die die Eintragung beantragt, darauf hinweisen, wie die fehlenden Angaben oder Schriftstücke beigebracht werden können.

(19) Die Wirkungen der Eintragung eines Rechts in einem Register sollten ebenfalls vom Anwendungsbereich dieser Verordnung ausgenommen werden. Daher sollte das Recht des Mitgliedstaats, in dem das Register geführt wird, dafür maßgebend sein, ob beispielsweise die Eintragung deklaratorische oder konstitutive Wirkung hat. Wenn also zum Beispiel der Erwerb eines Rechts an einer unbeweglichen Sache nach dem Recht des Mitgliedstaats, in dem das Register geführt wird, die Eintragung in einem Register erfordert, damit die Wirkung erga omnes von Registern sichergestellt wird oder Rechtsgeschäfte geschützt werden, sollte der Zeitpunkt des Erwerbs dem Recht dieses Mitgliedstaats unterliegen.

(20) Diese Verordnung sollte den verschiedenen Systemen zur Regelung von Erbsachen Rechnung tragen, die in den Mitgliedstaaten angewandt werden. Für die Zwecke dieser Verordnung sollte der Begriff „Gericht" daher breit gefasst werden, so dass nicht nur Gerichte im eigentlichen Sinne, die gerichtliche Funktionen ausüben, erfasst werden, sondern auch Notare oder Registerbehörden in einigen Mitgliedstaaten, die in bestimmten Erbsachen gerichtliche Funktionen wie Gerichte ausüben, sowie Notare und Angehörige von Rechtsberufen, die in einigen Mitgliedstaaten in einer bestimmten Erbsache aufgrund einer Befugnisübertragung durch ein Gericht gerichtliche Funktionen ausüben. Alle Gerichte im Sinne dieser Verordnung sollten durch die in dieser Verordnung festgelegten Zuständigkeitsregeln gebunden sein. Der Begriff „Gericht" sollte hingegen nicht die nichtgerichtlichen Behörden eines Mitgliedstaats erfassen, die nach innerstaatlichem Recht befugt sind, sich mit Erbsachen zu befassen, wie in den meisten Mitgliedstaaten die Notare, wenn sie, wie dies üblicherweise der Fall ist, keine gerichtlichen Funktionen ausüben.

(21) Diese Verordnung sollte es allen Notaren, die für Erbsachen in den Mitgliedstaaten zuständig sind, ermöglichen, diese Zuständigkeit auszuüben. Ob die Notare in einem Mitgliedstaat durch die Zuständigkeitsregeln dieser Verordnung gebunden sind, sollte davon abhängen, ob sie von der Bestimmung des Begriffs „Gericht" im Sinne dieser Verordnung erfasst werden.

(22) Die in den Mitgliedstaaten von Notaren in Erbsachen errichteten Urkunden sollten nach dieser Verordnung verkehren. Üben Notare gerichtliche Funktionen aus, so sind sie durch die Zuständigkeitsregeln gebunden, und die von ihnen erlassenen Entscheidungen sollten nach den Bestimmungen über die Anerkennung, Vollstreckbarkeit und Vollstreckung von Entscheidungen verkehren. Üben Notare keine gerichtliche Zuständigkeit aus, so sind sie nicht durch die Zuständigkeitsregeln gebunden, und die öffentlichen Urkunden, die von ihnen errichtet werden, sollten nach den Bestimmungen über öffentliche Urkunden verkehren.

(23) In Anbetracht der zunehmenden Mobilität der Bürger sollte die Verordnung zur Gewährleistung einer ordnungsgemäßen Rechtspflege in der Union und einer wirklichen Verbindung zwischen dem Nachlass und dem Mitgliedstaat, in dem die Erbsache abgewickelt wird, als allgemeinen Anknüpfungspunkt zum Zwecke der Bestimmung der Zuständigkeit und des anzuwendenden Rechts den gewöhnlichen Aufenthalt des Erblassers im Zeitpunkt des Todes vorsehen. Bei der Bestimmung des gewöhnlichen Aufenthalts sollte die mit der Erbsache befasste Behörde eine Gesamtbeurteilung der Lebensumstände des Erblassers in den Jahren vor seinem Tod und im Zeitpunkt seines Todes vornehmen und dabei alle relevanten Tatsachen berücksichtigen, insbesondere die Dauer und die Regelmäßigkeit des Aufenthalts des Erblassers in dem betreffenden Staat sowie die damit zusammenhängenden Umstände und Gründe. Der so bestimmte gewöhnliche Aufenthalt sollte unter Berücksichtigung der spezifischen Ziele dieser Verordnung eine besonders enge und feste Bindung zu dem betreffenden Staat erkennen lassen.

(24) In einigen Fällen kann es sich als komplex erweisen, den Ort zu bestimmen, an dem der Erblasser seinen gewöhnlichen Aufenthalt hatte. Dies kann insbesondere der Fall sein, wenn sich der Erblasser aus beruflichen oder wirtschaftlichen Gründen – unter Umständen auch für längere Zeit – in einen anderen Staat begeben hat, um dort zu arbeiten, aber eine enge und feste Bindung zu seinem Herkunftsstaat aufrechterhalten hat. In diesem Fall könnte – entsprechend den jeweiligen Umständen – davon ausgegangen werden, dass der Erblasser seinen gewöhnlichen Aufenthalt weiterhin in seinem Herkunftsstaat hat, in dem sich in familiärer und sozialer Hinsicht sein Lebensmittelpunkt befand. Weitere komplexe Fälle können sich ergeben, wenn der Erblasser abwechselnd in mehreren Staaten gelebt hat oder auch von Staat zu Staat gereist ist, ohne sich in einem Staat für längere Zeit niederzulassen. War der Erblasser ein Staatsangehöriger eines dieser Staaten oder hatte er alle seine wesentlichen Vermögensgegenstände in einem dieser Staaten, so könnte seine Staatsangehörigkeit oder der Ort, an dem diese Vermögensgegenstände sich befinden, ein besonderer Faktor bei der Gesamtbeurteilung aller tatsächlichen Umstände sein.

(25) In Bezug auf die Bestimmung des auf die Rechtsnachfolge von Todes wegen anzuwendenden Rechts kann die mit der Erbsache befasste Behörde in Ausnahmefällen – in denen der Erblasser beispielsweise erst kurz vor seinem Tod in den Staat seines gewöhnlichen Aufenthalts umgezogen ist und sich aus der Gesamtheit der Umstände ergibt, dass er eine offensichtlich engere Verbindung zu einem anderen Staat hatte – zu dem Schluss gelangen, dass die Rechtsnachfolge von Todes wegen nicht dem Recht des gewöhnlichen Aufenthalts des Erblassers unterliegt, sondern dem Recht des Staates, zu dem der Erblasser offensichtlich eine engere Verbindung hatte. Die offensichtlich engste Verbindung sollte jedoch nicht als subsidiärer Anknüpfungspunkt gebraucht werden, wenn sich die Feststellung des gewöhnlichen Aufenthaltsorts des Erblassers im Zeitpunkt seines Todes als schwierig erweist.

(26) Diese Verordnung sollte ein Gericht nicht daran hindern, Mechanismen gegen die Gesetzesumgehung wie beispielsweise gegen die fraude à la loi im Bereich des Internationalen Privatrechts anzuwenden.

(27) Die Vorschriften dieser Verordnung sind so angelegt, dass sichergestellt wird, dass die mit der Erbsache befasste Behörde in den meisten Situationen ihr eigenes Recht anwendet. Diese Verordnung sieht daher eine Reihe von Mechanismen vor, die dann greifen, wenn der Erblasser für die Regelung seines Nachlasses das Recht eines Mitgliedstaats gewählt hat, dessen Staatsangehöriger er war.

(28) Einer dieser Mechanismen sollte darin bestehen, dass die betroffenen Parteien eine Gerichtsstandsvereinbarung zugunsten der Gerichte des Mitgliedstaats, dessen Recht gewählt wurde, schließen können. Abhängig insbesondere vom Gegenstand der Gerichtsstandsvereinbarung müsste von Fall zu Fall bestimmt werden, ob die Vereinbarung zwischen sämtlichen von dem Nachlass betroffenen Parteien geschlossen werden müsste oder ob einige von ihnen sich darauf einigen könnten, eine spezifische Frage bei dem gewählten Gericht anhängig zu machen, sofern die diesbezügliche Entscheidung dieses Gerichts die Rechte der anderen Parteien am Nachlass nicht berühren würde.

(29) Wird ein Verfahren in einer Erbsache von einem Gericht von Amts wegen eingeleitet, was in einigen Mitgliedstaaten der Fall ist, sollte dieses Gericht das Verfahren beenden, wenn die Parteien vereinbaren, die Erbsache außergerichtlich in dem Mitgliedstaat des gewählten Rechts einvernehmlich zu regeln. Wird ein Verfahren in einer Erbsache nicht von einem Gericht von Amts wegen

eröffnet, so sollte diese Verordnung die Parteien nicht daran hindern, die Erbsache außergerichtlich, beispielsweise vor einem Notar, in einem Mitgliedstaat ihrer Wahl einvernehmlich zu regeln, wenn dies nach dem Recht dieses Mitgliedstaats möglich ist. Dies sollte auch dann der Fall sein, wenn das auf die Rechtsnachfolge von Todes wegen anzuwendende Recht nicht das Recht dieses Mitgliedstaats ist.

(30) Um zu gewährleisten, dass die Gerichte aller Mitgliedstaaten ihre Zuständigkeit in Bezug auf den Nachlass von Personen, die ihren gewöhnlichen Aufenthalt im Zeitpunkt ihres Todes nicht in einem Mitgliedstaat hatten, auf derselben Grundlage ausüben können, sollte diese Verordnung die Gründe, aus denen diese subsidiäre Zuständigkeit ausgeübt werden kann, abschließend und in einer zwingenden Rangfolge aufführen.

(31) Um insbesondere Fällen von Rechtsverweigerung begegnen zu können, sollte in dieser Verordnung auch eine Notzuständigkeit (forum necessitatis) vorgesehen werden, wonach ein Gericht eines Mitgliedstaats in Ausnahmefällen über eine Erbsache entscheiden kann, die einen engen Bezug zu einem Drittstaat aufweist. Ein solcher Ausnahmefall könnte gegeben sein, wenn ein Verfahren sich in dem betreffenden Drittstaat als unmöglich erweist, beispielsweise aufgrund eines Bürgerkriegs, oder wenn von einem Berechtigten vernünftigerweise nicht erwartet werden kann, dass er ein Verfahren in diesem Staat einleitet oder führt. Die Notzuständigkeit sollte jedoch nur ausgeübt werden, wenn die Erbsache einen ausreichenden Bezug zu dem Mitgliedstaat des angerufenen Gerichts aufweist.

(32) Im Interesse der Erben und Vermächtnisnehmer, die ihren gewöhnlichen Aufenthalt in einem anderen als dem Mitgliedstaat haben, in dem der Nachlass abgewickelt wird oder werden soll, sollte diese Verordnung es jeder Person, die nach dem auf die Rechtsnachfolge von Todes wegen anzuwendenden Recht dazu berechtigt ist, ermöglichen, Erklärungen über die Annahme oder Ausschlagung einer Erbschaft, eines Vermächtnisses oder eines Pflichtteils oder zur Begrenzung ihrer Haftung für Nachlassverbindlichkeiten vor den Gerichten des Mitgliedstaats ihres gewöhnlichen Aufenthalts in der Form abzugeben, die nach dem Recht dieses Mitgliedstaats vorgesehen ist. Dies sollte nicht ausschließen, dass derartige Erklärungen vor anderen Behörden dieses Mitgliedstaats, die nach nationalem Recht für die Entgegennahme von Erklärungen zuständig sind, abgegeben werden. Die Personen, die von der Möglichkeit Gebrauch machen möchten, Erklärungen im Mitgliedstaat ihres gewöhnlichen Aufenthalts abzugeben, sollten das Gericht oder die Behörde, die mit der Erbsache befasst ist oder sein wird, innerhalb einer Frist, die in dem auf die Rechtsnachfolge von Todes wegen anzuwendenden Recht vorgesehen ist, selbst davon in Kenntnis setzen, dass derartige Erklärungen abgegeben wurden.

(33) Eine Person, die ihre Haftung für die Nachlassverbindlichkeiten begrenzen möchte, sollte dies nicht durch eine entsprechende einfache Erklärung vor den Gerichten oder anderen zuständigen Behörden des Mitgliedstaats ihres gewöhnlichen Aufenthalts tun können, wenn das auf die Rechtsnachfolge von Todes wegen anzuwendende Recht von ihr verlangt, vor dem zuständigen Gericht ein besonderes Verfahren, beispielsweise ein Verfahren zur Inventarerrichtung, zu veranlassen. Eine Erklärung, die unter derartigen Umständen von einer Person im Mitgliedstaat ihres gewöhnlichen Aufenthalts in der nach dem Recht dieses Mitgliedstaats vorgeschriebenen Form abgegeben wurde, sollte daher für die Zwecke dieser Verordnung nicht formell gültig sein. Auch sollten die verfahrenseinleitenden Schriftstücke für die Zwecke dieser Verordnung nicht als Erklärung angesehen werden.

(34) Im Interesse einer geordneten Rechtspflege sollten in verschiedenen Mitgliedstaaten keine Entscheidungen ergehen, die miteinander unvereinbar sind. Hierzu sollte die Verordnung allgemeine Verfahrensvorschriften nach dem Vorbild anderer Rechtsinstrumente der Union im Bereich der justiziellen Zusammenarbeit in Zivilsachen vorsehen.

(35) Eine dieser Verfahrensvorschriften ist die Regel zur Rechtshängigkeit, die zum Tragen kommt, wenn dieselbe Erbsache bei verschiedenen Gerichten in verschiedenen Mitgliedstaaten anhängig gemacht wird. Diese Regel bestimmt, welches Gericht sich weiterhin mit der Erbsache zu befassen hat.

(36) Da Erbsachen in einigen Mitgliedstaaten von nichtgerichtlichen Behörden wie z.B. Notaren geregelt werden können, die nicht an die Zuständigkeitsregeln dieser Verordnung gebunden sind, kann nicht ausgeschlossen werden, dass in derselben Erbsache eine außergerichtliche einvernehmliche Regelung und ein Gerichtsverfahren beziehungsweise zwei außergerichtliche einvernehmliche Regelungen in Bezug auf dieselbe Erbsache jeweils in verschiedenen Mitgliedstaaten parallel eingeleitet werden. In solchen Fällen sollte es den beteiligten Parteien obliegen, sich, sobald sie Kenntnis von den parallelen Verfahren erhalten, untereinander über das weitere Vorgehen zu einigen. Können sie sich nicht einigen, so müsste das nach dieser Verordnung zuständige Gericht sich mit der Erbsache befassen und darüber befinden.

(37) Damit die Bürger die Vorteile des Binnenmarkts ohne Einbußen bei der Rechtssicherheit nutzen können, sollte die Verordnung ihnen im Voraus Klarheit über das in ihrem Fall anwendbare Erbstatut verschaffen. Es sollten harmonisierte Kollisionsnormen eingeführt werden, um einander widersprechende Ergebnisse zu vermeiden. Die allgemeine Kollisionsnorm sollte sicherstellen, dass der Erbfall einem im Voraus bestimmbaren Erbrecht unterliegt, zu dem eine enge Verbindung besteht. Aus Gründen der Rechtssicherheit und um eine Nachlassspaltung zu vermeiden, sollte der gesamte Nachlass, d.h. das gesamte zum Nachlass gehörende Vermögen diesem Recht unterliegen, unabhängig von der Art der Vermögenswerte und unabhängig davon, ob diese in einem anderen Mitgliedstaat oder in einem Drittstaat belegen sind.

(38) Diese Verordnung sollte es den Bürgern ermöglichen, durch die Wahl des auf die Rechtsnachfolge von Todes wegen anwendbaren Rechts ihren Nachlass vorab zu regeln. Diese Rechtswahl sollte auf das Recht eines Staates, dem sie angehören, beschränkt sein, damit sichergestellt wird, dass eine Verbindung zwischen dem Erblasser und dem gewählten Recht besteht, und damit vermieden wird, dass ein Recht mit der Absicht gewählt wird, die berechtigten Erwartungen der Pflichtteilsberechtigten zu vereiteln.

(39) Eine Rechtswahl sollte ausdrücklich in einer Erklärung in Form einer Verfügung von Todes wegen erfolgen oder sich aus den Bestimmungen einer solchen Verfügung ergeben. Eine Rechtswahl könnte als sich durch eine Verfügung von Todes wegen ergebend angesehen werden, wenn z.B. der Erblasser in seiner Verfügung Bezug auf spezifische Bestimmungen des Rechts des Staates, dem er angehört, genommen hat oder das Recht dieses Staates in anderer Weise erwähnt hat.

(40) Eine Rechtswahl nach dieser Verordnung sollte auch dann wirksam sein, wenn das gewählte Recht keine Rechtswahl in Erbsachen vorsieht. Die materielle Wirksamkeit der Rechtshandlung, mit der die Rechtswahl getroffen wird, sollte sich jedoch nach dem gewählten Recht bestimmen, d.h. ob davon auszugehen ist, dass die Person, die die Rechtswahl trifft, verstanden hat, was dies bedeutet, und dem zustimmt. Das Gleiche sollte für die Rechtshandlung gelten, mit der die Rechtswahl geändert oder widerrufen wird.

(41) Für die Zwecke der Anwendung dieser Verordnung sollte die Bestimmung der Staatsangehörigkeit oder der Mehrfachstaatsangehörigkeit einer Person vorab geklärt werden. Die Frage, ob jemand als Angehöriger eines Staates gilt, fällt nicht in den Anwendungsbereich dieser Verordnung und unterliegt dem innerstaatlichen Recht, gegebenenfalls auch internationalen Übereinkommen, wobei die allgemeinen Grundsätze der Europäischen Union uneingeschränkt zu achten sind.

(42) Das zur Anwendung berufene Erbrecht sollte für die Rechtsnachfolge von Todes wegen vom Eintritt des Erbfalls bis zum Übergang des Eigentums an den zum Nachlass gehörenden Vermögenswerten auf die nach diesem Recht bestimmten Berechtigten gelten. Es sollte Fragen im Zusammenhang mit der Nachlassverwaltung und der Haftung für die Nachlassverbindlichkeiten umfassen. Bei der Begleichung der Nachlassverbindlichkeiten kann abhängig insbesondere von dem auf die Rechtsnachfolge von Todes wegen anzuwendenden Recht eine spezifische Rangfolge der Gläubiger berücksichtigt werden.

(43) Die Zuständigkeitsregeln dieser Verordnung können in einigen Fällen zu einer Situation führen, in der das für Entscheidungen in Erbsachen zuständige Gericht nicht sein eigenes Recht anwendet. Tritt diese Situation in einem Mitgliedstaat ein, nach dessen Recht die Bestellung eines Nachlassverwalters verpflichtend ist, sollte diese Verordnung es den Gerichten dieses Mitgliedstaats, wenn sie angerufen werden, ermöglichen, nach einzelstaatlichem Recht einen oder mehrere solcher Nachlassverwalter zu bestellen. Davon sollte eine Entscheidung der Parteien, die Rechtsnachfolge von Todes wegen außergerichtlich in einem anderen Mitgliedstaat gütlich zu regeln, in dem dies nach dem Recht dieses Mitgliedstaates möglich ist, unberührt bleiben. Zur Gewährleistung einer reibungslosen Abstimmung zwischen dem auf die Rechtsnachfolge von Todes wegen anwendbaren Recht und dem Recht des Mitgliedstaats, das für das bestellende Gericht gilt, sollte das Gericht die Person(en) bestellen, die berechtigt wäre(n), den Nachlass nach dem auf die Rechtsnachfolge von Todes wegen anwendbaren Recht zu verwalten, wie beispielsweise den Testamentsvollstrecker des Erblassers oder die Erben selbst oder, wenn das auf die Rechtsnachfolge von Todes wegen anwendbare Recht es so vorsieht, einen Fremdverwalter. Die Gerichte können jedoch in besonderen Fällen, wenn ihr Recht es erfordert, einen Dritten als Verwalter bestellen, auch wenn dies nicht in dem auf die Rechtsnachfolge von Todes wegen anzuwendenden Recht vorgesehen ist. Hat der Erblasser einen Testamentsvollstrecker bestellt, können dieser Person ihre Befugnisse nicht entzogen werden, es sei denn, das auf die Rechtsnachfolge von Todes wegen anwendbare Recht ermöglicht das Erlöschen seines Amtes.

(44) Die Befugnisse, die von den in dem Mitgliedstaat des angerufenen Gerichts bestellten Verwaltern ausgeübt werden, sollten diejenigen Verwaltungsbefugnisse sein, die sie nach dem auf die Rechtsnachfolge von Todes wegen anwendbaren Recht ausüben dürfen. Wenn also beispielsweise der Erbe

als Verwalter bestellt wird, sollte er diejenigen Befugnisse zur Verwaltung des Nachlasses haben, die ein Erbe nach diesem Recht hätte. Reichen die Verwaltungsbefugnisse, die nach dem auf die Rechtsfolge von Todes wegen anwendbaren Recht ausgeübt werden dürfen, nicht aus, um das Nachlassvermögen zu erhalten oder die Rechte der Nachlassgläubiger oder anderer Personen zu schützen, die für die Verbindlichkeiten des Erblassers gebürgt haben, kann bzw. können der bzw. die in dem Mitgliedstaat des angerufenen Gerichts bestellte bzw. bestellten Nachlassverwalter ergänzend diejenigen Verwaltungsbefugnisse ausüben, die hierfür in dem Recht dieses Mitgliedstaates vorgesehen sind. Zu diesen ergänzenden Befugnissen könnte beispielsweise gehören, die Liste des Nachlassvermögens und der Nachlassverbindlichkeiten zu erstellen, die Nachlassgläubiger vom Eintritt des Erbfalls zu unterrichten und sie aufzufordern, ihre Ansprüche geltend zu machen, sowie einstweilige Maßnahmen, auch Sicherungsmaßnahmen, zum Erhalt des Nachlassvermögens zu ergreifen. Die von einem Verwalter aufgrund der ergänzenden Befugnisse durchgeführten Handlungen sollten im Einklang mit dem für die Rechtsnachfolge von Todes wegen anwendbaren Recht in Bezug auf den Übergang des Eigentums an dem Nachlassvermögen, einschließlich aller Rechtsgeschäfte, die die Berechtigten vor der Bestellung des Verwalters eingingen, die Haftung für die Nachlassverbindlichkeiten und die Rechte der Berechtigten, gegebenenfalls einschließlich des Rechts, die Erbschaft anzunehmen oder auszuschlagen, stehen. Solche Handlungen könnten beispielsweise nur dann die Veräußerung von Vermögenswerten oder die Begleichung von Verbindlichkeiten nach sich ziehen, wenn dies nach dem auf die Rechtsnachfolge von Todes wegen anwendbaren Recht zulässig wäre. Wenn die Bestellung eines Fremdverwalters nach dem auf die Rechtsnachfolge von Todes wegen anwendbaren Recht die Haftung der Erben ändert, sollte eine solche Änderung der Haftung respektiert werden.

(45) Diese Verordnung sollte nicht ausschließen, dass Nachlassgläubiger, beispielsweise durch einen Vertreter, gegebenenfalls weitere nach dem innerstaatlichen Recht zur Verfügung stehende Maßnahmen im Einklang mit den einschlägigen Rechtsinstrumenten der Union treffen, um ihre Rechte zu sichern.

(46) Diese Verordnung sollte die Unterrichtung potenzieller Nachlassgläubiger in anderen Mitgliedstaaten, in denen Vermögenswerte belegen sind, über den Eintritt des Erbfalls ermöglichen. Im Rahmen der Anwendung dieser Verordnung sollte daher die Möglichkeit in Erwägung gezogen werden, einen Mechanismus einzurichten, gegebenenfalls über das Europäische Justizportal, um es potenziellen Nachlassgläubigern in anderen Mitgliedstaaten zu ermöglichen, Zugang zu den einschlägigen Informationen zu erhalten, damit sie ihre Ansprüche anmelden können.

(47) Wer in einer Erbsache Berechtigter ist, sollte sich jeweils nach dem auf die Rechtsnachfolge von Todes wegen anzuwendenden Erbrecht bestimmen. Der Begriff „Berechtigte" würde in den meisten Rechtsordnungen Erben und Vermächtnisnehmer sowie Pflichtteilsberechtigte erfassen; allerdings ist beispielsweise die Rechtsstellung der Vermächtnisnehmer nicht in allen Rechtsordnungen die gleiche. In einigen Rechtsordnungen kann der Vermächtnisnehmer einen unmittelbaren Anteil am Nachlass erhalten, während nach anderen Rechtsordnungen der Vermächtnisnehmer lediglich einen Anspruch gegen die Erben erwerben kann.

(48) Im Interesse der Rechtssicherheit für Personen, die ihren Nachlass im Voraus regeln möchten, sollte diese Verordnung eine spezifische Kollisionsvorschrift bezüglich der Zulässigkeit und der materiellen Wirksamkeit einer Verfügung von Todes wegen festlegen. Um eine einheitliche Anwendung dieser Vorschrift zu gewährleisten, sollte diese Verordnung die Elemente auflisten, die zur materiellen Wirksamkeit zu rechnen sind. Die Prüfung der materiellen Wirksamkeit einer Verfügung von Todes wegen kann zu dem Schluss führen, dass diese Verfügung rechtlich nicht besteht.

(49) Ein Erbvertrag ist eine Art der Verfügung von Todes wegen, dessen Zulässigkeit und Anerkennung in den Mitgliedstaaten unterschiedlich ist. Um die Anerkennung von auf der Grundlage eines Erbvertrags erworbenen Nachlassansprüchen in den Mitgliedstaaten zu erleichtern, sollte diese Verordnung festlegen, welches Recht die Zulässigkeit solcher Verträge, ihre materielle Wirksamkeit und ihre Bindungswirkungen, einschließlich der Voraussetzungen für ihre Auflösung, regeln soll.

(50) Das Recht, dem die Zulässigkeit und die materielle Wirksamkeit einer Verfügung von Todes wegen und bei Erbverträgen die Bindungswirkungen nach dieser Verordnung unterliegen, sollte nicht die Rechte einer Person berühren, die nach dem auf die Rechtsnachfolge von Todes wegen anzuwendenden Recht pflichtteilsberechtigt ist oder ein anderes Recht hat, das ihr von der Person, deren Nachlass betroffen ist, nicht entzogen werden kann.

(51) Wird in dieser Verordnung auf das Recht Bezug genommen, das auf die Rechtsnachfolge der Person, die eine Verfügung von Todes wegen errichtet hat, anwendbar gewesen wäre, wenn sie an dem Tag verstorben wäre, an dem die Verfügung errichtet, geändert oder widerrufen worden ist, so ist diese Bezugnahme zu verstehen als Bezugnahme entweder auf das Recht des Staates des gewöhnlichen Aufenthalts der betroffenen Person an diesem Tag oder, wenn sie eine Rechtswahl

nach dieser Verordnung getroffen hat, auf das Recht des Staates, dessen Staatsangehörigkeit sie an diesem Tag besaß.

(52) Diese Verordnung sollte die Formgültigkeit aller schriftlichen Verfügungen von Todes wegen durch Vorschriften regeln, die mit denen des Haager Übereinkommens vom 5. Oktober 1961 über das auf die Form letztwilliger Verfügungen anzuwendende Recht in Einklang stehen. Bei der Bestimmung der Formgültigkeit einer Verfügung von Todes wegen nach dieser Verordnung sollte die zuständige Behörde ein betrügerisch geschaffenes grenzüberschreitendes Element, mit dem die Vorschriften über die Formgültigkeit umgangen werden sollen, nicht berücksichtigen.

(53) Für die Zwecke dieser Verordnung sollten Rechtsvorschriften, welche die für Verfügungen von Todes wegen zugelassenen Formen mit Beziehung auf bestimmte persönliche Eigenschaften der Person, die eine Verfügung von Todes wegen errichtet, wie beispielsweise ihr Alter, beschränken, als zur Form gehörend angesehen werden. Dies sollte nicht dahin gehend ausgelegt werden, dass das nach dieser Verordnung auf die Formgültigkeit einer Verfügung von Todes wegen anzuwendende Recht bestimmten [richtig wohl: bestimmen] sollte, ob ein Minderjähriger fähig ist, eine Verfügung von Todes wegen zu errichten. Dieses Recht sollte lediglich bestimmen, ob eine Person aufgrund einer persönlichen Eigenschaft, wie beispielsweise der Minderjährigkeit, von der Errichtung einer Verfügung von Todes wegen in einer bestimmten Form ausgeschlossen werden sollte.

(54) Bestimmte unbewegliche Sachen, bestimmte Unternehmen und andere besondere Arten von Vermögenswerten unterliegen im Belegenheitsmitgliedstaat aufgrund wirtschaftlicher, familiärer oder sozialer Erwägungen besonderen Regelungen mit Beschränkungen, die die Rechtsnachfolge von Todes wegen in Bezug auf diese Vermögenswerte betreffen oder Auswirkungen auf sie haben. Diese Verordnung sollte die Anwendung dieser besonderen Regelungen sicherstellen. Diese Ausnahme von der Anwendung des auf die Rechtsnachfolge von Todes wegen anzuwendenden Rechts ist jedoch eng auszulegen, damit sie der allgemeinen Zielsetzung dieser Verordnung nicht zuwiderläuft. Daher dürfen weder Kollisionsnormen, die unbewegliche Sachen einem anderen als dem auf bewegliche Sachen anzuwendenden Recht unterwerfen, noch Bestimmungen, die einen größeren Pflichtteil als den vorsehen, der in dem nach dieser Verordnung auf die Rechtsnachfolge von Todes wegen anzuwendenden Recht festgelegt ist, als besondere Regelungen mit Beschränkungen angesehen werden, die die Rechtsnachfolge von Todes wegen in Bezug auf bestimmte Vermögenswerte betreffen oder Auswirkungen auf sie haben.

(55) Um eine einheitliche Vorgehensweise in Fällen sicherzustellen, in denen es ungewiss ist, in welcher Reihenfolge zwei oder mehr Personen, deren Rechtsnachfolge von Todes wegen verschiedenen Rechtsordnungen unterliegen würde, gestorben sind, sollte diese Verordnung eine Vorschrift vorsehen, nach der keine der verstorbenen Personen Anspruch auf den Nachlass der anderen hat.

(56) In einigen Fällen kann es einen erbenlosen Nachlass geben. Diese Fälle werden in den verschiedenen Rechtsordnungen unterschiedlich geregelt. So kann nach einigen Rechtsordnungen der Staat – unabhängig davon, wo die Vermögenswerte belegen sind – einen Erbanspruch geltend machen. Nach anderen Rechtsordnungen kann der Staat sich nur die Vermögenswerte aneignen, die in seinem Hoheitsgebiet belegen sind. Diese Verordnung sollte daher eine Vorschrift enthalten, nach der die Anwendung des auf die Rechtsnachfolge von Todes wegen anzuwendenden Rechts nicht verhindern sollte, dass ein Mitgliedstaat sich das in seinem Hoheitsgebiet belegene Nachlassvermögen nach seinem eigenen Recht aneignet. Um sicherzustellen, dass diese Vorschrift nicht nachteilig für die Nachlassgläubiger ist, sollte jedoch eine Bestimmung hinzugefügt werden, nach der die Nachlassgläubiger berechtigt sein sollten, aus dem gesamten Nachlassvermögen, ungeachtet seiner Belegenheit, Befriedigung ihrer Forderungen zu suchen.

(57) Die in dieser Verordnung festgelegten Kollisionsnormen können dazu führen, dass das Recht eines Drittstaats zur Anwendung gelangt. In derartigen Fällen sollte den Vorschriften des Internationalen Privatrechts dieses Staates Rechnung getragen werden. Falls diese Vorschriften die Rück- und Weiterverweisung entweder auf das Recht eines Mitgliedstaats oder aber auf das Recht eines Drittstaats, der sein eigenes Recht auf die Erbsache anwenden würde, vorsehen, so sollte dieser Rück- und Weiterverweisung gefolgt werden, um den internationalen Entscheidungseinklang zu gewährleisten. Die Rück- und Weiterverweisung sollte jedoch in den Fällen ausgeschlossen werden, in denen der Erblasser eine Rechtswahl zugunsten des Rechts eines Drittstaats getroffen hatte.

(58) Aus Gründen des öffentlichen Interesses sollte den Gerichten und anderen mit Erbsachen befassten zuständigen Behörden in den Mitgliedstaaten in Ausnahmefällen die Möglichkeit gegeben werden, Bestimmungen eines ausländischen Rechts nicht zu berücksichtigen, wenn deren Anwendung in einem bestimmten Fall mit der öffentlichen Ordnung (ordre public) des betreffenden Mitgliedstaats offensichtlich unvereinbar wäre. Die Gerichte oder andere zuständige Behörden sollten allerdings die Anwendung des Rechts eines anderen Mitgliedstaats nicht ausschließen oder die Anerkennung – oder gegebenenfalls die Annahme – oder die Vollstreckung einer Entscheidung, einer

öffentlichen Urkunde oder eines gerichtlichen Vergleichs aus einem anderen Mitgliedstaat aus Gründen der öffentlichen Ordnung (ordre public) nicht versagen dürfen, wenn dies gegen die Charta der Grundrechte der Europäischen Union, insbesondere gegen das Diskriminierungsverbot in Artikel 21, verstoßen würde.

(59) Diese Verordnung sollte in Anbetracht ihrer allgemeinen Zielsetzung, nämlich der gegenseitigen Anerkennung der in den Mitgliedstaaten ergangenen Entscheidungen in Erbsachen, unabhängig davon, ob solche Entscheidungen in streitigen oder nichtstreitigen Verfahren ergangen sind, Vorschriften für die Anerkennung, Vollstreckbarkeit und Vollstreckung von Entscheidungen nach dem Vorbild anderer Rechtsinstrumente der Union im Bereich der justiziellen Zusammenarbeit in Zivilsachen vorsehen.

(60) Um den verschiedenen Systemen zur Regelung von Erbsachen in den Mitgliedstaaten Rechnung zu tragen, sollte diese Verordnung die Annahme und Vollstreckbarkeit öffentlicher Urkunden in einer Erbsache in sämtlichen Mitgliedstaaten gewährleisten.

(61) Öffentliche Urkunden sollten in einem anderen Mitgliedstaat die gleiche formelle Beweiskraft wie im Ursprungsmitgliedstaat oder die damit am ehesten vergleichbare Wirkung entfalten. Die formelle Beweiskraft einer öffentlichen Urkunde in einem anderen Mitgliedstaat oder die damit am ehesten vergleichbare Wirkung sollte durch Bezugnahme auf Art und Umfang der formellen Beweiskraft der öffentlichen Urkunde im Ursprungsmitgliedstaat bestimmt werden. Somit richtet sich die formelle Beweiskraft einer öffentlichen Urkunde in einem anderen Mitgliedstaat nach dem Recht des Ursprungsmitgliedstaats.

(62) Die „Authentizität" einer öffentlichen Urkunde sollte ein autonomer Begriff sein, der Aspekte wie die Echtheit der Urkunde, die Formerfordernisse für die Urkunde, die Befugnisse der Behörde, die die Urkunde errichtet, und das Verfahren, nach dem die Urkunde errichtet wird, erfassen sollte. Der Begriff sollte ferner die von der betreffenden Behörde in der öffentlichen Urkunde beurkundeten Vorgänge erfassen, wie z.B. die Tatsache, dass die genannten Parteien an dem genannten Tag vor dieser Behörde erschienen sind und die genannten Erklärungen abgegeben haben. Eine Partei, die Einwände mit Bezug auf die Authentizität einer öffentlichen Urkunde erheben möchte, sollte dies bei dem zuständigen Gericht im Ursprungsmitgliedstaat der öffentlichen Urkunde nach dem Recht dieses Mitgliedstaats tun.

(63) Die Formulierung „die in einer öffentlichen Urkunde beurkundeten Rechtsgeschäfte oder Rechtsverhältnisse" sollte als Bezugnahme auf den in der öffentlichen Urkunde niedergelegten materiellen Inhalt verstanden werden. Bei dem in einer öffentlichen Urkunde beurkundeten Rechtsgeschäft kann es sich etwa um eine Vereinbarung zwischen den Parteien über die Verteilung des Nachlasses, um ein Testament oder einen Erbvertrag oder um eine sonstige Willenserklärung handeln. Bei dem Rechtsverhältnis kann es sich etwa um die Bestimmung der Erben und sonstiger Berechtigter nach dem auf die Rechtsnachfolge von Todes wegen anzuwendenden Recht, ihre jeweiligen Anteile und das Bestehen eines Pflichtteils oder um jedes andere Element, das nach dem auf die Rechtsnachfolge von Todes wegen anzuwendenden Recht bestimmt wurde, handeln. Eine Partei, die Einwände mit Bezug auf die in einer öffentlichen Urkunde beurkundeten Rechtsgeschäfte oder Rechtsverhältnisse erheben möchte, sollte dies bei den nach dieser Verordnung zuständigen Gerichten tun, die nach dem auf die Rechtsnachfolge von Todes wegen anzuwendenden Recht über die Einwände entscheiden sollten.

(64) Wird eine Frage mit Bezug auf die in einer öffentlichen Urkunde beurkundeten Rechtsgeschäfte oder Rechtsverhältnisse als Vorfrage in einem Verfahren bei einem Gericht eines Mitgliedstaats vorgebracht, so sollte dieses Gericht für die Entscheidung über diese Vorfrage zuständig sein.

(65) Eine öffentliche Urkunde, gegen die Einwände erhoben wurden [richtig wohl: wurde], sollte in einem anderen Mitgliedstaat als dem Ursprungsmitgliedstaat keine formelle Beweiskraft entfalten, solange die Einwände anhängig sind. Betreffen die Einwände nur einen spezifischen Umstand mit Bezug auf die in einer öffentlichen Urkunde beurkundeten Rechtsgeschäfte oder Rechtsverhältnisse, so sollte die öffentliche Urkunde in Bezug auf den angefochtenen Umstand keine Beweiskraft in einem anderen Mitgliedstaat als dem Ursprungsmitgliedstaat entfalten, solange die Einwände anhängig sind. Eine öffentliche Urkunde, die aufgrund eines Einwands für ungültig erklärt wird, sollte keine Beweiskraft mehr entfalten.

(66) Wenn einer Behörde im Rahmen der Anwendung dieser Verordnung zwei nicht miteinander zu vereinbarende öffentliche Urkunden vorgelegt werden, so sollte sie die Frage, welcher Urkunde, wenn überhaupt, Vorrang einzuräumen ist, unter Berücksichtigung der Umstände des jeweiligen Falls beurteilen. Geht aus diesen Umständen nicht eindeutig hervor, welche Urkunde, wenn überhaupt, Vorrang haben sollte, so sollte diese Frage von den gemäß dieser Verordnung zuständigen Gerichten oder, wenn die Frage als Vorfrage im Laufe eines Verfahrens vorgebracht wird, von dem mit diesem Verfahren befassten Gericht geklärt werden. Im Falle einer Unvereinbarkeit zwischen

einer öffentlichen Urkunde und einer Entscheidung sollten die Gründe für die Nichtanerkennung von Entscheidungen nach dieser Verordnung berücksichtigt werden.

(67) Eine zügige, unkomplizierte und effiziente Abwicklung einer Erbsache mit grenzüberschreitendem Bezug innerhalb der Union setzt voraus, dass die Erben, Vermächtnisnehmer, Testamentsvollstrecker oder Nachlassverwalter in der Lage sein sollten, ihren Status und/oder ihre Rechte und Befugnisse in einem anderen Mitgliedstaat, beispielsweise in einem Mitgliedstaat, in dem Nachlassvermögen belegen ist, einfach nachzuweisen. Zu diesem Zweck sollte diese Verordnung die Einführung eines einheitlichen Zeugnisses, des Europäischen Nachlasszeugnisses (im Folgenden „das Zeugnis"), vorsehen, das zur Verwendung in einem anderen Mitgliedstaat ausgestellt wird. Das Zeugnis sollte entsprechend dem Subsidiaritätsprinzip nicht die innerstaatlichen Schriftstücke ersetzen, die gegebenenfalls in den Mitgliedstaaten für ähnliche Zwecke verwendet werden.

(68) Die das Zeugnis ausstellende Behörde sollte die Formalitäten beachten, die für die Eintragung von unbeweglichen Sachen in dem Mitgliedstaat, in dem das Register geführt wird, vorgeschrieben sind. Diese Verordnung sollte hierfür einen Informationsaustausch zwischen den Mitgliedstaaten über diese Formalitäten vorsehen.

(69) Die Verwendung des Zeugnisses sollte nicht verpflichtend sein. Das bedeutet, dass die Personen, die berechtigt sind, das Zeugnis zu beantragen, nicht dazu verpflichtet sein sollten, dies zu tun, sondern dass es ihnen freistehen sollte, die anderen nach dieser Verordnung zur Verfügung stehenden Instrumente (Entscheidung, öffentliche Urkunde und gerichtlicher Vergleich) zu verwenden. Eine Behörde oder Person, der ein in einem anderen Mitgliedstaat ausgestelltes Zeugnis vorgelegt wird, sollte jedoch nicht verlangen können, dass statt des Zeugnisses eine Entscheidung, eine öffentliche Urkunde oder ein gerichtlicher Vergleich vorgelegt wird.

(70) Das Zeugnis sollte in dem Mitgliedstaat ausgestellt werden, dessen Gerichte nach dieser Verordnung zuständig sind. Es sollte Sache jedes Mitgliedstaats sein, in seinen innerstaatlichen Rechtsvorschriften festzulegen, welche Behörden – Gerichte im Sinne dieser Verordnung oder andere für Erbsachen zuständige Behörden wie beispielsweise Notare – für die Ausstellung des Zeugnisses zuständig sind. Es sollte außerdem Sache jedes Mitgliedstaats sein, in seinen innerstaatlichen Rechtsvorschriften festzulegen, ob die Ausstellungsbehörde andere zuständige Stellen an der Ausstellung beteiligen kann, beispielsweise Stellen, vor denen eidesstattliche Versicherungen abgegeben werden können. Die Mitgliedstaaten sollten der Kommission die einschlägigen Angaben zu ihren Ausstellungsbehörden mitteilen, damit diese Angaben der Öffentlichkeit zugänglich gemacht werden.

(71) Das Zeugnis sollte in sämtlichen Mitgliedstaaten dieselbe Wirkung entfalten. Es sollte zwar als solches keinen vollstreckbaren Titel darstellen, aber Beweiskraft besitzen, und es sollte die Vermutung gelten, dass es die Sachverhalte zutreffend ausweist, die nach dem auf die Rechtsnachfolge von Todes wegen anzuwendenden Recht oder einem anderen auf spezifische Sachverhalte anzuwendenden Recht festgestellt wurden, wie beispielsweise die materielle Wirksamkeit einer Verfügung von Todes wegen. Die Beweiskraft des Zeugnisses sollte sich nicht auf Elemente beziehen, die nicht durch diese Verordnung geregelt werden, wie etwa die Frage des Status oder die Frage, ob ein bestimmter Vermögenswert dem Erblasser gehörte oder nicht. Einer Person, die Zahlungen an eine Person leistet oder Nachlassvermögen an eine Person übergibt, die in dem Zeugnis als zur Entgegennahme dieser Zahlungen oder dieses Vermögens als Erbe oder Vermächtnisnehmer berechtigt bezeichnet ist, sollte ein angemessener Schutz gewährt werden, wenn sie im Vertrauen auf die Richtigkeit der in dem Zeugnis enthaltenen Angaben gutgläubig gehandelt hat. Der gleiche Schutz sollte einer Person gewährt werden, die im Vertrauen auf die Richtigkeit der in dem Zeugnis enthaltenen Angaben Nachlassvermögen von einer Person erwirbt oder erhält, die in dem Zeugnis als zur Verfügung über das Vermögen berechtigt bezeichnet ist. Der Schutz sollte gewährleistet werden, wenn noch gültige beglaubigte Abschriften vorgelegt werden. Durch diese Verordnung sollte nicht geregelt werden, ob der Erwerb von Vermögen durch eine dritte Person wirksam ist oder nicht.

(72) Die zuständige Behörde sollte das Zeugnis auf Antrag ausstellen. Die Ausstellungsbehörde sollte die Urschrift des Zeugnisses aufbewahren und dem Antragsteller und jeder anderen Person, die ein berechtigtes Interesse nachweist, eine oder mehrere beglaubigte Abschriften ausstellen. Dies sollte einen Mitgliedstaat nicht daran hindern, es im Einklang mit seinen innerstaatlichen Regelungen über den Zugang der Öffentlichkeit zu Dokumenten zu gestatten, dass Abschriften des Zeugnisses der Öffentlichkeit zugängig gemacht werden. Diese Verordnung sollte Rechtsbehelfe gegen Entscheidungen der ausstellenden Behörde, einschließlich der Entscheidungen, die Ausstellung eines Zeugnisses zu versagen, vorsehen. Wird ein Zeugnis berichtigt, geändert oder widerrufen, sollte die ausstellende Behörde die Personen unterrichten, denen beglaubigte Abschriften ausgestellt wurden, um eine missbräuchliche Verwendung dieser Abschriften zu vermeiden.

(73) Um die internationalen Verpflichtungen, die die Mitgliedstaaten eingegangen sind, zu wahren, sollte sich diese Verordnung nicht auf die Anwendung internationaler Übereinkommen auswirken, denen ein oder mehrere Mitgliedstaaten zum Zeitpunkt der Annahme dieser Verordnung angehören. Insbesondere sollten die Mitgliedstaaten, die Vertragsparteien des Haager Übereinkommens vom 5. Oktober 1961 über das auf die Form letztwilliger Verfügungen anzuwendende Recht sind, in Bezug auf die Formgültigkeit von Testamenten und gemeinschaftlichen Testamenten anstelle der Bestimmungen dieser Verordnung weiterhin die Bestimmungen jenes Übereinkommens anwenden können. Um die allgemeinen Ziele dieser Verordnung zu wahren, muss die Verordnung jedoch im Verhältnis zwischen den Mitgliedstaaten Vorrang vor ausschließlich zwischen zwei oder mehreren Mitgliedstaaten geschlossenen Übereinkommen haben, soweit diese Bereiche betreffen, die in dieser Verordnung geregelt sind.

(74) Diese Verordnung sollte nicht verhindern, dass die Mitgliedstaaten, die Vertragsparteien des Übereinkommens vom 19. November 1934 zwischen Dänemark, Finnland, Island, Norwegen und Schweden mit Bestimmungen des Internationalen Privatrechts über Rechtsnachfolge von Todes wegen, Testamente und Nachlassverwaltung sind, weiterhin spezifische Bestimmungen jenes Übereinkommens in der geänderten Fassung der zwischenstaatlichen Vereinbarung zwischen den Staaten, die Vertragsparteien des Übereinkommens sind, anwenden können.

(75) Um die Anwendung dieser Verordnung zu erleichtern, sollten die Mitgliedstaaten verpflichtet werden, über das mit der Entscheidung 2001/470/EG des Rates[6] eingerichtete Europäische Justizielle Netz für Zivil- und Handelssachen bestimmte Angaben zu ihren erbrechtlichen Vorschriften und Verfahren zu machen. Damit sämtliche Informationen, die für die praktische Anwendung dieser Verordnung von Bedeutung sind, rechtzeitig im Amtsblatt der Europäischen Union veröffentlicht werden können, sollten die Mitgliedstaaten der Kommission auch diese Informationen vor dem Beginn der Anwendung der Verordnung mitteilen.

(76) Um die Anwendung dieser Verordnung zu erleichtern und um die Nutzung moderner Kommunikationstechnologien zu ermöglichen, sollten Standardformblätter für die Bescheinigungen, die im Zusammenhang mit einem Antrag auf Vollstreckbarerklärung einer Entscheidung, einer öffentlichen Urkunde oder eines gerichtlichen Vergleichs und mit einem Antrag auf Ausstellung eines Europäischen Nachlasszeugnisses vorzulegen sind, sowie für das Zeugnis selbst vorgesehen werden.

(77) Die Berechnung der in dieser Verordnung vorgesehenen Fristen und Termine sollte nach Maßgabe der Verordnung (EWG, Euratom) Nr. 1182/71 des Rates vom 3. Juni 1971 zur Festlegung der Regeln für die Fristen, Daten und Termine[7] erfolgen.

(78) Um einheitliche Bedingungen für die Durchführung dieser Verordnung gewährleisten zu können, sollten der Kommission in Bezug auf die Erstellung und spätere Änderung der Bescheinigungen und Formblätter, die die Vollstreckbarerklärung von Entscheidungen, gerichtlichen Vergleichen und öffentlichen Urkunden und das Europäische Nachlasszeugnis betreffen, Durchführungsbefugnisse übertragen werden. Diese Befugnisse sollten im Einklang mit der Verordnung (EU) Nr. 182/2011 des Europäischen Parlaments und des Rates vom 16. Februar 2011 zur Festlegung der allgemeinen Regeln und Grundsätze, nach denen die Mitgliedstaaten die Wahrnehmung der Durchführungsbefugnisse durch die Kommission kontrollieren,[8] ausgeübt werden.

(79) Für den Erlass von Durchführungsrechtsakten zur Erstellung und anschließenden Änderung der in dieser Verordnung vorgesehenen Bescheinigungen und Formblätter sollte das Beratungsverfahren nach Artikel 4 der Verordnung (EU) Nr. 182/2011 herangezogen werden.

(80) Da die Ziele dieser Verordnung, nämlich die Sicherstellung der Freizügigkeit und der Möglichkeit für europäische Bürger, ihren Nachlass in einem Unions-Kontext im Voraus zu regeln, sowie der Schutz der Rechte der Erben und Vermächtnisnehmer, der Personen, die dem Erblasser nahestehen, und der Nachlassgläubiger auf Ebene der Mitgliedstaaten nicht ausreichend verwirklicht werden können und daher wegen des Umfangs und der Wirkungen dieser Verordnung besser auf Unionsebene zu verwirklichen sind, kann die Union im Einklang mit dem in Artikel 5 des Vertrags über die Europäische Union niedergelegten Subsidiaritätsprinzip tätig werden. Entsprechend dem in demselben Artikel genannten Grundsatz der Verhältnismäßigkeit geht diese Verordnung nicht über das für die Erreichung dieser Ziele erforderliche Maß hinaus.

(81) Diese Verordnung steht im Einklang mit den Grundrechten und Grundsätzen, die mit der Charta der Grundrechte der Europäischen Union anerkannt wurden. Bei der Anwendung dieser

---

[6] **[Amtl. Anm.:]** ABl. L 174 vom 27.6.2001, S. 25.
[7] **[Amtl. Anm.:]** ABl. L 124 vom 8.6.1971, S. 1.
[8] **[Amtl. Anm.:]** ABl. L 55 vom 28.2.2011, S. 13.

Verordnung müssen die Gerichte und anderen zuständigen Behörden der Mitgliedstaaten diese Rechte und Grundsätze achten.

(82) Gemäß den Artikeln 1 und 2 des dem Vertrag über die Europäische Union und dem Vertrag über die Arbeitsweise der Europäischen Union beigefügten Protokolls Nr. 21 über die Position des Vereinigten Königreichs und Irlands hinsichtlich des Raums der Freiheit, der Sicherheit und des Rechts beteiligen sich diese Mitgliedstaaten nicht an der Annahme dieser Verordnung und sind weder durch diese gebunden noch zu ihrer Anwendung verpflichtet. Dies berührt jedoch nicht die Möglichkeit für das Vereinigte Königreich und Irland, gemäß Artikel 4 des genannten Protokolls nach der Annahme dieser Verordnung mitzuteilen, dass sie die Verordnung anzunehmen wünschen.

(83) Gemäß den Artikeln 1 und 2 des dem Vertrag über die Europäische Union und dem Vertrag über die Arbeitsweise der Europäischen Union beigefügten Protokolls Nr. 22 über die Position Dänemarks beteiligt sich Dänemark nicht an der Annahme dieser Verordnung und ist weder durch diese Verordnung gebunden noch zu ihrer Anwendung verpflichtet –

HABEN FOLGENDE VERORDNUNG ERLASSEN:

Vorbemerkung zu Art. 1 EuErbVO

Materialien zur Verordnung (chronologisch): Rechtsvergleichende Studie der erbrechtlichen Regelungen des Internationalen Verfahrensrechtes und Internationalen Privatrechts der Mitgliedstaaten der Europäischen Union, in Deutsches Notarinstitut, Internationales Erbrecht in der EU, 2004, 169 (zitiert: DNotI-Studie); Grünbuch der Kommission der Europäischen Gemeinschaften zum Erb- und Testamentsrecht, KOM(2005) 65 endg. vom 1.3.2005 (zitiert: Grünbuch KOM(2005) 65 endg.); Document de travail des services de la Commission, Annexe au Livre Vert sur les Successions et Testaments, SEC(2005) 270 vom 1.3.2005; Stellungnahme des Europäischen Wirtschafts- und Sozialausschusses zu dem „Grünbuch Erb- und Testamentsrecht" vom 26.10.2005, ABl. 2006 Nr. C 28 S. 1 (zitiert: EWSA-Stellungnahme zum Grünbuch); Bericht des Europäischen Parlaments mit Empfehlungen an die Kommission zum Erb- und Testamentsrecht vom 16.10.2006, A6–0359/2006, angenommen durch eine Entschließung des Europäischen Parlaments mit Empfehlungen an die Kommission zum Erb- und Testamentsrecht vom 16.11.2006, P6_TA (2006) 0496 (zitiert: Gargani-Bericht); Vorschlag der Kommission der Europäischen Gemeinschaften für eine Verordnung über die Zuständigkeit, das anzuwendende Recht, die Anerkennung und die Vollstreckung von Entscheidungen und öffentlichen Urkunden in Erbsachen sowie zur Einführung eines Europäischen Nachlasszeugnisses, KOM(2009) 154 endg. vom 14.10.2009 (zitiert: Kommissionsvorschlag KOM(2009) 154 endg.); Commission Staff Working Document accompanying the Proposal for a Regulation of the European Parliament and of the Council on jurisdiction, applicable law, recognition and enforcement of decisions and authentic instruments in matters of successions and on the introduction of a European Certificate of Inheritance – Impact Assessment, SEC(2009) 410 final vom 14.10.2009 (zitiert: Staff Working Paper), deutschsprachige Zusammenfassung in SEK[2009] 411 endg. vom 14.10.2009; Stellungnahme des Europäischen Wirtschafts- und Sozialausschusses vom 14.7.2010 zu dem „Vorschlag für eine Verordnung des Europäischen Parlaments und des Rates über die Zuständigkeit, das anzuwendende Recht, die Anerkennung und die Vollstreckung von Entscheidungen und öffentlichen Urkunden in Erbsachen sowie zur Einführung eines Europäischen Nachlasszeugnisses", ABl. 2011 Nr. C 44 S. 148 (zitiert: EWSA-Stellungnahme zum Kommissionsvorschlag); Entwurf eines Berichts des Rechtsausschusses des Europäischen Parlaments über den Vorschlag für eine Verordnung des Europäischen Parlaments und des Rates über die Zuständigkeit, das anzuwendende Recht, die Anerkennung und die Vollstreckung von Entscheidungen und öffentlichen Urkunden in Erbsachen sowie zur Einführung eines Europäischen Nachlasszeugnisses vom 23.2.2011, PE441.200 (zitiert: Lechner-Berichtsentwurf), mit Änderungsanträgen vom 13.5.2011 (zitiert: Änderungsanträge Nr. 122–245 zum Lechner-Berichtsentwurf) und vom 22.2.2012 (zitiert: Änderungsantrag Nr. 246 zum Lechner-Berichtsentwurf); Bericht des Europäischen Parlaments über den Vorschlag für eine Verordnung des Europäischen Parlaments und des Rates über die Zuständigkeit, das anzuwendende Recht, die Anerkennung und die Vollstreckung von Entscheidungen und öffentlichen Urkunden in Erbsachen sowie zur Einführung eines Europäischen Nachlasszeugnisses vom 6.3.2012, A7–0045/2012 (zitiert: Lechner-Bericht); Legislative Entschließung des Europäischen Parlaments vom 13.3.2012 zu dem Vorschlag für eine Verordnung des Europäischen Parlaments und des Rates über die Zuständigkeit, das anzuwendende Recht, die Anerkennung und die Vollstreckung von Entscheidungen und öffentlichen Urkunden in Erbsachen sowie zur Einführung eines Europäischen Nachlasszeugnisses (zitiert: Legislative Entschließung des Parlaments); Standpunkt des Europäischen Parlaments festgelegt in erster Lesung am 13.3.2012 im Hinblick auf den Erlass der Verordnung (EU) Nr. …/2012 des Europäischen Parlaments und des Rates über die Zuständigkeit, das anzuwendende Recht, die Anerkennung und Vollstreckung von Entscheidungen, die Annahme und Vollstreckung öffentlicher Urkunden in Erbsachen sowie zur Einführung eines Europäischen Nachlasszeugnisses (zitiert: Standpunkt des Parlaments) – Ferner sind für die Entstehungsgeschichte der Erbrechtsverordnung die zahlreichen Ratsdokumente von Bedeutung, die im Folgenden nach der jeweiligen Dokumentennummer zitiert werden, wobei sich die Seitenangaben auf die deutsche Version oder – soweit eine solche nicht existiert – auf die englische Version beziehen; die Nummer des interinstitutionellen Dossiers lautet 2009/0157(COD).

Schrifttum zum Grünbuch und dessen Vorarbeiten allgemein: *Bajons,* Zur Interdependenz von IPR und IZVR bei der Schaffung eines europäischen Justizraums für grenzüberschreitende Nachlassangelegenheiten, in Deutsches Notarinstitut, Internationales Erbrecht in der EU, 2004, 465; *Bajons,* Internationale Zuständigkeit und anwendbares Recht in grenzüberschreitenden Erbrechtsfällen innerhalb des europäischen Justizraums, FS

Heldrich, 2005, 495; *Baldus,* Normqualität und Untermaßverbot: Für eine privatrechtliche Logik der Kompetenz-bestimmung am Beispiel des Europäischen Erbscheins, GPR 2006, 80; *Baldus/Kunz,* Das Europäische Testaments-register: Sachstand und ausgewählte Fragen, in Jud/Rechberger/Reichelt, Kollisionsrecht in der Europäischen Union – Neue Fragen des Internationalen Privat- und Zivilverfahrensrechts, 2008, 165; *Bauer,* Neues europäisches Kollisions- und Verfahrensrecht auf dem Weg – Stellungnahme des Deutschen Rates für IPR zum internationalen Erb- und Scheidungsrecht, IPRax 2006, 202; *Blum,* Das Grünbuch der Europäischen Kommission zum internatio-nalen Erbrecht, ZErb 2005, 170; *Cafari Panico,* L'efficacia degli atti pubblici stranieri, in Baruffi/Cafari Panico, Le nuove competenze comunitarie, 2009, 171; *Davì,* L'autonomie de la volonté en droit international privé de successions dans la perspective d'une future réglementation européenne, in Deutsches Notarinstitut, Internationales Erbrecht in der EU, 2004, 387; *Davì,* Riflessioni sul futuro diritto internazionale privato europeo delle successioni, Riv. dir. int. 88 (2005), 297; *Denkinger,* Europäisches Erbkollisionsrecht – Einheit trotz Vielfalt?, 2009; *Dörner,* Vorschläge für ein europäisches Internationales Erbrecht, FS Holzhauer, 2005, 474; *Dörner,* Das Grünbuch „Erb- und Testamentsrecht" der Europäischen Kommission, ZEV 2005, 137; *Dörner/Hertel/Lagarde/Riering,* Auf dem Weg zu einem europäischen Internationalen Erb- und Erbverfahrensrecht, IPRax 2005, 1; *Dutta,* Succession and wills in the conflict of laws on the eve of Europeanisation, RabelsZ 73 (2009), 547; *Frantzen,* Europäisches internationales Erbrecht, FS Jayme I, 2004, 187; *Gaudemet-Tallon,* Quelques réflexions sur les propositions concer-nant la compétence judiciare, la reconnaissance et l'exécution des décisions en matière successorale dans l'Union européenne, in Deutsches Notarinstitut, Internationales Erbrecht in der EU, 2004, 445; *Haas,* Der Europäische Justizraum in „Erbsachen", in Gottwald, Perspektiven der justiziellen Zusammenarbeit in Zivilsachen in der Europäischen Union, 2004, 43; *Harris,* The proposed EU Regulation on succession and wills: Prospects and challenges, Tru. L. Int'l 2008, 181; *Hausmann,* Community instrument on international successions and wills, in Baruffi/Cafari Panico, Le nuove competenze comunitarie, 2009, 149; *Heggen,* Europäische Vereinheitlichungsten-denzen im Bereich des Erb- und Testamentsrechtes, RNotZ 2007, 1; *Herweg,* Die Vereinheitlichung des Internatio-nalen Erbrechts im Europäischen Binnenmarkt, 2004; *Jud,* Die kollisionsrechtliche Anknüpfungsverlegenheit im Erbrecht, in Rechberger, Winfried-Kralik-Symposium 2006, 2007, 19; *Junghardt,* Die Vereinheitlichung des Erb- und Testamentsrechts im Rahmen einer europäischen Verordnung – Rom IV-VO, 2009; *Lagarde,* Familienvermö-gens- und Erbrecht in Europa, in Gottwald, Perspektiven der justiziellen Zusammenarbeit in Zivilsachen in der Europäischen Union, 2004, 2; *Lehmann,* Stellungnahme zum Grünbuch der Kommission der Europäischen Gemeinschaften zum Erb- und Testamentsrecht, ZErb 2005, 320; *Lehmann,* Die Reform des internationalen Erb- und Erbprozessrechts im Rahmen der geplanten Brüssel-IV Verordnung, 2006; *Lehmann,* Internationale Reaktio-nen auf das Grünbuch zum Erb- und Testamentsrecht, IPRax 2006, 204; *Lehmann,* Aktuelle Entwicklungen im Europäischen Internationalen Erb- und Erbverfahrensrecht, in Rechberger, Winfried-Kralik-Symposium 2006, 2007, 1; *Lehmann,* Ernüchternde Entwicklung beim Europäischen Erbrecht?, FPR 2008, 203; *Leipold,* Europa und das Erbrecht, FS Söllner, 2000, 647; *Lokin,* De unificatie van het conflictenrecht in de toekomstige Verordening inzake erfrecht, WPNR 2009, 54; *Mansel,* Vereinheitlichung des Internationalen Erbrechts in der Europäischen Gemeinschaft – Kompetenzfragen und Regelungsgrundsätze, in Tuğrul Ansay'a Armağan, 2006, 185; *Navrátilová,* Familienrechtliche Aspekte im europäischen Erbkollisionsrecht, GPR 2008, 144; *Pajor,* Rapport sur le rattachement objectif en droit successoral in Deutsches Notarinstitut, Internationales Erbrecht in der EU, 2004, 371; *Rechberger,* Europäische Projekte zum Erb- und Testamentsrecht, in Reichelt, 30 Jahre österreichisches IPR-Gesetz – Europä-ische Perspektiven, 2009, 77; *Rudolf,* Vereinheitlichtes Europäisches Erbrecht – Das Grünbuch „Erb- und Testa-mentsrecht", ÖNotZ 2005, 297; *Stumpf,* Europäisierung des Erbrechts: Das Grünbuch zum Erb- und Testaments-recht, EuZW 2006, 587; *Stumpf,* Das Erbrecht als Objekt differenzierter Integrationsschritte, in Jung/Baldus, Differenzierte Integration im Gemeinschaftsprivatrecht, 2007, 217; *Stumpf,* EG-Rechtsetzungskompetenzen im Erbrecht, EuR 2007, 291.

Zum Kommissionsvorschlag und dessen Diskussion in Rat und Parlament allgemein: *Altmeyer,* Ver-einheitlichung des Erbrechts in Europa – Der Entwurf einer „EU-Erbrechts-Verordnung" durch die EU-Kommis-sion, ZEuS 2010, 475; *Álvarez González,* Las legítimas en el Reglamento sobre sucesiones y testamentos, An. Esp. Der. Int. Priv. 11 (2011), 369; *Ancel,* Convergence des droits et droit européen des successions internationales: La Proposition de Règlement du 14 octobre 2009, in Baldus/Müller-Graff, Europäisches Privatrecht in Vielfalt geeint – Einheitsbildung durch Gruppenbildung im Sachen-, Familien- und Erbrecht?, 2011, 185; *Baldus,* Le temps de l'exploration, in Bosse-Platière/Damas/Dereu, L'avenir européen du droit des successions internationales, 2011, 85; *Bonomi,* Successions internationales: conflits de lois et de juridictions, Rec. des Cours 350 (2010), 71; *Bonomi,* Le choix de la loi applicable à la succession dans la proposition de règlement européen, in Bonomi/ Schmid, Successions internationales, 2010, 23; *Bonomi,* Testamentary freedom or forced heirship? – Balancing party autonomy and the protection of family members, NIPR 2010, 605; *Bonomi,* Prime considerazioni sulla proposta di regolamento sulle successioni, Riv. dir. int. priv. proc. 46 (2010), 875; *Bonomi,* Choice-of-law aspects of the future EC Regulation in matters of succession – A first glance at the Commission's Proposal, Liber amicorum Kurt Siehr, 2010, 157; *Bonomi,* The interaction among the future EU instruments on matrimonial property, registered partnerships and successions, YbPIL 13 (2011), 217; *Bonomi,* La compétence des juridictions des Etats membres de l'Union européenne dans les relations avec les Etats tiers à l'aune des récentes propositions en matière de droit de la famille et des successions, FS Schwander, 2011, 665; *Bonomi,* Quelle protection pour les héritiers réservataires sous l'empire du futur règlement européen?, TCPDIP Années 2008–2010 (2011), 263; *Breitschmid/ Haas-Leimacher,* Impacts du futur règlement européen en matière de successions sur le droit suisse, in Bonomi/ Schmid, Successions internationales, 2010, 133; *Buschbaum/M. Kohler,* Vereinheitlichung des Erbkollisionsrechts in Europa, GPR 2010, 106 (Teil I) sowie GPR 2010, 162 (Teil II); *Buschbaum/M. Kohler,* La „reconnaissance" des actes authentiques prévue pour les successions transfrontalières, Rev. crit. dr. int. pr. 99 (2010), 629; *Buschbaum/ M. Kohler,* Die „Anerkennung" öffentlicher Urkunden? – Kritische Gedanken über einen zweifelhaften Ansatz in der EU-Kollisionsrechtsvereinheitlichung, IPRax 2010, 313; *Chassaing,* Regard notarial sur les successions internationales et le futur règlement communautaire, in Khairallah/Revillard, Perspectives du droit des successions européennes et internationales, 2010, S. 35; *Crône,* La competence internationale du notaire en matière de règlement des successions, in Bosse-Platière/Damas/Dereu, L'avenir européen du droit des successions internationales, 2011, 123; *Dörner,* Der Entwurf einer europäischen Verordnung zum Internationalen Erb- und Erbverfahrensrecht – Überblick und ausgewählte Probleme, ZEV 2010, 221; *Dutta,* The Europeanisation of international succession law, in Boele-Woelki/Miles/Scherpe, The future of family property in Europe, 2011, 341; *Faber,* Der aktuelle Vorschlag einer EU-Verordnung für Erbsachen – ein Überblick, Journal für Erbrecht und Vermögensnachfolge (JEV) 2010, 42; *Faber/Grünberger,* Vorschlag der EU-Kommission zu einer Erbrechts-Verordnung, ÖNotZ 2011, 97; *Fontanellas Morell,* Las donaciones mortis causa ante la reglamentación comunitaria de las sucesiones, An. Esp. Der. Int. Priv. 11 (2011), 465; *Foyer,* Reconnaissance et exécution des jugements étrangers et des actes authentiques, in Khairallah/Revillard, Perspectives du droit des successions européennes et internationales, 2010, 135; *Frimston,* The scope of the law applicable to the succession, in particular the administration of the estate, in Bonomi/Schmid, Successions internationales, 2010, 69; *Frohn/Lhoëst,* Het voorstel voor een Europese Erfrechtverordening, FJR 2010, 47; *Geimer,* Die geplante Europäische Erbrechtsverordnung, in Reichelt/Rechberger, Europäisches Erbrecht – Zum Verordnungsvorschlag der Europäischen Kommission zum Erb- und Testamentsrecht, 2011, 1; *Geimer,* Gedanken zur europäischen Rechtsentwicklung – Von der Donaumonarchie zur Europäischen Union, ÖNotZ 2012, 70, 75 ff.; *Godechot-Patris,* Le champ d'application de la proposition de règlement du 14 octobre 2009, in Bosse-Platière/Damas/Dereu, L'avenir européen du droit des successions internationales, 2011, 17; *Guillaume,* Successions helvético-européennes: les nouveautés introduites par le futur règlement européen du point de vue suisse, in Bonomi/Schmid, Successions internationales, 2010, 119; *Hellner,* El futuro reglamento de la UE sobre sucesiones – La relación con terceros estados, An. Esp. Der. Int. Priv. 10 (2010), 379; *Hess/Jayme/Pfeiffer,* Stellungnahme zum Vorschlag für eine Europäische Erbrechtsverordnung, 2012; *Jacoby,* Le nouveau droit des successions internationals – Les perspectives pour la pratique notariale française, JCP N 2011 Nr. 49, S. 71; *Jayme,* Zur Reichweite des Erbstatuts, in Reichelt/Rechberger, Europäisches Erbrecht – Zum Verordnungsvorschlag der Europäischen Kommission zum Erb- und Testamentsrecht, 2011, 27; *Kanzleiter,* Die Reform des Internationalen Erbrechts in der Europäischen Union – Bedenken gegen den „gewöhnlichen Aufenthalt" als Kriterium für das anwendbare Erbrecht, FS Stefan Zimmermann, 2010, 165; *Khairallah,* La loi applicable à la succession, in Khairallah/Revillard, Perspectives du droit des successions européennes et internationales, 2010, 61; *Kindler,* Vom Staatsangehörigkeits- zum Domizilprinzip: das künftige internationale Erbrecht der Europäischen Union, IPRax 2010, 44; *Kindler,* From nationality to habitual residence: Some brief remarks on the future EU Regulation on international successions and wills, Liber amicorum Kurt Siehr, 2010, 251; *Kindler,* La legge regolatrice delle successioni nella proposta di regolamento dell'Unione Europea: Qualche riflessione in tema di carattere universale, rinvio e professio iuris, Riv. dir. int. 94 (2011), 422; *Kowalczyk,* Spannungsverhältnis zwischen Güterrechtsstatut und Erbstatut nach den Kommissionsvorschlägen für das Internationale Ehegüter- und Erbrecht, GPR 2012, 212 (Teil I) sowie GPR 2012, 258 (Teil II); *Lagarde,* Présentation de la proposition de règlement sur les successions, in Bonomi/Schmid, Successions internationales, 2010, 11, sowie in Khairallah/Revillard, Perspectives du droit des successions européennes et internationales, 2010, 5; *K. W. Lange,* Die geplante Harmonisierung des Internationalen Erbrechts in Europa, ZVglRWiss. 110 (2011), 426; *K. W. Lange,* Das Erbkollisionsrecht im neuen Entwurf einer EU-ErbVO, ZErb 2012, 160; *Lein,* A further step towards a European code of private international law – The Commission Proposal for a Regulation on succession, YbPIL 11 (2009), 107; *Lein,* Les compétences spéciales, in Bonomi/Schmid, Successions internationales, 2010, 77; *Lokin,* Freedom of testation and the protection of the family in private international law, in Boele-Woelki/Miles/Scherpe, The future of family property in Europe, 2011, 369; *Loquin,* Rapport sur la découverte et l'exploration d'un droit international privé européen des successions, in Bosse-Platière/Damas/Dereu, L'avenir européen du droit des successions internationales, 2011, 159; *St. Lorenz,* Erbrecht in Europa – Auf dem Weg zu kollisionsrechtlicher Rechtseinheit, ErbR 2012, 39; *Majer,* Die Geltung der EU-Erbrechtsverordnung für reine Drittstaatensachverhalte, ZEV 2011, 445; *Marino,* La proposta di regolamento sulla cooperazione giudiziaria in materia di successioni, Riv. dir. int. 93 (2010), 463; *Max Planck Institute for Comparative and International Private Law,* Comments on the European Commission's Proposal for a Regulation of the European Parliament and of the Council on jurisdiction, applicable law, recognition and enforcement of decisions and authentic instruments in matters of succession and the creation of a European Certificate of Succession, RabelsZ 74 (2010), 522; *Müller-Bromley,* Die Abwicklung deutsch-portugiesischer Erbfälle unter Berücksichtigung des Entwurfs der EU-ErbVO, ZEV 2011, 120; *Nourissat,* Le future droit des successions internationals de l'Union européenne, Défrenois 2010, 394; *Nourissat,* Le Champ d'application de la proposition de règlement, in Khairallah/Revillard, Perspectives du droit des successions européennes et internationales, 2010, 17; *Paz Lamela,* La exclusión de los trusts del futuro Reglamento „Bruselas/Roma IV", An. Esp. Der. Int. Priv. 11 (2011), 447; *Péroz,* Vers une simplification du règlement des successions internationales pour la pratique notarial, JCP N 2009 Nr. 43/44, S. 5; *Perreau-Saussine,* La professio juris et l'unite de la succession, in Bosse-Platière/Damas/Dereu, L'avenir européen du droit des successions internationales, 2011, 33; *A. Pfeiffer,* Änderungen des Erbstatuts durch die geplante EuErbVO aus schweizerischer Sicht, successio 2010, 316; *Remde,* Die Europäische Erbrechtsverordnung nach dem Vorschlag der Kommission vom 14. Oktober 2009, RNotZ 2012, 65; *Remien,* La validité et les effets des actes à cause de mort, in Bonomi/Schmid, Successions internationales, 2010, 57; *Remien,* Chancen und Risiken erbrechtlicher Planung und Beratung nach den Vorschlag einer europäischen Verordnung über das internationale Erbrecht und das europäische Nachlasszeugnis, in Grziwotz, Erbrecht und Vermögenssicherung, 2011, 95; *Revillard,* Successions: proposition de règlement communautaire, Defrénois 2010, 176; *Revillard,* Domaine de la loi applicable, in Khairallah/Revillard, Perspectives du droit des successions européennes et internationales, 2010, S. 81; *Rodríguez-Uría Suárez,* La propuesta de reglamento sobre sucesiones y testamentos y su posible aplicación al derecho interregional: especial consideración de los pactos sucesorios, An. Esp. Der. Int. Priv. 10 (2010), 639; *W.-H. Roth,* Der Vorschlag einer Verordnung zur Regelung des internationalen Erbrechts, in Schmoeckel/Otte, Europäische Testamentsformen, 2011, 13; *Rudolf,* Vorschlag einer EU-Verordnung zum Internationalen Erb- und Erbverfahrensrecht, ÖNotZ 2010, 353; *Sauvage,* L'option et la transmission du passif dans les successions internationales, in Khairallah/Revillard, Perspectives du droit des successions européennes et internationales, 2010, 99; *Schur,* Vorschlag für eine Verordnung in Erbsachen sowie zur Einführung eines Europäischen Nachlasszeugnisses, ÖAnwBl. 2009, 541; *Schurig,* Das internationale Erbrecht wird europäisch – Bemerkungen zur kommenden Europäischen Verordnung, FS Spellenberg, 2010, 343; *Steiner,* EU-Verordnung in Erbsachen sowie zur Einführung eines europäischen Nachlasszeugnisses, ÖNotZ 2012, 104; *Steinmetz/Löber/García Alcázar,* EU-Erbrechtsverordnung: Voraussichtliche Rechtsänderungen für den Erbfall von in Spanien ansässigen, deutschen Staatsangehörigen, ZEV 2010, 234; *Süß,* Der Vorschlag der EG-Kommission zu einer Erbrechtsverordnung (Rom IV-Verordnung) vom 14. Oktober 2009, ZErb 2009, 342; *Torfs/van Soest,* Le règlement européen concernant les successions: D.I.P., reconnaissance et certificat successoral, in: Confronting the frontiers of family and succession law – Liber amicorum Walter Pintens I, 2012, 1443; *Traar,* Der Verordnungsvorschlag aus österreichischer Sicht, in Reichelt/Rechberger, Europäisches Erbrecht – Zum Verordnungsvorschlag der Europäischen Kommission zum Erb- und Testamentsrecht, 2011, 85; *R. Wagner,* Der Kommissionsvorschlag vom 14.10.2009 zum internationalen Erbrecht: Stand und Perspektiven des Gesetzgebungsvorhabens, DNotZ 2010, 506; *Wysocka,* EU Succession Regulation: Choice of applicable law and protection of family members, in Boele-Woelki/Miles/Scherpe, The future of family property in Europe, 2011, 383.

Zur Verordnung (übergreifende Werke und Beiträge): *Artigot i Golobardes,* Will Regulation 650/2012 simplify cross-border successions in Europe?, EPLJ 2015, 22; *Bajons,* Internationale Zuständigkeit und anwendbares Recht in Erbsachen, in Schauer/Scheuba, Europäische Erbrechtsverordnung, 2012, 29; *Bajons,* Erbfälle mit Auslandsberührung unter Geltung der Europäischen Erbrechtsverordnung – Länderbericht Österreich, in Löhnig/Schwab/Henrich/Gottwald/Grziwiotz/Reimann/Dutta, Erbfälle unter Geltung der Europäischen Erbrechtsverordnung, 2014, 93; *Baldus,* Erbe und Vermächtnisnehmer nach der Erbrechtsverordnung, GPR 2012, 312; *Barnich,* Présentation du règlement sucessoral européen, in Nuyts, Actualités en droit international privé, 2013, 7; *Bendelac,* Le transfert de biens au décès autrement que par succession en droit international privé, 2016; *Bergquist/Damascelli/Frimston/Lagarde/Odersky/Reinhartz,* EU-Erbrechtsverordnung – Kommentar, 2015; *Biagioni,* L'ambito di applicazione del regolamento sulle successioni, in Franzina/Leandro, Il diritto internazionale privato Europeo delle successioni mortis causa, 2013, 25; *Bidaud-Garon,* La loi applicable aux successions internationales selon le règlement du 4 juillet 2012, JCP N 2012 Nr. 17, S. 49; *Bogdan,* Some reflections on multiculturalism, application of islamic law, legal pluralism and the new EU Succession Regulation, Essays in honour of Hans van Loon, 2013, 59; *Bonomi,* Conférence de La Haye et Union européenne – synergies dans le domaine du droit de succession, Essays in honour of Hans van Loon, 2013, 69; *Bonomi,* Il regolamento europeo sulle successioni, Riv. dir. int. priv. proc. 49 (2013), 293; *Bonomi/Öztürk,* Auswirkungen der Europäischen Erbrechtsverordnung auf die Schweiz unter besonderer Berücksichtigung deutsch-schweizerischer Erbfälle, ZVglRWiss. 114 (2015), 4; *Bonomi/Wautelet,* Le droit européen des successions – Commentaire du Réglement n°650/2012 du 4 juillet 2012, 2. Aufl. 2016; *Boulanger,* Révolution juridique ou compromis en trompe-l'oeil? – À propos du nouveau règlement européen sur les successions internationales, JCP 2012 Nr. 42, S. 1903; *Bruns,* Eingetragene Lebenspartnerschaften im Rahmen der EU-Erbrechtsverordnung, ZErb 2014, 181; *Buigues/Moreno,* Sucesiones internacionales – Comentarios al Reglamento (UE) 650/2012, 2015; *Burandt,* Die EU-ErbVO – Das europäische Erbrecht im Wandel, FuR 2013, 314 (Teil I), FuR 2013, 377 (Teil II) sowie FuR 2013, 443 (Teil III); *Burandt/Dargel,* Die EU-ErbVO aus Sicht des Familienrechtlers, FamRB 2015, 116; *Buschbaum,* Die künftige Erbrechtsverordnung – Wegbereiter für den acquis im europäischen Kollisionsrecht, GS Hübner, 2012, 589; *Buschbaum,* Europäisches Nachlasszeugnis und Annahme öffentlicher Urkunden – neue Mechanismen zur grenzüberschreitenden Nachlassabwicklung und ihr Verhältnis zum materiellen Sachenrecht, in Hager, Die neue europäische Erbrechtsverordnung, 2013, 39; *Calvo Caravaca/Daví/Mansel,* The EU Succession Regulation – A commentary, 2016; *Carrascosa González,* El Reglamento sucesorio europeo 650/2012 de 4 de julio de 2012 – Análisis crítico, 2014; *Chassaing,* Le nouveau règlement européen sur les successions, JCP N 2012 Nr. 25, S. 54; *Coester,* Das Erbrecht registrierter Lebenspartner unter der EuErbVO, ZEV 2013, 115; *Deixler-Hübner/Schauer,* Kommentar zur EU-Erbrechtsverordnung, 2015; *Damascelli,* I criteri di collegamento impiegati dal regolamento n. 650/2012 per la designazione della legge regolatrice della successione a causa di morte, in Franzina/Leandro, Il diritto internazionale privato Europeo delle successioni mortis causa, 2013, 87; *Damascelli,* Diritto internazionale privato delle successioni a causa di morte, 2013; *Devaux,* The European Regulations on Succession of July 2012, Int. Lawyer 47 (2013), 229; *Döbereiner,* Das internationale Erbrecht nach der EU-Erbrechtsverordnung, MittBayNot 2013, 358 (Teil I) sowie MittBayNot 2013, 437 (Teil II); *Döbereiner,* Vindikationslegate unter Geltung der EU-Erbrechtsverordnung, GPR 2014, 42; *Döbereiner,* Die Europäische Erbrechtsverordnung aus französischer Sicht, in Löhnig/Schwab/Henrich/Gottwald/Grziwiotz/Reimann/Dutta, Erbfälle unter Geltung der Europäischen Erbrechtsverordnung, 2014, 139; *Döbereiner,* Damnationslegate unter Geltung der EuErbVO am Beispiel des deutsch-französischen Rechtsverkers, ZEV 2015, 559; *Dörner,* EuErbVO: Die Verordnung zum Internationalen Erb- und Erbverfahrensrecht ist in Kraft!, ZEV 2012, 505; *Dörner,* Die Abgrenzung des Erbstatuts vom Güterstatut, in Dutta/Herrler, Die Europäische Erbrechtsverordnung, 2014, 73; *Dörner,* Erbauseinandersetzung und Bestellung eines Minderjährigenpflegers nach Inkrafttreten der EuErbVO, ZEV 2016, 117; *Dörner,* Besser zu spät als nie – Zur güterrechtlichen Qualifikation des § 1371 Abs. 1 BGB im deutschen und europäischen IPR, IPRax 2017, 81; *Dutta,* Das neue internationale Erbrecht der Europäischen Union – Eine erste Lektüre der Erbrechtsverordnung, FamRZ 2013, 4; *Dutta,* Die europäische Erbrechtsverordnung vor ihrem Anwendungsbeginn: Zehn ausgewählte Streitstandsminiaturen, IPRax 2015, 32; *Dutta,* Erbfolge und Güterrecht – Das Zusammenspiel von Erbrechtsverordnung und künftigen Güterrechtsverordnungen, in

Lipp/Münch, Die neue Europäische Erbrechtsverordnung, 2016, S. 117; *Dutta/Weber*, Internationales Erbrecht, 2016; *J. Emmerich*, Der gewöhnliche Aufenthalt als erbrechtliches und subjektives Merkmal – eine Untersuchung der Regelanknüpfung der EU-ErbVO, ErbR 2016, 122; *Everts*, Neue Perspektiven zur Pflichtteilsdämpfung aufgrund der EuErbVO?, ZEV 2013, 124; *Everts*, Fälle und Formulierungsbeispiele zur EU-Erbrechtsverordnung, NotBZ 2015, 3; *Fernández-Tresguerres*, Aproximación a un concepto autónomo de propiedad sucesoria en el Reglamento núm. 650/2012, Liber amicorum Alegría Borrás, 2013, 377; *Fischer-Czermak*, Anwendungsbereich, in Schauer/Scheuba, Europäische Erbrechtsverordnung, 2012, 23; *Fischer-Czermak*, Anwendbares Recht, in Schauer/Scheuba, Europäische Erbrechtsverordnung, 2012, 43; *Fontanellas Morell*, El testamento mancomunado en el reglamento 650/2012 relativo a las sucesiones por causa de muerte, Liber amicorum Alegría Borrás, 2013, 405; *Frank/Döbereiner*, Nachlassfälle mit Auslandsbezug, 2015; *Franzina*, Ragioni, valori e collocazione sistematica della disciplina internazionalprivatistica europea delle successioni mortis causa, in Franzina/Leandro, Il diritto internazionale privato Europeo delle successioni mortis causa, 2013, 1; *Franzina/Leandro*, Il nuovo diritto internazionale privato delle successioni per causa di morte in Europa, NLCC 2013, 275; *Frick*, Die Europäische Erbrechtsverordnung und Liechtenstein, liechtenstein-journal 2013, 34; *Frimston*, The European Union Succession Regulation (EU) No 650/2012, PCB 2012, 213; *Frodl*, Einheit durch Aufgabe nationaler Rechtstraditionen? – EU-Erbrechtsverordnung kundgemacht, ÖJZ 2012, 950; *Frodl/Kieweler*, Historische Entwicklung und Anwendungsbereich, in Rechberger/Zöchling-Jud, Die EU-Erbrechtsverordnung in Österreich, 2015, 1; *Fumagalli*, Il sistema italiano di diritto internazionale privato e processuale e il regolamento (UE) n. 650/2012 sulle successioni – Spazi residui per la legge interna?, Riv. dir. int. priv. proc. 2015, 779; *Geimer*, Die europäische Erbrechtsverordnung im Überblick, in Hager, Die neue europäische Erbrechtsverordnung, 2013, 9; *Gierl/Köhler/Kroiß/Wilsch*, Internationales Erbrecht – EuErbVO, IntErbRVG, 2015; *Giray*, Possible impacts of EU Succession Regulation No. 650/2012 on Turkish private interational law, Anali Pravnog Univerziteta u Zenici 18 (2016), 235; *Giuliano*, De Erfrechtverordening: één bevoegde autoriteit en één toepasselijk recht, FJR 2013, 68; *Godechot-Patris*, Le nouveau droit international privé des successions: entre satisfactions et craintes …, Rec. Dalloz 2013, 2462; *Godechot-Patris*, L'administration des successions, in Khairallah/Revillard, Droit européen des successions internationales, 2013, 87; *Goossens/Verbeke*, De Europese erfrechtverordening, in Van Calser, Internationaal privaatrecht – Themis 76, 2012, 105; *Goré*, Les silences du règlement européen sur les successions internationales, Droit & Patrimoine, Nr. 224, 2013, S. 34; *Grau*, Deutscher Erbschein und Europäische Erbrechtsverordnung, FS Schilken, 2015, 3; *Grimaldi*, Brève réflexions sur l'ordre public et la réserve héréditaire, Defrénois 2012, 755; *Hausmann*, Verfügungen von Todes wegen im deutsch-italienischen Rechtsverkehr unter Geltung der Europäischen Erbrechtsverordnung, JbItalR 27 (2015), 21; *Hellner*, Probleme des allgemeinen Teils des Internationalen Privatrechts, in Dutta/Herrler, Die Europäische Erbrechtsverordnung, 2014, 107; *Heredia Cervantes*, Lex successionis y lex rei sitae en el Reglamento de sucesiones, An. Esp. Der. Int. Priv. 11 (2011), 415; *Heredia Cervantes*, El nuevo reglamento europeo sobre sucesiones, Diario La Ley, Nr. 7933, 2012, S. 1; *Hertel*, Die Abgrenzung des Erbstatuts vom Sachenrechtsstatut und vom Gesellschaftsstatut, in Dutta/Herrler, Die Europäische Erbrechtsverordnung, 2014, 85; *Herzog*, Die EU-Erbrechtsverordnung, ErbR 2013, 2; *Hess/Mariottini/Camara*, Regulation (EC) n. 650/2012 of July 2012 on jurisdiction, applicable law, recognition and enforcement of authentic instruments in matters of succession and on the creation of a European Certificate of Succession – Note, 2012; *von Hinden/Müller*, Die Europäische Erbrechtsverordnung, ErbStB 2013, 97; *Jacoby*, Acte de notoriété ou certificat successoral européen?, JCP N 2012 Nr. 25, S. 65; *Janzen*, Die EU-Erbrechtsverordnung, DNotZ 2012, 484; *Khairallah*, La détermination de la loi applicable à la succession, in Khairallah/Revillard, Droit européen des successions internationales, 2013, 47; *Kern/Glücker*, Das neue Europäische Erbstatut und seine Aufnahme in der deutschen Literatur, RabelsZ 78 (2014), 294; *Kindler*, Der Aktionär im toskanischen Lebensabend – Zum Kollisionsrecht der Testamentsgestaltung bei Auslandsdomizil unter der neuen EU-Erbverordnung, FS Stilz, 2014, 345; *Köhler*, General private international law institutes in the EU Succession Regulation – some remarks, Anali Pravnog Fakulteta Univerziteta u Zenici 18 (2016), 169; *Kowalczyk*, Die Zukunftsperspektive der Anwendung des § 1371 BGB unter Geltung des europäischen Kollisionsrechts, ZfRV 2013, 126; *Kränzle*, Heimat als Rechtsbegriff? – Eine Untersuchung zu Domicile und gewöhnlichem Aufenthalt im Lichte der EU-Erbrechtsverordnung, 2014; *Kroll-Ludwigs*, Rechtswahl und Gerichtsstandsvereinbarung, in Lipp/Münch, Die neue Europäische Erbrechtsverordnung, 2016, 65; *Kunz*, Die neue Europäische Erbrechtsverordnung – ein Überblick, GPR 2012, 208 (Teil I) sowie GPR 2012, 253 (Teil II); *Kunz*, Nachlassspaltung durch die registerrechtliche Hintertür, GPR 2013, 293; *Lagarde*, Le règlement Successions est arrivé!, GPR 2012, 165; *Lagarde*, Les principes de bases du nouveau règlement européen sur les successions, Rev. crit. dr. int. pr. 101 (2012), 691; *Lagarde*, Présentation du règlement sur les successions, in Khairallah/Revillard, Droit européen des successions internationales, 2013, 5; *K. W. Lange/Holtwiesche*, Die Erbausschlagung eines im Ausland lebenden Erben unter Berücksichtigung der ErbVO, ZErb 2016, 29; *Laukemann*, Die lex rei sitae in der Europäischen Erbrechtsverordnung – Inhalt, Schranken und Funktion, FS Schütze, 2014, 325; *Lechner*, Die EuErbVO im Spannungsfeld zwischen Erbstatut und Sachenrecht, IPRax 2013, 497; *Lechner*, Die Entwicklung der Erbrechtsverordnung, in Dutta/Herrler, Die Europäische Erbrechtsverordnung, 2014, 5; *Lechner*, Verordnung (EU) Nr. 650/2012 über Erbsachen und die Einführung eines Europäischen Nachlasszeugnisses, 2015; *Lechner*, Die Europäische Erbrechtsverordnung, DNotZ-Sonderheft 2016, 102; *Lehmann*, Die EU-Erbrechtsverordnung zur Abwicklung grenzüberschreitender Nachlässe, DStR 2012, 2085; *Lehmann*, Die EU-ErbVO: Babylon in Brüssel und Berlin, ZErb 2013, 25; *Lehmann*, Erhöhter Druck auf Erbvertrag, gemeinschaftliches Testament sowie Vor- und Nacherbfolge durch die EuErbVO, ZEV 2015, 309; *Lein*, Die Erbrechtsverordnung aus Sicht der Drittstaaten, in Dutta/Herrler, Die Europäische Erbrechtsverordnung, 2014, 199; *Leitzen*, EuErbVO: Praxisfragen an der Schnittstelle zwischen Erb- und Gesellschaftsrecht, ZEV 2012, 520; *Leitzen*, Die Rechtswahl nach der EuErbVO, ZEV 2013, 128; *Lipp*, Die Europäische Erbrechtsverordnung – eine Einführung, in Lipp/Münch, Die neue Europäische Erbrechtsverordnung, 2016, 1; *Leu*, Die EU-Erbrechtsverordnung und ihre Bedeutung aus

Schweizerischer Sicht, SJZ 112 (2016), 441; *Lokin,* Grensoverschrijdende erfopvolging – Behoud van nationale conflictenrechtelijke waarden in de nieuwe Europese regelgeving, 2012, S. 151 ff.; *Lokin,* De Erfrechtverordening, NIPR 2013, 329; *Lokin,* Choice-of-law rules in the European Regulation on Succession: A familiar system for the Netherlands?, ZVglRWiss. 114 (2015), 75; *Looschelders,* Die allgemeinen Lehren des internationalen Privatrechts im Rahmen der Europäischen Erbrechtsverordnung, FS Coester-Waltjen, 2015, 531; *St. Lorenz,* Internationaler Pflichtteilsschutz und Reaktionen des Erbstatuts auf lebzeitige Zuwendungen, in Dutta/Herrler, Die Europäische Erbrechtsverordnung, 2014, 113; *Lutz,* Auswirkungen der EU-ErbVO auf die Praxis des Nachlassgerichts, BWNotZ 2016, 34; *Mankowski,* Das erbrechtliche Viertel nach § 1371 Abs. 1 BGB im deutschen und europäischen Internationalen Privatrecht, ZEV 2014, 121; *Mankowski,* Erbrechtliche Schiedsgerichte in Fällen mit Auslandsbezug und die EuErbVO, ZEV 2014, 395; *Mankowski,* Der gewöhnliche Aufenthalt des Erblassers unter Art. 21 Abs. 1 EuErbVO, IPRax 2015, 39; *Mankowski,* Das Verhältnis zwischen der EuErbVO und den neuen Verordnungen zum Internationalen Güterrecht, ZEV 2016, 479; *Mansel,* Gesamt- und Einzelstatut: Die Koordination von Erb- und Sachstatut nach der EuErbVO, FS Coester-Waltjen, 2015, 587; *Margonski,* Grenzüberschreitende Tätigkeit des Nachlasspflegers in deutsch-polnischen Nachlasssachen, 2013, 175; *Margonski,* Ausländische Vindikationslegate nach der EU-Erbrechtsverordnung, GPR 2013, 106; *Müller-Lukoschek,* Neues im Internationalen Erbrecht: Die neue EU-Erbrechtsverordnung, NotBZ 2014, 329 (Teil I) sowie NotBZ 2014, 361 (Teil II); *Müller-Lukoschek,* Die neue EU-Erbrechtsverordnung, 2. Aufl. 2015; *Moura Ramos,* Le nouveau droit international privé des successions de l'Union européenne Premières réflexions, Studi in onore di Laura Picchio Forlati, 2014, 205; *Muriel-Ciceri,* Sucesiones internacionales en Europa y Colombia, An. Esp. Der. Int. Priv. 12 (2012), 567; *Nordmeier,* Erbannahme, Erbausschlagung und ihre Anfechtung bei Nachlassspaltung nach EGBGB und EuErbVO, IPRax 2016, 439; *Nourissat,* Le champ d'application du règlement, in Khairallah/Revillard, Droit européen des successions internationales, 2013, 17; *Obergfell,* La libre elección de la ley aplicable en el derecho internacional privado de sucesiones: una perspectiva desde Alemania, An. Esp. Der. Int. Priv. 11 (2011), 407; *Odersky,* Die Europäische Erbrechtsverordnung in der Gestaltungspraxis, notar 2013, 3; *Odersky,* Die Anwendung der Erbrechtsverordnung in der notariellen Praxis ab August 2015, notar 2015, 183; *Paulus,* Das Schicksal von Gesellschaftsanteilen in internationalen Erbfällen, notar 2016, 3; *Perrotin,* Planification des successions internationales: des opportunités de transmission?, Petites affiches 2012 Nr. 182/183, S. 8; *M. Pfeiffer,* Legal certainty and predictability in international succession law, JPIL 12 (2016), 566; *T. Pfeiffer,* Ruhestandsmigration und EU-Erbrechtsverordnung, IPRax 2016, 310; *Picht,* „Wo die Liebe Wohnsitz nimmt" – Schlaglichter auf deutsch-schweizerische Ehegattenerbfälle in Zeiten der EuErbVO, FS Coester-Waltjen, 2015, 619; *Pintens,* Einführung in die Grundprinzipien der Erbrechtsverordnung, in Löhnig/Schwab/Henrich/Gottwald/Grzwiwotz/Reimann/Dutta, Erbfälle unter Geltung der Europäischen Erbrechtsverordnung, 2014, 1; *Popescu,* Das neue Internationale Erbrecht, Liber amicorum Liviu Pop, 2015, 759 sowie 804; *Prats Albentosa,* Ley aplicable a la sucesión ‚mortis causa' en la Unión Europea y creación del Certificado sucesorio europeo, Diario La Ley, Nr. 7929, 2012, 1; *Reimann,* Testamentsvollstrecker im Auslandseinsatz: Änderungen nach Inkrafttreten der EuErbVO?, ZEV 2015, 510; *Revillard,* Successions internationales: le règlement du Parlement européen et du Conseil du 4 juillet 2012 en matière de successions, Defrénois 2012, 743; *Revillard,* Portée de la loi applicable, in Khairallah/Revillard, Droit européen des successions internationales, 2013, 67; *Revillard,* Stratégie de transmission d'un patrimoine international: Nouvelles perspectives, 2. Aufl. 2016, 149 ff.; *Reymann,* Auswirkungen der EU-Erbrechtsverordnung auf das Fürstentum Liechtenstein, ZVglRWiss. 114 (2015), 40; *Richters,* Anwendungsprobleme der EuErbVO im deutsch-britischen Rechtsverkehr, ZEV 2012, 576; *Romano,* Remarks on the impact of the Regulation No 650/2012 on the Swiss-EU successions, YbPIL 17 (2015/2016), 253; *Rudolf,* Die Erbrechtsverordnung der Europäischen Union, ÖNotZ 2013, 225; *Rudolf/Zöchling-Jud/Kogler,* Kollisionsrecht, in Rechberger/Zöchling-Jud, Die EU-Erbrechtsverordnung in Österreich, 2015, 115; *Sauvage,* L'option et la transmission du passif dans les successions internationales au regard du règlement européen du 4 juillet 2012, in Khairallah/Revillard, Droit européen des successions internationales, 2013, 105; *Schaub,* Die EU-Erbrechtsverordnung, Hereditare 3 (2013), 91; *Schauer,* Die neue Erbrechts-VO der Europäischen Union – eine Annäherung, Journal für Erbrecht und Vermögensnachfolge (JEV) 2012, 78; *Schauer,* Europäisches Nachlasszeugnis, in Schauer/Scheuba, Europäische Erbrechtsverordnung, 2012, 73; *Schauer,* Erbrecht goes Europe: Ausgewählte Fragen der EU-Erbrechtsverordnung, in Deixler-Hübner/Schauer, Migration, Familie und Vermögen, 2013, 45; *Scheuba,* Anmerkungen zur Entstehungsgeschichte, in Schauer/Scheuba, Europäische Erbrechtsverordnung, 2012, 1; *J. P. Schmidt,* Ausländische Vindikationslegate über im Inland belegene Immobilien – zur Bedeutung des Art. 1 Abs. 2 lit. l EuErbVO, ZEV 2014, 133; *J. P. Schmidt,* Der Erwerb der Erbschaft in grenzüberschreitenden Sachverhalten unter besonderer Berücksichtigung der EuErbVO, ZEV 2014, 455; *Schwander,* Die EU-Erbrechtsverordnung – Auswirkungen auf die Nachlassplanung aus schweizerischer Sicht, AJP/PJA 2014, 1084; *Seibl,* Objektive und subjektive Anknüpfungen im Internationalen Erbrecht: ein Vergleich der bisherigen Rechtslage und der ErbVO, in Spickhoff, Symposium Parteiautonomie im Europäischen Internationalen Privatrecht, 2013, 123; *Siehr,* Deutsch-schweizerische Erbfälle nach Inkrafttreten der EuErbVO, FS I. Meier, 2015, 681; *Simon/Buschbaum,* Die neue EU-Erbrechtsverordnung, NJW 2012, 2393; *Solomon,* The boundaries of the law applicable to succession, Anali Pravnog Fakulteta Univerziteta u Zenici 18 (2016), 193; *Sonnentag,* Das Europäische Internationale Erbrecht im Spannungsfeld zwischen der Anknüpfung an die Staatsangehörigkeit und den gewöhnlichen Aufenthalt, EWS 2012, 457; *Soutier,* Die Geltung deutscher Rechtsgrundsätze im Anwendungsbereich der Europäischen Erbrechtsverordnung, 2015; *Soutier,* Verbindliche Rechtswahlen im Erbrecht, ZEV 2015, 515; *Steinmetz/Löber/García Alcázar,* Die EU-Erbrechtsverordnung und ihre Anwendbarkeit im Mehrrechtsstaat Spanien, ZEV 2013, 535; *M. Stürner,* Deutsch-italienische Erbfälle unter der kommenden Europäischen Erbrechtsverordnung, JbItalR 26 (2013), 59; *Süß,* Der unnichtige Erbvertrag nach der Europäischen Erbrechtsverordnung, ZErb 2014, 225; *Süß,* Die Europäische Erbrechtsverordnung, in Süß, Erbrecht in Europa, 3. Aufl. 2015, 1; *Süß,* Die Bestimmung des Erbstatuts nach der EU-Erbrechtsverordnung, in Süß, Erbrecht in Europa, 3. Aufl. 2015, 25; *Süß,* Regelungsbereich des Erbstatuts und Abgrenzung zu anderen Statuten, in Süß, Erbrecht in Europa, 3. Aufl. 2015, 81; *Topal-Gökceli/Kührer*, Anhaltspunkte zur Auslegung des Begriffs des gewöhnlichen Aufenthalts in der Europäischen Erbrechtsverordnung, ÖNotZ 2015, 298; *Traar*, Die EU-Erbrechtsverordnung, iFamZ 2015, 250 (Teil I) sowie iFamZ 2015, 301 (Teil II); *van Erp*, The new Succession Regulation: The lex rei sitae rule in need of a reappraisal?, EPLJ 2012, 187; *Vassilakakis*, Das auf die Vererblichkeit von Anteilen an einer Kapitalgesellschaft anzuwendende Recht (im Hinblick auf die EuErbVO), ZfRV 2016, 75; *Vassilakakis*, The choice of the law applicable to the succession under Regulation 650/2012 – An outline, Anali Pravnog Fakulteta Univerziteta u Zenici 18 (2016), 221; *Vismara*, Patti successori nel regolamento (UE) n. 650/2012 e patti di famiglia: un'interferenza possibile?, Riv. dir. int. priv. proc. 2014, 803; *Vollmer*, Die neue europäische Erbrechtsverordnung – ein Überblick, ZErb 2012, 227; *Volmer*, Die EU-Erbrechtsverordnung – erste Fragen an Dogmatik und Forensik, Rpfleger 2013, 421; *Volmer*, Definitive Entscheidung von Vorfragen aufgrund der Gerichtszuständigkeit nach der EuErbVO, ZEV 2014, 129; *Wachter*, Europäische Erbrechtsverordnung in der Gestaltungspraxis, ZNotP 2014, 2; *Walther*, Die Qualifikation des § 1371 Abs. 1 BGB im Rahmen der europäischen Erb- und Güterrechtsverordnungen, GPR 2014, 325; *Weber*, Ausgewählte Fragen der Testamentsgestaltung unter der Geltung der Europäischen Erbrechtsverordnung, notar 2015, 296; *Weber*, Erb- und Pflichtteilsverzichtsverträge im Spiegel der EuErbVO, ZEV 2015, 503; *Weber*, Interdependenzen zwischen Europäischer Erbrechtsverordnung und Ehegüterrecht – de lege lata und de lege ferenda, DNotZ 2016, 424; *Weiss/Bigler*, Die EU-Erbrechtsverordnung – Neue Herausforderungen für die internationale Nachlassplanung aus Schweizer Sicht, successio 2014, 163; *Werkmüller*, Verträge zugunsten Dritter auf den Todesfall im Lichte der EuErbVO: Probleme bei der lebzeitigen Übertragung von Vermögen „am Nachlass vorbei"?, ZEV 2016, 123; *R. Werner*, Die Novellierung des internationalen Erbrechts durch die Europäische Erbrechtsverordnung, StBW 2012, 857; *Wilke*, Das internationale Erbrecht nach der neuen EU-Erbrechtsverordnung, RIW 2012, 601; *Wilsch*, EuErbVO: Die Verordnung in der deutschen Grundbuchpraxis, ZEV 2012, 530; *Zimmer/Oppermann*, Geschäftsunfähigkeit, „Demenztourismus" und gewöhnlicher Aufenthalt nach der EuErbVO am Beispiel der Schweiz, ZEV 2016, 126; *Zwirlein*, Neues Internationales Erbrecht für Europa, JuS 2015, 981.

Zur deutschen Durchführungsgesetzgebung, vor allem zum IntErbRVG: *Döbereiner*, Das Gesetz zum Internationalen Erbrecht und zur Änderung von Vorschriften zum Erbschein, NJW 2015, 2449; *Dutta*, Das neue Internationale Erbrechtsverfahrensgesetz, ZEV 2015, 493; *Egidy/Volmer*, ErbVO und IntErbRVG in der Anwendung durch die Nachlassgerichte, Rpfleger 2015, 433; *Fröhler*, Der Gesetzentwurf zur Änderungen des nationalen Rechts zwecks Durchführung der EuErbVO und neue Erkenntnisse zur internationalen Zuständigkeit deutscher Nachlassgerichte im Erbscheinsverfahren, BWNotZ 2015, 47; *Kroiß*, Änderungen im Nachlassverfahrensrecht durch das neue „Internationale Erbrechtsverfahrensgesetz", ZErb 2015, 127; *Kunz*, Der Referentenentwurf für ein Internationales Erbverfahrensgesetz: Überblick und Problemaufriss, GPR 2014, 286; *K. W. Lange*, Das neue Internationale Erbverfahrensrecht, ErbR 2016, 57; *Lehmann*, Der Referentenentwurf für ein Begleitgesetz zur EuErbVO, ZEV 2014, 232; *Lehmann*, Der Regierungsentwurf für ein Gesetz zum Internationalen Erbrecht, ZEV 2015, 138; *Peter*, Die Anwendung der ErbVO und ihrer Durchführungsvorschriften ab 17.8.2015, MDR 2015, 309; *Seebach*, Kostenrechtliche Änderungen durch das Gesetz zum Internationalen Erbrecht, RNotZ 2015, 342; *R. Wagner/Scholz*, Der Referentenentwurf eines Gesetzes zur Durchführung der EU-Erbrechtsverordnung, FamRZ 2014, 714; *R. Wagner/Fenner*, Anwendung der EU-Erbrechtsverordnung in Deutschland, FamRZ 2015, 1668; *W. Zimmermann*, Das neue Internationale Erbrechtsverfahrensgesetz, FGPrax 2015, 145. – Eine ausführliche Kommentierung des neuen IntErbRVG findet sich in Dutta/Weber, Internationales Erbrecht, 2016, 501 ff.; zum deutschen Nachlasszeugnisverfahrensrecht siehe die Schrifttumshinweise → Vor Art. 62.

Übersicht

I. Ausgangslage: Scheitern der bisherigen Vereinheitlichungsbemühungen

Das internationale Erbrecht war seit der Entstehung der nationalen Erbrechtskodifikationen – sei **1**
es in den großen Zivilgesetzbüchern oder in eigenständigen Erbrechtsgesetzen – und bis zum Erlass
der europäischen Erbrechtsverordnung eine Materie des nationalen Rechts, wobei gerade auch in
der EU bis zum Anwendungsbeginn der Erbrechtsverordnung **große Unterschiede** in den mitgliedstaatlichen Rechtsordnungen zu verzeichnen waren, nicht nur im Hinblick auf das internationale
Erbverfahrensrecht, sondern speziell auch im Hinblick auf das Erbkollisionsrecht.[1] So stieß man
bereits bei der Bestimmung des allgemeinen Erbstatuts – Sonderanknüpfungen einmal beiseitegelas-
sen – auf erhebliche Differenzen: Einige Mitgliedstaaten spalteten den Nachlass für Zwecke der
Anknüpfung der Rechtsnachfolge von Todes wegen in bewegliches und unbewegliches Vermögen
auf; während das bewegliche Vermögen einem Recht unterstellt wurde, zu dem der Erblasser eine
enge persönliche Beziehung besitzt, wurde unbewegliches Vermögen nach dem jeweiligen Belegenheitsrecht vererbt. Andere mitgliedstaatliche Rechtsordnungen folgten dagegen wie Deutschland
(Art. 25 Abs. 1 EGBGB aF) dem Grundsatz der Nachlasseinheit und unterstellten die Rechtsnachfolge von Todes wegen hinsichtlich des weltweiten Nachlasses einem dem Erblasser nahestehenden
Recht. Auch über das maßgebliche Kriterium zur Bestimmung des dem Erblasser nahestehenden
Rechts bestand jedoch Uneinigkeit. Während einige Mitgliedstaaten das Erbstatut an den letzten
gewöhnlichen Aufenthalt, den Wohnsitz oder das Domizil des Erblassers anknüpften, wendeten
andere Mitgliedstaaten wie etwa Deutschland (Art. 25 Abs. 1 EGBGB aF) auf die Rechtsnachfolge
von Todes wegen das Recht der letzten Staatsangehörigkeit des Erblassers an. Auch eine Rechtswahlfreiheit des Erblassers wurde bald in Grenzen gewährt (Art. 25 Abs. 2 EGBGB aF), bald verweigert.

1. Stand der Rechtsvereinheitlichung. Allerdings hat es bereits vor den Arbeiten an der euro-   **2**
päischen Erbrechtsverordnung an Versuchen zur Vereinheitlichung des internationalen Erbrechts
nicht gefehlt.

a) Erfolglose Versuche der Haager Konferenz. Insbesondere die **Haager Konferenz für**   **3**
Internationales Privatrecht hat zahlreiche Anläufe unternommen, um einheitliche Regelungen
für grenzüberschreitende Erbfälle zu schaffen. Im Ergebnis blieben diese Versuche jedoch weitgehend
ohne Erfolg. Das gilt nicht nur für das umfassende Haager Übereinkommen über das auf die Rechtsnachfolge von Todes wegen anzuwendende Recht (näher sogleich → Rn. 8 ff.), sondern auch für
andere Übereinkommen, die einzelne Aspekte des internationalen Erbrechts zum Gegenstand haben
und nur zurückhaltend von der internationalen Gemeinschaft angenommen wurden.

aa) Haager Übereinkommen über die internationale Nachlassverwaltung von 1973. Das   **4**
Haager Nachlassverwalterübereinkommen,[2] das einen grenzüberschreitenden Nachweis der Position
als Fremdverwalter eines Nachlasses ermöglicht, ist bisher nur für wenige Staaten in Kraft getreten
und wurde von der Bundesrepublik nicht gezeichnet. Es will ein **einheitliches Zeugnis** einführen,
das die zur Verwaltung des beweglichen Nachlasses Berechtigten bezeichnet und in den Vertragsstaaten anzuerkennen ist (Art. 1). Ein derartig ausgewiesener Verwalter kann in einem anderen Vertragsstaat zur Verwaltung des Nachlasses tätig werden, wobei der betreffende Staat den Inhaber des
Zertifikats in der Ausübung seiner Befugnisse der Überwachung und Kontrolle den eigenen Vorschriften unterwerfen kann (Art. 21). Das Übereinkommen erleichtert damit zwar die Tätigkeit eines
Nachlassverwalters[3] hinsichtlich des beweglichen Vermögens durch Ausstellung eines einheitlich in
den Vertragsstaaten verwendbaren Zertifikats. Dessen Erteilung hängt jedoch nicht vom **Erbstatut**
ab. Vielmehr wendet nach Art. 3 die ausstellende Stelle im gemäß Art. 2 international zuständigen
Vertragsstaat des letzten gewöhnlichen Aufenthalts des Erblassers grundsätzlich ihr eigenes Recht an.
Damit wird eine Frage der Verwaltung des Nachlasses vom Erbstatut abgespalten.[4]

Die Erbrechtsverordnung greift die Idee eines einheitlichen Nachweisinstruments mit dem Euro-   **5**
päischen Nachlasszeugnis auf (Art. 62 ff.), das auch Nachlassverwaltern und Testamentsvollstreckern

---

[1] Für einen knappen rechtsvergleichenden Überblick s. etwa *Dutta* RabelsZ 73 (2009), 547 (554 ff.); umfassende
rechtsvergleichende Bestandsaufnahmen des internationalen Erbrechts finden sich bei *Bonomi* Rec. des Cours 350
(2010), 71; *Boulanger,* Droit international des successions, 2004; *Li* Rec. des Cours 224 (1990), 9.
[2] Hague Convention of 2.10.1973 concerning the international administration of the estates of deceased
persons, 11 Int. Leg. Mat. 1277; abgedruckt in RabelsZ 39 (1975), 104. Der Text des Übereinkommens, eine
Liste der Vertragsstaaten sowie eine ausführliche Bibliographie finden sich unter <www.hcch.net/en/instruments/
conventions/publications1/?dtid=21&cid=83>.
[3] Der Begriff ist natürlich wesentlich weiter als derjenige des § 1975 BGB; vgl. die Definition in Art. 1 Abs. 1
des Übereinkommens, wonach das Zeugnis folgenden Zweck besitzt: „designating the person or persons entitled
to administer the movable estate of a deceased person and indicating his or their powers".
[4] Krit. etwa *Firsching,* FS Wengler, 1973, II, 321 ff.; *Kegel/Schurig* IPR § 21 V 3d.

offensteht (Art. 63 Abs. 1), auf, sorgt allerdings – anders als das Haager Nachlassverwalterübereinkommen dafür, dass dieses Zeugnis nach dem Erbstatut ausgestellt wird (Art. 67 Abs. 1 S. 1).

6   **bb) Haager Übereinkommen über das auf Trusts anzuwendende Recht und über ihre Anerkennung von 1985.** Das am 1.7.1985 auf der 15. Haager Konferenz beschlossene Übereinkommen[5] besitzt von seinem Gegenstand her sehr **enge Beziehungen zum Erbrecht.**[6] Dies kommt in einigen Vorschriften unmittelbar zum Ausdruck. Nach Art. 2 Abs. 1 werden auch solche trusts erfasst, die durch Rechtsgeschäft für den Todesfall begründet worden sind; Art. 4 schreibt vor, dass das Übereinkommen nicht auf Vorfragen in Bezug auf die Gültigkeit von Testamenten anzuwenden ist. Und in Art. 11 Abs. 1 lit. c wird dem auf den trust anzuwendenden Recht die Wirkung beigelegt, das Vermögen des trust aus dem Nachlass des trustee herauszuhalten. Art. 15 Abs. 1 lit. c ordnet allgemein das Verhältnis zum Erbrecht (einschließlich Testamentsrecht und Pflichtteil); danach steht das Übereinkommen solchen erbrechtlichen Bestimmungen des Rechts, auf das die Kollisionsnormen des Staates des angerufenen Gerichts verweisen, nicht entgegen, soweit von ihnen durch Rechtsgeschäft nicht abgewichen werden kann.

7   Schon diese wenigen Vorschriften zeigen, wie einschneidend dieses Übereinkommen vor allem in das Verhältnis zu vom common law geprägten Rechtsordnungen auf erbrechtlichem Gebiet – allerdings nicht nur – eingreift. In diesem Zusammenhang können sich viele Fragen und Abgrenzungsprobleme stellen. Obwohl das Haager Trustübereinkommen in den vergangenen Jahren eine gewisse Renaissance erlebt und einige Vertragsstaaten hinzugewonnen hat, wurde es bisher von der Bundesrepublik nicht gezeichnet.

8   **cc) Haager Übereinkommen über das auf die Rechtsnachfolge von Todes wegen anzuwendende Recht von 1989.** Das Haager Übereinkommen aus dem Jahr 1989 über das auf die Erbfolge anzuwendende Recht[7] kann als gescheitert angesehen werden. Es ist nicht in Kraft getreten, sondern wurde nur von den Niederlanden einseitig in das autonome Recht übernommen[8] und hat lediglich neuere Kodifikationen des Erbkollisionsrechts, etwa in Finnland, aber auch in der europäischen Erbrechtsverordnung beeinflusst. Insoweit können das Übereinkommen und seine Materialien[9] auch zur (historischen) Auslegung herangezogen werden (→ Rn. 23).

9   Das Übereinkommen knüpft **grundsätzlich** an das Recht des Staates an, in dem der Erblasser sich zum Zeitpunkt seines Todes **gewöhnlich aufhielt** (Art. 3 Abs. 1). Zusätzliche Voraussetzung ist allerdings, dass der Erblasser entweder die Staatsangehörigkeit dieses Staates hatte (Art. 3 Abs. 1), oder sich in ihm vor seinem Tode für die Dauer von mindestens fünf Jahren aufgehalten hat (Art. 3 Abs. 2 S. 1). In letzterem Falle normiert Art. 3 Abs. 2 S. 2 allerdings eine **Ausnahme** zugunsten des Staatsangehörigkeitsprinzips, wenn der Erblasser zu seinem Heimatstaat eine deutlich engere Beziehung („manifestly more closely connected" bzw. „des liens manifestement plus étroits") hatte. Für die anderen Fälle bestimmt Art. 3 Abs. 3 die Anknüpfung an das **Heimatrecht** des Erblassers, lässt jedoch wiederum eine **Ausnahme** zugunsten des Rechts eines *anderen* Staates zu, zu dem der Erblasser zum Zeitpunkt seines Todes eine engere Verbindung hatte. Fraglich erscheint, ob der *andere* Staat in Bezug zu allen in Art. 3 genannten Staaten gesehen werden muss. Dann wäre eine Anknüpfung an den Staat, in dem der Erblasser zum Zeitpunkt seines Todes seinen gewöhnlichen Aufenthalt hatte, ohne indes die Voraussetzungen des Art. 3 Abs. 2 S. 1 zu erfüllen, ausgeschlossen. Dieses Ergebnis wäre sinnwidrig. Die Andersartigkeit ist daher lediglich in Bezug auf das Heimatrecht zu sehen.

10   Art. 5 des Übereinkommens sieht die Möglichkeit einer begrenzten **Rechtswahl** vor, mit der der Erblasser für seinen **gesamten Nachlass** für sein Heimatrecht oder das Recht seines gewöhnlichen Aufenthaltes optieren kann. Art. 6 erlaubt es dem Erblasser, nur für **bestimmte Nachlassgegenstände** („particular assets in his estate" bzw. „certains de ses biens") eine Rechtswahl zu treffen.

---

[5] Convention of 1.7.1985 on the law applicable to trusts and on their recognition, 23 Int. Leg. Mat. 1389; englische und französische Fassung in RabelsZ 50 (1986), 698 ff.; deutsche, zwischen den deutschsprachigen Teilnehmern an der Haager Konferenz weitgehend abgestimmte Übersetzung in IPRax 1987, 55 ff. Der Text des Übereinkommens, eine Liste der Vertragsstaaten sowie eine ausführliche Bibliographie finden sich unter <www.hcch.net/en/instruments/conventions/full-text/?cid=59>.

[6] *Kötz* RabelsZ 50 (1986), 566 ff. (571 ff.); *Pirrung* IPRax 1987, 54.

[7] Hague Convention of 1.8.1989 on the law applicable to succession to the estates of deceased persons, 28 Int. Leg. Mat. 150; eine deutsche Übersetzung findet sich in IPRax 2000, 53. Der Text des Übereinkommens sowie eine ausführliche Bibliographie finden sich unter <www.hcch.net/en/instruments/conventions/full-text/?cid=62>.

[8] Dazu *Schmellenkamp* MittRhNotK 1997, 245; *W. Weber* IPRax 2000, 41.

[9] Vor allem der erläuternde Bericht von *Waters*, Explanatory Report on the 1989 Hague Succession Convention, Proceedings of the Sixteenth Session (1988), Bd. II, 1990, 527.

Dabei kann der Erblasser mehrere Rechte wählen, wobei nach dem Wortlaut die widersinnige Möglichkeit nicht ausgeschlossen ist, dass er die letztwillige Verfügung eines Gegenstandes mehreren Rechten unterstellt. Im Falle einer Rechtswahl nach Art. 6 bleiben allerdings die zwingenden Bestimmungen des nach Art. 3 objektiv bestimmten oder des nach Art. 5 gewählten Rechts anwendbar. Es handelt sich damit lediglich um eine materiellrechtliche Verweisung.

Das Erbstatut regelt die Rechtsnachfolge von Todes wegen in den Nachlass **unabhängig von** **11** **seiner Lage** (Art. 7 Abs. 1), nicht jedoch die Nachlassabwicklung (Art. 7 Abs. 2); es votiert demnach für eine inhaltliche Nachlassspaltung, soweit nicht nach Art. 7 Abs. 3 vom nationalen Gesetzgeber der sachliche Anwendungsbereich des Erbstatuts auf die Abwicklung erstreckt wird. Art. 9 ff. handeln vom **Erbvertrag,** Art. 13 enthält eine Regelung zur **Kommorientenproblematik,** Art. 14 regelt das Verhältnis zum **trust,** Art. 15 respektiert **Eingriffsnormen** des Belegenheitsrechts und Art. 16 sieht eine Regelung zu **erbenlosen Nachlässen** vor.

Die Anknüpfungssystematik des Übereinkommens kann man wohlmeinend als Kompromiss zwi- **12** schen Aufenthalts- und Staatsangehörigkeitsprinzip werten.[10] Es ist jedoch sehr **zweifelhaft, ob** man diesen Kompromiss auch als **gelungen** ansehen kann. Das Übereinkommen erweckt wegen der zahlreichen Ausnahmetatbestände eher den Eindruck, als habe man sich zwischen den beiden Anknüpfungspunkten nicht entscheiden können und es letztlich beiden Recht machen wollen. Für die Praxis führt dieser Umstand zu Schwierigkeiten, da Rechtssicherheit allenfalls nur dann noch besteht, wenn der Erblasser eine Rechtswahl gemäß Art. 5 trifft. Insgesamt gesehen brachte das Übereinkommen daher wenig Fortschritt.[11] Deshalb überrascht es nicht, dass die Erbrechtsverordnung die Grundanknüpfungen des Übereinkommens nicht übernommen hat, sich aber von einzelnen besonderen Regelungen hat inspirieren lassen.

b) Lediglich regionale und bilaterale Staatsverträge. In Europa gelang eine **regionale** Ver- **13** einheitlichung des internationalen Erbrechts lediglich in den nordischen Staaten durch das Nachlassübereinkommen aus dem Jahr 1934,[12] das im Jahr 2012 überarbeitet worden ist. Allenfalls auf **bilateraler Ebene** sind einige erbrechtsrelevante Abkommen der Mitgliedstaaten zu verzeichnen, freilich weniger zwischen den Mitgliedstaaten, sondern vor allem zwischen Mitgliedstaaten und Drittstaaten. Deutschland ist Vertragsstaat zu drei einschlägigen Abkommen mit dem Iran, der Türkei und der ehemaligen Sowjetunion (näher → Art. 75 Rn. 7 ff.).

c) Ausnahme: Haager Testamentsformübereinkommen von 1961. Großem Erfolg bei **14** der Kollisionsrechtsvereinheitlichung im Erbrecht war allein dem Haager Übereinkommen über das auf die Form letztwilliger Verfügungen anzuwendende Recht von 1961[13] (Art. 1 ff. HTestformÜ; Text und Erläuterung → HTestformÜ Art. 1 Rn. 1 ff.) beschieden, das innerhalb der EU in der Mehrzahl der Mitgliedstaaten, auch in Deutschland, gilt. Das Übereinkommen wird von der Erbrechtsverordnung vorbehalten (Art. 75 Abs. 1 UAbs. 2), zum Teil aber auch seine Regelungen übernommen (Art. 27).

2. Das internationale Erbrecht in einem europäischen Raum der Freiheit, der Sicher- **15** **heit und des Rechts.** Auf der Landkarte des internationalen Unionsprivatrechts war das Erbrecht für lange Zeit ein weißer Fleck. Seit dem EuGVÜ aus dem Jahr 1968 wird das Erbrecht von den meisten europäischen Rechtsakten ausgeklammert (→ Art. 1 Rn. 4, 5, 29 f. und 32). Unterschiede im internationalen Erbrecht (→ Rn. 1) waren gerade innerhalb der EU kaum zu rechtfertigen,[14]

---

[10] So Staudinger/*Dörner* (2007) EGBGB Vor Art. 25 Rn. 149 ff.; *Kropholler* IPR § 51 I.

[11] Kritisch auch *Kegel/Schurig* IPR § 21 V 3e; *Kunz* ZRP 1990, 212 (214); *Pirrung,* Mélanges Fritz Sturm, 1999, 1607 (1626); *Schmellenkamp* MittRhNotK 1997, 245 (252); anders jedoch *Kropholler* IPR § 51 I: „zukunftsweisend".

[12] Konvention av den 19.11.1934 med Danmark, Finland, Island och Norge om arv, testamente och boutredning, 164 League of Nations Treaty Service 243 (1936).

[13] Hague Convention of 5.10.1961 on the conflicts of laws relating to the form of testamentary dispositions, 510 UNTS 175 = BGBl. 1965 II S. 1145. Der Originaltext des Übereinkommens sowie eine Liste der Vertragsstaaten finden sich unter <www.hcch.net/en/instruments/conventions/full-text/?cid=40>.

[14] *Baldus* GPR 2006, 80 (82); *Dörner/Hertel/Lagarde/Riering* IPRax 2005, 1 (2); *Dutta* RabelsZ 73 (2009), 547 (551 ff.); *Geimer* in Reichelt/Rechberger, Europäisches Erbrecht – Zum Verordnungsvorschlag der Europäischen Kommission zum Erb- und Testamentsrecht, 2011, 1, 5; *Haas* in Gottwald, Perspektiven der justiziellen Zusammenarbeit in Zivilsachen in der Europäischen Union, 2004, 43, 52, 70, 89, 94; *Hess/Mariottini/Camara* Note 6; *Henrich* in H. Roth, Europäisierung des Rechts, 2010, 77, 82; *Jud* GPR 2005, 133 (139); *Kindler* IPRax 2010, 44 (49 f.); *Lagarde* in Gottwald, Perspektiven der justiziellen Zusammenarbeit in Zivilsachen in der Europäischen Union, 2004, 2, 12, 14; *Lehmann* FPR 2008, 203; *Lein* YbPIL 11 (2009), 107 (109 ff.); *Leipold,* FS Söllner, 2000, 647 (659 ff. sowie 666 ff.); *St. Lorenz* ErbR 2012, 39 (40 f.); *D. Lübcke,* Das neue europäische internationale Nachlassverfahrensrecht, 2013, 192 ff.; *Lurger* in Rechberger, Brücken im europäischen Rechtsraum – Europäische öffentliche Urkunden und Europäischer Erbschein, 2010, 45, 46 f.; *Mansel,* Tuğrul Ansay'a Armağan, 2006, 185

die ihren Bürgern seit dem Vertrag von Amsterdam einen einheitlichen Raum der Freiheit, der Sicherheit und des Rechts verspricht. Bereits *Konrad Zweigert* mahnte im Jahr 1966 eine Vereinheitlichung des Personalstatuts einschließlich des Erbkollisionsrechts in der Gemeinschaft an, da ansonsten auf längere Sicht „desintegrative Effekte nicht ausbleiben" würden.[15] Und in der Tat: Die wirtschaftliche und gesellschaftliche **Relevanz des internationalen Erbrechts** ist nicht zu leugnen, zumal in einem Binnenmarkt, in dem die Freizügigkeit von Personen und Kapital garantiert wird und damit Erbfälle mit grenzüberschreitenden Bezügen zunehmen müssen. Auch fehlt es weitgehend an einer Vereinheitlichung des Erbrechts auf der sachrechtlichen Ebene, so dass gerade dem Erbkollisionsrecht eine wichtige Rolle zukommt. Eine direkte Harmonisierung des Erbrechts in Europa ist bisher vollständig ausgeblieben. Zu erwähnen ist für einzelne Mitgliedstaaten allenfalls das UNIDROIT-Übereinkommen über ein einheitliches Recht der Form eines internationalen Testaments von 1973,[16] das eine zusätzliche Testamentsform für internationale Fälle anbietet (→ Art. 75 Rn. 33). Auch eine indirekte Harmonisierung hat bisher nicht stattgefunden. Lediglich die Rechtsprechung des EGMR zum europäischen Menschenrechtsschutz im Erbrecht hat in Teilbereichen, gerade bei der erbrechtlichen Diskriminierung nichtehelicher Kinder,[17] für eine Annäherung der mitgliedstaatlichen Erbrechte gesorgt.[18] Auch für die Zukunft ist – vor allem mangels politischen Willens,[19] aber auch mangels einer Kompetenz der EU (näher → Rn. 20 ff.) – nicht mit einer Vereinheitlichung des Erbrechts zu rechnen, auch wenn eine solche nicht a priori ausgeschlossen ist.[20] An der Bedeutung des internationalen Erbrechts ändert sich auch dadurch nichts, dass in den Erbrechten dieser Welt auch ohne Rechtsvereinheitlichung erste spontane Konvergenzen festzustellen sind.[21] Diese Konvergenzen mildern allenfalls im Hinblick auf die Funktionen und Ziele des Erbrechts die Bedeutung des internationalen Erbrechts ab,[22] nicht aber im Hinblick auf deren konkrete Umsetzung in den nationalen Erbrechten, die immer noch von einer großen Formenvielfalt geprägt ist.

16   Der fehlende internationale Entscheidungseinklang erschwert in erster Linie eine **rechtssichere Nachfolgeplanung** für den Erblasser, vor allem wenn vor den potentiell für den Erbfall zuständigen Gerichten unterschiedliche – im schlimmsten Fall nicht miteinander vereinbare – Erbrechte Anwendung finden, zumal der Erblasser angesichts der unterschiedlichen Erbverfahrensrechte nur schwer absehen kann, in welchen Staaten eine internationale Zuständigkeit für seinen Erbfall eröffnet sein könnte. Dieser Zustand ist mit dem allgemeinen Anliegen des internationalen Unionsprivatrechts kaum vereinbar, in grenzüberschreitenden Sachverhalten für Rechtssicherheit zu sorgen.[23] Zudem behindert die Verschiedenartigkeit der mitgliedstaatlichen Erbrechte und

---

(186 ff.); *Max Planck Institute* RabelsZ 74 (2010), 522 (529); *Rauscher,* FS Jayme I, 2004, 719, 722; *Rechberger/Schur* in Jud/Rechberger/Reichelt, Kollisionsrecht in der Europäischen Union – Neue Fragen des Internationalen Privat- und Zivilverfahrensrechts, 2008, 185, 213; *Remien* C. M. L. Rev. 38 (2001), 53 (71 f.); *Remien* in Grziwotz, Erbrecht und Vermögenssicherung, 2011, 95, 98; *Rudolf* ÖNotZ 2005, 297; *Steiner* ÖNotZ 2012, 104 (105); *Sonnenberger* JZ 1998, 982 (984); *Süß* ZEuP 2013, 725 (727); *Vollmer* ZErb 2012, 227 f. – Gegen eine Vereinheitlichung des internationalen Erbrechts demgegenüber *Bajons,* FS Heldrich, 2005, 495 (499 ff.); zurückhaltender im Hinblick auf das Erbkollisionsrecht auch *Kanzleiter,* FS Zimmermann, 2010, 165 (169).

[15] *Zweigert,* FS Hallstein, 1966, 555 (558).

[16] UNIDROIT Convention of 26.10.1973 providing a uniform law on the form of an international will, 12 Int. Leg. Mat. 1298; eine Erläuterung des Übereinkommens findet sich etwa bei Dutta/Weber/*Süß* EuErbVO Art. 27 Anh. II.

[17] EGMR Ser. A Bd. 31 = NJW 1979, 2449 – Marckx; Nr. 6/1985/92/139, Ser. A Bd. 112 = EuGRZ 1987, 313 – Johnston; Nr. 6/1985/92/139, Ser. A Bd. 126, S. 18 = ÖJZ 1988, 177 – Inze; Nr. 44/1990/235/301, Ser. A Bd. 214–C = EuGRZ 1992, 12 – Vermeire; Nr. 34406/97, FamRZ 2000, 1077 = NJOZ 2005, 1048 – Mazurek; Nr. 28369/95, Slg. 2000-X – Camp and Bourimi. S. zudem EGMR Nr. 69498/01, ZEV 2005, 162 – Puncernau; Nr. 45628/99 – Apostolidi; Nr. 3545/04, ZEV 2009, 510 – Breuer; Nr. 44421/04 – Alboize-Barthes und Alboize-Motezume; Nr. 16574/08 – Fabris; Nr. 29762/10, FamRZ 2017, 656 – Mitzinger; Nr. 59752/13 und Nr. 66277/13, FamRZ 2017, 829 – Wolter und Sarfert.

[18] Näher *Hochhauser* ÖJZ 2015, 1069; *Nußberger* ErbR 2014, 468; *Pintens,* FS Ress, 2005, 1047.

[19] S. auch Grünbuch KOM(2005) 65 endg. S. 3, wonach eine Sachrechtsvereinheitlichung im Erbrecht schlicht „nicht in Frage kommt".

[20] *Leipold,* FS Söllner, 2000, 647, 648 ff. sowie 668 („erreichbares Ideal, nicht bloß [...] Utopie"); *Leipold* JZ 2010, 802 (810 f.); s. auch *Kroppenberg* in H. Roth, Europäisierung des Rechts, 2010, 102, 118 f. – Anders aber etwa DNotI-Studie S. 185 („weder [...] machbar noch [...] wünschenswert").

[21] Etwa *Terner* Maastricht J. Eur. & Comp. L. 14 (2007), 147 (151 f.); *Pintens* in Anderson/Arroyo i Amayuelas, The law of succession, 2011, 3, 8 ff.; *Pintens,* Naar een Ius Commune in het Europees familie – en erfrecht?, 2012, 93; *Verbeke/Leleu,* Harmonization of the law of succession in Europe, in Hartkamp ua, Towards a European civil code, 4. Aufl. 2011, 459, 475.

[22] *Dutta,* Warum Erbrecht?, 2014, 552.

[23] Etwa Erwägungsgrund Nr. 16 zur Brüssel Ia-VO, Erwägungsgrund Nr. 19 S. 1 zur EuUnthVO, Erwägungsgrund Nr. 6 Rom I-VO und zur Rom II-VO sowie Erwägungsgrund Nr. 9 zur Rom III-VO.

Erbverfahrensrechte eine **grenzüberschreitende Nachlassabwicklung** und **Durchsetzung erbrechtlicher Positionen** durch die erbrechtlich Berechtigten, seien es die Erben, Vermächtnisnehmer, Testamentsvollstrecker oder Nachlassverwalter. Entscheidungen und öffentliche Urkunden in Erbsachen entfalten mitunter nur innerhalb des jeweiligen Mitgliedstaats Wirkung, nicht aber im Ausland, wo erbrechtliche Positionen geltend gemacht werden müssen (zu mitgliedstaatlichen Erbnachweisen → Art. 3 Rn. 17), etwa weil der Nachlass in verschiedenen Staaten belegen ist. Auch laden die verschiedenen und sich überschneidenden Zuständigkeiten für Erbsachen bei der Nachlassabwicklung und Durchsetzung erbrechtlicher Positionen nicht nur zu einem forum shopping ein, speziell mangels internationalen Entscheidungseinklangs auch im Hinblick auf das anwendbare Recht, sondern verursachen auch positive wie negative Kompetenzkonflikte. Genau diese grundsätzlichen Probleme – die fehlende Rechtssicherheit bei der Nachlassplanung und die Schwierigkeiten bei der grenzüberschreitenden Nachlassabwicklung und Rechtsdurchsetzung – will die vorliegende Erbrechtsverordnung lösen (vgl. Erwägungsgrund Nr. 7) – ein Rechtsakt, der auch deshalb nicht zu Unrecht als „epochales Gesetzeswerk" gewürdigt wird.[24] Ob die Erbrechtsverordnung ihre hehren Versprechen einlösen können wird, kann derzeit noch nicht abschließend beurteilt werden;[25] eine gesetzgeberische Evaluation der Verordnung steht erst im Jahr 2025 an, vgl. Art. 82 EuErbVO. Bislang standen vor allem Einzelfragen im Mittelpunkt der äußerst umfangreichen Literatur zur Verordnung.

II. Entstehungsgeschichte der Erbrechtsverordnung

Die Arbeiten an der Erbrechtsverordnung (s. zu den Fundstellen der Materialien die Übersicht **17** am Anfang dieser Vorbemerkungen) haben mehr als ein Jahrzehnt in Anspruch genommen.[26] Seit dem **Wiener Aktionsplan** von 1998 befindet sich die Vereinheitlichung des internationalen Erbrechts auf der europäischen Agenda. In diesem Plan verpflichteten sich die Kommission und der Rat zur „Prüfung der Möglichkeit, Rechtsakte betreffend die internationale Zuständigkeit, das anwendbare Recht sowie die Anerkennung und Vollstreckung gerichtlicher Entscheidungen in […] Erbschaftssachen zu erstellen".[27] Auf Grundlage eines ausführlichen rechtsvergleichenden Gutachtens, das im Jahr 2002 vom Deutschen Notarinstitut in Zusammenarbeit mit *Heinrich Dörner* und *Paul Lagarde* vorgelegt wurde **(DNotI-Studie),** veröffentlichte die Kommission im Jahr 2005 ein **Grünbuch** zum Erb- und Testamentsrecht, das wie auch bereits die DNotI-Studie einen offenkundigen Handlungsbedarf diagnostizierte – eine Sicht der Dinge, die auch von den Stellungnahmen des Europäischen Wirtschafts- und Sozialausschusses **(EWSA-Stellungnahme zum Grünbuch)** und des Europäischen Parlaments **(Gargani-Bericht),** aber auch von den zahlreichen anderen Stellungnahmen der Mitgliedstaaten und interessierter Kreise überwiegend (zum Regelungsbedarf → Rn. 15 f.) geteilt wurde.

Aufgrund politischer Querelen wurde ein bereits seit Anfang 2009 existierender **Kommissions-** **18** **vorschlag** erst im Oktober 2009 veröffentlicht.[28] Dieser deckte nahezu sämtliche im Grünbuch angesprochenen Regelungsbereiche ab[29] und wurde von einem Staff Working Paper begleitet. Der Rat hat sich im Anschluss unter verschiedenen Ratspräsidentschaften intensiv mit der Erbrechtsver-

---

[24] *Geimer* in Hager, Die neue europäische Erbrechtsverordnung, 2013, 9, 12.
[25] Skeptisch im Hinblick auf die Erhöhung der Rechtssicherheit aber etwa *M. Pfeiffer* JPIL 12 (2016), 566.
[26] Ausf. zur Entstehungsgeschichte *Lechner* in Dutta/Herrler EuErbVO 5; ausf. auch Dutta/Weber/*Weber* Einl. Rn. 9 ff.
[27] Aktionsplan des Rates und der Kommission zur bestmöglichen Umsetzung der Bestimmungen des Amsterdamer Vertrags über den Aufbau eines Raums der Freiheit, der Sicherheit und des Rechts, vom Rat (Justiz und Inneres) am 3.12.1998 angenommener Text, ABl. 1999 C 19, 1, Rn. 41. – Dieses Vorhaben wurde auch in späteren politischen Stellungnahmen stets bekräftigt, etwa im Maßnahmenprogramm zur Umsetzung des Grundsatzes der gegenseitigen Anerkennung gerichtlicher Entscheidungen in Zivil- und Handelssachen, ABl. 2001 C 12, 1 (8); Mitteilung der Kommission an den Rat und das Europäische Parlament – Raum der Freiheit, der Sicherheit und des Rechts: Bilanz des Tampere-Programms und Perspektiven, KOM(2004) 401 endg. vom 2.6.2004, S. 11; Haager Programm zur Stärkung von Freiheit, Sicherheit und Recht in der Europäischen Union, ABl. 2005 C 53, 1 (13); Aktionsplan des Rates und der Kommission zur Umsetzung des Haager Programms zur Stärkung von Freiheit, Sicherheit und Recht in der Europäischen Union, ABl. 2005 C 198, 1 (20); Das Stockholmer Programm – Ein offenes und sicheres Europa im Dienste und zum Schutz der Bürger, ABl. 2010 C 115, 1 (13); Mitteilung der Kommission, Ein Raum der Freiheit, der Sicherheit und des Rechts für die Bürger Europas – Aktionsplan zur Umsetzung des Stockholmer Programms, KOM(2010) 171 endg. vom 20.4.2010, S. 21.
[28] Zu den Hintergründen *R. Wagner* DNotZ 2010, 506 (507).
[29] Mit Ausnahme der Registrierung von Testamenten, dazu ausf. *Baldus/Kunz* in Jud/Rechberger/Reichelt, Kollisionsrecht in der Europäischen Union – Neue Fragen des Internationalen Privat- und Zivilverfahrensrechts, 2008, 165; s. zu diesem Thema bereits die schriftliche Anfrage Nr. 2271/90 des Abgeordneten *Fernandez Albor* vom 15.10.1990, ABl. 1991 C 63, 58, nebst Antwort der Kommission.

ordnung beschäftigt, wie eine große Anzahl von **Ratsdokumenten** bekundet, die belegen, dass es sich bei der Erbrechtsverordnung „um eines der schwierigsten Vorhaben der justiziellen Zusammenarbeit in Zivilsachen" gehandelt hat, „das bislang in Brüssel verhandelt worden ist".[30] Auch der Europäische Wirtschafts- und Sozialausschuss nahm im Juli 2010 zum Kommissionsvorschlag Stellung **(EWSA-Stellungnahme zum Kommissionsvorschlag)**. Seit Februar 2011 lag ferner ein Berichtsentwurf des Rechtsausschusses des Europäischen Parlaments vor **(Lechner-Berichtsentwurf)**, der im Mai 2011 **(Änderungsanträge Nr. 122–245 zum Lechner-Berichtsentwurf)** und Februar 2012 **(Änderungsantrag Nr. 246 zum Lechner-Berichtsentwurf)** um weitere Änderungsanträge ergänzt wurde, die auf die zwischenzeitlichen Beratungen im Rat reagierten, und im März 2012 in einen endgültigen Bericht mündeten **(Lechner Bericht)**.

19   Die Erbrechtsverordnung wurde im ordentlichen Gesetzgebungsverfahren verabschiedet. Noch im März 2012 wurde die Verordnung in erster und letzter Lesung vom Parlament mit großer Mehrheit angenommen **(Legislative Entschließung** und **Standpunkt des Parlaments)**, und zwar in einer Fassung, über die bereits zuvor informell mit dem Rat Einvernehmen erzielt worden war.[31] Der Rat hat diesen Standpunkt nach Art. 294 Abs. 4 AEUV auf seiner 3172. Tagung am 7.6.2012 mit Mehrheit gebilligt.[32] Lediglich Malta hat gegen die Annahme der Verordnung gestimmt.[33] Die Verordnung wurde nach Art. 297 Abs. 1 AEUV am 4.7.2012 von den Präsidenten des Parlaments und des Rates unterzeichnet und am 27.7.2012 im Amtsblatt veröffentlicht. Erste Korrigenda des Unionsgesetzgebers zur Verordnung liegen bereits vor (→ Art. 78 Rn. 2; → Art. 83 Rn. 18 ff.; → Art. 84 Rn. 3). Zum Inkrafttreten, Geltungsbeginn und intertemporalen Anwendungsbereich der Verordnung s. Art. 83, 84 (→ Rn. 33).

III. Unionsrechtliche Kompetenzgrundlage

20   Der Unionsgesetzgeber hat die Erbrechtsverordnung auf Art. 81 Abs. 2 AEUV gestützt (s. auch Erwägungsgründe Nr. 1, 2 und 7). Dass diese allgemeine Kompetenzgrundlage für die justizielle Zusammenarbeit in Zivilsachen innerhalb des Raumes der Freiheit, der Sicherheit und des Rechts (dazu allgemein → EGBGB Art. 3 Rn. 29 ff.) die Erbrechtsverordnung trägt, daran kann grundsätzlich **kein Zweifel** bestehen.[34] So ist insbesondere ein **Binnenmarktbezug** einer Regelung zu grenzüberschreitenden Erbfällen nicht von der Hand zu weisen, auf den es bei Art. 81 Abs. 2 AEUV – anders als noch unter Art. 61 lit. c, Art. 65 EGV-Amsterdam – ohnehin nicht mehr als Voraussetzung

---

[30]   *R. Wagner* NJW 2012, 1333 (1334); ähnlich auch *R. Wagner* DNotZ 2010, 506 (519).

[31]   S. Ratsdokument Nr. 7443 S. 2.

[32]   S. Ratsdokument Nr. 11181/12.

[33]   S. auch die Erklärung Maltas in Ratsdokument Nr. 10569/1/12 ADD 1; skeptisch auch bereits die Stellungnahme in Ratsdokument Nr. 5810/10 ADD 18.

[34]   Bonomi/Wautelet/*Bonomi* Vor Art. 1 Rn. 3; *Buschbaum/M. Kohler* GPR 2010, 106 f.; *Grau* in Zimmermann ErbR Nebengesetze Art. 25, 26 EGBGB Anh.: EuErbVO Rn. 3; *Leipold* JZ 2010, 802 (808); *Lokin,* Grensoverschrijdende erfopvolging, 2012, 154 ff.; *D. Lübcke,* Das neue europäische internationale Nachlassverfahrensrecht, 2013, 232 ff.; *Max Planck Institute* RabelsZ 74 (2010), 522 (529 ff.); *Navrátilová* GPR 2008, 144 (146 ff.); *W.-H. Roth* in Schmoeckel/Otte, Europäische Testamentsformen, 2011, 13, 16 ff.; *Rudolf* ÖNotZ 2010, 353; *Seyfarth,* Wandel der internationalen Zuständigkeit im Erbrecht, 2012, 124 f.; *Wilke* RIW 2012, 601 (608). S. auch zu Art. 61 lit. c, Art. 65 EGV-Amsterdam *Haas* in Gottwald, Perspektiven der justiziellen Zusammenarbeit in Zivilsachen in der Europäischen Union, 2004, 43, 46 ff.; *Hausmann* in Baruffi/Cafari Panico, Le nuove competenze comunitarie, 2009, 149, 154; *Herweg,* Die Vereinheitlichung des Internationalen Erbrechts im Europäischen Binnenmarkt, 2004, 222; *Hess* IPRax 2001, 389 (394); *Junghardt,* Die Vereinheitlichung des Erb- und Testamentsrechts im Rahmen einer europäischen Verordnung, 2009, 42; *Lehmann,* Die Reform des internationalen Erb- und Erbprozessrechts im Rahmen der geplanten Brüssel-IV-Verordnung, 2006, 21; *Leipold,* FS Söllner, 2000, 647, 663; *Lurger* in Rechberger, Brücken im europäischen Rechtsraum – Europäische öffentliche Urkunden und Europäischer Erbschein, 2010, 45, 47; *Mansel,* Tuğrul Ansay'a Armağan, 2006, 185, 191 ff.; *Nordmeier,* Zulässigkeit und Bindungswirkung gemeinschaftlicher Testamente im Internationalen Privatrecht, 2008, 340 f.; *A. Pfeiffer* successio 2010, 316 (317); *Pintens* ZEuP 2001, 628 (646 ff.); Rauscher/*Rauscher,* 3. Aufl. 2010, Einf. EG-ErbVO-E Rn. 4; *Siems* GPR 2004, 66 (69 f.); *Sonnenberger* JZ 1998, 982 (984); *Sonnenberger* ZVglRWiss. 100 (2001), 107 (121 f.); *Walther,* Der Gleichlaufgrundsatz, 2013, 157 ff. – Vgl. aber auch *Kindler* IPRax 2010, 44 (48); *Kindler,* Liber amicorum Siehr, 2010, 251 (258); *Majer* ZEV 2011, 445 (447 f.); *Rauscher,* FS Jayme I, 2004, 719, 725; *Vékás* in Reichelt/Rechberger, Europäisches Erbrecht – Zum Verordnungsvorschlag der Europäischen Kommission zum Erb- und Testamentsrecht, 2011, 41, 55 (im Hinblick auf den Binnenmarktbezug universell ausgestalteter Kollisionsnormen, dazu auch → Art. 20 Rn. 2 f.). Allg. zurückhaltender oder zweifelnd *Denkinger,* Europäisches Erbkollisionsrecht, 2009, 354 f.; *Gaudemet-Tallon* in Deutsches Notarinstitut, Internationales Erbrecht in der EU, 2004, 445, 446; *Godechot-Patris* Rec. Dalloz 2013, 2462 (2463); *Harris* Tru. L. Int'l 2008, 181 (183 ff.); *Kanzleiter,* FS Zimmermann, 2010, 165, 169; *Linke,* FS Geimer, 2002, 529 (545 f.); *Nourissat* Défrénois 2010, 394 (397); *Stumpf* in Jung/Baldus, Differenzierte Integration im Gemeinschaftsprivatrecht, 2007, 217, 223 ff.; *Stumpf* EuR 2007, 291 (314 ff.).

für eine Kompetenz, sondern lediglich als Regelbeispiel ankommt. Grenzüberschreitende erbrechtliche Transfers innerhalb der Union und auch in Drittstaaten bewegen sich im Anwendungsbereich der Kapitalverkehrsfreiheit nach Art. 63 Abs. 1 AEUV.[35] Auch kann der mit unterschiedlichen Zuständigkeitsregelungen und Kollisionsnormen einhergehende fehlende Entscheidungseinklang in der Union Erblasser, die ihre Rechtsnachfolge von Todes wegen planen wollen, davon abhalten, ihre Personenfreizügigkeit nach Art. 21 AEUV auszuüben, die ebenfalls vom Binnenmarktziel umfasst wird (Art. 26 Abs. 2 AEUV). Allenfalls ließe sich überlegen, ob es sich bei der Erbrechtsverordnung nicht zugleich auch um eine **Maßnahme zum Familienrecht** nach Art. 81 Abs. 3 AEUV handelt, für die ein besonderes Gesetzgebungsverfahren vorgesehen ist, insbesondere eine Einstimmigkeit im Rat, die angesichts der Gegenstimme Maltas (→ Rn. 19) bei der Erbrechtsverordnung nicht erreicht worden wäre.[36] Zwar ist das Erbrecht systematisch in den meisten Mitgliedstaaten nicht im Familienrecht geregelt, wie vor allem der Kommissionsvorschlag betont;[37] dennoch lässt sich ein Familienrechtsbezug nicht von der Hand weisen,[38] knüpfen doch die Regelungen zum Intestaterbrecht und zum zwingenden Erbrecht universell an familienrechtliche Statusverhältnisse an und spielt sich auch im Übrigen die Vererbung nahezu ausschließlich innerhalb der Familie ab.[39] Allerdings wird man bei der Anwendung der Kompetenzgrundlage den Organen der Union eine gewisse Entscheidungsprärogative einräumen müssen, die diese bei der Erbrechtsverordnung gegen eine familienrechtliche Qualifikation ausgeübt haben.[40] Ferner deckt die Kompetenz des Art. 81 Abs. 2 AEUV die Erbrechtsverordnung auch **sachlich** als Regelung über „die gegenseitige Anerkennung und die Vollstreckung gerichtlicher und außergerichtlicher Entscheidungen zwischen den Mitgliedstaaten" (Art. 81 Abs. 2 lit. a AEUV) sowie über die „die Vereinbarkeit der in den Mitgliedstaaten geltenden Kollisionsnormen und Vorschriften zur Vermeidung von Kompetenzkonflikten" (Art. 81 Abs. 2 lit. c AEUV). Dies gilt auch für die Regelungen zur Anpassung bei Kommorienten und erbenlosen Nachlässen in Art. 31, 32 EuErbVO (→ Vor Art. 20 Rn. 56) und die Regelungen zum Europäischen Nachlasszeugnis (→ Vor Art. 62 Rn. 3), auch soweit diese formal sachrechtliche Vorschriften enthalten. Schließlich sind auch keine Verstöße gegen die **Grundsätze der Subsidiarität** (Art. 5 Abs. 2 und 3 EUV) und der **Verhältnismäßigkeit** (Art. 5 Abs. 2 und 4 EUV) auszumachen, s. auch Erwägungsgrund Nr. 80.

IV. Regelungsbereiche und Systematik der Verordnung

Die Erbrechtsverordnung geht über die klassischen Fragen des internationalen Privatrechts hinaus. **21** Zwar regelt die Verordnung als „all inclusive"-Rechtsakt[41] die internationale Zuständigkeit in Erbsachen **(Kapitel II),** die Bestimmung des Erbstatuts **(Kapitel III)** und die Anerkennung und Vollstreckung ausländischer Entscheidungen und anderer Vollstreckungstitel **(Kapitel IV** sowie **Kapitel V).** Darüber hinaus betritt die Verordnung aber Neuland, vor allem bei der „Annahme" ausländischer öffentlicher Urkunden **(Art. 59)** und bei der Einführung eines Europäischen Nachlasszeugnisses, das dem europäischen Bürger einen grenzüberschreitenden Nachweis einer Stellung als Erbe, Vermächtnisnehmer, Testamentsvollstrecker oder Nachlassverwalter mit einheitlichen Wirkungen in der EU ermöglichen soll **(Kapitel VI).**

Die Verordnung wird umrahmt von einem Einleitungsteil mit Vorschriften zum sachlichen **22** Anwendungsbereich und Begriffsbestimmungen **(Kapitel I)** und einem Schlussteil, der vor allem das Verhältnis zu den erbrechtsrelevanten Staatsverträgen regelt und Vorschriften zur Durchführung der Verordnung sowie zum intertemporalen Anwendungsbereich, zum Geltungsbeginn und zum Inkrafttreten der Verordnung enthält **(Kapitel VII).** Bemerkenswert ist auch die umfassende Abschaffung der Legalisation und anderer Förmlichkeiten zur Echtheitsbestätigung erbrechtsrelevanter öffentlicher Urkunden in **Art. 73.**

---

[35] EuGH Slg. 2006, I-1957 Rn. 42 – van Hilten-van der Heijden; Slg. 2008, I-123 Rn. 25 – Jäger; Slg. 2008, I-6845 Rn. 39 – Eckelkamp; Slg. 2008, I-6887 Rn. 30 – Arens-Sikken; Slg. 2009, I-359 Rn. 26 f. – Persche; Slg. 2009, I-883 Rn. 20 – Block; Slg. 2009, I-9807 Rn. 18 – Busley und Cibrian Fernandez; Slg. 2011, I-497 Rn. 16 – Missionswerk Werner Heukelbach; Slg. 2011, 8353 Rn. 19 – Halley.

[36] Wie etwa bereits von *Mansel/Thorn/R. Wagner* IPRax 2010, 1 (10); *R. Wagner* DNotZ 2010, 506 (509), befürchtet.

[37] Kommissionsvorschlag KOM(2009) 154 endg. S. 3 f.

[38] Vgl. auch *Leipold* JZ 2010, 802 (811); *Marino* Riv. dir. int. 93 (2010), 463 (464); *Max Planck Institute* RabelsZ 74 (2010), 522 (531); *Rauscher/Rauscher,* 3. Aufl. 2010, Einf. EG-ErbVO-E Rn. 5; *Scheuba* in Schauer/Scheuba, Europäische Erbrechtsverordnung, 2012, 1, 13 f. – Anders *Baldus* GPR 2009, 105.

[39] Etwa *Dutta,* Warum Erbrecht?, 2014, 225 f.

[40] *Max Planck Institute* RabelsZ 74 (2010), 522 (531 f.); vgl. auch Bonomi/Wautelet/*Bonomi* Vor Art. 1 Rn. 6 in Fn. 23; *Lagarde* Rev. crit. dr. int. pr. 101 (2012), 691 (693).

[41] *Harris* Tru. L. Int'l 2008, 181 (188).

V. Auslegung der Verordnung

23   **1. Auslegungsgrundsätze.** Die Erbrechtsverordnung muss – wie grundsätzlich jeder Rechtsakt der EU[42] – **autonom** ausgelegt werden,[43] dh nicht unter Rückgriff auf nationales Recht, sondern unter Berücksichtigung des **Wortlauts** der Verordnung, ihrer **Entstehungsgeschichte,** ihrer **Ziele** und ihrer **Systematik**[44] sowie der **allgemeinen Rechtsgrundsätze,** die sich aus der Gesamtheit der nationalen Rechtsordnungen ergeben.[45] Bei der Wortlautinterpretation wird sich – auch aus historischer Perspektive – oftmals die deutsche, englische und französische Sprachfassung als besonders ergiebig erweisen, da die Verordnung in diesen Sprachen überwiegend verhandelt wurde.[46] Über die Entstehungsgeschichte (→ Rn. 17 ff.) und die Ziele der Erbrechtsverordnung geben nicht nur die ungewöhnlich zahlreichen[47] Erwägungsgründe Auskunft, sondern auch die umfassenden Gesetzesmaterialien, die sich vor allem in den Ratsdokumenten manifestieren. Soweit der Unionsgesetzgeber auf staatsvertragliche Regelungen zurückgreift, speziell auf das Haager Testamentsformübereinkommen von 1961 (Art. 1 ff. HTestformÜ; Text und Erläuterung → HTestformÜ Art. 1 Rn. 1 ff.) oder das Haager Erbrechtsübereinkommen vom 1989 (→ Rn. 8 ff.), können auch diese – und deren travaux préparatoires – bei der Auslegung der Verordnung im Rahmen der Entstehungsgeschichte fruchtbar gemacht werden,[48] wie der Gesetzgeber zum Teil auch ausdrücklich betont (→ Art. 27 Rn. 2).

24   **2. Herausforderungen bei der Erbrechtsverordnung.** Das Erfordernis einer autonomen Auslegung stellt den Rechtsanwender vor große Herausforderungen, verwendet die Erbrechtsverordnung doch Systembegriffe des Erbrechts, aber auch des Privatrechts allgemein, die in den mitgliedstaatlichen Rechtsordnungen höchst unterschiedlich besetzt sind. So tauchen in der Verordnung Begriffe wie „Tod", „Rechtsnachfolge von Todes wegen", „Verfügung von Todes wegen", „Erbvertrag", „gemeinschaftliches Testament", „Erbfall", „Erbfähigkeit", „Annahme", „Ausschlagung", „Nachlassverbindlichkeit", „Pflichtteil", „Beschränkung der Testierfreiheit", „Erbe", „Vermächtnisnehmer", „Testamentsvollstrecker" und „Nachlassverwalter" auf, aber auch bürgerlichrechtliche Infrastrukturbegriffe wie „natürliche Person", „Leistung", „Verfügung" oder „grobe Fahrlässigkeit", die allesamt grundsätzlich von ihren mitgliedstaatlichen Pendants zu unterscheiden sind (etwa → Art. 3 Rn. 2 ff.; → Art. 4 Rn. 9; → Art. 63 Rn. 2 ff.). Die Erbrechtsverordnung hat damit das Potential, den erbrechtsvergleichenden Dialog jenseits ihres unmittelbaren Anwendungsbereichs zu befruchten und zu bereichern und den „Kern einer unionsrechtlichen Erbrechtsdogmatik"[49] zu bilden.

25   **3. Auslegungskompetenz des EuGH und Vorlageberechtigung der mitgliedstaatlichen Gerichte in Erbsachen.** Über die einheitliche Auslegung der Erbrechtsverordnung wacht der **EuGH,** dem seit dem Vertrag von Lissabon auch die unterinstanzlichen Gerichte Auslegungsfragen im Bereich der justiziellen Zusammenarbeit in Zivilsachen vorlegen können (Art. 267 UAbs. 2 AEUV; näher → EGBGB Art. 3 Rn. 141 ff.). Erste Vorlageverfahren die Erbrechtsverordnung betreffend sind bereits beim Gerichtshof anhängig (→ Art. 1 Rn. 52 und → Art. 31 Rn. 9 aE [*Kubicka* (Rs. C-218/16)]; → Art. 1 Rn. 22 und → Art. 63 Rn. 8 [*Mahnkopf* (Rs. C-558/16)]; → Vor Art. 4 Rn. 5; → Art. 63 Rn. 8 [*Oberle* (Rs. C-20/17)]; der Gerichtshof selbst hat sich bislang

---

[42]   Etwa EuGH EuZW 2011, 908 Rn. 25 – Brüstle: „Nach ständiger Rspr. folgt aus den Erfordernissen sowohl der einheitlichen Anwendung des Unionsrechts als auch des Gleichheitssatzes, dass die Begriffe einer Vorschrift des Unionsrechts, die für die Ermittlung ihres Sinnes und ihrer Bedeutung nicht ausdrücklich auf das Recht der Mitgliedstaaten verweist, idR in der gesamten Union eine autonome und einheitliche Auslegung erhalten müssen". – Allgemein zur autonomen Auslegung des Unionsrechts → EGBGB Art. 3 Rn. 156 ff.

[43]   Zum Erfordernis einer autonomen Auslegung speziell für alle auf Art. 61 lit. c, Art. 65 EGV-Amsterdam (nunmehr Art. 81 AEUV) basierenden Rechtsakte bereits EuGH Slg. 2005, I-9611 Rn. 45 = NJW 2006, 491 – Leffler: „Das Ziel des Vertrages von Amsterdam, einen Raum der Freiheit, der Sicherheit und der Gerechtigkeit zu schaffen und damit der Gemeinschaft eine neue Dimension zu geben, und die Übertragung der Regelung, die den Erlass von in den Bereich der justiziellen Zusammenarbeit fallenden Maßnahmen in Zivilsachen mit grenzüberschreitenden Auswirkungen ermöglicht, vom EU-Vertrag auf den EG-Vertrag belegen den Willen der Mitgliedstaaten, solche Maßnahmen in der Gemeinschaftsrechtsordnung zu verankern und damit den Grundsatz der autonomen Auslegung dieser Maßnahmen festzulegen".

[44]   Vgl. etwa EuGH Slg. 2007, I-3699 Rn. 17 f. = NJW 2007, 1799 – Color Drack.

[45]   Vgl. etwa EuGH Slg. 1976, 1541 Rn. 3 = NJW 1977, 489 – Eurocontrol.

[46]   S. auch *Baldus* GPR 2012, 312 f. in Fn. 5.

[47]   *Wilke* RIW 2012, 601 spricht zu Recht von „rekordverdächtigen 83 Erwägungsgründen".

[48]   *Dutta* RabelsZ 73 (2009), 547 (605 f.); *Lein* YbPIL 11 (2009), 107 (141); *Wysocka* NIPR 2012, 569 (570). Allgemein zum Verhältnis der Arbeiten der Haager Konferenz zur Erbrechtsverordnung *Bonomi,* FS van Loon, 2013, 69.

[49]   *Baldus* GPR 2012, 312 (314).

nur am Rande zur Erbrechtsverordnung geäußert (→ Art. 1 Rn. 17; vgl. auch Art. 23 Rn. 38 [*Matoušková* (Rs. C-404/14)]).

Mit der Erbrechtsverordnung rücken auch die **Notare** und **andere Angehörige von Rechtsbe-** **26** **rufen** verstärkt in den Fokus der europäischen Gesetzgebung. Da in einigen Mitgliedstaaten Maßnah-men nach der Verordnung von Notaren wahrgenommen werden, die dann auch „Gericht" iS der Verordnung sein können (Art. 3 Abs. 2 → Art. 3 Rn. 20), stellt sich die Frage, ob auch Notare vorlageberechtigt sind. Auch Notare können ein Gericht iS des Art. 267 UAbs. 2 AEUV sein, soweit sie – in der Terminologie des Gerichtshofs – nicht lediglich als „Verwaltungsbehörden" handeln, sondern „bei ihnen ein Rechtsstreit anhängig ist und sie im Rahmen eines Verfahrens zu entscheiden haben, das auf eine Entscheidung mit Rechtsprechungscharakter abzielt", wobei hierunter auch Verfahren der freiwilligen Gerichtsbarkeit fallen.[50] Eine Vorlageberechtigung der deutschen Notare kommt damit allenfalls in Betracht, soweit ihnen gerichtliche Aufgaben in Erbsachen übertragen werden, etwa nach § 23a Abs. 3 GVG idF des Gesetzes zur Übertragung von Aufgaben im Bereich der freiwilligen Gerichtsbarkeit auf Notare[51] bei Teilungssachen iS des § 342 Abs. 2 Nr. 1 FamFG, wobei die Vermittlung der Auseinandersetzung wohl unionsrechtlich nicht als Entscheidung in einem „Rechtsstreit" anzusehen ist, weil die Verbindlichkeit der Maßnahme vom Willen der Beteiligten abhängt.

Problematisch ist vor diesem Hintergrund vor allem auch die Vorlageberechtigung der **Ausstel-** **27** **lungsbehörden beim Europäischen Nachlasszeugnis,** bei denen es sich nach Art. 64 S. 2 nicht einmal um Gerichte iS des Art. 3 Abs. 2 handeln muss (→ Art. 64 Rn. 10). Da die Ausstel-lungsbehörde nach Art. 67 Abs. 1 UAbs. 2 lit. a keine streitige Entscheidung erlassen kann (→ Art. 67 Rn. 5 f.), insbesondere einen Streit der Beteiligten über die bescheinigbare Rechtsposi-tion (→ Art. 63 Rn. 2 ff.) nicht entscheiden kann, fehlt es an einer Vorlageberechtigung der Ausstellungsbehörde;[52] eine Vorabentscheidung des EuGH erwirken kann vielmehr nur das Rechtsbehelfsgericht,[53] das im Rahmen des Art. 72 notfalls auch streitig über die zu bescheini-gende Rechtsposition judiziert (→ Art. 67 Rn. 6).

VI. Beteiligte Mitgliedstaaten, Begriff „Mitgliedstaat"

Die Verordnung bindet nicht sämtliche Mitgliedstaaten der EU. **Dänemark, Irland** und das **Verei-** **28** **nigte Königreich,** die sich einer besonderen Stellung bei Maßnahmen im Bereich des Raumes der Freiheit, der Sicherheit und des Rechts erfreuen (allgemein → EGBGB Art. 3 Rn. 57 ff.), haben sich an der Annahme der Verordnung nicht beteiligt und sind nicht durch die Regelungen der Verordnung gebunden, wie die Erwägungsgründe Nr. 82 und 83 ausdrücklich klarstellen. Irland und – jedenfalls bis zum Brexit – das Vereinigte Königreich, die dem europäischen Erbrechtsprojekt von Anfang an kritisch gegenüberstanden,[54] könnten die Verordnung jedoch nachträglich durch eine opt-in-Erklärung annehmen (s. auch Erwägungsgrund Nr. 82 S. 2). Derzeit bestehen keinerlei Anhaltspunkte, dass dies noch geschehen könnte – bedauerlicherweise, da in den Verhandlungen großer – und letztendlich nutzloser – Aufwand betrieben wurde, um diesen Mitgliedstaaten eine Annahme der Erbrechtsverord-nung zu ermöglichen. Zu Recht stellt deshalb *Paul Lagarde* fest: „Le système de l'opt in révèle une

---

[50] EuGH Slg. 2006, I-3561 Rn. 13 = BeckRS 2006, 70349 – Standesamt Stadt Niebüll: „Nach Artikel 234 EG [= nunmehr Art. 267 AEUV] hängt zwar die Anrufung des Gerichtshofes nicht davon ab, ob das Verfahren, in dem das nationale Gericht eine Vorlagefrage abfasst, streitigen Charakter hat […]; aus diesem Artikel ergibt sich aber, dass die nationalen Gerichte den Gerichtshof nur anrufen können, wenn bei ihnen ein Rechtsstreit anhängig ist und sie im Rahmen eines Verfahrens zu entscheiden haben, das auf eine Entscheidung mit Rechtspre-chungscharakter abzielt". Die Tatsache *allein*, dass das Verfahren nach der lex fori im Rahmen der freiwilligen Gerichtsbarkeit ergeht, reicht zum Verneinen der Vorlageberechtigung nicht aus, solange das Gericht im Übrigen mit Rechtsprechungscharakter einen Rechtsstreit entscheidet, vgl. auch EuGH Slg. 1995, I-3361 Rn. 11 = BeckRS 2004, 74140 – Job Centre, wo das mitgliedstaatliche Gericht ähnlich einer Verwaltungsbehörde die Satzung einer Gesellschaft genehmigte. Insbesondere zeigen die zahlreichen Entscheidungen des Gerichtshofs zum kindschaftsrechtlichen Teil der Brüssel IIa-VO, dass es auf die formale Zuordnung des Rechtsstreit zu einer Gerichtsbarkeit – streitig oder nichtstreitig – nach der lex fori nicht ankommt, sondern auf den materiellen Charakter des Verfahrens, der dem Gericht bzw. der betrauten Stelle gestattet, einen Rechtsstreit zwischen den Beteiligten zu entscheiden.

[51] BGBl. 2013 I S. 1800; vgl. auch § 487 Abs. 1 Nr. 3 FamFG aF.

[52] Zust. NK-BGB/*Looschelders* Rn. 22.

[53] *Kleinschmidt* RabelsZ 77 (2013), 723 (768); NK-BGB/*Looschelders* Rn. 22.

[54] S. bereits Ireland's response to the European Commission Green Paper on succession and wills vom 30.9.2005, S. 2, sowie Response of the government of the United Kingdom to the European Commission Green Paper on succession and wills vom August 2006, S. 5 f. – S. aus dem Schrifttum etwa *Harris* Tru. L. Int'l 2008, 181 (187 f.); *Harris* Journ. Priv. Int'l L. 4 (2008), 347 (364 ff.).

fois encore sa perversité".[55] **Kroatien,** obwohl der EU als derzeit 28. Mitgliedstaat erst nach der Verabschiedung der Verordnung beigetreten, ist dagegen an die Verordnung als Teil des acquis gebunden.

29   Aus der fehlenden Beteiligung an der Verordnung folgt, dass Dänemark, Irland und das Vereinigte Königreich **keine „Mitgliedstaaten" iS der Verordnung** sind, sondern wie Drittstaaten zu behandeln sind.[56] Zwar hat es der Unionsgesetzgeber versäumt, den Begriff des Mitliedstaats iS der Verordnung zu definieren. Es fehlt an einer den Art. 1 Abs. 3 Brüssel I-VO, Art. 2 Nr. 3 Brüssel IIa-VO, Art. 1 Abs. 2 EuUnthVO, Art. 1 Abs. 4 Rom I-VO, Art. 1 Abs. 4 Rom II-VO und Art. 3 Nr. 1 Rom III-VO sowie den Kommissionsvorschlägen für Art. 1 Abs. 2 EuGüVO und EuPartVO entsprechenden Regelung.[57] So enthielt Art. 1 Abs. 2 des Kommissionsvorschlags für die Erbrechtsverordnung noch eine Definition des Begriffs „Mitgliedstaat", diese ist aber offenbar bei den Verhandlungen im Rat abhanden gekommen.[58] Auch die Erwägungsgründe stellen lediglich klar, dass die genannten Mitgliedstaaten nicht gebunden sind, sagen damit aber strenggenommen nichts über den Mitgliedstaatsbegriff nach der Verordnung aus. Dennoch wäre eine Behandlung der genannten Mitgliedstaaten als Mitgliedstaaten iS der Verordnung ganz und gar sinnwidrig,[59] auch wenn diese Ansicht immer wieder – vor allem im Vereinigten Königreich[60] – zu vernehmen ist: Es drohen etwa negative Kompetenzkonflikte bei den Zuständigkeitsregelungen, die nur „Mitgliedstaaten" binden; die nichtteilnehmenden Mitgliedstaaten könnten andernfalls aus Sicht der teilnehmenden Mitgliedstaaten zuständig sein (etwa bei einem letzten gewöhnlichen Aufenthalt des Erblassers in einem solchen nichtteilnehmenden Mitgliedstaat nach Art. 4), obwohl die Verordnung für die dortigen Gerichte nicht verbindlich ist. Auch wäre ein Renvoi durch die Kollisionsrechte der nichtteilnehmenden Mitgliedstaaten als „Mitgliedstaaten" nach Art. 34 Abs. 1 stets unbeachtlich (→ Art. 34 Rn. 12 f.). Jeder sinnvollen Auslegung widersprechen würde auch, dass Entscheidungen, gerichtliche Vergleiche und öffentliche Urkunden in Erbsachen aus den nichtteilnehmenden Mitgliedstaaten in den teilnehmenden Mitgliedstaaten anzuerkennen, für vollstreckbar zu erklären und anzunehmen wären, ohne dass dies umgekehrt dort für Entscheidungen aus den teilnehmenden Mitgliedstaaten der Fall wäre. Basis für eine Freizügigkeit der mitgliedstaatlichen Entscheidungen, gerichtlichen Vergleiche und öffentlichen Urkunden mit eingeschränkter Prüfung ist ja gerade, dass die Zuständigkeits- und Kollisionsnormen der betreffenden Mitgliedstaaten vereinheitlicht wurden (→ Vor Art. 20 Rn. 2). Die Begriffe „Mitgliedstaat" und „Drittstaat" sind damit so auszulegen, dass nur teilnehmende Mitgliedstaaten „Mitgliedstaaten" sind und die nichtteilnehmenden Mitgliedstaaten „Drittstaaten", wovon etwa auch der deutsche Durchführungsgesetzgeber (→ Rn. 35) in § 1 Abs. 2 IntErbRVG ausgeht.

30   Allerdings kann die Verordnung auch für **Drittstaaten** von Bedeutung sein. Verweist das drittstaatliche Kollisionsrecht auf das Recht eines Mitgliedstaats und handelt es sich dabei um einen Gesamtnormverweis, so muss das drittstaatliche Gericht die Kollisionsnormen der Verordnung in Kapitel III im Rahmen eines Renvoi prüfen. Auch kann sich die Frage stellen, ob die Wirkungen eines nach Kapitel VI ausgestellten Europäischen Nachlasszeugnisses gemäß Art. 69 Abs. 2–5 nach dem drittstaatlichen internationalen Erbverfahrensrecht anzuerkennen sind. Unmittelbar (Art. 69 Abs. 1) entfaltet das Nachlasszeugnis in Drittstaaten freilich keine Wirkungen → Art. 69 Rn. 6.

---

[55] *Lagarde* GPR 2012, 165.

[56] *Bajons* in Schauer/Scheuba, Europäische Erbrechtsverordnung, 2012, 29, 31; *Bäßler/Moritz-Knobloch* ZErb 2014, 12 (15); *Bonomi/Wautelet/Bonomi* Vor Art. 1 Rn. 16 sowie Art. 3 Rn. 4; *Bonomi/Öztürk* ZVglRWiss. 114 (2015), 4 (5) in Fn. 2; *Döbereiner* MittBayNot 2013, 358 (359); *Dutta* FamRZ 2013, 4; *Ernst* in Deinert, Internationales Recht im Wandel, 2013, 129, 138; *Geimer* in Hager, Die neue europäische Erbrechtsverordnung, 2013, 9, 14; *Zöller/Geimer* Anh. II J: EuErbVO Art. 21 Rn. 3; *Janzen* DNotZ 2012, 484 (485); *Lehmann* ZErb 2013, 25; *Lein* in Dutta/Herrler EuErbVO 199, 200 ff.; *Mansel,* Liber amicorum Schurig, 2012, 181 (182); *Richters* ZEV 2012, 576 (577); *Rudolf* ÖNotZ 2013, 225 (231) in Fn. 88; *v. Sachsen Gessaphe* in Deinert, Internationales Recht im Wandel, 2013, 163, 179; *Süß* ZEuP 2013, 725 (734); s. auch *Hess/Jayme/Pfeiffer,* Stellungnahme zum Vorschlag für eine Europäische Erbrechtsverordnung, 2012, 16 in Fn. 7; *Wilke* RIW 2012, 601 (602).

[57] Auch die EuInsVO und die Brüssel Ia-VO enthalten keine Definition des Mitgliedstaatsbegriffs, obwohl auch dort Dänemark nicht durch die Verordnung gebunden wird, vgl. Erwägungsgrund Nr. 33 zur EuInsVO bzw. Erwägungsgrund Nr. 88 zur EuInsVO 2017 sowie Erwägungsgrund Nr. 41 zur Brüssel Ia-VO. Gleiches gilt auch für die EuGüVO und die EuPartVO, die sogar nur im Wege der Verstärkten Zusammenarbeit ergangen sind und daher ebenfalls nicht alle Mitgliedstaaten binden.

[58] Bereits in Ratsdokument Nr. 6198/10 S. 3 wurde Art. 1 Abs. 2 des Kommissionsvorschlags (KOM(2009) 154 endg.) gestrichen, ohne dass die Gründe für diese Streichung ersichtlich sind. Bemerkenswert ist, dass gerade die Delegation des Vereinigten Königreichs kein Erfordernis für diese Vorschrift sah, vgl. Ratsdokument Nr. 5811/10 ADD 10 S. 2.

[59] Vgl. auch Bonomi/Wautelet/*Bonomi* Vor Art. 1 Rn. 16.

[60] S. etwa die Zweifel bei Bergquist/Damascelli/Frimston/Lagarde/Odersky/Reinhartz/*Frimston* Art. 3 Rn. 40 ff.

Schließlich wird die Erbrechtsverordnung künftig womöglich auch die rechtspolitischen Diskussionen um die Reform des internationalen Erbrechts in Drittstaaten beeinflussen.[61]

VII. Der Anwendungsbereich der Verordnung

1. Sachlicher Anwendungsbereich. Der sachliche Anwendungsbereich der Verordnung ist in **31** Art. 1 geregelt: Er bestimmt nicht nur abstrakt den Anwendungsbereich der Verordnung, sondern damit zugleich konkret auch den Umfang der Verweisungen im kollisionsrechtlichen Teil der Verordnung (s. auch Art. 23). Jedenfalls im Hinblick auf die Kollisionsnormen der Verordnung (Art. 20 ff.) wird für den deutschen Rechtsraum nach dem neugefassten Art. 25 EGBGB der sachliche Anwendungsbereich der Verordnung auch auf Fragen erstreckt, die zwar nicht von der Verordnung sachlich erfasst werden, aber kraft deutscher lex fori als erbrechtlich zu qualifizieren sind (→ EGBGB Art. 25 Rn. 1 ff.).

2. Räumlich-persönlicher Anwendungsbereich. Allgemeine Bestimmungen zum räumlich- **32** persönlichen Anwendungsbereich enthält die Verordnung nicht.[62] Vielmehr richtet sich der räumlich-persönliche Anwendungsbereich nach den jeweiligen Bestimmungen zu den einzelnen Regelungsbereichen. Das **internationale Zuständigkeitsrecht** (Kapitel II) ist immer dann räumlich-persönlich anwendbar, wenn der Erblasser seinen letzten gewöhnlichen Aufenthalt in der EU hat (vgl. Art. 4), sich Teile des Nachlasses in der EU befinden (vgl. Art. 10) oder der Erbfall einen ausreichenden Bezug zur EU aufweist (Art. 11); vgl. auch → Art. 7 Rn. 20. Dagegen sind die **Kollisionsnormen** (Kapitel III) universell anwendbar (Art. 20) und erfassen damit sämtliche Erblasser und ihre Rechtsnachfolge von Todes wegen. Die **Annahme-, Anerkennungs- und Vollstreckungsvorschriften** (Kapitel IV, V) sind räumlich nur auf Entscheidungen, gerichtliche Vergleiche und öffentliche Urkunden anwendbar, die aus einem Mitgliedstaat stammen. Die Vorschriften über das **Europäische Nachlasszeugnis** (Kapitel VI) besitzen den gleichen räumlich-persönlichen Anwendungsbereich wie die Zuständigkeitsregeln, soweit diese auch für die internationale Zuständigkeit zur Ausstellung eines Nachlasszeugnisses gelten (vgl. Art. 64 S. 1). – Zur Beschränkung der Verordnung auf grenzüberschreitende Sachverhalte → Art. 1 Rn. 56.

3. Zeitlicher Anwendungsbereich. Der zeitliche Anwendungsbereich der Verordnung ist in **33** den Art. 83 und 84 geregelt. Hier ist zwischen dem **Inkrafttreten** der Verordnung nach Art. 84 UAbs. 1, dem **Geltungsbeginn** ihrer Vorschriften nach Art. 84 UAbs. 2 sowie der **intertemporalen Anwendung** ihrer Vorschriften nach Art. 83 zu unterscheiden (auch allg. → Einl. IPR Rn. 86).

VIII. Verhältnis zum mitgliedstaatlichen Recht; Durchführungsgesetzgebung der Mitgliedstaaten

Die Erbrechtsverordnung ist als Verordnung der EU unmittelbar, auch ohne inländischen Rege- **34** lungsbefehl, in den Mitgliedstaaten anwendbar (Art. 288 UAbs. 2 AEUV). Art. 3 Nr. 1 lit. e EGBGB hat mithin rein deklaratorischen Charakter. Entgegenstehendes mitgliedstaatliches Recht wird im Anwendungsbereich der Verordnung verdrängt, so dass für das autonome internationale Erbrecht der Mitgliedstaaten wenig Raum verbleibt[63] (näher zur internationalen Zuständigkeit → Vor Art. 4 Rn. 24 ff.; zum Kollisionsrecht → Vor Art. 20 Rn. 66 f.; → EGBGB Art. 25 Rn. 1 ff.; → EGBGB Art. 26 Rn. 4 ff.; zur Anerkennung und Vollstreckung ausländischer Entscheidungen → Vor Art. 39 Rn. 3). Lediglich das Europäische Nachlasszeugnis tritt neben die mitgliedstaatlichen Erbnachweise (Art. 62 Abs. 3 S. 1 EuErbVO), und berührt diese nicht (zu Einzelheiten → Art. 62 Rn. 5 ff.). Auch tastet die Verordnung die staatsvertraglichen Regelungen der Mitgliedstaaten nicht an, soweit auch Drittstaaten (zum Begriff → Rn. 29) an diesen beteiligt sind, selbst wenn diese Staatsverträge das internationale Erbrecht betreffen und von den Regelungen der Verordnung abweichen (Art. 75 Abs. 1 UAbs. 1, Abs. 2).

Auch wenn angesichts ihrer unmittelbaren Anwendbarkeit eine Umsetzung der Erbrechtsverord- **35** nung ins mitgliedstaatliche Recht nicht erforderlich war, so bedurfte es doch in zahlreichen Punkten einer **Durchführungsgesetzgebung.** Pünktlich zum Anwendungsbeginn der Erbrechtsverordnung (Art. 83 EuErbVO) hat der deutsche Gesetzgeber zur Einbettung der Verordnung in das deutsche Recht das **Gesetz zum Internationalen Erbrecht und zur Änderung von Vorschriften zum Erbschein sowie zur Änderung sonstiger Vorschriften**[64] erlassen. Dieses Gesetz passte als Man-

---

[61] S. zur Schweiz etwa *Picht/Studen* successio 2016, 318.

[62] Deixler-Hübner/Schauer/*Mankowski* Art. 1 Rn. 1; *S. M. Weber,* Das internationale Zivilprozessrecht erbrechtlicher Streitigkeiten, 2012, 82.

[63] S. für das italienische Recht *Fumagalli* Riv. dir. int. priv. proc. 2015, 779.

[64] Vom 29.6.2015, BGBl. 2015 I S. 1042.

telgesetz nicht nur zahlreiche Einzelvorschriften vor allem des EGBGB, BGB, FamFG und der GBO an das neue Recht an,[65] sondern bündelte insbesondere die offenen verfahrensrechtlichen Fragen – dem Vorbild des IntFamRVG folgend – in einem eigenständigen Stammgesetz, dem **Internationalen Erbrechtsverfahrensgesetz (IntErbRVG).**[66] Das IntErbRVG enthält indes nicht nur Verfahrensvorschriften für Erbsachen, die der Verordnung unterliegen (vor allem zur örtlichen Zuständigkeit [§§ 2, 31, 47 IntErbRVG], zur Anerkennung und Vollstreckung ausländischer Entscheidungen [§§ 3 ff. IntErbRVG] sowie zur grenzüberschreitenden Annahme öffentlicher Urkunden [§§ 45, 46 IntErbRVG]) sowie Vorschriften zum Nachlasszeugnisverfahrensrecht (§§ 33 ff. IntErbRVG), sondern auch materiellrechtliche Regelungen, speziell – in Ausführung des Art. 33 EuErbVO – ein neues Aneignungsrecht des Staates bei erbenlosen Inlandsnachlässen, die ausländischem Recht unterliegen (§ 32 IntErbRVG). In zahlreichen Punkten musste sich der Durchführungsgesetzgeber in umstrittenen Auslegungsfragen zur Erbrechtsverordnung positionieren, wobei die Positionierung durch den deutschen Gesetzgeber freilich nicht verbindlich ist.[67] Trotz der erheblichen Komplexität der Verordnung und grenzüberschreitender Erbsachen hat sich der Gesetzgeber, anders als bei grenzüberschreitenden Kindschaftssachen (§§ 12 f. IntFamRVG), dagegen entschieden, die Zuständigkeit für die der Verordnung unterliegenden Erbsachen bei spezialisierten Gerichten zu konzentrieren.[68] In der jeweiligen Kommentierung der Einzelvorschriften der Erbrechtsverordnung wird auf die einschlägigen Durchführungsbestimmungen verwiesen.

Kapitel I. Anwendungsbereich und Begriffbestimmungen

Art. 1 EuErbVO Anwendungsbereich

(1) [1]Diese Verordnung ist auf die Rechtsnachfolge von Todes wegen anzuwenden. [2]Sie gilt nicht für Steuer- und Zollsachen sowie verwaltungsrechtliche Angelegenheiten.

(2) Vom Anwendungsbereich dieser Verordnung ausgenommen sind:
a) der Personenstand sowie Familienverhältnisse und Verhältnisse, die nach dem auf diese Verhältnisse anzuwendenden Recht vergleichbare Wirkungen entfalten;
b) die Rechts-, Geschäfts- und Handlungsfähigkeit von natürlichen Personen, unbeschadet des Artikels 23 Absatz 2 Buchstabe c und des Artikels 26;
c) Fragen betreffend die Verschollenheit oder die Abwesenheit einer natürlichen Person oder die Todesvermutung;
d) Fragen des ehelichen Güterrechts sowie des Güterrechts aufgrund von Verhältnissen, die nach dem auf diese Verhältnisse anzuwendenden Recht mit der Ehe vergleichbare Wirkungen entfalten;
e) Unterhaltspflichten außer derjenigen, die mit dem Tod entstehen;
f) die Formgültigkeit mündlicher Verfügungen von Todes wegen;
g) Rechte und Vermögenswerte, die auf andere Weise als durch Rechtsnachfolge von Todes wegen begründet oder übertragen werden, wie unentgeltliche Zuwendungen, Miteigentum mit Anwachsungsrecht des Überlebenden (joint tenancy), Rentenpläne, Versicherungsverträge und ähnliche Vereinbarungen, unbeschadet des Artikels 23 Absatz 2 Buchstabe i;
h) Fragen des Gesellschaftsrechts, des Vereinsrechts und des Rechts der juristischen Personen, wie Klauseln im Errichtungsakt oder in der Satzung einer Gesellschaft, eines Vereins oder einer juristischen Person, die das Schicksal der Anteile verstorbener Gesellschafter beziehungsweise Mitglieder regeln;
i) die Auflösung, das Erlöschen und die Verschmelzung von Gesellschaften, Vereinen oder juristischen Personen;
j) die Errichtung, Funktionsweise und Auflösung eines Trusts;
k) die Art der dinglichen Rechte und
l) jede Eintragung von Rechten an beweglichen oder unbeweglichen Vermögensgegenständen in einem Register, einschließlich der gesetzlichen Voraussetzungen für eine solche Eintragung, sowie die Wirkungen der Eintragung oder der fehlenden Eintragung solcher Rechte in einem Register.

---

[65] Überblick über die wichtigsten Anpassungen etwa bei Dutta/Weber/*Dutta* IntErbRVG Vor § 1 Rn. 2.
[66] S. zu diesem Gesetz die obigen Schrifttumshinweise in diesen Vorbemerkungen zur deutschen Durchführungsgesetzgebung.
[67] Überblick bei Dutta/Weber/*Dutta* IntErbRVG Vor § 1 Rn. 12.
[68] Für eine Konzentration etwa *Röthel*, Verh. 68. DJT I, 2010, S. A 3, 97 ff.

Übersicht

I. Normzweck

Art. 1 bestimmt einheitlich für sämtliche Regelungsbereiche der Verordnung deren sachlichen **1** Anwendungsbereich – und zwar **positiv** in Abs. 1 S. 1 sowie **negativ** in Abs. 1 S. 2 und Abs. 2. Diese Technik der Vorschrift lehnt sich an die Anwendungsbereichsnormen der anderen europäischen Rechtsakte im Bereich des internationalen Privatrechts an. Art. 1 legt nicht nur den **Anwendungsbereich der verfahrensrechtlichen Teile** der Verordnung fest (Kapitel II, IV, V) und dient damit vor allem auch der Abgrenzung der Verordnung zu den übrigen internationalverfahrensrechtlichen Unionsrechtsakten (vor allem Brüssel Ia-VO, Brüssel IIa-VO, EuUnthVO, näher → Rn. 3 ff.). Auch wird der **Anwendungsbereich des Europäischen Nachlasszeugnisses** (Kapitel VI) festgelegt, speziell im Hinblick auf die nach Art. 63 EuErbVO bescheinigbaren Rechtspositionen. Die Definition des Anwendungsbereichs grenzt vor allem aber auch das in Kapitel III bestimmte Erbstatut von benachbarten Statuten im Rahmen der **autonomen Qualifikation** (→ Vor Art. 20 Rn. 49) ab, wobei sich diese benachbarten Statute vornehmlich noch nach mitgliedstaatlichem Kollisionsrecht richten. Mit diesem Versuch eines einheitlichen Anwendungsbereichs von Regelungen zum internationalen Privat- und Verfahrensrecht – der dem europäischen Rechtsanwender nunmehr auch in den beiden Güterrechtsverordnungen (EuGüVO und EuPartVO) begegnet – betrit der Unionsgesetzgeber jedenfalls für die klassischen Gebiete des Privatrechts Neuland, waren bisher doch Kollisionsrecht und internationales Verfahrensrecht in getrennten Rechtsakten geregelt (etwa für das internationale Schuldrecht in der Rom I-VO und der Rom II-VO einerseits und in der Brüssel Ia-VO andererseits; anders aber die europäische Insolvenzverordnung). Die Grenzen zwischen kollisionsrechtlicher und verfahrensrechtlicher Qualifikation[1] werden damit verwischt.[2] Freilich kann die Erbrechtsverordnung den einheitlichen Anwendungsbereich für Fragen des Verfahrens- und Kollisi-

---

[1] Zu dieser Unterscheidung etwa *Basedow* in Schlosser, Materielles Recht und Prozessrecht und die Auswirkungen der Unterscheidung im Recht der internationalen Zwangsvollstreckung, 1992, 131, 132 ff.

[2] Zu weiteren Vor- und Nachteilen einer gemeinsamen oder getrennten Kodifikation von IPR und IZVR auf europäischer Ebene s. etwa *Dutta* in von Hein/Rühl, Kohärenz im Internationalen Privat- und Verfahrensrecht der Europäischen Union, 2016, 27.

onsrechts nicht ausnahmslos durchhalten, zum Europäischen Nachlasszeugnis (Kapitel VI) und zum Einfluss des Güterrechts beim Tod eines Ehegatten oder Lebenspartners → Art. 63 Rn. 8.

II. Positive Anwendungsbereichsbestimmung: „Rechtsnachfolge von Todes wegen" (Abs. 1 S. 1)

2   Die Verordnung ist – wie ihr amtlicher Titel verdeutlicht – auf „Erbsachen" anwendbar. Aus Abs. 1 S. 1 folgt, dass es sich bei diesem Begriff um Angelegenheiten handelt, welche die Rechtsnachfolge von Todes wegen betreffen. Der Begriff der Rechtsnachfolge von Todes wegen, der wie die Verordnung allgemein (→ Vor Art. 1 Rn. 23 ff.) autonom auszulegen ist,[3] wird in Art. 3 Abs. 1 lit. a EuErbVO näher definiert (→ Art. 3 Rn. 2). Zudem hilft bei der autonomen Auslegung, welche Fragestellungen als die Rechtsnachfolge von Todes wegen betreffend anzusehen sind, nicht nur die **Negativliste in Abs. 2** weiter, sondern auch die **Positivliste in Art. 23 Abs. 2 EuErbVO,**[4] die zwar formal nur die Reichweite des Erbstatuts festlegt, damit aber zugleich auch klarstellt, dass die dort genannten Fragestellungen auch darüber hinaus – etwa für Zwecke der internationalen Zuständigkeit – in den sachlichen Anwendungsbereich der Verordnung fallen.[5]

3   Betrifft eine Rechtssache die Rechtsnachfolge von Todes wegen, so fällt sie nicht nur in den Anwendungsbereich der Erbrechtsverordnung. Zugleich wird sie damit auch dem Anwendungsbereich **anderer europäischer Rechtsakte zu allgemeinen Zivil- und Handelssachen** entzogen, die regelmäßig das Erbrecht explizit ausklammern (neben den folgenden Ausführungen in → Rn. 4 ff. s. auch → Rn. 29 f. zur EuUnthVO sowie → Rn. 32 zur Rom I-VO):

4   **1. Abgrenzung zur Brüssel Ia-VO.** Liegt eine Erbsache iS des Art. 1 vor, so regelt insbesondere nicht die Brüssel Ia-VO die internationale Zuständigkeit sowie die Anerkennung und Vollstreckung von Entscheidungen und öffentlichen Urkunden, sondern die Kapitel II, IV und V der Erbrechtsverordnung. Bereits nach Art. 1 Abs. 2 lit. a Brüssel I-VO war die Verordnung nicht anzuwenden auf das „Gebiet des Erbrechts einschließlich des Testamentsrechts". In Art. 1 Abs. 2 lit. f Brüssel Ia-VO nF (→ Vor Art. 4 Rn. 21) ist die Rede vom „Gebiet des Testaments- und Erbrechts, einschließlich Unterhaltspflichten, die mit dem Tod entstehen", womit zugleich wohl auch auf Art. 1 Abs. 2 lit. e EuErbVO angespielt wird. Die Bereichsausnahme in der Brüssel Ia-VO ist mit dem sachlichen Anwendungsbereich der Erbrechtsverordnung deckungsgleich, so dass zwischen den Rechtsakten keine Lücken klaffen,[6] die durch autonomes Recht gefüllt werden könnten. Der Ausschluss des Erbrechts in der Brüssel Ia-VO umfasst nicht nur Nachlassverfahren der freiwilligen Gerichtsbarkeit, sondern auch streitige Erbverfahren.[7] Schwierig kann im Einzelfall indes die genaue Abgrenzung zwischen Brüssel Ia-VO und Erbrechtsverordnung sein, vor allem wenn **erbrechtliche Fragestellungen** lediglich eine **Vorfrage in einer allgemeinen Zivil- und Handelssache** bilden, etwa bei einer Klage, mit der der Erbe gegen einen Dritten die Herausgabe eines Nachlassgegenstands geltend macht. So hat etwa der EuGH in einer Entscheidung obiter angedeutet, dass auf eine Klage, die auf einen ererbten Anspruch gestützt wird, die Zuständigkeitsvorschriften der Brüssel Ia-VO anwendbar sind.[8] Diese Entscheidung ist auf sämtliche Klagen mit erbrechtlichen Vorfragen auszudehnen. Die Tatsache, dass eine Klage erbrechtliche Vorfragen aufwirft, sollte den Rechtsstreit nicht der Brüssel

---

[3] Kommissionsvorschlag KOM(2009) 154 endg. S. 5.

[4] Freilich ergänzt um die Anknüpfungsgegenstände der Sonderanknüpfungen in Art. 24 ff.; zust. Deixler-Hübner/Schauer/*Mankowski* Rn. 3.

[5] So auch *Fischer-Czermak* in Schauer/Scheuba, Europäische Erbrechtsverordnung, 2012, 43, 49; vgl. auch *Müller-Lukoschek,* Die neue EU-Erbrechtsverordnung, 2. Aufl. 2015, 70; ebenso bereits zum Kommissionsvorschlag *Lein* YbPIL 11 (2009), 107 (112, 114); *Leipold,* FS Ereciński I, 2011, 1155 (1169); *Volmer* Rpfleger 2013, 421 (427). Anders *Frimston* in Bonomi/Schmid, Successions internationales, 2010, 69, 74; *Schall/Simon* in Geimer/Schütze IRV-HdB Rn. 11 mit Fn. 21; zurückhaltender auch *Buschbaum* in Hager, Die neue europäische Erbrechtsverordnung, 2013, 39, 49 in Fn. 37. – Damit ist freilich noch nicht gesagt, dass die Vorschriften aus den anderen Regelungsbereichen der Verordnung auch konkret anwendbar sind, s. *S. M. Weber,* Das internationale Zivilprozessrecht erbrechtlicher Streitigkeiten, 2012, 85, die zu Recht darauf hinweist, dass etwa die Zuständigkeitsregeln der Verordnung nur Anwendung finden, wenn die in den sachlichen Anwendungsbereich fallende Frage auch Hauptfrage ist (dazu → Rn. 4).

[6] *Eichel* ZEV 2016, 151 (152); *Leipold,* FS Ereciński I, 2011, 1155 (1168, 1172); *S. M. Weber,* Das internationale Zivilprozessrecht erbrechtlicher Streitigkeiten, 2012, 80.

[7] OLG Stuttgart ZEV 2011, 142 (143).

[8] EuGH Slg. 2009, I-8661 Rn. 44 = EuZW 2009, 855 – Vorarlberger Gebietskrankenkasse; s. auch Cour d'appel Paris Clunet 1997, 169, wo das Gericht Streitigkeiten aus einem vom Erblasser geschlossenen Vertrag als nichterbrechtliche Zivil- und Handelssache ansah; so auch OLG München ZEV 2012, 215 für Klagen, die Verbindlichkeiten des Erblassers oder Nachlasses zum Gegenstand haben.

Ia-VO entziehen,[9] insbesondere nicht dem dort niedergelegten Beklagtenschutz und der Möglichkeit von Gerichtsstandsvereinbarungen, die im Rahmen der Erbrechtsverordnung keine Rolle spielen (→ Vor Art. 4 Rn. 22 f.). Widersprechende Entscheidungen zwischen den nach der Brüssel Ia-VO und den nach der Erbrechtsverordnung zuständigen Gerichten werden dadurch vermieden, dass erbrechtliche Vorfragen[10] kollisionsrechtlich nach den Art. 20 ff. zu beantworten sind und damit ein europäischer Entscheidungseinklang herrscht. Damit fallen Streitigkeiten zwischen Erben, Vermächtnisnehmern, Testamentsvollstreckern oder Nachlassverwaltern einerseits sowie Nachlassschuldnern und Nachlassgläubigern, die bereits Schuldner oder Gläubiger des Erblassers waren, andererseits nicht in den Anwendungsbereich der Erbrechtsverordnung, sondern in den der Brüssel Ia-VO,[11] auch wenn solche Klagen erbrechtliche Vorfragen aufwerfen, nämlich nach der Erbberechtigung (Art. 23 Abs. 2 lit. b), dem Erbgang (Art. 23 Abs. 2 lit. e) und der Haftung für Nachlassverbindlichkeiten (Art. 23 Abs. 2 lit. f). So macht etwa die Geltendmachung der beschränkten Erbenhaftung (zur Abgrenzung von Verfahrensrecht und Erbstatut → Art. 23 Rn. 31 ff.) eine allgemeinen Zivil- und Handelssache nicht zu einer Erbsache.[12] Lediglich Klagen, bei denen die erbrechtlichen Ansprüche die Hauptfrage bilden, etwa eine Klage gestützt auf eine Erbberechtigung gegen eine andere Person, die sich derselben (etwa als Erbprätendent) oder einer besseren (etwa als Erbe gegenüber einem vermeintlichen Vermächtnisnehmer) Erbberechtigung berühmt oder die Erbberechtigung verneint (etwa als vermeintlich pflichtteilsergänzungspflichtiger Beschenkter), sind der Erbrechtsverordnung zuzuordnen,[13] ebenso (um widersprechende Entscheidungen in verschiedenen Mitgliedstaaten zu vermeiden) auf bereicherungsrechtliche Rückforderungsansprüche gestützte Klagen, die auf dem Nichtbestehen einer bestimmten erbrechtlichen causa beruhen.[14] Gleiches gilt auch für Klagen auf Duldung der Zwangsvollstreckung als Testamentsvollstrecker, da der geltend gemachte Anspruch allein dem Erbrecht – nämlich dem Recht der Testamentsvollstreckung – entstammt.[15] Auch die isolierte Geltendmachung einer Haftungsbeschränkung unterliegt als Erbsache der EuErbVO (zum Aufgebotverfahren → Vor Art. 4 Rn. 25). Die Tatsache, dass erbrechtsnahe Klagen der Brüssel Ia-VO unterliegen können, wirft freilich Fragen der Verfahrenskoordination auf, wenn miteinander im Zusammenhang stehende Verfahren, vor allem hinsichtlich eines Erbfalls, teils von der Brüssel Ia-VO und teils von der Erbrechtsverordnung beherrscht werden.[16] Im Hinblick auf die Abschaffung des Exequaturverfahrens in der Brüssel Ia-VO (→ Art. 43 Rn. 9), anders als in der Erbrechtsverordnung (näher → Art. 43 Rn. 3 ff.), bindet eine fälschliche Qualifikation einer Sache als allgemeine Zivil- und Handelssache (und nicht als Erbsache) durch das Gericht im Ursprungsmitgliedstaat die Gerichte im Vollstreckungsmitgliedstaat freilich nicht.[17]

2. Abgrenzung zur EuVollstrTitelVO, EuMahnVO und EuBagatellVO. Auch diese **5** Rechtsakte, die besondere Verfahren zur vereinfachten grenzüberschreitenden Forderungsdurchsetzung vorsehen, sind auf erbrechtliche Forderungen nicht anwendbar, s. Art. 2 Abs. 2 lit. a EuVollstrTitelVO, Art. 2 Abs. 2 lit. a EuMahnVO und Art. 2 Abs. 2 lit. b EuBagatellVO. Vielmehr ist der Gläubiger bei einer Erbsache grundsätzlich auf das klassische Modell nach der Erbrechtsverordnung beschränkt, sprich Erlangung eines Titels in einem Mitgliedstaat und ggf. Anerkennung und Vollstreckung nach Kapiteln IV und V in einem anderen Mitgliedstaat. Jedoch erleichtert die Einführung eines Europäischen Nachlasszeugnisses durch Kapitel VI der Verordnung die grenzüberschreitende Durchsetzung erbrechtlicher Positionen Dritter gegenüber. Dieses Nachlasszeugnis ist ähnlich dem Europäischen Vollstreckungstitel nach der EuVollstrTitelVO und dem Europäischen Zahlungsbefehl nach der EuMahnVO in der gesamten EU mit seinen einheitlichen Wirkungen anzuerkennen (Art. 69 Abs. 1 EuErbVO).

---

[9] *D. Lübcke,* Das neue europäische internationale Nachlassverfahrensrecht, 2013, 377; *Max Planck Institute* RabelsZ 74 (2010), 522 (569); *A. Pfeiffer* successio 2010, 316 (318); *S. M. Weber,* Das internationale Zivilprozessrecht erbrechtlicher Streitigkeiten, 2012, 60 ff., 85 ff.; vgl. auch bereits *Basedow* in HdB IZVR Bd. I Kap. II Rn. 106 ff. sowie Bonomi/Wautelet/*Bonomi* Vor Art. 4 Rn. 5.

[10] Zu Vorfragen im Erbstatut s. dagegen → Vor Art. 20 Rn. 50 ff.

[11] *S. M. Weber,* Das internationale Zivilprozessrecht erbrechtlicher Streitigkeiten, 2012, 86 ff.; für Streitigkeiten mit Nachlassgläubigern so auch Bonomi/Wautelet/*Bonomi* Vor Art. 4 Rn. 5; für ererbte Ansprüche so auch *Köhler* in GKKW IntErbR 71; anders offenbar *Lagarde* Rev. crit. dr. int. pr. 101 (2012), 691 (724). Ausführlich zur Abgrenzung auch Dutta/Weber/*Weber* Art. 17 Rn. 5 f. Zur internationalen Zuständigkeit für ererbte Rechte und Pflichten s. näher *Mankowski* ErbR 2016, 550.

[12] Vgl. BGH FamRZ 2015, 653 Rn. 6 ff. = ZEV 2015, 160 (insoweit nicht vollständig abgedruckt).

[13] S. auch *Leipold,* FS Ereciński I, 2011, S. 1155 (1172 f.); *Max Planck Institute* RabelsZ 74 (2010), 522 (569 f.); *Seyfarth,* Wandel der internationalen Zuständigkeit im Erbrecht, 2012, S. 247.

[14] So mit beachtlichen Argumenten *Wall* in Geimer/Schütze IRV-HdB Art. 4 Rn. 43.

[15] OLG München ZEV 2012, 215 (216).

[16] S. näher dazu *S. M. Weber,* Das internationale Zivilprozessrecht erbrechtlicher Streitigkeiten, 2012, 264 ff.

[17] *Pohl* IPRax 2013, 109 (113) in Fn. 62.

6   **3. Abgrenzung zur EuBeweisaufnVO, EuProzesskostenRL und EuZustellVO.** Nicht explizit ausgeschlossen wird das Erbrecht in diesen Rechtsakten zur internationalen Rechtshilfe und zur Vereinheitlichung des Verfahrens in der EU, die damit auch auf Erbsachen anwendbar sind. Konflikte mit der Erbrechtsverordnung drohen hier nicht, da die Verordnung zu den in den genannten Rechtsakten geregelten Bereichen schweigt.

7   **4. Abgrenzung zur EuInsVO.** Abgrenzungsfragen wirft dagegen die europäische Insolvenzverordnung auf, die Regelungen zur internationalen Zuständigkeit, zum anwendbaren Recht und zur Anerkennung und Vollstreckung von Entscheidungen in Insolvenzsachen enthält, aber das Erbrecht nicht von ihrem sachlichen Anwendungsbereich ausklammert. Die Erbrechtsverordnung stellt in Art. 76 lediglich fest, dass die Erbrechtsverordnung die Insolvenzverordnung unberührt lässt (zur Verortung der **Nachlassinsolvenz** und vergleichbarer Institute näher → Art. 76 Rn. 3 ff.).

III. Negative Anwendungsbereichsbestimmung

8   Abs. 1 S. 2 und Abs. 2 schließen zahlreiche Fragen vom Anwendungsbereich der Verordnung aus, wobei diese Aufzählung der nichterfassten Fragestellungen abschließend ist.[18] **Folge** dieses Ausschlusses ist, dass insoweit das internationale Verfahrensrecht und das Kollisionsrecht nach anderen Unionsrechtsakten, völkerrechtlichen Verträgen des Forumsmitgliedstaats oder – soweit beides nicht vorhanden – nach mitgliedstaatlichem Recht anzuwenden ist. Inwieweit diese negative Anwendungsbereichsbestimmung Einfluss auf das mitgliedstaatliche Recht besitzt, gerade bei der **kollisionsrechtlichen Qualifikation** (→ Vor Art. 20 Rn. 49), hängt auch von den Reaktionen der mitgliedstaatlichen Gesetzgeber auf die Erbrechtsverordnung ab: Entschließt sich ein Gesetzgeber, anders als der deutsche Gesetzgeber, sein autonomes Erbkollisionsrecht ersatzlos aufzuheben und damit für die Bestimmung des Erbstatuts allein auf die Erbrechtsverordnung zu verweisen, so enthält jeder Ausschluss einer Frage aus dem Anwendungsbereich der Verordnung – und damit auch aus dem nach der Verordnung zu bestimmenden Erbstatut – zugleich auch die Qualifikationsentscheidung, dass diese Frage nicht erbrechtlich zu qualifizieren und einem anderen, ggf. nach mitgliedstaatlichem Recht zu bestimmenden Statut zuzuordnen ist.[19] Andernfalls könnte es zu Lücken kommen. Behält der mitgliedstaatliche Gesetzgeber dagegen sein autonomes Erbkollisionsrecht bei oder weist der Gesetzgeber die vom Anwendungsbereich der Verordnung ausgenommenen, aber nach mitgliedstaatlichem Kollisionsrecht erbrechtlich zu qualifizierenden Fragen kraft autonomen Rechts dem nach der Erbrechtsverordnung zu bestimmenden Erbstatut zu (so nunmehr Art. 25, Art. 26 Abs. 2 EGBGB), so bleibt es bei einer erbrechtlichen Qualifikation, freilich kraft mitgliedstaatlichen Rechts (dazu und vor allem auch zur Auslegungskompetenz des EuGH insoweit → EGBGB Art. 25 Rn. 5). Es gilt damit: Nur eine positive Zuweisung zum Anwendungsbereich der Verordnung (→ Rn. 2 ff.) hat eine unionsrechtlich zwingend erbrechtliche Qualifikation zur Folge, ein negativer Ausschluss verhindert unionsrechtlich dagegen nicht eine erbrechtliche Qualifikation, sondern überlässt dies dem mitgliedstaatlichen Recht.[20]

9   **1. Öffentliches Recht (Abs. 1 S. 2).** Die Verordnung klammert, wie auch die anderen europäischen Rechtsakte zum internationalen Privatrecht in der Regel, Fragen des öffentlichen Rechts („Steuer- und Zollsachen sowie verwaltungsrechtliche Angelegenheiten") von ihrem Anwendungsbereich aus. Prinzipiell kann bei der Auslegung dieser Begriffe aus der reichhaltigen Judikatur des EuGH speziell zu Art. 1 Abs. 1 Brüssel Ia-VO und seinen Vorgängern im EuGVÜ und in der Brüssel I-VO („Zivil- und Handelssachen")[21] geschöpft werden,[22] auch wenn freilich die Besonderheiten der Erbrechtsverordnung berücksichtigt werden müssen (etwa → Art. 26 Rn. 7).

10   Im erbrechtlichen Kontext betrifft die Bereichsausnahme für das öffentliche Recht vor allem die **Erbschaftsteuer,**[23] deren internationalrechtliche Fragen andernorts – in Deutschland in den wenigen einschlägigen Doppelbesteuerungsabkommen sowie in erster Linie in § 2 ErbStG – geregelt

---

[18]   Bonomi/Wautelet/*Bonomi* Rn. 10. Das ändert freilich nichts daran, dass auch andere Regelungsmaterialien als nichterbrechtlich iSd Art. 1 Abs. 1 S. 1 qualifiziert werden können.

[19]   Anders offenbar Deixler-Hübner/Schauer/*Mankowski* Rn. 4.

[20]   Anders *Dörner* ZEV 2012, 505 (507), wonach durch die Erbrechtsverordnung und die Negativliste der „Anwendungsbereich der einschlägigen nationalen güter-, gesellschafts- oder sachenrechtlichen Anknüpfungsregeln" nicht nur „eingeschränkt", sondern auch „erweitert" werden kann; dem zust. Deixler-Hübner/Schauer/*Mankowski* Rn. 4; *Müller-Lukoschek,* Die neue EU-Erbrechtsverordnung, 2. Aufl. 2015, 74; wie hier dagegen Calvo Caravaca/Davì/Mansel/*M. Weller* Rn. 12.

[21]   Allg. zu dieser Rspr. und ihrer Übertragbarkeit auf andere Rechtsakte *Dutta* in Basedow/Hopt/Zimmermann, Handwörterbuch des Europäischen Privatrechts II, 2009, 1807.

[22]   So auch Deixler-Hübner/Schauer/*Mankowski* Rn. 9.

[23]   S. Erwägungsgrund Nr. 10 S. 2 und 3.

sind.[24] Ist die Erbschaftsteuer als Nachlassverbindlichkeit ausgestaltet, so richtet sich wegen Abs. 1 S. 2 die Nachlasshaftung – entgegen Art. 23 Abs. 2 lit. g – nicht nach dem Erbstatut,[25] es sei denn, das Erbschaftsteuerrecht verweist für diese Frage auf das Erbstatut. Zwischen Nachlasssteuer und Erbanfallsteuer[26] zu differenzieren ist dagegen bei der Frage, welche erbrechtlich Berechtigten für die Erbschaftsteuer **haften** und inwieweit sie bei den anderen Erben **Rückgriff nehmen** können: Erbrechtlich zu qualifizieren ist dagegen die Frage, wie bei einer Erbschaftsteuer als Nachlasssteuer die Erbschaftsteuerlast im Innenverhältnis zwischen mehreren Erben aufgeteilt wird.[27] Diese Frage berührt die Haftung für Nachlassverbindlichkeiten nach Art. 23 Abs. 2 lit. g, da eine als Nachlasssteuer konzipierte Erbschaftsteuer eine Nachlassverbindlichkeit darstellt. Anders ist dagegen bei einer Erbschaftsteuer als Anfallsteuer zu entscheiden, die wie etwa die deutsche Erbschaftsteuer unmittelbar jeden erbrechtlich Begünstigten persönlich trifft und damit keine gewöhnliche Nachlassverbindlichkeit darstellt.[28] Hier ist die Frage, ob und in welcher Art und Weise auch die anderen Berechtigten für die Erbschaftsteuer mithaften, etwa wie in Deutschland bis zur Auseinandersetzung der Erbengemeinschaft nach § 20 Abs. 3 ErbStG, § 2058 BGB die Miterben als Gesamtschuldner, nicht erbrechtlich, sondern als erbschaftsteuerrechtliche Frage zu qualifizieren. Gleiches gilt für die Rückgriffsfrage. Ansonsten drohen Friktionen im Erbschaftsteuerrecht. Es ist allerdings auch hier eine Frage der Auslegung des jeweils anwendbaren Erbschaftsteuerrechts, ob dieses für die Haftung auf sein eigenes Erbrecht oder das nach seinem Kollisionsrecht anwendbare Erbrecht verweist.

Auch die **(Sonder-)Nachfolge in sozialrechtliche Leistungsansprüche** (etwa nach §§ 56 ff. **11** SGB I) unterfällt jedenfalls dann nicht der Erbrechtsverordnung, sondern dem internationalen Sozialrecht des Forums, wenn das betreffende Sozialleistungsrecht öffentlich-rechtlich ausgestaltet ist (vgl. auch Art. 1 Abs. 2 lit. c Brüssel Ia-VO).[29] Andernfalls müsste man ohnehin über eine Sonderanknüpfung nach Art. 30 („aus […] familiären oder sozialen Erwägungen") nachdenken. Enthält das Sozialrecht keine speziellen Vorschriften für die Vererbung wie etwa § 56 SGB I, der eine besondere Nachfolgeordnung statuiert, so verweist es unter Umständen ausdrücklich (vgl. § 58 S. 1 SGB I) oder stillschweigend auf das allgemeine Erbrecht des betreffenden Staates. Dies wird man auch als eine Verweisung auf das Kollisionsrecht dieses Staates verstehen dürfen (vgl. auch § 34 Abs. 1 SGB I). Unterliegt der vererbte Anspruch auf eine Sozialleistung etwa deutschem Recht, dann bestimmt im Falle des § 58 S. 1 SGB I das nach Art. 20 ff. EuErbVO maßgebliche Recht, wem der Anspruch zusteht.[30] Es wäre nicht sachgerecht, diese Frage unmittelbar nach §§ 1922 ff. BGB zu beantworten. Andernfalls würde womöglich eine Nachlassspaltung entstehen. Es ist sonach durchaus möglich, dass in bestimmten Fällen auch öffentlich-rechtliche Ansprüche nach dem Erbstatut vererbt werden, obwohl eine direkte Anwendung der Art. 20 ff. ausscheidet.[31]

Allerdings darf Abs. 1 S. 2 nicht darüber hinwegtäuschen, dass die Verordnung sachlich durchaus **12** auch Fragestellungen an der Grenze zum öffentlichen Recht erfasst. Das gilt vor allem für **erbenlose Nachlässe,** bei denen sich die Frage einer nachrangigen Nachlassbeteiligung des Staates stellt, wenn keine natürliche Person Intestaterbe ist und auch kein gewillkürter Erbe eingesetzt wurde. Die Erbrechtsverordnung ist auch auf diese Nachlassbeteiligung anwendbar, und zwar in erster Linie, wenn diese durch ein privatrechtliches Fiskuserbrecht realisiert wird, das den Staat zum Erben kürt (etwa § 1936 BGB); das Fiskuserbrecht ist Teil der Erbberechtigung, die Art. 23 Abs. 2 lit. b dem Erbstatut – und damit dem sachlichen Anwendungsbereich der Verordnung – zuschlägt. Allerdings sind für das (ggf. besondere) Verfahren, ob ein erbenloser Nachlass vorliegt, auch wenn dieses wie bei uns (§§ 1964 ff. BGB) im materiellen Erbrecht geregelt ist, allein die Vorschriften der lex fori maßgeblich[32] (allgemein zur Abgrenzung von Erbstatut und lex fori → Art. 23 Rn. 39 ff.). Grundsätzlich nicht unter die Verordnung und insbesondere deren Kollisionsnormen fallen dagegen nach Abs. 1 S. 2 Regelungen, nach denen der Staat am erbenlosen Nachlass aufgrund eines hoheitlichen Aneignungsrechts partizipiert (etwa § 750 öst. ABGB oder Sec. 46 Abs. 1 Ziff. vi Administration of Estates Act 1925 [UK]). Denn hier nimmt der Staat Befugnisse für sich in Anspruch, die von den Befugnissen Privater abweichen, so dass nach der Rechtsprechung des EuGH (→ Rn. 9; vgl. auch zu Abgrenzungsschwierigkeiten im Detail → Art. 33 Rn. 6) keine Zivilsache vorliegt.[33] Art. 33

---

[24] Zum internationalen Erbschaftsteuerrecht s. etwa Dutta/Weber/*Haase* IntErbStR.
[25] Das übersieht wohl Ratsdokument Nr. 5811/10 ADD 3 S. 10.
[26] Zu dieser Unterscheidung rechtsvergleichend *Dutta,* Warum Erbrecht?, 2014, 197.
[27] Vgl. Deixler-Hübner/Schauer/*Mankowski* Rn. 8.
[28] Vgl. etwa Staudinger/*Dutta* (2016) BGB § 1967 Rn. 33.
[29] *Berchtold/Reichel* NZS 2016, 285 (289 f.); Deixler-Hübner/Schauer/*Mankowski* Rn. 12.
[30] *Berchtold/Reichel* NZS 2016, 285 (290 f.); Dutta/Weber/*Schmidt* Rn. 17.
[31] Zum bisherigen Recht so Staudinger/*Dörner* (2007) EGBGB Art. 25 Rn. 75.
[32] Vgl. bereits Staudinger/*Dörner* (2007) EGBGB Art. 25 Rn. 207.
[33] Anders für das österreichische Heimfallrecht Deixler-Hübner/Schauer/*Cohen* Art. 33 Rn. 5.

sieht lediglich vor, dass dieses staatliche Aneignungsrecht bei einem Konflikt mit einem Fiskuserbrecht eines anderen Staates für das in dem betreffenden Aneignungsstaat befindliche Vermögen den Vorrang genießt. Damit begrenzt die Verordnung auch indirekt das staatliche Aneignungsrecht im Hinblick auf außerhalb dieses Staates befindliches Nachlassvermögen und erfasst damit indirekt trotz Abs. 1 S. 2 auch diese öffentlich-rechtliche Fragestellung.[34] Auch **Hoheitsakte zum Vollzug des Erbgangs,** etwa die Einantwortung im österreichischen Verlassenschaftsverfahren (→ Art. 8 Rn. 4; → Art. 23 Rn. 20), werden nicht von der Bereichsausnahme umfasst.[35]

13   **2. Personenstand und Familienverhältnisse (Abs. 2 lit. a).** Nicht von der Verordnung geregelt werden Fragen des Personenstands und der Familienverhältnisse, wobei hierunter auch solche Verhältnisse – etwa zwischen nichtehelichen Lebensgemeinschaften (s. aber → Rn. 15) – fallen, die nach dem aus Sicht des Forums auf sie anwendbaren Recht vergleichbare Wirkungen entfalten. Die Verordnung ist damit insbesondere nicht auf Fragen der **Abstammung, Adoption,** den **Bestand einer Ehe oder einer eingetragenen Partnerschaft** anwendbar.

14   Schwierigkeiten bereitet diese Bereichsausnahme zunächst, wenn die genannten Fragen als **Vorfragen** bei der Anwendung des nach Kapitel III zu bestimmenden Erbstatuts aufgeworfen werden, was vor allem im gesetzlichen Intestaterbrecht, aber auch im Pflichtteilsrecht regelmäßig der Fall ist, die universell nahezu ausschließlich an diese Statusverhältnisse anknüpfen. Abs. 2 lit. a stellt insoweit lediglich klar, dass diese Vorfragen nicht nach dem Erbstatut zu beantworten sind. Dagegen lässt die Vorschrift offen, ob Vorfragen im Erbstatut selbständig (nach dem Kollisionsrecht des Forums) oder unselbständig (nach dem Kollisionsrecht des Erbstatuts) anzuknüpfen sind (näher → Vor Art. 20 Rn. 50 ff.). Ein dem Erwägungsgrund Nr. 21 zur EuGüVO bzw. EuPartVO entsprechender Hinweis fehlt in der Verordnung.

15   Auch wenn Abs. 2 lit. a das Statusverhältnis an sich aus dem Anwendungsbereich der Verordnung ausklammert, so unterliegt doch die Frage, ob das Statusverhältnis eine (intestaterbrechtliche oder zwingende) **Erbberechtigung** vermittelt, nicht dem Statut des jeweiligen Statusverhältnisses, sondern dem **Erbstatut,** das nach Art. 23 Abs. 2 lit. b die Erbberechtigung allgemein und nach Art. 23 Abs. 2 lit. h auch den Pflichtteil umfasst, wobei freilich die Erbberechtigung einen wichtigen Aspekt des jeweiligen Statusverhältnisses ausmacht. Die erbrechtliche Qualifikation der Erbberechtigung wird vor allem bei Statusverhältnissen relevant, die nicht in jeder Rechtsordnung existieren (etwa die eingetragene Partnerschaft, gleichgeschlechtliche Ehe) oder nicht in jeder Rechtsordnung eine Erbberechtigung auslösen (etwa bei einer so genannten „schwachen" Adoption). Das Erbstatut beantwortet damit die Zugehörigkeit eines Adoptivverwandten oder leiblichen Verwandten nach Adoption oder eines eingetragenen Partners oder gleichgeschlechtlichen Ehegatten zum Kreis der erbrechtlich Berechtigten.[36] Ob ein aus Sicht des Erbstatuts nach einem ausländischen Recht begründetes Statusverhältnis dem nach dem Erbstatut vorausgesetzten Statusverhältnis (etwa Volladoption, „starke" oder „schwache" Adoption, vgl. Art. 22 Abs. 2 EGBGB) funktional entspricht oder wie mit einer fehlenden Erbberechtigung nach dem Erbstatut trotz Erbberechtigung nach dem Statut des betreffenden Statusverhältnisses umzugehen ist, dies sind Fragen der **Substitution** und der **Anpassung** (näher → Art. 23 Rn. 11). Freilich kann das Erbstatut sachrechtlich eine Besserstellung „schwach" Adoptierter vorsehen, wie dies bei uns Art. 22 Abs. 3 EGBGB tut → Art. 23 Rn. 11. – Teilweise knüpft das Erbstatut eine Erbberechtigung auch an **faktische Familienbeziehungen,** die keinem eigenständigen Statut unterliegen, vor allem an nichteheliche Lebensgemeinschaft kraft ihrer faktischen Paarbeziehung (etwa in Europa Kap. 8 § 2 Abs. 1 und 5 finn. Perintökaari; Art. 441–2, Art. 452–1 ff. i. V. m. Art. 234–1 lit. a, b katal. Codi civil; § 8 Abs. 2 kroat. Zakon o nasljeđivanju; Art. 10 Abs. 2 slowen. Zakon o dedovanju), aber womöglich auch an Stief- oder Pflegekindschaftsverhältnisse. Die erbrechtliche Berechtigung dieser Personen unterliegt nach Art. 23 Abs. 2 lit. b dem Erbstatut (→ Art. 23 Rn. 10). Das Erbstatut verweist in diesem Fall aber regelmäßig nicht auf eine bestehende Statusbeziehung, sondern definiert das die Erbberechtigung auslösende Verhältnis zum Erblasser selbst. Deshalb muss trotz Abs. 2 lit. a eine allein für Zwecke der Erbberechtigung definierte Familienbeziehung Teil des Erbstatuts sein, zumal es derzeit – anders als bei den klassischen Statusbeziehungen der Abstammung, Ehe oder eingetragenen Partnerschaft – ohnehin an einer allgemeinen Kollisionsnorm für faktischen Familienbeziehungen fehlt.

16   **3. Fragen der Persönlichkeit einer natürlichen Person. a) Rechts-, Geschäfts- und Handlungsfähigkeit (Abs. 2 lit. b).** Ebenfalls nicht in den sachlichen Anwendungsbereich der Verordnung fallen Fragen der **Rechts- und Geschäftsfähigkeit** einer natürlichen Person (vgl.

---

[34] Vgl. auch Bonomi/Wautelet/*Bonomi* Rn. 7.

[35] Dutta/Weber/*Schmidt* Rn. 14.

[36] Deixler-Hübner/Schauer/*Mankowski* Rn. 14; *R. Wagner/Scholz* FamRZ 2014, 714 (722).

Abs. 2 lit. b), die weiterhin dem mitgliedstaatlichen Recht verbleiben, in Deutschland etwa im Kollisionsrecht Art. 7 EGBGB. Insbesondere regelt das nach Kapitel III zu bestimmende Erbstatut nicht die personenrechtlichen Folgen des Todes, etwa auch die Frage eines **postmortalen Persön-lichkeitsrechts** und dessen Wahrnehmung,[37] sondern allein – nach der Definition der Rechtsnach-folge von Todes wegen in Art. 3 Abs. 1 lit. a – das Schicksal des Vermögens des Verstorbenen mit seinen Aktiva und Passiva nach dessen Tod. Auch Fragen der **Totenfürsorge** und die Frage, wem die **Leiche als Rechtsobjekt** zusteht, wird man als eng mit der Persönlichkeit des Menschen verknüpfte Angelegenheiten der „Rechtsfähigkeit" im weitesten Sinne nicht dem Erbstatut zuzuwei-sen haben.[38]

Eng mit der Geschäftsfähigkeit verküpft ist die **gesetzliche Vertretung des Geschäftsunfähigen** **17** **oder in seiner Geschäftsfähigkeit Beschränkten.** Diese Frage klammert Abs. 2 lit. b ebenfalls vom Anwendungsbereich der Erbrechtsverordnung aus, selbst wenn das betreffende Rechtsgeschäft erbrechtliche Fragen berührt (und insoweit auch vom Erbstatut erfasst wird).[39] Sie unterliegt vielmehr den Vorschriften, die auf das jeweils hinter der gesetzlichen Vertretung stehende (familienrechtliche) Verhältnis sachlich anwendbar sind, etwa das Recht der elterlichen Verantwortung (Art. 1 ff. Brüssel IIa-VO, Art. 1 ff. KSÜ) oder das Erwachsenenschutzrecht (Art. 1 ff. ErwSÜ).[40] So hat bereits der Gerichtshof in *Matoušková* (Rs. C-404/14), seiner ersten Entscheidung mit Aussagen zur Erbrechts-verordnung, klargestellt, dass die gerichtliche Genehmigung einer Erbauseinandersetzung, die von einer Kuratorin für minderjährige Erben abgeschlossen wurde, in den sachlichen Anwendungsbereich der Brüssel IIa-VO (kindschaftsrechtlicher Teil) fällt und nicht der EuErbVO.[41]

Allerdings regelt die Verordnung **einzelne Fragen** der Persönlichkeit einer natürlichen Person, **18** worauf Abs. 2 lit. b auch ausdrücklich hinweist: Teil des Erbstatuts ist die **Erbfähigkeit** (Art. 23 Abs. 2 lit. c) sowie die **Testierfähigkeit** (Art. 26 Abs. 1 lit. a, Abs. 2) als erbrechtliche Sonderauspra-gungen der Rechts- bzw. Geschäftsfähigkeit. Soweit das Erbstatut hier auf die allgemeine Rechts- und Geschäftsfähigkeit abstellt, handelt es sich freilich um Vorfragen, die nicht vom Erbstatut beantwortet werden[42] (zur Vorfragenanknüpfung näher → Vor Art. 20 Rn. 50 ff.). Zu trennen ist die Erbfähigkeit freilich von der Frage, ob die potentiell erbrechtlich berechtigte und erbfähige Person **überhaupt** **rechtsfähig** ist und damit Trägerin von (erbrechtlichen oder sonstigen) Rechten und Pflichten sein kann. Diese Frage wird als Teilfrage allein vom auf die Rechtsfähigkeit des potentiell Berechtigten anwendbaren Rechts beantwortet.[43] Verneint dieses Personalstatut die Rechtsfähigkeit, so obliegt es dem Erbstatut, über die Konsequenzen zu entscheiden.[44]

b) Verschollenheit, Abwesenheit und Todesvermutung (Abs. 2 lit. c). Auch einzelne Fra- **19** gen betreffend den Tod einer natürlichen Person werden nicht von der Erbrechtsverordnung erfasst, und zwar die in Abs. 2 lit. c genannte **Verschollenheit** (oder **Abwesenheit**) und **Todesvermu-tung.** Insoweit gilt weiterhin mitgliedstaatliches Recht, im Kollisionsrecht etwa in Deutschland Art. 9 EGBGB, wobei die erbrechtlichen Folgen der Verschollenheit oder Todesvermutung in den Anwendungsbereich der Verordnung fallen.[45] Der Erbrechtsverordnung und vor allem dem Erbstatut unterliegen dagegen die Gründe für den Eintritt des Erbfalls und dessen Zeitpunkt (ausdrücklich Art. 23 Abs. 2 lit. a), also damit die **Voraussetzungen für den Tod** des Erblassers und den **Zeit-punkt seiner Vollendung;** insoweit wird Art. 9 EGBGB durch die EuErbVO verdrängt.[46] Zum Begriff des Todes → Art. 4 Rn. 8. – Eine Teilfrage aus dem Bereich der Todesvermutung hat der Unionsgesetzgeber dagegen ausdrücklich dem Erbstatut zugeschlagen, nämlich das Problem

---

[37] Zust. Deixler-Hübner/Schauer/*Mankowski* Rn. 17; anders Deixler-Hübner/Schauer/*Deixler-Hübner/* *Schauer* Art. 3 Rn. 11.

[38] Zust. Deixler-Hübner/Schauer/*Mankowski* Rn. 17; anders Deixler-Hübner/Schauer/*Deixler-Hübner/* *Schauer* Art. 3 Rn. 11; vgl. auch Erman/*Hohloch* Rn. 2, allerdings mit Abs. 1 S. 2 argumentierend.

[39] So für die elterliche Vertretungsmacht oder familienrechtliche Genehmigungsvorbehalte für die Ausschla-gung eines Mindesjährigen Dutta/Weber/*Schmidt* Art. 28 Rn. 18.

[40] Deixler-Hübner/Schauer/*Mankowski* Rn. 15 bemüht für die Anwendbarkeit des KSÜ und des ErwSÜ Art. 75 Abs. 1 UAbs. 1 EuErbVO, der jedoch nicht einschlägig ist, weil die genannten Staatsverträge bereits nicht im Anwendungsbereich der Erbrechtsverordnung wildern.

[41] EuGH ZEV 2016, 147 – Marie Matoušková; so bereits zuvor Dutta/Weber/*Schmidt* Rn. 31; für betreuungs-rechtliche Genehmigungen s. auch EuGH FamRZ 2013, 1873 = BeckRS 2013, 81918 – Siegfried János Schneider.

[42] Vgl. auch Staudinger/*Hausmann* (2013) EGBGB Art. 7 Rn. 70a; NK-BGB/Looschelders Art. 32 Rn. 5; anders Dutta/Weber/*Schmidt* Art. 23 Rn. 12: stets Erbstatut auch insoweit anwendbar.

[43] So zum bisherigen Recht auch bereits Staudinger/*Dörner* (2007) EGBGB Art. 25 Rn. 82; anders Dutta/ Weber/*Schmidt* Art. 23 Rn. 44, wonach es sich hierbei um eine Vorfrage im Erbstatut handelt.

[44] Vgl. Staudinger/*Dörner* (2007) EGBGB Art. 25 Rn. 83.

[45] S. auch Ratsdokument Nr. 5811/10 ADD 7 S. 1.

[46] Anders Dutta/Weber/*Schmidt* Rn. 35.

unterschiedlicher **Kommorientenvermutungen** in Art. 32. Hieraus lässt sich entnehmen, dass auch die Frage der Reihenfolge des Todes verschiedener Erblasser der Verordnung unterliegt, insbesondere die Frage, ob bei faktisch unklarer Reihenfolge vermutet wird, dass einer der Erblasser überlebt oder beide zeitgleich verstorben sind.[47] Denn Art. 32 spricht davon, dass „diese Rechte diesen Sachverhalt unterschiedlich" regeln, und bezieht sich damit nach seinem klaren Wortlaut auf das allgemeine Erbstatut. Auch weist Art. 23 Abs. 2 lit. a den Zeitpunkt des Erbfalls explizit dem Erbstatut zu und damit auch (Vermutungs-)Regelungen über die Reihenfolge verschiedener, aber zeitlich zusammenhängender Erbfälle.

20   **4. Güterstand (Abs. 2 lit. d).** Der Tod eines Ehegatten oder Lebenspartners löst regelmäßig auch vermögensrechtliche Folgen im Güterrecht aus, im deutschen Recht vor allem nach § 1371 BGB. Fragen dieses **Güterrechts von Todes wegen** werden – wie das Güterrecht allgemein – grundsätzlich aus dem Anwendungsbereich der Verordnung nach Abs. 2 lit. d herausgenommen und künftig den europäischen Güterrechtsverordnungen, also der EuGüVO und der EuPartVO, unterliegen, die ihrerseits nach Art. 1 Abs. 2 lit. d EuGüVO bzw. Art. 1 Abs. 2 lit. d EuPartVO „die Rechtsnachfolge nach dem Tod eines Ehegatten" bzw. „eines Partners" vom Anwendungsbereich der jeweiligen Verordnungen ausklammern. Die Güterrechtsverordnungen finden nach Art. 69 EuGüVO bzw. Art. 69 EuPartVO im Wesentlichen erst Anwendung ab bzw. nach dem Stichtag des 29.1.2019. Maßgeblich für die Bereichsausnahme in der Erbrechtsverordnung ist allein die Natur einer Frage als güterrechtlich; ob sich diese Frage zwischen **gleich- oder verschiedengeschlechtlichen Ehegatten oder eingetragenenen oder faktischen Lebenspartnern** stellt, ist irrelevant,[48] wie auch der Wortlaut des Art. 1 Abs. 2 lit. d EuErbVO und des Art. 23 Abs. 2 lit. b EuErbVO nahe legt, der anders als Art. 3 Abs. 1 lit. a EuPartVO gerade kein Eintragungserfordernis aufstellt.[49] – Im Detail ergeben sich zwischen Erbrecht und Güterrecht zahlreiche Abgrenzungsschwierigkeiten:

21   **a) Kollisionsrecht (Kapitel III).** Äußerst relevant ist die Auslegung der Bereichsausnahme in Abs. 2 lit. d zunächst für Abgrenzung zwischen **Güterstatut und Erbstatut,** da hier – bereits heute (vgl. Art. 15 EGBGB), aber auch nach dem Anwendungsbeginn der europäischen Güterrechtsverordnungen (vgl. Art. 20 ff. EuGüVO bzw. Art. 20 ff. EuPartVO) – aufgrund unterschiedlicher Anknüpfungsmomente und vor allem Anknüpfungszeitpunkte beide Statute auseinanderfallen und die Ehegatten oder eingetragenen Partner nach Art. 22 EuErbVO, Art. 22 ff. EuGüVO und Art. 22 ff. EuPartVO auch nur eingeschränkt mittels Rechtswahl einen Gleichlauf zwischen Erb- und Güterstatut herstellen können.[50]

22   Ausgangspunkt des Problems ist Art. 23 Abs. 2 lit. b, nach dem das Erbstatut auch die „Nachlassansprüche des überlebenden Ehegatten oder Lebenspartners" umfasst. Nach dem offenen Wortlaut dieser Vorschrift könnte etwa der pauschalierte oder sogar der rechnerische Zugewinnausgleich von Todes wegen nach § 1371 BGB dem Erbstatut unterliegen. Gleiches gilt für andere systematisch im Güterrecht verankerte (etwa § 1371 Abs. 4 BGB) oder vom Güterstand des Erblassers als Ehegatte oder Lebenspartner abhängige (etwa § 1931 Abs. 4 BGB) Rechte am oder auf den Nachlass, freilich auch für Rechte aus vertraglichen Güterständen beim Tod eines Ehegatten (s. auch Erwägungsgrund Nr. 12 S. 1). Allerdings ist das Problem mitnichten „auf der europäischer Ebene unkontrollierbar".[51] Vielmehr spricht Vieles auch unter der Ägide der Erbrechtsverordnung und der Güterrechtsverordnungen wie auch unter dem bisherigen Recht[52] für eine **güterrechtliche Qualifikation des**

---

[47] In diese Richtung wohl auch *Rugullis* ZVglRWiss. 113 (2014), 186 (207 f.).

[48] So im Erg. auch Deixler-Hübner/Schauer/*Mankowski* Rn. 22 ff.

[49] Zum Schicksal faktischer Lebensgemeinschaften nach den Güterrechtsverordnungen s. *Coester* in Dutta/Weber, Die Europäischen Güterrechtsverordnungen, 2017, 111, 113; *Dutta* FamRZ 2016, 1973 (1976 f.).

[50] Näher *Bonomi* YbPIL 13 (2011), 217 (230 f.); *Dutta* in Lipp/Münch, Die neue Europäische Erbrechtsverordnung, 2016, 117, 122 ff.; *Kohler* Rec. des Cours 359 (2012), 285, 466 f.; *Mankowski* ZEV 2014, 121 (127 f.); *Weber* DNotZ 2016, 424 (426 ff.). – *Dörner* in Dutta/Herrler EuErbVO 73, 78 f., *Looschelders* IPRax 2016, 349 (351) und *Schaub* Hereditare 3 (2013), 91 (99), weisen darauf hin, dass aus deutscher Sicht unter der EuErbVO Ehegüterstatut und Erbstatut seltener auseinanderfallen werden als unter dem bisherigen deutschen Erbkollisionsrecht; das gilt jedenfalls für die Aufenthaltsanknüpfung, die auch im Güterkollisionsrecht wenigstens bei binationalen Ehen eine prominente Rolle spielt, vgl. Art. 15 Abs. 1, Art. 14 Abs. 1 Nr. 2 EGBGB. Die Verwendung des gleichen Anknüpfungsmoments ändert aber freilich nichts daran, dass die Anknüpfungszeitpunkte im internationalen Güter- und Erbrecht divergieren: Während im Erbkollisionsrecht der Fokus auf dem Ende der Beziehung liegt (Art. 21 Abs. 1 EuErbVO), steht im Mittelpunkt des Güterkollisionsrechts der Beginn der Beziehung (nunmehr auch Art. 26 EuGüVO bzw. Art. 26 EuPartVO), vgl. auch *Heinig* DNotZ 2014, 251 (257); etwas zu optimistisch deshalb wohl auch *Süß* MittBayNot 2015, 510 f.; *Walther* GPR 2014, 325 (328).

[51] So unter methodisch zweifelhafter Heranziehung widersprechender OLG-Rechtsprechung in Deutschland aber *Kowalczyk* ZfRV 2013, 126 (128).

[52] S. nunmehr BGHZ 205, 289, Rn. 24 ff. = NJW 2015, 2185 m. Aufsatz *St. Lorenz* NJW 2015, 2157 = FamRZ 2015, 1180 m. Anm. *Mankowski*.

Zugewinnausgleichs von Todes wegen und anderer güterrechtlicher Institute, die beim Tod eines Ehegatten oder Lebenspartners eine allgemeine Teilhabe am Nachlass generieren.[53] Der EuGH – der auf Vorlage des Kammergerichts in der Rechtssache *Mahnkopf* (Rs. C-558/16) demnächst zur Anwendbarkeit der Verordnung auf § 1371 Abs. 1 BGB Stellung wird nehmen müssen[54] – hat in anderem Zusammenhang bei der Qualifikation familienvermögensrechtlicher Institute stets eher auf deren Zweck und weniger auf deren Gestalt abgestellt,[55] so dass es naheliegt, auch beim pauschalierten Zugewinnausgleich dessen jedenfalls nach dem Willen des deutschen Gesetzgebers güterrechtliche Funktion und weniger dessen erbrechtliche Form zu betonen. Reaktionen des Erbrechts auf das Güterregime, wie etwa in § 1931 Abs. 4 BGB, sind dagegen erbrechtlich zu qualifizieren, da sie eine erbrechtliche Funktion erfüllen.[56] Es existiert allerdings nach der Erbrechtsverordnung und den Güterrechtsverordnungen **kein autonomer Funktionsrahmen,** etwa dahingehend, dass nur eine Teilhabe am während der Ehe erwirtschafteten Vermögen güterrechtlich sein kann.[57] Der jeweilige nationale Gesetzgeber besitzt die Hoheit über die Zwecke seines Güterrechts, die zwar rechtsvergleichend zunehmend auch im Todesfall auf eine Errungenschaftsteilhabe gerichtet sind,[58] dies aber nicht zwingend sein müssen: Einige Rechtsordnungen kennen eine Universalgütergemeinschaft als gesetzlichen Güterstand oder beziehen in anderer Weise nicht während der Ehe erwirtschaftetes Vermögen in die güterrechtliche Auseinandersetzung ein.[59] Entscheidend ist deshalb, mit welchen Instituten der Gesetzgeber seine güterrechtlichen Ziele verfolgt. Wertvolles Indiz kann hierbei sein, ob das jeweilige Institut auch bei der Beendigung der Ehe oder Partnerschaft unter Lebenden greift, etwa bei Scheidung. Eindeutig dem Güterstatut zuzuordnen ist die **Auflösung einer anfänglichen oder aufgeschobenen Gütergemeinschaft** anlässlich des Todes eines der Ehegatten,[60] so dass sich in den meisten Rechtsordnungen, die dem Gedanken der Errungenschaftsgemeinschaft folgen und erb- und güterrechtliche Teilhabe auch der Form nach trennen, wenig Abgrenzungsfragen stellen. Auch eine **fortgesetzte Gütergemeinschaft** unterliegt dem Güterstatut.[61] Es ist für eine güterrechtliche Qualifikation einerlei, ob die betreffende Gütergemeinschaft als **gesetzlicher Güterstand** oder **Vertragsgüterstand** entsteht. Auch kann es angesichts der funktionalen Qualifikation bei der autonomen Abgrenzung von Erb- und Güterstatut keine

---

[53] *Dörner* ZEV 2010, 221 (223); *Dörner* ZEV 2012, 505 (507); *Dörner* in Dutta/Herrler EuErbVO 73, 76 ff.; *Dörner* IPRax 2017, 81 (84); *Döbereiner* MittBayNot 2013, 358 (359); *Dutta* FamRZ 2013, 4 (9); *Grau* in Zimmermann ErbR Nebengesetze Art. 25, 26 EGBGB Anh.: EuErbVO Rn. 12; *Heinig* DNotZ 2014, 251 (255); *Kohler/ Pintens* FamRZ 2010, 1481 (1483); *Kowalczyk* GPR 2012, 212 (217); *Kowalczyk* Die gesetzlichen Rechte des überlebenden Ehegatten im deutsch-polnischen Rechtsverkehr unter Berücksichtigung des europäischen Rechts, 2013, 287 ff.; *Kunz* GPR 2012, 253 f.; *Looschelders,* FS Coester-Waltjen, 2015, 531 (533 f.); *Looschelders,* IPRax 2016, 349 (351); *St. Lorenz* NJW 2015, 2157 (2160); *Martiny* IPRax 2011, 437 (445); *Frieser/Martiny* ErbR Nach Art. 26 EGBGB: EuErbVO Rn. 24; *Odersky* notar 2013, 3 f.; *Pintens* in LSHGGRD Erbfälle unter Geltung der EuErbVO 1, 5; *Schaub* Hereditare 3 (2013), 91 (99, 117); *Schurig,* FS Spellenberg, 2010, 343 (352); *Seyfarth,* Wandel der internationalen Zuständigkeit im Erbrecht, 2012, 216 ff.; *Vollmer* ZErb 2012, 227 (229); *Walther* GPR 2014, 325 (328); *Weber* DNotZ 2016, 424 (431 ff.); im Ergebnis so wohl auch *Burandt* FuR 2013, 377 (378); *Steinmetz/Löber/García Alcázar* ZEV 2010, 234 (235 f.); auch *Mankowski* ZEV 2014, 121 (127) konstatiert unter der Erbrechtsverordnung eine „[f]ortbestehende Validität bisheriger Argumente" für eine güterrechtliche Qualifikation; vgl. nun auch *Mankowski* FamRZ 2015, 1183 (1184); vgl. auch bereits *Max Planck Institute* RabelsZ 74 (2010), 522 (628). Offengelassen von *Jayme* in Reichelt/Rechberger, Europäisches Erbrecht – Zum Verordnungsvorschlag der Europäischen Kommission zum Erb- und Testamentsrecht, 2011, 27, 34; *K. W. Lange* ZErb 2012, 160 (161); *Schäuble* NZFam 2015, 761 (762). – De lege ferenda für eine erbrechtliche Qualifikation des Zugewinnausgleichs von Todes wegen durch den deutschen Gesetzgeber im Rahmen seiner Durchführungsgesetzgebung *Hess/Jayme/Pfeiffer,* Stellungnahme zum Vorschlag für eine Europäische Erbrechtsverordnung, 2012, 12, 32. Anders – für eine erbrechtliche Qualifikation des § 1371 Abs. 1 BGB – auch Dutta/Weber/*Fornasier* Art. 63 Rn. 30 ff. und *Kleinschmidt* RabelsZ 77 (2013), 723 (757 f.), um Probleme zu vermeiden, die sich aus dem fehlenden Entscheidungseinklang in der Union im Hinblick auf das Europäische Nachlasszeugnis ergeben (näher → Art. 63 Rn. 8); skeptisch im Hinblick auf eine güterrechtliche Qualifikation des § 1371 Abs. 1 BGB auch *Süß* MittBayNot 2013, 74 (75); *Süß* MittBayNot 2015, 510 (511).

[54] KG FamRZ 2017, 64, wobei das Gericht – wie hier – zu einer güterrechtlichen Qualifikation des pauschalierten Zugewinnausgleichs neigt.

[55] Vgl. zur Abgrenzung von Güterrecht und Unterhaltsrecht EuGH Slg. 1980, 731 Rn. 3, 5 = BeckRS 2004, 71379 – de Cavel II; und (vor allem) EuGH Slg. 1997, I-1147 Rn. 22 ff. = IPRax 1999, 35 – van den Boogaard.

[56] *Dörner* in Dutta/Herrler EuErbVO 73, 76; *Weber* DNotZ 2016, 424 (434); Dutta/Weber/*Schmidt* Rn. 49.

[57] So aber *Weber* DNotZ 2016, 424 (430).

[58] Etwa rechtsvergleichend *Dutta,* FS Martiny, 2014, 67 f.

[59] Überblick bei *Dutta,* Liber amicorum Walter Pintens, 2012, 535.

[60] *Dörner* in Dutta/Herrler EuErbVO 73, 76 f.; *Weber* DNotZ 2016, 424 (430 f.); anders *Fischer-Czermak* in Schauer/Scheuba, Europäische Erbrechtsverordnung, 2012, 23, 26 (für eine erbrechtliche Qualifikation der Gütergemeinschaft auf den Todesfall nach § 1234 öst. ABGB); zust. *Rudolf* ÖNotZ 2013, 225 (227).

[61] *Weber* DNotZ 2016, 424 (435); anders Dutta/Weber/*Schmidt* Rn. 52.

Rolle spielen, ob die güterrechtliche Regelung güterstandsabhängig ist – also einen bestimmten Güterstand voraussetzt – oder allgemein für alle Ehegatten gilt, s. auch → Rn. 23.[62] Ferner ist die Art und Weise der Teilhabe am Nachlass für die Qualifikation als erb- oder güterrechtlich unbedeutend. Auch eine erbrechtliche (etwa weil nur im Todesfall greifenden) Absicherung des überlebenden Ehegatten über einen **Nießbrauch** befindet sich im Anwendungsbereich der Verordnung.[63]

23 Der **Erlass der Güterrechtsverordnungen** mit ihren ebenfalls pauschalen Bereichsausnahmen für das Erbrecht hat an der eben skizzierten Abgrenzung nichts geändert.[64] Allenfalls unterstreichen die Verordnungen das eben geschilderte (→ Rn. 22) funktionale Güterstandsverständnis. Nach Art. 2 Abs. 1 lit. a EuGüVO und Art. 2 Abs. 1 lit. b EuPartVO umfasst der Begriff des Güterstands sämtliche „vermögensrechtliche Regelungen", die zwischen Ehegatten bzw. eingetragenen Partnern aufgrund der Ehe bzw. Partnerschaft oder ihrer Auflösung gelten. Dieses funktionale Verständnis umfasst nicht nur von einem bestimmten Güterstand abhängige (vgl. → Rn. 22), sondern vermögensbezogene Wirkungen der Ehe- und Partnerschaftswirkung allgemein, mit denen güterrechtliche Ziele verfolgt werden. Die interessante Frage, ob eine Verordnungen, die im Wege der Verstärkten Zusammenarbeit erlassen wurde, eine „richtige" Verordnung wie die Erbrechtsverordnung ändern kann,[65] stellt sich mithin nicht.

24 Im Spannungsfeld von Erb- und Güterstatut kann es ferner zu **Anpassungsfragen** (→ Vor Art. 20 Rn. 58 ff.) sowie zu **Substitutionsfragen** (→ Vor Art. 20 Rn. 63) kommen. Zur Abgrenzung von Erb- und Ehevertrag → Art. 3 Rn. 13.

25 **b) Internationales Verfahrensrecht (Kapitel II, IV und V).** Weniger problematisch ist die Abgrenzung zwischen Güterrecht und Erbrecht im internationalen Verfahrensrecht, jedenfalls nach der **Europäisierung des internationalen Güterverfahrensrechts** für einen an der EuGüVO und EuPartVO teilnehmenden Mitgliedstaat wie Deutschland.[66] Das betrifft vor allem die **internationale Zuständigkeit.** Denn die neuen Zuständigkeitsregeln für Gütersachen[67] sehen in Art. 4 EuGüVO bzw. Art. 4 EuPartVO für güterrechtliche Verfahren „in Verbindung mit dem Nachlass" – und damit sämtliche Gütersachen anlässlich des Todes eines Ehegatten oder Partners[68] – einen Verbundgerichtsstand vor: Sobald ein Gericht in einer Erbsache nach Art. 4 ff. angerufen wurde, wird dieses Gericht ausschließlich auch für die Gütersache international zuständig. Allerdings greift der Verbundgerichtsstand nur, wenn das in der Erbsache nach Art. 4 ff. angerufene Gericht auch das Gericht eines an den Güterrechtsverordnungen teilnehmenden Mitgliedstaats ist, also nicht Estland, Lettland, Litauen, Polen, Rumänien, die Slovakei und Ungarn, die zwar alle Mitgliedstaaten iS der EuErbVO sind (→ Vor Art. 1 Rn. 28 ff.), aber (noch) nicht an der Verstärkten Zusammenarbeit im Rahmen der Güterrechtsverordnungen teilnehmen. In dieser Situation bleibt es aus Sicht der „Güterrechtsverordnungsmitgliedstaaten" beim allgemeinen Auffanggerichtsstand nach Art. 6, 7 und 8 EuGüVO bzw. Art. 6, 7 und 8 EuPartVO, der nicht zugleich auch in der Erbsache nach Art. 4 ff. EuErbVO international zuständig sein muss. Zudem kann sich das Gericht des Verbundgerichtsstands im Hinblick auf die Gütersache (nicht die Erbsache!) nach Art. 9 EuGüVO bzw. Art. 9 EuPartVO für unzuständig erklären, wenn im betreffenden Mitgliedstaat die zugrunde liegende Ehe nicht anerkannt wird oder dieser das Institut der eingetragenen Partnerschaft nicht kennt; auch dann werde Erbsache und Gütersache zuständigkeitsrechtlich getrennt.[69] In beiden Konstellationen (Erbsache in einem nicht an den Güterrechtsverordnungen teilnehmenden Mitgliedstaat oder Unzuständigerklärung im Hinblick auf die Gütersache) stellen sich trotz dem erbrechtlichen Verbundgerichtsstand auch nach der Europäisierung des internationalen Güterverfahrensrechts die aus dem Kollisionsrecht bekannten (→ Rn. 21 ff.) Abgrenzungsfragen. Allerdings kann das für die Erbsache zuständige Gericht güterrechtliche Einflüsse auf seine Sachentscheidung in der Erbsache berücksichtigen → Rn. 27. – Da die **Anerkennungs- und Vollstreckungsvorschriften** der Güterrechtsverordnungen (Art. 36 ff.

---

[62] *Weber* DNotZ 2016, 424 (430), allerdings soll die Güterstandsabhängigkeit einer Regelung Indizwirkungen für ihre güterrechtliche Natur besitzen; anders *Traar* iFamZ 2015, 250.

[63] Dutta/Weber/*Schmidt* Rn. 31.

[64] So auch das Fazit von *Mankowski* ZEV 2016, 479 (486).

[65] Verneinend *Weber* DNotZ 2016, 424 (429).

[66] Vgl. *Bonomi* YbPIL 13 (2011), 217 (221 ff.); *Hess/Jayme/Pfeiffer*, Stellungnahme zum Vorschlag für eine Europäische Erbrechtsverordnung, 2012, 31.

[67] Näher zur internationalen Zuständigkeit in Gütersachen nach EuGüVO und EuPartVO *Dutta* FamRZ 2016, 1973 (1977 ff.); *Mankowski* in Dutta/Weber, Die Europäischen Güterrechtsverordnungen, 2017, 11; *Weber* DNotZ 2016, 659 (689 ff.); zu den (ersten) Kommissionsvorschlägen ausf. *Dutta/Wedemann*, FS Kaissis, 2012, 133.

[68] *Dutta* FamRZ 2016, 1973 (1978).

[69] Vgl. auch *Bonomi* YbPIL 13 (2011), 217 (225 ff.).

EuGüVO bzw. Art. 36 ff. EuPartVO) das Regime der Erbrechtsverordnung übernehmen,[70] ist die Abgrenzung zwischen Erbrecht und Güterrecht von nachrangiger Bedeutung; freilich gilt dies nur für die Anerkennung und Vollstreckung von Entscheidungen aus Mitgliedstaaten, die an der Verstärkten Zusammenarbeit im Rahmen der Güterrechtsverordnungen teilnehmen.

Soweit das **europäische internationalen Güterverfahrensrecht nicht greift** (bei uns also vor 26 allem bis zum Anwendungsbeginn der EuGüVO und EuPartVO [→ Rn. 20] sowie nach deren Anwendungsbeginn für die Anerkennung und Vollstreckung von Entscheidungen aus nicht an der EuGüVO und EuPartVO teilnehmende Mitgliedstaaten [→ Rn. 25] sowie Drittstaaten), stellen sich auch hier im Verfahrensrecht die gleichen Abgrenzungsfragen wie im Kollisionsrecht (→ Rn. 21 ff.) im Verhältnis zum **mitgliedstaatlichen** internationalen Güterverfahrensrecht (bei uns also der §§ 98 ff. und §§ 108 ff. FamFG).

Die Beschränkung der internationalen Zuständigkeit (Kapitel II) auf Erbsachen bedeutet aber 27 nicht, dass **güterrechtliche Einflüsse** – etwa des pauschalierten Zugewinnausgleichs – bei der Sachentscheidung des nach der Erbrechtsverordnung zuständigen Gerichts ignoriert werden müssten.[71] Vielmehr ordnet die Verordnung in Erwägungsgrund Nr. 12 S. 2 etwas „sybillinisch"[72] an, dass die mit einer Erbsache befassten Gerichte „je nach den Umständen des Einzelfalls" auch güterrechtliche Einflüsse auf die Anteile der Berechtigten „berücksichtigen" dürfen. Dies gilt nach dem Anwendungsbeginn der EuGüVO und EuPartVO, wenn der Verbundgerichtsstand ausnahmsweise nicht greift → Rn. 25.

c) Europäisches Nachlasszeugnis (Kapitel VI). Die Abgrenzung zwischen Güterrecht und 28 Erbrecht bereitet auch Probleme beim Europäischen Nachlasszeugnis, das nach Art. 63 Abs. 1 eine Erbenstellung bescheinigt und nach Art. 68 lit. l speziell den „Erbteil jedes Erben" ausweist. Auch wenn etwa nach deutschem Recht die Erbenstellung des überlebenden Ehegatten auch güterrechtlich durch den pauschalierten Zugewinnausgleich bestimmt werden kann, damit insoweit nicht vom Anwendungsbereich der Erbrechtsverordnung nach Abs. 2 lit. d erfasst wird (→ Rn. 22) und der Zugewinnausgleich eigentlich auch nicht die Ausstellung des Nachlasszeugnisses beeinflussen dürfte, kann dennoch nach Art. 63 Abs. 1 auch eine vom Güterrecht beherrschte Erbenstellung im Nachlasszeugnis bescheinigt werden (zu Einzelheiten → Art. 63 Rn. 8).

5. Unterhalt (Abs. 2 lit. e). Auch das Unterhaltsrecht befindet sich grundsätzlich nicht im 29 Anwendungsbereich der Erbrechtsverordnung, sondern wird im Hinblick auf das internationale Verfahrensrecht von der EuUnthVO und im Hinblick auf das anwendbare Recht vom Haager Unterhaltsprotokoll von 2007 (HUP) beherrscht. Letzteres erfasst etwa die Frage, ob und unter welchen Voraussetzungen Unterhaltsansprüche vererbbar sind. Auch deliktische Ansprüche, die an die Tötung des Erblassers anknüpfen, unterfallen nicht der Erbrechtsverordnung, sondern der Rom II-Verordnung.[73]

Allerdings weist Abs. 2 lit. e **Unterhaltspflichten von Todes wegen,** „die mit dem Tod entste- 30 hen", der Erbrechtsverordnung zu und präzisiert damit den Anwendungsbereich der genannten Rechtsakte zum Unterhaltsrecht, die sich zum Ausschluss des Erbrechts jedenfalls explizit nicht äußern. Auch Art. 23 Abs. 2 lit. h stellt klar, dass das Erbstatut „Ansprüche von Personen, die dem Erblasser nahe stehen, gegen den Nachlass oder gegen den Erben" umfasst, womit auch von der Bedürftigkeit des Berechtigten abhängige Unterhaltsansprüche angesprochen werden.[74] Dem Erbstatut unterliegt damit etwa die family provision in einigen vom common law geprägten Rechtsordnungen (in England und Wales nach dem Inheritance [Provision for Family and Dependants] Act 1975 [UK]). Erfasst werden von der Erbrechtsverordnung nach Abs. 2 lit. e auch postmortale Unterhaltsansprüche, etwa nach deutschem Recht der Dreißigste (§ 1969 Abs. 1 S. 1 BGB), der nacheheliche Unterhalt (§ 1586b, § 1318 Abs. 2, § 1933 S. 3 BGB), der Unterhalt der nicht miteinander verheirateten Eltern (§ 1615l Abs. 3 S. 4 sowie Abs. 4 S. 2 BGB), der Unterhaltsanspruch der werdenden Mutter eines Erben (§ 1963 BGB) sowie im Höferecht etwaige Versorgungsansprüche gegen den Hoferben (etwa § 12 Abs. 6 S. 2, § 14 Abs. 2 HöfeO; § 19 hess. LandgO; § 23 Abs. 2 und 3, § 24 rhpf. HöfeO). Diese Ansprüche setzen zwar zum Teil einen lebzeitigen Unterhaltsanspruch fort, entstehen aber – und das ist für Abs. 2 lit. e entscheidend – auch nach dem Tod des Unterhaltspflichtigen aufs Neue als Ansprüche gegen den Nachlass oder gegen die Erben.[75] Die Bereichsausnahme

---

[70] Zu den marginalen Abweichungen s. *Dutta* FamRZ 2016, 1973 (1984 f.).
[71] S. die Befürchtung von Rauscher/*Rauscher,* 3. Aufl. 2010, Einf. EG-ErbVO-E Rn. 8.
[72] *Dörner* ZEV 2012, 505 (507).
[73] Vgl. Dutta/Weber/*Schmidt* Rn. 59.
[74] Bonomi/Wautelet/*Bonomi* Rn. 33.
[75] Anders (vor Annahme der Erbrechtsverordnung) Bamberger/Roth/*Lorenz* EGBGB Art. 25 Rn. 30, wonach Unterhaltsansprüche insgesamt den unterhaltsrechtlichen Rechtsakten unterliegen.

des Abs. 2 lit. e erfasst dagegen zu Lebzeiten des Erblassers entstandene Unterhaltsansprüche, für die der Nachlass nun haftet,[76] wobei sich wiederum die Haftung für Nachlassverbindlichkeiten sachlich im Anwendungsbereich der Erbrechtsverordnung befindet (Art. 23 Abs. 2 lit. g). Der Ausbildungsunterhalt eines Stiefkinds (§ 1371 Abs. 4 BGB) unterliegt als güterrechtliche Regelung nicht der Erbrechtsverordnung (→ Rn. 22).

31   **6. Formgültigkeit mündlicher Verfügungen von Todes wegen (Abs. 2 lit. f).** Auch die Formgültigkeit mündlicher Verfügungen von Todes wegen wird nicht von den Regelungen der Erbrechtsverordnung erfasst.[77] Zu den mündlichen Verfügungen von Todes wegen gehören auch Verfügungen, die nicht schriftlich verkörpert wurden, dh etwa video- oder audioaufgezeichnete Verfügungen.[78] Da auch die Sonderanknüpfung der Formgültigkeit von Verfügungen von Todes wegen (Definition in Art. 3 Abs. 1 lit. d) nach Art. 27 nur für schriftliche Verfügungen von Todes wegen gilt, verhindert Abs. 2 lit. f somit, dass das allgemeine Erbstatut nach Art. 21, 22 auf mündliche Verfügungen Anwendung findet. Vielmehr bestimmt sich das auf die Formgültigkeit solcher Verfügungen anwendbare Recht vor deutschen Gerichten nach dem Haager Testamentsformübereinkommen von 1961 (Art. 1 ff. HTestformÜ; Text und Erläuterung → HTestformÜ Art. 1 Rn. 1 ff.), da Deutschland keinen Vorbehalt nach Art. 10 HTestformÜ erklärt hat. Dies gilt allerdings nicht für **mündliche Erbverträge,** da Erbverträge allgemein nicht vom sachlichen Anwendungsbereich des Übereinkommens nach dessen Art. 4 HTestformÜ erfasst werden (→ HTestformÜ Art. 1 Rn. 2 sowie Art. 4 Rn. 1 ff.); insoweit gilt autonomes Recht, das in Deutschland allerdings nach Art. 26 Abs. 2 EGBGB auf Art. 27 verweist (→ EGBGB Art. 26 Rn. 4 ff.).

32   **7. Zuwendungen unter Lebenden (Abs. 2 lit. g).** Fragen wirft die genaue Verortung von Zuwendungen unter Lebenden auf, die sich grundsätzlich nicht im Anwendungsbereich der Erbrechtsverordnung befinden, wie **Abs. 2 lit. g** klarstellt.[79] **Unbenannte Zuwendungen** zwischen Ehegatten und Lebenspartnern werden künftig den europäischen Güterrechtsverordnungen[80] (und bis dahin im Kollisionsrecht nach Art. 15 EGBGB und nach Art. 17b Abs. 1 S. 1 EGBGB dem Güterstatut)[81] zuzuordnen sein. **Echte Schenkungen** unter Lebenden unterliegen dem Kollisionsrecht der Rom I-VO[82] sowie dem internationalen Verfahrensrecht der Brüssel Ia-VO.[83] Allenfalls **Schenkungsversprechen auf den Todesfall,** also das Versprechen des Erblassers einer Zuwendung, die erst nach seinem Tod vollzogen werden soll, befinden sich im sachlichen Anwendungsbereich der Erbrechtsverordnung.[84] Ein Vorschlag des Parlaments, Schenkungsversprechen von Todes wegen

---

[76] Vgl. auch Erman/*Hohloch* Rn. 7; Palandt/*Thorn* Rn. 9. Dutta/Weber/*Schmidt* Rn. 55 f. kritisiert die Unterscheidung zwischen einerseits bereits dem Grunde und der Höhe nach entstandenen Unterhaltspflichten des Erblassers, für welche die Erben als Rechtsnachfolge einzustehen haben (Unterhaltsrecht), und andererseits mit dem Tod des Erblassers neu entstehenden Unterhaltsansprüchen, die eine Unterhaltspflicht des Erblassers lediglich fortsetzen und im Hinblick auf die Bedürftigkeit des Berechtigten auch noch nicht in der Höhe fixiert sind (Erbrecht).

[77] S. auch Ratsdokument Nr. 10767/11 S. 9.

[78] Palandt/*Thorn* Art. 27 Rn. 2.

[79] Zur Behandlung lebzeitiger Zuwendungen s. etwa ausf. Dutta/Weber/*Magnus*, IntSchenkungsR.

[80] *Dutta* FamRZ 2016, 1973 (1975). Vgl. bereits zu den (ersten) Kommissionsvorschlägen *Dutta/Wedemann*, FS Kaissis, 2012, 133 (143 f.).

[81] Anders BGHZ 119, 392 (396 ff.) = FamRZ 1993, 289: Schuldvertragsstatut; wie hier aber etwa Bamberger/Roth/*Mörsdorf-Schulte* EGBGB Art. 15 Rn. 37.

[82] So ausdrücklich noch Erwägungsgrund Nr. 9 S. 1 zum Kommissionsvorschlag KOM(2009) 154 endg.; s. auch die Begründung des Vorschlags der Europäischen Kommission für eine Verordnung über die Zuständigkeit, das anzuwendende Recht, die Anerkennung und die Vollstreckung von Entscheidungen im Bereich des Ehegüterrechts, KOM (2011) 126 endg. vom 16.3.2011, S. 6, sowie *Giuliano/Lagarde*-Bericht über das Übereinkommen über das auf vertragliche Schuldverhältnisse anzuwendende Recht, ABl. 1980 C 282, 1 (11): „Die Mehrzahl der Delegationen sprach sich für die Einbeziehung der sich aus einem Vertrag ergebenden Schenkungen in den Anwendungsbereich des Übereinkommens aus; dies gilt auch für Schenkungen innerhalb der Familie, soweit diese nicht unter das Familienrecht fallen. Vom Anwendungsbereich der einheitlichen Vorschriften ausgeschlossen bleiben daher nur jene vertraglichen Schenkungen, die dem Familienrecht, dem ehelichen Güterrecht oder dem Erbrecht unterstehen".

[83] S. den *Jenard*-Bericht zu dem Übereinkommen über die gerichtliche Zuständigkeit und die Vollstreckung gerichtlicher Entscheidungen in Zivil- und Handelssachen, ABl. 1979 C 59, 1 (11): „Im Gegensatz zu dem Vorentwurf nimmt das Übereinkommen Schenkungen aus seinem Anwendungsbereich nicht schlechthin aus. Es schließt sich hier dem Haager Übereinkommen an; allerdings werden Schenkungen insoweit nicht erfaßt, als sie erbrechtlichen Regeln unterliegen".

[84] Bonomi/Wautelet/*Bonomi* Art. 1 Rn. 53; *Dörner* ZEV 2012, 505 (508); *Dutta* FamRZ 2013, 4 (5); *Everts* ZEV 2013, 124 (127); Frieser/*Martiny* ErbR Nach Art. 26 EGBGB: EuErbVO Rn. 30; Dutta/Weber/*Schmidt* Rn. 69 ff.; *Vollmer* ZErb 2012, 227 (229); so wohl auch *Simon/Buschbaum* NJW 2012, 2393 (2394): „zweckmäßi-

ausdrücklich auszuklammern,[85] hat sich nicht durchgesetzt. Zu Lebzeiten nicht vollzogene Schenkungsversprechen auf den Todesfall sind vielmehr nach der weiten Definition des Art. 3 Abs. 1 lit. b als „Erbvertrag" iS der Verordnung anzusehen (näher → Art. 3 Rn. 10) und fallen damit als erbrechtliche Verträge nach Art. 1 Abs. 2 lit. c Rom I-VO und Art. 1 Abs. 2 lit. f Brüssel Ia-VO nicht in den sachlichen Anwendungsbereich der Rom I-VO (Kollisionsrecht) und – soweit sie nicht nur Vorfrage einer Zivil- und Handelssache sind (näher → Rn. 4) – der Brüssel Ia-VO (internationales Verfahrensrecht). Vielmehr berühren sie als Erbverträge im unionsrechtlichen Sinne die Rechtsnachfolge von Todes wegen iS des Art. 1 Abs. 1 S. 1, zu der auch die gewillkürte Erbfolge zählt (Art. 3 Abs. 1 lit. a). Bei der Abgrenzung von Schenkungen unter Lebenden und auf den Todesfall für Zwecke des Anwendungsbereichs der Verordnung ist es freilich irrelevant, ob diese auch Schenkungsversprechen nach § 2301 BGB darstellen; vielmehr muss die Abgrenzung autonom erfolgen,[86] wobei dem unionsrechtlichen Begriff des Erbvertrags in Art. 3 Abs. 1 lit. b (ausf. → Art. 3 Rn. 9 ff.) eine entscheidende Bedeutung zukommt.

Zuwendungen unter Lebenden können auch **Reaktionen im Erbrecht** auslösen, die dem sachli- 33 chen Anwendungsbereich der Erbrechtsverordnung zuzuordnen sind.[87] Die Ausgleichung und Anrechnung der Zuwendungen unterliegt dem Erbstatut – und damit dem sachlichen Anwendungsbereich der Verordnung – nach Art. 23 Abs. 2 lit. i, auf den Art. 1 Abs. 2 lit. g ausdrücklich hinweist (s. auch Erwägungsgrund Nr. 14 S. 2).[88] Gerade der Begriff der „Ausgleichung" in Art. 23 Abs. 2 lit. i ist dabei nicht nur auf das Innenverhältnis der erbrechtlich Berechtigten zu begrenzen,[89] sondern erfasst auch Ansprüche gegenüber Dritten (→ Art. 23 Rn. 37). Die Zuordnung der Pflichtteilsergänzung wegen lebzeitiger Zuwendungen (auch die Rückforderung beim Beschenkten oder bei Dritten) zum allgemeinen Erbstatut[90] (und nicht zum Statut der Zuwendung, etwa zum Schenkungsstatut und zum Sachenrechtsstatut)[91] folgt als Mechanismus zum Schutz des Pflichtteils vor lebzeitiger Aushöhlung zudem aus Art. 23 Abs. 1 lit. h, der den Pflichtteil und damit auch pflichtteilsrechtliche Reaktionen lebzeitiger Schenkungen dem Erbstatut unterstellt. Die Pflichtteilsergänzung findet auch Dritten gegenüber ihren Grund in der zwingenden Nachlassteilhabe und nicht im Verhältnis zwischen Zuwendendem (Erblasser) und Zuwendungsempfänger. Allerdings hat sich der Unionsgesetzgeber trotz entsprechender Vorschläge gegen eine Sonderanknüpfung der Pflichtteilsergänzung entschieden (→ Vor Art. 20 Rn. 44). Dagegen unterliegt die Rückforderung von beeinträchtigenden Schenkungen zur Umgehung der Bindungswirkung eines Erbvertrags oder eines bindend gewordenen gemeinschaftlichen Testaments (etwa nach § 2287 BGB direkt oder analog) dem Errichtungsstatut nach Art. 24 ff. (als Element der „Bindungswirkung"; vgl. etwa Art. 25 Abs. 1) → Art. 24 Rn. 5; → Art. 26 Rn. 15. Etwas anders wird man dagegen bei Zuwendungen eines Vorerben aus dem Nachlass entscheiden müssen, soweit die Zuwendung oder ihr Vollzug unwirksam ist, um die Position des Nacherben nicht zu beeinträchtigen (bei uns § 2113 Abs. 2 BGB). Zwar unterliegen solche Einschränkungen als erbrechtliche Reaktionen dem Erbstatut, aber nicht dem Errichtungsstatut: Da die Zuwendung des Vorerben erst nach dem Tod des Erblassers geschieht, also Klarheit über das Erbstatut besteht, bedarf es des Schutzes durch das Errichtungsstatut (→ Art. 24 Rn. 1) nicht; es gilt das allgemeine Erbstatut. – Zur Rückwirkung der Verordnung hinsichtlich erbrechtlichen Reaktionen auf lebzeitige Zuwendungen → Art. 83 Rn. 4.

---

gerweise"; vgl. auch *Buschbaum/M. Kohler* GPR 2010, 106 (108); *Faber/Grünberger* ÖNotZ 2011, 97 (99); *Nordmeier* ZEV 2013, 117 (121); *Odersky* notar 2013, 3; *Schurig*, FS Spellenberg, 2010, 343 (351); tendenziell so auch *Müller-Lukoschek,* Die neue EU-Erbrechtsverordnung, 2. Aufl. 2015, 85; ausf. *Fontanellas Morell* An. Esp. Der. Int. Priv. 11 (2011), 465. Offengelassen von *Lurger/Melcher* IPR Rn. 3/5; *Rudolf* ÖNotZ 2010, 353 (354). Zu einer schuldvertraglichen Qualifikation tendierend *Heiss* in Gruber/Kalss/Müller/Schauer, Erbrecht und Vermögensnachfolge, 2010, 1213, 1232; *Schaub* Hereditare 3 (2013), 91 (101): Erbstatut oder Schuldvertragsstatut, aber nach Art. 4 Abs. 3 Rom I-VO akzessorische Anknüpfung an das Erbstatut; gegen eine Anwendung der Erbrechtsverordnung auch *Süß* ZEuP 2013, 725 (744). Ausf. Dutta/Weber/*Magnus* IntSchenkungsR Rn. 36 ff.
    [85] Lechner-Berichtsentwurf S. 19.
    [86] *Döbereiner* MittBayNot 2013, 437 (439); NK-BGB/*Looschelders* Rn. 46.
    [87] Ausf. zu diesem Problemkreis Dutta/Weber/*Magnus* IntSchenkungsR Rn. 47 ff.
    [88] S. auch Ratsdokumente Nr. 9303/11 S. 2, Nr. 17715/11 S. 3, Nr. 17715/1/11 S. 3, Nr. 18320/11 S. 3 und Nr. 18475/11 S. 4; Erwägungsgrund Nr. 9 S. 3 zum Kommissionsvorschlag KOM(2009) 154 endg.
    [89] So aber *St. Lorenz* in Dutta/Herrler EuErbVO 113, 117.
    [90] Bonomi/Wautelet/*Bonomi* Art. 1 Rn. 49 sowie Art. 23 Rn. 98; *Dutta* FamRZ 2013, 4 (5); *Faber/Grünberger* ÖNotZ 2011, 97 (106); *Herzog* ErbR 2013, 2 (3, 4); *Janzen* DNotZ 2012, 484 (487); *Nordmeier* ZEV 2013, 117 (121); so wohl auch *Everts* ZEV 2013, 124 (127). Zurückhaltender zum Kommissionsvorschlag *Talpis* Rec. des Cours 356 (2011), 9, 197 (zu „succession substitutes", also Vermögensweitergaben außerhalb des Erbrechts, die aber eine Pflichtteilsergänzungspflicht auslösen).
    [91] So aber *St. Lorenz* in Dutta/Herrler EuErbVO 113, 117 f., im Hinblick auf Pflichtteilsergänzungsansprüche gegen nachlassfremde Dritte; zust. Dutta/Weber/*Schmidt* Art. 23 Rn. 123 ff.

34 **8. Außererbrechtlich übertragene Vermögensgegenstände (Abs. 2 lit. g).** Abs. 2 lit. g enthält auch eine weitere Bereichsausnahme zu Vermögensgegenständen mit außererbrechtlicher Übertragung, die auf Art. 1 Abs. 2 lit. d des Haager Erbrechtsübereinkommen (→ Vor Art. 1 Rn. 8 ff.) beruht. Hier ist zunächst unklar, was der Gesetzgeber meint, wenn er von „Rechte[n] und Vermögenswerte[n]" spricht, „die auf andere Weise als durch Rechtsnachfolge von Todes wegen begründet oder übertragen werden". Aus einem Umkehrschluss zur Definition des Begriffs „Rechtsnachfolge von Todes wegen" in Art. 3 Abs. 1 lit. a kann man insoweit Abs. 2 lit. g ohne Weiteres lediglich einen Ausschluss der Zuwendungen unter Lebenden entnehmen (→ Rn. 32 f.). Angesichts der Offenheit der Definition in Art. 3 Abs. 1 lit. a sind Fälle schwer vorstellbar, in denen Vermögensweitergaben anlässlich des Todes eines Menschen **nicht** unter den Begriff der Rechtsnachfolge von Todes wegen fallen und damit unter Abs. 2 lit. g. Der Unionsgesetzgeber will hier offenbar aus dem Anwendungsbereich der Verordnung **Vermögensweitergaben** ausschließen, die sich nach dem jeweils auf die Vermögensgegenstand anwendbaren Recht **bewusst außerhalb der jeweiligen allgemeinen Regelungen über die Rechtsnachfolge von Todes wegen** vollziehen sollen,[92] wie die vom Gesetzgeber angeführten Beispiele (joint tenancy,[93] Versicherungsverträge) nahe legen; auch proprietary estoppels nach englischem common law wird man unter diese Ausnahme fassen müssen,[94] ebenso Verträge zugunsten Dritter auf den Todesfall, die grundsätzlich der Rom I-VO unterliegen,[95] anders als womöglich das Valutaverhältnis, das kollisionsrechtlich gesondert zu qualifizieren ist und ggf. in den Anwendungsbereich der Verordnung fallen kann,[96] etwa wenn es auf einem Vermächtnis beruht oder die zugrunde liegende Schenkung erst nach dem Tod des Erblassers vollzogen wird → Rn. 32). Im Einzelfall ist die Frage, ob sich die Weitergabe bewusst außerhalb des Erbrechts vollziehen kann, alles andere als einfach zu beantworten, wie die Debatte in Österreich um das wohnungseigentumsrechtliche Anwachsungsrecht zeigt.[97] Fällt eine Rechtsnachfolge unter die Bereichsausnahme des Abs. 2 lit. g, so richtet sie sich nach dem jeweiligen Statut des Vermögensgegenstands (Sachenrechtstatut, Schuldvertragsstatut). Allerdings gilt auch hier, dass **Reaktionen im Erbstatut** auf diese alternativen Vermögensweitergaben der Erbrechtsverordnung und speziell dem von ihr bestimmten Erbstatut unterliegen (→ Rn. 33). Schwierig ist freilich die Abgrenzung der in Abs. 2 lit. g angesprochenen Vermögensweitergaben zu **Sondererbfolgen,** etwa nach Landwirtschaftserbrecht (in Deutschland speziell nach der Höfeordnung oder den Anerbengesetzen der Länder). Dass diese Hoferbfolgen nicht von Abs. 2 lit. g erfasst werden können, sondern sich im Anwendungsbereich der Verordnung bewegen, zeigt bereits Art. 30, der exakt auf diese Sondererbfolgen zugeschnitten ist.[98] Zu so genannten „erbrechtsabwickelnden" Rechtsgeschäften → Art. 23 Rn. 22.

35 **9. Gesellschaften, Vereine und juristische Personen (Abs. 2 lit. h und i).** Darüber hinaus werden Fragen des Gesellschaftsrechts (und des Rechts der Vereine und juristischen Personen) von der Erbrechtsverordnung nicht erfasst (Abs. 2 lit. h). Dieser Ausschluss umfasst insbesondere auch Fragen der Nachfolge in das Vermögen von Gesellschaften im Falle ihres rechtlichen Untergangs (Abs. 2 lit. i).

36 Auch bei dieser Bereichsausnahme stellen sich jedoch Abgrenzungsfragen, vor allem auf der Ebene des **Kollisionsrechts** (Kapitel III) bei der **Abstimmung von Gesellschaftsstatut und Erbstatut,**

---

[92] Vgl. auch *Solomon* Anali Pravnog Fakulteta Univerziteta u Zenici 18 (2016), 193 (202).

[93] Die erbrechtliche Entstehung einer joint tenancy – etwa aufgrund einer letztwilligen Zuwendung des Erblassers – unterliegt dagegen der Verordnung, vgl. NK-BGB/*Looschelders* Rn. 51; Dutta/Weber/*Schmidt* Rn. 85, ähnlich wie bei „erbrechtsnahen" trusts → Rn. 45. Allerdings kann hier Bedarf für eine Anpassung nach Art. 31 bestehen.

[94] S. auch Ratsdokument Nr. 5811/10 ADD 10 S. 3.

[95] *Dörner* ZEV 2012, 505 (508); Deixler-Hübner/Schauer/*Mankowski* Art. 1 Rn. 42; *Nordmeier* ZEV 2013, 117 (122 f.); zust. *Werkmüller* ZEV 2016, 123 (125); so wohl auch *Lehmann* ZEV 2015, 309 (315).

[96] Vgl. *Döbereiner* MittBayNot 2013, 437 (439); Erman/*Hohloch* Rn. 9; NK-BGB/*Looschelders* Rn. 47; *Nordmeier* ZEV 2013, 117 (122 f.); Dutta/Weber/*Schmidt* Rn. 89 ff.; *Soutier*, Die Geltung deutscher Rechtsgrundsätze im Anwendungsbereich der Europäischen Erbrechtsverordnung, 2015, 182 ff.; Palandt/*Thorn* Rn. 11; *Vollmer* ZErb 2012, 227 (229). Zu weitgehend ist es, der Bereichsausnahme des Abs. 2 lit. g die Aussage zu entnehmen, dass das Valutaverhältnis immer akzessorisch an das Deckungsverhältnis anzuknüpfen ist, etwa um Anpassungsprobleme zu vermeiden, so aber etwa *Nordmeier* ZEV 2013, 117 (122 f.); Dutta/Weber/*Schmidt* Rn. 93. Denn das von der Verordnung beherrschte Erbstatut kommt auch bei Verträgen zugunsten Dritter auf den Todesfall ohnehin im Hinblick auf erbrechtliche Reaktionen auf die Vermögensweitergabe zum Zuge, s. sogleich im Text. Ferner würde die Bereichsausnahme des Abs. 2 lit. g die Frage der Qualifikation dem Kollisionsrecht des Forums überantworten (vgl. → Rn. 8), das – wie etwa das deutsche Recht – erbrechtliche Valutaverhältnisse wiederum dem Erbstatut unterstellen würde, vgl. Art. 25 EGBGB nF.

[97] Näher *Krist* ÖNZ 2016, 361, zur Frage, ob die Anwachsung nach § 14 öst. WEG der Verordnung unterliegt (s. auch → Art. 30 Rn. 8).

[98] So im Ergebnis auch Dutta/Weber/*Schmidt* Rn. 67.

da der Tod eines Gesellschafters auch Folgen im Gesellschaftsrecht besitzt und Gesellschaftsstatut und Erbstatut oftmals auseinanderfallen (zur Bestimmung des Gesellschaftsstatuts allgemein → IntGesR Rn. 5):

a) Die Auswirkungen des Todes auf die Gesellschaft und den Gesellschaftsanteil. Ob **37** die Gesellschafterstellung vererblich ist, dh eine Nachfolge in die Gesellschafterstellung überhaupt stattfinden kann, und andere Fragen zur Auswirkung des Todes eines Gesellschafters auf die Gesellschaft und den Gesellschaftsanteil, etwa die Auflösung der Gesellschaft oder die Entstehung von Abfindungsansprüchen des Erblassers bzw. seiner Erben, sind unproblematisch dem **Gesellschaftsstatut** zuzuordnen; diese Fragen betreffen nicht die Rechtsnachfolge von Todes wegen,[99] und werden deshalb auch im Hinblick auf die Auflösung und das Erlöschen der Gesellschaft in Abs. 2 lit. i dem Anwendungsbereich der Erbrechtsverordnung entzogen. Das Gesellschaftsstatut bestimmt damit, welche gesellschaftsrechtlichen Positionen (Gesellschaftsanteil, Abfindungsanspruch, etc) in den Nachlass fallen. Das **Erbstatut** entscheidet nur darüber, wer zu welchem Anteil Erbe wird, soweit für die Vererbung im Bereich der Personengesellschaften nicht gerade davon abweichende Regeln geboten sind (dazu sogleich), bzw. welche erbrechtlichen Ausgleichsansprüche von Erben bestehen, die nicht in die Gesellschafterstellung nachrücken.

b) Die Rechtsnachfolge von Todes wegen in die gesellschaftsrechtliche Position des Ver- **38** **storbenen.** Abgrenzungsprobleme zwischen Gesellschaftsstatut und Erbstatut stellen sich aber bei der **Rechtsnachfolge von Todes wegen in die gesellschaftsrechtliche Position des Verstorbenen,** wie sie sich nach dem Gesellschaftsstatut beim Tod des Gesellschafters ergibt: Soweit das Gesellschaftsstatut über besondere Nachfolgeregeln verfügt, wie etwa nach deutschem Recht im Hinblick auf die Erbengemeinschaft, den Grundsatz der Universalsukzession oder die Testamentsvollstreckung bei vererblich gestellten Personengesellschaftsanteilen (näher → BGB § 727 Rn. 26 ff.; → BGB § 705 Rn. 109 ff.), gilt eine **Vorrangregel:** Diese besonderen Regelungen des Gesellschaftsstatuts – soweit sie spezifisch gesellschaftsrechtliche Zwecke erfüllen[100] – verdrängen die allgemeinen Nachfolgeregeln des von der Erbrechtsverordnung bestimmten Erbstatuts.[101] Ein Bedarf für die Anpassung nach Art. 31 etwa bei einer nach dem Gesellschaftsstatut verbotenen Testamentsvollstreckung besteht damit nicht.[102] Diese Vorrangregel wird bei nach einem mitgliedstaatlichen Recht errichteten Gesellschaften bereits durch die europäische Niederlassungsfreiheit (Art. 49, 54 AEUV) untermauert, die nicht nur die Gründungsrechtsanknüpfung einer solchen Gesellschaft erfordert, sondern an deren primärrechtlichem Gehalt sich grundsätzlich auch die Erbrechtsverordnung als sekundäres Unionsrechtsrecht messen lassen muss. Darüber hinaus lässt sich auch dem europäischen Gesellschaftsrecht die sachrechtliche Wertung entnehmen, dass ein Primat des Gesellschaftsrechts bei der Nachfolge in Gesellschaftsanteile besteht[103] – eine Wertung, die auch bei der autonomen Auslegung der Erbrechtsverordnung (→ Vor Art. 1 Rn. 23 ff.) nicht ignoriert werden darf. Die Vorrangregel wird deshalb wenig verwunderlich auch in Abs. 2 lit. h angedeutet, wonach „Klauseln im Errichtungsakt oder in der Satzung einer Gesellschaft, eines Vereins oder einer juristischen Person, die das Schicksal der Anteile verstorbener Gesellschafter beziehungsweise Mitglieder regeln", sich außerhalb des sachlichen Anwendungsbereichs der Verordnung befinden. Die Nennung dieser Klauseln ist jedoch nicht abschließend, sondern lediglich exemplarisch („Fragen des Gesellschaftsrechts [...]

---

[99] *Dutta* RabelsZ 73 (2009), 727 (734 f.); Deixler-Hübner/Schauer/*Mankowski* Rn. 59; *Remde* RNotZ 2012, 65 (69).
[100] *Solomon* Anali Pravnog Fakulteta Univerziteta u Zenici 18 (2016), 193 (208).
[101] Ratsdokument Nr. 5811/10 ADD 5 S. 4; *Dörner* ZEV 2012, 505 (508); *Dutta* RabelsZ 73 (2009), 727 (734 f.); *Kindler,* FS Stilz, 2014, 345 (353); Deixler-Hübner/Schauer/*Mankowski* Rn. 58; *Reimann* ZEV 2014, 521 (526); Dutta/Weber/*Schmidt* Rn. 98; *Schurig,* FS Spellenberg, 2010, 343 (351); *Seyfarth,* Wandel der internationalen Zuständigkeit im Erbrecht, 2012, 213 ff.; so wohl auch *Buschbaum/M. Kohler* GPR 2010, 106 (108); *Buschbaum/ Simon* ZEV 2012, 525 (529); *Heiss* in Gruber/Kalss/Müller/Schauer, Erbrecht und Vermögensnachfolge, 2010, 1213 (1242); *Hertel* in Dutta/Herrler EuErbVO 85, 105; *Köhler* in GKKW IntErbR 115 f.; *Frieser/Martiny* ErbR Nach Art. 26 EGBGB: EuErbVO Rn. 32; *Paulus* notar 2016, 3 (9 f.); *Remde* RNotZ 2012, 65 (69); *Rudolf* ÖNotZ 2010, 353 (354); s. auch *Leitzen* ZEV 2012, 520 (521): Zwar „keine generelle Vorrangregel", aber „Faustformel [...], dass Regelungswidersprüche zwischen Erb- und Gesellschaftsstatut im Zweifel zugunsten des Gesellschaftsrechts zu lösen sind". Zwischen Intestaterbfolge (Vorrang Gesellschaftsstatut) und gewillkürter Erbfolge (Vorrang Erbstatut) differenzieren will dagegen *Vassilakakis* ZfRV 2016, 75 (78).
[102] Anders *Paulus* notar 2016, 3 (12).
[103] S. etwa Art. 28 Abs. 2 Verordnung (EWG) Nr. 2137/85 des Rates vom 25.7.1985 über die Schaffung einer Europäischen Wirtschaftlichen Interessenvereinigung (EWIV), ABl. 1985 L 199, 1, sowie Anhang I zum Kommissionsvorschlag vom 25.6.2008 für eine Verordnung des Rates über das Statut der Europäischen Privatgesellschaft, KOM(2008) 396. S. auch *Jung* GPR 2004, 233 (242).

wie"). Auch zwingende oder dispositive Regelungen im Gesellschaftsrecht zur Nachfolge in die Position des verstorbenen Gesellschafters setzen sich gegenüber dem Erbstatut durch.

39 Fraglich ist jedoch, auf welche Weise diese Vorrangregel (→ Rn. 38) **kollisionsrechtlich umzusetzen** ist.[104] Die überwiegende Literatur zum bisherigen deutschen Kollisionsrecht[105] sieht die Abgrenzung zwischen Gesellschaftsstatut und Erbstatut allein als eine Frage der **Qualifikation:** Besondere Regeln über die Rechtsnachfolge in die gesellschaftsrechtliche Position des Verstorbenen werden als gesellschaftsrechtliche – und nicht als erbrechtliche – Normen qualifiziert. Enthält das Gesellschaftsstatut keine besonderen Regeln und gibt damit den Gesellschaftsanteil frei, bleibt es dabei, dass die Rechtsnachfolge erbrechtlich zu qualifizieren ist. Eine solche Einordnung der Vorrangregel als Qualifikationsnorm überzeugt jedoch nicht. Zunächst lässt sich ein (zumindest auch) erbrechtlicher Charakter der besonderen Nachfolgeregeln nur schwer leugnen. So sieht etwa die deutsche Rechtsprechung die Rechtsnachfolge von Todes wegen in Personengesellschaftsanteile zwar als **Sonder**erbfolge an, aber eben immer noch als **Erb**folge, als erbrechtlichen Erwerb.[106] Die Tatsache, dass eine Norm die Rechtsnachfolge von Todes wegen in einen bestimmten Gegenstand besonders regelt, nimmt ihr nicht ihren erbrechtlichen Charakter. So würden man beispielsweise auch die landwirtschaftsrechtlichen Sondererbfolge für Zwecke des Kollisionsrechts nicht etwa als sachenrechtlich qualifizieren (→ Art. 30 Rn. 8), weil sie für bestimmte Sachen im Nachlass die Rechtsnachfolge von Todes wegen abweichend von den allgemeinen erbrechtlichen Nachfolgeregeln gestaltet.

40 Auf den ersten Blick überzeugender erscheint deshalb der Vorschlag, die Vorrangregel (→ Rn. 38) dogmatisch über eine **Sonderanknüpfung** der besonderen Nachfolgeregeln für Gesellschaftsanteile zu erklären. Hierzu bot sich nach bisherigem Kollisionsrecht Art. 3a Abs. 2 EGBGB aF[107] oder zumindest sein Rechtsgedanke[108] an. Besondere Nachfolgeregeln für Gesellschaftsanteile könnten als „besondere Vorschriften" iS des Art. 3a Abs. 2 EGBGB aF anzusehen sein. Gegen diese dogmatische Einordnung der Vorrangregel spricht aber, dass bereits die Rechtsfolge des Art. 3a Abs. 2 EGBGB aF nicht passte: Nach der Vorrangregel soll das Gesellschaftsstatut vorrangig zum Zuge kommen, nicht wie bei Art. 3a Abs. 2 EGBGB aF vorgesehen das Recht des Staates, in dem der Gesellschaftsanteil belegen ist – ein Recht, das vom Gesellschaftsstatut abweichen kann, zumindest soweit man Gesellschaftsanteile am Belegenheitsort des Gesellschaftsvermögens lokalisiert. Vor allem spricht gegen die Lösung über Art. 3a Abs. 2 EGBGB aF aber, dass dieser Weg unter der Erbrechtsverordnung nicht mehr beschritten werden kann, weil Art. 30 EuErbVO die Vorschrift des Art. 3a Abs. 2 EGBGB aF auf Eingriffsnormen beschränkt (→ Art. 30 Rn. 1, 5) und es sich bei den Sonderregeln zur Nachfolge in Personengesellschaftsanteile regelmäßig nicht um Eingriffsnormen handeln wird, sondern um – den Interessen der Gesellschafter dienende – gesellschaftsrechtliche Regelungen, die nicht außerhalb des Gesellschafts- oder Erbstatuts stehen.

41 Am besten lässt sich die Vorrangregel (→ Rn. 38) durch eine **Doppelqualifikation** und ggf. sachrechtliche **Anpassung** erklären. Die Rechtsnachfolge von Todes wegen in die gesellschaftsrechtliche Position des Verstorbenen wird sowohl gesellschaftsrechtlich als auch erbrechtlich qualifiziert, wobei Konflikte zwischen Gesellschaftsstatut und Erbstatut über eine Anpassung des Erbstatuts zugunsten des Gesellschaftsstatuts zu lösen sind.[109] Die Doppelqualifikation trägt der Tatsache Rechnung, dass die Rechtsnachfolge in die gesellschaftsrechtliche Position des Verstorbenen sowohl vom Gesellschaftsrecht als auch vom Erbrecht beherrscht wird. Die Anpassung des Erbstatuts zugunsten des Gesellschaftsstatuts sorgt für den sachrechtlichen Vorrang des Gesellschaftsrechts vor dem Erbrecht bei der Rechtsnachfolge in die Position des verstorbenen Gesellschafters. An einem anpassungsrelevanten Konflikt zwischen Gesellschaftsstatut und Erbstatut wird es freilich fehlen, wenn bereits das Erbstatut auch bei internen Sachverhalten dem Gesellschaftsrecht den Vorrang einräumt. Diese Lösung lässt sich auch unter der Erbrechtsverordnung aufrechterhalten.

---

[104] Näher *Dutta* RabelsZ 73 (2009), 727 (740 ff.).

[105] Vgl. etwa *Dörner* IPRax 2004, 519 (520); Staudinger/*Dörner* (2007) EGBGB Art. 25 Rn. 64 sowie 558; *Fetsch* RNotZ 2006, 1 (13); *Kegel/Schurig* IPR S. 430; Bamberger/Roth/*Lorenz* EGBGB Art. 25 Rn. 32; *Thoms*, Einzelstatut bricht Gesamtstatut, 1996, 14.

[106] Etwa BGHZ 22, 186 (191) = NJW 1957, 180; BGHZ 68, 225 (229 sowie 237 ff.) = NJW 1977, 1339.

[107] Etwa *v. Bar* IPR II Rn. 371; *Bosch,* Die Durchbrechungen des Gesamtstatuts im internationalen Ehegüterrecht, 2002, 143 ff.; *Ebke* RabelsZ 48 (1984), 319 (344); Erman/*Hohloch* EGBGB Art. 3 Rn. 16; *Lange/Kuchinke* ErbR S. 48; *Raape/Sturm* IPR S. 189 zu Art. 28 aF; *Schotten* Rpfleger 1991, 181.

[108] *Ferid,* FS A. Hueck, 1959, 343 (369) zu Art. 28 aF; Bamberger/Roth/*Mäsch* EGBGB Anh. Art. 12 Rn. 84; *v. Oertzen* IPRax 1994, 73 (75, 76, 78 sowie Fn. 29); *v. Oertzen* RIW 1994, 818.

[109] *Dutta* RabelsZ 73 (2009), 727 (742 f.). Vgl. auch *Witthoff,* Die Vererbung von Anteilen deutscher Personengesellschaften im Internationalen Privatrecht, 1993, 104 ff.; obiter LG München I IPRax 2001, 459 (460), wo das Gericht von einer „kumulierte[n] Maßgeblichkeit" des Gesellschaftsstatuts spricht, das vorrangig auf die Rechtsnachfolge von Todes wegen Anwendung findet.

Das **Erbstatut** bleibt aber zur Beantwortung von **Vorfragen im Gesellschaftsstatut** (soweit 42
dieses etwa an eine Erbenstellung des Nachfolgers anknüpft) und als **subsidiäres Statut** relevant,
soweit das Gesellschaftsstatut zur Nachfolgefrage schweigt.[110]

c) Registrierte Gesellschaftsanteile. Bei der Rechtsnachfolge von Todes wegen in registrierte 43
Gesellschaftsanteile findet für das Registerrecht auch die Bereichsausnahme des **Abs. 2 lit. l** Anwen-
dung.[111] Das in → Rn. 49 zu registrierten Sachen Gesagte gilt entsprechend, wobei sich Abgren-
zungsfragen zwischen Gesellschaftsrecht und Erbrecht wegen des eben geschilderten Vorrangs des
Gesellschaftsrechts nicht stellen, soweit jedenfalls Registerrecht und Gesellschaftsrecht der gleichen
Rechtsordnung unterliegen: Enthält das Gesellschaftsstatut Sonderregeln zur registerrechtlichen
Erfassung des Zuordnungsvorgangs (→ Rn. 49) hinsichtlich (registrierter) gesellschaftsrechtlicher
Positionen, so ergibt sich sein Vorrang bereits aus Abs. 2 lit. h, ohne Rücksicht auf die Bereichsaus-
nahme für das Registerrecht.

d) Erbfähigkeit einer Gesellschaft, eines Vereins oder einer juristischen Person und Ent- 44
stehung von Todes wegen. Ob eine Gesellschaft, ein Verein oder eine juristische Person (etwa
auch eine Stiftung) als Erbe bedacht werden kann, richtet sich dagegen als Frage der Erbfähigkeit
(→ Art. 23 Rn. 18) ebenfalls nach dem **Erbstatut.** Zur **Erbfähigkeit** einer in der Entstehung
befindlichen juristischen Person, Gesellschaft, etc → Art. 23 Rn. 18. Ob die Gesellschaft, etc **von**
Todes wegen errichtet werden kann, ist vom Statut der Gesellschaft, des Vereins oder der juristischen Person zu beantworten,[112] wobei dieses wiederum für einzelne Fragen – bei § 83 BGB etwa
die Wirksamkeit einer Verfügung von Todes wegen als Stiftungsgeschäft – auf das Erbstatut verweisen
kann.

10. Errichtung, Funktionsweise und Auflösung von trusts (Abs. 2 lit. j). Ausgeschlossen 45
vom sachlichen Anwendungsbereich der Verordnung ist auch das Trustrecht nach Abs. 2 lit. j. Hinsichtlich des internationalen Verfahrensrechts unterliegen trusts der Brüssel Ia-VO (s. dort auch Art. 7
Nr. 6, Art. 25 Abs. 3 Brüssel Ia-VO), hinsichtlich des Kollisionsrecht dem mitgliedstaatlichen Recht
(zum Haager Trustübereinkommen → Vor Art. 1 Rn. 6 f.). Auch Trustrecht und Erbrecht sind in
Rechtsordnungen, die über das Institut des trust verfügen, eng miteinander verwoben. Trusts sind
dort ein flexibles Mittel zur Nachlassplanung, und es stellt sich vor allem die Frage nach der **Abgren-**
zung von Erbstatut und Truststatut, speziell bei testamentarisch errichteten trusts (testamentary
trusts) oder gar kraft Gesetzes entstehenden trusts (statutory trusts). Letztere entstehen etwa in den
vom common law geprägten Rechtsordnungen regelmäßig während des Erbgangs: Der Nachlass
geht nicht unmittelbar auf die Erben über, sondern wird zunächst zur Nachlassabwicklung von
einem personal representative – einem vom Erblasser bestimmten executor oder einem gerichtlich
bestellten administrator – „on trust" getragen.[113] Auch das Intestaterbrecht des überlebenden Ehegatten kann mithilfe eines gesetzlichen trust realisiert werden, wie etwa in England und Wales, wo bis
vor einigen Jahren der überlebende Ehegatte unter anderem mit einem life interest an einem Teil
des Nachlasses begünstigt wurde, der anschließend den Abkömmlingen zufallen sollte.[114] Diese
„erbrechtsnahen" trusts unterfallen – wie die Verordnung in Erwägungsgrund Nr. 13 S. 2 und 3
klarstellt[115] – jedenfalls „im Hinblick auf den Übergang der Vermögenswerte und die Bestimmung
der Berechtigten" dem Erbstatut, wobei keine besonderen Kollisionsnormen für diese trusts geschaffen wurden, anders als noch im Grünbuch angedacht.[116] Des Weiteren gilt auch bei der trust-
Bereichsausnahme, dass **Reaktionen im Erbstatut** auf die Errichtung oder Ausstattung eines trust
der Verordnung unterfallen (allgemein zur Frage der erb- und pflichtteilsrechtlichen Reaktionen auf
lebzeitige Zuwendungen, die ebenfalls von einer vergleichbaren Bereichsausnahme [Art. 1 Abs. 2
lit. g] erfasst werden → Rn. 33).

---

[110] Dazu näher *Dutta* RabelsZ 73 (2009), 727 (744 ff.). Das übersieht *Everts* ZEV 2013, 124 (126), wonach
„die Erb- und Pflichtteilsrelevanz von gesellschaftsrechtlichen Vereinbarungen vom Anwendungsbereich der Verordnung ausgenommen" sein sollen, s. auch aaO 127 sowie *Everts* in Hager, Vorweggenommene Vermögensüber-
tragung unter Ausschluss von Pflichtteilsrechten, 2013, S. 34, 64; das Erbstatut wird nur verdrängt, soweit das
Gesellschaftsstatut entsprechende Sonderregeln enthält, vgl. auch *Döbereiner* MittBayNot 2013, 358 (359); Palandt/
Thorn Art. 1 Rn. 12 (zum Pflichtteil und zur Pflichtteilsergänzung).

[111] S. auch *Hertel* in Dutta/Herrler EuErbVO 85, 106.

[112] Vgl. für die Stiftung Deixler-Hübner/Schauer/*Deixler-Hübner/Schauer* Art. 3 Rn. 28.

[113] Näher zum englischen Recht Dutta/Weber/*Schmidt* Rn. 111.

[114] S. Sec. 46 Abs. 1 Ziff. i Administration of Estates Act 1925 (UK) aF (bis zum Inheritance and Trustees'
Powers Act 2014).

[115] S. auch Lechner-Berichtsentwurf S. 20.

[116] S. Grünbuch KOM(2005) 65 endg. S. 7.

46 **11. Art und Eintragung der Vermögensgegenstände (Abs. 2 lit. k und l).** Die Verordnung lässt auch die **Art** der Vermögensgegenstände **(Abs. 2 lit. k)** sowie die **Eintragung** der Vermögensgegenstände in einem Register einschließlich ihrer Voraussetzungen und Wirkungen **(Abs. 2 lit. l)** unberührt. Von **Abs. 2 lit. l** weicht die Erbrechtsverordnung allerdings in Art. 69 Abs. 5 ab, wonach das Europäische Nachlasszeugnis „ein wirksames Schriftstück für die Eintragung des Nachlassvermögens in das einschlägige Register eines Mitgliedstaates" darstellt (näher → Art. 69 Rn. 29 f.); bei der „Annahme" öffentlicher Urkunden → Art. 59 Rn. 10, 12. – Mit Abs. 2 lit. k und l spricht die Verordnung die Abgrenzung zwischen anwendbarem **Erbrecht und** – dem für die einzelnen Nachlassgegenstände maßgeblichen – **Vermögensrecht** an. Da das Erbrecht den Nachlass einem neuen Träger zuordnet, kann es sowohl beim Zuordnungs**vorgang,** dem Erbgang, als auch beim Zuordnungs**ergebnis,** der rechtlichen Ausgestaltung der erbrechtlichen Positionen, zu Spannungen zwischen Erbrecht und Vermögensrecht kommen.

47 **a) Abgrenzung zwischen Erbrecht und Sachenrecht.** Spannungen bestehen zunächst insbesondere zwischen Erbrecht und **Sachenrecht,** wobei sich die geschilderten Abgrenzungsprobleme durchaus auch bei anderen Nachlassgegenständen stellen können, etwa bei der Vererbung von Gesellschaftsanteilen.[117] Die Verordnung setzt nur vage Leitlinien zur Abgrenzung zwischen beiden Rechtsgebieten, die angesichts des Erfordernisses einer autonomen Auslegung (→ Vor Art. 1 Rn. 23) gerade bei der **Abgrenzung von Erbstatut und Sachenrechtsstatut** (grundsätzlich die lex rei sitae, vgl. Art. 43 ff. EGBGB) zu den Herausforderungen bei der Anwendung des neuen Rechts gehört. Die Abgrenzung hat offenbar dem europäischen Gesetzgeber erhebliches Kopfzerbrechen verursacht[118] und wurde auch im Schrifttum rechtspolitisch intensiv diskutiert.[119] – Das Bild nach der Verordnung, dessen Konturen aufgrund zahlreicher „Brüche und Widersprüche" im Verordnungstext[120] bis heute umstritten sind und das der EuGH hoffentlich bald klarer zeichnet (→ Rn. 52), stellt sich nun wie folgt dar:

48 **aa) Zuordnungsvorgang der Rechtsnachfolge von Todes wegen.** Der dinglich wirkende Zuordnungsvorgang beim Erbfall unterliegt nicht nur im Hinblick auf den Nachlass als Ganzes (Universalsukzession), sondern auch im Hinblick auf einzelnen Nachlassgegenstände (Singularsukzession, etwa bei einem Vindikationslegat oder einer dinglich wirkenden Teilungsanordnung) der Verordnung und insbesondere dem von der Verordnung bestimmten Erbstatut.[121] Auch eine Anpassung des Zuordnungsvorgangs nach dem Erbstatut an das Sachenrechtsstatut gem. Art. 31 scheidet aus (→ Art. 31 Rn. 8 ff.). Zwar klammert die Verordnung in **Abs. 2 lit. k** die **„Art der dinglichen Rechte"** von ihrem Anwendungsbereich aus. Allerdings wird der Zuordnungsvorgang in Art. 23 Abs. 2 lit. e („der Übergang der zum Nachlass gehörenden Vermögenswerte, Rechte und Pflichten") ausdrücklich als Teil des Erbstatuts genannt,[122] so dass die Bereichsausnahmen grundsätzlich eng auszulegen sind, um diese Grundwertung der Verordnung – ein umfassendes Erbstatut, das den gesamten Erbgang beherrscht und nicht um den Übergang der Nachlassgegenstände „amputiert"

---

[117] Siehe etwa *Paulus* notar 2016, 3 (10 f.).

[118] S. etwa die ausschließlich dieser Frage gewidmeten Ratsdokumente Nr. 13508/10, Nr. 15245/10, Nr. 17057/10 und Nr. 8444/11.

[119] *Buschbaum/M. Kohler* GPR 2010, 106 (108 ff.); *Geimer* in Reichelt/Rechberger, Europäisches Erbrecht – Zum Verordnungsvorschlag der Europäischen Kommission zum Erb- und Testamentsrecht, 2011, 1, 5, 21 ff.; *Geimer* ÖNotZ 2012, 70 (78); *Hess/Jayme/Pfeiffer,* Stellungnahme zum Vorschlag für eine Europäische Erbrechtsverordnung, 2012, 33 ff.; *Martiny* IPRax 2012, 119 (125 ff.); *Remde* RNotZ 2012, 65 (80 ff.); *Traar* in Reichelt/Rechberger, Europäisches Erbrecht – Zum Verordnungsvorschlag der Europäischen Kommission zum Erb- und Testamentsrecht, 2011, 85, 86 ff.

[120] *Döbereiner* GPR 2014, 42.

[121] Allgemein so auch *Jayme* in Reichelt/Rechberger, Europäisches Erbrecht – Zum Verordnungsvorschlag der Europäischen Kommission zum Erb- und Testamentsrecht, 2011, 27, 33; *Ludwig* ZEV 2013, 151 (152) (Erbstatut umfasst „auch das sachenrechtliche Element der Erbfolge"); vgl. zur Einordnung des Vindikationslegats auch *Dörner* ZEV 2012, 505 (509); *Kunz* GPR 2012, 253 (255); *Odersky* notar 2013, 3 (4); *Volmer* Rpfleger 2013, 421 (426 f.), die auf den Zuordnungsvorgang bei erbrechtlichen Abweichungen Art. 31 EuErbVO anwenden wollen (näher → Art. 31 Rn. 8 ff.), was voraussetzt, dass der sachliche Anwendungsbereich der Verordnung eröffnet ist; nicht ganz konsequent deshalb auch *Keim* in A. Roth, Die Wahl ausländischen Rechts im Familien- und Erbrecht, 2013, 67, 74 ff. und *Wachter* ZNotP 2014, 2 (22), die unter Verweis auf die Anwendungsbereichsvorschriften des Art. 1 Abs. 2 lit. k und l eine „Anerkennung" eines Vindikationslegats nach ausländischem Erbstatut verweigern und dieses nach Art. 31 in ein Damnationslegat anpassen möchten; ähnlich offenbar auch der Regierungsentwurf eines Gesetzes zum Internationalen Erbrecht, BT-Drs. 18/4201, 48, 49 (einerseits Bereichsausnahme nach Art. 1 Abs. 2 lit. k, andererseits Anpassung nach Art. 31). Offengelassen von *Baldus* GPR 2012, 312 (313).

[122] Anders *Süß* ZEuP 2013, 725 (744), wonach diese Formulierung nicht den „Übergang einzelner Rechte" erfassen soll – eine Beschränkung, die mE im Wortlaut des Art. 23 Abs. 2 lit. e weder in der deutschen Fassung noch in anderen Sprachfassungen angelegt ist.

ist[123] – nicht zu vereiteln.[124] Auch aus Sicht der Haftung für Nachlassverbindlichkeiten ist es sinnvoll, wenn der Zuordnungsvorgang vom Erbstatut beherrscht wird, dessen Haftungsregeln auf die jeweilige Ausgestaltung des Zuordnungsvorgangs abgestimmt sein werden.[125] Die Wendung „Art der dinglichen Rechte" kann deshalb nicht die Übertragungsart eines Gegenstands umfassen. Insbesondere hat der Unionsgesetzgeber Vorschläge, nur den erbrechtlichen titulus, die Erbberechtigung, dem Erbstatut zu unterwerfen, nicht aber den modus, die Übertragungsart,[126] im Verordnungstext nicht aufgegriffen. Es besteht damit kein Zweifel, dass Abs. 2 lit. k den Zuordnungsvorgang und damit etwaige dingliche Wirkungen von Einzelzuwendungen nicht vom Anwendungsbereich der Verordnung ausklammert.[127]

Eine geringere Rolle, als man auf den ersten Blick vermuten könnte, spielt aber beim Zuordnungs- **49** vorgang auch die **Bereichsausnahme für das Registerrecht in Abs. 2 lit. l**, die ohnehin nur bei registrierten Vermögensgegenständen, vor allem also bei unbeweglichen Sachen einschlägig ist. Allein solche registrierten Gegenstände könnte Abs. 2 lit. l im Hinblick auf den Zuordnungsvorgang der Verordnung und dem Erbstatut entziehen. Allenfalls die Wirkungen der Eintragung auf das materielle Recht werden vom Erbstatut ausgenommen, nicht aber der Übertragungsvorgang, etwa das Erfordernis einer gesonderten Eigentumsübertragung bei bestimmten erbrechtlichen Zuwendungen, zB Vermächtnissen oder Teilungsanordnungen. Der Zuordnungsvorgang bemisst sich auch bei registrierten Vermögensrechten grundsätzlich nach dem Erbstatut und nicht nach dem Sachenrechtsstatut,[128] auch wenn der deutsche Durchführungsgesetzgeber dies für Vindikationsvermächtnisse offenbar anders sieht,[129] wobei das Erbstatut für den Zuordnungsvorgang, wie etwa beim Damnationslegat oder einer Auseinandersetzungsvereinbarung, Vollzugsakte nach dem Sachenrechtsstatut vorsehen kann (→ Art. 23 Rn. 22). Das Registerrecht regelt nur die Voraussetzungen der registermäßigen Erfassung des Erbgangs (s. Erwägungsgrund Nr. 18), nicht aber den vom jeweiligen Erbrecht vorgesehenen materiellrechtlichen Übertragungsvorgang, der dem Erbstatut verbleibt,[130] wie auch der Rat be-

---

[123] *Lechner* IPRax 2013, 497 (499).

[124] *van Erp* EPLJ 2012, 187 (189); so auch *Bajons* in Schauer/Scheuba, Europäische Erbrechtsverordnung, 2012, 29; *Bajons* in LSHGGRD Erbfälle unter Geltung der EuErbVO 93, 103.

[125] Dutta/Weber/*Schmidt* Art. 23 Rn. 100; *Solomon* Anali Pravnog Fakulteta Univerziteta u Zenici 18 (2016), 193 (214).

[126] Etwa *Dutta* RabelsZ 73 (2009), 547 (557); *Max Planck Institute* RabelsZ 74 (2010), 522 (559).

[127] *Gärtner*, Die Behandlung ausländischer Vindikationslegate im deutschen Recht, 2014, 98 ff.; *Hertel* ZEV 2013, 539 (540); *Kleinschmidt* RabelsZ 77 (2013), 723 (761); *Köhler* in GKKW IntErbR 65 f.; *Lechner* IPRax 2013, 497 (499); *Lipp* in Lipp/Münch, Die neue Europäische Erbrechtsverordnung, 2016, 1, 12; *Looschelders*, FS Coester-Waltjen, 2015, 531 (535 f.); Deixler-Hübner/Schauer/*Mankowski* Rn. 72, 82; *Margonski* GPR 2013, 106 (108 f.); *Mansel*, FS Coester-Waltjen, 2015, 587 (588 ff.); *Pintens* in LSHGGRD Erbfälle unter Geltung der EuErbVO 1, 6; *J. P. Schmidt* RabelsZ 77 (2013), 1 (15 f., 22); *Soutier*, Die Geltung deutscher Rechtsgrundsätze im Anwendungsbereich der Europäischen Erbrechtsverordnung, 2015, 282; Palandt/*Thorn* Rn. 15; Bonomi/Wautelet/*Wautelet* Rn. 111; so wohl auch *Frank/Döbereiner*, Nachlassfälle mit Auslandsbezug, 2015, 24.

[128] *Gärtner*, Die Behandlung ausländischer Vindikationslegate im deutschen Recht, 2014, 101 ff.; *Kleinschmidt* RabelsZ 77 (2013), 723 (762 f.); *Köhler* in GKKW IntErbR 67; *Looschelders*, FS Coester-Waltjen, 2015, 531 (536 f.); *Mansel*, FS Coester-Waltjen, 2015, 587 (590 ff.); *Margonski* GPR 2013, 106 (109 f.); *Pintens* in LSHGGRD Erbfälle unter Geltung der EuErbVO 1, 6 f.; *J. P. Schmidt* ZEV 2014, 133 (135 f.); *Solomon* Anali Pravnog Fakulteta Univerziteta u Zenici 18 (2016), 193 (212 f.); Palandt/*Thorn* Rn. 16; vgl. auch Bonomi/Wautelet/*Wautelet* Rn. 124.

[129] S. Regierungsentwurf eines Gesetzes zum Internationalen Erbrecht, BT-Drs. 18/4201, 48.

[130] *Dutta* FamRZ 2013, 4 (12); *van Erp* EPLJ 2012, 187 (189); *Kleinschmidt* RabelsZ 77 (2013), 723 (762 f.) *Looschelders*, FS Coester-Waltjen, 2015, 531 (536 f.); *Pintens* in LSHGGRD Erbfälle unter Geltung der EuErbVO 1, 6 f.; Palandt/*Thorn* Rn. 16; s. auch *Faber/Grünberger* ÖNotZ 2011, 97 (104, 113); *Heredia Cervantes* An. F. Der. Int. Priv. 11 (2011), 415 (433 ff.); *Laukemann*, FS Schütze, 2014, 325 (334 f.); *J. P. Schmidt* RabelsZ 77 (2013), 1 (24); *J. P. Schmidt* ZEV 2014, 133 (135); s. auch die Kritik bei *Kunz* GPR 2013, 293. – Anders jedoch *Buschbaum*, GS Hübner, 2012, 589 (596 f.); *Döbereiner* MittBayNot 2013, 358 (360 f.); *Döbereiner* GPR 201, 42 (43); *Hertel* DNotZ 2012, 688 (690 f.); *Hertel* ZEV 2013, 539 (540); *Hertel* in Dutta/Herrler EuErbVO 8, 99 f.; *Herzog* ErbR 2013, 2 (5); Erman/*Hoholch* Rn. 13; *Kindler*, FS Stilz, 2014, 345 (354 f.); *Kunz* GPR 202, 253 (255); *Lechner* IPRax 2013, 497 (499); Deixler-Hübner/Schauer/*Mankowski* Rn. 84; Frieser/*Martiny* ErR Nach Art. 26 EGBGB: EuErbVO Rn. 37; *Müller-Lukoschek*, Die neue EU-Erbrechtsverordnung, 2. Aufl. 215, 87 ff. (freilich wohl von einer Anwendung des Art. 31 ausgehend – und damit eigentlich auch von einer Anwendbarkeit der Verordnung, vgl. auch bereits Fn. 121); *Simon/Buschbaum* NJW 2012, 2393 (2394) sowie 2397, meist unter Verweis auf die Entstehungsgeschichte, die jedoch – wie eben bereits betont – für die gegenteilige Auslegung spricht, und Erwägungsgrund Nr. 18, der sich allein auf Aussagen zum Registerrecht beschränkt und keine Aussagen zu materiellrechtlichen Übertragungserfordernissen enthält; für eine ähnlich weite Auslegung der Registerausnahme offenbar auch *Chr. Kohler/Pintens* FamRZ 2012, 1425 (1429): „Soweit Erbstatut und Registerrecht den Rechtserwerb unterschiedlich regeln […], setzt sich das Registerrecht durch"; *Rudolf* ÖNotZ 2013, 225 (228); *Süß* ZEuP 2013, 725 (744). Zu materiellrechtlichen Erfordernissen schweigt Erwägungsgrund Nr. 18 jedoch, sondern bezieht sich nur auf das Registerverfahren.

tont.[131] Lediglich für die Wirkungen des Erwerbs, etwa den Zeitpunkt des erbrechtlichen Erwerbs erga omnes,[132] nicht aber für den Erwerb selbst, kann eine Eintragung im Register nach dem Recht des registerführenden Mitgliedstaats[133] maßgeblich sein, s. Erwägungsgrund Nr. 19 S. 2 und S. 3. Das mitgliedstaatliche Recht kann damit nach Abs. 2 lit. l lediglich an die Eintragung der dem Erbrecht unterliegenden Rechtsänderung **registerrechtliche** Voraussetzungen – nicht aber sachenrechtliche, wie etwa das Erfordernis einer Auflassung – knüpfen.[134] Eine andere Auslegung wäre auch hier (vgl. → Rn. 48) kaum mit Art. 23 Abs. 2 lit. e (→ Art. 23 Rn. 20 ff.) vereinbar, dessen Regelungsgehalt sich lediglich auf nichtregistrierte Vermögensrechte und deren Erbgang beschränken würde, sollte bereits Abs. 2 lit. l die materiellrechtliche Übertragung registrierter Vermögensrechte kraft Erbrechts dem Anwendungsbereich der Verordnung entziehen.[135] Dem Einwand, dass damit Abs. 2 lit. l weitgehend bedeutungslos ist, weil das Registerrecht per se nicht die Rechtsnachfolge von Todes wegen erfasst,[136] ist zu entgegnen, dass dies auch überwiegend für die anderen Bereichsausnahmen in Art. 1 gilt, die lediglich klarstellende Funktion haben (s. vor allem Abs. 1 S. 2, Abs. 2 lit. a, b, c, d, e, g, h und i), und im Übrigen auch der allgemeinen Gesetzgebungstechnik des Unionsgesetzgebers in sämtlichen IPR-Rechtsakten entspricht. Der mitgliedstaatliche Gesetzgeber könnte damit allenfalls im Registerrecht vorsehen, dass die Beteiligten zum Vollzug des Erbgangs im Register **registerrechtliche** Erklärungen abgeben müssen; nach dem Äquivalenzgrundsatz (→ Vor Art. 62 Rn. 5) dürften die mitgliedstaatlichen Gesetzgeber solche Erklärungen aber nicht nur bei ausländischem Erbstatut unterliegenden erbrechtlichen Vermögensübergängen – etwa bei einem Vindikationslegat oder einer dinglich wirkenden Teilungsanordnung nach ausländischem Erbstatut – einfordern, sondern auch bei einer Rechtsnachfolge von Todes wegen in registrierte Vermögensgegenstände nach inländischem Recht, soweit diese – wie etwa im deutschen Recht bei der Universalsukzession nach § 1922 Abs. 1 BGB – bisher ebenfalls außerhalb des Registers geschehen kann.

50 Schließlich sprechen **praktische Erwägungen** für eine erbrechtliche Qualifikation des Zuordnungsvorgangs auch bei registrierten Vermögensgegenstände. Wie soll etwa ein Vindikationsvermächtnisnehmer materiellrechtliche Anforderungen des jeweils anwendbaren Registerrechts erfüllen, wenn er nach dem Erbstatut dinglich bereits Inhaber des vermachten Vermögensgegenstands ist? Sind die Gerichte des Registermitgliedstaats nach den Art. 4 ff. für die betreffende Erbsache international nicht zuständig, so muss der Vermächtnisnehmer ggf. die Mitwirkung des aus Sicht des Registermitgliedstaats Trägers des betreffenden Nachlassgegenstands (in den meisten Fällen wohl des Erben) außerhalb des Registermitgliedstaats durchsetzen. Denn dass es sich bei etwaigen Ansprüchen des Vermächtnisnehmers gegen den Träger des Nachlasses um erbrechtliche Ansprüche handelt, die den Zuständigkeitsvorschriften der Verordnung unterliegen, kann nicht bestritten werden. Allerdings wird aus Sicht der nach der Verordnung für die Erbsache zuständigen Gerichte ein solcher Anspruch des Vermächtnisnehmers gegen den Nachlassträger auf Mitwirkung am dinglichen Vollzug des Vermächtnisses regelmäßig nicht bestehen. Denn nach dem Erbstatut ist der Vermächtnisnehmer bereits Inhaber des vermachten Nachlassgegenstands, so dass aus Sicht dieser Gerichte der Vermächtnisnehmer etwas rechtlich Unmögliches vom Nachlassträger verlangt.[137] Auch sind die für die Erbsache zuständigen Gerichte nicht an die registerrechtliche Qualifikation der Gerichte des Registermitglied-

---

[131] Etwa in Ratsdokument Nr. 8444/11 S. 2: „Das auf die Rechtsnachfolge von Todes wegen anzuwendende Recht legt künftig fest, dass ein entsprechender Anspruchsberechtigter ein dingliches Recht im Wege einer Erbschaft erworben hat, wobei allerdings die Art und Weise, *wie* dieses Recht *einzutragen* oder zu *publizieren ist,* durch das Sachenrecht des Mitgliedstaates geregelt wird, in dem das mit dem dinglichen Recht verbundene Vermögen belegen ist. [...] der betreffende Mitgliedstaat [kann] jedoch unter keinen Umständen die *Erlangung Rechts* durch den betreffenden Anspruchsberechtigten [...] in Frage stellen" (Herv. d. Verf.).

[132] Vgl. auch Ratsdokumente Nr. 13508/10 S. 5 f., Nr. 15245/10 S. 2 f., Nr. 8444/11 S. 3 und Nr. 10126/11 S. 6.

[133] S. Erwägungsgrund Nr. 18 S. 2, der für unbewegliches Vermögen auf das Registerverfahrensrecht der lex rei sit. verweist.

[134] ur Unterscheidung zwischen lex registrationis und lex rei sitae auch deutlich *van Erp* EPLJ 2012, 187 (188).

[135] *Kunz* GPR 2013, 293 sieht dagegen in einer weiten Auslegung des Abs. 2 lit. l vor allem die Gefahr hinkender Rechtsverhältnisse. Diese Gefahr besteht freilich dann nicht, wenn Abs. 2 lit. l einheitlich in der Union weit ausgelegt wird und sämtliche Gerichte der beteiligten Mitgliedstaaten im Hinblick auf den Zuordnungsvorgang bei registrierten Vermögensgegenständen dem Sachenrecht am Ort des Registers, bei Immobilien mithin der lex rei sitae, den Vorrang einräumen. Hinkende Rechtsverhältnis wegen eines fehlenden internationalen Entscheidungseinklangs drohen nur dann, wenn man mit der Anpassung nach Art. 31 operiert (näher → Art. 31 Rn. 8 ff.).

[136] *Lechner* IPRax 2013, 497 (499); s. auch *Lechner* in Dutta/Herrler EuErbVO 5, 16 f.

[137] Zust. *Traut* ZVglRWiss. 115 (2016), 358 (379).

staats gebunden; Art. 1 Abs. 2 lit. l als Anwendungsbereichsvorschrift würde – auch weit ausgelegt – diese Frage lediglich der Erbrechtsverordnung entziehen, zwingt die anderen Mitgliedstaaten allerdings nicht zu einer registerrechtlichen Qualifikation, sondern überlässt diese Frage dem jeweils nationalen Recht. – Diese praktischen Schwierigkeiten stellen sich freilich nicht in der **umgekehrten Konstellation,** dass nach dem Erbstatut eine Einzelzuwendung als Damnationslegat anzusehen ist, nach dem anwendbaren Sachen- oder Registerrecht des Belegenheitsstaats aber nur Vindikationslegate möglich sind.[138] In solchen Fällen müssen die für das Register zuständigen Stellen im Belegenheitsstaat den vom Erbstatut vorgesehenen Vollzugsakt (hier eine Übertragung des vermachten Gegenstands nach den Regeln unter Lebenden) einfordern, dessen Ausgestaltung sich bei vermachten Sachen nach dem Sachenrechtsstatut richtet → Art. 23 Rn. 22. Tun sie dies (nach der hier vertretenen Auffassung in Missachtung der EuErbVO) nicht, sondern behandeln das Damnationslegat wie ein Vindikationslegat, das keinen Vollzugsakt erfordert, so wird sich wahrscheinlich weder der Vermächtnisnehmer noch der Beschwerte gegen diesen sofortigen Vollzug des Vermächtnisses wehren. Dem Beschwerten wird der Vermächtnisnehmer, sollte dieser eine Rückabwicklung fordern, ohnehin materiellrechtlich eine dolo-agit-Einrede entgegenhalten können. Allenfalls würden sich dann haftungsrechtliche Fragen stellen (vgl. auch → Rn. 48), weil das Erbstatut von einem Damnationslegat ausgeht und daher keine Haftung des Vermächtnisnehmers für Nachlassverbindlichkeiten vorsehen wird.

Die Entscheidung des Unionsgesetzgebers, den Zuordnungsvorgang dem Erbstatut zu unterstellen, erfordert freilich von den registerführenden Stellen mitunter die **Anwendung ausländischen Erbrechts,** wobei die genaue Regelung des Zuordnungsvorgangs gerade im ausländischen Vermächtnisrecht oftmals zu den alles andere als einfach zu ermittelnden Rechtsfragen gehört;[139] die Kosten des Grundbuchverkehrs werden damit nicht gesenkt.[140] Nach der Logik der Verordnung werden diese Schwierigkeiten jedoch durch das Europäische Nachlasszeugnis aufgefangen, das die unmittelbare Berechtigung jedenfalls eines Vermächtnisnehmers auch für das Registerverfahren bescheinigt (s. Art. 69 Abs. 5). **51**

Es besteht Hoffnung, dass der **EuGH** in der polnischen Rechtssache *Kubicka* (Rs. C-218/16) demnächst die genaue Grenzziehung zwischen Erb- und Sachenrechtsstatut jedenfalls für das Vindikationslegat klären wird. Jedenfalls der Generalanwalt hat mittlerweile die in → Rn. 48 ff. vertretene Ansicht bestätigt.[141] S. auch → Art. 31 Rn. 9 aE. **52**

bb) Zuordnungsergebnis der Rechtsnachfolge von Todes wegen. Aber auch das Zuordnungsergebnis des Erbrechts unterliegt, anders als Art. 1 Abs. 2 lit. k und Erwägungsgrund Nr. 15 S. 2 und 3 auf den ersten Blick suggerieren, grundsätzlich dem Erbstatut, wie vor allem Art. 23 Abs. 2 lit. b klarstellt, der nicht nur „die Berufung der Berechtigten", sondern auch „die Bestimmung sonstiger Rechte an dem Nachlass" dem Erbstatut unterstellt, s. auch Erwägungsgrund Nr. 15 S. 1. Vor allem aber Art. 31 verdeutlicht, dass auch das Erbstatut Einfluss auf die Art der dinglichen Berechtigung an den Nachlassgegenständen nimmt, und zwar selbst wenn diese vom Erbstatut geprägten dinglichen Rechte dem Vermögensrechtsstatut (Einzelstatut) unbekannt sind und damit, wenn das Vermögensrechtsstatut dem Numerus-clausus-Grundsatz folgt, potentiell im Widerspruch zu diesem Statut stehen.[142] Art. 31 sieht vor, dass ein vom Erbstatut kreiertes dingliches Recht, soweit es dem Recht des Mitgliedstaats, „in dem es geltend gemacht wird", unbekannt ist, an ein bei wirtschaftlicher Betrachtung „am ehesten vergleichbare[s] Recht" dieses Mitgliedstaats anpasst wird. Wäre das Zuordnungsergebnis und seine Umsetzung im Sachenrecht nicht Teil **53**

---

[138] Hierzu *Döbereiner* ZEV 2015, 559; vgl. auch *Döbereiner* in LSHGGRD Erbfälle unter Geltung der EuErbVO 139, 146 ff.

[139] Zu französischen legs particulier etwa *Döbereiner* in LSHGGRD Erbfälle unter Geltung der EuErbVO 139, 144 ff.

[140] S. die Befürchtungen bei *Döbereiner* GPR 2014, 42 (43).

[141] Schlussanträge des GA *Bot* vom 17.5.2017 – Kubicka.

[142] Anders noch der Kommissionsvorschlag KOM(2009) 154 endg. S. 5, wonach aus dem Ausschluss der „Art der dinglichen Rechte" folge, dass das Erbstatut dem Vermögensrechtsstatut unbekannte dingliche Rechte nicht produzieren könne: „Folglich ist es prinzipiell nicht möglich, mit Hilfe des Erbrechts ein dingliches Recht rechtswirksam zu begründen, das am Ort der Belegenheit der Sache unbekannt ist. Das Erbstatut darf nicht zur Folge haben, dass es im Belegenheitsstaat zur einer Aufspaltung kommt oder dass eine eigentumsrechtliche Variante eingeführt wird, die dort nicht bekannt ist. So ist es beispielsweise nicht möglich, einen Nießbrauch in einem Staat zu begründen, der dieses Rechtsinstitut nicht kennt. Die Ausnahme gilt hingegen nicht für die Übertragung eines im Belegenheitsmitgliedstaat bekannten dinglichen Rechts im Wege der Rechtsnachfolge". – Allerdings fehlte im Kommissionsvorschlag noch eine dem Art. 31 entsprechende Regelung, s. auch den Vorschlag des *Max Planck Institute* RabelsZ 74 (2010), 522 (637, 642), sowie Ratsdokumente Nr. 13508/10 S. 7, Nr. 15245/10 S. 4 f. und Nr. 10126/11 S. 4.

des Erbstatuts, so besäße Art. 31 keinen Anwendungsbereich.[143] Die Verordnung reicht damit nicht nur im Hinblick auf den Zuordnungsvorgang, sondern auch das Zuordnungsergebnis des Erbrechts weit ins Sachenrecht hinein.[144]

54   **b) Abgrenzung zwischen Erbrecht und Immaterialgüterrecht.** Zu den „dinglichen Rechte[n]" (Abs. 1 lit. k) und den „beweglichen Vermögensgegenständen" (Abs. 1 lit. l) gehören auch die Immaterialgüterrechte, und damit gilt das in → Rn. 47 ff. Gesagte auch für die Abgrenzung zwischen Erbstatut und Immaterialgüterstatut (zu dessen Bestimmung nach dem Schutzlandprinzip → IntImmGR Rn. 6 ff.) entsprechend: Zuordnungsvorgang und Zuordnungsergebnis fallen grundsätzlich dem Erbstatut zu. Dagegen richten sich die Frage der **Vererbbarkeit** und die **Auswirkungen des Todes** des Rechtsinhabers auf den Bestand und Inhalt des Immaterialgüterrechts nach dem Immaterialgüterstatut.[145] Vorrang ist auch dem Immaterialgüterstatut einzuräumen, soweit dieses – ähnlich wie das Gesellschaftsstatut für bestimmte Gesellschaftsanteile (→ Rn. 38 ff.) – **besondere Regelungen zur Rechtsnachfolge von Todes wegen** vorsieht,[146] etwa den Kreis der Nachfolger festlegt (zB Art. 23 it. Legge sul diritto d'autore e di altri diritti connessi al suo esercizio) oder vom allgemeinen Erbrecht abweichende Regelungen enthält, zB für das deutsche Urheberrecht in § 28 Abs. 2 S. 2 UrhG über die Dauer der Testamentsvollstreckung. Diese Regelungen sind eng mit der jeweiligen Ausgestaltung des Immaterialgüterrechts verbunden und sollten deshalb auch dessen Recht unterliegen, auch wenn eine ausdrückliche Klarstellung[147] insoweit im Rat offenbar keine Mehrheit gefunden hat.[148]

55   **c) Anpassung.** Bei **Widersprüchen** zwischen Erbstatut und Vermögensrechtsstatut jedenfalls im Hinblick auf das Zuordnungsergebnis kommt eine Anpassung nach Art. 31 in Betracht.

IV. Beschränkung auf grenzüberschreitende Sachverhalte

56   Anders als andere europäische Rechtsakte zum internationalen Privatrecht (etwa Art. 1 Abs. 1 UAbs. 1 Rom I-VO; Art. 1 Abs. 1 S. 1 Rom II-VO; Art. 1 Abs. 1 Rom III-VO) verzichtet die Verordnung in Art. 1 EuErbVO zu Recht darauf, ihren Anwendungsbereich ausdrücklich auf grenzüberschreitende Sachverhalte zu beschränken, s. allenfalls Erwägungsgrund Nr. 7 S. 1 sowie (sehr allgemein) Erwägungsgrund Nr. 1.[149] Hierfür besteht auch keine Notwendigkeit,[150] denn der grenzüberschreitende Kontext ergibt sich bereits aus der Natur der Sache[151] in den Kapiteln II (internationale Zuständigkeit), Kapitel III (Kollisionsrecht) sowie Kapitel IV und V (Wirkungen ausländischer Entscheidungen, öffentlicher Urkunden und gerichtlicher Vergleiche). Für Kapitel VI (Europäisches Nachlasszeugnis) wird der grenzüberschreitende Bezug durch Art. 62 Abs. 1 und Art. 63 Abs. 1 klargestellt. Allerdings sind durchweg an den grenzüberschreitenden Bezug geringe Anforderungen zu stellen (→ Vor Art. 20 Rn. 69; → Art. 63 Rn. 3, 20).

Art. 2 EuErbVO Zuständigkeit in Erbsachen innerhalb der Mitgliedstaaten

Diese Verordnung berührt nicht die innerstaatlichen Zuständigkeiten der Behörden der Mitgliedstaaten in Erbsachen.

1   Die Vorschrift betrifft den Regelungsbereich der Zuständigkeitsvorschriften der Verordnung und stellt klar, dass diese nicht die „innerstaatlichen Zuständigkeiten" betreffen, also nach deutschem Recht die örtliche, sachliche und funktionelle Zuständigkeit.

---

[143] *Dutta* FamRZ 2013, 4 (12); *van Erp* EPLJ 2012, 187 (189 f.); *J. P. Schmidt* RabelsZ 77 (2013), 1 (16 f.), der deshalb die Regelung in Art. 1 Abs. 2 lit. k zu Recht als „in ihrer Redaktion verunglückt" ansieht; vgl. auch Bonomi/Wautelet/*Bonomi* Rn. 116.

[144] S. *Mansel/Thorn/R. Wagner* IPRax 2013, 1 (7), wonach sachenrechtliche Fragen nur „im Prinzip" ausgeschlossen seien.

[145] Etwa OLG Düsseldorf ZUM-RD 2007, 465 (467).

[146] Deixler-Hübner/Schauer/*Mankowski* Rn. 88; *Max Planck Institute* RabelsZ 74 (2010), 522 (560 f.); Dutta/Weber/*Schmidt* Rn. 146.

[147] Vorgeschlagen von der deutschen Delegation in Ratsdokument Nr. 7336/1/11.

[148] S. Ratsdokument Nr. 11870/11 S. 4 Fn. 3.

[149] Aus denen etwa *Grau* in Zimmermann ErbR Nebengesetze Art. 25, 26 EGBGB Anh.: EuErbVO Rn. 9, das Erfordernis eines grenzüberschreitenden Bezugs ableitet, an diesen aber keine besonders hohen Anforderungen stellt.

[150] Vgl. aber EWSA-Stellungnahme zum Kommissionsvorschlag Rn. 4.1.1, sowie Ratsdokumente Nr. 5811/10 ADD 9 S. 1, Nr. 5811/10 ADD 15 S. 2 und Nr. 5811/10 ADD 18 S. 2; *Péroz* JCP N 2009 Nr. 43/44 S. 5, 6.

[151] Vgl. auch Bonomi/Wautelet/*Bonomi* Vor Art. 1 Rn. 28; Palandt/*Thorn* Rn. 1.

Die Vorschrift wird jedoch teils **verdrängt:** So regelt zB Art. 45 Abs. 2 auch die **örtliche** Zustän- 2
digkeit. Auch kann der Effektivitätsgrundsatz eine bestimmte örtliche Zuständigkeit begründen
(näher → Vor Art. 4 Rn. 49). Zu Gerichtsstandsvereinbarungen, Gerichtsstandsanerkennungen oder
rügelosem Einlassen zugunsten eines konkreten Gerichts → Art. 5 Rn. 11; → Art. 7 Rn. 17;
→ Art. 9 Rn. 10; für eine Rechtswahl des Erblassers zugunsten einer Teilrechtsordnung → Vor
Art. 4 Rn. 14.

Die **deutsche Durchführungsgesetzgebung** zur Verordnung enthält vor allem in §§ 2, 31, 3
47 IntErbRVG örtliche Zuständigkeitsregeln für streitige Erbverfahren sowie Nachlasssachen der
freiwilligen Gerichtsbarkeit, soweit sich die internationale Zuständigkeit der deutschen Gerichte in
einer Erbsache nach der Verordnung (Art. 4 ff.) bemisst. Für das deutsche Nachlasszeugnisverfahren
bestimmt § 34 IntErbRVG nicht nur die örtlich, sondern auch die sachlich zuständige Ausstellungsbehörde (Art. 64 S. 2).[1]

Art. 3 EuErbVO Begriffsbestimmungen

(1) **Für die Zwecke dieser Verordnung bezeichnet der Ausdruck**
a) **„Rechtsnachfolge von Todes wegen" jede Form des Übergangs von Vermögenswerten,
   Rechten und Pflichten von Todes wegen, sei es im Wege der gewillkürten Erbfolge
   durch eine Verfügung von Todes wegen oder im Wege der gesetzlichen Erbfolge;**
b) **„Erbvertrag" eine Vereinbarung, einschließlich einer Vereinbarung aufgrund gegenseitiger Testamente, die mit oder ohne Gegenleistung Rechte am künftigen Nachlass oder
   künftigen Nachlässen einer oder mehrerer an dieser Vereinbarung beteiligter Personen
   begründet, ändert oder entzieht;**
c) **„gemeinschaftliches Testament" ein von zwei oder mehr Personen in einer einzigen
   Urkunde errichtetes Testament;**
d) **„Verfügung von Todes wegen" ein Testament, ein gemeinschaftliches Testament oder
   einen Erbvertrag;**
e) **„Ursprungsmitgliedstaat" den Mitgliedstaat, in dem die Entscheidung ergangen, der
   gerichtliche Vergleich gebilligt oder geschlossen, die öffentliche Urkunde errichtet oder
   das Europäische Nachlasszeugnis ausgestellt worden ist;**
f) **„Vollstreckungsmitgliedstaat" den Mitgliedstaat, in dem die Vollstreckbarerklärung
   oder Vollstreckung der Entscheidung, des gerichtlichen Vergleichs oder der öffentlichen Urkunde betrieben wird;**
g) **„Entscheidung" jede von einem Gericht eines Mitgliedstaats in einer Erbsache erlassene
   Entscheidung ungeachtet ihrer Bezeichnung einschließlich des Kostenfestsetzungsbeschlusses eines Gerichtsbediensteten;**
h) **„gerichtlicher Vergleich" einen von einem Gericht gebilligten oder vor einem Gericht
   im Laufe eines Verfahrens geschlossenen Vergleich in einer Erbsache;**
i) **„öffentliche Urkunde" ein Schriftstück in Erbsachen, das als öffentliche Urkunde in
   einem Mitgliedstaat förmlich errichtet oder eingetragen worden ist und dessen Beweiskraft**
   i) **sich auf die Unterschrift und den Inhalt der öffentlichen Urkunde bezieht und**
   ii) **durch eine Behörde oder eine andere vom Ursprungsmitgliedstaat hierzu ermäch-
       tigte Stelle festgestellt worden ist.**

(2) **Im Sinne dieser Verordnung bezeichnet der Begriff „Gericht" jedes Gericht und alle
sonstigen Behörden und Angehörigen von Rechtsberufen mit Zuständigkeiten in Erbsachen, die gerichtliche Funktionen ausüben oder in Ausübung einer Befugnisübertragung
durch ein Gericht oder unter der Aufsicht eines Gerichts handeln, sofern diese anderen
Behörden und Angehörigen von Rechtsberufen ihre Unparteilichkeit und das Recht der
Parteien auf rechtliches Gehör gewährleisten und ihre Entscheidungen nach dem Recht
des Mitgliedstaats, in dem sie tätig sind,**
a) **vor einem Gericht angefochten oder von einem Gericht nachgeprüft werden können
   und**
b) **vergleichbare Rechtskraft und Rechtswirkung haben wie eine Entscheidung eines
   Gerichts in der gleichen Sache.**
**Die Mitgliedstaaten teilen der Kommission nach Artikel 79 die in Unterabsatz 1 genannten
sonstigen Behörden und Angehörigen von Rechtsberufen mit.**

---

[1] Zu weiteren Zuständigkeitsregeln im IntErbRVG s. Dutta/Weber/*Dutta* IntErbRVG Vor § 1 Rn. 5.

Übersicht

I. Überblick

1   Die Vorschrift enthält – dem Vorbild anderer Unionsrechtsakte folgend – eine Zusammenstellung von Legaldefinitionen verschiedener Begriffe, die in der Verordnung verwendet werden. In Abs. 2 UAbs. 2 wird zudem eine Mitteilungspflicht der Mitgliedstaaten statuiert (→ Rn. 25).

II. Definition „Rechtsnachfolge von Todes wegen" (Abs. 1 lit. a)

2   Zentraler Begriff für den sachlichen Anwendungsbereich der Verordnung (Art. 1 Abs. 1 S. 1) und den Anknüpfungsgegenstand ihrer allgemeinen Kollisionsnorm (Art. 21, 22, 23) ist der Begriff der Rechtsnachfolge von Todes wegen. Wer allerdings meint, in Abs. 1 lit. a eine umfassende Definition dieses Begriffs zu finden, wird enttäuscht. Es wird hier lediglich klargestellt, dass es um die **Weitergabe eines Vermögens als Rechte (Aktiva) und Pflichten (Passiva) von Todes wegen** (also anlässlich des Todes einer natürlichen Person als bisherigem Vermögensträger) geht und dass es nicht darauf ankommt, ob diese Vermögensweitergabe **im Wege der gewillkürten Erbfolge** aufgrund einer Verfügung von Todes wegen (wie sie in Abs. 1 lit. d definiert wird → Rn. 3) oder der **gesetzlichen Erbfolge** erfolgt. Unter „gesetzliche Erbfolge" iS des Abs. 1 lit. a wird man wohl nicht nur die Intestaterbfolge zählen, sondern auch eine **zwingende** – pflichtteilsrechtlich ausgestaltete – **Erbfolge**,[1] wie auch Art. 23 Abs. 2 lit. h unterstreicht, der den Pflichtteil dem Erbstatut zuweist. Die Rechtsnachfolge von Todes wegen ist aus Sicht der Erbrechtsverordnung nicht zwingend eine **Universalsukzession,** sondern kann auch **Singularsukzession** sein, s. auch Art. 30. **Nicht** erfasst wird damit die Weitergabe eines Vermögens unter Lebenden, die aber auch Art. 1 Abs. 1 lit. g ausklammert, wobei Reaktionen auf eine solche lebzeitige Vermögensweitergabe bei der Rechtsnachfolge von Todes wegen wiederum der Erbrechtsverordnung unterliegen (→ Art. 1 Rn. 33, 34, 45). Diese rudimentäre Definition des Begriffs „Rechtsnachfolge von Todes wegen" wird vor allem mit Leben gefüllt einerseits durch die Positivliste des Art. 23 Abs. 2 sowie andererseits durch die Negativliste in Art. 1 Abs. 2 (→ Art. 1 Rn. 2).

III. Definition und System der „Verfügung von Todes wegen" (Abs. 1 lit. b–d)

3   Ein wichtiger Begriff der Verordnung ist die Verfügung von Todes wegen. Vor allem bestimmt die Definition der Verfügung von Todes wegen den **Anknüpfungsgegenstand der Art. 24 ff.,** die eine Sonderanknüpfung der Zulässigkeit, der formellen und materiellen Wirksamkeit sowie der Bindungswirkungen von Verfügungen von Todes wegen vorsehen. Erbrechtliche Rechtsgeschäfte, die keine Verfügungen von Todes wegen darstellen, unterliegen im Hinblick auf ihre Zulässigkeit, materielle Wirksamkeit und Bindungswirkung dem allgemeinen Erbstatut (Art. 21, 22) sowie im Hinblick auf ihre Formgültigkeit teilweise Art. 28 (zu Rechtsgeschäften, die auch von Art. 28 nicht erfasst werden → Art. 27 Rn. 12). Die Definition der Verfügung von Todes wegen in **Abs. 1 lit. d** umreißt das System der letztwilligen Verfügung: Wie nach deutschem Verständnis (vgl. §§ 1937, 1941 BGB), umfasst die Verfügung von Todes wegen das Testament, das gemeinschaftliche Testament sowie den Erbvertrag. Jenseits dieser begrifflichen Taxonomie enden jedoch die Gemeinsamkeiten, denn die drei Erscheinungsformen der Verfügung von Todes wegen sind **autonom auszulegen**

---

[1]   S. auch Ratsdokumente Nr. 6198/10 S. 4 Fn. 3 sowie Nr. 11870/11 S. 5 Fn. 2.

(→ Vor Art. 1 Rn. 23) und werden in zahlreichen Punkten **abweichend vom deutschen Recht** in der Verordnung definiert.[2] Es ist damit erforderlich, die Begrifflichkeit im mitgliedstaatlichen Erbrecht und in der Erbrechtsverordnung stets strengstens auseinanderzuhalten, zumal sich der Gesetzgeber bewusst für eigenständige Definitionen entschieden hat und ihm die unterschiedlichen mitgliedstaatlichen Konzepte des gemeinschaftlichen Testaments und des Erbvertrags durchaus bewusst waren.[3] Eine Verfügung von Todes wegen iS des Abs. 1 lit. d liegt freilich nur vor, wenn der Inhalt des betreffenden Rechtsgeschäfts Fragen betrifft, die sich im sachlichen Anwendungsbereich der Verordnung nach Art. 1 befinden. Keine Verfügung von Todes wegen sind damit nichtvermögensrechtliche Anordnungen (etwa zu Heilbehandlung, Vormundschaft, Betreuung, etc), und zwar auch dann, wenn sie nach dem anwendbaren Recht in Form einer Verfügung von Todes wegen errichtet werden müssen.[4]

1. Testament. Nicht legaldefiniert die Verordnung zunächst den Begriff des Testaments. Bei **4** autonomer Auslegung, vor allem unter Berücksichtigung der allgemeinen Grundsätze der mitgliedstaatlichen Rechtsordnungen (→ Vor Art. 1 Rn. 23), wird man unter einem Testament iS des Abs. 1 lit. d eine einseitige Willenserklärung des Erblassers anzusehen haben, die die Rechtsnachfolge von Todes wegen (→ Rn. 2) in seinen Nachlass beeinflussen soll. Ob dieses Rechtsgeschäft Bindungswirkung besitzt, ist indes irrelevant,[5] da dies eine Frage des anwendbaren Recht ist (→ Art. 24 Rn. 5). Unter den unionsrechtlichen Testamentsbegriff fallen damit nicht nur Verfügungen von Todes wegen, die wie etwa das Testament nach §§ 2064 ff. BGB, bereits im nationalen Recht als Testamente bezeichnet werden, sondern auch andere einseitige Verfügungen von Todes wegen wie das „Kodizill" nach § 553 öst. ABGB aF oder die „sonstige letztwillige Verfügung nach § 552 Abs. 2 öst. ABGB nF. Auch eine postmortale Vollmacht ist im unionsrechtlichen Sinne als Testament anzusehen, soweit man diese erbrechtlich qualifiziert (→ Art. 23 Rn. 29; → Art. 63 Rn. 10).

2. Gemeinschaftliches Testament (Abs. 1 lit. c). Die Verordnung definiert in Abs. 1 lit. c das **5** gemeinschaftliche Testament allein unter Rückgriff auf **formale Kriterien.**[6] Es handelt sich beim gemeinschaftlichen Testament um „ein von zwei oder mehr [sic!] Personen in einer einzigen Urkunde errichtetes Testament".

Mit diesem alleinigen Abstellen auf die formale **Urkundseinheit** („in einer einzigen Urkunde") **6** weicht die Erbrechtsverordnung nicht nur vom Kommissionsvorschlag ab, der das gemeinschaftliche Testament auch inhaltlich definiert hat, nämlich nach Art. 2 lit. d als „ein von zwei oder mehr Personen in derselben Urkunde errichtetes Testament, in dem sich die Personen gegenseitig als Erben einsetzen und/oder in dem ein Dritter als Erbe eingesetzt wird", womit das gemeinschaftliche Testament praktisch auf wechselbezügliche Verfügungen iS des deutschen Rechts reduziert wurde.[7] Abs. 1 lit. c entfernt sich auch vom deutschen Verständnis des gemeinschaftlichen (Ehegatten- oder Lebenspartner-)Testaments. Die §§ 2265 ff. BGB folgen jedenfalls nach der subjektiven oder vermittelnden Theorie einem inhaltlichen Verständnis vom gemeinschaftlichen Testament, wonach es nicht darauf ankommt, dass die Verfügungen von Todes wegen der Ehegatten in einer Urkunde zusammengefasst werden, sondern vielmehr, dass sie von einem Willen getragen sind, gemeinschaftlich zu testieren (näher → Vor § 2265 Rn. 2 ff.). Es bleibt damit die wichtige Erkenntnis: Ein gemeinschaftliches Testament nach den §§ 2265 ff. BGB ist nicht zwangsläufig ein gemeinschaftliches Testament nach der Erbrechtsverordnung, und umgekehrt.[8]

Allerdings besitzt die Abgrenzung zwischen einfachen Testamenten und gemeinschaftlichen Testa- **7** menten, um die es Abs. 1 lit. c angesichts seiner formalen Definition alleine gehen kann, für die

---

[2] *Dutta* FamRZ 2013, 4 (9) in Fn. 50; *Herzog* ErbR 2013, 2 (8 f.); *Janzen* DNotZ 2012, 484 (485) in Fn. 4; *Kunz* GPR 2012, 253 (255); *Lechner* NJW 2013, 26; *Lehmann* ZErb 2013, 25 (26); *Nordmeier* ZEV 2013, 117 (118); Staudinger/*Winkler v. Mohrenfels* (2013) EGBGB Art. 11 Rn. 239e; vgl. auch *Rudolf* ÖNotZ 2013, 225 (235).

[3] S. Ratsdokument Nr. 8203/10.

[4] Dutta/Weber/*Schmidt* Art. 1 Rn. 6.

[5] Anders Deixler-Hübner/Schauer/*Deixler-Hübner/Schauer* Rn. 25.

[6] *Dutta* FamRZ 2013, 4 (9) in Fn. 50; *Pintens* in LSHGGRD Erbfälle unter Geltung der EuErbVO 1, 20; ähnlich *Herzog* ErbR 2013, 2 (8): „äußere Zusammenfassung letztwilliger Verfügungen mehrerer Personen in einem Dokument" maßgeblich.

[7] Vgl. auch *Buschbaum/M. Kohler* GPR 2010, 106 (110 f.); *Leipold* JZ 2010, 802 (810); *Max Planck Institute* RabelsZ 74 (2010), 522 (564); *Remde* RNotZ 2012, 65 (70 f.).

[8] Vgl. auch Staudinger/*Winkler v. Mohrenfels* (2013) EGBGB Art. 11 Rn. 239e. Eine vor allem inhaltliche und dem deutschen Recht nahekommende Definition hatte das Parlament im Lechner-Berichtsentwurf S. 22 f. vorgeschlagen, wonach es sich bei einem gemeinschaftlichen Testament um „ein von zwei oder mehreren Personen in einer oder mehreren Urkunden errichtetes Testament" handelt, „das auf deren gemeinsamem Entschluss beruht".

Anwendung der Verordnung **geringe praktische Relevanz.** Lediglich für den Vorbehalt des Haager Testamentsformübereinkommens von 1961 (Art. 1 ff. HTestformÜ; Text und Erläuterung → HTest-formÜ Art. 1 Rn. 1 ff.) in Art. 75 Abs. 1 UAbs. 2 stellt die Verordnung klar, dass dieser Vorbehalt auch für gemeinschaftliche Testamente gilt, die im Hinblick auf ihre formelle Wirksamkeit dem Übereinkommen unterliegen, das auf gemeinschaftliche Testamente – ebenfalls im formalen Sinne, vgl. Art. 4 HTestformÜ – anwendbar ist. In Verbindung mit Abs. 1 lit. d ergibt sich ferner die Selbstverständlichkeit, dass auch solche gemeinschaftlichen Testamente Verfügungen von Todes wegen sind,[9] was etwa für die Anwendung der Art. 24 ff. von Bedeutung ist.

8   **3. Erbvertrag (Abs. 1 lit. b).** Dem Erbvertrag verleiht die Erbrechtsverordnung in Abs. 1 lit. b dagegen allein mit **inhaltlichen Kriterien** Konturen.[10] Es kommt für das Vorliegen eines Erbvertrags nicht auf eine bestimmte Verkörperung der Erklärungen an, sondern darauf, dass eine Vereinbarung zwischen zwei oder mehreren Personen getroffen wird, die Rechte (nicht nur der Vertragsparteien, sondern auch Dritter)[11] am künftigen Nachlass jedenfalls einer der Vertragsparteien betrifft („begründet, ändert oder entzieht"). Aus diesen inhaltlichen Kriterien folgt das Erfordernis einer Bindungswirkung jedenfalls für den beteiligten Erblasser, der sich nicht ohne Weiteres einseitig vom Erbvertrag lösen können darf.[12]

9   Mit diesem **weiten Erbvertragsbegriff,** der vom Haager Erbrechtsübereinkommen (→ Vor Art. 1 Rn. 8 ff.) und dessen Art. 8 inspiriert wurde,[13] geht die Verordnung über das deutsche Verständnis vom Erbvertrag nach den §§ 1941, 2274 ff. BGB hinaus:

10   Erfasst wird etwa auch der **Erb-, Pflichtteils- und Zuwendungsverzicht,**[14] soweit der Erblasser an diesem Rechtsgeschäft beteiligt ist, allerdings nicht ein etwaiges Kausalgeschäft, soweit ein solches erforderlich ist (→ Rn. 12); zur Abgrenzung von allgemeinem Erbstatut und Errichtungsstatut bei erbrechtlichen Verzichtsgeschäften → Art. 23 Rn. 27; zur Anknüpfung des Zuwendungsverzichts → Art. 24 Rn. 18. Erbvertrag iS der Verordnung ist ferner die **Schenkung auf den Todesfall,**[15] dh das Versprechen des Erblassers einer Zuwendung, die erst nach seinem Tod vollzogen werden soll (→ Art. 1 Rn. 32, zur Bereichsausnahme für lebzeitige Zuwendungen), wobei es irrelevant ist, ob – soweit eine Annahme überhaupt erforderlich ist – der Beschenkte die Schenkung vor oder nach dem Tod des Erblassers annimmt, sowie die **donation partage** der romanischen Rechtsordnungen,[16] da auch diese Institute „Rechte am künftigen Nachlass […] begründe[n], änder[n] oder entzieh[en]". Den Vereinbarungsbegriff wird man in Abs. 1 lit. b untechnisch verstehen müssen, so dass etwa auch einseitige Verzichte vor dem Erbfall – die nicht dem deutschen Vertragsmodell beim Erb- und Pflichtteilsverzicht folgen[17] – ebenfalls als Erbverträge anzusehen sind, jedenfalls wenn der Verzicht dem Erblasser gegenüber erklärt werden muss

---

[9]   *Walther,* Der Gleichlaufgrundsatz, 2013, 199; vgl. auch *Leipold* ZEV 2014, 139 (143).

[10]   *Dutta* FamRZ 2013, 4 (9) in Fn. 50; *Lehmann* ZErb 2013, 25 (26 f.).

[11]   S. noch die Kritik am insoweit abweichenden Kommissionsvorschlag von *Leipold* JZ 2010, 802 (810).

[12]   Vgl. *Döbereiner* MittBayNot 2013, 437 f.; *Döbereiner* DNotZ 2014, 323 (329).

[13]   Vgl. Ratsdokument Nr. 8228/10 S. 5 Fn. 1.

[14]   *Bonomi/Öztürk* in Dutta/Herrler EuErbVO 47, 59; *Cach/Weber* ZfRV 2013, 263 (264); *Döbereiner* MittBay-Not 2013, 437 (438, 442); *Dutta* FamRZ 2013, 4 (10); *Faber/Grünberger* ÖNotZ 2011, 97 (100); *Geimer* in Reichelt/Rechberger, Europäisches Erbrecht – Zum Verordnungsvorschlag der Europäischen Kommission zum Erb- und Testamentsrecht, 2011, 1, 18; *Geimer* in Hager, Die neue europäische Erbrechtsverordnung, 2013, 9, 36; *Keim* in A. Roth, Die Wahl ausländischen Rechts im Familien- und Erbrecht, 2013, 67, 79; *St. Lorenz* in Dutta/Herrler EuErbVO 113, 119; *Lurger/Melcher* IPR Rn. 3/37 in Fn. 54; *Nordmeier* ZEV 2013, 117 (120 f.); *Odersky* notar 2014, 139; *Pintens* in LSHGGRD Erbfälle unter Geltung der EuErbVO 1, 20 f.; *Rudolf* ÖNotZ 2013, 225 (235); *Palandt/Thorn* Art. 25 Rn. 2; *Schaal* BWNotZ 2013, 29 (30); *Steiner* ÖNotZ 2012, 104 (107); s. auch *Jayme* in Reichelt/Rechberger, Europäisches Erbrecht – Zum Verordnungsvorschlag der Europäischen Kommission zum Erb- und Testamentsrecht, 2011, 27, 38; s. näher zum patto di famiglia nach italienischem Recht Bonomi/Wautelet/*Bonomi* Rn. 22; *Vismara* Riv. dir. int. priv. proc. 2014, 803. Anders wohl *Wachter* ZNotP 2014, 2 (13); anders offenbar auch bereits Lechner-Berichtsentwurf S. 38 f., der den Erbverzicht und den Pflichtteilsverzicht dem allgemeinen Erbstatut zuschlägt und damit nicht dem Errichtungsstatut für Erbverträge; anders wohl auch *Cubeddu Wiedemann* in LSHGGRD Erbfälle unter Geltung der EuErbVO 109, 122.

[15]   Bonomi/Wautelet/*Bonomi* Rn. 21; *Bonomi/Öztürk* in Dutta/Herrler EuErbVO 47, 59; *Dörner* ZEV 2012, 505 (508); *Dutta* FamRZ 2013, 4 (10); *Everts* ZEV 2013, 124 (127); *Nordmeier* ZEV 2013, 117 (121); *Pintens* in LSHGGRD Erbfälle unter Geltung der EuErbVO 1, 21; *Rudolf* ÖNotZ 2013, 225 (227, 235); *Palandt/Thorn* Art. 25 Rn. 2; vgl. auch die Differenzierung bei *Döbereiner* MittBayNot 2013, 437 (438 f.); anders Rauscher/*Hertel* Rn. 14; – S. auch → Art. 1 Rn. 32.

[16]   Bonomi/Wautelet/*Bonomi* Rn. 22; *Bonomi/Öztürk* in Dutta/Herrler EuErbVO 47, 59; *Pintens* in LSHGGRD Erbfälle unter Geltung der EuErbVO 1, 21.

[17]   Vgl. etwa Art. 137 Abs. 2 slowen. Zakon o dedovanju: Ausschlagung zu Lebzeiten durch Vereinbarung mit dem Erblasser.

(zum Verzicht nach dem Erbfall → Rn. 12).[18] Nicht erforderlich ist, dass der Vertrag unmittelbar Rechte am Nachlass betrifft, so dass auch **Testierverträge** (etwa contracts to make a will, not to make or not to revoke a will, etc), die den Erblasser zu einer bestimmten Ausübung seiner Testierfreiheit verpflichten (vgl. § 2302 BGB), als Erbverträge im unionsrechtlichen Sinne anzusehen sind[19] und sich damit auch im sachlichen Anwendungsbereich der Verordnung befinden.[20] Diese Weite des Erbvertragsbegriffs hat erhebliche Bedeutung für das Kollisionsrecht, da die genannten Vereinbarungen als Erbverträge und damit Verfügungen von Todes wegen iS der Erbrechtsverordnung den Sonderregeln der Art. 24 ff. unterliegen und nicht dem allgemeinen Erbstatut nach Art. 21, 22.

Aber auch innerhalb der Kategorien der mitgliedstaatlichen Erbrechte ergeben sich durch diese **11** autonome Definition des Erbvertrags Verschiebungen: Neben dem **Erbvertrag** nach deutschem Verständnis[21] mit bindenden Verfügungen ist auch ein **gemeinschaftliches Ehegatten- oder Lebenspartnertestament** iS des deutschen Rechts,[22] jedenfalls wenn dieses wechselbezügliche Verfügungen enthält (§ 2270 BGB) und das Testament mit dem Tod eines Ehegatten bindend geworden ist (§ 2271 Abs. 2 BGB), ein Erbvertrag iS der Erbrechtsverordnung, da für die Erblasser verbindliche Rechte am künftigen Nachlass begründet werden.[23] Hierauf weist für gemeinschaftliche Testamente mit gegenseitiger Erbeinsetzung auch der Wortlaut des Abs. 2 lit. b („einschließlich einer Vereinbarung aufgrund gegenseitiger Testamente") hin. Ein gemeinschaftliches Testament nach nationalem Recht ist lediglich dann kein Erbvertrag im unionsrechtlichen Sinne, wenn die Erblasser auf jegliche Bindungen verzichten.[24] Denn dann fehlt es an einer „Vereinbarung". Die Qualifikation als Erbvertrag im unionsrechtlichen Sinne gilt für Zwecke der Verordnung nicht nur für die jeweils bindenden Verfügungen, sondern auch für die Verfügungen, die zwar Teil der Verfügung von Todes wegen sind, aber nicht an den Bindungswirkungen teilnehmen. Eine Differenzierung zwischen bindenden und nicht bindenden Verfügungen würde gerade im Hinblick auf Art. 24 und Art. 25 eine einheitliche Verfügung von Todes wegen kollisionsrechtlich aufspalten.[25]

---

[18] Vgl. auch *Pintens* in LSHGGRD Erbfälle unter Geltung der EuErbVO 1, 20 f.

[19] So auch Bonomi/Wautelet/*Bonomi* Rn. 23; *Bonomi/Öztürk* in Dutta/Herrler EuErbVO 47, 59; Deixler-Hübner/Schauer/*Deixler-Hübner/Schauer* Rn. 15; *Döbereiner* MittBayNot 2013, 437 (439); *Pintens* in LSHGGRD Erbfälle unter Geltung der EuErbVO 1, 21; anders Deixler-Hübner/Schauer/*Mankowski* Art. 1 Rn. 54; *Nordmeier* ZEV 2013, 117 (123 f.); Palandt/*Thorn* Art. 1 Rn. 11.

[20] Zweifelnd Palandt/*Thorn* Art. 1 Rn. 11.

[21] *Döbereiner* MittBayNot 2013, 437 (438); *Nordmeier* ZEV 2013, 117 (118 f.).

[22] Das nicht zwangsläufig ein gemeinschaftliches Testament iS der Verordnung (Abs. 1 lit. c) sein muss (→ Rn. 6).

[23] Bonomi/Wautelet/*Bonomi* Rn. 13 f. sowie Art. 25 Rn. 8; *Bonomi/Öztürk* in Dutta/Herrler EuErbVO 47, 61 f.; *Dutta* FamRZ 2013, 4 (9); *Geimer* in Hager, Die neue europäische Erbrechtsverordnung, 2013, 9, 36; Zöller/ *Geimer* Anh. II J: EuErbVO Art. 3 Rn. 1; *Herzog* ErbR 2013, 2 (8 f.); *Heinig* RNotZ 2014, 197 (200); *v. Hinden/ Müller* ErbStB 2013, 97 (102); *Kanzleiter* ZEV 2014, 225 (227); *Keim* in A. Roth, Die Wahl ausländischen Rechts im Familien- und Erbrecht, 2013, 67, 79; *Lechner* NJW 2013, 26 f.; *Leitzen* ZEV 2013, 128 (130); *Lehmann* ZErb 2013, 25 (26 f.); *Looschelders* IPRax 2016, 349 (350); BeckOK BGB/*Lorenz* EGBGB Art. 25 Rn. 4c; *Pintens* in LSHGGRD Erbfälle unter Geltung der EuErbVO 1, 20; *Reymann* ZVglRWiss. 114 (2015), 40 (60 f.); *Soutier* ZEV 2015, 515 (519 f.); Palandt/*Thorn* Art. 25 Rn. 3; Staudinger/*Winkler v. Mohrenfels* (2013) EGBGB Art. 11 Rn. 239d; zum gemeinschaftlichen Testament nach österreichischem Recht so auch *Rudolf* ÖNotZ 2013, 225 (235); *Steiner* ÖNotZ 2012, 104 (107). – Anders (teils sehr aus der deutschen Perspektive argumentierend und sich kaum mit dem Erfordernis einer autonomen Auslegung vertragend → Rn. 3) *Burandt* FuR 2013, 377 (385); *Hilbig-Lugani* IPRax 2014, 480 (484 ff.); *Nordmeier* ZEV 2013, 117 (120) (so wohl auch bereits *Nordmeier* ZEV 2012, 513 (514 f.)); *Schaal* BWNotZ 2013, 29 (30); *Schaub* Hereditare 3 (2013), 91 (117); *Simon/Buschbaum* NJW 2012, 2393 (2396), die deshalb „bei Sachverhalten mit grenzüberschreitendem Bezug zum Abschluss eines Erbvertrags […] raten", da nur ein solcher Erbvertrag (nach deutschem Verständnis) unter Art. 25 falle; ebenso DNotI-Report 2012, 121 (122); *Jünemann* ZEV 2013, 353 (360); *Kanzleiter* ZEV 2014, 225 (227); *Leipold* ZEV 2014, 139 (144); *Müller-Lukoschek*, Die neue EU-Erbrechtsverordnung, 2. Aufl. 2015, 115; *R. Werner* StBW 2012, 857 (862); zust. *Kroll-Ludwigs*, Die Rolle der Parteiautonomie im europäischen Kollisionsrecht, 2013, 144. Diese pauschale Empfehlung ist freilich nicht unproblematisch, denn auch ein deutscher Erbvertrag ist nur dann ein Erbvertrag im unionsrechtlichen Sinne, wenn er bindende Verfügungen enthält; auch hier gilt: Abs. 1 lit. b definiert den Erbvertrag inhaltlich und nicht formal.

[24] *Lechner* NJW 2013, 26 (27), wobei etwa die „Bindung" nach § 2272 BGB nicht ausreichen soll; nach *Döbereiner* MittBayNot 2013, 437 (438), soll bereits „das Erfordernis des Zugangs eines Widerrufs an den anderen Teil bei Vorliegen von wechselbezüglichen Verfügungen in einem deutschen gemeinschaftlichen Testament" ausreichen; weitergehend *Leipold* ZEV 2014, 139 (143 f.), der Testamente, die eine „Erbregelung hinsichtlich beider Nachlässe mit gegenseitigen Verfügungen der beiden Erblasser" vorsehen, als Erbvertrag im unionsrechtlichen Sinne ansieht; ähnlich weit auch Rauscher/*Hertel* Art. 25 Rn. 6 f.

[25] So auch *Soutier*, Die Geltung deutscher Rechtsgrundsätze im Anwendungsbereich der Europäischen Erbrechtsverordnung, 2015, 150.

12 **Nicht** dagegen unter die unionsrechtliche Erbvertragsdefinition fallen der **Erbschaftskauf oder ähnliche Geschäfte:** Erforderlich ist nach dem Wortlaut des Abs. 1 lit. b stets, dass der Nachlass jedenfalls einer der am Vertrag beteiligten Parteien betroffen ist, was bei einem Geschäft über einen – aus Sicht sämtlicher Parteien – fremden und ggf. schon angefallenen Nachlass nicht der Fall ist;[26] zur Qualifikation des Erbschaftskaufs → Art. 23 Rn. 30. Keine Erbverträge sind deshalb ferner **Erbauseinandersetzungsvereinbarungen**[27] und **erbrechtliche Vollzugsgeschäfte** zwischen den erbrechtlich Berechtigten (zu diesen „erbrechtsabwickelnden" Rechtsgeschäften → Art. 23 Rn. 22), zumal hier auch kein „künftiger Nachlass" iS des Abs. 1 lit. b betroffen ist. Keinen Erbvertrag bildet schließlich auch ein **Verzicht oder Erlass nach dem Erbfall,** da dieser ebenfalls nicht den „künftigen Nachlass" betrifft und auch der Erblasser, um dessen Nachlass es geht, nicht an dem Rechtsgeschäft beteiligt ist[28] (s. für die Ausschlagung Art. 23 Abs. 2 lit. e). Letzteres führt auch dazu, dass **Erbschaftsverträge** – also Verträge über den Nachlass eines noch lebenden Dritten (etwa iS des § 311b Abs. 5 BGB) – nicht unter den Erbvertragsbegriff fallen[29] und damit auch nicht dem Erbstatut unterliegen (zur Qualifikation der Erbschaftsverträge → Art. 23 Rn. 30), jedenfalls soweit der Erblasser nicht an diesem Vertrag beteiligt ist (wie etwa in Art. 636 Abs. 1 schweiz. ZGB vorgesehen). Gleiches gilt für **Auslegungsverträge**, also schuldrechtliche Verträge über erbrechtlich Berechtigten über die Auslegung einer verfügung von Todes wegen. **Verträge zugunsten Dritter auf den Todesfall** werden bereits nach Art. 1 Abs. 2 lit. g vom Anwendungsbereich der Verordnung ausgeklammert (→ Art. 1 Rn. 34) und können damit auch keine Erbverträge iS der Verordnung sein.[30] Zwar ist für das Vorliegen eines Erbvertrags die Natur einer etwaigen Gegenleistung irrelevant, soweit diese „nichterbrechtlichen" Charakter besitzt. Nicht als Erbvertrag iS der Verodnung sind aber etwaige **Kausalgeschäfte** (etwa bei Verzichtsverträgen → Rn. 10) anzusehen,[31] die als schuldrechtliche Vereinbarungen nach der Rom I-VO anzuknüpfen sind.[32]

13 Keine Erbverträge sind schließlich Vereinbarungen, die zwar zusammen mit dem Erbvertrag – ggf. auch in derselben Urkunde – abgeschlossen werden, aber Gegenstände betreffen, die **nicht in den sachlichen Anwendungsbereich** der Verordnung fallen, konkret vor allem Vereinbarungen der Ehegatten in **Eheverträgen,** die sich nicht mit den erbrechtlichen Vermögensbeziehungen der Ehegatten (oder Lebenspartner) beschäftigen, sondern mit deren Güter- oder Unterhaltsregime, das sich außerhalb der Verordnung bewegt (Art. 1 Abs. 2 lit. d und lit. e).[33] Der Ehevertrag und seine Wirkungen nach dem Güter- oder Unterhaltsstatut können sich freilich auch auf die Rechtsnachfolge von Todes wegen nach dem Erbstatut auswirken, etwa auf die Wirksamkeit des Erbvertrags oder pflichtteilsrechtliche Reaktionen auf bestimmte Vereinbarungen.[34] Schwierig ist die Abgrenzung zwischen Erb- und Güterrecht (dazu bereits allgemein → Art. 1 Rn. 20 ff.) bei Verträgen zwischen Ehegatten, welche die güterrechtliche Teilhabe nur für den Todesfall modifizieren, wie das etwa bei den **avantages matrimoniaux** nach französischem Recht der Fall ist. Richtigerweise sind solche Vereinbarungen stets güterrechtlich zu qualifizieren[35] und damit nicht als Erbverträge, da sie eine

---

[26] *Soutier*, Die Geltung deutscher Rechtsgrundsätze im Anwendungsbereich der Europäischen Erbrechtsverordnung, 2015, 185 f.; vgl. auch Deixler-Hübner/Schauer/*Deixler-Hübner/Schauer* Rn. 18.

[27] *Döbereiner* MittBayNot 2013, 437 (438); ausdrücklich auch die Schlussanträge der GA *Kokott* BeckRS 2015, 80840, Rn. 34 – Marie Matoušková. Zu deren Formgültigkeit → Art. 27 Rn. 12.

[28] So auch *Döbereiner* MittBayNot 2013, 437 (438).

[29] *Döbereiner* MittBayNot 2013, 437 (438); *Dutta* in Limmer, Erbrecht und Vermögenssicherung, 2016, 181, 200; *Soutier*, Die Geltung deutscher Rechtsgrundsätze im Anwendungsbereich der Europäischen Erbrechtsverordnung, 2015, 186. Anders *Geimer* in Hager, Die neue europäische Erbrechtsverordnung, 2013, 9, 36; ebenso *Remde* RNotZ 2012, 65 (70), allerdings noch zum Kommissionsvorschlag, in dessen Art. 3 lit. c der Erbvertrag noch anders definiert war als in Abs. 1 lit. b, nämlich als „eine Vereinbarung, durch die […] Rechte einer oder mehrerer an dieser Vereinbarung beteiligter Personen am künftigen Nachlass begründet, geändert oder entzogen werden".

[30] *Nordmeier* ZEV 2013, 117 (122 f.).

[31] Anders tendenziell *Weber* ZEV 2015, 503 (504 f.); anders wohl auch *Everts* NotBZ 2015, 3 (6) für „unselbständige Bestandteile des Erbvertrags", womit nur das Kausalgeschäft gemeint sein kann.

[32] So auch *Nordmeier* ZEV 2013, 117 (119), der zudem zu Recht darauf hinweist, dass im Rahmen der jeweils für die nichterbrechtliche Gegenleistung maßgeblichen Kollisionsnorm (etwa über die Ausweichklausel des Art. 4 Abs. 3 Rom I-VO) eine akzessorische Anknüpfung an das Erbstatut in Frage kommen kann; *Heinig* RNotZ 2014, 197 (211). Anders (etwa trotz Art. 1 Abs. 2 lit. d für vertraglich vereinbarte Unterhaltspflichten als Gegenleistung) *Döbereiner* MittBayNot 2013, 437 (445); für eine einheitliche Anknüpfung nach dem Vertragsschwerpunkt Palandt/*Thorn* Art. 25 Rn. 2.

[33] *Everts* NotBZ 2015, 3 (6).

[34] *Döbereiner* MittBayNot 2013, 437 (445).

[35] *Weber* DNotZ 2016, 424 (434 f.); differenzierend dagegen *Döbereiner* in LSHGGRD Erbfälle unter Geltung der EuErbVO 139, 163 f.; ihm tendenziell folgend Deixler-Hübner/Schauer/*Mankowski* Rn. 43. Demgegenüber für eine erbrechtliche Qualifikation Dutta/Weber/*Schmidt* Art. 1 Rn. 50.

vom Gesetzgeber güterrechtlich konzipierte Teilhabe zwar abändern, aber nicht ihren Zweck umeti-kettieren können. Allerdings kann die Urkunde des Ehevertrags auch Erbverträge iS der Verordnung enthalten, etwa bei der **institution contractuelle** nach belgischem oder französischen Recht, also der vertraglichen Erbeinsetzung des überlebenenden Ehegatten oder eines Dritten, soweit diese in einem Ehevertrag unwiderruflich ist und damit Bindungswirkungen entfaltet.[36] Ebenfalls außerhalb des sachlichen Anwendungsbereichs der Verordnung befinden sich Vereinbarungen zur **lebzeitigen Errichtung eines trust** (Art. 1 Abs. 2 lit. j), selbst wenn dieser Regelungen für den Todesfall des settlor, trustee oder beneficiary vorsieht,[37] anders als bei trusts, die beim Tod des Erblassers erst entstehen (→ Art. 1 Rn. 45). Gleiches gilt für **lebzeitig errichtete privatnützige Stiftungen,** die zwar die Stifter funktional ähnlich einem Erbvertrag im Hinblick auf die Weitergabe des von der Stiftung getragenen Vermögens binden können.[38] Allerdings unterscheiden sich solche Stiftungen mitunter funktional nicht von trusts, so dass man die Bereichsausnahme nach Art. 1 Abs. 2 lit. j heranziehen könnte.[39] Da die Stiftung jedoch regelmäßig eine juristische Person sein wird, greift auch der Ausschluss nach Art. 1 Abs. 2 lit. h („Fragen […] des Rechts der juristischen Person").

14   Die bald formale (gemeinschaftliches Testament, Abs. 1 lit. c → Rn. 5 ff.), bald inhaltliche (Erb-vertrag, Abs. 1 lit. b → Rn. 8 ff.) Definition einzelner Arten letztwilliger Verfügungen durch die Erbrechtsverordnung hat Konsequenzen für die **Systematik** der Verfügung von Todes wegen in der Verordnung: Erbvertrag und gemeinschaftliches Testament stehen nach der Verordnung nicht in einem Verhältnis der Ausschließlichkeit.[40] Vielmehr kann ein Erbvertrag iS des Abs. 2 lit. b auch ein gemeinschaftliches Testament iS des Abs. 2 lit. c sein, und umgekehrt. Dieser Überschneidungen ist sich auch der Unionsgesetzgeber bewusst: So wird für das Errichtungsstatut in Art. 24 ff. allein zwischen Erbverträgen (Art. 25) und sonstigen Verfügungen von Todes wegen (Art. 24: „Verfügun-gen von Todes wegen außer Erbverträgen") unterschieden, und eben nicht zwischen Erbverträgen einerseits und Testamenten sowie gemeinschaftlichen Testamenten andererseits. Auch der Gesetzge-ber schließt damit nicht aus, dass ein gemeinschaftliches Testament nach Abs. 1 lit. c ein Erbvertrag sein kann, dessen Zulässigkeit, materielle Wirksamkeit und Bindungswirkung nach Art. 25 gesondert angeknüpft werden.

15   **Praktisch relevant** wird die Definition des Erbvertrags vor allem für die Sonderanknüpfung der Zulässigkeit, materiellen Wirksamkeit und der Bindungswirkung eines Erbvertrags in Art. 25 und für den Vorbehalt des Haager Testamentsformübereinkommens von 1961 (Art. 1 ff. HTestformÜ; Text und Erläuterung → HTestformÜ Art. 1 Rn. 1 ff.) in Art. 75 Abs. 1 UAbs. 2, der Erbverträge nicht erfasst (s. auch Art. 4 HTestformÜ) und diese für Mitgliedstaaten, die Vertragsstaaten des Haager Übereinkommens sind, Art. 27 unterwirft. S. allgemein zur Relevanz des unionsrechtlichen Begriffs der Verfügung von Todes wegen → Rn. 3.

IV. Definition sonstiger verfahrensrechtlicher Begriffe (Abs. 1 lit. e–i)

16   **1. Allgemein.** Die übrigen Begriffsbestimmungen in Art. 3 sind verfahrensrechtlichen Begriffen gewidmet, die vor allem für die Anwendung der Kapitel II, IV, V und VI von Relevanz sind. Die Definitionen der Begriffe „Ursprungsmitgliedstaat" **(Abs. 1 lit. e),** „Vollstreckungsmitgliedstaat" **(Abs. 1 lit. f),** „Entscheidung" **(Abs. 1 lit. g),** „gerichtlicher Vergleich" **(Abs. 1 lit. h)** und „öffentliche Urkunde" **(Abs. 1 lit. i)** knüpfen an andere internationalverfahrensrechtliche Unions-rechtsakte (vor allem Art. 32, 57 Abs. 3 Brüssel I-VO, Art. 2 Brüssel IIa-VO, Art. 2 EuUnthVO, Art. 2 Brüssel Ia-VO) an (vgl. nunmehr auch Art. 3 EuGüVO und Art. 3 EuPartVO).

17   **2. Begriff der Entscheidung, insbesondere Verortung mitgliedstaatlicher Erbnachweise.** Fragen wirft im Rahmen der Erbrechtsverordnung vor allem der Entscheidungsbegriff in **Abs. 1 lit. g** auf, der weit zu verstehen ist, insbesondere bei Maßnahmen der freiwilligen Gerichtsbarkeit (→ Vor Art. 4 Rn. 4). So zeigt etwa Art. 13, dass auch bereits die Entgegennahme von erbrechtsrele-vanten Erklärungen durch ein Gericht eine Entscheidung sein kann.[41] Unklar ist in diesem Zusam-menhang vor allem die Frage, ob mitgliedstaatliche **Erbscheine** oder andere **Erbnachweise** (Testa-

[36] *Döbereiner* in LSHGGRD Erbfälle unter Geltung der EuErbVO 139, 158; *Pintens* in LSHGGRD Erbfälle unter Geltung der EuErbVO 1, 21.
[37] Vgl. *Pintens* in LSHGGRD Erbfälle unter Geltung der EuErbVO 1, 22.
[38] S. das von Deixler-Hübner/Schauer/*Deixler-Hübner/Schauer* Rn. 16 gebildete Beispiel.
[39] So Deixler-Hübner/Schauer/*Deixler-Hübner/Schauer* Rn. 16.
[40] So auch *Lehmann* ZErb 2013, 25 (26); so wohl auch *Fischer-Czermak* in Schauer/Scheuba, Europäische Erbrechtsverordnung, 2012, 23, 24 f. Anders *Buschbaum,* GS Hübner, 2012, 589 (594), wonach gemeinschaftliche Testamente nicht unter Art. 25 (Erbverträge) fallen können; so auch Frieser/*Martiny* ErbR Nach Art. 26 EGBGB: EuErbVO Rn. 42, 128; *Nordmeier* ZEV 2012, 513 (514); *Simon/Buschbaum* NJW 2012, 2393 (2396).
[41] Vgl. auch *Leipold,* FS Ereciński I, 2011, 1155 (1174). S. auch → Vor Art. 4 Rn. 7 ff.

mentsvollstreckerzeugnisse, etc) als Entscheidungen nach den Art. 39 ff. anzuerkennen sind. Eine solche unionsweite Anerkennung würde freilich die Attraktivität der mitgliedstaatlichen Nachweise erheblich (auch gegenüber dem Europäischen Nachlasszeugnis nach Kapitel VI) erhöhen ($\rightarrow$ Art. 62 Rn. 7). Die mitgliedstaatlichen Rechtsordnungen verfügen über sehr unterschiedliche Formen von Nachweisen, die verschiedene Vermutungs-, Gutglaubens- und Legitimationswirkungen besitzen und grenzüberschreitend, vor allem auch in Deutschland, nur sehr zurückhaltend als ausländische Entscheidung anerkannt oder als Substitut eines inländischen Nachweises berücksichtigt werden.[42] Auch für die Erbrechtsverordnung wird teils vertreten, dass es sich bei den mitgliedstaatlichen Erbnachweisen nicht um eine Entscheidung iS des Abs. 1 lit. g handeln soll.[43] Bei **autonomer Auslegung** ($\rightarrow$ Vor Art. 1 Rn. 23) **des Entscheidungsbegriffs** wird man diese Position nicht pauschal aufrecht erhalten können. Jedenfalls mitgliedstaatlichen Erbnachweisen, die in einem justizförmigen Verfahren mit Anhörung der Beteiligten vor einem Gericht (iS des Abs. 2) ausgestellt werden, das in einem potentiell[44] kontradiktorischen[45] Verfahren „kraft seines Auftrags selbst über zwischen den Parteien bestehende Streitpunkte entscheidet",[46] kann man die Eigenschaft als potentiell anerkennungsfähige Entscheidung nicht absprechen.[47] Dies gilt bei autonomer Auslegung des Entscheidungsbegriffs selbst dann, wenn verfahrensrechtlich im Ursprungsmitgliedstaat zwischen Erbnachweis und zugrunde liegender Entscheidung zu differenzieren ist.[48] Damit wird speziell der **deutsche** Erbschein als Entscheidung nach Art. 39 ff. in anderen Mitgliedstaaten anzuerkennen sein, so dass seine Wirkungen nach Art. 39 Abs. 1 automatisch erstreckt werden (zur Frage einer einschränkenden Auslegung der Anerkennungsregeln bei mitgliedstaatlichen Erbnachweisen $\rightarrow$ Art. 39 Rn. 2). Im Erbscheinsverfahren entscheidet das Gericht auch über ein zwischen den Beteiligten umstrittenes Erbrecht, wenn auch beschränkt auf die Ausstellung des Erbscheins. Nicht als Entscheidungen qualifizieren kann man dagegen Erbnachweise, die zwar eine Vermutungs- oder gar Gutglaubenswirkung entfalten, aber allein aufgrund des Betreibens eines Beteiligten ergehen, ohne dass bei Widersprüchen anderer Beteiligter die ausstellende Stelle über das streitige Erbrecht für Zwecke des Erbnachweises entscheidet; solche Erbnachweise stellen jedoch regelmäßig **öffentliche Urkunden nach Abs. 1 lit. i** dar und entfalten deshalb über Art. 59 unionsweite Wirkungen[49] (zur einschränkenden Auslegung dieser Vorschrift $\rightarrow$ Art. 39 Rn. 2). Insbesondere folgt nicht aus Art. 59 Abs. 3 S. 1 und dem Formblatt nach Art. 59 Abs. 1 UAbs. 1, dass eine öffentliche Urkunde iS des Art. 59 stets ein Rechtsgeschäft oder Rechtsverhältnis zum Gegenstand haben muss und deshalb ein Erbnachweis – selbst wenn er die Anforderungen nach Abs. 1 lit. i erfüllt – nicht unter Art. 59 fällt.[50] Zum einen kann das nach Art. 59 Abs. 1 UAbs. 1 EuErbVO und Art. 1 Abs. 2 EuErbVO-Formblätter optional zu verwendende Formblatt II in Anhang 2 zu EuErbVO-Formblätter auch ohne Weiteres ohne Angaben zu Ziff. 4.3. verwandt werden (die Kommission deutet den optionalen Charakter dieser Ziffer selbst an).[51] Zum anderen enthält Art. 59 Abs. 3 S. 1 EuErbVO eine besondere Regelung für die dort genannten Urkunden, schließt aber andere öffentliche Urkunden nicht vom Anwendungsbereich der Vorschrift aus. Schließlich können mitgliedstaatliche Erbnachweise weder in Form einer Entscheidung noch in Form einer öffentlichen Urkunde ergehen, sondern sich bestimmte Nachweiswir-

---

[42] Vgl. etwa BayObLG NJW-RR 1991, 1098; OLG Bremen ZEV 2011, 481.

[43] S. etwa *Dörner* ZEV 2012, 505 (512); *Lechner* DNotZ-Sonderheft 2016, 102 (109); *Müller-Lukoschek,* Die neue EU-Erbrechtsverordnung, 2. Aufl. 2015, 142, 151; *Wall* ZErb 2015, 9 (11 f., 13); so wohl auch *Hertel* DNotZ 2012, 688 (689); anders aber *Rauscher/Rauscher,* 3. Aufl. 2010, Einf. EG-ErbVO-E Rn. 42, 81. Offengelassen von *Kleinschmidt* RabelsZ 77 (2013), 723 (735); *Frieser/Martiny* ErbR Nach Art. 26 EGBGB: EuErbVO Rn. 181. – Zum Zuständigkeitsrecht $\rightarrow$ Vor Art. 4 Rn. 8.

[44] Klarstellend vor allem GA *Kokott* Slg. 2009, I-2563 Rn. 22 = BeckRS 2008, 71362 – Gambazzi.

[45] So zum EuGVÜ EuGH Slg. 1980, 1553 Rn. 13 = BeckRS 2004, 71433 – Denilauler; Slg. 2009, I-2563 Rn. 23 = NJW 2009, 1938 – Gambazzi.

[46] Zum EuGVÜ EuGH Slg. 1994, I-2237 Rn. 17 = NJW 1995, 38 – Solo Kleinmotoren.

[47] Deixler-Hübner/Schauer/*Deixler-Hübner/Schauer* Rn. 37; *Grziwotz* FamRZ 2016, 417 (426); *Lutz* BWNotZ 2016, 34 (40); *Traar* iFamZ 2015, 301 (305) in Fn. 43; s. auch *Buschbaum,* GS Hübner, 2012, 589 (604), wonach „die von Gerichten im Sinne von Art. 3 II ErbRVO in einigen Mitgliedstaaten erteilten Erbnachweise fortan gemäß Art. 39 ff. ErbRVO zirkulieren"; vgl. auch Zöller/*Geimer* Anh. II J: EuErbVO Art. 1 Rn. 17; Dutta/Weber/*Schmidt* Rn. 8; Bonomi/Wautelet/*Wautelet* Art. 62 Rn. 30 sowie Art. 69 Rn. 10; *Süß* ZEuP 2013, 725 (749); anders aber nunmehr *Buschbaum* in Hager, Die neue europäische Erbrechtsverordnung, 2013, 39, 57 f. (näher $\rightarrow$ Art. 39 Rn. 2).

[48] Vgl. aber *Schäuble* ZErb 2011, 267 (268 f.) (freilich zu den autonomen Anerkennungsregeln).

[49] *Herzog* ErbR 2013, 2 (11); *J. Schmidt* ZEV 2015, 389 (394 f.); so auch *Buschbaum,* GS Hübner, 2012, 589, 604; anders aber nunmehr *Buschbaum* in Hager, Die neue europäische Erbrechtsverordnung, 2013, 39, 57 f. (näher $\rightarrow$ Art. 39 Rn. 2); anders auch *Dorsel/Schall* GPR 2015, 36 (37 f.).

[50] So aber *Dorsel/Schall* GPR 2015, 36 (37 f.).

[51] Einmal abgesehen davon, dass die Kommission bereits aus Gründen der Normhierarchie mit ihren Formblättern nicht den Inhalt der Verordnung definieren kann.

kungen aus einer **Privaturkunde** ergeben, und damit eine Wirkungserstreckung mittels Entscheidungsanerkennung oder Urkundsannahme nicht in Betracht kommen. In diesem Fall kommt allenfalls eine kollisionsrechtliche „Anerkennung" der Beweiswirkungen der Urkunde nach dem Erbstatut in Betracht. Entsprechend Art. 18 Abs. 1 Rom I-VO und Art. 22 Abs. 1 Rom II-VO wird man gesetzliche Vermutungen und Beweislastverteilungsregeln dem Erbstatut zuschlagen.[52]

V. Definition „Gericht" (Abs. 2)

Neuland betritt die Verordnung dagegen in **Abs. 2 UAbs. 1** mit ihrer Definition des Begriffs **18** „Gericht". Zwar wird der Begriff „Gericht" auch in den anderen internationalverfahrensrechtlichen Unionsrechtsakten (vor allem Art. 2 Nr. 1 Brüssel IIa-VO, Art. 2 Abs. 2 EuUnthVO; vgl. auch Art. 3 Abs. 2 EuGüVO und Art. 3 Abs. 2 EuPartVO) mit zunehmender Ausführlichkeit definiert. Neu ist aber, dass in der Erbrechtsverordnung neben „**Gerichten**" und „**sonstigen Behörden**" unter den Gerichtsbegriff auch „**Angehörige von Rechtsberufen**" fallen, soweit diese (und das Gleiche gilt auch für „sonstige Behörden") Rechtsprechungstätigkeiten übernehmen, wobei Abs. 2 hierzu die folgenden Kriterien nennt: (1) die Angehörigen von Rechtsberufen müssen gerichtliche Funktionen ausüben oder in Ausübung einer Befugnisübertragung durch ein Gericht oder unter der Aufsicht eines Gerichts handeln, (2) ihre Unparteilichkeit und das Recht der Parteien auf rechtliches Gehör muss gewährleistet sein und (3) ihre Entscheidungen (definiert in Abs. 1 lit. g) müssen gerichtlich anfechtbar sein **(Abs. 2 UAbs. 1 lit. a)** und vergleichbare Rechtswirkungen (sowie ggf. Rechtskraft) besitzen wie Entscheidungen eines Gerichts „in der gleichen Sache" **(Abs. 2 UAbs. 1 lit. b),** wobei mit der Wendung „in der gleichen Sache" wohl „in einer vergleichbaren Sache" gemeint ist, wenn nach dem Recht des betreffenden Mitgliedstaats allein die Angehörigen von Rechtsberufen eine Zuständigkeit besitzen. – Zu den **Konsequenzen der Qualifikation** einer Stelle als Gericht → Rn. 22.

1. Gerichte. Die in streitigen Erbverfahren und Nachlasssachen der freiwilligen Gerichtsbarkeit **19** in Deutschland sachlich zuständigen **Amtsgerichte** und **Landgerichte** (§ 23 Nr. 1, § 71 Abs. 1 GVG), **Amtsgerichte als Nachlassgerichte** (§ 23a Abs. 1 Nr. 2 sowie Abs. 2 Nr. 2 GVG), **Oberlandesgerichte** (§ 119 GVG) und der **Bundesgerichtshof** (§ 133 GVG) sind als „Gerichte" iS des Abs. 2 UAbs. 1 anzusehen. Die in Nachlasssachen der freiwilligen Gerichtsbarkeit funktional zuständigen **Rechtspfleger** (§ 3 Nr. 2 lit. c, § 16 RPflG) sind als „sonstige Behörden" iS des Abs. 2 UAbs. 1 ebenfalls Gerichte.

2. Notare und Konsularbeamte. a) Der Notar als „Gericht". Angesprochen sind mit **20** „Angehörigen von Rechtsberufen" freilich vor allem Notare, die in zahlreichen Mitgliedstaaten im Erbrecht Aufgaben wahrnehmen,[53] die in anderen Mitgliedstaaten den Gerichten vorbehalten sind.[54] Die **deutschen**[55] **Notare** werden nur selten als „Gericht" iS des Abs. 2 UAbs. 1 tätig werden, s. auch Erwägungsgrund Nr. 20 S. 4. Soweit die Notare lediglich erbrechtliche Willenserklärungen öffentlich beurkunden oder Urkunden verwahren, üben sie keine gerichtlichen Funktionen aus, erlassen insbesondere keine Entscheidungen iS des Abs. 1 lit. g, sondern verhelfen einer Willenserklärung zu ihrer formellen Wirksamkeit. Anders ist es freilich, soweit den Notaren gerichtliche Aufgaben übertragen werden, etwa bei uns Teilungssachen iS des § 342 Abs. 2 Nr. 1 FamFG nach § 23a Abs. 3 GVG nF (→ Vor Art. 1 Rn. 26); insoweit sind die Notare als Gericht anzusehen und damit insbesondere an die Zuständigkeitsregeln der Art. 4 ff. gebunden (vgl. auch zum weiten zuständigkeitsrechtlichen Entscheidungsbegriff → Vor Art. 4 Rn. 7 ff.). Soweit die betroffenen Notare aber wie (noch) in Baden-Württemberg die Württembergischen Bezirksnotare oder die Badischen Amtsnotare als „Notare im Landesdienst" (§ 114 Abs. 1 BNotO) tätig sind, wird man diese Notare nicht als „Angehörige von Rechtsberufen", sondern bereits als „sonstige Behörden" nach Abs. 2 UAbs. 1 zu qualifizieren haben.[56]

b) Der Konsularbeamte als „Gericht". Als „sonstige Behörden" können Gerichte iS des **21** Abs. 2 UAbs. 1 mitunter auch Konsularbeamte sein,[57] soweit diese nach staatsvertraglichem oder innerstaatlichem Konsularrecht gerichtliche Tätigkeiten vornehmen, etwa als **deutsche Konsu-**

---

[52] Zust. Calvo Caravaca/Davì/Mansel/*Mansel* Art. 59 Rn. 14.
[53] S. etwa den Überblick bei *Hertel,* FS Fessler, 2013, 157.
[54] Und dann auch als Gerichte behandelt werden sollen, s. vor allem die Stellungnahme des Vereinigten Königreichs in Ratsdokument Nr. 5811/10 ADD 10 S. 5, das ansonsten eine Diskriminierung der Mitgliedstaaten ohne lateinisches Notariat befürchtet.
[55] Zum österreichischen Notariat s. *Rudolf* ÖNotZ 2013, 225 (228).
[56] S. auch *Janzen* DNotZ 2012, 484 (490); *Vollmer* ZErb 2012, 227 (230).
[57] Anders offenbar *Álvarez Torné* YbPIL 14 (2012/2013), 409 (412).

larbeamte wie deutsche Nachlassgerichte in Angelegenheiten der freiwilligen Gerichtsbarkeit
(→ Rn. 19) Verfügungen von Todes wegen eröffnen (§ 11 Abs. 3 KonsularG; vgl. § 342 Abs. 1
Nr. 3 FamFG) oder im Rahmen der Nachlassfürsorge tätig werden (§ 9 Abs. 2 und 3 KonsularG;
s. auch Art. 5 lit. g des Wiener Übereinkommens über konsularische Beziehungen; vgl. § 342
Abs. 1 Nr. 2 FamFG). Nicht als Gericht iS des Abs. 2 UAbs. 1 handeln die Konsularbeamten
dagegen, wenn sie wie Notare (→ Rn. 20) lediglich erbrechtsbezogene Willenserklärungen
beurkunden (etwa §§ 10, 11 KonsularG; s. auch Art. 5 lit. f des Wiener Übereinkommens) oder
Rechtshilfe für inländische Verfahren leisten (§ 12 Nr. 2 KonsularG), für die freilich wiederum
eine internationale Zuständigkeit der inländischen Gerichte bestehen muss.

22   **c) Folgen der Qualifikation als „Gericht".** Die Folgen der Qualifikation einer „sonstigen
Behörde" oder eines „Angehörigen von Rechtsberufen" als Gericht iS des Abs. 2 UAbs. 1 sind für
die Anwendung der Erbrechtsverordnung nicht unerheblich: Handelt etwa ein Notar oder Konsularbeamter als Gericht, so ist er an die Zuständigkeitsregelungen des Kapitels II gebunden, muss also
vor Erlass der Maßnahme die internationale Zuständigkeit seines Mitgliedstaats prüfen, vgl. Erwägungsgründe Nr. 20 S. 3, Nr. 21 S. 2, Nr. 22 S. 2 und 3 sowie Nr. 36 S. 1, s. aber auch die Ausnahme
nach Art. 64 S. 2 (→ Art. 64 Rn. 10); auch sind seine Maßnahmen als Entscheidungen (Abs. 1
lit. g) in anderen Mitgliedstaaten nach Kapitel IV anzuerkennen und ggf. auch zu vollstrecken, vgl.
Erwägungsgrund Nr. 22 S. 2. Handelt dagegen ein Notar oder Konsularbeamter bei der Beurkundung oder Nachlassabwicklung **nicht als Gericht** (→ Rn. 20, 21), so kann er zB ohne Rücksicht
auf die internationale Zuständigkeit tätig werden.[58] Seine Urkunden sind allenfalls als öffentliche
Urkunden (Abs. 1 lit. i) nach Art. 59 (Kapitel V) „anzunehmen" (vgl. Erwägungsgrund Nr. 22 S. 3).
Die Kollisionsnormen des Kapitels III gelten dagegen für sämtliche Behörden oder Angehörige von
Rechtsberufen eines Mitgliedstaats, **ohne Rücksicht auf ihre Eigenschaft als Gericht.**[59]

23   Die Anwendbarkeit der Zuständigkeitsregeln der Verordnung auf einzelne Maßnahmen der **Konsularbeamten** wirft freilich **Probleme** auf, da das Konsularrecht – anders als die Zuständigkeitsregeln der Verordnung – grundsätzlich dem Staatsangehörigkeitsprinzip folgt und konsularische Maßnahmen – auch wenn sie als gerichtliche Maßnahmen in den Anwendungsbereich der Art. 4 ff. fallen
(→ Rn. 21) – auf Angehörige des Entsendestaats begrenzt (vgl. etwa § 9 Abs. 2 S. 1 oder § 11 Abs. 3
iVm Abs. 1 S. 1 KonsularG). Es sind damit Konstellationen vorstellbar, in denen der Entsendemit-
gliedstaat zwar international nach Art. 4 ff. für einen Erbfall zuständig ist, aber der Konsularbeamte
des zuständigen Entsendemitgliedstaats konsularrechtlich nicht handeln darf, da der Erblasser kein
Staatsangehöriger des Entsendemitgliedstaats ist. Auch der umgekehrte Fall einer konsularrechtlichen
Befugnis ohne Zuständigkeit nach der Verordnung ist denkbar. Soweit die Befugnisse des Konsularbeamten für gerichtliche Maßnahmen iS des Abs. 2 UAbs. 1 auf Staatsverträgen beruhen, könnte
sich – soweit man die Befugnisnorm auch als Zuständigkeitsregel auslegt und an dem Staatsvertrag
Drittstaaten beteiligt sind – ein Vorrang des Konsularrechts nach Art. 75 Abs. 1 UAbs. 1, Abs. 2
ergeben (→ Art. 75 Rn. 33). In allen anderen Fällen gilt vorrangig die Verordnung und es kann zu
Kompetenzkonflikten zwischen Konsularrecht und Erbrechtsverordnung kommen. Art. 23 AEUV
hilft hier nur eingeschränkt. Die mitgliedstaatlichen Gesetzgeber werden deshalb wohl um eine
Anpassung ihres Konsularrechts im Hinblick auf – iS des Abs. 2 UAbs. 1 – gerichtliche Tätigkeiten
ihrer Konsularbeamten nicht umhin kommen.

24   **3. Schiedsgerichte.** Auf den ersten Blick unklar ist, ob auch **Schiedsgerichte** Gerichte iS des
Abs. 2 sein können, wenn etwa der Erblasser in seiner Verfügung von Todes wegen durch eine
Schiedsklausel die Zuständigkeit eines Schiedsgerichts begründet (etwa nach § 1066 ZPO). Anders
als etwa die Brüssel Ia-VO (Art. 1 Abs. 2 lit. d Brüssel Ia-VO) klammert die Erbrechtsverordnung
die Schiedsgerichtsbarkeit nicht von ihrem Anwendungsbereich aus. Auch ließe der offene Wortlaut
des Abs. 2 womöglich eine Qualifikation eines Schiedsgerichts als Gericht zu, zumal wenn es sich
bei den Schiedsrichtern um Angehörige von Rechtsberufen, etwa Anwälte oder Notare, handelt.
Auch ein Schiedsgericht kann – je nach dem anwendbaren Schiedsverfahrensrecht – „gerichtliche
Funktionen ausüben oder in Ausübung einer Befugnisübertragung durch ein Gericht oder unter der
Aufsicht eines Gerichts handeln". Dennoch wird man Schiedsgerichte nicht als Gerichte iS des

---

[58] Anders offenbar *D. Lübcke,* Das neue europäische internationale Nachlassverfahrensrecht, 2013, 373 in Fn. *,
wonach in einem solchen Fall negative Kompetenzkonflikte drohen können. Dies trifft aber nicht zu. Die Art. 4 ff.
schweigen schlicht zur Frage, ob Stellen, die etwa an der Nachlassabwicklung beteiligt sind, ohne Gerichte iS des
Art. 3 Abs. 2 zu sein, „international zuständig" sind, vgl. auch Erwägungsgrund Nr. 36 S. 1; deren Zuständigkeit
richtet sich mithin weiterhin nach mitgliedstaatlichem Recht.
[59] S. Ratsdokument Nr. 13512/10 S. 3.

Abs. 2 ansehen können,[60] und zwar vor allem aufgrund der Folgen, die eine solche Qualifikation nach sich zöge (→ Rn. 22). Die Zuständigkeitsvorschriften der Verordnung sind auf staatliche Gerichte zugeschnitten.[61] Es ist nicht einzusehen, warum der Erblasser, soweit die Erbsache nach der jeweiligen lex fori schiedsfähig ist, grundsätzlich auf die Schiedsgerichte im Mitgliedstaat seines letzten gewöhnlichen Aufenthalts beschränkt sein soll (Art. 4). Die Anerkennungs- und Vollstreckungsregeln der Verordnung würden ohnehin durch das New Yorker Übereinkommen über die Anerkennung und Vollstreckung ausländischer Schiedssprüche von 1958 nach Art. 75 Abs. 1 UAbs. 1, Abs. 2 verdrängt,[62] jedenfalls soweit man bereit ist, eine letztwillige Schiedsklausel als „Vereinbarung" iS des Übereinkommens anzusehen.[63] Soweit das betreffende Schiedsgericht dem Schiedsverfahrensrecht eines Mitgliedstaats unterliegt, können dagegen auch die Kollisionsnormen der Erbrechtsverordnung vorrangig zum Zuge kommen.[64] – Zu den Wirkungen einer Schiedsklausel vor den nach Art. 4 ff. zuständigen staatlichen Gerichten → Art. 8 Rn. 11.

4. Mitteilungspflicht der Mitgliedstaaten. Zur Erleichterung der Rechtsanwendung verpflichtet die Verordnung in Abs. 2 UAbs. 2 die Mitgliedstaaten, der Europäischen Kommission mitzuteilen, welche sonstigen Behörden und Angehörigen von Rechtsberufen als Gerichte iS des Abs. 2 UAbs. 1 tätig werden. Näheres zu dieser Mitteilung und der Veröffentlichung einer Liste mit den entsprechenden sonstigen Behörden und Angehörigen von Rechtsberufen ist in Art. 79 geregelt. 25

Kapitel II. Zuständigkeit

Vorbemerkung zu Art. 4 EuErbVO

Schrifttum: *Álvarez Torné,* La autoridad competente en materia de sucesiones internacionales, 2013; *Álvarez Torné,* Key points on the determination of international jurisdiction in the new EU Regulation on succession and wills, YbPIL 14 (2012/2013), 409; *Álvarez Torné,* La regulación de la competencia internacional en el Reglamento de la UE en materia sucesoria, Liber amicorum Alegría Borrás, 2013, 107; *Gaudemet-Tallon,* Les règles de compétence dans la proposition de règlement communautaire sur les successions, in Khairallah/Revillard, Perspectives du droit des successions européennes et internationales, 2010, 121; *Gaudemet-Tallon,* Les règles de compétence judiciaire dans le règlement européen sur les successions, in Khairallah/Revillard, Droit européen des successions internationales, 2013, 127; *Grolimund/Bachofner,* Schweizer Zuständigkeit über im EU-Raum belegene Liegenschaften im Lichte der EU-Erbrechtsverordnung, FS I. Meier, 2015, 279; *Haas,* Die Europäische Zuständigkeitsordnung in Erbsachen, in Jud/Rechberger/Reichelt, Kollisionsrecht in der Europäischen Union – Neue Fragen des Internationalen Privat- und Zivilverfahrensrechts, 2008, 127; *Hess,* Die internationalen Zuständigkeit nach der Erbrechtsverordnung, in Dutta/Herrler, Die Europäische Erbrechtsverordnung, 2014, 131; *Leandro,* La giurisdizione nel regolamento dell'Unione europea sulle successioni mortis causa, in Franzina/Leandro, Il diritto internazionale privato Europeo delle successioni mortis causa, 2013, 59; *Lein,* Les compétences spéciales, in Bonomi/Schmid, Successions internationales, 2010, 77; *Leipold,* Die internationale Zuständigkeit in erbrechtlichen Verfahren (nach deutschem Recht und nach dem Kommissionsvorschlag für eine Europäische Erbrechtsverordnung), in: Aurea praxis, aurea theoria – Księga pamiątkowa ku czci Profesora Tadeusza Erecińskiego I, 2011, 1155, 1166 ff. (zitiert: FS Ereciński I); *Leipold,* Gerichtsstandsvereinbarungen nach der Europäischen Erbrechtsverordnung, FS Meincke, 2015, 219; *Leipold,* Die internationale Zuständigkeit für die Ausschlagung der Erbschaft nach EuErbVO und IntErbRVG, ZEV 2015, 553; *D. Lübcke,* Das neue europäische internationale Nachlassverfahrensrecht – Darstellung auf Grundlage des Verordnungsentwurfs vom 14. Oktober 2009 unter Berücksichtigung der Endfassung, 2013; *T. Lübcke,* EuErbVO: Problemfelder im Rahmen der internationalen Zuständigkeit bei Vorliegen einer Rechtswahl durch den Erblasser, GPR 2015, 111; *R. Magnus,* Gerichtsstandsvereinbarungen im Erbrecht?, IPRax 2013, 393; *Marongiu Buonaiuti,* The EU Succession Regulation and third country courts, JPIL 12 (2016), 545; *Marongiu Buonaiuti,* Jurisdiction under the EU Succession Regulation and relationships with third countries, in Franzina, The external dimension of EU private international law after Opinion 1/2013, 2017, 211; *Meyer,* Die Gerichtsstände der Erbrechtsverordnung unter besonderer Berücksichtigung des Forum Shopping, 2013; *Rechberger/Frodl,* Die Internationale Zuständigkeit, in Rechberger/Zöchling-Jud, Die EU-Erbrechtsverordnung in Österreich, 2015, 45; *Rechberger/Schur,* Eine Internationale Zuständigkeitsordnung in Verlassenschaftssachen – Empfehlungen aus österreichischer Sicht, in Jud/Rechberger/Reichelt, Kollisionsrecht in der Europäischen Union – Neue Fragen des Internationalen Privat- und Zivilverfahrensrechts, 2008, S. 185; *Seyfarth,* Wandel der internationalen Zuständigkeit im Erbrecht, 2012, S. 116 ff.; *Simotta,* Die internationale Zuständigkeit in Erbsachen im Fall einer Rechtswahl des Erblassers (Art. 5–9 EuErbVO), FS Gottwald, 2014, 597; *Wall,* Vermeidung negativer Kompetenzkonflikte im Zuständigkeitsrecht der Artt. 4 ff EU-ErbVO, ZErb 2014, 272; *Wall,* Richtet sich die

---

[60] *Bandel* MittBayNot 2017, 1 (5); Deixler-Hübner/Schauer/*Deixler-Hübner/Schauer* Rn. 51; *Kunz* GPR 2012, 208 (210). So wohl auch *R. Magnus* IPRax 2013, 393 (398).

[61] So auch *Mankowski* ZEV 2014, 395 (398 f.).

[62] Zust. Deixler-Hübner/Schauer/*Deixler-Hübner/Schauer* Rn. 51; so im Erg. auch *Mankowski* ZEV 2014, 395 (399).

[63] Dafür etwa *Haas* SchiedsVZ 2011, 289 (291 ff.); *T. Lübcke* GPR 2015, 111 (116 f.), jeweils mwN.

[64] *Mankowski* ZEV 2014, 395 (399 ff.), wonach § 1051 ZPO durch die Art. 20 ff. EuErbVO verdrängt wird.

internationale Zuständigkeit zur Erbscheinserteilung künftig ausschließlich nach Artt. 4 ff EU-ErbVO?, ZErb 2015, 9; *Weber/Schall*, Internationale Zuständigkeit für die Erteilung deutscher Erbscheine: (k)eine Frage der Europäischen Erbrechtsverordnung?, NJW 2016, 3564; *S. M. Weber*, Das internationale Zivilprozessrecht erbrechtlicher Streitigkeiten, 2012. – Siehe ferner die Schrifttumshinweise allgemein zur Verordnung und ihren Vorarbeiten → Vor Art. 1 Rn. 1 ff.

Übersicht

1   In ihren Art. 4 ff. regelt die Erbrechtsverordnung die **internationale Zuständigkeit** der Gerichte (iS des Art. 3 Abs. 2) eines Mitgliedstaats für Entscheidungen in Erbsachen, nicht aber die örtliche, sachliche oder funktionelle Zuständigkeit (vgl. Art. 2); zu Ausnahmen → Art. 2 Rn. 2. Nicht geregelt wird in der Verordnung ferner die **Gerichtsbarkeit** der inländischen Gerichte.[1] Deshalb muss für Immunitäten oder Exemtionen von der inländischen Gerichtsbarkeit auch dann nicht auf Art. 75 Abs. 1 UAbs. 1 rekurriert werden, wenn sich die Befreiung von der Gerichtsbarkeit aus Staatsverträgen ergibt.

I. Der Gleichlauf von forum und ius als Grundprinzip

2   Die Zuständigkeitsordnung der Verordnung basiert auf dem Gedanken der Einheit von forum und ius (Erwägungsgrund Nr. 27 S. 1; s. auch Erwägungsgrund Nr. 23 S. 1). Die jeweils international zuständigen Gerichte sollen möglichst ihr eigenes Erbrecht anwenden, wie bereits das Europäische Parlament gefordert hatte[2] und auch in den Beratungen im Rat betont wurde.[3] Diese Wertung zeigt sich nicht nur darin, dass sowohl die internationale Zuständigkeit als auch das anwendbare Erbrecht grundsätzlich an den letzten gewöhnlichen Aufenthalt des Erblassers angeknüpft werden (Art. 4 und Art. 21 Abs. 1). Vor allem sorgen die Art. 5 ff. dafür, dass auch bei einer Rechtswahl des Erblassers nach Art. 22 möglichst auch eine Zuständigkeit der Gerichte desjenigen Mitgliedstaats geschaffen wird, dessen Recht der Erblasser gewählt hat (→ Rn. 14), auch wenn die Art. 5 ff. nicht zwangsläufig

---

[1] S. zum EuGVÜ Schlussanträge des GA *Ruiz-Jarabo Colomer* Slg. 2007, I-1540, Rn. 77 = BeckEuRS 2006, 435433 – Lechouritou.

[2] S. Gargani-Bericht S. 6; Lechner-Berichtsentwurf S. 62; Lechner-Bericht S. 59 („Dreh- und Angelpunkt einer europäischen Lösung").

[3] Etwa Ratsdokumente Nr. 5811/10 ADD 9 S. 4, Nr. 15247/10 S. 2, Nr. 8446/11 S. 3 und Nr. 8452/11 S. 3.

die Zuständigkeit verlagern, sondern dies vom Willen der Verfahrensparteien abhängt.[4] Die Verordnung sorgt nicht nur im Zuständigkeitsrecht für einen Gleichlauf von internationaler Zuständigkeit und anwendbarem Recht, sondern vereinzelt auch im Kollisionsrecht, indem einzelne Fragestellungen zum Teil an die lex fori angeknüpft werden, etwa die Formgültigkeit bestimmter erbrechtlicher Erklärungen nach Art. 28 (→ Art. 28 Rn. 1) und die verpflichtende oder auf Antrag verpflichtende Bestellung eines Nachlassverwalters und dessen Befugnisse nach Art. 29 (→ Art. 29 Rn. 1, 4). Auch die Anerkennung eines Renvoi auf das Recht des Forumsmitgliedstaats (Art. 34 Abs. 1 lit. a) kann zu einem Gleichlauf von forum und ius führen. Zum Gleichlaufgedanken bei der Beseitigung nichtauthentischer öffentlicher Urkunden → Art. 59 Rn. 16. Einen Gleichlauf von forum und ius kann der Unionsgesetzgeber freilich nur insoweit gewährleisten, als die Verordnung eine internationale Zuständigkeit in der Union vorsieht.[5]

Ein Gleichlauf von forum und ius – der im internationalen Unionsprivatrecht nichts Neues ist, **3** s. etwa für Insolvenzsachen Art. 4 Abs. 1 EuInsVO bzw. Art. 7 Abs. 1 EuInsVO 2017 – ist gerade bei Erbsachen **erstrebenswert.** Zunächst senkt die Vermeidung einer Fremdrechtsanwendung durch die Gerichte die Transaktionskosten bei der Nachlassabwicklung und der Durchsetzung erbrechtlicher Positionen. Vor allem aber sind speziell in Nachlassverfahren der freiwilligen Gerichtsbarkeit materielles Erbrecht und formelles Erbverfahrensrecht eng miteinander verknüpft, so dass sich bei einer Anwendung ausländischen Erbrechts oftmals erhebliche Abgrenzungs- und Anpassungsschwierigkeiten ergeben – eine Überlegung, die auch dem deutschen autonomen Recht bis zur FamFG-Reform nicht unbekannt war und durch einen zuständigkeitsrechtlichen Gleichlaufgrundsatz umgesetzt wurde (s. 5. Aufl. → EGBGB Rn. 316 ff.). Freilich geraten bei diesem allgemeinen Streben des Unionsgesetzgebers nach einem Gleichlauf von forum und ius zum Teil zuständigkeitsrechtliche Wertungen – etwa die prozessuale Privatautonomie der Parteien eines streitigen Erbverfahrens, denen eine Gerichtsstandswahlfreiheit verweigert wird – unter die Räder (→ Rn. 22).[6]

II. Zuständigkeitskonzentration für „Entscheidungen in Erbsachen"

1. Umfassende Zuständigkeitsregeln für sämtliche Erbsachen. Die Zuständigkeitsregeln **4** der Erbrechtsverordnung unterscheiden – wie die Verordnung durchweg – nicht zwischen **streitigen Verfahren** und **Verfahren der freiwilligen Gerichtsbarkeit,** sondern stellen einheitliche Regelungen für sämtliche Erbverfahren ohne Rücksicht auf ihre Natur auf (vgl. Erwägungsgrund Nr. 20 S. 1).[7] Die Idee, unterschiedliche Zuständigkeitsregelungen für streitige und nichtstreitige Erbsachen zu schaffen,[8] die freilich eine autonome Abgrenzung dieser Verfahrensarten erfordert hätte,[9] wurde damit bewusst aufgegeben.[10]

a) Anwendung der einheitlichen Zuständigkeitregeln auch auf Verfahren zum Erlass 5 mitgliedstaatlicher Erbnachweise. Die Zuständigkeitsordnung der Erbrechtsverordnung erfasst insbesondere auch Verfahren zum Erlass (gerichtlicher) Erbnachweise nach mitgliedstaatlichem Recht,[11] entgegen anderslautender Stimmen vor allem auch aus dem deutschen Notariat,[12] und

---

[4] Anders offenbar *Bajons* in Schauer/Scheuba, Europäische Erbrechtsverordnung, 2012, 29, 34, wonach die Wahl des Heimatsrechts durch den Erblasser „die internationale Zuständigkeit dieses Mitgliedstaats fast zwangsläufig nach sich" zieht.

[5] *Marongiu Buonaiuti* JPIL 12 (2016), 545 (550).

[6] S. auch *Hess/Mariottini/Camara* Note 13; *Leipold,* FS Ereciński I, 2011, 1155 (1178 ff.); *Simotta,* FS Gottwald, 2014, 597 (601), wonach dem Gesetzgeber zur Herstellung eines Gleichlaufs „jedes – auch noch so fragwürdige – Mittel recht" gewesen sei.

[7] S. Kommissionsvorschlag KOM(2009) 154 endg. S. 6 und Ratsdokument Nr. 13512/10 S. 3; KG FamRZ 2016, 1203 (1204) = ZEV 2016, 514.

[8] Etwa in Ratsdokument Nr. 6198/10 S. 7 ff.

[9] S. etwa den deutschen Vorschlag in Ratsdokument Nr. 13730/11 S. 3, streitige Verfahren als ein Verfahren zu definieren, „dessen Streitgegenstand von den Parteien bestimmt wird und dessen Ausgang ausschließlich diese Parteien bindet (und Rechte Dritter nicht beeinträchtigt)".

[10] S. bereits Ratsdokument Nr. 8228/10 S. 7 Fn. 2.

[11] So auch Bonomi/Wautelet/*Bonomi* Rn. 6; Dutta/Weber/*Fornasier* Art. 62 Rn. 15; *Grau,* FS Schilken, 2015, 3 (5 ff.) (mit ausf. Begründung); *Kleinschmidt* RabelsZ 77 (2013), 723 (749); *Kleinschmidt,* FS Lindacher, 2017, 165, 176; Dutta/Weber/*Lein* Rn. 31; *Leipold* ZEV 2015, 553 (557 f.); *Leipold,* ZEV 2017, 216 (217 f.); *Reimann* ZEV 2015, 510 (513); *J. Schmidt* ZEV 2015, 389 (390 f.); *Soutier,* Die Geltung deutscher Rechtsgrundsätze im Anwendungsbereich der Europäischen Erbrechtsverordnung, 2015, 295 f., 317 f.; *Süß* ZEuP 2013, 725 (746); *Süß* in Dutta/Herrler EuErbVO 181, 190; *R. Wagner/Scholz* FamRZ 2014, 714 (715); hiervon geht auch *Volmer* ZEV 2014, 129 (131, 132); tendenziell auch *Mankowski* FamRZ 2017, 566.

[12] *Geimer* in Hager, Die neue europäische Erbrechtsverordnung, 2013, 9, 20 f.; Zöller/*Geimer.* Anh. II J: EuErbVO Art. 4 Rn. 10 f. (vor allem auch unter Hinweis auf § 2369 BGB aF [nunmehr § 352c FamFG], der aber

auch wenn der deutsche Durchführungsgesetzgeber dies – freilich ohne nähere Begründung – im Hinblick auf das Erbscheinsverfahren anders sieht.[13] Ein Rückgriff auf die autonomen Zuständigkeitsregeln – insbesondere bei uns auf § 343 Abs. 2 und 3 FamFG iVm § 105 FamFG – wird deshalb durch die Art. 4 ff. gesperrt.[14] Die Verordnung stellt zwar in **Art. 62 Abs. 3** klar, dass das Europäische Nachlasszeugnis die nationalen Erbnachweise nicht berührt. Hieraus kann aber nicht abgeleitet werden, dass die allgemeinen Zuständigkeitsvorschriften der Verordnung in Art. 4 ff. auf Verfahren zum Erlass solcher Nachweise nicht anwendbar sind, soweit freilich die jeweilige ausstellende Stelle als Gericht iS des Art. 3 Abs. 2 handelt und damit an die Zuständigkeitsordnung der Verordnung gebunden ist; auch handelt es sich bei mitgliedstaatlichen Erbnachweisen um „Entscheidungen" iS der Art. 4 ff. → Rn. 8. Nur die Existenz und das in der Verordnung nicht vereinheitlichte Verfahrensrecht zum Erlass nationaler Erbnachweise wird vorbehalten. Art. 62 Abs. 3 ordnet lediglich den Fortbestand der mitgliedstaatlichen Erbnachweise und die Koexistenz neben dem Europäischen Nachlasszeugnis an → Art. 62 Rn. 9 ff. Wollte man der Gegenauffassung folgen und Art. 62 Abs. 3 zu einer allgemeinen Vorbehaltsklausel für nationale Erbnachweise erheben, die von der Verordnung nicht berührt werden, so dürfte man konsequenterweise auch nicht die Kollisionsnormen der Verordnung im Hinblick auf die im nationalen Erbnachweis zu bescheinigende Rechtsposition heranziehen;[15] zur grenzüberschreitenden Wirkungserstreckung mitgliedstaatlicher Erbnachweise nach der Verordnung → Art. 3 Rn. 17. Die Frage, ob die Art. 4 ff. auch auf die Erteilung, Einziehung oder Kraftloserklärung eines deutschen Erbscheins (oder Testamentsvollstreckerzeugnisses) anwendbar sind, ist durchaus relevant. Denn andernfalls richtet sich die internationale Zuständigkeit der deutschen Nachlassgerichte nach §§ 105, 343 FamFG, die der deutsche Durchführungsgesetzgeber zwar an die Zuständigkeitswertungen der Verordnung angepasst hat (insbesondere an Art. 4),[16] die aber dennoch von der Verordnung abweichen (etwa im Hinblick auf Art. 5 ff. und Art. 10). Eine **Besonderheit** besteht freilich bei der Anwendung der Zuständigkeitsregeln auf Erbnachweise: Wenn das den Erbnachweis erteilende Gericht nach Art. 4 ff. international nicht zuständig war, liegt es auf der Hand, dass ein zu Unrecht erteilter Erbnachweis wieder von diesem Gericht eingezogen werden kann.[17] – Die **nachlassgerichtliche Praxis** in Deutschland ist uneinheitlich: Während das OLG Hamburg, wie hier vorgeschlagen, ohne Weiteres die Art. 4 ff. auf die Erteilung eines deutschen Erbscheins angewandt hat,[18] tendiert das KG zur Gegenauffassung und hat die Frage dem EuGH in der Rechtssache *Oberle* (Rs. C-20/17) vorgelegt.[19]

6   b) Im Grundsatz keine zuständigkeitsrechtliche Nachlassspaltung. Ferner differenziert die Verordnung nicht nach der Nachlassbelegenheit und spaltet den Nachlass zuständigkeitsrechtlich grundsätzlich nicht auf. Vielmehr werden sämtliche Streitigkeiten aus einem Erbfall grundsätzlich an einem Gerichtsstand in der EU konzentriert, nämlich nach Art. 4 am Gericht des letzten gewöhnlichen Aufenthalts des Erblassers, wobei die Verordnung freilich auch Ausnahmen von dieser Zuständigkeitskonzentration macht, etwa in den Art. 5 ff. (nicht zwingend umfassende Zuständigkeit der

---

auch unter der Erbrechtsverordnung angewandt werden kann → Art. 12 Rn. 11); so auch *Hertel* ZEV 2013, 539 (541); *Hertel* in Lipp/Münch, Die neue Europäische Erbrechtsverordnung, 2016, 129, 162 f., sowie für „nationale Erbnachweisverfahren im weiteren Sinne" *Buschbaum* in Hager, Die neue europäische Erbrechtsverordnung, 2013, 39, 58; *Buschbaum,* FS Martiny, 2014, 259, 267; ebenso *Bestelmeyer* RPfleger 2017, 154 f.; *Bruns* ZErb 2014, 181 (183 f.); *Buschbaum/Simon* Rpfleger 2015, 444 (446); *Dorsel* in LSHGGRD Erbfälle unter Geltung der EuErbVO 33, 54; *Lehmann* ZEV 2015, 138 (139); *Odersky* notar 2015, 183 (187); *Wall* ZErb 2015, 9 (10 ff.); Dutta/Weber/ *Weber* Einl. Rn. 70; *Weber/Schall* NJW 2016, 3564 ff.; *Weidlich,* FS für Palandt BGB, 2016, 53 (62); im Ergebnis so auch *Dörner* in Dutta/Herrler EuErbVO 73, 82.

[13] Regierungsentwurf eines Gesetzes zum Internationalen Erbrecht, BT-Drs. 18/4201, 59, anders wohl noch der Referentenentwurf, S. 60. Zu diesem überraschenden Sinneswandel *Leipold* ZEV 2015, 553 (557 f.) mit Fn. 24 sowie *Leipold* ZEV 2017, 216 (217).

[14] Im Erg. so auch Jauernig/*Stürner* Art. 62–73 Rn. 7, wonach ein Rückgriff auf das mitgliedstaatliche Zuständigkeitsrecht für Erbnachweise dann nicht in Betracht komme, wenn nach der Verordnung ausländische Gerichte international zuständig sind.

[15] Auch NK-BGB/*Makowsky* Art. 4 Rn. 17 und NK-BGB/*Nordmeier* Art. 62 Rn. 33 vermögen nicht zu erklären, warum sich Art. 62 Abs. 3 – nach dem Verständnis der Gegenauffassung – nur auf das Zuständigkeitsregime der Verordnung bzw. die „verfahrensrechtliche Zugänglichkeit des nationalen Nachlasszeugnisses" (gehören hierzu wirklich die Vorschriften über die internationale Zuständigkeit?) erstreckt, nicht aber auf die anderen in der Verordnung geregelten Materien.

[16] Regierungsentwurf eines Gesetzes zum Internationalen Erbrecht, BT-Drs. 18/4201, 59.

[17] BayObLGZ 1964, 291 (292); BayObLG IPRspr. 1975 Nr. 212; KG Rpfleger 1966, 209; OLG Hamm OLGZ 1972, 352 (353); OLG Zweibrücken ZEV 2001, 488 (489); AG München IPRspr. 1928 Nr. 58; Soergel/ *Kegel* 11. Aufl. 1984, EGBGB Vor Art. 24 Rn. 80.

[18] OLG Hamburg FamRZ 2017, 568.

[19] KG FamRZ 2017, 564 = ZEV 2017, 213.

Gerichte im Mitgliedstaat des gewählten Rechts für den gesamten Erbfall, sondern nur im Umfang nach Art. 7), in Art. 10 Abs. 2, in Art. 13 und in Art. 19.

c) Weiter Entscheidungsbegriff im Zuständigkeitsrecht. Die Art. 4 ff. sprechen – dem **7** Wortlaut der Brüssel IIa-VO und der EuUnthVO entsprechend – von einer Zuständigkeit für Entscheidungen. Diese Formulierung ist im erbrechtlichen Kontext speziell bei Verfahren der freiwilligen Gerichtsbarkeit schief, wo weniger Entscheidungen im Mittelpunkt stehen, sondern vielmehr die Nachlassabwicklung begleitende Verfahren, die oftmals nicht im klassischen Sinne in einer Entscheidung münden, bei der das Gericht seine Zuständigkeit prüft.[20] Der Entscheidungsbegriff in Art. 3 Abs. 1 lit. g ist deshalb – auch im Lichte anderer Sprachfassungen der Verordnungen, welche die Zuständigkeitsregeln nicht auf „Entscheidungen" beschränken („jurisdiction to rule on the succession", „compétence pour statuer sur succession") – weit auszulegen[21] (→ Art. 3 Rn. 17); die Art. 4 ff. regeln die internationale Zuständigkeit für sämtliche erbrechtliche Maßnahmen der Nachlassgerichte.[22] Dies verdeutlicht etwa auch Art. 13, der eine besondere Zuständigkeit für die Entgegennahme bestimmter erbrechtlicher Erklärungen vorsieht (→ Rn. 20) und damit davon ausgeht, dass die Art. 4 ff. solche Maßnahmen der Nachlassgerichte – die keine Entscheidung im engeren Sinne darstellen – erfassen.

Vor diesem Hintergrund – und insbesondere auch unter Berücksichtigung der anderen Sprachfassungen – handelt es sich bei mitgliedstaatlichen **Erbnachweisen** deshalb ebenfalls um „Entscheidungen" iS der Art. 4 ff.,[23] auf deren Erteilung die Art. 4 ff. auch allgemein anwendbar sind (→ Rn. 5). **8**

Ebenfalls erfasst vom zuständigkeitsrechtlichen Entscheidungsbegriff der Verordnung wird deshalb **9** auch die **Testamentseröffnung.**[24] Dies hat die auf den ersten Blick missliche Folge, dass das Gericht – bei dem sich die Verfügung von Todes wegen in Verwahrung befindet (zur Zuständigkeit insoweit → Rn. 10) – nur dann das Testament eröffnen kann, wenn es nach Art. 4 ff. auch international zuständig ist.[25] Auf der anderen Seite darf nicht übersehen werden, dass die Testamentseröffnung den Startschuss für die Nachlassabwicklung setzt und deshalb von den Gerichten vorgenommen werden sollte, die den betreffenden Erbfall auch in den anderen Erbsachen betreuen. Die Lösung liegt darin, dass das die Verfügung verwahrende Gericht die Verfügung an die zuständigen Gerichte weiterleiten muss. Dies wird sich womöglich bereits aus dem Erbstatut ergeben, soweit dieses jedermann verpflichtet, eine Verfügung von Todes wegen beim zuständigen Gericht abzuliefern. Befindet sich etwa ein Testament bei einem französischen Gericht in Verwahrung, sind aber nach Art. 4 die deutschen Gerichte international für die Testamentseröffnung zuständig und findet nach Art. 21 Abs. 1 deutsches Recht Anwendung, so wäre das französische Gericht jedenfalls nach § 2259 BGB analog ablieferungspflichtig.

2. Erbrechtliche Verfahren zu Lebzeiten des Erblassers? Die Art. 4 ff. sind auf Verfahren **10** nach dem Tod des Erblassers ausgerichtet. Es sind aber durchaus auch Verfahren denkbar, die zu Lebzeiten des Erblassers dessen Rechtsnachfolge von Todes wegen betreffen, etwa Feststellungsklagen hinsichtlich der Wirksamkeit eines Erbvertrags, Erb- oder Pflichtteilsverzichts als Erbverträge nach Art. 3 Abs. 1 lit. b (→ Art. 3 Rn. 10) oder der Entgegennahme einer prämortalen Ausschlagung, soweit eine solche nach dem Erbstatut vorgesehen ist (→ Art. 13 Rn. 3). Ebenfalls als Erbsache zu Lebzeiten des Erblassers wird man – auf Grundlage des weiten zuständigkeitsrechtlichen Entscheidungsbegriffs → Rn. 7 – die amtliche Verwahrung von Verfügungen von Todes wegen ansehen, auch wenn der deutsche Durchführungsgesetzgeber hier offenbar anderer Meinung ist.[26] Wenn ausweislich des Art. 13 die Entgegennahme einer Ausschlagungserklärung eine Erbsache ist, muss dies auch für die Verwahrung einer erbrechtlichen Willenserklärung gelten. Die amtliche Verwahrung

---

[20] *Leipold,* FS Ereciński I, 2011, 1155 (1174 f.); *Schauer* JEV 2012, 78 (80).
[21] So auch *Leipold* ZEV 2017, 216 (217); *Motal* EF-Z 2015, 62 (69); vgl. auch R. *Wagner/Scholz* FamRZ 2014, 714 (715 f.).
[22] Anders *Geimer* in Hager, Die neue europäische Erbrechtsverordnung, 2013, 9, 21; Zöller/*Geimer* Anh. II J: EuErbVO Art. 4 Rn. 12, wonach etwa die in § 342 Abs. 1 Nr. 1 und Nr. 3 FamFG genannten Nachlasssachen nicht von den Art. 4 ff. erfasst sein sollen.
[23] Anders *Wall* ZErb 2015, 9 (10 ff.), ohne allerdings auf die anderen Sprachfassungen einzugehen; zust. *Odersky* notar 2015, 183 (187); *Weber/Schall* NJW 2016, 3564 (3565); wie hier dagegen *Grau,* FS Schilken, 2015, 3 (10 f.); *Leipold* ZEV 2015, 553 (558). Es ist bemerkenswert, dass selbst der Berichterstatter im Parlament die anderen Sprachfassungen unberücksichtigt lässt, s. *Lechner,* Verordnung (EU) Nr. 650/2012 über Erbsachen und die Einführung eines Europäischen Nachlasszeugnisses, 2015, 28 f.; vgl. auch *Lechner* DNotZ-Sonderheft 2016, 102 (108).
[24] Anders *Egidy/Volmer* Rpfleger 2015, 433 (441); *Grau,* FS Schilken, 2015, 3 (15 f.); *Lutz* BWNotZ 2016, 34 (40); wie hier Dutta/Weber/*Lein* Art. 8 Rn. 4.
[25] Dutta/Weber/*Schmidt* Rn. 11.
[26] Regierungsentwurf eines Gesetzes zum Internationalen Erbrecht, BT-Drs. 18/4201, 59; zust. *Grau,* FS Schilken, 2015, 3 (16).

sollte schon deshalb den Zuständigkeitsregeln der Verordnung unterfallen, damit Verwahrungs- und Testamentseröffnungsgerichte (zur Anwendung der Art. 4 ff. auf die Testamentseröffnung → Rn. 9) möglichst identisch sind.

11   Auf solche erbrechtlichen Verfahren zu Lebzeiten des Erblassers wird man die Zuständigkeitsvorschriften der Verordnung mit der Maßgabe anzuwenden haben, dass die Gerichte desjenigen Mitgliedstaats international zuständig sind, die **hypothetisch** zum Zeitpunkt der Anrufung des Gerichts (Art. 14) für Entscheidungen in Erbsachen im Hinblick auf den Erbfall des betreffenden Erblassers international zuständig wären,[27] ein Rechtsgedanke, der sich im Kollisionsrecht der Verordnung für Verfügungen von Todes wegen findet, die ebenfalls zu Lebzeiten des Erblassers errichtet werden (Art. 24, 25).

12   Probleme bei Verfahren zu Lebzeiten des Erblassers können jedoch auftreten, wenn die Erbsache **mehrere Erblasser** betrifft. Anders als bei Entscheidungen in Erbsachen nach dem Tod des Erblassers, die nur einen Erbfall zum Gegenstand haben, kann eine Feststellungsklage über die Wirksamkeit eines Erbvertrags nach Art. 3 Abs. 1 lit. b die Rechtsverhältnisse mehrerer Erblasser als Parteien des Vertrags zum Gegenstand haben, so dass die Art. 4 ff., auch auf einen hypothetischen Erbfall der beteiligten Erblasser angewandt, zu keinem eindeutigen Ergebnis führen, da diese Vorschriften auf einen Erblasser und einen Erbfall ausgerichtet sind. Richtigerweise wird man in einem solchen Fall – dem Grundprinzip des Gleichlaufs von forum und ius folgend (→ Rn. 2 f.) – eine Zuständigkeit der Gerichte desjenigen Mitgliedstaats annehmen, dessen Recht auf den Erbvertrag nach Art. 25 anwendbar wäre.

III. Systematik des Zuständigkeitsrechts nach der Verordnung

13   **1. Grundregel (Art. 4 und Art. 10).** Die zuständigkeitsrechtliche Grundregel der Verordnung findet sich in Art. 4 und Art. 10. Hat der Erblasser zum Zeitpunkt seines Todes seinen gewöhnlichen Aufenthalt innerhalb der EU, so sind nach **Art. 4** die Gerichte des Aufenthaltsmitgliedstaats für Erbsachen nach dem Erblasser bezüglich des gesamten Nachlasses zuständig. Hielt sich der Erblasser dagegen gewöhnlich bei seinem Tod in einem Drittstaat (zum Begriff → Vor Art. 1 Rn. 29) auf, so läuft die Aufenthaltsanknüpfung freilich ins Leere. Deshalb sieht **Art. 10** eine subsidiäre Zuständigkeit der mitgliedstaatlichen Gerichte am Ort der Nachlassbelegenheit vor, die zum Teil an persönliche Beziehungen des Erblassers zu dem betreffenden Mitgliedstaat (dessen Staatsangehörigkeit, früherer gewöhnlicher Aufenthalt in diesem Staat) anknüpft, und diese Zuständigkeit insoweit vom „Stigma eines exorbitanten Gerichtsstands"[28] befreien möchte. Diese Grundregel schafft grundsätzlich eine für die Verfahrensparteien **zwingende** Zuständigkeit,[29] wie die Art. 5 ff. verdeutlichen, die nur unter bestimmten Voraussetzungen eine Disposition der Verfahrensparteien über die Grundregel gestatten, zur fehlenden Gerichtsstandswahlfreiheit der Parteien oder des Erblassers → Rn. 22 f.

14   **2. Abweichung im Fall einer Rechtswahl des Erblassers (Art. 5–9). a) Normzweck.** Eine Abweichung von der Grundregel – allgemeine Zuständigkeit am letzten gewöhnlichen Aufenthalt (Art. 4), subsidiäre Zuständigkeit am Nachlassgerichtsstand (Art. 10) – sehen die Art. 5 ff. im Falle einer Rechtswahl des Erblassers zugunsten seines Staatsangehörigkeitsrechts nach Art. 22 vor, um einen **Gleichlauf von forum und ius** (→ Rn. 2 f.) **wiederherzustellen.** Die Verordnung möchte eine Zuständigkeit der Gerichte des Mitgliedstaats ermöglichen, dessen Recht gewählt wurde (Erwägungsgrund Nr. 27 S. 2 sowie Nr. 28 S. 1). Dieser Gleichlauf gelingt freilich nicht immer: Hat der Erblasser als Angehöriger eines Mehrrechtsstaats nach Art. 22 das Recht einer Teilrechtsordnung gewählt (näher → Art. 22 Rn. 6, 11), so sorgen die Art. 5 ff. nur für eine Zuständigkeit des Mehrrechtsstaats, lassen aber die örtliche bzw. interlokale Zuständigkeit innerhalb des betreffenden Mitgliedstaats unberührt (Art. 2 → Art. 5 Rn. 11; s. auch allgemein → Art. 36 Rn. 2). Zu weiteren Konstellationen → Art. 7 Rn. 3, 6, 18.

---

[27] Vgl. auch Dutta/Weber/*Lein* Rn. 32; *Max Planck Institute* RabelsZ 74 (2010), 522 (568, 570 f.); BeckOGK/ *Schmidt* Art. 4 Rn. 40 (für eine analoge Anwendung); *Seyfarth,* Wandel der internationalen Zuständigkeit im Erbrecht, 2012, 248 f.; tendenziell auch Deixler-Hübner/Schauer/*Deixler-Hübner* Rn. 26. – Anders *Wilke* RIW 2012, 601 (602), der insoweit die Brüssel I-VO anwenden möchte (durch eine restriktive Auslegung des Art. 1 Abs. 2 lit. a Brüssel I-VO); ebenso *Geimer* in Hager, Die neue europäische Erbrechtsverordnung, 2013, 9, 22 f.; *Zöller*/*Geimer* Anh. II J: EuErbVO Art. 1 Rn. 4; für einen Rückgriff auf das autonome Zuständigkeitsrecht NK-BGB/*Makowsky* Art. 4 Rn. 18; ebenso Calvo Caravaca/Davì/Mansel/*Calvo Caravaca* Art. 4 Rn. 9.

[28] *Wilke* RIW 2012, 601 (604).

[29] *Volmer* ZEV 2014, 129 (131); zur Frage, ob diese Zuständigkeit nach der Grundregel gerade im Falle des Art. 10 auch eine „ausschliessliche Zuständigkeit" iS des Art. 86 Abs. 2 schweiz. IPRG darstellt *Grolimund*/ *Bachofner,* FS I. Meier, 2015, 279, 287 ff.; *Lein* in Dutta/Herrler EuErbVO 199, 216; *Leu* SJZ 112 (2016), 441 (447 f.).

b) Überblick über die Mechanismen zur Verlagerung der Zuständigkeit. Die Regelung **15** ist an Komplexität kaum zu überbieten. Den Verfahrensparteien (näher zum Begriff → Art. 5 Rn. 6 ff.) wird ermöglicht, eine Zuständigkeit der Gerichte, deren Recht vom Erblasser gewählt wurde, zu begründen, und zwar auf drei Wegen: durch **förmliche Gerichtsstandsvereinbarung (Art. 5** mit Wirkung Art. 6 lit. b, Art. 7 lit. a und lit. b), durch **formlose Gerichtsstandsanerkennung (Art. 7 lit. c)** sowie auf Antrag einer Verfahrenspartei durch eine **Ermessensentscheidung des nach der Grundregel zuständigen Gerichts,** wenn dieses Gericht aufgrund der Umstände des Einzelfalls die Gerichte im Mitgliedstaat des gewählten Rechts zur Entscheidung für besser geeignet hält, wobei die Verordnung als zu berücksichtigende Faktoren ausdrücklich den gewöhnlichen Aufenthalt der Verfahrensparteien und die Belegenheit des Nachlasses nennt (**Art. 6 lit. a** mit Wirkung nach Art. 7 lit. a). Ferner können die Verfahrensparteien durch **Vereinbarung einer außergerichtlichen einvernehmlichen Regelung (Art. 8)** in dem Mitgliedstaat, dessen Recht gewählt wurde, die Zuständigkeit eines nach der Grundregel eigentlich zuständigen Gerichts – das sein Verfahren von Amts wegen eingeleitet hat – derogieren, ohne zugleich eine **gerichtliche** Zuständigkeit im Mitgliedstaat des gewählten Rechts zu begründen. Schließlich sieht die Verordnung die Begründung einer Zuständigkeit des Mitgliedstaats, dessen Recht gewählt wurde, kraft **rügeloser Einlassung** vor, wenn im Falle einer Gerichtsstandsvereinbarung nicht alle Verfahrensparteien zugestimmt haben, die vom Verfahren betroffen sind **(Art. 9).**

c) Das Erfordernis einer Rechtswahl des Erblassers. Diese Abweichungen greifen nur im **16** Falle einer **Rechtswahl** (näher zum Erfordernis einer **wirksamen** Rechtswahl → Art. 5 Rn. 3 ff.). Die Art. 5 ff. sind nicht auf eine umfassende Rechtswahl des Erblassers nach Art. 22 zu beschränken. Vielmehr sollte man den Verfahrensparteien eine Abweichung von der Aufenthaltszuständigkeit auch gestatten, wenn der Erblasser lediglich eine **Teilrechtswahl** hinsichtlich der Zulässigkeit, der materiellen Wirksamkeit und der Bindungswirkung einer Verfügung von Todes wegen **nach Art. 24 Abs. 2 oder Art. 25 Abs. 3** getroffen hat.[30] Ohnehin handelt es sich dann um eine – wenn auch beschränkte – Rechtswahl nach Art. 22, auf die die beiden genannten Vorschriften verweisen, so dass diese Auslegung mit dem Wortlaut der Art. 5 ff. vereinbar ist. Zudem besteht bei der Anerkennung einer solchen Gerichtsstandswahl ein Gleichlauf von forum und ius jedenfalls im Hinblick auf das auf die Verfügung von Todes wegen anwendbare Recht, das bei den meisten Erbsachen, in denen eine Verfügung von Todes wegen Gegenstand des Verfahrens ist, eine wichtige Rolle spielen wird, so dass ein Gleichlauf von forum und ius im Hinblick auf das gewillkürte Erbrecht gerechtfertigt ist. Im Falle einer Teilrechtswahl nach Art. 24 Abs. 2 oder Art. 25 Abs. 3 finden die Art. 5 ff. nicht nur auf Erbsachen Anwendung, die das Errichtungsstatut betreffen, sondern auf sämtliche Erbsachen nach diesem Erblasser; die schwierige Abgrenzung zwischen allgemeinem Erbstatut und Errichtungsstatut (etwa → Art. 23 Rn. 13 f., 18, 19, 27, 34, 36) sollte nicht die ohnehin bereits komplexen Art. 5 ff. auf der Zuständigkeitsebene zusätzlich belasten. Probleme stellen sich indes, wenn die Rechtswahlvorschriften der Verordnung – sei es Art. 22, Art. 24 Abs. 2 oder Art. 25 Abs. 3 – in den betreffenden Mitgliedstaaten **nicht anwendbar** sind, weil sie durch nach Art. 75 Abs. 1 UAbs. 1, Abs. 2 **vorrangige Staatsverträge** der Mitgliedstaaten verdrängt werden: Um auch hier einen Gleichlauf von forum und ius zu ermöglichen, sollten die Art. 5 ff. immer dann Anwendung finden, wenn der Mitgliedstaat des gewählten Rechts an die Rechtswahlvorschriften der Verordnung gebunden ist, ohne Rücksicht darauf, ob im Aufenthaltsmitgliedstaat ein vorrangiges Übereinkommen gilt. Lediglich wenn im Mitgliedstaat des gewählten Rechts die Rechtswahlvorschriften durch einen Staatsvertrag verdrängt werden, scheidet eine Zuständigkeitsverlagerung nach Art. 5 ff. aus. Zu **Rechtswahlen vor dem Stichtag** nach Art. 83 Abs. 2, 4 → Art. 5 Rn. 5.

d) Analoge Anwendung der Art. 5 ff.? Die Art. 5 ff. sind nicht analog auf andere Fälle anwend- **17** bar, in denen der Gleichlauf von forum und ius durchbrochen wird, speziell wenn ein nach Art. 4 zuständiges Gericht die Voraussetzungen für eine **Ausweichklausel nach Art. 21 Abs. 2** annimmt.[31] Eine solche Auslegung würde das komplizierte und die Gerichte und Beteiligten belas-

---

[30] *Dutta* FamRZ 2013, 4 (6 f.); zust. *Hess* in Dutta/Herrler EuErbVO 131, 138; BeckOGK/*Schmidt* Art. 5 Rn. 4. Anders dagegen *Janzen* DNotZ 2012, 484 (491) m. Fn. 22; zust. Bonomi/Wautelet/*Bonomi* Art. 5 Rn. 7 sowie Art. 6 Rn. 18; *Heinig* RNotZ 2014, 197 (226); *Köhler* in GKKW IntErbR 71; *Kroll-Ludwigs* in Lipp/ Münch, Die neue Europäische Erbrechtsverordnung, 2016, 65, 94 f.; Dutta/Weber/*Lein* Rn. 7; Frieser/*Martiny* ErbR Nach Art. 26 EGBGB: EuErbVO Rn. 58; *Müller-Lukoschek,* Die neue EU-Erbrechtsverordnung, 2. Aufl. 2015, 133; Calvo Caravaca/Davì/Mansel/*Marongiu Buonaiuti* Art. 5 Rn. 7; *Schoppe* IPRax 2014, 27 (32).
[31] So aber *Schauer* JEV 2012, 78 (81), sowie tendenziell *Lurger/Melcher* IPR Rn. 3/31; *Leipold,* FS Meincke, 2015, 219 (232); wie hier *Bajons* in Schauer/Scheuba, Europäische Erbrechtsverordnung, 2012, 29, 32 m. Fn. 9;

tende Verfahren nach Art. 5 ff. noch weiter ausdehnen und war auch vom Unionsgesetzgeber wohl nicht bezweckt.[32] Zudem würden die Unsicherheiten bei der Ausweichklausel im anwendbaren Recht die internationale Zuständigkeit infizieren. Schließlich kann das Gericht auch erst am Ende des Verfahrens zu dem Schluss kommen, dass die Voraussetzungen der Ausweichklausel vorliegen; dies sollte den Beteiligten nicht die Möglichkeit geben, das Verfahren in einem anderen Mitgliedstaat noch einmal aufzurollen.

18   **3. Notzuständigkeit (Art. 11).** Die Verordnung sieht in Art. 11 ein forum necessitatis in der EU vor, wenn ein Verfahren in einem Drittstaat (zum Begriff → Vor Art. 1 Rn. 29) unmöglich oder unzumutbar ist.

19   **4. Beschränkung auf den europäischen Nachlass (Art. 12).** Nach Art. 12 kann das angerufene Gericht bei Nachlassvermögen in Drittstaaten (zum Begriff → Vor Art. 1 Rn. 29) auf Antrag einer Verfahrenspartei das Verfahren ganz oder teilweise auf die in der EU befindlichen Nachlassgegenstände beschränken, wenn eine mitgliedstaatliche Entscheidung im betreffenden Drittstaat keine Aussichten auf Anerkennung oder Vollstreckung hat.

20   **5. Entgegennahme bestimmter erbrechtlicher Erklärungen (Art. 13).** Gemäß Art. 13 sind die Gerichte am gewöhnlichen Aufenthalt einer Person, die nach dem Erbstatut eine bestimmte erbrechtliche Erklärung abgeben kann, für die Entgegennahme solcher Erklärungen zuständig, wenn diese Erklärungen vor einem Gericht abgegeben werden können. Hierbei handelt es sich nicht nur um eine Zuständigkeitsregel, sondern zugleich um eine Substitutionsvorschrift (→ Art. 13 Rn. 10).

21   **6. Sonstige Zuständigkeitshilfsvorschriften (Art. 14 ff.).** Das übrige Zuständigkeitsrecht der Art. 14 ff. (Prüfung der Zuständigkeit und Zulässigkeit der Verfahrenseinleitung, Litispendenz und einstweilige Maßnahmen) orientiert sich an den Art. 25 ff. Brüssel I-VO,[33] die bald besser, bald schlechter auf Nachlassverfahren der freiwilligen Gerichtsbarkeit angepasst wurden.[34] So sprechen etwa Art. 14 lit. a und b, Art. 16 Abs. 1 vom „Kläger" bzw. „Beklagten" (= Brüssel I-Terminologie) – anders Art. 17 und Art. 18, wo von „Verfahren" anstatt von „Klagen" die Rede ist. Neu ist etwa Art. 14 lit. c, der die Anrufung des Gerichts bei von Amts wegen eingeleiteten Verfahren – die bei Nachlassverfahren der freiwilligen Gerichtsbarkeit durchaus denkbar sind – regelt und womöglich analog auch im Rahmen der Brüssel IIa-VO angewandt werden könnte, wo eine entsprechende Regelung bisher fehlt (vgl. Art. 16 Brüssel IIa-VO). – Bedauerlich ist allerdings, dass die Regelungen nicht mehr dem Brüssel I-Standard genügen werden, nachdem die **Brüssel Ia-VO**[35] im Jahr 2015 in Kraft getreten ist, die in ihren Art. 29 ff. Brüssel Ia-VO insbesondere auch die Litispendenzregeln der bisherigen Brüssel I-VO modernisiert. Der Unionsgesetzgeber wird deshalb bald vor der Frage stehen, ob er auch die Erbrechtsverordnung entsprechend reformiert, um einheitliche Standards im Unionsrecht zu bewahren;[36] insbesondere ist es nicht einzusehen, warum streitige Erbsachen anders behandelt werden als Zivil- und Handelssachen allgemein.[37]

IV. Keine freie Gerichtsstandswahl der Parteien oder des Erblassers

22   Die Verordnung sieht über die Möglichkeit einer Gerichtsstandswahl oder Gerichtsstandsanerkennung zugunsten der Gerichte des Mitgliedstaats, dessen Recht der Erblasser gewählt hat (→ Rn. 15),

---

Wall in Geimer/Schütze IRV-HdBArt. 6 Rn. 17; vgl. auch Calvo Caravaca/Davì/Mansel/*Calvo Caravaca* Art. 4 Rn. 22; *Geimer* in Hager, Die neue europäische Erbrechtsverordnung, 2013, 9, 17 in Fn. 35; Rauscher/*Hertel* Art. 5 Rn. 5.

[32] *Lechner* in Dutta/Herrler EuErbVO 5, 11.

[33] *Janzen* DNotZ 2012, 484 (491); *Revillard* Défrénois 2012, 743 (746). Erwägungsgrund Nr. 34 S. 2 spricht von „allgemeinen Verfahrensvorschriften nach dem Vorbild anderer Rechtsinstrumente der Union im Bereich der justiziellen Zusammenarbeit"; ausdrücklich auch Erwägungsgrund Nr. 16 zum Kommissionsvorschlag.

[34] S. auch bereits die Kritik von Zöller/*Geimer* Anh. II J: EuErbVO Art. 1 Rn. 15; Rauscher/*Rauscher*, 3. Aufl. 2010, Einf. EG-ErbVO-E Rn. 10, 29, 31; *Seyfarth,* Wandel der internationalen Zuständigkeit im Erbrecht, 2012, 229 ff. – Dass dem Unionsgesetzgeber die Problematik bewusst war, belegen die Ratsdokumente Nr. 5811/10 S. 5, Nr. 5811/10 ADD 1 S. 4 f., Nr. 5811/10 ADD 4 S. 3, Nr. 5811/10 ADD 5 S. 7, Nr. 5811/10 ADD 9 S. 8 f., Nr. 5811/10 ADD 13 S. 7, Nr. 5811/10 ADD 14 S. 3, Nr. 5811/10 ADD 17 S. 4 f., Nr. 5811/10 ADD 18 S. 8 und Nr. 5811/10 ADD 19 S. 3.

[35] Verordnung (EU) Nr. 1215/2012 des Europäischen Parlaments und des Rates vom 12.12.2012 über die gerichtliche Zuständigkeit und die Anerkennung und Vollstreckung von Entscheidungen in Zivil- und Handelssachen, ABl. EU L 351, 1.

[36] Ratsdokumente Nr. 5811/10 ADD 15 S. 6 f. und Nr. 5811/10 ADD 19 S. 3.

[37] S. auch die Kritik bei *Hess/Mariottini/Camara* Note 12.

hinaus – anders als zwischenzeitlich im Rat[38] und im Parlament[39] diskutiert – **keine Gerichtsstandswahlfreiheit der Parteien** vor. Diese Zurückhaltung überzeugt nicht.[40] Insbesondere ist es nicht einzusehen, warum die Verfahrensparteien inter partes, speziell in einem streitigen Erbverfahren wie etwa einem Erbprätendentenrechtsstreit, nur im Falle einer Rechtswahl des Erblassers eine Gerichtsstandswahl treffen dürfen und auch nur beschränkt auf die Gerichte im Mitgliedstaat des gewählten Rechts. Die Erbrechtsverordnung bleibt hier weit hinter dem übrigen europäischen Zuständigkeitsrecht zurück, insbesondere der Brüssel Ia-VO (Art. 25 Brüssel Ia-VO) und der EuUnthVO (Art. 4 EuUnthVO), und sogar die Brüssel IIa-VO ist für Kindschaftsverfahren großzügiger (Art. 12 Brüssel IIa-VO); verfahrensrechtliche Privatautonomie scheint dem europäischen Gesetzgeber bei der Erbrechtsverordnung ein Fremdwort gewesen zu sein. Der europäische Gesetzgeber will eine verfahrensrechtliche Privatautonomie offenbar nur so weit gewähren, wie sie eine Fremdrechtsanwendung durch die Gerichte beseitigt,[41] und überhöht damit den Gleichlauf von forum und ius (→ Rn. 2 f., 14) auf Kosten der Verfahrensparteien, bei denen die Vor- und Nachteile einer Fremdrechtsanwendung nur einer von vielen Faktoren bei der Wahl des Forums sein wird.[42]

Die Verordnung gestattet dem **Erblasser** auch keine **einseitige Gerichtsstandswahl.** Der Erblasser muss darauf hoffen, dass die Verfahrensparteien (und die nach der Grundregel zuständigen Gerichte) seine Rechtswahl zum Anlass nehmen, das Verfahren in den Mitgliedstaat des gewählten Rechts zu verlagern (→ Rn. 15). Dies ist ein Wertungswiderspruch zu Art. 25 Abs. 3 Brüssel Ia-VO, der dem settlor eines trust – der in den betreffenden Rechtsordnungen vornehmlich auch nachlassgestaltende Funktion einnimmt – eine solche Wahl ermöglicht. Erblasser, die ihre Nachfolge mithilfe eines trust regeln, haben damit zuständigkeitsrechtlich mehr Spielraum als Erblasser aus Rechtsordnungen, denen diese Option verwehrt bleibt.[43] Allenfalls kann der Erblasser mit den künftigen Verfahrensparteien, etwa im Rahmen eines Erbvertrags, eine Gerichtsstandsvereinbarung nach Art. 5 treffen, mit der sich diese bereits zu Lebzeiten des Erblassers in der Form des Art. 5 Abs. 2 binden (→ Art. 5 Rn. 17). Allerdings kann der Erblasser jedenfalls verfahrensrechtlich auch auf diesem Weg nicht verhindern, dass die Verfahrensparteien untereinander ihre Gerichtsstandsvereinbarung später widerrufen;[44] allenfalls kann der Erblasser durch Potestativbedingungen oder Auflagen insoweit verhaltenssteuernd auf die Verfahrensparteien materiellrechtlich einwirken.[45]

                                                           23

---

[38] S. den Vorschlag der deutschen (Ratsdokument Nr. 13730/11 S. 3 und 8) und finnischen (Ratsdokument Nr. 5811/10 ADD 2 S. 2 f.) Delegation.

[39] S. noch Gargani-Bericht S. 6.

[40] *Hess* in Dutta/Herrler EuErbVO 131, 138 f.; *Hess/Jayme/Pfeiffer,* Stellungnahme zum Vorschlag für eine Europäische Erbrechtsverordnung, 2012, 19; *Dörner* ZEV 2010, 221 (224); *Dutta* FamRZ 2013, 4 (6 f.); *Geimer* in Reichelt/Rechberger, Europäisches Erbrecht – Zum Verordnungsvorschlag der Europäischen Kommission zum Erb- und Testamentsrecht, 2011, 1, 13; *Geimer* in Hager, Die neue europäische Erbrechtsverordnung, 2013, 9, 22; Zöller/*Geimer* Anh. II J: EuErbVO Art. 4 Rn. 9; *Leipold,* FS Ereciński I, 2011, 1155 (1181 f.) („Zuständigkeitsrigorismus der EuErbVO für erbrechtliche Zivilprozesse"); *Lurger* in Rechberger, Brücken im europäischen Rechtsraum – Europäische öffentliche Urkunden und Europäischer Erbschein, 2010, 45, 57; *Max Planck Institute* RabelsZ 74 (2010), 522 (589 f.); *Remien* in Grziwotz, Erbrecht und Vermögenssicherung, 2011, 95, 113 f.; *Rudolf* ÖNotZ 2010, 353 (357); *Seyfarth,* Wandel der internationalen Zuständigkeit im Erbrecht, 2012, 171 ff.; *Sturm/ Sturm,* Liber amicorum Sajko, 2012, 309 (317); s. auch bereits DNotI-Studie S. 208; *Dörner/Hertel/Lagarde/Riering* IPRax 2005, 1 (3); *Mansel,* Tuğrul Ansay'a Armağan, 2006, 185 (204). – Die Lösung des Unionsgesetzgebers wird dagegen verteidigt von *Lagarde* Rev. crit. dr. int. pr. 101 (2012), 691 (723 f.); *Walther,* Der Gleichlaufgrundsatz, 2013, 315 m. Fn. 1212.

[41] Vgl. auch Erwägungsgrund Nr. 27 S. 2. Jedenfalls ungenau deshalb KG FamRZ 2016, 1203 (1204) = ZEV 2016, 514, wonach mit der Prorogation nach der Erbrechtsverordnung eine Ausnahme vom Gleichlaufgrundsatz gemacht wurde.

[42] Ähnlich auch *R. Magnus* IPRax 2013, 393 (395).

[43] S. bereits die Kritik bei *Max Planck Institute* RabelsZ 74 (2010), 522 (586), und *Dutta* in Reichelt/Rechberger, Europäisches Erbrecht – Zum Verordnungsvorschlag der Europäischen Kommission zum Erb- und Testamentsrecht, 2011, 57, 82 f. De lege ferenda für eine gewisse Gerichtsstandswahlfreiheit des Erblassers auch *Hess* in Dutta/Herrler EuErbVO 131, 137; *Hess/Jayme/Pfeiffer,* Stellungnahme zum Vorschlag für eine Europäische Erbrechtsverordnung, 2012, 17 f.; *Hess/Mariottini/Camara* Note 6; *Lechner,* Verordnung (EU) Nr. 650/2012 über Erbsachen und die Einführung eines Europäischen Nachlasszeugnisses, 2015, 17; *R. Magnus* IPRax 2013, 393 (397); *Rudolf* ÖNotZ 2010, 353 (357); *Seyfarth,* Wandel der internationalen Zuständigkeit im Erbrecht, 2012, 174 ff. – Gegen eine Gerichtsstandswahlfreiheit des Erblassers aber *Álvarez Torné* RabelsZ 77 (2013), 205 (209 f.); *Álvarez Torné* YbPIL 14 (2012/2013), 409 (417); *Lagarde* Rev. crit. dr. int. pr. 101 (2012), 691 (723); *D. Lübcke,* Das neue europäische internationale Nachlassverfahrensrecht, 2013, 400 f.; tendenziell so auch *M. Stürner* JbItalR 26 (2013), 59 (68).

[44] *Keim* in A. Roth, Die Wahl ausländischen Rechts im Familien- und Erbrecht, 2013, 67, 77.

[45] *Heinig* RNotZ 2014, 197 (227); *Lehmann* ZEV 2015, 309 (313 f.); *Müller-Lukoschek,* Die neue EU-Erbrechtsverordnung, 2. Aufl. 2015, 130, 220; vgl. auch *Kindler,* FS Stilz, 2014, 345 (351).

V. Verbleibende Bedeutung des autonomen und staatsvertraglichen Zuständigkeitsrechts

24   **1. Autonomes Zuständigkeitsrecht.** Raum für das autonome Zuständigkeitsrecht der Mitgliedstaaten verbleibt für Verfahren in Erbsachen nicht mehr.[46] Die Verordnung enthält umfassende und abschließende Zuständigkeitsregelungen (→ Rn. 4 ff.), nicht nur für Sachverhalte mit Drittstaatenbezug (Art. 10 sowie Erwägungsgrund Nr. 30),[47] sondern auch im Hinblick auf eine Notzuständigkeit (Art. 11). Kompetenzkonflikte innerhalb der EU in diesen Restbereichen werden damit vermieden.[48] Auch die internationale Zuständigkeit für die Erteilung von Erbscheinen richtet sich nach Art. 4 ff. (→ Rn. 5, 8). Zur Anwendung der mitliedstaatlichen Litispendenzregeln (bei uns etwa § 261 Abs. 3 Nr. 1 ZPO) im Verhältnis zu Drittstaaten → Art. 17 Rn. 1; → Art. 12 Rn. 10, 12.

25   Die Art. 4 ff. verdrängen in **Deutschland** für streitige Erbverfahren die §§ 12 ff. ZPO (insbesondere auch §§ 27, 28 ZPO) analog oder doppelfunktional angewandt sowie für Nachlassverfahren der freiwilligen Gerichtsbarkeit die §§ 105, 343, 344 FamFG. Entscheidend für den verbleibenden Spielraum des autonomen Zuständigkeitsrechts ist freilich der sachliche Anwendungsbereich der Verordnung, wie er in Art. 1 sowie in Art. 23 umrissen wird (→ Art. 1 Rn. 2). So verdrängt die Verordnung auch autonome Zuständigkeitsvorschriften für Verfahren, die zwar nach dem mitgliedstaatlichen Recht nicht als Erbsachen eingeordnet werden, aber bei autonomer Auslegung nach der Verordnung. Das betrifft bei uns etwa das Verfahren zum **Aufgebot der Nachlassgläubiger**, das in den §§ 454 ff. FamFG den Aufgebotsverfahren nach § 433 ff. FamFG und nicht den Verfahren in Nachlass- und Teilungssachen nach §§ 342 ff. FamFG zugewiesen wird. Dennoch schiebt die Verordnung die Zuständigkeitsregeln für das Aufgebotsverfahren nach § 105, § 454 Abs. 2 FamFG beiseite. Art. 23 Abs. 2 lit. g unterstellt die Haftung für Nachlassverbindlichkeiten dem Erbstatut. Es kann damit auch für das Verfahrensrecht davon ausgegangen werden, dass Verfahren, welche diese Haftung betreffen, in den sachlichen Anwendungsbereich der Verordnung fallen.[49] Zur Testamentseröffnung → Rn. 9, zur amtlichen Verwahrung von Verfügungen von Todes wegen → Rn. 10.

26   **2. Staatsvertragliche Zuständigkeitsregeln.** Enthalten dagegen Staatsverträge Zuständigkeitsregelungen für Erbsachen, so werden diese wegen Art. 75 Abs. 1 UAbs. 1, Abs. 2 in den betreffenden Mitgliedstaaten von den Art. 4 ff. nicht berührt, soweit auch Drittstaaten beteiligt sind. Dies gilt in Deutschland etwa für das **deutsch-türkische Nachlassabkommen** (Dt.-Türk. NachlAbk; Text und Erläuterung → Art. 75 Rn. 15 ff.), das Zuständigkeitsregelungen in §§ 2 f. Dt.-Türk. NachlAbk (bestimmte Nachlassverfahren der freiwilligen Gerichtsbarkeit) und § 15 S. 1 Dt.-Türk. NachlAbk (bestimmte streitige Erbverfahren) enthält, und den **deutsch-sowjetische Konsularvertrag** (Dt.-Sowjet. KonsularV, Text und Erläuterung → Rn. 27 ff.), wo sich in Art. 26 Dt.-Sowjet. KonsularV eine Zuständigkeitsregel für einzelne Nachlassverfahren findet, ferner für **sonstige bilaterale Konsularverträge** ohne explizite Zuständigkeitsregeln, soweit diese über die Befugnisse der Konsularbeamten auch eine internationale Zuständigkeit des Entsendestaats voraussetzen (vgl. auch → Art. 3 Rn. 23) oder die Befugnisse der Empfangsstaaten zur Nachlassfürsorge regeln. Allerdings werden die Zuständigkeitsvorschriften der Verordnung nur verdrängt, wenn die vorrangigen Staatsverträge zur Zuständigkeit in Erbsachen überhaupt Stellung nehmen; abweichende staatsvertragliche Kollisionsnormen, soweit für den Forummitgliedstaat bindend, suspendieren die Art. 4 ff. nicht.[50] Zum Verhältnis von staatsvertraglichen Zuständigkeitsnormen und Europäischem Nachlasszeugnis → Art. 64 Rn. 9 sowie → Art. 75 Rn. 5.

VI. Ablehnung wesensfremder Tätigkeiten?

27   Vor allem in Nachlassverfahren der freiwilligen Gerichtsbarkeit sind materielles Erbrecht und Erbverfahrensrecht eng miteinander verwoben. Muss ein inländisches Nachlassgericht trotz des Strebens der

---

[46] Bonomi/Wautelet/*Bonomi* Vor Art. 1 Rn. 22; *Geimer* in Reichelt/Rechberger, Europäisches Erbrecht – Zum Verordnungsvorschlag der Europäischen Kommission zum Erb- und Testamentsrecht, 2011, 1, 10; *R. Magnus* IPRax 2013, 393 (394); *Richters* ZEV 2012, 576; *Süß* ZEuP 2013, 725 (735); vgl. auch *S. M. Weber,* Das internationale Zivilprozessrecht erbrechtlicher Streitigkeiten, 2012, 82.

[47] *Bonomi/Öztürk* ZVglRWiss. 114 (2015), 4 (6); anders zum Kommissionsvorschlag offenbar *Majer* ZEV 2011, 445 (447).

[48] S. Grünbuch KOM(2005) 65 endg. S. 9.

[49] Bork/Jacoby/Schwab/*Dutta* FamFG Vor § 433 Rn. 21; aA Zöller/*Geimer* FamFG § 434 Rn. 18 sowie Anh. II J: EuErbVO Art. 4 Rn. 13.

[50] Anders aufgrund einer „Geschäftsgrundlagentheorie" konsequent (→ Art. 75 Rn. 5) *Süß* in Dutta/Herrler EuErbVO 181, 192, jedenfalls im Hinblick auf die Zuständigkeit für mitgliedstaatliche Erbnachweise; s. auch *Lehmann* ZEV 2014, 232 (234 f.).

Verordnung nach einem Gleichlauf von forum und ius (→ Rn. 2 f.) ausländisches Erbrecht anwenden, so kann dieses Recht ihm Verrichtungen abverlangen, die sein eigenes Recht nicht vorsieht, etwa die Vornahme eines Hoheitsakts zur Verwirklichung des Erbgangs (zur Einantwortung nach österreichischem Recht → Art. 8 Rn. 4), eine Ermessensentscheidung bei der Verteilung des Nachlasses, bei der Erbteilung oder family provision oder eine Gestaltungsentscheidung, durch die eine pflichtteilswidrige Verfügung des Erblassers herabgesetzt wird. Bisher haben die deutschen Gerichte vereinzelt die Vornahme solcher nach inländischem Recht unbekannten Maßnahmen als wesensfremd abgelehnt.[51] Diese Möglichkeit besteht nach der Erbrechtsverordnung **nicht mehr.**[52] Über die Vereinheitlichung des Zuständigkeitsrechts ragt das Unionsrecht in das mitgliedstaatliche Verfahrensrecht hinein, das dem Gericht nicht gestatten darf, eine Zuständigkeit nach der Verordnung mit dem Hinweis auf eine wesensfremde Tätigkeit zu konterkarieren; das gilt nicht nur, wenn die Verordnung gerade für die konkrete Verrichtung eine besondere Zuständigkeit vorsieht (→ Art. 13 Rn. 11), sondern allgemein für sämtliche Zuständigkeiten. Ein Rückgriff auf mitgliedstaatliches Verfahrensrecht, obwohl dieses durch die Verordnung nicht unmittelbar berührt wird, wäre einerseits mit dem Effektivitätsgrundsatz (→ Art. 5 Rn. 4) nicht zu vereinbaren. Den Zuständigkeitsregeln der Art. 4 ff. würde ihre praktische Wirksamkeit genommen, wenn das Gericht seine Zuständigkeit unter Rückgriff auf sein nationales Verfahrensrecht nicht ausübt, einmal abgesehen davon, dass nach der Verordnung eine Zuständigkeit anderer Gerichte ausscheiden wird und damit eine Rechtsverweigerung droht. Auch würde – andererseits – die einheitliche Anwendung der Art. 4 ff. gefährdet, wenn einzelne mitgliedstaatliche Gerichte nach ihrem jeweiligen nationalen Verfahrensrecht über die Ausübung der Zuständigkeit disponieren könnten. So hat etwa der Gerichtshof in *Owusu* es den mitgliedstaatlichen Gerichten untersagt, eine europäische Zuständigkeit – konkret nach dem EuGVÜ – unter Rückgriff auf nationale Verfahrensrechtsinstitute, die sich auf die Ausübung einer Zuständigkeit beziehen, abzulehnen.[53] Nichts anderes kann im Zuständigkeitsrecht der Erbrechtsverordnung gelten.[54]

Kehrseite der Unmöglichkeit der mitgliedstaatlichen Gerichte, eine erbrechtsrelevante Maßnahme   **28** als wesensfremde Tätigkeit abzulehnen, ist freilich die **Pflicht der anderen Mitgliedstaaten** – vor allem auch der Mitgliedstaaten, deren Recht Erbstatut ist – diese Maßnahmen nach den Art. 39 ff. **anzuerkennen.** Insbesondere **substituieren** diese Maßnahmen – auch wenn sie von einem aus Sicht des Erbstatuts ausländischen Gericht erlassen wurden – eine entsprechende Maßnahme nach inländischem Recht,[55] so dass bei den nach Art. 4 ff. zuständigen Gerichten auch stets ein allgemeines Rechtsschutzbedürfnis für die Vornahme der Maßnahme nach ausländischem Recht besteht.

VII. Anpassungen im deutschen Nachlassverfahrensrecht bei ausländischem Erbstatut

Die Tatsache, dass ein nach den Art. 4 ff. zuständiges Gericht keine Verrichtungen nach einem   **29** ausländischen Erbstatut als wesensfremd ablehnen darf (→ Rn. 27 f.), ändert freilich nichts daran, dass in diesem Fall Anpassungen im mitgliedstaatlichen Verfahrensrecht erforderlich und möglich sind, vor allem in Nachlassverfahren der freiwilligen Gerichtsbarkeit, das die lex fori regelmäßig nur auf das materielle Erbrecht des Forums abstimmen wird.

1. Erteilung eines Erbscheins. Konkret besteht in Deutschland beim Erbscheinsverfahren   **30** besonderer Anpassungsbedarf, wenn ein deutscher Erbschein nach ausländischem Erbstatut ausgestellt werden soll. Die Anwendung der Zuständigkeitsvorschriften der EuErbVO auf Erbscheinsverfahren (→ Rn. 5, 8) hat freilich auch hier den Vorteil, dass das Ziel dieser Vorschriften, einen Gleichlauf von forum und ius zu gewährleisten (→ Rn. 2 f.), auch bei Erbscheinsverfahren zum Zuge kommt, anders als unter §§ 105, 343 FamFG, die von den Art. 4 ff. teilweise abweichen (→ Rn. 5). – Zur grenzüberschreitenden Wirkungserstreckung mitgliedstaatlicher Erbnachweise nach der Verordnung → Art. 3 Rn. 17.

Die **Gestaltung des Erbscheins** richtet sich ausschließlich **nach deutschem Recht** als der lex   **31** fori.[56] Es kommt auch nicht darauf an, ob das Erbstatut den Erbschein kennt.[57] Nicht erforderlich

---

[51] Vgl. etwa BayObLGZ 1967, 197 (201).

[52] Vgl. auch *J. P. Schmidt* ZEV 2014, 455 (458 f.); *Solomon* Anali Pravnog Fakulteta Univerziteta u Zenici 18 (2016), 193 (211).

[53] EuGH Slg. 2005, I-1383 = EuZW 2005, 345 – Owusu.

[54] Vgl. auch *Bonomi/Wautelet/Bonomi* Art. 4 Rn. 30.

[55] Vgl. zur österreichischen Einantwortung auf Basis des Kommissionsvorschlags *Schäuble,* Die Einweisung der Erben in die Erbschaft nach österreichischem Recht durch deutsche Nachlassgerichte, 2011, 193 ff.

[56] *Soergel/Kegel,* 11. Aufl. 1984, EGBGB Vor Art. 24 Rn. 81; vgl. Staudinger/*Firsching,* 12. Aufl. 1979, BGB § 2369 Rn. 30; zu Einzelfragen der Gestaltung vgl. auch *Griem,* Probleme des Fremdrechtserbscheins gemäß § 2369 BGB, 1990, 162–229.

[57] BayObLGZ 1961, 4 (5); 1976, 181; *Soergel/Kegel,* 11. Aufl. 1984, Vor Art. 24 Rn. 77; *Ferid* IPR §§ 9–100.

für einen Fremdrechtserbschein ist, dass Nachlassvermögen im Inland vorhanden ist. Insbesondere schließt ein Fehlen von inländischem Nachlassvermögen nicht das Rechtsschutzbedürfnis für die Erteilung des Erbscheins aus,[58] zumal wenn dieser auch Wirkungen im Ausland zeitigt (→ Art. 3 Rn. 17). Zum Rechtsschutzbedürfnis neben einem Europäischen Nachlasszeugnis (→ Art. 62 Rn. 10). Ausreichend ist, dass der Antragsteller voraussichtlich sein Erbrecht im In- oder Ausland nachweisen werden muss. Die Beerbung nach ausländischem Recht bringt allerdings eine Reihe von Schwierigkeiten und Unsicherheiten gegenüber dem nach deutschem Erbstatut ausgestellten Erbschein mit sich, insbesondere bei Abweichungen zwischen dem deutschen und dem ausländischen, zB dem anglo-amerikanischen Erbrecht.[59] Es fragt sich, inwieweit derartige **auslandsrechtliche Besonderheiten** in einem Fremdrechtserbschein festgehalten werden müssen.

32   Nach § 2353 BGB ist der Erbschein für den Erben ein Zeugnis über sein Erbrecht und die Größe seines Erbteils. Im Erbschein sind dabei dem Erbrecht unmittelbar anhaftende Beschränkungen anzugeben. Dies sind sowohl gesetzliche Beschränkungen wie Noterbrechte als auch Anordnungen einer Nacherbfolge und der Testamentsvollstreckung. Entscheidend ist der Rechtszustand zur Zeit des Todes des Erblassers (Ausnahme: Eintritt der Nacherbfolge), wobei jedoch alle Umstände berücksichtigt werden, von denen der Anfall der Erbschaft als solcher abhängt (Erbverzicht, Ausschlagung, Erbunwürdigerklärung, Testamentsanfechtung).[60]

33   Im **Fremdrechtserbschein** sind **zusätzlich** zu den normalen Daten eines Erbscheins **anzugeben:**[61] die Rechtsordnung, nach der sich die Erbfolge beurteilt;[62] ggf. aufgrund von § 352c FamFG die Beschränkung auf die im Inland belegenen Nachlassgegenstände, ohne sie allerdings im Einzelnen anzuführen; Verfügungsbeschränkungen des Erbstatuts, soweit sie inländischen vergleichbar sind. Anzugeben ist auch eine kollisionsrechtliche Nachlassspaltung (→ Vor Art. 20 Rn. 7 ff.) und die Reichweite des jeweiligen Erbscheins.[63] Möglich ist auch ein Doppelerbschein, der Erbscheine für kollisionsrechtlich gespaltene Nachlässe zusammenfasst.[64]

34   Die Begrifflichkeit des § 2353 BGB zu den in einem deutschen Erbschein bescheinigbaren Rechtspositionen sind – anders als die Begriffe in den entsprechenden Vorschriften der Art. 62 ff. zum Europäischen Nachlasszeugnis (→ Art. 63 Rn. 2 ff.) – **vor dem Hintergrund des deutschen Erbrechts** auszulegen. Um die Funktionsfähigkeit des Erbscheins zu gewährleisten, sind Erscheinungen des ausländischen Erbrechts so genau wie möglich wiederzugeben und trotz ausländischen Erbstatuts in die „deutsche" Sprache des Erbscheins zu übersetzen. Als besondere Problemzonen bei Fremdrechtserbscheinen haben sich herausgestellt:

(1) das Erbstatut lässt den Nachlass auf eine Zwischenperson (personal representative) übergehen (anglo-amerikanischer Rechtskreis);

(2) das Erbstatut durchbricht den Grundsatz der Universalsukzession zugunsten einer Einzelrechtsnachfolge;

(3) das Erbstatut kennt Beschränkungen des Erben, welche nicht ohne weiteres den Verfügungsbeschränkungen des deutschen Rechts vergleichbar sind (zB gesetzlicher Nießbrauch des überlebenden Ehegatten am Nachlass im romanischen Rechtskreis, Stellung von Nachlassverwaltern und -abwicklern in den anglo-amerikanischen Rechten);

(4) Fälle, in denen ein Erbschein überhaupt abzulehnen ist.

35   Zu (1): Bei der **Zwischenschaltung eines personal representative** (executor, administrator) nach englischem oder US-amerikanischem Recht fehlen nach deutscher Vorstellung (→ Rn. 34) dinglich berechtigte Erben, es gibt nur beneficiaries, die Ansprüche auf den Überschuss gegen den personal representative besitzen. Dinglich berechtigt (legal owner) sind nur die **Zwischenpersonen.** Diese können aber nicht als Erben bezeichnet werden, sie haben keinen endgültigen vermögensmäßigen Anteil am Nachlass, sie sind nur Treuhänder der Bedachten. Ihnen kann daher kein Erbschein erteilt werden.[65]

---

[58] Vgl. aber auch Bamberger/Roth/*Lorenz* EGBGB Art. 25 Rn. 72.

[59] Eingehend dazu *Gottheiner,* Anpassungs- und Umdeutungsprobleme bei deutsch-englischen Erbfällen, 1955; *Gottheiner,* RabelsZ 21 (1956), 36 ff.; *Firsching,* Deutsch-amerikanische Erbfälle, 1965, passim; *Claudi* MittRhNotK 1981, 79 ff.

[60] LG Düsseldorf JZ 1961, 745; Soergel/*Kegel,* 11. Aufl. 1984, EGBGB Vor Art. 24 Rn. 85; aA *Henrich* JZ 1961, 746.

[61] Vgl. auch Firsching/*Graf* Nachlassrecht Rn. 2.98 ff. mit Mustern für die entsprechenden Formulierungen des Erbscheins.

[62] BGHZ 131, 22 (32) = DtZ 1996, 84; BayObLGZ 1961, 21 und 181; BayObLGZ 1967, 200; KG IPRspr. 1977 Nr. 187; OLG Düsseldorf NJW 1963, 2230; Soergel/*Kegel,* 11. Aufl. 1984, EGBGB Vor Art. 24 Rn. 82; anders LG Frankfurt a. M. IPRspr. 1976 Nr. 204.

[63] Bamberger/Roth/*Lorenz* EGBGB Art. 25 Rn. 72.

[64] Etwa BGH ZEV 2012, 590 f.; BayObLG NJW-RR 2001, 950 (952).

[65] Staudinger/*Firsching,* 12. Aufl. 1979, BGB § 2369 Rn. 41; vgl. auch KG ZEV 2012, 593 (594 f.).

Als **Erben** kommen aber trotz Fehlen der Verfügungsberechtigten nur die gesetzlich oder testa- **36** mentarisch Begünstigten, die **beneficiaries,** in Betracht, wenngleich sie trotz equitable ownership näher einem Vermächtnisnehmer als einem Erben stehen. Ihnen wird auch von der Praxis ein Erbschein erteilt.[66] Der Umstand, dass der Erbschein die Erbfolge als solche dokumentiert, wird als ausreichend angesehen. Zum Europäischen Nachlasszeugnis → Art. 63 Rn. 6.

Problematisch ist dabei nur, **ob** die **execution oder administration** mit in den **Erbschein** **37** **aufgenommen werden muss.** Zwar beschränken execution und administration unmittelbar den „Erben" in seiner Rechtsstellung, aber erst dann, wenn ein executor bzw. administrator für den Nachlass bestellt wird. Erfolgt eine solche Bestellung, so hängt deren Wirkung im Inland davon ab, ob sie insgesamt den Nachlass des Erblassers erfassen und nicht nur auf die jeweilige jurisdiction beschränkt bleiben sollte.[67] Nur im ersten Fall sind sie in den Erbschein aufzunehmen,[68] im letzteren jedoch nicht; zum Testamentsvollstreckerzeugnis → Rn. 47.

Zu (2): Eine erbrechtliche **Singularsukzession** kommt vor allem **im Bereich des Vermächt-** **38** **nisses** vor. Nach französischem Recht gibt es das Universalvermächtnis; weiter kennen mehrere Rechtsordnungen das **Vindikationslegat** (zur kollisionsrechtlichen Behandlung → Art. 1 Rn. 48 ff. und → Art. 31 Rn. 9).

Stellt die Singularsukzession wie beim **Universalvermächtnis** lediglich eine andere rechtstech- **39** nische Einkleidung der Erbfolge dar, so besteht kein Grund, den Bedachten nicht als Erben zu betrachten und ihm einen Erbschein zu verweigern.[69] Soweit der gesamte Nachlass durch Erbteilsvermächtnisse vererbt wird, gilt insoweit das Gleiche. Beim **Einzelvermächtnis** mit dingli- cher Wirkung ist jedoch, anders als beim Europäischen Nachlasszeugnis (vgl. Art. 63 Abs. 1), eine **Erbenstellung iS des Erbscheinsrechts zu verneinen,**[70] es sei denn, dass es sich faktisch um den gesamten Nachlass handelt.[71] Das gilt selbst dann, wenn nach der hier vertretenen Ansicht (→ Art. 1 Rn. 48 ff. und → Art. 31 Rn. 9) das Vindikationslegat nach ausländischem Erbstatut im Inland dingliche Wirkung entfaltet. Der Ausweis des Vindikationslegatars im Erbschein als „Erbe" wäre missverständlich und ein Ausweis der Einzelrechtsnachfolge in einem „Legatzeugnis" würde wohl den Rechtsverkehr angesichts der Bezeichnung als „Erbschein" überfordern.[72] Das dinglich wirkende Vermächtnis ist jedoch als Verfügungsbeschränkung der Erben in den Erbschein aufzunehmen.[73]

Zu (3): Gelegentlich ist es sehr schwierig zu entscheiden, ob **nach ausländischem Recht** **40** **angeordnete Beschränkungen des Erben** den **deutschen Verfügungsbeschränkungen** für die Zwecke der Erbscheinserteilung **gleichgestellt** werden können und in den Erbschein aufzunehmen sind. Für **execution** und **administration** im englischen und amerikanischen Erbrecht wurde dies bereits oben in bestimmten Fällen (→ Rn. 37) bejaht; dies gilt umso mehr, wenn der executor gleichzeitig auch die Stellung eines testamentarischen trustee besitzt.

Eine **Testamentsvollstreckung,** bei der dem Testamentsvollstrecker die Verwaltung des Nachlas- **41** ses und die Geltendmachung der zum Nachlass gehörenden Rechte ganz oder teilweise vorbehalten bleibt, gehört sicher in entsprechender Anwendung von § 2364 Abs. 1 BGB zu den zu berücksichti- genden Verfügungsbeschränkungen.

Der **gesetzliche Nießbrauch des überlebenden Ehegatten** (etwa nach Art. 192, Art. 271 ff. **42** arag. Código del derecho foral; Art. 745bis § 1 Abs. 1 belg. Code civil; Art. 442-3 Abs. 1 katal. Codi

---

[66] S. etwa BayObLGZ 2003, 68 (83); KG IPRspr. 1972 Nr. 123; ZEV 2012, 593 (594).

[67] Vgl. KG IPRspr. 1972 Nr. 123; bei Rückverweisung auf das deutsche Recht entfällt eine administration ohnehin.

[68] Hinsichtlich der Beschränkung durch einen executor ebenso LG Hamburg IPRspr. 1977 Nr. 104. AA Staudinger/*Firsching,* 12. Aufl. 1979, BGB § 2368 Rn. 44, weil nach seiner Auffassung ein „amerikanischer" administrator im Inland nie verfügungsberechtigt ist; dagegen kommt *Gottheiner* RabelsZ 21 (1956), 39 ff. für den „englischen" administrator zum gegenteiligen Schluss; so hinsichtlich des „englischen" und des „amerikanischen" administrators auch *Berenbrok,* Internationale Nachlassabwicklung, 1989, 180 ff. Vgl. hierzu auch noch IPG 1967/ 68 Nr. 65 (Köln, USA).

[69] Zutr. daher OLG Saarbrücken NJW 1967, 732 (733) m. zust. Anm. *Mezger;* BayObLG FamRZ 1996, 694 (697); LG München I FamRZ 1998, 1067 (1068); *Johannson* SchlHA 1960, 332 f. (für die entspr. schwedische Rechtsfigur des allg. Testamentsnehmers); Staudinger/*Firsching,* 12. Aufl. 1979, BGB § 2369 Rn. 41 (für die residuary legatees in den USA).

[70] Vgl. BayObLGZ 1961, 19 f.; 1974, 400 (466); OLG Köln NJW 1983, 525 f.; Staudinger/*Dörner* (2007) EGBGB Art. 25 Rn. 887, freilich noch vor dem Hintergrund, dass das Vindikationsvermächtnis nach ausländi- schem Erbstatut im Inland keine dinglichen Wirkungen entfaltet; für die Aufnahme des Vindikationslegatars in den Erbschein dagegen etwa *Kegel,* FS Seidl-Hohenveldern, 1998, 339 (362).

[71] Anders *Dörner* IPRax 1996, 26 (28); Staudinger/*Dörner* (2007) EGBGB Art. 25 Rn. 888.

[72] Anders *Gärtner,* Die Behandlung ausländischer Vindikationslegate im deutschen Recht, 2014, 154 ff.

[73] *Gärtner,* Die Behandlung ausländischer Vindikationslegate im deutschen Recht, 2014, 159 ff.

civil; § 615 ung. Polgári Törvénykönyv) kann zwar nicht als subjektives Erbrecht angesehen werden, dennoch beschränkt er die Erben. Ob er in den Erbschein aufzunehmen ist, hängt freilich davon ab, inwieweit er als Verfügungsbeschränkung wirkt. Dies ist dann der Fall, wenn er unmittelbar mit dem Erbfall entstanden ist, also zB in der Form eines gesetzlichen Vindikationslegats. Hierbei kann es nicht darauf ankommen, ob das deutsche Recht als lex rei sitae die sachenrechtliche Wirkung eines fremden Vindikationslegats (→ Art. 1 Rn. 48 ff. und → Art. 31 Rn. 9) anerkennt.[74] Das entscheidende Gewicht liegt hier auf der unmittelbaren Einräumung eines den Erben beschränkenden Rechts.[75] Hat der **Ehegatte ein Wahlrecht zwischen dem Nießbrauch oder einer Miterbenstellung** (etwa Art. 757, 758-3 S. 2 frz. Code civil), empfiehlt es sich, dieses, solange es nicht ausgeübt wurde, in den Erbschein aufzunehmen.[76]

43   Die Einsetzung eines **trustee,** die vor allem im US-amerikanischen Recht häufig anzutreffen ist, hat in der Regel eine Verfügungsbeschränkung der „Erben" zur Folge. Eher als ein executor kann er mit dem Testamentsvollstrecker des deutschen Rechts verglichen werden.[77] Die Einsetzung eines trustee ist daher im Erbschein zu vermerken.[78]

44   Zu (4): Angesichts der großen Unterschiede in den einzelnen Rechtsordnungen kann sich die **Ablehnung eines Fremdrechtserbscheins** in gewissen Fällen empfehlen, solange über die Erbeneigenschaft der an und für sich bekannten möglichen Anwärter noch keine Klarheit besteht. Vor allem in zwei Fällen ist daran zu denken: bei der hereditas iacens und beim Noterbrecht, wenn ein Erbschein nur von einem bzw. nicht von allen Erben beantragt wird.

45   Haben die Noterben gegenüber dem Testamentserben etwa bei schweizerischem Erbstatut keinen Verzicht auf die Herabsetzungsklage erklärt, will *Firsching*[79] die Erteilung eines Erbscheins überhaupt ablehnen, während *Raape* ihn „unter dem Vorbehalt der Herabsetzungsklage", aber ohne Berücksichtigung des Noterbrechts ausstellen will.[80] Da die **Noterben** im Sinne des deutschen Rechts Erben und nicht bloße Nachlassgläubiger sind, müssen sie im Erbschein erscheinen, solange sie die Herabsetzungsklage noch erheben können. Es wird also ein Erbschein unter Angabe der Noterben mit ihren Quoten erteilt.[81]

46   **2. Erteilung eines Testamentsvollstreckerzeugnisses.** Nach § 2368 Abs. 3 BGB finden auf das Testamentsvollstreckerzeugnis die Bestimmungen über den Erbschein entsprechende Anwendung (→ Rn. 30 ff.). Dies gilt auch für den Fall, dass die Testamentsvollstreckung auf ausländischem Recht beruht, also einem fremden Erbstatut unterfällt.[82] Zentral ist hier die Frage, welche Rechtsfiguren im ausländischen Recht **mit dem deutschen Testamentsvollstrecker vergleichbar** sind.

47   Einem Testamentsvollstrecker im Sinne des BGB nicht vergleichbar ist etwa der **administrator** des angloamerikanischen Rechts.[83] Seine Bestellung hängt nicht vom Willen des Erblassers ab. Eine entsprechende Anwendung des § 2368 BGB lässt sich nicht rechtfertigen, wenn dem administrator im Inland die Verfügungsbefugnis über diesen Nachlass fehlt, was in der Regel angesichts der territorial

---

[74]   So jedoch BayObLGZ 1961, 19 ff.; BayObLG FamRZ 1996, 694 (698).

[75]   Ebenso Soergel/*Kegel,* 11. Aufl. 1984, EGBGB Vor Art. 24 Rn. 83; Soergel/*Schurig* EGBGB Art. 25 Rn. 69. Gegen die Aufnahme in den Erbschein BayObLGZ 1961, 19 ff.; OLG Düsseldorf RzW 1960, 277; OLG Frankfurt a. M. RzW 1964, 382; LG Berlin IPRspr. 1931 Nr. 97; *Nishitani* IPRax 1998, 74 (77 f.).

[76]   AA IPG 1978 Nr. 35 (München, Schweiz).

[77]   Vgl. auch Staudinger/*Dörner* (2007) EGBGB Art. 25 Rn. 51, 894; ausf. zur Vergleichbarkeit eines trustee mit einem Testamentsvollstrecker *Klein* ZVglRWiss. 101 (2002), 175 (189 ff.).

[78]   Vgl. IPG 1965/66 Nr. 66 (Kiel, USA); 1967/68 Nr. 67 (Hamburg, England), Nr. 74 (Köln, USA); *Wengler* II Nr. 104 (USA), Nr. 114 (USA); auch Staudinger/*Dörner* (2007) EGBGB Art. 25 Rn. 894.

[79]   Staudinger/*Firsching,* 12. Aufl. 1979, BGB § 2369 Rn. 43.

[80]   IPR S. 450; ähnlich *Taupitz* IPRax 1988, 210.

[81]   Vgl. dazu auch Staudinger/*Firsching,* 12. Aufl. 1979, BGB § 2369 Rn. 43; anders LG Saarbrücken IPRspr. 2000 Nr. 193; Staudinger/*Dörner* (2007) EGBGB Art. 25 Rn. 886 (Aufnahme nur der Möglichkeit einer Herabsetzungsklage in den Erbschein); abl. auch *Tiedemann,* Internationales Erbrecht in Deutschland und Lateinamerika, 1993, 95; anders auch Bamberger/Roth/*Lorenz* EGBGB Art. 25 Rn. 70: Keine Aufnahme in den Erbschein bis zur Durchsetzung durch Herabsetzungsklage. *Sonnenberger* IPRax 2002, 174 Fn. 43 schlägt bis zum Erlass eines noch möglichen Herabsetzungsurteils bei der Angabe der Erben den Zusatz vor: „Die Erbberechtigung steht unter dem Vorbehalt eines Herabsetzungsurteils zugunsten des klageberechtigten Noterben des französischen Rechts (Art. 913 ff. CC)". Offengelassen von BayObLGZ 1961, 4 (18 f.); vgl. auch BayObLGZ 1995, 366 (375 f.).

[82]   BGH NJW 1976, 2074; BayObLGZ 1965, 377 (382); KG KGJ 36 A 109, 110; JFG 15, 78 (81); Staudinger/*Firsching* (2004) BGB § 2368 Rn. 37; Soergel/*Kegel,* 11. Aufl. 1984, EGBGB Vor Art. 24 Rn. 86; *Pinckernelle/Spreen* DNotZ 1967, 208; vgl. ferner noch IPG 1972 Nr. 33 (München, USA).

[83]   Trotzdem will Soergel/*Kegel,* 11. Aufl. 1984, EGBGB Vor Art. 24 Rn. 86 auf ihn § 2368 BGB entsprechend anwenden. Vgl. auch IPG 1965/66 Nr. 67 (Köln, USA); wie hier Staudinger/*Dörner* (2007) EGBGB Art. 25 Rn. 899; *Flick/Piltz,* Der Internationale Erbfall, 2. Aufl. 2008, Rn. 345; s. auch *Wohlgemuth* MittRhNotK 1992, 101 (106 ff.).

beschränkten Wirkung seiner Bestellung der Fall sein dürfte.[84] Aber auch wenn er verfügungsbefugt wäre, ist ein **Nachlass- bzw. Erbschaftsverwalterzeugnis** für einen administrator nicht zu erteilen.[85] Beim **executor** ist die Vergleichbarkeit mit dem Testamentsvollstrecker deutschen Rechts zu bejahen, wenn der Erblasser den Betreffenden im Testament ernannt hat. Es ist **Auslegungsfrage, ob** der **Erblasser** den Genannten **als Testamentsvollstrecker ernennen wollte.**[86] Die Regel dürfte dies nicht sein. Für den **trustee** gilt Ähnliches.[87]

Im **Testamentsvollstreckerzeugnis** selbst sind die **Befugnisse** des Testamentsvollstreckers **48 näher zu umschreiben,**[88] denn sie sind in den einzelnen Rechtsordnungen sehr unterschiedlich. Würde deren Umschreibung fehlen, könnte dies leicht zu Missverständnissen führen.

VIII. Bedarf für Durchführungsgesetzgebung

Im Rahmen ihrer Durchführungsgesetzgebung zur Erbrechtsverordnung müssen die Mitgliedstaa- **49** ten dafür sorgen, dass das mitgliedstaatliche Verfahrensrecht stets eine örtliche Zuständigkeit vorsieht (vgl. Art. 2), wenn die Gerichte dieses Mitgliedstaats nach der Verordnung international zuständig sind. Sollte es an einer solchen Regelung zur örtlichen Zuständigkeit **fehlen,** obwohl nach den Art. 4 ff. der betreffende Mitgliedstaat international zuständig ist, so wird man eine örtliche Zuständigkeit analog der Kriterien der Verordnung annehmen müssen, um nicht die Effektivität des internationalen Zuständigkeitsrechts nach der Verordnung (zum Effektivitätsgrundsatz → Art. 5 Rn. 4) zu gefährden[89] (→ Art. 13 Rn. 8). Zur deutschen Durchführungsgesetzgebung → Art. 2 Rn. 3.

Art. 4 EuErbVO Allgemeine Zuständigkeit

Für Entscheidungen in Erbsachen sind für den gesamten Nachlass die Gerichte des Mitgliedstaats zuständig, in dessen Hoheitsgebiet der Erblasser im Zeitpunkt seines Todes seinen gewöhnlichen Aufenthalt hatte.

Übersicht

I. Überblick

Die Vorschrift bildet gemeinsam mit Art. 10 die zuständigkeitsrechtliche **Grundregel** (zur Syste- **1** matik der Art. 4 ff. → Vor Art. 4 Rn. 13 ff.), und zwar für den Fall, dass der Erblasser zum Zeitpunkt seines Todes den **gewöhnlichen Aufenthalt in der EU** besaß. Die Vorschrift begründet einen – grundsätzlich zwingenden (→ Vor Art. 4 Rn. 13) – Gerichtsstand für sämtliche Erbverfahren (→ Vor Art. 4 Rn. 4 ff.) am letzten gewöhnlichen Aufenthalt des Erblassers hinsichtlich des gesamten Nachlasses, ggf. auch bereits für Erbsachen zu Lebzeiten des Erblassers (→ Vor Art. 4 Rn. 10 ff.).

II. Zuständigkeit am letzten gewöhnlichen Aufenthalt

Mit dem gewöhnlichen Aufenthalt greift Art. 4 ein zentrales Anknüpfungsmoment der Verord- **2** nung auf. Auch das Erbstatut wird in Art. 21 Abs. 1 anhand des letzten gewöhnlichen Aufenthalts

---

[84] Vgl. dazu auch *Wohlgemuth* MittRhNotK 1992, 101 (104); aA *Gruber* Rpfleger 2000, 250 (252).

[85] Soergel/*Kegel,* 11. Aufl. 1984, EGBGB Vor Art. 24 Rn. 86; *Gruber* Rpfleger 2000, 250 (255); IPG 1965/ 66 Nr. 67; vgl. noch Staudinger/*Firsching* (2004) BGB § 2368 Rn. 49.

[86] Vgl. dazu OLG Brandenburg FGPrax 2001, 206 (207).

[87] Vgl. OLG Frankfurt a. M. IPRspr. 1972 Nr. 125 (executor und trustee); Staudinger/*Firsching* (2004) BGB § 2368 Rn. 48.

[88] Staudinger/*Dörner* (2007) EGBGB Art. 25 Rn. 900.

[89] So auch zu Art. 4 Bonomi/Wautelet/*Bonomi* Art. 4 Rn. 13.

bestimmt. Von besonderer Bedeutung ist deshalb die **Definition** des gewöhnlichen Aufenthalts.[1] Der gewöhnliche Aufenthalt wird nicht in der Verordnung definiert. Insbesondere hat sich der europäische Gesetzgeber dagegen entschieden, eine Mindestaufenthaltsfrist für die Begründung eines gewöhnlichen Aufenthalts des Erblassers festzulegen, da eine solche Frist „zu willkürlichen Ergebnissen führen" würde.[2] Es handelt sich beim Fehlen einer Legaldefinition mithin nicht um eine Regelungslücke in der Verordnung.[3] Allerdings sollte – auch wenn sich der Blick des Juristen meist auf die problematischen Fälle verengt – nicht übersehen werden, dass sich gewöhnliche Aufenthalt in der Mehrzahl der Fälle recht eindeutig feststellen lässt.[4]

3 **1. Unbestimmter Rechtsbegriff zur Bestimmung des Lebensmittelpunkts.** Beim gewöhnlichen Aufenthalt handelt es sich um einen unbestimmten Rechtsbegriff, der den Gerichten einen erheblichen Entscheidungsspielraum einräumt, diese aber auch vor Schwierigkeiten stellt, s. Erwägungsgrund Nr. 24 S. 1. Der Begriff ist den allgemeinen Grundsätzen folgend (→ Vor Art. 1 Rn. 23 ff.) **autonom** auszulegen,[5] da ansonsten eine einheitliche Anwendung der Verordnung zur Vermeidung von Kompetenzkonflikten (und im Rahmen des Art. 21 Abs. 1 von internationaler Entscheidungsdisharmonie) gefährdet wäre. In anderem Zusammenhang – beim Kindschaftsverfahrensrecht der Brüssel IIa-VO – hat der EuGH vor allem die Aufgabe des angerufenen Gerichts betont, **sämtliche tatsächlichen Umstände des Einzelfalls** zu berücksichtigen. Die Umstände seien daraufhin zu untersuchen, ob sie belegen können, dass es sich nicht nur um eine vorübergehende oder gelegentliche Anwesenheit handelt, sondern dass der Aufenthalt Ausdruck einer gewissen Integration in ein soziales und familiäres Umfeld ist.[6] Auch in der Erbrechtsverordnung unterstreicht der Gesetzgeber, dass eine Einzelfallprüfung erforderlich ist (Erwägungsgrund Nr. 23 S. 2 sowie Erwägungsgrund Nr. 24 S. 5) und dass es auf den „Lebensmittelpunkt" des Erblassers „in familiärer und sozialer Hinsicht" ankommt (Erwägungsgrund Nr. 24 S. 3). Die Einzelfallprüfung bedingt freilich auch, dass auf die Person und Persönlichkeit des Erblassers Rücksicht genommen werden muss. Ein einsiedlerisch lebender Erblasser muss keine familiären und sozialen Kontakte pflegen, um an seinem Aufenthaltsort einen gewöhnlichen Aufenthalt zu begründen.[7]

4 **2. Allgemein zu berücksichtigende Faktoren.** Zudem hat der Gerichtshof im europäischen Kindschaftsverfahrensrecht bereits einige allgemeine Faktoren benannt, die bei der Entscheidung über den gewöhnlichen Aufenthalt von Bedeutung sind, insbesondere (um ihren kindschaftsver-

---

[1] Monographisch zum Begriff des gewöhnlichen Aufenthalts in der Erbrechtsverordnung *Kränzle,* Heimat als Rechtsbegriff?, 2014, vor allem S. 220 ff.; zum gewöhnlichen Aufenthalt des Erblassers ebenfalls *Emmerich* ErbR 2016, 122; *Mankowski* IPRax 2015, 39.

[2] Ratsdokument Nr. 15247/10 S. 2 f. S. auch Ratsdokumente Nr. 5811/10 ADD 9 S. 10 und Nr. 13509/10 S. 3 f.; Lechner-Berichtsentwurf S. 64 und Lechner-Bericht S. 61. S. aber auch die zwischenzeitlichen Überlegungen etwa in den Ratsdokumenten Nr. 5811/10 ADD 2 S. 4, Nr. 5811/10 ADD 3 S. 3, Nr. 5811/10 ADD 4 S. 3, Nr. 5811/10 ADD 7 S. 2, Nr. 5811/10 ADD 10 S. 6, Nr. 5811/10 ADD 13 S. 4, Nr. 6765/11 und Nr. 9677/11 S. 4.

[3] Anders *Kindler* IPRax 2010, 44 (45).

[4] *Mankowski* FamRZ 2016, 1204 (1204 f.).

[5] Ratsdokument Nr. 5811/10 ADD 15 S. 7, Nr. 5811/10 ADD 19 S. 2 und Nr. 5811/10 ADD 20 S. 5; *Bonomi* Rec. des Cours 350 (2010), 71, 192; *Bonomi/Wautelet/Bonomi* Rn. 14; *Burandt* FuR 2013, 377 (382); *Buschbaum,* GS Hübner, 2012, 589 (593); *Chassaing* JCP N 2012 Nr. 25, S. 54, 57; *Fischer-Czermak* in Schauer/Scheuba, Europäische Erbrechtsverordnung, 2012, 43, 44; *Franzina/Leandro* NLCC 2013, 275 (297); *Zöller/Geimer* Anh. II J: EuErbVO Art. 1 Rn. 3; *Herzog* ErbR 2013, 2 sowie 6; *Kunz* GPR 2012, 210; *Lurger/Melcher* IPR Rn. 3/28; *Margonski,* Grenzüberschreitende Tätigkeit des Nachlasspflegers in deutsch-polnischen Nachlasssachen, 2013, 178 in Fn. 1095; *Odersky* notar 2013, 3 (4); *Rudolf* ÖNotZ 2013, 225 (234); *Schaub* Hereditare 3 (2013), 91 (112); *Simon/Buschbaum* NJW 2012, 2393 (2395); *Solomon* in Dutta/Herrler EuErbVO 19, 21 f.; *Süß* ZEuP 2013, 725 (731); so auch bereits zum Kommissionsvorschlag *Buschbaum/M. Kohler* GPR 2010, 106 (112); *Faber/Grünberger* ÖNotZ 2011, 97 (101); *Frohn/Lhoëst* FJR 2010, 47 (50); *K. W. Lange* ZVglRWiss. 110 (2011), 426 (430); *K. W. Lange* ZErb 2012, 160 (165); *Leipold* JZ 2010, 802 (810); *Leipold,* FS Ereciński I, 2011, 1155 (1171); *St. Lorenz* ErbR 2012, 39 (44); *A. Pfeiffer* successio 2010, 316 (318); *W.-H. Roth* in Schmoeckel/Otte, Europäische Testamentsformen, 2011, 13, 24; *Rudolf* ÖNotZ 2010, 353 (359); *Wilke* RIW 2012, 601 (603); s. auch bereits *Hayton* in Deutsches Notarinstitut, 2004, 359, 365; allg. für sämtliche Unionsrechtsakte *Hau,* GS M. Wolf, 2011, 409 (421 f.) – Anders jedoch zum Kommissionsvorschlag noch *Kindler* IPRax 2010, 44 (46).

[6] EuGH Slg. 2009, I-2805 Rn. 37 f., 42 = BeckRS 2009, 70389 – A; EuGH Slg. 2010, I-14309 Rn. 47 = BeckRS 2011, 80085 – Mercredi; EuGH FamRZ 2015, 107 Rn. 51 = BeckRS 2014, 82352 – C. ./. M.

[7] Zutr. *Mankowski* FamRZ 2016, 1204 (1204): „Je nach persönlicher Entscheidung und persönlichem Geschmack kann man zurückgezogen, ja einsiedlerisch leben, ohne näheren Kontakt zu Nachbarn oder Umgebung. Niemand ist verpflichtet, Freunde zu haben. Ein Eremit mag zwar kein lebendiges soziales Umfeld haben – aber er hat einen gewöhnlichen Aufenthalt".

fahrensspezifischen Kontext bereinigt) die **Dauer,** die **Regelmäßigkeit** und die **Umstände des Aufenthalts,** die **Gründe für diesen Aufenthalt,** die **Staatsangehörigkeit,** die **Sprachkenntnisse** sowie die **familiären und sozialen Bindungen** der betreffenden Person.[8] Bedeutung misst der Gerichtshof neben diesen eher objektiven Elementen zur Begründung eines neuen gewöhnlichen Aufenthalts auch dem nach außen manifestierten **Bleibewillen** des Betreffenden zu.[9] Diese objektiven und subjektiven Kriterien können grundsätzlich auch im Kontext der Erbrechtsverordnung fruchtbar gemacht werden,[10] zumal sie zum Teil auch in den Erwägungsgründen, etwa in Nr. 23 S. 2 („insbesondere die Dauer und Regelmäßigkeit des Aufenthalts") oder Nr. 24 Nr. 5 („Staatsangehörigkeit"), explizit aufgegriffen werden. Zwar hat der EuGH im Rahmen der Brüssel IIa-VO einen rechtsaktübergreifenden, einheitlichen Begriff des gewöhnlichen Aufenthalts abgelehnt, freilich vor allem bezogen auf die Definition dieses Anknüpfungsmoments in öffentlich-rechtlichen Sekundärrechtsakten der EU.[11] Die autonome und einheitliche Auslegung eines Begriffs im Unionsrecht hat jeweils unter Berücksichtigung des Kontexts der Vorschrift und des mit der fraglichen Regelung verfolgten Ziels zu erfolgen.[12] Aber diese Anknüpfungsziele decken sich bei der Brüssel IIa-VO und der Erbrechtsverordnung jedenfalls im Ausgangspunkt: Die Brüssel IIa-VO möchte dem Kindeswohl entsprechende Zuständigkeitsvorschriften nach dem Kriterium der räumlichen Nähe schaffen.[13] Auch bei der Erbrechtsverordnung hebt der Gesetzgeber in Erwägungsgrund Nr. 23 hervor, dass es für die Bestimmung des gewöhnlichen Aufenthalts vor allem darauf ankommt, „eine wirkliche [...] Verbindung" (S. 1) und „eine besonders enge und feste Bindung zu dem betreffenden Staat" (S. 3) festzustellen. Ob der gewöhnliche Aufenthalt allgemein im internationalen Unionsprivatrecht einer einheitlichen Definition unterliegt, ist mit einer solchen Übertragung lediglich der abstrakt zu berücksichtigenden Kriterien freilich noch nicht gesagt.[14]

---

[8] EuGH Slg. 2009, I-2805 Rn. 39 f. = BeckRS 2009, 70389 – A; EuGH Slg. 2010, I-14309 Rn. 48 ff. = BeckRS 2011, 80085 – Mercredi; EuGH FamRZ 2015, 107 Rn. 52 = BeckRS 2014, 82352 – C. ./. M.; EuGH FamRZ 2017, 734, Rn. 60 – W. und V. ./. X; EuGH FamRZ 2017, 1506, Rn. 44 – OL ./. PQ.

[9] EuGH Slg. 2009, I-2805 Rn. 40 = BeckRS 2009, 70389 – A; EuGH FamRZ 2015, 107 Rn. 52 = BeckRS 2014, 82352– C. ./. M.; s. vor allem auch EuGH Slg. 2010, I-14309 Rn. 51 = BeckRS 2011, 80085 – Mercredi: „Maßgebend für die Verlagerung des gewöhnlichen Aufenthalts in den Aufnahmestaat ist nämlich vor allem der Wille des Betreffenden, dort den ständigen oder gewöhnlichen Mittelpunkt seiner Interessen in der Absicht zu begründen, ihm Beständigkeit zu verleihen".

[10] KG FamRZ 2016, 1203 (1204) = ZEV 2016, 514; vgl. auch OLG München FamRZ 2017, 1251 = ZEV 2017, 333; Bonomi/Wautelet/*Bonomi* Rn. 14; *Bonomi/Öztürk* ZVglRWiss. 114 (2015), 4 (8 f.); *Buschbaum,* GS Hübner, 2012, 589 (593); Deixler-Hübner/Schauer/*Deixler-Hübner* Rn. 22; *Dörner* ZEV 2012, 505 (510); *Dörner* ZEV 2016, 117 (118 f.); *Dutta* FamRZ 2013, 4 (6 f.); *Heinig* RNotZ 2014, 197 (199); *Hess* in Dutta/Herrler EuErbVO 131, 134; *Kindler,* FS Stilz, 2014, 345 (347 f.); *Kränzle,* Heimat als Rechtsbegriff?, 2014, 236; Frieser/*Martiny* ErbR Nach Art. 26 EGBGB: EuErbVO Rn. 91; *Müller-Lukoschek,* Die neue EU-Erbrechtsverordnung, 2. Aufl. 2015, 95 f.; *Pintens* in LSHGGRD Erbfälle unter Geltung der EuErbVO 1, 14 f.; *Seibl* in Spickhoff, Symposium Parteiautonomie im Europäischen Internationalen Privatrecht, 2013, 123, 133; *Solomon* in Dutta/Herrler EuErbVO 19, 22 ff.; Jauernig/*Stürner* Art. 20–38 Rn. 1; Palandt/*Thorn* Art. 21 Rn. 5 (für einen einheitlichen Begriff des gewöhnlichen Aufenthalts im europäischen IPR plädierend); *Topal-Gökceli/Kührer* ÖNotZ 2015, 298 (303); *Traar* iFamZ 2015, 250 (255); so auch bereits zum Kommissionsvorschlag *Altmeyer* ZEuS 2010, 475 (488); *Buschbaum/M. Kohler* GPR 2010, 106 (112) m. Fn. 85; *Dörner* ZEV 2010, 221 (225); *Faber/Grünberger* ÖNotZ 2011, 97 (101); *Lein* YbPIL 11 (2009), 107 (129); *Remde* RNotZ 2012, 65 (73); vgl. auch *Bonomi* Rec. des Cours 350 (2010), 71, 193; *Frohn/Lhoëst* FJR 2010, 47 (50); *Hess/Jayme/Pfeiffer,* Stellungnahme zum Vorschlag für eine Europäische Erbrechtsverordnung, 2012, 17; *Hess/Mariottini/Camara* Note 10; *Lehmann* DStR 2012, 2085 f.; *St. Lorenz* ErbR 2012, 39 (44); *D. Lübcke,* Das neue europäische internationale Nachlassverfahrensrecht, 2013, 356 ff.; *Rechberger/Schur* in Jud/Rechberger/Reichelt, Kollisionsrecht in der Europäischen Union – Neue Fragen des Internationalen Privat- und Zivilverfahrensrechts, 2008, 185, 204; *W.-H. Roth* in Schmoeckel/Otte, Europäische Testamentsformen, 2011, 13, 24 m. Fn. 40; *M. Stürner* JbItalR 26 (2013), 59 (65 ff.); *R. Wagner* DNotZ 2010, 506 (514); *Wilke* RIW 2012, 601 (603). – Anders *J. Emmerich* ErbR 2016, 122 (123 ff.); Kern/*Glücker* RabelsZ 78 (2014), 294 (311); *Leipold* JZ 2010, 802 (810) m. Fn. 38; *Leipold,* FS Ereciński I, 2011, 1155 (1171 f.); *Sturm/Sturm,* Liber amicorum Sajko, 2012, 309 (314 f.); zurückhaltender auch DNotI-Report 2012, 121 f. (Rückgriff auf die EuGH-Rspr. nur unter Vorbehalt); *Hellner* in Dutta/Herrler EuErbVO 107 f.; *v. Hinden/ Müller* ErbStB 2013, 97 (99); *Lagarde* Rev. crit. dr. int. pr. 101 (2012), 691 (699 f.); *Odersky* notar 2013, 3 (4); *Schaub* Hereditare 3 (2013), 91 (112); *Süß* ZEuP 2013, 725 (732).

[11] EuGH Slg. 2009, I-2805 Rn. 36 = BeckRS 2009, 70389 – A. Demgegenüber möchte *Mankowski* FamRZ 2017, 738 aus der Entscheidung des Gerichtshofs in EuGH FamRZ 2017, 734 – W. und V. ./. X. ableiten, dass jedenfalls der Begriff des gewöhnlichen Aufenthalts in der Brüssel IIa-VO und der EuUnthVO identisch ist.

[12] Besonders deutlich Schlussanträge der GA *Kokott* Slg. 2007, I-10141 Rn. 38 = BeckRS 2007, 70959 – C. S. auch in der EuErbVO Erwägungsgrund Nr. 23 S. 3: „Der so bestimmte gewöhnliche Aufenthalt sollte *unter Berücksichtigung der spezifischen Ziele dieser Verordnung* [...]" (Hervorhebung durch Verf.).

[13] EuGH Slg. 2009, I-2805 Rn. 35 f. = BeckRS 2009, 70389 – A.

[14] Dazu näher *Solomon* in Dutta/Herrler EuErbVO 19, 31 ff.; allg. *Hilbig-Lugani* GPR 2014, 8.

5   **Keine Rolle** spielt dagegen ein **verwaltungsrechtlicher** oder **steuerrechtlicher Wohnsitz** in einem bestimmten Staat,[15] jedenfalls solange dieser nicht auf dem Willen des Erblassers beruht und damit nicht als ein Faktor bei der Bestimmung der subjektiven Elemente des gewöhnlichen Aufenthalts dienen kann. Auch eine **privatautonome Bestimmung** des gewöhnlichen Aufenthalts durch den Erblasser ist nicht möglich, da ansonsten im Zuständigkeitsrecht die fehlende Gerichtsstandswahlfreiheit des Erblassers und im Kollisionsrecht die beschränkte Rechtswahlfreiheit nach Art. 22 umgangen würde. Aussagen des Erblassers zum gewöhnlichen Aufenthalt (etwa in einer Verfügung von Todes wegen) können aber bei der Prüfung der objektiven und subjektiven Kriterien für einen gewöhnlichen Aufenthalt als Faktum berücksichtigt werden.[16]

6   **3. Besondere Bedeutung der Stabilitätsinteressen des Erblassers.** Die Wendung „gewöhnlicher Aufenthalt" setzt eine „gewisse Beständigkeit und Regelmäßigkeit" voraus.[17] Es überrascht damit nicht, dass auch die Erwägungsgründe für die Bestimmung des gewöhnlichen Aufenthalts des Erblassers vor allem Stabilitätsinteressen des Erblassers betonen: Zunächst stellt Erwägungsgrund Nr. 24 in S. 2 und 3 klar, dass ein **Wechsel des Aufenthaltsorts** allein aus „**beruflichen** und **wirtschaftlichen Gründen** [...] auch für eine längere Zeit" für die Begründung eines gewöhnlichen Aufenthalts in dem betreffenden Staat nicht ausreichen muss, wenn der Erblasser „eine enge und feste Bindung zum Herkunftsstaat aufrechterhalten hat", wobei Herkunftsstaat den ursprünglichen Aufenthaltsstaat meint.[18] Hieraus folgt, dass der Ort der Berufsausübung nicht zwingend dem gewöhnlichen Aufenthalt entsprechen muss, wie der Gerichtshof auch bereits im Rahmen der Brüssel I-VO betont hat.[19] Dies gilt etwa auch für **Soldaten,** die im Ausland stationiert sind, oder für **Studenten,** die mit Rückkehrabsicht ein Studium im Ausland aufnehmen.[20] Auch wird man aufgrund der Aussagen in den Erwägungsgründen bei einem beruflich oder wirtschaftlich veranlassten Aufenthaltswechsel einen Wechsel des gewöhnlichen Aufenthalts nicht bereits deshalb annehmen können, weil der Erblasser von seiner Familie begleitet wird und am neuen Tätigkeitsort Vermögen erwirbt, jedenfalls soweit ein Rückkehrwille besteht.[21] Hat der Erblasser ein **Pendelleben** geführt und sich in verschiedenen Staaten aufgehalten, „ohne sich in einem Staat für längere Zeit niederzulassen" (Erwägungsgrund Nr. 24 S. 4), so kann nach Erwägungsgrund Nr. 24 S. 5 die Staatsangehörigkeit des Erblassers (→ Rn. 4) oder die Belegenheit „seine[r] wesentlichen Vermögensgegenstände" den gewöhnlichen Aufenthalt bestimmen (zur Bestimmung der Nachlassbelegenheit → Art. 10 Rn. 6 ff.). Ein solches Pendelleben setzt freilich voraus, dass sich nicht ein Schwerpunktaufenthalt feststellen lässt; besteht ein solcher, so kann hier auch der gewöhnliche Aufenthalt liegen.[22] Die Betonung der Stabilitätsinteressen ist sachgerecht, soll sich die gerichtliche Zuständigkeit (und das anwendbare Recht) doch nicht – womöglich zum Nachteil des Erblassers und seiner Erben – ändern, nur weil der Erblasser seine Grundfreiheiten im Binnenmarkt wahrnimmt, insbesondere im Hinblick auf seine Person seine Personenfreizügigkeit, seine Arbeitnehmerfreizügigkeit und seine Niederlassungsfreiheit, aber auch im Hinblick auf sein Vermögen seine Kapitalverkehrsfreiheit. Keine allzu große Bedeutung wird man deshalb auch – jenseits der Erblasser mit Pendelleben – der Nachlassbelegenheit zubilligen.

7   **4. Erblasser ohne letzten gewöhnlichen Aufenthalt oder mit mehrfachem gewöhnlichem Aufenthalt?** Es scheint auf den ersten Blick nicht ausgeschlossen zu sein, dass sich gerade bei Erblassern mit Pendelleben kein gewöhnlicher Aufenthalt feststellen lässt oder mehrere gewöhnliche Aufenthalte begründen lassen. Auch hat der Gerichtshof bereits im Zusammenhang mit der Brüssel IIa-VO betont, dass es Fälle geben kann, in denen das Gericht den gewöhnlichen Aufenthalt nicht

---

[15] S. auch Bonomi/Wautelet/*Bonomi* Rn. 18.

[16] *Lehmann* ZEV 2016, 516 (517); *Pintens* in LSHGGRD Erbfälle unter Geltung der EuErbVO 1, 22; Deixler-Hübner/Schauer/*Schauer* Rn. 11; vgl. auch *Solomon* in Dutta/Herrler EuErbVO 19, 37; *Wautelet* Patrimonium 2016, 253 (279 f.). Ein Beispiel für eine solche von den Autoren als „confessio iuris" bezeichnete Äußerung des Erblassers findet sich bei *Weiss/Bigler* successio 2014, 163 (177 f.); s. auch die Formulierungsbeispiele bei *Frank/Döbereiner,* Nachlassfälle mit Auslandsbezug, 2015, 39 ff.

[17] So zu Art. 8 Abs. 1 Brüssel IIa-VO EuGH Slg. 2010, I-14309 Rn. 44 = BeckRS 2011, 80085 – Mercredi.

[18] Vgl. auch KG FamRZ 2016, 1203 (1204) = ZEV 2016, 514.

[19] S. EuGH EuZW 2011, 962 Rn. 49 – eDate Advertising: „Der Ort, an dem eine Person den Mittelpunkt ihrer Interessen hat, entspricht im Allgemeinen ihrem gewöhnlichen Aufenthalt. Jedoch kann eine Person den Mittelpunkt ihrer Interessen auch in einem anderen Mitgliedstaat haben, in dem sie sich nicht gewöhnlich aufhält, sofern andere Indizien wie die Ausübung einer beruflichen Tätigkeit einen besonders engen Bezug zu diesem Staat herstellen können".

[20] *Solomon* in Dutta/Herrler EuErbVO 19, 26 f.; ähnlich *Egidy/Volmer* RPfleger 2015, 433 (438).

[21] S. *Solomon* in Dutta/Herrler EuErbVO 19, 27 f.

[22] *Solomon* in Dutta/Herrler EuErbVO 19, 30 f.

bestimmen kann.[23] Den Mangel eines letzten gewöhnlichen Aufenthalts könnte die Verordnung jedenfalls zuständigkeitsrechtlich bewältigen. Bei Erblassern ohne feststellbaren letzten gewöhnlichen Aufenthalt würde sich die Zuständigkeit nach Art. 10 richten („Hatte der Erblasser seinen gewöhnlichen Aufenthalt im Zeitpunkt seines Todes nicht in einem Mitgliedstaat");[24] auch ein Erblasser ohne letzten gewöhnlichen Aufenthalt besitzt keinen gewöhnlichen Aufenthalt in einem Mitgliedstaat. Dennoch geht die Verordnung im Kollisionsrecht davon aus, dass **stets ein** letzter gewöhnlicher Aufenthalt des Erblassers festzustellen ist,[25] auch wenn sich der Gesetzgeber offenbar nicht zu einer klaren Regel durchringen konnte.[26] Dies folgt aus Art. 21, der – wäre ein Erblasser ohne letzten gewöhnlichen Aufenthalt denkbar – ins Leere laufen und kein anwendbares Recht festlegen würde (→ Art. 21 Rn. 7), solange der Erblasser keine Rechtswahl nach Art. 22 trifft. Es gilt damit – aufgrund des Gleichlaufs von forum und ius (→ Vor Art. 4 Rn. 2 f.) – auch im Zuständigkeitsrecht, dass stets ein letzter gewöhnlicher Aufenthalt bestimmbar ist,[27] und sich dieser notfalls im Herkunftsstaat befindet (→ Rn. 6).

5. Maßgeblicher Zeitpunkt. Nach Art. 4 kommt es (wie bei Art. 21 Abs. 1) auf den gewöhnli- 8 chen Aufenthalt zum Zeitpunkt des Todes des Erblassers an. Der Übergang vom Leben in den Tod ist zwar ein Vorgang der Natur; der Eintritt des Todes unterliegt aber dennoch rechtlichen Regeln und kann zeitlich an unterschiedliche natürliche Ereignisse anknüpfen (Hirntod, Stillstand anderer Organe, etc). Zwar ist der gewöhnliche Aufenthalt des Erblassers unter Berücksichtigung auch seines Willens zu bestimmen; eine Verlagerung Sterbender etwa durch nahe Angehörige wird damit nur selten zum Wechsel des gewöhnlichen Aufenthalts führen. Dennoch sind Fälle nicht auszuschließen, in denen der Erblasser zwischen Leben und Tod seinen gewöhnlichen Aufenthalt verlagert, etwa als Komapatient über Jahre von seinen Angehörigen in einem anderen Staat gepflegt wird als dem, in dem der Erblasser seinen gewöhnlichen Aufenthalt vor dem Eintritt des Komas hatte.

Es bedarf damit einer materiellrechtlichen Regelung, die **für Zwecke der Verordnung** den 9 **Todeszeitpunkt** definiert. Ausgehend vom Grundsatz der autonomen Auslegung (→ Vor Art. 1 Rn. 23 ff.) verbietet sich grundsätzlich ein Rückgriff auf innerstaatliches Recht. Allerdings wird sich nur schwer ein europäisch-autonomer Todesbegriff finden lassen. Es wäre deshalb durchaus denkbar, dass man – ähnlich wie nach der *Tessili*-Rechtsprechung des Gerichtshofs beim Erfüllungsortsbegriff des Art. 7 Nr. 1 lit. a Brüssel Ia-VO[28] – insoweit das zum jeweiligen Zeitpunkt hypothetische Erbstatut nach den Art. 21 ff. über den Eintritt des Todes entscheidend lässt (→ Art. 1 Rn. 19).[29] Damit wäre jedenfalls ein Entscheidungseinklang in der EU gewahrt (zu einer parallelen Problematik → Art. 24 Rn. 10). Maßgebliche Zeitzone sollte der Ort des Todes sein.[30] Von der materiellrechtlichen Definition des Todeszeitpunkts zu trennen ist die verfahrensrechtliche Frage, auf welche Weise die zugrunde liegenden Tatsachen nachzuweisen sind. Diese Frage beurteilt sich nach der lex fori.

---

[23] EuGH Slg. 2009, I-2805 Rn. 43 = BeckRS 2009, 70389 – A; vgl. auch EuGH Slg. 2010, I-14309 Rn. 57 = BeckRS 2011, 80085 – Mercredi. S. auch Art. 13 Abs. 1 Brüssel IIa-VO.

[24] Vgl. auch *Mankowski* FamRZ 2016, 1204 (1206).

[25] Dutta/Weber/*Bauer* Art. 21 Rn. 5; Bonomi/Wautelet/*Bonomi* Rn. 26; *Bonomi/Öztürk* ZVglRWiss. 114 (2015), 4 (8); *Döbereiner* MittBayNot 2013, 358 (362); *Dörner* ZEV 2012, 505 (510); *Dörner* ZEV 2016, 117 (119); *Egidy/Volmer* RPfleger 2015, 433 (437); *Kindler*, FS Stilz, 2014, 345, 347; *Lehmann* DStR 2012, 2085 (2086); *Müller-Lukoschek*, Die neue EU-Erbrechtsverordnung, 2. Aufl. 2015, S. 96; *Odersky* notar 2013, 3 (4); *Rudolf* ÖNotZ 2013, 225 (234); *Solomon* in Dutta/Herrler EuErbVO 19, 31; *M. Stürner* JbItalR 26 (2013), 59 (67 f.); Palandt/*Thorn* Art. 21 Rn. 6; vgl. bereits *Hayton* in Deutsches Notarinstitut, 2004, 359, 363; *D. Lübcke*, Das neue europäische internationale Nachlassverfahrensrecht, 2013, S. 369 f. – Anders Calvo Caravaca/Davì/Mansel/*Calvo Caravaca* Rn. 21; Zöller/*Geimer* Anh. II J: EuErbVO Art. 1 Rn. 18 sowie EuErbVO Art. 4 Rn. 2; Erman/*Hohloch* Art. 21 Rn. 8; *Köhler* in GKKW IntErbR 97 f.; *Mankowski* IPRax 2015, 39 (44, 45) (entweder einen oder keinen gewöhnlichen Aufenthalt, keinen mehrfachen gewöhnlichen Aufenthalt); zum Kommissionsvorschlag *Sturm/Sturm*, Liber amicorum Sajko, 2012, 309 (314, 316 m. Fn. 27); *Traar* in Reichelt/Rechberger, Europäisches Erbrecht – Zum Verordnungsvorschlag der Europäischen Kommission zum Erb- und Testamentsrecht, 2011, 85, 99 f.; zweifelnd auch *Seibl* in Spickhoff, Symposium Parteiautonomie im Europäischen Internationalen Privatrecht, 2013, 123, 135.

[26] S. Ratsdokumente Nr. 5811/10 ADD 1 S. 5, Nr. 5811/10 ADD 13 S. 8, Nr. 5811/10 ADD 17 S. 6 und Nr. 5811/10 ADD 18 S. 14, wo diese Frage angesprochen wird.

[27] S. auch Ratsdokument Nr. 13509/10 S. 2. S. auch bereits *Rechberger* in Reichelt, 30 Jahre österreichisches IPR-Gesetz – Europäische Perspektiven, 2009, 77, 78.

[28] EuGH Slg. 1976, 1473 Rn. 13 ff. = NJW 1977, 491 – Tessili.

[29] Zust. Dutta/Weber/*Bauer* Art. 21 Rn. 9, Art. 83 Rn. 6.

[30] Vgl. auch Dutta/Weber/*Bauer* Art. 83 Rn. 6.

10   **6. Einzelfälle und Fallgruppen.** Mangels Rechtsprechung zum Aufenthaltsbegriff der Erbrechtsverordnung[31] lassen sich derzeit nur sehr vorsichtige Aussagen über den gewöhnlichen Aufenthalt in Einzelfällen oder Fallgruppen treffen, abgesehen von den in den Erwägungsgründen angesprochenen **Aufenthaltswechseln aus wirtschaftlichen und beruflichen Gründen** und den **Erblassern mit
Pendelleben,** bei denen sich der gewöhnliche Aufenthalt nicht verlagert (→ Rn. 6). Angesichts der
Betonung einer Integration in ein familiäres und soziales Umfeld (→ Rn. 3) wird man etwa bei Erblassern, die ihren Lebensabend im Ausland genießen, ohne die dortige Sprache zu beherrschen (→ Rn. 4)
oder jedenfalls dort persönliche Kontakte zu pflegen (Stichwort: **„Mallorca-Rentner"**), einen
gewöhnlichen Aufenthalt in ihrem Herkunftsstaat annehmen.[32] Darin unterscheiden sich diese „Ruhe-
standsmigranten" von ausländischen Arbeitnehmer, die bei Eintritt in den Ruhestand regelmäßig im
Inland über familiäre und soziale Beziehungen und Sprachkenntnisse verfügen.[33] Auch mit einem Aufenthaltswechsel aus **medizinischen Gründen,** etwa um sich in einem anderen Staat längerfristig in
Behandlung zu begeben, wird regelmäßig kein Wechsel des gewöhnlichen Aufenthalts einhergehen.
Dies mag man allenfalls bei **geschäftsunfähigen Erblassern** anders beurteilen, die den gewöhnlichen
Aufenthalt ihrer Bezugspersonen – etwa der pflegenden Angehörigen – teilen und die Bezugsperson
einen neuen gewöhnlichen Aufenthalt begründet. So stellt der Gerichtshof bei Säuglingen auf den
gewöhnlichen Aufenthalt des tatsächlich betreuenden Elternteils ab.[34] Ähnliches wird auch für demenz-
kranke Erblasser gelten, solange diese noch eine Bezugsperson akzeptieren,[35] auch wenn dies einen
„Demenztourismus"[36] oder einen „Oma-Export"[37] durch potentiell erbrechtlich Berechtigte ermöglicht, um ihnen eine genehme Zuständigkeit und vor allem ein genehmes Erbstatut – das ebenfalls an den
gewöhnlichen Aufenthalt angeknüpft wird (Art. 21 Abs. 1) – zu sichern.[38]

III. Grundsatz der Nachlasseinheit

11   Art. 4 folgt – wie das Kollisionsrecht der Verordnung (→ Vor Art. 20 Rn. 6 ff.) – ausdrücklich
dem Prinzip der Nachlasseinheit[39] als Ausprägung der grundsätzlichen Zuständigkeitskonzentration
in der Erbrechtsverordnung (→ Vor Art. 4 Rn. 4 ff.). Die Zuständigkeit nach der Vorschrift erfasst
den gesamten, weltweiten Nachlass des Erblassers ohne Rücksicht darauf, wo dieser belegen ist. Vom
Grundsatz der Nachlasseinheit macht die Verordnung jedoch auch **Ausnahmen.** Zunächst – und
dann ist Art. 4 bereits nicht anwendbar – beschränkt **Art. 10 Abs. 2** bei Erblassern ohne gewöhnlichen Aufenthalt in der EU und ohne persönliche Beziehung nach Art. 10 Abs. 1 lit. a und b zur
EU die Zuständigkeit der mitgliedstaatlichen Gerichte am Nachlassgerichtsstand auf das inländische
Nachlassvermögen. Eine echte Ausnahme zum Grundsatz der Nachlasseinheit in Art. 4 enthält
jedoch **Art. 12,** der dem Gericht auf Antrag einer Verfahrenspartei gestattet, die Zuständigkeit in
Hinblick auf in Drittstaaten belegenes Vermögen zu beschränken. Auch bei den Abweichungen im
Falle einer Rechtswahl des Erblassers kann es zu einer zuständigkeitsrechtlichen Nachlassspaltung
kommen (→ Art. 5 Rn. 15; → Art. 6 Rn. 9; → Art. 7 Rn. 15; → Art. 8 Rn. 9).

---

[31] Vgl. aber KG FamRZ 2016, 1203 m. Anm. *Mankowski* = ZEV 2016, 514.

[32] *Herzog* ErbR 2013, 2 (4, 6); *Traar* iFamZ 2015, 250 (255); vgl. auch *Burandt* FuR 2013, 377 (383); *Odersky*
notar 2013, 3 (5); vgl. auch *v. Hinden/Müller* ErbStB 2013, 97 (99); *Süß* ZEuP 2013, 725 (732 f.). Zurückhaltender
Lehmann DStR 2012, 2085 (2086); *Pfeiffer* IPRax 2016, 310 (312); für einen gewöhnlichen Aufenthalt im Aufenthaltsstaat auch *Jayme,* Zugehörigkeit und kulturelle Identität, 2012, 34; ebenso *Solomon* in Dutta/Herrler
EuErbVO 19, 28 f., 30 f.

[33] Das übersieht mE *Pfeiffer* IPRax 2016, 310 (312).

[34] So zu Art. 8 Abs. 1 Brüssel IIa-VO EuGH Slg. 2010, I-14309 Rn. 52 ff. = BeckRS 2011, 80085 – Mercredi;
vgl. nunmehr aber auch EuGH FamRZ 2017, 1506, Rn. 49 ff. – OL ./. PQ.

[35] *Solomon* in Dutta/Herrler EuErbVO 19, 29; zurückhaltender *Zimmer/Oppermann* ZEV 2016, 126 (128 ff.)
(für eine Vorverschiebung des maßgeblichen Zeitpunkts zur Beurteilung des gewöhnlichen Aufenthalts auf den
Zeitpunkt der letztmalig bestehenden Geschäftsfähigkeit); anders auch OLG München FamRZ 2017, 1251
(1251 f.) = ZEV 2017, 333; *J. Emmerich* ErbR 2016, 122 (129) und wohl *Mankowski* IPRax 2015, 39 (43); s. auch
Kränzle, Heimat als Rechtsbegriff?, 2014, 279 ff.

[36] Etwa *Jayme,* Zugehörigkeit und kulturelle Identität, 2012, 35. *Maltry* djbZ 2012, 156 (158), spricht gar vom
„Sterbetourismus".

[37] *Kränzle,* Heimat als Rechtsbegriff?, 2014, 279.

[38] *Geimer* ÖNotZ 2012, 70 (77); *Geimer* in Hager, Die neue europäische Erbrechtsverordnung, 2013, 9, 25 f.;
Lehmann DStR 2012, 2085 (2087); *Scheuba* in Schauer/Scheuba, Europäische Erbrechtsverordnung, 2012, 1, 20 f.;
drastisch auch die Stellungnahme des Deutschen Notarvereins zum Kommissionsvorschlag vom 19.1.2010, S. 19:
„Der Kampf um die Betreuung wird so zum Vorhutgefecht des Kampfes über das Erbstatut"; auf den natürlichen
Aufenthaltswillen abstellend Palandt/*Thorn* Art. 21 Rn. 6. – *Odersky* notar 2013, 3 (4), schlägt vor, in Fällen einer
missbräuchlichen Aufenthaltsverlagerung mit der Ausweichklausel nach Art. 21 Abs. 2 zu operieren (→ Art. 21
Rn. 6); tendenziell so auch *Döbereiner* MittBayNot 2013, 358 (362); *Solomon* in Dutta/Herrler EuErbVO 19, 29.

[39] *Lagarde* Rev. crit. dr. int. pr. 101 (2012), 691 (696).

IV. Negative Kompetenzkonflikte bei unterschiedlicher Auffassung über den letzten gewöhnlichen Aufenthalt?

Die Tatsache, dass ein Erblasser stets (nur) einen letzten gewöhnlichen Aufenthalt hat → Rn. 7, **12** verhindert nicht, dass die Gerichte unterschiedlicher Auffassung über den letzten gewöhnlichen Aufenthalt sind und diesen jeweils für ihren Mitgliedstaat verneinen, so dass negative Kompetenzkonflikte drohen.[40] Insbesondere sieht die Verordnung für diesen Fall – anders als bei den Art. 6 und 7 lit. a – jedenfalls nicht explizit die Möglichkeit vor, dass sich ein angerufenes Gericht bindend zugunsten der Gerichte eines anderen Mitgliedstaats für unzuständig erklärt. Dennoch gilt es, solche negativen Kompetenzkonflikte zu verhindern: Hat sich das Gericht eines Mitgliedstaats nach Art. 15 für unzuständig erklärt, weil es einen gewöhnlichen Aufenthalt im Inland verneint, aber einen gewöhnlichen Aufenthalt in einem anderen Mitgliedstaat ausdrücklich bejaht, so können die Gerichte in diesem anderen Mitgliedstaat eine Zuständigkeit nach Art. 4 nicht mit der Begründung ablehnen, der letzte gewöhnliche Aufenthalt des Erblassers habe sich einem anderen Mitgliedstaat oder Drittstaat befunden.[41] *Fabian Wall* hat drei mögliche Ansätze zur Begründung dieser **Bindungswirkung** entwickelt,[42] wobei mE eine analoge Anwendung des Art. 7 lit. a (zur Bindungswirkung dort → Art. 7 Rn. 6, 18) sich am besten in das Zuständigkeitssystem der Verordnung einpasst.[43] Da diese Bindungswirkung nur negative Kompetenzkonflikte beseitigen möchte, beschränkt sie sich allein auf die Frage der Zuständigkeit, nicht aber auf die Frage des gewöhnlichen Aufenthalts für Zwecke des Kollisionsrechts.[44] Es kann mithin auch hier zu einem Auseinanderfallen von forum und ius kommen.

Art. 5 EuErbVO Gerichtsstandsvereinbarung

(1) Ist das vom Erblasser nach Artikel 22 zur Anwendung auf die Rechtsnachfolge von Todes wegen gewählte Recht das Recht eines Mitgliedstaats, so können die betroffenen Parteien vereinbaren, dass für Entscheidungen in Erbsachen ausschließlich ein Gericht oder die Gerichte dieses Mitgliedstaats zuständig sein sollen.

(2) ¹Eine solche Gerichtsstandsvereinbarung bedarf der Schriftform und ist zu datieren und von den betroffenen Parteien zu unterzeichnen. ²Elektronische Übermittlungen, die eine dauerhafte Aufzeichnung der Vereinbarung ermöglichen, sind der Schriftform gleichgestellt.

Übersicht

---

[40] *Herzog* ErbR 2013, 2 (10); *Schurig,* FS Spellenberg, 2010, 343 (346). Das übersieht der Kommissionsvorschlag KOM(2009) 154 endg. S. 5. S. auch → Art. 15 Rn. 3.

[41] *Wall* ZErb 2014, 272 (276 ff.); *Egidy/Volmer* RPfleger 2015, 433 (440).

[42] *Wall* ZErb 2014, 272 (277 ff.). *Wall* weist zudem auf den effektiven Rechtsschutz als allgemeinen Grundsatz des Unionsrechts hin sowie ferner darauf, dass die Anerkennungsvorschriften der Art. 39 ff. ebenfalls zu einer Bindungswirkung führen, und zwar unter Berücksichtigung des weiten Rechtskraftbegriffs des EuGH nach EuZW 2013, 60 – Gothaer Allgemeine Versicherungs AG (zu Art. 33 Brüssel I-VO), der auch die Festellungen des Erstgerichts in einer klageabweisenden Entscheidung zur internationalen Zuständigkeit (konkret der Wirksamkeit einer ausschließlichen Gerichtsstandsvereinbarung) erfasst; für eine Übertragbarkeit dieser Entscheidung in die EuErbVO auch Deixler-Hübner/Schauer/*Frauenberger-Pfeiler* Art. 15 Rn. 8.

[43] Tendenziell zustimmend *Egidy/Volmer* RPfleger 2015, 433 (440).

[44] *Wall* ZErb 2014, 272 (280).

I. Normzweck

1   Art. 5 leitet die von der Grundregel der Art. 4 und Art. 10 abweichenden Zuständigkeitsvorschriften ein, die im Falle einer Rechtswahl einen Gleichlauf von forum und ius ($\rightarrow$ Vor Art. 4 Rn. 2 f., 14; Erwägungsgrund Nr. 28 S. 1[1]) ermöglichen sollen (zur Systematik des Zuständigkeitsrechts sowie insbesondere der Art. 5–9 $\rightarrow$ Vor Art. 4 Rn. 13 ff.). Konkret regelt die Vorschrift die **Voraussetzungen einer Gerichtsstandsvereinbarung.**

II. Beschränkte Gerichtsstandswahlfreiheit (Abs. 1)

2   Abs. 1 gestattet den Verfahrensparteien, durch eine förmliche Vereinbarung ($\rightarrow$ Rn. 17) die ausschließliche Zuständigkeit der Gerichte desjenigen Mitgliedstaats zu begründen, dessen Recht der Erblasser nach Art. 22 zum Erbstatut bestimmt hat. Eine darüber hinausgehende Gerichtsstandswahl ist unzulässig und verdrängt nicht die Zuständigkeit nach der Grundregel der Art. 4 und Art. 10 ($\rightarrow$ Vor Art. 4 Rn. 13).

3   **1. Wirksame Rechtswahl des Erblassers.** Erforderlich ist zunächst eine wirksame Rechtswahl des Erblassers (zu einer analogen Anwendung $\rightarrow$ Vor Art. 4 Rn. 17). Eine Gerichtsstandswahl ist nur möglich, wenn der Erblasser sämtliche **Voraussetzungen der Verordnung für eine Rechtswahl** erfüllt hat;[2] denn nur dann führt die Gerichtsstandswahl zu einem Gleichlauf von forum und ius als dem zuständigkeitsrechtlichen Grundanliegen der Verordnung ($\rightarrow$ Vor Art. 4 Rn. 2 f., 14). Erforderlich ist damit bereits auf der Ebene der internationalen Zuständigkeit eine kollisionsrechtliche Prüfung der Rechtswahlvoraussetzungen etwa nach Art. 22. – Zu vorrangigen Staatsverträgen $\rightarrow$ Vor Art. 4 Rn. 16.

4   Bei der Prüfung der Rechtswahl wird man **prozessual** keine Abstriche im Rahmen der Zuständigkeitsprüfung machen können und insbesondere **nicht** nach der (deutschen) **Lehre von den doppelrelevanten Tatsachen**[3] für eine Gerichtsstandswahl nach Art. 5 eine schlüssige Behauptung der Verfahrensparteien für eine wirksame Rechtswahl des Erblassers ausreichen lassen, selbst wenn sich die Frage der wirksamen Rechtswahl womöglich auch auf der Ebene der Begründetheit erneut stellt. Vielmehr muss das Gericht umfassend die Wirksamkeit der Rechtswahl prüfen.[4] Zwar vereinheitlicht die Erbrechtsverordnung nicht das mitgliedstaatliche Verfahren,[5] sondern überlässt nach dem Grundsatz der Verfahrensautonomie[6] dessen Ausgestaltung – auch im Hinblick auf die Darlegungsanforderungen bei der Zuständigkeitsprüfung[7] – den Mitgliedstaaten. Allerdings erfordert der Gleichlauf von forum und ius ($\rightarrow$ Vor Art. 4 Rn. 2 f., 14) auch einen Gleichlauf der prozessualen Anforderungen an die Darlegung einer Rechtswahl des Erblassers auf der Zulässigkeits- wie auf der Begründetheitsseite, da ansonsten womöglich aufgrund einer Gerichtsstandsvereinbarung der Verfahrensparteien ein Gericht international zuständig ist, das nicht sein Recht anwenden kann. Die praktische Wirksamkeit der Zuständigkeitsordnung in der Erbrechtsverordnung wäre bei unterschiedlichen prozessualen Anforderungen gefährdet,[8] so dass nach dem Effektivitätsgrundsatz[9] eine Einschränkung der mitgliedstaatlichen Verfahrensautonomie geboten ist.[10]

5   Für eine Gerichtsstandswahlfreiheit der Parteien ist auch eine **beschränkte Teilrechtswahl des Erblassers** nach Art. 24 Abs. 2 oder Art. 25 Abs. 3 ausreichend, wenn der Erblasser lediglich eine Rechtswahl hinsichtlich der Zulässigkeit und der materiellen Wirksamkeit einer Verfügung von Todes wegen getroffen hat (näher $\rightarrow$ Vor Art. 4 Rn. 16). Das Erfordernis, dass der Erblasser das auf seine Rechtsnachfolge von Todes wegen anwendbare Recht „nach Artikel 22" gewählt haben muss, bedeutet nicht, dass die Rechtswahlerklärung erst am oder nach dem Stichtag des 17.8.2015 errichtet worden sein muss. Vielmehr liegt eine zuständigkeitsrechtlich relevante Rechtswahl nach den

---

[1] S. auch Ratsdokument Nr. 10126/11 S. 8.

[2] Deixler-Hübner/Schauer/*Deixler-Hübner* Rn. 8; *Nordmeier* GPR 2013, 148 (154); vgl. auch Bonomi/Wautelet/*Bonomi* Art. 6 Rn. 18; *v. Sachsen Gessaphe* in Deinert, Internationales Recht im Wandel, 2013, 163, 179.

[3] Allg. BGH NJW 1964, 497 (498).

[4] Bonomi/Wautelet/*Bonomi* Art. 6 Rn. 19; vgl. auch Dutta/Weber/*Lein* Art. 5 Rn. 8, Art. 6 Rn. 7.

[5] Vgl. zum EuGVÜ EuGH Slg. 1990, I-1860 Rn. 17, 19 = NJW 1991, 2621 – Kongress Agentur Hagen; Slg. 1995, I-415 Rn. 35 = NJW 1995, 1881 – Shevill.

[6] Allg. bereits EuGH Slg. 1976, 1989 Rn. 5 = NJW 1977, 495 – Rewe-Zentralfinanz eG.

[7] Vgl. zum EuGVÜ BGHZ 98, 263 (273).

[8] Vgl. zur Brüssel I-VO und der Lehre von den doppelrelevanten Tatsachen auch *Mankowski* IPRax 2006, 454.

[9] Allg. bereits EuGH Slg. 1976, 1989 Rn. 5 = NJW 1977, 495 – Rewe-Zentralfinanz eG.

[10] S. zur Zuständigkeitsordnung nach Brüssel I-VO etwa EuGH Slg. 1983, 3663 Rn. 13 f. = IPRax 1985, 92 – Duijnstee; Slg. 1990, I-1860 Rn. 20 = NJW 1991, 2621 – Kongress Agentur Hagen; Slg. 1995, I-415 Rn. 36 = NJW 1995, 1881 – Shevill; Slg. 2004, I-3565 Rn. 29 = EuZW 2004, 468 – Turner.

Art. 5 ff. auch vor, wenn die **Rechtswahl vor dem Stichtag** errichtet wurde, soweit die Rechtswahl nach der intertemporalen Regelung der Art. 83 Abs. 2, 4 wirksam ist **und** zugleich die Anforderungen des Art. 22 erfüllt, vor allem auch im Hinblick auf das alleine wählbare Recht der Staatsangehörigkeit. Ausreichend ist damit eine Rechtswahl nach Art. 83 Abs. 2 Fall 1 oder Abs. 4, nicht aber eine Rechtswahl nach Art. 83 Abs. 2 Fall 2 oder 3.[11] Hätte jede Rechtswahl nach Art. 83 Abs. 2 genügen sollen, hätte der Verordnungsgeber nicht ausdrücklich auf Art. 22 Bezug genommen, sondern pauschal von einer nach der Verordnung wirksamen Rechtswahl gesprochen. Erforderlich ist freilich, dass der betreffende Erbfall nach dem Stichtag eingetreten ist, da nur dann nach Art. 83 Abs. 1 die Zuständigkeitsvorschriften der Art. 4 ff. zur Anwendung kommen.

2. Gerichtsstandswahlfreiheit der „betroffenen Parteien". Unklar ist jedoch, welche Perso-   6
nen nach Abs. 1 die Befugnis zur Gerichtsstandswahl besitzen, mithin auf wen die Verordnung abstellt, wenn sie von den „betroffenen Parteien" spricht.[12] Hiermit sind die **Verfahrensparteien** gemeint, dh sämtliche vom Verfahren betroffenen Personen, wobei Erwägungsgrund Nr. 28 S. 2 andeutet, dass hierzu alle diejenigen Personen gehören, deren Rechte am Nachlass durch eine Entscheidung des Gerichts berührt werden. Es muss sich bei den Verfahrensparteien freilich nicht zwingend um die Berechtigten iS des Art. 23 Abs. 2 lit. b handeln.[13]

Bei **streitigen Erbverfahren,** bei denen die Entscheidungen des Gerichts allein inter partes   7
zwischen den Parteien wirken, etwa bei Erbprätendentenstreitigkeiten, Erbschaftsklagen, etc, stehen die Verfahrensparteien regelmäßig bereits bei der Anrufung des Gerichts (Art. 14) fest: die jeweiligen Kläger und die Beklagten, die allesamt Partei der Gerichtsstandsvereinbarung sein müssen.

Schwieriger ist die Bestimmung der betroffenen Verfahrensparteien bei – von Art. 5 ff. ebenfalls   8
erfassten (→ Vor Art. 4 Rn. 4) – **nichtstreitigen Verfahren,** etwa Nachlassverfahren der freiwilligen Gerichtsbarkeit, bei denen die Entscheidungen des Gerichts potentiell erga omnes wirken, und man hier deshalb auch mit guten Gründen auf eine Gerichtsstandswahlfreiheit der Beteiligten hätte verzichten können.[14] Eine teleologische Reduktion der Vorschrift bei nichtstreitigen Verfahren scheidet indes aus → Rn. 13. Verfahrenspartei als betroffene Personen sind in Verfahren der freiwilligen Gerichtsbarkeit nicht nur die förmlich am Verfahren Beteiligten, sondern vielmehr auch alle diejenigen, die – soweit sie dem Gericht bekannt sind – als in ihren rechtlichen Positionen Betroffene zu beteiligen wären, etwa nach § 7 Nr. 1, § 345 FamFG oder § 37 Abs. 1 S. 2 IntErbRVG.[15] Welche Personen hierunter fallen, kann nicht allgemein beantwortet werden, sondern hängt vom konkreten Verfahren und damit genaugenommen von der jeweiligen lex fori der Mitgliedstaaten ab, in denen die Gerichtsstandsvereinbarungen ihre Wirkungen (→ Rn. 20 ff.) entfaltet, mithin der Mitgliedstaaten, deren Zuständigkeit derogiert unnd prorogiert wird.[16] Es kann sich hierbei auch um Nachlassgläubiger handeln,[17] wenn deren Haftung von dem Verfahren betroffen ist. Dass die Verordnung in Art. 5 einem solchen **weiten Verfahrensparteibegriff** folgt, zeigt Art. 9 Abs. 1: Soweit sich später herausstellt, dass nicht alle Verfahrensparteien an der Gerichtsstandsvereinbarung beteiligt waren (was voraussetzt, dass nach der Gerichtsstandswahl dem Gericht weitere vom Verfahren Betroffene bekannt werden, die bisher nicht formell beteiligt waren), entfaltet die Gerichtsstandsvereinbarung nur ihre Wirkungen, wenn die bisher unbekann-

---

[11] Zust. Bonomi/Wautelet/*Bonomi* Art. 5 Rn. 7; *Odersky* notar 2015, 183 (184) in Fn. 10; insoweit zutr. auch *Volmer* Rpfleger 2013, 421 (423) in Fn. 37. Wohl insoweit weitergehend *Schoppe* IPRax 2014, 27 (32) (freilich wiederum beschränkt auf eine umfassende Rechtswahl, zu dieser Frage → Vor Art. 4 Rn. 16); ebenso *Heinig* RNotZ 2014, 197 (226); Rauscher/*Hertel* Rn. 4; *Köhler* in GKKW IntErbR 71; *Rudolf* ZfRV 2015, 212 (214).

[12] *Baldus* GPR 2012, 312 (314) in Fn. 14.

[13] So aber *Lehmann* DStR 2012, 2085 (2088); in diese Richtung auch *Schauer* JEV 2012, 78 (81 f.); vgl. auch *Lurger/Melcher* IPR Rn. 3/29 m. Fn. 44; weitergehend auch *Volmer* Rpfleger 2013, 421 (428): alle bekannten „Erbfallbetroffenen" (auch Nachlassgläubiger), wohl selbst dann, wenn sie vom konkreten Verfahren nicht betroffen sind; *Müller-Lukoschek,* Die neue EU-Erbrechtsverordnung, 2. Aufl. 2015, S. 132: jedenfalls die Erben. – Gegen diese Auslegung spricht freilich, dass eine frühere Fassung der Vorschrift auf die „Berechtigten" abgestellt hat, s. Ratsdokument Nr. 17068/11 S. 11 m. Fn. 1, aber offenbar vom Unionsgesetzgeber nicht gebilligt wurde.

[14] S. *Max Planck Institute* RabelsZ 74 (2010), 522 (589 ff.); *Dutta* in Reichelt/Rechberger, Europäisches Erbrecht – Zum Verordnungsvorschlag der Europäischen Kommission zum Erb- und Testamentsrecht, 2011, 57, 81 f.; *R. Magnus* IPRax 2013, 393 (396).

[15] Zust. *Odersky* notar 2015, 183 (186); *Simotta,* FS Gottwald, 2014, 597 (599); so auch *Lutz* BWNotZ 2016, 34 (36).

[16] Vgl. demgegenüber *Simotta,* FS Gottwald, 2014, 597 (599): Nur lex fori des Mitgliedstaats des vom Erblasser gewählten Rechts soll maßgeblich sein. Im Ergebnis kommt es aufgrund der Bindungswirkung der Entscheidung des erstangerufenen Gerichts über die Frage einer wirksamen Gerichtsstandsvereinbarung (→ Art. 7 Rn. 5 f.) freilich nicht kumulativ auf beide Rechte an, sondern auf die lex fori des erstangerufenen Gerichts, bei dem es sich um das Gerichte im derogierten (Art. 6 lit. b) oder prorogierten (Art. 7 lit. b) Mitgliedstaat handeln.

[17] Anders offenbar Dutta/Weber/*Lein* Rn. 15.

ten Verfahrensparteien der Vereinbarung beitreten, jedenfalls indem sie sich auf das Verfahren rügelos einlassen.

9   An der Gerichtsstandsvereinbarung müssen nicht ausschließlich Verfahrensparteien beteiligt sein. Insbesondere kann der **Erblasser mit den künftigen Verfahrensparteien,** etwa im Rahmen eines Erbvertrags, eine Gerichtsstandsvereinbarung nach Art. 5 treffen,[18] mit der sich diese bereits zu Lebzeiten des Erblassers binden (näher → Rn. 19), wobei der Erblasser jedenfalls verfahrensrechtlich nicht verhindern kann, dass die Verfahrensparteien untereinander ihre Gerichtsstandsvereinbarung später aufheben (zum insoweit anwendbaren Recht → Rn. 18; ferner → Vor Art. 4 Rn. 23). Umgekehrt können die anderen Parteien der Gerichtsstandsvereinbarung nichts dagegen unternehmen, dass der Erblasser seine Rechtswahl widerruft oder ändert, und auf diese Weise der Gerichtsstandsvereinbarung ihre Basis entzieht.

10   Der Verweis in Art. 5 auf eine Gerichtsstandsvereinbarung der Verfahrensparteien setzt eine Gerichtsstandswahl **mehrerer Verfahrensparteien** voraus. Die einseitige Gerichtsstandswahl einer Verfahrenspartei ist nicht möglich, auch wenn es sich bei dieser Person um die einzige Verfahrenspartei handelt, etwa um einen unbestrittenen Alleinerben, der einen Erbschein beantragt (zur Anwendbarkeit der Art. 4 ff. auf mitgliedstaatliche Erbnachweisverfahren → Vor Art. 4 Rn. 5, 8). Eine Verfahrenspartei kann sich nicht gegenüber sich selbst im Hinblick auf den Gerichtsstand binden. Dennoch kann eine solche einzelne Verfahrenspartei eine Zuständigkeit im Mitgliedstaat des gewählten Rechts begründen, indem sie nach Art. 7 lit. c die Zuständigkeit ausdrücklich anerkennt.

11   **3. Gerichtsstandswahlfreiheit zugunsten der Gerichte oder eines Gerichts im Mitgliedstaat des gewählten Rechts.** Die Verfahrensparteien sind in der Wahl des Gerichtsstands nach Abs. 1 nicht frei. Vielmehr können sie nur eine Zuständigkeit der Gerichte oder eines Gerichts desjenigen Mitgliedstaats durch Vereinbarung begründen, dessen Recht der Erblasser **tatsächlich gewählt hat** (→ Rn. 3 ff.), und nicht etwa eine Zuständigkeit der Gerichte desjenigen Mitgliedstaats, dessen Recht der Erblasser – etwa bei doppelter Staatsangehörigkeit oder Wechsel der Staatsangehörigkeit (Art. 22 Abs. 1) – hätte wählen können. Vereinbaren die Parteien die Zuständigkeit eines **konkreten Gerichts** im Mitgliedstaat des gewählten Rechts, so ist dies als eine Vereinbarung im Hinblick auf die internationale Zuständigkeit der Gerichte dieses Mitgliedstaats zu verstehen, wie auch Abs. 1 und vor allem Art. 7 lit. b klarstellen;[19] über die Bedeutung einer solchen Vereinbarung für die **örtliche, sachliche und funktionelle Zuständigkeit** schweigt die Verordnung (Art. 2). Es ist mithin eine Frage des autonomen Zuständigkeitsrechts, ob die Gerichtsstandsvereinbarung auch insoweit zuständigkeitsrechtliche Folgen zeitigt.[20] S. für die örtliche Zuständigkeit bei einer Gerichtsstandsvereinbarung zugunsten eines konkreten deutschen Gerichts die Vorschrift zur örtlichen Zuständigkeit in § 2 Abs. 1 IntErbRVG.[21]

12   Nicht möglich ist nach Abs. 1 eine Gerichtsstandsvereinbarung zugunsten der Gerichte eines **Drittstaats** (zum Begriff → Vor Art. 1 Rn. 29), auch wenn der Erblasser wirksam ein drittstaatliches Erbstatut gewählt hat. Allerdings stellt sich auch hier – wie bei Art. 25 Brüssel Ia-VO – die Frage einer **reflexiven** oder **analogen** Anwendung des Art. 5 im Falle einer Wahl eines drittstaatlichen Gerichtsstands.[22] Das zuständigkeitsrechtliche Grundprinzip eines Gleichlaufs von forum und ius (→ Vor Art. 4 Rn. 2 f., 14) konsequent zu Ende gedacht, spräche nichts dagegen, dass die Verordnung im Rahmen des Art. 6 lit. b lediglich die derogierende Wirkung einer solchen Gerichtsstandsvereinbarung (zu den Folgen einer wirksamen Gerichtsstandsvereinbarung → Rn. 20 ff.) anerkennt

---

[18] Bonomi/Wautelet/*Bonomi* Rn. 17; *Dutta* FamRZ 2013, 4 (7). Anders wohl *Wilke* RIW 2012, 601 (602). Offengelassen von *Kunz* GPR 2012, 208 (209).

[19] So beschränkt sich der Wortlaut in Art. 7 (der die positiven Folgen der Gerichtsstandsvereinbarung regelt → Rn. 21) in der Eingangsformel allein auf die *„Gerichte eines Mitgliedstaats, dessen Recht der Erblasser nach Artikel 22 gewählt hat"* (Hervorhebung d. Verf.).

[20] *Dutta*/Weber/*Dutta* IntErbRVG § 2 Rn. 15; *Grziwotz* FamRZ 2016, 417 (425); vgl. auch *R. Wagner*/*Scholz* FamRZ 2014, 714 (716); *Lehmann* ZEV 2015, 138 (138). Anders Bonomi/Wautelet/*Bonomi* Rn. 20; *Geimer* in Hager, Die neue europäische Erbrechtsverordnung, 2013, 9, 17 in Fn. 34 sowie S. 20; Deixler-Hübner/Schauer/*Horn* Art. 2 Rn. 2; *Köhler* in GKKW IntErbR 78 f.; *R. Wagner*/*Fenner* FamRZ 2015, 1668; anders offenbar auch der Regierungsentwurf eines Gesetzes zum Internationalen Erbrecht, BT-Drs. 18/4201, 42: „Soweit die Verfahrensparteien nach der ErbVO befugt sind, die Zuständigkeit eines bestimmten oder bestimmbaren Gerichts zu vereinbaren oder anzuerkennen oder bei einem Zuständigkeitsmangel durch rügelose Einlassung zu bewirken, dass das seine Zuständigkeit ausübende Gericht weiterhin zuständig bleibt, legt die Verordnung der Sache nach auch die örtliche Zuständigkeit fest. Insoweit besteht kein Spielraum für den deutschen Gesetzgeber, zusätzliche Gerichtsstände zur Wahl zu stellen".

[21] Näher zu dieser Vorschrift etwa Dutta/Weber/*Dutta* IntErbRVG § 2 Rn. 13 ff.

[22] Zum Meinungsstand bei der Brüssel I-VO *Kropholler*/v. *Hein* EuZPR Brüssel I-VO Art. 23 Rn. 14.

und eine internationale Zuständigkeit in der EU nach der Grundregel der Art. 4 und 10 verweigert,[23] jedenfalls wenn in dem Drittstaat die Gerichtsstandsvereinbarung anerkannt wird, vgl. auch Art. 11.[24] Freilich entfaltet dann Art. 5 keine prorogierende Wirkung, die sich allein nach dem Zuständigkeitsrecht des gewählten Drittstaats richtet, wo Art. 7 lit. a und b nicht gilt. Die Derogation bei einer Gerichtsstandsvereinbarung setzt jedoch voraus, dass die Voraussetzungen des Art. 5 im Übrigen erfüllt sind.[25] So würde auch ein Rückgriff auf nationales Zuständigkeitsrecht – und damit eine uneinheitliche Anwendung der Zuständigkeitsregeln – verhindert.[26]

4. Sachlicher Umfang der Gerichtsstandswahlfreiheit. Abs. 1 beschränkt nicht den sachlichen Umfang der Gerichtsstandswahlfreiheit. Die Verfahrensparteien können für **sämtliche Erbsachen,** die einen bestimmten Erbfall betreffen, in einer einheitlichen Gerichtsstandsvereinbarung die Zuständigkeit der Gerichte im Mitgliedstaat des gewählten Rechts begründen. Eine Beschränkung der Gerichtsstandswahlfreiheit **auf streitige Erbverfahren** im Wege einer teleologischen Reduktion,[27] lässt sich weder mit dem Wortlaut des Art. 5 noch mit dem bewussten Ziel des Unionsgesetzgebers vereinbaren, einheitliche Zuständigkeitsregeln für streitige Erbverfahren und Nachlasssachen der freiwilligen Gerichtsbarkeit zu schaffen (→ Vor Art. 4 Rn. 4). Die Verfahrensparteien können aber auch lediglich für eine **konkrete Erbsache** eine Gerichtsstandsvereinbarungen treffen (vgl. Erwägungsgrund Nr. 28 S. 2) und es für die übrigen aus dem Erbfall resultierenden Erbsachen bei der Zuständigkeit nach der Grundregel des Art. 4 und Art. 10 belassen.[28] **13**

Zudem schließt Erwägungsgrund Nr. 28 S. 2 nicht aus, dass die Verfahrensparteien sich darauf einigen, „eine spezifische Frage bei dem gewählten Gericht anhängig zu machen", womit die Zulässigkeit einer **Teilgerichtsstandswahl** für einzelne Aspekte einer Erbsache anerkannt wird, jedenfalls soweit die betroffenen Verfahrensparteien (→ Rn. 6 ff.) an der Vereinbarung beteiligt sind. Allerdings wird man eine solche Teilgerichtsstandswahl nicht grenzenlos zulassen können, sondern auf Teilaspekte einer Erbsache beschränken, die einen eigenständigen Verfahrensgegenstand nach Art. 17 Abs. 1 betreffen.[29] Andernfalls würde eine Teilgerichtsstandswahl dazu führen, dass für die übrigen Aspekte der Erbsache die Litispendenzregeln eine Zuständigkeit des nach Art. 4 oder Art. 10 zuständigen Gerichts sperren würden, aber auch die Gerichtsstandsvereinbarung keine Zuständigkeit für diese Fragen begründen würde. **14**

In ihrer Gerichtsstandsvereinbarung können die Verfahrensparteien auch vom zuständigkeitsrechtlichen Grundsatz der Nachlasseinheit (→ Art. 4 Rn. 11; → Art. 11 Rn. 13) abrücken und eine Zuständigkeit der Gerichte im Mitgliedstaat des gewählten Rechts für **einzelne Nachlassgegenstände** begründen. **15**

5. Vereinbarung einer ausschließlichen oder besonderen Zuständigkeit. Abs. 1 legt schließlich fest, dass die Verfahrensparteien eine ausschließliche Gerichtsstandsvereinbarung treffen **können,** durch die die internationale Zuständigkeit nach der Grundregel des Art. 4 und Art. 10 verdrängt wird. Diese Formulierung mag man als eine Beschränkung der Gerichtsstandswahlfreiheit auf ausschließliche Gerichtsstandsvereinbarungen auslegen – eine Auslegung, die zunächst aus Sicht des Bemühens der Verordnung um einen Gleichlauf von forum und ius (→ Vor Art. 4 Rn. 2 f., 14) konsequent zu sein scheint, da nur eine ausschließliche Gerichtsstandsvereinbarung dafür sorgt, dass im Falle einer Rechtswahl nur ein Gericht zuständig ist, dessen Erbrecht auch anwendbar ist. Allerdings darf nicht übersehen werden, dass auch eine konkurrierende Gerichtsstandsvereinbarung, die jedenfalls eine besondere Zuständigkeit der Gerichte im Mitgliedstaat des gewählten Rechts begründet, einen Beitrag zu einem Gleichlauf von forum und ius leisten kann, indem sie den von der Vereinbarung gebundenen Parteien ein Abweichen von der Grundregel des Art. 4 und Art. 10 ermöglicht – und zwar jeder einzelnen Partei, anders als bei Art. 6 lit. a auch ohne Ermessensentschei- **16**

[23] Dafür im Hinblick auf die Aufenthaltszuständigkeit des Art. 4 EuErbVO (warum nicht auch für Art. 10 EuErbVO?) auch *Heinig* RNotZ 2014, 197 (226); *Leipold,* FS Meincke, 2015, 219 (223); tendenziell auch Bonomi/Wautelet/*Bonomi* Rn. 3 mit Fn. 8; so jedenfalls de lege ferenda auch R. *Magnus* IPRax 2013, 393 (395); *Marongiu Buonaiuti* JPIL 12 (2016), 545 (563); zur Brüssel I-VO so etwa *Heinze/Dutta* IPRax 2005, 224 (228). Anders für die Erbrechtsverordnung *Geimer* in Hager, Die neue europäische Erbrechtsverordnung, 2013, 9, 20.
[24] So im Ergebnis auch *Leipold,* FS Meincke, 2015, 219 (224); vgl. auch Deixler-Hübner/Schauer/*Deixler-Hübner* Rn. 26.
[25] Zust. NK-BGB/*Makowsky* Rn. 14. Jedenfalls für eine analoge Anwendung auf Art. 4 EuErbVO *Leipold,* FS Meincke, 2015, 219 (223 f.).
[26] Die etwa von Bonomi/Wautelet/*Bonomi* Rn. 3 und *Marongiu Buonaiuti* in Franzina, The external dimension of EU private international law after Opinion 1/2013, 2017, 211, 220, befürchtet wird.
[27] So etwa *Leipold,* FS Meincke, 2015, 219 (230).
[28] Bonomi/Wautelet/*Bonomi* Rn. 23; Zöller/*Geimer* Anh. II J: EuErbVO Art. 4 Rn. 4; *Heinig* RNotZ 2014, 197 (226).
[29] Tendenziell zust. Calvo Caravaca/Daví/Mansel/*Marongiu Buonaiuti* Rn. 19 mit Fn. 29.

dung des Gerichts. Bei großzügiger Auslegung des Abs. 1 wird man deshalb auch eine konkurrierende Gerichtsstandsvereinbarung zulassen.[30] Die Folge einer solchen nicht ausschließlichen Gerichtsstandsvereinbarung wäre freilich, dass nur die prorogierenden (Art. 7 lit. b), nicht aber die derogierenden (Art. 6 lit. b[31]) Wirkungen der Vereinbarungen eintreten (→ Rn. 21 ff.).

III. Form der Gerichtsstandsvereinbarung (Abs. 2)

17   In Abs. 2 legt die Verordnung die formellen Voraussetzungen für eine wirksame Gerichtsstandsvereinbarung fest. Die Vorschrift entspricht insoweit weitgehend Art. 25 Abs. 1 S. 3 lit. a Brüssel Ia-VO (Schriftlichkeit, **Abs. 2 S. 1**) und Art. 25 Abs. 2 Brüssel Ia-VO (elektronische Form, **Abs. 2 S. 2**) sowie Art. 4 Abs. 2 EuUnthVO.[32] Allerdings **präzisiert** Abs. 2 seine beiden Vorbilder: Die Parteien müssen ihre Vereinbarung datieren und unterzeichnen **(Abs. 2 S. 1).**

IV. Statut der Gerichtsstandsvereinbarung im Übrigen

18   Dagegen schweigt die Verordnung zum Statut der Gerichtsstandsvereinbarung im Übrigen, vor allem zum auf ihr rechtsgeschäftliches Zustandekommen (Vorliegen einer Erklärung, Anforderungen an eine ausdrückliche oder konkludente Erklärung), ihre Wirksamkeit (Willensmängel, etc), ihr Erlöschen (Aufhebung durch die Parteien, etc) und ihre Auslegung anwendbaren Recht. Dieses Recht bestimmt sich insbesondere nicht nach der Rom I-VO, da Art. 1 Abs. 1 lit. e Rom I-VO Gerichtsstandsvereinbarungen vom Anwendungsbereich dieser Verordnung ausklammert. Das Zustandekommen und die Wirksamkeit der Gerichtsstandsvereinbarung richtet sich vielmehr nach dem **Erbstatut.**[33] Hierfür sprechen verschiedene Erwägungen: Zunächst wird bei dieser Anknüpfung der Gleichlauf von forum und ius (→ Vor Art. 4 Rn. 2 f., 14) nicht nur für die Erbsache konsequent durchgeführt, sondern auch für das Verfahren vor dem prorogierten Gericht, jedenfalls im Falle des Art. 7 lit. b. Andernfalls wäre das Gericht gezwungen, ausländisches Recht auf die Gerichtsstandsvereinbarung anzuwenden; denn im Falle des Art. 7 lit. b entspricht das Erbstatut stets dem Recht des prorogierten Gerichts. Ferner wird die Gerichtsstandsvereinbarung auch in der Sache die engste Verbindung zum vom Erblasser gewählten Erbrecht besitzen, dessen Gerichte die Vereinbarung ja wegen der Rechtswahl gerade erst mit einer internationalen Zuständigkeit für die betreffende Erbsache ausstatten soll. Die erbrechtliche Beziehung zwischen den Verfahrensparteien, die dem gewählten Erbstatut unterliegt, ist Anlass für die Gerichtsstandsvereinbarung.

V. Zeitpunkt der Gerichtsstandsvereinbarung

19   Ebenfalls regelt die Verordnung nicht ausdrücklich den Zeitpunkt, zu dem die Parteien die Gerichtsstandsvereinbarung treffen können. In jedem Fall ist eine Gerichtsstandsvereinbarung **nach dem Erbfall** möglich, allerdings **nach Anrufung** des Gerichts iS des Art. 14 nur in Form der Gerichtsstandsanerkennung nach Art. 7 lit. c;[34] zur Abgrenzung näher → Art. 7 Rn. 11 ff. Aber es spricht nichts dagegen, auch bereits zu **Lebzeiten des Erblassers** eine Gerichtsstandswahl zu akzeptieren[35] (mit oder ohne Beteiligung des Erblassers → Rn. 9), wobei diese Gerichtsstandswahl nur bei einer wirksamen Rechtswahl des Erblassers Wirkung entfaltet (→ Rn. 3 ff., 9). Im Hinblick auf den **intertemporalen Anwendungsbereich** des Art. 5 wird man den Rechtsgedanken des Art. 83 Abs. 2 jedenfalls insoweit heranziehen können, dass eine vor dem Stichtag geschlossene

---

[30]   So auch *Leipold,* FS Meincke, 2015, 219 (225); anders Bonomi/Wautelet/*Bonomi* Rn. 22; Calvo Caravaca/Davì/Mansel/*Marongiu Buonaiuti* Rn. 4 mit Fn. 7; Deixler-Hübner/Schauer/*Deixler-Hübner* Rn. 5; Dutta/Weber/*Lein* Rn. 34.

[31]   Deshalb greift mE auch der Einwand von Calvo Caravaca/Davì/Mansel/*Marongiu Buonaiuti* Rn. 4 in Fn. 3 nicht, dass sich aus dieser Vorschrift zwingend eine Ausschließlichkeit der Gerichtsstandsvereinbarung nach Art. 5 EuErbVO ergeben würde.

[32]   Zu Unterschieden *Leipold,* FS Meincke, 2015, 219 (233 f.).

[33]   *Dutta* FamRZ 2013, 4 (6); *Kunz* GPR 2012, 208 (210); zust. *Heinig* RNotZ 2014, 197 (227); Deixler-Hübner/Schauer/*Deixler-Hübner* Rn. 18; *Hess* in Dutta/Herrler EuErbVO 131, 138 in Fn. 39; *Müller-Lukoschek,* Die neue EU-Erbrechtsverordnung, 2. Aufl. 2015, 133; s. auch Bonomi/Wautelet/*Bonomi* Rn. 8; so wohl auch Dutta/Weber/*Lein* Rn. 33; im Erg. auch Rauscher/*Hertel* Rn. 16: lex fori des Staates, dessen Zuständigkeit prorogiert wurde; anders *Köhler* in GKKW IntErbR 79: Anwendung der Art. 3, 4 Rom I-VO.

[34]   Vgl. auch Bonomi/Wautelet/*Bonomi* Rn. 18; anders NK-BGB/*Makowsky* Rn. 15; *Wall* in Geimer/Schütze IRV-HdB Rn. 27.

[35]   Gegen die Zulässigkeit einer Gerichtsstandsvereinbarung zu Lebzeiten des Erblassers allgemein Zöller/*Geimer* Anh. II J: EuErbVO Art. 5 Rn. 1; wie hier dagegen Bonomi/Wautelet/*Bonomi* Rn. 16; *Heinig* RNotZ 2014, 197 (226 f.).

Gerichtsstandsvereinbarung jedenfalls dann wirksam ist, wenn sie die Voraussetzungen des Art. 5 erfüllt und der Erbfall nach dem Stichtag eintritt.[36]

VI. Wirkungen einer wirksamen Gerichtsstandsvereinbarung

Die Folgen einer wirksamen Gerichtsstandsvereinbarung werden in Art. 5 nicht geregelt, sondern, **20** wenig übersichtlich (auch → Vor Art. 4 Rn. 15), in Art. 6 und Art. 7. Hier sind **zwei Szenarien** zu unterscheiden:

Rufen die Verfahrensparteien lediglich die **prorogierten Gerichte** an, so ergibt sich die internati- **21** onale Zuständigkeit dieses Gerichts bei einer nach Art. 5 wirksamen Gerichtsstandswahl aus **Art. 7 lit. b.** Zur örtlichen Zuständigkeit → Rn. 11.

Rufen die Verfahrensparteien (oder eine Partei) entgegen einer nach Art. 5 wirksamen Gerichts- **22** standsvereinbarung dagegen zunächst die eigentlich nach Art. 4 oder Art. 10 zuständigen, aber **derogierten Gerichte** an, so ergibt sich die Derogation der Zuständigkeit nach der Grundregel aus **Art. 6 lit. b** (das Gericht hat sich für unzuständig zu erklären) sowie die Prorogation der Zuständigkeit der gewählten Gerichte aus **Art. 7 lit. a** (sobald sich die nach Art. 4 oder Art. 10 eigentlich zuständigen Gerichte für unzuständig erklärt haben). Eine Prorogationswirkung nach Art. 7 lit. b scheidet aus, da die gewählten Gerichte, solange sich die zunächst nach Art. 4 oder Art. 10 angerufenen Gerichte nicht für unzuständig erklärt haben, ihr Verfahren nach Art. 17 Abs. 1 von Amts wegen aussetzen müssen.

Die Differenzierung zwischen diesen beiden Szenarien hat durchaus **praktische Konsequenzen:** **23** Sie führt dazu, dass über die Voraussetzungen einer wirksamen Gerichtsstandsvereinbarung nach Art. 5 stets – auch im Hinblick auf die Prorogationswirkung der Vereinbarung – für die anderen Gerichte verbindlich dasjenige Gericht entscheidet, das zuerst mit der Vereinbarung befasst ist, näher zur Bindungswirkung bei Art. 7 lit. a → Art. 7 Rn. 3.

Art. 6 EuErbVO Unzuständigerklärung bei Rechtswahl

Ist das Recht, das der Erblasser nach Artikel 22 zur Anwendung auf die Rechtsnachfolge von Todes wegen gewählt hat, das Recht eines Mitgliedstaats, so verfährt das nach Artikel 4 oder Artikel 10 angerufene Gericht wie folgt:

a) Es kann sich auf Antrag einer der Verfahrensparteien für unzuständig erklären, wenn seines Erachtens die Gerichte des Mitgliedstaats des gewählten Rechts in der Erbsache besser entscheiden können, wobei es die konkreten Umstände der Erbsache berücksichtigt, wie etwa den gewöhnlichen Aufenthalt der Parteien und den Ort, an dem die Vermögenswerte belegen sind, oder

b) es erklärt sich für unzuständig, wenn die Verfahrensparteien nach Artikel 5 die Zuständigkeit eines Gerichts oder der Gerichte des Mitgliedstaats des gewählten Rechts vereinbart haben.

Übersicht

I. Normzweck und Überblick

Art. 6 ist Teil der von der Grundregel in Art. 4 und Art. 10 abweichenden Zuständigkeitsvorschrif- **1** ten, die im Falle einer Rechtswahl einen Gleichlauf von forum und ius (→ Vor Art. 4 Rn. 2 f., 14) ermöglichen (zur Systematik des Zuständigkeitsrechts sowie insbesondere der Art. 5–9 → Vor Art. 4

---

[36] Im Ergebnis so auch *Heinig* RNotZ 2014, 197 (227); Dutta/Weber/*Lein* Rn. 31.

Rn. 13 ff.). Die Vorschrift betrifft das Verfahren vor den nach der Grundregel **eigentlich zuständigen Gerichten,** wenn der Erblasser das Erbstatut mittels einer Rechtswahl nach Art. 22 bestimmt hat. Konkret regelt die Vorschrift zum einen die **Befugnis** dieses Gerichts zur Unzuständigkeitserklärung, wenn die Gerichte des Mitgliedstaats des vom Erblasser gewählten Rechts zur Entscheidung besser geeignet sind **(lit. a)** und zum anderen die **Pflicht** dieses Gerichts zur Unzuständigkeitserklärung im Falle einer Gerichtsstandsvereinbarung nach Art. 5 **(lit. b).** – Zur Umsetzung der Unzuständigkeitserklärung im mitgliedstaatlichen Verfahren → Art. 15 Rn. 2.

II. Allgemeine Voraussetzungen

2   **1. Zuständigkeit nach der Grundregel in Art. 4 oder Art. 10.** Grundvoraussetzung des Art. 6 ist zunächst, dass der Mitgliedstaat, dessen Gericht sich für unzuständig erklären soll, überhaupt nach der Grundregel in Art. 4 oder Art. 10 international für die Erbsache zuständig ist.[1] Dies ergibt sich zunächst bereits aus dem **Wortlaut** des Art. 6, ist aber auch **in der Sache gerechtfertigt:** Ohne diesen Filter könnte allein aufgrund einer Rechtswahl des Erblassers zugunsten eines mitgliedstaatlichen Rechts (und damit letztlich allein aufgrund seiner mitgliedstaatlichen Staatsangehörigkeit) wegen des Automatismus nach Art. 7 lit. a eine internationale Zuständigkeit in der Union begründet werden.[2] Deshalb ist auch in den Konstellationen des Art. 7 lit. b und c Voraussetzung, dass eine Zuständigkeit eines Mitgliedstaats nach der Grundregel besteht (→ Art. 7 Rn. 20).

3   **2. Keine Zuständigkeit der Gerichte im Mitgliedstaat des gewählten Rechts nach der Grundregel.** Eine selbstverständliche, aber ungeschriebene Voraussetzung für eine Unzuständigkeitserklärung der nach der Grundregel der Art. 4 und 10 zuständigen Gerichte ist zunächst, dass es sich bei diesen Gerichten nicht um die Gerichte aus dem Mitgliedstaat des vom Erblasser gewählten Rechts handelt. So werden sich etwa die nach Art. 10 Abs. 1 lit. a zuständigen Gerichte regelmäßig nicht nach Art. 6 für unzuständig erklären können, wenn der Erblasser das Recht seiner Staatsangehörigkeit zum Zeitpunkt seines Todes gewählt hat, weil es sich bereits um die Heimatgerichte des Erblassers handelt; eine Unzuständigkeitserklärung kommt aber etwa im Falle einer Mehrfachstaatsangehörigkeit in Betracht, wenn der Erblasser das Recht einer Staatsangehörigkeit gewählt hat, aber nach Art. 10 Abs. 1 lit. a die Gerichte einer anderen Staatsangehörigkeit angerufen wurden (zur Anwendung des Art. 10 bei mehrfacher Staatsangehörigkeit → Art. 10 Rn. 15);[3] auch wenn der Erblasser das Recht seiner Staatsangehörigkeit zum Zeitpunkt der Rechtswahl gewählt hat, aber anschließend seine Staatsangehörigkeit wechselt, ist eine Unzuständigkeitserklärung des nach Art. 10 Abs. 1 lit. a zuständigen Gerichts möglich. Aber auch bei einem nach Art. 4 zuständigen Gericht kann eine Unzuständigkeitserklärung ausscheiden, nämlich wenn der Erblasser das Recht seiner Staatsangehörigkeit nach Art. 22 gewählt hat und seine Heimatgerichte nach Art. 4 zuständig sind, weil im Todeszeitpunkt gewöhnlicher Aufenthalt und Staatsangehörigkeit (wieder) zusammenfallen.

III. Befugnis zur Unzuständigkeitserklärung bei „natural forum" im Mitgliedstaat des gewählten Rechts (lit. a)

4   Die Vorschrift übernimmt in lit. a in Ansätzen die Idee der **forum-non-conveniens-Doktrin** aus den vom common law geprägten Verfahrensordnungen,[4] die es dem Gericht gestattet, seine eigentlich bestehende Zuständigkeit nicht auszuüben, wenn die Gerichte eines anderen Staates als natural forum nicht nur dem Kläger zur Verfügung stehen, sondern auch zur Entscheidung in der Sache besser geeignet sind und keine zwingenden Gerechtigkeitserwägungen einen Prozess im Inland rechtfertigen.[5] Die forum-non-conveniens-Doktrin, die eine zuständigkeitsrechtliche Einzelfallgerechtigkeit verwirklichen und die starren Zuständigkeitsregeln an die Bedürfnisse der Parteien anpassen möchte, hat der europäische Gesetzgeber auch bereits an anderer Stelle aufgegriffen: Nach Art. 15 Brüssel IIa-VO kann das eigentlich zuständige Gericht – auf Antrag einer der Parteien oder von Amts wegen – den Fall oder einen Teil des Falles an ein anderes mitgliedstaatliches Gericht verweisen, das seines Erachtens den Fall oder den betreffenden Teil des Falles besser beurteilen kann. Die Verweisung erfolgt entweder durch die Aufforderung an

---

[1] So wohl auch BeckOGK/*Schmidt* Rn. 4.

[2] Vgl. für den Fall einer Gerichtsstandsvereinbarungen nach Art. 5 überzeugend Calvo Caravaca/Daví/Mansel/ *Marongiu Buonaiuti* Art. 5 Rn. 6.

[3] *Bajons* in Schauer/Scheuba, Europäische Erbrechtsverordnung, 2012, 29, 33 in Fn. 14.

[4] Bonomi/Wautelet/*Bonomi* Rn. 4; *Franzina/Leandro* NLCC 2013, 275 (302); Zöller/*Geimer* Anh. II J: EuErbVO Art. 6 Rn. 2; *Heinig* RNotZ 2014, 197 (225); *Keim* in A. Roth, Die Wahl ausländischen Rechts im Familien- und Erbrecht, 2013, 67, 76; *M. Pfeiffer* JPIL 12 (2016), 566 (581).

[5] Grundlegend Spiliada Maritime Corp v. Cansulex Ltd. [1987] AC 460 (HL) 474–488 (Lord Goff).

die Parteien, das besser geeignete Gericht anzurufen (Art. 15 Abs. 1 lit. a Brüssel IIa-VO) oder durch ein direktes Ersuchen des verweisenden Gerichts an das besser geeignete Gericht, sich für zuständig zu erklären (Art. 15 Abs. 1 lit. b Brüssel IIa-VO). Das andere Gericht kann sodann nach Art. 15 Abs. 5 S. 1 Brüssel IIa-VO den Fall an sich ziehen.

Art. 6 lit. a bleibt deutlich hinter der forum-non-conveniens-Doktrin und Art. 15 Brüssel IIa- **5** VO zurück (vgl. auch → Rn. 11; ferner → Art. 12 Rn. 1). Die Verweisung an das besser geeignete Forum wird lediglich instrumentalisiert, um einen Gleichlauf von forum und ius (→ Vor Art. 4 Rn. 2 f., 14) im Einzelfall auch ohne eine Gerichtsstandsvereinbarung (Art. 5 sowie lit. b) oder Gerichtsstandsanerkennung (Art. 7 lit. c) nur auf Betreiben einer der Verfahrensparteien zu ermöglichen, wenn sich die Verfahrensparteien nicht einigen. Art. 6 lit. a enthält damit eine **zweite** Grundlage für eine abweichende Zuständigkeit im Falle einer Rechtswahl des Erblassers (zur Systematik der Art. 5 ff. → Vor Art. 4 Rn. 14 f.).

1. Voraussetzungen. a) Rechtswahl des Erblassers zugunsten des Rechts eines Mitglied- **6** **staats.** Grundvoraussetzung ist zunächst auch bei Art. 6 lit. a, dass der Erblasser nach Art. 22 (oder Art. 24 Abs. 2 oder Art. 25 Abs. 3 → Vor Art. 4 Rn. 16) eine wirksame Rechtswahl vorgenommen hat. Es gilt das zu Art. 5 Gesagte entsprechend (→ Art. 5 Rn. 3 ff.; zu einer analogen Anwendung der Art. 5 ff. → Vor Art. 4 Rn. 17). Allerdings ist es Voraussetzung, dass der Erblasser das Recht eines anderen an der Verordnung teilnehmenden Mitgliedstaats gewählt hat. Anders als bei Art. 5 iVm lit. b (→ Art. 5 Rn. 12) reicht eine Rechtswahl zugunsten eines **Drittstaats** (zum Begriff → Vor Art. 1 Rn. 29) nicht aus.[6] Ein gemäß Art. 4 oder Art. 10 angerufenes Gericht kann sich deshalb nicht in analoger oder reflexiver Anwendung des Art. 6 lit. a auf Antrag einer Verfahrenspartei für unzuständig erklären, wenn nach Ansicht dieses Gerichts die Gerichte eines Drittstaats, dessen Recht der Erblasser gewählt hat, in der Erbsache besser entscheiden können. Denn der Unionsgesetzgeber sichert dieses im kontinentalen Rechtskreis bisher unübliche und mit einer gewissen Rechtsunsicherheit verbundene Zuständigkeitsermessen der eigentlich nach Art. 4 oder Art. 10 zuständigen Gerichten mit einer zwingenden Zuständigkeit im Mitgliedstaat ab, zugunsten dessen die Unzuständigkeitserklärung erfolgt. Art. 7 lit. a sorgt dafür, dass die Gerichte – zu deren Gunsten die Unzuständigkeitserklärung erfolgt – auch zwingend zuständig werden, indem sie an die Unzuständigkeitserklärung nach Art. 6 gebunden sind (→ Art. 7 Rn. 3). Art. 7 gilt jedoch nur in an die Verordnung gebundene Mitgliedstaaten, nicht aber in Drittstaaten. Es ist damit nicht sicher, dass die Gerichte im betreffenden Drittstaat zuständig sind und ihre Zuständigkeit auch ausüben, so dass Zuständigkeitslücken drohen. Anders als bei einer Gerichtsstandsvereinbarung zugunsten eines Drittstaats, wo die Verfahrensparteien diese Unsicherheit sehenden Auges hinnehmen, reicht bei Art. 6 lit. a der Antrag einer Verfahrenspartei aus. Deshalb sollte Art. 6 lit. a weder analog noch reflexiv zugunsten drittstaatlicher Gerichte angewandt werden.

b) Antrag einer Verfahrenspartei. Ferner bedarf es für eine Unzuständigkeitserklärung eines **7** Antrags **einer** der Verfahrensparteien (zum Begriff → Art. 5 Rn. 6 ff.) auf Unzuständigkeitserklärung. Nach dem mitgliedstaatlichen Verfahrensrecht kann das nach der Grundregel in Art. 4 und Art. 10 eigentlich zuständige Gericht darauf hinwirken, dass eine Verfahrenspartei einen Antrag nach Art. 6 lit. a stellt,[7] etwa bei uns nach § 139 ZPO (bei streitigen Erbverfahren) oder nach § 28 FamFG (bei Nachlassverfahren der freiwilligen Gerichtsbarkeit). Eine Unzuständigkeitserklärung vom Amts wegen ist selbst bei amtswegig eingeleiteten Nachlassverfahren, soweit die lex fori solche vorsieht, nicht möglich.[8] Dem Willen der anderen Verfahrensparteien kann im Rahmen der Ermessensentscheidung des Gerichts (→ Rn. 8) Rechnung getragen werden, allerdings nur soweit dieser Wille für die dort zu berücksichtigenden Gesichtspunkte (vor allem Sachnähe des Gerichts) von Relevanz ist.[9] Ein Antrag auf Unzuständigkeitserklärung kann zu jedem **Zeitpunkt** des Verfahrens gestellt werden, auch nachdem sich alle Verfahrensparteien auf das Verfahren eingelassen haben. Hieran ändert auch Art. 9 Abs. 1 nichts,[10] der nur vor den Gerichten im Mitgliedstaat des gewählten Rechts eine Rolle spielt, nicht dagegen vor den nach der Grundregel (Art. 4, 10) zuständigen Gerichten, die allein über den Antrag nach Art. 6 lit. a entscheiden. Angesichts des Fehlens einer entsprechenden

---

[6] So zutr. Bonomi/Wautelet/*Bonomi* Rn. 8; Dutta/Weber/*Lein* Rn. 5; *Wall* in Geimer/Schütze IRV-HdB Rn. 18.

[7] So auch Dutta/Weber/*Lein* Rn. 8.

[8] Dutta/Weber/*Lein* Rn. 8; vgl. auch *Gaudemet-Tallon* in Khairallah/Revillard, Droit européen des successions internationales, 2013, 127, 132.

[9] Weitgehender *Simotta*, FS Gottwald, 2014, 597 (602 f.), wonach eine Unzuständigkeitserklärung ausscheidet, wenn sich die Mehrheit der Verfahrensparteien dagegen ausspricht.

[10] So jedoch *Simotta*, FS Gottwald, 2014, 597 (600 f.), die für eine Analogie zu dieser Vorschrift plädiert; wie hier insoweit NK-BGB/*Makowsky* Rn. 14.

Regelung bei Art. 6 lit. a verwirken die Verfahrensparteien ihr Antragsrecht durch ein rügeloses Einlassen nicht; eine Präklusion durch die lex fori ist mithin ausgeschlossen. Allerdings wird das Gericht, wenn das Verfahren bereits fortgeschritten ist, im Rahmen seiner Ermessensentscheidung (→ Rn. 8) kaum zu dem Ergebnis kommen, dass die Gerichte im Mitgliedstaat des gewählten Rechts die Erbsache besser entscheiden können.[11]

8   **2. Rechtsfolge: Zuständigkeitsermessen des Gerichts.** Art. 6 lit. a begründet ein Ermessen des eigentlich zuständigen Gerichts, sich für unzuständig zu erklären („Es **kann** sich [...] für unzuständig erklären"). Die Unzuständigkeitserklärung steht jedoch nicht im freien Ermessen des Gerichts.[12] Vielmehr muss das Gericht zu dem Ergebnis kommen, dass „seines Erachtens" die Gerichte des Mitgliedstaats (nicht eines Drittstaats → Rn. 6), dessen Recht vom Erblasser als Erb- oder Errichtungsstatut (→ Rn. 6) gewählt wurde, **„in der Erbsache besser entscheiden können"**. Dabei muss das Gericht die „konkreten Umstände der Erbsache", dh des Einzelfalls, berücksichtigen. Aus diesen Formulierungen folgt, dass die Gerichte im Mitgliedstaat des gewählten Rechts vor allem **sachnäher** sein müssen. Sie müssen in einer besseren Position als die Gerichte etwa im Aufenthaltmitgliedstaat sein, um die Tatsachengrundlage zu ermitteln und zu beurteilen, vor allem weil sie einfacheren Zugang zu den relevanten Erkenntnisquellen haben. Art. 6 lit. a nennt zwei Faktoren, die bei dieser Ermessensentscheidung eine Rolle spielen: zum einen der gewöhnliche Aufenthalt der Verfahrensparteien und zum anderen die Belegenheit des Nachlasses (zur Lokalisierung der Nachlassgegenstände → Art. 10 Rn. 6 ff.). Eine solche Verweisung wird vor allem bei Erblassern geboten sein, die erst kürzlich ihren gewöhnlichen Aufenthalt verlagert haben, deren Familienmitglieder sich aber im Mitgliedstaat des gewählten Rechts gewöhnlich aufhalten.[13] Denkbar sind indes auch weitere Gründe für eine Unzuständigkeitserklärung, etwa Sprachbarrieren für die Beteiligten, wenn die Verfahrenssprache im Mitgliedstaat des gewählten Rechts allen Verfahrensparteien geläufig ist, anders als diejenige beim angerufenen Gericht.[14] Die Tatsache allein, dass ausländisches Recht anzuwenden ist, reicht – auch wenn das nach der Grundregel zuständige Gericht hierüber „nicht begeistert"[15] sein wird – dagegen nicht aus, da dies bereits Voraussetzung für das Zuständigkeitsermessen ist. Allenfalls theoretisch kann eine besondere Komplexität der gewählten Rechtsordnung oder eine fehlende Kenntnis des ausländischen Rechts, das nur mit hohen Kosten durch Sachverständige ermittelt werden kann, Grundlage für eine Unzuständigkeitserklärung sein.[16] Es darf jedoch bezweifelt werden, ob eine solche Situation wirklich bei Wahl eines mitgliedstaatlichen Erbrechts eintreten kann, zumal vor deutschen Gerichten. Nicht nur sind die Erbrechte in Europa rechtsvergleichend in zahlreichen deutschsprachigen Werken ausführlich dokumentiert.[17] Auch besteht ein relativ dichtes Netz an Sachverständigen zum ausländischen Privatrecht.

9   Art. 6 lit. a begründet jedoch stets nur eine **Befugnis** des eigentlich zuständigen Gerichts zur Unzuständigkeitserklärung, nicht aber eine Pflicht. Die Unzuständigkeitserklärung erfolgt stets für die **konkret anhängige Erbsache** („in der Erbsache") und erfasst nicht global auch alle andere Erbsachen, die aus dem betreffenden Erbfall resultieren.[18] Entsprechend dem Rechtsgedanken des Art. 15 Abs. 1 Brüssel IIa-VO ist auch eine **Teilunzuständigkeitserklärung** im Hinblick auf einen abgrenzbaren Teil der Erbsache oder einen Teil des Nachlasses zulässig,[19] da dann jedenfalls insoweit ein Gleichlauf von forum und ius (→ Vor Art. 4 Rn. 2 f., 14) geschaffen wird; auch hier ist der Verfahrensgegenstandsbegriff in Art. 17 Abs. 1 zu beachten, wie auch bei der Teilgerichtsstandsvereinbarung (→ Art. 5 Rn. 14).

---

[11] Vgl. auch NK-BGB/*Makowsky* Rn. 14.

[12] Dutta/Weber/*Lein* Rn. 13; *Simotta*, FS Gottwald, 2014, 597 (601). Nur scheinbar enger *Köhler* in GKKW IntErbR 75: Kein Ermessen, sondern ausfüllungsbedürftige Generalklausel. Im Ergebnis ist dies jedoch mE ein Streit um Worte, da für die Justiziabilität der Ermessensausübung ohnehin nicht die Ermessenslehre aus dem deutschen Verwaltungsrecht maßgeblich ist und natürlich in letzter Instanz der EuGH über die Grenzen des Ermessens entscheidet.

[13] Vgl. auch Kommissionsvorschlag KOM(2009) 154 endg. S. 6.

[14] Dutta/Weber/*Lein* Rn. 10.

[15] *Simotta*, FS Gottwald, 2014, 597 (601).

[16] Vgl. Dutta/Weber/*Lein* Rn. 10.

[17] Etwa in der monumentalen Loseblattsammlung *Ferid/Firsching/Dörner/Hausmann*, Internationales Erbrecht, 98. Ergänzungslieferung 2016, oder im Werk von *Süß*, Erbrecht in Europa, 3. Aufl. 2015.

[18] In EuGH NJW 2014, 3355 – E. ./. B. musste der Gerichtshof diese Frage (vgl. EuGH aaO Rn. 27) für die Parallelvorschrift in Art. 15 Brüssel IIa-VO nicht entscheiden; zur Übertragbarkeit dieser Entscheidung auf Art. 7 lit. c → Art. 7 Rn. 15.

[19] De lege lata so wohl auch Zöller/*Geimer* Anh. II J: EuErbVO Art. 6 Rn. 1; gegen eine solche Teilunzuständigkeitserklärung bei Art. 6 lit. a EuErbVO Calvo Caravaca/Davì/Mansel/*Marongiu Buonaiuti* Rn. 3 mit Fn. 1.

IV. Pflicht zur Unzuständigkeitserklärung bei Gerichtsstandsvereinbarung (lit. b)

Art. 6 lit. b regelt die Derogationswirkung einer Gerichtsstandsvereinbarung nach Art. 5. Das **10** eigentlich nach Art. 4 oder Art. 10 zuständige Gericht hat sich für unzuständig zu erklären, sollte es entgegen der Gerichtsstandsvereinbarung von einer Verfahrenspartei angerufen werden. Ein Ermessen des Gerichts besteht nicht („es erklärt sich für unzuständig"). Zu den übrigen Folgen der Gerichtsstandsvereinbarung → Art. 5 Rn. 20 ff.

V. Folgen einer Unzuständigkeitserklärung

Die Folgen der Unzuständigkeitserklärung sind in Art. 6 nur teilweise geregelt. Die Unzuständig- **11** keitserklärung derogiert die Zuständigkeit des nach Art. 4 oder Art. 10 angerufenen Gerichts und beendet damit das Verfahren; auch dessen Sperrwirkung nach Art. 17 f. endet. Die Unzuständigkeitserklärung führt praktisch zu einer **Verweisung der Erbsache** an die Gerichte im Mitgliedstaat des gewählten Rechts. Denn nach **Art. 7 lit. a** entfaltet die Unzuständigkeitserklärung eine Prorogationswirkung und begründet eine für die Gerichte im Mitgliedstaat des gewählten Rechts zwingende Zuständigkeit. Die Gerichte im Mitgliedstaat des gewählten Rechts können sich nicht weigern, ihre Zuständigkeit nach Art. 7 lit. a auszuüben (→ Art. 7 Rn. 3). Im Fall einer Unzuständigkeitserklärung nach Art. 6 lit. a liegt damit das Zuständigkeitsermessen alleine beim eigentlich nach Art. 4 oder Art. 10 zuständigen Gericht, anders als etwa nach Art. 15 Brüssel IIa-VO und noch nach Art. 5 des Kommissionsvorschlags. Es bedarf damit auch keiner Frist, in der sich die Gerichte im Mitgliedstaat des gewählten Rechts für zuständig erklären müssen.[20] Um keine Unsicherheit über die gerichtliche Zuständigkeit zu verursachen, ist eine **bedingte oder befristete** Unzuständigkeitserklärung nicht möglich.[21]

Art. 7 EuErbVO Zuständigkeit bei Rechtswahl

Die Gerichte eines Mitgliedstaats, dessen Recht der Erblasser nach Artikel 22 gewählt hat, sind für die Entscheidungen in einer Erbsache zuständig, wenn
a) sich ein zuvor angerufenes Gericht nach Artikel 6 in derselben Sache für unzuständig erklärt hat,
b) die Verfahrensparteien nach Artikel 5 die Zuständigkeit eines Gerichts oder der Gerichte dieses Mitgliedstaats vereinbart haben oder
c) die Verfahrensparteien die Zuständigkeit des angerufenen Gerichts ausdrücklich anerkannt haben.

I. Normzweck und Überblick

Art. 7 ist ebenfalls Teil der von der Grundregel in Art. 4 und Art. 10 abweichenden Zuständig- **1** keitsvorschriften, die im Falle einer Rechtswahl des Erblassers einen Gleichlauf von forum und

---

[20] Dutta/Weber/*Lein* Rn. 14.
[21] So wohl auch Rauscher/*Hertel* Rn. 13; vgl. indes Bonomi/Wautelet/*Bonomi* Rn. 14 f.

ius (→ Vor Art. 4 Rn. 2 f., 14) ermöglichen sollen (zur Systematik des Zuständigkeitsrechts sowie insbesondere der Art. 5–9 → Vor Art. 4 Rn. 13 ff.). Während Art. 6 negativ die Unzuständigkeit der nach Art. 4 oder Art. 10 angerufenen Gerichte zum Gegenstand hat, regelt Art. 7 **positiv** die **Zuständigkeit** der Gerichte im Mitgliedstaat des gewählten Rechts und betrifft damit das Verfahren vor diesen Gerichten, und zwar bei einer **vorherigen Unzuständigkeitserklärung** des nach der Grundregel angerufenen Gerichts nach Art. 6 im Falle einer Gerichtsstandsvereinbarung oder einer Ausübung des gerichtlichen Zuständigkeitsermessens **(lit. a)**, bei einer **Gerichtsstandsvereinbarung ohne vorherige Anrufung** des eigentlich nach der Grundregel zuständigen Gerichts **(lit. b)** und bei einer **Gerichtsstandsanerkennung (lit. c).** Um den Charakter als Ausnahmevorschrift zur Grundregel nach Art. 4, 10 zu wahren, müssen indes lit. b und lit. c einschränkend ausgelegt werden (→ Rn. 20). Die Zuständigkeit wird nach Art. 7 nur im Umfang nach der Grundregel verlagert, was insbesondere bei Art. 10 Abs. 2 relevant ist (→ Art. 10 Rn. 18).

II. Allgemeine Voraussetzung: Keine Zuständigkeit der Gerichte im Mitgliedstaat des gewählten Rechts nach der Grundregel

2   Auch hier gilt freilich die allgemeine – ungeschriebene – Voraussetzung für eine Zuständigkeitsbegründung, dass die Gerichte im Mitgliedstaat des gewählten Rechts nicht bereits nach der Grundregel der Art. 4 und 10 zuständig sein dürfen (näher → Art. 6 Rn. 2).

III. Zuständigkeitsbegründung bei vorheriger Unzuständigkeitserklärung (lit. a)

3   Soweit sich ein nach Art. 4 oder Art. 10 zuvor angerufenes (Art. 14) Gericht für unzuständig erklärt, weil das Gericht sein Zuständigkeitsermessen nach Art. 6 lit. a ausgeübt hat oder eine nach Art. 5 wirksame Gerichtsstandsvereinbarung nach Art. 6 lit. b anerkannt hat, entsteht eine Zuständigkeit der Gerichte im Mitgliedstaat des gewählten Rechts. Der sachliche Umfang der Zuständigkeit richtet sich nach dem Umfang der Unzuständigkeitserklärung;[1] die Gerichte im Mitgliedstaat des gewählten Rechts werden nicht für sämtliche Erbsachen zuständig, die sich aus einem Erbfall ergeben, sondern nur für Entscheidungen „in derselben Sache". Für eine weitergehende Zuständigkeitsbegründung müssen die Voraussetzungen nach lit. b oder c vorliegen. Die Gerichte im Mitgliedstaat des gewählten Rechts besitzen **keine Prüfungskompetenz** im Hinblick auf die Ermessensausübung des zunächst angerufenen Gerichts oder die Wirksamkeit der Gerichtsstandsvereinbarung, sondern sind an die Unzuständigkeitserklärung gebunden.[2] Es besteht insoweit ein „Primat des Aufenthaltsgerichts"[3] bzw. der nach der Grundregel der Art. 4 und 10 zuständigen Gerichte. Art. 7 lit. a verpflichtet die Gerichte im Mitgliedstaat des gewählten Rechts mithin, die Unzuständigkeitserklärung der nach Art. 4 oder Art. 10 angerufenen Gerichte ohne Prüfung **anzuerkennen.** Insbesondere bedarf es insoweit keiner Anerkennung der Unzuständigkeitsentscheidung nach Art. 39 ff.;[4] ansonsten könnte das nach Art. 7 lit. a angerufene Gericht womöglich aufgrund eines Anerkennungsversagungsgrunds nach Art. 40 seine Zuständigkeit verweigern, was zu negativen Kompetenzkonflikten führen könnte, die Art. 7 lit. a gerade verhindern möchte. Die Vorschrift – die auch bei negativen Kompetenzkonflikten im Rahmen des Art. 4 analog angewandt werden kann → Art. 4 Rn. 12; ferner → Rn. 6, 18; – lässt dagegen die Frage offen, ob die Gerichte im Mitgliedstaat des gewählten Rechts zumindest prüfen dürfen, ob eine nach Art. 22 wirksame Rechtswahl des Erblassers vorlag (was die Gerichte im nach der Grundregel zuständigen Gericht im Rahmen ihrer Unzuständigkeitserklärung zuvor bejaht haben müssen → Art. 5 Rn. 3 ff. und → Art. 6 Rn. 5). Richtigerweise wird man auch insoweit die Gerichte im Mitgliedstaat des gewählten Rechts an die Unzuständigkeitsentscheidung binden müssen, da ansonsten ein negativer Kompetenzkonflikt droht, wenn die Gerichte im Mitgliedstaat des gewählten Rechts ihre Zuständigkeit ebenfalls ablehnen können.[5] Diese Bindungswirkung bezieht sich allerdings nur auf die zuständigkeitsrechtlichen Auswirkungen der Rechtswahl, nicht aber ihre kollisionsrechtlichen nach Art. 22;[6] zu einer vergleichbaren Problematik bei Art. 4, 21 Abs. 1 → Art. 4 Rn. 12.

---

[1] So auch Dutta/Weber/*Lein* Rn. 21.
[2] Dutta/Weber/*Lein* Art. 6 Rn. 13, 17, Art. 7 Rn. 8; *Wall* ZErb 2014, 272 (279); im Ergebnis auch Bonomi/Wautelet/*Bonomi* Rn. 2; anders offenbar *M. Stürner* JbItalR 26 (2013), 59 (69): „keine bindende Verweisungsmöglichkeit".
[3] Ratsdokument Nr. 13730/11 S. 7.
[4] In diese Richtung aber Deixler-Hübner/Schauer/*Deixler-Hübner* Rn. 8.
[5] So auch Bonomi/Wautelet/*Bonomi* Rn. 2; *Köhler* in GKKW IntErbR 75; *Wall* ZErb 2014, 272 (279); vgl. auch Dutta/Weber/*Lein* Art. 6 Rn. 7, Art. 7 Rn. 9.
[6] Zutr. *Köhler* in GKKW IntErbR 77.

Probleme können sich jedoch bei diesem Zusammenspiel der Gerichte ergeben, wenn eine **4** Unzuständigkeitserklärung der nach Art. 4 oder Art. 10 angerufenen Gerichte nicht endgültig ist. Insbesondere kann eine solche Entscheidung von den Verfahrensparteien nach mitgliedstaatlichem Verfahrensrecht angefochten werden. Man wird deshalb lit. a dahingehend auslegen müssen, dass eine Zuständigkeit im Mitgliedstaat des gewählten Rechts erst begründet wird, wenn die Unzuständigkeitserklärung **nach dem jeweiligen Verfahrensrecht des zuerst angerufenen Gerichts endgültig** ist.[7] Andernfalls könnte es zu positiven Kompetenzkonflikten kommen. Die Unzuständigkeit des zunächst nach Art. 4 oder Art. 10 angerufenen Gerichts steht damit erst dann fest, wenn die Unzuständigkeitserklärung rechtskräftig ist und nicht mehr angefochten werden kann, vergleichbar der Situation bei Art. 17 Abs. 2.[8]

IV. Zuständigkeitsbegründung bei Gerichtsstandsvereinbarung (lit. b)

Fehlt es an einer Unzuständigkeitserklärung, weil die nach Art. 4 oder Art. 10 eigentlich zuständi- **5** gen Gerichte bisher noch nicht angerufen wurden, liegt aber eine wirksame Gerichtsstandsvereinbarung nach Art. 5 vor, so begründet die Gerichtsstandsvereinbarung **direkt** (anders als bei einer vorigen Unzuständigkeitserklärung, lit. a → Rn. 3) eine Zuständigkeit der Gerichte im Mitgliedstaat des gewählten Rechts. Das Gericht muss nach lit. b die Voraussetzungen des Art. 5 für eine wirksame Gerichtsstandsvereinbarung (anders als bei einer vorigen Unzuständigkeitserklärung → Rn. 3) **prüfen.**[9] Es besteht damit im Hinblick auf die Wirksamkeit der Gerichtsstandsvereinbarung kein Primat der nach der Grundregel der Art. 4 und 10 zuständigen Gerichte.[10] Eine vorrangige Prüfungskompetenz der nach der Grundregel zuständigen Gerichte existiert nur, soweit diese früher angerufen wurden und damit nach Art. 6 lit. b über die Gerichtsstandsvereinbarung verbindlich entscheiden konnten: Bejahen diese Gerichte ihre Zuständigkeit trotz einer (etwa in ihren Augen unwirksamen) Gerichtsstandsvereinbarung, so bindet diese Beurteilung der Gerichtsstandsvereinbarung jedenfalls im Rahmen der Art. 17 f. die Gerichte im Mitgliedstaat des gewählten Rechts.[11] Verneinen dagegen die nach der Grundregel zuständigen Gerichte wegen der (in ihren Augen wirksamen) Gerichtsstandsvereinbarung ihre Zuständigkeit nach Art. 6 lit. b, so ist diese Beurteilung für die Gerichte im Mitgliedstaat des gewählten Rechts ebenfalls bindend, konkret nach lit. a (→ Rn. 3). Zur Bedeutung des lit. b bei der Auslegung einer Gerichtsstandsvereinbarung zugunsten eines konkreten Gerichts → Art. 5 Rn. 11; zu den Folgen der Gerichtsstandsvereinbarung allgemein → Art. 5 Rn. 20 ff.; zur örtlichen Zuständigkeit → Art. 5 Rn. 11 aE.

Verneinen dagegen die nach lit. b potentiell zuständigen Gerichte ihre Zuständigkeit, so entfaltet **6** nach dem in → Art. 4 Rn. 12 zu den **negativen Kompetenzkonflikten** Gesagten auch hier diese Entscheidung eine **Bindungswirkung** für die nach der Grundregel der Art. 4 und 10 zuständigen Gerichte: Wird die Zuständigkeit nach lit. b abgelehnt, weil das Gericht die Gerichtsstandsvereinbarung für unwirksam erachtet, so können sich die nach Art. 4 und 10 zuständigen Gerichte nicht mehr nach Art. 6 lit. b, sondern allenfalls noch nach Art. 6 lit. a für unzuständig erkären; lehnt dagegen das nach lit. b angerufene Gericht eine wirksame Rechtswahl ab, so scheidet eine Unzuständigkeitserklärung nach Art. 6 gänzlich aus.[12] Auch hier (→ Rn. 3; → Art. 4 Rn. 12) erstreckt sich die Bindungswirkung nur auf die zuständigkeitsrechtlichen, nicht aber die kollisionsrechlichen Wirkungen der Rechtswahl.[13]

Der **Umfang** der Zuständigkeitsbegründung richtet sich nach dem Umfang der Gerichtsstands- **7** vereinbarung, der im Wege der Auslegung zu ermitteln ist (→ Art. 5 Rn. 18).[14] Soweit die Gerichts-

---

[7] Zust. Deixler-Hübner/Schauer/*Deixler-Hübner* Rn. 7; im Erg. zust. Dutta/Weber/*Lein* Rn. 10; ebenso *Simotta,* FS Gottwald, 2014, 597 (601): „Rechtskraft der Unzuständigkeitserklärung"; anders *Köhler* in GKKW IntErbR 77.

[8] So zu dem Art. 17 Abs. 2 entsprechenden Art. 27 Abs. 2 Brüssel I-VO etwa *Geimer* in Geimer/Schütze IRV-HdB Brüssel I-VO Art. 27 Rn. 54.

[9] Im Hinblick auf diese Klarstellung ist lit. b gegenüber lit. a auch nicht redundant, so aber *D. Lübcke,* Das neue europäische internationale Nachlassverfahrensrecht, 2013, 404 in Fn. *; *Müller-Lukoschek,* Die neue EU-Erbrechtsverordnung, 2. Aufl. 2015, 131; vgl. auch *Álvarez Torné* YbPIL 14 (2012/2013), 409 (417) („in a rather repetitive manner"); vgl. nunmehr Bonomi/Wautelet/*Bonomi* Rn. 3 mit Fn. 2.

[10] Offengelassen von *S. M. Weber,* Das internationale Zivilprozessrecht erbrechtlicher Streitigkeiten, 2012, 110.

[11] Deixler-Hübner/Schauer/*Deixler-Hübner* Rn. 8; *Wall* ZErb 2014, 272 (279). Dies übersieht wohl *Müller-Lukoschek,* Die neue EU-Erbrechtsverordnung, 2. Aufl. 2015, 131.

[12] Vgl. Dutta/Weber/*Lein* Rn. 12; *Wall* ZErb 2014, 272 (279 f.).

[13] *Wall* ZErb 2014, 272 (280).

[14] Anders offenbar Dutta/Weber/*Lein* Rn. 22, wonach stets die Erbsache im anhängiggemachten Umfang erfasst wird.

standsvereinbarung das Verfahren nicht abdeckt, schafft lit. b keine Zuständigkeit, sondern es bleibt bei der Zuständigkeit der nach Art. 4 und 10 zuständigen Gerichte.

V. Zuständigkeitsbegründung bei Gerichtsstandsanerkennung (lit. c)

8   Die Vorschrift in lit. c sieht auch unmittelbar eine **eigene Basis** für eine Abweichung von der zuständigkeitsrechtlichen Grundregel in Art. 4 und Art. 10 zugunsten der Gerichte im Mitgliedstaat des gewählten Rechts vor: die ausdrückliche Gerichtsstandsanerkennung. Allgemeine Grundvoraussetzung ist auch bei Art. 7 lit. a, dass der Erblasser nach Art. 22 (oder Art. 24 Abs. 2 oder Art. 25 Abs. 3 → Vor Art. 4 Rn. 16) eine **wirksame Rechtswahl** vorgenommen hat; es gilt damit auch hier das zu Art. 5 Gesagte entsprechend (→ Art. 5 Rn. 3 ff.; s. auch zu einer analogen Anwendung der Art. 5 ff. → Vor Art. 4 Rn. 17).

9   **1. Voraussetzung einer ausdrücklichen Gerichtsstandsanerkennung.** Die Verordnung lässt offen, unter welchen Voraussetzungen die Verfahrensparteien „die Zuständigkeit des angerufenen Gerichts ausdrücklich anerkannt haben". Das Konzept der Gerichtsstandsanerkennung ist dem europäischen Zuständigkeitsrecht nicht unbekannt; auch Art. 12 Abs. 1 und Abs. 3 Brüssel IIa-VO sehen eine Gerichtsstandsanerkennung vor, wobei es dort ausreicht, dass die Beteiligten die Zuständigkeit „ausdrücklich oder auf andere eindeutige Weise" anerkannt haben.

10   **a) Das Erfordernis übereinstimmender Erklärungen.** Zunächst folgt aus dem Attribut „ausdrücklich", dass es sich bei der Gerichtsstandsanerkennung um übereinstimmende Erklärungen, sprich bei mehreren Verfahrensparteien um eine Vereinbarung der Verfahrensparteien, handelt und etwa ein bloßes (rügeloses) Einlassen auf das Verfahren nicht ausreicht;[15] zur Abgrenzung zwischen Gerichtsstandsanerkennung und rügelosem Einlassen nach Art. 9 → Rn. 11 ff. sowie → Art. 9 Rn. 11. Die Gerichtsstandsanerkennung ist nicht notwendigerweise eine **Verfahrenshandlung,** sondern kann von den Verfahrensparteien auch außerhalb des Verfahrens getroffen werden.[16] Existiert nur eine einzige Verfahrenspartei, so kann diese Partei eine Zuständigkeit im Mitgliedstaat des gewählten Rechts zwar nicht durch eine Gerichtsstandsvereinbarung nach Art. 5 begründen (→ Art. 5 Rn. 10), aber durch eine Gerichtsstandsanerkennung nach lit. c.

11   **b) Maßgeblicher Zeitraum für eine Anerkennung – Abgrenzung zur Gerichtsstandsvereinbarung (Art. 5) und zum rügelosen Einlassen (Art. 9 Abs. 1).** In welchem zeitlichen Stadium des Verfahrens eine Gerichtsstandsanerkennung möglich ist, regelt die Verordnung – anders als Art. 12 Abs. 1 und Abs. 3 Brüssel IIa-VO – nicht ausdrücklich. Allerdings ergibt sich der maßgebliche Zeitraum für eine Gerichtsstandsanerkennung aus einer Zusammenschau mit den Vorschriften zur Gerichtsstandsvereinbarung (Art. 5) und zum rügelosen Einlassen (Art. 9 Abs. 1).

12   So kann die Gerichtsstandsanerkennung zeitlich **nicht vor der Anrufung eines Gerichts** (Art. 14) im Mitgliedstaat des gewählten Rechts erfolgen.[17] Denn eine solche vorprozessuale Erklärung jedenfalls mehrerer Verfahrensparteien (vgl. → Art. 5 Rn. 10) stellt eine Gerichtsstandsvereinbarung nach Art. 5 dar und begründet bereits eine Zuständigkeit der später angerufenen Gerichte im Mitgliedstaat des gewählten Rechts nach lit. a oder lit. b (zu den Folgen einer Gerichtsstandsvereinbarung → Art. 5 Rn. 20 ff.); auf eine Gerichtsstandsanerkennung nach lit. c kommt es daher nicht an.[18] Auch der Wortsinn der „Zuständigkeitsanerkennung" spricht eher gegen die Zulässigkeit einer vor Anrufung des betreffenden Gerichts getroffenen Erklärung; man kann nur anerkennen, was bereits besteht, nämlich die Zuständigkeit des bereits angerufenen Gerichts. Damit ist auch die **Abgrenzung zwischen Gerichtsstandsanerkennung und Gerichtsstandsvereinbarung** umrissen. Es kommt auf den Zeitpunkt ihres Zustandekommens an, genauer darauf, ob die Vereinbarung vor der Anrufung eines Gerichts im Mitgliedstaat des gewählten Rechts erfolgt (dann Gerichtsstandsvereinbarung nach Art. 5) oder nach der Anrufung (dann Gerichtsstandsanerkennung nach lit. c). Eine Vereinbarung nach der Anrufung der nach Art. 4 oder Art. 10 eigentlich zuständigen Gerichte unterliegt dagegen allein Art. 5.[19] Diese Abgrenzung hat auch praktische Bedeutung, da die Voraussetzungen für beide Institute unterschiedlich sind: Die Gerichtsstandsvereinbarung ist formgebunden (Art. 5 Abs. 2 → Art. 5

---

[15] Zum Meinungsstand bei Art. 12 Brüssel IIa-VO s. Rauscher/*Rauscher* Brüssel IIa-VO Art. 12 Rn. 21.

[16] Anders Deixler-Hübner/Schauer/*Deixler-Hübner* Rn. 14, wonach eine außerhalb des Verfahrens abgegebene Erklärung stets eine Gerichtsstandsvereinbarung nach Art. 5 begründet. Dies ist bei vorprozessual abgegebenen Erklärungen zutreffend (→ Rn. 12), nicht aber bei Erklärungen, die nach Anrufung des Gerichts, aber außerhalb des Verfahrens abgegeben werden. Wie hier Calvo Caravaca/Davì/Mansel/*Marongiu Buonaiuti* Rn. 8 mit Fn. 8.

[17] So auch Dutta/Weber/*Lein* Rn. 17.

[18] Vgl. auch *Simotta*, FS Gottwald, 2014, 597 (603).

[19] Dutta/Weber/*Lein* Rn. 18.

Rn. 17), die Gerichtsstandanerkennung ist formlos möglich;[20] eine konkludente Vereinbarung nach dem Statut der Gerichtsstandsvereinbarung ist zulässig (→ Art. 5 Rn. 18), die Gerichtsstandsanerkennung muss ausdrücklich erfolgen. Es drängt sich freilich die Frage an den Unionsgesetzgeber nach der Sinnhaftigkeit dieser Unterscheidung zwischen Gerichtsstandsanerkennung und Gerichtsstandsvereinbarung auf; eine einheitliche Lösung für die Vereinbarung einer Zuständigkeit der Gerichte im Mitgliedstaat des gewählten Rechts vor oder nach der Anrufung der dortigen Gerichte wäre sinnvoll und möglich gewesen.

Nach der Anrufung der Gerichte im Mitgliedstaat des gewählten Rechts (→ Rn. 12) ist eine **13** Gerichtsstandsanerkennung bis zu dem Zeitpunkt statthaft, zu dem das Gericht seine Zuständigkeit **erstmalig ausübt.** Denn aus Art. 9 ergibt sich, dass jedenfalls ab Ausübung der Zuständigkeit (zum Begriff → Art. 9 Rn. 6) die Voraussetzungen einer Gerichtsstandsanerkennung vorliegen müssen. Haben bis dahin nicht alle Verfahrensparteien die Zuständigkeit ausdrücklich anerkannt und übt das Gericht dennoch seine Zuständigkeit nach lit. c aus, da dem Gericht einzelne Verfahrensparteien (zum Begriff → Art. 5 Rn. 6 ff.) unbekannt waren, so ist für die Zuständigkeitsbegründung nicht mehr eine ausdrückliche Gerichtsstandsanerkennung erforderlich, sondern es reicht nach Art. 9 Abs. 1 ein rügeloses Einlassen aus.[21]

c) Ausdrücklichkeit der Anerkennung. Unklar ist, welche Anforderungen an die Ausdrück- **14** lichkeit der Gerichtsstandsanerkennung zu stellen sind. Die exakte Abgrenzung zwischen ausdrücklichen und konkludenten Erklärungen ist alles andere als trivial, wenn nicht sogar unmöglich; das Recht schließt auch bei ausdrücklichen Erklärungen aus dem äußeren Erklärungstatbestand auf einen inneren Willen, so dass auch vermeintlich „ausdrückliche Erklärungen [...] mithin genau genommen konkludente Willenserklärungen" sind (→ BGB Vor § 116 Rn. 7). Erforderlich sind damit erhöhte Anforderungen an den äußeren Erklärungstatbestand.[22] Das Gericht muss überzeugt sein, dass schriftlich oder mündlich – lit. a sieht keine Formerfordernisse vor – die Worte „Ich erkenne die Zuständigkeit des angerufenen Gerichts für die anhängige Erbsache an" gefallen sind. Bei einer außerhalb des Verfahrens getroffenen, mündlichen Gerichtsstandsanerkennung wird das angerufene Gericht im Mitgliedstaat des gewählten Rechts regelmäßig nicht umhin kommen, in Deutschland nach § 139 ZPO (bei streitigen Erbverfahren) oder nach § 28 FamFG (bei Nachlassverfahren der freiwilligen Gerichtsbarkeit), jedenfalls eine wiederholende Vereinbarung im Verfahren einzufordern. Nicht nur diese Schwierigkeiten bei der Feststellung einer ausdrücklichen Anerkennung, sondern auch die Tatsache, dass das Unionsrecht bei der Gerichtsstandsvereinbarung nach Art. 5 (und auch bei den anderen Erklärungen nach der Verordnung, etwa bei der Rechtswahl des Erblassers nach Art. 22 Abs. 2) keine Ausdrücklichkeit vorschreibt, zeigen, dass lit. c auch insoweit rechtspolitisch verfehlt ist.

d) Sachlicher Umfang der Anerkennung. Der sachliche Umfang der Gerichtsstandsanerken- **15** nung ist – anders als eine Gerichtsstandsvereinbarung (→ Art. 5 Rn. 13) – auf die **konkret anhängige Erbsache** beschränkt,[23] wie der EuGH mittlerweile auch für die insoweit entsprechende Vorschrift des Art. 12 Abs. 3 Brüssel IIa-VO entschieden hat und dort vor allem auch die Bedeutung des Parteiwillens betont hat.[24] Allerdings können die Verfahrensparteien ihre Gerichtsstandsanerkennung – wie bei der Gerichtsstandsvereinbarung (→ Art. 5 Rn. 14 f.) – auf einzelne anhängige Verfahrensgegenstände iS des Art. 17 Abs. 1 oder einzelne Nachlassgegenstände begrenzen. Bei unterschiedlichen Gerichtsstandsanerkennungserklärungen der Verfahrensparteien gilt der kleinste gemeinsame Nenner.[25] Das angerufene Gericht hat sich sodann nach Art. 15 im Übrigen von Amts wegen für unzuständig zu erklären.

e) Sonstige Voraussetzungen. Für den **Kreis der zu beteiligenden Verfahrensparteien** und **16** für das **Statut** der Gerichtsstandsanerkennung gilt das zur Gerichtsstandsvereinbarung nach Art. 5 Gesagte entsprechend (→ Art. 5 Rn. 6 ff., 18; auch → Art. 9 Rn. 4).

---

[20] Allenfalls faktisch wird die Anerkennung regelmäßig schriftlich oder mündlich gegenüber dem Gericht erklärt oder wiederholt werden, vgl. Dutta/Weber/*Lein* Rn. 16.

[21] Vgl. auch Rauscher/*Hertel* Rn. 10; Dutta/Weber/*Lein* Rn. 20.

[22] Großzügiger wohl *Álvarez Torné* YbPIL 14 (2012/2013), 409 (417): „In the absence of more specific provisions, this provision seems to refer to a mechanism which adopts elements of express or implied submission in which the parties in some way accept the jurisdiction of the court seized"; diese Auslegung lässt sich jedoch kaum mit dem Erfordernis einer Ausdrücklichkeit der Gerichtsstandsanerkennung vereinbaren.

[23] So auch Dutta/Weber/*Lein* Rn. 22.

[24] EuGH NJW 2014, 3355 – E. ./. B.; zur Übertragbarkeit dieser Entscheidung auf Art. 7 lit. c *Dutta* ZEuP 2016, 427 (452).

[25] Anders Deixler-Hübner/Schauer/*Deixler-Hübner* Rn. 13: lex fori entscheidet.

17   **2. Rechtsfolgen.** Eine wirksame Gerichtsstandsanerkennung nach lit. c kann nur Rechtsfolgen in dem Verfahren vor den angerufenen Gerichten im Mitgliedstaat des gewählten Rechts zeitigen. Die **Derogationswirkung** einer solchen Anerkennung – die zeitlich stets erst nach der Anrufung dieser Gerichte erfolgen kann (→ Rn. 11 ff.) – für die Zuständigkeit nach der Grundregel in Art. 4 und Art. 10 ergibt sich nicht aus der Anerkennung selbst, sondern bereits aus der durch die Anrufung des Gerichts ausgelösten Litispendenz (Art. 17). Die **Prorogationswirkung** der Gerichtsstandsanerkennung folgt unmittelbar aus lit. c. Auch die Gerichtsstandsanerkennung begründet lediglich die internationale Zuständigkeit des betreffenden Mitgliedstaats, nicht aber die **örtliche** Zuständigkeit des angerufenen Gerichts, die sich nach dem mitgliedstaatlichen Verfahrensrecht richtet; es gilt das zu Gerichtsstandsvereinbarungen Gesagte (→ Art. 5 Rn. 11) entsprechend.

18   Verneinen dagegen die nach lit. c potentiell zuständigen Gerichte ihre Zuständigkeit, so entfaltet nach dem in → Art. 4 Rn. 12 zu den **negativen Kompetenzkonflikten** Gesagten auch hier diese Entscheidung eine **Bindungswirkung** für die nach der Grundregel der Art. 4 und 10 zuständigen Gerichte: Wird die Zuständigkeit nach lit. c abgelehnt, weil das Gericht die Voraussetzungen für eine Gerichtsstandsanerkennung für nicht gegeben erachtet, unterscheidet sich die Lage etwas von der bei lit. b (vgl. → Rn. 6). Die nach Art. 4 und 10 zuständigen Gerichte können sich nach Art. 6 lit. a oder b für unzuständig erkären, solange das nach lit. c angerufene Gericht keine Aussagen zu einer möglichen Zuständigkeit nach lit. c gemacht hat. Lehnt dagegen das nach lit. c angerufene Gericht eine wirksame Rechtswahl ab, so scheidet eine Unzuständigkeitserklärung nach Art. 6 gänzlich aus.[26] Auch hier (→ Art. 4 Rn. 12; → Rn. 3, 6) erstreckt sich die Bindungswirkung nur auf die zuständigkeitsrechtlichen, nicht aber die kollisionsrechlichen Wirkungen der Rechtswahl.[27]

VI. Keine Zuständigkeitsbegründung durch eigenes Ermessen

19   Die Verordnung ermöglicht es den Gerichten im Mitgliedstaat des gewählten Rechts nicht, eine internationale Zuständigkeit durch eine eigene Ermessensausübung (entsprechend Art. 6 lit. a) zu begründen.[28] Selbst wenn die Gerichte im Mitgliedstaat des gewählten Rechts der Auffassung sind, in der Erbsache besser entscheiden zu können, sind sie auf eine vorige Unzuständigkeitserklärung der nach der Grundregel der Art. 4 und 10 zuständigen Gerichte gemäß Art. 6 lit. a angewiesen, die sie nach lit. a bindet (→ Rn. 3).

VII. Einschränkende Auslegung des lit. b und c: Zuständigkeitsbegründung nur, wenn Zuständigkeit eines Mitgliedstaats nach Art. 4 oder 10

20   Die Art. 5 ff. sind eine bewusste Abweichung von der zuständigkeitsrechtlichen Grundregel in Art. 4 und Art. 10 (→ Rn. 1). Sie setzten daher jedenfalls implizit voraus, dass eine Zuständigkeit im Mitgliedstaat des vom Erblasser gewählten Rechts nur begründet werden kann, wenn ein Mitgliedstaat nach Art. 4 oder Art. 10 international zuständig ist. In den Konstellationen des Art. 6 sowie des Art. 7 lit. a wird diese Voraussetzung stets gewahrt, da sich das Gericht nach Art. 6 (mit Wirkung nach Art. 7 lit. a) nur für unzuständig erklären kann, wenn es eigentlich nach Art. 4 oder Art. 10 zuständig ist. In den Konstellationen des Art. 7 lit. b und lit. c fehlt dieser **Filter des Art. 6.** Deshalb ist Art. 7 lit. b und lit. c dahingegend einschränkend auszulegen, dass eine Zuständigkeitsbegründung nach diesen Vorschriften nur möglich ist, wenn die Gerichte eines Mitgliedstaats nach der Grundregel in Art. 4 und Art. 10 international zuständig wären. Konkret bedeutet das, dass eine Zuständigkeitsbegründung nach Art. 7 lit. b und lit. c insbesondere dann nicht möglich ist, wenn der Erblasser nur die Staatsangehörigkeit eines Mitgliedstaats besaß, aber kein Vermögen in der Union hinterlassen hat, so dass eine Zuständigkeit innerhalb der Union nach Art. 10 nicht bestand.[29]

Art. 8 EuErbVO Beendigung des Verfahrens von Amts wegen bei Rechtswahl

Ein Gericht, das ein Verfahren in einer Erbsache von Amts wegen nach Artikel 4 oder nach Artikel 10 eingeleitet hat, beendet das Verfahren, wenn die Verfahrensparteien vereinbart haben, die Erbsache außergerichtlich in dem Mitgliedstaat, dessen Recht der Erblasser nach Artikel 22 gewählt hat, einvernehmlich zu regeln.

---

[26] Vgl. *Wall* ZErb 2014, 272 (279).
[27] *Wall* ZErb 2014, 272 (280).
[28] Dutta/Weber/*Lein* Art. 6 Rn. 12.
[29] So überzeugend zu Gerichtsstandsvereinbarungen nach Art. 5 Calvo Caravaca/Daví/Mansel/*Marongiu Buonaiuti* Art. 5 Rn. 6.

Übersicht

I. Normzweck

Art. 8 gehört zwar systematisch zu den von der Grundregel in Art. 4 und Art. 10 abweichenden **1** Zuständigkeitsvorschriften im Falle einer Rechtswahl (zur Systematik des Zuständigkeitsrechts sowie insbesondere der Art. 5–9 → Vor Art. 4 Rn. 13 ff.). Allerdings handelt es sich bei Art. 8 strenggenommen weniger um eine zuständigkeitsrechtliche, sondern eher um eine allgemeine **verfahrensrechtliche Vorschrift,**[1] die bei amtswegig eingeleiteten Verfahren vor den nach der Grundregel eigentlich zuständigen Gerichten den Verfahrensparteien gestattet, das Verfahren zu beenden und außergerichtlich in dem Mitgliedstaat des gewählten Rechts einvernehmlich zu regeln. Art. 8 sorgt damit im Falle einer Rechtswahl jedenfalls dahingehend für einen **Gleichlauf von forum und ius** (→ Vor Art. 4 Rn. 2 f., 14), dass die eigentlich nach Art. 4 und Art. 10 zuständigen Gerichte in dem von ihnen amtswegig eingeleiteten Verfahren kein fremdes Erbrecht anwenden müssen. Die Vorschrift wirft angesichts ihres unklaren Wortlauts nicht nur zahlreiche Fragen auf (vor allem → Rn. 12 ff.). Sie greift auch erheblich ins mitgliedstaatliche Verfahrensrecht ein, das den Beteiligten etwa in Deutschland bei amtswegig eingeleiteten Nachlassverfahren der freiwilligen Gerichtsbarkeit eine einvernehmliche Beendigung des Verfahrens nicht gestattet (§ 22 Abs. 4 FamFG).

II. Voraussetzungen

Auch Art. 8 setzt zunächst voraus, dass der Erblasser eine **wirksame Rechtswahl** nach Art. 22 **2** (oder Art. 24 Abs. 2 oder Art. 25 Abs. 3 → Vor Art. 4 Rn. 16) getroffen hat; es gilt damit auch hier das zu Art. 5 Gesagte entsprechend (→ Art. 5 Rn. 3 ff.).

1. Von Amts wegen eingeleitetes Verfahren der nach der Grundregel zuständigen 3 Gerichte. Ferner gilt die Vorschrift nur für von Amts wegen eingeleitete Erbsachen. Von Amts wegen einzuleitende Verfahren in einer Erbsache sehen einige mitgliedstaatliche Rechte vor, wie auch Erwägungsgrund Nr. 28 S. 1 betont. In Deutschland betrifft dies etwa Nachlassverfahren zur Sicherung des Nachlasses (§ 342 Abs. 1 Nr. 2 FamFG) nach § 1960 BGB, zur Eröffnung einer Verfügung von Todes wegen (§ 342 Abs. 1 Nr. 3 FamFG; vgl. → Vor Art. 4 Rn. 9) nach § 348 Abs. 1 S. 1 FamFG und zur Ernennung eines Testamentsvollstreckers auf Ersuchen des Erblassers (§ 342 Abs. 1 Nr. 7 FamFG) nach § 2200 BGB.

Vor Augen hatte der Unionsgesetzgeber bei Art. 8 offenbar vor allem **von Amts wegen einzulei- 4 tende Nachlassübertragungsverfahren** wie die österreichische Verlassenschaftsabhandlung nach §§ 143 ff. öst. Außerstreitgesetz, in denen nicht nur der Erbfall festgestellt und der Nachlass sowie eine etwaige Verfügung von Todes wegen gesichert wird, sondern auch der Nachlass auf die Erben übertragen wird, etwa bei der österreichischen Verlassenschaftsabhandlung nach der Erbantrittserklärung durch Einantwortung nach §§ 177 ff. Außerstreitgesetz. Der Gesetzgeber wollte vermutlich über Art. 8 den Erben eines Erblassers mit letztem gewöhnlichem Aufenthalt in einem Mitgliedstaat mit von Amts wegen einzuleitendem Nachlassübertragungsverfahren gestatten, die Übertragung des Nachlasses nach dem vom Erblasser gewählten Recht außergerichtlich und einvernehmlich, etwa vor einem Notar, durchzuführen.[2] Das betrifft beispielsweise die Erben eines französischen Erblassers, der in Österreich seinen letzten gewöhnlichen Aufenthalt besaß, aber nach Art. 22 französisches Recht zum Erbstatut gewählt hat. Art. 8 sollte es den Erben ermöglichen, ein etwaiges Verlassenschaftsverfahren in Österreich (dessen Gerichte nach Art. 4 zuständig sind) zu beenden und etwa vor einem französischen Notar außergerichtlich und einvernehmlich den Übergang der Erbschaft

---

[1] Vgl. auch *D. Lübcke,* Das neue europäische internationale Nachlassverfahrensrecht, 2013, 452 in Fn. ★.
[2] S. etwa Ratsdokumente Nr. 9677/11 S. 6 und Nr. 10126/11 S. 9; vgl. auch Ratsdokument Nr. 10767/11 S. 9.

zu vollziehen. – Dieses in der Sache gerechtfertigte gesetzgeberische Anliegen bedarf jedoch **nicht** der Regelung des Art. 8,[3] und zwar aus zwei Gründen: Zum einen ist das Erfordernis eines von Amts wegen einzuleitenden Nachlassübertragungsverfahrens wegen Art. 23 Abs. 2 lit. e autonom als **materiellrechtliche Frage** zu qualifizieren, die dem Erbstatut unterliegt (→ Art. 23 Rn. 20), so dass es bei einer Rechtswahl eines französischen Erblassers mit gewöhnlichem Aufenthalt in Österreich zugunsten französischen Erbrechts ohnehin nicht zu einer Verlassenschaftsabhandlung kommen darf, da die §§ 177 ff. Außerstreitgesetz für Zwecke der Verordnung als materiellrechtliche Regelungen des Erbrechts zu qualifizieren sind. Zum anderen spricht aber auch eine **praktische Erwägung** gegen die Notwendigkeit des Art. 8 bei von Amts wegen einzuleitenden Nachlassübertragungsverfahren im letzten gewöhnlichen Aufenthaltsstaat, soweit das vom Erblasser gewählte Recht ein solches Verfahren nicht kennt. Die Erben können – unabhängig von der Qualifikation der von Amts wegen einzuleitenden Nachlassübertragungsverfahren – eine außergerichtliche und einvernehmliche Nachlassübertragung bereits dadurch gewährleisten, dass sie eine Gerichtsstandsvereinbarung nach Art. 5 treffen, mit derogierender Wirkung nach Art. 6 lit. b für das von Amts wegen einzuleitende Nachlassübertragungsverfahren. Die Prorogationswirkung der Gerichtsstandswahl nach Art. 7 lit. a oder lit. b hindert eine außergerichtliche und einvernehmliche Nachlassübertragung im Mitgliedstaat des vom Erblasser gewählten Rechts nicht, soweit – wie in den vom Unionsgesetzgeber offenbar anvisierten Konstellationen – das gewählte Recht ein solches Verfahren nicht kennt.

5   Die Beschränkung der Vorschrift auf amtswegig eingeleitete Verfahren überrascht nicht; denn bei **Antrags- oder Klagverfahren** können die Verfahrensparteien einvernehmlich wohl nach jeder mitgliedstaatlichen Verfahrensordnung sowohl in streitigen Verfahren als auch in Verfahren der freiwilligen Gerichtsbarkeit das Verfahren beenden (vgl. etwa ausdrücklich § 22 Abs. 3 FamFG) und die Erbsache außergerichtlich regeln. Deshalb stellt auch Erwägungsgrund Nr. 29 S. 2 klar, dass die Erbrechtsverordnung die Verfahrensbeteiligten von einer außergerichtlichen und einvernehmlichen Regelung der Erbsache in einem Mitgliedstaat ihrer Wahl nach dem dortigen Recht nicht abhält, und zwar – wie S. 3 betont – unabhängig vom jeweiligen Erbstatut, das ohnehin zum Verfahrensrecht schweigt.

6   Art. 8 setzt nicht voraus, dass die Parteien die amtswegige Einleitung des Verfahrens abwarten. Vielmehr ist auch eine Vereinbarung über eine außergerichtliche und einvernehmliche Einigung **vor dem Beginn des Verfahrens** (s. Art. 14 lit. c und dessen Definition der „Anrufung des Gerichts" bei amtswegig eingeleiteten Verfahren) möglich.

7   **2. Vereinbarung der Verfahrensparteien.** Erforderlich ist zudem eine Vereinbarung der Verfahrensparteien über die außergerichtliche und einvernehmliche Regelung. Insoweit sind die gleichen Maßstäbe anzulegen wie bei der Gerichtsstandsvereinbarung und auch hier ist einem **weiten Verfahrensparteienbegriff** zu folgen, der alle diejenigen – dem Gericht bekannten – Personen umfasst, deren Rechte am Nachlass von einer Entscheidung des Gerichts in der anhängigen Erbsache betroffen wären (→ Art. 5 Rn. 6 ff.).[4] Diese Regelung ist freilich **problematisch:** Das mitgliedstaatliche Verfahrensrecht wird eine amtswegige Einleitung des Verfahrens nur vorsehen, wenn typischerweise Interessen einer Person betroffen sind, die nicht selbst das Verfahren einleiten kann, bei Erbverfahren etwa der Erblasser oder unbekannte Erben. Diese Personen sind auch nach einem weiten Verfahrensparteibegriff keine Verfahrensparteien, so dass Art. 8 den Schutz der Interessen dieser Personen nach einer mitgliedstaatlichen Verfahrensordnung aufhebt und in das Belieben der Verfahrensparteien legt.[5] Zur analogen Anwendung des Art. 9, wenn nicht alle Verfahrensparteien an der Vereinbarung beteiligt waren → Art. 9 Rn. 5.

8   **3. Inhalt der Vereinbarung.** Die Verfahrensparteien (→ Rn. 7) müssen vereinbaren, die Erbsache außergerichtlich in dem Mitgliedstaat des vom Erblasser gewählten Rechts einvernehmlich zu regeln.

9   **a) Sachlicher Umfang der Vereinbarung.** Zunächst ist der sachliche Umfang der Vereinbarung nach Art. 8 – anders als die Gerichtsstandsvereinbarung (→ Art. 5 Rn. 13), aber wie die Gerichtsstandsanerkennung (→ Art. 7 Rn. 15) – auf die **konkrete Erbsache** beschränkt, für die das nach der Grundregel zuständige Gericht von Amts wegen das Verfahren eingeleitet hat bzw. einleiten wird (→ Rn. 3 ff.). Allerdings können die Verfahrensparteien ihre Gerichtsstandsanerkennung – wie bei der Gerichtsstandsvereinbarung (→ Art. 5 Rn. 14 f.) – auf einzelne anhängige Verfahrensgegen-

---

[3] Zust. Deixler-Hübner/Schauer/*Deixler-Hübner* Rn. 4.
[4] Vgl. auch Dutta/Weber/*Lein* Rn. 7.
[5] Vgl. auch NK-BGB/*Makowsky* Rn. 7, der deshalb Art. 8 nicht anwenden möchte, wenn durch das amtswegig eingeleitete Verfahren gerade noch weitere vom Verfahren betroffene Personen ermittelt werden sollen; für diese Einschränkung findet sich freilich im Wortlaut der Vorschrift kein Anhaltspunkt.

stände iS des Art. 17 Abs. 1 oder bestimmte Nachlassgegenstände begrenzen.[6] Das nach Art. 4 und Art. 10 zuständige Gericht beendet dann das Verfahren nur insoweit.

b) Einvernehmliche und außergerichtliche Regelung der Erbsache. Die Verfahrenspar- **10** teien müssen sich darüber einigen, die betroffene Erbsache außergerichtlich und einvernehmlich zu regeln, vor allem mittels eines **Vertrags** oder **Vergleichs.** Erfasst wird auch die Vereinbarung einer **Mediation,**[7] s. auch die Definition der Mediation in Art. 3 lit. a RL 2008/52/EG als „strukturiertes Verfahren unabhängig von seiner Bezeichnung, in dem zwei oder mehr Streitparteien mit Hilfe eines Mediators auf freiwilliger Basis selbst versuchen, eine Vereinbarung über die Beilegung ihrer Streitigkeiten zu erzielen". Art. 8 geht damit über Art. 5 Abs. 1 RL 2008/52/EG hinaus, der nur auf Klageverfahren anwendbar ist.

Als **nicht** ausreichend wird man eine **Schiedsvereinbarung** zwischen den Verfahrensparteien **11** (zur letztwilligen Schiedsverfügung des Erblassers → Art. 3 Rn. 24) erachten müssen.[8] Ein Schiedsverfahren führt zwar zu einer außergerichtlichen Regelung der Erbsache, nicht aber zwangsläufig zu einer einvernehmlichen. Wenn eine Schiedsvereinbarung unter Art. 8 fallen würde, müsste zudem das Verhältnis der Vorschrift zu Art. II des New Yorker Übereinkommen über die Anerkennung und Vollstreckung ausländischer Schiedssprüche von 1958 geklärt werden, das dann nach Art. 75 Abs. 1 UAbs. 1, Abs. 2 vorrangig vor Art. 8 zu prüfen wäre (näher → Art. 3 Rn. 24), wobei Art. II des Übereinkommens wohl nicht einer schiedsfreundlicheren Regelung in Art. 8 (kein ausdrückliches Erfordernis einer Schiedsfähigkeit, keine Schriftlichkeit der Vereinbarung → Rn. 15) entgegenstünde.

c) Im Mitgliedstaat des vom Erblasser gewählten Rechts. Ferner müssen die Parteien ver- **12** einbaren, die Erbsache außergerichtlich und einvernehmlich im Mitgliedstaat zu regeln, dessen Recht der Erblasser gewählt hat. Was sich genau hinter dieser Anforderung an den Inhalt der Vereinbarung verbirgt, ist unklar. Wie lässt sich eine außergerichtliche und einvernehmliche Regelung einer Erbsache **lokalisieren?** Auch die anderen Sprachfassungen erhellen das Anliegen des europäischen Gesetzgebers nicht („have agreed to settle the succession amicably out of court in the Member State whose law had been chosen by the deceased", „sont convenues de régler la succession à l'amiable par voie extrajudiciaire dans l'État membre dont la loi avait été choisie par le défunt", „hanno convenuto di regolare la successione amichevolmente in sede stragiudiziale nello Stato membro la cui legge sia stata scelta dal defunto").

Nicht maßgeblich kann zunächst der Wohnsitz oder gewöhnliche Aufenthalt der Verfahrenspar- **13** teien oder der Ort der Vertrags- oder Vergleichsverhandlungen sein. Denkbar wäre allenfalls, bei der Mediation an den Sitz des Mediators oder ggf. der durchführenden Institution anzuknüpfen. Aber auch das wäre willkürlich; es ist kein Grund ersichtlich, den Parteien zu verwehren, die Erbsache mithilfe eines Mediators ihres Vertrauens ohne Rücksicht auf dessen Sitz zu regeln. Richtig ist es, den Verweis auf die außergerichtliche und einvernehmliche Regelung im Mitgliedstaat des gewählten Rechts als einen **Verweis** auf das Recht dieses Mitgliedstaats zu verstehen: Die Parteien müssen vereinbaren, die Erbsache außergerichtlich und einvernehmlich **nach dem Recht des Mitgliedstaats, dessen Recht gewählt wurde,** zu regeln.[9] Das setzt freilich voraus, dass eine solche außergerichtliche und einvernehmliche Regelung **nach dem Recht des Erbstatuts zulässig** ist und nicht auch nach dem dortigen Recht amtswegig von einem Gericht geregelt werden muss, wie auch Erwägungsgrund Nr. 29 S. 2 für nicht amtswegig eingeleitete Verfahren ausdrücklich klarstellt. Mit dieser Auslegung werden auch die oben geäußerten Bedenken einer einseitigen Disposition der Verfahrensparteien über Drittinteressen abgemildert (→ Rn. 7); das vom Erblasser gewählte Recht behält das letzte Wort.

Im Hinblick auf die **in Deutschland von Amts wegen einzuleitenden Nachlassverfahren** **14** (→ Rn. 3) wird eine solche außergerichtliche und einvernehmliche Regelung nach dem vom Erblasser bestimmten Erbstatut regelmäßig nicht zulässig sein. So wird etwa ein Erbrecht, das dem Erblasser gestattet, dem Gericht die Ernennung eines Testamentsvollstreckers durch Verfügung von Todes wegen zu übertragen, kaum den Verfahrensparteien (etwa den Erben) gestatten, dieses Verfahren zu beenden und außergerichtlich und einvernehmlich einen Testamentsvollstrecker zu bestimmen. Auch bei anderen nach der deutschen lex fori amtswegig einzuleitenden Verfahren, bei denen es nicht um

---

[6] So wohl auch Dutta/Weber/*Lein* Rn. 17.

[7] Anders Deixler-Hübner/Schauer/*Deixler-Hübner* Rn. 8.

[8] Zust. *Bandel* MittBayNot 2017, 1 (5); Deixler-Hübner/Schauer/*Deixler-Hübner* Rn. 8; im Ergebnis auch R. *Magnus* IPRax 2013, 393 (398); anders *Hess* in Dutta/Herrler EuErbVO 131, 141; BeckOGK/*Schmidt* Rn. 13; *Kindler,* FS Stilz, 2014, 345 (351); vgl. auch Dutta/Weber/*Lein* Rn. 13.

[9] Ebenso Deixler-Hübner/Schauer/*Deixler-Hübner* Rn. 9; Dutta/Weber/*Lein* Rn. 10; vgl. auch Bonomi/Wautelet/*Bonomi* Rn. 2 in Fn. 2.

die Regelung von wechselseitigen Rechten und Pflichten geht, wird bereits sachlich eine einvernehmliche Regelung nach dem Erbstatut ausscheiden, etwa bei der Eröffnung eines Testaments oder der Sicherung eines Nachlasses: Wie sollen die Verfahrensparteien ein Testament eröffnen oder eine Nachlasspflegschaft anordnen? Bei amtswegig eingeleiteten Verfahren zur Sicherung des Nachlasses, die per se vorläufiger Natur sind, würde sich zudem – selbst wenn die Voraussetzungen des Art. 8 erfüllt sind – regelmäßig auch eine Zuständigkeit nach Art. 19 ergeben.

15 **4. Rechtsgeschäftliches Zustandekommen und Wirksamkeit der Vereinbarung.** Art. 8 enthält keine Vorgaben zum rechtsgeschäftlichen Zustandekommen und zur Wirksamkeit der Vereinbarung. Insbesondere stellt die Verordnung keine Formerfordernisse auf. Diese Fragen unterliegen dem **Statut der Vereinbarung;** für dessen Bestimmung gilt das zur Gerichtsstandsvereinbarung nach Art. 5 Gesagte entsprechend (→ Art. 5 Rn. 18): Maßgeblich ist das vom Erblasser gewählte Recht.[10]

III. Rechtsfolgen und Abgrenzung von den Art. 5–7: Isolierte Derogation ohne Prorogation

16 Die Vereinbarung nach Art. 8 verpflichtet die nach Art. 4 oder Art. 10 eigentlich zuständigen Gerichte, ihr von Amts wegen eingeleitetes Verfahren im sachlichen Umfang der Vereinbarung (→ Rn. 9) zu **beenden** und nicht etwa lediglich auszusetzen.[11] Im Übrigen bleibt die Zuständigkeit nach der Grundregel bestehen. Anders als die Gerichtsstandsvereinbarung nach Art. 5, die bindende Unzuständigkeitserklärung auf Antrag einer Verfahrenspartei nach Art. 6 lit. a oder die Gerichtsstandsanerkennung nach Art. 7 lit. c entfaltet die Vereinbarung nach Art. 8 neben dieser derogierenden Wirkung **keine Prorogationswirkung** im Hinblick auf die gerichtliche Zuständigkeit im Mitgliedstaat des gewählten Rechts, da die Parteien ja gerade eine außergerichtliche Regelung vereinbaren. Die Gerichte im Mitgliedstaat des vom Erblasser gewählten Rechts erhalten keine Zuständigkeit und können damit ihrerseits nicht von Amts wegen ein Verfahren einleiten. Allerdings hat auch das Verfahrensrecht dieses Mitgliedstaats ein Wort mitzureden, nämlich bei der Frage, ob nach diesem Recht eine außergerichtliche und einvernehmliche Lösung überhaupt möglich ist (→ Rn. 13). In dieser isolierten Derogation liegt auch der Mehrwert des Art. 8 gegenüber den Art. 5–7 für die Parteien; mit einer Gerichtsstandsvereinbarung nach Art. 5, etc können die Verfahrensparteien eine amtswegige Einleitung eines Verfahrens im Mitgliedstaat des gewählten Rechts nicht verhindern.

17 Diese allein derogierende Wirkung der Vereinbarung hat **Konsequenzen:** Eine etwaig nach dem Erbstatut erforderliche (→ Rn. 13) gerichtliche Überwachung oder Genehmigung der außergerichtlichen und einvernehmlichen Regelung erfolgt weiterhin durch die nach Art. 4 und Art. 10 zuständigen Gerichte. Auch wenn die außergerichtliche und einvernehmliche Regelung scheitert, lebt die Zuständigkeit nach der Grundregel wieder auf. Etwas anderes gilt nur, wenn die Parteien zugleich eine Vereinbarung nach Art. 5 oder Art. 7 lit. c getroffen haben; ggf. kann man die Vereinbarung nach Art. 8 auch als eine – jedenfalls auf die gerichtliche Überwachung oder Genehmigung der außergerichtlichen und einvernehmlichen Regelung beschränkte – konkludente Gerichtsstandsvereinbarung nach Art. 5 auslegen, nicht aber als eine Gerichtsstandsanerkennung nach Art. 7 lit. c, die stets ausdrücklich zu erfolgen hat (näher → Art. 7 Rn. 14).

Art. 9 EuErbVO Zuständigkeit aufgrund rügeloser Einlassung

(1) Stellt sich in einem Verfahren vor dem Gericht eines Mitgliedstaats, das seine Zuständigkeit nach Artikel 7 ausübt, heraus, dass nicht alle Parteien dieses Verfahrens der Gerichtsstandsvereinbarung angehören, so ist das Gericht weiterhin zuständig, wenn sich die Verfahrensparteien, die der Vereinbarung nicht angehören, auf das Verfahren einlassen, ohne den Mangel der Zuständigkeit des Gerichts zu rügen.

(2) Wird der Mangel der Zuständigkeit des in Absatz 1 genannten Gerichts von Verfahrensparteien gerügt, die der Vereinbarung nicht angehören, so erklärt sich das Gericht für unzuständig.

In diesem Fall sind die nach Artikel 4 oder Artikel 10 zuständigen Gerichte für die Entscheidung in der Erbsache zuständig.

---

[10] Bonomi/Wautelet/*Bonomi* Rn. 4 (allerdings soll auf die Form der Vereinbarung Art. 5 Abs. 2 anzuwenden sein); *Dutta* FamRZ 2013, 4 (6); Dutta/Weber/*Lein* Rn. 11; *Müller-Lukoschek,* Die neue EU-Erbrechtsverordnung, 2. Aufl. 2015, 134.
[11] Vgl. *Hess/Jayme/Pfeiffer,* Stellungnahme zum Vorschlag für eine Europäische Erbrechtsverordnung, 2012, 20.

Übersicht

I. Normzweck

Art. 9 schließt die von der Grundregel der Art. 4 und Art. 10 abweichenden Zuständigkeitsvor- **1** schriften ab, die im Falle einer Rechtswahl einen Gleichlauf von forum und ius (→ Vor Art. 4 Rn. 2 f., 14) ermöglichen sollen (zur Systematik des Zuständigkeitsrechts sowie insbesondere der Art. 5–9 → Vor Art. 4 Rn. 13 ff.). Konkret regelt die Vorschrift den Fall, dass an einer **Gerichtsstandsvereinbarung nicht alle Verfahrensparteien beteiligt** sind, und sorgt dafür, dass – mit Ausnahme der Verweisung nach Art. 6 lit. a – eine Zuständigkeit der Gerichte im Mitgliedstaat des vom Erblasser gewählten Rechts nicht gegen den Willen der betroffenen Verfahrensparteien begründet wird. Art. 9 ergänzt damit Art. 5 und Art. 7 lit. c (→ Rn. 3, 4).

II. Voraussetzung

In ihrem direkten Anwendungsbereich betrifft die Vorschrift das Verfahren vor dem Gericht im **2** Mitgliedstaat des vom Erblasser gewählten Rechts. Auch Art. 9 ist damit nur anwendbar, wenn der Erblasser nach Art. 22 (oder Art. 24 Abs. 2 oder Art. 25 Abs. 3 → Vor Art. 4 Rn. 16) eine **wirksame Rechtswahl** getroffen hat; es gilt damit auch hier das zu Art. 5 Gesagte entsprechend (→ Art. 5 Rn. 3 ff.).

1. „Gerichtsstandsvereinbarung". Voraussetzung des Art. 9 ist ferner eine „Gerichtsstandsver- **3** einbarung", die eine Zuständigkeit der Gerichte im Mitgliedstaat des gewählten Rechts nach Art. 7 begründet. Damit ist zunächst eine **Gerichtsstandsvereinbarung nach Art. 5** gemeint, die eine Zuständigkeit mittelbar nach Art. 7 lit. a (wenn sich aufgrund der Vereinbarung die nach der Grundregel zuständigen Gerichte nach Art. 6 lit. b für unzuständig erklärt haben) oder unmittelbar nach Art. 7 lit. b begründen kann (→ Art. 5 Rn. 20 ff.).

Anwendbar ist Art. 9 aber auch bei einer **Gerichtsstandsanerkennung nach Art. 7 lit. c.**[1] **4** Zunächst verweist Art. 9 pauschal auf die Ausübung der Zuständigkeit durch das Gericht nach Art. 7 und damit auch nach dessen lit. c. Zudem liegt auch der Gerichtsstandsanerkennung nach Art. 7 lit. c eine Vereinbarung zugrunde (→ Art. 7 Rn. 10). Ferner passt der Gedanke des Art. 9 – der Schutz der nicht an der Vereinbarung beteiligten Verfahrensparteien – auch bei einer Gerichtsstandsanerkennung nach Art. 7 lit. c. Auch hier kann sich später herausstellen, dass nicht alle zu beteiligenden Verfahrensparteien dem Gericht bekannt waren und deshalb die Zuständigkeit der Gerichte im Mitgliedstaat des gewählten Rechts nicht anerkannt haben. Zwar könnte man in diesem Fall weiterhin Art. 7 lit. c anwenden und darauf warten, dass die neu hinzutretenden Verfahrensparteien die Zuständigkeit der Gerichte im Mitgliedstaat des gewählten Rechts ausdrücklich anerkennen. Diese Lösung würde aber dazu führen, dass nach der Ausübung der Zuständigkeit bei einer mangelhaften Gerichtsstandsvereinbarung nach Art. 5 geringere Anforderungen an eine Zuständigkeitsbegründung nach Art. 5 bestünden (rügeloses Einlassen nach Art. 9 Abs. 1) als bei einer mangelhaften Gerichtsstandsanerkennung nach Art. 7 lit. c (ausdrückliche Anerkennung).

Nicht anwendbar ist Art. 9 dagegen auf **Vereinbarungen nach Art. 8.**[2] Bereits der Wortlaut **5** der Vorschrift beschränkt sich allein auf Vereinbarungen, die vermeintlich eine Zuständigkeit nach Art. 7 begründen. Zwar stellt sich die Frage, was geschieht, wenn an einer Vereinbarung der Verfahrensparteien, im Falle eines amtswegig eingeleiteten Verfahrens die Erbsache außergerichtlich und einvernehmlich zu regeln, nicht alle Verfahrensparteien beteiligt waren. Allerdings beantwortet bereits Art. 8 selbst diese Frage: Die Vereinbarung derogiert nicht die Zuständigkeit nach Art. 4 oder Art. 10. Erfahren die Gerichte, dass sie ihr von Amts wegen eingeleitetes Verfahren zu Unrecht nach Art. 8 beendet haben, so setzen sie ihr Verfahren fort.

---

[1] Vgl. auch Deixler-Hübner/Schauer/*Deixler-Hübner* Rn. 5; Dutta/Weber/*Lein* Rn. 6; *Leipold,* FS Meincke, 2015, 219, 231; *T. Lübcke* GPR 2015, 111 (115); anders Bonomi/Wautelet/*Bonomi* Rn. 3.

[2] So auch Deixler-Hübner/Schauer/*Deixler-Hübner* Rn. 7; Dutta/Weber/*Lein* Art. 8 Rn. 9.

6   **2. Ausübung der Zuständigkeit nach Art. 7.** Ferner muss das Gericht im Mitgliedstaat des gewählten Rechts eine Zuständigkeit ausgeübt haben. Hat das Gericht seine Zuständigkeit noch nicht ausgeübt und erhält es Kenntnis von Verfahrensparteien, die zu beteiligen wären, so fehlt es bereits an einer Zuständigkeit nach Art. 7, da mangels Beteiligung aller Verfahrensparteien keine wirksame Gerichtsstandsvereinbarung (nach Art. 5 oder Art. 7 lit. c → Rn. 3 f.) geschlossen wurde. Das Gericht muss sich nach Art. 15 für unzuständig erklären. Unklar ist, unter welchen Voraussetzungen das Gericht seine Zuständigkeit ausübt. Die Verordnung definiert den **Begriff der Zuständigkeitsausübung** nicht. Erforderlich ist jedenfalls eine Anrufung des Gerichts nach Art. 14. Da die Art. 4 ff. – und auch Art. 7, auf den die Vorschrift Bezug nimmt – den Gerichten eine Zuständigkeit für Entscheidungen in Erbsachen zubilligen, übt ein mitgliedstaatliches Gericht seine Zuständigkeit aus, wenn es eine Entscheidung iS des Art. 3 Abs. 1 lit. g erlässt. Art. 9 ist damit nach der ersten Entscheidung eines Gerichts in der anhängigen Erbsache anwendbar.[3] Erforderlich ist freilich, dass das Gericht seine Zuständigkeit **nach Art. 7** aufgrund einer vermeintlichen Gerichtsstandsvereinbarung (nach Art. 5 oder Art. 7 lit. c → Rn. 3 f.) ausgeübt hat. Es muss demnach erkennbar sein, auf welcher zuständigkeitsrechtlichen Grundlage das Gericht gehandelt hat. Unklarheiten gehen zu Lasten der Zuständigkeit der Gerichte im Mitgliedstaat des vom Erblasser gewählten Rechts.[4]

7   **3. Nicht alle Verfahrensparteien an der Vereinbarung beteiligt.** Zudem setzt Art. 9 voraus, dass an der Gerichtsstandsvereinbarung (nach Art. 5 oder Art. 7 lit. c → Rn. 3 f.) nicht alle Verfahrensparteien beteiligt waren, und zwar nachdem das Gericht seine Zuständigkeit nach Art. 7 ausgeübt hat. Auch hier kommt es wieder auf den weiten Verfahrensparteienbegriff an (→ Art. 5 Rn. 6 ff.; → Art. 7 Rn. 16). Erforderlich ist damit, dass das Gericht – nach der Ausübung der Zuständigkeit – davon Kenntnis erlangt, dass Personen existieren, deren Rechte am Nachlass durch eine Entscheidung des Gerichts berührt werden, die aber weder Partei der Gerichtsstandsvereinbarung waren (Art. 5) noch die Zuständigkeit des Gerichts ausdrücklich anerkannt haben (Art. 7 lit. c). Art. 9 findet damit vor allem bei nichtstreitigen Verfahren in Erbsachen Anwendung, die erga omnes wirken und damit potentiell auch dem Gericht unbekannte Personen betreffen, die nicht am Verfahren formell beteiligt wurden, etwa dem Gericht unbekannte Erben oder sonst begünstigte Personen. Nicht anwenden wird man Art. 9 dagegen auf **unwirksame Gerichtsstandsvereinbarungen,** auch wenn der Unwirksamkeitsgrund – etwa ein Mangel beim rechtsgeschäftlichen Zustandekommen – nur die Zustimmung oder Anerkennung einzelner Verfahrensparteien betrifft.

III. Rechtsfolgen

8   Die Rechtsfolgen der Vorschrift hängen vom **Verhalten** der nicht an der Gerichtsstandsvereinbarung (nach Art. 5 oder Art. 7 lit. c → Rn. 3 f.) beteiligten Verfahrenspartei im Verfahren vor dem Gericht im Mitgliedstaat des gewählten Rechts ab:

9   **1. Zuständigkeitsbegründung durch rügeloses Einlassen (Abs. 1).** Soweit sich die zunächst nicht beteiligte Verfahrenspartei auf das Verfahren einlässt, ohne den Mangel der Zuständigkeit, nämlich das Fehlen einer Gerichtsstandsvereinbarung nach Art. 5 oder einer Gerichtsstandsanerkennung nach Art. 7 lit. c aller Verfahrensparteien, zu rügen, so begründet Abs. 1 eine Zuständigkeit der Gerichte im Mitgliedstaat des gewählten Rechts. Diese Zuständigkeit bezieht sich nur auf die **konkret anhängige Erbsache.** Für den sachlichen Umfang des rügelosen Einlassens und dessen Beschränkung gilt das zur Gerichtsstandsanerkennung Gesagte entsprechend (→ Art. 7 Rn. 15). Im Hinblick auf andere Erbsachen betreffend denselben Erbfall bemisst sich die Zuständigkeit der Gerichte im Mitgliedstaat des gewählten Rechts nach Art. 7. Für den **Begriff des Einlassens,** der autonom auszulegen ist (→ Vor Art. 1 Rn. 23) gelten grundsätzlich die bei Art. 26 Abs. 1 S. 1 Brüssel Ia-VO für das rügelose Einlassen des Beklagten entwickelten Maßstäbe[5] entsprechend.[6] In Nachlassverfahren der freiwilligen Gerichtsbarkeit wird man ein rügeloses Einlassen der zunächst nicht beteiligten Verfahrensparteien nicht annehmen können, wenn sie lediglich ihre Beteiligung am Verfahren beantragen (etwa nach § 345 Abs. 1 S. 3, Abs. 3 S. 3 und Abs. 4 S. 3 FamFG), ohne

---

[3] Anders Dutta/Weber/*Lein* Rn. 8 f.: Erste Verfahrenshandlung ausreichend; auch Deixler-Hübner/Schauer/*Deixler-Hübner* Rn. 13 kritisiert diese Auslegung als „sehr spitzfindig" und sieht es – wo ihr womöglich Recht zu geben ist – als unschädlich an, dass sich Gerichtsstandsanerkennung und rügeloses Einlassen überschneiden, so dass sich der Zuständigkeitsgrund mit den geringeren Anforderungen durchsetzt.
[4] Vgl. auch zur Brüssel IIa-VO die Entscheidung in EuGH Slg. 2010, I-7353 Rn. 65 ff. = NJW 2010, 2861 – Purrucker I, wo der EuGH eine Unklarheit über die zuständigkeitsrechtliche Basis zu Lasten der Zuständigkeit des Gerichts las.
[5] Dazu näher *Kropholler/v. Hein* EuZPR Brüssel I-VO Art. 24 Rn. 7.
[6] Dutta/Weber/*Lein* Rn. 14; *Simotta,* FS Gottwald, 2014, 597 (604, in Fn. 34).

die Zuständigkeit des Gerichts zu rügen. Denn die formelle Beteiligung am Verfahren versetzt sie erst in die Lage, sich als Beteiligte ohne besondere Voraussetzungen über die zuständigkeitsrechtlichen Grundlagen des Verfahrens zu informieren (vgl. § 13 Abs. 1 FamFG). Nehmen die zunächst nicht beteiligten Verfahrensparteien fortan am Verfahren nicht aktiv teil, so wird sich ein rügeloses Einlassen nur schwer begründen lassen. Die Gegenansicht[7] lässt sich kaum mit dem fürsorglichen Charakter nichtstreitiger Erbverfahren vereinbaren. Allerdings kann das Gericht bei den Verfahrensparteien nach der mitgliedstaatlichen lex fori (etwa § 28 FamFG) auf eine Zuständigkeitsrüge hinwirken.

Auch das rügelose Einlassen begründet lediglich die internationale Zuständigkeit des betreffenden **10** Mitgliedstaats, nicht aber die **örtliche Zuständigkeit** des angerufenen Gerichts, die sich nach dem mitgliedstaatlichen Verfahrensrecht richtet; es gilt auch hier (vgl. → Art. 7 Rn. 17) das zu Gerichtsstandsvereinbarungen Gesagte (→ Art. 5 Rn. 11) entsprechend.

Abzugrenzen ist das rügelose Einlassen von der Gerichtsstandsvereinbarung nach Art. 5 oder **11** einer Gerichtsstandsanerkennung nach Art. 7 lit. c. Maßgeblich ist, in welchem zeitlichen Stadium sich das Verfahren befindet. Sobald das Gericht seine Zuständigkeit nach Art. 7 ausgeübt hat (zum Begriff → Rn. 6), kommt nur noch eine rügelose Einlassung in Betracht. Damit ergeben sich keine Abgrenzungsprobleme zur **Gerichtsstandsvereinbarung,** da diese nur bis zur Anrufung des Gerichts geschlossen werden kann (→ Art. 7 Rn. 12), sondern allenfalls zur **Gerichtsstandsanerkennung,** die allein noch nach der Anrufung des Gerichts in Betracht kommt (→ Art. 7 Rn. 13). Ab der Ausübung der Zuständigkeit reicht eine rügelose Einlassung aus (→ Art. 7 Rn. 13). Diese Abgrenzung ist praktisch bedeutsam, da die Anforderungen an die Zuständigkeitsbegründung zwischen Art. 7 lit. c und Art. 9 Abs. 1 unterschiedlich sind: Mit dem rügelosen Einlassen wird eine konkludente Anerkennung der Zuständigkeit durch Beteiligung am Verfahren ermöglicht, während die Gerichtsstandsanerkennung nach Art. 7 lit. c ausdrücklich zu erfolgen hat (näher → Art. 7 Rn. 14).

2. Unzuständigkeitserklärung bei Zuständigkeitsrüge (Abs. 2). Soweit die bisher nicht **12** beteiligte Verfahrenspartei dagegen die Zuständigkeit des Gerichts rügt, das seine Zuständigkeit zu Unrecht nach Art. 7 aufgrund der ursprünglichen Gerichtsstandsvereinbarung (nach Art. 5 oder Art. 7 lit. c → Rn. 3 f.) ausgeübt hat, hat sich das Gericht nach **Abs. 2 UAbs. 1** für unzuständig zu erklären. Die Zuständigkeitsrüge muss nicht ausdrücklich erfolgen, sondern kann auch **konkludent** erhoben werden.[8] Strenggenommen enthält Abs. 2 UAbs. 1 lediglich eine Klarstellung. Denn eigentlich ergibt sich die Pflicht des Gerichts zur Unzuständigkeitserklärung bereits aus Art. 15: Nicht alle Verfahrensparteien waren an der Gerichtsstandsvereinbarung beteiligt oder haben sich rügelos eingelassen, so dass die Voraussetzungen für eine Zuständigkeit nach Art. 7 oder Art. 9 Abs. 1 nicht vorliegen und damit das Gericht nach der Verordnung nicht zuständig ist. Allerdings stellt Abs. 2 UAbs. 1 klar, dass diese Unzuständigkeitserklärung nicht von Amts wegen erfolgt, sondern eben nur auf eine Zuständigkeitsrüge hin.

Ferner ergibt sich aus **Abs. 2 UAbs. 2,** dass es bei der Zuständigkeit nach der Grundregel in **13** Art. 4 und Art. 10 bleibt, und zwar selbst dann, wenn sich das danach zuständige Gericht aufgrund einer vermeintlichen Gerichtsstandsvereinbarung nach Art. 6 lit. b bereits für unzuständig erklärt hat. Allerdings kann sich das nach der Grundregel nunmehr wieder zuständige Gericht nach Art. 6 lit. a auf Antrag einer Verfahrenspartei[9] durch eine Ausübung seines Zuständigkeitsermessens für unzuständig erklären[10] und damit (endgültig und unabhängig von einem rügelosen Einlassen der ursprünglich nicht beteiligten Verfahrenspartei) eine Zuständigkeit der Gerichte im Mitgliedstaat des gewählten Rechts nach Art. 7 lit. a begründen (→ Art. 7 Rn. 3 f.), so dass es zu einem wenig verfahrensökonomischen „Ping-Pong-Spiel"[11] zwischen den Gerichten kommen kann. Ein eigenes Zuständigkeitsermessen der Gerichte im Mitgliedstaat des gewählten Rechts sieht die Verordnung weder allgemein noch in der Situation des Abs. 2[12] vor (→ Art. 7 Rn. 19). Denkbar wäre allenfalls, dass die nach der Grundregel zuständigen Gerichte sich für den Fall des Abs. 2 von vorne herein nach Art. 6 lit. a **und** lit. b für unzuständig erklären.[13] – Zur Umsetzung der Unzuständigkeitserklärung im mitgliedstaatlichen Verfahren → Art. 15 Rn. 2.

---

[7] Dutta/Weber/*Lein* Rn. 15.

[8] Zu Art. 24 Brüssel I-VO s. BGH NJW-RR 2005, 1518 (1519).

[9] Etwa einer Partei, die an der ursprünglichen Gerichtsstandsvereinbarung (nach Art. 5 oder Art. 7 lit. c → Rn. 3 f.) beteiligt war.

[10] Dutta/Weber/*Lein* Rn. 19; anders *Simotta,* FS Gottwald, 2014, 597 (605 f.).

[11] *Bajons* in Schauer/Scheuba, Europäische Erbrechtsverordnung, 2012, 29, 35.

[12] S. den Vorschlag von *Hess/Jayme/Pfeiffer,* Stellungnahme zum Vorschlag für eine Europäische Erbrechtsverordnung, 2012, 18.

[13] Kritisch Dutta/Weber/*Lein* Rn. 19; tendenziell dagegen zust. Deixler-Hübner/Schauer/*Deixler-Hübner* Rn. 14.

14   Leider schweigt die Verordnung zum **Schicksal der bisherigen gerichtlichen Maßnahmen,** die das vermeintlich nach Art. 7 zuständige Gericht bis zur Unzuständigkeitserklärung nach Abs. 2 getroffen hat. So ist es durchaus denkbar, dass das Gericht eine Kenntnis von Verfahrensparteien (zum Begriff → Art. 5 Rn. 6 ff.) erst lange nach seiner Anrufung erhält, etwa weil ein unbekannter Erbe auftaucht oder eine bisher nicht bekannte Verfügung von Todes wegen, in der Zwischenzeit das Gericht aber Testamentsvollstrecker ernannt oder entlassen, eine Nachlassverwaltung angeordnet, Nachlassgläubiger im Wege des Aufgebotsverfahrens ausgeschlossen oder Erbscheine erteilt hat (zur Anwendbarkeit der Art. 4 ff. auf mitgliedstaatliche Erbnachweisverfahren → Vor Art. 4 Rn. 5, 8; zur Anwendbarkeit auf Aufgebotsverfahren → Vor Art. 4 Rn. 25). Rügt die nicht beteiligte Verfahrenspartei nun die Zuständigkeit, so stellt sich die Frage, ob die Unzuständigkeitserklärung und die Zuständigkeit der nach der Grundregel berufenen Gerichte den Bestand der bisher getroffenen Maßnahmen berühren. Richtigerweise wird man diese Entscheidungen zunächst aufrechterhalten und den nach der Grundregel zuständigen Gerichten – nach dem Rechtsgedanken in Art. 20 Abs. 2 Brüssel IIa-VO – gestatten, über den Fortbestand der Maßnahmen zu befinden.[14] Die Unzuständigkeitserklärung wirkt damit grundsätzlich nur ex nunc.[15]

Art. 10 EuErbVO Subsidiäre Zuständigkeit

(1) Hatte der Erblasser seinen gewöhnlichen Aufenthalt im Zeitpunkt seines Todes nicht in einem Mitgliedstaat, so sind die Gerichte eines Mitgliedstaats, in dem sich Nachlassvermögen befindet, für Entscheidungen in Erbsachen für den gesamten Nachlass zuständig, wenn

a) der Erblasser die Staatsangehörigkeit dieses Mitgliedstaats im Zeitpunkt seines Todes besaß, oder, wenn dies nicht der Fall ist,

b) der Erblasser seinen vorhergehenden gewöhnlichen Aufenthalt in dem betreffenden Mitgliedstaat hatte, sofern die Änderung dieses gewöhnlichen Aufenthalts zum Zeitpunkt der Anrufung des Gerichts nicht länger als fünf Jahre zurückliegt.

(2) Ist kein Gericht in einem Mitgliedstaat nach Absatz 1 zuständig, so sind dennoch die Gerichte des Mitgliedstaats, in dem sich Nachlassvermögen befindet, für Entscheidungen über dieses Nachlassvermögen zuständig.

Übersicht

I. Normzweck und Überblick

1   Die Vorschrift bildet gemeinsam mit Art. 4 die zuständigkeitsrechtliche **Grundregel** (zur Systematik der Art. 4 ff. → Vor Art. 4 Rn. 13 ff.), und zwar für den Fall, dass der Erblasser zum Zeitpunkt seines Todes seinen **gewöhnlichen Aufenthalt nicht in der EU** hatte; sie ist deshalb **subsidiär** zu Art. 4. Auch in einer solchen Konstellation kann ein Bedürfnis für ein Verfahren in der EU bestehen, wenn sich Nachlassvermögen in der EU befindet. Es bedarf damit einer „Auffangzuständig-

---

[14] *Dutta* FamRZ 2013, 4 (7); zust. Deixler-Hübner/Schauer/*Deixler-Hübner* Rn. 16; *Hess* in Dutta/Herrler EuErbVO 131, 138; *Keim* in A. Roth, Die Wahl ausländischen Rechts im Familien- und Erbrecht, 2013, 67, 77; *Kränzle,* Heimat als Rechtsbegriff?, 2014, 204; *Rudolf* ÖNotZ 2013, 225 (230); anders BeckOGK/*Schmidt* Rn. 18: das zunächst befasste Gericht muss die Maßnahmen aufheben (dieser Vorschlag erscheint mir problematisch, wenn das zunächst befasste Gericht dies nicht tut und die eigentlich zuständigen Gerichte die bisherigen gerichtlichen Maßnahmen nach Art. 39 ff. anerkennen müssen, was zu einer Verfahrensblockade führen würde).

[15] Zust. Deixler-Hübner/Schauer/*Deixler-Hübner* Rn. 16; Dutta/Weber/*Lein* Rn. 21; BeckOGK/*Schmidt* Rn. 12.

keit".[1] Die Vorschrift begründet einen – grundsätzlich zwingenden (→ Vor Art. 4 Rn. 13) – **Gerichtsstand im Mitgliedstaat der Nachlassbelegenheit,** wobei sich diese Zuständigkeit, je nach Intensität der persönlichen Beziehung des Erblassers zu diesem Mitgliedstaat, auf den gesamten Nachlass erstreckt **(Abs. 1)** oder auf den inländischen Nachlass beschränkt **(Abs. 2).** Soweit die Voraussetzungen des Art. 10 nicht vorliegen, kommt nur eine Notzuständigkeit in der EU nach Art. 11 in Betracht.

II. Allgemeine Voraussetzungen

Sowohl die Allzuständigkeit nach Abs. 1 als auch die beschränkte Zuständigkeit nach Abs. 2 setzen   2
zwei allgemeine Punkte voraus:

1. Kein letzter gewöhnlicher Aufenthalt des Erblassers in einem Mitgliedstaat. Zunächst   3
darf sich der Erblasser zum Zeitpunkt seines Todes (näher → Art. 4 Rn. 8 f.) nicht in der EU
gewöhnlich aufgehalten haben. Bei einem gewöhnlichen Aufenthalt in der EU bemisst sich die
Zuständigkeit gemäß der Grundregel allein nach Art. 4 EuErbVO. Eine Zuständigkeit kann sich
auch nicht aus Art. 10 ergeben, wenn sich ein gewöhnlicher Aufenthalt des Erblassers, sei es in
einem Mitgliedstaat oder einem Drittstaat, **nicht oder nur mit Schwierigkeiten feststellen** lässt;
die Verordnung geht davon aus, dass sich stets **ein** letzter gewöhnlicher Aufenthalt des Erblassers
ermitteln lässt (→ Art. 4 Rn. 7; → Art. 21 Rn. 7). Allerdings reicht es für Zwecke des Art. 10
aus, wenn das Gericht zur Überzeugung kommt, dass der Erblasser in keinem Mitgliedstaat einen
gewöhnlichen Aufenthalt hatte, ohne dass der gewöhnliche Aufenthalt in einem konkreten Drittstaat
lokalisiert werden müsste.[2]

2. Nachlassvermögen im Mitgliedstaat des angerufenen Gerichts. Erforderlich für beide   4
Zuständigkeiten nach der Vorschrift ist ferner eine **sachliche Beziehung** des Erbfalls zur EU,
nämlich dass sich im Mitgliedstaat, dessen Gerichte angerufen wurden (Art. 14), Nachlassvermögen
befindet.

a) Begriff des Nachlassvermögens. Um den ohnehin bereits exorbitanten Gerichtsstand nach   5
Art. 10 nicht weiter auszudehnen, wird man allein auf die **Aktiva** des Nachlasses abzustellen haben
und es für eine Zuständigkeit nach Art. 10 nicht ausreichen lassen, dass mit Nachlassverbindlichkeiten
Passiva in einem Mitgliestaat „befindlich" (vgl. → Rn. 6 ff.) sind. Diese enge Auslegung ist auch mit
dem Wortlaut der Vorschrift vereinbar. Während die deutsche Sprachfassung („Nachlassvermögen")
insoweit offen ist (sowohl „Nachlass" als auch „Vermögen" umfassen Aktiva wie Passiva), bietet etwa
die englische, französische, italienische und niederländische Sprachfassung („assets of the estate",
„biens successoraux", „beni ereditari" und „goederen van de nalatenschap") einen Anhaltspunkt
dafür, dass Art. 10 allein auf Aktiva abstellt. Eine **de-minimis-Schwelle,** nach der nur Nachlassvermögen von gewissem Umfang für die Begründung einer ggf. Allzuständigkeit (Abs. 1) herangezogen
werden kann, besteht nicht[3] und wäre auch kaum rechtsicher handhabbar. In den als Horroszenarien
skizzierten Fällen – etwa das im Urlaub vom Erblasser zurückgelassene Rasierzeug[4] – wird eine
Anwendung des Art. 10 regelmäßig daran scheitern, dass das Eigentum des Erblassers nicht bewiesen
werden kann, weil dieser die betreffenden Gegenstände derelinquiert haben wird, etwa bei uns nach
§ 959 BGB.

b) Bestimmung der Nachlassbelegenheit. Für die Nachlassbelegenheit kommt es auf die Bele-   6
genheit der **einzelnen Nachlassgegenstände** an, aus denen sich das Nachlassvermögen zusammensetzt. Die Verordnung schweigt dazu, nach welchen Kriterien die Nachlassgegenstände zu lokalisieren
sind. Aufgrund des Erfordernisses einer autonomen Auslegung der Verordnung (→ Vor Art. 1
Rn. 23) sind die Kriterien für die Belegenheit der Nachlassgegenstände **autonom** zu bestimmen.[5]
Das Bedürfnis nach einer autonomen und einheitlichen Lokalisierung der Nachlassgegenstände ist
bei Art. 10 Abs. 2 besonders groß, da bei einem Rückgriff auf mitgliedstaatliches Recht und damit
auf potentiell uneinheitliche Regelungen zur Vermögensbelegenheit womöglich ein und derselbe
Nachlassgegenstand vor Gerichten in verschiedenen Staaten unterschiedlich verortet wird und es zu
Zuständigkeitskonflikten in der EU kommen kann. Diese Gefahr droht vor allem bei der Beschränkung der Zuständigkeit auf das inländische Nachlassvermögen nach Abs. 2.

---

[1] Ratsdokument Nr. 13730/11 S. 3.
[2] Hierauf weist Deixler-Hübner/Schauer/*Gitschthaler* Rn. 1 zutreffenderweise hin.
[3] Zutreffend *Weiss*/*Bigler* successio 2014, 163 (170); für eine Beschränkung auf substantielle Vermögenswerte
Deixler-Hübner/Schauer/*Gitschthaler* Rn. 3 f. und tendenziell Dutta/Weber/*Lein* Rn. 12.
[4] Deixler-Hübner/Schauer/*Gitschthaler* Rn. 3.
[5] Dutta/Weber/*Lein* Rn. 13; vgl. auch Bonomi/Wautelet/*Bonomi* Rn. 12.

7   Angesichts des Schweigens der Erbrechtsverordnung bietet sich für die autonome Bestimmung der Nachlassbelegenheit im Wege einer rechtsaktübergreifenden Auslegung ein Blick in andere Unionsrechtsakte an, in erster Linie in die **europäische Insolvenzverordnung** (Art. 1 ff. EuInsVO bzw. Art. 1 ff. EuInsVO 2017).[6] Dort spielt die Belegenheit eines Vermögens – vor allem des Schuldnervermögens – ebenfalls eine Rolle.

8   **Art. 2 lit. g EuInsVO bzw. Art. 2 Nr. 9 EuInsVO 2017** definiert deshalb den Begriff „Mitgliedstaat, in dem sich ein Vermögensgegenstand befindet". Danach befinden sich
– **körperliche Gegenstände** (Sachen) in dem Mitgliedstaat, in dessen Gebiet sie belegen sind (Art. 2 lit. g Spiegelstrich 1 EuInsVO bzw. Art. 2 Nr. 9 Ziff. vi EuInsVO 2017),
– **Gegenstände oder Rechte, bei denen das Eigentum oder die Rechtsinhaberschaft in ein öffentliches Register einzutragen ist** (unbewegliche Sachen, Schiffe und Luftfahrzeuge, Immaterialgüterrechte), in dem Mitgliedstaat, unter dessen Aufsicht das Register geführt wird (Art. 2 lit. g Spiegelstrich 2 EuInsVO bzw. Art. 2 Nr. 9 Ziff. iv EuInsVO 2017), sowie
– **Forderungen** in dem Mitgliedstaat, in dessen Gebiet der zur Leistung verpflichtete Dritte den Mittelpunkt seiner hauptsächlichen Interessen iS des Art. 3 Abs. 1 EuInsVO hat (Art. 2 lit. g Spiegelstrich 3 EuInsVO bzw. Art. 2 Nr. 9 Ziff. viii EuInsVO 2017).

9 Die Neufassung in **Art. 2 Nr. 9 EuInsVO 2017** ist sogar noch detaillierter und differenzierter[7] und enthält Zuordnungsregeln für
– **Namensaktien** (Art. 2 Nr. 9 Ziff. i EuInsVO 2017: Mitgliedstaat, in dessen Hoheitsgebiet die Gesellschaft, die die Aktien ausgegeben hat, ihren Sitz hat),
– **Finanzinstrumente,** bei denen die Rechtsinhaberschaft durch Eintrag in ein Register oder Buchung auf ein Konto, das von einem oder für einen Intermediär geführt wird, nachgewiesen wird (Art. 2 Nr. 9 Ziff. ii EuInsVO 2017: Mitgliedstaat, in dem das betreffende Register oder Konto geführt wird),
– **Guthaben auf Konten bei einem Kreditinstitut** (Art. 2 Nr. 9 Ziff. iii EuInsVO 2017: Mitgliedstaat, der in der internationalen Kontonummer [IBAN] angegeben ist, oder im Fall von Guthaben auf Konten bei einem Kreditinstitut ohne IBAN den Mitgliedstaat, in dem das Kreditinstitut, bei dem das Konto geführt wird, seine Hauptverwaltung hat, oder, sofern das Konto bei einer Zweigniederlassung, Agentur oder sonstigen Niederlassung geführt wird, den Mitgliedstaat, in dem sich die Zweigniederlassung, Agentur oder sonstige Niederlassung befindet),
– künftige **Europäische Patente** (Art. 2 Nr. 9 Ziff. v EuInsVO 2017: Mitgliedstaat, für den das Europäische Patent erteilt wurde, s. ferner → Rn. 10) sowie
– **Urheberrechte und verwandte Schutzrechte** (Art. 2 Nr. 9 Ziff. vi EuInsVO 2017: Mitgliedstaat, in dessen Hoheitsgebiet der „Eigentümer" solcher Rechte seinen gewöhnlichen Aufenthalt oder Sitz hat, s. ferner → Rn. 11)

10 Für die **Gemeinschaftsmarke,** das **Gemeinschaftsgeschmacksmuster** und den **Gemeinschaftlichen Sortenschutz** fingiert das Unionsrecht eine Eintragung in einem Mitgliedstaat bzw. ordnet diese einem mitgliedstaatlichen Recht zu (Art. 16 GemeinschaftsmarkenVO, Art. 27 GemeinschaftsgeschmacksmusterVO, Art. 22 GemeinschaftssortenVO). Diese Zuordnung ist auch für Zwecke der Belegenheit der betreffenden Immaterialgüterrechte als Nachlassgegenstände heranzuziehen, ggf. iVm dem Rechtsgedanken des Art. 2 lit. g Spiegelstrich 1 EuInsVO bzw. Art. 2 Nr. 9 Ziff. vi EuInsVO 2017 (→ Rn. 9).

11   Offen ist damit die Lokalisierung von **nichtregistrierbaren unkörperlichen Gegenständen,** die nicht Forderungen sind; hierfür enthält auch Art. 2 lit. g EuInsVO bzw. Art. 2 Nr. 9 EuInsVO 2017 keine Regelung. **Nichtregistrierbare Immaterialgüterrechte** (außer Urheberrechte und verwandte Schutzrechte, zu diesen → Rn. 9), etwa nichtregistrierte Marken, wird man als Nachlassgegenstand in demjenigen Mitgliedstaat verorten, für dessen Gebiet sie Schutz gewähren, denn allein hier wirken sie sich wirtschaftlich aus, indem sie widersprechende Handlungen Dritter untersagen.[8] **Nichtregistrierbare[9] Gesellschaftsanteile** (außer Namensaktien und von Intermediären gehaltene Anteile, zu diesen → Rn. 9) sind dagegen im Mitgliedstaat belegen, in dem die Gesellschaft in

---

[6] So auch Bonomi/Wautelet/*Bonomi* Rn. 12; zust. Deixler-Hübner/Schauer/*Gitschthaler* Rn. 7; Rauscher/*Hertel* Rn. 3; Dutta/Weber/*Lein* Rn. 14 f.

[7] Hierzu ausf. *Garcimartín* IPRax 2015, 489.

[8] Eine enge Verbundenheit zu diesem Gebiet betont auch der Gerichtshof, etwa in EuGH Slg. 1994, I-2789 Rn. 22 = BeckRS 2004, 77880 – IHT Internationale Heiztechnik GmbH; Slg. 2005, I-7199 Rn. 46 = EuZW 2005, 535 – Lagardère Active Broadcast. S. auch Art. 8 Abs. 1 Rom II-VO.

[9] Registrierbare Gesellschaftsanteile (also Anteile, bei denen nicht nur die betreffende Gesellschaft registriert wird, sondern auch die Inhaberschaft des konkreten Anteils) fallen dagegen unter Art. 2 lit. g Spiegelstrich 2 EuInsVO bzw. Art. 2 Nr. 9 Ziff. iv EuInsVO 2017 → Rn. 9; vgl. auch Deixler-Hübner/Schauer/*Gitschthaler* Rn. 12 mit Fn. 21.

einem Register eingetragen ist (Rechtsgedanke des Art. 2 lit. g Spiegelstrich 2 EuInsVO bzw. Art. 2 Nr. 9 Ziff. ii, iv EuInsVO 2017) und im Übrigen, bei nichteingetragenen Gesellschaften, in dem Mitgliedstaat, nach dessen Recht sie errichtet wurden; zwar erfolgt die kollisionsrechtliche Anknüpfung der Gesellschaft in den Mitgliedstaaten immer noch uneinheitlich, dennoch lässt sich jedenfalls für Zwecke der Auslegung des Unionsrechts aus der Rechtsprechung des Gerichtshofs zur Niederlassungsfreiheit[10] eine Präferenz des Unionsrechts für das Gründungsrecht der Gesellschaft entnehmen, ja nach der deutschen Rechtsprechung sogar das Erfordernis, nach einem mitgliedstaatlichen Recht gegründete Gesellschaften an ihr Gründungsrecht anzuknüpfen (näher → IntGesR Rn. 5). Ein Rückgriff auf den Rechtsgedanken des Art. 24 Nr. 2 Brüssel Ia-VO, der für die Bestimmung des Gesellschaftssitzes auf das Kollisionsrecht des Forumsmitgliedstaats verweist, verbietet sich dagegen, angesichts des Bedürfnisses einer einheitlichen Lokalisierung für sämtliche Mitgliedstaaten (→ Rn. 6).

c) Maßgeblicher Zeitpunkt für Nachlassbelegenheit? Die Verordnung schweigt ferner zu der **12** Frage, zu welchem Zeitpunkt sich das Nachlassvermögen im Mitgliedstaat des angerufenen Gerichts befinden muss. Es handelt es sich hierbei nach dem Grundsatz der Verfahrensautonomie (→ Art. 5 Rn. 4) um eine **Frage des mitgliedstaatlichen Verfahrensrechts.**[11] In Deutschland reicht es im streitigen Erbverfahren grundsätzlich aus, wenn die Voraussetzungen für die internationale Zuständigkeit – und damit hier eine inländische Nachlassbelegenheit – erst zum Zeitpunkt der letzten mündlichen Verhandlung vorliegen (§§ 128, 296a, 525 ZPO), wobei nach § 261 Abs. 3 Nr. 2 ZPO eine perpetuatio fori stattfindet. Es kann damit zu Konflikten kommen (→ Rn. 6), die nur durch eine autonome Regelung zum maßgeblichen Zeitpunkt für die Zuständigkeitsvoraussetzungen verhindert werden könnten.

III. Allzuständigkeit für den gesamten Nachlass (Abs. 1)

Besitzt der Erblasser zu einem Mitgliedstaat, in dem sich Nachlassvermögen befindet **13** (→ Rn. 4 ff.), eine enge Beziehung iS des **Abs. 1,** so sind die Gerichte dieses Mitgliedstaats für den gesamten Nachlass international zuständig. Es bleibt insoweit beim Grundsatz einer **zuständigkeitsrechtlichen Nachlasseinheit** (→ Art. 4 Rn. 11).

1. Zusätzliche Voraussetzung: Beziehung des Erblassers zum Belegenheitsmitglied- 14 staat. Dabei kann nach Abs. 1 die Beziehung zu diesem Mitgliedstaat aus zwei Anknüpfungsmomenten folgen. Eine Allzuständigkeit ergibt sich, wenn der Erblasser die **Staatsangehörigkeit dieses Mitgliedstaats** zum Zeitpunkt seines Todes (näher → Art. 4 Rn. 8 f.) besaß **(lit. a)** oder – mangels einer solchen mitgliedstaatlichen Staatsangehörigkeit, vgl. lit. a aE sowie Erwägungsgrund Nr. 30 („zwingende Rangfolge") – innerhalb der vergangenen fünf Jahre vor der Anrufung des Gerichts (Definition in Art. 14) seinen **gewöhnlichen Aufenthalt in diesem Mitgliedstaat** hatte **(lit. b).** Während sich die Voraussetzungen für lit. a vom angerufenen Gericht ohne Weiteres feststellen lassen (zur Bestimmung der Staatsangehörigkeit näher → Art. 22 Rn. 4), wird lit. b dem Gericht mitunter eine schwierige Prüfung abverlangen. Das Gericht muss nicht nur prüfen, ob der Erblasser in der Vergangenheit einen gewöhnlichen Aufenthalt in dem betreffenden Mitgliedstaat hatte, was bereits angesichts der Offenheit des Aufenthaltsbegriffs (näher → Art. 4 Rn. 3 ff.) eine Herausforderung ist, sondern auch, **zu welchem Zeitpunkt** dieser gewöhnliche Aufenthalt begründet wurde. Einen gewöhnlichen Aufenthalt wird eine Person nicht schlagartig begründen und aufgeben, sondern es handelt sich hierbei regelmäßig um einen fließenden Prozess: Eine Person wird bei Aufenthaltswechseln in der Regel zunächst den schlichten Aufenthalt verlagern, etwa aus rein beruflichen oder wirtschaftlichen Gründen ohne Wechsel des gewöhnlichen Aufenthalts (→ Art. 4 Rn. 6); sodann wird die Person persönliche Beziehungen aufbauen, etwa eine Familie gründen, wobei sich hier in den meisten Fällen kaum ein Stichtag wird ausmachen lassen. Man hätte deshalb wie bei Art. 3 Abs. 1 lit. a Spiegelstrich 5 und 6 Brüssel IIa-VO für die Aufenthaltsdauer auch auf den schlichten Aufenthalt abstellen können. Maßgeblicher Zeitpunkt für Abs. 1 **lit. b** ist die in Art. 14 definierte Anrufung des Gerichts – und nicht etwa der Tod des Erblassers; selbst wenn der Erblasser innerhalb der Fünfjahresfrist verstorben ist, kann damit eine Zuständigkeit nach Abs. 1 scheitern, wenn das Gericht zu spät angerufen wurde.

---

[10] Vor allem EuGH Slg. 1999, I-1459 = NJW 1999, 2027 – Centros; Slg. 2002, I-9919 = NZG 2002, 1164 – Überseering; Slg. 2003, I-10155 = NZI 2003, 676 – Inspire Art.

[11] Anders Dutta/Weber/*Lein* Rn. 16: Zeitpunkt des Todes des Erblassers maßgeblich, um Manipulationen zu vermeiden; wieder anders Deixler-Hübner/Schauer/*Gitschthaler* Rn. 21, 25: grundsätzlich Anrufung des Gerichts nach Art. 14.

15   **2. Mehrfache Zuständigkeit bei mehreren Staatsangehörigkeiten oder mehreren suk-zessiven gewöhnlichen Aufenthalten?** Auch wenn der europäische Gesetzgeber in Art. 10 eine „zwingende Rangfolge" (→ Rn. 14) der Zuständigkeiten schaffen möchte, räumt Abs. 1 dennoch im Einzelfall den Gerichten mehrerer Mitgliedstaaten in der EU eine subsidiäre Allzuständigkeit ein, wenn der Erblasser Nachlassvermögen in diesen Mitgliedstaaten hinterlässt. So kann der Erblasser **mehrere Staatsangehörigkeiten (lit. a)** besitzen. Da die Verordnung bei Abs. 1 und allgemein keinen Vorrang einer effektiven Staatsangehörigkeit anordnet (im Gegenteil: s. Art. 22 Abs. 1 UAbs. 2; vgl. auch → Art. 83 Rn. 8), sind grundsätzlich die Staatsangehörigkeiten zuständigkeits-rechtlich als gleichwertig anzusehen, wie der EuGH auch bereits im Zusammenhang mit der Brüssel IIa-VO betont hat.[12] Bei mehreren mitgliedstaatlichen Staatsangehörigkeiten des Erblassers zum Zeitpunkt seines Todes bestehen damit potentiell mehrere Zuständigkeiten.[13] Der Erblasser kann aber auch in den vergangenen fünf Jahren vor seinem Tod – zwar nicht gleichzeitig (→ Art. 4 Rn. 7), aber sukzessive – einen **gewöhnlichen Aufenthalt in mehreren Mitgliedstaaten (lit. b)** besessen haben, so dass auch insoweit potentiell mehrere mitgliedstaatliche Zuständigkeiten drohen; lit. b stellt gerade nicht auf den letzten gewöhnlichen Aufenthalt vor dem Wechsel in den Drittstaat ab.[14] Erstaunlicherweise können sich sogar nach dem Wortlaut von **lit. a und lit. b** gleichzeitig Zuständigkeiten in verschiedenen Mitgliedstaaten ergeben, denn lit. b ist nicht erst dann anwendbar, wenn der Erblasser allgemein keine mitgliedstaatliche Staatsangehörigkeit besaß, sondern – nach dem klaren Wortlaut des lit. a aE („wenn dies nicht der Fall ist") bereits, wenn der Erblasser nicht die Staatsangehörigkeit des Forumsmitgliedstaats besitzt, wohl aber die Staatsangehörigkeit eines anderen Mitgliedstaats, in dem sich auch Nachlassvermögen befindet und damit auch eine Zuständigkeit bereits nach lit. a besteht.[15] – Diese konkurrierenden subsidiären Allzuständigkeiten nach Abs. 1 eröffnen die Möglichkeit eines forum shopping.[16] Der Konflikt wird über die Litispendenzregeln in Art. 17 f. geregelt, so dass das zuerst angerufene Gericht (Art. 14) seine Allzuständigkeit behauptet. Wenigstens sorgen die einheitlichen Kollisionsnormen dafür, dass die verschiedenen Gerichte im Grundsatz das gleiche Recht anwenden werden.

IV. Beschränkte Zuständigkeit für den inländischen Nachlass (Abs. 2)

16   Besitzen die Gerichte keines Mitgliedstaats eine subsidiäre Zuständigkeit nach Abs. 1, weil keine persönliche Beziehung des Erblassers zur EU nach Abs. 1 lit. a oder lit. b besteht, so schafft Abs. 2 eine beschränkte Zuständigkeit der Mitgliedstaaten mit Nachlassvermögen, jeweils sachlich begrenzt auf dieses Vermögen. Es kommt damit zu einer **zuständigkeitsrechtlichen Nachlassspaltung.** Ein Konflikt zwischen den Gerichten verschiedener Mitgliedstaaten mit im Inland befindlichen Nachlassgegenständen droht damit nicht. Zur Lokalisation der Nachlassgegenstände → Rn. 5 ff. Diese sachliche Beschränkung der subsidiären Zuständigkeit nach Abs. 2 muss das erkennende Gericht ggf. **im Tenor** der Entscheidung gesondert kenntlich machen, soweit sich die Beschränkung nicht aus dem Tenor selbst bereits ergibt, etwa bei Maßnahmen, die sich konkret auf bestimmte Nachlassgegenstände im Inland beziehen.

17   Allerdings können sich Nachlassgegenstände – jedenfalls wenn sie beweglich sind – zu verschiede-nen Zeitpunkten in verschiedenen Mitgliedstaaten befinden. Es stellt sich damit die Frage, welcher **Zeitpunkt zur Bestimmung des inländischen Nachlasses** maßgeblich ist, auf den sich die Zuständigkeit nach Abs. 2 beschränkt.[17] Die Verordnung beantwortet diese Frage leider nicht aus-

---

[12] EuGH Slg. 2009, I-6871 = EuZW 2009, 619 – Hadadi; zur Übertragbarkeit dieser Entscheidung auf Art. 7 lit. c Dutta ZEuP 2016, 427 (439).

[13] So auch *Bajons* in Schauer/Scheuba, Europäische Erbrechtsverordnung, 2012, 29, 33 in Fn. 10; *Bonomi/Öztürk* ZVglRWiss. 114 (2015), 4 (10); Deixler-Hübner/Schauer/*Gitschthaler* Rn. 19; *Grau* in Zimmermann ErbR Nebengesetze Art. 25, 26 EGBGB Anh.: EuErbVO Rn. 28; *Müller-Lukoschek,* Die neue EU-Erbrechtsverordnung, 2. Aufl. 2015, 125; vgl. auch Bonomi/Wautelet/*Bonomi* Rn. 18; *Süß* ZEuP 2013, 725 (733 f.) sowie die Bedenken bei Dutta/Weber/*Lein* Rn. 19 ff.

[14] Vgl. auch *Süß* ZEuP 2013, 725 (733); im Erg. zust. Dutta/Weber/*Lein* Rn. 29 f. Für eine einschränkende Auslegung aber insoweit Bonomi/Wautelet/*Bonomi* Rn. 22; Deixler-Hübner/Schauer/*Gitschthaler* Rn. 20 mit Fn. 37 (der vor allem auf den Wortlaut des lit. b [„seinen gewöhnlichen Aufenthalt" und nicht „einen gewöhnli-chen Aufenthalt"] abstellt; vgl. auch *Wall* in Geimer/Schütze IRV-HdB Rn. 26 – dieses Wortlautargument ist mE nicht überzeugend; das Possessivpronomen „sein" sagt nichts darüber aus, dass es sich um den letzten gewöhnlichen Aufenthalt handeln muss; auch das Adjektiv „vorgehend" schließt nicht mehrere „vorgehende" gewöhnliche Aufenthalte aus); NK-BGB/*Makowsky* Rn. 13.

[15] Zust. Dutta/Weber/*Lein* Rn. 24 f.; anders aber insoweit Bonomi/Wautelet/*Bonomi* Rn. 20; Rauscher/*Hertel* Rn. 8; *Wall* in Geimer/Schütze IRV-HdB Rn. 28.

[16] Vgl. auch Bonomi/Wautelet/*Bonomi* Rn. 18.

[17] Diese Frage ist zu unterscheiden von der Frage nach dem maßgeblichen Zeitpunkt für die zuständigkeitsbe-gründende Nachlassbelegenheit nach Art. 10 allgemein (→ Rn. 9).

drücklich. Drei Zeitpunkte stehen zur Auswahl: der Erbfall, die Anrufung des Gerichts iS des Art. 14 und der Erlass der Entscheidung. Richtigerweise wird man aus Gründen der Sach- und Vollstreckungsnähe auf den **Erlass der Entscheidung** abstellen müssen, wobei sich die Bestimmung dieses Zeitpunkts nach der jeweiligen lex fori richtet. Gegebenenfalls kann das Gericht durch einstweilige Maßnahmen (vgl. auch Art. 19) eine Verlagerung von Vermögensgegenständen verhindern.

Die Beschränkung der Zuständigkeit nach Abs. 2 auf den inländischen Nachlass kann im Einzelfall **18** auch auf die abweichende Zuständigkeit nach Art. 5 ff. im Falle einer Rechtswahl des Erblassers **durchschlagen,** etwa soweit die Gerichte im Mitgliedstaat des gewählten Rechts ihre Zuständigkeit unmittelbar von einem Gericht mit einer Zuständigkeit nach Abs. 2 ableiten.[18] Art. 5 ff. verlagert die Zuständigkeit nach Abs. 2 innerhalb der EU und kann damit aus einer beschränkten Zuständigkeit keine Allzuständigkeit machen. Allerdings werden die Gerichte im Mitgliedstaat des vom Erblasser gewählten Rechts regelmäßig auch als Gerichte des Staatsangehörigkeitsstaats eine Zuständigkeit nach Art. 10 Abs. 1 besitzen, es sei denn, der Erblasser hat nach der Rechtswahl seine Staatsangehörigkeit gewechselt, aber das Recht seiner Staatsangehörigkeit zum Zeitpunkt der Rechtswahl gewählt (auch → Art. 6 Rn. 3 und → Art. 7 Rn. 2).

Art. 11 EuErbVO Notzuständigkeit (forum necessitatis)

Ist kein Gericht eines Mitgliedstaats aufgrund anderer Vorschriften dieser Verordnung zuständig, so können die Gerichte eines Mitgliedstaats in Ausnahmefällen in einer Erbsache entscheiden, wenn es nicht zumutbar ist oder es sich als unmöglich erweist, ein Verfahren in einem Drittstaat, zu dem die Sache einen engen Bezug aufweist, einzuleiten oder zu führen.

Die Sache muss einen ausreichenden Bezug zu dem Mitgliedstaat des angerufenen Gerichts aufweisen.

Die Vorschrift sichert für den Fall eines negativen Kompetenzkonflikts den Justizgewährungsan- **1** spruch, der auch unionsrechtlich in Art. 47 EU-GRCharta sowie Art. 6 EMRK garantiert wird (vgl. auch Erwägungsgrund Nr. 81). Art. 11 schafft ein forum necessitatis in der EU, wenn sich nach der Verordnung keine Zuständigkeit eines mitgliedstaatlichen Gerichts ergibt, aber sich ein Verfahren in einem Drittstaat (zum Begriff → Vor Art. 1 Rn. 29), zu dem die Erbsache einen engen Bezug aufweist, als unmöglich oder unzumutbar erweist, etwa wegen Krieges, Naturkatastrophen, politischer Verfolgung oder Stillstand der Rechtspflege (vgl. auch Erwägungsgrund Nr. 31 S. 2); für einen Anwendungsfall beim Europäischen Nachlassverzeichnis → Art. 64 Rn. 9. Wegen Art. 4 betrifft damit Art. 11 Fälle, in denen der Erblasser seinen letzten gewöhnlichen Aufenthalt in einem Drittstaat hatte, aber die Voraussetzungen des Art. 10 für eine subsidiäre Zuständigkeit nicht gegeben sind. Art. 11 kann auch eine All(not)zuständigkeit schaffen, soweit die Gerichte in der EU nach Art. 10 Abs. 2 eigentlich nur für den jeweils inländischen Nachlass beschränkt zuständig sind.[1]

UAbs. 1 räumt den angerufenen Gerichten in der geschilderten Situation seinem Wortlaut nach **2** ein Ermessen ein, ein Verfahren in einer Erbsache zuzulassen. Richtigerweise wird man jedoch dem Gericht keinen Ermessensspielraum zubilligen, wenn die Voraussetzungen des UAbs. 1 vorliegen,[2] so dass den Gerichten nur ein Spielraum bei der Anwendung der unbestimmten Rechtsbegriffe verbleibt. Nach **UAbs. 2** ist ein Bezug der Erbsache zu dem Mitgliedstaat des angerufenen Gerichts erforderlich, der sich nicht nur durch die Nachlassbelegenheit oder einen persönlichen Bezug zum Erblasser ergeben kann, sondern auch aus der Nähe der Verfahrensparteien zu diesem Mitgliedstaat.

Art. 11 greift die autonome Regelung in Art. 7 EuUnthVO (s. nunmehr auch Art. 11 EuGüVO **3** bzw. Art. 11 EuPartVO) auf, und nicht die Lösung der Brüssel IIa-VO und deren Art. 7 Brüssel IIa-VO und Art. 14 Brüssel IIa-VO, wonach für eine Notzuständigkeit die lex fori maßgeblich ist. Ein Rückgriff auf mitgliedstaatliches Verfahrensrecht ist damit für die Begründung einer internationalen Zuständigkeit nicht möglich.[3]

Art. 12 EuErbVO Beschränkung des Verfahrens

(1) Umfasst der Nachlass des Erblassers Vermögenswerte, die in einem Drittstatt [richtig wohl: Drittstaat] belegen sind, so kann das in der Erbsache angerufene Gericht auf Antrag

---

[18] Anders Dutta/Weber/*Lein* Art. 5 Rn. 35.
[1] Vgl. auch *Lagarde* Rev. crit. dr. int. pr. 101 (2012), 691 (703 f.).
[2] Dutta/Weber/*Lein* Rn. 7; so allg. auch *Hau*, FS Kaissis, 2012, 355 (359 f.).
[3] S. jedoch zu ungeschriebenen Notzuständigkeiten *Hau*, FS Kaissis, 2012, 355 (362 ff.).

einer der Parteien beschließen, über einen oder mehrere dieser Vermögenswerte nicht zu befinden, wenn zu erwarten ist, dass seine Entscheidung in Bezug auf diese Vermögenswerte in dem betreffenden Drittstaat nicht anerkannt oder gegebenenfalls nicht für vollstreckbar erklärt wird.

(2) Absatz 1 berührt nicht das Recht der Parteien, den Gegenstand des Verfahrens nach dem Recht des Mitgliedstaats des angerufenen Gerichts zu beschränken.

Übersicht

I. Überblick und Normzweck

1   Die Vorschrift enthält in **Abs. 1** eine **Ausnahme** zum Grundsatz der zuständigkeitsrechtlichen Nachlasseinheit (→ Art. 4 Rn. 11; → Art. 10 Rn. 13). Art. 12 Abs. 1 gestattet einem eigentlich umfassend zuständigen Gericht bei Nachlassvermögen in Drittstaaten (zum Begriff → Vor Art. 1 Rn. 29) und negativer Anerkennungs- bzw. Vollstreckungsprognose im Hinblick auf eine mitgliedstaatliche Entscheidung auf Antrag eines Verfahrensbeteiligten das Verfahren ganz oder teilweise auf die in der EU befindlichen Nachlassgegenstände zu beschränken. Der genaue Normzweck ist jedoch unklar: Das Zurückfahren der europäischen Zuständigkeiten für drittstaatliches Vermögen kann nicht als Rücksichtnahme des Unionsgesetzgebers auf das drittstaatliche Recht (comitas) oder als Vermeidung sinnloser Entscheidungen gedeutet werden, die in Drittstaaten – wo der Nachlass ganz oder teilweise belegen ist – nicht anerkannt oder vollstreckt werden;[1] wäre das der Normzweck, dann wären das Ermessen des Gerichts (→ Rn. 9 f.) und das Antragserfordernis (→ Rn. 2) nicht verständlich. Auch bei Art. 12 (→ Art. 6 Rn. 4 f.) finden sich Spuren des forum-non-conveniens-Gedankens,[2] wonach das Gericht nicht in jedem Fall seine eigentlich bestehende Zuständigkeit voll ausüben muss. **Abs. 2** enthält einen klarstellenden Vorbehalt zugunsten des mitgliedstaatlichen Rechts. – Die Vorschrift wird künftig in den europäischen Güterrechtsverordnungen durch **Art. 13 EuGüVO** und **Art. 13 EuPartVO** ergänzt, die in der Sache der Vorschrift des Art. 12 EuErbVO entsprechen und vor allem dem im Falle des Verbundgerichtsstands des Art. 4 EuGüVO bzw. Art. 4 EuPartVO (→ Art. 1 Rn. 25) dem Gericht eine einheitliche Beschränkung der Erb- und Gütersache ermöglichen.

II. Voraussetzungen des Abs. 1

2   **1. Antrag einer Verfahrenspartei.** Die Beschränkung des Verfahrens geschieht nur auf Antrag einer Verfahrenspartei (zum Begriff → Art. 5 Rn. 6 ff.).

3   **2. Zuständigkeit für Nachlassvermögen in einem Drittstaat.** Die Beschränkung des Verfahrens nach Abs. 1 setzt zunächst voraus, dass es der Beschränkung bedarf und die Zuständigkeit des Gerichts überhaupt **nach der Verordnung** Nachlassvermögen im Drittstaat erfasst. Dies ist nach dem Grundsatz der zuständigkeitsrechtlichen Nachlasseinheit bei der Zuständigkeit nach der Grundregel in Art. 4 und in Art. 10 Abs. 1 der Fall, auch soweit diese nach Art. 5 ff. in den Mitgliedstaat des vom Erblasser gewählten Rechts verlagert wurde. Abs. 1 ist dagegen nicht anwendbar in den Fällen des Art. 10 Abs. 2; auch hier zudem nicht in den Fällen der Verlagerung nach Art. 5 ff. (→ Art. 10 Rn. 18). Des Weiteren kommt die Vorschrift des Abs. 1 nicht zum Zuge, soweit bei der abweichenden Zuständigkeit der Gerichte im Mitgliedstaat des vom Erblasser gewählten Rechts das Verfahren sachlich Vermögensgegenstände im Drittstaat nicht erfasst (→ Art. 5 Rn. 15; → Art. 6 Rn. 9; → Art. 7 Rn. 15; → Art. 8 Rn. 9).

4   Dagegen muss nach dem Wortlaut des Art. 12 Abs. 1 das Gericht nicht prüfen, ob die Gerichte im betreffenden Drittstaat überhaupt **nach ihrem eigenen Recht** international zuständig sind. Dies

---

[1] In diese Richtung aber Bonomi/Wautelet/*Bonomi* Rn. 3; Dutta/Weber/*Lein* Rn. 1 ff.; dagegen ebenso kritisch im Hinblick auf den Norzweck *Wall* in Geimer/Schütze IRV-HdB Rn. 3.

[2] Bonomi/Wautelet/*Bonomi* Rn. 4, 10; *Giray* Anali Pravnog Fakulteta Univerziteta u Zenici 18 (2016), 235.

wird indes (ungeschriebene) Voraussetzung einer Verfahrensbeschränkung sein oder jedenfalls auf der Ermessensebene (→ Rn. 9 f.) zu berücksichtigen sein, vor allem wenn sich ansonsten eine Notzuständigkeit für das betreffende im Drittstaat befindliche Vermögen nach Art. 11 ergeben würde.

3. Entscheidung in Bezug auf Nachlassvermögen in Drittstaaten. Erforderlich ist ferner, **5** dass **Nachlassvermögen** (unschöne Übersetzung: „Umfasst der *Nachlass des Erblassers* Vermögenswerte", Hervorhebung durch Verf.) in einem Drittstaat befindlich ist. Auch hier ist eine autonome Lokalisierung der betreffenden Nachlassgegenstände geboten,[3] dazu näher → Art. 10 Rn. 6 ff. Drittstaat ist jeder Staat, der für Zwecke der Verordnung nicht Mitgliedstaat ist, dh auch Dänemark, Irland und das Vereinigte Königreich (→ Vor Art. 1 Rn. 29).

Zudem muss sich die in dem zu beschränkenden Verfahren zu erwartende Entscheidung auf dieses **6** Nachlassvermögen **beziehen,** weil sie Rechte an diesem Teil des Nachlasses betreffen wird. Es reicht aus, wenn die angestrebte Entscheidung lediglich den **Wert** des im Drittstaat befindlichen Vermögens berücksichtigen soll.[4] Die Abgrenzung, wann eine Entscheidung den Gegenstand an sich oder nur seinen Wert erfasst, kann im Einzelfall mehr als schwierig sein. Allerdings wird in einem solchen rein wertbezogenen Verfahren, soweit es um eine Entscheidung mit Wirkung lediglich in personam geht (etwa einem Verfahren über eine Pflichtteilsklage nach deutschem Recht), oftmals eine negative Anerkennungs- und Vollstreckungsprognose ausscheiden (→ Rn. 8).

4. Negative Anerkennungs- bzw. Vollstreckungsprognose. Das Gericht darf sein Verfahren **7** nur beschränken, wenn eine negative Anerkennungs- bzw. Vollstreckungsprognose vorliegt, wenn also damit zu rechnen ist, dass die zu erwartende Entscheidung im Verfahren im Hinblick auf die im Drittstaat befindlichen Nachlassgegenstände nach dem dortigen internationalen Verfahrensrecht nicht anerkannt und, soweit es sich um eine vollstreckbare Entscheidung handelt, nicht vollstreckt werden wird. Mutmaßungen des Gerichts reichen hier nicht aus, sondern es ist eine Überzeugung erforderlich, dass eine Entscheidung **höchstwahrscheinlich nicht anerkannt und vollstreckt wird.**[5] Dies ist etwa der Fall, wenn der Drittstaat ausländische Entscheidungen oder Entscheidungen aus dem Forumsmitgliedstaat überhaupt nicht anerkennt und vollstreckt oder für die betreffenden Nachlassgegenstände eine ausschließliche Anerkennungszuständigkeit der Gerichte eines anderen Staates vorsieht.

Aus dem Erfordernis einer negativen Anerkennungs- bzw. Vollstreckungsprognose folgt freilich, **8** dass eine Verfahrensbeschränkung nach Art. 12 Abs. 1 nur in Betracht kommt, wenn die angestrebte Entscheidung überhaupt **im Drittstaat anerkannt und vollstreckt werden muss.** Das ist etwa nicht der Fall, wenn sich die Entscheidung zwar auf den Nachlass bezieht (→ Rn. 6), aber allein in personam gegen eine Verfahrenspartei gerichtet ist, die Vermögen in der EU besitzt. Beispielsweise wird man bei einer Pflichtteilsklage nach deutschem Recht gegen einen Erben mit Vermögen in der EU auch dann keine Beschränkung nach Abs. 1 zulassen, wenn der bei der Berechnung des Pflichtteils zu berücksichtigende Umfang des Nachlasses auch Vermögen in einem Drittstaat umfasst.[6] Anders ist die Rechtslage dagegen zu beurteilen, wenn der Pflichtteil gegenstandsbezogen als echtes Noterbrecht ausgestaltet ist und etwa im Gewand einer Herabsetzungsklage geltend gemacht werden muss. Hier wirkt die Gestaltungsentscheidung in rem unmittelbar auf den einzelnen Nachlassgegenstand und muss am Belegenheitsort notfalls durchgesetzt werden. Auch Auskunftsklagen gegen eine Verfahrenspartei mit Vermögen in der EU wird man im Hinblick auf den drittstaatlichen Nachlass nicht von Art. 12 Abs. 1 erfasst ansehen.

III. Rechtsfolgen des Abs. 1: Beschränkungsermessen des Gerichts

Liegen die Voraussetzungen des Abs. 1 vor, so kann das Gericht das Verfahren **teilweise oder 9 gänzlich** auf in der EU befindliches Vermögen **beschränken;** bei einer teilweisen Beschränkung

---

[3] Anders Bonomi/Wautelet/*Bonomi* Rn. 7: Recht des Drittstaats ist für die Lokalisierung maßgeblich; so auch Calvo Caravaca/Davi/Mansel/*Marongiu Buonaiuti* Rn. 5. Hiergegen spricht, dass dieses Recht erst einmal bestimmt werden müsste, was wiederum nur autonom erfolgen könnte.
[4] Anders Bonomi/Wautelet/*Bonomi* Rn. 15; Dutta/Weber/*Lein* Rn. 12, wonach trotz einer Verfahrensbeschränkung nach Art. 12 Abs. 1 der Wert der im Drittstaat belegenen Vermögenswerte berücksichtigt werden kann; vgl. auch NK-BGB/*Makowsky* Rn. 8.
[5] Deixler-Hübner/Schauer/*Gitschthaler* Rn. 10; *Kränzle,* Heimat als Rechtsbegriff?, 2014, 201; NK-BGB/ *Makowsky* Rn. 5 („strenger Maßstab"); vgl. auch Dutta/Weber/*Lein* Rn. 9 (wonach das Gericht auch „vorschnell" zu einer negativen Prognose kommen kann); BeckOGK/*Schmidt* Rn. 10 (wonach die Nichtanerkennung „ganz überwiegend wahrscheinlich" sein muss).
[6] Ähnlich im Ergebnis auch die Überlegung bei Bonomi/Wautelet/*Bonomi* Rn. 15; Dutta/Weber/*Lein* Rn. 12, wonach trotz einer Verfahrensbeschränkung nach Art. 12 Abs. 1 der Wert der im Drittstaat belegenen Vermögenswerte berücksichtigt werden kann. Zu dieser Ansicht → Rn. 6.

erfasst das Verfahren auch das übrige drittstaatliche Vermögen.[7] Für die Folgen der Beschränkung auf das in der EU befindliche Vermögen für die zu erlassende Entscheidung gilt das zu Art. 10 Abs. 2 Gesagte (→ Art. 10 Rn. 16 ff.) entsprechend.

10 Die Verordnung lässt offen, welche weiteren Faktoren – neben den genannten Voraussetzungen – das Gericht bei seiner **Ermessensentscheidung** zu berücksichtigen hat; s. zur Zuständigkeit des Drittstaats nach seinem Recht bereits → Rn. 4. Angesichts der teleologischen Unklarheiten (→ Rn. 1) sollte sich das Gericht allgemein in **Zurückhaltung** üben.[8] Wird die mitgliedstaatliche Entscheidung im Drittstaat nicht anerkannt oder vollstreckt, so ist das ein Faktum, das nicht zwangsläufig eine förmliche Beschränkung der Zuständigkeit erfordert. Es sollte den Parteien überlassen werden, ob sie von der mitgliedstaatlichen Entscheidung im Drittstaat Gebrauch machen. Im Übrigen wird bereits das Erfordernis einer negativen Anerkennungs- bzw. Vollstreckungsprognose (→ Rn. 7 f.) die Gerichte von einer ausufernden Anwendung des Abs. 1 abhalten. Denkbar wäre es, eine Verfahrensbeschränkung zuzulassen, soweit durch die Beschränkung auf den in der Europäischen Union befindlichen Nachlass das **inländische Verfahren entlastet wird,** etwa weil es zB im Rahmen eines nach Art. 34 Abs. 1 beachtlichen Renvoi im Hinblick auf das drittstaatliche Vermögen zu einer Nachlassspaltung kommen würde (→ Art. 34 Rn. 9; zu weiteren Fallgruppen einer Nachlassspaltung → Vor Art. 20 Rn. 7) und eine Verfahrensbeschränkung nach Abs. 1 es dem inländischen Gericht ermöglichen würde, sich nicht mit dem Spaltnachlass und den schwierigen Anpassungsfragen bei der Nachlassspaltung (→ Vor Art. 20 Rn. 9 ff.) befassen zu müssen.[9] Das Gericht könnte aber auch bei der Ermessensausübung darauf abstellen, ob **in dem betreffenden Drittstaat bereits ein Parallelverfahren anhängig** ist, welches das drittstaatliche Vermögen erfasst;[10] insoweit wäre ein Rückgriff auf die mitgliedstaatlichen Litispendenzregeln verschlossen (→ Rn. 12, Art. 17 Rn. 1).

IV. Beschränkung des Verfahrensgegenstands nach mitgliedstaatlichem Recht (Abs. 2)

11 Abs. 2 stellt klar, dass das mitgliedstaatliche Verfahrensrecht im Hinblick auf die Beschränkung des Verfahrensgegenstands nicht von Abs. 1 berührt wird. So steht es etwa in einem streitigen Erbverfahren den Parteien als Herren über den Streitgegenstand frei, den Prozess auf bestimmte Teile des Nachlasses zu beschränken. Auch in Nachlassverfahren der freiwilligen Gerichtsbarkeit kann die lex fori eine Beschränkung zulassen. Ein Beispiel im deutschen Recht ist § 352c FamFG,[11] der einen gegenständlich beschränkten Erbschein gestattet und als verfahrensrechtliche Regelung unabhängig vom jeweiligen Erbstatut zur Anwendung kommt (allgemein → Art. 23 Rn. 40; zur Anwendbarkeit der Art. 4 ff. auf mitgliedstaatliche Erbnachweisverfahren → Vor Art. 4 Rn. 5, 8).

12 Nicht allerdings anwendbar sind die **mitgliedstaatlichen Litispendenzregeln** (bei uns etwa § 261 Abs. 3 Nr. 1 ZPO), soweit diese aufgrund der drittstaatlichen Rechtshängigkeit ohne Willen der Verfahrensparteien lediglich eine Zuständigkeit für das in Drittstaaten befindliche Vermögen ausschließen. Andernfalls würden die besonderen Voraussetzungen des Art. 12 Abs. 1 umgangen. Zwar sperrt die Verordnung grundsätzlich nicht den Rückgriff auf die mitgliedstaatlichen Litispendenzregeln bei drittstaatlicher Rechtshängigkeit → Art. 17 Rn. 1. Auch handelt es sich bei Art. 12 Abs. 1 strenggenommen nicht um eine Litispendenzregel, da sie keine drittstaatliche Rechtshängigkeit voraussetzt. Allerdings übernimmt sie Funktionen einer Litispendenzregel im Verhältnis zu Drittstaaten,[12] vor allem soweit eine drittstaatliche Rechtshängigkeit bei der Ermessensentscheidung des Gerichts zu berücksichtigen ist (→ Rn. 10), und darf daher durch das mitgliedstaatliche Verfahrensrecht nicht eingeschränkt werden; Art. 12 Abs. 2 gestattet nur eine einverständliche Beschränkung des Verfahrens nach mitgliedstaatlichem Verfahrensrecht. Dieser Vorbehalt für einen Rückgriff auf die mitgliedstaatlichen Litispendenzregeln greift freilich nicht bei jeder drittstaatlichen Rechtshängigkeit. Soweit das im Drittstaat eingeleitete Verfahren nicht auf drittstaatliches Vermögen beschränkt ist, sondern vor allem auch das der Europäischen Union befindlichen Vermögen erfasst, würde eine Rechtshängigkeitssperre nach mitgliedstaatlichem Recht (→ Art. 17 Rn. 1) nicht im Konflikt mit Art. 12 Abs. 1 stehen.

---

[7] Vgl. Deixler-Hübner/Schauer/*Gitschthaler* Rn. 10 mit Fn. 24.

[8] *Dutta* FamRZ 2013, 4 (7); zust. Bonomi/Wautelet/*Bonomi* Rn. 9: „application prudente"; Deixler-Hübner/Schauer/*Gitschthaler* Rn. 8; *Wall* in Geimer/Schütze IRV-HdB Rn. 9.

[9] So der Vorschlag von *Wall* in Geimer/Schütze IRV-HdB Rn. 10; in diese Richtung auch *Hess* in Dutta/Herrler EuErbVO 131, 134.

[10] So etwa Bonomi/Wautelet/*Bonomi* Rn. 11; Dutta/Weber/*Lein* Rn. 10.

[11] *Grau* in Zimmermann ErbR Nebengesetze Art. 25, 26 EGBGB Anh.: EuErbVO Rn. 22.

[12] Vgl. auch *Bonomi*/Öztürk ZVglRWiss. 114 (2015), 4 (11).

Art. 13 EuErbVO Annahme oder Ausschlagung der Erbschaft, eines Vermächtnisses oder eines Pflichtteils

Außer dem gemäß dieser Verordnung für die Rechtsnachfolge von Todes wegen zuständigen Gericht sind die Gerichte des Mitgliedstaats, in dem eine Person ihren gewöhnlichen Aufenthalt hat, die nach dem auf die Rechtsnachfolge von Todes wegen anzuwendenden Recht vor einem Gericht eine Erklärung über die Annahme oder Ausschlagung der Erbschaft, eines Vermächtnisses oder eines Pflichtteils oder eine Erklärung zur Begrenzung der Haftung der betreffenden Person für die Nachlassverbindlichkeiten abgeben kann, für die Entgegennahme solcher Erklärungen zuständig, wenn diese Erklärungen nach dem Recht dieses Mitgliedstaats vor einem Gericht abgegeben werden können.

I. Normzweck und Überblick

Die Vorschrift soll Personen die Abgabe bestimmter erbrechtlicher Erklärungen in grenzüber- **1** schreitenden Erbfällen erleichtern.[1] Der Erklärende soll nicht gezwungen werden, eine solche Erklärung nach dem Erbstatut vor den nach Art. 4–11 zuständigen Gerichten abzugeben, sondern diese auch gegenüber den ihm näheren Gerichten an seinem gewöhnlichen Aufenthalt abgeben können. Art. 13 ist am Grenzbereich zwischen Zuständigkeitsrecht und Verfahrensrecht angesiedelt und enthält zwei Regelungen: zum einen (ausdrücklich) eine gegenüber den Art. 4–11 **konkurrierende Sonderzuständigkeit** der Gerichte am gewöhnlichen Aufenthalt des Erklärenden für die Entgegennahme der genannten Erklärungen nach dem Erbstatut und zum anderen (konkludent) die **Anordnung einer Substitutionswirkung,** wonach eine Erklärung gegenüber diesem Gericht eine Erklärung gegenüber dem nach dem Erbstatut vorgesehenen Gericht ersetzt. Die Vorschrift wird durch eine Sonderregel zur Form der entgegenzunehmenden Erklärung in Art. 28 ergänzt. Zur Abgrenzung von Verfahrensrecht und materiellem Erbrecht im Hinblick auf die Form und Sprache der Erklärung → Art. 28 Rn. 4 f. – Die amtliche Überschrift der Vorschrift ist freilich unvollständig, da sie nicht nur Annahme- oder Ausschlagungserklärungen, sondern auch haftungsbegrenzende Erklärungen erfasst (→ Rn. 5).

II. Voraussetzungen

1. Mitgliedstaatliche Zuständigkeit für die Erbsache nach den Art. 4–11. Erforderlich ist **2** zunächst, wie auch der Wortlaut der Vorschrift andeutet („Außer dem gemäß dieser Verordnung für die Rechtsnachfolge von Todes wegen zuständigen Gericht [...]"), dass für die Erbsache, in der die betreffende Erklärung abzugeben ist, die Gerichte eines Mitgliedstaats nach den Art. 4–11 zuständig sind.[2] Denn wenn keine Gerichte in der EU zuständig sind, ist eine konkurrierende Sonderzuständigkeit nach Unionsrecht meist sinnlos, deren Wirkungen (→ Rn. 10) von drittstaatlichen Gerichten nicht zwangsläufig anerkannt würden.[3] Nicht erforderlich ist jedoch, dass diese mitgliedstaatlichen

---

[1] S. bereits die Forderung von *Haas* in Gottwald, Perspektiven der justiziellen Zusammenarbeit in Zivilsachen in der Europäischen Union, 2004, 43, 63 f.

[2] Zust. Bonomi/Wautelet/*Bonomi* Rn. 10; im Erg. ebenso *Nordmeier* IPRax 2016, 439 (445 f.). Wie hier auch *Leipold* ZEV 2015, 553 (556), der allerdings die Art. 4 ff. nicht umfassend auf die Entgegennahme erbrechtlicher Erklärungen anwenden möchte (zur teleologischen Reduktion der Art. 5 ff. bei nichtstreitigen Erbverfahren näher → Art. 5 Rn. 13).

[3] Anders offenbar Rauscher/*Hertel* Rn. 2; vgl. auch *Nordmeier* IPRax 2016, 439 (445), der mit der Wertung des Art. 12 argumentiert, wonach das Risiko einer Nichtanerkennung in Drittstaaten von den Parteien zu tragen sei.

Gerichte ihre Zuständigkeit nach den Art. 4–11 bereits ausgeübt haben. Auch reicht es aus, dass ein anderer Mitgliedstaat nach Art. 10 Abs. 2 allein für den in diesem Mitgliedstaat belegenenen Nachlass international zuständig ist;[4] auch in diesem Fall kann Art. 13 die Abwicklung des Erbfalls für den Erklärenden erleichtern.

3   **2. Erbrechtliche Erklärungen nach Art. 13 EuErbVO.** Die Vorschrift ist nur auf bestimmte erbrechtliche Erklärungen anwendbar. Um nicht bereits die Zuständigkeitsprüfung mit aufwändigen sachrechtlichen Prüfungen zu überfrachten, reicht – auch wenn der Wortlaut der Vorschrift hierzu schweigt – für die materiellrechtlichen Voraussetzungen der Erklärung ein schlüssiger Sachvortrag des Erklärenden aus,[5] anders als bei den Art. 5 ff. im Hinblick auf die wirksame Rechtswahlerklärung (→ Art. 5 Rn. 4). Allgemeinen Grundsätzen folgend (→ Vor Art. 4 Rn. 10 ff.) besteht der Gerichtsstand nach Art. 13 auch bereits zu Lebzeiten des Erblassers,[6] wenn die betreffende Erklärung bereits prämortal abgegeben werden kann, was nach dem Erbstatut zu beurteilen ist.

4   **a) Nach der lex fori und nach dem Erbstatut gerichtsempfangsfähige Erklärung.** Zunächst muss es sich um eine Erklärung handeln, die vor einem Gericht (Definition in Art. 3 Abs. 2) abgegeben werden **kann,** und zwar sowohl nach dem **Erbstatut** („[…] nach dem auf die Rechtsnachfolge von Todes wegen anzuwendenden Recht vor einem Gericht eine Erklärung […] abgeben kann") als auch nach der **lex fori** („wenn diese Erklärungen nach dem Recht dieses Mitgliedstaats vor einem Gericht abgegeben werden können").[7] Aus dem Erfordernis lediglich einer Gerichtsempfangsfähigkeit folgt mithin, dass ein nach Art. 13 zuständiges Gericht nicht seine Zuständigkeit ablehnen kann, wenn nach dem anwendbaren Recht eine Mitwirkung des Gerichts nicht erforderlich, aber möglich ist.[8] Die Vorschrift ist aber nicht nur auf nach dem Erbstatut und der lex fori gerichtsempfangs**fähige** Erklärungen anwendbar, sondern erst Recht auch auf gerichtsempfangs-**bedürftige** Erklärungen, die gegenüber einem Gericht abgegeben werden müssen.[9] Die Sinnhaftigkeit dieser Doppelprüfung der Gerichtsempfangsfähigkeit nach der lex fori und dem Erbstatut steht freilich auf einem anderen Blatt,[10] denn für die Abgabe einer erbrechtlichen Erklärung vor den nach Art. 4–11 zuständigen Gerichten enthält die Verordnung den lex-fori-Vorbehalt nicht. Ohnehin wird der lex-fori-Vorbehalt angesichts der dienenden Funktion des Nachlassverfahrensrechts (→ Rn. 7) und des Ausschlusses einer Ablehnung wesensfremder Tätigkeiten (→ Rn. 11) eine geringe Rolle spielen. Für Art. 13 ist es erforderlich, dass die Erklärung dem Gericht als Empfänger gegenüber abgegeben werden kann. Die Vorschrift erfasst keine Erklärungen, an denen das Gericht mitwirkt, etwa um lediglich die Formgültigkeit der Erklärung zu wahren.[11] Dann wird es meist ohnehin an einer gerichtlichen Tätigkeit fehlen (→ Art. 3 Rn. 20).

5   **b) Inhalt der Erklärung.** Auch sachlich erfasst Art. 13 nur bestimmte erbrechtliche Erklärungen, die zum einen die **erbrechtliche Berechtigung des Erklärenden** („Erklärung über die Annahme oder Ausschlagung der Erbschaft, eines Vermächtnisses oder eines Pflichtteils", **Fall 1**) oder zum anderen die **Haftung des Erklärenden für Nachlassverbindlichkeiten** („Erklärung zur Begrenzung der Haftung der betreffenden Person für die Nachlassverbindlichkeiten", **Fall 2**) betreffen. Hierbei muss es sich nicht um Erklärungen eines Erben handeln, sondern auch andere erbrechtlich Berechtigte kommen mit ihren entsprechenden Erklärungen in den Genuss des Art. 13, etwa Erklärungen eines Vermächtnisnehmers, Nachlassverwalters oder Testamentsvollstreckers.[12]

6   Bei **deutschem Erbstatut** (→ Rn. 4) umfasst Art. 13 damit jedenfalls Erklärungen, deren Entgegennahme eine Nachlasssache nach § 342 Abs. 1 Nr. 5 FamFG begründet, weil sie „nach gesetzlicher Vorschrift dem Nachlassgericht gegenüber abzugeben sind", also nach **Fall 1** die Ausschlagung der Erbschaft (§ 1945 BGB), wohl auch die Anfechtung der Annahme oder Ausschlagung der Erbschaft (§ 1955 BGB) als Annexerklärung zur Annahme oder Ausschlagung, nach **Fall 2** die Übergabe eines Nachlassinventars (§ 1993 BGB, vgl. auch § 2004 BGB) sowie die Abgabe einer eidesstattlichen

⁴ *Nordmeier* IPRax 2016, 439 (445).
⁵ Vgl. auch bereits zum Kommissionsvorschlag *Geimer* in Reichelt/Rechberger, Europäisches Erbrecht – Zum Verordnungsvorschlag der Europäischen Kommission zum Erb- und Testamentsrecht, 2011, 1, 11.
⁶ Dutta/Weber/*Lein* Rn. 9; anders Bonomi/Wautelet/*Bonomi* Rn. 3.
⁷ S. aber auch den engeren Erwägungsgrund Nr. 32 S. 1: „in der Form abzugeben, die nach dem Recht dieses Mitgliedstaats vorgesehen ist".
⁸ Anders offenbar *Odersky* notar 2015, 183 (188); *J. P. Schmidt* ZEV 2014, 455 (460).
⁹ Deixler-Hübner/Schauer/*Gitschthaler* Rn. 7; Dutta/Weber/*Lein* Rn. 4; *Lutz* BWNotZ 2016, 34 (39) mit Fn. 32; vgl. auch *D. Lübcke,* Das neue europäische internationale Nachlassverfahrensrecht, 2013, 422 in Fn. ★; *Müller-Lukoschek,* Die neue EU-Erbrechtsverordnung, 2. Aufl. 2015, 140.
¹⁰ Krit. auch *D. Lübcke,* Das neue europäische internationale Nachlassverfahrensrecht, 2013, 422 in Fn. ★.
¹¹ Zust. Deixler-Hübner/Schauer/*Gitschthaler* Rn. 7.
¹² Zöller/*Geimer* Anh. II J: EuErbVO Art. 13 Rn. 1.

Versicherung des Erben (§ 2006 Abs. 1 BGB).[13] Darüber hinaus ist aber auch gerichtsempfangsfähig die Annahme der Erbschaft (§ 1943 BGB) als nicht empfangsbedürftige Willenserklärung, die aber auch dem Nachlassgericht gegenüber abgegeben werden kann.[14] **Nicht erfasst** sind dagegen andere gerichtsempfangsbedürftige erbrechtliche Willenserklärungen,[15] etwa die Anfechtung eines Testaments (§ 2081 BGB), Erbvertrags oder gemeinschaftlichen Testaments (§ 2281 BGB direkt bzw. analog), die Annahme, Ablehnung oder Kündigung eines Testamentsvollstreckeramts (§ 2202 Abs. 2, § 2226 S. 2 BGB), die Anzeige des Eintritts der Nacherbfolge (§ 2146 Abs. 1 BGB) sowie die Anzeige des Erbschaftsverkaufs oder eines ähnlichen Geschäfts (§ 2384 Abs. 1, § 2385 BGB). Zu verfahrenseinleitenden Erklärungen → Rn. 9.

Bei **deutscher lex fori** (→ Rn. 4), dh wenn ein deutsches Gericht vom Erklärenden nach Art. 13 **7** angerufen wird und ein ausländisches Erbstatut gilt, ist dagegen **jede erbrechtliche Erklärung** zur Erbberechtigung des Erklärenden oder seiner Haftung für Nachlassverbindlichkeiten nach dem jeweiligen Erbstatut als gerichtsempfangsfähig anzusehen,[16] auch wenn die Entgegennahme dieser Erklärung keine Nachlasssache nach § 342 Abs. 1 Nr. 5 FamFG begründet, also etwa auch die Ausschlagung oder Annahme eines Pflichtteils, soweit das jeweilige ausländische Erbstatut eine solche Erklärung gegenüber dem Gericht vorsieht. Das deutsche Nachlassverfahrensrecht hat rein dienende Funktion und darf deshalb den Gerichten die Entgegennahme von Erklärungen nicht verbieten, welche nach dem Erbstatut gerichtsempfangsfähig sind, selbst wenn dies nach deutschem Erbrecht bzw. Erbverfahrensrecht nicht vorgesehen ist.[17] Von der fehlenden Gerichtsempfangs*bedürftigkeit* nach der lex fori kann nicht ohne Weiteres auf eine fehlende Gerichtsempfangs*fähigkeit* geschlossen werden. Eine andere Sichtweise würde praktisch zu einer Ablehnung wesensfremder Tätigkeiten kommen, die indes im Anwendungsbereich der Erbrechtsverordnung ausgeschlossen ist → Vor Art. 4 Rn. 27 f.; s. auch noch → Rn. 11.

III. Rechtsfolgen

1. Konkurrierende Sonderzuständigkeit der Gerichte am gewöhnlichen Aufenthalt des 8 Erklärenden für die Entgegennahme der Erklärung. Ausdrücklich schafft Art. 13 zunächst nur eine konkurrierende Sonderzuständigkeit der Gerichte am gewöhnlichen Aufenthalt des Erklärenden für die Entgegennahme der Erklärung. Für die Bestimmung des gewöhnlichen Aufenthalts des Erklärenden gelten die gleichen Kriterien wie für den Erblasser (näher → Art. 4 Rn. 2 ff.). Der Erklärende kann seine Erklärung auch gegenüber dem nach Art. 4–11 zuständigen Gericht abgeben, da es sich nach dem Wortlaut des Art. 13 um eine konkurrierende Zuständigkeit handelt (s. auch Erwägungsgrund Nr. 32 S. 2). Art. 13 verdrängt **nationale Vorschriften,** die eine Erklärung vor einem bestimmten Gericht erfordern, das sich nicht im nach Art. 13 (auch) zuständigen Mitgliedstaat befindet, und zwar selbst wenn eine solche Vorschrift, wie etwa in Art. 788 S. 1 frz. Code civil, systematisch im materiellen Recht verortet ist;[18] hierbei handelt es sich um nationale Zuständigkeitsvorschriften, welche – auch wenn sie nur die örtliche Zuständigkeit betreffen – die Effektivität der europäischen Zuständigkeitsordnung nicht gefährden dürfen (→ Vor Art. 4 Rn. 27).

Die Begrenzung der Zuständigkeit nach Art. 13 auf die bloße Entgegennahme von Erklärungen **9** schließt vor allem **Anträge als verfahrenseinleitende Erklärungen** aus, welche die Erbberechtigung des Erklärenden **(Fall 1)** oder die Haftung des Erklärenden für Nachlassverbindlichkeiten **(Fall 2)** betreffen, aber eine gerichtliche Entscheidung erfordern,[19] nach deutschem Erbstatut etwa hinsichtlich **Fall 2** Anträge auf ein Aufgebot der Nachlassgläubiger nach § 1970 BGB oder auf Einleitung eines Nachlassinsolvenzverfahrens (s. aber auch Art. 76) oder auf eine Nachlassverwaltung nach §§ 1980, 1981 BGB.[20] Zwar sind auch solche Anträge als prozessuale Erklärungen anzusehen, aber die Tätigkeit des Gerichts erschöpft sich nicht in der bloßen Entgegennahme der Erklärung, sondern in einer Entscheidung über den Antrag. Solche Anträge können nur vor den nach Art. 4–

---

[13] Anders NK-BGB/*Makowsky* Rn. 6; BeckOGK/*Schmidt* Rn. 9, 15.
[14] S. nur *Keidel*/*Zimmermann* FamFG § 342 Rn. 8.
[15] *Dutta* FamRZ 2013, 4 (7). Großzügiger *Hess* in Dutta/Herrler EuErbVO 131, 136.
[16] Anders *Lutz* BWNotZ 2016, 34 (39).
[17] Anders BeckOGK/*Schmidt* Rn. 28 f.
[18] So auch *J. P. Schmidt* ZEV 2014, 455 (459 f.); vgl. auch Bonomi/Wautelet/*Bonomi* Rn. 13.
[19] *Dutta* FamRZ 2013, 4 (7 f.); zust. Bonomi/Wautelet/*Bonomi* Rn. 5; vgl. auch Dutta/Weber/*Schmidt* Art. 28 Rn. 9; so auch bereits zum Kommissionsvorschlag Rauscher/*Rauscher*, 3. Aufl. 2010, Einf. EG-ErbVO-E Rn. 25.
[20] Zust. *Strauß,* Der notleidende Nachlass bei Auslandsberührung, 2015, 179 in Fn. 985; so wohl auch *Herzog* ErbR 2013, 2 (4), wonach aber sogar „das deutsche System der Haftungsbegrenzung in Nachlasssachen" insgesamt nicht unter die Vorschrift fällt, was aber jedenfalls nicht für die in → Rn. 6 genannten Erklärungen gilt.

11 zuständigen Gerichten abgegeben werden, vgl. auch Erwägungsgrund Nr. 33,[21] zur Anwendbarkeit der Art. 4 ff. auf Aufgebotsverfahren → Vor Art. 4 Rn. 25.

10   **2. Substitutionswirkung.** Konkludent ordnet Art. 13 auch eine Substitution (allgemein → Einl. IPR Rn. 227 ff.) an. Zwar unterliegen die Voraussetzungen und Rechtsfolgen der Erklärung dem nach Art. 21, 22 zu bestimmenden allgemeinen Erbstatut (Art. 23 Abs. 2 lit. e und g), wozu auch die Frage gehört, wem gegenüber die Erklärung abzugeben ist (→ Art. 28 Rn. 5); zum auf die Form der Erklärung anwendbaren Recht s. Art. 28. Allerdings folgt aus Art. 13 innerhalb der EU eine **Substitution der die Erklärung empfangende Stelle.** Die Vorschrift geht davon aus, dass eine gegenüber einem ausländischen Gericht abgegebene Erklärung eine nach dem Erbstatut vor einem inländischen (Nachlass-)Gericht abzugebende oder abgabefähige Erklärung als gleichwertig ersetzt.[22] Die Substitutionswirkung des Art. 13 führt etwa dazu, dass eine vom allgemeinen Erbstatut beherrschte Erklärungsfrist auch gewahrt wird, wenn die Erklärung gegenüber dem nach Art. 13 zuständigen Gericht abgegeben wird.[23] Ohne diese auf die empfangende Stelle beschränkte Substitutionswirkung wäre Art. 13 weitgehend wirkungslos. Die Erklärenden wären womöglich gezwungen, ihre Erklärung trotz Art. 13 vor den Stellen des Staates abzugeben, dessen Recht Erbstatut ist (s. aber zu den Informationspflichten des Erklärenden → Rn. 13). Bei in Drittstaaten abgegebenen Erklärungen entscheidet dagegen das Erbstatut, ob es zu einer Substitution der die Erklärung empfangenden Stelle kommt.

11   **3. Keine Ablehnung der Entgegennahme durch das Gericht als wesensfremde Tätigkeit.** Das nach Art. 13 zuständige Gericht darf die Entgegennahme der Erklärung nicht als nach seinem Verfahrensrecht wesensfremde Tätigkeit ablehnen.[24] Auch hier (allgemein → Vor Art. 4 Rn. 27 f.) gilt, dass ein solcher Rückgriff auf mitgliedstaatliches Verfahrensrecht mit dem Effektivitätsgrundsatz (→ Art. 5 Rn. 4) nicht zu vereinbaren wäre, da der Zuständigkeitsregel des Art. 13 ihre praktische Wirksamkeit genommen und die einheitliche Anwendung des Art. 13 gefährdet würde.

12   **4. Information des eigentlich für die Erbsache zuständigen Gerichts.** Allerdings sieht die Verordnung leider keine Regelung dazu vor, wie die nach den Art. 4–11 eigentlich zuständigen Gerichte von der Erklärung erfahren;[25] die Idee einer **Weiterleitungspflicht des nach Art. 13 zuständigen Gerichts**[26] wurde nicht aufgegriffen und hätte angesichts der Komplexität der Art. 4–11 die nach Art. 13 zur Entgegennahme der Erklärung zuständigen Gerichte wohl überfordert (s. auch § 344 Abs. 7 S. 2 FamFG). Bedenkenswert ist allerdings der Vorschlag von *Edwin Gitschthaler*, die Rechtsprechung des EuGH im Fall *A* zu den ungeschriebenden Kooperationspflichten des Maßnahmegerichts bei einer einstweiligen Maßnahme nach Art. 20 Brüssel IIa-VO[27] auf die Fälle des Art. 13 EuErbVO zu übertragen.[28] Hier wie dort wird ein Gericht außerhalb des Hauptsachegerichtsstands tätig und sollte das in der Hauptsache zuständige Gericht informieren. Gegen eine Übertragung spricht allenfalls, dass im Bereich der Brüssel IIa-VO die direkte Kooperation zwischen den Gerichten allgemein einen wichtigen Raum einnimmt (vgl. Art. 11 Abs. 4 Brüssel IIa-VO, Art. 15 Abs. 6 Brüssel IIa-VO),[29] die Zuständigkeitsregelungen in Kindschaftssachen weniger komplex sind als in Erbsachen und in den Mitgliedstaaten (Zentrale Behörden, etc) die notwendige Infrastruktur für eine grenzüberschreitende Kooperation besteht. In Deutschland ergibt sich auch

---

[21] S. auch Ratsdokument Nr. 18320/11 ADD 1 S. 15 Fn. 1.

[22] *Dutta* FamRZ 2013, 4 (8); zust. Deixler-Hübner/Schauer/*Gitschthaler* Rn. 11; *K. W. Lange/Holtwiesche* ZErb 2016, 29 (31); *Leipold* ZEV 2015, 553 (555); *Rudolf* ÖNotZ 2013, 225 (230) in Fn. 65; *J. P. Schmidt* ZEV 2014, 455 (459 f.); vgl. auch Bonomi/Wautelet/*Bonomi* Rn. 13 („également valable dans les autres États membres"). S. auch bereits *Max Planck Institute* RabelsZ 74 (2010), 522 (592, 594); Rauscher/*Rauscher*, 3. Aufl. 2010, Einf. EG-ErbVO-E Rn. 24.

[23] Zust. Dutta/Weber/*Lein* Rn. 8; *Leipold* ZEV 2015, 553 (555 f.); ein Vorschlag der deutschen Delegation im Ratsdokument Nr. 13730/11 S. 5 und 10, die Substitutionswirkung insoweit dem jeweiligen Erbstatut zu überlassen, hat keine Mehrheit gefunden.

[24] Zust. Deixler-Hübner/Schauer/*Gitschthaler* Rn. 12; anders zum Kommissionsvorschlag *Rauscher/Rauscher*, 3. Aufl. 2010, EuZPR/EuIPR Einf. EG-ErbVO-E Rn. 24; s. auch *Seyfarth*, Wandel der internationalen Zuständigkeit im Erbrecht, 2012, S. 158.

[25] Ratsdokument Nr. 5811/10 ADD 15 S. 6.

[26] *Max Planck Institute* RabelsZ 74 (2010), 522 (592, 593); s. auch Ratsdokument Nr. 5811/10 S. 6; Deixler-Hübner/Schauer/*Gitschthaler* Rn. 14; *Leipold*, FS Ereciński I, 2011, 1155 (1177); *D. Lübcke*, Das neue europäische internationale Nachlassverfahrensrecht, 2013, 422.

[27] In EuGH Slg. 2009, I-2805 Rn. 57 ff. = BeckRS 2009, 70389 – A verpflichtet der Gerichtshof das Maßnahmegericht, die in der Hauptsache zuständigen Gerichte über einstweilige Maßnahmen zu informieren.

[28] Deixler-Hübner/Schauer/*Gitschthaler* Rn. 14.

[29] Näher etwa *Dutta/Schulz* ZEuP 2012, 526 (556).

aus § 344 Abs. 7 FamFG keine Weiterleitungspflicht des die Erklärung entgegennehmenden Nachlassgerichts.[30]

Vielmehr geht der europäische Gesetzgeber davon aus, dass der **Erklärende** die allgemein für **13** die Erbsache zuständigen Gerichte von sich aus, ggf. innerhalb einer vom Erbstatut vorgesehenen Erklärungsfrist, über die Abgabe der Erklärung gegenüber dem nach Art. 13 zuständigen Gericht informiert (Erwägungsgrund Nr. 32 S. 3).[31] Eine solche Informationspflicht würde der Vorschrift freilich zum Teil ihren Erleichterungseffekt für den Erklärenden nehmen,[32] der sich nun mit den Gerichten im eigentlich zuständigen Mitgliedstaat auseinandersetzen muss: Wer diese Gerichte über seine Erklärung innerhalb der vom Erbstatut vorgesehenen Erklärungsfrist – etwa einer Ausschlagungsfrist – informieren muss, kann die Erklärung auch gleich dort abgeben. Da der genannte Erwägungsgrund keinen Niederschlag im Verordnungstext gefunden hat, sollte man ihn beim Wort nehmen und als **reines Sollerfordernis** verstehen, dessen Verletzung keine Rechtsfolgen nach sich zieht,[33] insbesondere – angesichts der Substitutionswirkung der Vorschrift (→ Rn. 10) – nicht zu einer Versäumung einer Erklärungsfrist nach dem Erbstatut führt.

IV. Deutsche Durchführungsgesetzgebung

Art. 13 legt nur die internationale Zuständigkeit fest (vgl. Art. 2 und Wortlaut der Vorschrift: **14** „Gerichte des Mitgliedstaats"), nicht aber die örtliche Zuständigkeit.[34] Die deutsche Durchführungsgesetzgebung zur Verordnung enthält in § 31 S. 1 IntErbRVG eine Regelung zur **örtlichen Zuständigkeit.** Allerdings begrenzt der deutsche Gesetzgeber diese Regelung auf die Annahme sowie die Ausschlagung der Erbschaft, was nach dem in → Rn. 6 f. Gesagten zu eng ist.[35] Zur Anwendbarkeit der verfahrensrechtlichen Formvorschriften in § 31 S. 2 und 3 IntErbRVG → Art. 28 Rn. 4.

Art. 14 EuErbVO Anrufung eines Gerichts

Für die Zwecke dieses Kapitels gilt ein Gericht als angerufen
a) **zu dem Zeitpunkt, zu dem das verfahrenseinleitende Schriftstück oder ein gleichwertiges Schriftstück bei Gericht eingereicht worden ist, vorausgesetzt, dass der Kläger es in der Folge nicht versäumt hat, die ihm obliegenden Maßnahmen zu treffen, um die Zustellung des Schriftstücks an den Beklagten zu bewirken,**
b) **falls die Zustellung vor Einreichung des Schriftstücks bei Gericht zu bewirken ist, zu dem Zeitpunkt, zu dem die für die Zustellung verantwortliche Stelle das Schriftstück erhalten hat, vorausgesetzt, dass der Kläger es in der Folge nicht versäumt hat, die ihm obliegenden Maßnahmen zu treffen, um das Schriftstück bei Gericht einzureichen, oder**
c) **falls das Gericht das Verfahren von Amts wegen einleitet, zu dem Zeitpunkt, zu dem der Beschluss über die Einleitung des Verfahrens vom Gericht gefasst oder, wenn ein solcher Beschluss nicht erforderlich ist, zu dem Zeitpunkt, zu dem die Sache beim Gericht eingetragen wird.**

I. Normzweck

Die Vorschrift definiert den Zeitpunkt, zu dem ein Gericht für Zwecke des Kapitels II als angeru- **1** fen gilt. Diese Definition ist vor allem relevant für die Rechtshängigkeitsregeln der Art. 17 f. („später angerufenes Gericht"), aber auch für Art. 7 lit. a („zuvor angerufenes Gericht") und für Art. 10 Abs. 1 lit. b („sofern die Änderung dieses gewöhnlichen Aufenthalts zum Zeitpunkt der Anrufung des Gerichts nicht länger als fünf Jahre zurückliegt"); darüber hinaus ist der Anrufungszeitpunkt in weiteren Konstellationen bedeutsam → Vor Art. 4 Rn. 10; → Art. 7 Rn. 12; → Art. 8 Rn. 6;

---

[30] Näher zu einer „internationalen" Auslegung der Vorschrift Dutta/Weber/*Dutta* IntErbRVG § 31 Rn. 13 f.

[31] S. auch die Stellungnahme der tschechischen Delegation in Ratsdokument Nr. 5811/10 ADD 9 S. 7, wonach hier die EuBeweisaufnVO und die EuZustellVO fruchtbar gemacht werden können.

[32] So wohl auch *Álvarez Torné* YbPIL 14 (2012/2013), 409 (422); siehe auch die Kritik von *Egidy/Volmer* RPfleger 2015, 433 (442).

[33] So auch *J. P. Schmidt* ZEV 2014, 455 (460) („nicht als rechtliche Pflicht ausgestaltet"); im Erg. auch *Leipold* ZEV 2015, 553 (556).

[34] Anders offenbar *Egidy/Volmer* RPfleger 2015, 433 (443), wonach für Art. 13 ein gewöhnlicher Aufenthalt im Mitgliedstaat nicht ausreicht, sondern im konkreten Gerichtssprengel erforderlich ist; anders auch Bonomi/Wautelet/*Bonomi* Rn. 15.

[35] Zur Lückenhaftigkeit der Vorschrift näher etwa Dutta/Weber/*Dutta* IntErbRVG § 31 Rn. 4 ff.

→ Art. 10 Rn. 14. Für den Verbundgerichtsstand der Erbsache nach Art. 4 EuGüVO und Art. 4 EuPartVO ist allerdings der Anrufungsbegriff in den Güterrechtsverordnungen maßgeblich.[1]

II. Unionsrechtliche Herkunft der Norm

2   Die Vorschrift ist im europäischen Zuständigkeitsrecht keine Novität: Art. 14 **lit. a** und **lit. b** EuErbVO entspricht Art. 32 Brüssel Ia-VO, Art. 16 Brüssel IIa-VO und Art. 9 EuUnthVO. Neu ist lediglich **lit. c** für amtswegig eingeleitete Verfahren (nunmehr auch Art. 14 EuGüVO bzw. Art. 14 EuPartVO); die Vorschrift kann insoweit womöglich im Wege der rechtsaktübergreifenden Analogie auch bei Amtsverfahren nach den anderen Verordnungen, vor allem nach dem kindschaftsverfahrensrechtlichen Teil der Brüssel IIa-VO angewandt werden (→ Vor Art. 4 Rn. 21).

III. Klagverfahren und Antragsverfahren (lit. a und b)

3   Bei Klag- oder Antragsverfahren richtet sich der Zeitpunkt der Anrufung nach lit. a oder lit. b, und zwar je nachdem, ob nach der jeweiligen mitgliedstaatlichen lex fori das verfahrenseinleitende Schriftstück zunächst beim Gericht einzureichen ist (dann **lit. a**) oder zunächst einem Beklagten oder Antragsgegner zuzustellen ist (dann **lit. b**). Nach beiden Varianten ist das Gericht als angerufen anzusehen, sobald der Kläger oder Antragsteller „dem ersten der zu beteiligenden Rechtspflegeorgane (Gericht oder zustellende Behörde)" das Schriftstück übergeben hat,[2] sofern sich der Kläger oder Antragsteller in der Folgezeit im Hinblick auf die Einreichung bei Gericht oder Zustellung beim Beklagten verfahrenskonform verhält. Dass Art. 14 in lit. a und lit. b hartnäckig vom **„Kläger"** und **„Beklagten"** spricht, mag angesichts der zahlreichen Nachlassverfahren der freiwilligen Gerichtsbarkeit verwunderlich sein, auch weil der Unionsgesetzgeber es bereits bei Art. 16 Brüssel IIa-VO besser gewusst hat, ist aber als unbeachtliches **Redaktionsversehen** bei der offenbar blinden Kopie des Art. 30 Brüssel I-VO zu werten. Es ändert nichts daran, dass Art. 14 EuErbVO auch auf **Antragsverfahren** anzuwenden ist.

4   Danach gilt für den Zeitpunkt der Anrufung deutscher Gerichte **lit. a** in **streitigen Erbverfahren,** weil die Klageschrift nach § 253 Abs. 5, § 271 Abs. 1 ZPO zunächst beim Gericht einzureichen ist. Fraglich ist allerdings, wie **Antragsverfahren in Erbsachen ohne Antragsgegner,** in Deutschland etwa sämtliche (Antrags-)Nachlassverfahren der freiwilligen Gerichtsbarkeit nach § 342 Abs. 1 FamFG (vgl. § 345 FamFG) zu behandeln sind. Auch in diesem Fall richtet sich der Zeitpunkt der Anrufung des Gerichts allein nach **lit. a.**

IV. Amtswegig eingeleitete Verfahren (lit. c)

5   Bemerkenswert ist die Definition des Zeitpunkts der Anrufung des Gerichts bei amtswegig eingeleiteten Verfahren,[3] wobei der Begriff der „Anrufung des Gerichts" hier etwas schief ist. Wird nach der mitgliedstaatlichen lex fori das Verfahren durch einen „Beschluss" eingeleitet, dh bei autonomer Auslegung (→ Vor Art. 1 Rn. 23) durch eine förmliche Entscheidung des Gerichts, die nach außen kundgetan wird, dann ist die Beschlussfassung maßgeblich **(Fall 1),** im Übrigen der Zeitpunkt, „zu dem die Sache beim Gericht eingetragen wird" **(Fall 2),** sprich eine Akte angelegt und ein Aktenzeichen vergeben wird. In Deutschland bedarf es keiner förmlichen Entscheidung bei der amtswegigen Einleitung eines Nachlassverfahrens der freiwilligen Gerichtsbarkeit,[4] so dass **Fall 2** maßgeblich ist.

6   Ob ein Verfahren von Amts wegen oder auf Antrag einzuleiten ist, bestimmt das jeweilige Recht des Forumsmitgliedstaats, wobei diese Frage teils im materiellen Recht, teils im Verfahrensrecht geregelt sein kann.

Art. 15 EuErbVO Prüfung der Zuständigkeit

Das Gericht eines Mitgliedstaats, das in einer Erbsache angerufen wird, für die es nach dieser Verordnung nicht zuständig ist, erklärt sich von Amts wegen für unzuständig.

1   Die Vorschrift regelt die Pflicht eines nach der Verordnung angerufenen (auch bei Verfahrenseinleitung von Amts wegen, vgl. Art. 14 lit. c), aber nicht zuständigen Gerichts, sich von Amts wegen – dh ohne Rücksicht auf einen Antrag einer Verfahrenspartei – für unzuständig zu erklären. Die

---

[1] *Dutta* FamRZ 2016, 1973 (1978 f.).
[2] *Kropholler/v. Hein* EuZPR Brüssel I-VO Art. 30 Rn. 2.
[3] S. bereits die Forderung von *Schäuble,* Die Einweisung der Erben in die Erbschaft nach österreichischem Recht durch deutsche Nachlassgerichte, 2011, 192.
[4] *Keidel/Zimmermann* FamFG § 24 Rn. 4.

Regelung entspricht Art. 10 EuUnthVO, Art. 15 EuGüVO und Art. 15 EuPartVO; s. auch Art. 27, Art. 28 Abs. 1 Brüssel Ia-VO sowie Art. 17 Brüssel IIa-VO.

Die **Unzuständigkeitserklärung** erfolgt nach dem im jeweiligen mitgliedstaatlichen Verfahrens- 2 recht vorgesehenen Prozedere bei fehlender internationaler Zuständigkeit: Das Verfahren ist zu beenden, bei streitigen Verfahren durch Klagabweisung wegen Unzulässigkeit der Klage, bei Nachlassverfahren der freiwilligen Gerichtsbarkeit durch Ablehnung des Antrags (Antragsverfahren) oder Einstellung des Verfahrens (Amtsverfahren).

Anders als bei der Unzuständigkeitserklärung nach Art. 6 (Art. 7 lit. a) präjudiziert die Unzustän- 3 digkeitserklärung nach dem Wortlaut des Art. 15 nicht die Zuständigkeit der anderen Gerichte in der EU, die nach der Beendigung des Verfahrens nach Art. 17 f. wieder frei über ihre Zuständigkeit entscheiden können; negative Kompetenzkonflikte sind deshalb nicht ausgeschlossen, so dass über **ungeschriebene Bindungswirkungen** nachgedacht werden muss (→ Art. 4 Rn. 12; → Art. 7 Rn. 6, 18).

Sonderfälle einer Unzuständigkeitserklärung regeln Art. 6 und Art. 9 Abs. 2 S. 1 sowie Art. 17 4 Abs. 2 und Art. 18 Abs. 2.

Art. 16 EuErbVO Prüfung der Zulässigkeit

(1) Lässt sich der Beklagte, der seinen gewöhnlichen Aufenthalt im Hoheitsgebiet eines anderen Staates als des Mitgliedstaats hat, in dem das Verfahren eingeleitet wurde, auf das Verfahren nicht ein, so setzt das zuständige Gericht das Verfahren so lange aus, bis festgestellt ist, dass es dem Beklagten möglich war, das verfahrenseinleitende Schriftstück oder ein gleichwertiges Schriftstück so rechtzeitig zu empfangen, dass er sich verteidigen konnte oder dass alle hierzu erforderlichen Maßnahmen getroffen wurden.

(2) Anstelle des Absatzes 1 des vorliegenden Artikels findet Artikel 19 der Verordnung (EG) Nr. 1393/2007 des Europäischen Parlaments und des Rates vom 13. November 2007 über die Zustellung gerichtlicher und außergerichtlicher Schriftstücke in Zivil- oder Handelssachen in den Mitgliedstaaten (Zustellung von Schriftstücken)[1] Anwendung, wenn das verfahrenseinleitende Schriftstück oder ein gleichwertiges Schriftstück nach der genannten Verordnung von einem Mitgliedstaat in einen anderen zu übermitteln war.

(3) Ist die Verordnung (EG) Nr. 1393/2007 nicht anwendbar, so gilt Artikel 15 des Haager Übereinkommens vom 15. November 1965 über die Zustellung gerichtlicher und außergerichtlicher Schriftstücke im Ausland in Zivil- und Handelssachen, wenn das verfahrenseinleitende Schriftstück oder ein gleichwertiges Schriftstück nach Maßgabe dieses Übereinkommens ins Ausland zu übermitteln war.

I. Normzweck

Art. 16 will sicherstellen, dass sich die Verfahrensparteien am Verfahren beteiligen können und 1 sichert damit deren rechtliches Gehör, das Art. 47 Abs. 2 S. 1 EU-GRCh und Art. 6 Abs. 1 S. 1 EMRK auch unionsverfassungsrechtlich schützen. Verstößt das Gericht gegen die Vorschrift, so besteht womöglich ein Nichtanerkennungsgrund für Entscheidungen des Gerichts nach Art. 40 lit. b.

II. Unionsrechtliche Herkunft der Norm

Die Vorschrift beruht auf Art. 28 Abs. 2–4 Brüssel Ia-VO, Art. 18 Brüssel IIa-VO und Art. 11 2 EuUnthVO; s. nunmehr auch Art. 16 EuGüVO und Art. 16 EuPartVO. Anders als die Brüssel Ia-VO, aber entsprechend der Regelung in der Brüssel IIa-VO sowie der EuUnthVO stellt **Abs. 1** darauf ab, dass der Beklagte seinen gewöhnlichen Aufenthalt nicht nur nicht im Forumsmitgliedstaat hat, sondern ggf. auch außerhalb der EU. Für Einzelheiten wird auf einschlägige Kommentierungen zu diesen Vorschriften verwiesen.

III. Besonderheiten bei der Erbrechtsverordnung

1. Weiter Begriff des „Beklagten". Die Vorschrift setzt voraus, dass sich der „Beklagte" nicht 3 auf das Verfahren eingelassen hat. Art. 16 findet damit seinem Wortlaut nach jedenfalls auf streitige Erbsachen Anwendung. Bei **Nachlassverfahren der freiwilligen Gerichtsbarkeit** wird es dagegen regelmäßig an einem **Antragsgegner** fehlen, der über die Einleitung des Verfahrens zu benachrichtigen ist, geschweige denn an einem „**Beklagten**". Bemerkenswert ist, dass auch hier die Erbrechts-

---

[1] **[Amtl. Anm.:]** ABl. L 324 vom 10.12.2007, S. 79.

verordnung offenbar blind die Brüssel I-VO kopiert und nicht einmal Art. 18 Brüssel IIa-VO berücksichtigt, der wenigstens vom „Antragsgegner" spricht (zur missglückten Terminologie in der Erbrechtsverordnung allgemein → Vor Art. 4 Rn. 21; für eine ähnliche Ungenauigkeit → Art. 14 Rn. 3).

4   Allerdings wird man die Vorschrift ihrem Sinn und Zweck nach auch auf **jede Verfahrenspartei** (zum Begriff → Art. 5 Rn. 6 ff.) anwenden müssen, die nicht Antragsteller ist, die das Gericht aber in Nachlassverfahren der freiwilligen Gerichtsbarkeit nach seinem jeweiligen Verfahrensrecht zu beteiligen hat,[2] in Deutschland etwa nach § 345 Abs. 3 S. 1, Abs. 4 S. 1 FamFG. Das gilt nicht nur für die von Amts wegen zu beteiligenden Verfahrensparteien,[3] sondern auch für Verfahrensparteien, die auf Antrag zu beteiligen sind und denen hierzu überhaupt die Möglichkeit gegeben werden muss. Auch bei diesen Verfahrensparteien besteht die Gefahr, dass sie – soweit sie ihren gewöhnlichen Aufenthalt nicht im Forumsmitgliedstaat haben – von der Einleitung des Verfahrens nicht erfahren haben. Freilich betrifft dies nur Verfahrensparteien, die dem Gericht jeweils bekannt sind. Stoßen nach Einleitung des Verfahrens nachträglich neue Verfahrensparteien hinzu, so findet die Vorschrift erneut Anwendung.

5   **2. Beschränkung auf Antragsverfahren?** Die Vorschrift findet ihrem Wortlaut nach nur auf Antragsverfahren Anwendung. Sowohl ein „verfahrenseinleitende[s] Schriftstück oder ein gleichwertiges Schriftstück" als auch ein „Beklagter" existieren bei einem von Amts wegen eingeleiteten Verfahren nicht. Dennoch wird man die Vorschrift auch auf Amtsverfahren anwenden müssen, und zwar auch hier auf amtswegig zu beteiligende Verfahrensparteien. Maßgeblich ist nicht das verfahrenseinleitende Schriftstück, sondern die Ladung der Verfahrenspartei als von Amts wegen oder auf Antrag zu Beteiligender.[4]

Art. 17 EuErbVO Rechtshängigkeit

(1) Werden bei Gerichten verschiedener Mitgliedstaaten Verfahren wegen desselben Anspruchs zwischen denselben Parteien anhängig gemacht, so setzt das später angerufene Gericht das Verfahren von Amts wegen aus, bis die Zuständigkeit des zuerst angerufenen Gerichts feststeht.

(2) Sobald die Zuständigkeit des zuerst angerufenen Gerichts feststeht, erklärt sich das später angerufene Gericht zugunsten dieses Gerichts für unzuständig.

I. Normzweck und Überblick

1   Mit Art. 17 (sowie Art. 18) will die Verordnung verhindern, dass die Gerichte verschiedener Mitgliedstaaten widersprechende Entscheidungen in Erbsachen erlassen, die in den beteiligten Mitgliedstaaten wegen Art. 40 lit. c nicht anerkennungsfähig sind (Erwägungsgrund Nr. 34 S. 1). Dieses Ziel wird in Art. 17 dadurch erreicht, dass – wenn sich die Gerichte mehrerer Mitgliedstaaten in derselben Erbsache für zuständig erachten – dem zuerst angerufenen Gericht das letzte Wort über seine Zuständigkeit eingeräumt wird. Denn das später angerufene Gericht muss dann sein Verfahren von Amts wegen aussetzen **(Abs. 1)** und sich für unzuständig erklären, wenn das zuerst angerufene Gericht seine Zuständigkeit bejaht **(Abs. 2)**. Dieser Prioritätsgrundsatz wird auch durch Art. 40 lit. d gestärkt, der dafür sorgt, dass bei der Anerkennung fremder Entscheidungen nur die frühere Entscheidung anerkennungsfähig ist. Hält sich das später angerufene Gericht dagegen für nach der Verordnung nicht zuständig, findet bereits Art. 15 Anwendung (zu weiteren Sonderfällen → Art. 15 Rn. 4). Zum Begriff der Anrufung des Gerichts s. Art. 14. Die Vorschrift gilt jedenfalls nach ihrem Wortlaut nur im Verhältnis der Mitgliedstaaten zueinander, was bei einer früheren Rechtshängigkeit in einem **Drittstaat** einen Rückgriff auf die mitgliedstaatlichen Litispendenzregeln (bei uns etwa § 261 Abs. 3 Nr. 1 ZPO) nicht ausschließt,[1] soweit sich aus der Erbrechtsverordnung freilich nicht stillschweigend abweichenden Regelungen ergeben → Art. 12 Rn. 10, 12.

---

[2] Zum entsprechenden Problem bei Art. 18 Brüssel IIa-VO Rauscher/*Rauscher* Brüssel IIa-VO Art. 18 Rn. 11. – Anders offenbar Ratsdokument Nr. 8228/10 S. 12 Fn. 1.

[3] Zust. Deixler-Hübner/Schauer/*Frauenberger-Pfeiler* Rn. 3.

[4] S. auch Rauscher/*Rauscher* Brüssel IIa-VO Art. 18 Rn. 15.

[1] Ebenso Bonomi/Wautelet/*Bonomi* Rn. 8; *Jäger* in Geimer/Schütze IRV-HdB Rn. 7; Calvo Caravaca/Davì/Mansel/*Marongiu Buonaiuti* Rn. 20; NK-BGB/*Makowsky* Art. 17 Rn. 4; BeckOGK/*Schmidt* Rn. 27; Dutta/Weber/*Weber* Art. 17 EuErbVO Rn. 15. So zur Diskussion bei der Brüssel I-VO etwa *Heinze*/*Dutta* IPRax 2005, 224 (228 f.) sowie bei der Brüssel-IIa-VO ausf. *Amos/Dutta* FamRZ 2014, 444 (die dort entwickelten Argumente lassen sich im Grundsatz mutatis mutandis auf die Erbrechtsverordnung übertragen). S. nunmehr auch Art. 34, 35 Brüssel Ia-VO.

II. Unionsrechtliche Herkunft der Norm

Die Vorschrift entspricht in der Sache Art. 27 Brüssel I-VO bzw. Art. 29 Brüssel Ia-VO, Art. 19   **2**
Brüssel IIa-VO und Art. 12 EuUnthVO; s. nunmehr auch Art. 17 EuGüVO und Art. 17 EuPartVO.
Zum bisherigen (→ Vor Art. 4 Rn. 21) Art. 27 Brüssel I-VO liegt eine umfangreiche Rechtsprechung des EuGH vor, die grundsätzlich auch bei der Auslegung des Art. 17 EuErbVO herangezogen
werden kann.[2] Für Einzelheiten wird auf einschlägige Kommentierungen zu diesen Vorschriften
verwiesen.

III. Besonderheiten bei der Erbrechtsverordnung

1. Anwendung auf Nachlassverfahren der freiwilligen Gerichtsbarkeit. Bei streitigen Erb-   **3**
verfahren ergeben sich keine erbrechtsspezifischen Besonderheiten. Fragen wirft dagegen die Anwendung der Norm in Nachlassverfahren der freiwilligen Gerichtsbarkeit auf, bei denen die Vorschrift
ebenfalls gilt, da die Vorschrift anders als noch der Kommissionsvorschlag in Art. 13 Abs. 1 nicht
von „Klagen", sondern „Verfahren" spricht.[3]

Bei nichtstreitigen Verfahren passt bereits der Hinweis auf **„dieselben Parteien" (Abs. 1)** nur   **4**
bedingt. Wer formell Beteiligter in einem solchen Verfahren ist, entscheidet das mitgliedstaatliche
Verfahrensrecht, das hier eng mit dem materiellen Recht verwoben ist (vgl. etwa § 7 Nr. 1 und § 345
FamFG). Zudem liegt es nach mitgliedstaatlichem Verfahrensrecht oftmals in der Hand des vom
Verfahren Betroffenen, ob er sich durch einen Antrag am Verfahren als Verfahrenspartei beteiligt. Es
ist damit mitunter Zufall, ob in unterschiedlichen Verfahren – die den gleichen Verfahrensgegenstand
besitzen – eine Identität der Verfahrensparteien besteht. Es verwundert deshalb sehr, dass der europäische Gesetzgeber hier nicht zwischen streitigen und nichtstreitigen Verfahren unterschieden hat
(allgemein → Vor Art. 4 Rn. 4). Sehr viel näherliegend für nichtstreitige Nachlassverfahren wäre es
gewesen, auf eine Identität der Verfahrensparteien zu verzichten, wie etwa auch bei Art. 19
Abs. 2 Brüssel IIa-VO, wo es allein darauf ankommt, ob bezüglich eines Kindes Verfahren mit
demselben Gegenstand anhängig sind („Werden bei Gerichten verschiedener Mitgliedstaaten Verfahren bezüglich der elterlichen Verantwortung für ein Kind wegen desselben Anspruchs anhängig
gemacht […]"). Bei nichtstreitigen Nachlassverfahren hätte man insoweit auf den Erblasser abstellen
und eine Identität der Person des Erblassers und nicht der Verfahrensparteien fordern können.[4] –
Den einzigen Ausweg bietet auch hier bei nichtstreitigen Nachlassverfahren ein **weiter Verfahrensparteienbegriff** (→ Art. 5 Rn. 8), der nicht darauf abstellt, ob eine Identität der formell am Verfahren Beteiligten vorliegt, sondern vielmehr darauf, ob durch in dem Verfahren zu ergehende Entscheidungen erbrechtliche Positionen am Nachlass von identischen Personen berührt werden.[5] Ob sich
dann die Identität der Verfahrenspartei und die Identität des Verfahrensgegenstandes trennen lassen,
steht auf einem anderen Blatt.

Auch die Wendung **„wegen desselben Anspruchs" (Abs. 1)** bedarf bei nichtstreitigen Nach-   **5**
lassverfahren einer korrigierenden Auslegung. Nachlassverfahren der freiwilligen Gerichtsbarkeit
beruhen regelmäßig nicht auf „Ansprüchen", verstanden als subjektive Rechte, sondern auf einer
gesetzlichen Aufgabenzuweisung, speziell bei amtswegig eingeleiteten Verfahren. Der Hinweis auf
denselben „Anspruch" bezieht sich auf die Identität des Verfahrensgegenstands, wie – ähnlich wie
bei Art. 29 Brüssel Ia-VO – etwa die französische Sprachfassung der Vorschrift verdeutlicht („demandes ayant le même objet et la même cause").[6]

2. Anwendung auf außergerichtliche Erbsachen. Die Litispendenzregeln finden freilich nur   **6**
auf gerichtliche Verfahren Anwendung, nicht aber auf die Regelung von Erbsachen durch außergerichtliche Stellen, vor allem durch Angehörige von Rechtsberufen, soweit diese nicht als Notaren
als Gericht nach Art. 3 Abs. 2 tätig werden (→ Art. 3 Rn. 20 ff.). Es kann deshalb zu Konflikten
kommen, wenn sich eine solche außergerichtliche Erbsache mit einem gerichtlichen Verfahren oder
einer außergerichtlichen Erbsache in einem anderen Mitgliedstaat überschneidet. Nach Erwägungsgrund Nr. 36 S. 2 sollen sich die Beteiligten über die Beilegung solcher positiven Kompetenzkonflikte
einigen. Kommt es zu keiner Einigung, so soll nach Erwägungsgrund Nr. 36 S. 3 das nach Art. 4 ff.

---

[2] Frieser/*Martiny* ErbR Nach Art. 26 EGBGB: EuErbVO Rn. 79; Dutta/Weber/*Weber* Rn. 2; vgl. auch Zöl-
ler/*Geimer* Anh. II J: EuErbVO Art. 6 Rn. 3; dazu auch näher *S. M. Weber,* Das internationale Zivilprozessrecht
erbrechtlicher Streitigkeiten, 2012, 262 ff.

[3] Rauscher/*Rauscher,* 3. Aufl. 2010, Einf. EG-ErbVO-E Rn. 33.

[4] Zust. Deixler-Hübner/Schauer/*Frauenberger-Pfeiler* Rn. 2.

[5] Tendenziell zust. *Dörner* ZEV 2016, 117 (120) in Fn. 20; für einen materiellen Beteiligtenbegriff auch Dutta/
Weber/*Weber* Rn. 18.

[6] Zust. Dutta/Weber/*Weber* Rn. 5.

zuständige Gericht über die Erbsache entscheiden. – Zum Europäischen Nachlasszeugnis und der Anwendung des Art. 17 dort → Art. 64 Rn. 8.

Art. 18 EuErbVO Im Zusammenhang stehende Verfahren

(1) Sind bei Gerichten verschiedener Mitgliedstaaten Verfahren, die im Zusammenhang stehen, anhängig, so kann jedes später angerufene Gericht das Verfahren aussetzen.

(2) Sind diese Verfahren in erster Instanz anhängig, so kann sich jedes später angerufene Gericht auf Antrag einer Partei auch für unzuständig erklären, wenn das zuerst angerufene Gericht für die betreffenden Verfahren zuständig ist und die Verbindung der Verfahren nach seinem Recht zulässig ist.

(3) Verfahren stehen im Sinne dieses Artikels im Zusammenhang, wenn zwischen ihnen eine so enge Beziehung gegeben ist, dass eine gemeinsame Verhandlung und Entscheidung geboten erscheint, um zu vermeiden, dass in getrennten Verfahren widersprechende Entscheidungen ergehen.

1   Zum Normzweck → Art. 17 Rn. 1. Die Vorschrift beruht auf Art. 30 Brüssel Ia-VO sowie Art. 13 EuUnthVO; s. nunmehr auch Art. 18 EuGüVO und Art. 18 EuPartVO; in der Brüssel IIa-VO fehlt eine entsprechende Vorschrift. Sie ermöglicht dem später angerufenen Gericht eine Koordination von im Zusammenhang stehenden Verfahren durch eine Aussetzung des Verfahrens **(Abs. 1)** oder Unzuständigkeitserklärung, wenn das zuerst angerufene Gericht das Verfahren übernehmen kann **(Abs. 2)**. Dagegen kann das zuerst angerufene Gericht nicht von sich aus tätig werden; es besteht alleine im Falle einer Rechtswahl des Erblassers die Möglichkeit einer für die Gerichte im Mitgliedstaat des gewählten Rechts bindende Unzuständigkeitserklärung nach Art. 6, Art. 7 lit. a.

2   Von der Möglichkeit nach Art. 18 sollten die Gerichte vor allem dann Gebrauch machen, wenn in verschiedenen Mitgliedstaaten Nachlassverfahren bezüglich desselben Erbfalls, aber mit unterschiedlichem Streitgegenstand (vgl. Art. 17) anhängig sind (zB Verfahren zur Ausstellung eines Europäischen Nachlasszeugnisses in Österreich, Erbscheinsverfahren in Deutschland → Art. 62 Rn. 15), etwa weil die Gerichte über die Bestimmung des letzten gewöhnlichen Aufenthalts des Erblassers unterschiedlicher Meinung sind. Verfahren betreffend ein und denselben Erbfall stehen stets im Zusammenhang iS des **Abs. 3**.[1]

Art. 19 EuErbVO Einstweilige Maßnahmen einschließlich Sicherungsmaßnahmen

Die im Recht eines Mitgliedstaats vorgesehenen einstweiligen Maßnahmen einschließlich Sicherungsmaßnahmen können bei den Gerichten dieses Staates auch dann beantragt werden, wenn für die Entscheidung in der Hauptsache nach dieser Verordnung die Gerichte eines anderen Mitgliedstaats zuständig sind.

1   Die Vorschrift ermöglicht einem in der Hauptsache nach den Art. 4–11 eigentlich nicht zuständigen Gericht den Erlass einer einstweiligen Maßnahme nach seinem Verfahrensrecht.

2   Die Vorschrift entspricht Art. 35 Brüssel Ia-VO, Art. 14 EuUnthVO, Art. 19 EuGüVO und Art. 19 EuPartVO. Eine etwas detailliertere Regelung enthält Art. 20 Brüssel IIa-VO; es fragt sich, warum der Gesetzgeber nicht auf diese zurückgegriffen hat;[1] insbesondere bietet sich zur Koordination zwischen Hauptsachegericht und Maßnahmegericht eine analoge Anwendung des Art. 20 Abs. 2 Brüssel IIa-VO[2] auch im Rahmen des Art. 19 EuErbVO an.[3] Zu Art. 35 Brüssel Ia-VO (bzw. der Vorgängervorschrift in Art. 31 Brüssel I-VO) besteht umfangreiche Judikatur des EuGH, die grundsätzlich auch bei der Auslegung des Art. 19 EuErbVO herangezogen werden kann.[4] Für Einzelheiten wird auf einschlägige Kommentierungen zu den genannten Vorschriften verwiesen, wobei im Folgenden drei Punkte gesondert angesprochen werden sollen:

3   Art. 19 erfordert mitunter eine schwierige **Abgrenzung zwischen Sachrecht und Verfahrensrecht** (allgemein → Art. 23 Rn. 39 ff.). So wird man etwa in Deutschland die Nachlasssicherung

[1] So auch Deixler-Hübner/Schauer/*Frauenberger-Pfeiler* Rn. 2.

[1] So auch *Álvarez Torné* YbPIL 14 (2012/2013), 409 (422).

[2] Die Vorschrift lautet: „Die zur Durchführung des Absatzes 1 ergriffenen Maßnahmen [= einstweilige Maßnahmen] treten außer Kraft, wenn das Gericht des Mitgliedstaats, das gemäß dieser Verordnung für die Entscheidung in der Hauptsache zuständig ist, die Maßnahmen getroffen hat, die es für angemessen hält".

[3] Deixler-Hübner/Schauer/*Gitschthaler* Rn. 14; Frieser/*Martiny* ErbR Nach Art. 26 EGBGB: EuErbVO Rn. 87.

[4] S. etwa Dutta/Weber/*Weber* Rn. 4 ff.

oder Anordnung einer Nachlasspflegschaft nach §§ 1960, 1961 BGB als verfahrensrechtliche Befugnis des Gerichts zu qualifizieren haben, die auch im Falle eines ausländischen Erbstatuts besteht und durch ein deutsches Gericht als Hauptsachegericht nach Art. 4 ff. oder als Gericht nach Art. 19 als Teil der lex fori ausgeübt werden darf.[5] Genauso ist auch für die Nacherbenpflegschaft zu entscheiden. Auch wenn diese besondere Form der Pflegschaft in Deutschland im Familienrecht geregelt ist (§ 1913 S. 2 BGB), tritt sie doch nur im Rahmen der Rechtsnachfolge von Todes wegen auf und fällt damit in den Anwendungsbereich der Erbrechtsverordnung.[6] Allerdings handelt es sich auch bei der Nacherbenpflegschaft um eine Sicherungsmaßnahme nach Art. 19, so dass eine Anwendung der lex fori in Betracht kommt; vgl. auch den − insoweit von der Verordnung verdrängten − Art. 24 Abs. 3 EGBGB. Ähnliches wird für vergleichbare Nachlasssicherungsverfahren in anderen Mitgliedstaaten gelten. Eine solche Nachlasssicherung ist − soweit sie vorübergehender Natur ist, bis der erbrechtlich Berechtigte den Nachlass selbst sichern kann − insbesondere nicht als Nachlassverwaltung anzusehen, die nach Art. 23 Abs. 2 lit. f dem allgemeinen Erbstatut zugewiesen wird und damit nicht als verfahrensrechtlich qualifiziert werden kann.

Ferner bedarf Art. 19 einer Präzisierung. Die Vorschrift verweist zwar auf Maßnahmen, die auf **4** Antrag ergehen; sie ist aber auch auf **von Amts wegen** zu treffende Maßnahmen anzuwenden.[7]

Das Maßnahmegericht muss das Hauptsachegericht − entsprechend der Rechtsprechung des **5** Gerichtshofs zur Brüssel IIa-VO[8] − von der einstweiligen Maßnahme **in Kenntnis setzen.**[9] Zur Übertragbarkeit dieser Rechtsprechung im Rahmen des Art. 13 → Art. 13 Rn. 12.

Kapitel III. Anzuwendendes Recht

Vorbemerkung zu Art. 20

Schrifttum: Siehe die Schrifttumshinweise allgemein zur Verordnung und ihren Vorarbeiten → Vor Art. 1.

Übersicht

---

[5] So auch *Margonski,* Grenzüberschreitende Tätigkeit des Nachlasspflegers in deutsch-polnischen Nachlasssachen, 2013, 186, 187; *W. Zimmermann* Rpfleger 2017, 2 (3). S. auch Ratsdokument Nr. 5811/10 S. 7.

[6] Näher hierzu Staudinger/*v. Hein* (2014) EGBGB Art. 24 Rn. 57.

[7] *Margonski,* Grenzüberschreitende Tätigkeit des Nachlasspflegers in deutsch-polnischen Nachlasssachen, 2013, 182 f.; *W. Zimmermann* Rpfleger 2017, 2 (3); anders Deixler-Hübner/Schauer/*Gitschthaler* Rn. 7; ihm folgend auch öst. OGH ÖNZ 2016, 198: „Eine Zuständigkeit für Sicherungsmaßnahmen [...] besteht nach Art. 19 EuErbVO nur bei einem darauf gerichteten Antrag".

[8] EuGH Slg. 2009, I-2805 Rn. 57 ff. = BeckRS 2009, 70389 – A.

[9] So im Ergebnis auch *Margonski,* Grenzüberschreitende Tätigkeit des Nachlasspflegers in deutsch-polnischen Nachlasssachen, 2013, 185; zust. Deixler-Hübner/Schauer/*Gitschthaler* Rn. 13.

1   Die Art. 20 ff. bilden das Zentrum der Erbrechtsverordnung: die einheitlichen erbrechtlichen Kollisionsnormen für die EU. Diese Vorschriften regeln das Erbkollisionsrecht umfassend für die mitgliedstaatlichen Gerichte und Behörden sowie ggf. auch für Schiedsgerichte, soweit diese über Erbsachen befinden und an staatliche Kollisionsnormen gebunden sind (→ Art. 3 Rn. 24). Das Kollisionsrecht der Art. 20 ff. ist auch für die Anwendung der übrigen Verordnung von Bedeutung: Im Falle einer Rechtswahl des Erblassers nach Art. 22 eröffnen die Art. 5 ff. potentiell eine internationale Zuständigkeit (Kapitel II) der Gerichte im Mitgliedstaat des gewählten Rechts. Die Kollisionsnormen in Art. 20 ff. legen auch die Basis für das Europäische Nachlasszeugnis, das grundsätzlich nach dem von der Verordnung bestimmten Erbstatut auszustellen ist (Art. 67 Abs. 1 UAbs. 1 S. 1 → Art. 67 Rn. 11 ff.), dessen Erteilung, Inhalt und Wirkungen jedoch autonom durch die Verordnung geregelt werden (Kapitel VI).

I. Allgemeiner Normzweck: Europäischer Entscheidungseinklang in Erbsachen

2   Die Kollisionsnormen der Verordnung sollen einen internationalen Entscheidungseinklang in Erbsachen innerhalb der EU schaffen, um den Bürgern – sei es als Erblasser, als erbrechtlich Berechtigter, als Nachlassgläubiger oder als sonstiger Dritter – Klarheit über das Erbstatut ohne Rücksicht auf das jeweilige Forum in der EU zu verschaffen (vgl. Erwägungsgrund Nr. 37 S. 1; allgemein → Vor Art. 1 Rn. 15 f.). Der europäische Entscheidungseinklang ist aber nicht nur Selbstzweck; einheitliche Kollisionsnormen vermeiden auch widersprechende Entscheidungen (Erwägungsgrund Nr. 37 S. 2) und schaffen damit eine wesentliche Voraussetzung für eine grenzüberschreitende Anerkennung und Vollstreckung von Entscheidungen[1] und sonstigen Vollstreckungstiteln sowie eine Freizügigkeit von öffentlichen Urkunden, wie sie in den Kapiteln IV und V der Verordnung vorgesehen ist. Vor allem aber ist ein europäischer Entscheidungseinklang auch Voraussetzung für die Einführung eines Europäischen Nachlasszeugnisses (näher → Vor Art. 62 Rn. 9 f.); zu erbenlosen Nachlässen → Art. 33 Rn. 5).

3   Allerdings wird ein europäischer Entscheidungseinklang im Erbrecht durch die Art. 20 ff. **nur teilweise** herbeigeführt. Zum einen wird die Vereinheitlichungswirkung des Kapitels III durch (nach Art. 75 Abs. 1 UAbs. 1, Abs. 2 **vorrangige**) **Staatsverträge** der Mitgliedstaaten eingeschränkt, soweit diese Kollisionsnormen enthalten, die von den Art. 20 ff. abweichen. Zum anderen können sich auf erbrechtliche Positionen auch **angrenzende, aber erbrechtsrelevante Statute,** vor allem das Güterstatut (Art. 1 Abs. 1 lit. d) oder das Statut einer mündlichen Verfügung von Todes wegen (Art. 1 Abs. 2 lit. f), auswirken, deren Bestimmung nicht von der Verordnung oder anderen Rechtsakten für die beteiligten Mitgliedstaaten vereinheitlicht wird. Allein durch **Vorfragen** im Erbstatut wird der europäische Entscheidungseinklang nicht gefährdet, soweit diese unselbständig anzuknüpfen sind (näher → Rn. 50 ff.). Hinzu kommt freilich die allgemeine Grenze der europäischen Kollisionsrechtsvereinheitlichung, dass die **Anwendung des Kollisionsrechts** und die **Ermittlung ausländischen Rechts** – auch im Erbrecht – weitgehend dem mitgliedstaatlichen Verfahrensrecht unterliegt und hier erhebliche Unterschiede bestehen.[2]

II. Systematik und Grundsätze der einheitlichen Kollisionsnormen

4   **1. Allgemeine Kollisionsnorm (Art. 21–23).** Die Verordnung enthält die allgemeine Kollisionsnorm für die Rechtsnachfolge von Todes wegen in Art. 21–23.

5   **a) Anknüpfungsmomente.** Nach dieser allgemeinen Kollisionsnorm richtet sich bei **objektiver Anknüpfung** das Erbstatut nach dem letzten gewöhnlichen Aufenthalt des Erblassers (Art. 21 Abs. 1), soweit nach der Ausweichklausel des Art. 21 Abs. 2 der Erblasser nicht eine offensichtlich

---

[1] S. etwa *Jenard*-Bericht zu dem Übereinkommen über die gerichtliche Zuständigkeit und die Vollstreckung gerichtlicher Entscheidungen in Zivil- und Handelssachen, ABl. 1979 C 59, 1 (10 und 11).

[2] Hierzu allg. *Trautmann*, Europäisches Kollisionsrecht und ausländisches Recht im nationalen Zivilverfahren, 2010, 265 ff.

engere Verbindung zu einem anderen Staat als dem gewöhnlichen Aufenthaltsstaat hatte. Dem Erblasser steht es aber frei, mittels einer **Rechtswahl** nach Art. 22 sein Staatsangehörigkeitsrecht zu wählen. – Zentraler Bezugspunkt der Kollisionsnormen ist damit der Erblasser und das Erbrecht, zu dem dieser die engste Verbindung aufweist; der Gesetzgeber will damit erreichen, dass ein Erbrecht anwendbar ist, dessen Anwendbarkeit am ehesten den berechtigten Erwartungen der Beteiligten, vor allem des Erblassers, entspricht[3] – eine Erwartung, die speziell im Hinblick auf die Freizügigkeit im Binnenmarkt nicht enttäuscht werden sollte,[4] auch um zu gewährleisten, dass der Erblasser seine Testierfreiheit wirksam ausübt, die auf der Ebene des Unionsrechts verfassungsrechtlich geschützt ist (Art. 17 Abs. 1 S. 1 EU-GRCh). Dagegen werden die Interessen der anderen am Erbgeschehen beteiligten Personen, speziell der Erben und Familienmitglieder des Erblassers, bei der Anknüpfung nur äußerst mittelbar berücksichtigt, soweit sie die räumlich-persönlichen Anknüpfungsmomente des Erblassers, speziell seinen gewöhnlichen Aufenthalt oder seine Staatsangehörigkeit, teilen (vgl. auch → Rn. 45).

b) Grundsatz der Nachlasseinheit – ausnahmsweise Nachlassspaltung. Die allgemeine **6** Kollisionsnorm folgt als „Leitmotiv"[5] dem Grundsatz der Nachlasseinheit; es wird, anders als bisher in einigen mitgliedstaatlichen Kollisionsrechten,[6] nicht mehr zwischen beweglichem und unbeweglichem Vermögen differenziert. Art. 21 Abs. 1 und Art. 23 Abs. 1 sprechen beide von der „gesamte[n] Rechtsnachfolge von Todes wegen", ebenso in den anderen Sprachfassungen Art. 22 Abs. 1 UAbs. 1 (näher → Art. 22 Rn. 8); s. auch Erwägungsgrund Nr. 37 S. 4.[7] Dieser monistische Ansatz wurde mittlerweile auch in die europäischen Güterrechtsverordnungen übernommen, s. dort Art. 21 EuGüVO und Art. 21 EuPartVO.

aa) Ausnahmen vom Grundsatz: Nachlassspaltung. Jedoch enthält die Erbrechtsverordnung **7** auch Ausnahmen vom Grundsatz der Nachlasseinheit, die im Wortlaut des Art. 21 Abs. 1 vorbehalten sind („Sofern in dieser Verordnung nichts anderes vorgesehen ist [...]").[8]
– So lässt Art. 30 **Eingriffsnormen des Belegenheitsrechts** für einzelne Nachlassgegenstände unberührt, die sich damit auch gegenüber dem allgemeinen Erbstatut durchsetzen.
– Eine Nachlassspaltung kann sich ferner bei Art. 34 Abs. 1 durch einen **Teilrenvoi** ergeben, wenn das drittstaatliche Recht dem Grundsatz der Nachlassspaltung folgt, sprich für unbewegliches Vermögen auf die lex rei sitae verweist, und das unbewegliche Vermögen in einem Mitgliedstaat oder eine Drittstaat belegen ist, der diesen Verweis (insgesamt oder bezogen auf das unbewegliche Vermögen) annimmt (→ Art. 34 Rn. 9).
– Zudem kann sich unter der Verordnung eine **faktische Nachlassspaltung** für in Drittstaaten befindliches Vermögen ergeben.[9] So kann Kapitel II eine internationale Zuständigkeit nur für innerhalb eines Mitgliedstaats befindliches Nachlassvermögen begründen (s. Art. 10 Abs. 2, Art. 12) und damit nur insoweit das Kollisionsrecht der Verordnung – und folglich auch der Grundsatz der Nachlasseinheit – durchsetzen. Aber selbst wenn eine internationale Zuständigkeit in der EU nach den Art. 4 ff. für den weltweiten Nachlass besteht, sind Fälle denkbar, in denen die Mitwirkung der drittstaatlichen Gerichte am Belegenheitsort erforderlich ist und diese Gerichte eine mitgliedstaatliche Entscheidung (die nach dem Grundsatz der Nachlasseinheit ergangen ist) nicht anerkennen, sondern ihren Grundsatz der Nachlassspaltung durchsetzen. Eine solche faktische Nachlassspaltung durch die „harsh jurisdictional reality"[10] ist ggf. bei der Anwendung des Sachrechts zu berücksichtigen,[11] zum Teil bestehen sogar im Erbrecht ausdrücklich Sachnormen für solche Konstellationen (→ Rn. 68).
– Des Weiteren kann auch bei **erbenlosen Nachlässen** Art. 33 dazu führen, dass Teile des Nachlasses unterschiedlichen Statuten unterliegen.

---

[3] Vgl. etwa Ratsdokumente Nr. 15247/10 S. 2 und Nr. 8446/11 S. 2.
[4] S. bereits Grünbuch KOM(2005) 65 endg. S. 4.
[5] *Lagarde* Rev. crit. dr. int. pr. 101 (2012), 691 (707).
[6] Für einen rechtsvergleichenden Überblick s. etwa *Dutta* RabelsZ 73 (2009), 547 (554 f.).
[7] S. auch bereits DNotI-Studie S. 260 f.; Kommissionsvorschlag KOM(2009) 154 endg. S. 6 sowie 12 (Erwägungsgrund Nr. 17 S. 4).
[8] Etwas zu optimistisch deshalb *Jünemann* ZEV 2013, 353 (360), wonach es im Anwendungsbereich der Verordnung „nicht mehr zur Nachlassspaltung kommen" könne und „die Gefahr einer Nachlassspaltung [...] durch die Anwendung der EuErbVO ohnehin ausgeschlossen" sei; etwas zu plakativ auch die Aussage von *Rieck* NJW 2014, 257 (260), „dass die Nachlassspaltung in der Zukunft Geschichte sein wird".
[9] *Dutta* RabelsZ 73 (2009), 547 (559); *Looschelders*, FS v. Hoffmann, 2011, 266 (281).
[10] *Hayton* in Hayton, European Succession Laws, 2. Aufl. 2002, 1, 9.
[11] Vgl. auch bereits DNotI-Studie S. 270 f.; Rauscher/*Rauscher*, 3. Aufl. 2010, Einf. EG-ErbVO-E Rn. 70.

– Auch bei einem **Verweis auf Mehrrechtsstaaten** kann im Rahmen der Unteranknüpfung nach Art. 36 Abs. 1, Art. 37 S. 1 das vorrangig zu prüfende interlokale oder interpersonale Kollisionsrecht zu einer Nachlassspaltung führen.

– Eine Nachlassspaltung kann sich zudem auch durch nach Art. 75 Abs. 1 UAbs. 1, Abs. 2 **vorrangige Staatsverträge** ergeben, die dem Grundsatz der Nachlassspaltung folgen.

– Schließlich ist eine Nachlassspaltung nicht ausgeschlossen, wenn das Vermögensrechtsstatut (Einzelstatut) für einzelne Nachlassgegenstände, speziell für Gesellschaftsanteile und Immaterialgüterrechte, vom allgemeinen Erbstatut **abweichende Nachfolgeregelungen** vorsieht und damit dem Erbstatut entzieht (→ Art. 1 Rn. 38 ff., 54).

– Eine **gewillkürte Nachlassspaltung** im Wege der Rechtswahl nach Art. 22 ist dagegen **nicht** möglich (→ Art. 22 Rn. 8), wäre aber gerade auch für die Fälle einer faktischen Nachlassspaltung sinnvoll gewesen, um dem Erblasser zu ermöglichen, das drittstaatliche Vermögen nicht nur faktisch, sondern aus Sicht der mitgliedstaatlichen Gerichte auch rechtlich dem Belegenheitsrecht zu unterwerfen. Bisher konnte ein ausländischer Erblasser sein inländisches unbewegliches Vermögen dem deutschen Recht unterwerfen (Art. 25 Abs. 2 EGBGB aF). Allerdings kann eine solche Teilrechtswahl auf Grundlage eines bisherigen Kollisionsrechts zu einer Nachlassspaltung auch nach dem Anwendungsbeginn der Erbrechtverordnung führen, wenn die Voraussetzungen der Art. 83 Abs. 2 Fall 2 oder 3 erfüllt wurden.

– Auch eine **kollisionsrechtliche Nachlassspaltung nach einem drittstaatlichen Belegenheitsrecht** verdrängt – anders als bisher in Deutschland nach Art. 3a Abs. 2 EGBGB aF als „echter Fremdkörper"[12] im Grundsatz der Nachlasseinheit (zu Einzelheiten s. Voraufl. → EGBGB Art. 25 Rn. 99 ff.) – **nicht** die Entscheidung des Unionsgesetzgebers für die Nachlasseinheit (→ Art. 30 Rn. 9). Art. 3a Abs. 2 EGBGB nF findet im Erbrecht keine Anwendung mehr.

8 Von der Nachlassspaltung als einer gegenständlichen Vermögensspaltung zu unterscheiden ist der Sachverhalt der **inhaltlichen Spaltung des Erbstatuts**.[13] Hier wird der im Kollisionsrecht geltende Grundsatz der Nachlasseinheit, nämlich der Beurteilung aller erbrechtlichen Fragen nach dem gleichen Erbstatut, in mehr oder weniger großem Umfang zugunsten einer erbrechtlichen Sonderanknüpfung aufgegeben, die in gewissem Umfang auch die Erbrechtsverordnung vorsieht (s. Überblick über die Sonderregeln → Rn. 32 ff.). Zu einer von den Grundsätzen der Verordnung abweichenden inhaltlichen Spaltung des Erbstatuts kann es etwa aufgrund eines „inhaltlichen" **Teilrenvois** (→ Art. 34 Rn. 9) kommen, wenn das drittstaatliche Kollisionsrecht aufgrund einer abweichenden Sonderanknüpfung einer erbrechtlichen Frage für den jeweiligen Anknüpfungsgegenstand weiter- oder zurückverweist. Verschiedene Nachlässe entstehen indes nicht, es stellen sich allenfalls Fragen der Abgrenzung und ggf. Anpassung der verschiedenen inhaltlich gespaltenen Erbstatute. Auch das Zusammenspiel von Erbrechtsverordnung und **mitgliedstaatlichem Erbkollisionsrecht** kann eine inhaltliche Nachlassspaltung verursachen, soweit die Mitgliedstaaten in ihren Kollisionsrechten für erbrechtliche Fragen, die nicht dem sachlichen Anwendungsbereich der Verordnung (Art. 1, 23) unterliegen, abweichende Anknüpfungen von der Verordnung vorsehen. Für Deutschland verhindert Art. 25 EGBGB nF eine solche inhaltliche Nachlassspaltung (→ EGBGB Art. 25 Rn. 1). – Dagegen ist im Wege einer **Rechtswahl** nach Art. 22 keine dépeçage und damit inhaltliche Spaltung des Erbstatuts möglich → Art. 22 Rn. 8.

9 **bb) Folgen einer Nachlassspaltung.** Die Erbrechtsverordnung lässt eine Nachlassspaltung zwar, wie eben gesehen (→ Rn. 7), in gewissen Rahmen zu, **schweigt aber** zu ihren Folgen.[14] Lediglich für Haftung für Nachlassverbindlichkeiten bei einer Nachlassspaltung aufgrund eines erbenlosen Nachlasses enthält Art. 33 die Zielvorgabe, dass die Nachlassspaltung nicht zu Lasten der Nachlassgläubiger gehen dürfe.

10 **(1) Grundsätze.** Entsteht ausnahmsweise (→ Rn. 7) eine Nachlassspaltung, so führt dies zu einem **Nebeneinander mehrerer Erbstatute** – ein Problem, das sich nicht erst unter der Erbrechtsverordnung stellt, sondern inhaltsgleich bereits nach dem bisherigen Recht,[15] dessen Grundsätze auch nach der Erbrechtsverordnung herangezogen werden können,[16] auch wenn eine Nachlassspaltung nun womöglich seltener auftritt, vor allem aufgrund des Wegfalls des Art. 3a Abs. 2 EGBGB aF (→ Rn. 7).

---

[12] *St. Lorenz* ErbR 2012, 39 (40).

[13] Vgl. allg. dazu *Steiner* ZEV 2003, 500 ff. (zum bisherigen Recht).

[14] Vgl. auch *Nordmeier* IPRax 2014, 317 (319 f.).

[15] Zum bisherigen Recht etwa *Dörner* DNotZ 1988, 97 ff.; *Staudinger/Dörner* (2007) EGBGB Art. 25 Rn. 760 ff.; *Huth-Zwicker* ZVglRWiss. 86 (1987), 342 ff.; *Looschelders,* FS v. Hoffmann, 2011, 266 (269 ff.).

[16] So auch *Frank/Döbereiner*, Nachlassfälle mit Auslandsbezug, 2015, 45; Dutta/Weber/*Schmidt* Art. 23 Rn. 7.

Zunächst gilt der Grundsatz: Der Tod des Erblassers löst bei einer Nachlassspaltung mehrere **11** **rechtlich selbständig zu beurteilende Erbfälle** aus.[17] Die tatsächliche Vermögenseinheit zerfällt in verschiedene Nachlässe, die rechtlich nach dem jeweiligen Erbstatut so zu behandeln sind, als ob sie den gesamten Nachlass ausmachen würden.[18] Bei der großen Verschiedenheit der einzelnen nationalen Erbrechte liegt es auf der Hand, dass sich dabei im konkreten Fall Unzuträglichkeiten und Widersprüche etwa bei der Berufung zum Erben oder bei der Verteilung und sonstigen Abwicklung ergeben können. Fraglich erscheint insbesondere auch, ob und welche rechtlichen Beziehungen zwischen den einzelnen Nachlässen überhaupt bestehen.

Die Anwendbarkeit mehrerer Erbstatute nebeneinander aufgrund einer kollisionsrechtlichen **12** Nachlassspaltung stellt freilich **keine Statutenkonkurrenz,** etwa eine Kumulation dar. Denn jeder Erbfall und damit jeder Nachlass unterliegt nur **einem einzigen Erbstatut.** Das gleichzeitige Nebeneinander mehrerer Erbstatute wirft aber deshalb rechtliche Probleme auf, weil die Ursachen für die Nachlassspaltung (→ Rn. 7) allein auf die *Aktiva,* auf das bewegliche und unbewegliche Vermögen abstellt, während die *Passiva,* die sich ja in der Regel nicht auf einzelne Vermögensmassen, sondern auf die Person des Erblassers beziehen, bei der Bestimmung des anwendbaren Erbrechts außer Betracht bleiben. Eine Zuordnung der Nachlassverbindlichkeiten des Erblassers nach möglichen Haftungsmassen durch ein einzelnes Erbstatut kommt nicht in Frage, weil insofern keines der anwendbaren Erbstatute ein rechtliches Übergewicht für sich in Anspruch nehmen kann (näher noch sogleich → Rn. 27 ff.). Das Gleiche gilt insoweit für Leistungen, die ein Erbe aus dem ungeteilten Vermögen des Erblassers von diesem zu dessen Lebzeiten erhalten hat, aber den anderen Erben gegenüber auf Grund eines Erbstatuts zum Ausgleich verpflichtet ist (näher noch sogleich → Rn. 23 ff.). Damit wird nicht etwa ausgeschlossen, im Wege der Anpassung die entstehenden Divergenzen und Disparitäten sachlich auszugleichen oder zu mildern.

Die rechtliche Selbständigkeit der einzelnen Nachlässe des Erblassers hat zur Folge, dass jedes **13** Erbstatut für sich darüber befindet, wer zum **gesetzlichen Erben** berufen ist oder durch **letztwillige Verfügung Erbe** werden kann.[19] Es ist daher möglich, dass hinsichtlich des einen Nachlasses gesetzliche und hinsichtlich eines anderen testamentarische Erbfolge eintreten kann.[20] Es steht dem Erblasser aber auch offen, über alle Nachlässe unterschiedliche letztwillige Verfügungen zu treffen.[21] Das Prinzip der Universalsukzession steht dem nicht entgegen, denn es gilt nur für das deutsche materielle Erbrecht (§ 1922 Abs. 1 BGB), nicht jedoch auch für das Kollisionsrecht. Zum Pflichtteil → Rn. 18 ff.

Soweit nur nach einem einzelnen oder einem Teil der Erbstatute Ausgleichpflichten bestehen, **14** Nachlassverbindlichkeiten (zB Pflichtteilsansprüche) erfüllt oder materielle Noterbrechte berücksichtigt werden sollen, liegt eine Antwort nicht ohne weiteres auf der Hand, ob und inwieweit dabei einem anderen, hier ebenfalls anzuwendenden Erbstatut rechtliche Aus- und damit Überwirkungen eingeräumt werden können. Die Nachlassspaltung beruht auf dem **Kollisionsrecht.** Kommt es zu widersprüchlichen oder untragbaren Ergebnissen, so muss auch für die Beseitigung dieser Mängel gesorgt werden. Ein gangbarer Weg ist hierfür im positiven Recht freilich nicht vorgezeichnet. In gleicher Weise wie auch sonst bei der Anwendung mehrerer Rechte auf einen Sachverhalt wird es daher erforderlich, eine **Anpassung** (→ Rn. 58 ff. sowie allgemein → Einl. IPR Rn. 242 ff.) auf kollisions- oder sachrechtlicher Ebene vorzunehmen. Eine überzeugende kollisionsrechtliche Lösung der Problematik ist angesichts der ausdrücklichen oder konkludenten Anerkennung der Nachlassspaltung in der Erbrechtsverordnung (→ Rn. 7) nicht möglich. Es bleibt daher nur als gangbarer Weg übrig, divergierende Ergebnisse durch spezielle materielle Erbrechtsnormen auszuschalten oder zu mildern, also ein spezielles **materielles Erbrecht im IPR**[22] zu entwickeln, so dass jedenfalls im Erbrecht der Konzentration der Anpassung auf das Sachrecht zu folgen ist (→ Einl. IPR Rn. 255).

(2) Gültigkeit einer letztwilligen Verfügung bei mehreren Nachlässen. Auf Grund der **15** Aufspaltung des Vermögens des Erblassers in verschiedene rechtlich selbständig zu beurteilende

---

[17] Aus der Rspr. zum bisherigen deutschen Kollisionsrecht s. etwa BGHZ 24, 352 = NJW 1957, 1316; BGHZ 45, 351 = NJW 1966, 2270; BGHZ 50, 63 = NJW 1968, 1571; BGH NJW 1993, 1920; BGH NJW 2004, 3558; BayObLGZ 1959, 390; BayObLGZ 1971, 34; BayObLGZ 1995, 79; BayObLGZ 1996, 165; BayObLGZ 1999, 296; KG JW 1927, 2316; OLG Colmar OLGE 32, 88; OLG Karlsruhe IPRspr. 1930 Nr. 89; OLG Celle ZEV 2003, 509; OLG Koblenz ZEV 2010, 262.

[18] Bamberger/Roth/*Lorenz* EGBGB Art. 25 Rn. 51.

[19] Vgl. BGHZ 50, 63 = NJW 1968, 1571.

[20] Vgl. auch Staudinger/*Dörner* (2007) EGBGB Art. 25 Rn. 770; BayObLG NJW 2000, 440 (441) zu einem innerdeutschen Fall.

[21] Vgl. BayObLGZ 1959, 401; OLG Karlsruhe IPRspr. 1930 Nr. 89.

[22] Vgl. auch Soergel/*Kegel,* 11. Aufl. 1984, EGBGB Vor Art. 24 Rn. 107; Staudinger/*Dörner* (2007) EGBGB Art. 25 Rn. 769.

Nachlässe stellt sich die bedeutsame Frage nach der rechtlichen Beurteilung einer letztwilligen Verfügung des Erblassers, die dieses Vermögen ganz oder doch zu einem solchen Teil betraf, nun aber **mehr als einen Nachlass berührt.**[23] Trotz der Sonderanknüpfung des Errichtungsstatuts in Art. 24 ff. kann es auch hier zu einer Nachlassspaltung kommen, etwa infolge eines Teilrenvois (zur Rolle des Renvoi beim Errichtungsstatut → Art. 24 Rn. 7).

16   Hat der Erblasser etwa eine einheitliche letztwillige Verfügung errichtet, so wird diese durch die Nachlassspaltung in **mehrere rechtlich selbständige Verfügungen,** zB Testamente, aufgespalten, die nur noch eine **äußerliche Einheit** bilden. Die Gültigkeit dieser letztwilligen Verfügungen richtet sich gemäß dem in den → Rn. 10 ff. geschilderten Grundsatz nach dem jeweils einschlägigen Erbstatut.[24] Dadurch kann der Fall eintreten, dass eine Rechtsordnung die ihr unterstehende letztwillige Verfügung für ungültig, eine andere die nach ihr zu beurteilende letztwillige Verfügung für gültig erklärt.[25] Eine **Teilnichtigkeit** eines rechtlich einheitlichen Rechtsgeschäfts liegt hier **nicht** vor.[26] Es fehlt an einer rechtlich die selbständigen „Teile" übergreifenden Rechtsordnung. Die divergierende rechtliche Beurteilung der letztwilligen Verfügungen kann nicht im Wege der Anpassung oder Angleichung aufgelöst werden. Wirksamkeits- wie Gültigkeitsgründe sind rechtlich gleichwertig. Damit kann der Erblasser gleichzeitig kraft letztwilliger Verfügung und kraft Gesetzes beerbt werden. Einen Ausweg aus diesem kollisionsrechtlichen Dilemma könnte man finden, wenn man dem wohl in den meisten Sachrechten enthaltenen Grundsatz des favor testamenti auch im Kollisionsrecht insoweit Geltung verschaffen will, falls der Erblasser in vollem Umfang über sein Vermögen letztwillig zugunsten bestimmter Personen verfügt hat. Dies lässt sich zumindest insoweit vertreten, dass dadurch die Zahl der Bedachten begrenzt und auch festgelegt wird. Eine weitergehende gegenseitige Beeinflussung der verschiedenen letztwilligen Verfügungen erscheint nicht vertretbar. Ist eine Verfügung von Todes wegen für den der einen Rechtsordnung unterliegenden Nachlass unwirksam, für den anderen aber nach dem auf ihn anwendbaren Erbstatut gültig, so ist die Auswirkung des unwirksamen Teils auf den gültigen nicht überzeugend dem Recht zu unterstellen, das die Gültigkeit anordnet,[27] weil sich mit dem gleichen Recht auch diese Regel umkehren lässt. Eine wechselseitige Beeinflussung anzuerkennen, kann nicht einem beteiligten Erbstatut überlassen werden, sondern allenfalls den im IPR des entscheidenden Gerichts für die Zwecke der Anpassung zu bildenden besonderen materiellen Regeln.

17   Bei der in der Urkunde äußerlich und verbal als Einheit zusammengefassten Anordnung des Erblassers handelt es sich um mehrere, rechtlich selbständige letztwillige Verfügungen. Die verschiedenen Nachlässe bilden keine rechtliche Einheit. Die Einsetzung eines Erben für einen Nachlass bedeutet also keine Einsetzung zu einem Bruchteil mit einer damit gleichzeitig verbundenen Teilungsanordnung.[28] Wenn etwa der inländische Nachlass nur aus einem Grundstück besteht, so ist dies keine unzulässige Vererbung eines einzelnen Gegenstands.[29]

18   **(3) Pflichtteil, Pflichtteilsrestanspruch und Pflichtteilsergänzungsanspruch.** Die Nachlassspaltung gilt auch für die Berechnung des Pflichtteils, die lediglich nach dem jeweiligen Statut unterliegenden Nachlass erfolgt.[30] Für die Art und den Umfang der Mindestbeteiligung am Nachlass von Personen, die durch letztwillige Verfügung von der Erbfolge ausgeschlossen worden sind, kann es auf Grund einer Nachlassspaltung und damit wegen des Nebeneinanders mehrerer Erbstatute zu kaum lösbaren Widersprüchen und Problemen kommen.[31] Auch hier lässt sich im

---

[23] Zum Aspekt der Form bei der Nachlassspaltung *Beitzke,* FS Lewald, 1973, 235 ff.; zur gesamten Problematik vgl. *Steiner,* Testamentsgestaltung bei kollisionsrechtlicher Nachlassspaltung, 2000.

[24] Vgl. etwa BGH NJW 2004, 3558, 3560.

[25] Vgl. zB OLG Celle ZEV 2003, 165.

[26] So jedoch OLG Dresden IPRspr. 1931 Nr. 95; Soergel/*Kegel,* 11. Aufl. 1984, EGBGB Vor Art. 24 Rn. 109.

[27] So *Dörner* DNotZ 1988, 102; *Henle,* Kollisionsrechtliche Nachlassspaltung im deutsch-französischen Rechtsverkehr, 1975, 63; Soergel/*Kegel,* 11. Aufl. 1984, EGBGB Vor Art. 24 Rn. 109; Soergel/*Schurig* EGBGB Art. 25 Rn. 101.

[28] Vgl. BayObLGZ 1959, 401; OLG Karlsruhe IPRspr. 1930 Nr. 89; Staudinger/*Dörner* (2007) EGBGB Art. 25 Rn. 771. Was vom Erblasser als Bruchteilseinsetzung und Teilungsanordnung gemeint war, kann sich als Volleinsetzung und Enterbung erweisen mit der Folge, dass Pflichtteilsrechte des Enterbten entstehen, vgl. *Sonnenberger* IPRax 2002, 169 (174).

[29] Bei Nachlassspaltung kann in der Zuwendung eines einzelnen Gegenstandes durchaus eine Erbeinsetzung zu sehen sein, vgl. dazu OLG Zweibrücken FamRZ 1998, 263 (264); *Riering* MittBayNot. 1999, 519 (521); aA *Hohloch* ZEV 1997, 469 (473); krit. auch *Kartzke* IPRax 1999, 98 ff.

[30] BGH NJW 1993, 1920 (1921); aA *Siehr,* FS Hay, 2005, 389 (394 f.); vgl. aber auch BGHZ 134, 60 (62 f.) = NJW 1997, 521 sowie OLG Koblenz ZEV 2013, 561.

[31] Vgl. auch BGH NJW 1993, 1920 zu Auswirkungen auf das Unterhaltsrecht; s. auch *Derstadt,* Die Notwendigkeit der Anpassung bei Nachlassspaltung im internationalen Erbrecht, 1998, 138 ff. Vgl. den Fall bei *Sonnenberger* IPRax 2002, 169 ff. Teils können die Probleme auch durch eine entsprechende Auslegung der Verfügung von Todes wegen gelöst werden, s. BGH ZEV 2004, 374.

Wege der Anpassung (→ Rn. 58 ff.) allenfalls eine mehr oder weniger überzeugende Behelfslösung für das Problem suchen, ob und in welchem Umfang etwa jemand Noterbe oder Pflichtteilsberechtigter im Hinblick auf nur einen oder auf alle Nachlässe geworden ist, oder wann einem Pflichtteilsberechtigten auch ein Pflichtteilsergänzungsanspruch zu welchem Nachlass zusteht.

Ob jemand in zulässigem Umfang von der Erbfolge durch letztwillige Verfügung ausgeschlossen **19** worden ist, beurteilt sich nach dem für den jeweiligen Nachlass maßgeblichen Erbstatut. Dadurch ist es möglich, dass nicht nur der Kreis der ausschließbaren und ausgeschlossenen Personen unterschiedlich festgelegt wird, sondern diese auch eine ungleichartige Rechtsstellung erhalten, dass sie nämlich entweder nur Pflichtteilsberechtigte sind, also nur einen Anspruch gegen die Erben auf Zahlung eines bestimmten Teils des Nachlasswertes haben, oder Noterben, die auch materiell erben und damit Rechtsträgerschaft und Miteigentum an den Nachlassgegenständen erwerben. Solange es sich um die gleichen Personen handelt und der Erblasser über sein gesamtes Vermögen letztwillig verfügt hat, bleibt wenigstens eine einheitliche Beurteilung materiell im Ergebnis möglich.[32] Eine solche scheidet aber aus, falls neben die gewillkürte auch die gesetzliche Erbfolge tritt.

Hat der Erblasser also insgesamt über sein Vermögen **einheitlich** letztwillig **verfügt und** haben **20** die **gleichen Personen** einen **Pflichtteil oder** ein **Noterbrecht** an seinem gesamten Nachlass erworben, so lässt sich eine gleichmäßige materielle Beteiligung der Ausgeschlossenen am Nachlass vertreten. Sofern der Erblasser jedoch **keine einheitliche letztwillige Verfügung** getroffen, sondern mehrere inhaltlich unterschiedliche Erbeinsetzungen (zB hinsichtlich der Person der Bedachten und des Umfangs ihrer Beteiligung) vorgenommen hat, kann auch wegen des unterschiedlichen Erblasserwillens **kein materieller Ausgleich** zwischen den verschiedenen ausgeschlossenen Personen stattfinden. Ist etwa einer von zwei Abkömmlingen nach dem einen Erbstatut aufgrund Testaments Alleinerbe und steht ihm nach dem anderen Erbstatut an dem diesem unterfallenden Nachlass ein Pflichtteil zu, während es sich für den anderen Abkömmling genau umgekehrt verhält, scheidet eine Gesamtbetrachtung aus. Wird einer der beiden dadurch benachteiligt, dass das Erbstatut keine oder eine geringere Mindestbeteiligung am Nachlass vorsieht, ist dies in der Regel als Folge des Erblasserwillens hinzunehmen.[33]

Für den **Pflichtteilsrestanspruch** des § 2305 BGB oder einen vergleichbaren Anspruch nach **21** einer anderen Rechtsordnung gilt das zuvor Gesagte.[34] Er besteht dann, wenn und solange eine einheitliche materielle Betrachtung unter den oben beschriebenen Voraussetzungen in Frage kommt.

Was den **Pflichtteilsergänzungsanspruch** nach § 2325 Abs. 1 BGB oder einen entsprechenden **22** Anspruch eines fremden Erbstatuts wegen des Ausgleichs lebzeitiger Schenkungen an Dritte durch den Erblasser betrifft (zu dessen erbrechtlicher Qualifikation → Art. 1 Rn. 33; → Art. 23 Rn. 35), so kommt eine Gesamtbetrachtung nur in Frage, wenn der Anspruch sich gegen den oder die Erben richtet, also § 2329 Abs. 1 BGB oder eine entsprechende ausländische Vorschrift nicht eingreift und der Kreis der Erben bei den einzelnen Nachlässen derselbe ist. Der Sache nach handelt es sich um ein Ausgleichsproblem, das ähnliche Fragen wie die Ausgleichspflicht nach § 2050 BGB (→ Rn. 23 ff.) aufwirft; freilich sind Ausgangspunkt und Berechnungsweise verschieden. Nur in dem gerade geschilderten Fall lässt sich ein solcher **Generalausgleich** zwischen den einzelnen Nachlässen vertreten. Danach wäre eine wertmäßige Gesamtbeteiligung des Pflichtteilsberechtigten an allen in Frage stehenden Nachlässen zu ermitteln und dieser wäre seinen Pflichtteils- bzw. Noterbrechten, die ihm insgesamt nach allen Erbstatuten zustehen, gegenüberzustellen. Ein Pflichtteilsergänzungsanspruch bestünde deshalb dann, wenn der Wert der Pflichtteils- und Noterbrechte geringer ist als derjenige der Gesamtbeteiligung an den einzelnen Nachlässen.[35]

(4) Ausgleichungspflichten. Hat ein Erbe vom Erblasser zu dessen Lebzeiten aus dessen noch **23** ungeteiltem Vermögen eine Zuwendung erhalten, so kann dieser zB nach deutschem Recht gemäß § 2050 BGB ausgleichungspflichtig sein. Die Anordnung einer Ausgleichungspflicht durch lediglich ein Erbstatut bei Nachlassspaltung führt zu der Frage, ob die Ausgleichspflicht nur auf den nach diesem Erbstatut zu beurteilenden Nachlass beschränkt ist oder ob beide (mehrere) Nachlässe damit zu belasten sind, falls der Ausgleichungspflichtige nach allen betreffenden Erbstatuten erbt.

---

[32] Vgl. auch BGH NJW 1997, 521.

[33] Anders *Derstadt,* Die Notwendigkeit der Anpassung bei Nachlassspaltung im internationalen Erbrecht, 1998, 143 ff.; *Gruber* ZEV 2001, 463 (467); *Henle,* Kollisionsrechtliche Nachlassspaltung im deutsch-französischen Rechtsverkehr, 1975, 146 ff.; *Pentz* ZEV 1998, 449 (451), der in diesen Fällen keine Enterbung und daher auch kein Pflichtteilsrecht annimmt; *Dörner* DNotZ 1988, 103 f.; auch Soergel/*Schurig* EGBGB Art. 25 Rn. 98; wie hier *Werkmüller* ZEV 1999, 474 (476).

[34] Anders Staudinger/*Dörner* (2007) EGBGB Art. 25 Rn. 779 f.

[35] Ähnlich *Henle,* Kollisionsrechtliche Nachlassspaltung im deutsch-französischen Rechtsverkehr, 1975, 159; anders *Pentz* ZEV 1998, 449 (452).

24   Angesichts des Bestehens rechtlich verschiedener Nachlässe kann zunächst nur für jeden getrennt geprüft werden, ob eine Ausgleichungspflicht besteht oder nicht. Das hat weiter zur Folge, dass eine „Hereinnahme" eines anderen oder mehrerer anderer Nachlässe in die lediglich von einem Erbstatut angeordnete Ausgleichungspflicht an sich ausscheidet. Die **Ausgleichungspflicht bezieht sich** sonach auch **nur auf den dem** sie anordnenden **Erbstatut unterfallenden Nachlass,** also insbesondere auf dessen Aktiva.

25   Diese **strenge rechtliche Trennung** kann jedoch bei integrativer Betrachtung des gesamten Erbvorgangs sich zugunsten oder zulasten der gleichen Erben sehr **ungerecht** auswirken (zB keine Ausgleichung des Mehrempfangs nach § 2056 BGB, wenn der Nachlassanteil hierfür nicht ausreicht).[36] Deshalb sind aus Gründen der Gerechtigkeit solche zufälligen Ergebnisse materiell im Wege der Anpassung zu korrigieren. Wie das zu geschehen hat, ist allerdings offen.[37]

26   Soweit der Kreis der Erben bei den beteiligten Nachlässen identisch ist, sollten, soweit die Ausgleichungspflicht nicht von allen Erbstatuten angeordnet wird, alle Nachlässe ihrem Werte nach zusammengerechnet werden und der begünstigte Miterbe hinsichtlich seines **Mehrempfangs insgesamt,** also bezogen auf alle Nachlässe, **zum Ausgleich herangezogen** werden und nicht nur anteilig nach dem jeweiligen Wert des einzelnen Nachlasses am Gesamtnachlass.[38]

27   **(5) Nachlassverbindlichkeiten.** Die Haftung des Erben für Nachlassverbindlichkeiten richtet sich generell nach dem allgemeinen Erbstatut, wie für die Erbrechtsverordnung Art. 23 Abs. 2 lit. g klarstellt. Dieses legt deshalb auch den Kreis der Nachlassverbindlichkeiten fest. Bei Nachlassspaltung bestimmt nach dem Grundsatz (→ Rn. 10 ff.) jedes Erbstatut selbständig über die Voraussetzungen und Folgen der Haftung für Nachlassverbindlichkeiten. Eine gesetzliche Ausnahme von diesem Grundsatz besteht bei einer Nachlassspaltung aufgrund eines erbenlosen Nachlasses; hier ordnet Art. 33 an, dass die Gläubiger auf den gesamten Nachlass zugreifen können.

28   Die Schwierigkeiten liegen bei der Haftung der gespaltenen Nachlässe für Nachlassverbindlichkeiten wie bei den bereits behandelten Fragen darin, bei der nach mehreren Rechtsordnungen vorzunehmenden rechtlichen Beurteilung eines tatsächlich und wirtschaftlich einheitlichen Vorgangs ungerechte Ergebnisse zu vermeiden. Hierbei geht es vor allem um die Frage, ob zwischen Nachlassverbindlichkeiten und den einzelnen Nachlässen als wesentliches Haftungssubstrat eine rechtliche Beziehung herzustellen ist und wie diese ausgestaltet werden kann; des Weiteren bleibt problematisch, ob im Falle der Begleichung von Nachlassverbindlichkeiten mit den Mitteln eines einzelnen Nachlasses die übrigen Nachlässe zum Ausgleich heranzuziehen sind. Schwierigkeiten bei der Zuordnung von Nachlassverbindlichkeiten zu einem bestimmten Nachlass ergeben sich nicht nur bei der Frage, auf wen die Verbindlichkeiten des Erblassers übergegangen sind oder wer für durch den Erbfall ausgelöste Verbindlichkeiten einzustehen hat, sondern auch bei der Frage, ob solche Schulden von vornherein einzelnen bestimmten Nachlässen zugeordnet und damit aus einer Gesamtbetrachtung und -abwicklung ausgeklammert werden können. Eine solche Problematik entsteht insbesondere etwa bei der gleichzeitigen Anwendung deutschen und anglo-amerikanischen Erbrechts. Durch eine Anwendung eines einzelnen Erbstatuts lassen sich diese Probleme nicht lösen. Denn **zwischen den einzelnen, nebeneinander anzuwendenden Erbstatuten besteht kein bestimmtes Zuordnungsverhältnis.**

29   Im Wege der Anpassung sollte dabei aus Gründen der Praktikabilität eine Lösung in Anlehnung an das materielle Erbrecht der lex fori gesucht werden. Nur in sehr begrenztem Umfang lassen sich dabei Nachlassverbindlichkeiten einem bestimmten Nachlass, der einen Teil des „Gesamtnachlasses" darstellt, zuordnen. Man mag sie „Teilnachlassverbindlichkeiten",[39] „fixierte Nachlassverbindlichkeiten"[40] oder eher farblos „Sonderschulden"[41] nennen. Solche kollisionsrechtlich radizierte, allerdings nicht auf bestimmte Nachlassgegenstände (zB Grundstücke) bezogene Schulden kennt das materielle Recht ja nicht, es sieht allerdings zum Teil die Möglichkeit einer Haftungsbeschränkung wie etwa das deutsche Recht vor. Als einem einzelnen Nachlass **zuordnungsfähige Nachlassverbindlichkeiten** kommen etwa in Betracht:[42] sog dingliche Schulden (zB §§ 1191, 1199 BGB), Verpflichtungen zur

---

[36] *Pinckernelle/Spreen* DNotZ 1967, 213; Soergel/*Kegel*, 11. Aufl. 1984, EGBGB Vor Art. 24 Rn. 107.

[37] Vgl. *Dörner* DNotZ 1988, 106; Staudinger/*Firsching*, 12. Aufl. 1981, EGBGB Vor Art. 24 Rn. 368 f.; *Henle,* Kollisionsrechtliche Nachlassspaltung im deutsch-französischen Rechtsverkehr, 1975, 111 ff.; Soergel/*Kegel*, 11. Aufl. 1984, Vor Art. 24 Rn. 108.

[38] So jedoch Soergel/*Kegel*, 11. Aufl. 1984, EGBGB Vor Art. 24 Rn. 108; wie hier *Dörner* DNotZ 1988, 106; Staudinger/*Dörner* (2007) EGBGB Art. 25 Rn. 788.

[39] *Henle,* Kollisionsrechtliche Nachlassspaltung im deutsch-französischen Rechtsverkehr, 1975, 177.

[40] *Dörner* DNotZ 1988, 107; Staudinger/*Dörner* (2007) EGBGB Art. 25 Rn. 791.

[41] Staudinger/*Firsching*, 12. Aufl. 1981, Vor Art. 24 Rn. 376.

[42] Vgl. auch Staudinger/*Dörner* (2007) EGBGB Art. 25 Rn. 792–794; krit. *Kopp,* Probleme der Nachlassabwicklung bei kollisionsrechtlicher Nachlassspaltung, 1997, 129 ff.

Herausgabe bestimmter beweglicher oder unbeweglicher Sachen, die sich im Nachlass befinden und vor allem Erbschaftsverwaltungsschulden; diese beziehen sich im Allgemeinen auf die Verwaltung und Abwicklung jedes einzelnen Nachlasses. **Nicht zuordnungsfähige Nachlassverbindlichkeiten** bilden insoweit den Regelfall. Dazu gehören vor allem die Erblasserschulden sowie die Erbfallschulden. Inwieweit ein wertmäßiger Ausgleich zwischen den einzelnen Nachlässen zu erfolgen hat, ist eine andere, davon zu trennende Frage. Die Nachlassspaltung führt im Übrigen dazu, dass für die nach einem einzelnen Erbstatut als Nachlassverbindlichkeiten anzusehenden, nicht zuordnungsfähigen Schulden auch diejenigen Nachlässe in vollem Umfang einzustehen haben, die einem anderen Erbstatut unterliegen. Eine nur anteilmäßige Heranziehung jeder Masse im Verhältnis ihrer Größe zum Gesamtnachlass ist abzulehnen.[43]

Die Bildung eines **Haftungsverbands aus allen Nachlässen** eines bestimmten Erblassers lässt **30** sich jedoch nur dann vertreten, **wenn die beteiligten Erbstatute grundsätzlich** die **Haftung für derartige Nachlassverbindlichkeiten kennen.** Ein Rückgriff des Nachlasses, aus dem etwa zunächst eine solche Verbindlichkeit erfüllt wurde, gegen die anderen Nachlässe oder nur einen Teil von ihnen, lässt sich aufgrund des für ihn maßgeblichen Erbstatuts freilich nicht begründen. Er kann nur deshalb in Betracht gezogen werden, weil sich die durch die deutsche lex fori hervorgerufene Situation etwa allein auf diese Weise gerecht bereinigen lässt.[44] Dies bedeutet, dass ein Rückgriff zugunsten des leistenden Nachlasses in Frage kommt, wenn er dabei eine höhere Last an der Tilgung der nicht zuordnungsfähigen Nachlassverbindlichkeiten zu tragen hat, als ihm kraft seines Anteils am Gesamtnachlass zukäme.[45]

c) Umfang des allgemeinen Erbstatuts. Der Umfang der Verweisung – grundsätzlich finden **31** sämtliche Regelungen der von Art. 21 oder Art. 22 bezeichneten Rechtsordnung betreffend die „Rechtsnachfolge von Todes wegen" Anwendung – wird durch eine Zusammenschau der Negativliste in **Art. 1 Abs. 2** und der Positivliste in **Art. 23 Abs. 2** näher konkretisiert. Während Art. 1 Abs. 2 klarstellt, welche Bereiche nicht von der Verordnung (und damit auch nicht vom Erbstatut) erfasst werden, bestimmt Art. 23 Abs. 2, welche Rechtsfragen das Erbstatut beantwortet.

2. Sonderregeln. Freilich passt die allgemeine Kollisionsnorm (→ Rn. 4 ff.) nicht auf alle Fragen, **32** welche die Rechtsnachfolge von Todes wegen betreffen; einzelne Aspekte des Erbstatuts bedürfen einer speziellen Kollisionsnorm.

a) Zulässigkeit, materielle Wirksamkeit und Bindungswirkung einer Verfügung von **33** **Todes wegen (Art. 24 ff.).** Augenfällig ist die Notwendigkeit einer Sonderanknüpfung vor allem bei Verfügungen von Todes wegen. Nach Art. 21 und Art. 22 ist maßgeblich der gewöhnliche Aufenthalt oder die Rechtswahl des Erblassers zum Zeitpunkt des Erbfalls; das Erbstatut ist damit zu Lebzeiten des Erblassers wandelbar. Bliebe es bei dieser Wandelbarkeit, so könnte erst zum Todeszeitpunkt endgültig festgestellt werden, ob eine Verfügung von Todes wegen wirksam errichtet wurde, weil erst zu diesem Zeitpunkt Gewissheit über das Erbstatut besteht. Die Erbrechtsverordnung will deshalb zu Recht für eine **Stabilität** des auf die Verfügung von Todes wegen (Definition in Art. 3 Abs. 1 lit. d) anwendbaren Rechts sorgen, vgl. auch Erwägungsgrund Nr. 48 S. 1, und damit die Interessen des Erblassers und ggf. der weiteren Parteien der Verfügung von Todes wegen an einer Stabilität des auf die Verfügung anwendbaren Rechts wahren.[46] Allerdings wird keine umfassende Stabilität im Hinblick auf die Ausübung der Testierfreiheit gewahrt, da vor allem der Pflichtteil nach Art. 23 Abs. 2 lit. h dem allgemeinen (und damit wandelbaren) Erbstatut unterliegt.[47] – Bei der Sonderanknüpfung der Zulässigkeit, der materiellen Wirksamkeit und der Bindungswirkungen einer Verfügung von Todes wegen (zum Anknüpfungsgegenstand näher → Art. 24 Rn. 2 ff.) **unterscheiden** die Art. 24 ff. grob gesprochen danach, ob die anzuknüpfende Verfügung von Todes wegen die Erbfolge nach einer Person oder nach mehreren Personen betrifft. Das jeweilige **Errichtungsstatut** wird unterschiedlich bestimmt:

Verfügungen von Todes wegen, die nur den Nachlass **eines Erblassers** zum Gegenstand haben, **34** werden nach Art. 24 Abs. 1 und Art. 25 Abs. 1 dem Recht unterstellt, das hypothetisch nach der allgemeinen Kollisionsnorm auf den Erbfall zum Zeitpunkt der Errichtung der betreffenden Verfügung von Todes wegen anwendbar wäre. Art. 24 Abs. 2 und Art. 25 Abs. 3 stellen klar, dass der Erblasser und die Parteien (beim Erbvertrag) das anwendbare Recht auch nach Art. 22 wählen können.

---

[43] *Dörner* DNotZ 1988, 108; Staudinger/*Dörner* (2007) EGBGB Art. 25 Rn. 795.
[44] Vgl. Staudinger/*Firsching,* 12. Aufl. 1981, EGBGB Vor Art. 24 Rn. 372 ff.
[45] Im Ergebnis ebenso *Dörner* DNotZ 1988, 108.
[46] *Pfeiffer* IPRax 2016, 310 (311), spricht von einer „perpetuatio legis".
[47] Krit. etwa *Álvarez González* An. Esp. Der. Int. Priv. 11 (2011), 369.

35 Betrifft eine Verfügung von Todes wegen dagegen den Nachlass **mehrerer Erblasser,** dann stehen auch mehrere hypothetische Erbstatute im Raum. Die Erbrechtsverordnung löst dieses Dilemma für den Erbvertrag (im unionsrechtlichen Sinne nach Art. 3 Abs. 1 lit. b) auf. Über die Zulässigkeit eines Erbvertrags sollen die beteiligten Erbstatute kumulativ entscheiden (Art. 25 Abs. 2 UAbs. 1), so dass die Parteien einen Erbvertrag nur schließen können, wenn ein solcher nach dem beim Vertragsschluss hypothetisch auf die berührten Erbfolgen anwendbaren Recht zulässig ist. Erst bei der materiellen Wirksamkeit und der Bindungswirkung des Erbvertrags entscheidet sich die Erbrechtsverordnung für eines der Rechte: Nach Art. 25 Abs. 2 UAbs. 2 sollen diese Fragen einheitlich demjenigen der hypothetischen Erbstatute unterliegen, zu denen der Vertrag die engste Verbindung aufweist. Freilich können die Parteien des Erbvertrags diese Unsicherheit hinsichtlich des anwendbaren Rechts dadurch beseitigen, dass sie eine Rechtswahl treffen, wobei die Parteien die Wahl zwischen den Staatsangehörigkeitsrechten der beteiligten Erblasser besitzen (Art. 25 Abs. 3).

36 **b) Formelle Wirksamkeit einer Verfügung von Todes wegen (Art. 27).** Die Verordnung enthält in Art. 27 eine Sonderregel für die formelle Wirksamkeit einer schriftlichen Verfügung von Todes wegen. Wegen Art. 75 Abs. 1 UAbs. 2 findet die Vorschrift in Vertragsstaaten des Haager Testamentsformübereinkommens von 1961 (Art. 1 ff. HTestformÜ; Text und Erläuterung → HTest-formÜ Art. 1 Rn. 1 ff.), also auch in Deutschland, nur auf Erbverträge iS des Art. 3 Abs. 1 lit. b Anwendung (näher → Art. 27 Rn. 1). Zu mündlichen Verfügungen von Todes wegen s. Art. 1 Abs. 2 lit. f.

37 **c) Formelle Wirksamkeit anderer erbrechtlicher Erklärungen (Art. 28).** Art. 28 der Verordnung ergänzt die Zuständigkeitsregel in Art. 13, die für die Entgegennahme bestimmter erbrechtlicher Erklärungen einen besonderen Gerichtsstand am gewöhnlichen Aufenthalt des Erklärenden eröffnet. Nach der Vorschrift findet auf die Formgültigkeit dieser Erklärungen – die Annahme oder Ausschlagung sowie haftungsbeschränkende Erklärungen – alternativ das allgemeine Erbstatut (lit. a) oder das Recht am gewöhnlichen Aufenthalt des Erklärenden (lit. b) Anwendung.

38 **d) Nach der lex fori verpflichtende oder auf Antrag verpflichtende Nachlassverwaltung (Art. 29).** Eine überaus detaillierte Regelung zur Bestellung und zu den Befugnissen eines Nachlassverwalters enthält die Verordnung in Art. 29 für eine nach der lex fori verpflichtende oder auf Antrag verpflichtende Nachlassverwaltung, wenn internationale Zuständigkeit und Erbstatut entgegen dem grundsätzlich erstrebten Gleichlauf von forum und ius (→ Vor Art. 4 Rn. 2 f.) auseinanderfallen.

39 **e) Besondere Erbfolgen für bestimmte Vermögensgegenstände (Art. 30).** Ein Vorbehalt von Eingriffsnormen, die besondere Erbfolgen für bestimmte Vermögensgegenstände vorsehen, findet sich in Art. 30, der durch Art. 15 des Haager Erbrechtsübereinkommens (→ Vor Art. 1 Rn. 8 ff.) inspiriert wurde.

40 **f) Kommorienten (Art. 32).** Eine versteckte Sachnorm enthält Art. 32, die ebenfalls auf dem Haager Erbrechtsübereinkommen (Art. 13 des Haager Erbrechtsübereinkommen → Vor Art. 1 Rn. 8 ff.) beruht, und zwar für den Fall, dass erstens die Erbfolge nach mehreren Personen unterschiedlichen Rechten unterliegt, zweitens unklar ist, wer wen überlebt hat, und drittens die Erbstatute unterschiedliche oder gar keine Vermutungsregeln aufstellen. Für diesen Konflikt der beteiligten Erbstatute ordnet die Verordnung, wie im Ergebnis die deutsche Kommorientenvermutung in § 11 VerschG, an, dass keine wechselseitigen Erbrechte bestehen, auch wenn im Übrigen die Todesvermutung und die Verschollenheit nicht vom sachlichen Anwendungsbereich der Verordnung erfasst sind (Art. 1 Abs. 2 lit. c).

41 **g) Erbenlose Nachlässe und Rechte des Staates (Art. 33).** Ein kompliziertes Problem betrifft die Regelung in Art. 33, die weitgehend Art. 16 des Haager Erbrechtsübereinkommens (→ Vor Art. 1 Rn. 8 ff.) entspricht, nämlich die Situation, dass der Erblasser den Nachlass niemandem von Todes wegen zugewandt hat und auch durch keine natürliche Person als Intestaterbe überlebt wird und sich die Frage nach dem Schicksal des Nachlasses stellt, die in den meisten Rechtsordnungen mit einer privaten Erbenstellung oder einem öffentlichen Aneignungsrecht des Staates beantwortet wird. Hier kann es jedoch zu Konflikten mehrerer Staaten kommen, wenn ein „Erbenstaat" den gesamten Nachlass für sich reklamiert, weil sein Recht Erbstatut ist, aber ein „Aneignungsstaat" die in seinem Territorium belegenen Gegenstände des erbenlosen Nachlasses für sich beansprucht. Art. 33 räumt in einem solchen Konfliktfall dem „Aneignungsstaat" den Vorrang ein.

42 **3. Universeller Charakter (Art. 20).** Die Kollisionsnormen der Art. 21 ff. sind universell ausgestaltet und legen nach Art. 20 das anwendbare Recht auch dann fest, wenn es sich um das Recht eines Drittstaats handelt.

4. Kein besonderer kollisionsrechtlicher Pflichtteilsschutz. Der Pflichtteil naher Familien- **43** mitglieder des Erblassers – über dessen Weitergabe dieser nicht einseitig disponieren kann – wird von den Kollisionsnormen der Erbrechtsverordnung nicht gesondert geschützt,[48] anders als noch im Grünbuch angedacht,[49] im Parlament gefordert[50] und im Rat diskutiert.[51] Der Pflichtteil ist nach Art. 23 Abs. 2 lit. h Teil des allgemeinen Erbstatuts, das sich allein nach persönlichen Merkmalen des Erblassers richtet: **seinem** letzten gewöhnlichen Aufenthalt (Art. 21 Abs. 1) und **seiner** Staatsangehörigkeit, die **er** zum Erbstatut (Art. 22) gekürt hat. Die kollisionsrechtlichen Interessen der überlebenden Familienmitglieder werden dabei nur äußerst mittelbar wahrgenommen[52] (→ Rn. 5, vgl. auch → Rn. 45), so dass für den Erblasser die begrenzte Möglichkeit eines „Pflichtteilsshopping"[53] besteht. Insbesondere knüpft der Unionsgesetzgeber den Pflichtteil nicht gesondert an ein Recht an, das eine Beziehung zu den Familienmitgliedern des Erblassers besitzt (vgl. aber etwa für das bisherige Erbkollisionsrecht Art. 1.62 Abs. 2 litau. Civilinis kodeksas; Kap. 26 § 12 finn. Perintökaari). Auch setzt sich das Pflichtteilsrecht nach dem objektiv bestimmten Erbstatut nicht gegen eine Rechtswahl des Erblassers nach Art. 22 durch (anders etwa bisher Art. 79 Abs. 1 S. 3 belg. Code de droit international privé; Art. 89 Abs. 5 bulg. Kodeks na meždunarodnoto častno pravo; Art. 46 Abs. 2 S. 3 it. Legge di diritto internazionale privato). Allein die Beschränkung des Kreises der vom Erblasser wählbaren Rechte auf das Staatsangehörigkeitsrecht wird vom Unionsgesetzgeber mit dem Pflichtteilsschutz gerechtfertigt (näher → Art. 22 Rn. 1); auch das Ausklammern des Pflichtteils aus dem Errichtungsstatut der Verfügung von Todes wegen durch Art. 23 Abs. 2 lit. h kann als pflichtteilsrechtliche Schutzmaßnahme gedeutet werden. Darüber hinaus wird der kollisionsrechtliche Schutz des Pflichtteils damit weitgehend auf die Gerichte verlagert, die den Pflichtteil im Rahmen der allgemeinen Grenzen der Verweisung schützen können. Hierfür bieten sich zwei Wege an: Einmal kann das Pflichtteilsrecht des Forumsmitgliedstaats über den **ordre-public-Vorbehalt** nach Art. 35 durchgesetzt werden, anders als wohl nach dem Kommissionsvorschlag, der noch vorgesehen hatte, dass Abweichungen im Pflichtteilsrecht allein ordre-public-neutral sind (→ Art. 35 Rn. 3). Jedenfalls theoretisch denkbar ist zum anderen auch, dass in Einzelfällen die Verweisung auf ein bestimmtes pflichtteilsloses oder pflichtteilsschwaches Recht auf einer **Gesetzesumgehung** (näher → Rn. 64) durch den Erblasser beruht. Dabei wird man jedoch allgemein den absichtlichen Wechsel des jeweils relevanten Anknüpfungsmoments (gewöhnlicher Aufenthalt oder Staatsangehörigkeit) durch den Erblasser allein nicht als Gesetzesumgehung ansehen können.[54] Gleiches gilt auch für die Wahl einer ineffektiven (vgl. Art. 5 Abs. 1 S. 1 EGBGB) Staatsangehörigkeit im Rahmen des Art. 22 EuErbVO. Es sind damit nur schwer Fälle vorstellbar, in denen eine Gesetzesumgehung vorliegt,[55] zumal etwa die Täuschung des Erblassers über seinen gewöhnlichen Aufenthalt keine Gesetzesumgehung begründet, sondern bereits dazu führt, dass das Anknüpfungsmoment nicht auf das betreffende Recht verweist, sondern auf das Recht des Staates, in dem der Erblasser seinen gewöhnlichen Aufenthalt wirklich hatte (→ Rn. 64). Dagegen stellt das Pflichtteilsrecht niemals eine besondere Nachfolgeregelung nach Art. 30 dar (→ Art. 30 Rn. 9). Allerdings sollte die Bedeutung eines kollisionsrechtlichen Pflichtteilsschutzes nicht überbewertet werden. In nahezu jeder Rechtsordnung, vor allem in den mitgliedstaatlichen Rechtsordnungen, werden nahe Familienmitglieder in der einen oder anderen Weise vor den Dispositionen des Erblassers geschützt, zwar nicht immer über einen starren Quotenpflichtteil kontinentaler Provenienz, sondern auch wie in England und Wales über ein Ermessen des Gerichts, das eine gerechte Teilhabe im Einzelfall gewährleistet, zumal rechtsordnungsübergreifend Tendenzen zu einer Flexibilisierung, Differenzierung, Horizontalisierung und Öffnung des Pflichtteils zu verzeichnen sind.[56]

---

[48] Ausf. zum Kommissionsvorschlag bereits *Pfundstein,* Pflichtteil und ordre public, 2010, 319 ff.; allg. zum Pflichtteilsschutz nach der Verordnung *St. Lorenz* in Dutta/Herrler EuErbVO 113; *Soutier,* Die Geltung deutscher Rechtsgrundsätze im Anwendungsbereich der Europäischen Erbrechtsverordnung, 2015, 189 ff.

[49] S. Grünbuch KOM(2005) 65 endg. S. 7 (Frage 10).

[50] Gargani-Bericht S. 4, 10. Gegen einen Bedarf für einen kollisionsrechtlichen Pflichtteilsschutz aber Lechner-Berichtsentwurf S. 65 sowie Lechner-Bericht S. 62.

[51] S. etwa den Vorschlag der polnischen Delegation in Ratsdokument Nr. 5811/10 ADD 13 S. 8; s. auch die Bedenken der litauischen Delegation in Ratsdokument Nr. 5811/10 ADD 14 S. 6. Vgl. auch Ratsdokument Nr. 11067/11 S. 11: „Der Schutz von Pflichtteilen bleibt grundlegender Bestandteil der künftigen Verordnung".

[52] *Bonomi* NIPR 2010, 605 (606 ff.); vgl. auch *Kühne* ZVglRWiss. 114 (2015), 355 (360).

[53] *Lechner* NJW 2013, 26 (27).

[54] Vgl. *Kohler* Rec. des Cours 359 (2012), 285, 465; *St. Lorenz* in Dutta/Herrler EuErbVO 113, 120, 123 f.; *Mansel,* Tuğrul Ansay'a Armağan, 2006, 185, 219; *Leipold,* FS Söllner, 2000, 647, 665: nur „in extremen Fällen"; *Simon/Buschbaum* NJW 2012, 2393 (2395). Großzügiger dagegen *Max Planck Institute* RabelsZ 74 (2010), 522 (664).

[55] Sehr viel großzügiger aber offenbar *Walther* GPR 2016, 128 (131).

[56] Näher etwa *Dutta* FamRZ 2011, 1829.

44   **5. Keine Sonderanknüpfung der Pflichtteilsergänzung – das „clawback"-Problem.**
Nicht durchringen konnte sich der Unionsgesetzgeber auch zu einer Sonderanknüpfung der Pflicht-
teilsergänzung, dh der Reaktionen des Pflichtteilsrechts auf lebzeitige Zuwendungen. Nach Art. 23
Abs. 2 lit. h und lit. i (→ Art. 23 Rn. 35, 37) unterliegt die Pflichtteilsergänzung auch gegenüber
Dritten dem **allgemeinen Erbstatut,** und zwar obwohl Art. 1 Abs. 2 lit. g lebzeitige Zuwendung
an sich aus dem Anwendungsbereich der Verordnung ausklammert (zu Einzelheiten → Art. 1
Rn. 33, 34, 45), ähnlich wie auch die Errichtung eines trust (Art. 1 Abs. 2 lit. j) oder die Ausstattung
einer Stiftung (Art. 1 Abs. 2 lit. h), die ebenfalls eine Pflichtteilsergänzungspflicht auslösen können
(etwa → BGB § 2325 Rn. 42). Diese Anwendung des allgemeinen Erbstatuts auf die Pflichtteilsergänzung missachtet die Interessen des Zuwendungsempfängers, der zum Zeitpunkt der Schenkung
nicht sicher weiß, welches Pflichtteilsergänzungsrecht letztendlich allgemeines Erbstatut sein und
damit über die Bestandskraft der Zuwendung, etwa ihre Rückforderbarkeit (deshalb: „clawback"),
entscheiden wird.[57] Der Erblasser kann seinen gewöhnlichen Aufenthalt nach der Zuwendung wechseln (Art. 21 Abs. 1), eine enge Verbindung zu einem anderen Staat begründen (Art. 21 Abs. 2)
oder eine Rechtswahl (Art. 22) treffen. Eine mögliche Lösung wäre es gewesen, jedenfalls auf die
Rückforderbarkeit der Zuwendung das (für den Zuwendungsempfänger ermittelbare) hypothetische
Erbstatut zum Zeitpunkt der Zuwendung anzuwenden[58] – eine mögliche Regelung, die auch im
Parlament[59] und im Rat[60] diskutiert wurde. Die fehlende Sonderanknüpfung des clawback ist auch
einer der Gründe, der es dem Vereinigten Königreich verwehrt hat, sich an der Erbrechtsverordnung
zu beteiligen.[61] De lege lata ließe sich die Problematik allenfalls durch eine abweichende Qualifikation
von Pflichtteilsergänzungsansprüchen als schuldvertrags- oder sachenrechtliche Frage lösen[62] – ein
Weg, der allerdings nur mit Schwierigkeiten beschritten werden kann (näher → Art. 1 Rn. 33).

45   **6. Keine Rechtswahlfreiheit der erbrechtlich Berechtigten.** Zu Recht räumt die Verordnung
den erbrechtlich Berechtigten – sei es den Erben, Vermächtnisnehmern, Testamentsvollstreckern
oder Nachlassverwaltern – keine Rechtswahlfreiheit ein.[63] Die Erwägungen für eine Rechtswahlfreiheit des Erblassers passen bei den erbrechtlich Berechtigten nur sehr eingeschränkt: Die Rechtswahlfreiheit des Erblassers soll vor allem dessen Interesse an einer Rechtssicherheit und Stabilität des
Erbstatuts wahrnehmen (→ Art. 22 Rn. 1). Da die erbrechtlich Berechtigten auch bei der objektiven
Anknüpfung des Erbstatuts keine Rolle spielen, sondern nur der Erblasser, wird man deren Interessen
an Rechtssicherheit und Stabilität auch nur eingeschränkt für schützenswert erachten müssen. Hinzu
kommen auch praktische Schwierigkeiten: Wenn man den erbrechtlich Berechtigten eine Rechtswahl gestattet, dann stellt sich freilich die Frage, nach welchem Recht man beurteilt, wer berechtigt
ist und wer die Rechtswahl überhaupt treffen darf. Selbst wenn man diese Erstfrage nach dem
objektiven Erbstatut beantwortet, so würde es dennoch dazu führen, dass bereits auf der Ebene des
Kollisionsrechts – mitunter schwierige – Fragen des Sachrechts zu beantworten wären. Aber auch
für **bestimmte Einzelfragen** – die nichts mit der Erbberechtigung zu tun haben – billigt die
Verordnung den erbrechtlich Berechtigten keine Rechtswahlmöglichkeit zu, anders als zum Teil
nach bisherigem mitgliedstaatlichem Kollisionsrecht für die Nachlassverteilung (s. etwa Art. 46 Abs. 2
it. Legge di diritto internazionale privato und Art. 10:149 Abs. 2 niederl. Burgerlijk Wetboek). Für
eine solche sachlich beschränkte Rechtswahl hätte sicherlich gesprochen, dass sie die Nachlassabwicklung erleichtert hätte. Jedoch sollten allein Fragen, die ausschließlich das Verhältnis der erbrechtlich
Berechtigten zueinander betreffen, einer Rechtswahl zugänglich sein, wobei hier das Instrumenta-

---

[57] Was auch im Rat erkannt wurde, s. etwa Ratsdokumente Nr. 5811/10 ADD 9 S. 14 und Nr. 9303/11 S. 5.

[58] Etwa *Dutta* RabelsZ 73 (2009), 547 (582 f.); *Dutta* in Boele-Woelki/Miles/Scherpe, The future of family
property in Europe, 2011, 341, 356; *Harris* Tru. L. Int'l 2008, 181 (199); *Lehmann* FPR 2008, 203 (205); *Lein*
YbPIL 11 (2009), 107 (131 f.); *Lein,* Legal consequences of the decision by the UK not to take part in the
adoption of an EU Regulation on succession, 2010, 7; *Max Planck Institute* RabelsZ 74 (2010), 522 (629 ff.);
Talpis Rec. des Cours 356 (2011), 9, 194 ff.; vgl. auch *Bonomi,* FS van Loon, 2013, 69 (76).

[59] S. etwa den Änderungsantrag 200 der Abgeordneten *Diana Wallis,* in Änderungsanträge Nr. 122–245 zum
Lechner-Berichtsentwurf S. 43 f.

[60] S. etwa die Ratsdokumente Nr. 17715/11 S. 3 und Nr. 17715/1/11 S. 3 f.

[61] Vgl. die Stellungnahme des Vereinigten Königreichs in Ratsdokument Nr. 5811/10 ADD 10 S. 16 sowie
(gemeinsam mit Zypern) in Ratsdokument Nr. 8223/10; Consultation Paper Nr. CP41/09 of the Ministry of
Justice on the European Commission proposal on succession and wills vom 21.10.2009 Rn. 13 ff.; Statement of
the Secretary of State for Justice and Lord Chancellor vom 16.12.2009, Column 140 WS. – S. auch die Stellungnahme in Ratsdokument Nr. 14894/1/09. Näher *Lein* in Dutta/Herrler EuErbVO 199, 202 ff.

[62] Hierfür *St. Lorenz* in Dutta/Herrler EuErbVO 113, 117 f.; krit. Dutta/Weber/*R. Magnus* IntSchenkungsR
Rn. 50 ff.

[63] DNotI-Studie S. 269; *Dutta* in Reichelt/Rechberger, Europäisches Erbrecht – Zum Verordnungsvorschlag
der Europäischen Kommission zum Erb- und Testamentsrecht, 2011, 57, 80 f.; *Kruis,* Das italienische internationale
Erbrecht, 2005, 195 f.; *Mansel,* Tuğrul Ansay'a Armağan, 2006, 185, 212, 213.

rium des internationalen Vertragsrechts und des internationalen Verfahrensrechts der Verordnung (s. vor allem Art. 8) ausreicht und eine einvernehmliche Entscheidung der erbrechtlich Berechtigten inter partes ermöglicht.[64] Vgl. ferner zur schuldrechtlichen Qualifikation von Erbschaftsverträgen → Art. 23 Rn. 30.

7. Regelungen des Allgemeinen Teils. Grenzüberschreitende Erbfälle werfen auch Probleme **46** des Allgemeinen Teils des internationalen Privatrechts auf (→ Rn. 48 ff.). Es verwundert deshalb nicht, dass die Verordnung, wie die anderen kollisionsrechtlichen Rechtsakte der EU auch, Regelungen zu Fragen des Allgemeinen Teils enthält, ausdrücklich zur **Anpassung** dinglicher Rechte bei Normdiskrepanz (Art. 31), zur **Rück- und Weiterverweisung** (Art. 34), zum **ordre-public-Vorbehalt** (Art. 35) sowie zur **Konkretisierung der Verweisung bei Mehrrechtsstaaten** (Art. 36 ff.).

In der Sache ebenfalls Fragen des Allgemeinen Teils betreffen Art. 26 Abs. 2 (**Statutenwechsel** **47** bei der einmal vom Erblasser ausgeübten Testierfähigkeit), Art. 29 Abs. 2 UAbs. 2 (**Anpassung** bestimmter Befugnisse eines Nachlassverwalters bei Normmangel), Art. 30 (**Eingriffsnormen**), Art. 32 (erbfallübergreifende **Anpassung** bei Normdiskrepanz wegen unterschiedlicher Kommorientenregeln) und Art. 33 (**Anpassung** bei einer Normdiskrepanz wegen unterschiedlicher Regelungskonzepte im Hinblick auf die Ausgestaltung der staatlichen Nachlassbeteiligung) sowie sogar außerhalb des Kollisionsrechts der Verordnung Art. 13 (**Substitution** der Abgabe bestimmter erbrechtlicher Erklärungen gegenüber einem Gericht).

III. Erbrechts- und verordnungsspezifische Fragen des Allgemeinen Teils

Die Verordnung regelt zwar einzelne Probleme des Allgemeinen Teils (→ Rn. 46 f.). Es bleiben **48** aber auch zahlreiche allgemeine Fragen des Allgemeinen Teils offen, die grundsätzlich durch autonome Auslegung der Verordnung (→ Vor Art. 1 Rn. 23 ff.) zu beantworten sind. Im Folgenden werden einige Fragen[65] angesprochen, die sich gerade im Kontext des Erbrechts oder der Erbrechtsverordnung stellen (s. daneben auch zur Gesetzesumgehung → Rn. 64):

1. Qualifikation. Eine erste Frage betrifft die Qualifikation, die anders als im innerstaatlichen **49** Kollisionsrecht nicht nach der lex fori, sondern **autonom** anhand unionsrechtlicher Kriterien zu erfolgen hat (allgemein → Einl. IPR Rn. 108 ff., 126 ff.). Die Verordnung lässt den Rechtsanwender nicht völlig auf sich gestellt. Vielmehr gibt die Verordnung in ihrer Negativliste des Art. 1 Abs. 2 und ihrer Positivliste des Art. 23 Abs. 1 (ergänzt um die Anknüpfungsgegenstände der Sonderregeln in Art. 24 ff.) jedenfalls Anhaltspunkte für die Qualifikation einzelner Fragen.

2. Anknüpfung von Vorfragen. Die Erbrechte dieser Welt werfen stets Vorfragen auf. Wenige **50** Anhaltspunkte lassen sich der Verordnung zur Anknüpfung solcher erbrechtlicher Vorfragen (allgemein → Einl. IPR Rn. 148 ff.) entnehmen, dh hier konkret zur Anknüpfung von präjudiziellen Rechtsverhältnissen im nach den Art. 20 ff. bestimmten Erbstatut. Im Hinblick auf Statusverhältnisse (Verwandtschaft, Ehe, Lebenspartnerschaft), die vor allem im Intestaterbrecht und beim Pflichtteil in den meisten Rechtsordnungen eine große Rolle spielen, ordnet lediglich Art. 1 Abs. 2 lit. a an, dass diese Fragen nicht von der Verordnung erfasst werden. Vorfragen können sich aber auch stellen, wenn es zu prüfen gilt, ob bestimmte Vermögensgegenstände Teil des Nachlasses sind – eine Frage, die ebenfalls für sich genommen nicht vom Erbstatut beantwortet, sondern lediglich vorausgesetzt wird.[66] Der Wortlaut der Verordnung lässt offen, ob die Gerichte das zur Beantwortung der Vorfrage anwendbare Recht, etwa beim Ehegattenerbrecht das Eheschließungsstatut, nach dem Kollisionsrecht des Erbstatuts (unselbständige Anknüpfung) oder nach der lex fori (selbständige Anknüpfung) bestimmen müssen,[67] obwohl eine ausdrückliche Regelung möglich und wünschenswert gewesen wäre[68] und das Problem im Grünbuch auch aufgeworfen wurde.[69] Insbesondere fehlt in der Erbrechtsverordnung ein dem Erwägungsgrund Nr. 10 UAbs. 3 zur Rom III-VO sowie Erwägungsgrund Nr. 21 zur EuGüVO bzw. EuPartVO – die für ihre Rechtsakte eine selbständige Anknüpfung von Vorfragen nahelegen – entsprechender Hinweis. Freilich spielt die Frage einer selbständigen oder unselbständigen Anknüpfung von Vorfragen angesichts des Strebens der Verordnung nach einem Gleichlauf von

---

[64] Vgl. *Max Planck Institute* RabelsZ 74 (2010), 522 (625, 629).

[65] S. auch den Überblick bei *Köhler* Anali Pravnog Fakulteta Univerziteta u Zenici 18 (2016), 169 und Dutta/Weber/*Weber* Einl. Rn. 84 ff.

[66] *Solomon* Anali Pravnog Fakulteta Univerziteta u Zenici 18 (2016), 193 (199).

[67] *Nehne,* Methodik und allgemeine Lehren des europäischen Internationalen Privatrechts, 2012, 219; zum Kommissionsvorschlag *Solomon,* FS Spellenberg, 2010, 355 (359).

[68] S. DNotI-Studie S. 274; *Dörner* ZEV 2010, 221 (223 f.).

[69] Grünbuch KOM(2005) 65 endg. S. 8 (Frage 13); für das Parlament sogleich → Rn. 51.

forum und ius (→ Vor Art. 4 Rn. 2 f.) eine geringere Rolle, da lex causae und lex fori oftmals identisch sein werden.[70]

51   Die besseren Argumente sprechen im Rahmen der Erbrechtsverordnung für eine **unselbständige Anknüpfung** von Vorfragen,[71] in erster Linie weil, wie allgemein im internationalen Unionsprivatrecht (→ Einl. IPR Rn. 177 ff.), der internationale Entscheidungseinklang innerhalb der EU durch eine solche Anknüpfung gefördert würde – ein Entscheidungseinklang, der dem europäischen Gesetzgeber im harmonisierten Bereich wohl eher am Herzen liegt (→ Rn. 2) als der interne Entscheidungseinklang im nichtharmonisierten Bereich für die mitgliedstaatlichen Rechtsordnungen. Es verwundert deshalb nicht, dass auch bereits das Parlament eine unselbständige Anknüpfung von Vorfragen im Erbstatut gefordert hatte.[72] Hinzu kommt bei der Erbrechtsverordnung noch eine weitere – wichtige – Erwägung im Zusammenhang mit dem **Europäischen Nachlasszeugnis,** das – soll dessen praktische Wirksamkeit nicht gefährdet werden (→ Vor Art. 62 Rn. 9 f.) – eine unselbständige Anknüpfung von Vorfragen erfordert,[73] jedenfalls im Hinblick auf die zu bescheinigende Rechtsposition. Da das Nachlasszeugnis nach Art. 69 einheitliche Wirkungen in der gesamten EU entfaltet, wäre seine praktische Wirksamkeit gefährdet, wenn die im Zeugnis ausgewiesene Erbberechtigung nicht aus Sicht einer jeden mitgliedstaatlichen Rechtsordnung einheitlich beantwortet würde, in der das Zeugnis zum Nachweis der Stellung als Erbe, Vermächtnisnehmer, Testamentsvollstrecker und Nachlassverwalter verwandt werden können soll. Ansonsten werden Nachlasszeugnisse in die Welt gesetzt, die potentiell aus Sicht anderer Mitgliedstaaten unrichtig sind. Eine unionseinheitliche Bestimmung der Erbberechtigung lässt sich jedoch nur erreichen, wenn Vorfragen unselbständig angeknüpft werden, so dass aus Sicht eines jeden Mitgliedstaats für die Rechtsnachfolge von Todes wegen relevante Vorfragen nach denselben Kollisionsnormen, nämlich denen des Erbstatuts, angeknüpft werden. Nachlasszeugnisse, die aus Rechtsgründen nicht aus Sicht aller Mitgliedstaaten richtig sind, führen demgegenüber zu erheblichen Unsicherheiten, vor allem bei den Gutglaubenswirkungen nach Art. 69 Abs. 3 und 4. Letztendlich trägt der Dritte, der als Leistender oder Erwerber auf die Richtigkeit des Nachlasszeugnisses vertraut, das Risiko, dass er die Unrichtigkeit des Nachlasszeugnisses kennt oder infolge grober Fahrlässigkeit nicht kennt. Da der Dritte nicht weiß, vor welchem (mitgliedstaatlichen) Gericht die Kenntnis oder grob fahrlässige Unkenntnis relevant wird (hierbei muss es sich nicht um die nach Art. 4 ff. zuständigen Gerichte handeln!) und damit nach welchem Recht etwaige für die Richtigkeit oder Unrichtigkeit des Nachlasszeugnisses relevante Vorfragen beantwortet werden, könnten Dritte veranlasst werden, nicht auf das Nachlasszeugnis zu vertrauen. Diese Gerichte werden auch durch das Nachlasszeugnis

---

[70] *Dörner* ZEV 2012, 505 (513); *Looschelders,* FS Coester-Waltjen, 2015, 531 (538 f.); *Sturm/Sturm,* Liber amicorum Sajko, 2012, 309 (324 f.).

[71] *Dörner* ZEV 2010, 221 (224, 227); *Dörner* ZEV 2012, 505 (513); zust. *Döbereiner* MittBayNot 2013, 358 (361); *Dutta* FamRZ 2013, 4 (13, 15); *Kleinschmidt* RabelsZ 77 (2013), 723 (765 ff.); *Lipp* in Lipp/Münch, Die neue Europäische Erbrechtsverordnung, 2016, 1, 14; *D. Lübcke,* Das neue europäische internationale Nachlassverfahrensrecht, 2013, 563 ff.; Dutta/Weber/*Schmidt* Art. 1 Rn. 22 ff.; *Soutier,* Die Geltung deutscher Rechtsgrundsätze im Anwendungsbereich der Europäischen Erbrechtsverordnung, 2015, 83 ff.; Palandt/*Thorn* Art. 1 Rn. 5; *Weber* DNotZ 2016, 424 (436 f.); so auch offenbar bereits die Forderung im Deutschen Rat für Internationales Privatrecht s. *Martiny* IPRax 2011, 437 (442) in Fn. 86; vgl. auch *Geimer* in Hager, Die neue europäische Erbrechtsverordnung, 2013, 9, 29 ff.; Staudinger/*Hausmann* (2013) EGBGB Art. 7 Rn. 70a. – Dagegen grds. für eine selbständige Anknüpfung *Buschbaum,* FS Martiny, 2014, 259 (274 f.); Zöller/*Geimer* Anh. II J: EuErbVO Art. 1 Rn. 17; Erman/*Hohloch* Art. 1 Rn. 3; *Looschelders,* FS Coester-Waltjen, 2015, 531 (538 f.); Deixler-Hübner/Schauer/*Mankowski* Art. 1 Rn. 6; Frieser/*Martiny* ErbR Nach Art. 26 EGBGB: EuErbVO Rn. 11; *Nehmer,* Erbunwürdigkeit und Elternunterhalt im Internationalen Privatrecht, 2013, 180 ff.; *A. Pfeiffer* successio 2010, 316 (320); *Rudolf* ÖNotZ 2010, 353 (358); *Rudolf* ÖNotZ 2013, 225 (227, 233); *Schurig,* FS Spellenberg, 2010, 343, 350 f.; *Sturm/Sturm,* Liber amicorum Sajko, 2012, 309, 325 ff.; *Traar* iFamZ 2015, 250 (253); *Zwirlein* JuS 2015, 981 (984); vgl. auch *Bonomi* Rec. des Cours 350 (2010), 71, 325; *Max Planck Institute* RabelsZ 74 (2010), 522 (526 f.) – Der Verordnung keine Wertung entnehmen und diese Frage dem jeweiligen Forumskollisionsrecht überlassen wollen Bonomi/Wautelet/*Bonomi* Art. 1 Rn. 17; *Buschbaum,* GS Hübner, 2012, 589 (599); *Buschbaum/Simon* RPfleger 2015, 444 (447); *Hellner* in Dutta/Herrler EuErbVO 107, 109 f.; *Lagarde* Rev. crit. dr. int. pr. 101 (2012), 691 (707); *St. Lorenz* ErbR 2012, 39 (48); *Müller-Lukoschek,* Die neue EU-Erbrechtsverordnung, 2. Aufl. 2015, 76 f.; so wohl auch *Altmeyer* ZEuS 2010, 475 (492); *Nordmeier* ZEV 2012, 513 (515); *Seibl* in Spickhoff, Symposium Parteiautonomie im Europäischen Internationalen Privatrecht, 2013, 123, 130.

[72] Gargani-Bericht S. 8.

[73] *Dörner* ZEV 2010, 221 (224, 227); *Dörner* ZEV 2012, 505 (512 f.); zust. *Döbereiner* MittBayNot 2013, 358 (361); *Dutta* FamRZ 2013, 4 (15); *Kleinschmidt* RabelsZ 77 (2013), 723 (765 ff.); *D. Lübcke,* Das neue europäische internationale Nachlassverfahrensrecht, 2013, 563 ff.; Palandt/*Thorn* Art. 1 Rn. 5; s. auch *Geimer* in Reichelt/Rechberger, Europäisches Erbrecht – Zum Verordnungsvorschlag der Europäischen Kommission zum Erb- und Testamentsrecht, 2011, 1, 16; *Henrich* in H. Roth, Europäisierung des Rechts, 2010, 77, 85; *Henrich,* Liber amicorum Schurig, 2012, 63 (64 f.); tendenziell auch *Grau* in Zimmermann ErbR Nebengesetze Art. 25, 26 EGBGB Anh.: EuErbVO Rn. 64, 84.

nicht in der Frage der Erbberechtigung gebunden. Allenfalls entfaltet das Zeugnis seine Vermutungswirkung nach Art. 69 Abs. 2, die jedoch durch den Nachweis des Gegenteils entkräftet werden kann (→ Art. 69 Rn. 11). Damit wäre die praktische Wirksamkeit des Nachlasszeugnisses erheblich in Frage gestellt, da niemand den Dritten zwingen kann, im Rechtsverkehr auf das Nachlasszeugnis zu vertrauen (näher → Art. 69 Rn. 24). Insoweit unterscheidet sich das Europäische Nachlasszeugnis insbesondere von vollstreckbaren mitgliedstaatlichen Entscheidungen, die Freizügigkeit in der EU genießen. Hier ist kein Vertrauen des Rechtsverkehrs auf die Entscheidung notwendig, sondern der jeweils Berechtigte kann rechtlich eine Vollstreckung der Entscheidung erzwingen. Die Nachteile für den internen Entscheidungseinklang der Mitgliedstaaten durch eine unselbständige Anknüpfung von Vorfragen sind in Kauf zu nehmen, um dem Effektivitätsgrundsatz (→ Art. 5 Rn. 4) zu genügen. Das betrifft vor allem die höheren Transaktionskosten, die mit einer unselbständigen Anknüpfung von Vorfragen ggf. einhergehen.[74] Der Effektivitätsgrundsatz gestattet es auch, eine unselbständige Anknüpfung von Vorfragen unionsrechtlich zu begründen, selbst wenn das Vorfragenproblem an sich aus dem sachlichen Anwendungsbereich der Erbrechtsverordnung ausgeklammert ist;[75] denn dem Effektivitätsgrundsatz unterliegt auch die Anwendung des mitgliedstaatlichen (Kollisions-)Rechts. Zu einem ähnlichen Bedürfnis einer unselbständigen Vorfragenanknüpfung bei erbenlosen Nachlässen → Art. 33 Rn. 5).

Selbständig sind Vorfragen dagegen nur **ausnahmsweise** anzuknüpfen, soweit das für die Beant- **52** wortung der Vorfrage einschlägige Kollisionsrecht bereits unionsrechtlich harmonisiert wurde. Das ist jedoch bisher nicht der Fall, da das Statuskollisionsrecht noch überwiegend vom mitgliedstaatlichen Recht geprägt wird. Selbst bei der Auflösung einer Ehe durch Privatscheidung (für eine ausländische Dekretscheidung als Vorfrage → Rn. 53) hilft die Rom III-VO – soweit sie überhaupt Privatscheidungen erfasst (→ Rom III-VO Art. 1 Rn. 8 ff.) – nicht weiter. Denn die Rom III-VO gilt als Maßnahme der Verstärkten Zusammenarbeit nicht für alle Mitgliedstaaten, die auch durch die Erbrechtsverordnung gebunden werden (→ Rom III-VO Vor Art. 1 Rn. 6, 8, 9), und schafft damit für die Mitgliedstaaten der Erbrechtsverordnung keine einheitlichen Kollisionsnormen; eine selbständige Anknüpfung der Privatscheidung als Vorfrage birgt mithin auch hier die Gefahr uneinheitlicher Ergebnisse im Hinblick auf die Rechtsnachfolge von Todes wegen und gefährdet damit speziell die Effektivität des Europäischen Nachlasszeugnisses. Selbständig anzuknüpfen sind damit aber Vorfragen im allgemeinen Erbstatut nach Art. 21 ff., soweit die Verordnung für diese Vorfragen besondere – einheitliche – Kollisionsnormen vorsieht, vor allem in Art. 24 ff. für die Wirksamkeit einer Verfügung von Todes wegen (zu Beispielen → Art. 23 Rn. 13, 15, 19).

Die Grundregelung einer unselbständigen Vorfragenanknüpfung gilt auch für Vorfragen, die **53** bereits durch eine gerichtliche Entscheidung geklärt wurden **(verfahrensrechtliche Vorfrage),** speziell also durch eine Statusentscheidung, insbesondere eine Dekretadoption oder Dekretscheidung. Auch hier muss die Vorfrage, anders als eventuell nach internem deutschem Kollisionsrecht (→ Einl. IPR Rn. 202 ff.), **unselbständig „angeknüpft"** werden. Es muss geprüft werden, ob die betreffende Entscheidung nach dem Verfahrensrecht des Erbstatuts anerkennungsfähig ist und präjudizielle Wirkung entfaltet. Nur dann ist ein Entscheidungseinklang innerhalb der EU (→ Rn. 2) gesichert, der für die praktische Wirksamkeit des Europäischen Nachlasszeugnisses unabdingbar ist (→ Rn. 51). Eine Ausnahme ist auch hier zu machen, soweit die einschlägigen Anerkennungsregeln für die Mitgliedstaaten (iS der EuErbVO → Vor Art. 1 Rn. 29) vereinheitlicht wurden, wie es derzeit im Rahmen der erbrechtsrelevanten Statusentscheidungen nur für mitgliedstaatliche Scheidungsentscheidungen wegen Art. 21 ff. Brüssel IIa-VO der Fall ist.

3. Statutenwechsel. Das allgemeine Erbstatut ist zu Lebzeiten des Erblassers wandelbar **54** (→ Rn. 33), aber auch das Errichtungsstatut für eine abändernde oder widerrufende Verfügung von Todes wegen kann aufgrund einer Veränderung der Anknüpfungsmomente (etwa eines Wechsels des gewöhnlichen Aufenthalts des Erblassers) ein anderes sein als das Errichtungsstatut für die zu ändernde oder zu widerrufende Verfügung (vgl. Art. 24 Abs. 3 sowie → Art. 25 Rn. 12). Hier stellt sich vor allem die Frage, ob der Erblasser eine einmal durch eine Verfügung von Todes wegen ausgeübte Testierfähigkeit durch den Statutenwechsel verliert und damit aufgrund des Statutenwechsels seine frühere Verfügung von Todes wegen nicht mehr beseitigen kann. Diese Frage regelt Art. 26 Abs. 2.

4. Anpassung. Grenzüberschreitende Erbfälle verursachen oftmals Anpassungsbedarf, wenn auf **55** einen einheitlichen Sachverhalt unterschiedliche Rechte – unter ihnen das Erbstatut – anzuwenden sind; diese Anpassungsprobleme können auf der Ebene des Kollisions- oder Sachrechts gelöst werden (allgemein → Einl. IPR Rn. 242 ff.).

---

[74] S. *Sturm/Sturm,* Liber amicorum Sajko, 2012, 309 (325 f.).

[75] S. demgegenüber *Solomon,* FS Spellenberg, 2010, 355 (370), wonach das Unionsrecht nur darüber entscheiden können soll, ob die Vorfrage vom sachlichen Anwendungsbereich des Unionsrechtsakts erfasst wird.

56 **a) Anpassungsregeln der Verordnung.** Die Verordnung regelt selbst einige Anpassungsprobleme: So behebt erstens **Art. 29 Abs. 2 UAbs. 2** (→ Rn. 38, 47) im Wege der kollisionsrechtlichen Anpassung einen Normmangel, wenn das Gericht gemäß Art. 29 Abs. 1 UAbs. 1 nach der **lex fori** einen Nachlassverwalter bestellt, aber das allgemeine Erbstatut keine adäquaten Befugnisse für diesen Verwalter vorsieht, etwa weil es eine solche Nachlassverwaltung nicht kennt. Zweitens löst **Art. 31** (→ Rn. 46) im Wege der sachrechtlichen Anpassung (→ Art. 31 Rn. 1) etwaige Normdiskrepanzen zwischen Erbstatut und **allgemeinem Vermögensstatut,** insbesondere dem Sachenrechtsstatut, auf, wenn das Erbstatut ein Vermögensrecht generiert, das dem anwendbaren Vermögensrecht, bei Sachenrechten vor allem der lex rei sitae, unbekannt ist. Drittens stimmt **Art. 32** (→ Rn. 40, 47) im Wege einer erbfallübergreifenden sachrechtlichen Anpassung **unterschiedliche Erbstatute** bei zusammenhängenden Erbfällen aufeinander ab, wenn die Erbstatute unterschiedliche Kommorientenregeln enthalten und damit eine Normdiskrepanz verursachen. **Art. 33** (→ Rn. 41, 47) ordnet dagegen viertens eine kollisionsrechtliche Anpassung an, wenn bei der bei einem Zusammentreffen eines Fiskuserbrechts mit einem staatlichen Aneignungsrecht das Erbstatut (Fiskuserbrecht) weicht und dem **öffentlich-rechtlichen Aneignungsstatut** (staatliches Aneignungsrecht) den Vorrang gewährt, womit jedoch nicht alle Anpassungsprobleme bei erbenlosen Nachlässen gelöst werden (näher → Art. 33 Rn. 9).

57 Der Unionsgesetzgeber besitzt auch für Regelungen zur sachrechtlichen Anpassung (Art. 31, 32) eine **Gesetzgebungskompetenz** (allgemein → EGBGB Art. 3 Rn. 29 ff.; insbesondere für die Erbrechtsverordnung → Vor Art. 1 Rn. 20). Zwar spricht Art. 81 Abs. 2 lit. c AEUV davon, dass die Maßnahmen im Bereich der justiziellen Zusammenarbeit die „Vereinbarkeit der in den Mitgliedstaaten geltenden Kollisionsnormen" sicherstellen sollen. Zu den Kollisionsnormen sind aber auch Regelungen zur Anpassung auf der Ebene des Sachrechts zu zählen, da sie die Folgen einer kollisionsrechtlichen Aufspaltung eines einheitlichen Sachverhalts beseitigen; womöglich könnte auch auf Art. 81 Abs. 1 AEUV als allgemeine Kompetenzbasis zurückgegriffen werden.[76]

58 **b) Anpassung nach allgemeinen Regeln, insbesondere im Verhältnis zum Güterstatut.** Die Anpassungsregeln der Verordnung schließen aber eine Anpassung nach allgemeinen Regeln nicht aus (Erwägungsgrund Nr. 17).[77] So kann sich ein Anpassungsbedarf etwa auch im Hinblick auf die Erbberechtigung überlebender Familienmitglieder im Verhältnis zum **Güterstatut** (aber auch zum **Unterhaltsstatut**) ergeben, wenn die beteiligten Rechte den Schutz der überlebenden Familienmitglieder bald im Erbrecht und bald im Güter- oder Unterhaltsrecht realisieren (zu Qualifikationsfragen → Art. 1 Rn. 20 ff., 29 f.; Substitutionsfragen → Rn. 62 f.). Hier drohen **Normmangel** (die jeweils anwendbaren Statute gewähren keinen oder keinen vollständigen Schutz, weil sie diesen im jeweils nicht anwendbaren Rechtsgebiet verwirklichen, so dass der Überlebende insgesamt geringer am Nachlass beteiligt wird, als wenn die beteiligten Rechtsordnungen insgesamt auf den Fall anwendbar wären) sowie **Normhäufung** (die jeweils anwendbaren Statute gewähren vollen Schutz, so dass der Überlebende insgesamt umfangreicher am Nachlass beteiligt wird, als wenn die beteiligten Rechtsordnungen insgesamt auf den Fall anwendbar wären). – Zur Anpassung einer **Normdiskrepanz** zwischen Erbstatut und Statut des die Erbberechtigung begründenden Statusverhältnisses → Art. 23 Rn. 11; zur Anpassung im Verhältnis zum Gesellschaftsstatut → Art. 1 Rn. 41; zu Anpassungsproblemen bei einer ausnahmsweisen Nachlassspaltung → Rn. 9 ff.

59 Die **Erbrechtsverordnung** gibt keine Anhaltspunkte, auf welche Weise diese allgemeine Anpassungsproblematik zu lösen ist.[78] Richtigerweise wird man dem jeweiligen Richter ermöglichen, im Wege der kollisionsrechtlichen oder materiellrechtlichen Anpassung den Fall einer sachgerechten Lösung zuzuführen, die die beteiligten Sachrechte angemessen ausgleicht (allgemein → Einl. IPR Rn. 251 ff.). Zu einer Modifikation der Anpassungsgrundsätze im Hinblick auf die Bindungswirkung der Entscheidung aber sogleich → Rn. 61.

60 Es bleibt damit insbesondere[79] für die Anpassung im Verhältnis zum **Güterstatut** (→ Rn. 58) bei den bisherig diskutierten Lösungsansätzen.[80] Angesichts der Mannigfaltigkeit potentieller Fallge-

---

[76] S. *Max Planck Institute* RabelsZ 74 (2010), 522 (530); *R. Wagner* DNotZ 2010, 506 (511) in Fn. 31; Bonomi/Wautelet/*Wautelet* Art. 32 Rn. 16; *Wilke* RIW 2012, 601 (607); s. auch *Lokin,* Grensoverschrijdende erfopvolging, 2012, 157 f. – S. aber auch die Bedenken der lettischen Delegation in Ratsdokument Nr. 5811/10 S. 9.

[77] Zweifelnd dagegen zum Kommissionsvorschlag *Kowalczyk* GPR 2012, 212 (213).

[78] *Buschbaum/M. Kohler* GPR 2010, 106 (108); allerdings wirft *Dörner* in Dutta/Herrler EuErbVO 73, 80 in Fn. 30, berechtigterweise die Frage nach ungeschriebenen einheitlichen Anpassungsregeln auf.; vgl. auch *Dörner* IPRax 2017, 81 (85), der zu Recht hinweist, dass die Anpassung aber auch nach dem jeweiligen mitgliedstaatlichen Kollisionsrecht zulässig sein muss, soweit dieses noch das jeweils nichterbrechtliche Statut (etwa das Güterstatut) beherrscht.

[79] Zur Anpassung im Verhältnis zum Unterhaltsstatut s. Staudinger/*Dörner* (2007) EGBGB Art. 25 Rn. 755 f.

[80] Dazu etwa Staudinger/*Dörner* (2007) EGBGB Art. 25 Rn. 752 ff.; *Looschelders,* Die Anpassung im internationalen Privatrecht, 1995, 296 ff.; *Looschelders,* FS v. Hoffmann, 2011, 266 (272 ff.); *Müller-Freienfels,* Zur kollisionsrechtlichen Abgrenzung von Ehegüterrecht und Erbrecht, 1969, 42 ff.

staltungen erscheint eine frühzeitige abstrakte Festlegung auf eine sach- oder kollisionsrechtliche Anpassung nicht tunlich. Der Richter muss stets die Möglichkeit haben, auf die Besonderheiten des konkreten Falles gerade bei Problemen wie der Anpassung Rücksicht zu nehmen. Starre Regeln stünden ihm hierbei im Wege. Als Richtssatz aber kann gelten: Eine **materiellrechtliche Anpassung** wird regelmäßig „schonender" sein[81] – ein Umstand, der im Rahmen der Erbrechtsverordnung und künftig der Güterrechtsverordnungen (die alle einen internationalen Entscheidungseinklang in der EU schaffen möchten → Rn. 2) nicht unterschätzt werden sollte.[82] Außerdem setzt sich eine kollisionsrechtliche Angleichung tendenziell „über zuvor getroffene Qualifikationsentscheidungen" hinweg,[83] was insbesondere dann auch unionsrechtlich problematisch ist, wenn diese Qualifikationsentscheidung, wie bei der Abgrenzung von Erb- und Güterstatut (→ Art. 1 Rn. 21 ff.), vom Unionsgesetzgeber angelegt wurde.[84] Auch in der deutschen Praxis hat sich zunehmend bei Widersprüchen zwischen Erb- und Güterstatut die materiellrechtliche Anpassung etabliert.[85] Soweit im Fall des Normenmangels beide beteiligten Rechtsordnungen eine güter- oder erbrechtliche Teilhabe des überlebenden Ehegatten oder eingetragenen Partners am Vermögen des Vorverstorbenen vorsehen, ist diese zu gewähren. Das Ausmaß legt diejenige Rechtsordnung fest, welche für sich genommen die geringste güter- und erbrechtliche Teilhabe des Überlebenden vorsieht. Liegt Normenhäufung vor, dann richtet sich der Umfang der Teilhabe des überlebenden Ehegatten oder Partners nach dem Recht, das für ihn insgesamt günstiger ist. Keine Anpassung ist geboten, wenn sich die aus dem Zusammenspiel von Erb- und Güterstatut ergebende Teilhabe im Umfang zwischen dem jeweiligen Ergebnis der beteiligten Rechtsordnungen bewegt,[86] also „innerhalb der beiden Grenzposten".[87] Diese „Rahmentheorie"[88] als Leitlinie setzt freilich immer einen Günstig- bzw. Ungünstigkeitsvergleich zwischen den beteiligten Rechtsordnungen voraus, der sich oftmals praktisch nur mit Schwierigkeiten durchführen lässt. Dies betrifft vor allem die häufigen Fälle, in denen eine der beteiligten Rechtsordnungen – wie regelmäßig – die güterrechtliche Teilhabe über eine Beteiligung an einer Errungenschaftsgemeinschaft realisiert, die im Todesfall aufgelöst wird, und nicht wie in Deutschland durch einen schuldrechtlichen Errungenschaftsausgleich. Bei der Bestimmung des Umfangs der Beteiligung nach den verschiedenen Rechtsordnungen darf diese dingliche Beteiligung freilich nicht unter den Tisch fallen.[89] Dies erfordert – wenn man es genau nimmt – schwierige Berechnungen und Bewertungen, da sich beim Aufeinandertreffen von Rechtsordnungen mit Errungenschaftsgemeinschaft- und Errungenschaftsausgleich nach den beteiligten Rechtsordnungen auch der Nachlass unterschiedlich zusammensetzt, so dass die jeweils erbrechtliche Teilhabe jedenfalls nicht allein anhand der Erbquoten verglichen werden kann.[90] Gerade mit der Annahme einer Normhäufung sollten die Gerichte deshalb zurückhaltend sein, solange keine Anhaltspunkte dafür bestehen, dass die Kumulation von unterschiedlichen Erb- und Güterstatuten völlig außer Verhältnis zu dem Ergebnis nach einer der Rechtsordnungen steht.

Eine **Modifikation der Anpassung nach allgemeinen Regeln** ist allerdings unter der **Erb-** **61** **rechtsverordnung** zu machen: Die Anpassungsentscheidung des zuerst angerufenen Richters muss **Bindungswirkung** auch für die anderen Mitgliedstaaten entfalten, und zwar über die Anerkennung einer Entscheidung nach Art. 39 ff. oder über die Vermutungswirkung eines Nachlasszeugnisses nach Art. 69 Abs. 2 hinaus. Ansonsten wäre der mit der Verordnung bezweckte Entscheidungseinklang in der EU (→ Rn. 2) gefährdet.

---

[81] Staudinger/*Dörner* (2007) EGBGB Art. 25 Rn. 754.

[82] Bei einem Zusammentreffen von deutschem Güterstatut und polnischem Erbstatut für eine materiellrechtliche Anpassung etwa *Kowalczyk* GPR 2012, 258 (261).

[83] Zutreffend *Mankowski* FamRZ 2015, 1183 (1184).

[84] *Looschelders* IPRax 2016, 349 (352).

[85] Etwa LG Mosbach ZEV 1998, 489; OLG Schleswig NJW 2014, 88; OLG Düsseldorf BeckRS 2015, 06780 = FamRZ 2015, 1237.

[86] So auch etwa Staudinger/*Dörner* (2007) EGBGB Art. 25 Rn. 754.

[87] *Mankowski* FamRZ 2015, 1183 (1184).

[88] *Looschelders* IPRax 2016, 349 (352).

[89] Übersehen etwa von OLG Düsseldorf BeckRS 2015, 06780 = FamRZ 2015, 1237 m. insoweit krit. Anm. *Dutta*; wie hier auch *Looschelders* IPRax 2016, 349 (352).

[90] Siehe etwa das Rechenbeispiel in *Dutta* FamRZ 2015, 1238 (1239 f.); jedenfalls im Grundsatz zust. *Dörner* IPRax 2017, 81 (82 f.); anders indes *Weber* DNotZ 2016, 424 (438 f.), der zwar einerseits den gesetzlichen Güterstand berücksichtigen will, aber andererseits nicht den danach dem Überlebenden zustehenden Anteil (der ja irgendwie berechnet werden muss, um den Güterstand zu berücksichtigen). Auch der Hinweis auf den Sinn und Zweck des pauschalierten Zugewinnausgleichs geht mE fehl, da bei der Anpassung Normwidersprüche zwischen pauschaler und rechnerischer Herangehensweise nicht einseitig zu Lasten eines der Rechte aufgelöst werden können. Das wäre keine materiellrechtliche Angleichung, sondern das Weichen eines der Rechte, und damit eher eine kollisionsrechtliche Anpassung.

62   **5. Substitution.** Bei internationalen Erbfällen stellen sich oftmals auch Fragen der **Substitution,** dh der Ersetzung einer im Recht vorausgesetzten inländischen Rechtserscheinung durch eine gleichwertige ausländische Erscheinung (allgemein → Einl. IPR Rn. 227 ff.). Die Verordnung äußert sich zu Substitutionsfragen nur in Art. 13 konkludent für die Ersetzung von Erklärungen vor einem inländischen Gericht nach dem Erbstatut durch Erklärungen vor einem ausländischen Gericht (→ Art. 13 Rn. 10; für einen weiteren Fall → Vor Art. 4 Rn. 28). Vor allem ergibt sich regelmäßig im Erbstatut eine Substitutionsproblematik bei der gesetzlichen Erbberechtigung, soweit das potentiell berechtigende Statusverhältnis aus Sicht des Erbstatuts nach ausländischem Recht begründet wurde (näher → Art. 23 Rn. 11).

63   Erbrechtliche Substitutionsprobleme können aber auch außerhalb des Erbstatuts entstehen, etwa im **Güterstatut,** soweit dieses, wie etwa bei uns in § 1371 Abs. 1 BGB von einer Erbenstellung des überlebenden Ehegatten ausgeht und sich nicht nur Qualifikations- (→ Art. 1 Rn. 21 ff.) und Anpassungsfragen (→ Rn. 60 f.) stellen, sondern auch die Frage, ob § 1371 Abs. 1 BGB Anwendung findet, wenn sich die Erbberechtigung des überlebenden Ehegatten nach einem ausländischen Erbstatut richtet, mithin konkret die in § 1371 Abs. 1 BGB vorausgesetzte Erbenstellung des überlebenden Ehegatten („gesetzliche Erbteil des überlebenden Ehegatten") durch eine Erbenstellung nach ausländischem Recht substituiert werden kann.[91] Da es sich hierbei um eine Frage der Auslegung des Güterstatuts handelt, das nach Art. 1 Abs. 2 lit. d von der Erbrechtsverordnung nicht geregelt wird, schweigt die Verordnung zur Substitution der Erbenstellung durch eine Erbberechtigung nach ausländischem Recht,[92] die allein durch Auslegung der jeweiligen Güterrechtsnorm, etwa § 1371 Abs. 1 BGB, zu beantworten ist, die eine Erbenstellung des überlebenden Ehegatten vorsieht. Bei § 1371 Abs. 1 BGB ist eine solche Substitution zu bejahen, wenn auch das ausländische Erbstatut dem überlebenden Ehegatten eine quotenmäßig bestimmte Beteiligung am Nachlass zusichert,[93] wobei es nach einer neueren Grundsatzentscheidung des BGH nicht darauf ankommen soll, ob diese Beteiligung ihrerseits einen güterrechtlichen Charakter besitzt.[94] Eine erbrechtliche Beteiligung des überlebenden Ehegatten durch einen Nießbrauch (oder durch eine Stellung als beneficiary eines gesetzlich entstehenden trust) am Nachlass nach einem fremden Erbstatut wird man allerdings auch nach der BGH-Entscheidung[95] nicht als Erbenstellung iS des § 1371 Abs. 1 BGB ansehen können; vielmehr ist § 1371 Abs. 1 BGB hier dahingehend analog anzuwenden, dass neben dem Nießbrauch dem Ehegatten der nach § 1371 Abs. 1 BGB gebührende Erbteil als „Vollerbe" zugebilligt wird.[96] – Die umgekehrte (und ähnlich zu behandelnde) Substitutionsfrage stellt sich, wenn das Erbstatut (etwa § 1931 Abs. 4 BGB; zu dessen Qualifikation → Art. 1 Rn. 22) eine bestimmte güterrechtliche Teilhabe voraussetzt, Erb- und Güterstatut aber auseinanderfallen. Hier sollte es ausreichend sein, dass das ausländische Güterstatut eine dem inländischen Güterrecht vergleichbare Beteiligung bzw. Nichtbeteiligung vorsieht, ohne dass es auf deren rechtliche Ausgestaltung ankommt.

64   **6. Gesetzesumgehung (fraus legis, fraude à la loi).** Die Verordnung enthält zwar im Regelungstext keine Regelungen zur Gesetzesumgehung, wenn die Beteiligten ein Anknüpfungsmoment nach der Verordnung beeinflussen, allein um ein bestimmtes, ihnen günstiges Recht zur Anwendung zu bringen (allgemein → Einl. IPR Rn. 282 ff.). Aber der europäische Gesetzgeber betont in Erwägungsgrund Nr. 26, soweit ersichtlich im internationalen Unionsprivatrecht erstmalig,[97] dass die Verordnung nicht die Möglichkeit der Gerichte beschränkt, auf das Institut der Gesetzesumgehung zurückzugreifen.[98] Dennoch ist diese Öffnung der Verordnung für das Institut der Gesetzesumgehung nach autonomem Kollisionsrecht – das etwa in Deutschland, anders als in anderen Rechtsordnungen, nur sehr zurückhaltend angewandt wird (→ Einl. IPR Rn. 284) – nicht grenzenlos, sondern steht wie jeder Rückgriff auf mitgliedstaatliches Recht im Dunstkreis der Verordnung unter dem Vorbehalt des Effektivitäts- (→ Art. 5 Rn. 4) und Äquivalenzgrundsatzes (→ Vor Art. 62 Rn. 7); insbesondere

---

[91]   Etwa *Dörner* ZEV 2005, 444 (445); Bamberger/Roth/*Lorenz* EGBGB Art. 25 Rn. 57.

[92]   *Dörner* in Dutta/Herrler EuErbVO 73, 80 in Fn. 30, wirft auch hier (vgl. oben → Rn. 60) die Frage auf, ob nicht ungeschriebene einheitliche Substitutionsregeln geschaffen werden müssen.

[93]   OLG Düsseldorf BeckRS 2015, 06780 = FamRZ 2015, 1237 (1238).

[94]   BGHZ 205, 289 = NJW 2015, 2185 m. Aufsatz *St. Lorenz* NJW 2015, 2157 = FamRZ 2015, 1180 m. Anm. *Mankowski*. Anders noch Voraufl. → EGBGB Art. 25 Rn. 157; Staudinger/*Dörner* (2007) EGBGB Art. 25 Rn. 36; vgl. auch IPG 1987/88 Nr. 43 (Köln, Ägypten).

[95]   Vgl. Rn. 33 der Entscheidung (vorige Fn.), wonach eine „Vergleichbarkeit der wesentlichen, normprägenden Merkmale" genüge, was voraussetze, „dass das ausländische Recht dem überlebenden Ehegatten einen echten Anteil am Nachlass des Erblassers verschafft".

[96]   Staudinger/*Dörner* (2007) EGBGB Art. 25 Rn. 40.

[97]   *Stuif* NIPR 2015, 217; auch die Güterrechtsverordnung schweigen in den Erwägungsgründen zur Gesetzesumgehung.

[98]   S. auch Ratsdokument Nr. 18320/11 ADD 1 S. 19 Fn. 1.

dürfen durch die Gesetzesumgehung nicht die kollisionsrechtlichen Anknüpfungswertungen der Verordnung ausgehebelt werden. Man wird deshalb im Kontext der Erbrechtsverordnung eine Gesetzesumgehung nur selten annehmen können (vgl. → Rn. 43). Insbesondere die Beeinflussung einzelner Anknüpfungsmomente kann für sich genommen keine Gesetzesumgehung begründen, nicht nur im Kollisionsrecht,[99] sondern auch im Zuständigkeitsrecht.[100] So hat der EuGH in verschiedenem Zusammenhang bestätigt, dass die Berufung auf ein vom Recht akzeptiertes Anknüpfungsmoment an sich nicht missbräuchlich ist.[101] Fälle der Gesetzesumgehung sind jedoch von einer Täuschung über das Anknüpfungsmoment abzugrenzen. Eine solche Täuschung ist freilich stets irrelevant;[102] die Kollisionsnorm verweist stets auf dasjenige Recht, das von dem Anknüpfungsmoment tatsächlich bezeichnet wird, s. auch Erwägungsgrund Nr. 52 S. 2 (zur Formgültigkeit einer Verfügung von Todes wegen).

7. Eingriffsnormen und ordre public. Die Verordnung enthält einen allgemeinen ordre-pub- **65** lic-Vorbehalt (Art. 35) und eine Sonderregelung für bestimmte Eingriffsnormen (Art. 30). Daneben schweigt die Verordnung zur Rolle von erbrechtsrelevanten Eingriffsnormen, verhindert aber jedenfalls, dass Zuwendungsverbote als Eingriffsnormen qualifiziert werden (→ Art. 26 Rn. 7).

IV. Verbleibende Bedeutung des autonomen und staatsvertraglichen Kollisionsrechts

Wenig Raum bleibt – angesichts der „kollisionsrechtlichen Totallösung"[103] der Art. 20 ff. – für **66** das **autonome** Kollisionsrecht. Das Erbkollisionsrecht der Mitgliedstaaten wird nahezu vollständig durch die Verordnung als höherrangiges Unionsrecht (s. auch den Hinweis in Art. 3 Nr. 1 EGBGB) verdrängt (vgl. auch → Art. 1 Rn. 19; Art. 19 Rn. 3; zu Ausnahmen etwa → Rn. 35; → Art. 1 Rn. 21; → Art. 27 Rn. 1), insbesondere nach Art. 20 auch in Drittstaatensachverhalten (→ Art. 20 Rn. 1). Zu Recht hat der deutsche Gesetzgeber deshalb in den Art. 3a Abs. 2, Art. 25, 26 EGBGB weitgehend das deutsche autonome Erbkollisionsrecht gestrichen (aber → Art. 75 Rn. 3). Autonomes Kollisionsrecht ist im Rahmen der Erbrechtsrechtsverordnung allenfalls noch von Relevanz für die Beantwortung von Vorfragen oder außerhalb des Erbstatuts befindlichen Teilfragen, die bei Entscheidungen nach der Erbrechtsverordnung allerdings zu berücksichtigen sind (→ Art. 63 Rn. 8; → Art. 67 Rn. 12).

Enthalten dagegen **Staatsverträge** erbrechtliche Kollisionsnormen, so werden diese wegen **67** Art. 75 Abs. 1 UAbs. 1, Abs. 2 in den betreffenden Mitgliedstaaten von den Art. 20 ff. nicht berührt, soweit auch Drittstaaten beteiligt sind. Dies gilt in Deutschland für das **deutsch-persische Niederlassungsabkommen** (Dt.-Iran. NlassAbk, speziell Art. 8 Abs. 3 Dt.-Iran. NlassAbk nebst Schlussprotokoll, Text und Erläuterung → Art. 75 Rn. 8 ff.), das **deutsch-türkische Nachlassabkommen** (speziell § 12 Abs. 3, §§ 14, 16, 18 Dt.-Türk. NachlAbk; Text und Erläuterung → Art. 75 Rn. 15 ff.) und den **deutsch-sowjetischen Konsularvertrag** (Dt.-Sowjet. KonsularV, speziell Art. 28 Abs. 3 Dt.-Sowjet. KonsularV, Text und Erläuterung → Rn. 27 ff.), deren Vorbehalt (→ Art. 75 Rn. 4 ff.) den internationalen Entscheidungseinklang in der EU erheblich beeinträchtigen (→ Rn. 3). Ferner bleibt es bei der Geltung des **Haager Testamentsformübereinkommens** (Art. 1 ff. HTestformÜ; Text und Erläuterung → HTestformÜ Art. 1 Rn. 1 ff.), das in Art. 75 Abs. 1 UAbs. 2 ausdrücklich vorbehalten wird (s. auch Art. 27).

V. Verhältnis der Art. 20 ff. zu besonderen Sachnormen für internationale Fälle

Allerdings verdrängt das dritte Kapitel der Erbrechtsverordnung nicht besondere Sachnormen für **68** internationale Fälle; diese sind als Teil des jeweiligen Erbstatuts anwendbar. So enthalten vereinzelt Rechtsordnungen besondere Regelungen, wenn die nach dem Erbstatut vorgesehene Erbberechtigung im Hinblick auf im Ausland befindlichen Nachlass nicht durchgesetzt werden kann, was nach

---

[99] Ausf. etwa *Kränzle,* Heimat als Rechtsbegriff?, 2014, 273 ff. Weitere Nachweise in Fn 54.

[100] Raum für ein missbräuchliches forum shopping im Rahmen der Erbrechtsverordnung sieht demgegenüber *Meyer,* Die Gerichtsstände der Erbrechtsverordnung unter besonderer Berücksichtigung des Forum Shopping, 2013, 160 ff.

[101] Vgl. etwa EuGH Slg. 2003, I-10155 Rn. 95 ff. = NZI 2003, 676 – Inspire Art; Slg. 2009, I-6871 Rn. 57 = EuZW 2009, 619 – Hadadi.

[102] Vgl. etwa zum gewöhnlichen Aufenthalt bei Art. 21 Abs. 1 Dutta/Weber/*Bauer* Art. 21 Rn. 7; Bonomi/Wautelet/*Bonomi* Art. 21 Rn. 18; *Kränzle,* Heimat als Rechtsbegriff?, 2014, 271 ff.; *St. Lorenz* in Dutta/Herrler EuErbVO 113, 123 f. S. auch bereits *Mansel,* Tuğrul Ansay'a Armağan, 2006, 185, 219.

[103] *Geimer* in Reichelt/Rechberger, Europäisches Erbrecht – Zum Verordnungsvorschlag der Europäischen Kommission zum Erb- und Testamentsrecht, 2011, 1, 9.

der Erbrechtsverordnung nur noch im Hinblick auf den in Drittstaaten befindlichen Nachlass der Fall sein kann.[104] Nach dem gesetzlichen droit de prélèvement wurde etwa ein französischer Erbe mit in Frankreich belegenen Nachlassgegenständen entschädigt, wenn der Erbe aus der Sicht des französischen Erbrechts im Hinblick auf im Ausland belegenes Vermögen benachteiligt wurde (s. Art. 2 des Gesetzes vom 14.7.1819, der allerdings im Jahr 2011 vom Conseil constitutionnel für verfassungswidrig erklärt wurde;[105] vgl. auch Art. 912 belg. Code civil aF). Ähnliche Vorschriften finden sich auch im niederländischen Recht (s. Art. 10:147 Abs. 2 Burgerlijk Wetboek) und im schwedischen Recht (s. Kap. 2 § 9 Lag om internationella rättsförhållanden rörande) sowie in einigen lateinamerikanischen Rechtsordnungen.[106] Bei diesen Regelungen handelt es sich nicht um Kollisionsnormen, die durch die Regelungen der Erbrechtsverordnung verdrängt werden,[107] auch wenn diese zum Teil systematisch im Kollisionsrecht verortet wurden, sondern um Sachnormen, die als Teil des Erbstatuts zur Anwendung gelangen können, aber auch neben einem fremden Erbstatut als Teil des Forumssachrechts etwa über Art. 35 und den ordre-public-Vorbehalt,[108] nicht aber als forumsfremde Eingriffsnormen (→ Art. 30 Rn. 11). Allerdings müssen sich diese Vorschriften am Unionsrecht und vor allem am Diskriminierungsverbot messen lassen.[109] – Zu selbstlimitierenden Normen → Art. 34 Rn. 10.

VI. Grenzüberschreitender Bezug des Erbfalls

69   Die Verordnung schweigt zum Erfordernis eines grenzüberschreitenden Bezugs für die Anwendung ihrer Kollisionsnormen (allgemein → Art. 1 Rn. 56). Die Notwendigkeit eines grenzüberschreitenden Elements ergibt sich bei den Art. 20 ff. aus der Natur der Sache. Nur bei einem grenzüberschreitenden Erbfall stellt sich die Frage des anwendbaren Rechts, nicht aber bei einem reinen Inlandssachverhalt, bei dem das Kollisionsrecht dann stets auf das inländische Recht verweisen wird,[110] vgl. auch Art. 38. Allerdings ist die Schwelle für einen nach der Erbrechtsverordnung kollisionsrechtsrelevanten grenzüberschreitenden Bezug denkbar niedrig. Jede Beziehung des Erblassers, des Nachlasses, der Nachlassplanungsmaßnahmen oder der potentiell erbrechtlich Berechtigten reicht aus, da sich dann jedenfalls die Frage nach der Anwendung der Ausweichklausel des Art. 21 Abs. 2 stellt. Eine Rechtswahl nach Art. 22 ist auch bei einem rein internen Sachverhalt möglich und sinnvoll,[111] zumal eine dem Art. 3 Abs. 3 Rom I-VO entsprechende Regelung fehlt; eine solche Rechtswahl des Erblassers entfaltet aber erst praktische Relevanz, wenn zum Zeitpunkt des Erbfalls ein grenzüberschreitender Bezug gegeben ist.

Art. 20 EuErbVO Universelle Anwendung

Das nach dieser Verordnung bezeichnete Recht ist auch dann anzuwenden, wenn es nicht das Recht eines Mitgliedstaats ist.

I. Überblick und Normzweck

1   Die Vorschrift legt den universellen Charakter der Kollisionsnormen in Art. 21 ff. fest. Wenn die Verordnung auf das Recht eines Drittstaats (zum Begriff → Vor Art. 1 Rn. 29) verweist, ist dessen Recht maßgeblich, selbst wenn es sich hierbei nicht um das Recht eines Mitgliedstaats handelt. Folge des Art. 20 ist es, dass im sachlichen Anwendungsbereich der Verordnung (Art. 1) und im Umfang der Verweisung (Art. 23, 24 ff.) kein Raum mehr für das autonome Kollisionsrecht der Mitgliedstaaten besteht (→ Vor Art. 20 Rn. 66). Normzweck des Art. 20 ist damit die umfassende Vereinheitlichung des Erbkollisionsrechts, auch bei Fällen mit Berührung zu Drittstaaten.[1] Ein inter-

---

[104] Vgl. auch DNotI-Studie S. 270 f.

[105] Cons. const. Clunet 2012, 135.

[106] Näher *Basedow*, FS Ramírez Necochea, 2016, S. 35, auch zur Frage, ob diese Bestimmungen mit der Amerikanischen Menschenrechtskonvention vereinbar sind.

[107] Anders *Limbach* IPRax 2013, 96 (98); *Wysocka* in Boele-Woelki/Miles/Scherpe, The future of family property in Europe, 2011, 383, 405; s. auch *Ancel* in Baldus/Müller-Graff, Europäisches Privatrecht in Vielfalt geeint – Einheitsbildung durch Gruppenbildung im Sachen-, Familien- und Erbrecht?, 2011, 185, 186; *Bonomi* Rec. des Cours 350 (2010), 71, 170 f.; *Tonolo* Riv. dir. int. 95 (2012), 1056 (1062 f., 1072 f.).

[108] S. auch *Lokin* in Boele-Woelki/Miles/Scherpe, The future of family property in Europe, 2011, 369, 380.

[109] S. zu Frankreich *Billarant*, Le caractère substantiel de la réglementation française des successions internationales, 2004, 240 ff. Vgl. auch oben Fn. 106.

[110] Palandt/*Thorn* Art. 1 Rn. 1.

[111] Zust. *Schoppe* IPRax 2014, 27 (28).

[1] Bonomi/Wautelet/*Bonomi* Rn. 3; *Richters* ZEV 2012, 576 (577); BeckOGK/*Schmidt* Art. 1 Rn. 11. Anders zum Kommissionsvorschlag – mit kaum haltbarer Begründung – *Majer* ZEV 2011, 445 (447).

nationaler Entscheidungseinklang in der EU wird damit auch hier herbeigeführt, was dem Ziel der Verordnung – und der Europäisierung des Kollisionsrechts allgemein – dient, das Erbstatut unabhängig vom jeweiligen Forum in der Union festzulegen und damit eine Rechtssicherheit und Voraussehbarkeit im Hinblick auf das anwendbare Recht zu gewährleisten, s. Erwägungsgründe Nr. 7 S. 2 und Nr. 37 S. 1 und S. 2 (→ Vor Art. 20 Rn. 2).

II. Unionsrechtliche Herkunft

Art. 20 ist Ausdruck eines allgemeinen Grundsatzes des europäischen Kollisionsrechts, das sich 2 stets als loi uniforme versteht. Auch Art. 2 Rom I-VO, Art. 3 Rom II-VO, Art. 4 Rom III-VO, Art. 20 KSÜ, Art. 2 HUP, Art. 20 EuGüVO und Art. 20 EuPartVO ordnen einen universellen Charakter ihrer jeweiligen Kollisionsnormen an. Zwar wurden immer wieder allgemein Bedenken gegen eine Kompetenz der EU zur Schaffung universeller Kollisionsnormen geäußert,[2] die aber nicht berechtigt sind (→ EGBGB Art. 3 Rn. 36; → Rom I-VO Art. 2 Rn. 1). Auch wäre eine Beschränkung der erbrechtlichen Kollisionsnormen auf innereuropäische Sachverhalte nur schwer zu formulieren gewesen.[3]

III. Ausnahmen

Der Grundsatz des Art. 20 gilt nicht ausnahmslos. Zum einen gestattet **Art. 12** dem Gericht auf 3 Antrag einer Verfahrenspartei seine Entscheidungen ganz oder teilweise auf den in der EU belegenen Nachlass zu beschränken, wenn für die mitgliedstaatlichen Entscheidungen im Drittstaat – in dem Nachlassvermögen befindlich ist – eine negative Anerkennungsprognose besteht. Damit wird jedenfalls faktisch[4] verhindert, dass das europäische Erbkollisionsrecht im Rahmen eines Gerichtsverfahrens insoweit über diesen Sachverhalt mit Drittstaatenberührung entscheidet. Zum anderen gilt Art. 20 nicht für **verfahrensrechtliche Kollisionsnormen** wie Art. 59,[5] die lediglich fremdes mitgliedstaatliches Verfahrensrecht in das Inland erstrecken (→ Art. 59 Rn. 1).

Art. 21 EuErbVO Allgemeine Kollisionsnorm

(1) Sofern in dieser Verordnung nichts anderes vorgesehen ist, unterliegt die gesamte Rechtsnachfolge von Todes wegen dem Recht des Staates, in dem der Erblasser im Zeitpunkt seines Todes seinen gewöhnlichen Aufenthalt hatte.

(2) Ergibt sich ausnahmsweise aus der Gesamtheit der Umstände, dass der Erblasser im Zeitpunkt seines Todes eine offensichtlich engere Verbindung zu einem anderen als dem Staat hatte, dessen Recht nach Absatz 1 anzuwenden wäre, so ist auf die Rechtsnachfolge von Todes wegen das Recht dieses anderen Staates anzuwenden.

Schrifttum: *Hayton,* Determination of the objectively applicable law governing succession to deceaseds' estates in Deutsches Notarinstitut, Internationales Erbrecht in der EU, 2004, 359; *Solomon,* Die allgemeine Kollisionsnorm, in Dutta/Herrler, Die Europäische Erbrechtsverordnung, 2014, 19; *Vékás,* Objektive Anknüpfung des Erbstatuts, in Reichelt/Rechberger, Europäisches Erbrecht – Zum Verordnungsvorschlag der Europäischen Kommission zum Erb- und Testamentsrecht, 2011, 41. – Siehe ferner die Schrifttumshinweise allgemein zur Verordnung und ihren Vorarbeiten → Vor Art. 1 Rn. 1 ff.

I. Normzweck

Art. 21 ist Kernelement der allgemeinen Kollisionsnorm für die Rechtsnachfolge von Todes 1 wegen (zur Systematik des Erbkollisionsrechts → Vor Art. 20 Rn. 4 ff.). Die Vorschrift regelt die objektive Anknüpfung des Erbstatuts. Zweck des Art. 21 ist es, mangels Rechtswahl des Erblassers (Art. 22) das Recht zu bestimmen, mit dem der Erblasser zum Zeitpunkt seines Todes (zu Einzelheiten → Art. 4 Rn. 9) die engste Verbindung aufweist, sei es typisiert aufgrund der Anknüpfung an seinen gewöhnlichen Aufenthalt **(Abs. 1)** oder im Einzelfall aufgrund der Ausweichklausel **(Abs. 2)**,

---

[2] Nachweise zur EuErbVO → Vor Art. 1 Rn. 20.

[3] S. DNotI-Studie S. 260; Grünbuch KOM(2005) 65 endg. S. 5; *Buschbaum/M. Kohler* GPR 2010, 106 (107); *Dörner,* FS Holzhauer, 2005, 474 (476); *Mansel,* Tuğrul Ansay'a Armağan, 2006, 185, 197, 213 f.; *Rauscher,* FS Jayme I, 2004, 719 (725 f.); *Seyfarth,* Wandel der internationalen Zuständigkeit im Erbrecht, 2012, 131. – Anders *Majer* ZEV 2011, 445 (447, 449 f.).

[4] Vgl. auch die Kritik Dutta/Weber/*Bauer* Rn. 4; Deixler-Hübner/Schauer/*Schauer* Rn. 14.

[5] Im Erg. wie hier Deixler-Hübner/Schauer/*Schauer* Rn. 6.

vgl. Erwägungsgründe Nr. 23 S. 3 und Nr. 37 S. 3.[1] Die Vorschrift geht damit davon aus, dass die Person des Erblassers – als zentrale Gestalt des Erbgeschehens – den „Sitz" der Rechtsnachfolge von Todes wegen bestimmt, und nicht etwa die Person der erbrechtlich Berechtigten oder der überlebenden Familienmitglieder oder die Belegenheit des Nachlasses (→ Vor Art. 20 Rn. 5). Art. 21 betont jedenfalls bei der Aufenthaltsanknüpfung nach Abs. 1 (zum Zweck der Ausweichklausel in Abs. 2 → Rn. 6) die **Integrationsinteressen** des Erblassers,[2] indem die Vorschrift dem Erblasser eine erbrechtliche Integration in die Gesellschaft ermöglicht, in der sich der Erblasser gewöhnlich aufhält.[3]

2   Die durch Art. 21 verursachten **Unsicherheiten** im Hinblick auf die Bestimmung des Erbstatuts (Offenheit der Anknüpfungsmomente, maßgeblicher Zeitpunkt in der Zukunft), die der Unionsgesetzgeber jedoch offenbar leugnet (vgl. Erwägungsgrund Nr. 37 S. 1 und 3), sowie die **Instabilität** – weil Wandelbarkeit – des objektiv bestimmten Erbstatuts kann der Erblasser durch kollisionsrechtliche Gestaltungen in Grenzen vermeiden: So kann der Erblasser bei seiner Nachlassplanung mittels einer Rechtswahl zugunsten seines Staatsangehörigkeitsrechts nach Art. 22 jedenfalls seine Rechtssicherheits- und Stabilitätsinteressen im Hinblick auf die Anwendung seines Heimatrechts wahren. Ferner sorgt die Verordnung bei Verfügungen von Todes wegen in Art. 24 ff. durch eine Sonderanknüpfung ihrer Zulässigkeit, materiellen Wirksamkeit und Bindungswirkungen für eine gewisse Stabilität des anwendbaren Rechts, unabhängig von späteren Aufenthaltswechseln. Auch die formelle Wirksamkeit der Verfügung von Todes wegen wird durch eine alternative Anknüpfung nach Art. 27 oder nach dem – gemäß Art. 75 Abs. 1 UAbs. 2 für die Vertragsstaaten vorrangigen – Haager Testamentsformübereinkommen von 1961 (Art. 1 ff. HTestformÜ; Text und Erläuterung → HTestformÜ Art. 1 Rn. 1 ff.) unabhängig von den Widrigkeiten des Art. 21 begünstigt.

II. Objektive Regelanknüpfung an den letzten gewöhnlichen Aufenthalt (Abs. 1)

3   Ausgangspunkt des objektiv bestimmten Erbstatuts in **Abs. 1** ist die Anknüpfung der Rechtsnachfolge von Todes wegen allgemein an den letzten gewöhnlichen Aufenthalt des Erblassers. Damit erteilt der europäische Gesetzgeber dem Staatsangehörigkeitsprinzip eine Absage, das in zahlreichen Mitgliedstaaten – so auch in Art. 25 Abs. 1 EGBGB aF – traditionell das Erbkollisionsrecht geprägt hat.[4] Die Anknüpfung an den letzten gewöhnlichen Aufenthalt folgt einem allgemeinen Trend, der sich auch im bisherigen internationalen Unionsprivatrecht niederschlägt, wo der gewöhnliche Aufenthalt auch im Kollisionsrecht zunehmend zum wichtigsten Anknüpfungsmoment avanciert, soweit es darum geht, das Recht zu bestimmen, mit dem eine Person am engsten verbunden ist. Vorrangig angeknüpft wird an den gewöhnlichen Aufenthalt in der Rom I-VO, der Rom II-VO, der Rom III-VO, der EuGüVO (teils auch der EuPartVO), im KSÜ sowie im HUP. Dagegen kombiniert das Haager Erbrechtsübereinkommen von 1989 (→ Vor Art. 1 Rn. 8 ff.) in Art. 3 eine Anknüpfung an die Staatsangehörigkeit und den gewöhnlichen Aufenthalt des Erblassers.

4   Die **Bestimmung des gewöhnlichen Aufenthalts** richtet sich nach denselben Kriterien wie bei der Anknüpfung der internationalen Zuständigkeit in Art. 4. Der letzte gewöhnliche Aufenthalt des Erblassers (von dessen Existenz die Verordnung ausgeht → Art. 4 Rn. 7) wird im Zuständigkeitsrecht und im Kollisionsrecht einheitlich verstanden, da ansonsten der von der Verordnung bezweckte Gleichlauf von forum und ius (→ Vor Art. 4 Rn. 2 f.) gefährdet würde.[5] Hiervon gehen auch die Erwägungsgründe aus, s. Erwägungsgrund Nr. 23 S. 1. Es kann damit für die Auslegung des Art. 21 Abs. 1 auf die Ausführungen zur Bestimmung des gewöhnlichen Aufenthalts im Zuständigkeitsrecht verwiesen werden (→ Art. 4 Rn. 2 ff.). Zu einer Ausnahme von diesem Grundsatz bei negativen Kompetenzkonflikten (→ Art. 4 Rn. 12). Bei Verweis auf einen **Mehrrechtsstaat** s. die Konkretisie-

---

[1] S. auch Erwägungsgrund Nr. 23 S. 1, nachdem die Anknüpfung an den letzten gewöhnlichen Aufenthalt in der deutschen Sprachfassung eine „wirkliche Verbindung zwischen dem Nachlass und dem Mitgliedstaat, in dem die Erbsache abgewickelt wird", gewährleisten soll; gemeint ist hier freilich nicht der Nachlass, sondern – wie etwa die englische Sprachfassung bestätigt („succession") – die betreffende Rechtsnachfolge von Todes wegen.

[2] S. Ratsdokument Nr. 8446/11 S. 2.

[3] Zum Sinn und Zweck der Aufenthaltsanknüpfung *Dutta* RabelsZ 73 (2009), 547 (560 ff.).

[4] Für einen rechtsvergleichenden Überblick s. etwa *Dutta* RabelsZ 73 (2009), 547 (561 f.).

[5] *Dutta/Weber/Bauer* Rn. 3; *Erman/Hohloch* Rn. 2; *Köhler* in GKKW IntErbR 93 f.; *D. Lübcke,* Das neue europäische internationale Nachlassverfahrensrecht, 2013, 359; *Schäuble,* Die Einweisung der Erben in die Erbschaft nach österreichischem Recht durch deutsche Nachlassgerichte, 2011, 181 f.; *Süß* ZEuP 2013, 725 (733); für einen Gleichlauf auch Bonomi/Wautelet/*Bonomi* Rn. 16; *J. Emmerich* ErbR 2016, 122 (125 f.); *Franzina/Leandro* NLCC 2013, 275 (315); *Grau* in Zimmermann ErbR Nebengesetze Art. 25, 26 EGBGB Anh.: EuErbVO Rn. 42; *Müller-Lukoschek,* Die neue EU-Erbrechtsverordnung, 2. Aufl. 2015, 123. Allg. für sämtliche Unionsrechtsakte, die dem Aufenthaltsprinzip folgen, *Hau,* GS M. Wolf, 2011, 409 (422). Vgl. aber auch *Buschbaum/M. Kohler* GPR 2010, 106 (112); *Kanzleiter,* FS Zimmermann, 2010, 165 (173); zweifelnd auch *Schaub* Hereditare 3 (2013), 91 (113).

rung der Aufenthaltsanknüpfung in Art. 36 Abs. 1 sowie Abs. 2 lit. a und Art. 37. Zur Gesetzesumgehung und Täuschung über den gewöhnlichen Aufenthalt (→ Vor Art. 20 Rn. 64).

III. Ausweichklausel (Abs. 2)

Besitzt der Erblasser beim Erbfall „ausnahmsweise" eine „offensichtlich engere Verbindung" zu **5** einem anderen Staat als seinem gewöhnlichen Aufenthaltsstaat, so soll nach **Abs. 2** dessen Recht Anwendung finden. Solche Ausweichklauseln sind dem internationalen Unionsprivatrecht nicht unbekannt. So soll auch nach Art. 4 Abs. 3, Art. 5 Abs. 3, Art. 7 Abs. 2 UAbs. 2, Art. 8 Abs. 4 Rom I-VO, Art. 4 Abs. 3, Art. 5 Abs. 2, Art. 10 Abs. 4, Art. 11 Abs. 4, Art. 12 Abs. 2 lit. c Rom II-VO sowie Art. 5 HUP abweichend von der jeweiligen objektiven Regelanknüpfung das Recht der engsten Verbindung zur Anwendung kommen, vgl. auch Art. 26 Abs. 3 EuGüVO bzw. Art. 26 Abs. 2 EuPartVO. Auch das Haager Erbrechtsübereinkommen von 1989 (→ Vor Art. 1 Rn. 8 ff.) enthält bei der Bestimmung des Erbstatuts in Art. 3 Abs. 2 S. 2 und Abs. 3 Ausweichklauseln.

Unklar ist, was der europäische Gesetzgeber mit der Ausweichklausel in Abs. 2 **bezweckt:** Ange- **6** sichts der Offenheit des Aufenthaltsbegriffs (→ Art. 4 Rn. 3) verwundert es, dass der europäische Gesetzgeber meint, mit der Ausweichklausel eine zusätzliche **Einzelfallgerechtigkeit** erreichen zu können.[6] Denn der Unionsgesetzgeber betont bereits bei der Anknüpfung an den letzten gewöhnlichen Aufenthalt, dass es für die Bestimmung des gewöhnlichen Aufenthalts vor allem darauf ankommen soll, im konkreten Fall „eine besonders enge und feste Bindung zu dem betreffenden Staat" festzustellen (Erwägungsgrund Nr. 23 S. 3). Das Aufenthaltsprinzip inkorporiert damit das Anliegen der Ausweichklausel nach Einzelfallgerechtigkeit. Sämtliche Punkte, die das Gericht bei der Anwendung der Ausweichklausel berücksichtigen könnte, werden bereits durch die offene Definition des gewöhnlichen Aufenthalts – das Gericht hat sämtliche Umstände des Einzelfalls mit einzubeziehen – abgedeckt.[7] Auch das in Erwägungsgrund Nr. 25 S. 1 zum Ausdruck kommende Ziel, über die Ausweichklausel den Gerichten zu ermöglichen, Stabilitätsinteressen des Erblassers zu wahren, speziell im Hinblick auf die Anwendung eines früheren Heimat- oder Aufenthaltsrechts bei erst kürzlich zurückliegenden Aufenthaltswechseln, rechtfertigt die Ausweichklausel nicht.[8] Vielmehr kann in diesem Fall mit guten Gründen auch ein Wechsel des gewöhnlichen Aufenthalts verneint werden. Allenfalls ermöglicht die Ausweichklausel den Aufenthaltsgerichten, worauf *Heinrich Dörner* zu Recht hinweist, **ausländisches Recht zur Anwendung** zu bringen, zu dem der Erblasser eine enge Verbindung aufweist, ohne damit sogleich ihre vom gewöhnlichen Aufenthalt abhängige internationale Zuständigkeit aufs Spiel zu setzen,[9] die nach Art. 4 – der keine Ausweichklausel enthält – allein auf den letzten gewöhnlichen Aufenthalt abstellt. Auch kann die Ausweichklausel genutzt werden, um im Falle einer **fehlgeschlagenen Rechtswahl** – etwa einer nach Art. 22 nicht anzuerkennenden Rechtswahl zugunsten eines früheren Aufenthaltsrechts oder bei Fehlen eines hinreichenden Rechtswahlwillens (→ Art. 22 Rn. 14) – das vermeintlich gewählte Recht zur Anwendung zu bringen,

---

[6] Krit. zur Abgrenzung von gewöhnlichem Aufenthalt und Ausweichklausel auch *Döbereiner* MittBayNot 2013, 358 (362); *Fischer-Czermak* in Schauer/Scheuba, Europäische Erbrechtsverordnung, 2012, 43, 45; *Keim* in A. Roth, Die Wahl ausländischen Rechts im Familien- und Erbrecht, 2013, 67, 70; *Kränzle,* Heimat als Rechtsbegriff?, 2014, 230; *Lagarde* Rev. crit. dr. int. pr. 101 (2012), 691 (700 f.); *K. W. Lange* ZErb 2012, 160 (162 f.); *Lehmann* DStR 2012, 2085 (2086); *D. Lübcke,* Das neue europäische internationale Nachlassverfahrensrecht, 2013, 280 in Fn. *; *Müller-Lukoschek,* Die neue EU-Erbrechtsverordnung, 2. Aufl. 2015, 98 f.; *Odersky* notar 2013, 3 (5) in Fn. 11; *Rudolf* ÖNotZ 2013, 225 (234); *v. Sachsen Gessaphe* in Deinert, Internationales Recht im Wandel, 2013, 163, 181 f.; *Solomon* in Dutta/Herrler EuErbVO 19, 34; *Vollmer* ZErb 2012, 227 (231); *Walther,* Der Gleichlaufgrundsatz, 2013, 192; *Wilke* RIW 2012, 601 (605); s. auch *Burandt* FuR 2013, 377 (382); *Franzina/Leandro* NLCC 2013, 275 (315); *Chr. Kohler/Pintens* FamRZ 2012, 1425 (1427); *Volmer* Rpfleger 2013, 421 (423); allg. krit. wegen der mit der Ausweichklausel zusätzlich einhergehenden Rechtsunsicherheit im Hinblick auf das objektiv bestimmte Erbstatut (→ Rn. 2) auch Bonomi/Wautelet/*Bonomi* Rn. 22; *Boulanger* JCP 2012 Nr. 42, S. 1903, 1906 („dangereusement imprécise"); *Frodl* ÖJZ 2012, 950 (955); *Geimer* ÖNotZ 2012, 70 (76); *Geimer* in Hager, Die neue europäische Erbrechtsverordnung, 2013, 9, 18 f.; *Schauer* ecolex 2012, 575 („Das heitere Erbrechtsraten aus Brüssel"); *Schauer* JEV 2012, 78 (85); vgl. auch *Chassaing* JCP N 2012 Nr. 25, S. 54, 57; *Schaub* Hereditare 3 (2013), 91 (114). – Für eine Ausweichklausel aber etwa Hess/Jayme/Pfeiffer, Stellungnahme zum Vorschlag für eine Europäische Erbrechtsverordnung, 2012, 24; *St. Lorenz* ErbR 2012, 39 (44); positiv das Urteil auch bei *v. Hinden/Müller* ErbStB 2013, 97 (100).

[7] Insbesondere begegnet damit Abs. 2 nicht der „Gefahr willkürlicher Anknüpfung an einen vom Erblasser in keiner Weise als Lebensmittelpunkt intendierten letzten gewöhnlichen Aufenthalt", so aber *Bajons* in Schauer/Scheuba, Europäische Erbrechtsverordnung, 2012, 29, 32. Diese Gefahr besteht nicht, da es einen letzten gewöhnlichen Aufenthalt, der nicht Lebensmittelpunkt des Erblassers war, nicht geben sollte (→ Art. 4 Rn. 3 ff.).

[8] Zurückhaltender *Schauer* in Deixler-Hübner/Schauer, Migration, Familie und Vermögen, 2013, 45, 55.

[9] *Dörner* ZEV 2012, 505 (511); vgl. auch *Lechner* in Dutta/Herrler EuErbVO 5, 11; *Lehmann* DStR 2012, 2085 (2086); *M. Pfeiffer* JPIL 12 (2016), 566 (576 f.); *Topal-Gökceli/Kührer* ÖNotZ 2015, 298 (301).

wenn der Erblasser auch objektiv eine enge Verbindung zu dem betreffenden Staat aufweist.[10] Die Ausweichklausel kann auch dienlich sein, wenn dem Gericht allgemein eine Anwendung des Rechts am letzten gewöhnlichen Aufenthalt **unbillig** erscheint, etwa wenn dieser bei geschäftsunfähigen Erblassern einseitig von der tatsächlich betreuenden Person verlagert wurde (→ Art. 4 Rn. 10) und der Erblasser keine sonstigen Beziehungen zu dem Staat seines letzten gewöhnlichen Aufenthalts aufweist.[11]

7 Der Hinweis auf den **Ausnahmecharakter** („ausnahmsweise") verdeutlicht, dass **Abs. 2 zurückhaltend** anzuwenden ist.[12] Insbesondere handelt es sich **nicht** um eine zur Aufenthaltsanknüpfung **subsidiäre Anknüpfung,** da die Verordnung davon ausgeht, dass jeder Erblasser einen letzten gewöhnlichen Aufenthalt besitzt (→ Art. 4 Rn. 7; → Art. 10 Rn. 3), wie auch der Wortlaut des Abs. 2 („offensichtlich engere Verbindung zu einem anderen als dem Staat hatte, dessen Recht nach Absatz 1 anzuwenden wäre") bestätigt.[13] Auch soll Abs. 2 nach Erwägungsgrund Nr. 25 S. 2 nicht subsidiär Anwendung finden, wenn sich ein gewöhnlicher Aufenthalt nur mit Schwierigkeiten feststellen lässt, was allerdings ein Gericht nicht abhält, in einer solchen Situation faktisch auf Abs. 2 zurückzugreifen.[14] Allerdings muss das Gericht den gewöhnlichen Aufenthalt bestimmen – das ergibt sich bei einer Zuständigkeit nach Art. 4 bereits aus prozessualen Gründen (vgl. Art. 15) –, bevor es auf die Ausweichklausel zurückgreift.

8 Ein **Renvoi** ist bei der Ausweichklausel nach Art. 34 Abs. 2 ausgeschlossen; es handelt sich bei dem Verweis nach Abs. 2 um einen Sachnormverweis. Bei Verweis auf einen **Mehrrechtsstaat** s. Art. 36 Abs. 1 und Abs. 2 lit. c und Art. 37.

IV. Umfang der Verweisung

9 Die Vorschrift folgt dem **Grundsatz der Nachlasseinheit** und bestimmt das anwendbare Recht für den gesamten Nachlass („gesamte Rechtsnachfolge von Todes wegen"), wo auch immer die einzelnen Nachlassgegenstände belegen sind (→ Vor Art. 20 Rn. 6). Dies gilt auch für das durch die Ausweichklausel nach Abs. 2 berufene Recht, obwohl Abs. 2 anders als Abs. 1 nicht von der „gesamte[n] Rechtsnachfolge von Todes wegen", sondern nur von der „Rechtsnachfolge von Todes wegen" spricht, vgl. auch Erwägungsgrund Nr. 27 S. 4, der sich wohl auch auf Art. 21 Abs. 2 als Teil der „allgemeine[n] Kollisionsnorm" (S. 3) bezieht. Der **inhaltliche** Umfang der Verweisung wird näher durch Art. 1 und Art. 23 bestimmt.

Art. 22 EuErbVO Rechtswahl

(1) Eine Person kann für die Rechtsnachfolge von Todes wegen das Recht des Staates wählen, dem sie im Zeitpunkt der Rechtswahl oder im Zeitpunkt ihres Todes angehört.

Eine Person, die mehrere Staatsangehörigkeiten besitzt, kann das Recht eines der Staaten wählen, denen sie im Zeitpunkt der Rechtswahl oder im Zeitpunkt ihres Todes angehört.

(2) Die Rechtswahl muss ausdrücklich in einer Erklärung in Form einer Verfügung von Todes wegen erfolgen oder sich aus den Bestimmungen einer solchen Verfügung ergeben.

(3) Die materielle Wirksamkeit der Rechtshandlung, durch die die Rechtswahl vorgenommen wird, unterliegt dem gewählten Recht.

(4) Die Änderung oder der Widerruf der Rechtswahl muss den Formvorschriften für die Änderung oder den Widerruf einer Verfügung von Todes wegen entsprechen.

Schrifttum: *Cach/Weber*, Privatautonomie im Internationalen Erbrecht – Überlegungen zu Art. 22 der Erbrechtsverordnung, ZfRV 2013, 263; *Dutta*, Die Rechtswahlfreiheit im künftigen internationalen Erbrecht der Europäischen Union, in Reichelt/Rechberger, Europäisches Erbrecht – Zum Verordnungsvorschlag der Europäischen Kommission zum Erb- und Testamentsrecht, 2011, 57; *Döbereiner*, (Bindende?) Rechtswahlen nach der EU-Erbrechtsverordnung, DNotZ 2014, 323; *Fischer-Czermak*, Gestaltung der Erbfolge durch Rechtswahl, EFZ 2013, 52; *Fontanellas Morell*, La professio iuris sucesoria, 2010; *Fontanellas Morell*, La forma de la designación de ley en la propuesta de Reglamento europeo en materia de sucesiones, Rev. esp. der. int. 63/2 (2011), 123;

---

[10] Vgl. auch *Volmer* Rpfleger 2013, 421 (424), der hier Spielraum für eine „verdeckte" Rechtswahl sieht.

[11] *Odersky* notar 2013, 3 (5), jedenfalls in Fällen einer missbräuchlichen Aufenthaltsverlagerung; zurückhaltender BeckOGK/*Schmidt* Rn. 19.3.

[12] S. auch Ratsdokumente Nr. 10767/11 S. 8 und Nr. 11870/11 S. 19 Fn. 3.

[13] Missverständlich deshalb Ratsdokument Nr. 9677/11 S. 4.

[14] Vgl. auch die Bedenken gegen eine subsidiäre Anknüpfung allg. in Ratsdokument Nr. 13509/10 S. 4; vgl. auch Ratsdokumente Nr. 8446/11 S. 6 und Nr. 9677/11 S. 4.

Goré, La professio juris, Defrénois 2012, 762; *Heinig,* Rechtswahlen in Verfügungen von Todes wegen nach der EU-Erbrechtsverordnung, RNotZ 2014, 197; *Jacoby,* Le notaire face à la professio juris: Potentialités, virtualités et responsabilités en matière de successions internationales, in Bosse-Platière/Damas/Dereu, L'avenir européen du droit des successions internationales, 2011, 111; *Jud,* Rechtswahl im Erbrecht – Das Grünbuch der Europäischen Kommission zum Erb- und Testamentsrecht, GPR 2005, 133; *Keim,* Rechtswahl nach der Europäischen Erbrechtsverordnung, in A. Roth, Die Wahl ausländischen Rechts im Familien- und Erbrecht, 2013, 67; *Leitzen,* Die Rechtswahl nach der EuErbVO, ZEV 2013, 128; *Ludwig,* Die Wahl zwischen zwei Rechtsordnungen durch bedingte Rechtswahl nach Art. 22 der EU-Erbrechtsverordnung, DNotZ 2014, 12; *Nordmeier,* Grundfragen der Rechtswahl in der neuen EU-Erbrechtsverordnung, GPR 2013, 148; *Solomon,* Die allgemeine Kollisionsnorm, in Dutta/Herrler, Die Europäische Erbrechtsverordnung, 2014, 19; *Wautelet,* Successions internationales: du bon usage de l'autonomie de la volonté, Patrimonium 2016, 253; *Wysocka,* How can a valid professio iuris be made under the EU Succession Regulation?, NIPR 2012, 569. – Siehe ferner die Schrifttumshinweise allgemein zur Verordnung und ihren Vorarbeiten → Vor Art. 1 Rn. 1 ff.

Übersicht

I. Normzweck

Art. 22 ist Teil der allgemeinen Kollisionsnorm zu Bestimmung des Erbstatuts (zur Systematik **1** des Erbkollisionsrechts → Vor Art. 20 Rn. 4 ff.). Die Vorschrift regelt die erbrechtliche Rechtswahl des Erblassers. Die Rechtswahl ermöglicht[1] dem Erblasser, im Hinblick auf das Erbstatut bereits zu Lebzeiten durch eine Wahl des Staatsangehörigkeitsrechts die mit der objektiven Anknüpfung der Rechtsnachfolge von Todes wegen einhergehenden Unsicherheiten (Bestimmung des gewöhnlichen Aufenthalts nach Art. 21 Abs. 1 sowie Ausweichklausel nach Art. 21 Abs. 2) zu beseitigen (vgl. Erwägungsgrund Nr. 37 S. 1 sowie Nr. 80 S. 1) und auf diese Weise eine **Vorhersehbarkeit** des Erbstatuts zu gewährleisten sowie eine **Stabilität** des Erbstatuts trotz eines Wechsels des gewöhnlichen Aufenthalts zu wahren (vgl. Erwägungsgrund Nr. 38 S. 2), wenn der Erblasser zu seinem Heimatstaat eine engere Verbindung besitzt als zu seinem Aufenthaltsstaat. Die Stabilität des Erbstatuts durch eine Rechtswahl ermöglicht dem Erblasser, seine Freizügigkeit im Binnenmarkt auszuüben (vgl. auch Erwägungsgrund Nr. 80 S. 1), ohne dass dies einen Statutenwechsel verursacht und ist damit „ein Stück verbriefter Niederlassungsfreiheit".[2] Ferner dient die Vorschrift der **Einzelfallge-rechtigkeit,** da der Erblasser den Staat, zu dem er die engste Verbindung besitzt, am besten selbst bestimmen kann. Dabei gestattet die Rechtswahl dem Erblasser auch eine **Koordination** des anwendbaren Rechts in Fällen mit Drittstaatenbezug, in denen eine internationale Zuständigkeit in einem Drittstaat (zum Begriff → Vor Art. 1 Rn. 29) besteht, etwa weil sich dort Vermögen des Erblassers befindet. Folgt das drittstaatliche Kollisionsrecht dem Staatsangehörigkeitsprinzip bei der

---

[1] Zum Sinn und Zweck der erbrechtlichen Rechtswahlfreiheit etwa *Dutta* in Reichelt/Rechberger, Europäisches Erbrecht – Zum Verordnungsvorschlag der Europäischen Kommission zum Erb- und Testamentsrecht, 2011, 57, 60 ff.

[2] *Sturm,* FS E. Wolf, 1985, 637 (653).

objektiven Anknüpfung,[3] erkennt eine Rechtswahl an oder verweist auf das Recht eines Mitglied-staats unter Berücksichtigung eines Renvoi, dann kann der Erblasser durch die Rechtswahl das vor den mitgliedstaatlichen und drittstaatlichen Gerichten anwendbare Recht harmonisieren, um seine Erbfolge einheitlich einem Recht zu unterstellen. Zudem nimmt eine lediglich subjektive Anknüp-fung an die Staatsangehörigkeit – die auf dem Willen des Erblassers beruht – dem Staatsangehörig-keitsprinzip jegliche Anrüchigkeit im Hinblick auf das **Diskriminierungsverbot** des Art. 18 AEUV.[4] Mit der Beschränkung der Rechtswahlfreiheit auf das Staatsangehörigkeitsrecht möchte der Unionsgesetzgeber verhindern, dass der Erblasser durch die Rechtswahl die **Interessen seiner überlebenden Familienmitglieder** beeinträchtigt, soweit diese nach dem Aufenthalts- oder Hei-matrecht pflichtteilsberechtigt sind (vgl. Erwägungsgrund Nr. 38 S. 2;[5] zum kollisionsrechtlichen Pflichtteilsschutz allgemein → Vor Art. 20 Rn. 43).

II. Beschränkte Rechtswahlfreiheit des Erblassers (Abs. 1)

2   **Abs. 1** räumt dem Erblasser lediglich eine äußerst beschränkte Rechtswahlfreiheit ein. Der Erblas-ser kann an die Stelle des nach Art. 21 eigentlich maßgeblichen letzten Aufenthaltsrechts (oder des nach der Ausweichklausel berufenen Rechts) das Recht seiner Staatsangehörigkeit setzen. Da die kollisionsrechtliche (zur materiellrechtlichen Verweisung → Rn. 34) Wahl weiterer Rechtsordnun-gen nicht zulässig ist,[6] kann man getrost statt von einer Rechtswahl lediglich von einer Option des Erblassers zugunsten des Staatsangehörigkeitsrechts sprechen.[7] Eine weitergehende Rechtswahl kann unter der Erbrechtsverordnung allenfalls (s. aber Art. 83 Abs. 2) im Rahmen des Renvoi nach Art. 34 Abs. 1 honoriert werden, wenn mangels wirksamer Rechtswahl nach Art. 22 aufgrund der objektiven Anknüpfung nach Art. 21 Abs. 1 das Recht eines Drittstaats anwendbar ist, dessen Kollisionsrecht bei der Rechtswahlfreiheit des Erblassers großzügiger ist. Diese äußerst beschränkte Rechtswahlfrei-heit des Erblassers ist – jedenfalls im Hinblick auf die fehlende Wahlmöglichkeit eines früheren Aufenthaltsrechts – vor dem Hintergrund der Personenfreizügigkeit des Art. 21 Abs. 1 AEUV nicht unproblematisch;[8] ein Erblasser könnte davon abgehalten werden, seinen gewöhnlichen Aufenthalt innerhalb der EU zu verlagern, weil er damit womöglich seine Testierfreiheit etwa im Hinblick auf den Pflichtteil einschränken würde.[9] Zum Erfordernis eines grenzüberschreitenden Bezugs bei der Rechtswahl → Vor Art. 20 Rn. 69. – Anders als in einzelnen bisherigen mitgliedstaatlichen Kollisi-onsrechten nicht das Erbstatut wählen können dagegen die **erbrechtlich Berechtigten** (→ Vor Art. 20 Rn. 45), die allein im Falle einer Rechtswahl des Erblassers die internationale Zuständigkeit nach Art. 5 ff. in den Mitgliedstaat des gewählten Rechts verlagern können, und damit lediglich das jeweils anwendbare Erbverfahrensrecht beeinflussen können. Allenfalls können die erbrechtlich Berechtigten sich vertraglich nach dem jeweiligen Erbstatut so stellen, als ob der Erblasser ein anderes Erbrecht gewählt hätte (→ Rn. 14 aE).

3   **1. Maßgebliche Staatsangehörigkeit. a) Mehrere Staatsangehörigkeiten.** Ein Erblasser kann im Laufe seines Lebens mehrere Staatsangehörigkeiten besitzen, so dass sich die Frage nach der für die Rechtswahlfreiheit nach Art. 22 maßgeblichen Staatsangehörigkeit stellt, deren Recht der Erblasser zum Erbstatut küren kann. Besitzt der Erblasser **seriell** mehrere Staatsangehörigkeiten, so legt **Abs. 1** in seinen beiden Unterabsätzen fest, dass der Erblasser entweder das Recht seiner Staatsangehörigkeit zum Zeitpunkt der Rechtswahl oder zum Zeitpunkt seines Todes (näher → Art. 4 Rn. 9) wählen kann (zu Anforderungen an die inhaltliche Bezeichnung der Staatsangehö-rigkeit → Rn. 11); die Wahl des Rechts einer Staatsangehörigkeit, die der Erblasser zu einem

---

[3] Wie für zahlreiche Drittstaatsangehörige, die ihren gewöhnlichen Aufenthalt in der Europäischen Union haben, näher *Dutta* RabelsZ 73 (2009), 547 (564).

[4] S. auch EuGH Slg. 2008, I-7639 Rn. 19 f. = NJW 2009, 135 – Grunkin-Paul, wonach auch eine objektive Staatsangehörigkeitsanknüpfung an sich nicht gegen das Diskriminierungsverbot verstößt; näher *Basedow* IPRax 2011, 109 (115, 116).

[5] S. auch bereits Kommissionsvorschlag KOM(2009) 154 endg. S. 7; Lechner-Berichtsentwurf S. 62 sowie Lechner-Bericht S. 62.

[6] Rechtspolitische Argumente für eine weitergehende Rechtswahlfreiheit des Erblassers (speziell auch zuguns-ten des Aufenthaltsrechts, des jeweiligen Güterstatuts und des Belegenheitsrechts für unbewegliches Nachlassver-mögen) etwa *Dutta* in Reichelt/Rechberger, Europäisches Erbrecht – Zum Verordnungsvorschlag der Europä-ischen Kommission zum Erb- und Testamentsrecht, 2011, 57, 70 ff., und *Max Planck Institute* RabelsZ 74 (2010), 522 (609 ff.).

[7] *Solomon*, Liber amicorum Schurig, 2012, 237 (260).

[8] Vgl. auch *Remien* in Grziwotz, Erbrecht und Vermögenssicherung, 2011, 95, 104.

[9] Hier helfen auch die Art. 24 ff. nicht weiter, da der Pflichtteil nicht dem Errichtungsstatut unterliegt, sondern dem allgemeinen Erbstatut, s. Art. 23 Abs. 2 lit. h.

anderen Zeitpunkt besaß, geht ins Leere.[10] Besitzt der Erblasser dagegen bei den beiden maßgeblichen Zeitpunkten – Rechtswahl oder Tod – **simultan** mehrere Staatsangehörigkeiten, so kann der Erblasser – ähnlich wie auch im europäischen Zuständigkeitsrecht[11] – nach **Abs. 1 UAbs. 2** zwischen den betreffenden Staatsangehörigkeitsrechten wählen; eine Beschränkung auf eine effektive Staatsangehörigkeit, einen Vorrang der Forumsstaatsangehörigkeit oder einen Verweis auf das mitgliedstaatliche Kollisionsrecht zur Bestimmung der maßgeblichen Staatsangehörigkeit[12] sieht die Verordnung nicht vor. Zu Mehrrechtsstaaten → Rn. 6, 11.

b) Bestimmung der Staatsangehörigkeit. Die Frage, welche Staatsangehörigkeit eine Person **4** für Zwecke der Rechtswahl besitzt, richtet sich nicht nach der Verordnung, sondern nach innerstaatlichem Recht, vgl. Erwägungsgrund Nr. 41. Allerdings schweigen die Erwägungsgründe über das Staatsangehörigkeitsstatut, also das Recht, das über die Begründung einer Staatsangehörigkeit entscheidet. Würden die Mitgliedstaaten das Staatsangehörigkeitsstatut unterschiedlich anknüpfen, so wäre die einheitliche Anwendung der Verordnung gefährdet. Der Erblasser könnte aus Sicht unterschiedlicher Mitgliedstaaten die Wahl zwischen verschiedenen Rechten haben, und damit die Wahl einer bestimmten Rechtsordnung womöglich nicht unionsweit anerkannt werden. Es spricht daher Vieles dafür, dass der Effektivitätsgrundsatz (→ Art. 5 Rn. 4) eine einheitliche Anknüpfung der Staatsangehörigkeit für Zwecke der Erbrechtsverordnung erfordert, um den internationalen Entscheidungseinklang innerhalb der EU als Anliegen der Verordnung (→ Vor Art. 20 Rn. 2) zu sichern.[13] Richtigerweise sollte man – wie auch im mitgliedstaatlichen Kollisionsrecht (näher → EGBGB Art. 5 Rn. 14) – über die Staatsangehörigkeit des Erblassers (zu dem jeweils maßgeblichen Zeitpunkt) das Recht desjenigen Staates entscheiden lassen, dessen Staatsangehörigkeit in Frage steht.[14] Soweit man diesen Grundsatz dem Völkerrecht zuweist,[15] ergibt sich bereits aus den völkerrechtlichen Bindungen der Mitgliedstaaten eine einheitliche Anknüpfung der Staatsangehörigkeit. Mit der subjektiven Anknüpfung des Erbstatuts an die Staatsangehörigkeit gibt der Unionsgesetzgeber damit die Definition des Anknüpfungsmoments aus der Hand, anders als ein nationaler Kollisionsrechtsgesetzgeber, der jedenfalls für seine eigenen Staatsangehörigen Herr über das Anknüpfungsmoment bleibt.[16] Allerdings unterliegt die Anwendung des mitgliedstaatlichen Staatsangehörigkeitsrechts – wie auch Erwägungsgrund Nr. 41 S. 2 klarstellt – unionsrechtlichen Schranken.[17]

c) Staatenlose, Personen mit unklarer Staatsangehörigkeit, Flüchtlinge, Asylberechtigte 5 und subsidiär Schutzberechtigte. Offen lässt der Wortlaut der Verordnung die Frage, ob und, wenn ja, welches Recht diese Personen wählen können.[18] Das mitgliedstaatliche Kollisionsrecht unterstellt das Personalstatut dieser Personen – auch aufgrund staatsvertraglicher Regelungen – regelmäßig dem Recht am Wohnsitz oder am gewöhnlichen Aufenthalt (näher → EGBGB Art. 5 Rn. 94 ff.).[19] Ein unmittelbarer Rückgriff auf das mitgliedstaatliche Kollisionsrecht[20] verbietet sich, um den internationalen Entscheidungseinklang in der Union nicht zu gefährden. Vielmehr sollte diesen Personen unionsweit einheitlich (→ Rn. 4) die Möglichkeit gegeben werden, das **Recht ihres gewöhnlichen Aufenthalts** zum Zeitpunkt der Rechtswahl nach Art. 22 zum Erbstatut zu wählen,[21] wobei dem gewöhnlichen Aufenthalt – aufgrund der allgemeinen Aufenthaltsanknüpfung

---

[10] Dutta/Weber/*Bauer* Rn. 4; *Leitzen* ZEV 2013, 128.

[11] Zur Brüssel IIa-VO EuGH Slg. 2009, I-6871 Rn. 44 ff. = EuZW 2009, 619 – Hadadi. Siehe zudem → Art. 10 Rn. 15.

[12] Wie in Erwägungsgrund Nr. 22 zur Rom III-VO.

[13] Für eine autonome Lösung auch *Cach/Weber* ZfRV 2013, 263 (268).

[14] *Nordmeier* GPR 2013, 148 (149); so im Ergebnis auch *Cach/Weber* ZfRV 2013, 263 (268). Allg. für das internationale Unionsprivatrecht *Basedow* IPRax 2011, 109 (116).

[15] So etwa EuGH Slg. 1992, I-4239 Rn. 10 = BeckRS 2004, 76798 – Micheletti; Slg. 1999, I-7955 Rn. 29 = BeckRS 2004, 74719 – Mesbah; Slg. 2004, I-9925 Rn. 37 = BeckRS 2004, 78097 – Zhu und Chen; Slg. 2010, I-1449 Rn. 39, 48 = BeckRS 2010, 90235 – Rottmann; vgl. auch EuGH NJW 2011, 2033 Rn. 40 – Zambrano.

[16] *Dutta* RabelsZ 73 (2009), 547 (566 f.).

[17] S. auch EuGH Slg. 2010, I-1449 Rn. 41 ff. = BeckRS 2010, 90235 – Rottmann.

[18] Vgl. auch Ratsdokumente Nr. 5811/10 ADD 2 S. 5 und Nr. 5811/10 ADD 7 S. 2, in denen eine ausdrückliche Regelung gefordert wurde.

[19] S. auch den sehr instruktiven Überblick von *Mankowski* IPRax 2017, 40.

[20] So etwa Dutta/Weber/*Bauer* Rn. 9.

[21] Vgl. für Staatenlose auch Frieser/*Martiny* ErbR Nach Art. 26 EGBGB: EuErbVO Rn. 97; *Solomon* in Dutta/Herrler EuErbVO 19, 39; Palandt/*Thorn* Rn. 4 (für Staatenlose und Flüchtlinge); zum insoweit vergleichbaren Art. 5 Abs. 1 lit. c Rom III-VO für Staatenlose und Flüchtlinge s. auch *U. P. Gruber* IPRax 2012, 381 (386); hierzu auch → Rom III-VO Art. 5 Rn. 9. – Anders für Staatenlose *Geimer* in Reichelt/Rechberger, Europäisches Erbrecht – Zum Verordnungsvorschlag der Europäischen Kommission zum Erb- und Testamentsrecht, 2011, 1, 8; *Geimer* in Hager, Die neue europäische Erbrechtsverordnung, 2013, 9, 18; *Leitzen* ZEV 2013, 128; *Schaub* Hereditare 3 (2013), 91 (115): keine Rechtswahl nach Art. 22 möglich.

(Art. 21 Abs. 1) – der Vorzug vor dem Wohnsitz zu geben ist. Auch Staatenlose, Personen mit unklarer Staatsangehörigkeit, Flüchtlinge und Asylberechtigte besitzen ein Interesse an einer Stabilität ihres Erbstatuts, das nicht durch einen späteren Aufenthaltswechsel beeinflusst werden soll (→ Rn. 1). Flüchtlinge und Asylberechtigte, die noch über eine Staatsangehörigkeit verfügen, sollten daneben nach Art. 22 auch das Recht dieser Staatsangehörigkeit wählen dürfen: Die Anknüpfung an den gewöhnlichen Aufenthalt soll diesen Personen eine auch internationalprivatrechtliche Loslösung von ihren Heimatstaaten ermöglichen; die Entscheidung, ob ein Flüchtling oder Asylberechtigter im Hinblick auf das Erbrecht eine Stabilität mit seinem Heimatrecht wahren möchte oder mit seinem Aufenthaltsrecht, sollte dem Einzelnen überlassen bleiben. – Diese im Rahmen der autonomen Auslegung und Rechtsfortbildung gewonnenen Grundsätze bei der Anwendung der Verordnung werden freilich nach Art. 75 Abs. 1 UAbs. 1 durch bestehende **staatsvertragliche Regelungen** des jeweiligen Forummitgliedstaats (für Deutschland näher → EGBGB Anh. I Art. 5, EGBGB Anh. II Art. 5) verdrängt.[22]

6   **d) Staatsangehörigkeitsrecht mit mehreren Teilrechtsordnungen.** Ist der Erblasser Angehöriger eines Staates mit mehreren Teilrechtsordnungen, so fragt es sich, welche der Teilrechtsordnungen der Erblasser wählen kann.[23] Diese Frage ist von dem Problem zu unterscheiden, **auf welche Weise** das jeweils wählbare Recht vom Erblasser in der Rechtswahlerklärung **zu bezeichnen** ist: konkret durch die Wahl der Teilrechtsordnung oder abstrakt durch eine Wahl der Mehrrechtsordnung oder seines Staatsangehörigkeitsrechts allgemein (hierzu → Rn. 11). Art. 36 Abs. 1 oder Abs. 2 lit. b **konkretisiert** den Verweis auf das Staatsangehörigkeitsrecht des Erblassers im Falle einer Rechtswahl. Existiert im Mehrrechtsstaat kein interlokales Kollisionsrecht, so kann der Erblasser nach **Art. 36 Abs. 2 lit. b** das Recht derjenigen Teilrechtsordnung wählen, zu dem der Erblasser zum Zeitpunkt der Rechtswahl oder zum Zeitpunkt des Todes die engste Verbindung besaß – eine Konkretisierung des Verweises in Art. 22 auf das Staatsangehörigkeitsrecht, die erhebliche Unsicherheiten verursacht (→ Rn. 11; → Art. 36 Rn. 11). Verfügt das Staatsangehörigkeitsrecht über ein interlokales Kollisionsrecht, so dass nicht die autonome Konkretisierung des Verweises auf das Staatsangehörigkeitsrecht nach Art. 36 Abs. 2 lit. b zum Zuge kommt, sondern die Konkretisierung allein nach **Art. 36 Abs. 1** dem vorrangigen interlokalen Kollisionsrecht obliegt, so wirkt sich die **Ausgestaltung des interlokalen Kollisionsrechts** erheblich auf den Kreis der wählbaren Rechte aus.[24] Denn anders als bei der autonomen Konkretisierung nach Art. 36 Abs. 2 lit. b ist dann nicht – je nach Art der Rechtswahl – der Zeitpunkt der Rechtswahl oder des Todes des Erblassers maßgeblich (→ Art. 36 Rn. 10 f.), sondern allein der Zeitpunkt des Erbfalls, in dem der Verweis auf das Staatsangehörigkeitsrecht durch das interlokale Kollisionsrecht nach Art. 36 Abs. 1 zu konkretisieren ist; Art. 22 verweist iS des Art. 36 Abs. 1 erst zum Zeitpunkt des Erbfalls auf das Staatsangehörigkeitsrecht, so dass erst zu diesem Zeitpunkt die Vorschriften des interlokalen Kollisionsrechts befragt werden können.[25] Honoriert das interlokale Kollisionsrecht eine Rechtswahl der Teilrechtrechtsordnung, so ergeben sich regelmäßig keine Probleme; der Erblasser kann bereits zum Zeitpunkt der Rechtswahl nach Art. 22 die nach dem interlokalen Kollisionsrecht wählbare Teilrechtsordnung wählen. Erkennt das interlokale Kollisionsrecht dagegen eine Rechtswahl nicht an, so ist lediglich diejenige Teilrechtsordnung wählbar, die das interlokale Kollisionsrecht objektiv zum Zeitpunkt des Erbfalls bestimmt.[26] Verändert der Erblasser zwischen Rechtswahl und Erbfall das nach dem interlokalen Kollisionsrecht relevante Anknüpfungsmoment, so kann die Rechtswahl ins Leere gehen, soweit der Erblasser nicht abstrakt das Recht des Gesamtstaats oder seiner Staatsangehörigkeit als gewähltes Recht bezeichnet (→ Rn. 11). Wählt der Erblasser eine Teilrechtsordnung, die nicht nach Art. 36 Abs. 1 oder Abs. 2 lit. b wählbar ist, so kann diese Rechtswahl unter Umständen im Wege der ergänzenden Auslegung als – gemäß Abs. 2 zulässige – konkludente Rechtswahl zugunsten einer wählbaren Teilrechtsordnung

---

[22] So auch *Köhler* in GKKW IntErbR 69.

[23] Nach *v. Sachsen Gessaphe* in Deinert, Internationales Recht im Wandel, 2013, 163, 193, soll der Erblasser nur sein Heimatrecht, also das Recht des Gesamtstaats wählen können; hiergegen spricht jedoch Art. 36, der sämtliche Verweise der Verordnung auf das Recht des Gesamtstaats – auch bei der Festlegung des Kreises der wählbaren Rechte in Art. 22 Abs. 1 – konkretisiert, so dass bei Angehörigen von Mehrrechtsstaaten strenggenommen sogar nur die Wahl einer Teilrechtsordnung möglich ist (zur Frage der konkreten Bezeichnung der Teilrechtsordnung → Rn. 11).

[24] S. auch Bonomi/Wautelet/*Bonomi* Art. 36–38 Rn. 11.

[25] Anders Dutta/Weber/*Bauer* Rn. 14: Zeitpunkt maßgeblich, der auch für die Bestimmung der Staatsangehörigkeit maßgeblich ist, also entweder der Errichtungs- oder Todeszeitpunkt.

[26] Vgl. *Steinmetz/Löber/García Alcázar* ZEV 2013, 535 (537), wonach ein katalanischer Erblasser nur dann katalanisches Erbrecht zum Erbstatut küren kann, wenn der Erblasser seine katalanische Gebietszugehörigkeit bis zu seinem Tode beibehält und nicht etwa nach der Rechtswahl die spanische Staatsangehörigkeit aufgibt; zur Konkretisierung des Verweises auf spanisches Recht bei Nichtstaatsangehörigen → Art. 36 Rn. 6.

aufrechterhalten werden, wenn sich ein entsprechender Wille des Erblassers feststellen lässt.[27] – Zu zuständigkeitsrechtlichen Folgen bei den Art. 5 ff. → Vor Art. 4 Rn. 14 sowie allgemein → Art. 36 Rn. 2.

e) Staatensukzession. Der Wortlaut der Verordnung schweigt ebenfalls zum Problem der Staa-   **7** tensukzession, konkret zur Frage, welches Schicksal eine eigentlich nach Art. 22 wirksame Rechtswahl ereilt, wenn der Staat – dessen Recht der Erblasser gewählt hat – zum Zeitpunkt des Todes des Erblassers nicht mehr existiert, sondern völkerrechtlich etwa in einem anderen Staat oder mehreren Staaten aufgegangen ist. Zur Wahrung des internationalen Entscheidungseinklangs in der EU (→ Vor Art. 20 Rn. 2) bedarf es auch hier einer einheitlichen Lösung, so dass sich ein Rückgriff auf die allgemeinen Grundsätze im Forummitgliedstaat (allgemein → Einl. IPR Rn. 51 ff.) verbietet. Richtigerweise wird man auf das Recht des Nachfolgestaats (bei Mehrrechtsstaaten im Hinblick auf die zuvor maßgebliche Teilrechtsordnung → Rn. 6) abzustellen haben.[28]

2. Zulässigkeit einer Teilrechtswahl? Die Verordnung lässt in der deutschen Sprachfassung   **8** des Art. 22 offen, ob auch eine Teilrechtswahl möglich ist, eine lediglich beschränkte Wahl des Staatsangehörigkeitsrechts, und zwar sowohl in gegenständlicher Hinsicht im Hinblick auf **einzelne Nachlassgegenstände** mit der Folge der Nachlassspaltung als auch in inhaltlicher Hinsicht im Hinblick auf **einzelne erbrechtliche Fragestellungen.** Insbesondere fehlt in Art. 22 Abs. 1 UAbs. 1 anders als in Abs. 21 Abs. 1 der Hinweis auf „die gesamte Rechtsnachfolge von Todes wegen". Dennoch ist eine Teilrechtswahl des Erblassers ausgeschlossen.[29] Zum einen ordnet Art. 23 Abs. 1 an, dass auch dem nach Art. 22 bezeichnet Recht die „gesamte Rechtsnachfolge von Todes wegen" unterliegt; auch die anderen Sprachfassungen des Art. 22 Abs. 1 UAbs. 1 sprechen von „his succession as a whole" oder „l'ensemble de sa succession". Zum anderen stellt das internationale Unionsprivatrecht regelmäßig klar, wenn es eine Teilrechtswahl gestattet, s. vor allem die explizit im Gesetz angesprochene Möglichkeit einer dépeçage nach Art. 3 Abs. 1 S. 3 Rom I-VO, die über Erwägungsgrund Nr. 7 zur Rom II-VO auch bei Art. 14 Rom II-VO gilt (→ Rom II-VO Art. 14 Rn. 37). Nur **ausnahmsweise** im Hinblick auf die Zulässigkeit, materielle Wirksamkeit und Bindungswirkung einer Verfügung von Todes wegen lässt die Erbrechtsverordnung in Art. 24 Abs. 2 und Art. 25 Abs. 3 eine auf das Errichtungsstatut beschränkte Teilrechtswahl zu. Zur Abgrenzung zwischen einer solchen Teilrechtswahl und einer umfassenden Rechtswahl nach Art. 22 → Art. 24 Rn. 14.

3. Wählbarkeit allein staatlichen Rechts. Art. 22 gestattet dem Erblasser lediglich die Wahl   **9** eines staatlichen Erbrechts[30] (Abs. 1 UAbs. 1: „Recht des Staates"). Insbesondere ist es dem Erblasser verwehrt, im Wege der Rechtswahl **Hausgesetze** oder anderes **privat gesetztes Familienvermögensrecht oder Erbrecht** zur Anwendung zu bringen, mag dieses – etwa als Teil der Hausgesetze hochadliger Häuser – in der Vergangenheit auch für die betreffenden Familienmitglieder die Natur eines staatlichen Gesetzes gehabt haben. Diese Regelungen sind nur dann anzuwenden, wenn das privat gesetzte Recht nach dem gewählten Staatsangehörigkeitsrecht verbindlich ist; dann liegt womöglich ein Fall der interpersonalen Rechtsspaltung vor (Art. 37). Nichtstaatliches Erbrecht kann der Erblasser allein in seine Verfügung von Todes wegen materiellrechtlich inkorporieren (→ Rn. 34). So beziehen sich Angehörige ehemals hochadliger Familien bis heute in ihren Verfügungen von Todes wegen immer wieder auf ihre ehemaligen Hausgesetze und versuchen diese im Erbrecht – freilich innerhalb seiner zwingenden Grenzen – nachzubilden.[31]

III. Wirksame Rechtswahlerklärung

Das Staatsangehörigkeitsrecht des Erblassers wird nach Art. 22 nur zum Erbstatut, wenn der   **10** Erblasser eine wirksame Rechtswahl getroffen hat. Die Rechtswahl ist eine kollisionsrechtliche Wil-

---

[27] *Frank/Leithold* ZEV 2014, 462 (467): im Wege der Umdeutung; zurückhaltender *Solomon* in Dutta/Herrler EuErbVO 19, 40.

[28] Vgl. Dutta/Weber/*Bauer* Rn. 15; *Nordmeier* GPR 2013, 148 (150).

[29] *Bogdan,* FS van Loon, 2013, S. 59, 62; Bonomi/Wautelet/*Bonomi* Rn. 43, 45; *Cach/Weber* ZfRV 2013, 263 (264); *Döbereiner* DNotZ 2014, 323 (324); *Goré* Défrénois 2012, 762 (763 f., 765); *Grau* in Zimmermann ErbR Nebengesetze Art. 25, 26 EGBGB Anh.: EuErbVO Rn. 48; *Heinig* RNotZ 2014, 197 (206); *Herzog* ErbR 2013, 2 (7); *Chr. Kohler/Pintens* FamRZ 2012, 1425 (1427); *Kroll-Ludwigs,* Die Rolle der Parteiautonomie im europäischen Kollisionsrecht, 2013, 140; *Lagarde* Rev. crit. dr. int. pr. 101 (2012), 691 (721); *Mansel* in Leible/Unberath Rom 0-VO 241, 282; *Nordmeier* GPR 2013, 148 (154); Palandt/*Thorn* Rn. 3; *Wysocka* NIPR 2012, 569 (570); so wohl auch *Simon/Buschbaum* NJW 2012, 2393 (2398).

[30] Zust. Dutta/Weber/*Bauer* Rn. 13; Deixler-Hübner/Schauer/*Schauer* Rn. 29; *Traar* iFamZ 2015, 301 (303).

[31] S. zu den Hohenzollern etwa BGHZ 140, 118 = NJW 1999, 566; BVerfG NJW 2004, 2008; BGHZ 174, 346 = NJW 2008, 1157; s. auch zu anderen ehemaligen Fürstenhäusern etwa BayObLGZ 46, 204; BVerfG NJW 2000, 2495; OLG Frankfurt a. M. FGPrax 2010, 175.

lenserklärung des Erblassers,[32] vgl. Abs. 2 („Erklärung in Form einer Verfügung von Todes wegen") sowie Abs. 3 („Rechtshandlung, durch die die Rechtswahl vorgenommen wird"). **Grundvoraussetzung** für eine wirksame Rechtswahl ist freilich, dass sich der Erblasser mit seiner Rechtswahlerklärung im Rahmen seiner beschränkten Rechtswahlfreiheit (→ Rn. 2 ff.) bewegt. Dabei ist als bloßes Motiv irrelevant, ob der Erblasser die betreffende Rechtsordnung gerade als wählbares Recht seiner Staatsangehörigkeit (zum Rechtswahl- oder Todeszeitpunkt) gewählt hatte oder sich hierüber keine Gedanken macht oder gar irrt;[33] entscheidend ist allein, dass die Rechtswahlerklärung ein Recht kürt, das der Erblasser wählen kann.

11   **1. Inhalt der Erklärung. a) Konkrete und abstrakte Bezeichnung der gewählten Rechtsordnung.** Fraglich ist jedoch, auf welche Weise der Erblasser das durch seine Rechtswahl zum Erbstatut gekürte Recht bezeichnen muss. Sicherlich reicht es aus, dass der Erblasser die betreffende Rechtsordnung konkret nennt („meine Rechtsnachfolge von Todes wegen soll deutschem Recht unterliegen"). Man wird es aber auch ausreichen lassen, dass der Erblasser in seiner Rechtswahl lediglich das Anknüpfungsmoment der Staatsangehörigkeit abstrakt nennt.[34] Der Wortlaut des Art. 22 lässt eine Beschränkung auf eine konkrete Bezeichnung der gewählten Rechtsordnung nicht erkennen; auch die Zulässigkeit einer konkludenten Rechtswahl (Abs. 2) spricht für die Zulässigkeit einer abstrakten Rechtswahlerklärung. Eine solche abstrakte Rechtswahl – andere sprechen von einer „dynamischen",[35] „ergebnisoffenen"[36] oder „freibleibenden"[37] Rechtswahl – scheidet freilich aus, wenn der Erblasser mehrere Staatsangehörigkeiten besitzt, jedenfalls soweit nicht durch Auslegung (→ Rn. 13 f., zum Rechtswahlstatut → Rn. 17 ff.) ermittelt werden kann, welches der wählbaren Rechte der Erblasser bezeichnet hat.[38] Eine abstrakte Bezeichnung des anwendbaren Rechts kann in seltenen Fällen für den Erblasser auch **sinnvoll** sein:[39] Ihre Zulässigkeit besitzt etwa Bedeutung für einen Erblasser, der einen **Wechsel der Staatsangehörigkeit** vorhersieht oder für möglich hält und sein Staatsangehörigkeitsrecht zum Zeitpunkt seines Todes (→ Rn. 3) zur Anwendung bringen möchte („meine Rechtsnachfolge von Todes wegen soll dem Recht meiner Staatsangehörigkeit (zum Zeitpunkt meines Todes) unterliegen"). Vor allem aber kann ein Bedürfnis für eine abstrakte Rechtswahl bei einer **interlokalen Rechtsspaltung** im Staatsangehörigkeitsrecht (→ Rn. 6) bestehen, wenn zum Zeitpunkt der Rechtswahl nicht völlig klar ist, auf welche Weise der Verweis nach Art. 22 auf die Staatsangehörigkeit zu konkretisieren ist und damit welche Teilrechtsordnung genau vom Erblasser gewählt werden kann. Unklarheiten können zum einen bestehen, wenn der betreffende Mehrrechtsstaat über ein interlokales Kollisionsrecht verfügt, das keine Rechtswahl zulässt, sondern den Verweis auf die Staatsangehörigkeit mittels objektiver Anknüpfung erst zum Zeitpunkt des Erbfalls konkretisiert, so dass sich ein Wechsel des maßgeblichen Anknüpfungsmoments durch den Erblasser selbst nach der Rechtswahl auf die wählbare Teilrechtsordnung auswirken kann (→ Rn. 6). Zum anderen kann die wählbare Teilrechtsordnung unklar sein, auch wenn der betreffende Mehrrechtsstaat über kein interlokales Kollisionsrecht verfügt, das den Verweis auf die Staatsangehörigkeit nach Art. 36 Abs. 1 konkretisiert, sondern es nach Art. 36 Abs. 2 lit. b auf die engste Verbindung

---

[32] *Wysocka* NIPR 2012, 569 (573): „judicial act of private international law".

[33] So im Ergebnis auch *Nordmeier* GPR 2013, 148 (151) m. Fn. 58.

[34] So auch Dutta/Weber/*Bauer* Rn. 17; *Cach/Weber* ZfRV 2013, 263 (266); *Fischer-Czermak* in Schauer/Scheuba, Europäische Erbrechtsverordnung, 2012, 43, 47; *Geimer* in Hager, Die neue europäische Erbrechtsverordnung, 2013, 9, 19 in Fn. 41; *Köhler* in GKKW IntErbR 100; *Nordmeier* GPR 2013, 148 (151); Deixler-Hübner/Schauer/*Schauer* Rn. 27; *Solomon* in Dutta/Herrler EuErbVO 19, 38; *Wysocka* NIPR 2012, 569 (570) (soweit klar ist, welches Recht der Erblasser bezeichnet); *Volmer* Rpfleger 2013, 421 (423); so jedenfalls bezogen auf die Wahl des Rechts eines Mehrrechtsstaats wohl auch *Eichel* in Leible/Unberath Rom 0-VO 397, 418 f. Anders *Janzen* DNotZ 2012, 484 (486), mit Verweis auf Art. 2, der aber lediglich Aussagen zur Form der Rechtswahlerklärung und zu den Anforderungen an eine konkludente Rechtswahlerklärung enthält, aber zum Inhalt der Rechtswahl und zur Bezeichnung der maßgeblichen Rechtsordnung schweigt; *Dörner* ZEV 2012, 505 (511) m. Fn. 37 (freilich mit der Einschränkung, dass der Wortlaut der Verordnung „in diesem Punkt Zweifel erlaubt"); zust. *Döbereiner* MittBayNot 2013, 358 (363); *Grau* in Zimmermann ErbR Nebengesetze Art. 25, 26 EGBGB Anh.: EuErbVO Rn. 48; Erman/*Hohloch* Rn. 6; *Heinig* RNotZ 2014, 197 (204); *Herzog* ErbR 2013, 2 (6); *Keim* in A. Roth, Die Wahl ausländischen Rechts im Familien- und Erbrecht, 2013, 67, 71; *Leitzen* ZEV 2013, 128; Frieser/*Martiny* ErbR Nach Art. 26 EGBGB: EuErbVO Rn. 100; *Müller-Lukoschek,* Die neue EU-Erbrechtsverordnung, 2. Aufl. 2015, 100; Palandt/*Thorn* Rn. 3.

[35] *Leitzen* ZEV 2013, 128.

[36] *Volmer* Rpfleger 2013, 421 (423).

[37] Erman/*Hohloch* Rn. 6.

[38] *Cach/Weber* ZfRV 2013, 263 (266).

[39] Anders *Fischer-Czermak* EF-Z 2013, 52 (53) („praktisch [...] keine Bedeutung [...], weil wohl kaum jemand das Recht eines derzeit noch unbekannten Heimatrechts wählen wird"); *Volmer* Rpfleger 2013, 421 (423) („gestalterische[r] Unfug"); vgl. auch *Cach/Weber* ZfRV 2013, 263 (266); *Heinig* RNotZ 2014, 197 (204).

ankommt. Auch dann kann für den rechtswahlwilligen Erblasser eine erhebliche Rechtsunsicherheit dahingehend bestehen, welche Teilrechtsordnung der Erblasser wählen kann.[40] Einem solchen Erblasser bleibt allein eine abstrakte Rechtswahl, will er rechtssicher eine Anwendung seines Aufenthaltsrechts nach Art. 21 Abs. 1 verhindern, wenigstens zugunsten einer der Teilrechtsordnungen seines Staatsangehörigkeitsrechts. Eine andere mögliche Form der abstrakten – wenn auch etwas konkreteren – Rechtswahl in diesen Fällen ist die Wahl des mitunter nichtexistenten Erbrechts des Gesamtstaats,[41] etwa „britischen Rechts". Freilich muss sich in jedem Fall im Wege der Auslegung ein Wille des Erblassers ermitteln lassen, dass mit der abstrakten Bezeichnung auch die jeweils wählbare Teilrechtsordnung gemeint ist, wovon regelmäßig ausgegangen werden kann.[42] Die Wahl des Rechts einer nichtwählbaren Teilrechtsordnung wird man dagegen nicht ohne Weiteres als konkludente (→ Rn. 13 f.) Rechtswahl zugunsten des Rechts einer wählbaren Teilrechtsordnung auslegen können.[43]

b) Bedingte Rechtswahl. Zulässig nach Art. 22 ist ferner eine bedingte (oder befristete) **12** Rechtswahl; eine solche Rechtswahlerklärung kann etwa bei wechselbezüglichen Verfügungen von Todes wegen sinnvoll sein, wenn auf den Erbfall nach dem Erstversterbenden ein anderes Recht Anwendung finden soll als auf den Erbfall nach dem Letztversterbenden, um unterschiedliche Gestaltungsspielräume zu nutzen.[44] Aus der Erbrechtsverordnung lässt sich kein Anhaltspunkt entnehmen, dass das Unionsrecht einer solchen Rechtswahl entgegen steht.[45] Nicht erforderlich ist dagegen, dass das zum Zeitpunkt der Rechtswahl in der Zukunft liegende, gewisse (Befristung) oder ungewisse (Bedingung) Ereignis spätestens beim Erbfall eingetreten sein muss.[46] Auch bei anderen Verfügungen von Todes wegen kann ein nach dem Erbfall eintretendes Ereignis bedingungs- oder befristungsauslösend sein. Vielmehr ist die Frage, ob eine bestimmte Bedingung und Befristung (rechtsgeschäftlich) wirksam ist, vom jeweiligen Statut der Rechtswahlerklärung zu beantworten (Abs. 3 → Rn. 17 ff.).

2. Ausdrückliche und konkludente Rechtswahlerklärung (Abs. 2). Anders als noch nach **13** Art. 17 Abs. 2 des Kommissionsvorschlags darf die Rechtswahlerklärung nach **Abs. 2** ausdrücklich oder konkludent („aus den Bestimmungen einer solchen Verfügung ergeben") erfolgen.[47] Da sich die konkludente Rechtswahlerklärung nur aus einer Verfügung von Todes wegen im sachrechtlichen Sinne ergeben kann, ist eine isolierte Rechtswahl (zur Zulässigkeit → Rn. 16) nur ausdrücklich möglich.[48] Das Erfordernis einer ausdrücklichen Erklärung sieht die Verordnung damit nur noch bei der Gerichtsstandsanerkennung nach Art. 7 lit. c vor. Die Verordnung fügt sich folglich nahtlos in das übrige internationale Unionsprivatrecht ein, das durchweg eine konkludente Rechtswahlerklärung zulässt, vor allem explizit in Art. 3 Abs. 1 S. 2 Rom I-VO[49] und in Art. 14 Abs. 1 UAbs. 2 Rom II-VO, aber auch stillschweigend in anderen Rechtsakten.[50]

Die **Zulässigkeit** und die **Voraussetzungen** einer konkludenten Rechtswahl regelt damit die **14** Verordnung **autonom.** Insoweit darf nicht auf das allgemeine Rechtswahlstatut nach Abs. 3 (→ Rn. 17 ff.) zurückgegriffen werden.[51] An den rechtsgeschäftlichen Rechtswahlwillen und ein Rechtswahlbewusstsein sind nach Unionsrecht bei einer konkludenten Rechtswahl geringe Anforde-

---

[40] *Geimer* in Hager, Die neue europäische Erbrechtsverordnung, 2013, 9, 19 in Fn. 41: „weder vom Erblasser noch vom Notar [dürfen] hellseherische Fähigkeiten erwartet werden".

[41] *Solomon* in Dutta/Herrler EuErbVO 19, 40; vgl. auch *Weber* notar 2015, 296 (298).

[42] *Nordmeier* GPR 2013, 148 (151).

[43] Vgl. auch *Christandl* JPIL 9 (2013), 219 (233).

[44] S. das Beispiel bei *Ludwig* DNotZ 2014, 12.

[45] Dutta/Weber/*Bauer* Rn. 17; *Kroll-Ludwigs* in Lipp/Münch, Die neue Europäische Erbrechtsverordnung, 2016, 65, 89 f.; *Ludwig* DNotZ 2014, 12 (14 f.).

[46] So aber *Ludwig* DNotZ 2014, 12 (15).

[47] Anders *Kroll-Ludwigs*, Die Rolle der Parteiautonomie im europäischen Kollisionsrecht, 2013, 142: ausdrückliche Erklärung erforderlich.

[48] *Mansel* in Leible/Unberath Rom 0-VO 241, 276.

[49] Vgl. zum Vorbildcharakter dieser Vorschrift auch Ratsdokument Nr. 11870/11 S. 20 Fn. 2.

[50] Zwar schweigen Art. 8 HUP sowie Art. 5 ff. Rom III-VO, Art. 22 ff. EuGüVO und Art. 22 ff. EuPartVO zur Zulässigkeit einer – freilich formbedürftigen – konkludenten Rechtswahl. Man wird dieses Schweigen als Zulässigkeit einer konkludenten Rechtswahl deuten müssen; vgl. zur deutschen Rechtsgeschäftslehre etwa RGZ 129, 109 (113); BGH NJW 1980, 2245 (2246); WM 1984, 243 (243): „Soweit keine Form vorgeschrieben ist, können Willenserklärungen stets auch durch schlüssiges Verhalten abgegeben werden".

[51] Erman/*Hohloch* Rn. 12; *Nordmeier* GPR 2013, 148 (151 f.); *Solomon* in Dutta/Herrler EuErbVO 19, 40 f.; Palandt/*Thorn* Rn. 6; anders *Leitzen* ZEV 2013, 128 (129); *Dörner* ZEV 2012, 505 (511) (Auslegung als Frage des Rechtswahlstatuts); *Pfeiffer* IPRax 2016, 310 (313).

rungen zu stellen.[52] Die Rechtswahl in einer Verfügung von Todes wegen ergibt sich „aus den Bestimmungen einer solchen Verfügung", wenn der Erblasser eindeutig vor dem Hintergrund seines Staatsangehörigkeitsrechts testiert, etwa auf Bestimmungen der jeweiligen Erbrechtskodifikation oder Institute des jeweiligen Erbrechts verweist, vgl. Erwägungsgrund Nr. 39 S. 2;[53] vgl. auch die Fiktion einer Rechtswahl nach Art. 83 Abs. 4, die freilich von der konkludenten Rechtswahl zu unterscheiden ist.[54] Auch wenn der Erblasser zu einem Zeitpunkt testiert hat, zu dem sich die Frage, ob ausländisches Recht anwendbar sein könnte, nicht ernsthaft stellte, weil keine Berührungspunkte zum Ausland bestanden, wird man eine konkludente Rechtswahl nach Art. 22 bejahen können, wenn der Erblasser später seinen gewöhnlichen Aufenthalt wechselt,[55] und zwar auch im Hinblick auf die nicht nach Art. 24 und Art. 25 gesondert angeknüpften Fragen. Ebenso wird man eine konkludente Rechtswahl annehmen können, wenn die vom Erblasser errichtete Verfügung von Todes wegen nach dem objektiv bestimmten Erbstatut unzulässig oder unwirksam wäre,[56] wobei sich dann freilich die Abgrenzungsfrage stellt, ob der Erblasser (konkludent) eine umfassende Rechtswahl nach Art. 22 oder eine auf das Errichtungsstatut beschränkte Rechtswahl nach Art. 24 Abs. 2 oder Art. 25 Abs. 3 getroffen hat (→ Art. 24 Rn. 14). Eine negative Rechtswahl (Abwahl des nach Art. 21 Abs. 1 eigentlich anwendbaren Aufenthaltsrecht) wird man uU als konkludente Rechtswahl nach Art. 22 auslegen können.[57] Erblasser, die eine konkludente Rechtswahl „verhindern" wollen, sollten deshalb in ihrer Verfügung von Todes wegen ausdrücklich klarstellen, keine Rechtswahl treffen zu wollen.[58] – Nach dem klaren Wortlaut des Abs. 2 ist es jedoch erforderlich, dass sich der Rechtswahlwille aus der Verfügung von Todes wegen ergibt. Die Erben können damit das Erbstatut nicht beeinflussen, indem sie etwa durch einen **Auslegungsvertrag** festlegen, dass eine Verfügung von Todes wegen als konkludente Rechtswahl anzusehen ist. Allenfalls können die Erben nach dem jeweiligen Erbstatut materiellrechtlich und gegebenenfalls für die Gerichte bindend (zum Auslegungsvertrag nach deutschem Recht → BGB § 2084 Rn. 154 ff.; zur Qualifikation eines solchen Vertrags → Art. 3 Rn. 12; → Art. 23 Rn. 30) festlegen, dass sie so zu behandeln sind, als ob der Erblasser eine bestimmte Rechtswahl getroffen hätte. Eine kollisionsrechtliche Rechtswahl kreiert ein solcher Vertrag zwischen den Erben allerdings nicht.

15   **3. Form der Rechtswahlerklärung (Abs. 2).** Ferner legt Abs. 2 die Form der Rechtswahlerklärung fest. Die Rechtswahl muss, wie auch Art. 5 Abs. 2 S. 1 des Haager Erbrechtsübereinkommens (→ Vor Art. 1 Rn. 8 ff.) anordnet, in der Form einer Verfügung von Todes wegen errichtet werden, und zwar **in Form einer Verfügung von Todes wegen im unionsrechtlichen Sinne,** dh nach Art. 3 Abs. 1 lit. d in Form eines Testaments, eines gemeinschaftlichen Testaments (Definition in Art. 3 Abs. 1 lit. c) oder eines Erbvertrags (Definition in Art. 3 Abs. 1 lit. d), mithin bei deutschem Formstatut auch in Form eines Erb- oder Pflichtteilsverzichts (vgl. → Art. 3 Rn. 10). Die Verordnung konzipiert die Rechtswahl in Abs. 2 jedenfalls im Hinblick auf die Form als Verfügung von Todes wegen;[59] es handelt sich um eine sachrechtliche Regelung.[60] Das auf die Form der Rechtswahlerklärung anwendbare Recht richtet sich damit nach dem Formstatut der Verfügung von Todes

---

[52] S. auch *Bonomi/Öztürk* ZVglRWiss. 114 (2015), 4 (19); *Döbereiner* MittBayNot 2013, 358 (363); *Frodl* ÖJZ 2012, 950 (955); *Hess/Jayme/Pfeiffer,* Stellungnahme zum Vorschlag für eine Europäische Erbrechtsverordnung, 2012, 25; *St. Lorenz* ErbR 2012, 39 (46); *Nordmeier* GPR 2013, 148 (152); *Odersky* notar 2013, 3 (5); *Pfeiffer* IPRax 2016, 310 (313) („großzügige Praxis […] angebracht"); Deixler-Hübner/Schauer/*Schauer* Rn. 11; *Simon/ Buschbaum* NJW 2012, 2393 (2395); *Volmer* Rpfleger 2013, 421 (423 f.); *Wilke* RIW 2012, 601 (606); *Wysocka* NIPR 2012, 569 (572 f.).

[53] S. auch Ratsdokument Nr. 11870/11 S. 20 Fn. 2. – Zurückhaltender *Lechner* NJW 2013, 26 (27), wonach „zweifelhaft" sein kann, ob „in einer reinen Wahl eines deutschen Erbvertrags oder eines wechselbezüglichen Testaments konkludent eine Rechtswahl gemäß Art. 22 II ErbRVO gesehen werden kann"; ebenso *Dörner* ZEV 2012, 505 (511); *Leitzen* ZEV 2013, 128 (129); *Solomon* in Dutta/Herrler EuErbVO 19, 41 f. (jedenfalls wenn die „gewählte" Rechtsordnung im Zeitpunkt der Rechtswahl bereits kraft objektiver Anknüpfung anwendbar wäre); zurückhaltener wohl auch *Pintens* in LSHGGRD Erbfälle unter Geltung der EuErbVO 1, 17.

[54] *Solomon* in Dutta/Herrler EuErbVO 19, 44; Palandt/*Thorn* Rn. 6. Näher dazu → Art. 83 Rn. 13.

[55] Vgl. auch *Pfeiffer* IPRax 2016, 310 (313).

[56] Vgl. *Nordmeier* ZErb 2013, 112 (117), zum Erbvertrag.

[57] Vgl. *Cach/Weber* ZfRV 2013, 263 (266).

[58] DNotI-Report 2012, 121 (122), wonach nicht nur eine Rechtswahl zugunsten, sondern eben auch „gegen das Heimatrecht bei allen grenzüberschreitenden Konstellationen zum Standardrepertoire des Testaments gehören" wird; zust. *Grau* in Zimmermann ErbR Nebengesetze Art. 25, 26 EGBGB Anh.: EuErbVO Rn. 49; *Müller-Lukoschek,* Die neue EU-Erbrechtsverordnung, 2. Aufl. 2015, 102. Formulierungsbeispiel bei *Weber* notar 2015, 296 (298).

[59] *Wysocka* NIPR 2012, 569 (571).

[60] *Mansel* in Leible/Unberath Rom 0-VO 241, 285.

wegen, das die Rechtswahlerklärung enthält,[61] also bei Erbverträgen (iS des Art. 3 Abs. 1 lit. b) nach Art. 27 sowie bei sämtlichen anderen Verfügungen von Todes wegen nach dem Haager Testaments-formübereinkommen (Art. 1 ff. HTestformÜ; Text und Erläuterung → HTestformÜ Art. 1 Rn. 1 ff.), soweit der Forumsmitgliedstaat wie Deutschland Vertragsstaat des Übereinkommens ist (Art. 75 Abs. 1 UAbs. 2). Erforderlich ist mithin die Formwirksamkeit der Rechtswahlerklärung nach einem der dort alternativ genannten Rechte; um allerdings eine – unzulässige – gegenständlich beschränkte Teilrechtswahl (→ Rn. 8) zu verhindern, muss das Lageortrecht als eines der alternativen Formstatute (Art. 27 Abs. 1 lit. e, Art. 1 Abs. 1 lit. e HTestformÜ) bei der formellen Wirksamkeit der Rechtswahlerklärung außer Betracht bleiben.[62] Die Verordnung regelt mithin die Formanforde-rungen an die Rechtswahlerklärung nicht vollständig selbst, sondern legt lediglich fest, dass die Rechtswahlerklärung die Formanforderungen an eine Verfügung von Todes wegen nach dem jeweili-gen Formstatut erfüllen muss; die Verordnung weicht insoweit von anderen familienrechtlichen Rechtswahlerklärungen im internationalen Unionsprivatrecht ab, wo die Formanforderungen voll-ständig oder jedenfalls teilweise autonom geregelt werden (vgl. Art. 8 Abs. 2 HUP sowie Art. 7 Rom III-VO, Art. 23 EuGüVO und Art. 23 EuPartVO; s. auch Art. 5 Abs. 2). Der Erblasser hat auch die Wahl, in Form welcher Verfügungsart er die Rechtswahl trifft; dies gilt auch für eine auf die Zulässig-keit, materielle Wirksamkeit und Bindungswirkung einer Verfügung von Todes wegen beschränkte Teilrechtswahl nach Art. 24 Abs. 2 oder Art. 25 Abs. 3, die der Erblasser nicht in Form der betreffen-den Verfügung errichten muss, sondern in Form irgendeiner Verfügung von Todes wegen nach dem Formstatut. Soweit das Formstatut dies vorsieht, kann auch eine mündliche Verfügung von Todes wegen (Art. 1 Abs. 2 lit. f) ausreichen.[63] Irrelevant ist dagegen, ob die Rechtswahl in einer Urkunde enthalten ist, die auch Rechtsmaterien außerhalb des sachlichen Anwendungsbereichs der Verord-nung regelt, etwa in einem Gesellschaftsvertrag oder einer Satzung.[64] Entscheidend ist alleine, dass die anwendbaren Formanforderungen an eine Verfügung von Todes wegen gewahrt wurden.

Zulässig ist auch eine (jedenfalls ausdrückliche → Rn. 13) **isolierte Rechtswahl,** ohne dass der **16** Erblasser zugleich eine Verfügung von Todes wegen im sachrechtlichen Sinne errichtet.[65]

4. Statut der Rechtswahlerklärung im Übrigen (Abs. 3). a) Bestimmung und Umfang **17** **des Rechtswahlstatuts.** Die übrigen Fragen der materiellen Wirksamkeit der Rechtswahlerklärung unterliegen nach **Abs. 3 dem gewählten Recht,** wobei die Frage der Zulässigkeit der Rechtswahl von diesem allgemeinen Rechtswahlstatut ausgeklammert ist (Erwägungsgrund Nr. 40 S. 1) und sich bereits unmittelbar aus Abs. 1 ergibt.[66]

Bei der Anwendung des gewählten Rechts als Rechtswahlstatut ist zu beachten, dass **Abs. 2 die** **18** **Rechtswahl als Verfügung von Todes wegen** konzipiert, so dass die jeweils für das wirksame Zustandekommen dieses erbrechtlichen Rechtsgeschäfts maßgeblichen Regelungen zur Anwendung gelangen[67] und die Rechtswahlerklärung dabei nach dem Rechtswahlstatut **wie eine Verfügung** **von Todes wegen** zu behandeln ist.[68] Abs. 2 sieht vor, dass die Rechtswahl „in Form einer Verfü-gung von Todes wegen erfolgen oder sich aus den Bestimmungen einer solchen Verfügung ergeben" kann; dies sollte nicht nur als Verweis auf die Formgültigkeit verstanden werden, sondern allgemein auf das wirksame Zustandekommen der Rechtswahlerklärung.

Zur Auslegung des **Begriffs „materielle Wirksamkeit"** kann **Art. 26 Abs. 1 analog** heran- **19** gezogen werden.[69] Streng genommen handelt es sich nämlich aufgrund der Konzeption der Rechts-

---

[61] Anders *Schaub* Hereditare 3 (2013), 91 (115): hypothetisches Erbstatut iS des gewählten Rechts.
[62] So zutr. *Nordmeier* GPR 2013, 148 (152 f.).
[63] *Wysocka* NIPR 2012, 569 (571), mit Verweis auf die Materialien zum Haager Erbrechtsübereinkommen; *Nordmeier* GPR 2013, 148 (153).
[64] Anders *Kindler,* FS Stilz, 2014, 345 (350); vgl. auch *Leitzen* ZEV 2012, 520 (524), der von erbrechtlichen Rechtswahlklauseln in Gesellschaftsverträgen abrät.
[65] Anders *Kunz* GPR 2012, 208, wonach die Rechtswahl „nunmehr zwingend mit der letztwilligen Verfügung zu verbinden" und eine „isolierte Rechtswahl unwirksam" sei; für die Zulässigkeit einer isolierten Rechtswahl nach Art. 22 auch *Cach/Weber* ZfRV 2013, 263 (264); *Döbereiner* MittBayNot 2013, 358 (363); *Frodl* ÖJZ 2012, 950 (955); *Kroll-Ludwigs* in Lipp/Münch, Die neue Europäische Erbrechtsverordnung, 2016, 65, 71, 75 f.; *Leitzen* ZEV 2013, 128 (129); *Rudolf* ÖNotZ 2013, 225 (235); *Traar* iFamZ 2015, 301 (303); *Wysocka* NIPR 2012, 569 (571), sowie zum Kommissionsvorschlag und den Vorentwürfen *Dörner* ZEV 2010, 221 (226); *Rudolf* ÖNotZ 2010, 353 (360); *Steiner* ÖNotZ 2012, 104 (110); vgl. auch bereits DNotI-Studie S. 270.
[66] S. auch Ratsdokument Nr. 17068/11 S. 22 Fn. 1.
[67] Vgl. aber auch zu Art. 25 Abs. 2 EGBGB aF Staudinger/*Dörner* (2007) EGBGB Art. 25 Rn. 527 ff., der im Wege der Analogie auf diese Regelungen zurückgreift.
[68] Zust. Deixler-Hübner/Schauer/*Schauer* Rn. 13. *Döbereiner* DNotZ 2014, 323 (324), möchte – solange das Rechtswahlstatut keine expliziten Regelungen zur materiellen Wirksamkeit einer Rechtswahl des Erblassers ent-hält – die Vorschriften über sonstige Verfügungen von Todes wegen lediglich analog anwenden.
[69] Zust. *Traar* iFamZ 2015, 301 (303).

wahl als Verfügung von Todes wegen bei dem Rechtswahlstatut stets um ein „Rechtswahlerrichtungsstatut", da das zum Zeitpunkt der Rechtswahl hypothetische Erbstatut zum Zuge kommt. Art. 26 Abs. 1 gilt freilich nur analog, soweit die dort genannten Fragen auch bei einer Rechtswahl auftreten können, was bei Art. 26 Abs. 1 lit. b nicht der Fall ist; Art. 26 Abs. 1 lit. d analog wird jedenfalls im Hinblick auf die Anforderungen an eine konkludente Rechtswahl durch Abs. 2 verdrängt.[70] Erwägungsgrund Nr. 40 S. 2 stellt klar, dass auch der subjektive Tatbestand der Rechtswahlerklärung dem allgemeinen Rechtswahlstatut zuzuordnen ist, vgl. auch Art. 26 Abs. 1 lit. e. Das allgemeine Rechtswahlstatut umfasst auch eine etwaige Bindungswirkung der Rechtswahlerklärung (→ Rn. 31). Soweit dies nach dem Rechtswahlstatut möglich ist, kann die Rechtswahlerklärung auch von einer Bedingung abhängig gemacht werden (→ Rn. 12), etwa von einem künftigen Wechsel der Staatsangehörigkeit.

20   Auch die Regelung des Abs. 3 zur Bestimmung des Rechtswahlstatuts entspricht damit nicht nur Art. 5 Abs. 2 S. 2 des Haager Erbrechtsübereinkommens (→ Vor Art. 1 Rn. 8 ff.), sondern auch dem übrigen europäischen Kollisionsrecht (vgl. Art. 3 Abs. 5 iVm Art. 10 Abs. 1 Rom I-VO; Art. 6 Abs. 1 Rom III-VO; Art. 24 Abs. 1 EuGüVO bzw. Art. 24 Abs. 1 EuPartVO; vgl. aber auch Art. 14 Rom II-VO und Art. 8 HUP). **Art. 3 Abs. 5 iVm Art. 10 Abs. 2 Rom I-VO** sowie **Art. 6 Abs. 2 Rom III-VO, Art. 24 Abs. 2 EuGüVO und Art. 24 Abs. 2 EuPartVO** können auf die Rechtswahlerklärung **nicht analog** angewandt werden (→ Art. 23 Rn. 24): Es fehlt an einer Person, die sich auf die Anwendung des Aufenthaltsrechts des Erblassers berufen könnte. Die Schutzrichtung dieser Vorschriften würde verkehrt, wenn man den Erben eine Berufung auf das Aufenthaltsrecht des Erblassers gestatten würde, wobei zudem geklärt werden müsste, ob den Erben nach dem objektiv oder subjektiv bestimmten Erbstatut die Einrede zustünde. Eine analoge Anwendung des **Art. 3 Abs. 5 iVm Art. 13 Rom I-VO** scheidet ebenfalls aus (näher → Art. 26 Rn. 4).

21   **b) Deutsches Recht als Rechtswahlstatut.** Soweit nach dem eben Gesagten (→ Rn. 17 ff.) eine Rechtswahlerklärung deutschem Rechtswahlstatut unterliegt, finden mithin grundsätzlich die Vorschriften über die Verfügung von Todes wegen **in §§ 2064 ff. BGB** Anwendung. Denkbar ist allerdings, freilich in Ausnahmefällen, dass die Rechtswahl auch in einem Rechtsgeschäft enthalten ist, das aus Sicht des deutschen Rechts keine Verfügung von Todes wegen darstellt (→ Rn. 15); dann kommen die für dieses Rechtsgeschäft maßgeblichen Vorschriften zum Zuge.

22   Bei einem deutschen Rechtswahlstatut handelt es sich bei der Rechtswahl stets um ein **einseitiges Rechtsgeschäft.** Errichtet der Erblasser die Rechtswahl als **Testament,** so handelt es sich bei der Rechtswahlerklärung um ein einseitiges Rechtsgeschäft, das den Tatbestand einer nichtempfangsbedürftigen Willenserklärung erfordert. Soweit eine Rechtswahl durch **gemeinschaftliches Testament oder Erbvertrag** getroffen wird, ist neben dem Erblasser zwar ein anderer beteiligt. Da die Rechtswahl nach Art. 22 sich nicht auf die Verfügung von Todes wegen beschränkt, sondern allgemein auf die Rechtsnachfolge von Todes wegen, handelt es sich indes auch bei dieser Rechtswahl nicht um eine mehrseitige Erklärung, sondern grundsätzlich um mehrere einseitige Rechtswahlerklärungen.[71] Eine echte kollisionsrechtlich mehrseitige Rechtswahl sieht die Erbrechtsverordnung nur beim Erbvertrag (im unionsrechtlichen Sinne → Art. 3 Rn. 8 ff.) vor, wo die Parteien nach Art. 25 Abs. 3 lediglich beschränkt auf das Errichtungsstatut eine zwei- oder mehrseitige Rechtswahl treffen können (näher → Art. 25 Rn. 5 f., 11).

23   Eine wirksame testamentarische Rechtswahl setzt bei Anwendbarkeit deutschen Rechts als Rechtswahlstatut eine **Testierfähigkeit** des Erblassers voraus, die ebenfalls vom Rechtswahlstatut entsprechend Art. 26 Abs. 1 lit. a (→ Rn. 19) erfasst wird (zur Anwendung des Art. 26 Abs. 2 → Rn. 19). Danach kann die Rechtswahl zB von einem Minderjährigen vorgenommen werden, der das 16. Lebensjahr vollendet hat, wenn es sich um ein Testament handelt (§ 2229 Abs. 1 BGB); die Frage, in welcher Form der Minderjährige seine Rechtswahl errichten kann (vgl. § 2247 Abs. 4 BGB), unterliegt dagegen dem Formstatut der Rechtswahl,[72] das gesondert bestimmt wird (→ 15). In einem Erbvertrag kann die Rechtswahl nur von einem **unbeschränkt Geschäftsfähigen** (§ 2275 Abs. 1 BGB) vorgenommen werden.

24   Da bei der Errichtung letztwilliger Verfügungen und dem Abschluss eines Erbvertrages eine Stellvertretung unzulässig ist (§§ 2064, 2274 BGB), muss auch eine dem deutschen Recht unterliegende Rechtswahlerklärung formell **höchstpersönlich** vorgenommen werden;[73] die Zulässigkeit

---

[70] Im Ergebnis auch Deixler-Hübner/Schauer/*Schauer* Rn. 14; *Nordmeier* GPR 2013, 148 (153).

[71] Vgl. zum bisherigen Recht Staudinger/*Dörner* (2007) EGBGB Art. 25 Rn. 508, 547 und Soergel/*Schurig* EGBGB Art. 25 Rn. 13; *Riering* MittBayNot. 2003, 150.

[72] Zum bisherigen Recht Staudinger/*Dörner* (2007) EGBGB Art. 25 Rn. 528; Soergel/*Schurig* EGBGB Art. 25 Rn. 6.

[73] Zum bisherigen Recht *Dörner* DNotZ 1988, 88 f.; Staudinger/*Dörner* (2007) EGBGB Art. 25 Rn. 529; Soergel/*Schurig* EGBGB Art. 25 Rn. 8; vgl. auch *Ebenroth* Erbrecht, 1992, § 18 Rn. 1256.

einer Stellvertretung gehört entsprechend Art. 26 Abs. 1 lit. b (→ Rn. 19) zum Rechtswahlstatut. Ebensowenig kann ein Dritter an Stelle des Erblassers das anwendbare Recht bestimmen. Dies ergibt sich allerdings – anders als unter Art. 25 Abs. 2 EGBGB aF („der Erblasser")[74] – nicht bereits aus Art. 22 Abs. 1 selbst („eine Person"), es bedarf dafür einer Heranziehung des § 2065 Abs. 1 BGB und des Grundsatzes der materiellen Höchstpersönlichkeit. Auch kann der Erblasser die Rechtswahl nicht dem Bedachten überlassen.

Rechtswahlerklärung und ggf. eine **weitere Verfügung von Todes wegen** stehen unabhängig **25** nebeneinander, auch wenn in den meisten Fällen (zur isolierten Rechtswahl → Rn. 16) die Rechtswahl nicht nur in der Form, sondern auch räumlich zusammen mit einer Verfügung von Todes wegen getroffen werden wird. Kollisionsrechtliches und materielles Rechtsgeschäft bilden deshalb normalerweise eine ähnliche Einheit wie Verweisungsvertrag und Schuldvertrag. Bei deutschem Rechtswahlstatut (bzw. Errichtungsstatut im Hinblick auf die materielle Wirksamkeit der weiteren Verfügung von Todes wegen) kommt nur in Ausnahmefällen eine Verklammerung beider Rechtsgeschäfte in Betracht; eine Geschäftseinheit nach § 139 BGB wird regelmäßig am Gedanken des § 2085 BGB scheitern.

Art. 22 schließt unionsrechtlich eine **Bedingung oder Befristung** der Rechtswahl nach dem **26** jeweiligen Rechtswahlstatut nicht aus (→ Rn. 12). Bei deutschem Rechtswahlstatut kann die Rechtswahl nach allgemeinen rechtsgeschäftlichen Regeln auch **befristet** werden.[75] Nach Ablauf der Frist richtet sich die Rechtsnachfolge von Todes wegen nach dem im Wege der objektiven Anknüpfung bestimmten Erbstatut. Da die Rechtswahl erbrechtliche Gestaltungswirkung hat, erscheint aus Sicht der deutschen Rechtsgeschäftslehre zweifelhaft, ob und von welchen Bedingungen sie vom Verfügenden abhängig gemacht werden darf. Soweit im materiellen Erbrecht die Wirksamkeit einer Verfügung von Todes wegen vom Eintritt einer aufschiebenden oder auflösenden **Bedingung** abhängt, ist sich unter den gleichen Voraussetzungen auch die Rechtswahl für Bedingungen offen. Der Erblasser kann insbesondere eine Verknüpfung der Rechtswahl mit der Verfügung von Todes wegen in der Weise vornehmen, dass sie nur dann wirksam sein soll, wenn die Verfügung von Todes wegen wirksam wäre.[76]

Bei einem deutschen Rechtswahlstatut kommt eine Beseitigung der Rechtswahl durch **Anfech-** **27** **tung wegen Willensmängeln** (§§ 119 ff., 2078 ff., 2281 ff. BGB) in Betracht, die ebenfalls dem Rechtswahlstatut entsprechend Art. 26 Abs. 1 lit. e (→ Rn. 19) unterliegt. Ob hierfür ein Irrtum des Erblassers über den Inhalt des gewählten deutschen Rechts ausreicht, erscheint angesichts von §§ 2078, 2281 BGB fraglich.[77] Anfechtungsberechtigt ist nach § 2080 Abs. 1 BGB jeder, der nach dem objektiv bestimmten Erbstatut eine bessere Position hat als nach dem gewählten Erbstatut.[78] Folge einer erfolgreichen Anfechtung der Rechtswahl ist die rückwirkende (§ 142 Abs. 1 BGB) objektive Anknüpfung des Erbstatuts nach Art. 21. Ob auch eine bestehende Verfügung von Todes wegen erfasst wird, ist eine Frage der Auslegung der Anfechtungserklärung sowie eines etwaigen Geltungszusammenhangs zwischen Rechtswahl und Verfügung von Todes wegen nach dem jeweiligen Errichtungsstatut.

Zur **Bindungswirkung** der Rechtswahl nach deutschem Rechtswahlstatut → Rn. 31. **28**

IV. Rechtsfolgen

1. Einer wirksamen Rechtswahl. Eine wirksame Rechtswahl besitzt zunächst die **kollisions-** **29** **rechtliche** Wirkung, dass auf die Rechtsnachfolge von Todes wegen des betreffenden Erblassers nicht das Recht am letzten gewöhnlichen Aufenthalt nach Art. 21 Abs. 1 (oder das nach der Ausweichklausel des Art. 21 Abs. 2 berufene Recht) anwendbar ist, sondern das vom Erblasser gewählte Recht, und zwar im Umfang nach Art. 23. Zur Gesetzesumgehung → Vor Art. 20 Rn. 43, 64. Ein Renvoi ist auch bei der Wahl eines drittstaatlichen Rechts nach Art. 34 Abs. 2 ausgeschlossen; es handelt sich bei dem Verweis auf das gewählte Recht um einen Sachnormverweis. Insoweit kann sogar eine Rechtswahl nach Art. 22 Wirkungen entfalten, wenn beim Erblasser (drittstaatliche) Staatsangehörigkeit und letzter gewöhnlicher Aufenthalt zusammenfallen. Zum Verweis bei Mehrrechtsstaaten → Rn. 6, 11. Allerdings besitzt die Rechtswahl auch **verfahrensrechtliche** Folgen. Die

[74] Vgl. hierzu *Dörner* DNotZ 1988, 89; Staudinger/*Dörner* (2007) EGBGB Art. 25 Rn. 529; *Rutkowsky,* FS Simon, 2001, 87 (94).
[75] Vgl. zum bisherigen Recht *Dörner* DNotZ 1988, 89 f.; Staudinger/*Dörner* (2007) EGBGB Art. 25 Rn. 540; *Ferid* IPR §§ 9–12, 12; *Krzywon* BWNotZ 1987, 6.
[76] Vgl. zum bisherigen Recht *Dörner* DNotZ 1988, 90; Staudinger/*Dörner* (2007) EGBGB Art. 25 Rn. 541.
[77] Zum bisherigen Recht Staudinger/*Dörner* (2007) EGBGB Art. 25 Rn. 531.
[78] Großzügiger zum bisherigen Recht Staudinger/*Dörner* (2007) EGBGB Art. 25 Rn. 531.

Verfahrensparteien können nach den Art. 5 ff. einen Gleichlauf von forum und ius (zu diesem Anliegen → Vor Art. 4 Rn. 2 f., 14) wiederherstellen (Überblick → Vor Art. 4 Rn. 14 ff.).

30   **2. Einer unwirksamen Rechtswahl.** Erfüllt die Rechtswahl nicht die Voraussetzungen des Art. 22, so bleibt es bei der **objektiven Anknüpfung** des Erbstatuts nach Art. 21 und damit ggf. auch des Errichtungsstatuts nach Art. 24 ff. Allerdings kann die nach Unionsrecht unwirksame Rechtswahl über die begrenzte Anerkennung eines drittstaatlichen Renvoi gemäß Art. 34 Abs. 1 in Einzelfällen honoriert werden, wenn das **drittstaatliche Kollisionsrechts** des nach Art. 21 objektiv bestimmten Erbstatuts dem Erblasser eine weitergehende Rechtswahlfreiheit einräumt oder diese an andere Voraussetzungen knüpft.[79] Die Rechtswahlerklärung des Erblassers geht dann zwar nach Art. 22 ins Leere, wird aber in den Grenzen des Art. 34 Abs. 1 als Renvoi berücksichtigt. Schließlich kann die gescheiterte Rechtswahl auch im objektiv angeknüpften Erbstatut als **materiellrechtliche Verweisung** Wirkungen (näher → Rn. 34) entfalten.

V. Änderung oder Widerruf der Rechtswahlerklärung (Abs. 4)

31   Einer Regelung bedürfen auch die Änderung und der Widerruf der Rechtswahlerklärung. Zwar schweigt die Verordnung zur **Abänderbarkeit** und **Widerruflichkeit** der Rechtswahl[80] und regelt in Abs. 4 lediglich die Form der Abänderungs- und Widerrufserklärung (→ Rn. 20). Richtigerweise wird man in Abs. 3 den Begriff „materielle Wirksamkeit" der Rechtswahlerklärung weit auslegen und hierunter auch die Bindungswirkung der Rechtswahl subsumieren müssen (→ Art. 24 Rn. 5), so dass das ursprünglich vom Erblasser gewählte Recht als **allgemeines Rechtswahlstatut** (→ Rn. 17 ff.) hierüber entscheidet.[81] Dieses Recht wird – anders als das deutsche Recht (dazu sogleich) – zu den Bindungswirkungen einer Rechtswahl des Erblassers regelmäßig keine expliziten Regelungen enthalten. Da aber die Verordnung in Abs. 2 die Rechtswahlerklärung als Verfügung von Todes wegen konzipiert, wird man insoweit auf die Regelungen zur Abänderbarkeit oder Widerruflichkeit der gewählten Verfügung von Todes wegen zurückgreifen können. Eine Rechtswahlklausel in einem **Testament** zugunsten deutschen Rechts kann damit nach den §§ 2253 ff. BGB jederzeit, auch durch eine erneute (einer früheren Rechtswahl widersprechenden) Rechtswahl (§ 2258 Abs. 2 BGB), widerrufen werden. Dagegen kann eine in Form eines **gemeinschaftlichen Testaments** (iS des deutschen Rechts, also ein Erbvertrag oder ein gemeinschaftliches Testament im unionsrechtlichen Sinne → Art. 3 Rn. 6, 11) oder in Form eines **Erbvertrags** (iS des deutschen Rechts) errichtete Rechtswahl zugunsten deutschen Rechts mittlerweile durchaus Bindungswirkung für den Erblasser nach § 2271 BGB oder nach § 2291 BGB entfalten. Anlässlich der Durchführungsgesetzgebung zur Erbrechtsverordnung hat der deutsche Gesetzgeber nämlich explizit klargestellt, dass die Rechtswahl wechselbezüglich nach § 2270 Abs. 3 BGB oder vertragsmäßig nach § 2278 Abs. 2 BGB sein kann, was früher umstritten war.[82] Die Neufassung der § 2270 Abs. 3, § 2278 Abs. 2 BGB wird man allerdings nur auf Rechtswahlklauseln anwenden können, die nach dem Anwendungsbeginn der Erbrechtsverordnung (Art. 83 Abs. 1) errichtet wurden und ab dem Stichtag nicht auf Altrechtswahlklauseln erstrecken – eine Frage, die der deutsche Durchführungsgesetzgeber offengelassen hat: Die neu eingeführte Übergangsvorschrift des Art. 229 § 36 EGBGB schweigt zu dieser Frage. Vielmehr wurde lediglich festgelegt, dass die Neufassung der § 2270 Abs. 3, § 2278 Abs. 2 BGB mit dem Anwendungsbeginn der wesentlichen Regelungen der EuErbVO am Stichtag des 17.8.2015 in Kraft tritt, ohne allerdings den zeitlichen Anwendungsbereich zu umreißen, vgl. Art. 22 Abs. 1 des Gesetzes zum Internationalen Erbrecht und zur Änderung von Vorschriften zum Erbschein sowie zur Änderung sonstiger Vorschriften. – Damit kann der Erblasser bei einer Rechtswahl nach Art. 22 zugunsten deutschen Erbrechts seine Rechtswahlerklärung nach dem Rechtswahlstatut nicht mehr in jedem Fall widerrufen. **Bereits kollisionsrechtlich** (und nicht lediglich sachrechtlich auf Basis des jeweiligen Rechtswahlstatuts) für die Parteien bindend kann dagegen allein eine Teilrechts-

---

[79] Eine ebenfalls begrenzte Rechtswahlfreiheit räumen dem Erblasser etwa ein: Art. 31 Hs. 2 chin. Shewai minshi guanxi falü shiyong fa; Art. 3098 Abs. 2 québ. Code civil; Art. 90 Abs. 2 S. 1, Art. 91 Abs. 2 schweiz. IPRG; § 49 Abs. 2 südkorean. Gukje sabeop; Art. 70 ukrain. Zakon pro mižnarodne privatne pravo.

[80] Anders *Volmer* Rpfleger 2013, 421 (423), wonach Art. 22 Abs. 4 die Widerruflichkeit voraussetzen soll; ebenso *Heinig* RNotZ 2014, 197 (212).

[81] Zust. Dutta/Weber/*Bauer* Rn. 29; *Leitzen* ZEV 2013, 128 (129); so auch *Döbereiner* MittBayNot 2013, 437 (443 f.); *Döbereiner* DNotZ 2014, 323 (332); *Soutier* ZEV 2015, 515 (518); vgl. auch Bonomi/Wautelet/*Bonomi* Rn. 74; *Goré* Defrénois 2012, 762 (766); *Odersky* notar 2013, 3 (8). Auch *Nordmeier* GPR 2013, 148 (154), unterstellt die Modifikation der Rechtswahl insgesamt dem Rechtswahlstatut der zu modifizierenden Rechtswahl. Anders für die Abänderung der Rechtswahl *Solomon* in Dutta/Herrler EuErbVO 19, 43 (das neu gewählte Recht soll entscheiden); ebenso Deixler-Hübner/Schauer/*Schauer* Rn. 19.

[82] Ausf. etwa Staudinger/*Dörner* (2007) EGBGB Art. 25 Rn. 548, 550.

wahl in einem Erbvertrag (iS des Unionsrechts nach Art. 3 Abs. 1 lit. b) im Hinblick auf das Errichtungsstatut nach Art. 25 Abs. 3 sein (→ Art. 25 Rn. 6).

Zu unterscheiden von der Abänderbarkeit und Widerruflichkeit der Rechtswahl ist die Frage, ob **32** eine **wirksame Abänderungs-** oder **Widerrufserklärung** des Erblassers vorliegt. Auch diese Frage regelt die Verordnung nur bruchstückhaft. **Abs. 4** stellt lediglich klar, dass es sich für Zwecke der Formgültigkeit auch beim Widerruf oder der Änderung um eine Verfügung von Todes wegen handelt. Auch hier verweist die Verordnung mithin auf das jeweilige Formstatut (→ Rn. 15). Zu den übrigen Fragen, etwa zugunsten welcher Rechte der Erblasser seine Rechtswahl abändern kann, nach welchem Recht sich die materielle Wirksamkeit und das Zustandekommen richtet und welche Anforderungen an eine konkludente Abänderungs- oder Widerrufserklärung zu stellen sind, schweigt die Verordnung. Richtigerweise wird man insoweit – dem Rechtsgedanken in Art. 24 Abs. 3 S. 1 folgend – die Abs. 1–3 (mit Ausnahme der Formfrage bei Abs. 2, die bereits Gegenstand des Abs. 4 ist) mutatis mutandis anzuwenden haben,[83] da es sich bei der Abänderungs- oder Widerrufserklärung um eine negative Rechtswahlerklärung handelt: Für das allgemeine Statut der Abänderungs- oder Widerrufserklärung nach Abs. 3 analog kommt es auf das nach der Abänderungs- oder Widerrufserklärung anwendbare Recht an,[84] bei der Abänderung auf das nunmehr (zulässigerweise) gewählte (neue) Staatsangehörigkeitsrecht sowie beim Widerruf grds. (es sei denn die Ausweichklausel des Art. 21 Abs. 2 findet Anwendung) auf das nunmehr (wieder) anwendbare Aufenthaltsrecht,[85] und zwar zum Zeitpunkt des Widerrufs.[86] Insoweit ist auch Art. 26 Abs. 2 analog anzuwenden, so dass ein Erblasser, der nach dem ursprünglich gewählten Recht testierfähig ist, die Rechtswahl rechtsgeschäftlich auch dann widerrufen oder abändern kann, wenn er nach dem Statut der Abänderungs- oder Widerrufserklärung nicht testierfähig ist. Ein gesetzlicher „Widerruf" der Verfügung von Todes wegen, etwa im Falle einer Heirat des Erblassers, unterliegt dagegen als Frage der Wirksamkeit der letztwilligen Verfügung dem allgemeinen Rechtswahlstatut.[87]

Widerruflichkeit bzw. Abänderbarkeit der ursprünglichen Rechtswahl (→ Rn. 31) und Wider- **33** rufserklärung bzw. Abänderungserklärung (→ Rn. 32) können damit **unterschiedlichen Rechten** unterliegen. Dies führt allerdings, anders als von *Dennis Solomon* befürchtet, nicht zu Verwerfungen.[88] Kommen die Rechtsordnungen zu unterschiedlichen Ergebnissen im Hinblick auf den Widerruf bzw. die Abänderung, so setzt sich das strengere Recht durch: Ist die Rechtswahl nicht widerruflich oder abänderbar, so geht die wirksame Widerrufs- oder Abänderungserklärung ins Leere. Ist die Rechtswahl dagegen nach dem einen Recht widerruflich oder abänderbar, so kann es dennoch nach dem anderen Recht an einer wirksamen Widerrufs- oder Abänderungserklärung fehlen.

VI. Zulässigkeit einer materiellrechtlichen Verweisung

Art. 22 begrenzt nicht die Möglichkeit des Erblassers, nach dem jeweils anwendbaren Erbstatut **34** materiellrechtliche Bestimmungen eines fremden Erbrechts – etwa über das Intestaterbrecht – in seine Verfügung von Todes wegen zu inkorporieren,[89] auch wenn die Verordnung, anders als Art. 6 des Haager Erbrechtsübereinkommens (→ Vor Art. 1 Rn. 8 ff.) und anders als teilweise das bisherige mitgliedstaatliche Recht,[90] die Zulässigkeit einer materiellrechtlichen Verweisung nicht klarstellt.[91] Über die Grundsätze vom „Handeln unter falschen Recht" (→ Art. 26 Rn. 12; → Einl. IPR Rn. 223 ff.) wird man zu ähnlichen Ergebnissen kommen.[92] Eine gewillkürte Inkorporation fremden Erbrechts ist freilich nur in den Grenzen der jeweils zwingenden Vorschriften des Erbstatuts möglich,

---

[83] *Dutta* FamRZ 2013, 4 (8 f.); zust. *Müller-Lukoschek,* Die neue EU-Erbrechtsverordnung, 2. Aufl. 2015, 103; Palandt/*Thorn* Rn. 8; ebenso *Döbereiner* MittBayNot 2013, 358 (363), für die Änderung einer bestehenden Rechtswahl. So für die Frage, ob eine konkludente Abänderungs- oder Widerrufserklärung möglich ist, auch *Fischer-Czermak* in Schauer/Scheuba, Europäische Erbrechtsverordnung, 2012, 43, 48; *Fischer-Czermak* EF-Z 2013, 52 (53); vgl. auch *Leitzen* ZEV 2013, 128 (129).
[84] Vgl. auch Erwägungsgrund Nr. 40 S. 3, jedenfalls wenn man „Das Gleiche gilt […]" im Sinne von „Die gleiche Kollisionsnorm gilt […]" versteht.
[85] Zust. Rauscher/*Hertel* Rn. 37, 39; anders *Nordmeier* GPR 2013, 148 (154): Modifikation der Rechtswahl unterliegt insgesamt – also auch insoweit – dem Rechtswahlstatut der zu modifizierenden Rechtswahl; teilweise anders auch *Solomon* in Dutta/Herrler EuErbVO 19, 43: Widerruf unterliegt dem ursprünglich gewählten Recht, Abänderung (wie hier vertreten) dem neu gewählten Recht; so wohl auch Dutta/Weber/*Bauer* Rn. 32 f.; *Köhler* in GKKW IntErbR 103 f.
[86] Vgl. auch *Döbereiner* MittBayNot 2013, 358 (363); *Döbereiner* DNotZ 2014, 323 (325 f.).
[87] Bonomi/Wautelet/*Bonomi* Rn. 73; anders wohl *Wysocka* NIPR 2012, 569 (573 f.).
[88] *Solomon* in Dutta/Herrler EuErbVO 19, 43.
[89] *Wysocka* NIPR 2012, 569 (570).
[90] S. ausdrücklich Art. 68 Abs. 1 und 2 rum. Legea de drept international privat.
[91] Vgl. auch *Lokin* in Boele-Woelki/Miles/Scherpe, The future of family property in Europe, 2011, 369, 377.
[92] Vgl. Dutta/Weber/*Bauer* Rn. 26; *Leitzen* ZEV 2013, 128 (130).

von denen der Erblasser einseitig nicht abweichen kann. Eine unwirksame Rechtswahl kann nach den Auslegungsregeln des nach Art. 24, Art. 25, Art. 26 Abs. 1 lit. d iVm Art. 21 objektiv bestimmten Errichtungsstatuts als materiellrechtliche Verweisung ausgelegt werden,[93] soweit sie auch nicht im Rahmen des Renvoi Wirkungen entfaltet (→ Rn. 30).

VII. Übergangsrecht: Vorwirkung der Verordnung

35   Der Erblasser konnte bereits vor dem Geltungsbeginn der Verordnung und dem maßgeblichen Stichtag für ihre Anwendbarkeit am 17.8.2015 (vgl. Art. 83 Abs. 1, Art. 84 UAbs. 2) sein Erbstatut nach der Verordnung wählen, auch wenn das nach dem Kollisionsrecht seines damaligen Aufenthalts- oder Staatsangehörigkeitsstaats nicht möglich war (Art. 83 Abs. 2). Diese Sonderregel kommt freilich nur zum Zuge, wenn der Erblasser nach dem Stichtag des Art. 83 Abs. 1 verstirbt. Ein deutscher Staatsangehöriger, der nach dem Geltungsbeginn der Verordnung wie bisher nach Art. 25 Abs. 1 EGBGB aF deutschem Erbrecht unterliegen will, konnte somit bereits vor dem Anwendungsbeginn der Verordnung eine Rechtswahl zugunsten deutschen Rechts treffen. Art. 83 Abs. 4 fingiert eine Rechtswahl nach Art. 22, wenn der Erblasser eine Verfügung von Todes wegen nach dem Recht seiner Staatsangehörigkeit errichtet hat.

Art. 23 EuErbVO Reichweite des anzuwendenden Rechts

(1) Dem nach Artikel 21 oder Artikel 22 bezeichneten Recht unterliegt die gesamte Rechtsnachfolge von Todes wegen.

(2) Diesem Recht unterliegen insbesondere:
a) die Gründe für den Eintritt des Erbfalls sowie dessen Zeitpunkt und Ort;
b) die Berufung der Berechtigten, die Bestimmung ihrer jeweiligen Anteile und etwaiger ihnen vom Erblasser auferlegter Pflichten sowie die Bestimmung sonstiger Rechte an dem Nachlass, einschließlich der Nachlassansprüche des überlebenden Ehegatten oder Lebenspartners;
c) die Erbfähigkeit;
d) die Enterbung und die Erbunwürdigkeit;
e) der Übergang der zum Nachlass gehörenden Vermögenswerte, Rechte und Pflichten auf die Erben und gegebenenfalls die Vermächtnisnehmer, einschließlich der Bedingungen für die Annahme oder die Ausschlagung der Erbschaft oder eines Vermächtnisses und deren Wirkungen;
f) die Rechte der Erben, Testamentsvollstrecker und anderer Nachlassverwalter, insbesondere im Hinblick auf die Veräußerung von Vermögen und die Befriedigung der Gläubiger, unbeschadet der Befugnisse nach Artikel 29 Absätze 2 und 3;
g) die Haftung für die Nachlassverbindlichkeiten;
h) der verfügbare Teil des Nachlasses, die Pflichtteile und andere Beschränkungen der Testierfreiheit sowie etwaige Ansprüche von Personen, die dem Erblasser nahe stehen, gegen den Nachlass oder gegen den Erben;
i) die Ausgleichung und Anrechnung unentgeltlicher Zuwendungen bei der Bestimmung der Anteile der einzelnen Berechtigten und
j) die Teilung des Nachlasses.

Übersicht

---

[93] Vgl. auch *Wysocka* NIPR 2012, 569 (575).

I. Normzweck

Die Vorschrift schließt die allgemeine Kollisionsnorm ab (zur Systematik des Erbkollisionsrechts **1** → Vor Art. 20 Rn. 4 ff.), indem Art. 23 **positiv** den Umfang des nach Art. 21 objektiv oder nach Art. 22 subjektiv bestimmten allgemeinen Erbstatuts festlegt (zum Renvoi s. Art. 34). Art. 23 ist damit in seinem **unmittelbaren** Regelungsbereich als gesetzliche **Qualifikationsnorm** einzuordnen, die dem Rechtsanwender mitteilt, welche Fragestellungen bei der autonomen Qualifikation (→ Vor Art. 20 Rn. 49) als erbrechtlich zu qualifizieren und damit dem allgemeinen Erbstatut zugewiesen sind, und zwar sowohl im Hinblick auf benachbarte Statute als auch im Hinblick auf die besonderen erbrechtlichen Kollisionsnormen der Verordnung. **Mittelbar** entfaltet die Vorschrift aber auch Bedeutung für den sachlichen Anwendungsbereich der Verordnung allgemein: Fragestellungen, die dem allgemeinen Erbstatut zugewiesen sind, werden auch für andere Regelungsbereiche (vor allem das internationale Verfahrensrecht) von der Verordnung als die Rechtsnachfolge von Todes wegen betreffend erfasst (→ Art. 1 Rn. 2).

II. Zusammenhang mit der Anwendungsbereichsbestimmung nach Art. 1

Art. 23 ist stets im Zusammenhang mit Art. 1 zu lesen, der ebenfalls den sachlichen Anwendungs- **2** bereich der Verordnung festlegt und damit mittelbar auch den Umfang des Erbstatuts; denn für Fragestellungen, die nicht von der Verordnung sachlich erfasst werden, können die Art. 21 und Art. 22 auch nicht das anwendbare Recht bestimmen. Vor allem die Negativliste in Art. 1 Abs. 2 grenzt damit das Erbstatut (wie es positiv in Art. 23 festgelegt wird) von benachbarten Statuten ab, speziell vom **Adoptionsstatut** (→ Art. 1 Rn. 15; → Rn. 11), vom **Persönlichkeitsstatut** (→ Art. 1 Rn. 16 ff.; → Rn. 18; s. auch Art. 26 Abs. 1 lit. a), vom **Güterstatut** (→ Art. 1 Rn. 21 ff.; → Rn. 10), vom **Unterhaltsstatut** (→ Art. 1 Rn. 29 f.; → Rn. 34), vom **Schuldver-tragsstatut** (→ Art. 1 Rn. 32 f.; → Rn. 30), vom **Gesellschaftsstatut** (→ Art. 1 Rn. 35 ff.), vom **Truststatut** (→ Art. 1 Rn. 45; → Rn. 12, 14), vom **Sachenrechtsstatut** (→ Art. 1 Rn. 34, 46 ff.; → Rn. 12 und 20 ff.) sowie vom **Immaterialgüterstatut** (→ Art. 1 Rn. 54).

III. Allgemeines Erbstatut als umfassendes Statut (Abs. 1)

Zunächst legt die Vorschrift in **Abs. 1** fest, dass es sich beim allgemeinen Erbstatut um ein **3** einheitliches Statut handelt. Die „**gesamte Rechtsnachfolge von Todes wegen**" (zum Begriff → Art. 1 Rn. 2 sowie Art. 3 Abs. 1 lit. a → Art. 3 Rn. 2) unterliegt grundsätzlich dem nach Art. 21 und Art. 22 bestimmten Recht. Die Verordnung bekräftigt damit in Abs. 1 den Grundsatz der kollisionsrechtlichen Nachlasseinheit; es wird **gegenständlich** bei der Anknüpfung nicht zwischen beweglichem und unbeweglichem Nachlassvermögen differenziert (allgemein → Vor Art. 20 Rn. 6). Auch wird für Zwecke des anwendbaren Rechts **inhaltlich** anders als in einzelnen mitgliedstaatlichen Kollisionsrechten[1] nicht zwischen der Erbberechtigung und der Nachlassabwicklung unterschieden, sondern der Erbgang umfassend dem Erbstatut zugeschlagen (vgl. auch Abs. 2 lit. e–g, lit. j sowie Erwägungsgrund Nr. 41 S. 1).[2]

Freilich hält die Verordnung den Grundsatz eines umfassenden Erbstatuts **nicht ausnahmslos 4** durch. Einzelne Fragestellungen, die – aus unionsrechtlicher Sicht nach Art. 1 und Art. 23 – die Rechtsnachfolge von Todes wegen betreffen, bedürfen einer besonderen Kollisionsnorm und werden deshalb in den Art. 24 ff. gesondert angeknüpft (Überblick → Vor Art. 20 Rn. 33 ff.).

---

[1] S. etwa *Dutta* RabelsZ 73 (2009), 547 (600).
[2] S. auch bereits Kommissionsvorschlag KOM(2009) 154 endg. S. 5 sowie dessen Art. 19 Abs. 1: „Dem nach Kapitel III bezeichneten Recht unterliegt die gesamte Rechtsnachfolge von Todes wegen vom Eintritt des Erbfalls bis zum endgültigen Übergang des Nachlasses auf die Berechtigten"; s. auch Ratsdokumente Nr. 8452/11 S. 3 f., Nr. 9677/11 S. 7 und Nr. 10126/11 S. 10. – Mit der Streichung der Wendung „vom Eintritt des Erbfalls bis zum endgültigen Übergang des Nachlasses auf die Berechtigten" war keine inhaltliche Änderung bezweckt, s. Ratsdokument Nr. 11870/11 S. 23 Fn. 2.

IV. Die Positivliste des Abs. 2

5   Von großer Bedeutung bei der autonomen Qualifikation (→ Vor Art. 20 Rn. 49) ist die Positivliste des Abs. 2, in der der Unionsgesetzgeber einzelne Fragestellungen ausdrücklich dem allgemeinen Erbstatut zuweist. Die Positivliste regelt den Umfang des allgemeinen Erbstatuts nicht abschließend („insbesondere").

6   **1. Grund, Zeitpunkt und Ort des Erbfalls (lit. a).** Das Erbstatut umfasst zunächst den **Grund** für den Eintritt des Erbfalls, also die Frage, welches Ereignis die Rechtsnachfolge von Todes wegen auslöst, also der **physische Tod** des Erblassers (etwa § 1922 Abs. 1 BGB). Nicht erfasst wird von der Verordnung dagegen die Rechtsnachfolge aufgrund eines sog **bürgerlichen Todes** (soweit ein solcher bei Ablegung der Ordensgelübde, Verurteilung wegen eines Kapitalverbrechens oder Apostasie überhaupt noch vorgesehen ist).[3] Teilweise gilt aber noch für Geistliche ein Sondererbrecht,[4] das dem allgemeinen Erbstatut untersteht, im Einzelfall aber nach Art. 30 angeknüpft werden kann. Auch die Anforderungen an das den Erbfall auslösende Ereignis, also an den Tod des Erblassers, unterstehen dem Erbstatut (auch → Art. 4 Rn. 8 f.). Ausgeklammert werden lediglich durch Art. 1 Abs. 2 lit. c die Verschollenheit oder Abwesenheit einer natürlichen Person, und zwar auch soweit diese Voraussetzung für eine Todesvermutung sind, s. aber auch Art. 32. Zum „Grund für den Eintritt des Erbfalls" ist auch der Eintritt eines Nacherbfalls zu zählen.[5] Allerdings erfasst lit. a nicht Auslegungsregeln im Hinblick auf den Nacherbfall (etwa § 2106 BGB), da es sich hierbei um eine Frage der Auslegung der Verfügung von Todes wegen handelt, die nach Art. 26 Abs. 1 lit. d nach den Art. 24 f. gesondert anzuknüpfen ist.

7   Zum Eintritt des Erbfalls gehört auch sein **Zeitpunkt.** Das Erbstatut entscheidet damit trotz Art. 1 Abs. 2 lit. c auch über die (Vermutungs-)Regelungen zur Feststellung einer Reihenfolge verschiedener, aber im zeitlichen Zusammenhang stehender Erbfälle (näher → Art. 1 Rn. 19), etwa durch die Kommorientenvermutung nach § 11 VerschG. Eine Sonderregelung sieht Art. 32 für den Fall vor, dass die beteiligten Erbstatute unterschiedliche (wenn auch nicht zwangsläufig) widersprechende Regelungen enthalten.

8   Das Erbstatut regelt auch die Frage, an welchem **Ort** der Erbfall eingetreten ist, soweit dies rechtliche Relevanz besitzt, etwa für die innerstaatliche Zuständigkeit,[6] vgl. auch Art. 2.

9   **2. Erbrechtliche Berechtigung (lit. b).** Das allgemeine Erbstatut entscheidet auch über die „Berechtigten", womit es sich um einen Sammelbegriff für sämtliche erbrechtlich berechtigten Personen handelt,[7] mit dem der Unionsgesetzgeber möglichst umfassend die erbrechtlich Begünstigten bezeichnen wollte, ohne diese durch die Verwendung des Erben- oder Vermächtnisnehmerbegriffs unnötig einzuengen (s. auch Erwägungsgrund Nr. 47). Zum Verzicht auf die Erbberechtigung → Rn. 27.

10   **a) Intestaterbberechtigung.** Teil der Erbberechtigung nach lit. b ist vor allem die Frage, **welche Personen** nach dem Intestaterbrecht gesetzliche Erben werden (etwa nach §§ 1924 ff. BGB) oder in sonstiger Weise am Nachlass zu beteiligen sind (etwa nach §§ 1932, 1969 BGB), soweit der Erblasser keine wirksame Verfügung von Todes wegen (Art. 24 ff. → Rn. 13 f.) hinterlässt. Bei der Bestimmung der erbrechtlich Berechtigten bedient sich das Intestaterbrecht in den meisten Rechtsordnungen der Statusverhältnisse des Erblassers zu den Überlebenden. Insoweit stellt lit. b klar, dass auch die gesetzliche Erbberechtigung des überlebenden Ehegatten und Lebenspartners (etwa nach §§ 1931 ff. BGB und § 10 Abs. 1–3 LPartG), wie auch immer diese ausgestaltet wird, Teil des allgemeinen Erbstatuts ist; bemerkenswert ist, dass die Vorschrift von „Lebenspartnern" spricht und nicht wie die EuPartVO von „eingetragenen Partnern" (Definition dort Art. 3 Abs. 1 lit. a EuPartVO); erfasst werden damit auch formalisierte Partnerschaften, die nicht eingetragen sind,[8] sowie faktische Paarbeziehungen, soweit diese nach dem Erbstatut erbrechtlich berechtigt sind, anders als unter der EuPartVO;[9] zu faktischen Familienbeziehungen → Art. 1 Rn. 15. Die Einbeziehung des überlebenden Ehegatten oder Lebenspartners gilt freilich nur für die **erbrechtliche** Berechtigung, jedoch nicht

---

[3] Dutta/Weber/*Schmidt* Rn. 12.

[4] S. für Österreich die Öffnungsklausel in § 761 ABGB aF („Die Abweichungen von der in diesem Hauptstücke bestimmten gesetzlichen Erbfolge in Rücksicht auf Bauerngüter, und die Verlassenschaft geistlicher Personen sind in den politischen Gesetzen enthalten"), die aber mittlerweile offenbar gegenstandslos geworden ist, da entsprechende Sonderregelungen aufgehoben wurden, und deshalb kürzlich gestrichen wurde, vgl. § 751 ABGB nF.

[5] Erman/*Hohloch* Rn. 2.

[6] Dutta/Weber/*Schmidt* Rn. 17.

[7] *Baldus* GPR 2012, 312 (313); Dutta/Weber/*Schmidt* Rn. 18.

[8] Dutta/Weber/*Schmidt* Rn. 25.

[9] Näher dazu *Dutta* FamRZ 2016, 1973 (1976 f.).

für eine Nachlassbeteiligung aufgrund Güterrechts (zur Abgrenzung näher → Art. 1 Rn. 21 ff.). Die Frage der Erbberechtigung ist damit keine Frage des Statuts des jeweiligen Statusverhältnisses, sondern des Erbstatuts (→ Art. 1 Rn. 13 ff.). Ob das erbberechtigende Statusverhältnis dagegen besteht, wird nicht vom Erbstatut beantwortet, sondern ist eine Vorfrage (s. aber auch sogleich → Rn. 11), die grundsätzlich unselbständig anzuknüpfen ist (näher → Vor Art. 20 Rn. 56 ff.). Trotz Ausschluss des öffentlichen Rechts in Art. 1 Abs. 1 S. 2 entscheidet das allgemeine Erbstatut auch über die nachrangige staatliche Nachlassbeteiligung in Form eines Fiskuserbrechts (→ Art. 1 Rn. 12); dagegen ist ein staatliches Aneignungsrecht bei erbenlosen Nachlässen nicht Teil des allgemeinen Erbstatuts,[10] wie die Sonderregel des Art. 33 verdeutlicht, die den Konflikt zwischen dem Fiskuserbrecht als Teil des Erbstatuts und dem staatlichen Aneignungsrecht zum Gegenstand hat.

Die Zuweisung der Erbberechtigung zum Erbstatut wirft vor allem Folgefragen auf, wenn das **11** **Erbstatut** und das **Statut des Statusverhältnisses** im Hinblick auf die Erbberechtigung **divergieren,** etwa weil das Statusverhältnis wie die Lebenspartnerschaft oder gleichgeschlechtliche Ehe nicht universell anerkannt ist oder wie eine durch eine Adoption begründete Verwandtschaft nicht in jeder Rechtsordnung eine Erbberechtigung auslöst. Zu unterscheiden sind zwei Fragen: **(1)** Ob das aus Sicht des Erbstatuts nach einem ausländischen Recht begründete Statusverhältnis die Anforderungen des Erbstatuts an die Erbberechtigung erfüllt, ist eine Frage der **Substitution** (allgemein → Vor Art. 20 Rn. 62 f.). Nur wenn auch nach dem Statut des Statusverhältnisses der jeweils Überlebende erbberechtigt ist, wird der Überlebende nach dem Erbstatut auch erbberechtigt sein, weil nur dann das Statusverhältnis dem vom Erbstatut vorausgesetzten Statusverhältnis gleichwertig ist; im Einzelnen ist dies freilich eine Frage der Auslegung des Erbstatuts. Bei eigentragenen Lebenspartnerschaften kann eine solche Substitution etwa zweifelhaft sein, wenn das Erbstatut die Partnerschaft ehegleich ausgestaltet, das Statut des Statusverhältnisses die Partnerschaft aber nur als „Ehe light" mit unterhalb der Ehe angesiedelten Rechtsfolgen konzipiert.[11] Kennt das Erbstatut keine gleichgeschlechtliche Ehe, wohl aber eine eingetragene Partnerschaft für gleichgeschlechtliche Paare, so wird die Ehe jedenfalls diese Partnerschaft substituieren. Bei der Substitution sind auch gesetzliche Substitutionsvorschriften im Erbstatut zu beachten, etwa Art. 22 Abs. 3 EGBGB, die als Sachnormen nicht vom Anwendungsbereich der Verordnung verdrängt werden,[12] da die Verordnung insoweit keine ausdrücklichen Aussagen zur Substitution enthält. **(2)** Wenn das Erbstatut keine Erbberechtigung des betreffenden Statusverhältnisses vorsieht (etwa weil es dieses nicht kennt oder erbrechtslos ausgestaltet), dann stellt sich die Frage einer **Anpassung** (allgemein → Vor Art. 20 Rn. 55 ff.). Für das gesetzliche Erbrecht des überlebenden Lebenspartners enthielt das autonome deutsche Kollisionsrecht bisher in Art. 17b Abs. 1 S. 2 Hs. 2 EGBGB aF eine ausdrückliche Regelung, wonach sich hilfsweise das Lebenspartnerschaftsstatut durchsetzt, wenn das Erbstatut kein gesetzliches Erbrecht des überlebenden Lebenspartners einräumt („Auf die erbrechtlichen Folgen der Lebenspartnerschaft ist das nach den allgemeinen Vorschriften maßgebende Recht anzuwenden; begründet die Lebenspartnerschaft danach kein gesetzliches Erbrecht, so findet insoweit Satz 1 [= Art. 17b Abs. 1 S. 1] entsprechende Anwendung"). Zwar hätte man angesichts des abschließenden Charakters der Erbrechtsverordnung nach deren Anwendungsbeginn nicht mehr auf Art. 17b Abs. 1 S. 2 Hs. 2 EGBGB aF (oder ähnliche kollisionsrechtliche Anpassungsregeln der Mitgliedstaaten) zurückgreifen können,[13] so dass die Vorschrift zu Recht vom deutschen Gesetzgeber gestrichen wurde. Dennoch gilt es auch unter der Erbrechtsverordnung für diese **Normdiskrepanz,** dh diese Unvereinbarkeit der berufenen Rechtsordnungen, eine Anpassungslösung zu finden. Man wird hier genauso zu verfahren haben wie im früheren Spezialfall des Art. 17b Abs. 1 S. 2 Hs. 2 EGBGB aF, nämlich mit einer kollisionsrechtlichen Anpassung zugunsten des Statuts des jeweiligen Statusverhältnisses. Nur diese Lösung stellt sicher, dass die inhaltliche Definition des Statusverhältnisses neben dem Erbstatut auch diesem Statut unterliegt, dem bei der erbrechtlichen Ausgestaltung des Statusverhältnisses jedenfalls eine Mitsprache einzuräumen ist, und wahrt damit die Bereichsausnahme des Art. 1 Abs. 2 lit. a (→ Art. 1 Rn. 13 ff.).[14] Auch ist eine einheitliche Lösung dieses Anpassungsproblems erforderlich, da ansonsten der mit der Verordnung bezweckte Entscheidungseinklang in der EU (→ Vor Art. 20 Rn. 2) gefährdet würde. Daher ist dieser Weg über eine unionsweit einheitliche kollisionsrechtliche Anpassung

---

[10] Dutta/Weber/*Schmidt* Rn. 21.
[11] *Bruns* ZErb 2014, 181 (182).
[12] *R. Wagner/Scholz* FamRZ 2014, 714 (722).
[13] *Bruns* ZErb 2014, 181 (182); *Buschbaum/M. Kohler* GPR 2010, 162 (164); *Coester* ZEV 2013, 115 (116) sowie 117; *Coester* IPRax 2013, 114 (120); *K. W. Lange* ZVglRWiss. 110 (2011), 426 (436 f.); *Lein* YbPIL 11 (2009), 107 (138 f.); *Müller-Lukoschek,* Die neue EU-Erbrechtsverordnung, 2. Aufl. 2015, 253; *Soutier,* Die Geltung deutscher Rechtsgrundsätze im Anwendungsbereich der Europäischen Erbrechtsverordnung, 2015, 88; *Süß* ZErb 2009, 342 (346).
[14] Gegen eine solche Anpassung Dutta/Weber/*Schmidt* Rn. 26.

einer Lösung über den ordre-public-Vorbehalt des Art. 35[15] – die nur in Mitgliedstaaten funktionieren wird, die das Rechtsinstitut der eingetragenen Partnerschaft kennen – vorzuziehen, auch wenn man Art. 17b Abs. 1 S. 2 Hs. 2 EGBGB aF durchaus auch als Ausprägung der deutschen öffentlichen Ordnung sehen konnte.[16] – Zu faktischen Familienbeziehungen, die keinem eigenständigem Statut einer Statusbeziehung unterworfen werden, sondern im Erbrecht eigenständig definiert werden → Art. 1 Rn. 15.

12   Auch die **inhaltliche Ausgestaltung der Erbberechtigung** (als alleiniger oder mit anderen Berechtigten gemeinschaftlicher Träger des Gesamtnachlasses, einzelner Nachlassgegenstände oder eines Bruchteils, als Nießbraucher oder gar als beneficiary eines gesetzlichen trust → Art. 1 Rn. 45) unterliegt dem allgemeinen Erbstatut (Erwägungsgrund Nr. 47). Hierzu gehört auch die Entstehung und Organisation einer **Erbengemeinschaft** bei einer Mehrheit von Erben (zur Erbteilung s. lit. j) sowie allgemein die materiellrechtliche und prozessuale Rechtsstellung der erbrechtlich Berechtigten im Hinblick auf den Nachlass Dritten gegenüber, auch wenn einzelne mitgliedstaatliche Kollisionsrechte die Ausgestaltung der Erbengemeinschaft bisher gesondert angeknüpft haben[17] – eine Sonderanknüpfung, die nun von der Verordnung verdrängt wird. Das nach Art. 21 und Art. 22 zu bestimmende Recht beherrscht ferner das vom Erbrecht geschaffene **Zuordnungsergebnis** und überlässt dies nicht dem allgemeinen Vermögensrechtsstatut (Einzelstatut), insbesondere nicht dem Sachenrechtsstatut (näher → Art. 1 Rn. 53), wobei Konflikte zwischen Erbstatut und dem jeweiligen Vermögensrechtsstatut im Wege der Anpassung nach Art. 31 aufgelöst werden können. Auf welche Weise das Zuordnungsergebnis bei registrierten Vermögensgegenständen registerrechtlich erfasst wird, entscheidet dagegen nach Art. 1 Abs. 2 lit. l nicht das Erbstatut (→ Art. 1 Rn. 35, 49), sondern das jeweilige allgemeine Vermögensrechtsstatut. Aber nicht nur die Qualität der Erbberechtigung, sondern auch ihre Quantität fällt unter das Erbstatut. Ausdrücklich erwähnt deshalb lit. b auch den jeweiligen **Umfang** („Anteile") der Erbberechtigung, dh vor allem die gesetzlichen Erbquoten.

13   **b) Möglichkeiten und Arten einer gewillkürten Erbberechtigung – Abgrenzung zum Errichtungsstatut.** Schwierig ist die trennscharfe Abgrenzung des allgemeinen Erbstatuts zum Errichtungsstatut der Verfügung von Todes wegen nach den Art. 24 ff. Die Frage, **ob** und **auf welche Weise** der Erblasser durch Verfügung von Todes wegen überlebende Personen als **gewillkürte Erben** (etwa nach §§ 1937, 1941 BGB), **Vermächtnisnehmer, Begünstigte einer Auflage oder Bedingung** (etwa nach §§ 1939 f. BGB, § 158 BGB, §§ 2074 f. BGB) oder **in sonstiger Weise letztwillig begünstigte Zuwendungsempfänger** berechtigen kann, ist nach lit. b Teil des allgemeinen Erbstatuts (vgl. auch Erwägungsgrund Nr. 47 S. 2). Denn diese Frage ist mit dem allgemeinen Erbstatut eng verwoben, speziell im Hinblick auf den Erbgang und die Erbenhaftung, die lit. e und lit. g dem allgemeinen Erbstatut zuordnen und die nicht einem anderen Recht unterliegen sollten als dem Recht, das über die Möglichkeiten einer gewillkürten Erbberechtigung entscheidet. Das allgemeine Erbstatut beherrscht damit auch die mögliche inhaltliche Ausgestaltung der Erbberechtigung,[18] wie auch bei der Intestaterbberechtigung (→ Rn. 12). Die Wirkungen einer Verfügung von Todes wegen werden nicht vom Errichtungsstatut erfasst → Art. 24 Rn. 3. Bei Auseinanderfallen von allgemeinem Erbstatut und Errichtungsstatut stellt die Verfügung von Todes wegen dann insoweit ein „Handeln unter fremdem Recht" dar (dazu → Art. 26 Rn. 12). Dagegen betrifft die Frage, ob den Personen **wirksam** eine gewillkürte Erbberechtigung **eingeräumt** wurde, die Zulässigkeit und Wirksamkeit der betreffenden Verfügung von Todes wegen, die in Art. 24 ff. gesondert angeknüpft wird und damit nicht dem allgemeinen Erbstatut unterliegt.[19] Strenggenommen handelt es sich bei der Wirksamkeit und Zulässigkeit der Verfügung von Todes wegen um eine Vorfrage im allgemeinen Erbstatut, die vom Errichtungs- und Formstatut der Verfügung von Todes wegen beantwortet und – weil die Anknüpfung dieser Statute in den Art. 24 ff. unionsrechtlich vereinheitlicht wurde – selbständig angeknüpft wird (näher → Vor Art. 20 Rn. 52).

14   Freilich kann es zu **Konflikten** zwischen allgemeinem Erbstatut und Errichtungsstatut der betreffenden Verfügung von Todes wegen kommen, etwa weil ein Testament eine Art der gewillkürten

---

[15] So aber *Coester* ZEV 2013, 115 (117); zust. *Bruns* ZErb 2014, 181 (182); *Looschelders,* FS Coester-Waltjen, 2015, 531 (542); *Odersky* notar 2015, 183 (189); *M. Stürner* GPR 2014, 317 (324); Palandt/*Thorn* Art. 35 Rn. 2; zurückhaltender *Döbereiner* NJW 2015, 2449 (2455).

[16] *Henrich,* Liber amicorum Schurig, 2012, 63 (65).

[17] Zu Italien etwa *Ballarius,* Diritto internazionale privato, 7. Aufl. 2011, 114 f.: Anknüpfung an die lex rei sitae.

[18] *Hausmann* JbItalR 27 (2015), 21, 23; *Soutier,* Die Geltung deutscher Rechtsgrundsätze im Anwendungsbereich der Europäischen Erbrechtsverordnung, 2015, 55; *Soutier* ZEV 2015, 515 (516); so wohl allg. auch Deixler-Hübner/Schauer/*Fischer-Czermak* Art. 24 Rn. 8.

[19] Vgl. aber auch die Abgrenzung bei Bonomi/Wautelet/*Bonomi* Rn. 27 ff., Art. 24 Rn. 6 f., Rn. 15 f. sowie Art. 25 Rn. 9.

Erbberechtigung anordnet, die das allgemeine Erbstatut nicht vorsieht. Vorrang gebührt dann dem allgemeinen Erbstatut; die Erbberechtigung nach dem Errichtungsstatut wird nicht etwa in das allgemeine Erbstatut „implementiert".[20] Das Erbstatut entscheidet mithin über den inhaltlichen „numerus clausus der zulässigen letztwilligen Anordnungen".[21] Unter Umständen kann einem solchen Konflikt zwischen allgemeinem Erbstatut und Errichtungsstatut durch eine (ergänzende) Auslegung der Verfügung von Todes wegen begegnet werden, deren Zulässigkeit und Grenzen sich freilich gemäß Art. 26 Abs. 1 lit. d nach dem Errichtungsstatut richten. **Beispiel:** Ein deutscher Erblasser mit gewöhnlichem Aufenthalt in England und Wales ordnet in seinem Testament die Entstehung eines testamentary trust an, nach dem sein überlebender Ehegatte ein life time beneficial interest erhalten und danach das Trustgut an die Kinder fallen soll. Diese Anordnung – die jedenfalls im Hinblick auf die Bestimmung der Berechtigten trotz Art. 1 Abs. 2 lit. j der Verordnung unterliegt (→ Art. 1 Rn. 45) – wird man, wenn der Erblasser nach der Testamentserrichtung seinen gewöhnlichen Aufenthalt nach Deutschland verlegt und nach Art. 21 Abs. 1 deutsches Recht allgemeines Erbstatut wird, als Einsetzung des Ehegatten als Vorerben und der Kinder als Nacherben nach §§ 2100 ff. BGB auszulegen haben, da das deutsche Erbstatut als gewillkürte Erbberechtigung nur die Erbenstellung (einschließlich Vor- und Nacherbenstellung), die Vermächtnisnehmerstellung sowie die Begünstigtenstellung durch eine Auflage oder Bedingung vorsieht, nicht aber die Stellung als beneficiary eines testamentary trust. – **Kein Konflikt** zwischen allgemeinem Erbstatut und Errichtungsstatut besteht jedoch, wenn das allgemeine Erbstatut die Art der Verfügung von Todes wegen – etwa einen Erbvertrag oder ein gemeinschaftliches Testament – nicht kennt oder gar verbietet. Hierbei handelt es sich um eine Frage der Zulässigkeit der Verfügung von Todes wegen, die dem Errichtungsstatut unterliegt (näher → Art. 24 Rn. 3).

c) Gewillkürte Beschränkungen der erbrechtlich Berechtigten. Nach lit. b sollen auch die **15** den erbrechtlich Berechtigten **„vom Erblasser auferlegten Pflichten"** dem allgemeinen Erbstatut unterstehen. Hierbei kann es sich nur um die Frage handeln, ob die erbrechtlich Berechtigten abstrakt mit bestimmten – freilich im untechnischen Sinne – Pflichten (etwa einem Vermächtnis, einer Auflage oder einer Bedingung) belastet werden können; die Vorfrage, ob eine solche Belastung tatsächlich angeordnet wurde, richtet sich dagegen nach dem Recht, das nach den Art. 24 ff. auf die Wirksamkeit der Verfügung von Todes wegen anzuwenden ist (→ Rn. 13 aE).

d) Zwingende Erbberechtigung. Die Frage einer für den Erblasser **zwingenden Erbbe- 16 rechtigung** einzelner Personen wird in lit. h gesondert dem allgemeinen Erbstatut unterstellt (→ Rn. 34 ff.), selbst wenn Erwägungsgrund Nr. 47 S. 2 davon auszugehen scheint, dass auch der Pflichtteilsberechtigte unter lit. b fällt. Im Ergebnis ist die Frage der Zuordnung unter lit. h oder lit. b freilich ohne Belang.

e) Lebzeitige Berechtigung. Nicht unter lit. b – und damit das allgemeine Erbstatut – fällt die **17** Berechtigung am Erblasservermögen aufgrund **lebzeitiger Zuwendungen,** etwa aufgrund einer Schenkung oder vorweggenommenen Erbfolge (→ Art. 1 Rn. 32 ff.).

3. Erbfähigkeit (lit. c). Zwar klammert Art. 1 Abs. 1 lit. b die Rechtsfähigkeit natürlicher Perso- **18** nen vom Anwendungsbereich der Verordnung (und damit auch vom Erbstatut) aus, behält aber ausdrücklich dem Erbstatut die Frage der Erbfähigkeit vor. Zur Rechtsfähigkeit als Voraussetzung einer erbrechtlichen Berechtigung allgemein → Art. 1 Rn. 18. Die Erbfähigkeit ist dabei weit zu verstehen und insbesondere nicht auf die Fähigkeit, als Person gesetzlicher oder gewillkürter Erbe zu sein (§ 1923 BGB), beschränkt, sondern erfasst die Fähigkeit, als Person allgemein erbrechtlich berechtigt iS der lit. b und lit. h zu sein, also auch Begünstigter einer sonstigen letztwilligen Zuwendung (Vermächtnisnehmer, Begünstigter einer Auflage oder Bedingung, etc) oder Pflichtteilsberechtigter. Auch die Erbfähigkeit einer errichteten oder in der Entstehung begriffenen **Gesellschaft oder juristischen Person** (etwa bei der Stiftung nach § 84 BGB) ist Teil des Erbstatuts,[22] auch wenn in Art. 1 Abs. 2 lit. h ein Verweis auf Art. 23 Abs. 2 lit. c entsprechend Art. 1 Abs. 2 lit. b fehlt. Die Frage, ob und ab welchem Zeitpunkt eine Gesellschaft, juristische Person etc wirksam errichtet wurde und ob sie rechtsfähig ist, wird dagegen nach dem jeweiligen Gesellschaftsstatut, etc beantwortet (→ Art. 1 Rn. 44). Verweist das Erbstatut für die Frage der Erbfähigkeit (einer natürlichen oder juristischen Person oder einer Gesellschaft) auf die allgemeine Rechtsfähigkeit des Berechtigten, so wirft das Erbstatut insoweit eine Vorfrage auf (→ Art. 1 Rn. 18). Bei autonomer Auslegung (→ Vor Art. 1

---

[20] So (zum Erbvertrag) *Odersky* notar 2014, 139 (140).
[21] Dutta/Weber/*Schmidt* Rn. 31.
[22] Vgl. auch Deixler-Hübner/Schauer/*Deixler-Hübner/Schauer* Art. 27 Rn. 27; *Faber/Grünberger* ÖNotZ 2011, 97 (100).

Rn. 23 ff.) wird man unter die Erbfähigkeit nicht nur die erbrechtliche Rechtssubjektivität als erbrechtlich Berechtigter zählen müssen, sondern auch **allgemeine Empfangsverbote** bei bestimmten Erben, etwa die in zahlreichen islamischen Erbrechten anzutreffende fehlende Erbfähigkeit von Nichtmuslimen nach Muslimen (zB nach Art. 881a iran. Qānūn-e madanī), wobei sich hier die Frage nach einem Verstoß gegen den inländischen ordre public (Art. 35) stellen kann. Besondere Zuwendungsverbote fallen dagegen unter das Errichtungsstatut nach Art. 26 Abs. 1 lit. b.

19   **4. Enterbung und Erbunwürdigkeit (lit. d).** Zum allgemeinen Erbstatut zu zählen ist auch die Frage der Enterbung und der Erbunwürdigkeit.[23] Die Frage, ob eine **Enterbung** durch eine Verfügung von Todes wegen **wirksam** erfolgte, ist auch hier (→ Rn. 13 aE) eine Vorfrage, die vom Errichtungsstatut und Formstatut der Verfügung von Todes wegen nach Art. 24 ff. beantwortet wird. Die **Pflichtteilsentziehung** ist ebenfalls Teil des allgemeinen Erbstatuts, allerdings nicht kraft lit. d, sondern als Teil der Regelungen über den Pflichtteil kraft lit. h. Soweit die Pflichtteilsentziehung durch Verfügung von Todes wegen geschieht, kann sich auch hier die Vorfrage nach der Zulässigkeit, Wirksamkeit und Bindungswirkung einer Verfügung von Todes wegen stellen, die dem Errichtungs- oder Formstatut unterliegt (→ Rn. 13 aE). Das Erbstatut entscheidet ferner über die Art und Weise, wie die Erbunwürdigkeit geltend gemacht werden muss, ob etwa eine gerichtliche Gestaltungsentscheidung erforderlich ist.[24] Die internationale Zuständigkeit für ein solches Verfahren richtet sich sodann nach Art. 4 ff., wobei die danach zuständigen Gerichte die Erbunwürdigkeitserklärung nicht als wesensfremde Tätigkeit ablehnen dürfen (→ Vor Art. 4 Rn. 27 f.).

20   **5. Erbgang (lit. e).** Auch den Erbgang schlägt die Verordnung vollständig dem allgemeinen Erbstatut zu, s. auch Erwägungsgründe Nr. 9, Nr. 15 S. 1 und Nr. 41 S. 1. Das nach Art. 21 und Art. 22 bestimmte Recht regelt zunächst den **Übergang der im Nachlass befindlichen Vermögensgegenstände,** der Aktiva wie der Passiva, auf sämtliche zur Nachfolge berechtigten Personen, sei es die Erben oder auch in anderer Weise erbrechtlich Berechtigten (→ Rn. 9 ff.), nicht nur im Wege der gesetzlichen Erbfolge, sondern auch der gewillkürten Erbfolge, wie der Verweis auf die Vermächtnisnehmer in lit. e verdeutlicht, so dass auch der Übergang der zugewandten Vermögensgegenstände auf Begünstigte einer Auflage oder Bedingung erfasst ist. Das allgemeine Erbstatut entscheidet damit über den **Zuordnungsvorgang,** der nicht dem allgemeinen Vermögensrechtsstatut (Einzelstatut), insbesondere nicht dem Sachenrechtsstatut, unterliegt (näher → Art. 1 Rn. 48 ff.). Das Erbstatut beherrscht damit die Frage, ob der Berechtigte seine wie auch immer ausgestaltete erbrechtliche Berechtigung (lit. b) im Hinblick auf die Nachlassgegenstände (als Gesamtvermögen oder als Einzelgegenstände) unmittelbar dinglich mit dem Erbfall erhält **(Vonselbsterwerb),** sie annehmen muss **(Antrittserwerb)** oder sie schuldrechtlich von einem Erben oder Nachlassverwalter einfordern muss oder gar ein privatrechtsgestaltender Hoheitsakt erforderlich ist **(mittelbarer Erwerb).** Auch die Voraussetzungen und Rechtsfolgen des mittelbaren Erwerbs unterliegen dem Erbstatut, etwa im Hinblick auf das österreichische Verlassenschaftsverfahren und eine etwaig notwendige Einantwortung (näher → Art. 8 Rn. 4), die ebenfalls (nur → Art. 29 Rn. 6) nach dem Erbstatut erfolgt.[25] Eine notwendige Mitwirkung der nach Art. 4 ff. zuständigen Gerichte erfolgt zwar nach dem Verfahrensrecht der lex fori, kann aber nicht als wesensfremde Tätigkeit abgelehnt werden → Vor Art. 4 Rn. 27 f. Sieht das Erbstatut anders als die lex fori die Bestellung eines Nachlassverwalters als Teil des mittelbaren Erwerbs vor, etwa einen personal representative, der zunächst Träger des Nachlasses wird und diesen als vom Erblasser oder Gericht bestimmter Nachlassverwalter abwickelt (so etwa gemäß Sec. 1, 3 Administration of Estates Act 1925 [UK] nach englischem Recht[26]), so muss ein solcher Verwalter ggf. nach dem innerstaatlichen Verfahrensrecht bestellt werden, das so auszulegen ist, dass möglichst die vom Erbstatut vorgesehenen Ergebnisse erreicht werden.[27] Wurde ein solcher bereits im Ausland gerichtlich bestellt, so richten sich dessen Befugnisse auch im Inland nach dem Erbstatut, soweit die Bestellungsentscheidung im Inland nach Art. 39 ff. EuErbVO oder §§ 108 f.

---

[23] Zu letzterer näher *Jayme* in Reichelt/Rechberger, Europäisches Erbrecht – Zum Verordnungsvorschlag der Europäischen Kommission zum Erb- und Testamentsrecht, 2011, 27, 35 f.

[24] Dutta/Weber/*Schmidt* Rn. 48.

[25] *J. P. Schmidt* ZEV 2014, 455 (457 f.); vgl. zu Liechtenstein *Reymann* ZVglRWiss. 114 (2015), 40 (70 ff.); so auch *Ludwig* ZEV 2013, 151 (152), der sodann allerdings für in Deutschland belegenes Vermögen nach Art. 31 anpassen will, dazu → Art. 31 Rn. 10; vgl. auch *Lurger/Melcher* IPR Rn. 3/25 ff.; s. zum Kommissionsvorschlag *Faber/Grünberger* ÖNotZ 2011, 97 (105); *Schäuble,* Die Einweisung der Erben in die Erbschaft nach österreichischem Recht durch deutsche Nachlassgerichte, 2011, 166 ff.

[26] Das insoweit für im Ausland belegenes Vermögen nicht „versteckt" (→ Art. 34 Rn. 8) zurückverweist, ausf. Dutta/Weber/*Schmidt* Rn. 83; anders etwa Staudinger/*Dörner* (2007) EGBGB Art. 25 Rn. 683.

[27] S. Ratsdokument Nr. 9677/11 S. 9.

FamFG anerkennungsfähig ist.[28] Dies gilt freilich nur, wenn die Befugnisse des im Ausland ernannten Nachlassverwalters sich nach dem Erbstatut gegenständlich auch auf das inländische Vermögen beziehen, wie das etwa im englischen Recht der Fall ist.[29] An der eben geschilderten Rolle des Erbstatuts für den mittelbaren Erwerb ändert **Art. 29** nichts.[30] Art. 29, auf den lit. f verweist, ermöglicht lediglich eine zusätzliche Nachlassverwaltung außerhalb des allgemeinen Erbstatuts, wenn eine solche nach der lex fori zwingend oder auf Antrag zwingend vorgesehen ist (zum Verhältnis zwischen einem Testamentsvollstrecker und einem nach Art. 29 bestellten Nachlassverwalter → Art. 29 Rn. 10, 15, 18). Die Befugnisse des Nachlassverwalters ordnet lit. f dem Erbstatut zu.

Der Erbgang betrifft nicht nur die Weitergabe des Nachlasses auf die Erben, sondern auch auf **21** **andere erbrechtlich Berechtigte:** Es ist eine Frage des allgemeinen Erbstatuts, auf welche Weise beim Vermächtnis der Vermächtnisnehmer den vermachten Gegenstand erhält, aufgrund eines schuldrechtlichen Anspruchs, der dinglich vollzogen werden muss (Damnationslegat etwa nach § 2174 BGB), oder unmittelbar durch den Erbfall (Vindikationslegat etwa nach Art. 649 Abs. 2 it. Codice civile oder nach Art. 981 ff. poln. Kodeks cywilny). Dies folgt nicht nur aus dem Wortlaut des lit. e („Übergang der zum Nachlass gehörenden Vermögenswerte, Rechte und Pflichten auf […] die Vermächtnisnehmer"), sondern auch aus den Erwägungsgründen Nr. 42 S. 1 und Nr. 47 S. 2 und S. 3. Ebenfalls unter das Erbstatut fällt die Frage, ob Teilungsanordnungen des Erblassers lediglich die Erben schuldrechtlich binden (so bei uns nach § 2048 BGB) oder dinglich den Erben einzelne Gegenstände zuweisen (so etwa nach Art. 734 ff. it. Codice civile). Näher zum Streitstand → Art. 1 Rn. 48 ff.

Sind dagegen nach dem Erbstatut **Vollzugsakte ("erbrechtsabwickelnde" Rechtsgeschäfte)** **22** erforderlich, um Nachlassgegenstände auf den Berechtigten zu übertragen, wie etwa bei einem Damnationslegat oder einer Auseinandersetzungsvereinbarung der Erben (hierzu → Rn. 38), so richten sich diese Vollzugsakte nach dem jeweiligen Statut des Vermögensrechts, soweit das Erbstatut – wie meist – hierauf verweist, etwa für den Vollzug eines Vermächtnisses oder einer Auseinandersetzungsvereinbarung eine Übertragung des betreffenden Nachlassgegenstands unter Lebenden nach allgemeinem Vermögensrecht vorsieht.[31] Diese Sichtweise ist auch mit lit. e vereinbar.[32] Denn dem Erbstatut gebührt danach der Vorrang; es bestimmt etwa auch die Art des Vollzugsakts. Das Statut des betroffenen Vermögensrechts – etwa das Sachenrechtsstatut – ist nur insoweit anwendbar, als das Erbstatut den Vollzugsakt freigibt. So wäre es etwa nicht ausgeschlossen, dass das anwendbare Vermächtnisrecht bei einem Damnationslegat auch die Vollzugsmodalitäten eigenständig regelt. Tut es dies aber wie etwa das deutsche Vermächtnisrecht nicht, so verweist es auf das Statut des vermachten Nachlassgegenstands. Dies bedeutet allerdings nicht, dass es etwa bei vermachten Sachen nach der lex rei sitae zu einem automatischen Vermögensübergang kommt.[33] Vielmehr finden die Vorschriften der lex rei sitae zum vom Erbstatut vorgesehenen Übertragungsakt Anwendung. Abweichende Regelungen zu Vollzugsakte sieht das Erbstatut teils bei der Auseinandersetzung der Erben vor, etwa die partage nach französischem Recht.[34] Soweit hier vom allgemeinen Vermögensrecht abgewichen wird, gilt das Erbstatut, im Übrigen das auf den Vermögensgegenstand anwendbare Recht.[35]

---

[28] Anders Dutta/Weber/*Schmidt* Rn. 86: rein kollisionsrechtliche Betrachtung, ohne Rücksicht auf eine verfahrensrechtliche Anerkennungsfähigkeit. Hierfür spricht allenfalls, dass es bei einem vom Erblasser bestellten Nachlassverwalter ebenfalls allein auf das Kollisionsrecht ankäme.

[29] S. ausf. Dutta/Weber/*Schmidt* Art. 23 Rn. 86.

[30] Das übersieht *Muscheler* ErbR 2015, 649 (666 f.), der aus dieser Vorschrift ohne nähere Begründung (und im Übrigen kaum mit dem Wortlaut des Art. 23 Abs. 2 lit. e vereinbar) ableiten möchte, dass ein Zwischenerwerb „auch unter Geltung der EU-ErbVO zum jeweiligen Verfahrensrecht" gehöre.

[31] Anders etwa *Remde* RNotZ 2012, 65 (82); *J. P. Schmidt* RabelsZ 77 (2013), 1 (15 f.), die diese allg. als „Verfügung unter Lebenden" aus dem Anwendungsbereich der Verordnung ausklammern möchten; ähnlich Bonomi/Wautelet/*Bonomi* Art. 1 Rn. 110; *Mansel*, FS Coester-Waltjen, 2015, 587 (Verweis auf Art. 1 Abs. 2 lit. g). Entscheidend ist jedoch, dass diese Vollzugsakte nur deshalb nicht dem Erbrecht unterliegen, weil das Erbstatut dies so anordnet. Das Erbrecht könnte – wie etwa in § 1922 Abs. 1 BGB – den Vollzug auch abw. vom allgemeinen Vermögensrecht regeln. Vgl. auch *Schaub* Hereditare 3 (2013), 91 (101), die sachenrechtliche Vorgänge jedenfalls dann ausklammern möchte, wenn sie „dem Übergang der zum Nachlass gehörenden Vermögenswerte nachgeschaltet" sind. Je nach Ausgestaltung der nationalen Auseinandersetzungsregeln diff. auch *Buschbaum* in Hager, Die neue europäische Erbrechtsverordnung, 2013, 39, 54 f. Vgl. auch BGH NJW 2016, 571, Rn. 8, wo der BGH andeutet, dass der Vollzug einer Auseinandersetzungsvereinbarung der Brüssel I-VO unterliegen könnte (und damit nicht der EuErbVO).

[32] Anders *Döbereiner* ZEV 2015, 559 (561).

[33] So aber *Döbereiner* ZEV 2015, 559 (562).

[34] Ausf. Dutta/Weber/*Schmidt* Rn. 139 ff.

[35] Anders Dutta/Weber/*Schmidt* Rn. 140: partage kollisionsrechtlich als Verfügung unter Lebenden zu behandeln.

23 Konflikte zwischen Erbstatut und dem jeweiligen **Vermögensrechtsstatut** im Hinblick auf den Zuordnungsvorgang können auch nicht im Wege der Anpassung nach Art. 31 aufgelöst werden (näher → Art. 31 Rn. 8 ff.); vielmehr setzt sich das Erbstatut durch. Auch die Anwendungsbereichs-vorschriften entziehen die vermögensrechtlichen Aspekte des Erbgangs nicht dem Erbstatut. Der Zuordnungsvorgang betrifft bereits vom Wortlaut her nicht die „Art der dinglichen Rechte" nach Art. 1 lit. k, sondern allenfalls das Zuordnungsergebnis → Art. 1 Rn. 47 ff. Ob und auf welche Weise der Zuordnungsvorgang bei registrierten Vermögensgegenständen registerrechtlich erfasst wird, entscheidet dagegen nach Art. 1 Abs. 2 lit. l nicht das Erbstatut, sondern das jeweilige allgemeine Vermögensrechtsstatut, also bei Sachenrechten grundsätzlich die lex rei sitae → Art. 1 Rn. 49, 53.

24 Der Erbgang betrifft nicht nur den Übergang der Nachlassgegenstände, sondern auch andere Rechtsfragen, die sich in der **Schwebezeit zwischen Erbfall und Vollendung** des Erbgangs stellen. Zunächst nennt lit. e ausdrücklich die **Annahme** oder **Ausschlagung** der Erbschaft (etwa nach §§ 1942 ff. BGB), des Vermächtnisses (etwa § 2180 BGB) oder einer sonstigen Erbberechtigung iS des lit. b. Allerdings enthält Art. 28 eine Sonderanknüpfung für die Form der Annahme- oder Ausschlagungserklärung, die damit insoweit nicht dem nach Art. 21 und Art. 22 bestimmten allgemeinen Erbstatut unterliegt, zur Abgrenzung von Form- und Erbstatut insoweit → Art. 28 Rn. 5. Auch die Anfechtung der Annahme- oder Ausschlagungserklärung unterfällt dem allgemeinen Erbstatut, wie auch Regelungen zur Wirksamkeit von Handlungen, die der Ausschlagende während der Schwebezeit tätigt, oder zu Ansprüchen zwischen dem nach der Ausschlagung Berechtigten und dem Ausschlagenden. Soweit nach dem Erbstatut (und nicht dem Formstatut des Art. 28 → Art. 28 Rn. 5) das bloße Schweigen des Berechtigten für Zwecke der Annahme oder Ausschlagung Erklärungswirkung entfaltet, können Art. 10 Abs. 2 Rom I-VO, Art. 6 Abs. 2 Rom III-VO, Art. 24 Abs. 2 EuGüVO und Art. 24 Abs. 2 EuPartVO analog angewandt werden;[36] diese Vorschriften enthalten einen allgemeinen Rechtsgedanken, der auch bei erbrechtsrelevanten Erklärungen passt (zur Rechtswahlerklärung aber → Art. 22 Rn. 20).

25 Die **Vererbbarkeit** eines Vermögensgegenstands unterliegt dagegen dem jeweiligen Vermögens-rechtsstatut;[37] für Gesellschaftsanteile und Immaterialgüterrechte → Art. 1 Rn. 37, 54; vgl. für schuldrechtliche Forderungen Art. 14 Abs. 2 Rom I-VO (dessen Rechtsgedanke nicht nur für die Abtretung, sondern auch für die Vererbung passt) sowie ausdrücklich Art. 15 lit. e Rom II-VO. Dagegen ist die **Fiktion bestimmter Tatsachen,** die beim Erblasser bestanden und nun für die erbrechtlich Berechtigten fingiert werden (etwa besonderer Besitzschutz nach § 857 BGB), erbrecht-lich zu qualifizieren.[38]

26 **6. Rechtsstellung der Erben, Testamentsvollstrecker und anderer Nachlassverwalter (lit. f).** Dass die Rechtsstellung der **Erben** und **sonstigen erbrechtlich Berechtigten** dem allge-meinen Erbstatut zuzuordnen ist, ergibt sich bereits aus lit. b. Zur Rechtstellung der erbrechtlich Berechtigten gehören auch **Mechanismen, die den Nachlass als Einheit zusammenhalten,** etwa Vorschriften zur dinglichen Surrogation,[39] die freilich sachenrechtliche Vorfragen aufwerfen können, zB die dingliche Wirksamkeit der Verfügung über den Nachlassgegenstand; s. auch zum Besitzschutz → Rn. 25.

27 Auch die **Wirkungen eines Verzichts** auf die erbrechtliche Berechtigung (auch auf den Pflicht-teil) unterstehen dem Erbstatut, während die Zulässigkeit, Wirksamkeit und Bindungswirkung eines Verzichts als Erbvertrag im unionsrechtlichen Sinne (→ Art. 3 Rn. 10) vom Errichtungsstatut nach Art. 25 und vom Formstatut nach Art. 27 beherrscht werden;[40] s. zu einer vergleichbaren Konstella-tion → Rn. 13 aE. Ein an sich nach dem Errichtungsstatut zulässiger und wirksamer Erb- oder Pflichtteilsverzicht kann damit nach dem allgemeinen Erbstatut ins Leere gehen,[41] wenn er nicht in

---

[36] Zum bisherigen Recht vgl. etwa Staudinger/*Dörner* (2007) EGBGB Art. 25 Rn. 115; s. auch Soergel/*Schurig* EGBGB Art. 25 Rn. 33; *Kegel/Schurig* IPR § 21 II; Staudinger/*Firsching,* 12. Aufl. 1981, EGBGB Vor Art. 24 Rn. 299 will das Ortsrecht „mitberücksichtigen". Anders offenbar Dutta/Weber/*Schmidt* Art. 28 Rn. 19: allgemeines Erbstatut.

[37] Dutta/Weber/*Schmidt* Art. 1 Rn. 145 f.

[38] Dutta/Weber/*Schmidt* Rn. 39.

[39] Dutta/Weber/*Schmidt* Rn. 95; allerdings wird die von *Schmidt* angedachte Anpassung nach Art. 31 regelmä-ßig ausscheiden, soweit die dingliche Surrogation – ähnlich wie bei erbrechtlichen Einflüssen auf den Zuordnungs-vorgang (→ Art. 31 Rn. 8 ff.) – lediglich die Inhaberschaft des betreffenden Gegenstands berührt.

[40] So auch *Burandt/Dargel* FamRB 2015, 116 (118); *Döbereiner* MittBayNot 2013, 437 (443); *Nordmeier* ZEV 2013, 117 (121).

[41] *Odersky* notar 2014, 139 (140); dagegen aber *Everts* NotBZ 2015, 3 (4 f.); *Eule* in Lipp/Münch, Die neue Europäische Erbrechtsverordnung, 2016, 99, 109 ff.; *Fetsch,* FS W.-H. Roth, 2015, 107 (121 f.); *Rauscher/Hertel* Art. 25 Rn. 13; *Weber* notar 2015, 296 (305) sowie ausf. *Weber* ZEV 2015, 503 (506 f.); s. auch *Lechner,* Verordnung (EU) Nr. 650/2012 über Erbsachen und die Einführung eines Europäischen Nachlasszeugnisses, 2015, 21.

einen zulässigen Verzicht nach dem allgemeinen Erbstatut umgedeutet werden kann. Die Wirkungen einer Verfügung von Todes wegen werden nämlich nicht vom Errichtungsstatut erfasst → Art. 24 Rn. 3. Insbesondere betrifft ein Verbot eines Erb- oder Pflichtteilsverzichts nach dem allgemeinen Erbstatut nicht nur die Zulässigkeit einer Verfügung von Todes wegen iS der Art. 24, 25,[42] da sie sich weniger auf die (von ihrem Inhalt abstrahierte) Art der Verfügung von Todes wegen bezieht, sondern vor allem ihre Wirkungen – den Ausschluss des Erb- oder Pflichtteilsrechts –, die allein dem allgemeinen Erbstatut unterliegen (vgl. → Rn. 14 aE). Hiergegen lässt sich auch nicht argumentieren, dass mit dem Abschluss des Verzichtsvertrags die erbrechtliche Position, auf die verzichtet wird, aus der Welt geschaffen wird bzw. dem Erbstatut gar nicht mehr unterliegen kann.[43] Die Position – etwa das Pflichtteilsrecht – ist ja noch nicht einmal entstanden und würde ohnehin vom allgemeinen Erbstatut beherrscht, das – von einer bindenden Rechtswahl nach Art. 22 einmal abgesehen → Art. 22 Rn. 31 – erst im Todeszeitpunkt des Erblassers feststeht. Dass dieses Ergebnis rechtspolitisch nicht befriedigen kann, liegt auf der Hand,[44] es ist aber angesichts der Trennung von Erbstatut und Errichtungsstatut unvermeidlich. Ansonsten könnten über das Errichtungsstatut wesentliche Weichenstellungen im Erbstatut umgangen werden – es bestünde ein Rangverhältnis zwischen Errichtungsstatut und Erbstatut: Für das Erbstatut blieben nur die Brosamen, die das Errichtungsstatut (und damit der Inhalt der betreffenden Verfügung von Todes wegen) übriglassen. Es ließe sich dann auch nicht mehr erklären, warum das Pflichtteilsrecht allgemein Teil des Erbstatuts ist (→ Rn. 34 ff.), wenn doch die Wirkungen der Verfügung von Todes wegen dem Errichtungsstatut unterliegen sollen.

Die Verordnung stellt in lit. f klar, dass auch besondere **erbrechtliche Ansprüche des Erben** **28** **gegen Dritte,** beispielsweise ein Erbschaftsanspruch wie nach §§ 2018 ff. BGB, der dem Berechtigten nicht nur einen Anspruch auf die einzelnen Nachlassgegenstände, sondern auf den Nachlass als Ganzes verschafft, Teil des allgemeinen Erbstatuts sind.

Auch die Befugnisse (und Pflichten) der **Testamentsvollstrecker und anderer Nachlassver-** **29** **walter,** etwa auch Nachlasspfleger, denen die Verwaltung des Nachlasses (ggf. auch zwingend → Rn. 20) übertragen wurde, fallen unter das allgemeine Erbstatut, und zwar ohne Rücksicht darauf, in welchem Territorium der Testamentsvollstrecker oder Nachlassverwalter tätig wird.[45] Die Befugnisse des Nachlassinsolvenzverwalters bewegen sich dagegen nicht im sachlichen Anwendungsbereich der Verordnung (→ Art. 76 Rn. 4). Nicht nur die Befugnisse des Testamentsvollstreckers oder Nachlassverwalters gegenüber den erbrechtlich Berechtigten, sondern auch gegenüber Dritten bei Verfügungen über Nachlassgegenstände, beim Eingehen von Verbindlichkeiten oder beim Begleichen von Nachlassverbindlichkeiten (zur Haftung für Nachlassverbindlichkeiten allgemein lit. g) sind Teil des allgemeinen Erbstatuts. Gleiches gilt für prozessuale Rechte, etwa eine Prozessführungsbefugnis, die aus der Stellung als Testamentsvollstrecker oder Nachlassverwalter folgt.[46] Hier stellen sich freilich Abgrenzungsfragen zum Verfahrensrecht der lex fori: Ob der Testamentsvollstrecker allein oder gemeinsam mit den Erben klagen und verklagt werden kann, betrifft ebenso wie seine Parteieigenschaft und seine Prozessführungsbefugnis sowohl prozess- als auch materiellrechtliche Fragen. Über den materiellrechtlichen Aspekt entscheidet zunächst das Erbstatut.[47] Die Befugnis zur Geltendmachung von Rechten ist als zur Verwaltung gehörend dem materiellen Recht zuzuordnen und damit dem Erbstatut zu entnehmen. Über die prozessualen Fragen besitzt allerdings das Verfahrensrecht der lex fori die Letztkontrolle. Kennt dieses zB die Geltendmachung der Rechte durch den Testamentsvollstrecker nicht, entscheidet es darüber, inwieweit bei einem dem fremden Recht unterworfenen Testamentsvollstrecker eine Ausnahme zu machen oder die Einhaltung der allgemeinen Prozessnormen zu verlangen ist. Zur Nachlasspflegschaft sowie Nacherbenpflegschaft → Art. 19 Rn. 3. Der Begriff der Testamentsvollstreckung und der Nachlassverwaltung ist freilich autonom auszulegen und erfasst auch **Ersatzinstitute,** soweit diese in der betreffenden Rechtsordnung Aufgaben der Testamentsvollstreckung übernehmen, etwa eine **postmortale Vollmacht**[48] oder **Verwaltungsauf-** **lage** (→ Art. 63 Rn. 10).

Zur Stellung eines erbrechtlich Berechtigten gehört auch die Frage, ob die vom Erbrecht verlie- **30** hene Position **auf Dritte übertragen** werden kann und welche erbrechtlichen Konsequenzen eine

---

[42] *Odersky* notar 2014, 139 (140).
[43] *Everts* NotBZ 2015, 3 (4).
[44] So vor allem *Weber* notar 2015, 296 (305).
[45] Vgl. auch *Reimann* ZEV 2015, 510 (512), der allerdings vornehmlich auf praktische Probleme hinweist.
[46] Vgl. *S. M. Weber,* Das internationale Zivilprozessrecht erbrechtlicher Streitigkeiten, 2012, 207, 209 f.
[47] Vgl. BGH WM 1969, 72 (73). Zum executor nach dem Recht des US-Bundesstaates Washington ferner LG Heidelberg IPRax 1992, 170.
[48] Zust. Dutta/Weber/*Schmidt* Art. 23 Rn. 94; anders *Reimann* ZEV 2015, 510 (514 f.), der insoweit auf das mitgliedstaatliche IPR abstellt.

solche Übertragung der Erbberechtigung besitzt. Dies betrifft vor allem die erbrechtlichen Implikationen eines **Erbschaftskaufs oder ähnlichen Geschäfts** (etwa nach §§ 2371 ff., 2385 BGB).[49] Dagegen unterliegen die schuldrechtlichen Verpflichtungen zwischen dem erbrechtlich Berechtigten und dem Erwerber – genauso wie auch bei **Erbschaftsverträgen**[50] oder **Auslegungsverträgen** – dem Schuldvertragsstatut nach der Rom I-VO,[51] da sich ein solcher Vertrag funktional nicht von einem sonstigen Schuldvertrag unterscheidet und deshalb nicht erbrechtlich qualifiziert werden kann, zumal es sich beim Erbschaftskauf, Erbschaftsvertrag oder Auslegungsvertrag nicht um einen Erbvertrag im unionsrechtlichen Sinn nach Art. 3 Abs. 1 lit. b handelt (→ Art. 3 Rn. 12). Das jeweilige Vermögensrechtsstatut (Einzelstatut) beherrscht dagegen die dingliche Übertragung einzelner Nachlassgegenstände an Dritte (zu Vollzugsakten → Rn. 22).

31   **7. Haftung für Nachlassverbindlichkeiten (lit. g).** Auch die **Haftung** für Nachlassverbindlichkeiten sowie ihre **Beschränkung** (etwa nach §§ 1967 ff. und §§ 2058 ff. BGB) ist Teil des allgemeinen Erbstatuts, wie sich auch bereits aus lit. e ergibt („der Übergang der zum Nachlass gehörenden […] Pflichten auf die Erben und ggf. die Vermächtnisnehmer"). Die Haftung für Nachlassverbindlichkeiten umfasst die Frage, welche Person den Gläubigern anstelle des Erblassers haftet. Auch das Innenverhältnis zwischen den Haftenden oder erbrechtlich Berechtigten infolge einer Erfüllung von Nachlassverbindlichkeiten ist nach lit. g Teil des Erbstatuts, soweit dieses nicht auf das allgemeine Forderungsstatut verweist. Dagegen ergibt sich bereits aus lit. f, dass die Befugnisse eines Testamentsvollstreckers oder Nachlassverwalters zur Erfüllung von Nachlassverbindlichkeiten vom Erbstatut beherrscht werden. Zur Beschränkung der Haftung für Nachlassverbindlichkeiten gehört nicht nur eine Begrenzung der Haftung auf den Nachlass und damit die Haftungssonderung vom Vermögen der erbrechtlich Berechtigten, sondern nach Erwägungsgrund Nr. 42 S. 3 auch eine etwaige Rangfolge der Nachlassgläubiger. Allerdings ist bei lit. g zu beachten, dass nach Art. 76 Haftungsbeschränkungen dann nicht mehr dem Erbstatut unterliegen, wenn sie Folge eines in einem Mitgliedstaat eingeleiteten Insolvenzverfahrens sind. Wie die Vererbbarkeit der Aktiva (→ Rn. 25), regelt dagegen das jeweilige Forderungsstatut den Bestand, den Umfang und die Durchsetzbarkeit der Verbindlichkeiten, die sich als Passiva im Nachlass befinden. Das allgemeine Erbstatut beherrscht auch die Voraussetzungen und Wirkungen haftungsbeschränkender Erklärungen der Berechtigten; zu den Wirkungen eines Schweigens gilt das zur Annahme oder Ausschlagung in → Rn. 24 aE Gesagte entsprechend. Zur Formgültigkeit haftungsbeschränkender Erklärungen der Berechtigten s. Art. 28 sowie zur Abgrenzung von Erbstatut und Formstatut insoweit → Art. 28 Rn. 5; zur Stellung der Nachlassgläubiger bei erbenlosen Nachlässen s. Art. 33 (→ Art. 33 Rn. 8).

32   Allerdings soll nach Erwägungsgrund Nr. 45 die Verordnung – und damit auch die Bestimmungen über den Umfang des Erbstatuts – nicht verhindern, dass der jeweilige Nachlassgläubiger nach dem jeweiligen mitgliedstaatlichen Recht **seine Rechte sichert;** der europäische Gesetzgeber scheint hier auf den allgemeinen einstweiligen Rechtsschutz zur Sicherung der Forderung gegen den Nachlass anzuspielen (ggf. auch nach Art. 35 Brüssel Ia-VO), der aber ohnehin nicht durch die Verordnung – speziell nicht durch ihr Kollisionsrecht – berührt wird, die nur die Haftung für Nachlassverbindlichkeiten erfasst, nicht aber die Durchsetzung der Nachlassverbindlichkeit allgemein, zumal wenn sich Fragen des Erbrechts nur als Vorfrage stellen (näher → Art. 1 Rn. 4). Ebenfalls an die Grenzen des Erbstatuts stößt Erwägungsgrund Nr. 46, nach dem eine **Unterrichtung potentieller Nachlassgläubiger** in anderen Mitgliedstaaten durch die Verordnung ermöglicht werden soll. Die Verordnung enthält zu dieser Frage jedoch keine Regelung.[52] Allenfalls kann eine solche Unterrichtung im Rahmen eines Aufgebotsverfahrens nach mitgliedstaatlichem Recht (etwa nach §§ 454 ff. BGB) erfolgen, dessen materiellrechtliche Voraussetzungen (etwa nach §§ 1970 ff., § 2061 BGB) gemäß lit. g aufgrund dessen haftungsbeschränkender Wirkung Teil des allgemeinen Erbstatuts sind; zur Anwendbarkeit der Art. 4 ff. auf Aufgebotsverfahren → Vor Art. 4 Rn. 25.

33   Von der Qualifikation der Haftung für Nachlassverbindlichkeiten zu unterscheiden ist die Frage der **gerichtlichen Durchsetzung einer Haftungsbeschränkung,** etwa durch einen Vorbehalt der beschränkten Erbenhaftung nach § 780 ZPO. Diese unterliegt nach dem lex-fori-Grundsatz

---

[49] Dutta/Weber/*Schmidt* Rn. 133; vgl. auch *Soutier*, Die Geltung deutscher Rechtsgrundsätze im Anwendungsbereich der Europäischen Erbrechtsverordnung, 2015, 187.
[50] *Dutta* in Limmer, Erbrecht und Vermögenssicherung, 2016, 181, 200; *Soutier*, Die Geltung deutscher Rechtsgrundsätze im Anwendungsbereich der Europäischen Erbrechtsverordnung, 2015, 186.
[51] Dutta/Weber/*Schmidt* Rn. 133; anders *Soutier*, Die Geltung deutscher Rechtsgrundsätze im Anwendungsbereich der Europäischen Erbrechtsverordnung, 2015, 187, der den Erbschaftskauf auch im Hinblick auf seine schuldrechtlichen Elemente einheitlich dem Erbstatut unterwerfen möchte.
[52] *Schaub* Hereditare 3 (2013), 91 (124).

dem Verfahrensrecht des zuständigen Gerichts.[53] Diese potentielle Aufspaltung von Erbstatut und Verfahrensrecht kann zu Anpassungsfragen führen, da das jeweilige Verfahrensrecht bei der Erbenhaftung vor allem auf die inländischen Beschränkungstatbestände zugeschnitten sein wird, nicht aber auf womöglich unbekannte Tatbestände des ausländischen Erbstatuts.

8. Pflichtteil und „andere Beschränkungen der Testierfreiheit" (lit. h). Dem Erbstatut ist **34** auch die **zwingende Nachlassbeteiligung** von Personen, die dem Erblasser nahe stehen, zuzurechnen. Die Verordnung nennt in lit. h ausdrücklich den Pflichtteil sowie Noterbrechte („der verfügbare Teil des Nachlasses"). Diese Beschränkungen der Testierfreiheit sind selbst dann Teil des allgemeinen Erbstatuts, wenn sie – anders als nach deutschem Recht – die Wirksamkeit der pflichtteilswidrigen Verfügung von Todes wegen betreffen, vor allem bei den Noterbrechten deren Umfang etwa durch eine Herabsetzungsklage einschränken und damit (ohne die Klarstellung in lit. h) auch dem Errichtungsstatut der Verfügung von Todes wegen nach Art. 24 f. zugerechnet werden könnten (s. auch explizit Erwägungsgrund Nr. 50).[54] Auch die Ausgestaltung der zwingenden Nachlassbeteiligung – als wertbezogener Anspruch oder gegenstandsbezogene Beteiligung – ist Sache des allgemeinen Erbstatuts, ebenso wie die Verteilung der Pflichtteilslast auf die erbrechtlich Berechtigten iS des lit. b. Unter das allgemeine Erbstatut fällt als „Ansprüche von Personen, die dem Erblasser nahe stehen, gegen den Nachlass oder gegen den Erben" ferner die family provision, die in einigen vom common law geprägten Rechtsordnungen vorgesehen ist und dem Richter eine Ermessensentscheidung im Hinblick auf Art und Umfang der Nachlassbeteiligung ermöglicht, selbst wenn es sich aufgrund der aktionenrechtlichen Ausprägung der family provision streng genommen nicht um Ansprüche „gegen den Nachlass oder gegen den Erben" handelt, sondern um einen Anspruch auf eine richterliche Ermessensentscheidung.[55] Bei der erbrechtlichen Qualifikation der family provision bleibt es nach Art. 1 Abs. 2 lit. e selbst dann, wenn der Richter Unterhaltsansprüche gegen den Nachlass einräumt, wie auch allgemein postmortale Unterhaltsansprüche, die nach dem Tod des Erblassers neu entstehen, vom Erbstatut beherrscht werden (näher → Art. 1 Rn. 30). Die Pflichtteilsberechtigung knüpft regelmäßig an die Statusverhältnisse des Erblassers an, deren Bestehen auch hier (→ Rn. 10 ff.) nicht vom Erbstatut beantwortet wird, sondern als Vorfrage unselbständig anzuknüpfen ist (näher → Vor Art. 20 Rn. 50 ff.). Für Substitutions- und Anpassungsprobleme beim Pflichtteil wegen Abweichungen zu einem aus Sicht des Erbstatuts nach ausländischem Recht begründeten Statusverhältnis gilt das in → Rn. 11 zur Intestaterbberechtigung allgemein Gesagte entsprechend. Zur **Pflichtteilsentziehung** → Rn. 19. Zum Pflichtteilsverzicht → Rn. 27 hinsichtlich des Verzichts auf die Erbberechtigung.

Der Pflichtteil nach lit. h umfasst auch Mechanismen zum Schutz der zwingenden Nachlassbeteili- **35** gung vor lebzeitigen Zuwendungen durch eine **Pflichtteilsergänzung** (etwa nach §§ 2325 ff. BGB), s. auch lit. i. Zwar klammert Art. 1 Abs. 2 lit. g lebzeitige Zuwendungen des Erblassers vom Anwendungsbereich der Verordnung und damit auch vom allgemeinen Erbstatut aus. Dennoch unterliegen diese erbrechtlichen Reaktionen auf lebzeitige Zuwendungen dem allgemeinen Erbstatut, und nicht dem Statut der lebzeitigen Zuwendung, etwa dem Schenkungsstatut (näher → Art. 1 Rn. 32 f.). Leider hat sich der Unionsgesetzgeber nicht zu einer Sonderanknüpfung der Pflichtteilsergänzung aufgerafft (→ Vor Art. 20 Rn. 44). – Zur Rückwirkung der Verordnung bei lebzeitigen Zuwendungen des Erblassers → Art. 83 Rn. 4.

Klärungsbedürftig ist, welche Rechtsfragen der Unionsgesetzgeber mit den **„anderen Beschrän- 36 kungen der Testierfreiheit"** in lit. e ansprechen möchte. Auch hier ist vor allem die Abgrenzung zum Errichtungsstatut der Verfügung von Todes wegen nach Art. 24 ff. problematisch. Jedes materielle Wirksamkeitshindernis bei der Verfügung von Todes wegen beschränkt zugleich die Testierfreiheit, die sich in der Verfügung von Todes wegen materialisiert. So kann man speziell die in Art. 26 Abs. 1 lit. b und c exemplarisch genannten Wirksamkeitshindernisse durchaus auch als Beschränkungen der Testierfreiheit iS der lit. e ansehen, wobei freilich Art. 26 Abs. 1 als lex specialis gegenüber Art. 23 Abs. 2 vorrangig anzuwenden ist.[56] Virulent wird die Abgrenzung damit bei Wirksamkeitshindernissen, die nicht explizit in Art. 26 Abs. 1 lit. b genannt werden, also etwa vor dem Hintergrund des deutschen Rechts bei der Sittenwidrigkeit (§ 138 Abs. 1 BGB), beim Gesetzesverstoß (§ 134 BGB), bei der materiellen Höchstpersönlichkeit (§ 2065 BGB, vgl. Art. 26 Abs. 1 lit. c) sowie bei den zeitlichen Höchstgrenzen für eine postmortale Vermögensbindung etwa durch Teilungsverbote, Vor- und Nacherbschaft, Dauertestamentsvollstreckung, etc (§§ 2044 Abs. 2, 2109, 2210 BGB). Richtigerweise wird

---

[53] BGH ZEV 2015, 160 Rn. 28 f.; kritisch *Christandl* FamRZ 2015, 657; Dutta/Weber/*Schmidt* Rn. 103.

[54] S. auch Ratsdokument Nr. 16500/11 S. 6; vgl. auch Art. 18 Abs. 4 des Kommissionsvorschlags.

[55] S. auch die Formulierung in Art. 19 Abs. 2 lit. i des Kommissionsvorschlags, in dem noch von „Zuteilungen aus dem Nachlass durch ein Gericht oder eine andere Behörde zugunsten von Personen, die dem Erblasser nahe stehen", die Rede war; s. auch *Andrae,* FS v. Hoffmann, 2011, 3 (21); Bonomi/Wautelet/*Bonomi* Rn. 90.

[56] So auch *Kunz* GPR 2012, 253 (254) in Fn. 67.

man diese Wirksamkeitshindernisse allesamt dem Errichtungsstatut der Verfügung von Todes wegen zuordnen müssen (→ Art. 26 Rn. 14) und nicht der allgemeinen Kollisionsnorm. Denn bei den genannten Punkten kommt die allgemeine Erwägung der Sonderanknüpfung nach Art. 24 ff. zum Tragen, die Wirksamkeit der Verfügung von Todes wegen durch einen Statutenwechsel nach deren Errichtung nicht zu gefährden und damit Rechts- und Planungssicherheit für den Erblasser (oder die Parteien des Erbvertrags) zu schaffen (→ Vor Art. 20 Rn. 33). Andernfalls würde der Anwendungsbereich des Errichtungsstatuts hinsichtlich der materiellen Wirksamkeit der Verfügung von Todes wegen allein auf die in Art. 26 Abs. 1 genannten Wirksamkeitshindernisse reduziert. Eine Ausnahme ist allenfalls beim Pflichtteil (→ Rn. 34) als kollisionsrechtlicher Pflichtteilsschutz gerechtfertigt (→ Vor Art. 20 Rn. 43). Die Wendung von den „anderen Beschränkungen der Testierfreiheit" ist damit als Hinweis auf **dem Pflichtteil vergleichbare** Beschränkungen der Testierfreiheit und zwingende Nachlassbeteiligung einzelner dem Erblasser nahestehender Personen zu verstehen[57] und bekräftigt damit etwa die erbrechtliche Qualifikation der family provision (→ Rn. 34). Nicht unter die „anderen Beschränkungen der Testierfreiheit" fällt auch die Bindungswirkung einer Verfügung von Todes wegen, die ebenfalls dem Errichtungsstatut unterliegt[58] (→ Art. 24 Rn. 5).

37   **9. Ausgleichung und Anrechnung lebzeitiger Zuwendungen (lit. i).** Der Grundsatz, dass trotz Art. 1 Abs. 2 lit. g dem Erbstatut die erbrechtlichen Reaktionen auf lebzeitige Zuwendungen des Erblassers unterliegen (→ Art. 1 Rn. 32 f.), wird in lit. i für die Ausgleichung und Anrechnung der Zuwendungen auf die Anteile der Berechtigten vom Unionsgesetzgeber bestätigt, und zwar sowohl bei der Erbteilung (etwa nach §§ 2050 ff. BGB) als auch beim Pflichtteil (etwa nach §§ 2315, 2316 BGB). Die Zuordnung der Pflichtteilsergänzung zum allgemeinen Erbstatut kann auch bereits auf lit. h gestützt werden → Rn. 35. Der Begriff der „Ausgleichung" erfasst auch die Rückforderung der lebzeitigen Zuwendung, ggf. auch von Dritten; der englische Wortlaut („any obligation to restore [...] gifts") ist insoweit klarer. Zur fehlenden Sonderanknüpfung der Pflichtteilsergänzung → Vor Art. 20 Rn. 44. Die Rückforderung von Zuwendungen, die eine lebzeitige Bindung des Erblassers durch eine Verfügung von Todes wegen beeinträchtigen, unterliegt dagegen dem jeweiligen Errichtungsstatut (→ Art. 24 Rn. 5).

38   **10. Nachlassteilung (lit. j).** Ebenfalls dem allgemeinen Erbstatut zugeordnet wird die Teilung des Nachlasses (etwa nach §§ 2042 ff. BGB). Auch ein Vertrag der Erben über die Teilung unterliegt dem nach Art. 21 und Art. 22 bestimmten Recht (aber → Vor Art. 20 Rn. 45), wie die Generalanwältin in *Matoušková* (zu dieser Rechtssache bereits → Art. 1 Rn. 17) für eine Erbauseinandersetzungsvereinbarung (die keinen Erbvertrag iS der Verordnung darstellt → Art. 3 Rn. 12) klargestellt hat.[59] Das Erbstatut beherrscht auch die Frage, inwieweit ein gerichtliches Teilungsverfahren möglich oder erforderlich ist; allenfalls die Durchführung des Teilungsverfahrens unterliegt der lex fori.[60] Zu etwaig notwendigen Vollzugsakten einer Teilungsanordnung oder Erbauseinandersetzungsvereinbarung→ Rn. 22; zu Teilungsverboten → Rn. 36; zur Formgültigkeit einer Auseinandersetzungsvereinbarung → Art. 27 Rn. 12.

V. Abgrenzung zum anwendbaren Erbverfahrensrecht

39   Nach **Abs. 1** umfasst das allgemeine Erbstatut die Rechtsnachfolge von Todes wegen. Nicht umfasst wird von der Verweisung das Erbverfahrensrecht. Insoweit wendet das jeweilige Gericht seine lex fori an und die Zuständigkeitsregeln der Art. 4 ff. entscheiden über das anwendbare Recht. Es bedarf damit, soweit es entgegen dem Anliegen der Verordnung nicht zu einem Gleichlauf von forum und ius kommt (→ Vor Art. 4 Rn. 2 f.), der autonomen Abgrenzung (→ Vor Art. 20 Rn. 49) zwischen materiellem Erbrecht und formellem Erbverfahrensrecht. Der Unionsgesetzgeber gibt hier wenig Hilfestellung und hofft offensichtlich gerade bei Nachlassverfahren der freiwilligen Gerichtsbarkeit darauf, dass die Verfahrensparteien nach den Art. 5 ff. für einen Gleichlauf von forum und ius sorgen. Zu beachten ist freilich auch hier, dass das nationale Erbverfahrensrecht seine Grenze im Effektivitätsgrundsatz findet und die praktische Wirksamkeit der Verordnung nicht beeinträchtigen darf (→ Art. 5 Rn. 4).

40   Die Positivliste stellt allenfalls in Abs. 2 lit. e klar, dass das **Erfordernis eines besonderen Nachlassübertragungsverfahrens** (nicht seine Durchführung!) dem allgemeinen Erbstatut unterliegt[61]

---

[57] In diese Richtung auch Erman/*Hohloch* Rn. 9.
[58] Vgl. auch Erman/*Hohloch* Rn. 9.
[59] Schlussanträge der GA *Kokott* BeckRS 2015, 80840 Rn. 35 – Marie Matoušková.
[60] Vgl. Erman/*Hohloch* Rn. 12.
[61] Dagegen nach der jeweiligen Ausgestaltung der gerichtlichen Erbeinweisung diff. *Schäuble*, Die Einweisung der Erben in die Erbschaft nach österreichischem Recht durch deutsche Nachlassgerichte, 2011, 176 ff.

(→ Rn. 20). Gleiches gilt für ein **Nachlassteilungsverfahren** (→ Rn. 38). Befugnisse des Gerichts, **Nachlasssicherungsmaßnahmen** zu treffen, wird man dagegen eher dem Verfahrensrecht als dem Sachrecht zuzuschlagen haben (→ Art. 19 Rn. 3). Gleiches gilt auch für Regelungen über die **mitgliedstaatlichen Erbnachweise**, die – selbst wenn sie systematisch im materiellen Erbrecht verortet sind – auch einen Nachweis einer Erbberechtigung nach ausländischem Recht ermöglichen sollen und damit nicht vom Erbstatut erfasst werden, sondern als Teil der lex fori zur Anwendung gelangen. Es ist daher sehr zu begrüßen, dass der deutsche Gesetzgeber anlässlich seiner Durchführungsgesetzgebung zur Erbrechtsverordnung zahlreiche erbscheinsverfahrensrechtliche Regelungen aus dem BGB (vorher §§ 2354 ff. BGB) in das FamFG (nunmehr §§ 352 ff. FamFG) verlagert hat.

Für andere klassische Abgrenzungsfragen zwischen materiellem Recht und Verfahrensrecht können **41** auch andere Unionsrechtsakte aus dem Bereich des internationalen Privatrechts fruchtbar gemacht werden, etwa für die materiellrechtliche Qualifikation der **Verjährung** (Art. 12 Abs. 1 lit. d Rom I-VO und Art. 15 lit. h Rom II-VO) oder die Abgrenzung von lex fori und lex causae beim **Beweis** (Art. 18 Rom I-VO und Art. 22 Rom I-VO → Art. 3 Rn. 17 aE; s. auch Art. 59, der klarstellt, dass die Beweiswirkungen einer öffentlichen Urkunde nicht vom Erbstatut beherrscht wird).

Zur Abgrenzung von Erbrecht und Erbverfahrensrecht bei vermeintlich selbstlimitierenden Normen → Art. 34 Rn. 10; bei der Durchsetzung der beschränkten Erbenhaftung (etwa § 780 ZPO) **42** → Rn. 33; bei der Feststellung eines erbenlosen Nachlasses → Art. 1 Rn. 12.

Art. 24 EuErbVO Verfügungen von Todes wegen außer Erbverträgen

(1) Die Zulässigkeit und die materielle Wirksamkeit einer Verfügung von Todes wegen mit Ausnahme eines Erbvertrags unterliegen dem Recht, das nach dieser Verordnung auf die Rechtsnachfolge von Todes wegen anzuwenden wäre, wenn die Person, die die Verfügung errichtet hat, zu diesem Zeitpunkt verstorben wäre.

(2) Ungeachtet des Absatzes 1 kann eine Person für die Zulässigkeit und die materielle Wirksamkeit ihrer Verfügung von Todes wegen das Recht wählen, das sie nach Artikel 22 unter den darin genannten Bedingungen hätte wählen können.

(3) ¹Absatz 1 gilt für die Änderung oder den Widerruf einer Verfügung von Todes wegen mit Ausnahme eines Erbvertrags entsprechend. ²Bei Rechtswahl nach Absatz 2 unterliegt die Änderung oder der Widerruf dem gewählten Recht.

Schrifttum: *Álvarez González/Rodríguez-Uría Suárez*, La ley aplicable a los pactos sucesorios en la Propuesta de Reglamento sobre sucesiones, Diario La Ley, Nr. 7726, 2011, S. 1; *Barel*, La disciplina dei patti successori, in Franzina/Leandro, Il diritto internazionale privato Europeo delle successioni mortis causa, 2013, 105; *Bonimaier*, Erb- und Pflichtteilsverzichte bei Anwendung der EuErbVO, ÖNZ 2016, 321; *Bonomi/Öztürk*, Das Statut der Verfügung von Todes wegen, in Dutta/Herrler, Die Europäische Erbrechtsverordnung, 2014, S. 47; *Eule*, Erbverträge, Erb- und Pflichtteilsverzichtsverträge, in Lipp/Münch, Die neue Europäische Erbrechtsverordnung, 2016, 99; *Hilbig-Lugani*, Das gemeinschaftliche Testament im deutsch-französischen Rechtsverkehr – ein Stiefkind der Erbrechtsverordnung, IPRax 2014, 480; *Lechner*, Erbverträge und gemeinschaftliche Testamente in der neuen EU-Erbrechtsverordnung, NJW 2013, 26; *Leipold*, Das Europäische Erbrecht (EuErbVO) und das deutsche gemeinschaftliche Testament, ZEV 2014, 139; *Nordmeier*, Zulässigkeit und Bindungswirkung gemeinschaftlicher Testamente im Internationalen Privatrecht, 2008, S. 306 ff.; *Nordmeier*, EuErbVO: Neues Kollisionsrecht für gemeinschaftliche Testamente, ZEV 2012, 513; *Nordmeier*, Erbverträge und nachlassbezogene Rechtsgeschäfte in der EuErbVO – eine Begriffserklärung, ZEV 2013, 117; *Nordmeier*, Erbverträge in der neuen EU-Erbrechtsverordnung: zur Ermittlung des hypothetischen Erbstatuts nach Art. 25 ErbRVO, ZErb 2013, 112; *Odersky*, Der wirksam-wirkungslose Erb- und Pflichtteilsverzicht nach der EU-ErbVO, notar 2014, 139; *Reich*, Verfügungen von Todes wegen mit Bindungswirkung in gemischt-nationalen Ehen unter Berücksichtigung der Besonderheiten der EuErbVO, ZEV 2014, 144; *Süß*, Nachlassbezogene Verfügungen, in Süß, Erbrecht in Europa, 3. Aufl. 2015, 123. – Siehe ferner die Schrifttumshinweise allgemein zur Verordnung und ihren Vorarbeiten → Vor Art. 1 Rn. 1 ff.

Übersicht

I. Normzweck

1   Die Vorschrift enthält eine von der allgemeinen Kollisionsnorm in den Art. 21–23 abweichende Regelung für die Zulässigkeit und die materielle Wirksamkeit der Verfügungen von Todes wegen mit Ausnahme der Erbverträge, deren Zulässigkeit, materielle Wirksamkeit und Bindungswirkungen in Art. 25 gesondert angeknüpft werden (zur Systematik → Vor Art. 20 Rn. 4 ff.). Mit der Schaffung eines besonderen Errichtungsstatuts will die Vorschrift eine Stabilität des auf die Verfügung von Todes wegen anwendbaren Rechts verwirklichen und dieses – anders als das allgemeine Erbstatut – ab Errichtung der Verfügung von Todes wegen unwandelbar festlegen (→ Vor Art. 20 Rn. 33).

II. Anknüpfungsgegenstand und Umfang des Errichtungsstatuts (Abs. 1 und 2)

2   **1. Beschränkung auf Verfügungen von Todes wegen mit Ausnahme von Erbverträgen.** Die Sonderanknüpfung nach Art. 24 ist zunächst auf Verfügungen von Todes wegen mit Ausnahme der Erbverträge beschränkt. Diese Beschränkung grenzt Art. 24 und Art. 25 voneinander ab. Nach Art. 3 Abs. 1 lit. d (Definition der Verfügung von Todes wegen) erfasst Art. 24 jedenfalls **Testamente,** aber auch **gemeinschaftliche Testamente** im unionsrechtlich formalen Sinne nach Art. 3 Abs. 1 lit. c, jedenfalls **soweit** das betreffende gemeinschaftliche Testament nicht im unionsrechtlich materiellen Sinne nach Art. 3 Abs. 1 lit. b ein Erbvertrag ist[1] (zur Abgrenzung näher → Art. 3 Rn. 3 ff.). Nach deutschem Verständnis ist Art. 24 damit etwa auf Verfügungen in einem gemeinschaftlichen Ehegattentestament anwendbar, das nach § 2267 BGB in einer Urkunde errichtet wurde, wenn die Verfügungen nicht wechselbezüglich nach § 2270 BGB sind (→ Art. 3 Rn. 11).

3   **2. Zulässigkeit der Verfügung von Todes wegen.** Zunächst umfasst Art. 24 (wie auch Art. 25) die Zulässigkeit der Verfügung von Todes wegen – ein Anknüpfungsgegenstand, den der Gesetzgeber nicht weiter definiert und der insbesondere von formellen Wirksamkeitshindernissen abzugrenzen ist, die unter Art. 27 sowie nach Art. 75 Abs. 1 UAbs. 2 ggf. unter das Haager Testamentsformübereinkommen (Art. 1 ff. HTestformÜ; Text und Erläuterung → HTestformÜ Art. 1 Rn. 1 ff.) fallen. Nach bisherigem Recht war etwa umstritten, wie **Verbote bestimmter Arten von Verfügungen von Todes wegen** zu qualifizieren sind, zB ob das Verbot bzw. die Statthaftigkeit eines gemeinschaftlichen Testaments (oder eines Erbvertrags, der Art. 25 unterliegt) den Kollisionsnormen für die formelle oder die materielle Wirksamkeit der Verfügung von Todes wegen zuzuordnen ist (s. 6. Aufl., → EGBGB Art. 26 Rn. 99, 129). Die Verordnung schafft hier Klarheit: Nach der Verordnung betrifft die Zulässigkeit einer bestimmten Verfügung von Todes wegen nicht das Formstatut, sondern unterliegt stets einheitlich dem Errichtungsstatut, und zwar auch dann, wenn bei dem Verbot bestimmter Verfügungen von Todes wegen vor allem formelle Erwägungen im Vordergrund stehen;[2]

---

[1]   Vgl. auch Bonomi/Wautelet/*Bonomi* Rn. 5.

[2]   Dutta/Weber/*Bauer* Rn. 4; *Bonomi/Öztürk* in Dutta/Herrler EuErbVO 47, 66; *Dutta* FamRZ 2013, 4 (10 f.); *Herzog* ErbR 2013, 2 (8); *Lehmann* ZErb 2013, 25 (29); *Pintens* in LSHGGRD Erbfälle unter Geltung der EuErbVO 1, 22 f.; BeckOGK/*Schmidt* Rn. 8; tendenziell auch *Keim* in A. Roth, Die Wahl ausländischen Rechts im Familien- und Erbrecht, 2013, 67, 81; vgl. auch bereits *Pajor* in: Deutsches Notarinstitut, Internationales Erbrecht in der EU, 2004, 371, 375; jedenfalls für „testaments mutuels" so auch Bonomi/Wautelet/*Bonomi* Art. 27 Rn. 17 sowie zum Streitstand allgemein Rn. 13 ff. – Anders (Abgrenzung weiterhin erforderlich) *Döbereiner* MittBayNot 2013, 437 (440); *Dörner* RabelsZ 80 (2016), 651 (654); *Frank/Döbereiner*, Nachlassfälle mit Auslandsbezug, 2015, 133 f.; *Geimer* in Hager, Die neue europäische Erbrechtsverordnung, 2013, 9, 32, 33 f.; *Grau* in Zimmermann ErbR Nebengesetze Art. 25, 26 EGBGB Anh.: EuErbVO Rn. 53; *Hausmann* JbItalR 27 (2015), 21, 25; *Heinig* RNotZ 2014, 197 (201 f.); *Hilbig-Lugani* IPRax 2014, 480 (481 f.); *K. W. Lange* ZErb 2012, 160 (164) (zu einem Vorentwurf); *Looschelders* IPRax 2016, 349 (350); *Frieser/Martiny* ErbR Nach Art. 26 EGBGB: EuErbVO Rn. 121; *Nordmeier* ZEV 2012, 513 (515 f.); *Schaal* BWNotZ 2013, 29 (30); *Simon/Buschbaum* NJW 2012, 2393 (2396); *M. Stürner* JbItalR 26 (2013), 59 (75 f.); Palandt/*Thorn* Art. 25 Rn. 4. – De lege ferenda wäre es auch denkbar gewesen, die Zulässigkeit bestimmter Arten von Verfügungen von Todes wegen einheitlich dem Formstatut zu unterstellen, s. etwa den Vorschlag bei *Dutta* RabelsZ 73 (2009), 547 (585 f.), und *Max Planck Institute* RabelsZ 74 (2010), 522 (620, 623 f.); so auch *Hess/Jayme/Pfeiffer*, Stellungnahme zum Vorschlag für eine Europäische Erbrechtsverordnung, 2012, 28; *Pintens* in LSHGGRD Erbfälle unter Geltung der EuErbVO 1, 23.

diese einheitliche Qualifikation gilt speziell auch für die Zulässigkeit eines gemeinschaftlichen Testaments, das Art. 3 Abs. 1 lit. c ja gerade allein unter Rückgriff auf formelle Kriterien („ein von zwei oder mehr Personen in einer einzigen Urkunde errichtetes Testament") definiert[3] (→ Art. 3 Rn. 5 ff.). Diese Auslegung entspricht auch dem historischen Willen des europäischen Gesetzgebers; im Rat bestand Einigkeit, dass die „Zulässigkeit gemeinsamer letztwilliger Verfügungen und von Erbverträgen [...] für Zwecke der künftigen Verordnung eine Frage der materiellen Wirksamkeit sein" sollen.[4] Diese gesetzgeberische Qualifikationsentscheidung gilt auch für die Zulässigkeit von Erbverträgen, die in Art. 25 ebenfalls dem Errichtungsstatut unterstellt wird (→ Art. 25 Rn. 9). Allerdings sichern die Art. 24 und 25 die nach dem Errichtungsstatut zulässigen Verfügungen von Todes wegen nicht ausnahmslos vor späteren Statutenwechseln. Verbote bestimmter Verfügungen von Todes wegen können allenfalls über den ordre-public-Vorbehalt (Art. 35 EuErbVO) durchgesetzt werden, soweit sie Teil der öffentlichen Ordnung des Forumsmitgliedstaats sind → Art. 35 Rn. 4. Auch umfasst die Zulässigkeit einer bestimmten Verfügung von Todes wegen **nicht sämtliche Wirkungen der Verfügung von Todes wegen,** die dem allgemeinen Erbstatut unterliegen,[5] s. etwa → Art. 23 Rn. 14 (Abgrenzung im Hinblick auf die möglichen erbrechtlichen Rechtspositionen, die durch Verfügung von Todes wegen eingeräumt werden können); → Art. 23 Rn. 27 (Abgrenzung im Hinblick auf die Wirkungen eines Verzichts auf die erbrechtliche Berechtigung).

3. Materielle Wirksamkeit. Der Begriff der materiellen Wirksamkeit, der ebenfalls einer **4** Abgrenzung von der formellen Wirksamkeit und damit von Art. 27 sowie nach Art. 75 Abs. 1 UAbs. 2 vom Haager Testamentsformübereinkommen (Art. 1 ff. HTestformÜ; Text und Erläuterung → HTestformÜ Art. 1 Rn. 1 ff.) bedarf, wird zwar ebenfalls nicht definiert. Allerdings enthält Art. 26 Abs. 1 eine Liste mit Fragestellungen, die als die materielle Wirksamkeit betreffend zu qualifizieren sind und auch Rückschlüsse auf das unionsrechtliche Verständnis von der materiellen Wirksamkeit zulassen (näher → Art. 26 Rn. 2 ff.).

4. Bindungswirkung? Nicht ausdrücklich genannt, aber ebenfalls von der Sonderanknüpfung **5** nach Abs. 1 und 2 erfasst ist die Bindungswirkung einer Verfügung von Todes wegen für den Erblasser,[6] die man – wie bei der Rechtswahlerklärung nach Art. 22 Abs. 3 (→ Art. 22 Rn. 19) – unter den Begriff der materiellen Wirksamkeit subsumieren kann, der nicht nur das wirksame Zustandekommen der Verfügung erfasst, sondern auch die Regelungen über ihr Außerkrafttreten durch Akte des Erblassers. Zwar wird es sich bei Verfügungen von Todes wegen, die wie etwa wechselbezügliche Verfügungen nach § 2271 BGB oder Erbverträge nach § 2291 BGB Bindungswirkung für den Erblasser entfalten, regelmäßig im unionsrechtlichen Sinne um Erbverträge handeln, die nach Art. 25 anzuknüpfen sind (→ Rn. 2), wo die Verordnung die Bindungswirkungen explizit als Teil des Errichtungsstatuts nennt. Auch der Unionsgesetzgeber geht offenbar davon aus, dass sich bei Verfügungen von Todes wegen außerhalb von Erbverträgen im unionsrechtlichen Sinne nach Art. 3 Abs. 1 lit. b die Frage nach einer Bindungswirkung nicht stellt (vgl. Erwägungsgründe Nr. 49 und 50). Dennoch ist es nicht ausgeschlossen, dass auch ein einfaches Testament nach einem ausländischen Erbrecht gewisse Bindungswirkung entfalten kann. Ist dies – wie wahrscheinlich selten – der Fall, so sollte über diese Bindungswirkungen das nach Abs. 1 und 2 zu bestimmende Recht entscheiden. Ein Statutenwechsel hinsichtlich des allgemeinen Erbstatuts sollte nicht dazu führen, dass der Erblasser sich seiner Bindungen entledigen kann oder gar stärkeren Bindungen unterliegt. Auch ist die Widerruflichkeit oder Abänderbarkeit eines Testaments eine Rechtsfrage, die – um Stabilitätsinteressen des Erblassers zu wahren – nicht dem wandelbaren allgemeinen Erbstatut unterstellt, sondern nach Abs. 1 und 2 gesondert angeknüpft werden sollte. Zur materiellen Wirksamkeit der widerrufenden oder ändernden Verfügung von Todes wegen s. Abs. 3 (→ Rn. 17). Zu den Bindungswirkungen einer Verfügung von Todes wegen (vor allem auch eines Erbvertrags im Rahmen des Art. 25) gehört auch die Frage, inwieweit lebzeitige Zuwendungen des Erblassers möglich und bestandskräftig sind, auch soweit sie die Bindungswirkung beeinträchtigen (etwa nach §§ 2286 f. BGB direkt oder analog).

III. Anknüpfungsmoment und Bestimmung des Errichtungsstatuts

1. Hypothetisches Erbstatut (Abs. 1) – Objektive Anküpfung des Errichtungsstatuts. 6 Nach **Abs. 1** bestimmt sich das Errichtungsstatut nach dem **hypothetischen Erbstatut** zum Zeitpunkt der Errichtung der anzuknüpfenden Verfügung von Todes wegen, also nach dem Recht, das

---

[3] Vgl. auch Bonomi/Wautelet/*Bonomi* Art. 27 Rn. 17.
[4] Ratsdokument Nr. 10767/11 S. 10; s. auch Ratsdokument Nr. 11870/11 S. 23.
[5] Allgemein großzügiger dagegen Bonomi/*Öztürk* in Dutta/Herrler EuErbVO 47, 56 f.
[6] *Dutta* FamRZ 2013, 4 (9); *Nordmeier* ZEV 2012, 513 (517 f.); Palandt/*Thorn* Rn. 5; anders wohl Dutta/Weber/*Bauer* Rn. 5a; *Lehmann* ZErb 2013, 25 f.

nach der allgemeinen Kollisionsnorm in Art. 21 und Art. 22 anwendbar gewesen wäre, wenn der Erblasser zum Zeitpunkt der Errichtung verstorben wäre.

7   **a) Die Bestimmung des maßgeblichen Erbstatuts. aa) Objektive Anknüpfung nach Art. 21.** Errichtungsstatut kann damit zum einen bei objektiver Anknüpfung das Recht am **gewöhnlichen Aufenthalt des Erblassers** nach Art. 21 Abs. 1 oder – auch wenn der Unionsgesetzgeber dies in den Erwägungsgründen übersieht (vgl. Erwägungsgrund Nr. 51) – das Recht sein, zu dessen Staat der Erblasser nach Art. 21 Abs. 2 die **engste Verbindung** aufweist,[7] und zwar jeweils zum Errichtungszeitpunkt (zu dessen Bestimmung → Rn. 33). Die Bestimmung dieses Rechts kann freilich für das Gericht sehr schwierig sein, da ein gewöhnlicher Aufenthalt des Erblassers womöglich weit zurück in der Vergangenheit geklärt werden muss; soweit der Erblasser deshalb keine Rechtswahl trifft, sollte er jedenfalls in seiner Verfügung von Todes wegen Informationen über seinen gewöhnlichen Aufenthalt mitteilen, die zwar das Gericht nicht binden, aber bei der Bestimmung des gewöhnlichen Aufenthalts oder der engsten Verbindung berücksichtigt werden können (auch → Art. 4 Rn. 4). Bei der Ermittlung des hypothetischen Erbstatuts ist im Rahmen des Art. 21 Abs. 1 auch ein **Renvoi** nach Art. 34 Abs. 1 zu berücksichtigen, und zwar unabhängig davon, ob das drittstaatliche Recht ein Errichtungsstatut kennt;[8] nur auf diese Weise wird eine Stabilität des tatsächlich zum Zeitpunkt der Errichtung für die Rechtsnachfolge von Todes wegen maßgeblichen Rechts gewahrt (→ Vor Art. 20 Rn. 33). Freilich ist ein Renvoi im Rahmen des Abs. 1 nicht nur bei der Ermittlung des hypothetischen Erbstatuts zu berücksichtigen, sondern auch nach Art. 34 Abs. 1 bei der Bestimmung des Errichtungsstatuts, nun bezogen auf den Todeszeitpunkt (oder einen anderen Zeitpunkt, zu dem das Errichtungsstatut Relevanz entfaltet), was die Stabilität des Errichtungsstatuts erheblich gefährdet, so dass hier ein Ausschluss des Renvoi nach Art. 34 Abs. 2 nahe gelegen hätte.

8   **bb) Subjektive Anknüpfung nach Art. 22.** Zum anderen kann sich das Errichtungsstatut bei subjektiver Anknüpfung auch nach dem zum Errichtungszeitpunkt vom Erblasser gemäß Art. 22 wirksam gewählten Recht richten.[9] Das kann vor allem das Recht einer Staatsangehörigkeit sein, die der Erblasser **zum Zeitpunkt der Rechtswahl** besaß. Eine nach Art. 22 zulässige Rechtswahl zugunsten des Rechts einer Staatsangehörigkeit **zum Zeitpunkt des Todes** ist bei der Bestimmung des Errichtungsstatuts freilich nur maßgeblich, wenn der Erblasser zum Zeitpunkt der Errichtung der Verfügung von Todes wegen die Staatsangehörigkeit **bereits besaß**, deren Recht gewählt wurde, wie auch Erwägungsgrund Nr. 51 klarstellt; der Todeszeitpunkt wird insoweit fingiert;[10] demgegenüber für die Teilrechtswahl nach Abs. 2 vgl. → Rn. 12. Deshalb wirkt sich auch ein **späterer Widerruf** oder eine **spätere Abänderung** der Rechtswahl gem. Art. 22 (näher → Art. 22 Rn. 31 ff.) grundsätzlich nicht auf das Errichtungsstatut aus,[11] sondern nur auf das allgemeine Erbstatut. Denkbar ist es allerdings, eine solche Widerrufs- oder Abänderungserklärung zugleich auch als nachträgliche – auf das Errichtungsstatut begrenzte – Teilrechtswahl auszulegen (zu deren Zulässigkeit → Rn. 12), wenn der Erblasser seine Rechtsnachfolge insgesamt (also auch im Hinblick auf die dem Errichtungsstatut unterliegenden Fragen) dem neuen Recht unterwerfen wollte.[12] Modifikationen **vor** der Errichtung der anzuknüpfenden Verfügung von Todes wegen (zur Bestimmung des Errichtungszeitpunkts → Rn. 10) sind dagegen beachtlich. Ein Renvoi ist ausgeschlossen, und zwar nicht nur im Rahmen des Abs. 1 bei der Ermittlung des hypothetischen Erbstatuts, sondern auch bei der Bestimmung des Errichtungsstatuts, s. auch → Rn. 7 aE, sowie → Art. 34 Rn. 11.

9   **cc) Anknüpfung nach staatsvertraglichen Kollisionsnormen.** Soweit nach Art. 75 Abs. 1 UAbs. 1, Abs. 2 vorrangige Staatsverträge im Hinblick auf ein Errichtungsstatut keine Regelung enthalten (was eine Frage der Auslegung des jeweiligen Übereinkommens ist, s. etwa für das deutsch-

---

[7] *Nordmeier* ZErb 2013, 112 (113 f.); *Soutier*, Die Geltung deutscher Rechtsgrundsätze im Anwendungsbereich der Europäischen Erbrechtsverordnung, 2015, 49; so grds. auch *Bonomi/Öztürk* in Dutta/Herrler EuErbVO 47, 53, die allerdings zur Zurückhaltung mahnen; s. auch Bonomi/Wautelet/*Bonomi* Rn. 25.

[8] Dutta/Weber/*Bauer* Rn. 12; Deixler-Hübner/Schauer/*Fischer-Czermak* Rn. 14; *Nordmeier* ZErb 2013, 112 (114); *Soutier*, Die Geltung deutscher Rechtsgrundsätze im Anwendungsbereich der Europäischen Erbrechtsverordnung, 2015, 49 f.; für eine diff. Lösung dagegen Bonomi/Wautelet/*Bonomi* Art. 34 Rn. 8 ff.; *Bonomi/Öztürk* in Dutta/Herrler EuErbVO 47, 53.

[9] Anders offenbar Staudinger/*Hausmann* (2013) EGBGB Art. 7 Rn. 70a.

[10] Dies kann freilich zu dem bemerkenswerten Ergebnis führen, dass eine Rechtswahl im Rahmen des Errichtungsstatuts wirksam ist, wenn der Erblasser nach der Rechtswahl, aber zum Zeitpunkt der Testamentserrichtung die betreffende Staatsangehörigkeit erworben hat, die Rechtswahl aber im Rahmen des allgemeinen Erbstatuts ins Leere geht, wenn der Erblasser zum Todeszeitpunkt die betreffende Staatsangehörigkeit nicht mehr besitzt.

[11] Vgl. *Döbereiner* MittBayNot 2013, 437 (444); *Döbereiner* DNotZ 2014, 323 (332) (zur entsprechenden Problematik bei Art. 25).

[12] Vgl. auch *Bonomi/Öztürk* in Dutta/Herrler EuErbVO 47, 54.

türkische Nachlassabkommen [Dt.-Türk. NachlAbk] → Art. 75 Rn. 15 ff.), können auch staatsvertragliche Kollisionsnormen zur Bestimmung des hypothetischen Erbstatuts herangezogen werden. Sieht der Staatsvertrag dagegen ein Errichtungsstatut (oder die Ablehnung dieser Sonderanknüpfung) vor, so werden die Art. 24 ff. bereits durch diese nach Art. 75 Abs. 1 UAbs. 1, Abs. 2 vorrangigen staatsvertraglichen Kollisionsnormen verdrängt.

b) Bestimmung des Errichtungszeitpunkts. Sowohl bei der objektiven als auch bei der sub- **10** jektiven Bestimmung des hypothetischen Erbstatuts als Errichtungsstatut stellt Abs. 1 auf den Zeitpunkt der Errichtung der anzuknüpfenden Verfügung von Todes wegen ab, ohne diesen Zeitpunkt zu definieren. Auch beim Errichtungszeitpunkt – wie beim Todeszeitpunkt (→ Art. 4 Rn. 9) – handelt es sich um einen Rechtsbegriff, den die Rechtsordnungen unterschiedlich beantworten können. Eine autonome Begriffsbildung – wie sie grundsätzlich bei der Auslegung der Verordnung geboten ist (→ Vor Art. 1 Rn. 23) – wird an ihre Grenzen stoßen.[13] Vielmehr wird man auch hier in Zweifelsfällen (Veränderung des maßgeblichen Anknüpfungsmoments bei einer gestreckten Errichtung der Verfügung von Todes wegen) das zum jeweiligen Zeitpunkt hypothetisch maßgebliche Erbstatut über die Frage entscheiden lassen, ob für Zwecke der Anknüpfung des Errichtungsstatuts die anzuknüpfende Verfügung von Todes wegen bereits errichtet wurde;[14] der Entscheidungseinklang in der EU (→ Vor Art. 20 Rn. 2) wird bei dieser Lösung gewahrt (auch → Art. 4 Rn. 9).

2. Keine hilfsweise Anwendung des allgemeinen Erbstatuts. Ist die Verfügung von Todes **11** wegen nach dem hypothetischen Erbstatut zum Zeitpunkt der Errichtung unzulässig oder unwirksam, wäre aber nach dem gemäß Art. 21 und 22 bestimmten **allgemeinen Erbstatut zulässig** oder **wirksam,** weil der Erblasser seinen gewöhnlichen Aufenthalt nach der Errichtung der Verfügung von Todes wegen verlagert oder eine Rechtswahl getroffen hat, so bleibt es nach dem klaren Wortlaut der Vorschrift bei der Unzulässigkeit oder Unwirksamkeit nach dem Errichtungsstatut. Den Vorschlag einer hilfsweisen Anwendung des allgemeinen Erbstatuts, die eine Wirksamkeit der Verfügung von Todes wegen begünstigt,[15] hat der Gesetzgeber nicht aufgegriffen,[16] obwohl Art. 18 Abs. 1 S. 2 und S. 3 des Kommissionsvorschlags jedenfalls für Erbverträge eine entsprechende Regelung vorgesehen hatte,[17] die auf Art. 9 Abs. 2 Haager Erbrechtsübereinkommen (→ Vor Art. 1 Rn. 8 ff.) beruhte.

3. Auf das Errichtungsstatut beschränkte Teilrechtswahl (Abs. 2) – Subjektive Anknüp- 12 fung des Errichtungsstatuts. Abs. 2 ermöglicht dem Erblasser, abweichend von Art. 22 (→ Art. 22 Rn. 8) seine Rechtswahl sachlich auf die Zulässigkeit und die materielle Wirksamkeit sowie die Bindungswirkung (→ Rn. 5) der Verfügung von Todes wegen zu beschränken; eine weitergehende Beschränkung auf Teile des Errichtungsstatuts ist dagegen nicht möglich.[18] Die Vorschrift ist damit nicht lediglich deklaratorisch.[19] Diese Teilrechtswahl nach Abs. 2 kann auch noch **nach** der Errichtung der Verfügung von Todes wegen erfolgen[20] (→ Rn. 14 aE): Schließlich kann der Erblasser auch eine abändernde oder widerrufende Verfügung von Todes wegen mit Teilrechtswahl nach Abs. 2 errichten; es sollte deshalb auch eine isolierte nachträgliche Teilrechtswahl möglich sein, um dem Erblasser den Formalismus (und ggf. die [Notar-]Kosten) einer wiederholenden Verfügung von Todes wegen zu ersparen. Auch gegen eine Teilrechtswahl **vor** Errichtung der betreffenden Verfügung von Todes wegen ist nichts einzuwenden.[21]

---

[13] Anders *Nordmeier* ZErb 2013, 112 (113): Autonome Auslegung jedenfalls für die Errichtung des Erbvertrags (im Rahmen des Art. 25, bei dem sich das Problem ebenfalls stellt → Art. 25 Rn. 4, 9, 10); Errichtungszeitpunkt: „Moment, in dem die letzte am Erbvertrag beteiligte Person [...] ihre auf den Vertragsschluss gerichtete Erklärung wirksam abgegeben hat". – Freilich ist diese Definition bei näherem Hinsehen alles andere als autonom, da sie dazu schweigt, nach welchem Recht sich die wirksame Abgabe der Erklärung richtet.

[14] Vgl. auch Dutta/Weber/*Bauer* Rn. 13.

[15] Etwa *Dutta* RabelsZ 73 (2009), 547 (588, 591); *Max Planck Institute* RabelsZ 74 (2010), 522 (614, 619); vgl. auch DNotI-Studie S. 263, 264 (s. aber auch S. 238 f.); Rauscher/*Rauscher*, 3. Aufl. 2010, Einf. EG-ErbVO-E Rn. 64.

[16] *Schaub* Hereditare 3 (2013), 91 (117). Anders wohl *Kroll-Ludwigs,* Die Rolle der Parteiautonomie im europäischen Kollisionsrecht, 2013, 144.

[17] S. auch allg. für Verfügungen von Todes wegen Ratsdokument Nr. 6198/10 S. 19 Fn. 2.

[18] *Döbereiner* MittBayNot 2013, 358 (366); *Heinig* RNotZ 2014, 197 (210) (freilich zu Art. 25).

[19] So aber *Wilke* RIW 2012, 601 (606); s. auch *Fischer-Czermak* in Schauer/Scheuba, Europäische Erbrechtsverordnung, 2012, 43, 51.

[20] Bonomi/Wautelet/*Bonomi* Rn. 42; Deixler-Hübner/Schauer/*Fischer-Czermak* Rn. 20. Zur entsprechenden (vgl. → Art. 25 Rn. 5 f., 11) Rechtswahlfreiheit beim Erbvertrag nach Art. 25 Abs. 3 so auch *Nordmeier* ZErb 2013, 112 (118) (Wahl zwischen Staatsangehörigkeit beim Errichtungszeitpunkt oder Zeitpunkt der Rechtswahl; Schutz von Dritten über eine analoge Anwendung des Art. 3 Abs. 2 S. 2 Fall 2 Rom I-VO).

[21] Bonomi/Wautelet/*Bonomi* Rn. 42.

13   Auf die **Voraussetzungen der Teilrechtswahl** findet Art. 22 entsprechend Anwendung: Der Erblasser kann das Recht seiner Staatsangehörigkeit zum Zeitpunkt der Rechtswahl oder zum Zeitpunkt seines Todes wählen, wobei bei Wahl des letzteren das Errichtungsstatut bis zum Erbfall potentiell wandelbar bleibt, was jedoch zu akzeptieren ist, wenn der Erblasser dies bewusst so festlegt.[22] Zudem kann der Erblasser, wenn er über mehrere Staatsangehörigkeiten verfügt, zwischen den betreffenden Rechten wählen, ja sogar für das allgemeine Erbstatut und das Errichtungsstatut verschiedene Rechte festlegen.[23] Auch ist wie bei der umfassenden Rechtswahl (→ Art. 22 Rn. 31 ff.) ein **nachträglicher Widerruf oder eine nachträgliche Abänderung der Teilrechtswahl** möglich und wirkt sich – anders als ein Widerruf oder eine Änderung der Rechtswahl nach Art. 22 im Rahmen des nach Abs. 1 objektiv angeknüpften Errichtungsstatuts (→ Rn. 8) – auf das im Wege der Teilrechtswahl bestimmte Errichtungsstatut aus.[24] Für eine solche Korrektur der Rechtswahl wird beim Errichtungsstatut freilich nur selten ein praktisches Bedürfnis bestehen: Der Erblasser kann, etwa wenn die Verfügung von Todes wegen nach dem gewählten Recht unzulässig oder unwirksam ist, die Verfügung ggf. mit neuer Teilrechtswahl bestätigen.[25] Allerdings kann der Erblasser auf diesem Wege womöglich nicht mehr zu einem im Ersterrichtungszeitraum möglichen Errichtungsstatut zurückkehren, wenn sich seit Errichtung der ursprünglichen Verfügung die maßgeblichen Anknüpfungsmomente geändert haben. Das betrifft vor allem den Fall, dass der Erblasser nach der Errichtung der Verfügung von Todes wegen mit Teilrechtswahl seinen gewöhnlichen Aufenthalt verlagert hat, die Verfügung von Todes wegen nun aber doch dem Recht am damaligen gewöhnlichen Aufenthalt unterwerfen will. Das ursprüngliche Errichtungsstatut kann nur durch einen Widerruf der Teilrechtswahl zur Anwendung gebracht werden. Ein **Renvoi** ist auch bei der Wahl eines drittstaatlichen Rechts ausgeschlossen (näher → Art. 34 Rn. 11). Zur Reichweite der Teilrechtswahl s. auch Abs. 3 S. 2 (→ Rn. 17 aE).

14   Ob der Erblasser eine **Teilrechtswahl nach Abs. 2 oder eine umfassende Rechtswahl nach Art. 22** trifft, ist eine Frage der Auslegung der Rechtswahlerklärung, die im Hinblick auf eine konkludente Rechtswahl nach autonomen Kriterien zu erfolgen hat (→ Art. 22 Rn. 13 f.). Es spricht Vieles für eine ungeschriebene Vermutungsregel zugunsten einer im Zweifel (auch) umfassenden Rechtswahl nach Art. 22, wenn der Erblasser anlässlich der Errichtung der Verfügung von Todes wegen das anwendbare Recht wählt, so dass nicht nur das Errichtungsstatut, sondern auch das allgemeine Erbstatut dem gewählten Recht unterliegt.[26] Es ist gerade bei rechtlich unberatenen Erblassern nicht davon auszugehen, dass der Erblasser, auch wenn er ausdrücklich das „auf das Testament anwendbare Recht" wählt, seine Erbfolge potentiell unterschiedlichen Rechten unterwerfen möchte. Eine dépeçage (Teilrechtswahl nur für das Errichtungsstatut) nach Abs. 2 wird man nur annehmen können, wenn ein entsprechender Wille des Erblassers nachgewiesen werden kann. Schwieriger ist die Auslegung einer isolierten Rechtswahlerklärung **nach der Errichtung der Verfügung von Todes wegen** (→ Rn. 12): Soweit die Verfügung von Todes wegen nach dem gewählten Recht unzulässig oder unwirksam ist, wird man mangels entgegenstehender Anhaltspunkte von einer Rechtswahl nach Art. 22 auszugehen haben, die nicht das Errichtungsstatut erfasst, das unwandelbar nach Abs. 1 bestimmt wird. Der Erblasser wird regelmäßig durch eine bloße Rechtswahl nicht eine frühere Verfügung von Todes wegen invalidieren wollen. Ist die Verfügung von Todes wegen nach dem gewählten Recht dagegen zulässig und wirksam, wird man die isolierte Rechtswahl nicht nur als Rechtswahl nach Art. 22, sondern auch als Rechtswahl im Hinblick auf das Errichtungsstatut auszulegen haben.

15   **4. Gemeinschaftliche Testamente, die keine Erbverträge im unionsrechtlichen Sinne sind.** Gemeinschaftliche Testamente, die nicht die Voraussetzungen für einen Erbvertrag im unionsrechtlichen Sinne nach Art. 3 Abs. 1 lit. b erfüllen (zu Einzelheiten → Art. 3 Rn. 6, 11), unterliegen – anders als Erbverträge gemäß Art. 25 – nicht einem einheitlichen Errichtungsstatut, sondern werden für jeden Erblasser getrennt angeknüpft und damit im Hinblick auf ihre Zulässigkeit, materielle Wirksamkeit und Bindungswirkung (→ Rn. 5) potentiell unterschiedlichen

---

[22] Anders Bonomi/Wautelet/*Bonomi* Rn. 40; *Döbereiner* MittBayNot 2013, 358 (366).

[23] So auch Bonomi/Wautelet/*Bonomi* Rn. 43.

[24] Anders für die auf das Errichtungsstatut beschränkten Teilrechtswahlen allgemein *Döbereiner* MittBayNot 2013, 358 (366), MittBayNot 2013, 437 (444) sowie DNotZ 2014, 323 (327, 335); zust. *Heinig* RNotZ 2014, 197 (212); ebenso *Köhler* in GKKW IntErbR 118, 122 f.; *Soutier* ZEV 2015, 515 (516).

[25] Zutreffend *Weber* notar 2015, 296 (301).

[26] So auch *Bonomi/Öztürk* in Dutta/Herrler EuErbVO 47, 55; *Döbereiner* MittBayNot 2013, 358 (366); *Döbereiner* DNotZ 2014, 323 (327); *Hausmann* JbItalR 27 (2015), 21, 28; zurückhaltender wohl *Nordmeier* ZErb 2013, 112 (117).

Errichtungsstatuten unterworfen, die für den jeweiligen Erblasser gesondert zu bestimmen sind und im Hinblick auf ihre Zulässigkeit und Wirksamkeit[27] zu prüfen sind.[28] Das gilt nicht nur für gemeinschaftliche Testamente im unionsrechtlichen Sinne nach Art. 3 Abs. 1 lit. c, sondern auch für gemeinschaftliche Testamente nach mitgliedstaatlichem Recht, die in der unionsrechtlichen Terminologie lediglich Testamente wären. Entscheidend ist lediglich, dass diese keine Bindungswirkung entfalten und damit nicht zu Erbverträgen im unionsrechtlichen Sinne werden (→ Art. 3 Rn. 11). Angesichts der klaren Regelung der Art. 24 ff. verbietet sich eine analoge Anwendung des Art. 25 auf solche gemeinschaftlichen Testamente, die keine Erbverträge nach Unionsrecht sind,[29] auch wenn dies dazu führt, dass Erblasser mit unterschiedlichen gewöhnlichen Aufenthalten und unterschiedlichen Staatsangehörigkeiten keine gemeinschaftlichen Testamente (die keine Erbverträge im unionsrechtlichen Sinne sind) nach dem gleichen Statut errichten können. Vielmehr wird das Schicksal eines solchen gemeinschaftlichen Testaments bei Unwirksamkeit oder Unzulässigkeit nach einem der Errichtungsstatute dem jeweiligen Sachrecht überlassen: Ist ein gemeinschaftliches Testament nach einem der Errichtungsstatute unzulässig oder unwirksam, so kann diese Unwirksamkeit nach dem jeweiligen Errichtungsstatut das andere Testament erfassen, nach deutschem Recht etwa über eine auflösende Bedingung nach § 158 Abs. 2 BGB, allerdings nicht nach § 2270 Abs. 1 BGB, da wechselbezügliche Verfügungen das gemeinschaftliche Testament in einen Erbvertrag im unionsrechtlichen Sinne verwandeln, der nach Art. 25 Abs. 2 UAbs. 2 einem einheitlichen Errichtungsstatut unterliegt.

IV. Änderung und Widerruf der Verfügung von Todes wegen (Abs. 3)

Die **Abänderbarkeit** und **Widerruflichkeit** einer Verfügung von Todes wegen (mit Ausnahme eines Erbvertrags) unterliegt dem ursprünglichen Errichtungsstatut, denn hierbei handelt es sich um die Frage der Bindungswirkung der betreffenden Verfügung (→ Rn. 5).[30] **16**

Dagegen wird die Frage, ob die Verfügung von Todes wegen **materiell wirksam abgeändert** oder **widerrufen** wurde, vom zum Zeitpunkt der Abänderung oder des Widerrufs maßgeblichen hypothetischen Erbstatut (→ Rn. 6 ff.) erfasst,[31] wie **Abs. 3 S. 1** klarstellt, vgl. auch Erwägungsgrund Nr. 51. Dies gilt jedenfalls, wenn der Widerruf oder die Abänderung nach dem Errichtungsstatut durch Verfügung von Todes wegen zu erfolgen hat. Zur Bestimmung des Zeitpunkts der Abänderung oder des Widerrufs gilt das zum Errichtungszeitpunkt Gesagte (→ Rn. 10) entsprechend. Es kann damit zu einem Statutenwechsel im Hinblick auf die Änderung und den Widerruf kommen, wobei die Verordnung im Hinblick auf die Testierfähigkeit eine Sonderregel in Art. 26 Abs. 2 enthält. Kein Fall eines Widerrufs iS des Abs. 3 ist der kraft Gesetzes eintretende Widerruf einer Verfügung von Todes wegen, etwa durch eine Auflösung der Ehe oder Eheschließung; ein solches Außerkrafttreten der Verfügung von Todes wegen unterliegt dem ursprünglichen Errichtungsstatut.[32] Hat der Erblasser dagegen eine auf das Errichtungsstatut beschränkte **Teilrechtswahl nach Abs. 2** getroffen (→ Rn. 12 ff.), so soll diese Rechtswahl nach **Abs. 3 S. 2** auch die Wirksamkeit der Abänderung oder des Widerrufs erfassen. Allerdings wird man Abs. 3 S. 2 als eine Vermutungsregel auszulegen haben und dem Erblasser gestatten, die Wirksamkeit der Abänderung oder des Widerrufs einem zu diesem Zeitpunkt wählbaren Recht zu unter- **17**

---

[27] Auf die Bindungswirkung kommt es hier nicht an, da gemeinschaftliche Testamente mit wechselseitiger Bindungswirkung als Erbvertrag im unionsrechtlichen Sinne (Art. 3 Abs. 1 lit. c → Art. 3 Rn. 11) nach Art. 25 anzuknüpfen sind (auch → Rn. 2).

[28] Frieser/*Martiny* ErbR Nach Art. 26 EGBGB: EuErbVO Rn. 120; vgl. auch *Buschbaum/Kohler* NJW 2012, 2393 (2396).

[29] Für eine analoge Anwendung bei gemeinschaftlichen Testamenten im unionsrechtlichen Sinne nach Art. 3 Abs. 1 lit. c plädiert demgegenüber wohl *Nordmeier* ZEV 2012, 513 (517, 518 f.) (jedenfalls im Hinblick auf die Rechtswahlmöglichkeit nach Art. 25 Abs. 3).

[30] Zust. Dutta/Weber/*Bauer* Rn. 23; Bonomi/Wautelet/*Bonomi* Rn. 12; *Bonomi/Öztürk* in Dutta/Herrler EuErbVO 47, 58; Erman/*Hohloch* Rn. 14; *Döbereiner* MittBayNot 2013, 358 (365); Palandt/*Thorn* Rn. 5; anders BeckOGK/*Schmidt* Rn. 30 f.: hypothetisches Erbstatut zum Zeitpunkt der Änderung oder des Widerrufs maßgeblich.

[31] Zust. Dutta/Weber/*Bauer* Rn. 24; Bonomi/Wautelet/*Bonomi* Rn. 12; *Bonomi/Öztürk* in Dutta/Herrler EuErbVO 47, 58; Erman/*Hohloch* Rn. 14; insoweit wohl zustimmend BeckOGK/*Schmidt* Rn. 31. Anders *Döbereiner* MittBayNot 2013, 358 (365), beim Widerruf danach differenzierend, ob nur eine widerrufende Verfügung oder auch eine neue Verfügung errichtet wird; so wohl auch *Heinig* RNotZ 2014, 197 (200).

[32] *Bonomi/Öztürk* in Dutta/Herrler EuErbVO 47, 58; Dutta/Weber/*Schmidt* Art. 1 Rn. 53; so wohl auch *Hausmann* JbItalR 27 (2015), 21, 24 (Gleichstellung mit einem Willensmangel iS des Art. 26 Abs. 1 lit. e); anders offenbar *Burandt/Dargel* FamRB 2015, 116 (118 f.): Auswirkung einer Scheidung auf den Erbvertrag soll Scheidungsstatut unterliegen; wieder anders *Frank/Döbereiner*, Nachlassfälle mit Auslandsbezug, 2015, 140: fiktives Errichtungsstatut im Zeitpunkt der Rechtskraft der Scheidung.

werfen. Sollte das Errichtungsstatut der usprünglichen Verfügung von Todes wegen vom objektiv angeknüpften Errichtungsstatut der widerrufenden oder abändernden Verfügung von Todes abweichen, spricht Vieles für eine **konkludente Teilrechtswahl** im Hinblick auf das Errichtungsstatut der widerrufenden oder abändernden Verfügung von Todes wegen, soweit nicht ersichtlich ist, dass der Erblasser Änderung oder Widerruf einem eigenständigen Errichtungsstatut unterstellen wollte.[33] Erfolgt die Abänderung oder der Widerruf nach dem jeweils anwendbaren Recht seinerseits durch Verfügung von Todes wegen, so bemisst sich die formelle Wirksamkeit nach Art. 27 sowie wegen Art. 75 Abs. 1 UAbs. 2 ggf. nach dem Haager Testamentsformübereinkommen (Art. 1 ff. HTestformÜ; Text und Erläuterung → HTestformÜ Art. 1 Rn. 1 ff.).

18   Vergleichbar, aber doch im Ergebnis etwas anders zu behandeln ist die Situation bei einem **Zuwendungsverzicht,** wenn der erbrechtlich durch die Art. 24 unterliegende letztwillige Verfügung Berechtigte auf die Zuwendung verzichtet. Soweit der Erblasser an diesem Verzicht beteiligt ist, handelt es sich um einen Erbvertrag iS des Art. 3 Abs. 1 lit. b (→ Art. 3 Rn. 10), der im Hinblick auf sein Errichtungsstatut nach Art. 25 anzuknüpfen ist. Allerdings unterliegt – anders als bei Änderung und Widerruf einer Verfügung von Todes wegen – die „Verzichtbarkeit" der Verfügung von Todes wegen nicht dem Errichtungsstatut, da es sich hierbei nicht mehr um eine Bindungswirkung der Verfügung von Todes wegen handelt. Vielmehr richtet sich die Zulässigkeit und materielle Wirksamkeit des Zuwendungsverzichts allein nach dem eigenständig für den Zuwendungsverzicht bestimmten Errichtungsstatut[34] und im Hinblick auf die Wirkungen des Verzichts dem allgemeinen Erbstatut (→ Art. 23 Rn. 27).

V. Übergangsrecht: Vorwirkung der Verordnung

19   Der Erblasser kann bereits vor dem Geltungsbeginn der Verordnung und dem maßgeblichen Stichtag für ihre Anwendbarkeit am 17.8.2015 (vgl. Art. 83 Abs. 1, Art. 84 UAbs. 2) eine Verfügung von Todes wegen nach der Verordnung wirksam errichten, auch wenn das nach dem Kollisionsrecht etwa seines derzeitigen Aufenthalts- oder Staatsangehörigkeitsstaats nicht möglich ist (Art. 83 Abs. 3), näher → Art. 83 Rn. 16 ff. Diese Vorwirkung der Verordnung gilt jedoch nur, wenn der Erblasser nach dem Stichtag des Art. 83 Abs. 1 verstirbt. Allerdings fingiert Art. 83 Abs. 4 eine umfassende Rechtswahl nach Art. 22, wenn der Erblasser eine Verfügung von Todes wegen nach dem Recht seiner Staatsangehörigkeit errichtet hat.

Art. 25 EuErbVO Erbverträge

(1) **Die Zulässigkeit, die materielle Wirksamkeit und die Bindungswirkungen eines Erbvertrags, der den Nachlass einer einzigen Person betrifft, einschließlich der Voraussetzungen für seine Auflösung, unterliegen dem Recht, das nach dieser Verordnung auf die Rechtsnachfolge von Todes wegen anzuwenden wäre, wenn diese Person zu dem Zeitpunkt verstorben wäre, in dem der Erbvertrag geschlossen wurde.**

(2) **Ein Erbvertrag, der den Nachlass mehrerer Personen betrifft, ist nur zulässig, wenn er nach jedem der Rechte zulässig ist, die nach dieser Verordnung auf die Rechtsnachfolge der einzelnen beteiligten Personen anzuwenden wären, wenn sie zu dem Zeitpunkt verstorben wären, in dem der Erbvertrag geschlossen wurde.**

Die materielle Wirksamkeit und die Bindungswirkungen eines Erbvertrags, der nach Unterabsatz 1 zulässig ist, einschließlich der Voraussetzungen für seine Auflösung, unterliegen demjenigen unter den in Unterabsatz 1 genannten Rechten, zu dem er die engste Verbindung hat.

(3) **Ungeachtet der Absätze 1 und 2 können die Parteien für die Zulässigkeit, die materielle Wirksamkeit und die Bindungswirkungen ihres Erbvertrags, einschließlich der Voraussetzungen für seine Auflösung, das Recht wählen, das die Person oder eine der Personen, deren Nachlass betroffen ist, nach Artikel 22 unter den darin genannten Bedingungen hätte wählen können.**

Schrifttum: Siehe die Schrifttumshinweise → Art. 24 Rn. 1 ff.

---

[33] So zutr. für das Errichtungsstatut eines Zuwendungsverzichts (→ Rn. 18) *Soutier,* Die Geltung deutscher Rechtsgrundsätze im Anwendungsbereich der Europäischen Erbrechtsverordnung, 2015, 176 f.

[34] Vgl. *Soutier,* Die Geltung deutscher Rechtsgrundsätze im Anwendungsbereich der Europäischen Erbrechtsverordnung, 2015, 172 ff.

I. Normzweck und Überblick

Die Vorschrift enthält eine weitere von der allgemeinen Kollisionsnorm in den Art. 21–23 abwei- **1**
chende Regelung zur Bestimmung des Errichtungsstatuts für einen Erbvertrag als besondere Erscheinungsform der Verfügung von Todes wegen und ergänzt damit Art. 24, der die Zulässigkeit, die
materielle Wirksamkeit und die Bindungswirkung anderer Verfügungen von Todes wegen regelt (zur
Systematik → Vor Art. 20 Rn. 4 ff.). Auch Art. 25 will für eine Stabilität des auf den Erbvertrag
anwendbaren Rechts sorgen, indem das Errichtungsstatut – anders als das allgemeine Erbstatut –
bereits vor dem Erbfall unwandelbar angeknüpft wird (→ Vor Art. 20 Rn. 3). Freilich ist bei Erbverträgen (im unionsrechtlichen Sinne → Rn. 2) das Streben nach einer Stabilität des anwendbaren
Rechts besonders wichtig, um zu verhindern, dass durch einen Statutenwechsel der Erblasser sich
seiner Bindungen entledigt.[1] Die Norm unterscheidet danach, ob der anzuknüpfende Erbvertrag die
Rechtsnachfolge von Todes wegen nach **einem Erblasser** (→ Rn. 3 ff.) oder nach **mehreren**
Erblassern (→ Rn. 7 ff.) zum Gegenstand hat. Die Regelung wurde von den Art. 8 ff. des Haager
Erbrechtsübereinkommens (→ Vor Art. 1 Rn. 8 ff.) inspiriert, vgl. auch Art. 18 des Kommissions-
vorschlags.

II. Beschränkung auf Erbverträge

Art. 25 findet nur auf Erbverträge im weiten unionsrechtlichen Sinne nach Art. 3 Abs. 1 **2**
lit. b Anwendung (zur Definition näher → Art. 3 Rn. 8 ff.), so dass etwa nach deutschem Verständnis nicht nur Erbverträge, sondern auch gemeinschaftliche Testamente mit wechselbezüglichen Verfügungen, Erb- und Pflichtteilsverzichte und Schenkungen auf den Todesfall unter die
Vorschrift fallen (→ Art. 3 Rn. 9 ff.). Liegt kein Erbvertrag vor, so richtet sich das Errichtungsstatut der Verfügung von Todes wegen nach Art. 24. Auch Rechtsgeschäfte, die nicht in den
sachlichen Anwendungsbereich der Verordnung fallen, unterliegen nicht dem Errichtungsstatut,
selbst wenn sie gemeinsam mit einem Erbvertrag abgeschlossen wurden oder mit diesem eine
Einheit bilden. Das betrifft vor allem Eheverträge, die dem Statut zuzurechnen sind, das jeweils
auf ihren Gegenstand anwendbar ist, also vor allem dem Güter- und Unterhaltsstatut. Widersprüche zum Erb- und Errichtungsstatut sind im Wege der Anpassung zu lösen (→ Einl. IPR
Rn. 242 ff.).

III. Erbverträge hinsichtlich der Rechtsnachfolge nach einem Erblasser
(Abs. 1 und 3)

Betrifft der anknüpfende Erbvertrag nur die Rechtsnachfolge von Todes wegen nach einem **3**
Erblasser, so kommt die **gleiche Kollisionsnorm** zur Anwendung wie nach Art. 24 für sonstige
Verfügungen von Todes wegen allgemein:

1. Hypothetisches Erbstatut (Abs. 1). Über die Zulässigkeit, die materielle Wirksamkeit sowie **4**
die Bindungswirkung des Erbvertrags (näher zur Auslegung dieser Anknüpfungsgegenstände → Art. 24
Rn. 3 ff. sowie Art. 26) entscheidet nach Abs. 1 (= Art. 24 Abs. 1) das je nach objektiver oder
subjektiver Anknüpfung maßgebliche hypothetische Erbstatut nach dem betreffenden Erblasser zum

---

[1] S. etwa *Lehmann* ZEV 2007, 193 (197 f.).

Zeitpunkt der Errichtung des Erbvertrags (zu dessen Bestimmung näher → Art. 24 Rn. 6 ff.), mit dem Unterschied, dass anders als bei Art. 24 der Unionsgesetzgeber in Art. 25 explizit klarstellt, dass das Errichtungsstatut auch die Bindungswirkungen des Erbvertrags – und damit auch die Voraussetzungen für seine Auflösung – erfasst. Auch hier findet im Falle der Unzulässigkeit oder Unwirksamkeit des Erbvertrags nach dem Errichtungsstatut nicht hilfsweise das allgemeine Erbstatut Anwendung (→ Art. 24 Rn. 11).

5   **2. Auf das Errichtungsstatut beschränkte Teilrechtswahl der Parteien (Abs. 3).** Nach Abs. 3 (= Art. 24 Abs. 2) können die Parteien auch beim Erbvertrag eine auf die Zulässigkeit, die materielle Wirksamkeit sowie die Bindungswirkung des Erbvertrags beschränkte Teilrechtswahl treffen und das Recht der Staatsangehörigkeit des Erblassers zum Errichtungsstatut küren (für Details → Art. 24 Rn. 12 ff.). Ein Renvoi ist auch hier bei der Wahl eines drittstaatlichen Rechts ausgeschlossen (näher → Art. 34 Rn. 11).

6   Anders als bei Abs. 1 (im Falle einer subjektiven Anknüpfung des hypothetischen Erbstatuts zum Errichtungszeitpunkt nach Art. 22) und anders als bei Art. 24 Abs. 2 sind jedoch die Beteiligten der Rechtswahl unterschiedlich: Bei Abs. 1 und Art. 24 Abs. 2 trifft der **Erblasser,** dessen Nachlass betroffen ist, die Rechtswahl, bei Abs. 3 ist eine Rechtswahl der am Erbvertrag beteiligten **Parteien** erforderlich, also auch der Personen, deren Rechtsnachfolge von Todes wegen vom Erbvertrag nicht berührt wird.[2] Hierbei handelt es sich bereits kollisionsrechtlich (nicht bloß sachrechtlich nach dem jeweiligen Rechtswahlstatut → Art. 22 Rn. 19, 31) um eine zwei- oder mehrseitige Rechtswahl,[3] die vom gemeinsamen Willen der Parteien des Erbvertrags getragen werden muss und nicht nur vom Willen des Erblassers, dessen Nachlass betroffen ist. Diese Abweichung besitzt Konsequenzen für die **Bindungswirkung der Rechtswahl.** Die Bindungswirkung einer solchen Rechtswahl für die Parteien und vor allem für den Erblasser richtet sich zwar grundsätzlich nach dem gewählten Recht wie bei Art. 22 (näher → Art. 22 Rn. 19), auf den Abs. 3 verweist. Da aber Abs. 3 die Rechtswahl als mehrseitiges Rechtsgeschäft, als Vereinbarung der Parteien des Erbvertrags, konzipiert, ist für einen Widerruf oder eine Abänderung der gemeinsamen Rechtswahl – für den actus contrarius – ebenfalls eine gemeinsame Erklärung der Parteien erforderlich, so dass die Teilrechtswahl nach Abs. 3 – anders als eine umfassende Rechtswahl nach Art. 22 (→ Art. 22 Rn. 19, 31) – jedenfalls zwischen den Parteien der Rechtswahlvereinbarung Bindungswirkung entfaltet.[4] Dies gilt unabhängig von einer sachrechtlichen Bindung nach dem Rechtswahlstatut → Art. 22 Rn. 31. Treffen die Parteien in einem Erbvertrag eine Rechtswahl, so kann auch hier diese Erklärung aufseiten des Erblassers zugleich auch als **umfassende Rechtswahl nach Art. 22** ausgelegt werden (zur Abgrenzung zwischen einer solchen auf das Errichtungsstatut beschränkten Teilrechtswahl nach Abs. 3 und einer umfassenden Rechtswahl nach Art. 22 → Art. 24 Rn. 13); allerdings ist dann für Zwecke eines Widerrufs und einer Abänderung der Rechtswahl zwischen der umfassenden Rechtswahl des Erblassers nach Art. 22, die ggf. nach dem Rechtswahlstatut auch in einem Erbvertrag oder gemeinschaftlichen Testament widerruflich oder abänderbar ist (näher → Art. 22 Rn. 19, 31), und der Teilrechtswahl für das Errichtungsstatut nach Abs. 3, die die Parteien des Erbvertrags (iS des Unionsrechts) und damit auch den Erblasser bindet, zu unterscheiden.[5] Der einseitige Widerruf oder die Abänderung der Rechtswahl durch den Erblasser wirkt sich dann nur im Hinblick auf sein allgemeines Erbstatut aus, nicht aber im Hinblick auf das Errichtungsstatut.

IV. Erbverträge hinsichtlich der Rechtsnachfolge nach mehreren Erblassern (Abs. 2 und 3)

7   Einer abweichenden Regelung bedarf es jedoch, wenn der Erbvertrag die Rechtsnachfolge nach mehreren Erblassern zum Gegenstand hat, wobei – mit dem Wortlaut das Abs. 2 – eine wechselseitige Bindungswirkung der betroffenen Erblasser im Hinblick auf ihre Nachlässe nicht erforderlich ist,

---

[2] *Nordmeier* ZErb 2013, 112 (115 f.).
[3] *Mansel* in Leible/Unberath Rom 0-VO 241, 259.
[4] So auch *Döbereiner* MittBayNot 2013, 437 (444) (nach „allgemeinen Vertragsgrundsätzen", der allerdings einen Widerruf der auf das Errichtungsstatut begrenzten Teilrechtswahl bereits allgemein ablehnt, vgl. dazu → Art. 24 Rn. 13); *Heinig* RNotZ 2014, 197 (212); *Nordmeier* ZErb 2013, 112 (117 f.); *Soutier* ZEV 2015, 515 (517); *Weber* notar 2015, 296 (303); im Ergebnis ebenso *Reich* ZEV 2014, 144 (146); vgl. auch *Leitzen* ZEV 2013, 128 (130 f.); *Odersky* notar 2013, 3 (8); jedenfalls beschränkt auf die Bindungswirkungen *Hausmann* JbItalR 27 (2015), 21, 38 f.
[5] *Odersky* notar 2013, 3 (8).

sondern eine getrennte Bindungswirkung (allgemein → Art. 3 Rn. 8) Dritten gegenüber ausreicht.[6] Denn bei einem Erbvertrag hinsichtlich der Rechtsnachfolge nach mehreren Erblassern stehen jedenfalls bei der Anwendung der Grundregel in Art. 24 Abs. 1 und Art. 25 Abs. 1 potentiell mehrere hypothetische Erbstatute zur Bestimmung des Errichtungsstatuts im Raum. Die Verordnung löst dieses Anknüpfungsdilemma für die Zulässigkeit des Erbvertrags einerseits (→ Rn. 9) und die materielle Wirksamkeit sowie die Bindungswirkungen des Erbvertrags andererseits (→ Rn. 10) unterschiedlich auf.

1. Vorprüfung: Existenz eines Erbvertrags im unionsrechtlichen Sinne. Die Verordnung   **8** übersieht, dass bereits die Frage, ob ein Erbvertrag im unionsrechtlichen Sinne vorliegt (Art. 3 Abs. 1 lit. b), davon abhängt, welche Wirkungen das hypothetische Erbstatut der betreffenden Verfügung von Todes wegen verleiht, insbesondere im Hinblick auf die Bindungswirkung für die Parteien. Bei Erbverträgen hinsichtlich der Rechtsnachfolge nach mehreren Erblassern stellt sich mithin das Problem, welches der hypothetischen Erbstatute für die Qualifikation der betreffenden Verfügung von Todes wegen zugrunde zu legen ist. Richtigerweise wird man insoweit Abs. 2 UAbs. 1 (→ Rn. 9) entsprechend anwenden und nur dann einen Erbvertrag im unionsrechtlichen Sinne annehmen, wenn die intendierte Ausgestaltung der betreffenden Verfügung von Todes wegen nach den beteiligten hypothetischen Erbstatuten jeweils die Anforderungen des Art. 3 Abs. 1 lit. b erfüllt.[7]

2. Zulässigkeit des Erbvertrags: Kumulative Anknüpfung (Abs. 2 UAbs. 1). Die Zulässig-   **9** keit des Erbvertrags als Verfügung von Todes wegen (zu Einzelheiten dieses Anknüpfungsgegenstands → Art. 24 Rn. 3, vor allem auch hinsichtlich eines Erbvertragsverbots sowie der Abgrenzung zum Formstatut) wird in Abs. 2 UAbs. 1 kumulativ an die jeweils nach objektiver oder subjektiver Anknüpfung gemäß der allgemeinen Kollisionsnorm in Art. 21 und Art. 22 zu bestimmenden **hypothetischen Erbstatute der betroffenen Erblasser** zum Zeitpunkt der Errichtung (zu dessen Bestimmung näher → Art. 24 Rn. 6 ff.) angeknüpft. Maßgeblich sind freilich nur die hypothetischen Erbstatute derjenigen Beteiligten am Erbvertrag, deren Nachlässe von der Verfügung von Todes wegen berührt werden,[8] sprich – nach der Erbvertragsdefinition in Art. 3 Abs. 1 lit. b – derjenigen Beteiligten, an deren Nachlässen der fragliche Erbvertrag Rechte begründet, ändert oder entzieht. Bei den kumulativ anzuwendenden hypothetischen Erbstatuten kann es sich potentiell um unterschiedliche Rechte handeln, etwa wenn die betroffenen Erblasser unterschiedliche gewöhnliche Aufenthalte (objektive Anknüpfung nach Art. 21 Abs. 1) oder unterschiedliche Staatsangehörigkeiten (subjektive Anknüpfung nach Art. 22) haben oder – selbst bei identischen Anknüpfungsmomenten – einzelne Erblasser eine Rechtswahl im Hinblick auf ihr allgemeines Erbstatut getroffen haben, andere hingegen nicht. Nur wenn ein Erbvertrag, sei es aus materiellen oder formellen Gründen (näher → Art. 24 Rn. 3), nach beiden Rechten zulässig ist, ist der Erbvertrag wirksam; ansonsten besteht kein Erbvertrag und die Rechtsnachfolgen von Todes wegen der betreffenden Erblasser unterliegen ihrem jeweiligen allgemeinen Erbstatut. Womöglich kann jedoch nach dem jeweiligen Einzelerrichtungsstatut – das sich dann nach Art. 24 oder Art. 25 Abs. 1, nicht aber nach Abs. 2 richtet – der unzulässige Erbvertrag als sonstige Verfügung von Todes wegen aufrechterhalten werden, etwa im Wege der Umdeutung.[9]

3. Materielle Wirksamkeit und Bindungswirkungen des Erbvertrags: Engste Verbin-   **10** **dung (Abs. 2 UAbs. 2).** Dagegen entscheidet sich die Verordnung im Hinblick auf die materielle Wirksamkeit und die Bindungswirkung (näher → Art. 24 Rn. 4 f. sowie Art. 26) in Abs. 2 UAbs. 2 für eines der im Raum stehenden hypothetischen Erbstatute: Maßgeblich ist das jeweils nach Art. 21 und Art. 22 zu bestimmende hypothetische Erbstatut der betroffenen Erblasser (zu dessen Bestimmung näher → Art. 24 Rn. 6 ff.), zu dem der Erbvertrag die engste Verbindung aufweist. Die Verordnung gibt bei der Auslegung dieses Begriffs keine Hilfestellung und nennt vor allem in den Erwägungsgründen keine Kriterien, die bei der Bestimmung der engsten Verbindung eine Rolle spielen könnten. Auch hier werden deshalb wie bei Art. 21 Abs. 2 sämtliche Umstände des Einzelfalls heranzuziehen sein, wobei man weniger auf eine Beziehung der Erbvertragsparteien zu einem der hypothetisch in Frage kommenden Erbstatute abstellen muss, sondern vielmehr auf die beteiligten

---

[6] Anders *Döbereiner* MittBayNot 2013, 437 (442): dann mehrere Erbverträge, deren Errichtungsstatut nach Abs. 1 zu ermitteln ist.

[7] *Döbereiner* MittBayNot 2013, 437 (441 f.); vgl. auch Rauscher/*Hertel* Rn. 7, der das Problem durch einen extrem weiten Erbvertragsbegriff lösen möchte, der auch gemeinschaftliche Testamente ohne Bindungswirkung erfasst.

[8] *Nordmeier* ZErb 2013, 112 (113).

[9] Zust. wohl Rauscher/*Hertel* Rn. 22.

Erblasser (falls diese mit den Erbvertragsparteien nicht identisch sind), deren Rechtsnachfolgen von Todes wegen von dem Erbvertrag betroffen sind.[10] Maßgeblicher Zeitpunkt ist auch hier die Errichtung der Verfügung[11] (zu dessen Bestimmung → Art. 24 Rn. 10).

11 **4. Auf das Errichtungsstatut beschränkte Teilrechtswahl der Parteien (Abs. 3).** Gerade die Unsicherheit in Bezug auf das nach UAbs. 2 auf die materielle Wirksamkeit und die Bindungswirkung anwendbare Recht können die Parteien durch eine Rechtswahl nach Abs. 3 (zu Einzelheiten → Rn. 5 f.) beseitigen, wobei die Parteien hier (anders als bei Erbverträgen nach Abs. 1) die Wahl zwischen den Staatsangehörigkeitsrechten der beteiligten Erblasser – deren Rechtsnachfolgen von Todes wegen der Erbvertrag regelt (→ Rn. 9) – besitzen. Diese Erweiterung des Kreises der wählbaren Rechte beschränkt sich freilich auf das Errichtungsstatut und gestattet den beteiligten Erblassern insbesondere nicht, im Rahmen einer allgemeinen Rechtswahl nach Art. 22 das Staatsangehörigkeitsrecht eines der Erblasser zu wählen.[12]

V. Änderung und Widerruf des Erbvertrags

12 Keine Regelung enthält Art. 25 zum Widerruf und zur Änderung des Erbvertrags. Allein die Bindungswirkung des Erbvertrags, und damit seine **Abänderbarkeit** oder **Widerruflichkeit,** wird in Abs. 1 sowie Abs. 2 UAbs. 2 gesondert angeknüpft. Im Hinblick auf die Frage, ob der Erbvertrag durch eine spätere Verfügung von Todes wegen **wirksam abgeändert oder widerrufen** wurde, wird man auf den Rechtsgedanken in **Art. 24 Abs. 3 S. 1** zurückgreifen müssen und hierauf das zum jeweiligen Änderungs- oder Widerrufszeitpunkt maßgebliche Errichtungsstatut anzuwenden haben. Auch die Vermutungsregel in **Art. 24 Abs. 3 S. 2** ist im Hinblick auf den Umfang der Rechtswahl nach Abs. 3 analogiefähig. Zur Anknüpfung eines Zuwendungsverzichts → Art. 24 Rn. 18.

VI. Übergangsrecht: Vorwirkung der Verordnung

13 Es gilt das in → Art. 24 Rn. 19 Gesagte entsprechend.

Art. 26 EuErbVO Materielle Wirksamkeit einer Verfügung von Todes wegen

(1) Zur materiellen Wirksamkeit im Sinne der Artikel 24 und 25 gehören:
a) die Testierfähigkeit der Person, die die Verfügung von Todes wegen errichtet;
b) die besonderen Gründe, aufgrund deren die Person, die die Verfügung errichtet, nicht zugunsten bestimmter Personen verfügen darf oder aufgrund deren eine Person kein Nachlassvermögen vom Erblasser erhalten darf;
c) die Zulässigkeit der Stellvertretung bei der Errichtung einer Verfügung von Todes wegen;
d) die Auslegung der Verfügung;
e) Täuschung, Nötigung, Irrtum und alle sonstigen Fragen in Bezug auf Willensmängel oder Testierwillen der Person, die die Verfügung errichtet.

(2) Hat eine Person nach dem nach Artikel 24 oder 25 anzuwendenden Recht die Testierfähigkeit erlangt, so beeinträchtigt ein späterer Wechsel des anzuwendenden Rechts nicht ihre Fähigkeit zur Änderung oder zum Widerruf der Verfügung.

---

[10] Zu möglichen Faktoren Bonomi/Wautelet/*Bonomi* Rn. 29 ff.; *Döbereiner* MittBayNot 2013, 437 (442). Dem Abschlussort bei beurkundungspflichtigen Verfügungen eine besondere Bedeutung einräumen wollen *Simon/Buschbaum* NJW 2012, 2393 (2396); zust. *Bonomi/Öztürk* in Dutta/Herrler EuErbVO 47, 63; *Frieser/Martiny* ErbR Nach Art. 26 EGBGB: EuErbVO Rn. 130; Palandt/*Thorn* Rn. 6 (jedenfalls bei notarieller Beurkundung des Erbvertrags). – Hiergegen spricht freilich, dass der Abschlussort zufällig sein kann und deshalb etwa im internationalen Schuldvertragsrecht bei Art. 4 Abs. 4 Rom I-VO auch eine geringere Bedeutung besitzt, näher → Rom I-VO Art. 4 Rn. 327; jedoch maß da Kommission in ihrem Vorschlag für Art. 17 Abs. 1 lit. c EuGüVO (Vorschlag der Europäischen Kommission für eine Verordnung über die Zuständigkeit, das anzuwendende Recht, die Anerkennung und die Vollstreckung von Entscheidungen im Bereich des Ehegüterrechts, KOM [2011] 126 endg. vom 16.3.2011) dem Abschlussort der Ehe eine besondere Bedeutung zu, wenn es darum geht, das Recht festzustellen, zu dem die Ehegatten die engste Verbindung aufweisen: „Mangels Rechtswahl der Ehegatten unterliegt der eheliche Güterstand dem Recht des Staates, [...] mit dem die Ehegatten unter Berücksichtigung aller Umstände, insbesondere des Orts der Eheschließung, gemeinsam am engsten verbunden sind"; krit. *Martiny* IPRax 2011, 437 (451): „häufig beziehungsarm und nur von begrenzter Aussagekraft"; anders nun auch Art. 26 Abs. 1 lit. c EuGüVO.

[11] *Döbereiner* MittBayNot 2013, 437 (442).

[12] *v. Hinden/Müller* ErbStB 2013, 97 (102).

I. Überblick und Normzweck

Die Vorschrift definiert in **Abs. 1** für Zwecke des Art. 24 und Art. 25 den **Anknüpfungsgegen-** **1**
stand im Hinblick auf die materielle Wirksamkeit näher, indem sie einige Fragestellungen nennt,
die als die materielle Wirksamkeit der Verfügung von Todes wegen (Definition in Art. 3 Abs. 1 lit. d)
betreffend anzusehen sind und damit dem nach Art. 24 und Art. 25 zu bestimmenden Errichtungsstatut unterliegen. Auf diese Weise soll eine einheitliche Anwendung der Art. 24 f. ermöglicht werden
(Erwägungsgrund Nr. 48 S. 2), da der Begriff der materiellen Wirksamkeit autonom auszulegen ist
(allgemein → Vor Art. 1 Rn. 23 ff.). Dagegen enthält **Abs. 2** eine Regelung zum **Statutenwechsel,**
der sich nicht auf die einmal ausgeübte Testierfähigkeit des Erblassers auswirkt.

II. Umfang der materiellen Wirksamkeit (Abs. 1)

Abs. 1 umschreibt den Umfang des Errichtungsstatuts nach Art. 24 und Art. 25 im Hinblick auf **2**
die materielle Wirksamkeit **nicht abschließend,**[1] sondern enthält lediglich eine klarstellende Liste
von Fragestellungen, die unter den Begriff der materiellen Wirksamkeit der Verfügung von Todes
wegen fallen, wie der Wortlaut der Vorschrift zeigt: „Zur materiellen Wirksamkeit […] gehören“.[2]
Abzugrenzen ist das Errichtungsstatut vor allem vom allgemeinen Erbstatut, wobei insbesondere die
trennscharfe Abgrenzung von der Erbberechtigung, die nach Art. 23 Abs. 2 lit. b dem allgemeinen
Erbstatut unterliegt, schwierig ist und ggf. eine ergänzende Auslegung der anzuknüpfenden Verfügung von Todes wegen erfordert (näher → Art. 23 Rn. 13 f.). Der Begriff der materiellen Wirksamkeit muss **autonom,** dh ohne Rückgriff auf innerstaatliches Recht, ausgelegt werden (→ Vor Art. 1
Rn. 23). Unter die materielle Wirksamkeit sind **allgemein** sämtliche Regelungen zu fassen, die
darüber entscheiden, ob der Erblasser durch eine zulässige (näher → Art. 24 Rn. 3) Verfügung von
Todes wegen von den intestaterbrechtlichen Regeln über die Rechtsnachfolge von Todes wegen
abweicht, wobei die Anforderungen an die Verkörperung oder Beweisbarkeit der Verfügung dem
Formstatut nach Art. 27 und ggf. wegen Art. 75 Abs. 1 UAbs. 2 nach dem Haager Testamentsformübereinkommen (Art. 1 ff. HTestformÜ; Text und Erläuterung → HTestformÜ Art. 1 Rn. 1 ff.)
unterliegen (etwa → Rn. 5, 11).

1. Liste des Abs. 1. Abs. 1 enthält eine klarstellende Liste von Fragestellungen, die unter den **3**
Begriff der materiellen Wirksamkeit der Verfügung von Todes wegen fallen (→ Rn. 2). Auch hier
ist die Begrifflichkeit autonom auszulegen (→ Rn. 1, 2).

a) Testierfähigkeit (lit. a). Mit der Testierfähigkeit weist der Unionsgesetzgeber dem Errich- **4**
tungsstatut ein klassisches Wirksamkeitshindernis zu. Unter lit. a fällt jedenfalls die Testierfähigkeit des **Erblassers** im Hinblick auf die **Errichtung des Testaments** (etwa nach § 2229 BGB).
Aber auch die Fähigkeit, als **Erblasser** oder **weitere Partei** einen **Erbvertrag** abzuschließen
(etwa nach §§ 2275, 2284 S. 2, 2290 Abs. 2 S. 2 BGB), wird von lit. a erfasst, der ausdrücklich
von „Verfügung von Todes wegen" (Definition in Art. 3 Abs. 1 lit. d) und „Person" spricht und

---

[1] Dutta/Weber/*Bauer* Rn. 4; Bonomi/Wautelet/*Bonomi* Rn. 2; *Frank/Döbereiner,* Nachlassfälle mit Auslandsbezug, 2015, 92; Rauscher/*Hertel* Rn. 3; Palandt/*Thorn* Rn. 1; anders Deixler-Hübner/Schauer/*Fischer-Czermak*
Rn. 1; *Heinig* RNotZ 2014, 197 (208); *Odersky* notar 2014, 139 (140) in Fn. 8; BeckOGK/*Schmidt* Rn. 4.
[2] Das Wortlautargument von BeckOGK/*Schmidt* Rn. 4, dass der Unionsgesetzgeber immer bei wohl als
abschließend konzipierten Listen die Wendung „insbesondere" einfügt, ist mE nicht überzeugend, wie etwa bereits
ein Blick in Art. 1 Abs. 2 zeigt; auch die Bereichsausnahmen dort sind nicht abschließend, etwa würde niemand
bezweifeln, dass die Verordnung außervertragliche Schuldverhältnisse nicht erfasst. Entscheidend ist aber ohnehin,
dass auch in der Sache ein offenes Verständnis des Begriffs der materiellen Wirksamkeit erforderlich ist (vgl. auch
→ Rn. 14 ff.), da nicht davon auszugehen ist, dass der Unionsgesetzgeber in einem kollisionsrechtlichen Rechtsakt
diesen Begriff sachrechtlich abschließend definieren möchte.

sich nicht auf das Testament und den Erblasser beschränkt. Hieran ändert auch der Verweis auf die „Testierfähigkeit" nichts, die nach deutschem Verständnis eine Beschränkung auf die Person des Erblassers nahelegen könnte, zumal etwa die englische oder französische Sprachfassung insoweit klarer sind und von „capacity of the person" sowie „capacité de la personne" sprechen. Aufgrund des weiten Begriffs des Erbvertrags im unionsrechtlichen Sinne nach Art. 3 Abs. 1 lit. b gehört zur Testierfähigkeit auch die Fähigkeit, als **Erblasser** oder **weitere Partei** einen **Erb- oder Pflichtteilsverzicht** zu vereinbaren[3] (etwa nach § 2347 Abs. 2 S. 1 Hs. 2 und S. 2 BGB). Auch hier gilt: Verweist das Erbstatut für die Testierfähigkeit auf die allgemeine Geschäftsfähigkeit oder Handlungsfähigkeit der beteiligten Person (etwa in § 2275 Abs. 1 BGB), so handelt es sich hierbei um eine Vorfrage (→ Art. 1 Rn. 18). Mit lit. a weicht der Unionsgesetzgeber von dem Grundsatz nach Art. 1 Abs. 1 lit. b ab, dass Fragen der Geschäftsfähigkeit und Handlungsfähigkeit nicht von der Verordnung erfasst werden. Eine **Verkehrsschutzregel** wie in Art. 13 Rom I-VO – die allenfalls bei Erbverträgen im unionsrechtlichen Sinne zum Tragen käme – fehlt in der Erbrechtsverordnung; aufgrund des persönlichen Charakters des Erbvertrags besteht auch kein Bedürfnis für eine Analogie, es bleibt beim Errichtungsstatut.[4] – Zum **Verlust einer bereits ausgeübten Testierfreiheit** s. Abs. 2 (→ Rn. 17 ff.).

5   Die Testierfähigkeit ist abzugrenzen von Vorschriften, die bestimmte **Formen der Verfügung von Todes wegen** vom Alter oder anderen persönlichen Bedingungen des Erblassers abhängig machen (s. auch Erwägungsgrund Nr. 53 S. 2). Solche Regelungen – wie etwa § 2247 Abs. 4 Fall 1 BGB – sind als die formelle Wirksamkeit der Verfügung von Todes wegen betreffend zu qualifizieren (s. Art. 27 Abs. 3 S. 1 EuErbVO), Art. 5 S. 1 HTestformÜ → HTestformÜ Art. 5 Rn. 1, 2 ff.).

6   **b) Zuwendungsverbote (lit. b).** Durch lit. b stellt der Unionsgesetzgeber klar, dass Verbote, durch Verfügungen von Todes wegen Zuwendungen an bestimmte Personen zu machen oder solche Zuwendungen zu empfangen, dem Errichtungsstatut unterliegen. In Deutschland erfasst lit. b vor allem die Verbote nach dem ehemaligen § 14 HeimG sowie nunmehr den entsprechenden Vorschriften der Länder,[5] soweit diese als Testierverbote ausgelegt werden (näher → BGB § 134 Rn. 102).

7   Zuwendungsverbote sind selbst dann der materiellen Wirksamkeit der Verfügung zuzuordnen, wenn sie vornehmlich aus ordnungspolitischen Gründen erlassen werden, etwa beim Verbot von Zuwendungen an Pflegepersonal zum Schutz des Heimfriedens. Aus lit. b ergibt sich zum einen, dass solche Vorschriften **nicht als öffentlich-rechtliche Normen** dem Anwendungsbereich der Verordnung nach Art. 1 Abs. 1 S. 2 entzogen sind.[6] Es ist schon mehr als fraglich, ob Zuwendungsverbote die Kriterien des EuGH (vgl. → Art. 1 Rn. 9) für hoheitliches Handeln erfüllen, da der Staat gar nicht Adressat dieser Normen ist. Mit lit. b verhindert der Unionsgesetzgeber zum anderen, dass solche Verbote als außerhalb des Erbstatuts stehende **Eingriffsnormen** qualifiziert werden,[7] die ihren internationalen Anwendungsbereich selbst bestimmen, etwa indem sie an den Sitz des Pflegeheims im Inland anknüpfen.[8] Die Wertungen solcher ordnungspolitisch motivierten Zuwendungsverbote kann der inländische Richter allein über den ordre-public-Vorbehalt (Art. 35) durchsetzen.[9]

8   Problematisch ist auch bei den Zuwendungsverboten die **Abgrenzung zum allgemeinen Erbstatut** nach Art. 21 ff.: Betrifft das Verbot sämtliche Berechtigte, ohne Rücksicht darauf, ob sie ihre Position aus dem Intestaterbrecht, dem zwingenden Erbrecht oder dem gewillkürten Erbrecht ableiten, so ist ein solches allgemeines Empfangsverbot als Frage der Erbfähigkeit nach Art. 23 Abs. 2 lit. c zu qualifizieren (→ Art. 23 Rn. 18), betrifft das Verbot nur letztwillige Zuwendungen des Erblassers, so unterliegt es dem Errichtungsstatut nach den Art. 24 und 25.

9   **c) Formelle Höchstpersönlichkeit (lit. c).** Auch die Zulässigkeit der Stellvertretung bei der Errichtung der Verfügung von Todes wegen beantwortet das Errichtungsstatut nach Art. 24 f. Das

---

[3] So wohl auch *Döbereiner* MittBayNot 2013, 437 (443).

[4] Vgl. auch Staudinger/*Hausmann* (2013) EGBGB Art. 12 Rn. 9, 56.

[5] Palandt/*Thorn* Rn. 1. Anders *Heinig* RNotZ 2014, 197 (208), unter zweifelhaftem Rückgriff auf eine Qualifikation der Vorschriften nach deutschem Recht.

[6] So aber offenbar Deixler-Hübner/Schauer/*Mankowski* Art. 1 Rn. 11; anders Rauscher/*Hertel* Rn. 8 ff.

[7] Wie teils vorgeschlagen wurde, etwa von *Dutta* RabelsZ 73 (2009), 547 (589) und *Max Planck Institute* RabelsZ 74 (2010), 522 (643, 646). – S. auch Dutta/Weber/*Bauer* Rn. 6; Deixler-Hübner/Schauer/*Fischer-Czermak* Rn. 5; *Hess/Mariottini/Camara* Note 18 f. in Fn. 31. So aber auch noch de lege lata Deixler-Hübner/Schauer/*Mankowski* Art. 1 Rn. 11.

[8] Die Frage einer Sonderanknüpfung als Eingriffsnorm offenlassend dagegen *Kunz* GPR 2012, 253 (255).

[9] *Lein* YbPIL 11 (2009), 107 (125 f.); zurückhaltender *Kunz* GPR 2012, 253 (255).

gilt nicht nur für das Testament und die Vertretung des Erblassers (etwa nach § 2064 BGB). Lit. c erfasst wegen seiner offenen Formulierung und der weiten Definition des Erbvertrags in Art. 3 Abs. 1 lit. b auch die Zulässigkeit der Stellvertretung beim Erbvertrag (§§ 2274, 2284 S. 1, 2290 Abs. 2 S. 1 BGB) sowie beim Erb- und Pflichtteilsverzicht (§ 2347 Abs. 2 S. 1 Hs. 1 BGB). Nicht erfasst ist die Botenschaft oder die Hilfe bei der reinen Erstellung der Urkunde, deren Zulässigkeit dem Formstatut zu unterstellen ist (→ HTestformÜ Art. 1 Rn. 4). Zur materiellen Höchstpersönlichkeit → Rn. 14.

d) Auslegung (lit. d). Etwas überraschend taucht in lit. d auch die Auslegung als Frage auf, die   **10** dem Errichtungsstatut nach Art. 24 f. unterliegen soll. Die Auslegung betrifft nicht in erster Linie die materielle Wirksamkeit, sondern die Frage des Bestands und Inhalts der Verfügung von Todes wegen, sieht man einmal von Regelungen über eine wohlwollende – dh die materielle Wirksamkeit der betreffenden Verfügung favorisierende – Auslegung (etwa nach §§ 2284 f. BGB) ab. In der Sache ist die unwandelbare Anknüpfung der Auslegung an das zum Errichtungszeitpunkt maßgebliche Erbstatut gerechtfertigt, da auch insoweit die Stabilitätsinteressen des Erblassers und der weiteren Parteien der Verfügung von Todes wegen schutzwürdig sind[10] (→ Vor Art. 20 Rn. 33).

Das Errichtungsstatut regelt damit die **Auslegungsgrundsätze,** etwa nach deutschem Recht den   **11** Grundsatz der erläuternden oder ergänzenden subjektiven Auslegung nach §§ 133, 2084 f. BGB. Erfasst werden aber auch gesetzliche Auslegungs- und Ergänzungsregeln, beispielsweise in den §§ 2066 ff. BGB. Auch die allgemeine ergänzende Auslegung (näher → BGB § 2084 Rn. 80 ff.) wird von lit. d erfasst. Wichtig ist hier jedoch die Abgrenzung zum Formstatut nach Art. 27 und ggf. wegen Art. 75 Abs. 1 UAbs. 2 nach dem Haager Testamentsformübereinkommen (Art. 1 ff. HTestformÜ; Text und Erläuterung → HTestformÜ Art. 1 Rn. 1 ff.): Einschränkungen der ergänzenden Auslegung einer Verfügung von Todes wegen aus formellen Gründen, in Deutschland etwa nach der Andeutungstheorie, wonach der hypothetische Erblasserwille in irgendeiner Weise im Testament Anklang gefunden haben muss (näher → BGB § 2084 Rn. 94 ff.), werden vom Formstatut beherrscht.[11]

Nimmt der Erblasser in seiner Verfügung von Todes wegen **Bezug auf Institute oder Vor-**   **12** **schriften einer ausländischen Rechtsordnung,** die nicht allgemeines Erbstatut oder Errichtungsstatut (vgl. auch → Art. 23 Rn. 14, wenn Erb- und Errichtungsstatut auseinanderfallen) ist, so stellen sich verschiedene Auslegungsfragen. Zunächst kann diese Bezugnahme **kollisions-** **rechtlich** als konkludente Rechtswahl bezogen auf das Erbstatut allgemein (→ Art. 22 Rn. 14) oder bezogen auf das Errichtungsstatut (→ Art. 24 Rn. 14) ausgelegt werden. Scheitert eine solche Rechtswahl (weil die Voraussetzungen für eine konkludente Rechtswahl nicht vorliegen oder weil das konkludent gewählte Recht nicht wählbar ist), so stellen sich **sachrechtliche** Fragen; es liegt dann nämlich ein **Handeln unter fremdem Recht** vor (→ Einl. IPR Rn. 223 ff.). Da die Auslegung nach lit. d dem Errichtungsstatut zugeschlagen wird, kommen nicht die Auslegungsgrundsätze des allgemeinen Erbstatuts, sondern des Errichtungsstatuts zum Zuge.[12] Bei deutschem Errichtungsstatut ist etwa nach § 133 BGB der wirkliche Wille des Erblassers zu ermitteln, was eine „Übersetzung" des vom Erblasser Bezeichneten erfordert. Der Erblasser hat dasjenige in der Sprache des allgemeinen Erbstatuts oder Errichtungsstatuts angeordnet, was dem im fremden Recht Bezeichneten funktional am nächsten kommt. Soweit keine Anhaltspunkte bestehen, dass sich der Erblasser auch über die Bedeutung des fremden Rechts geirrt hat (und nicht lediglich über dessen kollisionsrechtliche Anwendbarkeit), ist die Funktion des Bezeichneten im fremden Recht zugrunde zu legen,[13] andernfalls die Vorstellung des Erblassers von dem Bezeichneten. Im Detail können sich hier diffizile Auslegungs- und Übersetzungsfragen stellen,[14] etwa im Zusammenhang mit (testamentary) trusts.[15]

e) Subjektiver Tatbestand und Willensmängel (lit. e). Auch der subjektive Tatbestand der   **13** Verfügung von Todes wegen („Testierwille der Person, die die Verfügung errichtet"; zum objektiven

---

[10] Krit. aber *Picht,* FS Coester-Waltjen, 2015, 619 (624).

[11] Zust. Dutta/Weber/*Bauer* Rn. 10.

[12] *Dutta* IPRax 2016, 139 (142).

[13] Staudinger/*Dörner* (2007) EGBGB Art. 25 Rn. 268, spricht davon, dass „dem Sinngehalt des ausländischen Rechts Rechnung zu tragen ist"; nach *Looschelders* FamRZ 2016, 2153 (2154) ist Maßstab für die Auslegung der betreffenden Verfügung von Todes wegen die „Äquivalenz der Rechtsinhalte".

[14] Aus der Rechtsprechung etwa OLG Frankfurt IPRspr. 1962/1963 Nr. 146; OLG Frankfurt IPRspr. 1966/1967 Nr. 168a; BayObLG FamRZ 2003, 1595; OLG München ZEV 2006, 456 (456 f.); LG Freiburg BeckRS 2013, 08739; OLG Köln ZEV 2014, 497; OLG Schleswig FamRZ 2015, 357 = IPRax 2016, 163; OLG Düsseldorf FamRZ 2016, 2150 = ZEV 2017, 204. S. auch für ein Beispiel → Art. 23 Rn. 14.

[15] Siehe beispielsweise für die Übersetzung ins deutsche Recht OLG Schleswig FamRZ 2015, 357 = IPRax 2016, 163; *Dutta* IPRax 2016, 139 (140 ff.).

Tatbestand → Rn. 14) sowie die Willensmängel (Irrtum, Täuschung, Drohung) unterliegen dem Errichtungsstatut nach Art. 24 f. Hierunter fallen nicht nur die Voraussetzungen für das Vorliegen des Willensmangels, sondern auch die Rechtsfolgen, etwa eine Anfechtbarkeit sowie die Voraussetzungen und Rechtsfolgen der Anfechtung (etwa §§ 119 ff., §§ 2078 ff. und §§ 2281 ff. BGB).

14   **2. Weitere Elemente der materiellen Wirksamkeit.** Zur materiellen Wirksamkeit iS der Art. 24 und Art. 25 wird man – auch wenn Abs. 1 insoweit schweigt (→ Rn. 2) – sämtliche übrigen Fragen des **Zustandekommens** der Verfügung von Todes wegen zu zählen haben, etwa die Anforderungen an eine Willenserklärung, speziell den objektiven Tatbestand (zum subjektiven Tatbestand → Rn. 13), sowie ferner die Frage der Empfangs- oder Nichtempfangsbedürftigkeit der Willenserklärung. Erfasst werden außerdem **weitere Wirksamkeitshindernisse,** wie in Abs. 1 explizit genannt werden, vor allem der Grundsatz der materiellen Höchstpersönlichkeit (etwa nach § 2065 BGB), aber auch die Ausstrahlungswirkung der Nichtigkeit einer anderen Verfügung von Todes wegen (etwa nach § 2270 Abs. 1 BGB) und ferner die Sittenwidrigkeit (etwa nach § 138 Abs. 1 BGB) oder Nichtigkeit wegen Gesetzesverstoßes (nach § 134 BGB) sowie die zeitlichen Höchstgrenzen für eine postmortale Vermögensbindung zB durch Teilungsverbote, Vor- und Nacherbschaft, Dauertestamentsvollstreckung, etc (etwa nach §§ 2044 Abs. 2, 2109, 2210 BGB); das Gleiche gilt freilich für Verbote solcher Vermögensbindungsmechanismen, wie sie zum Teil in ausländischen Erbrechten anzutreffen sind.[16] Insbesondere fallen die genannten Fragen nicht als „Beschränkungen der Testierfreiheit" nach Art. 23 Abs. 2 lit. h unter das allgemeine Erbstatut (→ Art. 23 Rn. 36). Auch sämtliche übrigen Fragen des **Außerkrafttretens** der Verfügung von Todes wegen, etwa durch Widerruf (zB nach §§ 2253 ff. BGB → Art. 24 Rn. 16 ff.; → Art. 25 Rn. 12), werden vom Errichtungsstatut umfasst, jedenfalls als Teil der Bindungswirkungen. Für all diese Fragestellungen greift der Sinn und Zweck eines gesonderten Errichtungsstatuts, nämlich die Stabilität des anwendbaren Rechts (→ Vor Art. 20 Rn. 33).

15   Dagegen unterliegt die Unwirksamkeit oder die Suspendierung der Wirksamkeit einer letztwilligen Verfügung wegen **Verstoßes gegen eine frühere den Erblasser bindende Verfügung** (etwa nach § 2289 Abs. 1 S. 2 BGB) nicht dem Errichtungsstatut der späteren Verfügung, sondern dem Errichtungsstatut der früheren Verfügung als Teil ihrer Bindungswirkungen, die ebenfalls Gegenstand des jeweiligen Errichtungsstatuts sind (→ Art. 24 Rn. 5; Art. 25 Abs. 1, Abs. 2 UAbs. 2 sowie Abs. 3). Etwas anderes folgt auch nicht aus Erwägungsgrund Nr. 50, nach dem diejenigen Rechte einer Person, die „ihr von der Person, deren Nachlass betroffen ist, nicht entzogen werden" können, nicht dem Errichtungsstatut unterliegen; diese Klarstellung bezieht sich nur auf eine zwingende Nachlassbeteiligung von Gesetzes wegen, wie etwa den Pflichtteil (→ Rn. 16), nicht aber Beschränkungen, die sich aus der Bindungswirkung einer früheren Verfügung von Todes wegen ergeben.

16   **Nicht** dagegen unter das Errichtungsstatut, sondern nach Art. 23 Abs. 2 lit. h unter das allgemeine Erbstatut fallen die Grenzen des **Pflichtteils,** selbst wenn sie in Rechtsordnungen mit gegenstandsbezogener Teilhabe als Noterbrechte die Wirksamkeit der Verfügung von Todes wegen beschränken (Erwägungsgrund Nr. 50; näher → Art. 23 Rn. 34). Auch umfasst die materielle Wirksamkeit einer Verfügung von Todes wegen **nicht sämtliche Wirkungen der Verfügung von Todes wegen** → Art. 24 Rn. 3, die dem allgemeinen Erbstatut unterliegen → Art. 23 Rn. 13 f., 19 (Abgrenzung im Hinblick auf die möglichen erbrechtlichen Rechtspositionen, die durch Verfügung von Todes wegen eingeräumt oder entzogen werden können); → Art. 23 Rn. 27 (Abgrenzung im Hinblick auf die Wirkungen eines Verzichts auf die erbrechtliche Berechtigung).

III. Kein Verlust der bereits ausgeübten Testierfähigkeit bei Statutenwechsel (Abs. 2)

17   Abs. 2 betrifft ein Problem des Allgemeinen Teils, nämlich den Statutenwechsel (allgemein → Vor Art. 20 Rn. 54) im Hinblick auf die einmal erlangte Testierfähigkeit, die nach Abs. 1 lit. a dem Errichtungsstatut unterliegt. Auch hier wahrt der Unionsgesetzgeber die **Stabilitätsinteressen** der an der Verfügung von Todes wegen beteiligten Personen (→ Vor Art. 20 Rn. 33).

18   Errichtet ein nach dem hypothetischen Erbstatut zum Errichtungszeitpunkt testierfähiger Erblasser (ggf. unter Beteiligung einer „testierfähigen" weiteren Partei; näher → Rn. 4) eine Verfügung von Todes wegen, so stellt sich die Frage, ob der Erblasser (und/oder ggf. die weitere Partei) die Verfügung von Todes wegen abändern oder widerrufen kann, wenn das Errichtungsstatut sich zum Zeitpunkt der Änderung oder des Widerrufs gewandelt hat und der Erblasser (und/oder ggf. die weitere Partei) zu diesem Zeitpunkt nach dem neuen Recht nicht mehr testierfähig ist. Abs. 2

---

[16] Im Ergebnis ebenso *Bonomi/Öztürk* in Dutta/Herrler EuErbVO 47, 57.

ordnet an, dass dieser Statutenwechsel im Hinblick auf die durch die Errichtung der abzuändernden oder zu widerrufenden Verfügung bereits ausgeübte Testierfähigkeit **bedeutungslos** ist und der Erblasser (und/oder ggf. die weitere Partei) die Verfügung auch bei Testierunfähigkeit abändern oder widerrufen kann. Insoweit stellt Abs. 2 auch eine weitere Ausnahme von Art. 1 Abs. 1 lit. b dar, der Fragen der Geschäfts- und Handlungsfähigkeit aus dem Anwendungsbereich der Verordnung ausklammert. Abs. 2 betrifft nur den Statutenwechsel, nicht einen Wechsel der tatsächlichen Umstände, die – wie etwa der Geisteszustand des Erblassers – für die Beurteilung der Testierfreiheit von Bedeutung sind.[17] Allerdings wird dem Stabilitätsgedanken nur dann hinreichend Rechnung getragen, wenn man Abs. 2 auch auf Fälle anwendet, in denen die Testierfähigkeit nach dem neuen Recht zwar nicht fehlt, aber an andere Voraussetzungen geknüpft wird; hier muss es auch beim Widerruf oder bei der Abänderung bei den Voraussetzungen nach dem alten Recht bleiben.[18] **Kein Redaktionsversehen** ist der Verweis in Abs. 2 auf Art. 25.[19] Auch bei Erbverträgen kann es zu einem Widerruf einzelner Verfügungen des Erbvertrags, etwa auch durch Testament mit Zustimmung der anderen Vertragsschließenden, kommen und sich Frage nach der Testierfähigkeit zum Zeitpunkt des Widerrufs erneut stellen.

Abs. 2 unterscheidet sich damit von **Art. 26 Abs. 5 S. 2 EGBGB aF,** der entgegen seines Wort- **19** lauts jeden Statutenwechsel erfasste (näher Voraufl. EGBGB Art. 26 Rn. 19). Abs. 2 findet dagegen nur auf die bereits ausgeübte Testierfähigkeit im Hinblick auf die Änderung oder den Widerruf einer mit Testierfähigkeit wirksam errichteten Verfügung von Todes wegen Anwendung und nicht abstrakt auf die einmal erlangte Testierfähigkeit.

Art. 27 EuErbVO Formgültigkeit einer schriftlichen Verfügung von Todes wegen

(1) Eine schriftliche Verfügung von Todes wegen ist hinsichtlich ihrer Form wirksam, wenn diese:

a) **dem Recht des Staates entspricht, in dem die Verfügung errichtet oder der Erbvertrag geschlossen wurde,**

b) **dem Recht eines Staates entspricht, dem der Erblasser oder mindestens eine der Personen, deren Rechtsnachfolge von Todes wegen durch einen Erbvertrag betroffen ist, entweder im Zeitpunkt der Errichtung der Verfügung bzw. des Abschlusses des Erbvertrags oder im Zeitpunkt des Todes angehörte,**

c) **dem Recht eines Staates entspricht, in dem der Erblasser oder mindestens eine der Personen, deren Rechtsnachfolge von Todes wegen durch einen Erbvertrag betroffen ist, entweder im Zeitpunkt der Errichtung der Verfügung oder des Abschlusses des Erbvertrags oder im Zeitpunkt des Todes den Wohnsitz hatte,**

d) **dem Recht des Staates entspricht, in dem der Erblasser oder mindestens eine der Personen, deren Rechtsnachfolge von Todes wegen durch einen Erbvertrag betroffen ist, entweder im Zeitpunkt der Errichtung der Verfügung oder des Abschlusses des Erbvertrags oder im Zeitpunkt des Todes seinen/ihren gewöhnlichen Aufenthalt hatte, oder**

e) **dem Recht des Staates entspricht, in dem sich unbewegliches Vermögen befindet, soweit es sich um dieses handelt.**

Ob der Erblasser oder eine der Personen, deren Rechtsnachfolge von Todes wegen durch einen Erbvertrag betroffen ist, in einem bestimmten Staat ihren Wohnsitz hatte, regelt das in diesem Staat geltende Recht.

(2) [1]**Absatz 1 ist auch auf Verfügungen von Todes wegen anzuwenden, durch die eine frühere Verfügung geändert oder widerrufen wird.** [2]**Die Änderung oder der Widerruf ist hinsichtlich ihrer Form auch dann gültig, wenn sie den Formerfordernissen einer der Rechtsordnungen entsprechen, nach denen die geänderte oder widerrufene Verfügung von Todes wegen nach Absatz 1 gültig war.**

(3) [1]**Für die Zwecke dieses Artikels werden Rechtsvorschriften, welche die für Verfügungen von Todes wegen zugelassenen Formen mit Beziehung auf das Alter, die Staatsangehörigkeit oder andere persönliche Eigenschaften des Erblassers oder der Personen, deren Rechtsnachfolge von Todes wegen durch einen Erbvertrag betroffen ist, beschränken, als zur Form gehörend angesehen.** [2]**Das Gleiche gilt für Eigenschaften, welche die für die Gültigkeit einer Verfügung von Todes wegen erforderlichen Zeugen besitzen müssen.**

---

[17] Zust. BeckOGK/*Schmidt* Rn. 33.
[18] Hierauf will wohl auch *Swane* ErbR 2014, 117 hinaus.
[19] So aber BeckOGK/*Schmidt* Rn. 34.

I. Normzweck und Anwendungsbereich

1   Die Vorschrift möchte durch eine Sonderanknüpfung (zur Systematik des Kollisionsrechts → Vor Art. 20 Rn. 4 ff.) die formelle Wirksamkeit einer Verfügung von Todes wegen dadurch begünstigen, dass sie diese alternativ an möglichst viele Rechte anknüpft. Allerdings verwirklicht Art. 27 dieses favor-negotii-Anliegen (vgl. aber auch → Rn. 9) nur subsidiär. Die Vorschrift gilt wegen Art. 75 Abs. 1 UAbs. 2 in Mitgliedstaaten, die wie Deutschland zugleich auch Vertragsstaaten des Haager Testamentsformübereinkommens (Art. 1 ff. HTestformÜ; Text und Erläuterung → HTestformÜ Art. 1 Rn. 1 ff.) sind, nur für **Erbverträge** im unionsrechtlichen Sinne nach Art. 3 Abs. 1 lit. b, jedenfalls soweit sie nicht zugleich gemeinschaftliche Testamente im unionsrechtlichen Sinne nach Art. 3 Abs. 1 lit. c sind (zur Abgrenzung näher → Art. 3 Rn. 5 ff.). Erbverträge werden nämlich, anders als gemeinschaftliche Testamente, vom Haager Übereinkommen nach Art. 4 HTestformÜ sachlich nicht erfasst. Es handelt sich damit bei Art. 27 um eine Auffangregel, soweit das Haager Übereinkommen nicht anwendbar ist.[1] Auch ist die Vorschrift auf **schriftliche** Verfügungen von Todes wegen begrenzt, also in Schriftzeichen verkörperte Verfügungen; die Formgültigkeit mündlicher Verfügungen von Todes wegen wird vom Anwendungsbereich der Verordnung nach Art. 1 Abs. 2 lit. f nicht erfasst und unterliegt weiterhin dem Haager Übereinkommen (vgl. auch die Möglichkeit eines Vorbehalts nach Art. 10 HTestformÜ), ansonsten dem autonomen Kollisionsrecht. Schließlich regelt Art. 27 (und auch das Haager Übereinkommen) nicht die **Echtheit** der Urkunden; hierbei handelt es sich um eine Tatsachenfrage, die auf Grundlage des jeweiligen Verfahrensrechts beantwortet werden muss (vgl. bei öffentlichen Urkunden aus anderen Mitgliedstaaten → Art. 59 Rn. 8). Eine Legalisation oder andere Förmlichkeit kann bei in einem Mitgliedstaat errichteten öffentlichen Verfügungen von Todes wegen nicht zum Nachweis der Echtheit eingefordert werden (Art. 74 → Art. 74 Rn. 2, 5 f.).

II. Auslegungszusammenhang mit dem Haager Testamentsformübereinkommen

2   In der Sache entspricht Art. 27 dem Haager Testamentsformübereinkommen (Art. 1 ff. HTestformÜ; Text und Erläuterung → HTestformÜ Art. 1 Rn. 1 ff.), wie auch der Unionsgesetzgeber in Erwägungsgrund Nr. 52 S. 1 betont.[2] Eine einheitliche Auslegung des Art. 27 und der entsprechenden Regelungen des Übereinkommens ist damit geboten.[3]

III. Vergleich mit dem Haager Testamentsformübereinkommen

3   **1. Entsprechungen.** Soweit die Regelung der Erbrechtsverordnung zum Formstatut der Verfügung von Todes wegen den Regelungen des Haager Übereinkommens entspricht, kann damit für Zwecke der Auslegung des Art. 27 auf die Kommentierung des Haager Übereinkommens (→ HTestformÜ Vor Art. 1 Rn. 1 ff.) verwiesen werden. Im Einzelnen entsprechen:

---

[1] S. zu den verschiedenen Regelungsalternativen des Unionsgesetzgebers im Hinblick auf das Haager Übereinkommen die Ratsdokumente Nr. 6792/10 sowie Nr. 8450/11.

[2] S. auch Ratsdokumente Nr. 6198/10 S. 17 Fn. 1, Nr. 10126/11 S. 9 und Nr. 10767/11 S. 10 („Es wird darauf abgezielt, die gleichen Anknüpfungspunkte zu haben wie im Haager Übereinkommen [...]").

[3] *Kunz* GPR 2012, 253 (256).

EuErbVO	Haager Übereinkommen
Art. 27 Abs. 1 UAbs. 1	Art. 1 UAbs. 1 HTestformÜ (Text und Erläuterung → HTestformÜ Art. 1 Rn. 1 ff.)
Art. 27 Abs. 1 UAbs. 2	Art. 1 UAbs. 3 HTestformÜ[4] (Text und Erläuterung → HTestformÜ Art. 1 Rn. 1 ff.); s. auch Art. 44 EuErbVO
Art. 27 Abs. 2	Art. 2 HTestformÜ (Text und Erläuterung → HTestformÜ Art. 2 Rn. 1 ff.)
Art. 27 Abs. 3	Art. 5 HTestformÜ (Text und Erläuterung → HTestformÜ Art. 5 Rn. 1, 2)
Art. 34 Abs. 2	Art. 1 UAbs. 1 aA HTestformÜ (Text und Erläuterung → HTestformÜ Art. 1 Rn. 1 ff.)
Art. 35	Art. 7 HTestformÜ (Text und Erläuterung → HTestformÜ Art. 7 Rn. 1 ff.)
Art. 36 Abs. 3 (aber → Rn. 8)	Art. 1 UAbs. 2 HTestformÜ (Text und Erläuterung → HTestformÜ Art. 1 Rn. 1 ff.)

2. Abweichungen. Zum Teil weicht Art. 27 allerdings auch vom Haager Übereinkommen ab: **4**

a) Mündliche Verfügungen von Todes wegen. Zunächst unterscheidet sich Art. 27 vom Haa- **5** ger Übereinkommen darin, dass von der Verordnung (Art. 1 Abs. 2 lit. f, Art. 27 Abs. 1 aA) mündliche Verfügungen von Todes wegen nicht erfasst werden, wohl aber vom Übereinkommen (vgl. Art. 10 HTestformÜ).

b) Erhöhung des favor negotii bei Erbverträgen. Zudem bestehen im Hinblick auf Erbver- **6** träge, die nicht vom Haager Übereinkommen erfasst werden (vgl. Art. 4 HTestformÜ), Abweichungen bei der Anknüpfung, und zwar bei denjenigen alternativen Verweisungen, die im Übereinkommen auf Eigenschaften des Erblassers Bezug nehmen. Der Unionsgesetzgeber erhöht hier **(Abs. 1 UAbs. 1 lit. b, lit. c und lit. d)** den favor negotii dadurch, dass es für eine Formgültigkeit ausreicht, wenn die Anforderungen nach einem im Hinblick auf **einen der Erblasser** – deren Rechtsnachfolge von Todes wegen vom Erbvertrag betroffen ist – bestimmten Recht erfüllt werden. Dies hat freilich die bemerkenswerte Folge, dass einer der Erblasser (auch nach dem Tod der anderen beteiligten Erblasser) durch Veränderung des maßgeblichen Anknüpfungsmoments den Erbvertrag auch für die vorverstorbenen Erblasser formwirksam machen kann.[5] Bei einem Erbvertrag iS des Art. 3 Abs. 1 lit. b lässt sich damit erst nach dem Tod des letzten Erblassers mit Bestimmtheit feststellen, ob der Erbvertrag auch für die anderen Erblasser formwirksam war.[6] Nicht ausreichend ist es allerdings, dass die Anforderungen des im Hinblick auf die weiteren Parteien des Erbvertrags bestimmten Rechts erfüllt werden, deren Rechtsnachfolge von Todes wegen nicht durch den Erbvertrag berührt wird.

c) Keine Erweiterung des Kreises der anwendbaren Rechte durch autonomes Recht. **7** Ferner gestattet die Erbrechtsverordnung – anders als Art. 3 HTestformÜ – es den Mitgliedstaaten nicht, in ihren autonomen Kollisionsrechten den Kreis der alternativ anwendbaren Rechte zu erweitern, um die Formgültigkeit einer Verfügung von Todes wegen stärker zu begünstigen, als die Verordnung dies tut. Das betrifft etwa in Deutschland Art. 26 Abs. 1 EGBGB **(= Art. 26 Abs. 1 Nr. 1 EGBGB aF)** (Verweis auf das allgemeine Erbstatut), der jedenfalls bei Erbverträgen mangels einer dem Art. 3 HTestformÜ entsprechenden Öffnungsklausel durch Art. 27 verdrängt wird (zur Fortgeltung des Art. 26 Abs. 1 Nr. 1 EGBGB bei Testamenten und gemeinschaftlichen Testamenten näher → Art. 75 Rn. 3).

d) Kein direkter Verweis auf Teilrechtsordnung sowie Abweichung in Art. 36 Abs. 3. **8** Eine weitere Abweichung des Art. 27 vom Haager Übereinkommen ist nur mit der Lupe zu erkennen: Während das Haager Übereinkommen in Art. 1 UAbs. 1 lit. a, c, d und e HTestformÜ jeweils auf das **Recht des „Ortes"** verweist, auf den das jeweilige Anknüpfungsmoment hinweist, spricht die Verordnung in **Art. 27 Abs. 1 UAbs. 1 lit. a, c, d und e** jeweils vom **Recht des „Staates".** Diese Abweichung hat erhebliche Konsequenzen bei **Mehrrechtsstaaten,**[7] da Art. 27 Abs. 1 UAbs. 1 in lit. a, c, d und e anders als Art. 1 UAbs. 1 HTestformÜ in lit. a, c, d und e nicht direkt auf die Teilrechtsordnung verweist, sondern auf den Mehrrechtsstaat. Die Konkretisierung dieses Verweises richtet sich nun nach **Art. 36 Abs. 3** vorrangig nach dem interlokalen Kollisionsrecht des Mehrrechtsstaats; fehlt ein solches oder verweist es auf keine konkrete Teilrechtsordnung (→ Art. 36 Rn. 6), so kommt die Teilrechtsordnung der engsten Verbindung zum Zuge. Art. 36 Abs. 3 weicht

---

[4] Anders offenbar Dutta/Weber/*Süß* Rn. 58.
[5] Kritisch *Süß* ZErb 2014, 225 (227 f.).
[6] Vgl. auch das Resümee von *Süß* ZErb 2014, 225 (228); Dutta/Weber/*Süß* Rn. 57, wonach Formverstöße beim Erbvertrag „Zeitbomben in der internationalen Nachlassplanung" produzieren.
[7] *Christandl* JPIL 9 (2013), 219 (235 f.); vgl. auch Dutta/Weber/*Süß* Art. 27 Rn. 38, 44 f., 60 f., 72.

insoweit auch von Art. 1 UAbs. 2 HTestformÜ ab, wo diese Lösung nur für den Verweis in Art. 1 UAbs. 1 lit. b (= Art. 27 UAbs. Abs. 1 lit. b) gilt.

9   Diese Abweichung des Art. 27 vom Haager Übereinkommen ist **äußerst misslich,** vor allem vor dem Hintergrund des allgemeinen favor-negotii-Anliegens der Vorschrift[8] (→ Rn. 1): Ein Erblasser kann bei einem Errichtungsort (Abs. 1 UAbs. 1 lit. a), einem Wohnsitz (Abs. 1 UAbs. 1 lit. c), einem gewöhnlichen Aufenthalt (Abs. 1 UAbs. 1 lit. d) und bei einer Belegenheit seines unbeweglichen Vermögens (Abs. 1 UAbs. 1 lit. e) in einem Mehrrechtsstaat ohne interlokales Kollisionsrecht nicht sicher sein, dass die Rechtsordnung des Ortes – auf den Abs. 1 UAbs. 1 direkt verweist – auch über die Form seiner Verfügung von Todes wegen entscheidet. Vielmehr wird bei der Konkretisierung des Verweises nach Art. 36 Abs. 3 auf die engste Verbindung **seiner Person** zu einer der Teilrechtsordnungen abgestellt und nicht auf die in der Vorschrift genannten Anknüpfungsmomente: Ein Schotte kann sich nicht sicher sein, ob sein in London nach der Ortsform errichtetes Testament formgültig ist.[9] Relativ eindeutige Anknüpfungsmomente (vor allem Lageort, Errichtungsort) werden durch das Kriterium der engsten Verbindung ersetzt (auch → Art. 36 Rn. 11).

10   **e) Unbeachtlich: „betrügerisch geschaffenes grenzüberschreitendes Element"?** Eine weitere Abweichung zum Haager Testamentsformübereinkommen deutet Erwägungsgrund Nr. 52 S. 2 an, der davon spricht, dass bei „der Bestimmung der Formgültigkeit einer Verfügung von Todes wegen nach dieser Verordnung [...] die zuständige Behörde ein betrügerisch geschaffenes grenzüberschreitendes Element, mit dem die Vorschriften über die Formgültigkeit umgangen werden sollen, nicht berücksichtigen" sollte. Ein entsprechender Hinweis fehlt im Haager Übereinkommen. Dieser etwas unglücklich formulierte Erwägungsgrund sollte eng verstanden und auf die selbstverständlichen Fälle der Vortäuschung eines Anknüpfungsmoments (vgl. zur Gesetzesumgehung auch → Vor Art. 20 Rn. 64) beschränkt werden.[10] Keinesfalls ist etwa ein Errichtungstourismus über die Grenze erfasst, also das bewusste Verlagern des Errichtungsorts nach Art. 27 Abs. 1 UAbs. 1 lit. a in einen anderen Staat, um eine Formgültigkeit nach dortigem Recht zu erlangen; einen Betrug gegenüber sich selbst kennt das Recht nicht.[11] Auch würde eine weite Auslegung des Erwägungsgrunds zu Abweichungen vom Haager Testamentsformübereinkommen (dort → HTestformÜ Art. 1 Rn. 7) führen, die sicherlich vom Unionsgesetzgeber nicht beabsichtigt gewesen waren (→ Rn. 2).

IV. Übergangsrecht: Vorwirkung der Verordnung

11   Es gilt das in → Art. 24 Rn. 19 Gesagte entsprechend.

V. Formgültigkeit erbrechtlicher Rechtsgeschäfte, die nicht von Art. 27, 28 erfasst werden

12   Die Verordnung enthält mit **Art. 27** (ggf. verdrängt durch das Haager Testamentsformübereinkommen → Rn. 1) lediglich Kollisionsnormen zur Anknüpfung der Formgültigkeit von Verfügungen von Todes wegen (iS des Art. 3 Abs. 1 lit. d). Die Vorschrift wird für bestimmte einseitige Erklärung der erbrechtlich Berechtigten durch **Art. 28** ergänzt. Unklar ist, welchen Kollisionsnormen die Formgültigkeit anderer erbrechtlicher Rechtsgeschäfte unterliegt, die nicht von Art. 27, 28 (oder dem Haager Testamentsformübereinkommen) erfasst werden. Dies betrifft etwa die Form von Erbauseinandersetzungsvereinbarungen, die keine Erbverträge darstellen, sondern auch im Hinblick auf ihre Zulässigkeit, materielle Wirksamkeit und Bindungswirkung dem allgemeinen Erbstatut unterliegen → Art. 3 Rn. 12, → Art. 23 Rn. 38. Eine Anwendung des allgemeinen Erbstatuts auch auf die Formgültigkeit würde den favor-negotii-Grundsatz vernachlässigen. Richtigerweise wird man insoweit auch nicht auf das autonome Kollisionsrecht (also bei uns Art. 11 EGBGB) zurückgreifen können, um nicht den internationalen Entscheidungseinklang in der EU zu gefährden. Gegen eine analoge Anwendung des Art. 28[12] spricht der Ausnahmecharakter dieser Vorschrift und ihre Schwächen (→ Art. 28 Rn. 2). Vielmehr sollte auf die Formgültigkeit solcher erbrechtlichen Rechtsgeschäfte die allgemeine Vorschrift des **Art. 11 Rom I-VO (und Art. 21 Rom II-VO) analog** angewandt werden, so dass neben dem Erbstatut (als Geschäftsstatut) alternativ das Ortrecht zur Entscheidung berufen ist.

---

[8] Zust. Deixler-Hübner/Schauer/*Lunzer* Rn. 17.
[9] S. vor allem die Kritik bei *Christandl* JPIL 9 (2013), 219 (235 f., 237 f.).
[10] Vgl. Dutta/Weber/*Süß* Rn. 91, 93, 94.
[11] So treffend Dutta/Weber/*Süß* Rn. 92.
[12] Hierfür *Dörner* ZEV 2016, 117 (121); vgl. auch Dutta/Weber/*Schmidt* Art. 28 Rn. 9.

Art. 28 EuErbVO Formgültigkeit einer Annahme- oder Ausschlagungserklärung

Eine Erklärung über die Annahme oder die Ausschlagung der Erbschaft, eines Vermächtnisses oder eines Pflichtteils oder eine Erklärung zur Begrenzung der Haftung des Erklärenden ist hinsichtlich ihrer Form wirksam, wenn diese den Formerfordernissen entspricht

a) des nach den Artikeln 21 oder 22 auf die Rechtsnachfolge von Todes wegen anzuwendenden Rechts oder

b) des Rechts des Staates, in dem der Erklärende seinen gewöhnlichen Aufenthalt hat.

I. Normzweck und Überblick

Die Vorschrift möchte durch eine Sonderanknüpfung (zur Systematik des Kollisionsrechts → Vor **1** Art. 20 Rn. 4 ff.) die Formwirksamkeit bestimmter erbrechtlicher Erklärungen begünstigen, indem sie diese nicht nur dem allgemeinen Erbstatut unterstellt (**lit. a),** sondern auch dem Recht am gewöhnlichen Aufenthalt des Erklärenden (**lit. b).** Ferner kann Art. 28 jedenfalls begrenzt auf die Frage der Formwirksamkeit zum Teil zu einem Gleichlauf von forum und ius (allgemein → Vor Art. 4 Rn. 2 f.) beitragen, da Art. 13 für gerichtsempfangsbedürftige oder gerichtsempfangsfähige Erklärungen unter anderem einen besonderen Gerichtsstand am gewöhnlichen Aufenthalt des Erklärenden schafft, so dass das Gericht bei der Entgegennahme der Erklärung jedenfalls im Hinblick auf die Form nach lit. b sein eigenes Recht anwenden kann. Auch bei Art. 28 ist – wie bei Art. 13 – die amtliche Überschrift der Vorschrift unvollständig, da nicht nur Annahme- oder Ausschlagungserklärungen, sondern auch haftungsbegrenzende Erklärungen erfasst werden.

Ihr **favor-negotii–Anliegen** erreicht die Vorschrift aber nur eingeschränkt. Zunächst besteht ein **2** Wertungswiderspruch zu Art. 27 bzw. wegen Art. 75 Abs. 1 UAbs. 2 zum Haager Testamentsformübereinkommen (Art. 1 ff. HTestformÜ; Text und Erläuterung → HTestformÜ Art. 1 Rn. 1 ff.): Bei Verfügungen von Todes wegen werden durch einen sehr viel weiter gezogenen Kreis alternativ anwendbarer Rechte kollisionsrechtlich geringere Anforderungen an die Formgültigkeit gestellt als an die von Art. 28 erfassten Erklärungen. Ferner verwundert, dass der Unionsgesetzgeber in Art. 28 anders als in Art. 11 Abs. 1–3 Rom I-VO und in Art. 21 Rom II-VO die Formgültigkeit der Erklärungen nicht alternativ zum Geschäftsstatut (hier dem Erbstatut), ggf. auch neben dem Recht des gewöhnlichen Aufenthalts des Erklärenden, jedenfalls auch dem Ortsrecht unterstellt, dh dem Ort, an dem die Erklärung vorgenommen wurde.[1] Schließlich ist zu kritisieren, dass die Vorschrift nicht allgemein auf sämtliche erbrechtliche Erklärungen (mit Ausnahme von Verfügungen von Todes wegen) erstreckt wurde;[2] zur Anknüpfung der Formgültigkeit dieser Erklärungen → Art. 27 Rn. 12.

Nicht kritisiert werden kann dagegen, dass bereits das favor-negotii-Anliegen des Art. 28 im **3** Grundsatz verfehlt ist. Zwar ist *Jan Peter Schmidt*[3] im Grundsatz Recht zu geben, dass die von Art. 28 erfassten Erklärungen ganz unterschiedliche Funktionen in den verschiedenen Erbstatuten besitzen; auch wird bei der Annahme der Erbschaft im Hinblick auf eine nach dem Erbstatut womöglich eintretende unbeschränkte Haftung ein Übereilungsschutz durch Formvorschriften des Erbstatuts umgangen. All diese Bedenken sind jedoch mE kein Spezifikum der Formgültigkeit der in Art. 28 angesprochenen Erklärungen, sondern können auch in anderen Bereichen des Rechts auftreten. Verallgemeinert müsste man ansonsten den kollisionsrechtlichen favor negotii überall dort aufgeben, wo ein Rechtsgeschäft je nach Geschäftsstatut unterschiedliche Wirkungen haben kann und die Formvorschriften Warnfunktion ausüben. Eine teleologische Reduktion des Art. 28[4] scheidet damit aus, zumal wenn man – wie hier vorgeschlagen – die Frage einer stillschweigenden Erklärung kollisionsrechlich besonders schützt (→ Art. 23 Rn. 24) und damit die Problematik entschärft.

II. Anknüpfungsgegenstand: Formgültigkeit bestimmter erbrechtlicher Erklärungen

Art. 28 erfasst **sachlich** die gleichen Erklärungen, für die Art. 13 einen besonderen Gerichts- **4** stand schafft (näher → Art. 13 Rn. 3 ff.); zur Formgültigkeit anderer erbrechtlicher Rechtsgeschäfte, die keine Verfügung von Todes wegen darstellen und nicht von Art. 13 bzw. Art. 28 erfasst werden → Art. 27 Rn. 12. Insbesondere werden auch hier (→ Art. 13 Rn. 9) verfahrenseinleitende Erklärungen ausgeklammert (Erwägungsgrund Nr. 33 S. 2). Freilich geht Art. 28 über den räumlichen und sachlichen Anwendungsbereich des Art. 13 hinaus: Zum einen werden auch

---

[1] S. auch den Vorschlag der italienischen Delegation in Ratsdokument Nr. 5811/10 ADD 12 S. 8 sowie *Max Planck Institute* RabelsZ 74 (2010), 522 (634, 635).
[2] *Dutta* FamRZ 2013, 4 (11).
[3] Dutta/Weber/*Schmidt* Rn. 4, 24 ff.; s. auch *J. P. Schmidt* ZEV 2014, 455 (461).
[4] So aber Dutta/Weber/*Schmidt* Rn. 30.

Erklärungen erfasst, die in Drittstaaten abgegeben werden.[5] Zum anderen ist Art. 28 auch auf Erklärungen anwendbar, die nicht vor einem Gericht abgegeben wurden.[6] Gesondert angeknüpft wird nur die Formgültigkeit, dh die Anforderung an die Verkörperung und Beweisbarkeit der Erklärung. Art. 28 erfasst nur **sachrechtliche, nicht aber verfahrensrechtliche** Formvorschriften, die bei gerichtsempfangsfähigen Erklärungen festlegen, in welcher Form die Erklärung gegenüber dem Gericht abzugeben ist. Vielmehr finden hier die Formvorschriften der lex fori Anwendung, so dass das nach Art. 13 oder Art. 4ff. zuständige Gericht – ohne Rücksicht auf Art. 28 – insoweit stets sein eigenes Recht anwendet, ein deutsches Gericht etwa die Formvorschriften der § 31 S. 2 und 3 IntErbRVG.[7] Dies gilt auch für die Sprache der Erklärung; die lex fori kann losgelöst von Art. 28 vorsehen, dass Erklärungen nur in der Gerichtssprache abgegeben werden können.[8]

5   Dem nach Art. 21 und Art. 22 bestimmten **allgemeinen Erbstatut** unterliegt dagegen die Zulässigkeit, das Zustandekommen, die Auslegung, die materielle Wirksamkeit, etwaige Fristen sowie die Wirkungen der Erklärung,[9] wie auch Art. 23 Abs. 2 lit. e (für die Annahme oder Ausschlagung; s. auch → Art. 23 Rn. 24) sowie Art. 23 Abs. 2 lit. g (für die Haftungsbeschränkung) klarstellt. Auch die Frage, wem gegenüber die Erklärung abzugeben ist, insbesondere ob die Erklärung amts- oder gerichtsempfangsbedürftig ist und, wenn ja, welches Gericht oder welche Behörde richtiger Erklärungsempfänger ist, entscheidet das allgemeine Erbstatut,[10] worauf auch Art. 13 hindeutet, der insoweit auf das „auf die Rechtsnachfolge von Todes wegen anzuwendende Recht verweist". Allerdings schafft Art. 13 für gerichtsempfangsbedürftige oder gerichtsempfangsfähige Erklärungen nicht nur einen besonderen Gerichtsstand am gewöhnlichen Aufenthalt des Erklärenden, sondern entfaltet auch im Hinblick auf das Empfangsgericht eine Substitutionswirkung (→ Art. 13 Rn. 10). Die Frage, ob der Erklärende zusätzliche Angaben machen muss oder bestimmte Dokumente, etwa Inventare, beifügen muss, betrifft nicht die Form der Erklärung, sondern ihren Inhalt, und wird damit vom allgemeinen Erbstatut beantwortet.[11] Über die Bedeutung einer stillschweigenden Erklärung oder gar eines Schweigens, vor allem bei der Ausschlagung, entscheidet ebenfalls nicht das Formstatut nach Art. 28,[12] sondern das allgemeine Erbstatut, wobei insoweit Art. 10 Abs. 2 Rom I-VO, Art. 6 Abs. 2 Rom III-VO analog anwandt werden können (→ Art. 23 Rn. 24).

III. Anknüpfungsmomente

6   Art. 28 unterwirft die Formgültigkeit alternativ dem allgemeinen Erbstatut und dem Recht am gewöhnlichen Aufenthalt des Erklärenden.

7   Dass Erklärungen über die Annahme oder Ausschlagung der Erbschaft, eines Vermächtnisses und des Pflichtteils sowie haftungsbegrenzende Erklärungen im Hinblick auf ihre Formwirksamkeit **auch** vom **allgemeinen Erbstatut** erfasst werden, ergibt sich bereits aus Art. 23 Abs. 2 lit. e und lit. g und bedürfte in **lit. a** keiner gesonderten Erwähnung.

8   Für die Bestimmung des **gewöhnlichen Aufenthalts des Erklärenden** nach **lit. b** gilt das zum gewöhnlichen Aufenthalt des Erblassers in → Art. 4 Rn. 2ff. Gesagte entsprechend. Maßgeblich ist der Zeitpunkt der anzuknüpfenden Erklärung, nicht der Eintritt des Erbfalls.

IV. Art und Konkretisierung der Verweisung

9   Der Verweis in **lit. b** ist ein **Sachnormverweis,** da Art. 34 Abs. 2 den Renvoi insoweit ausdrücklich ausschließt; dagegen enthält **lit. a** im Umfang des Art. 34 Abs. 1 einen Gesamtnormverweis. Bei Verweisen auf einen **Mehrrechtsstaat** s. Art. 36 Abs. 1 sowie Abs. 2 lit. c und Art. 37; Art. 36 lit. a ist nicht anwendbar (→ Art. 36 Rn. 9).

---

[5] *Margonski* ZEV 2015, 141 (145); *J. P. Schmidt* ZEV 2014, 455 (461) in Fn. 55; vgl. auch *Nordmeier* IPRax 2016, 439 (446).

[6] *J. P. Schmidt* ZEV 2014, 455 (461).

[7] S. Dutta/Weber/*Dutta* IntErbRVG § 31 Rn. 11.

[8] *Leipold* ZEV 2015, 553 (555); vgl. auch *K. W. Lange/Holtwiesche* ZErb 2016, 29 (32).

[9] Vgl. *J. P. Schmidt* ZEV 2014, 455 (458 f.); ausf. auch Dutta/Weber/*Schmidt* Rn. 12 ff.

[10] *K. W. Lange/Holtwiesche* ZErb 2016, 29 (31); *J. P. Schmidt* ZEV 2014, 455 (458); anders *Margonski* ZEV 2015, 141 (145): Teil des von Art. 28 EuErbVO bestimmten Formstatuts; vgl. auch *Nordmeier* IPRax 2016, 439 (446).

[11] S. auch Ratsdokument Nr. 5811/10 ADD 9 S. 14.

[12] *J. P. Schmidt* ZEV 2014, 455 (458).

Art. 29 EuErbVO Besondere Regelungen für die Bestellung und die Befugnisse eines Nachlassverwalters in bestimmten Situationen

(1) Ist die Bestellung eines Verwalters nach dem Recht des Mitgliedstaats, dessen Gerichte nach dieser Verordnung für die Entscheidungen in der Erbsache zuständig sind, verpflichtend oder auf Antrag verpflichtend und ist das auf die Rechtsnachfolge von Todes wegen anzuwendende Recht ausländisches Recht, können die Gerichte dieses Mitgliedstaats, wenn sie angerufen werden, einen oder mehrere Nachlassverwalter nach ihrem eigenen Recht unter den in diesem Artikel festgelegten Bedingungen bestellen.

[1]Der/die nach diesem Absatz bestellte(n) Verwalter ist/sind berechtigt, das Testament des Erblassers zu vollstrecken und/oder den Nachlass nach dem auf die Rechtsnachfolge von Todes wegen anzuwendenden Recht zu verwalten. [2]Sieht dieses Recht nicht vor, dass eine Person Nachlassverwalter ist, die kein Berechtigter ist, können die Gerichte des Mitgliedstaats, in dem der Verwalter bestellt werden muss, einen Fremdverwalter nach ihrem eigenen Recht bestellen, wenn dieses Recht dies so vorsieht und es einen schwerwiegenden Interessenskonflikt zwischen den Berechtigten oder zwischen den Berechtigten und den Nachlassgläubigern oder anderen Personen, die für die Verbindlichkeiten des Erblassers gebürgt haben, oder Uneinigkeit zwischen den Berechtigten über die Verwaltung des Nachlasses gibt oder wenn es sich um einen aufgrund der Art der Vermögenswerte schwer zu verwaltenden Nachlasses handelt.

Der/die nach diesem Absatz bestellte(n) Verwalter ist/sind die einzige(n) Person(en), die befugt ist/sind, die in den Absätzen 2 oder 3 genannten Befugnisse auszuüben.

(2) [1]Die nach Absatz 1 bestellte(n) Person(en) üben die Befugnisse zur Verwaltung des Nachlasses aus, die sie nach dem auf die Rechtsnachfolge von Todes wegen anzuwendenden Recht ausüben dürfen. [2]Das bestellende Gericht kann in seiner Entscheidung besondere Bedingungen für die Ausübung dieser Befugnisse im Einklang mit dem auf die Rechtsnachfolge von Todes wegen anzuwendenden Recht festlegen.

Sieht das auf die Rechtsnachfolge von Todes wegen anzuwendende Recht keine hinreichenden Befugnisse vor, um das Nachlassvermögen zu erhalten oder die Rechte der Nachlassgläubiger oder anderer Personen zu schützen, die für die Verbindlichkeiten des Erblassers gebürgt haben, so kann das bestellende Gericht beschließen, es dem/den Nachlassverwalter(n) zu gestatten, ergänzend diejenigen Befugnisse, die hierfür in seinem eigenen Recht vorgesehen sind, auszuüben und in seiner Entscheidung besondere Bedingungen für die Ausübung dieser Befugnisse im Einklang mit diesem Recht festlegen.

Bei der Ausübung solcher ergänzenden Befugnisse hält/halten der/die Verwalter das auf die Rechtsnachfolge von Todes wegen anzuwendende Recht in Bezug auf den Übergang des Eigentums an dem Nachlassvermögen, die Haftung für die Nachlassverbindlichkeiten, die Rechte der Berechtigten, gegebenenfalls einschließlich des Rechts, die Erbschaft anzunehmen oder auszuschlagen, und gegebenenfalls die Befugnisse des Vollstreckers des Testaments des Erblassers ein.

(3) Ungeachtet des Absatzes 2 kann das nach Absatz 1 einen oder mehrere Verwalter bestellende Gericht ausnahmsweise, wenn das auf die Rechtsnachfolge von Todes wegen anzuwendende Recht das Recht eines Drittstaats ist, beschließen, diesen Verwaltern alle Verwaltungsbefugnisse zu übertragen, die in dem Recht des Mitgliedstaats vorgesehen sind, in dem sie bestellt werden.

Bei der Ausübung dieser Befugnisse respektieren die Nachlassverwalter jedoch insbesondere die Bestimmung der Berechtigten und ihrer Nachlassansprüche, einschließlich ihres Anspruchs auf einen Pflichtteil oder ihres Anspruchs gegen den Nachlass oder gegenüber den Erben nach dem auf die Rechtsnachfolge von Todes wegen anzuwendenden Recht.

Übersicht

I. Normzweck und Überblick

1   Mit Art. 29 möchte der Unionsgesetzgeber im Hinblick auf verpflichtend oder auf Antrag verpflichtend zu bestellende Nachlassverwalter und ihre Befugnisse forum und ius besser abstimmen (allgemein → Vor Art. 4 Rn. 2 f.; s. auch Erwägungsgrund Nr. 43 S. 4), und zwar nicht durch eine zuständigkeitsrechtliche, sondern durch eine kollisionsrechtliche Regelung (zur Systematik des Kollisionsrechts → Vor Art. 20 Rn. 4 ff.). Zur Abstimmung zwischen Erbstatut und Vermögensrechtsstatut (Einzelstatut) insoweit s. demgegenüber Art. 31 (näher → Art. 31 Rn. 12 aE). Die Vorschrift soll den nach der Verordnung international zuständigen Gerichten ermöglichen, unter bestimmten Voraussetzungen nach ihrem **eigenen Recht einen Nachlassverwalter zu bestellen,** wenn auf die Rechtsnachfolge von Todes wegen nach Art. 21 oder Art. 22 eigentlich ein fremdes Recht Anwendung findet. Ferner regelt die Vorschrift die **Befugnisse** eines auf diese Weise bestellten Nachlassverwalters. Art. 29 weicht damit insbesondere von Art. 23 Abs. 2 lit. e und lit. f ab, die den Übergang des Nachlasses sowie die Befugnisse eines Nachlassverwalters dem allgemeinen Erbstatut unterwerfen. Hintergrund der Regelung sind vor allem Rechtsordnungen wie solche des common law, die nicht dem erbrechtlichen Grundsatz vom Vonselbsterwerb folgen, sondern im Erbgang einen zwingenden Nachlassverwalter als personal representative des Erblassers zwischenschalten, der den Nachlass als vom Erblasser bestimmter executor oder vom Gericht bestellter administrator abwickelt und später auf die Erben verteilt (s. für England und Wales Sec. 1, 3, 33 Administration of Estates Act 1925 [UK]). Art. 29 soll es deshalb Mitgliedstaaten, die eine zwingende Nachlassverwaltung vorsehen, gestatten, an diesen Verfahren festzuhalten, wenn die Gerichte eines solchen Mitgliedstaats nach der Verordnung international zuständig sind, aber – und nur dann stellt sich das Problem überhaupt – nach der Verordnung ausländisches Recht Erbstatut ist.[1] Art. 29 baut damit Art. 21 Abs. 2 lit. a des Kommissionsvorschlags aus.[2]

II. Anwendungsbereich (Abs. 1 UAbs. 1)

2   Der Anwendungsbereich des Art. 29 ist begrenzt; die Vorschrift wird nur selten zur Anwendung gelangen (aber → Rn. 7).

3   **1. Internationale Zuständigkeit eines mitgliedstaatlichen Gerichts.** Zunächst muss nach Abs. 1 UAbs. 1 das Gericht eines Mitgliedstaats international für die Erbsache – hier also die Bestellung eines Nachlassverwalters – zuständig sein. Denkbar ist vor allem eine Zuständigkeit nach der Grundregel der Art. 4 und 10, aber auch eine Zuständigkeit der Gerichte im Mitgliedstaat des gewählten Rechts nach den abweichenden Regeln in Art. 5 ff. (aber → Rn. 4) sowie eine Notzuständigkeit nach Art. 11. Allerdings können die Verfahrensparteien die Zuständigkeit des Gerichts im Hinblick auf die Bestellung eines Nachlassverwalters beenden, und zwar nach Art. 8 selbst wenn das Verfahren von Amts wegen eingeleitet wurde (s. auch Erwägungsgrund Nr. 43 S. 3).

4   **2. Auseinanderfallen von internationaler Zuständigkeit und anwendbarem Recht.** Erforderlich ist nach Abs. 1 UAbs. 1 ferner, dass das mitgliedstaatliche Gericht zwar international zuständig ist, aber auf die Rechtsnachfolge von Todes wegen (hiermit kann nur das allgemeine Erbstatut nach Art. 21 ff. gemeint sein) fremdes Recht anwendbar ist – angesichts der Bemühungen der Verordnung um einen Gleichlauf von forum und ius (→ Vor Art. 4 Rn. 2 f.) ein seltener Fall.[3] Ein Auseinanderfallen von internationaler Zuständigkeit und allgemeinem Erbstatut ist etwa denkbar bei einer Zuständigkeit nach **Art. 4** in den Fällen der Ausweichklausel (Art. 21 Abs. 2) oder einer Rechtswahl des Erblassers (Art. 22) oder bei einer Zuständigkeit nach **Art. 10** und **Art. 11.** Insbesondere kann ein

---

[1] S. Ratsdokumente Nr. 8452/11 S. 4 ff. und Nr. 9677/11 S. 8.
[2] Der lediglich angeordnet hatte: „Das auf die Rechtsnachfolge von Todes wegen anzuwendende Recht steht der Anwendung des Rechts des Mitgliedstaats, in dem Nachlassgüter belegen sind, nicht entgegen, soweit dieses Recht [...] die Verwaltung und Abwicklung des Nachlasses von der Bestellung eines Verwalters oder Testamentsvollstreckers durch eine Behörde dieses Mitgliedstaats abhängig macht; das auf die Rechtsnachfolge anzuwendende Recht bestimmt die Personen wie Erben, Vermächtnisnehmer, Testamentsvollstrecker oder Verwalter, die mit der Verwaltung und Abwicklung des Nachlasses betraut werden können".
[3] S. auch Ratsdokument Nr. 8452/11 S. 3.

nach der Grundregel zuständiges Gericht der Bestellung eines Nachlassverwalters nach Art. 29 dadurch aus dem Weg gehen, dass es auf seine Unzuständigkeit hinwirkt, etwa eine Gerichtsstandsvereinbarung nach Art. 5, Art. 6 lit. b, einen Antrag nach Art. 6 lit. a oder eine einvernehmliche Beendigung des Verfahrens nach Art. 8 anregt. Grundsätzlich keine Anwendung findet Art. 29 dagegen bei einer Zuständigkeit des Gerichts als Gericht im Mitgliedstaat des gewählten Rechts nach **Art. 5 ff.**, da dann meist ein Gleichlauf von forum und ius besteht; ausnahmsweise können jedoch auch in den Fällen des Art. 5 ff. allgemeines Erbstatut und internationale Zuständigkeit auseinanderfallen, etwa im Falle einer Teilrechtswahl nach Art. 24 Abs. 2 und Art. 25 Abs. 3 (→ Vor Art. 4 Rn. 14, auch zu weiteren Fallkonstellationen → Art. 7 Rn. 3, 6, 18).

3. Nach der lex fori verpflichtende oder auf Antrag verpflichtende Bestellung eines **5** **Nachlassverwalters.** Dritte Voraussetzung des Abs. 1 UAbs. 1 ist es, dass die (mitgliedstaatliche) lex fori verpflichtend oder auf Antrag verpflichtend die Bestellung eines Nachlassverwalters vorsieht. Der **Begriff der Nachlassverwaltung** ist autonom auszulegen (allgemein → Vor Art. 1 Rn. 23 ff.) und umfasst jede Verwaltung des Nachlasses im Zwischenstadium vor der endgültigen Übertragung der Nachlassgegenstände auf die Berechtigten[4] iS des Art. 23 Abs. 2 lit. b. Die Wendung „**verpflichtend**" wird man bei Art. 29 als auf das Gericht bezogen auszulegen haben.[5] Eine Bestellung des Nachlassverwalters ist verpflichtend, wenn sie für das Gericht zwingend ist, sei es von Amts wegen oder auf Antrag. Die Pflicht des Gerichts muss nicht auf die Bestellung einer Person zum Nachlassverwalter beschränkt sein, sondern kann auch die Anordnung der Nachlassverwaltung an sich umfassen; diese muss bei Art. 29 nicht bereits ex lege eintreten.

Eine **von Amts wegen verpflichtende** Nachlassverwalterbestellung werden nur wenige mit- **6** gliedstaatliche Rechte vorsehen. Die wichtigsten Rechtsordnungen in der EU mit zwingender Nachlassverwaltung – **England und Wales** sowie **Irland** – sind für Zwecke der Erbrechtsverordnung keine Mitgliedstaaten (→ Vor Art. 1 Rn. 29), so dass die Vorschrift auf keine von englischen oder irischen Gerichten nach dem dortigen Recht bestellten personal representatives Anwendung findet. Eine dem englischen Recht vergleichbare allgemein verpflichtende Nachlassverwaltung sieht allenfalls **Zypern** vor.[6] Dagegen wird die Einantwortung in **Österreich** – eine zwingende vorgeschriebene Übertragung des Nachlasses auf die Erben kraft gerichtlichen Hoheitsakts (näher → Art. 8 Rn. 4) – von der Vorschrift nicht erfasst,[7] da es hier nicht verpflichtend zur Bestellung eines Nachlassverwalters kommt, sondern das Vermögen durch den Hoheitsakt auf den Erben übertragen wird.[8] Gleiches gilt für die Nachlassabwicklung in **Schweden**, es sei denn, dass dort in grenzüberschreitenden Fällen von Amts wegen ein Nachlassverwalter bestellt wird.[9] Auch die Verwaltung des Nachlasses bei einer Mehrheit von Erben durch den Cabeça-de-casal in **Portugal** (Art. 2079 ff. port. Código civil) ist kein Fall einer allgemein verpflichtenden Nachlassverwalterbestellung. Zwar wird der ungeteilte Nachlass bei Miterben zunächst von einem Erbverwalter aus dem Kreis der Miterben verwaltet. Aber nach Art. 2083 ff. Código civil erfolgt die Bestellung des Nachlassverwalters nur ausnahmsweise verpflichtend durch ein Gericht.

Sehr viel größere Bedeutung erwächst Art. 29 jedoch daraus, dass diese Vorschrift auch bei einer **7** **auf Antrag verpflichtenden** Nachlassverwalterbestellung gelten soll. Unter diese Voraussetzung wird in den meisten Rechtsordnungen die allgemeine Nachlassverwaltung oder -pflegschaft fallen.[10] So muss etwa das Gericht nach deutschem Recht auf Antrag des Erben oder der Nachlassgläubiger nach § 1981 BGB einen Nachlassverwalter bestellen. Ein Antrag auf Einleitung eines Nachlassinsolvenzverfahrens fällt dagegen nicht unter Art. 29,[11] da die Nachlassinsolvenz nicht vom sachlichen Anwendungsbereich der Verordnung erfasst wird (→ Art. 76 Rn. 4).

4. Nachlassgegenstände im Forummitgliedstaat erforderlich? Nicht erforderlich ist, dass **8** Nachlassgegenstände im Gerichtsstaat befindlich sind.[12] Zwar wird vor allem dann in der Regel eine

---

[4] S. Ratsdokument Nr. 8452/11 S. 2.
[5] Zust. Deixler-Hübner/Schauer/*Cohen* Rn. 27.
[6] Dutta/Weber/*Magnus* Rn. 11.
[7] Palandt/*Thorn* Rn. 1; Dutta/Weber/*Magnus* Rn. 9; Bonomi/Wautelet/*Wautelet* Rn. 10 f.
[8] Vgl. auch den ursprünglichen Vorschlag der österreichischen Delegation in Ratsdokument Nr. 5811/10 ADD 1 S. 8.
[9] Dutta/Weber/*Magnus* Rn. 10.
[10] Deixler-Hübner/Schauer/*Cohen* Rn. 30; Dutta/Weber/*Magnus* Rn. 12; so auch *W. Zimmermann* RPfleger 2017, 2 (6) zur Nachlasspflegschaft, deren gerichtliche Anordnung nach § 1961 BGB ebenfalls auf Antrag eines Gläubigers verpflichtend ist; vgl. auch BeckOGK/*Schmidt* Rn. 6; anders *Odersky* in Geimer/Schütze IRV-HdB Rn. 4: Beschränkung der Vorschrift auf „die Nachlassabwicklung nach anglo-amerikanischer Prägung".
[11] Deixler-Hübner/Schauer/*Cohen* Rn. 24; Dutta/Weber/*Magnus* Rn. 6.
[12] Dutta/Weber/*Magnus* Rn. 25.

Anwendung des Art. 29 in Frage kommen. Allerdings wird meist ein Interesse daran bestehen, einen Nachlassverwalter bereits vorsorglich zu bestellen, falls Nachlassgegenstände im Inland befindlich sind.

III. Bestellung des Nachlassverwalters

9   Grundsätzlich erfolgt bei Art. 29 die Bestellung des Nachlassverwalters (oder der Nachlassverwalter) nach dem eigenen Recht, nach der **lex fori (Abs. 1 UAbs. 1).** Art. 29 weist damit in seinem Anwendungsbereich (→ Rn. 2 ff.) sowohl die Frage des **Ob einer Nachlassverwaltung,** dh die Voraussetzungen für die Anordnung der Nachlassverwaltung, als auch die Frage nach der **Person des Nachlassverwalters** abweichend von Art. 23 Abs. 2 lit. e und lit. f der lex fori zu.

10   Das **allgemeine Erbstatut** spielt bei der Bestellung des Nachlassverwalters nur eine geringe Rolle.[13] Eine gewisse Bedeutung besitzt das Erbstatut nur bei der Bestimmung der **Person** des Nachlassverwalters. Sieht das Erbstatut vor, dass der Nachlassverwalter sich stets aus dem Kreis der „Berechtigten" – gemeint sind die zur Nachlassverwaltung Berechtigten, also neben den Erben, Vermächtnisnehmern oder in sonstiger Weise intestaterbrechtlich, gewillkürt oder zwingend gesetzlich Begünstigten auch Testamentsvollstrecker (Erwägungsgrund Nr. 43 S. 4) – rekrutiert, so darf das Gericht nach **Abs. 1 UAbs. 2 S. 2** (doppelte Verneinung!) einen Fremden nur unter bestimmten Voraussetzungen nach der lex fori zum Nachlassverwalter bestellen: und zwar wenn erstens ein schwerwiegender Interessenkonflikt zwischen den Beteiligten droht, zweitens Uneinigkeit zwischen den erbrechtlich Berechtigten über die Verwaltung des Nachlasses besteht oder drittens der Nachlass aufgrund seiner Zusammensetzung schwer zu verwalten ist. Alle drei Voraussetzungen sind freilich autonom auszulegen (→ Vor Art. 1 Rn. 23). Ein nach Abs. 1 UAbs. 2 S. 2 beachtlicher Interessenkonflikt kann zwischen den erbrechtlich Berechtigten, den erbrechtlich Berechtigten und den Nachlassgläubigern oder „anderen Personen, die für die Verbindlichkeiten des Erblassers gebürgt haben", bestehen.

IV. Befugnisse des Nachlassverwalters

11   Art. 29 regelt auch die Befugnisse des nach dieser Vorschrift bestellten Nachlassverwalters, wobei sich die Verordnung bemüht, das allgemeine Erbstatut und die lex fori miteinander in Einklang zu bringen – ein Unternehmen, das dem Unionsgesetzgeber angesichts recht vage formulierter Regelungen sowie angesichts des großen gesetzgeberischen Aufwands (die Vorschrift bringt es auf 65 Zeilen im Amtsblatt!) nur sehr bedingt gelungen ist.[14]

12   **1. Anwendungsbereich. Abs. 1 UAbs. 3** stellt ausdrücklich klar, dass diese Befugnisse nur für Nachlassverwalter anwendbar sind, die nach Art. 29 bestellt wurden, vgl. auch Abs. 2 UAbs. 1, Abs. 3 UAbs. 1, also etwa insbesondere nicht für von drittstaatlichen Gerichten oder Behörden bestellte Nachlassverwalter, beispielsweise einen von einem englischen oder irischen Gericht bestellten personal representative.[15] Die Befugnisse der nicht gemäß Art. 29 bestellten Nachlassverwalter richten sich wegen Art. 23 Abs. 2 lit. f nach dem allgemeinen Erbstatut.

13   **2. Grundsatz: Anwendung des allgemeinen Erbstatuts.** Auch die Befugnisse des nach Art. 29 bestellten Nachlassverwalters richten sich grundsätzlich im Hinblick auf die Verwaltung des Nachlasses und die Vollstreckung der vom Erblasser angeordneten Verfügungen von Todes wegen[16] nach dem allgemeinen Erbstatut[17] (**Abs. 1 UAbs. 2 S. 1** sowie **Abs. 2 UAbs. 1 S. 1**). Die Verordnung stellt in **Abs. 2 UAbs. 1 S. 2** klar, dass dieser Verweis auf das allgemeine Erbstatut auch für Bedingungen bei der Ausübung der Befugnisse, speziell Beschränkungen der Befugnisse, gilt. Entscheidend sollen dabei aber nicht die Befugnisse vergleichbarer Verwalter nach dem Erbstatut sein, seien sie durch den Erblasser ernannt oder durch ein Gericht bestellt. Vielmehr sollen nach Erwägungsgrund Nr. 44 S. 2 die Befugnisse der Person maßgeblich sein, die als Nachlassverwalter bestimmt wurde, also etwa als Erbe. Die Rechtsposition des nach dem Erbstatut iS des Art. 23 Abs. 2 lit. b Berechtigten ändert sich damit nicht durch die Bestellung zum Nachlassverwalter nach Art. 29. Das nach Art. 29 den Nachlassverwalter bestellende Gericht kann insoweit sämtliche Bedingungen anordnen, die nach dem allgemeinen Erbstatut zulässig

---

[13] Anders in der Formulierung, in der Sache aber wohl ähnlich Deixler-Hübner/Schauer/*Cohen* Rn. 43 mit Fn. 103.

[14] S. auch die Kritik bei *D. Lübcke,* Das neue europäische internationale Nachlassverfahrensrecht, 2013, 291 f. in Fn. *; *Lagarde* Rev. crit. dr. int. pr. 101 (2012), 691 (714), bezeichnet die Vorschrift zu Recht als „assez pâteux".

[15] S. auch *Lein* in Dutta/Herrler EuErbVO 199, 215; zust. Deixler-Hübner/Schauer/*Cohen* Rn. 45.

[16] Abs. 1 UAbs. 2 S. 1 spricht zwar nur vom „Testament des Erblassers", man wird hierunter aber auch andere Verfügungen von Todes wegen iS des Art. 3 Abs. 1 lit. d zu subsumieren haben.

[17] Im Erg. so auch Deixler-Hübner/Schauer/*Cohen* Rn. 51 mit Fn. 120.

sind. Nach Erwägungsgrund Nr. 44 S. 7 soll sich auch im Hinblick auf die Haftung der Erben für Nachlassverbindlichkeiten die Bestellung des Nachlassverwalters nach der lex fori auswirken wie die Bestellung eines Fremdverwalters nach dem Erbstatut.

3. Ausnahmsweise Rückgriff auf die lex fori. Dennoch gestattet die Verordnung dem nach 14 Art. 29 bestellenden Gericht, für die Befugnisse des Nachlassverwalters ausnahmsweise auf die lex fori zurückzugreifen – und insoweit unterscheiden sich die Befugnisse von Nachlassverwaltern nach dem allgemeinen Erbstatut und nach Art. 29. Die Anwendung der lex fori im Hinblick auf die Befugnisse des Nachlassverwalters geschieht allerdings nicht kraft Gesetzes, sondern nur **kraft Anordnung des Gerichts,** und zwar in zwei Konstellationen:

Zunächst kann das Gericht dem Nachlassverwalter die Befugnisse nach der lex fori verleihen, 15 wenn das allgemeine Erbstatut über keine adäquaten Befugnisse für den Nachlassverwalter verfügt, insbesondere zur Erhaltung des Nachlasses oder zum Schutz der Nachlassgläubiger **(Abs. 2 UAbs. 2).** Mögliche Befugnisse sind in Erwägungsgrund Nr. 44 S. 4 genannt. Es handelt sich hierbei um einen Fall eines **Normmangels,** der durch eine Anwendung der lex fori als Form der kollisionsrechtlichen Anpassung beseitigt wird (→ Vor Art. 20 Rn. 56). Allerdings gilt auch hier ein Vorrang des allgemeinen Erbstatuts, und zwar im Hinblick auf den Erbgang, die Haftung für Nachlassverbindlichkeiten, die Erbberechtigung und die Position eines Testamentsvollstreckers (unschöne deutsche Sprachfassung: „Befugnisse des Vollstreckers des Testaments des Erblassers"), die der Nachlassverwalter wahren muss **(Abs. 2 UAbs. 3),** insbesondere bei der Veräußerung von Nachlassgegenständen und der Erfüllung von Nachlassverbindlichkeiten (Erwägungsgrund Nr. 44 S. 6).

Sehr viel weitgehender ist der Spielraum des bestellenden Gerichts, wenn das allgemeine Erbstatut das 16 Recht eines **Drittstaats** (zum Begriff → Vor Art. 1 Rn. 29) ist. Dann dürfen nach **Abs. 3 UAbs. 1** ausnahmsweise dem Nachlassverwalter sämtliche Befugnisse übertragen werden, die nach der lex fori vorgesehen sind. Auch hier muss der Nachlassverwalter jedoch bei der Ausübung der ihm vom Gericht verliehenen Befugnisse die Regelungen des Erbstatuts respektieren, speziell im Hinblick auf die intestaterbrechtliche, gewillkürte oder zwingende Erbberechtigung **(Abs. 3 UAbs. 2).**

Die **Haftung des Nachlassverwalters** den erbrechtlich Berechtigten oder dem Nachlass gegen- 17 über richtet sich auch bei einem Rückgriff auf die lex fori allein nach dem Erbstatut.[18]

4. Verhältnis zu den Befugnissen eines Testamentsvollstreckers. Hat das Gericht einen 18 Nachlassverwalter neben einem Testamentsvollstrecker bestellt (→ Rn. 10), so sollen nach Erwägungsgrund Nr. 43 S. 6 dem Testamentsvollstrecker nur dann seine Befugnisse entzogen werden können, wenn das Erbstatut dem Gericht eine Beendigung des Testamentsvollstreckeramts gestattet.

5. Verhältnis zu den Anerkennungsvorschriften der Art. 39 ff. und zum Europäischen 19 **Nachlasszeugnis.** Die Bestellung des Nachlassverwalters nach Art. 29 wird regelmäßig durch eine gerichtliche Entscheidung iS des Art. 3 Abs. 1 lit. g erfolgen, die nach Art. 39 ff. in anderen Mitgliedstaaten anzuerkennen ist. Auch kann der nach Art. 29 bestellte Nachlassverwalter seine Rechtsposition unionsweit durch ein Europäisches Nachlasszeugnis geltend machen (Art. 63 Abs. 1). Weist die nach Art. 39 ff. anerkennungsfähige Bestellungsentscheidung oder das Nachlasszeugnis die Befugnisse des Nachlassverwalters im Einzelnen aus, so gilt vorrangig die Entscheidung oder das Nachlasszeugnis (im Rahmen seiner jeweiligen Wirkungen, vgl. Art. 69). Art. 29 ist dann lediglich für die Bestellungsentscheidung oder die Ausstellung des Nachlasszeugnisses von Bedeutung. Schweigt die Bestellungsentscheidung oder das Nachlasszeugnis zu den Befugnissen des Nachlassverwalters, so regelt Art. 29 auch außerhalb des Bestellungsmitgliedstaats in den übrigen Mitgliedstaaten die Befugnisse des Nachlassverwalters, die insoweit kollisionsrechtlich „anzuerkennen" sind.[19]

Art. 30 EuErbVO Besondere Regelungen mit Beschränkungen, die die Rechtsnachfolge von Todes wegen in Bezug auf bestimmte Vermögenswerte betreffen oder Auswirkungen auf sie haben

Besondere Regelungen im Recht eines Staates, in dem sich bestimmte unbewegliche Sachen, Unternehmen oder andere besondere Arten von Vermögenswerten befinden, die die Rechtsnachfolge von Todes wegen in Bezug auf jene Vermögenswerte aus wirtschaftlichen, familiären oder sozialen Erwägungen beschränken oder berühren, finden auf die Rechtsnachfolge von Todes wegen Anwendung, soweit sie nach dem Recht dieses Staates unabhängig von dem auf die Rechtsnachfolge von Todes wegen anzuwendenden Recht anzuwenden sind.

---

[18] Zust. Deixler-Hübner/Schauer/*Cohen* Rn. 62; s. auch *Vollmer* ZErb 2012, 227 (232).
[19] So im Erg. wohl allgemein Deixler-Hübner/Schauer/*Cohen* Rn. 69 f.

I. Normzweck und Herkunft

1   Die Vorschrift enthält eine Sonderanknüpfung (zur Systematik des Kollisionsrechts → Vor Art. 20 Rn. 4 ff.) bestimmter **erbrechtlicher Eingriffsnormen,**[1] die losgelöst vom jeweiligen Erbstatut Anwendung finden sollen; Art. 30 ähnelt damit strukturell Art. 9 und Art. 11 Abs. 5 Rom I-VO, Art. 16 Rom II-VO, Art. 30 EuGüVO und Art. 30 EuPartVO.[2] Die Vorschrift beruht weitgehend (aber → Rn. 10) auf Art. 15 des Haager Erbrechtsübereinkommens von 1989 (→ Vor Art. 1 Rn. 8 ff.). Die Überschrift der Vorschrift ist missglückt. In der Sache geht es um den Vorbehalt von besonderen Nachfolgeregelungen für bestimmte Vermögensgegenstände aufgrund ordnungspolitischer Erwägungen.

II. Anwendungsbereich der Vorschrift

2   Zunächst findet die Vorschrift nur auf besondere Nachfolgeregelungen Anwendung, die sich im sachlichen Anwendungsbereich der Verordnung nach Art. 1 befinden. Nicht anwendbar ist Art. 30 deshalb etwa auf besondere Regelungen zur Nachfolge in **Gesellschaftsanteile**[3] oder **Immaterialgüterrechte.** Diese Regelungen werden nicht vom Anwendungsbereich der Verordnung erfasst (Art. 1 Abs. 2 lit. h → Art. 1 Rn. 38 ff.; Art. 1 Abs. 2 lit. k → Art. 1 Rn. 54) und damit auch nicht von Art. 30. Ebenfalls nicht in den Anwendungsbereich des Art. 30 fallen **Vermögensgegenstände mit außererbrechtlicher Übertragung,** die nach Art. 1 Abs. 2 lit. g nicht der Verordnung unterliegen; dies betrifft vor allem die dort vom Unionsgesetzgeber genannten Anwachsungsrechte bei joint tenancy und Bezugsrechte bei Versicherungsverträgen (→ Art. 1 Rn. 34). Gleiches gilt für **mietrechtliche Sondererbfolgen** (bei uns etwa §§ 563, 563 a BGB), die nicht erbrechtlich zu qualifizieren sind und der Rom I-VO unterliegen,[4] sowie Sondernachfolgen in sozialrechtliche Leistungsansprüche (→ Art. 1 Rn. 11).

III. Besondere Nachfolgeregelungen im Sinne der Vorschrift

3   Die Vorschrift spricht einige Voraussetzungen an, die an die gesondert anzuknüpfenden Nachfolgeregelungen zu stellen sind, wobei diese eng auszulegen sind, wie Erwägungsgrund Nr. 54 S. 3 betont.

---

[1] *Bajons* in Schauer/Scheuba, Europäische Erbrechtsverordnung, 2012, 29, 31; *Döbereiner* MittBayNot 2013, 358 (364); *Dutta* RabelsZ 73 (2009), 547 (557); *Faber/Grünberger* ÖNotZ 2011, 97 (110); *Fischer-Czermak* in Schauer/Scheuba, Europäische Erbrechtsverordnung, 2012, 43, 48; *Frodl* ÖJZ 2013, 950 (955); *Heiss* in Gruber/Kalss/Müller/Schauer, Erbrecht und Vermögensnachfolge, 2010, 1213, 1229; *Heredia Cervantes* An. Esp. Der. Int. Priv. 11 (2011), 415 (443); *v. Hinden/Müller* ErbStB 2013, 97 (101); *Kunz* GPR 2012, 253 (255); *Lagarde* in Bonomi/Schmid, Successions internationales, 2010, 11, 17 f.; *St. Lorenz* ErbR 2012, 39 (48); *Marino* Riv. dir. int. 93 (2010), 463 (469); Frieser/*Martiny* ErbR Nach Art. 26 EGBGB: EuErbVO Rn. 160; *Max Planck Institute* RabelsZ 74 (2010), 522 (645); *Martiny* IPRax 2012, 119 (129); *Rudolf* ÖNotZ 2010, 353 (361) m. Fn. 121; *Rudolf* ÖNotZ 2013, 225 (237); Palandt/*Thorn* Rn. 1; *Vékás* in Reichelt/Rechberger, Europäisches Erbrecht – Zum Verordnungsvorschlag der Europäischen Kommission zum Erb- und Testamentsrecht, 2011, 41, 49; *Wilke* RIW 2012, 601 (607); s. auch *Ancel* in Baldus/Müller-Graff, Europäisches Privatrecht in Vielfalt geeint – Einheitsbildung durch Gruppenbildung im Sachen-, Familien- und Erbrecht?, 2011, 185, 192 f.

[2] Das übersehen *Kramer* ua, A European Framework for private international law: Current gaps and future perspectives, 2012, 81, wonach die Erbrechtsverordnung über keine Regelungen zu Eingriffsnormen verfügen soll.

[3] Zust. Dutta/Weber/*Schmidt* Rn. 12; Bonomi/Wautelet/*Wautelet* Rn. 15; wie hier auch *Döbereiner* MittBayNot 2013, 358 (364); anders *Dörner* ZEV 2010, 221 (223) in Fn. 17.

[4] Dutta/Weber/*Schmidt* Rn. 19. Insoweit lassen sich die Erwägungen zu besonderen Nachfolgeregelungen im Gesellschaftsrecht (→ Art. 1 Rn. 38 ff.) fruchtbar machen.

1. Regelung der Rechtsnachfolge von Todes wegen in bestimmte Vermögensgegen- 4
stände. Zunächst muss es sich um Regelungen handeln, die die Rechtsnachfolge von Todes wegen in bestimmte Vermögensgegenstände regeln („beschränken oder berühren"). Der **Begriff der Rechts-nachfolge von Todes wegen** ist wie in Art. 1 Abs. 1 S. 1 und Art. 23 Abs. 1 zu verstehen und umfasst damit Regelungen zu Fragen, die vom Erbstatut erfasst werden (näher → Art. 1 Rn. 2). Diese Regelungen müssen dahingehend **besonders** sein, dass sie auf bestimmte Vermögensgegenstände beschränkt sind und nicht potentiell jeden Nachlassgegenstand erfassen.[5] Sie weichen für diese Gegenstände von den allgemeinen Regelungen des Erbrechts ab. Art. 30 nennt ausdrücklich unbewegliche Sachen und Unternehmen als taugliche besondere Vermögensgegenstände. Erfasst werden sollen aber auch „andere besondere Arten von Vermögenswerten". Eine Beschränkung auf bestimmte Vermögensgegenstände sieht die Verordnung damit nicht vor.[6] Es kann sich bei den erfassten Vermögensgegenständen auch um eine Mehrheit von Gegenständen handeln, wie dies etwa bei Höfen nach dem deutschen Höferecht der Fall ist, s. etwa §§ 2, 3 HöfeO (→ Rn. 8).

2. Aus wirtschaftlichen, familiären oder sozialen Erwägungen. Die Normen iS des Art. 30 5
müssen ferner die Rechtsnachfolge in die betreffenden Vermögensgegenstände aus wirtschaftlichen, familiären oder sozialen Erwägungen gesondert regeln. Hiermit will der Unionsgesetzgeber offenbar den ordnungspolitischen Charakter der gesondert anzuknüpfenden Regelungen unterstreichen. In der Sache taugt diese Voraussetzung freilich zur Abgrenzung wenig. Sämtliche Normen des Erbrechts regeln („beschränken und berühren") auch aus wirtschaftlichen (Garantie eines generationenübergreifenden Privatvermögens durch die Privaterbfolge), familiären (Förderung von Solidarbeziehungen vor allem durch die Testierfreiheit, das Intestaterbrecht, aber auch das Pflichtteilsrecht) sowie sozialen Erwägungen (Stabilität der Gesellschaft durch Privaterbfolge) die Rechtsnachfolge von Todes wegen. Es handelt sich damit bei diesem Kriterium um eine **Leerformel,** anders als etwa die Definition der Eingriffsnorm in Art. 9 Abs. 1 Rom I-VO, die sich an die Entscheidung des EuGH in **Arblade** anlehnt[7] und den ordnungspolitischen Charakter der jeweiligen Eingriffsnorm hervorhebt („Vorschrift, deren Einhaltung von einem Staat als […] entscheidend für die Wahrung seines öffentlichen Interesses […] angesehen wird"); vgl. auch die Definition in Art. 30 Abs. 2 EuGüVO und Art. 30 Abs. 2 EuPartVO.

3. Unabhängigkeit vom Erbstatut. Sehr viel bedeutsamer ist die letzte Voraussetzung an die 6
nach Art. 30 vorbehaltenen besonderen Nachfolgeregelungen. Die Regelungen müssen **unabhängig vom jeweiligen Erbstatut Anwendung beanspruchen.** Ob dies der Fall ist, muss im Wege der Auslegung den jeweiligen Nachfolgeregelungen entnommen werden.

4. Regelung eines Mitgliedstaats oder Drittstaats für jeweils im Inland befindliche 7
Nachlassgegenstände. Art. 30 findet sowohl auf mitgliedstaatliche wie auch auf drittstaatliche Nachfolgeregelungen Anwendung,[8] anders als noch Art. 22 des Kommissionsvorschlags, der auf Regelungen im Recht eines Mitgliedstaats beschränkt war. Allerdings müssen sich die Eingriffsnormen auf im Inland befindliche Vermögensgegenstände beziehen. Zur Lokalisierung der Nachlassgegenstände gilt das in → Art. 10 Rn. 6 ff. Gesagte entsprechend.

5. Beispiele. Wichtigster Anwendungsfall für Art. 30 wird in den meisten Rechtsordnungen 8
das **Landwirtschaftserbrecht** sein,[9] in Deutschland vor allem die Höfeordnung und die Aner-

---

[5] Zust. Deixler-Hübner/Schauer/*Schwartze* Rn. 11.

[6] Zust. Deixler-Hübner/Schauer/*Schwartze* Rn. 11.

[7] S. EuGH Slg. 1999, I-8453 Rn. 30 = BeckRS 2004, 76800 – Arblade.

[8] Anders *Kroll-Ludwigs,* Die Rolle der Parteiautonomie im europäischen Kollisionsrecht, 2013, 557.

[9] S. Kommissionsvorschlag KOM(2009) 154 endg. S. 7; Ratsdokumente Nr. 5811/10 ADD 14 S. 7 und Nr. 5811/10 ADD 17 S. 8; *Altmeyer* ZEuS 2010, 475 (479); *Buschbaum/M. Kohler* GPR 2010, 162 (163); *Döbereiner* MittBayNot 2013, 358 (364); *Dörner* ZEV 2010, 221 (223) in Fn. 17; *Faber/Grünberger* ÖNotZ 2011, 97 (110); *Fischer-Czermak* in Schauer/Scheuba, Europäische Erbrechtsverordnung, 2012, 43, 48; *Grau* in Zimmermann ErbR Nebengesetze Art. 25, 26 EGBGB Anh.: EuErbVO Rn. 45; *Herzog* ErbR 2013, 2 (4); *v. Hinden/Müller* ErbStB 2013, 97 (101); *Janzen* DNotZ 2012, 484 (488); *Kroll-Ludwigs* Die Rolle der Parteiautonomie im europäischen Kollisionsrecht, 2013, 556; *Kunz* GPR 2012, 253 (255); *K. W. Lange* ZVglRWiss. 110 (2011), 426 (431); *K. W. Lange* ZErb 2012, 160 (161); *Lein* YbPIL 11 (2009), 107 (124); *Martiny* IPRax 2012, 119 (129); Frieser/*Martiny* ErbR Nach Art. 26 EGBGB: EuErbVO Rn. 160; *Max Planck Institute* RabelsZ 74 (2010), 522 (644); *Müller-Lukoschek,* Die neue EU-Erbrechtsverordnung, 2. Aufl. 2015, 91; *A. Pfeiffer* successio 2010, 316 (319); Rauscher/*Rauscher,* 3. Aufl. 2010, Einf. EG-ErbVO-E Rn. 69; *Remde* RNotZ 2012, 65 (77); *Remien* in Grziwotz, Erbrecht und Vermögenssicherung, 2011, 95, 106; *Rudolf* ÖNotZ 2010, 353 (361); *v. Sachsen Gessaphe* in Deinert, Internationales Recht im Wandel, 2013, 163, 183; *Schaub* Hereditare 3 (2013), 91 (121); Palandt/*Thorn* Rn. 1; *Vékás* in Reichelt/Rechberger, Europäisches Erbrecht – Zum Verordnungsvorschlag der Europäischen Kommission zum Erb- und Testamentsrecht, 2011, 41, 48; *R. Wagner* DNotZ 2010, 506 (516); Bonomi/Wautelet/*Wautelet* Rn. 1; *Wilke* RIW 2012, 601 (608).

bengesetze der Länder, aber auch das bundesrechtliche Landwirtschaftserbrecht, durch das der Erbrechtsgesetzgeber landwirtschaftlich genutztes Vermögen dem allgemeinen Erbrecht entzieht und besonderen Regelungen unterwirft, die für einen generationenübergreifenden Erhalt landwirtschaftlicher Betriebe sorgen. Diese Regelungen sollen ohne Rücksicht auf das jeweilige Erbstatut des Hofinhabers zur Anwendung gelangen; entscheidend ist allein, dass der Hof im Inland befindlich ist. Denn das ordnungspolitische Anliegen des Landwirtschaftserbrechts – nämlich dass Höfe als leistungsfähige Einheiten in der Hand bäuerlicher Familien erhalten bleiben, um die Volksernährung zu sichern[10] – kann sich nur auf inländische Höfe beziehen. Da im Landwirtschaftserbrecht oftmals eine interlokale Rechtsspaltung herrscht, ist der Verweis nach Art. 30 ggf. nach Art. 36 Abs. 2 lit. c zu konkretisieren. Ferner können Sonderregelungen für die Nachfolge in **Wohnungseigentum** zugunsten überlebender Familienmitglieder von Art. 30 erfasst werden.[11] Auch erbrechtliche **Erwerbsbeschränkungen für Ausländer,** etwa im Hinblick auf Grundeigentum in der Schweiz, wird man als besondere Nachfolgeregeln iS des Art. 30 anzusehen haben.[12] Diese Regelungen betreffen die Rechtsfolge von Todes wegen, sind regelmäßig unabhängig vom Erbstatut anwendbar und knüpfen vielmehr an die Belegenheit des Vermögensgegenstands an, wenn sie eine „Überfremdung des einheimischen Bodens" verhindern wollen (so Art. 1 des schweiz. Bundesgesetzes über den Erwerb von Grundstücken durch Personen im Ausland).

9   Dagegen gerade **nicht** unabhängig vom jeweiligen Erbstatut Anwendung beanspruchen **kollisionsrechtliche Regelungen** einer drittstaatlichen lex rei sitae, die dem Grundsatz der Nachlassspaltung (→ Vor Art. 20 Rn. 6) folgen und die Erbfolge in unbewegliches Vermögen allgemein gesondert anknüpfen, wie auch Erwägungsgrund Nr. 54 S. 4 klarstellt.[13] Diese Regelungen bewegen sich auf der Ebene des Kollisionsrechts und definieren das Erbstatut; sie werden von Art. 20 ff. verdrängt, soweit sie nicht im Rahmen des Renvoi (Art. 34) zu berücksichtigen sind. Art. 30 ist damit sehr viel enger auszulegen als Art. 3a Abs. 2 EGBGB aF, wo eine kollisionsrechtliche Nachlassspaltung nach dem Belegenheitsrecht als „besondere Vorschriften" angesehen wurde (zu Einzelheiten Voraufl. → EGBGB Art. 3a Rn. 48 ff.; Voraufl. → EGBGB Art. 25 Rn. 102). Auch **allgemeine sachrechtliche Unterschiede** zwischen dem Erbstatut und dem Belegenheitsrecht, die sich nicht auf einzelne Gegenstände beschränken, begründen keine besonderen Nachfolgeregelungen, wie Erwägungsgrund Nr. 54 S. 4 für Abweichungen beim Pflichtteil bestätigt.[14]

IV. Rechtsfolgen

10   Art. 30 spricht davon, dass die besonderen Nachfolgeregelungen „auf die Rechtsnachfolge von Todes wegen Anwendung" finden. Dieser Wortlaut unterscheidet sich insbesondere von Art. 15 des Haager Erbrechtsübereinkommens (→ Vor Art. 1 Rn. 8 ff.), der von „does not affect the application" spricht, aber auch von den anderen europäischen Vorschriften über Eingriffsnormen in Art. 9 Abs. 2 („berührt nicht die Anwendung") und Abs. 3 S. 1 („kann Wirkung verliehen werden") Rom I-VO sowie in Art. 16 Rom II-VO („berührt nicht die Anwendung"), vgl. auch Art. 30 Abs. 1 EuGüVO und Art. 30 Abs. 1 EuPartVO. Art. 30 räumt also anders als das übrige internationale Unionsprivatrecht keinen Vorbehalt für die jeweilige Eingriffsnorm ein, die kraft eigenen Anwendungsbefehls gilt, sondern beruft diese zur Anwendung.[15] Dies mag man kollisionsrechtsdogmatisch kritisieren.[16] Im Ergebnis besitzt dieser Unterschied freilich keine Auswirkungen, zumal Art. 34 Abs. 2 ausdrücklich einen Renvoi bei Art. 30 ausschließt.

---

[10] S. etwa BVerfGE 15, 337 (342); 67, 348 (367); BGHZ 98, 375 (379 f.); 106, 245 (249); 118, 361 (365 f.); BVerfGE 91, 346 (356); BGHZ 134, 146 (151); § 1 rhpf. Höfeordnung; Art. 1 Abs. 1 lit. a schweiz. Bundesgesetz über das bäuerliche Bodenrecht („dieses Gesetz bezweckt [...] das bäuerliche Grundeigentum zu fördern und namentlich Familienbetriebe als Grundlage eines gesunden Bauernstandes und einer leistungsfähigen, für eine nachhaltige Bodenbewirtschaftung ausgerichteten Landwirtschaft zu erhalten und ihre Struktur zu verbessern").

[11] *Faber/Grünberger* ÖNotZ 2011, 97 (110); *Krist* ÖNZ 2016, 361 (366), beide zu § 14 öst. WEG; s. auch Dutta/Weber/*Schmidt* Rn. 16.

[12] Dutta/Weber/*Schmidt* Rn. 14.

[13] S. auch DNotI-Studie S. 262 f.; Kommissionsvorschlag KOM(2009) 154 endg. S. 8; zweifelnd indes *Jahn* ErbR 2010, 552 (553).

[14] S. auch Kommissionsvorschlag KOM(2009) 154 endg. S. 8.

[15] Zust. Deixler-Hübner/Schauer/*Schwartze* Rn. 21.

[16] Vgl. *Wilke* RIW 2012, 601 (608); s. auch *Boulanger* JCP 2012 Nr. 42, S. 1903, 1906; *Fischer-Czermak* in Schauer/Scheuba, Europäische Erbrechtsverordnung, 2012, 43, 53 in Fn. 63; *Solomon,* Liber amicorum Schurig, 2012, 237 (262).

V. Abschließender Charakter im Hinblick auf forumsfremde Eingriffsnormen

Art. 30 regelt abschließend die Berücksichtigung forumsfremder Eingriffsnormen,[17] trotz entge- **11** genstehender Vorschläge,[18] die der Unionsgesetzgeber nicht berücksichtigt hat. Speziell Erwägungsgrund Nr. 54 S. 4 geht von einem abschließenden Charakter der Vorschrift aus; allenfalls als Teil des Erbstatuts können forumsfremde Eingriffsnormen zur Anwendung gelangen (etwa → Art. 26 Rn. 7). Unberührt bleibt aber ein Einfluss der Eingriffsnormen des Forumsmitgliedstaats, kraft ihres eigenen Anwendungsbefehls oder jedenfalls über den ordre-public-Vorbehalt des Art. 35.

Art. 31 EuErbVO Anpassung dinglicher Rechte

Macht eine Person ein dingliches Recht geltend, das ihr nach dem auf die Rechtsnachfolge von Todes wegen anzuwendenden Recht zusteht, und kennt das Recht des Mitgliedstaats, in dem das Recht geltend gemacht wird, das betreffende dingliche Recht nicht, so ist dieses Recht soweit erforderlich und möglich an das in der Rechtsordnung dieses Mitgliedstaats am ehesten vergleichbare Recht anzupassen, wobei die mit dem besagten dinglichen Recht verfolgten Ziele und Interessen und die mit ihm verbundenen Wirkungen zu berücksichtigen sind.

Übersicht

I. Normzweck und Überblick

Die Vorschrift möchte **Anpassungsprobleme** zwischen dem Erbstatut und dem allgemeinen **1** Vermögensrechtsstatut (Einzelstatut), vor allem dem Sachenrechtsstatut, lösen,[1] die dadurch entstehen, dass diese Statute eng miteinander verknüpft sind, aber potentiell unterschiedlichen Rechtsordnungen unterliegen und deshalb Normdiskrepanzen drohen (→ Vor Art. 20 Rn. 56). Art. 31 sorgt dafür, dass ein vom anwendbaren Erbrecht erschaffenes Recht am Nachlass mit dem Recht, das auf das in dem Nachlass befindliche Vermögensrecht anwendbar ist, auf der Ebene des Sachrechts in Einklang gebracht wird, wenn das Vermögensrechtsstatut die vom Erbstatut kreierte Rechtsposition nicht kennt. Die Anpassung ermöglicht damit eine grenzüberschreitende Durchsetzung erbrechtlich erworbener Rechtspositionen, s. Erwägungsgrund Nr. 16 S. 1. Zugleich bekräftigt Art. 31 aber auch, dass Teil des Erbstatuts nicht nur der erbrechtliche Zuordnungs*vorgang* ist (Art. 23 Abs. 2 lit. e), sondern auch das erbrechtliche Zuordnungs*ergebnis*, anders als Art. 1 Abs. 2 lit. k suggeriert (dazu sowie zur Unterscheidung zwischen Zuordnungsvorgang und -ergebnis → Art. 1 Rn. 47 ff.). Denn für die Vorschrift besteht nur deshalb ein Bedürfnis, weil aufgrund der erbrechtlichen Qualifikation des Zuordnungsergebnisses eine vom Erbstatut vorgesehene dingliche Berechtigung in das jeweilige allgemeine Vermögensrechtsstatut eingepasst werden muss. Zwischenzeitlich hatte der europäische Gesetzgeber auch über ein eigenständiges Anpassungsverfahren für eingetragene Vermögensgegenstände nachgedacht.[2] – Zur Kompetenz des Unionsgesetzgebers für Art. 31 → Vor Art. 20 Rn. 57. Eine entsprechende Anpassungsnorm findet sich nunmehr auch in den Güterrechtsverordnungen, konkret in Art. 29 EuGüVO sowie in Art. 29 EuPartVO.

---

[17] Zust. BeckOGK/*Schmidt* Rn. 21. Hierin unterscheidet sich die Situation in der EuErbVO von der Problematik in der Rom II-VO, die überhaupt keine Regelung zur Berücksichtigung forumsfremder Eingriffsnormen vorsieht (zur Diskussion → Rom II-VO Art. 16 Rn. 23 ff.).

[18] Etwa von *Dutta* RabelsZ 73 (2009), 547 (558, 589), und *Max Planck Institute* RabelsZ 74 (2010), 522 (643, 648).

[1] Art. 31 eher als Substitutionsnorm qualifizierend *Jayme* in Leible/Unberath Rom 0-VO 33, 34, 44.

[2] S. etwa Ratsdokument Nr. 11870 S. 46.

II. Voraussetzungen

2 Voraussetzung des Art. 31 ist, dass es einer Anpassung bedarf („soweit erforderlich"), weil eine **Normdiskrepanz** zwischen Erbstatut und allgemeinem Vermögensrechtsstatut vorliegt.

3 **1. Auseinanderfallen von Erbstatut und allgemeinem Vermögensrechtsstatut.** Zunächst müssen auf den anzupassenden Sachverhalt im Hinblick auf das Anpassungsproblem unterschiedliche Rechte anwendbar sein. Ansonsten stellt sich das Problem einer Anpassung nicht. Art. 31 kontrastiert das **Erbstatut** einerseits mit dem **„Recht des Mitgliedstaats, in dem das Recht geltend gemacht wird"**, andererseits. Der zweite Verweis ist missverständlich. Bei wörtlicher Auslegung kann mit dem Recht des Mitgliedstaats, in dem das dingliche Recht geltend gemacht wird, nur die lex fori gemeint sein.[3] Anpassungsbedarf besteht aber nicht im Hinblick auf die lex fori, sondern auf die lex causae des dinglichen Rechts, bei einem Sachenrecht also die lex rei sitae, s. Art. 43 ff. EGBGB. Man wird den Hinweis auf die lex fori damit als Hinweis auf das Recht, das nach dem Kollisionsrecht der lex fori auf das anzupassende Vermögensrecht anwendbar wäre, verstehen müssen,[4] ähnlich wie auch bei entsprechenden Regelungen, die bei Art. 31 wohl Pate standen, etwa Art. 15 UAbs. 2 des Haager Trustübereinkommens[5] von 1985 (→ Vor Art. 1 Rn. 6 f.). Art. 31 ist deshalb auch nicht auf Fälle beschränkt, in denen der betreffende Vermögensgegenstand in einem Mitgliedstaat befindlich ist.[6]

4 Erbstatut und allgemeines Vermögensrechtsstatut müssen mithin unterschiedlich sein, was regelmäßig bei Auslandsvermögen des Erblassers der Fall sein wird.

5 **2. Erbrechtliche Prägung eines Vermögensrechts. a) Allgemeines.** Die Vorschrift spricht im Tatbestand davon, dass eine Person **„ein dingliches Recht"** geltend macht, **„das ihr nach dem auf die Rechtsnachfolge von Todes wegen anzuwendenden Recht zusteht"**. Fraglich ist zunächst, welches Recht gemeint ist: das Vermögensrecht selbst oder die erbrechtliche Rechtsposition am Nachlass, deren Teil das betreffende Vermögensrecht ist? Da es der Vorschrift um eine Anpassung von Erbstatut und Vermögensstatut geht, nicht aber um die Angleichung von verschiedenen Vermögensstatuten (etwa nach einem Statutenwechsel im Hinblick auf das betreffende Recht, dazu s. Art. 43 Abs. 2 EGBGB), kann Art. 31 nur auf die erbrechtliche Rechtsposition anspielen. Wichtig ist jedoch, dass die erbrechtliche Rechtsposition stets nur im Hinblick auf das konkret im Nachlass befindliche Vermögensrecht angepasst wird, nicht im Hinblick auf den gesamten Nachlass.

6 Es schließt sich jedoch unmittelbar die Frage an, wann eine erbrechtliche Rechtsposition **„dinglich"** iS der Vorschrift ist – ein Begriff, der etwa auch im europäischen Zuständigkeitsrecht in Art. 24 Nr. 1 Brüssel Ia-VO auftaucht. Diesen Begriff wird man – wie der EuGH dies auch für die Vorgängervorschrift in Art. 22 Nr. 1 Brüssel I-VO bereits betont hat[7] – autonom auszulegen und vor allem von rein persönlichen Ansprüchen abzugrenzen haben: Ein Recht ist dinglich, wenn es jedermann gegenüber geltend gemacht werden kann und nicht nur einem Schuldner gegenüber.[8] Angepasst werden können damit im Hinblick auf konkrete Nachlassgegenstände nur erbrechtliche Positionen, die jedermann gegenüber wirken.

7 **b) Erbrechtlicher Einfluss auf das Zuordnungsergebnis.** Zudem muss das Erbstatut den betreffenden Vermögensgegenstand erbrechtlich prägen. Das geschieht jedenfalls, wenn das anwendbare Erbrecht bei der erbrechtlichen Weitergabe des Nachlasses das Zuordnungsergebnis (→ Rn. 1) ändert: Die dingliche Berechtigung beim Erben ist eine andere als beim Erblasser, etwa weil der Erbe zB als überlebender Ehegatte nur einen Nießbrauch am Nachlass erhält[9] oder beneficiary eines trust mit einem life interest ist,[10] während der Erblasser noch Vollrechtsinhaber war. Zu beachten ist, dass auch die Berechtigung als beneficiary eines trusts „dinglich" iS des Art. 31 (→ Rn. 6) sein kann. Zwar hat der Gerichtshof für Art. 22 Nr. 1 Brüssel I-VO entschieden, dass eine Klage eines beneficiary gegen den trustee aus dem Trustverhältnis kein dingliches Recht zum Gegenstand hat.[11]

---

[3] Vgl. auch *Rudolf* ÖNotZ 2013, 225 (227).

[4] Zust. *Mansel,* FS Coester-Waltjen, 2015, 587 (594); BeckOGK/*Schmidt* Rn. 12; vgl. auch *Gärtner,* Die Behandlung ausländischer Vindikationslegate im deutschen Recht, 2014, 87 mit Fn. 653; Palandt/*Thorn* Rn. 1.

[5] Vgl. *Max Planck Institute* RabelsZ 74 (2010), 522 (642); Bonomi/Wautelet/*Wautelet* Rn. 20 m. Fn. 57.

[6] So aber NK-BGB/*Looschelders* Rn. 5; dagegen auch wie hier *Mansel,* FS Coester-Waltjen, 2015, 587 (594).

[7] EuGH Slg. 1990, I-27 Rn. 8 = IPRax 1991, 29 – Reichert.

[8] EuGH Slg. 1994, I-2535 Rn. 14 = NJW 1995, 37 – Lieber; Slg. 2001, I-2771 Rn. 17 = EuR 2001, 563 – Gaillard.

[9] Näher Dutta/Weber/*Schmidt* Rn. 27 ff.

[10] Näher Dutta/Weber/*Schmidt* Rn. 20 ff. Zur Einbeziehung dieser Wirkungen eines trust trotz Art. 1 Abs. 2 lit. j s. Erwägungsgrund Nr. 13 (→ Art. 1 Rn. 45).

[11] EuGH Slg. 1994, I-1717 = BeckRS 2004, 76080 – Webb.

Allerdings betraf dies nur das Innenverhältnis; soweit das beneficial interest Drittwirkung entfaltet, handelt es sich auch um ein dingliches Recht.

c) Erbrechtlicher Einfluss auf den Zuordnungsvorgang ausreichend? Dagegen ist es keine **8** erbrechtliche Prägung eines Vermögensrechts, wenn durch das Erbrecht nur der Zuordnungsvorgang (→ Rn. 1) betroffen ist, der im Erbstatut nach Art. 23 Abs. 2 lit. e abweichend vom allgemeinen Vermögensstatut vollzogen wird.[12] Art. 31 spricht vom „betreffende[n] dingliche[n] Recht", das dem allgemeinen Vermögensstatut unbekannt ist. Hierunter wird man nicht den Weitergabemodus subsumieren können, der regelmäßig im Erbrecht und im Vermögensrecht unterschiedlich geregelt ist, vgl. nur § 1922 Abs. 1 BGB mit §§ 929 ff. BGB.

Diese Erkenntnis betrifft vor allem durch ausländische Erbstatute geschaffene **Vindikationslegate** **9** sowie **dinglich wirkende Teilungsanordnungen** (auch → Art. 1 Rn. 48 ff.; → Art. 23 Rn. 20 ff.) an inländischem Recht unterliegenden Gegenständen, die mit dem Erbfall den vermachten oder einem Erben zugewiesenen Gegenstand dem Berechtigten unmittelbar verschaffen.[13] Hier ist eine Anpassung nach Art. 31 selbst dann nicht möglich, wenn die Rechtsordnung, die auf das inländische Vermögensrecht anwendbar ist, im Erbrecht Vindikationslegate nicht kennt.[14] Gegen eine Anpassung von Vindikationslegaten sprechen aber aus Sicht des Unionsrechts und vor allem des Europäischen Nachlasszeugnisses, in dem ein Vindikationslegat bescheinigt werden kann (→ Art. 63 Rn. 9), auch sachliche Gründe. Die Anpassung würde stets nur für den einzelnen Mitgliedstaat gelten, nicht aber für die gesamte EU. Ein internationaler Entscheidungseinklang – der Basis für das Europäische Nachlasszeugnis ist (→ Vor Art. 62 Rn. 9 f.) – würde gefährdet, zumal man vom ausstellenden Mitgliedstaat kaum erwarten kann, dass dessen Ausstellungsbehörde (Art. 64 S. 2) bereits beim Erlass des Nachlasszeugnisses die Anpassung des Vindikationslegats in anderen Mitgliedstaaten antizipiert.[15] – Auch der Generalanwalt in der polnischen Rechtssache *Kubicka* (RS C-218/16; → Art. 1 Rn. 52) hat mittlerweile die Anpassung eines Vindikationslegats nach Art. 31 abgelehnt.[16]

Deshalb ebenfalls nicht angepasst werden können das Erfordernis eines **mittelbaren Erwerbs** **10** oder **Antrittserwerbs** beim Erbgang (→ Art. 23 Rn. 20), die nach dem Erbstatut erforderlich ist, um den Erben den Nachlass zu verschaffen.[17]

3. Erbrechtliche Prägung dem allgemeinen Vermögensrechtsstatut unbekannt. Schließ- **11** lich muss das vom Erbstatut geprägte Vermögensrecht als Typus dem allgemeinen Vermögensrechtsstatut unbekannt sein. Auch hier sind die Grenzen oftmals fließend, da das Vermögensrechtsstatut freilich niemals exakt über die gleichen Vermögensrechte verfügen wird wie das Erbstatut.

III. Rechtsfolgen: Pflicht zur sachrechtlichen Anpassung

Rechtsfolge des Art. 31 ist, dass das Gericht das vom Erbstatut kreierte dingliche Recht sach- **12** rechtlich an ein „am ehesten vergleichbare[s] Recht" dieses Mitgliedstaats anpassen muss, und

---

[12] *Gärtner*, Die Behandlung ausländischer Vindikationslegate im deutschen Recht, 2014, S. 83 ff.; Deixler-Hübner/Schauer/*Mankowski* Art. 23 Rn. 47; Deixler-Hübner/Schauer/*Schwartze* Rn. 13; Palandt/*Thorn* Rn. 2.

[13] Anders *Buschbaum* in Hager, Die neue europäische Erbrechtsverordnung, 2013, 39, 53; *Dörner* ZEV 2012, 505 (509) (ein Vindikationslegat kann im Wege der Anpassung nach Art. 31 in ein Damnationslegat umgedeutet werden, wenn die lex rei sitae Vindikationslegate nicht kennt); *Dörner* RabelsZ 80 (2016), 651 (653); Erman/*Hohloch* Rn. 4; *Kleinschmidt* RabelsZ 77 (2013), 723 (761 f.) (Anpassung eines Vindikationslegats jedenfalls unionsrechtlich zulässig, wenn auch für in Deutschland belegene Gegenstände nicht „erforderlich" iS des Art. 31); *Laukemann*, FS Schütze, 2014, 325 (339) (Anpassung denkbar, aber nicht „erforderlich"); *Kunz* GPR 2012, 253 (255); *Lagarde* Rev. crit. dr. int. pr. 101 (2012), 691 (716); *Odersky* notar 2013, 3 (4); *Reymann* ZVglRWiss. 114 (2015), 40 (69 f.); so wohl auch *Herzog* ErbR 2013, 2 (5), die von einer Umwandlung in ein Damnationslegat ausgeht, ohne freilich auf Art. 31 Bezug zu nehmen.

[14] *Köhler* in GKKW IntErbR 160 f.; *Lipp* in Lipp/Münch, Die neue Europäische Erbrechtsverordnung, 2016, 1, 12; *Looschelders*, FS Coester-Waltjen, 2015, 531 (536 f.), 540; *Mansel*, FS Coester-Waltjen, 2015, 587 (594 f.); *Pintens* in LSHGGRD Erbfälle unter Geltung der EuErbVO 1, 7 f.; BeckOGK/*Schmidt* Rn. 30; *J. P. Schmidt* RabelsZ 77 (2013), 1 (19 ff., 22).; *J. P. Schmidt* ZEV 2014, 133 (137); tendenziell auch Jauernig/*Stürner* Art. 20–38 Rn. 7 (wonach hierfür „die differenzierende systematische Logik" spreche); krit. gegenüber einer Anpassung auch *Margonski* GPR 2013, 106 (109) m. Fn. 23; Bonomi/Wautelet/*Wautelet* Rn. 13; Palandt/*Thorn* Rn. 2; so wohl auch *Schaub* Hereditare 3 (2013), 91 (101) („Für die [...] Umsetzung eines Vindikationslegats (ggf. mit entsprechender Eintragung im deutschen Grundbuch) hilft Art. 31 ErbRVO nicht wirklich weiter"), s. aber auch *Schaub* Hereditare 3 (2013), 91 (119).

[15] *Kleinschmidt* RabelsZ 77 (2013), 723 (763 f.); Dutta/Weber/*Schmidt* Rn. 7; Palandt/*Thorn* Art. 1 Rn. 15.

[16] Schlussanträge des GA *Bot* vom 17.5.2017 – Kubicka.

[17] Anders für das österreichische Verlassenschaftsverfahren (→ Art. 8 Rn. 4), dessen Erfordernis dem allgemeinen Erbstatut unterliegt (→ Art. 23 Rn. 20), und das Erfordernis einer Einantwortung *Ludwig* ZEV 2013, 151 (152); wie hier Dutta/Weber/*Schmidt* Rn. 37.

zwar bei wirtschaftlicher Betrachtung („die mit dem besagten dinglichen Recht verfolgten Ziele und Interessen und die mit ihm verbundenen Wirkungen [sind] zu berücksichtigen"). Das Recht ist mithin nicht in ein entsprechendes inländisches Institut umzuwandeln,[18] sondern als solches hinzunehmen und lediglich anzupassen,[19] wo bei die Grenzen zwischen den verschiedenen Anpassungstheorien fließend verlaufen dürften.[20] Eine Zwangsumwandlung wäre jedenfalls im Binnenmarkt primärrechtlich vor dem Hintergrund der Grundfreiheiten problematisch,[21] vor allem der Kapitalverkehrsfreiheit nach Art. 63 Abs. 1 AEUV, die auch erbrechtliche Transfers umfasst (→ Vor Art. 1 Rn. 20) und damit die Wahl des milderen Mittels (Anpassung statt Umwandlung) erfordert. Erwägungsgrund Nr. 16 S. 3 und S. 4 sieht vor, dass das anpassende Gericht im Mitgliedstaat, dessen Recht Erbstatut ist, Auskünfte über die anzupassende Rechtsposition einholen kann, was eine Kooperationspflicht der Mitgliedstaaten voraussetzt, die bei Drittstaaten (zum Begriff → Vor Art. 1 Rn. 29) freilich nicht besteht. Ordnet das Erbstatut etwa die Entstehung eines gesetzlichen trust an, so könnte dieser trust hinsichtlich des life interest des überlebenden Ehegatten an Nachlassgegenständen, die deutschem Recht unterliegen, über Art. 31 in eine Vor- und Nacherbschaft umgedeutet werden. Entsprechendes gilt freilich auch umgekehrt für die (beschränkte) Rechtsposition eines Vorerben für Gegenstände, die ausländischem Recht unterliegen, das eine Vor- und Nacherbschaft nicht kennt. Ein vom Erblasser durch Verfügung von Todes wegen geschaffener testamentary trust (zur Anwendbarkeit der Verordnung → Art. 1 Rn. 45) kann ggf. in eine Dauertestamentsvollstreckung angepasst werden, wie auch bereits nach bisherigem Recht (Voraufl. → EGBGB Art. 25 Rn. 168). Gleiches gilt auch für die Befugnisse eines personal representative oder anderen Nachlassverwalters im Hinblick auf im Inland belegenes Vermögen (Voraufl. → EGBGB Art. 25 Rn. 240), und zwar selbst wenn sich dessen Bestellung und Befugnisse nach Art. 29 richten, der lediglich für eine Anpassung zwischen Erbstatut und lex fori sorgt und nicht – wie bei Art. 31 – für eine Harmonie zwischen Erbstatut und Vermögensrechtsstatut.

IV. Zuständigkeit für die Anpassung

13   Die Vorschrift lässt offen, welche Gerichte (Definition in Art. 3 Abs. 2) für die Anpassung international zuständig sind. Sollte sich die Zuständigkeit nach den Regelungen der Erbrechtsverordnung richten, dh eine Anpassung nur durch ein nach den Art. 4 ff. zuständiges Gericht vorgenommen werden können, so würde die Vorschrift ihren Zweck weitgehend verfehlen: Das für die Erbsache zuständige Gericht müsste nicht nur für im Inland belegene Gegenstände eine Anpassung prüfen (wo aufgrund des Strebens der Verordnung nach einem Gleichlauf von forum und ius → Vor Art. 4 Rn. 2 f., regelmäßig kein Anpassungsbedarf bestehen wird), sondern auch für Gegenstände, die fremdem Recht unterliegen (wo das Gericht einen Anpassungsbedarf oftmals nicht erkennen wird).[22] Richtigerweise wird man die Regelung in Art. 31 als das behandeln müssen, was sie ist: eine kollisionsrechtliche Vorschrift, die nicht nur in Erbverfahren gilt, sondern in sämtlichen mitgliedstaatlichen Verfahren, in denen sich erbrechtliche Fragen stellen,[23] und sei es auch nur als Vorfrage, wie etwa in Registerverfahren, die einen erbrechtlichen Vorgang nachvollziehen, selbst wenn diese Verfahren nach Art. 1 Abs. 2 lit. l keine Erbsachen darstellen.[24] Die Anpassung ist in allen anderen Mitgliedstaaten zu berücksichtigen (vgl. auch → Vor Art. 20 Rn. 61).

Art. 32 EuErbVO Kommorienten

Sterben zwei oder mehr Personen, deren jeweilige Rechtsnachfolge von Todes wegen verschiedenen Rechten unterliegt, unter Umständen, unter denen die Reihenfolge ihres Todes ungewiss ist, und regeln diese Rechte diesen Sachverhalt unterschiedlich oder gar nicht, so hat keine der verstorbenen Personen Anspruch auf den Nachlass des oder der anderen.

---

[18] So aber Palandt/*Thorn* Rn. 3.

[19] Zutr. *Mansel,* FS Coester-Waltjen, 2015, 587 (593): „Hinnahmetheorie statt Transpositionstheorie".

[20] Vgl. *Solomon* Anali Pravnog Fakulteta Univerziteta u Zenici 18 (2016), 193 (217): „In the end, therefore, even the right in rem is first created, let us say: 'virtually', as provided by the law applicable to the succession, but it is promptly 'adapted', 'transposed', or whatever you want to label the process that is required, in order to meet the categories of rights existing under the law applicable to the specific asset".

[21] *Mansel,* FS Coester-Waltjen, 2015, 587 (593).

[22] *Margonski* GPR 2013, 106 (109) in Fn. 23.

[23] Zust. *Odersky* in Geimer/Schütze IRV-HdB Rn. 2 mit Fn. 5; Deixler-Hübner/Schauer/*Schwartze* Rn. 18.

[24] Vgl. demgegenüber *Margonski* GPR 2013, 106 (109) in Fn. 23.

Schrifttum: *De Nova,* La commorienza in diritto internazionale privato, FS Lewald, 1953, 339; *Fragistas,* Die Kommorientenvermutungen im IPR, FS Laun, 1953, 693; *Jayme/Haack,* Die Kommorientenvermutung im internationalen Erbrecht bei verschiedener Staatsangehörigkeit der Verstorbenen, ZVglRWiss. 84 (1985), 80; *Rugullis,* Commorientes internationales – Kommorienten in der Rechtsvergleichung und im Internationalen Privatrecht, ZVglRWiss. 113 (2014), 186. – Siehe ferner die Schrifttumshinweise allgemein zur Verordnung und ihren Vorarbeiten → Vor Art. 1 Rn. 1 ff.

I. Normzweck und Herkunft

Auch Art. 32 löst ein Anpassungsproblem, das sich nicht wie Art. 31 auf Konflikte zwischen **1** Erbstatut und benachbarten Statuten bezieht, sondern auf Konflikte zwischen den Erbstatuten miteinander zusammenhängender Erbfälle bei Normdiskrepanz[1] (→ Vor Art. 20 Rn. 56): Ist bei mehreren Erbfällen, die unterschiedlichen Erbstatuten unterliegen, die Reihenfolge unklar, so können die jeweiligen Erbstatute die Frage des Überlebens eines der Erblasser unterschiedlich beantworten. Es gilt dann zu klären, ob die Erblasser jeweils nach dem anderen Erblasser oder den anderen Erblassern erbberechtigt sind, weil hierfür in den meisten Rechtsordnungen ein Überleben des erbrechtlich Begünstigten erforderlich ist (zur Erbfähigkeit nach deutschem Recht vgl. § 1923 Abs. 1 BGB). Art. 32 betrifft damit die **Erbfähigkeit** iS des Art. 23 Abs. 2 lit. c, wo sich ein Überleben des erbrechtlich Begünstigten als Teil der Vorfrage nach der allgemeinen Rechtsfähigkeit stellt → Art. 1 Rn. 18. Die Vorschrift beruht auf Art. 13 des Haager Erbrechtsübereinkommens (→ Vor Art. 1 Rn. 8 ff.). – Zur Kompetenz des Unionsgesetzgebers für Art. 32 → Vor Art. 20 Rn. 57.

II. Voraussetzungen

Auch bei Art. 32 muss ein Anpassungsbedarf bestehen, dh die Voraussetzungen für eine **Normdis-** **2** **krepanz,** einen Widerspruch der beteiligten Erbstatute bestehen.

1. Mehrere Erbfälle, die unterschiedlichem Recht unterliegen. Zunächst setzt Art. 32 **3** voraus, dass die betreffenden Erbfälle unterschiedlichen Erbstatuten unterliegen. Art. 32 wird freilich nur **praktisch relevant,** wenn eine Erbberechtigung im Hinblick auf den Erbfall eines anderen Erblassers im Raum steht, etwa weil die Erblasser durch ein Statusverhältnis (Verwandtschaft, Ehe, Lebenspartnerschaft, etc) miteinander verbunden sind, das eine intestaterbrechtliche oder zwingende Erbberechtigung generiert, oder Empfänger einer gewillkürten Zuwendung von Todes wegen des jeweils anderen sind. Jedenfalls nach der Grundanknüpfung in Art. 21 Abs. 1 an den letzten gewöhnlichen Aufenthalt werden in solchen Konstellationen nur selten unterschiedliche Rechte Anwendung finden; die Erblasser werden als erbberechtigte Verwandte, Ehegatten oder Lebenspartner oftmals, wenn nicht sogar regelmäßig, den gewöhnlichen Aufenthalt teilen.

2. Nach den Umständen ungewisse Reihenfolge des Todes. Erforderlich ist ferner, dass **4** nach den tatsächlichen Umständen unklar ist, in welcher Reihenfolge die beteiligten Erblasser verstorben sind. Die jeweiligen Anforderungen an die Erfüllung der Darlegungs- und Beweislast unterliegen als verfahrensrechtliche Fragen der lex fori (→ Art. 23 Rn. 41). Eine Ungewissheit über die Reihenfolgen des Todes kann sich vor allem bei einem Unglück (Flugzeugabsturz, Naturkatastrophe, Terroranschlag, Krieg) ergeben, in dessen Zuge die Erblasser verstorben sind.

3. Unterschiedliche oder fehlende Kommorientenregelung. Schließlich müssen die betei- **5** ligten Erbstatute die Folgen aus der Ungewissheit der Todesreihenfolge unterschiedlich oder gar nicht regeln. Eine **unterschiedliche** Regelung liegt etwa vor, wenn ein Erbstatut von einem gleichzeitigen Versterben ausgeht (etwa Kommorientenvermutung nach § 11 VerschG), ein anderes aber ein Überleben eines Erblassers vermutet, etwa nach dem relativen Alter der beteiligten Erblasser (Sec. 184 Law of Property Act [UK]; s. aber auch Sec. 46 Abs. 3 of the Administration of Estates Act aF [UK]). Im Falle einer **fehlenden** Regelung schließt Art. 32 eine Lücke in den beteiligten Erbstatuten. Eine unterschiedliche Regelung iS der Vorschrift liegt auch vor, wenn die Kommorientenfrage in einem Erbstatut geregelt ist und im anderen Erbstatut nicht.[2] Auch das Schweigen des Rechts ist eine Form der Regelung.

Art. 32 sieht damit eine Normdiskrepanz bereits dann, wenn die beteiligten Rechte unterschiedli- **6** che Regelungen enthalten. Der Unionsgesetzgeber hätte jedoch eine den Art. 32 auslösende Normdiskrepanz auch erst dann annehmen können, wenn die beteiligten Erbstatute im konkreten Einzelfall

---

[1] So auch *Looschelders,* FS Coester-Waltjen, 2015, 531 (540).
[2] Anders *Rugullis* ZVglRWiss. 113 (2014), 186 (210).

zu **nicht miteinander zu vereinbarenden** Ergebnissen führen.[3] So kann etwa bei Ehegatten das Erbstatut des Ehemanns davon ausgehen, dass beide Ehegatten gleichzeitig verstorben sind, aber das Erbstatut der Ehefrau das Überleben des Ehemanns vermuten. In diesem Fall ist Art. 32 anwendbar, da die beteiligten Erbstatute unterschiedliche Kommorientenregelungen enthalten.[4] Dennoch liegt eigentlich keine Normdiskrepanz im Hinblick auf die Erbberechtigung vor: Die Frau ist nach dem Erbstatut des Mannes nach ihrem Ehemann als Erblasser nicht erbfähig, wohl aber nach dem Erbstatut der Frau der Mann nach der Ehefrau als Erblasserin. Der Mann (bzw. seine Erben) erbt nach der Frau, nicht aber die Frau nach dem Mann. Die Anwendung der beiden Erbstatute ist damit eigentlich miteinander vereinbar.[5]

III. Rechtsfolgen: Sachrechtliche Anpassung

7   Liegt eine Normdiskrepanz nach Art. 32 vor, so ordnet die Vorschrift eine sachrechtliche Anpassung an, indem sie eine Sachnorm bereithält,[6] die eine Erbberechtigung der beteiligten Erblasser nach einem der beteiligten Erblasser ausschließt. Dies bezieht sich nicht nur auf die Berechtigung als gesetzlicher oder gewillkürter Erbe, sondern allgemein auf jede Erbberechtigung iS des Art. 23 Abs. 2 lit. b und h. Damit fingiert Art. 32 indirekt ein gleichzeitiges Versterben der beteiligten Personen und enthält faktisch eine Regel zur Todesvermutung,[7] obwohl dieser Fragenkomplex grundsätzlich nach Art. 1 Abs. 2 lit. c dem Anwendungsbereich der Verordnung entzogen ist.

Art. 33 EuErbVO Erbenloser Nachlass

Ist nach dem nach dieser Verordnung auf die Rechtsnachfolge von Todes wegen anzuwendenden Recht weder ein durch Verfügung von Todes wegen eingesetzter Erbe oder Vermächtnisnehmer für die Nachlassgegenstände noch eine natürliche Person als gesetzlicher Erbe vorhanden, so berührt die Anwendung dieses Rechts nicht das Recht eines Mitgliedstaates oder einer von diesem Mitgliedstaat für diesen Zweck bestimmten Einrichtung, sich das im Hoheitsgebiet dieses Mitgliedstaates belegene Nachlassvermögen anzueignen, vorausgesetzt, die Gläubiger sind berechtigt, aus dem gesamten Nachlass Befriedigung ihrer Forderungen zu suchen.

Schrifttum: *Bungert,* Ausländisches Fiskuserbrecht vor deutschen Gerichten, MDR 1991, 713; *Bungert,* Der Rechtscharakter des niederländischen Fiskuserbrechts, ZfRV 32 (1991), 241; *Dörner,* Der Zugriff des Staates auf erbenlose Nachlässe – Fiskuserbrecht oder hoheitliche Aneignung?, IPRax 2012, 235; *Firsching,* Das Anfallsrecht des Fiskus bei erbenlosem Nachlaß, IPRax 1986, 25; *Firsching,* Das Erbrecht des Fiskus im deutschen und österreichischen internationalen Privatrecht, FS W. Kralik, 1986, 371; *Graupner/Dreyling,* Erbenlose Nachlässe, ZVglRWiss. 82 (1983), 193; *Heckel,* Das Fiskuserbrecht im Internationalen Privatrecht – Eine rechtsvergleichende Untersuchung im Hinblick auf ein künftiges europäisches Erbkollisionsrecht, 2006; *St. Lorenz,* Staatserbrecht bei deutsch-österreichischen Erbfällen, Rpfleger 1993, 433; *Maridakis,* Les bona vacantia d'après le droit international privé, RabelsZ 23 (1958), 802; *Nordmeier,* New Yorker Heimfallrecht an erbenlosen Nachlassgegenständen und deutsches Staatserbrecht (§ 1936 BGB), IPRax 2011, 535; *Nordmeier,* Erbenlose Nachlässe im Internationalen Privatrecht – versteckte Rückverweisung, § 29 öst. IPRG und Art. 33 EuErbVO, IPRax 2013, 418; *Schwimann,* Das staatliche Heimfallrecht im deutschen und österreichischen internationalen Privatrecht, ZfRV 7 (1966), 57. – Siehe ferner die Schrifttumshinweise allgemein zur Verordnung und ihren Vorarbeiten → Vor Art. 1 Rn. 1 ff.

---

[3] Etwa *Dutta* RabelsZ 73 (2009), 547 (599 f.); vgl. auch Bonomi/Wautelet/*Wautelet* Rn. 11; *Max Planck Institute* RabelsZ 74 (2010), 522, 658 (651 f.). So indes bereits de lege lata *Rugullis* ZVglRWiss. 113 (2014), 186 (209), unter Verweis auf die Erläuterungen zum entsprechenden Art. 13 des Haager Erbrechtsübereinkommens (→ Rn. 1) im Bericht von *Waters,* Explanatory Report on the 1989 Hague Succession Convention, Proceedings of the Sixteenth Session (1988), Bd. II, 1990, 527, Rn. 107: „The Convention does not apply in any event, because the two laws do not provide differently for this situation. Both reach the same conclusion, albeit by way of a different route; there is no more reason for the Convention to apply to these circumstances than when each legal system not only reaches the same conclusion as the other, but each adopts the same reasoning (e.g., a presumption of the younger surviving) as the other"; so auch Deixler-Hübner/Schauer/ *Fischer-Czermak* Rn. 5; Dutta/Weber/*Weber* Rn. 15 f.

[4] Anders Palandt/*Thorn* Rn. 2, der Art. 32 auf Fälle begrenzen möchte, in denen die beteiligten Rechtsordnungen zu in der Sache nicht miteinander zu vereinbarenden Ergebnissen kommen.

[5] Vgl. Staudinger/*Dörner* (2007) EGBGB Art. 25 Rn. 97.

[6] Ratsdokument Nr. 5811/10 ADD 3 S. 13; vgl. auch Ratsdokument Nr. 5811/10 ADD 9 S. 16.

[7] Anders Deixler-Hübner/Schauer/*Fischer-Czermak* Rn. 7, wobei in der Sache wie hier.

I. Normzweck

Ebenso wie Art. 31 und 32 betrifft auch Art. 33 eine Normdiskrepanz, die allerdings anders als **1** Art. 32 und wie Art. 31 im Wege der **kollisionsrechtlichen Anpassung** aufgelöst wird (allgemein → Vor Art. 20 Rn. 56). Die Normdiskrepanz resultiert bei Art. 33 aus der unterschiedlichen Ausgestaltung der staatlichen Nachlassbeteiligung bei erbenlosen Nachlässen, vgl. auch Erwägungsgrund Nr. 56 S. 2–4. Diese Beteiligung kann als Fiskuserbrecht dem Erbstatut (Art. 23 Abs. 2 lit. b) unterliegen, nicht aber als staatliches Aneignungsrecht, das als dem öffentlichen Recht zugehörig nach Art. 1 Abs. 1 S. 2 nicht in den Anwendungsbereich der Verordnung fällt (→ Art. 1 Rn. 12), sondern nach dem jeweiligen Forumskollisionsrecht einem öffentlich-rechtlichen Aneignungsstatut zuzuordnen ist. Die Vorschrift räumt bei einem Konflikt dem öffentlich-rechtlichen Aneignungsstatut für die im aneignenden Staat befindlichen Gegenstände den Vorrang vor dem Erbstatut ein (näher → Rn. 6 f.): Denn während das Fiskuserbrecht bei einem Grundsatz der Nachlasseinheit (→ Vor Art. 20 Rn. 6) den weltweiten Nachlass des Erblassers erfasst, ist die Hoheitsgewalt und damit das Aneignungsrecht des Staates auf das eigene Territorium beschränkt. Allerdings beschränkt sich die Vorschrift auf die Anpassung und schweigt insbesondere zu internationalprivatrechtlichen Fragen des Aneignungsrechts. So richtet sich vor allem die internationale Zuständigkeit für die Aneignung angesichts ihres öffentlichrechtlichen Charakters (→ Art. 1 Rn. 12) nicht nach Art. 4 ff.,[1] sondern nach nationalem Verfahrensrecht.[2] Auch Art. 33 beruht auf dem Haager Erbrechtsübereinkommen (→ Vor Art. 1 Rn. 8 ff.), dessen Art. 16 weitgehend (aber → Rn. 8) übernommen wurde. – Zur Kompetenz des Unionsgesetzgebers für Art. 33 → Vor Art. 1 Rn. 57.

II. Voraussetzungen: Erbenloser Nachlass

Voraussetzung des Art. 33 ist, dass der Nachlass nach dem Erbstatut erbenlos ist, wobei eine **2** teilweise Erbenlosigkeit ausreicht.[3]

Zum einen darf nach dem Wortlaut des Art. 33 kein durch eine **Verfügung von Todes wegen 3** eingesetzter **Erbe** oder **Vermächtnisnehmer** am Nachlass erbrechtlich berechtigt sein. Hier stellen sich nicht nur Fragen des allgemeinen Erbstatuts der Art. 21 ff., sondern auch des Errichtungsstatuts der Art. 24 ff. im Hinblick auf die berechtigende Verfügung von Todes wegen. Den Begriff des Erben oder Vermächtnisnehmers wird man bei Art. 33 **untechnisch** zu verstehen haben. Bei autonomer Auslegung (→ Vor Art. 1 Rn. 23 ff.) wird man darauf abstellen müssen, ob nach dem Erbstatut aufgrund der gewillkürten Erbberechtigung eine Privatperson am Nachlass oder einzelnen Nachlassgegenständen dinglich berechtigt ist, sei es als Erbe, als Vermächtnisnehmer oder als in sonstiger Weise erbrechtlich Berechtigter.[4]

Zum anderen erfordert Art. 33, dass nach dem **Intestaterbrecht** keine natürliche Person gesetzli- **4** cher Erbe ist. Ausreichend ist nicht, dass nach dem Erbstatut ein Staat oder eine staatliche Einheit privatrechtlicher Fiskuserbe sein würde; denn dies ist genau der Fall, in dem Art. 33 eine Normdiskrepanz verhindern soll und deshalb anwendbar sein muss.

Auch bei Art. 33 erweist es sich, ähnlich wie beim Europäischen Nachlasszeugnis (→ Vor Art. 62 **5** Rn. 9), als sehr misslich, dass im Hinblick auf die erbrechtliche Berechtigung einer Person innerhalb der EU **kein absoluter Entscheidungseinklang** herrscht (→ Vor Art. 20 Rn. 3). Es kann mithin zu Fällen kommen, in denen der Belegenheitsmitgliedstaat sein Aneignungsrecht ausübt, obwohl der Nachlass nicht aus Sicht aller Mitgliedstaaten erbenlos ist. Diese Situation tritt bereits dann ein, wenn der Belegenheitsmitgliedstaat das Erbstatut – anders als die anderen Mitgliedstaaten – nach

---

[1] Nach Deixler-Hübner/Schauer/*Cohen* Rn. 8 schafft Art. 33 eine internationale Zuständigkeit.
[2] Zum deutschen Recht Dutta/Weber/*Dutta* IntErbRVG § 32 Rn. 31 ff.
[3] *Nordmeier* IPRax 2013, 418 (432 f.).
[4] In diese Richtung, jedenfalls für Vindikationslegate, auch der Regierungsentwurf eines Gesetzes zum Internationalen Erbrecht, BT-Drs. 18/4201, 48; zust. auch Deixler-Hübner/Schauer/*Cohen* Rn. 10.

einem gemäß Art. 75 Abs. 1 UAbs. 1, Abs. 2 vorrangigen Staatsvertrag bestimmt und der Nachlass nach diesem Erbstatut erbenlos ist. In einem solchen Fall wird man zu dem Ergebnis kommen müssen, dass Art. 33 nicht anwendbar ist. Sehr viel schwieriger aufzulösen ist der Konflikt, wenn sich der fehlende europäische Entscheidungseinklang aus einer unterschiedlichen Anknüpfung von Vorfragen ergibt und einer der Mitgliedstaaten (in dem Vermögen befindlich ist) zu dem Ergebnis kommt, dass der Nachlass erbenlos ist, weil aus Sicht des nach seinem IPR maßgeblichen Sachrechts ein potentiell erbberechtigendes Statusverhältnis (etwa eine Ehe des Erblassers) unwirksam ist. Auch Art. 33 ist mithin ein weiteres Argument für eine unselbständige Anknüpfung von Vorfragen jedenfalls im Erbrecht (→ Vor Art. 20 Rn. 50 ff.).

III. Rechtsfolgen

6   **1. Vorrang des Aneignungsrechts für im Aneignungsmitgliedstaat befindliches Nachlassvermögen.** Zunächst ordnet Art. 33 an, dass Regelungen des Erbstatuts – und hierbei kann es sich angesichts der Voraussetzungen eines erbenlosen Nachlasses (→ Rn. 2 ff.) vor allem um ein Fiskuserbrecht handeln – nicht einer Aneignung durch den Belegenheitsstaat im Wege stehen. Der Anwendungsbereich des Erbstatuts wird also zurückgedrängt, um einen Konflikt zwischen dem Fiskuserbrecht nach dem Erbstatut und einer öffentlich-rechtlichen Aneignung zu verhindern. Allerdings betrifft dieser Vorrang des Aneignungsrechts nur Nachlassgegenstände, die sich im jeweiligen Aneignungsmitgliedstaat befinden (zur Bestimmung der Nachlassbelegenheit → Art. 10 Rn. 6 ff.), wobei die Vorschrift auf Aneignungsrechte eines Mitgliedstaats (zum Begriff → Vor Art. 1 Rn. 59) beschränkt ist, vgl. aber auch → Rn. 8 aE. Es findet insoweit eine Nachlassspaltung statt (dazu allgemein sowie zu den Folgen → Vor Art. 20 Rn. 7 ff.). Schwierig ist die Frage zu beantworten, wann ein öffentlich-rechtliches Aneignungsrecht des Staates vorliegt und wann der Staat lediglich Fiskuserbe ist. Da die Position des Staats auch beim Fiskuserbrecht oftmals von der Position eines sonstigen privaten Erben abweicht, bringt die Sonderrechtslehre (die auch der EuGH bei der Abgrenzung von Privatrecht und öffentlichem Recht heranzieht, vgl. → Art. 1 Rn. 9) wenig Erkenntnisgewinn. Vor allem muss man darauf abstellen, ob der Staat von Gesetzes wegen erbberechtigt wird oder es eines Aneignungsakts bedarf, der beim Erbgang zugunsten eines Privaten nicht erforderlich ist.[5] Die Abgrenzung ist indes nicht immer einfach, da auch ein Fiskuserbrecht mitunter einen Feststellungsakt erfordert, vgl. §§ 1964 ff. BGB.

7   Im Umkehrschluss lässt sich Art. 33 entnehmen, dass im Hinblick auf Nachlassgegenstände, die sich nicht in einem Staat mit Aneignungsrecht befinden, das Erbstatut (einschließlich eines Fiskuserbrechts) uneingeschränkt zur Anwendung kommt. Eine Aneignungspflicht des Belegenheitsmitgliedstaats ordnet die Vorschrift nicht an.[6] Auch ist es nach Art. 33 nicht einem anderen Staat gestattet, sich Gegenstände anzueignen, die sich nicht in seinem Hoheitsgebiet befinden.

8   **2. Einschränkung des Vorrangs: Schutz der Nachlassgläubiger.** Anders als Art. 16 Haager Erbrechtsübereinkommen (→ Vor Art. 1 Rn. 8 ff.) stellt Art. 33 ausdrücklich klar, dass die Aneignung durch den Belegenheitsstaat nicht zu Lasten der Nachlassgläubiger – hierzu können auch erbrechtlich Berechtigte, etwa Vermächtnisnehmer eines Damnationslegats, zählen – gehen darf. Deren Rechte zur Befriedigung aus dem gesamten Nachlass dürfen durch die außerhalb des Erbstatuts stehende Aneignung nicht vereitelt oder beschränkt werden, soweit das Erbstatut nach Art. 23 Abs. 2 lit. g eine Haftung für Nachlassverbindlichkeiten vorsieht. Die mit Art. 33 einhergehende Nachlassspaltung (→ Rn. 5) gilt damit nur partiell und erfasst nicht die Nachlassgläubiger, für deren Ansprüche es beim Grundsatz der Nachlasseinheit bleibt (allgemein → Vor Art. 20 Rn. 7 ff.). Diese Einschränkung des Vorrangs betrifft vor allem Gläubiger des Erblassers und Gläubiger, deren Rechte aus der Verwaltung des Nachlasses herrühren.

IV. Nicht erfasste Anpassungsprobleme

9   Leider löst der Wortlaut des Art. 33 nicht sämtliche Anpassungsprobleme, die sich bei erbenlosen Nachlässen stellen. Art. 33 regelt lediglich die Normdiskrepanz, wenn sich Nachlassgegenstände in einem Mitgliedstaat mit einem Aneignungsrecht befinden, Erbstatut aber das Recht eines Staates mit Fiskuserbrecht ist. Nicht geregelt werden in Art. 33 jedoch Konstellationen, in denen es zu einem **Normmangel** kommt, etwa weil sich Nachlassgegenstände in einem Staat mit einem Fiskuserbrecht befinden, aber auf die Rechtsnachfolge von Todes wegen nach der Verordnung das Recht eines Staates mit staatlichem Aneignungsrecht anwendbar ist.[7] Die Gegenstände des erbenlosen Nachlasses,

---

[5]   S. etwa Dutta/Weber/*Weber* Rn. 12.
[6]   Regierungsentwurf eines Gesetzes zum Internationalen Erbrecht, BT-Drs. 18/4201, 48.
[7]   *Dutta* FamRZ 2013, 4 (12); vgl. auch *Nordmeier* IPRax 2013, 418 (422 f.); Palandt/*Thorn* Rn. 3.

die in dem Staat mit einem Fiskuserbrecht befindlich sind, werden damit von keinem beteiligten Staat beansprucht: Das Erbstatut sieht kein Fiskuserbrecht vor und das öffentlich-rechtliche Aneignungsstatut kein staatliches Aneignungsrecht. Dieser negative Konflikt lässt sich am besten dadurch lösen, dass man das Erbstatut erweitert und dem Staat, dessen Recht nach der Verordnung Erbstatut ist, nach seinem Aneignungsrecht gestattet, sich auch Gegenstände anzueignen, die sich außerhalb seines Hoheitsgebiets befinden.[8] Dies gilt freilich nicht für Gegenstände, die in Staaten belegen sind, die ihrerseits ein staatliches Aneignungsrecht vorsehen, das nach Art. 33 vorrangig ist. Wenn der Staat mit Aneignungsrecht, dessen Recht Erbstatut ist, sich die Gegenstände nicht aneignet, führt auch diese Lösung zu keinem Ergebnis.[9] Dann bleibt nur noch die Möglichkeit, den inländischen Nachlass dem jeweiligen Staat nach den Regeln für erbenlose Nachlässe der jeweilige lex rei sitae zuzuweisen.[10]

Ferner ist Art. 33 nach seinem Wortlaut nicht auf **Aneignungsrechte von Drittstaaten** anwend- **10** bar. Das drittstaatliche Aneigungsrecht wird sich jedoch hinsichtlich des dort befindlichen Nachlasses ohnehin bereits faktisch gegen ein Fiskuserbrecht nach dem Erbstatut durchsetzen; richtigerweise wird man deshalb Art. 33 a fortiori auf drittstaatliche Aneignungsrechte anwenden.[11]

V. Deutsche Durchführungsgesetzgebung

Der deutsche Durchführunggesetzgeber sieht in einem **§ 32 IntErbRVG** ein neues Aneignungs- **11** recht des Bundes und der Länder für im Inland belegenes Nachlassvermögen vor, soweit ausländisches Recht Erbstatut ist (ansonsten gilt § 1936 BGB). Durch dieses nachrangige Aneignungsrecht wird jedenfalls für inländisches Vermögen der in → Rn. 9 geschilderte negative Konflikt verhindert, wobei die deutsche Regelung rechtspolitisch nicht unproblematisch ist.[12]

Art. 34 EuErbVO Rück- und Weiterverweisung

(1) Unter dem nach dieser Verordnung anzuwendenden Recht eines Drittstaats sind die in diesem Staat geltenden Rechtsvorschriften einschließlich derjenigen seines Internationalen Privatrechts zu verstehen, soweit diese zurück- oder weiterverweisen auf:
a) das Recht eines Mitgliedstaats oder
b) das Recht eines anderen Drittstaats, der sein eigenes Recht anwenden würde.

(2) Rück- und Weiterverweisungen durch die in Artikel 21 Absatz 2, Artikel 22, Artikel 27, Artikel 28 Buchstabe b und Artikel 30 genannten Rechtsordnungen sind nicht zu beachten.

Übersicht

---

[8] Anders Dutta/Weber/*Weber* Rn. 15: lex rei sitae soll entscheiden; vgl. auch Bonomi/Wautelet/*Wautelet* Rn. 13: „Pour résoudre cette difficulté, l'on pourrait lire dans l'art. 33 une désignation des règles d'appropriation du droit de l'État du lieu de situation, qui permettrait à cet État d'appréhender les biens concernés même si sa loi n'est pas applicable à la succession"; für eine Nachlassspaltung auch Erman/*Hohloch* Rn. 5; *Nordmeier* IPRax 2013, 418 (423); *Odersky* in Geimer/Schütze IRV-HdB Rn. 10.
[9] So zutr. der Einwand von *Odersky* in Geimer/Schütze IRV-HdB Rn. 10 mit Fn. 8.
[10] Vgl. auch die Nachweise in Fn. 8.
[11] *Nordmeier* IPRax 2013, 418 (424); Dutta/Weber/*Weber* Rn. 11.
[12] Näher etwa Dutta/Weber/*Dutta* IntErbRVG § 32 Rn. 6; zu den Details der Regelung Dutta/Weber/*Dutta* Rn. 7 ff.

I. Normzweck

1   Im bisherigen europäischen Kollisionsrecht ist Art. 34 ein Novum. Erstmalig wird ein Renvoi (Rück- oder Weiterverweisung) nicht wie in Art. 20 Rom I-VO, Art. 24 Rom II-VO, Art. 11 Rom III-VO, Art. 12 HUP und nunmehr Art. 32 EuGüVO und Art. 32 EuPartVO ausgeschlossen. Die Berücksichtigung eines Renvoi soll allgemein der Wahrung des internationalen Entscheidungseinklangs dienen (allgemein → EGBGB Art. 4 Rn. 14; Erwägungsgrund Nr. 57 S. 2). Bei einheitlichen Kollisionsnormen wird der Renvoi jedoch, anders als traditionell im innerstaatlichen Kollisionsrecht (s. Art. 4 Abs. 1 EGBGB), regelmäßig ausgeschlossen, um deren Vereinheitlichungswirkung nicht durch die Berücksichtigung nichtvereinheitlichter Kollisionsnormen zu mindern und damit nicht den internationalen Entscheidungseinklang innerhalb der beteiligten Rechtsordnungen als Ziel einer jeden Kollisionsrechtsvereinheitlichung (→ Vor Art. 20 Rn. 2) zu gefährden. Dennoch hat sich der Unionsgesetzgeber anders als noch in Art. 26 des Kommissionsvorschlags für eine Beachtlichkeit des Renvoi entschieden (zu möglichen Gründen → Rn. 3), ähnlich wie auch zum Teil das Haager Erbrechtsübereinkommen (→ Rn. 4). In gerichtlichen Verfahren wird die praktische Relevanz des Renvoi jedoch angesichts des Strebens der Verordnung nach einem Gleichlauf von forum und ius (→ Vor Art. 4 Rn. 2 f.) eher gering sein.[1]

II. Beachtlichkeit eines drittstaatlichen Renvoi (Abs. 1)

2   Nach Abs. 1 sind Verweise der Verordnung auf das Recht eines Drittstaats (zum Begriff → Vor Art. 1 Rn. 29) jedenfalls (auch → Rn. 5) in zwei Konstellationen als Gesamtnormverweisung zu verstehen, so dass ein drittstaatlicher Renvoi beachtlich ist:

3   **1. Rück- oder Weiterverweis auf das Recht eines Mitgliedstaats (lit. a).** Zunächst wird ein Renvoi durch ein von der Verordnung bezeichnetes drittstaatliches Recht anerkannt, soweit das drittstaatliche Recht auf das Recht eines Mitgliedstaats verweist. Bei diesem Verweis kann es sich um einen **Rückverweis** auf das Recht des Forumsmitgliedstaats, aber durchaus auch um einen **Weiterverweis** auf das Recht eines anderen Mitgliedstaats handeln, der nicht Forumsstaat ist. Obwohl es an einer dem Art. 4 Abs. 1 S. 2 EGBGB entsprechenden ausdrücklichen Regelung fehlt, ist in diesem Fall das vom drittstaatlichen Kollisionsrecht bestimmte mitgliedstaatliche Recht anwendbar; die Verweisungskette bricht ab,[2] die Verordnung lässt einen „renvoi double" nicht zu.[3] Relevanz besitzt dieser Rückverweis etwa für drittstaatliche Kollisionsrechte, die nicht dem Aufenthaltsprinzip bei der Grundanknüpfung des Erbstatuts folgen, sondern dem Staatsangehörigkeitsprinzip, und deshalb bei Unionsbürgern stets auf das Recht eines Mitgliedstaats zurück- oder weiterverweisen werden. Die Beachtlichkeit eines solchen Renvoi auf mitgliedstaatliches Recht gestattet dem Richter jedenfalls im Falle eines Rückverweises die Anwendung seines eigenen Rechts und unterstreicht damit das Bemühen der Verordnung um einen Gleichlauf von forum und ius (allgemein → Vor Art. 4 Rn. 2 f.), speziell in den Fällen einer subsidiären Zuständigkeit nach Art. 10. Zudem wird womöglich im Falle eines Weiterverweises durch das drittstaatliche Kollisionsrecht auf mitgliedstaatliches Recht die Ermittlung des Inhalts eines mitgliedstaatlichen Erbstatuts einfacher sein,[4] etwa über das Europäische Justizielle Netz (vgl. auch Art. 77), als die Ermittlung eines drittstaatlichen Erbrechts, so dass auch insoweit eine Berücksichtigung des Renvoi gerechtfertigt ist.[5] Auch wird die Anwendung eines mitgliedstaatlichen Erbrechts in Einzelfällen weniger ordre-public-sensitiv sein als die eines Drittstaats.[6] – Zum Weiterverweis auf das Recht eines Drittstaats, dessen Kollisionsrecht wiederum auf mitgliedstaatliches Recht zurück- oder weiterverweist → Rn. 5.

---

[1] S. auch Bonomi/Wautelet/*Bonomi* Rn. 5; *Dörner* ZEV 2012, 505 (511 f.); Staudinger/*Hausmann* (2013) EGBGB Art. 4 Rn. 164; *v. Hein* in Leible/Unberath Rom 0-VO 341, 380 f.; Palandt/*Thorn* Rn. 1; vgl. zur Frage, ob auch die Grundanknüpfung an den gewöhnlichen Aufenthalt die Relevanz der Renvoifrage senkt, *Solomon,* Liber amicorum Schurig, 2012, 237, 252 f.; *Schurig,* FS Spellenberg, 2010, 343, 348.

[2] *Bajons* in Schauer/Scheuba, Europäische Erbrechtsverordnung, 2012, 29, 37; *v. Hein* in Leible/Unberath Rom 0-VO 341, 374; Frieser/*Martiny* ErbR Nach Art. 26 EGBGB: EuErbVO Rn. 169; *v. Sachsen Gessaphe* in Deinert, Internationales Recht im Wandel, 2013, 163, 186; Deixler-Hübner/Schauer/*Schwartze* Rn. 11; *Solomon,* Liber amicorum Schurig, 2012, 237 (242); vgl. auch *Bonomi/Öztürk* ZVglRWiss. 114 (2015), 4 (32).

[3] So aber tendenziell Staudinger/*Hausmann* (2013) EGBGB Art. 4 Rn. 165; wie hier dagegen Bonomi/Wautelet/*Bonomi* Rn. 17.

[4] Vgl. auch den Vorschlag der italienischen Delegation in Ratsdokument Nr. 5811/10 ADD 12 S. 10 und dessen Begründung: „The justification of such an approach lies in the practical benefits of applying a law which the court seised knows well or with which it may readily become familiar".

[5] Bonomi/Wautelet/*Bonomi* Rn. 15. Zurückhaltender *v. Hein* in Leible/Unberath Rom 0-VO 341, 380.

[6] Vgl. *Pintens* in LSHGGRD Erbfälle unter Geltung der EuErbVO 1, 27.

2. Weiterverweis auf das Recht eines Drittstaats, dessen Recht den Verweis annimmt 4 (lit. b). Auch ein Weiterverweis auf das Recht eines (zweiten) Drittstaats wird von Abs. 1 in lit. b anerkannt, wenn das (zweite) drittstaatliche Kollisionsrecht diesen Verweis annimmt. Insoweit folgt die Verordnung Art. 4 und Art. 17 Haager Erbrechtsübereinkommen (→ Vor Art. 1 Rn. 8 ff.). Erfasst von lit. b sind auch Fälle, in denen das Recht des zweiten Drittstaats auf das Recht eines weiteren (dritten) Drittstaats weiterverweist, dieses aber auf das Recht des zweiten Drittstaats zurückverweist,[7] jedenfalls soweit das Recht dieses zweiten Drittstaats die Rückverweisung annimmt. Auch dann ist der Renvoi durch das von der Verordnung bestimmte Recht des (ersten) Drittstaats beachtlich, da – entsprechend dem Wortlaut des lit. b – der zweite Drittstaat „sein eigenes Recht anwenden würde".

3. Grundsätzlich nicht beachtlich: Weiterverweis auf das Recht eines Drittstaats, dessen 5 Recht weiterverweist (Abs. 1 lit. b e contrario). Verweist das von der Verordnung bestimmte Recht eines Drittstaats auf einen weiteren Drittstaat, der die Verweisung nicht annimmt (sondern auf das Recht wiederum eines weiteren Staates weiterverweist; aber → Rn. 4), so kommt nach Abs. 1 das Recht des ersten Drittstaats zur Anwendung; der Verweis durch die Verordnung ist als Sachnormverweis auf das Recht des ersten Drittstaats zu verstehen.[8] Das gilt auch für den Rückverweis durch das Recht des zweiten Drittstaats auf das Recht des ersten Drittstaats;[9] insbesondere ist keine Annahme des Rückverweises durch das Kollisionsrecht des ersten Drittstaats zu prüfen.[10] Der Ausschluss des Renvoi scheint selbst dann zu gelten, wenn das Recht des zweiten Drittstaats auf **mitgliedstaatliches Recht zurück- oder weiterverweist,** und damit die Gründe für die Anerkennung des Renvoi nach lit. a eigentlich vorlägen (→ Rn. 3). Dieser allgemeine Ausschluss ergibt sich nicht ausdrücklich aus Art. 34, sondern lediglich e contrario,[11] da in diesem Fall Verweisungen nicht als Gesamtnormverweisung anzusehen sind, so dass es sich nur um eine Sachnormverweisung handeln kann: tertium non datur. Dennoch wird man vor dem Hintergrund der gesetzgeberischen Entscheidung in Abs. 1 lit. a ausnahmsweise einen Rück- oder Weiterverweis durch den (zweiten) Drittstaat auf mitgliedstaatliches Recht beachten, da der Unionsgesetzgeber diesen Fall offenbar nicht bedacht hat.[12]

4. Keine Regelung erforderlich: Annahme der Verweisung durch das Recht des Dritt- 6 staats. Art. 34 schweigt auch zur Frage, ob der Verweis auf drittstaatliches Recht als Sach- oder Gesamtnormverweisung anzusehen ist, wenn das drittstaatliche Recht die Verweisung annimmt.[13] Dieser Fall bedarf allerdings auch keiner Regelung, da insoweit Sach- oder Gesamtnormverweisung zum gleichen Ergebnis führen würden:[14] das Sachrecht des Drittstaats kommt zu Anwendung.

III. Art des Renvoi

Die Vorschrift stellt keine Anforderungen an die Art des Rück- oder Weiterverweises. 7

1. Versteckte Rückverweisung. Es muss sich hierbei nicht um eine ausdrückliche Kollisionsnorm 8 handeln, die – unter den Voraussetzungen des Abs. 1 – zurück- oder weiterverweist. Es kann sich auch um eine versteckte Kollisionsnorm handeln (dazu allgemein → EGBGB Art. 4 Rn. 43 ff.), etwa weil das Erbkollisionsrecht des Drittstaats für Erbsachen dem lex-fori-Grundsatz folgt und die Gerichte des Forummitgliedstaats aus Sicht des drittstaatlichen Verfahrensrechts zuständig wären.[15] Zum (vermeintli-

---

[7] v. Sachsen Gessaphe in Deinert, Internationales Recht im Wandel, 2013, 163, 187.

[8] v. Hein in Leible/Unberath Rom 0-VO 341, 374; v. Sachsen Gessaphe in Deinert, Internationales Recht im Wandel, 2013, 163, 187.

[9] Anders Köhler in GKKW IntErbR 142; Deixler-Hübner/Schauer/Schwartze Rn. 15.

[10] v. Hein in Leible/Unberath Rom 0-VO 341, 374 f.

[11] Bajons in Schauer/Scheuba, Europäische Erbrechtsverordnung, 2012, 29, 38; v. Hein in Leible/Unberath Rom 0-VO 341, 374; vgl. auch Solomon, Liber amicorum Schurig, 2012, 237 (241 f.).

[12] So auch Dutta/Weber/Bauer Rn. 17; Bonomi/Wautelet/Bonomi Rn. 18; v. Hein in Leible/Unberath Rom 0-VO 341, 375; Köhler in GKKW IntErbR 142; Frieser/Martiny ErbR Nach Art. 26 EGBGB: EuErbVO Rn. 171; Deixler-Hübner/Schauer/Schwartze Rn. 15; Solomon, Liber amicorum Schurig, 2012, 237 (255 f.); vgl. auch v. Sachsen Gessaphe in Deinert, Internationales Recht im Wandel, 2013, 163, 187 sowie – mit Einschränkungen – auch Rauscher/Hertel Rn. 6.

[13] Solomon, Liber amicorum Schurig, 2012, 237 (241 f.).

[14] Vgl. auch v. Sachsen Gessaphe in Deinert, Internationales Recht im Wandel, 2013, 163, 187.

[15] Skeptisch Dutta/Weber/Bauer Rn. 22, ob die Lehre von der versteckten Rückverweisung bei einer autonomen Auslegung des Art. 34 aufrechterhalten werden kann; wie hier Köhler in GKKW IntErbR 145 f. (allerdings mit einer teleologischen Reduktion des Art. 34 Abs. 1 im Falle einer versteckten Weiterverweisung; genau hiergegen aber → EGBGB Art. 4 Rn. 135); auch Odersky in Geimer/Schütze IRV-HdB Rn. 11 und Nordmeier IPRax 2013, 418 (423) gehen offenbar davon aus, dass Art. 34 Abs. 1 auch Fälle einer versteckten Rückverweisung erfasst.

chen) versteckten Rückverweis durch die zwingende Nachlassverwaltung nach englischem Recht
→ Art. 23 Rn. 20 mit Fn.

9   **2. Teilrenvoi.** Auch muss es sich nicht um einen Gesamtrück- oder Gesamtweiterverweis handeln.
Auch ein Teilrenvoi ist nach dem Wortlaut des Abs. 1 („soweit diese zurück- oder weiterverweisen")[16]
zu berücksichtigen. So kann das Erbstatut nur für einzelne inhaltliche Aspekte des Erbstatuts zurück-
oder weiterverweisen, weil das drittstaatliche Kollisionsrecht diese einer vom Erbstatut abweichenden
Sonderanknüpfung unterwirft (zu den Folgen eines solchen **inhaltlichen Teilrenvois** → Vor Art. 20
Rn. 8) Zu einem **gegenständlichen Teilrenvoi** kann es dagegen kommen, wenn die Kollisionsnormen der Verordnung auf ein drittstaatliches Recht verweisen, das wie vor allem die vom common
law geprägten Rechtsordnungen dem Grundsatz der Nachlassspaltung folgt.[17] In diesem Fall verweist
die allgemeine Kollisionsnorm jedenfalls für unbewegliches Vermögen auf die lex rei sitae; die Folge
kann eine **Nachlassspaltung** sein (→ Vor Art. 20 Rn. 7 ff., auch zu den Folgen der Nachlassspaltung
allgemein). Dem Vorschlag, zur Stärkung des unionsrechtlichen Grundsatzes der Nachlasseinheit
einen drittstaatlichen Teilrenvoi nicht zuzulassen,[18] hat sich der Unionsgesetzgeber damit verschlossen,[19] so dass auch im Wege der Rechtsfortbildung ein Ausschluss des Teilrenvoi nicht in Art. 34
hineingelesen werden kann.[20] Unklar ist allerdings, wie bei einem solchen Teilrenvoi mit **Qualifika-
tions(rück)verweisungen** umzugehen ist, wenn also das drittstaatliche Kollisionsrecht für die Frage,
ob die einzelnen Nachlassgegenstände bewegliches oder unbewegliches Vermögen sind, auf das
jeweilige Belegenheitsrecht verweist. Bei in der EU belegenem Vermögen stellt sich nun die Frage, ob
sich dieser Qualifikationsrückverweis auf das Recht des betreffenden Mitgliedstaats[21] oder autonome
unionsrechtliche Kriterien bezieht. Aus Sicht eines unionsweiten Entscheidungseinklangs (→ Vor
Art. 20 Rn. 2) wird man es bei einem Verweis auf mitgliedstaatliches Recht belassen können, solange
man die Belegenheit der Nachlassgegenstände nach dem drittstaatlichen Recht bestimmt – um dessen
Teilrenvoi es geht – und nicht nach dem autonomen Recht des betreffenden Mitgliedstaats. Dann
wird nämlich die Frage, ob es sich bei einem Nachlassgegenstand um bewegliches oder unbewegliches
Vermögen handelt, für Zwecke des Teilrenvoi vor sämtlichen mitgliedstaatlichen Gerichten einheitlich beantwortet.

10   **3. Selbstlimitierende Normen?** Geregelt wird in Art. 34 nur eine **kollisionsrechtliche** Rück-
oder Weiterverweisung. Unberührt bleiben selbstlimitierende Normen im nach der Verordnung berufenen Erbstatut, die den internationalen Anwendungsbereich einer bestimmten Norm einschränken, auch
wenn das Recht kollisionsrechtlich berufen ist. Solche Normen sind unabhängig von der Zulässigkeit
eines Renvoi nach Art. 34 als Teil des Erbstatuts anzuwenden. Allerdings ist **nicht jede Norm,** die den
internationalen Anwendungsbereich erbrechtlicher Vorschriften beschränkt, vom Verweis durch die
Erbrechtsverordnung erfasst. Konkret betrifft dies etwa **Sec. 1 Abs. 1 des Inheritance (Provision for
Family and Dependants) Act 1975 (UK),** die einen Antrag auf family provision nur bei Erblassern
zulässt, die ihr letztes domicile in England und Wales hatten. Richtigerweise wird man eine Anwendung
der Vorschrift ablehnen müssen, wenn die Kollisionsnormen der Verordnung auf das Recht von England
und Wales (nach Art. 20 als das Recht eines Drittstaats → Vor Art. 1 Rn. 29) verweisen.[22] Denn bei Sec.
1 Abs. 1 handelt es sich nicht um eine selbstlimitierende Norm des Sachrechts, sondern aufgrund der
aktionenrechtlichen Ausprägung der englischen family provision um eine versteckte Zuständigkeitsnorm, die festlegt, dass ein englisches Gericht für einen Antrag auf familiy provision nur dann international zuständig ist, wenn der Erblasser sein letztes domicile in England und Wales hatte. Diese Zuständigkeitsregel ist als verfahrensrechtliche Norm nicht vom Verweis nach den Art. 20 ff. erfasst (allgemein
→ Art. 23 Rn. 39 ff.).

IV. Ausschluss des drittstaatlichen Renvoi (Abs. 2)

11   Selbst wenn ein drittstaatlicher Renvoi nach Abs. 1 grundsätzlich beachtlich wäre, schließt Abs. 2
bei einigen Verweisungen durch die Verordnung einen Renvoi ausdrücklich aus, selbst wenn die

---

[16] Vgl. auch *M. Stürner* GPR 2014, 317 (319), der jedoch meint, dass der Wortlaut der Verordnung insoweit
nicht explizit ist.
[17] *Lehmann* ZEV 2012, 595 (596); *Lehmann* ZErb 2013, 25 (30); *Mansel,* Liber amicorum Schurig, 2012, 181
(182); *Nordmeier* IPRax 2016, 439 (444); *Pintens* in LSHGGRD Erbfälle unter Geltung der EuErbVO 1, 26 f.;
Siehr, FS I. Meier, 2015, 681 (695). Vgl. auch Ratsdokument Nr. 8446/11 S. 6.
[18] Etwa *Dutta* RabelsZ 73 (2009), 547 (558 f.); *Lehmann,* Die Reform des internationalen Erb- und Erbprozessrechts im Rahmen der geplanten Brüssel-IV Verordnung, 2006, 110; vgl. auch DNotI-Studie S. 274.
[19] Vgl. auch *v. Hein* in Leible/Unberath Rom 0-VO 341, 378 f.
[20] Bonomi/Wautelet/*Bonomi* Rn. 27.
[21] So wohl *Lehmann* ZEV 2012, 595 (596): durch EuErbVO keine Änderung der Rechtslage; ebenso wohl
Köhler in GKKW IntErbR 143 f.; Deixler-Hübner/Schauer/*Schwartze* Rn. 17.
[22] Dutta/Weber/*Schmidt* Art. 23 Rn. 114; so tendenziell auch *Frimston* PCB 2013, 192 (193, 195).

Voraussetzungen des Abs. 1 vorliegen und die Verordnung eigentlich einen Gesamtnormverweis ausspricht. Bei diesen Kollisionsnormen war auch nach autonomem Kollisionsrecht regelmäßig ein Renvoi ausgeschlossen, weil er – etwa in den Worten des Art. 4 Abs. 1 S. 1 aE EGBGB – „dem Sinn der Verweisung widerspricht" (näher → EGBGB Art. 4 Rn. 17 ff.). Das gilt für Verweise bei **Ausweichklauseln** (Art. 21 Abs. 2), bei der **Rechtswahl** (Art. 22) sowie bei **alternativer Anknüpfung** (Art. 27 EuErbVO und Art. 28 lit. b EuErbVO), wobei Abs. 2 bei einer alternativen Anknüpfung selbst dann den Renvoi ausschließt, wenn eine Rück- oder Weiterverweisung den Kreis der anwendbaren Rechte erweitern und damit bei Art. 27 und Art. 28 die Formgültigkeit der Verfügung von Todes wegen bzw. der erbrechtlichen Erklärung zusätzlich begünstigen würde. Abs. 2 gilt auch für Kollisionsnormen, die auf die ausdrücklich genannten Kollisionsnormen verweisen (etwa in Art. 24 Abs. 1, Art. 25 Abs. 1 sowie Abs. 2 UAbs. 1 jeweils iVm Art. 22; zur Rolle des Renvoi bei der Bestimmung des Errichtungsstatuts → Art. 24 Rn. 7 aE). Abs. 2 erfasst ferner auch eine **isolierte Teilrechtswahl** nach Art. 24 Abs. 2 oder Art. 25 Abs. 3; denn auch hierbei handelt es sich um einen Fall einer Rechtswahl nach Art. 22, der lediglich auf das Errichtungsstatut der Verfügung von Todes wegen beschränkt ist.[23] Ausgeschlossen nach Abs. 2 ist auch ein Renvoi bei einer **Rechtswahlfiktion** nach Art. 83 Abs. 4, der ebenfalls die Rechtsfolgen einer Rechtswahl nach Art. 22 zugewiesen werden.[24] Beim „Verweis" in Art. 30 ist der Ausschluss des Renvoi strenggenommen überflüssig[25] (→ Art. 30 Rn. 10), da der Begriff der **erbrechtlichen Eingriffsnorm** bereits voraussetzt, dass diese Normen auf die Rechtsnachfolge in den bestimmten Nachlassgegenstand konkret anwendbar sind (so dass – in der Terminologie des Renvoi – die „Verweisung" durch Art. 30 stets angenommen wird). Bei Art. 33 bedarf es keines Ausschlusses des Renvoi im Hinblick auf das **staatliche Aneignungsrecht,** da Art. 33 insoweit nicht auf das Recht des Aneignungsstaats verweist;[26] das ist bereits wegen Art. 1 Abs. 1 S. 2 ausgeschlossen (→ Art. 1 Rn. 12). Vielmehr nimmt Art. 33 den Anwendungsbereich des Erbstatuts zurück, um die Normdiskrepanz aufzulösen (→ Art. 33 Rn. 1).

V. Ausschluss eines mitgliedstaatlichen Renvoi?

Der Wortlaut der Vorschrift schweigt jedoch zur Frage, ob ein Verweis auf das Recht eines **12** Mitgliedstaats als Sachnorm- oder Gesamtnormverweis zu verstehen ist. Auf den ersten Blick könnte man meinen, dass eine Gesamtnormverweisung auf mitgliedstaatliches Recht sinnlos wäre, da das mitgliedstaatliche Kollisionsrecht durch die einheitlichen Normen der Verordnung verdrängt wird bzw. vereinheitlicht wurde und daher die Verweise durch die Verordnung auch als Gesamtnormverweise im Grundsatz stets annehmen würde.[27] **Relevanz** besäße ein Gesamtnormverweis aber, wenn der Mitgliedstaat, auf dessen Recht verwiesen wird, durch **nach Art. 75 vorrangige Staatsverträge mit von der Verordnung abweichenden Kollisionsnormen** gebunden ist. Im Falle eines Gesamtnormverweises würden diese staatsvertraglichen Kollisionsnormen unionsweit bei Verweisen auf das Recht dieses Mitgliedstaats die Verordnung verdrängen.

Das Schweigen der Verordnung ist als **Ausschluss eines mitgliedstaatlichen Renvoi** auszule- **13** gen.[28] Zum einen kann dies mit einem Umkehrschluss zu Abs. 1 begründet werden, der – vor dem Hintergrund des grundsätzlichen Ausschlusses des Renvoi im internationalen Unionsprivatrecht –

---

[23] Dutta/Weber/*Bauer* Art. 24 Rn. 10; Bonomi/Wautelet/*Bonomi* Rn. 23; *Janzen* DNotZ 2012, 484 (490) m. Fn. 21; *Lechner,* Verordnung (EU) Nr. 650/2012 über Erbsachen und die Einführung eines Europäischen Nachlasszeugnisses, 2015, 25; Frieser/*Martiny* ErbR Nach Art. 26 EGBGB: EuErbVO Rn. 172; *v. Sachsen Gessaphe* in Deinert, Internationales Recht im Wandel, 2013, 163, 185 m. Fn. 97; *Schoppe* IPRax 2014, 27 (32); Palandt/*Thorn* Rn. 2.

[24] *Eule* in Lipp/Münch, Die neue Europäische Erbrechtsverordnung, 2016, 99, 116; *Fetsch,* FS W.-H. Roth, 2015, 107 (110, 118); *Schoppe* IPRax 2014, 27 (32).

[25] Vgl. auch Bonomi/Wautelet/*Bonomi* Rn. 25.

[26] Zust. Dutta/Weber/*Bauer* Rn. 10.

[27] So *Cach/Weber* ZfRV 2013, 263 (267); Staudinger/*Hausmann* (2013) EGBGB Art. 4 Rn. 163; *Mansel/Thorn/R. Wagner* IPRax 2013, 1 (7); *Max Planck Institute* RabelsZ 74 (2010), 522 (658); *W.-H. Roth* in Schmoeckel/Otte, Europäische Testamentsformen, 2011, 13, 27; *v. Sachsen Gessaphe* in Deinert, Internationales Recht im Wandel, 2013, 163, 186; *Schurig,* FS Spellenberg, 2010, 343 (347); *Solomon,* Liber amicorum Schurig, 2012, 237 (241 in Fn. 29); *Sonnentag* EWS 2012, 457 (468); *Vékás* in Reichelt/Rechberger, Europäisches Erbrecht – Zum Verordnungsvorschlag der Europäischen Kommission zum Erb- und Testamentsrecht, 2011, 41, 46. – *Schaub* Hereditare 3 (2013), 91 (119 f.), sieht das Problem, dass die maßgeblichen Anknüpfungsmomente der Verordnung (vor allem der gewöhnliche Aufenthalt) in verschiedenen Mitgliedstaaten unterschiedlich ausgelegt werden könnten und deshalb ein Renvoi für einen internationalen Entscheidungseinklang in der EU sorgen würde. Allerdings lässt sich eine faktische – verordnungswidrige – uneinheitliche Auslegung des Aufenthaltsbegriffs wohl kaum mit dem Renvoi in den Griff bekommen, sondern eher zuständigkeitsrechtlich über die Litispendenzregeln.

[28] Dutta/Weber/*Bauer* Rn. 5; *Schauer* JEV 2012, 78 (87); *Solomon,* Liber amicorum Schurig, 2012, 237 (241 f.); so wohl auch *Ludwig* ZEV 2013, 151 (152). Anders *Köhler* in GKKW IntErbR 148.

eindeutig als Ausnahmevorschrift anzusehen ist (→ Rn. 1). Ferner würde die Beachtlichkeit abweichender staatsvertraglicher Kollisionsnormen außerhalb des gebundenen Mitgliedstaats über Art. 75 hinaus die harmonisierende Wirkung der Kollisionsnormen der Verordnung weiter schwächen, auch wenn innerhalb der EU die Beachtlichkeit des Renvoi einen Entscheidungseinklang herstellen würde, freilich auf Kosten der einheitlichen Kollisionsnormen.

Art. 35 EuErbVO Öffentliche Ordnung (ordre public)

Die Anwendung einer Vorschrift des nach dieser Verordnung bezeichneten Rechts eines Staates darf nur versagt werden, wenn ihre Anwendung mit der öffentlichen Ordnung (ordre public) des Staates des angerufenen Gerichts offensichtlich unvereinbar ist.

Schrifttum: *David-Balestriero,* L'avenir de l'ordre public successoral, in Bosse-Platière/Damas/Dereu, L'avenir européen du droit des successions internationales, 2011, 97; *Pfundstein,* Pflichtteil und ordre public – Angehörigenschutz im internationalen Erbrecht, 2010, 319; *Schauer,* Pflichtteilslose Rechtsordnung und ordre public, EF-Z 2016, 33; *M. Stürner,* Die Bedeutung des ordre public in der EuErbVO, GPR 2014, 317; *Süß,* Grenzen der Anwendung ausländischen Rechts, in Süß, Erbrecht in Europa, 3. Aufl. 2015, 151; *Walther,* Das deutsche Pflichtteilsrecht in Europa – eine (un)endliche Geschichte?, GPR 2016, 128; *Wysocka,* La cláusula de orden público en el Reglamento de la EU sobre sucesiones, An. Esp. Der. Int. Priv. 11 (2011), 919. – Siehe ferner die Schrifttumshinweise allgemein zur Verordnung und ihren Vorarbeiten → Vor Art. 1 Rn. 1 ff.

Übersicht

I. Normzweck

1   Die Erbrechtsverordnung zwingt die Mitgliedstaaten nicht, grenzenlos fremdes Recht anzuwenden. Vielmehr sorgt Art. 35 (wie auch nahezu wortgleich die benachbarten Art. 21 Rom I-VO, Art. 26 Rom II-VO, Art. 12 Rom III-VO, Art. 13 HUP, Art. 31 EuGüVO und Art. 31 EuPartVO; so auch Art. 18 Haager Erbrechtsübereinkommen [→ Vor Art. 1 Rn. 8 ff.]) dafür, dass die öffentliche Ordnung des Forumsmitgliedstaats bei der Anwendung des ausländischen Erbrechts gewahrt wird. Die Erbrechtsverordnung enthält nicht nur einen kollisionsrechtlichen ordre-public-Vorbehalt, sondern sichert die öffentliche Ordnung der Mitgliedstaaten auch bei der Anerkennung und Vollstreckbarerklärung ausländischer Entscheidungen (Art. 40 lit. a), der Annahme öffentlicher Urkunden (Art. 59 Abs. 1 UAbs. 1) und der Vollstreckbarerklärung öffentlicher Urkunden und gerichtlicher Vergleiche (Art. 60 Abs. 3 und Art. 61 Abs. 3), nicht aber bei der Wirkungserstreckung des Europäischen Nachlasszeugnisses → Art. 69 Rn. 5.

2   Allerdings wird der ordre-public-Vorbehalt unter der Verordnung wahrscheinlich eine **geringere Rolle** spielen als im bisherigen internationalen Erbrecht, da es aufgrund des Bemühens der Verordnung um einen Gleichlauf von forum und ius (→ Vor Art. 4 Rn. 2 f.) womöglich seltener als früher zu einer Fremdrechtsanwendung kommen wird.

II. Unionsrechtliche Vorgaben durch die Vorschrift

3   Art. 35 trifft anders als etwa Art. 10 und Art. 13 Rom III-VO (vgl. auch Art. 9 EuGüVO und Art. 9 EuPartVO) sowie anders als Art. 14 HUP weder positiv noch negativ **ausdrückliche Aussagen** zum Inhalt des ordre public. Insbesondere kann auch eine Abweichung beim Pflichtteil einen ordre-public-Verstoß begründen. Der Kommissionsvorschlag hatte in Art. 27 noch die Klarstellung enthalten, dass Abweichungen bei der Regelung des Pflichtteils allein nicht für einen ordre-public-Verstoß ausreichen; eine ähnliche Regelung wollte auch das Parlament anfangs jedenfalls in die Erwägungsgründe aufnehmen.[1] Diese Bestimmung hat jedoch nicht ihren Weg in das Amtsblatt gefunden, vgl. aber zu Art. 30 Erwägungsgrund Nr. 54 S. 4. Erwägungsgrund Nr. 58 S. 1 betont lediglich, dass der ordre-public-Vorbehalt nur in **Ausnahmefällen** greift.[2] Eine bloße Abweichung des ausländischen Rechts

---

[1] Lechner-Berichtsentwurf S. 14, 42.

[2] S. auch zum ordre-public-Vorbehalt im EuGVÜ und in der Brüssel I-VO bereits EuGH Slg. 1988, 645 Rn. 21 = NJW 1989, 663 – Hoffmann; Slg. 1996, I-4943 Rn. 23 = NJW 1997, 1061 – Hendrikman; Slg. 2000, I-1935 Rn. 21 = NJW 2000, 1853 – Krombach; Slg. 2000, I-2973 Rn. 26 = NJW 2000, 2185 – Renault; Slg. 2009, I-3571 Rn. 55 = BeckRS 2009, 70441 – Apostolides.

vom inländischen reicht damit nicht aus.[3] Vielmehr muss es sich um eine **offensichtliche** Abweichung von wesentlichen Rechtsnormen oder im Inland als grundlegend anerkannten Rechten handeln,[4] so dass eine Anwendung des ausländischen Rechts in einem nicht hinnehmbaren Gegensatz zur inländischen Rechtsordnung stünde.[5]

Offen ist auf den ersten Blick die Frage, ob alle diejenigen **Rechtsinstitute, deren Existenz** 4 **die Verordnung voraussetzt** (vor allem den Erbvertrag iS des Unionsrechts → Art. 3 Rn. 8 ff.), als solche auch in den Mitgliedstaaten akzeptiert werden müssen.[6] Diese Frage betrifft weniger die Bundesrepublik als vielmehr andere Mitgliedstaaten, die Erb- und Erbverzichtsverträgen skeptisch gegenüberstehen. Mit anderen Worten: Dürfen die Mitgliedstaaten mit romanischer Tradition einen Erbvertrag, auf den nach der Verordnung deutsches Recht anzuwenden ist, bereits deshalb nach Art. 35 als ordre-public-widrig ansehen, weil Erbverträge in der betreffenden Rechtsordnung verboten sind? Diese Frage ist wahrscheinlich zu verneinen.[7] Nicht nur gibt die Verordnung gewisse sachrechtliche Strukturen vor. Vor allem aber steht die Durchsetzung des mitgliedstaatlichen ordre public – wie die Anwendung des mitgliedstaatlichen Rechts allgemein – unter dem Vorbehalt des Effektivitätsgrundsatzes (→ Art. 5 Rn. 4). Die praktische Wirksamkeit der Kollisionsnormen etwa für Erbverträge würde auf Null reduziert, wenn einzelne Mitgliedstaaten pauschal den Anknüpfungsgegenstand dieser Kollisionsnormen für ordre-public-widrig erachten. Eine Anwendung des ordre-public-Vorbehalts würde mithin „gegen den Geist der Verordnung verstoßen".[8]

Es bleibt damit – wie allgemein derzeit im internationalen Unionsprivatrecht (→ EGBGB Art. 6 5 Rn. 26) – dabei, dass die Ausfüllung der ordre-public-Klausel im Übrigen vor allem eine **Sache des forumsmitgliedstaatlichen Rechts** ist,[9] freilich – wie auch bei den mitgliedstaatlichen ordre-public-Klauseln – in den Grenzen des Unionsrechts, worauf auch Erwägungsgrund Nr. 58 S. 2 hinweist.[10]

III. Der deutsche ordre public im Erbrecht

Für Einzelfälle kann – jedenfalls für die Anwendung des Art. 35 durch deutsche Gerichte[11] – auf 6 die **bisherigen Diskussionen zum erbrechtlichen ordre public nach Art. 6 EGBGB** verwiesen werden; die in Art. 6 S. 1 EGBGB genannten Voraussetzungen decken sich mit den Voraussetzungen des Art. 35 (→ Rn. 3) für einen Rückgriff auf die mitgliedstaatliche öffentliche Ordnung.[12]

Unter welchen Voraussetzungen die Anwendung ausländischen Erbrechts gegen den deutschen 7 ordre public verstößt, lässt sich **nicht in eine griffige Formel fassen.** Die gerade im Erbrecht häufig anzutreffenden Unterschiede zwischen den einzelnen nationalen Rechtsordnungen rechtfertigen für sich genommen natürlich noch keine Berufung auf den ordre-public-Vorbehalt.[13] Selbst dann, wenn ein ausländisches Recht eine Frage gar nicht erbrechtlich regelt, die etwa im deutschen Recht zu den **Grundlagen des Erbrechts** gehört, wie zB das Pflichtteilsrecht, wird man die Anwendung einer solchen Rechtsordnung noch nicht ablehnen können, soweit sie **funktional** eine entsprechende Regelung auf anderem Gebiet enthält.[14] Dies gilt etwa auch für die Vorsorge des englischen Rechts durch den Inheritance (Provision for Family and Dependants) Act 1975, der dem gleichen Zweck wie

---

[3] Vgl. EuGH Slg. 2000, I-1935 Rn. 36 = NJW 2000, 1853 – Krombach; Slg. 2000, I-2973 Rn. 29 = NJW 2000, 2185 – Renault; Slg. 2009, I-3571 Rn. 60 = BeckRS 2009, 70441 – Apostolides.

[4] Vgl. EuGH Slg. 2000, I-1935 Rn. 37 = NJW 2000, 1853 – Krombach.

[5] Vgl. EuGH Slg. 2000, I-2973 Rn. 30 = NJW 2000, 2185 – Renault; Slg. 2009, I-2563 Rn. 27 = NJW 2009, 1938 – Gambazzi; Slg. 2009, I-3571 Rn. 59 = BeckRS 2009, 70441 – Apostolides.

[6] In diese Richtung *Döbereiner* in LSHGGRD Erbfälle unter Geltung der EuErbVO 139, 155; *Heinig* RNotZ 2014, 197 (213); *Pintens* in LSHGGRD Erbfälle unter Geltung der EuErbVO 1, 23; *M. Stürner* GPR 2014, 317 (322); *Weber* ZEV 2015, 503 (508).

[7] S. Nachweise in voriger Fn.; s. dagegen für das französische Verbot *Grimaldi* Defrénois 2012, 755 (757); für das italienische Verbot *Beyer* ZErb 2015, 170 (172 f.); für Belgien vgl. Ratsdokument Nr. 5811/10 ADD 3 S. 7; vgl. auch für Spanien *Frank/Salinas* ErbR 2015, 182 (188 f.).

[8] *Pintens* in LSHGGRD Erbfälle unter Geltung der EuErbVO 1, 23.

[9] *Schauer* EF-Z 2016, 33 (34); *M. Stürner* GPR 2014, 317 (321).

[10] S. zum EuGVÜ EuGH Slg. 2000, I-1935 Rn. 22 f. = NJW 2000, 1853 – Krombach; Slg. 2000, I-2973 Rn. 27 f. = NJW 2000, 2185 – Renault; Slg. 2009, I-2563 Rn. 26 = NJW 2009, 1938 – Gambazzi; Slg. 2009, I-3571 Rn. 56 f. = BeckRS 2009, 70441 – Apostolides.

[11] Zum französischen ordre public ausf. *Grimaldi* Defrénois 2012, 755.

[12] Dagegen wohl für eine gewisse unionsrechtliche Einschränkung des bisherigen deutschen ordre public (im Hinblick auf den Pflichtteil) *Walther* GPR 2016, 128 (131), wobei für die genannten Kriterien (ua reiner Inlandsfall) mE Art. 35 nichts hergibt.

[13] Vgl. zu Art. 30 aF BFH NJW 1958, 766 (768): „Art. 30 ist zurückhaltend anzuwenden; längere Ungewissheit über die Nachlassberechtigten verstößt nicht gegen den ordre public."

[14] Vgl. auch Staudinger/*Dörner* (2007) EGBGB Art. 25 Rn. 713.

das deutsche Pflichtteilsrecht dient (auch → Rn. 8). Ebenso wenig verstößt deshalb die Sicherung des überlebenden Ehegatten durch das Güterrecht anstatt durch das Erbrecht gegen den ordre public. Auch die **verfassungsrechtliche Verankerung** des deutschen Erbrechts im Grundgesetz (vor allem die Erbrechtsgarantie des Art. 14 Abs. 1 GG und der Schutz von Ehe und Familien nach Art. 6 GG), aber auch im europäischen Menschenrechtsschutz (näher → Vor Art. 1 Rn. 15) muss daher unter diesem funktionalen Blickwinkel gesehen werden, gleichviel, ob man sie bei Fällen mit Auslandsbe- rührung über Art. 35 oder direkt anwenden will.

8   Kennt eine Rechtsordnung **weder ein Pflichtteilsrecht noch ein materielles Noterbrecht,** ohne dass es anderweitige Ansprüche gegen den Erben zur Unterhaltssicherung einräumt, so verstößt die Anwendung solchen Rechts jedenfalls dann nach Art. 35 – der insoweit keine unionsrechtlichen Vorgaben enthält (→ Rn. 3) – gegen den deutschen ordre public, wenn sie dazu führt, dass der Betreffende deshalb der deutschen Sozialhilfe zur Last fällt.[15] Die Inanspruchnahme öffentlicher Mittel lässt sich in allen Fällen, wo an sich privatrechtliche Unterhaltsvorsorge möglich ist und vom deutschen Sozialleistungsrecht auch eingefordert wird, nicht rechtfertigen. Dem Pflichtteilsrecht der Abkömmlinge des Erblassers hat das BVerfG unter Verweis auf die Erbrechtsgarantie des Art. 14 Abs. 1 S. 1 iVm Art. 6 Abs. 1 GG Grundrechtscharakter im Sinne einer grundsätzlich unentziehbaren und bedarfsunabhängigen wirtschaftlichen Mindestbeteiligung zugebilligt.[16] Konsequenz dieser Ent- scheidung dürfte die Unvereinbarkeit der Billigung eines umfassenden Pflichtteilsausschlusses ohne gleichzeitige anderweitige Kompensation des Abkömmlings bei ausreichendem Inlandsbezug mit dem deutschen ordre public sein.[17] Als Kompensation wird man es aber auch nach dieser verfassungs- gerichtlichen Entscheidung ausreichen lassen, dass das ausländische Recht – wie dies etwa bei der englischen family provision der Fall ist – im konkreten Fall eine Ermessensentscheidung des Richters vorsieht, welche die wechselseitigen Interessen ausgleicht, wobei dieser Ausgleich auch im konkreten Fall bedeuten kann, dass Abkömmlinge leer ausgehen.[18] – Zum **kollisionsrechtlichen Pflichtteils- schutz** → Vor Art. 20 Rn. 43.

9   Problematisch erscheint weiter, inwieweit ein Erblasser **gleichheitswidrig** (zB auf Grund der Rasse, der Religion oder des Geschlechts) **letztwillig** verfügen darf, wenn dies das Erbstatut gestattet. Art. 35 ist ein Korrekturinstrument gegenüber der Anwendung ausländischen Rechts. Direkt kann er Rechtsgeschäfte Privater nicht zu Fall bringen. Er kann folglich nur gegenüber ausländischem Recht wirken, das eine bestimmte letztwillige Verfügung zulässt. Die unmittelbare Heranziehung der Art. 3 Abs. 3 GG, Art. 21 GRC oder Art. 14 EMRK und die Berufung auf den deutschen ordre public werden in der Regel auch dann nicht zum Erfolg führen, wenn der Erblasser in Deutschland verstarb oder zu seinem Nachlass gehörende Gegenstände sich im Inland befinden. Gerade im Bereich des Erbrechts wird man gleichheitswidrige letztwillige Verfügungen nur in Ausnahmefällen für unzu- lässig halten dürfen,[19] wenngleich hierzu eine gegenläufige Tendenz in der Gutachtenpraxis[20] und Literatur[21] nicht zu leugnen ist. Bei der Beurteilung solcher letztwilliger Verfügungen sollte indessen bedacht werden, dass auch nach **deutschem materiellen Recht** eine gleichheitswidrige Verfügung

[15] Im Ergebnis ebenso *Lüderitz* IPR Rn. 208; auch *Klingelhöffer* ZEV 1996, 258 (259); sowie *Gruber* ZEV 2001, 463 (468); den ordre-public-Verstoß bei fehlendem Pflichtteils- und Noterbrecht eher bejahend Staudinger/ *Dörner* (2007) EGBGB Art. 25 Rn. 731; *Dörner* IPRax 1994, 363 f.; eine sehr weitgehende Anwendung des Art. 6 fordert *Pentz* ZEV 1998, 449 (451); strenge Anforderungen verlangt aber Soergel/*Schurig* EGBGB Art. 25 Rn. 104. Einen ordre-public-Verstoß verneinend OLG Köln FamRZ 1976, 170, soweit eine unterhaltsrechtliche Vorsorge – wie hier nach englischem Recht – getroffen wird. Vgl. auch noch RG JW 1912, 22, wo gegenüber USA Art. 30 aF nicht angewandt wurde.
[16] BVerfG ZEV 2005, 301 (302 f.).
[17] KG ZEV 2008, 440 (441); *Andrae,* FS v. Hoffmann, 2011, 3 (12 ff.); Staudinger/*Dörner* (2007) EGBGB Art. 25 Rn. 731; *Looschelders* IPRax 2006, 462 (465); *Looschelders,* FS v. Hoffmann, 2011, 266 (280); *St. Lorenz* ZEV 2005, 440 (441 f.); Bamberger/Roth/*Lorenz* EGBGB Art. 25 Rn. 60; *Rauscher* FamRZ 2008, 1566 (1568); *Soutier,* Die Geltung deutscher Rechtsgrundsätze im Anwendungsbereich der Europäischen Erbrechtsverordnung, 2015, 223 ff.; *M. Stürner* GPR 2014, 317 (323); Palandt/*Thorn* Rn. 2; ausf. *Pfundstein,* Pflichtteil und ordre public, 2010; großzügiger noch OLG Köln FamRZ 1976, 170 (172); OLG Hamm ZEV 2005, 436 (439); auch in BGH NJW 1993, 1920, wurde das Fehlen eines Pflichtteils im ausländischen Recht nicht beanstandet.
[18] Überzeugend *Röthel,* FS v. Hoffmann, 2011, 348 (358 f.); vgl. auch *Pintens* in LSHGGRD Erbfälle unter Geltung der EuErbVO 1, 29; enger dagegen Dutta/Weber/*Bauer* Rn. 11; *Soutier,* Die Geltung deutscher Rechts- grundsätze im Anwendungsbereich der Europäischen Erbrechtsverordnung, 2015, 225.
[19] Vgl. etwa LG Hamburg IPRspr 1991 Nr. 142; OLG Hamm IPRax 1994, 49 (53 f.).
[20] IPG 1983 Nr. 82 (Göttingen, Iran) bejaht einen Verstoß gegen Art. 30 aF, wenn eine deutsche Ehefrau des iranischen Erblassers wegen ihres Geschlechts benachteiligt wird; in dieselbe Richtung IPG 1987/88 Nr. 43 (Köln, Ägypten); offengelassen in 1987/88 Nr. 45 (Berlin, Arab. Rep. Jemen).
[21] *Dörner* IPRax 1994, 33 (36 f.); Staudinger/*Dörner* (2007) EGBGB Art. 25 Rn. 727 f.; Bamberger/Roth/ *Lorenz* EGBGB Art. 25 Rn. 58; vgl. auch *St. Lorenz* IPRax 1993, 148 ff.; *Firsching/Graf* Nachlassrecht Rn. 2.88.

nur in den engen Grenzen des § 138 Abs. 1 BGB nichtig ist[22] und die deutschen Gerichte bei diskriminierenden letztwilligen Verfügungen sehr zurückhaltend sind, vgl. auch § 19 Abs. 4 AGG. Einen strengeren als den nach deutschem Recht bestehenden Maßstab an eine ausländische Rechtsordnung zu stellen, weil dort die gleichheitswidrige Verfügung nicht alleine auf dem Willen eines einzelnen Erblassers beruht, sondern Ausdruck eines allgemeinen religiösen und politischen Systems ist, widerspräche ebenfalls der bei der Anwendung von Art. 35 gebotenen Zurückhaltung. Auch wenn die **gesetzliche Erbfolge** nach einem ausländischen Recht **gleichheitswidrig** ist, kann ein Verstoß gegen den deutschen ordre public nur dann in Betracht gezogen werden, wenn die Grenzen dessen überschritten sind, was – in den Grenzen des Pflichtteils und der Sittenwidrigkeit – noch ohne ordre-public-Verstoß nach deutschem Recht letztwillig verfügt werden könnte.[23] Dabei kommt es aber nicht darauf an, dass der Erblasser bewusst eine Anpassung des anwendbaren Intestaterbrechts unterlassen hat, weil er dessen Regelung in seinen Testierwillen aufgenommen hat.[24] Ein solcher Wille wird sich rechtssicher post mortem nur schwer feststellen lassen.[25] Außerdem sollte der Wille des Erblassers bei einer Ergebniskontrolle nicht überbewertet werden. Im Mittelpunkt sollte die Frage stehen, welche Nachlassbeteiligung der Angehörigen des Erblassers nach inländischem Verständnis akzeptabel ist, sei es aufgrund gewillkürter oder gesetzlicher Erbfolge. Zu berücksichtigen ist bei der Ergebniskontrolle auch hier (vgl. bereits → Rn. 8), ob die gleichheitswidrige Benachteiligung der Erbberechtigten auf anderem Wege kompensiert wird.[26]

Eine gleichfalls zurückhaltende Beurteilung verdient die Frage der **Polygamie im Erbrecht.** Im **10** Allgemeinen wird man die Vielehe, wenn sie nach dem auf die Vorfrage der Ehe anwendbaren Recht (zur Anknüpfung von Vorfragen in der Erbrechtsverordnung → Vor Art. 20 Rn. 50 ff.) wirksam war, im Erbrecht akzeptieren, jedenfalls soweit bei Eheschließung kein maßgeblicher Inlandsbezug bestand.[27] Beim Tode des Ehemanns können die überlebenden Ehefrauen ein auch in Deutschland anzuerkennendes Erbrecht erwerben, ebenso sind die Kinder – soweit es nach dem Erbstatut noch darauf ankommt – ehelich und erbberechtigt. Ähnliches galt im Ergebnis bisher auch bei **Minderjährigenehen im Erbrecht.** Eine solche gegen den ordre public verstoßende Ehe war regelmäßig aus deutscher Sicht nur aufhebbar, nicht aber nichtig, so dass nach der Wertung der § 1318 Abs. 5, § 1933 S. 2 BGB ein gesetzliches Erbrecht des überlebenden Ehegatten selbst bei einer fehlerhaften Ehe nicht ausgeschlossen war, s. aber nunmehr → EGBGB Art. 13 Rn. 38, wonach das Vorstehende nur noch bei bestimmten Minderjährigenehen gilt.

Anders als in anderen Rechtsordnungen kennt das deutsche Recht meist **größere Bindungs** **11** **möglichkeiten** (zB Nacherbfolge, Dauertestamentsvollstreckung, Ausschluss der Auseinandersetzung, etc), so dass ein Verstoß gegen die deutsche öffentliche Ordnung bei der Anwendung ausländischen Rechts in diesem Zusammenhang kaum in Frage kommen kann. Sieht das ausländische Recht jedoch eine über das deutsche Recht hinausgehende, stärkere Bindung nicht etwa der Erben, sondern bereits des Erblassers vor, so greift der deutsche ordre public nicht ohne weiteres ein. Dies ist etwa dann der Fall, wenn das Erbstatut **Testierverträge** – entgegen § 2302 BGB – erlaubt.

Für die Erbberechtigung des überlebenden **eingetragenen Lebenspartners** → Art. 23 Rn. 11. **12**

IV. Bedeutung des ausländischen ordre public im Inland

Ausländischer ordre public braucht von inländischen Gerichten oder Notaren im Allgemeinen **13** nicht beachtet zu werden (→ EGBGB Art. 6 Rn. 74). Verweist das Erbstatut jedoch nach Art. 34 Abs. 1 auf deutsches Recht zurück oder enthält es eine Weiterverweisung auf das Recht eines Drittstaats, so ist nach der hM (→ EGBGB Art. 6 Rn. 77) der renvoi nur in den Grenzen des ordre public der rück- oder weiterverweisenden Rechtsordnung, hier also des Erbstatuts, zu beachten. Bei einer Rückverweisung auf deutsches Recht wird sonach bedeutsam, welche Regelungen des deut-

---

[22] Näher etwa *Lange/Kuchinke* ErbR § 35 III 2, IV.

[23] Vgl. auch LG Hamburg IPRspr. 1991 Nr. 142; KG ZEV 2008, 440 (441); *Jayme* YbPIL 11 (2009), 1 (7); *M. Stürner* GPR 2014, 317 (323). Mit der Annahme eines ordre-public-Verstoßes großzügiger OLG Hamm ZEV 2005, 436 (437); OLG Düsseldorf ZEV 2009, 190 (191 f.); OLG Frankfurt a. M. ZEV 2011, 135 (137); OLG Hamburg MittBayNot 2016, 261 (262 f.) = FamRZ 2015, 1232; *Andrae*, FS v. Hoffmann, 2011, 3 (8 f.); *Looschelders*, FS v. Hoffmann, 2011, 266 (276 f.); zum „islamisch inspirierten Erbrecht" *Pattar,* Islamisch inspiriertes Erbrecht und deutscher Ordre public, 2007; *Pattar* ErbR 2009, 341.

[24] So aber OLG Hamm ZEV 2005, 436 (439 f.); OLG Düsseldorf ZEV 2009, 190 (191); AG Hamburg FamRZ 2016, 670 (672); Dutta/Weber/*Bauer* Rn. 13; Staudinger/*Dörner* (2007) EGBGB Art. 25 Rn. 717; *Köhler* in GKKW IntErbR 170; *Looschelders* IPRax 2009, 246 (247); Bamberger/Roth/*Lorenz* EGBGB Art. 25 Rn. 59; *Rauscher/Pabst* NJW 4541, 3545; *Wurmnest* IPRax 2016, 447 (451).

[25] Wie AG Hamburg FamRZ 2016, 670 (673) eindrücklich belegt.

[26] OLG Hamburg MittBayNot 2016, 261 (262 f.) = FamRZ 2015, 1232.

[27] *Coester/Coester-Waltjen* FamRZ 2016, 1618 (1625); *Köhler* in GKKW IntErbR 171.

schen Erbrechts möglicherweise gegen den ordre public des Erbstatuts verstoßen können.[28] Hierzu gehören etwa aus der Sicht des romanischen Rechtskreises potentiell: Erbvertrag, Erbverzicht,[29] gemeinschaftliches Testament, Nacherbschaft, Dauertestamentsvollstreckung, Pflichtteilsrecht. Verstößt das deutsche Erbrecht im Falle einer vollen oder teilweisen (zB bei Grundvermögen) Rückverweisung durch das Erbstatut gegen dessen ordre public, so nimmt dieses seine Verweisung wieder zurück und es bleibt bei der Anwendung des Erbrechts des Erbstatuts.

Art. 36 EuErbVO Staaten mit mehr als einem Rechtssystem – Interlokale Kollisionsvorschriften

(1) Verweist diese Verordnung auf das Recht eines Staates, der mehrere Gebietseinheiten umfasst, von denen jede eigene Rechtsvorschriften für die Rechtsnachfolge von Todes wegen hat, so bestimmen die internen Kollisionsvorschriften dieses Staates die Gebietseinheit, deren Rechtsvorschriften anzuwenden sind.

(2) In Ermangelung solcher interner Kollisionsvorschriften gilt:

a) jede Bezugnahme auf das Recht des in Absatz 1 genannten Staates ist für die Bestimmung des anzuwendenden Rechts aufgrund von Vorschriften, die sich auf den gewöhnlichen Aufenthalt des Erblassers beziehen, als Bezugnahme auf das Recht der Gebietseinheit zu verstehen, in der der Erblasser im Zeitpunkt seines Todes seinen gewöhnlichen Aufenthalt hatte;

b) jede Bezugnahme auf das Recht des in Absatz 1 genannten Staates ist für die Bestimmung des anzuwendenden Rechts aufgrund von Bestimmungen, die sich auf die Staatsangehörigkeit des Erblassers beziehen, als Bezugnahme auf das Recht der Gebietseinheit zu verstehen, zu der der Erblasser die engste Verbindung hatte;

c) jede Bezugnahme auf das Recht des in Absatz 1 genannten Staates ist für die Bestimmung des anzuwendenden Rechts aufgrund sonstiger Bestimmungen, die sich auf andere Anknüpfungspunkte beziehen, als Bezugnahme auf das Recht der Gebietseinheit zu verstehen, in der sich der einschlägige Anknüpfungspunkt befindet.

(3) Ungeachtet des Absatzes 2 ist jede Bezugnahme auf das Recht des in Absatz 1 genannten Staates für die Bestimmung des anzuwendenden Rechts nach Artikel 27 in Ermangelung interner Kollisionsvorschriften dieses Staates als Bezugnahme auf das Recht der Gebietseinheit zu verstehen, zu der der Erblasser oder die Personen, deren Rechtsnachfolge von Todes wegen durch den Erbvertrag betroffen ist, die engste Verbindung hatte.

Schrifttum: *Christandl*, Multi-Unit-States in European Union Private International Law, JPIL 9 (2013), 219; *Meškić*, Private international law on stage – Art. 36 of the Succession Regulation on states with more than one legal system as a model for PIL reforms in South East Europe, Anali Pravnog Fakulteta Univerziteta u Zenici 18 (2016), 275; *v. Sachsen Gessaphe*, Die Verweisung auf einen Mehrrechtsstaat, vom autonomen deutschen IPR zur EuErbVO, in Deinert, Internationales Recht im Wandel, 2013, 163. – Siehe ferner die Schrifttumshinweise allgemein zur Verordnung und ihren Vorarbeiten → Vor Art. 1 Rn. 1 ff.

Übersicht

I. Normzweck, Überblick, Umfang und Herkunft

1   Die Vorschrift konkretisiert den Verweis der erbrechtlichen **Kollisionsnormen** für den Fall, dass der Staat, auf dessen Recht verwiesen wird, in **örtlicher** Hinsicht mehrere Teilrechtsordnungen besitzt (zur interpersonalen Rechtsspaltung vgl. Art. 37). Die Vorschrift gilt für Verweise auf Mitgliedstaaten oder Drittstaaten, Art. 20 (zum Renvoi → Rn. 14). **Abs. 1** der Vorschrift ordnet einen

---

[28] Vgl. dazu *Hoffmann* in Das neue IPR-Gesetz – Aktuelle Praktikertagung, 1987, 106, 125 f., 200 f.
[29] Dazu *Riering* ZEV 1998, 248 (249 f.).

Vorrang des interlokalen Privatrechts des jeweiligen Staates, auf den die Verordnung verweist, an (→ Rn. 6). Besteht ein solches interlokales Privatrecht nicht, so konkretisiert **Abs. 2** die Verweise nach der Verordnung autonom (→ Rn. 7 ff.). **Abs. 3** enthält eine besondere Regelung für Verweise nach Art. 27 (→ Rn. 12 f.).

Im Hinblick auf die **interlokale Zuständigkeit** fehlt eine entsprechende Regelung, so dass es   2 nach Art. 2 beim mitgliedstaatlichen Zuständigkeitsrecht bleibt. Die Maßgeblichkeit mitgliedstaatlichen Rechts bei der Zuständigkeit kann freilich den von der Verordnung bezweckten Gleichlauf von forum und ius (→ Vor Art. 4 Rn. 2 f.) stören, wenn nach den Kollisionsnormen der Verordnung iVm Art. 36 das Recht der einen Teilrechtsordnung Erbstatut ist, das mitgliedstaatliche Zuständigkeitsrecht aber die interlokale Zuständigkeit der Gerichte einer anderen Teilrechtsordnung dieses Mitgliedstaats vorsieht (→ Vor Art. 4 Rn. 14).

Mit Art. 36 betritt die Verordnung jedenfalls gegenüber den bisherigen kollisionsrechtlichen Uni-   3 onsrechtsakten zum Teil **Neuland**, wobei die Vorschrift zu Recht als wenig geglückt angesehen wird.[1] Art. 22 Abs. 1 Rom I-VO, Art. 25 Abs. 1 Rom II-VO und Art. 14 Rom III-VO räumen – wie auch noch Art. 28 Abs. 1 des Kommissionsvorschlags – anders als **Abs. 1 und Abs. 3** dem interlokalen Kollisionsrecht des entsprechenden Staates keinen Vorrang ein (so aber nunmehr auch Art. 33 Abs. 1 EuGüVO und Art. 33 Abs. 1 EuPartVO), sondern den Anknüpfungsentscheidungen der jeweiligen Verordnung, soweit diese die maßgebliche Teilrechtsordnung bezeichnet. Bei der autonomen Konkretisierung in **Abs. 2 und teilweise Abs. 3** bedient sich der Unionsgesetzgeber jedoch der Regelung in Art. 14 Rom III-VO. Der Vorrang des jeweiligen interlokalen Privatrechts weicht auch vom bisherigen deutschen Erbkollisionsrecht und insbesondere Art. 4 Abs. 3 EGBGB ab. Die Vorschrift entspricht jedoch in der Sache weitgehend Art. 16 Abs. 2 lit. a HUP sowie Art. 19 Abs. 2 S. 1 Haager Erbrechtsübereinkommen (→ Vor Art. 1 Rn. 8 ff.), die ebenfalls vorrangig die Konkretisierung der Verweisung dem jeweiligen interlokalen Kollisionsrecht überlassen.[2]

Diese Entscheidung der Erbrechtsverordnung in **Abs. 1 (und Abs. 3)** zugunsten eines indirekten   4 Verweises fügt sich in die Berücksichtigung des Renvoi nach Art. 34 (vgl. auch → Rn. 14) jedenfalls dahingehend ein, dass der Unionsgesetzgeber kollisionsrechtliche Wertungen eines fremden Normgebers berücksichtigt und damit für einen gewissen **internationalen Entscheidungseinklang** sorgen möchte.[3] Das betrifft vor allem Verweise auf drittstaatliches Recht, zu einem gewissen Grad aber auch Verweise auf mitgliedstaatliches Recht, wenn der Sachverhalt aus der Perspektive des Mehrrechtsmitgliedstaats, auf den nach der Erbrechtsverordnung verwiesen wird, nur Beziehungen zu diesem Mitgliedstaat aufweist: Ohne den indirekten Verweis in Art. 36 Abs. 1 würde wegen Art. 38 aus Sicht des Mehrrechtsmitgliedstaats alleine das interlokale Kollisionsrecht das anwendbare Erbrecht bestimmen (vgl. → Art. 38 Rn. 2). Aus Sicht der anderen Mitgliedstaaten könnte folgliche bei einer dann allein autonomen Konkretisierung des Verweises womöglich eine andere Teilrechtsordnung zum Zuge kommen als aus Sicht des Mehrrechtsmitgliedstaats.

II. Anwendungsbereich

Art. 36 ist nur anwendbar, wenn der Staat, auf dessen Recht eine Kollisionsnorm der Verordnung   5 (nicht eine Zuständigkeitsnorm → Rn. 2) verweist, mehrere Gebietseinheiten mit eigenen Regelungen zur Rechtsnachfolge von Todes wegen besitzt, also zu Fragen, die nach Art. 1 in den Anwendungsbereich der Verordnung fallen. Art. 36 ist etwa bei Verweisen auf das Recht von **Spanien** wegen dessen Foralrechten anwendbar, die mittlerweile Eingang in zahlreiche kodifizierte Erbrechte der Comunidades Autónomas erhalten haben. Aber auch in **Australien, Kanada,** dem **Vereinigten Königreich** sowie den **Vereinigten Staaten** besteht eine interlokale Rechtsspaltung im Erbrecht. Für erbrechtliche Sondermaterien, etwa für das Landwirtschaftserbrecht, gelten in **Deutschland, Österreich** und **Italien** regional unterschiedliche Regelungen; auch eine solche teilweise Rechtsspaltung wird von Art. 36 erfasst, zumal etwa auch in Spanien Lücken in den Partikularrechten durch einen Rückgriff auf das gemeinspanische Erbrecht geschlossen werden.

III. Vorrang des jeweiligen interlokalen Privatrechts (Abs. 1)

Besitzt der **Mehrrechtsstaat,** auf dessen Recht die Verordnung verweist, ein einheitliches interlo-   6 kales Kollisionsrecht, das die einzelnen Partikularrechte voneinander abgrenzt, so ist dieses nach **Abs. 1** vorrangig anzuwenden. Die Vorschrift ordnet mithin einen indirekten Verweis an. So verfügt

---

[1] *Christandl* JPIL 9 (2013), 219 (236 ff.). Demgegenüber eher positiv fällt das Urteil aus bei *v. Sachsen Gessaphe* in Deinert, Internationales Recht im Wandel, 2013, 163, 199.

[2] Zur Genese der Vorschrift s. auch Ratsdokument Nr. 5811/10 ADD 16.

[3] Vgl. *Meškić* Anali Pravnog Fakulteta Univerziteta u Zenici 18 (2016), 275 (285 ff.).

etwa **Spanien** jedenfalls für spanische Staatsangehörige über ein interlokales Kollisionsrecht (Art. 13 ff. span. Código civil). Es reicht jedoch nicht aus, dass der betreffende Mehrrechtsstaat über ein interlokales Kollisionsrecht verfügt. Erforderlich ist auch, dass dieses interlokale Kollisionsrecht für den betreffenden Fall **eine Lösung vorsieht** und auf eine konkrete Teilrechtsordnung verweist, was etwa bei ausländischen Staatsangehörigen in Spanien zweifelhaft ist, bei denen eine bürgerlich-rechtliche Gebietszugehörigkeit eigentlich nicht vorgesehen ist.[4] Bezeichnet das interlokale Kollisionsrecht aufgrund eines solchen Normmangels keine Teilrechtsordnung, erfolgt die Konkretisierung der Verweise autonom nach der Erbrechtsverordnung gemäß Abs. 2 und 3;[5] zur Wählbarkeit einer Teilrechtsordnung nach Art. 22 bei Unzulässigkeit einer Rechtswahl nach interlokalem Privatrecht → Art. 22 Rn. 6. Abweichungen im interlokalen Kollisionsrecht von den Kollisionsnormen der Verordnungen sind zu berücksichtigen.[6] Abs. 1 gilt nicht, soweit **lediglich die Teilrechtsordnungen** ein (interlokales) Kollisionsrecht enthalten,[7] selbst wenn dieses – wie in den Teilrechtsordnungen des **Vereinigten Königreichs** oder der **Vereinigten Staaten** – inhaltlich sehr ähnlich ist.[8] Diese ergibt sich eindeutig aus dem Wortlaut der Vorschrift,[9] die auf die „internen Kollisionsnormen dieses Staates" und nicht „der Gebietseinheit" rekurriert. – Der bedingungslose Vorrang des interlokalen Kollisionsrechts verwundert gerade vor dem Hintergrund, dass die Verordnung beim Renvoi in Art. 34 Abs. 2 ihre kollisionsrechtlichen Wertungen teils über diejenigen eines anderen Kollisionsrechts stellt.[10]

IV. Autonome Konkretisierung der Verweisung (Abs. 2)

7   In Abs. 2 präzisiert der Unionsgesetzgeber, wie ein von den Kollisionsnormen der Verordnung verwendetes Anknüpfungsmoment im Hinblick auf die direkte Bezeichnung der maßgeblichen Teilrechtsordnung auszulegen ist, wenn kein nach Abs. 1 vorrangiges interlokales Privatrecht in der Mehrrechtsordnung existiert, auf welche die Verordnung verweist, oder wenn dieses für den betreffenden Fall keine Teilrechtsordnung bezeichnet (→ Rn. 6).

8   **1. Grundregel (Abs. 2 lit. c).** Dabei ist die grundsätzliche Konkretisierungsregelung in Abs. 2 lit. c enthalten, die insoweit auch Art. 22 Abs. 1 Rom I-VO, Art. 25 Abs. 1 Rom II-VO, Art. 14 lit. a Rom III-VO und Art. 16 Abs. 1 lit. a HUP entspricht: Die Anknüpfungsmomente der Verordnung sind bei einer interlokalen Rechtsspaltung so zu verstehen, dass sie sich auf die jeweilige Teilrechtsordnung beziehen. Abs. 2 lit. c greift nur, wenn die besonderen Konkretisierungen nach Abs. 2 lit. a und b sowie Abs. 3 nicht zum Zuge kommen, mithin vor allem bei der Ausweichklausel nach Art. 21 Abs. 1.

9   **2. Gewöhnlicher Aufenthalt (Abs. 2 lit. a).** In Abs. 2 lit. a wird der Grundsatz (→ Rn. 8) für das Anknüpfungsmoment des **letzten gewöhnlichen Aufenthalts des Erblassers** ausdrücklich bestätigt: Benutzt eine Kollisionsnorm der Verordnung dieses Anknüpfungsmoment (etwa Art. 21 Abs. 1), so ist danach bei einem Verweis auf einen Mehrrechtsstaat ohne interlokales Kollisionsrecht diejenige Teilrechtsordnung gemeint, in deren Gebiet der Erblasser seinen gewöhnlichen Aufenthalt zum Zeitpunkt seines Todes besaß (→ Art. 4 Rn. 2 ff.). Eine im Wesentlichen entsprechende Regelung enthalten auch Art. 14 lit. b Rom III-VO und Art. 16 Abs. 1 lit. c HUP sowie Art. 19 Abs. 3 lit. b Haager Erbrechtsübereinkommen. Allerdings ist die Beschränkung nach dem Wortlaut des Abs. 2 lit. a auf Verweise auf den letzten gewöhnlichen Aufenthalt des Erblassers verwunderlich:

---

[4] Dazu näher *v. Sachsen Gessaphe* in Deinert, Internationales Recht im Wandel, 2013, 163, 194 f.; *Steinmetz/ Löber/García Alcázar* ZEV 2013, 535 (536 f.); vgl. auch *Steinmetz/García Alcázar* ZEV 2016, 145.

[5] *Dutta/Weber/Bauer* Rn. 7; *Christandl* JPIL 9 (2013), 219 (232) m. Fn. 72; *Frank/Salinas* ErbR 2015, 182 (184); *v. Sachsen Gessaphe* in Deinert, Internationales Recht im Wandel, 2013, 163, 192 (mit zutreffendem Verweis auf die Materialien zu Art. 19 des Haager Erbrechtsübereinkommens (→ Rn. 3), die insoweit bei der Auslegung der Verordnung zu berücksichtigen sind → Vor Art. 1 Rn. 23), s. auch aaO S. 194 f. Anders demgegenüber *Jayme* in Leible/Unberath Rom 0-VO 33, 48, wonach es in diesem Fall bei einem Vorrang des interlokalen Kollisionsrechts bleiben soll.

[6] Anders für eine „subjektive Nachlassspaltung", die den Erbfall verschiedenen lokalen Erbrechten unterwirft, *Steinmetz/Löber/García Alcázar* ZEV 2013, 535 (538), mit dem Wortlaut des Art. 36 Abs. 1 argumentierend („bestimmen die internen Kollisionsvorschriften dieses Staates die Gebietseinheit", nicht die „Gebietseinheiten"). Jedoch lässt der Wortlaut auch die Anwendung des Rechts mehrerer Gebietseinheiten nach dem interlokalen Kollisionsrecht zu. Zudem stellt sich das Problem, welcher Teilrechtsordnung der Vorzug zu geben wäre; es bedürfte einer Modifikation des betreffenden interlokalen Kollisionsrechts, wozu Art. 36 Abs. 1 schweigt.

[7] *v. Sachsen Gessaphe* in Deinert, Internationales Recht im Wandel, 2013, 163, 191 f.; anders Rauscher/*Hertel* Rn. 7.

[8] *Christandl* JPIL 9 (2013), 219 (233) m. Fn. 77; Deixler-Hübner/Schauer/*Schwartze* Rn. 7.

[9] Vgl. aber Bonomi/Wautelet/*Bonomi* Rn. 9 mit Fn. 13.

[10] Vgl. auch Bonomi/Wautelet/*Bonomi* Rn. 11, 12.

Zum einen werden damit Verweise auf den **lebzeitigen** gewöhnlichen Aufenthalt des Erblassers (etwa in Art. 24 Abs. 1, Art. 25 Abs. 1 sowie Abs. 2 UAbs. 1 jeweils iVm Art. 21 Abs. 1) nicht erfasst. Zum anderen gilt Abs. 1 lit. a auch nicht für Verweise auf den gewöhnlichen Aufenthalt einer **anderen Person** als der des Erblassers (etwa in Art. 28 lit. b). In beiden Fällen muss auf die Grundregel in Abs. 2 lit. c zurückgegriffen werden, die jedoch zu keinem anderen Ergebnis führt.

3. Staatsangehörigkeit (Abs. 2 lit. b). Einer besonderen Konkretisierungsregelung bedarf es bei   **10** der **Staatsangehörigkeit** als Anknüpfungsmoment, in der Erbrechtsverordnung mithin vor allem bei der Rechtswahl des Erblassers nach Art. 22 (ggf. iVm Art. 24 Abs. 2 oder Art. 25 Abs. 3). Denn die Staatsangehörigkeit verweist stets auf den Gesamtstaat, selbst wenn nach internem Recht auch eine Gebietszugehörigkeit festgelegt wird. **Abs. 2 lit. b** konkretisiert daher den Verweis der Verordnung auf die Staatsangehörigkeit des Erblassers dahingehend, dass damit das Recht derjenigen Gebietseinheit gemeint ist, zu der der Erblasser die engste Verbindung aufweist.[11] Auch hier werden sämtliche Umstände des Einzelfalls zu berücksichtigen sein (→ Art. 21 Rn. 5 ff.). Eine entsprechende Regelung findet sich auch in Art. 14 lit. c Rom III-VO und Art. 16 Abs. 1 lit. e HUP. Abs. 2 lit. b ist nur anwendbar, wenn der Mehrrechtsstaat über kein interlokales Privatrecht verfügt; zur Wählbarkeit einer Teilrechtsordnung nach Art. 22 bei Unzulässigkeit einer Rechtswahl nach interlokalem Privatrecht → Art. 22 Rn. 6.

In der Sache schränkt diese autonome Konkretisierung die **Funktionen der erbrechtlichen**   **11** **Rechtswahl** nach Art. 22 erheblich ein, wo allein die Staatsangehörigkeit als Anknüpfungsmoment genannt wird.[12] Die Rechtswahl soll dem Erblasser Rechtssicherheit und Vorhersehbarkeit im Hinblick auf das Erbstatut verschaffen (→ Art. 22 Rn. 1). Indem Abs. 2 lit. b eines der klarsten Anknüpfungsmomente (die Staatsangehörigkeit) durch das unklarste und unvorhersehbarste (die engste Verbindung) austauscht, wird dieses Anliegen vereitelt. Ein Erblasser, der die Staatsangehörigkeit eines Mehrrechtsstaats ohne einheitliches interlokales Kollisionsrecht besitzt, kann im Einzelfall kaum voraussehen, welches Recht er nach Art. 22 wählen kann. Dem Erblasser bleibt in Zweifelsfällen nur die Möglichkeit, in seiner Rechtswahl schlicht abstrakt das Recht seiner Staatsangehörigkeit oder des Gesamtstaats zu bezeichnen (näher → Art. 22 Rn. 11), ohne die betreffende Teilrechtsordnung zu benennen. In jedem Fall muss der Richter retrospektiv feststellen, zu welcher der Teilrechtsordnungen der Erblasser (zum Zeitpunkt der Rechtswahl oder zum Zeitpunkt des Todes, je nachdem, welches der Rechte nach Art. 22 gewählt wurde) die engste Verbindung besaß, um zu prüfen, ob der Erblasser seine Rechtswahlfreiheit nicht überschritten oder welches Recht er als sein Staatsangehörigkeitsrecht gewählt hat. Dass es nicht allein auf den Zeitpunkt des Todes ankommt, ergibt sich aus einem Umkehrschluss zu Abs. 2 lit. a, wo für die autonome Konkretisierung explizit allein auf den Zeitpunkt des Todes abgestellt wird. Um die Funktion der erbrechtlichen Rechtswahl nicht gänzlich zu vereiteln, wird man deshalb der Wahl einer Teilrechtsordnung eine starke Indizwirkung – wenn nicht sogar Vermutung – für eine engste Verbindung des Erblassers zu der betreffenden Gebietseinheit entnehmen.[13]

V. Sonderregel für Verweisungen in Art. 27 (Abs. 3)

Der Gesetzgeber möchte, wie in Art. 27 allgemein (→ Art. 27 Rn. 2), im Hinblick auf die   **12** Bestimmung des Formstatuts einen Gleichlauf zwischen Haager Testamentsformübereinkommen (Art. 1 ff. HTestformÜ; Text und Erläuterung → HTestformÜ Art. 1 Rn. 1 ff.) und Verordnung herstellen; Abs. 3 scheint deshalb für Verweise nach Art. 27 der Regelung in Art. 1 UAbs. 2 HTestformÜ zu entsprechen. Bei näherem Hinsehen weicht die Regelung jedoch vom Haager Übereinkommen ab (näher → Art. 27 Rn. 8 f.). Abs. 3 gilt nur im Anwendungsbereich des Art. 27, in Deutschland also nur im Hinblick auf Erbverträge im unionsrechtlichen Sinne (→ Art. 27 Rn. 1).

In der Sache folgt Abs. 3 zunächst dem Grundsatz in Abs. 1, so dass auch Verweise nach Art. 27   **13** vorrangig nach einem interlokalen Kollisionsrecht des Mehrrechtsstaats zu konkretisieren sind; fehlt ein solches oder bezeichnet es im konkreten Fall keine Teilrechtsordnung (zu Letzterem → Rn. 6), so kommt bei jedem alternativen Verweis nach Art. 27 – wie bei Abs. 2 lit. b – die Teilrechtsordnung der engsten Verbindung zum Zuge. Bei Erbverträgen hinsichtlich der Rechtsnachfolge nach mehreren Erblassern ist die Teilrechtsordnung zu ermitteln, zu der die Erblasser – nicht der Erbvertrag – gemeinsam die engste Verbindung aufweisen, anders als bei Art. 25 Abs. 2 UAbs. 2.

---

[11] Anders für die common-law-Rechtsordnungen noch Erwägungsgrund Nr. 32 zum Kommissionsvorschlag: „domicile" maßgeblich.

[12] Vgl. auch *Meškić* Anali Pravnog Fakulteta Univerziteta u Zenici 18 (2016), 275 (293); anders offenbar *Álvarez Torné* RabelsZ 77 (2013), 205 (209).

[13] *Solomon* in Dutta/Herrler EuErbVO 19, 40 („im Regelfall entscheidendes Gewicht zumessen"); zurückhaltender *Heinig* RNotZ 2014, 197 (204) („lediglich Indizwirkung").

VI. Verhältnis zu Art. 34 Abs. 1 (Renvoi)

14 Maßgeblich für das Verhältnis zwischen Art. 34 Abs. 1 und Art. 36 ist es, ob der Mehrrechtsstaat oder nur die einzelnen Teilrechtsordnungen über ein einheitliches (internationales) Kollisionsrecht verfügen.[14] Ist das Kollisionsrecht auf der **Ebene des Mehrrechtsstaates** geregelt, kommt Art. 36 nur zum Zuge, soweit das Recht des Mehrrechtsstaats auch im Rahmen eines etwaig nach Art. 34 Abs. 1 zu berücksichtigenden Renvoi anwendbar ist; denn nur dann stellt sich die Frage nach der Konkretisierung des Verweises. Findet sich das Kollisionsrecht dagegen nur auf der **Ebene der Teilrechtsordnungen,** so ist über Art. 36 zunächst die maßgebliche Teilrechtsordnung zu bestimmen, auf die die Verordnung verweist, und sodann zu prüfen, ob ein Renvoi des Kollisionsrechts der Teilrechtsordnung nach Art. 34 Abs. 1 beachtlich ist.

Art. 37 EuErbVO Staaten mit mehr als einem Rechtssystem – Interpersonale Kollisionsvorschriften

[1]Gelten in einem Staat für die Rechtsnachfolge von Todes wegen zwei oder mehr Rechtssysteme oder Regelwerke für verschiedene Personengruppen, so ist jede Bezugnahme auf das Recht dieses Staates als Bezugnahme auf das Rechtssystem oder das Regelwerk zu verstehen, das die in diesem Staat geltenden Vorschriften zur Anwendung berufen. [2]In Ermangelung solcher Vorschriften ist das Rechtssystem oder das Regelwerk anzuwenden, zu dem der Erblasser die engste Verbindung hatte.

1 Die Vorschrift konkretisiert den Verweis der erbrechtlichen Kollisionsnormen für den Fall, dass der Staat, auf dessen Recht verwiesen wird, **in persönlicher Hinsicht** mehrere Teilrechtsordnungen („Rechtssysteme oder Regelwerke") besitzt (zur interlokalen Rechtsspaltung vgl. Art. 36). Ähnlich wie bei Art. 36 wird auch hier ein Vorrang des jeweiligen interpersonalen Kollisionsrechts angeordnet **(S. 1)** und nur für Mehrrechtsstaaten, die über ein solches nicht verfügen, der Verweis dahingehend autonom konkretisiert, dass diejenige Rechtsordnung zum Zuge kommt, zu der der Erblasser die engste Verbindung besaß **(S. 2).** Eine entsprechende Vorschrift findet sich auch in Art. 15 Rom III-VO, Art. 34 EuGüVO und Art. 34 EuPartVO und (zum Teil) in Art. 17 HUP sowie in Art. 20 Haager Erbrechtsübereinkommen.

2 Art. 37 betrifft beispielsweise Rechtsordnungen, die je nach Religionszugehörigkeit der Beteiligten unterschiedliche Erbrechtsregime zur Anwendung bringen oder die ein Sondererbrecht einzelner Familiendynastien zulassen, wie etwa die Hausgesetze des hohen Adels in der Vergangenheit in Deutschland und bis heute zB in Liechtenstein.

Art. 38 EuErbVO Nichtanwendung dieser Verordnung auf innerstaatliche Kollisionen

Ein Mitgliedstaat, der mehrere Gebietseinheiten umfasst, von denen jede ihre eigenen Rechtsvorschriften für die Rechtsnachfolge von Todes wegen hat, ist nicht verpflichtet, diese Verordnung auf Kollisionen zwischen den Rechtsordnungen dieser Gebietseinheiten anzuwenden.

1 Die Vorschrift stellt klar, dass die Verordnung nicht auf interlokale Konflikte anzuwenden ist und insbesondere ein einheitliches interlokales Kollisionsrecht der betreffenden Mitgliedstaaten mit mehreren Rechtsordnungen nicht verdrängt. Eine ähnliche Vorschrift findet sich auch in Art. 22 Abs. 2 Rom I-VO, Art. 25 Abs. 2 Rom II-VO, Art. 16 Rom III-VO, Art. 21 des Haager Erbrechtsübereinkommens, Art. 15 Abs. 1 HUP, Art. 35 EuGüVO und Art. 35 EuPartVO.

2 Die Vorschrift besitzt **kaum Relevanz,** was vor allem mit Art. 36 Abs. 1, 3 zusammenhängt, wo bereits ein Vorrang des jeweiligen interlokalen Kollisionsrechts angeordnet wird,[1] anders als in den in → Rn. 1 genannten Rechtsakten (→ Art. 36 Rn. 3). Allenfalls ließe sich überlegen, ob die Vorschrift für rein **interne Sachverhalte** klarstellt, dass die betreffenden Mitgliedstaaten ihr interlokales Kollisionsrecht direkt anwenden können. Denn die Erbrechtsverordnung beschränkt – wie mittlerweile auch die Güterrechtsverordnungen – ihren Anwendungsbereich in Art. 1 nicht ausdrücklich auf internationale oder grenzüberschreitende Sachverhalte, anders als Art. 1 Abs. 1 UAbs. 1 Rom I-VO, Art. 1 Abs. 1 S. 1 Rom II-VO und Art. 1 Abs. 1 Rom III-VO, die ausdrücklich festlegen, dass die jeweilige Verordnung nur auf Rechtsachen Anwendung finden, „die eine Verbindung zum

---

[14] S. auch *v. Sachsen Gessaphe* in Deinert, Internationales Recht im Wandel, 2013, 163, 193 f., 196.
[1] S. *Christandl* JPIL 9 (2013), 219 (238 f.), der deshalb für eine Streichung der Vorschrift plädiert.

Recht verschiedener Staaten aufweisen". Allerdings bedarf es auch hier dieser Klarstellung nicht. Selbst wenn man für die Art. 20 ff. keinen grenzüberschreitenden Bezug voraussetzt (näher → Vor Art. 20 Rn. 69), dann würde die Verordnung in einem solchen rein internen Sachverhalt stets auf das Recht des betreffenden Mehrrechtsstaats verweisen und auch hier Art. 36 Abs. 1, 3 für einen Vorrang des interlokalen Kollisionsrechts sorgen.

Kapitel IV. Anerkennung, Vollstreckbarkeit und Vollstreckung von Entscheidungen

Vorbemerkung zu Art. 39 EuErbVO

Schrifttum: *d'Alessandro,* Il riconoscimento, l'esecutività e l'esecuzione delle decisioni e delle transazioni giudiziarie in materia successoria, in Franzina/Leandro, Il diritto internazionale privato Europeo delle successioni mortis causa, 2013, 139; *Foyer,* Reconnaissance et exécution des jugements étrangers et des actes authentiques, in Khairallah/Revillard, Droit européen des successions internationales, 2013, 141; *Fucik,* Anerkennung und Vollstreckung, in Schauer/Scheuba, Europäische Erbrechtsverordnung, 2012, 57; *Fucik,* Anerkennung, Vollstreckbarerklärung und Vollstreckung, in Rechberger/Zöchling-Jud, Die EU-Erbrechtsverordnung in Österreich, 2015, 239. – Siehe ferner die Schrifttumshinweise allgemein zur Verordnung und ihren Vorarbeiten → Vor Art. 1 Rn. 1 ff.

I. Normzweck, Anwendungsbereich und Herkunft

Das vierte Kapitel der Erbrechtsverordnung ist der **Anerkennung und Vollstreckbarerklärung** **1** **ausländischer Entscheidungen** in Erbsachen gewidmet, womit die Verordnung Neuland betritt, da die bisherigen multilateralen Instrumente im Bereich des Erbrechts (→ Vor Art. 1 Rn. 2 ff.) die Anerkennung und Vollstreckung ausländischer Entscheidungen in Erbsachen ausgespart haben. Die Vorschriften sind nur auf Entscheidungen anwendbar, die in den **sachlichen** Anwendungsbereich der Verordnung fallen, weil sie nach Art. 1 Abs. 1 S. 1 die Rechtsnachfolge von Todes wegen betreffen. – Zum **zeitlichen** Anwendungsbereich → Vor Art. 1 Rn. 33; → Art. 83 Rn. 3.

Die Art. 39 ff. beruhen weitgehend auf dem bisherigen (näher → Art. 43 Rn. 9) Modell der **2** Brüssel I-VO,[1] das auf Entscheidungen in streitigen Verfahren ausgerichtet ist. Bei der Anerkennung und Vollstreckung von **Entscheidungen in streitigen Erbverfahren** ergeben sich deshalb regelmäßig keine Schwierigkeiten.[2] Friktionen drohen jedoch bei der Anerkennung von **Maßnahmen der freiwilligen Gerichtsbarkeit,**[3] auf welche diese Vorschriften ebenfalls anwendbar sind, wie Erwägungsgrund Nr. 59 ausdrücklich bestätigt. Vornehmlich die Gründe für eine Nichtanerkennung einer Entscheidung in Art. 40, die lediglich mit sprachlichen Modifikationen aus Art. 34 Brüssel I-VO übernommen wurden, bedürfen einer anpassenden Auslegung (→ Art. 40 Rn. 2 ff.). Der Vorschlag, bei den Anerkennungs- und Vollstreckungsregeln zwischen verschiedenen erbrechtlichen Entscheidungstypen zu unterscheiden,[4] wurde vom Unionsgesetzgeber nicht aufgegriffen.

---

[1] Bonomi/Wautelet/*Pretelli* Vor Art. 39 Rn. 1; *Janzen* DNotZ 2012, 484 (491). S. auch Erwägungsgrund Nr. 59, Kommissionsvorschlag KOM(2009) 154 endg. S. 8 und 13 (Erwägungsgrund Nr. 25) sowie Ratsdokument Nr. 9239/10 S. 28 ff.

[2] Vgl. auch bereits DNotI-Studie S. 221 ff.

[3] *Fucik* in Schauer/Scheuba, Europäische Erbrechtsverordnung, 2012, 57, 61. S. bereits zum Kommissionsvorschlag *Geimer* in Reichelt/Rechberger, Europäisches Erbrecht – Zum Verordnungsvorschlag der Europäischen Kommission zum Erb- und Testamentsrecht, 2011, 1, 14.

[4] S. DNotI-Studie S. 221 ff.; *Haas* in Gottwald, Perspektiven der justiziellen Zusammenarbeit in Zivilsachen in der Europäischen Union, 2004, 43, 78 ff.

II. Verbleibende Bedeutung der autonomen und staatsvertraglichen Anerkennungs- und Vollstreckungsregeln

3   Die Vorschriften zur unionsweiten Anerkennung mitgliedstaatlicher Entscheidungen in Erbsachen finden sich in Art. 39 ff., die Regelungen zur Vollstreckbarerklärung und zur Vollstreckung in den Art. 43 ff. Damit bleiben die **autonomen Anerkennungs- und Vollstreckungsvorschriften** – in Deutschland für Entscheidungen aus streitigen Erbverfahren nach §§ 328, 722, 723 ZPO sowie für Entscheidungen aus Nachlassverfahren der freiwilligen Gerichtsbarkeit nach §§ 108 ff. FamFG (dazu sogleich → Rn. 5 ff.) – sowie die **einschlägigen Anerkennungs- und Vollstreckungsstaatsverträge** der Mitgliedstaaten (näher → Art. 75 Rn. 7 ff., 33) vor allem relevant für die Anerkennung und Vollstreckung von Entscheidungen aus Drittstaaten (zum Begriff → Vor Art. 1 Rn. 29).

4   Fraglich ist allerdings, ob die innerstaatlichen oder staatsvertraglichen Vorschriften **neben der Verordnung** Anwendung finden, soweit sie anerkennungs- oder vollstreckungsfreundlicher sind als die Art. 39 ff. Während zum Teil dieses **Günstigkeitsprinzip** im Verhältnis zum Unionsrecht verneint wird,[5] geht der EuGH offenbar davon aus, dass bei der Anerkennung mitgliedstaatlicher Entscheidungen auch neben unionsrechtlichen Anerkennungsregelungen Platz für das mitgliedstaatliche Recht sein kann.[6] Diese Rechtsprechung wird man auch auf die Erbrechtsverordnung übertragen müssen. Zur Frage, ob abweichende Zuständigkeits- oder Kollisionsregeln in vorrangigen Staatsverträgen die Art. 39 ff. suspendieren → Art. 40 Rn. 8.

III. Grundzüge der autonomen Anerkennungs- und Vollstreckungsregeln für Erbsachen

5   Nach dem eben Gesagten (→ Rn. 3 f.) spielt damit vor allem auch das autonome Verfahrensrecht bei der Anerkennung und Vollstreckung noch eine wichtige Rolle, gerade soweit es um Entscheidungen aus Drittstaaten geht, s. zu erbrechtsrelevanten Anerkennungs- und Vollstreckungsstaatsverträgen mit Drittstaaten → Art. 75 Rn. 33. Das deutsche Recht unterscheidet zwischen Entscheidungen in streitigen Erbverfahren und solchen in Nachlasssachen der freiwilligen Gerichtsbarkeit, wobei für die Abgrenzung das deutsche Recht maßgeblich ist.

6   **1. Entscheidungen in streitigen Erbverfahren.** Die Anerkennung und Vollstreckung von Entscheidungen aus streitigen Verfahren in Erbsachen – also bürgerlichen Rechtsstreitigkeiten iS der § 13, 23 GVG, die keine Angelegenheiten der freiwilligen Gerichtsbarkeit iS des § 23a Abs. 1 S. 1 Nr. 2, Abs. 2 GVG sind – richtet sich nach **§§ 328, 722, 723 ZPO**. Die Anerkennungsversagungsgründe sind in § 328 ZPO aufgelistet, die Vollstreckbarerklärung und Vollstreckung bemisst sich nach §§ 722, 723 ZPO. Besonderheiten für Erbsachen bestehen nicht. S. aber zur Anwendung der Art. 4 ff. bei der Prüfung der Anerkennungszuständigkeit nach § 328 Abs. 1 Nr. 1 ZPO → Rn. 8.

7   **2. Entscheidungen in erbrechtlichen Verfahren der freiwilligen Gerichtsbarkeit. a) Allgemeines.** Sehr viel problematischer ist die Anerkennung und Vollstreckung von ausländischen Entscheidungen, die in erbrechtlichen Verfahren der freiwilligen Gerichtsbarkeit iS des § 23a Abs. 1 S. 1 Nr. 2, Abs. 2 GVG ergehen (s. vor allem → Rn. 11 ff.). Die Anerkennung von Entscheidungen in Nachlasssachen regelt das FamFG nicht speziell, es äußert sich nur generell zur Anerkennung und Vollstreckung ausländischer Entscheidungen der freiwilligen Gerichtsbarkeit in **§§ 108 ff. FamFG** und schließt diese in Anlehnung an § 328 ZPO aus, wenn das ausländische Gericht oder – in entsprechender Anwendung – die ausländische Behörde nach deutschem Recht nicht **international zuständig** war (§ 109 Abs. 1 Nr. 1 FamFG, dazu → Rn. 8), das **rechtliche Gehör** verletzt wurde (§ 109 Abs. 1 Nr. 2 FamFG), die Entscheidung mit einer früheren in- oder ausländischen anzuerkennenden Entscheidung oder mit einem früheren inländischen, rechtshängigen Verfahren **unvereinbar** ist (§ 109 Abs. 1 Nr. 3 FamFG) oder die Anerkennung gegen den inländischen **ordre public** verstößt (§ 109 Abs. 1 Nr. 4 FamFG). Eine **Gegenseitigkeit** muss nicht verbürgt sein (vgl. § 109 Abs. 4 FamFG e contrario); eine **révision au fond** findet ebenfalls nicht statt (§ 109 Abs. 5 FamFG).

8   Bei der nach § 109 Abs. 1 Nr. 1 FamFG (und § 328 Abs. 1 Nr. 1 ZPO) zu untersuchenden **Anerkennungszuständigkeit** sind freilich die **Zuständigkeitsregeln der Verordnung in den Art. 4 ff.** spiegelbildlich zu prüfen.[7] Die Zuständigkeitsregeln der Verordnung finden auch in Drittstaatenfällen Anwendung und verdrängen in ihrem sachlichen Anwendungsbereich das autonome Zuständigkeitsrecht vollständig (→ Vor Art. 4 Rn. 24 ff.), das daher auch nicht bei der Anerken-

---

[5] So zur Brüssel IIa-VO etwa *R. Wagner* FamRZ 2006, 744 (745).
[6] EuGH Slg. 2010, I-7353 Rn. 92 = NJW 2010, 2861 – Purrucker I (zur Brüssel IIa-VO).
[7] Vgl. Bonomi/Wautelet/*Pretelli* Vor Art. 39 Rn. 10.

nungszuständigkeit eine Rolle spielen kann.[8] Es wäre widersinnig, bei der Prüfung der Anerkennungszuständigkeit Zuständigkeitsregeln zugrunde zu legen, die vor deutschen Gerichten gar keine Rolle mehr spielen.

Für die Akte und damit Entscheidungen im Nachlassverfahren kommt es insbesondere darauf an,   9 welche Wirkungen sie im Ursprungsstaat entfalten können und sollen. Die Anerkennung hat die Erstreckung der im Ursprungsstaat eingetretenen **Wirkungen** auf das Inland zum Gegenstand.

Angesichts des sich an § 328 ZPO orientierenden § 109 FamFG kann **nicht** mehr gefordert   10 werden, dass das ausländische Gericht oder die ausländische Behörde auf den Erbfall das **gleiche Recht** anwendet,[9] wie es ein deutsches Gericht getan hätte.[10] Hat das ausländische Gericht oder die ausländische Behörde also abweichend von Art. 20 ff. ein anderes Recht als Erbstatut seiner Entscheidung zu Grunde gelegt, so hindert dies die Anerkennung nicht, wenn ansonsten die Entscheidung einen anerkennungsfähigen Inhalt besitzt.

b) Die Wirkungserstreckung bei ausländischen Erbnachweisen im Besonderen. Fragen   11 wirft jedoch vor allem die Wirkungserstreckung bei **ausländischen Erbnachweisen** auf. Hierbei (zu mitgliedstaatlichen Nachweisen → Rn. 14) sind vor allem zwei Ebenen zu trennen:

Zunächst stellt sich die Frage, ob der ausländische Erbnachweis als Entscheidung nach den §§ 108 f.   12 FamFG **anzuerkennen** ist.[11] Dies wird überwiegend abgelehnt, da dem Erbschein ein anerkennungsfähiger Inhalt fehle.[12] Er entfalte seine Wirkung lediglich auf materiellrechtlichem Gebiet, ohne dass er aber rechtsgestaltenden Charakter besitze,[13] er legitimiere (vorläufig) den Erben (vgl. § 2365 BGB) und schütze den gutgläubigen Dritten (vgl. §§ 2366, 2367 BGB). Diese Wirkungen seien außerhalb des sachlichen Anwendungsbereichs der deutschen Anerkennungsregeln, die nur die verfahrensrechtlichen Wirkungen einer Entscheidung erstrecken.[14] Dem lässt sich freilich entgegen halten, dass die §§ 107 ff. FamFG auch materiellrechtliche Wirkungen ausländischer Entscheidungen, etwa deren Gestaltungswirkung im Hinblick auf die materiellrechtlichen Wirkungen einer Ehescheidung, erfassen. Auch kann man nicht behaupten, dass ein Erbnachweis zwingend keinen rechtsgestaltenden Charakter besitzt: Die Rechtslage wird etwa durch einen deutschen Erbschein dahingegen umgestaltet, dass die Vermutung für das bescheinigte Recht besteht und ein Gutglaubensschutz entfaltet wird. Eine Anerkennung nach den §§ 108 f. FamFG setzt freilich voraus, dass der ausländische Erbnachweis nach dem Recht seines Ursprungsstaats überhaupt Wirkungen entfaltet[15] und Gegenstand einer Entscheidung ist. Auch wird man nicht davon ausgehen können, dass das besondere Nachweiserfordernis in § 35 Abs. 1 S. 1 GBO, wonach die Erbfolge grundsätzlich nur durch Erbschein nachgewiesen werden kann, die Anerkennungsregeln als Sondervorschrift jedenfalls bei der Anerkennung ausländischer Erbnachweise im Grundbuchverfahren verdrängt.[16]

Vor allem wenn man eine Entscheidungsanerkennung ablehnt, so schließt sich freilich die weitere   13 Frage an, ob ein ausländischer Erbnachweis für den inländischen Rechtsraum einen inländischen Erbnachweis, also in Deutschland einen Erbschein, **substituiert** (zur Substitution allgemein → Einl. IPR Rn. 227 ff.), mit dem Ergebnis, dass der ausländische Erbnachweis die Wirkungen des deutschen Erbscheins auslöst. Besondere Wirkungen, Vermutung des Erbrechts und der Abwesenheit von besonderen Beschränkungen einerseits sowie Schutz des öffentlichen Glaubens andererseits gewährt das deutsche Recht nur dem Erbschein und entsprechend dem Testamentsvollstreckerzeugnis, also Zeugnissen, die von einem inländischen Nachlassgericht erteilt worden sind. Ausländische Zeugnisse, die nicht die gleichen oder vergleichbare Wirkungen nach eigenem Recht besitzen, können von vornherein nicht als Erbschein bzw. Testamentsvollstreckerzeugnis anerkannt werden. Dies dürfte für die allermeisten ausländischen Zeugnisse der Fall sein, so dass eine Substitution regelmäßig im Hinblick auf ausländische Erbnachweise abzulehnen ist.[17] Allerdings kann ein ausländisches Zeugnis über die Erbfolge durchaus die Funktion eines Erbscheins teilweise übernehmen, etwa soweit es um

---

[8] Zum Streitstand allgemein s. etwa MüKoZPO/*Gottwald* § 328 Rn. 88; Bork/Jacoby/Schwab/*Heiderhoff* FamFG § 109 Rn. 5.

[9] So jedoch für das frühere Recht KG IPRspr. 1973 Nr. 305; Soergel/*Kegel* 11. Aufl. EGBGB Vor Art. 24 Rn. 88; s. auch 1. Aufl. → Vor Art. 24 Rn. 440.

[10] *Geimer,* FS M. Ferid, 1988, 92, 117 in Fn. 23.

[11] Näher etwa *Schäuble* ZErb 2011, 267.

[12] Vgl. BayObLGZ 1965, 377 (383); BayObLG NJW-RR 1991, 1098 (1099); OLG Bremen NJW-RR 2011, 1099.

[13] *Geimer,* FS M. Ferid, 1988, 117 in Fn. 23.

[14] *Kleinschmidt* RabelsZ 77 (2013), 723 (731).

[15] *Siehr* IPRax 2013, 241 (244).

[16] So aber KG ZEV 2013, 153 (154); zweifelnd etwa *Kleinschmidt* RabelsZ 77 (2013), 723 (731) in Fn. 32 mwN.

[17] Staudinger/*Dörner* (2007) EGBGB Art. 25 Rn. 915.

dessen erbrechtliche Legitimation geht.[18] Deshalb darf ein inländisches Grundbuchamt nicht jedes ausländische Erbschaftszeugnis als unzureichend ablehnen,[19] wenn es insoweit einem inländischen Erbschein gleichkommt. In den anderen Fällen bleibt die Wirkung ausländischer Zeugnisse begrenzt. Sie entfalten im Rahmen der deutschen Verfahrensvorschriften **Beweiskraft** für die behördliche Entscheidung selbst und etwa für die in § 352 Abs. 3 FamFG angesprochenen Angaben.[20] So kann zB ein „probate" als „überzeugendes Indiz" für die Gültigkeit des Testaments nach dem Recht des erteilenden Staates ausreichen.[21] In keinem der besprochenen Fälle verhindert freilich das Bestehen eines ausländischen Zeugnisses über die Erbfolge oder Testamentsvollstreckung die **Erteilung eines deutschen Erbscheins bzw. Testamentsvollstreckerzeugnisses** durch ein inländisches Nachlassgericht.[22]

14   Nach der **Erbrechtsverordnung** könnte es bei der Anerkennung der Wirkungen **mitgliedstaatlicher Erbnachweise** freilich zu einer Änderung gekommen sein (zu Einzelheiten → Art. 3 Rn. 17; → Art. 39 Rn. 2; → Art. 59 Rn. 10). Außer Frage steht die grenzüberschreitende Wirkungserstreckung freilich beim **Europäischen Nachlasszeugnis,** der nach Art. 69 Abs. 1 automatisch und voraussetzungslos seine Wirkungen in alle beteiligten Mitgliedstaaten erstreckt.

IV. Bedarf für Durchführungsgesetzgebung

15   Die Anerkennungs- und Vollstreckungsregeln der Verordnung bedürfen in zahlreichen Punkten der Ausführung durch die Mitgliedstaaten. Die **deutschen Durchführungsbestimmungen** zur Anerkennung, Vollstreckbarerklärung und Vollstreckung von Entscheidungen aus anderen Mitgliedstaaten in Erbsachen finden sich in §§ 3 ff. IntErbRVG,[23] die vor allem auf dem AUG und dem AVAG beruhen.

Art. 39 EuErbVO Anerkennung

(1) Die in einem Mitgliedstaat ergangenen Entscheidungen werden in den anderen Mitgliedstaaten anerkannt, ohne dass es hierfür eines besonderen Verfahrens bedarf.

(2) Bildet die Frage, ob eine Entscheidung anzuerkennen ist, als solche den Gegenstand eines Streites, so kann jede Partei, welche die Anerkennung geltend macht, in dem Verfahren nach den Artikeln 45 bis 58 die Feststellung beantragen, dass die Entscheidung anzuerkennen ist.

(3) Wird die Anerkennung in einem Rechtsstreit vor dem Gericht eines Mitgliedstaats, dessen Entscheidung von der Anerkennung abhängt, verlangt, so kann dieses Gericht über die Anerkennung entscheiden.

1   Die Vorschrift regelt die Anerkennung von Entscheidungen (Definition in Art. 3 Abs. 1 lit. g) in Erbsachen aus fremden Mitgliedstaaten (zum Begriff → Vor Art. 1 Rn. 29).

2   Nach **Abs. 1** bedarf es keines Anerkennungsverfahrens; vielmehr werden anerkennungsfähige (s. vor allem Art. 40) Entscheidungen **ex lege** anerkannt und entfalten in den anderen Mitgliedstaaten die gleichen Wirkungen wie nach dem Recht des Ursprungsmitgliedstaats (Art. 1 Abs. 1 lit. e). Im Kontext der Erbrechtsverordnung betrifft diese Wirkungserstreckung vor allem auch etwaige Vermutungs-, Gutglaubens- und Legitimationswirkungen **mitgliedstaatlicher Erbnachweise,** soweit diese Nachweise in Gestalt einer Entscheidung iS des Art. 3 Abs. 1 lit. g ergehen (näher → Art. 3 Rn. 17; auch → Vor Art. 4 Rn. 5, 8). Der EuGH hat stets betont, dass anerkennungsfähige Entscheidungen im Anerkennungsmitgliedstaat dieselben Wirkungen entfalten wie im Ursprungs-

---

[18] Vgl. etwa BGH IPRspr. 1975 Nr. 128 für die Beweiserhebung im Entschädigungsverfahren.

[19] So jedoch überwiegend die Praxis, vgl. zB KG NJW-RR 1997, 1094; sowie die Nachweise bei Soergel/*Kegel,* 11. Aufl. 1984, EGBGB Art. 25 Vor Art. 24 Rn. 88 in Fn. 10. Anders BayObLGZ 1990, 51; vgl. auch *H. Roth* IPRax 1991, 322 ff.; sowie *Kaufhold* ZEV 1997, 399 (401 ff.); umfassende Übersicht zum Streitstand bei *Gronle,* Nachweis nach § 35 GBO durch ausländische Erbzeugnisse, 2002, 102 ff.

[20] Ebenso Staudinger/*Dörner* (2007) EGBGB Art. 25 Rn. 917.

[21] OLG München WM 1967, 812 (815).

[22] BayObLGZ 1965, 377; BayObLG NJW-RR 1991, 1098; KG IPRspr. 1973 Nr. 105; Staudinger/*Dörner* (2007) EGBGB Art. 25 Rn. 878; *Ferid* IPR §§ 9–102; Soergel/*Kegel,* 11. Aufl. 1984, EGBGB Art. 25 Vor Art. 24 Rn. 88 (nur bei bestimmten Fehlern); *Pinckernelle/Spreen* DNotZ 1967, 215. Aus der Gutachtenpraxis IPG 1987/88 Nr. 46 (Hamburg, Niederlande).

[23] Eine ausführliche Kommentierung dieser Vorschriften findet sich in *Dutta/Weber,* Internationales Erbrecht, 2016, 521 ff.

mitgliedstaat.[1] Das Gleiche muss auch für anerkennungsfähige mitgliedstaatliche Erbnachweise und ihre Vermutungs-, Legitimations- und Gutglaubenswirkung hinsichtlich der bescheinigten Rechtsposition gelten; hierbei handelt es sich um materiellrechtliche Wirkungen, die ähnlich wie bei der Anerkennung von Gestaltungsentscheidungen über die europäischen Anerkennungsregeln in die anderen Mitgliedstaaten erstreckt werden. Auf eine etwaige „Rechtskraft" im Hinblick auf die bescheinigte Rechtsposition, etwa die Erbenstellung einer Person, kommt es nicht an. Im Hinblick auf die Beweiswirkungen der Entscheidung als öffentliche Urkunde verdrängen die Art. 39 ff. die allgemeine Urkundsannahme nach Art. 59 (→ Art. 59 Rn. 5). Die Art. 39 ff. werden ihrerseits beim Europäischen Nachlasszeugnis durch Art. 69 Abs. 1 verdrängt, der eine automatische und – anders als die Anerkennungsregeln der Verordnung – vor allem auch voraussetzungslose Wirkungserstreckung in die anderen Mitgliedstaaten vorsieht (zu Einzelheiten → Art. 69 Rn. 5 f.). – Die Art. 39 ff. (bzw. Art. 59) sind bei mitgliedstaatlichen Erbnachweisen **nicht einschränkend auszulegen;** insbesondere kann – auch angesichts des Art. 62 Abs. 3 – die Einführung eines Europäischen Nachlasszeugnisses nicht dahingehend verstanden werden, dass eine Zirkulation der mitgliedstaatlichen Erbnachweise ausgeschlossen werden soll:[2] Das Europäische Nachlasszeugnis schafft ein einheitliches Instrument, will aber nicht die Vielfalt der mitgliedstaatlichen Erbnachweise auf den jeweiligen Mitgliedstaat begrenzen.[3] Eine einschränkende Auslegung der Art. 39 ff. (oder des Art. 59; zum Verhältnis → Art. 59 Rn. 5) würde dieses Ergebnis überdies nicht erreichen, da sich dann die Anerkennung der mitgliedstaatlichen Erbnachweise konsequenterweise nach den mitgliedstaatlichen Anerkennungsregeln richten würde, die auch nicht durch die Art. 39 ff. verdrängt würden (auch → Vor Art. 39 Rn. 4). Ein allgemeines Anerkennungs**verbot** aus den Art. 62 ff. herauszulesen, ginge in jedem Fall zu weit.

Die Anerkennung einer Entscheidung erfolgt, sofern sie präjudiziell ist, **inzident** nach **Abs. 3.** 3 Es besteht aber die Möglichkeit eines **fakultativen Anerkennungsverfahrens** nach **Abs. 2,** auf das die Vorschriften über das Vollstreckbarkeitsverfahren nach Art. 45 ff. mutatis mutandis anzuwenden sind. Zum Begriff der Partei → Art. 5 Rn. 6 ff. – Die deutsche Durchführungsgesetzgebung zu diesem fakultativen Anerkennungsverfahren findet sich in §§ 21, 22 IntErbRVG.

Anders als bei der grenzüberschreitenden Entscheidungsvollstreckung (vgl. Art. 46 Abs. 3 lit. b) 4 und der Annahme öffentlicher Urkunden (Art. 59 Abs. 1 UAbs. 2) besteht allerdings bei der Entscheidungsanerkennung nicht die Möglichkeit, im Ursprungsmitgliedstaat eine auf einem einheitlichen Formblatt beruhende **Bescheinigung über die anerkennungsfähigen Entscheidungswirkungen** zu erlangen, um in den anderen Mitgliedstaaten die im Rahmen der Entscheidungsanerkennung erstreckten Wirkungen nachzuweisen. Da die Entscheidung regelmäßig zugleich eine öffentliche Urkunde (Art. 3 Abs. 1 lit. i) darstellen wird, kann allenfalls nach Art. 59 Abs. 1 UAbs. 2 eine Bescheinigung über die formellen Beweiswirkungen (aber auch nur über diese → Art. 59 Rn. 15) beantragt werden. Die Bescheinigung nach Art. 46 Abs. 3 lit. b enthält demgegenüber kaum Aussagen zu den Entscheidungswirkungen jenseits des vollstreckbaren Inhalts der Entscheidung.

Art. 39 entspricht Art. 33 Brüssel I-VO, Art. 23 EuUnthVO, Art. 36 EuGüVO und Art. 36 5 EuPartVO. Eine weitgehend entsprechende Vorschrift findet sich in Art. 21 Brüssel IIa-VO, freilich mit einigen kontextbezogenen Klarstellungen.

Art. 40 EuErbVO Gründe für die Nichtanerkennung einer Entscheidung

Eine Entscheidung wird nicht anerkannt, wenn

a) **die Anerkennung der öffentlichen Ordnung (ordre public) des Mitgliedstaats, in dem sie geltend gemacht wird, offensichtlich widersprechen würde;**

b) **dem Beklagten, der sich auf das Verfahren nicht eingelassen hat, das verfahrenseinleitende Schriftstück oder ein gleichwertiges Schriftstück nicht so rechtzeitig und in einer Weise zugestellt worden ist, dass er sich verteidigen konnte, es sei denn, der Beklagte hat die Entscheidung nicht angefochten, obwohl er die Möglichkeit dazu hatte;**

---

[1] EuGH Slg. 1988, 645 Rn. 11 = NJW 1989, 663 – Hoffmann (zum EuGVÜ); EuZW 2013, 60, Rn. 34 – Gothaer Allgemeine Versicherungs AG (zur Brüssel I-VO).

[2] So aber *Buschbaum* in Hager, Die neue europäische Erbrechtsverordnung, 2013, 39, 57 f.; *Hertel* in Lipp/ Münch, Die neue Europäische Erbrechtsverordnung, 2016, 129, 164 f.; Dutta/Weber/*Weber* Rn. 21. De lege ferenda für eine Einschränkung der Annahmeregelungen auch *Hess/Jayme/Pfeiffer,* Stellungnahme zum Vorschlag für eine Europäische Erbrechtsverordnung, 2012, 53.

[3] Vgl. *Süß* ZEuP 2013, 725 (749), wonach es „seltsam" wäre, „wenn die Einführung des ENZ dazu führen würde, dass in diesen Ländern [= Ausland] deutsche Erbscheine nun nicht mehr akzeptiert werden würden".

c) sie mit einer Entscheidung unvereinbar ist, die in einem Verfahren zwischen denselben Parteien in dem Mitgliedstaat, in dem die Anerkennung geltend gemacht wird, ergangen ist;

d) sie mit einer früheren Entscheidung unvereinbar ist, die in einem anderen Mitgliedstaat oder in einem Drittstaat in einem Verfahren zwischen denselben Parteien wegen desselben Anspruchs ergangen ist, sofern die frühere Entscheidung die notwendigen Voraussetzungen für ihre Anerkennung in dem Mitgliedstaat, in dem die Anerkennung geltend gemacht wird, erfüllt.

I. Normzweck und Herkunft

1   Die Vorschrift legt fest, unter welchen Voraussetzungen die Entscheidung eines fremden Mitgliedstaats (zum Begriff → Vor Art. 1 Rn. 29) nicht anzuerkennen ist. Die Vorschrift beruht auf Art. 34 Brüssel I-VO; s. nunmehr auch Art. 37 EuGüVO und Art. 37 EuPartVO. Entsprechende Regelungen – mit Abweichungen im Detail – finden sich auch in Art. 22 und Art. 23 Brüssel IIa-VO sowie in Art. 24 EuUnthVO.

II. Unzulänglichkeiten der Vorschrift

2   Art. 40 ist wahrlich kein Glanzstück der Erbrechtsverordnung. Dem Unionsgesetzgeber sind bei der Kopie aus der Brüssel I-VO einige Unebenheiten unterlaufen, die im Wege der Auslegung ausgebügelt werden müssen.

3   **1. Unvollständigkeit beim ordre public (lit. a).** Zunächst ist eine Anerkennung einer ausländischen Entscheidung ausgeschlossen, wenn die Anerkennung der öffentlichen Ordnung des Anerkennungsmitgliedstaats offensichtlich widerspricht. Im Hinblick auf **sachrechtliche** Unterschiede gilt hier das zum kollisionsrechtlichen ordre public in Art. 35 Gesagte entsprechend, vgl. auch Erwägungsgrund Nr. 58 S. 2, der von einem Gleichlauf ausgeht. Allerdings können auch **verfahrensrechtliche** Unterschiede, die sich in der ausländischen Entscheidung manifestieren, zu einem Verstoß gegen den inländischen ordre public führen.[1] Insoweit vermisst man bei Art. 40 allerdings eine Klarstellung. Anders als Art. 35 Abs. 3 S. 2 Brüssel I-VO bzw. Art. 45 Abs. 3 Brüssel Ia-VO, Art. 24 S. 2 Brüssel IIa-VO und Art. 24 UAbs. 1 lit. a S. 2 EuUnthVO ordnet die Erbrechtsverordnung an keiner Stelle an, dass die **Zuständigkeitsvorschriften** und ihre Anwendung durch die Gerichte des Ursprungsmitgliedstaats (Art. 1 Abs. 1 lit. e) nicht zum ordre public gehören. Hierbei scheint es sich um einen Kopierfehler zu handeln, der im Wege der verordnungsübergreifenden Auslegung durch eine analoge Anwendung der entsprechenden Vorschriften der anderen verfahrensrechtlichen Verordnungen zu beheben ist.[2] Es verwundert nicht, dass in den europäischen Güterrechtsverordnungen eine entsprechende Vorschrift in Art. 39 EuGüVO und Art. 39 EuPartVO wieder aufgenommen wurde.

4   **2. Zuschnitt auf Entscheidungen aus streitigen Verfahren (lit. b, lit. c und lit. d).** Die Vorschrift ist eindeutig auf Entscheidungen aus streitigen Verfahren zugeschnitten, die grundsätzlich nur zwischen einem Kläger und Beklagten Wirkung entfalten. Zunächst spricht die Vorschrift hartnäckig von „Beklagten" (lit. b), „Parteien" (lit. c und lit. d) und vom „Anspruch" (lit. d), auch wenn sich der Gesetzgeber der Problematik bei nichtstreitigen Verfahren bewusst war.[3] Aber auch inhaltlich passen die Vorschriften nur schlecht, etwa auf die Anordnung einer Nachlassverwaltung oder eines Aufgebots der Nachlassgläubiger, die Ernennung eines Testamentsvollstreckers oder den Erlass eines Erbscheins.[4]

5   **a) Zustellung des verfahrenseinleitenden Schriftstücks (lit. b).** So läuft etwa **lit. b,** der eine ordnungsgemäße Beteiligung der Betroffenen am – der anzuerkennenden Entscheidung zugrunde liegenden – Verfahren sichern soll, indem dem **„Beklagten"** Kenntnis von der Verfahrenseinleitung verschafft wird, bei wortlautgemäßer Anwendung leer, wenn es schlicht keinen „Beklagten" oder

---

[1] S. etwa EuGH Slg. 2009, I-2563 Rn. 26 ff. = NJW 2009, 1938 – Gambazzi.

[2] Dutta/Weber/*Weber* Rn. 2; vgl. auch *D. Lübcke,* Das neue europäische internationale Nachlassverfahrensrecht, 2013, 477 in Fn. ★; Rauscher/*Rauscher,* 3. Aufl. 2010, Einf. EG-ErbVO-E Rn. 39.

[3] Vgl. Ratsdokument Nr. 11870 S. 34 in Fn. 1.

[4] Vgl. auch *Hess/Mariottini/Camara* Note 9, 19 f.; *D. Lübcke,* Das neue europäische internationale Nachlassverfahrensrecht, 2013, 493. S. bereits *Geimer* in Reichelt/Rechberger, Europäisches Erbrecht – Zum Verordnungsvorschlag der Europäischen Kommission zum Erb- und Testamentsrecht, 2011, 1, 14; Rauscher/*Rauscher,* 3. Aufl. 2010, Einf. EG-ErbVO-E Rn. 36, 41. – Zur Anwendbarkeit der Art. 4 ff. auf mitgliedstaatliche Verfahren zum Erlass eines Erbscheins → Vor Art. 4 Rn. 5, 8 sowie auf Aufgebotsverfahren → Vor Art. 4 Rn. 25.

Antragsgegner gibt;[5] insoweit hätte der Gesetzgeber wenigstens wie in Art. 22 lit. b Brüssel IIa-VO sowie in Art. 23 lit. b EuUnthVO den weiteren Begriff „Antragsgegner" verwenden sollen. Selbstverständlich besteht auch im Rahmen der Erbrechtsverordnung das Bedürfnis, bei der Anerkennung zu prüfen, ob die von der Entscheidung betroffenen Personen ordnungsgemäß am Verfahren beteiligt wurden. Muss sich etwa ein Nachlassgläubiger im Ausland die Wirkungen eines in einem deutschen Aufgebotsverfahren (zur Anwendbarkeit der Art. 4 ff. auf Aufgebotsverfahren → Vor Art. 4 Rn. 25) ergangenen rechtskräftigen Ausschließungsbeschlusses entgegenhalten lassen, wenn er den Erben und dem Gericht bekannt war, ihm aber das Aufgebot nicht bekanntgegeben wurde? Der Nachlassgläubiger ist kein „Beklagter" und nicht einmal ein Antragsgegner, sondern lediglich ein vom Verfahren betroffener Beteiligter nach § 7 Abs. 2 Nr. 1 FamFG, dem das Aufgebot bekanntzugeben ist.[6] Man wird hier den **Beklagtenbegriff** weit auslegen und auf sämtliche nach mitgliedstaatlichem Verfahrensrecht auf Antrag oder von Amts wegen zu beteiligende Personen ausdehnen müssen, die von der Entscheidung betroffen waren[7] (→ Art. 5 Rn. 6 ff.). Insoweit hätte der Unionsgesetzgeber auch auf Art. 23 lit. d Brüssel IIa-VO („wenn eine Person dies mit der Begründung beantragt, dass die Entscheidung in ihre elterliche Verantwortung eingreift, falls die Entscheidung ergangen ist, ohne dass diese Person die Möglichkeit hatte, gehört zu werden") zurückgreifen können,[8] freilich bereinigt um ihren kindschaftsrechtlichen Kontext. Art. 23 lit. d Brüssel IIa-VO enthält genau den allgemeinen Gedanken, dass eine Entscheidung nicht anzuerkennen ist, wenn die Entscheidung in die Rechte einer Person eingreift, die nicht ordnungsgemäß beteiligt wurde, und zwar unabhängig von ihrer verfahrensrechtlichen Stellung.

b) Unvereinbare Entscheidungen (lit. c und lit. d). Ähnliche Probleme mit Nachlassverfah- **6** ren der freiwilligen Gerichtsbarkeit wie bereits bei den Litispendenzregeln in Art. 17 stellen sich bei **lit. c und lit. d,** die eine Anerkennung von Entscheidungen verhindern sollen, die mit einer (früheren oder späteren) Entscheidung aus dem Anerkennungsmitgliedstaat oder einer früheren anerkennungsfähigen Entscheidung aus einem Drittstaat oder einem anderen Mitgliedstaat (zum Begriff → Vor Art. 1 Rn. 29) unvereinbar sind. Zunächst passt auch hier der Hinweis auf **„dieselben Parteien" (lit. c und lit. d)** nicht (→ Art. 17 Rn. 4): Über die formelle Beteiligtenstellung entscheidet das mitgliedstaatliche Verfahrensrecht, das hier eng mit dem materiellen Recht verwoben ist. Auch können die Betroffenen nach mitgliedstaatlichem Verfahrensrecht frei darüber entscheiden, ob sie sich durch einen Antrag am Verfahren formell als Verfahrenspartei beteiligen. Es kann damit wie bei Art. 17 vom Zufall abhängen, ob in unterschiedlichen Verfahren eine Identität der Verfahrensparteien besteht. Es verwundert deshalb auch hier, dass der europäische Gesetzgeber nicht auf die entsprechenden Regelungen der Brüssel IIa-VO zurückgegriffen hat, die auf eine Identität der Verfahrensparteien bei Kindschaftsverfahren verzichten (Art. 23 lit. e und lit. f Brüssel IIa-VO), anders als bei den funktional streitigen Scheidungsverfahren (vgl. Art. 22 lit. c und d Brüssel IIa-VO). Auch hier bedarf es damit eines **weiten Verfahrensparteienbegriffs** (→ Art. 5 Rn. 8), der nicht darauf abstellt, ob eine Identität der formell am Verfahren Beteiligten vorliegt, sondern vielmehr, ob die betreffenden Entscheidungen Rechte von identischen Personen im Hinblick auf den Nachlass berühren und insoweit unvereinbar miteinander sind,[9] zum Unvereinbarkeitsbegriff → Art. 67 Rn. 8.

Der Verweis auf **„wegen desselben Anspruchs" (lit. d)** bedarf bei nichtstreitigen Nachlassver- **7** fahren genauso einer Präzisierung wie bei den Litispendenzregeln in Art. 17 (→ Art. 17 Rn. 5): Entscheidungen aus Nachlassverfahren der freiwilligen Gerichtsbarkeit beruhen regelmäßig nicht auf „Ansprüchen", verstanden als subjektive Rechte, sondern auf einer gesetzlichen Aufgabenzuweisung, zumal bei amtswegig eingeleiteten Verfahren. Dennoch findet der Anerkennungsversagungsgrund in lit. d auch auf Entscheidungen aus solchen Verfahren Anwendung, da auch solche Entscheidungen mit anderen Entscheidungen unvereinbar sein können. Der Hinweis auf denselben „Anspruch" bezieht sich mithin auf die Identität des Verfahrensgegenstands.[10]

---

[5] S. auch *Fucik* in Schauer/Scheuba, Europäische Erbrechtsverordnung, 2012, 57, 63.

[6] Etwa BT-Drs. 16/6308, 296.

[7] *Dutta* FamRZ 2013, 4 (13); zust. *Müller-Lukoschek,* Die neue EU-Erbrechtsverordnung, 2. Aufl. 2015, 142; anders *Franzmann/Schwerin* in Geimer/Schütze IRV-HdB Rn. 6: Beschränkung auf kontradiktorische Verfahren.

[8] Vgl. *Max Planck Institute* RabelsZ 74 (2010), 522 (667 f.).

[9] Vgl. *S. M. Weber,* Das internationale Zivilprozessrecht erbrechtlicher Streitigkeiten, 2012, 271. Vgl. auch bereits *Hess/Jayme/Pfeiffer,* Stellungnahme zum Vorschlag für eine Europäische Erbrechtsverordnung, 2012, 43; *Rauscher/Rauscher,* 3. Aufl. 2010, Einf. EG-ErbVO-E Rn. 42; s. auch *Fucik* in Schauer/Scheuba, Europäische Erbrechtsverordnung, 2012, 57, 63.

[10] Anders *Franzmann/Schwerin* in Geimer/Schütze IRV-HdB Rn. 10 mit dem Vorwurf, die hier vertretene Auffassung sei inkonsequent, offenbar weil sie versucht, der Vorschrift bei nichtstreitigen Verfahren einen sinnvollen Gehalt zu geben.

III. Anwendung der Zuständigkeits- und Kollisionsnormen der Verordnung als ungeschriebene Anerkennungsvoraussetzung?

8   Nicht erforderlich für eine Anerkennung ist es, dass das ausländische Gericht bei Erlass der Entscheidung die Zuständigkeits- und Kollisionsnormen der Verordnung angewendet hat. Es sind damit auch Entscheidungen in Erbsachen anzuerkennen (und für vollstreckbar zu erklären), die in einem Mitgliedstaat auf Grundlage der Kollisions- und Zuständigkeitsvorschriften eines nach Art. 75 Abs. 1 UAbs. 1, Abs. 2 vorrangigen Staatsvertrags des betreffenden Mitgliedstaats ergangen sind.[11] Zum Europäischen Nachlasszeugnis auch → Art. 75 Rn. 5.

Art. 41 EuErbVO Ausschluss einer Nachprüfung in der Sache

Die in einem Mitgliedstaat ergangene Entscheidung darf keinesfalls in der Sache selbst nachgeprüft werden.

1   Die Vorschrift schließt bei der Prüfung der Anerkennungsversagungsgründe des Art. 40 eine révision au fond aus. Sie beruht auf Art. 36 Brüssel I-VO bzw. Art. 52 Brüssel Ia-VO, Art. 26 Brüssel IIa-VO sowie Art. 52 EuUnthVO (s. nunmehr auch Art. 40 EuGüVO und Art. 40 EuPartVO) und gilt auch im Vollstreckbarkeitserklärungsverfahren (→ Art. 52 Rn. 1).

Art. 42 EuErbVO Aussetzung des Anerkennungsverfahrens

Das Gericht eines Mitgliedstaats, vor dem die Anerkennung einer in einem anderen Mitgliedstaat ergangenen Entscheidung geltend gemacht wird, kann das Verfahren aussetzen, wenn im Ursprungsmitgliedstaat gegen die Entscheidung ein ordentlicher Rechtsbehelf eingelegt worden ist.

1   Die Vorschrift ermöglicht die Aussetzung des Anerkennungsverfahrens, wenn die anzuerkennende Entscheidung (zum Begriff s. Art. 3 Abs. 1 lit. g; näher → Art. 3 Rn. 17) womöglich keinen Bestand haben wird, weil ein Rechtsbehelf im Ursprungsmitgliedstaat (Art. 1 Abs. 1 lit. e) eingelegt wurde. Die Vorschrift entspricht Art. 37 Abs. 1 Brüssel I-VO, Art. 27 Abs. 1 Brüssel IIa-VO, Art. 41 EuGüVO und Art. 41 EuPartVO. Eine Übernahme des Art. 37 Abs. 2 Brüssel I-VO, des Art. 27 Abs. 2 Brüssel IIa-VO und des Art. 25 EuUnthVO hat sich mangels der Beteiligung Irlands und des Vereinigten Königreichs (→ Vor Art. 1 Rn. 28) erübrigt.

Art. 43 EuErbVO Vollstreckbarkeit

Die in einem Mitgliedstaat ergangenen und in diesem Staat vollstreckbaren Entscheidungen sind in einem anderen Mitgliedstaat vollstreckbar, wenn sie auf Antrag eines Berechtigten dort nach dem Verfahren der Artikel 45 bis 58 für vollstreckbar erklärt worden sind.

I. Normzweck und Herkunft

1   Auch Entscheidungen in Erbsachen sind nicht ohne Exequatur in der gesamten EU vollstreckbar. Vielmehr ordnet die Vorschrift, wie auch Art. 38 Abs. 1 Brüssel I-VO, Art. 28 Abs. 1 Brüssel IIa-VO, Art. 26 EuUnthVO (für Entscheidungen aus Mitgliedstaaten, die nicht durch das HUP gebunden sind), Art. 42 EuGüVO und Art. 42 EuPartVO, an, dass eine vollstreckbare Entscheidung nur im Inland vollstreckbar ist, wenn sie nach den Art. 45 ff. für vollstreckbar erklärt wurde. Eine Übernahme des Art. 38 Abs. 2 Brüssel I-VO und des Art. 28 Abs. 2 Brüssel IIa-VO war mangels der Beteiligung des Vereinigten Königreichs (→ Vor Art. 1 Rn. 28) überflüssig.

2   Freilich besitzen nicht alle Entscheidungen in Erbsachen einen vollstreckbaren Inhalt; gerade Entscheidungen in Nachlassverfahren der freiwilligen Gerichtsbarkeit werden regelmäßig nur einer unionsweiten Anerkennung nach den Art. 39 ff. bedürfen, nicht aber einer Vollstreckung und damit Vollstreckbarerklärung nach Art. 43 ff.

---

[11] Anders aufgrund einer „Geschäftsgrundlagentheorie" konsequent (→ Art. 75 Rn. 5) *Süß* in Dutta/Herrler EuErbVO 181, 191.

II. Das Verfahren zur Vollstreckbarerklärung nach den Art. 43 ff. EuErbVO

In der Sache folgt das Vollstreckbarkeitsverfahren der Art. 43 ff. dem bisherigen (→ Rn. 9) Modell **3** der Art. 38 ff. Brüssel I-VO für Entscheidungen in Zivil- und Handelssachen sowie den Art. 26 ff. EuUnthVO für Entscheidungen in Unterhaltssachen aus Mitgliedstaaten, die nicht durch das HUP gebunden sind (vgl. Erwägungsgrund Nr. 59; zu Abweichungen aber → Rn. 7; → Art. 44 Rn. 1; → Art. 46 Rn. 2; → Art. 47 Rn. 2; → Art. 52 Rn. 1). Danach kann der Gläubiger allein durch Wahrung bestimmter Förmlichkeiten – durch die Vorlage der Entscheidung nebst bestimmten Bescheinigungen oder Übersetzungen – eine Vollstreckbarerklärung für das Inland erwirken. Vielmehr liegt es am Schuldner,[1] sich auf die Vollstreckbarerklärung hin aktiv gegen eine Vollstreckbarkeit zu wehren, soweit Anerkennungsversagungsgründe nach Art. 40 vorliegen. Damit übernimmt die Erbrechtsverordnung insbesondere nicht das Modell der Brüssel IIa-VO, nach dem die Anerkennungsversagungsgründe bereits bei der Vollstreckbarerklärung zu prüfen sind (Art. 31 Abs. 2 Brüssel IIa-VO).

Es gelten folgende **Grundsätze;** für Einzelheiten wird auf einschlägige Kommentierungen zur **4** Brüssel I-VO verwiesen,[2] wobei in der Einzelkommentierung der Art. 44 ff. auf die jeweils entsprechende Norm der Brüssel I-VO hingewiesen wird. Der Berechtigte, der als Antragsteller eine mitgliedstaatliche Entscheidung in einer Erbsache im Inland vollstrecken möchte, muss zunächst einen förmlichen **Antrag auf Vollstreckbarerklärung** unter Vorlage bestimmter Unterlagen (Art. 46 f., Art. 74) beim zuständigen Gericht (Art. 45, 44) des Vollstreckungsmitgliedstaats (Art. 3 Abs. 1 lit. f) stellen, das sodann – wenn der Antrag formgemäß gestellt wurde – die Entscheidung unverzüglich **für vollstreckbar erklärt,** ohne dass die Anerkennungsversagungsgründe des Art. 40 zu prüfen sind (Art. 48 S. 1). Der Vollstreckungsschuldner wird bis zur Vollstreckbarerklärung nicht gehört (Art. 48 S. 2). Die Vollstreckbarerklärung ist unverzüglich dem Antragsteller mitzuteilen und ggf. dem Schuldner zuzustellen (Art. 49).

Der Schuldner kann sich gegen die Vollstreckbarerklärung mit einem **Rechtsbehelf** wehren **5** (Art. 50); gegen die Entscheidung über diesen Rechtsbehelf besteht eine weitere Rechtsbehelfsmöglichkeit (Art. 51). Das zuständige (Art. 50 Abs. 2) Gericht darf im Rahmen dieser Rechtsbehelfe allerdings lediglich prüfen, ob die **Anerkennungsversagungsgründe** des Art. 40 vorliegen (Art. 52). Ist die Entscheidung im Ursprungsmitgliedstaat (Art. 3 Abs. 1 lit. e) vorläufig nicht vollstreckbar, weil dort ein Rechtsbehelf eingelegt wurde, setzt das Gericht, das über den Rechtsbehelf im Vollstreckungsmitgliedstaat (Art. 3 Abs. 1 lit. f) entscheidet, das Verfahren auf Antrag des Schuldners aus (Art. 53). Für **vollstreckungsrechtliche Rechtsbehelfe** fehlt in der EuErbVO eine dem Art. 24 Nr. 5 Brüssel Ia-VO entsprechende Vorschrift; allerdings wird man Art. 43 insoweit eine (ausschließliche) Zuständigkeit der Gerichte des Vollstreckungsmigliedstaats entnehmen müssen.[3]

Ist die Entscheidung anerkennungsfähig nach den Art. 38 ff., so kann der Berechtigte jederzeit **6** **einstweilige Maßnahmen** auch ohne Antrag auf Vollstreckbarkeitserklärung beantragen (Art. 54). Auch eine **Teilvollstreckbarkeitserklärung** durch eine Teilvollstreckungsklausel ist möglich (Art. 55). Eine **Prozesskostenhilfe** oder **Kosten- und Gebührenbefreiung** im Ursprungsmitgliedstaat (Art. 3 Abs. 1 lit. e) wird in das Verfahren der Vollstreckbarerklärung im Vollstreckungsmitgliedstaat (Art. 3 Abs. 1 lit. f) erstreckt (Art. 56). Eine **Sicherheitsleistung** oder **Hinterlegung** durch den Antragsteller aufgrund seiner Ausländereigenschaft oder mangels inländischen Wohnsitzes nach dem Recht des Vollstreckungsmitgliedstaats (Art. 3 Abs. 1 lit. f) ist nicht erforderlich (Art. 57). **Streitwertabhängige Stempelabgaben** oder **Gebühren** dürfen im Vollstreckbarerklärungsverfahren nicht erhoben werden (Art. 58).

Die Regelungen der Art. 38 ff. Brüssel I-VO wurden jedoch nicht vollständig in die Erbrechtsver- **7** ordnung übernommen. Es fehlt in den Art. 43 ff. ein Äquivalent zu Art. 49 Brüssel I-VO, der die Vollstreckung einer Entscheidung regelt, mit der ein **Zwangsgeld** angeordnet wird; in Erbsachen ist eine Rechtsdurchsetzung durch Zwangsgeld zwar nicht die Regel, aber auch nicht gänzlich ausgeschlossen. Es bietet sich an, in einem solchen Fall auch bei einer Vollstreckung nach der Erbrechtsverordnung Art. 49 Brüssel I-VO analog anzuwenden; womöglich kann man eine Entscheidung, die auf die Zahlung eines Zwangsgelds zur Durchsetzung eines erbrechtlichen Anspruchs lautet, auch als Nicht-Erbsache und allgemeine Zivil- und Handelssache qualifizieren, so dass Art. 49 Brüssel I-VO direkt Anwendung findet.

Die für vollstreckbar erklärte Entscheidung ist im Inland **wie ein inländischer Titel** zu vollstre- **8** cken. Das nähere Verfahren zur Vollstreckbarerklärung und Vollstreckung müssen die Mitgliedstaaten

---

[1] Die EuErbVO spricht – anders als die Brüssel I-VO – überwiegend von der „Partei, gegen die die Vollstreckung erwirkt werden soll", womit nur der Schuldner gemeint sein kann, s. aber auch Art. 53 und Art. 54 Abs. 3.
[2] Etwa auf *Kropholler/v. Hein* EuZPR.
[3] So auch *Kunz* GPR 2014, 286 (288).

im Rahmen ihrer Durchführungsgesetzgebung regeln; in Deutschland sind insoweit die §§ 3 ff. IntErbRVG maßgeblich, die vor allem auf dem AUG und AVAG beruhen.

III. Zukunft der Vollstreckbarerklärung im Unionsrecht – Reformbedarf bei der Erbrechtsverordnung

9   Mit der Beibehaltung des Exequaturerfordernisses bleibt die Erbrechtsverordnung hinter dem aktuellen Stand des internationalen Unionsprivatrechts zurück. Nicht nur in der Unterhaltsverordnung wurde das Erfordernis einer Vollstreckbarerklärung aufgegeben, soweit das HUP – wie Kapitel III der Erbrechtsverordnung – das einschlägige Kollisionsrecht vereinheitlicht (Art. 17 ff. EuUnthVO). Auch die Brüssel IIa-VO sieht für bestimmte Entscheidungen in Kindschaftsverfahren eine grenzüberschreitende Vollstreckung ohne Exequatur vor (Art. 40 ff. Brüssel IIa-VO). Vor allem aber sind auch die Tage des Exequaturverfahrens im Brüssel I-System vorbei, das im Rahmen der Brüssel I-VO-Reform (→ Vor Art. 4 Rn. 21) abgeschafft wurde (Art. 39 Brüssel Ia-VO). Der Unionsgesetzgeber hat sich damit in den Art. 43 ff. an Regelungen orientiert, die bereits das Ende ihrer Haltbarkeitszeit erreicht haben.[4] Auch bei der Erbrechtsverordnung stellt sich damit bereits vor ihrem Geltungsbeginn die Frage nach einer Reform. Es verwundert, dass der Unionsgesetzgeber – anders als noch der Kommissionsvorschlag in Art. 33 (s. auch Art. 29 Abs. 2 des Vorschlags sowie die Kommissionsvorschläge für Art. 31 EuGüVO und Art. 27 EuPartVO) – nicht vorausschauend für die Vollstreckbarerklärung dynamisch auf die entsprechenden Vorschriften der Brüssel Ia-VO (vgl. Art. 80 S. 2 Brüssel Ia-VO) verwiesen hat.[5]

Art. 44 EuErbVO Bestimmung des Wohnsitzes

Ist zu entscheiden, ob eine Partei für die Zwecke des Verfahrens nach den Artikeln 45 bis 58 im Hoheitsgebiet des Vollstreckungsmitgliedstaats einen Wohnsitz hat, so wendet das befasste Gericht sein eigenes Recht an.

1   Die Vorschrift entspricht Art. 59 Abs. 1 Brüssel I-VO bzw. Art. 62 Abs. 1 Brüssel Ia-VO (allgemein → Art. 43 Rn. 3), die sich dort systematisch im Allgemeinen Teil befindet (s. nunmehr auch Art. 43 EuGüVO und Art. 43 EuPartVO; sie verweist für die Bestimmung des Wohnsitzes einer Partei im Vollstreckungsmitgliedstaat (Art. 3 Abs. 1 lit. f) auf das Recht dieses Staates. Überraschend ist, dass der Unionsgesetzgeber nicht auch Art. 59 Abs. 2 Brüssel I-VO übernommen hat, der die Bestimmung eines Wohnsitzes in einem anderen Mitgliedstaat regelt. Auch diese Frage kann sich im Rahmen des Vollstreckbarerklärungsverfahrens stellen, etwa in Art. 50 Abs. 5 S. 2. Man wird insoweit Art. 59 Abs. 2 Brüssel I-VO analog anzuwenden haben, zumal sich eine entsprechende Kollisionsnorm auch für die Bestimmung des Wohnsitzes des Erblassers für Zwecke des Formstatuts einer Verfügung von Todes wegen auch in der Erbrechtsverordnung in Art. 27 Abs. 1 UAbs. 2 findet.

Art. 45 EuErbVO Örtlich zuständiges Gericht

(1) Der Antrag auf Vollstreckbarerklärung ist an das Gericht oder die zuständige Behörde des Vollstreckungsmitgliedstaats zu richten, die der Kommission von diesem Mitgliedstaat nach Artikel 78 mitgeteilt wurden.

(2) Die örtliche Zuständigkeit wird durch den Ort des Wohnsitzes der Partei, gegen die die Vollstreckung erwirkt werden soll, oder durch den Ort, an dem die Vollstreckung durchgeführt werden soll, bestimmt.

1   Die Vorschrift entspricht Art. 39 Brüssel I-VO (allgemein → Art. 43 Rn. 3); s. nunmehr auch Art. 44 EuGüVO und Art. 44 EuPartVO; vgl. auch Art. 29 Brüssel IIa-VO und Art. 27 EuUnthVO. Art. 45 weicht in **Abs. 2** von Art. 2 ab, wonach die Verordnung zur örtlichen Zuständigkeit eigentlich schweigt.

2   Für das Verfahren in Deutschland s. § 3 Abs. 1–3 IntErbRVG.

---

[4] Treffend *Fucik* in Schauer/Scheuba, Europäische Erbrechtsverordnung, 2012, 57, 62: „Insoweit drängt sich ein Bild auf, das dem (Erb-)Fall durchaus angemessen ist: Die Begegnung mit den Art. 39 ff. EuErbVO ähnelt dem Gefühl bei einem Begräbnis, bei dem man lang nicht gesehene alte Bekannte wieder trifft und erkennt, wie alt sie inzwischen geworden sind"; zurückhaltender Dutta/Weber/*Weber* Rn. 1.

[5] Dennoch gegen einen dynamischen Verweis *Hess/Jayme/Pfeiffer*, Stellungnahme zum Vorschlag für eine Europäische Erbrechtsverordnung, 2012, 12, 42.

Art. 46 EuErbVO Verfahren

(1) Für das Verfahren der Antragstellung ist das Recht des Vollstreckungsmitgliedstaats maßgebend.

(2) Von dem Antragsteller kann nicht verlangt werden, dass er im Vollstreckungsmitgliedstaat über eine Postanschrift oder einen bevollmächtigten Vertreter verfügt.

(3) Dem Antrag sind die folgenden Schriftstücke beizufügen:

a) **eine Ausfertigung der Entscheidung, die die für ihre Beweiskraft erforderlichen Voraussetzungen erfüllt;**

b) **die Bescheinigung, die von dem Gericht oder der zuständigen Behörde des Ursprungsmitgliedstaats unter Verwendung des nach dem Beratungsverfahren nach Artikel 81 Absatz 2 erstellten Formblatts ausgestellt wurde, unbeschadet des Artikels 47.**

Die Vorschrift entspricht im Wesentlichen den Art. 40, 53 und 54 Brüssel I-VO (allgemein **1** → Art. 43 Rn. 3) sowie Art. 45 EuGüVO und Art. 45 EuPartVO, wobei **Abs. 1** (sprachlich unschön: „Verfahren der Antragstellung"; gemeint kann nur die Antragstellung sein) aus Art. 40 Abs. 1 Brüssel I-VO übernommen wurde und **Abs. 3** im Wesentlichen auf Art. 40 Abs. 3 sowie Art. 53 und 54 Brüssel I-VO beruht (vgl. auch Art. 30 Abs. 1 und 3, Art. 37 und 38 Brüssel IIa-VO sowie Art. 28 EuUnthVO). Das in **Abs. 3 lit. b** angesprochene Formblatt wurde von der Kommission durch eine Durchführungsverordnung[1] (EuErbVO-Formblätter) erstellt und findet sich nach Art. 1 Abs. 1 EuErbVO-Formblätter als Formblatt I in Anhang 1 EuErbVO-Formblätter.

Abs. 2 weicht allerdings vom bisherigen Standard im internationalen Unionsprivatrecht ab. **2** Art. 40 Abs. 2 Brüssel I-VO und Art. 30 Abs. 2 Brüssel IIa-VO ordnen die Begründung eines Wahldomizils oder die Benennung eines Zustellungsbevollmächtigten im Vollstreckungsmitgliedstaat (Art. 3 Abs. 1 lit. f EuErbVO) an.

Zum Ausschluss der Legalisation s. Art. 74. **3**

Für das Verfahren in Deutschland s. §§ 4, 27 IntErbRVG. **4**

Art. 47 EuErbVO Nichtvorlage der Bescheinigung

(1) Wird die Bescheinigung nach Artikel 46 Absatz 3 Buchstabe b nicht vorgelegt, so kann das Gericht oder die sonst befugte Stelle eine Frist bestimmen, innerhalb deren die Bescheinigung vorzulegen ist, oder sich mit einer gleichwertigen Urkunde begnügen oder von der Vorlage der Bescheinigung absehen, wenn kein weiterer Klärungsbedarf besteht.

(2) ¹Auf Verlangen des Gerichts oder der zuständigen Behörde ist eine Übersetzung der Schriftstücke vorzulegen. ²Die Übersetzung ist von einer Person zu erstellen, die zur Anfertigung von Übersetzungen in einem der Mitgliedstaaten befugt ist.

Die Vorschrift entspricht im Wesentlichen Art. 55 Brüssel I-VO (allgemein → Art. 43 Rn. 3) **1** sowie Art. 46 EuGüVO und Art. 46 EuPartVO; vgl. auch Art. 38 Brüssel IIa-VO und Art. 29 EuUnthVO.

Der Wortlaut des **Abs. 2 S. 2** weicht zwar von Art. 55 Abs. 2 S. 2 Brüssel I-VO („Die Übersetzung **2** ist von einer hierzu in einem der Mitgliedstaaten befugten Person zu beglaubigen", so auch Art. 38 Abs. 2 S. 2 Brüssel IIa-VO), entspricht aber Art. 29 Abs. 2 S. 2 EuUnthVO. Es ist davon auszugehen, dass der Unionsgesetzgeber in Abs. 2 S. 2 wie in der Brüssel I-VO eine **beglaubigte Übersetzung** anordnet und es sich wie bereits bei der EuUnthVO[1] um einen Kopierfehler handelt. Bei einer wörtlichen Auslegung liefe Abs. 2 S. 2 leer;[2] denn zur Anfertigung einer Übersetzung ist wohl in jedem Mitgliedstaat jedermann befugt, nicht aber zur Anfertigung einer **beglaubigten** Übersetzung.

Zum Ausschluss der Legalisation s. Art. 74. **3**

Für das Verfahren in Deutschland s. § 4 IntErbRVG. **4**

---

[1] Durchführungsverordnung (EU) Nr. 1329/2014 der Kommission vom 9.12.2014 zur Festlegung der Formblätter nach Maßgabe der Verordnung (EU) Nr. 650/2012 des Europäischen Parlaments und des Rates über die Zuständigkeit, das anzuwendende Recht, die Anerkennung und Vollstreckung von Entscheidungen und die Annahme und Vollstreckung öffentlicher Urkunden in Erbsachen sowie zur Einführung eines Europäischen Nachlasszeugnisses, ABl. 2014 L 359, S. 30, berichtigt durch ABl. 2015 L 195, S. 49 und ABl. 2016 L 9, S. 14.

[1] Vgl. *Hilbig* in Geimer/Schütze IRV-HdB EuUnthVO Art. 29 Rn. 2 in Fn. 4.

[2] Vgl. aber auch *Franzmann/Schwerin* in Geimer/Schütze IRV-HdB Rn. 2 mit Fn. 3, 4.

Art. 48 EuErbVO Vollstreckbarerklärung

[1]Sobald die in Artikel 46 vorgesehenen Förmlichkeiten erfüllt sind, wird die Entscheidung unverzüglich für vollstreckbar erklärt, ohne dass eine Prüfung nach Artikel 40 erfolgt. [2]Die Partei, gegen die die Vollstreckung erwirkt werden soll, erhält in diesem Abschnitt des Verfahrens keine Gelegenheit, eine Erklärung abzugeben.

1   Die Vorschrift entspricht Art. 41 Brüssel I-VO (allgemein → Art. 43 Rn. 3) sowie nunmehr Art. 47 EuGüVO und Art. 47 EuPartVO; vgl. auch Art. 30 EuUnthVO, anders aber Art. 31 Brüssel IIa-VO (→ Art. 43 Rn. 3).

2   Für das Verfahren in Deutschland s. § 5 Abs. 1 IntErbRVG (zu **S. 2**) sowie § 7 IntErbRVG (zu **S. 1**).

Art. 49 EuErbVO Mitteilung der Entscheidung über den Antrag auf Vollstreckbarerklärung

(1) Die Entscheidung über den Antrag auf Vollstreckbarerklärung wird dem Antragsteller unverzüglich in der Form mitgeteilt, die das Recht des Vollstreckungsmitgliedstaats vorsieht.

(2) Die Vollstreckbarerklärung und, soweit dies noch nicht geschehen ist, die Entscheidung werden der Partei, gegen die die Vollstreckung erwirkt werden soll, zugestellt.

1   Die Vorschrift entspricht Art. 42 Brüssel I-VO (allgemein → Art. 43 Rn. 3) sowie nunmehr Art. 48 EuGüVO und Art. 48 EuPartVO; vgl. auch Art. 32 Brüssel IIa-VO und Art. 31 EuUnthVO.

2   Für das Verfahren in Deutschland s. § 9 IntErbRVG, der auch im Hinblick auf **Abs. 1** und die dort geregelte Pflicht zur unverzüglichen Mitteilung der Entscheidung unionsrechtskonform ist.[1]

Art. 50 EuErbVO Rechtsbehelf gegen die Entscheidung über den Antrag auf Vollstreckbarerklärung

(1) Gegen die Entscheidung über den Antrag auf Vollstreckbarerklärung kann jede Partei einen Rechtsbehelf einlegen.

(2) Der Rechtsbehelf wird bei dem Gericht eingelegt, das der betreffende Mitgliedstaat der Kommission nach Artikel 78 mitgeteilt hat.

(3) Über den Rechtsbehelf wird nach den Vorschriften entschieden, die für Verfahren mit beiderseitigem rechtlichem Gehör maßgebend sind.

(4) Lässt sich die Partei, gegen die die Vollstreckung erwirkt werden soll, auf das Verfahren vor dem mit dem Rechtsbehelf des Antragstellers befassten Gericht nicht ein, so ist Artikel 16 auch dann anzuwenden, wenn die Partei, gegen die die Vollstreckung erwirkt werden soll, ihren Wohnsitz nicht im Hoheitsgebiet eines Mitgliedstaats hat.

(5) [1]Der Rechtsbehelf gegen die Vollstreckbarerklärung ist innerhalb von 30 Tagen nach ihrer Zustellung einzulegen. [2]Hat die Partei, gegen die die Vollstreckung erwirkt werden soll, ihren Wohnsitz im Hoheitsgebiet eines anderen Mitgliedstaats als dem, in dem die Vollstreckbarerklärung ergangen ist, so beträgt die Frist für den Rechtsbehelf 60 Tage und beginnt mit dem Tag, an dem die Vollstreckbarerklärung ihr entweder in Person oder in ihrer Wohnung zugestellt worden ist. [3]Eine Verlängerung dieser Frist wegen weiter Entfernung ist ausgeschlossen.

1   Die Vorschrift entspricht im Wesentlichen Art. 43 Brüssel I-VO (allgemein → Art. 43 Rn. 3) sowie nunmehr Art. 49 EuGüVO und Art. 49 EuPartVO; vgl. auch Art. 33 Brüssel IIa-VO und Art. 32 EuUnthVO. Allerdings besteht eine nicht ganz unwesentliche Abweichung zur Brüssel I-VO, die sich nicht aus dem Wortlaut der Vorschrift unmittelbar ergibt: Die **Fristberechnung bei Art. 50 Abs. 5** erfolgt nicht nach §§ 187 ff. BGB, gegebenenfalls iVm § 222 ZPO,[1*] sondern vorrangig nach der europäischen Fristenverordnung (Art. 1 ff. Fristen-VO), die auch bei allen anderen Fristen der Erbrechtsverordnung zum Zuge kommt, s. ausdrücklich Erwägungsgrund Nr. 77, näher → Art. 70 Rn. 8, auch im Hinblick auf Lücken der Fristenverordnung. Insoweit

---

[1] Dutta/Weber/*Dutta* IntErbRVG § 9 Rn. 3.
[1*] So aber *Gierl* in GKKW IntErbR 218.

weicht die EuErbVO womöglich vom Brüssel-I-Regime ab.[2] Dennoch wird man eine Wiedereinsetzung in den vorigen Stand nach mitgliedstaatlichem Verfahrensrecht zulassen.[3]

Für das Verfahren in Deutschland s. §§ 10, 11 IntErbRVG.   2

Art. 51 EuErbVO Rechtsbehelf gegen die Entscheidung über den Rechtsbehelf

Gegen die über den Rechtsbehelf ergangene Entscheidung kann nur der Rechtsbehelf eingelegt werden, den der betreffende Mitgliedstaat der Kommission nach Artikel 78 mitgeteilt hat.

Die Vorschrift entspricht Art. 44 Brüssel I-VO bzw. Art. 50 Brüssel Ia-VO (allgemein → Art. 43   1
Rn. 3) sowie nunmehr Art. 50 EuGüVO und Art. 50 EuPartVO; vgl. auch Art. 34 Brüssel IIa-VO
und Art. 33 EuUnthVO.

Für das Verfahren in Deutschland s. §§ 12 ff. IntErbRVG.   2

Art. 52 EuErbVO Versagung oder Aufhebung einer Vollstreckbarerklärung

[1]Die Vollstreckbarerklärung darf von dem mit einem Rechtsbehelf nach Artikel 50 oder Artikel 51 befassten Gericht nur aus einem der in Artikel 40 aufgeführten Gründe versagt oder aufgehoben werden. [2]Das Gericht erlässt seine Entscheidung unverzüglich.

Die Vorschrift entspricht Art. 45 Abs. 1 Brüssel I-VO (allgemein → Art. 43 Rn. 3) sowie nunmehr   1
Art. 51 EuGüVO und Art. 51 EuPartVO; vgl. auch Art. 34 EuUnthVO; anders die Brüssel IIa-VO
(→ Art. 43 Rn. 3). Art. 45 Abs. 2 Brüssel I-VO (Ausschluss einer révision au fond) wurde nicht übernommen, ergibt sich dieser Ausschluss doch bereits aus Art. 41 EuErbVO, der wegen der Bezugnahme
in Art. 52 auf Art. 40 EuErbVO auch überflüssig ist, ähnlich wie in Art. 45 Abs. 2 Brüssel I-VO.[1]

Für das Verfahren in Deutschland s. §§ 10, 11 IntErbRVG.   2

Art. 53 EuErbVO Aussetzung des Verfahrens

Das nach Artikel 50 oder Artikel 51 mit dem Rechtsbehelf befasste Gericht setzt das Verfahren auf Antrag des Schuldners aus, wenn die Entscheidung im Ursprungsmitgliedstaat wegen der Einlegung eines Rechtsbehelfs vorläufig nicht vollstreckbar ist.

Die Vorschrift entspricht Art. 35 EuUnthVO sowie Art. 52 EuGüVO und Art. 52 EuPartVO;   1
vgl. auch Art. 46 Brüssel I-VO und Art. 35 Brüssel IIa-VO.

Art. 54 EuErbVO Einstweilige Maßnahmen einschließlich Sicherungsmaßnahmen

(1) Ist eine Entscheidung nach diesem Abschnitt anzuerkennen, so ist der Antragsteller nicht daran gehindert, einstweilige Maßnahmen einschließlich Sicherungsmaßnahmen nach dem Recht des Vollstreckungsmitgliedstaats in Anspruch zu nehmen, ohne dass es einer Vollstreckbarerklärung nach Artikel 48 bedarf.

(2) Die Vollstreckbarerklärung umfasst von Rechts wegen die Befugnis, Maßnahmen zur Sicherung zu veranlassen.

(3) Solange die in Artikel 50 Absatz 5 vorgesehene Frist für den Rechtsbehelf gegen die Vollstreckbarerklärung läuft und solange über den Rechtsbehelf nicht entschieden ist, darf die Zwangsvollstreckung in das Vermögen des Schuldners nicht über Maßnahmen zur Sicherung hinausgehen.

Die Vorschrift entspricht Art. 47 Brüssel I-VO (allgemein → Art. 43 Rn. 3) sowie nunmehr   1
Art. 53 EuGüVO und Art. 53 EuPartVO; vgl. auch Art. 36 EuUnthVO, anders aber die Brüssel IIa-
VO (→ Art. 43 Rn. 3).

Für das Verfahren in Deutschland s. § 15 IntErbRVG (zu **Abs. 3**).   2

---

[2] Wo regelmäßig auf eine Aussage des *Jenard*-Berichts zu dem Übereinkommen über die gerichtliche Zuständigkeit und die Vollstreckung gerichtlicher Entscheidungen in Zivil- und Handelssachen, ABl. EG 1979 C 59/1, 51 (zu Art. 36 EuGVÜ), zurückgegriffen wird.

[3] Dutta/Weber/*Dutta* IntErbRVG § 10 Rn. 1.

[1] Wegen Art. 36 vgl. *Kropholler/v. Hein* EuZPR Brüssel I-VO Art. 45 Rn. 8.

Art. 55 EuErbVO Teilvollstreckbarkeit

(1) Ist durch die Entscheidung über mehrere Ansprüche erkannt worden und kann die Vollstreckbarerklärung nicht für alle Ansprüche erteilt werden, so erteilt das Gericht oder die zuständige Behörde sie für einen oder mehrere dieser Ansprüche.

(2) Der Antragsteller kann beantragen, dass die Vollstreckbarerklärung nur für einen Teil des Gegenstands der Entscheidung erteilt wird.

1   Die Vorschrift entspricht Art. 48 Brüssel I-VO (allgemein → Art. 43 Rn. 3) sowie nunmehr Art. 54 EuGüVO und Art. 54 EuPartVO; vgl. auch Art. 36 Brüssel IIa-VO und Art. 37 EuUnthVO.

Art. 56 EuErbVO Prozesskostenhilfe

Ist dem Antragsteller im Ursprungsmitgliedstaat ganz oder teilweise Prozesskostenhilfe oder Kosten- und Gebührenbefreiung gewährt worden, so genießt er im Vollstreckbarerklärungsverfahren hinsichtlich der Prozesskostenhilfe oder der Kosten- und Gebührenbefreiung die günstigste Behandlung, die das Recht des Vollstreckungsmitgliedstaats vorsieht.

1   Die Vorschrift entspricht Art. 50 Brüssel I-VO (allgemein → Art. 43 Rn. 3) sowie nunmehr Art. 55 EuGüVO und Art. 55 EuPartVO; vgl. auch Art. 56 Brüssel Ia-VO, Art. 50 Brüssel IIa-VO und Art. 44 ff. EuUnthVO.

Art. 57 EuErbVO Keine Sicherheitsleistung oder Hinterlegung

Der Partei, die in einem Mitgliedstaat die Anerkennung, Vollstreckbarerklärung oder Vollstreckung einer in einem anderen Mitgliedstaat ergangenen Entscheidung beantragt, darf wegen ihrer Eigenschaft als Ausländer oder wegen Fehlens eines inländischen Wohnsitzes oder Aufenthalts im Vollstreckungsmitgliedstaat eine Sicherheitsleistung oder Hinterlegung, unter welcher Bezeichnung es auch sei, nicht auferlegt werden.

1   Die Vorschrift entspricht Art. 51 Brüssel I-VO (allgemein → Art. 43 Rn. 3) sowie nunmehr Art. 56 EuGüVO und Art. 56 EuPartVO; vgl. auch Art. 51 Brüssel IIa-VO und Art. 44 Abs. 5 EuUnthVO.

Art. 58 EuErbVO Keine Stempelabgaben oder Gebühren

Im Vollstreckungsmitgliedstaat dürfen in Vollstreckbarerklärungsverfahren keine nach dem Streitwert abgestuften Stempelabgaben oder Gebühren erhoben werden.

1   Die Vorschrift entspricht Art. 52 Brüssel I-VO (allgemein → Art. 43 Rn. 3) sowie nunmehr Art. 56 EuGüVO und Art. 56 EuPartVO; vgl. auch Art. 38 EuUnthVO.

Kapitel V. Öffentliche Urkunden und gerichtliche Vergleiche

Vorbemerkung zu Art. 59 EuErbVO

1   Im fünften Kapitel verbindet die Erbrechtsverordnung Althergebrachtes mit Neuem. Während die Verordnung in Art. 59 ein neues Konzept in das internationale Unionsprivatrecht einführt, nämlich die „Annahme" öffentlicher Urkunden (Definition in Art. 3 Abs. 1 lit. i), übernimmt die Verordnung in Art. 60 und Art. 61 die Regelungen der Brüssel I-VO zur Vollstreckbarerklärung von vollstreckbaren öffentlichen Urkunden und Vergleichen (Definition in Art. 3 Abs. 1 lit. h).[1] Erbrechtsbezogene öffentliche – gerade notarielle – Urkunden besitzen in zahlreichen Mitgliedstaaten erhebliche praktische Bedeutung bei der Nachlassabwicklung, so dass die Verordnung zu Recht deren grenzüberschreitende Wirkung in der EU regelt (s. auch Erwägungsgründe Nr. 22 S. 1 und Nr. 60).

---

[1] Vgl. Ratsdokument Nr. 9239/10 S. 39 f.

Art. 59 EuErbVO Annahme öffentlicher Urkunden

(1) Eine in einem Mitgliedstaat errichtete öffentliche Urkunde hat in einem anderen Mitgliedstaat die gleiche formelle Beweiskraft wie im Ursprungsmitgliedstaat oder die damit am ehesten vergleichbare Wirkung, sofern dies der öffentlichen Ordnung (ordre public) des betreffenden Mitgliedstaats nicht offensichtlich widersprechen würde.

Eine Person, die eine öffentliche Urkunde in einem anderen Mitgliedstaat verwenden möchte, kann die Behörde, die die öffentliche Urkunde im Ursprungsmitgliedstaat errichtet, ersuchen, das nach dem Beratungsverfahren nach Artikel 81 Absatz 2 erstellte Formblatt auszufüllen, das die formelle Beweiskraft der öffentlichen Urkunde in ihrem Ursprungsmitgliedstaat beschreibt.

(2) ¹Einwände mit Bezug auf die Authentizität einer öffentlichen Urkunde sind bei den Gerichten des Ursprungsmitgliedstaats zu erheben; über diese Einwände wird nach dem Recht dieses Staates entschieden. ²Eine öffentliche Urkunde, gegen die solche Einwände erhoben wurden, entfaltet in einem anderen Mitgliedstaat keine Beweiskraft, solange die Sache bei dem zuständigen Gericht anhängig ist.

(3) ¹Einwände mit Bezug auf die in einer öffentlichen Urkunde beurkundeten Rechtsgeschäfte oder Rechtsverhältnisse sind bei den nach dieser Verordnung zuständigen Gerichten zu erheben; über diese Einwände wird nach dem nach Kapitel III anzuwendenden Recht entschieden. ²Eine öffentliche Urkunde, gegen die solche Einwände erhoben wurden, entfaltet in einem anderen als dem Ursprungsmitgliedstaat hinsichtlich des bestrittenen Umstands keine Beweiskraft, solange die Sache bei dem zuständigen Gericht anhängig ist.

(4) Hängt die Entscheidung des Gerichts eines Mitgliedstaats von der Klärung einer Vorfrage mit Bezug auf die in einer öffentlichen Urkunde beurkundeten Rechtsgeschäfte oder Rechtsverhältnisse in Erbsachen ab, so ist dieses Gericht zur Entscheidung über diese Vorfrage zuständig.

Schrifttum: *Bauer*, Art. 59 EuErbVO: Verfahrensrechtliche Kollisionsnorm zur Sicherung des freien Verkehrs öffentlicher Urkunden, GS Unberath, 2015, 19; *Beaumont/Fitchen/Holliday*, The evidentiary effects of authentic acts in the Member States of the European Union, in the context of successions, 2016; *Buschbaum*, Rechtslagenanerkennung aufgrund öffentlicher Urkunden? Bestandsaufnahme und Ausblick nach dem Inkrafttreten der EU-Erbrechtsverordnung, FS Martiny, 2014, 259; *Buschbaum/M. Kohler,* La „reconnaissance" des actes authentiques prévue pour les successions transfrontalières, Rev. crit. dr. int. pr. 99 (2010), 629; *Buschbaum/M. Kohler,* Die „Anerkennung" öffentlicher Urkunden? – Kritische Gedanken über einen zweifelhaften Ansatz in der EU-Kollisionsrechtsvereinheitlichung, IPRax 2010, 313; *Callé,* La circulation des actes authentiques, in: Bosse-Platière/Damas/Dereu, L'avenir européen du droit des successions internationales, 2011, S. 45; *Damascelli,* La „circulation" au sein de l'espace judiciaire européen des actes authentiques en matière successorale, Rev. crit. dr. int. pr. 102 (2013), 425; *Fitchen,* „Recognition", acceptance and enforcement of authentic instruments in the Succession Regulation, JPIL 8 (2012), 323; *Geimer,* Die europäische Erbrechtsverordnung im Überblick, in Hager, Die neue europäische Erbrechtsverordnung, 2013, 9; *Geimer,* „Annahme" ausländischer öffentlicher Urkunden in Erbsachen gemäß Art. 59 EuErbVO, in Dutta/Herrler, Die Europäische Erbrechtsverordnung, 2014, 143; *Münch,* Die Annahme öffentlicher Urkunden, in Lipp/Münch, Die neue Europäische Erbrechtsverordnung, 2016, 31; *Musger,* Zur „Anerkennung" öffentlicher Urkunden im internationalen Zivilverfahrensrecht, in Rechberger, Brücken im europäischen Rechtsraum – Europäische öffentliche Urkunden und Europäischer Erbschein, 2010, 17; *Nourissat/Callé/Pasqualis/Wautelet,* Pour la reconnaissance des actes authentiques au sein de l'espace de liberté, de securité et de justice, Petites affiches 2012 Nr. 68, S. 6; *Pasqualis,* La circolazione degli atti pubblici in materia successoria in Europa, in Franzina/Leandro, Il diritto internazionale privato Europeo delle successioni mortis causa, 2013, 171; *Rechberger,* Die europäische öffentliche Urkunde – ein Eckpfeiler der vorsorgenden Rechtspflege?, in Rechberger, Brücken im europäischen Rechtsraum – Europäische öffentliche Urkunden und Europäischer Erbschein, 2010, 5; *Woschnak,* Unionsrechtliche öffentliche Urkunden? Ein Versuch zum Urkundenrecht der EU, ÖJZ 2015, 393. – Siehe ferner die Schrifttumshinweise allgemein zur Verordnung und ihren Vorarbeiten → Vor Art. 1 Rn. 1 ff.

I. Normzweck und Entstehung

1   Die Verordnung möchte die Freizügigkeit von öffentlichen und speziell notariellen Urkunden mit Erbrechtsbezug fördern, s. Erwägungsgrund Nr. 22 S. 1.[1] Die Vorschrift erstreckt deshalb die „formellen Beweiswirkungen" (näher → Rn. 10) einer nach dem Recht eines Mitgliedstaats errichteten öffentlichen Urkunde (Definition in Art. 3 Abs. 1 lit. i) in andere Mitgliedstaaten. Es werden also die verfahrensrechtlichen Wirkungen einer öffentlichen Urkunde nach ausländischem Recht anerkannt – ein Vorgang, den die Verordnung mit dem im internationalen Unionsprivatrecht bisher unbekannten Ausdruck „Annahme" umschreibt, der mittlerweile auch in weiteren Rechtsakten bzw. in deren Vorarbeiten aufgegriffen wurde.[2] Art. 59 ist eine **verfahrensrechtliche Kollisionsnorm,**[3] die die Beweiswirkungen einer öffentlichen Urkunde dem Recht des jeweiligen Ursprungsmitgliedstaats (Art. 3 Abs. 1 lit. e) unterstellt (vgl. auch Erwägungsgrund Nr. 61 S. 3).

2   Mit dieser Regelung geht die Erbrechtsverordnung über den Stand des **bisherigen Unionsrechts** hinaus. Zwar hat der EuGH bereits aufgezeigt, dass im Anwendungsbereich der Grundfreiheiten öffentliche Urkunden anderer Mitgliedstaaten im Inland beweisrechtlich zu beachten sind,[4] und damit auch erbrechtsbezogene öffentliche Urkunden.[5] Allerdings folgt aus dieser Beachtungspflicht nur, dass der ausländischen Urkunde die Beweiswirkung einer Urkunde zuzubilligen ist, nicht aber zwangsläufig die erhöhte Beweiswirkung einer inländischen **öffentlichen** Urkunde nach ausländischem Recht.[6] Auch im bisherigen sekundären Unionsrecht sucht man die „Annahme" öffentlicher Urkunden vergeblich. Insbesondere ist die Vorschrift abzugrenzen von Art. 46 Brüssel IIa-VO und Art. 48 EuUnthVO, die zwar nicht nur eine Vollstreckung ausländischer öffentlicher Urkunden vorsehen (vgl. auch Art. 60), sondern auch eine „Anerkennung". Allerdings bezieht sich diese Anerkennungspflicht nur auf **vollstreckbare** öffentliche Urkunden und besitzt damit wohl keine über die Anerkennung der Vollstreckbarkeit hinausgehende Bedeutung.[7] Mittlerweile hat sich die Annahme öffentlicher Urkunden im internationalen Unionsprivatrecht **etabliert.** Auch die europäischen Güterrechtsverordnungen enthalten entsprechende Annahmevorschriften in Art. 58 EuGüVO und Art. 58 EuPartVO, die wohl gleich auszulegen sind, wie die Vorschrift des Art. 59 EuErbVO.

3   Mit Art. 59 präzisiert die Verordnung **Art. 34 des Kommissionsvorschlags,** in dem es noch schlicht geheißen hatte: „Die in einem Mitgliedstaat aufgenommenen öffentlichen Urkunden werden in den anderen Mitgliedstaaten anerkannt, sofern ihre Gültigkeit nicht im Ursprungsmitgliedstaat nach den dort geltenden Verfahren angefochten wurde und unter dem Vorbehalt, dass diese Anerkennung nicht der öffentlichen Ordnung (ordre public) des ersuchten Mitgliedstaats entgegensteht". Art. 34 des Kommissionsvorschlags und sein **Anerkennungskonzept** war Gegenstand scharfer Kritik. Insbesondere war unklar, was die Kommission mit der „Anerkennung" einer öffentlichen Urkunde meinte.[8] Es wurde befürchtet, dass ausländischen öffentlichen Urkunden im Inland materiell-

---

[1] S. auch Kommissionsvorschlag KOM(2009) 154 endg. S. 8.

[2] S. zu den Güterrechtsverordnungen (→ Rn. 2) sowie zu europäischen Urkundenverordnung (→ Rn. 3).

[3] *Dutta* FamRZ 2013, 4 (13); zust. *Bauer*, GS Unberath, 2015, 19 (32); Dutta/Weber/*Bauer* Rn. 38; *Rudolf* ÖNotZ 2013, 225 (231) in Fn. 83. Vgl. auch *Fitchen* JPIL 8 (2012), 323 (356), wonach Art. 59 „is intended to transmit foreign evidentiary and procedural rules"; Bonomi/Wautelet/*Wautelet* Rn. 15. Anders *Köhler* in GKKW IntErbR 190: Wirkungserstreckung (die freilich auch auf einer verfahrensrechtlichen Kollisionsnorm beruht, welche für die Wirkungen auf das ausländische Verfahrensrecht verweist).

[4] EuGH Slg. 1997, I-6761 Rn. 19 = EuZW 1998, 47 – Dafeki (zu Personenstandsurkunden).

[5] Grenzüberschreitende erbrechtliche Transfers (und ihre etwaige Beschränkung durch eine Nichtanerkennung ausländischer öffentlicher Urkunden) fallen in den Anwendungsbereich der Grundfreiheiten, speziell der Kapitalverkehrsfreiheit (→ Vor Art. 1 Rn. 15).

[6] Etwa OLG Köln StAZ 2006, 53; vgl. auch Bonomi/Wautelet/*Wautelet* Rn. 12.

[7] S. näher *Hess/Pfeiffer/Schlosser*, Report on the application of Regulation Brussels I in the Member States, 2007, Rn. 628; Rauscher/*Rauscher* Brüssel IIa-VO Art. 46 Rn. 2.

[8] Etwa *Buschbaum/M. Kohler* GPR 2010, 162 (164 f.); *Buschbaum/M. Kohler* IPRax 2010, 313 (314 ff.); *Buschbaum/M. Kohler* Rev. crit. dr. int. pr. 99 (2010), 629 (643 ff.); *Faber/Grünberger* ÖNotZ 2011, 97 (110); *Geimer*

rechtliche Wirkungen eingeräumt werden könnten, womöglich sogar unter Ausschaltung einer kollisionsrechtlichen Prüfung.[9] Mittlerweile ist ein Anerkennungsmodell, das sich auf den Inhalt der Urkunde bezieht, wohl vom Tisch.[10] Zwar hat die Kommission in ihrem Grünbuch zu öffentlichen Urkunden und Personenstandsurkunden die Frage aufgeworfen, ob eine „Anerkennung" dieser Urkunden (auch → Rn. 6) eingeführt werden soll,[11] die gerade in Gestalt der Personenstandsurkunden auch für erbrechtliche Vorfragen zum Bestand von Statusverhältnissen erhebliche Bedeutung besitzen könnte (→ Art. 1 Rn. 13 ff.). Aber später hat die Kommission in ihrem Verordnungsvorschlag zu den öffentlichen Urkunden klargestellt, dass diese ebenfalls unionsweit nur „anzunehmen" sind, was nicht die „Anerkennung des Inhalts öffentlicher Urkunden" beinhalten soll.[12] Die endgültige Fassung der europäischen Urkundenverordnung[13] stellt bereits in ihrer Anwendungsbereichsvorschrift des Art. 2 Abs. 4 klar: „Diese Verordnung gilt nicht für die in einem Mitgliedstaat vorgenommene Anerkennung rechtlicher Wirkungen des Inhalts öffentlicher Urkunden, die von den Behörden eines anderen Mitgliedstaats ausgestellt wurden". Damit ist die Idee einer inhaltlichen Urkundsanerkennung wohl fürs Erste auf der unionsrechtlichen Ebene gescheitert.[14]

II. Das Konzept der „Annahme" ausländischer öffentlicher Urkunden (Abs. 1)

Herzstück der Vorschrift bildet Abs. 1, der die Voraussetzungen und Wirkungen der „Annahme" **4** regelt. Mit diesem neuen – wenig aussagekräftigen[15] – Begriff wollte sich der Gesetzgeber offenbar von den Unklarheiten des Anerkennungskonzepts distanzieren.[16]

1. Vorrang der Regelungen über die Wirkungserstreckung von Entscheidungen. Abzu- **5** grenzen ist Art. 59 zunächst von den Vorschriften der Verordnung zur Wirkungserstreckung von Entscheidungen. Auch Entscheidungen werden regelmäßig in öffentlichen Urkunden iS des Art. 3

---

in Reichelt/Rechberger, Europäisches Erbrecht – Zum Verordnungsvorschlag der Europäischen Kommission zum Erb- und Testamentsrecht, 2011, 1, 13 f.; *Hess/Jayme/Pfeiffer,* Stellungnahme zum Vorschlag für eine Europäische Erbrechtsverordnung, 2012, 44 ff.; *St. Lorenz* ErbR 2012, 39 (42); *Mansel/Thorn/R. Wagner* IPRax 2011, 1 (4); *Max Planck Institute* RabelsZ 74 (2010), 522 (669 ff.); *Musger* in Rechberger, Brücken im europäischen Rechtsraum – Europäische öffentliche Urkunden und Europäischer Erbschein, 2010, 17, 18; *Rechberger* in Rechberger, Brücken im europäischen Rechtsraum – Europäische öffentliche Urkunden und Europäischer Erbschein, 2010, 5, 12 ff.; *Rechberger* ÖJZ 2012, 14 (18 f.); *Remde* RNotZ 2012, 65 (78, 84 f.); *Süß* ZErb 2009, 342 (347); *Traar* in Reichelt/ Rechberger, Europäisches Erbrecht – Zum Verordnungsvorschlag der Europäischen Kommission zum Erb- und Testamentsrecht, 2011, 85, 104 ff.; *R. Wagner* DNotZ 2010, 506 (517). S. auch Lechner-Berichtsentwurf S. 65, sowie Lechner-Bericht S. 62. – Allg. krit. zur unionsrechtlichen Anerkennung öffentlicher Urkunden *R. Wagner* DNotZ 2011, 176 (180 ff.) – S. aber auch *Nourissat/Callé/Pasqualis/Wautelet* Petites affiches 2012 Nr. 68, S. 6; vgl. zur Diskussion auch *Cafari Panico* in Baruffi/Cafari Panico, Le nuove competenze comunitarie, 2009, 171.

[9] S. Kommissionsvorschlag KOM(2009) 154 endg. S. 8, wonach die „Anerkennung bedeutet, dass diesen Urkunden hinsichtlich ihres Inhalts und der dort festgehaltenen Sachverhalte dieselbe Beweiskraft zukommt wie inländischen öffentlichen Urkunden oder wie in ihrem Ursprungsstaat, dass für sie dieselbe Echtheitsvermutung gilt". S. auch die Präzisierungsversuche in den Ratsdokumenten Nr. 13510/10 S. 4 f., Nr. 15246/10 S. 3 ff., Nr. 8448/11 S. 4 ff. und Nr. 10126/11 S. 10 ff.

[10] Vgl. zur rechtspolitischen „Fernwirkung" des Art. 59 EuErbVO *Buschbaum,* FS Martiny, 2014, 259 (269 ff.).

[11] S. Fragen 7 bis 12 im Grünbuch, Weniger Verwaltungsaufwand für EU-Bürger: Den freien Verkehr öffentlicher Urkunden und die Anerkennung der Rechtswirkungen von Personenstandsurkunden erleichtern, KOM (2010) 747 endg. vom 14.12.2010.

[12] Art. 2 Abs. 2 des Kommissionsvorschlags für eine Verordnung des Europäischen Parlaments und des Rates zur Förderung der Freizügigkeit von Bürgern und Unternehmen durch die Vereinfachung der Annahme bestimmter öffentlicher Urkunden innerhalb der Europäischen Union und zur Änderung der Verordnung (EU) Nr. 1024/ 2012, KOM (2013) 228 endg. vom 24.4.2013.

[13] Verordnung (EU) 2016/1191 des Europäischen Parlaments und des Rates vom 6.7.2016 zur Förderung der Freizügigkeit von Bürgern durch die Vereinfachung der Anforderungen an die Vorlage bestimmter öffentlicher Urkunden innerhalb der Europäischen Union und zur Änderung der Verordnung (EU) Nr. 1024/2012, ABl. 2016 L 200, S. 1.

[14] Siehe aber die Vorschläge für ein Anerkennungsprinzip im internationalen Namensrecht von *Dutta/Frank/ Freitag/Helms/Krömer/Pintens* StAZ 2014, 33, 40 ff., allerdings auf der Basis einheitlicher Kollisionsnormen.

[15] *Godechot-Patris* Rec. Dalloz 2013, 2462 (2468) („quelque peu sibyllin"); *Hess/Jayme/Pfeiffer,* Stellungnahme zum Vorschlag für eine Europäische Erbrechtsverordnung, 2012, 12; *Lagarde* Rev. crit. dr. int. pr. 101 (2012), 691, 732 („Le mot ‚acceptation' n'est peut-être pas très heureux").

[16] S. Ratsdokument Nr. 11067/11 S. 12; vgl. auch *Damascelli* Rev. crit. dr. int. pr. 102 (2013), 425 (427); *Kleinschmidt* RabelsZ 77 (2013), 723 (736 f.); *Münch* in Lipp/Münch, Die neue Europäische Erbrechtsverordnung, 2016, 31, 44. – Zwischenzeitlich taucht auch der sprachlich unschöne Begriff „Akzeptierung öffentlicher Urkunden" in den Verhandlungen auf, s. etwa Ratsdokument Nr. 15827/11 S. 2, wobei – soweit ersichtlich – seit dem Ratsdokument Nr. 18475 S. 45 in der deutschen Sprachfassung von der „Annahme öffentlicher Urkunden" die Rede ist.

Abs. 1 lit. i verkörpert. Dennoch richtet sich die Wirkungserstreckung solcher Entscheidungen nach den spezielleren Vorschriften der Verordnung, also nach den Art. 39 ff. (Anerkennung ausländischer Entscheidungen und damit Wirkungserstreckung nach Art. 39 Abs. 1) und Art. 69 Abs. 1 (Wirkungserstreckung des Europäischen Nachlasszeugnisses), und nicht nach der allgemeinen Vorschrift des Art. 59,[17] die für sämtliche öffentliche Urkunden gilt. Ansonsten würde Art. 59 die besonderen Anforderungen für die Wirkungserstreckung unterlaufen. Auch der Unionsgesetzgeber geht in Erwägungsgrund Nr. 22 offenbar davon aus, dass die Vorschriften der Verordnung über die Entscheidungsanerkennung (S. 2) und die Urkundsannahme (S. 3) alternativ anwendbar sind, nicht aber im Falle einer Entscheidung kumulativ. Konkret betrifft der Vorrang der Regelungen über die Wirkungserstreckung von Entscheidungen neben dem Europäischen Nachlasszeugnis (→ Art. 69 Rn. 5 f.) vor allem die mitgliedstaatlichen Erbnachweise, soweit diese – wie der deutsche Erbschein – als Entscheidung nach Art. 3 Abs. 1 lit. g ergehen (→ Art. 3 Rn. 17) und deren formelle Beweiswirkungen deshalb im Rahmen der Entscheidungsanerkennung in andere Mitgliedstaaten erstreckt werden. Handelt es sich dagegen beim Erbnachweis nicht um eine Entscheidung, sondern um eine sonstige öffentliche Urkunde, so findet Art. 59 Anwendung und ist insbesondere bei mitgliedstaatlichen Erbnachweisen nicht einschränkend auszulegen (näher → Art. 39 Rn. 2).

6   **2. Voraussetzungen der „Annahme" (UAbs. 1). a) Urkunde im sachlichen Anwendungsbereich der Verordnung.** Grundvoraussetzung für eine „Annahme" nach Art. 59 ist freilich, dass die Urkunde überhaupt in den sachlichen Anwendungsbereich der Verordnung nach Art. 1 fällt, mithin die Rechtsnachfolge von Todes wegen betrifft.[18] Maßgeblich kann hierfür nur das der Urkunde zugrunde liegende Rechtsgeschäft oder Rechtsverhältnis sein, das sich auf die Rechtsnachfolge von Todes wegen beziehen muss. Maßgeblich ist damit nicht etwa der Gegenstand des Verfahrens, in dem sich die Frage der „Annahme" der öffentlichen Urkunde stellt.[19] Damit sind speziell Personenstandsurkunden, die erbrechtsrelevante Statusverhältnisse zum Gegenstand haben, nicht nach Art. 59 „anzunehmen" (vgl. auch → Rn. 3 aE), da Art. 1 Abs. 2 lit. a den Personenstand vom Anwendungsbereich der Verordnung ausklammert.[20] Vielmehr wird Art. 59 vor allem öffentlich beurkundete Verfügungen von Todes wegen, Annahme- oder Ausschlagungserklärungen, Nachlassinventare, Teilungserklärungen und Auseinandersetzungsvereinbarungen (→ Art. 23 Rn. 38) sowie mitgliedstaatliche Erbnachweise (soweit diese nicht als Entscheidung ergehen → Rn. 5) erfassen,[21] wie auch Erwägungsgrund Nr. 63 S. 2 andeutet.

7   **b) Vorliegen einer öffentlichen Urkunde.** Die „Annahme" setzt nach Abs. 1 UAbs. 1 voraus, dass es sich bei der betreffenden Urkunde um eine öffentliche Urkunde nach Art. 3 Abs. 1 lit. i handelt, die nicht als Entscheidung iS des Art. 3 Abs. 1 lit. g zu qualifizieren ist (näher → Rn. 5). Bei **Privaturkunden** richtet sich damit ihre formelle Beweiskraft nach der jeweiligen lex fori und nicht nach dem Recht eines Ursprungsmitgliedstaats (der bei einer Privaturkunde überhaupt definiert werden müsste: Errichtungsort, gewöhnlicher Aufenthalt des Erklärenden, etc?); vgl. auch → Art. 23 Rn. 41.

8   **c) Echtheit der Urkunde?** Wirkungen im Ursprungsmitgliedstaat (Art. 3 Abs. 1 lit. e), die über Art. 59 „angenommen" werden können, besitzen freilich nur echte öffentliche Urkunden. Allerdings sind die Befugnisse des „Annahmemitgliedstaats" bei der Echtheitsprüfung beschränkt: Nicht nur kann bereits allgemein im Anwendungsbereich der Erbrechtsverordnung keine Legalisation oder andere Förmlichkeit zum abstrakten Nachweis der Echtheit der „anzunehmenden" Urkunde im „Annahmemitgliedstaat" eingefordert werden; vielmehr gelten insoweit die mitgliedstaatlichen Verfahrensvorschriften für inländische öffentliche Urkunden (Art. 74 → Art. 74 Rn. 5). Vor allem aber darf im Rahmen der „Annahme" nach Art. 59 selbst bei konkreten Zweifeln, die eine Echtheitsüberprüfung bei inländischen öffentlichen Urkunden indiziert hätte, die Echtheit der Urkunde im „Annahmemitgliedstaat" überhaupt nicht überprüft werden. Denn **Abs. 2** sieht vor, dass die Authen-

---

[17] Für das Europäische Nachlasszeugnis so auch *Buschbaum*, FS Martiny, 2014, 259 (273); *Dorsel* in LSHGGRD Erbfälle unter Geltung der EuErbVO 33, 35; vgl. auch Calvo Caravaca/Davì/Mansel/*Mansel* Rn. 20, 32; anders noch *Steiner* ÖNotZ 2012, 104 (113) (zu einem Vorentwurf); anders wohl auch *Kleinschmidt* RabelsZ 77 (2013), 723 (735), der deshalb offen lässt, ob mitgliedstaatliche Erbnachweise nicht auch als Entscheidungen nach Art. 39 ff. anzuerkennen sind.

[18] Dutta/Weber/*Bauer* Rn. 24; *Geimer* in Dutta/Herrler EuErbVO 143, 148 f.; Calvo Caravaca/Davì/Mansel/*Mansel* Rn. 15; anders offenbar *Herzog* ErbR 2013, 2 (11), wonach diese Frage offen sein soll.

[19] Dutta/Weber/*Bauer* Rn. 25.

[20] *Bauer*, GS Unberath, 2015, 19 (28); Calvo Caravaca/Davì/Mansel/*Mansel* Rn. 15; zum Kommissionsvorschlag *Faber/Grünberger* ÖNotZ 2011, 97 (110); *M. Kohler/Buschbaum* IPRax 2010, 313 (314 f.); *Mansel/Thorn/ R. Wagner* IPRax 2011, 1 (4).

[21] S. Ratsdokumente Nr. 13510/10 S. 2 und Nr. 15246/10 S. 2.

tizität der Urkunde allein[22] im Ursprungsmitgliedstaat (Art. 3 Abs. 1 lit. e) angefochten werden kann, so dass auch – so muss man im Umkehrschluss folgern – unechte Urkunden anzunehmen sind, solange ihre Unechtheit noch nicht im Ursprungsmitgliedstaat geltend gemacht wurde[23] (vgl. auch Abs. 2 S. 2). Das impliziert, dass auch unechte Urkunden anerkannt werden müssen.[24] Dennoch werden hier gewisse Grenzen zu ziehen sein. Es muss jedenfalls der äußere Anschein einer öffentlichen Urkunde bestehen. Evident falschen Urkunden (plumpe Fälschungen, Urkunden mit fiktiven Errichtungsbehörden, etc) wird man eine „Annahme" verweigern dürfen.[25] Bei durch Korruption erlangten Urkunden hilft diese Ausnahme freilich nicht.[26]

d) Errichtung der Urkunde in einem Mitgliedstaat. Ferner muss diese Urkunde nach Abs. 1 **9** UAbs. 1 in einem Mitgliedstaat (vgl. → Vor Art. 1 Rn. 29) **errichtet** worden sein. Diese Voraussetzung ist weniger räumlich zu verstehen, als vielmehr sachlich. Es ist erforderlich, dass die feststellende Behörde oder Stelle iS des Art. 3 Abs. 1 lit. i Ziff. ii einem Mitgliedstaat zuzurechnen ist.[27] Irrelevant ist, ob der zugrunde liegende Sachverhalt eine Beziehung zu dem Ursprungsmitgliedstaat hat;[28] in welchen grenzüberschreitenden Fällen die Errichtungsbehörde Urkunden ausstellen darf, ist eine Frage des jeweiligen nationalen Rechts des Ursprungsmitgliedstaats[29] und nicht der Art. 4 ff. (→ Art. 3 Rn. 22). Nicht erforderlich ist es, dass die Errichtungsbehörde eine Bescheinigung über die formelle Beweiskraft der Urkunde nach **Abs. 1 UAbs. 2** ausgestellt hat; diese Bescheinigung erleichtert allenfalls im „Annahmemitgliedstaat" den Nachweis der „anzunehmenden" Wirkungen der Urkunde (→ Rn. 10 ff.).

3. Wirkungen der „Annahme". a) Erstreckung der formellen Beweiswirkungen (UAbs. 1). **10** Jede „annahmefähige" (→ Rn. 6 ff.) Urkunde entfaltet in den anderen Mitgliedstaaten nach Abs. 1 UAbs. 1 grundsätzlich die **gleiche Beweiskraft** wie im Ursprungsmitgliedstaat (Art. 3 Abs. 1 lit. e), in dem sie errichtet wurde (→ Rn. 9).[30] Allerdings beziehen sich die Wirkungen der Annahme nur auf die **formellen** Beweiswirkungen. Was mit dieser Beschränkung auf die formellen Wirkungen genau bezweckt ist, erhellt die Verordnung unmittelbar nicht.[31] Man wird unter die formelle Beweiskraft sämtliche Beweiswirkungen der Urkunde subsumieren, die diese nach dem Recht des Ursprungsmitgliedstaats in einem Verfahren entfaltet. Das Attribut „formell" ist mithin iS von „verfahrensbezogen" auszulegen, wobei wohl ohnehin jede Beweiswirkung per definitionem verfahrensbezogen ist. Es verwundert deshalb nicht, dass die anderen Sprachfassungen ohne das Attribut „formell" auskommen und schlicht von „evidentiary effects", „force probante", „efficacia probatoria" oder „bewijskracht" sprechen. Allenfalls könnte man dieser Beschränkung entnehmen, dass die Anforderungen an die inhaltliche Beweiswürdigung (etwa § 286 ZPO) nicht erstreckt werden, wohl aber die Frage, ob eine solche Beweiswürdigung durch den Richter überhaupt zulässig ist. Es sind damit nur die Beweiswirkungen zu erstrecken, die das Recht des Ursprungsmitgliedstaats abstrakt der „annahmefähigen" Urkunde zuweist.[32] So beweisen etwa nach deutschem Verfahrensrecht öffentliche Urkunden allgemein die in ihnen bezeugten Tatsachen, wobei diese Beweiswirkung durch den Nachweis des Gegenteils entkräftet werden kann, vgl. etwa § 418 ZPO sowie § 54 PStG. Teils besitzen einzelne Urkunden auch besondere Beweiswirkungen, etwa öffentliche Testamente im Grundbuchverfahren nach § 35 GBO. Die Beweiswirkungen müssen sich aber nicht zwangsläufig auf Tatsachen beziehen, sondern können die Gestalt von materiellrechtlichen Vermutungswirkungen annehmen, die im Verfahren zu einer abweichenden Darlegungs- und Beweislastverteilung führen. Diese tatsachen- und rechtslagenbezogenen Beweiswirkungen einer Urkunde des Ursprungsmitgliedstaats werden nun über Abs. 1 UAbs. 1 in andere Mit-

---

[22] *Janzen* DNotZ 2012, 484 (492); Frieser/*Martiny* ErbR Nach Art. 26 EGBGB: EuErbVO Rn. 226; Dutta/Weber/*Bauer* Rn. 28; im Ergebnis zust. *Geimer* in Dutta/Herrler EuErbVO 143, 154.

[23] Zu den Folgen *Geimer* in Dutta/Herrler EuErbVO 143, 154 ff.

[24] Anders offenbar *Geimer* in Dutta/Herrler EuErbVO 143, 157; wie hier Dutta/Weber/*Bauer* Rn. 57; Calvo Caravaca/Davì/Mansel/*Mansel* Rn. 47.

[25] So auch *Bauer*, GS Unberath, 2015, 19 (30 f.); Dutta/Weber/*Bauer* Rn. 58; Calvo Caravaca/Davì/Mansel/*Mansel* Rn. 47.

[26] Zutr. Dutta/Weber/*Bauer* Rn. 59.

[27] *Bauer*, GS Unberath, 2015, 19 (24); *Geimer* in Dutta/Herrler EuErbVO 143, 147 f.

[28] *Geimer* in Dutta/Herrler EuErbVO 143, 147 f.

[29] *Bauer*, GS Unberath, 2015, 19 (24), der zudem zu Recht darauf hinweist, dass dies Grundlage für einen Wettbewerb der Notare in Europa sein könnte, vgl. aaO S. 26 f.

[30] Zu diesen Beweiswirkungen s. auch die umfassende rechtsvergleichende Studie von *Beaumont/Fitchen/Holliday*, The evidentiary effects of authentic acts in the Member States of the European Union, in the context of successions, 2016, die im Auftrag des Europäischen Parlaments erstellt wurde.

[31] Anders *Münch* in Lipp/Münch, Die neue Europäische Erbrechtsverordnung, 2016, 31, 44, der zwischen „innerer" und „äußerer" Beweiskraft unterscheidet.

[32] Vgl. Bonomi/Wautelet/*Wautelet* Rn. 11, 15.

gliedstaaten erstreckt.[33] Allerdings ist auch hier Art. 1 Abs. 2 lit. l zu beachten, der – anders als bei der Legitimationswirkung des Europäischen Nachlasszeugnisses nach Art. 69 Abs. 5 – dem Recht des „Annahmemitgliedstaats" das letzte Wort über die Beweiswirkungen im Registerverfahren einräumt (näher → Art. 69 Rn. 29 f.). Wohl nicht unter die formellen Beweiswirkungen nach Abs. 1 UAbs. 1 wird man die materiellrechtlichen Gutglaubenswirkungen von öffentlichen Urkunde zählen, die nicht verfahrensbezogen sind, sondern rechtsgeschäftsbezogen. Die besonderen Beweiswirkungen des deutschen Erbscheins nach § 2365 BGB oder § 35 GBO (oder gar dessen Gutglaubenswirkungen nach §§ 2366 f. BGB) werden allerdings – aufgrund des Vorrangs der Entscheidungsanerkennung (→ Rn. 5) – nicht über Art. 59 erstreckt,[34] sondern nach Art. 39 ff., da es sich beim deutschen Erbschein um eine Entscheidung iS des Art. 3 Abs. 1 lit. g handelt (→ Art. 3 Rn. 17). Ergehen Erbscheine nicht in der Form der Entscheidung, sondern als öffentliche Urkunde, etwa als Notariatsakt, dann werden deren besondere Beweiswirkungen durch Art. 59 in die anderen Mitgliedstaaten erstreckt.[35]

11 Unklar ist auf den ersten Blick, wie in Abs. 1 UAbs. 1 der alternative Hinweis auf die mit der formellen Beweiskraft im Ursprungsmitgliedstaat **„am ehesten vergleichbare Wirkung"** zu verstehen ist. Hieraus lässt sich jedenfalls keine „Doppelbegrenzung der formellen Beweiskraftwirkungen nach dem Recht des Ursprungs- und des Zielmitgliedstaats" ablesen,[36] mit der Folge, dass einer Urkunde niemals mehr Beweiswirkungen einzuräumen wären, als das inländische Recht vorsieht. Wollte man dieser auch mit dem Wortlaut der Vorschrift nicht ohne Weiteres zu vereinbarenden Auslegung folgen, besäße freilich – da ohnehin kumulativ stets auch inländisches Verfahrensrecht zur Anwendung käme – der ordre-public-Vorbehalt in Abs. 1 UAbs. 1 keine Funktion;[37] die Tatsachen, für die eine Beweiswirkung in Anspruch genommen wird, können kaum gegen die öffentliche Ordnung verstoßen,[38] sondern nur ausländisches Recht und seine Anwendung. Auch würde in Mitgliedstaaten, die keine öffentlichen Urkunden kennen oder diesen keine Beweiswirkungen zubilligen, ausländischen öffentlichen Urkunden keine Wirkung verliehen, was eine Freizügigkeit von öffentlichen Urkunden verhindern würde.[39] Richtigerweise ist deshalb der Verweis auf die „am ehesten vergleichbare Wirkung" auf dem inländischen Verfahrensrecht unbekannte Beweiswirkungen zu beschränken und hier als Pflicht der „annehmenden" Stelle zu verstehen, der Urkunde nach inländischem Verfahrensrecht möglichst eine dem ausländischen Verfahrensrecht nahekommende Wirkung zu verleihen.[40] Das bedeutet freilich nicht, dass eine „vergleichbare Norm des

[33] So auch *Kleinschmidt* RabelsZ 77 (2013), 723 (737 ff.), der auch für eine Annahme der „Beweiskraft in Bezug auf die in der Urkunde […] bezeugte Rechtslage" (738) plädiert. Zurückhaltender wohl Dutta/Weber/ *Bauer* Rn. 34 ff.; *Buschbaum* in Hager, Die neue europäische Erbrechtsverordnung, 2013, 39, 58 f.; *Süß* ZEuP 2013, 725 (749).

[34] So auch *Hertel* DNotZ 2012, 688 (689) in Fn. 9 – allerdings nicht mit einem Vorrang der Art. 39 ff. argumentierend, sondern damit, dass die formellen Beweiswirkungen nach Art. 59 keine „materiellrechtlichen Rechtsfolgen wie eine Vermutungswirkung oder Gutglaubensschutz" erfassen; ebenso *Schall/Simon* in Geimer/ Schütze IRV-HdB Art. 3 Rn. 26 mit Fn. 58; *Wall* ZErb 2015, 9 (13) und (wohl) *Lechner* DNotZ-Sonderheft 2016, 102 (109 f.). Dies kann man jedenfalls im Hinblick auf die Vermutungswirkung einer öffentlichen Urkunde anders sehen, die sich stets nur in einem Verfahren auswirkt und damit Beweiswirkung sein kann. Dagegen wird man die Gutglaubenswirkungen eines Erbscheins nicht als anzunehmende Beweiswirkungen nach Art. 59 ansehen können, zweifelnd auch *Kleinschmidt* RabelsZ 77 (2013), 723 (742); Dutta/Weber/*Bauer* Rn. 32; so dass hier allenfalls die Entscheidungsanerkennung nach Art. 39 ff. für eine grenzüberschreitende Wirkungserstreckung sorgen könnte (näher → Art. 3 Rn. 17; → Art. 39 Rn. 2).

[35] So wohl auch *Jacoby* JCP N 2012 Nr. 25, S. 65, 66.

[36] So aber *Simon/Buschbaum* NJW 2012, 2393 (2397); ebenso *Buschbaum,* GS Hübner, 2012, 589 (603); *Buschbaum,* in Hager, Die neue europäische Erbrechtsverordnung, 2013, 39, 43 f. in Fn. 15; tendenziell zust. *Geimer* in Dutta/Herrler EuErbVO 143, 152 f.

[37] Das übersieht auch der Lechner-Berichtsentwurf S. 43, der neben dem ordre-public-Vorbehalt eine ähnliche Doppelbegrenzung vorgesehen hatte.

[38] Vgl. auch *D. Lübcke,* Das neue europäische internationale Nachlassverfahrensrecht, 2013, 507 in Fn. *; *Münch* in Lipp/Münch, Die neue Europäische Erbrechtsverordnung, 2016, 31, 53 mit Fn. 83, 57 f. Zu Recht weist allerdings Dutta/Weber/*Bauer* Rn. 40 darauf hin, dass jedenfalls ein Verstoß gegen den verfahrensrechtlichen ordre public bei der Errichtung der Urkunde in Betracht käme – freilich ein wohl seltener Fall, vgl. auch bereits *Bauer,* GS Unberath, 2015, 19 (32 f.).

[39] S. die Bedenken in Ratsdokument Nr. 13510/10 S. 5.

[40] *Dutta* FamRZ 2013, 4 (14); zust. *Burandt* FuR 2013, 377 (387); NK-BGB/Makowsky Rn. 12; *Pintens* in LSHGGRD Erbfälle unter Geltung der EuErbVO 1, 30 f.; BeckOGK/*Schmidt* Rn. 21 f.; Deixler-Hübner/Schauer/ *Volgger* Rn. 17; tendenziell zust. *Müller-Lukoschek,* Die neue EU-Erbrechtsverordnung, 2. Aufl. 2015, 147. In diese Richtung auch *Fitchen* JPIL 8 (2012), 323 (356): „resort to the ‚most comparable effects' may, assuming public policy compliance, only be an option when the incoming authentic instruments seeks ‚acceptance' from an authority of a Member State which cannot grant actual foreign evidentiary effects because its legal systems is ignorant of such authentic instruments"; vgl. auch Dutta/Weber/*Bauer* Rn. 40 f.; *Hess/Mariottini/Camara* Note 21 f.; *Janzen* DNotZ 2012, 484 (491); *Herzog* ErbR 2013, 2 (12) m. Fn. 72; Calvo Caravaca/Davì/Mansel/*Mansel* Rn. 40; Frieser/*Martiny* ErbR Nach Art. 26 EGBGB: EuErbVO Rn. 220 f.; Bonomi/Wautelet/*Wautelet* Rn. 25 ff.

[sic!] lex fori" herangezogen wird,[41] sondern dass – ähnlich wie bei Art. 43 Abs. 2 EGBGB – das ausländische Verfahrensrecht soweit wie möglich im inländischen Verfahrensrecht abgebildet wird. Auch Erwägungsgrund Nr. 61 S. 2 betont, dass im Rahmen der am ehesten vergleichbaren Wirkung „Art und Umfang der formellen Beweiskraft der öffentlichen Urkunde im Ursprungsmitgliedstaat bestimmt werden".

Die Beweiskrafterstreckung der „annahmefähigen" Urkunde umfasst **alle mitgliedstaatlichen** **12** **Verfahren,** auch nicht-erbrechtliche Verfahren wie etwa Registerverfahren (Erwägungsgrund Nr. 18 S. 4, vgl. auch → Rn. 10 aE). Für den sachlichen Anwendungsbereich des Art. 59 kommt es alleine darauf an, dass es sich um eine erbrechtsbezogene öffentliche Urkunde handelt (→ Rn. 6).

b) Das Schicksal widersprechender öffentlicher Urkunden. Die Vorschrift beantwortet **13** nicht die Frage, wie mit widersprechenden öffentlichen Urkunden **aus verschiedenen Mitgliedstaaten** umgegangen werden soll oder mit öffentlichen Urkunden, **die einer gerichtlichen Entscheidung aus einem anderen Mitgliedstaat widersprechen.** Erwägungsgrund Nr. 66, der diesem Problem gewidmet ist,[42] wirft mehr Fragen auf, als er beantwortet.[43] So bleibt zunächst unklar, aus „welchen Umständen des jeweiligen Falls" sich ein Vorrang einer der Urkunden ergeben kann (S. 1). Auf die zeitliche Priorität einer der Urkunden kann es mangels einer dem Art. 40 lit. d entsprechenden Regelung nicht ankommen, zumal eine solche Prioritätsregel zu einem Wettlauf um öffentliche Urkunden führen könnte: Die Zuständigkeitsregeln der Verordnung begrenzen nur dann den Erwerb einer öffentlichen Urkunde, wenn diese einem gerichtlichen Verfahren entspringen, was gerade bei notariellen Urkunden wegen Art. 3 Abs. 2 nicht zwingend der Fall ist.[44] Erwägungsgrund Nr. 66 S. 2 verweist dagegen allein auf die allgemeinen Zuständigkeitsregeln, sagt aber nichts darüber aus, wie das zuständige Gericht den Konflikt aufzulösen hat. Auch der in S. 3 enthaltene Hinweis auf die Nichtanerkennungsgründe nach Art. 40 bei einem Widerspruch zwischen einer öffentlichen Urkunde und einer gerichtlichen Entscheidung wiederholt nur Selbstverständliches: Bei einer Berücksichtigung der Beweiswirkung einer Entscheidung eines anderen Mitgliedstaats sind stets die Anerkennungsvoraussetzungen nach Art. 39 ff. zu prüfen. Vielmehr wird man richtigerweise in einem Konfliktfall den jeweiligen Urkunden keinerlei Beweiskraft zubilligen, soweit sie sich widersprechen, da sich die widersprechenden Beweisfiktionen gegenseitig aufheben – ein Ergebnis, das auch Erwägungsgrund Nr. 66 für möglich hält („wenn überhaupt").[45] Bei einem Widerspruch zwischen der Urkunde und einer Entscheidung wird man der Entscheidung den Vorrang einzuräumen haben, da das Gericht – anders als die Errichtungsbehörde, soweit die öffentliche Urkunde keine Entscheidung verkörpert (→ Rn. 5) – potentiell über rechtliche Konflikte entscheidet (→ Art. 3 Rn. 17) und damit deren Wirkungen eine höhere Legitimationskraft besitzen.[46] – Keine Probleme ergeben sich bei Widersprüchen zwischen Urkunden bzw. Urkunde und Entscheidung **aus einem Mitgliedstaat.** Insoweit entscheidet nach Abs. 1 UAbs. 1 das Recht dieses Ursprungsmitgliedstaats, welche Beweiswirkungen die jeweils „anzunehmende" Urkunde besitzt.

4. Ordre-public-Vorbehalt (UAbs. 1). Nach dem in den → Rn. 10 f. Gesagten kann sich der **14** ordre-public-Vorbehalt nur auf die formelle Beweiskraft der öffentlichen Urkunde nach ausländischem Verfahrensrecht beziehen, die vom inländischen Verfahrensrecht in ordre-public-widriger Weise abweichen kann.[47] So wird man etwa in Deutschland die „Annahme" einer Urkunde als Verstoß gegen die öffentliche Ordnung ablehnen müssen, wenn das betreffende ausländische Verfahrensrecht ein Entkräften der Beweiswirkung durch den Nachweis des Gegenteils nicht zulässt, anders als das deutsche Recht bei einer vergleichbaren Urkunde; der Richter darf grundsätzlich nicht gezwungen sein, sehenden Auges eine Entscheidung auf falscher Tatsachengrundlage zu treffen (vgl. aber auch § 165 ZPO oder § 80 ZVG). Dabei reicht allerdings das Erfordernis eines besonderen Authentizitätsverfahrens zur Beseitigung der Beweiswirkungen nicht für einen ordre-public-Verstoß aus, wie Abs. 2 belegt.

---

[41] So aber Rauscher/*Hertel* Rn. 16.

[42] S. auch Ratsdokument Nr. 8447/11 S. 4 ff.

[43] So auch *Lagarde* Rev. crit. dr. int. pr. 101 (2012), 691, 732 („n'est pas d'un grand secours"); *Geimer* in Dutta/Herrler EuErbVO 143, 144 („Erwägungsgründe […], die die Kryptik […] noch steigern") sowie S. 159 („Der Erkenntnisgewinn tendiert gegen Null").

[44] Hierauf weist bereits Ratsdokument Nr. 5811/10 ADD 1 S. 5 hin.

[45] Zust. Dutta/Weber/*Bauer* Rn. 92; tendenziell auch Calvo Caravaca/Davì/Mansel/*Mansel* Rn. 59, der allerdings vornehmlich diese Frage dem mitgliedstaatlichen Recht überlassen will.

[46] Vgl. auch Dutta/Weber/*Bauer* Rn. 89 f.; Calvo Caravaca/Davì/Mansel/*Mansel* Rn. 60; Bonomi/Wautelet/ *Wautelet* Rn. 35.

[47] *Dutta* FamRZ 2013, 4 (14); zust. *Rudolf* ÖNotZ 2013, 225 (231) in Fn. 82.

15   **5. Nachweis der formellen Beweiswirkungen (UAbs. 2).** Der genaue Inhalt des ausländischen Verfahrensrechts kann durch eine **Bescheinigung** nachgewiesen werden, welche die Beweiswirkungen der Urkunde beschreibt (Abs. 1 UAbs. 2) und auf Basis eines von der Kommission nach Art. 80, Art. 81 Abs. 2 vorgelegten Formblatts ausgestellt wird. Diese Beschreibung wird man – auch wenn die Vorschrift hierzu schweigt – als verbindlich für den „Annahmemitgliedstaat" ansehen müssen.[48] Das angesprochene Formblatt wurde von der Kommission durch eine Durchführungsverordnung[49] (EuErbVO-Formblätter) erstellt und findet sich nach Art. 1 Abs. 2 EuErbVO-Formblätter als Formblatt II in Anhang 2 EuErbVO-Formblätter. Dort sind als mögliche Ursprungsmitgliedstaaten auch Staaten aufgelistet, die womöglich öffentliche Urkunden iS des Art. 3 Abs. 1 lit. i nicht kennen (Ziff. 1. des Formblatts). Dies ist aber nicht „fehlerhaft",[50] sondern trägt dem Umstand Rechnung, dass die betreffenden Mitgliedstaaten öffentliche Urkunden noch einführen könnten.

III. Beseitigung nicht-authentischer öffentlicher Urkunden (Abs. 2)

16   Dass auch unechte Urkunden zunächst in anderen Mitgliedstaaten „anzunehmen" sind, ordnet mittelbar **Abs. 2 S. 1 Hs. 1** an, der den Gerichten des Ursprungsmitgliedstaats (Art. 3 Abs. 1 lit. e) die alleinige[51] Zuständigkeit zur Überprüfung der Authentizität der betreffenden Urkunde zuweist, so dass – so muss man folgern – die Gerichte in den „Annahmemitgliedstaaten", in welche die formelle Beweiskraft nach Abs. 1 UAbs. 1 erstreckt wird, über die Echtheit der Urkunde nicht entscheiden dürfen. Eine Ausnahme ist für evident unechte Urkunden zu machen, die nicht einmal den Anschein einer öffentlichen Urkunde setzen (näher → Rn. 8). Es gilt damit bei nicht-authentischen Urkunden ein Vorrang der Beseitigung im Ursprungsmitgliedstaat. Dies kann zu der bemerkenswerten Situation führen, dass etwa eine unechte Urkunde im Ursprungsmitgliedstaat zwar keine Beweiskraft zeitigt (weil sie unecht ist und es nach dem Ursprungsverfahrensrecht keines Beseitigungsverfahrens bedarf), wohl aber in anderen Mitgliedstaaten, weil diese nicht über die Authentizität entscheiden dürfen.[52] Auch dieser Vorrang des Beseitigungsverfahrens im Ursprungsmitgliedstaat führt zu einem Gleichlauf von forum und ius (→ Vor Art. 4 Rn. 2 f.); über die Authentizität dürfen allein die Gerichte des Ursprungsmitgliedstaats entscheiden, und zwar nach ihrem eigenen Recht (→ Rn. 18).

17   Der autonom auszulegende **Begriff der „Authentizität"** ist nach Erwägungsgrund Nr. 62 S. 1 weit zu verstehen und soll neben der Echtheit der Urkunde, auch Form- und Verfahrenserfordernisse („die Formerfordernisse für die Urkunde, die Befugnisse der Behörde, die die Urkunde errichtet, und das Verfahren, nach dem die Urkunde errichtet wird") erfassen. Erwägungsgrund Nr. 62 S. 2 legt nahe, dass unter der Authentizität der Urkunde auch ihre Wahrheit zu verstehen ist, sprich die Richtigkeit der Vorgänge, die sie beurkundet („die von der betreffenden Behörde in der öffentlichen Urkunde beurkundeten Vorgänge [...], wie zB die Tatsache, dass die genannten Parteien an dem genannten Tag vor dieser Behörde erschienen sind und die genannten Erklärungen abgegeben haben"). Diese Erweiterung kann jedoch nur öffentliche Urkunden betreffen, bei denen der Beweis des Gegenteils im Verfahren, in denen die Urkunde als Beweismittel verwendet wird, nicht zulässig ist, sondern die Urkunde an sich angefochten werden muss, um die formelle Beweiswirkung zu beseitigen. Ist der Beweis des Gegenteils dagegen ohne eine solche Anfechtung möglich, bedarf es keiner Beseitigung der Urkunde nach Abs. 2, sondern die „anzunehmenden" Beweiswirkungen lassen sich bereits eine Entkräftung der Urkunde zu.

18   Bei der Überprüfung der Authentizität wenden die Gerichte im Ursprungsmitgliedstaat **ihr eigenes Recht** an, **Abs. 2 Hs. 2.** Auch die Frage, welche Anforderungen an die Echtheit der Urkunde zu stellen sind, unterliegen dem Recht des Ursprungsmitgliedstaats.[53] Ein solches Authentifizierungsverfahren werden bisher die Verfahrensordnungen nicht sämtlicher Mitgliedstaaten vorsehen, jenseits der Möglichkeit einer allgemeinen Feststellungsklage oder der Inzidentprüfung; es besteht damit hier womöglich Bedarf für eine **mitgliedstaatliche Durchführungsgesetzgebung.** In Deutschland können sich die Parteien nach allgemeinem Verfahrensrecht lediglich der Klage auf Feststellung der Unechtheit einer Urkunde nach § 256 Abs. 1 Fall 3 ZPO bedienen, die allerdings nur inter partes

---

[48] Anders Dutta/Weber/*Bauer* Rn. 43; Calvo Caravaca/Davì/Mansel/*Mansel* Rn. 27.

[49] Durchführungsverordnung (EU) Nr. 1329/2014 der Kommission vom 9.12.2014 zur Festlegung der Formblätter nach Maßgabe der Verordnung (EU) Nr. 650/2012 des Europäischen Parlaments und des Rates über die Zuständigkeit, das anzuwendende Recht, die Anerkennung und Vollstreckung von Entscheidungen und die Annahme und Vollstreckung öffentlicher Urkunden in Erbsachen sowie zur Einführung eines Europäischen Nachlasszeugnisses, ABl. 2014 L 359, 30, berichtigt durch ABl. 2015 L 195, 49 und ABl. 2016 L 9, 14.

[50] So aber *Dorsel/Schall* GPR 2015, 36 (37) (zu Finnland, Schweden und Zypern).

[51] Nachweise oben → Rn. 8.

[52] So auch Dutta/Weber/*Bauer* Rn. 50.

[53] S. Ratsdokument Nr. 11067/11 S. 12.

wirkt. Zu Recht hat deshalb der deutsche Gesetzgeber in § 46 IntErbRVG ein neuartiges Authentizitätsverfahren als Verfahren der freiwilligen Gerichtsbarkeit[54] eingeführt, in dem das nach § 46 Abs. 1
IntErbRVG zuständige Gericht erga omnes entscheidet, s. § 46 Abs. 3 S. 3 IntErbRVG.

Bereits die Einleitung eines Authentifizierungsverfahrens im Ursprungsmitgliedstaat **suspendiert**   19
die formellen Beweiskraftwirkungen der öffentlichen Urkunde in den anderen Mitgliedstaaten
(Abs. 2 S. 2). Für die Frage der Anhängigkeit wird man auf Art. 14 analog zurückgreifen können,[55]
obwohl diese Vorschrift ihrem Wortlaut nach auf das Zuständigkeitsrecht des Kapitels II beschränkt
ist. Die deutsche Durchführungsgesetzgebung sieht in § 45 IntErbRVG für den Fall, dass ein Authentifizierungsverfahren im Ursprungsmitgliedstaat eingeleitet wird, eine **Aussetzung der betroffenen**
inländischen Verfahren vor: Jedes Gericht,[56] in dessen Verfahren die ausländische Entscheidung
zur Authentizität der Urkunde präjudiziell ist, kann das Verfahren aussetzen. Wird die Urkunde im
Ursprungsmitgliedstaat **für ungültig erklärt,** besteht auch keine Beweiskraft mehr, die erstreckt
werden könnte (Erwägungsgrund Nr. 65 S. 3); auf eine Anerkennung dieser Entscheidungen in
den anderen Mitgliedstaaten nach Art. 39 ff. kommt es nicht an. Vielmehr ergibt sich diese
grenzüberschreitende Wirkung der Entscheidung im Authentizitätsverfahren bereits unmittelbar aus
Art. 59 Abs. 2, der als lex specialis vorgeht.[57]

IV. Beseitigung materiellrechtlich „falscher" Urkunden (Abs. 3 und 4)

Soweit die öffentliche Urkunde ein Rechtsgeschäft oder ein Rechtsverhältnis dokumentiert, bleibt   20
es für Einwände gegen das Rechtsgeschäft oder das Rechtsverhältnis bei der nach Kapitel II der
Verordnung zu bestimmenden **Zuständigkeit** und dem nach Kapitel III **anwendbaren Recht**
(Abs. 3 S. 1). So nimmt etwa die „Annahmefähigkeit" einer öffentlichen Urkunde nach Abs. 1 den
allgemein zuständigen Gerichten nicht die Möglichkeit, über die Wirksamkeit eines öffentlichen
Testaments[58] nach dem gemäß Art. 24 ff. zu bestimmenden Errichtungsstatut oder Formstatut zu
entscheiden. Einwände gegen das zugrunde liegende Rechtsgeschäft oder Rechtsverhältnis als dem
„materiellen Inhalt" der Urkunde (Erwägungsgrund Nr. 63 S. 1) begründen eine gewöhnliche Erbsache, so dass Abs. 3 S. 1 insoweit lediglich klarstellende Bedeutung besitzt. Abs. 3 S. 1 bestätigt
damit, dass sich die Wirkungen der „Annahme" (→ Rn. 10 ff.) nur auf Beweiswirkungen beziehen,
nicht aber auf Rechtslagen (→ Rn. 3).

Abs. 3 S. 2 betrifft zunächst die **Folgen des Verfahrens** auf die „Annahmewirkungen"   21
(→ Rn. 10 ff.): Die Beweiskraft der öffentlichen Urkunde in anderen Mitgliedstaaten fällt weg,
sobald Einwände gegen das zugrunde liegende Rechtsgeschäft oder Rechtsverhältnis anhängig sind.
Hierunter wird man nicht nur ein Verfahren oder eine Entscheidung zählen, das bzw. die isoliert
diese Einwände zum Gegenstand hat, sondern jedes erbrechtliche Verfahren, in dem über Bestand
und Umfang des beurkundeten Rechtsgeschäfts oder Rechtsverhältnisses entschieden wird. Bei
Einwänden gegen einen Teil der Urkunde wird die Beweiswirkung auch nur insoweit aufgehoben
(Erwägungsgrund Nr. 65 S. 2). Die Urkunde entfaltet mithin bereits dann keine Beweiswirkungen,
wenn das zugrunde liegende Rechtsgeschäft oder Rechtsverhältnis in Zweifel steht. Damit wird den
allgemein für die Erbsache zuständigen Gerichten das letzte Wort über die „Annahme" fremder
öffentlicher Urkunden in anderen Mitgliedstaaten gewährt: Die Beweiswirkung eines von einem
deutschen Notar errichteten öffentlichen Testaments in anderen Mitgliedstaaten wird damit bereits
dadurch beseitigt, dass vor einem für die Erbsache nach Art. 4 ff. zuständigen französischen Gericht
die Wirksamkeit des Testaments „anhängig" ist. Auch diese Suspendierung erfasst alle Verfahren
(→ Rn. 19).

Die Vorschrift schweigt zu den **Folgen der Entscheidung** des Gerichts, bei dem die materiell-   22
rechtlichen Einwände anhängig sind: Werden die Einwände gegen das zugrunde liegende Rechtsgeschäft oder Rechtsverhältnis gerichtlich bestätigt, so verliert die Urkunde ihre Beweiskraft (vgl.
Erwägungsgrund Nr. 65 S. 3). Werden die Einwände dagegen zurückgewiesen, so leben konsequenterweise die „Annahmewirkungen" wieder auf. Vgl. auch hier → Rn. 19.

Die Zuständigkeit eines mitgliedstaatlichen Gerichts, bei dem das zugrunde liegende Rechtsge-   23
schäft oder Rechtsverhältnis lediglich eine **Vorfrage** bildet, darf über diese Vorfrage nach **Abs. 4**
weiterhin entscheiden. Abs. 4 kann nur nichterbrechtliche Verfahren betreffen, die nicht in den

---

[54] Näher zu diesem Verfahren Dutta/Weber/*Dutta* IntErbRVG § 46 Rn. 10 ff.
[55] Zust. Dutta/Weber/*Bauer* Rn. 61.
[56] Unabhängig von der Art der Gerichtsbarkeit und der anwendbaren Verfahrensordnung, s. Dutta/Weber/
Dutta IntErbRVG § 46 Rn. 14. Anders *Dörner* FamRZ 2017, 1654.
[57] Dutta/Weber/*Dutta* IntErbRVG § 46 Rn. 10 ff.
[58] S. auch die weiteren in Erwägungsgrund Nr. 63 S. 2 und 3 genannten Beispiele für der Urkunde zugrunde
liegende Rechtsgeschäfte oder Rechtsverhältnisse.

sachlichen Anwendungsbereich der Verordnung nach Art. 1 fallen und bei denen sich die Zuständigkeit nicht nach Kapitel II der Verordnung richtet (etwa die Durchsetzung ererbter Ansprüche → Art. 1 Rn. 4); denn ansonsten handelt es sich bei diesem Gericht ohnehin um das bereits nach Abs. 3 S. 1 Hs. 1 zuständige Gericht.

V. Weitergehende Wirkungen der ausländischen Urkunde nach autonomem Verfahrensrecht?

24   Art. 59 will die Freizügigkeit von öffentlichen Urkunden durch eine Erstreckung der Beweiswirkungen aus dem Ursprungsmitgliedstaat nur begünstigen. Sie sperrt sich nicht dagegen, dass das mitgliedstaatliche Verfahrensrecht der „anzunehmenden" öffentlichen Urkunde eine weitergehende Beweiswirkung als das Recht des Ursprungsmitgliedstaats verschafft, etwa durch eine Substitution einer inländischen öffentlichen Urkunde durch die ausländische.[59] Insoweit gilt ein **Günstigkeitsprinzip.**[60]

Art. 60 EuErbVO Vollstreckbarkeit öffentlicher Urkunden

(1) Öffentliche Urkunden, die im Ursprungsmitgliedstaat vollstreckbar sind, werden in einem anderen Mitgliedstaat auf Antrag eines Berechtigten nach dem Verfahren der Artikel 45 bis 58 für vollstreckbar erklärt.

(2) Für die Zwecke des Artikels 46 Absatz 3 Buchstabe b stellt die Behörde, die die öffentliche Urkunde errichtet hat, auf Antrag eines Berechtigten eine Bescheinigung unter Verwendung des nach dem Beratungsverfahren nach Artikel 81 Absatz 2 erstellten Formblatts aus.

(3) Die Vollstreckbarerklärung wird von dem mit einem Rechtsbehelf nach Artikel 50 oder Artikel 51 befassten Gericht nur versagt oder aufgehoben, wenn die Vollstreckung der öffentlichen Urkunde der öffentlichen Ordnung (ordre public) des Vollstreckungsmitgliedstaats offensichtlich widersprechen würde.

1   Die Vorschrift entspricht im Wesentlichen Art. 57 Brüssel I-VO (allgemein → Vor Art. 59 Rn. 1) sowie nunmehr Art. 59 EuGüVO und Art. 59 EuPartVO; vgl. auch Art. 46 Brüssel IIa-VO sowie Art. 48 EuUnthVO. **Abs. 1** wurde aus Art. 57 Abs. 1 S. 1 sowie Abs. 4 S. 1 Brüssel I-VO übernommen, **Abs. 2** aus Art. 57 Abs. 4 S. 2 Brüssel I-VO, **Abs. 3** aus Art. 57 Abs. 1 S. 2 Brüssel I-VO. Das in **Abs. 2** angesprochene Formblatt wurde von der Kommission durch eine Durchführungsverordnung[1] (EuErbVO-Formblätter) erstellt und findet sich nach Art. 1 Abs. 2 EuErbVO-Formblätter als Formblatt II in Anhang 2 EuErbVO-Formblätter.

2   Art. 58 Abs. 2 Brüssel I-VO (zu Unterhaltsvereinbarungen) wäre in der Erbrechtsverordnung deplatziert (vgl. Art. 1 Abs. 2 lit. e). Auch Art. 57 Abs. 3 Brüssel I-VO bedurfte wegen Art. 3 Abs. 1 lit. i EuErbVO keiner Übernahme in die Erbrechtsverordnung.

3   Für das Verfahren in Deutschland s. § 3 Abs. 4, § 27 IntErbRVG.

Art. 61 EuErbVO Vollstreckbarkeit gerichtlicher Vergleiche

(1) Gerichtliche Vergleiche, die im Ursprungsmitgliedstaat vollstreckbar sind, werden in einem anderen Mitgliedstaat auf Antrag eines Berechtigten nach dem Verfahren der Artikel 45 bis 58 für vollstreckbar erklärt.

(2) Für die Zwecke des Artikels 46 Absatz 3 Buchstabe b stellt das Gericht, das den Vergleich gebilligt hat oder vor dem der Vergleich geschlossen wurde, auf Antrag eines Berechtigten eine Bescheinigung unter Verwendung des nach dem Beratungsverfahren nach Artikel 81 Absatz 2 erstellten Formblatts aus.

(3) Die Vollstreckbarerklärung wird von dem mit einem Rechtsbehelf nach Artikel 50 oder Artikel 51 befassten Gericht nur versagt oder aufgehoben, wenn die Vollstreckung

---

[59] Zur Wirkung einer ausländischen öffentlichen Urkunde nach deutschem autonomen Verfahrensrecht s. etwa *Reithmann* IPRax 2012, 133 und *Freitag* StAZ 2012, 161.

[60] So auch Calvo Caravaca/Davì/Mansel/*Mansel* Rn. 61.

[1] Durchführungsverordnung (EU) Nr. 1329/2014 der Kommission vom 9.12.2014 zur Festlegung der Formblätter nach Maßgabe der Verordnung (EU) Nr. 650/2012 des Europäischen Parlaments und des Rates über die Zuständigkeit, das anzuwendende Recht, die Anerkennung und Vollstreckung von Entscheidungen und die Annahme und Vollstreckung öffentlicher Urkunden in Erbsachen sowie zur Einführung eines Europäischen Nachlasszeugnisses, ABl. 2014 L 359, 30, berichtigt durch ABl. 2015 L 195, 49 und ABl. 2016 L 9, 14.

**des gerichtlichen Vergleichs der öffentlichen Ordnung (ordre public) des Vollstreckungs-
mitgliedstaats offensichtlich widersprechen würde.**

Die Vorschrift entspricht im Wesentlichen Art. 58 Brüssel I-VO (allgemein → Vor Art. 59 Rn. 1) **1**
sowie nunmehr Art. 60 EuGüVO und Art. 60 EuPartVO; vgl. auch Art. 46 Brüssel IIa-VO sowie
Art. 48 EuUnthVO. **Abs. 1** folgt Art. 58 S. 1 iVm Art. 57 Abs. 1 S. 1 sowie Abs. 4 S. 1 Brüssel I-
VO, **Abs. 2** übernimmt Art. 58 S. 2 Brüssel I-VO und **Abs. 3** basiert auf Art. 58 S. 1 iVm Art. 57
Abs. 1 S. 2 Brüssel I-VO. Das in **Abs. 2** angesprochene Formblatt wurde von der Kommission durch
eine Durchführungsverordnung[1] (EuErbVO-Formblätter) erstellt und findet sich nach Art. 1 Abs. 3
EuErbVO-Formblätter als Formblatt III in Anhang 3 EuErbVO-Formblätter.

Für das Verfahren in Deutschland s. § 27 IntErbRVG.   **2**

Kapitel VI. Europäisches Nachlasszeugnis

Vorbemerkung zu Art. 62 EuErbVO

Schrifttum: *Becker/Wegener,* Das Europäische Nachlasszeugnis im elektronischen Rechtsverkehr in Grund-
buchsachen, notar 2017, 32; *Benanti,* Il certificato successorio europeo: ragioni, disciplina e conseguenze della
sua applicazione nell'ordinamento italiano, NGCC 2014, 1 (Teil I) und NGCC 2014, 85 (Teil II); *Buschbaum/
M. Kohler,* Le certificat successoral européen et les certificats successoraux nationaux, GPR 2010, 210; *Busch-
baum/Simon,* EuErbVO: Das Europäische Nachlasszeugnis, ZEV 2012, 525; *Buschbaum/Simon,* Beantragung
und Erteilung eines Europäischen Nachlasszeugnisses sowie Verwendung eines ausländischen Nachlasszeugnisses
in Deutschland, Rpfleger 2015, 444; *Crône,* Le certificat successoral européen, in Khairallah/Revillard, Perspectives du droit des successions européennes et internationales, 2010, 155; *Crône,* Le certificat successoral européen,
in Khairallah/Revillard, Droit européen des successions internationales, 2013, 169; *Calvo Vidal,* El certificado
sucesorio europeo, 2015; *Dörner,* Il certificato successorio europeo da un punto di vista tedesco – Disposizioni
attuative e questioni aperte, Contr. e impr./Eur. 2015, 424; *Dorsel,* Europäische Erbrechtsverordnung und
Europäisches Nachlasszeugnis, in Löhnig/Schwab/Henrich/Gottwald/Grzwiwotz/Reimann/Dutta, Erbfälle
unter Geltung der Europäischen Erbrechtsverordnung, 2014, 33; *Dorsel/Schall,* Die Umsetzung der ErbVO
durch die Europäische Kommission – Ein erster Überblick unter besonderer Berücksichtigung des Europäischen
Nachlasszeugnisses, GPR 2015, 36; *Ferretti,* Successioni transfrontaliere e certificato successorio europeo: prime
osservazioni sul regolamento UE n. 650 del 2012, Contr. e impr./Eur. 2013, 450; *Fötschl,* The relationship of
the European Certificate of Succession to national certificates, Eur. Rev. Priv. L. 2010 1259, sowie in Bonomi/
Schmid, Successions internationales, 2010, 99; *Goossens,* De Europese erfrechtverklaring, 2016; *Grau,* Der
Europäische Erbschein, FS 30 Jahre FH Bund, 2009, 477; *Hertel,* Das Europäische Nachlasszeugnis, in Lipp/
Münch, Die neue Europäische Erbrechtsverordnung, 2016, 129; *Ivanc/Kraljić,* European Certificate of Succession – Was there a need for a European intervention?, Anali Pravnog Fakulteta Univerziteta u Zenici 18 (2016),
249; *Jacoby,* Le certificate successoral européen, JCP N 2010 Nr. 10, S. 29; *Joubert/Bosse-Platière,* Le certificat
successoral européen: Des éclaircies attendues, in Bosse-Platière/Damas/Dereu, L'avenir européen du droit des
successions internationales, 2011, 63; *Kleinschmidt,* Optionales Erbrecht: Das Europäische Nachlasszeugnis als
Herausforderung an das Kollisionsrecht, RabelsZ 77 (2013), 723; *Kleinschmidt,* Das Verfahren zur Ausstellung
eines Europäischen Nachlasszeugnisses – Ein Beispiel für europäische Verfahrensrechtsharmonisierung, FS Lindacher, 2017, 165; *Kousoula,* Europäischer Erbschein, 2008; *Kroiß,* Erbschein und Europäisches Nachlasszeugnis
im Verfahren und in ihren Wirkungen, Hereditare 6 (2016), 1; *Lagarde,* Le certificat successoral européen dans
l'ordre juridique français, Contr. e impr./Eur. 2015, 405; *K. W. Lange,* Das geplante Europäische Nachlasszeugnis, DNotZ 2012, 168; *K. W. Lange,* Das Europäische Nachlasszeugnis, in Dutta/Herrler, Die Europäische
Erbrechtsverordnung, 2014, 161; *K. W. Lange,* Europäisches Nachlasszeugnis – Antragsverfahren und Verwendung im deutschen Grundbuchverkehr, DNotZ 2016, 103; *Lledo Yagüe/Vicandi Martínez,* Il certificato succceso-
rio europeo e la sua applicazione in Spagna: l'ordinamento giuridico spagnolo è pronto?, Contr. e impr./Eur.
2015, 449; *Lurger,* Der Europäische Erbschein – ein neues Rechtsinstrument für Notare und Rechtspraktiker
in Europa, in Rechberger, Brücken im europäischen Rechtsraum – Europäische öffentliche Urkunden und
Europäischer Erbschein, 2010, 45; *Maida,* Il certificato successorio europeo, NLCC 2013, 389; *Medina Ortega,*
El certificado sucesorio europeo, An. Esp. Der. Int. Priv. 11 (2011), 907; *Milzer,* Die gerichtliche Zuständigkeit
für den Erbenstreit um das europäische Nachlasszeugnis, NJW 2015, 2997; *Müller/Sass,* EuErbVO, Europäisches
Nachlasszeugnis und Internationales Erbrechtsverfahrensgesetz, ErbStB 2015, 176; *Omlor,* Gutglaubensschutz
durch das Europäische Nachlasszeugnis, GPR 2014, 216; *Padovini,* Der Europäische Erbschein, in Jud/Rechber-
ger/Reichelt, Kollisionsrecht in der Europäischen Union – Neue Fragen des Internationalen Privat- und Zivilverfahrensrechts, 2008, 151; *Padovini,* Il certificato successorio europeo, in Franzina/Leandro, Il diritto internazionale privato Europeo delle successioni mortis causa, 2013, 191; *Padovini,* Il certificato successorio europeo,
Europa e diritto privato 3 (2013), 729; *Patti,* Il certificato successorio europeo nell'ordinamento italiano, Contr.

---

[1] Durchführungsverordnung (EU) Nr. 1329/2014 der Kommission vom 9.12.2014 zur Festlegung der Form-
blätter nach Maßgabe der Verordnung (EU) Nr. 650/2012 des Europäischen Parlaments und des Rates über die
Zuständigkeit, das anzuwendende Recht, die Anerkennung und Vollstreckung von Entscheidungen und die
Annahme und Vollstreckung öffentlicher Urkunden in Erbsachen sowie zur Einführung eines Europäischen
Nachlasszeugnisses, ABl. 2014 L 359, 30, berichtigt durch ABl. 2015 L 195, 49 und ABl. 2016 L 9, 14.

e impr./Eur. 2015, 466; *Rechberger,* Das Europäische Nachlasszeugnis und seine Wirkungen, ÖJZ 2012, 14; *Rechberger/Kieweler,* Das Europäische Nachlasszeugnis, in Rechberger/Zöchling-Jud, Die EU-Erbrechtsverordnung in Österreich, 2015, 269; *Reynis,* Le certificat successoral européen, un acte authentique européen, Défrénois 2012, 767; *Revillard,* L'introduction d'un Certificat International d'Héritier et la pratique du droit international privé des successions, in Deutsches Notarinstitut (Hrsg.), Internationales Erbrecht in der EU, 2004, 519; *Riva,* Certificato successorio europeo – Tutele e vicende acquisitive, 2017; *Schauer,* Europäisches Nachlasszeugnis, in Schauer/Scheuba, Europäische Erbrechtsverordnung, 2012, 73; *J. Schmidt,* Der Erbnachweis in Deutschland ab 2015: Erbschein vs. Europäisches Nachlasszeugnis, ZEV 2015, 389; *Schneider,* Gerichtskosten für die Verfahren über die Ausstellung des Europäischen Nachlasszeugnisses und anderer Erbsachen nach der ErbVO, Rpfleger 2015, 454; *Schroer,* Europäischer Erbschein, 2010; *Steiner,* Einstweiliger Rechtsschutz gegen das Europäische Nachlasszeugnis, ZEV 2016, 487; *Sturm/Sturm,* Das Europäische Nachlasszeugnis – Zum Vorschlag der Kommission vom 14. Oktober 2009, Liber amicorum Krešimir Sajko, 2012, 309; *Süß,* Das Europäische Nachlasszeugnis, ZEuP 2013, 725; *Süß,* Das Europäische Nachlasszeugnis, in Süß, Erbrecht in Europa, 3. Aufl. 2015, 165; *ten Wolde,* Will professionals in other countries be able to rely on a European Certificate of Inheritance for all purposes?, in Deutsches Notarinstitut, Internationales Erbrecht in der EU, 2004, 503; *Traut,* Das Wirkungskonzept des Europäischen Nachlasszeugnisses, ZVglRWiss. 115 (2016), 358; *Volmer,* Erbschein und ENZ nach der EuErbVO, notar 2016, 323; *Wautelet/Goossens,* Le certificat successoral européen – perspective belge, Contr. e impr./Eur. 2015, 434; *W. Zimmermann,* Darf ein Europäisches Nachlasszeugnis nur in unstreitigen Fällen ausgestellt werden?, ZErb 2015, 342; *W. Zimmermann,* Das Europäische Nachlasszeugnis für Nachlasspfleger, Rpfleger 2017, 2. – Siehe ferner die Schrifttumshinweise allgemein zur Verordnung und ihren Vorarbeiten → Vor Art. 1 Rn. 1 ff.

Übersicht

I. Allgemeines

1   Einen großen Schritt bei der Integration der mitgliedstaatlichen Justizräume in Erbsachen – der bereits im Grünbuch angekündigt[1] und überwiegend begrüßt wurde[2] – beschreitet der europäische Gesetzgeber mit der Einführung eines Europäischen Nachlasszeugnisses. Mit dem Zeugnis – als einem „Rechtstitel sui generis"[3] – sollen Erben, Vermächtnisnehmer, Testamentsvollstrecker oder Nachlassverwalter ihre Position grenzüberschreitend nachweisen können (Art. 63 Abs. 1). Die Idee eines Erbnachweises mit einheitlichen Wirkungen ist – auch wenn es sich dabei um den „innovativsten Teil" der Verordnung handelt[4] – nicht neu, sondern stammt aus dem Haager Nachlassverwaltungsübereinkommen von 1973 (→ Vor Art. 1 Rn. 4 f.), das ein in allen Vertragsstaaten anzuerkennendes Zeugnis für den Nachweis der Person und der Befugnisse eines Nachlassverwalters vorsieht.

II. Bedürfnis für das Zeugnis

2   Das Bedürfnis für das Europäische Nachlasszeugnis ist nicht von der Hand zu weisen. Die mitgliedstaatlichen Rechtsordnungen verfügen über sehr unterschiedliche Formen amtlicher Erbennachweise,[5] die bisher grenzüberschreitend nur sehr zurückhaltend als ausländische Entscheidung anerkannt oder als Substitut eines inländischen Erbnachweises berücksichtigt werden (ausführlich → Vor Art. 39 Rn. 11 ff.). Zwar könnte sich dies nach der Verordnung auch ohne Einführung eines Europäischen Nachlasszeugnisses ändern. Mitgliedstaatliche Erbnachweise, die vom Europäischen Nachlasszeugnis nicht berührt werden (Art. 62 Abs. 2 und 3), müssen unionsweit ggf. als Entscheidungen iS des Art. 3 Abs. 1 lit. g nach Art. 39 ff. anerkannt, als öffentliche Urkunden iS des Art. 3 Abs. 1 lit. i nach Art. 59 „angenommen" oder als Privaturkunden kollisionsrechtlich berücksichtigt werden

---

[1] S. Grünbuch KOM(2005) 65 endg. S. 5, 11 f.; s. auch bereits DNotI-Studie S. 225, 291 ff.
[2] S. etwa Gargani-Bericht S. 6, 8 f. sowie EWSA-Stellungnahme zum Grünbuch Rn. 3.3.
[3] Ratsdokument Nr. 10126/11 S. 12.
[4] *Dörner* ZEV 2010, 221 (222).
[5] S. etwa den Überblick in DNotI-Studie S. 277 ff.

(näher → Art. 3 Rn. 17; → Art. 39 Rn. 2). Dennoch unterliegt ihre Wirkungserstreckung in andere Mitgliedstaaten je nach ihrer Ausgestaltung unterschiedlichen Regimen (Art. 39 ff., Art. 59, Art. 20 ff.). Eine Freizügigkeit sämtlicher mitgliedstaatlicher Erbnachweise **nach einheitlichen Regeln** würde damit nicht verwirklicht.[6] Lassen sich einheitlich in der EU zirkulierende Erbnachweise auf Grundlage der mitgliedstaatlichen Instrumente nicht erreichen, bleibt nur die Einführung eines einheitlichen Erbnachweises, der freilich als optionales Gebilde neben die mitgliedstaatlichen Erbnachweise treten kann.[7]

Dieses Bedürfnis begründet auch die **Gesetzgebungskompetenz** der EU (allgemein → EGBGB **3** Art. 3 Rn. 29 ff.; hinsichtlich der EuErbVO → Vor Art. 1 Rn. 20) für die Einführung des Europäischen Nachlasszeugnisses,[8] obwohl die geschaffenen Regelungen in Kapitel VI nicht nur verfahrensrechtlicher, sondern vor allem auch sachrechtlicher Natur (etwa Art. 69) sind. Art. 81 AEUV begründet damit auf den ersten Blick keine Gesetzgebungskompetenz der EU (→ Vor Art. 20 Rn. 57). Eine gegenseitige Anerkennung der mitgliedstaatlichen Erbnachweise durch Regelungen nach Art. 81 Abs. 2 lit. a AEUV würde jedoch angesichts der Unterschiede der mitgliedstaatlichen Erbnachweise nicht ausreichen, so dass ein einheitlicher Erbnachweis gerechtfertigt ist, um die Ziele zu erfüllen, die ansonsten über eine Anerkennung mitgliedstaatlicher Entscheidungen erreicht würden. Ferner erleichtert das Europäische Nachlasszeugnis die grenzüberschreitende Nachlassabwicklung und kann damit auch unter Art. 81 Abs. 2 lit. f ("die Beseitigung von Hindernissen für die reibungslose Abwicklung von Zivilverfahren, erforderlichenfalls durch Förderung der Vereinbarkeit der in den Mitgliedstaaten geltenden zivilrechtlichen Verfahrensvorschriften") subsumiert werden. Die Anerkennung der mitgliedstaatlichen Erbnachweise wäre damit auch im Rahmen des Verhältnismäßigkeitsgrundsatzes (Art. 5 Abs. 2 und 4 EUV) kein gleich geeignetes Mittel gewesen. Die Wirkungen des Nachlasszeugnisses im Ursprungsmitgliedstaat (Art. 3 Abs. 1 lit. e) nach Art. 62 Abs. 3 S. 2 werden von einer Annexkompetenz des Unionsgesetzgebers getragen.[9]

III. Überblick über das Nachlasszeugnisverfahren

1. Regelungen der Erbrechtsverordnung. Ausgestellt wird das Zeugnis auf **Antrag** (näher **4** Art. 65) von den Behörden oder Gerichten desjenigen Mitgliedstaats, dessen Gerichte nach den allgemeinen Regeln grundsätzlich **zuständig** sind (Art. 64 S. 1). Nach einer **Prüfung des Antrags** (näher Art. 66) erlässt diese **Ausstellungsbehörde** (Art. 64 S. 2) das **Nachlasszeugnis** (näher Art. 67), das sich optisch wie inhaltlich erheblich vom deutschen Erbschein unterscheiden wird, wenn man einen Blick in Art. 68 wirft, der den Inhalt des Zeugnisses festlegt. Was den Umfang des Formblatts angeht, auf dessen Basis das Nachlasszeugnis einheitlich ausgestellt wird (Art. 67 Abs. 1 UAbs. 1 S. 2), haben sich die Befürchtungen bewahrheitet: Es füllt in der deutschen Sprachfassung nebst Anlagen im Amtsblatt der EU ganze 19 Seiten (ein deutscher Erbschein ist regelmäßig auf einer Seite zu haben).[10] Um die Kontrolle über die Verwendung des Zeugnisses zu behalten, werden nur beglaubigte Abschriften des Zeugnisses ausgegeben, die lediglich sechs Monate (Grundsatz) gültig sind und deren Gültigkeit danach verlängert werden muss (Art. 70). Selbstverständlich kann die Ausstellungsbehörde das Zeugnis berichtigen, ändern oder widerrufen (Art. 71). Auch können Dritte den Erlass des Zeugnisses gerichtlich anfechten (Art. 72). Die Ausstellungsbehörde und das Rechtsmittelgericht können bereits vor der Änderung oder vor dem Widerruf bzw. vor der Entscheidung über den Rechtsbehelf die Wirkungen des Zeugnisses ausset-

---

[6] Das übersieht Rauscher/*Rauscher,* 3. Aufl. 2010, Einf. EG-ErbVO-E Rn. 81.

[7] S. auch *Kleinschmidt* RabelsZ 77 (2013), 723 (727 ff.), der vor allem mit den Schwierigkeiten der grenzüberschreitenden Wirkungserstreckung bei den mitgliedstaatlichen Erbnachweisen argumentiert und keine Möglichkeit sieht, ihre "Verkehrsfähigkeit" ausreichend zu erhöhen (aaO S. 742 f.).

[8] Eine Kompetenz der Union bejahend etwa *Baldus* GPR 2006, 80; *Grau* in Zimmermann ErbR Nebengesetze Art. 25, 26 EGBGB Anh.: EuErbVO Rn. 86; *Kousoula,* Europäischer Erbschein, 2008, 63 ff.; *K. W. Lange* DNotZ 2012, 168 (169); *Mansel,* Tuğrul Ansay'a Armağan, 2006, 185, 192 f.; *Max Planck Institute* RabelsZ 74 (2010), 522 (530); *Omlor* GPR 2014, 216 (217); *W.-H. Roth* in Schmoeckel/Otte, Europäische Testamentsformen, 2011, 13, 19; *W.-H. Roth* EWS 2011, 314 (318 f.); *Schauer* in Schauer/Scheuba, Europäische Erbrechtsverordnung, 2012, 73, 78 f.; *Schroer,* Europäischer Erbschein, 2010, 161 f. – Zurückhaltender *Heggen* RNotZ 2007, 1 (14); *Kunz* GPR 2012, 253 (257): "möglicherweise kompetenzwidrig"; *Lehmann* IPRax 2006, 204 (207); Rauscher/*Rauscher,* 3. Aufl. 2010, Einf. EG-ErbVO-E Rn. 89; *Rechberger* ÖJZ 2012, 14 (15 f.); *Süß* ZEuP 2013, 725 (730). Zwischen den Wirkungen des Nachlasszeugnisses diff. *D. Lübcke,* Das neue europäische internationale Nachlassverfahrensrecht, 2013, 551 ff.

[9] Etwa *W.-H. Roth* EWS 2011, 314 (319) in Fn. 73; zweifelnd *Schauer* in Schauer/Scheuba, Europäische Erbrechtsverordnung, 2012, 73, 78 f.

[10] Krit. etwa auch *Lechner,* Verordnung (EU) Nr. 650/2012 über Erbsachen und die Einführung eines Europäischen Nachlasszeugnisses, 2015, 31; s. auch die Kritik von *Volmer* notar 2016, 323 f.

zen (Art. 73). Das Verfahren zur Ausstellung eines Europäischen Nachlasszeugnisses enthält Züge eines Verfahrens der freiwilligen Gerichtsbarkeit mit Amtsermittlungspflichten (Art. 66 Abs. 1) und Fürsorgepflichten (Art. 66 Abs. 4).

5   **2. Ergänzung durch mitgliedstaatliches Nachlasszeugnisverfahrensrecht.** Die Art. 62 ff. regeln nicht sämtliche verfahrensrechtliche Fragen zur Ausstellung des Europäischen Nachlasszeugnisses. Enthält die Verordnung **Lücken zum Nachlasszeugnisverfahren,** die nicht im Wege der Auslegung oder Rechtsfortbildung des Unionsrechts geschlossen werden können, so findet das jeweilige **mitgliedstaatliche Verfahrensrecht** Anwendung,[11] auch wenn die Verordnung – anders als Art. 26 EuMahnVO ("Sämtliche verfahrensrechtlichen Fragen, die in dieser Verordnung nicht ausdrücklich geregelt sind, richten sich nach den nationalen Rechtsvorschriften") und Art. 19 EuBagatellVO ("Sofern diese Verordnung nichts anderes bestimmt, gilt [...] das Verfahrensrecht des Mitgliedstaats, in dem das Verfahren durchgeführt wird") – eine allgemeine subsidiäre Geltung des mitgliedstaatlichen Verfahrensrechts nicht ausdrücklich anordnet, vgl. aber auch Erwägungsgrund Nr. 70 S. 3[12] sowie für das Rechtsbehelfsverfahren Art. 72 Abs. 1 UAbs. 3. Teils nehmen aber die Art. 62 ff. auch ausdrücklich auf das mitgliedstaatliche Verfahrensrecht Bezug, etwa in Art. 64 S. 2, Art. 66 Abs. 1 S. 2, Abs. 3 und Abs. 5; vgl. auch Art. 65 Abs. 3 Hs. 2 (dazu → Art. 65 Rn. 12).

6   Vor einer **deutschen** Ausstellungsbehörde (Art. 64 S. 2) gelten für das Nachlasszeugnisverfahren vorrangig die **§§ 33 ff. IntErbRVG** sowie ergänzend nach § 35 Abs. 1 IntErbRVG das **FamFG** und insbesondere die §§ 342 ff. FamFG, allerdings nicht die §§ 352 ff. FamFG zum Erbscheinsverfahren, da es sich beim Europäischen Nachlasszeugnis nicht um einen Erbschein handelt.[13] Ferner finden – soweit das IntFamRVG keine besonderen Regelungen enthält – das **GVG** und das **RPflG** Anwendung. Die Gerichtskosten für das Verfahren zur Ausstellung des Nachlasszeugnisses richten sich wegen § 1 Abs. 1 GNotKG, § 35 Abs. 1 IntErbRVG nach dem **GNotKG,** wo die Gebührentatbestände für Erbscheine auf das Europäische Nachlasszeugnis weitgehend erstreckt wurden, um – wie sogleich zu sehen sein wird (→ Rn. 7) – aus unionsrechtlichen Gründen einen Gleichlauf zwischen beiden Erbnachweisen herzustellen.[14]

7   Wichtig ist freilich, dass die Anwendung des mitgliedstaatlichen Verfahrensrechts (auch in Form der Durchführungsgesetzgebung) nicht nur durch den **Effektivitätsgrundsatz** begrenzt wird (→ Art. 5 Rn. 4), sondern auch durch den **Äquivalenzgrundsatz,** wonach die Verfahrensregeln zur Durchsetzung des Unionsrechts nicht ungünstiger sein dürfen als diejenigen, die gleichartige Sachverhalte regeln, die dem innerstaatlichen Recht unterliegen.[15] Als Bezugspunkt für den Äquivalenzgrundsatz wird man – soweit vorhanden – das jeweilige Verfahren zum Erlass vergleichbarer mitgliedstaatlicher Erbnachweise zu wählen haben, in Deutschland also das Erbscheinsverfahren, was etwa Auswirkung auf die anfallenden Kosten für die Ausstellung des Nachlasszeugnisses hat, die sich an den Kosten des mitgliedstaatlichen Erbnachweises zu orientieren haben.[16]

IV. Überblick über die Wirkungen des Zeugnisses

8   Die einheitlichen Wirkungen des Nachlasszeugnisses werden nach Art. 69 Abs. 1 ex lege in alle Mitgliedstaaten (zum Begriff → Vor Art. 1 Rn. 29) erstreckt, auch in den Mitgliedstaat, in dem das Zeugnis ausgestellt wurde (Art. 62 Abs. 3 S. 2). Zunächst enthält das Zeugnis eine **Vermutungswirkung:** Nach Art. 69 Abs. 2 S. 1 wird vermutet, dass die in ihm festgestellten Tatsachen ("Sachverhalte") wahr sind. Hinzu kommt die Vermutung, dass die im Zeugnis als Erbin, Vermächtnisnehmerin, Testamentsvollstreckerin oder Nachlassverwalterin genannte Person diese Position auch im wiedergegebenen Umfang innehat (Art. 69 Abs. 2 S. 2). Beide Vermutungen gelten auch im Registerverfahren (Art. 69 Abs. 5), wo das Nachlasszeugnis folglich eine

---

[11] *Dorsel* in LSHGGRD Erbfälle unter Geltung der EuErbVO 33, 35; *Kleinschmidt,* FS Lindacher, 2017, 165 (167 f.); *K. W. Lange* DNotZ 2012, 168 (172); *K. W. Lange* in Dutta/Herrler EuErbVO 161, 164 f.

[12] S. auch Ratsdokument Nr. 10126/11 S. 12.

[13] Dutta/Weber/*Dutta* IntErbRVG § 33 Rn. 7; *Lutz* BWNotZ 2016, 34 (43).

[14] Näher zu den Kosten eines deutschen Europäischen Nachlasszeugnisses Dutta/Weber/*Dutta* IntErbRVG § 33 Rn. 9 ff. mit einem Überblick über die wichtigsten Kostentatbestände und die Kostenentscheidung.

[15] EuGH Slg. 1976, 1989 Rn. 5 = NJW 1977, 495 – Rewe-Zentralfinanz eG; Slg. 1976, 2043 Rn. 11, 18 – Comet BV.

[16] Anders *Kleinschmidt* RabelsZ 77 (2013), 723 (780): Verfahrensautonomie der Mitgliedstaaten, die aber keine höheren Kosten als für den mitgliedstaatlichen Nachweis erheben sollten. Der deutsche Durchführungsgesetzgeber zur Verordnung möchte nach dem Regierungsentwurf eines Gesetzes zum Internationalen Erbrecht, BT-Drs. 18/4201, 62, bewusst einen "gebührenrechtlichen Gleichlauf zum Erbschein" verwirklichen.

Legitimationswirkung besitzt. Ferner entfaltet das Nachlasszeugnis auch **Gutglaubenswir-kungen,** und zwar im Hinblick auf bestimmte Leistungen an die durch das Zeugnis legitimierte Person (Art. 69 Abs. 3) sowie im Hinblick auf Verfügungen dieser Person (Art. 69 Abs. 4), wobei Kenntnis und (anders als bei §§ 2366, 2367 BGB) grob fahrlässige Unkenntnis von der Unrichtig-keit des Zeugnisses beim Leistenden oder Erwerber schaden. Die Gutglaubenswirkungen des Nachlasszeugnisses treten freilich nur ein, wenn nach dem anwendbaren Recht, wie es durch das Zeugnis nachgewiesen wird, der Erbe, Vermächtnisnehmer, Testamentsvollstrecker oder Nach-lassverwalter auch zur Entgegennahme einer Leistung oder Verfügung befugt ist, was etwa bei einem Vermächtnisnehmer nach deutschem Recht genauso wenig der Fall ist wie für einen Erben nach englischem Recht, soweit der personal representative alleiniger Träger und Verwalter des Nachlasses ist (allgemein → Art. 63 Rn. 2 ff., 6, 9).

V. Bedingung für ein reibungsloses Funktionieren des Zeugnisses: Europäischer Entscheidungseinklang hinsichtlich der zu bescheinigenden Rechtsposition

Voraussetzung für die Einführung eines europäischen Erbnachweises mit einheitlichen Wir- **9** kungen in der EU (→ Rn. 8) ist freilich, dass das Zeugnis aufgrund einheitlicher Kollisionsnor-men ausgestellt wird und damit im Hinblick auf die nachgewiesene Rechtsstellung ein Entschei-dungseinklang innerhalb der EU herrscht.[17] Diese Voraussetzung hat der Unionsgesetzgeber jedoch nicht geschaffen. Zwar vereinheitlichen die Art. 20 ff. die mitgliedstaatlichen Erbkollisi-onsrechte, die nach Art. 67 Abs. 1 UAbs. 1 S. 1 auch das auf die zu bescheinigende Rechtsposi-tion anwendbare Recht bestimmen. Aber dennoch besteht im Hinblick auf die im Nachlasszeug-nis ausgewiesenen Positionen nicht zwangsläufig ein europäischer Entscheidungseinklang (→ Vor Art. 20 Rn. 3). Zunächst wird die Vereinheitlichungswirkung durch Art. 75 Abs. 1 UAbs. 1, Abs. 2 **vorrangige Staatsverträge** der Mitgliedstaaten eingeschränkt, soweit diese Kollisions-normen enthalten, die von den Art. 20 ff. abweichen, und damit auch bei der Ausstellung des Nachlasszeugnisses zu berücksichtigen sind (→ Art. 67 Rn. 10) und eine Ausstellung des Zeug-nisses nicht hindern (näher → Art. 75 Rn. 5). Auch durch den **ordre-public-Vorbehalt** in Art. 35 kann es dazu kommen, dass verschiedene Mitgliedstaaten im Hinblick auf die Erbberech-tigung zu unterschiedlichen Ergebnissen kommen. Ferner sieht Art. 67 Abs. 1 UAbs. 1 S. 1 selbst vor, dass auch **angrenzende Statute** bei der Ausstellung des Nachlasszeugnisses berücksichtigt werden, deren Bestimmung (noch) nicht unionsrechtlich vereinheitlicht wurde, wie etwa beim Güterstatut (→ Art. 63 Rn. 8; → Art. 67 Rn. 12) oder beim Statut der mündlichen Verfügung von Todes wegen (Art. 1 Abs. 2 lit. f). Gleiches gilt für die **Anwendung des Kollisionsrechts** und die **Ermittlung ausländischen Rechts,** wenn etwa nach dem Verfahrensrecht des Ursprungsmitgliedstaats (→ Rn. 6 f.) das Kollisionsrecht (und damit auch die Art. 20 ff.) nur auf Antrag einer der Parteien angewandt wird und der Inhalt des ausländischen Erbrechts von den Parteien dargelegt und bewiesen werden muss. Allein durch **Vorfragen** im Erbstatut wird der europäische Entscheidungseinklang nicht gefährdet, soweit diese − wie hier vertreten − unselb-ständig anzuknüpfen sind (→ Vor Art. 20 Rn. 50 ff.; → Art. 67 Rn. 12). Zur **Anpassung von Vindikationslegaten** → Art. 31 Rn. 8.

Dieser fehlende Entscheidungseinklang in der EU mindert die **Effektivität** des Nachlasszeugnisses **10** nachhaltig. Ein Dritter, der auf die Wirkungen des Zeugnisses vertraut (vor allem im Rahmen der Gutglaubenswirkungen nach Art. 69 Abs. 3 und Abs. 4), kann nicht sicher sein, dass das Zeugnis für die gesamte EU die Rechtslage richtig wiedergibt, so dass das Zeugnis womöglich vom Rechtsver-kehr nicht akzeptiert wird, worauf das Nachlasszeugnis angewiesen ist (näher → Art. 69 Rn. 22, 24). Ein Erbe, Vermächtnisnehmer, Testamentsvollstrecker oder Nachlassverwalter wird deshalb womöglich weiterhin zur Durchsetzung seiner erbrechtlichen Position auf mitgliedstaatliche Erb-nachweise zurückgreifen, die durch die Einführung des Europäischen Nachlasszeugnisses nicht

---

[17] Hierzu *Konvalin,* Das Europäische Nachlasszeugnis ohne europäischen Entscheidungseinklang (im Erscheinen); s. auch *Dörner* ZEV 2010, 221 (227); *Dörner* ZEV 2012, 505 (508, 511, 512); *Dörner* RabelsZ 80 (2016), 651 (654 f.); *Dörner/Hertel/Lagarde/Riering* IPRax 2005, 1 (8); *Dutta* RabelsZ 73 (2009), 547 (554); *Dutta/Weber/Fornasier* Rn. 19; *Haas* in Gottwald, Perspektiven der justiziellen Zusammenarbeit in Zivilsachen in der Europäischen Union, 2004, 43, 93 f.; *Hess/Jayme/Pfeiffer,* Stellungnahme zum Vorschlag für eine Europäische Erbrechtsverordnung, 2012, 51; *Kleinschmidt* RabelsZ 77 (2013), 723 (751); *Kousoula,* Europäischer Erbschein, 2008, 75; *D. Lübcke,* Das neue europäische internationale Nachlassverfahrensrecht, 2013, 562 f.; *Mansel,* Tuğrul Ansay'a Armağan, 2006, 185, 222; *Mansel/Thorn/R. Wagner* IPRax 2013, 1 (8); *Rechberger* ÖJZ 2012, 14 (15); *Schroer,* Europäischer Erbschein, 2010, 160; *Süß* in Dutta/Herrler EuErbVO 181, 191; *ten Wolde* in Deutsches Notarinstitut, 2004, 503, 507; *Wilke* RIW 2012, 601 (608); vgl. auch bereits DNotI-Studie S. 217, 225, 315.

berührt werden (Art. 62 Abs. 3 S. 1), freilich um den Preis einer uneinheitlichen Wirkung der Nachweise (→ Rn. 2).

VI. Kein europäisches Register für Nachlasszeugnisse

11 Als nicht realisierbar sah es der europäische Gesetzgeber an, ein unionsweites Register für Nachlasszeugnisse zu installieren.[18] Ein solches Register hätte verhindern können, dass von unterschiedlichen Gerichten widersprechende Nachlasszeugnisse ausgestellt werden (→ Art. 62 Rn. 14 ff.; → Art. 69 Rn. 31 f.) oder der Rechtsverkehr auf Nachlasszeugnisse vertraut, die nach Art. 71 Abs. 2 (auch → Art. 71 Rn. 7) widerrufen oder geändert oder deren Wirkungen nach Art. 73 (auch → Art. 73 Rn. 6) ausgesetzt wurden.[19]

VII. Die vorrangigen Staatsverträge der Mitgliedstaaten – ein Störfaktor für das Nachlasszeugnis

12 Als problematisch erweist sich bei näherem Hinsehen der Einfluss der erbrechtsrelevanten Staatsverträge der Mitgliedstaaten auf das Europäische Nachlasszeugnis. Zwar kollidieren die nach Art. 75 Abs. 1 UAbs. 1, Abs. 2 vorrangigen Staatsverträge nicht mit dem Nachlasszeugnis an sich; nach Art. 62 Abs. 3 S. 1 würden staatsvertragliche Erbnachweise[20] – wie mitgliedstaatliche – ohnehin mit dem Nachlasszeugnis koexistieren. Enthalten allerdings die Staatsverträge von der Verordnung abweichende Zuständigkeits- und Kollisionsregeln, so schließen sie zwar den Erlass und die Wirkungen eines Nachlasszeugnisses weder teilweise noch gänzlich aus (näher → Art. 75 Rn. 5; auch → Art. 69 Rn. 6), sorgen aber für nicht unerhebliche Verwerfungen (zum Zuständigkeitsrecht → Art. 64 Rn. 9; zum Kollisionsrecht → Rn. 9 f.; → Art. 67 Rn. 11; → Art. 69 Rn. 22, 24).

Art. 62 EuErbVO Einführung eines Europäischen Nachlasszeugnisses

(1) Mit dieser Verordnung wird ein Europäisches Nachlasszeugnis (im Folgenden „Zeugnis") eingeführt, das zur Verwendung in einem anderen Mitgliedstaat ausgestellt wird und die in Artikel 69 aufgeführten Wirkungen entfaltet.

(2) Die Verwendung des Zeugnisses ist nicht verpflichtend.

(3) ¹Das Zeugnis tritt nicht an die Stelle der innerstaatlichen Schriftstücke, die in den Mitgliedstaaten zu ähnlichen Zwecken verwendet werden. ²Nach seiner Ausstellung zur Verwendung in einem anderen Mitgliedstaat entfaltet das Zeugnis die in Artikel 69 aufgeführten Wirkungen jedoch auch in dem Mitgliedstaat, dessen Behörden es nach diesem Kapitel ausgestellt haben.

Übersicht

I. Normzweck und Überblick

1 Die Vorschrift führt in **Abs. 1** das Europäische Nachlasszeugnis als neues unionsrechtliches Rechtsinstitut ein und legt zugleich drei Charakteristika des Europäischen Nachlasszeugnisses fest: seine grenzüberschreitende Verwendung (**Abs. 1** sowie **Abs. 3 S. 2**), seine Fakultativität **(Abs. 2)** und sein Verhältnis zu mitgliedstaatlichen Erbnachweisen **(Abs. 3 S. 1)**.

---

[18] Ratsdokument Nr. 17715/11 S. 4; s. auch Ratsdokument Nr. 18475/11 S. 6.
[19] *Max Planck Institute* RabelsZ 74 (2010), 522 (675 f., 702, 705 ff.); vgl. auch *Lagarde* Rev. crit. dr. int. pr. 101 (2012), 691 (728); *Padovini* in Jud/Rechberger/Reichelt, Kollisionsrecht in der Europäischen Union – Neue Fragen des Internationalen Privat- und Zivilverfahrensrechts, 2008, 159.
[20] Beispiel: Haager Nachlassverwaltungsübereinkommen von 1973 (→ Vor Art. 1 Rn. 4 f.).

II. Grenzüberschreitende Ausrichtung: Ausstellung zur Verwendung im Ausland, aber Wirkung im Inland (Abs. 1 sowie Abs. 3 S. 2)

In **Abs. 1** stellt die Verordnung klar, dass das Europäische Nachlasszeugnis seine Wirkungen nach 2 Art. 69 grundsätzlich nur in anderen Mitgliedstaaten (zum Begriff → Vor Art. 1 Rn. 29) entfalten soll. Es soll zur Verwendung in einem anderen Mitgliedstaat ausgestellt werden. Diese grenzüberschreitende Ausrichtung des Europäischen Nachlasszeugnisses wird auch in Art. 63 Abs. 1 aufgegriffen, wonach es gerade Zweck des Nachlasszeugnisses ist, eine Rechtsstellung in einem anderen Mitgliedstaat nachzuweisen. Allerdings wird dieser Grundsatz wieder in **Abs. 3 S. 2** abgeschwächt, wonach das zur Verwendung im Ausland ausgestellte Nachlasszeugnis auch im Ursprungsmitgliedstaat (Art. 3 Abs. 1 lit. e) seine Wirkungen nach Art. 69 entfaltet.

Praktisch wird **Abs. 1** selbst **geringe Bedeutung** entfalten. Denn weder ist aus dieser Vorschrift 3 abzuleiten, dass der Antragsteller eine grenzüberschreitende Verwendung darlegen oder glaubhaft machen muss. Noch kann man der Vorschrift entnehmen, dass der Antragsteller das Europäische Nachlasszeugnis zunächst im Ausland verwenden muss. Die Vorschrift ist – wie **Abs. 3 S. 2** klarstellt – allein an die ausstellende Behörde (Art. 64 Abs. 1 S. 2) gerichtet, die prospektiv das Zeugnis zur Verwendung im Ausland ausstellt, mit denselben Wirkungen im Inland. – Dennoch muss die Ausstellungsbehörde den Bedarf beim Antragsteller für eine grenzüberschreitende Verwendung prüfen. Dies folgt aus **Art. 65 Abs. 1,** der nur denjenigen der in Art. 63 Abs. 1 genannten Personen eine Antragsbefugnis einräumt, die ihre Rechtsstellung in einem anderen Mitgliedstaat darlegen müssen (näher → Art. 63 Rn. 20; s. auch Art. 65 Abs. 3 lit. f).

III. Fakultativität (Abs. 2)

Abs. 2 verdeutlicht, dass die Verwendung des Europäischen Nachlasszeugnisses **für den Verwen-** 4 **der** fakultativ ist.[1] Insbesondere können Erben, Vermächtnisnehmer, Testamentsvollstrecker und Nachlassverwalter ihre Rechtsposition grenzüberschreitend auch mittels Entscheidungen, öffentlicher Urkunden oder gerichtlicher Vergleiche nach der Verordnung geltend machen, s. Erwägungsgrund Nr. 69 S. 1. Mitgliedstaatliche Behörden oder Gerichte dürfen nicht die Vorlage eines Nachlasszeugnisses einfordern. So bezieht sich etwa die Pflicht zur Vorlage eines Erbscheins zum Nachweis der Erbfolge nach § 35 Abs. 1 S. 1 GBO auf die Vorlage eines deutschen Erbscheins oder eines Europäischen Nachlasszeugnisses. Umgekehrt bedeutet die Fakultativität des Nachlasszeugnisses nicht, dass keine **Pflicht, das Nachlasszeugnis als Legitimationsmittel zu akzeptieren,** besteht. Nach Art. 69 Abs. 5 sind jedenfalls die mitgliedstaatlichen **Registerbehörden** an die Legitimationsfunktion des Nachlasszeugnisses gebunden (→ Art. 69 Rn. 29 f.). Aus dem Legalitätsprinzip folgt ferner, dass auch die Vermutungswirkung des Art. 69 Abs. 2 für die Gerichte und Behörden der Mitgliedstaaten verpflichtend ist,[2] soweit freilich die Vermutung nicht widerlegt werden kann. Dagegen sind Private nicht an die Funktionen des Nachlasszeugnisses gebunden.[3] Insbesondere ist niemand verpflichtet, im Vertrauen auf die Gutglaubensfunktion des Art. 69 Abs. 3 und 4 Transaktionen vorzunehmen (→ Art. 69 Rn. 22). Grundsätzlich kann vertraglich vereinbart werden, inwieweit ein Europäisches Nachlasszeugnis von den Parteien als Privaten auch jenseits des Art. 69 Abs. 5 als Legitimationsnachweis zu akzeptieren ist. Allenfalls Vereinbarungen in AGB – Stichwort: Erbscheinsklausel in den ABG der Kreditinstitute – unterliegen einer Inhaltskontrolle.[4]

IV. Verhältnis zu mitgliedstaatlichen Erbnachweisen

Das Verhältnis zwischen dem Europäischen Nachlasszeugnis und mitgliedstaatlichen Erbnachwei- 5 sen lässt die Verordnung weitgehend im Unklaren.[5]

1. Fortbestand der mitgliedstaatlichen Erbnachweise (Abs. 3 S. 1).
Abs. 3 S. 1 stellt ledig- 6 lich klar, dass die mitgliedstaatlichen Erbnachweise („innerstaatliche[...] Schriftstücke, die in den Mitgliedstaaten zu ähnlichen Zwecken verwendet werden") durch die Einführung des Europäischen Nachlasszeugnisses **nicht berührt** werden, um den Grundsatz der Subsidiarität (Art. 5 Abs. 2 und 3 EUV) zu wahren. Der Bürger besitzt also die Wahl zwischen den mitgliedstaatlichen Erbnachweisen und dem Europäischen Nachlasszeugnis. Allerdings bedeutet dieser Vorbehalt nicht, dass die mitglied-

---

[1] Dutta/Weber/*Fornasier* Rn. 5.

[2] Im Ergebnis ebenso Dutta/Weber/*Fornasier* Rn. 5.

[3] Anders *Ivanc/Kraljić* Anali Pravnog Fakulteta Univerziteta u Zenici 18 (2016), 249 (267).

[4] Näher (und zur Übertragbarkeit der Rechtsprechung zum Erbschein auf das Nachlasszeugnis) Dutta/Weber/*Fornasier* Rn. 5.

[5] *Hess/Mariottini/Camara* Note 5, 9, 23.

staatlichen Erbnachweise nunmehr allein nach mitgliedstaatlichem Recht ausgestellt werden. Bei der Ausstellung der Erbnachweise müssen die Zuständigkeits- und Kollisionsvorschriften der Verordnung beachtet werden, da es sich um Erbsachen handelt (→ Vor Art. 4 Rn. 5, 8); auch unterliegt die grenzüberschreitende Wirkungserstreckung der Erbnachweise den Anerkennungsregeln der Verordnung (→ Art. 3 Rn. 17 sowie → Art. 39 Rn. 2).

7   Dabei muss gerade der **deutsche Erbschein** (oder das Testamentsvollstreckerzeugnis) die Konkurrenz mit dem Europäischen Nachlasszeugnis nicht scheuen[6] – innerhalb Deutschlands nicht und auch nicht in anderen Mitgliedstaaten, soweit die Wirkungen des deutschen Erbscheins als Entscheidungen iS des Art. 3 Abs. 1 lit. g nach Art. 39 ff. unionsweit anerkannt werden (→ Art. 3 Rn. 17); die „Annahme" der dem Nachweis zugrunde liegenden Urkunde nach Art. 59 kommt nur in Betracht, wenn es sich beim Erbschein nicht um eine Entscheidung handeln sollte (näher → Art. 59 Rn. 5). Das Europäische Nachlasszeugnis besitzt **zahlreiche Schwächen** gegenüber dem deutschen Erbschein; es ist damit durchaus gerechtfertigt, dass der Unionsgesetzgeber die Wirkungserstreckung mitgliedstaatlicher Erbnachweise durch Kapitel IV und V nicht unter Hinweis auf das Europäische Nachlasszeugnis eingeschränkt hat (näher → Art. 39 Rn. 2). Zunächst wird die Ausstellung des Europäischen Nachlasszeugnisses in der Regel sehr viel langwieriger oder aufwändiger sein als die Erlangung eines deutschen Erbscheins, wenn man nur an den Umfang des Antrags nach Art. 65 Abs. 3, das Erfordernis einer öffentlichen Bekanntmachung des Antrags nach Art. 66 Abs. 4 S. 2 oder die schwachen Befugnisse der Ausstellungsbehörde (Art. 67 UAbs. 2) denkt, vgl. auch → Art. 67 Rn. 8. Auch bleiben die Gutglaubenswirkungen nach Art. 69 Abs. 3 und 4 hinter den Wirkungen eines deutschen Erbscheins zurück, bei dem – anders als beim Europäischen Nachlasszeugnis – eine grob fahrlässige Unkenntnis von der Unrichtigkeit nicht schadet, zumal im Hinblick auf die bescheinigte Rechtsposition nicht zwangsläufig ein europäischer Entscheidungseinklang herrscht (→ Vor Art. 62 Rn. 9 f.). Dies und die Tatsache, dass der Rechtsverkehr nicht weiß, ob die vorgelegte beglaubigte Abschrift ein noch in Kraft befindliches Nachlasszeugnis wiedergibt, weil die Abschrift im Falle einer Änderung, eines Widerrufs oder einer Wirkungsaussetzung nicht eingezogen werden muss (Art. 71 Abs. 3, Art. 73 Abs. 2 UAbs. 1), wird die Akzeptanz des Europäischen Nachlasszeugnisses im Rechtsverkehr nicht gerade erhöhen (→ Art. 69 Rn. 22, 24; → Art. 72 Rn. 7 aE). Allenfalls die Vermutungswirkungen nach Art. 69 Abs. 2 gehen über den deutschen Erbschein hinaus, werfen aber noch zahlreiche Fragen auf (→ Art. 69 Rn. 7 ff.). Es bleibt damit zweifelhaft, ob sich das Europäische Nachlasszeugnis durchsetzen wird.[7]

8   **2. Unabhängigkeit von Europäischem Nachlasszeugnis und mitgliedstaatlichen Erbnachweisen.** Im Unklaren lässt der europäische Gesetzgeber den Rechtsanwender über das weitere Verhältnis zwischen Europäischem Nachlasszeugnis und mitgliedstaatlichen Erbnachweisen.[8] Aus diesem Schweigen kann nur folgen, dass diese Institute **unabhängig** voneinander sind.[9] Zum Verhältnis verschiedener Europäischer Nachlasszeugnisse → Art. 69 Rn. 31 f.

9   **a) Koexistenz.** Europäisches Nachlasszeugnis und mitgliedstaatlicher Erbnachweis können damit – nach Unionsrecht – unabhängig voneinander beantragt werden und unabhängig voneinander bestehen. Es herrscht ein „système de coexistence".[10]

10   Das gilt zum einen aus der Perspektive des **mitgliedstaatlichen Erbnachweises:** Nach **Unionsrecht** wirkt sich die Ausstellung eines Europäischen Nachlasszeugnisses weder auf das Recht aus, einen mitgliedstaatlichen Erbnachweis zu beantragen, noch auf den Bestand eines bereits erlassenen Erbnachweises.[11] Auswirkungen des Europäischen Nachlasszeugnisses auf die mitgliedstaatlichen Erbnachweise kann allenfalls das **mitgliedstaatliche Recht,** etwa im Rahmen seiner Durchführungsgesetzgebung vorsehen. Das deutsche Recht tut dies nicht. Insbesondere besteht – angesichts der weitergehenden Gutglaubenswirkungen des deutschen Erbscheins (→ Art. 69 Rn. 12 ff., 22, 25) und der Schwächen des Europäischen Nachlasszeugnisses (→ Rn. 7) – ein Rechtsschutzbedürfnis für den Antrag auf einen deutschen Erbschein, selbst wenn ein Europäisches Nachlasszeugnis ausge-

---

[6] S. zu den österreichischen Erbnachweisen *Schauer* JEV 2012, 78 (89 f.); *Schauer* in Schauer/Scheuba, Europäische Erbrechtsverordnung, 2012, 73, 95 f.

[7] Zurückhaltend auch die Einschätzung von *Hess/Mariottini/Camara* Note 5; zweifelnd auch *Milzer* NJW 2015, 2997; *Simon/Buschbaum* NJW 2012, 2393 (2397).

[8] S. zur Diskussion im Rahmen des Kommissionsvorschlags etwa *Max Planck Institute* RabelsZ 74 (2010), 522 (700 ff.); *Fötschl* Eur. Rev. Priv. L. 2010, 1259 ff.

[9] *Kleinschmidt* RabelsZ 77 (2013), 723 (748): „Nebeneinander beider Systeme in einem Alternativverhältnis". Anders *Buschbaum,* GS Hübner, 2012, 589 (598 f.): Rückgriff auf mitgliedstaatliches Recht.

[10] Bonomi/Wautelet/*Wautelet* Rn. 31.

[11] Dutta/Weber/*Fornasier* Rn. 11.

stellt wurde, das nach Abs. 3 S. 2 im Inland Wirkungen entfaltet.[12] Vor diesem Hintergrund sollten es sich die mitgliedstaatlichen Durchführungsgesetzgeber gut überlegen, ob sie ihre nationalen Erbnachweise einschränken, soweit ein Europäisches Nachlasszeugnis beantragt werden kann oder bereits vorliegt.[13] Der deutsche Gesetzgeber hat daher zu Recht den Erbschein nicht angetastet, der weiterhin parallel zu einem Europäischen Nachlasszeugnis beantragt werden kann.

Aber auch – zum anderen – aus Sicht des **Europäischen Nachlasszeugnisses** herrscht Koexistenz: Die Ausstellung eines mitgliedstaatlichen Erbnachweises berührt nicht den Erlass oder Bestand eines Europäischen Nachlasszeugnisses.   **11**

b) Koordination der Wirkungen. Kann mithin denselben Erbfall betreffend ein Europäisches   **12**
Nachlasszeugnis mit einem mitgliedstaatlichen Erbnachweis zusammentreffen (→ Rn. 9 ff.), so sind freilich die Wirkungen beider Nachweise zu koordinieren, und zwar nicht nur im Mitgliedstaat, aus dem der Erbnachweis stammt, sondern auch in den Mitgliedstaaten, in denen seine Wirkungen erstreckt (näher → Art. 3 Rn. 17) werden:

aa) Miteinander vereinbare Erbnachweise. Sind das Europäische Nachlasszeugnis und der   **13**
mitgliedstaatliche Erbnachweis inhaltlich im Hinblick auf die bescheinigten Rechtspositionen miteinander vereinbar,[14] so ergeben sich keine Probleme. Im Hinblick auf die bescheinigten Rechtspositionen setzen sich die jeweils stärkeren Wirkungen durch.[15] Veräußert etwa ein durch sowohl ein Europäisches Nachlasszeugnis als auch einen deutschen Erbschein legitimierter Scheinerbe Nachlassgegenstände an einen Dritten und ist dem Dritten die Unrichtigkeit der Erbnachweise infolge grober Fahrlässigkeit unbekannt, so erwirbt der Dritte zwar nicht nach Art. 69 Abs. 4 aufgrund des Europäischen Nachlasszeugnisses, aber nach § 2366 Fall 1 BGB, soweit dessen übrige Voraussetzungen vorliegen.

bb) Miteinander unvereinbare Erbnachweise. Komplizierter ist die Rechtslage jedoch, wenn   **14**
das Europäische Nachlasszeugnis und der mitgliedstaatliche Erbnachweis im Hinblick auf die jeweils bescheinigte Rechtsposition divergieren.

Hierzu kann es in erster Linie kommen, wenn **unterschiedliche** Gerichte die Erbnachweise   **15**
ausstellen und dabei die maßgebliche Erbrechtslage unterschiedlich beurteilen, und sei es auch nur mangels eines europäischen Entscheidungseinklangs im Hinblick auf die bescheinigte Rechtsposition (→ Vor Art. 62 Rn. 9 f.). So können **unterschiedliche Mitgliedstaaten** eine internationale Zuständigkeit für den jeweiligen Erbnachweis jedenfalls faktisch annehmen, auch wenn rechtlich konkurrierende Zuständigkeiten nach der Verordnung ausgeschlossen sind[16] – ein positiver Kompetenzkonflikt, der wohl nicht durch Art. 17 aufgelöst wird, weil die Verfahren zur Ausstellung eines Europäischen Nachlasszeugnisses und zum Erlass eines mitgliedstaatlichen Erbnachweises unterschiedliche Streitgegenstände besitzen,[17] jedenfalls soweit ihre Wirkungen divergieren; allenfalls eine Anwendung des Art. 18 kommt in Betracht;[18] zur Anwendung der Art. 4 ff. auf Verfahren zum Erlass eines mitgliedstaatlichen Erbnachweises → Vor Art. 4 Rn. 5, 8. Jedoch kann ein früherer mitgliedstaatlicher Erbnachweis die Ausstellung eines Europäischen Nachlasszeugnisses nach Art. 67 Abs. 1 UAbs. 2 lit. b sperren. Daneben können **innerhalb eines Mitgliedstaats** mehrere örtliche oder sachliche Zuständigkeiten eröffnet sein oder verschiedene Gerichte sukzessive in der Sache unterschiedlich über Anträge auf Erlass eines mitgliedstaatlichen Erbnachweises und eines Europäischen Nachlasszeugnisses entscheiden.[19] Wenn man davon ausgeht, dass die güterrechtlichen Elemente der Erbenstellung nicht im Europäischen Nachlasszeugnis ausgewiesen werden können (hierzu ausf. → Art. 63 Rn. 8), sondern nur im nationalen Erbnachweis, sind sogar unvereinbare Erbnach-

---

[12] *Buschbaum/Simon* ZEV 2012, 525 (528); Dutta/Weber/*Fornasier* Rn. 11; *Weidlich*, FS für Palandt BGB, 2016, 53 (62).

[13] Für eine Auswirkung auf die nationalen Erbnachweise aber *Kleinschmidt* RabelsZ 77 (2013), 723 (749), wonach „der nationale Erbnachweis von dem weitergehenden ENZ abgelöst" werden soll und die „Erteilung eines nationalen Erbnachweises nach Ausstellung eines ENZ […] dessen vorherige Aufhebung voraussetzen" sollte; ähnlich auch *Max Planck Institute* RabelsZ 74 (2010), 522 (701) (allerdings noch vor dem Hintergrund des Kommissionsvorschlags).

[14] Was etwa auch bei einer „unechten Divergenz" der Fall ist, in der nationaler Erbnachweis und Europäisches Nachlasszeugnis sich nur deshalb nicht decken, weil sie unterschiedliche Inhalte haben, dazu *Buschbaum* in Hager, Die neue europäische Erbrechtsverordnung, 2013, 39, 63 f.

[15] Zust. Dutta/Weber/*Fornasier* Rn. 12; so auch *Traut* ZVglRWiss. 115 (2016), 358 (421 f.).

[16] Das übersieht *Volmer* ZEV 2014, 129 (130).

[17] Dutta/Weber/*Fornasier* Rn. 17; zust. wohl auch Deixler-Hübner/Schauer/*Perscha* Rn. 54 in Fn. 82; anders offenbar Bonomi/Wautelet/*Wautelet* Rn. 31, 37.

[18] Dutta/Weber/*Fornasier* Rn. 17; vgl. *Max Planck Institute* RabelsZ 74 (2010), 522 (701 f.).

[19] Vgl. *Kleinschmidt* RabelsZ 77 (2013), 723 (749).

weise ein und derselben Ausstellungsbehörde denkbar, jedenfalls theoretisch. Die Verordnung sieht nur sehr bescheidene Sicherungsmechanismen vor, um solche divergierenden Erbnachweise zu verhindern.[20]

16   Auch bei solchen divergierenden Erbnachweisen gilt, dass diese in ihren Wirkungen unabhängig voneinander sind. Für die **Vermutungswirkungen** (beim Europäischen Nachlasszeugnis nach Art. 69 Abs. 2) kann dies nur bedeuten, dass sich die Vermutungswirkungen der Erbnachweise aufheben, soweit sie sich widersprechen;[21] insbesondere ist das Europäische Nachlasszeugnis wegen Abs. 3 S. 1 nicht höherrangig.[22] Die Rechtslage entspricht insoweit derjenigen ohne Erbnachweis. Gleiches gilt auch für die **Legitimationswirkung** (beim Europäischen Nachlasszeugnis nach Art. 69 Abs. 5).[23] Bei den **Gutglaubenswirkungen** (beim Europäischen Nachlasszeugnis nach Art. 69 Abs. 3 und 4) kommt es darauf an, ob der Gutglaubenstatbestand nach dem Europäischen Nachlasszeugnis oder dem mitgliedstaatlichen Erbnachweis erfüllt wurde.[24] Wird der Tatbestand zugunsten verschiedener Dritter erfüllt, so löst regelmäßig der Prioritätsgrundsatz den Konflikt auf. Wird etwa ein und derselbe Nachlassgegenstand zweimal veräußert, vom durch ein Europäisches Nachlasszeugnis legitimierten Scheinerben A an den gutgläubigen Dritten B und vom durch einen mitgliedstaatlichen Erbennachweis legitimierten Scheinerben C an den gutgläubigen Dritten D, so erwirbt derjenige Dritte den Gegenstand, an den der Gegenstand zuerst veräußert wurde. Denn mit der ersten Veräußerung fällt der Gegenstand aus dem Nachlass und die fehlende Nachlasszugehörigkeit wird durch den Erbnachweis nicht ersetzt, sondern nur die fehlende erbrechtliche Position (→ Art. 69 Rn. 19, 26, 28). Ohnehin zu einem gutgläubigen Erwerb allein nach dem Europäischen Nachlasszeugnis kommt man freilich, wenn die Gutglaubenswirkung des mitgliedstaatlichen Erbnachweises, anders als die des Europäischen Nachlasszeugnisses (→ Art. 69 Rn. 31), aber wie etwa die des deutschen Erbscheins (zu Einzelheiten → BGB § 2366 Rn. 6), akzessorisch zu dessen Vermutungswirkung ist, die bei divergierenden Nachweisen, wie eben gesehen, aufgehoben wird.

17   **Erfährt** das ausstellende Gericht freilich **von den divergierenden Erbnachweisen,** so muss es das Nachlasszeugnis ggf. – wenn es unrichtig ist – nach Art. 71 Abs. 2 ändern oder widerrufen, jedenfalls aber nach Art. 73 seine Wirkungen aussetzen, bis geklärt ist, ob das Nachlasszeugnis richtig ist. Gleiches gilt womöglich nach dem jeweilige mitgliedstaatlichen Recht für den mitgliedstaatlichen Erbnachweis. Dabei ist es grundsätzlich irrelevant, ob eine „interne" oder „grenzüberschreitende" Divergenz (Nachlasszeugnis und Erbnachweis stammen aus dem gleichen oder unterschiedlichen Mitgliedstaaten) vorliegt.[25] Auf keinen Fall darf ein und dasselbe Gericht divergierende Erbnachweise ausstellen, wie sich für das ENZ jedenfalls aus Art. 67 Abs. 1 UAbs. 2 lit. b EuErbVO ergibt.[26]

Art. 63 EuErbVO Zweck des Zeugnisses

(1) Das Zeugnis ist zur Verwendung durch Erben, durch Vermächtnisnehmer mit unmittelbarer Berechtigung am Nachlass und durch Testamentsvollstrecker oder Nach-

---

[20] Ausf. Dutta/Weber/*Fornasier* Rn. 14 ff., 21.

[21] Dutta/Weber/*Fornasier* Rn. 20; Calvo Caravaca/Davì/Mansel/*Kreße* Rn. 19; NK-BGB/*Nordmeier* Rn. 37; insoweit zutreffend auch *Buschbaum/Simon* Rpfleger 2015, 444 (454); *Wall* ZErb 2015, 9 (16); vgl. auch *Dorsel* in LSHGGRD Erbfälle unter Geltung der EuErbVO 33, 60. Anders *Dörner* IPRax 2017, 81 (87), der hier zugunsten eines Dritten – quasi einem Günstigkeitsprinzip folgend – auf denjenigen Erbnachweis abstellen möchte, der den jeweiligen Erbberechtigten ausführt.

[22] Calvo Caravaca/Davì/Mansel/*Kreße* Rn. 19; Bonomi/Wautelet/*Wautelet* Rn. 33; *Wall* ZErb 2015, 9 (16); *Wilsch* ZEV 2012, 530 (532); jedenfalls im Registerverfahren so auch *K. W. Lange* in Dutta/Herrler EuErbVO 161, 176.

[23] NK-BGB/*Nordmeier* Rn. 37; vgl. demgegenüber *Volmer* notar 2016, 323 (328). Anders *Dörner* IPRax 2017, 81 (87): lex fori des registerführenden Mitgliedstaats soll über das Verhältnis der Erbnachweise zueinander entscheiden.

[24] Dutta/Weber/*Fornasier* Rn. 20; Calvo Caravaca/Davì/Mansel/*Kreße* Rn. 20; NK-BGB/*Nordmeier* Rn. 37; vgl. auch *K. W. Lange* in Dutta/Herrler EuErbVO 161, 176; *Weidlich*, FS für Palandt BGB, 2016, 53 (63); insoweit zust. *Dörner* IPRax 2017, 81 (87). Anders *Buschbaum/Simon* ZEV 2012, 525 (528): keine Gutglaubenswirkung des Europäischen Nachlasszeugnisses in diesem Fall; ebenso *Dorsel* in LSHGGRD Erbfälle unter Geltung der EuErbVO 33, 59 f.; *Dorsel/Schall* GPR 2015, 36 (45); *Soutier*, Die Geltung deutscher Rechtsgrundsätze im Anwendungsbereich der Europäischen Erbrechtsverordnung, 2015, 313 f.; *Traut* ZVglRWiss. 115 (2016), 358 (424 f.); *Wall* ZErb 2015, 9 (16); dagegen (wie hier) für einen Fortbestand der Gutglaubenswirkungen wohl Bonomi/Wautelet/*Wautelet* Rn. 36: „Tant qu'il n'a pas été modifié (ou que ses effets n'ont pas été suspendus) un certificat produit les effets décrits à l'article 69. Le tiers qui se fie à la copie conforme d'un certificat peut dès lors prétendre être protégé s'il contracte avec un héritier ou légataire désigné comme tel dans le certificat [...]. L'existence d'un document comportant des indications contradictoires ne prive pas le tiers de cette protection".

[25] Anders aber NK-BGB/*Nordmeier* Rn. 38.

[26] *Margonski* ZEV 2017, 212 (213).

lassverwalter bestimmt, die sich in einem anderen Mitgliedstaat auf ihre Rechtsstellung berufen oder ihre Rechte als Erben oder Vermächtnisnehmer oder ihre Befugnisse als Testamentsvollstrecker oder Nachlassverwalter ausüben müssen.

(2) Das Zeugnis kann insbesondere als Nachweis für einen oder mehrere der folgenden speziellen Aspekte verwendet werden:

a) die Rechtsstellung und/oder die Rechte jedes Erben oder gegebenenfalls Vermächtnisnehmers, der im Zeugnis genannt wird, und seinen jeweiligen Anteil am Nachlass;

b) die Zuweisung eines bestimmten Vermögenswerts oder bestimmter Vermögenswerte des Nachlasses an die in dem Zeugnis als Erbe(n) oder gegebenenfalls als Vermächtnisnehmer genannte(n) Person(en);

c) die Befugnisse der in dem Zeugnis genannten Person zur Vollstreckung des Testaments oder Verwaltung des Nachlasses.

Übersicht

I. Normzweck

Abstrakt regelt die Vorschrift – ihrer amtlichen Überschrift entsprechend – den **Zweck** des   **1** Europäischen Nachlasszeugnisses, nämlich den grenzüberschreitenden Nachweis einer bestimmten erbrechtlichen Rechtsstellung in einem anderen Mitgliedstaat. Dieser gesetzlich angeordnete Zweck ist bei der Auslegung der Art. 62 ff. stets zu berücksichtigen (s. Art. 68 → Art. 68 Rn. 2). Konkret regelt die Vorschrift jedenfalls in ihrem **Abs. 1** zugleich den Kreis der **antragsbefugten Personen,** da Art. 65 Abs. 1 für die Antragsbefugnis auf die in Abs. 1 genannten Rechtsstellungen verweist; das Gleiche gilt für die Rechtsbehelfsberechtigung nach Art. 72 Abs. 1 UAbs. 1. Zudem legt die Vorschrift mittelbar den **Umfang der Wirkungen** des Nachlasszeugnisses nach Art. 69 fest, da diese Wirkungen sich auf die nach Art. 63 bescheinigbare Rechtsposition beschränken (→ Art. 69 Rn. 1).

II. Durch das Nachlasszeugnis bescheinigbare Rechtsstellungen (Abs. 1)

Abs. 1 nennt die Rechtsstellungen, die durch ein Nachlasszeugnis in einem anderen Mitglied-   **2** staat (näher → Rn. 20) mittels des Europäischen Nachlasszeugnisses nachgewiesen werden können. Personen, die diese Rechtsstellung innehaben, sind nach Art. 65 Abs. 1 befugt, ein Nachlasszeugnis, das ihre Rechtsstellung nachweist, zu beantragen. Zu beachten sind bei Abs. 1 zwei Punkte: Zum einen besitzen die in der Vorschrift genannten Rechtsstellungen als Erbe, Vermächtnisnehmer, Testamentsvollstrecker und Nachlassverwalter, wie sämtliche Begriffe der Verordnung (allgemein → Vor Art. 1 Rn. 23 ff.), eine **autonome** Bedeutung.[1] Zum anderen ist die Frage, ob eine Person eine solche – autonom umrissene – Rechtsstellung innehat, unter Rückgriff auf das nach Kapitel III zu bestimmende **Erbstatut** oder **sonstige einschlägige Statute** zu beantworten (s. auch Art. 67 Abs. 1 UAbs. 1 S. 1). Das auf die Rechtsstellung anwendbare Recht muss nicht das Recht eines Mitgliedstaats sein. Im Hinblick auf das Erbstatut kann etwa bei einer Rechtswahl (Art. 22), aber auch bei einer subsidiären oder Notzuständigkeit in der EU (Art. 10, 11 iVm

---

[1] Ausf. für den Erben und Vermächtnisnehmer *Baldus* GPR 2012, 312.

Art. 64 S. 1) drittstaatliches Recht auf die durch das Nachlasszeugnis bescheinigbare Rechtsstellung anwendbar sein.

3   **1. Vorüberlegung: Bedarf für einen grenzüberschreitenden Nachweis durch ein Nachlasszeugnis.** Bei der autonomen Auslegung ist stets der Zweck der betreffenden unionsrechtlichen Regel zu berücksichtigen (allgemein → Vor Art. 1 Rn. 23), also bei Abs. 1 der Zweck des Europäischen Nachlasszeugnisses, nämlich eine vom Erbrecht geprägte Rechtsstellung in anderen Mitgliedstaaten mit den einheitlichen Wirkungen nach Art. 69 Abs. 2–5 nachzuweisen (→ Rn. 20). Nur wenn es abstrakt eines solchen grenzüberschreitenden Nachweises bedarf, besteht auch eine durch ein Zeugnis bescheinigbare Rechtsstellung. Bei den bescheinigbaren Rechtsstellungen kann es sich damit immer nur um Rechtsstellungen handeln, die innerhalb der EU nicht allein in dem Mitgliedstaat durchzusetzen sind, der für die Ausstellung des Nachlasszeugnisses international zuständig ist, also nach Art. 64 S. 1 für die Erbsache allgemein international zuständig ist. Sämtliche Rechtspositionen, deren (gerichtliche) Durchsetzung ausschließlich eine Erbsache darstellt, bedürfen damit keines Nachweises durch ein Nachlasszeugnis; denn diese Positionen lassen sich bereits im Ausstellungsmitgliedstaat durchsetzen, der für solche Erbsachen ebenfalls nach Art. 4 ff. (direkt) international zuständig ist. Damit kann es sich bei den in Abs. 1 genannten Rechtsstellungen nur um Rechtspositionen handeln, deren Durchsetzung nicht zwangsläufig eine Erbsache begründet und damit potentiell außerhalb des Ausstellungsmitgliedstaats gerichtlich geltend gemacht werden muss. Mit dem Nachlasszeugnis soll mithin die **Außenwirkung** der Rechtsstellung als Erbe, Vermächtnisnehmer, Testamentsvollstrecker oder Nachlassverwalter bescheinigt werden,[2] vor allem bei Rechtsgeschäften, die sich auf den Nachlass beziehen, etwa die Einziehung einer Nachlassforderung (vgl. auch → Art. 1 Rn. 4) oder Verfügungen über Nachlassgegenstände.

4   **2. Erbenstellung.** Mit einem Nachlasszeugnis kann zunächst eine Erbenstellung nachgewiesen werden. Maßgeblich ist jedoch nicht die Eigenschaft einer Person als Erbe nach dem jeweils nach Kapitel III anwendbaren Recht. Vielmehr ist der Begriff „Erbe" **autonom** auszulegen (→ Rn. 2). Das Erbstatut entscheidet lediglich über die Rechtsposition, die eine bestimmte Person innehat; ob diese Rechtsstellung den unionsrechtlichen Anforderungen an eine Erbenstellung genügt, ist eine Frage der Auslegung des Unionsrechts.

5   **a) Allgemeines.** Leider gibt die Verordnung wenig Anhaltspunkte für den unionsrechtlichen Erbenbegriff (s. allenfalls Art. 68 lit. l–n), so dass man aufgrund einer Zusammenschau der mitgliedstaatlichen Rechtsordnungen (zu diesem Element der autonomen Auslegung allgemein → Vor Art. 1 Rn. 23) als Erben diejenigen Personen ansehen muss, die wie Erben nach deutschem Recht (§ 1922 Abs. 1 BGB) individuell oder gemeinschaftlich aufgrund gesetzlicher oder gewillkürter Erbfolge (vgl. Art. 3 Abs. 1 lit. a) potentiell – und sei es auch nur quotal – im Hinblick auf den **gesamten Nachlass** berechtigt sind und nicht im Hinblick auf einzelne Nachlassgegenstände.[3] Diese Begriffsbildung ergibt sich auch aus der Abgrenzung zu den ebenfalls in Abs. 1 genannten Vermächtnisnehmern (→ Rn. 9), wobei für praktische Zwecke eine strikte Abgrenzung zu Vermächtnisnehmern nicht erforderlich ist: Könnte ein Antragsteller nach Art. 65 Abs. 1 sowohl als Vermächtnisnehmer als auch als Erbe antragsbefugt sein,[4] kommt es nicht darauf an, welches unionsrechtliche Etikett seiner Rechtsposition angeheftet wird, soweit die Rechtsposition gemäß Art. 68 lit. l–n nach dem jeweiligen Erbstatut inhaltlich ordnungsgemäß umschrieben wird.

6   **b) Art der Berechtigung.** Allerdings ist nicht jede Art der Erbenstellung durch ein Europäisches Nachlasszeugnis bescheinigbar. Abs. 1 beschränkt das Europäische Nachlasszeugnis beim Vermächtnisnehmer auf Personen „mit unmittelbarer Berechtigung am Nachlass". Die gleiche Einschränkung wird man auch beim Erben machen müssen, da nur Erben, die wie nach deutschem Recht (§ 1922 Abs. 1 BGB) **unmittelbar am Nachlass berechtigt** werden, eines grenzüberschreitenden Nachweises ihrer Erbenstellung bedürfen (→ Rn. 3): Nur solche Erben können über Nachlassgegenstände verfügen (Art. 69 Abs. 4) oder Leistungen an den Nachlass entgegennehmen (Art. 69 Abs. 3). Bei Erben, die nach innerstaatlichem Recht lediglich einen Anspruch auf den Nachlass besitzen, entfaltet diese Rechtsstellung keine Außenwirkung (→ Rn. 3). Vielmehr begründet die Durchsetzung dieses „Erbrechts" stets eine Erbsache, für die im Ausstellungsmitgliedstaat eine internationale Zuständigkeit besteht, so dass es keines Nachweises der Erbenstellung in einem anderen Mitgliedstaat bedarf. Deshalb haben vor allem in den vom common law geprägten

---

[2] In diese Richtung auch Dutta/Weber/*Fornasier* Rn. 5.
[3] S. auch *Baldus* GPR 2012, 312 (314).
[4] In anderem Zusammenhang, etwa bei Art. 23 Abs. 2 lit. b, vermeidet die Verordnung diese Abgrenzungsprobleme, indem sie schlicht vom „Berechtigten" spricht.

Rechtsordnungen, in denen der Nachlass zunächst von einem personal representative als **Zwischenperson** getragen wird und in denen die Erben bis zur Auskehr des Nachlassüberschusses lediglich Ansprüche gegen den personal representative besitzen, die Erben mangels unmittelbarer Berechtigung am Nachlass keine nach Abs. 1 durch ein Nachlasszeugnis bescheinigbare Rechtsstellung inne.[5] Gleiches gilt auch für die beneficiaries eines testamentary trust, soweit deren Rechtsstellung in den sachlichen Anwendungsbereich der Verordnung fällt (näher → Art. 1 Rn. 45). Soweit für die Erbenstellung **weitere Akte** erforderlich sind, etwa Hoheitsakte, wie bei der österreichischen Einantwortung (näher → Art. 8 Rn. 4), oder Privatakte, wie die Annahme der Erbschaft (etwa Art. 322 Abs. 1, Art. 324 arag. Código del derecho foral; § 130 Abs. 1, § 147 estn. Pärimisseadus; Art. 459, Art. 528 ff. it. Codice civile; Art. 411–5, Art. 461–1 ff., Art. 463–1 katal. Codi civil; Art. 2046, Art. 2050 ff. port. Código civil), so sind die Erben ab Vollzug dieser Akte unmittelbar am Nachlass berechtigt.[6] Ebenfalls nicht unmittelbar am Nachlass beteiligt sind oftmals **Pflichtteilsberechtigte,** soweit diesen – wie nach deutschem Recht (§ 2303 Abs. 1 S. 2 BGB) – lediglich ein Wertanspruch eingeräumt wird; anders ist dies freilich bei echten **Noterben,** die unmittelbar am Nachlass beteiligt sind, und damit auch eine durch ein Nachlasszeugnis bescheinigbare Rechtsposition innehaben können.[7] Auch die **Erbenstellung des Fiskus** ist bescheinigbar, nicht aber die Stellung des Staats, soweit sich dieser den erbenlosen Nachlass aufgrund eines hoheitlichen Aneignungsrechts (vgl. auch Art. 33) aneignet; letzteres wird nicht vom sachlichen Anwendungsbereich der Verordnung erfasst (→ Art. 1 Rn. 12).

Bescheinigbar durch ein Nachlasszeugnis ist nicht nur eine **Alleinerbenstellung,** sondern auch **7** eine **Miterbenstellung.** Ebenfalls Gegenstand eines Nachlasszeugnisses kann eine **zeitweilige Erbenstellung** sein, etwa als Vorerbe oder Nacherbe im Rahmen einer Vor- und Nacherbschaft oder entsprechender Institute.[8]

c) Güterrechtliche Elemente der Erbenstellung durch das Nachlasszeugnis bescheinig- 8 bar? Grundsätzlich können nur Rechtsstellungen im Nachlasszeugnis bescheinigt werden, die sich nach Art. 1 im sachlichen Anwendungsbereich der Verordnung befinden. Diese Einschränkung wirft vor allem Fragen bei der **Erbenstellung des überlebenden Ehegatten** (oder Lebenspartners) auf, die nicht nur vom Erbrecht, sondern speziell nach Erbrecht über den pauschalierten Zugewinnausgleich (§ 1371 Abs. 1 BGB) auch vom Güterrecht beeinflusst wird.[9] Der Zugewinnausgleich wird nicht vom Anwendungsbereich der Erbrechtsverordnung erfasst (→ Art. 1 Rn. 22 f.) und dürfte damit eigentlich auch nicht im Nachlasszeugnis bescheinigt werden, jedenfalls nicht im Hinblick auf seine rechtlichen Wirkungen, sondern allenfalls deklaratorisch.[10] Dennoch ist die Erbenstellung des überlebenden Ehegatten auch nach Abs. 1 mittels eines Nachlasszeugnisses mit all seinen Wirkungen nach Art. 69 nachweisbar, soweit sie auf dem Güterrecht beruht.[11] Denn der europäische Gesetzgeber stellt in Erwägungsgrund Nr. 12 S. 2 klar, dass die mit einer Erbsache –

---

[5] So auch Dutta/Weber/*Schmidt* Art. 23 Rn. 78; Dutta/Weber/*Fornasier* Rn. 6; anders NK-BGB/*Nordmeier* Rn. 4.

[6] Dutta/Weber/*Fornasier* Rn. 6; zu Österreich *Schauer* in Schauer/Scheuba, Europäische Erbrechtsverordnung, 2012, 73, 89.

[7] Dutta/Weber/*Fornasier* Rn. 7.

[8] So für die Nacherbschaft nach §§ 608 ff. öst. ABGB auch *Schauer* in Schauer/Scheuba, Europäische Erbrechtsverordnung, 2012, 73, 80; vgl. auch Dutta/Weber/*Fornasier* Rn. 7; vgl. aber auch Bonomi/Wautelet/*Wautelet* Rn. 9.

[9] Ausf. zu dieser Problematik und den möglichen Lösungen Dutta/Weber/*Fornasier* Rn. 23 ff.

[10] *Dörner* ZEV 2010, 221 (228); *Dörner* ZEV 2012, 505 (508): Lediglich Nennung des güterrechtlichen Viertels des § 1371 Abs. 1 BGB nach Art. 68 lit. h EuErbVO mit „informatorischem Charakter"; vgl. auch *Dörner* in Dutta/Herrler EuErbVO 73, 81 f.; *Dörner* IPRax 2017, 81 (85 ff.); zust. *Pintens* in LSHGGRD Erbfälle unter Geltung der EuErbVO 1, 5 f.; *Schaub* Hereditare 3 (2013), 91 (127); in dieselbe Richtung auch *Dorsel/Schall* GPR 2015, 36 (44); *Looschelders,* FS v. Hoffmann, 2011, 266, 281; *Mankowski* ZEV 2014, 121 (126); Frieser/*Martiny* ErbR Nach Art. 26 EGBGB: EuErbVO Rn. 257; *Odersky* notar 2013, 3 f.; *Schurig,* FS Spellenberg, 2010, 343 (352); *Steinmetz/Löber/García Alcázar* ZEV 2010, 234 (237); *Traut* ZVglRWiss. 115 (2016), 358 (382 f.); *Walther* GPR 2014, 325 (327 f.); *Weber* DNotZ 2016, 424 (440 f.); so wohl auch *K. W. Lange* in Dutta/Herrler EuErbVO 161, 167.

[11] *Dutta* FamRZ 2013, 4 (13 f.); *Köhler* in GKKW IntErbR 200 f.; *Kunz* GPR 2012, 253 (254); *Süß* ZEuP 2013, 725 (742 f.); tendenziell auch *Grau* in Zimmermann ErbR Nebengesetze Art. 25, 26 EGBGB Anh.: EuErbVO Rn. 84; *Picht,* FS Coester-Waltjen, 2015, 619 (627); jedenfalls im Hinblick auf die Vermutungswirkung so auch *Dorsel* in LSHGGRD Erbfälle unter Geltung der EuErbVO 33, 45; so wohl de lege lata auch *D. Lübcke,* Das neue europäische internationale Nachlassverfahrensrecht, 2013, 587, 588 jeweils in Fn. *; vgl. auch Bonomi/Wautelet/*Wautelet* Art. 68 Rn. 24. Zum gleichen Ergebnis kommen Dutta/Weber/*Fornasier* Rn. 30; *Kleinschmidt* RabelsZ 77 (2013), 723 (756 f.), freilich beide auf Basis einer erbrechtlichen Qualifikation güterrechtlicher Einflüsse auf die Erbenstellung.

also auch mit der Ausstellung eines Europäischen Nachlasszeugnisses – befassten Gerichte „je nach den Umständen des Einzelfalls" auch güterrechtliche Einflüsse auf die Anteile der Berechtigten „berücksichtigen" dürfen. Eine bloß deklaratorische Abgabe der güterrechtlichen Einflüsse auf die Erbquoten im Nachlasszeugnis, ohne dass sich die rechtlichen Wirkungen nach Art. 69 auf den güterrechtlichen Anteil erstrecken, würde die Effektivität des Nachlasszeugnisses beeinträchtigen. Der Rechtsverkehr könnte nicht auf die im Nachlasszeugnis ausgewiesenen Quoten vertrauen,[12] sondern müsste stets prüfen, auf welcher materiellrechtlichen Grundlage diese Quoten beruhen. Diese erweiternde Auslegung der Verordnung – die der EuGH demnächst auf Vorlage des Kammergerichts hin in der Rechtssache *Mahnkopf* (Rs. C-558/16) zu überprüfen haben wird[13] – besitzt freilich Nebenwirkungen: Da im Hinblick auf güterrechtliche Einflüsse auf die Erbteile in der EU kein Entscheidungseinklang herrscht – zum einen sind die europäischen Güterrechtsverordnungen zeitlich noch nicht anwendbar (→ Art. 1 Rn. 20), zum anderen nehmen nicht alle Mitgliedstaaten iS der EuErbVO (Vor Art. 1 Rn. 29) an den Güterrechtsverordnungen teil (→ Art. 1 Rn. 25) – ist es durchaus denkbar, dass das Nachlasszeugnis die Erbquoten nicht aus Sicht eines jeden Mitgliedstaats korrekt wiedergibt (allgemein → Vor Art. 62 Rn. 9), auch wenn das Zeugnis in allen Mitgliedstaaten seine einheitlichen Wirkungen entfaltet (Art. 69 Abs. 1). Denn die zu bescheinigende Rechtsposition wird nach Art. 67 Abs. 1 UAbs. 1 S. 1 nicht nur nach dem Erbstatut beurteilt, sondern nach dem jeweils einschlägigen Statut. Dieser Defekt wird für die an den Güterrechtsverordnungen teilnehmenden Mitgliedstaaten hinsichtlich der güterrechtlichen Einflüsse erst durch die einheitlichen Güterkollisionsnormen für Ehegatten und eingetragene Partner in Art. 20 ff. EuGüVO bzw. Art. 20 ff. EuPartVO behoben, will man an einer güterrechtlichen Qualifikation von Regelungen, die – wie der deutsche pauschalierte Zugewinnausgleich – auch güterrechtliche Wertungen erbrechtlich umsetzen (→ Art. 1 Rn. 22), festhalten.[14] Denkbar wäre auch, dass die mitgliedstaatlichen Gesetzgeber im Rahmen der Durchführungsgesetzgebung zur Erbrechtsverordnung bis zur Vereinheitlichung des Güterkollisionsrechts reagieren. So schlägt etwa *Heinrich Dörner* vor, dass der deutsche Gesetzgeber in Fällen eines fehlenden güterrechtlichen Entscheidungseinklangs einen pauschalierten Zugewinnausgleich nach § 1371 Abs. 1 BGB untersagt und nur einen rechnerischen Zugewinnausgleich nach § 1371 Abs. 2 BGB zulässt, um die Funktionsfähigkeit des Europäischen Nachlasszeugnisses nicht zu gefährden.[15] Der deutsche Durchführungsgesetzgeber hat diesen Vorschlag indes nicht aufgegriffen.

9   **3. Stellung als Vermächtnisnehmer „mit unmittelbarer Berechtigung am Nachlass".** In Abgrenzung zur Erbenstellung (→ Rn. 4 ff.) und auch hier aufgrund einer Zusammenschau der mitgliedstaatlichen Rechtsordnungen (allgemein → Vor Art. 1 Rn. 23) umschreibt die Vermächtnisnehmerstellung – die ebenfalls in der Verordnung nicht näher definiert wird – die Berechtigung im Hinblick auf **einzelne Nachlassgegenstände** und nicht nur im Hinblick auf den gesamten Nachlass.[16] Hierbei kann es sich, auch angesichts des weiten Verständnisses der Verordnung von der Rechtsnachfolge von Todes wegen (vgl. Art. 3 Abs. 1 lit. a), nicht nur um eine Rechtsposition handeln, die auf einer Verfügung von Todes wegen beruht, sondern auch um eine gesetzliche Berechtigung.[17] Allerdings sind nur Vermächtnisse in einem Nachlasszeugnis bescheinigbar, die den jeweiligen Vermächtnisnehmer **unmittelbar am Nachlass berechtigen,** die speziell als Vindikationslegate[18] ex lege dem Vermächtnisnehmer eine dingliche Berechtigung am Nachlass einräumen und nicht lediglich einen Anspruch auf den vermachten Nachlassgegenstand gegen die Erben oder den Nachlass – eine Frage, die nach Art. 67 Abs. 1 UAbs. 1 S. 1 iVm Art. 23 Abs. 2 lit. b und lit. e vom allgemeinen Erbstatut beantwortet wird (→ Art. 23 Rn. 20 ff.; auch → Art. 1 Rn. 48 ff.; zu Anpassung eines Vindikationslegats → Art. 31 Rn. 6). Grund für diese Einschränkung ist es, dass es nur im Falle einer unmittelbaren Berechtigung eines unionsweiten Nachweises der Vermächtnisnehmerstellung bedarf (vgl. soeben → Rn. 3, 6). Nicht durch ein Nachlasszeugnis bescheinigbar ist damit die Rechtsstellung als Begünstigter eines **Damnationslegats,** etwa eines Vermächtnisnehmers

---

[12] Wobei *Dörner* IPRax 2017, 81 (86) zu Recht darauf hinweist, dass die Erbquoten bei den Wirkungen des Nachlasszeugnisses nach Art. 69 keine allzu zentrale Rolle spielen; vgl. auch *Dörner* ZEV 2017, 211 (212).

[13] KG FamRZ 2017, 64 = ZEV 2017, 209 (das jedenfalls im konkreten Fall für eine Aufnahme des güterrechtlichen Viertels in das Nachlasszeugnis plädiert).

[14] Für eine erbrechtliche Qualifikation des § 1371 Abs. 1 BGB deshalb Dutta/Weber/*Fornasier* Rn. 3 ff. sowie *Kleinschmidt* RabelsZ 77 (2013), 723 (757 f.).

[15] *Dörner* ZEV 2012, 505 (508); *Dörner* in Dutta/Herrler EuErbVO 73, 82 f.; s. auch *Lehmann* ZEV 2014, 232 (235 f.); *Odersky* notar 2013, 3 (4).

[16] S. auch *Baldus* GPR 2012, 312 (314).

[17] Vgl. auch *Krist* ÖNZ 2016, 361 (366), zum Anwachsungsrecht nach § 14 öst. WEG.

[18] *Kleinschmidt* RabelsZ 77 (2013), 723 (759 f., 770); vgl. auch *Lechner* IPRax 2013, 497 (500); anders *Süß* ZEuP 2013, 725 (744): erfasst sein sollen nur der Erbenstellung nahekommende Universal- und Quotenvermächtnisse; dagegen mit ausf. Begründung Dutta/Weber/*Fornasier* Rn. 12 ff.

nach deutschem Recht (vgl. § 2174 BGB).[19] Anders müssten freilich konsequenterweise Vertreter der Ansicht entscheiden, nach der die Frage der dinglichen Wirkungen eines Vindikationslegats dem jeweiligen Statut des vermachten Gegenstands zu entnehmen ist, etwa dem Sachenrechtsstatut (→ Art. 1 Rn. 48, 49). Befindet sich etwa das vermachte Grundstück in einem Staat, dessen Recht ein Vindikationslegat vorsieht, dann muss auch die Rechtstellung als Begünstigter dieses Damnationlegats den Vertretern jener Ansicht im Nachlasszeugnis bescheiniggbar sein.[20] Auch wenn das Damnationslegat vollzogen wurde und der Vermächtnisnehmer dinglich am vermachten Nachlassgegenstand berechtigt ist, kann seine Rechtstellung nicht durch ein Europäisches Nachlasszeugnis nachgewiesen werden. Denn dann ist der Betreffende nicht mehr als Vermächtnisnehmer am vermachten Gegenstand unmittelbar berechtigt, sondern als Rechtsinhaber aufgrund des jeweiligen Vollzugsakts, etwa der Übertragung des Eigentums an der vermachten Sache nach dem jeweiligen Sachenrechtsstatut (näher → Art. 23 Rn. 22). Zur Legitimationswirkung nach Art. 69 Abs. 5 → Art. 69 Rn. 29 f.

4. Stellung als Testamentsvollstrecker. Auch im Dunklen lässt der europäische Gesetzgeber **10** sein Konzept des Testamentsvollstreckers, dessen Rechtsstellung ebenfalls nach Abs. 1 durch ein Europäisches Nachlasszeugnis bescheinigbar sein soll. Auch im übrigen Unionsrecht finden sich keine Anhaltspunkte für einen **autonomen Testamentsvollstreckerbegriff.**[21] Man wird daher aufgrund einer Zusammenschau der mitgliedstaatlichen Rechtsordnungen (allgemein → Vor Art. 1 Rn. 23) als Testamentsvollstrecker eine Person ansehen, die aufgrund des Willens des Erblassers (,,**Testaments**vollstrecker") Befugnisse, vor allem Verwaltungsbefugnisse, im Hinblick auf den Nachlass oder einen Nachlassteil ausübt, wobei die Erben nicht ohne Weiteres über die Beschränkung disponieren können. Ein Testamentsvollstrecker, der nach dem allgemeinen Erbstatut (Art. 23 Abs. 2 lit. f) keinerlei Befugnisse gegenüber dem Nachlass ausüben kann, bedarf keines Nachlasszeugnisses zur Wahrnehmung seines Amts (→ Rn. 3), und dessen Rechtsstellung kann damit auch nicht in einem Nachlasszeugnis nachgewiesen werden. Bescheinigbar ist nicht nur die Stellung als alleiniger Testamentsvollstrecker, sondern auch als **Mitvollstrecker.** Der Testamentsvollstrecker (§§ 2197 ff. BGB) nach deutschem Recht ist damit Testamentsvollstrecker im unionsrechtlichen Sinne, soweit ihm die Verwaltung des Nachlasses nach §§ 2205, 2208, 2209 BGB zusteht. Gleiches gilt aber nicht nur für den executor als vom Erblasser bestimmter **personal representative** in den vom common law geprägten Rechtsordnungen,[22] sondern auch für den **trustee** eines testamentary trust. Ebenfalls unter den autonomen Testamentsvollstreckerbegriff subsumieren kann man Personen, die zur Verwaltung des Nachlasses aufgrund einer **postmortal wirkenden Vollmacht** des Erblassers[23] (zu von den Erben Bevollmächtigten → Rn. 11) oder einer letzwilligen **Auflage** befugt sind. So sieht etwa das französische Erbrecht neben der schwach ausgestalteten Testamentsvollstreckung auch eine administration de la succession par un mandataire (Art. 812 ff. Code civil) vor, wobei das Mandat nicht ohne Weiteres vom Erben widerrufen werden kann; diese vom Erblasser angeordnete Nachlassverwaltung übernimmt Funktionen einer Testamentsvollstreckung. Erfasst vom unionsrechtlichen Begriff der Testamentsvollstreckung ist ferner nicht nur – in der deutschen Terminologie – die **Abwicklungsvollstreckung,** sondern auch die **Dauervollstreckung,** dh die Fremdverwaltung des Nachlasses als Selbstzweck. Dies gilt auch, wenn das Erbstatut – wie etwa das niederländische Recht mit dem testamentair bewind nach Art. 4:153 ff. Burgerlijk Wetboek – für die Dauervollstreckung ein eigenständiges Rechtsinstitut bereithält.

5. Stellung als Nachlassverwalter. Wenige Anhaltspunkte bietet die Verordnung auch für die **11** **autonome** Auslegung des Nachlassverwalterbegriffs. In Abgrenzung zum Testamentsvollstrecker (→ Rn. 10) und aufgrund einer Zusammenschau der mitgliedstaatlichen Rechtsordnungen (allgemein → Vor Art. 1 Rn. 23) bezeichnet der Nachlassverwalter eine Person, die nach dem allgemeinen

---

[19] *Dorsel* in LSHGGRD Erbfälle unter Geltung der EuErbVO 33, 37; *J. Schmidt* ZEV 2015, 389 (392); zum Kommissionsvorschlag *Leipold* JZ 2010, 802 (810).

[20] So konsequent *Döbereiner* ZEV 2015, 559 (562); allerdings gilt dies – anders als *Döbereiner* suggeriert – nicht für die hier vertretene Ansicht zur Qualikation der vom Erbstatut vorausgesetzten Vollzugsakte. Wie in → Art. 23 Rn. 22 (vgl. auch → Art. 1 Rn. 50) dargelegt, kommt danach für den Vollzug des Damnationsvermächtnis gerade nicht das Statut des Nachlassgegenstands, etwa das Sachenrechtsstatut, zum Zuge.

[21] Insbesondere kann nicht auf EuGH Slg. 2007, I-10609 = NJW 2008, 975 – Kommission/Deutschland, zurückgegriffen werden, da es hier um die umsatzsteuerliche Qualifikation eines Testamentsvollstreckers nach deutschem Recht ging.

[22] Dutta/Weber/*Fornasier* Rn. 19. Ein vom Gericht bestellter administrator wird dagegen als Nachlassverwalter anzusehen sein → Rn. 11.

[23] Dutta/Weber/*Fornasier* Rn. 19; *Schauer* in Schauer/Scheuba, Europäische Erbrechtsverordnung, 2012, 73, 84.

Erbstatut (Art. 23 Abs. 2 lit. f) ohne Willen des Erblassers zur Verwaltung des Nachlasses befugt ist, sei es aufgrund Gesetzes oder aufgrund einer gerichtlichen Anordnung der Nachlassverwaltung. Anders als bei Art. 29 muss es sich nicht um eine verpflichtende oder auf Antrag verpflichtende Nachlassverwaltung handeln. Durch ein Nachlasszeugnis bescheinigbar ist auch die Rechtsstellung des Nachlassverwalters bei einer fakultativen – etwa im Ermessen des Gerichts stehenden – Nachlassverwaltung. Entscheidend ist auch hier, dass dem Nachlassverwalter (Verwaltungs-)Befugnisse im Hinblick auf den Nachlass eingeräumt werden, da es nur dann eines unionsweiten Nachweises seiner Rechtsstellung bedarf (→ Rn. 3). Nach deutschem Recht sind damit **Nachlassverwalter** (§ 1975 BGB) und **Nachlasspfleger** (§§ 1960 ff. BGB), soweit ihnen die Verwaltung des Nachlasses als Teil ihres Aufgabenkreises übertragen wurde und etwa nicht nur die Ermittlung des Erben, als Nachlassverwalter iS des Art. 63 Abs. 1 anzusehen.[24] Auch hier ist durch ein Nachlasszeugnis bescheinigbar nicht nur die Stellung als alleiniger Nachlassverwalter, sondern auch als **Mitverwalter.** Ebenfalls als Nachlassverwalter ist der von den Erben zur Verwaltung des Nachlasses **Bevollmächtigte** anzusehen[25] (zum vom Erblasser postmortalwirkend Bevollmächtigten → Rn. 10). Nicht Nachlassverwalter im unionsrechtlichen Sinn sind dagegen **Nachlassinsolvenzverwalter** (§ 1975 BGB), da das Nachlassinsolvenzverfahren nicht in den sachlichen Anwendungsbereich der Verordnung fällt[26] (→ Art. 76 Rn. 4). Soweit das Gericht dem Nachlassverwalter iS der Verordnung Befugnisse einräumt, die über die Verwaltung des Nachlasses hinausgehen, etwa einem Nachlasspfleger die Aufgabe, die Erben zu ermitteln, greifen nicht die unionsweiten Wirkungen des Nachlasszeugnisses (Art. 69), sondern es kommt darauf an, ob die zugrunde liegende Entscheidung in den anderen Mitgliedstaaten nach Art. 39 ff. anerkennungsfähig ist.[27]

III. Aspekte der bescheinigbaren Rechtsstellung (Abs. 2)

12   In Abs. 2 umschreibt die Vorschrift den Umfang der durch das Europäische Nachlasszeugnis bescheinigbaren Rechtsstellung (→ Rn. 2 ff.) näher, wobei die Aufzählung der einzelnen Aspekte nicht abschließend ist („insbesondere").

13   **1. Rechtsstellung des Erben oder Vermächtnisnehmers (lit. a).** Zunächst kann mit dem Nachlasszeugnis die Rechtsstellung des Erben (→ Rn. 4 ff.) oder Vermächtnisnehmers (→ Rn. 9) nachgewiesen werden, und zwar auch im Hinblick auf den Anteil am Nachlass, wobei sich diese Klarstellung angesichts des unionsrechtlichen Vermächtnisnehmerbegriffs nur auf die Erben beziehen kann, denen ein Anteil am Nachlass eingeräumt wird und nicht wie den Vermächtnisnehmern eine Rechtsposition im Hinblick auf einen Nachlassgegenstand.

14   **2. Zuweisung einzelner Nachlassgegenstände (lit. b).** Bemerkenswerterweise kann das Europäische Nachlasszeugnis aber auch genutzt werden, um eine Zuweisung einzelner Nachlassgegenstände an den Erben oder Vermächtnisnehmer nachzuweisen. Die deutsche Sprachfassung spricht etwas unscharf von „Vermögenswerte[n] des Nachlasses". Ein Blick in die anderen Sprachfassungen („assets", „biens", „beni" oder „bepaalde goederen") zeigt, dass hiermit nur die Nachlassgegenstände gemeint sein können.

15   Im Hinblick auf die **Vermächtnisnehmer** ist die Zuweisung einzelner Nachlassgegenstände unmittelbar einsichtig, da nach dem unionsrechtlichen Vermächtnisnehmerbegriff (→ Rn. 9) diesem gerade eine Rechtsposition im Hinblick auf einen Nachlassgegenstand zukommt, wobei nur eine Vermächtnisnehmerstellung durch ein Nachlasszeugnis bescheinigbar ist, bei der der Vermächtnisnehmer etwa als Inhaber eines Vindikationslegats unmittelbar eine Nachlassberechtigung erhält (→ Rn. 9).

16   Aber auch bei **Erben** ist eine solche unmittelbare Zuweisung von einzelnen Nachlassgegenständen denkbar. Zwar sind die Erben nach dem unionsrechtlichen Erbenbegriff (→ Rn. 4 ff.) jedenfalls gemeinschaftlich im Hinblick auf den gesamten Nachlass berechtigt. Aber es ist nicht ausgeschlossen, dass einzelnen Erben zudem im Wege einer **Teilungsanordnung** einzelne Nachlassgegenstände zugewiesen werden. Da es aber nur dann eines Nachlasszeugnisses bedarf, wenn diese Gegenstände unmittelbar dem Erben zugewiesen werden (→ Rn. 6) und nicht erst bei der Nachlassabwicklung, wird man lit. b nur auf dinglich wirkende Teilungsanordnungen (→ Art. 23 Rn. 21; auch → Art. 1

---

[24] Im Erg. auch Dutta/Weber/*Fornasier* Rn. 19; zum Nachlasspfleger so auch *Margonski*, Grenzüberschreitende Tätigkeit des Nachlasspflegers in deutsch-polnischen Nachlasssachen, 2013, 186 f.; *W. Zimmermann* Rpfleger 2017, 2 (3).

[25] *W. Zimmermann* RPfleger 2017, 2 (4).

[26] So auch Dutta/Weber/*Fornasier* Rn. 19.

[27] Vgl. auch *W. Zimmermann* RPfleger 2017, 2 (8).

Rn. 48 ff.) anzuwenden haben[28] und nicht auf lediglich schuldrechtlich wirkende Anordnungen[29] oder auf eine Berechtigung des Erben aufgrund einer Auseinandersetzungsvereinbarung.[30]

Die dem Vermächtnisnehmer oder Erben zugewiesenen Nachlassgegenstände sind im Nachlass- **17** zeugnis **anzugeben,** s. Art. 68 lit. l.

Allerdings ordnet lit. b nur an, dass die Zuweisung einzelner Nachlassgegenstände an einen Ver- **18** mächtnisnehmer oder Erben durch das Nachlasszeugnis bescheinigt werden kann. Nicht bescheinigt werden kann dagegen die **Zugehörigkeit eines Gegenstands zum Nachlass,** wie ausdrücklich auch Erwägungsgrund Nr. 71 S. 3 klarstellt. Die dingliche Zuordnung einzelner Vermögensgegenstände zum Nachlass betrifft nicht die Rechtsnachfolge von Todes wegen (Art. 1 Abs. 1 S. 1), sondern das jeweilige Vermögensrecht; sie befindet sich damit außerhalb des Anwendungsbereichs der Verordnung und kann damit auch nicht durch das Nachlasszeugnis nachgewiesen werden (s. auch → Art. 69 Rn. 19 aE; vgl. auch → Rn. 8, 11 aE). Das Nachlasszeugnis kann damit allenfalls bescheinigen, dass ein Nachlassgegenstand – soweit er in den Nachlass fällt – dem Vermächtnisnehmer oder Erben zusteht. Zu einer möglichen Kumulation von europäischem und nationalem Gutglaubensschutz → Art. 69 Rn. 28.

3. Befugnisse zur Vollstreckung des Testaments oder Verwaltung des Nachlasses (lit. c). **19** Schließlich erwähnt der Gesetzgeber als Aspekte der bescheinigbaren Rechtsstellung auch die Befugnisse zur Vollstreckung des Testaments und Verwaltung des Nachlasses. Wohlweißlich begrenzt die Verordnung diese Aspekte nicht auf den Testamentsvollstrecker oder den Nachlassverwalter. Vor allem auch die Erben sind regelmäßig zur Verwaltung des Nachlasses (vgl. § 2038 BGB) und zum Teil auch zur Vollstreckung des Testaments, etwa von Auflagen (vgl. § 2197 S. 1 BGB), befugt. Bei den Befugnissen eines Nachlassverwalters ist ggf. die Sonderregel des Art. 29 zu beachten.

IV. Grenzüberschreitende Ausrichtung des Zeugnisses: Bedürfnis des Antragstellers für eine grenzüberschreitende Verwendung (Abs. 1 aE)

Allerdings ist eine Rechtsstellung (→ Rn. 2 ff.) nur dann durch ein Europäisches Nachlasszeugnis **20** bescheinigbar, wenn sich die Betreffenden nach Abs. 1 „in einem anderen Mitgliedstaat auf ihre Rechtsstellung berufen oder ihre Rechte als Erben oder Vermächtnisnehmer oder ihre Befugnisse als Testamentsvollstrecker oder Nachlassverwalter ausüben müssen". Damit bestätigt die Verordnung die bereits in Art. 62 Abs. 1 und Abs. 3 S. 2 angesprochene grenzüberschreitende Ausrichtung des Europäischen Nachlasszeugnisses. Diese Einschränkung in **Abs. 1 aE** hat, anders als Art. 62 Abs. 1 und Abs. 3 S. 2, auch praktische Relevanz, da Art. 65 Abs. 1 auf die bescheinigbare Rechtsstellung in Abs. 1 verweist und damit auch auf die hier vorausgesetzte grenzüberschreitende Ausrichtung. Allerdings werden keine allzu hohen Anforderungen an das Bedürfnis nach einem grenzüberschreitenden Nachweis der Rechtsstellung zu stellen sein,[31] zu dem der Antragsteller nach Art. 65 Abs. 3 lit. f in seinem Antrag vortragen muss. Es sollte ausreichen, dass sich Nachlassvermögen im Ausland befindet[32] (vgl. auch Erwägungsgrund Nr. 68 S. 1), das verwaltet werden muss, oder sich Nachlassgläubiger oder Nachlassschuldner im Ausland befinden oder Nachlassforderungen oder Nachlassverbindlichkeiten ausländischem Recht unterliegen. Nachlassvermögen in anderen Mitgliedstaaten ist aber keine zwingende Voraussetzung.[33] Ausreichend ist es auch, dass der Inhaber der bescheinigbaren Rechtsstellung Nachlassvermögen im Ausland verwerten möchte, etwa zum Nachlass gehörige Sachen ins Ausland verbringen und dort veräußern möchte,[34] oder mithilfe des Zeugnisses überhaupt in die Lage versetzt werden möchte, feststellen zu können, ob im Ausland Nachlassvermögen vorhanden ist; auch hierzu kann das Nachlasszeugnis dienen.[35]

Art. 64 EuErbVO Zuständigkeit für die Erteilung des Zeugnisses

[1]Das Zeugnis wird in dem Mitgliedstaat ausgestellt, dessen Gerichte nach den Artikeln 4, 7, 10 oder 11 zuständig sind. [2]Ausstellungsbehörde ist

---

[28] Dutta/Weber/*Fornasier* Rn. 37.

[29] Vgl. auch *Simon/Buschbaum* NJW 2012, 2393 (2397).

[30] Dutta/Weber/*Fornasier* Rn. 37; anders *Schauer* in Schauer/Scheuba, Europäische Erbrechtsverordnung, 2012, 73, 83.

[31] Vgl. auch *Lagarde* Rev. crit. dr. int. pr. 101 (2012), 691 (726); Bonomi/Wautelet/*Wautelet* Art. 62 Rn. 19.

[32] *Grau* in Zimmermann ErbR Nebengesetze Art. 25, 26 EGBGB Anh.: EuErbVO Rn. 74; *Kleinschmidt* RabelsZ 77 (2013), 723 (746).

[33] *Süß* ZEuP 2013, 725 (737); Bonomi/Wautelet/*Wautelet* Rn. 4.

[34] Zust. Dutta/Weber/*Fornasier* Art. 62 Rn. 19; *Lutz* BWNotZ 2016, 34 (42); *Odersky* notar 2015, 183 (185); offengelassen von *Kleinschmidt* RabelsZ 77 (2013), 723 (746) in Fn. 119.

[35] *Süß* ZEuP 2013, 725 (738).

a) ein Gericht im Sinne des Artikels 3 Absatz 2 oder
b) eine andere Behörde, die nach innerstaatlichem Recht für Erbsachen zuständig ist.

Übersicht

I. Normzweck

1   Die Vorschrift regelt die Zuständigkeit der mitgliedstaatlichen Behörden oder Gerichte zur Ausstellung des Europäischen Nachlasszeugnisses.

II. Internationale Zuständigkeit zur Ausstellung des Zeugnisses (S. 1)

2   Zunächst verweist die Vorschrift für die internationale Zuständigkeit zur Ausstellung des Zeugnisses grundsätzlich auf die **allgemeine Zuständigkeitsordnung** der Verordnung (zu deren Systematik → Vor Art. 4 Rn. 13 ff.).[1] Wie Erwägungsgrund Nr. 70 S. 1 klarstellt, sollen die nach der Verordnung – dh nach Kapitel II – in Erbsachen zuständigen Gerichte auch für die Ausstellung des Zeugnisses international zuständig sein.[2] Die Norm hat **weitgehend klarstellenden Charakter,** da die Art. 4 ff. auch ohne diesen Verweis auf die Ausstellung des Nachlasszeugnisses anwendbar wären (zu mitgliedstaatlichen Erbnachweisen → Vor Art. 4 Rn. 5, 8). Allerdings passen die Art. 4 ff. nicht allesamt auf die Ausstellung eines Europäischen Nachlasszeugnisses, so dass die Vorschrift insoweit die Zuständigkeitsvorschriften modifiziert. Als „Türöffner" für die Zuständigkeitsvorschriften[3] fungiert die Vorschrift allerdings, wenn nach mitgliedstaatlichem Verfahrensrecht für die Ausstellung des Nachlasszeugnisses nach S. 2 der Vorschrift kein Gericht iS des Art. 3 Abs. 2 sachlich oder funktional zuständig ist, sondern eine sonstige Behörde, die als Nichtgericht ohne die Vorschrift nicht an die Art. 4 ff. gebunden wäre → Rn. 10 sowie → Art. 3 Rn. 22.

3   **1. Grundregel nach Art. 4 und Art. 10.** Ausdrücklich nimmt **S. 1** auf die Grundregel der Art. 4 und Art. 10 Bezug, so dass die Gerichte am letzten gewöhnlichen Aufenthalt des Erblassers oder – soweit sich dieser außerhalb der EU befand – die Gerichte am Ort der Nachlassbelegenheit das Nachlasszeugnis ausstellen. Der vollständige Verweis auf Art. 10 führt freilich zu Problemen: Art. 10 Abs. 2 begründet lediglich eine subsidiäre Zuständigkeit für in dem betreffenden Mitgliedstaat befindliches Nachlassvermögen. Auch das Nachlasszeugnis kann damit nur mit Wirkungen für das im Inland befindliche Nachlassvermögen ausgestellt werden, allerdings – der grenzüberschreitenden Ausrichtung des Zeugnisses (Art. 62 Abs. 1 sowie Abs. 3 S. 2, Art. 63 Abs. 1) gemäß – zur Verwendung im Ausland. So ist es etwa denkbar, dass auch im Hinblick auf den im Inland belegenen Nachlass eine Rechtsstellung als Erbe, Vermächtnisnehmer, Testamentsvollstrecker oder Nachlassverwalter im Ausland geltend gemacht werden muss,[4] etwa im Rahmen eines ausländischen Prozesses die ererbte Gesellschafterstellung an einer inländischen Gesellschaft für Zwecke der Vertretung nachgewiesen werden muss. Die Beschränkung auf den inländischen Nachlass muss dann im Inhalt des Zeugnisses dokumentiert werden; sie ist im Rahmen des Art. 68 lit. c anzugeben.

4   **2. Abweichende Zuständigkeit im Falle einer Rechtswahl des Erblassers nach Art. 7.** Bei einer abweichenden Zuständigkeit im Falle einer Rechtswahl sind die Gerichte im Mitgliedstaat des gewählten Rechts auch für die Ausstellung des Nachlasszeugnisses zuständig, soweit die Voraussetzungen für eine Prorogation nach **Art. 7** gegeben sind, auf den S. 1 verweist. Eine solche Zuständigkeit besteht, wenn sich das nach der Grundregel zuständige Gericht wegen einer Gerichtsstandsver-

---

[1] Zu deren Anwendung auf Nachlasszeugnisverfahren im Einzelnen Dutta/Weber/*Fornasier* Rn. 2 ff.
[2] Vgl. auch Art. 36 Abs. 1 S. 2 sowie Art. 37 Abs. 2 des Kommissionsvorschlags.
[3] So *Wall* ZErb 2015, 9 (11); vgl. auch Dutta/Weber/*Fornasier* Rn. 22.
[4] Das übersieht wohl *Süß* ZEuP 2013, 725 (735), wonach Art. 10 Abs. 2 wegen der grenzüberschreitenden Ausrichtung des Nachlasszeugnisses nicht zuständigkeitsrechtliche Basis für ein Nachlasszeugnis sein könne; wie hier Dutta/Weber/*Fornasier* Rn. 8; Rauscher/*Hertel* Rn. 6.

einbarung nach Art. 5 oder aufgrund einer Ermessensentscheidung nach Art. 6 lit. a zuvor für unzuständig erklärt hat **(Art. 7 lit. a),** die Verfahrensparteien eine Gerichtsstandsvereinbarung nach Art. 5 getroffen haben und das nach der Grundregel zuständige Gericht bisher nicht angerufen wurde **(Art. 7 lit. b)** oder die Verfahrensparteien die Zuständigkeit des angerufenen Gerichts anerkannt haben **(Art. 7 lit. c).** Hieraus folgt im Umkehrschluss, dass auch die nach der Grundregel (→ Rn. 3) zuständigen Gerichte im Falle einer Rechtswahl des Erblassers nach **Art. 6** verfahren können. Art. 64 S. 1 stellt nur positiv fest, wann ein Gericht zuständig ist (und verweist deshalb im Falle der Rechtswahl des Erblassers nur auf die Prorogationsvorschrift des Art. 7), nicht aber negativ, wann das nach der Grundregel zuständige Gericht nach Art. 6 unzuständig ist, setzt aber dessen Anwendung voraus, da es ansonsten zu positiven Kompetenzkonflikten käme.[5]

Nicht in Bezug genommen werden in S. 1 die Vorschriften der Art. 8 und 9. Für **Art. 8** ist dies 5 unmittelbar nachvollziehbar, da ein Europäisches Nachlasszeugnis nur auf Antrag ausgestellt wird (Art. 65 Abs. 1) und damit niemals ein Fall des Art. 8 vorliegen kann. Anders ist dies freilich bei **Art. 9,** der durchaus auch beim Nachlasszeugnis eine Rolle spielen kann, nämlich wenn in dem Verfahren vor einem nach Art. 7 lit. b oder lit. c (→ Art. 9 Rn. 3 ff.) eigentlich zuständigen Gericht nicht sämtliche materiell betroffenen Verfahrensparteien beteiligt wurden.[6] In diesem Fall muss die Zuständigkeit der Ausstellungsbehörde nach S. 1 iVm Art. 7 von einem rügelosen Einlassen abhängen und damit Art. 9 entgegen dem Wortlaut des S. 1 zur Anwendung gelangen.[7] Hierfür spricht nicht nur das in den Erwägungsgründen dokumentierte Anliegen, die Zuständigkeit für die Ausstellung des Nachlasszeugnisses den allgemeinen Zuständigkeitsregeln zu unterwerfen (→ Rn. 2). Eine andere Lösung müsste sich auch am Grundsatz des fairen Verfahrens nach Art. 47 Abs. 2 S. 1 EU-GRCh und Art. 6 Abs. 1 S. 1 EMRK (vgl. auch Erwägungsgrund Nr. 81) messen lassen und insbesondere am Grundsatz der Waffengleichheit, mit dem es wohl nur schwer zu vereinbaren wäre, dass einzelne Parteien, nur weil sie frühzeitig am Verfahren beteiligt wurden, über die gerichtlichen Zuständigkeiten entscheiden dürfen. Betroffen vom Nachlasszeugnis – und damit nach dem weiten Verfahrensparteienbegriff (→ Art. 5 Rn. 6 ff.) auch an einer Vereinbarung über die Zuständigkeit zu beteiligen – sind jedenfalls sämtliche Personen, die ebenfalls eine nach Art. 63 Abs. 1 durch ein Zeugnis bescheinigbare Rechtsstellung innehaben oder innehaben könnten, vgl. auch den Begriff der „Berechtigten" in Art. 66 Abs. 4, Art. 67 Abs. 2, 72 Abs. 1 UAbs. 1.[8] Nach der deutschen Durchführungsgesetzgebung sind diese Personen in einem deutschen Nachlasszeugnisverfahren als „weitere Beteiligte" nach § 37 Abs. 1 S. 2 und 3 IntErbRVG auf Antrag auch formell am Verfahren zu beteiligen.[9] Selbst wenn man eine Anwendung des Art. 9 Abs. 1 ablehnt, so muss zumindest Art. 9 Abs. 2 greifen, um sicherzustellen, dass die nach Art. 7 formal bestehende Zuständigkeit aufgehoben wird, wenn bisher unbekannte Berechtigte auftauchen.

3. Forum necessitatis nach Art. 11. Die mitgliedstaatlichen Gerichte können auch als forum 6 necessitatis nach Art. 11 ein Europäisches Nachlasszeugnis ausstellen (auch → Rn. 9).

4. Keine Beschränkung des Zeugnisses auf in der EU befindliches Nachlassvermögen 7 **nach Art. 12.** Allerdings nimmt S. 1 nicht auf Art. 12 Bezug, so dass die Ausstellungsbehörden das Nachlasszeugnis nicht auf in der Union befindliches Vermögen nach Art. 12 beschränken dürfen[10] und damit nicht von vornherein verhindern können, dass das Nachlasszeugnis nach drittstaatlichen Anerkennungsregeln nicht auch in Drittstaaten für dort belegendes Nachlassvermögen Wirkungen entfaltet (→ Art. 69 Rn. 6).

5. Anwendbarkeit der sonstigen Zuständigkeitshilfsregeln (Art. 14 ff.). Das sonstige 8 Zuständigkeitsrecht kommt freilich auch bei der Ausstellung eines Europäischen Nachlasszeugnisses zur Anwendung, auch wenn dies nicht in S. 1 klargestellt wird. Insbesondere gelten auch hier die Litispendenzregeln der Art. 17 f., etwa wenn in verschiedenen Mitgliedstaaten Anträge auf Ausstel-

---

[5] Zust. *Buschbaum/Simon* Rpfleger 2015, 444 (447); *Egidy/Volmer* RPfleger 2015, 433 (439, 440).
[6] Vgl. auch Bonomi/Wautelet/*Wautelet* Rn. 10.
[7] Anders Regierungsentwurf eines Gesetzes zum Internationalen Erbrecht, BT-Drs. 18/4201, 49; ebenso Dutta/Weber/*Fornasier* Rn. 21; Rauscher/*Hertel* Rn. 9; Calvo Caravaca/Davì/Mansel/*Kreße* Rn. 17; wie hier NK-BGB/*Nordmeier* Rn. 6 mit Fn. 12.
[8] Zurückhaltender Calvo Caravaca/Davì/Mansel/*Kreße* Rn. 10.
[9] Näher zu den weiteren Beteiligten als „Kannbeteiligte" etwa Dutta/Weber/*Dutta* IntErbRVG § 37 Rn. 5 ff.
[10] So auch *Buschbaum/Simon* ZEV 2012, 525 (526); Dutta/Weber/*Fornasier* Rn. 21; Calvo Caravaca/Davì/Mansel/*Kreße* Rn. 17; *Lutz* BWNotZ 2016, 34 (41); tendenziell auch *Dorsel/Schall* GPR 2015, 36 (40 f.). Für eine Anwendbarkeit des Art. 12 aber *Grau* in Zimmermann ErbR Nebengesetze Art. 25, 26 EGBGB Anh.: EuErbVO Rn. 75; *Müller-Lukoschek,* Die neue EU-Erbrechtsverordnung, 2. Aufl. 2015, 155 f.; Bonomi/Wautelet/*Wautelet* Rn. 9.

lung eines Europäischen Nachlasszeugnisses anhängig sind;[11] zur Anwendung der Art. 17 f. bei Anträgen auf Erlass eines mitgliedstaatlichen Erbnachweises und eines Europäischen Nachlasszeugnisses → Art. 62 Rn. 15. Eine Anwendung des Art. 13 kommt von vornherein nicht in Betracht. Auch ein einstweiliges Nachlasszeugnis nach Art. 19 ist nicht möglich,[12] da es dem Sinn und Zweck des Zeugnisses, nach Art. 63 eine erbrechtliche Rechtsposition in anderen Mitgliedstaaten nachzuweisen, zuwiderliefe.

9   **6. Einfluss des staatsvertraglichen Zuständigkeitsrechts.** Fraglich ist, ob die Ausstellung eines Europäischen Nachlasszeugnisses möglich ist, wenn die in S. 1 in Bezug genommenen Zuständigkeitsregeln keine Anwendung finden. Insbesondere kann das eigentlich maßgebliche Zuständigkeitsrecht der Verordnung wegen Art. 75 Abs. 1 UAbs. 1, Abs. 2 von staatsvertraglichen Zuständigkeitsnormen verdrängt werden (→ Vor Art. 4 Rn. 26), die auch die Ausstellung von Erbnachweisen sachlich erfassen, aber die Vorschriften über die Ausstellung des Nachlasszeugnisses im Übrigen unberührt lassen (→ Art. 75 Rn. 5). Ist der nach S. 1 iVm Art. 4 ff. eigentlich zur Ausstellung des Zeugnisses zuständige Mitgliedstaat auch nach dem ihn bindenden Staatsvertrag mit dem Drittstaat **zuständig,** ergibt sich keine Schwierigkeit: S. 1 setzt nicht voraus, dass sich die Zuständigkeit gerade aus den dort in Bezug genommenen Vorschriften ergibt. Verschafft der vorrangige Staatsvertrag dagegen eine von S. 1 iVm Art. 4 ff. abweichende Zuständigkeit für Erbnachweise in der EU, so dass sich **konkurrierende Zuständigkeiten** verschiedener Mitgliedstaaten ergeben, so ist dieser positive Kompetenzkonflikt mithilfe der Litispendenzregeln (der Verordnung oder des betreffenden Staatsvertrags) zu lösen; konkurrierende Zuständigkeiten sind schließlich auch unter der Erbrechtsverordnung nicht ausgeschlossen (→ Art. 10 Rn. 15). Schwieriger zu beantworten ist jedoch die Frage nach dem Einfluss eines eigentlich vorrangigen staatsvertraglichen Zuständigkeitsrechts, wenn der Staatsvertrag – anders als S. 1 iVm Art. 4 ff. – eine Zuständigkeit des betreffenden Mitgliedstaats **verneint.** Ein Vorrang des staatsvertraglichen Zuständigkeitsrechts nach Art. 75 Abs. 1 UAbs. 1, Abs. 2 würde womöglich dazu führen, dass für den betreffenden Erbfall kein Gericht in der EU für die Ausstellung eines Europäischen Nachlasszeugnisses zuständig ist, selbst wenn der Erblasser seinen letzten gewöhnlichen Aufenthalt in der EU hatte und hier der Nachlass belegen ist. Diese Fälle wird man über Art. 11 zu lösen haben; da ein Europäisches Nachlasszeugnis in einem Drittstaat nicht erlangt werden kann (und damit die Verfahrensführung dort insoweit „unmöglich" ist), bedarf es für das Nachlasszeugnis eines forum necessitatis im eigentlich nach S. 1 iVm Art. 4 ff. zuständigen Mitgliedstaat. – Für **Deutschland** wird sich das geschilderte Problem jedoch nicht stellen: Die nach Art. 75 Abs. 1 UAbs. 1, Abs. 2 vorbehaltenen Staatsverträge enthalten zwar teils auch Zuständigkeitsnormen (→ Vor Art. 4 Rn. 26), diese erfassen aber nicht die Erteilung von Erbnachweisen und damit auch nicht den Erlass eines Europäischen Nachlasszeugnisses. Dies gilt insbesondere auch für das deutsch-türkischen Nachlassabkommen (Dt.-Türk. NachlAbk; Text und Erläuterung → Art. 75 Rn. 15 ff.) und § 15 S. 1 Dt.-Türk. NachlAbk, der Rechtsstreitigkeiten zwischen Prätendenten über die Feststellung der dort genannten Rechtspositionen erfasst; das Europäische Nachlasszeugnis stellt aber die bescheinigte Rechtsposition nicht fest (die Ausstellungsbehörde kann nicht einmal streitig entscheiden → Art. 67 Rn. 5 ff.), sondern schafft nur ein Nachweisinstrument im Außenverhältnis. Die Nichtanwendbarkeit von § 15 S. 1 des Abkommens folgt auch aus Art. 15 S. 2, der eine Anerkennungspflicht für Entscheidungen vorsieht, die nach S. 1 ergangen sind; für Erbnachweise – wären sie denn von S. 1 erfasst – würde es dieser Anerkennungspflicht nach S. 2 nicht bedürfen, da die grenzüberschreitende Wirkungserstreckung von Erbnachweisen in dem jeweils anderen Vertragsstaat bereits in § 17 des Abkommens geregelt ist[13] (→ Art. 69 Rn. 6). Art. 64 S. 1 wird damit nicht verdrängt.

III. Zuständige Ausstellungsbehörde (S. 2)

10   Keinerlei Aussagen trifft die Verordnung dem Art. 2 entsprechend über die **sachliche, örtliche** und **funktionale** Zuständigkeit zur Ausstellung des Europäischen Nachlasszeugnisses. S. 2 legt lediglich etwas verklausuliert fest, dass über die zuständige Ausstellungsbehörde das jeweilige mitgliedstaatliche Verfahrensrecht entscheidet, das die Ausstellung des Zeugnisses einem Gericht iS der Verordnung **(lit. a)** oder einer sonstigen Behörde, die für Erbsachen zuständig ist **(lit. b),** zuweist (vgl. auch Erwägungsgrund Nr. 70 S. 2).[14] Durch lit. b öffnet die Verordnung für Zwecke des Europäischen

---

[11] Zust. *Egidy/Volmer* Rpfleger 2015, 433 (439); Deixler-Hübner/Schauer/*Perscha* Rn. 4; vgl. auch *Fötschl* Eur. Rev. Priv. L. 2010, 1259 (1265); anders Calvo Caravaca/Davì/Mansel/*Kreße* Rn. 17.

[12] So auch Dutta/Weber/*Fornasier* Rn. 21; Calvo Caravaca/Davì/Mansel/*Kreße* Rn. 17; *Margonski,* Grenzüberschreitende Tätigkeit des Nachlasspflegers in deutsch-polnischen Nachlasssachen, 2013, 188.

[13] Vgl. auch *Sticherling* IPRax 2010, 234 (235 f.).

[14] S. auch bereits DNotI-Studie S. 314.

Nachlasszeugnisses den ohnehin schon weiten Gerichtsbegriff in Art. 3 Abs. 2 noch zusätzlich: Ausstellungsbehörde kann auch eine Behörde sein, die nicht unter den Gerichtsbegriff fällt, etwa Angehörige von Rechtsberufen, die nicht die Anforderungen des Art. 3 Abs. 2 erfüllen. Insoweit stellt damit S. 2 klar, dass für Zwecke der Ausstellung des Nachlasszeugnisses die in S. 1 genannten Zuständigkeitsregelungen ausnahmsweise (→ Art. 3 Rn. 22) auch für Nichtgerichte gelten, soweit sie nach mitgliedstaatlichem Recht Ausstellungsbehörde sind.[15] Die Mitgliedstaaten mussten der Kommission bis zum Anfang des Jahres 2014 die jeweils zuständige Ausstellungsbehörde nach Art. 78 Abs. 1 UAbs. 1 lit. c mitteilen, die diese Informationen nach Art. 78 Abs. 2 und 3 veröffentlichen wird (→ Art. 78 Rn. 3; → Art. 84 Rn. 3). – Zur ggf. fehlenden Vorlageberechtigung der Ausstellungsbehörden an den EuGH (→ Vor Art. 1 Rn. 13).

Nach der **deutschen Durchführungsgesetzgebung** ist in einem deutschen Nachlasszeugnisverfahren für die Ausstellung des Europäischen Nachlasszeugnisses nach § 34 Abs. 4 S. 1 und 2 IntErbRVG **sachlich** das Amtsgericht als Nachlassgericht zuständig.[16] **Funktional** ist nach § 3 Nr. 2 lit. i RPflG grundsätzlich der Rechtspfleger als „Gericht" nach **S. 2 lit. a** iVm Art. 3 Abs. 2 zuständig (→ Art. 3 Rn. 19), wobei beim Europäischen Nachlasszeugnis trotz seiner grenzüberschreitenden Ausrichtung (Art. 62 Abs. 1 und 3 S. 2, Art. 63 Abs. 1) – aufgrund des Bemühens der Verordnung um einen Gleichlauf von forum und ius (→ Vor Art. 4 Rn. 2 f.), das sich wegen S. 1 auch auf das Nachlasszeugnis erstreckt – die Anwendung ausländischen Rechts nicht immer in Betracht kommt; der Richtervorbehalt nach § 16 Abs. 2 RPflG („eine Verfügung von Todes wegen vorliegt oder die Anwendung ausländischen Rechts in Betracht kommt") greift damit nicht zwangsläufig; s. ferner § 16 Abs. 3 S. 1 Nr. 2 sowie § 19 Abs. 1 S. 1 Nr. 5 RPflG.[17] Die **örtliche** Zuständigkeit richtet sich nach § 34 Abs. 1–3 IntFamRVG.[18]

Art. 65 EuErbVO Antrag auf Ausstellung eines Zeugnisses

(1) Das Zeugnis wird auf Antrag jeder in Artikel 63 Absatz 1 genannten Person (im Folgenden „Antragsteller") ausgestellt.

(2) Für die Vorlage eines Antrags kann der Antragsteller das nach dem Beratungsverfahren nach Artikel 81 Absatz 2 erstellte Formblatt verwenden.

(3) Der Antrag muss die nachstehend aufgeführten Angaben enthalten, soweit sie dem Antragsteller bekannt sind und von der Ausstellungsbehörde zur Beschreibung des Sachverhalts, dessen Bestätigung der Antragsteller begehrt, benötigt werden; dem Antrag sind alle einschlägigen Schriftstücke beizufügen, und zwar entweder in Urschrift oder in Form einer Abschrift, die die erforderlichen Voraussetzungen für ihre Beweiskraft erfüllt, unbeschadet des Artikels 66 Absatz 2:

a) Angaben zum Erblasser: Name (gegebenenfalls Geburtsname), Vorname(n), Geschlecht, Geburtsdatum und -ort, Personenstand, Staatsangehörigkeit, Identifikationsnummer (sofern vorhanden), Anschrift im Zeitpunkt seines Todes, Todesdatum und -ort;

b) Angaben zum Antragsteller: Name (gegebenenfalls Geburtsname), Vorname(n), Geschlecht, Geburtsdatum und -ort, Personenstand, Staatsangehörigkeit, Identifikationsnummer (sofern vorhanden), Anschrift und etwaiges Verwandtschafts- oder Schwägerschaftsverhältnis zum Erblasser;

c) Angaben zum etwaigen Vertreter des Antragstellers: Name (gegebenenfalls Geburtsname), Vorname(n), Anschrift und Nachweis der Vertretungsmacht;

d) Angaben zum Ehegatten oder Partner des Erblassers und gegebenenfalls zu(m) ehemaligen Ehegatten oder Partner(n): Name (gegebenenfalls Geburtsname), Vorname(n), Geschlecht, Geburtsdatum und -ort, Personenstand, Staatsangehörigkeit, Identifikationsnummer (sofern vorhanden) und Anschrift;

e) Angaben zu sonstigen möglichen Berechtigten aufgrund einer Verfügung von Todes wegen und/oder nach gesetzlicher Erbfolge: Name und Vorname(n) oder Name der Körperschaft, Identifikationsnummer (sofern vorhanden) und Anschrift;

---

[15] *Lechner* in Dutta/Herrler EuErbVO 5, 12. Diese Erweiterung übersieht *D. Lübcke,* Das neue europäische internationale Nachlassverfahrensrecht, 2013, 599 m. Fn. ★; vgl. auch aaO S. 374 m. Fn. ★; auch *Buschbaum/ Simon* Rpfleger 2015, 444 (445) meinen, dass Notare als Ausstellungsbehörde nicht an Art. 64 S. 1 gebunden seien.

[16] Näher etwa Dutta/Weber/*Dutta* IntErbRVG § 34 Rn. 12 ff.

[17] Näher zur Zuständigkeit des Rechtspflegers etwa Dutta/Weber/*Dutta* IntErbRVG § 34 Rn. 16 ff.

[18] Zu Einzelfragen etwa Dutta/Weber/*Dutta* IntErbRVG § 34 Rn. 2 ff.

f) den beabsichtigten Zweck des Zeugnisses nach Artikel 63;

g) Kontaktangaben des Gerichts oder der sonstigen zuständigen Behörde, das oder die mit der Erbsache als solcher befasst ist oder war, sofern zutreffend;

h) den Sachverhalt, auf den der Antragsteller gegebenenfalls die von ihm geltend gemachte Berechtigung am Nachlass und/oder sein Recht zur Vollstreckung des Testaments des Erblassers und/oder das Recht zur Verwaltung von dessen Nachlass gründet;

i) eine Angabe darüber, ob der Erblasser eine Verfügung von Todes wegen errichtet hatte; falls weder die Urschrift noch eine Abschrift beigefügt ist, eine Angabe darüber, wo sich die Urschrift befindet;

j) eine Angabe darüber, ob der Erblasser einen Ehevertrag oder einen Vertrag in Bezug auf ein Verhältnis, das mit der Ehe vergleichbare Wirkungen entfaltet, geschlossen hatte; falls weder die Urschrift noch eine Abschrift des Vertrags beigefügt ist, eine Angabe darüber, wo sich die Urschrift befindet;

k) eine Angabe darüber, ob einer der Berechtigten eine Erklärung über die Annahme oder die Ausschlagung der Erbschaft abgegeben hat;

l) eine Erklärung des Inhalts, dass nach bestem Wissen des Antragstellers kein Rechtsstreit in Bezug auf den zu bescheinigenden Sachverhalt anhängig ist;

m) sonstige vom Antragsteller für die Ausstellung des Zeugnisses für nützlich erachtete Angaben.

Übersicht

I. Normzweck und Überblick

1 Die Vorschrift regelt das Antragserfordernis **(Abs. 1)**, die Antragsbefugnis **(Abs. 1),** die Antragsform **(Abs. 2)** sowie die Antragsbegründung **(Abs. 3).** Sie ist damit Teil der Regelungen zum Ausstellungsverfahren (Überblick → Vor Art. 62 Rn. 4). Soweit die Vorschrift keine Regelungen zum Antrag enthält, gilt subsidiär das jeweilige mitgliedstaatliche Verfahrensrecht (→ Vor Art. 62 Rn. 5 ff.).

II. Antragserfordernis (Abs. 1)

2 Das Europäische Nachlasszeugnis wird nur auf Antrag ausgestellt (s. auch Erwägungsgrund Nr. 72 S. 1). Der Antrag entscheidet auch über den Umfang des Nachlasszeugnisses (→ Art. 68 Rn. 3). **Nimmt** der Antragsteller (Legaldefinition in Abs. 1) seinen Antrag **zurück,** darf kein Nachlasszeugnis ergehen; eine Rücknahme ist auch während eines Änderungs-, Widerrufs- oder Rechtsbehelfsverfahren nach Art. 71 Abs. 2, Art. 72 möglich.[1] Auch ist die Ausstellungsbehörde (Art. 64 S. 2) an den Antrag **gebunden,** da das Zeugnis nur auf Antrag ausgestellt wird.[2] Die Behörde darf dem Antrag durch die Ausstellung eines Zeugnisses stattgeben oder diesen ablehnen. Ist der Antrag nur teilweise zulässig oder begründet, muss die ausstellende Behörde den Antrag ablehnen, da ein solches Nachlasszeugnis regelmäßig ein Aliud zum Antrag wäre.[3] Gegebenenfalls kann die Behörde nach innerstaatlichem Verfahrensrecht auf eine Anpassung des Antrags hinwirken, vgl. etwa § 28 Abs. 2 FamFG iVm § 35 Abs. 1 IntErbRVG.

III. Antragsbefugnis (Abs. 1)

3 Antragsbefugt sind nach Abs. 1 alle Personen, die nach Art. 63 Abs. 1 eine im Nachlasszeugnis bescheinigbare Rechtsstellung als **Erbe, Vermächtnisnehmer, Testamentsvollstrecker** oder **Nachlassverwalter** (→ Art. 63 Rn. 2 ff.) **in einem anderen Mitgliedstaat nachweisen müssen** (→ Art. 63 Rn. 20). Zu beachten ist jedoch, dass – sobald das Nachlasszeugnis einmal ausgestellt

---

[1] Anders Calvo Caravaca/Davì/Mansel/*Kreße* Rn. 4.

[2] NK-BGB/*Nordmeier* Rn. 5; von einem Schweigen des Verordnungstextes insoweit ausgehend aber *Kleinschmidt* RabelsZ 77 (2013), 723 (772).

[3] Calvo Caravaca/Davì/Mansel/*Kreße* Rn. 3.

wurde – auch anderen Personen, die nicht Antragsteller sind, nach Art. 70 Abs. 1 eine beglaubigte Abschrift des Zeugnisses ausgestellt werden kann und damit die Wirkungen des Nachlasszeugnisses (Art. 69) ausgelöst werden können (Art. 70 Abs. 3).

Mehrere antragsbefugte Personen können den **Antrag selbständig** stellen, auch und wenn **4** sie aus demselben Grund antragsbefugt sind, etwa als Miterben (→ Art. 63 Rn. 7).[4] Jede antragsbefugte Person kann ein **Gesamtnachlasszeugnis** beantragen, das auch die im Nachlasszeugnis bescheinigbaren Rechtspositionen nach dem betreffenden Erbfall umfassend ausweist. Zur effektiven Durchsetzung der Rechtsposition des Einzelnen ist ein solches Gesamtnachlasszeugnis unabdingbar (vgl. auch § 352a Abs. 1 S. 2 BGB). Daneben ist aber auch ein **Teilnachlasszeugnis** möglich,[5] das nur einzelne bescheinigbare Rechtspositionen (→ Art. 63 Rn. 2 ff., diese freilich vollständig unter Nennung aller Beschränkungen, die sich auf das Außenverhältnis der Rechtsstellung [→ Art. 63 Rn. 3] auswirken[6]) ausweist; dies hatte Art. 39 des Kommissionsvorschlags noch ausdrücklich geregelt.

Soweit eine Rechtsnachfolge in die bescheinigbare Rechtsstellung nach dem Erbstatut möglich **5** ist und eine solche Nachfolge auch stattgefunden hat, kann auch der jeweilige **Nachfolger** ein Zeugnis beantragen,[7] etwa der Erbeserbe oder der Erwerber eines Erbteils (etwa nach § 2033 BGB), allerdings nur auf den Namen des ursprünglichen Antragsberechtigten (zum deutschen Erbschein → BGB § 2353 Rn. 85 ff.). Die Wirkungen des Nachlasszeugnisses beziehen sich indes allein auf die bescheinigbare Rechtsstellung, nicht aber auf die Wirksamkeit der Rechtsnachfolge in diese Position. Auch eine **Stellvertretung** bei der Antragsstellung ist unionsrechtlich zulässig.[8]

Grundsätzlich kann der jeweilige Antragsberechtigte stets nur ein Nachlasszeugnis beantragen, das **6** die **eigene Rechtsstellung** bescheinigt. Es bestehen aber Ausnahmen: So können Testamentsvollstrecker oder Nachlassverwalter ein Nachlasszeugnis beantragen, das eine Erben- oder Vermächtnisnehmerstellung bescheinigt, soweit sie zur Durchführung ihres Amts ein Nachlasszeugnis für die Erben- oder Vermächtnisnehmerstellung bedürfen, etwa weil sie im Rahmen der Nachlassverwaltung Handlungen vornehmen müssen, bei denen klar sein muss, wer Erbe oder Vermächtnisnehmer ist (zum deutschen Erbschein → BGB § 2253 Rn. 91 ff.).

Teils sieht das mitgliedstaatliche Zwangsvollstreckungsrecht der jeweiligen Ausstellungsbehörde **7** vor, dass der **Vollstreckungsgläubiger** für den Schuldner einen Antrag auf einen Erbnachweis stellen kann, soweit dieser zur Zwangsvollstreckung benötigt wird, etwa nach §§ 792, 896 ZPO („Erbschein[…] oder […] andere[…] Urkunde, die dem Schuldner auf Antrag von einer Behörde, einem Beamten oder einem Notar zu erteilen ist"). Eine solche abgeleitete Antragsberechtigung – die nur die Antragsberechtigung des Erben oder Vermächtnisnehmers erfassen kann – wäre nach der Erbrechtsverordnung auch für das Europäische Nachlasszeugnis zulässig.[9] Fragen der Zwangsvollstreckung gegen einen nach Abs. 1 Antragsberechtigten werden von der Verordnung nicht erfasst, da diese nicht die Rechtsnachfolge von Todes wegen (Art. 1 Abs. 1 S. 1) betreffen. Vielmehr wird über das Zwangsvollstreckungsrecht dem Vollstreckungsgläubiger ein Zugriff auf das – auch im Wege der Rechtsnachfolge von Todes wegen erlangte – Vermögen des Schuldners gestattet, und hierzu gehören auch die prozessualen Rechte, die mit dieser ererbten Position einhergehen, sprich auch das Antragsrecht zur Ausstellung eines Nachlasszeugnisses. Allerdings sind die §§ 792, 896 ZPO nach ihrem Wortlaut allein auf „Erbscheine" beschränkt und erfassen damit nicht das Europäische Nachlasszeugnis;[10] auch der deutsche Durchführungsgesetzgeber hat die §§ 792, 896 ZPO nicht auf Europäische Nachlasszeugnisse erstreckt.[11] Eine analoge Anwendung der Vorschrif-

---

[4] *Köllensperger* ÖNotZ 2015, 245 (256); Deixler-Hübner/Schauer/*Perscha* Rn. 13 f.

[5] So auch *Dorsel/Schall* GPR 2015, 36 (40); Dutta/Weber/*Fornasier* Art. 63 Rn. 33; *Kleinschmidt,* FS Lindacher, 2017, 165 (177 f.); *Margonski,* Grenzüberschreitende Tätigkeit des Nachlasspflegers in deutsch-polnischen Nachlasssachen, 2013, 188; Deixler-Hübner/Schauer/*Perscha* Art. 67 Rn. 23 f.

[6] Also beim Erben oder Vermächtnisnehmer die Beschränkung durch Testamentsvollstreckung oder Nachlassverwaltung, so auch *Dorsel/Schall* GPR 2015, 36 (43).

[7] Dutta/Weber/*Fornasier* Rn. 6 (der allerdings bei einer rechtsgeschäftlichen Nachfolge kein Bedürfnis für ein Antragrecht sieht); NK-BGB/*Nordmeier* Rn. 3; zurückhaltender *Dorsel* in LSHGGRD Erbfälle unter Geltung der EuErbVO 33, 61.

[8] Dutta/Weber/*Fornasier* Rn. 6.

[9] *Buschbaum/Simon* ZEV 2012, 525; *Dorsel,* in LSHGGRD Erbfälle unter Geltung der EuErbVO 33, 37; *Dorsel/Schall* GPR 2015, 36 (40); *Everts* NotBZ 2015, 3 (10); *Kleinschmidt,* FS Lindacher, 2017, 165 (176); s. auch bereits *Kleinschmidt* RabelsZ 77 (2013), 723 (771); anders Bonomi/Wautelet/*Wautelet* Art. 63 Rn. 6; *Süß* ZEuP 2013, 725 (737): Liste der Antragsberechtigten in Art. 63 Abs. 1 ist abschließend; ebenso K. W. Lange in Dutta/Herrler EuErbVO 161, 163; mit ausf. Begr. auch Dutta/Weber/*Fornasier* Rn. 8. S. zum Kommissionsvorschlag *Sturm/Sturm,* Liber amicorum Sajko, 2012, 309 (311).

[10] Großzügiger *Kleinschmidt* FS Lindacher, 2017, 165 (176).

[11] Kritisch etwa Dutta/Weber/*Dutta* IntErbRVG § 36 Rn. 3.

ten scheidet wohl aus.[12] Man kann angesichts der Diskussionen dieses Problems im Vorfeld der deutschen Durchführungsgesetzgebung kaum von einer planwidrigen Regelungslücke sprechen.

IV. Antragsform (Abs. 2)

8   Zur Antragsform enthält die Vorschrift nur rudimentäre Regelungen. **Abs. 2** stellt lediglich klar, dass das von der Kommission nach Art. 80, Art. 81 Abs. 2 zu erstellende **Formblatt** zur Antragstellung verwendet werden kann. Der Vorteil dieses Formblatts liegt freilich auf der Hand: Durch seinen standardisierten Inhalt kann jeder Antragsteller, der einer der Amtssprachen der EU mächtig ist, einen Antrag in der jeweiligen Verfahrenssprache stellen, indem er das Formular unter Zuhilfenahme seiner Sprachfassung ausfüllt; auch wird eine elektronische Erfassung und Bearbeitung ermöglicht (s. auch Erwägungsgrund Nr. 76). Das Formblatt wurde von der Kommission durch eine Durchführungsverordnung[13] (EuErbVO-Formblätter) erstellt und findet sich nebst Anlagen nach Art. 1 Abs. 4 EuErbVO-Formblätter als Formblatt IV in Anhang 4 EuErbVO-Formblätter.[14] Soweit das Formblatt Informationen abfragt, die über die nach Abs. 3 anzugebenden (dem Antragsteller bekannten und antragserheblichen) Punkte hinausgehen, ist das Formblatt freilich nicht verbindlich.[15]

9   Im Übrigen, wenn der Antragsteller das **Formblatt nicht verwendet,** gilt das mitgliedstaatliche Verfahrensrecht, genauer zB in Deutschland das **IntErbRVG,** das **FamFG** und das **GVG** (→ Vor Art. 62 Rn. 5 ff.): Der Antrag ist damit vom Antragsteller nach § 25 Abs. 1 FamFG iVm § 35 Abs. 1 IntErbRVG gegenüber dem zuständigen Gericht (Art. 64 EuErbVO) schriftlich oder zur Niederschrift der Geschäftsstelle abzugeben. Der Antrag soll als verfahrenseinleitender Antrag vom Antragsteller oder seinem Bevollmächtigten unterschrieben werden (§ 23 Abs. 1 S. 4 FamFG). Obwohl vor deutschen Gerichten Deutsch die alleinige Gerichtssprache ist (§ 184 S. 1 GVG), kann das Gericht nach § 35 Abs. 2 IntErbRVG einen fremdsprachigen Antrag akzeptieren.[16]

V. Antragsbegründung (Abs. 3)

10   Eine etwas ungewöhnliche Regelungstechnik verwendet der europäische Gesetzgeber bei der Begründung des Antrags. Es wird – anders als etwa im deutschen Verfahrensrecht (§ 23 Abs. 1 S. 1 und 2 FamFG) – nicht lediglich angeordnet, dass der Antrag begründet werden soll, dh vor allem sämtliche Tatsachen enthalten soll, die ihn tragen. Vielmehr werden in Abs. 3 zahlreiche Tatsachen genannt, die der Antrag nach Abs. 3 **Hs. 1** enthalten **kann,** und zwar nur soweit sie **dem Antragsteller bekannt** und **antragserheblich** sind, weil sie von der Ausstellungsbehörde (Art. 64 S. 2 EuErbVO) zur Entscheidung über den Antrag benötigt werden.[17] Es werden mithin in **lit. a–m** abstrakt Tatsachen genannt, zu denen der Antragsteller aber nur unter gewissen Voraussetzungen vortragen muss.

11   Die **Liste** der möglicherweise vorzutragenden Tatsachen in **lit. a–m** möchte sämtliche Tatsachen, die zur Entscheidung über die nach Abs. 1 zum Antrag berechtigenden Rechtsstellungen erforderlich sind, zusammenstellen. Dabei – und deshalb ist die Regelungstechnik unglücklich – sind **Lücken** unvermeidlich.[18] So fehlt, zB im Rahmen des **lit. k,** ein Hinweis auf den Erbverzicht, soweit man diesen nicht unter die Angaben zum Sachverhalt nach **lit. h** zählt. Ein Erbe als Antragsteller müsste damit keine Angaben zu einem Erbverzicht machen, so dass womöglich aufgrund der unvollständigen Information der Ausstellungsbehörde (Art. 64 S. 2) ein falsches Nachlasszeugnis ausgestellt wird. Man wird die Liste deshalb nicht als abschließend ansehen müssen und dem Antragsteller aufgeben, sämtliche ihm bekannten und antragserheblichen Tatsachen vorzutragen, wie auch **lit. m** verdeutlicht.

---

[12] Hierfür aber *Everts* NotBZ 2015, 3 (10); ähnlich offenbar *Lutz* BWNotZ 2016, 34 (42). Ausf. zu Lösungsmöglichkeiten *Soutier,* Die Geltung deutscher Rechtsgrundsätze im Anwendungsbereich der Europäischen Erbrechtsverordnung, 2015, 317 ff.

[13] Durchführungsverordnung (EU) Nr. 1329/2014 der Kommission vom 9.12.2014 zur Festlegung der Formblätter nach Maßgabe der Verordnung (EU) Nr. 650/2012 des Europäischen Parlaments und des Rates über die Zuständigkeit, das anzuwendende Recht, die Anerkennung und Vollstreckung von Entscheidungen und die Annahme und Vollstreckung öffentlicher Urkunden in Erbsachen sowie zur Einführung eines Europäischen Nachlasszeugnisses, ABl. 2014 L 359, 30, berichtigt durch ABl. 2015 L 195, 49 und ABl. 2016 L 9, 14.

[14] Zu den Angaben in diesem Formblatt im Einzelnen *Buschbaum/Simon* Rpfleger 2015, 444 (445 f.); *Dorsel/Schall* GPR 2015, 36 (40 ff.); zu einer denkbaren Auflösung des Rätsels von der „ledigen oder geschiedenen Witwe des Erblassers" *Hertel* in Lipp/Münch, Die neue Europäische Erbrechtsverordnung, 2016, 129, 145.

[15] *Dorsel/Schall* GPR 2015, 36 (40); so auch *Lechner,* Verordnung (EU) Nr. 650/2012 über Erbsachen und die Einführung eines Europäischen Nachlasszeugnisses, 2015, 31.

[16] Zu Details Dutta/Weber/*Dutta* IntErbRVG § 35 Rn. 4.

[17] Vgl. Dutta/Weber/*Fornasier* Rn. 10.

[18] Positiv bewertet die Vorschrift dagegen *Kleinschmidt* RabelsZ 77 (2013), 723 (771 f.).

In **Abs. 3 Hs. 2** legt die Verordnung fest, dass die Antragsbegründung mit „einschlägigen" **12** **Schriftstücken** zu belegen ist. Diese sind in **Urschrift** vorzulegen. Sie können aber auch als **Abschrift** beigefügt werden, wenn diese Abschrift „die erforderlichen Voraussetzungen für ihre Beweiskraft erfüllt". Worauf der europäische Gesetzgeber mit dieser Einschränkung hinaus will, bleibt unklar. Da die Verordnung für die Beweiskraft von Abschriften keine Regelungen enthält, kann nur ein Verweis auf das Verfahrensrecht der lex fori gemeint sein,[19] in Deutschland mithin – da das IntErbRVG keine besondere Regelung zu dieser Frage enthält – gemäß § 35 Abs. 1 IntErbRVG auf das **FamFG** (→ Vor Art. 62 Rn. 5 ff.): Förmliche Beweiskraft besitzt nach § 30 Abs. 1 FamFG iVm § 435 ZPO nur die Abschrift einer öffentlichen Urkunde, „die hinsichtlich der Beglaubigung die Erfordernisse einer öffentlichen Urkunde an sich trägt". Der Antragsteller wird deshalb bei Privaturkunden nach § 420 ZPO die Urkunde vorlegen müssen. Die Anforderungen an die den verfahrenseinleitenden Antrag beigefügten Schriftstücke nach Unionsrecht liegen damit über denjenigen des deutschen Verfahrensrechts. Nach § 23 Abs. 1 S. 4 FamFG reicht jede Abschrift der Urkunden aus; nur wenn es zur förmlichen Beweisaufnahme kommt, gelten die erhöhten Anforderungen. Allerdings können diese hohen Anforderungen im Einzelfall abgesenkt werden. Abs. 3 Hs. 2 verweist ausdrücklich auf Art. 66 Abs. 2, wonach die Ausstellungsbehörde (Art. 64 S. 2) auch eine andere Form des Nachweises akzeptieren kann, wenn der Antragsteller keine beweiskräftigen Abschriften vorlegen kann.

VI. Allgemeine Verfahrenshandlungsvoraussetzungen

Der Antrag auf Ausstellung eines Europäischen Nachlasszeugnisses ist eine Verfahrenshandlung, **13** so dass die allgemeinen Verfahrenshandlungsvoraussetzungen beim Antragsteller vorliegen müssen, zu denen die Verordnung aber schweigt. Es ist damit auch hier auf das mitgliedstaatliche Verfahrensrecht zurückzugreifen, in Deutschland also ebenfalls – soweit die §§ 33 ff. IntErbRVG keine besonderen Regelungen enthalten – gemäß § 35 Abs. 1 IntErbRVG auf das **FamFG:** Der Antragsteller muss beteiligtenfähig (§ 8 FamFG) und verfahrensfähig (§ 9 FamFG) sein und ggf. ordnungsgemäß vertreten werden (§ 10 FamFG → Rn. 5). Einer Vertretung durch einen Rechtsanwalt bedarf es nicht (§ 10 Abs. 1 FamFG).

Art. 66 EuErbVO Prüfung des Antrags

(1) [1]Nach Eingang des Antrags überprüft die Ausstellungsbehörde die vom Antragsteller übermittelten Angaben, Erklärungen, Schriftstücke und sonstigen Nachweise. [2]Sie führt von Amts wegen die für diese Überprüfung erforderlichen Nachforschungen durch, soweit ihr eigenes Recht dies vorsieht oder zulässt, oder fordert den Antragsteller auf, weitere Nachweise vorzulegen, die sie für erforderlich erachtet.

(2) Konnte der Antragsteller keine Abschriften der einschlägigen Schriftstücke vorlegen, die die für ihre Beweiskraft erforderlichen Voraussetzungen erfüllen, so kann die Ausstellungsbehörde entscheiden, dass sie Nachweise in anderer Form akzeptiert.

(3) Die Ausstellungsbehörde kann – soweit ihr eigenes Recht dies vorsieht und unter den dort festgelegten Bedingungen – verlangen, dass Erklärungen unter Eid oder durch eidesstattliche Versicherung abgegeben werden.

(4) [1]Die Ausstellungsbehörde unternimmt alle erforderlichen Schritte, um die Berechtigten von der Beantragung eines Zeugnisses zu unterrichten. [2]Sie hört, falls dies für die Feststellung des zu bescheinigenden Sachverhalts erforderlich ist, jeden Beteiligten, Testamentsvollstrecker oder Nachlassverwalter und gibt durch öffentliche Bekanntmachung anderen möglichen Berechtigten Gelegenheit, ihre Rechte geltend zu machen.

(5) Für die Zwecke dieses Artikels stellt die zuständige Behörde eines Mitgliedstaats der Ausstellungsbehörde eines anderen Mitgliedstaats auf Ersuchen die Angaben zur Verfügung, die insbesondere im Grundbuch, in Personenstandsregistern und in Registern enthalten sind, in denen Urkunden oder Tatsachen erfasst werden, die für die Rechtsnachfolge von Todes wegen oder den ehelichen Güterstand oder einen vergleichbaren Güterstand des Erblassers erheblich sind, sofern die zuständige Behörde nach innerstaatlichem Recht befugt wäre, diese Angaben einer anderen inländischen Behörde zur Verfügung zu stellen.

---

[19] Zust. NK-BGB/*Nordmeier* Rn. 27.

I. Normzweck

1   Die Vorschrift regelt die Prüfung des Antrags auf Ausstellung des Zeugnisses durch die Ausstellungsbehörde (Art. 64 S. 2). Sie legt die Maßnahmen fest, die von der Ausstellungsbehörde zu treffen sind oder getroffen werden können, um die Zulässigkeit und Begründetheit des Antrags zu prüfen. Auch Art. 66 ist folglich Teil der Regelungen zum Ausstellungsverfahren (Überblick → Vor Art. 62 Rn. 4). Lücken sind auch hier durch das jeweilige mitgliedstaatliche Verfahrensrecht zu schließen (→ Vor Art. 62 Rn. 5 ff.).

II. Verfahrensgrundsätze (Abs. 1)

2   Zunächst bestimmt die Vorschrift in Abs. 1 **S. 1**, dass die Ausstellungsbehörde (Art. 64 S. 2) von Amts wegen den Antrag im Hinblick auf seine tatsächliche Begründung – die Vorschrift spricht von den „übermittelten Angaben, Erklärungen, Schriftstücken und sonstigen Nachweisen" – überprüft. Es besteht also insoweit eine **amtswegige Prüfungspflicht**. Die Ausstellungsbehörde darf ihrer Entscheidung nicht ungeprüft auf die vom Antragsteller gemachten Angaben und Beweismittel stützen.[1] Sie ist damit in ihrer Beweiswürdigung frei (vgl. auch Art. 67 Abs. 1 UAbs. 1 S. 1). Hierzu kann die Ausstellungsbehörde nach Abs. 1 S. 2 einerseits – soweit die lex fori das gestattet – von Amts wegen Tatsachen ermitteln oder andererseits beim Antragsteller weitere Nachweise einfordern. Es besteht also jenseits der amtswegigen Prüfungspflicht hinsichtlich der Angaben und Beweismittel des Antragstellers eine **optionale Amtsermittlungspflicht**.[2] In einem deutschen Nachlasszeugnisverfahren wären Ermittlungen von Amts wegen durch das Nachlassgericht als zuständige deutsche Ausstellungsbehörde (→ Art. 64 Rn. 11) nach § 26 FamFG iVm § 35 Abs. 1 IntErbRVG möglich. Sollte eine Amtsermittlungspflicht nach dem mitgliedstaatlichen Nachlasszeugnisverfahrensrecht nicht vorgesehen sein, aber Zweifel an der tatsächlichen Begründung des Antrags bestehen, so muss die Ausstellungsbehörde den Antrag zurückweisen, weil sie ansonsten ihre (der optionalen Amtsermittlungspflicht nach Abs. 1 S. 2) vorgelagerte Prüfungspflicht nach Abs. 1 S. 1 verletzen würde.[3] Zu beachten ist freilich, dass keine Amtsermittlungspflicht besteht, sobald eine streitige Entscheidung erforderlich wäre; denn hierzu ist die Ausstellungsbehörde nach Art. 67 UAbs. 1 lit. a nicht befugt.

III. Beweismittel (Abs. 2 und 3)

3   Die Vorschrift enthält auch Regelungen zu den Beweismitteln. Zunächst dienen die in der Antragsbegründung nach Art. 65 Abs. 3 eingereichten Schriftstücke als Beweismittel, soweit sie in Urschrift oder als beweiskräftige Abschriften beigefügt wurden.

4   **Abs. 2** sieht nun vor, dass auch „Nachweise in anderer Form" möglich sind, soweit der Antragsteller außerstande ist, beweiskräftige Abschriften (oder die Urschrift) vorzulegen, etwa weil sich die Urkunde nicht in seinem Besitz befindet und er auch keinen Anspruch auf Herausgabe der Urkunde gegen einen Dritten besitzt. Welche Beweismittel das Gericht konkret anstelle der Urkunden akzeptieren darf, sagt die Verordnung nicht. Vielmehr kann auch insoweit auf die lex fori, vor einer deutschen Ausstellungsbehörde (Art. 64 S. 2) mithin auf die §§ 29 ff. FamFG iVm § 35 Abs. 1 IntErbRVG, zurückgegriffen werden. Öffentliche Urkunden aus anderen Mitgliedstaaten und ihre Beweiskraft sind dabei nach Art. 59 anzunehmen.

5   Allerdings gestattet **Abs. 3** ausdrücklich einen Nachweis durch beeidigte Erklärung oder eidesstattliche Versicherung, wenn ein solcher auch nach der lex fori vorgesehen ist. Diese Öffnung zugunsten des mitgliedstaatlichen Verfahrensrechts hat der deutsche Durchführungsgesetzgeber aufgegriffen und verpflichtet den Antragsteller in § 36 Abs. 2 IntErbRVG grundsätzlich zu einer eidesstattlichen Versicherung.[4]

---

[1] Anders offenbar *Milzer* NJW 2015, 2997 (2999), der Amtsermittlungspflichten allerdings aus dem mitgliedstaatlichen Verfahrensrecht ableitet, dem das Unionsrecht insoweit keine Grenze setze.
[2] Etwas weitergehend wohl Dutta/Weber/*Fornasier* Rn. 12, wonach unionsrechtlich allgemein der Untersuchungsgrundsatz gilt.
[3] Anders wohl *Milzer* NJW 2015, 2997 (2999), zum französischen und niederländischem Recht.
[4] Zu Details Dutta/Weber/*Dutta* IntErbRVG § 36 Rn. 4 ff.

IV. Unterrichtung und Anhörung anderer Berechtigter (Abs. 4)

In Abs. 4 möchte die Vorschrift eine **Beteiligung** aller vom Nachlasszeugnis Betroffenen sicher- **6** stellen, um möglichst falsche Nachlasszeugnisse zu verhindern. Betroffen vom Nachlasszeugnis – wobei es vor allem auf dessen Wirkungen nach Art. 69 ankommt[5] – sind sämtliche Personen, die schlüssig behaupten, eine nach Art. 63 Abs. 1 durch ein Nachlasszeugnis bescheinigbare Rechtsstellung (→ Art. 63 Rn. 2 ff.) innezuhaben, welche mit der im konkreten Zeugnis zu bescheinigenden Position unvereinbar ist, weil sie dieser widerspricht oder diese beschränkt. Diese Personen sind in Abs. 4 angesprochen, wenn von „**Berechtigten**" oder „**möglichen Berechtigten**" die Rede ist,[6] wie auch ein Blick in Art. 72 Abs. 1 UAbs. 1 nahelegt.[7] Die verfahrensmäßige Beteiligung der Berechtigten ist von entscheidender Bedeutung für die Ausstellung des Nachlasszeugnisses: Nach Art. 67 Abs. 1 UAbs. 2 lit. a wird nämlich das Nachlasszeugnis nicht ausgestellt, wenn ein Berechtigter Einwände gegen die zu bescheinigende Rechtsstellung erhebt (→ Art. 67 Rn. 5 f.).

Nach Abs. 4 S. 1 muss die Ausstellungsbehörde (Art. 64 S. 2) alle erforderlichen Schritte unter- **7** nehmen, um diese Berechtigten (→ Rn. 6) vom Antrag auf Ausstellung des Nachlasszeugnisses zu **unterrichten**. Den **bekannten Berechtigten** ist der Antrag **mitzuteilen**, wobei mangels Regelung in der Verordnung das Nähere dem mitgliedstaatlichen Verfahrensrecht unterliegt, in Deutschland § 7 Abs. 4 FamFG iVm § 35 Abs. 1 IntErbRVG.[8] Im Hinblick auf die **unbekannten Berechtigten** sieht Abs. 4 S. 2 eine **öffentliche Bekanntmachung** vor, durch die potentiell Berechtigten die Möglichkeit gegeben werden soll, ihre Rechte geltend zu machen, sprich zu verhindern, dass ein Nachlasszeugnis eine Rechtsstellung bescheinigt, die mit der vom möglichen Berechtigten behaupteten Rechtsstellung im Widerspruch steht. Allerdings schweigt sich S. 2 darüber aus, welche Tatsachen die Ausstellungsbehörde öffentlich bekanntmachen soll und auf welche Weise dies geschehen soll. Gegenstand der Bekanntmachung kann nur die Mitteilung vom Antrag auf Erteilung des Nachlasszeugnisses sein.[9] Die Art und Weise der Bekanntmachung (Bekanntmachungsmedium, Dauer der Bekanntmachung) muss das mitgliedstaatliche Recht regeln.[10] Da insoweit allgemeine Regelungen in den meisten Verfahrensrechtsordnungen fehlen werden, bedarf es hier der Durchführungsgesetzgebung. Der deutsche Durchführungsgesetzgeber knüpft in § 35 Abs. 3 IntErbRVG zu Recht an die öffentliche Bekanntmachung des Aufgebots und die Aufgebotsfrist (§§ 435 ff. FamFG) an,[11] was der Ausstellungsbehörde nach § 435 Abs. 2 FamFG die notwendige Flexibilität verschafft, den Antrag auch in ausländischen Medien bekanntzumachen, wenn dort Berechtigte vermutet werden.[12] Freilich verzögert das unionsrechtliche Erfordernis einer Bekanntmachung die Ausstellung des Erbscheins erheblich.

Eine Beteiligung der Betroffenen setzt voraus, dass diese von der Ausstellungsbehörde im Ausstel- **8** lungsverfahren auch **angehört** werden. Dies stellt Abs. 4 S. 2 sicher. Anzuhören sind als „Beteiligte" die formal am Ausstellungsverfahren beteiligten Berechtigten (→ Rn. 6) sowie Testamentsvollstrecker und Nachlassverwalter (zum Begriff → Art. 63 Rn. 10 f.), auch wenn sie als Berechtigte bisher nicht formell beteiligt wurden. Mithin handelt es sich trotz des abweichenden Wortlauts in Abs. 4 S. 2 potentiell um den denselben Personenkreis, der nach Abs. 4 S. 1 zu unterrichten ist; jedenfalls sind keine Personen anzuhören, die nicht zu unterrichten sind.[13] Die Art und Weise der Anhörung richtet sich nach mitgliedstaatlichem Verfahrensrecht, in Deutschland nach § 34 FamFG iVm § 35 Abs. 1 IntErbRVG.

V. Kooperationspflichten inländischer registerführender Behörden (Abs. 5)

Um innerhalb der EU eine reibungslose Überprüfung des Antrags zu ermöglichen, sieht die **9** Verordnung in Abs. 5 Kooperationspflichten der mitgliedstaatlichen Behörden vor. Die Ausstellungsbehörde (Art. 64 S. 2) – und bei einem Rechtsbehelf nach Art. 72 auch das zuständige Rechtsbehelfs-

---

[5] Dutta/Weber/*Fornasier* Rn. 7.

[6] Vgl. auch Regierungsentwurf eines Gesetzes zum Internationalen Erbrecht, BT-Drs. 18/4201, 51. Im Erg. so wohl auch Dutta/Weber/*Fornasier* Rn. 7, wonach hiermit nur Personen gemeint sind, „die möglicherweise eine Rechtsposition vorweisen können, welche der im Zeugnis zu bescheinigenden Rechtstellung des Antragstellers entgegensteht".

[7] Vgl. auch *Rudolf* ÖNotZ 2013, 225 (240).

[8] Dutta/Weber/*Dutta* IntErbRVG § 37 Rn. 7.

[9] Näher Dutta/Weber/*Dutta* IntErbRVG § 37 Rn. 6.

[10] *Dorsel* in LSHGGRD Erbfälle unter Geltung der EuErbVO 33, 40; *Rudolf* ÖNotZ 2013, 225 (239).

[11] Näher Dutta/Weber/*Dutta* IntErbRVG § 35 Rn. 7 ff.

[12] Vgl. auch *Dorsel* in LSHGGRD Erbfälle unter Geltung der EuErbVO 33, 40.

[13] Dutta/Weber/*Fornasier* Rn. 7; anders *Kleinschmidt* RabelsZ 77 (2013), 723 (773).

gericht – soll unmittelbar die erforderlichen Angaben von Behörden anderer Mitgliedstaaten einholen können. Die Vorschrift kann auch zur Erbenermittlung genutzt werden.[14]

10   Gegenüber der Ausstellungsbehörde **kooperationspflichtig** sind vor allem sämtliche Behörden eines anderen Mitgliedstaats, die **Grundbücher** (in Deutschland nach GBO), **Personenstandsregister** (in Deutschland nach PStG) und **sonstige Register** führen, die Urkunden und Tatsachen erfassen, die für die Rechtsnachfolge von Todes wegen oder den Güterstand des betreffenden Erblassers von Bedeutung sind. Sonstige erb- oder güterrechtsrelevante Register sind in Deutschland etwa das **Güterrechtsregister** nach §§ 1558 ff. BGB, aber – ähnlich wie die Grundbücher – auch das **Handelsregister** nach §§ 8 ff. HGB und das **Schiffsregister** nach §§ 1 ff. SchRegO und sonstige Register für eingetragene Vermögensgegenstände, die auch Teil des Nachlasses sein können und damit für die Rechtsnachfolge von Todes wegen relevant sind, vor allem im Rahmen des Art. 63 Abs. 2 lit. b. Kooperationspflichtig sind auch die **mitgliedstaatlichen Testamentsregister,** mithin bei uns auch das Zentrale Testamentsregister der Bundesnotarkammer (§ 78b BNotO).[15] Auch die **Meldebehörden** (BMG) sind nach Abs. 5 zur Zusammenarbeit verpflichtet.[16]

11   Erforderlich für eine Einsicht in das Register durch die ausländische Ausstellungsbehörde ist jedoch eine **Auskunftsbefugnis nach inländischem Recht:** Die registerführende Behörde muss nach ihrem Recht befugt sein, einer inländischen Behörde die betreffenden Angaben zur Verfügung zu stellen. Dies ist in Deutschland für das Grundbuch (§ 12 Abs. 1 sowie Abs. 3 Nr. 2 GBO, § 43 Abs. 1 GBV), die Personenstandsregister (§ 65 Abs. 1 PStG), das Güterrechtsregister (§ 1563 BGB), das Handelsregister (§ 9 HGB), das Schiffsregister (§ 8 SchRegO), das Zentrale Testamentsregister (§ 78d BNotO) und die Meldebehörden (§ 34 BMG) der Fall, so dass die jeweils registerführenden Behörden den Ausstellungsbehörden anderer Mitgliedstaaten nach Abs. 5 in gleichem Umfang Einsicht gewähren müssen wie inländischen Behörden. Beschränkende oder entgegenstehende mitgliedstaatliche Vorschriften im Hinblick auf die Datenübermittlung an ausländische Behörden (vgl. etwa § 35 BMG) werden von Abs. 5 als höherrangiger Unionsrechtsnorm verdrängt.

Art. 67 EuErbVO Ausstellung des Zeugnisses

(1) ¹Die Ausstellungsbehörde stellt das Zeugnis unverzüglich nach dem in diesem Kapitel festgelegten Verfahren aus, wenn der zu bescheinigende Sachverhalt nach dem auf die Rechtsnachfolge von Todes wegen anzuwendenden Recht oder jedem anderen auf einen spezifischen Sachverhalt anzuwendenden Recht feststeht. ²Sie verwendet das nach dem Beratungsverfahren nach Artikel 81 Absatz 2 erstellte Formblatt.

Die Ausstellungsbehörde stellt das Zeugnis insbesondere nicht aus,
a) wenn Einwände gegen den zu bescheinigenden Sachverhalt anhängig sind oder
b) wenn das Zeugnis mit einer Entscheidung zum selben Sachverhalt nicht vereinbar wäre.

(2) Die Ausstellungsbehörde unternimmt alle erforderlichen Schritte, um die Berechtigten von der Ausstellung des Zeugnisses zu unterrichten.

Übersicht

---

[14] S. *Margonski,* Grenzüberschreitende Tätigkeit des Nachlasspflegers in deutsch-polnischen Nachlasssachen, 2013, 190.

[15] Dutta/Weber/*Fornasier* Rn. 12; anders *Seebach* ZNotP 2015, 412 (415).

[16] Zu Recht Dutta/Weber/*Fornasier* Rn. 12, gerade im Hinblick auf die Erfüllung der Unterrichtungspflichten nach Art. 66 Abs. 4 S. 1.

I. Normzweck und Überblick

Die Vorschrift regelt die Voraussetzungen für die unverzügliche Ausstellung des Zeugnisses **1** **(Abs. 1 UAbs. 1 S. 1, UAbs. 2),** die Form des Zeugnisses **(Abs. 1 UAbs. 1 S. 2)** sowie die Bekanntgabe des Zeugnisses **(Abs. 2).** Sie betrifft damit ebenfalls das Ausstellungsverfahren (Überblick → Vor Art. 62 Rn. 4).

II. Voraussetzungen für die Ausstellung des Zeugnisses

Zunächst legt die Vorschrift fest, unter welchen Voraussetzungen das Europäische Nachlasszeugnis **2** ausgestellt werden muss, wobei die Vorschrift gerade im Hinblick auf die materiellen Voraussetzungen stark auslegungsbedürftig ist.[1]

1. Formelle Voraussetzungen (Abs. 1 UAbs. 1 S. 1, UAbs. 2). a) Ordnungsgemäßes Ver- 3 fahren, insbesondere ordnungsgemäßer Antrag. Die Ausstellungsbehörde (Art. 64 S. 2) stellt das Nachlasszeugnis gemäß Abs. 1 UAbs. 1 S. 1 „nach dem in diesem Kapitel festgelegten Verfahren" aus. Es muss also nicht nur das Verfahren **ordnungsgemäß** durchgeführt worden sein, insbesondere im Hinblick auf die Prüfung des Antrags (Art. 66). Auch müssen die **Sachentscheidungsvoraussetzungen** vorliegen, dh vor allem die Ausstellungsbehörde muss zuständig sein (Art. 64), es muss ein ordnungsgemäßer Antrag gestellt worden sein (Art. 65), der Antragsteller muss antragsbefugt sein (Art. 65 Abs. 1) und die allgemeinen Sachentscheidungsvoraussetzungen müssen gegeben sein, die sich – mangels vorrangiger Regelung in den §§ 33 ff. IntErbRVG – in Deutschland wegen § 35 Abs. 1 IntErbRVG nach dem FamFG richten: Vor allem muss der Antragsteller beteiligtenfähig (§ 8 FamFG), verfahrensfähig (§ 9 FamFG) und (allgemein) verfahrensführungsbefugt sein.

In Abs. 1 UAbs. 2 sieht die Vorschrift zwei besondere Sachentscheidungsvoraussetzungen vor: **4**

b) Keine streitige Entscheidung (Abs. 1 UAbs. 2 lit. a). Äußerst brisant ist lit. a, dessen For- **5** mulierung einige Klarstellungen erfordert: Ein Zeugnis darf nicht ausgestellt werden, wenn „Einwände gegen den zu bescheinigenden Sachverhalt anhängig sind". Hierbei handelt es sich nicht nur um Einwände in einem außerhalb des Ausstellungsverfahrens anhängigen Verfahren (→ Rn. 7),[2] sondern um **materiellrechtliche Einwände im Ausstellungsverfahren** selbst, wie vor allem die englische Sprachfassung verdeutlicht („if [...] the elements to be certified are being challenged").[3] Mit „Sachverhalt" („elements") sind freilich nicht nur Tatsachen gemeint, sondern vor allen Dingen die nach Art. 63 Abs. 1 bescheinigbare Rechtsstellung als Erbe, Vermächtnisnehmer, Testamentsvollstrecker oder Nachlassverwalter.[4] Zwar schweigt die Vorschrift dazu, welche Person diese Einwände erheben kann. Aber hierbei kann es sich nur – will man nicht das Nachlasszeugnis gänzlich auf ein stumpfes Schwert reduzieren – um Einwände eines möglichen Berechtigten (→ Art. 66 Rn. 6) handeln, der die behauptete widersprechende Rechtsstellung innehat.[5] Nicht erforderlich ist ein Beweis der Einwände, sondern lediglich ihre Behauptung („Einwände [...] anhängig", „being challenged"). Der Antragsteller muss die Ausstellungsbehörde nach Art. 65 Abs. 3 lit. l von einem etwaigen Rechtsstreit über die zu bescheinigende Rechtsposition unterrichten.

Aus den eben geschilderten Gründen (→ Rn. 5) reduziert mithin der europäische Gesetzgeber **6** mit der besonderen Sachentscheidungsvoraussetzung in lit. a das Ausstellungsverfahren auf ein **einvernehmliches Verfahren** ähnlich einem Aufgebotsverfahren (vgl. auch bereits → Art. 66 Rn. 7): Nur wenn auf die öffentliche Bekanntmachung hin (Art. 66 Abs. 4 S. 2) sich kein Berechtigter mit widersprechenden Rechtsstellungen meldet, wird das Nachlasszeugnis ausgestellt.[6] Die Ausstellungs-

---

[1] S. etwa *K. W. Lange* in Dutta/Herrler EuErbVO 161, 165.

[2] So aber ohne nähere Begründung *Adam* ZEV 2016, 233 (239): „Ein Streit über die Erbfolge muss zivilgerichtlich ausgetragen werden, nicht vor dem Nachlassgericht"; nur im Ergebnis ähnlich *Milzer* NJW 2015, 2997 (2999).

[3] Anders *W. Zimmermann* ZErb 2015, 342, der sich allerdings alleine auf die deutsche Sprachfassung und – was vor allem von dem Hintergrund des Erfordernisses einer autonomen Auslegung bedenklich ist – auf die Bedeutung des Begriffs „anhängig" im deutschen Recht konzentriert: „anhängig" bedeute „Einreichung einer Klage"; ähnlich auch *Steiner* ZEV 2016, 487 (488); wie hier dagegen etwa Dutta/Weber/*Fornasier* Rn. 4; *Hertel* in Lipp/Münch, Die neue Europäische Erbrechtsverordnung, 2016, 129, 148; Rauscher/*Hertel* Rn. 2; *Kleinschmidt,* FS Lindacher, 2017, 165 (170 ff.); Deixler-Hübner/Schauer/*Perscha* Rn. 8 f.; *R. Wagner/Fenner* FamRZ 2015, 1668 (1673).

[4] Anders auch hier – erneut ohne Berücksichtigung anderer Sprachfassungen – *W. Zimmermann* ZErb 2015, 342.

[5] Zust. *Kleinschmidt,* FS Lindacher, 2017, 165 (173).

[6] Zust. *Althammer* in Limmer, Erbrecht und Vermögenssicherung, 2016, 1, 22 f.; Dutta/Weber/*Fornasier* Rn. 5; so auch *Egidy/Volmer* RPfleger 2015, 433 (434); *Hertel* in Lipp/Münch, Die neue Europäische Erbrechtsverordnung, 2016, 129, 148; *Kleinschmidt,* FS Lindacher, 2017, 165 (170 f.); *Milzer* NJW 2015, 2997 (2998 f.) („reines Konsensverfahren"); *Volmer* notar 2016, 323 (325); *R. Wagner/Fenner* FamRZ 2015, 1668 (1673); anders Calvo

behörde entscheidet somit nicht streitig über die zu bescheinigende Rechtsstellung. Hieran ändert auch Art. 66 Abs. 1 nichts. Diese Vorschrift bürdet der Ausstellungsbehörde allein Amtsermittlungspflichten im Hinblick auf die vom Antragsteller vorgebrachten Tatsachen auf (→ Art. 66 Rn. 2), nicht aber im Hinblick auf die Ermittlung des Sachverhalts;[7] auch insoweit besteht eine Parallele zum deutschen Aufgebotsverfahren.[8] Dem Antragsteller bleibt dann alleine ein Weg, über den **Rechtsbehelf** nach Art. 72 Abs. 1 UAbs. 1, um an ein Nachlasszeugnis zu kommen; denn jedenfalls das Rechtsbehelfsgericht darf den Rechtsstreit entscheiden (vgl. auch Art. 72 Abs. 2 UAbs. 2).[9] Den Umstand, dass Ausstellungsbehörde und Rechtsbehelfsgericht unterschiedlichen Prüfungsmaßstäben bei der Ausstellung des Zeugnisses unterliegen, nimmt die Verordnung bewusst in Kauf, zumal die Ausstellungsbehörde nach Art. 64 S. 2 nicht zwingend ein Gericht sein muss, sondern etwa nach mitgliedstaatlichem Verfahrensrecht ein Notar sein kann. Ein Notar hätte verfahrensrechtlich aber keine Möglichkeit, bei widerstreitendem Vortrag den Sachverhalt aufzuklären. Jedenfalls ist es aber gänzlich unvertretbar, mit den deutschen Durchführungsvorschriften zum Nachlasszeugnisverfahren einen Gleichlauf des Prüfungsmaßstabs nach Unionsrecht begründen zu wollen.[10] Allerdings wird man lit. a **Grenzen** ziehen müssen, um die Effektivität des Nachlasszeugnisses nicht zu gefährden: Wurde bereits außerhalb des Ausstellungsverfahrens in einem streitigen Verfahren verbindlich zwischen den Beteiligten geklärt, dass der Antragsteller gegenüber dem möglichen Berechtigten die zu bescheinigende Rechtsstellung innehat, so muss die Ausstellungsbehörde auch ein Nachlasszeugnis ausstellen.[11] Ob auch „missbräuchliche Einwände, die bloß der Verfahrensverschleppung dienen sollen", im Ausstellungsverfahren bereits kraft Unionsrechts unbeachtlich sind,[12] darf bezweifelt werden. Womöglich besitzt die Ausstellungsbehörde nach Art. 64 S. 1 – vor allem soweit sie kein Gericht ist – nicht die Mittel, die Rechtsmissbräuchlichkeit zu beurteilen; diese Frage sollte daher dem nationalen Verfahrensrecht der Ausstellungsbehörde überlassen werden.

7 Wie bereits angedeutet, können die Einwände auch in einem **anderen Verfahren** anhängig sein. Dieses Verfahren kann als Erbsache nach Art. 4 ff. im Inland laufen. Es kann sich aber auch um ein ausländisches Verfahren in einem anderen Mitgliedstaat oder sogar Drittstaat handeln.[13] Allerdings wird man Einwände in einem ausländischen Verfahren nur dann zu berücksichtigen haben, wenn die Entscheidung des betreffenden Gerichts potentiell im Inland anerkennungsfähig sein wird (vgl. auch → Rn. 9).[14] Kann die Anerkennungsprognose derzeit noch nicht getroffen werden, etwa weil unklar ist, ob die Entscheidung gegen den inländischen ordre public verstoßen wird (Art. 40 lit. a, § 328 Abs. 1 Nr. 4 ZPO, § 109 Abs. 1 Nr. 4 FamFG), dann ist das Ausstellungsverfahren nicht auszusetzen.

8 **c) Keine unvereinbare Entscheidung (Abs. 1 UAbs. 2 lit. b).** Ferner liegen die Sachentscheidungsvoraussetzungen für die Ausstellung eines Nachlasszeugnisses nur dann nach lit. b vor, wenn keine unvereinbare Entscheidung „zum selben Sachverhalt" vorliegt. Gemeint ist freilich auch hier wieder eine Entscheidung über die nach Art. 63 Abs. 1 zu bescheinigende Rechtsstellung (→ Rn. 5). Für den Begriff der **Unvereinbarkeit** kann hier, wie auch bei Art. 40 lit. c und d, auf die Auslegung des Art. 45 Abs. 1 lit. c und d Brüssel I-VO zurückgegriffen werden, freilich mit gewissen Modifikationen. Nach der Rechtsprechung des EuGH ist nicht maßgeblich, dass die Entscheidung nach deut-

---

Caravaca/Davi/Mansel/*Kreße* Rn. 7 f.; NK-BGB/*Nordmeier* Rn. 11 mit Fn. 14; *W. Zimmermann* ZErb 2015, 342 f.; *W. Zimmermann* Rpfleger 2017, 2 (5).

[7] Anders wohl *W. Zimmermann* ZErb 2015, 342 (343) (freilich mit einem Hinweis auf Art. 69, gemeint ist offenbar Art. 66); zur Amtsermittlung vgl. insoweit auch *Volmer* notar 2016, 323 (325 f.). Anders auch *Leipold* ZEV 2017, 216 (218), wonach die Ausstellungsbehörde streitig über Einwände entscheiden darf, soweit sie sich „in der Lage sieht, darüber zu entscheiden".

[8] Vgl. etwa zur Bedeutung des Amtsermittlungsgrundsatzes (§ 26 FamFG) im Aufgebotsverfahren Bork/Jacoby/Schwab/*Dutta* FamFG § 434 Rn. 11.

[9] Zust. *Althammer* in Limmer, Erbrecht und Vermögenssicherung, 2016, 1, 22 f.; *Volmer* notar 2016, 323 (326); wohl ebenso *Egidy/Volmer* Rpfleger 2015, 433 (434) (wonach [nur] der ersten Instanz im Nachlasszeugnisverfahren „jeder streitentscheidende Charakter" fehle); Dutta/Weber/*Fornasier* Rn. 6 (jedenfalls in der Rechtsmittelinstanz, soweit deren Entscheidung nicht mehr anfechtbar ist; vgl. indes → Art. 72 Rn. 10); anders *Kleinschmidt,* FS Lindacher, 2017, 165 (173); anders auch – ohne allerdings auf die genannten Vorschriften einzugehen – *Milzer* NJW 2015, 2997 (2999): Rechtsbehelfsgericht prüft nur, ob die Ausstellungsbehörde das Zeugnis hätte ausstellen müssen.

[10] So aber *W. Zimmermann* ZErb 2015, 342 f.

[11] Dutta/Weber/*Fornasier* Rn. 8; so auch *Kleinschmidt,* FS Lindacher, 2017, 165 (172, 173); weitergehend *Herzog* ErbR 2013, 2 (14), wonach die Ausstellungsbehörde das Zeugnis erteilen kann, wenn „nach dem Amtsermittlungsgrundsatz die Einwände ausgeräumt" wurden.

[12] So etwa *Kleinschmidt,* FS Lindacher, 2017, 165 (173).

[13] Dutta/Weber/*Fornasier* Rn. 10.

[14] Dutta/Weber/*Fornasier* Rn. 10, 12.

schem Verständnis denselben Streit- oder Verfahrensgegenstand besitzt, also ebenfalls die Ausstellung eines Europäischen Nachlasszeugnisses betrifft; eine solche Auslegung des Art. 67 Abs. 1 UAbs. 2 lit. b unterstreicht auch dessen Wortlaut, der von einer „Entscheidung zum selben Sachverhalt" spricht. Entscheidend ist vielmehr, dass die Entscheidung Rechtsfolgen besitzt, die die im Nachlasszeugnis bescheinigte Rechtsstellung ausschließen.[15] So kann etwa in einem Zeugnis eine Rechtsstellung als Erbe nicht bescheinigt werden, wenn der Antragsteller mangels Erbenstellung mit einer Erbprätendenten- oder Erbschaftsklage in der Sache[16] gescheitert ist oder die Erbenstellung inzident in einer Entscheidung verneint wurde. Auch ein entgegenstehender Erbnachweis nach nationalem Recht sperrt ein Nachlasszeugnis[17] (s. auch → Art. 62 Rn. 17). Irrelevant ist dabei, ob die Entscheidung gerade auch zwischen den Beteiligten des Nachlasszeugnisverfahrens Rechtskraft entfaltet oder nach der ersten Entscheidung Umstände bekannt geworden sind, die eine Berufung auf die Entscheidung im Nachlasszeugnisverfahren rechtmissbräuchlich erscheinen lassen.[18] Auch insoweit bleibt das Europäische Nachlasszeugnis hinter dem deutschen Erbschein zurück.

Die Vorschrift teilt nicht mit, **aus welchem Staat** die Entscheidung stammen muss, um die **9** Ausstellung eines Nachlasszeugnisses zu sperren. Ausreichend wird in jedem Fall eine Entscheidung des Mitgliedstaats sein, in dem das Nachlasszeugnis ausgestellt werden soll. Aber auch eine nach den Art. 39 ff. oder nach den autonomen Anerkennungsvoraussetzungen der lex fori anzuerkennende Entscheidung aus einem anderen Mitgliedstaat oder Drittstaat reicht mangels Einschränkung aus.[19]

2. Materielle Voraussetzungen: Bestehen der zu bescheinigenden Rechtsstellung nach 10 dem Erbstatut oder einem sonstigen Statut (Abs. 1 UAbs. 1 S. 1). Nach Abs. 1 UAbs. 1 S. 1 darf das Nachlasszeugnis nur ausgestellt werden, wenn „der zu bescheinigende Sachverhalt [...] feststeht". Auch hier ist mit **„Sachverhalt"** die nach Art. 63 Abs. 1 zu bescheinigende Rechtsstellung als Erbe, Vermächtnisnehmer, Testamentsvollstrecker oder Nachlassverwalter gemeint (→ Rn. 5). Die Rechtsstellung „steht fest", wenn der ihr zugrunde liegende Lebenssachverhalt nach der Überzeugung der Ausstellungsbehörde (Art. 64 S. 2) im Rahmen der Prüfung des Antrags nach Art. 66 Abs. 1–3 nachgewiesen wurde und dieser rechtlich die zu bescheinigende Rechtsstellung dem Grunde und Umfang nach begründet.

Das Bestehen und der Umfang der zu bescheinigenden Rechtsstellung als Erbe, Vermächtnisneh- **11** mer, Testamentsvollstrecker oder Nachlassverwalter unterliegen grundsätzlich dem **Erbstatut,** wie es in den Art. 20 ff. bestimmt wird, worauf auch Abs. 1 UAbs. 1 S. 1 hinweist **(„nach dem auf die Rechtsnachfolge von Todes wegen anzuwendenden Recht"),** wobei hier auch nach Art. 75 Abs. 1 UAbs. 1, Abs. 2 vorrangige Staatsverträge der Mitgliedstaaten zu beachten sind, die von der Verordnung abweichende Kollisionsnormen enthalten, aber die Ausstellung eines Europäischen Nachlasszeugnisses nicht ausschließen → Art. 75 Rn. 5; ein europäischer Entscheidungseinklang im Hinblick auf die zu bescheinigende Rechtsposition ist damit nicht garantiert, was die Effektivität des Nachlasszeugnisses gefährdet (→ Vor Art. 62 Rn. 9 f.). Im Falle einer Nachlasspflegschaft (→ Art. 63 Rn. 11) kann sich die zu bescheinigende Rechtsposition auch nach der lex fori richten, von der der Nachlasspfleger seine Stellung ableitet (→ Art. 19 Rn. 3).

Allerdings entscheidet nicht ausschließlich das Erbstatut über die nach Art. 63 Abs. 1 zu bescheini- **12** gende Rechtsstellung, wie auch der europäische Gesetzgeber klarstellt. Nach Abs. 1 UAbs. 1 S. 1 muss die zu bescheinigende Rechtsstellung auch nach **„jedem anderen auf einen spezifischen Sachverhalt anzuwendenden Recht"** bestehen: Dieser Verweis bezieht sich zunächst auf **Vorfragen im Erbstatut,** die gerade hinsichtlich der Erbenstellung, soweit diese etwa beim Intestaterbrecht an die klassischen Statusverhältnisse anknüpft, erhebliche Bedeutung besitzen und innerhalb der Verordnung – auch aufgrund des Europäischen Nachlasszeugnisses – unselbständig, dh nach dem Kollisionsrecht des Erbstatuts, beantwortet werden müssen (näher → Vor Art. 20 Rn. 50 ff.). Auch richtet sich gerade die Erbenstellung nicht zwangsläufig allein nach dem Erbstatut: Die Erbenstellung des überlebenden Ehegatten wird etwa nach deutschem Recht auch güterrechtlich durch den pauschalierten Zugewinnausgleich beeinflusst und kann auch insoweit durch das Nachlasszeugnis

---

[15] Vgl. etwa EuGH Slg. 1988, 645 Rn. 22 = NJW 1989, 663 – Hoffmann: „Zur Klärung der Frage, ob eine Unvereinbarkeit im Sinne dieser Vorschrift vorliegt, ist zu prüfen, ob die betreffenden Entscheidungen Rechtsfolgen haben, die sich gegenseitig ausschließen". Allerdings kommt es beim Europäischen Nachlasszeugnis – anders als bei der Brüssel Ia-VO – ausweislich des Wortlauts des Art. 67 Abs. 1 UAbs. 2 lit. b („Entscheidung zum selben Sachverhalt") nicht darauf an, ob die Rechtsfolgen des Nachlasszeugnisses und der Entscheidung sich ausschließen, sondern auf die Unvereinbarkeit von Entscheidung und bescheinigter Rechtsposition (zur Auslegung des Begriffs „Sachverhalt" → Rn. 5).
[16] Vgl. EuGH Slg. 2002, I-4995 Rn. 44 = NJW 2002, 2087 – Italian Leather.
[17] *Margonski* ZEV 2017, 212 (213).
[18] *Milzer* NJW 2015, 2997 (2998).
[19] Zust. Dutta/Weber/*Fornasier* Rn. 12; NK-BGB/*Nordmeier* Rn. 12.

bescheinigt werden (→ Art. 63 Rn. 8). Der Zugewinnausgleich ist allerdings nicht Teil des Erbstatuts, sondern richtet sich nach dem **Güterstatut** (→ Art. 1 Rn. 21 ff.), das derzeit in der EU noch nicht vollständig vereinheitlicht ist, so dass auch insoweit ein europäischer Entscheidungseinklang über die zu bescheinigende Rechtsposition und damit die Effektivität des Nachlasszeugnisses gestört werden kann, wie auch im Hinblick **auf das Formstatut für mündliche Verfügungen von Todes wegen** (→ Vor Art. 62 Rn. 9), soweit diese eine bescheinigbare Rechtsstellung (näher → Art. 62 Rn. 2 ff.) betreffen. Auch diese Statute werden mithin vom Verweis in Abs. 1 UAbs. 1 S. 1 erfasst.[20]

III. Rechtsfolge: Pflicht zur Ausstellung des Zeugnisses

13   Liegen die Voraussetzungen für die Ausstellung des Nachlasszeugnisses vor, so besitzt die Ausstellungsbehörde (Art. 64 S. 2) kein Ermessen, sondern muss das Nachlasszeugnis ausstellen, und zwar **im Umfang des Antrags** nach Art. 65. Keinesfalls muss die Ausstellungsbehörde im Nachlasszeugnis auch (ggf. fremde) Rechtspositionen bescheinigen, deren Bescheinigung vom Antragssteller nicht beantragt wurde,[21] jedenfalls soweit diese nicht die Rechtsposition des Antragsstellers beschränken (→ Art. 65 Rn. 4).

14   **1. Unverzügliche Ausstellung (Abs. 1 UAbs. 1 S. 1).** Das Nachlasszeugnis muss nach Abs. 1 UAbs. 1 S. 1 unverzüglich ausgestellt werden. Der Begriff der Unverzüglichkeit ist autonom auszulegen (allgemein → Vor Art. 1 Rn. 23 ff.) und dahingehend zu verstehen, dass die Ausstellungsbehörde sofort das Zeugnis ausstellt, wenn seine Voraussetzungen vorliegen (→ Rn. 2 ff.). Allerdings darf die Pflicht zur unverzüglichen Ausstellung nicht darüber hinwegtäuschen, dass ein erheblicher Zeitraum zwischen Antragstellung (Art. 65) und Ausstellung des Zeugnisses verstreichen kann. Insbesondere das Erfordernis einer öffentlichen Bekanntmachung (Art. 66 Abs. 4 S. 2) wird die Ausstellung des Zeugnisses verzögern.

15   **2. Verwendung des Formblatts (Abs. 1 UAbs. 1 S. 2).** Das Zeugnis ist unter Verwendung des von der Kommission nach Art. 80 zu erstellenden Formblatts auszustellen (Abs. 1 UAbs. 1 S. 2). Der Inhalt dieses Formblatts richtet sich nach Art. 68. Anders als beim Antrag, wo die Verwendung eines Formblatts für den Antragsteller nach Art. 65 Abs. 2 optional ist, muss das Gericht das Formblatt zwingend verwenden.[22] Diese Pflicht hat auch einen **Sinn:** Denn ein nicht standardisiertes Nachlasszeugnis – das nach Art. 62 Abs. 1 und Abs. 3 S. 2 sowie Art. 63 Abs. 1 vor allem im Ausland seine Wirkungen nach Art. 69 entfalten soll – müsste übersetzt werden, während ein standardisiertes Nachlasszeugnis weitgehend nach dem Schablonensystem von jedermann in der EU unter Zuhilfenahme des Formblatts in der jeweiligen Sprachfassung inhaltlich erfasst werden kann; auch wird eine elektronische Erfassung und Bearbeitung ermöglicht, s. auch Erwägungsgrund Nr. 76. Allerdings ist ein Nachlasszeugnis, bei dem das Formblatt nicht verwendet wurde, nicht nichtig,[23] sondern allenfalls nach Art. 71 Abs. 1 berichtigbar bzw. nach Art. 72 anfechtbar.[24] Das Formblatt wurde von der Kommission durch eine Durchführungsverordnung[25] (EuErbVO-Formblätter) geschaffen; es findet sich nach Art. 1 Abs. 5 EuErbVO-Formblätter als Formblatt V in Anhang 5 EuErbVO-Formblätter und umfasst mit seinen Anlagen ganze 19 Seiten in der deutschsprachigen Ausgabe des Amtsblatts. Sprachlich ist das Zeugnis jedenfalls in seiner deutschen Version an zahlreichen Stellen missglückt.[26] Das Formblatt muss natürlich nur insoweit ausgefüllt werden, wie dies nach Art. 68 und dem Grundsatz der wirkungsorientierten Angaben (→ Art. 68 Rn. 2) erforderlich ist.[27]

---

[20] So im Hinblick auf das Güterstatut auch *Kleinschmidt* RabelsZ 77 (2013), 723 (756).

[21] *Süß* ZEuP 2013, 725 (740 f.).

[22] Zu Art. 8 EuZVO EuGH EuZW 2015, 832, Rn. 55 ff. – Alpha Bank Cyprus.

[23] Dutta/Weber/*Fornasier* Rn. 16; Rauscher/*Hertel* Rn. 6; *Süß* ZEuP 2013, 725 (738 f.); anders *Wilsch* ZEV 2012, 530.

[24] Vgl. auch Dutta/Weber/*Fornasier* Rn. 16 (Zeugnis ist berichtigbar); für eine Berichtigbarkeit nach Art. 71 Abs. 1 (allerdings analog) auch NK-BGB/*Nordmeier* Rn. 7. S. auch zu Art. 8 EuZVO EuGH EuZW 2015, 832 Rn. 59 ff. – Alpha Bank Cyprus.

[25] Durchführungsverordnung (EU) Nr. 1329/2014 der Kommission vom 9.12.2014 zur Festlegung der Formblätter nach Maßgabe der Verordnung (EU) Nr. 650/2012 des Europäischen Parlaments und des Rates über die Zuständigkeit, das anzuwendende Recht, die Anerkennung und Vollstreckung von Entscheidungen und die Annahme und Vollstreckung öffentlicher Urkunden in Erbsachen sowie zur Einführung eines Europäischen Nachlasszeugnisses, ABl. 2014 L 359, 30, berichtigt durch ABl. 2015 L 195, 49 und ABl. 2016 L 9, 14.

[26] Dazu sowie zu den Angaben im Einzelnen *Dorsel/Schall* GPR 2015, 36 (43 ff.); ausf. auch *Buschbaum/Simon* Rpfleger 2015, 444 (446 ff.); *Hertel* in Lipp/Münch, Die neue Europäische Erbrechtsverordnung, 2016, 129, 149 ff.

[27] Vgl. auch *Dorsel/Schall* GPR 2015, 36 (43).

3. Unterrichtung der Berechtigten von der Ausstellung (Abs. 2). Nach Abs. 2 muss die **16** Ausstellungsbehörde (Art. 64 S. 2) alle Berechtigten (→ Art. 66 Rn. 6) von der Ausstellung des Zeugnisses unterrichten. Die Verordnung schweigt dazu, auf welche Weise die Unterrichtung zu erfolgen hat. Man wird die Unterrichtungspflicht des Gerichts hier genauso auslegen müssen wie bei der Unterrichtung vom Antrag (→ Art. 66 Rn. 7): Den **bekannten Berechtigten** ist die Ausstellung des Zeugnisses **mitzuteilen**. Bei den **unbekannten Berechtigten** wird auch hier – entsprechend Art. 66 Abs. 4 S. 2 – nur eine **öffentliche Bekanntmachung** möglich sein.[28] Dabei unterliegt auch hier mangels Regelung in der Verordnung das Nähere dem mitgliedstaatlichen Verfahrensrecht, in Deutschland konkret § 40 S. 2 IntErbRVG – eine Vorschrift, die aber die unionsrechtlichen Mitteilungspflichten nur unzureichend umsetzt.[29]

IV. Bestandskraft des Nachlasszeugnisses und Rechtsbehelfe gegen die Entscheidung

Das nach Art. 67 ausgestellte Nachlasszeugnis erwächst nicht in Bestandskraft, sondern kann nicht **17** nur **berichtigt** (Art. 71 Abs. 1), sondern auch jederzeit von der Ausstellungsbehörde (Art. 64 S. 2) **geändert** oder **widerrufen** werden (Art. 71 Abs. 2). Auch eine den Antrag zurückweisende Entscheidung verhindert nicht, dass ein Antrag auf Ausstellung des Nachlasszeugnisses erneut gestellt werden kann. Zur Art der Entscheidung s. für das deutsche Nachlasszeugnisverfahren § 39 IntErbRVG.

Die Entscheidung, das Nachlasszeugnis auszustellen oder nicht auszustellen, kann nach Art. 72 **18** mit einem **Rechtsbehelf** angefochten werden.

Art. 68 EuErbVO Inhalt des Nachlasszeugnisses

Das Zeugnis enthält folgende Angaben, soweit dies für die Zwecke, zu denen es ausgestellt wird, erforderlich ist:
a) **die Bezeichnung und die Anschrift der Ausstellungsbehörde;**
b) **das Aktenzeichen;**
c) **die Umstände, aus denen die Ausstellungsbehörde ihre Zuständigkeit für die Ausstellung des Zeugnisses herleitet;**
d) **das Ausstellungsdatum;**
e) **Angaben zum Antragsteller: Name (gegebenenfalls Geburtsname), Vorname(n), Geschlecht, Geburtsdatum und -ort, Personenstand, Staatsangehörigkeit, Identifikationsnummer (sofern vorhanden), Anschrift und etwaiges Verwandtschafts- oder Schwägerschaftsverhältnis zum Erblasser;**
f) **Angaben zum Erblasser: Name (gegebenenfalls Geburtsname), Vorname(n), Geschlecht, Geburtsdatum und -ort, Personenstand, Staatsangehörigkeit, Identifikationsnummer (sofern vorhanden), Anschrift im Zeitpunkt seines Todes, Todesdatum und -ort;**
g) **Angaben zu den Berechtigten: Name (gegebenenfalls Geburtsname), Vorname(n) und Identifikationsnummer (sofern vorhanden);**
h) **Angaben zu einem vom Erblasser geschlossenen Ehevertrag oder, sofern zutreffend, einem vom Erblasser geschlossenen Vertrag im Zusammenhang mit einem Verhältnis, das nach dem auf dieses Verhältnis anwendbaren Recht mit der Ehe vergleichbare Wirkungen entfaltet, und Angaben zum ehelichen Güterstand oder einem vergleichbaren Güterstand;**
i) **das auf die Rechtsnachfolge von Todes wegen anzuwendende Recht sowie die Umstände, auf deren Grundlage das anzuwendende Recht bestimmt wurde;**
j) **Angaben darüber, ob für die Rechtsnachfolge von Todes wegen die gewillkürte oder die gesetzliche Erbfolge gilt, einschließlich Angaben zu den Umständen, aus denen sich die Rechte und/oder Befugnisse der Erben, Vermächtnisnehmer, Testamentsvollstrecker oder Nachlassverwalter herleiten;**
k) **sofern zutreffend, in Bezug auf jeden Berechtigten Angaben über die Art der Annahme oder der Ausschlagung der Erbschaft;**
l) **den Erbteil jedes Erben und gegebenenfalls das Verzeichnis der Rechte und/oder Vermögenswerte, die einem bestimmten Erben zustehen;**

---

[28] Zust. Dutta/Weber/*Fornasier* Rn. 19; anders NK-BGB/*Nordmeier* Rn. 8.
[29] Näher Dutta/Weber/*Dutta* IntErbRVG § 40 Rn. 5 ff.

m) das Verzeichnis der Rechte und/oder Vermögenswerte, die einem bestimmten Vermächtnisnehmer zustehen;

n) die Beschränkungen ihrer Rechte, denen die Erben und gegebenenfalls die Vermächtnisnehmer nach dem auf die Rechtsnachfolge von Todes wegen anzuwendenden Recht und/oder nach Maßgabe der Verfügung von Todes wegen unterliegen;

o) die Befugnisse des Testamentsvollstreckers und/oder des Nachlassverwalters und die Beschränkungen dieser Befugnisse nach dem auf die Rechtsnachfolge von Todes wegen anzuwendenden Recht und/oder nach Maßgabe der Verfügung von Todes wegen.

Übersicht

I. Normzweck

1   Die Vorschrift legt den Inhalt des Europäischen Nachlasszeugnisses fest und betrifft damit das Ausstellungsverfahren (Überblick → Vor Art. 62 Rn. 4). Die Vorschrift war zunächst für die **Kommission** von Bedeutung, die nach Art. 80 und Art. 67 Abs. 1 UAbs. 1 S. 2 ein Formblatt für das Nachlasszeugnis ausstellen musste, das den gesetzlichen Inhalt des Nachlasszeugnisses widerspiegelt (→ Art. 67 Rn. 15). Zugleich richtet sich die Vorschrift aber auch an die **Ausstellungsbehörde** (Art. 64 S. 2), da sie festlegt, inwieweit das Formblatt ausgefüllt werden muss.

II. Grundsatz: Wirkungsorientierte Angaben

2   Art. 68 verwendet eine ähnliche – und damit ähnlich problematische – Regelungstechnik wie Art. 65 Abs. 3 beim Inhalt des Antrags auf Ausstellung des Nachlasszeugnisses (→ Art. 65 Rn. 10 f.): Es werden zahlreiche Angaben genannt, die das Nachlasszeugnis enthalten kann. Allerdings müssen nicht sämtliche dieser Angaben zwingend im Nachlasszeugnis auftauchen. Vielmehr sind die in lit. a–o aufgelisteten Angaben von der Ausstellungsbehörde nur dann zu machen, wenn dies – wie die Vorschrift ausdrücklich klarstellt – für die **Zwecke des Nachlasszeugnisses** erforderlich ist, dh nach Art. 63 Abs. 1 für die Bescheinigung der Rechtsstellung als Erbe, Vermächtnisnehmer, Testamentsvollstrecker oder Nachlassverwalter in einem anderen Mitgliedstaat, wobei hier vor allem die **Wirkungen** des Nachlasszeugnisses nach Art. 69 zu berücksichtigen sind. Das Nachlasszeugnis darf nicht durch überflüssige Angaben überfrachtet werden. Es soll nur Angaben enthalten, die erforderlich sind, um seine Wirkungen zugunsten des ausgewiesenen Erben, Vermächtnisnehmers, Testamentsvollstreckers oder Nachlassverwalters zu entfalten.[1]

3   Maßgeblich für den Zweck des **konkreten** Nachlasszeugnisses ist der **Antrag.** Beantragt beispielsweise nur ein Vermächtnisnehmer nach Art. 65 Abs. 1 iVm Art. 63 Abs. 1 das Nachlasszeugnis, so sind allein Angaben zur Position des antragstellenden Vermächtnisnehmers zu machen. Zur Zulässigkeit eines Teilnachlasszeugnisses → Art. 65 Rn. 4.

III. Die Angaben im Einzelnen

4   Nach dem Zweck des Nachlasszeugnisses werden die Angaben nach **lit. a–g** in jedem Nachlasszeugnis grundsätzlich erforderlich sein, wobei Informationen zum Verwandtschafts- oder Schwägerverhältnis zwischen Antragsteller und Erblasser meist entbehrlich sein werden, da diese Angaben ohnehin im Rahmen des lit. j notwendig sind, soweit die Erbenstellung des Antragstellers auf einem solchen Verhältnis beruht.[2]

5   Angaben zu güterrechtlichen Verträgen oder zum Güterstand des Erblassers nach **lit. h** sind nicht nur dann zu machen, wenn diese Einfluss auf die nach Art. 63 Abs. 1 zu bescheinigende Rechtsstellung besitzen, etwa wenn die Erbenstellung eines überlebenden Ehegatten (und damit auch der übrigen Erben) güterrechtlich geprägt ist, was ebenfalls im Nachlasszeugnis zu bescheinigen ist (→ Art. 63 Rn. 8; Art. 67 Rn. 12). Vielmehr sind diese Angaben bei verheirateten oder verpartnerten Erblassern stets zu machen, auch wenn aus Sicht des Rechts des Ausstellungsmitgliedstaats das

---

[1]   In diese Richtung auch *Dorsel* in LSHGGRD Erbfälle unter Geltung der EuErbVO 33, 43; *Dorsel/Schall* GPR 2015, 36 (43, 47).

[2]   Vgl. auch Dutta/Weber/*Fornasier* Rn. 4.

Güterrecht die zu bescheinigende Rechtsstellung nicht beeinflusst. Denn diese Angaben sind notwendig, damit der Rechtsverkehr die Richtigkeit oder Unrichtigkeit des Nachlasszeugnisses aus der Sicht des Rechts des jeweiligen Verwendungsmitgliedstaats zu beurteilen vermag, das die güterrechtlichen Einflüsse mangels eines absoluten internationalen Entscheidungseinklangs insoweit abweichend vom Recht des Ausstellungsmitgliedstaats bewerten kann (→ Art. 63 Rn. 8). Auch darüber hinaus kann die Angabe des Güterstands einen „wichtigen informatorischen Wert" bei der Verwendung des Zeugnisses besitzen, vor allem in Rechtsordnungen mit einer Gütergemeinschaft (etwa Errungenschaftsgemeinschaft) im Hinblick auf güterrechtlichen Implikationen bei der Bestimmung des Nachlasses.[3]

Gemäß **lit. i** hat die Ausstellungsbehörde auch das jeweils auf die Rechtsnachfolge von Todes **6** wegen anwendbare Recht anzugeben. Diese Angabe ist in jedem Zeugnis unverzichtbar, da sie dem Rechtsverkehr ermöglicht, bei Lücken im Zeugnis auf das anwendbare Recht zu vertrauen (→ Art. 69 Rn. 19). Der Unionsgesetzgeber hat hier leider übersehen, dass – obwohl er dies vor allem in Art. 67 S. 1 ausdrücklich klarstellt – neben dem Erbstatut auch andere Statute für die zu bescheinigende Rechtsposition maßgeblich sein können. Entgegen dem Wortlaut des lit. i sind deshalb auch diese anderen Rechte mitzuteilen, soweit sie für die bescheinigte Rechtsposition relevant waren.

Eine Angabe zur Natur der Rechtsnachfolge von Todes wegen als gewillkürt oder gesetzlich nach **7** **lit. j** ist bei einer zu bescheinigenden Erbenstellung nur zu machen, wenn sich die Rechtspositionen im Hinblick auf den Nachlass unterscheiden,[4] was etwa nach deutschem Recht nicht der Fall ist. Im Übrigen sind die Umstände, aus denen sich die zu bescheinigende Rechtsstellung ergibt, in jedem Fall anzugeben.

Angaben zur Annahme oder Ausschlagung nach **lit. k** sind nur zu machen, soweit sie sich im **8** konkreten Fall auf die zu bescheinigende Rechtsstellung auswirken, etwa weil durch die Ausschlagung eines Erben sich die Anteile der anderen Erben erhöhen oder die Erbenstellung von einer Annahme abhängt.

Soweit es um die Bescheinigung einer Erbenstellung geht, ist auch der jeweilige Erbteil nach **lit. l** **9** anzugeben. Hierbei sind auch güterrechtliche Einflüsse, etwa in Form des pauschalierten Zugewinnausgleichs nach § 1371 Abs. 1 BGB, zu berücksichtigen (→ Art. 63 Rn. 8; → Art. 67 Rn. 12). Ein Verzeichnis der Nachlassgegenstände ist dagegen nur erforderlich, soweit dem Erben einzelne Nachlassgegenstände, etwa über eine dinglich wirkende Teilungsanordnung, unmittelbar zugewiesen werden,[5] was ebenfalls durch ein Nachlasszeugnis bescheinigt werden kann (Art. 63 Abs. 2 lit. b).

Beim Vermächtnisnehmer – soweit dessen Rechtsstellung nach Art. 63 Abs. 1 mit einem Nachlass- **10** zeugnis bescheinigt werden kann[6] – sind nach **lit. m** stets die diesem unmittelbar zugewiesenen Nachlassgegenstände zu bezeichnen, da auch hier diese Zuordnung durch das Zeugnis nachgewiesen werden kann (Art. 63 Abs. 2 lit. b).

Oftmals sind die Erben oder Vermächtnisnehmer in ihrer Rechtsstellung beschränkt. Solche **11** Beschränkungen sind nach **lit. n** im Zeugnis anzugeben, soweit sie das **Außenverhältnis** betreffen,[7] weil sie nur insoweit zur Bescheinigung der Erben- oder Vermächtnisnehmerstellung in einem anderen Mitgliedstaat erforderlich sind: So betrifft etwa die Belastung des Erben mit einem Damnationslegat oder einer Auflage nach deutschem Recht (§§ 2192 ff. BGB) allein das **Innenverhältnis** zwischen den Berechtigten und begründet damit stets erbrechtliche Verhältnisse, die nicht im Ausland durchgesetzt werden müssen, sondern als Erbsache im Mitgliedstaat der Ausstellungsbehörde geltend gemacht werden können; eines Nachweises der Rechtsstellung insoweit bedarf es in einem anderen Mitgliedstaat nicht (→ Art. 63 Rn. 3). Das Außenverhältnis betreffen, und damit im Nachlasszeugnis anzugeben, sind etwa Beschränkungen der Verwaltungsbefugnisse im Hinblick auf den Nachlass, speziell durch eine Vor- und Nacherbschaft oder eine Testamentsvollstreckung, oder allgemeine Beschränkungen durch Potestativbedingungen. Auch die Miterbenstellung ist anzugeben, soweit die Verwaltungsbefugnisse des einzelnen Miterben beschränkt werden, wobei sich die Miterbenstellung ohnehin bereits aus den Angaben im Rahmen des lit. l ergibt. – Offen lässt die Vorschrift dagegen,

---

[3] Zu Recht Dutta/Weber/*Fornasier* Rn. 9.

[4] Anders NK-BGB/*Nordmeier* Rn. 15 mit Fn. 10, wonach diese Einschränkung im Wortlaut der Vorschrift keine Stütze findet. Meines Erachtens ergibt sich diese Einschränkung aus dem Erfordernis, nur „wirkungsorientierte" Angaben machen zu müssen („soweit dies für die Zwecke, zu denen es ausgestellt wird, erforderlich ist"). Soweit mithin die Rechtsposition als gesetzlicher oder gewillkürter Erbe im Hinblick auf den Nachlass (Außenwirkung des Zeugnisses) identisch ist, ist die Angabe der Natur der Rechtsnachfolge von Todes wegen irrelevant, s. auch die Angaben nach lit. i.

[5] So auch Dutta/Weber/*Fornasier* Rn. 12.

[6] Dutta/Weber/*Fornasier* Rn. 13.

[7] Zust. Dutta/Weber/*Fornasier* Rn. 14.

in welcher Weise die Beschränkungen angegeben werden müssen, vor allem ob konkrete Inhaltsangaben zum jeweiligen Erbstatut zu machen sind. Da eine solche Inhaltsangabe niemals vollständig sein kann, sollte man es mit einer Benennung der Beschränkung ohne „lehrbuchartige Umschreibungen"[8] bewenden lassen und im Übrigen auf das anwendbare Recht verweisen.[9]

12   Das soeben zu den Beschränkungen der Erben und Vermächtnisnehmer Gesagte (→ Rn. 11) gilt auch für die Befugnisse der Testamentsvollstrecker und Nachlassverwalter und ihre Beschränkungen nach **lit. o:** Die Rechtsstellung oder Beschränkung (soweit sie das Außenverhältnis betrifft) ist zu benennen. Im Übrigen ist auch hier auf das jeweils anwendbare Recht zu verweisen.

Art. 69 EuErbVO Wirkungen des Zeugnisses

(1) Das Zeugnis entfaltet seine Wirkungen in allen Mitgliedstaaten, ohne dass es eines besonderen Verfahrens bedarf.

(2) [1]Es wird vermutet, dass das Zeugnis die Sachverhalte, die nach dem auf die Rechtsnachfolge von Todes wegen anzuwendenden Recht oder einem anderen auf spezifische Sachverhalte anzuwendenden Recht festgestellt wurden, zutreffend ausweist. [2]Es wird vermutet, dass die Person, die im Zeugnis als Erbe, Vermächtnisnehmer, Testamentsvollstrecker oder Nachlassverwalter genannt ist, die in dem Zeugnis genannte Rechtsstellung und/oder die in dem Zeugnis aufgeführten Rechte oder Befugnisse hat und dass diese Rechte oder Befugnisse keinen anderen als den im Zeugnis aufgeführten Bedingungen und/oder Beschränkungen unterliegen.

(3) Wer auf der Grundlage der in dem Zeugnis enthaltenen Angaben einer Person Zahlungen leistet oder Vermögenswerte übergibt, die in dem Zeugnis als zur Entgegennahme derselben berechtigt bezeichnet wird, gilt als Person, die an einen zur Entgegennahme der Zahlungen oder Vermögenswerte Berechtigten geleistet hat, es sei denn, er wusste, dass das Zeugnis inhaltlich unrichtig ist, oder ihm war dies infolge grober Fahrlässigkeit nicht bekannt.

(4) Verfügt eine Person, die in dem Zeugnis als zur Verfügung über Nachlassvermögen berechtigt bezeichnet wird, über Nachlassvermögen zugunsten eines anderen, so gilt dieser andere, falls er auf der Grundlage der in dem Zeugnis enthaltenen Angaben handelt, als Person, die von einem zur Verfügung über das betreffende Vermögen Berechtigten erworben hat, es sei denn, er wusste, dass das Zeugnis inhaltlich unrichtig ist, oder ihm war dies infolge grober Fahrlässigkeit nicht bekannt.

(5) Das Zeugnis stellt ein wirksames Schriftstück für die Eintragung des Nachlassvermögens in das einschlägige Register eines Mitgliedstaats dar, unbeschadet des Artikels 1 Absatz 2 Buchstaben k und l.

Übersicht

---

[8] *Dorsel* in LSHGGRD Erbfälle unter Geltung der EuErbVO 33, 47.
[9] So auch *Buschbaum,* GS Hübner, 2012, 589 (600 f.); Dutta/Weber/*Fornasier* Rn. 14; vgl. auch *Dorsel* in LSHGGRD Erbfälle unter Geltung der EuErbVO 33, 41 ff.

I. Normzweck

Die Vorschrift verwirklicht den Zweck des Europäischen Nachlasszeugnisses (Art. 63 Abs. 1), **1** indem sie dem Zeugnis Wirkungen zuweist, die es dem Berechtigten ermöglichen, seine Rechtsstellung als Erbe, Vermächtnisnehmer, Testamentsvollstrecker oder Nachlassverwalter in den Mitgliedstaaten (zum Begriff → Vor Art. 1 Rn. 29) im nach Art. 63 bescheinigbaren Umfang (näher → Art. 63 Rn. 2 ff., 12 ff.) nachzuweisen.

II. Allgemeine Wirkungsvoraussetzung: Bestand eines Nachlasszeugnisses und Ausstellung einer noch gültigen beglaubigten Abschrift

Grundvoraussetzung für die in Art. 69 geregelten Wirkungen ist freilich, dass **(1)** ein Nachlasszeugnis **2** wirksam **ausgestellt** wurde, wobei Mängel im Ausstellungsverfahren unschädlich sind, solange das Zeugnis von einer Ausstellungsbehörde stammt und damit der Anschein eines Nachlasszeugnisses besteht.[1] Allerdings reicht die Ausstellung des Zeugnisses alleine nicht aus. Es muss **(2)** nach Art. 70 Abs. 3 auch eine **beglaubigte Abschrift** des Nachlasszeugnisses ausgestellt worden sein, die zum maßgeblichen Zeitpunkt noch nach Art. 70 Abs. 3 Gültigkeit besitzt,[2] vgl. Erwägungsgrund Nr. 71 S. 6. Auch darf das Zeugnis **(3)** nicht nach Art. 71 Abs. 2, Art. 72 Abs. 2 UAbs. 1 **geändert oder widerrufen** oder seine **Wirkungen** nach Art. 73 Abs. 1 **ausgesetzt** worden sein, wobei maßgeblich die zugrunde liegende Entscheidung ist und nicht der Ablauf der Gültigkeitsdauer der beglaubigten Abschriften oder die Unterrichtung der Betreffenden nach Art. 71 Abs. 3, Art. 73 Abs. 2 UAbs. 1.[3] Insbesondere regelt Art. 70 Abs. 3 nur den Gültigkeitszeitraum der Abschriften im Falle eines wirksamen Nachlasszeugnisses, schweigt aber zur Gültigkeit der Abschriften im Falle eines Widerrufs, einer Änderung oder Wirkungsaussetzung des zugrunde liegenden Zeugnisses. Speziell die Wirkungsaussetzung nach Art. 73 Abs. 1 wäre praktisch ein stumpfes Schwert, wenn die Abschriften immer noch Wirkungen entfalten würden, obwohl die Wirkungen des zugrunde liegenden Nachlasszeugnisses einstweilen ausgesetzt wurden. Eine dem § 2368 S. 2 Hs. 2 BGB entsprechende Regelung für ein Zeugnis zum Nachweis einer Testamentsvollstreckerstellung besteht nicht.[4]

Allerdings regelt die Verordnung nicht den **Zeitpunkt, ab** dem die in → Rn. 2 genannten **3** **Entscheidungen** (Ausstellung des Zeugnisses, Erteilung der beglaubigten Abschrift, Änderung, Widerruf oder Aussetzung der Wirkungen des Zeugnisses) **wirksam werden,** sondern überlässt diese Frage dem jeweiligen mitgliedstaatlichen Nachlasszeugnisverfahrensrecht. Im deutschen Nachlasszeugnisverfahrensrecht ist diese Frage in § 41 IntErbRVG geregelt – mit erheblichen Konsequenzen für die Wirkungen des Nachlasszeugnisses.[5]

Auch schweigt die Verordnung zu der Frage, **bis zu welchem Zeitpunkt** die in → Rn. 2 **4** angesprochenen allgemeinen Wirkungsvoraussetzungen **vorliegen müssen,** um die Rechtsfolgen der Wirkungstatbestände noch auszulösen. Konkret betrifft dies vor allem die Frage, bis zu welchem Zeitpunkt der Ablauf der Gültigkeitsdauer der beglaubigten Abschriften schädlich ist, die mit sechs Monaten (Art. 70 Abs. 3 S. 1) sehr knapp bemessen ist. Grundsätzlich kommt es für den maßgeblichen Wirkungszeitpunkt auf die Vollendung des jeweiligen Wirkungstatbestands nach Art. 69 Abs. 2–

---

[1] Zust. *Traut* ZVglRWiss. 115 (2016), 358 (395); tendenziell so auch Calvo Caravaca/Daví/Mansel/*Budzikiewicz* Rn. 3.

[2] Calvo Caravaca/Daví/Mansel/*Budzikiewicz* Rn. 3; *Traut* ZVglRWiss. 115 (2016), 358 (414).

[3] Vgl. auch *Becker/Wegener* notar 2017, 32 (33); Calvo Caravaca/Daví/Mansel/*Budzikiewicz* Rn. 3 und Art. 73 Rn. 9; *Dorsel* in LSHGGRD Erbfälle unter Geltung der EuErbVO 33, 63; *Hess/Jayme/Pfeiffer,* Stellungnahme zum Vorschlag für eine Europäische Erbrechtsverordnung, 2012, 54; *Köhler* in GKKW IntErbR 201; *Omlor* GPR 2014, 216 (220) (jedenfalls gutgläubiger Erwerb „nur auf Grundlage eines gültigen, d.h. nicht nach Art. 73 Abs. 1 ErbrechtsVO in seiner Wirksamkeit ausgesetzten Nachlasszeugnisses"); *Steiner* ZEV 2016, 487 (488); *Volmer* Rpfleger 2013, 421 (432); *Volmer* notar 2016, 323 (331); im Erg., wenn auch de lege ferenda krit., auch Deixler-Hübner/Schauer/*Schauer* Rn. 33. – Anders *Buschbaum/Simon* ZEV 2012, 525 (526); *Everts* NotBZ 2015, 3 (12); *Lehmann* DStR 2012, 2085 (2088 f.); NK-BGB/*Nordmeier* Art. 73 Rn. 9; *J. Schmidt* ZEV 2015, 389 (394), wonach bei einem Widerruf oder einer Änderung die im Umlauf befindlichen Abschriften weiterhin Wirkungen entfalten (auch → Rn. 21, 32); so auch *Süß* ZEuP 2013, 725 (746); *Traut* ZVglRWiss. 115 (2016), 358 (389 f., 391, 396 ff.). Zwischen Vermutungs- und Legitimationswirkung einerseits und Gutglaubenswirkung andererseits differenzierend Dutta/Weber/*Fornasier* Rn. 45 ff.

[4] S. zu den Konsequenzen *Buschbaum/Simon* ZEV 2012, 525 (528).

[5] Näher Dutta/Weber/*Dutta* IntErbRVG § 41 Rn. 4 f.

5 an. Das führt aber gerade dann zu Unbilligkeiten, wenn eine Behörde an der Vollendung des Tatbestands mitwirken muss, wenn etwa bei einer Verfügung über ein Grundstück nach Art. 69 Abs. 4 durch einen mittels eines Nachlasszeugnisses legitimierten Erbe eine Eintragung erforderlich ist oder der durch das Nachlasszeugnis legitimierte Erbe eine Berichtigung des Grundbuchs nach Art. 69 Abs. 5 beantragt. In dieser Situation haben es die Parteien nicht in der Hand, dass die Vollendung des jeweiligen Wirkungstatbestands innerhalb eines bestimmten Zeitraums erfolgt.[6] Es spricht deshalb Vieles dafür, für das Vorliegen der allgemeinen Wirksamkeitsvoraussetzungen auf den Zeitpunkt des Eintragungsantrags abzustellen – ein Rechtsgedanke, der sich im deutschen Immobiliarsachenrecht auch in § 878 und § 892 Abs. 2 BGB findet. Ein unmittelbarer Rückgriff auf diese Vorschriften (vgl. auch noch → Rn. 23 zur Frage des maßgeblichen Zeitpunkts der Redlichkeit bei Art. 69 Abs. 4) verbietet sich freilich,[7] da der Wirkungszeitpunkt die Wirkungen des Nachlasszeugnisses betrifft, die abschließend in der Verordnung geregelt sind.

III. Automatische und voraussetzungslose Wirkungserstreckung (Abs. 1)

5   Zunächst entfaltet das Zeugnis nach Abs. 1 seine in Abs. 2–5 niedergelegten Wirkungen **automatisch** ohne Anerkennungsverfahren **in allen Mitgliedstaaten** (zum Begriff → Vor Art. 1 Rn. 29), einschließlich des Mitgliedstaats, in dem das Nachlasszeugnis ausgestellt wurde, wie Art. 62 Abs. 3 S. 2 klarstellt, s. auch Erwägungsgrund Nr. 71 S. 1. Auch geschieht die Wirkungserstreckung anders als bei der Anerkennung ausländischer Entscheidungen nach Art. 39 ff. **voraussetzungslos:** Es bestehen keine Anerkennungsversagungsgründe, insbesondere ist das Europäische Nachlasszeugnis nicht am ordre public der anderen Mitgliedstaaten – in denen es verwendet wird – zu messen.[8] Auch die internationale Zuständigkeit des Ausstellungsmitgliedstaats nach Art. 64 S. 1 wird nicht überprüft. Damit verdrängt Abs. 1 die in den Kapiteln IV und V enthaltenen Anerkennungs- und Annahmeregeln im Hinblick auf die Erstreckung der Wirkungen nach Abs. 2–5 (auch → Art. 59 Rn. 5)[9] und ist insoweit auch nicht lediglich deklaratorisch.[10] Die automatische und voraussetzungslose Wirkungserstreckung findet auch in Mitgliedstaaten statt, die im Hinblick auf die zu bescheinigende Rechtsposition nach Art. 75 Abs. 1 UAbs. 1, Abs. 2 vorrangige staatsvertragliche Kollisionsnormen anwenden würden.[11] Sollte das Verfahrensrecht des Ausstellungsmitgliedstaats dem Europäischen Nachlasszeugnis darüber hinausgehende Wirkungen zubilligen, etwa als Vollstreckungstitel im Hinblick auf eine Kostenentscheidung, so richtet sich die Wirkungserstreckung nach den Kapiteln IV und V.

6   Die Wirkungserstreckung des Nachlasszeugnisses auf alle Mitgliedstaaten (zum Begriff → Vor Art. 1 Rn. 29) bedeutet freilich nicht, dass das Nachlasszeugnis zwingend in **Drittstaaten** nicht verwendet werden kann: Zum einen kann das Nachlasszeugnis nach den – autonomen oder staatsvertraglichen – **Anerkennungsregeln eines Drittstaats** anerkennungsfähig sein,[12] wodurch seine Wirkungen in den Drittstaat reichen. Die Zweckbestimmung des Art. 63 Abs. 1 – wonach das Nachlasszeugnis zur Verwendung in einem anderen Mitgliedstaat ausgestellt wird – hindert einen Drittstaat nicht, die Wirkungen des Zeugnisses auf sein Territorium zu erstrecken.[13] So sieht etwa das deutsch-türkische Nachlassabkommen (Dt.-Türk. NachlAbk; Text und Erläuterung → Art. 75 Rn. 15 ff.) in § 17 Dt.-Türk. NachlAbk im Hinblick auf den beweglichen Nachlass die Wirkungserstreckung von Zeugnissen „über ein erbrechtliches Verhältnis, insbesondere über das Recht des Erben oder

---

[6] *Volmer* notar 2016, 323 (325) befürchtet sogar, dass „in einzelnen Bundesländern die normale Antragsbearbeitung bei den Grundbuchämtern schon einen Zeitraum in Anspruch [nimmt], der an die Gültigkeitsdauer [lies: des Europäischen Nachlasszeugnisses] von sechs Monaten heranreicht".

[7] Anders aber etwa *Volmer* notar 2016, 323 (325), zu § 878 BGB.

[8] *Buschbaum/M. Kohler* GPR 2010, 162 (167); Bonomi/Wautelet/*Wautelet* Rn. 8; so wohl auch de lege lata *D. Lübcke,* Das neue europäische internationale Nachlassverfahrensrecht, 2013, 626 m. Fn. ★. Anders noch de lege ferenda *Mansel,* Tuğrul Ansay'a Armağan, 2006, 185, 223; *Rechberger* in Reichelt, 30 Jahre österreichisches IPR-Gesetz-Europäische Perspektiven, 2009, 77, 80 f.; *Rechberger* ÖJZ 2012, 14 (17); *Rechberger/Schur* in Jud/Rechberger/Reichelt, Kollisionsrecht in der Europäischen Union – Neue Fragen des Internationalen Privat- und Zivilverfahrensrechts, 2008, 185, 218; s. auch Erwägungsgrund Nr. 24 S. 2 zum Kommissionsvorschlag, der eine ordre-public-Prüfung für möglich erachtete, ohne in seinen Vorschriften eine solche zu regeln.

[9] Dutta/Weber/*Fornasier* Rn. 2; so im Ergebnis auch bereits *Mansel,* Tuğrul Ansay'a Armağan, 2006, 185, 221 f.

[10] So aber *K. W. Lange* in Dutta/Herrler EuErbVO 161, 168.

[11] Anders aufgrund einer „Geschäftsgrundlagentheorie" konsequent (→ Art. 75 Rn. 5 m. Fn. 5) *Süß* in Dutta/Herrler EuErbVO 181, 192.

[12] Vgl. allgemein auch Bonomi/Wautelet/*Wautelet* Art. 62 Rn. 40. Konkret zur Wirkungserstreckung des Nachlasszeugnisses in die Schweiz *Weiss/Bigler* successio 2014, 163 (192 f.); vgl. auch *Romano* YbPIL 17 (2015/2016), 253 (285 ff.); zur Türkei *Giray* Anali Pravnog Fakulteta Univerziteta u Zenici 18 (2016), 235 (242 ff.).

[13] *Schauer* in Schauer/Scheuba, Europäische Erbrechtsverordnung, 2012, 73, 94 f.

eines Testamentsvollstreckers, das von der zuständigen Behörde des Staates, dem der Erblasser angehörte, nach dessen Gesetzen ausgestellt ist", vor (→ Art. 75 Rn. 25). Unter diese Anerkennungsnorm wird auch ein von einer deutschen Ausstellungsbehörde erlassenes Europäisches Nachlasszeugnis bezüglich des Nachlasses eines deutschen Erblassers fallen, das damit auch zum Nachweis eines Erbrechts oder einer Testamentsvollstreckerstellung in der Türkei verwendet werden kann;[14] zu den für eine deutsche Behörde maßgeblichen „Gesetzen" zählt auch die Erbrechtsverordnung. Zum anderen bindet Abs. 1 die mitgliedstaatlichen Behörden auch bei **Sachverhalten mit Drittstaatenbezug.** So kommen die Gutglaubenswirkungen nach Abs. 3 und 4 auch dann zum Tragen, wenn die Leistung oder Verfügung in einem Drittstaat stattfand, solange sich die Frage des Gutglaubensschutzes vor einem mitgliedstaatlichen Gericht stellt.[15] Insbesondere ist aus Abs. 1 nicht eine ungeschriebene Kollisionsnorm abzuleiten, wonach die Gutglaubenswirkungen nach Abs. 3 und 4 nur dann zur Anwendung gelangen, wenn auf die Leistung oder Verfügung aus Sicht des jeweiligen Forumsmitgliedstaats das Recht eines Mitgliedstaats anwendbar ist; Abs. 3 und 4 sind für die mitgliedstaatlichen Gerichte unmittelbar geltendes Einheitsrecht, das **ohne kollisionsrechtliche Vorprüfung** angewandt werden muss.[16] Anders ist auch hier freilich die Rechtslage vor drittstaatlichen Gerichten, bei denen die Abs. 3 und 4 nur zur Anwendung kommen, wenn auf die Leistung oder Verfügung mitgliedstaatliches Recht anwendbar ist.

IV. Vermutungswirkung (Abs. 2)

1. Rechtsvermutung nach S. 2. Nach Abs. 2 S. 2 wird – wie beim deutschen Erbschein nach **7** § 2365 BGB im Hinblick auf die Erbenstellung – vermutet, dass die Rechtsstellung als Erbe, Vermächtnisnehmer, Testamentsvollstrecker oder Nachlassverwalter im bescheinigten (und bescheinigbaren) Umfang (näher → Art. 63 Rn. 2 ff., 12 ff.) besteht.[17] Das Europäische Nachlasszeugnis entfaltet insoweit eine **Rechtsvermutungswirkung.** Bei falschen oder ungenauen Angaben im Nachlasszeugnis gilt das zur Gutglaubenswirkung Ausgeführte (→ Rn. 19) entsprechend. Wegen der Zielrichtung des Nachlasszeugnisses, vor allem im Außenverhältnis Wirkung zu entfalten (→ Art. 63 Rn. 3), spricht Vieles dafür, die Vermutungswirkung auf das Verhältnis zwischen dem Inhaber der bescheinigten Rechtsposition und Dritten zu beschränken.[18]

2. Tatsachen- und (über S. 2 hinausgehende) Rechtsvermutung nach S. 1? Unklar ist, **8** welche über S. 2 hinausgehenden Wirkungen der europäische Gesetzgeber dem Nachlasszeugnis mit Abs. 2 S. 1 einräumen möchte. Nach dieser Vorschrift soll vermutet werden, dass das Nachlasszeugnis die „Sachverhalte, die nach dem auf die Rechtsnachfolge von Todes wegen anzuwendenden Recht oder einem anderen auf spezifische Sachverhalte anzuwendenden Recht festgestellt wurden", zutreffend ausweist. Versteht man auch hier (etwa → Art. 67 Rn. 5, 8, 10) unter „Sachverhalt" lediglich die bescheinigte Rechtsstellung,[19] so hätte S. 1 gegenüber S. 2 keine eigenständige Bedeutung.

Es spricht damit Einiges dafür, dass sich die Vermutungswirkung des S. 1 auch auf die Tatsachen **9** bezieht, aus denen sich die bescheinigte Rechtsstellung ergibt, soweit diese Tatsachen nach Art. 68 im Nachlasszeugnis angegeben werden.[20] In diese Richtung weist auch die Formulierung in Erwägungsgrund Nr. 71 S. 2 und 3, der von einer „Beweiskraft des Zeugnisses" spricht,[21] die sich vor allem auf Tatsachen bezieht (→ Art. 59 Rn. 10). Das Europäische Nachlasszeugnis besitzt damit wohl auch eine **Tatsachenvermutungswirkung,** die über die Wirkung etwa des deutschen Erbscheins hinausgeht (→ BGB § 2365 Rn. 7, 17).

Allerdings soll sich die Vermutungswirkung nach Erwägungsgrund Nr. 71 S. 2 auch auf die **10** Rechtslage beziehen, die im Nachlasszeugnis bescheinigt wurde (und Eingang in das Nachlasszeugnis nach Art. 68 gefunden hat), etwa im Hinblick auf die materielle Wirksamkeit einer Verfügung

---

[14] Anders offenbar *Kaya* ZEV 2015, 208 (214); vgl. auch die Nachweise oben in Fn. 12.

[15] Zust. Calvo Caravaca/Davì/Mansel/*Budzikiewicz* Rn. 4.

[16] So auch Dutta/Weber/*Fornasier* Vor Art. 62 Rn. 8 ff., mit ausführlicher Begründung; ebenso Calvo Caravaca/Davì/Mansel/*Budzikiewicz* Rn. 4.

[17] S. auch bereits DNotI-Studie S. 226.

[18] Dutta/Weber/*Fornasier* Rn. 9; tendenziell auch *Dörner* IPRax 2017, 81 (86).

[19] So etwa *Janzen* DNotZ 2012, 484 (492), die diese Formulierung zu Recht „unglücklich" nennt; s. auch *D. Lübcke,* Das neue europäische internationale Nachlassverfahrensrecht, 2013, 534 f. m. Fn. *; Frieser/*Martiny* ErbR Nach Art. 26 EGBGB: EuErbVO Rn. 261.

[20] Anders *Dorsel* in LSHGGRD Erbfälle unter Geltung der EuErbVO 33, 45: nur Vermutungswirkung für die bescheinigte Rechtslage; wie hier Deixler-Hübner/Schauer/*Schauer* Rn. 10 sowie tendenziell Dutta/Weber/*Fornasier* Rn. 4; vgl. auch BeckOGK/*Schmidt* Rn. 9.

[21] Vgl. auch DNotI-Studie S. 311, die von „Beweiswirkung" spricht.

von Todes wegen. In einem früheren Ratsdokument war noch insoweit etwas klarer von „Elementen, die nach dem auf die Rechtsnachfolge gemäß Kapitel III anwendbaren Recht festgelegt wurden", die Rede,[22] was auch der jetzigen englischen Sprachfassung des S. 1 eher entspricht („elements which have been established under the law applicable to the succession or under any other law applicable to specific elements"). Freilich bezieht sich die Vermutungswirkung nicht auf Rechtslagen, die nicht in den Anwendungsbereich der Verordnung fallen; Erwägungsgrund Nr. 71 S. 3 nennt insoweit Statusverhältnisse und die Zuordnung einzelner Gegenstände zum Nachlass (auch → Art. 63 Rn. 18). Das Nachlasszeugnis besitzt damit nach S. 1 eine **erweiterte Rechtsvermutungswirkung.**

11   **3. Widerleglichkeit der Vermutung.** Zur Widerleglichkeit der Rechts- und Tatsachenvermutung schweigt die Verordnung, obwohl bereits das Parlament eine ausdrückliche Regelung zur Widerleglichkeit gefordert hatte;[23] es ist aber trotz dieses Schweigens davon auszugehen, dass der Nachweis des Gegenteils zulässig ist,[24] und zwar nicht nur durch einen Rückgriff auf die jeweilige lex fori (etwa § 292 ZPO),[25] sondern aufgrund einer autonomen Auslegung des Abs. 2.[26] Es kann nicht davon ausgegangen werden, dass eine Vermutung unwiderlich ist, soweit dies das Gesetz nicht explizit anordnet, auch wenn ein entsprechender Vorschlag der deutschen Delegation im Rat, die Widerleglichkeit klarzustellen,[27] offenbar keine Mehrheit gefunden hat. Derjenige, der sich in einem Verfahren auf das Nichtbestehen der bescheinigten Rechtsstellung oder im Zeugnis ausgewiesener Einschränkungen der Rechtsstellung beruft, trägt folglich die Beweislast. Es ist für ein Widerlegen der Vermutung nicht erforderlich, einen Widerruf oder eine Änderung des Zeugnisses nach Art. 71 Abs. 2 zu bewirken,[28] sondern es genügt im Verfahren – in dem die Vermutungswirkung inzident relevant wird – das Führen eines Gegenbeweises nach der jeweiligen lex fori.

V. Gutglaubenswirkung (Abs. 3 und 4)

12   Das Europäische Nachlasszeugnis gewährt auch eine Gutglaubenswirkung und zwar – ähnlich wie die §§ 2366, 2367 BGB – bei Leistungen an eine durch das Nachlasszeugnis legitimierte Person (Abs. 3) oder bei Verfügungen einer solchen Person (Abs. 4). Auch hierzu müssen zunächst die allgemeinen Wirkungsvoraussetzungen erfüllt sein (→ Rn. 2). Ferner kommt es auf die Gutglaubenswirkungen nur an, wenn der Leistungsempfänger oder Verfügende nach der tatsächlichen Rechtslage **nicht** als Erbe, Vermächtnisnehmer, Testamentsvollstrecker oder Nachlassverwalter zur Entgegennahme der Leistung oder zur Verfügung befugt ist.

13   **1. Leistung oder Verfügung.** Gutglaubensschutz wird nur für Leistungen an den Legitimierten oder für Verfügungen des Legitimierten gewährt.

14   **a) Leistung: Beschränkung auf Zahlung und „Übergabe" eines „Vermögenswerts" (Abs. 3).** Dabei ist zu beachten, dass das Nachlasszeugnis – anders als der deutsche Erbschein nach § 2367 BGB – im Rahmen des Abs. 3 keinen umfassenden Gutglaubensschutz bei Leistungen an die durch das Nachlasszeugnis legitimierte Person gewährt, sondern – wie nach Art. 22 Haager Nachlassverwalterübereinkommen (→ Vor Art. 1 Rn. 4 f.) – nur bei Leistungen, die aus einer Zahlung oder „Übergabe" eines „Vermögenswerts" bestehen.

15   Unter die Leistung einer **Zahlung** wird man die Erfüllung einer Geldforderung zu verstehen haben, und zwar in jeder denkbaren Art und Weise. Erfasst sind damit nicht nur Leistungen durch

---

[22] Ratsdokument Nr. 10390/10 S. 10. In dem späteren Ratsdokument Nr. 11637/10 S. 52 heißt es dagegen wieder „Umstände, die nach Maßgabe des gemäß Kapitel III auf die Rechtsnachfolge von Todes wegen anzuwendenden Rechts als festgestellt gelten".

[23] S. Gargani-Bericht S. 9; vgl. auch bereits DNotI-Studie S. 311.

[24] Calvo Caravaca/Davì/Mansel/*Budzikiewicz* Rn. 9; *Dorsel* in LSHGGRD Erbfälle unter Geltung der EuErbVO 33, 45; *Dutta* FamRZ 2013, 4 (15); Dutta/Weber/*Fornasier* Rn. 7; *Janzen* DNotZ 2012, 484 (493); *Chr. Kohler*/*Pintens* FamRZ 2012, 1425 (1429); Frieser/*Martiny* ErbR Nach Art. 26 EGBGB: EuErbVO Rn. 261; *Rudolf* ÖNotZ 2013, 225 (241); Deixler-Hübner/Schauer/*Schauer* Rn. 12; vgl. auch Bonomi/Wautelet/*Wautelet* Rn. 33 ff.; zum Kommissionsvorschlag so auch *Dörner* ZEV 2010, 221 (227); *Chr. Kohler*/*Pintens* FamRZ 2010, 1481 (1485); *Lurger* in Rechberger, Brücken im europäischen Rechtsraum – Europäische öffentliche Urkunden und Europäischer Erbschein, 2010, 45, 60; *Rudolf* ÖNotZ 2010, 353 (362).

[25] So aber offenbar *Kleinschmidt* RabelsZ 77 (2013), 723 (775).

[26] Dutta/Weber/*Fornasier* Rn. 8; NK-BGB/*Nordmeier* Rn. 13.

[27] Ratsdokument Nr. 16877/11 S. 2 und 3.

[28] Zust. Calvo Caravaca/Davì/Mansel/*Budzikiewicz* Rn. 9; Dutta/Weber/*Fornasier* Rn. 8; anders wohl *Janzen* DNotZ 2012, 484 (493) m. Fn. 29; vgl. auch *Chr. Kohler*/*Pintens* FamRZ 2012, 1425 (1429).

Übereignung von Banknoten und Münzen, sondern auch die Verschaffung von Buchgeld, die Hingabe eines Schecks, die Zahlung mit Kreditkarte, etc.[29]

Auslegungsbedürftig ist vor allem aber der Begriff der **„Übergabe" eines „Vermögenswerts".**   **16** Hierunter ist die **Übertragung eines Vermögensgegenstands** zu verstehen, etwa auch eine Abtretung nach §§ 398 ff., 413 BGB,[30] wie die englische Sprachfassung zeigt („passes on property"). Allerdings soll der Übergabebegriff sachlich nicht sämtliche Übertragungen an den Legitimierten erfassen, sondern nur – wie Erwägungsgrund Nr. 71 S. 4 ausdrücklich klarstellt – die Übergabe von Nachlassgegenständen („Nachlassvermögen an eine Person übergibt"). Was man sich hierunter vorzustellen hat, bleibt ein Rätsel: Ist der Gegenstand als Nachlassgegenstand bereits Teil des Nachlasses, so bedarf es keiner befreienden Übertragung an den Nachlass und damit auch keines dahingehenden Gutglaubensschutzes, will man den Gutglaubensschutz nicht auf den befreienden Besitzerwerb begrenzen.[31] Eine solche Reduktion würde zu kaum rechtfertigbaren Ergebnissen führen: Der Mieter des Erblassers, der die im Eigentum des Erblassers stehende Mietsache (= Nachlassgegenstand) nach Ablauf des Mietverhältnisses an den durch das Zeugnis Legitimierten übergibt, wäre geschützt, nicht aber der Verkäufer, der aufgrund des Anspruchs auf die Kaufsache (= Nachlassgegenstand) die Kaufsache (= kein Nachlassgegenstand) dem Legitimierten übereignet. Richtig ist es deshalb, nach dem Wortlaut der Vorschrift („Vermögenswerte") und entgegen den Erwägungsgründen den Gutglaubensschutz nicht auf Nachlassgegenstände zu beschränken, sondern auf die Übertragung sämtlicher Gegenstände anzuwenden, die dem Legitimierten aufgrund eines zum Nachlass gehörigen Rechts übertragen werden.[32]

Andere Formen der Leistung, die, wie etwa die Erbringung einer Dienstleistung, das Erstellen   **17** eines Werkes oder die Gebrauchsüberlassung, aus einer sonstigen Handlung und nicht aus einer Zahlung oder Übertragung von Vermögensgegenständen bestehen, genießen allerdings – anders als bei § 2367 Fall 1 BGB – keinen Gutglaubensschutz.[33] Ein umfassender Einbezug sämtlicher Leistungen in die Gutglaubenswirkungen, wie ihn das Parlament[34] und die deutsche Delegation im Rat[35] vorgeschlagen hatte, wurde vom europäischen Gesetzgeber offenbar bewusst abgelehnt. Bei einer Leistung nach Abs. 3 handelt es sich mithin abstrakt um die Mehrung eines fremden Vermögens, die wohl auch – ähnlich wie nach deutschem Verständnis (etwa → BGB § 812 Rn. 47) – bewusst und zweckgerichtet erfolgen muss. Freilich fallen nur Leistungen unter Abs. 3, die aufgrund eines zum Nachlass gehörenden Rechts erbracht werden, da nur insoweit das Nachlasszeugnis dem Erben, Vermächtnisnehmer, Testamentsvollstrecker oder Nachlassverwalter aufgrund der jeweiligen Rechtsstellung eine Empfangszuständigkeit bescheinigen kann. Abs. 3 gilt nicht nur für Leistungen des Schuldners, sondern auch für Leistungen Dritter.[36]

b) Verfügung (Abs. 4). Den Begriff der Verfügung in Abs. 4 definiert die Verordnung nicht.   **18** Man wird sich aber hier an dem deutschen Verfügungsbegriff orientieren können,[37] so dass jedes Rechtsgeschäft, das unmittelbar auf den Bestand eines Nachlassgegenstands einwirken soll (etwa → BGB § 185 Rn. 3), von der Gutglaubenswirkung erfasst wird. Die Gutglaubenswirkung gilt sowohl bei entgeltlichen als auch bei unentgeltlichen[38] Verfügungen, anders als zwischenzeitlich im Rat diskutiert.[39] Verpflichtungsgeschäfte werden also nicht erfasst, etwa die Vermietung eines

---

[29] Zust. Dutta/Weber/*Fornasier* Rn. 13 (auch unter Hinweis auf den Zahlungsbegriff in anderen Unionsrechtsakten); Deixler-Hübner/Schauer/*Schauer* Rn. 19; BeckOGK/*Schmidt* Rn. 22; anders *Kleinschmidt* RabelsZ 77 (2013), 723 (778), wonach bei Zahlungsverpflichtungen Leistungen durch Erfüllungssurrogat ausgeschlossen sind; vgl. auch *Buschbaum/Kohler* GPR 2010, 162, 168 (zum Kommissionsvorschlag), wonach die „Leistung durch Abtretung" nicht erfasst sein soll.

[30] Zust. Dutta/Weber/*Fornasier* Rn. 14; *J. Schmidt* ZEV 2015, 389 (392); tendenziell auch Deixler-Hübner/Schauer/*Schauer* Rn. 19.

[31] Was mit der deutschen Sprachfassung („Übergabe") vereinbar wäre, kaum aber mit der weitergehenden englischen Fassung („passes on property" statt „hands over property").

[32] Anders *Kleinschmidt* RabelsZ 77 (2013), 723 (778): Beschränkung auf die Herausgabe von Nachlassgegenständen; wie hier etwa Calvo Caravaca/Davì/Mansel/*Budzikiewicz* Rn. 11.

[33] Dutta/Weber/*Fornasier* Rn. 14; *Hertel* in Lipp/Münch, Die neue Europäische Erbrechtsverordnung, 2016, 129, 137; *Kleinschmidt* RabelsZ 77 (2013), 723 (778); anders (für eine Einbeziehung anderer Leistungen im Wege einer „weitreichenden Analogie") Deixler-Hübner/Schauer/*Schauer* Rn. 20.

[34] Lechner-Berichtsentwurf S. 54.

[35] Ratsdokument Nr. 16877/11 S. 2.

[36] Dutta/Weber/*Fornasier* Rn. 12.

[37] Vgl. auch *Omlor* GPR 2014, 216 (219).

[38] Was die Frage aufwirft, ob ein unentgeltlicher Erwerb vom durch das Nachlasszeugnis legitimierten Scheinerben nach nationalem Bereicherungsrecht kondiktionsfest ist, dafür (zum deutschen Recht) tendenziell *Kleinschmidt* RabelsZ 77 (2013), 723 (778); hierzu auch *Omlor* GPR 2014, 216 (221).

[39] S. etwa Ratsdokument Nr. 11637/10 S. 52, in dem erwogen wurde, einen Gutglaubensschutz nur beim Erwerb von Nachlassgegenständen „gegen Gegenleistung" zu gewähren; s. auch bereits Gargani-Bericht S. 9: Gutglaubensschutz gegenüber Dritten, die ein „entgeltliches Rechtsgeschäft" abgeschlossen haben.

Nachlassgegenstands.[40] Abs. 4 gilt für Verfügungen über sämtliche Arten von Nachlassgegenständen, nicht nur Sachen, sondern auch sonstige Rechte, insbesondere Forderungen, auch wenn die anderen Sprachfassungen in diesem Punkt etwas weniger klar sein mögen (etwa im Englischen „succession property" statt „assets of the estate", wie in Art. 10 Abs. 1) als die deutsche Fassung.[41] Auch wird man Abs. 4 auf Verfügungen beschränken müssen, die ein Verkehrsgeschäft darstellen: Veräußerer und Erwerber dürfen weder rechtlich noch wirtschaftlich identisch sein.[42]

19   **2. Legitimation des Leistungsempfängers (Abs. 3) oder Verfügenden (Abs. 4) durch das Nachlasszeugnis.** Ferner muss der Leistungsempfänger oder Verfügende durch das Nachlasszeugnis als empfangs- oder verfügungsberechtigter Erbe, Vermächtnisnehmer, Testamentsvollstrecker oder Nachlassverwalter (zur bescheinigbaren Rechtsposition → Art. 63 Rn. 2 ff.) legitimiert werden. Erforderlich ist, dass das Nachlasszeugnis den Leistungsempfänger oder Verfügenden als Inhaber einer Rechtsstellung bescheinigt, der zur Entgegennahme der konkreten Leistung (Abs. 3) oder zur Verfügung über den konkreten Nachlassgegenstand (Abs. 4) befugt ist. Ob dies der Fall ist, ergibt sich nach dem auf die bescheinigte Rechtsstellung anwendbaren Recht, also vor allem aus dem Erbstatut (vgl. → Art. 67 Rn. 10 ff.). Enthält das Nachlasszeugnis im Hinblick auf die Empfangs- oder Verfügungsberechtigung des Erben, Vermächtnisnehmers, Testamentsvollstreckers oder Nachlassverwalters **falsche oder ungenaue** Angaben zum anwendbaren Recht (etwa im Rahmen der Beschränkungen nach Art. 68 lit. n oder lit. o), so stellt sich die Frage, ob es auf die im Zeugnis ausgewiesene Rechtslage oder die wirkliche Rechtslage ankommt. Um das Vertrauen auf das Nachlasszeugnis nicht zu untergraben, wird man hier auf die fälschlicherweise beschriebene Rechtslage abstellen müssen,[43] was rechtspolitisch alles andere als glücklich ist.[44] Soweit das Nachlasszeugnis keine oder unvollständige Angaben zur Position des Leistungsempfängers oder Verfügenden enthält, sondern nur pauschal dessen Stellung als Erbe, Vermächtnisnehmer, Testamentsvollstrecker oder Nachlassverwalter ausweist, so richtet sich die Reichweite der Legitimation nach dem gemäß Art. 68 lit. i anzugebenden Statut. Die **Nachlasszugehörigkeit** der Forderung, auf die geleistet wird (Abs. 3), oder des Gegenstands, über den verfügt wird (Abs. 4), fingiert die Vorschrift nicht,[45] und zwar selbst dann nicht, wenn die Nachlassgegenstände – etwa nach Art. 68 lit. l oder m – im Zeugnis aufgeführt werden.[46] In den Folgen einer solchen Zuweisung einzelner Nachlassgegenstände im Zeugnis → Art. 63 Rn. 18. Über die Nachlasszugehörigkeit entscheidet das Statut des Nachlassgegenstands, etwa das Forderungs- oder Sachenrechtsstatut, wobei insoweit ein Rückgriff auf die anwendbaren nationalen Gutglaubensvorschriften möglich ist (→ Rn. 28).

20   Unverständlicherweise beschränkt Erwägungsgrund Nr. 71 S. 4 – entgegen dem offenen Wortlaut der Vorschrift – die Legitimationswirkung bei Leistungen in **Abs. 3** offenbar auf Erben und Vermächtnisnehmer und übersieht, dass auch Testamentsvollstrecker und Nachlassverwalter zur Entgegennahme von Leistungen an den Nachlass befugt sein können.[47] Diese Aussage ist lediglich als eine Illustration der Vorschrift anzusehen, nicht als eine Begrenzung. Richtigerweise gilt Abs. 3 für sämtliche durch das Zeugnis zum Empfang der Leistung legitimierte Erben, Vermächtnisnehmer, Testamentsvollstrecker oder Nachlassverwalter.[48]

21   Fraglich ist, ob **Rechtsscheinträger** die Urschrift des Nachlasszeugnisses ist oder die beglaubigten Abschriften nach Art. 70. Nach dem bereits in → Rn. 2, 32 Gesagten wird man auch hier nicht auf die beglaubigten Abschriften, sondern auf die Urschrift abstellen müssen,[49] die auch bei Änderungen des Nachlasszeugnisses maßgeblich ist.

22   **3. Redlichkeit des Leistenden (Abs. 3) oder Erwerbers (Abs. 4). a) Keine Kenntnis oder grob fahrlässige Unkenntnis von der Unrichtigkeit des Zeugnisses.** Erforderlich für die Gut-

---

[40] Dutta/Weber/*Fornasier* Rn. 15; *Kleinschmidt* RabelsZ 77 (2013), 723 (777); *Omlor* GPR 2014, 216 (219).

[41] Deshalb Verfügungen über Forderungen tendenziell ausschließend *Kleinschmidt* RabelsZ 77 (2013), 723 (777) in Fn. 283; wie hier aber etwa Calvo Caravaca/Daví/Mansel/*Budzikiewicz* Rn. 12; Deixler-Hübner/Schauer/*Schauer* Rn. 24.

[42] Zutr. *Omlor* GPR 2014, 216 (219 f.).

[43] Allg. auch Calvo Caravaca/Daví/Mansel/*Budzikiewicz* Rn. 13; *Lechner,* Verordnung (EU) Nr. 650/2012 über Erbsachen und die Einführung eines Europäischen Nachlasszeugnisses, 2015, 32; so für die Befugnisse eines Testamentsvollstreckers auch *Everts* NotBZ 2015, 3 (12).

[44] *Dorsel* in LSHGGRD Erbfälle unter Geltung der EuErbVO 33, 36 f. (zur Vermutungswirkung).

[45] *Everts* NotBZ 2015, 3 (12); *Kleinschmidt* RabelsZ 77 (2013), 723 (777).

[46] So auch *Buschbaum/Simon* ZEV 2012, 525 (528); *Everts* NotBZ 2015, 3 (12).

[47] Zust. Deixler-Hübner/Schauer/*Schauer* Rn. 21 in Fn. 19.

[48] Zust. Calvo Caravaca/Daví/Mansel/*Budzikiewicz* Rn. 10 mit Fn. 37; *Traut* ZVglRWiss. 115 (2016), 358 (383).

[49] Anders Dutta/Weber/*Fornasier* Rn. 17; *Omlor* GPR 2014, 216 (218).

glaubenswirkung ist die Redlichkeit des Leistenden oder Erwerbers, die jedoch aufgrund der negativen Formulierung in Abs. 3 und 4 („es sei denn") vermutet wird.[50] Nach Abs. 3 und 4 schadet nicht nur eine Kenntnis des Leistenden oder Erwerbers von der Unrichtigkeit des Nachlasszeugnisses im Hinblick auf die Legitimation des Leistungsempfängers oder Verfügenden zum Empfang der Leistung oder zur Verfügung. Auch eine grob fahrlässige Unkenntnis von der Unrichtigkeit des Zeugnisses schließt − anders als bei §§ 2366, 2367 BGB − die Redlichkeit aus. Diese erhöhten Anforderungen an die Redlichkeit des Leistenden oder Erwerbers werden gerade in Deutschland die **Relevanz des Europäischen Nachlasszeugnisses** gegenüber dem deutschen Erbschein (allgemein → Art. 62 Rn. 7) **abschwächen,** bei dem nur Kenntnis schadet: Niemand kann gezwungen werden, allein auf das Nachlasszeugnis zu vertrauen und an den durch das Zeugnis Legitimierten zu leisten oder von diesem zu erwerben,[51] auch wenn Erwägungsgrund Nr. 69 S. 2 von dem Gegenteil auszugehen scheint. Vielmehr kann der Schuldner oder Erwerber etwa einen deutschen Erbschein oder einen anderen Nachweis der Erbenstellung einfordern. Der Erwerber muss nicht mit dem nach dem Zeugnis Berechtigten kontrahieren und ein Schuldner kann jedenfalls bei Zahlungsansprüchen den geschuldeten Betrag bei Zweifeln an der Richtigkeit des Nachlasszeugnisses nach dem jeweiligen Forderungsstatut hinterlegen (etwa nach § 372 S. 2 Fall 2 BGB; näher → BGB § 372 Rn. 9 ff.), auch wenn er aufgrund der Vermutungswirkung des Nachlasszeugnisses (→ Rn. 7 ff.) vom im Zeugnis als Erbe, Vermächtnisnehmer, Testamentsvollstrecker oder Nachlassverwalter Legitimierten in Anspruch genommen wird. Problematisch ist aber nicht nur, dass die Anforderungen an die Redlichkeit beim Europäischen Nachlasszeugnis höher sind als beim Erbschein. Vor allem muss der Begriff der groben Fahrlässigkeit auch **autonom** ausgelegt werden (allgemein → Vor Art. 1 Rn. 23 ff.) und es ist bisher unklar, welche Anforderungen der EuGH an die grobe Fahrlässigkeit stellen wird, zumal dieser Begriff − soweit ersichtlich − bisher dem Unionsrecht fremd ist,[52] anders als zB die Fahrlässigkeit, s. etwa für das europäische Kollisionsrecht Art. 13 Rom I-VO. Will man die Gutgläubenswirkung des Nachlasszeugnisses nicht gänzlich gefährden, so wird man hohe Anforderungen an die grobe Fahrlässigkeit − also konkret die Nachforschungspflichten[53] − stellen müssen. So sollte es nicht ausreichen, dass der Leistende oder Empfänger weiß, dass die Ausstellungsbehörde nach Art. 71 Abs. 2 eine Änderung oder einen Widerruf des Zeugnisses prüft oder nach Art. 72 Abs. 1 ein Rechtsbehelf gegen die Entscheidung der Ausstellungsbehörde eingelegt wurde, solange der Leistende oder Empfänger keine konkreten Anhaltspunkte für die Unrichtigkeit des Nachlasszeugnisses besitzt. Auf eine Kenntnis von der Änderung oder dem Widerruf des Zeugnisses (Art. 71) sowie der Wirkungsaussetzung (Art. 73) durch die Ausstellungsbehörde oder das Rechtsbehelfsgericht kommt es bei der groben Fahrlässigkeit nicht an, da durch diese Entscheidungen bereits − ohne Rücksicht auf die Kenntnis des Rechtsverkehrs (→ Art. 71 Rn. 7) − die Wirkungen des Nachlasszeugnisses suspendiert werden (→ Rn. 2).

b) Zeitpunkt der Redlichkeit. Abs. 3 und 4 lassen offen, bis zu welchem Zeitpunkt der Leistende oder Erwerber redlich sein muss. Maßgeblich kann auch hier nur die Vollendung des Leistungs- oder Verfügungstatbestands nach dem jeweils anwendbaren Recht sein.[54] Das führt bei Verfügungen, bei denen die Mitwirkung seitens Dritter oder Behörden erforderlich ist, vor allem die Eintragung durch ein mitgliedstaatliches Register, zu Unbilligkeiten, da die Vollendung des Verfügungstatbestands nicht allein vom Erwerber abhängt, sondern von dem − aus Sicht des Erwerbers − zufälligen Eintragungszeitpunkt. Man wird deshalb auch bei Abs. 4 im Hinblick auf die Redlichkeit (und nicht nur im Hinblick auf das Vorliegen der allgemeinen Wirkungsvoraussetzungen → Rn. 4) auf den **23**

---

[50] Dutta/Weber/*Fornasier* Rn. 21; *Omlor* GPR 2014, 216 (219).

[51] *Schauer* in Schauer/Scheuba, Europäische Erbrechtsverordnung, 2012, 73, 93; *Wall* ZErb 2015, 9 (15).

[52] Zwar enthält mittlerweile Art. 35a Abs. 1 UAbs. 1 der Verordnung (EG) Nr. 1060/2009 des Europäischen Parlaments und des Rates vom 16.9.2009 über Ratingagenturen, ABl. 2009 L 302, 1 idF durch Art. 1 Nr. 22 der Verordnung (EU) Nr. 462/2013 des Europäischen Parlaments und des Rates vom 21.5.2013 zur Änderung der Verordnung (EG) Nr. 1060/2009 über Ratingagenturen, ABl. 2013 L 146, 1, einen Haftungstatbestand für fehlerhafte Ratings, die an einen Vorsatz oder eine grobe Fahrlässigkeit der betreffenden Ratingagentur anknüpft. Indes sind diese Begriffe − anders als bei Art. 69 Abs. 3 und 4 der Erbrechtsverordnung − nicht autonom auszulegen, sondern nach Maßgabe des subsidiär anwendbaren Haftungsstatuts, also nach nationalem Recht (Art. 35a Abs. 4 S. 1). S. aber Art. 1 Abs. 20 des Kommissionsvorschlags für eine Verordnung des Europäischen Parlaments und des Rates zur Änderung der Verordnung (EG) Nr. 1060/2009 über Ratingagenturen, KOM (2011) 747 endg. vom 15.11.2011, wo bereits eine Haftung für Vorsatz und grobe Fahrlässigkeit vorgesehen war. Allerdings enthält der Kommissionsvorschlag wenig Erhellendes zur Definition der groben Fahrlässigkeit, die schlicht aus einer „gröblich[en]" Vernachlässigung rechtlicher Pflichten folgen sollte, s. Vorschlag für Art. 35a Abs. 3.

[53] Zutr. Dutta/Weber/*Fornasier* Rn. 26.

[54] Dutta/Weber/*Fornasier* Rn. 27; *Omlor* GPR 2014, 216 (219); vgl. zum Kommissionsvorschlag bereits *Faber/Grünberger* ÖNotZ 2011, 97 (113).

Rechtsgedanken des § 892 Abs. 2 BGB zurückgreifen können, wonach der maßgebliche Zeitpunkt für die Bösgläubigkeit die Stellung des Eintragungsantrags ist.[55]

24   **c) Begriff der inhaltlichen Unrichtigkeit – die Relevanz des anwendbaren Rechts im Verwendungsmitgliedstaat.** Sowohl Abs. 3 als auch Abs. 4 schweigen zum Begriff der inhaltlichen Unrichtigkeit des Nachlasszeugnisses, deren Kenntnis oder grob fahrlässige Unkenntnis schädlich ist. Das Nachlasszeugnis ist inhaltlich unrichtig, wenn das Zeugnis den Leistungsempfänger (Abs. 3) oder Verfügenden (Abs. 4) zu Unrecht legitimiert, weil dieser Person die bescheinigte Rechtsposition (→ Art. 63 Rn. 2 ff.) nicht oder nicht im bescheinigten Umfang zusteht. Diese Unrichtigkeit kann auf **tatsächlichen** Gründen beruhen, etwa weil die Ausstellungsbehörde (Art. 64 S. 2) von falschen Tatsachen ausging. Die Unrichtigkeit kann aber auch darauf beruhen, dass der Sachverhalt **rechtlich** von der Ausstellungsbehörde nicht richtig gewürdigt wurde. Entscheidend ist für die richtige rechtliche Würdigung des Sachverhalts freilich die Frage, **welches Recht auf die bescheinigte Rechtsposition anzuwenden ist,** und zwar vor dem mitgliedstaatlichen Gericht, vor dem sich die Frage der Unrichtigkeit des Nachlasszeugnisses inzident stellt, weil es über die Wirksamkeit der Leistung oder Verfügung entscheidet.[56] Hierbei muss es sich nicht um ein Gericht desjenigen Mitgliedstaats handeln, das den Erbschein ausgestellt hat. Dieses Gericht, vor dem sich die Unrichtigkeitsfrage stellt, wird als mitgliedstaatliches Gericht grundsätzlich wie auch die Ausstellungsbehörde das nach Art. 20 ff. bestimmte Recht anwenden. Allerdings ist dies nicht zwingend der Fall. Hier rächt sich vielmehr, dass der Unionsgesetzgeber die für die Ausstellung des Zeugnisses maßgeblichen mitgliedstaatlichen Kollisionsnormen nicht vollständig harmonisiert hat und damit im Hinblick auf die bescheinigte Rechtsposition kein **europäischer Entscheidungseinklang** besteht (ausführlich → Vor Art. 62 Rn. 9 f.). Eine absolute Richtigkeit des Europäischen Nachlasszeugnisses für die gesamte EU besteht damit nicht. Ein von einer französischen Ausstellungsbehörde ausgestelltes Zeugnis mag zwar in Frankreich richtig sein, muss dies aber nicht in Deutschland sein, etwa soweit für den betreffenden Erbfall in Deutschland ein nach Art. 75 Abs. 1 UAbs. 1, Abs. 2 vorrangiges Übereinkommen das Erbstatut bestimmt, das damit über die Richtigkeit des französischen Nachlasszeugnisses entscheidet, wenn ein deutsches Gericht über die Unrichtigkeit entscheiden muss, weil sich in einer Nichterbsache in Deutschland die Frage nach der Wirksamkeit einer Leistung oder Verfügung nach Abs. 3 oder 4 stellt.[57] Ein denkbarer Ausweg aus dieser Schwäche des Europäischen Nachlasszeugnisses (→ Vor Art. 62 Rn. 9, 12) wäre es – will man bei Fällen eines fehlenden Entscheidungseinklangs den erbrechtlich Berechtigten ein Nachlasszeugnis nicht gänzlich verweigern (→ Art. 75 Rn. 5) – allein, auf die Unrichtigkeit des Zeugnisses stets die Regelungen anzuwenden, die für die Ausstellungsbehörde maßgeblich sind.[58] Dann allerdings würden über das Nachlasszeugnis von der Erbrechtsverordnung nichtharmonisierte Kollisionsnormen des Ursprungsmitgliedstaats (Art. 3 Abs. 1 lit. e) unionsweit in sämtliche Verwendungsmitgliedstaaten perpetuiert;[59] ein Anreiz zum forum shopping wäre die Folge.[60] Maßgeblich kann damit für die Richtigkeit des Nachlasszeugnisses nur die Perspektive desjenigen Mitgliedstaats sein, dessen Gerichte inzident im Rahmen des Abs. 3 und 4 die Unrichtigkeit des Nachlasszeugnisses prüfen.[61] – Die Unrichtigkeit des Zeugnisses

---

[55] Im Ergebnis zust. NK-BGB/*Nordmeier* Rn. 25. Vgl. für den deutschen Erbschein BGH NJW 1972, 434 (435).

[56] Zust. Calvo Caravaca/Davì/Mansel/*Budzikiewicz* Rn. 14; Dutta/Weber/*Fornasier* Rn. 23; NK-BGB/*Nordmeier* Rn. 22; anders offenbar *Margonski* ZEV 2017, 212 (213), der allerdings meines Erachtens übersieht, dass es hierbei nicht um eine Überprüfung des Nachlasszeugnisses geht, sondern um eine Anwendung seiner Gutglaubensvorschriften. Das Nachlasszeugnis kann nicht die materielle Rechtslage umgestalten.

[57] Dutta/Weber/*Fornasier* Vor Art. 62 Rn. 21; *Süß* in Dutta/Herrler EuErbVO 181, 185, 187.

[58] So nunmehr Rauscher/*Hertel* Rn. 25; *Margonski* ZEV 2017, 212 (213).

[59] Vgl. auch bereits DNotI-Studie S. 225 f.; *Max Planck Institute* RabelsZ 74 (2010), 522 (699 f.).

[60] Zust. Calvo Caravaca/Davì/Mansel/*Budzikiewicz* Rn. 14; vgl. auch Zöller/*Geimer* Anh. II J: EuErbVO Art. 1 Rn. 17 im Hinblick auf Unterschiede durch eine selbständige Vorfragenanknüpfung (→ Vor Art. 20 Rn. 50 ff.). Anders *Volmer* notar 2016, 323 (329 in Fn. 329), der im Rahmen der Art. 4 ff. EuErbVO keinen Raum mehr für forum shopping sieht. Das ist allerdings nur im Grundsatz zutreffend. Jedenfalls im Rahmen des Art. 10 Abs. 1 EuErbVO (iVm Art. 64 S. 1 EuErbVO) können sich parallele Zuständigkeiten in mehreren Mitgliedstaaten ergeben (→ Art. 10 Rn. 15). Auch kann der Antragsteller eines Nachlasszeugnisses darüber hinaus auf die internationale Zuständigkeit Einfluss nehmen, rechtlich (Art. 5 ff. iVm Art. 64 S. 1 → Art. 64 Rn. 4 f.) wie faktisch (etwa durch entsprechenden Vortrag zum letzten gewöhnlichen Aufenthalt des Erblassers im Rahmen des Art. 4 iVm Art. 64 S. 1), zumal die Dritten, denen gegenüber das Zeugnis seine Wirkung nach Art. 69 entfalten soll, nicht am Ausstellungsverfahren beteiligt sind.

[61] Calvo Caravaca/Davì/Mansel/*Budzikiewicz* Rn. 14. Anders *Volmer* notar 2016, 323 (329 in Fn. 329), der allerdings verkennt, dass es hier nicht um eine „Richtigkeitkontrolle des ENZ nach Maßgabe des Erbrechts des Verwendungsstaats" geht, sondern um die sich bei jedem Gutglaubensschutz stellende Frage nach der richtigen Rechtslage, deren Kenntnis oder grob fahrlässige Unkenntnis die Gutgläubigkeit ausschließt; s. auch oben Fn. 56.

aus der Perspektive dieses Mitgliedstaats ist damit auch allein für die Kenntnis oder grob fahrlässige Unkenntnis des Leistenden (Abs. 3) oder Erwerbers (Abs. 4) entscheidend – eine Tatsache, die ebenfalls die Akzeptanz des Nachlasszeugnisses nicht unbedingt erhöhen wird (→ Rn. 22), da der Leistende oder Erwerber mitunter nicht absehen kann, vor welchen Gerichten sich die Frage der Wirksamkeit der Leistung oder Verfügung später stellen wird.

d) Kenntnis von der Existenz des Nachlasszeugnisses erforderlich? Zwar ist nach dem **25** Wortlaut der Vorschrift für eine Redlichkeit des Leistenden oder Erwerbers eine Kenntnis von der Existenz des Nachlasszeugnisses nicht eindeutig erforderlich („auf Grundlage der in dem Zeugnis enthaltenen Angaben"). Aber der europäische Gesetzgeber geht in Erwägungsgrund Nr. 71 davon aus, dass der Leistende oder Erwerber Kenntnis vom Nachlasszeugnis haben muss, s. Erwägungsgrund Nr. 71 S. 4 und 5 („im Vertrauen auf die Richtigkeit der in dem Zeugnis enthaltenen Angaben") sowie S. 6 („Abschriften vorgelegt werden"). Man wird deshalb – anders als etwa bei §§ 2366, 2367 BGB (→ BGB § 2366 Rn. 25) – für die Gutglaubenswirkungen eine Kenntnis des Leistenden oder Erwerbers vom Nachlasszeugnis einzufordern haben.[62] Allerdings kann entgegen den Erwägungsgründen eine Vorlage der beglaubigten Abschriften nicht gefordert werden. Das Bestehen auf eine Vorlage wäre eine Förmelei, wenn der Leistende oder Erwerber bereits anderweitig Kenntnis von dem Nachlasszeugnis erlangt hat. Auch ist keine Kenntnisnahme des genauen Inhalts des Nachlasszeugnisses erforderlich,[63] die ohnehin kaum bewiesen werden könnte. Es muss ausreichend sein, dass der Leistende oder Erwerber unmittelbar oder mittelbar von der Existenz des Nachlasszeugnisses erfahren hat[64] und dies auch nachweisen kann.[65] Um sicher in den Genuss der Gutglaubenswirkungen des Nachlasszeugnisses zu kommen, müssen deshalb Leistende oder Erwerber ihre Kenntnis des Nachlasszeugnisses dokumentieren.

4. Rechtsfolge. Liegen die Voraussetzungen für eine Gutglaubenswirkung vor, so **ersetzen 26** Abs. 3 und 4 als Rechtsfolge auf der Seite des durch das Nachlasszeugnis legitimierten Leistungsempfängers und Verfügenden **die fehlende Empfangszuständigkeit** für die Leistung (Abs. 3) und **die Verfügungsbefugnis** (Abs. 4) als Erbe, Vermächtnisnehmer, Testamentsvollstrecker oder Nachlassverwalter im bescheinigten Umfang (→ Art. 63 Rn. 2 ff., 12 ff.; zu falschen oder ungenauen Angaben im Zeugnis → Rn. 19). Es gilt im Hinblick auf die bescheinigte Rechtsposition die allgemeine Abgrenzung zum Vermögensrechtsstatut, insbesondere zum Sachenrechtsstatut (→ Art. 1 Rn. 47 ff.). Ein im Zeugnis als Vindikationsvermächtnisnehmer Legitimierter kann mithin unmittelbar über den vermachten Gegenstand verfügen. Die **übrigen Voraussetzungen** für eine wirksame Leistung oder Verfügung werden nicht durch das Nachlasszeugnis berührt, etwa die Frage, ob das Recht, auf das geleistet wurde oder über das verfügt wurde, überhaupt Teil des Nachlasses war (näher → Rn. 19, 28; auch → Art. 63 Rn. 18) oder ob die Leistung oder Verfügung schuld- oder sachenrechtlich wirksam war, s. auch Erwägungsgrund Nr. 71 S. 7. Diese Fragen unterliegen dem auf die zu erfüllende Forderung oder die Verfügung anwendbaren Recht,[66] nach deutschem Recht also §§ 362 ff. BGB oder – bei einer Verfügung über Sachen – §§ 873 ff., 929 ff. BGB; s. auch → Rn. 28.

5. Verhältnis zu Gutglaubensvorschriften im nationalen Recht. Bei Abs. 3 und 4 stellt sich **27** auch die Frage des Verhältnisses zu mitgliedstaatlichen Gutglaubensvorschriften. Existiert auch ein **mitgliedstaatlicher Erbnachweis,** der wie nach §§ 2366, 2367 BGB ähnliche Gutglaubenswirkungen wie das Nachlasszeugnis entfaltet, so stehen die Gutglaubenswirkungen unabhängig nebeneinan-

---

[62] So auch Dutta/Weber/*Fornasier* Rn. 21; *Herzog* ErbR 2013, 2 (13); *Kleinschmidt* RabelsZ 77 (2013), 723 (779); *Köhler* in GKKW IntErbR 202 f.; *Köllensperger* ÖNotZ 2015, 245 (260); *K. W. Lange* in Dutta/Herrler EuErbVO 161, 170; *D. Lübcke*, Das neue europäische internationale Nachlassverfahrensrecht, 2013, 544 m. Fn. ★; *Omlor* GPR 2014, 216 (218 f.); *Rudolf* ÖNotZ 2013, 225 (241); *Schauer* in Schauer/Scheuba, Europäische Erbrechtsverordnung, 2012, 73, 94; *J. Schmidt* ZEV 2015, 389 (393); *Süß* ZEuP 2013, 725 (746); *Traut* ZVglRWiss. 115 (2016), 358 (387); *Vollmer* ZErb 2012, 227 (233); *Volmer* Rpfleger 2013, 421 (431); *Zwirlein* JuS 2015, 981 (985); zum Kommissionsvorschlag auch bereits *Hess/Jayme/Pfeiffer,* Stellungnahme zum Vorschlag für eine Europäische Erbrechtsverordnung, 2012, 52 f.; *K. W. Lange* DNotZ 2012, 168 (177). – Anders *Buschbaum,* GS Hübner, 2012, 589 (599 f.) (vgl. aber nunmehr auch *Buschbaum* in Hager, Die neue europäische Erbrechtsverordnung, 2013, 39, 48 m. Fn. 34); *Everts* NotBZ 2015, 3 (12); *Hertel* in Lipp/Münch, Die neue Europäische Erbrechtsverordnung, 2016, 129, 138; *Simon/Buschbaum* NJW 2012, 2393 (2394, 2397 f.); *Simon/Buschbaum* ZEV 2012, 525 (528); zust. *Müller-Lukoschek,* Die neue EU-Erbrechtsverordnung, 2. Aufl. 2015, 165; vgl. auch Bonomi/Wautelet/*Wautelet* Rn. 42.

[63] In diese Richtung aber *Traut* ZVglRWiss. 115 (2016), 358 (387 f., 389).

[64] Vgl. auch *J. Schmidt* ZEV 2015, 389 (393); Jauernig/*Stürner* Art. 62–73 Rn. 6; *Süß* ZEuP 2013, 725 (746); *Weidlich*, FS für Palandt BGB, 2016, 53 (63); *Omlor* GPR 2014, 216 (219).

[65] Vgl. Dutta/Weber/*Fornasier* Rn. 20.

[66] *Hess/Jayme/Pfeiffer*, Stellungnahme zum Vorschlag für eine Europäische Erbrechtsverordnung, 2012, 52; *Omlor* GPR 2014, 216 (221).

der. Es ist zu prüfen, ob die fehlende Empfangs- und Verfügungsberechtigung alternativ durch Abs. 3 und 4 oder durch die mitgliedstaatlichen Gutglaubensvorschriften ersetzt wurde (näher → Art. 62 Rn. 12 ff.).

28   Zu klären ist auch das Verhältnis zu den jeweils anwendbaren nationalen Gutglaubensvorschriften für Verfügungen von Nichtberechtigten **über einzelne Vermögensgegenstände,** etwa im deutschen Recht nach §§ 892, 932 ff. BGB. Erfüllt der durch das Nachlasszeugnis legitimierte Erbe, Vermächtnisnehmer, Testamentsvollstrecker oder Nachlassverwalter auch die Voraussetzungen dieser Gutglaubensvorschriften, etwa weil er (mittlerweile) durch das Grundbuch legitimiert wird (§ 892 BGB), so wird man auch hier von einer Alternativität des europäischen und des mitgliedstaatlichen Gutglaubensschutzes ausgehen. Das Europäische Nachlasszeugnis möchte den Erben, Vermächtnisnehmer, Testamentsvollstrecker oder Nachlassverwalter begünstigen, ihm aber nicht die Gutglaubenswirkungen nach nationalem Recht entziehen;[67] dies wird auch in Erwägungsgrund Nr. 71 S. 7 angedeutet, jedenfalls in der englischen Sprachfassung,[68] wonach die Verordnung zum Gutglaubensschutz eines nicht nach Art. 69 Abs. 3 und 4 geschützten Leistenden oder Verfügenden schweigt. Auf eine Kumulation von europäischem und nationalem Gutglaubensschutz kommt es freilich an, wenn der Nachlassgegenstand nicht Teil des Nachlasses war, da die Nachlasszugehörigkeit eines Gegenstands nicht von Art. 69 fingiert wird (→ Rn. 19, 26; vgl. auch → Art. 63 Rn. 18). Dann ist eine Verfügung nur wirksam, wenn die fehlende Rechtsstellung des verfügenden Erben, Vermächtnisnehmers, Testamentsvollstreckers oder Nachlassverwalters durch das Nachlasszeugnis und Abs. 4 ersetzt wird sowie die fehlende Nachlasszugehörigkeit des Verfügungsgegenstands durch die mitgliedstaatlichen Gutglaubensvorschriften.[69]

VI. Legitimationswirkung im mitgliedstaatlichen Registerverfahren (Abs. 5)

29   In Abs. 5 stellt der europäische Gesetzgeber klar, dass das Nachlasszeugnis seine Wirkungen auch für die Eintragung der Nachlassgegenstände in den mitgliedstaatlichen Registern entfaltet.[70] Dabei geht es vor allem um die **Vermutungswirkung des Abs. 2,** die freilich auch hier widerleglich ist.[71] Der durch das Nachlasszeugnis legitimierte Erbe, Vermächtnisnehmer, Testamentsvollstrecker oder Nachlassverwalter soll eine sich aufgrund seiner bescheinigten Rechtsstellung ergebende Änderung in der dinglichen Zuordnung der Nachlassgegenstände – etwa den Erwerb des Eigentums an einem Grundstück als Erbe oder Vermächtnisnehmer oder eine Verfügungsbeschränkung des Eigentümers durch eine Testamentsvollstreckung – mithilfe des Zeugnisses registerrechtlich erfassen lassen können, vgl. auch Erwägungsgründe Nr. 18 S. 5 und Nr. 69 S. 2. Die mitgliedstaatlichen Registerbehörden sind mithin verpflichtet, das Nachlasszeugnis als Legitimationsmittel zu akzeptieren; zur entsprechenden Pflicht von Privaten → Art. 62 Rn. 4.

30   Damit stellt Abs. 5 als registerrechtliche Vorschrift eine **Ausnahme zu Art. 1 Abs. 2 lit. l** dar,[72] der das Registerrecht gerade vom Anwendungsbereich der Verordnung ausklammert. Fraglich ist, wie deshalb der Hinweis in Abs. 5 zu verstehen ist, dass diese Regelung wiederum **„unbeschadet des Artikels 1 Absatz 2 Buchstaben k und l"** gilt. Der Verweis auf **Art. 1 Abs. 2 lit. k** („Art der dinglichen Rechte") ist klar: An der Abgrenzung zwischen Vermögensrechtsstatut (Einzelstatut, vor allem Sachenrechtsstatut) und Erbstatut im Hinblick auf den erbrechtlichen Zuordnungsvorgang und das erbrechtliche Zuordnungsergebnis (näher → Art. 1 Rn. 47 ff.) ändert sich nichts dadurch, dass eine erbrechtliche Rechtsposition mit ihren sachenrechtlichen Konsequenzen durch ein Nachlasszeugnis bescheinigt wird[73] (auch → Art. 63 Rn. 9). Unklar ist jedoch, wie der Verweis in Abs. 5 auf **Art. 1 Abs. 2 lit. l** zu interpretieren ist. Richtigerweise wird man den Verweis dahingehend zu verstehen haben, dass das mitgliedstaatliche Registerrecht neben dem Nachlasszeugnis **zusätzliche registerverfahrensrechtliche Erfordernisse** zur Umschreibung eines eingetragenen Rechts verlangen kann, aber eben nur, **soweit sie sich nicht auf die vom Nachlasszeugnis bescheinigte**

---

[67] Vgl. auch DNotI-Studie S. 311.

[68] Die lautet: „Whether or not *such* an acquisition of property by a third person is effective should not be determined by this Regulation" (Hervorhebung durch Verf.); der sprachliche Bezug zu den vorherigen Sätzen des Erwägungsgrunds findet sich nicht in der deutschen Fassung.

[69] *Buschbaum/Simon* ZEV 2012, 525 (528); Dutta/Weber/*Fornasier* Rn. 19; *Kleinschmidt* RabelsZ 77 (2013), 723 (777); *Müller-Lukoschek,* Die neue EU-Erbrechtsverordnung, 2. Aufl. 2015, 167 f.; *Omlor* GPR 2014, 216 (221).

[70] Näher aus Sicht der deutschen Grundbuchpraxis *Wilsch* ZEV 2012, 530.

[71] Dutta/Weber/*Fornasier* Rn. 32; *Steiner* ZEV 2016, 487 (489); so wohl auch *Schauer* in Schauer/Scheuba, Europäische Erbrechtsverordnung, 2012, 73, 93.

[72] Dutta/Weber/*Fornasier* Rn. 31; Deixler-Hübner/Schauer/*Mankowski* Art. 1 Rn. 96.

[73] Vgl. auch Dutta/Weber/*Fornasier* Rn. 34 ff. sowie Frieser/*Martiny* ErbR Nach Art. 26 EGBGB: EuErbVO Rn. 241, 259.

Rechtsposition (→ Art. 63 Rn. 2 ff.) **beziehen.**[74] Dies wird auch in Erwägungsgrund Nr. 18 S. 5 f. angedeutet, wo explizit Steuerbescheinigungen genannt werden, womit etwa Unbedenklichkeitsbescheinigungen angesprochen sind.[75] Auch Dokumente im Hinblick auf das eingetragene Recht kann das mitgliedstaatliche Registerrecht einfordern oder im Hinblick auf die Identität der Beteiligten. – Demgegenüber kann man aus dem Vorbehalt des Art. 1 Abs. 2 lit. l in Abs. 5 nicht ableiten, dass das mitgliedstaatliche Registerrecht zusätzliche registerrechtliche Voraussetzungen für eine Umschreibung im Hinblick auf den Nachweis der im Nachlasszeugnis bescheinigten Rechtsposition aufstellen kann,[76] etwa die Vorlage eines mitgliedstaatlichen Erbnachweises, wie das nach § 35 Abs. 1 S. 1 GBO aF („Der Nachweis der Erbfolge kann nur durch einen Erbschein geführt werden") das deutsche Recht bisher tat,[77] anders als etwa nach § 12 Abs. 1 S. 3 HGB. Denn dann bliebe einerseits nichts von der Wirkung des Nachlasszeugnisses im mitgliedstaatlichen Registerverfahren nach Abs. 5 übrig, was der Unionsgesetzgeber kaum bezweckt haben kann. Andererseits wäre es dem im Nachlasszeugnis Legitimierten mitunter unmöglich, einen inländischen Erbnachweis über die im Nachlasszeugnis bescheinigte Rechtsposition zu erlangen.[78] Soweit das Nachlasszeugnis aus dem Ausland stammt, werden die inländischen Gerichte nach den Art. 4 ff. für den Erlass des inländischen Erbnachweises international nicht zuständig sein (→ Vor Art. 4 Rn. 5, 8). Ferner muss das inländische Recht nicht zwingend sachlich einen Erbnachweis für die im Nachlasszeugnis bescheinigte Rechtsposition vorsehen. So steht etwa einem Vindikationsvermächtnisnehmer (→ Art. 1 Rn. 48 ff. und → Art. 31 Rn. 8) nach deutschem Recht der Erbschein nicht offen (→ Vor Art. 4 Rn. 39), sondern nur das Europäische Nachlasszeugnis (→ Art. 63 Rn. 9). § 35 Abs. 1 S. 1 GBO wird daher bei einem Europäischen Nachlasszeugnis von Art. 69 Abs. 5 verdrängt,[79] so dass es nicht darauf ankommt, ob das Europäische Nachlasszeugnis einen deutschen Erbschein nach § 35 Abs. 1 S. 1 GBO substituiert,[80] wobei der deutsche Durchführungsgesetzgeber den Vorrang des Art. 69 Abs. 5 durch die Neufassung des § 35 Abs. 1 S. 1 Abs. 1 GBO (sowie des § 41 Abs. 1 S. 1 SchRegO) auch verfahrensrechtlich verwirklicht hat.[81] Unberührt von Art. 65 Abs. 5 bleiben die allgemeinen verfahrensrechtlichen oder registerrechtlichen Rechtsbehelfe gegen unrichtige Eintragungen.[82]

VII. Wirkungen sich widersprechender Zeugnisse oder Abschriften

Die Verordnung schweigt, wie bei **widersprüchlichen Europäischen Nachlasszeugnissen** zu **31** verfahren ist (zu Widersprüchen zwischen einem Europäischen Nachlasszeugnis und mitgliedstaatlichen Erbnachweisen → Art. 62 Rn. 14 ff.). Insbesondere findet bei Konflikten zwischen Nachlasszeugnissen aus verschiedenen Mitgliedstaaten bereits mangels eines Anerkennungsvorgangs Art. 40 lit. c und d keine Anwendung, s. zur automatischen und voraussetzungslosen Wirkungserstreckung des Nachlasszeugnisses Abs. 1 sowie näher → Rn. 2. Angesichts der einheitlichen Wirkungen des Erbscheins in den Mitgliedstaaten nach Abs. 1 darf für die Lösung des Konflikts nicht auf das mitgliedstaatliche Recht zurückgegriffen werden, sondern es ist eine autonome Lösung zu suchen.[83] Richtigerweise wird man anders als beim deutschen Erbschein (→ BGB § 2366 Rn. 6) zwischen der

---

[74] Dutta/Weber/Fornasier Rn. 31; s. auch *Janzen* DNotZ 2012, 484 (485, 493): „Das Zeugnis kann also nur als Nachweis einer *in den Anwendungsbereich der Verordnung fallenden* Rechtsstellung verwendet werden und muss *als solcher* im Eintragungsverfahren akzeptiert werden. Eintragungsvoraussetzungen, die nicht in den Anwendungsbereich der Verordnung fallen […] bleiben unberührt" (Hervorhebung im Original); so wohl auch *Kleinschmidt* RabelsZ 77 (2013), 723 (775), wonach nur das „übrige formelle Registerrecht" vorbehalten bleibt; *R. Werner* StBW 2012, 857 (863); *Süß* ZEuP 2013, 725 (748); vgl. auch *Volmer* Rpfleger 2013, 421 (431 f.), wonach das Europäische Nachlasszeugnis stets als Nachweisdokument ausreicht und Art. 69 Abs. 5 gegenüber dem nationalen Grundbuchverfahrensrecht Geltungsvorrang entfaltet, s. auch *Volmer* ZEV 2014, 129 (130); ebenso im Ergebnis *K. W. Lange* in Dutta/Herrler EuErbVO 161, 171 f.
[75] *Janzen* DNotZ 2012, 484 (485, 493).
[76] So aber die wohl in Frankreich offenbar herrschende Ansicht, s. die Nachweise bei *Döbereiner* ZEV 2015, 559 (562 f.).
[77] Das Europäische Nachlasszeugnis dagegen mit dem Erbschein in § 35 Abs. 1 S. 1 GBO ohne Weiteres gleichsetzend *Kunz* GPR 2012, 253 (257). Anders *Hertel* DNotZ 2012, 688 (690) m. Fn. 14, der auf eine Gleichwertigkeitsprüfung abstellt, vgl. auch *Hertel* ZEV 2013, 539 (541); s. auch *Buschbaum/Simon* ZEV 2012, 525 (529) (nur soweit das Nachlasszeugnis als öffentliche Urkunde errichtet wurde); so auch *Schöner/Stöber* Grundbuchrecht, 15. Aufl. 2012, Rn. 3137a; *Müller-Lukoschek,* Die neue EU-Erbrechtsverordnung, 2. Aufl. 2015, 154 f.
[78] Worauf etwa auch *Süß* ZEuP 2013, 725 (748) hinweist.
[79] So auch *Kleinschmidt* RabelsZ 77 (2013), 723 (775) m. Fn. 269; vgl. auch *Wilsch* ZEV 2012, 530.
[80] Anders die in Fn. 77 genannten Autoren.
[81] Vgl. auch *Traut* ZVglRWiss. 115 (2016), 358 (376 f.).
[82] Vgl. zum deutschen Recht *Steiner* ZEV 2016, 487 (489 f.).
[83] Anders *Buschbaum,* GS Hübner, 2012, 589 (599), s. aber auch *Buschbaum/Simon* ZEV 2012, 525 (528) (jedenfalls für den Fall kollidierender Abschriften → Rn. 32).

Vermutungswirkung (sowie Legitimatioswirkung) und der Gutglaubenswirkung des Zeugnisses zu unterscheiden haben. Liegen widersprechende Zeugnisse vor, so kann – soweit der Widerspruch reicht – keines der Zeugnisse eine **Vermutungswirkung** (sowie Legitimationswirkung) entfalten.[84] Da ein konkretes Vertrauen des Leistenden oder Erwerbers auf das Nachlasszeugnis erforderlich ist (→ Rn. 25) und die Gutglaubenswirkung unabhängig von der Vermutungswirkung ist (anders als bei §§ 2366, 2367 BGB), muss es dagegen für eine **Gutglaubenswirkung** ausreichen, dass eines der Zeugnisse den Leistungsempfänger oder Verfügenden legitimiert, soweit der Leistende oder Erwerber – der anders als beim deutschen Erbschein Kenntnis vom Nachlasszeugnis haben muss (→ Rn. 25) – gerade auf dieses Nachlasszeugnis vertraut und keine Kenntnis vom anderen Nachlasszeugnis hat.[85] Insbesondere ist dem zeitlich früheren Zeugnis keine Priorität einzuräumen.[86] Konflikte zwischen aufgrund der widersprechenden Zeugnisse vorgenommenen Leistungen oder Verfügungen sind auch hier (vgl. → Art. 62 Rn. 16) mit Hilfe des Prioritätsgrundsatzes aufzulösen.[87]

32   Mangels Vorschriften über eine Einziehung oder Herausgabe der Abschriften kann es im Falle eines Widerrufs oder einer Änderung des Nachlasszeugnisses nach Art. 71 Abs. 2 (ggf. auch iVm Art. 72 Abs. 2 UAbs. 1) zu **widersprüchlichen Abschriften** im Rechtsverkehr kommen (→ Art. 71 Rn. 7). Diesen Konflikt löst die Verordnung jedoch auf, indem sie den nach dem Widerruf oder nach der Änderung „falschen" ursprünglichen Abschriften keine Wirkung zubilligt (→ Rn. 2), so dass nur die „richtige" Abschrift die Wirkungen nach Art. 69 entfaltet.[88]

Art. 70 EuErbVO Beglaubigte Abschriften des Zeugnisses

(1) Die Ausstellungsbehörde bewahrt die Urschrift des Zeugnisses auf und stellt dem Antragsteller und jeder anderen Person, die ein berechtigtes Interesse nachweist, eine oder mehrere beglaubigte Abschriften aus.

(2) Die Ausstellungsbehörde führt für die Zwecke des Artikels 71 Absatz 3 und des Artikels 73 Absatz 2 ein Verzeichnis der Personen, denen beglaubigte Abschriften nach Absatz 1 ausgestellt wurden.

(3) [1]Die beglaubigten Abschriften sind für einen begrenzten Zeitraum von sechs Monaten gültig, der in der beglaubigten Abschrift jeweils durch ein Ablaufdatum angegeben wird. [2]In ordnungsgemäß begründeten Ausnahmefällen kann die Ausstellungsbehörde abweichend davon eine längere Gültigkeitsfrist beschließen. [3]Nach Ablauf dieses Zeitraums muss jede Person, die sich im Besitz einer beglaubigten Abschrift befindet, bei der Ausstellungsbehörde eine Verlängerung der Gültigkeitsfrist der beglaubigten Abschrift oder eine neue beglaubigte Abschrift beantragen, um das Zeugnis zu den in Artikel 63 angegebenen Zwecken verwenden zu können.

I. Normzweck und Überblick

1   Mit Art. 70 möchte der europäische Gesetzgeber sicherstellen, dass die Ausstellungsbehörde (Art. 64 S. 2) stets die Kontrolle über die zirkulierenden Nachlasszeugnisse behält, indem dem Rechtsverkehr nur beglaubigte Abschriften des Zeugnisses zur Verfügung gestellt werden **(Abs. 1)**, die nur über einen begrenzten Zeitraum gültig sind **(Abs. 3)**. Die Vorschrift enthält eine versteckte Zuständigkeitsnorm. Zuständig für Ausstellung oder Verlängerung der Gültigkeitsfrist ist stets die Ausstellungsbehörde, auch wenn diese (etwa international) nicht zur Ausstellung des Zeugnisses zuständig war.[1]

II. Ausstellung beglaubigter Abschriften (Abs. 1)

2   Die Ausstellungsbehörde (Art. 64 S. 2) stellt nur beglaubigte Abschriften des Zeugnisses aus und behält die Urschrift des Nachlasszeugnisses. **Allgemeine Voraussetzung** für die Ausstellung der

---

[84] Dutta/Weber/*Fornasier* Rn. 52; *Köhler* in GKKW IntErbR 202; *K. W. Lange* in Dutta/Herrler EuErbVO 161, 176; *D. Lübcke,* Das neue europäische internationale Nachlassverfahrensrecht, 2013, 536 m. Fn. ★.

[85] Dutta/Weber/*Fornasier* Rn. 52; vgl. auch *Hertel* in Lipp/Münch, Die neue Europäische Erbrechtsverordnung, 2016, 129, 137; *K. W. Lange* in Dutta/Herrler EuErbVO 161, 176; *Weidlich*, FS für Palandt BGB, 2016, 53 (63); *Omlor* GPR 2014, 216 (220). Tendenziell so auch *Süß* ZEuP 2013, 725 (747), wonach der Gutglaubensschutz des Nachlasszeugnisses hier „unter Umständen weiter als nach dem BGB" geht. Anders *Everts* NotBZ 2015, 3 (12): Insgesamt kein Gutglaubensschutz.

[86] Vgl. auch *Lagarde* Rev. crit. dr. int. pr. 101 (2012), 691 (728).

[87] Dutta/Weber/*Fornasier* Rn. 52.

[88] Anders – konsequenterweise (→ Fn. 3) – *Buschbaum/Simon* ZEV 2012, 525 (528); *Süß* ZEuP 2013, 725 (747).

[1] Zutr. Dutta/Weber/*Fornasier* Art. 64 Rn. 20.

beglaubigten Abschriften ist die Ausstellung des Nachlasszeugnisses nach Art. 67, wobei eine Ausstellung nach Abs. 1 ausscheidet, wenn das Nachlasszeugnis von der Ausstellungsbehörde oder vom Rechtsmittelgericht nach Art. 71 Abs. 2 oder Art. 72 Abs. 2 UAbs. 1 widerrufen wurde oder seine Wirkungen nach Art. 73 Abs. 1 ausgesetzt wurden (Art. 73 Abs. 2 UAbs. 2).

Da die Ausstellung der Abschriften die Wirkungen des Nachlasszeugnisses (Art. 69) auslöst **3** (Abs. 3), ist es entscheidend, **welchen Personen** die beglaubigten Abschriften ausgestellt werden. Nach **Abs. 1** wird zunächst dem **Antragsteller** (Art. 65 Abs. 1) eine Abschrift ausgestellt. Eine Ausstellung kann aber auch jede andere **Person, die ein berechtigtes Interesse nachweist,** beantragen. Hierbei wird es sich jedenfalls um sämtliche Berechtigte (→ Art. 66 Rn. 6) handeln, deren Rechtsstellungen durch das Zeugnis bescheinigt werden, also andere durch das Zeugnis legitimierte Erben, Vermächtnisnehmer, Testamentsvollstrecker und Nachlassverwalter, selbst wenn sie nicht Antragsteller sind. Darüber hinaus können aber auch **Dritte** ein berechtigtes Interesse besitzen, die Wirkungen des Nachlasszeugnisses durch die Ausstellung einer Abschrift in Gang zu setzen. Will etwa ein Nachlassschuldner nach Art. 69 Abs. 3 befreiend an den durch das Nachlasszeugnis legitimierten Erben, Vermächtnisnehmer, Testamentsvollstrecker oder Nachlassverwalter leisten, existiert aber keine nach Abs. 3 gültige Abschrift mehr, so kann auch der Nachlassschuldner die Ausstellung einer beglaubigten Abschrift verlangen. Gleiches gilt auch, wenn der Dritte im Hinblick auf die Wirkungen des Art. 69 sichergehen will, dass das Nachlasszeugnis nicht nach Art. 71 Abs. 2, Art. 72 Abs. 2 UAbs. 1 geändert oder widerrufen oder seine Wirkungen nach Art. 73 Abs. 1 ausgesetzt wurde → Art. 69 Rn. 2. Fraglich ist, ob zum zuletzt genannten Zweck auch **Behörden,** etwa Registerbehörden, eine „Person" iS des Abs. 1 sein können, wenn sie vor allem im Hinblick auf die Legitimationswirkung des Nachlasszeugnisses nach Art. 69 Abs. 5 eine aktuelle beglaubigte Abschrift direkt von der Ausstellungsbehörde begehren. Dies ist zu bejahen. Zwar sind Behörden regelmäßig keine Personen,[2] allerdings steht jedenfalls hinter jeder Behörde als Träger eine öffentliche Körperschaft, die auch ein berechtigtes Interesse an einer beglaubigten Abschrift besitzen kann, etwa im Hinblick auf die Richtigkeit ihrer Register. Der Antrag auf eine beglaubigte Abschrift ist auch im Hinblick auf die Unterrichtungspflicht nach Art. 71 Abs. 3 bedeutsam. – Von Abs. 1 unberührt bleiben mitgliedstaatliche Vorschriften über den Zugang der Öffentlichkeit zu amtlichen Dokumenten, s. Erwägungsgrund Nr. 72 S. 3.

Erstaunlicherweise sieht die Vorschrift selbst keinen **Rechtsbehelf** gegen die Entscheidung der **4** Ausstellungsbehörde vor, beglaubigte Abschriften auszustellen oder nicht auszustellen.[3] Allerdings betont Erwägungsgrund Nr. 72 S. 4, dass die Verordnung Rechtsbehelfe gegen die Entscheidung der Ausstellungsbehörde vorsehen sollte und damit auch gegen die Entscheidung, eine Ausstellung der Abschrift zu verweigern.[4] Man wird insoweit Art. 72 Abs. 1 UAbs. 1 analog anzuwenden haben (→ Art. 72 Rn. 3).

III. Verzeichnis der Abschriften (Abs. 2)

Um die Kontrolle über die beglaubigten Abschriften zu behalten, muss die Ausstellungsbehörde **5** (Art. 64 S. 2) nach **Abs. 2** ein Verzeichnis über die ausgestellten Abschriften führen. Denn im Falle einer Berichtigung, Änderung oder eines Widerrufs des Nachlasszeugnisses durch die Ausstellungsbehörde (Art. 71 Abs. 1 und 2) oder durch das Rechtsbehelfsgericht (Art. 72) oder im Falle einer Aussetzung seiner Wirkungen (Art. 73 Abs. 1) müssen die Personen, denen eine Abschrift ausgestellt wurde, nach Art. 71 Abs. 3 und Art. 73 Abs. 2 UAbs. 1 unterrichtet werden.

IV. Gültigkeitszeitraum der Abschriften (Abs. 3)

Die Ausstellung einer beglaubigten Abschrift löst die Wirkungen des Nachlasszeugnisses (Art. 69) **6** nicht zeitlich unbegrenzt aus. Vielmehr entfaltet das Zeugnis seine Wirkungen nur, soweit eine gültige Abschrift ausgestellt wurde, s. auch Erwägungsgrund Nr. 71 S. 6 → Art. 69 Rn. 2; zum maßgeblichen Wirkungszeitpunkt → Art. 69 Rn. 3 f. Das Ablaufdatum ist in der Abschrift nach

---

[2] Deshalb skeptisch, ob eine Behörde die Ausstellung einer beglaubigten Abschrift beantragen kann, *Becker/Wegener* notar 2017, 32 (33 f.).

[3] Regierungsentwurf eines Gesetzes zum Internationalen Erbrecht, BT-Drs. 18/4201, 53.

[4] Anders NK-BGB/*Nordmeier* Rn. 7 mit Fn. 11, wonach die betreffende Erwägungsgrund sich (nur) auf die Entscheidung, die Ausstellung eines Zeugnisses zu versagen, beziehe, „mithin auf die Versagung der Urschrift, nicht der beglaubigten Abschrift". Gegen ein enges Verständnis spricht freilich der offene Wortlaut des Erwägungsgrunds, der die Entscheidung, die Ausstellung eines Zeugnisses zu versagen, nur exemplarisch nennt: „Diese Verordnung sollte Rechtsbehelfe gegen Entscheidungen der ausstellenden Behörde, *einschließlich* der Entscheidungen, die Ausstellung eines Zeugnisses zu versagen, vorsehen" (Hervorhebung d. Verf.).

S. 1 zu **vermerken,** das alleine für die Gültigkeit der Abschrift maßgeblich ist, selbst wenn die Ausstellungsbehörde (Art. 64 S. 1) die Frist falsch berechnet hat.[5]

7   Gemäß **S. 1** beträgt die **regelmäßige Gültigkeitsdauer** sechs Monate. In Ausnahmefällen kann nach **S. 2** eine **längere Gültigkeitsdauer** angeordnet werden, wobei der Gesetzgeber keine Anhaltspunkte nennt, unter welchen Voraussetzungen ein solcher Ausnahmefall vorliegt; man wird die Gültigkeitsdauer hier in ein pflichtgemäßes Ermessen des Gerichts stellen. Nach Ablauf der Gültigkeitsdauer kann gemäß **S. 3** eine **Verlängerung der Gültigkeitsdauer** oder eine **erneute Ausstellung einer beglaubigten Abschrift** verlangt werden, wobei die Ausstellungsbehörde zu prüfen hat, ob die Voraussetzungen für die Ausstellung eines Nachlasszeugnisses immer noch vorliegen.[6] Ein erneuter Antrag auf Ausstellung eines Nachlasszeugnisses ist indes nicht erforderlich, wohl aber kann die Ausstellungsbehörde nach Art. 65 Abs. 1–3 analog vom Antragsteller Nachweise verlangen, dass sich die dem Zeugnis zugrunde liegenden Umstände nicht geändert haben.[7] Soweit sich die zugrunde liegenden Umstände geändert haben und der Inhalt des Zeugnisses deshalb unrichtig ist, scheidet eine Verlängerung aus. Die Ausstellungsbehörde hat vielmehr nach Art. 71 Abs. 2 zu verfahren und das Zeugnis zu ändern, von Amts wegen, soweit dies nach mitgliedstaatlichem Verfahrensrecht möglich ist (vgl. für Deutschland § 38 S. 2 IntErbRVG); andernfalls hat die Behörde auf einen entsprechenden Änderungsantrag des Antragstellers hinzuwirken. Im Anschluss ist eine neue beglaubigte Abschrift nach Art. 70 Abs. 1 auszustellen. Erforderlich ist eine Entscheidung der Ausstellungsbehörde über die Verlängerung der Gültigkeitsdauer, die nach Art. 72 Abs. 1 UAbs. 2 analog (vgl. auch → Rn. 4) vor dem Rechtsbehelfsgericht angefochten werden kann (→ Art. 72 Rn. 3).

8   Die Verordnung regelt nicht den **Beginn** der Gültigkeitsfrist nach erstmaliger Erteilung des Zeugnisses, sondern überlässt diese Frage dem mitgliedstaatlichen Nachlasszeugnisverfahrensrecht. Für deutsche Nachlasszeugnisse ist diese Frage in § 42 S. 1 IntErbRVG geregelt.[8] Zu den **übrigen Fragen der Fristberechnung und Terminbestimmung** s. Erwägungsgrund Nr. 77, der auf die europäische Fristenverordnung (Art. 1 ff. Fristen-VO) verweist, die allerdings lückenhaft ist, so dass für das deutsche Nachlasszeugnisverfahrenrecht § 42 S. 1 IntErbRVG subsidär die §§ 186 ff. BGB für anwendbar erklärt.[9]

Art. 71 EuErbVO Berichtigung, Änderung oder Widerruf des Zeugnisses

(1) Die Ausstellungsbehörde berichtigt das Zeugnis im Falle eines Schreibfehlers auf Verlangen jedweder Person, die ein berechtigtes Interesse nachweist, oder von Amts wegen.

(2) Die Ausstellungsbehörde ändert oder widerruft das Zeugnis auf Verlangen jedweder Person, die ein berechtigtes Interesse nachweist, oder, soweit dies nach innerstaatlichem Recht möglich ist, von Amts wegen, wenn feststeht, dass das Zeugnis oder einzelne Teile des Zeugnisses inhaltlich unrichtig sind.

(3) Die Ausstellungsbehörde unterrichtet unverzüglich alle Personen, denen beglaubigte Abschriften des Zeugnisses gemäß Artikel 70 Absatz 1 ausgestellt wurden, über eine Berichtigung, eine Änderung oder einen Widerruf des Zeugnisses.

I. Überblick

1   Die Vorschrift regelt die Berichtigung **(Abs. 1),** die Änderung oder den Widerruf **(Abs. 2)** des Nachlasszeugnisses durch die Ausstellungsbehörde (Art. 64 S. 2) selbst. Sie enthält wie Art. 70 (→ Art. 70 Rn. 1) eine versteckte Zuständigkeitsnorm; zuständig für die genannten Verrichtungen

---

[5] Calvo Caravaca/Davì/Mansel/*Budzikiewicz* Rn. 11.

[6] S. auch *Schauer* in Schauer/Scheuba, Europäische Erbrechtsverordnung, 2012, 73, 92. Anders NK-BGB/*Nordmeier* Rn. 13 mit Fn. 23, der hierin vor allem eine Umgehung des Art. 71 Abs. 2 sieht, wonach ein Widerruf des Zeugnisses von Amts wegen nur nach Maßgabe des mitgliedstaatlichen Verfahrensrechts erfolgen darf. Hiergegen spricht freilich, dass es sich bei der Nichtverlängerung der Gültigkeitsfrist und damit Ablehnung des Verlängerungsantrags auch faktisch nicht um einen Widerruf des Zeugnisses von Amts wegen handelt. Vielmehr entfaltet das ursprüngliche Zeugnis von vornherein nur seine Wirkungen im Rahmen des Gültigkeitszeitraums der Abschriften (→ Art. 69 Rn. 2). Auch in der Sache ist mE eine erneute Kontrolle des Zeugnisses anlässlich des Verlängerungsantrags sinnvoll, angesichts der fehlenden Einziehungsmöglichkeiten der Ausstellungsbehörde → Art. 71 Rn. 7; die Lückenhaftigkeit des „Schutzkonzept[s] der EuErbVO" betont auch NK-BGB/*Nordmeier* Rn. 9.

[7] *Dorsel*, in LSHGGRD Erbfälle unter Geltung der EuErbVO 33, 63 f.

[8] Zu Details Dutta/Weber/*Dutta* IntErbRVG § 42 Rn. 2 f.

[9] Näher Dutta/Weber/*Dutta* IntErbRVG § 42 Rn. 4 f.

ist stets die Ausstellungsbehörde, auch wenn diese nicht zur Ausstellung des Zeugnisses (etwa international) zuständig war.[1] Rechtsbehelfe gegen die Entscheidung der Ausstellungsbehörde sind Gegenstand des Art. 72.

II. Berichtigung bei Schreibfehlern (Abs. 1)

Abs. 1 ordnet an, dass die Ausstellungsbehörde Schreibfehler im Nachlasszeugnis berichtigen muss.   **2**
Schreibfehler sind lediglich Fehler, die beim Abfassen der Urschrift des Zeugnisses entstanden sind, wenn der Text des Nachlasszeugnisses vom Willen der Ausstellungsbehörde abweicht. Die Vorschrift sieht nicht nur vor, dass die Berichtigung **von Amts wegen** zu erfolgen hat, sondern daneben auch auf Antrag einer Person mit berechtigtem Interesse. Diese Einschränkung, dass die Ausstellungsbehörde nur auf **Antrag einer Person mit berechtigtem Interesse** tätig wird, besitzt allerdings praktisch wenig Relevanz. Da es sich bei der Berichtigung um eine gebundene Entscheidung handelt, bei der die Ausstellungsbehörde kein Ermessen besitzt, wird sie selbst auf „Antrag" einer Person ohne berechtigtes Interesse tätig werden müssen, nämlich von Amts wegen, wenn die Voraussetzungen für eine Berichtigung vorliegen.[2]

III. Änderung oder Widerruf bei inhaltlicher Unrichtigkeit (Abs. 2)

Ist das Zeugnis inhaltlich unrichtig, so hat die Ausstellungsbehörde das Zeugnis zu ändern oder   **3**
zu widerrufen.

1. Inhaltliche Unrichtigkeit des Zeugnisses. Die inhaltliche Unrichtigkeit des Zeugnisses   **4**
ergibt sich aus seinen Wirkungen nach Art. 69. Das Nachlasszeugnis ist inhaltlich unrichtig, wenn die Tatsachen oder die Rechtslage, die im Zeugnis bescheinigt werden, nicht der Wirklichkeit entsprechen, soweit das Zeugnis insoweit nach Art. 69 Abs. 2 eine Vermutungswirkung oder nach Art. 69 Abs. 3 und 4 Gutglaubenswirkung entfaltet.[3] Das gilt vor allem für die bescheinigte Rechtsstellung des Erben, Vermächtnisnehmers, Testamentsvollstreckers oder Nachlassverwalters und ihren jeweils bescheinigten Umfang. Für eine rechtliche Unrichtigkeit ist hier das aus Sicht der Ausstellungsbehörde anwendbare Recht maßgeblich (s. für die Situation im Verwendungsmitgliedstaat → Art. 69 Rn. 24).

2. Von Amts wegen oder auf Antrag einer Person mit berechtigtem Interesse. Die Ände-   **5**
rung oder der Widerruf geschieht **von Amts wegen,** soweit die lex fori der Ausstellungsbehörde dies ermöglicht. Insoweit besteht Bedarf für eine Durchführungsgesetzgebung. Der deutsche Durchführungsgesetzgeber legt in § 38 S. 2 IntErbRVG – ähnlich wie für den Erbschein in § 2361 BGB – fest, dass nur der *Widerruf* des Nachlasszeugnisses von Amts wegen möglich ist. Das Nachlassgericht trifft eine Amtsermittlungspflicht nach § 26 FamFG iVm § 35 Abs. 1 IntErbRVG. Für die *Änderung* des Nachlasszeugnisses ist dagegen nach deutschem Nachlasszeugnisverfahrensrecht stets ein Antrag erforderlich.[4] Besteht eine solche Pflicht zum amtswegigen Tätigwerden der Ausstellungsbehörde nach innerstaatlichem Recht, so besitzt auch hier freilich eine Pflicht zum Tätigwerden **auf Antrag** einer Person mit berechtigtem Interesse keine Bedeutung, da die Ausstellungsbehörde das Nachlasszeugnis auch auf „Antrag" einer Person ohne berechtigtes Interesse von Amts wegen ändern oder widerrufen müsste (→ Rn. 2). Relevant wird die Frage, ob die den Antrag stellende Person ein berechtigtes Interesse besitzt, nur, wenn diese Person zugleich einen Antrag auf Aussetzung der Wirkungen des Zeugnisses nach Art. 73 Abs. 1 lit. a stellt. Sieht das innerstaatliche Recht eine Pflicht zum amtswegigen Tätigwerden nicht – oder wie das deutsche Recht (§ 38 S. 2 IntErbRVG) – nur teilweise vor, hängen Änderung und Widerruf vom Abs. 2 vom Antrag einer Person mit berechtigtem Interesse ab, wie etwa das deutsche Nachlasszeugnisverfahrensrecht deklaratorisch in § 38 S. 1 IntErbRVG wiederholt. Ein berechtigtes Interesse haben nicht nur der jeweilige Antragsteller und alle Personen, deren Rechtsstellung durch das Zeugnis bescheinigt wird, sondern auch Personen, deren Rechtsstellung bisher nicht im Zeugnis bescheinigt wurde.

3. Änderung oder Widerruf. Zwar muss die Ausstellungsbehörde im Falle einer Unrichtigkeit   **6**
(ggf. auf Antrag → Rn. 5) das inhaltlich unrichtige Nachlasszeugnis ändern oder widerrufen. Soweit die Ausstellungsbehörde aufgrund des ursprünglichen Antrags oder ihrer Ermittlungen im Zuge eines amtswegig durchgeführten Änderungs- und Widerrufsverfahrens die Fehler im Nachlasszeugnis

---

[1] Zutr. Dutta/Weber/*Fornasier* Art. 64 Rn. 20.
[2] Zust. Calvo Caravaca/Davì/Mansel/*Budzikiewicz* Rn. 3.
[3] Weitergehend NK-BGB/*Nordmeier* Rn. 9.
[4] Dutta/Weber/*Dutta* IntErbRVG § 38 Rn. 6.

beseitigen kann, ändert sie das Nachlasszeugnis. Ist eine solche Änderung nicht möglich, bleibt nur der Widerruf.

IV. Unterrichtungspflicht (Abs. 3)

7   Die Ausstellungsbehörde muss unverzüglich (zum Begriff → Art. 67 Rn. 14) die Personen, denen sie beglaubigte Abschriften des Zeugnisses nach Art. 70 Abs. 1 ausgestellt hat, über die Berichtigung, die Änderung oder den Widerruf unterrichten, da das Nachlasszeugnis (bzw. die im Verkehr befindlichen Abschriften) keine Wirkung mehr entfalten (→ Art. 69 Rn. 2). Hierzu dient auch das Führen des Verzeichnisses nach Art. 70 Abs. 2. Maßgeblich ist der Personenkreis, dem die Ausstellungsbehörde eine beglaubigte Abschrift ausgestellt hat, ohne Rücksicht darauf, ob dies nach Art. 70 Abs. 1 zu Recht geschehen ist. Problematisch ist jedoch, dass Abs. 3 – anders als etwa § 2361 BGB und noch Art. 43 Abs. 3 lit. c des Kommissionsvorschlags – **keine Einziehung der Abschriften** vorsieht,[5] deren Anordnung ggf. auch unionsweit vollstreckbar gewesen wäre.[6] Auch der (wahre) Erbe, Vermächtnisnehmer, Testamentsvollstrecker oder Nachlassverwalter besitzt keinen Herausgabeanspruch; insbesondere ist – ein deutsches Erbstatut vorausgesetzt – § 2362 Abs. 1 BGB nicht (auch nicht analog) auf das Europäische Nachlasszeugnis anwendbar,[7] da man Abs. 3 insoweit als abschließend ansehen muss, will man dem Nachlasszeugnis unionsweit einheitliche Wirkungen verschaffen. Auch den mitgliedstaatlichen Durchführungsgesetzgeber ist es deshalb verwehrt, eine Einziehung des Nachlasszeugnisses vorzusehen,[8] einmal ausgeklammert die Frage, auf welche Weise eine solche (öffentlichrechtliche) Rückgabeverpflichtung außerhalb des Ursprungsmitgliedstaats grenzüberschreitend durchgesetzt werden kann.[9] Es verbleiben damit unrichtige (und ggf. sich widersprechende) Abschriften im Rechtsverkehr, so dass ein Leistender oder Erwerber bei Art. 69 Abs. 3 und 4 etwa niemals weiß, ob er auf eine ihm vorgelegte beglaubigte Abschrift vertrauen darf oder ob das Nachlasszeugnis in der Zwischenzeit bereits geändert oder widerrufen wurde, was für die Wirkungen des Nachlasszeugnisses maßgeblich ist → Art. 69 Rn. 2. Es ist damit äußerst zweifelhaft, ob die Vorschrift allein durch die Unterrichtung der Personen, denen Abschriften ausgestellt wurden, „eine missbräuchliche Verwendung dieser Abschriften" vermeidet, wovon Erwägungsgrund Nr. 72 S. 5 nicht ohne gewisse Naivität ausgeht, zumal die Idee eines europäischen Registers für Nachlasszeugnisse verworfen wurde (→ Vor Art. 62 Rn. 11).[10] Ein gewisser Schutz wird allenfalls dadurch gewährt, dass die Abschriften nach Art. 70 Abs. 3 S. 1 grundsätzlich nur sechs Monate Gültigkeit besitzen. Der Rechtsverkehr weiß damit nicht, ob die vorgelegte Urkunde ein in Kraft befindliches Nachlasszeugnis wiedergibt, so dass auch hier mit Einbußen bei der Akzeptanz des Nachlasszeugnisses durch den Rechtsverkehr zu rechnen ist (→ Art. 69 Rn. 22, 24); s. aber zur Möglichkeit Dritter (auch Behörden), die Ausstellung einer beglaubigten Abschrift nach Art. 70 Abs. 1 zu beantragen und damit auch die Unterrichtungspflicht nach Abs. 3 auszulösen → Art. 70 Rn. 3.

V. Rechtsbehelf

8   Die Berichtigung, die Änderung und der Widerruf können durch den Rechtsbehelf nach Art. 72 Abs. 1 UAbs. 2 angefochten werden.

Art. 72 EuErbVO Rechtsbehelfe

(1) Entscheidungen, die die Ausstellungsbehörde nach Artikel 67 getroffen hat, können von einer Person, die berechtigt ist, ein Zeugnis zu beantragen, angefochten werden.
Entscheidungen, die die Ausstellungsbehörde nach Artikel 71 und Artikel 73 Absatz 1 Buchstabe a getroffen hat, können von einer Person, die ein berechtigtes Interesse nachweist, angefochten werden.

---

[5] Krit. auch *Lehmann* DStR 2012, 2085 (2088 f.).

[6] *Hess/Jayme/Pfeiffer,* Stellungnahme zum Vorschlag für eine Europäische Erbrechtsverordnung, 2012, 54.

[7] Dutta/Weber/*Fornasier* Rn. 13; Rauscher/*Hertel* Rn. 7; anders *Buschbaum/Simon* ZEV 2012, 525 (526); offengelassen von *Müller-Lukoschek,* Die neue EU-Erbrechtsverordnung, 2. Aufl. 2015, 164 f.; *Volmer* Rpfleger 2013, 421 (432), sieht ein Rückgabeverlangen der Ausstellungsbehörde im Rahmen einer „teleologisch stimmigen richterlichen Rechtsfortbildung"; ähnlich *J. Schmidt* ZEV 2015, 389 (394).

[8] Zur Diskussion im deutschen Gesetzgebungsverfahren zum IntErbRVG näher Dutta/Weber/*Dutta* IntErbRVG § 38 Rn. 3; wie hier NK-BGB/*Nordmeier* Rn. 15; *Steiner* ZEV 2016, 487 (489) sowie im Erg. auch *Traut* ZVglRWiss. 115 (2016), 358 (412 f.) (der für eine Reform der Verordnung plädiert); anders (für die Zulässigkeit mitgliedstaatlicher Einziehungsregeln) aber etwa *J. Schmidt* ZEV 2015, 389 (394).

[9] Zutr. Rauscher/*Hertel* Rn. 7.

[10] Krit. auch *Buschbaum/Simon* ZEV 2012, 525 (526).

Der Rechtsbehelf ist bei einem Gericht des Mitgliedstaats der Ausstellungsbehörde nach dem Recht dieses Staates einzulegen.

(2) Führt eine Anfechtungsklage nach Absatz 1 zu der Feststellung, dass das ausgestellte Zeugnis nicht den Tatsachen entspricht, so ändert die zuständige Behörde das Zeugnis oder widerruft es oder sorgt dafür, dass die Ausstellungsbehörde das Zeugnis berichtigt, ändert oder widerruft.

Führt eine Anfechtungsklage nach Absatz 1 zu der Feststellung, dass die Versagung der Ausstellung nicht gerechtfertigt war, so stellen die zuständigen Justizbehörden das Zeugnis aus oder stellen sicher, dass die Ausstellungsbehörde den Fall erneut prüft und eine neue Entscheidung trifft.

I. Normzweck

Die Entscheidungen der Ausstellungsbehörde (Art. 64 S. 2) können vor einem Rechtsbehelfsge- 1
richt (→ Rn. 5 f.) angefochten werden, wobei die Vorschrift Regelungen zum Rechtsbehelfsverfahren enthält.

II. Statthaftigkeit des Rechtsbehelfs (Abs. 1 UAbs. 1 und 2)

Der Rechtsbehelf ist statthaft gegen die Entscheidung, nach Art. 67 ein Zeugnis auszustellen oder 2
nicht auszustellen **(Abs. 1 UAbs. 1),** sowie gegen die Entscheidung, nach Art. 71 das Zeugnis zu berichtigen, zu ändern oder zu widerrufen oder nach Art. 73 Abs. 1 lit. a die Wirkungen des Zeugnisses auszusetzen **(Abs. 1 UAbs. 2).** Gegen die Entscheidung der Ausstellungsbehörde, ein Zeugnis auszustellen, kann damit sowohl eine Berichtigung oder ein Widerruf nach Art. 71 Abs. 2 beantragt werden oder sogleich ein Rechtsbehelf nach Abs. 1 UAbs. 1 eingelegt werden.

Abs. 1 UAbs. 1 ist **analog** anzuwenden auf die Entscheidung der Ausstellungsbehörde, nach 3
Art. 70 Abs. 1 eine beglaubigte Abschrift auszustellen oder nicht auszustellen (auch → Art. 70 Rn. 4 sowie Erwägungsgrund Nr. 72 S. 4); dies gilt auch in der Situation des Art. 70 Abs. 3 S. 3 Fall 2. Die Ausstellung der beglaubigten Abschrift ist ebenso bedeutsam wie die Ausstellung des Nachlasszeugnisses an sich, da die Wirkungen des Nachlasszeugnisses von ihr abhängen (→ Art. 69 Rn. 2; Art. 70 Abs. 3). Ebenfalls analog gilt Abs. 1 UAbs. 1 für Entscheidungen über die Verlängerung der Gültigkeitsdauer nach Art. 70 Abs. 3 S. 2 und S. 3 Fall 1, für die ebenfalls der Rechtsbehelf statthaft ist.[1]

III. Rechtsbehelfsberechtigung (Abs. 1 UAbs. 1 und 2)

Die Entscheidung der Ausstellungsbehörde nach Art. 67 kann von jedem potentiellen Antragsteller 4
iS des Art. 65 Abs. 1 angefochten werden **(Abs. 1 UAbs. 1),** die Entscheidungen nach Art. 71 und Art. 73 Abs. 1 lit. a von jeder Person mit berechtigtem Interesse **(Abs. 1 UAbs. 2).** Ein berechtigtes Interesse besitzt jedenfalls jede Person, deren Rechtsstellung durch das Nachlasszeugnis bescheinigt wird, soweit diese Bescheinigung durch die Berichtigung, die Änderung, den Widerruf oder durch die Aussetzung beeinträchtigt wird.[2] S. für das deutsche Nachlasszeugnisverfahren § 43 Abs. 2 IntErbRVG.

IV. Zuständiges Rechtsbehelfsgericht und statthafter Rechtsbehelf (Abs. 1 UAbs. 3)

Die Vorschrift ordnet in Abs. 1 UAbs. 3 an, dass der **Rechtsbehelf** bei einem **Gericht** des 5
ausstellenden Mitgliedstaats nach der lex fori einzulegen ist. Gemeint ist damit ein Gericht iS des Art. 3 Abs. 2. Eine sonstige Behörde reicht, anders als bei Art. 64 S. 2, nicht aus. Es ist verwunderlich, dass die Vorschrift in Abs. 2 von dem Rechtsbehelf hartnäckig als von einer „Anfechtungsklage" spricht (besser die englische Sprachfassung, die untechnisch von „challenge" spricht).

Eine **Rechtsbehelfsfrist** ist nicht vorgesehen und kann auch durch die lex fori nicht eingeführt 6
werden.[3]

V. Rechtsbehelfsentscheidung und Prüfungsumfang (Abs. 2)

Kommt das Rechtsbehelfsgericht (→ Rn. 5 f.) zu dem Ergebnis, dass das Nachlasszeugnis „nicht 7
den Tatsachen entspricht" (gemeint ist, dass das Nachlasszeugnis inhaltlich unrichtig ist iS des Art. 71

---

[1] Dutta/Weber/*Dutta* IntErbRVG § 43 Rn. 1.
[2] Noch zu pauschal *Dutta* FamRZ 2013, 4 (14); zutr. die Kritik von NK-BGB/*Nordmeier* Rn. 8 in Fn. 5.
[3] Calvo Caravaca/Davi/Mansel/*Budzikiewicz* Rn. 7; so wohl auch *Everts* NotBZ 2015, 3 (13); anders wohl *Schauer* in Schauer/Scheuba, Europäische Erbrechtsverordnung, 2012, 73, 91.

Abs. 2; näher → Art. 71 Rn. 4), so ändert oder widerruft das Rechtsbehelfsgericht das Zeugnis entsprechend oder – je nach dem anwendbaren Rechtsbehelfsverfahren (→ Rn. 5) – verpflichtet die Ausstellungsbehörde (Art. 64 S. 2), dies zu tun **(Abs. 2 UAbs. 1).** Das Rechtsbehelfsgericht prüft damit nach dem Wortlaut der Vorschrift allein die inhaltliche Richtigkeit des Nachlasszeugnisses, nicht die Einhaltung des Ausstellungsverfahrens nach den Art. 64 ff. Inwieweit diese Beschränkung des Prüfungsumfangs mit dem Grundsatz des fairen Verfahrens nach Art. 47 Abs. 2 S. 1 EU-GRCh und Art. 6 Abs. 1 S. 1 EMRK (vgl. auch Erwägungsgrund Nr. 81) vereinbar ist, bleibt zweifelhaft. Richtig ist deshalb wohl ein umfassender, die Einhaltung des Verfahrens einschließender Prüfungsumfang.[4] Bemerkenswert sind die **unterschiedlichen Prüfungsmaßstäbe im Ausstellungsverfahren und im Rechtsbehelfsverfahren:** Während im Ausstellungsverfahren allein das Vorbringen materiellrechtlicher Einwände gegen das Zeugnis durch potentiell Berechtigte ausreicht, um die Ausstellung eines Zeugnisses zu verhindern, muss das Rechtsbehelfsgericht notfalls über die zu bescheinigende Rechtsstellung streitig entscheiden (→ Art. 67 Rn. 5 f.).

8   Hat die Ausstellungsbehörde die Ausstellung des Nachlasszeugnisses oder – im Falle der analogen Anwendung des Abs. 1 UAbs. 1 – die Ausstellung der beglaubigten Abschrift dagegen zu Unrecht verweigert, stellt das Rechtsbehelfsgericht das Zeugnis (nach Art. 67 mit dem Inhalt des Art. 68 und mit beglaubigten Abschriften nach Art. 70) aus oder verpflichtet auch hier – je nach dem anwendbaren Rechtsbehelfsverfahren[5] – die Ausstellungsbehörde, dies zu tun **(Abs. 2 UAbs. 2).** Auch hier wird man konsequenterweise – wie bei **Abs. 2 UAbs. 1** – dem Rechtsbehelfsgericht gestatten, streitig über die zu bescheinigende Rechtsstellung zu entscheiden, da ansonsten ein Antragsteller, dessen Rechtsstellung durch einen potentiellen Berechtigten bestritten wird, keine Möglichkeit hätte, ein Nachlasszeugnis zu bekommen (→ Art. 67 Rn. 5 f.).

9   Ausführungen zur Rechtsbehelfsentscheidung im Falle der Anfechtung einer Aussetzungsentscheidung nach Art. 73 Abs. 1 lit. a (→ Rn. 2) hat der Gesetzgeber offenbar vergessen. Hier wird das Rechtsbehelfsgericht zu prüfen haben, ob die Aussetzung oder Nichtaussetzung gerechtfertigt war, wobei das Gericht hier eine Ermessensausübung des Gerichts überprüfen muss, ohne dass die Verordnung Regelungen zur Ermessensausübung aufstellt.

VI. Deutsche Durchsetzungsgesetzgebung

10   Die weitere Ausgestaltung des Rechtsbehelfsverfahrens obliegt der mitgliedstaatlichen Durchführungsgesetzgebung. Im **deutschen Nachlasszeugnisverfahren** ist die **Beschwerde** nach § 43 IntErbRVG, §§ 58 ff. FamFG zum **Oberlandesgericht** als Rechtsbehelfsgericht statthaft.[6] Nach dem eben zum Fehlen einer Rechtsbehelfsfrist Gesagten (→ Rn. 6) bestehen Zweifel an der Unionsrechtskonformität des § 43 Abs. 3 IntErbRVG, der eine Beschwerdefrist vorsieht.[7] Der deutsche Durchführungsgesetzgeber eröffnet im Nachlasszeugnisverfahren zudem mit § 44 IntErbRVG gegen die Entscheidung des OLG als Beschwerdegericht nach § 43 IntErbRVG und Rechtsbehelfsgericht nach Art. 72 eine **Rechtsbeschwerde zum BGH;** gegen diesen zusätzlichen Rechtsbehelf – mit dem der deutsche Gesetzgeber einen Gleichlauf zwischen Nachlasszeugnis- und Erbscheinsverfahren verwirklichen möchte – bestehen keine unionsrechtlichen Bedenken.[8] – Nach Art. 78 Abs. 1 UAbs. 1 lit. d mussten die Mitgliedstaaten bis Anfang des Jahres 2014 der Kommission den statthaften Rechtsbehelf mitteilen, den diese nach Art. 78 Abs. 2 und Abs. 3 veröffentlicht (→ Art. 78 Rn. 3; → Art. 84 Rn. 3).

Art. 73 EuErbVO Aussetzung der Wirkungen des Zeugnisses

(1) Die Wirkungen des Zeugnisses können ausgesetzt werden

a) **von der Ausstellungsbehörde auf Verlangen einer Person, die ein berechtigtes Interesse nachweist, bis zur Änderung oder zum Widerruf des Zeugnisses nach Artikel 71 oder**

b) **von dem Rechtsmittelgericht auf Antrag einer Person, die berechtigt ist, eine von der Ausstellungsbehörde nach Artikel 72 getroffene Entscheidung anzufechten, während der Anhängigkeit des Rechtsbehelfs.**

---

[4] Dutta/Weber/*Fornasier* Rn. 8.
[5] Vgl. *Kunz* GPR 2014, 286 (292).
[6] Ausführlich Dutta/Weber/*Dutta* IntErbRVG § 43 Rn. 4 ff.
[7] Dutta/Weber/*Dutta* IntErbRVG § 43 Rn. 15.
[8] Regierungsentwurf eines Gesetzes zum Internationalen Erbrecht, BT-Drs. 18/4201, 54; Dutta/Weber/*Dutta* IntErbRVG § 44 Rn. 1.

(2) Die Ausstellungsbehörde oder ggf. das Rechtsmittelgericht unterrichtet unverzüglich alle Personen, denen beglaubigte Abschriften des Zeugnisses nach Artikel 70 Absatz 1 ausgestellt worden sind, über eine Aussetzung der Wirkungen des Zeugnisses.
Während der Aussetzung der Wirkungen des Zeugnisses dürfen keine weiteren beglaubigten Abschriften des Zeugnisses ausgestellt werden.

I. Normzweck

Prüft die Ausstellungsbehörde oder das Rechtsbehelfsgericht eine Änderung oder einen Widerruf **1** des Nachlasszeugnisses, so kann – wenn eine Änderung oder ein Widerruf wahrscheinlich ist – ein Bedürfnis bestehen, vor einer Entscheidung die Wirkungen des potentiell unrichtigen Nachlasszeugnisses nach Art. 69 auszusetzen. Diesem Bedürfnis will die Vorschrift des Art. 73 abhelfen.

II. Voraussetzungen der Aussetzung (Abs. 1)

Die **Ausstellungsbehörde** (Art. 64 S. 2) kann die Wirkungen des Zeugnisses nach **Abs. 1 lit. a 2** aussetzen, wenn eine Person mit berechtigtem Interesse dies im Hinblick auf eine Änderung oder einen Widerruf (Art. 71 Abs. 2) beantragt. Ein berechtigtes Interesse besitzt jede Person, der die Aussetzung der Wirkungen zustattenkäme, vor allem alle Personen, deren nach Art. 63 Abs. 1 bescheinigbare Rechtsstellung durch das Zeugnis beeinträchtigt wird, weil sie nicht oder nicht richtig bescheinigt wird.

Das **Rechtsbehelfsgericht** (Art. 72 Abs. 1 UAbs. 3) kann die Wirkungen des Zeugnisses nach **3** **Abs. 1 lit. b** aussetzen, wenn ein Rechtsbehelf nach Art. 72 Abs. 1 eingelegt wurde und eine Person, die nach Art. 72 einen solchen Rechtsbehelf einlegen kann (→ Art. 72 Rn. 4), die Aussetzung beantragt. Bei der Formulierung, dass eine „Person, die berechtigt ist, eine von der Ausstellungsbehörde nach Artikel 72 getroffene Entscheidung anzufechten", antragsbefugt ist, handelt es sich um ein offensichtliches Redaktionsversehen, wie auch ein Blick in die englische Sprachfassung andeutet, wo von der „person entitled to challenge a decision taken by the issuing authority pursuant to Article 72" die Rede ist, wobei sich das „pursuant" auf „challenge" bezieht und nicht auf „taken". Denn die Ausstellungsbehörde kann nach Art. 72 überhaupt keine Entscheidung treffen.

III. Rechtsfolge: Ermessen (Abs. 1)

Nach Abs. 1 besitzen Ausstellungsbehörde und Rechtsbehelfsgericht ein Ermessen, ob sie die **4** Wirkungen des Nachlasszeugnisses nach Art. 69 aussetzen. Zur Ausübung des Ermessens und ihren Grenzen schweigt die Vorschrift. Bei der pflichtgemäßen Ermessensausübung wird jedoch vor allem die Wahrscheinlichkeit zu berücksichtigen sein, ob das Nachlasszeugnis abzuändern oder zu widerrufen sein wird.[1]

IV. Wirkungen der Aussetzung (Abs. 2)

Die Aussetzung führt zur Suspension der Wirkungen nach Art. 69 (→ Art. 69 Rn. 2). Die Ausset- **5** zung endet mit einer Änderung oder einem Widerruf des Nachlasszeugnisses nach Art. 71 Abs. 2 und Art. 72 Abs. 2 UAbs. 1. Lehnt die Ausstellungsbehörde oder das Rechtsbehelfsgericht dagegen eine Änderung oder einen Widerruf ab, so muss auch die Aussetzung nach Abs. 1 aufgehoben werden,[2] wozu die Vorschrift leider keine Regelung enthält.

Die Ausstellungsbehörde oder das Rechtsbehelfsgericht muss nach **Abs. 2 UAbs. 1** unverzüglich **6** (zum Begriff → Art. 67 Rn. 14) die Personen, denen beglaubigte Abschriften des Zeugnisses nach Art. 70 Abs. 1 ausgestellt wurden, über die Aussetzung **unterrichten.** Hierzu dient auch das Führen des Verzeichnisses nach Art. 70 Abs. 2. Problematisch ist auch hier, dass Abs. 2 – anders als etwa § 2361 BGB – keine Einziehung der Abschriften vorsieht, was die Effektivität des Zeugnisses weiter einschränkt (näher → Art. 71 Rn. 7). Zusätzliche beglaubigte Abschriften dürfen während der Aussetzung nach Art. 70 Abs. 1 selbstverständlich nicht ausgestellt werden **(Abs. 2 UAbs. 2).**

V. Rechtsbehelf gegen die Aussetzungsentscheidung

Die Entscheidung über die Aussetzung durch die **Ausstellungsbehörde** nach Abs. 1 lit. a (nicht **7** die Entscheidung des Rechtsbehelfsgerichts!) kann mittels des Rechtsbehelfs nach Art. 72 Abs. 1 UAbs. 2 angefochten werden (→ Art. 72 Rn. 2).

---

[1] Zust. Dutta/Weber/*Fornasier* Rn. 4; *Steiner* ZEV 2016, 487 (488).
[2] Calvo Caravaca/Daví/Mansel/*Budzikiewicz* Rn. 5.

Kapitel VII. Allgemeine und Schlussbestimmungen

Art. 74 EuErbVO Legalisation oder ähnliche Förmlichkeiten

Im Rahmen dieser Verordnung bedarf es hinsichtlich Urkunden, die in einem Mitgliedstaat ausgestellt werden, weder der Legalisation noch einer ähnlichen Förmlichkeit.

I. Normzweck

1   Die Vorschrift will die Zirkulation erbrechtsrelevanter öffentlicher Urkunden in der EU erleichtern, indem sie regelmäßige Förmlichkeiten zur Echtheitsbestätigung ausländischer Urkunden beseitigt. Die Vorschrift verdrängt damit das Haager Übereinkommen zur Befreiung ausländischer öffentlicher Urkunden von der Legalisation von 1961 (HApostilleÜ),[1] das eine Apostille vorsieht (Art. 3 Abs. 1 HApostilleÜ) und dem sämtliche Mitgliedstaaten (zum Begriff → Vor Art. 1 Rn. 29) angehören; die Mitgliedstaaten können die Zirkulation von Urkunden weiter begünstigen als nach dem Haager Übereinkommen, das nach Art. 3 Abs. 2 HApostilleÜ[2] eine Apostille nur dann erforderlich macht, wenn nach dem Recht des Vertragsstaats eine Legalisation erforderlich ist (was wegen Art. 74 bei erbrechtsrelevanten öffentlichen Urkunden aus Mitgliedstaaten nicht mehr der Fall sein wird).

II. Anwendungsbereich

2   Die Vorschrift befreit zunächst sämtliche Urkunden, die **für Zwecke der Verordnung** vorgelegt werden müssen, von dem Erfordernis der Legalisation oder anderer Förmlichkeiten (etwa Apostille) zur Feststellung der Echtheit der Urkunde. Die Vorschrift betrifft vor allem Urkunden, die bei der Anerkennung und Vollstreckung von Entscheidungen nach Kapitel IV, bei der Annahme und Vollstreckung öffentlicher Urkunden nach Kapitel V sowie bei der Verwendung des Europäischen Nachlasszeugnisses nach Kapitel VI erforderlich sind. Insoweit beruht Art. 74 EuErbVO weitgehend auf Art. 61 Brüssel Ia-VO, Art. 52 Brüssel IIa-VO, Art. 65 EuUnthVO,[3] vgl. nunmehr auch Art. 61 EuGüVO bzw. Art. 61 EuPartVO.

3   Der Wortlaut des Art. 74 erfasst aber auch **andere Urkunden, die sachlich in den Anwendungsbereich der Verordnung** fallen (näher → Art. 59 Rn. 6) und geht damit wie Art. 61 Brüssel Ia-VO und Art. 65 EuUnthVO über Art. 52 Brüssel IIa-VO hinaus.[4] Auch bei diesen Urkunden bedarf es, soweit diese in einem Mitgliedstaat errichtet wurden, keiner Förmlichkeit zum Nachweis der Echtheit in einem mitgliedstaatlichen Verfahren.

4   Die Vorschrift besitzt – entgegen ihres offenen Wortlauts – vor allem bei **öffentlichen Urkunden** (Definition Art. 3 Abs. 1 lit. i) Relevanz,[5] bei denen allein sich die Frage einer Legalisation oder anderen Förmlichkeit zur Echtheitsbestätigung stellt (vgl. § 438 Abs. 2 ZPO, Art. 1 HApostilleÜ → Rn. 1).

III. Rechtsfolgen

5   Art. 74 stellt die erfassten ausländischen Urkunden **in Bezug auf die Echtheitsprüfung** den inländischen Urkunden gleich, so dass etwa vor deutschen Gerichten die Echtheitsvermutung des § 437 Abs. 1 ZPO auf ausländische öffentliche Urkunden erstreckt wird.[6] Art. 74 zwingt freilich keinen Mitgliedstaat, zweifelhafte Urkunden zu akzeptieren, sondern überlässt die Frage, welche Anforderungen im Einzelfall für den Nachweis der Echtheit erforderlich sind, dem mitgliedstaatlichen Verfahrensrecht und dessen Regelungen über die Echtheit inländischer öffentlicher Urkunden. Art. 74 verhindert lediglich, dass von vornherein – ohne Zweifel an der Echtheit der im Ausland errichteten Urkunde – Förmlichkeiten eingefordert werden.

6   Die Vorschrift setzt aber freilich voraus, dass die inländischen Gerichte die Echtheit der ausländischen öffentlichen Urkunde nach der Verordnung überhaupt überprüfen dürfen, was bei der „Annahme" einer ausländischen öffentlichen Urkunde nach Art. 59 nicht der Fall ist (→ Art. 59 Rn. 8).

---

[1] Hague Convention of 5.10.1961 abolishing the requirement of legalisation for foreign public documents, 527 UNTS 189 = BGBl. 1965 II S. 875.

[2] Die Vorschrift lautet: „However, the formality mentioned in the preceding paragraph cannot be required when either the laws, regulations, or practice in force in the State where the document is produced or an agreement between two or more Contracting States have abolished or simplified it, or exempt the document itself from legalisation".

[3] S. Ratsdokument Nr. 11637/10 S. 56.

[4] Vgl. auch *D. Lübcke,* Das neue europäische internationale Nachlassverfahrensrecht, 2013, 514 in Fn. *.

[5] Vgl. auch Rauscher/*Andrae* EuUnthVO Art. 65 Rn. 2.

[6] Vgl. auch Geimer/Schütze/*Geimer* EuZPR Brüssel I-VO Art. 56 Rn. 1.

Art. 75 EuErbVO Verhältnis zu bestehenden internationalen Übereinkommen

(1) Diese Verordnung lässt die Anwendung internationaler Übereinkommen unberührt, denen ein oder mehrere Mitgliedstaaten zum Zeitpunkt der Annahme dieser Verordnung angehören und die Bereiche betreffen, die in dieser Verordnung geregelt sind.

Insbesondere wenden die Mitgliedstaaten, die Vertragsparteien des Haager Übereinkommens vom 5. Oktober 1961 über das auf die Form letztwilliger Verfügungen anzuwendende Recht sind, in Bezug auf die Formgültigkeit von Testamenten und gemeinschaftlichen Testamenten anstelle des Artikels 27 dieser Verordnung weiterhin die Bestimmungen dieses Übereinkommens an.

(2) Ungeachtet des Absatzes 1 hat diese Verordnung jedoch im Verhältnis zwischen den Mitgliedstaaten Vorrang vor ausschließlich zwischen zwei oder mehreren von ihnen geschlossenen Übereinkünften, soweit diese Bereiche betreffen, die in dieser Verordnung geregelt sind.

(3) Diese Verordnung steht der Anwendung des Übereinkommens vom 19. November 1934 zwischen Dänemark, Finnland, Island, Norwegen und Schweden mit Bestimmungen des Internationalen Privatrechts über Rechtsnachfolge von Todes wegen, Testamente und Nachlassverwaltung in der geänderten Fassung der zwischenstaatlichen Vereinbarung zwischen diesen Staaten vom 1. Juni 2012 durch die ihm angehörenden Mitgliedstaaten nicht entgegen, soweit dieses Übereinkommen Folgendes vorsieht:
a) Vorschriften über die verfahrensrechtlichen Aspekte der Nachlassverwaltung im Sinne der in dem Übereinkommen enthaltenen Begriffsbestimmung und die diesbezügliche Unterstützung durch die Behörden der dem Übereinkommen angehörenden Staaten und
b) vereinfachte und beschleunigte Verfahren für die Anerkennung und Vollstreckung von Entscheidungen in Erbsachen.

Schrifttum: *Chr. Kohler*, Die künftige Erbrechtsverordnung der Europäischen Union und die Staatsverträge mit Drittstaaten, in Reichelt/Rechberger, Europäisches Erbrecht – Zum Verordnungsvorschlag der Europäischen Kommission zum Erb- und Testamentsrecht, 2011, 109; *Mankowski*, Gelten die bilateralen Staatsverträge der Bundesrepublik Deutschland im Internationalen Erbrecht nach dem Wirksamwerden der EuErbVO weiter?, ZEV 2013, 529; *Süß*, Der Vorbehalt zugunsten bilateraler Abkommen mit Drittstaaten, in Dutta/Herrler, Die Europäische Erbrechtsverordnung, 2014, 181. – Siehe ferner die Schrifttumshinweise allgemein zur Verordnung und ihren Vorarbeiten → Vor Art. 1 Rn. 1 ff.

Übersicht

I. Normzweck

Die Vorschrift regelt das Verhältnis zwischen den bestehenden Übereinkommen der Mitgliedstaaten zu Fragen, die in den sachlichen Anwendungsbereich der Verordnung fallen. Sie will – dem Gedanken des Art. 351 AEUV folgend – verhindern, dass die Mitgliedstaaten in Konfliktfall durch die Verordnung gezwungen werden, ihre völkervertraglichen Pflichten Drittstaaten gegenüber zu verletzen, s. auch Erwägungsgrund Nr. 73 S. 1. Ähnliche Regelungen finden sich etwa in Art. 25 Rom I-VO, Art. 28 Rom II-VO, Art. 69 EuUnthVO, Art. 19 Rom III-VO, Art. 62 EuGüVO und Art. 62 EuPartVO (vgl. auch → Rn. 6 aE); s. auch Art. 59 ff. Brüssel IIa-VO. **1**

II. Grundsatz: Vorrang der Übereinkommen (Abs. 1)

Nach **Abs. 1 UAbs. 1** gilt grundsätzlich ein Vorrang der einschlägigen Übereinkommen, durch welche die Mitgliedstaaten zum Zeitpunkt der Annahme der Verordnung gebunden sind, so dass die **2**

Vorschriften des jeweiligen Übereinkommens die Verordnung verdrängen. Dieser Vorbehalt wirkt sich nur im Mitgliedstaat aus, der Vertragsstaat des Übereinkommens ist. Abweichende staatsvertragliche Kollisionsnormen binden insbesondere nicht die anderen Mitgliedstaaten, wenn die Verordnung auf das Recht des durch das Übereinkommen gebundenen Mitgliedstaats verweist, da Art. 34 einen Renvoi bei Verweisen auf das Recht eines Mitgliedstaats ausschließt (→ Art. 34 Rn. 12 f.; aber auch → Art. 69 Rn. 24; zudem → Rn. 5). Gerade vorrangige Staatsverträge mit von den Art. 20 ff. abweichenden Kollisionsnormen gefährden den europäischen Entscheidungseinklang in Erbsachen erheblich (→ Vor Art. 20 Rn. 2 f.) und können gerade beim europäischen Nachlasszeugnis Friktionen verursachen (→ Vor Art. 62 Rn. 9 f., 12; → Art. 69 Rn. 24; → Rn. 5).

3   **1. Haager Testamentsformübereinkommen (HTestformÜ; Abs. 1 UAbs. 2).** In Abs. 1 UAbs. 2 wird dieser Grundsatz für das Haager Testamentsformübereinkommen (Art. 1 ff. HTestformÜ; Text und Erläuterung → HTestformÜ Art. 1 Rn. 1 ff.), das für Deutschland gilt, **bestätigt und konkretisiert.** Dem Übereinkommen wird für die Formgültigkeit von Testamenten und gemeinschaftlichen Testamenten im unionsrechtlichen Sinne nach Art. 3 Abs. 1 lit. c EuErbVO (= Art. 4 HTestformÜ) der Vorrang eingeräumt (s. auch Erwägungsgrund Nr. 73 S. 2). Allein Erbverträge im unionsrechtlichen Sinne nach Art. 3 Abs. 1 lit. b, jedenfalls soweit sie nicht zugleich gemeinschaftliche Testamente sind (näher zur Abgrenzung → Art. 3 Rn. 6, 11), unterliegen der Verordnung und insbesondere Art. 27. Auf die Geltung des Übereinkommens für die Formgültigkeit mündlicher Verfügungen von Todes wegen ist Abs. 1 UAbs. 2 nicht anwendbar, weil sich insoweit kein Konflikt mit der Verordnung ergibt, die nach Art. 1 Abs. 2 lit. f auf diese Frage sachlich nicht anwendbar ist. Vielmehr gilt dahingehend das Übereinkommen, soweit der Forumsmitgliedstaat wie Deutschland keinen Vorbehalt nach Art. 10 HTestformÜ erklärt hat. Zu beachten ist jedoch, dass Abs. 1 UAbs. 2 nicht für **mitgliedstaatliche Regelungen** gilt, die eine Formgültigkeit der Verfügung von Todes wegen über das Haager Übereinkommen hinaus begünstigen, was den Vertragsstaaten nach Art. 3 HTestformÜ offensteht und etwa vom deutschen Gesetzgeber in Art. 26 Abs. 1 Nr. 5 EGBGB aF getan wurde; vielmehr erfasst die Vorrangregel des Abs. 1 UAbs. 2 nur die Regelungen des Übereinkommens.[1] Es ist daher zu kritisieren, dass der deutsche Durchführungsgesetzgeber Art. 26 Abs. 1 Nr. 5 EGBGB aF in den neuen Art. 26 Abs. 1 EGBGB (näher → EGBGB Art. 26 Rn. 1 ff.) überführt hat. Die Kompetenz zur Erweiterung des Kreises der alternativ anwendbaren Rechte iS des Art. 3 HTestformÜ liegt nunmehr einheitlich für sämtliche Mitgliedstaaten beim Unionsgesetzgeber, der diesen staatsvertraglichen Spielraum der Mitgliedstaaten, die zugleich Vertragsstaaten sind, jedoch in Art. 27 nicht ausgeübt hat.

4   **2. Relevanz für bilaterale Staatsverträge der Mitgliedstaaten mit Drittstaaten. a) Allgemeines.** Der Vorbehalt des Abs. 1 UAbs. 1 erweist sich bei näherem Hinsehen als Achillesferse der Verordnung, da zahlreiche Mitgliedstaaten Abkommen mit Drittstaaten geschlossen haben, die durch Abs. 1 UAbs. 1 vorbehalten werden. Denn zu den „internationalen Übereinkommen" iS des Abs. 1 UAbs. 1 gehören auch die bilateralen Staatsverträge der Mitgliedstaaten mit Drittstaaten.[2] Beispielsweise in Deutschland gelten deshalb weiterhin das **deutsch-persische Niederlassungsabkommen** (Dt.-Iran. NlassAbk, speziell Art. 8 Abs. 3 Dt.-Iran. NlassAbk nebst Schlussprotokoll, Text und Erläuterung → Rn. 8 ff.), das **deutsch-türkische Nachlassabkommen** (Dt.-Türk. NachlAbk, Text und Erläuterung → Rn. 15 ff.) und der **deutsch-sowjetische Konsularvertrag** (Dt.-Sowjet. KonsularV, speziell Art. 28 Abs. 3 Dt.-Sowjet. KonsularV, Text und Erläuterung → Rn. 27 ff.), die allesamt von der Verordnung abweichende und zum Teil veraltete Regelungen enthalten, aber aufgrund des Vorbehalts der Verordnung für weite Teile der ausländischen Bevölkerung in Deutschland das neue einheitliche Recht in ihrem Anwendungsbereich verdrängen (vor allem → Vor Art. 4 Rn. 26; → Vor Art. 20 Rn. 7, 67; → Vor Art. 62 Rn. 12). Der Staatsvertrag zwischen der **schweizerischen Eidgenossenschaft und dem Großherzogtum Baden** vom 6.12.1856, der in Art. 6 eine erbrechtliche Kollisionsnorm enthielt, ist am 28.2.1979 außer Kraft getreten.[3] Es herrschte lange Streit, ob der Staatsvertrag überhaupt noch durch die badischen Gerichte anzuwenden war.

5   Unberührt bleiben jedoch die Vorschriften der Verordnung, zu denen die Staatsverträge **keine Regelung** enthalten oder nicht mit der Verordnung kollidieren, was insbesondere für die Regelungen der Verordnungen über das **Europäische Nachlasszeugnis** der Fall ist (auch → Vor Art. 62 Rn. 12; zur internationalen Zuständigkeit → Vor Art. 4 Rn. 26 sowie zur Anerkennung und Vollstreckung

---

[1] *Dutta* FamRZ 2013, 4 (10); zust. Dutta/Weber/*Bauer* Rn. 13; NK-BGB/*Magnus* Rn. 15; Dutta/Weber/*Süß* Anh. I Art. 27 Rn. 15 ff.; vgl. auch *Seibl* in Spickhoff, Symposium Parteiautonomie im Europäischen Internationalen Privatrecht, 2013, 123, 130. Anders Regierungsentwurf eines Gesetzes zum Internationalen Erbrecht, BT-Drs. 18/4201, 66; Rauscher/*Hertel* Art. 27 Rn. 25; Palandt/*Thorn* EGBGB Art. 26 Rn. 1.
[2] Dutta/Weber/*Bauer* Rn. 2; *Lehmann* ZEV 2014, 232 (233); *Süß* in Dutta/Herrler EuErbVO 181, 185 f.; zweifelnd *Mankowski* ZEV 2013, 529, im Ergebnis aber tendenziell wie hier, s. aaO S. 534.
[3] Bek. vom 15.1.1979 (GVBl. BW S. 76); vgl. auch *Wochner* RIW 1986, 134.

→ Art. 40 Rn. 8). Das Europäische Nachlasszeugnis kann selbst dann in vollem Umfang erteilt werden, wenn die vorrangigen Staatsverträge von der Verordnung abweichende Zuständigkeitsregeln (→ Art. 64 Rn. 9) und Kollisionsregeln (→ Art. 67 Rn. 11; → Art. 69 Rn. 24) enthalten.[4] Eine Verweigerung eines vollwertigen Europäischen Nachlasszeugnisses durch den vom Staatsvertrag gebundenen Mitgliedstaat oder einen anderen Mitgliedstaat bei einer Anwendbarkeit eines vorrangigen Staatsvertrags[5] – vor allem um das Problem des fehlenden Entscheidungseinklangs (→ Art. 69 Rn. 24) zu vermeiden – käme einer Rechtsverweigerung gleich, da die betreffenden Erben, Vermächtnisnehmer, Testamentsvollstrecker oder Nachlassverwalter aufgrund eines Staatsvertrags ihre Rechtsposition nicht mithilfe des Nachlasszeugnisses unionsweit einheitlich nachweisen könnten (→ Art. 64 Rn. 9). Außerdem müsste bei einer Beschränkung oder Verweigerung des Nachlasszeugnisses strenggenommen die Ausstellungsbehörde (Art. 64 S. 2) stets prüfen, nicht nur ob der *eigene* Mitgliedstaat, sondern auch ob *einer der anderen* Mitgliedstaaten Vertragspartei zu einem den betreffenden Erbfall erfassenden vorrangigen Staatsvertrag ist.[6] Ferner ist nicht einzusehen, warum nur in Fällen eines fehlenden Entscheidungseinklangs wegen vorrangiger staatsvertraglicher Kollisionsnormen ein vollwertiges Nachlasszeugnis zu verweigern wäre; entsprechend müsste konsequent bei allen anderen Situationen verfahren werden, in denen es an einem Entscheidungseinklang in der Union im Hinblick auf die zu bescheinigende Rechtsposition mangelt (zu diesen Konstellationen → Vor Art. 62 Rn. 9 f.). – Eine Einschränkung wird man indes beim Nachlasszeugnis im Falle eines vorrangigen Staatsvertrags machen müssen: Die Legitimationswirkung eines ausländischen Europäischen Nachlasszeugnisses nach Art. 69 Abs. 5 (nicht die Vermutungs- und Gutglaubenswirkung) wird man suspendieren müssen, soweit der Verwendungsmitgliedstaat an einen vorrangigen Staatsvertrag mit abweichenden Kollisionsnormen gebunden ist.[7] Ansonsten würde der Verwendungsmitgliedstaat über seine Registerbehörden seine völkerrechtlichen Pflichten dem Drittstaat gegenüber verletzen.

Vor dem Hintergrund der geschilderten Probleme sollten die bilateralen Staatsverträge der Mit-   **6** gliedstaaten mit Drittstaaten rasch **gekündigt oder reformiert werden.**[8] Sollte die Europäische Union nach dem Gutachten 1/2003 des EuGH[9] der Auffassung sein, dass die Union für die von der Verordnung vorbehaltenen, aber in ihren sachlichen Anwendungsbereich fallenden Abkommen eine ausschließliche Außenkompetenz hinsichtlich der völkerrechtlichen Verwaltung dieser Staatsverträge besitzt,[10] dann sollte sie die Mitgliedstaaten wie bei anderen Rechtsakten[11] zur Kündigung der

---

[4] Zust. Dutta/Weber/*Bauer* Rn. 22.

[5] So jedoch *Süß* in Dutta/Herrler EuErbVO 181, 187 ff., 190 ff., da aufgrund des fehlenden Entscheidungseinklangs „die Geschäftsgrundlage für die Anwendung der übrigen Vorschriften der Erbrechtsverordnung" fehle (aaO S. 191). *Süß* möchte zwar den Erlass eines Nachlasszeugnisses unter Anwendung der einheitlichen Kollisionsnormen der Verordnung nicht gänzlich ausschließen, aber dessen Wirkungen von dem vom Staatsvertrag gebundenen Mitgliedstaat fernhalten: Der an den Staatsvertrag gebundene Mitgliedstaat soll lediglich ein Europäisches Nachlasszeugnis (allerdings unter Anwendung der Art. 20 ff. und nicht der staatsvertraglichen Kollisionsnormen) für die übrigen Mitgliedstaaten ausstellen dürfen (aaO S. 189) und ein von einem anderen Mitgliedstaat ausgestelltes Nachlasszeugnis soll im vom Staatsvertrag gebundenen Mitgliedstaat entgegen Art. 69 Abs. 1 keine Wirkung entfalten bzw. vom Ausstellungsmitgliedstaat – auch um widersprechende Erbnachweise zu verhindern – vorsorglich beschränkt werden (aaO 192).

[6] Wie auch *Süß* in Dutta/Herrler EuErbVO 181, 192, konzediert.

[7] *Lehmann* ZEV 2014, 232 (234); *Lehmann* ZEV 2015, 138 (140).

[8] *Max Planck Institute* RabelsZ 74 (2010), 522 (532 ff.); so auch *Bauer* FamRZ 2007, 1252 (1257); Dutta/Weber/*Bauer* Rn. 22; *Dörner* IPRax 2014, 323 (326); *Lechner*, Verordnung (EU) Nr. 650/2012 über Erbsachen und die Einführung eines Europäischen Nachlasszeugnisses, 2015, 34; *St. Lorenz* ErbR 2012, 39 (49); *Majer* ZEV 2012, 182 (186); *Seyfarth*, Wandel der internationalen Zuständigkeit im Erbrecht, 2012, 271; *Mankowski* ZEV 2013, 529 (530); *Marino* Riv. dir. int. 93 (2010), 463 (467); *Siehr* IPRax 2013, 241 (245). Zurückhaltender *Süß* in Dutta/Herrler EuErbVO 181, 197 f.

[9] Vgl. das Gutachten 1/2013 des EuGH FamRZ 2015, 21 m. Anm. *Dutta*, zu der Außenkompetenz der Union für die „europäisierten" Staatsverträge der Mitgliedstaaten.

[10] Für eine solche Außenkompetenz der Union Dutta/Weber/*Bauer* Art. 75 Anh. I Rn. 6; vgl. auch *Lechner*, Verordnung (EU) Nr. 650/2012 über Erbsachen und die Einführung eines Europäischen Nachlasszeugnisses, 2015, 34; *Lechner* in Geimer/Schütze IRV-HdB Rn. 9; *Lechner* DNotZ-Sonderheft 2016, 102 (113) (jedenfalls im Grundsatz für einen Übergang der Außenkompetenz auf die Union, nicht aber für eine bloße Kündigung der Abkommen); gegen eine ausschließliche Außenkompetenz *Dutta* FamRZ 2015, 24.

[11] S. Verordnung (EG) Nr. 664/2009 des Rates vom 7.7.2009 zur Einführung eines Verfahrens für die Aushandlung und den Abschluss von Abkommen zwischen Mitgliedstaaten und Drittstaaten, die die Zuständigkeit und die Anerkennung und Vollstreckung von Urteilen und Entscheidungen in Ehesachen, in Fragen der elterlichen Verantwortung und in Unterhaltssachen sowie das anwendbare Recht in Unterhaltssachen betreffen, ABl. L 200, 46, sowie Verordnung (EG) Nr. 662/2009 des Europäischen Parlaments und des Rates vom 13.7.2009 zur Einführung eines Verfahrens für die Aushandlung und den Abschluss von Abkommen zwischen Mitgliedstaaten und Drittstaaten über spezifische Fragen des auf vertragliche und außervertragliche Schuldverhältnisse anzuwendenden Rechts, ABl. 2009 L 200, 25.

Abkommen ermächtigen und ermuntern. Andernfalls sollten die Mitgliedstaaten dies aus eigener Initiative tun, bereits um damit der primärrechtlichen Verpflichtung nach Art. 351 Abs. 2 AEUV nachzukommen, „alle geeigneten Mittel an[zuwenden], um die festgestellten Unvereinbarkeiten zu beseitigen"[12] – eine Verpflichtung, an welche die europäischen Güterrechtsverordnungen in den jeweils entsprechenden Vorschriften die Mitgliedstaaten anders als in Art. 75 ausdrücklich erinnern, vgl. Art. 62 Abs. 1 EuGüVO und Art. 62 Abs. 2 EuPartVO. Aber auch de lege lata müssen vor dem Hintergrund des Art. 351 Abs. 2 AEUV die Abkommen von den Mitgliedstaaten **möglichst eng ausgelegt** werden, um Konflikte mit der Erbrechtsverordnung zu vermeiden.[13]

7   **b) Die vorrangigen erbrechtsrelevanten Abkommen der Bundesrepublik mit Drittstaaten.** Nach dem eben Gesagten (→ Rn. 4 ff.) besitzen damit in Deutschland die einschlägigen und in Kraft befindlichen[14] bilateralen Staatsverträge mit Drittstaaten immer noch eine erhebliche Bedeutung.

8   **aa) Niederlassungsabkommen zwischen dem Deutschen Reich und dem Kaiserreich Persien.** Das am 17.2.1929 abgeschlossene deutsch-persische Niederlassungsabkommen (Art. 1 ff. Dt.-Iran. NlassAbk)[15] trat mit dem Schlussprotokoll am 11.1.1931 in Kraft;[16] es gilt nach wie vor weiter, nachdem es am 4.11.1954 wieder in Kraft gesetzt wurde.[17]
9   Art. 8 Abs. 3 Dt.-Iran. NlassAbk, der durch das Schlussprotokoll erläutert wird, legt die Maßgeblichkeit des Personalstatuts für das Erbrecht fest und verdrängt in seinem Anwendungsbereich über Art. 75 Abs. 1 UAbs. 1 EuErbVO die Art. 20 ff. EuErbVO. Er lautet:

Art. 8 Dt.-Iran. NlassAbk

(1) Die Angehörigen jedes vertragschließenden Staates genießen im Gebiet des anderen Staates in allem, was den gerichtlichen und behördlichen Schutz ihrer Person und ihrer Güter angeht, die gleiche Behandlung wie die Inländer.

(2) [1]Sie haben insbesondere freien und völlig unbehinderten Zutritt zu den Gerichten und können vor Gericht unter den gleichen Bedingungen wie die Inländer auftreten. [2]Jedoch werden bis zum Abschluß eines besonderen Abkommens die Voraussetzungen für das Armenrecht und die Sicherheitsleistung für Prozeßkosten durch die örtliche Gesetzgebung geregelt.

(3) [1]In bezug auf das Personen-, Familien- und Erbrecht bleiben die Angehörigen jedes der vertragschließenden Staaten im Gebiet des anderen Staates jedoch den Vorschriften ihrer heimischen Gesetze unterworfen. [2]Die Anwendung dieser Gesetze kann von dem anderen vertragsschließenden Staat nur ausnahmsweise und nur insoweit ausgeschlossen werden, als ein solcher Ausschluß allgemein gegenüber jedem anderen fremden Staat erfolgt.

Schlußprotokoll zu Art. 8 Abs. 3 Dt.-Iran. NlassAbk

Die vertragschließenden Staaten sind sich darüber einig, daß das Personen-, Familien- und Erbrecht, das heißt das Personalstatut, die folgenden Angelegenheiten umfaßt: Ehe, eheliches Güterrecht, Scheidung, Aufhebung der ehelichen Gemeinschaft, Mitgift, Vaterschaft, Abstammung, Annahme an Kindes Statt, Geschäftsfähigkeit, Volljährigkeit, Vormundschaft und Pflegschaft, Entmündigung, testamentarische und gesetzliche Erbfolge, Nachlaßabwicklungen und Erbauseinandersetzungen, ferner alle anderen Angelegenheiten des Familienrechts unter Einschluß aller den Personenstand betreffenden Fragen.

10   Nach Art. 8 Abs. 3 S. 1 Dt.-Iran. NlassAbk werden **Angehörige eines jeden Vertragsstaats** im Hinblick auf das Personen-, Familien- und Erbrecht ihrem jeweiligen Heimatrecht unterworfen.[18] Für das Erbrecht ist dabei allein die **Person des Erblassers** entscheidend: Die Kollisionsnorm des Abkommens ist dabei vor den deutschen Gerichten nur anwendbar, wenn der Erblasser die iranische Staatsangehörigkeit besitzt, ohne Rücksicht auf die Staatsangehörigkeit der Erben oder sonstigen

---

[12] Näher *Chr. Kohler* in Reichelt/Rechberger, Europäisches Erbrecht – Zum Verordnungsvorschlag der Europäischen Kommission zum Erb- und Testamentsrecht, 2011, 109, 119 ff.
[13] Vgl. etwa auch *Süß* in Dutta/Herrler EuErbVO 181, 187 ff.
[14] Eine Kommentierung außer Kraft getretener älterer Staatsverträge findet sich bei Staudinger/*Dörner* (2007) EGBGB Vor Art. 25 Rn. 23–28.
[15] RGBl. 1930 II S. 1002. Zum Abkommen *Schotten/Wittkowski* FamRZ 1995, 264; *Birmanns* IPRax 1996, 320 f.
[16] Bekanntmachung vom 31.12.1930, RGBl. 1931 II S. 9.
[17] Bekanntmachung vom 15.8.1955, BGBl. II S. 829. Zur Frage, ob das Abkommen für Erbfälle während des Zweiten Weltkriegs und bis zum 4.11.1954 anwendbar war, näher Staudinger/*Dörner* (2007) EGBGB Vor Art. 25 Rn. 149. Zur Entstehungsgeschichte des Abkommens und seiner Vorgänger *Wurmnest* IPRax 2016, 447.
[18] Zum persönlichen Geltungsbereich des Abkommens OLG Hamm IPRax 1994, 49; IPG 1983 Nr. 32 (Göttingen, Iran), Nr. 34 (Köln, Iran), Nr. 39 (Hamburg, Iran).

erbrechtlich Berechtigten.[19] Wie **Mehrstaater** und insbesondere Personen, die gleichzeitig die deutsche und die iranische Staatsangehörigkeit haben, im Rahmen des räumlich-persönlichen Anwendungsbereichs des Abkommens zu behandeln sind, ist nicht geregelt. Bei **deutsch-iranischen Doppelstaater** verbietet sich ein Rückgriff auf Art. 5 Abs. 1 S. 2 EGBGB,[20] weil es dem Ziel des Abkommens zuwiderliefe, stets der deutschen Staatsangehörigkeit den Vorzug zu geben und deutsches Recht anzuwenden (vgl. auch → EGBGB Art. 5 Rn. 90, 92). Allerdings findet das Abkommen auf Deutsch-Iraner allgemein keine Anwendung, weil es dem Abkommen lediglich darum geht, die Angehörigen des jeweils anderen Vertragsstaats mit den eigenen Staatsangehörigen gleichzustellen.[21] Dies entspricht nach dem Anwendungsbeginn der Erbrechtsverordnung auch dem Ziel, die bilateralen Staatsverträge der Mitgliedstaaten mit Drittstaaten möglichst eng auszulegen (→ Rn. 6). Maßgeblich für die persönliche Anwendbarkeit des Abkommens vor deutschen Gerichten ist nach dem Rechtsgedanken des Art. 5 Abs. 1 S. 2 EGBGB[22] bei **anderen Doppel- oder Mehrstaatern mit zugleich iranischer Staatsangehörigkeit** die effektive Staatsangehörigkeit.[23] Ist danach die iranische Staatsangehörigkeit die effektive, so gilt Art. 8 Abs. 3 S. 1 Dt.-Iran. NlassAbk, andernfalls ist das Abkommen nicht anwendbar und es kommen die Art. 20 ff. EuErbVO zum Zuge. Auf iranische Staatsangehörige mit **Flüchtlingsstatus** in Deutschland findet das Abkommen ebenfalls keine Anwendung;[24] es gilt auch für diese die EuErbVO.

Nach Art. 8 Abs. 3 S. 1 Dt.-Iran. NlassAbk werden erbrechtliche Fragen **umfassend** (vgl. Schluss-   **11** protokoll: „testamentarische und gesetzliche Erbfolge, Nachlaßabwicklungen und Erbauseinandersetzungen") an das Heimatrecht des Erblassers angeknüpft.[25] Allein die **Formgültigkeit erbrechtlicher Rechtsgeschäfte** wird nicht genannt und unterliegt den allgemeinen Regelungen.[26] Insoweit bestimmt sich das anwendbare Recht nach dem Haager Testamentsformübereinkommen von 1961 (Art. 1 ff. HTestformÜ; Text und Erläuterung → HTestformÜ Art. 1 Rn. 1 ff.) sowie Art. 27, 28 EuErbVO.

Die Regelung lässt den Vertragsstaaten **keinen Raum für Ausnahmen.** Ob damit eine **Rechts-   12 wahl** nach Art. 25 Abs. 2 EGBGB aF oder Art. 22 EuErbVO – letztere wird im persönlichen Anwendungsbereich des Abkommens freilich nur bei Doppelstaatern (→ Rn. 10) relevant, wenn diese ihre nichtiranische und nichteffektive Staatsangehörigkeit wählen wollen (→ Art. 22 Rn. 3) – ausgeschlossen ist, könnte allerdings unter dem Gesichtspunkt fraglich erscheinen, dass bei Abschluss des Abkommens die Möglichkeit einer Rechtswahl im internationalen Erbrecht unbekannt war und daher nicht bedacht worden ist. Ob ein völkerrechtliches Abkommen solche späteren, zum Zeitpunkt seines Abschlusses den Parteien nicht bekannte und auch nicht vorhersehbare Entwicklungen mit umfasst oder ob sie als durch das Abkommen nicht geregelt angesehen werden, ist eine nicht allgemein zu beantwortende Auslegungsfrage. Die Wiener Vertragsrechtskonvention und vor allem ihr Art. 31 Abs. 1 VertrRÜ, der wegen der Nichtrückwirkung dieser Konvention ohnehin nur als Völkergewohnheitsrecht herangezogen werden könnte, hilft wegen seiner allgemein und unbestimmt gehaltenen Kriterien nur sehr bedingt weiter. Wenngleich eine in einem bilateralen völkerrechtlichen Abkommen getroffene Regelung wie Art. 8 Abs. 3 S. 1 Dt.-Iran. NlassAbk die Berücksichtigung zukünftiger Entwicklungen nicht völlig ausschließt, handelt es sich bei der Möglichkeit einer Rechtswahl indes um eine **wesentliche Neuerung,** die auch international nicht verbreitet ist. Die durch das Abkommen vorgeschriebene Anknüpfung geht daher gemäß Art. 75 Abs. 1 UAbs. 1, Abs. 2 auch Art. 22 vor. Ein iranischer Staatsangehöriger kann demnach keine Rechtswahl treffen.[27] – Zum

---

[19] Vgl. Staudinger/*Dörner* (2007) EGBGB Vor Art. 25 Rn. 156.

[20] So aber Staudinger/*Dörner* (2007) EGBGB Vor Art. 25 Rn. 157.

[21] BVerfG NJW-RR 2007, 577; OLG München ZEV 2010, 255; *Bauer* FamRZ 2007, 1252 (1255); Dutta/Weber/*Bauer* Anh. I Art. 75 Rn. 3; *Köhler* in GKKW IntErbR 178 f.; Bamberger/Roth/*Lorenz* EGBGB Art. 25 Rn. 11; vgl. auch *Schotten/Wittkowski* FamRZ 1995, 264 (265); *Wurmnest* IPRax 2016, 447 (448 f.).

[22] Unmittelbar ist diese Vorschrift nicht anwendbar, da es nicht um die Bestimmung des anwendbaren Rechts, sondern die Frage der Anwendung eines Abkommens geht, dessen persönliche Anwendungsbereichsvorschriften an die Staatsangehörigkeit anknüpfen.

[23] Vgl. auch AG Hamburg FamRZ 2016, 670 (671); zust. *Wurmnest* IPRax 2016, 447 (449). Anders Dutta/Weber/*Bauer* Anh. I Art. 75 Rn. 2: allgemein keine Anwendung auf Doppelstaater.

[24] BGH NJW 1990, 636; Staudinger/*Dörner* (2007) EGBGB Vor Art. 25 Rn. 157; *Köhler* in GKKW IntErbR 179; *Schotten/Wittkowski* FamRZ 1995, 264 (266).

[25] Vgl. auch Staudinger/*Dörner* (2007) EGBGB Vor Art. 25 Rn. 155.

[26] Dutta/Weber/*Bauer* Anh. I Art. 75 Rn. 7; Staudinger/*Dörner* (2007) EGBGB Vor Art. 25 Rn. 153; *Wurmnest* IPRax 2016, 447.

[27] Dutta/Weber/*Bauer* Art. 75 Anh. I Rn. 6; ebenso zu der Rechtswahlmöglichkeit nach Art. 25 Abs. 2 EGBGB aF *v. Bar* IPR II Rn. 354; Bamberger/Roth/*Lorenz* EGBGB Art. 25 Rn. 11; *Schotten/Wittkowski* FamRZ 1995, 264 (269); anders Staudinger/*Dörner* (2007) EGBGB Vor Art. 25 Rn. 151; vgl. auch LG Hamburg IPRspr. 1991 Nr. 142 (S. 272 f.), wo das Gericht eine Rechtswahl eines iranischen Erblassers nach Art. 25 Abs. 2 EGBGB aF als möglich ansah.

Verhältnis des Abkommens zum Haager Testamentsformübereinkommen im Hinblick auf die Formgültigkeit letztwilliger Verfügungen → Rn. 11.

13   Das nach dem Abkommen bestimmte Recht erfasst auch **Nachlassgegenstände, die nicht in
der Bundesrepublik und im Iran befindlich** sind. Soweit sich Art. 8 Abs. 3 S. 1 Dt.-Iran. Nlass-
Abk auf das „Gebiet des anderen Staates" bezieht, bedeutet dies keine von der entsprechenden
Belegenheit der Nachlassgegenstände abhängige Bestimmung des Geltungsbereichs des Abkommens.[28] Für eine solche Beschränkung des Anwendungsbereichs des Abkommens wäre eine andere,
dieses deutlich herausstellende Formulierung erforderlich gewesen. Auch die nach dem Anwendungsbeginn der Erbrechtsverordnung gebotene enge Auslegung der bilateralen Staatsverträge der Mitgliedstaaten mit Drittstaaten (→ Rn. 6) verlangt keine andere Auslegung des Abkommens, würde
eine solche doch womöglich zu einer Nachlassspaltung führen, wenn für das in Drittstaaten belegene
Vermögen die Art. 20 ff. EuErbVO das Erbstatut bestimmen würden, für die in der Bundesrepublik
oder dem Iran befindlichen Nachlassgegenstände dagegen Art. 8 Abs. 3 Dt.-Iran NlassAbk.[29] Die
Formulierung des Art. 8 Abs. 3 S. 1 Dt.-Iran. NlassAbk ist vielmehr dahingehend zu verstehen, dass
ein in den persönlichen Anwendungsbereich des Abkommens fallender Erblasser durch die Gerichte
und Behörden des anderen Staates in den sachlich erfassten Fragen nach seinem Heimatrecht zu
beurteilen ist. Die bisher umstrittene Frage, ob für die Anwendung des **Art. 3a Abs. 2 EGBGB
aF** im Rahmen des Abkommens Raum ist, war deshalb zu verneinen,[30] stellt sich indes nach dem
Anwendungsbeginn der Erbrechtsverordnung (und der Neufassung des von der Verordnung ohnehin
verdrängten Art. 3a Abs. 2 EGBGB nF) nicht mehr. Nicht angewandt werden kann deshalb nunmehr
auch **Art. 30 EuErbVO** bei Nachlassgegenständen, die in einem aus Sicht des Dt.-Iran. NlassAbk
Drittstaat belegen sind.[31] Bei erbenlosen Nachlässen und **Art. 33 EuErbVO** gilt: Für die in der
Bundesrepublik Deutschland befindlichen Nachlassgegenstände greift vorrangig Art. 8 Abs. 3 Dt.-
Iran. NlassAbk. Allerdings kann die Bundesrepublik nicht verhindern, dass sich andere Mitgliedstaaten – die freilich durch Art. 8 Abs. 3 Dt.-Iran. NlassAbk nicht gebunden sind – den jeweiligen in
ihrem Territorium befindlichen Nachlass nach Art. 33 EuErbVO aneignen.

14   Beim Verweis in Art. 8 Abs. 3 S. 1 Dt.-Iran. NlassAbk handelt es sich um einen **Sachnormverweis** unter Ausschluss eines Renvoi.[32] Aufgrund der **interpersonalen Rechtsspaltung** im Iran
muss der Verweis auf das iranische Recht konkretisiert werden, wozu das Abkommen schweigt. Es
ist deshalb insoweit Art. 37 EuErbVO heranzuziehen. **Vorfragen** im nach Art. 8 Abs. 3 S. 1 Dt.-
Iran. NlassAbk bestimmten Erbstatut sind selbständig anzuknüpfen. Zwar spricht der internationale
Entscheidungseinklang mit dem Iran eher für eine unselbständige Anknüpfung (vgl. auch → Vor
Art. 20 Rn. 50 ff.). Aber eine selbständige Anknüpfung nach deutschen Kollisionsnormen führt
regelmäßig eher zu einem Entscheidungseinklang innerhalb der EU (vor allem soweit innerhalb
der Union die Kollisionsnormen vereinheitlicht wurden), so dass infolge der durch die Erbrechtsverordnung gebotenen engen Auslegung der Staatsverträge mit Drittstaaten (→ Rn. 6) der selbständigen Anknüpfung der Vorrang zu gewähren ist. In das Abkommen wurde keine Vorbehaltsklausel
aufgenommen. Danach besteht grundsätzlich eine Vermutung gegen die Möglichkeit der Berufung
auf den nationalen **ordre-public**-Vorbehalt (näher → EGBGB Art. 6 Rn. 38 ff.). Allerdings kann
nach Art. 8 Abs. 3 S. 2 Dt.-Iran. NlassAbk die Anwendung des nach S. 1 bestimmten Rechts
ausnahmsweise dann ausgeschlossen werden, „als ein solcher Ausschluss allgemein gegenüber jedem
anderen fremden Staat erfolgt". Zwar bezog sich diese Bestimmung in erster Linie nicht auf den
allgemeinen ordre-public-Vorbehalt, sondern auf besondere Vorbehaltsklauseln.[33] Jedoch besteht
angesichts der umfassenden Formulierung kein zwingender Grund, den Anwendungsbereich von
Art. 8 Abs. 3 S. 2 Dt.-Iran. NlassAbk auf die ursprünglich als Beispiele genannten Fälle zu beschränken. Im Rahmen dieses Abkommens ist daher die Anwendung der allgemeinen Vorbehaltsklausel

---

[28] Dutta/Weber/*Bauer* Art. 75 Anh. I Rn. 4; Bamberger/Roth/*Lorenz* EGBGB Art. 25 Rn. 11; *Wurmnest*
IPRax 2016, 447 (450); anders AG Hamburg FamRZ 2016, 670 (671); Staudinger/*Dörner* (2007) EGBGB Vor
Art. 25 Rn. 152; *Eule* in Lipp/Münch, Die neue Europäische Erbrechtsverordnung, 2016, 99, 107.

[29] Worauf auch *Wurmnest* IPRax 2016, 447 (450) hinweist.

[30] Bamberger/Roth/*Lorenz* EGBGB Art. 25 Rn. 11, anders Staudinger/*Dörner* (2007) EGBGB Vor Art. 25
Rn. 152.

[31] Anders *Köhler* in GKKW IntErbR 180.

[32] Dutta/Weber/*Bauer* Anh. I Art. 75 Rn. 8; Staudinger/*Dörner* (2007) EGBGB Vor Art. 25 Rn. 158. Anders
Köhler in GKKW IntErbR 179, soweit das Abkommen auf das Recht eines Drittstaats verweist, zu der man
allerdings nur kommen kann, wenn man bei Doppelstaatern (→ Rn. 10) Art. 5 Abs. 1 S. 1 EGBGB auf die
Verweisung nach Art. 8 Abs. 3 Dt.-Iran. NlassAbk anwendet und nicht, wie hier vorgeschlagen, lediglich dessen
Rechtsgedanken auf die persönliche Anwendbarkeit des Abkommens. Dann kann das Abkommen nur auf das
Recht eines Abkommensstaats verweisen, weil es nur dann nach Art. 5 Abs. 1 S. 1 EGBGB anwendbar ist.

[33] Vgl. *Krüger* FamRZ 1973, 6 (8); IPG 1983 Nr. 32 (Göttingen, Iran), S. 293, jeweils mwN.

statthaft,[34] und zwar auch, wenn diese – wie Art. 35 EuErbVO – auf Unionsrecht beruht.[35] Voraussetzung ist aber, dass gegenüber dem Iran der allgemeine zurückhaltende Maßstab bei der Prüfung eines ordre-public-Verstoßes zu Grunde gelegt wird (→ Art. 35 Rn. 3); ansonsten bleibt nur die Kündigung des Abkommens.

bb) Konsularvertrag zwischen dem Deutschen Reich und der Türkischen Republik – 15 das deutsch-türkische Nachlassabkommen. Der deutsch-türkische Konsularvertrag wurde am 28.5.1929 abgeschlossen[36] und trat am 18.11.1931 in Kraft.[37]

Als einziger bilateraler Staatsvertrag mit deutscher Beteiligung enthält er in der Anlage zu Art. 20 **16** des Konsularvertrags ein umfangreiches Nachlassabkommen, **das deutsch-türkische Nachlassabkommen** (Art. 1 ff. Dt.-Türk. NachlAbk), das neben zahlreichen konsularischen Vorschriften eine Reihe von **internationalprivatrechtlichen Vorschriften auf erbrechtlichem Gebiet** aufweist.[38] Während das Nachlassabkommen in der deutschen Gerichtspraxis eine prominente Rolle einnimmt, scheint das Abkommen in der Türkei ein Schattendasein zu führen.[39]

(1) Das Kollisionsrecht des Abkommens (§ 12 Abs. 3 Dt.-Türk. NachlAbk, §§ 14, 16 17 18 Dt.-Türk. NachlAbk). Das Nachlassabkommen regelt nach § 14 Abs. 1 Dt.-Türk. NachlAbk („erbrechtliche Verhältnisse") **nahezu vollständig** das Erbstatut (zum Errichungsstatut → Rn. 23; zum Formstatut → Rn. 22) und belässt damit nach Art. 75 Abs. 1 UAbs. 1 wenig Raum für die Art. 20 ff. EuErbVO.

Das Abkommen folgt dem **Grundsatz der Nachlassspaltung** sowie **dem Staatsangehörig-18 keitsprinzip** – zwei Prinzipien, welche die Erbrechtsverordnung bewusst überwinden wollte: Nach **§ 14 Abs. 1 Dt.-Türk. NachlAbk** wird der **bewegliche Nachlass** nach dem Heimatrecht des Erblassers vererbt. Demgegenüber knüpft § 14 Abs. 2 Dt.-Türk. NachlAbk die erbrechtlichen Verhältnisse hinsichtlich des **unbeweglichen Nachlasses** an das Recht des Belegenheitsstaates an, „und zwar in der gleichen Weise, wie wenn der Erblasser zurzeit seines Todes Angehöriger dieses Landes gewesen wäre". Die **Qualifikation der Nachlassgegenstände** als beweglich oder unbeweglich erfolgt nach dem Recht des jeweiligen Belegenheitsorts, s. § 12 Abs. 3 Dt.-Türk. NachlAbk, so dass für die Qualifikation von in Deutschland belegenen Vermögensgegenständen auf die Erläuterungen zur Definition des „unbeweglichen Vermögens" nach Art. 25 Abs. 2 EGBGB aF verwiesen werden kann (Voraufl. → EGBGB Art. 25 Rn. 62 ff.). Zu den Folgen der Nachlassspaltung → Vor Art. 20 Rn. 7 ff.

Die Kollisionsnormen des Abkommens werden **persönlich** jeweils nur zur Bestimmung des **19** Erbstatuts eines **Staatsangehörigen des jeweils anderen Vertragsstaats** herangezogen. So wendet zB ein deutscher Richter, der die Erbstatute eines türkischen Erblassers und seiner deutschen Ehefrau zu bestimmen hat, das Abkommen nur auf den ersteren an.[40] Das Erbstatut der deutschen Ehefrau wird nach Art. 20 ff. EuErbVO beurteilt. Auf **deutsch-türkische Doppelstaater** – eine große Personengruppe in Deutschland – sollte das Abkommen allgemein keine Anwendung finden,[41] und zwar aus den gleichen Gründen wie auch das deutsch-persische Niederlassungsabkommen (→ Rn. 10). Es kommt damit bei Deutsch-Türken nicht auf Art. 5 Abs. 1 EGBGB an. Bei **anderen**

---

[34] BGHZ 160, 332 = NJW-RR 2005, 81; BGH NJW-RR 2005, 1449; s. im erbrechtlichen Kontext OLG Hamm IPRax 1994, 49 (52 f.); OLG Düsseldorf NJW-RR 2009, 732 (733); OLG Hamburg MittBayNot 2016, 261 (262) = FamRZ 2015, 1232; AG Hamburg FamRZ 2016, 670 (672); zu Art. 30 aF IPG 1983 Nr. 32 (Göttingen, Iran, bejahend), Nr. 34 (Köln, Iran), Nr. 39 (Hamburg, Iran); aus der Literatur wie hier Dutta/Weber/ *Bauer* Anh. I Art. 75 Rn. 9; *Dörner* IPRax 1994, 33 (35); Staudinger/*Dörner* (2007) EGBGB Vor Art. 25 Rn. 159.
[35] Zutreffend angedeutet in AG Hamburg FamRZ 2016, 670 (672). Anders → EGBGB Art. 6 Rn. 38.
[36] RGBl. 1930 II S. 747.
[37] Bekanntmachung vom 19.8.1931, RGBl. 1931 II S. 538. Vgl. zur Entstehungsgeschichte *Bauer* FamRZ 2007, 1252 (1255); *Krüger,* FS Ansay, 2006, 131 (141 ff.).
[38] Vgl. zum Nachlassabkommen auch (vgl. auch die Nachweise in der vorigen Fn.) eingehend *Dörner* ZEV 1996, 90; *Kremer* IPRax 1981, 205; *Majer* ZEV 2012, 182; s. auch *Naumann* RNotZ 2003, 343 (345); Soergel/ *Schurig* EGBGB Art. 25 Rn. 108 f. – Aus der Rspr.: OLG München IPRax 1981, 215 (216); LG Augsburg IPRax 1981, 215 (alle zur Stellung des türkischen Konsuls bei der Nachlassregelung); LG Braunschweig IPRax 2010, 255; BGH ZEV 2012, 590.
[39] So berichtet etwa *Damar* IPRax 2012, 278 (280), dass der türkische Kassationshof das Abkommen in einem deutsch-türkischen Erbfall nicht geprüft hat.
[40] Vgl. auch Erman/*Hohloch* EGBGB Art. 25 Rn. 57; s. aber auch *Dörner* ZEV 1996, 90 (95); *Fetsch* RNotZ 2006, 77 (114).
[41] *Bauer* FamRZ 2007, 1252 (1255); Dutta/Weber/*Bauer* Anh. II Art. 75 Rn. 3; *Majer* ZEV 2012, 182 (183 f.); vgl. auch Soergel/*Kegel,* 11. Aufl. 1984, Vor Art. 24 Rn. 132; *Köhler* in GKKW IntErbR 181; *Krüger,* FS Ansay, 2005, 150 ff.; anders *Dörner* ZEV 1996, 90 (92); Staudinger/*Dörner* (2007) EGBGB Vor Art. 25 Rn. 173; Erman/ *Hohloch* EGBGB Art. 25 Rn. 57; Bamberger/Roth/*Lorenz* EGBGB Rn. 6: Anwendung des Art. 5 Abs. 1 S. 2 EGBGB.

Doppel- oder Mehrstaatern mit zugleich türkischer Staatsangehörigkeit kommt vor deutschen Gerichten das Abkommen nur zum Zug, wenn die türkische Staatsangehörigkeit nach dem Gedanken des Art. 5 Abs. 1 S. 1 EGBGB (vgl. → Rn. 10) die effektive ist.[42] Ansonsten greift die Erbrechtsverordnung. Dass damit womöglich die Basis für die gegenseitige Anerkennung der Gerichtsentscheidungen und Erbnachweise nach § 15 bzw. § 17 Dt.-Türk. NachlAbk eingeschränkt wird,[43] ist in Kauf zu nehmen, um die Effektivität der Erbrechtsverordnung nicht zu gefährden (→ Rn. 6).

20   Die Bedeutung des **Hs. 2** von § 14 Abs. 2 Dt.-Türk. NachlAbk ist unklar: sie könnte eine **Beschränkung des räumlichen Anwendungsbereichs des Abkommens** auf solche Nachlässe nahelegen, die in einem der beiden Vertragsstaaten belegen sind. Dieser Schluss ist indes nicht zwingend, da die Formulierung des § 14 Abs. 2 Dt.-Türk. NachlAbk allgemein auf „Länder" abstellt, während etwa in § 1 Abs. 1 Dt.-Türk. NachlAbk nur auf die „Vertragsstaaten" Bezug genommen wird. Auch die Beschränkung in Art. 20 des Konsularvertrags auf Nachlässe von Angehörigen eines vertragschließenden Staates in dem Gebiete des anderen Staates bezieht sich lediglich auf die Befugnisse der Konsuln.[44] Ähnlich wie beim deutsch-persischen Niederlassungsabkommen (→ Rn. 13) lässt sich auch eine in Hinblick auf die Erbrechtsverordnung enge Auslegung des bilateralen Staatsvertrags (→ Rn. 6) für eine Erstreckung des Abkommen auf drittstaatliche Vermögen fruchtbar machen, um auch hier nicht zu einer weiteren Nachlassspaltung zu kommen, nach der das in der Bundesrepublik oder der Türkei belegene Vermögen gemäß § 14 Abs. 2 Dt.-Türk. NachlAbk dem Heimatrecht des Erblassers oder dem Belegenheitsrecht unterliegt, dagegen Erbstatut im Hinblick auf das Vermögen in anderen Staaten nach Art. 20 ff. EuErbVO zu bestimmen ist. Eine Nachlassspaltung nach § 14 Dt.-Türk. NachlAbk ist hier wohl aus Sicht der Erbrechtsverordnung das kleinere Übel. Die Kollisionsnormen des § 14 Abs. 1 und 2 Dt.-Türk. NachlAbk umfassen daher auch **in Drittstaaten belegenes Vermögen,**[45] das kollisionsrechtlich nicht abweichend behandelt werden darf. Zu den Auswirkungen unter der Erbrechtsverordnung (vor allem Art. 30 und 33) gilt das zu Art. 8 Abs. 3 Dt.-Iran. NlassAbk Ausgeführte (→ Rn. 13) entsprechend.

21   § 14 Dt.-Türk. NachlAbk verweist – auch mit seiner etwas umständlichen Formulierung in Abs. 2 – allgemein auf das Sachrecht des Belegenheitsstaats. Ein **Renvoi** durch das türkische Heimatrecht des Erblassers oder das Recht am Belegenheitsort des unbeweglichen Nachlasses scheidet damit aus.[46] **Vorfragen** im nach dem Dt.-Iran. NlassAbk bestimmten Erbstatut sind selbständig anzuknüpfen.[47] Auch hier spricht zwar – wie beim deutsch-persischen Niederlassungsabkommen (→ Rn. 14) – der internationale Entscheidungseinklang mit der Türkei eher für eine unselbständige Anknüpfung. Dennoch ist infolge der durch die Erbrechtsverordnung gebotenen engen Auslegung der Staatsverträge mit Drittstaaten die selbständige Anknüpfung vorzugswürdig (näher → Rn. 6). Zum **ordre-public-Vorbehalt,** der im Nachlassabkommen fehlt, gilt ebenfalls das zum deutsch-persischen Niederlassungsabkommen Gesagte (→ Rn. 14) entsprechend; Art. 35 ist anzuwenden.[48]

22   § 16 Dt.-Türk. NachlAbk enthält eine Vorschrift zur **Formgültigkeit letztwilliger Verfügungen.** Diese Vorschrift wird allerdings durch das in Art. 75 Abs. 1 UAbs. 2 vorbehaltene Haager Testamentsformübereinkommen (Art. 1 ff. HTestformÜ; Text und Erläuterung → HTestformÜ Art. 1 Rn. 1 ff.) verdrängt,[49] das auch von der Türkei gezeichnet und ratifiziert wurde und die Formgültigkeit letztwilliger Verfügungen sehr viel weitergehend begünstigt als § 16 Dt.-Türk. NachlAbk. Nach den allgemeinen Regeln über das Verhältnis von völkerrechtlichen Verträgen (s. vor allem in der Wiener Vertragsrechtskonvention Art. 30 Abs. 4 lit. a, Abs. 3 VertrRÜ), bleibt das ältere bilaterale Abkommen solange maßgeblich, bis beide Partner der neuen Konvention beigetreten sind. Daher geht das Haager Testamentsformübereinkommen – freilich nur im Rahmen seines sachlichen Anwendungsbereichs, dh nicht für Erbverträge (Art. 4 HTestformÜ, vgl. insoweit auch → HTest-

---

[42]   Anders Dutta/Weber/*Bauer* Anh. II Art. 75 Rn. 3: allgemein keine Anwendung auf Doppelstaater.

[43]   *Fetsch* RNotZ 2006, 77 (115).

[44]   Vgl. auch *Majer* ZEV 2012, 182 (184).

[45]   *Mankowski* ZEV 2013, 529 (530); wie hier jedenfalls für bewegliches Vermögen Dutta/Weber/*Bauer* Anh. II Art. 75 Rn. 4; anders *Dörner* ZEV 1996, 90 (94); Staudinger/*Dörner* (2007) EGBGB Vor Art. 25 Rn. 163, 171; *Eule* in Lipp/Münch, Die neue Europäische Erbrechtsverordnung, 2016, 99, 107; *Köhler* in GKKW IntErbR 181; Bamberger/Roth/*St. Lorenz* EGBGB Art. 25 Rn. 6; *Majer* ZEV 2012, 182 (184); *Süß* in Dutta/Herrler EuErbVO 181, 188.

[46]   Bamberger/Roth/*Lorenz* EGBGB Art. 25 Rn. 6; auf die Vertragsstaaten beschränkt so auch Staudinger/*Dörner* (2007) EGBGB Vor Art. 25 Rn. 177. Anders *Köhler* in GKKW IntErbR 181.

[47]   *Krüger,* FS Ansay, 2006, 131 (149); anders Staudinger/*Dörner* (2007) EGBGB Vor Art. 25 Rn. 179: unselbständige Anknüpfung.

[48]   Vgl. zu Art. 6 EGBGB Staudinger/*Dörner* (2007) EGBGB Vor Art. 25 Rn. 180; anders Dutta/Weber/*Bauer* Anh. II Art. 75 Rn. 17.

[49]   Dazu Staudinger/*Dörner* (2007) EGBGB Vor Art. 25 Rn. 185; *Krüger,* FS Ansay, 2005, 152.

formÜ Art. 4 Rn. 1) – erst seit seinem Inkrafttreten für die Türkei am 22.10.1983[50] der Regelung der Form im deutsch-türkischen Nachlassabkommen vor.[51] Jenseits des Anwendungsbereichs des Haager Übereinkommens finden damit nicht Art. 27 EuErbVO und Art. 26 Abs. 2 EGBGB Anwendung, sondern § 16 Dt.-Türk. NachlAbk, jedenfalls soweit es um **Verfügungen von Todes wegen** iS des § 16 Dt.-Türk. NachlAbk geht – ein Begriff, der nicht zwingend mit dem entsprechenden Begriff in Art. 3 Abs. 1 lit. d EuErbVO übereinstimmen muss. So wird man nur die klassischen Verfügungen von Todes wegen im deutschen und türkischen Erbrecht von § 16 Dt.-Türk. NachlAbk erfasst sehen,[52] nicht aber Erb-, Pflichtteils- und Zuwendungsverzicht, Erbschaftskauf, Erbschaftsvertrag, Ausschlagung, Annahme oder andere erbrechtliche Rechtsgeschäfte, die zT von Art. 27, 28 EuErbVO erfasst werden,[53] da das Nachlassübereinkommen insoweit schweigt. Das Formstatut wird in § 16 Dt.-Türk. NachlAbk unwandelbar angeknüpft: Maßgeblich ist das Heimatrecht des Erblassers zum Zeitpunkt der Errichtung der Verfügung (Abs. 1) oder des Widerrufs (Abs. 2). Das Belegenheitsrecht ist im Hinblick auf unbewegliche Nachlassgegenstände für die Formgültigkeit nach § 16 Dt.-Türk. NachlAbk irrelevant.

Eine Regelung zum Errichtungsstatut, das für die **Zulässigkeit, materielle Wirksamkeit und** **23** **Bindungswirkung von Verfügungen von Todes wegen** maßgeblich ist (wie etwa Art. 24 ff. EuErbVO), fehlt im Nachlassabkommen. Denkbar wäre es deshalb, für die Gültigkeit und die Bindungswirkung einer Verfügung von Todes wegen bei dem nach § 14 Dt.-Türk. NachlAbk bestimmten Erbstatut zu bleiben.[54] Vorzugswürdig ist es jedoch, das Schweigen des Nachlassabkommens dahingehend auszulegen, dass die Sonderanknüpfung des Zustandekommens, der materiellen Wirksamkeit und der Bindungswirkungen nicht Gegenstand des Übereinkommens sind und insoweit eine Lücke besteht. Dann würde sich das Errichtungsstatut nach Art. 24 ff. EuErbVO bestimmen, wobei das hypothetische Erbstatut unter Heranziehung der Kollisionsnormen des Nachlassabkommens für das allgemeine Erbstatut zu bestimmen ist[55] (→ Art. 24 Rn. 9).

(2) Das internationale Verfahrensrecht des Abkommens (§§ 8, 15, 17 Dt.-Türk. Nachl- **24** **Abk).** Das Nachlassabkommen enthält Regelungen zur **internationalen Zuständigkeit,** welche die Art. 4 ff. EuErbVO in ihrem jeweiligen Anwendungsbereich verdrängen. Freilich gelten auch die Zuständigkeitsregeln nur im persönlichen und sachlichen Anwendungsbereich des Abkommens (→ Rn. 18 ff.), also vor allem dann nicht, wenn der Erblasser deutsch-türkischer Staatsbürger war. **§ 15 S. 1 Dt.-Türk. NachlAbk** erfasst nur die genannten **erbrechtlichen Streitigkeiten** zwischen den erbrechtlich Berechtigten und ordnet hier eine zuständigkeitsrechtliche Nachlassspaltung an: Im Hinblick auf den beweglichen Nachlass sind die Gerichte des Heimatstaats zuständig, für den unbeweglichen Nachlass die Gerichte des Belegenheitsstaats. Die Zuständigkeit ist ausschließlich.[56] Das Nachlassabkommen zwingt zahlreiche türkische Mitbürger dazu, ihre erbrechtlichen Streitigkeiten vor den türkischen Gerichten auszutragen, selbst wenn der Erblasser und die Parteien in Deutschland leb(t)en und der überwiegende Nachlass sich hier befindet. Diese Zuständigkeitsregel verstößt nicht nur in eklatanter Weise gegen die Wertungen der Erbrechtsverordnung und der Art. 4 ff. EuErbVO;[57] sie ist auch rechtspolitisch kaum zu rechtfertigen.[58] Zwar ist eine teleologische Reduktion in Fällen, in denen starke Beziehungen zum anderen Vertragstaat bestehen nur schwer möglich.[59] Dennoch sollte die Vorschrift denkbar eng ausgelegt werden: Zunächst gilt sie nicht für die Durchset-

---

[50] Resmi Gazete (GBl.) Nr. 17.931 vom 17.1.1983.

[51] Staudinger/*Dörner* (2007) EGBGB Vor Art. 25 Rn. 36, 185; *Krüger*, FS Ansay, 2005, 152; vgl. auch Bamberger/Roth/*Lorenz* EGBGB Art. 26 Rn. 7.

[52] Vgl. auch BGH NJW 2016, 571, Rn. 13 f., wo auf die Bedeutung des deutschen und türkischen Erbrechts bei der Auslegung des Abkommens hingewiesen wird.

[53] Zum bisherigen Recht so auch Staudinger/*Dörner* (2007) EGBGB Vor Art. 25 Rn. 186.

[54] Bamberger/Roth/*Lorenz* EGBGB Art. 25 Rn. 7; so wohl auch Dutta/Weber/*Bauer* Anh. II Art. 75 Rn. 15.

[55] Für eine im Ergebnis im Hinblick auf die objektive Anknüpfung des Errichtungsstatuts entsprechende Lösung, allerdings durch erweiternde Auslegung des Abkommens, *Dörner* ZEV 1996, 90 (93).

[56] LG München I ZEV 2007, 436; vgl. auch BGH NJW 2016, 571, Rn. 14.

[57] Zurückhaltender *Eichel* ZEV 2016, 151 (152), wonach „die EuErbVO vor allem den Gleichlauf von forum und ius sowie die Nachlasseinheit, kaum aber die Zuständigkeitsinteressen der überlebenden Parteien im Auge hat". Zur Ehrenrettung der Verordnung kann indes angeführt werden, dass jedenfalls in Drittstaatenfällen mit einem Bezug zur Union die Verordnung (Art. 4, Art. 10 Abs. 1) durchaus für eine weltweite Zuständigkeit in der Union sorgt.

[58] Krit. etwa *Damar* IPRax 2012, 278 (280); *Dörner* DNotZ 1996, 90 (96); *Eichel* ZEV 2015, 589; *Majer* ZEV 2012, 182 (185); *Gottwald* FamRZ 2016, 124, der sogar zu Recht über eine Verletzung des Justizgewährungsanspruchs nachdenkt; s. auch bereits *Bauer* FamRZ 2007, 1252 (1256 f.).

[59] LG München I ZEV 2007, 436 (437) für den Fall, dass der Erblasser und die Prozessparteien ihren gewöhnlichen Aufenthalt in Deutschland haben; ausführlich zu dieser Frage auch *Bauer* FamRZ 2007, 1252 (1254 ff.).

zung ererbter Ansprüche gegen Dritte[60] oder der Nachlassverbindlichkeiten[61] (dazu sogleich in dieser Rn. aE). Nach dem BGH sollen „Erbschaftsansprüche" iS der Vorschrift nur dann Gegenstand eines Verfahrens sein, wenn über „Bestand und Ausmaß des Erbrechts" zu entscheiden ist, was bei einer Klage im Rahmen der Erbauseinandersetzung nicht der Fall sein soll.[62] Nicht erfasst werden damit regelmäßig Nachlasssachen der freiwilligen Gerichtsbarkeit, die nicht die in der Vorschrift genannten Streitigkeiten zum Gegenstand haben. Auch Verfahren zum Erlass eines Erbnachweises (der das Erbrecht ja nicht endgültig feststellt iS der Vorschrift) unterliegen nicht der Vorschrift,[63] wie bereits an anderer Stelle für das Europäische Nachlasszeugnis ausführlich dargelegt → Art. 64 Rn. 9. Für die Abgrenzung zwischen beweglichem und unbeweglichem Nachlass kann auch hier § 12 Abs. 3 Dt.-Türk. NachlAbk herangezogen werden. Jedenfalls für den beweglichen Nachlass muss § 15 S. 1 Dt.-Türk. NachlAbk eng ausgelegt werden und auf Streitigkeiten zwischen Parteien beschränkt werden, die jeweils die Staatsangehörigkeit des anderen Vertragsstaats besitzen, um deren Schutz es der Vorschrift alleine geht.[64] Bei Doppel- oder Mehrstaatern gilt das zum Erblasser Ausgeführte (→ Rn. 19) entsprechend. Diese enge Auslegung kommt auch dem Ziel entgegen, möglichst die Effektivität der Erbrechtsverordnung und deren Zuständigkeitsregeln zu wahren (→ Rn. 6). Nach § 8 Dt.-Türk. NachlAbk erfolgt die **Durchsetzung von Nachlassverbindlichkeiten**[65] (die nur zum Teil in den Anwendungsbereich der Erbrechtsverordnung fällt → Art. 1 Rn. 4) in demjenigen Vertragsstaat, in dem sich der Nachlass befindet. Dies gilt unabhängig von der Staatsangehörigkeit der Parteien (vgl. → Rn. 19). – Soweit § 15 S. 1 und § 8 Dt.-Türk. NachlAbk nicht die Zuständigkeit für Erbsachen festlegen, kommen die Art. 4 ff. EuErbVO zum Zuge.

25   Die **wechselseitige Anerkennung und Vollstreckung** von Entscheidungen wird nur zum Teil im Nachlassabkommen angesprochen. Entscheidungen, die auf Basis des § 15 S. 1 Dt.-Türk. Nachl-Abk ergehen (→ Rn. 24) werden im anderen Vertragsstaat ohne inhaltliche Prüfung anerkannt, wie § 15 S. 2 Dt.-Türk. NachlAbk festlegt. Die Vollstreckbarerklärung richtet sich nach autonomen Verfahrensrecht (→ Vor Art. 39 Rn. 5 ff.). Während die grenzüberschreitende Wirkungserstreckung von Erbnachweisen unter der Erbrechtsverordnung und im autonomen Verfahrensrecht umstritten ist (s. → Art. 3 Rn. 17; → Art. 39 Rn. 2 einerseits sowie → Vor Art. 39 Rn. 11 ff. andererseits), schreibt das Nachlassabkommen in § 17 Dt.-Türk. NachlAbk ausdrücklich eine gewisse wechselseitige Wirkungserstreckung von Erbnachweisen vor, soweit es sich um beweglichen Nachlass handelt.[66] Allerdings bleibt es hier vor allem bei den Wirkungen des Erbnachweises im jeweiligen Herkunftsstaat;[67] nur die Beweiswirkungen – also vor allem die Vermutungswirkungen, nicht aber die Gutglaubenswirkungen – werden ins Inland erstreckt (s. Wortlaut § 17 S. 1: „zum Nachweis dieser Rechtsverhältnisse").[68] Die Beglaubigung des Zeugnisses durch einen Konsul oder einen diplomatischen Vertreter des Staates, dem der Erblasser angehörte, reicht aus. Zur Bedeutung dieser Vorschrift beim Europäischen Nachlasszeugnis → Art. 69 Rn. 6. – Soweit keine Wirkungserstreckung nach § 15 S. 2 oder § 17 Dt.-Türk. NachlAbk stattfindet, gelten die autonomen Anerkennungs- und Vollstreckungsregeln in Erbsachen (Übersicht → Vor Art. 39 Rn. 5 ff.).

26   Text von Art. 20 deutsch-türkischer Konsularvertrag und des Nachlassabkommens (Anlage zu Art. 20 deutsch-türkischer Konsularvertrag):

Art. 20 deutsch-türkischer Konsularvertrag

In Ansehung der in dem Gebiet des einen vertragschließenden Staates befindlichen Nachlässe von Angehörigen des anderen Staates haben die Konsuln die aus der Anlage dieses Vertrages ersichtlichen Befugnisse.

Deutsch-türkisches Nachlassabkommen

§ 1 Dt.-Türk. NachlAbk

(1) [1]Stirbt ein Angehöriger eines Vertragsstaates im Gebiete des anderen Vertragsstaates, so hat die zuständige Ortsbehörde dem zuständigen Konsul des Staates, dem der Verstorbene angehörte,

---

[60] Staudinger/*Dörner* (2007) EGBGB Vor Art. 25 Rn. 181; vgl. auch OLG München IPRax 1981, 215 und 216.

[61] Staudinger/*Dörner* (2007) EGBGB Vor Art. 25 Rn. 181.

[62] BGH NJW 2016, 571, Rn. 13 ff.

[63] LG Braunschweig IPRax 2010, 255 f.; *Bauer* FamRZ 2007, 1252; *Damar* IPRax 2012, 278 (280); *Sticherling* IPRax 2010, 234 (235).

[64] Staudinger/*Dörner* (2007) EGBGB Vor Art. 25 Rn. 182.

[65] Vgl. LG München I ZEV 2007, 436: nur Ansprüche „von außen" werden von der Vorschrift erfasst.

[66] S. etwa LG München I IPRax 2013, 270.

[67] *Siehr* IPRax 2013, 241 (244).

[68] Vgl. auch zur (zurückhaltenden) Anerkennung deutscher Erbscheine in der Türkei *Damar* IPRax 2012, 278 (281); *Giray* Anali Pravnog Fakulteta Univerziteta u Zenici 18 (2016), 235 (244 f.).

unverzüglich von dem Tode Kenntnis zu geben und ihm mitzuteilen, was ihr über die Erben und deren Aufenthalt, den Wert und die Zusammensetzung des Nachlasses sowie für das etwaige Vorhandensein einer Verfügung von Todes wegen bekannt ist. [2]Erhält zuerst der Konsul (des Staates, dem der Verstorbene angehörte), von dem Todesfalle Kenntnis, so hat er seinerseits die Ortsbehörde (in gleicher Weise) zu benachrichtigen.

(2) Gehört der Sterbeort zu einem Konsulatsbezirk, so ist die Mitteilung an den diplomatischen Vertreter des Staates, dem der Verstorbene angehörte, zu richten.

(3) Die der Ortsbehörde und dem Konsul alsdann obliegenden Verrichtungen bestimmen sich hinsichtlich des beweglichen Nachlasses nach §§ 2 bis 11 und hinsichtlich des unbeweglichen Nachlasses nach § 12.

§ 2 Dt.-Türk. NachlAbk

(1) [1]Für die Sicherung des Nachlasses hat in erster Linie die zuständige Ortsbehörde zu sorgen. [2]Sie hat sich auf Maßnahmen zu beschränken, die erforderlich sind, um die Substanz des Nachlasses unversehrt zu erhalten, wie Siegelung und Aufnahme eines Nachlaßverzeichnisses. [3]Auf Ersuchen des Konsuls hat sie in jedem Falle die von ihm gewünschten Sicherungsmaßregeln zu treffen.

(2) Der Konsul kann gemeinsam mit der Ortsbehörde, oder soweit sie noch nicht eingegriffen hat, allein gemäß den Vorschriften des von ihm vertretenen Staates entweder persönlich oder durch einen von ihm ernannten, mit seiner Vollmacht versehenen Vertreter den beweglichen Nachlaß siegeln und ein Nachlaßverzeichnis aufnehmen, wobei er die Hilfe der Ortsbehörden in Anspruch nehmen darf.

(3) [1]Ortsbehörden und Konsul haben einander, sofern nicht besondere Umstände entgegenstehen, Gelegenheit zur Mitwirkung bei den Sicherungsmaßnahmen zu geben. [2]Die Behörde, die hierbei nicht hat mitwirken können, ist befugt, im Falle einer Siegelung den angelegten Siegeln nachträglich ihr Siegel beizufügen. [3]Hat die andere Behörde nicht mitwirken können, so ist ihr so bald als möglich beglaubigte Abschrift des Nachlaßverzeichnisses und des Verhandlungsprotokolls zu übersenden.

(4) [1]Dieselben Bestimmungen gelten für die gemeinschaftlich vorzunehmende Aufhebung der Sicherungsmaßregeln und insbesondere die Abnahme der Siegel. [2]Jedoch kann sowohl die Ortsbehörde wie der Konsul allein zur Abnahme schreiten, falls die andere Behörde ihre Einwilligung dazu erteilt oder auf eine mindestens 48 Stunden vorher an sie ergangene Einladung sich nicht rechtzeitig eingefunden hat.

§ 3 Dt.-Türk. NachlAbk

Die Ortsbehörde soll die in dem Lande gebräuchlichen oder durch dessen Gesetze vorgeschriebenen Bekanntmachungen über die Eröffnung des Nachlasses und den Aufruf der Erben oder Gläubiger erlassen und die Bekanntmachungen dem Konsul mitteilen; dieser kann auch seinerseits entsprechende Bekanntmachungen erlassen.

§ 4 Dt.-Türk. NachlAbk

[1]Der Konsul kann die Nachlaßregelung übernehmen. [2]In diesem Falle gelten die Bestimmungen der §§ 5 bis 10 dieses Abkommens.

§ 5 Dt.-Türk. NachlAbk

(1) [1]Der Konsul ist berechtigt, sich alle Nachlaßsachen, mit Einschluß der Papiere des Verstorbenen, die sich im Gewahrsam von Privatpersonen, Notaren, Banken, Versicherungsgesellschaften, öffentlichen Kassen und dergleichen oder der Ortsbehörden befinden, unter denselben Voraussetzungen aushändigen zu lassen, und unter denselben Voraussetzungen zum Nachlaß gehörige Forderungen einzuziehen, unter denen der Verstorbene selbst dazu befugt gewesen wäre. [2]Wenn der Nachlaß ganz oder zum Teil beschlagnahmt ist oder sich unter Zwangsverwaltung befindet, kann der Konsul davon erst Besitz nehmen, nachdem die Beschlagnahme oder Zwangsverwaltung aufgehoben ist.

(2) [1]Der Konsul ist ebenfalls berechtigt, die Herausgabe der von dem Verstorbenen errichteten Verfügungen von Todes wegen zu verlangen, und zwar auch dann, wenn sie von den Landesbehörden in amtliche Verwahrung genommen worden sind, die das Recht haben, die Verfügungen vor der Herausgabe zu eröffnen. [2]Der Konsul hat eine beglaubigte Abschrift jeder in seinen Besitz gelangten und eröffneten Verfügung der Ortsbehörde mitzuteilen.

§ 6 Dt.-Türk. NachlAbk

[1]Der Konsul hat das Recht und die Pflicht, alle Maßnahmen zu treffen, die er zur Erhaltung des Nachlasses als im Interesse der Erben liegend erachtet oder sie zur Erfüllung öffentlichrechtlicher Verpflichtungen des Erblassers oder der Erben erforderlich sind. [2]Insbesondere ist er gegenüber den zuständigen Behörden zur Erteilung von Auskunft über den Wert des Nachlasses verpflichtet. [3]Er kann den Nachlaß entweder persönlich verwalten oder durch einen von ihm gewählten und in seinem

Namen handelnden Vertreter, dessen Geschäftsführung er überwacht, verwalten lassen. [4]Der Konsul ist berechtigt, die Hilfe der Ortsbehörden in Anspruch zu nehmen.

§ 7 Dt.-Türk. NachlAbk

(1) Der Konsul hat den Nachlaß, sobald er ihn in Besitz genommen hat, innerhalb des Landes seines Amtssitzes aufzubewahren.

(2) Der Konsul ist befugt, selbständig im Wege der Versteigerung und gemäß den Gesetzen und Gebräuchen des Landes seines Amtssitzes die Bestandteile des Nachlasses, die dem Verderben ausgesetzt sind und deren Aufbewahrung schwierig und kostspielig sein würde, zu veräußern.

(3) Er ist ferner berechtigt, die Kosten der letzten Krankheit und der Beerdigung des Verstorbenen, den Lohn von Hausbediensteten, Angestellten und Arbeitern, Mietzins und andere Kosten, deren Aufwendung zur Verwaltung des Nachlasses erforderlich ist, sowie im Notfalle den für die Familie des Verstorbenen erforderlichen Unterhalt, ferner Gerichtskosten, Konsulatsgebühren und Gebühren der Ortsbehörden sofort aus dem Bestande des Nachlasses zu entnehmen.

§ 8 Dt.-Türk. NachlAbk

Streitigkeiten infolge von Ansprüchen gegen den Nachlaß sind bei den zuständigen Behörden des Landes, in dem dieser sich befindet, anhängig zu machen und von diesen zu entscheiden.

§ 9 Dt.-Türk. NachlAbk

(1) [1]Die Zwangsvollstreckung in die Nachlaßgegenstände ist zulässig, auch wenn diese sich in der Verwahrung des Konsuls befinden. [2]Dieser hat sie der zuständigen Behörde auf Ersuchen herauszugeben.

(2) [1]Falls die zuständige Behörde ein Konkursverfahren über den im Lande befindlichen Nachlaß eröffnet, hat der Konsul auf Erfordern alle Nachlaßgegenstände, soweit sie zur Konkursmasse gehören, der Ortsbehörde oder dem Konkursverwalter auszuliefern. [2]Der Konsul ist befugt, die Interessen seiner Staatsangehörigen in dem Verfahren wahrzunehmen.

§ 10 Dt.-Türk. NachlAbk

[1]Nach Ablauf von drei Monaten seit der letzten Bekanntmachung über die Eröffnung des Nachlasses oder, wenn eine solche Bekanntmachung nicht stattgefunden hat, nach Ablauf von vier Monaten seit dem Tode des Erblassers kann der Konsul die Nachlaßsachen an die Erben, die ihr Recht nachgewiesen haben, oder sofern der Nachweis nicht geführt werden konnte, an die zuständigen Behörden seines Landes herausgeben. [2]Er darf aber die Herausgabe nicht vornehmen, bevor alle die geschuldeten öffentlich-rechtlichen Abgaben des Erblassers und die staatlichen Abgaben sowie die zugehörigen den Nachlaß belastenden Kosten und Rechnungen entrichtet oder sichergestellt sind, und bevor die bei ihm angemeldeten Forderungen an den Nachlaß von Angehörigen oder Bewohnern des Staates, in dessen Gebiet sich der Nachlaß befindet, befriedigt oder ordnungsmäßig sichergestellt sind. [3]Diese Verpflichtung des Konsuls gegenüber den angemeldeten Forderungen erlischt, wenn er nicht binnen weiterer sechs Monaten davon in Kenntnis gesetzt wird, daß die Forderungen anerkannt oder bei dem zuständigen Gericht eingeklagt worden sind.

§ 11 Dt.-Türk. NachlAbk

(1) Falls der Konsul die Herausgabe nicht verlangt hat, ist die Ortsbehörde verpflichtet, die in ihrem Gewahrsam befindlichen Nachlaßgegenstände den Erben unter denselben Bedingungen herauszugeben, unter denen der Konsul nach § 10 dazu verpflichtet ist.

(2) [1]Führen die Interessenten nicht binnen sechs Monaten seit dem Todestage des Erblassers den Nachweis ihres Erbrechts, so hat die Ortsbehörde den Nachlaß unter Mitteilung der darauf bezüglichen Akten an den Konsul abzuliefern, vorbehaltlich der in § 10 vorgesehenen Bedingungen. [2]Der Konsul hat damit nach Maßgabe des § 10 zu verfahren.

§ 12 Dt.-Türk. NachlAbk

(1) [1]In Ansehung des unbeweglichen Nachlasses sind ausschließlich die zuständigen Behörden des Staates, in dessen Gebiet sich dieser Nachlaß befindet, berechtigt und verpflichtet, alle Verrichtungen nach Maßgabe der Landesgesetze und in derselben Weise vorzunehmen wie bei Nachlässen von Angehörigen ihres eigenen Staates. [2]Beglaubigte Abschrift des über den unbeweglichen Nachlaß aufgenommenen Verzeichnisses ist so bald als möglich dem zuständigen Konsul zu übersenden.

(2) Hat der Konsul eine Verfügung von Todes wegen in Besitz genommen, worin Bestimmungen über unbeweglichen Nachlaß enthalten sind, so hat er der Ortsbehörde auf ihr Ersuchen die Urschrift dieser Verfügung auszuhändigen.

(3) Das Recht des Staates, in dem sich der Nachlaß befindet, entscheidet darüber, was zum beweglichen und zum unbeweglichen Nachlaß gehört.

§ 13 Dt.-Türk. NachlAbk

[1]In allen Angelegenheiten, zu denen die Eröffnung, Verwaltung und Regelung der beweglichen und unbeweglichen Nachlässe von Angehörigen des einen Staates im Gebiet des anderen Staates Anlaß geben, soll der Konsul ermächtigt sein, die Erben, die seinem Staat angehören und keinen Bevollmächtigten in dem anderen Staat bestellt haben, zu vertreten, ohne daß er gehalten ist, seine Vertretungsbefugnis durch eine besondere Urkunde nachzuweisen. [2]Die Vertretungsbefugnis des Konsuls fällt weg, wenn alle Berechtigten anwesend oder vertreten sind.

§ 14 Dt.-Türk. NachlAbk

(1) Die erbrechtlichen Verhältnisse bestimmen sich in Ansehung des beweglichen Nachlasses nach den Gesetzen des Landes, dem der Erblasser zur Zeit seines Todes angehörte.

(2) Die erbrechtlichen Verhältnisse in Ansehung des unbeweglichen Nachlasses bestimmen sich nach den Gesetzen des Landes, in dem dieser Nachlaß liegt, und zwar in der gleichen Weise, wie wenn der Erblasser zur Zeit seines Todes Angehöriger dieses Landes gewesen wäre.

§ 15 Dt.-Türk. NachlAbk

[1]Klagen, welche die Feststellung des Erbrechts, Erbschaftsansprüche, Ansprüche aus Vermächtnissen sowie Pflichtteilsansprüche zum Gegenstand haben, sind, soweit es sich um beweglichen Nachlaß handelt, bei den Gerichten des Staates anhängig zu machen, dem der Erblasser zur Zeit seines Todes angehörte, soweit es sich um unbeweglichen Nachlaß handelt, bei den Gerichten des Staates, in dessen Gebiet sich der unbewegliche Nachlaß befindet. [2]Ihre Entscheidungen sind von dem anderen Staate anzuerkennen.

§ 16 Dt.-Türk. NachlAbk

(1) Verfügungen von Todes wegen sind, was ihre Form anlangt, gültig, wenn die Gesetze des Landes beachtet sind, wo die Verfügungen errichtet sind, oder die Gesetze des Staates, dem der Erblasser zur Zeit der Errichtung angehörte.

(2) Das gleiche gilt für den Widerruf solcher Verfügungen von Todes wegen.

§ 17 Dt.-Türk. NachlAbk

[1]Ein Zeugnis über ein erbrechtliches Verhältnis, insbesondere über das Recht des Erben oder eines Testamentsvollstreckers, das von der zuständigen Behörde des Staates, dem der Erblasser angehörte, nach dessen Gesetzen ausgestellt ist, genügt, soweit es sich um beweglichen Nachlaß handelt, zum Nachweis dieser Rechtsverhältnisse auch für das Gebiet des anderen Staates. [2]Zum Beweise der Echtheit genügt die Beglaubigung durch einen Konsul oder einen diplomatischen Vertreter des Staates, dem der Erblasser angehörte.

§ 18 Dt.-Türk. NachlAbk

Die Bestimmungen der §§ 1 bis 17 finden entsprechende Anwendung auf bewegliches oder unbewegliches Vermögen, das sich im Gebiet des einen Teils befindet und zu dem Nachlaß eines außerhalb dieses Gebietes verstorbenen Angehörigen des anderen Teils gehört.

§ 19 Dt.-Türk. NachlAbk

(1) Wenn eine Person, die zur Besatzung eines Schiffes eines der beiden Staaten gehört, im Gebiet des anderen Staates stirbt und nicht diesem angehört, so sollen ihre Heuerguthaben und ihre Habseligkeiten dem Konsul des zuständigen Staates übergeben werden.

(2) Wenn ein Angehöriger des einen der beiden Staaten auf der Reise im Gebiet des anderen stirbt, ohne dort seinen Wohnsitz oder gewöhnlichen Aufenthalt gehabt zu haben, so sollen die von ihm mitgeführten Gegenstände dem Konsul seines Landes übergeben werden.

(3) Der Konsul, dem die in Absatz 1 und 2 erwähnten Nachlaßsachen übergeben sind, wird damit nach den Vorschriften seines Landes verfahren, nach dem er die von dem Verstorbenen während des Aufenthaltes in dem Lande gemachten Schulden geregelt hat.

cc) Konsularvertrag zwischen der Bundesrepublik Deutschland und der UdSSR. Der **27** deutsch-sowjetische Konsularvertrag (Art. 1 ff. Dt.-Sowjet. KonsularV) vom 25.4.1958[69] – in Kraft seit dem 24.5.1959[70] – enthält eine erbrechtliche Zuständigkeitsnorm (→ Rn. 29) sowie eine Kollisionsnorm (→ Rn. 30) und regelt darüber hinaus die Befugnisse der Konsuln auf erbrechtlichem Gebiet (Errichtung von Testamenten, Nachlassfürsorge), die zum Teil enger sind, als es etwa § 9 Abs. 2 KonsularG erlaubt.

---

[69] BGBl. 1959 II S. 232.
[70] Bekanntmachung vom 30.4.1959, BGBl. 1959 II S. 469.

28   Nach der **Auflösung der UdSSR** gilt der Konsularvertrag im Verhältnis zu der Russischen Föderation weiter.[71] Mit Armenien,[72] Aserbaidschan,[73] Georgien,[74] Kasachstan,[75] Kirgisistan,[76] Moldau,[77] Tadschikistan,[78] Weißrussland,[79] der Ukraine[80] und Usbekistan[81] wurde vereinbart, dass die zwischen Deutschland und der ehemaligen UdSSR geschlossenen völkerrechtlichen Verträge so lange weitergelten, bis mit der jeweiligen Nachfolgerepublik Abweichendes vereinbart wird.[82] – Mit den übrigen „Nachfolgestaaten" (Estland, Lettland, Litauen und Turkmenistan) wurde die Frage der Weitergeltung bisher völkerrechtlich nicht geregelt. Eine Weitergeltung aufgrund ungeschriebener Grundsätze[83] ist bei Verträgen, die keinen politischen Inhalt haben, zwar im Prinzip denkbar, doch besteht über diese Materie in der völkerrechtlichen Diskussion und der Staatenpraxis noch keine hinreichende Einigkeit,[84] zumal bei den baltischen Staaten noch hinzu kommt, dass diese völkerrechtswidrig von der UdSSR annektiert worden waren, so dass diese kaum nach der Wiedererlangung ihrer Unabhängigkeit durch Staatsverträge der UdSSR gebunden sein können.[85] Ein deutsches Gericht sollte daher bis zu einer Klärung auf Regierungsebene im Verhältnis zu den genannten Staaten die Erbrechtsverordnung und das autonome deutsche Kollisionsrecht anwenden. Auch nach dem Anwendungsbeginn der Erbrechtsverordnung bleibt diese Frage für die drei baltischen Staaten relevant. Diese sind zwar als Mitgliedstaaten an die Erbrechtsverordnung gebunden; da am Konsularvertrag jedoch auch Drittstaaten beteiligt sind, bliebe es beim Vorbehalt des Art. 75 Abs. 1 UAbs. 1 EuErbVO, da dessen Abs. 2 nicht greift.

29   Zunächst findet sich in **Art. 26 Dt.-Sowjet. KonsularV** folgende **Zuständigkeitsnorm:**

> [1]Die Feststellung, Verwahrung und Siegelung des Nachlasses gehört zur Zuständigkeit der örtlichen Behörden. [2]Auf Antrag des Konsuls ergreifen sie die zum Schutz des Nachlasses notwendigen Maßnahmen.

30   Praktisch bedeutsam ist jedoch vor allem **Art. 28 Abs. 3 Dt.-Sowjet. KonsularV,** der folgende **Kollisionsnorm** enthält:

> Hinsichtlich der unbeweglichen Nachlaßgegenstände finden die Rechtsvorschriften des Staates Anwendung, in dessen Gebiet diese Gegenstände belegen sind.

31   Damit kommt es auch insoweit zu einer **Nachlassspaltung** im Verhältnis zwischen Deutschland und der UdSSR bzw. den Nachfolgestaaten, für die der Konsularvertrag nach → Rn. 28 weiter gilt.[86] Zu den Folgen der Nachlassspaltung → Vor Art. 20 Rn. 7 ff. Die Rechtsnachfolge von Todes wegen in den unbeweglichen Nachlass unterliegt dem Belegenheitsrecht, diejenige in den beweglichen Nachlass dem jeweiligen Erbkollisionsrecht des Vertragsstaats, vor den deutschen Gerichten also den Art. 20 ff. EuErbVO.[87] Die Vorschrift ist nicht nur im Rahmen der Nachlassabwicklung durch einen Konsul anwendbar,[88] was die Frage nach dem räumlich persönlichen Anwendungsbereich der Norm aufwirft. Art. 28 Abs. 3 Dt.-Sowjet. KonsularV ist nur dann anzuwenden, wenn der Erblasser Angehöriger des jeweils anderen Staates war oder als Angehöriger des eigenen Staates unbewegliches Vermögen im anderen Staat hinterlässt.[89] Das bedeutet umgekehrt, dass für unbewegliches Vermögen der eigenen Staatsangehörigen das jeweilige Kollisionsrecht des Vertragsstaats maß-

---

[71] Bekanntmachung der Note des Präsidenten der Russischen Föderation an den Generalsekretär der Vereinten Nationen vom 24.12.1991 sowie der Note des Ministeriums für Auswärtige Angelegenheiten der Russischen Föderation an die Botschaft der BRepD in Moskau vom 13.1.1992, BGBl. 1993 II S. 1016.

[72] BGBl. 1993 II S. 169.

[73] BGBl. 1996 II S. 2471.

[74] BGBl. 1992 II S. 1128.

[75] BGBl. 1992 II S. 1120.

[76] BGBl. 1992 II S. 1015.

[77] BGBl. 1996 II S. 768.

[78] BGBl. 1995 II S. 255 f.

[79] BGBl. 1994 II S. 2533.

[80] BGBl. 1993 II S. 1189.

[81] BGBl. 1993 II S. 2038.

[82] Lediglich der Wortlaut der verschiedenen Bekanntmachungen weicht leicht voneinander ab.

[83] Die Wiener Konvention über Staatennachfolge vom 23.8.1978 ist bisher für die Bundesrepublik nicht in Kraft getreten; zu dieser Konvention hier statt vieler *Verdross-Simma,* Universelles Völkerrecht, 3. Aufl. 1984, §§ 975 ff.

[84] *Verdross-Simma,* Universelles Völkerrecht, 3. Aufl. 1984, §§ 973 ff.

[85] Vgl. auch Staudinger/*Dörner* (2007) EGBGB Vor Art. 25 Rn. 195.

[86] Vgl. OLG Hamm OLGZ 1973, 388.

[87] Dutta/Weber/*Bauer* Anh. III Art. 75 Rn. 10; *Köhler* in GKKW IntErbR 183.

[88] Staudinger/*Dörner* (2007) EGBGB Vor Art. 25 Rn. 196.

[89] Dutta/Weber/*Bauer* Anh. III Art. 75 Rn. 7.

geblich ist, bei uns also Art. 20 ff. EuErbVO.[90] Auf Doppelstaater, die jeweils nur eine Staatsangehörigkeit der beiden betreffenden Vertragsstaaten besitzen, findet das Abkommen keine Anwendung.[91] Auch bei Art. 28 Abs. 3 Dt.-Sowjet. KonsularV (vgl. → Rn. 18) wird man für die Qualifikation der Nachlassgegenstände als beweglich oder unbeweglich auf das jeweilige Belegenheitsrecht zurückgreifen können.[92] Im Hinblick auf die Formgültigkeit erbrechtlicher Rechtsgeschäfte schweigt das Abkommen. Insoweit bestimmt sich das anwendbare Recht nach dem Haager Testamentsformübereinkommen von 1961 (Art. 1 ff. HTestformÜ; Text und Erläuterung → HTestformÜ Art. 1 Rn. 1 ff.), Art. 27, 28 EuErbVO.

Das frühere **deutsch-russische Nachlassabkommen** (Anlage zu Art. 22 des Konsularvertrags   **32** vom 12.10.1925, RGBl. 1926 II S. 1) kann noch für ältere Erbfälle bedeutsam sein.[93]

3. Begrenzung des Vorbehalts auf Staatsverträge im Regelungsbereich der Verordnung. **33**
Allerdings gilt der Vorbehalt nach Art. 75 Abs. 1 UAbs. 1 EuErbVO nur für Staatsverträge, deren Gegenstände in den Regelungsbereich der Erbrechtsverordnung fallen („Bereiche betreffen, die in dieser Verordnung geregelt sind") und bei denen allein sich ein Konflikt mit der Verordnung stellt. Nicht von der Vorschrift vorbehalten werden deshalb **sonstige bilaterale Konsularverträge** mit deutscher Beteiligung, die vor allem erbrechtsrelevante fremdenrechtliche Bestimmungen enthalten, da diese grundsätzlich Fragen der Verordnung unberührt lassen (aber → Art. 3 Rn. 17, 19). Auch keine Anwendung findet Abs. 1 UAbs. 1 auf **Anerkennungs- und Vollstreckungsstaatsverträge** der Mitgliedstaaten mit Drittstaaten (zum Begriff → Vor Art. 1 Rn. 29),[94] etwa das deutsch-britische Abkommen,[95] das deutsch-norwegische Abkommen,[96] das deutsch-schweizerische Abkommen[97] sowie das deutsch-tunesische Abkommen.[98] Zwar schließen diese Abkommen die Anerkennung und Vollstreckung von Entscheidungen in Erbsachen – teils sogar in Verfahren der freiwilligen Gerichtsbarkeit – nicht aus,[99] anders als das deutsch-israelische Abkommen[100] in seinem Art. 4 Abs. 1 Nr. 2. Auch das deutsch-türkische Nachlassabkommen (→ Rn. 25) enthält in § 15 S. 2 und § 17 Dt.-Türk. NachlAbk Regelungen zur Entscheidungsanerkennung. Aber anders als die Art. 39 ff. EuErbVO betreffen diese Abkommen nur Entscheidungen aus Drittstaaten und damit keinen Regelungsgegenstand der Verordnung. Sie finden neben der Verordnung Anwendung. Zu den bilateralen Abkommen zwischen Mitgliedstaaten → Rn. 34. Die sachlichen Anwendungsbereiche des **Luganer Gerichtsstands- und Vollstreckungsübereinkommens**[101] und der Erbrechtsverordnung überschneiden sich dagegen bereits nicht, vgl. → Art. 1 Rn. 4 zur parallel auszulegenden Brüssel Ia-VO, so dass auch hier Abs. 1 UAbs. 1 nicht zum Zuge kommt. Schwierigkeiten werfen dagegen Staatsverträge mit Drittstaaten auf, die **einheitliches Sachrecht** im Bereich des Erbrechts schaffen.[102] Deutschland ist derzeit nicht Vertragsstaat eines solchen Übereinkommens; dennoch stellt sich die Frage auch vor deutschen Gerichten, wenn die Kollisionsnormen der Verordnung auf das Recht eines Staates verweisen, der durch ein solches staatsvertragliches Einheitsrecht gebunden ist. Konkret stellt sich vor allem die Frage, wie das **UNIDROIT-Testamentsformüberein-**

---

[90] Dutta/Weber/*Bauer* Anh. III Art. 75 Rn. 9. Das ergibt sich wohl bereits aus Art. 75 Abs. 1 UAbs. 1, der die Anwendung der vorbehaltenen Staatsverträge nur in ihrem Regelungsbereich vorbehält.

[91] Vgl. Dutta/Weber/*Bauer* Anh. III Art. 75 Rn. 7: allgemein keine Anwendung auf Mehrstaater.

[92] Staudinger/*Dörner* (2007) EGBGB Vor Art. 25 Rn. 197.

[93] Vgl. Staudinger/*Dörner* (2007) EGBGB Vor Art. 25 Rn. 193.

[94] Anders aber offenbar *Köhler* in GKKW IntErbR 69 f.

[95] Abkommen zwischen der Bundesrepublik Deutschland und dem Vereinigten Königreich Großbritannien und Nordirland über die gegenseitige Anerkennung und Vollstreckung von gerichtlichen Entscheidungen in Zivil- und Handelssachen vom 14.7.1960, BGBl. 1961 II S. 302.

[96] Vertrag zwischen der Bundesrepublik Deutschland und dem Königreich Norwegen über die gegenseitige Anerkennung und Vollstreckung gerichtlicher Entscheidungen und anderer Schuldtitel in Zivil- und Handelssachen vom 17.6.1977, BGBl. 1981 II S. 341; vgl. auch § 1 Abs. 1 lit. c AVAG.

[97] Abkommen zwischen dem Deutschen Reich und der Schweizerischen Eidgenossenschaft über die gegenseitige Anerkennung und Vollstreckung von gerichtlichen Entscheidungen und Schiedssprüchen vom 2.11.1929, RGBl. 1930 II S. 1065.

[98] Vertrag zwischen der Bundesrepublik Deutschland und der Tunesischen Republik über Rechtsschutz und Rechtshilfe, die Anerkennung und Vollstreckung gerichtlicher Entscheidungen in Zivil- und Handelssachen sowie über die Handelsschiedsgerichtsbarkeit vom 19.7.1966, BGBl. 1969 II S. 890.

[99] S. den Überblick bei Staudinger/*Dörner* (2007) EGBGB Art. 25 Rn. 823 f. (streitige Erbverfahren) und Rn. 908 (freiwillige Gerichtsbarkeit).

[100] Vertrag zwischen der Bundesrepublik Deutschland und dem Staat Israel über die gegenseitige Anerkennung und Vollstreckung gerichtlicher Entscheidungen in Zivil- und Handelssachen vom 20.7.1977, BGBl. 1980 II S. 925; vgl. auch § 1 Abs. 1 lit. d AVAG.

[101] Luganer Übereinkommen vom 30.10.2007 über die gerichtliche Zuständigkeit und die Anerkennung und Vollstreckung von Entscheidungen in Zivil- und Handelssachen, ABl. 2007 L 339, 3.

[102] Keinen Konflikt sieht hier dagegen Bonomi/Wautelet/*Bonomi* Rn. 3.

kommen (→ Vor Art. 1 Rn. 15) sich zur Erbrechtsverordnung verhält. Vor den Gerichten eines **Vertragsstaats** ist die Antwort eindeutig: Das Übereinkommen findet im Rahmen seines Anwendungsbereichs vorrangig Anwendung, ohne Rücksicht darauf, ob die Verordnung auf das Recht des Vertragsstaats verweist. Der Vorbehalt nach Abs. 1 UAbs. 1 gilt auch für die (räumlichen) Anwendungsbereichsvorschriften des jeweiligen einheitsrechtlichen Übereinkommens,[103] beim UNIDROIT-Übereinkommen konkret für Art. 1 des Einheitsrechts. Vor den Gerichten eines **Nichtvertragsstaats** kommt das Übereinkommen dagegen nur zur Anwendung, wenn die Verordnung bzw. das Haager Testamentsformübereinkommen iVm Abs. 1 UAbs. 2 (vgl. auch → HTestformÜ Art. 1 Rn. 17) für die betreffende Frage auf das Recht des Vertragsstaats verweist und das Übereinkommen anwendbar ist. Das Übereinkommen ist dann aus Sicht des Nichtvertragsstaats schlicht Teil des anwendbaren Sachrechts. – Zu Staatsverträgen, die von der **inländischen Gerichtsbarkeit** befreien (→ Vor Art. 4 Rn. 1).

III. Ausnahme für Übereinkommen zwischen den Mitgliedstaaten (Abs. 2)

34   Nach Abs. 2 gilt die Vorrangregel des Abs. 1 UAbs. 1 nicht für Übereinkommen, an denen **ausschließlich** Mitgliedstaaten als Vertragsstaaten beteiligt sind; diese werden durch die Verordnung verdrängt, um deren Vereinheitlichungswirkung nicht zu gefährden (s. Erwägungsgrund Nr. 73 S. 3). Diese Ausnahme besitzt für Deutschland nur eine geringe Bedeutung. Insbesondere fällt das Abkommen über den **deutsch-französischen Wahlgüterstand** (WahlZugAbk-F)[104] nicht unter diese Vorschrift,[105] auch wenn das Übereinkommen Regelungen zum Güterrecht von Todes wegen enthält (Art. 8 ff. WahlZugAbk), die jedoch nicht vom sachlichen Anwendungsbereich der Verordnung erfasst werden (Art. 1 Abs. 2 lit. d EuErbVO → Art. 1 Rn. 20 ff.), zumal das Übereinkommen überdies sachrechtliche Regelungen enthält (vgl. auch Art. 1 WahlZugAbk-F), anders als die Verordnung. Allenfalls für Fragen der Anerkennung und Vollstreckung ausländischer Entscheidungen in Erbsachen wird die Erbrechtsverordnung die bisherigen **bilateralen Anerkennungs- und Vollstreckungsabkommen** zwischen Mitgliedstaaten (zu Drittstaatenabkommen → Rn. 33) grundsätzlich verdrängen, etwa das deutsch-belgische Abkommen,[106] das deutsch-griechische Abkommen,[107] das deutsch-italienische Abkommen,[108] das deutsch-niederländische Abkommen,[109] das deutsch-österreichische Abkommen[110] sowie das deutsch-spanische Abkommen,[111] soweit diese auch die Anerkennung und Vollstreckung von Entscheidungen in Erbsachen regeln. Auch über ein Günstigkeitsprinzip werden diese Abkommen neben der Verordnung regelmäßig keine Rolle spielen (→ Vor Art. 39 Rn. 4),[112] da die Art. 39 ff. EuErbVO regelmäßig anerkennungs- und vollstreckungsfreundlicher sein werden als die genannten Staatsverträge.

IV. Sonderregelung für das nordische Nachlassübereinkommen (Abs. 3)

35   Auf den ersten Blick nicht unmittelbar einsichtig ist die Bedeutung der Sonderregelung für das nordische Nachlassübereinkommen (→ Vor Art. 1 Rn. 13) in Abs. 3,[113] dem jedenfalls teilweise Vorrang vor der Verordnung eingeräumt wird, vgl. auch Erwägungsgrund Nr. 74. Der Vorrang des

---

[103] Zust. Dutta/Weber/*Bauer* Rn. 7.

[104] Abkommen zwischen der Bundesrepublik Deutschland und der Französischen Republik über den Güterstand der Wahl-Zugewinngemeinschaft vom 4.2.2010, BGBl. 2012 II S. 180.

[105] Dutta/Weber/*Bauer* Rn. 8.

[106] Abkommen zwischen der Bundesrepublik Deutschland und dem Königreich Belgien über die gegenseitige Anerkennung und Vollstreckung von gerichtlichen Entscheidungen, Schiedssprüchen und öffentlichen Urkunden in Zivil- und Handelssachen vom 30.6.1958, BGBl. 1959 II S. 766.

[107] Vertrag zwischen der Bundesrepublik Deutschland und dem Königreich Griechenland über die gegenseitige Anerkennung und Vollstreckung von gerichtlichen Entscheidungen, Vergleichen und öffentlichen Urkunden in Zivil- und Handelssachen vom 4.11.1961, BGBl. 1963 II S. 110.

[108] Abkommen zwischen dem Deutschen Reich und dem Königreich Italien über die gegenseitige Anerkennung und Vollstreckung gerichtlicher Entscheidungen in Zivil- und Handelssachen vom 9.3.1936, RGBl. II S. 145.

[109] Vertrag zwischen der Bundesrepublik Deutschland und dem Königreich der Niederlande über die gegenseitige Anerkennung und Vollstreckung gerichtlicher Entscheidungen und anderer Schuldtitel in Zivil- und Handelssachen vom 30.8.1962, BGBl. 1965 II S. 27.

[110] Vertrag zwischen der Bundesrepublik Deutschland und der Republik Österreich über die gegenseitige Anerkennung und Vollstreckung von gerichtlichen Entscheidungen, Vergleichen und öffentlichen Urkunden in Zivil- und Handelssachen vom 6.6.1959, BGBl. 1960 II S. 1246.

[111] Vertrag zwischen der Bundesrepublik Deutschland und Spanien über die Anerkennung und Vollstreckung von gerichtlichen Entscheidungen und Vergleichen sowie vollstreckbaren öffentlichen Urkunden in Zivil- und Handelssachen vom 14.11.1983, BGBl. 1987 II S. 34; vgl. auch § 1 Abs. 1 lit. e AVAG.

[112] Zur Geltung des Günstigkeitsprinzips in diesem Zusammenhang Dutta/Weber/*Bauer* Rn. 10.

[113] Zum Hintergrund *Jänterä-Jareborg*, Liber amicorum Pintens I, 2012, 733 (741 ff., 751 f.); *Jänterä-Jareborg* FamRZ 2015, 1562 (1563 f.); s. auch *Frantzen* in LSHGGRD, Erbfälle unter Geltung der EuErbVO 67, 69 ff.

Übereinkommens von 1934 als Ganzes hätte keiner eigenständigen Regelung bedurft, sondern ergibt sich bereits aus der Grundregel des Abs. 1 UAbs. 1, da an dem nordischen Übereinkommen neben Finnland und Schweden als Mitgliedstaaten auch Drittstaaten (zum Begriff → Vor Art. 1 Rn. 29) beteiligt sind, so dass auch die Ausnahme in Abs. 2 nicht greift. Dennoch besitzt Abs. 3 bei näherem Hinsehen eine **doppelte Funktion** für Finnland und Schweden: Zum einen erweitert Abs. 3 die Vorrangregel des Abs. 1 UAbs. 1. Das Nordische Nachlassübereinkommen wird nicht nur in seiner Fassung von 1934 vorbehalten, sondern auch in der geänderten Fassung von 2012, sobald diese in Kraft tritt. Die Vorrangregel des Abs. 1 UAbs. 1 gilt nur für zum Zeitpunkt der Annahme der Verordnung in Kraft befindliche Übereinkommen. Zum anderen schränkt Abs. 3 die Vorrangregel des Abs. 1 UAbs. 1 auch ein: Das Nachlassübereinkommen (in seiner jetzigen und künftigen Fassung) wird nur im Hinblick auf die in lit. a und b genannten Regelungsbereiche vorbehalten, nicht aber im Hinblick etwa auf die im Übereinkommen enthaltenen Kollisionsnormen.

Art. 76 EuErbVO Verhältnis zur Verordnung (EG) Nr. 1346/2000 des Rates

Diese Verordnung lässt die Anwendung der Verordnung (EG) Nr. 1346/2000 des Rates vom 29. Mai 2000 über Insolvenzverfahren[1] unberührt.

Schrifttum: *Strauß*, Der notleidende Nachlass bei Auslandsberührung – zugleich ein Beitrag zur Abgrenzung zwischen EuErbVO und EuInsVO, 2015.

I. Hintergrund und Normzweck

Überschuldeten Nachlässen begegnen die Rechtsordnungen auf unterschiedliche Weise.[2] Wählen **1** die Rechtsordnungen den Weg des Insolvenzverfahrens, indem sie – wie das deutsche Recht nach § 1975 BGB, § 315 InsO – die Möglichkeit eines Nachlassinsolvenzverfahrens vorsehen, so stellt sich die Frage, ob die Nachlassinsolvenz in den sachlichen Anwendungsbereich der Erbrechtsverordnung oder der Insolvenzverordnung (Art. 1 ff. EuInsVO) fällt, die keine Ausnahme für Nachlassinsolvenzverfahren enthält (→ Rn. 3). Bei der internationalen Zuständigkeit und beim anwendbaren Recht ist die Verortung der Nachlassinsolvenz freilich regelmäßig unerheblich, da der letzte gewöhnliche Aufenthalt des Erblassers (Art. 4, Art. 21 Abs. 1 EuErbVO) oftmals mit dem maßgeblichen Anknüpfungsmoment der Insolvenzverordnung übereinstimmt, nämlich mit dem Mittelpunkt der hauptsächlichen Interessen des Erblassers als Insolvenzschuldner (COMI-Prinzip nach Art. 3 Abs. 1 S. 1, Art. 7 Abs. 1 EuInsVO; auch → Rn. 5). Dieser Gleichlauf ist aber nicht zwingend,[3] etwa wenn der Erblasser das Erbstatut nach Art. 22 EuErbVO wählt, mit entsprechenden zuständigkeitsrechtlichen Rechtsfolgen nach Art. 5 ff. EuErbVO.

Die Vorschrift sieht vor, dass der **Insolvenzverordnung der Vorrang vor der Erbrechtsver- 2 ordnung** gebührt. Der Verweis gilt auch für die ab 2017 anwendbare Neufassung der Insolvenverordnung, wie Art. 91 EuInsVO klarstellt. Soweit die europäische Insolvenzverordnung ein Verfahren zur Abwicklung überschuldeter Nachlässe sachlich erfasst, muss die Erbrechtsverordnung zurücktreten.

II. Ausschließliche Anwendbarkeit der europäischen Insolvenzverordnung auf mitgliedstaatliche Nachlassinsolvenzverfahren

Dieser Vorrang der Insolvenzverordnung wirkt sich freilich nur dann praktisch aus, wenn diese **3** Verordnung überhaupt auf Verfahren zur Abwicklung überschuldeter Nachlässe anwendbar ist. Dies ist jedenfalls für Nachlassinsolvenzverfahren der Fall.[4] Anders als in zahlreichen anderen europäischen Rechtsakten (→ Art. 1 Rn. 3) sehen die Anwendungsbereichsvorschriften der Insolvenzverordnung keine Bereichsausnahme für das Erbrecht vor (vgl. Art. 1 EuInsVO). Vielmehr ist die Verordnung nach Art. 1 EuInsVO auf sämtliche Insolvenzverfahren anwendbar, die im Anhang A aufgeführt sind, auch wenn sie erst im Zusammenhang mit einem Erbfall eingeleitet werden (vgl. nunmehr Art. 1 Abs. 1 UAbs. 3 EuInsVO). Die Insolvenzverordnung erfasst damit vor allem auch das Nachlassinsolvenzverfahren nach § 1975 BGB, § 315 InsO (→ EuInsVO Art. 2 Rn. 6) und regelt die internationale Zuständigkeit und das anwendbare Recht, wobei im Insolvenzstatut sich auch erbrechtliche Vorfragen stellen können, die nach dem Erbstatut zu beantworten sind.[5]

---

[1] **[Amtl. Anm.:]** ABl. L 160 vom 30.6.2000, S. 1.
[2] S. den Rechtsvergleich bei *Strauß*, Der notleidende Nachlass bei Auslandsberührung, 2015, 5 ff.
[3] Vgl. *Strauß*, Der notleidende Nachlass bei Auslandsberührung, 2015, 185 ff.
[4] AG Köln NZI 2011, 159; AG Düsseldorf ZEV 2013, 154 f. Vgl. auch DNotI-Studie S. 230; BGH ZEV 2010, 528.
[5] Näher zur Nachlassinsolvenz und EuInsVO *Mankowski* ZIP 2011, 1501.

4 Aus Art. 76 folgt damit, dass ein Nachlassinsolvenzverfahren, das in den Anwendungsbereich der Insolvenzverordnung fällt, **nicht vom Anwendungsbereich der Erbrechtsverordnung** erfasst wird, auch wenn es sich bei einer autonomen Auslegung des Art. 1 Abs. 1 S. 1 um ein Verfahren handelt, das die Rechtsnachfolge von Todes wegen zum Gegenstand hat. Ein anderes Ergebnis wäre auch sachlich nur schwer zu rechtfertigen, da sich der Tod des Schuldners nicht auf den internationalen Gläubigerschutz auswirken kann, wie er von der Insolvenzverordnung gewährt wird.[6] Daher gilt auch jenseits des räumlichen Anwendungsbereichs der Insolvenzverordnung (die Verordnung ist ausweislich des Erwägungsgrunds Nr. 25 zur EuInsVO nur auf Schuldner bzw. Erblasser [vgl. → Rn. 5] anwendbar, deren Mittelpunkt ihrer hauptsächlichen Interessen in der EU liegt), dass Fragen der Nachlassinsolvenz nicht von der Erbrechtsverordnung, sondern dann vom mitgliedstaatlichen internationalen Insolvenzrecht erfasst werden.

5 Der Gläubigerschutz erfordert es auch, dass – wozu leider sowohl die Insolvenzverordnung als auch die Erbrechtsverordnung schweigen[7] – der Mittelpunkt der hauptsächlichen Interessen des Schuldners als Anknüpfungsmoment des Art. 3 Abs. 1 S. 1, Art. 7 Abs. 1 EuInsVO) im Falle einer Nachlassinsolvenz stets **im Hinblick auf den Erblasser** bestimmt wird[8] und nicht im Hinblick auf die Erben, auch wenn nach dem mitgliedstaatlichen Verfahrensrecht etwa die Erben oder ein Nachlassverwalter als Insolvenzschuldner angesehen werden und nicht der Erblasser oder der Nachlass.

III. Nachrang funktionsäquivalenter erbrechtlicher Institute gegenüber einem mitgliedstaatlichen Nachlassinsolvenzverfahren

6 Der Vorrang der Insolvenzverordnung vor der Erbrechtsverordnung besitzt aber noch einen zweiten Aspekt. Soweit ein Nachlassinsolvenzverfahren in einem Mitgliedstaat eröffnet wird, auf das die Insolvenzverordnung anwendbar ist, müssen funktionsäquivalente Verfahren in einem anderen Mitgliedstaat nach Art. 76 ausgesetzt werden,[9] und zwar selbst dann, wenn nach dem Erbstatut ein (ausländisches) Insolvenzverfahren das funktionsäquivalente Verfahren nicht ausschließt oder beendet.[10] Art. 76 flankiert erbrechtlich Art. 19 EuInsVO, der ja bereits für eine grenzüberschreitende Anerkennung der Insolvenzverfahrenseröffnung in der EU sorgt. Der Vorrang der Insolvenzverordnung wäre gefährdet, wenn ein inländisches Nachlassinsolvenzverfahren etwa durch eine ausländische Nachlassverwaltung gestört würde, die ebenfalls dem Schutz der Gläubiger dient und damit ähnliche Aufgaben übernimmt wie ein Insolvenzverfahren. Dabei kommt es – wie bereits angedeutet – freilich nur dann zum Konflikt, wenn die ausländische Nachlassverwaltung nicht (wie etwa nach § 1988 Abs. 1 BGB in Deutschland) wegen der Eröffnung des inländischen Nachlassinsolvenzverfahrens endet, soweit dieses im Ausland nach Art. 19 EuInsVO anzuerkennen ist und ein dortiges Nachlassinsolvenzverfahren substituiert.[11] Vielmehr obliegt die Abwicklung des überschuldeten Nachlasses in einem solchen Fall alleine dem Nachlassinsolvenzverfahren. Zwar wird dieser Nachrang in Art. 76 nicht ausdrücklich angeordnet.[12] Aber die Insolvenzverordnung würde „berührt" iS der Vorschrift, wenn das ihr unterliegende Nachlassverfahren durch ein parallel laufendes erbrechtliches Verfahren, das ähnliche Zwecke verfolgt und über die Erbrechtsverordnung unionsweit Wirkungen entfalten würde, untergraben wird. Insoweit besteht auch ein Bedürfnis für Art. 76, da die Litispendenzregeln (Art. 17 f.) nur konkurrierende Verfahren erfassen, die in den Anwendungsbereich der Erbrechtsverordnung fallen und zudem der Gegenstand eines Nachlassinsolvenzverfahrens und eines funktionsäquivalenten erbrechtlichen Verfahrens nicht zwangsläufig identisch sein müssen (allgemein → Art. 1 Rn. 4). Um den Vorrang der Insolvenzverordnung zu wahren, muss deshalb das eigentlich nach der

---

[6] *Max Planck Institute* RabelsZ 74 (2010), 522 (714); *Seyfarth,* Wandel der internationalen Zuständigkeit im Erbrecht, 2012, S. 269; vgl. auch *Hess/Jayme/Pfeiffer,* Stellungnahme zum Vorschlag für eine Europäische Erbrechtsverordnung, 2012, 39; vgl. auch Bonomi/Wautelet/*Wautelet* Rn. 11 mit Fn. 17.

[7] S. auch den Vorschlag des *Max Planck Institute* RabelsZ 74 (2010), 522 (714 f.).

[8] AG Köln NZI 2011, 159; AG Düsseldorf ZEV 2013, 154 (155). Ausf. Begr. bei *Mankowski* ZIP 2011, 1501 (1502).

[9] Dutta/Weber/*Weber* Rn. 8; vgl. auch Bonomi/Wautelet/*Wautelet* Rn. 9, 16, 19; so wohl auch *S. M. Weber,* Das internationale Zivilprozessrecht erbrechtlicher Streitigkeiten, 2012, 92, wonach den „Wertungen" der EuInsVO der Vorrang einzuräumen sei; ähnlich auch Rauscher/*Hertel* Rn. 2. Anders nachdrücklich *Strauß,* Der notleidende Nachlass bei Auslandsberührung, 2015, S. 223 ff.: lediglich Gleichordnung beider Verordnungen, aber kein Vorrang der EuInsVO; verbleibende Konflikte sollen vor allem mithilfe der Anpassung aufgelöst werden.

[10] *Strauß,* Der notleidende Nachlass bei Auslandsberührung, 2015, 269 ff., kommt freilich zu dem Ergebnis, dass jedenfalls für die von ihm untersuchten Rechtsordnungen auf sachrechtlicher Ebene regelmäßig das Insolvenzverfahren anderen funktionsäquivalenten Verteilungsverfahren gegenüber vorrangig ist.

[11] Ebenso *Strauß,* Der notleidende Nachlass bei Auslandsberührung, 2015, 273.

[12] S. den Vorschlag des *Max Planck Institute* RabelsZ 74 (2010), 522 (714).

Erbrechtsverordnung zuständige Gericht seine Zuständigkeit ablehnen, sobald das Nachlassinsolvenz-
gericht seine Zuständigkeit nach der Insolvenzverordnung bejaht hat.[13]

IV. Nachlassinsolvenzverfahren in einem Drittstaat

Keine Aussage trifft Art. 76 zu einem Nachlassinsolvenzverfahren in einem Drittstaat (zum Begriff **7**
→ Vor Art. 1 Rn. 29). Insoweit wird man **keinen Nachrang** funktionsäquivalenter erbrechtlicher
Institute annehmen können (→ Rn. 6), da jedenfalls innerhalb der EU ein Bedürfnis für ein – und
sei es auch nur erbrechtliches – Verfahren besteht, dessen Wirkungen über die Verordnung auf die
anderen Mitgliedstaaten erstreckt werden. Die Voraussetzungen für ein mitgliedstaatliches Nachlassinsolvenzverfahren richten sich dagegen nach der Insolvenzverordnung (→ Rn. 3, 4).

Art. 77 EuErbVO Informationen für die Öffentlichkeit

**Die Mitgliedstaaten übermitteln der Kommission eine kurze Zusammenfassung ihrer
innerstaatlichen erbrechtlichen Vorschriften und Verfahren, einschließlich Informationen
zu der Art von Behörde, die für Erbsachen zuständig ist, sowie zu der Art von Behörde,
die für die Entgegennahme von Erklärungen über die Annahme oder die Ausschlagung
der Erbschaft, eines Vermächtnisses oder eines Pflichtteils zuständig ist, damit die betreffenden Informationen der Öffentlichkeit im Rahmen des Europäischen Justiziellen Netzes
für Zivil- und Handelssachen zur Verfügung gestellt werden können.**

**Die Mitgliedstaaten stellen auch Merkblätter bereit, in denen alle Urkunden und/oder
Angaben aufgeführt sind, die für die Eintragung einer in ihrem Hoheitsgebiet belegenen
unbeweglichen Sache im Regelfall erforderlich sind.**

Die Mitgliedstaaten halten die Informationen stets auf dem neuesten Stand.

Die Vorschrift soll den Zugang zum Erbrecht anderer Mitgliedstaaten und damit bei grenzüber- **1**
schreitenden Erbfällen eine Anwendung der Verordnung erleichtern.[1] Die Mitgliedstaaten sind verpflichtet, nach **UAbs. 1** die genannten Angaben der Kommission zu übermitteln, damit sie diese im
Europäischen Justiziellen Netz veröffentlichen kann, nach **UAbs. 2** die genannten Merkblätter zu
erstellen (dazu Erwägungsgrund Nr. 68 S. 2) und der Öffentlichkeit zugänglich zu machen sowie
nach **UAbs. 3** ihre Angaben und Merkblätter stets zu aktualisieren. Leider lässt die Vorschrift offen,
in welcher Weise die Merkblätter nach **UAbs. 2** zu veröffentlichen sind. Insbesondere ist es unverständlich, warum der europäische Gesetzgeber nicht anordnet, dass auch diese Merkblätter in das
Europäische Justizielle Netz eingestellt werden. Auch findet sich hier ein Widerspruch zu Erwägungsgrund Nr. 75, der in seinem S. 2 offenbar davon ausgeht, dass die Kommission diese Informationen
auch im Amtsblatt zu veröffentlichen hat.

Auch wenn die Vorschrift dies nicht ausdrücklich anordnet (vgl. Art. 78 Abs. 1), so müssen die **2**
Informationen erstmalig spätestens am 16.11.2014 zur Verfügung gestellt werden, da Art. 77 – und
damit auch die in ihm enthaltenen Pflichten – nach Art. 84 UAbs. 2 (in dessen berichtigter Fassung
→ Art. 84 Rn. 3) ab diesem Datum gilt. Erwägungsgrund Nr. 75 S. 2 legt dagegen fest, dass die
„Mitgliedstaaten der Kommission [...] die Informationen vor dem Beginn der Anwendung der
Verordnung mitteilen" sollten, womit wohl auf den späteren Stichtag in Art. 83 Abs. 1 angespielt
wird. Allerdings ist es sehr zweifelhaft, ob es dann der Kommission noch gelänge, die Informationen
rechtzeitig in das Europäische Justizielle Netz einzustellen.

Art. 78 EuErbVO Informationen zu Kontaktdaten und Verfahren

(1) Die Mitgliedstaaten teilen der Kommission bis zum 16. November 2014 mit:
**a) die Namen und Kontaktdaten der für Anträge auf Vollstreckbarerklärung gemäß Arti-
kel 45 Absatz 1 und für Rechtsbehelfe gegen Entscheidungen über derartige Anträge
gemäß Artikel 50 Absatz 2 zuständigen Gerichte oder Behörden;**
**b) die in Artikel 51 genannten Rechtsbehelfe gegen die Entscheidung über den Rechtsbe-
helf;**
**c) die einschlägigen Informationen zu den Behörden, die für die Ausstellung des Zeugnis-
ses nach Artikel 64 zuständig sind, und**
d) die in Artikel 72 genannten Rechtsbehelfe.

---

[13] So auch Dutta/Weber/*Weber* Rn. 8 (unter Heranziehung des Rechtsgedankens in Art. 17 Abs. 2).
[1] S. auch bereits DNotI-Studie S. 185, 317.

Die Mitgliedstaaten unterrichten die Kommission über spätere Änderungen dieser Informationen.

(2) Die Kommission veröffentlicht die nach Absatz 1 übermittelten Informationen im *Amtsblatt der Europäischen Union*, mit Ausnahme der Anschriften und sonstigen Kontaktdaten der unter Absatz 1 Buchstabe a genannten Gerichte und Behörden.

(3) Die Kommission stellt der Öffentlichkeit alle nach Absatz 1 übermittelten Informationen auf andere geeignete Weise, insbesondere über das Europäische Justizielle Netz für Zivil- und Handelssachen, zur Verfügung.

1   Die Vorschrift verpflichtet die Mitgliedstaaten in **Abs. 1** die genannten Informationen der Kommission bis zum 16.1.2014 (beachte aber das Korrigendum in → Rn. 2) **mitzuteilen** (UAbs. 1) und anschließend bei Bedarf stets zu **aktualisieren** (UAbs. 1). Ferner verpflichtet die Vorschrift die Kommission, die mitgeteilten Informationen im **Amtsblatt** zu veröffentlichen **(Abs. 2)** und über das **Europäische Justizielle Netz** zur Verfügung zu stellen **(Abs. 3)**, wobei die Veröffentlichungspflicht nach Abs. 2 erstaunlicherweise nicht für die Informationen nach Abs. 1 UAbs. 1 lit. a gilt. Die Pflichten der Kommission nach Abs. 2 und 3 bestehen auch bei einer Aktualisierung nach Abs. 1 UAbs. 2, auch wenn dies – anders als in Art. 79 Abs. 2 S. 2 sowie Abs. 3 – nicht ausdrücklich erwähnt wird.

2   Mittlerweile wurde die Frist in Art. 78 an den neuen Geltungsbeginn der Vorschrift (Art. 84 UAbs. 2 in der berichtigten Fassung → Art. 84 Rn. 3) angepasst. Nach einem **Korrigendum**[1] müssen die Mitgliedstaaten die genannten Informationen bis zum 16.11.2014 mitteilen.

3   Die Kommission ist inzwischen jedenfalls der Pflicht nach Abs. 3 nachgekommen. Die **Liste** mit den der Kommission von den Mitgliedstaaten mitgeteilten Informationen kann über das Europäische Justizielle Netz unter <https://e-justice.europa.eu/fileDownload.do?id=0a819ad8-5e5e-4106-88ce-c61a506fa22c> abgerufen werden.

Art. 79 EuErbVO Erstellung und spätere Änderung der Liste der in Artikel 3 Absatz 2 vorgesehenen Informationen

(1) Die Kommission erstellt anhand der Mitteilungen der Mitgliedstaaten die Liste der in Artikel 3 Absatz 2 genannten sonstigen Behörden und Angehörigen von Rechtsberufen.

(2) [1]Die Mitgliedstaaten teilen der Kommission spätere Änderungen der in dieser Liste enthaltenen Angaben mit. [2]Die Kommission ändert die Liste entsprechend.

(3) Die Kommission veröffentlicht die Liste und etwaige spätere Änderungen im *Amtsblatt der Europäischen Union*.

(4) Die Kommission stellt der Öffentlichkeit alle nach den Absätzen 1 und 2 mitgeteilten Informationen auf andere geeignete Weise, insbesondere über das Europäische Justizielle Netz für Zivil- und Handelssachen, zur Verfügung.

1   Nach Art. 3 Abs. 2 UAbs. 2 sind die Mitgliedstaaten verpflichtet, der Kommission mitzuteilen, welche sonstigen Behörden und Angehörige von Rechtsberufen die Anforderungen nach Art. 3 Abs. 2 UAbs. 1 erfüllen. Die Vorschrift des Art. 79 regelt zunächst die **Pflichten der Kommission** im Hinblick auf die Veröffentlichung dieser von den Mitgliedstaaten gemachten Angaben. Die Kommission muss eine Liste der sonstigen Behörden und Angehörigen von Rechtsberufen erstellen **(Abs. 1)** sowie diese im Amtsblatt veröffentlichen **(Abs. 3)** und in das Europäische Justizielle Netz einstellen **(Abs. 4)**.

2   Ferner sieht **Abs. 2 S. 1** eine Pflicht der **Mitgliedstaaten** vor, ihre Angaben nach Art. 3 Abs. 2 UAbs. 2 stets zu aktualisieren, wobei nach **Abs. 2 S. 2, Abs. 3** und **Abs. 4** die **Kommission** eine korrespondierende Erstellungs-, Veröffentlichungs- und Einstellungspflicht trifft.

3   Anders als Art. 78 Abs. 1 sieht weder Art. 3 Abs. 2 UAbs. 2 noch Art. 79 irgendwelche **Fristen** vor. Bemerkenswert ist, dass nach Art. 84 UAbs. 2 die Pflichten nach Art. 79 bereits seit dem 5.7.2012 gelten, während Art. 3 Abs. 2 UAbs. 2 erst ab dem 17.8.2015 gilt. Der Rechtsanwender wird deshalb aufgrund dieser geradezu schlampigen Gesetzgebung womöglich die erste Zeit der Geltungsdauer der Verordnung ohne die Informationen nach Art. 3 Abs. 2 UAbs. 2 auskommen müssen.

---

[1] Berichtigung der Verordnung (EU) Nr. 650/2012 des Europäischen Parlaments und des Rates vom 4.7.2012 über die Zuständigkeit, das anzuwendende Recht, die Anerkennung und Vollstreckung von Entscheidungen und die Annahme und Vollstreckung öffentlicher Urkunden in Erbsachen sowie zur Einführung eines Europäischen Nachlasszeugnisses, ABl. EU 2013 L 60, 140.

Auch hier (→ Art. 78 Rn. 3) ist die Kommission inzwischen jedenfalls der Pflicht nach Abs. 4   **4**
nachgekommen. Die **Liste** mit den der Kommission von den Mitgliedstaaten mitgeteilten Informationen kann über das Europäische Justizielle Netz unter <https://e-justice.europa.eu/fileDownload.do?id=ca826012-27c4-4c0a-a75d-035d3ec53135> abgerufen werden.

Art. 80 EuErbVO Erstellung und spätere Änderung der Bescheinigungen und der Formblätter nach den Artikeln 46, 59, 60, 61, 65 und 67

[1]Die Kommission erlässt Durchführungsrechtsakte zur Erstellung und späteren Änderung der Bescheinigungen und der Formblätter nach den Artikeln 46, 59, 60, 61, 65 und 67. [2]Diese Durchführungsrechtsakte werden nach dem in Artikel 81 Absatz 2 genannten Beratungsverfahren angenommen.

Art. 81 EuErbVO Ausschussverfahren

(1) [1]Die Kommission wird von einem Ausschuss unterstützt. [2]Dieser Ausschuss ist ein Ausschuss im Sinne der Verordnung (EU) Nr. 182/2011.

(2) Wird auf diesen Absatz Bezug genommen, so gilt Artikel 4 der Verordnung (EU) Nr. 182/2011.

Beide Vorschriften regeln das Verfahren zur Erstellung und Änderung der nach der Verordnung   **1**
erforderlichen Musterbescheinigungen und Formblätter, das nach den Verfahrensvorschriften der in Art. 81 genannten Verordnung von der Kommission im Beratungsverfahren durchzuführen ist (Art. 80 S. 2; s. auch Erwägungsgrund Nr. 79). Anders als in anderen Rechtsakten werden damit die Formblätter und Musterbescheinigungen nicht vom europäischen Gesetzgeber selbst erstellt, sondern von der Kommission, s. auch Erwägungsgrund Nr. 78. Die Pflicht der Kommission nach **Art. 80 S. 1** besteht nach Art. 84 UAbs. 2 bereits seit dem 5.7.2012. Auch wenn keine explizite Frist genannt ist, so mussten die Bescheinigungen und Formblätter rechtzeitig vor dem 17.8.2015 vorliegen, um eine reibungslose Anwendung der Verordnung zu gewährleisten. Dieser Pflicht ist die Kommission mit einer Durchführungsverordnung[1] (Art. 1 ff. EuErbVO-Formblätter) nachgekommen.

Art. 82 EuErbVO Überprüfung

[1]Die Kommission legt dem Europäischen Parlament, dem Rat und dem Europäischen Wirtschafts- und Sozialausschuss bis 18. August 2025 einen Bericht über die Anwendung dieser Verordnung vor, der auch eine Evaluierung der etwaigen praktischen Probleme enthält, die in Bezug auf die parallele außergerichtliche Beilegung von Erbstreitigkeiten in verschiedenen Mitgliedstaaten oder eine außergerichtliche Beilegung in einem Mitgliedstaat parallel zu einem gerichtlichen Vergleich in einem anderen Mitgliedstaat aufgetreten sind. [2]Dem Bericht werden gegebenenfalls Änderungsvorschläge beigefügt.

Die Vorschrift verpflichtet die Kommission zur Erstellung eines Überprüfungsberichts.   **1**

Art. 83 EuErbVO Übergangsbestimmungen

(1) Diese Verordnung findet auf die Rechtsnachfolge von Personen Anwendung, die am 17. August 2015 oder danach verstorben sind.

(2) Hatte der Erblasser das auf seine Rechtsnachfolge von Todes wegen anzuwendende Recht vor dem 17. August 2015 gewählt, so ist diese Rechtswahl wirksam, wenn sie die Voraussetzungen des Kapitels III erfüllt oder wenn sie nach den zum Zeitpunkt der Rechtswahl geltenden Vorschriften des Internationalen Privatrechts in dem Staat, in dem der

---

[1] Durchführungsverordnung (EU) Nr. 1329/2014 der Kommission vom 9.12.2014 zur Festlegung der Formblätter nach Maßgabe der Verordnung (EU) Nr. 650/2012 des Europäischen Parlaments und des Rates über die Zuständigkeit, das anzuwendende Recht, die Anerkennung und Vollstreckung von Entscheidungen und die Annahme und Vollstreckung öffentlicher Urkunden in Erbsachen sowie zur Einführung eines Europäischen Nachlasszeugnisses, ABl. EU 2014 L 359, 30, berichtigt durch ABl. EU 2015 L 195, 49 und ABl. EU 2016 L 9, 14.

Erblasser seinen gewöhnlichen Aufenthalt hatte, oder in einem Staat, dessen Staatsangehörigkeit er besaß, wirksam ist.

(3) Eine vor dem 17. August 2015 errichtete Verfügung von Todes wegen ist zulässig sowie materiell und formell wirksam, wenn sie die Voraussetzungen des Kapitels III erfüllt oder wenn sie nach den zum Zeitpunkt der Errichtung der Verfügung geltenden Vorschriften des Internationalen Privatrechts in dem Staat, in dem der Erblasser seinen gewöhnlichen Aufenthalt hatte, oder in einem Staat, dessen Staatsangehörigkeit er besaß, zulässig sowie materiell und formell wirksam ist.

(4) Wurde eine Verfügung von Todes wegen vor dem 17. August 2015 nach dem Recht errichtet, welches der Erblasser gemäß dieser Verordnung hätte wählen können, so gilt dieses Recht als das auf die Rechtsfolge von Todes wegen anzuwendende gewählte Recht.

Schrifttum: *Bonimaier,* Die fingierte Rechtswahl des Art. 83 Abs. 4 EuErbVO, EF-Z 2017, 20; *Fetsch,* Die Rechtswahlfiktion in Art. 83 Abs. 4 der Europäischen Erbrechtsverordnung, FS W.-H. Roth, 2015, 107; *Fetsch,* Die Rechtswahlfiktion in Art. 83 Abs. 4 EuErbVO: „Alte Testamente" und „neues Recht" bei Erbscheinsanträgen und Ausschlagungserklärungen, RNotZ 2015, 626; *Heinig,* Rechtswahlen im Erbrecht nach nationalem Kollisionsrecht – Der Countdown läuft!, RNotZ 2014, 281; *Rudolf,* EU-Erbrechtsverordnung – Übergangsvorschriften für die Wirksamkeit einer Rechtswahl und letztwilliger Verfügung, ZfRV 2015, 212; *Schoppe,* Die Übergangsbestimmungen zur Rechtswahl im internationalen Erbrecht: Anwendungsprobleme und Gestaltungspotential, IPRax 2014, 27. – Siehe ferner die Schrifttumshinweise allgemein zur Verordnung und ihren Vorarbeiten → Vor Art. 1 Rn. 1 ff.

I. Normzweck und Abgrenzung

1   Die Übergangsvorschrift des Art. 83 legt fest, auf welche Sachverhalte die Vorschriften der Verordnung in zeitlicher Hinsicht anwendbar sind. Die Vorschrift regelt die **intertemporale Anwendbarkeit** der Verordnung nicht nur im Hinblick auf das anwendbare Recht nach Kapitel III (auch wenn die Sonderregelungen in Abs. 2–4 allein diesem Regelungsbereich der Verordnung gewidmet sind), sondern auch im Hinblick auf das internationale Verfahrensrecht der Kapitel II, IV und V und das Europäische Nachlasszeugnis nach Kapitel VI. Mit Abs. 2–4 will die Verordnung die **berechtigten Erwartungen der Erblasser,** die nach dem für den intertemporalen Anwendungsbereich maßgeblichen Stichtag versterben, aber bereits zuvor eine Rechtswahl getroffen oder testiert haben, schützen.[1] Die Mitgliedstaaten können freilich **kraft mitgliedstaatlichen Rechts** den zeitlichen Anwendungsbereich vor den Stichtag ausdehnen,[2] was vor allem im Hinblick auf die Wirksamkeit einer Rechtswahl zugunsten des Staatsangehörigkeitsrechts für Erbfälle vor dem Stichtag (für Erbfälle am oder nach dem Stichtag s. Abs. 2) für Rechtsordnungen von Interesse sein könnte, die – wie etwa Frankreich – weder über eine Anknüpfung an die Staatsangehörigkeit noch eine Rechtswahlfreiheit verfügen.[3] Die intertemporale Anwendbarkeit ist **abzugrenzen** vom Inkrafttreten der Verordnung und ihrem Geltungsbeginn (→ Art. 84 Rn. 2).

II. Grundsatz: Anwendung der Verordnung auf Erbfälle am oder nach dem Stichtag (Abs. 1)

2   Grundsätzlich sind die Vorschriften der Verordnung nur auf Erbfälle am oder nach dem Stichtag des 17.8.2015 anwendbar; für die Rechtsnachfolge von Todes wegen für vor diesem Tag verstorbene Erblasser gilt das bisherige (vor allem mitgliedstaatliche) Recht. Zur Fristberechnung und Terminbe-

---

[1] *Janzen* DNotZ 2012, 484 (485); *Schoppe* IPRax 2014, 27 (28): Vertrauensschutz.
[2] *Bonomi*/*Wautelet*/*Wautelet* Rn. 5.
[3] Vgl. *Vareilles-Sommières* Rec. Dalloz 2012, 2321 f.; *Loussouarn*/*Bourel*/*Vareilles-Sommières,* Droit international privé, 10. Aufl. 2013, Rn. 674.

stimmung s. Erwägungsgrund Nr. 77, zur Bestimmung des Todeszeitpunkts gilt das bereits bei → Art. 4 Rn. 8 f. Ausgeführte entsprechend.[4]

Diese Übergangsregel ist zwar für das **Kollisionsrecht** der Verordnung (Kapitel III) einleuchtend, **3** auf den ersten Blick nicht aber für die **internationale Zuständigkeit** (Kapitel II), die **Anerkennung und Vollstreckbarerklärung von Entscheidungen** (Kapitel IV), die **Anerkennung und Vollstreckbarerklärung von öffentlichen Urkunden und Vergleichen** sowie die **Annahme von öffentlichen Urkunden** (Kapitel V) und das **Europäische Nachlasszeugnis** (Kapitel VI). Das internationale Verfahrensrecht hätte – so scheint es – für sich genommen vom Unionsgesetzgeber durchaus auch auf Erbfälle vor dem 17.8.2015 erstreckt werden können, wenn das jeweilige Verfahren ab dem 17.8.2015 eingeleitet wurde oder die anzuerkennende oder für vollstreckbar zu erklärende Entscheidung am oder nach dem Stichtag erlassen wurde. Allerdings sind die verschiedenen Abteilungen der Erbrechtsverordnung eng miteinander verknüpft, so dass ein einheitlicher zeitlicher Anwendungsbereich geboten war.[5] Bei der Anerkennung oder Vollstreckbarerklärung einer Entscheidung aus einem anderen Mitgliedstaat oder bei der Ausstellung eines Europäischen Nachlasszeugnisses muss damit das Gericht oder die Ausstellungsbehörde ab dem 17.8.2015 stets prüfen, ob die Entscheidung einen Erbfall betrifft, der ab dem 17.8.2015 eingetreten ist oder – weil es sich um eine Entscheidung in einer Erbsache zu Lebzeiten des Erblassers handelt (→ Vor Art. 4 Rn. 10) – ab dem 17.8.2015 eintreten muss.

Obwohl die Verordnung erst auf Erbfälle am oder nach dem Stichtag anwendbar sein wird, **4** entfaltet die Verordnung erhebliche **Rückwirkung.** Die Verordnung wirkt sich auch auf erbrechtliche Vorgänge vor dem Stichtag aus. Dies betrifft vor allem Reaktionen des Erbstatuts auf lebzeitige Zuwendungen des Erblassers, die ebenfalls vom Erbstatut erfasst werden (→ Art. 1 Rn. 33, 34, 45; → Art. 23 Rn. 35, 37) und sich damit bei Erbfällen am oder nach dem Stichtag nach den Kollisionsnormen der Verordnung richten, auch wenn die lebzeitigen Zuwendungen lange vor dem Stichtag vorgenommen wurden.[6]

Angesichts der Ungewissheit des Todeszeitpunkts ist eine an den Zeitpunkt des Erbfalls anknüpfende Stichtagsregelung gerade im Hinblick auf die Nachlassplanung des Erblassers bedenklich, der **5** seinen Todeszeitpunkt nicht kennt und damit nicht weiß, ob sich seine Gestaltungsakte – insbesondere eine Rechtswahl oder eine Verfügung von Todes wegen – an den vor oder am oder nach dem Stichtag anwendbaren Regelungen messen lassen müssen.

Auch der europäische Gesetzgeber hat diese Problematik erkannt und in Abs. 2 und Abs. 3 zwei **6** **Sonderregelungen** aufgenommen, die dem favor-negotii-Grundsatz folgend die Gültigkeit einer vor dem Stichtag errichteten Rechtswahl oder Verfügung von Todes wegen begünstigen sollen, wenn der Erblasser am oder nach dem Stichtag verstirbt und damit nach Abs. 1 eigentlich die Vorschriften der Verordnung Anwendung finden:

III. Sonderregelung für eine vor dem Stichtag errichtete Rechtswahl bei am oder nach dem Stichtag eintretendem Erbfall

1. Alternative Wirksamkeitsprüfung (Abs. 2). Abs. 2 und 4 enthalten eine Sonderregelung **7** für eine vor dem Stichtag errichtete Rechtswahl des Erblassers, allerdings nur wenn der Erblasser am oder nach dem Stichtag verstirbt.[7] Sachlich erfasst Abs. 2 **jede Art einer erbrechtlichen Rechtswahl,** auch eine Teilrechtswahl für einzelne Aspekte des Erbstatuts oder beschränkt auf einzelne Nachlassgegenstände (etwa nach Art. 25 Abs. 2 EGBGB aF), nicht jedoch eine auf das Errichtungsstatut beschränkte Rechtswahl iS des Art. 24 Abs. 2 oder des Art. 25 Abs. 3, die unter die Sonderregel des Abs. 3 fällt,[8] vgl. aber auch zu den Auswirkungen einer solchen Rechtswahl bei Abs. 4 → Rn. 13; allenfalls für die nicht in Abs. 3 erfasste Bindungswirkung (→ Rn. 17) kann Abs. 2 zum Zuge kommen. Zur **Gerichtsstandsvereinbarung** nach Art. 5 → Art. 5 Rn. 19.

Eine Rechtswahl des Erblassers bleibt gem. Abs. 2 auch am oder nach dem Stichtag wirksam (und **8** bestimmt damit das Erbstatut), wenn die Rechtswahl alternativ die Anforderungen eines von drei Regelungssystemen erfüllt: die **Voraussetzungen der Verordnung** in Art. 22 EuErbVO **(Fall 1)** oder des jeweils geltenden Kollisionsrechts des Staates, in dem der Erblasser zum Zeitpunkt der

---

[4] Zust. *Dutta/Weber/Bauer* Rn. 6.

[5] So auch *Grau* in Zimmermann ErbR Nebengesetze Art. 25, 26 EGBGB Anh.: EuErbVO Rn. 91; zum Europäischen Nachlasszeugnis so auch *Süß* ZEuP 2013, 725 (749); *ders.* in Dutta/Herrler EuErbVO 181, 190 f.

[6] So auch *Fetsch*, FS W.-H. Roth, 2015, 107 (123).

[7] Anders *Solomon* in Dutta/Herrler EuErbVO 19, 45; wie hier dagegen etwa *Köhler* in GKKW IntErbR 105; *Pintens* in LSHGGRD Erbfälle unter Geltung der EuErbVO 1, 32; *Rudolf* ZfRV 2015, 212 (214).

[8] Anders *Schoppe* IPRax 2014, 27 (29); Palandt/*Thorn* Rn. 4: auf das Errichtungsstatut beschränkte Rechtswahl von Abs. 2 erfasst; zust. *Rudolf* ZfRV 2015, 212 (213).

Rechtswahl seinen **gewöhnlichen Aufenthalt** hatte **(Fall 2)** oder dessen **Staatsangehörigkeit** der Erblasser zu diesem Zeitpunkt besaß **(Fall 3),**[9] wobei es irrelevant ist, ob es sich hierbei um einen Mitgliedstaat oder Drittstaat handelt.[10] Zur Bestimmung des gewöhnlichen Aufenthalts näher → Art. 4 Rn. 2 ff., zur Bestimmung der Staatsangehörigkeit näher → Art. 22 Rn. 4; bei mehreren Staatsangehörigkeiten reicht es aus, dass die Rechtswahl nach einem der betreffenden Kollisionsnormen wirksam ist,[11] s. auch die Wertung in Art. 22 Abs. 1 UAbs. 2 sowie → Art. 10 Rn. 15. Die Rechtswahlerklärung kann auch vor Inkrafttreten (Art. 84 UAbs. 1) oder Geltungsbeginn der Verordnung (Art. 84 UAbs. 2) errichtet worden sein.[12]

9   Fraglich ist jedoch bei **Fall 2** und **Fall 3**, ob es ausreicht, dass die Rechtswahl aus Sicht der genannten Kollisionsrechte vor dem Stichtag **ihre Wirkung entfaltet** hat, und sei es auch nur im Rahmen eines **Renvoi.** Richtigerweise wird es genügen, wenn zwar nach dem betreffenden Kollisionsrecht des gewöhnlichen Aufenthalts oder der Staatsangehörigkeit die Rechtswahl des Erblassers nicht zulässig war, aber aus Sicht dieses Kollisionsrechts dennoch im Rahmen einer Weiterverweisung (vgl. → Art. 22 Rn. 30) zu berücksichtigen war.[13] Auch eine solche Rechtswahl kann als „wirksam" iS des Abs. 2 angesehen werden. Zudem spricht der Sinn und Zweck der Vorschrift dafür, möglichst Dispositionen des Erblassers, die nach bisherigem Recht Wirkung entfalteten, auch am oder nach dem Stichtag zu honorieren (→ Rn. 1). Man wird wohl sogar soweit gehen können, dass eine Rechtswahl nach dem Aufenthalts- oder Staatsangehörigkeitskollisionsrecht „wirksam" iS der Vorschrift ist, wenn das gewählte Recht nach diesem Kollisionsrecht bereits kraft objektiver Anknüpfung anwendbar wäre, es also nach den in Fall 2 und Fall 3 genannten Kollisionsrechten gar keiner Rechtswahl bedurft hätte.[14]

10   Die **Folgen einer nach Abs. 2 wirksamen Rechtswahl,** insbesondere ihr Umfang, richten sich am oder nach dem Stichtag **grundsätzlich nach der Verordnung** sowie insbesondere Art. 22 und bei Fall 2 und Fall 3 nicht nach dem jeweiligen nationalen Kollisionsrecht,[15] freilich im Hinblick auf das konkret gewählte Recht (das nicht zwingend das Recht der Staatsangehörigkeit des Erblassers sein muss). Die Gegenansicht[16] übersieht, dass eine andere Lösung zu erheblichen Folgefragen führt, weil nach Abs. 2 eine Rechtswahl nach mehreren Rechten wirksam sein kann (vgl. auch das Regelungsproblem des Art. 25 Abs. 2 UAbs. 2) und damit auch die Folgen der Rechtswahl nach unterschiedlichen Rechten beurteilt werden müssten. Sollte dann der kleinste gemeinsame Nenner der alternativ anwendbaren Kollisionsrechte oder das großzügigste maßgeblich sein? Der „Statutenwechsel" folgt insoweit aus Abs. 1 (vgl. auch → Rn. 17); zu Folgen im Zuständigkeitsrecht → Art. 5 Rn. 5. Eine Rechtswahl nach Fall 2 und Fall 3 bleibt im Hinblick auf den Ausschluss eines Renvoi nach Art. 34 Abs. 2 selbst dann wirksam, wenn es sich um eine Wahl des Rechts am letzten gewöhnlichen Aufenthalt handeln sollte (dessen Recht nach Art. 21 Abs. 1 iVm Abs. 1 auch ohne Rechtswahl zum Zuge kommen würde). Eine **Ausnahme** von einer Anwendung der Verordnung auf die Folgen

---

[9] Eine beschränkte Rechtswahlfreiheit gewährten in der Union bis zum Stichtag etwa Art. 25 Abs. 2 EGBGB; Art. 5 des Haager Erbrechtsübereinkommens (für die Niederlande relevant, vgl. Art. 10:145 niederl. Burgerlijk Wetboek); Art. 79 belg. Code de droit international privé; Art. 89 Abs. 3 bulg. Kodeks na meždunarodnoto častno pravo; § 25 estn. Rahvusvahelise eraõiguse seadus; Kap. 26 § 6 finn. Perintökaari; Art. 46 Abs. 2 it. Legge di diritto internazionale privato; Art. 64 Abs. 1 poln. Prawo prywatne międzynarodowe; Art. 2634 rum. Codul civil; Art. 77 Abs. 4 tschech. Zákon o mezinárodním právu soukromém; s. auch die Nachweise für drittstaatliche Rechtsordnungen in → Art. 22 Rn. 30 in Fn. 79. Ein Überblick über die Rechtswahlmöglichkeiten nach einigen – auch drittstaatlichen – Kollisionsrechten bietet *Heinig* RNotZ 2014, 281.
[10] Dutta/Weber/*Bauer* Rn. 15; *Heinig* RNotZ 2014, 197 (214 f.); *Rudolf* ZfRV 2015, 212 (214). Anders Bonomi/Wautelet/*Wautelet* Rn. 18, wonach die Vorschrift nur das Übergangsrecht im Hinblick auf das mitgliedstaatliche Kollisionsrecht regelt; s. auch *Bonomi/Öztürk* in Dutta/Herrler EuErbVO 47, 68. Diese Beschränkung ist freilich weder mit dem Wortlaut der Vorschrift vereinbar noch damit, dass die Kollisionsnormen der Verordnung nach Art. 20 universell ausgestaltet sind.
[11] *Rudolf* ZfRV 2015, 212 (214); Bonomi/Wautelet/*Wautelet* Rn. 15.
[12] *Heinig* RNotZ 2014, 197 (214); *Köhler* in GKKW IntErbR 104 f.; *Odersky* notar 2013, 3 (5); *Rudolf* ZfRV 2015, 212 (213, 214); *Schoppe* IPRax 2014, 27 (29). Hierfür wohl auch *Leitzen* ZEV 2013, 128 (130 f.), der aber eine wiederholende Rechtswahl empfiehlt. Diff. *Solomon* in Dutta/Herrler EuErbVO 19, 44 f.
[13] Deixler-Hübner/Schauer/*Fucik* Rn. 7; *Heinig* RNotZ 2014, 197 (214); NK-BGB/*Magnus* Rn. 18; *Rudolf* ZfRV 2015, 212 (215); tendenziell so auch *Döbereiner* MittBayNot 2013, 437 (445); angedacht auch von *Seibl* in Spickhoff, Symposium Parteiautonomie im Europäischen Internationalen Privatrecht, 2013, 123, 142; vgl. auch Bonomi/Wautelet/*Wautelet* Rn. 18.
[14] So jedenfalls für Rechtswahlen nach Art. 25 Abs. 2 EGBGB aF für den Fall einer Nachlassspaltung im Heimatrecht des Erblassers *Everts* NotBZ 2015, 3 (7); in diese Richtung auch *Döbereiner* in LSHGGRD Erbfälle unter Geltung der EuErbVO 139, 151 f.; anders Dutta/Weber/*Bauer* Rn. 16.
[15] Grds. zust. Dutta/Weber/*Bauer* Rn. 18.
[16] *Fetsch,* FS W.-H. Roth, 2015, 107 (108 f.9; vgl. auch Bonomi/Wautelet/*Wautelet* Rn. 20.

der Rechtswahl am oder nach dem Stichtag ist freilich zu machen.[17] Ist das konkret vom Erblasser gewählte Erbrecht nur nach einem der genannten Kollisionsrechten wählbar, so entscheidet allein dieses Kollisionsrecht über den Umfang der Rechtswahl.[18]

Der Schutz nach Abs. 2 bleibt freilich **lückenhaft:** Nicht zu den nach Abs. 2 alternativ anwendba- **11** ren Kollisionsnormen gehören die Vorschriften am **Belegenheitsort des Nachlasses,** so dass etwa eine auf das inländische Immobiliarvermögen beschränkte Rechtswahl nach Art. 25 Abs. 2 EGBGB aF am oder nach dem Stichtag nur wirksam bleibt, wenn sie nach dem Kollisionsrecht des gewöhnlichen Aufenthalts oder der Staatsangehörigkeit des Erblassers anerkannt wird. Ein Rückgriff auf Kollisionsnormen jenseits der Rechtswahl – bei uns etwa Art. 3a Abs. 2 EGBGB aF – ist nicht möglich.[19]

2. Fiktion einer Rechtswahl (Abs. 4). Zudem enthält Abs. 4 die Fiktion einer umfassenden **12** Rechtswahl: Errichtete der Erblasser eine Verfügung von Todes wegen vor dem Stichtag (und ggf. auch vor dem Inkrafttreten oder Geltungsbeginn der Verordnung → Rn. 8) nach dem Recht eines Staates, das der Erblasser nach Art. 22, Art. 24 Abs. 2 sowie Art. 25 Abs. 3[20] hätte wählen können, so soll dieses Recht für die gesamte Rechtsnachfolge von Todes wegen gelten, also anders als bei Art. 24 Abs. 2 sowie Art. 25 Abs. 3 nicht nur für die Zulässigkeit, materielle Wirksamkeit sowie die Bindungswirkungen der Verfügung von Todes wegen.

Erforderlich ist jedoch, dass der Erblasser die Verfügung von Todes wegen **nach einem der wählba-** **13** **ren Rechte errichtet.** Eine bloße Wirksamkeit der Verfügung von Todes wegen nach dem Staatsangehörigkeitsrecht reicht hierfür nicht aus.[21] Ansonsten würde dem Erblasser womöglich nur deshalb eine Rechtswahl (für die gesamte Rechtsnachfolge von Todes wegen) untergejubelt werden, weil zufälligerweise eine Verfügung von Todes wegen – hierfür reicht nach dem weiten Verfügungsbegriff in Art. 3 Abs. 1 lit. d ein Pflichtteilsverzicht aus (→ Art. 3 Rn. 10)[22] – den Anforderungen seines Staatsangehörigkeitsrechts entspricht. Ebenfalls nicht notwendig sein kann ein umfassender Rechtswahlwille des Erblassers im Hinblick auf seine Rechtsnachfolge von Todes wegen.[23] Dann läge nämlich bereits eine konkludente Rechtswahl nach Abs. 2 Fall 1 vor und es bedürfte keines Rückgriffs auf Abs. 4. Abs. 4 ist nur anwendbar, wenn nach Abs. 2 eine Rechtswahl weder zustande gekommen noch wirksam ist.[24] Auch erscheint es zweifelhaft, ob ein unterhalb eines solchen umfassenden Rechtswahlwillens angesiedelter „kollisionsrechtlicher Erwartungshorizont" des Erblassers – der Abs. 4 auslöst – festgestellt werden kann.[25] Richtigerweise wird man deshalb ein Rechtsanwendungsbewusstsein des Erblassers jedenfalls **für die betreffende Verfügung von Todes wegen** zu fordern haben: Dem Erblasser muss jedenfalls bewusst gewesen sein, dass er seine Verfügung von Todes wegen nach dem Staatsangehörigkeitsrecht errichtet.[26] Hiergegen spricht nicht der Wortlaut des Abs. 4, der – auch in den anderen Sprachfassungen – zu den subjektiven Anforderungen auf der Seite des Erblassers schweigt;[27] der Erblasser muss die Verfügung von Todes wegen damit objektiv und subjektiv nach dem Staatsangehörigkeitsrecht errichten. Regelmäßig wird dieses auf die Verfügung von Todes wegen beschränkte Rechtsanwendungsbewusstsein

---

[17] Worauf Dutta/Weber/*Bauer* Rn. 20 zutreffend hinweist.

[18] Vgl. auch Dutta/Weber/*Bauer* Rn. 20, der bei einer gegenständlich beschränkten Rechtswahl (etwa Art. 25 Abs. 2 EGBGB aF) diese stets als Teilrechtswahl aufrechterhalten möchte.

[19] So aber angedacht von *Everts* NotBZ 2015, 3 (7).

[20] Anders offenbar *Fetsch,* FS W.-H. Roth, 2015, 107 (110), der die Vorschriften nur auf die nach Art. 22 wählbaren Recht beschränkt.

[21] So aber *Bonimaier* EF-Z 2017, 20 (21); *Döbereiner* MittBayNot 2013, 437 (446); *Everts* NotBZ 2015, 3 (7); *Kroll-Ludwigs* in Lipp/Münch, Die neue Europäische Erbrechtsverordnung, 2016, 65, 86; *Nordmeier* GPR 2013, 148 (155); *Rudolf* ZfRV 2015, 212 (218); Palandt/*Thorn* Rn. 7 (Anwendbarkeit des Heimatrechts aufgrund objektiver Anknüpfung); tendenziell auch *Solomon* in Dutta/Herrler EuErbVO 19, 44. Auch der Vorschlag von Rauscher/ *Hertel* Rn. 16, die Rechtswahlfiktion davon abhängig zu machen, ob die Verfügung von Todes wegen nach dem Aufenthaltsrecht unwirksam wäre oder andere Wirkungen hätte, verkennt mE, dass es bei der Rechtswahlfiktion nicht um das Errichtungsstatut geht (hier sorgt Art. 83 Abs. 3 für Schutz), sondern um das allgemeine Erbstatut.

[22] So für Art. 83 Abs. 4 auch *Bonimaier* EF-Z 2017, 20 (21 f.).

[23] *Nordmeier* GPR 2013, 148 (155); *Solomon* in Dutta/Herrler EuErbVO 19, 44; vgl. auch *Lechner* in Dutta/ Herrler EuErbVO 5, 15; *Lehmann* DStR 2012, 2085 (2088).

[24] *Schoppe* IPRax 2014, 27 (32); vgl. auch Frieser/*Martiny* ErbR Nach Art. 26 EGBGB: EuErbVO Rn. 289; Palandt/*Thorn* Art. 22 Rn. 6.

[25] So aber *Fetsch,* FS W.-H. Roth, 2015, 107 (114 ff., 117); vgl. auch *Fetsch* RNotZ 2015, 626 (627 f.).

[26] Vgl. auch *Solomon* in Dutta/Herrler EuErbVO 19, 44, wonach das „Vertrauen in den Fortbestand einer nach dem Heimatrecht gültigen Testamentserrichtung geschützt werden" soll; in der Sache wohl ähnlich Deixler-Hübner/Schauer/*Fucik* Rn. 18 mit Fn. 37, wonach die Verfügung von Todes wegen „bei objektivierter Betrachtung eindeutig nur so gemeint sein kann, dass die Verfügung auf der Basis einer bestimmten Rechtsordnung getroffen wurde".

[27] So aber *Nordmeier* GPR 2013, 148 (155).

gemäß Abs. 2 Fall 1 auch bereits eine wirksame Teilrechtswahl nach Art. 24 Abs. 2 oder Art. 25 Abs. 3 begründen,[28] die nunmehr über Abs. 4 auf das gesamte Erbstatut erstreckt wird. Anders als am oder nach dem Stichtag gemäß Art. 24 Abs. 2 sowie Art. 25 Abs. 3 kann damit der Erblasser für die Verfügung von Todes wegen keine auf die Verfügung von Todes wegen beschränkte Teilrechtswahl treffen, da eine solche stets eine umfassende Rechtswahl nach Abs. 4 nach sich zieht.[29] Ausgeschlossen ist die Rechtswahlfiktion dagegen, wenn der Erblasser (etwa für verschiedene Spaltnachlässe oder für seine unterschiedlichen Staatsangehörigkeitsrechte) mehrere Verfügungen von Todes wegen getroffen hat und der Erblasser nur eine dieser Verfügungen nach seinem Heimatrecht errichten wollte. In einem solchen Fall wäre es nicht angemessen, das Rechtsanwendungsbewusstsein im Hinblick auf eine der Verfügungen über Abs. 4 auf das gesamte Erbstatut zu erstrecken.[30] Nicht ausgeschlossen ist die Anwendung des Abs. 4, wenn der Erblasser daneben für einen Teil des Nachlasses eine Rechtswahl (etwa nach Art. 25 Abs. 2 EGBGB aF) getroffen hat.[31] In diesem Fall greift Abs. 4 freilich nur für den nicht von der Rechtswahl erfassten Teil des Nachlasses. Irrelevant für Abs. 4 ist dagegen, ob die Staatsangehörigkeit auch das Anknüpfungsmoment im Staatsangehörigkeits-IPR des Erblassers für die objektive Anknüpfung des Erbstatuts war.[32] Zum einen enthält der Wortlaut des Abs. 4 hierfür keine Anhaltspunkte, zum anderen ist es fraglich, warum gerade das Staatsangehörigkeits-IPR maßgeblich sein soll und nicht das Kollisionsrecht am gewöhnlichen Aufenthalt des Erblassers.

14   Rechtspolitisch bedenklich ist, dass der europäische Gesetzgeber bei Abs. 4 auf der Rechtsfolgenseite den Weg der **Fiktion** („so gilt") und **nicht der (widerleglichen) Vermutung** gewählt hat.[33] Ein entgegenstehender Wille des Erblassers – soweit für die betreffende Verfügung von Todes wegen ein Rechtsanwendungsbewusstsein besteht → Rn. 13 – ist mithin unbeachtlich.[34] Dem Erblasser bleibt nur eine wirksame konkludente oder ausdrückliche Rechtswahl nach Abs. 2,[35] die eine Anwendung des Abs. 4 ausschließt → Rn. 13.

15   Die Rechtswahlfiktion nach Abs. 4 führt zu einem **Sachnormverweis** nach Art. 34 Abs. 2, so dass ein Renvoi durch das fingiert gewählte Recht nicht zu prüfen ist → Art. 34 Rn. 11. **Ändert oder widerruft** der Erblasser am oder nach dem Stichtag die betreffende Verfügung von Todes wegen, so wird auch die Rechtswahlfiktion beseitigt,[36] da dieser Fiktion – und zwar ohne Rücksicht auf einen „echten" Widerruf der Rechtswahl, die freilich ebenfalls möglich ist, dazu → Art. 22 Rn. 31 ff. – die Basis entzogen wird. Hat der Erblasser vor dem Stichtag mehrere Verfügungen von Todes wegen nach unterschiedlichen wählbaren Rechten errichtet, die **miteinander vereinbar sind** (etwa Pflichtteilsverzichte mit verschiedenen Pflichtteilsberechtigten → Rn. 13), kann nur die zeitlich letzte Verfügung Grundlage für die Rechtswahlfiktion sein.

IV. Sonderregelung für vor dem Stichtag errichtete Verfügungen von Todes wegen bei am oder nach dem Stichtag eintretendem Erbfall (Abs. 3)

16   **1. Ursprüngliche Fassung des Abs. 3: Fall 1–3.** Abs. 3 entspricht in der Sache grundsätzlich Abs. 2 – jedenfalls in der ursprünglichen **deutschen** Sprachfassung: Eine Verfügung von Todes wegen (iS des Art. 3 Abs. 1 lit. d) bleibt auch am oder nach dem Stichtag zulässig sowie formell und materiell wirksam, wenn sie **alternativ** nach einem von drei kollisionsrechtlichen Regelungsregimen (sprich

---

[28] Anders offenbar *Fetsch*, FS W.-H. Roth, 2015, 107 (118), der davon ausgeht, dass bei einer Rechtswahl nach Art. 22 EuErbVO „die Wahl des Errichtungsstatuts entbehrlich ist". Dies ist aber nach dem in → Art. 24 Rn. 14 Gesagten jedenfalls nicht zwingend der Fall.

[29] Anders offenbar *Heinig* RNotZ 2014, 197 (205), wonach die Vorschrift entsprechend für die auf das Errichtungsstatut begrenzte Teilrechtswahl gelten soll; im Ergebnis wie hier *Kroll-Ludwigs* in Lipp/Münch, Die neue Europäische Erbrechtsverordnung, 2016, 65, 85.

[30] Siehe auch *Fetsch* RNotZ 2015, 626 (629); *Schoppe* IPRax 2014, 27 (33).

[31] Anders *Fetsch*, FS W.-H. Roth, 2015, 107 (116 f.).

[32] Für eine solche Einschränkung indes Dutta/Weber/*Bauer* Rn. 36; *Köhler* in GKKW IntErbR 105 f.

[33] Trotz des klaren Wortlauts der Vorschrift von einer Rechtswahlvermutung gehen dagegen etwa aus *Leitzen* ZEV 2013, 128 (131); *Schoppe* IPRax 2014, 27 (33); wie hier dagegen Dutta/Weber/*Bauer* Rn. 39; *Bonimaier* EF-Z 2017, 20 (20 f.); *Dörner* ZEV 2012, 505 (506); *Fetsch*, FS W.-H. Roth, 2015, 107 (117); Deixler-Hübner/Schauer/*Fucik* Rn. 18; Erman/*Hohloch* Rn. 8; *Janzen* DNotZ 2012, 484 (489); *Kroll-Ludwigs* in Lipp/Münch, Die neue Europäische Erbrechtsverordnung, 2016, 65, 84 f.; *Lehmann*, DStR 2012, 2085 (2088) (anders aber *Lehmann* ZEV 2012, 533); *Solomon* in Dutta/Herrler EuErbVO 19, 44; *Soutier*, Die Geltung deutscher Rechtsgrundsätze im Anwendungsbereich der Europäischen Erbrechtsverordnung, 2015, 68; Palandt/*Thorn* Rn. 7.

[34] Anders *Fetsch*, FS W.-H. Roth, 2015, 107 (117), der mit seinem „kollisionsrechtlichen Erwartungshorizont" des Erblassers auf der Tatbestandsebene den Willen des Erblassers berücksichtigt.

[35] Vgl. *Leitzen* ZEV 2013, 128 (131).

[36] Dutta/Weber/*Bauer* Rn. 39; *Bonimaier* EF-Z 2017, 20 (21); *Kroll-Ludwigs* in Lipp/Münch, Die neue Europäische Erbrechtsverordnung, 2016, 65, 86 f.; *Rudolf* ZfRV 2015, 212 (218); Palandt/*Thorn* Rn. 7; anders *Fetsch* RNotZ 2015, 626 (629).

unter Anwendung des danach berufenen Rechts oder der danach berufenen Rechte) zulässig und wirksam ist: nach dem Kollisionsrecht der Erbrechtsverordnung, also vor allem nach den Art. 24 ff. **(Fall 1),** oder nach dem jeweils geltenden Kollisionsrecht des Staates, in dem der Erblasser zum Zeitpunkt der Errichtung seinen gewöhnlichen Aufenthalt hatte **(Fall 2)** oder dessen Staatsangehörigkeit der Erblasser zu diesem Zeitpunkt besaß **(Fall 3),** wobei es auch hier irrelevant ist, ob es sich um das Kollisionsrecht eines Mitgliedstaats oder Drittstaats handelt (→ Rn. 8). Fall 1 fingiert freilich, dass die Verfügung von Todes wegen für die Bestimmung des maßgeblichen Errichtungs- und Formstatuts erst am oder nach dem Stichtag errichtet wurde;[37] es wird so getan, als ob die Verfügung von Todes wegen unter voller Geltung der Erbrechtsverordnung errichtet wurde. – Zur Bestimmung des gewöhnlichen Aufenthalts näher → Art. 4 Rn. 2 ff.; zur Bestimmung der Staatsangehörigkeit näher → Art. 22 Rn. 4.

Die alternative Anknüpfung von vor dem Stichtag errichteten Verfügungen betrifft nach dem Wortlaut des Abs. 3 **nur deren Zulässigkeit sowie deren formelle und materielle Wirksamkeit.**[38] Allerdings ist bei der **Formgültigkeit** der Vorbehalt des Haager Testamentsformübereinkommens (Art. 1 ff. HTestformÜ; Text und Erläuterung → HTestformÜ Art. 1 Rn. 1 ff.) nach Art. 75 Abs. 1 UAbs. 2 EuErbVO zu beachten. Der Anwendungsbeginn der Verordnung berührt die vom Übereinkommen erfassten Verfügungen von Todes wegen (→ Art. 75 Rn. 3) nicht; vgl. zum zeitlichen Anwendungsbereich des Übereinkommens → HTestformÜ Art. 8 Rn. 1 ff.). Die **Bindungswirkung** der Verfügung von Todes wegen (die in Abs. 3 nicht genannt wird) richtet sich dagegen gemäß Abs. 1 am oder nach dem Stichtag nach dem jeweiligen Errichtungsstatut gemäß Art. 24 ff.;[39] für die auf das Errichtungsstatut beschränkte Rechtswahl → Rn. 13. Dieser potentielle Statutenwechsel hinsichtlich der Bindungswirkungen durch das Inkrafttreten der Erbrechtsverordnung kann damit zu einer Änderung der Wirkung einer Verfügung von Todes wegen führen, zumal eine alternative Anknüpfung der Bindungswirkungen nicht möglich ist (vgl. auch Art. 25 Abs. 2 UAbs. 2), so dass auch eine weite Auslegung des materiellen Wirksamkeitsbegriffs hier ausscheidet (demgegenüber → Art. 24 Rn. 5). Entfaltet eine Verfügung von Todes wegen keine Bindungswirkung unter dem alten mitgliedstaatlichen Kollisionsrecht anders als unter der Erbrechtsverordnung und verstirbt der Erblasser erst am oder nach dem Stichtag, so kann der Erblasser vor dem Stichtag seine Verfügungen abändern und widerrufen, nicht aber am oder nach dem Stichtag. Dagegen gilt die alternative Anknüpfung für frühere letztwillige Verfügungen widerrufende oder abändernde Verfügungen von Todes wegen,[40] die sich damit bereits dann gegen eine wirksame frühere, aber nicht bindende Verfügung durchsetzen, wenn sie nach einem der genannten Rechte zulässig oder wirksam sind, s. allgemein → Art. 24 Rn. 16 ff.

2. Korrigendum des Abs. 3: zusätzlicher Fall 4. Die **ursprüngliche deutsche Sprachfassung** des Abs. 3 wich in einem wesentlichen Punkt von **anderen Sprachfassungen** ab. So sollen etwa nach der französischen oder englischen Sprachfassung neben den einschlägigen Regelungen der Verordnung alternativ nicht nur die im Staatsangehörigkeits- oder Aufenthaltsstaat maßgeblichen Kollisionsnormen zur Anwendung gelangen, sondern zusätzlich – als vierte Variante – auch das zum Zeitpunkt der Errichtung im Mitgliedstaat, dessen Gerichte nach der Verordnung mit der Erbsache befasst sind, geltende Altkollisionsrecht („if it is admissible and valid in substantive terms and as regards form in application of the rules of private international law which were in force, at the time the disposition was made, in the State in which the deceased had his habitual residence or in any of the States whose nationality he possessed or *in the Member State of the authority dealing with the succession*" oder „si elle est recevable et valable sur le fond et en la forme en application des règles de droit international privé qui étaient en vigueur, au moment où la disposition a été prise, dans l'État dans lequel le défunt avait sa résidence habituelle, dans tout État dont il possédait la nationalité ou *dans l'État membre de l'autorité chargée de régler la succession*", Hervorhebung durch Verf.).

Der europäische Gesetzgeber hat mittlerweile im Wege eines **Korrigendums**[41] geklärt, dass die ursprüngliche deutsche Sprachfassung unrichtig war. Abs. 3 erweitert den Kreis der alternativ anwendbaren kollisionsrechtlichen Regelungsregime um einen **Fall 4;** die Vorschrift lautet nunmehr:

---

[37] So auch *Geimer* in Hager, Die neue europäische Erbrechtsverordnung, 2013, 9, 16.

[38] Anders *Heinig* RNotZ 2014, 197 (215).

[39] So auch Dutta/Weber/*Bauer* Rn. 31 f. sowie (allgemein für die Wirkungen der Verfügung von Todes wegen) *Grau* in Zimmermann ErbR Nebengesetze Art. 25, 26 EGBGB Anh.: EuErbVO Rn. 94; anders Palandt/*Thorn* Rn. 6, wonach die Bindungswirkung dem vormaligen Kollisionsrecht unterliegen soll; so auch BeckOGK/*Schmidt* Rn. 18.

[40] Anders offenbar *Hess/Mariottini/Camara* Note 17, die von einem Schweigen der Verordnung zu diesem Punkt ausgehen.

[41] Berichtigung der Verordnung (EU) Nr. 650/2012 des Europäischen Parlaments und des Rates vom 4.7.2012 über die Zuständigkeit, das anzuwendende Recht, die Anerkennung und Vollstreckung von Entscheidungen und die Annahme und Vollstreckung öffentlicher Urkunden in Erbsachen sowie zur Einführung eines Europäischen Nachlasszeugnisses, ABl. EU 2013 L 41, 16.

Marginal numbers: 17, 18, 19

Eine vor dem 17. August 2015 errichtete Verfügung von Todes wegen ist zulässig sowie materiell und formell wirksam, wenn sie die Voraussetzungen des Kapitels III erfüllt oder wenn sie nach den zum Zeitpunkt der Errichtung der Verfügung geltenden Vorschriften des Internationalen Privatrechts in dem Staat, in dem der Erblasser seinen gewöhnlichen Aufenthalt hatte, oder in einem Staat, dessen Staatsangehörigkeit er besaß, oder in dem Mitgliedstaat, dessen Behörde mit der Erbsache befasst ist, zulässig sowie materiell und formell wirksam ist.

20   Der Begriff **„Behörde"** ist weit zu verstehen und erfasst insbesondere auch das mit einer Erbsache befasste Gericht.[42] Unverständlich ist allerdings, dass diese vierte Variante im korrigierten Abs. 3 nicht auch bei der Wirksamkeit der Rechtswahl nach Abs. 2 aufgenommen wurde, bei der eine entsprechende Begünstigung ihrer Wirksamkeit ebenfalls gerechtfertigt gewesen wäre. Angesichts des klaren Wortlauts verbietet sich jedoch eine Analogie.

Art. 84 EuErbVO Inkrafttreten

Diese Verordnung tritt am zwanzigsten Tag nach ihrer Veröffentlichung im *Amtsblatt der Europäischen Union* in Kraft.

Sie gilt ab dem 17. August 2015, mit Ausnahme der Artikel 77 und 78, die ab dem 16. November 2014 gelten, und der Artikel 79, 80 und 81, die ab dem 5. Juli 2012 gelten.

1   Die Vorschrift regelt in **UAbs. 1** das Inkrafttreten der Verordnung (16.8.2012) sowie in **UAbs. 2** den Geltungsbeginn ihrer Vorschriften, wobei die Verordnung für den Geltungsbeginn zwischen den inhaltlichen Vorschriften der Verordnung (17.8.2015) und den Vorschriften unterscheidet, durch die die Bedingungen für ihre Anwendung geschaffen werden sollen (5.7.2012, 16.1.2014 nach dem ursprünglichen Wortlaut der Vorschrift; auch → Rn. 3). – Zur Fristberechnung und Terminbestimmung s. Erwägungsgrund Nr. 77.

2   Das **Inkrafttreten** ist Voraussetzung für die Bindungswirkung der Verordnung. Der **Geltungsbeginn** bezeichnet den Zeitpunkt, an dem die Organe der EU und die Mitgliedstaaten an die in Kraft getretene Verordnung gebunden sind. Sowohl Inkrafttreten als auch Geltungsbeginn der Verordnung sind von der **intertemporalen Anwendbarkeit** zu unterscheiden, die festlegt, auf welche Sachverhalte die in Kraft getretenen und geltenden Vorschriften der Verordnung in zeitlicher Hinsicht anwendbar sind – eine Frage, die in Art. 83 geregelt ist.

3   In der Sache sind dem europäischen Gesetzgeber bei **UAbs. 2** einige **Fehler** unterlaufen: Zum einen sollen die Art. 79–81 bereits seit dem **5.7.2012** gelten, obwohl die Verordnung zu diesem Zeitpunkt noch gar nicht in Kraft getreten war. Maßgeblich kann damit für den Geltungsbeginn dieser Vorschriften frühestens der Zeitpunkt des Inkrafttretens der Verordnung sein. Zum anderen hat der Unionsgesetzgeber mittlerweile in einem Korrigendum[1] den Geltungsbeginn der Art. 77 und 78 vom **16.1.2014** auf den **16.11.2014** nach hinten verschoben. Diese Änderung war für sich genommen allenfalls für Art. 77 sinnhaft (→ Art. 77 Rn. 2), nicht aber für Art. 78, der seinem klaren Wortlaut nach den Mitgliedstaaten eine Frist bis zum 16.1.2014 setzt, die durch das Korrigendum zunächst nicht berichtigt wurde. Allerdings wurde durch ein erneutes Korrigendum auch die Frist in Art. 78 an den neuen Geltungsbeginn angepasst (→ Art. 78 Rn. 2).

---

[42] Dutta/Weber/*Bauer* Rn. 29; BeckOGK/*Schmidt* Rn. 17.1.

[1] Berichtigung der Verordnung (EU) Nr. 650/2012 des Europäischen Parlaments und des Rates vom 4.7.2012 über die Zuständigkeit, das anzuwendende Recht, die Anerkennung und Vollstreckung von Entscheidungen und die Annahme und Vollstreckung öffentlicher Urkunden in Erbsachen sowie zur Einführung eines Europäischen Nachlasszeugnisses, ABl. L 344, 3.

Haager Testamentsformübereinkommen (Übereinkommen über die Testamentsform vom 5.10.1961 – HTestformÜ)

(BGBl. 1965 II S. 1145)

Vorbemerkung zu Art. 1 HTestformÜ

Materialien: *Batiffol*, Rapport explicatif sur la Convention-Forme des testaments de 1961, Actes et documents de la Neuvième session, Bd. III: Forme des testaments, 1960, 159.

Schrifttum: *Batiffol*, Une succession de méthodes – La forme des testaments en droit international privé, FS Beitzke, 1979, 479; *Beck*, Bemerkungen zum Entwurf einer Haager Konvention über die Form des Testamentes, ZSchweizR 1961, 403; *Droz*, Les nouvelles règles de conflit françaises en matière de forme des testaments, Rev. crit. dr. int. pr. 1968, 1; *Ferid*, Die 9. Haager Konferenz, RabelsZ 27 (1962), 410; *Jayme*, Zur Formunwirksamkeit von Testamenten im Internationalen Privatrecht, FS Coester-Waltjen, 2015, 461; *Maczynski*, La révocation du testament à la lumière de la loi sur le droit international privé et de la Convention de La Haye sur les conflits de lois en matière de forme des dispositions testamentaires, Pol. Yb. Int. L. 1991/1992, 85; *F. A. Mann*, The formal validity of wills in case of dual nationality, ICLQ 35 (1986), 423; *von Overbeck*, Vers une convention internationale sur la loi applicable à la forme des testaments, SchwJbIntR 15 (1958), 215; *von Schack*, Das Haager Übereinkommen über das auf die Form letztwilliger Verfügungen anzuwendende Recht, DNotZ 1966, 131; *Scheucher*, Das Haager Testamentsabkommen, ZfRV 5 (1964), 216 und ZfRV 6 (1965), 85; *Volken*, Von der Testamentsform im IPR, FS von Overbeck, 1990, 575.

I. Gegenstand und Zweck des Haager Übereinkommens

Das Haager Übereinkommen über die Testamentsform (HTestformÜ) vom 5.10.1961[1] sieht für **1** alle Vertragsstaaten ein **einheitliches Kollisionsrecht** für die Form letztwilliger Verfügungen unabhängig davon vor, ob das danach anwendbare Recht das Recht eines Vertragsstaats ist oder nicht (Art. 6 S. 2).

Das Haager Übereinkommen will in erster Linie die Ungültigkeit der Errichtung oder des Widerrufs **2** einer letztwilligen Verfügung aus Formgründen vermeiden und daher dem **favor testamenti** dienen. Der Wille des Erblassers soll kollisionsrechtlich im Testamentsrecht nicht bereits an Formfragen scheitern. Deshalb stellt das Übereinkommen in Art. 1 UAbs. 1 eine breit gefächerte Palette von Anknüpfungskriterien bereit und löst generell die Formfrage vom Erbstatut. Dieses aber kann als zusätzliche Anknüpfungsmöglichkeit in Betracht kommen (Art. 3). Dies ist für Deutschland der Fall. Art. 26 Abs. 1 EGBGB (zur Einbettung des Übereinkommens in das deutsche Kollisionsrecht → Rn. 4 ff.) bestimmt als Formstatut auch das tatsächliche und das hypothetische Erbstatut (zur unionsrechtlichen Zulässigkeit → Art. 75 Rn. 3). Insgesamt bietet das Übereinkommen ergänzt um Art. 26 Abs. 1 EGBGB damit **zehn Anknüpfungsmöglichkeiten** für die Formgültigkeit einer Verfügung von Todes wegen.

Das Übereinkommen findet auf **Testamente** und **gemeinschaftliche Testamente** (Art. 4) **3** Anwendung, jedoch nicht auf **Erbverträge,** die allerdings nunmehr von Art. 27 EuErbVO (zur Einbettung des Übereinkommens in das europäische Kollisionsrecht → Rn. 6) erfasst werden. Es kommt nicht darauf an, ob der Erblasser einem Vertragsstaat angehörte (Art. 6) und wo das Testament errichtet wurde. Das Haager Übereinkommen verbietet in Art. 1 UAbs. 1 ausdrücklich den **Renvoi** und bringt insoweit eine Abweichung von der ansonsten nach Art. 4 Abs. 1 EGBGB und Art. 34 Abs. 1 EuErbVO zu beachtenden Maßgeblichkeit von Rück- und Weiterverweisung.

II. Das Haager Übereinkommen zwischen autonomem, europäischem und staatsvertraglichem Kollisionsrecht

Das Übereinkommen ist am 1.1.1966 für **Deutschland** in Kraft getreten[2] und ab diesem Zeit- **4** punkt unmittelbar innerstaatlich anwendbar (zum zeitlichen Anwendungsbereich → Art. 8 Rn. 1 ff.). Der multilaterale Staatsvertrag galt damit bereits vor dem Anwendungsbeginn der Erbrechtsverordnung nach Art. 3 Nr. 2 EGBGB vorrangig vor dem autonomen Kollisionsrecht. Die Bundesrepublik hat **keine Vorbehalte** zum Übereinkommen erklärt (→ Art. 13 Rn. 1). An der unmittelbaren Anwendbarkeit des Haager Übereinkommens in Deutschland änderte auch die Tatsa-

---

[1] Hague Convention of 5.10.1961 on the conflicts of laws relating to the form of testamentary dispositions, 510 UNTS 175 = BGBl. 1965 II S. 1145. Der Originaltext des Übereinkommens sowie eine Liste der Vertragsstaaten finden sich unter <www.hcch.net/en/instruments/conventions/full-text/?cid=40>.

[2] Bek. vom 29.12.1965, BGBl. 1966 II S. 11.

che nichts, dass der deutsche Gesetzgeber mit **Art. 26 Abs. 1–3 EGBGB aF** die Vorschriften des Haager Übereinkommens nahezu vollständig in das deutsche Recht übernommen hatte. Art. 26 Abs. 1–3 EGBGB aF war unmittelbar nur anwendbar, soweit das Haager Übereinkommen zeitlich oder sachlich nicht galt oder dem autonomen Recht eine Abweichung von seinen Regelungen gestattete (vor allem Art. 3 HTestformÜ). Eine Heranziehung des Art. 26 Abs. 1–3 EGBGB aF als maßgebliche Rechtsgrundlage an Stelle des Haager Testamentsrechtsübereinkommens schied insoweit mithin aus.[3] Demnach war die Vorschrift des Art. 26 Abs. 1–3 EGBGB aF nicht bloß weitgehend überflüssig,[4] sondern sogar schädlich.[5] Der vom Gesetzgeber angestrebte Zweck der „Inkorporation" des Abkommens, die Übersichtlichkeit des geltenden Rechts[6] und damit die praktische Anwendung der Grundsätze dieses Abkommens auch im Rahmen der Neukodifikation des IPR sicherzustellen,[7] war schon deshalb nur teilweise erreicht worden, weil Art. 26 Abs. 1–3 EGBGB aF eine nur unvollständige und damit unzulängliche Übernahme des Haager Übereinkommens darstellte.[8] Es wäre deshalb einfacher und klarer gewesen, in Art. 26 Abs. 1–3 EGBGB aF lediglich auf das Haager Testamentsformübereinkommen hinzuweisen (vgl. nunmehr Art. 26 Abs. 1 EGBGB nF) und seine nach Art. 3 HTestformÜ zulässigen Abweichungen durch autonomes Recht zu dokumentieren. Art. 26 Abs. 1–3 EGBGB aF stellte jedenfalls weder eine ausreichende „Hinweisnorm"[9] dar, noch besaß die Vorschrift gar staatsvertraglichen Charakter.[10]

5   Seit der **Wiedervereinigung** gilt das Haager Testamentsformübereinkommen, das für die ehemalige DDR am 21.9.1974 in Kraft getreten war, gemäß Art. 11 EVertr in den neuen Ländern als Bestandteil des Bundesrechts fort.[11]

6   Der Anwendungsbeginn der **europäischen Erbrechtsverordnung** (Art. 1 ff. EuErbVO) am 17.8.2015 (Art. 83 Abs. 1 EuErbVO) hat das Haager Übereinkommen nicht berührt. Das Haager Testamentsformübereinkommen wird nunmehr auch von der Erbrechtsverordnung respektiert und findet in Mitgliedstaaten, die Vertragsstaaten des Haager Übereinkommens sind, vorrangig Anwendung (Art. 75 Abs. 1 UAbs. 2 EuErbVO). Nur soweit eine Verfügung von Todes wegen nicht in den sachlichen Anwendungsbereich des Übereinkommens fällt, unterliegt sie **Art. 27 EuErbVO,** der dem Haager Übereinkommen nachgebildet wurde; näher zum Zusammenspiel beider Rechtsakte → EuErbVO Art. 75 Rn. 3. Ist auch Art. 27 EuErbVO nicht einschlägig, etwa weil die Erbrechtsverordnung sachlich nicht anwendbar ist, bestimmt nunmehr **Art. 26 Abs. 2 EGBGB,** dass Art. 27 EuErbVO für die Formgültigkeit der betreffenden Verfügung kraft autonomen Rechts maßgeblich ist, so dass insgesamt hier kein Raum mehr für die allgemeine Kollisionsnorm des Art. 11 EGBGB über die Form von Rechtsgeschäften bleibt; vgl. für erbrechtliche Rechtsgeschäfte, die nicht von Art. 26, 27 EuErbVO und vom Übereinkommen erfasst werden, → EuErbVO Art. 27 Rn. 12. **Art. 26 Abs. 1 EGBGB** begünstigt die Formgültigkeit des Testaments über die Anknüpfungen des Haager Übereinkommens hinaus, indem die Vorschrift es ausreichen lässt, dass eine Verfügung von Todes wegen nach dem tatsächlichen oder hypothetischen Erbstatut formwirksam ist, das sich wiederum nach Art. 20 ff. EuErbVO bestimmt. Diese Regelung des deutschen Kollisionsrechts ist zwar mit Art. 3 HTestformÜ vereinbar, der eine weitere Begünstigung der Formwirksamkeit von Testamenten gestattet. Es ist indes fraglich, ob Art. 26 Abs. 1 EGBGB unionsrechtskonform ist, da Art. 75 Abs. 1 UAbs. 2 EuErbVO lediglich das Haager Übereinkommen, nicht aber mitgliedstaatliche Erweiterungen des Übereinkommens vorbehält → EuErbVO Art. 75 Rn. 3.

7   Wie sich das Übereinkommen zu **anderen multi- und bilateralen Staatsverträgen verhält,** ist nicht ausdrücklich geregelt. Von praktischer Bedeutung ist die Frage derzeit[12] aus deutscher Sicht nur im Verhältnis zum **deutsch-türkischen Nachlassabkommen** (Dt.-Türk. NachlAbk; Text und Erläuterung → EuErbVO Art. 75 Rn. 15 ff.), da dieses als einziges geltendes Abkommen in seinem § 16 Dt.-Türk. NachlAbk[13] eine im Vergleich zum Haager Testamentsformübereinkom-

---

[3] *Basedow* NJW 1986, 2975; *Jayme* IPRax 1986, 266; *Reinhart* BWNotZ 1987, 98; *Siehr* IPRax 1987, 6; anders *Ferid* IPR §§ 9–55, 1; vgl. auch *Kegel/Schurig* IPR § 21 III 2a.

[4] Vgl. auch Staudinger/*Dörner* (2007) EGBGB Art. 26 Rn. 16, 14.

[5] Zurückhaltender in seiner Kritik Erman/*Hohloch* EGBGB Art. 26 Rn. 1 (nur bedingt geeigneter Weg).

[6] Palandt/*Thorn,* 74. Aufl. 2015, EGBGB Art. 26 Rn. 1.

[7] *Pirrung* Internationales Privat- und Verfahrensrecht 172.

[8] Vgl. *Ferid* IPR §§ 9–55, 1: „oberlehrerhafte Textbasteleien".

[9] Vgl. *Jayme* IPRax 1986, 266.

[10] So etwa *Haas/Sieghörtner* in Bengel/ReimannTV-HdB Kap. 9 Rn. 82.

[11] *Siehr* RabelsZ 55 (1991), 240 (243 ff.).

[12] Das Washingtoner Übereinkommen über ein einheitliches Recht der Form eines internationalen Testaments vom 26.10.1973 ist von Deutschland bisher nicht unterzeichnet worden (→ EuErbVO Vor Art. 1 Rn. 15 ff.; → EuErbVO Art. 75 Rn. 33).

[13] Dazu Staudinger/*Dörner* (2007) EGBGB Vor Art. 25 Rn. 185; *Krüger,* FS Ansay, 2005, 152.

men engere Bestimmung über die Form einer Verfügung von Todes wegen enthält und nach Art. 75 Abs. 1 UAbs. 1, Abs. 2 EuErbVO auch vorrangig neben der Erbrechtsverordnung anwendbar bleibt. Nach den allgemeinen Regeln über das Verhältnis von völkerrechtlichen Verträgen geht das Haager Testamentsformübereinkommen – freilich nur im Rahmen seines sachlichen Anwendungsbereichs, dh nicht für Erbverträge (Art. 4 HTestformÜ, vgl. insoweit auch → Art. 4 Rn. 1) – erst seit seinem Inkrafttreten für die Türkei vor, näher → EuErbVO Art. 75 Rn. 22. Soweit der bilaterale Staatsvertrag – wie etwa das **deutsch-persische Niederlassungsabkommen** (→ EuErbVO Art. 75 Rn. 8 ff.) oder der **deutsch-sowjetische Konsularvertrag** (→ EuErbVO Art. 75 Rn. 27 ff.) – keine Regelung zur Formgültigkeit letztwilliger Verfügungen enthält und damit insoweit schweigt, gilt vor deutschen Gerichten das Haager Übereinkommen (→ EuErbVO Art. 75 Rn. 11, 31).

Art. 1 HTestformÜ [Anknüpfung]

Eine letztwillige Verfügung ist hinsichtlich ihrer Form gültig, wenn diese dem innerstaatlichen Recht entspricht:
a) des Ortes, an dem der Erblasser letztwillig verfügt hat, oder
b) eines Staates, dessen Staatsangehörigkeit der Erblasser im Zeitpunkt, in dem er letztwillig verfügt hat, oder im Zeitpunkt seines Todes besessen hat, oder
c) eines Ortes, an dem der Erblasser im Zeitpunkt, in dem er letztwillig verfügt hat, oder im Zeitpunkt seines Todes seinen Wohnsitz gehabt hat, oder
d) des Ortes, an dem der Erblasser im Zeitpunkt, in dem er letztwillig verfügt hat, oder im Zeitpunkt seines Todes seinen gewöhnlichen Aufenthalt gehabt hat, oder
e) soweit es sich um unbewegliches Vermögen handelt, des Ortes, an dem sich dieses befindet.
Ist die Rechtsordnung, die auf Grund der Staatsangehörigkeit anzuwenden ist, nicht vereinheitlicht, so wird für den Bereich dieses Übereinkommens das anzuwendende Recht durch die innerhalb dieser Rechtsordnung geltenden Vorschriften, mangels solcher Vorschriften durch die engste Bindung bestimmt, die der Erblasser zu einer der Teilrechtsordnungen gehabt hat, aus denen sich die Rechtsordnung zusammensetzt.
Die Frage, ob der Erblasser an einem bestimmten Ort einen Wohnsitz gehabt hat, wird durch das an diesem Orte geltende Recht geregelt.

Übersicht

Zur Bestimmung des Formstatuts verwendet **UAbs. 1** eine Reihe nicht näher definierter Begriffe **1** neben den in den Buchstaben a bis e aufgeführten Anknüpfungsmomenten.

I. Anknüpfungsgegenstand

1. Letztwillige Verfügungen. Das Übereinkommen findet nur auf „letztwillige Verfügungen" **2** Anwendung. Es werden also **Testamente** (auch Nottestamente, Kodizille und mündliche Testamente), nicht jedoch andere erbrechtliche Rechtsgeschäfte wie Erbvertrag oder Erb- oder Pflichtteilsverzicht[1] erfasst; auch das **gemeinschaftliche Testament** gehört zu den Testamenten im Sinne des Übereinkommens, wie Art. 4 HTestformÜ ausdrücklich anordnet. Angesichts des weiten Erbver-

---

[1] Staudinger/*Dörner* (2007) EGBGB Vor Art. 25 Rn. 76; *Ferid* RabelsZ 27 (1962), 423; Soergel/*Kegel*, 11. Aufl. 1984, Vor Art. 24 Rn. 114; *v. Schack* DNotZ 1966, 133 f.; *Scheucher* ZfRV 5 (1964), 220; Palandt/*Thorn* EGBGB Anh. Art. 26 Rn. 2.

tragsbegriffs in Art. 3 Abs. 1 lit. b EuErbVO erfasst jedoch Art. 27 EuErbVO zahlreiche **erbrechtliche Vereinbarungen,** darunter auch Erbverträge und Erb- oder Pflichtteilsverzichte (näher EuErbVO Art. 3 Rn. 10). Die Formgültigkeit einiger **einseitiger erbrechtlicher Erklärungen,** vor allem die Annahme oder Ausschlagung der Erbschaft betreffend, wird in Art. 28 EuErbVO gesondert angeknüpft. Zur Anknüpfung der Formgültigkeit von erbrechtlichen Rechtsgeschäften, auf die weder das Haager Übereinkommen noch Art. 27, 28 EuErbVO anwendbar sind → Art. 27 Rn. 12.

3   **2. Formgültigkeit.** Die äußerst wichtige Frage, was zur Form einer letztwilligen Verfügung gehört, lässt das Übereinkommen **offen. Art. 5** weist nur einige Fragen der Form zu, er enthält aber keine allgemeine Regelung. Diese ist nach allgemeinen Kriterien zu gewinnen. Wie bei internationalen Übereinkommen stets, so ist auch hier der **Begriff der Form an sich autonom festzulegen**[2] und nicht dem jeweiligen nationalen Recht des angegangenen Gerichts zu entnehmen (→ EGBGB Art. 3 Rn. 179 ff.).[3] Die für den Wohnsitz in **UAbs. 3** getroffene Verweisung auf das Wohnsitzrecht stellt eine Ausnahme dar. Dass in dem Übereinkommen der Begriff der Form bewusst nicht über die begrenzte Regelung des Art. 5 hinaus konkretisiert worden ist, spricht nicht gegen eine autonome Auslegung.[4] Die bewusste fehlende Präzisierung einer in einem Übereinkommen geregelten Frage bedeutet lediglich, dass man diese Wissenschaft und Praxis überlassen will. Welche Auslegungsmethode gewählt wird, bestimmt sich jedoch auch in diesem Fall nach den allgemeinen Grundsätzen, die eine autonome Auslegung verlangen. Die umfassende Nationalisierung der Qualifikation von Begriffen eines Übereinkommens würde dessen Vereinheitlichungseffekt weitgehend zunichtemachen. Jedenfalls nach **Anwendungsbeginn der Erbrechtsverordnung** ist eine autonome Auslegung des Formbegriffs des Übereinkommens geboten, da die Reichweite des allgemeinen Erbstatuts und des Errichtungsstatuts durch die Verordnung autonom bestimmt wird. Man wird dem Vorbehalt des Haager Übereinkommens in Art. 75 Abs. 1 UAbs. 2 EuErbVO nicht entnehmen können, dass damit der Unionsgesetzgeber die Abgrenzung des von der Verordnung beherrschten allgemeinen Erbstatuts und des Errichtungsstatuts vom Formstatut der jeweils mitgliedstaatlichen lex fori überlassen wollte, sondern davon ausging, dass diese autonom zu erfolgen hat.

4   Die Gültigkeit eines Testaments, was seine Form betrifft, bedeutet nichts anderes als die Formgerechtigkeit der letztwilligen Verfügung. Unter die Form iS des Übereinkommens fallen danach **sämtliche Anforderung an ihre Verkörperung,** also Eigenhändigkeits-, Unterschrifts- oder Beurkundungserfordernisse, aber auch auf die Form bezogene Soll- oder Pflichtangaben (etwa Ort oder Zeit der Errichtung, Identität der Zeugen).[5] Auch das Material, auf dem das Testament zu verkörpern ist, stellt eine Formfrage dar. **Nicht** dagegen als Formanforderung zu qualifizieren, sondern dem Errichtungsstatut nach Art. 24 ff. EuErbVO zu unterstellen, ist die **Zulässigkeit einer Stellvertretung**[6] (vgl. Art. 26 Abs. 1 lit. c EuErbVO) oder das **Verbot bestimmter Arten von Verfügungen von Todes wegen** (→ Art. 4 Rn. 6; → EuErbVO Art. 24 Rn. 3). Vom Formstatut erfasst ist dagegen die Zulässigkeit einer **Botenschaft** oder **Hilfe** bei der Erstellung der Urkunde.[7] Nicht die Formgültigkeit betreffen Regelungen, die lediglich bei der Einhaltung bestimmter Formalia eine Gültigkeit des Testaments **vermuten.** Solche Regelungen sind als verfahrensrechtliche Beweislastregelungen anzusehen, die der lex fori unterliegen (allgemein → Art. 23 Rn. 41), mit der Folge, dass nach dem betreffenden Formstatut Testamente stets formgültig sind.[8] Die Frage, welche inhaltlichen Anforderungen in diesen Fällen an den Testamentserrichtungswillen zu stellen sind, beantwortet das Errichtungsstatut, vgl. Art. 26 Abs. 1 lit. e EuErbVO. Das Übereinkommen selbst äußert sich ebenfalls nicht dazu, welche **Rechtsfolgen ein formwidriges** und damit **ungültiges Testament** auslöst.[9] Man war wohl der Meinung, dass ein solcher Fall sehr selten eintritt. Die Frage der Rechtsfolgen eines ungültigen Testaments beeinflusst entscheidend die Verteilung des Nachlasses, insbesondere die Stellung als Erbe. Daher richtet sie sich nicht nach dem oder einem der auf die Form anwendbaren Rechte, sondern grundsätzlich nach dem **allgemeinen Erbstatut** (näher → Rn. 8 ff.).

---

[2] Vgl. auch Staudinger/*Dörner* (2007) EGBGB Vor Art. 25 Rn. 30.
[3] Anders insoweit Palandt/*Thorn* EGBGB Anh. Art. 26 Rn. 6.
[4] So aber Staudinger/*Dörner* (2007) EGBGB Vor Art. 25 Rn. 84 und Art. 25 Rn. 28; Bamberger/Roth/*Lorenz* EGBGB Art. 26 Rn. 5; Dutta/Weber/*Süß* EuErbVO Art. 27 Rn. 96.
[5] Vgl. Dutta/Weber/*Süß* EuErbVO Art. 27 Rn. 104.
[6] Vgl. Dutta/Weber/*Süß* EuErbVO Art. 27 Rn. 101 f.
[7] Vgl. Dutta/Weber/*Süß* EuErbVO Art. 27 Rn. 101.
[8] Dutta/Weber/*Süß* EuErbVO Art. 27 Rn. 123 ff.
[9] *Jayme* FS Coester-Waltjen, 2015, 461 (462).

II. Bestimmung des Formstatuts

Das Übereinkommen versucht durch die Zurverfügungstellung zahlreicher Anknüpfungspunkte, **5** dem favor testamenti zu dienen. Insgesamt sind dies zehn alternative Möglichkeiten. **Acht** enthält Art. 1 UAbs. 1, **fünf** davon sind **räumlich-personelle** Anknüpfungen: Ort der letztwilligen Verfügung, Staatsangehörigkeit, Wohnsitz und gewöhnlicher Aufenthalt des Testators sowie der Lageort bei unbeweglichem Vermögen; **drei** der erwähnten fünf Anknüpfungen, nämlich die Staatsangehörigkeit, der Wohnsitz und der gewöhnliche Aufenthalt, stellen noch alternativ auf den **Zeitpunkt** der **Errichtung** der letztwilligen Verfügung **oder** des **Todes des Erblassers** ab. Hinzukommen nach Art. 3 HTestformÜ für den deutschen Rechtsanwender noch gemäß Art. 26 Abs. 1 EGBGB das **tatsächliche** und das **hypothetische Erbstatut** (zur Ergänzung des Übereinkommens durch das deutsche Kollisionsrecht → Vor Art. 1 Rn. 6).

Ist aufgrund einer dieser zahlreichen Anknüpfungsmöglichkeiten das für die Form maßgebende **6** Recht bestimmt worden, so entscheidet dies allein, ob die Form gewahrt ist. Die Gültigkeit des Testaments kann also nicht selektiv für einzelne Teile je nach verschiedenen Anknüpfungen geprüft und bejaht werden.[10] Lediglich bei der nach Art. 1 UAbs. 1 lit. e möglichen **Anknüpfung an den Lageort bei unbeweglichem Vermögen** tritt dieser Fall ein;[11] denn hinsichtlich des **beweglichen Nachlasses** gelten die **sonstigen Anknüpfungen von Art. 1 UAbs. 1 lit. a–d und von Art. 3.** Die mannigfachen Anknüpfungsmöglichkeiten werden sich im konkreten Fall häufig überschneiden.

1. Ort der letztwilligen Verfügung (Art. 1 UAbs. 1 lit. a). Das Übereinkommen definiert **7** diesen Begriff[12] nicht näher. In Anlehnung an den in Art. 11 Abs. 1 EGBGB verwendeten Begriff „Vornahmeort" wird man darunter den Ort zu verstehen haben, an dem der Erblasser die letztwillige Verfügung errichtet hat. Bei einem öffentlichen Testament bereitet dessen Feststellung keine Schwierigkeiten. Solche können sich nur bei der sukzessiven Errichtung von privatschriftlichen Testamenten ergeben. Hierbei ist es sinnvoll, den Ort als **Errichtungsort** (zum Errichtungszeitpunkt → EuErbVO Art. 24 Rn. 10) anzunehmen, **wo das Testament abgeschlossen, also unterschrieben wurde.**[13] Theoretisch ist allerdings der Begriff des „Ortes der letztwilligen Verfügung" und damit des Errichtungsorts ohne verbindlichen Rückgriff auf nationales Recht zu gewinnen, was mit Ausnahme der Staatsangehörigkeit, des unbeweglichen Vermögens und des Wohnsitzes (vgl. Art. 1 UAbs. 3) auch für alle anderen Begriffe des Übereinkommens gilt. Wie lange sich der Testator am Vornahmeort aufgehalten hat, ist grundsätzlich belanglos. Dies gilt selbst dann, wenn der Vornahmeort lediglich aufgesucht wurde, um ein Testament nach den dortigen Formvorschriften zu errichten.[14] Die Frage, ob der Erblasser sich wirklich am im Testament angegebenen Ort aufgehalten hat, ist eine Frage des Verfahrensrechts der lex fori.[15]

2. Staatsangehörigkeit (Art. 1 UAbs. 1 lit. b). Bei **mehrfacher** Staatsangehörigkeit bleibt **8** entgegen der sonstigen Präferenz für die eigene Staatsangehörigkeit des Forums oder diejenige, zu der die engsten Beziehungen bestehen, **jede** Staatsangehörigkeit für die Anknüpfung der Form **gleichgewichtig** (→ EGBGB Art. 5 Rn. 90 ff.).[16] Bei **Staatenlosen** geht Art. 1 UAbs. 1 lit. b HTestformÜ ins Leere, da der im Wege der Ersatzanknüpfung herangezogene gewöhnliche Aufenthalt oder Wohnsitz ohnehin bereits alternatives Anknüpfungsmoment ist.[17] Dem Gedanken des favor negotii entspricht es, auch bei **Flüchtlingen** eine Formwirksamkeit nach dem Recht ihrer Staatsangehörigkeit für ausreichend anzusehen.[18]

---

[10] Richtig *v. Schack* DNotZ 1966, 140.

[11] Vgl. *Ferid* RabelsZ 27 (1962), 418; Staudinger/*Dörner* (2007) EGBGB Vor Art. 25 Rn. 58; Palandt/*Thorn* EGBGB Anh. Art. 26 Rn. 3.

[12] Beispiele: BayObLGZ 1982, 331 (336); LG München I FamRZ 1998, 1067 (1068); AG Hildesheim IPRspr. 1985 Nr. 117.

[13] *v. Schack* DNotZ 1966, 141; Staudinger/*Firsching,* 12. Aufl. 1981, EGBGB Vor Art. 24 Rn. 424; Staudinger/ *Dörner* (2007) EGBGB Vor Art. 25 Rn. 47; Soergel/*Schurig* EGBGB Art. 26 Rn. 8 in Fn. 8; Dutta/Weber/*Süß* EuErbVO Art. 27 Rn. 25; aA zu Unrecht *Scheucher* ZfRV 6 (1965), 87 ff. – Aus der Praxis: IPG 1980/81 Nr. 42 (Hamburg, Ägypten).

[14] LG München I IPRax 1999, 182; zust. Bamberger/Roth/*Lorenz* EGBGB Art. 26 Rn. 8.

[15] Dutta/Weber/*Süß* EuErbVO Art. 27 Rn. 36.

[16] Staudinger/*Dörner* (2007) EGBGB Vor Art. 25 Rn. 49; Dutta/Weber/*Süß* EuErbVO Art. 27 Rn. 40; vor der IPR-Reform OLG Hamburg IPRspr. 1981 Nr. 131; *Ferid* RabelsZ 27 (1962), 421; *v. Schack* DNotZ 1966, 141; *Scheucher* ZfRV 6 (1965), 90; vgl. auch IPG 1978 Nr. 38 (Berlin, Ungarn); 1984 Nr. 39 (Hamburg, VR China), Nr. 40 (München, USA: Nebraska).

[17] Dutta/Weber/*Süß* EuErbVO Art. 27 Rn. 42.

[18] Staudinger/*Dörner* (2007) EGBGB Vor Art. 25 Rn. 49; Dutta/Weber/*Süß* EuErbVO Art. 27 Rn. 43.

9   Besteht im Heimatstaat des Erblassers **Rechtsspaltung** (zB Australien, Kanada, USA, Vereinigtes Königreich), dann entscheidet nach Art. 1 UAbs. 2 das jeweilige einheitliche interlokale Kollisionsrecht. Soweit ein solches fehlt (zB in den USA),[19] findet dasjenige Partikularrecht Anwendung, zu dem der Testator die „engste Bindung" hatte.[20] Für diese kommt es auf objektiv feststellbare Umstände an, insbesondere auf den Schwerpunkt des Nachlasses oder den gewöhnlichen Aufenthalt zu dem maßgeblichen Zeitpunkt (Errichtung oder Tod).[21]

10   **3. Wohnsitz (Art. 1 UAbs. 1 lit. c, Art. 1 UAbs. 3).** Im Gegensatz zu den sonstigen Begriffen verweist das Übereinkommen selbst in Art. 1 UAbs. 3 ausdrücklich für die nähere Bestimmung des Wohnsitzes[22] (domicile) auf „das an diesem Orte geltende Recht". Deutschland hat den nach Art. 9 möglichen Vorbehalt, statt des Wohnsitzrechts die lex fori darüber befinden zu lassen, nicht erklärt (wohl aber zB das Vereinigte Königreich).[23]

11   Da der Begriff des domicile etwa im anglo-amerikanischen Recht einen anderen Sinn hat als der des Wohnsitzes im deutschen Recht (→ EGBGB Art. 5 Rn. 127 ff.), hat das Übereinkommen je nach Fallkonstellation insoweit einen unterschiedlichen Anwendungsbereich. Dies kann zu einer **„positiven" wie „negativen Wohnsitzkollision"** führen.[24] Aus Sicht verschiedener Staaten kann der Erblasser im jeweiligen Staat einen Wohnsitz haben. Auch kann etwa vom deutschen Recht aus gesehen jemand zwar im Ausland einen Wohnsitz haben, wegen Art. 1 UAbs. 3 bleibt die Anwendung des Übereinkommens insoweit jedoch ausgeschlossen, wenn das betreffende ausländische Recht einen Wohnsitz verneint, was im Verhältnis zum anglo-amerikanischen Rechtskreis nicht ungewöhnlich ist. Der Fall eines wohnsitzlosen Erblassers ist insoweit ebenfalls denkbar.[25]

12   **4. Gewöhnlicher Aufenthalt (Art. 1 UAbs. 1 lit. d).** Unter welchen Voraussetzungen der Erblasser an einem Ort zum Zeitpunkt der Testamentserrichtung oder seines Todes seinen gewöhnlichen Aufenthalt hatte, beurteilt sich nicht nach einem bestimmten nationalen Recht, sondern autonom.[26] Dieser unbestimmte Rechtsbegriff, der allein von tatsächlichen Umständen geprägt wird, fordert eine gewisse **Zentrierung der Lebensumstände für eine bestimmte Zeit an einem bestimmten Ort.**[27] Zur Bestimmung des gewöhnlichen Aufenthalts nach der Erbrechtsverordnung → EuErbVO Art. 4 Rn. 2 ff. Womöglich kann man die Anforderungen an einen gewöhnlichen Aufenthalt im Rahmen des Haager Testamentsformübereinkommens sogar etwas gegenüber der Erbrechtsverordnung absenken und etwa auch mehrfache gewöhnliche Aufenthalte eines Erblassers zulassen, um die Formgültigkeit des Testaments zu fördern.[28]

13   **5. Lageort des unbeweglichen Vermögens (Art. 1 UAbs. 1 lit. e).** Die von der lex rei sitae vorgesehene Form gilt nur für den in ihrem Geltungsbereich belegenen unbeweglichen Nachlass. Allerdings kann daneben die Form des Testaments aufgrund anderer Anknüpfungsmöglichkeiten beurteilt werden. Art. 1 UAbs. 1 lit. e tritt als **zusätzliches Anknüpfungsmoment hinzu,** er schließt für das unbewegliche Vermögen nicht etwa andere aus. Über das Schicksal eines nur im Hinblick auf das unbewegliche Vermögen formwirksamen, für den übrigen Nachlass aber formungültigen Testaments entscheidet das Errichtungsstatut nach Art. 24 EuErbVO.[29]

14   Was **unbewegliches Vermögen** ist, beurteilt sich nach der **lex rei sitae.** Denn der Grundsatz, dass sie darüber befindet,[30] was bewegliches und unbewegliches Vermögen darstellt, ist universal. Es wäre kaum vertretbar anzunehmen, dass das Übereinkommen davon abweichen wollte.[31]

---

[19] Vgl. auch IPG 1978 Nr. 39 (München, USA/Italien), Nr. 40 (Freiburg, USA).

[20] Vgl. auch dazu BayObLGZ 1967, 425.

[21] Vgl. *v. Schack* DNotZ 1966, 142; *Scheucher* ZfRV 6 (1965), 91.

[22] Beispiel OLG Düsseldorf IPRspr. 1985 Nr. 114.

[23] So Dutta/Weber/*Süß* EuErbVO Art. 27 Rn. 86.

[24] Dutta/Weber/*Süß* EuErbVO Art. 27 Rn. 55 ff.

[25] Staudinger/*Dörner* (2007) EGBGB Vor Art. 25 Rn. 53; *Scheucher* ZfRV 6 (1965), 93; anders Dutta/Weber/ *Süß* EuErbVO Art. 27 Rn. 58, jedenfalls für den Fall, dass zwei Rechtsordnungen den Wohnsitz im jeweils anderen Staat verorten.

[26] So auch Staudinger/*Dörner* (2007) EGBGB Vor Art. 25 Rn. 56.

[27] Vgl. BayObLGZ 1979, 193 (196 f.): „Daseinsmittelpunkt"; so auch Staudinger/*Dörner* (2007) EGBGB Vor Art. 25 Rn. 56. Näher zu diesem Begriff → Art. 5 Rn. 113 ff.; → EuErbVO Art. 4 Rn. 3 ff.

[28] In diese Richtung auch Dutta/Weber/*Süß* EuErbVO Art. 27 Rn. 64.

[29] Dutta/Weber/*Süß* EuErbVO Art. 27 Rn. 71.

[30] *Ferid* RabelsZ 27 (1962), 420; Palandt/*Thorn* EGBGB Anh. Art. 26 Rn. 4, 5; zust. Staudinger/*Dörner* (2007) EGBGB Vor Art. 25 Rn. 59; Soergel/*Schurig* EGBGB Art. 26 Rn. 12.

[31] Anders jedoch *Kegel/Schurig* IPR § 21 III 2a: enge autonome Auslegung, nach der nur Grundstücke unter den Begriff des unbeweglichen Vermögens fallen.

6. Errichtungsstatut – Erbstatut (Art. 3). Für die Form kommen als autonome deutsche   **15**
Anknüpfungen gemäß Art. 26 Abs. 1 EGBGB noch das hypothetische sowie das tatsächliche Erbstatut hinzu (zur Ergänzung des Übereinkommens durch das deutsche Kollisionsrecht → Vor Art. 1
Rn. 6), das sich nach den Art. 20 ff. EuErbVO bestimmt, bezogen auf den Zeitpunkt der Errichtung
der Verfügung oder den Zeitpunkt des Todes des Erblassers. Art. 1 UAbs. 1 HTestformÜ selbst hat
von dessen genereller Maßgeblichkeit abgesehen. Damit wird auch mittelbar der Renvoi beachtlich,
wenn gemäß Art. 34 Abs. 1 EuErbVO das Erbstatut etwa auf deutsches Recht zurückverweist.

III. Allgemeine Fragen

Art. 1 UAbs. 1 verweist für die Frage der Formgültigkeit auf das „innerstaatliche Recht" und   **16**
damit auf das materielle Privatrecht des Formstatuts, nicht aber auf dessen Kollisionsrecht.[32] **Rück-**
und Weiterverweisung (Renvoi) sind also entgegen Art. 4 Abs. 1 S. 1 EGBGB und Art. 34 Abs. 1
EuErbVO nicht zu befolgen. Zur Unteranknüpfung bei **Mehrrechtsstaaten** → Rn. 9.

Zu dem **Sachrecht** des Formstatuts zählen auch bi- und multilaterale für diesen Staat geltende   **17**
sachrechtliche **Staatsverträge.** Verweist Art. 1 UAbs. 1 daher etwa auf das Recht eines Staates, für
den das **UNIDROIT-Übereinkommen über ein einheitliches Recht der Form eines interna-**
tionalen Testaments (→ EuErbVO Vor Art. 1 Rn. 15; → EuErbVO Art. 75 Rn. 33) gilt, ist das
Testament auch dann formgültig, wenn es den Anforderungen dieses Übereinkommens genügt.[33]

IV. Rechtsfolgen formwidriger Testamente

Soweit die Vorschriften des gemäß dem Haager Übereinkommen oder nach Art. 26 Abs. 1   **18**
EGBGB berufenen Rechts **nicht** eingehalten worden sind, können zwar ursprünglich formungültige
Testamente im Bereich des Haager Übereinkommens nachträglich durch Wechsel des Anknüpfungs-
moments geheilt werden.[34] Kommt ein solcher Statutenwechsel nicht in Betracht, wird das **auf die**
Folgen eines Formverstoßes anwendbare Recht durch das HTestformÜ selbst **nicht bestimmt**
(→ Rn. 4).

Es sind demnach **nicht** die Vorschriften des verletzten Rechts, also des **Formstatuts,**[35] zu befra-   **19**
gen, ob das formwidrige Testament nichtig, anfechtbar oder ohne Einschränkung gültig ist. Bei
mehreren Formstatuten werden die Rechtsfolgen des Formverstoßes folglich auch nicht demjenigen
Recht entnommen, das weniger streng ist.[36] Vielmehr entscheidet wegen seines starken Einflusses
auf die Verteilung des Nachlasses das nach Art. 21 und Art. 22 EuErbVO bestimmte **allgemeine**
Erbstatut.[37] Die Sonderanknüpfung der Form darf sich nicht zu stark zu Lasten des Erbstatuts
auswirken und dieses dadurch weitgehend aushöhlen. Der kollisionsrechtliche favor testamenti gilt
nur zugunsten der Formgültigkeit einer letztwilligen Verfügung, über die materiellrechtlichen Folgen
entscheidet jedoch das Erbstatut. Dies gilt auch für die Frage, ob die Formunwirksamkeit gerichtlich
geltend gemacht werden muss. Allein über das Wie der gerichtlichen Geltendmachung entscheidet
das Verfahrensrecht der lex fori.[38]

Das Gleiche gilt auch für die Frage **„teilweiser"** Formwidrigkeit eines Testaments, das etwa   **20**
wegen Nachlassspaltung verschiedenen Rechten unterliegt.[39] Die Folgen eines Formverstoßes unterliegen dem jeweiligen Erbstatut und nicht dem Formstatut.[40] Ob dem Gedanken der einheitlichen
letztwilligen Verfügung durch eine Anpassung geholfen werden kann, lässt sich nicht generell feststellen (zur Nachlassspaltung → EuErbVO Vor Art. 20 Rn. 7 ff., 15 ff.).

---

[32] BayObLGZ 1967, 418 (427).
[33] Staudinger/*Dörner* (2007) EGBGB Vor Art. 25 Rn. 46.
[34] Vgl. *Scheuermann,* Statutenwechsel im internationalen Erbrecht, 1968, 75 f.; *Ferid,* Der Statutenwechsel im
internationalen Erbrecht, in Lauterbach, Vorschläge und Gutachten zur Reform des deutschen internationalen
Erbrechts, 1969, 129 f.
[35] So aber Staudinger/*Dörner* (2007) EGBGB Vor Art. 25 Rn. 86; Bamberger/Roth/*Lorenz* EGBGB Art. 26
Rn. 6; Dutta/Weber/*Süß* EuErbVO Art. 27 Rn. 119 ff.; vgl. auch *v. Schack* DNotZ 1966, 140; Soergel/*Schurig*
EGBGB Art. 26 Rn. 25.
[36] *Jayme* ZfRV 24 (1983), 174; *Jayme,* FS Coester-Waltjen, 2015, 461 (467 f.); Soergel/*Kegel,* 11. Aufl. 1984,
EGBGB Vor Art. 24 Rn. 51.
[37] Offen gelassen von BayObLG ZEV 2005, 441 (443).
[38] Vgl. *Jayme,* FS Coester-Waltjen, 2015, 461 (462).
[39] Vgl. zu dieser Problematik auch *Beitzke,* FS Lewald, 1953, 235 ff., dessen Ausführungen aber das Haager
Testamentsformübereinkommen noch nicht berücksichtigen konnten. – In BGH NJW 1976, 2074 schlägt die
Nachlassspaltung nicht auf die Form durch, da die Rückverweisung nicht auch die Testamentserrichtung ergreift.
[40] So etwa Soergel/*Kegel,* 11. Aufl. 1984, EGBGB Vor Art. 24 Rn. 51 unter Berufung auf OLG Dresden
IPRspr. 1931 Nr. 95.

V. Errichtung eines Testaments in ausländischer Form

21   Aus dem Vorstehenden ergibt sich ohne weiteres, dass ein Ausländer in Deutschland nach ausländischen Formen, insbesondere solchen seines derzeitigen Heimatrechts oder ausländischen Domizils testieren kann.[41] Gleiches gilt für den umgekehrten Fall, nämlich Verwendung im Inland zulässiger Formen bei ausländischem Errichtungs- oder Erbstatut. Der Testator wird dies vor allem dann tun, wenn er im Falle seines Todes Schwierigkeiten mit den Formen des deutschen Rechts fürchtet oder weil er in den Kategorien seiner Heimat denkt und verwurzelt ist und die Errichtung seiner letztwilligen Verfügung nicht verschieben kann oder will. Welche Form er dabei wählt, hängt davon ab, wie sein Heimat- oder Domizilrecht gestaltet ist. Soweit es sich um einen Vertragsstaat des Haager Übereinkommens oder einen an der EuErbVO beteiligten Mitgliedstaat der EU (→ EuErbVO Art. 1 Rn. 29) handelt, bedarf es keiner Testierung in ausländischen Formen im Inland. Denn nach Art. 1 UAbs. 1 lit. a HTestformÜ oder Art. 27 Abs. 1 UAbs. 1 lit. a EuErbVO bestimmt sich die Form einer letztwilligen Verfügung auch nach dem Ortsstatut. Gehört aber der betreffende Staat nicht zu den Vertrags- oder Mitgliedstaaten und reicht die Ortsform aus bestimmten Gründen nicht aus, so ist es sinnvoll, in ausländischen Formen zu testieren.

22   Ein deutscher Notar ist für die **Beurkundung eines Testaments in ausländischen Formen,**[42] zB ein öffentliches Testament unter zusätzlicher Beiziehung von Zeugen, „international zuständig" (vgl. auch → EuErbVO Art. 3 Rn. 20, 22). Er kann sich auch einer ausländischen Sprache bedienen (vgl. § 5 Abs. 2 BeurkG). Es hängt allerdings von dem betreffenden ausländischen Recht ab, ob die Beurkundung durch einen deutschen Notar für eine öffentliche Urkunde ausreichend ist. Hierbei handelt es sich um eine Frage der Substitution (näher → Einl. IPR Rn. 227 ff.) im ausländischen Recht.

Art. 2 HTestformÜ [Widerruf letztwilliger Verfügungen]

Artikel 1 ist auch auf letztwillige Verfügungen anzuwenden, durch die eine frühere letztwillige Verfügung widerrufen wird.

Der Widerruf ist hinsichtlich seiner Form auch dann gültig, wenn diese einer der Rechtsordnungen entspricht, nach denen die widerrufene letztwillige Verfügung gemäß Artikel 1 gültig gewesen ist.

I. Form des Widerrufs

1   Art. 2 behandelt nur die Form des Widerrufs,[1] nicht aber dessen inhaltliche Zulässigkeit und seine weiteren materiellen Wirkungen (hierzu → EuErbVO Art. 24 Rn. 16 ff.; → EuErbVO Art. 25 Rn. 12). Über die Form des Widerrufs entscheidet selbständig die aufgrund der in Art. 1 UAbs. 1 erwähnten Anknüpfungsmöglichkeiten heranzuziehende Rechtsordnung (Art. 2 UAbs. 1); das für die Errichtung der widerrufenen Verfügung maßgebende Formstatut kann hiervon verschieden sein. Dazu kommt als weitere Möglichkeit für die Form des Widerrufs das **Formstatut,** welches **für die Errichtung** der widerrufenen letztwilligen Verfügung galt (Art. 2 UAbs. 2). Insofern werden widerrufenes und widerrufendes Testament durch Art. 2 UAbs. 2 gleichgestellt. Dies gilt allerdings nur, soweit das spätere Testament das frühere widerruft,[2] nicht aber notwendigerweise für die gesamte Verfügung von Todes wegen, deren Formgültigkeit sich im Hinblick auf den nicht widerrufenden Teil nach Art. 1 richtet. Art. 2 UAbs. 2 ist nicht lediglich erst dann anwendbar, wenn nach den durch Art. 2 UAbs. 1 berufenen Rechtsordnungen die widerrufende Verfügung formungültig ist; die beiden Absätze stehen selbständig nebeneinander.[3] Fraglich erscheint, ob auch die vom **Erbstatut** vorgesehene Form den Widerruf eines Testaments erfasst. Für die Testamentserrichtung wurde dies gemäß Art. 3 bejaht. Ob der actus contrarius gleich zu behandeln ist, lässt sich dieser Vorschrift nicht entnehmen. Angesichts der sonstigen Gleichstellung von Errichtung und Widerruf durch das Übereinkommen ist Art. 3 entsprechend auf den Widerruf anzuwenden.[4]

2   Demnach genügt für den Widerruf die Einhaltung der Form: (1) aufgrund der selbständigen Ermittlung des Formstatuts des Widerrufstestaments (UAbs. 1); (2) die Befolgung des Formstatuts

---

[41] Beispiele aus der Praxis: BayObLGZ 1967, 418; OLG Karlsruhe OLGZ 40, 159.

[42] Vgl. auch *Blumenwitz* DNotZ 1968, 712 (726).

[1] BayObLGZ 1967, 429.

[2] Dutta/Weber/*Süß* EuErbVO Art. 27 Rn. 75.

[3] Staudinger/*Dörner* (2007) EGBGB Vor Art. 25 Rn. 70; aA Staudinger/*Firsching,* 12. Aufl. 1981, EGBGB Vor Art. 24 Rn. 433.

[4] Ebenso im Ergebnis Staudinger/*Firsching,* 12. Aufl. 1981, EGBGB Vor Art. 24 Rn. 431; zust. auch Staudinger/*Dörner* (2007) EGBGB Vor Art. 25 Rn. 71, 75.

des widerrufenen Testaments, sofern die Errichtung gültig war (UAbs. 2); (3) die Beachtung des tatsächlichen oder des hypothetischen Erbstatuts (Art. 26 Abs. 1 EGBGB).

II. Widerruf durch Testament

Art. 2 ist nur auf den Widerruf eines Testaments **durch letztwillige Verfügung** anwendbar. 3 Widerruf bedeutet die rechtliche Aufhebung einer früheren Willenserklärung durch den Erblasser. Das widerrufende Testament kann sich dabei allein auf den Widerruf beschränken[5] oder auch neue Anordnungen treffen, die einen vollen oder teilweisen Widerruf der früheren letztwilligen Verfügung voraussetzen. Unter Art. 2 fallen hingegen nicht andere **Arten des Widerrufs,** also solche, die kraft Gesetzes aufgrund anderer Rechtsgeschäfte oder sonstiger Ereignisse die Verfügung von Todes wegen hinfällig machen;[6] sie richten sich nach dem Errichtungsstatut der widerrufenen Verfügung von Todes wegen (→ EuErbVO Art. 24 Rn. 17), wie zB Eheschließung, Ehescheidung, Rücknahme des Testaments aus amtlicher Verwahrung oder dessen Vernichtung.[7]

Art. 3 HTestformÜ [Bestehende Formvorschriften der Vertragsstatuten]

Dieses Übereinkommen berührt bestehende oder künftige Vorschriften der Vertrags- staaten nicht, wodurch letztwillige Verfügungen anerkannt werden, die der Form nach entsprechend einer in den vorangehenden Artikeln nicht vorgesehenen Rechtsordnung errichtet worden sind.

Diese Vorschrift ermöglicht, wie bereits bei Art. 1 erwähnt, in Deutschland zwei zusätzliche 1 Anknüpfungsmöglichkeiten für die Form der Errichtung wie auch des Widerrufs (näher → Art. 2 Rn. 1 aE) einer letztwilligen Verfügung. Art. 26 Abs. 1 EGBGB beruft für deren Form zusätzlich das tatsächliche und hypothetische Erbstatut (zur Ergänzung des Übereinkommens durch das deutsche Kollisionsrecht → Vor Art. 1 Rn. 6).

Art. 4 HTestformÜ [Anwendung auf gemeinschaftliches Testament]

Dieses Übereinkommen ist auch auf die Form letztwilliger Verfügungen anzuwenden, die zwei oder mehrere Personen in derselben Urkunde errichtet haben.

Das Übereinkommen erfasst **gemeinschaftliche Testamente,** schließt aber **Erb-, Pflichtteils- 1 und Zuwendungsverzicht** und **Erbvertrag** von seiner Anwendung aus.[1] Solche gemeinschaftlichen Testamente sind nicht nur Ehegatten- oder Lebenspartnertestamente, sondern jede andere Art von untereinander verbundenen Testamenten, die eine bestimmte Rechtsordnung zulässt,[2] zB gemeinsame Testamente von Verlobten, nichtehelichen Lebenspartnern und Geschwistern.[3] Auf den Inhalt der Verfügung, etwa eine Wechselbezüglichkeit, kommt es nicht an, sondern allein auf die Errichtung in einer Urkunde;[4] vgl. auch die Definition in Art. 3 Abs. 1 lit. c EuErbVO. Zur Anknüpfung der Formgültigkeit anderer Verfügungen von Todes wegen → Art. 1 Rn. 2.

Die Einbeziehung gemeinschaftlicher Testamente wirft freilich eine Reihe **zusätzlicher Fragen** 2 auf, **die das Übereinkommen nicht beantwortet.** (1) Ist das Übereinkommen anwendbar, wenn nur einer der Testatoren nach dem 31.12.1965 verstorben ist? (2) Reicht die Erfüllung der Formerfordernisse nur durch den Testator, dessen Verfügung alleine Wirkung entfalten soll? (3) Ist die Formgültigkeit des gemeinschaftlichen Testaments für jeden Testator gesondert zu prüfen, wenn beide Verfügungen ihre Wirkung entfalten sollen und sich die Anknüpfungspunkte bei ihnen nicht decken? (4) Sind die romanischen Verbote des gemeinschaftlichen Testaments unter den Begriff der Form oder der inhaltlichen Zulässigkeit einzuordnen?

---

[5] Staudinger/*Dörner* (2007) EGBGB Vor Art. 25 Rn. 66; *v. Schack* DNotZ 1966, 134.

[6] Staudinger/*Dörner* (2007) EGBGB Vor Art. 25 Rn. 67; *v. Schack* DNotZ 1966, 134; Dutta/Weber/*Süß* EuErbVO Art. 27 Rn. 20; Palandt/*Thorn* EGBGB Anh. Art. 26 Rn. 2.

[7] Abw. hinsichtlich der Voraussetzungen der Widerrufshandlung hingegen Staudinger/*Dörner* (2007) EGBGB Vor Art. 25 Rn. 67: analog Art. 26 Abs. 5 EGBGB aF (heute wohl analog Art. 24 Abs. 1 EuErbVO) das Recht, das zum Zeitpunkt der Vornahme des betreffenden Rechtsakts auf die Rechtsnachfolge von Todes wegen anzuwenden gewesen wäre.

[1] Staudinger/*Dörner* (2007) EGBGB Vor Art. 25 Rn. 76.

[2] Die Zulässigkeit des gemeinschaftlichen Testaments unterfällt nicht Art. 4 (anders *Scheucher* ZfVR 1964, 218 f.).

[3] Vgl. Staudinger/*Dörner* (2007) EGBGB Vor Art. 25 Rn. 77; *Ferid* RabelsZ 27 (1962), 423.

[4] Dutta/Weber/*Süß* EuErbVO Art. 27 Rn. 13.

3   Die **erste** Frage dürfte zu bejahen sein. Es muss genügen, wenn diejenige der miteinander verbundenen letztwilligen Verfügungen den Anforderungen des Übereinkommens genügt, welche durch den Tod des betreffenden Testators jetzt ihre Wirkung entfalten soll.[5] Dadurch wird der intendierte favor testamenti gefördert. Inkonsistenzen lassen sich dadurch freilich nicht vermeiden.

4   Entsprechendes gilt konsequenterweise für die **zweite** Frage: es reicht aus, dass diejenige Verfügung formwirksam ist, die ihre **Wirkung** entfalten soll, gleichgültig, ob der andere Mittestator unter das Übereinkommen fällt, aber eine gemeinsame Anknüpfung fehlt, oder ob er von ihm nicht erfasst wird.[6]

5   Die **dritte** Frage ist dahin zu beantworten, dass das Formstatut nicht für jeden Testator nach demselben Anknüpfungsmoment bestimmt werden muss. Sollen daher **beide** Verfügungen ihre Wirkung entfalten (Tod beider Erblasser mit zB gegenseitiger Erbeinsetzung und jeweiliger Bestimmung von Nacherben), muss die Formgültigkeit nicht nach denselben Anknüpfungsmomenten vorliegen.[7]

6   Die **vierte** Frage wurde von den Verfassern des Übereinkommens mangels Konsenses **ausdrücklich offengelassen.**[8] Auch sie wäre an sich vertragsautonom zu entscheiden. Andererseits sind allgemeine Kriterien für die Lösung des Problems nicht auffindbar, so dass nach dem Übereinkommen ein breiter Auslegungsspielraum besteht. Allerdings hat der Unionsgesetzgeber in der Erbrechtsverordnung eine ausdrückliche Entscheidung zur Qualifikation von Verboten bestimmter Arten von Verfügungen von Todes wegen getroffen. Diese unterliegen nach Art. 24, 25 EuErbVO als Frage der „Zulässigkeit" einer Verfügung von Todes wegen dem Errichtungsstatut (zur Diskussion → EuErbVO Art. 24 Rn. 3).

Art. 5 HTestformÜ [Zur Form gehörig]

[1]Für den Bereich dieses Übereinkommens werden die Vorschriften, welche die für letztwillige Verfügungen zugelassenen Formen mit Beziehung auf das Alter, die Staatsangehörigkeit oder andere persönliche Eigenschaften des Erblassers beschränken, als zur Form gehörend angesehen. [2]Das gleiche gilt für Eigenschaften, welche die für die Gültigkeit einer letztwilligen Verfügung erforderlichen Zeugen besitzen müssen.

1   Zwar enthält das Übereinkommen **keine generelle Definition,** was unter der Form einer letztwilligen Verfügung zu verstehen ist, sondern lässt die Frage offen (→ Art. 1 Rn. 3 f.). Art. 5 S. 1 erklärt jedoch positiv solche Vorschriften zur Form einer letztwilligen Verfügung gehörend, welche den Kreis der zugelassenen Testamentsformen vom Alter, von der Staatsangehörigkeit oder von anderen persönlichen Eigenschaften des Erblassers (zB Blind-, Stumm- oder Taubheit)[1] abhängig machen. Damit werden manche Zweifel ausgeschaltet. Die **Testierfähigkeit** selbst gehört allerdings **nicht** zur **Form,**[2] sondern unterliegt dem Errichtungsstatut nach Art. 24 ff. EuErbVO, wie nunmehr auch Art. 26 Abs. 1 lit. a, Abs. 2 EuErbVO unterstreicht. Ist ein Minderjähriger nach dem Errichtungsstatut noch nicht testierfähig, kann also über Art. 5 keine Gültigkeit des Testaments bewirkt werden.[3] Ohne Belang ist es deshalb, ab welchem Alter nach dem Formstatut die Testierfähigkeit allgemein einsetzt, solange die betreffende Form nicht von einem bestimmten Alter abhängt.[4] Unter Art. 5 S. 1 HTestformÜ fällt als Einschränkung in Beziehung auf das Alter etwa das Verbot des eigenhändigen Testaments eines Minderjährigen (§ 2247 Abs. 4 BGB).[5]

2   Nach Art. 5 S. 2 gehören die Vorschriften über die Eigenschaften von Testamentszeugen ebenfalls zur Form. Ob ein Zeuge im Testament bedacht werden kann (vgl. §§ 26 Abs. 1 Nr. 2, 7, 27 BeurkG),

---

[5] Ebenso Staudinger/*Dörner* (2007) EGBGB Vor Art. 25 Rn. 102; *Scheucher* ZfRV 5 (1964), 216.

[6] Erman/*Hohloch* Rn. 14; Dutta/Weber/*Süß* EuErbVO Art. 27 Rn. 4; vgl. *Scheucher* ZfRV 5 (1964), 219 f.; Staudinger/*Dörner* (2007) EGBGB Vor Art. 25 Rn. 78; Soergel/*Schurig* EGBGB Art. 26 Rn. 7.

[7] Staudinger/*Dörner* (2007) EGBGB Vor Art. 25 Rn. 79; auch Soergel/*Schurig* EGBGB Art. 26 Rn. 7.

[8] *Ferid* RabelsZ 27 (1962), 423 f.; Staudinger/*Firsching,* 12. Aufl. 1981, EGBGB Vor Art. 24 Rn. 437; *v. Schack* DNotZ 1966, 134.

[1] Staudinger/*Dörner* (2007) EGBGB Vor Art. 25 Rn. 87.

[2] Staudinger/*Dörner* (2007) EGBGB Vor Art. 25 Rn. 90, Art. 25 Rn. 226; *Ferid* IPR §§ 9–50, 56; Erman/*Hohloch* EGBGB Art. 26 Rn. 22; Soergel/*Kegel,* 11. Aufl. 1984, EGBGB Vor Art. 24 Rn. 120; Bamberger/Roth/*Lorenz* EGBGB Art. 26 Art. 25 Rn. 26; *v. Schack* DNotZ 1966, 135; Palandt/*Thorn* EGBGB Anh. Art. 26 Rn. 6; *Wagner,* Die Testierfähigkeit im Internationalen Privatrecht, 1996, 9 f.

[3] Vgl. Soergel/*Kegel,* 11. Aufl. 1984, EGBGB Vor Art. 24 Rn. 120; *v. Schack* DNotZ 1966, 135; Palandt/*Thorn* EGBGB Anh. Art. 26 Rn. 6.

[4] Anders Dutta/Weber/*Süß* EuErbVO Art. 27 Rn. 107; wie hier wohl auch *Ferid* RabelsZ 27 (1962), 425.

[5] Staudinger/*Dörner* (2007) EGBGB Vor Art. 25 Rn. 88, Art. 25 Rn. 239; Soergel/*Kegel,* 11. Aufl. 1984, EGBGB Vor Art. 24 Rn. 120; Palandt/*Thorn* EGBGB Art. 26 Rn. 6.

ist dagegen keine Frage der Regelung der Form,[6] sondern der materiellen Wirksamkeit, wie nunmehr auch die Erbrechtsverordnung in Art. 26 Abs. 1 lit. b EuErbVO bestätigt.

Art. 6 HTestformÜ [Allseitige Anwendung des Übereinkommens]

[1]**Die Anwendung der in diesem Übereinkommen aufgestellten Regeln über das anzuwendende Recht hängt nicht von der Gegenseitigkeit ab.** [2]**Das Übereinkommen ist auch dann anzuwenden, wenn die Beteiligten nicht Staatsangehörige eines Vertragsstaates sind oder das auf Grund der vorangehenden Artikel anzuwendende Recht nicht das eines Vertragsstaates ist.**

Das Übereinkommen schafft hinsichtlich der Bestimmung des Formstatuts bei letztwilligen Verfü- **1** gungen für die Vertragsstaaten neues **universell anwendbares Kollisionsrecht** (loi uniforme) und verdrängt entgegenstehendes autonomes IPR, also früher Art. 26 Abs. 1–3 EGBGB aF (näher → Vor Art. 1 Rn. 4). Die Anwendung von Art. 6 HTestformÜ hängt, wie Art. 6 S. 2 HTestformÜ ausdrücklich vorsieht, nicht davon ab, dass die Beteiligten Angehörige eines Vertragsstaates sein müssen oder dass das Formstatut eines Vertragsstaats zur Anwendung kommt.[1]

Art. 7 HTestformÜ [Ordre-public Klausel]

Die Anwendung eines durch dieses Übereinkommen für maßgebend erklärten Rechtes darf nur abgelehnt werden, wenn sie mit der öffentlichen Ordnung offensichtlich unvereinbar ist.

Die autonome Regelung des Art. 6 EGBGB lässt jedenfalls vom Wortlaut her nur unter gegenüber **1** Art. 7 HTestformÜ verschärften Bedingungen eine Berufung auf den ordre public zu;[1] denn der „offensichtliche Verstoß" muss sich nach Art. 6 EGBGB gegen „wesentliche Grundsätze des deutschen Rechts" wie etwa die Grundrechte richten und nicht nur gegen die weiter zu verstehende „öffentliche Ordnung", wie dies Art. 7 HTestformÜ vorsieht. Praktisch werden freilich Unterschiede zwischen Art. 7 HTestformÜ und Art. 6 EGBGB mit der Lupe zu suchen sein.[2] Dagegen entspricht Art. 7 HTestformÜ auch in der Formulierung weitgehend Art. 35 EuErbVO.

Ordre public-Verstöße im Zusammenhang mit der Form sind in **unterschiedlichen Varianten** **2** denkbar: (1) die Form als solche verstößt gegen den ordre public; (2) zwar steht allen Erblassern nach dem Formstatut eine Gestaltungsmöglichkeit zur Verfügung, doch müssen bestimmte Gruppen von Erblassern erhöhte Formerfordernisse erfüllen. Denkbar sind insoweit Differenzierungen aufgrund von Rasse, Geschlecht,[3] aber auch Religionszugehörigkeit, familienrechtlichem Status und – soweit sie diskriminierender Natur und nicht als Hilfestellung zu verstehen sind – körperlicher und geistiger Behinderung sowie Alter (zB: ein Mann braucht zwei, eine Frau drei Zeugen bei der Errichtung einer letztwilligen Verfügung). (3) Schließlich kann eine Rechtsordnung aufgrund der soeben genannten Kriterien auch bestimmte erbrechtliche Gestaltungsformen verschiedenen Gruppen vorenthalten (zB nur Angehörige einer bestimmten Religion können bestimmte Arten letztwilliger Verfügungen treffen).

Die **erste Fallgruppe** ist von Art. 7 erfasst. Ein Verstoß von Formvorschriften gegen den ordre **3** public dürfte aber kaum zu bejahen sein.[4] Auch die **zweite Fallgruppe** betrifft eigentliche Form- und nicht inhaltliche Fragen und fällt daher in den Anwendungsbereich des Übereinkommens. Hier wäre der ordre public-Verstoß der Form mittelbar, da nicht die Form als solche, sondern der Umstand, aufgrund dessen die Unterscheidung hinsichtlich der Formerfordernisse getroffen wird, ordre public-widrig sein kann. Dieser Fall ist häufiger denkbar als der unmittelbare ordre public-Verstoß der Form. Allerdings müssen auch dann die strengen Voraussetzungen erfüllt sein, die allgemein nach Art. 35 EuErbVO an einen ordre public-Verstoß zu stellen sind (näher → EuErbVO Art. 35 Rn. 33). In der **dritten Fallgruppe** hingegen geht es alleine um das inhaltliche Problem,

---

[6] Ebenso Staudinger/*Dörner* (2007) EGBGB Vor Art. 25 Rn. 91, 93; Bamberger/Roth/*Lorenz* EGBGB Art. 26 Rn. 5; aA Soergel/*Kegel,* 11. Aufl. 1984, EGBGB Vor Art. 24 Rn. 121; Soergel/*Schurig* EGBGB Art. 26 Rn. 21; Palandt/*Thorn* EGBGB Anh. Art. 26 Rn. 6.
[1] Aus der Praxis BGH NJW 2004, 3558 (3560); FamRZ 1994, 1585; LG Münster und OLG Hamm IPRspr. 1993 Nr. 114.
[1] Soergel/*Schurig* EGBGB Art. 26 Rn. 55.
[2] Staudinger/*Dörner* (2007) EGBGB Vor Art. 25 Rn. 97.
[3] Staudinger/*Dörner* (2007) EGBGB Vor Art. 25 Rn. 99.
[4] Vgl. auch Staudinger/*Dörner* (2007) EGBGB Vor Art. 25 Rn. 99; Erman/*Hohloch* EGBGB Art. 26 Rn. 7.

welche erbrechtlichen Gestaltungsmöglichkeiten eine Rechtsordnung Erblassern zur Verfügung stellt – eine Frage, die die Zulässigkeit der Verfügung von Todes wegen betrifft und daher vom Errichtungsstatut nach Art. 24, 25 EuErbVO erfasst ist (→ EuErbVO Art. 24 Rn. 3; vgl. auch → Art. 4 Rn. 6). Wie es etwa auch Art. 4 verdeutlicht, wird diese Frage von dem Übereinkommen nicht berührt. Es schreibt nicht vor, welche Instrumente einem Erblasser zur Verfügung zu stellen sind, es regelt nur die Anknüpfung der Form solcher Gestaltungsmöglichkeiten, die zur Verfügung gestellt werden. In Betracht kommt hinsichtlich der dritten Fallgruppe daher nur ein allgemeiner ordre public-Verstoß nach Art. 35 EuErbVO.

Art. 8 HTestformÜ [Zeitlicher Geltungsbereich]

Dieses Übereinkommen ist in allen Fällen anzuwenden, in denen der Erblasser nach dem Inkrafttreten des Übereinkommens gestorben ist.

1   Das Haager Übereinkommen erfasst nach Art. 8 alle Fälle, in denen der Erblasser nach dem 31.12.1965 verstorben ist, vgl. auch → Vor Art. 1 Rn. 4. In zeitlicher Hinsicht müssen deshalb für die Bestimmung des Formstatuts drei Fallgestaltungen unterschieden werden:
(1) Tod des Erblassers **vor** dem 1.1.1966;
(2) Tod des Erblassers **nach** dem 31.12.1965, Testamentserrichtung **nach** dem gleichen Datum;
(3) Tod des Erblassers **nach** dem 31.12.1965, Testamentserrichtung **vor** dem 1.1.1966.

2   Zu (1): Ist der Erblasser vor dem 1.1.1966 gestorben, so bleibt es bei der Anwendung des autonomen deutschen Kollisionsrechts.

3   Zu (2): Ist der Erblasser nach dem 31.12.1965 gestorben und hat er nach diesem Datum eine letztwillige Verfügung errichtet, so bestimmt sich deren Form nach Art. 1 und 3 des Haager Übereinkommens.

4   Zu (3): Ist der Erblasser nach dem 31.12.1965 gestorben, hat er aber vor Inkrafttreten des Übereinkommens eine letztwillige Verfügung errichtet, stellt sich die Frage, ob deren Errichtung bereits nach dem Übereinkommen beurteilt werden kann. Dies ist deshalb von Interesse, weil dessen Anknüpfungen so gestaltet und so zahlreich sind, dass kaum noch aus Formgründen ungültige Testamente in Frage kommen können. Denn nach Art. 6 setzt das Testamentsformübereinkommen entgegenstehendes einzelstaatliches IPR außer Kraft. Art. 13 macht deutlich, dass prinzipiell der Zeitpunkt der Errichtung der letztwilligen Verfügung keine Rolle spielt, wenn vom Vertragsstaat kein entsprechender Vorbehalt erklärt worden ist. Einen solchen Vorbehalt hat Deutschland nicht erklärt, so dass die dritte Fallgruppe ebenfalls vom Übereinkommen voll erfasst wird.

5   Entsprechendes gilt für **das Gebiet der ehemaligen DDR.** Der Stichtag ist insoweit jedoch der 21.9.1974 als der Tag, an dem die ehemalige DDR dem Übereinkommen (ebenfalls ohne zeitlichen Vorbehalt iS des Art. 13) beigetreten ist.[1] Das Datum der Wiedervereinigung spielt keine praktische Rolle, da das Übereinkommen damit bereits vorher in der ehemaligen DDR galt. Vgl. auch → Vor Art. 1 Rn. 5.

6   Der **Anwendungsbeginn der Erbrechtsverordnung** am 17.8.2015 ändert nichts an der zeitlichen Anwendbarkeit des Haager Übereinkommens, da dieses ebenfalls von Art. 75 Abs. 1 UAbs. 2 EuErbVO vorbehalten wird (→ EuErbVO Art. 83 Rn. 17). Allenfalls für erbrechtliche Vereinbarungen, etwa Erbverträge, die nicht in den Anwendungsbereich des Haager Übereinkommens fallen (Art. 4 HTestformÜ), gilt die Übergangsregelung in Art. 83 Abs. 3 EuErbVO, die auch die formelle Wirksamkeit einer Verfügung von Todes wegen erfasst → EuErbVO Art. 83 Rn. 17.

Art. 9 HTestformÜ [Vorbehalt gegenüber Wohnsitz]

Jeder Vertragsstaat kann sich, abweichend von Artikel 1 Absatz 3, das Recht vorbehalten, den Ort, an dem der Erblasser seinen Wohnsitz gehabt hat, nach dem am Gerichtsort geltenden Recht zu bestimmen.

1   S. Kommentierung → Art. 13 Rn. 1.

Art. 10 HTestformÜ [Vorbehalt gegenüber mündlichen Testamenten]

Jeder Vertragsstaat kann sich das Recht vorbehalten, letztwillige Verfügungen nicht anzuerkennen, die einer seiner Staatsangehörigen, der keine andere Staatsangehörigkeit

---

[1] Staudinger/*Dörner* (2007) EGBGB Vor Art. 25 Rn. 105.

besaß, ausgenommen den Fall außergewöhnlicher Umstände, in mündlicher Form errichtet hat.

S. Kommentierung → Art. 13 Rn. 1.   1

Art. 11 HTestformÜ [Vorbehalt gegenüber Ortsform]

(1) Jeder Vertragsstaat kann sich das Recht vorbehalten, bestimmte Formen im Ausland errichteter letztwilliger Verfügungen auf Grund der einschlägigen Vorschriften seines Rechtes nicht anzuerkennen, wenn sämtliche der folgenden Voraussetzungen erfüllt sind:
a) Die letztwillige Verfügung ist hinsichtlich ihrer Form nur nach einem Recht gültig, das ausschließlich auf Grund des Ortes anzuwenden ist, an dem der Erblasser sie errichtet hat,
b) der Erblasser war Staatsangehöriger des Staates, der den Vorbehalt erklärt hat,
c) der Erblasser hatte in diesem Staat einen Wohnsitz oder seinen gewöhnlichen Aufenthalt und
d) der Erblasser ist in einem anderen Staate gestorben als in dem, wo er letztwillig verfügt hatte.

(2) Dieser Vorbehalt ist nur für das Vermögen wirksam, das sich in dem Staate befindet, der den Vorbehalt erklärt hat.

S. Kommentierung → Art. 13 Rn. 1.   1

Art. 12 HTestformÜ [Vorbehalt gegenüber nicht erbrechtlichen Verfügungen]

Jeder Vertragsstaat kann sich das Recht vorbehalten, die Anwendung dieses Übereinkommens auf Anordnungen in einer letztwilligen Verfügung auszuschließen, die nach seinem Rechte nicht erbrechtlicher Art sind.

S. Kommentierung → Art. 13 Rn. 1.   1

Art. 13 HTestformÜ [Vorbehalt gegenüber zeitlichem Geltungsbereich]

Jeder Vertragsstaat kann sich, abweichend von Artikel 8, das Recht vorbehalten, dieses Übereinkommen nur auf letztwillige Verfügungen anzuwenden, die nach dessen Inkrafttreten errichtet worden sind.

Deutschland hat keinen der nach diesem Übereinkommen (Art. 9–13) möglichen Vorbehalte   1
erklärt.

Art. 14 HTestformÜ [Zeichnung]

[1]Dieses Übereinkommen liegt für die bei der Neunten Tagung der Haager Konferenz für Internationales Privatrecht vertretenen Staaten zur Unterzeichnung auf. [2]Es bedarf der Ratifizierung; die Ratifikationsurkunden sind beim Ministerium für Auswärtige Angelegenheiten der Niederlande zu hinterlegen.

Art. 15 HTestformÜ [Inkrafttreten]

[1]Dieses Übereinkommen tritt am sechzigsten Tage nach der gemäß Art. 14 Abs. 2 vorgenommenen Hinterlegung der dritten Ratifikationsurkunde in Kraft. [2]Das Übereinkommen tritt für jeden Unterzeichnerstaat, der es später ratifiziert, am sechzigsten Tage nach Hinterlegung seiner Ratifikationsurkunde in Kraft.

Art. 16 HTestformÜ [Beitritt]

[1]Jeder bei der Neunten Tagung der Haager Konferenz für Internationales Privatrecht nicht vertretene Staat kann diesem Übereinkommen beitreten, nachdem es gemäß Artikel 15 Abs. 1 in Kraft getreten ist. [2]Die Beitrittsurkunde ist beim Ministerium für Auswär-

tige Angelegenheiten der Niederlande zu hinterlegen. [3]Das Übereinkommen tritt für den beitretenden Staat am sechzigsten Tage nach Hinterlegung seiner Beitrittsurkunde in Kraft.

Art. 17 HTestformÜ [Abhängige Gebiete]

(1) [1]Jeder Staat kann bei der Unterzeichnung, bei der Ratifizierung oder beim Beitritt erklären, daß dieses Übereinkommen auf alle oder auf einzelne der Gebiete ausgedehnt werde, deren internationale Beziehungen er wahrnimmt. [2]Eine solche Erklärung wird wirksam, sobald das Übereinkommen für den Staat, der sie abgegeben hat, in Kraft tritt.

(2) [1]Später kann dieses Übereinkommen auf solche Gebiete durch eine an das Ministerium für Auswärtige Angelegenheiten der Niederlande gerichtete Notifikation ausgedehnt werden. [2]Das Übereinkommen tritt für die Gebiete, auf die sich die Ausdehnung erstreckt, am sechzigsten Tage nach der in Absatz 2 vorgesehenen Notifikation in Kraft.

Art. 18 HTestformÜ [Erklärung und Rücknahme von Vorbehalten]

[1]Jeder Staat kann spätestens bei der Ratifizierung oder beim Eintritt einen oder mehrere der in den Artikeln 9, 10, 11, 12 und 13 vorgesehenen Vorbehalte erklären. [2]Andere Vorbehalte sind nicht zulässig. [3]Ebenso kann jeder Vertragsstaat bei der Notifikation einer Ausdehnung des Übereinkommens gemäß Artikel 17 einen oder mehrere dieser Vorbehalte für alle oder einzelne Gebiete, auf die sich die Ausdehnung erstreckt, erklären. [4]Jeder Vertragsstaat kann einen Vorbehalt, den er erklärt hat, jederzeit zurückziehen. [5]Diese Zurückziehung ist dem Ministerium für Auswärtige Angelegenheiten der Niederlande zu notifizieren. [6]Die Wirkung des Vorbehalts erlischt am sechzigsten Tage nach der in Absatz 3 vorgesehenen Notifikation.

Art. 19 HTestformÜ [Geltungsdauer des Übereinkommens, Kündigung]

[1]Dieses Übereinkommen gilt für die Dauer von fünf Jahren, gerechnet von seinem Inkrafttreten gemäß Artikel 15 Abs. 1, und zwar auch für Staaten, die es später ratifiziert haben oder ihm später beigetreten sind. [2]Die Geltungsdauer des Übereinkommens verlängert sich, außer im Falle der Kündigung, stillschweigend um jeweils fünf Jahre. [3]Die Kündigung ist spätestens sechs Monate, bevor der Zeitraum von fünf Jahren jeweils abläuft, dem Ministerium für Auswärtige Angelegenheiten der Niederlande zu notifizieren. [4]Sie kann sich auf bestimmte Gebiete, auf die das Übereinkommen anzuwenden ist, beschränken. [5]Die Kündigung wirkt nur für den Staat, der sie notifiziert hat. [6]Für die anderen Vertragsstaaten bleibt das Übereinkommen in Kraft.

Art. 20 HTestformÜ [Mitteilungen]

Das Ministerium für Auswärtige Angelegenheiten der Niederlande notifiziert den in Artikel 14 bezeichneten Staaten sowie den Staaten, die gemäß Artikel 16 beigetreten sind:
a) die Unterzeichnungen und Ratifikationen gemäß Artikel 14;
b) den Tag, an dem dieses Übereinkommen gemäß Artikel 15 Abs. 1 in Kraft tritt;
c) die Beitrittserklärungen gemäß Artikel 16 sowie den Tag, an dem sie wirksam werden;
d) die Erklärungen über die Ausdehnung gemäß Artikel 17 sowie den Tag, an dem sie wirksam werden;
e) die Vorbehalte und Zurückziehungen von Vorbehalten gemäß Artikel 18;
f) die Kündigungen gemäß Artikel 19 Abs. 3.

Einführungsgesetz zum Bürgerlichen Gesetzbuche

In der Fassung der Bekanntmachung vom 21. September 1994
(BGBl. 1994 I S. 2494, ber. BGBl. 1997 I S. 1061)
Zuletzt geändert durch Gesetz 20.7.2017 (BGBl. 2017 I S. 2787)

Vierter Abschnitt. Erbrecht

Art. 25 EGBGB Rechtsnachfolge von Todes wegen

Soweit die Rechtsnachfolge von Todes wegen nicht in den Anwendungsbereich der Verordnung (EU) Nr. 650/2012 fällt, gelten die Vorschriften des Kapitels III dieser Verordnung entsprechend.

Schrifttum: S. die Literaturangaben zur deutschen Durchführungsgesetzgebung → EuErbVO Vor Art. 1 Rn. 1 ff.

I. Normzweck: Verhinderung einer inhaltlichen Nachlassspaltung

Die Vorschrift wurde durch das Gesetz zum Internationalen Erbrecht und zur Änderung von **1** Vorschriften zum Erbschein sowie zur Änderung sonstiger Vorschriften[1] neugefasst. Denn seit dem 17.8.2015 regelt die europäische Erbrechtsverordnung (Art. 1 ff. EuErbVO) umfassend das internationale Erbrecht und Erbverfahrensrecht in den beteiligten Mitgliedstaaten, Art. 83 Abs. 1 EuErbVO. Da die Kollisionsnormen der Erbrechtsverordnung in Art. 20 ff. EuErbVO das Erbkollisionsrecht der Mitgliedstaaten im Anwendungsbereich der Verordnung (Art. 1, 23 EuErbVO) verdrängen (→ EuErbVO Vor Art. 20 Rn. 66), war es sinnvoll, die bisher zentrale Kollisionsnorm des EGBGB für die Rechtsnachfolge von Todes wegen in Art. 25 EGBGB aF zu streichen (vgl. auch die Neufassung des Art. 3a Abs. 2 und Art. 26 EGBGB sowie die Streichung des Art. 17b Abs. 1 S. 2 EGBGB; zu Letzterem → EuErbVO Art. 23 Rn. 11).[2] Andernfalls wären die Art. 3a Abs. 2, Art. 25 und Art. 26 EGBGB aF allein für Fragestellungen relevant geblieben, die sachlich nicht der Verordnung unterliegen, aber iS der genannten Vorschriften als erbrechtlich zu qualifizieren wären. Eine inhaltliche Nachlassspaltung wäre die Folge gewesen (→ EuErbVO Vor Art. 20 Rn. 8). Aus diesem Grund konnte es der Gesetzgeber auch nicht mit einer Streichung des alten Erbkollisionsrechts bewenden lassen. Vielmehr ergänzte der Gesetzgeber die Art. 20 ff. EuErbVO um die vorliegende **„Staubsaugernorm"**, welche – bildlich gesprochen – die neben der EuErbVO verbleibenden Krümel aufsaugt und der Verordnung zuordnet: Fragen, welche aus Sicht des deutschen Kollisionsrechts die Rechtsnachfolge von Todes wegen betreffen, unterliegen kraft innerstaatlichen Anwendungsbefehls den Art. 20 ff. EuErbVO, auch wenn sie eigentlich nicht von der Verordnung erfasst werden (zu den Handlungsalternativen der Mitgliedstaaten → EuErbVO Art. 1 Rn. 8). Damit wird zwar eine inhaltliche Nachlassspaltung vermieden und ein „Gleichlauf[…]" des erbrechtlichen Kollisionsrechts"[3] geschaffen; dennoch wirft die Neufassung des Art. 25 EGBGB zahlreiche Fragen auf.

II. Rechtsnachfolge von Todes wegen außerhalb des Anwendungsbereichs der Verordnung

Grundvoraussetzung ist zunächst, dass die Frage nicht in den **Anwendungsbereich** der Verord- **2** nung fällt. Damit kann nicht der **räumlich-persönliche** Anwendungsbereich gemeint sein, da die Verordnung insoweit stets anwendbar ist, insbesondere auch Drittstaatensachverhalte erfasst und nach ihrem Wortlaut nicht einmal auf grenzüberschreitende Fälle beschränkt ist (→ EuErbVO Vor Art. 1 Rn. 32; → EuErbVO Vor Art. 20 Rn. 69). Insoweit besteht kein Raum mehr für lückenfüllende nationale Kollisionsnormen. Offen lässt der deutsche Gesetzgeber, ob Art. 25 EGBGB auch den **zeitlichen** Anwendungsbereich anspricht, dh die Kollisionsnormen der Verordnung auch auf Erbfälle erstreckt, in denen die Verordnung nach Art. 83 EuErbVO zeitlich noch nicht anwendbar

---

[1] Vom 29.6.2015, BGBl. 2015 I 1042.
[2] Zur Beibehaltung des Art. 22 Abs. 2, 3 EGBGB *R. Wagner/Scholz* FamRZ 2014, 714 (722); s. auch → EuErbVO Art. 1 Rn. 15; → EuErbVO Art. 23 Rn. 11.
[3] Regierungsentwurf eines Gesetzes zum Internationalen Erbrecht, BT-Drs. 18/4201, 66.

ist – eine Auslegung, die ohne Weiteres mit dem Wortlaut des Art. 25 EGBGB vereinbar wäre.[4] Eine solche Auslegung ist jedoch abzulehnen.[5] Vor allem wäre eine solche Regelung unionsrechtlich bedenklich. Sie würde die austarierten und komplexen Übergangsregelungen in Art. 83 EuErbVO aushebeln, mit denen der Unionsgesetzgeber ua auch die Stabilitätsinteressen der Erblasser schützen wollte (vor allem Art. 83 Abs. 2–4 EuErbVO). Vielmehr ging es dem deutschen Gesetzgeber ersichtlich darum, alleine durch innerstaatliches Recht den **sachlichen** Anwendungsbereich der Verordnung zu erweitern, um Lücken zwischen den Kollisionsnormen der Erbrechtsverordnung und den autonomen Kollisionsnormen des EGBGB zu schließen.[6] Diese Lücken können zum einen dadurch entstehen, dass der Begriff der Rechtsnachfolge von Todes wegen in Art. 1 Abs. 1 Satz 1 EuErbVO autonom auszulegen ist (→ EuErbVO Art. 1 Rn. 2), also womöglich abweichend vom nationalen Verständnis (wo die Streichung des Art. 25 EGBGB aF nun eine entsprechende Lücke hinterlässt, die nicht durch andere autonome Kollisionsnormen gefüllt wird). Zum anderen drohen Lücken, weil einige Fragen, die auch unionsrechtlich erbrechtlich zu qualifizieren wären, nach Art. 1 Abs. 2 EuErbVO aus dem sachlichen Anwendungsbereich ausgeklammert sind.[7]

3   Die Vorschrift des Art. 25 EGBGB erfasst damit nur Fragestellungen, die vor dem Anwendungsbeginn der Erbrechtsverordnung **im deutschen Kollisionsrecht erbrechtlich qualifiziert** wurden, aber nunmehr nach der Verordnung nicht nach Art. 20 ff. EuErbVO angeknüpft werden. Das Umgekehrte gilt freilich nicht: Fragen, die in den Anwendungsbereich der Verordnung fallen, früher bei uns aber nichterbrechtlich qualifiziert wurden, ordnet Art. 25 EGBGB nicht den vor dem Anwendungsbeginn der Verordnung maßgeblichen Kollisionsnormen zu. Eine solche Regelung würde durch die höherrangige Verordnung verdrängt.

4   So sinnvoll die Regelung des Art. 25 EGBGB ist, so **schwierig ist ihre momentane praktische Anwendung.** Denn sie bewegt sich in jeder Hinsicht auf dünnem Eis im Niemandsland zwischen Erbstatut und benachbarten Statuten. So ist nicht nur der genaue sachliche Anwendungsbereich der Erbrechtsverordnung in vielen Punkten umstritten (→ EuErbVO Art. 1 Rn. 1 ff.), auch waren unter bisherigem Recht die genauen Grenzen des Erbstatuts im Detail alles andere als klar.[8] So wird man etwa sozialrechtliche Sondererbfolgen – die nicht von der Erbrechtsverordnung erfasst werden (→ EuErbVO Art. 1 Rn. 11) – nicht vorschnell nach Art. 25 EGBGB der Verordnung unterstellen können,[9] da aus Sicht des deutschen Kollisionsrechts fraglich ist, inwieweit solche öffentlich-rechtlichen Vorschriften erbrechtlich zu qualifizieren sind.[10] Gleiches gilt auch für die Behandlung erbrechtsnaher trusts, die immer wieder als Anwendungsbeispiel für Art. 25 EGBGB angeführt werden.[11] Auch hier ist bereits der Anwendungsbereich der Erbrechtsverordnung (→ EuErbVO Art. 1 Rn. 45) und die Qualifikation im deutschen Kollisionsrecht[12] im Einzelnen umstritten. Art. 25 EGBGB wird deshalb eine vorbeugende Vorschrift für konkrete Einzelfälle[13] bleiben.[14] Die Vorschrift ermöglicht dem Gericht, eine schwierige Abgrenzungsfrage an den Rändern der Erbrechtsverordnung offen zu lassen, wenn das Gericht der Meinung ist, dass die Frage jedenfalls nach deutschem Verständnis als erbrechtlich anzusehen ist.[15]

III. Rechtsfolge: Anwendung der Kollisionsnormen der Verordnung kraft innerstaatlichen Rechts

5   Liegen die Voraussetzungen des Art. 25 EGBGB vor, so finden die Vorschriften der **Art. 20 ff. EuErbVO** Anwendung, als ob der sachliche Anwendungsbereich der Verordnung eröffnet wäre.

---

[4] *J. P. Schmidt* FamRZ 2016, 1611.

[5] So auch OLG Schleswig FamRZ 2016, 1606 (1609) mit im Erg. zust. Anm. *J. P. Schmidt* = ZEV 2016, 502 m. Anm. *Margonski*; *R. Wagner/Fenner* FamRZ 2015, 1668 (1671).

[6] Vgl. auch *R. Wagner/Fenner* FamRZ 2015, 1668 (1671).

[7] Das betrifft freilich nicht zwangsläufig alle Fragen, die von den Bereichsausnahmen in Art. 1 Abs. 2 EuErbVO erfasst werden, aber nichterbrechtlichen Kollisionsnormen der Mitgliedstaaten unterliegen, vgl. Dutta/Weber/*Schmidt* EuErbVO Anh. II Art. 1 Rn. 3.

[8] S. nur die ausführliche Darstellung bei Staudinger/*Dörner* (2007) Rn. 22 ff. (zum Verhältnis des Art. 25 EGBGB aF zu nichterbrechtlichen Kollisionsnormen) und Rn. 76 ff. (zur Auslegung des Begriffs „Rechtsnachfolge von Todes wegen" in Art. 25 EGBGB aF).

[9] So aber *Berchtold/Reichel* NZS 2016, 285 (291).

[10] S. nur zum bisherigen Recht Staudinger/*Dörner* (2007) Art. 25 Rn. 72.

[11] Etwa *Döbereiner* NJW 2015, 2449 (2454 f.); *Odersky* notar 2016, 183 (189).

[12] S. nur zum bisherigen Recht Staudinger/*Dörner* (2007) Art. 25 Rn. 424 ff.

[13] Zu möglichen Anwendungsfällen ausf. Dutta/Weber/*Schmidt* EuErbVO Anh. II Art. 1 Rn. 5 ff.

[14] S. auch *Lehmann* ZEV 2015, 138 (140): „Dies ist weniger unmittelbarer praktischer Notwendigkeit als vielmehr vorbeugender Vorsicht geschuldet"; *R. Wagner/Fenner* FamRZ 2015, 1668 (1671): „vorsichtshalber".

[15] Vgl. auch *R. Wagner/Fenner* FamRZ 2015, 1668 (1671), wonach der Praxis durch die Neufassung erspart bleibt, „[…] ,haarscharf' über den Umfang des sachlichen Anwendungsbereichs der ErbVO entscheiden zu müssen".

Dies gilt nicht nur für die Regelungen in Art. 21 ff. EuErbVO zur Bestimmung des allgemeinen Erbstatuts, sondern auch für die Sonderanknüpfungen etwa des Errichtungsstatuts in Art. 24 ff. EuErbVO. Die Anwendbarkeit der unionsrechtlichen Kollisionsnormen kraft innerstaatlichen Rechts hat freilich Konsequenzen für die Vorlagefähigkeit von Auslegungsfragen. Soweit sich die Frage nur stellt, weil die Verordnung kraft Art. 25 EGBGB anwendbar ist, könnte man auf den ersten Blick meinen, dass sie nicht dem EuGH zur Vorabentscheidung vorgelegt werden kann.[16] Allerdings hat der Gerichtshof in *Kleinwort Benson* für das EuGVÜ klargestellt, dass Fragen zur Anwendung unionsrechtlicher Regelungen kraft mitgliedstaatlichen Rechts nur dann nicht vorlagefähig sind, wenn „das Gericht des betreffenden Vertragsstaats [...] frei entscheiden [kann], ob die vom Gerichtshof gegebene Auslegung auch bei der Anwendung des diesem Übereinkommen entnommenen nationalen Rechts gilt".[17] Das wäre allerdings vorliegend nicht der Fall, da Art. 25 EGBGB für die deutschen Gerichte verbindlich eine entsprechende Anwendung der Verordnung vorschreibt. Auch hat der Gerichtshof bereits mehrfach seine Zuständigkeit bejaht, wenn die betreffenden Bestimmungen des Unionsrechts nur anwendbar waren, weil sie durch das mitgliedstaatliche Recht „aufgrund eines darin enthaltenen Verweises auf ihren Inhalt für anwendbar erklärt worden" waren.[18]

Art. 25 EGBGB verweist nur auf die Kollisionsnormen der Verordnung.[19] Nicht anwendbar sind **6** etwa die **Zuständigkeitsregeln** der Art. 4 ff. EuErbVO, die **Anerkennungs- und Vollstreckungs- regeln** der Art. 39 ff. EuErbVO und die Vorschriften zur **Annahme öffentlicher Urkunden** nach Art. 59 EuErbVO, soweit es sich beim Verfahrensgegenstand nicht um eine Erbsache iS der Verord- nung handelt.[20] Es bleibt insoweit bei den autonomen Regelungen des internationalen Zivilverfah- rensrechts. Ein **Europäisches Nachlasszeugnis** kann dagegen im Anwendungsbereich des Art. 25 EGBGB oftmals ausgestellt werden, weil dieses auch erbrechtsnahe Sachverhalte erfasst, wie Art. 67 Abs. 1 UAbs. 1 S. 1 EuErbVO bestätigt (→ EuErbVO Art. 67 Rn. 12).

IV. Zeitlicher Anwendungsbereich der Art. 3a Abs. 2, Art. 17b Abs. 1, Art. 25 und Art. 26 EGBGB nF

Nicht ausdrücklich geregelt hat der Gesetzgeber den zeitlichen Anwendungsbereich der erbkollisi- **7** onsrechtlichen Ergänzungsvorschriften im EGBGB,[21] wie im Übrigen auch bei anderen durch das Durchführungsgesetz neugefassten Vorschriften (→ EuErbVO Art. 22 Rn. 31). Insbesondere die neu eingeführte Übergangsvorschrift des Art. 229 § 36 EGBGB schweigt zu dieser Frage. Allerdings ist es erkennbar gesetzgeberisches Ziel der Vorschriften, die Art. 20 ff. EuErbVO zu ergänzen, sodass die neuen erbkollisionsrechtlichen Ergänzungsvorschriften im EGBGB stillschweigend die zeitliche Anwendbarkeit der Erbrechtsverordnung voraussetzen[22] und wegen Art. 83 Abs. 1 EuErbVO nur auf Erbfälle ab dem Stichtag des 17.8.2015 anwendbar sind.[23] Zur Fortgeltung des Gedankens in Art. 17b Abs. 1 S. 2 Hs. 2 EGBGB aF unter der Erbrechtsverordnung → EuErbVO Art. 23 Rn. 11.

Art. 26 EGBGB Form von Verfügungen von Todes wegen

(1) [1]In Ausführung des Artikels 3 des Haager Übereinkommens vom 5. Oktober 1961 über das auf die Form letztwilliger Verfügungen anzuwendende Recht (BGBl. 1965 II S. 1144, 1145) ist eine letztwillige Verfügung, auch wenn sie von mehreren Personen in derselben Urkunde errichtet wird oder durch sie eine frühere letztwillige Verfügung wider- rufen wird, hinsichtlich ihrer Form gültig, wenn sie den Formerfordernissen des Rechts entspricht, das auf die Rechtsnachfolge von Todes wegen anzuwenden ist oder im Zeit-

---

[16] So wohl *Köhler* in GKKW IntErbR 68.

[17] EuGH Slg. 1995, I-615, Rn. 22 = BeckRS 2004, 76609 – Kleinwort Benson ./. Glasgow District Council.

[18] EuGH FamRZ 2016, 1137 Rn. 26 = BeckRS 2016, 81033 – Sahyouni ./. Mamisch, mit Verweis auf weitere Rechtsprechung des Gerichtshofs.

[19] So auch Dutta/Weber/*Schmidt* EuErbVO Anh. II Art. 1 Rn. 13 ff.

[20] Zutr. weist Dutta/Weber/*Schmidt* EuErbVO Anh. II Art. 1 Rn. 14 darauf hin, dass die Kognitionsbefugnis der nach Art. 4 ff. EuErbVO zuständigen Gerichte auch nichterbrechtliche Fragen umfasse, die sich im Zusammen- hang mit der Erbsache stellen, und die Entscheidung in einer solchen Erbsache auch nach Art. 39 ff. EuErbVO anzuerkennen und zu vollstrecken sei.

[21] Vgl. OLG Schleswig FamRZ 2016, 1605 (1608 f.).

[22] Vgl. auch Regierungsentwurf eines Gesetzes zum Internationalen Erbrecht, BT-Drs. 18/4201, 67: „Für die in diesem Gesetz vorgesehenen Vorschriften zur Durchführung der ErbVO sind innerstaatliche Übergangsregelun- gen hingegen entbehrlich. Wenn die Verordnung anwendbar ist, gelten auch die zu dieser Verordnung geschaffenen Durchführungsvorschriften".

[23] So auch *J. P. Schmidt* FamRZ 2016, 1611 (1612); *R. Wagner/Fenner* FamRZ 2015, 1668 (1671).

punkt der Verfügung anzuwenden wäre. [2]Die weiteren Vorschriften des Haager Übereinkommens bleiben unberührt.

(2) Für die Form anderer Verfügungen von Todes wegen ist Artikel 27 der Verordnung
(EU) Nr. 650/2012 maßgeblich.

Schrifttum: S. die Literaturangaben zur deutschen Durchführungsgesetzgebung → EuErbVO Vor Art. 1
Rn. 1 ff.

I. Ergänzung des Haager Testamentsformübereinkommens (Abs. 1)

1   Mit dieser Vorschrift möchte der deutsche Gesetzgeber das Haager Testamentsformübereinkommen (Art. 1 ff. HTestformÜ; Text und Erläuterung → HTestformÜ Art. 1 Rn. 1 ff.) ergänzen
(→ HTestformÜ Vor Art. 1 Rn. 6). Die Vorschrift, die Art. 26 Abs. 1 Nr. 5 EGBGB aF in das neue
erbrechtliche Ergänzungskollisionsrecht des EGBGB übernimmt, ist unionsrechtlich alles andere als
unproblematisch, da die europäische Erbrechtsverordnung in Art. 75 Abs. 1 UAbs. 2 EuErbVO zwar
das Haager Übereinkommen vorbehält, nicht aber innerstaatliche Vorschriften, die – wie Art. 26
EGBGB – das Haager Übereinkommen erweitern (→ EuErbVO Art. 75 Rn. 3). Sollte man den
Vorrang des Unionsrechts insoweit ernst nehmen, wäre die Vorschrift nur auf mündliche Verfügungen
von Todes wegen anzuwenden, die nach Art. 1 Abs. 2 lit. f EuErbVO nicht in den sachlichen
Anwendungsbereich der Verordnung fallen, so dass insoweit auch Art. 75 Abs. 1 UAbs. 2 EuErbVO
keine Sperrwirkung entfalten kann.[1]

2   **Abs. 1** greift die Ermächtigung in Art. 3 HTestformÜ auf, wonach die Vertragsstaaten die Formgültigkeit einer letztwilligen Verfügung dadurch weiter begünstigen können, dass sie diese alternativ
weiteren Rechten unterstellen. Konkret fügt **Abs. 1 S. 1** das tatsächliche oder hypothetische Erbstatut
zum Kanon der nach Art. 1, 2 HTestformÜ alternativ berufenen Rechte hinzu. Bestimmt wird das
tatsächliche oder hypothetische Erbstatut nach den Vorschriften der Art. 20 ff. EuErbVO,[2] wobei
für die Bestimmung des hypothetischen Erbstatuts nach **Abs. 1 S. 1 Fall 2** auf das zur objektiven
Bestimmung des Errichtungsstatuts im Rahmen der Art. 24 ff. EuErbVO Ausgeführte (→ EuErbVO
Art. 24 Rn. 6 ff.) verwiesen werden kann; hypothetisches Erbstatut nach Abs. 1 S. 1 Fall 2 und
Errichtungsstatut nach Art. 24 ff. EuErbVO weichen nur dann voneinander ab, wenn der Erblasser
eine nach der Erbrechtsverordnung zulässige Teilrechtswahl nach Art. 24 Abs. 2 oder Art. 25 Abs. 3
EuErbVO getroffen hat.[3] Beim tatsächlichen Erbstatut nach **Abs. 1 S. 1 Fall 1** ist maßgeblich,
welches Recht nach Art. 21 oder 22 EuErbVO auf die Rechtsnachfolge von Todes wegen anwendbar
ist, einschließlich eines etwaigen Renvoi nach Art. 34 Abs. 1 EuErbVO,[4] vgl. auch → Rn. 3. Das
tatsächliche oder hypothetische Erbstatut wird in zahlreichen Fällen bereits ohnehin nach Art. 1, 2
HTestformÜ alternativ zum Formstatut zum Zuge kommen, allerdings sind seltene Fälle denkbar, in
denen über Abs. 1 S. 1 zusätzliche Rechtsordnungen zum Zuge kommen.[5] In **Abs. 1 S. 2** stellt der
Gesetzgeber klar, dass das Haager Übereinkommen im Übrigen nicht angetastet wird, was ohnehin
wegen Art. 75 Abs. 1 UAbs. 2 EuErbVO, aber auch völkerrechtlich nicht möglich wäre. Abs. 1 S. 1
gilt damit auch nur für letztwillige Verfügungen iS des Art. 1 HTestformÜ, nicht aber für die
Formgültigkeit von Verfügungen von Todes wegen (oder anderer erbrechtlicher Rechtsgeschäfte),
die sich nicht nach dem Haager Übereinkommen, sondern der Verordnung (vor allem Art. 27, 28
EuErbVO) richten (s. allgemein → HTestformÜ Art. 1 Rn. 2).

3   Es ist eine Frage, ob ein Renvoi nach Art. 25 EuErbVO bei der nach Abs. 1 S. 1 erforderlichen
Ermittlung des tatsächlichen oder hypothetischen Erbstatuts zu beachten ist (→ Rn. 2). Fraglich ist
indes auch, ob Abs. 1 S. 1 einen **Sach- oder Gesamtnormverweis** ausspricht, ob es also beachtlich
wäre, wenn das Kollisionsrecht des tatsächlichen oder hypothetischen Erbstatuts für die Formgültigkeit der Verfügung weiter- oder zurückverweist. Da es dem deutschen Gesetzgeber um eine Ergänzung des Haager Übereinkommens ging, das in Art. 1 Abs. 1 HTestformÜ einen Renvoi ausschließt

---

[1] Dutta/Weber/*Süß* EuErbVO Anh. I Art. 27 Rn. 18.
[2] Dutta/Weber/*Süß* EuErbVO Anh. I Art. 27 Rn. 3.
[3] Vgl. auch Dutta/Weber/*Süß* EuErbVO Anh. I Art. 27 Rn. 6, 7.
[4] Dutta/Weber/*Süß* EuErbVO Anh. I Art. 27 Rn. 8 ff.; s. zur Vorgängerregel in Art. 26 Abs. 1 Nr. 5 EGBGB
aF bereits die Beschlussempfehlung und den Bericht des Rechtsausschusses, BT-Drs. 10/5632, 44: „Bei den
alternativ zur Formerfüllung zur Verfügung stehenden Rechtsordnungen schlägt der Rechtsausschuß in Absatz 1
eine Ergänzung um die neue Nummer 5 vor, die in jedem Fall sicherstellt, daß auch das im Wege einer Rück-
oder Weiterverweisung auf die Rechtsnachfolge von Todes wegen anzuwendende Recht für die Formerfüllung
ausreicht".
[5] S. die von Dutta/Weber/*Süß* EuErbVO Art. 27 Anh. I Rn. 4 herausgearbeiteten Fallgruppen.

(→ HTestformÜ Art. 1 Rn. 16), ist auch Abs. 1 S. 1 unabhängig von Art. 4 Abs. 1 S. 1 EGBGB als Sachnormverweisung anzusehen.[6]

II. Erweiterung des Art. 27 EuErbVO (Abs. 2)

Abs. 2 entspricht strukturell Art. 25 EuErbVO, indem die Vorschrift den Anwendungsbereich **4** der Erbrechtsverordnung auf Sachverhalte erstreckt, die sich nicht in ihrem sachlichen Anwendungsbereich befinden.

Die Vorschrift ist auf **Verfügungen von Todes wegen** beschränkt. Hierbei ist nach Qualifikation **5** lege fori der deutsche Begriff maßgeblich und nicht der unionsrechtliche in Art. 3 Abs. 1 lit. d EuErbVO, der erheblich vom deutschen Verständnis abweicht, und zwar positiv, indem er zahlreiche Rechtsgeschäfte vor allem als Erbvertrag nach Art. 3 Abs. 1 lit. b EuErbVO ansieht, die nach deutschem Verständnis keine Verfügungen von Todes wegen sind (→ EuErbVO Art. 3 Rn. 10). Da Abs. 2 von „anderen" Verfügungen spricht, werden nur Verfügungen erfasst, die nicht in den Anwendungsbereich des in Abs. 1 angesprochenen Haager Übereinkommens fallen und – so muss man die Wendung wohl auslegen – auch nicht bereits in den Anwendungsbereich der Verordnung fallen. Ob man solche Verfügungen von Todes wegen bereits gesehen hat, ist fraglich. Insbesondere fallen **mündliche Testamente oder mündliche gemeinschaftliche Testamente** nicht unter Abs. 2, da diese bereits vom Haager Übereinkommen abgedeckt werden; die Bundesrepublik hat nämlich keinen Vorbehalt nach Art. 10 HTestformÜ erklärt. Allenfalls **mündliche Erbverträge**, die als Erbverträge nicht in den Anwendungsbereich des Haager Übereinkommens fallen (→ HTestformÜ Art. 4 Rn. 1) und als mündliche Verfügungen von Todes wegen auch von der Erbrechtsverordnung in Art. 1 Abs. 2 lit. f EuErbVO ausgeklammert werden, befinden sich mithin in der Domäne des Art. 26 Abs. 2 EGBGB.[7] Art. 26 Abs. 2 EGBGB geht damit über eine bloße „Hinweisnorm"[8] oder „Vorschrift rein deklaratorischer Natur"[9] hinaus[10] – insoweit hätte ohnehin der allgemeine Hinweis auf die Erbrechtsverordnung in Art. 3 Abs. 1 lit. e EGBGB ausgereicht. Allenfalls theoretisch vorstellbar ist, dass der Gegenstand einer – nach deutschem Verständnis – letztwilligen Verfügung einen Gegenstand betrifft, der sich nicht im sachlichen Anwendungsbereich der Verordnung befindet. In diesem Fall schafft aber bereits **Art. 25 EGBGB** Abhilfe, der auf alle Kollisionsnormen der Verordnung verweist, insbesondere auch auf die Formvorschrift des Art. 27 EuErbVO.

Abs. 2 schweigt zur Formgültigkeit **sonstiger erbrechtlicher Rechtsgeschäfte**, die keine Ver- **6** fügungen von Todes wegen nach deutschem Verständnis darstellen. Insoweit gilt ohnehin vorrangig die Erbrechtsverordnung, die in Art. 28 EuErbVO eine besondere Kollisionsnorm für bestimmte erbrechtliche Erklärungen vorsieht. Für die Formgültigkeit anderer erbrechtlicher Rechtsgeschäfte → EuErbVO Art. 27 Rn. 12.

III. Zeitlicher Anwendungsbereich

Zum zeitlichen Anwendungsbereich der erbkollisionsrechtlichen Ergänzungsvorschriften im **7** EGBGB → Art. 25 Rn. 7.

---

[6] Im Erg. auch Dutta/Weber/*Süß* EuErbVO Art. 27 Anh. I Rn. 12 f.; zum bisherigen Art. 25 Abs. 1 Nr. 5 EGBGB aF so auch Staudinger/*Dörner* (2007) EGBGB Art. 26 Rn. 32.
[7] So auch BeckOGK/*Schmidt* Rn. 12.
[8] So Dutta/Weber/*Süß* EuErbVO Anh. I Art. 27 Rn. 14.
[9] So Regierungsentwurf eines Gesetzes zum Internationalen Erbrecht, BT-Drs. 18/4201, 66.
[10] Zutr. NK-BGB/*Looschelders* EuErbVO Art. 1 Rn. 42: „konstitutive Wirkung" der Vorschrift.

Sachverzeichnis

Die fett gedruckten Ziffern bezeichnen Artikel, Paragraphen oder Abschnitte,
die mager gedruckten Randnummern.

Bearbeiter: Manuel Gaß

Sachverzeichnis

Sachverzeichnis

– materiellrechtlicher Vertrag
Vor 1 Rom I-VO 85
– Schiedsgericht *s. dort*
– Schiedsrichtervertrag Vor 1 Rom I-VO 117
– Schiedsvereinbarung *s. dort*
– UN-Anerkennungsübereinkommen
Vor 1 Rom I-VO 87
– Verweisungsvertrag 3 Rom I-VO 38
Schiedsklausel 4 Rom I-VO 323
Schiedsvereinbarung
– Form Vor 1 Rom I-VO 89, 92, 95
– objektive Schiedsfähigkeit Vor 1 Rom I-VO 88, 91
– Parteiautonomie Vor 1 Rom I-VO 93
– prozessuale Wirkungen Vor 1 Rom I-VO 96
– Wirksamkeit Vor 1 Rom I-VO 88, 91, 93
– Zustandekommen Vor 1 Rom I-VO 88, 91, 93
Schiedsverfahren 12 Rom I-VO 153
Schienenfahrzeuge 45 EGBGB 23
– Sitz der Betreibergesellschaft 45 EGBGB 57
– Zulassung 45 EGBGB 53
Schiffsverkehrshaftung 4 Rom II-VO 124
– Beförderungsschäden 4 Rom II-VO 144 ff.
– Binnenschifffahrt 4 Rom II-VO 134
– Borddelikte 4 Rom II-VO 143
– CLNI 4 Rom II-VO 138
– CVN 4 Rom II-VO 151
– HBÜ 4 Rom II-VO 131
– IÜZ 4 Rom II-VO 129
– Ölverschmutzungsschäden 4 Rom II-VO 153 ff.
– Personenbeförderung 4 Rom II-VO 149
– Rom II-VO 4 Rom II-VO 141
– Schiffszusammenstöße 4 Rom II-VO 125
– Seeschifffahrt 4 Rom II-VO 126
– Staatsverträge 4 Rom II-VO 126
– ungerechtfertigter Arrest in Seeschiffe 4 Rom II-VO 164
– ÜZB 4 Rom II-VO 135
schlichter Aufenthalt 5 EGBGB 121 ff.
Schlussverteilung
– bei Überschuss 358 InsO 1
– Herausgabepflicht 358 InsO 5
Schmid-Entscheidung 1 EuInsVO 28
Schulbaulast 132 EGBGB 1
Schuldbeitritt 15 Rom I-VO 27
Schuldfeststellung Vor 1 Rom III-VO 23 ff.
Schuldner in Eigenverwaltung
– anwendbare Vorschriften 76 EuInsVO 1
– Insolvenz 41 EuInsVO 29
Schuldnermehrheit 16 Rom I-VO 2
– akzessorische Anknüpfung 16 Rom I-VO 9
– Ausgleichsverlangen 16 Rom I-VO 10
– außervertragliche Schuldverhältnisse 20 Rom II-VO 1
– Deliktsrecht 20 Rom II-VO 2
– Forderungsstatut 20 Rom II-VO 13
– Gesamtschuld 20 Rom II-VO 9

– gleiches Recht 16 Rom I-VO 7
– gleichrangige Verpflichtungen 16 Rom I-VO 4
– Gleichrangigkeit 20 Rom II-VO 8
– Haftungsprivileg 20 Rom II-VO 15
– Leistung an den Gläubiger 20 Rom II-VO 12
– ordre public 16 Rom I-VO 15
– Rechtswahl 20 Rom II-VO 16 f.
– Rück-/Weiterverweisung 16 Rom I-VO 14
– Teilschuldnerschaft 20 Rom II-VO 9
– verschiedene Rechtsordnungen 20 Rom II-VO 10
– verschiedenes Recht 16 Rom I-VO 8
– Verteidigungsmittel 16 Rom I-VO 12
– Zessionsgrundstatut 16 Rom I-VO 6
Schuldnerschutz 15 Rom I-VO 14
Schuldnerverzug 229 EGBGB 2
Schuldrecht
– ordre public 6 EGBGB 278
schuldrechtliche Verträge 13 Rom I-VO 27
Schuldrechtsmodernisierung
– Abdingbarkeit 229 (5) EGBGB 14
– Anfechtungsfristen 229 (6) EGBGB 14
– Dauerschuldverhältnisse 229 (5) EGBGB 12
– Fristenvergleich 229 (6) EGBGB 13
– gesetzliche Schuldverhältnisse 229 (5) EGBGB 8
– Günstigkeitsprinzip 229 (6) EGBGB 12
– Hemmung 229 (6) EGBGB 6
– intertemporales Verjährungsrecht 229 (6) EGBGB 1
– Verjährungsbeginn 229 (6) EGBGB 5
– Verjährungsdauer 229 (6) EGBGB 9
– vertragliche Schuldverhältnisse 229 (5) EGBGB 3
Schuldstatut
– Außenwertänderung 9 Anh. I Rom I-VO 49
– Binnenwertänderung 9 Anh. I Rom I-VO 47
– Währungsänderung/-untergang 9 Anh. I Rom I-VO 50
– Währungsrecht 9 Anh. I Rom I-VO 7
Schuldstatutstheorie 9 Anh. II Rom I-VO 2
– Eingriffsnormen 9 Rom I-VO 37
Schuldübernahme
– befreiende 15 Rom I-VO 24
– externe 15 Rom I-VO 26
– gesetzlicher Forderungsübergang 15 Rom I-VO 23
– interne 15 Rom I-VO 25
– Schuldbeitritt 15 Rom I-VO 27
Schuldwährung 9 Anh. I Rom I-VO 3
– lex causae 9 Anh. I Rom I-VO 9
– Unterhaltsansprüche 9 Anh. I Rom I-VO 10
Schutz des Zahlungsverkehrs
– Anknüpfungsgegenstand 340 InsO 10

Sachverzeichnis